TARGUM PSEUDO-JONATHAN OF THE PENTATEUCH:
Text and Concordance

TARGUM PSEUDO-JONATHAN OF THE PENTATEUCH: Text and Concordance

E. G. Clarke
with collaboration by
W. E. Aufrecht, J. C. Hurd, and F. Spitzer

Ktav Publishing House, Inc.
Hoboken, New Jersey
1984

Library of Congress Cataloging in Publication Data

Bible. O.T. Pentateuch. Aramaic. Targum Pseudo-
Jonathan. 1984.
Targum Pseudo-Jonathan of the Pentateuch.

Includes bibliographical references.
1. Bible. O.T. Pentateuch—Concordances, Aramaic.
I. Clarke, Ernest G. (Ernest George) II. Title.
BS1224.A74 1984 222'.1042 84-25016
ISBN 0-88125-015-5

Manufactured in the United States of America

CONTENTS

INTRODUCTION

When this project was being conceived, Dr. G. J. Kuiper, who had already done extensive research,[1] and I had agreed to edit the natural text, with him taking the lion's share. As it turned out, Dr. Kuiper finally had to limit his contribution to the preparation of the text of Genesis, while the group in Toronto edited the other four books of the Pentateuch and also did all the work on the Concordance.

I. The Text of Targum Pseudo-Jonathan

It may be asked why there is a need for another edition of the Aramaic text of Targum Pseudo-Jonathan to the Pentateuch based on the British Museum manuscript Add. 27031.[2] M. Ginsburger's edition appeared in 1903.[3] In the opinion of many critics,[4] the Ginsburger edition contains extensive typographical errors.[4] In 1974 D. Rieder published a new edition, which unfortunately is also not free of errors.[5] Furthermore, readings different from those in the manuscript were also introduced, sometimes without notation.[6]

The purpose of this new edition is to reproduce as faithfully as is possible the text of the manuscript. Such an exercise would not be justified in itself, because one can always consult a microfilm of the manuscript; but it was necessary to put the text into machine-readable form in preparation for the Concordance. And it is necessary that the users of the Concordance know what text has served as the basis for the Concordance. Hence, the new edition.

Every effort has been made to reproduce the manuscript, even to recording the actual errors found in it. However, in the Concordance, the errors have been concorded under the correct lexical entry to give meaning to the text, as indicated in the table in Section II below. Also, those passages found in the Masoretic text and in the *editio princeps* but omitted from this manuscript are omitted from this edition, as indicated in the table in Section III below. Their absence does not affect the Concordance significantly.

Furthermore, abbreviations found in the text of the manuscript have been completed in this edition because in most cases it was only a matter of adding a final *aleph* or *he,* a plural ending, or the last letter or two of a word in a stylized formula, such as מי[מר]/מימ[רא] די י'. The abbreviation ואפי in Genesis 27:33 and Exodus 10:19, appearing as the first word in the line in both instances, has been reproduced in the edition as ואפילו. We were guided by readings in the *editio princeps* to complete abbreviated words. Although Le Déaut has suggested that the abbreviations are valuable for the study of the relationship between this manuscript and the *editio princeps,*[7] it is not the purpose of this volume to enter into that discussion. With regard to this manuscript there does not seem to be any clear, consistent pattern for abbreviations. The same word, for example שכינתא, will be written with and without the final *aleph* at the end of a line in the manuscript. The word מימרא will be written in full, and sometimes abbreviated, within the line, in the phrase מימרא די'. The same situation obtains when מימרא comes at the end of a line in the manuscript. By far the highest frequency of abbreviations occurs in the Book of Numbers. Also, it is obvious that it was impossible for the computer to cope with incomplete words.

Readings from the *editio princeps* have not been included, because in the main, differences represent only the variants in spelling. Inclusion of all the variants from the *editio princeps* would not have contributed significantly to the Concordance and would have made its use unnecessarily cumbersome.[8]

The folio numbers of the manuscript have been inserted as (1) and (1A), etc., to serve as a reference back to the manuscript itself. Also, chapter and verse numbers have been inserted as a means of easy location.

The lemmata have not been included in the text, nor were they included by Ginsburger and Rieder. Their inclusion would have added a complication for the computer in producing the Concordance. However, in the light of Klein's volumes on the Fragmentary Targums,[9] where he has included the lemmata, a fuller and more valuable study is now possible and could be quite profitable.

The manuscript, in the main, is very clearly and legibly written, with possibly some confusion between *beth* and *kaph, daleth* and *resh, waw* and *yodh.* There are some corrections by a later scribe which have been made according to clear sense. A few phrases belonging to the text proper appear in the margins. These are included in the edition as part of the text proper.

The stated purpose of producing a Concordance based on this manu-

script does not require entering into a discussion of the history of the manuscript or, indeed, of the Targum Pseudo-Jonathan. Le Déaut has already undertaken that task, summarizing various opinions.[10] Furthermore, the primary purpose of this publication is to produce a usable Concordance to the Targum. Scholars may well be able to form new or different conclusions on the history of the transmission of the text of Pseudo-Jonathan from a detailed study of the Concordance.

For instance, the distribution of particular vocabulary, such as ארום, ארו, ארי or the verbs חזי and חמי or short phrases, etc., may tell us a good deal about the history of the development of the text of this Targum.

Therefore, we have reproduced the readings found in the text of the manuscript and have assumed editorial decisions for the Concordance. The following tables record the errors and indicate how they have been concorded as well as list the passages omitted from the manuscript.

II. Textual Errors

(i) Genesis

1:2	צריא read צדיא
1:5	למפלח ביה in margin but belongs to text
1:16	למשלט בליליא in margin but belongs to text
2:21	אתא read אתרה
3:9	דאת omit
3:13	אשייני read אשליני
3:14	תחי read תהי
4:24	דהב read דחב
5:11	verse repeated
6:16	לאנהרא twice in the manuscript
9:11	דטובעא read דטובענא
9:23	אסכטלא read אסטלא
11:3	וניוי read ונשוי
11:8	שומעין read שובעין
11:31	תרת read תרח
14:2	לאיבוד read לאיבוי
15:1	על גב דיהון read על גיבריהון
17:7	עלך read עלם

17:12 מבניך read מבינך
17:13 וזביני read וסביני
18:28 מאים read מאין
21:14 וטעת read וטכנת
24:55 עשר ירחין read עשרהרחין
24:57 לרבקה read לריבא
30:25 לאתרי read לאתהי
31:40 ואיתפרדת read ואיתפרדדת
31:53 בינן read בינגא
32:16 ולוודקין read ולווקדין
32:26 למבאשא read למאבשא
32:33 גדיא read גידא; see 38:20, 23; Leviticus 22:27
33:4 ונשיק read ונשיך
33:5 קדם י׳ על read קדם על
34:25 דהוה read דהבא
35:11 מבניך read מבינך
36:24 ערדיא read עדריא
36:24 כודנייתא read בודנייתא
37:29 לית read לות
38:20, 23 see 32:33
43:16 באישון read באנטון
43:32 בעירא read בפירא
45:18 שמנוניתא read שמנותיתא
47:19 ארען read אנן
49:12 עללתא read טללתא
49:14 כווני read בעני
49:17 וימגר read וממגר
49:20 פירוי read בירוי
49:22 ותוב read וטוף
50:1 דבוץ read דבוין
ניבני read וניבכי

(ii) Exodus

1:15 בר אימרתא בכף read בר בכף
פומהון read פוהון
3:2 ליתהוי read ליהוי

7:12	כמין read כמרן
9:18	אנשאה read אושהא
12:42	עמא read שמא
14:3	נגדוי read נגהוי
14:21	אתוותא read אהוותא
14:22	מימינהון ומשמאלהון read מימנהון ומשמלהון; see 14:29
14:25	נעירון read נעירוק
15:12	ינקיא read עקיא
18:3	דידי read הידי
19:12	בטורא read בהר
22:8	ואיתביד read ואיתעביד
25:3	דתיסבון read דסיתבון
25:25	פושכא read הי פושכא
30:23	בחיר read בהיר
30:25	ממזיג read ממזית
33:23	דבירא read דבידא
38:31	manuscript differs from MT
39:12, 15, 13, 14	read as 39:12, 13, 14, 15
39:15	שילשלן read שישלן
39:35	ארונא read ארנא
40:3	כפורתא read פרוכתא

(iii) Leviticus

2:4	פטירן read פתירן
7:32	אפרשותא written twice and no correction
12:5	על read כל
15:10	verse marker not in manuscript; continues 15:9
20:25	בין read מן
22:27	גידא read גדיא; see Genesis 38:20, 23
26:2	יומי written twice

(iv) Numbers

3:31	מדבחיא read מתבחיא
5:21	מומתא read קינומתא; see Jastrow 395a
7:3	וקריבו יתהון written twice
9:3	ועברוית פיסחא belongs in 9:5

9:8	ובקצתהון read ובצתהון
9:14	כאחויית read כאוויית
11:22	יתכנסון read יתנכסון
15:28	לכפרא עלוי written twice
18:13	בכורי read בכורים
18:17	תדרוק read תפרוק
21:14	רמז read דמן
23:28	דמדיקא read דמדיתא; see Numbers 21:20
24:7	ויתרומם read ויתרודם; see Deuteronomy 17:17
24:19	broken text
24:24	וציצין read וציען
36:7	תיסתקפ read תיתקף; see Jastrow 1021a

(v) Deuteronomy

1:14	למעבד read למימר
1:44	דחדרן read דחררן
2:35	בזנא לנא ועדי קירווייא written twice
3:5	חקרא read מקרא
	ונגרין read ונגרעין
3:29	דאזדווגנן read דאזדוונן
6:14	מדחלת read מנחלת
11:12	שירויא read אירויא
12:21	אתרא read אתרעא
14:9	דבמיא read דקמיט
14:19	דטלפוחי read דטלופחי
17:17	יתרומם read יתרודם; see Numbers 24:7
22:17	ערר read ערד; see 22:14
25:4	ודלא read ודלי
25:9	וידחס read ויחדס; see Dalman 138a
25:14	omit דבכיל מכלן after מכלן
25:16	בפרגמטיא read בפרקמטיא; see Dalman 353a
28:28	בשטיותא read בשווייותא; see Jastrow 1535b
28:34	משטיין read משתוין
28:42	חלזונא read חלנונא
28:48	ובצחותא read ובצהותא
28:68	דמכניש read דמניש
29:25	דהלין read דתלק

32:26	אמנא read ארעא
33:3	פס read פום
33:16	אלא read אלקא
33:21	בעמא read בעלמא
34:5	ברא read ברת
34:6	בוורדין read ביורכין; see ביוהרין; see Jastrow 571
34:12	ספירינון read סמפירנון

III. Passages Omitted from the Manuscript

(i) Genesis

1:22	*om* from MS and *editio princeps* totally
5:5–6	*om* from MS and *editio princeps* totally
6:15	*om* from MS and *editio princeps* totally
10:3–4	*om* from MS and *editio princeps* partially
10:23	*om* from MS and *editio princeps* totally
16:9	*om* from MS totally
21:34	*om* from MS and *editio princeps* totally
24:28	*om* from MS and *editio princeps* totally
41:49	*om* from MS and *editio princeps* totally
43:27–28	*om* from MS partially
44:30–31	*om* from MS and *editio princeps* totally

(ii) Exodus

4:8	*om* from MS and *editio princeps* totally
14:6	*om* from MS totally
20:3	*om* from MS partially
22:18	*om* from MS and *editio princeps* totally
27:15	*om* from MS and *editio princeps* totally
35:14–15	*om* from MS partially

(iii) Leviticus

7:17–18	*om* from MS partially
7:26	*om* from MS partially

7:36–37	*om* from MS partially
23:41	*om* from MS totally
24:4	*om* from MS totally
25:19	*om* from MS totally

(iv) Numbers

2:11–13	*om* from MS totally
4:11–12	*om* from MS partially
4:31–32	*om* from MS partially
9:4	*om* from MS totally
9:16–17	*om* from MS partially
26:8	*om* from MS partially
31:39–40	*om* from MS partially

(v) Deuteronomy

2:22	*om* from MS totally
23:3	*om* from MS partially
23:12	*om* from MS totally
33:23–24	*om* from MS partially

IV. The Concordance

The main purpose of the present project is to produce a Concordance to a major Pentateuchal Targum of the Palestinian type for the use of scholars working in the period of Judaism in late antiquity and early Christianity. Targum Pseudo-Jonathan was chosen because it is more extensive than either Neofiti I or the Fragmentary Targums.[11] By using this Targum and its Concordance, one has a more complete corpus of targumic materials with which to work in undertaking comparative studies in the other complete Targums of the Pentateuch (Onqelos and Neofiti I) or the Fragmentary Targums.

This is a KWIC Concordance because the various word forms under a lexical root are printed in bolder type as the *k*ey *w*ord *i*n the center of a line of *c*ontext. In this way, at a glance, one can observe the range of distribution of word forms, spelling variants, phraseology, etc., under any specific lexical root.

The preparation of a KWIC Concordance of texts written in a Semitic language is more complicated than for texts written in an Indo-European language. The agglutinative nature of a Semitic language means that one cannot prepare a simple alphabetically arranged Concordance and achieve an intelligible order.

Prefixes, such as the person and number indicators of prefixed verbal forms, inseparable prepositions, and the conjunction *waw,* would distribute forms which belong to the same lexical root across the full range of the alphabet. It was necessary, therefore, to separate all prefixes in the concording process so that all word forms belonging to the same lexical root could be concorded together. Under each lexical root all variants in spelling could also be grouped together (e.g., אוף and אף, היכמה and היכמא, טוורא and טורא, etc.).

Within certain practical limits, and as modified by the predominant form in the Targum itself, the lexical arrangement in Jastrow's dictionary was used as the basis for selecting lexical indicators. For instance, one might look for the word "man" under אנש, whereas it is listed as אינש, which, one notes, is the predominant form in Pseudo-Jonathan. Again, the particle ארום/ארי is concorded under ארום, which predominates in this text. "Two" is concorded under a lexeme תרי, the most common form in this text. We have reduced the number of lexical entries by clustering under a single entry the various word forms of a single lexeme.

There may well be differences of opinion on the proper spelling of certain lexical roots. For instance, should tertiae weak verbs always be spelled with a final *he?* In general we have written these with a final *yodh,* although the exceptions should be obvious to the user.

Sometimes it was necessary to use a less than conventional identification so that the computer would not be confused. For example, because we chose אתא as the form for the verb "to come," the word for "sign" is concorded as את. This led us then to group all forms of the independent personal pronoun under אנא "I," which is the most common spelling for the first-person independent pronoun in this manuscript.

Also, sometimes the lexical root for a noun appears in the emphatic state rather than the absolute, to distinguish the noun from the verb. In the main, this was done to help the computer identify more forms automatically.

In preparing the Concordance, the first step after putting the natural text into machine-readable form was to establish a word-form list,

arranged alphabetically, for one of the books of the Pentateuch. As noted above, concording by word forms is not particularly useful for a Semitic language. What this exercise did was to allow us to assign a lexical root to each word form. Once this working dictionary was completed for the first book, it was applied to the next one. The computer identified about 60 percent of the forms in the second book, leaving unidentified only the word forms which were not already in the working word-form list. Lexical roots were then assigned to these words, added to the already existing list, and applied to the next book of the Pentateuch. Because the text was a manuscript with spelling variants, and because the subject matter in the five books of the Pentateuch varies, the computer was only able to achieve about 60 percent automatic identification.

The one area where the computer could do no more than flag a problem was with homographs. To overcome this problem we printed the text on one line and its lexical identification immediately below on a second line. The distinction between, for instance, עם, "people," and עם, "with," could then be seen in context. There are hundreds of homographs, not only of such obvious words as בר ("son," "outside"), ברך ("bless," "your son"), but also of many more that are less obvious. The reading of the text in parallel with the assigned lexical roots aided greatly in reducing the chances of incorrectly identifying homographs. Once homographs were identified, the working dictionary could be refined to separate out עם I and עם II, etc. This part of the project has been by far the most difficult to control completely.

The Concordance contains two types of entries. The largest proportion of word forms are concorded with a line of context under a lexical root, including proper names. But in order to produce a manageable Concordance one limitation was imposed. Hence the second type of entry. The inseparable prepositions are listed only with the total number of occurrences. For example, *beth* occurs 5,684 times and *waw* 16,495 times. It would have made no sense to concord in *context* the particle *waw*. One preposition which some may wish had been singled out is *lamedh* (8,515), because sometimes it introduces the direct object. However, here again the number of occurrences when *lamedh* serves as the sign of the direct accusative did not justify printing *lamedh* in 8,515 lines of context. Anyone wishing to study *lamedh* as the *nota accusativum* can do so in one of two ways. In this Concordance, one can examine verbal roots and quickly isolate those passages where *lamedh* is *nota accusativum*. The other way is to obtain

from us a machine-readable tape of the natural text of the Targum, write one's own program, and isolate *lamedh* in all 8,515 occurrences.

The user of this Concordance should note the following:

1. All lexical roots are listed in the order of the Aramaic alphabet.
2. The lexical roots appear in bold type with the total number of word forms following in parenthesis. In general, the lexical root represents a basic form of the root.
3. The concorded key-word appears in bold type in the center of the context line.
4. The biblical reference at the left end of the line refers to the location of the key-word.
5. The sign : indicates the end of a verse. The sign :: indicates that in the text a verse is missing.
6. Inseparable prepositions appear in context but are not concorded separately. Also, *mem* of infinitives and participles is not concorded. Hence, the prefixed forms appear under their appropriate lexical root and in alphabetical sequence within the entry.
7. The context lines in which the key-word is centered are alphabetized according to the first letter of the key-word in its word form. These, in turn, are ordered according to the first letter of the following word. Thus, phrases appear together.
8. The independent personal pronouns are all concorded under **אנא**, "I."
9. Proper names are listed separately at the end of the regular Concordance.
10. The word-frequency list appears at the end of the Concordance.

There only remains for me the pleasant task of acknowledging that this has been a team effort. Dr. G. J. Kuiper prepared the initial edition of Genesis based on the manuscript. Professor W. E. Aufrecht served as research assistant for the project. His help, advice, and unflagging enthusiasm kept me and the project moving forward. Professor John C. Hurd provided the program and gave unstintingly of his time and experience. Dr. Frank Spitzer, formerly of the University of Toronto Computing Services, gave very practical help in putting the transliterated text into the fine Aramaic format you have before you. Last, but not least, Mrs. Harry Magder diligently, and on a regular basis, checked and proofread the copy. She has also prepared an English translation of the Targum which we hope

will be published in due course. The printing division of the University of Toronto Press prepared the camera-ready copy. Only I know how much the efforts of all these five people have contributed to the fruition of this project, which Mr. Bernard Scharfstein encouraged and served as midwife in bringing all our efforts to final form.

Funding for this project came from the Social Sciences and Humanities Research Council in Ottawa and from the computer funds of the Department of Near Eastern Studies, University of Toronto.

Finally, with thanks to all, I must still admit that the errors, omissions, and idiosyncrasies are the editor's responsibility, and I welcome your comments.

Department of Near Eastern Studies — Ernest G. Clarke
University of Toronto

October 1983

NOTES

1. G. J. Kuiper, *The Pseudo-Jonathan Targum and Its Relationship to Targum Onkelos,* Studia Ephemeridis "Augustinianum" no. 9 (Rome, 1972).

2. I acknowledge with gratitude the permission to use the British Museum MS Add. 27031.

3. M. Ginsburger, *Pseudo-Jonathan (Thargum Jonathan ben Usiël zum Pentateuch). Nach der Londoner Handschrift (Brit. Mus. add. 27031)* (Berlin: S. Calvary, 1903; reprint eds., Hidersheim: Olms, 1971; Jerusalem: Makor, 1974).

4. J. Bowker, *The Targums and Rabbinic Literature* (Cambridge, 1969), p. 27.

5. D. Rieder, *Pseudo-Jonathan: Targum Jonathan ben Uziel on the Pentateuch copied from the London MS. (British Museum add. 27031)* (Jerusalem: Salomon's Printing Press, 1972).

6. Reviewed by N. Allony, *Beth Mikra* 62 (1975): 423–425; M. L. Klein, *Journal of Biblical Literature* 94 (1975): 277–279.

7. R. Le Déaut, *Targum du Pentateuque,* vol. I (Paris, 1978), p. 33; e.g., in Gn. 27:33.

8. *Biblia Polyglotta Matritensis,* vol. IV, Numbers; lists the variants in the *editio princeps* for the Book of Numbers.

9. M. Klein, *The Fragment-Targums of the Pentateuch* (Rome, 1982), I, 38.

10. Le Déaut, op. cit., I, 29–37.

11. Bowker, op. cit., p. 26. "The value of Pseudo-Jonathan is that it frequently summarizes the most usual and accepted rabbinic interpretations of the text, as well as others which are not otherwise known."

Text of Targum Pseudo-Jonathan according to British Museum Manuscript Add. 27031

ספר ראשון

(4) פרשה בראשית

(GN 1:1) מן אוולא ברא אלקים ית שמייא וית ארעא (GN 1:2)
וארעא הוות תהייא ובהיא צריא מבני נש וריקנייא מן כל בעיר
וחשוכא על אנפי תהומא ורוח רחמין מן קדם אלקים מנתבא על אנפי
מיא (GN 1:3) ואמר אלקים יהי נהורא לאנהרא עלמא ומן יד הוה
נהורא (GN 1:4) וחמא אלקים ית נהורא ארום טב ואפרש אלקים בין
נהורא ובין חשוכא (GN 1:5) וקרא אלקים לנהורא יממא ועבדיה
למפלח ביה דיירי עלמא ולחשוכא קרא ליליא ועבדיה למינח ביה
ברייתא והווה רמש והוה צפר יומא חדא (GN 1:6) ואמר אלקים יהי
רקיעא במציעות מייא ויהי מפרש ביני מוי עלאי לביני מוי תתאי
(GN 1:7) ועבד אלקים ית רקיעא סומכיה תלת אצבעתא ביני סיטרי
שמייא למוי דאוקינוס ואפריש ביני מייא דמלרע לרקיעא וביני מייא
דלעיל בקובתא דרקיעא והוה כן (GN 1:8) וקרא אלקים לרקיע שמייא
והוה רמש והוה צפר יום תניין (GN 1:9) ואמר אלקים יתכנשון מיין
תתאין דאישתארו מן לרע לשמייא לדוכתא חד ותתנגב ארעא דתתחמי
יבישתא והוה כן (GN 1:10) וקרא אלקים לנגביתא ארעא ולבית
כנישות מיין קרא יממי וחמא אלקים ארום טב (GN 1:11) ואמר אלקים
תרבי ארעא דיתאי עישבא דביזריה מזדרע ואילן פירי עביד פירי
ליזניה דביזריה ביה על ארעא והוה כן (GN 1:12) והנפקת ארעא
דיתאין עיסבא דביזריה מזדרע ואילן פירי עביד פירי ליזניה וחמא
אלקים ארום טב (GN 1:13) והוה רמש והוה צפר יום תליתאי
(GN 1:14) ואמר אלקים יהון נהורין ברקיעא דשמייא לאפרשא ביני
יממא וביני ליליא ויהון לסימנין ולזמני מועדין ולממני בהון
חושבן יומין ולמקדשא רישי ירחין ורישי שנין עיבורי ירחין
ועיבורי שנין ותקופות שמשא ומולד סיהרא ומחזורין (GN 1:15)
ויהון לנהורין ברקיעא דשמייא למנהרא עילוי ארעא והוה כן
(GN 1:16) ועבד אלקים ית תרין נהוריא רברביה והוון שווין
באיקרהון עשרין וחד שעין בציר מנהון שית מאה ותרין ושובעין
חולקי שעתא ומן בתר כן אישתעיית סיהרא (4A) עילוי שימשא לישן
תליתאיי ואיזדערת ומני ית שמשא דהוה נהורא רבה למישלט בימּמא
וית סיהרא דהוה נהורא זעירא למשלט בליליא וית כוכביי (GN 1:17)

וסדר יתהון אלקים על שיטריהון ברקיעא דשמייא למנהרא על ארעא
(GN 1:18) ולמישמשא ביממא ובליליא ולמפרשא בין נהורא דיממא
ובין חשוך ליליא וחמא אלקים ארום טב (GN 1:19) והוה רמש והוה
צפר יום רביעיי (GN 1:20) ואמר אלקים ירחשון רקקי מוי רחיש
נפשא חייתא ועופא דטייס ושרכפיה על ארעא ושביל טייסיה על אויר
רקיע שמייא (GN 1:21) וברא אלקים ית תנינייא רברבייא ית לויתן
ובר זוגיה דמתעתדין ליום נחמתא וית כל נפשא חייתא דרחשא
דארחישו מיא צלילתא לזניהון זני דכיין וזני דלא דכיין וית כל
עוף דטייס בגדפין לזנוהי זני דכיין וזני דלא דכיין וחמי אלקים
ארום טב (GN 1:22) (GN 1:23) והוה רמש והוה צפר יום חמישאיי
(GN 1:24) ואמר אלקים תהנפק גרגישתא דארעא נפשת ברייתא ליזנה
זני דכיין וזני דלא דכיין בעירי וריחשי ובריית ארעא ליזנה והוה
כן (GN 1:25) ועבד אלקים ית חיות ארעא ליזנה זני דכיין וזני
דלא דכיין וית בעירא ליזנה וית כל רחיש ארעא לזנה זני דכיין וזני
דלא דכיין וחמא אלקים ארום טב (GN 1:26) ואמר אלקים למלאכייא
דמשמשין קומוי דאיתבריין ביום תניין לבריית עלמא נעבד אדם
בצילמנא כדייוקננא וישלטון בנוני ימא ובעופא דבאויר שמייא
ובבעירא ובכל ארעא ובכל ריחשא דרחיש עילוי ארעא (GN 1:27) וברא
אלקים ית אדם בדיוקניה בצילמא אלקים ברא יתיה במאתן וארבעין
ותמני איברין בשית מאה ושיתין וחמשא גידין וקרם עילוי מושכא
ומלי יתיה ביסרא ואדמא דכר ונוקבא בגוונהון ברא יתהון
(GN 1:28) ובריך יתהון אלקים ואמר להון אלקים פושו וסגו ומלו
ית ארעא בנן ובנן ותקופו עלה בניכסין ושלוטו בכוורי ימא ובעופא
דשמייא ובכל ריחשא חייתא דרחשא עילוי ארעא (GN 1:29) ואמר
אלקים הא יהיבת לכון ית כל עיסבא דביזריה מזדרע דעילוי אנפי כל
ארעא וית כל אילני סרקא לצרוך (5) ביניינא ולאסקותא ודביה פירי
אילנא דביזריה מיזדרע לכון יהי למיכל (GN 1:30) ולכל חיות ארעא
ולכל עופא דשמייא ולכל דרחיש על ארעא דביה נפשא חייתא ית כל
ירוקי עיסבין והוה כן (GN 1:31) וחזא אלקים ית כל דעבד והא טב
לחדא והוה רמש והו צפר יום שתיתיי (GN 2:1) ושלימו ברייתי
שמייא וארעא וכל חילוותהון (GN 2:2) ושלים אלקים ביומא שביעאה
עיבידתיה דעבד ועישרתי עיסקין דברא ביני שימשתא ונח ביומא
שביעאה מכל עיבידתיה דעבד (GN 2:3) ובריך אלקים ית יומא שביעאה
מן כולהון יומי שבעתא וקדיש יתיה ארום ביה נח מכל עיבידתיה
דברא אלקים ועתיד למיעבד (GN 2:4) אילן תולדת שמייא וארעא כד
אתברייו ביומא דעבד ייי אלקים ארעא ושמייא (GN 2:5) וכל אילני
חקלא עד כדו לא הוו בארעא וכל עיסבי חקלא עד כדו לא צמח ארום
לא אמטר ייי אלקים על ארעא ואינש לא אית למיפלח ית אדמתא
(GN 2:6) וענן יקרא הוה נחית מתחות כורסי יקרא ומלי מיא מן
אוקינוס והדר סליק מן ארעא ואחית מיטרא ומשקי ית כל אפי אדמתא
(GN 2:7) וברא ייי אלקים ית אדם בתרין יצרין ודבר עפרא מאתר
בית מקדשא ומארבעת רוחי עלמא ופתכא מכל מימי עלמא ובריה סומק
שחים וחיור ונפח בנחירוהי נשמתא דחיי והוות נשמתא בגופא דאדם
לרוח ממללא לאנהרות עינין ולמצתות אודנין (GN 2:8) ואיתנציב

במימרא דייי אלקים גינוניתא מעדן לצדיקייא קדם ברית עלם ואשרי
תמן ית אדם כד ברייה (GN 2:9) ורבי ייי אלקים מן אדמתא כל אילן
דמרגג למיחמי וטב למיכל ואילן חייא במציעות גינוניתא רומיה
מהלך חמש מאה שנין ואילן דאכלין פירוהי ידעין בין טב לביש
(GN 2:10) ונהרא נפיק מעדן לאשקאה ית גינוניתא ומתמן מתפרש
והוי לארבעת רישי נהרין (GN 2:11) שום חד פישון הוא דמקיף ית
כל ארע הינדיקי דתמן דהבא (GN 2:12) ודהבא דארעא ההיא בחיר תמן
בידלחא ואבנין טבין דבורלין (GN 2:13) ושום נהרא תניינא גיחון
הוא דמקיף ית כל ארעא דכוש (GN 2:14) ושום נהרא תליתאה דיגלת
הוא דמהלך (5A) למדנח אתור ונהרא רביעא הוא פרת (GN 2:15) ודבר
ייי אלקים ית אדם מן טוור פולחנא אתר דאיתבריא מתמן ואשרייא
בגינוניתא דעדן למיהוי פלח באורייתא ולמנטר פקדוה (GN 2:16)
ופקד ייי אלקים על אדם לאומר מכל אילן גינוניתא מיכל תיכול
(GN 2:17) ומאילן דאכלין פירוהי חכמין למידע בין טב לביש לא
תיכול מיניה ארי ביומא דתיכול תהי חייב קטול (GN 2:18) ואמר
ייי אלקים לא תקין די יהי אדם דמיך בלחודיה אעביד ליה איתא
דתיהי סמיך בקיבליה (GN 2:19) וברא ייי אלקים מן אדמתא כל חיות
ברא וית כל עופא דשמייא ואיתי לוות אדם למיחמי מה יהי קרי ליה
שום וכל דקרי ליה אדם נפשא חייתא הוא שמיה (GN 2:20) וקרא אדם
שמהן לכל בעירא ולכל עופא דשמייא ולכל חיות ברא ולאדם לא אשכח
עד השתא סמיך ביקיבליה (GN 2:21) ורמא ייי אלקים שינתא עמיקתא
עילוי אדם ודמך ונסיב חדא מעילעוהי היא עילעא תלסרית דמן סטר
ימינא ואחד בבישרא אתא (GN 2:22) ובנא ייי אלקים ית עילעא דנסב
מן אדם לאיתתא ואתיה לות אדם (GN 2:23) ואמר אדם הדא זימנא ולא
תוב תתברי איתתא מן גבר היכמא דאיתבריאת דא מיני גרמא מגרמיי
ובישרא מבישרי לדא חמי למיקרי איתא ארום מגבר איתניסיבת דא
(GN 2:24) בגין כן ישבוק גבר ומתפרש מן ביה מדמכיה דאבוהי
ודאימי ויתחבר באינתתיה ויהון תרוויהון לבישרא חד (GN 2:25)
והוו תרוויהון חכימין אדם ואינתתיה ולא אמתינו ביקרהון
(GN 3:1) וחויא הוה חכים לביש מכל חיות ברא דעבד ייי אלקים
ואמר לאיתתא הקושטא דאמר ייי אלקים לא תיכלון מכל אילן
גינוניתא (GN 3:2) ואמרת איתתא לחויא משאר פירי אילן גינוניתא
אית לן רשו למיכל (GN 3:3) ומפירי אילנא דבי מציעות גינוניתא
אמר ייי לא תיכלון מיניה ולא תקרבון ביה דילמא תמותון (GN 3:4)
בי היא היא שעתא אמר חויא דלטור על ברייה ואמר לאיתתא לא ממת
תמותון ברם כל אומנא סני בר אומנותיה (GN 3:5) ארום גלי קדם
ייי ארום ביומא (6) דתיכלון מיניה ותיהוון כמלאכין רברבין
דחכמין למינדע בין טב לביש (GN 3:6) וחמת איתתא ית סמאל מלאך
מותא ודחילת וידעת ארום טב אילנא למיכל וארום אסו הוא לנהורא
דעיינין ומרגג אילנא לאיסתכלא ביה ונסיבת מאיביה ואכלת ויהבת
אף לבעלה עימה ואכל (GN 3:7) ואתנהרן עיני תרויהון וידעו ארום
ערטילאין אינון דאיתערטלו מן לבוש טופרא דאיתבריאו ביה והוון
חמיין בהתתהון וחטיטו להון מטרפי תינין ועבדו להון קמורין
(GN 3:8) ושמעו ית קל מימרא דייי אלקים מטייל בגינוניתא למנח

יומא ואיטמר אדם ואינתתיה מן קדם ייי אלקים במציעות אילני גינוניתא (GN 3:9) וקרא ייי אלקים לאדם ואמר ליה הלא כל עלמא דבריתי גלי קדמיי חשוכא כנהורא והיך אנת סבר בליבך לאיטמרי מן קדמי הלא אתר דאנת דאת מיטמר ביה אנא חמי ואין אינון פיקודייא דפקדיתו (GN 3:10) ואמר ית קל מימרך שמעית בגינוניתא ודחילת ארום ערטיליי אנא דמצותא דפקידתני אעברית מיני ואיטמרית מן כיסופא (GN 3:11) ואמר מאן חוי לך ארום ערטילאי אנת דילמא מן פירי אילנא דפקידתך דלא למיכל מיניה אכלת (GN 3:12) ואמר אדם איתתא דיהבת גביי היא יהבת לי מן פירי אילנא ואכלית (GN 3:13) ואמר ייי אלקים לאיתתיה מה דא עבדת ואמרה איתתא חיויא אשייני בחוכמתיה ואטעייני ברשיעותיה ואכלית (GN 3:14) ואייתי ייי אלקים תלתיהון לדינא ואמר לחיויא ארום עבדת דא ליט את מכל בעירא ומכל חיות ברא על מעך תהי מטייל וריגלך יתקצצון ומשכך תחי משלח חדא לשב שנין ואיריסא דמותא בפמך ועפרא תיכול כל יומי חייך (GN 3:15) ודבבו אישוי בינך ובין איתתא בין זרעית בנך ובין זרעית בנהא ויהי כד יהוון בנהא דאיתתא נטרין מצוותא דאורייתא יהוון מכוונין ומחיין יתך על רישך וכד שבקין מצוותא דאורייתא תהוי מתכווין ונכית יתהון בעיקביהון ברם להון יהי אסו ולך לא יהי אסו ועתידין (6A) הינון למיעבד שפיותא בעיקבא ביומי מלכא משיחא (GN 3:16) לאינתתא אסגא אסגי סיגופיך באדם בתולין ועידוייך בי צער תילדין בנין ולות בעליך תהי מתויך והוא יהי שליט ביך למיזכי ולמיחטי (GN 3:17) ולאדם אמר ארום קבילת למימר אינתתך ואכלת מן פירי אילנא דפקידתך למימר לא תיכול מיניה ליטא ארעא בגין דלא חויאת לך חובך בעמל תיכלינא כל יומי חייך (GN 3:18) וכובין ואטטין תצמח ותרבי בדילך ותיכול ית עיסבא דעל אפי ברא עני אדם ואמר בבעו ברחמין מן קדמך ייי דלא נתחשב קדמך כבעירא דניכול עיסבא דאפי ברא נקום כען ונלעי בליעות ידיי וניכול מזון מן מזונא דארעא ובכן יתאפרש כען קדמך בין בני אינשא ובין בני בעירא (GN 3:19) בליעות כף ידך תיכול מזונא עד דתיהדור לעפרא דמינא איתבראת ארום עפרא אנת ולעפרא תתוב ומן עפרא אנת עתיד למיקום למיתן דינא וחושבנא על כל מה דעבדת ביום דינא רבא (GN 3:20) וקרא אדם שום אינתתיה חוה ארום היא הות אימא דכל בני נשא (GN 3:21) ועבד ייי אלקים לאדם ולאינתתיה לבושין דיקר מן משך חויא דאשלח מיניה על משך בישריהון חלף טופריהון דאישתלחו ואלבישינון (GN 3:22) ואמר ייי אלקים למלאכייא די משמשין קומוי הא אדם הוה יחידיי בארעא היכמא דאנא יחידי בשמי מרומא ועתידין למיקום מיניה דידעין למפרשא בין טב לביש אילו נטר מצוותא פקידתיה אית הוא חי וקיים כאילן חייא עד לעלמין וכדון על דלא נטר מה דפקידתא נגזור עלוהי וניטרדיה מן גינתא דעדן קדם עד לא יפשט ידיה ויסב מן פירי אילן חייא דהא אין אכיל הוא מיניה הוי חי וקיים עד לעלמין (GN 3:23) ותרכיה ייי אלקים מגינתא דעדן ואזל ויתיב בטורי מוריה למפלח ית אדמתא דאתברי מתמן (GN 3:24) וטרד ית אדם מן דאשרי יקר שכינתיה מן לקדמין בין תרין כרוביא קדם עד לא ברא עלמא ברא אורייתא אתקין

גינתא דעדן לצדיקייא (7 דייכלון ויתפנקון מן פירי אילנא על די
פלחו בחייהון באולפן אורייתא בעלמא הדין וקיימו פיקודייא אתקין
גהינם לרשיעיא דמתילא לחריבא שנינא אכלה מתרין סיטרין אתקין
בגווה זיקוקין דנור וגומרין דאישתא למידן בהום לרשיעיא דמרדו
בחייהון באולפן אורייתא טבתא היא אורייתא לפלחה מן פירי אילן
חייא דאתקנהא מימר דייי לנטורהא דיהי קיים ומטייל בשבילי ארחא
דחיי לעלמא דאתי (GN 4:1 ואדם ידע ית חוה איתתיה דהיא מתעברא
מן סמאל מלאכא דייי (GN 4:2 ואוסיפת למילד מן בעלה אדם ית
תיומתיה וית הבל והוה הבל רעי ענא וקין הוה גבר פלח בארעא
(GN 4:3 והוה מסוף יומיא בארבסר בניסן ואיתי קין מאיבא דארעא
מדרע כיתנא קרבן ביכוריא קדם ייי (GN 4:4 והבל אייתי אף הוא
מבכירי ענא ומפטימהון והוה רעוא קדם ייי וסבר אפין בהבל
ובקורבניה (GN 4:5 ולקין ולקורבניה לא אסבר אפין ותקיף לקין
לחדא ואיתכבישו איקונין דאפוהי (GN 4:6 ואמר ייי לקין למה
תקיף לך ולמה איתכבישו איקונין דאנפך (GN 4:7 הלא אם תייטיב
עובדך ישתביק לך חובך ואין לא תייטיב עובדך בעלמא הדין ליום
דינא רבא חטאך נטיר ועל תרעי ליבך חטאה רביע ובידך מסרית
רשותיה דיצרא בישא ולוותך יהוי מתויה ואנת תהי שליט ביה בין
למיזכי בין למיחטי (GN 4:8 ואמר קין לות הבל אחוהי איתא
וניפוק תרוינן לברא והוה כד נפקו תרויהון לברא עני קין ואמר
להבל מסתכל אנא דברחמין אתברי עלמא אבל לא כפירי עובדין טבין
הוא מידבר ומסב אפין אית בדינא מן בגלל מה אתקבל קרבנך ברעוא
וקרבני מני לא איתקבל ברעוא עני הבל ואמר לקין ברחמין איתברי
עלמא וכפירי עובדין טבין הוא מידבר ומסב אפין לית בדינא ועל
דהוו פירי עובדיי טבין מדידך וקדמין לדידך אתקבל קרבני ברעוא
עני קין ואמר להבל לית דין ולית דיין ולית עלם אחרן ולית
למיתתן אגר טב לצדיקיא ולית (7A למתפרעא מן רשיעיא עני הבל
ואמר לקין אית דין ואית דיין ואית עלם אחרן ואית למיתן אגר טב
לצדיקיא ואית למיתפרעא מן רשיעיא ועל עיסק פיתגמיא האיליין הוו
מתנציין על אנפי ברא וקם קין על הבל אחוהי וטבע אבנא במיצחיה
וקטליה (GN 4:9 ואמר ייי לקין אן הבל אחוך ואמר לא ידענא
דילמא נטיר אחי אנא (GN 4:10 ואמר מה עבדת קל דמי קטילת אחוך
דאיתבלעו בגרגישתא צווחין קדמיי מן ארעא (GN 4:11 וכען חלף
דקטלתיה ליט את מן ארעא דפתחת ית פומא וקבילת ית דמי דאחוך מן
ידך (GN 4:12 ארום תיפלח ית ארעא לא תוסף למיתן חיל פירהא לך
מטלטל וגלי תהי בארעא (GN 4:13 ואמר קין קדם ייי סגי תקיף
מרודי מלמסובלא ברם יוכלא קדמך למשבוק יתיה (GN 4:14 הא טרדת
יתי יומא דין מעל אנפי ארעא ומן קדמך האיפשר דאיטמר ואין אהי
מטלטל וגלי בארעא כל זכיי דישכחינני יקטלינני (GN 4:15 ואמר
ליה ייי הא בכין כל דקטיל קין לשבעא דרין יתפרע מיניה ורשם ייי
על אפי דקין אתא מן שמא רבא ויקירא בגין דלא למיקטול יתיה כל
דישכחוניה באיסתכלותיה ביה (GN 4:16 ונפק קין מן קדם ייי
ויתיב בארע טלטול גלותיה דהות עבידא עילוהי מלקדמין בגינוניתא
דעדן (GN 4:17 וידע קין ית אינתתיה ואעדיאת וילידת ית חנוך

והוה בני קרתא וקרא שום קרתא כשום בריה חנוך (GN 4:18)
ואיתייליד לחנוך ית עירד ועירד אוליד ית מחוייאל ומחוייאל
אוליד ית מתושאל ומתושאל אוליד ית למך (GN 4:19) ונסיב ליה למך
תרתין נשין שום חדא עדה ושום תנייתא צלה (GN 4:20) וילידת עדה
ית יבל הוא הוה רב בהום דכל יתבי משכנין ומרי בעיר (GN 4:21)
ושום אחוהי יובל הוא הוה רב בהום דכל דממנן לזמרא בכינרא
ואבובא (GN 4:22) וצלה אף היא ילידת ית תובל קין רב לכל אומן
דידע בעיבידת נחשא ופרזלא ואחתיה דתובל קין נעמא היא הות (8)
מרת קינין וזמרין (GN 4:23) ואמר למך לנשוי עדה וצלה קבילן קלי
נשי למך אציתן למימרי ארום לא גברא קטילית דנתקטלא תחותוהי
ואוף לא עולימא חבילית דבגיניה יהובדון זרעי (GN 4:24) ארום
קין דהב ותב בתיובא עד שובעא דרין אתיליו ליה ולמך בר בריה דלא
חב דינא הוא דייתלי ליה עד שובעין ושבעא (GN 4:25) וידע אדם
תוב ית אינתתיה לסוף מאה ותלתין שנין דאיתקטיל הבל וילידת בר
וקרת ית שמיה שת ארום אמרת יהב לי ייי בר אוחרן חלף הבל דקטליה
קין (GN 4:26) ולשת אף הוא איתיליד בר וקרת ית שמיה אנוש הוא
דרא דביומוהו שריו למטעי ועבדו להון טעוון ומכנין לטעוותהון
בשום מימרא דייי (GN 5:1) דין ספר ייחוס תולדת אדם ביומא דברא
ייי אדם בדיוקנא דייי עבידתיה (GN 5:2) דכר ונוקבא ברנון ובריך
יתהון בשום מימריה וקרא ית שומהון אדם ביומא דאיתברייו
(GN 5:3) וחיא אדם מאה ותלתין שנין ואולד ית שת דדמי לאיקוניה
ולדמותיה ארום מן קדמת דנא אולידת חוה ית קין דלא מיניה ולא
דמי ליה והבל איתקטל על ידוי דקין וקין איטרד ולא איתייחסו
זרעיתיה בספר יחוס אדם ובתר כן אוליד ית דדמי ליה וקרת ית שמיה
שת (GN 5:4) והוו יומי אדם בתר דאוליד ית שת (GN 5:5) (GN 5:6)
(GN 5:7) תמני מאה ושבע שנין ואוליד בנין ובנן (GN 5:8) והוו
כל יומי שת תשע מאה ותרתי סירי שנין ומית (GN 5:9) וחיא אנוש
תשעין שנין ואוליד ית קינן (GN 5:10) וחיא אנוש בתר דאוליד ית
קינן תמני מאה וחמיסר שנין ואוליד בנין ובנן (GN 5:11) והוו כל
יומי אנוש תשע מאה וחמש שנין ומית (GN 5:12) וחיא קינן שובעין
שנין ואוליד ית מהללאל (GN 5:13) וחיא קינן בתר דאוליד ית
מהללאל תמני מאה וארבעין שנין ואוליד בנין ובנן (GN 5:14) והוו
כל יומי קינן תשע מאה ועשר שנין ומית (8A) (GN 5:15) וחיא
מהללאל שיתין וחמש שנין ואולד ית ירד (GN 5:16) וחיא מהללאל
בתר דאוליד ית ירד תמני מאה ותלתין שנין ואולד בנין ובנן
(GN 5:17) והוו כל יומי מהללאל תמני מאה ותשעים וחמש שנין ומית
(GN 5:18) וחיא ירד מאה ושיתין ותרתי שנין ואוליד ית חנוך
(GN 5:19) וחיא ירד בתר דאוליד ית חנוך תמני מאה שנין ואולד
בנין ובנן (GN 5:20) והוו כל יומי ירד תשע מאה ושיתין ותרתין
שנין ומית (GN 5:21) וחיא חנוך שתין וחמש שנין ואולד ית מתושלח
(GN 5:22) ופלח חנוך בקשוט קדם ייי בתר דאולד ית מתושלח תלת
מאה שנין ואולד בנין ובנן (GN 5:23) והוו כל יומי חנוך עם
דיירי ארעא תלת מאה ושיתין וחמש שנין (GN 5:24) ופלח חנוך
בקושטא קדם ייי והא ליתוהי עם דיירי ארעא ארום איתניגיד וסליק

לרקיעא במימר קדם ייי וקרא שמיה מיטטרון ספרא רבא (GN 5:25)
וחיא מתושלח מאה ותמנן ושבע שנין ואולד ית למך (GN 5:26) וחיא
מתושלח בתר דאולד ית למך שבע מאה ותמנן ותרתין שנין ואולד בנין
ובנן (GN 5:27) והוו כל יומי מתושלח תשע מאה ושיתין ותשע שנין
ומית (GN 5:28) וחיא למך מאה ותמנן ותרתין שנין ואולד בר
(GN 5:29) וקרא ית שמיה נח למימר דין ינחמיננא מפולחננא דלא
מצלחא ומליעות ידנא מן ארעא דלטא ייי בגין חובי בני אינשא
(GN 5:30) וחיא למך בתר דאולד ית נח חמש מאה ותשעין וחמש שנין
ואולד בנין ובנן (GN 5:31) והוו כל יומי למך שבע מאה ושובעין
ושבע שנין ומית (GN 5:32) והוה נח בר חמש מאה שנין ואולד נח ית
שם וית חם וית יפת (GN 6:1) והוה ארום שריאו בני נשא למסגי על
אנפי ארעא ובנתא שפירתא איתילידו להון (GN 6:2) וחמון בני
רברביא ית בנת אינשא ארום שפירן הינון וכסלן ופקסן ומהלכן
בגילוי בישרא והרהירו ליזנו ונסיבו להון נשין מכל דאיתרעיו
(GN 6:3) ואמר ייי במימריה לא יתדנון כל דריא בישא דעתידין
למיקום בסדר (9) דיניא דדרא דמבולא למובדא ולמישתציה מגו עלמא
הלא יהבית רוח קדשי בהום מן בגלל די יעבדון עובדין טבין והא
אבאישו עובדיהון הא יהבית להון ארכא מאה ועשרין שנין מן בגלל
דיעבדון תתובא ולא עבדו (GN 6:4) שמחזאי ועזאל הינון נפלן מן
שמיא והוו בארעא ביומיא האינון ואוף בתר כן דעלון בני רברביא
לות בנת אינשא וילידן להון והינון מתקריין גיברין דמעלמא אינשי
שמהן (GN 6:5) וחמא ייי ארום סגיאת בישת אינשא בארעא וכל יצרא
דמחשבת ליביה לחוד ביש כל יומא (GN 6:6) ותב ייי במימריה ארום
עבד ית אינשא בארעא ואידיין עליהון במימריה (GN 6:7) ואמר ייי
אבטיל ית אינשא דבריתי מעל אנפי ארעא מאינשא עד בעירא עד ריחשא
ועד עופא דשמייא ארום תבית במימרי ארום עבדתינון (GN 6:8) ונח
דהוה צדיקא אשכח חינא קדם ייי

פרשה נח

(GN 6:9) אילן יחוסין דגניסת נח נח הוה גבר זכאי שלים
בעובדין טבין הוה בדרוהי בדחלתא דייי הליך נח (GN 6:10) ואולד
נח תלתא בנין ית שם ית חם וית יפת (GN 6:11) ואיתחבלת ארעא
בגין דיירהא דסטו מן ארחן דתקנן קדם ייי ואיתמליאת ארעא חטופין
(GN 6:12) וחמא ייי ית ארעא והא איתחבלת ארום חבילת כל בישרא
כל חד וחד ית אורחיה על ארעה (GN 6:13) ואמר ייי לנח סופא דכל
בישרא מטא מן קדמי ארום איתמליאת ארעא חטופין מן עובדיהון בישיא
והא אנא מחבלהון עם ארעא (GN 6:14) עיבד לך תיבותא דקיסין
קדרונין מאה וחמשין קולין תעביד לתיבותא בשמאלא ותלתין ושית
בפותיה ועשרה בתין במיצעא לאצנעא בהון מזונא וחמש אפוטניותא
בימינא וחמש בשמאלה ותישוע יתה מן גיו ומברא בחימרא (9A)
(GN 6:15) (GN 6:16) איזל לפישון וסב מתמן יורדא ותשויניה
בתיבותא לאנהרא לכון ולגרמידא תשיצינה מלעיל ותרעא דתיבותא
בציטרא תשוי מדורין תתאין תניינין ותליתאין תעבדינה (GN 6:17)
ואנא האנא מייתא ית טובענא מיא על ארעא לחבלא כל בישרא דביה
רוחא דחיי מן תחות שמיא כל דבארע יתנגד (GN 6:18) ואקים ית

קימי עמך ותיעול לתיבותא אנת ובנך ואינתתך ונשי בנך עמך
(GN 6:19) ומן כל דחי מכל בישרא תרין מכולא תעיל לתיבותא
לקיימא עימך דכר ונוקבא יהון (GN 6:20) מעופא ליזניה ומבעירא
ליזניה ומכל ריחשא דארעא ליזניה תרין מכולא ייעלון לוותך על יד
מלאכא כאחד ומעל יתהון לך לקיימא (GN 6:21) ואנת סב לך מכל
מיכל דמיתאכיל ויהי לך ולכון למיכל (GN 6:22) ועבד נח ככל
דפקדיה ייי (GN 7:1) ואמר ייי לנח עול אנת וכל אינש ביתך
לתיבותא ארום יתך חמית זכאיי קדמי בדרא הדין (GN 7:2) מכל
בעירא דכיא תיסב לך שובעא שובעא דכר ונוקבא ומן בעירא דליתא
דכייא תרין דכר ונוקבא (GN 7:3) ברם מן צפרי שמיא שובעא שובעא
דכר ונוקבא לקיימא מנהון זרעא על ארעא (GN 7:4) ארום הא אנא
יהיב להון ארכא שובעא יומין אין יתובון ישתביק להון ואין לא
יתובון לזמן יומין תוב שובעא אנא מחית מיטרא על ארעא ארבעין
יממין וארבעין ליליוון ואישצי ית כל גווית אינש ובעיר ארעא
(GN 7:5) ועבד נח ככל דפקדיה ייי (GN 7:6) ונח בר שית מאה שנין
וטובענא הוה מיא על ארעא (GN 7:7) ועל נח ובנוהי ואינתתיה ונשי
בנוי עימיה לתיבותא מן קדם מוי דטובענא (GN 7:8) מן בעירא
דכייא ומן בעירא דליתא דכייא ומן עופא וכל דרחיש על ארעא
(GN 7:9) תרין תרין עלו לנח לתיבותא דכר ונוקבא היכמא דפקיד
ייי ית נח (GN 7:10) והוה לזמן שובעא יומין מן בתר דשלים
איבליה דמתושלח חמא ייי והא לא תהו בני נשא ומוי דטובענא הוו
נחתין רתיחין מן שמייא עילוי ארעא (GN 7:11) בשנת שית מאה שנין
לחיי נח (10) ביירחא תניינא הוא ירח מרחשון דעד כדון לא הוו
מתמנן ירחייא אלהן מתשרי דהוא ריש שתא לשכלול עלמא בשבסרי
יומין לירחא ביומא הדין איתבזעו כל מבועי תהומא רבא והוון בני
גיברייא משוויין תמן בניהון וסתמין יתהון ובתר הכי חרכי שמיא
איתפתחו (GN 7:12) והוה מיטרא נחית על ארעא ארבעין יממין
וארבעין לילוון (GN 7:13) בכרן יומא הדין על נח ושם וחם ויפת
בני נח ואיתת נח ותלת נשי בנוהי עימיה לתיבותא (GN 7:14) הינון
וכל חיתא ליזנהא וכל בעירא ליזנהא וכל ריחשא דרחיש על ארעא
ליזניה כל עופא ליזניה כל ציפר כל דפרח (GN 7:15) ועלו לות נח
לתיבותא תרין תרין מכל בישרא דביה רוחא דחיי (GN 7:16) ועליא
דכר ונוקבא מן כל בישרא עלו היכמא דפקיד יתיה ייי אלקים ואגן
מימרא דייי ית תרעא דתיבותא באנפי (GN 7:17) והוה טובענא
ארבעין יממין על ארעא וסגיאו מיא ונטלו ית תיבותא ואיתרמת מעל
ארעא (GN 7:18) ותקפו מיא וסגיאו לחדא על ארעא והות תיבותא
מהלכא סחיא על אנפי מיא (GN 7:19) ומיא תקפו לחדא על ארעא
ואיתחפיאו כל טווריא רמיא דתחות כל שמיא (GN 7:20) חמיסירי
גרמידין מלעיל תקפו מיא ואיתחפיאו טוורייא (GN 7:21) ואיתמסי כל
ביסרא דרחיש על ארעא בעופא ובבעירא ובחיתא ובכל ריחשא דרחיש על
ארעא וכל בני נשא (GN 7:22) כל דנשמת רוחא דחיין באנפוי מכל
דיבישתא מיתו (GN 7:23) ושיצי ית כל גווית אינש ובעיר דעל אנפי
ארעא מאינשא עד בעירא עד ריחשא ועד עופא דפרח באויר שמיא
ואישתיצי מן ארעא ואישתאר ברם נח ודעימיה בתיבותא (GN 7:24)

ותקפו מיא על ארעא מאה וחמשין יומין (GN 8:1 ודכיר ייי
במימריה ית נח וית כל חיתא וית כל בעירא דעימיה בתיבותא ואעבר
אלקים רוח רחמין על ארעא ואשתדכו מיא (GN 8:2 ואיסתגרו מבועי
תהומא וחרכי שמיא ואיתמנע מיטרא מלימיחת מן שמיא (GN 8:3
ותאיבו מיא מעילוי ארעא אזלין ותייבין וחסרו מיא מסוף מאה
וחמשין יומין (GN 8:4 ונחת תיבותא בירחא שביעאה הוא (10A
ירחא דניסן בשבסרי יומין לירחא על טוורי דקרדון שום טוורא חד
קרדוניא ושום טוורא חד ארמניא ותמן מתבניא קרתא דארמניא בארע
מדינחא (GN 8:5 ומיא הוו אזלין וחסרין עד ירח עשיריי ירח תמוז
בתמוז בחד לירחא איתחמיו רישי טווריא (GN 8:6 והוה מסוף
ארבעין יומין ופתח נח ית כוות תיבותא דעבד (GN 8:7 ושדר ית
עורבא ונפק מיפוך ותאיב עד דיביאישו מיא מעילוי ארעא (GN 8:8
ושדר ית יונתא דכייתא מלותיה למיחמיה אין איתקוללו מיא מעילוי
אנפי ארעא (GN 8:9 ולא השכחת יונתא נייחא לפרסת ריגלא ותבת
לוותיה לתיבותא ואודעת ארום מוי על אנפי כל ארעא ואושיט ידיה
ונסבהא ואעיל יתה לותיה לתיבותא (GN 8:10 ואוריך תוב שובעא
יומין ואוסיף לשדרא ית יונתא מן תיבותא (GN 8:11 ואתת לותיה
יונתא לעידוני רמשא והא טרפא דזיתא לקיט תביר ומחית בפומא
דנסבתיה מן טוור מישחא וידע נח ארום איתקוללו מיא מעילוי ארעא
(GN 8:12 ואוריך תוב שובעא יומין חורנין ושדר ית יונתא ולא
אוסיפת למיתב לותיה תוב (GN 8:13 והות בשית מאה וחדא שנין
בתשרי בחד לירחא בריש שתא נגובו מיא מעל ארעא ואעדי נח ית
חופאה דתיבותא וחמא נגובו אנפי ארעא (GN 8:14 ובירח מרחשון
בעשרין ושובעא יומין לירחא איתבשת ארעא (GN 8:15 ומליל ייי עם
נח למימר (GN 8:16 פוק מן תיבותא את ואינתתך ובנך ונשי בנך
עימך (GN 8:17 כל חיתא דעימך מכל בישרא בעופא ובבעירא ובכל
ריחשא דרחיש על ארעא הנפק עימך ויתילדון בארעא ויפשון ויסגון
על ארעא (GN 8:18 ונפק נח ובנוי ואינתתיה ונשי בנוי עימיה
(GN 8:19 כל חיתא כל ריחשא וכל עופא דרחיש על ארעא לזרעייתהון
נפקו מן תיבותא (GN 8:20 ובנא נח מדבחא קדם ייי הוא מדבחא
דבנא אדם בעידן דאיטרד מן גינתא דעדן ואקריב עילוי קרבנא
ועילוי אקריבו קין והבל ית קרבנהון וכד נחתו מוי דטובענא איתצד
ובנייה נח ונסב מכל בעירא דכיא ומן כל עוף דכי ואסיק (11 ארבע
עלוון על ההוא מדבחא (GN 8:21 וקבל ייי ברעוא קורבניה ואמר
ייי במימריה לא אוסיף למילט תוב ית ארעא בגין חובי בני אינשא
ארום יצרא דליבא דאינשא ביש מטליותיה ולא אוסיף תוב למימחי ית
כל דחי היכמא דעבדית (GN 8:22 עוד כל יומי ארעא דרועא בתקופת
תשרי וחצדא בתקופת ניסן וקורא בתקופת טבת וחומא בתקופת תמוז
וקיטא וסיתוא ויממי ולילי לא יתבטלון (GN 9:1 ובריך אלקים ית
נח וית בנוי ואמר להום פושו וסגו ומלו ית ארעא (GN 9:2
ודחלתכון ואימתכון יהי על כל חיית ארעא ועל כל עופא דשמייא בכל
דתרחיש ארעא ובכל נוני ימא בידכם יתמסרון (GN 9:3 כל ריחשא
דהוא חי דילכון יהי למיכל כירוק עיסבא יהבית לכון ית כולא
(GN 9:4 ברם בישרא דתליש מן חיותא חיא בזמן דבנפשיה ביה או

דתליש מן חיותא נכיסתא ועד דלא נפקא כולא נשמתא לא תיכלון
(GN 9:5) וברם ית דימכון לנפשתיכון אתבוע מן ידא דכל חיתא
דקטלא לבר נשא איתבועיניה לאיתקטלא עליה ומידא דאינשא מיד גבר
דישוד ית דמא דאחוי אתבוע ית נפשא דאינשא (GN 9:6) דישוד דמא
דאינשא בסהדין דיינייא מחייבין ליה קטול ודישוד בלא סהדין מרי עלמא
עתיד לאיתפרעא מיניה ליום דינא רבא ארום בדיוקנא אלקים עבד ית
אינשא (GN 9:7) ואתון פושו וסגו אתילדו בארעא וסגו בה (GN 9:8)
ואמר אלקים לנח ולבנוי עימיה למימר (GN 9:9) אנא הא אנא מקיים
קיימי עמכון ועם בניכון בתריכון (GN 9:10) ועם כל נפשת חיתא
דעימכון בעופא ובבעירא ובכל חית ארעא דעימכון מכל נפקי תיבותא
לכל חית ארעא (GN 9:11) ואקיים ית קימי עימכון ולא ישתיצי כל
ביסרא עוד ממוי דטובעא ולא יהי עוד טובענא לחבלא ארעא
(GN 9:12) ואמר אלקים דא את קימא דאנא מקיים בין מימרי
וביניכון ובין כל נפשת חיתא דעימכון לדרי עלמא (GN 9:13) ית
קשתי יהבית בעננא ותהי לסימן קיים בין מימרי וביני ארעא
(GN 9:14) ויהי כד אפרוס ענני יקרא עילוי ארעא ותתחמי (11A)
קשתא בימּמא עד לא יטמע שימשא בעננא (GN 9:15) ודכירנא ית קיימי
דבין מימרי וביניכון ובין כל נפשת חיתא בכל ביסרא ולא יהי תוב
מיא לטובענא לחבלא כל בישרא (GN 9:16) ותהי קשתא בעננא ואחמינה
למידכר קים עלם בין מימרא דאלקים ובין כל נפשת חיתא בכל ביסרא
דעל ארעא (GN 9:17) ואמר אלקים לנח דא את קים דקיימית בין
מימרי ובין מימר כל ביסרא דעל ארעא (GN 9:18) והוו בני נח
דנפקו מן תיבותא שם וחם ויפת וחם הוא אבוי דכנען (GN 9:19)
תלתא אילין בנוי דנח ומאילן איתבדרו למיתב בכל ארעא (GN 9:20)
ושרי נח למיהוי גבר פלח בארעא ואשכח גופנא דמושכיה נהרא מן
גינוניתא דעדן ונצביה לכרמא וביה ביומא אנייצת ובשילת עינבין
ועצרינון (GN 9:21) ושתי מן חמרא ורבי ואיתערטל בגו משכניה
(GN 9:22) וחמא חם אבוי דכנען ית עריתא דאבוי ותני לתרין אחוי
בשוקא (GN 9:23) ונסב שם ויפת ית אסכטלא ושויו על כתף תרוויהון
ואזלו מאחזריין וכסיו ית עריתא דאבוהון ואפיהום מאחזרין
ועריתא דאבוהון לא חמון (GN 9:24) ואיתער נח מן חמריה וידע
באשתעות חלמא ית דעבד ליה חם בריה דהוא קליל בזכותא דגרם ליה
דלא יוליד בר רביעיי (GN 9:25) ואמר ליט כנען דהוא בריה רביעיי
עביד משעבד יהי לאחוי (GN 9:26) ואמר בריך ייי אלקא דשם
דעבדיתיה צדיק ובגין כן יהוי כנען עביד ליה (GN 9:27) ישפר
אלקים תחומיה דיפת ויתגיירון בנוי וישרון במדרשא דשם ויהי כנען
עביד להון (GN 9:28) וחיא נח בתר טובענא תלת מאה וחמשין שנין
(GN 9:29) והוו כל יומי נח תשע מאה וחמשין שנין ומית (GN 10:1)
ואילן תולדת בנוי דנח ואיתיילדו להום בנין בתר טובענא
(GN 10:2) בנוי דיפת גמר ומגוג ומדי ויון ותובל ומשך ותירס
ושום אפרכיותהום אפריקי וגרמניא והמדיי ומקדינייא ויתיניא
ואוסיא ותרקי (GN 10:3) ובנוי דגומר אשכנז וריפת (12) ותורגמא
(GN 10:4) אלס וטרסס אכזיא ודרדניא (GN 10:5) מאילן איתפרשא
גנוסי נגוות עממיא כל חד ללישניה ליחוסיהום בעממיהום (GN 10:6)

ובנוי דחם כוש ומצרים ופוט וכנען ושום אפרכיותהום ערביא ומצרים
ואליחרק וכנען (GN 10:7 ובנוי דכוש סבא וחוילא וסבתה ורעמא
וסבתכא ושום אפרכיותהום סיניראי והינדיקי וסמראי ולובאי
וזינגאי ובנוי דמווריטינוס זמרגד ומזג (GN 10:8 וכוש אוליד ית
נמרוד הוא שרי למיהוי גיבר בחיטאה ולמרדא קדם ייי בארעא
(GN 10:9 הוא הוה גיבר מרודא קדם ייי בגין כן יתאמר מן יומא
דאיתברי עלמא לא הוה כנמרוד גיבר בצידא ומרודא קדם ייי
(GN 10:10 והות שירוי מלכותיה בבל רבתי והדס ונציבין וקטיספון
בארעא דפונטוס (GN 10:11 מן ארעא ההיא נפק נמרוד ומלך באתור
דלא בעא למיהוי בעיטת דרא דפלוגתא ושבק ארבע קוריין אילין ויהב
ליה ייי בגין כן אתרא ובנא ארבע קוריין אוחרנין ית נינוה וית
פלטיאת קרתא וית חדיות (GN 10:12 וית תלסר דמתבניא ביני נינוה
וביני חדיית איהי קרתא רבתי (GN 10:13 ומצרים אוליד ית
ניווטאי וית מריוטאי וית ליווקאי וית פנטסכינאי (GN 10:14 וית
נסיוטאי וית פנטפוליטי דנפקו מתמן פלישתאי וית קפודאי
(GN 10:15 וכנען אוליד ית צידון בוכריה וית חת (GN 10:16 וית
יבוסאי וית אמוראי וית גירגשאי (GN 10:17 וית חיואי וית
עירקאי וית אנתוסאי (GN 10:18 וית לוטסאי וית חומצאי וית
אנטיוכי ובתר כדין איתבדרו זרעייתהון דכנענאי (GN 10:19 והוה
תחום כנענאי מן בותנייס מעלך לגרר עד עזה מעלך לסדום ועמורא
אדמא וצבויים עד קלרהי (GN 10:20 אילין בנוי דחם לזרעית
יחוסיהון ללישנהום במותב ארעתהון בגניסת עממיהון (GN 10:21
ולשם איתיליד אף הוא בר הוא אבוהון דכל בני עיבראי אחוי דיפת
רבא בדחלתא דייי (GN 10:22 (12A בנוי דשם עילם ואתור וארפכשד
ולוד וארם (GN 10:23 (GN 10:24 וארפכשד אוליד ית שלח ושלח
אוליד ית עבר (GN 10:25 ולעבר איתילידו תרין בנין שום חד פלג
ארום ביומוי איתפליגת ארעא ושום אחוי יקטן (GN 10:26 ויקטן
אוליד ית אלמודד דמשח ית ארעא באשלוון וית שלף דישלף מוי
דנהרוותא וית חצרמות וית ירח (GN 10:27 וית הדורם וית אוזל
וית דיקלא (GN 10:28 וית עובל וית אבימאל וית שבא (GN 10:29
וית אופיר וית חווילא וית יובב כל אילין בנוי דיקטן (GN 10:30
והוה בית מותבניהון מן מישא מעלך לספרוואי טור מדינחא
(GN 10:31 אילין בנוי דשם ליחוסיהון במותב ארעייתהון לגניסת
עממהון (GN 10:32 אילין יחוסי בנוי דנח ליחוסיהון בעממיהון
ומאילין איתפרשו עממיא בארעא בתר טובענא (GN 11:1 והוה כל
ארעא לישן חד וממלל חד ועיטא חדא בלישן קודשה הוו ממללין
דאיתבריא ביה עלמא מן שירויא (GN 11:2 והוה במיטלהון ממדינחא
ואשכחו בקעתא בארעא דבבל ויתיבו תמן (GN 11:3 ואמרו גבר
לחבריה הבו נירמי ליבנין וניזי יתהון באתונא והות להון לבינתא
לאבנא וטינא הוות להום לישיע (GN 11:4 ואמרו הבו ניבני לנא
קרתא ומוגדלא ורישי מטי עד צית שמיא ונעביד לנא סגדו ברישיה
ונישוי חרבא בידיה ותהי עבדא לקובלא סידרי קרבא קדם עד לא
ניתבדר מעילוי אנפי ארעא (GN 11:5 ואיתגלי ייי לאיתפרעא מנהון
על עובד קרתא ומוגדלא דבנו בני נשא (GN 11:6 ואמר ייי הא עמא

חד ולישן חד לכולהום ודא אתחשדו למיעבד וכדון לא יתמנע מנהון כל דחשיבו למיעבד (GN 11:7) אמר ייי לשבעין מלאכיא דקימין קומוי איתון כדון וניחות ונערבבא תמן לישנהום דלא ישמעון אינש לישן חבריה (GN 11:8) ואיתגליאת מימרא דייי עילוי קרתא ועימיה שובעין מלאכיא כל קבל שומעין עממיא וכל חד וחד לישן עממיה ורושם כתביה בידיה ובדרינון מתמן על אנפי כל ארעא לשיבעין לישנין (13) ולא הוה ידע חד מה דיימר חבריה והוו קטלין דין לדין ופסקו מלימיבני קרתא (GN 11:9) בגין כן קרא שמה בבל ארום תמן ערביב ייי לישן כל דיירי ארעא ומתמן בדרינון ייי על אנפי כל ארעא (GN 11:10) אילין גניסת שם שם בר מאה שנין כד אוליד ית ארפכשד תרתין שנין בתר טובענא (GN 11:11) וחיא שם בתר דאוליד ית ארפכשד חמש מאה שנין ואוליד בנין ובנן (GN 11:12) וארפכשד חיא תלתין וחמש שנין ואוליד ית שלח (GN 11:13) וחיא ארפכשד בתר דאוליד ית שלח ארבע מאה ותלתין שנין ואוליד בנין ובנן (GN 11:14) ושלח חיא תלתין שנין ואוליד ית עבר (GN 11:15) וחיא שלח בתר דאוליד ית עבר ארבע מאה ותלת שנין ואוליד בנין ובנן (GN 11:16) וחיא עבר תלתין וארבע שנין ואוליד ית פלג (GN 11:17) וחיא עבר בתר דאוליד ית פלג ארבע מאה ותלתין שנין ואוליד בנין ובנן (GN 11:18) וחיא פלג תלתין שנין ואולד ית רעו (GN 11:19) וחיא פלג בתר דאוליד ית רעו מאתן ותשע שנין ואולד בנין ובנן (GN 11:20) וחיא רעו תלתין ותרתין שנין ואולד ית שרוג (GN 11:21) וחיא רעו בתר דאוליד ית שרוג מאתן ושבע שנין ואולד בנין ובנן (GN 11:22) וחיא שרוג תלתין שנין ואולד ית נחור (GN 11:23) וחיא שרוג בתר דאולד ית נחור מאתן שנין ואולד בנין ובנן (GN 11:24) וחיא נחור עשרין ותשע שנין ואולד ית תרח (GN 11:25) וחיא נחור בתר דאולד ית תרח מאה ושתסרי שנין ואולד בנין ובנן (GN 11:26) וחיא תרח שובעין שנין ואולד ית אברם וית נחור וית הרן (GN 11:27) ואילין גניסת תרח תרח אולד ית אברם וית נחור וית הרן והרן אולד ית לוט (GN 11:28) והוה כד רמא נימרוד ית אברם לאתונא דנורא דלא פלח לטעותיה ולא הוה רשותא לנורא למוקדיה ובכין איתפליג ליביה דהרן למימר אילו נצח נימרוד אהי מן סיעתיה ואילו נצח אברם אהי מן סיעתיה וכד חמון כל עממיא דהוו תמן דלא שלטת נורא באברם אמר בליבהון (13A) הלא הרן אחוי דאברם מלא קוסמין וחרשין ואיהו לחש עילוי אישתא דלא למיקד ית אחוי מן יד נפלת אישתא מן שמי מרומא וגמרתיה ומית הרן למיחמי תרח אבוי היך איתוקד בארע ילדותיה באתון נורא דעבדו כשדאי לאברם אחוי (GN 11:29) ונסיב אברם ונחור להון נשין שום איתת אברם שרי ושום איתת נחור מלכא ברת הרן אבוי דמלכה ואבוי דיסכה היא שרי (GN 11:30) והות שרי עקרא לית לה וולד (GN 11:31) ודבר תרח ית אברם בריה וית לוט בר הרן בר בריה וית שרי כלתיה איתת אברם בריה ונפקו עימהון מאורא דכשדאי למיזל לארעא דכנען ואתו עד חרן ויתיבו תמן (GN 11:32) והוו יומי תרח מאתן וחמש שנין ומית תרח בחרן

פרשה לך לך

(GN 12:1) ואמר ייי לאברם איזל לך מארעך אתפרש מן ילדותך
פוק מבית אבוך זיל לארעא דאחזינך (GN 12:2) ואעבדינך לעם רב
ואיבריכינך וארבי שמך ותהי מברך (GN 12:3) ואבריך ית כהניא
דפרסין ידיהון בצלו ומברכין ית בנך ובלעם דמלטט יתהום אילוט
ויקטלוניה לפיתגם דחרב ויתברכון בך כל זרעית ארעא (GN 12:4)
ואזל אברם היכמה דמליל ליה ייי ואזל עימיה לוט ואברם בר שובעין
וחמש שנין במיפיקיה מחרן (GN 12:5) ודבר אברם ית שרי אינתתיה
וית לוט בר אחוי וית כל קיניינהום דיקנו וית נפשתא דיגיירו
בחרן ונפקו למיזל לארעא דכנען ואתו לארעא דכנען (GN 12:6) ועבר
אברם בארעא עד אתר שכם עד מישר דהוה מיירי וכנענאי בכין הוו
בארעא דעד כדון לא מטא זימנא דבני ישראל למירתא (GN 12:7)
ואיתגלי ייי לאברם ואמר לבנך אתין ית ארעא הדא ובנא (14) תמן
מדבחא קדם ייי דאיתגלי ליה (GN 12:8) ואיסתלק מתמן לטורא
דממדנח לביתאל ופרסיה משכניה ביתאל מן מערבא ועי ממדינחא ובנא
תמן מדבחא קדם ייי וצלי בשמא דייי (GN 12:9) ונטל אברם אזיל
ונטיל לדרומא (GN 12:10) והוה כפנא בארעא ונחת אברם למצרים
לאיתותבא תמן ארום תקיף כפנא בארעא (GN 12:11) והוה כמא דקריב
למיעל לתחום מצרים ומטו לנהרא וגליאו בשריהון למיעבר ואמר אברם
לשרי אינתתיה הא עד כדון לא איסתכלית בבישריך וכדון ידעית ארום
אינתתא שפירת חזו אנת (GN 12:12) ויהי ארום יסתכלון ביך מצראי
ויחמון ית שופריך ויימרון אינתתיה דא ויקטלון יתי ויתיך
יקיימון (GN 12:13) אימרי בבעו דאחתי אנת בגין דייטב לי בגיניך
ותתקיים נפשי אמטולתיך (GN 12:14) והוה כדי על אברם למצרים
וחמון מצראי ית אינתתא ארום שפירא היא לחדא (GN 12:15) וחמון
יתה רברבי פרעה ושבחו יתה לפרעה ואידברת אינתתא לבית מלכותא
דפרעה (GN 12:16) ולאברם אוטב פרעה בגינה והוו ליה מדיליה עאן
ותורין וחמרין ועבדין ואמהן ואתנין וגמלין (GN 12:17) וגרי
מימר דייי בפרעה מכתשין רברבין וית אינש ביתיה על עיסק שרי
איתת אברם (GN 12:18) וקרא פרעה לאברם ואמר מה דא עבדת לי למא
לא חוית לי ארום אינתתך היא (GN 12:19) למא אמרת אחתי היא
ודברית יתה לי לאינתו ומן יד איתגריאת בי מכתשא ולא קריבית
לותה וכדון הא אינתתך דבר ואיזל (GN 12:20) ופקיד עילוי פרעה
גוברין ואלויאו יתיה וית אינתתיה וית כל דיליה (GN 13:1) וסליק
אברם ממצרים הוא ואינתתיה וכל דיליה ולוט עימיה למיזל לדרומא
(GN 13:2) ואברם תקיף לחדא בגיתי בכספא ובדהבא (GN 13:3) ואזל
למטלנוי מן דרומא ועד ביתאל ותב עד אתרא דפרסיה תמן למשכניה מן
אוולא בין ביתאל (14A) ובין עי (GN 13:4) לאתר מדבחא דעבד תמן
בשירויא וצלי תמן אברם בשמא דייי (GN 13:5) ואוף ללוט דהוה
מידבר בזכותיה דאברם הוו עאן ותורין ומשכנין (GN 13:6) ולא
סוברת יתהום ארעא למיתב בחדא ארום הוה קינייניהון סגי ולא יכילו
למיתב כחדא (GN 13:7) והוו דיינין בין רעאי גיתיה דאברם ובין
רעאי גיתיה דלוט דרעאי דאברם הוו מיפקדיו מיניה לא תכון
בכנענאי ובפריזאי דעד כדון אית להום רשותא בארעא והוו זממין
בעיריהון דלא ייכלון גזלה עד דהוו אתיין לאתר מרעיהון ורעי

דלוט הוו מבקרין ואזלין ואכלין בחקלי כנענאי ופריזאי דעד כדון
יתבין בארעא (GN 13:8 ואמר אברם ללוט לא כען תהי מצותא בינא
ובינך ובין רעוותיי ובין רעוותך ארום גוברין אחין אנחנא
(GN 13:9 הלא כל ארעא קדמך אתפרש כדון מיני אם אנת לציפונא
ואנא לדרומא אם אנת לדרומא ואנא לציפונא (GN 13:10 וזקף לוט
ית עינוי לזנו וחמא ית כל מישר ירדנא ארום כולה בית שקייא קדם
עד לא חביל ייי ברגזיה ית סדם וית עמרה הות ארעא ההיא משבחא
באילניא כגינוניתא דייי ובעללתא כארעא דמצרים מעלך לזוער
(GN 13:11 ובחר ליה לוט ית כל מישר ירדנא ונטל לוט ממדינחא
ואתפרשו אינש מעל אחוי (GN 13:12 אברם יתיב בארעא דכנען ולוט
יתיב בקוריי מישרא ופרס למשכניה עד סדם (GN 13:13 ואינשין
דסדום בישין בממונהון דין לדין וחייבין בגופיהון בגילוי עריתא
ושדיות אדם זכוי ופלחן פולחנא נכראה ומרדין לשמא דייי לחדא
(GN 13:14 ויי אמר לאברם בתר דאיתפרש לוט מיניה זקוף כדון
עינך ותיחמי מן אתרא דאנת תמן לציפונא ולדרומא ולמדינחא
ולמערבא (GN 13:15 ארום ית כל ארעא דאנת חמי לך איתנינא
וליבנך עד עלמא (GN 13:16 ואשוי ית בנך סגיאין כעפרא דארעא
דהיכמא דאית איפשר לגבר למימני ית עפרא (15 דארעא אף כן בנך
אפשר דיתמנון (GN 13:17 קום טייל בארעא ועיבד בה חזקתא לארכא
ולפתיא ארום לך איתנינה (GN 13:18 ופרס אברם למשכניה תיכן
אימור ואתא ויתיב בחיזוי ממרא די בחברון ובנא תמן מדבחא קדם
ייי (GN 14:1 והוה ביומי אמרפל הוא נמרוד דאמר למירמי אברם
לנורא הוא מלכא דפונטוס אריוך דהוה אריך בגינבריא מלכא דתליסר
כדרלעמר דהוה קציר מתהפיך כעומרין מלכא דעילם ותדעל רמאה כתעלא
מלכא דעממיא משתמעין ליה (GN 14:2 עבדו קרבא עם ברע דעובדוי
בביש מלכא דסדום ועם ברשע דעובדוי ברשיעא מלכא דעמורא שנאב
דאפילו לאיבוד הוה שני מלכא דאדמה ושמאבר דמחבל איבריה ליזניה
מלכא דצבויים ומלכא דקרתא דבלעת דיירהא היא זוער (GN 14:3 כל
אילין איתחברו למישר פרדיסיא הוא אתר דמסיק פרקטונין דמיין
ושדי להון לימא דמילחא (GN 14:4 תרתיסירי שנין פלחו ית
כדרלעמר ובתיליסירי שנין מרדו (GN 14:5 ובירביסרי שנין אתא
כדרלעמר ומלכיא דעימיה ומחו ית גובריא דבעשתרות קרנים וית
תקיפיא דבהמתא וית אימתני דבשוה קריתים (GN 14:6 וית חוראי
דבטווריא רמיא דגבליא עד מישר פארן דיסמיך ליצטר מדברא
(GN 14:7 ותבו ואתו לאתרא דאיתפליג דינא דמשה נביא על עינא
דמי מצותא היא ריקם ומחו ית כל חקלי עמלקאי ואוף ית אמוראי
דיתיב בעין גדי (GN 14:8 ונפק מלכא דסדום ומלכא דעמרה ומלכא
דאדמה ומלכא דצבוים ומלכא דקרתא דבלעת דיירהא איהי זוער וסדרו
עמהון סדרי קרבא במישר פרדיסיא (GN 14:9 עם כדרלעמר מלכא
דעילם ותדעל מלכא דעממייא משתמעין ליה ואמרפל מלכא דפונטוס
ואריוך מלכא דתלסר ארבעת מלכין סדרו קרבא לקביל חמשא
(GN 14:10 ומישר פרדסיא בירין בירין מליין חימרא וערקו מלכא
דסדום ועמורה ונפלו תמן ודישתארו לטווריא ערקו (GN 14:11
ונסיבו ית כל (15A קניינא דסדום ועמורה וית כל מזונהון ואזלו

(GN 14:12) ושבו ית לוט וית קנייניה בר אחוי דאברם ואזלו והוא יתיב בסדום (GN 14:13) ואתא עוג דאישתזיב מן גנבריא דמיתו בטובענא ורכב עילוי תיבותא והוה גננא על רישיה והוה מתפרנס מן מזוני דנח ולא בזכותיה אישתזב אלהין דייחמון דיירי עלמא גבורתא דייי וימרון הלא גיבריא דהוו מלקדמין מרדו במרי עלמא ושיציאונון מן ארעא וכד אגחו מלכיא האילין הוה עוג עימהון אמר בליביה איזיל ואחוי לאברם על עיסק לוט דאישתבי ויתי לשיזבותיה מן ידיהון דמלכיא ויתמסר בידיהון עאל אתא במעלי יומא דפיסחא אשכחיה דהוה עביד גריצן פטירן בכן חוי לאברם עיברא והוא הוה שרי בחזוי ממרא אמוראה אחוי דאשכל ואחוי דענר והינון הוו מריה קיימיה דאברם (GN 14:14) וכד שמע אברם ארום אשתבי אחוי וזיין ית עולמויי דחניך לקרבא מרבייני ביתיה ולא צבו למהלכא עמיה ובחר מינהון ית אליעזר בר נמרוד דהוה מתיל בגבורתא ככולהון תלת מאה ותמניסר ורדף עד דן (GN 14:15) ואתפלג להום ליליא באורחא פלגותא אגחן עם מלכיא ופלגותא אצטנעא למימחי בוכריא במצרים וקם איהו ועבדוי ומחינון ורדפינון מה דאישתאך מינהון עד דאידיכר חובא דעתיד למיהוי בדן דמציפונא לדרמשק (GN 14:16) ואתיב ית כל קניינא ואוף ית לוט אחוי וקנייניה אתיב ואוף ית נשיא וית עמא (GN 14:17) ונפק מלכא דסדם לקדמותיה בתר דתב מלימחי ית כדרלעמר וית מלכיא דעימיה למישר מפנא הוא בית רסא דמלכא (GN 14:18) ומלכא צדיקא הוא שם בר נח מלכא דירושלים נפק לקדמות אברם ואפיק ליה לחים וחמר ובההיא זימנא הוה משמש קדם אלקא עילאה (GN 14:19) וברכיה ואמר בריך אברם מן אלקא עילאה דבגין צדיקיא קנא שמיא וארעא (GN 14:20) ובריך אלקא עילאה דעבד סנאך כתריסא דמקבל מחתא ויהב ליה חד מן עשרא מכל מה דאתיב (16) (GN 14:21) ואמר מלכא דסדום לאברם הב לי נפשת אינשא דעימי דאתובתא וקניינא דבר לך (GN 14:22) ואמר אברם למלכא דסדום ארימית ידי בשבועה קדם ייי אלקא עילאה דבגין צדיקיא קנא בקנייניה שמיא וארעא (GN 14:23) אין מן חוטא ועד סנדלית רצועה אין אסב מכל דילך ולא תהי מתרברב למימר אנא אעתרית מן דידי ית אברם (GN 14:24) הלא לית לי רשו בכולא עדאה דבר מיני אכלו עולימיא וחולק גובריא דאזלו עימי ענר אשכול וממרא אף הינון יסבון חולקהון (GN 15:1) בתר פיתגמיא האילין מן דאתכנשו מלכיא ונפלו קומי אברם וקטלו ארבעה מלכין ואהדר תשע משירין חשב אברם בליביה ואמר ווי כען לי דילמא איתקבלת אגר מצוותיי בעלמא הדין ולית לי חולק בעלמא דאתי או דילמא ייזלון אחיהון וקריביהון דאילין קטיליא ויצטרפון בליגיונין וייתון עליי או דילמא בזימנא ההוא הישתכח עימי אגר זכוון קלילן ונפלו קדמיי ובזימנא תניינא לא משתכח עימי אגרא ויתחל בי שום שמיא ובכין הוה פיתגמא דייי עם אברם בחיזונא למימר לא תדחל דאף על גב דיהון מצטרפין בלגיונין ואתיין עלך מימרי תריס לך ואף על גב דהינון נפלין קומך בעלמא הדין אגר עובדך טביא נטיר ומתקן קדמי לעלמא דאתי סגי לחדא (GN 15:2) ואמר אברם ייי אלקים סגין יהבת לי וסגין אית קדמך למיתן לי ברם מה הנייה אית לי דאנא עביר מן עלמא דלא

בנין ואליעזר בר פרנסת ביתי דעל ידוי איתעבידו לי ניסין בדרמשק
מסכי למירת יתי (GN 15:3) ואמר אברם הא לי לא יהבת בר והא בר
פרנסת ביתי ירת יתי (GN 15:4) והא פיתגמא מן קדם ייי ליה למימר
לא ירתינך דין אלהין בר דתוליד הוא ירתינך (GN 15:5) ואפיק
יתיה לברא ואמר איסתכל כדון לשמייא ומני כוכביא אין תיכול
למימני יתהון ואמר ליה כדון יהון בנך (GN 15:6) והוות ליה
הימנותא במימרא דייי (16A) וחשבה ליה לזכו דלא אטח לקמיה
במילין (GN 15:7) ואמר ליה אנא ייי דאפיקתך מאתון נורא דכשדאי
למיתן לך ית ארעא הדא למירתא (GN 15:8) ואמר ייי אלקים במא
אינדע ארום אירתינה (GN 15:9) ואמר ליה סב לי תקרובתין וקרב
קדמי עגלא ברת תלת שנין וברחא בר תלת שנין ועיזא ברת תלת שנין
ושפנינא ותסילא בר יוון (GN 15:10) וקריב קומוי ית כל אילין
ופסג יתהון במציעא וסדר פסגא דחד כל קבל חבריה וית עופא לא פסג
(GN 15:11) ונחתו אומיא הינון מדמיין לעופא מסאבא למיבוז
נכסיהון דישראל והות זכותיה דאברם מגנא עליהון (GN 15:12) והוה
שמשא קריבא למטמוע ושינתא עמיקתא אתרמיית על אברם והא ארבע
מלכוון קיימין למשעבדא ית בנוי אימתא דא היא בבל קבלא דא היא
מדיי סגיאה דא היא יון נפלא דא היא אדום דעתידה למיפל ולית לה
זקיפא ומתמן עתידין למיסק עמא בית ישראל (GN 15:13) ואמר לאברם
מינדע תינדע ארום דיירין יהון בנך בארעא דלא דילהון חלף דלא
הימנת וישעבדון בהון ויסגפון יתהום ארבע מאה שנין (GN 15:14)
ואוף ית עמא דיפלחון להום דיין אנא במאתן וחמשין מחן ומן בתר
כדין יפקון לחירותא בניכסין סגיאין (GN 15:15) ואת תתכנש לות
אבהתך בשלם תנוח נפשך ותתקבר בסיבו טבא (GN 15:16) ודרא רביעאה
דבנך יתובון הכא למירתא ארום לא שלום חובא דאמוראה עד כדון
(GN 15:17) והוה שמשא טמעא וחומטא הות והא חמא אברם גיהינם
מסיק תננא וגומרין דאשא ומבעיר שביבין דנור למידן ביה רשיעיא
והא עבר בין פסוגיא האילין (GN 15:18) ביומא ההוא גזר ייי עם
אברם קיים דלא למידן ביה בנוי ולמפרוקינון ממלכותא למימר לבנך
אתן ית ארעא הדא מנילוס דמצרים עד נהרא רבא נהרא פרת
(GN 15:19) ית שלמיא וית קניזאה וית קדמונאה (GN 15:20) וית
חיתאי וית פריזאי וית גיבראי (GN 15:21) וית אמוראי וית (17)
כנענאי וית גירגשאי וית יבוסאי (GN 16:1) ושרי איתת אברם לא
ילידת ליה ולה אמתא מצריתא ושמא הגר ברת פרעה דיהבא לה לאמהו
בזמן דנסבא ואיתכתש במימר מן קדם ייי (GN 16:2) ואמרת שרי
לאברם הא כדון מנעני ייי מן למילד עול כדון לות אמתי ואחרדינה
מאים אתבני מינה וקביל אברם למימר שרי (GN 16:3) ודברת שרי
איתת אברם ית הגר מצריתא אמתא מסוף עשר שנין למיתב אברם בארעא
דכנען וחררתה ויהבת יתה לאברם בעלה ליה לאינתו (GN 16:4) ועול
לות הגר ועדיאת וחמת ארום עדיעת וזללת איקר ריבונתא בעינהא
(GN 16:5) ואמרת שרי לאברם כל עולבני מינך דהוינא רחיצא דתעבד
דיני דאנא שבקית ארעי ובית איבא ועלית עימך לארע נוכריתא וכדון
בגין דלא הוינא ילדא חררית אמתי ויהבתא למשכוב בעיטפך וחמת
ארום עברת ויתבזי איקרי באנפהא וכדון אתגלי קדם ייי עולבני

ויפרוש שלמיה בינא ובינך ותתמלי ארעא מינן ולא נצטרך לבנהא
דהגר ברת פרעה בר נימרוד דטלקך לאתונא דנורא (GN 16:6 ואמר
אברם לשרי הא אמתיך ברשותיך עיבידי לה דתקין בעיניכי וסגפתא
שרי וערקת מן קדמה (GN 16:7 ואשכחה מלאכא דייי על עינא דמיא
במדברא על עינא דבאורח חגרא (GN 16:8 ואמר הגר אמתא דשרי מן
האן אנת אתיא ולאן תיזלין ואמרת מן קדם שרי ריבונתי אנא ערקת
(GN 16:9 (GN 16:10 ואמר לה מלאכא דייי אסגאה אסגי ית בנייכי
ולא יתמנון מסגי (GN 16:11 ואמר לה מלאכא הא אנת מעברא ותלדין
בר ותקרין ית שמיה ישמעאל ארום גלי קדם ייי סיגופיך (GN 16:12
ואיהוא יהוי מדמי לערוד בבני נשא ידויי יתפרעון מבעלי דבבוי
וידי דבעלי יתושטון לאבאשא ביה ועל אנפי כל אחוי יתערבב וישרי
(GN 16:13 ואודיאת קדם ייי דמימריה מתמלל לה וכן אמרת אנת הוא
חי וקיים דחמי ולא מתחמי ארום אמרת הא ברם הכא איתגליאת יקר
(17A שכינתא דייי חזוא בתר חזוא (GN 16:14 בגין כן קרא לבירא
בירא דאיתגלי עלה חי וקיים והא היא יהיבא בין רקם ובין חלוצא
(GN 16:15 וילידת הגר לאברם בר וקרא אברם שום בריה דילידת הגר
ישמעאל (GN 16:16 ואברם בר תמנן ושית שנין כד ילידת הגר ית
ישמעאל לאברם (GN 17:1 והוה אברם בר תשעין ותשע שנין ואתגלי
ייי לאברם ואמר ליה אנא אל שדי פלח קדמי והוי שלים בבישרך
(GN 17:2 ואיתן קימי בין מימרי ובינך ואסגי יתך לחדא לחדא
(GN 17:3 ועל דלא אברם גזיר לא הוה יכיל למיקם וגחן על אנפוי
ומליל עימיה ייי למימר (GN 17:4 אנא הא גזר קימי עימך ותהי
לאב סגי עממין (GN 17:5 ולא יתקרי תוב שמך אברם ויהי שמך
אברהם ארום לאב סגי סוגעי עממין מניתך (GN 17:6 ואפיש יתך
לחדא לחדא ואיתנינך לכינשין ומלכין שליטין בעממיא מינך יפקון
(GN 17:7 ואקים ית קימי בין מימרי ובינך ובין בנך בתרך
לדריהון לקים עלך למהוי לך לאלקא ולבנך בתרך (GN 17:8 ואתן לך
ולבנך בתרך ית ארעא תותבותך ית כל ארעא דכנען לאחסנת עלם והוי
להון לאלקא (GN 17:9 ואמר ייי לאברהם ואנת ית קימי תיטר אנת
ובנך בתרך לדריהון (GN 17:10 דא קימי דתיטרון בין מימרי
וביניכון ובין בנך בתרך מיגזר לכון כל דכורא אין לית ליה איבא
למיגזריה (GN 17:11 ותיגזרון ית בישרא דעורלתכון ויהי לאת קים
בין מימרי וביניכון (GN 17:12 ובר תמניא יומין יגזר לכום כל
דכורא לדריכון מרביי̈ני בתיכון וזביני כספיכון מן כל בר עממין
דלא מבינך הוא (GN 17:13 מן דהוא גזיר יגזר מרביי̈ני בתיכון
וסביני כספיכון ותהי קימי בבשרכון לקים עלם (GN 17:14 וערלאה
דכורא דלא יגזר ית בישרא דעורלתיה אין לית ליה מן דיגזר וישתצי
בר נשא ההוא מעמי ית קימי אשני (GN 17:15 ואמר ייי לאברהם שרי
אינתתך לא תהי קרי ית שמא שרי ארום שרה שמה (GN 17:16 ואברך
יתה בגופה ואף איתן מינה (18 לה בר לאברכיניה ביה ותהי
לכינשין ומלכין שליטין בעממיא מינה יהון (GN 17:17 ונפל אברהם
על אנפוי ותמה ואמר בליביה הלבר מאה שנין יהי וולד ואין שרה
הברת תשעין שנין תוליד (GN 17:18 ואמר אברהם קדם ייי הלואי
ישמעאל יתקיים ויפלח קומך (GN 17:19 ואמר ייי בקושטא שרה

אינתתך תליד לך בר ותיקרי ית שמיה יצחק ואקים ית קימי עימיה לקים עלם לבנוי בתרוי (GN 17:20 ועל ישמעאל קבילית צלותך הא בריכית יתיה ואפיש יתיה ואסגי יתיה לחדא לחדא תריסר רברבין יוליד ואיתינניה לעם סגי (GN 17:21 וית קיימי אקיים עם יצחק דתיליד לך שרה בזימנא הדין בשתא אוחרנתא (GN 17:22 ופסק מלמללא עימיה ואיסתלק יקרא דייי מעילוי אברהם (GN 17:23 ודבר אברהם ית ישמעאל בריה וית כל מרביני בייתיה וית כל זביני כספיה כל דכורא באינשא ביתא דאברהם וגזר ית בישרא דעורלתהון ביכרן יומא הדין כמא דמליל עימיה ייי (GN 17:24 ואברהם בר תשעין ותשע שנין כד גזר ית בישרא דעורלתיה (GN 17:25 וישמעאל בריה בר תלתיסרי שנין כד גזר ית בישרא דעורלתיה (GN 17:26 בכרן יומא הדין בארבעת עשר גזר אברהם וישמעאל בריה (GN 17:27 וכל אינשי ביתיה מריביייני ביתא וזביני כספא מן בר עממין אתגזרו עימיה

פרשה וירא אליו

(GN 18:1 ואתגלי עלוהי יקרא דייי בחיזוי ממרא והוא מרע מכיבא דמהולתא יתיב תרע משכנא לתוקפא דיומא (GN 18:2 וזקף עינוי וחמא והא תלתא מלאכין בדמות גוברין וקיימין קומוי דאישתלחו לצרוך תלת מיליא ארום לית אוושר למלאכא דשיריתא לאשתלחה ליתיר מן מילא חד חד אתא (18A למבשרא יתיה דהא שרה ילדה ביר זכר וחד אתא למשיזבא ית לוט וחד אתא למיהפך ית סדום וית עמורה וכד חמנון רהט לקדמותהון מתרע משכנא וסגיד על ארעא (GN 18:3 ואמר בבעו ברחמין מן קדמך ייי אין כדון אשכחת חינא קומך לא כדון תסלק איקר שכינתך מעילוי עבדך עד דאיכנוס עבוריא האילין (GN 18:4 והדר אמר אברהם להלין גובריא יתסב כדון זעיר מיא ושזיגן ריגליכון ואסתמיכו תחות אילנא (GN 18:5 ואסב סעיד דלחים וסעידו ליבכון ואודו לשום מימרא דייי ובתר כדין תעבירון ארום בגין כדין באשון שירותא אזדמנתון ועברתון על עבדכון בדיל למסעוד ואמרו יאות מלילתא עביד כפיתגמך (GN 18:6 ואוחי אברהם למשכנא לות שרה ואמר אוחא תלת סאין סמידא דסולתא פתוכי ועבידי גריצן (GN 18:7 ולבקרותא רהט אברהם ונסיב בר תורי רכיך ושמין ויהב לעולימא ואוחי למעבדי תבשילין (GN 18:8 ונסיב לווי שמין וחלב ובר תורי דעבד עולימא תבשילין וסדר קדמיהון כאורח הילכת ברייית עלמא והוא משמש קדמיהון ואינון יתבין ודמי ליה כאילו אכלין (GN 18:9 ואמר ליה האן שרה אינתתך ואמר הא היא במשכנא (GN 18:10 ואמר חד מנהון מיתב איתוב לוותך לשתא דאתיא ואתון קיימין והא בר לשרה אינתתך ושרה הוות שמעא בתרע משכנא וישמעאל קאי בתריה וציית מה דאמר מלאכא (GN 18:11 ואברהם ושרה סבין עלו ביומין פסק מלמהוי לשרה אורח סובתא כנשיא (GN 18:12 ותמהת שרה בליבבה למימר בתר די סיבת הוי לי עדויין וריבוני אברהם סיב (GN 18:13 ואמר ייי לאברהם למה דנן גחכת שרה למימר הברם בקשוט אוליד ואנא סיבית (GN 18:14 האפשר דיתכסי מן קדם ייי מדעם לזמן חגא איתוב לוותך בעידנא הדין ואתון קיימין ולשרה בר (GN 18:15 וכפרת שרה למימר לא תמהית ארום דחילית ואמר מלאכא

לא תידחלין ארום בקושטא גחכת (GN 18:16 וקמו מתמן מלאכייא
דהוו מדמיין (19 לגברייא דין דבשר ית שרה סליק לשמיה מרומא
ותרין מנהון אודיקו על אנפי סדום ואברהם אזיל עמהון לאלוואיהון
(GN 18:17 וייי אמר במימריה לית אוושר לי למכסיא מן אברהם מה
דאנא עביד ומן דינא הוא דלא נעביד עד דנודע יתיה (GN 18:18
ואברהם עתיד דיהי לעם רב ותקיף ויתברכון בדיליה בזכותיה כל
עממי ארעא (GN 18:19 ארום גלי קדמיי חסידותיה בגין דיפקד ית
בנוי וית אינש ביתיה בתרויי ויטרון ארחן דתקנן קדם ייי למעבד
צדקתא ודינא בגין דייתיה עילוי אברהם ית טבתא דמליל עלוי
(GN 18:20 ואמר ייי למלאכי שיריתא קבילת סדם ועמרה דאניסין
מסכינין וגזרין דכל דיהיב פיתא לעניא ייקד בנורא ארום סגיאת
וחובתהון ארום תקיפת לחדא (GN 18:21 אתגלי כדון ואחמי הא
כקבילתא דריבא פליטית דעלתא קומוי עבדו גמירא הינון חייבין ואם
עבדין תתובא הלא הינון קדמיי זכאין כמא דלא ידעית ולא איתפרע
(GN 18:22 ואתפניאו מתמן תרין מלאכיא דדמיין לגובריא ואזלו
לסדום ואברהם עד כדון בעי רחמין על לוט ומשמש בצלו קדם ייי
(GN 18:23 וצלי אברהם ואמר הרוגזך שציא זכאי עם חייב
(GN 18:24 מאים אית חמשין זכאין בגו קרתא דיצלון קדמך עשרא
לכל קרווא כל קבל חמשא קוריין סדום ועמורא אדמה וצבויים וזוער
הרוגזך שציא ולא תשבוק לאתרא בגין זכוות חמשין זכאין דבגווה
(GN 18:25 חולין הוא לך למעבד כפיתגמא הדין למיקטל זכאי עם
חייב ויהי זכאי היך חייב חולין הוא לך האיפשר מאן דדאין כל
ארעא לא יעביד דינא (GN 18:26 ואמר ייי אין אשכח בסדום חמשין
זכאין בגו קרתא דיצלון קדמי ואשבוק לכל אתרא בגינהום
(GN 18:27 ואתיב אברהם ואמר בבעו ברחמין הא כדון שריתי למללא
קדם ייי ואנא מתיל לעפר וקטם (GN 18:28 מאין חסרין מן חמשין
זכאין חמשא התחבל בגין חמשא דחסרין לזוער ית כל קרתא ואמר לא
איחביל אין אשכח תמן ארבעין וחמשא (GN 18:29 ואוסיף תוב למללא
קודמוי ואמר מאים ישתכחון תמן (19A ארבעין עשרא עשרא לכל קרתא
לארבעת קוריין וזוער דחובהא קלילין שבוק לה בגין רחמך ואמר לא
אעביד גמירא בגין זכוות ארבעין (GN 18:30 ואמר לא כדון יתקוף
רוגזא דרבון כל עלמיא ייי ואמליל מאים ישתכחון תמן תלתין
דיצלון עשרא עשרא לכל קרתא לתלת קוריין וצבויים וזוער שבוק
להום בגין רחמך ואמר לא אעביד גמירא אין אשכח תמן תלתין
(GN 18:31 ואמר בבעו ברחמין הא כדון שריתי למללא קדם ריבון כל
עלמיא ייי מאים ישתכחון עשרים דיצלון עשרא עשרא לתרתין קוריין
ולתלת שבוק להום בגין רחמך ואמר לא איחבל בגין זכוות עשרין
(GN 18:32 ואמר בבעו ברחמין מן קדמך לא כדון יתקוף רוגזא
דרבון כל עלמיא ייי ואמליל ברם זימנא מאים ישתכחון תמן עשרא
ונהי אנא ואינון ונבעי רחמין על כל אתרא ותשבוק להום ואמר לא
אחביל בגין זכוות עשרא (GN 18:33 ואיסתלק איקר שכינתא דייי כד
פסק למללא עם אברהם ואברהם תב לאתריה (GN 19:1 ואתו תרין
מלאכיא לסדום ברמשא ולוט יתיב בתרעא דסדום וחמא לוט וקם
לקדמותהון מתרע משכנא וסגיד אנפוי על ארעא (GN 19:2 ואמר בבעו

כדון רבוניי זורו כדון מיכא ועולו לבית עבדכון וביתו ושזוגו
ריגליכון ותקדמון ותהכון לאורחתכון ואמר לא ארי בשוקא נבית
(GN 19:3) ופייס בהום לחדא וזרו לוותיה ועלו לביתיה ועבד להום
משתייו ופטירי אפא להום ודמי ליה כאילו אכלין (GN 19:4) עד דלא
שכיבו ואינשין רשיעין דבקרתא אינשי סדום אחזרו על ביתא מטליא
ועד סבא כל עמא מסיפא (GN 19:5) וקרו ללוט ואמרו ליה האן
גובריא דעלו לוותך ליליא דין אפיקינון לוותן ונשמש עימהון
(GN 19:6) ונפק לוותהום לוט לתרעא ודשא אחד בתרוי (GN 19:7)
ואמר בבעו לא כדון אחוי תבאשון (GN 19:8) הא כדון אית לי תרתין
בנן דלא שמישו עם גבר אנפיק כדון יתהין לוותכון ועיבידו להין
כדתקין קומיכון לחוד לגובריא האילין לא תעבדון מידעם ביש ארום
בגין כן עלו למיבת ואיטמרו תחות טלל כשורא הדא דילי (GN 19:9)
ואמרו קריב להלא ואמרו הלא בלחודוי (20) אתא דין לאיתותבא בינן
והא איתעביד דיינא ודאין לכולנא וכדון נבאיש לך יתיר מידלהון
ואתקיפו בגברא בלוט לחדא וקריבו למיתבר דשא (GN 19:10) ואושיטו
גובריא ית ידיהון והנעילו ית לוט לוותהון לביתה וית דשא אחדו
(GN 19:11) וית גובריא דבתרע ביתא מחו בחוורוריא מטלייא ועד
סבא ואשתלהיין להשכחא תרעא (GN 19:12) ואמרו גובריא ללוט תוב
מאן אית לך בקרתא קריב או אחא הכא חתנך בנך ובנתך הנפק מן אתרא
(GN 19:13) ארום מחבלין אנחנא ית אתרא הדין ארום סגיאת קבילהון
קדם ייי ושדרנא ייי לחבלותה (GN 19:14) ונפק לוט ומליל עם
חתנויי דנסיבו ברתויי ואמר קומו פוקו מן אתרא הדין ארום מחבל
ייי ית קרתא והוה פתגמא כתימהא כגבר מגחיך בעיני חתנוי
(GN 19:15) וכאשון מיסק קריצא הוה למיסוק ודחיקו מלאכיא בלוט
למימר קום דבר ית אינתתך וית תרתין בנתך דהישתכחן גבך דילמא
תישתיצי בחובי יתבי קרתא (GN 19:16) ואישתהי ואתקיפו גובריא
בידיה ובידא דאינתתיה ובידא דתרתין ברתוי בדחייסא מן קדם ייי
הוות עלווי ואפקוהי ואשריוהי מברא לקרתא (GN 19:17) והוה
באפקתהון יתהון לברא והדר חד מנהון לסדום לחבלותא וחד אשתאר עם
לוט ואמר לה חוס על נפשך לא אסתתכל לאחורך ולא תקום בכל מישרא
לטוורא אישתיזב דילמא תישתיצי (GN 19:18) ואמר לוט לוותיה בבעו
מינך אמתין לי שעא זעירא עד דנתבוע רחמין מן קדם ייי
(GN 19:19) הא כדון אשכח עבדך רחמין קדמך ואסגיתא טיבותך
העבדתא עמי לקיימא ית נפשי ואנא לא יכילנא לאישתיזבא לטוורא
דילמא תירעינני בישתא ואימות (GN 19:20) הא כדון בבעו קרתא הדא
קריבא מותבהא וחמי למיעירוק לתמן והיא ציבחר וקלילין חובהא
אישתזיב כדון תמן הלא ציבחר היא ותתקיים נפשי (GN 19:21) ואמר
ליה הא נסיבית אפך אוף לפיתגמא הדין בדיל דלא איהפוך ית קרתא
מלילתא לאישתיזבא בה (GN 19:22) אוחי אישתיזב לתמן ארום לא
יכילנא למיעבד מידעה עד מיעלך לתמן בגין כן קרא שמא דקרתא זוער
(GN 19:23) שימשא (20A) עברית ימא ונפק על ארעא בסוף תלת שעין
ולוט על לזוער (GN 19:24) ומימרא דייי אחית מיטרין דרעווא על
סדום ועל עמורא על מנת דיעבדון תתובא ולא עבדו ארום אמרו לא
גלי קדם ייי עובדין בישיא הא בכן נחתו עליהון כבריתא ואישא מן

קדם מימרא דייי מן שמייא (GN 19:25 והפך ית קירווייא האילין
וית כל מישרא וית כל יתבי קירווייא וצימחא דארעא (GN 19:26
ואיסתכלת אינתתיה מבתר מלאכא למנדוע מה הווי בסוף בייתיה דאיבה
דהיא הוות מבנתהון דסדומאי ומטול דחטת במילחא בפרסומי עניא הא
היא עבידא עמוד דימלח (GN 19:27 ואקדם אברהם בצפרא לאתרא
דשמיש תמן ביצלו קדם ייי (GN 19:28 ואודיק על אנפי סדום
ועמורה ועל כל אנפי ארע מישרא וחמא והא סליק קוטרא דארעא היא
כקוטרא דאתונא (GN 19:29 והוה בחבלות ייי ית קירוי מישרא
ודכיר ייי ית זכותיה דאברהם ושלח ית לוט מגו הפיכתא כד הפך ית
קירווייא די הוה יתיב בהון לוט (GN 19:30 וסליק לוט מן זוער
ויתיב בטוורא ותרתין בנתיה עימיה ארום הווה דחיל למיתב בזוער
ויתיב במערתא הוא ותרתין בנתיה (GN 19:31 ואמרת רבתא לזעירתא
אבונא סיב וגבר לית בארעא למיעל עלנא כאורח כל ארעא (GN 19:32
איתא נשקי ית אבונא חמר וכד יהי רוי נשמיש עימיה ונקיים מאבונא
בנין (GN 19:33 ואשקיאן ית אבוהון חמר בליליא ההוא ורוא וקמת
רבתא ושמישת עם אבוהא ולא ידע במישכבה אלא ידע במקימה
(GN 19:34 והוה מיומחרא ואמרת רבתא לזעירתא הא כבר שמישית
רמשי עם איבא נשקיניה חמרא אוף בליליא דין וירוי ועולי שימושי
עימיה ונקיים מאבונא בנין (GN 19:35 ואשקיאן אוף בליליא ההוא
ית אבוהן חמר ורוי וקמת זעירתא ושמישת עימיה ולא ידע במשכבה
ולא בימקימה (GN 19:36 ואתעברן תרתין בנת לוט מאבוהן
(GN 19:37 וילידת רבתא בר וקרת שמיה מואב ארום מאבוהא איתעברת
הוא אבוהום דמואבאי עד יומא דין (GN 19:38 (21) וזעירתא אוף
היא ילידת בר וקרת ית שמיה בר עימיה ארום בר אבוהא הוא הוא
אבוהון דעמא מואבאה עד זמן יומא דין (GN 20:1 ונטל מתמן אברהם
לארע דרומא ויתיב ביני ריקם וביני חגרא ואיתותב בגרר (GN 20:2
ואמר אברהם על שרה אינתתיה אחתי היא ושדר אבימלך מלכא דגרר
ודבר ית שרה (GN 20:3 ואתא מימר מן קדם אלקים לות אבימלך
בחילמא דליליא ואמר ליה הא אנת מיית על עיסק אינתתא דאנסת
והיא מיבעלא לגבר (GN 20:4 ואבימלך לא קריב לגבה למסאבה ואמר
ייי הבר עממין דלא חוב אוף חמי ליה למזכי בדינא אתקטיל
(GN 20:5 הלא הוא אמר לי דאחת היא והיא אוף היא אמרת אחי הוא
בקשטות לבבי ובזכאות ידיי עבדית דא (GN 20:6 ואמר ליה מימרא
דאלקים בחילמא אוף קדמיי גלי ארום בקשיטות ליבבך עבדת דא
ומנעית אוף אנא יתך מלמחטי קדמיי בגין כל לא שבקתך למקרב לגבה
(GN 20:7 וכדון אתיב איתת גבר ארום נביא הוא ויצלי עלך ותיחי
ואין ליתך מתיב דע ארי מיממת תמות אנת וכל דילך (GN 20:8
ואקדים אבימלך בצפרא וקרא לכל עבדוי ומליל ית כל פיתגמייא
האילין קדמיהון ודחילו גובריא לחדא (GN 20:9 וקרא אבימלך
לאברהם ואמר מה עבדת לנא ומה חבית לך ארום אייתיתא עלי ועל
מלכותי חובא רבא עובדין דלא כשרין לאיתעבדא עבדת עימי
(GN 20:10 ואמר אבימלך לאברהם מה חמיתא ארום עבדת ית פיתגמא
הדין (GN 20:11 ואמר אברהם ארום אמרית בלבבי לחוד לית דחלתא
דאלקים באתרא הדין ויקטלונני על עיסק אינתתי (GN 20:12 וברם

בקושטא אחתי ברת אחא דאיבא היא ברם לא מגניסת אימא והות לי
לאינתו (GN 20:13) והוה כד בעו לאטעאה יתי פלחי טעוותא ונפקית
מבית איבא ואמרית ליה טיבותיך דתעבדין עימי לכל אתרא דינהך
לתמן אימרי עלי דאחי הוא (GN 20:14) ונסב אבימלך עאן ותורין
ואמהין ויהב לאברהם ואתיב ליה ית שרה אינתתיה (GN 20:15) ואמר
אבימלך הא ארעי קדמך ובדתקין (21A) בעינך תיב (GN 20:16) ולות
שרה אמר הא יהבית אלף סילעין דכסף לאחוך הא הינון ליך תחמרא
דעיינין חלף דאתכסית מן בעליך ליליא חדא וחמית ית גופיך דאילו
יהבית ית כל דהוה לי לא הוינא כמיסת ואיתווכחן מילייא וידע
אברהם ארום לא קריב אבימלך לגבי שרה אינתתיה (GN 20:17) וצלי
אברהם קדם אלקים ואסי אלקים ית אבימלך וית אינתתיה ולחינתוי
ואיתרווחו (GN 20:18) ארום מיחד אחד מימרא דייי באנפי כל ציריה
בית וולדא לנשיא דבבית אבימלך על עיסק שרה איתת אברהם
(GN 21:1) וייי דכר ית שרה היכמא דאמר ליה ועבד ייי ניסא לשרה
היכמא דמליל אברהם בצלותיה על אבימלך (GN 21:2) ואתעברת וילידת
שרה לאברהם בר דדמי ליה לסיבתוי לזימנא דמליל יתיה ייי
(GN 21:3) וקרא אברהם ית שום בריה דיתליד לי דילידת ליה שרה
יצחק (GN 21:4) וגזר אברהם ית יצחק בריה בר תמנייא יומין כמה
דפקיד יתיה ייי (GN 21:5) ואברהם בר מאה שנין כד איתיליד ליה
ית יצחק בריה (GN 21:6) ואמרת שרה תימהא עבד לי ייי כל דשמע
יתמה עלי (GN 21:7) ואמרת מה מיהמין מבשרא דבשר לאברהם ואמר
עתידה דתוניק בנין שרה ארום ילידת ליה ביר לאישון (GN 21:8)
ורבא טליא ואתחסין ועבד אברהם משתיא רבא ביומא דאחסין ית יצחק
(GN 21:9) וחמת שרה ית ברה דהגר מצריתא דילידת לאברהם מגחך
לפולחנא נוכראה וגחין לייי (GN 21:10) ואמרת לאברהם טרוד ית
אמתא הדא וית ברא ארום לית אוושר למירות בר אמתא הדא עם ברי
ויגח קרבא עם יצחק (GN 21:11) ובאיש פיתגמא לחדא בעיני אברהם
על עיסק ישמעאל בריה דיפלח לפולחנא נוכראה (GN 21:12) ואמר ייי
לאברהם לא יבאיש בעינך על טלייא דינפק מתרבותך ועל אמתך דאת
מתרך כל דתימר לך שרה קביל מינה דנביאתא היא ארום ביצחק יתקרון
לך בנין ודין בר אמתא לא מתיחס בתרך (GN 21:13) ואוף ית (22)
בר אמתא לעם ליסטיס אשויניה ארום ברך הוא (GN 21:14) ואקדים
אברהם בצפרא ונסיב לחמא וקרווא דמיא ויהב להגר שוי על כיתפה
וקשר לה במותנהא לאודועי דאמתא היא וית ריבא ופטרה בגיטא ואזלת
וטכנת מן ארחא למדברא דסמיך לבירא דשבע (GN 21:15) והוו כיוון
דמטו לפיתחא דמדברא אדכרו למטעי בתר פולחנא נוכראה ולקה ישמעאל
באישא צמירתא ושתי כל מיא עד דישלימו כל מיא מן קרווהא ואתחריך
ואיתקליש ביסריה וסוברתיה ואישתלהיאת וקרא לדחלתא דאיבה ולא
ענה יתה ומן יד טלקת ית ריבא תחות חד מן אילנייא (GN 21:16)
ואזלת ויתיבת לה ליסטר חד וטלקת ית פולחנא נוכראה ארחיקית מן
ברה כשיעור מיגד בקשתא ארום אמרת לית אנא יכלא למיחמי במותא
דטליא ויתיבת מקביל ברה וארימת ית קלא ובכת (GN 21:17) ושמיע
קדם ייי ית קליה דטליא בגין זכותיה דאברהם וקרא מלאכא דייי
להגר מן שמייא ואמר לה מה ליך הגר לא תיסתפין ארום שמיע קדם

ייי ית קליה דטליא ולא דן יתיה לפום עובדוי בישיא דעתיד למיעבד
אלהין בגין זכותיה דאברהם חס עילוי באתר דהוא תמן (GN 21:18)
אזדקפי טולי ית טליא ואתקיפי ית אידיך ביה ארום לעם רב אשוויניה
(GN 21:19) וגלי ייי ית עינהא ואיתגלי לה בירא דמיא ואזלת ומלת
ית קרווה מיא ואשקיית ית טליא (GN 21:20) והוה מימרא דייי
בסעדיה דטליא ורבא ויתיב במדברא והוה יליף רבי קשוותא
(GN 21:21) ויתיב במדברא דפארן ונסיב איתא ית עדישא ותרכה
ונסיבת ליה אימיה ית פטימא אתתא מארעא דמצרים (GN 21:22) והוה
בעידנא ההיא ואמר אבימלך ופיכל רב חיליה לאברהם למימר מימרא
דייי בסעדך בכל מה דאנת עביד (GN 21:23) וכדון קיים לי במימרא
דייי הכא אין תשקר בי ובברי ובביר בירי כטיבותא דיעבדית עימך
תעביד עימי ועם ארעא דדרתא בה (GN 21:24) ואמר אברהם אנא אקיים
(GN 21:25) ואתווכח (22A) אברהם עם אבימלך על עיסק בירא דמיא
דאנסו ליה עבדי אבימלך (GN 21:26) ואמר אבימלך לא ידענא מן הוא
דעבד ית פיתגמא הדין ואוף אנת לא תנית לי ואוף אנא לא שמענא מן
חורנין אלהן יומא דין מינך (GN 21:27) ודבר אברהם עאן ותורין
ויהב לאבימלך וגזרו תריהום קים (GN 21:28) ואקם אברהם ית שבע
חורפן בלחודיהן ואפרישינון מן תורי (GN 21:29) ואמר אבימלך
לאברהם מה הינון שבע חורפן האילן דאקימתא בלחודיהון (GN 21:30)
ואמר ארום ית שבע חורפן תקבל מן ידי מן בגלל דתיהווי לי לסהדו
ארום חפירית ית בירא הדא (GN 21:31) בגין קרא לבירא ההוא בירא
דשבע חורפן ארום תמן קיימי תריהון (GN 21:32) וגזרו קיים בבירא
דשבע חורפן וקם אבימלך ופיכל רב חיליה ותבו לארע פלישתאי
(GN 21:33) ואנציב פרדיסא בבירא דשבע חורפן ואתקין בגויה מיכלא
ומשקיא לעבוריא ולתאוביא והוה מכריז עליהון תמן אודו והימינו
בשם מימרא דייי אלקא עלמא (GN 22:1) והוה בתר פיתגמיא האילין
מן דינצו יצחק וישמעאל ישמעאל הוה אמר לי חמי למירות ית אבא
דאנא בריה בוכרייא ויצחק הוה אמר לי חמי למירות ית אבא דאנא בר
שרה אינתתיה ואנת בר הגר אמתא דאימי עני ישמעאל ואמר אנא זכאי
יתיר מינך דאנא איתגזרית לתלסירי שנין ואין הוה צבותי למעכבא
לא הוינא מסר נפשי לאתגזרא ואנת אתגזרת בר תמניא יומין אילו
הוה בך מנדעא דילמא לא הוית מסר נפשך לאתגזרא מתיב יצחק ואמר
האנא יומנא בר תלתין ושב שנין ואילו בעי קודשא בריך הוא לכולי
איבריי לא הויתי מעכב מן יד אישתמעו פיתגמיא האילין קדם מרי
עלמא ומן יד מימרא דייי נסי ית אברהם ואמר ליה אברהם ואמר ליה
האנא (GN 22:2) ואמר דבר כדון ית ברך ית יחידך דאת רחים ית
יצחק ואיזל לך לארע פולחנא ואסיקהי תמן לעלתא על חד מן טורייא
דאימר לך (GN 22:3) ואקדים אברהם בצפרא וזריז ית חמריה (23)
ודבר ית תרין טליוי ית אליעזר וית ישמעאל עימיה וית יצחק בריה
וקטע קיסין דזיתא ותאנתא ודיקלא דחזיין לעלתא וקם ואזל לאתרא
דאמר ליה ייי (GN 22:4) ביומא תליתאה וזקף אברהם ית עינוי וחמא
ענן איקרא קטיר על טוורא ואשתמודעיה מן רחיק (GN 22:5) ואמר
אברהם לעולימוי אוריכן לכון הכא עם חמרא ואנא ועולימא נתמטי עד
כא לבחוני אין יתקיים מה דאתבשרית כדין יהון בנך ונסגוד למרי

עלמא ונתוב לוותכון (GN 22:6) ונסיב אברהם ית קיסי דעלתא ושוי
עילוי יצחק בריה ונסיב בידיה ית אישתא וית סכינא ואזלו
תרוויהום כחדא (GN 22:7) ואמר יצחק לאברהם אבוי ואמר אבא ואמר
האנא ואמר הא אישתא וקיסין והאן אימרא לעלתא (GN 22:8) ואמר
אברהם ייי יבחר ליה אימרא לעלתא ברי ואזלו תרויהום בלב שלים
כחדא (GN 22:9) ואתו לאתרא דאמר ליה ייי ובנא תמן אברהם ית
מדבחא דבנא אדם ואיתפכר במוי דטובענא ותב נח ובנייה ואיתפכר
בדרא דפלוגתא וסדר עילוי ית קיסיא וכפת ית יצחק בריה ושוי יתיה
על מדבחא לעיל מן קיסין (GN 22:10) ופשט אברהם ית ידיה ונסיבת
סכינא למיכס ית בריה עני ואמר יצחק לאבוי כפת יתי יאות דלא
נפרכס מן צערא דנפשי ונדחי לגובא דחבלא וישתכח פסולא בקרבנך
עיינויי דאברהם מסתכלן בעינויי דיצחק ועייינויי דיצחק מסתכלן
למלאכי מרומא יצחק הוה חמי יתהום ואברהם לא חמי יתהום עניין
מלאכי מרומא איתון חמון תרין יחידאין דאית בעלמא חד נכיס וחד
מתנכיס דנכיס לא מעכב ודמתנכיס פשיט צווריה (GN 22:11) וקרא
ליה מלאכא דייי מן שמיא ואמר ליה אברהם אברהם ואמר האנא
(GN 22:12) ואמר אל תושיט ידך לטלייא ולא תעביד ליה מידעם ביש
ארום כדון גלי קדמי ארום דחלא דייי אנת ולא עכיבתא ית ברך ית
יחידך מיני (GN 22:13) וזקף אברהם ית עינוי וחזא והא דיכרא חד
דאיתברי ביני שימשתא דשכלול עלמא אחיד ברחישותא דאילנא בקרנוי
ואזל אברהם ונסיב (23A) יתיה ואסיקהי לעלתא חולף בריה
(GN 22:14) ואודי וצלי אברהם תמן באתרא ההוא ואמר בבעו ברחמין
מן קדמך ייי גלי קדמך דלא הוה בלבבי עוקמא ובעית למיעבד גזירתך
בחדווא כדין כד יהון בנוי דיצחק ברי עליין לשעת אניקי תהוי
מידכר להום ועני תהום ופריק יתהום ועתידין הינון כל דריא
דקימון למהוי אמרין בטוורא הדין כפת אברהם ית יצחק בריה ותמן
איתגליית עילוי שכינתא דייי (GN 22:15) וקרא מלאכא דייי לאברהם
תניינות מן שמיא (GN 22:16) ואמר במימרי קיימית אמר ייי חולף
דעבדת ית פיתגמא הדין ולא מנעת ית ברך ית יחידך (GN 22:17)
ארום ברכא אברכינך ואסגא אסגי ית בנך ככוכבי שמיא והי כחלא דעל
כיף ימא ויירתון בנך ית קוריי שנאיהון (GN 22:18) ויתברכון
בגין זכוות בנך כל עממי ארעא חולף דקבילתא במימרי (GN 22:19)
ודברו מלאכי מרומא ית יצחק ואובלוהי לבי מדרשא דשם רבא והוה
תמן תלת שנין ובההוא יומא תב אברהם לות עולימוי וקמו ואזלו
כחדא לבירא דשבע ויתיב אברהם בבירא דשבע (GN 22:20) והוה בתר
פתגמיא האילין מן בתר דיכפת אברהם ית יצחק ואזל סטנא ותני לות
שרה דאברהם נכס ית יצחק וקמת שרה ופגנת ואשתנקת ומיתת מן אניקא
ואתא אברהם ובת באורחא ותניאו לאברהם למימר הא ילידת מילכה אף
היא אתרווחת בזכותא דאחתה למילד בנין לנחור אחוך (GN 22:21) ית
עוץ בוכריה וית בוז אחוי וית קמואל רב קסומיא דארמאי
(GN 22:22) וית כשד וית חזו וית פלדש וית ידלף וית בתואל
(GN 22:23) ובתואל אוליד ית רבקה תמניא אילין ילידת מלכה לנחור
אחוי דאברהם (GN 22:24) ותפלקתיה ושמה ראומה וילידת אוף היא ית
טבח וית גחם וית תחש וית מעכה

פרשה ויהיו חיי שרה

(24) (GN 23:1) והוו חיי שרה מאה ועשרין ושבע שנין שני חייהא דשרה (GN 23:2) ומיתת שרה בקרית ארבע היא חברון בארעא דכנען ואתא אברהם מן טוור פולחנא ואשכחה דמיתת ויתיב למיספד לשרה ולמבכייה (GN 23:3) וקם אברהם מן מחמי אפין על מיתיה ומליל עם בני חיתאה למימר (GN 23:4) דייר ותותב אנא עמכון בבעו זבונו לי אחסנת קבורתא עימכון ואיקבר ית מיתי תמן (GN 23:5) ואתיבו בני חיתאה ית אברהם למימר ליה (GN 23:6) קבל מיננא ריבוננא רב קדם ייי את ביננא בשפר קיברנא קבר ית מיתך איניש מיננא ית קבורתיה לא ימנע מינך בגין דלא למיקבר מיתך (GN 23:7) וקם אברהם וגחן לעמא דארעא לבני חיתאה (GN 23:8) ומליל עמהון למימר אין איתרעו עם נפשכון למקבר ית מיתי מן מחמי אפיי קבילו מיני ובעו עלי קדם עפרן בר צחר (GN 23:9) ויזבון לי ית מערת כפילתא דיליה דמתבניא בסטר חקליה בכסף שלים יתנינה לי ביניכון לאחסנת קבורתא (GN 23:10) ועפרן יתיב בגו בני חיתאה ואתיב עפרן חיתאה ית אברהם באנפי בני חיתאה לכל עלי תרע קרתיה למימר (GN 23:11) בבעו ריבוני קבל מיני חקלא יהבית לך ומערתא דביה לך יהבתה למתנא באנפי בני עמי יהבתה לך איזל קבר מיתך (GN 23:12) וגחן ליה אברהם באנפי בני חיתאה (GN 23:13) ומליל עם עפרון באנפי עמא דארעא למימר ברם אם אנת צבי למעבד לי טבו קביל מיני איתין כספא דמי חקלא סב מיני ואקבור ית מיתי תמן (GN 23:14) ואתיב עפרון ית אברהם למימר ליה (GN 23:15) ריבוני קביל מיני ארע דטימין דידה ארבע מאה סילעין דכסף בינא ובינך מה היא וית מיתך קבר (GN 23:16) וקביל אברהם מן עפרון ותקל אברהם לעפרון ית כספא דמליל באנפי בני חיתאה ארבע מאה סילעין דכסף טב עברין בכל פתור ומתקבלין בכל פרקמטיא (GN 23:17) וקם זבין חקלא עפרון די בכפילתא דקדם מימרא חקלא ומערתה דביה (24A) וכל אילנא דבחקלא דבכל תחומי חזור חזור (GN 23:18) לאברהם לזבינוי באנפי בני חיתאה לכל עלי תרע קרתי (GN 23:19) ומן בתר כדין קבר אברהם ית שרה אינתתיה למערת חקיל כפילתא דעל אנפי ממרא היא חברון בארעא דכנען (GN 23:20) וקם חקלא ומערתא דביה לאברהם לאחסנת קבורתא מן בני חיתאה (GN 24:1) ואברהם סיב על ביומין ומימרא דייי בריך ית אברהם בכל מיני ברכתא (GN 24:2) ואמר אברהם לאליעזר עבדיה סבא דביתיה דשליט בכל אפותיקי דליה שוי כדון ידך בגזירת מהולתי (GN 24:3) ואומינך בשום מימרא דייי אלקא דמותביה בשמי מרומא הוא אלקא דשולטניה על ארעא דילא תיסב איתא לברי מבנתהון דכנענאי די אנא יתיב ביניהון (GN 24:4) אלהין לארעי ולילדותי ולבית גניסתי תיזיל ותיסב איתתא לברי ליצחק (GN 24:5) ואמר ליה עבדא מאים לית צבות איתתא למיתי בתריי לארעא הדא האתבה אתיב ית ברך לארעא די נפקתא מתמן (GN 24:6) ואמר ליה אברהם איסתמר לך דילמא תתיב ית ברי לתמן (GN 24:7) ייי אלקא דמותביה בשמי מרומא דדברני מן בית אבא ומן ארע ילדותי ודמליל לי ותקיים עלי למימר לבנך אתן ית ארעא הדא הוא יזמן מלאכיה לקמך ותיסב איתא לברי מתמן (GN 24:8) ואם לית צבות איתתא למיתי בתרך ותזדכי ממומתי

דא לחוד ית ברי לא תתיב לתמן (GN 24:9) ושוי עבדא ית ידיה
בגזירת מהולתא דאברהם ריבוניה וקיים ליה על עיסק פיתגמא הדין
(GN 24:10) ודבר עבדא עשרא גמלין מן גמליה ריבוניה ואזל כל שפר
אפותיקי דריבוניה בידיה וקם ואזל לארם דעל פרת לקרתא דנחור
(GN 24:11) וארבע גמליא מברא לקרתא לבירא דמיא לעידן רמשא
לעידן דנפקן מליאתא (GN 24:12) ואמר ייי אלקיה דריבוני אברהם
זמין כען איתא מהגנא קומי יומנא ועיבד טבו (25) עם ריבוני
אברהם (GN 24:13) הא אנא קאי על עינא דמיא ובנתהון דאינשי קרתא
נפקו למימלי מוי (GN 24:14) ותהי ריבא די אימר לה ארכיני כדון
לגיניך ואישתי ותימר שתי ואוף גמלייך אשקי יתי זמינתא במזלא
לעבדך ליצחק ובה אינדע ארום עבדתא טיבו עם ריבוני (GN 24:15)
והוה בשעא קלילא הוא עד כדון לא פסק למללא והא רבקה נפקת
דאיתילידא לבתואל בר מלכה אינתתי דנחור אחוי דאברם ולגינתה על
כיתפה (GN 24:16) וריבא שפירא למיחמי לחדא בתולתא וגבר לא ידעה
במשכבה ונחתת לעיינה ומלת לגינתא וסליקת (GN 24:17) ורהט עבדא
לקדמותהא ואמר אטעימיני כדון קליל מוי מן לגיניתיך (GN 24:18)
ואמרת שתי ריבוני ואוחיאת ואחיתת לגינתה על ידה ואשקיתיה
(GN 24:19) ופסקת לאשקייותיה ואמרת אוף לגמלך אמלי עד דיספקון
למשתי (GN 24:20) ואוחיאת ורוקינת לגינתא למורכיוות בית שקתי
ורהטת תוב לבירא למימלי ומלת לכל גמלוי (GN 24:21) וגברא הוה
ממתין לה ושתיק למינדע האצלח ייי אורחיה אין לה (GN 24:22)
והוה כדי ספיקו גמליא למימלי ונסיב גברא קדשא דדהבא דרכמונא
מתקליה קבל דרכמונא לגולגלתא דאיטימוסין בנהא למיתב לעיבידת
משכנא ותרין שירין יהב על ידהא מתקל עשר סילעין דדהבא סכום
מתקלהון קבל תרין לוחיא דכתיבין בהון עשירתי דביריא (GN 24:23)
ואמר ברת מאן את תני כדון לי האית בית אבויך אתר כשר לנא לימבת
(GN 24:24) ואמרת ליה ברת בתואל אנא בת מלכה דילידת לנחור
(GN 24:25) ותנת למימר ליה אוף תיבנא אוף אספסתא סגי עימנא אוף
אתר כשר למבת (GN 24:26) וגחן גברא וסגיד קדם ייי דזמין קדמוי
איתתא מהגנא (GN 24:27) ואמר בריך שמא דייי אלקיה דריבוני
אברהם די לא מנע טיבותיה וקושטיה מן ריבוני אנא בזכותיה באורח
תקנא דברני ייי בית אחוי דריבוני (25A) (GN 24:28) (GN 24:29)
ולרבקה אחא ושמיה לבן ורהט לבן לות גברא לברא לעיינא
(GN 24:30) והוה כדי חמא ית קדשא וית שירייא על ידי אחתא וכד
שמע ית פתגמי רבקה אחתיה למימר כדנן מליל עמי גברא ואתא לות
גברא והא קאי עלוי גמליא על עינא (GN 24:31) וחשיב לבן דהוא
אברהם ואמר עול בריכא דייי למא אנת קאי בברא ואנא פניית ביתא
מפולחנא נוכראה ואתר אתקינית לגמלייא (GN 24:32) ועל גברא
לביתא ושרי זממי גמלייא ויהב לבן תיבנא ואספסתא לגמליא ומוי
למשזוג ריגלוי וריגליה גובריא דעימיה (GN 24:33) וסדרו קומיה
למיכול תבשילא דביה כמא דקטול וארגיש ביה ואמר לא איכול עד
דאמליל פיתגמיי ואמר מליל (GN 24:34) ואמר עבדא דאברהם אנא
(GN 24:35) וייי בריך ית ריבוני לחדא ורבא ויהב ליה עאן ותורין
וכספא ודהבא ועבדין ואמהן וגמלין וחמרין (GN 24:36) וילידת שרה

איתת ריבוני בר לריבוני בתר דסיבת ויהב ליה ית כל דיליה
(GN 24:37) ואומי יתי ריבוני למימר לא תיסב איתא לברי מבנת
כנענאי דאנא יתיב בארעהון (GN 24:38) אלהין לבית איבא תיזיל
ולייחוסי ותיסב איתא לברי (GN 24:39) ואמרית לריבוני מאים לא
תיתי איתתא בתריי (GN 24:40) ואמר לי ייי דיפלחת קומוי יזמן
מלאכיה עימך ויצלח אורחך ותיסב איתא לברי מן יחוסי ומגניסת בית
איבא (GN 24:41) בכין תזדכי ממומתי אין תיעול לבית יחוסי ואין
לא ינתנון לך ותהי זכאי ממומתי (GN 24:42) ואתית יומנא לעינא
ואמרית ייי אלקיה דריבוני אברהם אין איתך כדון מצלח אורחי דאנא
אזיל עלה (GN 24:43) הא אנא קאי על עינא דמיא ותהי ריבא דתיפוק
למימלי ואימר לה אשקיני כדון קליל מוי מן לגיניתיך (GN 24:44)
ותימר לי אוף אנת שתי אוף לגמלך אמלי היא אינתתא דזמין ייי
במזלא לבר ריבוני (GN 24:45) אנא עד לא פסקית למללא עם הרהורי
לבי והא רבקה (26) נפקת ולגינתא על כיתפא ונחתת לעיינא ומלת
ואמרית לה אשקיני כדון (GN 24:46) ואוחיאת ואחיתת לגינתא מינה
ואמרת שתי ואוף גמלייך אשקי ושתיתי ואוף גמלייא אשקיית
(GN 24:47) ושאילית יתה ואמרית ברת מאן אנת ואמרת ברת בתואל בר
נחור דילידת ליה מלכה ושוית קדשא על אפהא ושירייא על ידהא
(GN 24:48) וגחנית וסגידית קדם ייי ובריכית ית ייי אלקיה
דריבוניה אברהם דדברני באורח קשוט למיסב ית ברת אחוי דריבוני
לברי (GN 24:49) וכדון אין איתיכון עבדין טיבו וקשוט עם ריבוני
תנו לי ואין לא תנו לי ואיפני על דרומא או על ציפונא
(GN 24:50) ואתיב לבן ובתואל ואמר מן קדם ייי נפק פיתגמא דרבקה
איתיהיבת ליצחק אנן לא ניכול למללא לך ביש או טב (GN 24:51) הא
רבקה קומך דבר ואיזיל ותהי איתא לבר ריבונך כמא דמליל ייי
(GN 24:52) והוה כדי שמע עבדא דאברהם ית פיתגמיהון וסגיד על
ארעא קדם ייי (GN 24:53) והנפק עבדא מנין דכסף ומנין דדהב
ולבושין ויהב לרבקה ודורונין יהב לאחוהא ולאימא (GN 24:54)
ואכלו ושתו הוא וגובריא דעימיה ובתו וקמו בצפרא ואמר שדרוני
לריבוני (GN 24:55) ואמר ועל דהוו ממללין ברמשא בתואל הוה אכיל
מההוא תבשילא ואשכחונהי בקריצתא דהא מית ואמר אחוהא ואימא תיתב
ריבא עימנא יומי שתא חדא או עשרהרחין ובתר כדין תיזיל
(GN 24:56) ואמר להום לא תעכבון יתי וייי אצלח אורחי אלווייוני
ואיזיל לריבוני (GN 24:57) ואמרו ניקרי לריבא ונשמע מה דהיא
אמרה (GN 24:58) וקרו לרבקה ואמר לה התיזילין עם גברא הדין
ואמרת איזיל (GN 24:59) ואלויין ית רבקה אחתהום וית פדגוגתה
וית עבדא דאברהם וית גוברוי (GN 24:60) ובריכו ית רבקה ואמר
ליה עד כדון הוית אחתן וכדון את אזלא ומתנסבא לצדיקא יהי רעוא
דמיניך יפקון אלפין דריבוון וירתון בנייכי ית קוריי סנאיהום
(GN 24:61) וקמת רבקה וריבתהא ורכיבן על גמלייא ואזלן בתר גברא
ודבר עבדא ית רבקה בהדיה וטייל (26A) והיכמא דאיתקטעא ליה
אורחא במיזליה לפדן ארם היכדין איתקטעא ליה במיתביה דביומא חד
אזיל וביומא חד תב (GN 24:62) ויצחק הוה אתי מבי מדרשא דשם רבא
מעלנא דבירא דאיתגלי עלוי חי וקים דחמי ולא מתחמי והוא הוה

יתיב בארע דרומא (GN 24:63 ונפק יצחק לצלאה באנפי ברא לעידוני
רמשא וזקף עינוי וחמא והא גמלייא אתיין (GN 24:64 וזקפת רבקה
ית עינהא וחמת ית יצחק ואיתרכינת מעל גמלא (GN 24:65 ואמרת
לעבדא מן גברא הדור ויאי דמטייל בחקלא לקדמותנא ואמר עבדא הוא
ריבוני ונסיבת רדידא ואיתעטפת ביה (GN 24:66 ותני עבדא ליצחק
ית כל פיתגמייא דעבד (GN 24:67 ואעלה יצחק למשכנא דשרה אימיה
ומן יד נהרת בוצינא דטפת בזמן דמיתת שרה ונסיב ית רבקה והוות
ליה לאינתו וריחמא בגין דחמא עובדהא דתקנן כעובדיה אימיה
ואתנחם יצחק בתר דמיתת אימיא (GN 25:1 ואוסיף אברהם ונסיב
איתא ושמא קטורה היא הגר דקטירא ליה מן שירויא (GN 25:2
וילידת ליה ית זמרן וית יקשן וית מדן וית מדין וית ישבק וית
שוח (GN 25:3 ויקשן אוליד ית שבא וית דדן ובני דדן הוון תגרין
ואמפורין ורישי אומין (GN 25:4 ובני דמדין עיפה ועפר וחנוך
ואבידע ואלדעה כל אילין בנהא דקטורא (GN 25:5 ויהב אברהם
במתנה ית כל דליה ליצחק (GN 25:6 ולבניהום דפלקתין דלאברהם
יהב אברהם ניכסין מיטלטלין למתנן ותריכינון מעילוי יצחק בריה
עד דהוא בחיי ואזלו למיתב קידומא לארע מדינחא (GN 25:7 ואילין
סכום יומי חיי אברהם דחיא מאה ושובעין וחמש שנין (GN 25:8
ואתנגיד ומית אברהם בשיבו טבא סיב ושבע כל טובא ברם ישמעאל עבד
תתובא ביומוי ובתר כן אתכנש לעמיה (GN 25:9 וקברו יתיה יצחק
וישמעאל בנוי למערת כפילתא לחקיל עפרון בר צחר חיתאה דעל אנפי
(27 ממרא (GN 25:10 חקלא דיזבן אברהם מן בני חיתאה תמן
איתקבר אברהם ושרה אינתתיה (GN 25:11 ומן בגלל דלא אברהם צבי
לברכא ית ישמעאל בגין כן לא בריך ית יצחק דאין הוה מבריך ליצחק
ולא מבריך לישמעאל הוה נטיר ליה דבו ובתר דמית אברהם בריך ייי
ית יצחק בריה ויתיב יצחק סמיך לבירא דאתגלי עלוי יקר חי וקיים
דחמי ולא מתחמי (GN 25:12 ואילין תולדת ישמעאל בר אברהם
דילידת הגר מצריתא אמתא דשרה לאברהם (GN 25:13 ואילין שמהת
בני ישמעאל בשומהון לתולדתהון בוכרא דישמעאל נבט וערב ואדבאל
ומבשם (GN 25:14 וצאיתא ושתוקא וסוברא (GN 25:15 חריפא ותימא
יטור נפיש וקדמה (GN 25:16 אילין הינון בנוי דישמעאל ואילין
שומהון בכופרניהון ובקסטרוותהון תריסר רברבין לאומתהון
(GN 25:17 ואילין שני חיי ישמעאל מאה ותלתין ושבע שנין והדר
בתייובא ואיתנגיד ואתכנש לעמיה (GN 25:18 ושרו מן הנדקי עד
חלוצא דעל אנפי מצרים מעלך לאתור על אנפי כל אחוי שרא באחסנתיה

פרשה תולדות יצחק

(GN 25:19 ואילין תולדת יצחק בר אברהם ומן בגלל דהוה
איקונין דיצחק מדמיין לאיקונין דאברהם הוון בני נשא אמרין
בקושטא אברהם אוליד ית יצחק (GN 25:20 והוה יצחק בר ארבעין
שנין במיסביה ית רבקה ברת בתואל ארמאה דמן פדן ארם אחתיה דלבן
ארמאה ליה לאינתו (GN 25:21 ואזל יצחק לטוור פולחנא אתר
דכפתיה אבוי והפך יצחק בצלותיה דעתיה ממה דגזר על
אינתתיה ארום עקרא הוות גביה עשרין ותרתין שנין (27A ואתהפיך
בגיניה דעתיה ממה דגזר עליה דאף הוא הוה עקר ואתרווח

ואיתעברת רבקה אינתתיה (GN 25:22) ואידחיקו בניא במעהא הי
כגיברין עבדי קרבא ואמרת אם כדין הוא צערא דילידתא למה דין לי
בנין ואזלת לבי מדרשא דשם רבא למבעי רחמין מן קדם ייי
(GN 25:23) ואמר ייי לה תרין עממין במעייכי ותרין מלכוון
ממעייכי יתפרשון ומלכן ממלכן יהי אלים ורבא יהוי משתעבד לזעירא
אם בנוי דזעירא נטרין פיקודייא דאורייתא (GN 25:24) ושלימו
מאתן ושובעין יומי עיבורהא למילד והא תיומין במעהא (GN 25:25)
ונפק קמאה סמוקריי כוליה ככלן דשער וקרו שמיה עשו מן בגלל
דאתיליד כוליה גמיר בשיער רישא ודיקנא ושינין וככין (GN 25:26)
ובתר כדין נפק אחוי וידיה אחידא בעקיבא דעשו וקרא שמיה יעקב
ויצחק בר שיתין שנין כד ילידת יתהום (GN 25:27) ורביאו טליא
והוה עשו גבר נחשירכן למיצוד עופן וחיוון גבר נפיק חקל קטיל
נפשן דהוא קטל ית נמרוד וית חנוך בריה ויעקבו גבר שלים בעובדוי
משמש בבי מדרשא דעבר תבע אולפן מן קדם ייי (GN 25:28) ורחים
יצחק ית עשו ארום מלי רמייותא בפומיה ורבקה רחימת ית יעקב
(GN 25:29) ובההוא יומא דמית אברהם בשיל יעקב תבשילי דטלופחי
ואזל לנחמא לאבוי ואתא עשו מן ברא והוא משלהי ארום חמש עבירן
עבר בההוא יומא פלח פולחנא נוכראה שפך אדמא זכיא ועל על
עולימתא מארשה וכפר בחיי עלמא דאתי ובזה ית בכירותא (GN 25:30)
ואמר עשו ליעקב אטעם יתי כדון מן תבשילא סמוקא הדין ארום משלהי
אנא בגין כן קרא שמיה אדום (GN 25:31) ואמר יעקב זבון יומנא
כיום דאנת עתיד למחסן ית בכירותא לי (GN 25:32) ואמר עשו הא
אנא אזיל לממת ולית אנא חיי תוב בעלם אוחרן ולמה דנן לי
בכירותא וחולקא בעלמא דאת אמר (GN 25:33) ואמר יעקב קיים לי
כיום דיהי וקיים ליה וזבין ית בכירותיה ליעקב (GN 25:34) (28)
ויעקב יהב לעשו לחם ותבשיל דטלופחי ואכל ושתי וקם ואזל ושט עשו
ית בכירותא וחולק עלמא דאתי (GN 26:1) והוה כפנא תקיף בארעא
דכנען בר מכפנא קדמאה דהוה ביומי אברהם ואזל יצחק לות אבימלך
מלכא דפלישתאי לגרר (GN 26:2) והוה בלבביה דיצחק למיחות למצרים
ואתגלי ליה ייי ואמר לא תיחות למצרים שרי בארעא דאימר לך
(GN 26:3) דור בארעא הדא ויהי מימרי בסעדך ואבריכינך ארום לך
ולבנך אתן ית כל ארעתא האילין ואקיים ית קיימא דקיימית לאברהם
אבוך (GN 26:4) ואסגי ית בנך הי ככוכבי שמיא ואיתן לבנך ית כל
ארעתא האילין ויתברכון בגין בנך כל עממי ארעא (GN 26:5) חולף
די קבל אברהם במימרי ונטר מטרת מימרי פיקודיי קיימיי ואורייתיי
(GN 26:6) ויתיב יצחק בגרר (GN 26:7) ושאילו אינשי אתרא על
אינתתיה ואמר אחתי היא ארום דחיל למימר לה אינתתי ארום חשיב
בליביה דילמא יקטלונני אינשא אתרא על עיסק רבקה ארום שפירת חזו
היא (GN 26:8) והוה כד סגוליה תמן יומיא למשרי ואודיק אבימלך
מלכא דפלישתאי מן חרכא וחמא והוה יצחק חאיך עם רבקה אינתתיה
(GN 26:9) וקרא אבימלך ליצחק ואמר ברם הא אינתתך היא והיכדין
אמרת אחתי היא ואמר ליה יצחק ארום אמרית בלבבי דילמא אתקטל
בגינה (GN 26:10) ואמר אבימלך מה דא עבדת לנא כזעיר פון שכיב

מלכא דמיחד בעמא עם אינתתך ואייתיתא עלינא חובא (GN 26:11
ופקיד אבימלך ית כל עמא למימר דיקרב לביש בגברא הדין ובאינתתיה
איתקטלא יתקטל (GN 26:12 וזרע יצחק לצדקתא בארעא ההיא ואשכח
בשתא ההיא על חד מאה בדשערוי וברכיה ייי (GN 26:13 ורבא גברא
ואזל אזיל ורבי עד די רבא לחדא (GN 26:14 והוו ליה גיתי עאן
וגיתין תורין ופולחנא סגיאה וקניאו יתיה פלישתאי (GN 26:15
וכל בירין דחפסו עבדי אבוי ביומי אברהם אבוי טמונינון פלישתאי
ומלונון עפרא (GN 26:16 ואמר אבימלך ליצחק איזל מעימנא ארי
תקיפתא מיננא בניכסין לחדא (GN 26:17 ואזל מתמן (28A יצחק
ושרא בנחלא דגרר ויתיב תמן (GN 26:18 ותב יצחק וחפס ית בירן
דמוי די חפסו עבדי אבוי ביומי אברהם אבוי וטמונינון פלישתאי
בתר דמית אברהם וקרא להון שמהן הי כשמהן די הוה קרי להון אבוי
(GN 26:19 וחפסו עבדי יצחק ביספר נחלא ואשכחו תמן ביר מוי
נבעין (GN 26:20 ונצו רעוותא דיגרר עם רעוותא דיצחק למימר
דילנא מיא והות צבו מן שמיא ויבשת ובכן אהדרו יתה ליצחק ונבעת
וקרא שמא דבירא עסק ארום אתעסקו עלה עימיה (GN 26:21 וחפסו
ביר אוחרי נצו אוף עלה ויבשת ותו לא נבעת וקרא שמא סטנא
(GN 26:22 ואיסתלק מתמן וחפס ביר אוחרי ולא נצו עלה הי כקדמאי
וקרא שמא רווחתא ואמר ארום כדון ארווח ייי לנא ויפישיננא בארעא
(GN 26:23 וסליק מתמן לבירא דשבע (GN 26:24 ואיתגלי ליה ייי
בליליא ההוא ואמר אנא אלקיה דאברהם אבוך לא תידחל ארום בסעדך
מימרי ואיבריכינך ואסגי ית בנך בגין זכוותא דאברהם עבדי
(GN 26:25 ובנא תמן מבדחא וצלי בשמא דייי ופרס תמן משכניה
וחפסו תמן עבדי יצחק בירא (GN 26:26 וכד נפק יצחק מגרר
איתיבשן בירי
הון ואילניהון לא עבדו פירין וארגישו דבגין דתריכו
יתיה הוות להון כל דא ואזל אבימלך לוותיה מגרר ואתקיף ברחמוי
למיזל עימיה ופיכל רב חיליה (GN 26:27 ואמר להון יצחק מדין
אתיתון לותי דאצלי עליכון ואתון סניתון יתי ותרכתוני מלוותכון
(GN 26:28 ואמרו מחמא חמינא ארום הוה מימרא דייי בסעדך
דבזכותך הוות לן כל טבתא וכדו נפקתא מן ארען יבישו בירן
ואילננא לא עבדו פירין ואמרנא נהדריניה לותנא ותתקיים כדון
מומתא דהות בינן ומבכין תהי בינן ובינך ונגזור קים עמך
(GN 26:29 אם תעבד עימנא בישא היכמא דלא קריבנא בך לביש
והיכמה דעבדנא עימך לחוד טב ושלחנך פון בשלם אנת כדון בריכא
דייי (GN 26:30 (GN 26:31 ואקדימו בצפרא וקיימו גבר לאחוי
ופסג מתגא דחמריה ויהב פסגא חדא להום לסהדו (29 וצלי עליהום
יצחק ואתרווחו ואלוינון יצחק ואזלו מלותיה בשלם (GN 26:32
והוה ביומא ההוא ואתו עבדי יצחק ותנו ליה על עיסק בירא דחפסו
ואמרו ליה אשכחנא מוי (GN 26:33 וקרא יתה שבעה בגין כן שמא
דקרתא ביר שבע עד יומא הדין (GN 26:34 והוה עשו בר ארבעין
שנין ונסיב איתא ית יהודית ברת בארי חיתאה וית בשמת ברת אילון
חיתאה (GN 26:35 והוון מגחנן בפולחנא נוכראה ומתכוונן לאמרדא
בעובדיהון בישיא ליצחק ולרבקה (GN 27:1 והוה כד סיב יצחק
וכהיין ענויי מלמחמיה דכד כפתיה אבוי אסתכל בקורסיה יקרא

ושריין מההיא זימנא עיינויי למכהי וקרא ית עשו בריה רבא
בארביסר בניסן ואמר ליה ברי הא ליליא דין עילאי משבחין למרי
עלמא ואוצרי טלין מתפתחין ביה ואמר ליה האנא (GN 27:2 ואמר הא
כדון סיבית לית אנא ידע יום מותי (GN 27:3 וכדון סב כדון מאני
זינך בית גירך וקשתך ופוק לחקלא וצוד לי צידא (GN 27:4 ועיבד
לי תבשילין היכמא דרחימית ותעיל לותי ואיכול בגין דתברכינך
נפשי עד לא אימות (GN 27:5 ורבקה שמעת ברוח קודשא כד מליל
יצחק עם עשו בריה ואזל עשו לחקלא למיצד צידא לאיתיאה (GN 27:6
ורבקה אמרת ליעקב ברה למימר הא ליליא הדין עילאי משבחין למרי
עלמא ואוצרי טלין מתפתחין ביה ושמעית ית אבוך ממליל עם עשו
אחוך למימר (GN 27:7 אעיל לי צידה ועיבד לי תבשילין ואיכול
ואברכינך קדם ייי קדם דאימות (GN 27:8 וכדון ברי קבל מיני למה
דאנא מפקדת יתך (GN 27:9 איזל כדון לבית עינא וסב לי מתמן תרי
גדיי עזין שמינין חד לשום פיסחא וחד לשום קרבן חגא ואעביד
יתהון תבשילין לאבוך היכמה די רחים (GN 27:10 ותעיל לאבוך
ויכול בגין דיברכינך קדם מותיה (GN 27:11 ועל דהוה יעקב דחיל
חיטאה דחיל דילמא ילטיטיניה אבוי ואמר הא עשו אחי גבר שערן
ואנא גבר שעיע (GN 27:12 מאים יגששינני אבא ואיהי דמי בעינוי
הי כמגחך ביה ואייתי עלי (29A לווטן ולא בירכן (GN 27:13
ואמרת ליה אימיה אין בירכן יברכינך ייתון עלך ועל בנך ואין
לווטן ילטטינך ייתון עלי ועל נפשי ברם קבל מיני ואיזל סב לי
(GN 27:14 ואזל ונסיב ואייתי לאימיה ועבדת אימיה תבשילין
היכמא דרחים אבוי (GN 27:15 ונסיבת רבקה ית לבושי עשו ברא רבא
מרגגן דהוו מן אדם קדמאי וההוא יומא לא אלבשינון עשו ואישתארו
גבה בביתא ואלבשת ית יעקב ברא זעירא (GN 27:16 וית משכי דגדיי
בני עיזי אלבישת על ידוי ועל שעיעות צואריה (GN 27:17 וסדרת
ית תבשיליא וית לחמא די עבדת ביד יעקב ברה (GN 27:18 ועל לות
אבוי ואמר אבא ואמר האנא מן אנת ברי (GN 27:19 ואמר יעקב
לאבוי אנא עשו בוכרך עבדנא היכמה דמלילתא עמי קום כדון אסתחר
ותיכול מצידי בגין דתברכינני נפשך (GN 27:20 ואמר יצחק לבריה
מה דין אוחיתא למשכחא ברי ואמר ארום זמן ייי אלקך קדמיי
(GN 27:21 ואמר יצחק ליעקב קריב כדון ואמושנך ברי האנת דין
ברי עשו אין לא (GN 27:22 וקריב יעקב לות יצחק אבוי וגששיה
ואמר קלא הדין קליה דיעקב ברם מימש ידוי כמימש ידוי דעשו
(GN 27:23 ולא אשתמודעיה ארום הוה ידוי כידי עשו אחוי שערניין
וברכיה (GN 27:24 ואמר אנת הוא דין ברי עשו ואמר אנא
(GN 27:25 ואמר קריב לי ואיכול מצידא דברי בגין דתברכינך נפשי
וקריב ליה ואכל ולא הוה חמרא גביה ואזדמן ליה מלאכא ואייתי מן
חמרא דאיצטנע בעינבוי מן יומי שירוי עלמא ויהביה ביד יעקב
ויעקב אמטי ליה לאבוי ושתי (GN 27:26 ואמר ליה יצחק אבוי קריב
כדון ושק לי ברי (GN 27:27 וקריב ונשיק ליה וארח ית ריחא
דלבושוי וברכיה ואמר חמון ריחא דברי כריחא דקטורת בוסמנייא
דעתידא מתקרבא בטוור בי מוקדשא דאיתקרי חקיל דבריך יתיה ייי
ואתרעי לאשראה שכינתיה תמן (GN 27:28 ויתן לך מימרא דייי מטוב

טלין דנחתין מן שמיא ומטוב מבועין דסלקין ומרביין צימחי ארעא מלרע (30) וסוגעי עיבור וחמר (GN 27:29) ישתעבדון לך אומיא כל בנוי דעשו ויגחנון קומך מלכוותא כל בנהא דקטורה רב ושליט תהי על אחך ויהון מקדמין למשאל בשלמך בני אמך לייטך ברי יהון ליטין כבלעם בר בעור ומברכך יהון בריכן כמשה נביא ספרהום דישראל (GN 27:30) והוה כדי שצי יצחק לברכא ית יעקב והוה ברם מיפק נפק יעקב בתרתין טיפוזין מלות אנפי יצחק אבוי ועשו אחוי על מצידיה (GN 27:31) ועכיב מימרא דייי מיניה צידא דכיא ואשכח כלבא חדא וקטליה ועבד אף הוא מיניה תבשילין ואיתי לאבוי ואמר לאבוי יקום אבא וייכול מצידא דבריה בדיל דיתברכינני נפשך (GN 27:32) ואמר ליה יצחק אבוי ואמר ליה מאן אנת ואמר אנא עשו ברך בוכרך (GN 27:33) ואזדעזע יצחק זעזוע סגי כדי שמע ית קליה דעשו וריח תבשיליה עלת באנפוי היך ריחא דיקידת גהינם ואמר מאן הוא דיכי דצד צידא ואעיל לי ואכלית מכל דאייתי עד דלא עלת ובריכתיה ואפילו הכי בריך יהי (GN 27:34) כדי שמע עשו ית פיתגמי אבוי וצוח צווחא רבתא ומרירתא עד לחדא ואמר לאבוי בריכני אוף לי אבא (GN 27:35) ואמר עאל אחוך בחכמתא וקבל מיני בירכתך (GN 27:36) ואמר בקושטא קרא שמיה יעקב ושקר בי דנן תרתין זימנין ית בכירותי נסיב והא כדון קביל בירכתי ואמר הלא שבקתא לי בירכתא (GN 27:37) ואתיב יצחק ואמר לעשו הא שליט מיניתיה עלך וית כל אחוי שוית קומוי לעבדין ואיזיל ותיטרד מיני דמה אעביד לך ברי (GN 27:38) ואמר עשו לאבוי הבירכתא חדא היא לך איבא בריכני אוף לי איבא וארים עשו קליה ובכא (GN 27:39) ואתיב יצחק ואמר לעשו הא בטוב פירי ארעא יהי מותבך ומטלא דשמייא מלעילא (GN 27:40) ועל סייפך תהי רחיץ עלול לכל אתר ומרכיך וחאי ולאחוך תהי משתעבד ויהי אין תטעי ותחית ית בנוי מלמיטר פיקודי אורייתא בכין תהי פריק ניר שעבודיה מעל צוורך (GN 27:41) (30A) ונטר עשו שנא בליביה על יעקב אחוי על סדר בירכתא דיברכיה אבוי ואמר עשו בליביה לית אנא עביד היכמא דעבד קין דקטל ית הבל בחיי אבוי והדר אבוי ואוליד ית שת ברם מתעכב אנא עד זמן דימטון יומי אבלא דמיתת אבא ובכן אנא קטיל ית יעקב אחי ואנא משתכח קטול וירית (GN 27:42) ואתחווא לרבקה ברוח קודשא ית פיתגמי עשו ברא רבא דחשיב בליביה למקטול ליעקב ושדרת וקראת ליעקב ברא זעירא ואמרת ליה הא עשו אחוך כמין לך כמן ומתיעט עלך למיקטלך (GN 27:43) וכדון ברי קבל מיני קום ערוק לך לנפשך ואיזל לות לבן אחי לחרן (GN 27:44) ותיתב עימיה יומין קלילין עד די תישדוך ריתחא דאחוך (GN 27:45) עד דינוח רוגזא דאחוך מנך ויתנשי ית מה דעבדתא ליה ואשדר ואידברינך מתמן למה אתכל אוף תרויכון יומא חד דאנת מתקטל והוא מטרד היכמא דאיתכלת חוה מן הבל דקטליה קין ואיטרדו תרויהון מן אפי אדם וחוה כל יומי חייהון דאדם וחוה (GN 27:46) ואמרת רבקה ליצחק איתיעקית בחיי מן קדם רגוז בנת חת אין נסיב יעקב איתא רשיעתא מבנת חת כאילן מבנתהום דעמא דארעא למה לי חיין (GN 28:1) וקרא יצחק ליעקב ובריך יתיה ופקדיה ואמר ליה לא תיסב איתא מבנתהום דכנענאי (GN 28:2) קום איזל לפדן דארם לבית

בתואל אבוהא דאימך וסבלך מתמן איתא מבנת לבן אחוהא דאימך
(GN 28:3) ואל שדי יברך יתך בניכסין סגיאין ויפישינך ויסגינך
לתריסר שיבטין ותהי זכי לכינשת דבני סנהדרין דסכומהון שובעין
כמניינא עממיא (GN 28:4) ויתן לך ית ברכתא דאברהם לך ולבנך
עימך ויתיבינך למירתך ית ארע תותבותך די יהב ייי לאברהם
(GN 28:5) ושדר יצחק ית יעקב ואזל לפדן דארם לות לבן בר בתואל
ארמאה אחוהא דרבקה אימא דיעקב ועשו (GN 28:6) וחמא עשו ארום
בריך יצחק ית יעקב ושדר יתיה לפדן דארם למיסב ליה מתמן (31)
איתא כד בריך יתיה ופקיד עילוי למימר לא תיסב איתא מבנתהון
דכנענאי (GN 28:7) וקביל יעקב במימר אבוי ובמימר אימיה ואזל
לפדן דארם (GN 28:8) וחמא עשו ארום בישן בנתהון דכנענאי קדם
יצחק אבוי (GN 28:9) ואזל עשו לות ישמעאל ונסיב ית מחלת היא
בשמת בר ישמעאל בר אברהם אחתיה דנביות מן אימיה על נשוי ליה
לאינתו

פרשה ויצא יעקב

(GN 28:10) חמשא ניסין איתעבידו ליעקב בזמן דנפק מן בירא
דשבע ניסא קמאה איתקצרו שעוי דיומא וטמע שימשא בלא אשוניה מן
בגלל דהוה דבירא מתחמד למללא עימיה ניסא תניינא ארבעתי אבניא
דשוי איסדוי אשכח יתהון בצפרא לאבנא חדא ניסא תליתאה אבנא דהוו
כל עדריא מתכנשין ומגלגלין לה מעילוי פם בירא גלגל יתא כחדא מן
דרעוי ניסא רביעאה דטפת בירא וסליקו מיא לאנפוי והות טייפא כל
יומין דהוה בחרן ניסא חמישאה קפצת ארעא קומוי ובההוא יומא דנפק
אזל לחרן (GN 28:11) וצלי באתר בית מוקדשא ובת תמן ארום טמע
שימשא ונסיב ארבעה מאבני אתר קדיש ושוי איסדוי ושכיב באתרא
ההוא (GN 28:12) וחלם והא סולמא קביע בארעא ורישי מטי עד צית
שמייא והא תרין מלאכיא דאזלו לסדום ואיטרדו מן מחיצתהון מן
בגלל דגליין מסטירין דמרי עלמא והוו מיטרדין ואזלין עד זמן
דנפק יעקב מבית אבוי והינון לוון יתיה בחיסדא עד ביתאל ובההוא
יומא סלקון לשמי מרומא עניין ואמרין איתון חמון יעקב חסידא
דאיקונין דיליה קביעא בכורסי יקרא והויתון מתחמדין למיחמי יתיה
בכין שאר מלאכיא קדישיא דייי נחתין למסתכלא ביה (31A)
(GN 28:13) והא יקרא דייי מעתד עילוי ואמר ליה אנא ייי אלקיה
דאברהם אבוך ואלקיה דיצחק ארעא דאנת שכיב עלה לך אתנינה ולבנך
(GN 28:14) ויהון בנך סגיאין הי כעפרא דארעא ותיתקף למערבא
ולמדינחא ולציפונא ולדרומא ויתברכון בגין זכוותך כל ייחוסי
ארעא ובגין זכוות בנך (GN 28:15) והא מימרי בסעדך ואיטרינך בכל
אתר דתהך ואתיבינך לארעא הדא ארום לא אשבקינך עד זמן די אעביד
ית דמלילית לך (GN 28:16) ואיתער יעקב מדמכיה ואמר בקושטא אית
יקר שכינתא דייי שרי באתרא הדין ואנא לא הוית ידע (GN 28:17)
ודחיל ואמר מה דחיל ומשבח אתרא הדין לית דין אתר חול ארום אלהן
בית מקדש לשמיה דייי ודין כשר לצלן מכוון כל קבל תרע שמייא
משכלל תחות כורסי יקרא (GN 28:18) ואקדים יעקב בצפרא ונסיב ית
אבנא מן דשוי איסדוי ושוי יתה קמה ואריק מישחא על רישה
(GN 28:19) וקרא שמא דאתרא ההוא ביתאל וברם לוז שמא דקרתא מן

קדמת דנא (GN 28:20 וקיים יעקב קיים למימר אין יהי מימרא דייי
בסעדי ויטרינני משפיכות אדם זכאי ופולחנא נוכרא וגילויי עריתא
באורחא הדין דאנא אזיל ויתן לי לחים למיכל וכסו למילבוש
(GN 28:21 ואיתוב בשלם לביתיה דאיבא ויהי ייי לי לאלקא
(GN 28:22 ואבנא הדא דשויתי קמא תהי מסדרא בבי מוקדשא דייי
ויהון דריא פלחין עלה לשמא דייי וכל דתיתן לי חד מן עשרא
אפרישיניה קדמך (GN 29:1 ונטל יעקב בקלילותא ריגלוי לטיילא
ואזל לארע בני מדינחא (GN 29:2 וחמא והא בירא בחקלא והא תמן
תלתא עדרין דעאן רביעין עלה ארום מן בירא ההיא משקן עדריא
ואבנא רבתא מחתא על פם בירא (GN 29:3 ומתכנשין תמן כל עדריא
ומגלגלין ית אבנא מעל פם בירא ומשקן ית ענא ומתיבין ית אבנא על
פם בירא לאתרא (GN 29:4 ואמר להום יעקב אחי מנן אתון ואמרו
מחרן (32) אנחנא (GN 29:5 ואמר להום הידעתון ית לבן בר נחור
ואמרו ידענא (GN 29:6 ואמר השלם ליה ואמרו שלם והא רחל ברתיה
אתיה עם ענא (GN 29:7 ואמר הא עדן יומא סגי לא עידן למיכנוש
בעיר אשקו ענא ואיזילו רעו (GN 29:8 ואמרו לא ניכול עד די
יתכנשון כל עדריא ויגלגלון ית אבנא מעל פם בירא ונשקי ענא
(GN 29:9 עד דהוא ממלל עמהון ורחל אתת עם ענא דלאבוהא ארום
רעיתא היא בההוא זימנא ארום הוה מחתא דייי בענא דלבן ולא
אשתיירו מינהון אלהין קלילין ותריך רעיא דיליה ומה דאשתארו שוי
קדם רחל ברתיה (GN 29:10 והוה כדי חמא יעקב ית רחל ברת לבן
אחוהא דאימיה וקריב יעקב וגלגיל ית אבנא בחדא מן אדרעוי מעילוי
פם בירא וטפת בירא וסליקו מיא לאנפוי ואשקי ית ענא דלבן אחוהא
דאימיה והוות טייפא עשרין שנין (GN 29:11 ונשק יעקב לרחל
וארים ית קליה ובכא (GN 29:12 ותני יעקב לרחל ארום לאיתותבא
עם אבוהא אתא ולמיסב חדא מן ברתוי ענת רחל ואמרת לית איפשר לך
למיתב עימיה ארום גבר רמאי הוא אמר לא יעקב אנא רמאי וחכים
יתיר מיניה ולית ליה רשו לאבאשא לי ארום מימרא דייי בסעדי וכדי
ידעת ארום בר רבקה הוא ורהטת ותניאת לאבוהא (GN 29:13 והוה
כדי שמע לבן ית שמע גבורתיה וחסידותיה דיעקב בר אחתיה היך נסיב
ית בכירותא וית סדר ברכתא מן יד אחוי והיך אתגלי ליה ייי
בביתאל והיך נדרית אבנא והיך טפת בירא וסליקת לאנפוי ורהט
לקדמותיה וגפיף ליה ונשיק ליה ואעליה לביתיה ותני ללבן ית כל
פיתגמיא האילין (GN 29:14 ואמר ליה לבן ברם קריבי ודמי לי אנת
ויתב עימיה ירח יומין (GN 29:15 ואמר לבן ליעקב המדאחי אנת
חשיב ותיפלחינני מגן תני לי מן יהי אגרך (GN 29:16 וללבן הוון
תרתין בנן שום רבתא לאה ושום זעירתא רחל (GN 29:17 ועיני לאה
הוון צירנייתן דבכיא ובעיא מן קדם ייי דלא יזמן לה לעשו רשיעא
ורחל (32A) הות יאיא בריוא ושפירא בחיזוא (GN 29:18 ורחם יעקב
ית רחל ואמר אפלחינך שב שנין בגין רחל ברתך זעירתא (GN 29:19
ואמר לבן ברמיו טב דאיתן יתה לך מן דאיתן יתה לגבר אוחרן תיב
עימי (GN 29:20 ופלח יעקב בגין רחל שב שנין והוו דמיין בעינוי
כיומין קלילין מדרחים יתה (GN 29:21 ואמר יעקב ללבן הב ית
אינתתי ארום אשלימו יומי פולחני ואיעול לותה (GN 29:22 וכנש

לבן ית כל אינשי אתרא ועבד להון שירו עני ואמר להום הא שב שנין
דאתא יעקב לגבן בירן לא חסרו ובית שקיותן סגו וכדון איתן נתיעט
עליה עיטא דרמיו דיימתן לגבן ועבדו ליה עיטא דרמיו לאסאבא ליה
לאה חולף רחל (GN 29:23) והוה ברמשא ודברית לאה ברתיה ואעיל
יתה לותיה ועל לותה (GN 29:24) ויהב לבן ליה ית זלפה ברתיה
דילידת ליה פילקתיה ומסרה ללאה ברתיה לאמהו (GN 29:25) והוה
לעידוני צפרא ואיסתכל בה והא היא לאה דכולא ליליא הוה חשיב
דרחל היא מן בגלל דמסרת לה רחל כל מליא דמסר לה יעקב וכד חמא
כן אמר ללבן מה דא עבדת לי הלא בגין רחל פלחית עימך ולמא שקרת
בי (GN 29:26) ואמר לבן לא מתעביד כדין באתרין למיתן זעירתא
קדם רבתא (GN 29:27) אשלים כדון שובעתי יומי משתיא דדא וניתן
לך אוף ית דא בפולחנא דתיפלח עימי תוב שב שנין אוחרנין
(GN 29:28) ועבד יעקב כדין ואשלים שבעתי יומי משתיא דלאה ויהב
ליה ית רחל ברתיה לאינתו (GN 29:29) ויהב לבן לרחל ברתיה ית
בלהה ברתיה דילידת ליה פילקתיה ומסרה לה לאמהו (GN 29:30) ועל
אוף לות רחל ורחים אוף ית רחל מלאה ופלח עימיה בגינה תוב שב
שנין אוחרניין (GN 29:31) וגלי קדם ייי ארום לא הוה לאה רחימתא
באנפי יעקב ואמר במימריה למיתן לה בגין ורחל הות עקרה
(GN 29:32) ואיתעברת לאה וילידת בר וקרת ית שמיה ראובן ארום
אמרת ארום גלי קדם ייי עולבני כדון ירחמנני בעלי והיכמה
(33) דאיתגלי קדם ייי עולבני היכדין יהוי גלי קדמוי עולבנהון
דבניי כד יהון משתעבדין בארעא דמצראי (GN 29:33) ואתעברת תוב
וילידת בר ואמרת ארום שמיע קדם ייי ארום שניתא אנא ויהב לי אוף
ית דין והכדין ישתמע קדמוי קלהון דבניי כד יהון משתעבדין
במצרים וקרת שמיה שמעון (GN 29:34) ואתעברת תוב וילידת בר
ואמרת הדא זימנא יתחבר עימי בעלי ארום ילידית ליה תלתא בנין
והיכדין עתידין בנוי למיהויהון מתחברין לשמשא קדם ייי בגין כן
קרא שמיה לוי (GN 29:35) ואיתעברת תוב וילידת בר ואמרת הדא
זימנא אודי קדם ייי דמן ברי דין עתיד למיפק מלכין ומיניה יפוק
דוד מלכא דעתיד לאודויי קדם ייי בגין כן קרת שמיה יהודה וקמת
מלמילד (GN 30:1) וחמת רחל ארום לא ילידת ליעקב וקניאת רחל
באחתא ואמרת ליעקב צלי קדם ייי ויהב לי בנין ואין לא הי כמיתא
אנא חשיבא (GN 30:2) ותקיף רוגזא דיעקב ברחל ואמר עד דאנת בעיא
מיני בעי מן קדם ייי דמן קדמוי הינון בניא והוא מנע מיניך פירי
מעיא (GN 30:3) ואמרת הא אמתי בלהה עול לוותה ותיליד ואנא
אירבי ואיתבני אוף אנא מיניה (GN 30:4) ושחררת ליה ית בלהה
אמתה ומסרה ליה לאינתו ועל לוותה יעקב (GN 30:5) ואעדיאת בלהה
וילידת ליעקב בר (GN 30:6) ואמרת רחל דן יתי ייי ברחמוי טביא
ולחוד שמע בקל צלותי ויהב לי בר והיכדין עתיד למידן על יד
שמשון בר מנוח דמן זרעיתיה ולמימסר בידיה ית עמא דפלשתאי בגין
כן קרת שמיה דן (GN 30:7) ואיתעברת תוב וילידת בלהה אמתא דרחל
בר תניין ליעקב (GN 30:8) ואמרת רחל מדחקא דחיקית קדם ייי בצלו
ברם קביל בעותי דיהי לי בר כאחתי אוף יהב לי תרין והכדין
עתידין בנוי לאתפרקא מן יד בעלי דבביהום בדחקותהון בצלו קדם

ייי וקרת שמִיה נפתלי (GN 30:9) וחמת לאה ארום קמת מלמילד
ושחררת ית זלפה אמתא ויהבת יתה ליעקב לאינתו (GN 30:10) וילידת
זלפה (33A) אמתה דלאה ליעקב בר (GN 30:11) ואמרת לאה אתא מזלא
טבא ברם בנוי עתידין למירות אחסנתהון בקדמיתא מעברא לירדנא
וקרת שמיה גד (GN 30:12) וילידת זלפה אמתה דלאה בר תניין ליעקב
(GN 30:13) ואמרת לאה תושבחא הות לי ארום שבחו לי בנת ישראל
והכדין עתידין בנוי לשבחא קדם ייי על טב פירי ארעהום וקרת ית
שמיה אשר (GN 30:14) ואזל ראובן ביומי סיון בזמן חצד חינטין
ואשכח יברוחין בחקלא ואיתי יתהום ללאה אימיה ואמרת רחל ללאה
הבי כדון לי מן יברוחי דבריך (GN 30:15) ואמרת לה הזעיר הוא
דנסיבת ית בעלי ואנת בעיא למיסב אוף ית יברוחי דברי ואמרת רחל
בגין כן ישכוב עמך בליליא הדין חולף יברוחי דבריך (GN 30:16)
ועל יעקב מן חקלא ברמשא ושמעת לאה קל נהיקיה דחמרא וידעת דהא
יעקב אתא ונפקת לאה לקדמותיה ואמרת לותי תיעול ארום מיגר אגרתך
ביברוחי דברי מן רחל אחתי ושכיב עימה בליליא ההוא (GN 30:17)
וקבל ייי צלותא דלאה ואיתעברת וילידת ליעקב בר חמישאי
(GN 30:18) ואמרת לאה יהב ייי אגרי דיהבית אמתי לבעלי והיכדין
עתידין בנוי לקבלא אגר טב על דאינון עסיקין באורייתא וקראת ית
שמיה יששכר (GN 30:19) ואתעברת תוב לאה וילידת בר שתיתאי ליעקב
(GN 30:20) ואמרת לאה זבד יתי ייי זבודין טבון מבנין זימנא הדא
יהי מדוריה דבעלי עימי ארום ילידת ליה שיתא בנין והכדין עתידין
בנוי לקבלא חולק טב וקרת שמיה זבולן (GN 30:21) ומן בתר כדין
ילידת ברת וקרת ית שמה דינה ארום אמרת דין הוא מן קדם ייי
דיהון מיני פלגות שיבטייא ברם מן רחל אחתי יפקון תרין שיבטין
היכמה דנפקו מן חדא מן אמהתה ושמיע קדם ייי צלותא דלאה ואתחלפו
עובריא במעהון והוה יהיב יוסף במעהא דרחל ודינה במעהא דלאה
(GN 30:22) ועל דוכרנהא (34) דרחל קדם ייי ושמיע קדמוי קל
צלותא ואמר במימריה למתן לה בנין (GN 30:23) ואתעברת וילידת בר
ואמרת כנש ייי ית חיסודי והכדין עתיד יהושע בריה דיוסף למכנוש
ית חיסודא דמצרים מעל בני ישראל ולמגזר יתהום מעיברא לירדנא
(GN 30:24) וקרת ית שמיה יוסף למימר יוסף ייי לי על דין בר
אוחרן (GN 30:25) והוה כדי ילידת רחל ית יוסף ואמר יעקב ברוח
קודשא דבית יוסף עתידין למהוי כשלהוביתא לגמרא ית דבית עשו אמר
מכדון לית אנא מסתפי מן עשו וליגיונוי ואמר ללבן שלחני ואיהך
לאתהי ולארעי (GN 30:26) הב לי ית נשיי וית בניי דפלחית יתך
בגינהון ואזיל ארום אנת ידעת ית פולחני די פלחתך (GN 30:27)
ואמר ליה לבן אין כדון אשכחית רחמין בעינך הא אטירית קוסמין
וברכני ייי בגינך (GN 30:28) ואמר קטע אגרך עלי ואיתן
(GN 30:29) ואמר ליה אנת ידעת ית די פלחתך וית דהוה בעירך נטיר
עימי (GN 30:30) ארום קליל דהוה לך עאן קדמי ותקיף לסגי ובריך
ייי יתך בריגלי דאהניית לך מדעלית בביתך וכדון אימת אעביד אוף
אנא עיבידתא ואנא זקיק לפרנסא אינשי בייתי (GN 30:31) ואמר מה
איתן לך ואמר יעקב לא תיתן לי מדעם אוחרן אין תעביד לי פיתגמא
הדין איתוב ארעי ענך אטר (GN 30:32) אעיבר בכל ענך יומא דין

אעדי מתמן כל אימר נמור וקרוח וכל אימר לחוש באימריא וקרוח ונמור בעזיא ויהי אגרי (GN 30:33) ותסהד בי זכוותי ליומחרא ארום תהוי על אגרי לקמך כל דלתוהי נמור וקרוח בעזיא ולחוש באימרייא גניבא הוא למהוי דילי (GN 30:34) ואמר לבן יאות לואי דיהי כפיתגמך (GN 30:35) ואפריש ביומא ההוא ית ברחיא דסימנא בריגלהון וקרוחיא וית כל עיזייא נמורתא וקרוחתא כל די שומא חיוורא ביה וכל דילחוש באימרייא ויהב בידא דבנוי (GN 30:36) ושוי מהלך תלתא יומין ביני עניה וביני יעקב ויעקב רעי (34A) ית ענא דלבן סבאן ומרען דאישתארו (GN 30:37) ונסיב ליה יעקב חטר דפרח לבן ודילוז וארדפני וקליף בהון קליפין חיוורין לגלאה חיוורא דעל חטרייא (GN 30:38) ונעץ ית חטריא די קליף במורכייתא בשקייתא דמייא אתר דאתיין ענא למישתי תמן שווינון לקיבליהן דענא והוון מתיחמן כמיתהין למישתי (GN 30:39) ואתחימו ענא לקבל חטריא וילידן ענא רגולין דסימנא בריגליהום וקרוחין וגביהון חיוורין (GN 30:40) וטלייא אפריש יעקב ויהב בריש ענא משכוכיתא כל ית דרגול וכל דילחוש בענא דלבן ושוי ליה עדרין בלחודוי ולא ערבבינון עם ענא דלבן (GN 30:41) והוי בכל עידן דמיתיחמן ענא מבכרתא ומשוי יעקב ית חטרייא לעיני ענא במורכייתא ליחמותהין קבל חטרייא (GN 30:42) ובלקושי ענא לא משוי והוון לקישיא ללבן ובכירייא ליעקב (GN 30:43) ותקיף גברא לחדא לחדא והוו ליה עאן סגיאן ואמהן ועבדין וגמלין וחמרין (GN 31:1) ושמע ית פיתגמי בני לבן דאמרין נסיב יעקב ית כל די לאבונא ומן די לאבונא עבד ליה ית כל יקר נכסייא האילין (GN 31:2) וחמא יעקב ית סבר אפוי דלבן והא ליתנון שפיין לקיבליה כדאיתמלי והי כדקדמוי (GN 31:3) ואמר ייי ליעקב תוב לארע אבהתך ולילדותך ויהי מימרי בסעדך (GN 31:4) ושדר יעקב ית נפתלי דהוא עזגד קליל וקרא לרחל וללאה ועלן לחקלא לות עניה (GN 31:5) ואמר להין חמי אנא ית סבר אפי אבוכון והא ליתנון שפיין עימי היכדן דאיתמלי והי כדקדמוי ואלקא דאיבא הוה מימרא בסעדי (GN 31:6) ואתון ידעתון ארום בכל חיילי פלחית ית אבוכן (GN 31:7) ואבוכן שקר בי ושלחיף ית אגרי עשר חולקין ולא יהב ליה ייי רשו לאבאשא עמי (GN 31:8) אם כדין הוה אמיר קרוחין יהי אגרך וילידן כל ענא קרוחין ואם כדין יימר מאן דשומא בריגליהון יהי אגרך וילידן כל ענא מאן דשומא בריגליהון (GN 31:9) (35) ורוקן ייי ית גיתא דאבוכן ויהב לי (GN 31:10) והוה בעידן דאתיחמא ענא וזקפית עניי וחמית בחילמא והא ברחייא דסלקין על ענא שומא בריגליהון וקרוחין וגביהון חיוורין (GN 31:11) ואמר לי מלאכא דייי בחילמא יעקב ואמרתי האנא (GN 31:12) ואמר זקוף כדון עינך וחמי כל ברחיא דסלקין על ענא שומא בריגליהון וקרוחין וגביהון חיוורין ארום גלי קדמי ית כל אונסא דלבן עביד לך (GN 31:13) אנא הוא אלקא דאיתגליתי עלך בביתאל די רבית תמן קמא דקיימת קדמי תמן קיים כדון קום פוק מן ארעא הדא ותוב לארע ילדותך (GN 31:14) ואתיבת רחל באסכמותא דלאה ואמרן ליה האיפשר דעד כדון אית לנא חולק ואחסנא בבית אבונא (GN 31:15) הלא נוכריתא איתחשבנא ליה ארום זבננא ואכל אוף מיכל ית כספנא

(GN 31:16) ארום כל עותרא דרוקן ייי מן אבונא די לנא הוא ודי
בננא וכדון כל דאמר ייי לך עיביד (GN 31:17) וקם יעקב וסובר ית
בנוי וית נשוי על גמלייא (GN 31:18) ודבר ית כל בעירא וית כל
נכסוי די קנה גיתוי ונכסוי די קנה בפדן דארם למיתי לות יצחק
אבוי לארעא דכנען (GN 31:19) ולבן אזל למיגז ית עניה וגנבת רחל
ית צלמנייא דהוון נכסין גברא בוכרא וחזמין רישיה ומלחין ליה
במילחא ובוסמנין וכתבין קוסמין בציצא דדהבא ויהבין תחות לישניה
ומקימין ליה בכותלא וממלל עמהון ואילין הינון דהוה גחין להון
אבוהא (GN 31:20) וגנב יעקב ית דעתיה דלבן ארמאה על דלא חוי
ליה ארום אזיל הוא (GN 31:21) ואזל הוא עם כל דיליה וקם ועבר
ית פרת ושוי ית אנפוי למיסוק לטוורא דגלעד ארום חמא ברוח קודשא
דתמן עתיד למיהוי שיזבותא לבנוי ביומי יפתח דמן גלעד
(GN 31:22) ובתר דאזל יעקב קמו רעייא על בירא ולא אשכחו מיא
ואמתינו תלתא יומין דילמא תיהי טייפא ולא טפת ובכין איתני ללבן
ביומא תליתאה וידע ארום ערק יעקב דבזכותיה הווה טייפא עשרין
שנין (GN 31:23) ודבר ית (35A) קריבוי עימיה ורדף בתרוי מהלך שובעא
יומין וארע יתיה דשרי בטוור גלעד אודי ומצלי קדם אלקיה
(GN 31:24) ואתא מלאכא במימר מן קדם ייי ושלף חרבא על לבן רמאה
בחילמא דליליא ואמר ליה טור לך דילמא תמליל עם יעקב מן טב ועד
ביש (GN 31:25) ואדבק לבן ית יעקב ויעקב פרס ית משכניה בטוורא
ולבן אשרי ית אחוי בההוא טורא דגלעד (GN 31:26) ואמר לבן ליעקב
מה עבדת וגנבת דעתי ודברת ית בנתי הי כשבית חרבא (GN 31:27)
למא איטמרת למיזל וגנבת דעתי ולא תנית לי דאילו תניתא לי שלחתך
פון בחדווא ובתושבחן בתופין ובכינרין (GN 31:28) ולא אמתנתני
לנשקא לבני ברתיי ולברתיי כדון אסכלתא מה דעבדת (GN 31:29)
אית ספיקא בידי למעבד עימכון בישא ואלקא דאבוכון ברמשא אמר לי
למימר איסתמר לך מלמללא עם יעקב מטב עד ביש (GN 31:30) וכדון
מיזל אזילתיה ארום מתחמדא חמידתא לבייתיה דאבוך למה גנבת ית
צילמי טעותי (GN 31:31) ואתיב יעקב ואמר ללבן ארום אסתפיתי
ואמרית דילמא תנוס ית בנתך מיני (GN 31:32) עם כל מאן דתשכח ית
צילמי טעותך ימות בלא זימניה כל קבל אחנא אשתמודע לך מאן דעימי
מן דיליך וסב לך ולא ידע יעקב ארום רחל גנבתנון (GN 31:33) ועל
לבן במשכנא דיעקב ובמשכנא דלאה ובמשכניהון דתרתין לחינתא ולא
אשכח ונפק ממשכנא דלאה ועל במשכנא דרחל (GN 31:34) ורחל נסיבת
ית צילמנייא ושותינון בעביטא דגמלא ויתיבת עלויהום ופשפיש ית
כל משכנא ולא אשכח (GN 31:35) ואמרת לא יתקוף בעיני ריבוני
ארום לית איפשר למיקום מן קמך ארום אורח נשין לי ופשפש ולא
אשכח צילמנייא (GN 31:36) ותקיף רוגזא דיעקב ואידיין עם לבן
ואתיב יעקב ואמר ללבן מה חובתי ומה סורחני ארום למיתי בתריי
(GN 31:37) ארום פשפשתא ית כל מנאיי מה מכל מני בייתך שוי כדון
דינך קבל אחיי ואחך וידינון קשוט בין תרווינן (36) (GN 31:38)
דנן עשרין שנין אנא גבך רחלייך ועיזייך לא אתכלו ואגר דיכרי
ענך לא אכלית (GN 31:39) דתבירא מן חיות ברא לא אייתי לוותך
דאין אנא חטי בה מן ידי הוית תבע יתה מה דמתגניב ביממא מבני

נשא עלי הוה לאשלמא ומה דהוה מתגניב בליליא מן חיות ברא עלי הוה למשלמא (GN 31:40) הויתי בימּמא בחקלא אכלני שרבא וקרושא בליליא ואיתפרדדת שינתא מיני (GN 31:41) דנן לי עשרין שנין בביתך פלחתך ארבסרי שנין בגין תרתין בנתך ושית שנין בגין ענך ושלחפתא ית אגרי עישרתי חולקין (GN 31:42) אילוליפון לאלקיה דאיבא אלקיה דאברהם ודדחיל ליה יצחק הוה בסעדי ארום כדון ריקם שלחתני ית סיגופי וית ליאות ידיי גלי קדם ייי בגין כן אוכח ברמשא (GN 31:43) ואתיב לבן ואמר ליעקב בנתא דנסיבת לנשין ברתיי הינון ובנייא דילידן הי כבני חשיבין וענא מן ענייי הוו וכל דאנת חמי מן דילי הוא ולברתיי מה איכול למיעבד לאיליין יומא דין או לבניהן דילידן (GN 31:44) וכדון איתא וניגזר קיים אנא ואנת ויהי לסהיד בינא ובינך (GN 31:45) ונסיב יעקב אבנא וזקפא לקמא (GN 31:46) ואמר יעקב לבנוי דהוי קרי להום אחוי לקוטו אבנין ולקוטו אבנין ועבדו אוגר ואכלו תמן על אוגרא (GN 31:47) וקרא ליה לבן אוגר סהיד ויעקב קרא ליה בלישן בית קודשא גילעד (GN 31:48) ואמר לבן אוגר הדין סהיד בינא ובינך יומא דין בגין כן קרא שמיה גלעד (GN 31:49) וסכותא איתקריית די אמר יסתכי ייי בנא ובנך ארום ניטמר גבר מן חבריה (GN 31:50) אין תסגיף ית ברתיי למעבד להן עולבנא ואם תיסב על ברתיי לית אינש למידן יתן חמי מימרא דייי סהיד בינא ובינך (GN 31:51) ואמר לבן ליעקב הא אוגר הדין והא קמא דאקימית בינא ובינך (GN 31:52) סהיד אוגר הדין וסהידא קמא אין אנא לא איעבר לוותך ית אוגר הדין ואין אנת לא תעיבר לותי ית אוגר הדין וית קמא (36A) הדא לאבאשא (GN 31:53) אלקיה דאברהם ואלקי דנחור ידינון בינן ביננא אלקיה דאבוהון וקיים יעקב באלקא דדחיל ליה אבוי יצחק (GN 31:54) ונכס יעקב ניכסתא בטוורא וזמן לקריבויי דאתו עם לבן למסעוד לחמא וסעדו לחמא ובתו בטוורא (GN 32:1) ואקדים לבן בצפרא ונשיק לבנוי דיעקב ולבנתיה דיליה ובריך יתהון ואזל ותב לבן לאתריה (GN 32:2) ויעקב אזל לאורחיה וארעו ביה מלאכייא דייי (GN 32:3) ואמר יעקב כיון דחמנון לא משרויין דעשו הינון דאתיין לקדמותי ולא משרויין דלבן הינון דהדרו למירדוף בתריי אלהין משרויין דמלאכייא קדישין דאשתלחו מן קדם ייי הינון בגין כן קרא שמיה דאתרא ההוא בלישן בית קודשא מחנים

פרשה וישלח יעקב

(GN 32:4) ושדר יעקב אזגדין קומוי לות עשו אחוי לארעא דגבלא לחקלי אדומאי (GN 32:5) ופקיד יתהום למימר כדין תימרון לריבוני לעשו כדנן אמר עבדך יעקב עם לבן איתותבית ואשתהיית עד כדון (GN 32:6) ומכל מה דבריך יתי אבא לית בידי אלהין הוו לי כזעיר תורין וחמרין עאן ועבדין ואמהן ושדרית לתנאה לריבוני דלא אהניית לי בירכתא ההיא לאשכחא רחמין בעינך דלא תינטר לי בבו עלה (GN 32:7) ותבו עזגדיא לות יעקב למימר אתינא לות אחוך לעשו ואוף אתי לקדמותך וארבע מאה גוברין פולומרכין עימיה (GN 32:8) ודחיל יעקב לחדא על דלא עסק עשרין שנין ביקרא דאבוי יעקת ליה ופליג ית עמא דעימיה וית ענא וית תורי וגמלייא לתרין משרויין

למוהבות לאה ולמוהבות רחל 37) GN 32:9) ואמר אין ייתי עשו למשרי דחדא מנהין וימחיניה ויהי משרי דמשתאר לשיזבא GN 32:10) ואמר יעקב אלקיה דאיבא אברהם הוא אלקיה דאיבא יצחק ייי דאמר לי תוב לארעך ולילדותך ואוטיב עימך GN 32:11) לית אנא כמיסת וזעיר אנא מכל טבוון ומן כל קושטא די עבדת עם עבדך ארום בחוטרי בלחוד עברית ית ירדנא הדין וכדין הוינא לתרתין משרוין GN 32:12) שיזבני כדון מן יד אחי רבא מן יד עשו ארום מסתפי אנא מיניה דהוא עסק באיקרא דאבוי דילמא ייתי וימחינני אימא על בנייא GN 32:13) ואנת אבטחתני אוטבא אוטב עימך ואישוי ית בנך סגיעין הי כחלא דימא דלא מתמני מסגי GN 32:14) ובת תמן בליליא ההוא ונסיב מן דאיזדמן בידיה דורון לעשו אחוי GN 32:15) עזי מאתן וברחי עשרין רחילי מאתן ודיכרי עשרין GN 32:16) גמלייא נוקבן עם בניהון הוו תלתין תוריתא ארבעין ותורי עשרא אתני עשרין ולווקדין עשרא GN 32:17) וזמין ביד עבדוי עדרא עדרא בלחודוי ואמר לעבדוי עברו קדמי וניפש תשוון ביני עדרא וביני עדרא GN 32:18) ופקיד ית קמא למימר ארום יארעינך עשו אחי ויבעי מינך למימר דמאן אנת ולאן אנת מטייל ולמאן אילין דקדמך GN 32:19) ותימר לעבדך ליעקב דורון הוא דמשתלחא לריבוני לעשו והא אוף הוא אתי בתרן GN 32:20) ופקיד אוף ית תניין אוף ית תלתאיי אוף ית כל דאזלין בתר עדריא למימר כפיתגמא הדין תמללון עם עשו כד תשכחון יתיה GN 32:21) ותימרון אוף הא עבדך יעקב אתי בתרנא ארום אמר נירעי ית סבר אפוי בדורונא דמהלכא קדמי ומבתר כן נחמי אנפוי הלואי יסבר לי אפין GN 32:22) ועברת דורונא קמי והוא בת בלילייא ההוא במשריתא GN 32:23) וקם בלילייא ההוא ודבר ית תרתין נשוי וית תרתין לחינתוי וית חדסרי ריבוי ועבר ית מגזת יובקא GN 32:24) ודברינון ועברינון ית נחלא ועבר ית דיליה GN 32:25) ואישתאר 37A) יעקב בלחודוי מעיברא ליבוקא ואתכתש מלאכא עימיה בדמות גבר ואמר הלא אמרת לעשרא כל דילך והא אית לך תריסר בנין וברתא חדא ולא עשרתנון מן יד אפרש ארבעה בוכרין לארבע אימהתא ואישתיירו תמנייא ותנא למימני משמעון וסלק לוי במעשרא עני מיכאל ואמר ריבוניה דעלמא דין הוא עדבך ועל עיסק פיתגמייא האילין אישתהי מן האל לנחלא עד מיסק עמיד קריצתא GN 32:26) וחמא ארי לא הוה ליה רשו למאבשא ליה וקריב בפתי ירכיה וזעזע פתי ירכא דיעקב באתכתשותיה עימיה GN 32:27) ואמר שדרני ארום סלק עמוד קריצתא ומטא שעתא דמלאכי מרומא משבחין למרי עלמא ואנא חד מן מלאכיא משבחייא ומיומא דאיתברי עלמא לא מטא זימני למשבחא אלהין הדא זימנא ואמר לית אנא משדר יתך אלהין בירכת יתי GN 32:28) ואמר ליה מה שמך ואמר ליה יעקב GN 32:29) ואמר לא יעקב איתאמר עוד שמך אילהין ישראל ארום איתרברבת עם מלאכייא דייי ועם גובריא ויכילת להום GN 32:30) ושאיל יעקב ואמר חוי כדון שמך ואמר למה דנן אנת שאיל לשמי ובריך יתיה יעקב תמן GN 32:31) וקרא יעקב שמא דאתרא פניאל ארום אמר חמיתי מלאכייא דייי אפין כל קבל אפין ואישתיזבת נפשי GN 32:32) ודנח ליה

שימשא קדם זימניה דטמע בגיניה קדם זימניה במיפקיה מבירא דשבע
כד עבר ית פנואל ושרי לטיילא והוא מטלח על ירכיה (GN 32:33)
בגין כן לא אכלין בני ישראל ית גידא נשיא דעל פתי ירכא דבעירא
וחיותא עד יומא הדין ארום קריב מלאכא ואחד בפתי ירכא ימינא
דיעקב באתר גדיא נשיא (GN 33:1) וזקף יעקב ית ענוי וחמא והא
עשו אתי ועימיה ארבע מאה גוברין פולומרכין ופליג ית בנייא על
לאה ועל רחל ועל תרתין לחינתא (GN 33:2) ושוי ית לחינתא הינין
ובניהן בקדמייתא ארום אמר אילו אתי עשו לחבלא בריביא ולמעבד
זנו בנשיא יעביד (38) באיליין ובגו פיתגמא הדין נקום ונגיח
עימיה קרבא וית לאה וריבהא בתראין וית רחל וית יוסף בתראין
(GN 33:3) ואיהו עבר לקמיהון מצלי ובעי רחמין מן קדם ייי וגחן
על ארעא שבע זימנין עד מיקרביה עד אחוי (GN 33:4) ורהט עשו
לקדמותיה וגפיף ליה ואתרכין על צווריה ונשיך ליה ובכון עשו בכא
על צערא דשינוי דאתמזמיזו ויעקב בכא על צערא דצווריה (GN 33:5)
וזקף ית ענוי וחמא ית נשיא וית ריביא ואמר מאן אילין לך ואמר
בניי הינון דאיתיהיבו לי במיחוס מן קדם על עבדך (GN 33:6)
וקריבן לחינתא הינין ובניהן וגחנן (GN 33:7) וקריבת אוף לאה
ובנהא וגחנן ובתר כדין קריב יוסף ואתעבר קמי רחל וכסייה
בקומתיה וגחנן (GN 33:8) ואמר מן לך כל משרי הדין דארעית ואמר
דורון הוא דשדרית לאשכחא רחמין בעיני ריבוני (GN 33:9) ואמר
עשו אית לי ניכסין סגיאין אחי יתקיים לך מאן דאית לך
(GN 33:10) ואמר יעקב לא תימא כן בבעו אין כדון אשכחית רחמין
בעינך ותקבל דורוני מן ידי ארום בגין כן חמית סבר אפך ודמי לי
הי כמיחמי אפי מלאכא דידך והא איתריעיתא לי (GN 33:11) קבל
כדון ית דורון דאיתתיא לך ארום איתיהב לי במיחוס מן קדם ייי
וארום אית לי ניכסין סגיאין ודחק ביה וקבל (GN 33:12) ואמר
נטייל ונהך ואזיל לקיבלך עד דתימטי לבי משרוייך (GN 33:13)
ואמר ליה ריבוני ידע ארום טלייא חטיין ועאנא ותורי דמיינקן עלי
ואין דחיקניא להום יום חד וימותון כל ענא (GN 33:14) יעיבר
בבעו ריבוני ויטייל קדם עבדיה ואנא אידבר בנייחא לבלחודיי לרגל
עיבידתא דאית קדמיי ולרגל אולפן טלייא עד זמן דאיתי לות ריבוני
לגבלא (GN 33:15) ואמר עשו אשבוק כדון עמך מן פולומוסין דעימי
ואמר למא דנן אשכח רחמין קדם ריבוני (GN 33:16) ואיתעביד ניסא
ליעקב ותב ביומא ההוא עשו לאורחיה לגבלא (GN 33:17) ויעקב נטל
לסוכות ואיתעכב תמן תריסר ירחי (38A) שתא ובנא ליה בי מידרשא
ולגיתוי עבד מטלן בגין כן קרא שמא דאתרא סוכות (GN 33:18) ואתא
יעקב שלים בכל דליה לקרתא דשכם דבארעא דכנען במיתיה מפדן דארם
ושרא לקבל קרתא (GN 33:19) וזבן ית אחסנת חקיל דפרס תמן משכניה
מן יד בני חמור אבוי דשכם במאה מרגליין (GN 33:20) ואקם תמן
מדבחא ותמן יהב מעשריא דאפריש מן כל דיליה קדם אל אלקא דישראל
(GN 34:1) ונפקת דינה ברת לאה די ילידת ליעקב למיחמי בנימוס
בנת עמי ארעא (GN 34:2) וחמא יתא שכם בר חמור חיואה רבא דארעא
ודבר יתה באונסא ושכיב עימה וסגפה (GN 34:3) ואתרעיית נפשיה
בדינה ברת יעקב ורחים ית ריבא ומליל פייוסין על ליבה דריבה

(GN 34:4) ואמר שכם לחמור אבוי למימר סב לי ית טליתא הדא
לאינתו (GN 34:5) ויעקב שמע ארום סאיב ית דינה ברתיה ובנוי הוו
עם גיתוי בחקלא ושתיק יעקב עד מיתיהון (GN 34:6) ונפק חמור
אבוי דשכם לות יעקב למללא עימיה (GN 34:7) ובנוי דיעקב עלו מן
חקלא כדי שמעו ואיתנסיסו גובריא ותקיף להום לחדא ארום קלנא
עבד שכם בישראל למשכוב עם ברת יעקב וכן לא הוה כשר לאתעובדא
(GN 34:8) ומליל חמור עימהון למימר שכם ברי רעיית נפשיה
בברתכון הבו בבעו יתה ליה לאינתו (GN 34:9) ותיתערבון בחיתונא
עימנא בנתיכון תתנון לנא וית בנתנא תיסבון לכון (GN 34:10)
ועמנא תתיבון וארעא תהי קדמיכון בדניחא לכון תיבו ועיבידו בה
פרקמטייא ואחסינו בה (GN 34:11) ואמר שכם לאבוהא ולאחהא אשכח
רחמין בעיניכון ודתימרון לי אתין (GN 34:12) אסגו עלי לחדא
מוהרא ומתנא ואיתן היכמא דתימרון לי והבו לי ית ריבא לאינתו
(GN 34:13) ואתיבו בני יעקב ית שכם וית חמור אבוי בחוכמא
ומלילו בגין דסאיב ית דינה אחתהון (GN 34:14) ואמרו להום לא
ניכול למעבד ית פיתגמא הדין למיתן ית אחתן לגבר דלא עורלתא
ארום (39) גנותא היא לנא (GN 34:15) ברם בדא נתפייס לכון אין
תהוון כוותנא למיגזור לכון כל דכורא (GN 34:16) וניתן ית בנתנא
לכון וית בנתיכון ניסב לנא וניתב עמכון ונהי לעמא חד
(GN 34:17) ואין לא תקבלון מיננא למיגזור וניסב בתוקפא ית
ברתנא וניזיל (GN 34:18) ושפרו פיתגמהון בעיני חמור ובעיני שכם
בר חמור (GN 34:19) ולא איתעכב רבייא למעבד פיתגמא ארום צבי
בברת יעקב והוא יקיר מכל ביתא דאבוי (GN 34:20) ואתא חמור ושכם
בריה לתרע קרתיהון ומלילו עם אינשי תרע קרתיהון למימר
(GN 34:21) גובריא האילין שלימין אינון עימנא ויתבון בארעא
ויעבדון בה פרקמטייא וארעא הא פתיית תחומין קדמיהון ית בנתיהון
ניסב לנא לינשין וית בנתנא ניתן להום (GN 34:22) ברם בדא
יתפייסון לנא גובריא למיתב עימנא למיהוי לעם חד במיגזור לנא
כל דכורא היכמא דאינון גזרין (GN 34:23) גיתיהון וניכסיהון וכל
בעיריהום הלא דלנא הינון ברם נתפייס להום ויתבון עימנא
(GN 34:24) וקבילו מן חמור ומן שכם בריה כל נפקי תרע קרתיה
וגזרו כל דכורא כל נפקי תרע קרתיה (GN 34:25) והוה ביומא
תליתאה כד הוו מתמקמקין מן כיב גוזרתהום ונסיבו תרין מבנוי
דיעקב שמעון ולוי אחי דינא גבר סייפיה ועלו על קרתא דהבא יתבא
לרוחצן וקטלו כל דכורא (GN 34:26) וית חמור וית שכם בריה קטלו
לפתגם דחרב ודברו ית דינה מבית שכם ונפקו (GN 34:27) מותר בנוי
דיעקב עלו לחלצא קטילייא ובזו ית קרתא דסאיבו בגוה אחתהון
(GN 34:28) ית ענהום וית תוריהום וית חמריהום וית דבקרתא וית
דבחקלא בזו (GN 34:29) וית כל נכסיהון וית כל טפליהון שבו ובזו
וית כל דבביתא (GN 34:30) ואמר יעקב לשמעון וללוי עכרתון יתי
למפקא טיבי ביש ביתבי ארעא בכנענאי ובפריזאי ואנא עם דמניין
ויתכנשון עלי וימחונני ואישתיצי אנא ואינש ביתי (GN 34:31)
עניין שמעון ולוי לא יאי למיהוי מתאמר בכנישתהון דבני ישראל
ערלאין (39A) סאיבו לבתולתא ופלחי צילמין טניפו לברתיה דיעקב

אלהין כדין יאי למיהוי מתאמר ערלאין איתקטילו בגין בתולתא ופלחי צילמין בגין ברתיה דיעקב ולא יהוי שכם בר חמור מלגלג במיליה עלנא וכאיתא מטעייא נפקת ברא דלית לה תבוע יעביד ית אחתן אין לא עבדנא ית פיתגמא הדין (GN 35:1) ואמר ייי ליעקב קום סוק לביתאל ותיב תמן ועיבד תמן מדבחא לאלקא דאיתגלי לך במיערקך מן קדם עשו אחוך (GN 35:2) ואמר יעקב לאינשי בייתיה ולכל דעימיה עטרון ית טעוות עממייא דביניכון דדברתון מבית טעוות שכם ואידכו מסואבות קטילייא דקרבתון בהון ושנן כסותכון (GN 35:3) ונקום וניסק לביתאל ואעביד תמן מדבחא לאלקא דקבל צלותי ביומא דעקתי והוה מימריה בסעדי באורחא דאזלית (GN 35:4) ומסרו ביד יעקב ית כל טעוות עממייא דבידיהון דדברו מן בית טעוות שכם וית קדשייא דהוו באודניהון דיתבי קרתא דשכם דהוה צייר בהון דמות פיסליה וטמר יתהום יעקב תחות בוטמא דסמיכא לקרתא דשכם (GN 35:5) ונטלו מתמן מודים ומצליין קדם ייי והות רתיתא מן קדם ייי על עממייא דבקודריי חוזרניהום ולא רדפו בתר בני יעקב (GN 35:6) ואתא יעקב ללוז דבארעא דכנען היא ביתאל הוא וכל עמא דעימיה (GN 35:7) ובנא תמן מדבחא וקרא לאתרא אל דאשרי שכינתיה בביתאל ארום תמן אתגליו ליה מלאכייא דייי במיערקיה מן קדם עשו אחוי (GN 35:8) ומיתת דבורה פידגוגתא דרבקה ואתקברת מן לרע לביתאל בשיפולי מישרא וברם תמן אתבשר יעקב על מיתת רבקה אימיה וקרא שמיה אוחרן בכותיא (GN 35:9) ואיתגלי ייי ליעקב תוב במיתוהי מפדן דארם ובריך ייי בשום מימריה בתר דמיתת אימיה (GN 35:10) ואמר ליה ייי עד כדון הוה שמך יעקב לא יתקרי שמך תוב יעקב אלהין ישראל יהי שמך (40) וקרא ית שמיה ישראל (GN 35:11) ואמר ליה ייי אנא אל שדי פוש וסגי עם קדיש וכינשת נביאין וכהנין יהון מבינך דאולידתא ותרין מלכין תוב מינך יפקון (GN 35:12) וית ארעא דיהבית לאברהם וליצחק לך איתנינה ולבנך בתרך אתן ית ארעא (GN 35:13) ואיסתלק מעילווי יקר שכינתא דייי באתרא דמליל עימיה (GN 35:14) ואקים תמן קמה באתרא דמליל עימיה קמה דאבנא ונסיך עלה ניסוך חמר וניסוך מוי ארום כדין עתידין בנוי למעבר בחגא דמטלייא ואריק עלה משח זיתא (GN 35:15) וקרא יעקב ית שמיה דאתרא דמליל עימיה תמן ייי ביתאל (GN 35:16) ונטלו מביתאל והוה תוב סוגעי אשוון עללתא דארעא במיתיה לאפרת וילידת רחל וקשיית במילדה (GN 35:17) והוה בקשיותא במילדה ואמרת לה חייתא לא תידחלין ארום אוף דין ליך בר דכר (GN 35:18) והוה במיפק נפשא ארום מטת עלה מותא וקרת שמיה בר דווי ואבוי קרא ליה בנימין (GN 35:19) ומיתת רחל ואתקברת באורח אפרת היא בית לחם (GN 35:20) ואקים יעקב קמתא על בית קבורתא היא קמת בית קבורתא דרחל עד יומא דין (GN 35:21) ונטל יעקב ופרס למשכניה מן להלא למוגדלא דעדר אתרא דהתמן עתיד דאיתגלי מלכא משיחא בסוף יומייא (GN 35:22) והוה כד שרא ישראל בארעא ההיא ואזל ראובן ובלבל ית מצעא דבלהה פילקתיה דאבוי דהות מסדרא כל קבל מצעא דלאה אימיה ואיתחשיב עילוי כאילו שמיש עימה ושמע ישראל ובאיש ליה ואמר ווי דילמא נפיק מיני פסולא היכמא דינפק מן אברהם

ישמעאל ומן אבא נפק עשו מתיבא רוחא דקודשא וכן אמר ליה לא
תידחל דכולהון צדיקין ולית בהון פסולא דמבתר דאיתיליד בנימין
הוו בני יעקב תריסר (GN 35:23) בני לאה בוכרא דיעקב ראובן
ושמעון ולוי ויהודה ויששכר וזבולן (GN 35:24) בני רחל יוסף
ובנימין (GN 35:25) ובני בלהה אמתא דרחל דן ונפתלי (GN 35:26)
ובני זלפה אמתא דלאה גד ואשר (40A) אילין בני יעקב דאיתילידו
ליה בפדן דארם (GN 35:27) ואתא יעקב לות יצחק אבוי לממרא קרית
ארבע היא חברון דדר תמן אברהם ויצחק (GN 35:28) והוו יומי יצחק
מאה ותמנן שנין (GN 35:29) ואיתנגיד יצחק ומית ואתכנש לעמיה
סיב ושבע יומין וקברו יתיה עשו ויעקב בנוי (GN 36:1) ואילין
ייחוסין דעשו הוא דמתקרי אדום (GN 36:2) עשו נסיב ית נשוי מבנת
כנען ית עדה ברת אלון חיתאה וית אהליבמה ברת ענה ברת צבעון
חיואה (GN 36:3) וית בשמת ברת ישמעאל דאסיבא ליה נביות אחה
(GN 36:4) וילידת עדה לעשו ית אליפז ובשמת ילידת ית רעואל
(GN 36:5) ואהליבמה ילידת ית יעוש וית יעלם וית קרח אילין בנוי
דעשו די איתילידו ליה בארעא דכנען (GN 36:6) ודבר עשו ית נשוי
וית בנוי וית בנתוי וית כל נפשת ביתיה וית גיתוי וית
בעירווי וית כל ניכסוי דיקנה בארעא דכנען וטייל לארעא אוחרי
דהות רמיא עלוי אימתיה דיעקב אחוי (GN 36:7) ארום הוה ניכסיהון
סגי מלמיתב כחדא ולא כהילת ארעא תותבתהון לסוברא יתהום מן קדם
גיתיהום (GN 36:8) ויתיב עשו בטוור גבלא עשו הוא רבא דאדומאי
(GN 36:9) ואילין ייחוסין דעשו רבא דאדומא דבית מדורהון בטוור
גבלא (GN 36:10) אילין שמהת בני עשו אליפז בר עדה איתת עשו
רעואל בר בשמת איתת עשו (GN 36:11) והוו בני אליפז תימן אומר
צפו וגעתם וקנז (GN 36:12) ותמנע הוות פילקתא לאליפז בר עשו
וילידת לאליפז ית עמלק הוא אליפז חבריה דאיוב אילין בני עדה
איתת עשו (GN 36:13) ואילין בני רעואל נחת וזרח שמה ומזה אילין
הוון בני בשמת איתת עשו (GN 36:14) ואילין הוו בני אהליבמה ברת
ענה ברת צבעון איתת עשו וילידת לעשו ית יעוש וית יעלם וית קרח
(GN 36:15) אילין רברבי בני עשו בני אליפז בוכרא דעשו רבא תימן
רבא אומר רבא צפו רבא קנז (GN 36:16) רבא קרח רבא געתם רבא
עמלק אילין רברבי אליפז דמדורהון בארעא דאדום אילין (41) בני
עדה (GN 36:17) ואילין בני רעואל בר עשו רבא נחת רבא זרח רבא
שמה רבא מזה אילין רברבי רעואל דמדורהון בארעא דאדום אילין בני
בשמת איתת עשו (GN 36:18) ואילין בני אהליבמה איתת עשו רבא
יעוש רבא יעלם רבא קרח אילין רברבי אהליבמה ברת ענה איתת עשו
(GN 36:19) אילין בני עשו ואילין רברבנהום הוא אבא דאדומאי
(GN 36:20) אילין בנוי דגבל גנוסיא דמקדמת דנא הוון יתבי ארעא
ההיא לוטן ושובל וצבעון וענה (GN 36:21) ודישון ואצר ודישן
אילין רברבי גנוסיא בנוי דגבל דמדורהון מן עלמין בארע אדומאי
(GN 36:22) והוו בני לוטן חרי והימם ואחתיה דלוטן תמנע
(GN 36:23) ואילין בני שובל עלון ומנחת ועיבל שפו ואונם
(GN 36:24) ואילין בני צבעון ואיה וענה הוא ענה דארבע ית ערדיא
עם אתני ולזמן אשכח ית בודנייתא דינפקו מנהון כד הוה רעי ית

חמרייא לצבעון אבוי (GN 36:25) ואילין בני ענה דישון ואהליבמה
בת ענה (GN 36:26) ואילין בני דישן חמדן וישבן ויתרן וכרן
(GN 36:27) אילין בני אצר בלהן וזעון ועקן (GN 36:28) אילין
בני דישן עוץ וארם (GN 36:29) אילין רברבי גנוסייא רבא לוטן
רבא שובל רבא צבעון רבא ענה (GN 36:30) רבא דישון רבא אצר רבא
דישן אילין רברבי גנוסייא לרברבניהום דמדוריהום מן קדמת דנא
בארעא דגבלא (GN 36:31) ואילין מלכייא די מלכו בארעא דאדום קדם
עד לא מלך מלכא לבני ישראל (GN 36:32) ומלך באדום בלעם בר בעור
ושום קרתא דבית מלכותיה דנהבא (GN 36:33) ומית בלע ומלך
תחותויי יובב בר זרח מבצרה (GN 36:34) ומית יובב ומלך תחותויי
חושם מארע דרומא (GN 36:35) ומית חושם ומלך תחותויי הדד בר בדד
דקטל ית מדינאה בסדרותיה עמהון קרבא בחקלי מואב ושום קרתא דבית
מלכותיה עוית (GN 36:36) ומית הדד ומלך תחותיה שמלה ממשרקה
(GN 36:37) ומית שמלה ומלך תחותוי שאול דמן רחובות דעל פרת
(GN 36:38) ומית שאול ומלך תחותוי בעל חנן בר עכבור (GN 36:39)
ומית בעל חנן בר עכבור (41A) ומלך תחותוי הדר ושום קרתא דבית
מלכותיה פעו ושום אינתתיה מהיטבאל ברת מטרד הוא גברא דהוה לעי
במטרדא ובסרדיתא ומן דעתר וקנה נכסין הדר למהוי מתגאי בלבביה
למימר מאן הוא כספא ומאן הוא דהבא (GN 36:40) ואילין שמהת
רברבי עשו לייחוסיהון לאתר מדוריהון בשמהותהן רבא תמנע רבא
עלוה רבא יתת (GN 36:41) רבא אהליבמה רבא אלה רבא פינון
(GN 36:42) רבא קנז רבא תימן רבא מבצר (GN 36:43) רבא מגדיאל
הוא הוה מתקרי מגדיאל על שום קרתיה מגדל תקיף היא רומי חייבתא
רבא עירם אילין רברבי אדום למותבניהון בארע אחסנתהון הוא עשו
אבוהון דאדומאי

פרשה וישב יעקב

(GN 37:1) ויתב יעקב בשליותא בארע תותבות אבוי בארעא
דכנען (GN 37:2) אילין זרעית יעקב יוסף בר שביסרי שנין הוה
במיפיקיה מן בית מדרשא והוא טלה מתרבי עם בני בלהה ועם בני
זלפה נשיא דאבוי ואייתי יוסף ית טיפיהון ביש דחמנון אכלין
בישרא דתליש מן חיוא חייא ית אודניא וית דנבייא ואתא ותני לות
אבוהון (GN 37:3) וישראל רחים ית יוסף מכל בנוי ארום איקונין
דיוסף דמיין לאיקונין דיליה ועבד ליה פרגוד מצוייר (GN 37:4)
וחמון אחוי ארום יתיה רחים אבוהון מכל אחוי ונטרו ליה בבו ולא
צבן למללא עימיה שלם (GN 37:5) וחלם יוסף חילמא ותני לאחוהי
ואוסיפו תוב למינטר ליה בבו (GN 37:6) ואמר להון שמעו כדון
חילמא הדין די חלימית (GN 37:7) והא אנחנא מפרכין פירוכין בגו
חקלא והא קמת פורכתי ואוף איזדקפת והא מתחורן פורכתיהון וגחנן
לפורכתי (GN 37:8) ואמרו ליה אחוהי הלממלך אנת מדמי (42) עלנא
אין למישלט את סביר עלנא ואוסיפו תוב למנטר ליה בבו על חלמוי
ועל פיתגמוי (GN 37:9) וחלם תוב חילמא חורנא ותני יתיה לאחוהי
ואמר הא חלימית חילמא תוב והא שימשא וסיהרא וחדסר כוכבייא גחנן
לי (GN 37:10) ואישתעי לאבוי ולאחהא ונזף ביה אבוי ואמר ליה מה
חילמא הדין דחלמתא המיתי ניתי אנא ואימך ואחך למגחן לך על ארעא

(GN 37:11) וקניאו ביה אחוהי ואבוי נטר בליביה ית פיתגמא
(GN 37:12) ואזלו אחהי למרעי ית ענא דאבוהון בשכם (GN 37:13)
והוה לזמן יומין ואמר ישראל ליוסף הלא אחך רעו בשכם ודחיל אנא
דילמא ייתון חיואי וימחונון על עיסק די מחו ית חמור וית שכם
וית יתבי קרתא איתא כדון ואשלחינך לותהון ואמר ליה האנא
(GN 37:14) ואמר ליה איזל כדון חמי ית שלם אחך וית שלם ענא
ואתיבני פיתגמא ושדריה על עיסק עיטא עמיקתא דיתמלל עם אברהם
בחברון ובההוא יומא הוה שרוי גלותא דמצרים וקם ואתא יוסף לשכם
(GN 37:15) ואשכחיה גבריאל בדמות גברא והא טעי בחקלא ושאיליה
גברא למימר מה אנת בעי (GN 37:16) ואמר ית אחיי אנא בעי חוי
כדון לי איכן אינון רען (GN 37:17) ואמר גברא נטלו מיכן ארום
שמעית מבתר פרגודא דהא אישתרי מן יומא דין שיעבוד מצראי
ואיתאמר להום בנבואה דחיואי בען למסדרא עמהון סדרי קרבא בגין
כן הוו אמרין נזיל לדותן ואזל יוסף בתר אחהי ואשכחינון בדותן
(GN 37:18) וחמון יתיה מרחיק ועד לא קריב לותהום ואיתיעטו עלוי
למיקטליה (GN 37:19) ואמרו שמעון ולוי דהוו אחין בעיטתא גבר
לאחוי הא מרי חילמייא דיכי אתי (GN 37:20) וכדון אתו
וניקטליניה ונירמיניה בחד מן גובייא ונימר חיתא בישתא אכלתיה
וניחמי מה יהי פשר חלמוי (GN 37:21) ושמע ראובן ושיזביה מן
אידיהון ואמר לא נקטליניה דלא נתחייב באדמיה (GN 37:22) ואמר
להום ראובן לא תשדון אדם זכאיי טלוקו (42A) יתיה לגובא הדין
דבמדברא ויד דקטולון לא תושטון ביה בגין לשיזבא יתיה מידהון
לאתבותיה לות אבוי (GN 37:23) והוה כד אתא יוסף לות אחהי
ואשלחו ית יוסף ית פרגודיה ית פרגוד מצייר דעלוי (GN 37:24)
ונסבוהי וטלקו יתיה לגובא וגובא סריק לית ביה מוי ברם חיוין
ועקרבין הוו ביה (GN 37:25) וחזרו למיכול לחמא וזקפו עיניהון
וחמון והא סיעא דערבאין אתיא מגלעד וגמליהון טעינין שעוה ושרף
קטף ולטום מטיילין לאחתא למצרים (GN 37:26) ואמר יהודא לאחהי
מה הניית ממון יהי לן ארום ניקטול ית אחונא ונכסי על דמיה
(GN 37:27) איתו ונזבניניה לערבאין וידנא לא תהי ביה למיקטליה
ארום אחונא בישרנא הוא וקבילו אחוהי (GN 37:28) ועברו גברי
מדינאי מרי פרקמטיא ונגידו ואסיקו ית יוסף מן גובא וזבינו ית
יוסף לערבאין בעשרין מעין דכסף וזבנו מנהון סנדלין ואייתיו ית
יוסף למצרים (GN 37:29) ותב ראובן לגובא ארום לא הוה עמהון
למסעוד כד זבנוהי דהוה יתיב בצומא על דבלבל מצע אבוי ואזל
ויתיב ביני טוריא למהדור לגובא לאסקותיה לאבוי מאים יסב ליה
אפין וכיוון דתב וחמא והא לות יוסף בגובא ובזע ית לבושוי
(GN 37:30) ותב לות אחוי ואמר טליא ליתוהי ואנא להן אנא אתי
והכדין נחמי סבר אפוי דאבא (GN 37:31) (GN 37:32) ושדרו ביד
בני זלפה ובני בלהה ית פרגוד מצייר ואייתייוהי לות אבוהון ואמרו
דא אשכחנא אישתמודע כדון מפרגודא דברך היא אין לה (GN 37:33)
ואשתמודעה ואמר פרגוד דברי היא לא חיות ברא אכלתיה ולא על יד
בני נשא איתקטל אלא חמי אנא ברוח קודשא דאיתא בישתא קיימא
לקובליה (GN 37:34) ובזע יעקב לבושוי ואסר שקא בחרצוי ואתאבל

על בריה יומין סגיאין (GN 37:35) וקמו כל בנוי וכל נשי בנוי ואזלו למנחמא ליה וסריב לקבלא תנחומין ואמר ארום איחות לות ברי כד אבילנא לבי קבורתא ובכה יתיה ברם יצחק אבוי (GN 37:36) ומדנאי זבינו יתיה למצרים לפוטיפר רבא דפרעה רב ספוקלטוריא (43) (GN 38:1) והוה בעידנא ההיא ונחת יהודה מנכסוי ואתפרש מן אחוהי וסטא לות גברא עדולמאה ושמיה חירה (GN 38:2) וחמא תמן יהודה ברת גבר תגר ושמיה שוע וגיירה ועל לותה (GN 38:3) ואתעברת וילידת בר וקראת ית שמיה ער ארום בלא וולד עתיד לממת (GN 38:4) ואיתעברת תוב וילידת בר וקרת ית שמיה אונן ארום ברם עלוי עתיד אבוי לאתאבלא (GN 38:5) ואוסיפת תוב וילידת בר וקרת ית שמיה שלה ארום שלי יתה בעלה והוה בפסקת כד ילידת יתיה (GN 38:6) ונסיב יהודה איתא לער בוכריה ברת שם רבא ושמהא תמר (GN 38:7) והוה ער בוכרא דיהודה ביש קדם ייי דלא הוה משמש עם אינתתיה כאורח כל ארעא ותקף רוגזא דייי עליה וקטליה ייי (GN 38:8) ואמר יהודה לאונן עול לות איתת אחוך ויבם יתה ואקם זרעא על שמא דאחוך (GN 38:9) וידע אונן ארום לא על שמיה איקרון בנין והוה כד הוה עליל לות אינתתיה דאחוי הוה מחבל עובדוי על ארעא דלא למקמה בנין על שמיה דאחוי (GN 38:10) ובאש קדם ייי מה דעבד וקטע אוף ית יומוי (GN 38:11) ואמר יהודה לתמר כלתיה תיבי ארמלא בית אבוייך עד דירבי שלה ברי ארום אמר דילמא ימות אוף הוא הי כאחהי ואזלת תמר ויתיבת בית אבוהא (GN 38:12) וסגו יומיא ומיתת ברת שוע איתת יהודה ואתנחם יהודה וסליק על גזזי עניה הוא וחירה רחמיה עדולמאה לתמנת (GN 38:13) ואיתני לתמר למימר הא חמויך סליק לתמנת למיגז עניה (GN 38:14) ואעדת לבושי ארמלותא מינה וכסיית ברדידא ואעטפת ויתיבת בפרשת אורחין דכל עיינין מסתכלין תמן דעל שבילא דתמנת ארום חמת ארום רבא שלה והיא לא איתיהבת ליה לאינתו (GN 38:15) וחמיה יהודה והוה מדמיה באנפוי כנפקת ברא ארום כעיסת אפין הות בביתיה דיהודה ולא הוה יהודה רחים יתה (GN 38:16) וסטא לוותה לאורחא ואמר הבי כדון איעול לותיך ארום לא ידע ארום כלתיה היא ואמרת מה תתן לי ארום תיעול לותי (GN 38:17) ואמר אנא אשדר גידי בר עיזי מן ענא (43A) (GN 38:18) ואמרת אין תתן משכונא עד דתשדר ואמר מה משכונא דאתן לך ואמרת סיטומתך וחוטייך וחוטרך דבידך ויהב לה ועל לותה ואיתעברת ליה (GN 38:19) וקמת ואזלת ועדת רדידה מינה ולבישת לבישי ארמלותא (GN 38:20) ושדר יהודה ית גדי בר עיזי ביד רחמיה עדולמאה למיסב משכונא מידא דאיתתא ולא אשכחא (GN 38:21) ושאיל ית אינשי אתרא למימר האן מטעיתא דהיא בסכות עיינין על אורחא ואמרו לא הוה הכא מטעיתא (GN 38:22) ותב לות יהודה ואמר לא אשכחתא ואוף אינשי אתרא אמרו לא הות הכא מטעיתא (GN 38:23) ואמר יהודה תיסב לה משכונייא דילמא נהוי לגחוך הא שדרית ית גדיא הדין ואנת לא אשכחתיה (GN 38:24) והוה בזמן תלת ירחין אשתמודעה דמעברה היא ואיתני ליהודה למימר זניית תמר כלתך ואוף הא מעברא לזנו ואמר יהודה הלא בת כהין היא הנפקוהא ותיתוקד (GN 38:25) תמר מיתאפקא לאיתוקדא ובעת תלת משכוניא ולא

אשכחתנון תלת עיינהא לשמי מרומא וכן אמרת בבעו ברחמין מן קדמך ייי עני יתי בהדא שעת אננקי ואנהר עייני ואשכח תלת סהדיי ואנא מקימא לך מן חרציי תלתא קדישייא דמקדשין שמך ונחתין לאתון נורא בבקעת דורא בה שעתא רמז קודשא למיכאל ואנהר עיינה ואשכחתנון ונסיבת יתהון וטלקת יתהון קמי רגלי דיינייא ואמרת גברא דאילין משכונייא דידיה מיניה אנא מעברא ואף על גב דאנא יקדא לית אנא מפרסמא ליה ברם מרי עלמא יתין בלבביה דיכיר יתהום וישיזב יתי מן דינא רבא הדין וכיון דחמא יתהום יהודה אכר יתהום בכן אמר בליביה טב לי בהית בעלמא הדין דהוא עלם עביר ולא נבהית באנפי אבהתיי צדיקייא בעלמא דאתי טב לי יקיד בעלמא הדין באישא טפייא ולא ניקד בעלמא דאתי באישא אכלא אשא דמיכלא קבל מיכלא היא לפום דאמרת ליעקב אבא אכר כדון פרגודא דברך לופום כן צרכית למשמע בבי דינא למן הינון סיטומתא וחוטיא וחוטרא (44) האילין (GN 38:26) ואכר יהודה ואמר זכיא היא תמר מיני אתעברת וברת קלא נפלת משמייא ואמרת דמן קדמי הוה פתגמא ואשתיזבו תריהום מן דינא ואמר בגין דלא יהבתא לשלה ברי אירע יתי כדון ולא אוסף תוב למידעא במשכבא (GN 38:27) והוה בעידן מילדה והא תיומין במעהא (GN 38:28) והוה במולדה ופשט וולדא ית ידיה ונסבת חייתא וקטרת על ידיה חוט זהורי למימר דין נפק בקדמיתא (GN 38:29) והוה כד אתיב וולדא ית ידיה והא נפק אחוי ואמרת מה תקוף סגי תקיפתא ועלך אית למיתקוף דאנת עתיד למחסן מלכותא וקרת שמיה פרץ (GN 38:30) ובתר כדין נפק אחוי דעל ידי קטיר חוט זהורי וקרת שמיה זרח (GN 39:1) ויוסף איתחת למצרים וזבניה פוטיפר על דחמייה שפיר בגין למעבד עימיה משכבי דכורא ומן יד אתגזר עלוי ויבישו שעבזוי ואיסתרס והוא רבא דפרעה רב ספוקלטוריא גבר מצראי בערבנותא מן ערבאי דאחתוהי לתמן (GN 39:2) והוה מימר דייי בסעדא דיוסף והוה גבר מצלח והוה בבית ריבוניה מצראי (GN 39:3) וחמא ריבוניה ארום מימר דייי הוה בסעדיה וכל דהוא עביד ייי מצלח בידיה (GN 39:4) ומשכח יוסף רחמין בעינוי ושמיש יתיה ומנייה אפוטרופוס על בייתיה וכל דאית ליה מסר בידיה (GN 39:5) והוה מעידן דמנייה אפוטרופוס על בייתיה ועל כל דאית ליה ובריך ייי ית בית מצראי בגין זכותיה דיוסף והוה בירכתא דייי בכל מה דאית ליה בביתא ובחקלא (GN 39:6) ושבק כל דאית ליה בידא דיוסף ולא ידע עימיה מדעם אלהין אינתתיה דשכיב גבה והוה יוסף שפיר בריוא ויאי בחזוא (GN 39:7) והוה בתר פיתגמייא האילין וזקפת איתת ריבוניה ית עינה ביוסף ואמרת שכוב עימי (GN 39:8) וסרב למקרבא לגבה ואמרת לאיתת ריבוניה הא ריבוני לא ידע עימי מדעם מה בביתא וכל דאית ליה מסר בידי (GN 39:9) ליתיה רב בביתא הדין מיני ולא מנע מיני מדעם אלהין יתיך מן בגלל דאנת אינתתיה (44A) ואכדין אעביד בישתא רבתא הדא ואיחוב קדם ייי (GN 39:10) והוה כדי מלילת עם יוסף יומא דין ויומחרא ולא קביל מיניה למשכוב גבה למיהוי מתחייב עימה ביום דינא רבא לעלמא דאתי (GN 39:11) והוה ביומא הדין ועל לביתא למבחוש בפינקסי חושבניה ולית אינש מאינשי ביתא תמן בביתא (GN 39:12) ואחדתיה בלבושיה למימר שכוב עימי

ושבקיה ללבושיה בידא ואפיק לשוקא (GN 39:13) והוה כדי חמת ארום
שבק ללבושיה בידא ואפק לשוקא (GN 39:14) והא ורמת חלבונא
דביעתא בדרגשא וקרת לאינשי ביתא ואמרת חמון שכבת זרעא דאטיל
דין דאייתי ריבונכון לנא גבר עבראי למגחוך בנא על לותי למשכוב
עימי וקרית בקלא רמא (GN 39:15) והוה כדי שמע ארום ארימית קלי
וקרית ושבקית ללבשיה לותי ואפק לשוקא (GN 39:16) ואנחת לבשא
גבה עד דעל ריבוניה לבייתיה (GN 39:17) ומלילת ליה כפיתגמייא
האילין למימר על לותי עבדא עבראי דאייתיתא לנא למגחוך בי
(GN 39:18) והוה כדי ארימית קלי וקרית ושבק לבשיה גבי ואפק
לשוקא (GN 39:19) והוה כדי שמע ריבוניה ית פיתגמי אינתתי
דמלילת עימיה למימר כפיתגמיא האילין עבד לי עבדך ותקיף רוגזיה
(GN 39:20) ונסיב עיטתא ריבוני יוסף מן כומרניא דבדקו דחלבונא
הוא ולא קטל יתיה ויהבי בבי אסירי אתר דאסירי מלכא אסירין והוה
תמן בבי אסירי (GN 39:21) והוה מימרא דייי בסטרא דיוסף ונגד
עליה חיסדא ויהב רחמותיה בעיני רב בית אסירי (GN 39:22) ומני
רב בית אסירי ביד יוסף ית כל אסירייא דבבית אסירי וית כל
דעבדין תמן הוא מפקד למעבד (GN 39:23) לית צרוך לרב בית אסירי
למנטר ית יוסף כאורח כל אסיריא ארום לא חמי ית כל סורחן בידיה
בגין דמימר דייי הוה בסעדיה ודהוא עביד ייי מצלח (GN 40:1)
והוה בתר פיתגמיא האילין ואתחוא למימר סרחו רב מזוגייא דמלכא
דמצרים ורב נחתומייא ואיתיעטו (45) למירמי סמא דמותא במיכליה
ובמשקייה למקטל לריבונהום למלכא דמצרים (GN 40:2) ובנס פרעה
כדי שמע על תרין רברבנוי על רב שקי ועל רב נחתומי (GN 40:3)
ויהב יתהום במטרא בי רב ספוקלטוריא לבית אסירי אתרא דיוסף אסיר
תמן (GN 40:4) ומני רב ספוקלטוריא ית יוסף עימהון ושמש יתהום
והוו יומין בבית מטרא (GN 40:5) וחלמו חילמא תריהון גבר חילמיה
בליליא חד גבר חילמיה ופושרן חילמיא דחבריה מזוגא ונחתומא די
למלכא דמצרים דאסירין בבית אסירי (GN 40:6) ואתא לותהון יוסף
בצפרא וחמא יתהום והא אינון בניסין (GN 40:7) ושאל ית רברבי
פרעה דעימיה במטרת ביתא דריבוניה למימר מדין סבר אפיכון ביש
יומא דין מכל יומיא דהויתון הכא (GN 40:8) ואמר ליה חילמא
חלימנא ופשר לית ליה ואמר להון יוסף הלא מן קדם ייי פושרן
חילמיא אישתעו כדון לי (GN 40:9) ואישתעי רב מזוגיא ית חלמיא
ליוסף ואמר ליה חמי הוית בחילמי והא גופנא קדמי (GN 40:10)
ובגופנא תלתי מצוגיא והיא כדי אפרחת אפיקת ליבלובהא ומן יד
בשלו סגולייהא הוו עינבין (GN 40:11) חמי הוית עד דיהבין כסא
דפרעה בידי ונסיבית ית עינביא ועצירית יתהון לכסא דפרעה ויהבית
ית כסא על ידא דפרעה (GN 40:12) ואמר ליה יוסף דין סוף פושרנא
דחלמא תלתי מצוגייא תלתי אבהת עלמא הינון אברהם יצחק ויעקב דמן
בני בניהון עתידין למשתעבדא למצרים בטינא ובליבנא ובכל פולחנהא
באנפי ברא ומן בתר כדין מתפרקין על יד תלת רעיין ודי אמרת
נסיבית ית עינביא ועצרית יתהום לכסא דפרעה ויהבית ית כסא לידא
דפרעה היא פיילא דרוגזא דעתיד פרעה שתי בעיקבא ואת רב מזוגייא
תקבל אגר טב על חלמך טב די חלמתא ופושרניה דין הוא לך תלתי

מצוגייא תלתא יומין הינון לפורקנך (GN 40:13) בסוף תלתי יומין יעול קדם פרעה דוכרנך וירים ית רישך ביקר ויתיבינך על שימושך ותיתן כסא דפרעה בידיה כהילכתא קמאה דהוית מזוגיה (GN 40:14) שבק יוסף ית רוחצניה (45A) דלעיל ונקט רוחצניא דבר נש ואמר לרב מזוגיא אלהן תדכרינני עימך כד ייטב לך ותעבד כדון עימי טיבו ותידכר עלי קדם פרעה ותהנפיקינני מן בית אסירי הדין (GN 40:15) ארום מיגנב איתגניבית מן ארעא דעיבראי ואוף הכא לא עבדית מדעם ביש ארום שויאו יתי בבית אסירי (GN 40:16) וחמא רב נחתומי ארום יאות פשר דהוא חמא פושרן חלמא דחבריה ושרי למללא בלישן רוגזא ואמר ליוסף אוף אנא הוית חמי בחילמי והא תלתא סלין דצביתא נקיא על רישי (GN 40:17) ובסלא עילאה מכל תפנוקי מיכל פרעה עובד נחתום ועופא אכיל יתהום מן סלא מעילוי רישי (GN 40:18) ואתיב יוסף ואמר דין הוא פושרניה תלתי סליא תלתי שעבודיא הינון דעתידין בית ישראל למשתעבדא ואנת רב נחתומיא תקבל אגר ביש על חלמך ביש דחלמתא ופשר ליה יוסף ית מה דשפר בעינוי ואמר ליה דין לך פושרניה תלתי סליא תלת יומין הינון לקטלך (GN 40:19) בסוף תלתא יומין יעדי פרעה בסיפא ית רישך מעילוי גופך ויצלוב יתך על קיסא וייכול עופא ית בישרך מינך (GN 40:20) והוה ביום תליתאי יום גנוסא דפרעה ועבד שורו לכל עבדוי ורומם ית ריש רב מזוגייא וית ריש רב נחתומייא בגו עבדוי (GN 40:21) ואתיב ית רב מזוגייא על מזגיה דאשתכח דלא הוה בעיטא ההיא ויהב כסא על ידא דפרעה (GN 40:22) וית רב נחתומי צלב דיעט למקטליה היכמה דפשר להום יוסף (GN 40:23) ובגין דשבק יוסף חסדא דלעיל ואתרחץ ברב מזוגייא בבשר עביר בגין כן לא אידכר רב מזוגיא ית יוסף ואנשייה עד זמן די מטא קיצא מן קדם ייי למתפרקא

פרשה ויהי מקץ

(GN 41:1) והוה מסוף תרתין שנין עאל דוכרניה דיוסף קדם מימרא דייי ופרעה הוה חלים והא קאי על נהרא (46) (GN 41:2) והא מן נהרא סלקן שבע תורתי שפירן למחמי ופטימן בישרא ורעיין בגו גומייא (GN 41:3) והא שבע תורתי חורניין סלקן מן נהרא בישן למיחמי וחסיין בבישריהון וקמן לקובליהום דתורתי על כיף נהרא (GN 41:4) ואכלא תורתי דבישן למיחמי וחסירן בבישריהון ית שבע תורתי דשפירן למיחמי ופטימתא ואיתער פרעה מדמכיה (GN 41:5) ודמוך וחמא חלמא תניינות והא שבעא תובלי סלקן בקנייא חד פטימן וטבן (GN 41:6) והא שבעא תובלי לקיין ושקיפן קידום צמחן בתריהן (GN 41:7) ובלען תובלייא לקייתא ית שבע תובלייא פטימתא ומלייתא ואיתער פרעה והא הוה חילמא (GN 41:8) והוה בצפרא ומטרפא רוחיה ושדר וקרא ית כל חרשי מצרים וית כל חכימהא ואישתעי פרעה להום ית חילמיה ולא הוה אפשר לגבר די יפשר יתיה ארום מן קדם ייי איסתקף מן בגלל דימטא זימניה דיוסף למיפק מן בית אסירי (GN 41:9) ומליל רב מזוגייא קדם פרעה למימר ית סורחניי אנא מדכר יומא דין (GN 41:10) מן קדם ייי איסתקף דפרעה רגיז על עבדוי ויהב יתיה דמטרא בי רב ספוקלטוריא יתיה וית רב נחתומיא (GN 41:11) וחלמנא חילמא בליליא חד אנא והוא גבר חילמיה

ופושרן חילמא דחבריה חלימנא (GN 41:12 ותמן עימנא טלייא עבראי
עבדא לרב ספוקלטוריא ואישתעינא ליה ופשר לנא ית חילמנא גבר הי
כפושרן חילמיה פשר (GN 41:13 והוה היכמא דפשר לנא כדין הוה
יתי אותיב במיליה על סדר שימושי ויתיה צלב (GN 41:14 ושדר
פרעה וקרא ית יוסף ודלוגיה מן בית אסירי וספר ושני כסותיה ועל
לות פרעה (GN 41:15 ואמר פרעה ליוסף חילמא חלימית ומפשר לית
יתיה ואנא שמעית עלך למימר אין אנת שמע חילמא אנת פשר ליה
(GN 41:16 ואתיב יוסף ית פרעה למימר בר מיני לא אית גבר דפשר
חילמין ברם מן קדם ייי יתותב שלמא דפרעה (GN 41:17 ומליל פרעה
עם יוסף למימר חמי הוית בחילמי הא אנא קאי על כיף נהרא
(GN 41:18 והא מן נהרא סליקן שבע תורתי פטימן בשר ושפירן
למיחמי ורעיין (46A בגו גומייא (GN 41:19 והא שבע תורתי
חורניין סלקן בתריהון חשיכן ובישן למיחמי לחדא וחסיין
בבישריהון לא חמית דכוותהן בכל ארעא דמצרים לבישו (GN 41:20
ואכלן תורתי השיכתא ובישתא ית שבע תורתי קמייתא ופטימתא
(GN 41:21 ועלא למעהן ולא אישתמודע ארום עלו למעהן ומחמהן ביש
הי כדבקדמיתא ואיתערית (GN 41:22 וחמית בחילמי והא שבע שובלין
סלקן בקנייא חד מליין וטבן (GN 41:23 והא שבעא תובלי נצן
לקיין שקיפן קידום צמחן בתריהן (GN 41:24 ובלען תובלייא
לקייתא ית שבע תובלייא טבתא ואמרית לחרשייא ולית דמתני לי
(GN 41:25 ואמר יוסף לפרעה חילמא דפרעה חד הוא מה דייי עתיד
למעבד תני לפרעה (GN 41:26 שבע תורתן טבתן שבע שנייא אינין
מבשרן ושבע שובלייא טבתא שבע שנייא האילין אינין מבשרן חילמא
חד הוא (GN 41:27 ושבע תורתי כחישתא ובישתא דסלקן בתריהן שבע
שנייא חורנייתא אינין מבשרן ושבע שובלייא לקייתא שקיפן קידום
הם הכי מבשרן דייהויין שבע שני כפנא (GN 41:28 הוא פתגמא
דמלילית עם פרעה מה דייי עתיד למעבר אחמי ית פרעה (GN 41:29
הא שבע שנייא אתיין שובעא רבא בכל ארעא דמצרים (GN 41:30
ויקומון שבע שני כופנא מן בתריהן ויתנשי כל שובעא דהוה בארעא
דמצרים וישיצי כפנא ית דיירי ארעא (GN 41:31 ולא יתידע שובעא
דהוה בארעא מן כפנא ההוא דיהי מן בתר כן ארום תקיף הוא לחדא
(GN 41:32 ומן בגלל דאיתני חילמא לפרעה תרתין זימנין ארום
תקין פתגמא מן קדם ייי ומוחי ייי למעבדיה (GN 41:33 וכדון
יחמי פרעה גבר סוכלתן וחכים וימניניה על ארעא דמצרים
(GN 41:34 ועבד פרעה וימנה אפיטרופין על ארעא ויפקון חד מן
חמשא מן כל עיבורא דארעא דמצרים בשבע שני שובעא (GN 41:35
ויכנשון ית כל עיבור שנייא טבתא דאתיין איליין ויצברון עיבורא
תחות יד אפיטרופין דפרעה וישוון עיבורא בקירויא וינטרון
(GN 41:36 ויהי עיבורא גניז במערתא בארעא למזן מיניה בשבע שני
כפנא (47 דתיהוין בארעא דמצרים ולא ישתיצי עמא דארעא בכפנא
(GN 41:37 ושפר פיתגמא קדם פרעה וקדם כל עבדוי (GN 41:38
ואמר פרעה לעבדוי הנשכח כדין גבר דרוח נבואה מן קדם ייי ביה
(GN 41:39 ואמר פרעה ליוסף בתר דאודע ייי יתך ית כל דא לית
סוכלתן וחכים כוותך (GN 41:40 אנת תהי אפיטרופוס על ביתי ועל

גזירת מימר פומך יתזנון כל עמי לחוד כורסי מלכותא אהא רב מינך
(GN 41:41 ואמר פרעה ליוסף חמי דמנית יתך סרכן על כל ארעא
דמצרים (GN 41:42 ואעדי פרעה ית עיזקתיה מעל ידיה ויהב יתה על
ידי דיוסף ואלביש יתיה לבושין דבוץ ושוי מניכא דדהבא על צווריה
(GN 41:43 וארכיב יתיה ברתיכא תנייתא דלפרעה והוו מקלסין
לקדמוי דין אבא דמלכא רב בחכמתא ורכיך בשנייא ומני יתיה סרכן
על כל ארעא דמצרים (GN 41:44 ואמר פרעה ליוסף אנא פרעה מלכא
ואנת אלקפטא ובר מימרך לא ירעים גבר ידיה למיסור זייני וית
ריגליה למרכוב על סוסיא בכל ארעא דמצרים (GN 41:45 וקרא פרעה
שמיה דיוסף גברא דטמירן מפרסם ויהב ליה ית אסנת דילידת דינה
לשכם ורביתה איתת פוטיפרע רבא דטניס לאינתו ונפק יוסף שליט על
ארעא דמצרים (GN 41:46 ויוסף בר תלתין שנין כד קם קדם פרעה
מלכא דמצרים ונפק יוסף מלות פרעה ועבר רב ושליט בכל ארעא
דמצרים (GN 41:47 ואצלחת ארעא דכל שובל עבד מלי תרי קומצין
בשבע שני שובעא עד דימלון כל אוצרייא (GN 41:48 וכנש ית כל
עיבור שבע שני שובעא דהוו בארעא דמצרים ויהב עיבורא בקירווייא
עיבור חקלי קרתא דבחוזרנהא כנש בגוה (GN 41:49 (GN 41:50
וליוסף איתילידו תרין בנין עד לא עלת שתא דכפנא דילידת ליה
אסנת דרבת בבית פוטיפרע רבא דטניס (GN 41:51 וקרא יוסף ית שום
בוכרא מנשה ארום אמר אנשי יתי ייי ית כל ליאותי וית כל בית אבא
(GN 41:52 וית שום תניין קרא אפרים ארום אמר תקיף יתי ייי
בארע סיגופי והכדין עתיד למתקוף (47A בית אבא הכא בסיגופיהום
(GN 41:53 ושלימן שבע שני שובעא דהואה בארעא דמצרים
(GN 41:54 ושריאן שבע שני כופנא למיתי היכמא דאמר יוסף והוה
כפנא בכל ארעתא ובכל ארעא דמצרים הוא לחמא (GN 41:55 וכפנת כל
ארעא דמצרים דלא הות מפקא בר זרעא וצוח עמא קדם פרעה בגין לחמא
ואמר פרעה לכל מצראי איזילו לות יוסף דיימר לכון תעבדון
(GN 41:56 וכפנא הוה על כל אנפי ארעא ופתח יוסף ית כל אוצרין
דבהון עיבורא וזבין למצראי ותקף כפנא בארעא דמצרים (GN 41:57
וכל דיירי ארעא עלו למצרים למזבון עיבורא מן יוסף ארום תקיף
כפנא בכל ארעא (GN 42:1 וחמא יעקב ארום עללייא זבנין ומייתן
עיבורא ממצרים ואמר יעקב לבנוי למה דין אתון דחלין למיחות
למצרים (GN 42:2 ואמר הא שמעית ארום אית עיבורא מזדבן למצרים
חותו תמן וזבונו לנא מן תמן וניחי ולא נמות (GN 42:3 ונחתו
אחי יוסף עשרה למזבון עיבורא ממצרים (GN 42:4 וית בנימין אחוי
דיוסף לא שדר יעקב עם אחוי ארום אמר הא הוא טליא ומסתפינא
דילמא יארעיניה מותא (GN 42:5 ואתו בני ישראל כל חד בתרעא חד
דלא ישלוט בהון עיינא בישא כד ייעלון כחדא למזבון ביני כנענאי
דעלין למזבון ארום הוה כפנא בארעא דכנען (GN 42:6 ויוסף הוא
הוה שליט על ארעא וידע דאחוי עלין למזבון מני נטורין בתרעי
קרתא למכתוב כל דעליל ביומא ההוא שמיה ושם אבוי והוא הוה מזבן
עיבורא לכל עמא דארעא ואתו אחי יוסף ובלשו בסרטייתא ובפלטייתא
ובבתי פונדקתא ולא אשכחוהו ועלו לבייתי וסגידו ליה על אפיהום
על ארעא (GN 42:7 וחמא יוסף ית אחוהי ואשתמודעינון ואיתעביד

בעיניהום כחילונאי ומליל עמהון מילין קשיין ואמר להום מנן
אתיתון ואמרו מארעא דכנען למיזבן עיבורא (GN 42:8) ואשתמודע
יוסף ית אחוהי דכד אתפרש מנהום הוה להום רושם דקן ואינון לא
אשתמודעוהי דלא הוה ליה רושם דקן וההיא שעתא אית ליה (48)
(GN 42:9) ודכיר יוסף ית חילמייא דחלם עליהום ואמר להום אלילי אתון
למיחמי ית עירית מטעייתא דארעא אתיתון למיחמי (GN 42:10) ואמרו
ליה לא ריבוני ועבדך אתו למזבון עיבורא (GN 42:11) כולנא בני
גברא חד נחנא מהימני אנחנא לא הוו עבדך אלילי (GN 42:12) ואמר
להון לא אלהין עירית מטעיית ארעא אתיתון למיחמי (GN 42:13)
ואמרו תריסר עבדך אחין אנחנא בני גברא חד בארעא דכנען והא
זעירא עם אבונא יומא דין וחד נפק מלוותן ולית אנחנא ידעין מה
הווה בסיפיה (GN 42:14) ואמר להום יוסף הוא דמלילית עמכון
למימר אלילי אתון (GN 42:15) בהדא מיילא תתבחרון חיי דפרעה אין
תפקון מיכא אלהין בדייתי אחוכון קלילא הכא (GN 42:16) פטרו
מנכון חד וידבר ית אחוכון ואתון תתאסרון ויתבחרון פיתגמין אין
קושטא עימכון ואין לא חיי דפרעה ארום אלילי אתון (GN 42:17)
וכנש ייתהום לבית מטרא תלתא יומין (GN 42:18) ואמר להום יוסף
ביומא תליתאה דא עיבידו ואתקיימו מן קדם ייי אנא דחיל
(GN 42:19) אם מהמנין אתון אחוכון חד יתאסר בבי מערתכון ואתון
איזילו אובלו עיבורא דזבנתון לכפיני בתיכון (GN 42:20) וית
אחוכון קלילא תייתון לותי ויתיהימונון פיתגמיכון ולא תמותון
ועבדו כן (GN 42:21) ואמרו גבר לאחוי בקושטא חייבין אנחנא על
אחונא דחמינא אניקי דנפשיה כד הוה מפייס לנא ולא קבילנא מיניה
בגין כן אתת לנא עקתא הדא (GN 42:22) ענה יתהום ראובן ואמר הלא
אמרית יתכון למימר לא תיחטון בטלייא ולא קבלתון מיני ואוף אדמי
הא מתבעי מינן (GN 42:23) ואינון לא הוו ידעין ארום שמע הוה
יוסף בלישן בית קודשא ארום הוה מנשה למתורגמן ביניהום
(GN 42:24) וחזר מלוותהון ובכא ותב לוותהון ומליל עמהון ודבר
מלותהון ית שמעון דיעט למקטליה וכפת יתיה קמיהון (GN 42:25)
ופקיד יוסף לעבדוי ומלן ית מניהון עיבורא ולאתבא כספיהון דגבר
לגו דישקיה ולמיתן להון זוודיין לאורחא ועבד (48A) להום כן
(GN 42:26) ונטלו ית עיבוריהון על חמריהון ואזלו מתמן
(GN 42:27) ופתח לוי דאישתאר בלחודיה משמעון חבריה ית שקיה
למיתן אספסתא לחמריה בבי מבתותא וחמא ית כספיה והא הוא בפום
טוניה (GN 42:28) ואמר לאחוהי איתותב כספי ואוף הא בטוני ונפק
מנדע לבהון ותווהו גבר לאחוי למימר מה דא עבד ייי ולא בחובא
דילנא (GN 42:29) ואתו לות יעקב אבוהון לארעא דכנען ותניאו ליה
ית כל דארע יתהום למימר (GN 42:30) מליל גברא ריבוני ארעא
עימנא מילין קשין ובזי יתן כמאללי ארעא (GN 42:31) ואמרנא ליה
מהימני אנן לא הוינא אלילי (GN 42:32) תריסר אנן אחין בני אבא
חד לית אנן ידעין מה הוה בסופיה וקלילא יומא דין עם אבונא
בארעא דכנען (GN 42:33) ואמר לנא גברא ריבוני ארעא בדא אנדע
ארום מהימני אתון אחוכון חד שבוקו עמי וית דצריך לכפיני בתיכון
סיבו וטיילו (GN 42:34) ואייתיאו ית אחוכון קלילא לותי ואנדע

ארום לא אלילי אתון אלא מהימהי אתון ית אחוכון אתן לכון וית ארעא תתגרון בפרגמטיא (GN 42:35 והוה כד אינון מריקין דיסקיינון והא גבר קטר כספיה בידסקייה וחמון ית קיטרי כספיהון הינון ואבוהון ודחילו על שמעון דשבקו תמן (GN 42:36 ואמר להום יעקב אבוהון יתי אתכלתון יוסף אמרתון חיותא בישתא אכלתיה ושמעון אמרתון מלכא דארעא כפתיה וית בנימין כען אתון למיסב עלאיי הואה צוקתא דכולהון (GN 42:37 ואמר ראובן לאבוי למימר ית תרין בנוי תקטל בשמתא אין לא אייתיניה לוותך הב יתיה על ידיי ואנא אתיביניה לך (GN 42:38 ואמר לא יחות ברי עמכון ארום אחוי מית והוא בלחודוי אישתייר מן אימיה ויארעיניה מותא באורחא דתהכון בה ותחתון ית סיבתי בדווי לבי קבורתא (GN 43:1 וכפנא תקיף בארעא (GN 43:2 והוה כד פסקו למיכול ית עיבורא דהייתיו ממצרים ואמר להון אבוהון תובו זבונן לנא קליל עיבורא (GN 43:3 ואמר ליה יהודה למימר מסהדא אסהיד (49 בנא גברא למימר לא תיחמון סבר אפיי בדלית אחוכון זעירא עימכון (GN 43:4 אין איתך משדר ית אחונא עימנא ניחות וניזבון לך עיבורא (GN 43:5 ואם ליתך משדר לא ניחות ארום גברא אמר לנא לא תיחמון סבר אפיי בדלית אחוכון עימכון (GN 43:6 ואמר ישראל למא אבאשתון לי לחוואה לגברא דעד כדון אית לכון אחא (GN 43:7 ואמרו מישאל שאיל גברא לנא ולייחוסנא למימר העד כדון אבוכון קיים האית לכון אחא ותנינא ליה על מימר פיתגמייא האילין המידע הוינא ידעין דיימר אחיתו ית אחוכון (GN 43:8 ואמר יהודה לישראל אבוי שדר טליא עמי נקום וניזיל וניחי ולא נמות אוף אנן אוף אנת אוף טפלנא (GN 43:9 אנא מערבנא ביה מן ידא תיבעיניה אין לא אייתיניה לוותך ואקימיניה לקמך ונתחייב קמך כל יומייא (GN 43:10 ארום אלולפון שהינא ארום כדון תבנא דנן תרתין זימנין (GN 43:11 ואמר להום ישראל אבוהון אין כדין הוא דא עיבידו סבו ממא דמשתבח בארעא והבו במניכון ואחיתו לגברא דורונא קליל שרף קטף וקליל דבש שעוה ולטום משח דבוטנין ומשח דלוזין (GN 43:12 וכספא על חד תרין סיבו בידיכון וית כספא האיתותב בפום טוניכון תתובון בידיכון דילמא בשלו הוה (GN 43:13 וית אחוכון דברו וקומו תובו לות גברא (GN 43:14 ואל שדי יתן לכון רחמין קדם גברא ויפטור לכון ית אחוכון חורנא וית בנימין ואנא הא כבר אתבשרית ברוח קודשא ארום אין איתכלית על יוסף איתכל על שמעון ועל בנימין (GN 43:15 ונסיבו גובריא ית דורונא הדא ועל חד תרין כספא נסיבו בידיהון ודברו ית בנימין וקמו ונחתו למצרים ואתעתדו קדם יוסף (GN 43:16 וחמא יוסף עמהון ית בנימין ואמר למנשה די ממנה אפיטרופוס על ביתיה אעיל ית גובריא לביתא ופרע בית ניכסתא וסב גידא נשייא ואתקן תבשילא באפיהון ארום עימי ייכלון גובריא באנטון שירותא דטיהרא (GN 43:17 ועבד (49A גברא היכמא דאמר יוסף ואעיל גברא ית גובריא לבית יוסף (GN 43:18 ודחילו גובריא ארום איתעלו לבית יוסף ואמרו על עיסק כספא דתב לטוננא בקדמיתא אנן מיתעלין למתעקפא עלן ולמדיינא עלן ולמיקני יתן לעבדין ולמיסב ית חמרנא (GN 43:19

וקריבו לות גברא דיממנא אפיטרופוס על בית יוסף ומלילו עימיה בתרע ביתיה (GN 43:20) ואמרו במטו מינך ריבוני מיחת נחיתנא בקדמיתא למזבן עיבורא (GN 43:21) והוה כד מטינא לבית מבתותא ופתחנא ית טוננא והא כסף גבר בפום טוניה כספנא במתקליה ואתיבנא יתיה בידנא (GN 43:22) וכספא חורנא אחיתנא בידנא למזבון עיבורא לא ידענא מן שוי כספנא בטונננאי (GN 43:23) ואמר שלם לכון מן ריבוני לא תידחלון אלקכון ואלקא דאבוכון יהב לכון סימא בטוניכון כספיכון אתא לותי ואפיק לותהון ית שמעון (GN 43:24) ואעיל גברא ית גובריא לבית יוסף ויהב מוי ושזיגו ריגליהון ויהב אספסתא לחמריהון (GN 43:25) ואתקינו ית דורונא עד מיעל יוסף בשירותא דטיהרא ארום שמעו מיניה ארום תמן יסעדון לחמא (GN 43:26) ועל יוסף לביתא ואעילו ליה ית דורונא דיבידיהון לביתא וסגידו ליה על ארעא (GN 43:27) ושאל להום לשלם ואמר השלם לאבוכון סבא (GN 43:28) הוא קיים וגחנו וסגידו (GN 43:29) וזקף ית עינוי וחמא ית בנימין אחוי בר אימיה ואמר הדין אחוכון זעירא דאמרתון לי ואמר מן קדם ייי יתרחם עלך ברי (GN 43:30) ואוחי יוסף ארום רחשו רחמוי על אחוי ובעא למבכי ועל לקיטונא דבי מדמכא ובכא תמן (GN 43:31) ושזג אפוי מן דמעין ונפק ואזדרז ואמר שוו לחמא (GN 43:32) ושויו ליה בלחודוי ולהון בלחודיהון ולמצראי דאכלין עימיה בלחודיהון ארום לא כשרין מצראי למיכול עם יהודאי לחמא ארום בפירא דמיצראי דחלין ליה יהודאי אכלין (GN 43:33) ואחזרו קדמוי רבא כהילכת ריבונתיה וזעירא כהילכת זעירותיה והוה נקיט כסא דכספא בידיה ומקשקיש כמנחיש (50) בנהא דלאה סדר מציטרא חדא ובנהא דזלפה מציטרא חדא ובנה דבלהה מציטרא חדא ובנימין בר רחל סדר לציטריה ותמהו גובריא אינש בחבריה (GN 43:34) ונטל חולקין מעל פתוריה ושדרינון מן קדמוי לקדמיהון וסגת חולקא דבנימין מן חולקי כולהון חמשא חולקין חולק חד חולקיה וחולק חד מן דיליה וחולק חד מן דיליה וחולק חד מן אינתתיה ותרין חולקין מן תרין בנוי ושתיו ורוויו עימיה דמן יומא דאתפרשו מיניה לא שתו חמרא לא הוא ולא הינון עד יומא ההוא (GN 44:1) ופקיד ית מנשה דממנה אפיטרופוס על ביתיה למימר מלי ית דיסקיי גובריא עיבורא היכמא דאינון יכלין לסוברא ושוי כסף גבר בפום טוניה (GN 44:2) וית אוגביני אוגבין דכספא שוי בפום טונא דזעירא וית כסף זבינוי ועבד כפיתגמא דיוסף דמליל (GN 44:3) צפרא נהר וגברייא איתפטרו הינון וחמריהון (GN 44:4) הינון נפקו מן קרתא לא ארחיקו ויוסף אמר למנשה די ממנה אפיטרופוס על ביתיה קום רדף בתר גברייא ותדבקינון ותימר להום למה שלימתון בישתא חולף טבתא (GN 44:5) הלא דין דהוה שתי ריבוני ביה והוא מטיירא הוה מטייר ביה אבאשתון מה דעבדתון (GN 44:6) ואדביקינון ומליל עמהון ית כל פיתגמיא האילין (GN 44:7) ואמרו ליה למה ימלל ריבוניה כפיתגמייא האילין חס לעבדך מלמעבד כפיתגמא הדין (GN 44:8) הא כספא דאשכחנא בפום טוננא אתיבניה לך מארעא דכנען והכדין ניגנוב מבית ריבונך מנין דכסף או מנין דדהב (GN 44:9) דישתכח עימיה מעבדך יהי חייב קטול ואוף אנן נהי לריבוני לעבדין (GN 44:10)

ואמר אוף כדין הי כפיתגמיכון כן יהי דישתכח עימיה יהי לי עבדא ואתון תהון זכאין (GN 44:11) ואוחיאו ואחיתו גבר טוניה לארעא ופתחו גבר טוניה (GN 44:12) ופשפש בראובן שרי ובנימין פסק וישתכח אוגבין בטונא דבנימין (GN 44:13) ובזעו לבושיהון ואתיהב להון כח גבורתא וטענו גבר על חמריה ותבו לקרתא (GN 44:14) ועל יהודה ואחוהי לבית יוסף והוא (50A) עוד כדון תמן ונפלו קדמוי על ארעא (GN 44:15) ואמר להום יוסף מה עובדא הדין דעבדתון הלא ידעתון ארום מטיירא יטייר גבר דכוותי (GN 44:16) ואמר יהודה מה נימר לריבוני על כספא קדמאה ומה נמליל על כספא בתראה ומה נזדכי על אוגבין מן קדם ייי אשתכח חובא על עבדך הא אנחנא עבדין לריבוני אוף אנן אוף מאן דהישתיכח כלידא בידיה (GN 44:17) ואמר חס לי מלמעבד דא גברא דהישתכח כלידא בידיה הוא יהי לי עבדא ואתון סוקו לשלם לות אבוכון

פרשת ויגש אליו

(GN 44:18) וקריב לותיה יהודה ואמר במטו ריבוני ימליל במטו עבדך פיתגמא במשמעיה דריבוני ולא יתקוף רוגזך בעבדך ארום מן שעתא דאתינן לותך הות אמר לן מן קדם ייי אנא דחיל וכדון חזרון דינייך למיהוי מדמיין לדינוי דפרעה (GN 44:19) רבוני שאיל ית עבדוי למימר האית לכון אבא או אחא (GN 44:20) ואמרנא לריבוני אית לן אבא סבא ובר סיבתין קליל ואחוי מית ואישתאר הוא בלחודוי מן אימיה ואבוי בגין כן רחים ליה (GN 44:21) ואמרת לעבדך אחתוהי לותי ואשוי עינוי לטבתא עלוי (GN 44:22) ואמרנא לריבוני לית אפשר לטלייא למשבוק ית אבוי דאין שביק הוא ית אבוי מיית הוא (GN 44:23) ואמרת לעבדך אין לא ייחות אחוכון זעירא עימכון לא תוספון למיחמי סבר אפיי (GN 44:24) והוה כדי סליקנא לעבדך אבא ותנינא ליה ית פיתגמי ריבוני (GN 44:25) ואמר אבונא תובו זבונו לנא קליל עיבורא (GN 44:26) ואמרנא לית אפשר לנא למיחות (51) אין אחונא זעירא עימנא וניחות ארום לית אפשר לנא למיחמי סבר אפי גברא ואחונא זעירא ליתוי עימנא (GN 44:27) ואמר עבדך אבא לנא אתון ידעתון ארום תרין בנין ילידת לי אנתתי (GN 44:28) ונפק חד מלותי ואמרית ברם מקטל קטיל ולא חמיתיה עד כדון (GN 44:29) ותדברון אוף ית דין מן קדמיי ויארעיניה מותא ותחתון ית סיבתי בדווי לבי קבורתא (GN 44:30) (GN 44:31) (GN 44:32) ארום עבדך מערב בטלייא מן אבא למימר אין לא אייתיני לוותך ונתחייב קדם אבנא כל יומייא (GN 44:33) וכדון יתיב בבעו עבדך חולף טלייא עבדא לריבוני וטלייא יסק עם אחוהי (GN 44:34) ארום היכדין איסק לות אבא וטלייא ליתוי עימי דילמא אחמי בבישתא דתיברז ית אבא (GN 45:1) ולא יכיל יוסף למסוברא דלא למבכי מן בגלל כל מן דקיימין קודמוי ואמר הנפיקו כל אינש מן קדמיי ולא קם אינש עימיה כד אישתמודע יוסף לאחוי (GN 45:2) וארים ית קליה בבכותא ושמעו מצראי ושמע אינש בית פרעה (GN 45:3) ואמר יוסף לאחוי אנא הוא יוסף העוד כדון אבא קיים ולא יכילו אחוי לאתבא ליה פתגם ארום אתבהילו מן קדמוי (GN 45:4) ואמר יוסף לאחוי קריבו בבעו לותי וחמון גזירת מהולתי וקריבו ואמר אנא יוסף

אחוכון די זבינתון יתי למצרים (GN 45:5) וכדון לא תתנססון ולא
יתקוף בעיניכון ארום זבינתון יתי הלכא ארום לקיימא יתכון שדרני
ייי קדמיכון (GN 45:6) ארום דנן תרתין שנין כפנא בגו ארעא ועד
חמש שנין דלא רדיין ולא חצדין (GN 45:7) ושדרני ייי קדמיכון
לשואה לכון שיורא בארעא ולקיימא לכון לשיזבא רבא (GN 45:8)
וכדון לא אתון שדרתון יתי הלכא (51A) אלהין מן קדם ייי איסתקף
פיתגמא ושוייני לרב לפרעה ולרב על כל ביתיה ושליט בכל ארעא
דמצרים (GN 45:9) אוחו וסקו לות אבא ותימרון ליה כדנן אמר ברך
יוסף שוייני ייי לרב לכל מצראי חות לותי לא תתעכב (GN 45:10)
ותיתב בארעא דגושן ותהי קריב לותי אנת ובנך ובני בנך וענך
ותורך וכל דילך (GN 45:11) ואיזון יתך תמן ארום עד כדון חמש
שנין כפנא דילמא תיתמסכן אנת ואינש ביתך וכל דילך (GN 45:12)
והא עיניכון חמיין ועיני אחי בנימין ארום פומי בלישן בית קודשא
ממליל עימכון (GN 45:13) ותתנון לאבא ית כל איקר דאית לי
במצרים וית כל רבותי דחמיתון ותוחון ית אבא הלכא (GN 45:14)
ואתרכין על פריקת צוורי בנימין אחוי ובכא דחמא דעתיד בית
מוקדשא למהוי מתבני בחולקיה דבנימין ועתיד למחרוב תרתין זימנין
ובנימין בכא על פריקת צווריה דיוסף דחמא משכנא דשילו דעתיד
למהוי בחולקיה דיוסף ועתיד למחרוב (GN 45:15) ונשיק לכל אחוי
ובכא עליהון דחמא דמשתעבדון לביני עממייא ומן בתר כדין מלילו
אחוי עימיה (GN 45:16) וקלא אישתמע בית מלכותא דפרעה למימר אתו
אחי יוסף ושפר פיתגמא בעיני פרעה ובעיני עבדוי (GN 45:17) ואמר
פרעה ליוסף אמר לאחך די עיבידו טעינו ית בעיריכון וטיילו
אובילו לארעא דכנען (GN 45:18) ודברי ית אבוכון וית אינש
בתיכון ואיתו לותי ואיתן לכון ית שפר ארג ארעא דמצרים ותיכלון
ית שמנותיתא דארעא (GN 45:19) ואנת יוסף מפקד דאיקר אבך בגין
כן אימר לאחך דא עיבידו סיבו לכון מארעא דמצרים סדני דמינגדן
בתורתי לסוברא בהון ית טפלכון וית נשיכון ותיטלון ית אבוכון
ותיתון (GN 45:20) ועיניכון לא תיחוס על מניכון ארום שפר ארג
כל ארעא דמצרים דילכון הוא (GN 45:21) ועבדו כן בני ישראל ויהב
להום יוסף סדני על מימר פרעה ויהב להון זוודין לאורחא
(GN 45:22) לכולהון יהב לגברא אסטולי ולבוש ולבנימין יהב תלת
מאה סילעין דכסף וחמש איסטולי דלבושין (52) (GN 45:23) ולאבוי
שדר דורון כדין עשרא חומרין טעינין חמרא ומטובא דמצרים ועשר
אתנין טעינן עיבור ולחם וזוודין לאבוי לאורחא (GN 45:24) ושדר
ית אחוי יטיילו ואמר להום לא תתנצון על עיסק זבינתי דילמא
ירגזון בכון עברי אורחא (GN 45:25) וסליקו ממצרים ואתו לארעא
דכנען לות יעקב אבוהון (GN 45:26) ותניאו למימר עד כדון יוסף
קיים וארום הוא שליט בכל ארעא דמצרים ופליג ליביה ארום לא
הימין להום (GN 45:27) ומלילו עימיה ית כל פיתגמי יוסף דמליל
עמהון וחמא ית סדנייא דשדר יוסף למיטול יתיה ושרת רוח נבואה
דאיסתלקת מיניה בעידן דזבינו ית יוסף ותבת עילוי יעקב אבוהון
(GN 45:28) ואמר ישראל סגין טבוון עבד עמי ייי שיזבני מן ידוי
דעשו ומן ידוי דלבן ומן ידוי דכנענאי דרדפו בתראיי וסגין ניחמן

חמית וסכיתי למיחמי ולדא לא סכיית דעד כדון יוסף ברי קיים איזיל כדון ואחמיניה קדם דאמות (GN 46:1) ונטל ישראל וכל דיליה ואתא לבאר שבע ודבח דיבחין לאלקא לאבוי יצחק (GN 46:2) ואמר ייי לישראל בנבואה דליליא ואמר יעקב יעקב ואמר האנא (GN 46:3) ואמר אנא הוא אל אלקי דאבוך לא תידחל מן למיחות למצרים על עיסק שיעבודא דיפסקת עם אברהם ארום לעם סגי אישוינך תמן (GN 46:4) אנא הוא דבמימרי ניחות עימך למצרים ואיחמי סיגוופיהון דבנך וממרי יעלינך תמן אוף אסיק ית בנך מתמן וברם יוסף ישוי ידיה על עיניך (GN 46:5) וקם יעקב מבירא דשבע ונטלו בני ישראל ית יעקב אבוהון וית טפלהון וית נשיהון בסדני דשדר פרעה למיטל יתיה (GN 46:6) ודברו ית קינייניהון וית ניכסיהון דיקנו בארעא דיכנען ואתו למצרים יעקב וכל בנוי עימיה (GN 46:7) בנוי ובנוי בנוי עימיה בנתיה ובנת בנוי וכל זרעיה אייתי עימיה למצרים (GN 46:8) ואילין שמהת בני ישראל דעלו למצרים יעקב ובנוי בוכרא דיעקב ראובן (GN 46:9) ובנוי דראובן חנוך ופלוא (52A) חצרון וכרמי (GN 46:10) ובנוי דשמעון ימואל וימין ואוהד ויכין וצחר ושאול הוא זמרי דעבד עובדא דכנענאי דשיטים (GN 46:11) ובנוי דלוי גרשון וקהת ומררי (GN 46:12) ובנוי דיהודה ער ואונן ושלה ופרץ וזרח ומית ער ואונן על עובדיהון בישייא דארעא דכנען ושלה וזרח לא אולידו בנין בארעא דכנען והוו בני פרץ דנחתו למצרים הצרון וחמול (GN 46:13) ובנוי דיששכר חכימין ומרי חושבנא ושומהון תולע ופוה ויוב ושמרון (GN 46:14) ובנוי דזבולון תגרין מרי פרק מטייא מפרנסין ית אחיהון בני יששכר ממקבלין אגר כוותהון ושומהון סרד ואלון ויחלאל (GN 46:15) אילין בני לאה דילידת ליעקב בפדן דארם וית דינה ברתיה כל נפשת בנוי וברתיה תלתין ותלת (GN 46:16) ובנוי דגד צפיון וחגי שוני ואצבון ערי וארודי ואראלי (GN 46:17) ובנוי דאשר ימנה וישוה וישוי ובריעה ושרח אחתהון דאידברת כד היא קיימא לגינוניתא על דבשרת ליעקב דיוסף קיים היא שזיבת ליתבי אבל מן דין קטול ביומי יואב ובנוי דבריעה דנחתו למצרים חבר ומלכיאל (GN 46:18) אילין בני זלפה דיהב לבן ללאה ברתיה וילידת ית אילין ליעקב שיתיסר נפשן (GN 46:19) בני רחל איתת יעקב יוסף ובנימין (GN 46:20) ואיתיליד ליוסף בנין בארעא דמצרים דילידת ליה אסנת בת דינה ורבת בבית פוטיפרע רבא דטניס ית מנשה וית אפרים (GN 46:21) ובנוי דבנימין עשרה ושומהון על פרישותא דיוסף אחוי בלע דאתבלע מיניה ובכר דהוא בוכרא דאימיה ואשבל דהליך בשיביתא גרא דאיתגר בארעא נוכראה ונעמן דהוה נעים ויקיר אחי דהוא אחוי בר אימיה וראש דהוא ריש בבית אבוי מופים דאזדבן במוף חופים דבזמן דאתפרש מיניה הוה בר תמניסר שנין וחזא לכילת הילולא וארד דנחת למצרים (GN 46:22) אילין בני רחל דאיתילידו ליעקב כל נפשתא ארבסרי (GN 46:23) ובנוי דדן זריזין ואמפורין ולית סכום למנייניהום (GN 46:24) ובנוי דנפתלי יחצאל (53) וגוני ויצר ושלם (GN 46:25) אילין בני בלהה דיהב לבן לרחל ברתיה וילידת ית אילין ליעקב כל נפשתא שובעא (GN 46:26) כל נפשתא דעלא עם יעקב למצרים נפקי ירכיה בר

מנשיהון דבני יעקב כל נפשתא שיתין ושית (GN 46:27) ובנוי דיוסף
דאיתילידו ליה במצרים נפשתא תרין ויוסף דהוה במצרים ויוכבד ברת
לוי דאיתילידת במעלהון למצרים ביני שוריא סכום כל נפשתא לבית
יעקב דעלא למצרים שובעין (GN 46:28) וית יהודה שדר קדמוי לות
יוסף למחווייא קדמוי אורחא ולמכבשא ית עמודיא דארעא ולמתקנא
קדמוי בית משרוי בגושנא ואתו לארעא דגושן (GN 46:29) וטקיס
יוסף ארתכיה וסליק לקדמות ישראל אבוי לגשן וקדם דאשתמדעיה אבוי
סגד ליה ואתחייב למהוי שנוי קטיען ותהא ואיתחמי ליה ורכן על
פריקת צווריה ובכא על צווריה תוב על דיסגד ליה (GN 46:30)
ואמר ישראל ליוסף אין מייתנא בהדא זימנא מתנחם אנא די במיתותא
דמייתין בה צדיקייא אנא מיית בתר דחמית סבר אפך ארום עד כדון
אנת קיים (GN 46:31) ואמר יוסף לאחוי ולבית אבוי איסק ואיתני
לפרעה ואימר ליה אחיי ובית אבא דבארעא דכנען אתו לוותי
(GN 46:32) וגובריא רעיין רעאן ארום גוברי מרי גיתי הוו
וענהון ותוריהון וכל דילהון אייתיו (GN 46:33) ויהי ארום יקרי
לכון פרעה ויימר תנון לי מן עובדיכון (GN 46:34) ותימרון מרי
גיתי הוו עבדך מטלייותנא ועד כדון בגין דתיתיבון בארעא דגשן
ארום מרחקין מצראי כל רעי ענא (GN 47:1) ואתא יוסף ותני לפרעה
ואמר אבא ואחיי וענהון ותוריהון וכל דילהון אתו מארעא דכנען
והא הינון בארעא דגשן (GN 47:2) ומקצת אחוי דבר חמשא גוברין
זבולון דן ונפתלי גד ואשר ואקימינון קדם פרעה (GN 47:3) ואמר
פרעה לאחוי דיוסף מה עובדיכון ואמרו לפרעה רעי ענא הוו עבדך
אוף אנן אוף אבהתן (53A) (GN 47:4) ואמרו לפרעה לאיתותבא בארעא
אתינא ארום לית אתר בית רעיא לענא דלעבדך ארום תקיף כפנא בארעא
דכנען וכדון יתבון כען עבדך בארעא דגשן (GN 47:5) ואמר פרעה
ליוסף למימר אבוך ואחך אתו לותך (GN 47:6) ארעא דמצרים קדמך
היא בבית שפר ארעא אותיב ית אבך וית אחך יתבון בארעא דגשן ואין
חכימת דאית בהום גוברין דחילא ותמנינון רבני גיתי על דידי
(GN 47:7) ואייתי יוסף ית יעקב אבוי ואקימיה קדם פרעה ובריך
יעקב ית פרעה ואמר יהא רעוא דיתמלון מוי דנילוס ויעדי כפנא מן
עלמא ביומך (GN 47:8) ואמר פרעה ליעקב כמה אינון יומי שני חייך
(GN 47:9) ואמר יעקב לפרעה יומי שני תותבותיי מאה ותלתין שנין
קלילין ובישין הוו יומי שני חיי דמן טלייותי ערקית מן קדם עשו
אחי ואיתותיבית בארעא דלא דידי וכדון בעידן סיבתי נחתית
לאיתותבא הכא ולא אדביקו יומיי יומי שני חיי אבהתיי ביומי
תותבותהון (GN 47:10) ובריך יעקב ית פרעה ונפק מן קדם פרעה
(GN 47:11) ואותיב יוסף ית אבוי וית אחוי ויהב להון אחסנא
בארעא דמצרים בבית שפר ארעא בארעא דפילוסין היכמה דפקד פרעה
(GN 47:12) וזן יוסף ית אבוי וית אחוי וית כל בית אבוי לחמא
לפום למצטריך לטפלייא (GN 47:13) ולחמא לית בכל ארעא ארום תקיף
כפנא לחדא ואישתלהון דיירי ארעא דמצרים ודיירי ארעא דכנען מן
קדם כפנא (GN 47:14) ולקיט יוסף ית כל כספא דהישתיכח בארעא
דמצרים ובארעא דכנען בעיבורא דהינון זבנין ואיתי יוסף ית כספא
בבית היפתיקא דפרעה (GN 47:15) ושלים כספא מארעא דמצרים ומארעא

דכנען ואתו מצראי לות יוסף למימר הב לנא לחמא ולמה נמות כל
קבלך ארום שלים כל כספא (GN 47:16) ואמר יוסף הבו גיתיכון ואתן
לכון מזון בגיתיכון אין פסק כספא (GN 47:17) ואייתיו ית
גיתיהון ליוסף (54) ויהב להון יוסף לחמא בסוסון ובגיתי ענא
ובגיתי תורי ובחמרא וזנינין בלחמא בכל גיתיהון בשתא ההיא
(GN 47:18) ושלימת שתא ההיא ואתו כל מצראי לוותיה בשתא תינייתא
ואמרו ליה לא נכסי מן ריבוני ארום אין שלים כספא וגיתי בעירא
לריבוני לא אישתייר לנא קדם ריבוני אלהין גופינן וארען
(GN 47:19) למא נמות ועינך חמן אוף אנן אוף ארען קני יתן וית
אנן בלחם ונהי אנן וארען עבדין לפרעה והב בר זרעא וניחי ולא
נמות וארעא לא תשתומם (GN 47:20) וקנא יוסף ית כל ארעא דמצראי
לפרעה ארום זבינו מצראי גבר חקליה ארום תקיף עליהון כפנא והות
ארעא חליטא לפרעה (GN 47:21) וית עמא דמדינתא אעבר יתהון
לקוריתא ועמא דקוריתא אעבר למדיניתא מן בגלל אחוי דיוסף דלא
יתקרון גלוולאי בגין כן טלטילינון מסיפי תחום מצרים ועד סופיה
(GN 47:22) לחוד ארעא דכומרניא לא זבן מן בגלל דחמון ליה זכותא
בזמן דבעא ריבוניה למיקטליה ושיזבוהי מן דין קטול וברם ארום
חולקא אמר למתיהבא להום מלות פרעה ואכלין ית חילקהון דיהב להון
פרעה בגין כן לא זבינו ית ארעהון (GN 47:23) ואמר יוסף לעמא הא
קניתי יתכון יומא דין וית ארעכון לפרעה הא לכון בר זרעא
ותזרעין ית ארעא (GN 47:24) ויהי באשוניה במכנוש עללתא ותיתנון
חומשא לפרעה וארבע חולקין יהי לכון לבר זרעא דחקלא ולמיכליכון
ולפרנוס בתיכון ולמיכול לטפליכון (GN 47:25) ואמרו קיימתנא
נשכח רחמין בעיני ריבוני ונהי עבדין לפרעה (GN 47:26) ושוי
יוסף לגזירא עד יומא הדין על ארעא דמצרים לפרעה למיסב חומשא מן
עללתא לחוד ארעא דכומרנייא בלחודהון לא הות לפרעה (GN 47:27)
ויתיב ישראל בארעא דמצרים ובנו להון בתי מדרשין ופלטין בארעא
דגשן ואחסינו בה אחסנת חקלין וכרמין ונפישו וסגיאו לחדא

(54A) פרשה ויחי יעקב

(GN 47:28) וחייא יעקב בארעא דמצרים שבסרי שנין והוו יומי
יעקב סכום יומי חייו מאה וארבעין ושבע שנין (GN 47:29) וקריבו
יומי ישראל לממת וקרא לבריה ליוסף ואמר ליה אין כדון אשכחית
רחמין קדמך שוי כדון אידך בגזירת מהולתי ותעבד כדון עימי טיבו
וקשוט לא כדון תקברינני במצרים (GN 47:30) ואשכוב עם אבהתיי
ותטלינני ממצרים ותקברינני בקבורתהון ומן בגלל דהוא בריה לא
שוי ידיה אלהין אמר אנא אעביד כפיתגמך (GN 47:31) ואמר קיים לי
וקיים ליה ומן יד איתגלי עלוי יקר שכינתא דייי וסגיד ישראל על
ריש דרגשא (GN 48:1) והוה בתר פיתגמייא האילין ואיתאמר ליוסף
הא אבוך שכיב מרע ודבר ית תרין בנוי עימיה ית מנשה וית אפרים
(GN 48:2) ותניאו ליעקב למימר הא ברך יוסף אתי לותך ואתתקף
ישראל ויתיב על דרגשא (GN 48:3) ואמר יעקב ליוסף אל שדי איתגלי
לי בלוז בארעא דכנען ובריך יתי (GN 48:4) ואמר לי האנא מפיש לך
ומסגי לך ואיתנינך לכינשת שיבטין ואיתין ית ארעא הדא לברך בתרך
אחסנת עלם (GN 48:5) וכדון תרין בנך דאיתילידו לך בארעא דמצרים

עד דאתית לותך למצרים דילי אינון אפרים ומנשה הי כראובן ושמעון מתחשבין לי (GN 48:6) ובנך די תוליד בתריהון דילך יהון על שום אחיהון יתקרון באחסנתהון (GN 48:7) ואנא דבעיתי מינך למקברי עם אבהתיי מיתת עלי רחל בתכיף בארעא דכנען באורחא בעוד סוגעי ארעא למיעול לאפרת ולא יכילת לסוברותה למקברה במערת כפילתא וקברתה תמן באורח אפרת היא בית לחם (GN 48:8) וחמא ישראל ית בנוי דיוסף ואמר מן מאן איתילידו לך אילין (GN 48:9) ואמר יוסף לאבוי בני הינון (55) דיהב לי מימרא דייי בדין כתבא דעליה נסיבית ית אסנת ברת דינה ברתך לאינתו ואמר קריבינון כדון לותי ואיברכינון (GN 48:10) ועיני ישראל יקרן מן סיבו ולא יכיל למיחמי וקריב יתהון לוותיה ונשיק להון וגפיף להון (GN 48:11) ואמר ישראל ליוסף מחמי סבר אפך לא חשיבית והא אחמי יתי ייי אוף ית בנך (GN 48:12) ואפיק יוסף יתהון מלות רכובוי וסגד על אפוי על ארעא (GN 48:13) ודבר יוסף ית תריהום ית אפרים מן צטר ימיניה דהוא שמאליה דישראל וית מנשה מן צטר שמאליה דהוא ימינא דישראל וקריב לוותיה (GN 48:14) ואושיט ישראל ית ימיניה ושוי על רישא דאפרים והוא זעירא וית שמאליה על רישא דמנשה פרג ית ידוי ארום מנשה בוכרא (GN 48:15) ובריך ית יוסף ואמר ייי דיפלחו אבהתיי קדמוי אברהם ויצחק ייי דאיזן יתי מדאיתני עד יומא הדין (GN 48:16) יהי רעוא קדמך דמלאכא דזמינת לי למפרק יתי מכל בישא והיכמא דכוורי ימא סגי ומסתגי במיא כדין ברך יוסף יתקפון לסגי בגו ארעא (GN 48:17) וחמא יוסף ארום משוי אבוה ית יד ימיניה על רישא דאפרים ובאיש קדמוי וסעדא לידא דאבוי לאעדאה יתה מעל רישא דאפרים לאנחותא על רישא דמנשה (GN 48:18) ואמר יוסף לאבוי לא כדין אבא ארום דין בוכרא שוי יד ימינך על רישיה (GN 48:19) וסרב אבוי ואמר ידענא ברי דהוא בוכרא ואוף חכימנא דאוף הוא יהי לעם רב ואוף הוא יסגי וברם אחוי קלילא יסגי יתיר מיניה ובנוי יהון סגיאין בעממיא (GN 48:20) ובריכינון ביומא ההוא למימר בך יוסף ברי יברכון בית ישראל ית ינוקא ביומא דמהולתא למימר ישוינך ייי כאפרים וכמנשה ובמניין שבטייא יתמני רבא דאפרים קדם רבא דמנשה ומני ית אפרים דיהי קדם מנשה (GN 48:21) ואמר ישראל ליוסף הא אנא מטא סופי לימות ויהי מימרא דייי בסעדכון ויתיב יתכון לארעא דאבהתכון (GN 48:22) ואנא הא יהבית (55A) לך ית קרתא דשכם חולק חד למתנא יתיר על אחך דינסיבית מידיהון דאמוראי בעידן די עלתון לגווה וקמית וסייעית יתכון בסייפי ובקשׁתי (GN 49:1) וקרא יעקב לבנוי ואמר להום אידכו מסואבותא ואיחוי לכון רזייא סתימיא קיציא גניזיא ומתן אגרהון דצדיקייא ופורענותהון דרשיעייא ושלויתא דעדן מה הוא כחדא מתכנשין תריסר שבטי ישראל מקפין דרגשא דדהבא דרביע עלה ומן דאיתגלי איקר שכינתא דייי קיצא דעתיד מלכא משיחא למיתי איתכסי מיניה ובכין אמר איתו ואיתני לכון מה דיארע יתכון בסוף יומיא (GN 49:2) אתכנשו ושמעו בני יעקב וקבילו אולפן מן ישראל אבוכון (GN 49:3) ראובן בוכרי אנת ריש חיל שימושי ושירוי קריות הירהורי חמי הוי לך בכורותא ורבות כהונתא ומלכותא ועל די חטית ברי איתיהבת

בכירותא ליוסף ומלכותא ליהודה וכהונתא ללוי (GN 49:4) מדימנא לך לגינא קלילא דעלון לגווה נחלין מוחין מתגברין ולא יכילת למסובלא יתהון ואיסתחיפת כן איתרעת ראובן ברי די חטית לא תוסיף ועל די חטית ישתבק לך ארום איתחשב לך כאילו עלתא לאיתא דשמיש עימה אבוך בעידן דבלבליתא שיוויי דיסלקת עלה (GN 49:5) שמעון ולוי אחין תלאמין מאני זיינא שנינא למחטוף היא אשתמודעותהון (GN 49:6) בעטתהון לא אתרעיית נפשי ובמכנשהון לשכם למחרבא לא איתיחד יקרי ארום ברוגזהון קטלו מלכא ושולטניה וברעותהון פכרו שור בעלי דבבהון (GN 49:7) אמר יעקב ליט הוה כרכא דשכם כד עלון לגוה למחרבה ברוגזיהון דתקיף וחימתהון על יוסף ארום קשיא אמר יעקב אין שריין הינון תריהון כחדא לית מליך ושולטן דיקום קדמיהון אפליג אחסנת בנוי דשמעון לתרין חולקין חולק חד יפוק ליה מגו אחסנת בני יהודה וחולק חד ביני שאר שבטיא ביעקב ואבדר שיבטא דלוי בגו כלהון שבטיא דישראל (GN 49:8) יהודה אנת אודיתא על עובדא דתמר בגין כן לך יהודון אחך (56) ויתקרון יהודאין על שמך ידך יתפרען לך מבעלי דבבך למפתק גידין להון כד יחזרון קדל קדמך ויהון מקדמין למשאל בשלמך בני אבוך (GN 49:9) מדמי אנא לך יהודה ברי לגור בר אריוון דמן קטיליה דיוסף ברי סליקת נפשך ומדינא דתמר תהי משזיב נייח ושרי בתקוף הי כאריא והי כליתא דכד נח מן יקימיניה (GN 49:10) לא פסקין מלכין ושליטין מדבית יהודה וספרין מאלפי אורייתא מזרעיה עד זמן די ייתי מלכא משיחא זעיר בנוי ובדיליה יתימסון עממייא (GN 49:11) מה יאי מלכא משיחא דעתיד למקום מדבית יהודה אסר חרצוי ונחית ומסדר סדרי קרבא עם בעלי דבבוי ומקטל מלכין עם שולטניהון ולית מליך ושולטן דיקום קדמוי מסמק טווריא מן אדם קטיליהון לבושוי מעגעגין באדמא מדמי לעצור דעינבין (GN 49:12) מה יאיין הינון עינוי דמלכא משיחא כחמרא זכיכא מן למחמי גילוי עריין ושדיות אדם זכיי ושנוי נקיין מן חלבא דלא למיכל חטוף ואנוסא וכדין יסמקון טוורוי ומעצרתיה מן חמרא וגילמתוי יחוורן מן טללתא ומן דירון דעאן (GN 49:13) זבולון על ספרי ימא ישרי והוא יהי שליט במחוזין ומכבש הפרכי ימא בספינתא ותחומי ימטי עד צידון (GN 49:14) יששכר חמיר באורייא לשבט תקיף ידע בעני בזימניא והוא מרבע ביני תחומי אחוי (GN 49:15) וחמא נייחא דעלמא דאתי ארום טב וחולקא דארעא דישראל ארום בסימא הוא בגין כן ארכין כתפי למלעי באורייתא והוי ליה אחוי מסקי דורונין (GN 49:16) מדבית דן עתיד דיקום גברא דידון ית עמיה דינין דקשוט כחדא ישתמעון ליה שבטיא דישראל (GN 49:17) יהי גברא דיתבחר ויקום מדבית דן מדמי לחורמנא דרביע על פרשת אורחא ולרישי חיויו דכמין על שבילא דנכית סוסייא בעיקביה ונפיל ומן אמתיה רכביה מתפרקיד לאחוריה הכדין יקטיל שמשון בר מנוח ית כל גיברי פלישתאי לפרשיא ולריגלאיא ויעקר סוסותהון וממגר דבביהון לאחורא (GN 49:18) אמר יעקב כד חמא ית (56A) גדעון בר יואש וית שמשון בר מנוח דקיימין לפרוקין לא לפורקניה דגדעון אנא מסכי ולא לפורקניה דשמשון אנא מודיק דפורקנהון פורקן דשעתא אלהין לפורקנך סכיית ואודיקית ייי

דפורקנך פורקן עלמין (GN 49:19) שיבטא גד יעברון מזיינין עם
שאר שבטיא ית נחלא ארנונא והינון יכבשון קדמיהון ית עמודייא
דארעא והינון יהדרון מזיינין בסופא בניכסין סגיאין וישרון
בשליותא להלאן עיבר יורדנא דכדין אתרעון והוה להון ואיתקבלן
אחסנתהון (GN 49:20) טובוי דאשר מן שמינין הינון בירוי ארעיא
מרביא בושמין ועיקרי סמנין ותחומי יהוי מפיק תפנוקי מלכין
ומודי ומשבח עליהון קדם מרי עלמא (GN 49:21) נפתלי עזגד קליל
דמי לאיילא דרהיט על שיני טוריא מבשר בשורן טבן הוא בשר דעד
כדון יוסף קיים והוא אזדרז ואזל למצרים ואייתי אוניתא דחקיל
כפילתא דלית בה לעשו חולקא וכד הוא פתח פומיה בכנישתא דישראל
למשבחא מבחר מכל לישניא (GN 49:22) ברי דרבית יוסף ברי דרבית
ותקיפת וטוף הוה עלך למתקף דכבשת יצרך בעובדא דריבונתך ובעובדא
דאחך מדמי אנא לך לגופן שתילא על מבועין דמיין דשלחת שורשהא
ופכרת שיני כיפיא ובעובדתה כבשת כל אולני סרקא כן כבשת יוסף
ברי בחכמתך ובעובדך טבייא כל חרשי מצראי וכד הוו מקלסין קדמך
הוו בנתהון דשלטוניא מהלכן על שורייא ושדיין לקמך שירין
וקטלאין דדהבא מן בגלל דתיתלי עינך בהן ולא תליתא עינך בחדא
מנהון למתחייבא בהון ליום דינא רבא (GN 49:23) וממרירו ליה
ונצו ליה כל חרשי מצראי ואוף אכלו קורצוי קדם פרעה סברין למחתא
יתיה מן יקריה אמרין עלוי לישן תליתאי דקשי הי כגירין
(GN 49:24) והדרת למתב לקדמותא תקוף איבריה דלא למשמשא עם
ריבונתיה ואתברכו ידוי מן הרהורא זרעא וכבש יצריה מן אולפן
תקיף דקביל מן יעקב ומתמן זכא למהוי פרנסא ולאתחברא בגלוף שמהן
על אבניא דישראל (GN 49:25) מימימר (57) אלקא דאבוך יהי סיועך
ומן דמתקרי שדי יברכינך ברכן דנחתן מטלא דשמייא מלעילא ומטוב
ברכן מבועי תהומא דסלקן ומרביין צמחין מלרע בריכין יהויין
תדייא דינקת מנהין ומעייא דרבעת בהון (GN 49:26) ברכתא דאבוך
יתוספן על ברכתא דבריכו יתי אבהתיי אברהם ויצחק דחמידו להין
רברבני עלמא ישמעאל ועשו וכל בנהא דקטורה יתכנשן כל אילין
ברכתא ויתעבדו כליל דרבו לריש יוסף ולקדקדיה דגברא דהוה רב
ושליט במצרים וזהיר ביקרא דאחוי (GN 49:27) בנימין שיבט תקיף
כדיבא טרפיה בארעיה תשרי שכינת מרי עלמא ובאחסנתיה יתבני בית
מוקדשא בצפרא יהון כהנייא מקרבין אימר תדירא עד ארבע שעין
וביני שימשתא יקרבון אימר תניין וברמשא יהון מפלגין מותר שאר
קורבנייא ואכלין גבר חולקיה (GN 49:28) כל אילין שיבטייא
דישראל תריסר כולהון צדיקין כחדא ודא דמליל להון אבוהון ובריך
יתהון אינש הי כברכתיה בריך יתהון (GN 49:29) ופקיד יתהון ואמר
להון אנא מתכנש לעמי קברו יתי לות אבהתיי למערתא די בחקל עפרון
חיתאה (GN 49:30) במערתא די בחקל כפילתא דעל אפי ממרא בארעא
דכנען דזבן אברהם ית חקלא מן עפרון חיתאה לאחסנת קבורתא
(GN 49:31) תמן קברו ית אברהם וית שרה אינתתיה תמן קברו ית
יצחק וית רבקה אינתתיה ותמן קברית ית לאה (GN 49:32) זביני
חקלא ומערתא דביה מן בני חיתאה (GN 49:33) ופסק יעקב לפקדא ית
בנוי וכנש ריגלוי לגו דרגשא ואיתנגיד ואיתכניש לעמיה (GN 50:1)

וארבע יוסף ית אבוי בערס דשנדפין מחפייא דהב טב מקבעא אבנין טבן ומחזקא באטונין דבוין תמן הוו שדיין חמרין רתיחין ותמן מוקדין רישי בוסמנין תמן הוו קיימין גוברין מן דבית עשו וגוברין מן דבית ישמעאל תמן הוה קאים אריה יהודה גיבריהון דאחוי ענא ואמר לאחוי איתון וניבכי על אבונן ארזא רמא דרישי מטי עד צית (57A שמייא ברם ענפוי מטלן על כל דיירי ארעא ושירשוי מטיין עד ארעית תהומא מיניה קמו תריסר שיבטין מיניה עתיד למיקום מלכין ושליטין וכהנייא בפלוגתהון לקרבא קורבנין ומיניה ליואי במחלוקתהון לזמרא הא בכין אתרכין יוסף על אנפי אבוי ובכא עלוי ונשיק ליה (GN 50:2 ופקד יוסף ית עבדוי ית אסוותא לבסמא ית אבוי ובסימו אסוותא ית ישראל (GN 50:3 ושלימו ליה מן דאתבסם ארבעין יומין ארום כדין שלמין יומי בסימיא ובכון יתי מצראי שובעין יומין אמרין אילין לאילין איתון ניבכי על יעקב חסידא דבזכותיה עדת כפנא מן ארעא דמצרים דהוות גזירתא למיהוי כפנא ארבעין ותרתין שנין ובזכותיה דיעקב אתמנען ארבעין שנין מן מצרים ולא הוה כפנא אלהין תרתין שנין בלחודיהן (GN 50:4 ועברו יומי בכיתיה ומליל יוסף עם רבני בית פרעה למימר אין בבעו אשכחנא רחמין בעיניכון מלילו כדון במשמעיה דפרעה למימר (GN 50:5 אבא קיים עלי למימר הא אנא מיית בקיברי דחפירית לי בארעא דכנען תמן תקבירינני וכדון איסוק כדון ואיקבור ית אבא ואיתוב (GN 50:6 ואמר פרעה סק וקבר ית אבוך היכמא דקיים עלך (GN 50:7 וסליק יוסף למיקבור ית אבוי וסליקו עימיה כל עבדוי דפרעה סבי בייתיה וכל סבי ארעא דמצרים (GN 50:8 וכל אינש ביתא דיוסף ואחוי ובית אבוי לחוד טפלהון וענהון ותוריהון שבקו בארעא דגושן (GN 50:9 וסליקו עימיה אוף ארתכין אוף פרשין והות משריתא סגיאה לחדא (GN 50:10 ואתו עד בית אידרי דאטד די בעוברא דיירדנא וספדו תמן מספד רב ותקיף לחדא ועבד לאבוי איבלא שובעא יומין (GN 50:11 וחמא יתבי ארעא כנענאי ית איבלא בבית אידרי דאטד ושריין קמורי חרציהון בגין איקר דיעקב והוון מחוויין בידיהון ואמרין אבל תקיף דין למצרים בגין כן קרא שמה דאתר אבל מצרים די (58 בעברא דיירדנא (GN 50:12 ועבדו בנוי ליה היכדין כמה דפקידינון (GN 50:13 ונטלו יתיה בנוי לארעא דכנען ושמיע פיתגמא לעשו רשיעא ונטל מן טורא דגבלא בליגיונין סגיאין ואתא לחברון ולא הוה שביק ליוסף למקבור ית אבוי במערת כפילתא מן יד אזל נפתלי ורהט ונחת למצרים ואתא בההוא יומא ואייתי אוניתא דכתב עשו ליעקב אחוי על פלגות מערת כפילתא ומן יד רמז יוסף לחושים בן דן ונטל סייפא וקטע רישיה דעשו רשיעא והוה רישיה דעשו מתגלגל ואזיל עד דעל לגו מערתא ואיתנח בגו עיטפיה דיצחק אבוי וגופיה קברו בנוי דעשו בחקל כפילתא ובתר כן קברו יתיה בנוי ליעקב במערת חקל כפילתא דיזבן אברהם ית חקלא לאחסנת קבורתא מן עפרון חיתאה על אנפי ממרא (GN 50:14 ותב יוסף למצרים הוא ואחהי וכל דסליקו עימיה למיקבור ית אבוי בתר דקבר ית אבוי (GN 50:15 וחמון אחי יוסף ארום מיית אבוהון ולא הוה מסתחר עמהון כחדא למיכול לחדא ואמר מה דילמא נטר לנא סנא

יוסף ואתבא יתיב לנא ית כל בישא דיגמלנא יתיה (GN 50:16
ופקידו ית בלהה למימר ליוסף אבוך פקיד קדם מותיה למימר לך
(GN 50:17 וכדנא תימרון ליוסף במטו שבוק כדון לחובי אחך
ולחטיאיהון ארום בישא גמלו יתך וכדון שבוק בבעו לחובי עבדי
אלקא דאבך ובכא יוסף במללותהון עימיה (GN 50:18 ואזלו אוף
אחוי ואתרכינו קדמוי ואמרו הא אנן לך לעבדין (GN 50:19 ואמר
להום יוסף לא תידחלון ארום לא ניגמול לכון בישתא אלהין טבתא
ארום דחיל ומיתבר מן קדם ייי אנא (GN 50:20 ואתון חשבתון עלי
מחשבן בישן דמה דלא הוינא מסתחר עימכון למיכל מן בגלל דנטירנא
לכון בבו הוא ומימרא דייי חשבה עלי לטבתא דאבא הוה מותיב לי
ברישא ומן קדם יקריה הוינא מקבל וכדון לית אנא מקבל בגין
דאיזכי למתעבדא לן שיזבתא ביומא הדין לקיימא עם סגי מדבית יעקב
(GN 50:21 וכדון (58A לא תידחלון אנא איזון יתכון וית טפלכון
ונחים יתהון ומליל תנחומין על לבהון (GN 50:22 ויתיב יוסף
במצרים הוא ובית אבוי וחיא יוסף מאה ועשרים שנין (GN 50:23
וחמא יוסף לאפרים בנין דרין תליתאין אוף בני מכיר בר מנשה כד
איתילידו גזרינון יוסף (GN 50:24 ואמר יוסף לאחוי הא אנא מיית
וייי מידכר ידכר יתכון ויסק יתכון מן ארעא הדא לארעא דקיים
לאברהם ליצחק וליעקב (GN 50:25 ואומי יוסף ית בני ישראל למימר
לבנהון הא אתון משתעבדין במצרים ולא תזידון למיסוק ממצרים עד
זמן דייתון תרין פרוקין ויימרון לכון מדכר דכיר ייי יתכון
ובעידן דאתון סלקין תסקון ית גרמיי מיכא (GN 50:26 ומית יוסף
בר מאה ועשר שנין ובסימו יתיה ועטרון יתיה ושוון יתיה בגלוסקמא
ושקעון יתיה בגוא נילוס דמצרים

ספר שני

(59) פרשה שמות

(EX 1:1) ואילין שמהת בני ישראל דעלו למצרים עם יעקב גבר עם אינש ביתיה עלו (EX 1:2) ראובן שמעון לוי ויהודה (EX 1:3) יששכר זבולון ובנימין (EX 1:4) דן ונפתלי גד ואשר (EX 1:5) והוה סכום כל נפשתא נפקי ירכא דיעקב שובעין נפשתא עם יוסף ובנוי דהוו במצרים (EX 1:6) ומית יוסף ובתריה מיתו אחוי וכל דרא ההוא (EX 1:7) ובנוי דישראל נפישו ואיתילדו וסגו ואתקפו לחדא ואיתמליאת ארעא מנהון (EX 1:8) וקם מליך חדת כמין שירויא על מצרים דלא חכים ית יוסף ולא הליך בנימוסוי (EX 1:9) ואמר לעמיה הא עמא בני ישראל סגין ותקפין יתיר מינן (EX 1:10) איתון כדון נתייעט עליהון בהלין דינין נזערא יתהון קדם עד לא יסגון ויהוי ארום יארע יתן סדרי קרבא ויתוספון לחוד הינון על סנאינן וישיצון יתן ולא ישיירון מינן אוף לא חד ומן בתר כדין יסקון להון מן ארעא (EX 1:11) ושוון עליהון רברבנין מפלחנין מן בגלל למצערא יתהון בשעבודהון ובניין קוריין תלילין לשום בית אוצרוי דפרעה ית טאנוס וית פילוסין (EX 1:12) והיכמא דמעניין להון היכדין הוון סגן והכדין הוון תקפין ואיתיעקו מצראי בחייהון מן קדם בני ישראל (EX 1:13) ושעבידו מצראי ית בני ישראל בקשייו (EX 1:14) ואמירו ית חייהון בפולחנא קשייא בטינא ובליבנין ובכל פולחנא באנפי ברא ית כל פולחנהון הוון מפלחין בהון בקשייו (EX 1:15) ואמר פרעה דמך הוה חמי בחילמיה והא כל ארעא דמצרים קיימא בכף מודנא חדא וטליא בר בכף מודנא חדא והות כרעא כף מודנא דטלייא בגויה מן יד שדר וקרא לכל חרשי מצרים ותני להון ית חילמיה מן יד פתחון פוהון יניס וימברס רישי חרשייא ואמרין לפרעה ביר חד עתיד למיהוי מתיליד בכנישתהון דישראל דעל ידוי עתידא למחרבא כל ארעא דמצרים ובגין איתיעט ואמר פרעה מלכא דמצרים לחייתא יהודייתא דשמא דחדא שפרא היא (59A) ושמא דתנייתא פועה היא מרים ברתה (EX 1:16) ואמר כד תהוויין מולדן ית יהודייתא ותיסתכין עילוי מתברא אין ביר דכר הוא ותקטלון יתיה ואין ברתה נוקבא היא ותתקיים (EX 1:17) ודחילא חייתא מן קדם

ייי ולא עבדא היכמא דמליל להין מלכא דמצרים וקיימא ית בנייא
(EX 1:18) וקרא מלכא דמצרים לחייתא ואמר להון למה דין עבדתון
פיתגמא הדין וקיימתון ית בנייא (EX 1:19) ואמרן חייתא לפרעה
ארום לא כנשייא מצרייתא יהודייתא ארום זריזן וחכימן בדעתיהן
הינין קדם עד לא תיתי לוותהון חייתא הינין תליין עיניהן בצלו
מצליין ובען רחמין מן קדם אבוהון דבשמייא והוא שמע בקל צלותהן
ומן יד הינין מתעניין וילדן ופרקן בשלם (EX 1:20) ואוטיב ייי
לחייתא וסגו עמא ותקיפו לחדא (EX 1:21) והוה כד דחילא חייתא מן
קדם ייי וקנו להין שום טב לדריא ובנא להין מימרא דייי בית
מלכותא ובית כהונתא רבתא (EX 1:22) וכד חמא פרעה כדין בכין
פקיד לכל עמיה למימר כל ביר דכר דאיתיליד ליהודאי בנהרא
תטלוקוניה וכל ברתא תקיימון (EX 2:1) ואזל עמרם גברא דמשבט לוי
ואותיב בכילתא וגנונא דהלולא ית יוכבד אינתתיה דתריך מן קדם
גזירתא דפרעה והות ברת מאה ותלתין שנין כד אהדרה לותיה
ואיתעביד לה ניסא והדרת לעלימותא כמה דהוות כד היא זעירתא
מיקריא ברת לוי (EX 2:2) ואיתעברת איתתא וילידת ביר בסוף שיתא
ירחין וחמת יתיה ארום בר קיומי הוא ואטמרתיה תלת ירחין
דסכומהון תשעא (EX 2:3) ולא הוה אפשר לה תוב לאטמרתיה דמצראי
מרגשין עלה ונסיבת ליה תיבותא דטונס וחפתא בחימרא וזיפתא
ושויית בגוה ית טלייא ושויתיה בגו גומייא על גיף נהרא
(EX 2:4) ואיתעתדת מרים אחתיה מרחיק לאתחכמא מה יתעבד ליה
(EX 2:5) וגרי מימר דייי צולקא דשחינא וטריב בישרא בארעא
דמצרים ונחתת ביתיה ברתיה (60) דפרעה לאיתקררא על נהרא
ועולימתהא אזלן על גיף נהרא וחמת ית תיבותא בגו גומייא ואושיטת
ית גרמידא ונסיבתא ומן יד איתסיית מן שיחנא ומן טריבא (EX 2:6)
ופתחת וחמת ית ריבא והא טלייא בכי וחסת עלוי ואמרת מן בני
יהודאי הוא דין (EX 2:7) ואמרת אחתיה לבת פרעה האיזיל ואיקרי
ליך איתא מיניקתא מן יהודייתא ותניק ליך ית רבייא (EX 2:8)
ואמרת לה ברת פרעה איזילי ואזלת טליתא וקרת לאימיה דרביא
(EX 2:9) ואמרת לה ברת פרעה אובילי ית ריבייא הדין ואוניקתיה
לי ואנא איתין ית סוטרייך ונסיבת איתתא ית רבייא ואוניקתיה
(EX 2:10) ורבא רבייא ואייתיתיה לברת פרעה והוה לה חביב הי
כביר וקרת שמיה משה ארום אמרת מן מוי דנהרא שחילתיה (EX 2:11)
והוה ביומא האינון ורבא משה ונפק לות אחהי וחמא באניק נפשיהון
ובסוגי פולחנהון וחמא גבר מצראי מחי גבר יהודאי מאחוי
(EX 2:12) ואיסתכל משה בחכמת דעתיה ואיתבונן בכל דר ודר והא לא
קאים מן ההוא מצראי גבר גיור ולא דעביד תתובא מן בני בנוי עד
עלמא ומחאי ית מצראי וטמריה בחלא (EX 2:13) ונפק ביומא תניינא
ואודיק והא דתן ואבירם גוברין יהודאין נצן וכד חמא דיזקף דתן
ידיה על אבירם למימחייה אמר ליה למה אנת מחי לחברך (EX 2:14)
ואמר ליה דתן מאן הוא דמני יתך לגבר רב ודיין עלנא הלא למיקטלי
אנת אמר כמה דקטלת ית מצראי ודחיל משה ואמר בקושטא איתפרסם
פיתגמא (EX 2:15) ושמע פרעה ית פיתגמא הדין ובעא למקטול ית משה
וערק משה מן קדם פרעה ויתיב בארעא דמדין ויתיב עילוי בירא

(EX 2:16) ולאוניס דמדין שבע בנתא ואתא ודלאה ומלאה ית
מורכיוותא לאשקאה ענא דאבוהן (EX 2:17) ואתון רעיא וטרדינון
וקם משה בכח גבורתיה ופרקינין ואשקי ית ענהין (EX 2:18) ואתאה
לות (60A) רעואל אבוה דאבוהן ואמר מה דין אוחיתון למיתי יומא
דין (EX 2:19) ואמרא גבר מצראי שיזבנהו מן ידא דרעיא ולחוד
מדול חד דלה לן ואשקי ית ענא (EX 2:20) ואמר לבנתיה דבריה והאן
הוא למא דנן שבקתין ית גברא קרין ליה וייכול לחמא (EX 2:21)
וכד חכים רעואל דערק משה מן קדם פרעה טלק יתיה לגובא והות צפרה
ברתיה דבריה מפרנסא יתיה בסיתרא בזמן עישרתי שנין ולסוף עישרתי
שנין אפקיה מן גובא ועל משה בגו גינוניתא דרעואל והוה מודי
ומצלי קדם ייי דעבד עימיה ניסין וגבורן ואיסתכי ית חוטרא
דאיתבריאת ביני שימשתא וחקיין ומפרש עלה שמא רבא ויקירא דביה
עתיד למיעבד ית תימהיא במצרים וביה עתיד למבזע ית ימא דסוף
ולהנפקא מוי מן כיפא והוה דעיץ בגו גינוניתא ומן יד אושיט ידיה
ונסביה הא בכין צבי משה למיתב עם גברא ויהב ית ציפורה ברת בריה
למשה (EX 2:22) וילידת ביר דכר וקרא שמיה גרשום ארום אמר דייר
הויתי בארעא נוכרייא דלא דידי (EX 2:23) והוה ביומייא סגיאייא
האינון ואיתכתש מלכא דמצרים ופקיד לקטלא בוכרייא דבני ישראל
בגין למיסחי באדמיהון ואתאנחו בני ישראל מן פולחנא דהוה קשיא
עליהון וזעיקו וסליקת קבילתהון לשמי מרומא דייי ואמר במימריה
למפרוקינון מן פולחנא (EX 2:24) ושמיע קדם ייי קבילתהון ודכיר
קדם ייי ית קיימיה דקיים עם אברהם ועם יצחק ועם יעקב (EX 2:25)
וגלי קדם ייי צער שעבודהון דבני ישראל וגלי קדמוי ית תיובתא
דעבדו בטימרא דלא ידעו אינש בחבריה (EX 3:1) ומשה הוה רעי ית
ענא דיתרו חמוי רבא דמדין ודבר ית ענא לאתר שפר רעייא דאחורי
מדברא ואתא לטוורא דאיתגלי עלוי יקרא דייי לחורב (EX 3:2)
ואיתגלי זגנזגאל מלאכא דייי ליה בלהבי אישתא מגו סניא וחמא והא
סנייא מטריב (61) באישתא וסניא ליהוי יקיד ומתאכיל בנורא
(EX 3:3) ואמר משה איתפני כדון ואחמי ית חזוונא רבא הדין מדין
לא טריב סנייא (EX 3:4) וגלי קדם ייי ארום איתפני למיחמי וקרא
ליה ייי מגו סניא ואמר משה ואמר האנא (EX 3:5) ואמר לא
תקרב הלכא שלוף סינך מעל ריגלך ארום אתרא דאנת קאים עלוי אתר
קדיש הוא ועלוי אנת עתיד לקבלא אורייתא למלפא יתה לבני ישראל
(EX 3:6) ואמר אנא הוא אלקיה דאבוך אלקיה דאברהם אלקיה דיצחק
ואלקיה דיעקב וכבשינון משה לאנפוי ארום הוה דחיל מלימיסתכי
בצית איקר שכינתא דייי (EX 3:7) ואמר מגלא גלי קדמיי ית סיגוף
עמי דבמצרים וית קבילתהון שמיע קדמיי מן קדם משעבדהון ארום גלי
קדמיי ית כיביהון (EX 3:8) ואיתגליתי יומא דין עלך בגין
דבמימרי לשיזבותך מן ידא דמצראי ולאסקותהון מן ארעא מסאבתא
ההיא לארע טבתא ופתייא בתחומין לארע עבדא חלב ודבש לאתר
דדיירין תמן כנענאי וחיתאי ואמוראי ופריזאי וחוואי ויבוסאי
(EX 3:9) וכדון הא קבילת בני ישראל סליקת לקדמיי ולחוד גלי
קדמיי ית דוחקא דמצראי דחקין יתהון (EX 3:10) וכדון איתא
ואשדרינך לות פרעה ואפיק ית עמי בני ישראל ממצרים (EX 3:11)

ואמר משה קדם ייי מאן אנא ארום אזיל לות פרעה וארום אפיק ית
בני ישראל ממצרים (EX 3:12 ואמר ארום יהי מימרי בסעדך ודין לך
סימנא דאנא שדרתך בהנפקותך ית עמא ממצרים תפלחון קדם ייי
דתקבלון ית אורייתא על טוורא הדין (EX 3:13 ואמר משה קדם ייי
הא אנא אזיל לות בני ישראל ואימר להון ייי אלקא דאבהתכון שדרני
לוותכון ויימרון לי מה שמיה מה אימר להון (EX 3:14 ואמר ייי
למשה דין דאמר והוה עלמא אמר והוה כולא ואמר כדנא תימר לבני
ישראל אנא הוא דהוינא ועתיד למיכוי (61A שדרני לותכון
(EX 3:15 ואמר תוב ייי למשה כדנן תימר לבני ישראל אלקא
דאבהתכון אלקיה דאברהם אלקיה דיצחק ואלקיה דיעקב שדרני לוותכון
דין הוא שמי לעלם ודין דוכרני לכל דר ודר (EX 3:16 איזיל
ותיכנוש ית סבי ישראל ותימר להון ייי אלקא דאבהתכון איתגלי לי
אלקיה דאברהם יצחק ויעקב למימר מידכר דכירנא יתכון וית עולבנא
דאיתעביד לכון במצרים (EX 3:17 ואמרית במימרי אסיק יתכון
מסיגוף מצראי לארע כנענאי וחיתאי ואימוראי ופריזאי וחיוואי
ויבוסאי לארע עבדא חלב ודבש (EX 3:18 ויקבלון מינך ותיעול אנת
וסבי ישראל לות מלכא דמצרים ותימרון ליה ייי אלקא דיהודאי
איתקרי עלנא וכדון נזיל כדון מהלך תלתא יומין במדברא ונדבח קדם
ייי אלקנא (EX 3:19 ואנא קדמיי גלי ארום לא ישבוק יתכון מלכא
דמצרים למיזל ולא מן דחיליה תקיף אלהין בגין דממריה לאוכחותיה
במכתשין בישין (EX 3:20 ותתעכבון תמן עד דאישדר ית מחת גבורתי
ואימחי ית מצראי בכל פרישוותיי דאעבד ביניהון ומבתר כן יפטור
יתכון (EX 3:21 ואיתן ית עמא הדין לרחמין בעיני מצראי ויהי
ארום תהכון מן תמן פריקין לא תהכון ריקנין (EX 3:22 ותישאל
איתתא מן שיבבתא ומן קריבת כותליה ביתא מנין דכסף ומנין דדהב
ולבושין ותעטרון על בניכון ועל בנתיכון ותרוקינון ית מצראי
(EX 4:1 ואתיב משה ואמר והא לא יהימנון לי ולא יקבלון מיני
ארום יימרון לא איתגלי ייי (EX 4:2 ואמר ליה ייי מה דין בידך
ואמר חוטרא (EX 4:3 ואמר טלוק יתיה לארעא וטלקיה לארעא והוה
לחויא וערק משה מן קדמוי (EX 4:4 ואמר ייי למשה אושיט ידך
ואיחוד בקוטניה ואושיט ידיה ואתקיף ביה והוה לחוטרא בידיה
(EX 4:5 מן בגלל דיהמנון ארום אתגלי לך ייי אלקא דאבהתכון
אלקיה דאברהם אלקיה דיצחק ואלקיה דיעקב (EX 4:6 ואמר ייי ליה
תוב אעיל כדון ידך בחובך ואעל ידיה בגו (62 חוביה והנפקא והא
ידיה סגירתא מחוורא היא כתלגא (EX 4:7 ואמר אתיב ידך לעיטפך
ואתיב ידיה לחוביה והנפקה ומן גו חוביה תבת למיהוי ברייא הי
כבישריה (EX 4:8 (EX 4:9 ויהי אין לא יהימנון אוף לתרין
אתייא האילין ולא יקבלון מינך ותיסב מן מוי דבנהרא ותשוד
ליבשתא ויהון מוי דתיסב מן נהרא ויהון לדמא ביבשתא (EX 4:10
ואמר משה קדם ייי בבעו ייי לא גבר דברן אנא אוף מאיתמלי אוף מן
לקדמוי אוף מן שעתא דמלילתא עם עבדך ארום חגר פום וקשי ממלל
אנא (EX 4:11 ואמר ייי ליה מאן הוא דשוי ממלל פומא בפום אדם
קדמאי או מאן שוי אילימא או חרשא או פתיחא או סמיא הלא אנא ייי
(EX 4:12 וכדון איזל ואנא במימרי אהא עם ממלל פומך ואליף יתך

מה דתמליל (EX 4:13 ואמר בבעו ברחמין מן קדמך ייי שלח כדון
שליחותך ביד פינחס דחמי למשתלחא בסוף יומיא (EX 4:14 ותקיף
רוגזא דייי במשה ואמר הלא אהרן אחוך לוואי גלי קדמי ארום מללא
ימליל הוא ואוף הא הוא נפיק לקדמותך ויחמינך ויחדי בליביה
(EX 4:15 ותמליל עימיה ותשוי ית פיתגמייא בפומיה ומימרי יהא
עם מימר פומך ועם מימר פומיה ואליף יתכון ית מה דתעבדון
(EX 4:16 וימלל הוא לך עם עמא ויהי הוא יהוי לך למתורגמן ואנת
תהוי ליה לרב תבוע אולפן מן קדם ייי (EX 4:17 וית חוטרא הדין
תיסב בידך דתעביד ביה ית אתייא (EX 4:18 ואזל משה ותב לות
יתרו חמוי ואמר ליה איזיל כדון ואיתוב לות אחיי דבמצרים ואיחמי
העד כדון אינון קיימין ואמר יתרו למשה איזיל לשלם (EX 4:19
ואמר ייי למשה במדין איזל תוב למצרים ארום איתרוקנו ונחתו
מנכסיהון והא אינון חשיבין כמיתיא כל גובריא דהוו תבעין ית
נפשך למיסב יתה (EX 4:20 ודבר משה ית אינתתיה וית בנוי
וארכיבינון על חמרא ותב לארעא דמצרים ונסיב משה ית חוטרא דנסב
מן גינוניתא דחמוי והוא מספיר כורסי יקרא מתקליה ארבעין סאין
ועילוי חקיק ומפרש שמא רבא ויקירא וביה איתעבידו ניסין מן קדם
ייי בידיה (EX 4:21 ואמר ייי למשה במהכך (62A למתוב למצרים
חמי כל תמהיא דשויתי בידך ותעבידינון קדם פרעה ואנא אתקיף ית
יצרא דליביה ולא יפטור ית עמא (EX 4:22 ותימר לפרעה כדנא אמר
ייי ברי בוכרי ישראל (EX 4:23 ואמרית לך פטור ית ברי ויפלח
קדמוי ומסרב אנת למיפטריה הא אנא קטיל ית ברך בוכרך (EX 4:24
והוה באורחא בבית אבתותא וארע ביה מלאכא דייי ובעא למיקטליה מן
בגלל גרשום בריה דלא הוה גזיר על עיסק יתרו חמוי דלא שבקיה
למגזריה ברם אליעזר הוה גזר בתנאה דאתניין תרוויהון (EX 4:25
ונסיבת צפורה טינרא וגזרת ית ערלת גרשום ברה ואקריבת ית גזירת
מהולתא לריגלוי דמלאך חבלא ואמרת חתנא בעא למגזור וחמוי עכיב
עלוי וכדון אדם גוזרתא הדין יכפר על חתנא דילי (EX 4:26 ופסק
מלאך חבלא מיניה בכן שבחת צפורה ואמרת מה חביב הוא אדם גוזרתא
הדין דשיזב ית חתנא מן ידוי דמלאך חבלא (EX 4:27 ואמר ייי
לאהרן איזל לקדמות משה למדברא ואזל וארעיה בטוורא דאיתגלי עלוי
יקרא דייי ונשיק ליה (EX 4:28 ותני משה לאהרן ית כל פיתגמייא
האילין דשלחיה וית כל אתייא דפקדיה למעבד (EX 4:29 ואזל משה
ואהרן וכנשו ית כל סבי בני ישראל (EX 4:30 ומליל אהרן ית כל
פיתגמייא דמליל ייי עם משה ועבד אתייא לעיני עמא (EX 4:31
והימין עמא ושמעו ארום דכיר ייי ית בני ישראל וארום גלי קדמוי
שיעבודהון וגחנו וסגידו (EX 5:1 ובתר כדין עאלו משה ואהרן
ואמר לפרעה כדנא אמר ייי אלקא דישראל פטור ית עמי ויעבדון לי
חגא במדברא (EX 5:2 ואמר פרעה שמא דייי לא איתגלי דאיתקביל
במימריה למיפטור ית ישראל לא אשכחית בספר מלאכייא כתיב ית שמא
דייי מיניה לית אנא דחיל ואוף ית ישראל לא איפטור (EX 5:3
ואמרו אלקיה דיהודאי איתקרי שמיה עלנא נטייל כדון מהלך תלתא
יומין במדברא ונדבח ניכסת חגא קדם ייי אלהן דילמא יארע יתן
במותא או בקטלא (EX 5:4 ואמר להון מלכא דמצרים (63 למה משה

ואהרן תבטלון ית עמא מעיבידתהון איזילו לפולחנכון (EX 5:5
ואמר פרעה הא סגין הינון כדון עמא דארעא דאתון מבטלין יתהון
מפולחנהון (EX 5:6 ופקיד פרעה ביומא ההוא ית שולטנייא דעמא
וית סרכוי למימר (EX 5:7 לא תוספון למיתן תיבנא לעמא למירמי
לבניא הי כמאיתמלי והי כמילקדמוי הינון יזלון ויגבבון להון
תיבנא (EX 5:8 וית סכום ליבנייא דהינון עבדין מאיתמלי ומדקדמוי
תמנון עליהון לא תימנעון מיניה ארום בטלנין הינון בגין כן
הינון צווחין למימר ניזיל נדבח ניכסת חגא קדם אלהנא (EX 5:9
תיתקף פולחנא עילוי גובריא ויתעסקון בה ולא יתרחצון על מילי
שקרא (EX 5:10 ונפקו שולטני עמא וסרכוי ואמר לעמא כדנא אמר
פרעה לית אנא יהיב לכון תיבנא (EX 5:11 אתון איזילו סבו לכון
תיבנא מן אתר דתשכחון ארום לא מיתמנע מפולחנכון מידעם
(EX 5:12 ואיתבדר עמא בכל ארעא דמצרים לגבבא גולי לתיבנא
(EX 5:13 ושולטונייא דחקין למימר אשלימו עיבידתכון פיתגם יום
ביומיה היכמא דהויתון עבדין כד הוה יהיב לכון תיבנא (EX 5:14
ולקו סרכי בני ישראל דמנו עליהון שולטני פרעה למימר למה דין לא
אשלימתון גזירתכון למירמי ליבנין הי כמאיתמלי והי כמדקדמוי אוף
איתמלי אוף יומא דין (EX 5:15 ואתו סרכי בני ישראל וצווחו קדם
פרעה למימר למה תעביד כדין לעבדך (EX 5:16 תיבנא לא מיתיהב
לעבדך וליבניא אמרין לנא עיבידו והא עבדך לקיין וחובתהון דעמך
תקפא וסלקא (EX 5:17 ואמר בטלנין אתון בטלנין בגין כן אתון
אמרין נזיל נדבח נכסת חגא קדם אלקנא (EX 5:18 וכדון איזילו
פלחו ותיבנא לא יתיהב לכון וסכום ליבנייא תתנון (EX 5:19
וחמון סרכי בני ישראל יתהון בביש למימר לא תימנעון מן ליבניכון
דפתגם יום ביומיה (EX 5:20 וארעו ית משה וית אהרן קיימין
לקדמותהון במיפקהון מן קדם פרעה (EX 5:21 ואמרו להון יתגלי
(63A קדם ייי עולבננא ולחוד יתפרע מינכון דאסרחתון ית ריחנא
קדם פרעה וקדם עבדוי דגרמהון למיתן סייפא בידיהון למיקטלנא
(EX 5:22 ותב משה לקדם ייי ואמר ייי למא אבאשתא לעמא הדין
ולמא דנן שלחתני (EX 5:23 ומן שעתא דעלית לות פרעה למללא בשמך
אתבאש לעמא הדין ושיזבא לא שזיבתא ית עמך (EX 6:1 ואמר ייי
למשה כדון תחמי מה אעביד לפרעה ארום בידא תקיפתא ופטורינון
ובידא תקיפתא יתריכינון מן ארעיה

פרשה וארא

(EX 6:2 ומליל ייי עם משה ואמר ליה אנא ייי הוא
דאיתגליתי עלך בגו סנייא ואמרית לך אנא ייי (EX 6:3 ואיתגליתי
לאברהם ליצחק וליעקב באל שדי ושמי ייי ברם באפי שכינתי לא
איתידעת להון (EX 6:4 ולחוד אקימית ית קיימי עמהון למיתן להום
ית ארעא דכנען ית ארע תותבותהון דאיתותבו בה (EX 6:5 ולחוד
קימי ית אניק בני ישראל דמצראי משעבדין יתהון ודכירנא ית קיימי
(EX 6:6 בכן אימר לבני ישראל אנא הוא ייי ואפיק יתכון מגו
דחוק פולחן מצראי ואישיזיב יתכון מפולחנהון ואפרוק יתכון בדרע
מרמם ובדינין רברבין (EX 6:7 ואקרב יתכון קדמיי לעם ואהוי
לכון לאלקא ותידעון ארום אנא ייי אלהכון דאנפיק יתכון מגו דחוק

פולחן מצראי (EX 6:8) ואעיל יתכון לארעא דקיימית במימרי למיתן
יתה לאברהם ליצחק וליעקב ואיתן יתה לכון ירותא אנא ייי
(EX 6:9) ומליל משה כדין עם בני ישראל ולא קבילו מן משה
מקפידות רוחא ומפולחנא נוכראה קשיא דיבידיהון (EX 6:10) ומליל
ייי עם משה למימר (EX 6:11) עול מליל עם (64) פרעה מלכא דמצרים
ויפטור ית בני ישראל מארעיה (EX 6:12) ומליל משה קדם ייי למימר
הא בני ישראל לא קבילו מיני והכדין יקביל מיני פרעה ואנא קשי
ממלל (EX 6:13) ומליל ייי עם משה ועם אהרן ואזהרינון על בני
ישראל ושלחינון לות פרעה מלכא דמצרים לאפקא ית בני ישראל מארעא
דמצרים (EX 6:14) אילין רישי בית אבהתהון בנוי דראובן בוכרא
דישראל חנוך ופלוא חצרון וכרמי אילין ייחוסין דראובן (EX 6:15)
ובנוי דשמעון ימואל וימין ואהד ויכין וצחר ושאול הוא זמרי
דאשאיל נפשיה לזנותא הי ככנענאי אילין ייחוסין דשמעון
(EX 6:16) ואילין שמהת בנוי דלוי לייחוסיהון גרשון וקהת ומררי
ושני חייוי דלוי מאה ותלתין ושבע שנין חייא עד דחמא ית משה וית
אהרן פריקייא דישראל (EX 6:17) בנוי דגרשום לבני ושמעי
לייחוסיהון (EX 6:18) ובנוי דקהת עמרם ויצהר וחברון ועזיאל
ושני חייוי דקהת חסידא מאה ותלתין ותלת שנין חייא עד דחמא ית
פנחס הוא אליהו כהנא רבא דעתיד למשתלחא לגלוותא דישראל בסוף
יומייא (EX 6:19) ובנוי דמררי מחלי ומושי אילין ייחוסין דלוי
לגניסתהון (EX 6:20) ונסב עמרם ית יוכבד חביבתיה ליה לאינתו
וילידת ליה ית אהרן וית משה ושני חייוי דעמרם חסידא מאה ותלתין
ושבע שנין חייא עד דחמא ית בני רחביה בר גרשום בר משה
(EX 6:21) ובנוי דיצהר קרח ונפג וזכרי (EX 6:22) ובנוי דעזיאל
משאל ואלצפן וסתרי (EX 6:23) ונסיב אהרן ית אלישבע ברת עמינדב
אחתיה דנחשון ליה לאינתו וילידת ליה ית נדב וית אביהוא ית
אלעזר וית איתמר (EX 6:24) ובנוי דקרח אסיר ואלקנה ואביאסף
אילין ייחוסין דקרח (EX 6:25) ואלעזר בר אהרן נסיב ליה מברתוי
דיתרו הוא פוטיאל ליה לאינתו וילידת ליה ית פנחס אילין רישי
אבהת ליואי ליחוסיהון (EX 6:26) איהו אהרן ומשה דאמר ייי להון
הנפיקו ית בני ישראל פריקין מארעא דמצרים על חיליהון (EX 6:27)
הינון דממללין (64A) עם פרעה מלכא דמצרים להנפקא ית בני ישראל
ממצרים הוא משה נביא ואהרן כהנא (EX 6:28) והוה ביומא דמליל
ייי עם משה בארעא דמצרים הוה אהרן מצית אדניה ושמע מה דמליל
עמיה (EX 6:29) ומליל ייי עם משה למימר אנא הוא ייי מליל עם
פרעה מלכא דמצרים ית כל דאנא ממליל עימך (EX 6:30) ואמר משה
קדם ייי הא קשי ממלל וכדין יקביל מיני פרעה (EX 7:1) ואמר ייי
למשה למא אנת מסתפי חמי דכבר שוית יתך דחילא לפרעה כאילו אלהא
דיליה ואהרן אחוך הוי נביא דילך (EX 7:2) אנת תמליל לאהרן ית
כל דאיפקדינך ואהרן אחוך ימליל לפרעה ויפטור ית בני ישראל
מארעיה (EX 7:3) ואנא אקשי ית יצרא דליבא דפרעה ואסגי ית
אתוותיי וית תימהיי בארעא דמצרים (EX 7:4) יקבל מנכון פרעה
ואיגרי בהון גירין דקטול ואיתין מחת גבורת ידי במצרים ואפיק ית
עמי בני ישראל פריקין מארעא דמצרים בדינין רברבין (EX 7:5)

וינדעון מצראי ארום אנא הוא ייי כד ארים ית מחת גבורתי על
מצרים ואנפיק ית בני ישראל פריקין מביניהון (EX 7:6) ועבד משה
ואהרן היכמא דפקיד ייי יתהון היכדין עבדו (EX 7:7) ומשה בר
תמנן שנין ואהרן בר תמנן ותלת שנין במלילתהון עם פרעה (EX 7:8)
ואמר ייי למשה ולאהרן למימר (EX 7:9) ארום ימלל עמכון פרעה
למימר הבו לכון תימהא ותימר לאהרן סב ית חוטרך וטלוק יתיה קדם
פרעה יהי לחוי חורמן ארום עתידין כל דיירי ארעא למשמע קל
ציווחתהון דמצרים בתברותי יתהון היכמא דשמעו כל בירייתא ית קל
ציווחת חיויא כד איתערטל מן שירויא (EX 7:10) ואעל משה ואהרן
לות פרעה ועבדו היכדין היכמא דפקד ייי וטלק אהרן ית חוטריה קדם
מיחמי פרעה וקדם מיחמי עבדוי והוה לחורמנא (EX 7:11) וקרא לחוד
פרעה לחכימייא ולחרשייא ועבדו לחוד הינון יניס וימבריס חרשין
דבמצרים בלחשי קוסמיהון (65) היכדין (EX 7:12) וטלקון אינש
חוטריה והוו לחורמנין ומן יד איתהפיכו למיהוי כמרן שירויא ובלע
חוטרא דאהרן ית חוטריהון (EX 7:13) ואיתקף יצרא דלבא דפרעה ולא
קביל מנהון היכמא ייי (EX 7:14) ואמר ייי למשה איתקף יצרא דלבה
דפרעה מסרב למפטור ית עמא (EX 7:15) איזל לות פרעה בצפרא הא
נפיק למפטור קוסמין עילוי מיא הי כאמגושא ותיתעתד לקדמותיה על
גיף נהרא וברם חוטרא דאהרן דאיתהפיך לחיוי תיסב לידך (EX 7:16)
ותימר ליה ייי אלקא דיהודאי שדרני לוותך למימר פטור ית עמי
ויפלחון קדמי במדברא והא לא קבילת עד כדון (EX 7:17) כדנא אמר
ייי בדא סימנא תינדע ארום אנא ייי הא אנא מחי בחוטרא דבידי על
מוי די בנהרא ויתהפכון לאדמא (EX 7:18) ונוני דיבנהרא ימותון
ויסרי נהרא וישתלהון מצראי למישתי מוי מן נהרא (EX 7:19) ואמר
ייי למשה אימר לאהרן סב חוטרך וארים ידך על מוי דמצראי על
נהריהון על ביציהון על שיקייאון ועל כל בית כנישות מימיהון
ויהון דמא ויהי דמא בכל ארע דמצרים ובמני אעא ובמני אבנא
(EX 7:20) ועבדו היכדין משה ואהרן היכמא דפקיד ייי וארים
בחוטרא ומחא ית מוי דבנהרא לאחמי פרעה ולאחמי עבדוי ואיתהפיכו
כל מוי דבנהרא לאדמא (EX 7:21) ונוני די בנהרא מיתו וסרי נהרא
ולא יכילו מצראי למישתי מוי מן נהרא והות מחת דמא בכל ארעא
דמצרים (EX 7:22) ועבדו היכדין איצטיגנוני מצרים בלחשיהון
והפיכו מן מיא דגושן לאדמא ואיתקף יצרא דליבא דפרעה ולא קביל
מיניהון היכמא דמליל ייי (EX 7:23) ועבד פרעה צורכיה ועאל
לביתיה ולא שוי ליביה לחוד למחתא הדא (EX 7:24) וחפרו מצראי
חזרנות נהרא מוי למישתי ולא אשכחו צלילן ארום לא יכילו למשתי
מן מוי דבנהרא (EX 7:25) ושלימו שובעא יומין מן בתר די מחא ייי
ית נהרא ומבתר כן אסי מימרא דייי ית נהרא (EX 7:26) ואמר ייי
למשה עול לות פרעה ותימר ליה כדנא אמר ייי פטור ית עמי ויפלחון
קדמי (EX 7:27) ואין מסרב אנת למפטור הא אנא מחי ית כל תחומך
בעורדענייא (EX 7:28) וירבי נהרא עורדעניא ויסקון ויעלון בביתך
ובקיטון בי דמכך ועילוי דרגשך ובבית (65A) עבדך ובעמך ובתנורך
ובאצוותך (EX 7:29) ובגופך ובגופי עמך ובכל עבדך ישלטון
עורדעניא (EX 8:1) ואמר ייי למשה ארים ית ידך בחוטרך על נהריא

על ביציא ועל שיקייא ואסיק ית עורדעניא על ארעא דמצרים
(EX 8:2) וארים אהרן ית ידיה על מיא דמצרים וסליקת מחת
עורדענייא וחפת ית ארעא דמצרים ברם משה לא אלקי ית מיא לא
באדמא ולא בעורדענייא מן בגלל דהות ליה בהון שיזבותא בזמן
דטלקת יתיה אימיה בנהרא (EX 8:3) ועבדו היכדין אסטגניניא
בלחשיהון ואסיקו ית עורדענייא על ארעא דמצרים (EX 8:4) וקרא
פרעה למשה ולאהרן ואמר צלון קדם ייי ויעדי עורדענייא מיני ומן
עמי ואפטור ית עמא וידבחון נכסת חגא קדם ייי (EX 8:5) ואמר משה
לפרעה שבח נפשך בגיני לאימת דאנת בעי איצלי עלך ועל עבדך ועל
עמך לשיצאה עורדענייא מינך ומבתך לחוד מה דבנהרא ישתיירון
(EX 8:6) ואמר למחר ואמר כפתגמך מן בגלל דתינדע ארום לית כייי
אלקנא (EX 8:7) ויעדון עורדענייא מינך ומיבתך ומן עבדך ומן עמך
לחוד מה דבנהרא ישתיירון (EX 8:8) ונפק משה ואהרן מלות פרעה
וצלי משה קדם ייי על עיסק עורדעניא דשוי לפרעה (EX 8:9) ועבד
ייי כפתגמא דמשה ומיתו עורדעניא מן בתיא ומן דרתא ומן חקליא
(EX 8:10) וכנשו יתהון כירוויין כירוויין וסריית ארעא
(EX 8:11) וחמא פרעה ארום הות רווחתא לעקתיה ויקר ית ליביה ולא
קביל מנהון היכמא דמליל ייי (EX 8:12) ואמר ייי למשה אימר
לאהרן ארים ית חוטרך ומחי ית עפרא דארעא ויהי לקלמי בכל ארעא
דמצרים ברם על ידך לית אפשר למילקי ארעא דבה הות לך שיזבותא כד
קטלתא ית מצראי וקבילתיה (EX 8:13) ועבדו היכדין וארים אהרן ית
ידיה בחוטריה ומחא ית עפרא דארעא והות מחת קלמי בבישרא דאינשא
ודבעירא כל עפרא דארעא איתהפיך למיהוי קלמי בכל ארעא דמצרים
(EX 8:14) ועבדו היכדין איסטיגניניא חרשיותא בלחשיהון לאנפקא
ית קלמין ולא יכילו והות מחת קלמי שלטא באינשא ובבעירא
(EX 8:15) (66) ואמרו איסטגניני פרעה ולא מן כח גבורת משה
ואהרן היא אלהן מחא משתלחא מן קדם ייי היא ואיתקף יצרא דליבא
דפרעה ולא קבל מנהון היכמא דמליל ייי (EX 8:16) ואמר ייי למשה
אקדים בצפרא ותיתעתד קדם פרעה הא נפיק למינטר קוסמין עילוי מיא
הי כאמגושתא ותימר ליה כדנא אמר ייי פטור ית עמי ויפלחון קדמי
(EX 8:17) ארום אין ליתך מפטר ית עמי האנא מגרי בך ובעבדך
ובעמך ובביתך ית עירבוב חיות ברא ויתמלון בתי מצראי עירבות
חיות ברא ואוף ית ארעא דהינון עלה (EX 8:18) ואעבד פלאין ביומא
ההוא עם ארעא דגושן דעמי שרי עלה בדיל דלא למיהוי תמן עירבוב
חיות ברא מן בגלל דתינדע ארום אנא ייי שליט בגו ארעא (EX 8:19)
ואישוי פורקן לעמי ועל עמך אייתי מחא לעידן מחר יהי אתא הדין
(EX 8:20) ועבד ייי כן ואיתי עירבוב חיות ברא תקיף לבית פרעה
ולבית עבדוי ובכל ארעא דמצרים אתחבלו יתבי ארעא מן קדם עירבוב
חיות ברא (EX 8:21) וקרא פרעה למשה ולאהרן ואמר איזילו פלחו
נכסת חגא קדם ייי אלהכון בארעא הדא (EX 8:22) ואמר משה לא תקין
למעבד כן ארום אימריא דהינון טעוותהון דמצראי מינהון ניסב
ונקרבא קדם ייי אילהן הא אין מקרבין אנן ית טעוותהון דמצראי
קדמיהון הוא מן דינא הוא לאטלא יתן באבנין (EX 8:23) מהלך תלתא
יומין נטייל במדברא ונדבח נכסת חגא קדם ייי אלקנא היכמא דיימר

לנא (EX 8:24) ואמר פרעה אנא אפטור יתכון ותדבחון קדם ייי
אלקכון במדברא לחוד ארחקא לא תרחקון לטיילא צלו עלי (EX 8:25)
ואמר משה הא אנא נפיק מלותך ואיצלי קדם ייי ויעדי עירבוב חיות
ברא מן פרעה ומן עבדוי ומן עמיה למחר לחוד לא יוסיף פרעה
למשקרא בדיל דלא למפטור ית עמא למדבחא ניכסת חגא קדם ייי
(EX 8:26) ונפק משה מלות פרעה וצלי קדם ייי (EX 8:27) ועבד ייי
כפתגם בעותא דמשה ואעדי עירבוב חיות ברא מפרעה ומעבדוי ומעמיה
לא אישתאר חד (EX 8:28) ויקר פרעה ית יצרא דליביה אוף בזימנא
הדא ולא (66A) פטר ית עמא (EX 9:1) ואמר ייי למשה עול לות פרעה
ותמליל עימיה כדנא אמר ייי אלקא דיהודאי פטור ית עמי ויפלחון
קדמי (EX 9:2) ארום אין מסריב אנת למפטור ועד כדון אנת מתקיף
בהון (EX 9:3) הא מחת ידא דייי הויא כען כד לא הות למהוי
מתגריא לחוד בבעירך דבחקלא בסוסוותא בחמרי בגמלי בתורי ובענא
מותא תקיף לחדא (EX 9:4) ויעבד ייי פלאין בין גיתי דישראל ובין
גיתי דמצראי ולא ימות מכל לבני ישראל מידעם (EX 9:5) וקבע ייי
זימנא למימר מחר יעביד ייי ית פיתגמא הדין בארעא (EX 9:6) ועבד
ייי ית פיתגמא הדין ליום חרן ומית כל בעירא דמצראי ומבעירא
דבני ישראל לא מית חד (EX 9:7) ושדר פרעה פולין למיחמי והא לא
מית מבעירא דבני ישראל עד חד ואיתייקר יצרא דליבא דפרעה ולא
פטר ית עמא (EX 9:8) ואמר ייי למשה ולאהרן סיבו לכון מלי
חופניכון קטם דקיק מן אתונא וידריקיניה משה לצית שמייא למיחמי
פרעה (EX 9:9) ויהי לאבקא על כל ארעא דמצרים ויהי על אינשא ועל
בעירא לשחין סגי שלופוקיין בכל ארעא דמצרים (EX 9:10) ונסיבו
ית קטמא דאתונא וקמו לקדם פרעה ודרק יתיה משה לצית שמייא והוה
שחין שלבוקיין סגי באינשא ובבעירא (EX 9:11) ולא יכילו
איסטיגניניא למיקם קדם משה מן קדם שיחנא ארום הוה מחת שיחנא
באיסטיגניניא ובכל מצראי (EX 9:12) ותקיף ייי ית יצרא דלבה
דפרעה ולא קביל מינהון היכמא דמליל ייי עם משה (EX 9:13) ואמר
ייי למשה אקדם בצפרא ותיתעתד קדם פרעה ותימר ליה כדנא אמר ייי
אלקא דיהודאי פטור ית עמי ויפלחון קדמי (EX 9:14) ארום בזימנא
הדא אנא שלח מחתא לך מן שמייא ותתיב ית כל מחתיי דמחיתך לליבך
ובעבדך ובעמך דמן קדמיי הוון משתלחין ולא מן חרשיותא דבני נשא
בגין דתינדע ארום לית דדמי לי בכל ארעא (EX 9:15) ארום כדון
שדרית ית מחת גבורתי מן דינא הוא דמחיתי יתך וית עמך במותא
ואישתיצית מן ארעא (EX 9:16) וברם בקושטא לא מן בגלל די נטייבא
לך קיימתך אלא מן בגלל למחזייך ית חילי ומן בגלל דתתני (67)
שמי קדישא בכל ארעא (EX 9:17) עד כדון מתרברב בעמי בדיל דלא
למיפטירינון (EX 9:18) האנא מחית בעידן הדין למחר מן אוצרי
שמייא ברדא תקיף לחדא דלא הוי דכוותא במצרים מן יומא דאשתכללו
אושהא ועד כדון (EX 9:19) וכדון שדר כנוש ית גיתך וית כל דילך
בחקלא כל אינשא ובעירא דאשתכח בחקלא ולא יתכניש לביתא ויחות
עילויהון ברדא וימותון (EX 9:20) איוב דהוה דחיל מפתגמא דייי
מעבדוי דפרעה כנש ית עבדוי וית גיתוי לגו ביתא (EX 9:21) ובלעם
דלא שוי ליביה לפתגמא דייי ושבק ית עבדוי וית גיתוי בחקלא

(EX 9:22) ואמר ייי למשה ארים ית ידך על צית שמייא ויהי ברדא בכל ארעא דמצרים על אינשא ועל בעירא ועל כל עיסבא דחקלא בארעא דמצרים (EX 9:23) וארים משה ית חוטריה על צית שמייא וייי יהב קלין וברדין ומצלהבא אישתא על ארעא ואחית ייי ברדא על ארעא דמצרים (EX 9:24) והוה ברדא ואישתא מתקפצא בגו ברדא תקיף לחדא דלא הוה דכותיה בכל ארעא דמצרים מן עידן דהות לאומא ומלכו (EX 9:25) ומחא ברדא בכל ארעא דמצרים ית כל דבחקלא מאינשא ועד בעירא וית כל עיסבא דחקלא מחא ברדא וית כל אילנא דחקלא תבר ושריש (EX 9:26) לחוד בארעא דגשן דתמן בני ישראל לא הוה ברדא (EX 9:27) ושדר פרעה פולין למיקרי למשה ולאהרן ואמר להון חבית בזימנא הדא ידעית דייי הוא אלקא זכאה וברם אני ועמי חייבין בכל מחתא ומחתא (EX 9:28) צלו קדם ייי ויהי סגי קדמוי מלמהוי קלין דלווט מן קדם ייי וברדין ואפטור יתכון ולא תוספון לאתעכבא (EX 9:29) ואמר ליה משה במיפקי סמיך לקרתא אפרוס ית ידיי בצלו קדם ייי קלייא יתמנעון וברדא לא יהי תוב מן בגלל דתינדע ארום דייי היא ארעא (EX 9:30) ואנת ועבדך חכימית ארום עד לא תפטרון עמא תהון דחלין מן קדם ייי אלקים (EX 9:31) וכתנא וסרתא לקון ארום סרתא הוות בסירא (67A) וכיתנא עבד פוקלין (EX 9:32) וחיטייא וכונתיא לא לקון ארום לקישן הינין (EX 9:33) ונפק משה מלות פרעה סמיך לקרתא ופרס ידוי בצלו קדם ייי ואתמנעו קלין דלווט וברדא ומטרא דהוה נחית לא מטא על ארעא (EX 9:34) וחמא פרעה ארום איתמנע מיטרא וברדא וקלייא דלווט פסקו ואוסיף למיחטי ויקריא ליצרא דליביה הוא ועבדוי (EX 9:35) ואיתקף יצרא ולבא דפרעה ולא פטר ית בני ישראל היכמא דמליל ייי בידא דמשה

פרשה בא אל פרעה

(EX 10:1) ואמר ייי למשה עול לות פרעה ארום אנא יקרית יצרא דליביה ויצרא דלבהון דעבדוי מן בגלל לשוואה אתוותיי איליין ביניהון (EX 10:2) ומן בגלל דתתני במשמעי ברך ובר ברך ית ניסין דעבדית במצרים וית אתוותיי דשויתי בהון ותינדעון ארום אנא הוא ייי (EX 10:3) ועאל משה ואהרן לות פרעה ואמר ליה כדנא אמר ייי אלקא דישראל עד אימת מסרב אנת מן למתכנעא מן קדמיי פטור ית עמי ויפלחון קדמיי (EX 10:4) ארום אין מסרב אנת למפטור ית עמי הא אנא מייתי מחר גובא בתחומך (EX 10:5) ויחפי ית חזוונא דארעא ולא יהוי יכיל למיחמי ית ארעא וישיצי ית שאר שיזבותא דאישתייארת לכון מן ברדא וישיצי ית כל אילנא דיצמח לכון מן חקלא (EX 10:6) ויתמלון בתך ובתי כל עבדך ובתי כל מצראי דלא חמון אבהתך ואבהת אבהתך מן יום מהויהון על ארעא עד יומא הדין ואיתפיני ונפק מלות פרעה (EX 10:7) ואמרו עבדי פרעה ליה עד אימת יהי דין גברא לנא לתקלא פטור ית גברייא ויפלחון קדם ייי אלקקון העד כדון לא חכימית ארום על (68) ידוי עתידה למובדא ארעא דמצרים (EX 10:8) ופקיד לאיתותבא ית משה וית אהרן לות פרעה ואמר להום איזילו פלחו קדם ייי אלקכון מן ומן הינון דאזלין (EX 10:9) ואמר בטליינא ובסבנא ניזיל בברנא ובברתנא ניזיל בעננא ובתורנא ניזיל ארום חגא קדם ייי לנא (EX 10:10)

ואמר להון יהי כדין מימרא דייי בסעדכון כמא דאפטור יתכון וית
טפלכון חמון ארום לתקלא בישא היא לכון לקביל אפיכון באורחכון
דתהלכון עד זמן די תמטון לבית אתר משרוייכון (EX 10:11) לא כמא
דאתון סברין אלהין איזילו כדון גובריא ופלחו קדם ייי ארום יתה
אתון בעאן ותריך יתהון מלות אפי פרעה (EX 10:12) ואמר ייי למשה
ארים את ידך על ארעא דמצרים בדיל גובא וייסק על ארע דמצרים
וישיצי ית כל עיסבא דארעא ית כל מה די שייר ברדא (EX 10:13)
וארים משה ית חוטריה על ארעא דמצרים וייי דבר רוח קידומא בארעא
כל יומא ההוא וכל ליליא צפרא הוה ורוח קידומא נטל ית גובא
(EX 10:14) וסליק גובא על כל ארעא דמצרים ושרא בכל תחום מצרים
תקיף לחדא קודמוי לא הוה כדין קשיין גובא דכוותיה ובתרוי לא
עתיד דיהי כן (EX 10:15) וחפא ית חזוונא דכל ארעא עד די חשוכת
ארעא ושיצי ית כל עיסבא דארעא וית כל פירי אילנא די שייר ברדא
ולא אישתייר כל ירוק באילנא ובעיסבא דחקלא בכל ארעא דמצרים
(EX 10:16) ואוחי פרעה ושדר פולין למיקרי למשה ולאהרן ואמר
חבית קדם ייי אלקכון ולכון (EX 10:17) וכדון שבוק כדון חובי
לחוד זימנא הדא וצלו קדם ייי ויעדי מיני לחוד ית מותא הדין
(EX 10:18) ונפק מלות פרעה וצלי קדם ייי (EX 10:19) והפך ייי
ית רוחא ממערבא תקיף לחדא ונטל ית גובא וטלקיה לימא דסוף לא
אישתייר גובא חד בכל תחום מצרים ואפילו מה דימלחון במנייא
לצרוך מיכלהון נשא הימון רוח מערבא ואזלו (EX 10:20) ותקיף ייי
ית יצרא ולבא דפרעה ולא פטר ית בני ישראל (EX 10:21) ואמר ייי
למשה (68A) ארים ית ידך על צית שמייא ויהי חשוכא על ארעא דמצרים
בקריצתא ויעדי בקדמיתא חשוך ליליא (EX 10:22) וארים משה ית
ידיה על צית שמייא והוה חשוך דקביל בכל ארעא דמצרים תלתא יומין
(EX 10:23) לא חמון גבר ית אחוי ולא קמון אינש מאתריה תלתא
יומין ובכל בני ישראל הוה נהורא למקבור רשיעיא דיבניהון דמיתו
וזכאיא למעסוק במצותא במותבנהון (EX 10:24) ובסוף תלתא יומין
קרא פרעה למשה ואמר זילו פלחו קדם ייי לחוד ענכון ותוריכון
יקום גביי אוף טפלכון יזיל עמכון (EX 10:25) ואמר אוף אנת תיתן
בידנא נכסת קודשין ועלוון ונעבד קדם ייי אלקנא (EX 10:26) ואוף
גיתנא יזיל עימנא לא תשתייר מנהון פרסתא חדא ארום מינהון ניסב
למפלח קדם ייי אלקן ואנחנא אין נשביקינון לית אנן ידעין ממא
נפלח קדם ייי עד מיתנא לתמן (EX 10:27) ותקיף ייי ית יצרא דלבא
דפרעה ולא צבא למפטרינון (EX 10:28) ואמר ליה פרעה איזל
מעילוויי איזדהר לך לא תוסיף למיחמי סבר אפיי למללא קדמיי חדא
מן מלייא קשייתא כאילין ארום ביומא דאת חמי סבר אפיי יתקוף
רוגזי בך ואמסור יתך ביד בני נשא איליין דהוו תבעין ית נפשך
למיסב יתה (EX 10:29) ואמר משה יאות מלילתא אנא עד דהוינא יתיב
במדין יתאמר לי במימר מן קדם ייי דגובריא דבעו למקטלי נחתו
מניכסהון והינון חשיבין כמיתיא ולא מן סוף דהוה עלך רחמין
הוינא מצלי ומחתא הות מתכליא מינך וכדון לא אוסיף תוב למיחמי
סבר אפך (EX 11:1) ואמר ייי למשה תוב מכתש חד אנא מייתי עלוי
פרעה ועילוי מצראי דקשי עליהון מכולהון ומבתר כדין יפטור יתכון

מיכא כמיפטריה גמירא יהי ליה מטרד יטרוד יתכון מכא (EX 11:2)
מליל כדון במשמעהון דעמא וישיילון גבר מן רחמיה מצראי ואיתתא
מן רחמה מצריתא מאנין דכסף ומנין דדהב (EX 11:3 ויהב ייי ית
עמא לרחמין קדם מצראי אוף גברא משה רב (69 לחדא בארעא דמצרים
קדם עבדי פרעה וקדם עמא (EX 11:4 ואמר משה לפרעה כדנא אמר ייי
ליליא חורן כשעתא דא אנא מתגלי בגו מצראי (EX 11:5 וימות כל
בוכרא בארעא דמצרים מביר בוכרא דפרעה דעתיד דייתיב על כורסיי
מלכותיה עד בוכרא דאמתא בצירתא דבמצרים דמתיליד לה כד היא טחנא
אחורי ריחייא וכל בוכרא דבעירא (EX 11:6 ותהי צווחתא רבתא בכל
ארעא דמצרים דדכותיה ליליא לא הות ביה מחתא כדא ודכוותיה
ליליא לא תוסיף למיהוי מחתא כדא (EX 11:7 ולכל בני ישראל לא
יהנזק כלבא בלישניה למנבח למאינשא ועד בעירא מן בגלל דתינדעון
דיפריש ייי בין מצראי וביני ישראל (EX 11:8 ויחתון כל עבדך
אליין לותי ויבעון מטו מיני למימר פוק אנת וכל עמא דעימך ומבתר
כדין איפוק ונפק מלות פרעה בתקוף רגז (EX 11:9 ואמר ייי למשה
לא יקביל מנכון פרעה מן בגלל לאסגאה תמהיי בארעא דמצרים
(EX 11:10 ומשה ואהרן עבדו ית כל תימהייא האילין קדם פרעה
ותקיף ייי ית יצרא דלבא דפרעה ולא פטר ית בני ישראל מארעיה
(EX 12:1 ואמר ייי למשה ולאהרן בארעא דמצרים למימר (EX 12:2
ירחא הדין לכון למקבעיה ריש ירחייא ומיניה תשרון למימני חגיא
וזימניא ותקופתא קדמאי הוא לכון למניין ירחי שתא (EX 12:3
מלילו עם כל כנישתא דישראל למימר בעשרא לירחא הדין זימניה קביע
בהדא זימנא ולא לדריא ויסבון להון אימר לבית גניסתא ואין
סגיאין ממניינא יסבון אימרא לביתא (EX 12:4 ואין זעירין אינשי
ביתא ממניין עשרא כמיסת למיכול אימרא ויסב הוא ושיבביה דקריב
לביתיה בסכום נפשתא גבר לפום מיסת מיכליה תיכסון ית אימרא
(EX 12:5 אימר שלים דכר בר שתא יהי לכון מן אימריא ומן בני
עזייא תסבון (EX 12:6 ויהי לכון קטיר ונטיר עד ארבסר יומא
לירחא הדין דתינדעון דליתיכון מסתפיין ממצראי דחמיין יתיה
ויכסון יתיה כהילכתא כל קהל כנישתא דישראל ביני שימשתא (69A
(EX 12:7 ויסבון מן אדמא ויתנון על תרין סיפייא ועילוי אסקופא
עילאה מלבר על בתיא דייכלון יתיה ודדמכין בהון (EX 12:8
ויכלון ית בישרא בליליא הדין דחמיסר בניסן עד פלגותיה דליליא
טוי נור ופטיר על תמכה ועולשין ייכלוניה (EX 12:9 לא תיכלון
מיניה כד חי ולא כד בשלא בחמרא ומישחא ושקייני ולא מבשל במיא
אלהין טוי נור עם רישיה עם ריגלוי ועם בני גויה (EX 12:10 ולא
תשיירון מיניה עד צפרא ודאשתייר מיניה עד צפרא תצניעיניה
ובאורתא דשיתיסר בנורא תוקדון דלית אפשר למיתוקדא מותר נכסת
קודשיא ביומא טבא (EX 12:11 וכדא הילכתא תיכלון יתיה בזימנא
דא ולא לדריא חרציכון יהון מזרזין מסניכון בריגליכון וחוטריכון
בידיכון ותיכלון יתיה בבהילו דשכינת מרי עלמא מטול דחייסא מן
קדם ייי לכון הוא (EX 12:12 ואיתגלי בארעא דמצרים בשכינת יקרי
בליליא הדין ועימי תשעין אלפין ריבוון מלאכין מחבלין ואקטול
כל בוכרא בארעא דמצרים מאינשא ועד בעירא ובכל טעות מצראי אעבד

ארבעתי דינין טעוות מתכא מתרככין טעוות אבנא מתגדעין טעוות פחרא מתעבדין בקיקין טעוות אעא מתעבדין קטם דינדעון מצראי ארום אנא ייי (EX 12:13) ויהי אדם ניכסת פיסחא וגזירת מהולתא מערב לכון למעבד מיניה את על בתיא דאתון שריין תמן ואחמי ית זכות אדמא ואיחוס עליכון ולא ישלוט בכון מלאך מותא דאתיהב ליה רשותא למחבלא במיקטלי בארעא דמצרים (EX 12:14) ויהי יומא הדין לכון לדוכרנא ותחגון יתיה חגא קדם ייי לדריכון קים עלם תחגוניה (EX 12:15) שובעא יומין פטירא תיכלון ברם מפלגות יומא דמקמי חגא תבטלון חמיר מבתיכון ארום כל דייכול חמיע וישתיצי אינשא ההוא מישראל מיומא קדמאה דחגה ועד יומא שביעאה (EX 12:16) וביומא קדמאה מארע קדיש וביומא שביעאה מארע קדיש יהי לכון כל עיבידתא לא יתעביד בהון לחוד מן דיתעביד למיכל כל (70) נפש איהו בלחודוי יתעביד לכון (EX 12:17) ותיטרון ית לישתא דפטירי ארום בכרן יומא הדין הנפיקית ית חיליכון פריקין מארעא דמצרים ותיטרון ית יומא הדין לדריכון קיים עלם (EX 12:18) בניסן בארבסר יומין לירחא תיכסון ית פיסחא וברמשא דחמסר תיכלון פטירי עד יומא דעשרין וחד לירחא ברמשא דעשרין ותדין תיכלון חמיע (EX 12:19) שובעא יומין חמיר לא ישתכח בבתיכון ארום כל מאן דייכול מחמעא וישתיצי בר נשא ההוא מכנישתא דישראל בדיורי ובייציבי דארעא (EX 12:20) כל עירבובין דמחמע לא תיכלון בכל אתר מותבניכון תיכלון פטירי (EX 12:21) וקרא משה לכל סבי ישראל ואמר להון נגודו ידיהון מטעוות מצראי וסבו לכון מן בני ענא לייחוסיכון וכוסו אימר פיסחא (EX 12:22) ותיסבון איסרת איזובא ותטמשון בדמא דבמן פחרא ותדון לאסקופא עילאה מלבר ולתרין סיפייא מן אדמא דבמן פחרא ואתון לא תפקון אינש מן תרע ביתיה עד צפרא (EX 12:23) ויתגלי יקרא דייי למימחי ית מצראי ויחמי ית אדמא דעל אסקופא ועל תרתין סיפייא ויגין מימרא דייי על תרעא ולא ישבוק מלאכא מחבלא למיעול לבתיכון למימחי (EX 12:24) ותיטרון ית פיתגמא הדין לקיים לך ולבנך דכורייא עד עלמא (EX 12:25) ויהי ארום תיעלון לארעא דעתיד למיתן לכון ייי היכמא דמליל ותינטרון מזמן דתמטון לתמן ית פולחנא הדא (EX 12:26) ויהי ארום יימרון לכון בניכון בזימנא ההוא מה פולחנא הדא לכון (EX 12:27) ותימרון ניכסת חייסא הוא קדם ייי דחס במימריה על בתי בני ישראל במצרים בחבלותיה ית מצראי וית בתנא שיזיב וכד שמעו בית ישראל ית פיתגמא הדין מפום משה גחנו וסגידו (EX 12:28) ואזלו ועבדו בני ישראל היכמא דפקיד ייי ית משה וית אהרן היכדין אזדרזו ועבדו (EX 12:29) והוה בפלגות ליליא דחמיסר ומימרא דייי קטל כל בוכרא בארעא (70A) דמצרים מביר בוכריה דפרעה דעתיד למיתב על כורסיה מלכותיה עד בוכריא בני מלכיא דאשתביין והינון בי גובא מתמשכנין ביד פרעה ועל דהוו חדן בשעבודהון דישראל לקו אוף הינון וכל בוכריה בעירא מיתו דמצראי פלחין להון (EX 12:30) וקם פרעה בליליא הוא וכל שאר עבדוי וכל שאר מצראי והוות צווחתא רבתא ארום לא הוה תמן ביתא דמצראי דלא הוה תמן בכור מאית (EX 12:31) ותחום ארעא דמצרים מהלך ארבע מאה

פרסי הוות וארעא דגשן דתמן משה ובני ישראל במציעות ארעא דמצרים הוות ופלטרין דבית מלכותא דפרעה בריש ארעא דמצרים הוה וכד קרא למשה ולאהרן בליליא דפסחא אשתמע קליה עד ארעא דגשן מתחנן הוה פרעה בקל עציב וכן אמר קומו פוקו מגו עמי אוף אתון אוף בני ישראל וזילו פלחו קדם ייי היכמה דאמרתון (EX 12:32) אוף ענכון אוף תוריכון דברו ומן דילי היכמא דמלילהון וזילו ולית אנא בעי מנכון אלהן דתצלו עלי דלא אמות (EX 12:33) וכד שמעו משה ואהרן ובני ישראל קל בכותא דפרעה לא אשגחו עד דאזל הוא וכל עבדוי וכל מצראי ותקיפו על עמא בית ישראל לאוחאה למופטורינון מן ארעא ארום אמרין אין שהיין הינון הכא שעתא חדא הא כולנא מייתין (EX 12:34) ונטל עמא ית לישיהון עילוי רישיהון עד דלא אחמע ומן דמשתייר להון מן פטירי ומרירי סוברו צריר בלבושיהון על כיתפיהון (EX 12:35) ובנוי ישראל עבדו כפיתגמא דמשה ושיילו מן מצראי מנין דכסף ומנין דדהב (EX 12:36) וייי יהב ית עמא לחן וחסד קדם מצראי ושיילינון ורוקינו ית מצראי מניכסיהון (EX 12:37) ונטלו בני ישראל מן פילוסין לסוכות מאה ותלתין מילין תמן איתחפיאו שבעת ענני יקרא ארבעא מארבע ציטריהון וחד מעילויהון דלא יחות עליהון מיטרא וברדא ולא יתחרכון בשרבי שימשא וחד מלרע להון דלא יהנזקון להון כובין ולא חיוין ועקרבין וחד מטייל קודמיהון לאשואה עומקיא ולמימך טורייא לאתקנא להון בית משרוי והינון כשית מאה אלפין גובריא (71) ומטיילין על ריגליהון ולא רכיבין על סוסוון בר מטפלא חמשא חמשא לכל גברא (EX 12:38) ואוף נוכראין סגיאין מנהון מאתן וארבעין רבוון סליקו עמהון ועאן ותורי וגיתי סגי לחדא (EX 12:39) והוו קטעין מן לישא דאפיקו ממצרים וסדרין על רישיהון ומתאפי להון מחומתא דשמשא חרירן פטירן ארום לא חמע ארום איתריכו ממצרים ולא יכילו למישהי וספיקא להון למיכל עד חמיסר יומין לירחא דאייר מטול דזוודין לא עבדו להון (EX 12:40) ויומייא דיתיבו בני ישראל במצרים תלתין שמיטין דשנין דסכומהון מאתן ועשר שנין ומניין ארבע מאה ותלתין שנין מן דמליל ייי לאברהם מן שעתא דמליל עמיה בחמיסר בניסן ביני פסוגייא עד יומא דנפקו ממצרים (EX 12:41) והוה מסוף תלתין שנין מדיאיתגזרת גזירתא הדא עד דאיתיליד יצחק ומן דאיתיליד יצחק עד דנפקן פריקין ממצרים ארבע מאה והוה בכרן יומא הדין נפקו כל חילייא דייי פריקין מארעא דמצרים (EX 12:42) ארבעה לילוון כתיבין בספר דוכרנייא קדם ריבון עלמא ליליא קדמאה כד איתגלי למיברי עלמא תיניינא כד איתגלי על אברהם תליתאה כד איתגלי במצרים והוות ידיה מקטלא כל בוכריה מצרים וימיניה משיזבא בכוריהון דישראל רביעאה כד איתגלי למפרוק ית עמא בית ישראל מביני עמיא וכולהון קרא לילי נטיר בגין כן פריש משה ואמר ליל נטיר לפורקן הוא מן קדם ייי למפקא ית שמא בני ישראל מארעא דמצרים הוא ליליא הדין נטיר ממלאכא מחבלא לכל בני ישראל דבמצרים וכן למפרקהון מגלוותהון לדריהון (EX 12:43) ואמר ייי למשה ולאהרן דא היא גזירת פיסחא כל בר עממין או בר ישראל דאישתמד ולא הדר לא ייכול ביה (EX 12:44) וכל נוכראי דאיזדבן

לעבד לגברא בר ישראל זבין כספא ותיגזור יתיה ותיטבליניה בכן ייכול ביה (EX 12:45) דייור תותב ואגירא נוכראה לא ייכול ביה (EX 12:46) בחבורא חדא יתאכל לא תפקון מן ביתא מן בישרא בר מחבורתא ולא למשדרא דורונין גבר לחבריה וגרמא לא (71A) תתברון ביה בדיל למיכול מה דבגויה (EX 12:47) כל כנישתא דישראל מתערבין דין עם דין גניסא עם גניסא אוחרי למעבד יתיה (EX 12:48) וארום איתגייר עמכון גייורא ויעבד פיסחא קדם ייי יגזור ליה כל דכורא ובכן יהי כשר למעבדיה ויהי כיציבא דארעא וכל ערלאי בר ישראל לא ייכול ביה (EX 12:49) אורייתא חדא תהי לכל מצוותא לייציבא ולגייורא די מתגייר ביניהון (EX 12:50) ועבדו כל בני ישראל היכמא דפקיד ייי ית משה וית אהרן היכדין עבדו (EX 12:51) והוה בכרן יומא הדין אפיק ייי ית בני ישראל מארעא דמצרים על חיליהון (EX 13:1) ומליל ייי עם משה למימר (EX 13:2) אקדש קדמי כל בוכרא דכוריא פתח כל וולדא בבני ישראל באינשא ובבעירא דילי הוא (EX 13:3) ואמר משה לעמא הוון דכירין ית יומא הדין די נפקתון פריקין ממצרים מבית שעבוד עבדייא ארום בתקוף גבורת ידא אפיק ייי יתכון מיכא ולא יתאכל חמיע (EX 13:4) יומא דין אתון נפקין פריקין מחמיסר בניסן הוא ירחא דאביבא (EX 13:5) ויהי ארום יעלינך ייי אלקך לארע כנענאי וחיתאי ואמוראי וחיואי ויבוסאי דקיים במימריה לאבהתך למיתן לך ארע עבדא חלב ודבש ותפלח ית פולחנא הדא בירחא הדין (EX 13:6) שובעא יומין תיכול פטירי וביומא שביעאה חגא קדם ייי (EX 13:7) פטירי יתאכל ית שבעא יומין ולא יתחמי לך חמיע ולא יתחמי לך חמיר בכל תחומך (EX 13:8) ותתני לברך ביומא ההוא למימר מן בגלל מצוותא דא עבד מימרא דייי לי ניסין ופרישן במיפיקי ממצרים (EX 13:9) ויהי לך ניסא הדין חקיק ומפרש על תפילת ידא בגובהא דשמאלך ולדוכרן חקיק ומפורש על תפילת רישא קביעא כל קבל ענך בגובהא דרישך מן בגלל דתיהוי אורייתא דייי בפומך ארום בחיל ידא תקיפתא הנפקך ייי ממצרים (EX 13:10) ותינטור ית קיימא הדא דתפילי לזמנא דחזי לה ביומי עובדא ולא בשביה ומועדייא ובימַמא ולא בליליא (EX 13:11) ויהי ארום (72) יעלינך ייי לארעא דכנענאי היכמא דקיים לך ולאבהתך ויתנינה לך (EX 13:12) ותפרש כל פתח וולדא קדם ייי וכל פתח וולדא בעירא דמשגרא אימיה דיהון לך דיכרין תקדש קדם ייי (EX 13:13) וכל פתח וולדא בחמרא תיפרוק באימרא ואין לא תפרוק תינקוף יתיה וכל בוכרא דאינשא בברך ולא בעבדך תיפרוק בכספא (EX 13:14) ויהי ארום ישיילינך ברך מחר למימר מה דא מצוותא דבוכרייא ותימר ליה בתקוף גבורת ידא אפקנא ייי ממצרים פריקין מבית שעבוד עבדיא (EX 13:15) והוה כד אקשי מימרא דייי ית ליבא דפרעה למפטרנא וקטל ייי כל בוכרא בארעא דמצרים מן בוכרא דאינשא ועד בוכרא דבעירא בגין כן אנא דבח קדם ייי כל פתח וולדא דוכרייא וכל בוכרא דבריי אפרוק בכספא (EX 13:16) ויהי לאת חקיק ומפרש על יד שמאלך ולתפילין בין ריסי עינך ארום בתקוף גבורת ידא הנפקנא ייי ממצרים

פרשה בשלח

(EX 13:17) והוה כד פטר פרעה ית עמא ולא דברינון ייי אורח ארע פלישתאי ארום קריב הוא ארום אמר ייי דילמא יתהון עמא במחמיהון אחוהון דמיתו בקרבא מאתן אלפין גוברין בני חילא משיבטא דאפרים מאחדין בתריסין ורומחין ומני זיינין ונחתו לגת למיבוז גיתי פלישתאי ובגין דעברו על גזירת מימרא דייי ונפקו ממצרים תלתין שנין קדם קיצא איתמסרו בידא דפלשתאי וקטלונון הינון הוו גרמיא יבישיא דאחי יתהון מימרא דייי על ידא דיחזקאל נביא בבקעת דורא ואין יחמון כדין ידחלון ויתובון למצרים (EX 13:18) ואחזר ייי ית עמא אורח מדברא דימא דסוף וכל (72A) חד עם חמשא טפלין סליקו בני ישראל מארעא דמצרים (EX 13:19) ואסיק משה ית ארונא דגרמיה יוסף בגויה מן נילוס והוה מידבר עימיה ארום אומאה אומי ית בני ישראל למימר מידכר ידכר ייי יתכון ותסקון ית גרמיי מיכא עמכון (EX 13:20) ונטלו מסוכות אתר דאתחפיו בענני יקרא ושרו באיתם דביסטר מדברא (EX 13:21) ואיקר שכינתא דייי מידבר קדמיהון ביממא בעמודא דעננא לדברותהון באורחא ובליליא הדר עמודא דעננא מבתריהון למיחשך למרדפין מן בתריהון ועמודא דאישתא לאנהרא קדמיהון למיזל ביממא ובליליא (EX 13:22) לא עדי עמודא דעננא ביממא ועמודא דאישתא בליליא למידברא קדם עמא (EX 14:1) ומליל ייי עם משה למימר (EX 14:2) מליל עם בני ישראל ויתובון לאחוריהון וישרון קדם פומי חירתא מרביעתא דאיתבריין בגווני בני נשא דכר ונוקבא ועיינין פתיחן להון הוא אתרא דטניס דביני מגדול וביני ימא קדם טעות צפון דמשתייר מכל טעוון דמצרים בגין דיימרון מצראי בחיר הוא בעל צפון מכל טעוותא דאשתייר ולא לקא וייתון למסגוד ליה וישכחון יתכון דאתון שרן לקבליה על גיף ימא (EX 14:3) וימר פרעה לדתן ולאבירם בני ישראל דמשתיירין במצרים מיטרפין הינון עמא בית ישראל בארעא טרד עליהון טעוות צפון נגהוי דמדברא (EX 14:4) ואיתקף ית יצרא דלבא דפרעה וירדוף בתריהון ואיתיקר בפרעה ובכל משיריתי וינדעון מצראי ארום אנא הוא ייי ועבדו הכדין (EX 14:5) ותנון אוקטריא דאזלו עם ישראל ארום עריק עמא ואיתהפיך לבא דפרעה ועבדוי לביש על עמא ואמרו מה דא עבדנא ארום פטרנא ית ישראל מפולחננא (EX 14:6) (EX 14:7) ודבר שית מאה רתיכין בחירין וכל רתיכי מצראי עבדוי דחילו מפתגמא דייי דלא מיתו במותנא ולא בברדא ומולתא תליתיתא למינגד ולמירדוף בבהילו אוסיף על כל רתיכא ורתיכא (EX 14:8) ותקיף ייי ית יצרא דלבא דפרעה מלכא דמצרים ורדף (73) בתר בני ישראל ובני ישראל נפקין בידא מרממא מתגברין על מצראי (EX 14:9) ורדפו מצראי בתריהון ואדביקו יתהון כד שרן על ימא כנשין מרגליין ואבנין טבן דדבר פישון מגינוניתא דעדן לגוא גיחון וגיחון דברינון לימא דסוף וימא דסוף רמא יתהון על גיפיה כל סוסות ארתכי פרעה ופרשוי ומשיריתיה על פומי חירתא דקדם טעות צפון (EX 14:10) ופרעה חמא טעות צפון משתיזב וקריב קדמוי קרבנין וזקפו בני ישראל ית עיניהון והא מצראי נטלין בתריהון ודחילו לחדא וצלו בני ישראל קדם ייי (EX 14:11) ואמרו רשיעי דרא למשה המן בגלל דלא הות לנא בית

קבורתא במצרים דברתנא לממת במדברא מה דא עבדתא לנא להנפוקתנא
ממצרים (EX 14:12) הלא דין הוא פיתגמא דמלילנא עימך במצרים
יתגלי ייי עליכון וידון למימר פסק מיננא וניפלח ית מצראי ארום
טב לנא דניפלח ית מצראי מדנמות במדברא (EX 14:13) ארבע כיתין
איתעבידו בני ישראל על גיף ימא דסוף חדא אמרא ניחות לימא וחדא
אמרא ניתוב למצרים וחדא אמרא נסדרא לקובליהון סידרי קרבא וחדא
אמרא נלבלבה לקובליהון ונערבבה יתהון כיתא דהות אמרא ניחות
לימא אמר להון משה לא תידחלון איתעתדו וחמון ית פורקנא דייי די
עבד לכון יומא דין כיתא דהות אמרא נתוב למצרים אמר להון משה לא
תתובון ארום היכמא דחמיתון ית מצראי יומא דין לא תוספון
למיחמיהון תוב עד עלמא (EX 14:14) כיתא דהות אמרא נסדרא
לקיבליהון סידרי קרבא אמר להון משה לא תגיחון דמן קדם ייי
מתעביד לכון נצחנות קרביכון כיתא דהות אמרא נלבלבה לקובליהון
אמר להון משה שתוקו והבו יקרא ותושבחתא ורוממו לאלקוכון
(EX 14:15) ואמר ייי למשה למא אנת קאי ומצלי קדמי הא צלותהון
דעמי קדמת לדידך מליל עם בני ישראל ויטלון (EX 14:16) ואנת
ארים ית חוטרך וארכין ית ידך ביה על ימא ובזעהו ויעלון בני
ישראל בגו ימא ביבשתא (73A) (EX 14:17) ואנא הא אנא אתקיף ית
יצרא דליבהון דמצראי ויעלון בתריהון ואיתיקר בפרעה ובכל
משירייתיה ברתיכוי ובפרשוי (EX 14:18) וידעון מצראי ארום אנא
הוא ייי באיתיקרותי בפרעה ברתיכוי ובפרשוי (EX 14:19) ונטל
מלאכא דייי דמדבר קדם משירייתא דישראל ואתא מן בתריהון ונטל
עמודא דעננא מן קדמיהון ושרא מן בתריהון מן בגלל מצראי דפתקין
גידרין ואבנין לישראל והוה עננא מקביל יתהון (EX 14:20) ועאל
בין משרייתא דישראל ובין משרייתא דמצראי והוה עננא פלגיה נהורא
ופלגיה חשוכא מסיטריה חד מחשך על מצראי ומסיטריה חד אנהר על
ישראל כל ליליא ולא קרבא משרי כל קבל משרי למסדרא סדרי קרבא
כל ליליא (EX 14:21) וארכין משה ית ידיה על ימא בחוטרא רבא
ויקירא דאיתברי מן שירויא וביה חקיק ומפרש שמא רבא ויקירא
ועישרתי אהוותא די מחא ית מצראי ותלת אבהת עלמא ושית אימהתא
ותריסר שיבטוי דיעקב ומן יד דבר ייי ית ימא ברוח קידומא תקיף
כל ליליא ושוי ית ימא נגיבא ואתבזעו מיא לתריסר בזיען כל קבל
תריסר שיבטוי דיעקב (EX 14:22) ועלו בני ישראל בגו ימא ביבשתא
ומיא קרשון הי כשורין רמין תלת מאה מילין מימנהון ומשמלהון
(EX 14:23) ורדפו מצראי ועלו מן בתריהון כל סוסות פרעה רתיכוי
ופרשוי לגו ימא (EX 14:24) והות במטרת צפרא בעדנא דאתיין חיילי
מרומא לשבחא ואודיק ייי ברגוז עילוי משריתהון דמצראי בעמודא
דאישתא למירמי עליהון גומרין דאשא ובעמודא דעננא למרמא עליהון
ברדין ושאמם ית משיריית מצראי (EX 14:25) ונסר ית גלגילי
רידוותיה דפרעה והוו מדברין יתהון בקשייו והוון מהלכין ושריין
מן בתריהון ואמרו מצראי אילין לאילין נעירון מן עמא בני ישראל
ארום מימרא דייי הוא דמגיח להון קרבין במצראי (EX 14:26) ואמר
(74) ייי למשה ארכן ית ידך על ימא ויתובון מאין על מצראי על
רתיכיהון ועל פרשיהון (EX 14:27) וארכן משה ית ידיה על ימא ותב

ימא לעידוני צפרא לתוקפיה ומצראי ערקין כל קבל גללוי ועלים ייי
ית מצראי בגו ימא דלא ימותון במיצעיה מן בגלל דיקבלון פורענן
דמשתלחא להון (EX 14:28) ותבו גללי ימא וחפון ית רתיכיא וית
פרשיא לכל משיריית פרעה דעלו בתריהון בימא לא אישתייר בהון עד
חד (EX 14:29) ובני ישראל הליכו ביבשתא בגו ימא ומיא להון הי
כשורין מימינהון ומשמאלהון (EX 14:30) ופרק ושיזיב ייי ביומא
ההוא ית ישראל מן ידיהון דמצראי וחמון ישראל ית מצראי מיתין
ולא מיתין רמאין על גיף ימא (EX 14:31) וחמון ישראל ית גבורת
ידא תקיפתא די עבד ייי בה ניסין במצרים ודחילו עמא מן קדם ייי
והימינו בשום מימריה דייי ובנבואתיה דמשה עבדיה (EX 15:1) הא
בכן שבח משה ובני ישראל ית שבח שירתא הדא קדם ייי ואמרין למימר
נודה ונשבחא קדם ייי רמא דמתגאיה על גיוותניא ומתנטל על מנטליא
כל מאן דמתגאי קדמוי הוא במימריה פרע מיניה על די אזיד פרעה
רשיעא קדם ייי ואיתנטל בלבביה ורדף בתר עמא בני ישראל סוסוון
ורוכביהון רמא וטמע יתהון בימא דסוף (EX 15:2) תוקפן ורב
תושבחתן דחיל על כל עלמיא ייי אמר במימריה והות לי אלקא פרוק
מן תדיי אימהון הוון עקיא מחוון באצבעתהון לאבהתהון ואמרין דין
הוא אלקן דהוה מוניק לן דובשא מן כיפא ומשח מן שמיר טינרא
בעידן דאימן נפקן לאנפי ברא וילדן ושבקן יתן תמן ומשדר מלאכא
ומסחי יתן ומלפף יתן וכדון נשבחיניה אלקא דאבהתן ונרומימניה
(EX 15:3) אמרין בני ישראל ייי גיברא עביד קרבינן בכל דר ודר
מודע גבורתיה לעמיה בית ישראל ייי שמיה כשמיה כן גבורתיה יהי
שמי מברך לעלמי עלמין (EX 15:4) ארתכוי דפרעה (74A) וחילוותיה
שדא בימא שיפר עולימי גיברוי רמא וטמע יתהון בימא דסוף
(EX 15:5) תהומייא כסון עליהון נחתו ושקעו במצולתיה דימא
אידמון הי כאבניא (EX 15:6) ימינך ייי מה משבחא היא בחילא
ימינך ייי תכרית בעל דבבהון דעמך דקיימין לקובליהון מן בגלל
למאבאשא להון (EX 15:7) ובסוגי גיפתנותך תפכר שורי בעלי דבביהון
דעמך תגרי בהון תקוף רוגזך תגמר יתהון הי כנורא בערא שלטא בקשא
(EX 15:8) ובמימר מן קדמך איתעבידו מיא עורמן עורמן קמו להון
צרירין הי כזיקין מיא נזליא קפו עליהון תהומיא בגו פילגוס דימא
רבא (EX 15:9) דהוה אמר פרעה רשיעא סנאה ובעל דבבא ארדוף בתר
עמא בני ישראל ונרע יתהון שריין על גיף ימא ונסדרא לקובליהון
סידרי קרבא ונקטול בהון קטול רב וסגי ונבוז מינהון ביזא רבא
ונישבי מינהון שיביא רבא ואיפליג ביזהון לעמי עבדי קרבי וכד
תתמלי נפשי מן אדם קטיליהון מן בתר כדין אשלוף חרבי ואישצי
יתהון ביד ימיני (EX 15:10) אשבת ברוח מן קדמך ייי כסון עליהון
גירין דימא נחתו ושקעו הי כאברא מיא ממשבחיא (EX 15:11) מן
כוותך באילי מרומא ייי מן כוותך הדור בקודשא דחיל בתושבחן עביד
ניסין ופרישן לעמיה בית ישראל (EX 15:12) ימא וארעא הוון
מדיינין דין עם דא כחדא ימא הוה אמר לארעא קבילי בנייכי וארעא
הות אמר לימא קבל קטילניך לא ימא הוה בעי למטמע יתהון ולא ארעא
הות בעיא למבלע יתהון דחילא הות ארעא למקבלא יתהון מן בגלל דלא
יתבעון גבה ביום דינא רבא לעלמא דאתי היכמא דיתבע מינה דמיה

דהבל מן יד ארכינת יד ימינך ייי בשבועה על ארעא דלא יתבעון
מינה לעלמי דאתי ופתחת ארעא פומה ובלעת יתהון (EX 15:13) דברת
בחסדך עמך האיליין די פרקת ואחסינת יתהון טור בית מוקדשך מדור
בית שכינת קודשך (EX 15:14) שמעו אומייא יתרגזון דחילא אחזת
(75) יתהון כל עמודי דיירי ארעהון דפלישתאי (EX 15:15) הא בכן
אתבהלון רברבני אדומאי תקיפי מואבי אחדת יתהון רתיתא אתמסי
לבהון בגווהון כל עמודי דיירי ארעהון דכנענאי (EX 15:16) תפיל
עליהון אימתא דמותא ודחלתא בתקוף אדרע גבורתך ישתתקון הי
כאבנייא עד זמן די יעברון עמך ייי ית נחלי ארנונא עד זמן די
יעברון עמך האיליין דקנית ית מגזתיה דיובקא (EX 15:17) תעיל
יתהון ותנצוב יתהון בטור בית מוקדשך אתר דמכוון קביל כרסי יקרך
מוזמן קבל בית שכינת קדשך אתקינתא ייי בית מקדשך ייי תרתין
אידייך שכלילו יתיה (EX 15:18) כד חמון עמא בני ישראל ית ניסיא
וית פרשיתא דעבד להון קודשא יהי שמיה משבח על ימא דסוף וגבורת
ידיה בני גללייא עניין ואמרין איליין לאיליין איתו ניתן כליל
דרבו בריש פרוקן דהוה מעבר ולא עבר דהוא מחליף ולא חליף דדיליה
הוא כליל מלכותא והוא מלך מלכין בעלמא הדין ודיליה היא מלכותא
לעלמא דאתי ודיליה היא והויא לעלמא עלמין (EX 15:19) ארום עלו
סוסוות פרעה ברתיכוי ופרשוי בימא וחזר ייי עליהון ית מוי דימא
ובני ישראל הליכו ביבשתא בגו ימא ותמן סלקון עיניוון בסימן
ואילני מיכלא וירקי ומיגדי בארעית ימא (EX 15:20) ונסיבת מרים
נביאתא אחתיה דאהרן ית תופא בידא ונפקן כל נשיא בתרא בתופייא
הוו חיילין ובחינגייא מחנגין (EX 15:21) וזמרת להון מרים נודי
ונשבחא קדם ייי ארום תוקפא ורומומתא דידיה הוא על גיותנין הוא
מתגאי ועל רמין הוא מתנטל על די אזיד פרעה רשיעא ורדף בתר עמא
בני ישראל סוסוותיה ורתיכוי רמא וטמע יתהון בימא דסוף
(EX 15:22) ואטיל משה ישראל מן ימא דסוף ונפקו למדברא דחלוצא
וטיילו תלתא יומין במדברא בטילין מן פיקודייא ולא אשכחו מיא
(EX 15:23) ואתו למרה ולא יכילו למישתי מוי ממרה ארום מרירין
הינון בגין כן קרא שמיה מרה (EX 15:24) ואתרעמו עמא על משה
למימר מה נישתי (75A) (EX 15:25) וצלי קדם ייי ואחוי ליה ייי
אילן מריר דארדפני וכתב עלוי שמא רבא ויקירא וטלק לגו מיא
ואיתחלון מיא תמן שוי ליה מימרא דייי גזירת שבתא וקיים איקר
אבא ואימא ודיני פידעא ומשקופי וקנסין דמקנסין מחייבייא ותמן
נסייא בניסייונא עשיריתא (EX 15:26) ואמר אין קבלא תקביל למימר
דייי אלקך ודכשר קדמוי תעביד ותצית לפיקודוי ותינטור כל
קיימויי כל מרעין בישין דשויתי על מצראי לא אישוינון עלך ואין
תעברון על פיתגמי אורייתא ומשתלחין עלך אין תתובון אעדינון
מינך ארום אנא הוא ייי אסאך (EX 15:27) ואתו לאלים ובאילים
תרתיסירי עינוון דמיין עינא לכל שיבטא ושובעין דיקלין כל קבל
שובעין סבייא דישראל ושרון תמן על מייא (EX 16:1) ונטלו מאלים
ואתון כל כנישתא דישראל למדברא דסין דבין אילים ובין סיני
בחמיסר יומין לירחא דאייר הוא ירחא תיניינא למיפיקהון מארעא
דמצרים (EX 16:2) ובההוא יומא פסק להון לישא דאפיקו ממצרים

ואתרעמון כל בני ישראל על משה ועל אהרן במדברא (EX 16:3) ואמרו להון בני ישראל הלואי דמיתנא במימרא דייי בארעא דמצרים כד הוינא יתבין על דדוותא דביסרא כד הוינא אכלין לחמא ושבעין ארום הנפקתון יתן למדברא הדין לקטלא ית כל קהלא הדין בכפנא (EX 16:4) ואמר ייי למשה הא אנא מחית לכון לחמא מן שמייא דאיצטנע לכון מן שירויא ויפקון עמא וילקטון פיתגם יום ביומיה מן בגלל לנסוייהון אין נטרין מצוותא דאורייתי אין לא (EX 16:5) ויהי ביומא שתיתאיי ויזמנון מה דייתון לקמיהון למיכל ביומא בשבתא ויערבון בבתיא וישתתפון בדרתיהון בגין למיתייא מידין לידין ויהי לכון בכופלא על מה דמלקטין יומא ויומא (EX 16:6) ואמר משה ואהרן לכל בני ישראל ברמשא ותינדעון ארום ייי אפיק יתכון פריקין מן ארעא דמצרים (EX 16:7) ובצפרא יתגלי עליכון יקר שכינתיה דייי כד שמיען קדמוי ית תורעמתכון קדם ייי ואנחנא מא אנן חשיבין ארום אתרעמתון עלנא (76) (EX 16:8) ואמר משה בדין תידעון בדיזמן ייי לכון ברמשא בישרא למיכול ולחמא בצפרא למיסבוע בדשימיע קדם ייי ית תורעמותכון דאתון מתרעמין עלוי ואנחנא מה אנן חשיבין לא עלנא תורעמותכון אילהן על מימרא דייי (EX 16:9) ואמר משה לאהרן אימר לכל כנישתא דבני ישראל קריבו קדם ייי ארום שמיען קודמוי ית תורעמותכון (EX 16:10) והוה במללות אהרן עם כל כנישתא דישראל ואיתפניין למדברא והא יקר שכינתא דייי אתגלי בענן יקרא (EX 16:11) ומליל ייי עם משה למימר (EX 16:12) שמיע קדמוי ית תורעמות בני ישראל מליל עמהון למימר בני שימשתא תיכלון בישרא ובצפרא תיכלון לחמא ותינדעון ארום אנא הוא ייי אלקכון (EX 16:13) והוה ברמשא וסליקו פיסיונין וחפו ית משריתא ובצפרא הות אנחות טלא מתקדשא מיתקנא הי כפתורין חזור חזור למשריתא (EX 16:14) וסליקו ענניא ואחיתו מנא עילוי אנחות טלא והות על אנפי מדברא דקיק מסרגל דקיק כגלידא דעל ארעא (EX 16:15) וחמון בני ישראל והוון תמהין ואמרין אינש לחבריה מאן הוא ארום לא ידעון מה הוא ואמר משה להון הוא לחמא דאיצטנע לכון מן שירויא בשמי מרומא וכדון יהביה ייי לכון למיכל (EX 16:16) דין פיתגמא דפקיד ייי לקוטו מיניה גבר לפום מיכליה עומרא לגולגלתא מניין נפשתיכון גבר לפום סכום אינשי משכניה תסבון (EX 16:17) ועבדו כן בני ישראל ולקיטו מנא מאן דאסגי ומאן דאזער (EX 16:18) ואכילו בעומרא לא אישתייר מן מכילתא מאן דאסגי למילקט ודאזער למילקט לא חסר מן מכילתא גבר לפום מיכליה לקיטו (EX 16:19) ואמר משה להון גבר לא ישייר מיניה עד צפרא (EX 16:20) ולא קבילו מן משה ושיירו דתן ואבירם גובריא חייבייא מיניה עד צפרא וארחש מורנין וסרי ורגז עליהון משה (EX 16:21) והוון לקטין יתיה מן עידן צפרא עד ארבע שעין דיומא אינש לפום מיכליה ומן ארבע שעין ולהאל שחין שימשא עילוי והוה (76A) שייח ואתעבד מבועין דמיין ונגרין עד ימא רבא ואתיין חיוון דכיין ובעירן ושתיין מיניה והוו בני ישראל צדיין ואכלין יתהון (EX 16:22) והוה ביומא שתיתיאה לקטו לחם בכפלא תרין עומרין לבר נש חד ואתו כל רברבני כנישתא ותנו למשה (EX 16:23)

ואמר להון משה הוא דמליל ייי עבדתון שבא שבת קודשא קדם ייי
למחר ית דאתון צריכין למיפא מחר איפו יומא דין וית דאתון
צריכין למבשלא מחר בשילו יומא דין וית כל מה דמשתייר מן מא די
תיכלון יומא דין אצנעו יתיה ויהי נטיר עד צפרא (EX 16:24)
ואצנעו יתיה עד צפרא היכמא דפקיד משה ולא סרי וריחשא לא הות
ביה (EX 16:25) ואמר משה אכלוהי יומא דין ארום שבתא יומא דין
קדם ייי יומא דין לא תשכחוניה בחקלא (EX 16:26) שיתא יומין
תלקוטניה וביומא שביעאה דהוא שבתא לא יהי ביה מנא נחית
(EX 16:27) והוה ביומא שביעאה נפקו מן רשיעי עמא למלקוט מנא
ולא אשכחו (EX 16:28) ואמר ייי למשה עד אימת אתון מסרבין
למנטור פיקודיי ואורייתי (EX 16:29) חמון ארום ייי יהב לכון ית
שבתא בגין כן הוא יהיב לכון ביום שתיתאה לחים לתרין יומין שרון
גבר באתריה ולא תטלטלון מידעם מרשותא לרשותא בר מארבעה גרמידי
ולא יפוק איניש מאתריה לטיילא לבר מתרין אלפין גרמידי ביומא
שביעאה (EX 16:30) ונחו עמא ביומא שביעאה (EX 16:31) וקרון בית
ישראל ית שמיה מנא והוא כבר זרע כוסבר חיור וטעמיה כאשישיין
בדבש (EX 16:32) ואמר משה דין פתגמא דפקיד ייי לאצנעא מלי
עומרא מיני למטרא לדריכון מן בגלל דיחמון דרייא מסרבייא ית
לחמא דאוכלית יתכון במדברא בהנפקותי יתכון מארעא דמצרים
(EX 16:33) ואמר משה לאהרן סב צלוחית דפחר חדא והב תמן מלי
עומרא מנא ואצנע יתיה קדם ייי למטרא לדריכון (EX 16:34) היכמא
דפקיד ייי ית משה ואצנעיה אהרן קדם סהדותא למטרא (EX 16:35)
ובני ישראל אכלו ית מנא ארבעין שנין בחייוהי דמשה עד מיתיהון
לארעא (77) מיתבא ית מנא אכלו ארבעין יומין בתר מותיה עד דעברו
יורדנא ועלו לסייפי ארעא דכנען (EX 16:36) ועומרא חד מן עשרא
לתלת סאין הוא (EX 17:1) ונטלו כל כנישתא דבני ישראל ממדברא
דסין למטלניהון על מימרא דייי ושרו ברפידים אתרא דבטילו
אידיהון ממצוותא דאורייתא ואתיבשו מבועיא ולא הוה מוי למישתי
עמא (EX 17:2) ונצו רשיעי עמא עם משה ואמרו הב לן מוי ונישתי
ואמר להון משה מה נצן אתון עימי ומה מנסון אתון קדם ייי
(EX 17:3) וצחי תמן עמא למוי ואתרעם עמא על משה ואמרו למה דנן
אסיקתנא ממצרים לקטלא יתנא וית בננא וית גיתנא בצחותא
(EX 17:4) וצלי משה קדם ייי למימר מה אעבד לעמא הדין תוב קליל
זעיר והינון רגמין יתי (EX 17:5) ואמר ייי למשה עיבר קדם עמא
ודבר עמך מסבי ישראל וחוטרך דמחית ביה ית נהרא דבר בידך ואיזל
לך מן קדם תרעמתהון (EX 17:6) האנא קאים קדמך תמן באתרא דתיחמי
רושם ריגלא על טינרא בחורב ותימחי ביה בטינר חוטרך ויפקון
מיניה מוי למישתי וישתון עמא ועבד היכדין משה קדם סבי ישראל
(EX 17:7) וקרא שמא דאתרא ההוא נסיונא ומצותא בגין דנצו בני
ישראל עם משה ובגין דנסייו קדם ייי למימר המן קושטא איקר
שכינתא דייי שריא ביננא אין לא (EX 17:8) ואתא עמלק מארע דרומא
ושוור בליליא ההוא אלף ושית מאה מילין ומן בגלל דבבו דהוה ביני
עשו וביני יעקב אתא ואגח קרבא עם ישראל ברפידים והוה נסיב
וקטיל גוברין מדבית דן דלא הוה עננא מקביל יתהון מן בגלל
פולחנא נוכראה דבידיהון (EX 17:9) ואמר משה ליהושע בחר לנא

גוברין גיברין ותקיפין בפיקודיא ונצחני קרבא ופוק מתחות ענני יקרא וסדר סדרי קרבא לקבל משיריית עמלק מחר אנא קאים בצומא מעתד בזכוות אבהתא רישי עמא וזכוות אימהתא דמתילן לגלימתא וחוטרא דאיתעבידו ביה ניסין מן קדם ייי בידי (EX 17:10) ועבד יהושע היכמא דאמר ליה משה לאגחא קרבא (77A) בעמלק ומשה ואהרן וחור סליקו לריש רמתא (EX 17:11) והוי כד זקיף משה ידוי בצלו ומתגברין דבית ישראל וכד הוה מנח ידוי מן למצליא ומתגברין דבית עמלק (EX 17:12) וידוי דמשה הוו יקרין מן בגלל דעכב קרבא למחר ולא איזדרז ביומא ההוא לפורקנא דישראל ולא הוה יכיל למיזקפהון בצלו ומן דהוה צבי לסגופי נפשי נסיבו אבנא ושוויו תחותוי ויתיב עלה ואהרן וחור מסעדין לידוי מיכא חד ומיכא חד והואה ידוי פריסן בהימנותא בצלו וצומא עד מטמוע שימשא (EX 17:13) ותבר יהושע ית עמלק דקטע רישי גיבריא דעמיה על פום מימרא דייי בקטילת סייפא (EX 17:14) ואמר ייי למשה כתב דא דוכרנא בספר סבייא דמלקדמין ושוי פיתגמייא האינון במשמעיה דיהושע ארום מימחא אמחי ית דוכרן עמלק מתחות שמייא (EX 17:15) ובנא משה מדבחא וקרא שמיה מימרא דייי דין ניסא דילי דניסא דעבד אתרא בגיני הוא (EX 17:16) ואמר ארום קיים מימרא דייי בכורסיה יקיריה דהוא במימריה יגיח קרבא בדבית עמלק וישיצי יתהון לתלתי דריא מדרא דעלמא הדין ומדרא דמשיחא ומדרא דעלמא דאתי

פרשה יתרו

(EX 18:1) ושמע יתרו אונוס מדין חמוי דמשה ית כל מאן דעבד ייי למשה ולישראל עמיה ארום אפיק ייי ית ישראל ממצרים (EX 18:2) ודבר יתרו חמוי דמשה ית צפורה אינתתיה דמשה בתר דשלחה מלותיה כד הוה אזיל למצרים (EX 18:3) וית תרין בנהא דשום חד גרשום ארום אמר דייר הוויתי בארע נוכראה דלא הידי היא (EX 18:4) ושום חד אליעזר ארום אמר אלקא דאבא הוה בסעדי (78) ושיזבני מחרבא דפרעה (EX 18:5) ואתא יתרו חמוי דמשה ובנוי דמשה ואינתתיה לות משה למדברא דהוא שרי תמן סמיך לטוורא דאיתגלי עלוי יקרא דייי למשה מן שירויא (EX 18:6) ואמר למשה אנא חמוך יתרו אתי לוותך לאתגיירא ואין לא תקביל יתי בגיני קביל בגין אינתתך ותרין בנהא דעימה (EX 18:7) ונפק משה מתחות ענני יקרא לקדמות חמוי וסגיד ונשיק ליה וגייריה ושיילו גבר לחבריה לשלם ואתו למשכן בית אולפנא (EX 18:8) ותני משה לחמוי ית כל מה דעבד ייי לפרעה ולמצראי על עיסק ישראל ית כל עקתא דאשכחתנון באורחא על ימא דסוף ובמרה וברפידים והיך אגח עמהון עמלק ושיזבינון ייי (EX 18:9) ובדח יתרו על כל טבתא דעבד ייי לישראל דיהב להון מנא ובירא ודי שיזבינון מן ידא דמצראי (EX 18:10) ואמר יתרו בריך שמא דייי דשיזיב יתכון מן ידא דמצראי ומן ידא דפרעה דשיזיב ית עמא מתחות מרוות מצראי (EX 18:11) כדון חכימית ארום תקיף הוא ייי על כל אלקיא ארום בפיתגמא דארשעו מצראי למידן ית ישראל במיא עליהון הדר דינא לאיתדנא במיא (EX 18:12) ונסיב יתרו עלוון ונכסת קודשין קדם ייי ואתא אהרן וכל סבי ישראל למיכול לחמא עם חמוי דמשה קדם ייי ומשה הוה קאי ומשמש קדמיהון

EX 18:13) והוה ביומא דבתר יומא דכיפורי ויתיב משה למידן ית
עמא וקם עמא קדם משה מן צפרא עד רמשא EX 18:14) וחמא חמוי
דמשה ית כל דהוא טרח ועביד לעמיה ואמר מה פתגמא הדין דאנת עביד
לעמא מה דין אנת יתיב לבלחודך למידון וכל עמא קיימין קדמך מן
צפרא עד רמשא EX 18:15) ואמר משה לחמוי ארום אתיין לוותי עמא
למתבוע אולפן מן קדם ייי EX 18:16) ארום יהי להון דינא אתאן
לוותי ודייננא בין גברא ובין חבריה ומהודענא להון ית קיימייא
דייי וית אורייתיה EX 18:17) ואמר חמוי דמשה ליה לא תקין
פיתגמא דאנת עביד EX 18:18) מיתר תינתר אוף אנת אוף אהרן
ובנוי וסביא דעימך ארום יקיר מינך פיתגמא לא תיכול למעבדיה
בלחודך 78A) EX 18:19) כדון קביל מיני אימלכינך ויהי מימרא
דייי בסעדך הוי אנת לעמא תבע אולפן מן קדם ייי ותייתי אנת ית
פיתגמיא דילהון קדם ייי EX 18:20) ותזהר יתהון ית קיימייא וית
אורייתא ותהודע להון ית צלותא דיצלון בבית כנישתהון וית אורחא
דיפקדון למריעין ודיהכון למקבור מיתייא ולמיגמול בה חיסדא וית
עובדא דשורת דינא ודיעבדון מלגוו לשורתא לרשיעין EX 18:21)
ואנת ברור מכל עמא גיברי חילא דחליא דייי גוברין דקשוט דסנן
לקבלא ממון שיקרא ותמני עליהון רבני אלפין רבני מאוותא רבני
חומשין רבני עישורייתא EX 18:22) וידינון ית עמא בכל עידן
ויהי כל פיתגם רב ייתון לוותך וכל פתגם קליל ידונון הינון
ויקילון מן מטול דעלך ויסובורון עימך EX 18:23) אין ית פיתגמא
הדין תעביד דתיהי פני מן דינא ויפקדינך ייי פיקודיא ותיכול
למיקום למישמעהון ואוף אהרן ובנוי וכל סביא דעמא הדין על אתר
בי דינהון ייתון בשלם EX 18:24) וקבל משה למימר חמוי ועבד כל
דאמר EX 18:25) ובחר משה גיברי חילא מכל ישראל ומני יתהון
רישין על עמא רבני אלפין שית מאה רבני מאוותא שית אלפין רבני
חומשין תריסר אלפין ורבני עישורייתא שית ריבוון EX 18:26)
והוון דיינין ית עמא בכל עידן ית פתגם קשי מייתן לוות משה וכל
פתגם קליל דיינון הינון EX 18:27) ופטר משה ית חמוי ואזל ליה
לגיירא כל בני ארעא EX 19:1) בירחא תליתאה לאפקות בני ישראל
מארעא דמצרים ביומא הדין בחד לירחא אתו למדברא דסיני EX 19:2)
ונטלו מרפידים ואתו למדברא דסיני ושרו במדברא ושרא תמן ישראל
בלב מייחד כל קבל טוורא EX 19:3) ומשה סליק ביומא תניינא לריש
טוורא וקרא ליה ייי מן טוורא למימר כדנא תימר לנשייא דבית יעקב
ותתני לבית ישראל EX 19:4) אתון חמיתון מה די עבדית למצראי
וטענית יתכון על ענני הי כעל גדפי נשרין מן פילוסין ואובילית
יתכון 79) לאתר בית מוקדשא למעבד תמן פיסחא ובההוא ליליא
אתיבית יתכון לפילוסין ומתמן קריבית יתכון לאולפן אורייתי
EX 19:5) וכדון אין קבלא תקבלון למימרי ותינטרון ית קימי
ותהון קדמיי חביבין מכל עממייא דעל אפי ארעא EX 19:6) ואתון
תהון קדמי מלכין קטרי כלילא וכהנין משמשין ועם קדיש איליין
פיתגמייא דתמליל עם בני ישראל EX 19:7) ואתא משה ביומא ההוא
וקרא לסבי עמא וסדר קדמיהון ית כל פיתגמייא האילין דפקדיה ייי

(EX 19:8) ואתיבו כל עמא כחדא ואמרו כל דמליל ייי נעביד ואתיב
משה ית פיתגמי עמא קדם ייי (EX 19:9) ואמר ייי למשה ביומא
תליתאה הא אנא מתגלי עלך בעיבא דענן יקרא מן בגלל דישמעון עמא
במללותי עימך ואוף בך יהימנון לעלם ותני משה ית פיתגמי עמא קדם
ייי (EX 19:10) ואמר ייי למשה ביומא רביעאה איזל לות עמא
ותזמינינון יומא דין ויומחרא ויחוורון לבושיהון (EX 19:11)
ויהון זמינין לימא תליתאה ארום ביומא תליתאה יתגלי ייי לעיני
כל עמא על טורא דסיני (EX 19:12) ותתחים ית עמא ויקומון חזור
חזור לטורא למימר הוו זהירין מלמיסק בהר ולמיקרב בסייפיה כל
דיקרב בטוורא איתקטלא איתקטל (EX 19:13) לא תיקרב ביה ידא ארום
יתרגמא יתרגם באבנא ברדא או גירין דאישא ידריקון ביה אין בעירא
אין אינשא לא יתקיים ברם במיגד קל שופרא הינון מרשן למיסק
בטוורא (EX 19:14) ונחת משה ביומא ההוא לות עמא וזמין ית עמא
וחוורו לבושיהון (EX 19:15) ואמר לעמא הוו זמינין לתלתי יומין
לא תקרבון לתשמיש דעריס (EX 19:16) והוה ביומא תליתאה בשיתא
בירחא בעידוני צפרא והוה קלין דרעים וברקין ועננא תקיף קטיר על
טוורא וקל שופרא תקיף לחדא וזע כל עמא די במשריתא (EX 19:17)
ואנפיק משה ית עמא לקדמות שכינתא דייי מן משריתא ומן יד תלש
מרי עלמא ית טוורא וזקפיה באוירא והוה זייג הי כאספקלריא
ואתעתדו תחותי (79A) טוורא (EX 19:18) וטוורא דסיני תנין כוליה
מן בגלל דארכין ליה ייי שמיא ואיתגלי עלוי באישא מצלהבא וסליק
קוטריה הי כקוטרא דאתונא וזע כל טוורא לחדא (EX 19:19) והוה קל
שופרא אזיל ותקיף לחדא משה הוה ממלל ומן קדם ייי הוה מתעני בקל
נעים ומשבח ונעימתא חלייא (EX 19:20) ואיתגלי ייי על טוורא
דסיני על ריש טוורא וקרא ייי למשה לריש טוורא וסליק משה
(EX 19:21) ואמר ייי למשה חות אסהיד בעמא דילמא יכוונון קדם
ייי לאיסתכלא ויפיל מנהון רב דבהון (EX 19:22) ואוף כהניא
דקריבין לשמשא ייי יתקדשון דילמא יקטול בהון ייי (EX 19:23)
ואמר משה קדם ייי לא יכלון עמא למיסק לטוורא דסיני ארום אנת
אסהידת בנא למימר תחים ית טוורא וקדשהי (EX 19:24) ואמר ליה
ייי איזל חות ותיסק אנת ואהרן עימך וכהנייא ועמא לא יכוונון
למיסוק למסתכלא קדם ייי דילמא יקטול בהון (EX 19:25) ונחת משה
מן טוורא לות עמא ואמר להון קרובו קבילו אורייתא עם עשרתי
דביריא (EX 20:1) ומליל ייי ית כל דביריא האיליין למימר
(EX 20:2) דבירא קדמאה כד הוה נפיק מן פום קודשא יהי שמיה מברך
הי כזיקין והי כברקין והי כשלהוביין דינור למפד דנור מן ימיניה
ולמפד דאישא מן שמאליה פרח וטייס באויר שמייא וחזר ומתחמי על
משירייתהון דישראל וחזר ומתחקק על לוחי קיימא דהוון יהיבין בכף
ידוי דמשה ומתהפיך בהון מן סטר לסטר ובכן צווח ואמר עמי בני
ישראל אנא הוא ייי אלקכון די פרקית ואפיקית יתכון פריקין מן
ארעא דמצראי מן בית שיעבוד עבדיא (EX 20:3) דבירא תניינא כד
הוה נפיק מן פום קודשא יהי שמיה מברך הי כזיקין והי כברקין והי
כשלהוביין דנור למפד דנור מן ימיניה ולמפד דאישא מן שמאליה פרח
וטייס באויר שמיא חזר ומתחמי על משירייתהון דישראל וחזר

ומתחקיק על לוחי קיימא ומתהפך בהון מן סטר לסטר ובכן הוה צווח
ואמר עמי בית ישראל (EX 20:4 לא (80) תעבדון לכון צלם וצורה
וכל דמו דבשמיא מלעיל ודי בארעא מלרע ודי במיא מלרע לארעא
(EX 20:5 לא תסגדון להון ולא תפלחון קדמיהון ארום אנא ייי
אלקכון אלק קנאן ופורען ומתפרע בקינאה מדכר חובי אבהתן רשיען
על בנין מרודין על דר תליתאי ועל דר רביעיי לשנאיי (EX 20:6
ונטיר חסד וטיבו לאלפין דרין לרחמיי צדיקייא ולנטרי פיקודיי
ואורייתי (EX 20:7 עמי בני ישראל לא ישתבע חד מנכון בשום
מימריה דייי אלקכון על מגן ארום לא מזכי ייי ביום דינא רבא ית
כל מאן דמשתבע בשמיה על מגן (EX 20:8 עמי בני ישראל הוון
דכירין יומא דשבתא למקדשא יתיה (EX 20:9 שיתא יומין תיפלחון
ותעבדון כל עבידתכון (EX 20:10 ויומא שביעאה שבא ונייח קדם
ייי אלקכון לא תעבדון כל עבידתא אתון ובניכון ובנתיכון
ועבדיכון ואמהתיכון וגיוריכון די בקירויכון (EX 20:11 ארום
בשיתא יומין ברא ייי ית שמיא וית ארעא וית ימא וית כל מא דאית
בהון ונח ביומא שביעאה בגין כן בריך ייי ית יומא דשבתא וקדיש
יתיה (EX 20:12 עמי בני ישראל הוו זהירין גבר ביקרא דאבוהי
וביקרא דאימיה מן בגלל דיסגון יומיכון על ארעא דייי אלקכון יהב
לכון (EX 20:13 עמי בני ישראל לא תהוון קטולין לא חברין ולא
שותפין עם קטולין ולא יתחמי בכנישתיהון דישראל עם קטולין ולא
יקומון בניכון מן בתריכון וילפון לחוד הינון למיהוי עם קטולין
ארום בחובי קטוליא חרבא נפיק על עלמא (EX 20:14 עמי בני ישראל
לא תהוון גיורין לא חברין ולא שותפין עם גיורין ולא יתחמי
בכנישתהון דישראל עם גיורין דלא יקומון בניכון מן בתריכון
וילפון לחוד הינון למיהוי עם גיורין ארום בחובי גיורא מותא
נפיק על עלמא (EX 20:15 עמי בני ישראל לא תהוון גנבין לא
חברין ולא שותפין עם גנבין ולא יתחמי בכנישתהון דישראל עם
גנבין דלא יקומון בניכון מן בתריכון וילפון לחוד הינון למיהוי
עם גנבין ארום בחובי גנביא כפנא (80A נפיק על עלמא (EX 20:16
עמי בני ישראל לא תהוון מסהדין בחבריכון סהדי שיקרא לא חברין
ולא שותפין עם מסהדין סהדי שיקרא ולא יתחמי בכנישתהון דישראל עם
מסהדין סהדי שיקרא דלא יקומון בניכון בתריכון וילפון לחוד
הינון למיהוי עם מסהדין סהדי שיקרא ארום בחובי סהדי שיקרא
עננין סלקין ומיטרא לא נחית ובצורתא אתיא על עלמא (EX 20:17
עמי בני ישראל לא תהוון חמודין לא חברין ולא שותפין עם חמודין
ולא יתחמון בכנישתהון דישראל עם חמודין דלא יקומון בניכון מן
בתריכון וילפון לחוד הינון למיהוי עם חמודין ולא יחמיד חד
מנכון ית ביתא דחבריה ולא יחמיד חד מנכון ית אינתתיה דחבריה
ולא לעבדיה ולא לאמתיה ולא לתוריה ולא לחמריה ולא לכל מאן דאית
לחבריה ארום בחוביא חמודיא מלכותא מתגריא בניכסיהון דבני נשא
ולמיסב יתהון ועתירי נכסין מתמסכנין דגלותא אתיא על עלמא
(EX 20:18 וכל עמא חמיין ית קליא היך הוו מתהפכין במשמעהון
דכל חד וחד והיך הוו נפקין מן גוא בעוריא וית קל שופרא היך הוה
מאחי מיתיא וית טורא תנין וחמון כל עמא ורתען וקמו תריסר מילין

מרחיק (EX 20:19) ואמרו למשה מליל אנת עימנא ונקביל ולא יתמליל עימנא תוב מן קדם ייי דילמא נמות (EX 20:20) ואמר משה לעמא לא תידחלון ארום מן בגלל לנסייוכתן איתגלי לכון יקרא דייי ומן בגלל דתיהוי דחלתיה על אפיכון בגין דלא תחובון (EX 20:21) וקם עמא תריסר מילין מרחיק ומשה קריב לצית אמיטתא דתמן יקר שכינתא דייי (EX 20:22) ואמר ייי למשה כדנא תימר לבני ישראל אתון חמיתון ארום מן שמיא מלילית עימכון (EX 23:23) עמי בני ישראל לא תעבדון למסגוד דמות שימשא וסיהרא וכוכביא ומזליא ומלאכיא דמשמשין קדמיי דחלן דכסף ודחלן דדהב לא תעבדון לכון (EX 20:24) מדבח אדמתא תעביד לשמי ודהי דבח עלוי ית עלוותך וית (81) נכסת קודשך מן ענך ומן תורך בכל אתרא דאשרי שכינתי ואנת פלח קדמי תמן אשלח עלך ברכתי ואיבריכינך (EX 20:25) ואין מדבח אבנין תעביד לשמי לא תבני יתהן חציבן דאין ארימת פרזלא דמיניה מתעבד סייפא על אבנא אפיסתא יתה (EX 20:26) ואתון כהניא דקיימין למשמשא קדמי לא תסקון במסוקיין על מדבחי אלהין בגישריא דלא תיתחמי עריתך עלוי

פרשה משפטים

(EX 21:1) ואיליין הינון סידרי דיניא די תסדר קדמיהון (EX 21:2) ארום תיזבון בגניבותיה לעבדא לבר ישראל שית שנין יפלח ובמעלי שביעיתא יפוק לבר חורין מגן (EX 21:3) אין בלחודוי ייעול בלחודוי יפוק ואין מרי אינתתא בת ישראל היא ותיפוק אינתתיה עימיה (EX 21:4) אין ריבוניה יתן ליה איתא אמתא ותיליד ליה בנין או בנן איתא ובנהא תהי לריבונה והוא יפוק בלחודוי (EX 21:5) ואין יתני ויימר עבדא רחימנא ית ריבוני ית אינתתי וית בניי לא איפוק לבר חורין (EX 21:6) ויקרביניה ריבוניה לקדם דיינייא ויסב מנהון רשותא ויקרביניה לות דשא דלות מזוזתא ויחייט ריבוניה ית אודניה ימינא במחטא ויהי ליה עבד פלח עד יובלא (EX 21:7) וארום יזבון גבר בר ישראל ית ברתיה זעירתא לאמהן לא תיפוק במפקנות עבדייא כנענאי דמשתחררין בשינא ועינא אלהין בשנין דשמטתא ובסימניא וביובלא ובמותת ריבונהא ופורקן כספא (EX 21:8) אין לא השכחת חינא קדם ריבונהא דזמין יתיה ויפרוק יתה אבוהא לגבר (81A) אוחרן לית ליה רשו לזבונא חלף דמני מרה רשותיה עלה (EX 21:9) ואין לציד בריה זמין יתה כהילכת בנתא דישראל יעבד לה (EX 21:10) אין חורנתא בת ישראל יסב ליה עליה מזונה ותכשיטהא ומעיילה לא ימנע לה (EX 21:11) אין תלת מילייא האיליין לא יעבד לה למזמנא יתה ליה או לבריה או למיפרקא ליד אבוהא ותיפוק מגן דלא כסף ברם גט פיטורין יהיב לה (EX 21:12) דימחי לבר ישראל או לבת ישראל ויקטליניה אתקטלא יתקטול בסייפא (EX 21:13) ודי לא איזדווג ליה ומן קדם ייי ארע עיקתיה לידוי ואזמן לך אתר דיערוק לתמן (EX 21:14) וארום ירשע גבר על חבריה למיקטליה בנכילו אפילו כהנא הוא ומשמש על גבי מדבחי מתמן תסבוני ותקטלוניה בסייפא (EX 21:15) ודחביל באבוי ובאימיה אתקטלא יתקטיל בשינוקא דסודרא (EX 21:16) ודיגנוב נפש מבני ישראל ויזבניניה וישתכח ברשותיה אתקטלא יתקטיל בשינוקא

דסודרא (EX 21:17 ודילוט לאבוי ולאימיה בשמא מפרשא איתקטלא
יתקטיל באטלות אבנין (EX 21:18 וארום ינצון גוברין וימחון חד
לחבריה באבנא או במרתוקא ולא ימות ויפול למרע (EX 21:19 אין
יקום ממרעיה ומהליך בשוקא על מורניתיה ויהי זכיי מחייא מדין
קטול לחוד בוטלן עיבידיתיה וצעריה ונזקיה ובהתיה יתן ואגר אסיא
ישלם עד דמיתסי (EX 21:20 וארום ימחי גבר ית עבדיה כנענאה או
ית אמתיה כנעניתא בשרביטא וימות בההוא יומא תחות ידיה יתדנא
יתדן דין קטילת סייפא (EX 21:21 ברם אין יומא חד מעידן לעידן
או תרין יומין קטיען יתקיים לא יתדן מטול דכסף זביניה הוא
(EX 21:22 וארום ינצון גוברין וימחון איתתא מעברא ואפילת ית
וולדהא ולא יהו בה מותא מתקנסא יתקנס וולדא היכמא דמשוי עליה
בעלה דאינתתא ויתן על מימר דיינייא (EX 21:23 ואין (82 מותא
יהי בה ותדינון נפשא דקטולא חולף נפשא דאיתתא (EX 21:24 דמי
עינא חולף עינא דמי שינא חולף שינא דמי ידא חולף ידא דמי ריגלא
חולף ריגלא (EX 21:25 דמי צער מחרוך חולף מחרוך דמי פודעא
חולף פודעא דמי הלכשוש חולף הלכשוש (EX 21:26 וארום ימחי גבר
ית עינא דעבדיה כנענאי או ית עינא דאמתיה כנעניתא וסמינה לבר
חורין יפטירניה חולף עיניה (EX 21:27 ואין שינא דעבדיה
כנענאי או שינא דאמתיה כנעניתא יפיל לבר חורין יפטירניה חולף
שיניה (EX 21:28 וארום ינגש תור ית גבר או ית איתא וימות
יתרגמא יתרגם תורא ולא יתנכס למיכול ית בישריה ומריה דתורא יהי
זכאי מדין קטול ואוף מדמי עבדא ואמהו (EX 21:29 ואין תור נגשן
הוא מאיתמלי ומידקדמוי ואיתסהד על אנפי מריה תלתי זימניה ולא
נטריה ומבתר כן קטל גברא או איתא תורא יתרגם ואוף מריה יתקטל
במיתותא דמשתלחא עלוי מן שמיא (EX 21:30 ברם אין כנסא דממונא
יתשוי עלוי ויתן פורקן נפשיה ככל מה דישוון עלוי סנהדרין
דישראל (EX 21:31 אין בר ישראל ינגח תורא אין לבת ישראל ינגח
כדינא הדין יתעביד ליה (EX 21:32 ברם אין עבד כנענאי נגש תורא
או אמתא כנעניתא כסף תלתין סילעין יתן למריה דעבדא או דאמתא
ותורא יתרגם (EX 21:33 וארום יפתח אינש גוב או ארום יחפס אינש
גוב בשוקא ולא יכסיניה ונפיל תמן תורא או חמרא (EX 21:34 מריה
דגובא ישלם כסף יתיב למריה דמי תוריה וחמריה ונבילתא יהי דיליה
(EX 21:35 וארום ינגוף תור דגבר ית תורא דחבריה וימות ויזבנון
ית תורא חייא ויפלגון ית דמיה ואוף ית דמי מותא יפלגון
(EX 21:36 אין אישתמודע ארום תור נגחן הוא מאיתמלי ומידקדמוי
ולא נטריה מריה שלמא ישלם תורא חולף תורא ונבילתא ומושכא יהי
דיליה (EX 21:37 ארום יגנב (82A גבר תור או אימר ויכסיניה או
זבניה חמשא תורא ישלם חולף תור חד מן בגלל דבטליה מן רידיה
וארבע ענא חולף אימר חד מן בגלל דאקטיה בגניבותיה ולית בה
עיבידתא (EX 22:1 אין בחרכא דכותלא משתכח גנבא ויתמחי וימות
לית ליה חובת שפיכות אדם זכאיי (EX 22:2 אין בריר פיתגמא
כשימשא דלא למקטל נפש עאל וקטליה חובת שפיכות אדם זכאיי עלוי
ואין אישתיזיב מן ידוי שלמא ישלם אין לית ליה מה דמשלם ויזדבן
ליה בדמי גניבותיה ועד שתא דשמיטתא (EX 22:3 אין בסהדיא

משתכחא ברשותיה גניבותא מן תור עד חמר עד אימר כד הינון קיימין על חד תרין ישלם (EX 22:4) ארום יפקר גבר חקיל או כרמא וישלח ית בעיריה וייכול בחקל גבר אוחרן שפר חקליה ושפר כרמיה ישלים (EX 22:5) ארום תיתפק נור ותשכח כובין ותגמר גדיש או מידעם דקאי או חקיל שלמא ישלים מאן דאדליק ית דליקתא (EX 22:6) ארום יתן גבר לחבריה כסף או מנין למינטר בלא אגר נטיר ומתגנבין מבית גבר אין משתכח גנבא איהו משלם על חד תרין (EX 22:7) אין לא משתכח גנבא ויתקרב מריה ביתא לקדם דיינייא ויומי דלא אושיט ידיה בעיסקא דחבריה (EX 22:8) על כל מידעם דאיתביד בכוסיא על תור על חמר על אימר על כסו ועל כל אבידתא ייומי כד יימר ארום הוא דין וכד משתכחא גניבותא בתר כן ביד גנבא קדם דיינייא ייעול דין תריהום דין מריה דביתא ודין גנבא ולמאן דמחייבין דיינייא ישלם גנבא על חד תרין לחבריה (EX 22:9) ארום יתן גבר לחבריה חמר או תור או אימר וכל בעירא למינטור בלא אגר נטיר וימות או איתביר מן חיוא או אישתבי ולית סהיד חמי ומסהיד (EX 22:10) מומתא דייי תהי בין תריהום יומי דלא אושיט ידיה בעיסקא דחבריה ויקבל מריה מיניה מומתא ולא ישלם (EX 22:11) (83) ואין איתגנבא יתגניב מיניה דהוה ליה עימיה אגר נטיר ישלם למרוי (EX 22:12) אין איתברא יתבר מן חיות ברא מייתי ליה סהדין או ימטיניה עד גופת דתביר לא ישלים (EX 22:13) וארום ישאל גבר מידעם מן חבריה ויתבר מנא או מית בעירא מריה לית עימיה שלמא ישלם (EX 22:14) אם מריה עימיה לא ישלם אין אגירא הוא עאל פסידיה באגריה (EX 22:15) וארום ישרגיג גבר בתולתא דלא מארסא וישמש עמה מפרנא יפרין יתה ליה לאיתו (EX 22:16) אין לא חמיא ליה או דלא יצבי אבוהא למיתנא ליה כסף חמשין סילעין יתקניס הי כמיפרני בתולתא (EX 22:17) עמי בני ישראל כל עביד חרשיותא לא תקיימון באטלות אבנין יתקטלון (EX 22:18) (EX 22:19) כל מאן דדבח לטעוות עממיא יתקטיל בסייפא וניכסוי יתגמרון בגין כן לא תהון פלחין אלהין לשמא דייי בלחודוי (EX 22:20) וגייורא לא תקנטון במילין ולא תעיקון למיסב ליה נכסוי עמי בני ישראל הוו דכירין ארום דיירין הויתון בארעא דמצרים (EX 22:21) כל ארמלא ויתם לא תסגפון (EX 22:22) אין סגפא תסגיף יתיה אזדהרון לכון ארום אין יקום ויצווח עליכון בצלו קדמיי שמע אנא בקל צלותיה ופרע ליה (EX 22:23) ויתקף רוגזי ואקטול יתכון בחרבא דמותא ויהון נשיכון ארמלן ובניכון יתמין (EX 22:24) אין כספא תוזיף לעמי ית ענייא דעימך לא תהי ליה הי כרשיא לא תשוון עלוי דליהוי עלוי סהדין ומרי ערבנותא לא על שערין ולא ריביין (EX 22:25) אין ממשכנא תמשכן כסותא דחברך עד לא יטמוע שימשא תתביניה ליה (EX 22:26) ארום היא טלת דמתכסי בה בלחודא היא חלוק תותביה דנפלא למושכיה ואין תיסב מצע ערסיה במה ישכוב ויהי אין יקבול קדמי ואיקביל צלותיה ארום אלקא חננא אנא (EX 22:27) עמי בני ישראל דייניכון לא תקילון ורבנין דמתמנין נגודין בעמך לא תלוטון (83A) (EX 22:28) ביכורי פירך וביכורי חמר נעווך לא תשהי על זמניהון מן לאסקותהון לאתר שכינתי בוכרי דברך תפריש קדמיי (EX 22:29)

היכדין תעביד לבוכרי תורך וענך שובעא יומין יהי יייניק בתר אימיה וביומא תמינאה תפרישיניה קדמיי (EX 22:30) ואינשין קדישין טעמין חולין בדכותא תהון קדמיי ברם בשר תלוש מן חיוותא חייא לא תיכלון לכלבא תרמון יתיה בסוטריה (EX 23:1) עמי בני ישראל לא תקבלון מילי שיקרא מגברא דיכול קורצין בחבריה קדמך ולא תשוי ידך עם רשיעא דיהי סהיד שקר (EX 23:2) עמי בני ישראל לא תהוון בתר סגיאין למבאשא אלהין למטייבא ולא יתמנע חד מנכון למלפא זכו על חבריה בדינא למימר הא בתר סגיאי דינא סטי (EX 23:3) ומסכינא דאתחייב בדיניה לא תיסב ליה אפין למרחמא עלוי ארום לית מיסב אפין בדינא (EX 23:4) אין תארע תורא דסנאך דאת סני ליה על חובתא דאנת ידע ביה בלחודך או חמרא דטעי מן אורחא אתבא תתביניה ליה (EX 23:5) אין תחמי חמרא דסנאך דאנת שני ליה על חובתא דאנת ידע ביה בלחודך רביע תחות טוניה ותמנוע לנפשך מלמקרוב ליה משבוק תשבוק בההיא שעתא ית סנא דבלבך עלוי ותפרוק ותטעון עימיה (EX 23:6) עמי בני ישראל לא תצלון דין ממסכינא בדיניה (EX 23:7) מפתגם שיקרא הוי רחיק ודי נפק זכיי מבי דינך ואשכחו ליה חובתיה ודי נפק חייב ואשכחו ליה זכו לא תקטול ארום לא הווינא מזכי ליה אין הוא חייבא (EX 23:8) ושוחדא לא תקבל ארום שוחדא מסמי ענוי נסבוהי ומטלטל חכימיא ממותבנהון ומקלקל פיתגמין תריצין דמיכתבין באורייתא ומערבב מילי זכאין בפומהון בשעת דינא (EX 23:9) ולגייורא לא תעיקון ואתון חכימתון ית אניק נפש גייורא ארום דיירין הוויתון בארעא דמצרים (EX 23:10) ושית שנין תדרע ית ארעך ותכנוש ית עללתא (EX 23:11) ושביעיתא תשמיטינא (84) מפולחנא ותפקר פירהא וייכלון מסכיני עמך ושייוריהון תיכול חיות ברא כדין תעביד לכרמך לזיתך (EX 23:12) שיתא יומין תעבד עובדך וביומא שביעאה תנוח מן בגלל דינוחון תורך וחמרך וישקוט בר אמתך ערלאה וגיורא (EX 23:13) ובכל פיקודיא דאמרית לכון תיסתמרון ושום טעוות עממיא לא תידכרון ולא ישתמע על פומכון (EX 23:14) תלתא זימנין תחגון קדמיי בשתא (EX 23:15) ית חגא דפטיריא תינטור שובעא יומין תיכול פטירא היכמה דפקידתך לזמן ירחא דאביבא ארום ביה נפקת ממצרים ולא יתחמון קדמיי ריקנין (EX 23:16) וחגא דחצדא ביכורי עובדך דתיזרע בחקלא וחגא דכנשא במיפיקא דשתא במכנשך ית עובדך מן חקלא (EX 23:17) תלתי זימנין בשתא יתחמון כל דכורך קדם רבון עלמא ייי (EX 23:18) עמי בני ישראל לא תיכסון עד דחמיע בבתיכון אדם ניכסת פיסחי ולא יבית בר מן מדבחא תרבי ניכסת פיסחי עד צפרא ולא מן בישרא דתיכלון ברמשא (EX 23:19) שירוי ביכורי פירי ארעך תיתי לבית מוקדשא דייי אלקך עמי בית ישראל לית אתון רשאין לא למבשלא ולא למיכול בשר וחלב מערבין כחדא דלא יתקף רוגזי ואיבשיל עיבוריכון דגנא וקשא תריהון כחדא (EX 23:20) הא אנא משגר מלאכא קדמך למטרך באורחא ולאעלותך לאתר שכינתי דאתקינית (EX 23:21) איזדהר מן קדמוי וקביל למימריה לא תסריב על מילוי ארום לא אשבוק חוביכון ארום בשמי מימריה (EX 23:22) ארום אין קבלא תקביל למימריה ותעביד כל דאמליל על ידוי ואסני ית סנאך

ואעיק למעיקייך (EX 23:23) ארום יטייל מלאכי קדמך ויעילינך לות
אמוראי ופריזאי וכנענאי חיואי ויבוסאי ואישיצינון (EX 23:24)
לא תסגדון לטעוותהון ולא תפלחינון ולא תעבדון כעובדיהון בישיא
ארום מפכרא תפכר בית סגודהון ותברא תתבר קמתי צילמהון
(EX 23:25) ותפלחון קדם ייי אלקכון ויברך (84A) ית מזוני מיכלך
ומישתייך ואעדי מחת מרירתא מגווך (EX 23:26) לא תהי תכלא ועקרא
בארעך ית מניין יומי חייך אשלם מיומא ליומא (EX 23:27) ית
אימתי אשדר קדמך ואשגש ית כל עמיא דאת אתי לסדרא בכון סדרי
קרבא ואיתן ית כל בעלי דבבך קדמך מחזרי קדל (EX 23:28) ואשדר
ית אורעיתא קדמך ותתרך ית חיואי וית כנענאי וית חיתאי מן קדמך
(EX 23:29) לא אתריכינון מן קדמך בשתא חדא דילמא תהי ארעא צדיא
ויסגון עלך חיות ברא כד ייתון למיכול פיגריהון וינזקון בך
(EX 23:30) קליל קליל איתריכינון מן קדמך עד די תיסגי ותחסין
ית ארעא (EX 23:31) ואישוי ית תחומך מן ימא דסוף עד ימא
דפלישתאה ומן מדברא ועד פרת ארום אמסור בידכון ית כל יתבי ארעא
ואנת תתריכינון מן קדמך (EX 23:32) לא תיגזרון להון ולטעוותהון
קיים (EX 23:33) לא תעביד להון שכונן בארעך דילמא יטעינך
ויחייבון יתך קדמוי ארום תפלח ית טעוותהון ארום יהון לך לתוקלא
(EX 24:1) ולות משה אמר מיכאל סרכן חכמתא ביומא שביעאה בירחא
סק לקדם ייי אנת ואהרן נדב ואביהוא ושובעין מסבי ישראל ותסגדון
מרחיק (EX 24:2) ויתקרב משה בלחודוי קדם ייי והינון לא יתקרבון
ועמא לא יסקון עימיה (EX 24:3) ואתא משה ואישתעי לעמא ית כל
פיתגמיא דייי וית כל דיניא ואתיב כל עמא קלא חד ואמרו כל דמליל
ייי נעביד (EX 24:4) וכתב משה ית פיתגמיא דייי ואקדם בצפרא
ובנא מדבחא בשיפולי טורא ותריסירי קמן לתריסירי שיבטיא דישראל
(EX 24:5) ושדר בוכרי בני ישראל ארום עד ההיא שעתא הוות פולחנא
בבוכריא דעד כדון לא איתעביד משכן זימנא ועד כדון לא איתייהבת
כהונתא לאהרן ואסיקו עלוון וניכסת קודשין קדם ייי תורין
(EX 24:6) ונסיב משה פלגות אדם ניכסא ושוי במזירקיא ופלגות אדם
ניכסא דרִק על מדבחא (EX 24:7) ונסיב (85) סיפרא דקיימא
דאורייתא וקרא קדם עמא ואמרו כל פיתגמיא דמליל ייי נעביד
ונקביל (EX 24:8) ונסיב משה ית פלגות דמא דבמזירקיא ודרק על
מדבחא לכפרא על עמא ואמר הא דין אדם קיימא דיגזר ייי עימכון על
כל פיתגמיא האילין (EX 24:9) וסליק משה ואהרן נדב ואביהוא
ושובעין מסבי ישראל (EX 24:10) וזקפו נדב ואביהוא ית עיניהון
וחמון ית איקר אלקא דישראל ותחות אפיפורין דריגלוי דמייצע תחות
כורסייה הי כעובד אבן ספירינון מידכר שיעבודא דשעבידו מצראי ית
בני ישראל בטינא ובליבנין והוואן נשיא בטשן ית טינא עם
גובריהון הות תמן ריבא מפנקתא מעברתא ואפילת ית עוברא ואתבטש
עם טינא נחת גבריאל ועבד מיניה לבינתא ואסקיה לשמי מרומא
ואתקניה גלוגדק תחות אפיפורין דמרי עלמא זיויה הי כעובד אבן
טבא והי כתקוף שפר שמיא כד הינון ברירין מן ענניא (EX 24:11)
ולות נדב ואביהוא עולימיא שפיריא לא שדר מחתיה בההיא שעתא ברם
איתנטרא להון ליום תמיניי לאשלמותא לאסערא עליהון וחמון ית

איקר שכינתא דייי והוון הדן בקורבניהון דאתקבלו ברעוא הי כאכלין והי כשתיין (EX 24:12) ואמר ייי למשה סוק קדמי לטוורא והוו תמן ואיתן לך ית לוחי אבנא דבהון רמיז פיתגמי אורייתא ושית מאה ותליסירי פיקודיא דכתבית לאלופיהון (EX 24:13) וקם משה ויהושע משומשניה וסליק משה לטורא דאיתגלי עלוי יקר שכינתא דייי (EX 24:14) ולחכימיא אמר אמתינו לנא הכא עד זמן דנתוב לותכון והא אהרן וחור עימכון מן מאן דאית ליה עסק דינא יתקרב לוותכון (EX 24:15) וסליק משה לטורא וחפא ענן יקרא ית טורא (EX 24:16) ושרא איקר שכינתא דייי על טורא דסיני וחפהי ענן יקרא שיתא יומין וקרא למשה ביומא שביעאה מיגו עננא (EX 24:17) וחיזו זיו יקרא דייי הי כאשא בערא וזיקוקי אישא אכלא אישא והוון חמן (85A) ותמהין בני ישראל (EX 24:18) ואעל משה בגו עננא וסליק לטוורא והוה משה בטוורא אליף פיתגמי אורייתא מן פום קודשא יהי שמיה משבח ארבעין יממין וארבעין לילוון

פרשה תרומה

(EX 25:1) ומליל ייי עם משה למימר (EX 25:2) מליל עם בני ישראל ויסבון קדמי אפרשותא מן כל דיתרעי ליביה ולא באלמותא תיסבון אפרשותי (EX 25:3) ודא אפרשותא דסיתבון מנהון דהבא וכספא ונחשא (EX 25:4) ותיכלא וארגוונא וצבע זהורי ובוץ ומעזי (EX 25:5) ומשכי דדיכרי מסמקי ומושכי דססגונא וקיסין דשיטין (EX 25:6) ומשח זיתא לאנהרא ובוסמיא לפיטומא דמשח רבותא ולפיטומא דקטרת בוסמיא (EX 25:7) מרגליין דבירולין הינון מרגליין דאשלמותא למכבשא ולמקבעא באפודא ובחושנא (EX 25:8) ויעבדון לשמי מוקדשא ואשרי שכינתי ביניהון (EX 25:9) ככל מה דאנא מחמי יתך ית צורת משכנא וית צורת כל מנוי והיכדין תעבדון (EX 25:10) ויעבדון ארונא דקיסי שיטא תרתין אמין ופלגא אורכיה ואמתא ופלגא פותיא ואמתא ופלגא רומא (EX 25:11) ותחפי יתיה דהב דכיה מגיו ומברא תחפיניה ותעביד עלוי דיר דדהב חזור חזור (EX 25:12) ותתיך ליה ארבע עיזקין דדהב ותיתן על ארבע איזתוורוי ותרתין עיזקן על ציטריה חד ותרתין עיזקן על ציטריה תיניינא (EX 25:13) ותעביד אריחי דקיסי שיטא ותחפי יתהון דהבא (EX 25:14) ותהנעל ית אריחיא בעיזקתא על ציטרי ארונא למיטול ית ארונא בהון (EX 25:15) בעיזקתא דארונא יהוון מחתן (86) אריחיא לא יעדון מיניה (EX 25:16) ותיתן בגו ארונא ית לוחי סהדותא דאיתן לך (EX 25:17) ותעבד כפורתא דדהב דכי תרתין אמין ופלגא אורכא ואמתא ופלגא פותיה וסומכה יהי פושכה (EX 25:18) ותעביד תרין כרובין דדהב דכי נגיד תעביד יתהון מתרין ציטרי כפורתא (EX 25:19) ועיבד כרובא חד מציטרא מיכא וכרובא חד מציטרא מיכא מן כפורתא תעביד ית כרובייא מתרין ציטרוי (EX 25:20) ויהון כרוביא פריסו גדפיהון לעילא כל קבל רישיהום מטללין בגדפיהון על כפורתא ואפיהון חד כל קבל חד לקבל כפורתא יהון אפי כרוביא (EX 25:21) ותיתן ית כפורתא על ארונא מלעילא ובגו ארונא תיתן ית לוחי סהדותא דאיתן לך (EX 25:22) ואיזמן מימרי לך תמן ואימליל עימך מעילוי כפורתא מבין תרין כרוביא דעל ארונא

דסהדותא ית כל מה דאפקד יתך לות בני ישראל (EX 25:23 ותעביד
פתורא דקיסי שיטא תרתין אמין אורכיה ואמתא פותיה ואמתא ופלגא
רומיה (EX 25:24 ותחפי יתי דהב דכי ותעביד ליה דיר דדהב חזור
חזור (EX 25:25 ותעביד ליה גפוף רומיה הי פושכא חזור ותעביד
דיר דדהב לגפופיה חזור חזור (EX 25:26 ותעביד ליה ארבע עיזקן
דדהב ותיתן ית עיזקתא על ארבעה זיווין די לארבע ריגלוי
(EX 25:27 כל קבל גפוף תהוויין עיזקתא לאתרא לאריחייא למיטול
ית פתורא (EX 25:28 ותעביד ית אריחייא דקיסי שיטא ותחפי יתהון
דהבה ויהון נטלין בהון ית פתורא (EX 25:29 ותעביד פיילתוי
ובזיכוי וקשוותוי ומכילתוי די ישתמש ויתרק בהון דדהב דכי תעבד
יתהון (EX 25:30 ותסדר על פתורא לחמא גוואה קדמי תדירא
(EX 25:31 ותעביד מנרתא דדהב דכי נגיד תתעבד מנרתא בסיס דידא
וקנהא חיזורייה ושושנייה מינה יהון (EX 25:32 ושיתא קנין
נפקין מציטרהא תלתא קני מנרתא מציטרה חד ותלתא קני מנרתא
מציטרא תניינא (EX 25:33 (86A תלתא כלידין משקעין בציוריהון
בקנייא חד חיזור ושושן ותלתא כלידין משקעין בציוריהון בקנייא
חד חיזור ושושן היכדין לשיתא קנין דנפקין מן מנרתא (EX 25:34
ובמנרתא ארבעה כלידין משקעין בצייוריהון חיזורייהא ושושנייהא
(EX 25:35 וחיזור תחות תרין קנין דמינה וחיזור תחות תרין קנין
דמינה וחיזור תחות תרין קנין דמינה לשיתא קנין דנפקין מן מנרתא
(EX 25:36 חיזוריהון וקניהון מינה יהון כולה נגידה חדא דדהב
דכי (EX 25:37 ותעביד ית בוציניה שבעא ודליק כהנא דמתמני ית
בוצינהא ויהון מנהרין כל קבל אפהא (EX 25:38 ומלקטייהא
ומחתייהא דדהב דכי (EX 25:39 קנטינר דדהב דדכי יעבד יתה כל
מנייה דידה האילין (EX 25:40 וחמי ועיבד בציוריהון דאנת מתחמי
בטוורא (EX 26:1 וית משכנא תעביד עשר יריען דבוץ שזיר ותיכלא
וארגוונא וצבע זהורי צייור כרובין (EX 26:2 אורכא דיריעתא חדא
עשרין ותמני אמין דיריעתא חדא משחתא חדא לכל יריעתא (EX 26:3
חמש יריען תהוויין מלפפן חדא עם חדא וחמש יריען חורניין מלפפן
חדא עם חדא (EX 26:4 ותעבד ענובין דתיכלא על אימרה דיריעתא
חדא מן ציטרה בבית ליפופה וכן תעביד באימרה דיריעתא בבית
ליפופה תניין (EX 26:5 חמשין ענובין תעביד בירִיעתא חדא וחמשין
ענובין תעביד בציטרא דיריעתא דבבית ליפופה תיניינה מכוונן
ענובייא חדא כל קבל חד (EX 26:6 ותעביד חמשין פורפין דדהב
ותלפיף ית יריעתא חדא עם חדא בפורפייא ויתחבר משכנא למיהוי חד
(EX 26:7 ותעביד יריען דמעזי למפרס על משכנא חדיסירי יריען
תעביד יתהין (EX 26:8 אורכא דיריעתא חדא תלתין אמין ופותיא
ארבע אמין דיריעתא חדא משחתא חדא לחדסרי יריען (EX 26:9
ותלפיף (87 ית חמש יריען לחוד כל קבל חמשא סיפרי אורייתא וית
שית יריען לחוד כל קבל שית סדרי מתניתא ותיעוף ית יריעתא
שתיתיתא כל קבל אפי משכנא (EX 26:10 ותעביד חמשין ענובין על
אימרת דיריעתא חדא מציטרא בבית ליפופה וחמשין ענובין על אימרא
דיריעתא בבית ליפופה תניינא (EX 26:11 ותעביד פורפין דנחש
חמשין ותעיל ית פורפייא בענוביא ותלפיף ית משכנא ויהי חד

(EX 26:12 ושיפוע מותרא ביריעת משכנא פלגות יריעתא דיתירא
תשפע על אחורי משכנא (EX 26:13 ואמתא מיכא ואמתא מיכא בדיתיר
באורך יריעתא דמשכנא יהי משפע על ציטרי משכנא מיכא ומיכא
לכסיותיה (EX 26:14 ותעביד חופאה למשכנא מושכי דדיכרי מסמקי
וחופאה דמשכי ססגונא מלעילא (EX 26:15 ותעביד ית לוחיא למשכנא
דקיסי שיטא קיימין הי כאורח נציביהון (EX 26:16 עשר אמין
אורכא דלוחא ואמתא ופלגא דאמתא פותיה דלוחא חד (EX 26:17
תרתין צירין ללוחא חד מכוונן ציטר חד בגו חד הכדין תעביד לכל
לוחי משכנא (EX 26:18 ותעביד ית לוחיא למשכנא עשרין לוחין
לרוח עיבר דרומא (EX 26:19 וארבעין חומרין דכסף תעבד תחות
עשרין לוחין תרין חומרין תחות לוחא חד לתרין צירוי ותרין
חומרין תחות לוחא חד לתרין צירוי (EX 26:20 וליסטר משכנא
תיניינא לרוח ציפונא עשרין לוחין (EX 26:21 וארבעין חומריהון
דכסף תרין חומרין תחות לוחא חד ותרין חומרין תחות לוחא חד
(EX 26:22 ולסייפי משכנא מערבאה תעביד שיתא לוחין (EX 26:23
ותרין לוחין תעביד לזיוויית משכנא בסופיהון (EX 26:24 ויהון
מזווגין מלרע וכחדא יהון מזווגין על רישיהון בעיזקתא חדא
היכדין יהי לתריהון לתרין זיוויין יהון (EX 26:25 ויהון
תמנייא לוחין וחומריהון דכסף שיתיסרי חומרין תרין לוחין תחות
לוחא חד ותרין חומרין תחות לוחא חד (EX 26:26 ותעביד נגרין
דקיסי שיטא חמשא (87A ללוחי צטר משכנא חד (EX 26:27 וחמשא
נגרין ללוחי צטר משכנא תניינא וחמשא נגרין ללוחי צטר משכנא
לסופיהון מערבא (EX 26:28 ונגרא מציעאה בגו לוחייא משלביש מן
סייפי לסייפי מן אילנא דנציב אברהם בבירא דשבע וכד עברו ישראל
ית ימא קטעו מלאכייא ית אילנא וטלקוה לימא והוה טפי על אנפי
מיא והוה מלאכא מכרז ואמר דין הוא אילנא דנציב אברהם בבירא
דשבע וצלי תמן בשום מימרא דייי ונסבוהי בני ישראל ועבדו מיניה
נגרא מציעאה אורכיה שובעין אמין ופרישן מתעבדן ביה דכד הוו
מוקמין ית משכנא הוה מיסגלגל הי כעכינא חזור חזור מלגיו ללוחי
משכנא וכד הוה מתפרק הוה פשיט הי כחוטרא (EX 26:29 וית לוחיא
תחפי דהבא וית עיזקתהון תעביד דהבא אתרא לנגרין ותחפי ית נגריא
דהבא (EX 26:30 ותקים ית משכנא כהילכתא דאיתחמיתא בטוורא
(EX 26:31 ותעביד פרגודא דתיכלא וארגוונא וצבע זהורי ובוץ
שזיר עובד אומן יעביד יתה ציורין כרובין (EX 26:32 ותסדר יתה
על ארבעה עמודי שיטא מחפין דהבא וויהון דהבא על ארבעא חומרין
דכסף (EX 26:33 ותיתן ית פרגודא תחות פורפיא ותעיל לתמן מלגיו
לברוגדא ית ארונא דסהדותא ותפריש פרגודא לכון ביני קודשא וביני
קודש קודשיא (EX 26:34 ותיתן ית כפורתא בהדי כרוביא דנפקין
נגיד מינה בקודש קודשיא (EX 26:35 ותשוי ית פתורא מברא
לפרגודא וית מנרתא כל קבל פתורא על סטר משכנא דרומא ופתורא
תסדר על סטר ציפונא (EX 26:36 ותעבד פרסא לתרע משכנא תיכלא
וארגוונא וצבע זהורי ובוץ שזיר עובד צייור מחטא (EX 26:37
ותעבד לפרסא חמשא עמודי שיטא ותחפי יתהון דהבא וויהון דהבא
ותתיך להון חמשא חומרין דנחשא (EX 27:1 ותעביד ית מדבחא דקיסי

שיטא חמש אמין אורכא וחמש (88) אמין פותיא מרבע יהי מדבחא ותלת אמין רומיה (EX 27:2) ותעביד קרנוי על ארבע זיווייתיה מיניה יהויין קרנוי זקיפן לעיל ותחפי יתיה נחשא (EX 27:3) ותעביד דודוותיה למרדדא יתיה ומגרפתיה ומזירקוי ומשילייתיה ומחתייתיה כל מנוי תעביד נחשא (EX 27:4) ותעביד ליה קנקל עובד מצדתא דנחשא ותעבד על מצדתא ארבע עיזקן דנחשא על ארבע ציטרוי (EX 27:5) ותיתן יתה תחות סובבי מדבחא מלרע ותיהי מצדתא על פלגות מדבחא ואין נפיל גרמא או גומרא דאשא מעילוי מדבחא נפיל עילוי קנקל ולא יתמטי לארעא ונסבין יתיה כהניא מעילוי קנקל ומהדרין יתיה על מדבחא (EX 27:6) ותעביד אריחין דקיסי שיטא ותחפי יתהון נחשא (EX 27:7) ויהנעל ית אריחוי בעיזקתא ויהון אריחיא על תרין ציטרי מדבחא במיטל מדבחא (EX 27:8) חליל לוחין מלי עפרא תעביד יתיה הי כמא דאחמיתך בטוורא היכדין יעבדון (EX 27:9) ותעבד ית דרת משכנא לרוח עיבר דרומא ווילוון לדרתא דבוץ שזיר מאה אמין אורכא לרוח חדא (EX 27:10) ועמודוי עשרין וחומריהון עשרין דנחשא ווי עמודיא וכיבושיהון כסף (EX 27:11) והיכדין לרוח ציפונא באורכא ווילוון מאה אורכא ועמודיהון עשרין וחומריהון עשרין דנחשא ווי עמודיא וכיבושיהון כסף (EX 27:12) ופותיא לרוח מערבא ווילוון חמשין אמין עמודיהון עשרה וחומריהון עשרה (EX 27:13) ופותיא דדרתא לרוח קידומא מדינחא חמשין אמין (EX 27:14) וחמיסירי אמין ווילוון לעיברא עמודיהון תלתא וחומריהון תלתא (EX 27:15) (EX 27:16) ולתרע דרתא פרסא עשרין אמין דתיכלא וארגוונא וצבע זהורי ובוץ שזיר עובד צייור מחטא עמודיהון ארבעא וחומריהון ארבעא (EX 27:17) כל עמודי דרתא חזור חזור מכבשין כסף וויהון כסף וחומריהון (88A) דנחשא (EX 27:18) ארכא דדרתא מאה אמין ופותיא חמשין למערבא וחמשין למדינחא ורומא חמש אמין דבוץ שזיר וחומריהון דנחשא (EX 27:19) לכל מני משכנא בכל פולחניה וכל מתחוי וכל מתחי דרתא חזור חזור דנחשא

פרשה תצוה

(EX 27:20) ואנת תפקד ית בני ישראל ויסבון לך מישחא דזיתא דכיא כתישא לאנהורי לאדלקא בוציניא תדירא (EX 27:21) במשכן זימנא מברא לפרגודא דעל סהדותא יסדר יתיה אהרן ובנוי מן רמשא ועד צפרא קדם ייי קיים עלם לדריהון מן בני ישראל (EX 28:1) ואנת קריב לוותך ית אהרן אחוך וית בנוי עימיה מגו בני ישראל לשמשא קדמי אהרן נדב ואביהוא אלעזר ואיתמר בנוי דאהרן (EX 28:2) ותעביד לבושי קודשא לאהרן אחוך ליקר ולתושבחא (EX 28:3) ואנת תמליל עם כל חכימיה ליביה דאשלימית עמהון רוחא דחכמתא ויעבדון ית לבושי אהרן לקדשותיה לשמשא קדמי (EX 28:4) ואילין לבושיא דיעבדון חושנא ואפודא ומעילא וכיתונין מרמצן מצינפן וקמורין ויעבדון לבושיה קודשא לאהרן אחוך ולבנוי לשמשא קדמוי (EX 28:5) והינון יסבון מן ממונהון ית דהבא וית תיכלא וית ארגוונא וית צבע זהורי וית בוצא (EX 28:6) ויעבדון ית אפודא תיכלא וארגוונא וצבע זהורי ובוץ שזיר עובד אומן (EX 28:7) תרתין כיתפין מלפפן יהוון ליה לתרין סיטרוי ויתלפף

(EX 28:8) והמיין טיכוסיה דעלוי הי כעובדיה מיניה יהי דדהבא
תיכלא וארגוונא וצבע זהורי ובוץ שזיר (EX 28:9) ותיסב (89) ית
תרתין מרגליין דבורלא ותיגלוף עליהון שמהת בני ישראל
(EX 28:10) שיתא מן קצת שמהתהון על מרגלייא חדא וית שמהת שיתא
דמשתיירין על מרגליתא תנייתא מסדרין הי כילדותהון (EX 28:11)
עובד אומן יהוויין מרגלייתא גליף חקיק ומפרש הי כגלוף דעיזקא
תיגלוף ית תרתין מרגלייתא על שמהת בני ישראל מקפן באומנותהון
מרמצן דדהב תעבד יתהון (EX 28:12) ותסדר ית תרתין מרגלייתא על
כיתפי איפודא מרגליית מדכרן זכותא לבני ישראל ויטול אהרן ית
שמהת בני ישראל על תרין כתפוי לדוכרנא (EX 28:13) ותעביד מרמצן
דדהב (EX 28:14) ותרתין שישלן דדהב דכי מתחמן תעבד יתהון עובד
קליעא ותיתן ית שושלתא קליעתא על מרמצתא (EX 28:15) ותעבד חושן
דינא דביה מהודע דינהון דישראל דאיתכסי מן דיינייא וסידרי נצחן
קרביהון ולמכפרא על דיינייא עובד אומן הי עובד איפודא תעבדיניה
דדהבא תיכלא וארגוונא וצבע זהורי ובוץ שזיר תעביד יתיה
(EX 28:16) מרבע יהי עיף זרתא אורכיה וזרתא פותיה (EX 28:17)
ותשלים ביה אשלמות דמרגליין טבאן ארבעא סידרין דמרגליין טבאן
כל קבל ארבעא טריגונין דעלמא סידרא קדמיא סמוקתא ירקתא וברקתא
סדרא חד ועליהון חקיק ומפרש שמהת שבטיא ראובן שמעון ולוי
(EX 28:18) ושום סידרא תיניינא איזמורד וספירינון וכדכודין
ועליהון חקיק ומפרש שמהת תלתא שיבטיא יהודה דן ונפתלי
(EX 28:19) ושום סידרא תליתאה קנכירינון וטרקין ועין עיגל
ועליהון חקיק ומפרש שמהת תלתא שיבטיא גד ואשר וישׂשכר
(EX 28:20) ושום סידרא רביעאה כרום ימא רבא ובירליוות חלא
ומרגניית אפנטורין ועליהון חקיק ומפרש שמהת תלתא שיבטיא זבולן
יוסף ובנימין משקען בדהב יהון באשלמותהון (EX 28:21) ומרגלייתא
תהוויין מתנסבן על שמהת בני ישראל הינון (89A) תרתיסירי על
שמהתהון גליף חקיק ומפרש הי כגלוף דעיזקא גבר מרגליתיה על שמיה
תהויין לתריסר שיבטין (EX 28:22) ותעבד על חושנא שישלן מתחמן
עובד קליעא דדהב דכי (EX 28:23) ותעביד על חושנא תרתין עיזקן
דידהב דכי ותיתן ית תרתין עיזקתא על תרין סיטרי חושנא
(EX 28:24) ותיתן ית תרתין קליען דדהב על תרתין עיזקתא בסיטרי
חושנא (EX 28:25) וית תרתין קליען דעל תרין סיטרוי תיתן על
תרתין מרמצתא ותיתן על כתפי אפודא כל קבל אנפוי (EX 28:26)
ותעביד תרתין עיזקן דדהב ותיתן יתהון על תרין סיטרי חושנא על
שיפמיה דלעברא לאפודא לגיו (EX 28:27) ותעביד תרתין עיזקן דדהב
ותיתן יתהון על תרין כתפי אפודא מלרע מקבל אפוי כל קבל בית
לופי מעילוי להמיין איפודא (EX 28:28) ויטכסון ית חושנא
מעיזקתיה לעיזקת איפודא בשזיר חוטא דתיכלא למהוי אדיק על המיין
אפודא ולא יתפרק חושנא מעילוי איפודא (EX 28:29) ויטול אהרן ית
שמהת בני ישראל בחשן דינא על ליביה בזמן מיעליה לקודשא לדוכרן
טב קדם ייי תדירא (EX 28:30) ותיתן בחשן דינא ית אוריא דמנהרין
מיליהון ומפרסמין טמירן דבית ישראל וית תומיא דמשלימין
בעובדיהון לכהנא רבא דתבע אולפן מן קדם ייי בהון דבהון חקיק

ומפרש שמא רבא וקדישא דביה אתבריין תלת מאה ועישרתי עלמיא
וחקיק ומפרש באבן שתייה דבה חתם מריה עלמא פום תהומא רבא מן
שירויא וכל מאן דמדכר ההוא שמא קדישא בשעת אניקי מישתיזב
וטמירן מיגליין ליה ויהון על ליבה דאהרן בזמן מיעליה קדם ייי
ויטול אהרן ית דין בני ישראל על ליביה קדם ייי תדירא
(EX 28:31 ותעבד ית מנטר מעילא דאיפודא שזיר חוטא דתיכלא
(EX 28:32 ויהי פום רישיה במיצעיה תורא בשיפמיה יהי מקף
לפומיה חזור חזור עובד גרדא הי כפום שיריא יהי ליה לא יתבזע
(90) (EX 28:33 ותעבד על שיפולוי רומניין דתיכלא וארגוונא
וצבע זהורי על שיפולוי חזור חזור וחיזוריין דדהבא במציעיהון
חזור חזור (EX 28:34 חיזורא דדהבא ורומנא דתכלתא ודצבע זהורי
חיזורא דדהבא ורומנא דתכלתא וצבע זהורי על שיפולי מנטר מעילא
חזור חזור סכומהון שובעין וחד (EX 28:35 ויהי עטיף על אהרן
לשמשא וישתמש קליה בזמן מיעליה לקודשא קדם ייי ובזמן מיפיקיה
ולא ימות באישא מצלהבא (EX 28:36 ותעביד ציצא דדהב דכי
ותיגלוף עלוי חקיק ומפרש קדש לייי (EX 28:37 ותסדר יתיה על
שזיר חוטא דתכלתא למכפרא על חציפי אפיא ויהי על מצנפתא מעילוי
תפילת רישא כל קבל אפי מצנפתא יהי (EX 28:38 ויהי על פדחתא
דבית אפוי דאהרן מן צידעא לצידעא יתמטי ויטול אהרן ית עוויית
קודשיא דיקדשון בני ישראל לכל מתנת קודשיהון דמשקרין בהון ויהי
על פדחתא תדירא לרעוא להון קדם ייי (EX 28:39 ותרמיץ כיתונא
דבוצא למכפרא על שידי אדמא זכאה ותעביד מצנפתא דבוצא למכפרא על
מגיסי רעיוניהון וקמור תעביד עובד ציור (EX 28:40 ולבני אהרן
תעביד כיתונין ותעביד להון קמורין וכובעין תעבד להון ליקר
ולתושבחא (EX 28:41 ותלבש יתהון ית אהרן אחוך וית בנוי עימיה
ותרביה יתהון ותקריב ית קורבנהון ותקדש יתהון וישמשון קדמי
(EX 28:42 ועיבד להון אוורקסין דבוץ לכסאה בשר עיריא מן אסר
קמור חרציהון ועד ירכיהון יהון (EX 28:43 ויהון על אהרן ועל
בנוי בזמן מיעלהון למשכן זימנא או במקרבהון למדבחא לשמשא
בקודשא ולא יקבלון חובא באישא מצלהבא קיים עלם ליה ולבנוי
בתרוי (EX 29:1 ודין פתגמא דתעביד להון לקדשא יתהון לשמשא
קדמוי סב תור חד בר תורי דלא עירובין ודיכרין תרין שלמין
(EX 29:2 ולחם פטיר וגריצן פטירין דפתיכין במשח זיתא (90A
ועירוכין דלחם פטיר דמשיחין במשח זיתא מן סמידא דחינטין תעביד
יתהון (EX 29:3 ותיתן יתהון על סלא חד ותקריב יתהון בסלא וית
תורא וית תרין דיכרין יסוברון באסלא (EX 29:4 וית אהרן וית
בנוי תקריב לתרע משכן זימנא ותטבול יתהון בארבעין סאוין דמיין
חיין (EX 29:5 ותיסב ית לבושיא ותלבש ית אהרן ית כיתונא וית
מנטר מעיל אפודא וית אפודא וית חושנא ותטכס יתיה בהמיין אפודא
(EX 29:6 ותשוי מצנפתא על רישיה ותיתן ית כלילא דביה חקיק שמא
דקודשא על מצנפתא (EX 29:7 ותיסב ית מישחא דרבותא ותריק על
רישיה ותרבי יתיה (EX 29:8 וית בנוי תקריב ותלבישינון כיתונין
(EX 29:9 ותטכס יתהון בקמורין לאהרן ובנוי ותכבוש להון כובעין
ותהי להון כהונתא לקיים עלם ותקרב קורבנא דאהרן וקורבנא דבנוי

(EX 29:10) ותקריב ית תורא קדם משכנא זימנא ויסמוך אהרן ובנוי
ית ידיהון על ריש תורא (EX 29:11) ותיכוס ית תורא קדם ייי לתרע
משכן זימנא (EX 29:12) ותיסב מאדמא דתורא ותיתן על קרנת מדבחא
באדבעך וית כל דמא תשוד ליסודא דמדבחא (EX 29:13) ותיסב ית כל
תרבא דחפא על בני גווא וית דמשתאר על חצר כבדא וית תרתין
כוליין וית תרבא דעליהן ותסדר על מדבחא (EX 29:14) וית בישרא
דתורא וית מושכיה וית ריעייה תוקיד בנורא מברא למשריתא חטאתא
היא (EX 29:15) וית דיכרא חד תיסב ויסמכון אהרן ובנוי ית
ידיהון על ריש דיכרא (EX 29:16) ותיכוס ית דיכרא ותיסב ית
אדמיה ותדרוק על מדבחא חזור חזור (EX 29:17) וית דיכרא תפסיג
לפסגוי ותחליל בני גווייה וכרעוי ותסדר אל איברוי ועל רישיה
(EX 29:18) ותסיק ית כל דיכרא למדבחא עלתא הוא קדם ייי לאתקבלא
ברעוא קרבנא קדם ייי הוא (EX 29:19) ותיסב ית דיכרא (91)
תניינא ויסמוך אהרן ובנוי ית ידיהון על ריש דיכרא (EX 29:20)
ותיכוס ית דיכרא ותיסב מן אדמיה ותיתן על חסחוס אודנא דאהרן
דימינא ועל חסחוס אודנא דבנוי דימינא ועל אליון ידיהון דימינא
ועל איליון ריגליהון דימינא ותדרוק ית מותר אדמה על מדבחא חזור
חזור (EX 29:21) ותיסב מן אדמא דעל מדבחא וממשחא דרבותא ותדי
על אהרן ועל לבושוי ועל בנוי ועל לבושי בנוי עימיה (EX 29:22)
ותיסב מן דיכרא תרבא ואליתא וית תרבא דחפי ית בני גווא וית
דמשתאר על חצר כבדא וית תרתין כוליין וית תרבא דעליהון וית שקא
דימינא ארום דכר קורבניא הוא (EX 29:23) ועגול דלחים חד וגריץ
דלחם פתיך במשח חד ועריך חד מסלא דפטירא קדם ייי (EX 29:24)
ותשוי כולא על ידי אהרן ועל בנוי ותרים יתהון ארמא קדם ייי
(EX 29:25) ותיסב יתהון מידהון ותסדר במדבחא על עלתא לאתקבלא
ברעוא קדם ייי קורבנא הוא קדם ייי (EX 29:26) ותיסב ית חדיא
מדכר קורבניא דלאהרן ותרים יתה ארמא קדם ייי ויהי לך לחולק
(EX 29:27) ותקדש ית חדיא דארמותא וית שקא דאפרשותא דאיתרם
ודאיתפרש מדכר קורבניא מדי לאהרן ומידי לבנוי (EX 29:28) ויהי
לאהרן ולבנוי לקיים עלם מן בני ישראל מניכסת קודשיהון
אפרושותהון קדם ייי (EX 29:29) ולבושי קודשא דילאהרן יהון
לבנוי בתרוי לרבאה בהון ולקרבא בהון ית קורבנהון (EX 29:30)
שובעא יומין ילבשינון כהנא דיקום בתרוי מן בנוי ולא מן ליואי
בזמן דיעולו למשכן זימנא לשמשא בקודשא (EX 29:31) וית דכר
קורבניא תיסב ותבשיל ית בישריה באתר קדיש (EX 29:32) וייכול
אהרן ובנוי ית בישרא דדיכרא וית לחמא דבסלא בתרע משכן זימנא
(EX 29:33) וייכלון יתהון דאתכפר בהון לקרבא ית קרבנהון למקדשא
יתהון לשמשא קדמי וחילוני לא ייכול ארום קודשא הינון
(EX 29:34) ואין ישתייר מבשר קורבניא ומן לחמא עד צפרא ותוקיד
ית (91A) דמשתייר בנורא לא יתאכל ארום קודשא הוא (EX 29:35)
ותעביד לאהרן ולבנוי היכדין ככל די פקידית יתך שובעא יומין
תקרב קרבנהון (EX 29:36) ותורא דחטאתא תעביד ליומא על כיפוריא
ותדכי על מדבחא בכפרותך עלוי ותרבי יתיה לקדשותיה (EX 29:37)
שובעא יומין תכפר על מדבחא ותקדיש יתיה ויהי מדבחא קודש קודשין

כל דיקרב במדבחא יתקדש מן בני אהרן ברם משאר עמא לית אפשר להון
למיקרב דילמא יתוקדון באישא מצלהבא דנפיק מן קודשיא (EX 29:38
ודין קורבנא דתעביד על מדבחא אימרין בני שנה תרין ליומא תדירא
(EX 29:39) ית אימרא חד תעביד בצפרא וית אימרא תניינא תעביד
ביני שימשתא (EX 29:40) ועשרונא סמידא פתיך במשח זיתא כתישא
רבעות הינא וניסוכא רבעות הינא לאימרא חד (EX 29:41) וית אימרא
תניינא תעביד ביני שימשתא הי כמנחת צפרא והי כניסוכא תעבד לה
לאתקבלא ברעוה קרבנא קדם ייי (EX 29:42) עלת תדירא לדריכון
בתרע משכן זימנא קדם ייי דאיזמן מימרי לכון תמן למללא עימך תמן
(EX 29:43) ואיזמן מימרי תמן לבני ישראל ואיקדש ברבניכון בגין
יקרי (EX 29:44) ואיקדש ית משכן זימנא וית מדבחא וית אהרן וית
בנוי איקדש לשמשא קדמוי (EX 29:45) ואשרי שכינתי בגו בני ישראל
ואהוי להון לאלקא (EX 29:46) וידעון בני ישראל ארום אנא ייי
אלקין די הנפיקית יתהון פריקין מארעא דמצרים לאשראה שכינתיה
ביניהון אנא הוא ייי אלקהון (EX 30:1) ותעביד מדבחא לאסקא עלוי
קטרת בוסמיא דקיסי שיטא תעביד יתהון (EX 30:2) אמתיה אורכיה
ואמתא פותיה מרבע יהי ותרתין אמין רומיה מיניה יהון קרנוי
זקיפין (EX 30:3) ותחפי יתיה דהב דכי ית איגריה וית כותלוי חזור
חזור וית קרנוי ותעביד ליה זיר דדהב חזור חזור (EX 30:4
ותרתין עיזקן דדהב תעביד ליה מלרע לזיריה (92) על תרין זיויתיה
תעביד על תרין ציטרוי ויהי לאתרא לאריחיא למיטל יתיה בהום
(EX 30:5) ותעביד ית אריחיא דקיסי שיטא ותחפי יתהון דהבא
(EX 30:6) ותיתן יתיה קדם פרגודא דעל ארונא דסהדותא קדם כפורתא
דעל סהדותא דאיזמן מימרי לך תמן (EX 30:7) ויקטר עלוי אהרן
קטרת בוסמין בצפר בצפר באתקנותיה ית בוציניא יקטירנה (EX 30:8
ובאדלקות אהרן ית בוציניא ביני שימשתא יקטירנה קטורת בוסמין
תדירא קדם ייי לדריכון (EX 30:9) לא תסקון עלוי קטרת בוסמין
דעממין נוכראין ועלתא ומנחתא וניסוכין לא תנסכון עלוי
(EX 30:10) ויכפר אהרן על קרנוי חדא בשתא מן אדם חטאתא
דכיפוריא חדא זימנא בשתא יכפר עלוי ביומי דכיפורי לדריכון קודש
קודשין הוא קדם ייי

פרשה כי תשא

(EX 30:11) ומליל ייי עם משה למימר (EX 30:12) ארום תקביל
ית חושבין בני ישראל למניינהון ויתנון גבר פורקן נפשיה קדם ייי
כד תימני יתהון ולא יהון בהון ניזקא דמותא כד תימני יתהון
(EX 30:13) דין שיעורא איתחמי למשה בטוורא הי כדינרא דאישא
והיכדין אמר ליה כדין יתנון כל מאן דעבר על מיניינייא פלגות
סילעא בסילעא דטיבעא דקודשא עשרין מעין סילעא פלגות סילעא
אפרשותא קדם ייי (EX 30:14) כל מאן דעבר על מניינייא מבר עשרין
שנין ולעילא יתן אפרשותא קדם ייי (EX 30:15) דעתיר לא יסגי
ודמיסכן לא יזער מפלגות סילעא למיתן ית אפרשותא קדם ייי לכפרא
על נפשתיכון (EX 30:16) ותיסב ית כספא דכיפוריא מן בני (92A)
ישראל ותיתן יתיה על עיבידת משכן זימנא ויהי לבני ישראל לדוכרן
טב קדם ייי לכפרא על נפשתיכון (EX 30:17) ומליל עם משה למימר

(EX 30:18) ותעביד כיורא דנחשא ובסיסיה דנחשא לקידוש ותסדר
יתיה בין משכן זימנא ובין מדבחא ותיתן תמן מוי (EX 30:19)
ויסבון מיניה בנטלא דכיה ויקדשון בימוהי אהרן ובנוי ית אידיהון
וית ריגליהון (EX 30:20) בזמן מיעלהון למשכן זימנא יקדשון מוי
ולא ימותון באישא מצלהבא או בזמן מקרבהון למדבחא לשמשא לאסקא
קורבנא קדם ייי (EX 30:21) ויסבון מוי מן כיורא בנטלא דכיה
ויקדשון ידיהון וריגליהון ולא ימותון באישא מצלהבא ותהי להון
קיים עלם ליה ולבנוי לדריהון (EX 30:22) ומליל ייי עם משה
למימר (EX 30:23) ואנת סב לך בושמין בשירויא מור בהיר מתקל חמש
מאה מנין וקנמון בושם פלגותיה מתקל מאתן וחמשין מנין וקנה
בושמא מתקל מאתן וחמשין מנין (EX 30:24) וקציעיתא מתקל חמש מאה
מנין סילעין בסילעי קודשא ומשח זיתא מלי קסטא דסכומיה תריסר
לוגין לוגא לכל שיבטא לתריסר שיבטין (EX 30:25) ותעביד יתיה
משח רבות קודשא בושם מתבשם עובד בשמא ממזית משח רבות קודשא יהי
(EX 30:26) ותרבי ביה ית משכן זימנא וית ארונא דסהדותא
(EX 30:27) וית פתורא וית כל מנוי וית מנרתא וית מנהא וית
מדבחא דקטרת בוסמיא (EX 30:28) וית מדבחא דעלתא וית כל מנוי
וית כיורא וית בסיסיה (EX 30:29) ותקדש יתהון ויהון קודש
קודשין כל דיקרב בהון מן כהניא יתקדש ומשאר שיבטיא יתוקד באישא
מצלהבא קדם ייי (EX 30:30) וית אהרן וית בנוי תרבי ותקדש יתהון
לשמשא קודמוי (EX 30:31) ועם בני ישראל תמליל למימר משח רבות
קודשא יהי דין קדמי לדריכון (EX 30:32) על בישרא דאינשא לא
יתמרק ובדמוייה לא תעבדון כוותיה קודשא הוא קודשא יהי לכון
(EX 30:33) גבר די ימזג כוותיה ודיתן מיניה על חילוניי דלא
מבנוי (93) דאהרן וישתיצי מעמיה (EX 30:34) ואמר ייי למשה סב
לך בושמיא קטף וכשת וחלבניא בוסמין בחירין ולבונתא דכיתא מתקל
במתקל יהי (EX 30:35) ותעביד יתיה קטרת בוסמין בוסם עובד ממזיג
מערב דכי קודשא (EX 30:36) ותיכתוש מינה ותדיק ותיתן מינה קדם
סהדותא במשכן זימנא דאיזמן מימרי לך תמן קודש קודשין תהי לכון
(EX 30:37) וקטרת בוסמין דתעבד בדמוייה לא תעבדון לכון קודשא
תהי לכון קדם ייי (EX 30:38) גבר דיעבד דכוותיה לארחא בה
וישתיצי מעמיה (EX 31:1) ומליל ייי עם משה למימר (EX 31:2) חמי
משה דקריית בשום טב בצלאל בר אורי בר חור לשיבטא דיהודה
(EX 31:3) ואשלימית עימיה רוח קודשא מן קדם ייי בחכמתא
ובסכולתנו ובמנדעא ובכל עיבידתא (EX 31:4) למיחשב ברעיונהון
היך למעבד בדהבא ובכספא ובנחשא (EX 31:5) ובאגלפות מרגליתא
לאשלמא ובנגרות קיסא למעבד כל עיבידתא (EX 31:6) ואנא הא מניית
עימיה ית אהליאב בר אחיסמך לשיבטא דדן ובליבא דכל חכימי ליבא
אוסיפית רוח חכמתא ויעבדון ית כל מה דאפקדתך (EX 31:7) ית משכן
זימנא וית ארונא דסהדותא וית כפורתא דעלוי וית כל מני משכנא
(EX 31:8) וית פתורא וית כל מנוי וית מנרתא דכיתא וית כל מנהא
וית מדבחא דקטרת בושמיא (EX 31:9) וית מדבחא דעלתא וית כל מנוי
וית כיורא וית בסיסיה (EX 31:10) וית לבושי שמושא וית לבושי
קודשא לאהרן כהנא וית לבושי בנוי לשמשא (EX 31:11) וית משח

רבותא וית קטורת בוסמיא לקודשא הי ככל מה דפקידתך יעבדון (EX 31:12) ואמר ייי למשה למימר (EX 31:13) ואנת תמליל עם בני ישראל למימר ברם ית יומי שביא דילי תינטרון ארום את הוא בין מימרי וביניכון למידוע ארום אנא הוא ייי מקדישכון (EX 31:14) ותינטרון ית שבתא ארום קודשא היא לכון כל דיפסינה איתקטלא איתקטל ארום כל מאן דיעבד (93A) בה עיבידתא וישתיצי בר נשא ההוא מעמיה (EX 31:15) שיתא יומין יתעביד עיבידתא וביומא שביעאה שבת שבתא קודשא קדם ייי כל מאן די עביד עיבידתא ביומא דשבתא אתקטלא יתקטל באטלות אבנין (EX 31:16) וינטרון בני ישראל ית שבתא למעבד תפנוקי שבתא לדריהון קיים עלם (EX 31:17) בין מימרי ובין בני ישראל את היא לעלם ארום בשיתא יומין ברא ייי ושכליל ית שמיא וית ארעא וביומא שביעאה שבת ונח (EX 31:18) ויהב למשה כד פסק למללא עימיה בטוורא דסיני תרין לוחי סהדותא לוחי דאבן ספירינון מכורסי יקרא מתקלהון ארבעין סאין כתיבין באדבעא דייי (EX 32:1) וחמא עמא ארום אשתהי משה מן למיחות מן טוורא ואיתכנש עמא על אהרן כד חמון דעבר זימנא דקבע להון ואזל סטנא ואטעינון והדר ליבהון זהוהין ואמר ליה קום עיבד לנא דחלן דיטיילון קדמנא ארום דין משה גברא דאסקנא מארעא דמצרים אשתלהב בטוורא באישא מצלהבא מן קדם ייי לא אשתמודענא מה הוה ליה בסיפיה (EX 32:2) ואמר להון אהרן פריקו קדשי דדהבא דבאודני נשיכון בניכון ובנתיכון ואייתו לוותי (EX 32:3) וסריבו נשיא למיתן תכשיטיהון לגובריהון ומן יד פריקו כל עמא ית קדשי דדהבא די בודניהון ואייתיו לאהרן (EX 32:4) ונסיב מידיהון וצר יתיה בשושיפא ורמא יתיה בטופרא ועבדיה עיגל מתכא ואמרו איליין דחלתך ישראל דהנפקוך מארעא דמצרים (EX 32:5) וחמא אהרן ית חור נכיס קדמוי ודחיל ובנא מדבחא קדמוי וקרא אהרן בקל עציב ואמר חגא קדם ייי מחר מניכסת קטול בעלי דבבוי איליין דכפרין במריהון ופרגו איקר שכינתיה בעיגלא הדין (EX 32:6) ואקדימו מיומא חרא ואסיקו עלוון וקריבו ניכסין ואסחר עמא למיכול ולמישתי וקמו להון למגחכא בפולחנא נוכריא (EX 32:7) ומליל ייי עם משה איזל חות מן רבות יקרך דלא יהיבת לך רבותא אלהין בגין ישראל וכדון חבילו (94) עובדיהון עמך דאסיקת מארעא דמצרים (EX 32:8) סטו בפריע מן אורחא דפקידתינון בסיני לא תעבדון לכון צלם וצורה וכל דמו וכדון עבדו לכון עיגל מתכו וסגידו ליה ודבחו ליה ואכריזו קודמוי אילן דחלתך ישראל דאסקוך מארעא דמצרים (EX 32:9) ואמר ייי למשה גלי קדמוי זדונהון דעמא הדין והא עם קשי קדל הוא (EX 32:10) וכדון אנח בעותך ולא תפגין עליהון קדמי וארתח רגז אישתא תקיפתא בהון ואישיצינון ואעבד יתך לעם סגי (EX 32:11) ואתחלחל משה מן רתיתא ושרי לצלאה קדם ייי אלקיה ואמר למא ייי יתקוף רוגזך בעמך דהנפקת מארעא דמצרים בחיל רב ובידא תקיפא (EX 32:12) למא דין יימרון מצראי דמשתיירין למימר בבישא הנפיקינון לקטלא יתהון ביני טוורייא תבור וחרמון ושריון וסיני ובגין לשיצאה יתהון מעל אפי ארעא תוב מתקוף רוגזך ויהוי תוהו קדמך על בישתא דמלילתא למעבד לעמך (EX 32:13) הוי דכיר לאברהם

וליצחק ולישראל עבדך דקיימתא להון במימרך ומלילתא להום אסגי ית בניכון הי ככוכבי שמיא וכל ארעא הדא דאמרית לכון איתן לבנכון ויחסנון לעלם (EX 32:14) והוה תהו מן קדם ייי על בישתא דחשיב למעבד לעמיה (EX 32:15) ואתפני ונחת משה מן טוורא ותרין לוחי סהדותא בידיה לוחין כתיבין מתרין ציטריהון מיכא ומיכא אינון כתיבין (EX 32:16) ולוחיא עובדא דייי הינון וכתבא כתבא דייי הוא חקיק ומפרש על לוחיא (EX 32:17) ושמע יהושע ית קל עמא כד מיבבין בחדווא קדם עיגלא ואמר למשה קל סידרי קרבא במשריתא (EX 32:18) ואמר לא קל גיברין דנצחין בסידרי קרבא ולא קל חלשין דמתנצחין מן בעלי דבביהון בסידרי קרבא קל פלחי פולחני נוכראה ומגחכן קדמהא אנא שמע (EX 32:19) והוה כד קריב משה למשריתא וחמא ית עיגלא וחינגין בידיהון דרשיעיא מחנגין ומגחנין קדמוי וסטנא הוה בגויה מטפז ומשוור קדם עמא ומן יד תקף רתח רוגזיה דמשה (94A) וטלק מן ידוי ית לוחיא ותבר יתהון בשיפולי טוורא ברם כתבא קדישא די בהון הוה פרח וטייס לאויר שמיא והוה צווח ואמר חבל על עמא דשמעו בסיני מן פום קודשא לא תעבדון לכון צלם וצורה וכל דמו ולסוף ארבעין יומין עבדו עיגל מתכא דלית בה מששא (EX 32:20) ונסיב ית עיגלא דעבדו ואוקיד בנורא ושף עד דהוה דקיק ודרי על אנפי מוי דנחלא ואשקי ית בני ישראל וכל מאן דיהב תמן מאנא דדהבא הוה סימא נפקא באנפוי (EX 32:21) ואמר משה לאהרן מה עבד לך עמא הדין ארום אתיתא עלוי חובא רבא (EX 32:22) ואמר אהרן לא יתקף רוגזא דריבוני אנת ידעת ית עמא ארום בני צדיקיא אינון ברם יצרא בישא הוא דאטעינון (EX 32:23) ואמרו לי עיבד לנא דחלן דיטיילון קדמנא ארום דין משה גברא דאסקנא מארעא דמצרים אישתלהב בטוורא באישא מצלהבא מן קדם ייי ולא אשתמודענא מה הוה ליה בסיפיה (EX 32:24) ואמרית להון למאן אית דהב פריקו ויהבו לי וטלקתיה בנורא ועאל סטנא בגויה ונפק מיניה דמות עיגלא הדין (EX 32:25) וחמא משה ית עמא ארום פריעין הינון ארום פריעו על ידוי דאהרן ית כלילא קדישא דהוה ברישיהון והוה שמא רבא ויקירא חקיק ומפרש ביה ונפק טיבהון ביש בעממי ארעא וקנון להון שום ביש לדריהון (EX 32:26) וקם משה בתרע סנהדרין דמשריתא ואמר מאן הוא דחליא דייי ייתון לותי ואתכנשו לוותיה כל בנוי דלוי (EX 32:27) ואמר להון כדנן אמר ייי אלקא דישראל כל מאן דדבח לטעוות עממיא יתקטל בסייפא וכדון עיברו ותובו מתרע סנדרי לתרע בי דינא במשריתא ובעו מן קדם ייי דישתביק לכון חובא דא ואתפרעו מן רשיעיא פלחי פולחנא נוכראה וקטולו אפילו גבר ית אחוי וגבר ית חבריה ואינש ית קריביה (EX 32:28) ועבדו בני לוי הי כפיתגמא דמשה ונפלו מן עמא (95) דהוה סימא באפיהון בקטילת סייפא ביומא ההוא כמניין תלתא אלפין גברא (EX 32:29) ואמר משה קריבו קורבנכון על שפיכות אדמא די בידיכון ויתכפר לכון קדם ייי ארום נגעתון גבר בבריה ובאחוי ולאייתאה עליכון יומא דין בירכתא (EX 32:30) והוה ביומא חרי ואמר משה לעמא אתון חבתון חובא רבא וכדון איסק ואיצלי קדם ייי הלואי איכפר על חוביכון (EX 32:31) ותב משה וצלי קדם ייי ואמר במטו מינך ריבון כל עלמיא גלי קדמך

חשוכא הי כנהורא וכדון חב עמא הדין חובא רבא ועבדו להון דחלן
דדהב (EX 32:32) וכדון אין תשבוק לחוביהון שבוק ואין לא מחיני
כדון מן ספר צדיקיא דכתבתא שמי בגויה (EX 32:33) ואמר ייי למשה
לא חמי למימחי שמך אלהין מאן דחב קדמי אמחיניה מסיפרי
(EX 32:34) וכדון איזל דבר ית עמא לאתר דמלילית לך הא מלאכי
יטייל קדמך וביום אסערותי אסער עליהון חוביהון (EX 32:35) וחבל
מימרא דייי ית עמא על דגחנו לעיגלא דעבד אהרן (EX 33:1) ומליל
ייי עם משה איזל איסתלק מיכא דילמא יתקף רתח רוגזי בעמא
ואישיצינון בגין כן טייל אנת ועמא דאסיקתא מארעא דמצרים לארעא
דקיימית לאברהם ליצחק וליעקב למימר לבנך איתנינה (EX 33:2)
ואיזמן קדמך מלאכא ואיתרך על ידוי ית כנענאי אמוראי חיתאי
ופריזאי חיואי ויבוסאי (EX 33:3) לארע עבדא חלב ודבש ארום לית
איפשר דאיסלק שכינת יקרי מביניכון ברם לא יהי יקרי שרי במדור
משריתיכון ארום עם קשי קדל אנת דילמא אישיצינכון באורחא
(EX 33:4) ושמע עמא ית פיתגמא בישא הדין ואיתבלו ולא שוויו גבר
ית תיקון זיניה דאיתיהב להון בסיני דביה שמא רבא וקדישא חקיק
ומפרש עלוי (EX 33:5) ואמר ייי למשה אימר לבני ישראל אתון עם
קשי קדל שעא חדא קלילא איסליק איקר שכינתי מבינך ואישיצינך
וכדון אעדי תיקון זינך מינך דאתגלי קדמי (95A) מאן אעבד לך
(EX 33:6) ואתרוקנו בני ישראל מן תיקון זיניהון דשמא רבא מפרש
כתיב בהון דאתיהבו להון למתנה מן טוור חורב (EX 33:7) ומשה
נסיבינון וטמירינון במשכן אולפן אורייתא דיליה ברם ית משכנא
נסב מתמן ופרסיה ליה מברא למשריתא ארחיק יתיה מן משירית עמא
דאתנדון תרין אלפין אמין והוה קרי ליה משכן בית אולפנא והוי כל
מאן דהדר בתתובא בלב שלים קדם ייי הוה נפיק למשכן בית אולפנא
דמברא למשריתא מודי על חוביה ומצלי על חוביה ומשתבק ליה
(EX 33:8) והוה כד הוה נפיק משה מן משריתא ואזיל למשכנא קיימין
כל רשיעי עמא ומתעתדין גבר בתרע משכניה ומסתכלין בעינא בישא
אחורי משה עד זמן מיעליה למשכנא (EX 33:9) והוה כד עאיל משה
למשכנא נחית עמודא דענן יקרא וקאי בתרע משכנא ומתמלל מימרא
דייי עם משה (EX 33:10) וחמן כל עמא ית עמודא דעננא קאי בתרע
משכנא ומן יד קיימין כל עמא וסגדין כל קבל משכנא כדקיימין גבר
בתרע משכניה (EX 33:11) ומתמלל ייי עם משה ממליל קבל עם חבריה
ומן בתר דאיסתלק קל דיבורא תאיב למשריתא ומתני פיתגמיא
לכנישתהון דישראל ברם משומשניה יהושע בר נון הוה טלי לא הוה
זייע בגו משכניה (EX 33:12) ואמר משה קדם ייי חמי מה דאנת אמר
לי סליק ית עמא הדין ואנת לא אודעתני ית מאן דאנת שלח עימי
ואנת במימרך אמרת מניית יתך בשום טב ואוף אשכחת רחמין קדמי
(EX 33:13) וכדון אין בבעו אשכחית רחמין קודמך אודעני כדון ית
אורח טובך ואנדע רחמך היך אנת מדבר עם בני נשא זכאין מטי להון
הי כחייבין ולחייבין הי כזכאין ותוב זכאין מטי להון הי
כזכוותהון וחייבין מטי להון הי כחוביהון מן בגלל דאשכח רחמין
קדמך וגלי קדמך ארום עמך עמא הדין (EX 33:14) ואמר אמתן עד
דיהכון (96) סבר אפין דרוגזא ומן בתר כדין אנוח לך (EX 33:15)

ואמר ליה אין לית אפין מהלכא מיננא לא תסליקיננה מיכא בסבר
אפין דרוגזא (EX 33:16) ובמה יתידע כדון ארום אשכחית רחמין
קדמך אלהין במללות שכינתך עימן ויתעבדן לנא פרישן בסלקותך רוח
נבואה מעילוי אומיא ותהי מתמלל ברוח קודשא לי ולעמך מן בגלל
דניהי משניי מכל עממייא דעל אנפי ארעא (EX 33:17) ואמר ייי
למשה אוף ית פיתגמיא הדין דמלילתא אעבד ארום אשכחתא רחמין קדמי
ומנית יתך בשום טב (EX 33:18) ואמר אחמי כדון יתי ית יקרך
(EX 33:19) ואמר האנא מעבר כל מכילת טובי קדמך ואיקרי בשום
מימריה דייי קדמך ואיחוס על מאן דחמי ליה למיחוס ואירחים על
מאן דחמי ליה למתרחמא (EX 33:20) ואמר לית אפשר לך למיחמי ית
סבר אפיי ארום לא יחמינני אינשא ויתקיים (EX 33:21) ואמר ייי
הא אתר מתקן קדמי ותהי מעתד על טינרא (EX 33:22) ויהי במעיבר
יקר שכינתי ואישוינך באספלידא דטינרא ואגין במימרי עלך עד זמן
דאיעיבר (EX 33:23) ואעבר ית כיתי מלאכיא דקימין ומשמשין קדמי
ותחמי ית קטר דבידא דתפילי איקר שכינתי ואפי איקר שכינתי לית
אפשר לך למיחמי (EX 34:1) ואמר ייי למשה פסל לך תרין לוחי
אבנין הי כקדמאי ואכתוב על לוחיא ית פיתגמיא דהוו על לוחיא
קדמאי דתברתא (EX 34:2) והוי זמין לצפרא ותיסוק לצפרא לטורא
דסיני ותתעתד קדמי תמן על ריש טוורא (EX 34:3) ואינש לא יסק
עמך ואוף אינש לא יתחמי בכל טוורא אוף ענא ותורא לא ירעון כל
קבל טוורא ההוא (EX 34:4) ופסל תרין לוחי אבנין הי כקדמאי
ואקדם משה בצפרא וסליק לטורא דסיני הי כמא דפקיד ייי יתיה
ונסיב בידיה תרין לוחי אבניא (EX 34:5) ואתגלי ייי בענני איקר
שכינתיה ואיתעתד משה עימיה תמן וקרא משה בשום מימרא דייי
(EX 34:6) (96A) ואעבר ייי שכינתיה על אפוי וקרא ייי ייי אלקא
רחמנא וחננא אריך רוח וקריב רחמין מסגי למעבד חסד וקשוט
(EX 34:7) נטיר חסד וטיבו לאלפין דרין שרי ושביק על חובין
ואעבר על מרודין ומכפר על חטאין סלח לתייבין לאורייתא ולדלא
תייבין לא מזכי ביום דינא רבא מסער חובי אבהן על בנין מרודין
על דר תליתאי ועל רביעאי (EX 34:8) ואוחי משה וגחן על ארעא
וסגיד (EX 34:9) ואמר אין בבעו אשכחית רחמין קדמך ייי תהך כדון
שכינת יקרך ייי ביננא ארום עם קשי קדל הוא ותשבוק לחובאנא
ולחטאנא ותחסנינא ית ארעא דקיימת לאבהתנא דלא תשלחפיננא בעם
אוחרן (EX 34:10) ואמר הא אנא גזר קיים דלא אשלחיף עמא הדין
בעם אוחרן ברם מינך יפקון אוכלוסין דצדיקין קבל כל עמך אעביד
פרישן להון בזמן דיהכון בשבייתא על נהרוות בבל ואסיליקינון
מתמן ואשרינון מן לגיו לנהר סמבטיון ובהינון פרישן לא אתברייו
בכל דיירי ארעא ובכל עממיא ויחמון כל עמא דאנת שרי ביניהון
ביומא ההוא ית עובדא דייי ארום דחיל הוא דאנא עביד עימך
(EX 34:11) טור לך ית מה דאנא מפקיד לך יומא דין האנא מתריך מן
קדמך ית אמוראי וכנענאי וחיתאי ופריזאי וחיואי ויבוסאי
(EX 34:12) איסתמר לך דילמא תגזור קיים ליתיב ארעא דאנת עליל
עלה דילמא יהי לתקלא בינך (EX 34:13) ארום ית איגוריהון תתרעון
וית קמתהון תתברון וית אשיריהון תקצצון (EX 34:14) ארום לית

לכון רשו למיסגוד לאלק אוחרן ארום ייי קנאי ופורען שמיה אלק קנאי ופורען הוא (EX 34:15) דילמא תיגזר קיים ליתיב ארעא ויטעון בתר טעוותהון וידבחון לטעוותהון ויזמנון לך ותיכול מן דיבחי טעוותהון (EX 34:16) ותיסב מבנתהון לבנך וכך טעיין בנתהון בתר טעוותהין מטעיין אוף ית בנך בתר טעוותהין (97) (EX 34:17) דחלן דמתכא לא תעבדון לכון (EX 34:18) ית חגא דפטיריא תינטרון שובעא יומין תיכול פטירי היכמא דפקידתך לזמן ירחא דאביבא ארום בירחא דאביבא נפקתון פריקין ממצרים (EX 34:19) כל פתח וולדא דילי הוא וכל בעירך תקדיש מנהון דיכריא דתורי ואימרי (EX 34:20) ובוכרא דחמרא תיפרוק באימרא ואין לא תיפרוק ותינקפיה בקופיץ וכל בוכרא דברך תיפרוק ולא יתחמיין קדמי ריקנין (EX 34:21) שיתא יומין תיפלח וביומא שבעיאה תנוח ברידיא ובחצדא תנוח (EX 34:22) וחגא דשבועיא תעביד לך בזמן ביכורי חצד חינטין וחגא דכנשא במיפקא דשתא (EX 34:23) תלת זימנין בשתא יתחמיין כל דכורך קדם ריבון עלמיא ייי אלקא דישראל (EX 34:24) ארום איתריך עממין מן קדמך ואפתי ית תחומך ולא יחמיד אינש ית ארעך בזמן מיסקך לאתחמאה קדם ייי אלקך תלת זימנין בשתא (EX 34:25) לא תכסון קדם עד לא תבטלון חמיע ניכסת פיסחי ולא יביתון לצפרא בר ממדבחא תרבי ניכסת פיסחא (EX 34:26) שירוי בוכרת פירי ארעכון תייתון לבית מוקדשא דייי אלקכון לית אתון רשאין למבשלא ולא למיכול בשר וחלב תריהון מערבין כחדא דלא יתקוף רוגזי בכון וארשין פירי אילניכון עם בוסרא בליבלוביהון וטרפיהון כחדא (EX 34:27) ואמר ייי למשה כתב לך ית פיתגמיא האיליין ארום על מימר פיתגמיא האילין גזרית עמך קיים ועם ישראל (EX 34:28) והוה תמן קדם ייי ארבעין יממין וארבעין לילוון לחמא לא אכל ומוי לא אישתי וכתב על לוחיא חורנייתא ית פיתגמי קיימא עישרתי דביריא דהוו כתיבין על לוחיא קדמאי (EX 34:29) והוה בזמן מיחת משה מן טוורא ותרין לוחיא דסהדותא בידא דמשה במיחתי מן טוורא ומשה לא חכים ארום אשתבהר זיו איקונין דאנפוי דהוה ליה מן זיו איקר שכינתא מייי (97A) בזמן מללותיה עימיה (EX 34:30) וחמא אהרן וכל בני ישראל ית משה והא אשתבהר זיו איקונין דאנפוי ודחילון מן לקרבא לותיה (EX 34:31) וקרא להון משה ותבו לותיה אהרן וכל רברביא דאתמנון נגודין בכנישתא ומליל משה עמהון (EX 34:32) ומבתר כדין איתקריבו כל בני ישראל ופקידינון ית כל מה דמליל ייי עימיה בטוורא דסיני (EX 34:33) ופסק משה מן למללא עמהון ויהב על איקונין דבית אנפוי סודרא (EX 34:34) וכד עליל משה לקדם ייי למללא עימיה מעדי ית סודרא דעל איקונין דבית אנפוי עד מיפקיה ונפיק וממליל עם בני ישראל ית מה דאיתפקד (EX 34:35) וחמיין בני ישראל ית איקונין דמשה ארום אשתבהר זיו איקונין דאנפי משה ותאיב משה ית סודרי על בית אפוי עד זמן מיעליה למללא עימיה

פרשה ויקהל

(EX 35:1) וכנש משה ית כל כנישתא דבני ישראל ואמר להון אילין פיתגמיא דפקיד ייי למעבד יתהון (EX 35:2) שיתא יומין

תתעבד עיבידתא וביומא שביעאה יהי לכון קודשא שבתא נייחא קדם
ייי כל דיעבד עיבידתא ביומא דשבתא אתקטלא יתקטל באטלות אבנין
(EX 35:3) עמי בני ישראל לא תבערון אשתא בכל אתר מותבניכון
ביומא דשבתא (EX 35:4) ואמר משה לכל כנישתא דבני ישראל למימר
דין פיתגמא דפקיד ייי למימר (EX 35:5) סבו מנכון אפרשותא קדם
ייי כל מאן דאיתרעי ליביה ייתי ית אפרשותא דייי דהבא וכספא
ונחשא (EX 35:6) (98) ותיכלא וארגוונא וצבע זהורי ובוץ מעזי
(EX 35:7) ומשכי דדיכרי מסמקי ומשכי דססגונא וקיסי דשיטא
(EX 35:8) ומשחא לאנהרותא בושמיא למשח רבותא ולקטרת בוסמיא
(EX 35:9) מרגליין דבורלין הינון ומרגליין דאשלמותא למשקעא
באפודא ובחושנא (EX 35:10) וכל חכימי ליבא דיבכון ייתון
ויעבדון ית כל דפקד ייי (EX 35:11) ית משכנא וית פרסיה וית
חופאה דיליה ית פורפוי וית לוחוי וית נגרוי וית עמודוי וית
חומרוי (EX 35:12) ית ארונא וית אירוחוי וית כפורתא וית פרגודא
דפרסא (EX 35:13) ית פתורא וית אריחוי וית כל מנוי וית לחם
דאפיא (EX 35:14) וית מנרתא דאנהורי וית מנהא וית בוצינהא וית
משחא (EX 35:15) דרבותא וית קטורת בוסמיא וית פרסא דתרעא לתרע
משכנא (EX 35:16) ית מדבחא דעלתא וית קנקל דנחשא דיליה ית
אריחוי וית מנוי ית כיורא וית בסיסיה (EX 35:17) ית ווילוות
דרתא ית עמודוי וית חומרנהא וית פרסא דתרע דרתא (EX 35:18) וית
מתחי משכנא וית מתחי דרתא וית אטוניהון (EX 35:19) ית לבושי
שימושא לשמשא בקודשא וית לבושי קודשא דלאהרן כהנא וית לבושי
בנוי לשמשא (EX 35:20) ונפקו כל כנישתא דבני ישראל מן קדם משה
(EX 35:21) ואתו כל גבר דאיתרעי ליביה וכל דאשלימת רוחיה
בנבואתה דעימיה הייתיו ית אפרשותא לקדם ייי לעיבידת משכן זימנא
ולכל פולחניה וללבושי קודשא (EX 35:22) ואתו גובריא עם נשיא כל
מאן דאיתרעי ליביה היתיו שירין ושיווין עיזקן ומחוכין וכל
תכשיט דדהב כל גבר דארים ארמות דדהבא קדם ייי (EX 35:23) וכל
גבר דהישתכח עימיה תיכלא וארגוונא וצבע זהורי ובוץ ומעזי
ומושכי דדיכרי מסמקי ומשכי ססגונא היתיו (EX 35:24) כל דארים
ארמות כספא ונחשא היתיו ית אפרשותא (98A) קדם ייי וכל מאן
דהישתיכח עימיה קיסין דשיטא לכל עיבידת פולחנא היתיו
(EX 35:25) וכל איתא חכימת ליבא בידהא הות עזלא ואתיין כל עזיל
ית תיכלא וית ארגיוונא וית צבע זהורי וית בוצא (EX 35:26) וכל
נשיא דאיתרעי לבהון עימהן בחכמתא הוון עזלו ית מעזיא על
גווייתהון ומנפסן יתהין כד הינין חיין (EX 35:27) ועונני שמיא
אזלין לפישון ודליין מתמן ית אבני בורלוות חלא וית אבני
אשלמותא לשקעא באפודא ובחושנא ומחתן יתהון באנפי מדברא אזלין
רברבני ישראל ומייתן יתהון לצרוך עיבידתא (EX 35:28) ותייבין
ענני שמייא ואזלין לגן עדן ונסבין מתמן ית בושמא בחירא וית
משחא דזיתא לאנהרותא וית אפרסמא דכיא למשח רבותא ולקטרת בוסמיא
(EX 35:29) כל גבר בר ישראל ואיתתא בת ישראל דאיתרעי לבהון
עימהן לאיתתא לכל עיבידתא דפקיד ייי למעבד בידא דמשה היתיו בני
ישראל נדבתא קדם ייי (EX 35:30) ואמר משה לבני ישראל חמון דמני

ייי בשום טב בצלאל בר אורי בר חור לשבטא דיהודא (EX 35:31)
ואשלים עימיה רוח נבואה מן קדם ייי בחוכמתא בסוכלתנו ובמנדעא
ובכל עיבידתא (EX 35:32) ולאלפא אומנוון למעבד בדהבא ובכספא
ובנחשא (EX 35:33) ובאגלפות מרגליתא טבתא לאשלמות בהון ית
עיבידתא ובנגרות קיסא למיעבד בכל עיבידת אומנוון (EX 35:34)
ולמילף אומנותא למשאר אומניא יהב מנדעא בליביה הוא ואהליאב בר
אחיסמך לשיבטא דדן (EX 35:35) אשלים עמהון חכימות ליבא למעבד
כל עיבידת נגר ואומן וצייר בתיכלא ובארגוונא וביצבע זהורי
ובבוצא. וגרדי עבדי כל עיבידתא ומלפי אומנוון (EX 36:1) ויעבד
בצלאל ואהליאב וכל גבר חכים ליבא דיהב ייי חוכמתא וסוכלתנותא
בהון למידע ולמיעבד ית כל עיבידת פולחן קודשא לכל מה דפקיד ייי
(EX 36:2) וקרא (99) משה לבצלאל ולאהליאב ולכל גבר חכים ליבא
דיהב ייי חכמתא בליביה כל מאן דאיתרעי ליביה למיקרב לעיבידתא
למעבד יתה (EX 36:3) ונסיבו מן קדם משה ית כל אפרשותא דאייתיו
בני ישראל לעיבידת פולחן קודשא למעבד יתה והינון מייתן ליה תוב
נדבתא בצפר בצפר מן ממונהון (EX 36:4) ואתו כל חכימיא דעבדין
ית כל עיבידת קודשא גבר גבר מעיבידתיה דהינון עבדין (EX 36:5)
ואמרו למשה מסגיין עמא למייתיא מיסת פולחנא לעיבידתא דפקד ייי
למעבד יתה (EX 36:6) ופקיד משה ואעברו כרוזא במשריתא למימר גבר
ואיתתא לא יעבדון תוב עיבידתא לאפרשות קודשא ופסק עמא מלאיתאה
(EX 36:7) ועיבידתא הות כמיסת לכל עיבידתא ועבדו יתה ובדם
שיירו (EX 36:8) ועבדו כל חכימי ליבא ית משכנא עשר יריען דבוץ
שזיר ותיכלא וארגוונא וצבע זהורי צורת כרובין עובד אומן עבד
יתהון (EX 36:9) אורכא דיריעתא חדא עשרין ותמני אמין ופותיא
ארבע אמין סכום דיריעתא חדא משחתא חדא לכל יריעתא (EX 36:10)
ולפיף ית חמש יריען חדא עם חדא וחמש יריען לפיף חדא עם חדא
(EX 36:11) ועבד ענובין דתיכלא על שיפתא דיריעתא חדא מסיטרא
בית לופי כן עבד בשיפתא דיריעתא בית לופי תניינא (EX 36:12)
חמשין ענובין עבד ביריעתא חדא וחמשין ענובין עבד בסיטרא
דיריעתא דבית לופי תניינא מכוונן ענוביא חדא לקבל חדא
(EX 36:13) ועבד חמשין פורפין דדהב ולפיף ית יריעתא חדא עם חדא
בפורפיא והוה משכנא חד (EX 36:14) ועבד יריען דמעזי לפרסא על
משכנא חדיסירי יריען עבד יתהון (EX 36:15) אורכא דיריעתא (99A)
חדא תלתין אמין וארבע אמין פותיא דיריעתא חדא משחתא חדא
לחדיסרי יריען (EX 36:16) ולפיף ית חמש יריען לחוד כל קבל חמשא
סיפרי אורייתא וית שית יריען לחוד כל קבל שיתא סידרי מתנייתא
(EX 36:17) ועבד ענובין חמשין על סיפתא דיריעתא בציטרא בית
לופי וחמשין ענובין עבד על סיפתא דיריעתא דבית לופי תניינא
(EX 36:18) ועבד פורפין דנחשא חמשין ללפפא ית משכנא למהוי חד
(EX 36:19) ועבד חופאה למשכנא משכי דדיכרי מסמקי ומשכי דססגונא
לטללא מלעילא (EX 36:20) ועבד ית לוחיא למשכנא מן קיסי שיטא
קיימין הי כאורח נציבהון (EX 36:21) עשר אמין אורכא דלוחא
ואמתא ופלגא דאמתא פותיא דלוחא חד (EX 36:22) תרין צירין ללוחא
חד מכוונן סטר חד בגו סטר חד הכדין עבד לכל לוחי משכנא

(EX 36:23) ועבד ית לוחייא למשכנא עשרין לוחין לרוח עיבר דרומא (EX 36:24) וארבעין חומרין דכסף עבד תחות עשרין לוחיא תרין חומרין תחות לוחא חד לתרין צירוי ותרין חומרין תחות לוחא חד לתרין צירוי (EX 36:25) ולסטר משכנא תניינא לרוח ציפונא עבד עשרין לוחין (EX 36:26) וארבעין חומריהון דכסף תרין חומרין תחות לוחא חד ותרין חומרין תחות לוחא חד (EX 36:27) ולסייפי משכנא מערבא עבד שיתא לוחין (EX 36:28) ותרין לוחין עבד לזיוית משכנא בסופיהון (EX 36:29) והוון מזווגין מלרע וכחדא הוון מזווגין ברישיהון בעיזקתא חדא היכדין עבד לתריהון לתרתין זיווין (EX 36:30) והוון תמניא לוחין וחומריהון דכסף שיתסר חומרין תרין חומרין תרין חומרין תחות לוחא חד (EX 36:31) ועבד נגרין דקיסי שיטא חמשא ללוחי סטר משכנא חד (EX 36:32) וחמשא נגרין ללוחא סטר משכנא תניינא וחמשא (100) נגרין ללוחי סטר משכנא לסופיהון מערבא (EX 36:33) ועבד ית נגרא מציעאה לשלבשא בגו לוחיא מן סייפי לסייפי מן אילנא דנציב אברהם אבונן בבירא דשבע וצלי תמן בשום מימרא דייי אלקא עלמא (EX 36:34) וית לוחיא חפא דהבא וית עיזקיתהון עבד דהבא אתרא לנגרין וחפא ית נגרין דהבא (EX 36:35) ועבד ית פרגודא דתיכלא וארגוונא וצבע זהורי ובוץ שזיר עובד אומן עבד יתה כרובין ציירין (EX 36:36) ועבד לה ארבעא עמודי קיסי שיטא וחפנון דהבא וויהון דהבא ואתך להון ארבעא חומרין דכסף (EX 36:37) ועבד ווילון פריס לתרע משכנא דתיכלא וארגוונא וצבע זהורי ובוץ שזיר עובד צייור (EX 36:38) וית עמודוי חמשא וית וויהון חמשא וחפי רישיהון וכיבושיהון דהבא וחומריהון חמשא דנחשא (EX 37:1) ועבד בצלאל ית ארונא דקיסי שיטא תרתין אמין ופלגיה אורכיה ואמתא ופלגא פותיה ואמתא ופלגא רומיה (EX 37:2) וחפייה דהב דכיה מגיו ומברא ועבד ליה דיר דדהב חזור חזור (EX 37:3) ואתיך ליה ארבע עיזקן דדהב על ארבע אסתוורוי ותרתין עיזקן על סיטריה חד ותרתי עיזקן על סיטרי תיניין (EX 37:4) ועבד אריחי דקיסי שיטא וחפא יתהון דהבא (EX 37:5) ואעיל ית אריחיא בעיזקתא על סיטרא דארונא למיטל ית ארונא (EX 37:6) ועבד כפורתא דדהב דכי תרתין אמין ופלגא אורכא ואמתא ופלגא פותיה ברם סומכה הות פושכא (EX 37:7) ועבד תרין כרובין דדהב דכי נגיד עבד יתהון מתרין סיטרי כפורתא (EX 37:8) כרובא חד מסיטרא מיכא וכרובא חד מסיטרא מיכא נגידין ואדיקין הוון כרוביא ולא מתפרשין מן כפורתא ארום בחכמת רוח נבואה עבד ית כרוביא מתרין סיטרוי (100A) (EX 37:9) והוון כרוביא פריסין גדפיהון בהדי רישיהון לעילא מטללין בגדפיהון על כפורתא ואפיהון חד כל קבל חד כל קבל כפורתא הוון אנפי כרוביא (EX 37:10) ועבד ית פתורא דקיסי שיטא תרתין אמין אורכיה ואמתא פותיה ואמתא ופלגא רומיה (EX 37:11) וחפא יתיה דהב דכי ועבד דיר דדהב חזור חזור (EX 37:12) ועבד ליה גפוף רומיה פושכא חזור חזור ועבד דיר דדהב לגפופיה חזור חזור (EX 37:13) ואתיך ליה ארבע עיזקן דדהב ויהב ית עזקתא על ארבע זיווייתא דלארבע ריגלוי (EX 37:14) כל קבל גפוף הואה עיזקתא אתרא לאריחייא למיטל ית פתורא (EX 37:15)

ועבד ית אריחיא דקיסי שיטא וחפא יתהון דהבא למיטל ית פתורא **(EX 37:16)** ועבד ית מניא דעל פתורא ית פיילוותיה וית בזיכוי וית מכילתיה וית קסוותא דמחפין בהון דדהב דכי **(EX 37:17)** ועבד ית מנרתא דדהב דכי נגיד עבד ית מנרתא בסיס דידה וקנהא כלידהא חזורייה ושושנהא מינה הוון **(EX 37:18)** ושיתא קנין נפקין מסיטרהא תלתא קני מנרתא מסיטרא חד ותלתא קני מנרתא מסיטרא תניינא **(EX 37:19)** תלתא כלידין משקעין בצייוריהון בקניא חד חזור ושושן ותלתא כלידין משקעין בצייוריהון בקניא חד חיזור ושושן הכדין לשיתא קנין דנפקין מן מנרתא **(EX 37:20)** ובמנרתא ארבעא כלידין משקעין בצייוריהון חיזורהא ושושנהא **(EX 37:21)** וחיזור תחות תרין קנין דמינה וחיזור תחות תרין קנין דמינה וחיזור תחות תרין קנין דמינה לשיתא קנין דנפקין מינה **(EX 37:22)** חיזוריהון וקניהון מינה הוו כולא נגידא חדא דדהב דכי **(EX 37:23)** ועבד ית בוצינהא שבעא ומלקטייהא ומחתייה דדהב דכי **(EX 37:24)** קנטינר דדהב דכי עבד יתה וית כל מנהא **(101)** **(EX 37:25)** ועבד ית מדבחא דקטרת בוסמיא מן קיסי שיטא אמתא אורכיה ואמתא פותייה מרבע ותרתין אמין רומיה מיניה הוון קרנוי זקיפין **(EX 37:26)** וחפא יתיה דהב דכי ית איגריה וית כותלוי חזור חזור וית קרנוי ועבד ליה דיר דדהב חזור חזור **(EX 37:27)** ותרתין עיזקן דדהב עבד ליה מלרע לדיריה על תרין זיוייתיה על תרין סיטרוי לאתרא לאריחיא למיטול יתיה בהון **(EX 37:28)** ועבד ית אריחיא דקיסי שיטא וחפא יתהון דהבא **(EX 37:29)** ועבד ית מישחא דרבותא קודשא וית קטורת בוסמיא דכי עובד בוסמנו **(EX 38:1)** ועבד ית מדבחא דעלתא דקיסי שיטא חמש אמין אורכיה וחמש אמין פותיה מרבע ותלת אמין רומיה **(EX 38:2)** ועבד קרנוי על ארבע זיוייתיה מיניה הוואה קרנוי זקיפן לעיל וחפא יתיה נחשא **(EX 38:3)** ועבד ית כל מאניה מדבחא ית דודוותיה וית מגרופיתא וית מזירקייא וית משילייתא וית מחתייתא לכל מנוי עבד נחשא **(EX 38:4)** ועבד למדבחא קנקל עובד מצדתא דנחשא תחות סובביה מלרע עד פלגיה מטול לקבלא גומריא וגרמיא דנפלין מן מדבחא **(EX 38:5)** ואתיך ארבע עיזקן בארבע זיווייתיה לקנקל דנחשא אתרא לאריחיא **(EX 38:6)** ועבד ית אריחיא דקיסי שיטא וחפא יתהון נחשא **(EX 38:7)** והנעל ית אריחיא בעיזקא על סטר מדבחא למיטל יתיה בהון חליל לוחין מלי עפרא עבד יתיה **(EX 38:8)** ועבד ית כיורא דנחשא וית בסיסיה דנחשא מן אספקלירי דנחשא נשיא צניעתא ובעידן דאתיין לצלאה בתרע משכן זימנא הואן קיימן על קרבן ארמותהין ומשבחן ומודן ותייבן לגובריהון וילדן בנין צדיקין בזמן דמידכן מן סואבות דימהון **(EX 38:9)** ועבד **(101A)** ית דרתא לרוח עיבר דרומא ווילוות דרתא דבוץ שזיר מאה אמין **(EX 38:10)** עמודיהון עשרין דנחשא ווי עמודיא וכיבושיהון כסף **(EX 38:11)** ולרוח ציפונא מאה אמין עמודיהן עשרים וחומריהון עשרין דנחשא ווי עמודיא וכיבושיהון דכסף **(EX 38:12)** ולרוח מערבא וולוון חמשין אמין עמודיהון עשרא וחומריהון עשרא ווי עמודיהון וכיבושיהון דכסף **(EX 38:13)** ולרוח קידומא מדינחא חמשין אמין **(EX 38:14)**

ווילון חמיסרי אמין לעיברא עמודיהון תלתא וחומריהון תלתא (EX 38:15 ולעיברא תיניינא מיכא ומיכא לתרע דרתא ווילוון חמיסרי אמין עמודיהון תלתא וחומריהון תלתא (EX 38:16 כל ווילוות דרתא חזור חזור דבוץ שזיר (EX 38:17 וחומריא לעמודיא דנחשא ווי עמודיא וכיבושיהון כסף וחיפוי רישיהון כסף והינון מכבשין כסף היכדין הוו מתעבדין כל עמודא דרתא (EX 38:18 ופרסא דתרע דרתא עובד צייור מחטא דתיכלא וארגוונא וצבע זהורי ובוץ שזיר ועשרין אמין אורכא ורומיה כפותיה חמש אמין כל קבל ווילוות דרתא (EX 38:19 ועמודיהון ארבעה וחומריהון ארבעה דנחשא וויהון כסף וחיפוי רישיהון וכיבושין כסף (EX 38:20 וכל מתחיא למשכנא ולדרתא חזור חזור דנחשא

פרשה פקודי

(EX 38:21 איליין מנייני מתקלוון וסכומין דמשכנא דסהדותא דאתמנייו על פם מימרא דמשה ברם פולחן לואי הות בידא דאיתמר (102 בר אהרן כהנא (EX 38:22 ובצלאל בר אורי בר חור לשיבטא דיהודה עבד ית כל דפקיד ייי ית משה (EX 38:23 ועימיה אהליהב בר אחיסמך לשיבטא דדן נגר ואומן וצייר בתיכלא ובארגוונא ובצבע זהורי ובבוצא (EX 38:24 כל דהבא דאיתעביד לעיבידתא בכל עיבידת קודשא והוה סכום דהב ארמותא עשרין ותשע קנטירין ושבע מאה ותלתין סילעין בסילעי קודשא דין הוא דהב ארמותא דארימו בני ישראל כל גבר דאיתרעי ליביה לאפרשא (EX 38:25 וכסף מינייני דבני ישראל דיהבו בזמן דמננון משה גבר פורקן נפשיה מאה קינטנרין ואלפא ושבע מאה ושובעין וחמש סילעין בסילעי קודשא (EX 38:26 דרכמונא לגלגלתא פלגות סילעא בסילעי קודשא לכל מאן דעבר על מניינא מבר עשרין שנין ולעילא לשית מאה ותלתא אלפין וחמש מאה וחמשין (EX 38:27 והואה מאה קנטינרין לכספא לאתכא ית חומרי קודשא וית חומרי פרגודא מאה חומרין כל קבל מאה קנטינרין קנטינר לחומרא (EX 38:28 וית אלפא ושבע מאה ושבעין וחמש סילעין עבד ווין לעמודיא וחפא רישיהון וכבש יתהון (EX 38:29 ונחשא דארמותא שבעין קנטירין ותרין אלפין וארבע מאה סילעין (EX 38:30 ועבד בה ית חומרי תרע משכן זימנא וית מדבחא דנחשא וית קנקלי דנחשא דיליה וית כל מני מדבחא (EX 38:31 וית חומרי דרתא חזור חזור וית כל מתחי תרע דרתא וית כל חומרי דרתא חזור חזור (EX 39:1 ומן תיכלא וארגוונא וצבע זהורי עבדו לבושי שימושא לשמשא בקודשא ועבדו ית לבושי קודשא די לאהרן כהנא היכמא דפקיד ייי ית משה (EX 39:2 ועבד ית איפודא דדהבא תיכלא וארגוונא וצבע זהורי ובוץ שזיר (EX 39:3 ורדידו ית טסי דדהבא וקטעו יתהון שזרין למעבד בגו תיכלא וארגוונא ובגו צבע זהורי ובגו בוצא עובד אומן (EX 39:4 כתפין עבדו ליה (102A מלפפן על תרין ציטרוי יתלפף (EX 39:5 והמיין טיכוסיה דעלוי מיניה הוא הי כעובדוי דהבא תיכלא וארגוונא וצבע זהורי ובוץ שזיר היכמא דפקיד ייי ית משה (EX 39:6 ועבדו ית מרגלוון דבורלתא חלא משקען מרמצן גליפן כתב חקיק מפרש על שמהת בני ישראל (EX 39:7 ושוי יתהון על כתפי אפודא אבני דוכרנא לבני ישראל היכמא דפקיד

ייי ית משה (EX 39:8) ועבד ית חושנא עובד אומן הי כעובד איפודא
דדהבא תיכלא וארגוונא וצבע זהורי ובוץ שזיר (EX 39:9) מרבע הוה
עיף עבדו ית חושנא זרתא אורכיה וזרתיה פותיה עיף (EX 39:10)
ואשלימו ביה ארבעא סידרין מרגליין טבן כל קבל ארבעת טריגונין
דעלמא סדרא קמייתא סמוקתא ירוקתא וברקתא סידרא חד ועליהון חקיק
ומפרש שמהת תלת שיבטיא ראובן שמעון ולוי (EX 39:11) ושום סידרא
תיניינא איזמורד וספירינון וכדכודין ועליהון חקיק ומפרש שמהת
תלת שיבטיא יהודהָ דן ונפתלי (EX 39:12) ושום סידרא תליתאה
קנכירין וטרקין ועין עיגל ועליהון חקיק ומפרש שמהת תלת שיבטיא
גד אשר וישׂשכר (EX 39:13) ושום סידרא רביעאה כרום ימא רבא
ובורלת חלא ומרגנית אפנטורין ועליהון חקיק ומפרש שמהת תלת
שיבטיא זבלון יוסף ובנימן משקען מרמצן בדהב באשלמותהון
(EX 39:14) ומרגליתא על שמהת בני ישראל תריסירי על שמהתהון כתב
גליף חקיק ומפרש הי כגלוף דעיזקא גבר מרגליתיה על שמיה לתריסר
שבטיא (EX 39:15) ועבדו על חושנא שישלן מתחמן עובד קליעא דדהב
דכי (EX 39:16) ועבדו תרתין מרמצן דדהב ותרתין עיזקן דדהב
ויהבו ית תרתין עיזיקתא על תרין ציטרי חושנא (EX 39:17) ויהבו
תרתין קליען דדהב על תרתין עיזקיתא על ציטרי חושנא (EX 39:18)
וית תרתין קליען דמסדרן על תרין ציטרוי (103) יהבו על תרתין
מרמצתא ויהבונון על כתפי אפודא כל קבל אנפוי (EX 39:19) ועבדו
תרתין עיזקן דדהב ושויאו על תרתין ציטרי חושנא על שיפמיה
דלעברא דאפודא לגיו (EX 39:20) ועבדו תרתין עיזקן דדהב
וסדרינון על תרין כתפי אפודא מלרע מלקבל אנפוי כל קבל בית לופי
מעילוי להמיין אפודא (EX 39:21) וטכיסו ית חושנא מעיזקתא
לעיזקת אפודא בשזיר תיכלא למיהוי אדיק על המיין אפודא ולא
יתפרק חושנא מעילוי אפודא היכמא דפקיד ייי ית משה (EX 39:22)
ועבד ית מנטר מעילא עובד גרדי שזיר תיכלא (EX 39:23) ופום מנטר
מעילא כפיל במיצעיה הי כפום שיריא תורא בשיפמיה מקף לפומיה
חזור חזור מטול דלא יתבזע (EX 39:24) ועבדו על שיפולי מנטר
מעילא רומניין דתיכלא וארגוונא וצבע זהורי שזיר (EX 39:25)
ועבדו חיזוריין דדהב ויהבו ית חיזוריא במציעות רומנייא על
שיפולי מנטר מעילא חזור חזור במציעות רומניא (EX 39:26) חיזורא
ורומנא חיזורא ורומנא כולהון שבעין על שיפולי מנטר מעילא חזור
חזור לשמשא היכמה דפקד ייי ית משה (EX 39:27) ועבדו ית כיתונין
דבוץ עובד גרדי לאהרן ולבנוי (EX 39:28) וית מצנפתא דבוצא וית
ברצוץ כובעיא דבוצא וית אוורקסי בוצא דבוץ שזיר (EX 39:29) וית
קמורא דבוץ שזיר ותיכלא וארגוונא וצבע זהורי עובד ציור היכמה
דפקד ייי ית משה (EX 39:30) ועבדו ית ציצת כלילא דקודשא דהב
דכי וכתבו עלוי גליף חקיק ומפרש קודש לייי (EX 39:31) וסדרו
עלוי שזיר חוטא דתכלתא מטול למיתן על מצנפתא מן לעילא דתפילא
דרישא היכמא דפקיד ייי ית משה (EX 39:32) ושלימת כל עיבידת
משכנא משכן זימנא ועבדו בני ישראל היכמא דפקיד ייי ית משה
היכדין עבדו (EX 39:33) ואיתיו ית משכנא לות משה לבית מדרשיה
דהוו תמן יתבין משה (103A) ואהרן ובנוי והוה מתרץ להון סדר

כהונתא ותמן יתבין סבי ישראל ואחויאו ליה ית משכנא וית כל מנוי
פורפוי לוחוי נגרוי ועמודוי וחומרוי (EX 39:34) וית חופאה
דמשכי דדיכרי מסמקי וית חופאה דמשכי ססגונא וית פרגודא דפרסא
(EX 39:35) וית ארנא דסהדותא וית אריחוי וית כפורתא וכרוביא
דנפקין נגיד מינה חד מיכא וחד מיכא (EX 39:36) וית פתורא וית
כל מנוי וית לחם אפיא (EX 39:37) וית מנרתא וית בוצינהא בוציני
סידורא דמסדרין כל קבל שבעתי כוכביא דנהיגין בשיטריהון ברקיעא
בימַמא ובליליא וית מישחא דאנהרותא (EX 39:38) וית מדבחא דדהב
וית מישחא דרבותא וית קטרת בוסמיא וית פרסא דבתרע משכנא
(EX 39:39) וית מדבחא דנחשא וית קנקל דנחשא דיליה ית אריחוי
וית כל מנוי ית כיורא וית בסיסיה (EX 39:40) ית ווילוות דרתא
וית עמודהא וית חומרהא וית פרסא לתרע דרתא וית אטונוי ומתחהא
וית כל מני פולחן משכנא למשכן זימנא (EX 39:41) ית לבושי שמשא
לשמשא בקודשא וית לבושי קודשא לאהרן כהנא וית לבושי בנוי לשמשא
(EX 39:42) הי ככל מה דפקד ייי ית משה הכדין עבדו בני ישראל ית
כל פולחנא (EX 39:43) וחמא משה ית כל פולחנא והא עבדו יתה
היכמה דפקיד ייי היכדין עבדו ובריך יתהון משה ואמר תשרי שכינתא
דייי בעובדי ידיכון (EX 40:1) ומליל ייי עם משה למימר
(EX 40:2) ביומא דירחא קמאה הוא ירחא דניסן בחד לירחא תקים ית
משכנא משכן זימנא (EX 40:3) ותשוי תמן ית ארונא דסהדותא ותטליל
על ארונא ית פרוכתא (EX 40:4) והנעל ית פתורא בסטר ציפונא מטול
דמתמן מתיהב עותרא ומתמן קלחן רסיסי מלקושין על עיסבין
למתפרנסא בהון דיירי עלמא ותסדר ית סדרוי תרין סדרי לחמא מאה
שית עגולין (104) בסידרא כל קבל שיבטוי דיעקב ותהנעיל ית מנרתא
בסטר דרומא מטול דמתמן שבילי שמשא וסיהרא ומתמן איסרטוון
דנהורי ותמן גניזי חכמתא דמתילין לנהורי ותדלק ית בוצינהא
שובעא כל קבל שבעתי כוכביא דמתילין לצדיקיא דמנהרין לעלמא
בזכותהון (EX 40:5) ותיתן ית מדבחא דדהבא לקטרת בוסמיא קדם
ארונא דסהדותא מטול חכימיא דעסיקין באורייתא וריחהון נדיף הי
כקטרת בוסמיא ותשוי ית פרסא דתרעא למשכנא מטול צדיקיא דחפין
בזכותיהון על עמא בית ישראל (EX 40:6) ותיתן ית מדבחא דעלתא
קדם תרע משכן זימנא מטול עתירייא דמסדרין פתורא קדם תרעיהון
ומפרנסין מסכיניא ומשתביק להון חוביהון כאילו מקרבין עלתא על
מדבחא (EX 40:7) ותיתן ית כיורא ביני משכן זימנא וביני מדבחא
ותיתן תמן מוי מטול חוביא דהדרין בתיובא ושדיין עקמומיתהון הי
כמיא (EX 40:8) ותשוי ית דרתא חזור חזור מטול זכוות אבהת עלמא
דמחזרן חזור חזור לעמא בית ישראל ותיתן ית פרסא דתרע דרתא מטול
זכוות אימהת עלמא דפריס בתרע גהינם מן בגלל דלא יעלון תמן נפשת
דרדקי עמא דישראל (EX 40:9) ותיסב ית מישחא דרבותא ותרבי ית
משכנא וית כל דביה ותקדש יתיה מטול כליל דמלכותא דבית יהודה
ומלכא משיחא דעתיד למיפרק ית ישראל בסוף יומיא (EX 40:10)
ותרבי ית מדבחא דעלתא וית כל מנוי ותקדש ית מדבחא ויהי מדבחא
קדש קודשין מטול כלילא דכהונתא דאהרן ובנוי ואליהו כהנא רבא
דעתיד למשתלחא בסוף גלוותא (EX 40:11) ותרבי ית כיורא וית

בסיסיה ותקדש יתיה מטול יהושע משומשנך רבא דסנהדרין דעמיה דעל ידוי עתידה ארעא דישראל למיתפלגא ומשיחא בר אפרים דנפיק מיניה דעל ידוי עתידין בית ישראל למנצחא לגוג ולסיעתיה בסוף יומיא (EX 40:12) ותקרב ית אהרן וית בנוי לתרע משכן זימנא ותסחי יתהון במיא (EX 40:13) ותלבש ית אהרן ית לבושי (104A) קודשא ותרבי יתיה ותקדש יתיה וישמש קדמי (EX 40:14) וית בנוי תקריב ותלבישינון כיתונין (EX 40:15) ותרבי יתהון היכמא ית אבוהון וישמשון קדמי ותהי למהוי להון רבותהון לכהונת עלם לדריהון (EX 40:16) ועבד משה הי ככל מה דפקיד ייי יתיה היכדין עבד (EX 40:17) והוה בירחא קמאה הוא ירחא דניסן בשתא תניינא בחד לירחא איתקם משכנא (EX 40:18) ואקים משה ית משכנא ויהב ית חומרוי ושוי ית לוחוי ויהב ית נגרוי ואקים ית עמודוי (EX 40:19) ופרס ית פרסא על משכנא ושוי ית חופאה דמשכנא עלוי מן לעילא היכמא דפקיד ייי ית משה (EX 40:20) ונסיב ית תרין לוחי אבניא לוחי קימא דאיתיהיבו ליה בחורב והוו קיימין על את בבית אולפנא הינון לוחי סהדותא ותברי לוחיא בארונא ושוי ית אריחיא על ארונא ויהב ית כפורתא בהדי כרוביא דנפקין נגיד מינה על ארונא מלעילא (EX 40:21) והנעיל ית ארונא למשכנא ושוי ית פרגודא דפרסא וטלליה על ארונא דסהדותא היכמא דפקיד ייי ית משה (EX 40:22) ויהב ית פתורא במשכן זימנא על שידא דמשכנא ציפונא מברא לפרגודא (EX 40:23) וסדר עלוי סידורין דלחים קדם ייי היכמא דפקיד ייי ית משה (EX 40:24) ושוי ית מנרתא במשכן זימנא כל קבל פתורא על שידא דמשכנא דרומא (EX 40:25) ואדלק בוציניא קדם ייי היכמא דפקיד ייי ית משה (EX 40:26) ושוי ית מדבחא דדהבא במשכן זימנא קדם פרגודא (EX 40:27) ואסיק עלוי קטורת בוסמין היכמא דפקיד ייי ית משה (EX 40:28) ושוי ית פרסא דתרעא למשכנא (EX 40:29) וית מדבחא דעלתא שוי בתרע משכן ואסיק עלוי ית עלתא וית מנחתא היכמא דפקיד ייי ית משה (EX 40:30) ושוי ית כיורא על בסיסיה ביני משכן זימנא וביני מדבחא ויהב תמן מיין חיין לקידוש ולא פסקין ולא סריין כל יומיא (EX 40:31) ונסבין משה ואהרן מיניה בנטלא ומקדשין (105) מיניה ית ידיהון וית ריגליהון (EX 40:32) בזמן מיעלהון למשכן זימנא ובמיקרבהון למדבחא מקדשין היכמא דפקיד ייי ית משה (EX 40:33) ואקים ית דרתא חזור חזור למשכנא ולמדבחא ויהב ית פרסא דבתרע משכנא וגמר משה ית עיבידתא (EX 40:34) וחפא ענן יקרא ית משכן זימנא ואיקר שכינתא דייי איתמלי ית משכנא (EX 40:35) ולא הוה אפשר למשה למיעל למשכן זימנא ארום שרא עלוי ענן יקרא ואיקר שכינתא דייי איתמלי ית משכנא (EX 40:36) ובאשון איסתלקות ענן יקרא מעילוי משכן נטלין בני ישראל בכל מטלניהון (EX 40:37) ואין לא מסתלק ענן יקרא ולא נטלין עד יום איסתלקותיה (EX 40:38) ארום ענן יקרא דייי הוה מטלל על משכנא בימכא ועמודא דאישתא הוה מנהר בליליא וחמיין כל בני ישראל בכל מטלניהון

ספר שלישי

פרשה ויקרא

(LV 1:1) והוה כיון דאשלים משה למיקמה ית משכנא חשיב משה ואידיין בליביה ואמר טוורא דסיני דהווה ריבוייה ריבוי דשעתא וקידושיה קידוש דתלת יומין לא הוה איפשר לי דאיסוק לותיה עד זמן דהוה דבורא מתמלל עימי ברם משכן זימנא הדין דריבוייה ריבוי לעלם וקידושיה קידוש לעלם מן דינא הוא דלא איעול לגויה עד זמן די יתמלל עמי מן קדם ייי ובכין קרא דבורא דייי למשה ומליל מימרא דייי עימיה מן משכן זימנא למימר (LV 1:2) מליל עם (105A) בני ישראל ותימר להום אינש די יקרב מנכון ולא מן משעמדיא פלחי טעוותא קרבנא קדם ייי מן בעירא דכיא מן תורי ומן ענא ולא מן חיתא תקרבון ית קורבנכון (LV 1:3) אין עלתא היא קרבניה מן תורי דכר שלים יקרביניה לתרע משכן זימנא יקריב יתיה לרעוא עלוי קדם ייי (LV 1:4) ויסמוך בתוקפא יד ימיניה על ריש עלתא מטול דיתרעי ליה לכפרא עלוי (LV 1:5) ויכוס טבחא בבית מטבחיא ית בר תורי קדם ייי ויקרבון בני אהרן כהנא ית אדמא במניא וידרקון ית אדמא במיזרקיא על מדבחא חזור חזור דבתרע משכן זימנא (LV 1:6) וישלח ית משכא מן עלתא ויפסג יתה לפסגהא (LV 1:7) וינתנון בני אהרן כהנא אישתא על מדבחא ויסדרון קיסין על אישתא (LV 1:8) ויסדרון בני אהרן כהניא ית פסגייא וית רישא וית פריסותא דתרבא על קיסין דעל אישתא דעל מדבחא (LV 1:9) וכריסא וריגלוי יחליל במיא ויסק כהנא ית כולא למדבחא עלתא היא קרבן דמתקבל ברעוא קדם ייי (LV 1:10) ואם מן בני ענא קורבניה מן אימריא או מן בני עיזיא לעלתא דכר שלים יקרביניה (LV 1:11) ויכוס יתיה טבחא על שיפולי מדבחא בסטר ציפונא קדם ייי וידרקון בני אהרן כהניא ית אדמיה במזירקא על מדבחא חזור חזור (LV 1:12) ויפסיג יתיה לפסגוי ית רישיה וית גופיה ויסדר כהנא יתהון על קיסין דעל אישתא דעל מדבחא (LV 1:13) וכריסא וריגלוי יחליל במיא ויקרב כהנא ית כולא ויסיק למדבחא עלתא היא קרבן דמתקבל ברעוא קדם ייי (LV 1:14) ואין מן עופא קורבניה קדם ייי ויקרב מן שפניניא או מן בני יוניא ית קורבניה ברם שפניניא יקריב מן רברבין ובני יוניא מן

גוזלין (LV 1:15) ויקרביניה כהנא למדבחא ויחזום ית רישיה ויסיק
למדבחא ויתמציה אדמיה על כותל מדבחא (LV 1:16 ויעדיה ית
זרוקפיה בלקטיה ויטלק (106 יתיה לסטר מדבחא קידומא באתר
דמוקדין קיטמא (LV 1:17 ויתלע יתיה בגדפוי ולא יפריש גדפוי
מיניה ויסיק יתיה כהנא למדבחא על קיסין דעל אישתא עלתא היא
קרבן דמתקבל ברעוא קדם ייי (LV 2:1 ובר נש ארום יקרב קרבן
מנחתא קדם ייי קמחא סמידא יהי קורבניה ויריק עלה משחא ויתן עלה
לבונתא (LV 2:2 וייתינא לות אהרן כהניא ויקמוץ מתמן מלי
קומציה מן קמחא סמידא ומן טוב מישחא על כל לבונתא ויסיק כהנא
ית שפר אדכרתא למדבחא קרבן דמתקבל ברעוא קדם ייי (LV 2:3 ומה
דמשתייר מן מנחתא יהי לאהרן ולבנוי קודש קודשין מקרבניא דייי
(LV 2:4 וארום תקריב קרבן מנחתא דמתאפי בתנורא סמידא גריצן
פתירן ופתיכן במשח וספוגין פטירין דמשיחין במשח (LV 2:5 ואין
מנחתא על מסריתא קרבנך סמידא פתיכא במשח פטיר תהי (LV 2:6
רסיק יתיה ריסוקין ותריק עלה מישחא מנחתא היא (LV 2:7 ואין
מנחת מרתחא קרבנך סמידא רתח במשח תתעבד (LV 2:8 ותהנעל ית
מנחתא דתתעבד מן סמידא ומישחא האילין לקדם ייי ויקרבינה גברא
דמייתי יתה לות כהנא וכהנא ימטינה למדבחא (LV 2:9 ויפרש כהנא
מן מנחתא ית שבח אדכרתא ויסיק למדבחא קרבן דמתקבל ברעוא קדם
ייי (LV 2:10 ומה דמשתייר מן מנחתא יהי לאהרן ולבנוי קדש
קודשין מקרבניא דייי (LV 2:11 כל מנחתא די תקרבון קדם ייי לא
תתעבד חמיע ארום כל חמיר וכל דבש לא תקרבון מיניה קרבנא קדם
ייי (LV 2:12 קרבן שירויא תקרבון יתהון קדם ייי דלחם ביכוריא
חמיר מתקרב ותמרי בזמן ביכורי איבא עם דובשיה מתקרב ויכלון
יתהון כהנייא ברם למדבחא לא יתסקון לאתקבלא ברעוא (LV 2:13
וכל קרבן מנחתך במלחא תמלח ולא (106A תבטל מלח קיים אלקך
מעילוי מנחתך מטול דעשרין וארבע מוהבתא דכהניא איתגזרו בקיים
מילחא בגין כן על כל קרבנך תקריב מילחא (LV 2:14 ואין תקרב
מנחת ביכורין קדם ייי מהבהב קלי בנורא קמח קלי ופירוכיין תקרב
ית מנחת ביכורך (LV 2:15 ותיתן עלה משח זיתא ותשוי עלה לבונתא
מנחתא היא (LV 2:16 ויסיק כהנא ית שבח אדכרתה מן פירוכייה
ומטוב מישחא על כל לבונתא קורבנא קדם ייי (LV 3:1 ואין ניכסת
קודשיא קורבניה אין מן תורי הוא מקרב אין דכר אין נוקבא שלים
יקרביניה (LV 3:2 ויסמוך יד ימיניה בתוקפא על ריש קורבניה
ויכסיניה טבחא בתרע משכן זימנא וידרקון בני אהרן כהניא ית אדמא
על מדבחא חזור חזור (LV 3:3 ויקריב מנכסת קודשיא קורבנא קדם
ייי ית פריסותא דתרבא דחפי ית כריסא וית כל תרבא דעל כריסא
(LV 3:4 וית תרתין כוליין וית תרבא דעליהון דעל כפלי וית חצרא
דעל כבדא דעל כולייתא יעדינה (LV 3:5 ויסקון יתיה בני אהרן
למדבחא על עלתא דעל קיסין דעל אשתא קרבן דמתקבל ברעוא קדם ייי
(LV 3:6 ואין מן ענא קרבניה לנכסת קודשיא קדם ייי דכר או
נוקבא שלים יקרביניה (LV 3:7 אין אימר הוא מקריב ית קורבניה
ויקרב יתיה קדם ייי (LV 3:8 ויסמוך בתוקפא יד ימיניה על ריש
קורבניה ויכוס יתיה טבחא קדם משכן זימנא וידרקון בני אהרן ית

אדמיה על מדבחא חזור חזור (LV 3:9) ויקרב מנכסת קודשיא קרבנא
קדם ייי טוב שומניה אליתא שלמתא כל קבל דקיתא יעבר יתיה וית
פריסותא דתרבא דחפי ית כריסא וית כל תרבא דעל כריסא (LV 3:10)
וית תרתין כוליין וית תרבא דעליהן דעל כפלי וית חצרא דעל כבדא
על כולייתא יעדינה (LV 3:11) ויסקיניה כהנא למדבחא לחים קורבנה
קדם ייי (LV 3:12) ואין (107) מן בני עיזא קורבניה ויקרביניה
קדם ייי (LV 3:13) ויסמוך יד ימיניה על רישיה ויכוס יתיה טבחא
קדם משכן זימנא וידרקון בני אהרן ית אדמיה על מדבחא חזור חזור
(LV 3:14) ויקרב מיניה קורבנא קורבנא קדם ייי ית פריסותא דתרבא
דחפי ית כריסא וית כל תרבא דעל כריסא (LV 3:15) וית תרתין
כוליין וית תרבא דעליהן דעל כפלי וית חצרא דעל כבדא דעל
כולייתא יעדינה (LV 3:16) ויסקינון כהנא למדבחא לחים קורבנא
לאתקבלא ברעוא כל תריב קדם ייי (LV 3:17) קים עלם לדריכון בכל
מותבניכון כל תריב וכל אדם לא תיכלון ברם על גבי מדבחא יתקריב
לשמא דייי (LV 4:1) ומליל ייי עם משה למימר (LV 4:2) מליל עם
בני ישראל למימר בר נש ארום יחוב בשלו מכל פיקודיא דייי דלא
כשרין לאתעבדא ויעבד מן חד מנהון (LV 4:3) אין כהנא רבא דמתרבי
במישחא יחוב במיקרביה קרבן חובת עמא דלא כהלכתיה ויקרב בגין
חובתיה תור בר תורי שלים קדם ייי לחטאתא (LV 4:4) ויעול ית
תורא לתרע משכן זימנא לקדם ייי ויסמוך יד ימיניה על ריש תורא
ויכוס טבחא ית תורא קדם ייי (LV 4:5) ויסב כהנא רבא דמתרבי
במשחא מדמא דתורא ויהנעל יתיה למשכן זימנא (LV 4:6) ויטמש כהנא
ית אצבעיה באדמא ויידי מן אדמא שבע זימנין קדם ייי קבל פרגודא
דקודשא (LV 4:7) ויתן כהנא מן אדמא על קרנת מדבחא דקטרת בוסמיא
דקדם ייי דבמשכן זימנא וית כל אדמא דתורא ישוד לישודא דמדבחא
דעלתא דבתרע משכן זימנא (LV 4:8) וית כל תריב תורא דחטאתא
יפריש מיניה ית פריסותא דתרבא דחפי ית כריסא וית כל תרבא דעל
כריסא (LV 4:9) וית תרתין כוליין וית תרבא דעליהון דעל כפלי
וית חצרא דעל כבדא דעל כולייתא יעדינה (LV 4:10) היכמה דמתפרש
מתור ניכסת קודשיא היכדין יתפרשון מן אימרא (107A) ומן עיזא
ויסקינון כהנא על מדבחא דעלתא (LV 4:11) וית כל משך תורא וית
בישריה על רישיה ועל ריגלוי ועל בני גוויה ורעייה (LV 4:12)
ויפיק ית כל תורא למברא למשריתא לאתר דכי לאתר בית מישד קיטמא
ויוקד יתיה על קיסין בנורא על אתר בית מישד קיטמא יתוקד
(LV 4:13) ואין כל כנישתא דישראל ישתלון ויתכסי פיתגם מן מחמי
קהלא ויעבדון בשלו מן חד מן כל פיקודיא דייי דלא כשרין
לאתעובדא ויתחייבון (LV 4:14) ותישתמודע להון חובתא דאתחייבון
עלה ויקרבון קהלא תור בר תורי לחטאתא וייתון יתיה לקדם משכן
זימנא (LV 4:15) ויסמכון תריסר סבי כנישתא דמתמנן אמרכולין על
תריסר שיבטיא בתוקפא ידיהון על ריש תורא ויכוס טבחא ית תורא
קדם ייי (LV 4:16) ויעיל כהנא רבא מן אדמא דתורא למשכן זימנא
(LV 4:17) ויטמש כהנא אצבעיה מן אדמא ויידי מיניה שבע זימנין
קדם ייי קדם פרגודא (LV 4:18) ומן אדמא יתן על קרנת מדבחא דקדם
ייי דבמשכן זימנא וית כל אדמא ישוד ליסודא דמדבח עלתא דבתרע

משכן זימנא (LV 4:19) וית כל תרביה יפריש מיניה ויסיק למדבחא
(LV 4:20) ויעביד לתורא היכמא דעבד לתורא דחטאתא דכהנא רבא
הכדין יעביד ליה ויכפר עליהון כהנא וישתביק להון (LV 4:21)
ויפיק ית תורא למברא למשריתא ויוקיד יתיה היכמא דאוקיד ית תורא
קדמאה דכהנא רבא מטול דשיבוק חובין דישראל ביה וברם חטאת קהלא
הוא (LV 4:22) בזמן די רבא בעמיה יחוב ויעבד חד מן כל פיקודיא
דייי אלקיה דלא כשרין לאתעבדא בשלו ויתחייב (LV 4:23) או
אישתמודע ליה חובתיה דחב וייתי קורבניה צפיר בר עיזי דכר שלים
(LV 4:24) (108) ויסמוך בתוקפא יד ימיניה על ריש צפירא ויכוס
יתיה טבחא באתר דיכוס ית עלתא קדם ייי חטאתא הוא (LV 4:25)
ויסב כהנא מן אדמא דחטאתא באצבעיה ויתן על קרנת מדבחא דעלתא
וית אדמיה ישוד ליסודא דמדבחא דעלתא (LV 4:26) וית כל תרביה
יסיק למדבחא הי כתרב ניכסת קודשיא ויכפר עלוי כהנא מחובתיה
וישתביק ליה (LV 4:27) ואין בר נש חד יחוב בשלו מן עמא דארעא
במעבדיה חד מן פיקודיא דייי דלא כשרין לאיתעובדא ויתחייב
(LV 4:28) או אישתמודע ליה חובתיה דחב וייתי ית קורבני צפירתא
דעיזי שלמתא מטול חובתיה דחב (LV 4:29) ויסמוך ית יד ימניה על
ריש חטאתא ויכוס ית חטאתא באתרא דעלתא (LV 4:30) ויסב כהנא מן
אדמא באדבעיה ויתן על קרנת מדבחא דעלתא וית כל אדמא ישוד
ליסודא דמדבחא (LV 4:31) וית כל תרבה יעבר היכמא דאיתעדא תריב
מעילוי ניכסת קודשיא ויסק כהנא למדבחא לאיתקבלא ברעוא קדם ייי
ויכפר עלוי כהנא וישתביק ליה (LV 4:32) ואין אימר ייתי קורבניה
לחטאתא נוקבא שלמתא ייתינה (LV 4:33) ויסמוך יד ימיניה על ריש
חטאתא ויכוס יתה מטול קורבן חטאתא באתרא דיכוס ית עלתא
(LV 4:34) ויסב כהנא מן אדם חטאתא באדבעיה ויתן על קרנת מדבחא
דעלתא וית כל אדמא ישוד ליסודא דמדבחא (LV 4:35) וית כל תרבא
יעבר היכמא דאיתעדא תריב אימר מניכסת קודשיא ויסיק יתהון כהנא
למדבחא על קרבניא דייי ויכפר עלוי כהנא על חובתיה דחב וישתביק
ליה (LV 5:1) ובר נש ארום יחוב וישמע קל אומאה דלווט ואיהוא
סהיד או חמא חד מעלמא דעבר על פיתגמי מומתא או ידע בחבריה
דבטיל שבועא ולווט אין לא יחווי יקביל חוביה (108A) (LV 5:2)
או בר נש די יקרב בכל מידעם דמסאב או בניבלת חיוא מסאבתא או
בניבלת בעירא מסאבתא או בניבלת רחיש מסאב ויתכסי מיניה והוא
מסאב ויקרב בכל קודשיא ויתחייב (LV 5:3) או ארום יקרב בסואבות
אינשא לכל סובתיה דמסתאב בה ויתכסי מיניה ויקרב בכל קודשיא ומן
בתר כדין איתגלי ליה ואיהוא ידע דמסאב ולא אידכי ויתחייב
(LV 5:4) או בר נש ארום יומי לפרשא בשיפוון לאבאשא או לאיטבא
לכל גוון דיפרש אינשא לדהווה ולדעתיד למיתי באומתא ומשקר בה
ויתכסי מיניה ומבתר דעבד איתגלי ליה ואיהו ידע דשקר ולא תב
ואתחייב לחדא מן איליין (LV 5:5) ויהי ארום ייחוב בחדא מארבעתי
איליין ובתר כן תהא ויודי חובתא דחב עלה (LV 5:6) וייתי ית
קרבן אשמיה לקדם ייי מטול חובתיה דחב נוקבא מן ענא אימרתא או
צפירתא דעיזי לחטאתא ויכפר עלוי כהנא מן חובתיה (LV 5:7) ואין
לא תארע ידיה כמיסת למייתייא אימרא וייתי ית קרבן אשמיה דחב

תרין שפנינין רברבין או תרין גוזלין בני יוניא קדם ייי חד
לחטאתא וחד לעלתא (LV 5:8) וייתי יתהון לוות כהנא ויקרב ית מן
דאתבחר לחטאתא בשירויא ויחזום ית רישיה לקבל קודליה ולא יפריש
רישיה מן קדליה (LV 5:9) וידי מן אדם חטאתא על כותל מדבחא
ודאשתייר באדמא יתמצי ליסודא דמדבחא חטאתא הוא (LV 5:10) וית
עוף תניין יעבד עלתא הי כהלכת עופא דאיתבחר בשירויא לחטאתא ולא
כהילכת חטאתא דתורא ודאימר בר עיזי ויכפר עלוי כהנא מחובתיה
דחב וישתביק ליה (LV 5:11) ואין לא תארע ידיה כמיסת למייתייא
תרין שפנינין רברבין או תרין גוזלין בני יוניא וייתי ית
קורבניה דחב חד (109) מן עשרא בתלת סאין סמידא לחטאתא לא ישווי
עלה מישחא ולא יתן עלה לבונתא ארום חטאתא היא (LV 5:12)
וייתיניה לות כהנא ויקמוץ כהנא מינה מלי קומציה ית שבח אדכרתא
ויסק למדבחא על קורבניא דייי חטאתא היא (LV 5:13) (LV 5:14)
ומליל ייי עם משה למימר (LV 5:15) בר נש ארום ישקר שקר ויחוב
בשלו ויתהני מן קודשיא דייי וייתי ית קורבן אשמיה לקדם ייי דכר
שלים מן ענא בעילוייה כסף הי כדמי הניית קודשא דאיתהני סילעין
בסילעי קודשא לקרבן אשמא (LV 5:16) וית הניית קודשא דחב מן
קודשא ישלים וית חומשיא דדמוי יוסיף עלוי ויתין יתיה לכהנא
וברם כהנא יכפר עלוי בדיכרא דאשמא וישתביק ליה (LV 5:17) ואין
בר נש ארום יחוב ויעבד חדא מכל פיקודיא דייי דלא כשרין
לאתעובדא ולא ידע ואתחייב ויקביל חוביה (LV 5:18) וייתי דכר
שלים מן ענא בעילוייה לאשמא לות כהנא ויכפר עלוי כהנא על
שלותיה דאשתלי והוא לא ידע וחב וישתביק ליה (LV 5:19) קורבן
אשמא הוא כל דאתחייב לקרבן אשמא ייתי קרבן לאשמא לשמיה דייי על
חובתיה דחב (LV 5:20) ומליל ייי עם משה למימר (LV 5:21) בר נש
ארום יחוב וישקר שיקרין לשום מימריה דייי ויכפור בחבריה
בפיקדונא דאפקיד גביה או בשותפות ידא או בגזילא או דיטלום ית
חבריה (LV 5:22) או אשכח אבידתא ויכפור בה ואישתבע על שיקרא על
חדא מכל דיעביד אינשא לאתחייב בהון (LV 5:23) ויהי אין יחטי
ויתחייב ויומי ויתיב ית גזילא דגזל או ית עציא די עצא או ית
פיקדונא די איתפקד גביה או ית אבידתא דאשכח (LV 5:24) או מכל
מדעם דאישתבע עלוי לשיקרא וישלים יתיה ברישיה (109A) וחומש
דמוי יוסף עלוי למריה דהוא דיליה יתנינה ביומא דתהא על חובתיה
(LV 5:25) וית קרבן אשמיה ייתיה לקדם ייי דכר שלים מן ענא
בעילוייה לאשמא לות כהנא (LV 5:26) ויכפר עלוי כהנא קדם ייי
וישתביק ליה על חדא מכל דיעביד לאתחייבא בה

פרשה צו

(LV 6:1) ומליל ייי עם משה למימר (LV 6:2) פקיד ית אהרן
וית בנוי למימר דא אורייתא דעלתא דאתיא למכפרא על הירהורי ליבה
היא עלתא דמתעבדא כעלתא דטוורא דסיני וקיימא על אתר בית יקידתא
על מדבח כל ליליא עד צפרא ברם אשתא דמדבחא תהי יוקדא ביה
(LV 6:3) וילבוש כהנא לבושין דבוץ ואוורקסין דבוץ ילבוש על
בישריה ויפרוש ית קיטמא דתיכול אישתא ית עלתא על מדבחא
וישויניה בצטר מדבחיה (LV 6:4) וישלח ית לבושוי וילבש לבושין

חורנין ויהנפק ית קיטמא למיברא למשריתא לאתר דכי (LV 6:5)
ואישתא על מדבחא תהי יוקדא ביה לא תיטפי וילפי עלה כהנא אעין
בצפר בצפר עד ארבע שעין דיומא ויסדר עלה עלתא ויסיק עלה תרבי
ניכסת קודשיא (LV 6:6) אישתא תדירא תהי יוקדא על מדבחא לא
תיטפי (LV 6:7) ודא אורייתא דמנחתא דיקרבון יתה בני אהרן כהנא
קדם ייי לקדם מדבחא (LV 6:8) ויפריש מיניה בקומציה מן סמידא
דמנחתא ומן טובה על כל לבונתא דעל מנחתא ויסיק למדבחא לאתקבלא
ברעוא שבח אדכרתא קדם ייי (LV 6:9) ומה דמשתיירא מינה ייכלון
אהרן ובנוי פטירי (110) תתאכל באתר קדיש בדרת משכן זימנא
ייכלונא (LV 6:10) לא תתאפי חמיע חולקהון מן מותרי מנחתא
דיהבית להון מקרבניי קודש קודשין היא הי כחטאתא הי כאשמא
(LV 6:11) כל דכורא בבני אהרן ייכלינה קיים עלם לדריכון
מקרבנייא דייי כל דיקרב בהון יתקדש (LV 6:12) ומליל ייי עם משה
למימר (LV 6:13) דין קרבנא דאהרן ודבנוי די יקרבון קדם ייי
ביומא דירבון יתיה למחסן כהונתא רבתא חד מן עשרא בתלת סאין
סמידא מנחתא פלגותא בצפרא ופלגותא ברמשא (LV 6:14) על מסריתא
במשח זיתא פתיכא תתעבד מטגנא תעיל יתה מרסקא מנחת ריסוקין תקרב
אתקבלא ברעוא קדם ייי (LV 6:15) וכהנא רבא דמתרבי במשחא וברם
תחותוי מבנוי יקומון לכהנין איהוא יעבד יתה קיים עלם קדם ייי
גמירה תסתדר ותיתסק (LV 6:16) וכל מנחתא דכהנא גמירא תסתדר
ותיהווי לא תיתאכל (LV 6:17) ומליל ייי עם משה למימר (LV 6:18)
מליל עם אהרן ועם בנוי למימר דא אורייתא דחטאתא באתרא דתיתנכס
עלתא תיתנכס חטאתא קדם ייי קדש קודשין היא (LV 6:19) כהנא די
מכפר באדמה ייכלינה באתר קדיש תתאכל בדרת משכן זימנא (LV 6:20)
כל דימקרב בבשרה יתקדש ודיידי מן אדמה על לבושא דיידי עלה
תתחוור באתר קדיש (LV 6:21) וכל מאן דפחר דתיתבשל בה יתבר מטול
דלא יבשלון ביה חולי ואין במנא דנחשא תיתבשל ויסתפן בגרגישתא
וישתטיף במוי (LV 6:22) כל דכורא בכהניא ייכול יתה קודש קודשין
היא (LV 6:23) וכל חטאתא דאיתעל מן אדמה למשכן זימנא מטול
לכפרא בקודשא לא תיתאכל בנורא תיתוקד (LV 7:1) ודא אורייתא
דאשמא קודש קודשין הוא (LV 7:2) באתרא דיכסון ית עלתא יכסון ית
אשמא וית אדמיה ידרוק על מדבחא חזור חזור (LV 7:3) וית כל
תרביה יקרב מינה ית אליתא וית תרבי דחפי ית בני גווא (110A)
(LV 7:4) וית תרתין כוליין וית תרבא דעליהון דעל כפלי וית חצרא
דעל כבדא דעל כולייתא יעדינה (LV 7:5) ויסיק יתהון כהנא למדבחא
קרבנא קדם ייי אשמא הוא (LV 7:6) כל דכורא בכהניא ייכלונה באתר
קדיש יתאכל קודש קודשין היא (LV 7:7) כהילכת חטאתא היכדין
הילכת אשמא אורייתא חדא להון כהנא די יכפר ביה דיליה יהי
(LV 7:8) וכהנא דימקרב ית עלת גבר אוחרן משך עלתא דיקרב לכהנא
דיליה יהי (LV 7:9) וכל מנחתא דתיתאפי בתנורא וכל דתיתעבד
במרתחא ועל מסריתא לכהנא דמקרב יתה דיליה יהי (LV 7:10) וכל
מנחתא פתיכא במשח ומנגבה לכל בני אהרן תהי גבר כאחוי (LV 7:11)
ודא אורייתא דניכסת קודשיא די יקרב קדם ייי (LV 7:12) אין על
תודתא יקרבינה ויקרב על ניכסת תודתא גריצן פטירן פתיכן במשח

זיתא וערוכין פטירין משיחין במשח זיתא וקמחא מטגנא פתיכא במשח זיתא (LV 7:13) על גריצתא דלחים חמיע יקריב קורבניה על ניכסת תודת קודשוי (LV 7:14) ויקרב מיניה חד מן כל קרבנא אפרשותא קדם ייי לכהנא דזריק ית אדם ניכסת קודשיא דיליה יהי (LV 7:15) ובשר ניכסת תודת קודשוי ביום קרבניה יתאכל לית אפשר לאיצטנעא מיניה עד צפרא (LV 7:16) ואין נידרא או נסיבתא נכסת קורבניה ביומא דיקרב ית ניכסתיה יתאכל וביומחרן ומה דמשתייר מיניה יתאכל בפניא (LV 7:17) ומה דמשתייר מבשר ניכסת קודשיא ביומא תליתאה לא יתרעי מן דמקרב יתיה לא יתחשב ליה לזכו פסיל יהא ואינש די יכול מיניה חוביה יקבל (LV 7:19) ובשר קודשיא די יקרב בכל מסאב לית איפשר דמיתאכל בנורא יתוקד ובשר קודשיא כל דידכי לקודשא יכול בשר קודשא (LV 7:20) ובר נש די יכול בישרא מניכסת קודשיא דמתקרבין קדם ייי וסובתיה עלוי וישתיצי בר נשא (111) ההוא מעמיה (LV 7:21) ובר נש ארום יקריב בכל מסאב בסואבות אינשא או בבעירא מסאבא או בכל שיקוץ מסאב ויכול מבשר ניכסת קודשיא דמתקרבין קדם ייי וישתיצי בר נשא ההוא מעמיה (LV 7:22) ומליל ייי עם משה למימר (LV 7:23) מליל עם בני ישראל למימר כל תריב תור ואימר ועיזא לא תיכלון (LV 7:24) ותריב חיוא דמיקלקלא בשעת ניכסתא ודימתנבלא במותנא ותריב חיוא תבירא אפשר דיתעבד לכל עיבדתא ברם תריב חיוא דמיכשרא יתסק על מדבחא ומיכל לא תיכלוניה (LV 7:25) ארום כל דייכול תריב מן בעירא דמתכשרא למקרב מינה קרבנא קדם ייי וישתיצי בר נשא ההוא דייכול ית תרבא מעמיה (LV 7:26) (LV 7:27) כל בר נש דייכול כל אדם מן כל דחי וישתיצי בר נשא ההוא מעמיה (LV 7:28) ומליל ייי עם משה למימר (LV 7:29) מליל עם בני ישראל למימר כל מאן דמקרב ית ניכסת קודשוי קדם ייי ייתי בגרמיה ית קורבניה לקדם ייי מן ניכסת קודשוי (LV 7:30) ידוי ייתיין ית קורבניא דייי די יפרש מניכסת קודשיה ית תרבא שומנוניתא דעל חדיא וית חדיא כד מחתך בתרין עילעין מיכא ותרין עילעין מיכא לוקבל אפקותא ייתיניה לארמא יתיה ארמא קדם ייי (LV 7:31) ויסק כהנא ית תרבא למדבחא ויהי חדיא לאהרן ולבנוי (LV 7:32) וית שקא דימינא מן כתפא ועד דרועא תתנון אפרשותא אפרשותא לכהנא מניכסת קודשיכון (LV 7:33) מאן דמקרב ית אדם נכסת קודשיא וית תריב מן בני אהרן דיליה תהי שקא דימינא לחולק (LV 7:34) ארום ית חדיא דארמותא וית שקא דאפרשותא נסיבית מן ניכסת קודשיכון ויהבית יתהון לאהרן כהנא ולבנוי לקיים עלם מן בני ישראל (LV 7:35) דא היא אורייתא לעלתא למנחתא לחטאתא ולאשמתא דא רבותא דאהרן ורבותא דבנוי על כל אחוהון ליואי דיכלון (111A) מקורבניא דייי ביומא די יקרבון יתהון לשמשא קדם ייי (LV 7:36) (LV 7:37) (LV 7:38) דפקד ייי ית משה בטוורא דסיני ביומא דפקיד ית בני ישראל לקרבא ית קורבנהון קדם ייי במשכנא דעבדו ליה במדברא דסיני (LV 8:1) ומליל ייי עם משה למימר (LV 8:2) קריב ית אהרן דאתרחק על עובדא דעיגלא וטול ית לבושיא דפקידתך וית מישחא דרבותא וית תורא וית תרין דיכרין וית סלא דפטיריא (LV 8:3) וית כל כנישתא כנוש לתרע משכן זימנא

(LV 8:4) ועבד משה היכמה דפקיד ייי ואיתכנישת כנישתא בעשרין ותלתא יומין לירחא דאדר לתרע משכן זימנא (LV 8:5) ואמר משה לכנישתא דין פיתגמא דפקיד ייי למעבד (LV 8:6) וקריב משה ית אהרן וית בנוי ואסחו יתהון במוי (LV 8:7) וסדר עלוי ית כיתונא וזריז יתיה בקמורא ואלביש יתיה ית מנטר מעילא ויהב עלוי ית איפודא וזריז יתיה בהמיין איפודא ואתקין ליה ביה (LV 8:8) ושוי עלוי ית חושנא וסדר בחושנא ית אוריא וית תומיא (LV 8:9) ושוי ית מצנפתא על רישיה ושוי על מצנפתא כל קבל אנפוי ית ציצא דדהבא כלילא דקודשא היכמא דפקיד ייי ית משה (LV 8:10) ונסיב משה ית משחא דרבותא ורבי ית משכנא וקדיש יתיה (LV 8:11) ואדי מיניה על מדבחא שבע זימנין ורבי ית מדבחא וית כל מנוי וית כיורא וית בסיסיה לקדשותהון (LV 8:12) ואריק מן משחא דרבותא על ריש אהרן ורבי יתיה בתר דאלבשיה מטול לקדשותיה (LV 8:13) וקריב משה ית אהרן וית בנוי ואלבישינון כיתונין וזריז יתהון קמורין וכבש להון כובעין היכמה דפקיד ייי ית משה (LV 8:14) וקריב ית תורא דחטאתא וסמך אהרן ובנוי ית ידיהון ימיני על ריש תורא דחטאתא דילהון (LV 8:15) ונכס משה ית תורא ונסב משה ית אדמא ויהב על קרנת מדבחא חזור חזור (112) באדבעיה ורבי ית מדבחא מן כל ספק אנוס וחטופין מטול דחשיב משה בלבביה דילמא נסיבו סרכיא דבני ישראל אפרשותא מן אחוהון באונסא וקריבו לעיבידת משכנא או דילמא הישתיכח בבני ישראל דלא הוה בליביה למיתייא לעיבידתא ושמע קל כרוזא ואיסתפי ואיתי בלא צבו מטול כן דכי יתיה באדם תורא וית מותר אדמא אריק ליסודא דמדבחא וקדשיה לכפרא עלוי (LV 8:16) ונסיב ית כל תרבא דעל בני גווא וית חצר כבדא וית תרתין כוליין וית תרבהן ואסיק משה למדבחא (LV 8:17) וית תורא וית מושכא וית בישריה וית רעייה אוקד בנורא מברא למשריתא היכמא דפקיד ייי ית משה (LV 8:18) וקרב ית דכר עלתא וסמכו אהרן ובנוי ית יד ימינהון על ריש דיכרא (LV 8:19) ונכס ית דיכרא ודרק משה ית אדמה על מדבחא חזור חזור (LV 8:20) וית דיכרא פסיג לפיסגוי ואסיק משה ית רישא וית פסגויא וית תרבא (LV 8:21) וית בני גווא וית ריגלאה חליל במוי ואסיק משה ית דיכרא למדבחא עלתא היא לאתקבלא ברעוא קרבנא הוא קדם ייי היכמא דפקיד ייי ית משה (LV 8:22) וקריב ית דיכרא תיניינא דכר אשלמותא דשלים בכולא וסמכו אהרן ובנוי ית ידיהון על ריש דיכרא (LV 8:23) ונכס ית דיכרא ונסיב משה מן אדמיה ויהב על חסחוס אודנא דאהרן דהוא גדירא מציעאה דאודן ימיניה ועל פירקא מיצעא דריגליה ימינא (LV 8:24) וקריב ית בני אהרן ויהב משה מן אדמא על גדירא מיצעא דאודניהון ימינא ועל פירקא מיצעא דידיהון ימינא ועל פירקא מיצעא דריגליהון דימינא ודרק משה ית כל מותר אדמא על מדבחא חזור חזור (LV 8:25) ונסיב ית תרבא וית אליתא וית כל תרבא דעל בני גווא וית חצר כבדא וית תרתין כוליין וית תרבהון וית שקא דימינא (LV 8:26) ומסלא דפטיריא דקדם ייי נסב גריצתא פטירתא חדא (112A) וגריצתא דלחים פתיך במשח חדא ועריך חד ושוי על תרביא ועל שקא דימינא (LV 8:27) וסדר ית כולא על ידי אהרן ועל

ידי בנוי וארים יתהון ארמא קדם ייי (LV 8:28 ונסיב משה יתהון מעל ידיהון ואסיק על מדבחא על עלתא קרבן אשלמותא הינון דשלימון בכולא מטול לאתקבלא ברעוא קדם ייי (LV 8:29 ונסיב משה ית חדיא וארימיה ארמא קדם ייי מדכר קורבניא אתפרש למשה הוה לחולק היכמא דפקיד ייי ית משה (LV 8:30 ונסיב משה ממשחא דרבותא ומן אדמא דעל מדבחא ואדי על אהרן ועל לבושוי ועל בנוי ועל לבושוי בנוי עימיה וקדיש ית אהרן וית לבושוי וית בנוי וית לבושי בנוי עימיה (LV 8:31 ואמר משה לאהרן ולבנוי בשילו ית בשר קורבניא בדודוותא בתרע משכן זימנא ותמן תיכלון יתיה וית לחמא דבסל קורבניא היכמא דפקידית למימר אהרן ובנוי ייכלוניה (LV 8:32 ומה דמשתייר בבישרא ובלחמא בנורא תוקדון (LV 8:33 ומתרע משכן לא תפקון שובעא יומין עד יום מישלם יומי אשלמוותכון ארום שובעא יומין יתוקם משכנא ויתפרק ויתקרב קורבנכון (LV 8:34 היכמא דעבד וסדר ית סדר קורבניא ביומא הדין היכדין פקיד ייי למעבד אתון בתר יומי אשלמוותא למכפרא עליכון (LV 8:35 ובתרע משכן זימנא תיתבון יומם ולילי שובעא יומין ותיטרון ית מיטרת מימרא דייי ולא תמותון ארום היכדין איתפקדית (LV 8:36 ועבד אהרן ובנוי ית כל פיתגמיא דפקיד ייי בידא דמשה

פרשה שמיני

(113) (LV 9:1 והוה ביומא תמינאה לרבות אהרן ובנוי ויום תמינאה לאשלמוותא הוא יומא קדמאה לירחא דניסן אקים משה ית משכנא ולא פרקיה ולא שמיש תוב על גבי מדבחא בכן קרא משה לאהרן ולבנוי ולסבי סנהדרי ישראל (LV 9:2 ואמר לאהרן סב לך עיגל בר תורי לחטאתא מטול דלא ישתעי עלך סטנא לישן תליתאי על עיסק עיגלא דעבדת בחורב וברם דכר לעלתא תיסב מן בגלל די ידכר לך זכותא דיצחק דכפתיה אבוי כדיכרא בטוור פולחנא תריהון יהון שלמין וקריב קדם ייי (LV 9:3 ועם בני ישראל תמליל למימר סבו ברם אתון צפיר בר עיזי מטול דסטנא מימתיל ביה מטול דלא ישתעי עליכון לישן תליתאיי על עיסק צפיר בר עיזי דנכיסו שבטוי דיעקב ודמיו יתיה ועיבד יתיה לחטאתא ועיגלא מטול דאשתעבדתון לעיגלא ואימר בר שתיה מטול דידכר לכון זכותא דיצחק דכפתיה אבוי הי כאימרא תריהון שלמין לעלתא (LV 9:4 ותור ואימר לניכסת קודשיא לדבחא קדם ייי מן בגלל דיתרעי בכון ומנחתא פתיכא במשח זיתא ארום יומא דין איקר שכינתא דייי מתגלי לכון (LV 9:5 ואזדרזון אהרן ובנוי וכל בני ישראל ונסיבו ית מה דפקיד משה והייתיו לקדם משכן זימנא וקריבו כל כנישתא וקמון בלב שלים קדם ייי (LV 9:6 ואמר משה דין פיתגמא דתעבדון אעברו ית יצרא בישא מן ליבכון ומן יד איתגלי לכון איקר שכינתא דייי (LV 9:7 והוה כיוון דחמא אהרן מדבחא בקרנוי מידמי לעיגלא איסתפי למיקרב לגביה בכין אמר ליה משה אגיס מנדעך וקריב למדבחא ולא תיסתפי ועיבד ית חטאתך וית עלתך וכפר אמטולתך ואמטול עמא ועיבד ית קרבן עמא וכפר עליהון היכמא דפקיד ייי (LV 9:8 וקריב אהרן למדבחא בזריזותא ונכיס ית עיגלא דחטאתא דידיה (LV 9:9 וקריבו בני אהרן ית אדמא לוותיה וטבל אדבעיה באדם (113A תורא ויהב על קרנת מדבחא וית

שאר אדמא אריק ליסודא דמדבחא וקדשיה למכפרא עלוי (LV 9:10) וית
תריב וית כוליין וית חצרא מן כבדא מן חטאתא אסיק למדבחא היכמא
דפקיד ייי ית משה (LV 9:11) וית בשרא וית מושכיה אוקיד בנורא
מברא למשריתא (LV 9:12) ונכס ית עלתא ואקריבו בני אהרן ליה ית
אדמא ודרקיה על מדבחא חזור חזור (LV 9:13) וית עלתא אקריבו יתה
לפסגהא וית רישא ואסיק על מדבחא (LV 9:14) וחליל ית בני גווא
וית ריגלייא ואסיק על עלתא למדבחא (LV 9:15) וקריב ית קרבן עמא
ונסב ית צפירא דחטאתא די לעמא ונכסיה וכפר באדמיה דצפירא היכמא
דכפר באדם עיגלא דחטאתא דיליה דקריב בשירויא (LV 9:16) וקריב
ית עלתא ועבדא כהילכת עלתא דקריב אמטולתיה (LV 9:17) וקריב ית
מנחתא ומלא ידיה מינה ונסיב מיניה צריד אדכרתא ואסיק על מדבחא
בר מן עלת צפרא (LV 9:18) ונכיס ית תורא וית דיכרא ניכסת
קודשיא די לעמא ואקריבו בני אהרן ית אדמא ליה ודרקיה על מדבחא
חזור חזור (LV 9:19) וית תרביא מן תורא ומן דיכרא אליתא ודחפי
בני גווא וכולייתא וחצר כבדא (LV 9:20) ושויו ית תרביא על
חדוותא ואסיק תרביא למדבחא (LV 9:21) וית חדוותא וית שקא
דימינא ארים אהרן ארמא קדם ייי היכמא דפקיד ייי ית משה
(LV 9:22) ופרס אהרן ית ידוי לקבל עמא ובריכינון ונחת מן מדבחא
בחדוא מן דפסק למעבד חטאתא ועלתא ונכסת קודשיא (LV 9:23)
וכיוון דאיתעבידו קורבניא ולא איתגליית שכינתא הוה אהרן מיבהית
ואמר למשה דילמא לא איתרעי מימרא דייי בעובדי ידיי בכן עלו משה
ואהרן למשכנא זימנא וצלו עמא בית ישראל ונפקו ובריכו ית עמא
ואמר יקבל (114) מימר דייי ברעוא ית קורבניכון וישרי וישבוק על
חוביכון ומן יד איתגלי איקר שכינתא דייי לכל עמא (LV 9:24)
ונפקת אישתא מן קדם רש ואכלת על גבי מדבחא ית עליא וית תרביא
וחמון כל עמא ואודון ואתרכינו בצלו על אנפיהון (LV 10:1)
ונסיבו בני אהרן נדב ואביהוא גבר מחתיתיה ויהבו בהון אישתא
ושויאו עלה קטורת בוסמין וקריבו קדם ייי אישתא נוכרתא מן תפיין
מה דלא פקיד יתהון (LV 10:2) ונפקת שלהובית אישתא מן קדם ייי
ברגז ואיתפליגת לארבעתי חוטין ואעלת בגוא אפיהון ואוקידת ית
נשמתהון ברם גופיהון לא איתחרכו ומיתו קדם ייי (LV 10:3) ואמר
משה הוא דמליל ייי עימי בסיני למימר בדיקריבין קדמי אנא מקדש
משכנא דאין לא מזדהרין בעיבידת קורבניא אוקידינון בשלהובית
אשתא מן קדמוי מטול דעל מיחמי כל עמא איתיקר ושמע אהרן ושתיק
וקבל אגר טב על משתוקיה (LV 10:4) וקרא משה למישאל ולאלצפן
בנוי דעוזיאל ליואי חביבא דאהרן ואמר להון קריבו טולו ית
אחיכון מן קודשא ותסוברונון למברא למשריתא (LV 10:5) וקריבו
וסוברונון באונקלוון דפרזלא בכיתונהון וקברונון למברא למשריתא
היכמא דמליל משה (LV 10:6) ואמר משה לאהרן ולאלעזר ולאיתמר
בנוי רישיכון לא תרבון פרוע ולבושיכון לא תבזעון ולא תמותון
ביקידת אישתא ועילוי כל כנישתא יהי רוגזא ברם שתוקו ותזכון ית
דינא עליכון ואחיכון כל בית ישראל יבכון ית יקידתא דאוקד ייי
(LV 10:7) ומתרע משכן זימנא לא תיפקון דילמא תמותון ארום משח
רבותא דייי עליכון ועבדו הי כפיתגמא דמשה (LV 10:8) ומליל ייי

עם אהרן למימר (LV 10:9) חמר וכל מידעם מרוי לא תשתי אנת ובנך
עימך ביזמן מיעלכון למשכן זימנא היכמה דעבדו בנך דמיתו ביקידת
אישתא קים עלם לדריכון (LV 10:10) ולאפרשא (114A) ביני קודשא
וביני חולא וביני מסאבא וביני דכיא (LV 10:11) ולאלפא ית בני
ישראל ית כל קיימייא דמליל ייי להון בידא דמשה (LV 10:12)
ומליל משה עם אהרן ועם אלעזר ועם איתמר בנוי דאישתיירו מן
יקידתא סיבו ית מנחתא דאישתיירת מקורבנייא דייי ואיכלוה פטיר
בסטר מדבחא ארום קודש קודשין היא (LV 10:13) ותיכלון יתה באתר
קדיש ארום חולקך וחולק בנך היא מקרבניא דייי ארום הכדין
איתפקדית (LV 10:14) וית חדיא דארמותא וית שקא דאפרשותא תיכלון
באתר דכי אנת ובנך עימך ארום חולקך וחולק בנך איתיהיבו מניכסת
קודשיא דבני ישראל (LV 10:15) שקא דאפרשותא וחדיא דארמותא על
קורבני תרביא ייתון לארמא ארמא קדם ייי ויהי לך ולבנך עימך
לקיים עלם היכמא דפקיד ייי (LV 10:16) תלתא צפיריא איתקריבו
ביומא ההוא צפירא דריש ירחא וצפירא דחטאתא דלעמא וצפירא דחטאתא
דקריב נחשון בר עמינדב לחנוכת מדבחא אזל אהרן ובנוי ואוקידו
תלתיהון אתא משה ותבע ית צפירא דחטאתא די לעמא ותבעיה והא
איתוקד ורתח על אלעזר ועל איתמר בנוי דאהרן דאישתיירו למימר
(LV 10:17) מדין לא אכלתון ית חטאתא באתר קדיש ארום קודשין היא
ויתה יהב לכון למישרי על סורחנות כנישתא לכפרא עליכון קדם ייי
(LV 10:18) הא לא איתעל מן אדמון לות קודשא גוואה מיכל תיכלון
יתה בקודשא היכמא דאתפקדית (LV 10:19) ומליל אהרן עם משה הא
יומא דין קריבו בני ישראל ית קרבן חטאתהון ועלוותהון קדם ייי
וארע יתי סקול כאילין בתרין בניי הלא מעשרא תניינא איתפקד די
לא למיכול אביל מיניה כל דכן קרבן חטאתא ומה אילו אשתליית
ואכלית מן קרבן חטאתא יומא דין אוף תרין בניי דאשתיירו הוה
להון מן דינא דייתוקדון דלית אפשר דישפר קדם ייי (115)
(LV 10:20) ושמע משה ושפר קודמוי ואפיק כרוזא במשריתא למימר
אנא הוא דאתעלמת הילכתא מיני ואהרן אחי אדכר יתיה לי (LV 11:1)
ומליל ייי עם משה ועם אהרן למימר להון לבני אהרן דיזהרון ית
בני ישראל די טעמון בדכותא מיכלהון ויתפרשון מסואבות תמניסירי
טריפן (LV 11:2) מלילו עם בני ישראל למימר דא חייתא דמיכשרא
למיכלכון מן כל בעירא דעל ארעא (LV 11:3) כל דסדיקא פרסתא
ומטילפן טילפין פרסתא ודאית לה קרנין מסקא פישרא בבעירא יתה
תיכלון (LV 11:4) ברם ית דין לא תיכלון ממינא דמסקי פישרא
וסדיקי פרסתא דאיתיליד ממסאבתא ברם ית גמלא ארום מסיק פישרא
הוא ופרסתיה לא סדיקא מסאב הוא לכון (LV 11:5) וית טווזא ארום
מסיק פישרא הוא ופרסתיה לא סדיקא מסאב הוא לכון (LV 11:6) וית
ארנבא ארום מסיק פישרא הוא ופרסתא לא סדיקא מסאב הוא לכון
(LV 11:7) וית חזירא ארום סדיק פרסתא הוא ומטלף טילפין פרסתא
והוא פישרא לא פשר מסאב הוא לכון (LV 11:8) מבישריהון לא
תיכלון ובניבלתהון לא תקרבון מסאבין הינון לכון (LV 11:9) ית
דין תיכלון מכל די במיא כל דליה ציצין וחרספיתין בימיא
ובנחליא יתהון תיכלון (LV 11:10) וכל דלית ליה ציצין וחרספיתין

בימִמיא ובנחליא מן כל ריחשא דבמיא שיקצא הינון לכון (LV 11:11) ושיקצא יהון לכון ציריהון ורוטביהון ומיבישריהון לא תיכלון וית ניבלתהון תשקצון ומן הנייתהון תתרחקון (LV 11:12) כל דלית ליה ציצין וחרספיתין במיא שיקצא הוא לכון (LV 11:13) וית איליין מינייא תשקצון מן עופא דלית להון ציבעא יתירא ודלית ליה זרוקפא ודקורקבניה ליתוי מקליף לא יתאכלון שיקצא הינון ית נישרא וית עוזא וית בר גזא (LV 11:14) וית דייתא דהיא טריפתא ליזנה (LV 11:15) וית כל עורבא ליזניה (115A) (LV 11:16) וית בת נעמיתא וית חטפיתא וית ציפר שחפא וית בר נצצא ליזניה (LV 11:17) וית ציידא וית שלי נונא מן ימא וית קיפופא (LV 11:18) וית אותיא וית קקא וית שרקרקא (LV 11:19) וית דייתא חיוורתא ואכמתא ליזנה וית נגר טורא וית ערפדא (LV 11:20) וכל ריחשא דעופא דמהלך על ארבע זני דיבבי וזני אורעיה וזני זיבורי שיקצא הוא לכון ברם דובשא דזיבורא יתאכל (LV 11:21) ברם ית דין תיכלון מן כל ריחשא דעופא דמהלך על ארבע כל דאית ליה קרסולין מלעיל לריגלוי למשרג בהון על ארעא (LV 11:22) ית אילין מינייא מנהון תיכלון ית גובאי ליזניה וית רשונא לזניה וית נפולא לזניה וית כרזבא דהיא נדונא לזניה (LV 11:23) וכל ריחשא דעופא דליה ארבע ריגלין שיקצא הוא לכון (LV 11:24) ולאילין תסתאבון כל דיקרב בנבילתהון יהי מסאב עד רמשא (LV 11:25) וכל דיוסיט מן נבילתהון יצבע לבושוי ויהי מסאב עד רמשא (LV 11:26) לכל בעירא דהיא סדיקא פרסתא וטילפין ליתהא מטלפא ופישרא ליתהא מסקא מסאבין הינון לכון כל דיקרב בהון יהי מסאב (LV 11:27) וכל דמטייל על ידוי בכל חייתא דמהלכא על ארבע מסאבין הינון לכון כל דיקרב בנבילתהון יהי מסאב עד רמשא (LV 11:28) ודיוסיט ית נבילתהון יצבע לבושוי ויהי מסאב עד רמשא מסאבין הינון לכון (LV 11:29) ודין לכון דמסאב דמיה ומשכיה ובישריה בריחשא דרחיש על ארעא כרכושתא ועכברא אוכמא וסמוקא וחיורא וחרדונא לזנוי (LV 11:30) ומינקת חיויא וכחא ושממיתא וקצוצא וסלמנדרא (LV 11:31) אילין תמניא מיניא דמסאבין לכון בכל ריחשא כל דיקרב בהון ובמושכיהון (116) ובאדמהון יהי מסאב עד רמשא (LV 11:32) וכל מידעם דיפול עלוי מנהון במותהון דאיבריא דידהון דאתפשח מנהון יהי מסאב כל מאן דקיסא או לבוש או צלא או שק כל מאן דתיתעבד בהון עיבידתא בארבעין סאוין דמוי ייתעל ויהי מסאב לכל צרוך עד רמשא וידכי (LV 11:33) ומאן דפחר דיפיל מנהון לגויה כל מאן די בגויה יהי מסאב ויתיה תתברון (LV 11:34) מכל מיכלא דמיתאכל די ייעלון עלוי מוי יהי מסאב וכל משקי דישתיתי בכל מן יהי מסאב (LV 11:35) וכל מידעם דיפיל מניבלתהון עלוי יהי מסאב תנורין ותפיין יסתרון מסאבין הינון ומסאבין יהון לכון (LV 11:36) לחוד עינוון וגובין בית כנישות מיין נבעין יהי דכי ברם די יקרב בנבילתהון בגו מיא האיליין יהי מסאב (LV 11:37) וארום אין יפיל מנבילתהון על כל זרע זרעונין באורחא די יזדרע בנוגביה דכי הוא (LV 11:38) וארום אין מתיהיב מוי על בר זרעא ויפיל מנבילתהון עלוי ברוטביה מסאב הוא לכון (LV 11:39) וארום

אין יתפשח איברא וימות מן בעירא דהיא חזיא לכון למיכול דיקרב
בנבילתא יהי מסאב עד רמשא **(LV 11:40** ודייכול מנבילתה יצבע
לבושוי ויהי מסאב עד רמשא ודיוסיט ית נבילתה יצבע ית לבושוי
ויהי מסאב עד רמשא **(LV 11:41** וכל ריחשא דרחיש על ארעא שיקצא
הוא לא יתאכיל **(LV 11:42** וכל דמהלך על מעוי וכל דמהלך על ארבע
מן חיויא ועד נדל דמסגי ריגלין בכל ריחשא דרחיש על ארעא לא
תיכלונון ארום שיקצא הינון **(LV 11:43** לא תשקצון ית נפשתיכון
בכל ריחשא דרחש ולא תיסתאבון בהון דילמא תיסתאבון פון בהון
(LV 11:44 ארום אנא הוא ייי אלקכון ותיתקדשון ותהוון קדישין
ארום קדיש אנא ולא תסאבון ית נפשתיכון בכל ריחשא דרחיש על ארעא
(LV 11:45 ארום אנא הוא ייי דאסיקית יתכון פריקין **(116A** מן
ארעא דמצרים מטול למיהוי לכון לאלקה ותהוון קדישין ארום קדיש
אנא **(LV 11:46** דא היא גזירת אורייתא דבעירא ועופא וכל נפשת
חייתא דרחשא על ארעא **(LV 11:47** לאפרשא ביני מסאבא וביני דכיא
ביני חייתא דמיכשרא לאיתאכלא וביני חייתא דלא מיכשרא לאתאכלא

פרשה תזריע

(LV 12:1 ומליל ייי עם משה למימר **(LV 12:2** מליל עם בני
ישראל למימר איתתא ארום תעדי ותיליד ביר דכר ותהי מסאבא שבעא
יומין הי כיומי ריחוק סאובתה היכדין תיסתאב **(LV 12:3** וביומא
תמינאי תשתרי וברא יתגזר בשר ערלתיה **(LV 12:4** ותלתין ותלתא
יומין רציפין תהי כל דמהא דכיין ברם בכל קודשיא לא תיקרב ולבי
מקדשא לא תיעול עד זמן מישלם יומי דכותה **(LV 12:5** ואין ברת
נוקבא תליד ותהי מסאבא ארבסרי יומין רציפין הי כריחוקא ובחמיסר
תישתרי ושיתין ושיתא יומין רציפין תהי כל דמהא דכיין **(LV 12:6**
ובמשלם יומי דכיתא לברא או לברתא תייתי אימר בר שתיה לעלתא
וגוזל בר יוון או שפנינא לחטאתא לתרע משכן זימנא לות כהנא
(LV 12:7 ויקרביניה קדם ייי ויכפר עלה כהנא ותידכי מבוע תרין
דמהא דא היא אורייתא דילידתא לידכר או לנוקבא **(LV 12:8** ואין
לא תשכח ידה הי כמיסת למיתייא אימרא ותיסב תרין שפנינין או
תרין גוזלין בני יוון חד לעלתא וחד לחטאתא ויכפר עלה כהנא
ותידכי **(LV 13:1** ומליל ייי עם משה למימר **(LV 13:2** ברנש **(117**
ארום יהי במשך בישריה שומא זקיפא או קלופי או בהקי ויהי במשך
בישריה למיכתש סגירו ויתיתיה לות אהרן כהנא או לות חד מבנוי
כהנא **(LV 13:3** ויחמי כהנא ית מכתשא במשך בישרא ושערא במכתשא
איתהפיך לחיוור וחיזיו דמכתשא עמיק למחוור כתלגא יתיר ממשך
בישריה מכתש סגירותא הוא ויחמיניה כהנא ויסאיב יתיה **(LV 13:4**
ואם בהקי חיוורתא כסידא היא במשך בישריה ועמיק לית חיזויה
למחוור כתלגא יתיר מן משכא ושערה לא אתהפיך לחיור כסידא ויסגר
כהנא ית מכתשא שבעא יומין **(LV 13:5** ויחמיניה כהנא ביומא
שביעאה והא מכתשא קם כד הוה לא הליך פיסיונא דמכתשא במשכא
ויסגירייניה כהנא שבעא יומין תניינות **(LV 13:6** ויחמי כהנא
יתיה ביומא שביעאה תניינות והא עמא מכתשא לא הליך פיסיונא
דמכתשא במשכא וידכיניה כהנא קלופי מיטפלא הוא ויצבע לבושוי
וידכי **(LV 13:7** ואם הלוכי הליך פיסיונא דקלופי דמיטפלא במשכא

בתר דאיתחמי לכהנא לדכותיה ויתחמי תניינות לכהנא (LV 13:8)
ויחמי כהנא והא הליכת פיסיונא דקלופי מיטפלא במשכא ויסאיביניה
כהנא מטול דסגירותא הוא (LV 13:9) מכתש סגירו ארום יהי בבר נש
ויתיתי לות כהנא (LV 13:10) ויחמי כהנא והא שומא זקיפא חוורא
במשכא כעמר נקי והיא הפכת שערא למחוור כקדם ביעתא ורושם בישרא
חייא בשומא (LV 13:11) סגירותא עתיקתא היא במשך בישריה
ויסאיביניה ויחלטיניה כהנא לא יסגירניה ארום מסאב הוא
(LV 13:12) ואין מסגיא תיסגי סגירותא במשכא ותחפי סגירותא ית
כל משך בישריה מרישיה ועד ריגלוי לכל חיזיו דחמיין עינוי דכהנא
ומתכוונן בין למדכייא ובין לסאבא (LV 13:13) ויחמי כהנא והא
חפת סגירותא ית כל בישריה וידכי ית מכתשא כוליה איתהפיך לחיוור
דכי הוא (LV 13:14) ברם ביומא דיתחמי ביה בישריה חייא דביה יהי
מסאב (117A) (LV 13:15) ויחמי כהנא ית בישרא חייא ויסאיביניה
מטול דבישרא חייא דביה מסאב הוא סגירותא הוא (LV 13:16) או
ארום יתוב בישרא חייא ויתהפיך לחיוור וייתי לות כהנא
(LV 13:17) ויחמיניה כהנא והא איתהפיך מכתשא למחוור וידכי כהנא
ית מכתשא דכי הוא (LV 13:18) ובר נש ארום יהי ביה במשכיה שיחנא
ואיתסי (LV 13:19) ויהי באתר שיחנא שומא זקיפא חוורא או בהקי
מיטפלא חוורא סמקא מערבין ויתחמי לות כהנא (LV 13:20) ויחמי
כהנא והא חיזווהא מכיך מן משכא למחוור ושערה איתהפוך למחוור
ויסאיביניה כהנא מטול דמכתש סגירותא הוא בשיחנא סגיאת
(LV 13:21) ואין יחמינה כהנא והא לית בה שער חיוור ומכיכא לא
איתא למחוור יתיר מן משכא מטול דהיא עמיה ויסגירניה כהנא
שובעא יומין (LV 13:22) ואין הלכא תהליך פיסיונא במשכא ויסאב
כהנא יתיה מכתשא הוא (LV 13:23) ואין באתרא קמת בהקי לא הליכת
פיסיונא צולקת שיחנא היא וידכיניה כהנא (LV 13:24) או בר נש
ארום יהי במשכיה כואה דנור ותהי רושם כואה בהקי חוורא סמקא
מערבין או חוורא בלחודא (LV 13:25) ויחמי יתה כהנא והא אתהפיך
שערא למחוור כסידא וחיזויה עמיק למחוור כתלגא יתיר מן משכא
סגירותא הוא בכוואה סגיאת ויסאב יתיה כהנא מכתש סגירותא היא
(LV 13:26) ואין יחמינה כהנא והא לית בבהקי שער חיוור ומכיכא
לא איתה למחוור יתיר מן משכא מטול דהיא עמיא ויסגריניה כהנא
שובעא יומין (LV 13:27) ויחמיניה כהנא ביומא שביעאה אין הלכא
תהליך פיסיונא במשכה ויסאיב כהנא יתיה מטול דמכתש סגירותא הוא
(LV 13:28) ואין באתרא קמת בהקי לא הליכת פיסיונתא במשכא והיא
עמיא שומת כואה היא וידכיניה כהנא ארום צולקת כואה היא
(LV 13:29) וגבר או איתא ארום יהי ביה מכתשא בריש או בדקן
(LV 13:30) ויחמי (118) כהנא ית מכתשא והא חיזויה עמיק למחוור
יתיר מן משכא וביה שער מצלהב כחיזו דהב דקיק ויסאב יתיה כהנא
ניתקא הוא סגירות רישא או דיקנא הוא (LV 13:31) וארום יחמי
כהנא ית מכתש ניתקא והא לית חיזויה עמיק למחוור יתיר מן משכא
ושער אוכם לית ביה ויסגר כהנא ית מכתש ניתקא שובעא יומין
(LV 13:32) ויחמי כהנא ית מכתשא ביומא שביעאה והא לא הליך
פיסיון מכתשא ולא הוה ביה שער מצלהב כחיזו דהב וחיזוי ניתקא

לית עמיק יתיר מן משכא LV 13:33) ויספר ית שערא דחזרנות ניתקא ברם אתר ניתקא לא יספר ויסגר כהנא ית ניתקא שובעא יומין LV 13:34) ויחמי כהנא ית ניתקא ביומא שביעאה והא לא הליך פיסיון ניתקא במשכא וחיזויה ליתוי עמיק למחוור יתיר מן משכא וידכי יתיה כהנא ויצבע לבושוי וידכי LV 13:35) ואין הלכא תהליך פיסיונתא דנתקא במשכא בתר דכותיה LV 13:36) ויחמיניה כהנא והא הליך פיסיון ניתקא במשכא לא יפשפש כהנא לשער מצלהב מטול דמסאב הוא LV 13:37) ואם כד הוה קם ניתקא ושער אוכם צמח ביה איתסי ניתקא דכי הוא וידכיניה כהנא LV 13:38) וגבר או איתא ארום יהי במשך בישריהון בהקי בהקי חוורן LV 13:39) ויחמי כהנא והא במשך בישריהון בהקי עמיין חוורן צהר הוא סגי במשכא דכי הוא LV 13:40) וגבר ארום ייתר שיער רישיה קרוח הוא דכי הוא LV 13:41) ואין מקבל אנפוי ייתר שיער רישיה גלשלשן הוא דכי הוא LV 13:42) וארום יהי בקורחתא או בגלשולשתא מכתש חיוור סמוקרי מערב סגירות סגיא הוא בקורחתיה או בגלשלשותיה LV 13:43) ויחמי יתיה כהנא והא שומת מכתשא חוורא סמקא מערבן בקורחתיה או בגלשולשותיה 118A) הי כחיזוי סגירות משך בישרא LV 13:44) גבר סגיר הוא מסאב הוא סאבא יסאיביניה כהנא מטול דברישיה מכתשיה LV 13:45) ומצורעא דבי מכתשא לבושוי יהוון מבזעין ורישי יהי מרבי פרוע ועל ספריא יהוי מהלך ועל שיפמיה יהי מעטף והי כאבילא יהי לביש וכרוזא מכריז ואמר רחוקו רחוקו מן מסאבא LV 13:46) כל יומין דמכתשא ביה יהי מסאב מטול דמסאב הוא בלחודוי יתיב ולציד אינתתיה לא יתקרב מברא למשריתא מותביה LV 13:47) ולבושא ארום יהי ביה מכתש סגירו בלבוש עמר או בלבוש כיתן LV 13:48) או בשיתיא או בערבא לכיתנא ולעמרא או בצלא או בכל עיבידת צלא LV 13:49) ויהי מכתשא ירוק או סמוק בלבושא או בצלא או בשתיא או בערבא או בכל מאן דצלא מכתש סגירותא הוא ויתחמי לכהנא LV 13:50) ויחמי כהנא ית מכתשא ויסגר ית מכתשא שובעא יומין LV 13:51) ויחמי ית מכתשא ביומא שביעאה ארום הליך פיסיון מכתשא בלבושא או בשיתיא או בערבא או בצלא לכל דיתעבד צלא לעיבידתא צורעא מחלטא מכתשא מסאב הוא LV 13:52) ויוקד ית לבושא או ית שיתיא או ית ערבא בעמרא או בכיתנא או ית כל מאן דצלא דיהי ביה מכתשא ארום צורעא מחלטא מכתשא מסאב הוא LV 13:53) ואין יחמי כהנא והא לא הליך פיסיון מכתשא בלבושא או בשיתיא או בערבא או בכל מאן דיצלא LV 13:54) ויפקד כהנא ויחוורון ית עיסקא דביה מכתשא ויסגירניה שובעא יומין תיניינות LV 13:55) ויחמי כהנא בתר דחוורו ית מכתשא והא לא שנא מכתשא מן כד הוה ומכתשא לא הליך פיסיוניה מסאב הוא בנורא תוקדיניה מטול דצורעא שקיעא היא ברדדיה או בלבדיה LV 13:56) ואין חמא כהנא 119) והא עמא מכתשא בתרו דחוורו יתה ויבזע יתיה מן לבושיה או מן צלא או מן שיתיא או מן ערבא LV 13:57) ואין תתחמי תוב בלבושא או בשיתיא או בערבא או בכל מאן דיצלא סגיא היא בנורא תוקדיניה ית עיסקא דביה מכתשא LV 13:58) ולבושא או שיתיא או ערבא או כל מאן דיצלא דתחוור ויעדי מיניה מכתשא

ויצטבע תניינות וידכי (LV 13:59) דא אורייתא דמכתש סגירו לבוש עמר או דכיתן או שיתיא או ערבא או כל מאן דיצלא לדכאותיה או לסאבותיה

פרשה מצורע

(LV 14:1) ומליל ייי עם משה למימר (LV 14:2) דא תהי אורייתא דמצרעא ביומא דדכותיה ויתיתי לוות כהנא (LV 14:3) ויפוק כהנא למיברא למשריתא ויחמי והא איתסי סגירותא מן סגירא (LV 14:4) ויפקד כהנא ויסב לדמידכי תרין ציפורין חיין ודכיין וקיסא דארזא וצבע זהורי ואיזובא (LV 14:5) ויפקד כהנא לטבחא ויכוס ית ציפורא חדא למאן דחסף על מי מבוע (LV 14:6) ית ציפורא חייתא יסב יתה וית קיסא דארזא וית צבע זהורי וית איזובא ויטמש יתהון וית ציפרא חייתא באדמא דציפרא דנכיסא ובמי מבוע (LV 14:7) וידי על בית אפוהי דמידכי מן סגירותא שבעתי זימנין וידכיניה ויפטור ית צפרא חייתא על אנפי חקלא ויהי אין איטימוס ההוא גברא למילקי תוב בצורעא תייבא צפרא חייתא לבייתיה ביומא ההוא ומתכשרא למיכלא וית צפרא נכיסא הוה מקבר כהנא במיחמי מצורעא (119A) (LV 14:8) ויצבע דמידכי ית לבושוי ויספר ית כל שערי ויסחי במיא וידכי ובתר כן יעול למשריתא ויתיב מברא למשכן בית מותביה ולא יקרב לציד אינתתיה שובעא יומין (LV 14:9) ויהי ביומא שביעאה יספר ית כל שעריה ית רישיה וית דיקניה וית גביני עינוי וית כל שעריה יספר ויצבע ית לבושוי ויסחי ית ביסריה במוי וידכי (LV 14:10) וביומא תמינאה יסב תרין אמרין שלמין ואימרתא חדא בר שתה שלמתא ותלתא עשרונין סמידא למנחתא פתיכא במשח זיתא ולוגא חדא דמשח זיתא (LV 14:11) ויוקים כהנא דמדכי ית גברא דמידכי וית אימריא קדם ייי בתרע משכן זימנא (LV 14:12) ויסב כהנא ית אימרא חד ויקריב יתיה לקרבן אשמא וית לוגא דמשחא וירים יתהון ארמא קדם ייי (LV 14:13) ויכוס טבחא ית אימרא באתרא דיכוס ית חטאתא וית עלתא באתר קדיש ארום היא כחטאתא הכדין אשמא הוא לכהנא קודש קודשין הוא (LV 14:14) ויסב כהנא מן אדמא דאשמא ויתין כהנא על גדירא מיצעא דאודנא דמידכי דימינא ועל פירקא מיצעא דידיה דימינא ועל פירקא מיצעא דריגליה דימינא (LV 14:15) ויסב כהנא בידיה ימינא מלוגא דמשחא ויריק על ידה דכהנא דשמאלא (LV 14:16) ויטמש כהנא ית אצבעיה ימינא מן משחא דעל ידיה שמאלא וידי משחא באדבעיה שבעתא זימנין (LV 14:17) וממה דמשתייר ממישחא דעל ידיה יתן כהנא על חסחוס דאודנא דמידכי דימינא ועל פירקא מיצעא דידיה ימינא ועל פירקא מיצעא דריגליה ימינא עילוי אתר דיהב מן שירויא אדם קרבן אשמא (LV 14:18) ומה דמשתייר מן מישחא דעל ידא דכהנא יתן על רישא דמידכי ויכפר עלוי כהנא קדם ייי (LV 14:19) ויעבד כהנא ית קרבן חטאתא ויכפר על דמידכי מסואבותיה ובתר כן (120) יכוס ית עלתא (LV 14:20) ויסיק כהנא ית עלתא וית מנחתא למדבחא ויכפר עלוי כהנא וידכי (LV 14:21) ואין מיסכן הוא ולית ידיה מספקא ויסב אימר חד אשמא לארמא מטול למכפרא עלוי ועשרונא סמידא חד פתיך במשח זיתא למנחתא ולוגא דמשח זיתא (LV 14:22) ותרין שפנינין רברבין או תרין גוזלין בני

יוון מה דתספוק ידיה ויהי חד חטאתא וחד עלתא (LV 14:23) וייתי
יתהון ביומא תמינאה לדכותיה לות כהנא לתרע משכן זימנא קדם ייי
(LV 14:24) ויסב כהנא ית אימרא דאשמא וית לוגא דמשחא וירים
יתהון ארמא קדם ייי (LV 14:25) ויכוס טבחא ית אימרא דאשמא ויסב
כהנא מן אדמא דאשמא ויתין על גדירא מיצעא דאודנא דמידכי ימינא
ועל פירקא מיצעא דידיה ימינא ועל פירקא מיצעא דריגליה ימינא
(LV 14:26) ומן משחא יריק כהנא ביד ימיניה על ידא דכהנא דשמאלא
(LV 14:27) וידי כהנא באדבעיה דימינא ממישחא דעל ידיה דשמאלא
שבעת זימנין קדם ייי (LV 14:28) ויתן כהנא ממשחא דעל ידיה על
גדירא מיצעא דאודנא דמידכי ימינא ועל פירקא מיצעא דידיה ימינא
ועל פירקא מיצעא דריגליה ימינא על אתר דיהב מן שירויא אדם קרבן
אשמא (LV 14:29) ומה דמשתייר מן משחא דעל ידא דכהנא יתן על
רישא דמידכי לכפרא עלוי קדם ייי (LV 14:30) ויעבד ית חד מן
שפניניא רברביא או מן גוזלין בני יוון מן מה דמספקא ידיה
(LV 14:31) ית מה דמספקא ידיה למייתייא ייתי ית חד חטאתא וית
חד עלתא על קרבן מנחתא ויכפר כהנא על דמידכי קדם ייי
(LV 14:32) דא תהוי גזירת אחוית דביה מכתש צורעתא אין לא
ספיקת בין ידויי למייתייא מן קרבנייא רברבייא ייתי מן קרבנייא
קליליא האילין דמיפרשין הכא ליום דכותיה (LV 14:33) ומליל ייי
עם משה ועם אהרן למימר (LV 14:34) ארום (120A) תיעלון לארעא
דכנען דאנא יהיב לכון לאחסנא ומשתכח גבר דבני ביתא בחטופין
ואיתן מכתש סגירו בבית ארע אחסנתכון (LV 14:35) וייתי דדיליה
ביתא ויתני לכהנא למימר הי כמכתשא איתחמי לי בביתא (LV 14:36)
ויפקד כהנא ויפנון ית ביתא עד לא ייעול כהנא למיחמי ית ביתא
מטול דלא יסתאב כל דבביתא ומן בתר כדין ייעול כהנא למיחמי ית
ביתא (LV 14:37) ויחמי כהנא והא מכתשא כתרין מן אבני ביתא דליה
ארבע כותלין משקען יורקן או סומקן וחיזויהן מכיך יתיר מן כותלא
(LV 14:38) ויפוק כהנא מן ביתא לתרע ביתא מלבר ויסגר ית ביתא
שובעא יומין (LV 14:39) ויתוב כהנא ביומא שביעאה ויחמי והא
הליך פיסיון מכתשא בכותלי ביתא (LV 14:40) ויפקד כהנא וישמטון
ית אבניא דיבהון מכתשא ויטלקון יתהין למברא לקרתא לאתר מסאב
(LV 14:41) וית ביתא יקלפון מגויה חזור חזור ויטלקון ית עפרא
דקליפו מברא לקרתא לאתר מסאב (LV 14:42) ויסבון אבנין חורניין
ויעלון באתר אבניא ועפרא חורן יסב ויתטש ית ביתא (LV 14:43)
ואין יתוב מכתשא ויסגי בביתא מן בתר דשמיטו ית אבניא ומן בתר
דקליפו ית ביתא ומן בתר דאיתטש (LV 14:44) וייתי כהנא ויחמי
והא הליך פיסיון מכתשא בביתא סגירות מחלטא היא בביתא מסאב הוא
(LV 14:45) ויפכרון ית ביתא ית אבנוי וית קיסוי וית כל עפרא
דביתא וינפק למברא לקרתא לאתר מסאב (LV 14:46) ומאן דייעול
לביתא כל יומין דיסגר יתיה יהי מסאב עד רמשא (LV 14:47)
ודישכוב בביתא יצבע ית לבושוי ודיכול בביתא יצבע ית לבושוי
(LV 14:48) ואין מיעל ייעול כהנא וייחמי והא לא הליך פיסיון
מכתשא בביתא בתר דאיתטש ית ביתא וידכי כהנא ית ביתא ארום איתסי
מכתשא (LV 14:49) ויסב לדכאה ית ביתא תרתין צפרין וקיסא דארזא

וצבע זהורי ואיזובא (121) (LV 14:50) ויכוס טבחא ית ציפורא חדא למנא דפחר על מי מבוע (LV 14:51) ויסב ית קיסא דארזא וית איזובא וית צבע זהורי וית צפרא חייתא ויטמוש יתיה באדמא דציפורא נכיסתא ובמי מבוע וידי לביתא שבע זימנין (LV 14:52) וידכי ית ביתא באדמא דציפרא חייתא ובקיסא דארזא ובאיזובא ובצבע זהורי (LV 14:53) ויפטור ית צפורא חייתא למיברא לקרתא על אנפי חקלא ויכפר על ביתא וידכי ברם אין איטימוס בייתא למילקי תוב בצורעא תייבא ציפורא תמן ביומא ההוא ומיתכשרא למיכלא וית ציפרא נכיסתא הוה מקבר כהנא במיחמי מרי ביתא (LV 14:54) דא תיהוי גזירת אחויית אורייתא לכל מכתש סגירותא ולניתקא (LV 14:55) ולצורעא דלבושא ולביתא (LV 14:56) ולשומא ולקלופי ולבהקי (LV 14:57) לאלפא כהנא לעמא בין יומא קבילא דלא למיחמי ביה מכתשא לבין יומא נהירא ובין בר נשא מסאבא לבין בר נשא דכיא דא תהוי גזירת אחויית מכתש צורעתא (LV 15:1) ומליל ייי עם משה ועם אהרן למימר (LV 15:2) מלילו עם בני ישראל ותימרון להון גבר טלי או גבר סיב ארום יהי דאיב מבישריה דויה חמא תלת זימני מסאב הוא (LV 15:3) ודא תהי סאובתיה גוון חיוור בדוויה חריר בישריה ית דוויה או דאיתחתם בישריה מדויה סאיבתיה היא (LV 15:4) כל משכבא דמייחד למישכוב עלוי דובנא יהי מסאב וכל מאנא דמייחד למיתב עלוי יהי מסאב (LV 15:5) וגבר די יקרב במשכביה יצבע לבושוי ויסחי בארבעין סאוין דמוי ויהי מסאב עד רמשא (LV 15:6) ודי יתיב על מנא דמייחד למיתב עלוי דובנא יצבע לבושוי ויסחי בארבעין סאוין דמוי ויהי מסאב עד רמשא (LV 15:7) ודיקרב בבשר דובנא יצבע לבושוי ויסחי בארבעין סאוין דמוי ויהי מסאב עד רמשא (121A) (LV 15:8) וארום אין יריק דובנא בדכיא יצבע לבושוי ויסחי בארבעין סאוין דמוי ויהי מסאב עד רמשא (LV 15:9) וכל זוגא ומרכבא דירכוב עלוי דובנא יהי מסאב וכל דיקרב בכל מאן דיהי תחותוי יהי מסאב עד רמשא (LV 15:10) ודיוסיט יתהון יצבע לבושוי ויסחי בארבעין סווין דמוי ויהי מסאב עד רמשא (LV 15:11) וכל מידעם דיקרב ביה דובנא וידוי לא שטף במיא יהי מסאב ואין גברא הוא יצבע לבושוי ויסחי בארבעין סאווין דמוי ויהי מסאב עד רמשא (LV 15:12) ומאן דפחר דיקרב בגוויה דובנא יתבר וכל מאן דקיסא ישתטיף במיא (LV 15:13) וארום אין פסק מדובנא דוויה וימני ליה שובעא יומין לדכותיה ויצבע לבושוי ויסחי בישריה במי מבוע וידכי (LV 15:14) וביומא תמינאה יסב ליה תרין שפנינין רברבין או תרין גוזלין בני יוון וייתי יתהון לקדם ייי לתרע משכן זימנא ויתנינון לכהנא (LV 15:15) ויעבד כהנא חד קרבן חטאתא וחד קרבן עלתא ויכפר עלוי כהנא קדם ייי וידכי מן דוויה (LV 15:16) וגבר ארום אישתלי ויפוק מיניה שכבת זרעא ויסחי בארבעין סווין דמוי ית כל בישריה ויהי מסאב עד רמשא (LV 15:17) וכל לבושא וכל צלא די יהוי עלוי שכבת זרעא ויצטבע במוי ויהוי מסאב עד רמשא (LV 15:18) ואיתתא פניתא די ישמש גבר עימה שכבת זרעא ויסחון בארבעין סאווין דמוי ויהון מסאבין עד רמשא (LV 15:19) ואינתתא ארום תהי דייבא אדם סמוק ואוכם ומוריק הי

כגון זעפרנא או הי כמוי דגרגישתא או הי כמזג חמר סמוק בתרין
חולקין דמוי אדם מסאב הוי דובא בבישרא שובעא יומין תהי יתבא
בריחוקא כל דיקרב בה יהי מסאב עד רמשא (LV 15:20) וכל מידעם
דמייחד למישכוב עלוי בעידוני ריחוקה יהי מסאב וכל מידעם דמייחד
למיתב עלוי בעידוני (122) ריחוקה יהי מסאב (LV 15:21) וכל מן
דיקרב במשכבה יצבע לבושוי ויסחי בארבעין סווין דמוי ויהי מסאב
עד רמשא (LV 15:22) וכל דיקרב בכל מנא דמייחד למיתב עלוי יצבע
לבושוי ויסחי בארבעין סווין דמוי ויהי מסאב עד רמשא (LV 15:23)
ואין על משכבא הוא ברובא דגופיה או על מנא דהיא יתבא על קצתיה
בזמן מיקרביה ביה יהי מסאב עד רמשא (LV 15:24) ואין שמשא ישמש
גבר עימה ותהוי ריחוקא עלוי ויהי מסאב שובעא יומין וכל משכבא
די מייחד למשכביה עלוי יהי מסאב (LV 15:25) ואינתתא ארום ידוב
דוב אדמא יומין תלתא בלא אשוני ריחוקה או ארום תידוב בתר יומי
ריחוקה כל יומי דוב סאובתא תהי מסאבא לדמשמש עימה מטול דמסאבא
היא (LV 15:26) וכל משכבא דמייחד למשכוב עלוי כל יומי דובה הי
כמשכבא דמייחד לריחוקה יתחשב לה וכל מנא דמייחד למיתב עלוי
מסאב יהי הי כריחוק סאובתהא (LV 15:27) וכל מאן דיקרב בהון יהי
מסאב ויצבע לבושוי ויסחי בארבעין סווין דמוי ויהי מסאב עד רמשא
(LV 15:28) ואין אידיכיית מדובה ותמני לה שובעא יומין ובתר
כדין תטבול בארבעין סווין דמוי ותדכי (LV 15:29) וביומא שביעה
תיסב לה תרין שפנינין רברבין או תרין גוזלין בני יוון ותייתי
יתהון לות כהנא לתרע משכן זימנא (LV 15:30) ויעבד כהנא ית חד
חטאתא וית חד עלתא ויכפר עלה כהנא קדם ייי מדוב סאובתא
(LV 15:31) ותפרשון ית בני ישראל מן סאובתהון ויתפרשון מן
נשיהון סמיך לווסתהון ולא יסתקף עליהון דימותון מטול סואבתהון
בסאוביהון ית משכני דתמן איקר שכינתי שריא ביניהון (LV 15:32)
דא גזירת אחויית דובנא ומן דיפוק מיניה שיכבת זרעא לאיסתאבא בה
(LV 15:33) ולידסיאיבתא בעידוני ריחוקא ולדדייב ית דוביה לדכר
או לנוקבא ולגבר די ישמש עם (122A) מסאבתה כל אילין יהוון
זהירין בסואבתהון וכד ידכון ייתון ית קרבנהון מטול למכפרא
עליהון

פרשה אחרי מות

(LV 16:1) ומליל ייי עם משה מן בתר דמיתו תרין בנוי דאהרן
כהניא רברביא בזמן קרוביהון אישא בריא קדם ייי ומיתו באישא
מצלהבא (LV 16:2) ואמר ייי למשה מליל עם אהרן אחוך ולא יהי
עליל בכל עידן לקודשא מן לגיו לפרגודא לקדם כפורתא ארום בענני
איקרי שכינתיה מתגליא על בית כפורי (LV 16:3) בהדא מידה יהי
עליל אהרן לקודשא בתור בר תורי דלא עירובין לקרבן חטאתא ודכר
לעלתא (LV 16:4) כיתונא דבוץ מילת קודשא ילבש ואוורקסין דבוץ
מילת יהון על בישריה ובקמורא דבוץ מילת יצר ומצינפא דבוץ מילת
יטכס ברישיה לבושי קודשא הינון ברם בלבושי דהבא לא יהי עליל
מטול דלא ידכר חובת עיגלא דדהבא ובזמן מיעליה יסחי ית בישריה
בארבעין סווין דמוי וילבישינון (LV 16:5) ומן כנישתא דבני
ישראל יסב תרין צפירי בני עיזי דלא עירובין לקרבן חטאתא ודכר

חד לעלתא (LV 16:6) ויקרב אהרן ית תורא דחטאתא דהוא מן ממוניה
ויכפר באשתעות מיליא עלוי ועל אינש ביתיה (LV 16:7) ויסב ית
תרין צפירין ויקם יתהון קדם ייי בתרע משכן זימנא (LV 16:8)
ויתן אהרן על תרין צפירין עדבין שוין עדבא חד לשמא דייי ועדבא
חד לעזאזל ויטריף בקילפי וינפיקינון ויטלקינון על צפיריא
(LV 16:9) ויקריב אהרן ית צפירא דסליק עלוי עדבא לשמא דייי
(123) ויעבדיניה קרבן חטאתא (LV 16:10) וצפירא דסליק עלוי עדבא
לעזאזל יתוקם בחיין קדם ייי לכפרא על סורחנות עמא בית ישראל
לשדרא יתיה לימִמת באתר תקיף וקשי דבמדברא דצוק דהוא בית הדורי
(LV 16:11) ויקרב אהרן ית תורא דיליה ויכפר באישתעות מיליא
עלוי ועל אינש בייתיה ויכוס ית תורא דחטאתא דיליה (LV 16:12)
ויסב מלי מחתיתא גומרין לחשן דאישא מעילוי מדבחא מן קדם ייי
ומלי חופנוי קטורת בוסמין כתישין ויעיל מן לגיו לפרגודא
(LV 16:13) ויתן ית קטורת בוסמיא על אישתא קדם ייי ויחפי ענן
תנן קטורתא ית כפורתא דעל סהדותא ולא ימות באישא מצלהבא קדם
ייי (LV 16:14) ויסב מן אדמא דתורא וידי באדבעיה ימינא על אפי
כפורתא לרוח קידומא ולקדם כפורתא ידי שבע זימנין מן אדמא
באדבעיה ימינא (LV 16:15) ויכוס ית צפירא דחטאתא דמן ממונא
דעמא ויעיל ית אדמא דצפירא מלגיו לפרגודא ויעביד לאדמיה היכמא
דעבד לאדמא דתורא וידי יתיה על כפורתא ולקדם כפורתא (LV 16:16)
ויכפר על קודשא באישתעות מיליא מסואבות בני ישראל וממרודיהון
לכל חטאיהון והכדין יעביד למשכן זימנא דשרי עמהון בגו סאובתהון
(LV 16:17) וכל אינש לא יהי במשכן זימנא בזמן מיעליה לכפרא
בקודשא על חוביהון דישראל עד זמן מיפקיה ויכפר עלוי ועל אינש
ביתיה ועל כל קהלא דישראל (LV 16:18) ויצדד ויפוק מן קודשא
למדבחא דקדם ייי ויכפר עלוי באשתעות מיליא ויסב מאדמא דתורא
ומאדמא דצפירא כד הינון מערבין ויתן על קרנת מדבחא חזור חזור
(LV 16:19) וידי עלוי מן אדמא באדבעיה ימינא שבע זימנין
וידכיניה ויקדשיניה מסואבות בני ישראל (LV 16:20) ויפסוק מן
למכפרא על קודשא ועל משכן זימנא ועל מדבחא באשתעות מיליא ויקרב
ית צפירא חייא (LV 16:21) (123A) ויסמוך אהרן ית תרתין ידוי
בסידרא חדא יד ימיניה על שמאליה על ריש צפירא חייא ויודי עלוי
ית כל עוויית בני ישראל וית כל מרודיהון לכל חטאיהון ויתן יתהון
בשבועה אימירא ומפרשא בשמא רבא ויקירא על ריש צפירא ויפטור ביד
גבר די מזמן מן אשתקד למהך למדברא דצוק דהוא בית הדורי
(LV 16:22) ויסובר צפירא עלוי ית כל חוביהון לאתר צדיא ויפטור
גברא ית צפירא למדברא דצוק ויסוק צפירא על טווריא דבית הדורי
וידחיניה רוח זיקא מן קדם ייי וימות (LV 16:23) ויעול אהרן
ובנוי למשכן זימנא וישלח ית לבושי בוצא דמילת דילבש בזמן
מיעליה לקודשא ויצניעינון תמן (LV 16:24) ויסחי ית בישריה במוי
באתר קדיש וילבש ית לבושוי ויצדד ויפוק ויעביד ית עלתיה וית
עלת עמיה ויכפר עלוי ועל עמיה (LV 16:25) וית תרבא דחטאתא יסיק
למדבחא (LV 16:26) ודיפטור ית צפירא לעזאזל יצבע ית לבושוי
ויסחי ית בישריה בארבעין סווין דמוי ומן בתר כדין יעול למשריתא

(LV 16:27) וית תורא דחטאתא וית צפירא דחטאתא דאיתעל מן אדמהון לכפרא בקודשא יתפקון באסלין על ידיהון דטלא דכהנא כהנא ויסובורונון למיברא למשריתא ויוקדון בנורא ית משכיהון וית בישריהון וית רעייהון (LV 16:28) ודמוקיד יתהון יצבע לבושוי ויסחי ית בישריהון בארבעין סווין דמוי ומן בתר כן יעול למשריתא (LV 16:29) ותהי דא לכון לקיים עלם בירחא שביעאה הוא ירח תשרי בעשרא יומין לירחא תענון ית נפשתיכון מן מיכלא ומן מישתיא ומן הניית בי בני ותמרוקא ומסנא ותשמיש ערסא וכל עיבידתא לא תעבדון יציבא וגיורא דיתגייר ביניכון (LV 16:30) ארום ביומא הדין יכפר עליכון לדכאה יתכון מכל חוביכון ואתון קדם ייי תודון סורחנותכון ותידכון (LV 16:31) שבת שבתא הוא לכון כל עיבידת פולחנא לא תעבדון ותענון ית נפשתיכון (124) קיים עלם (LV 16:32) ויכפר כהנא די רבי יתיה ודיקרב קורבניה לשמשא תחות אבוי וילבש ית לבושי דבוץ מילת לבושי קודשא (LV 16:33) ויכפר על מקדש קודשא ועל משכן זימנא ועל מדבחא ועל כהניא ועל כל עמא דקהלא יכפר באשתעות מיליא (LV 16:34) ותהי דא לכון לקיים עלם לכפרא על בני ישראל מכל חוביהון חדא זימנא בשתא ועבד אהרן היכמא דפקד ייי ית משה (LV 17:1) ומליל ייי עם משה למימר (LV 17:2) מליל עם אהרן ועם בנוי ועם בני ישראל ותימר להון דין פיתגמא דפקיד ייי למימר (LV 17:3) גבר טלי או סיב מבית גניסת ישראל די יכוס ניכסת תור או אימר או עיזא במשריתא או די יכוס מברא למשריתא (LV 17:4) וליתרע משכן זימנא לא אייתיה לקרבא קרבנא קדם ייי קדם משכנא דייי אדם קטל יתחשב לגברא ההוא ותהי ליה כאילו אדם זכאיי אשד וישתצי בר נשא ההוא מגו עמיה (LV 17:5) מן בגלל דיתון בני ישראל ית ניכסתהון דהינון דבחין על אנפי חקלא וייתונון קדם ייי לתרע משכן זימנא לות כהנא ויכסון ניכסת קודשין קדם ייי יתהון (LV 17:6) ויזרוק כהנא ית אדמא על מדבחא דייי בתרע משכן זימנא ויסיק תרבא לאתקבלא ברעוא קדם ייי (LV 17:7) ולא ידבחון תוב ית דיבחיהון לטעוון דמתילין לשידי דהינון טען בתריהון קיים עלם תהי דא להון לדריהון (LV 17:8) ולהון תימר גבר גבר טלי וגבר סיב מבית גניסת ישראל ומן גייורייא דיתגיירון למיתב ביניכון די יסיק עלתא או ניכסת קודשיא (LV 17:9) ולתרע משכן זימנא לא ייתיניה למעבד יתיה קרבנא קדם ייי וישתיצי בר נשא ההוא מעמיה (LV 17:10) וגבר טלי וגבר סיב מבית גניסת ישראל ומן גייורייא דמתגיירין למיתב ביניהון די ייכול כל אדמא ואתן פנוייתא למעסוק בבר נשא (124A) ההוא די יכול כל אדמא ואשצי יתיה מגו עמיה (LV 17:11) ארום קיום נפש כל בישרא באדמא הוא ואנא יהבתיה לכון לגזירתא דתיתינון אדם ניכסא על מדבחא מטול למכפרא על אדם נפשתיכון ארום אדם ניכסא הוא על חובי נפשא יכפר (LV 17:12) בגין כן אמרית לבני ישראל אזדהרון דכל בר נשא מנכון לא ייכול אדמא וגייורייא דמתגיירין למיתב ביניכון לא ייכלון אדמא (LV 17:13) וגבר טלי או גבר סיב מבית גניסת ישראל ומן גייורייא דיתגיירון למיתב ביניכון די יצוד צידא חייתא או עופא דמיכשרין למיכל וישוד ית

אדמיה בניכסתא ואין לא מתקלקלא ניכסתיה יכסיניה בעפרא
(LV 17:14 ארום קיום נפש כל בישרא אדמיה בנפשיה הוא ואמרית
לבני ישראל אדם כל בישרא לא תיכלון ארום קיום נפש כל בישרא
אדמיה הוא כל מן דייכליניה ישתיצי (LV 17:15 וכל בר נש דייכול
בישרא דמטלק בקילקול ניכסתא ובשר תבירא ביציבא ובגיוריא ויצבע
לבושוי ויסחי בארבעין סווין דמוי ויהי מסאב עד רמשא וידכי
(LV 17:16 ואין ארשע ולא יצבע ובישריה לא יסחי ויקבל חוביה
(LV 18:1 ומליל ייי עם משה למימר (LV 18:2 מליל עם בני ישראל
ותימר להון אנא הוא אלקוכון (LV 18:3 כעובדין בישין דעמא דארעא
דמצרים דיתיתיבתון בה לא תעבדון והי כעובדין בישין דעמא דארעא
דכנען דאנא מעיל יתכון לתמן לא תעבדון ובנימוסיהון לא תהכון
(LV 18:4 ית סידרי דיניי תעבדון וית קיימיי תיטרון להלכא בהון
אנא ייי אלקכון (LV 18:5 ותיטרון ית קיימיי וית סידרי דיניי
דאין יעבד יתהון אינשא וייחי בהון בחיי עלמא וחולקיה עם
צדיקייא אנא ייי (LV 18:6 גבר טלי וגבר סיב לכל קריבת בישריה
לא תקרבון לבזאה ערייתא בתשמישתא ובפרסומי ערייא אנא ייי (125
(LV 18:7 ערית אבוך ועריית אמך לא תיבזי איתא לא תשמש עם אבהא
וגבר לא ישמיש עם אימיה אימך היא לא תגלי עריתא (LV 18:8 ערית
איתת אבוך לא תבזי מטול דעריתא דאבך היא (LV 18:9 עירית אחתך
בת אבך או בת אימך מה דיוליד אבך מן איתא אוחרי או מן אימך או
מה דילידת אמך מן אבך או מן גבר חורן לא תבזי עריתהן
(LV 18:10 עירית ברת בנך או ברת ברתך לא תבזי עריתהן ארום הי
כעריתך הינין (LV 18:11 עירית בת איתת אבוך דילידת מן אבך
אחתך היא לא תבזי עריתה (LV 18:12 עירית אחת אבך לא תבזי
קריבת בשר אבך היא (LV 18:13 עירית אחת אמך לא תבזי ארום
קריבת בשר אימך היא (LV 18:14 עירית אחבוך לא תבזי ולות
אינתתיה לא תקרב בתשמיש ערסא איתת אחבוך היא (LV 18:15 עירית
כלתך לא תבזי איתת ברך היא לא תבזי עריתה (LV 18:16 עירית
איתת אחוך לא תבזי בחיי אחוך ובתר מותיה אין אית ליה בנין
עריית דאחוך היא (LV 18:17 עירית איתא וברתא לא תבזי ית ברת
ברה וית ברת ברתה לא תיסב לבזאה ערייתה קריבת בישרה הינון זנו
היא (LV 18:18 ואיתתא בחיי אחתה לא תיסב לאעקה לה לבזאה עריתה
עלה כל יומי חייהא (LV 18:19 ולציד איתתא בזמן ריחוק סאובתא
לא תיקרב לבזאה ערייתה (LV 18:20 ולציד איתת חברך לא תיתן
תשמישתך לזרעא לאיסתאבא בה (LV 18:21 ומן זרעך לא תיתן
בתשמישתה לציד בת עממין למעברא לפולחנא נוכראה ולא תפיס ית שמא
דאלקך אנא ייי (LV 18:22 ועם דכורי לא תשכוב בתשמישיא דאיתא
מרחקה היא (LV 18:23 ובכל בעירא לא תיתן תשמישתך לאיסתאבא בה
ואיתתא לא תקום קדם בעירא לאתהניא מינה תבלא הוא (LV 18:24 לא
תסתאבון בחדא מכל איליין ארום בכל איליין איסתאבו עממיא דאנא
מגלי מן (125A קדמיכון (LV 18:25 ואיסתאבת ארעא ואסערית
חובאה עלה ופלטת ארעא ית דיירהא (LV 18:26 ותיטרון אתון
כנישתא דישראל ית קיימיי וית סידרי דיניי ולא תעבדון חדא מכל
תועבתא האיליין יציביא וגיוריא דיתגיירון ביניכון (LV 18:27

ארום ית תועיבתא האיליין עבדו אינשי דקדמיכון ואסתאבת ארעא (LV 18:28) ולא תפלוט ארעא יתכון בסאוביכון יתה היכמה דפלטת ית עמא דקדמיכון (LV 18:29) ארום כל מן דיעבד חדא מכל תועיבתא האילין וישתיציין נפשתא דיעבדן הכדין מגו עממין (LV 18:30) ותיטרון ית מטרת מימרי למזדהרא מטול דלא למעבד מנימוסי תועיבתא דאיתעבידו בארעא קודמיכון ולא תסתאבון בהון אנא הוא ייי אלקכון

פרשה קדושים

(LV 19:1) ומליל ייי עם משה למימר (LV 19:2) מליל עם כל כנישתא דבני ישראל ותימר להון קדישין תהון ארום קדיש אנא ייי אלקכון (LV 19:3) גבר מן אימיה ומן אבוי תהוון דחלין וית יומי שביא דילי תינטרון אנא ייי אלקכון (LV 19:4) לא תסטון לפולחן טעוון ודחלן דמתכן לא תעבדון לכון אנא ייי אלקכון (LV 19:5) וארום תיכסון ניכסת קודשיא קדם ייי לרעוא לכון תיכסוניה (LV 19:6) ביומא דיתנכס יתאכל וביומא חרן ומה דמשתייר עד יומא תליתייא בנורא יתוקד (LV 19:7) ואין אתאכלא יתאכל ביומא תליתאה פסיל הוא לא יהוי לרעוא (LV 19:8) ודייכליניה חוביה יקבל ארום ית קודשא דייי אפיס (126) וישתיצי בר נשא ההוא מגו עמיה (LV 19:9) ובזמן מחצדכון ית חצדא דארעכון לא תסייפון אומנא חדא דאית בחקלך למחצוד ולקטא דחצדך לא תלקיט (LV 19:10) וכרמיכון לא תבערון טוטלוותהון ונותרא דכרמך לא תלקט לעניי ולגייורי תשבוק יתהון בחיבורהון אנא הוא ייי אלקכון (LV 19:11) עמי בני ישראל לא תהוון גנבין ולא תכפרון ולא תשקרון אינש בחבריה (LV 19:12) עמי בני ישראל לא ישתבע חד מנכון בשמי לשקרא לאפסא ית שמא דאלקך אנא ייי (LV 19:13) לא תטלום ית חברך ולא תניס ולא תבית סוטרא דאגירא למעכבא גבך עד צפרא (LV 19:14) לא תלוטון מן דלא שמע וקדם סמיא לא תשוון תוקלא ותדחל מאלקך אנא ייי (LV 19:15) לא תעבדון שקר בסדר דינא לא תיסבון אפין למסכינא ולא תייקרון אפי רבא בקושטא תדונון חבריכון (LV 19:16) לא תהון אזלין בתר לישן תליתאיי דהוא קשי הי כחרבא דקטיל מן תרין חורפוי למיכול קורצין למעקא לבר עמך לא תימנע זכו דחברך למסהדא עלוי בדינא אנא ייי (LV 19:17) לא תמללון שעיעא בפומכון למיסני ית אחוכון בליבכון אוכחא תוכחון ית חבריכון ברם אין מיבהית לא תקבלון מטולתיה חובא (LV 19:18) לא תהוון נקמין ולא נטרין דבבו לבני עמך ותרחמיה לחברך דמן אנת סני לך לא תעביד ליה אנא ייי (LV 19:19) ית קיימיי תיטרון בעירך לא תרבעיניה עירבובין חקלך לא תזרע עירבובין ולבוש עירבובין כלאי עמר וכיתן לא יסוק עלך (LV 19:20) וגבר ארום ישכוב עם איתא תשמיש זרעא והיא אמתא וחרתא מתארסא לגבר חרי ומתפרקא כולה עד כדון לא איתפיריקאת בכספא או שטר שיחרורה לא איתיהיב לה פישפוש יהוי בדינא למלקי היא מחייבא ולא הוא ברם סדר קטולין לית הינון חייבין ארום לא איתחרת כולה (LV 19:21) וייתי גבר דשמיש עימה ולא היא ית (126A) קרבן אשמיה לתרע משכן זימנא דיכרא לאשמא (LV 19:22) ויכפר עלוי כהנא בדיכרא דאשמא קדם ייי מטול חובתיה דחב וישתביק ליה מחובתיה דחב (LV 19:23) וארום תיעלון לארעא

ותינצבון כל אילן דמיכלא ותגזרון גזרא ית אינביה תלת שנין יהי לכון מרחק לאבדא לא יתאכל (LV 19:24) ובשתא רביעתא יהי כל אינביה קודשי תושבחן קדם ייי מתפרק מן כהנא (LV 19:25) ובשתא חמישיתא תיכלון ית אינביה מטול דיוספון לכון מן שמיא עללתא אנא הוא אלקכון (LV 19:26) לא תיכלון מבשר כל ניכסתא עד דאדמא קיים במזרקיא לא תהוון נטרי נחשין ולא אחורי סנהדרין עיינין (LV 19:27) לא תפקון צדדי רישיכון ולא תגלבון ית שומת דקניכון (LV 19:28) ושורטת חיבול על נפש דמית לא תיתנון ביבשרכון וכתב חקיק לרשם חרית ציורא לא תתנון בכון אנא ייי (LV 19:29) לא תפסון ית בנתיכון למסבא יתהון לזנו ולא תשהון למסבא בנתיכון לגוברין סמיך לפירקיהן דלא יטעיין בזנו בתר עממי ארעא ותיתמלי ארעא זנו (LV 19:30) ית יומי שביא דילי תיטרון ולבית מוקדשי תהון אזלין בדחלתא אנא ייי (LV 19:31) לא תסטון בתר שאלי בידין ומסקי זכורו ותבעי גרם ידוע ולא תיתבעון לאיסתאבא בהון אנא ייי אלקכון (LV 19:32) מן קדם סבין דסברין באורייתא תקומון ותיקר אפי חכימא ותידחל מאלקך אנא ייי (LV 19:33) וארום אין איתגייר ואיתחזק עימכון גיורא בארעכון לא תונון יתיה במילין קשין (LV 19:34) כיציבא מנכון יהי לכון גיורא דמתגייר עמכון ותרחם ליה כוותך דמה את שני לך לא תעביד ליה ארום דיירין הויתון בארעא דמצרים אנא הוא ייי אלקכון (LV 19:35) לא תעבדון שיקרא בסידרי דינא במשחתא דקייטא וסיתוא במתקלא ובמכילתא בגדישותא ובמחקא (127) (LV 19:36) מודנוון דיקשוט מתקלין דיקשוט מכילו דיקשוט וקסטין דיקשוט יהי לכון אנא ייי אלקכון דהנפיקית יתכון פריקין מארעא דמצרים (LV 19:37) ותיטרון ית כל קיימיי וית כל סידרי דיניי ותעבדון יתהון אנא ייי (LV 20:1) ומליל ייי עם משה למימר (LV 20:2) ועם בני ישראל תמליל גבר טלי או גבר סיב מן גניסת בני ישראל דיעבר מזרעיה למולך למיתוקדא בנורא איתקטלא יתקטיל עמא בית ישראל יחייבון יתיה אטלות אבנין (LV 20:3) ואנא איתן פנוייתא למעסוק בגברא ההוא ואישצי יתיה מגו עמיה ארום מזרעיה יהב לפולחנא נוכראה מן בגלל לסאבא ית מקדשי ולאפסא ית שמא דקודשי (LV 20:4) ואין מכבש יכבשון עמא בית ישראל ית עיניהון מן גברא ההוא בדיתן מזרעיה לפולחנא נוכראה מטול דלא למיקטול יתיה (LV 20:5) ואישוי אנא פנוייתא למעסוק בגברא ההוא ובגיניסתיה דמחפיין עלוי לאתרדאה בייסורי ויתיה אישצי וית כל דטען בתרוי למטעי בתר פולחנא נוכראה מגו עמהון (LV 20:6) ובר נש דיסטי בתר שאלי בידין ומסקי זכורו ותבעי גרם ידוע למטעי בתריהון ואיתן פנויתא למעסוק בבר נשא ההוא ואישצי יתיה במותנא מגו עמיה (LV 20:7) ותתקדשון ותהון קדישין בגופיכון מטול דאקבל ברעוא צלותכון אנא הוא ייי מקדשכון (LV 20:8) ותיטרון ית קיימיי ותעבדון יתהון אנא הוא ייי מקדישכון (LV 20:9) ארום גבר טלי וגבר סיב דיילוט ית אבוי וית אימיה בשמא מפרשא אתקטלא יתקטל באטלות אבנין מטול דאבוי ואימיה לט קטלא חייב (LV 20:10) וגבר די יגור ית איתת גבר מארסא או די יגור ית איתת חבריה מיבעלא איתקטלא יתקטל על מיבעלא בשינוק סודרא אקושא בגו רכיכא

ועל מארסא באטלות אבנין גיורא וגיורתא (LV 20:11) וגבר די ישמש
עם איתת (127A) אבוי בין דהיא אימיה בין דהיא חורניתא ערייתא
דאבוי בזי איתקטלא יתקטלון תריהון קטלא חייבין באטלות אבנין
(LV 20:12) וגבר די ישמיש עם כלתיה אתקטלא יתקטלון תריהון תבלא
עבדו קטלא חייבין באטלות אבנין (LV 20:13) וגבר די ישמש עם
דכורא תשמישין דאיתא תועיבתא עבדו תריהון אתקטלא יתקטלון
באטלות אבנין (LV 20:14) דיסב ית איתא וית אימא זנו היא בנורא
יוקדון יתיה ויתהין באתכות אבר לפמהון ולא תהי זנו ביניכון
(LV 20:15) וגבר דיתן תשמישיה בבעירא אתקטלא יתקטל באטלות
אבנין וית בעירא תקטלון בקולפי (LV 20:16) ואיתתא די תקרב לציד
כל בעירא למתהניא מינה ותקטלון ית איתתא באטלות אבנין וית
בעירא בקולפי אתקטלא יתקטלון דין קטול חייבין (LV 20:17) וגבר
די ישמש עם אחתיה ברת אבוי או ברת אימיה ויבזי ית עריתה והיא
תבזי ית עריתיה גניי הוא ארום חסדא עבדית עם קדמאי מן בגלל
דיתמלי עלמא מנהון עד לא אתיהב קיימא בעלמא ומן דאיתיהיב קיימא
בעלמא כל דיעבד כדין וישתיצון במותנא וחמיין בבישתהון בני
עמהון מטול דעריית אחתי בזי חוביה יקבל (LV 20:18) וגבר די
ישמש עם איתתא דוותא ובזי ית ערייתא וית מבוע אדם סובתא בזי
והיא בזיית ית מבוע אדמהא וישתיצון תרויהון במותנא מגו עמהן
(LV 20:19) ועריית אחת אמך ואחת אבך לא תבזי ארום ית קריביה
בישריה בזי חוביהון יקבלון במותנא יסופון (LV 20:20) וגבר די
ישמש עם איתת אחבוי עריית אחבוי בזי חוביהון יקבלון במותנא
יסופון דלא וולד ימותון (LV 20:21) וגבר די יסב ית איתת אחוי
בחייוי מרחקא היא עיריתא דאחוי בזי דלא וולד יהון (LV 20:22)
ותיטרון אתון כנישתא דישראל ית כל קיימיי וית כל סידרי דיניי
ותעבדון יתהון ולא תפלוט יתכון ארעא דאנא מעיל יתכון (128)
לתמן למיתב בה (LV 20:23) ולא תהכון בנימוסי עממיא דאנא מגלי
מן קדמיכון ארום ית כל מרחקייא האילין עבדו ורחיק מימרי יתהון
(LV 20:24) ואמרית להון אתון תזדהרון מן תועיבתא איליין מן
בגלל דתירתון ית ארעהון ואנא איתנינה לכון למירת יתה ארע עבדא
חלב ודבש אנא הוא ייי אלקכון דאפרשית יתכון מן עממיא
(LV 20:25) ותפרשון מן בעירא דמתכשרא למיכל לדמיפסלא למיכל
ובין עופא דמיפסל למיכל לדמיכשר למיכל ולא תשקצון ית נפשתיכון
בבעירא דריסת חייתא ובעופא דריס בר נצצא ובכל מן דתרחש ארעא
דאפרשית לכון לסאוביהון (LV 20:26) ותהוון קדמיי קדישין ארום
קדיש אנא ייי דבחרית בכון ואפרישית יתכון מן עממיא מטול למהוי
פלחין קדמי (LV 20:27) וגבר או איתתא ארום יהי בהון בידין או
זכורו אתקטלא יתקטלון באבנא יאטלון יתהון קטלא חייבין

פרשה אמור

(LV 21:1) ואמר ייי למשה אימר לכהניא בני אהרן דכוריא
דיתפרשון מן סאוב וכדנא תימר להון על בר נש דמית לא יסתאב
בעמיה (LV 21:2) אלהין לאינתתא דקריבא לגופיה לאימיה ולאבוי
ולבריה ולברתיה ולאחוי (LV 21:3) ולאחתיה בתולתא דקריבא ליה
ולא מארסא ודעד כדון לא הות מיבעלא לגבר לה יסתאב (LV 21:4) לא

יסתאב בעלא לאיתתיה אלהין כד כשרא ליה ברם לקריבוי דהינון
עבדין עובדי עמיה יתחל עליהון (LV 21:5 לא ירשמון בין עיניהון
ולא רושם ברישיהון ואומנא דיקניהון לא יספרון ובבישרהון לא
יחבלון חבול (128A (LV 21:6 קדישין יהון קדם אלההון ולא
יפסון ית שמא דאלההון ארום ית קרבניא דייי תיקרובתא דאלקהון
הינון מקרבין ויהון קדישין בגופיהון (LV 21:7 איתתא מטעיא
בזנו דאיתלידא מן פסוליא לא יסבון ואיתתא דמיפטרא בין מגברא
בין מן יבמה לא יסבון ארום קדיש הוא קדם אלקיה (LV 21:8
ותקדישיניה לכהנא ארום ית קרבן אלקך הוא מקריב קדיש יהי לך ולא
תפסיניה ארום קדיש אנא ייי מקדישכון (LV 21:9 וברת גבר כהין
מארסא ארום תפיס גרמה למטעי בזני עד דהיא עם בית אבוהא וזניית
בנורא תיתוקד (LV 21:10 וכהנא רבא דמתרברב על אחוי די יתריק
על רישיה מישחא דרבותא ודיקרב ית קורבניה למלבוש ית לבושיא ית
רישיה לא ירבי פירוע ולבושוי לא יבזע בשעת אניקי (LV 21:11
ולות כל בר נש דמית לא יעול לאבוי ולאימיה לא יסתאב (LV 21:12
ומן מקדשא לא יפוק ולא יפיס ית מקדשא דאלקיה ארום משח רבות
אלקיה עלוי אנא ייי (LV 21:13 והוא איתא דאית בה בתולהא יסב
(LV 21:14 ארמלא ומיפטרא ודאיתילידא מן פסוליא ומטעיא בזנו ית
איליין לא יסב אילהן בתולתא מיכשרא מבנת עמיה יסב איתא
(LV 21:15 ולא יפיס זרעיה בעמיה ארום אנא ייי מקדשיה
(LV 21:16 ומליל ייי עם משה למימר (LV 21:17 מליל עם אהרן
למימר גבר מבנך לזרעיית דריהון דיהי ביה מומא לא יתכשר לקרבא
קרבן אלקיה (LV 21:18 ארום כל גבר דביה מומא לא יקרב גבר דסמי
או דחגיר או דלקי בחוטמיה או דמשתימיט ירכיה (LV 21:19 או גבר
דיהי ביה תביר דרגיל או תביר דידא (LV 21:20 או דגבינוי שכבן
חפיין עינוי או לית שיער בגבינוי או דחלזון בעיינויי דמערב
חיוורא באוכמא או דמלי חרסין יבשין או דמלי חזזיתא מצריתא או
דפחדוי נפיחן וקליטן (129 (LV 21:21 כל גבר כהין דביה מומא
מזרעא דאהרן כהנא לא יתכשר לקרבא קרבניא דייי מומא ביה ית קרבן
אלקיה לא יתכשר לקרבא (LV 21:22 ברם מותרי קורבנייא דאלקים מה
דמשתייר מן קודשי קודשיא ומן קודשיא יתפרנס (LV 21:23 לחוד
לפרגודא לא יעול ולמדבחא לא יקרב ארום מומא ביה ולא יפיס ית
מקדשי ארום אנא ייי מקדישיהון (LV 21:24 ומליל משה עם אהרן
ועם בנוי ועם כל בני ישראל (LV 22:1 ומליל ייי עם משה למימר
(LV 22:2 מליל עם אהרן ועם בנוי ויתפרשון מקודשיא דבני ישראל
ולא יפסון ית שמא דקודשי דהינון מקדשין קדמי אנא ייי (LV 22:3
אימר להון אזדהרון לדריכון כל גבר דיקרב מכל בניכון לקודשיא די
יקדשון בני ישראל קדם ייי וסובתיה עלוי וישתיצי בר נשא ההוא
במותנא מן קדמי במותנא אנא ייי (LV 22:4 גבר טלי או גבר סיב מזרעא
דאהרן והוא מצרעא או דייב בקודשייא לא יכול עד זמן דמידכי
ודיקרב בכל סואבת בר נש או גבר דתיפוק מיניה שכבת זרעא
(LV 22:5 או גבר דיקרב בכל ריחשא דיסתאב ליה או באינשא דמית
דיסתאב ליה ולכל סובתיה בחייוי (LV 22:6 בר נש כהין דיקרב ביה
יהי מסאב עד רמשא ולא ייכול מן קודשייא אלהין אין אסחי בישריה

בארבעין סווין דמוי (LV 22:7) ויטמוע שימשא ויתכשר ובתר כדין ייכול מן קודשיא ארום מזוניה הוא (LV 22:8) נבילא וקטולא לא ייכול לאסתאבא בה אנא ייי (LV 22:9) ויטרון ית מטרת מימרי ולא יקבלון עלוי חובא ולא ימותון ביה באישא מצלהבא ארום יפסוניה אנא ייי מקדישיהון (LV 22:10) וכל חילוניי לא ייכול קודשא בר ישראל דהוא תותבא דכהנא ואגירא לא ייכול קודשא (LV 22:11) וכהנא ארום יקני בר נש נוכראה קניין כספיה הוא ייכול ביה ומרבייני בייתיה הינון ייכלון בלחמיה (LV 22:12) וברת כהין ארום תהי (129A) מתנסבא לגבר חילוניי היא באפרשות קודשייא לא תיכול (LV 22:13) וברת כהין ארום תהי ארמלא או מיתרכא וולד לית לה מיניה ותבת לבית איבהא דלא מנטרא ייבם הי כיומי טליותא ולא מעברא מן מזוניה דאיבהא תיכול וכל חילוניי לא ייכול ביה (LV 22:14) וגבר ישראל ארום ייכול קודשא בשלו ויוסיף חומש דמוי עלוי ויתן לכהנא ית קודשא (LV 22:15) ולא יפסון ית קודשיא דבני ישראל ית דיפרשון לשמא דייי (LV 22:16) ויארעון יתהון חובי אשמתהון במיכלהון בסאובא ית קודשיהון ארום אנא ייי מקדישיהון (LV 22:17) ומליל ייי עם משה למימר (LV 22:18) מליל עם אהרן ועם בנוי ועם כל בני ישראל ותימר להון גבר טלי או גבר סיב מבית גניסת ישראל ומן גיורא דבישראל דיקרב קרבניה לכל נדריהון ולכל נסיבתהון דיקרבון קדם ייי לעלתא (LV 22:19) לרעוא לכון שלים דכר בתורי באימריא ובבני עזיא (LV 22:20) כל דביה מומא לא תקרבון ארום לא לרעוא יהי לכון (LV 22:21) וגבר ארום יקרב ניכסת קודשיא קדם ייי לפרשא נידרא או נסיבתא בתורי או בענא שלים יהי לרעוא כל מומא לא יהי ביה (LV 22:22) דסמי או דתביר גרמא או דריסוי לקיין או דעינוויי לקיין דמערב חיוורא באוכמא או דמלי חרסין יבישין או חזזיתא מצריתא לא תקרבון איליין קדם ייי וקורבנא לא תקרבון מנהון על מדבחא לשמא דייי (LV 22:23) ותור ואימר יתיר כוליא או דחסיר כוליא נסיבא תעביד יתיה ולנידרא לא יהי לרעוא (LV 22:24) ודמעיך ודכתישן פחדוי ודשחית ודמסרס גידוי לא תקרבון לשמא דייי ובארעכון לא תסרסון (LV 22:25) ומן יד בר עממין לא תקרבון ית קרבן אלקכון מכל איליין ארום חיבולהון בהון מומא בהון פסילין הינון לא לרעוא יהון לכון (LV 22:26) ומליל ייי עם משה למימר (LV 22:27) עדאן אית (130) לן זכותא דתידכר לן סידרי קרבנינן תורא אתבחר קדמי בגין מדכר זכות סבא דאתא ממדינחא פטיר בולי קריב לשמך בר תורין רכיך ושמין אימרא איתבחר תיניין בגין מדכר זכות מדכר ישירא דאתעקד על גבי מדבחא וזכה ואזדמן ליה אימרא תחותוי לעלתא גדי בר עיזי איתבחר תחותוי בגין מדכר זכות שלימא דעבד גדיי בר עיזי תבשילין ואייביל לאבוי וזכה למקבלא סדר ברכתא בגין כן פריש משה נביא ואמר עמי בני ישראל תור או אימר או גדיא ארום איתיליד כאורח עלמא ויהי שבעתי יומין בתר אימיה מטול דישתמודע דלא נפיל ומיומא תמינאה ולהלאה יתרעי לקרבא קרבנא לשמא דייי (LV 22:28) עמי בני ישראל היכמא דאנא רחמן בשמיא כן תהוון רחמנין בארעא תורתא או רחלא יתה וית ברה לא תיכסון ביומא חד (LV 22:29)

וארום תיכסון ניכסת נסיבא לשמא דייי לרעוא לכון תיכסון (LV 22:30) ביומא ההוא יתאכל לא תשיירון מיניה עד צפרא אנא ייי (LV 22:31) ותיטרון ית פיקודיי ותעבדון יתהון אנא ייי דיהב אגר טב לנטרי פיקודי אורייתי (LV 22:32) ולא תפסון ית שמא דקודשי ואתקדש בגו בני ישראל אנא ייי מקדשכון (LV 22:33) דהנפיק יתכון פריקין מארעא דמצרים מטול למהוי לכון לאלקא אנא ייי (LV 23:1) ומליל ייי עם משה למימר (LV 23:2) מליל עם בני ישראל ותימר להון זמן סידורי מועדיא דייי דתארעון יתהון מארעי קדיש איליין הינון זמן סידורי מועדיי (LV 23:3) שיתא יומין תתעבד עיבידא וביומא שביעאה שבא ונייחא מארע קדיש כל עיבידא לא תעבדון שבתא היא לייי בכל אתר מותבניכון (LV 23:4) אילין זמני סידורי מועדיא דייי מארעי קדיש די יתרעון יתהון בזימניהון (LV 23:5) בירחא דניסן בארביסר לירחא בינו שימשתא זמן ניכסת פיסחא לשמא דייי (LV 23:6) ובחמיסר יומין לירחא הדין חגא דפטיריא (130A) לשמא דייי שבעתי יומין פטירי תיכלון (LV 23:7) ביומא קדמאה דחגא מארע קדיש יהי לכון כל עיבידת פולחנא לא תעבדון (LV 23:8) ותקרבון קרבנא לשמא דייי שבעתי יומין ביומא שביעתא דחגא מארע קדיש כל עיבידת פולחנא לא תעבדון (LV 23:9) ומליל ייי עם משה למימר (LV 23:10) מליל עם בני ישראל ותימר להון ארום תיעלון לארעא דאנא יהיב לכון ותחצדון ית חצדא ותייתון ית עומרא שירוי חצדכון לות כהנא (LV 23:11) וירים ית עומרא קדם ייי לרעוא לכון מבתר יומא טבא קמאה דפיסחא ירימיניה כהנא (LV 23:12) ותעבדון ביום ארמותכון ית עומרא אימר שלים בר שתיה לעלתא לשמא דייי (LV 23:13) ומנחתיה תרין עשרונין סמידא פתיכא במשח זיתא קורבנא לשמא דייי מטול לאתקבלא ברעוא וניסוכי חמר עינבי רבעות הינא (LV 23:14) ולחים וקלי ופירוכיין חדתין לא תיכלון עד כרן יומא הדין עד זמן איתוייכון ית קרבן אלקכון קיים עלם לדריכון בכל מותבניכון (LV 23:15) ותימנון לכון מבתר יומא טבא קמאה דפיסחא מן יום איתוייכון ית עומרא דארמותא שבע שבוען שלמן יהויין (LV 23:16) עד מבתר שבועתא שביעאה תימנון חמשין יומין ותקרבון מנחתא דלחים חדת לשמיה דייי (LV 23:17) מאתר מותבניכון תייתון לחים ארמותא תרתין גריצן תרין עישרונין סמידא יהוויין חמיר יתאפיין ביכורין לשמא דייי (LV 23:18) ותקרבון על לחמא ההוא שיבעא אימרין שלמין בני שנה ותור בר תורין דלא עירובין חד לחטאתא ותרין אימרין בני שנה לנכסת קודשיא (LV 23:19) ותעבדון צפיר בר עיזי דלא עירובין חד לחטאתא ותרין אימרין בני שנה לנכסת קודשיא (LV 23:20) וירים כהנא יתהון על לחמא דביכוריא ארמא קדם ייי על תרין אימרין קודשא (131) יהון לשמא דייי (LV 23:21) ותערעון חיין וקיימין הי כזמן כרן יומא הדין מערע קדיש יהי לכון כל עיבידת פולחנא לא תעבדון קיים עלם בכל מותבניכון לדריכון (LV 23:22) ובזמן מחצדכון ית חצד ארעכון לא תסייפון אומנא חדא דאית בחקלך בחצדך ולקטא דחצדך לא תלקיט לעניי ולגייורי תשבוק יתהון אנא הוא ייי אלקכון (LV 23:23) ומליל ייי עם משה למימר (LV 23:24) מליל עם בני ישראל למימר

בתשרי דהוא ירחא שביעאה יהי לכון יומא טבא דוכרן יבבא מארע
קדיש (LV 23:25) כל עיבידת פולחנא לא תעבדון ותקרבון קורבנא
לשמא דייי (LV 23:26) ומליל ייי עם משה למימר (LV 23:27) ברם
בעשרא יומין לירחא שביעה הדין יומא דכיפוריא הוא מארע קדיש יהי
לכון ותענון ית נפשתיכון ממיכלא ומשיתיא והניית בי בני
ותמרוקין ותשמיש ערסא וסנדלא ותקרבון קורבנא קדם ייי
(LV 23:28) וכל עיבידתא לא תעבדון בכרן יומא הדין ארום יומא
דכיפוריא הוא לכפרא עליכון קדם ייי אלקכון (LV 23:29) ארום כל
בר נש די יכול לציימא ולא יצום בכרן יומא הדין וישתיצי במותנא
מגו עמיה (LV 23:30) וכל בר נש דיעבד כל עיבידא ביכרן יומא
הדין ואוביד ית בר נשא ההוא במותנא מגו עמיה (LV 23:31) כל
עיבידת פולחנא לא תעבדון קיים עלם לדריכון בכל אתר מותבניכון
(LV 23:32) שבא ונייחא הוא לכון ותענון ית נפשתיכון ותשרון
לציימא בתשעא יומין לירחא בעידוני רמשא מן רמשא ההוא ועד רמשא
חורן תהוון ציימין צומיכון ושבתין שוביכון (LV 23:33) ומליל
ייי עם משה למימר (LV 23:34) מליל עם בני ישראל למימר בחמיסר
יומין לירחא שביעאה הדין חגא דמטליא שובעא יומין לשמא דייי
(LV 23:35) ביומא קדמאה דחגא מארע קדיש כל עיבידת (131A)
פולחנא לא תעבדון (LV 23:36) שבעתי יומין תקרבון קורבנא לשמא
דייי כנישין תהון לצלאה קדם ייי על מיטרא כל עיבידת פולחנא לא
תעבדון (LV 23:37) איליין זימני סידרי מועדייא דייי דתערעון
יתהון מארעי קדיש לקרבא קורבנא לשמא דייי עלתא ומנחתא נכסת
קודשין וניסוכין פיתגם יום ביומיה (LV 23:38) בר מן יומי שביא
דייי בר ממתנתיכון ובר מנידריכון ובר מכל נסיבתכון דתיתנון
קדם ייי (LV 23:39) ברם בחמיסר יומא לירחא שביעאה בזמן
מיכנשכון ית עללתא דארעא תחגון ית חגא דייי שובעא יומין ביומא
קמאה נייחא וביומא תמינאה נייחא (LV 23:40) ותיסבון מן דילכון
ביומא קמאה דחגא פירי אילן משבח תרוגין ולולבין והדסין וערבין
דמרביין על נחלין ותיחדון קדם ייי אלקכון שבעתי יומין
(LV 23:41) (LV 23:42) במטללתא דתרי דופנייהא כהילכתהון
ותליתייא עד פושכא וטולה סגי משימשה מתעבדא לטולא לשום חגא מן
זינין דמרביין מן ארעא ותלישין משחתהא עד שבעא פושכי וחללא
דרומא עשרא פושכי תיתבון בה שובעא יומין כל דכוריא בישראל
ואפילו זעירי דלא צריכין לאימהון יתבון במטליא מברכין לברייהון
כל אימת דעיילין תמן (LV 23:43) מן בגלל דידעון דריכון ארום
במטלת ענני יקרא אותיבית ית בני ישראל בזמן דהנפיקית יתהון
פריקין מארעא דמצרים אנא הוא ייי אלקכון (LV 23:44) ומליל משה
ית זמן סידורי מועדיא דייי ואליפינון לבני ישראל (LV 24:1)
ומליל ייי עם משה למימר (LV 24:2) פקיד ית בני ישראל ויסבון מן
דילך משח זיתא זכיך כתיש לאנהרא לאדלקא בוציניא תדירא ביומא
דשבתא וביומא דעובדא (LV 24:3) מברא (132) לפרגודא דסהדותא
לעלמא דשכינתא שריא בישראל במשכן זימנא וסדר יתיה אהרן מרמשא
ועד צפר קדם ייי תדירא קיים עלם לדריכון (LV 24:4) (LV 24:5)
ותיסב סמידא ותיפי יתה תריסירי גריצן שווין לתריסר שבטיא תרי

עשרונין תהי גריצתא חדא (LV 24:6) ותסדר יתהון תרתין סידורין
שית בסידרא חדא ושית בסידרא חדא על פתורא בטהריה דמסדר קדם ייי
(LV 24:7) ותיתן על סידורייא צריד לבונתא ברירתא ותהי ללחמא
לאדכרא קורבנא קדם ייי (LV 24:8) ביומא דשבתא ביומא דשבתא
יסדריניה חדת קדם ייי תדירא מן בני ישראל קיים עלם (LV 24:9)
ותהי לאהרן ולבנוי ויכלוניה מן בתר איסתלקותיה מעל פתורא באתר
קדיש ארום קודש קודשין הוא ליה מקורבנייא דייי קיים עלם
(LV 24:10) גברא חייבא מרוד באלק שמיא נפק ממצרים בר גברא
מצראה דקטל גברא בר ישראל במצרים ועל על אינתתיה ואתעברת
וילידת בר בגו בני ישראל וכד הוון ישראל שריין במדברא בעא
למפרוס משכניה בגו שיבטא בני דדן ולא שבקוה מן בגלל דטיכסין
דישראל גבר על טיכסיה באתוון לייחוס אבהתהון שריין ואתקוטטו
כחדא במשריתא ואזלו לבי דינא בר איתתא בת ישראל וגברא בר ישראל
דמן שיבטא דדן (LV 24:11) וכד נפק מבי דינא כד מחייב פריש
וחריף בר איתתא בת ישראל ית שמא רבא ויקירא דמתפרש דשמע בסיני
ואזיד וארגיז ושום אימיה שלומית בת דיברי לשבטא דדן (LV 24:12)
דין הוא חד מן ארבעתי דינין דיעלו קדם משה נביא ודן יתהון על
פום מימרא דלעיל מינהון דינא ממונא ומנהון דיני נפשתא בדיני
ממונא הוה משה זריז ובדיני נפשתא הוה מתון ובאיליין ובאיליין
אמר משה לא שמעית מן בגלל למלפא רישי סנהדרייתא דישראל דעתידין
למקום בתריה דיהוון זריזין בדיני ממונא ומתונין בדיני (132A)
נפשתא ולא יבהתון למישאלא דינא דמתקשי להון ארום משה רבהון
דישראל צרך דיימר לא שמעית בגין כן אצנעו יתיה בבית מיטרא עד
זמן דיתפרש להון על גזירת מימרא דייי (LV 24:13) ומליל ייי עם
משה למימר (LV 24:14) הנפיק ית מרגזא למיברא למשריתא ויסמכון
כל סהדייא דשמעו בארגזותיה ודייניא ית ידיהון על רישיה ויאטלון
יתיה באבנין כל כנישתא (LV 24:15) ועם בני ישראל תמליל למימר
גבר טלי או גבר סיב דירגז ויחרף שום כינויי אלקיה ויקבל חוביה
(LV 24:16) ברם מאן דמפרש ומחרף שמא דייי אתקטלא יתקטיל אטלא
יאטלון יתיה אבנין כל כנישתא כגיורא כיציבא בזמן דיחרף שמא
דמייחד יתקטיל (LV 24:17) וגבר ארום יקטיל כל נפשתיה דבר נשא
מבני ישראל יתקטלא יתקטל בסייפא (LV 24:18) ודיקטול נפש בעירא
ישלמינה נפשא חלף נפשא (LV 24:19) וגבר ארום יתן מומא בחבריה
היכמא דעבד היכדין יתעביד ליה (LV 24:20) דמי תברא חולף תברא
דמי עינא חולף עינא דמי שינא חולף שינא היכמא דיתן מומא באינשא
היכדין יתיהב ביה (LV 24:21) ומן דיקטול בעירא ישלמינה ומן
דיקטול אינשא יתקטיל (LV 24:22) דינא חדא יהי לכון כגיורא
כיציבא יהי ארום אנא הוא ייי אלקכון (LV 24:23) ומליל משה עם
בני ישראל ואפיקו ית מרגזא למברא למשריתא ואטלו יתיה אבנין
ובני ישראל עבדו למסמך ידיהון ולמדחף ולמצלב ולמקבור היכמא
דפקיד ייי ית משה

פרשה בהר סיני

(133) (LV 25:1) ומליל ייי עם משה בטוורא דסיני למימר
(LV 25:2) מליל עם בני ישראל ותימר להון ארום תיעלון לארעא

דאנא יהיב לכון ותשמיט ארעא שמיטתא קדם ייי (LV 25:3 שית שנין
תזרעון חקליכון ושית שנין תגזרון כרמיכון ותכנשון ית עללתא
(LV 25:4 ובשתא שביעתא נייח דשמיטיתא יהי לארעא די תשמיט קדם
ייי חקליכון לא תזרעון וכרמיכון לא תגזרון (LV 25:5 ית כתי
שביק חצדיכון לא תחצדון וית עינבי רדופיכון לא תקטפון שנת
שמיטתא יהי לארעא (LV 25:6 ותהי שמיטת ארעא לכון למיכל לך
ולעבדך ולאמתך ולאגירך ולתותבך דדיירין עימך (LV 25:7 ולבעירך
ולחייתא די בארעך תהי כל עללתא למיכל (LV 25:8 ותימני לך שבע
שמיטין דשנין שבע שנין שבע זימנין ויהון לך סכום יומי שבע
שמיטין דשנין ארבעין ותשע שנין (LV 25:9 ותעבר קל שופר יבבא
בירחא שביעאה בעשרא לירחא ביומא דכיפורייא תעברון קל שופר
חירותא בכל ארעכון (LV 25:10 ותקדשון ית שנת חמשין שנין
ותכרזון חירותא בארעא דישראל לכל יתבהא יובילא היא תהי לכון
ותתובון גבר לאחסנתיה וגבר לייחוסיה תתובון (LV 25:11 יובלא
היא שנת חמשין שנין תהי לכון לא תזרעון ולא תחצדון ית כאוותהא
ולא תקטפון ית עינבי שמיטהא (LV 25:12 ארום יובלא היא קודשא
תהי לכון מן חקלא תיכלון ית עללתא (LV 25:13 בשתא דיובלא הדא
תתובון גבר לאחסנתיה (LV 25:14 וארום תזבנון זביני לחבריכון
או תיזבנון עיסקא דמיטלטלא מן יד חבריכון לית אתון רשאין
לאוניא ית חבריה (LV 25:15 עמי בני ישראל אין אתון זבנין חקיל
או כרמא כמניין סכום שנייא בתר יובלא תזבנון מן חבריכון כמניין
שנייא דכנישות (133A עללתא יזבנון לכון (LV 25:16 לפום סכום
סוגי שניא תסגי זבינוי ולפום סכום זעירות שניא תזעיר זבינוי
ארום מניין כנישות עללתא הוא מזבן לך (LV 25:17 ולא תונון גבר
ית חבריה במילין קשין ותידחל מאלקך אנא הוא ייי אלקכון
(LV 25:18 ותעבדון ית קיימיי וית סידרי דיניי תטרון ותעבדון
יתהון ותיתבון על ארעא לרוחצן (LV 25:19 (LV 25:20 וארום אין
תימרון מה ניכול בשתא שביעתא הא לא נזרע ולא נכנוש ית כתי
עללתנא (LV 25:21 ואפקיד ית ברכתי לכון מן אוצריי טבין דבשמי
שכינתי בשתא שתיתיתא ותעבד ית עללתא דתיספוק לתלת שנין
(LV 25:22 ותיזרעון ית שתא תמינתא ותיכלון מן עללתא עתיקתא
דההיא שתא שתיתיתא עד שתא תשיעתא עד זמן מיעל עללתא תיכלון
עתיקתא (LV 25:23 וארעא דישראל לא תיזדבן לחלוטין ארום דילי
ארעא ארום דיירין ותותבין אתון עימי (LV 25:24 ובכל ארע
אחסנתיכון פורקנא תיתנון לארעא (LV 25:25 וארום אין יתמסכן
אחוך ויזבון מאחסנתיה וייתי פריקיה הקריב ליה ויפרוק ית זביני
אחוי (LV 25:26 וגבר ארום לא יהי ליה מן דחמי למפרוק זבינוי
ותארע ידיה וישכח הי כמיסת פורקניה (LV 25:27 וידייק ית סכום
שני זבינוי ויתיב ית מותרא לגבר דזבין ליה ויתוב לאחסנתיה
(LV 25:28 ואין לא תארע ידיה הי כמיסת דיתיב ליה ויהי זבינוי
ביד מן דזבן יתיה עד שתא דיובילא ויפוק בלא כסף ויתוב לאחסנתיה
(LV 25:29 וגבר ארום יזבון בית מותבא בבירנין דמפקן שור ויהי
פורקניה עד משלם שתא דזבינוי מן עידן לעידן יהי פורקניה
(LV 25:30 ואין לא יתפריק עד זמן מישלם ליה שתא שלמתא ויקום

ביתא דבקרתא דליה שורין (134) לחלוטין לדיזבן יתיה לדרוי לא יפוק ביובלא (LV 25:31) ובתי כופרניא דלית להון שור מקף חזור חזור הי כטינדיסין דפריסן על חקל ארעא יתחשבון פורקנא תהי לכון וביובלא יפקון (LV 25:32) וקירוי ליואי בתי קירוי אחסנתהון פורקן עלם יהי לליואי (LV 25:33) ומאן דיפרוק מן ליואי ויפוק זביני ביתא וקירוי אחסנתהון ביובלא ארום בתי קירוי ליואי היא אחסנתהון בגו בני ישראל (LV 25:34) וברם חקיל פרוילי קירויהון לא יזבנון ארום אחסנת עלם הוא להון (LV 25:35) וארום יתמסכן אחוך ותמוט ידיה עימך ותתקיף ביה ותהנייה ידור ויתותב ויתפרנס עימך (LV 25:36) עמי בית ישראל לא תיסבון לא שערין ולא ריביין ותידחל מאלקך ויתפרנס אחוך עימך (LV 25:37) עמי בני ישראל ית כספיכון לא תיתנון ליה בשערין ובריביין לא תיתנון עיבוריכון (LV 25:38) אנא הוא ייי אלקכון די פרקית ואפיקית יתכון פריקין מן ארעא דמצרים מטול למיתן לכון ית ארעא דכנען למהוי לכון לאלקא (LV 25:39) וארום יתמסכן אחוך עימך ויזדבן לך לא תפלח ביה הי כנימוסי פולחנות עבדיא (LV 25:40) הי כאגירא הי כתותבא יהי עימך עד שתא דיובלא יפלח עימך (LV 25:41) ויפוק לבר חורין מעימך הוא ובנוי עימך ויתוב לגניסתיה ולאחסנת אבהתוי יתוב (LV 25:42) ארום עבדי הינון דהנפיקית יתהון פריקין מארעא דמצרים לא יזדבנון הי כנימוסי זבין עבדיא (LV 25:43) לא תשעבדון ביה בקשיו ותידחל מאלקך (LV 25:44) ברם עבדיכון ואמהתיכון דיהון לכון מן אמהתיכון דמן עממיא די בחזרנותכון מנהון תזבנון עבדין ואמהן (LV 25:45) ואוף מבני תותביא ערליא דדיירין עימכון מנהון תזבנון ומן ייחוסיהון דעימכון (134A) דאיתילידו בארעכון ולא מן כנעניי ויהון לכון לאחסנא (LV 25:46) ותחסנון יתהון לבניהון בתריכון לירותת אחסנא לעלם בהון תפלחון ובאחיכון בני ישראל גבר בחבריה לא תשעבדון בהון בקשיו (LV 25:47) וארום תארע יד ערל ותותב דעימך ויתמסכן אחוך עימיה ויזדבן לערל תותב לעימך או לשריש פולחנא נוכראה למשמשא לה ולפלחהא דמזרעית גיורא (LV 25:48) בתר דישתמודע לכון דיזדבן מן יד פורקנא יהי ליה חד מן אחוי יפרקיניה (LV 25:49) או אחבוי או בר אחבוי יפריקיניה או מקריב בישריה מזרעתיה יפרקיניה או תארע ידיה או ידא דציבורא ויתפריק (LV 25:50) וידייק עם ערלאה זבניה משתא דיזדבן ליה עד שתא דיובילא ויהי כסף זבינוי במניין שניא הי כיומי אגירא יהי עימיה (LV 25:51) אין עד כדון אית סגוי בשנייא לפום סכומהון יתיב פורקניה מכסף זבינוי (LV 25:52) ואין קליל לאשתוירון בשניא עד שתא דיובלא ויחשיב ליה כפום סכום שנוי יתיב ית פורקניה (LV 25:53) הי כאגיר שנא בשנא יהי עימיה לא ישעביד ביה בשקיין ואנת חמי ליה (LV 25:54) ואין לא יתפרק באיליין שנייא ויפוק בר חורין בשתא דיובילא הוא ובנוי עימיה (LV 25:55) ארום דילי הינון בני ישראל משתעבדין לאורייתי עבדי הינון דאפיקית יתהון פריקין מן ארעא דמצרים אנא הוא ייי אלקכון (LV 26:1) לא תעבדון לכון טעוון וצילמין וקמתין מטול סגותא לא תקימון לכון ואבן מציירא לא תתנון בארעכון למגחן עלה ברם סטיו

חקיק בציורין ודיוקנין תשוון בארעית מקדשיכון ולא למסגוד לה ארום אנא ייי אלקכון (135 (LV 26:2 ית יומי שביא דילי תיטרון ולבית מוקדשי תהון אזלין בדחלתא אנא ייי

פרשה בחקותי

(LV 26:3 אין בקיימי אורייתי תהכון וית סידרי דינייי תינטרון ותעבדון יתהון (LV 26:4 ואיתן מיטריא דארעכון בעידנהון בכיר ולקיש ותיתן ארעא פירי עללתא ואילן דאנפי ברא יצלח בפירוי (LV 26:5 ויארע לכון דרכא ית קטפא וקטפא יארע אפקות בר זרעא ותיכלון לחמיכון ותשבעון ותיתבון לרוחצן בארעכון (LV 26:6 ואיתן שלמא בארעא דישראל ותשרון ולית דמניט ואיבטיל רשות חיות ברא מן ארעא דישראל ושלופי חרב לא יעידון בארעכון (LV 26:7 ותירדפון ית בעלי דבביכון ויפלון קדמיכון תבירי חרב (LV 26:8 וירדפון מנכון חמשא למאתא ומאתא מינכון לריבבותא יעריקון ויפלון בעלי דבביכון קדמיכון תבירי חרב (LV 26:9 ואיתפני מן אגר עממייא למשלמא לכון אגר עובדיכון טביא ואיתקוף יתכון ואסגי יתכון ואקים ית קיימי עמכון (LV 26:10 ותיכלון עתיקא דמעתק ולא תסלמנטון וברם עתיקא מן קדם עיבורא חדתא תפנון מן אוצרכון (LV 26:11 ואיתן שכינת יקרי ביניכון ולא ירחק מימרי יתכון (LV 26:12 ואשרי איקר שכינתי ביניכון ויהי מימרי לכון לאלקא פרוק ואתון תהוון לשמי לאומא קדישיא (LV 26:13 אנא ייי אלקכון דאפיקית יתכון פריקין מן ארעא דמצרים מלמהוי (135A להון משעבדין ותברית ניר שעבודהון מעילויכון ודברית יתכון מביניהון בני חרי והלכית יתכון בקומא זקיפא (LV 26:14 ואין לא תיצבון למשמע לאולפן מאלפי אורייתי ולא תעבדון מן ריעוונכון ית כל פיקודיא האילין (LV 26:15 ואין בקיימי אורייתי תקוצון ואין ית סדרי דיניי תרחיק נפשתיכון בדיל דלא למעבד ית כל פיקודיי וסופכון למבטלא ית קיימיי (LV 26:16 לחוד אנא אעביד דא לכון ואיגרי עליכון מחת מותנתא ית שחפותא וית קדחותא מכליא עיינין ומסייפא נפש ותידרעון לריקנו זרעכון דלא יצמח וכתייא יכלון יתהון בעלי דבביכון (LV 26:17 ואיתן פניותא למעסוק בכון ותיתברון קדם בעלי דבביכון וירדון בכון סנאיכון יתעירקון ולית דרדיף יתכון (LV 26:18 ואין בתר אילין מרדוותא לא תצבון למשמע לאולפן אורייתי ואוסיף למירדי יתכון שבע מאחאתא על שבע עבירן די חטיתון קדמי (LV 26:19 ואיתבר ית איקר תקוף מקדשיכון ואיתן ית שמיא דעילויכון ברירן הי כפרזלא דלא מזייע מן דלא למחתא לכון טלין ומיטרין וארעא דתחותיכון הי כנחשא דמזייע למובדא פירהא (LV 26:20 ויסוף לריקנו חיליכון ולא תיתן ארעכון ית מה דאתון מעלין לגווה ואילן דאנפי ברא יקלח פירוי (LV 26:21 ואין תהכון עימי בעראי ולא תצבון למשמע לאולפן אורייתי ואוסיף לאייתאה עליכון שביעיתא מחא על שבע עבירן די חטיתון קדמי (LV 26:22 ואיגרי בכון רשות חיות ברא ותתכל יתכון ותשיצי ית בעיריכון מברא ותזער (136 יתכון מלגיו ויצדיין אורחתכון (LV 26:23 ואין באילין מרדוותא לא תיתרדון קדמי ותהכון קדמי בעראיי (LV 26:24 ואידכר אוף אנא יתכון עראי בעלמא ואמחי יתכון

לחוד אנא שבע מחן על שבע עבירן די חטיתון קדמיי (LV 26:25
ואיתי עליכון עם שלופי חרב למתפרע מנכון על דבטלתון ית קיימיי
ותתכנשון מן ציירא לקורייכון ואיגרי מותנא ביניכון ותתמסרון כד
מיתין ביד סנאיכון (LV 26:26 כד איתבור לכון חוטר כל סעדי
מזונא ויאפיין עשר נשין לחמיכון בתנורא חד מדהוא זעיר ומרדיין
ומפלגן לכון כד מינפל במתקלא ותיכלון ולא תשבעון (LV 26:27
ואין בהדא תוכחתא לא תשמעון לאולפן אורייתי ותהלכון קדמיי
בעראי (LV 26:28 ואידכר אוף אנא יתכון עראי בעלמא וארדי יתכון
לחוד אנא שבע מחן על שבע עבירן די חטיתון קדמי (LV 26:29
ותיכלון בשר בניכון ובשר בנתיכון אמר משה נביא כמה קשיין הינון
חוביא די גרמו לאבהתא למיכול בשר בניהון ובנתיהון על דלא נטרו
מצוותא דאורייתא (LV 26:30 ואישיצי ית במוסיכון ואיפכר ית
מנחשיכון וקסמיכון ואישוי ית פיגריכון רמאין על פיגרי
טעוותיכון ותירחק מימרי יתכון (LV 26:31 ואיתן ית קורייכון
צדיין ואשעמם ית מוקדשיכון ולא אקבל ברעוא ריח קורבניכון
(LV 26:32 ואצדי לחוד אנא ית ארעא דלא יהי עלה נייח רוחא
ויצדון הכדין עלה סנאיכון דשריין בה (LV 26:33 ויתכון אדרי
ביני עממיא ואיגרי בתריכון עם שלופי חרב ותהי ארעכון צדיא
וקורייכון יהויין צדיאן (LV 26:34 הא בכן תרעי ארעא ית שני
שמיטהא כל יומין דהיא צדיא מינכון ואתון תהוון מיטלטלין (136A
בארע בעלי דבביכון בכין תתנייח ארעא ותרעי ית שני שמיטהא
(LV 26:35 כל יומין דהיא צדיא מנכון תתנייח היכמא דלא אתנייחת
ית שני שמיטיכון כד הוויתון שריין עלה (LV 26:36 ודישתיירון
בכון ואעיל תברא בליבהון בארעתא דסנאיהון ויהי רדיף יתהון קל
טרפא נתיר מן אילן ויערקון הי כמערוקי חרבא ויפלון ולית דרדיף
(LV 26:37 ויתקלון גבר באחוי הי כמן קדם שלופי חרבא ורדיף לא
אית ולא תהי לכון תייקא למקום קדם בעלי דבביכון (LV 26:38
ותיבידון ביני עממיא ותגמר יתכון במותנא ארע בעלי דבביכון
(LV 26:39 ודמשתייר מנכון יתימסון בחוביהון בארעתא דסנאיהון
ואוף בחובי אבהתהון בישיא דאחידין בידיהון עמהון יתימסון
(LV 26:40 ויוודון בשעת אניקהון ית חוביהון וית חובי אבהתהון
בשיקריהון דשקרו במימרי ואוף דהליכו עימי בעראי (LV 26:41 ברם
אנא אדכר יתהון עראי בעלמא ואעיל יתהון בגלותא בארע בעלי
דבביהון הא בכין ייתבר ליבהון זדנא ובכין ירעון ית חוביהון
(LV 26:42 ואידכר ברחמין ית קיימא דקיימית עם יעקב בביתאל
ואוף ית קיימא דקיימית עם יצחק בטוור מוריה ואוף ית קיימא
דקיימית עם אברהם ביני פסגיא אדכור וארעא דישראל אדכור ברחמין
(LV 26:43 וארעא תתרטיש ותשתביק מנהון ותירעי ית שני שמיטהא
כל יומין דהיא צדיא מנכון והינון ירעון ית חוביהון לווטין חלף
בירכן ימטון עליהון מיכלא כל קבל מיכלא היא מטול דהינון בסידרי
דיניי קצו וית קיימי אורייתי רחיקת נפשיהון (LV 26:44 ואוף על
(137 כל דא ארחים יתהון במימרי כד יהוון גליין בארע בעלי
דבביהון לא אמאסינון במלכותא דבבל ולא ירחק מימרי יתהון
במלכותא דמדי למשציא יתהון במלכותא דיון למפסוק קימי עימהון

במלכותא דאדום ארום אנא הוא ייי אלקהון ביומוי דגוג (LV 26:45)
ודכירנא להון קים דקיימית עם אבהתהון קדמי בזמן דפרקית ואפיקית
יתהון פריקין מארעא דמצרים וחמיין כל עממיא ית כל גבורתא
דעבדית להון מטול למהוי להון לאלקא אנא ייי (LV 26:46) אילין
קימייא וסידרי דינייא וגזירת אורייתא דיהב ייי בין מימריה ובין
בני ישראל בטוורא דסיני על ידא דמשה (LV 27:1) ומליל ייי עם
משה למימר (LV 27:2) מליל עם בני ישראל ותימר להון גבר ארום
יפריש פירוש דנידרא בעילוי נפשתא לשמא דייי (LV 27:3) ויהי
עילוייה דביר דכר מן בר עשרין שנין ועד בר שתין שנין ויהי
עילוייה חמשין סילעין דכסף בסילעי קודשא (LV 27:4) ואין ברת
נוקבא היא ויהי עלוייה תלתין סילעין (LV 27:5) ואין מבר חמש
שנין ועד בר עשרין שנין ויהי עלוייה דביר דכר עשרין סילעין
ולנוקבא עשר סילעין (LV 27:6) ואין מבר ירחא ועד בר חמש שנין
ויהי עלוייה דביר דכר חמש סילעין דכסף ודברתה נוקבא עילוייה
תלתא סילעין דכסף (LV 27:7) ואין מבר שתין שנין ולעילא אין ביר
דכר ויהי עילוייה חמיסר סילעין ולברתה נוקבא עשר סילעין
(LV 27:8) ואין מסכן הוא ממיסת עילוייה ויוקימיניה קדם כהנא
ויעליניה כהנא כמיסת דתדביק יד נודירא היכדין יעליניה כהנא
(LV 27:9) ואין בעירא דיקרבון מינה קורבנא קדם ייי כל דיתן
מיניה קדם ייי יהי קודשא (LV 27:10) לא ישלחפיניה ולא יפרג
יתיה שלים בדביה מומא ודביה מומא בשלים ואין מפרוג יפרג בעירא
בבעירא ויהי (137A) הוא ופירוגיה יהי קודשא (LV 27:11) ואין כל
בעירא מסאבא דלא יקרבון מינה קרבנא קדם ייי ויקם ית בעירא קדם
כהנא (LV 27:12) ויעלי כהנא יתה בין טב לבין ביש היכמה דיעלי
כהנא היכדין יהי (LV 27:13) ואין מפרוק יפרקיניה ויוסיף חומש
דמיה על עלוייה (LV 27:14) וגבר ארום יקדש ית ביתיה קודשא קדם
ייי ויעליניה כהנא בין טב לבין ביש היכמה דמעלן כהנא היכדין
יקום (LV 27:15) ואין דין דמקדיש יפרוק ית ביתיה ויוסיף חומש
כסף עלויי עלוי ויהי דיליה (LV 27:16) ואין מן חקיל אחסנתיה
יקדש גבר קדם ייי ויהי עלוייה כמיסת זרעיה אתר דמיזדרע ביה כור
סעורין בחמשין סילעין דכסף (LV 27:17) אין משתא דיובילא יקדיש
חקליה הי כעלוייה יקום (LV 27:18) ואין בתר יובילא יקדיש חקליה
וידייק ליה כהנא ית סכום כספא כמיסת שניא דמשתיירן עד שתא
דיובלא ומנכי ליה מן עלוייה (LV 27:19) ואין מפרק יפרוק ית
חקלא דין דאקדיש יתיה ויוסיף חומש כספא עלוייה עלוי ויקום ליה
(LV 27:20) ואין לא יפרוק ית חקלא ואין זבין ית חקלא לגבר חורן
לא יתפריק תוב (LV 27:21) ויהי חקלא במיפקיה ביובלא קודשא קדם
ייי הי כחקיל אפרשא לכהנא תהי אחסנתיה (LV 27:22) ואין ית חקיל
זבינוי דלא מן חקיל אחסנתיה יקדיש קדם ייי (LV 27:23) וידייק
ליה כהנא ית סכום דמי עלוייה עד שתא דיובלא ויתן ית עלוייה
ביומא ההוא קודשא קדם ייי (LV 27:24) בשתא דיובלא יתוב חקלא
למן דזבניה מיניה למן דיליה אחסנת ארעא (LV 27:25) וכל עילוייה
יהי בסילעי קודשא עשרין מעין הויא סילעא (LV 27:26) ברם בוכרא
דיתפרש לשמא דייי בבעירא לית אפשר דקדיש גבר יתיה אין תור אין

אימר לשמא דייי הוא (LV 27:27 ואין בבעירא מסאבא ויפרוק בעילוייה ויוסיף חומש (138 דמוי עלוי ואין לא מתפרק ויזדבן בדמי עלוייה (LV 27:28 ברם כל אפרשא די יפרש גבר קדם ייי מן כל דאית ליה מאינשא ובעירא ומחקיל אחסנתיה לא יזדבן ולא יתפרק כל אפרשא קדש קודשין הוא קדם ייי (LV 27:29 כל אפרשא דיתפרש מן אינשא לא יתפרק בכספא אלהין בעלוון ובנכסת קודשין ובמבעי רחמין קדם ייי מטול דדין קטול מתחייב (LV 27:30 וכל מעשרא דארעא מזרעא דארעא ומפירי אילנא דייי הוא קודש קודשין הוא קדם ייי (LV 27:31 ואין מפרוק יפרוק גבר ממעשריה חומש דמוי יוסיף עלוי (LV 27:32 וכל מעשרא דתורי ועני כל דחלפין תחות שרביטא עשיראה יהי קודשא קדם ייי (LV 27:33 לא יפשפיש בין טב לביש ולא יפרגוניה ואין מפרוג יפריג יתיה ויהי הוא ופירוגיה יהי קודשא לא יתפריק (LV 27:34 אילין פיקודיא די פקיד ייי ית משה ולית אפשר לחדתא בהון מידעם ופקידינון מטול לאחוואותהון לות בני ישראל בטוורא דסיני

ספר רביעי

פרשה במדבר

(139) (NU 1:1) ומליל ייי עם משה במדברא דסיני במשכן
זימנא בחד לירחא דאייר הוא ירחא תניינא דמן שתא תנייתא ליזמן
מיפקהון מארעא דמצרים למימר (NU 1:2) קבילו ית חושבן כל כנישתא
דבני ישראל לגניסתהון לבית אבהתהון במניין שמהן כל דכורא
לגולגלתהון (NU 1:3) מבר עשרין שנין ולעילא כל נפיק חילא
בישראל תימנון יתהון לחיליהון אנת ואהרן (NU 1:4) ועימכון יהון
גבר גבר לשיבטא גבר ריש לבית אבהתוי הוא (NU 1:5) ואילין שמהת
גובריא דיקומון עימכון לראובן אמרכול אליצור בר שדיאור
(NU 1:6) לשמעון אמרכול שלומיאל בר צורי שדי (NU 1:7) ליהודה
אמרכול נחשון בר עמינדב (NU 1:8) ליששכר אמרכול נתנאל בר צוער
(NU 1:9) לזבולון אמרכול אליאב בר חילון (NU 1:10) לבני יוסף
לאפרים אמרכול אלישמע בר עמיהוד למנשה אמרכול גמליאל בר פדה
צור (NU 1:11) לבנימין אמרכול אבידן בר גדעוני (NU 1:12) לדן
אמרכול אחיעזר בר עמי שדי (NU 1:13) לאשר אמרכול פגעיאל בר
עכרן (NU 1:14) לגד אמרכול אליסף בר דעואל (NU 1:15) לנפתלי
אמרכול אחירע בר עינן (NU 1:16) אילין מזמני עם כנישתא רברבי
שבטיא דאבהתהון רישי אלפיא דישראל הינון (NU 1:17) ודבר משה
ואהרן ית גובריא האילין דאתפרשו בשמהן (NU 1:18) וית כל כנישתא
כנשו בחד יומא לירחא דאייר הוא ירחא תניינא ואיתייחסו על
זרעייתהון לבית אבהתכון במניין שמהן מבר עשרין שנין ולעילא
לגולגלתהון (NU 1:19) היכמה דפקיד ייי ית משה ומננון במדברא
דסיני (NU 1:20) והוו בני ראובן בוכרא דישראל ייחוסיהון
לגניסתהון לבית אבהתהון במניין שמהן לגולגלותהון כל דכורא מבר
עשרין שנין ולעילא כל נפיק חילא (139A) (NU 1:21) סכומהון
לשבטא דראובן ארבעין ושית אלפין וחמש מאה (NU 1:22) לבנוי
דשמעון ייחוסיהון לגניסתהון לבית אבהתהון במניין שמהן לגולגל
כל דכורא מבר עשרין שנין ולעילא כל נפיק חילא (NU 1:23)
סכומהון לשיבטא דשמעון חמשים ותשעה אלפין ותלת מאה (NU 1:24)
לבנוי דגד ייחוסיהון לגניסתהון לבית אבהתהון במניין שמהן

לגולגלותן כל דכורא מבר עשרין שנין ולעילא כל נפיק חילא
(NU 1:25) סכומהון לשיבטא דגד ארבעין וחמשה אלפין ושית מאה
וחמשין (NU 1:26) לבנוי דיהודה ייחוסיהון לגניסתהון לבית
אבהתהון במניין שמהן לגולגלותן כל דכורא מבר עשרין שנין ולעילה
כל נפיק חילא (NU 1:27) סכומהון לשיבטא דיהודה ארבעין ושבעא
אלפין ושית מאה (NU 1:28) לבנוי דישׂשכר ייחוסיהון לגניסתהון
לבית אבהתהוֹן במניין שמהן לגולגלותהון כל דכורא מבר עשרין שנין
ולעילא כל נפיק חילא (NU 1:29) סכומהון לשיבטא דישׂשכר ארבעין
וחמשא אלפין וארבע מאה (NU 1:30) לבנוי דזבולן ייחוסיהון
לגניסתהון לבית אבהתהון במניין שמהן לגולגלותהון כל דכורא מבר
עשרין שנין ולעילא כל נפיק חילא (NU 1:31) סכומהון לשיבטא
דזבולון חמשין ושבעא אלפין וארבעה מאה (NU 1:32) לבנוי דיוסף
לבנוי דאפרים ייחוסיהון לגניסתהון לבית אבהתהון במניין שמהן
לגולגלות כל דכורא מבר עשרין שנין ולעילא כל נפיק חילא
(NU 1:33) סכומהון לשיבטא דאפרים ארבעין אלפין וחמשא מאה
(NU 1:34) לבנוי דמנשה ייחוסיהון לגניסתהון לבית אבהתהון
במניין שמהן לגולגלותהון כל דכורא מבר עשרין שנין ולעילא כל
נפיק חילא (NU 1:35) סכומהון לשבטא דמנשה תלתין ותרין אלפין
ומאתן (NU 1:36) לבנוי דבנימין (140) ייחוסיהון לגניסתהון לבית
אבהתהון במניין שמהן מבר עשרין שנין ולעילא כל נפיק חילא
(NU 1:37) סכומהון לשבטא דבנימין תלתין וחמשא אלפין וארבע מאה
(NU 1:38) לבנוי דדן ייחוסיהון לגניסתהון לבית אבהתהון במניין
שמהן מבר עשרין שנין ולעילא כל נפיק חילא (NU 1:39) סכומהון
לשבטא דדן שיתין ותרין אלפין ושבע מאה (NU 1:40) לבנוי דאשר
ייחוסיהון לגניסתהון לבית אבהתהון במניין שמהן מבר עשרין שנין
ולעילא כל נפיק חילא (NU 1:41) סכומהון לשיבטא דאשר ארבעין וחד
אלפין וחמש מאה (NU 1:42) בנוי דנפתלי ייחוסיהון לגניסתהון
לבית אבהתהון במניין שמהן מבר עשרין שנין ולעילא כל נפיק חילא
(NU 1:43) סכומהון לשיבטא דנפתלי חמשין ותלתא אלפין וארבע מאה
(NU 1:44) איליין סכומי מניינייא דמנא משה ואהרן ורברבי ישראל
תריסר גוברין גברא חד לבית אבהתוי הוון (NU 1:45) והוו כל
סכומי מנייני בני ישראל לבית אבהתן מבר עשרין שנין ולעילא כל
נפיק חילא בישראל (NU 1:46) והוו כל סכומין שית מאה ותלתא
אלפין וחמש מאה וחמשין (NU 1:47) וליואי לשיבטא דאבהתהון לא
אתמנין ביניהון (NU 1:48) ומליל ייי עם משה למימר (NU 1:49)
ברם ית שיבטא דלוי לא תימני וית חושבנהון לא תקבל בגו בני
ישראל (NU 1:50) ואנת מני ית ליואי על משכנא דסהדותא ועל כל
מנוי ועל כל דליה הינון יטלון ית משכנא וית כל מנוי והינון
ישמשוניה וחזור חזור למשכנא ישרון (NU 1:51) ובמיטל משכנא
יפרקון יתיה ליואי ובימישריה משכנא יקימון יתיה ליואי וחילוני
דיקרב יתקטל באישא מצלהבא מן קדם ייי (NU 1:52) וישרון בני
ישראל גבר על בית משרוי וגבר על טקסיה לחיליהון (NU 1:53)
וליואי ישרון חזור חזור למשכנא דסהדותא (140A) ולא יהי רוגזא
על כנישתא דבני ישראל ויטרון ליואי ית מטרת משכנא דסהדותא

(NU 1:54) ועבדו בני ישראל ככל דפקד ייי ית משה הכדין עבדו
(NU 2:1) ומליל ייי עם משה ועם אהרן למימר (NU 2:2) גבר על
טיקסיה באתוון דמסתמנין על טיקסיהון לבית אבהתן ישרון בני
ישראל (NU 2:3) משריתא דישראל הוה אורכא תריסר מילין ופותיה
תריסר מילין ודישרן קידומא מדינחא טיקס משירית יהודה לחיליהון
בארבעתי מילין מרבען וטיקסיה הוה ממילת תלת גוונין כל קבל תלת
מרגלייתא דבחושנא סמוקא וירוקא וברוקא וביה חקיק ומפרש שמהת
תלת שבטיא יהודה יששכר וזבולון ובמציעותיה כתיב יקום ייי
ויתבדרון סנאך ויעריקון בעלי דבבך מן קדמך וביה הוה חקיק צורת
בר אריוון מטול דרבא לבני יהודה נחשון בר עמינדב (NU 2:4)
וחיליה וסכומהון דשיבטיא שובעין וארבעא אלפין ושית מאה
(NU 2:5) ודישרו סמיכין ליה שיבטא דיששכר ורבא דהוה ממני על
חילוות שיבטא דבני ישראל נתנאל בר צוער (NU 2:6) וחיליה
וסכומהון חמשין וארבעא אלפין וארבע מאה (NU 2:7) שבטא דזבולון
ורבא הווה ממני על חילוות שבטוי דבני זבולון אליאב בר חילון
(NU 2:8) וחיליה וסכומהון דשיבטיה חמשין ושובעא אלפין וארבע
מאה (NU 2:9) כל מניינייא למשרית יהודה מאה ותמנן אלפין וארבע
מאה לחילוותהון בקדמיתא נטלין (NU 2:10) טיקס משרית ראובן
דרומא ישרון לחיליהון בארבעתי מילין מרבען וטיקסיה הוה ממילת
תלת גוונין כל קבל תלת מרגלייתא דבחושנא אזמורד ושבזיז וסבלהום
וביה חקיק ומפרש שמהת תלת שבטיא ראובן שמעון גד ובמציעותיה
כתיב שמע ישראל ייי אלקנא ייי חד וביה הוה חקיק צורת בר אילא
והוה חמי למהוי ביה צורת בר תורי ברם משה נביא חלפיה מטול דלא
ידכר להון חובת (141) עיגלא ורבא דהוה ממני על חילוות שיבטא
דראובן אליצור בר שדיאור (NU 2:11) וחיליה וסכומהון דשיבטיה
(NU 2:12) (NU 2:13) חמשין ותשעה אלפין ותלת מאה (NU 2:14)
ושיבטא דגד ורבא דהוה ממני על חילוות שיבטא דבני גד אליסף בר
רעואל (NU 2:15) וחיליה וסכומהון דשבטיה ארבעין וחמשא אלפין
ושית מאה (NU 2:16) כל סכום מניינייא למשריית ראובן מאה וחמשין
וחד אלפין וארבע מאה וחמשין לחיליהון בתנייתא נטלין (NU 2:17)
ויטול משכן זימנא משירית ליואי בגו משירייתא ובית משרוייהון
בארבעתי מילין מרבען במציעותא הוון נטלין הי כמא דשרן היכדין
נטלין גבר על תחומיה לטיקסיהון (NU 2:18) טיקס משרית אפרים
לחיליהון מערבא ישרון ומשירייתהון בארבעתי מילין מרבען וטיקסיה
הוה ממילת תלת גוונין כל קבל תלת מרגלייתא דבחושנא קנכירין
טרקין ועינעיגל וביה חקיק ומפרש שמהת תלת שבטיא אפרים מנשה
ובנימן ובמציעותיה כתיב וענגא דייי עליהון ביממא במיטלהון מן
משריתא וביה הוה חקיק צורת ריבא ורבא דהוה ממניה על חילוות
שיבטא דבני אפרים אלישמע בר עמיהוד (NU 2:19) וחיליה וסכומהון
דשבטיה ארבעין אלפין וחמש מאה (NU 2:20) ודיסמכין ליה שבטא
דמנשה ורבה דהוה ממני על חילוות שיבטא דבני מנשה גמליאל בר פדר
צור (NU 2:21) (NU 2:22) ושבטא דבנימן ורבא דהוה ממני על
חילוות שיבטא דבני בנימן אבידן בר גדעוני (NU 2:23) וחיליה
וסכומהון דשיבטיה תלתין וחמשא אלפין וארבע מאה (NU 2:24) כל

סכום מניינייא למשירית אפרים מאתן ותמנין אלפין ומאה לחיליהון
בתליתיתא נטלין (NU 2:25) טיקס משירית דן לציפונא חיליהון ובית
משרוייהון בארבעתי מילין מרבען וטיקסיה הוה ממילת תלת גוונין
כל קבל תלת מרגלייתא דבחושנא (141A) כרום ימא ובירלוות חלא
ואפנטור וביה חקיק ומפרש שמהת תלת שבטיא דן ונפתלי אשר
ובמציעותיה חקיק ומפרש ובמישרוי יימר תוב ייי שרי ביקרך בגו
ריבוות אלפיא דישראל וביה הוה חקיק צורת חיוי חורמן ורבא דהוה
ממני על חילוות שבטוי דבני דן אחיעזר בר עמי שדי (NU 2:26)
וחיליה וסכומהון דשיבטיה שיתין ותרין אלפין ושבע מאה (NU 2:27)
ודישרן סמיכין ליה שיבטא דאשר ורבא דהוה ממני על חילוות שיבטא
דבני אשר פגעיאל בר עכרן (NU 2:28) וחיליה וסכומהון דשיבטיא
ארבעין וחד אלפין וחמש מאה (NU 2:29) ושיבטא דנפתלי ורבא דהוה
ממני על חילוות שיבטא דבני נפתלי אחירע בר עינן (NU 2:30)
וחיליה וסכומהון דשיבטיה חמשין ותלת אלפין וארבע מאה (NU 2:31)
כל סכום מניינייא למשריית דן מאה וחמשין ושובעא אלפין ושית מאה
בבתריתא נטלין לטיקסיהון (NU 2:32) איליין סכום מנייני בני
ישראל לבית אבהתהון כל מנייני משירייתא לחיליהון שית מאה ותלתא
אלפין וחמש מאה וחמשין (NU 2:33) וליואי לא אתמניין בגו בני
ישראל היכמא דפקד ייי ית משה (NU 2:34) ועבדו בני ישראל ככל מה
דפקד ייי ית משה הכדין שרן לטיקסיהון והכדין נטלין גבר
לזרעיתיה לבית אבהתוי (NU 3:1) ואיליין ייחוסי אהרן ומשה
דאתיחסו ביומא דמליל ייי עם משה בטוורא דסיני (NU 3:2)
(NU 3:3) ואילין שמהת בני אהרן כהניא תלמידיא דמשה רבהון
דישראל ואתקריין על שמיה ביומא דאתרבייו מטול דאתקרב קרבנהון
לשמשא (NU 3:4) ומית נדב ואביהוא קדם ייי באישתא מצלהבא בזמן
קרוביהון אישתא נוכריתא מן תפיין ובנין לא הוו להון ושמש אלעזר
ואיתמר על אפי אהרן אבוהון (NU 3:5) ומליל ייי עם משה למימר
(NU 3:6) קרב (142) ית שיבטא דלוי ותקים יתיה קדם אהרן כהנא
וישמשון יתיה (NU 3:7) ויתפלגון לעשרין וארבע חולקין ויטרון ית
מטרתיה וית מטרת כל כנישתא לקדם משכן זימנא למפלח ית פולחן
משכנא (NU 3:8) ויטרון ית כל מאני משכן זימנא וית מטרת בני
ישראל למפלח ית פולחן משכנא (NU 3:9) ותיתן ית ליואי לאהרן
ולבנוי מתנה הינון יהיבין ומסירין ליה מלות בני ישראל
(NU 3:10) וית אהרן וית בנוי תמני ויטרון ית כהונתהון וחילוניי
דיקרב יתקטל באישא מצלהבא קדם ייי (NU 3:11) ומליל ייי עם משה
למימר (NU 3:12) ואנא הא קריבית ית ליואי מגו בני ישראל חלף כל
בוכריא פתח וולדא מבני ישראל ויהון משמשין קדמי ליואי
(NU 3:13) ארום דילי כל בוכרא בארעא דמצרים ביומא דקטלית כל
בוכרא בארעא דמצרים אקדישית קדמי כל בוכרא בישראל מאינשא ועד
בעירא דילי יהון אנא ייי (NU 3:14) ומליל ייי עם משה במדברא
דסיני למימר (NU 3:15) מני ית בני לוי לבית אבהתהון לגניסתהון
כל דכורא מבר ירחא ולעילא תמנינון (NU 3:16) ומנא יתהון משה על
פם מימרא דייי היכמה דאיתפקד (NU 3:17) והוון איליין בני לוי
בשמהתהון גרשון וקהת ומררי (NU 3:18) ואילין שמהת בני גרשון

לגניסתהון לבני ושמעי (NU 3:19) ובנוי דקהת לגניסתהון עמרם ויצהר וחברון ועזיאל (NU 3:20) ובנוי דממרי לגניסתהון מחלי ומושי אילין הינון גניסת ליואי לבית אבהתהון (NU 3:21) לגרשון גניסת לבני וגניסת שמעי איליין הינון גניסת גרשון (NU 3:22) סכומהון במניין כל דכורא מבר ירחא ולעילא סכומהון שבעתי אלפין וחמש מאה (NU 3:23) תרתין גניסתא די נפקו מגרשון בתר משכנא ישרון מערבא (NU 3:24) ורב בית אבא דהוה מתמני על (142A) תרתין גניסתא דגרשון אליסף בר לאל (NU 3:25) ומטרת בני גרשון במשכן זימנא משכנא ופרסא חופאיה ופרסא דבתרע משכן זימנא (NU 3:26) ווילוות דרתא וית פרסא דבתרע דרתא דעל משכנא ועל מדבחא חזור חזור וית אטונוי לכל פולחניה (NU 3:27) ולקהת גניסתא דעמרם וגניסתא דיצהר וגניסתא דחברון וגניסתא דעזיאל איליין הינון גניסת קהת (NU 3:28) במניין כל דכורא מבר ירחא ולעילא תמניא אלפין ושית מאה נטרי מטרתא דקודשא (NU 3:29) ארבעת גניסתא די נפקו מקהת ישרון על שידא דמשכנא דרומא (NU 3:30) ורב בית אבא דהוה מתמני על גניסתא קהת אליצפן בר עזיאל (NU 3:31) ומטרתהון ארונא ופתורא ומנרתא ומתבחיא ומני קודשא דישמשון בהון ופרסא וכל פולחניה (NU 3:32) ואמרכול דיממני על רברבי ליואי אלעזר בר אהרן כהנא הוא הוה שאיל באורייא ותומיא מתחות ידוי ממנן נטרי מטרת קודשא (NU 3:33) למררי גניסתא דמחלי וגניסתא דמושי איליין הינון גניסת מררי (NU 3:34) סכומהון במניין כל דכורא מבר ירחא ולעילא שיתא אלפין ומאתן (NU 3:35) ורב בית אבא דהוה מתמני על גניסת מררי צוריאל בר אביחיל על שידא דמשכנא ישרון ציפונא (NU 3:36) ודמסיר למינטר בני מררי לוחי משכנא ונגרוי ועמודוי וחומרוי וכל פולחניה (NU 3:37) ועמודי דדרתא חזור חזור וחומריהון וסיכיהון ומתחיהון (NU 3:38) ודישרן קדם משכן זימנא מדינחא משה אהרן ובנוי נטרין מטרת מקדשא למטרת בני ישראל וחילוניי דיקרב יתקטל באישא מצלהבא מן קדם ייי (NU 3:39) כל סכומי מנייני ליואי די מנא משה ואהרן על פום מימרא דייי לגניסתהון כל דכורא מבר ירחא ולעילא עשרין ותרין אלפין (143) (NU 3:40) ואמר ייי למשה מני כל בוכריא דוכריא בבני ישראל מבר ירחא ולעילא וקביל ית סכום מניין שמהתהון (NU 3:41) ותקרב ית ליואי קדמי אנא ייי חלף כל בוכריא בבני ישראל וית בעירא דליואי חלף כל בוכרא בבעירא דבני ישראל (NU 3:42) ומנא משה היכמה דפקיד ייי יתיה ית כל בוכריא בבני ישראל (NU 3:43) והוון כל בוכריא דוכריא בסכום מניין שמהן מבר ירחא ולעילא לסכום מניינהון עשרין ותרין אלפין מאתן ושובעין ותלתא (NU 3:44) ומליל ייי עם משה למימר (NU 3:45) קריב ית ליואי חלף כל בוכרא בבני ישראל וית בעירת ליואי חלף בעיריהון ויהון משמשין קדמי ליואי אנא ייי (NU 3:46) וית פרקוני מאתן ושובעין ותלתא מה דאשתיירו על ליואי מבוכריא דבני ישראל (NU 3:47) ותיסב חמשא חמשא סילעין לגולגלתא בסילעי קודשא תיסב עשרין מעין סילעא (NU 3:48) ותיתן כספא לאהרן ולבנוי פרקוני מה דמשתיירין בהון (NU 3:49) ונסיב משה ית פורקנהון מן מה דמייתרין על פרקוני

ליואי (NU 3:50) מלוות בוכרייא דבני ישראל נסיב ית כספא אלף ותלת מאה ושיתין וחמש סילעין בסילעי קודשא (NU 3:51) ויהב משה ית כסף פרקונא לאהרן ולבנוי על פום מימרא דייי היכמה דפקד ייי ית משה (NU 4:1) ומליל ייי עם משה למימר (NU 4:2) קבילו ית חושבן בני קהת מגו בני לוי לגניסתהון לבית אבהתהון (NU 4:3) מבר תלתין שנין ולעילא ועד בר חמשין שנין כל דאתי לחילא למעבד עיבידתא במשכן זימנא (NU 4:4) דא פולחנת בני קהת במשכן זימנא קודש קודשיא (NU 4:5) ועליל אהרן ובנוי בזמן מיטל משריתא ויפרקון ית פרגודא דפרסא ויכסון ית ארונא דסהדותא (NU 4:6) ויתנון עלוי חופאה דמשך ססגונא ויפרשון לבוש שזיר תיכלא מלעיל וישוון אריחוי (NU 4:7) ועל פתור לחם (143A) אפייא יפרסון לבוש דתיכלא ויתנון עלוי ית פילוותא וית בזיכיא וית מנקייתא וית קסוות ניסוכא ולחים תדירא עלוי יהי (NU 4:8) ויפרשון עלוי לבוש צבע זהורי ויכסון יתיה בחופאה דמשך ססגונא וישוון ית אריחוי (NU 4:9) ויסבון לבוש דתיכלא ויכסון ית מנרתא דאנהורי וית בוצינהא וית מילקטיא וית מחתיתא וית כל מני שימושא דישמשון לה בהון (NU 4:10) ויתנון יתה וית כל מנהא לחופאה דמשך ססגונא ויתנון על אסלא (NU 4:11) ועל מדבחא דדהבא יפרסון לבוש תיכלא ויכסון יתיה בחופאה דמשך ססגונא (NU 4:12) ויתנון על קופא (NU 4:13) וידרדון ית מדבחא ויפרסון עלוי לבוש ארגוון (NU 4:14) ויתנון עלוי ית כל מנוי דישמשון עלוי בהון ית מחתיתא וית משילייתא וית מגרופייתא וית מזירקייא כל מני מדבחא ויפרשון עלוי חופאה דמשך ססגונא וישוון אריחוי (NU 4:15) ויפסוק אהרן ובנוי לכסאה ית קודשא וית כל מאני קודשא בזמן מיטל משרייתא ומן בתר כדין ייעלון בני קהת למסוברא ולא יקרבון לקודשא דלא ימותון באישא מצלהבא דין מטול בני קהת במשכן זימנא (NU 4:16) ודמסיר לאלעזר בר אהרן כהנא מישחא דאנהורותא וקטורת בוסמיא ומנחתא דתדירא ומישחא דרבותא מסרת כל משכנא וכל דביה בקודשא ובמנוי (NU 4:17) ומליל ייי עם משה למימר (NU 4:18) לא תסתפקון לשיצאה ית שיבטא דגניסת קהת מגו ליואי (NU 4:19) ודא תקנתא עיבידו להון ויחון בחיי דצדיקי ולא ימותון באישא מצלהבא ויזוחון עיניהון מן בית קודש קודשיא בזמן מיקרבהון לתמן אהרן ובנוי ייעלון וימנון יתהון גבר גבר על פולחניה ומטוליה (NU 4:20) ולא ייעלון למתחמייא כד ייעלון כהניא לשיקוע מאני קודשא דלא ימותון באישא מצלהבא

(144) פרשה נשא

(NU 4:21) ומליל ייי עם משה למימר (NU 4:22) קביל ית חושבון בני גרשון אף הינון לבית אבהתהון לגניסתהון (NU 4:23) מבר תלתין שנין ולעילא ועד בר חמשין שנין תמני יתהון כל דאתי לחיילא חילא למעבד עיבידתא במשכן זימנא (NU 4:24) דא היא פולחנת גניסת גרשון למפלח ולמטול (NU 4:25) ויטלון ית יריעת משכנא וית משכן זימנא חופאיה וחופאה דססגונא דעלוי מלעילא וית פרסא דתרע משכן זימנא (NU 4:26) וית ווילוות דרתא וית פרסא דמעלנא דתרע דרתא דעל משכנא חזור חזור וית אטוניהון וית כל

מאני פולחנהון וית כל מה דיתמסר להון ויפלחון (NU 4:27) על
מימרא דאהרן ובנוי יהי כל פולחן בני גרשון לכל מטולהון ולכל
פולחנהון ותמנון עליהון במטרא ית כל מטולהון (NU 4:28) דא היא
פולחנת גניסת בני גרשון במשכן זימנא ומטרתהון ביד איתמר בר
אהרן כהנא (NU 4:29) בני מררי לגניסתהון לבית אבהתהון תימני
יתהון (NU 4:30) מבר תלתין שנין ולעילא ועד בר חמשין שנין
תמנינון כל דאתי לחילא למפלח ית פולחן משכן זימנא (NU 4:31)
ודא מטרת מטולהון לכל פולחנהון (NU 4:32) ובשמהן תימנון ית כל
מני מטרת מטולהון (NU 4:33) דא היא פולחנת גניסת בני מררי לכל
פולחנהון במשכן זימנא בידא דאיתמר בר אהרן כהנא (NU 4:34) ומנא
משה ואהרן ית בני קהת לגניסתהון ולבית אבהתהון (NU 4:35) מבר
תלתין שנין ולעילא ועד בר חמשין שנין כל דאתי לחילא לפולחנא
במשכן זימנא (NU 4:36) והוו סכומהון לגניסתהון תרין אלפין ושבע
מאה וחמשין (NU 4:37) אילין מניין סכומי גניסת קהת כל דפלח
במשכן זימנא די מנא משה ואהרן על פום מימרא דייי בידא דמשה
(NU 4:38) ומניין סכומי בני גרשון לגניסתהון ולבית אבהתהון
(NU 4:39) מבר תלתין שנין ולעילא ועד בר (144A) חמשין שנין כל
דאתי לחילא לפולחנא במשכן זימנא (NU 4:40) והוו סכומהון
לגניסתהון תרין אלפין ושית מאה ותלתין (NU 4:41) איליין מיניין
סכומי גניסת בני גרשון כל דיפלח במשכן זימנא די מנא משה ואהרן
על פום מימרא דייי (NU 4:42) ומניין סכומי גניסת בני מררי
לגניסתהון לבית אבהתהון (NU 4:43) מבר תלתין שנין ולעילא ועד
בר חמשין שנין כל דאתי לחילא לפולחנא במשכן זימנא (NU 4:44)
והוו סכומהון לגניסתהון תלת אלפין ומאתן (NU 4:45) אילין
מנייני סכומי גניסת בני מררי דמנא משה ואהרן על פום מימרא דייי
בידא דמשה (NU 4:46) כל סכום מנייניא דמנא משה ואהרן ורברבי
ישראל ית ליואי לגניסתהון ולבית אבהתהון (NU 4:47) מבר תלתין
שנין ולעילא ועד בר חמשין שנין כל דאתי לחילא למפלח פולחן
מטרתא ופולחן מטול במשכן זימנא (NU 4:48) והוו סכומהון תמניא
אלפין וחמש מאה ותמנן (NU 4:49) על פום מימרא דייי מנא יתהון
בידא דמשה גבר גבר על פולחניה ועל מטוליה וסכומיה היכמה דפקיד
ייי ית משה (NU 5:1) ומליל ייי עם משה למימר (NU 5:2) פקיד ית
בני ישראל ויפטרון מן משריתא כל דימצרע וכל דדאיב וכל דמסאב
לטמי נפש דמית (NU 5:3) מדכורא ועד נוקבא תפטרון למברא למשריתא
תפטורונון ולא יסאבון ית משירייתהון דשכינת קודשי שריא ביניהון
(NU 5:4) ועבדו כן בני ישראל ופטרו יתהון למיברא למשריתא היכמה
דמליל ייי עם משה היכדין עבדו בני ישראל (NU 5:5) ומליל ייי עם
משה למימר (NU 5:6) מליל עם בני ישראל גבר או איתא די יעבדון
מכל חובי אינשא למשקרא שקר קדם ייי ויתחייב בר נש ההוא
(NU 5:7) ויודון ית חוביהון דעבדו אין ממונא אנס לחבריה (145)
ויתיב ית חובתיה ברישיה וחומש דמוי יוסף עלוי ויתן קרנא וחומשא
למן דאתחייב ליה (NU 5:8) ואין לית אית לגבר פריק לאתבא חובתא
ליה חובתא דמייתב קדם ייי יתן לכהנא בר מדכר כיפוריא די יכפר
ביה עלוי (NU 5:9) וכל אפרשות לכל קודשיא דבני ישראל דיקרבון

לכהנא דיליה יהון (NU 5:10) וגבר ית מעשר קודשוי דיליה יהון
ולא חסרן ניכסוי גבר מה דייתן לכהנא דיליה יהי (NU 5:11) ומליל
ייי עם משה למימר (NU 5:12) מליל עם בני ישראל ותימר להון גבר
גבר ארום תיסטי אינתתיה וישקר ביה שקר (NU 5:13) וישמש גבר חורן
עימה תשמיש דעריס ויהי מכסי מעיני בעלה ומיטמרא והיא מסאבא
וסהדו בריר לית דמסהיד בה והיא לא איתחדת (NU 5:14) ויעיבר
עלוי רוח קנאיתא ויקני ית איתתיה והיא לא איסתאבת
או עבר עלוי רוח קנאיתא ויקני ית איתתיה והיא לא איסתאבת (NU 5:15)
ומטול דלא אייתי גברא ההוא אפרשותא ומעשרא איסתקף עלוי דייתי
ית אינתתיה לכהנא ומטול דאיהי אטעימית לגיורא תפנוקין איסתקף
עלה דייתי ית קורבנה דקייץ עלה מדילה חד מן עשרא בתלת סאין
קמחא דשערי דהינון מיכלא דבעירי לא יריק עלה מישחא ולא יתן עלה
לבונתא ארום מנחת קנאתא היא מנחת דוכרנא מדכרת חובין (NU 5:16)
ויקרב יתה כהנא ויקימינה קדם ייי (NU 5:17) ויסב כהנא מיין
קדישין מן כיורא בנטלא ויתנינון במן דחסף מטול דאיהי אשקיית
לגייורא חמר בסים במנין יקרין ומן עפרא די יהי בשיפולי משכנא
מטול דסוף כל בישרא לעפרא יסב כהנא ויתן למיא (NU 5:18) ויוקם
כהנא ית איתתא קדם ייי ויאסור על חרצה אשלא מעילוי תדייהא מטול
דאיהי אסרת חרצהא בצלצוליין ויפרע ית רישא דאיתתא מטול דאיהי
קלעת סער (145A) רישה ויתן על ידהא ית מנחת דוכרנא מנחת
קינאיתא היא ובידא דכהנא יהון מיא מריריא בדוקיא (NU 5:19)
ויומי יתה כהנא בשבועת שמא רבא ויקירא ויימר כהנא לאיתתא אין
לא סטית לאיסתאבא בתשמיש דעריס בר מן רשותא דבעליך תהוי זכאה
ממיא מריריא בדוקיא האילין (NU 5:20) ואנת ארום סטית בר מן
רשותא דבעליך וארום איסתאבת בתשמיש דעריס ויהב גבר ביך ית
תשמישיה בר מן רשותיה דבעליך (NU 5:21) ויומי כהנא ית איתתא
בקיום קינומתא ויימר כהנא לאיתתא יתן ייי יתיך ללוט ולממומי
בגו בני עמיך בדיתן ייי ית ירכוניך מתמסיין וית כריסיך מנפחא
(NU 5:22) ויעלון מיא בדוקיא האילין במעייכי למנפחא כריסן
ולמסייא ירכונין ותענה איתתא ותימר אמן אין איסתאבית כד מארסא
אמן אין אסתאבית כד נסיבתא (NU 5:23) ויכתוב ית לווטייא האילין
כהנא על מגילתא וימחוק למיא בדוקיא (NU 5:24) וישקי ית איתתא
ית מיא מריריא בדוקיא ויעלון בה מיא בדוקיא ללוט (NU 5:25)
ויסב כהנא מידא דאיתתא ית מנחתא דקינאיתא וירים ית מנחתא קדם
ייי ויקריב יתה על גבי מדבחא (NU 5:26) ויקמוץ כהנא מן מנחתא
ית צריד אדכרתא ויסק למדבחא ומבתר כדין ישקי ית איתתא ית מיא
(NU 5:27) וישקינה ית מיא ויהי אין אסתאבת בתשמיש דעריס ושקרת
שקר בבעלה וייעלון ויעלון בה מיא בדוקיא ללוט ותנפח כריסא
ותיתמסי ירכה ותהי איתתא ללווטא בגו בני עמה ברם לגיורא בדקין
מיא בדוקיא האינון בכל אתרא דהוא תמן (NU 5:28) ואין לא אסתאבת
אינתתא בתשמיש דעריס ודכיתא היא ותיפוק זכיא וזיוה מנהר ותשכח
רחמין קדם בעלה ותתעבר בבר דכר (146) (NU 5:29) דא אחויית
אוריית קינאתא דתיסטי איתתא בר מן רשותא דבעלא ותיסתאב בתשמיש
דעריס (NU 5:30) או גבר דתיעיבר עלוי רוח קינאיתא ויקני ית

איתתיה ויקים ית איתתיה קדם ייי ויעבד לה כהנא ית כל אורייתא
הדא (NU 5:31) ואין זכאי גברא מחובין איתתא ההיא תקבל ית חובהא
(NU 6:1) ומליל ייי עם משה למימר (NU 6:2) מליל עם בני ישראל
ותימר להון גבר או איתתא ארום חמיין סטיתא בקילקולה ויפריש מן
חמרא או על שום מידעם ידר נדר נזירו למפרש לשמא דייי (NU 6:3)
מן חמר חדת ועתיק יפרש חלא דחמר חדת וחלא דחמר עתיק לא ישתי
וכל שיקייני דאיתרו ביה עינבי לא ישתי ועינבין רטיבין וצמיקין
לא ייכול (NU 6:4) כל יומי נזריה מכל דמתעבד מגופנא דחמרא
מגופנין מקילופין ועד זוגין גוואין דענבא לא ייכול (NU 6:5) כל
יומי נדר ניזריה גלב לא יעיבר על רישיה עד זמן מישלם יומיא
דיפרש לשמא דייי (NU 6:6) כל יומין דיפרש לשמא דייי על בר נש
דמית לא יעול (NU 6:7) לאבוי ולאימיה לאחוי ולאחתיה לא יסתאב
להון במותהון ארום כלילא דאלקיה על רישיה (NU 6:8) כל יומי
נזריה קדיש הוא קדם ייי (NU 6:9) וארום ימות מיתה עלוי בתכוף
שלו ויסאב ריש נזריה רישיה ביום דכותיה ביומא שביעאה יגלביניה
(NU 6:10) וביומא תמינאה ייתי תרין שפנינין או תרין גוזלין בני
יוון לוות כהנא לתרע משכן זימנא (NU 6:11) ויעבד כהנא חד
חטאתא וחד לעלתא ויכפר עלוי ממן דחב על דאיסתאב למיתא ויקדש
ית רישיה ביומא ההוא (NU 6:12) ויפריש קדם ייי ית יומי נזריה
וייתי אימר בר שתיה לאשמא ויומיא קדמאי יבטלון ארום איסתאב
ניזריה (NU 6:13) ודא אחוויית אורייתא ניזרא ביום מישלם יומי
אפרשותיה ימטי ית גרמי לתרע משכן זימנא (146A) (NU 6:14)
ויקריב ית קרבניה קדם ייי אימר בר שתיה שלים חד לעלתא ואימרתא
חדא ברת שתא שלמתא לחטאתא ודכר חד שלים לניכסת קודשיא
(NU 6:15) וסלא דפטירי סמידא גריצן במשח זיתא וערוכין פטירין
דמשיחין במשחא זיתא ומנחתהון וניסכיהון (NU 6:16) ויקריב כהנא
קדם ייי ויעביד ית חטתיה וית עלתיה (NU 6:17) וית דיכרא יעביד
ניכסת קודשין קדם ייי על סלא דפטיריא ויעביד כהנא ית מנחתיה
וית ניסוכיה (NU 6:18) ויגלב נזירא ית ריש ניזריה לברא בתר
דנכיסו ית ניכסת קודשיא בתרע משכן זימנא ויסב ית שיער ריש
ניזריה ויתן על אישתא דתחות דודא דנכסת קודשיא (NU 6:19) ויסב
כהנא ית אדרועא דמיבשלא שלימא מן דיכרא וגריצתא פטירתא חדא מן
סלא ועריך פטיר חד ויתן על ידי נזירא בתר דיגלב ית ניזריה
(NU 6:20) וירים יתהון כהנא ארמא קודשא הוא לכהנא על חדיא
דארמותא ועל שקא דאפרשותא ומבתר כדין ישתי נזירא חמרא
(NU 6:21) דא אחוויית אורייתא נזירא די ידר קרבניה קדם ייי על
ניזריה בר מן מה דתדביק ידיה כמיסת נידריה לאייתאה מן די ידר
היכדין יעבד על אוריית ניזריה (NU 6:22) ומליל ייי עם משה
למימר (NU 6:23) מליל עם אהרן ועם בנוי למימר כדנא תברכון ית
בני ישראל במיפרסהון ידיהון על דוכנא בהדין לישן יימרון להון
(NU 6:24) יברכינך ייי בכל עיסקך ויטרינך מן לילי ומזייעי ובני
טיהררי ובני צפרירי ומזיקי וטלני (NU 6:25) ינהר ייי סבר אפוי
לך במעסקך באורייתא ויגלי לך טמירן ויחוס עלך (NU 6:26) יסבר
ייי סבר אפוי לך בצלותך וישוי עלך שלם בכל תחומך (NU 6:27)

וישוון ית (147 בירכת שמי על בני ישראל ואנא במימרי איברכינון
(NU 7:1 והוה ביום ריש ירחא דניסן פסק משה למיקמא ית משכנא
דלא פרקיה תוב ורבי יתיה וקדיש יתיה וית כל מנוי וית מדבחא וית
כל מנוי ורבינון וקדש יתהון (NU 7:2 וקריבו אמרכליא דישראל
רישי בית אבהתהון הינון רברבי שבטיא הינון דמתמנן במצרים
אמרכולין על מניינייא (NU 7:3 ואייתיו ית קרבנהון קדם ייי שית
עגלן כד מחפן ומטקסן ותריסר תורין עגלתא ביני תרין אמרכלין
ותורא לחד ולא צבא משה למיסב מנהון וקריבו יתהון קדם משכנא
(NU 7:4 ואמר ייי למשה למימר (NU 7:5 קבל מנהון ויהון ציבי
לצרוך סידורא ותורין ועגלן יהון למיפלח ית פולחן משכן זימנא
ותיתן יתהון לליוואי גבר כמיסת פולחניה (NU 7:6 ונסב משה ית
עגלתא וית תורי ויהב לליוואי (NU 7:7 ית תרתין עגלתא וית
ארבעת תורי יהב לבני גרשון כמיסת פולחנהון (NU 7:8 וית ארבע
עגלן וית תמנן תורי יהב לבני מררי כמיסת פולחנהון בידא דאיתמר
בר אהרן כהנא (NU 7:9 ולבני קהת לא יהב עגלן ותורין ארום
פולחן קודשא רמיא עליהון בכתפא נטלין (NU 7:10 וקריבו רברביא
ית חנוכת רבותא דמדבחא ביומא דרביו יתיה וקריבו רברביא ית
קרבנהון לקדם מדבחא (NU 7:11 ואמר ייי למשה אמרכול חד ליומא
אמרכול חד ליומא יקרבון ית קורבנהון לחנוכת רבותא מדבחא
(NU 7:12 והוה דמקרב ביומא קמאה ית קורבניהן נחשון בר עמינדב
רב בית אבא לשיבטא דיהודה (NU 7:13 וקרבניה דמקריב פיילי דכסף
חדא גילדא סמיך מאה ותלתין סילעין בסילעי בית קודשא הות מתקלא
מזירקא חד דכסף דגילדה קליש שובעין סילעין בסילעי בית קודשא
תרין מאניא האילין קריב יתהון מליין (147A סמידא מן אפרשותא
פתיכא במשח זיתא למנחתא (NU 7:14 בזיכא חדא מתקלא עשר סילעין
דכסף והיא הות דדהב טב קריב יתה מליא קטורת בושמנין טבין מן
אפרשותא (NU 7:15 תור חד בר תורין בר תלת שנין דכר חד בר
תרתין שנין ואימר חד בר שתיה תלתיהון קרב רב שיבטא דיהודה
לעלתא (NU 7:16 צפיר בר עיזין חד קריב לחטאתא (NU 7:17
ולנכסת קודשיא תורין תרין דיכרין חמשא ברחי חמשא אימרין בני
שנה חמשא דין סדר קורבנא די קריב מנכסוי נחשון בר עמינדב
(NU 7:18 ביומא תניינא קריב ית קורבניה נתנאל בר צוער רב בית
אבא לשיבטא דיששכר (NU 7:19 קריב ית קרבניה בתר יהודה על פום
קודשא פיילי דכסף חדא גילדה סמיך מאה ותלתין סילעין בסלעי בית
קודשא הוה מתקלא מזירקא חדא דכסף דגילדה קליש שובעין סילעין
בסילעי בית קודשא תרין מניא האילין קריב יתהון מליין סמידא מן
אפרשותא פתיכא במשח זיתא למנחתא (NU 7:20 בזיכא חדא מתקלא
עשרא סילעין והיא דדהב טב קריב יתה מליא קטורת בוסמנין טבין מן
אפרשותא (NU 7:21 תור חד בר תורין בר תלת שנין דכר חד בר
תרתין שנין אימר חד בר שתיה קריב רב שיבטא דיששכר לעלתא
(NU 7:22 צפיר בר עיזין חד קריב לחטאתא (NU 7:23 ולניכסת
קודשיא תורין תרין דיכרי חמשא ברחי חמשא אימרין בני שנה חמשא
דין סדר קורבנא דקריב מניכסוי נתנאל בר צוער (NU 7:24 ביומא
תליתאה קריב רב בית אבא לבני זבולון אליאב בר חילון (NU 7:25

קרבניה דקריב פיילי דכסף חדא גילדה סמיך מאה ותלתין סילעין בסילעי וגומר (NU 7:26) בזיכא חדא מתקלא וגומר (NU 7:27) תורא חד וגומר (NU 7:28) צפיר בר עיזין וגומר (NU 7:29) ולניכסת קודשיא וגומר (NU 7:30) ביומא רביעאה קריב רב בית אבא לבני ראובן (148) אליצור בר שדיאור (NU 7:31) קרבניה דקריב פיילי וגומר (NU 7:32) בזיכא חדא מתקלא וגומר (NU 7:33) תור חד וגומר (NU 7:34) צפיר בר עיזין וגומר (NU 7:35) ולניכסת קודשיא וגומר (NU 7:36) ביומא חמישאה קריב רב בית אבא לבית שמעון שלומיאל בר צורי שדי (NU 7:37) קרבניה דקריב פיילי וגומר (NU 7:38) בזיכא חדא מתקלא וגומר (NU 7:39) תור חד וגומר (NU 7:40) צפיר בר עיזין וגומר (NU 7:41) ולניכסת קודשיא וגומר (NU 7:42) ביומא שתיתאה קריב רב בית אבא לבני גד אליסף בר דעואל (NU 7:43) קרבניה דקריב פיילי וגומר (NU 7:44) בזיכא חדא מתקלא וגומר (NU 7:45) תור חד בר תורין וגומר (NU 7:46) צפיר בר עיזין וגומר (NU 7:47) ולניכסת קודשיא וגומר (NU 7:48) ביומא שביעאה קריב רב בית אבא לבני אפרים אלישמע בר עמיהוד (NU 7:49) קרבניה דקריב פיילי וגומר (NU 7:50) בזיכא חדא מתקלא וגומר (NU 7:51) תור חד בר תורין וגומר (NU 7:52) צפיר בר עיזין וגומר (NU 7:53) ולניכסת קודשיא תורין וגומר (NU 7:54) ביומא תמינאה קריב רב בית אבא לבני מנשה גמליאל בר פדה צור (NU 7:55) קרבניה דקריב פיילי וגומר (NU 7:56) בזיכא חדא מתקלא וגומר (NU 7:57) תור חד בר תורין וגומר (NU 7:58) צפיר בר עיזין וגומר (NU 7:59) ולניכסת קודשיא תורין תרין וגומר (NU 7:60) ביומא תשיעאה קריב רב בית אבא לבני בנימין אבידן בר גידעוני (NU 7:61) קרבניה דקריב פיילי וגומר (NU 7:62) בזיכא חדא מתקלא וגומר (NU 7:63) תור חד בר תורין וגומר (NU 7:64) צפיר בר עיזין וגומר (NU 7:65) ולניכסת קודשיא תורין וגומר (NU 7:66) ביומא עשיראה קריב רב בית אבא לבני דן אחיעזר בר עמי (148A) שדי (NU 7:67) קרבניה דקריב פיילי וגומר (NU 7:68) בזיכא חדא מתקלא וגומר (NU 7:69) תור בר תורין וגומר (NU 7:70) צפיר בר עיזין וגומר (NU 7:71) ולניכסת קודשיא תורין וגומר (NU 7:72) ביומא חדסר קריב רב בית אבא לבני אשר פגעיאל בר עכרן (NU 7:73) קרבניה דקריב פיילי וגומר (NU 7:74) בזיכא חדא מתקלא וגומר (NU 7:75) תור בר תורין וגומר (NU 7:76) צפיר בר עיזין וגומר (NU 7:77) ולניכסת קודשיא תורין וגומר (NU 7:78) ביום תריסר יומא קריב רב בית אבא לבני נפתלי אחירע בר עינן (NU 7:79) קרבניה דקריב פיילי וגומר (NU 7:80) בזיכא חדא מתקלא וגומר (NU 7:81) תור בר תורין וגומר (NU 7:82) צפיר בר עיזין וגומר (NU 7:83) ולניכסת קודשיא תורין תרין דיכרי חמשא ברחי חמשא אימרין בני שנה חמשא דין סדר קרבנא די קריב מניכסוי אחירע בר עינן (NU 7:84) דא חנוכת רבותיה דמדבחא ביום דרביו יתיה מנכסי רברבי ישראל פיילי דכסף תרתיסרי כל קבל תריסר שיבטיא מזירקי דכסף תריסר כל קבל נשיא דבני ישראל בזיכי דדהבא תריסר כל קבל תריסר מזלייא (NU 7:85) מאה ותלתין סילעין הוי מתקלא דפיילתא

חדא דכספא כל קבל שנין דהוה יוכבד כד ילידת ית משה ושובעין סילעין הוי מתקלא דמזירקא חד כל קבל שובעין סבי סנהדרין רבא כל כסף מניא תרין אלפין וארבע מאה סילעין בסילעי בית קודשא (NU 7:86) בזיכי דדהבא תריסירי כל קבל רברבי ישראל מליין קטורת בוסמין טבין מתקל עשר סילעין הוה מתקלא דבזיכא בסילעי בית קודשא כל קבל עשירתא דביריא כל דהב בזיכיא מאה ועשרין כל קבל שניא דחייא בהון משה נביא (149) (NU 7:87) כל תורי לעלתא תריסר תורא לרב בית אבא דיכרא דיכרין תריסר מטול דיהובדון תריסר רברבי ישמעאל אימרין בני שנה תריסר מטול דיהובדון תריסר רברבי עשו ומנחתהון מטול דיעדי כפנא מן עלמא וצפירי עיזין תריסר לחטאתא מטול לכפרא על חובי תריסר שבטיא (NU 7:88) וכל תורי לניכסת קודשיא עשרין וארבעא תורין כל קבל עשרין וארבע מטרתא דיכרי שיתין כל קבל שיתין שנין דהוה יצחק כד יליד ית יעקב ברחי שיתין כל קבל שיתין אתין דברכת כהניא אימרין בני שתא שנין לכפרא על שיתין ריבוון דישראל דא חנוכת רבות מדבחא ביומא דרביו יתיה (NU 7:89) וכד עליל משה למשכן זימנא למללא עימיה ושמע ית קל רוחא דמתמלל עימיה כד נחית מן שמי שמיא עילוי כפורתא דעל ארונא דסהדותא מבין תרין כרוביא ומתמן הוה דבירא מתמליל עימיה

פרשה בהעלותך

(NU 8:1) ומליל ייי עם משה למימר (NU 8:2) מליל עם אהרן ותימר ליה בזמן אדלקותך ית בוציניא כל קבל מנרתא יהון מנהרין שבעתי בוציניא תלת לקבל רוח מערבא ותלת לקבל רוח מדינחא ושביעאה במציעאה (NU 8:3) ועבד כן אהרן כל קבל אפי מנרתא אדליק בוצינהא היכמה דפקיד ייי ית משה (NU 8:4) ודין עובד מנרתא מינא קשיא דדהב עד בסיס דידה ועד שושנייהא עובד אומן בקרנסא היא מתעבדא הי כחיזו דאחזי ייי ית משה הכדין עבד בצלאל ית מנרתא (NU 8:5) ומליל ייי עם משה למימר (NU 8:6) קריב (149A) ית ליואי מגו בני ישראל ותדכי יתהון (NU 8:7) וכדין תעבד להון לדכואיהון ארי עליהון מיא דחטאתא ויעברון גלב על כל שער בישריהון ויחוורון לבושיהון וידכון בארבעין סווין דמיא (NU 8:8) ויסבון תור בר תוריה ומנחתיה סולתא פתיכא במשח זיתא ותור תיניין בר תורי תיסב לחטאתא (NU 8:9) ותקריב ית ליואי לקדם משכן זימנא ותיכנוש ית כל כנישתא דבני ישראל (NU 8:10) ותקריב ית ליואי קדם ייי ויסמכון בני ישראל ית ידיהון על ליואי (NU 8:11) וירים אהרן ית ליואי ארמא קדם ייי מן בן ישראל ויהון למפלח ית פולחנא דייי (NU 8:12) וליואי יסמכון ית ידיהון על ריש תורי ועיבד ית חד חטאתא וית חד עלתא קדם ייי לכפרא על ליואי (NU 8:13) ותקים ית ליואי קדם אהרן וקדם בנוי ותרים יתהון ארמא קדם ייי (NU 8:14) ותפרש ית ליואי מגו בני ישראל ויהון משמשין קדמי ליואי (NU 8:15) ומן בתר כדין ייעלון ליואי למפלח ית פולחן משכן זימנא ותדכי יתהון ותרים יתהון ארמא (NU 8:16) ארום מפרשא מפרשין הינון קדמי מגו בני ישראל חולף פתח כל וולדא בוכריא כולהון דמבני ישראל קריבית יתהון קדמי (NU 8:17) ארום דילי כל בוכרא בבני ישראל באינשא ובבעירא ביומא

דקטלית כל בוכרא בארעא דמצרים אקדישית יתהון קדמי (NU 8:18
וקריבית ית ליואי חולף כל בוכרא בבני ישראל (NU 8:19 ויהבית
ית ליואי יהיבין לאהרן ולבנוי מגו בני ישראל למפלח ית פולחן
בני ישראל במשכנא זימנא ולכפרא על בני ישראל ולא יהי בבני
ישראל מותא בזמן מיקרב בני ישראל לקודשא (NU 8:20 ועבד משה
ואהרן וכל כנישתא דבני ישראל לליואי הי ככל מה דפקד ייי ית משה
על ליואי הכדין עבדו להון בני ישראל (NU 8:21 ואידכיאו ליואי
וחוורו לבושיהון וארים אהרן יתהון ארמא קדם ייי וכפר עליהון
אהרן (150 לדכאואיהון (NU 8:22 ומבתר כדין עלו ליואי למפלח
ית פולחנהון במשכן זימנא לקדם אהרן ולקדם בנוי הי כמא דפקיד
ייי ית משה על ליואי היכדין עבדו להון (NU 8:23 ומליל ייי עם
משה למימר (NU 8:24 דא אחוייתא די לליואי דלא מופסלין במומהון
ברם מבר עשרין וחמש שנין ולעילא ייתי לחיילא חילא בפולחן משכן
זימנא (NU 8:25 ומבר חמשין שנין ייתוב מחיל פולחנא ולא יפלח
תוב (NU 8:26 וישמש עם אחוי במשכן זימנא למיטר מטרא ופולחנא
לא יפלח הכדין תעביד לליואי עד תיעלון לארעא במטרתהון (NU 9:1
ומליל ייי עם משה במדברא דסיני בשתא תיניינא לזמן מיפקהון
מארעא דמצרים בירחא קדמאה למימר (NU 9:2 ויעבדון בני ישראל
ניכסת פיסחא ביני שימשתא בזימניה (NU 9:3 בארביסר יומא בירחא
הדין בין שימשתא תעבדון יתיה בזימניה ככל קייומוי וככל דינוי
תעבדון יתיה (NU 9:4 (NU 9:5 ועבדו ית פיסחא בארביסר יומין
לירחא ביני שימשתא במדברא דסיני ככל מה די פקיד ייי ית משה
הכדין עבדו בני ישראל (NU 9:6 והוו גובריא דהוו מסאבין לטמא
נפש בר נש דמית עליהון בתכוף דפוקדניה רמיא עליהון ולא יכילו
למעבד פיסחא ביומא ההוא דהוה יום שביעאה לסואבותהון וקריבו
לקדם משה וקדם אהרן ביומא ההוא (NU 9:7 ואמרו גובריא האינון
ליה אנחנא אסתאבנא לבר נש דמית עלנא למא כען נתמנע בגין דלא
למיכוס פיסחא ולמיזרוק אדמא דקרבנא דייי על מדבחא בזימניה
ובישריה ייכלון דכיין בגו בני ישראל (NU 9:8 דין הוא חד
מארבעה דינין דעלו קדם משה נביא ודן יתהון על מימרא דקודשא
בקצת מנהון הוה משה מתין מן בגלל דהוו דיני נפשתא ובצתהון הוה
משה זריז מן בגלל דהוו דיני ממונא ובאיליין (150A ובאילליין
אמר משה לא שמעית מן בגלל למלפא לרישי סנדרייתא דעתידין למקום
מן בתריהון דיהון מתינין בדיני נפשתא וזריזין בדיני ממונא ולא
יבהתון למשיילא דינא דמתקשי להון ארום משה דהוה רבהון דישראל
צרך דיימר לא שמעית בגין כן אמר להון משה אוריכו עד דאשמע מה
דאתפקד מן קדם ייי על דילכון (NU 9:9 ומליל ייי עם משה למימר
(NU 9:10 מליל עם בני ישראל למימר גבר טלי או גבר סיב ארום
יהי מסאב לטמי בר נש דמית או דייב או סגיר דמרחק באורח עלמא
בקריות ליליא והוא בר מן סקוף משכניה לכון גרמיכון או לדריכון
וידחי למעבד פיסחא קדם ייי (NU 9:11 בירחא תיניינא הוא ירחא
דאייר בארביסר יומא ביני שימשתא יעבדון יתיה על פטיר ומררין
ייכלוניה (NU 9:12 לא ישיירון מיניה עד צפרא וגרמא לא יתברון
ביה ככל אחויית גזירת פיסחא דניסן יעבדון יתיה ברם בפיסחא

דניסן הינון ייכלון פטירי וקורבן פיסחא לא יעבדון מטול דסואבותהון בהון ובפיסחא דאייר יידכון ויקרבון יתיה (NU 9:13) וגברא דהוא דכי ובאורח עלמא לא אסתאב ומברא לסקוף משכניה לא הוה ופסק מלמעבד קורבן פיסחא דניסן וישתיצי בר נשא ההוא מעמיה ארום קורבנא דייי לא קריב בזימניה חוביה יקבל גברא ההוא (NU 9:14) וארום אין יתגייר עימכון גיורא ויעבד פיסחא קדם ייי כאוויית גזירת פיסחא וכדחזי ליה הכדין יעבד קיימא חדא יהי לכון ולגיורא וליציבא דארעא (NU 9:15) וביומא דאתקם ית משכנא חפא ענן יקרא ית משכנא והוה מטלל בימּמא למשכנא דסהדותא וברמשא הוי על משכנא הי כחיזו אישא עד צפרא (NU 9:16) כדין הוי תדירא ענן יקרא (NU 9:17) מעילוי משכנא ובתר כן נטלין בני ישראל (NU 9:18) ועל פום מימרא דייי שרן כל יומין דשרי ענן יקרא על משכנא (151) ברם הינון שרן (NU 9:19) ובאורכות עננא על משכנא יומין סגיאין וינטרון בני ישראל ית מטרת מימרא דייי ולא נטלין (NU 9:20) ואית זמן דהוי ענן יקרא יומין דמניין הינון שבעתי יומי שבעתא על משכנא על פום מימרא דייי שרן ועל פום מימרא דייי נטלין (NU 9:21) ואית זמן דהוי ענן יקרא מן רמשא ועד צפרא ומסתלק ענן יקרא בצפרא ונטלין או יימם ולילי ומסתלק עננא ונטלין (NU 9:22) או תרין יומין או ירחא או שתא שלמתא באורכות ענן יקרא על משכנא למישרי עלוי שרן בני ישראל ולא נטלין ובזמן אסתלקותיה נטלין (NU 9:23) על פום מימרא דייי שרן ועל פום מימרא דייי נטלין ית מטרת מימרא דייי נטרין על פום מימרא דייי בידא דמשה (NU 10:1) ומליל ייי עם משה למימר (NU 10:2) עיבד לך מדילך תרתין חצוצרן דכסף ממינא קשיא עובד אומן תעבד יתהון ויהון לך לערעא כנישתא ולאטלא ית משירייתא (NU 10:3) ויתקעון בהון ויזדמנון לוותך כל כנישתא לתרע משכן זימנא (NU 10:4) ואין בחדא יתקעון ויזדמנון לוותך רברבייא רישי אלפיא דישראל (NU 10:5) ותיתקעון יבבתא ויטלון משירייתא דשרן קידומא (NU 10:6) ותתקעון יבבתא תניינות ויטלון משירייתא דשרן דרומא יבבתא יתקעון למטלנהון (NU 10:7) ובזמן מיכנש ית קהלא תתקעון ולא תיבבון (NU 10:8) ובני אהרן כהניא שלימיא יתקעון בחצוצרתא ויהון לכון לקים עלם לדריכון (NU 10:9) וארום תיעולון למסדרא סידרי קרבא בארעכון על מעיקי דמעיקין לכון ותייבבון בחצוצרתא ויעול דוכרנכון לטבא קדם ייי אלקכון ותתפרקון מבעלי דבביכון (NU 10:10) וביום חדוותכון ומועדכון וברישי ירחכון ותתקעון בחצוצרתא על עלוותכון ועל ניכסת קודשיכון ויהיו לכון לדוכרנא טבא קדם אלקכון ברם סטנא מתערבב (151A) לקל יבבותכון אנא הוא ייי אלקכון (NU 10:11) והוה בשתא תנייתא בירחא תניינא הוא ירחא דאייר בעשרין לירחא איסתלק ענן יקרא מעילוי משכנא דסהדותא (NU 10:12) ונטלו בני ישראל למטלניהון ממדברא דסיני ושרא ענן יקרא במדברא דפארן (NU 10:13) ונטלו בקדמיתא על פום מימרא דייי בידא דמשה (NU 10:14) ונטיל טיקס משיריית בני יהודה לחיליהון ורבא דהוה ממני על חילוות שיבטא דבני יהודה נחשון בר עמינדב (NU 10:15) ורבא דהוה ממני על חילוות שיבטא דבני ישׂשכר נתנאל

בר צוער (NU 10:16) ורבא דהוה ממני על חילוות שיבטא דבני זבולון אליאב בר חילון (NU 10:17) ומתפרק משכנא ונטלין בני גרשון ובני מררי נטלי משכנא (NU 10:18) ונטל טיקס משיריית ראובן לחיליהון ורבא דהוה ממני על חילוות שיבטיה אליצור בר שדיאור (NU 10:19) ורבא דהוי ממני על חילוות שיבטא דבני שמעון שלומיאל בר צורי שדי (NU 10:20) ורבא דהוה ממני על חילוות שיבטא דבני גד אליסף בר דעואל (NU 10:21) ונטלין גניסת קהת נטלי מוקדשא ומקימין ית משכנא עד מיתיהון (NU 10:22) ונטיל טיקס משיריית בני אפרים לחיליהון ורבא דהוה ממני על חילוות שיבטיה אלישמע בר עמיהוד (NU 10:23) ורבא דהוה ממני על חילוות שיבטא דבני מנשה גמליאל בר פדה צור (NU 10:24) ורבא דהוה ממני על חילוות שיבטא דבני בנימין אבידן בר גדעוני (NU 10:25) ונטיל טיקס משיריית בני דן מכניש לכל משירייתא לחיליהון ורבא דהוה ממני על חילוות שיבטיה אחיעזר בר עמי שדי (NU 10:26) ורבא דהוה ממני על חילוות שיבטא דבני אשר פגעיאל בר עכרן (NU 10:27) ורבא דהוה ממני על חילוות שיבטא דבני נפתלי אחירע בר עינן (NU 10:28) איליין מטלני בני ישראל לחיליהון ואיסתלק ענן יקרא מעילוי משכנא (152) ונטלו (NU 10:29) ואמר משה לחובב בר רעואל מדינאה חמוי דמשה נטלין אנחנא מיכא לאתרא דאמר ייי יתיה איתן לכון איתא עימנא ונוטיב לך ארום ייי מליל לאוטבא לגיוריא על ישראל (NU 10:30) ואמר ליה לא איזיל אלהין לארעי ולילדותי איזיל (NU 10:31) ואמר לא כדון תשבוק יתנא ארום בגין כן דידעתא כד הוינא שרן במדברא למידן ואליפת לנא עיסק דינא והוית חביב עלן כבבת עיננא (NU 10:32) ויהי ארום תיזיל עימנא ויהי טבא ההוא דייוטב ייי עימנא ונוטיב לך בפילוג ארעא (NU 10:33) ונטלו מטורא דאתגלי עלוי איקר שכינתא דייי מהלך תלתא יומין וארון קיימא דייי מטייל קדמיהון תלתין ושית מילין ביומא ההוא והוא הוה מידבר קדם משריתא דישראל מהלך תלתא יומין לאתקנא להון אתר בית מישרוי (NU 10:34) וענן איקר שכינתא דייי מטלל עילויהון בימינא במיטלהון מן משריתא (NU 10:35) והוה כד הוה בעי למיטל ארונא הוה עננא מקפל וקאים ולא הוה נטיל עד דמשה הוה קאי בצלו מצלי ובעי רחמין מן קדם ייי וכן אמר אתגלי כדון מימרא דייי בתקוף רוגזך ויתבדרון בעלי דבביהון דעמך ולא יהוי לסנאיהון ריגל לימקום קדמך (NU 10:36) וכד הוה בעי למישרי ארונא הוה עננא מקפל וקאים ולא הוה פריס עד דהוה משה קאי בצלו ומצלי ובעי רחמין מן קדם ייי וכן אמר תוב כדון מימרא דייי ברחמך טביא ודבר ית עמא ישראל ואשרי איקר שכינתך ביניהון ורחים ית ריבוותא דבית יעקב מיניין אלפייא דישראל (NU 11:1) והוו רשיעי עמא כמצטערין מכוונין והגיאן ביש קדם ייי ושמיע קדם ייי ותקיף רוגזיה ודליקת בהון אישא מצלהבא מן קדם ייי ושיציאת מן רשיעיא דבסיפי משריתא דבית דן דהוה פיסלא עימהון (NU 11:2) וצווח עמא על משה דיבעי עליהון וצלי משה קדם ייי (152A) ואישתקעת אישתא באתרה (NU 11:3) וקרא שמיה דאתרא ההוא דליקתא ארום דליקת בהון אישא מצלהבא מן קדם ייי (NU 11:4) וגיורייא

דאתכנשו ביניהון שאילו שאילתא ותבו ובכו ברם אף בני ישראל ואמרו מאן יכליננא בישרא (NU 11:5) דכירין אנחנא ית נוניא דהוינא אכלין במצרים מגן בלא תפקדתא ית קטייא וית מלפפוניא וית קפלוטיא וית בצליא וית תומיא (NU 11:6) וכדון נפשנא מנגבא לית כל מידעם אלהין למנא אנן מסתכיין כמסכן דמודיק מגיסא מידיא (NU 11:7) חביל על עמא דמיכלהון לחם שמיא ומתרעמין דמנא דמוייה כזרע כוסבר חיור כד נחית מן שמיא וכד הוה קריש חיזויה הי כחיזו בידלחא (NU 11:8) חפסין רשיעי עמא ומלקטין וטחנין בריחותא ומן דהוה צבי הוה שחיק בדוכיתא ומבשלין ליה בלאפיסיא ועבדין מיניה חררן והוי טעמיה כטעם ביזא די מסרבלא בשומנא (NU 11:9) וכד נחית טלא על משריתא בליליא הוה נחית מנא עלוי (NU 11:10) ושמע משה ית עמא בכן על קריבתא דמתאסרן להון גבר לתרע משכניה ותקיף רוגזא דייי לחדא ובעיני משה ביש (NU 11:11) ואמר משה קדם ייי למא אבאשתא לעבדך ולמא לא אשכחית רחמין קדמך לשוואה ית טורחא דעמא הדין עלי (NU 11:12) האנא עברית וחשחשית במעיי ית כל עמא הדין אין בניי הינון דאמרת לי במצרים טעון טורחנהון בחילך היכמא דטעין פידגגא למינוקא עד זמן דימטון לארעא דקיימתא לאבהתהון (NU 11:13) מינן לי בישרא למיתן לכל עמא הדין ארום בכן עלי למימר הב לנא בישרא וניכול (NU 11:14) לית אנא יכיל בלחודי למיטען לכל עמא הדין ארום יקיר הוא מיני (NU 11:15) ואין כדין אנת עביד לי דתישבוק כל טירחנהון עליי קטולני כדון במיתותא דנייחין בה צדיקייא (153) אין אשכחית רחמין קדמך ולא אחמי בבישותי (NU 11:16) ואמר ייי למשה כנוש לשמי שובעין גוברין זכאין מסבי ישראל דידעתא דהינון הוו סבי עמא וסרכוי במצרים ותידבר יתהון למשכנא זימנא ויתעתדון תמן עימך (NU 11:17) ואתגלי באיקר שכינתי ואימלל עימך תמן וארבי מן רוח נבואה דעלך ואשוי עליהון ויטענון עמך בטורחא דעמא ולא תיטעון אנת בלחודך (NU 11:18) ולות עמא תימר אזדמנו למחר ותיכלון בישרא ארום בכיתון קדם ייי למימר מן יספיננא בישרא ארום טב לנא במצרים ויתן ייי לכון בישרא ותיכלון (NU 11:19) לא יומא חד תיכלון ולא תרין יומין ולא חמשא יומין ולא עשרא יומין ולא עשרין יומין (NU 11:20) עד ירח יומין עד דתיפוק סריותא מנחיריכון ותהוי לכון לריחוק חולף דקצתון במימרא דייי דאיקר שכינתיה שריא ביניכון ובכיתון קדמוי למימר למא דנן נפקנא ממצרים (NU 11:21) ואמר משה שית מאה אלפין גברין ריגליין עמא דאנא שרי ביניהון ואנת אמרת בישרא איתן להון וייכלון ירח יומין (NU 11:22) הענא דבערב ותורי דבנבט יתכנסון להון ויספקון להון אין ית כל נוני ימא רבא יתכנשון להון ויספקון להון (NU 11:23) ואמר ייי למשה האיפשר דאית קדם ייי מחסור כדון תחמי היארעינך פיתגמי אין לא (NU 11:24) ונפק משה ממשכן בית שכינתא ומליל עם עמא ית פיתגמיא דייי וכנש שובעין גוברין מסבי ישראל ואקים יתהון חזור חזור למשכנא (NU 11:25) ואיתגלי ייי בענן איקר שכינתא ומליל עימיה ורבי מן רוח נבואה דעלוי ומשה לא חסיר מידעם ויהב על שובעין גוברין סביא והוה כד שרת עליהון רוח

נבואה ואתנבון ולא פסקין (NU 11:26) וישתיירון תרין גוברין
במשריתא שמיה דחד אלדד ושמיה דתניין מידד בנוי דאליצפן בר פרנך
דילידת ליה יוכבד ברת לוי בזמן (153A) דפטרה עמרם גברה
ואיתניסיבת ליה עד דלא ילידת ית משה ושרת עילויהון רוח נבואה
אלדד הוה מתנבי ואמר הא משה מתכניש מן עלמא ויהושע בר נון קאי
מן בתריה ומדבר עמא בית ישראל ומעיל יתהון לארע כנענאי ומחסין
יתה להון מידד הוה מתנבי ואמר הא סלוי סלקן מן ימא וחפיין כל
משריתא דישראל ויהוי לעמא לתוקלא ברם תריהון כחדא מתנביין
ואמרין הא מלכא סליק מן ארעא דמגוג בסוף יומיא ומכנש מלכין
קטרי תגין ואיפרכין לבשי שיריונין וכל עממיא ישתמעון ליה
ומסדרין קרבא בארעא דישראל על בני גלוותא ברם קיריס איטימוס
להון בשעת אניקין ומקטל כולהון ביקידת נשמתא בשלהובית אישתא
דנפקא מתחות כורסי יקרא ונפלין פיגריהון על טווריא דארעא
דישראל ויתון כל חיות ברא וציפורי שמיא ויכלו גושמהון ומבתר
כדין ייחון כל מיתיא דישראל ויתפנקון מן טובא דאיצטנע להון מן
שירויא ויקבלון אגר עובדיהון והינון הוון מן סביא דסליקו
בפיטקיא כתיביא ולא נפקן למשכנא דאיטמרו למערוק מן רבנותא
ואתנבייו במשריתא (NU 11:27) ורהט טליא חד ותני למשה ואמר אלדד
ומידד מתנביין הכין במשריתא (NU 11:28) ואתיב יהושע בר נון
משומשניה דמשה ואמר ריבוני משה בעי רחמין מן קדם ייי וכלי
מנהון רוח נבואתא (NU 11:29) ואמר ליה משה המן בגלל דאתנבו עלי
דאנא מתכנש מן עלמא ואנת משמש מן בתריי אנת מקני לי רעינא פון
דיהון כל עמא דייי נביין ארום יתן ייי ית רוח נבותיה עליהון
(NU 11:30) ואתכנש משה למשריתא הוא וכל סבי ישראל (NU 11:31)
ורוחא דעל עולא נפקת ונטלת ברוגזא מן ייי ובעא למשטפיה לעלמא
אילולי זכותא דמשה ואהרן ונתב בימא רבא ואפרח שלוי מן ימא רבא
ושרא על דין דזעיר במשריתא כמהלך יומא לציפונא וכמהלך יומא
לדרומא (154) וכרום תרתין אמין הוה פרח על אנפי ארעא והוו
מהלכין בהון עד פרתהון מטול דלא ילעון בזמן מכנשהון יתהון
(NU 11:32) וקמו מחסרי הימנותא די בעמא כל יומא ההוא וכל ליליא
וכל יומא דבתרוי וכנשו ית סלוי דקטיע ודחגיר כנש עשרא כרוויין
ושטחו להון משטיחין חזרנות משריתא (NU 11:33) רשיעיא הוון
אכלין מביסרא ולמן דיהביה להון לא הוו מברכין בישרא עד כדון
הוה ביני ככיהון עד לא פסק ורוגזא דייי תקיף ברשיעי עמא וקטל
ייי בעמא קטול סגי לחדא (NU 11:34) וקרא ית שום אתרא ההוא
קיברי דמשיילי בישרא ארום תמן קברו ית עמא דשיילו בישרא
(NU 11:35) ומן קיברי דמשיילי בישרא נטלו עמא לחצרות והוון
בחצרות (NU 12:1) ואשתעיין מרים ואהרן במשה פיתגמין דלא מהגנין
על עיסק איתתא כושייתא דאסבוהי כושאי למשה במיערקיה מן קדם
פרעה וריחקה ארום לאיתא אסבוהי ית מלכתא דכוש ורחיק מינה
(NU 12:2) ואמרו הלחוד ברם עם משה מליל ייי דאתפרש מתשמיש
דעריס הלא אוף עימנא מליל ושמיע קדם ייי (NU 12:3) וגברא משה
ענוותן בדעתיה לחדא מן כל בני נשא דעל אנפי ארעא ולא חש
למיליהון (NU 12:4) ואמר ייי למשה ולאהרן ולמרים פוקו תלתיכון

למשכן זימנא ונפקו תלתיהון (NU 12:5) ואיתגלי יקרא דייי בעמודא דענן יקרא וקם בתרע משכנא וקרא אהרן ומרים ונפקו תרויהון (NU 12:6) ואמר שמועו בבעו פתגמיי עד דאימליל אין יהוון כל נביא דקמו מן יומת עלמא מתמלל עימהון היכמא דמתמלל עם משה דמימרא דייי בחזיו לוותהון מתגלי בחלמא ממלילנא עימהון (NU 12:7) לא כדין אורחא דמשה עבדי בכל בית ישראל עמי מהימן הוא (NU 12:8) ממלל עם ממלל מלילית עימיה דיתפרש מתשמיש דעריס וחזיו ולא בטומרא מתגלינה ליה באסנא ודמו (154A) דבתר שכינתי חזי ומא דין לא דחילתון לאשתעויי כהלין מלייא בעבדי במשה (NU 12:9) ואסתלק איקר שכינתא דייי מנהון ואזיל (NU 12:10) וענן איקר שכינתא דייי איסתלק מעילוי משכנא והא מרים לקת בצורעא ואסתכל אהרן לות מרים והא לקת בצורעא (NU 12:11) ואמר אהרן למשה במטו מינך ריבוני לא תשוי עלנא חובא דאיטפשנא ודי סרחנא (NU 12:12) בבעו מינך לא תהוי מרים אחתן מסאבא באהילא כמיתא דהיא מדמיא לוולדא דאישלם במעי אימיה תשעה ירחין וכיוון דימטא קיצא למיפוק לעלמא ואיתאכיל פלגות בישריה בזמן דיתבא אימיה על מתברא וימות וולדא ומפקא יתיה חייתא כד מחתך הכדין כד הוינן בארעא דמצרים הות מרים אחתן חמיא יתן בגלותן ובטילטולן ובשיעבודן וכדו מטת זימנא למיפק ולמירות ית ארעא דישראל הא כדון היא מתמנעא מינן במטו מינך ריבוני צלי כען עלה ולא נובדא זכותה מיגו קהלא (NU 12:13) וצלי משה ובעא רחמין קדם ייי למימר בבעו ברחמין אלקא רחמנא בבעו אלקא דשליט בנישמת כל בישרא אסי בבעו לה (NU 12:14) ואמר ייי למשה ואבוהא אילו מנזף נזף באנפה הלא הות מיכספא ומיטרדא שבעתי יומין וכדון דנזפית בה מן דינא דתכסוף ארבסר יומין אילהין מסתיא דתיטרד שבעתי יומין מברא למשריתא ואנא מעכב בגין זכותך ענני יקרי ומשכנא וארונא וכל ישראל עד זמן דתיתסי ומן בתר כדין תתכנש (NU 12:15) ואיטרדת מרים מברא למשריתא שבעתי יומין ועמא לא נטל עד זמן דאתסיית מרים (NU 12:16) ולפום דאתחייבת מרים נביאתא למלקי בצורעא בעלמא הדין אולפן סגי אית לה לעלמא דאתי לצדיקיא ולנטרי פיקודי אורייתא לפום דאיתיעדת מרים נביאתא שעא זעירא למידוע מה הוה בסיפיה דמשה ביהוא זכותא הוון כל ישראל אשתין (155) ריבוון דהינון סכום תמניין לגיונין ועננֵי יקרא ומשכנא ובירא לא זייעין ולא נטלין עד זמן דאיתסיית מרים נביאתא ומן בתר כדין נטלו עמא מחצרות ושרון במדברא דפארן

פרשה שלח לך

(NU 13:1) ומליל ייי עם משה למימר (NU 13:2) שלח לך גוברין חריפין ויאללון ית ארעא דכנען דאנא יהיב לבני ישראל גברא חד גברא חד לשבטא דאבהתוי תשלחון מן קדם כל אמרכול דבהון (NU 13:3) ושדר יתהון משה ממדברא דפארן על פום מימרא דייי כולהון גוברין חריפין דמתמנן רישין על בני ישראל הינון (NU 13:4) ואילין שמהתן דתריסר גובריא מאללייא לשיבטא דראובן עזגד שמוע בר זכור (NU 13:5) לשיבטא דשמעון עזגד שפט בר חורי (NU 13:6) לשיבטא דיהודה עזגד כלב בר יפונה (NU 13:7) לשיבטא

דיששכר עזגד יגאל בר יוסף (NU 13:8) לשיבטא דאפרים עזגד הושע בר נון (NU 13:9) לשיבטא דבנימין עזגד פלטי בר רפוא (NU 13:10) לשיבטא דזבולון עזגד גדיאל בר סודי (NU 13:11) לשיבטא דיוסף לשיבטא דמנשה עזגד גדי בר סוסי (NU 13:12) לשיבטא דדן עזגד עמיאל בר גמלי (NU 13:13) לשיבטא דאשר עזגד סתור בר מיכאל (NU 13:14) לשיבטא דנפתלי עזגד נחבי בר ופסי (NU 13:15) לשיבטא דגד עזגד גאואל בר מכי (NU 13:16) אילין שמהת גובריא דשדר משה לאללא ית ארעא וכדי חמא משה עינוותנותיה קרא להושע בר נון יהושע (NU 13:17) ושדר יתהון משה לאללא ית ארעא דכנען ואמר (155A) להון סקו בהדין ציטרא בדרומא ותיסקון לטורא (NU 13:18) ותיחמון ית ארעא מה היא וית עמא דיתיב עלה התקיף הוא אין חלש הזעיר הוא אין סגי (NU 13:19) ומא ארעא דהוא יתיב בה הטבתא היא אין בישתא ומא קירויא דהוא יתיב בהון הכרכין פציחי חניין אין בחקרין (NU 13:20) ומה שבח ארעא השמינין הינון פירייה אין פתרנין האית בה אילנין דמיכל אין לא ותעבדון חזקתא ותיסבון מאיבא דארעא ויומיא די אזלו בעשרין ותשעה לירחא דסיון יומי דמן ביכורי עינבין (NU 13:21) וסליקו ואלילו ית ארעא מן מדברא דצין עד פלטיוות מעלך לאנטוכיא (NU 13:22) וסליקו מן צטר דרומא ואתו עד חברון ותמן אחימן ששי ותלמי מרבייני דענק גיברא וחברון שבע שנין אתבניית קדם עד לא תתבני טאניס דמצרים (NU 13:23) ואתו עד נחלא דאתכלא וקצו מתמן עוברתא ואיתכל דעינבין חד וסוברוהי באסלא בכתיף תרין מנהון וכן מן רומניא וכן מן תיניא (NU 13:24) לאתרא ההוא קרו נחלא איתכילא על עיסק עוברתא דקציצו מתמן בני ישראל והוה חמרא נטיף מיניה כנחלא (NU 13:25) ותבו מלאללא ית ארעא בתמניא יומין בירחא דאב מסוף ארבעין יומין (NU 13:26) ואזלו ואתו לות משה ולות אהרן ולות כל כנישתא דבני ישראל למדברא דפארן לרקם ואתיבו להון פתגמא ולות כל כנישתא וחמיאונון ית איבא דארעא (NU 13:27) ואשתעייו ליה ואמרו אתאנא לארעא דשדרתנא ואוף עבדא חלב ודבש היא ודין איבה (NU 13:28) לחוד ארום תקיף עמא דיתיב בארעא וקירויא כריכן חניין רברבן לחדא ואוף מרבנייני דענק גיברא חמינא תמן (NU 13:29) עמלקאי יתבין בארע דרומא וחיתאי ויבוסאי (156) ואמוראי יתבין בטוורא וכנענאי יתבין על ימא ועל תחום יורדנא (NU 13:30) ושתיק כלב ית עמא ואציתינון לות משה ואמר מיסק ניסק ונירת יתה ארום מיכל ניכול לה (NU 13:31) וגובריא דסליקו עימיה אמרו לא ניכול למיסוק לות עמא ארום תקיף הוא מיננא (NU 13:32) ואפיקו טיב ביש על ארעא דאלילו יתה לות בני ישראל למימר ארעא דעברנא בה לאללא יתה ארעא מקטלא יתבהא היא במרעין וכל עמה דגווה גברא מרי מיכלן בישן (NU 13:33) ותמן חמינא ית גיבריא בני ענק מגניסת גיבריא והווינא דמיין באנפי נפשנא הי כקמצין והכדין הוינא דמיין באנפי נפשהון (NU 14:1) וארימת כל כנישתא ויהבו ית קלהון ובכו עמא בליליא ההוא ואתקבעת להון ההוא ליליא לבכותא לדריהון (NU 14:2) ואתרעמו על משה ועל אהרן כל בני ישראל ואמרו להון כל כנישתא לואי דמיתנא בארעא דמצרים או במדברא הדין לואי דמיתנא

(NU 14:3) ולמא ייי מעיל יתנא לארעא הדא למיפל בחרבא דכנענאי
נשנא וטפלנא יהון למיבז הלא טב לנא דנתוב למצרים (NU 14:4)
ואמרו גבר לאחוי נמני עלן מליך לריש ונתוב למצרים (NU 14:5)
ואתרכינו משה ואהרן על אפיהון קדם כל כנישתא דבני ישראל
(NU 14:6) ויהושע בר נון וכלב בר יפונה מן מאללי ית ארעא בזעו
לבושיהון (NU 14:7) ואמרו לכל כנישתא למימר ארעא דעברנא בה
לאללא יתה טבא ארעא לחדא לחדא (NU 14:8) אין רעוא דייי אית בנא
ואעיל יתנא לארעא הדא ויתנינה לנא ארעא דהיא עבדא חלב ודבש
(NU 14:9) ברם בפיקודיא דייי לא תבטשון ואתון לא תידחלון מן
עמא דארעא ארום בידנא מסירין הינון תש חיל גבורתהון מעליהון
ומימרא דייי בסעדנא לא תידחלון מנהון (NU 14:10) ואמרו כל
כנישתא לאטלא יתהון (156A) באבנין ואיקר שכינתא דייי איתגלי
בענני יקרא במשכנא זימנא (NU 14:11) ואמר ייי למשה עד אימתי
יהון מרגזין קדמי עמא הדין ועד אימתי לא יהימנון במימרי לכל
אתוותא דעבדית ביניהון (NU 14:12) אמחי יתהון במחתא דמותא
ואישצי יתהון ואמני יתך לעם רב ותקיף מנהון (NU 14:13) ואמר
משה וישמעון בניהון דמצראי דאישתנקו בימא ארום אסיקתא בחילך ית
עמא הדין מביניהון (NU 14:14) ויימרון בחדווא ליתבי ארעא הדא
דישמעו ארום הוא אנת הוא ייי דשכינתך שריא בגו עמא הדין דבעיניהון
חמון שכינת יקרך ייי על טוורא דסיני וקבילו תמן אורייתך ועננך
מטליל עילויהון דלא יהנזקון משרבא ומטרא ובעמודא דעננא אנת
מדבר קדמיהון בימּמא מטול למככא טוריא וגלימתא ולמדלי מישריא
ובעמודא דאישתא לאנהרא בליליא (NU 14:15) ומן בתר כל ניסיא
אילין אנת קטל ית עמא הדין כגברא חד ויימרון עממיא דישמעו ית
שמע גבורתך למימר (NU 14:16) מן בגלל דלא הות יוכלא מן קדם ייי
לאעלא ית עמא הדין לארעא דקיים להון וקטלינון במדברא
(NU 14:17) וכדון יסגי כדון חילא קדמך ייי ותתמלי רחמין עליהון
ויתי תשוי לעם רב היכמא דמלילתא למימר (NU 14:18) ייי אריך רוח
וקריב רחמין שרי לחובין ומכפר על סורחנין מזכי לדתייבין
לאורייתא ולדלא תייבין לא מזכי מסער חובי אבהן רשיעין על בנין
מרודין על דר תליתאי ועל דר רביעאי (NU 14:19) שבוק כדון
לסורחנות עמא הדין כסגיאות טבוותך והיכמא דשיריתא לעמא הדין מן
זמן דנפקו ממצרים ועד כדון (NU 14:20) ואמר ייי שבקית להון
כפיתגמך (NU 14:21) וברם בשבועה קיים אנא ומליא יקרא דייי ית
כל ארעא (157) (NU 14:22) ארום כל גובריא די חמון ית יקרי וית
אתוותיי דעבדית במצרים ובמדברא ונסיאו קדמי דנן עשר זימנין ולא
קבילו למימרי (NU 14:23) בשבועא אמירא דא דלא יחמון ית ארעא
דקיימית לאבהתהון ולא דרא דארגיזו קדמי לא יחמונה (NU 14:24)
ועבדי כלב חולף דהוות רוח אוחרי עימיה ואשלים בתר דחלתי
ואעילינּיה לארעא דעל לתמן ובנוי ירתונה (NU 14:25) ועמלקאי
וכנענאי יתיב במישרא מחר איתפנו וטולו לכון למדברא אורח ימא
דסוף (NU 14:26) ומליל ייי עם משה ועם אהרן למימר (NU 14:27)
עד אימת לכנישתא בישתא דמתחברין עלי ית תורעמות בני ישראל
דהינון מתרעמין עלי שמיע קדמי (NU 14:28) אימר להון בשבועא

קיים אנא אין לא היכמא דמלילתון קדמי היכדין אעביד לכון
(NU 14:29) במדברא הדין יתרמון גושמיכון כל סכומכון לכל
חושבנכון מבר עשרין שנין ולעילא דאתרעמיתון עלי (NU 14:30)
בשבועא אמירא דאתון לא תיעלון לארעא דקיימית במימרי לאשראה
יתכון בה ארום אילהין כלב בר יפונה ויהושע בר נון (NU 14:31)
וטפליכון דאמרתון דלביזא יהון ואעיל יתהון וינדעון ית ארעא
דקצתון בה (NU 14:32) ופיגריכון דילכון יתרמון במדברא הדין
(NU 14:33) ובניכון יהון טעיין במדברא ארבעין שנין ויקבלון ית
חוביכון עד זמן דיסופון פיגריכון במדברא (NU 14:34) במניין
יומיא דאלילתון ית ארעא ארבעין יומין יומא לשתא יומא לשתא
תקבלון ית חוביכון ארבעין שנין ותינדעון ית דאיתרעמיתון עלי
(NU 14:35) אנא ייי גזרית במימרי אין לא גזרית במימרי לכל
כנישתא בישתא דאזדמנו למרדא עלי במדברא הדין יסופון ותמן
ימותון (NU 14:36) וגובריא די שדר משה לאללא ית ארעא ותבו
וארעימו עלוהי ית כל כנישתא (157A) לאפקא טיב ביש על ארעא
(NU 14:37) ומיתו גובריא דאפיקו טיב ביש על ארעא בשבעא יומין
באלול והוון מורני נפקן מן פרתהון ואזלין עד בית לישנהון
ואכלין לישנהון עם מוריגיהון ואתקברו במותנא מן קדם ייי
(NU 14:38) ויהושע בר נון וכלב בר יפונה אתקיימו מן גובריא
האינון דהליכו לאללא ית ארעא (NU 14:39) ומליל משה ית פיתגמייא
האיליין עם כל בני ישראל ואתאבלו עמא לחדא (NU 14:40) ואקדימו
בצפרא וסליקו לריש טוורא למימר הא אנחנא סלקין לאתרא דאמר ייי
ארום חבנא (NU 14:41) ואמר משה מה דין אתון עברין על גזירת
מימרא דייי ואיהי לא תצלח לכון (NU 14:42) לא תיסקון ארום לית
שכינתא דייי שריא ביניכון וארונא ומשכנא ועננ[י] יקרא ליתיהון
מטיילין עימכון ולא תיתברון קדם בעלי דבביכון (NU 14:43) ארום
עמלקאי וכנענעאי תמן זמינין קדמיכון ותתרמון קטילין בחרבא ארום
מן בגלל דתבתון מן בתר פולחנא דייי בגין כן לא יהי מימרא דייי
בסעדכון (NU 14:44) ואזדרזו בחשוכא קדם קריצתא למיסוק לריש
טוורא ברם ארונא דביה קימא דייי ומשה לא זזו מגוא משריתא
(NU 14:45) ונחת עמלקאה וכנענאה דיתיב בטוורא ההוא וקטלו יתהון
ושיציאונון וטרודונון עד שציי[ו] (NU 15:1) ומליל ייי למשה למימר
(NU 15:2) מליל עם בני ישראל ותימר להון ארום תיעלון לארע
מותבניכון דאנא יהיב לכון (NU 15:3) ותעבדון על מדבחא קרבנא
קדם ייי עלתא או ניכסת קודשיא לפרשא נדרא או בניסבתא או בזמן
מועדיכון למעבד רעותא דמרי עלמא לאתקבלא ברעוא קדם ייי מן תורי
או מן ענא (NU 15:4) ויקרב גברא דמקרב קורבניה קדם ייי מנחתא
סמידא עשרונא פתיכא ברבעות הינא משח (158) זיתא (NU 15:5) וחמר
עינבא לניסוכא רבעות הינא תעבד על עלתא או לניכסת קודשא לאימר
חד (NU 15:6) או לדיכרא תעביד מנחתא תרין עשרונין סמידא פתיכא
במשח זיתא תלתות הינא (NU 15:7) וחמר עינבא תלתות הינא תקריב
בסיפלי לניסוכא מטול לאתקבלא ברעוא קדם ייי (NU 15:8) וארום
תעביד בר תורי עלתא או נכסתא לפרשא נידרא או ניכסת קודשיא קדם
ייי (NU 15:9) ויקרב על בר תורי מנחתא סמידא תלתא עשרונין פתיך

במשח זיתא פלגות הינא (NU 15:10) וחמר עינבא לניסוכא פלגות
הינא קורבן דמתקבל ברעוא קדם ייי (NU 15:11) הכדין יתעבד לתורא
חד או לדיכרא חד או לאימר בר אימרי או בני גדייא (NU 15:12)
כחושבן תורי ואימרי וגדיי דתעבדון קרבנא הכדין תעבדון לכל חד
וחד לפום סכומהון (NU 15:13) כל יציביא בישראל ולא בבר עממין
יעבד הכדין ית אילין ניסוכייא לקרבא קורבנא דמתקבל ברעוא קדם
ייי (NU 15:14) וארום יתגייר עימכון גיורא או מן דהוא כדון
ביניכון לדריכון ויעבד קרבן דמתקבל ברעוא קדם ייי היכמא
דתעבדון הכדין יעבד (NU 15:15) קהלא כולא קיימא חדא לכון
ולגייורא די יתגיירון קיים עלם לדריכון כוותכון כגייורא יהי
קדם ייי (NU 15:16) אורייתא חדא ודינא חד יהי לכון ולגיוריא די
יתגיירון עימכון (NU 15:17) ומליל ייי עם משה למימר (NU 15:18)
מליל עם בני ישראל ותימר להון במיעלכון לארעא דאנא מעיל יתכון
לתמן (NU 15:19) ויהי במיכלכון מלחמא דעללתא דארעא ולא מן
אוריזא ודוחינא וקיטני תפרשון אפרשותא קדם ייי (NU 15:20)
שירוי עצוותכון חלתא חד מן עשרין וארבעא תפרשון אפרשותא לכהנא
כמא דמפרשין מן אידרא הכדין תפרשון יתה (NU 15:21) מן שירוי
עצוותכון תתנון (158A) אפרשותא קדם ייי לדריכון (NU 15:22)
וארום תשתלון ולא תעבדון חדא מכל פיקודיא האילין דמליל ייי עם
משה (NU 15:23) ית כל מה דפקיד ייי לוותכון בידא דמשה מן יומא
דפקיד ייי ולהלא לדריכון (NU 15:24) ויהי אין מן מחמי כנישתא
איתעבידת סורחנותא בשלו ויעבדון כל כנישתא תור בר תורי חד
לעלתא לאתקבלא ברעוא קדם ייי ומנחתיה וניסוכיה כד חמי וצפיר בר
עיזין דלא עירובין חד לחטאתא (NU 15:25) ויכפר כהנא על כל
כנישתא דבני ישראל וישתרי להון ארום שלותא היא והינון היתיאו
ית קרבנהון קרבנא קדם ייי וקרבן סורחנותהון קריבו קדם ייי על
שלותהון (NU 15:26) וישתרי מן קדם ייי לכל כנישתא דבני ישראל
ולגייוריא דמתגיירין ביניהון ארום לעמא אירע בשלותא (NU 15:27)
ואין בר נשא חד יחוב בשלו ויקרב גדיתא בר שתא דלא עירובין
לחטאתא (NU 15:28) ויכפר כהנא על בר נשא דאשתלי כד סרח בשלו
קדם ייי לכפרא עלוי וישתרי ליה (NU 15:29) יציבא בבני ישראל
ולגייורי דמתגיירין ביניכון אורייתא חדא יהי לכון ולמן דיעבד
בשלו (NU 15:30) ובר נש דיעבד בזדנא מן יציביא או מן גייורייא
ולא תאיב מן סורחנותיה קדם ייי הוא מרגיז וישתיצי בר נשא ההוא
מגו עמיה (NU 15:31) ארום על פיתגמא קדמאה דפקיד ייי בסיני בסר
וית תפקידת מהולתא בטיל אישתיציאה בעלמא הדין ישתצי בר נשא
ההוא בעלמא דאתי דעתיד למיתן חושבן חובתיה ליום דינא רבא
(NU 15:32) והוון בני ישראל שריין במדברא גזירת שבתא אשתמודע
להון ברם קנסא דשבתא לא אשתמודע להון קם גברא מדבית יוסף אמר
במימריה אזיל ואתלוש קיסין ביומא דשבתא ויחמון יתי סהדיא
ויתנון למשה ומשה יתבע אולפן מן קדם ייי וידון יתי ובכן
אשתמודע קנסא לכל בית (159) ישראל ואשכחו סהדיא ית גברא כד
תליש ועקר קיסין ביומא דשבתא (NU 15:33) וקריבו יתיה בתר דאתרו
ביה ותלש סהדיא דהשכחו יתיה תליש קיסין לות משה ולות אהרן ולות

כל כנישתא (NU 15:34) דין הוא חד מן ארבעה דינין די עלו קדם
משה נביא ודן יתהון על פום מימרא דקודשא מינהון דיני ממונא
ומינהון דיני נפשתא בדיני ממונא הוה משה זריז ובדיני נפשתא הוה
משה מתין ובאיליין ובאיליין אמר משה לא שמעית מן בגלל למלפא
רישי סנדרי דעתידין למיקום דיהוון זריזין בדיני ממונא ומתונין
בדיני נפשתא ולא יבהתון למשיילא דינא דמתקשי להון ארום משה
דהוה רבהון דישראל צרך דיימר לא שמעית בגין כן אצנעוהי בבית
אסירי ארום עד כדון לא איתפרש הדין דינא יתעבד ביה (NU 15:35)
ואמר ייי למשה אתקטלא יתקטל גברא אטלו יתיה באבנא כל כנישתא
מברא למשריתא (NU 15:36) והנפיקו יתיה כל כנישתא מברא למשריתא
ואטלו יתיה באבניא ומית היכמא דפקיד ייי ית משה (NU 15:37)
ואמר ייי למשה למימר (NU 15:38) מליל עם בני ישראל ותימר להון
ויעבדון להון ציצייתא לא מן נימיא ולא מן סיסיא ולא מן גרדיא
אלהין לשומהון יעבדונון ויפסקון רישי חוטיהון ויתלון בחמשת
קיטרין ארבעא בגו תלתא על ארבעת אנפי גוליהון דמתעטפין בהון
לדריהון ויתנון על אנפא גוליתהון שזיר דתיכלא (NU 15:39) ויהי
לכון למצוותא דציציית ותחמון יתיה בזמן דאתון מתעטפין בהון
ביממא ותידכרון ית כל פיקודיי ותעבדון יתהון ולא תסטון למטעי
בתר הרהור ליבכון ובתר חיזיו עיניכון דאתון טען בתריהון
(NU 15:40) מן בגלל דתדכרון ותעבדון ית כל פיקודיי ותהוון
קדישין הי כמלאכייא דמשמשין קדם ייי אלקהכון (NU 15:41) אנא
הוא ייי אלקכון די פרקית ואפיקית יתכון פריקין מארעא דמצרים
מטול (159A) למהוי לכון לאלקא אנא הוא ייי אלקכון

פרשה קרח

(NU 16:1) ונסיב גולייתיה דכולא תיכלא קרח בר יצהר בר קהת
בר לוי ודתן ואבירם בני אליאב ואון בר פלת בני ראובן (NU 16:2)
וקמו בחוצפא ואורו הילכתא באנפי דמשה על עיסק תיכלא משה הוה
אמר אנא שמעית מן פום קודשא יהי שמיה מברך דציציית יהוון מן
חיוור וחוטא חד דתיכלא יהי ביה קרח וחברוי עבדו גוליין
וצייציתהון כולהון דתיכלא מה דלא פקיד ייי ומסעדין להון
גובריא מבני ישראל מאתן וחמשין אמרכלי כנישתא מערעי זמן למיטל
ולמשרי מפרשין בשמהן (NU 16:3) ואתכנשו על משה ועל אהרן ואמרו
להון סגי לכון רבנותא ארום כל כנישתא כולהון קדישין וביניהון
שריא שכינתא דייי ומה דין אתון מתרברבין על קהלא דייי
(NU 16:4) ושמע משה היך קנייו כל חד מנהון ית אינתתיה
לאשקייותהן מיא בדוקיא מטול משה ונפל על אנפוי מן כיסופא
(NU 16:5) ומליל עם קרח ועם כנישת סעדוי למימר צפרא ויהודע ייי
ית דכשר ליה וית דקדיש ויקרב לפולחניה וית דיתרעי ביה יקרב
לשימושיה (NU 16:6) דא עיבידו סבו לכון מחתיין קרח וכל כנישת
סעדוי (NU 16:7) והבו בהון אישתא ושוו עליהון קטרת בוסמין קדם
ייי מחר ויהי גברא דיתרעי ביה ייי הוא דקדיש סגי לכון בני לוי
(NU 16:8) ואמר משה לקרח ולגניסתיה קבילו כען בני לוי
(NU 16:9) הזעירא היא לכון ארום אפריש אלקא דישראל יתכון מן
כנישתא לקרבא יתכון לשימושיה למפלח ית פולחן משכנא דייי ולמקום

קדם כל כנישתא לשמשותהון (160) (NU 16:10) וקרב יתך וית כל אחך בני לוי עימך וכדון אתון תבעין אוף כהונתא רבתא (NU 16:11) בגין כן אנת וכל כנישת סעדך דאזדמנתון על מימרא דייי ואהרן מה הוא ארום מתרעמין אתון עלי (NU 16:12) ושדר משה פולין לזמנא לבי דינא רבא לדתן ולאבירם בני אליאב ואמרו לא ניסוק (NU 16:13) הזעירא היא ארום אסיקתנא ממצרים ארעא דעבדא חלב ודבש לקטלותנא במדברא ארום מתרברבת עלנא אוף אתרברבא (NU 16:14) ברם לא לארעא עבדא חלב ודבש אעילתנא ויהבת לנא אחסנת חקלין וכרמין העיניהון דגובריא האינון דבארעא ההיא תסנוור ותנצח יתהון ולא ניסוק לתמן (NU 16:15) ותקיף למשה לחדא ואמר קדם ייי בבעו מינך לא תיסתכל לדורון דידהון דלא חמרא דחד מנהון שחרית ולא אבאישית לחד מנהון (NU 16:16) ואמר משה לקרח אנת וכל כנישת סעדך הוו זמינין לבי דינא קדם ייי אנת והינון ואהרן מחר (NU 16:17) וסבו גבר מחתיתיה ותיתנון עליהון קטורת בוסמין ותקרבון קדם ייי גבר מחתיתיה מאתן וחמשין מחתיין ואנת ואהרן גבר מחתיתיה (NU 16:18) ונסיבו גבר מחתיתיה ויהבו בהון אישתא ושויאו עליהון קטורת בוסמין וקמו בתרע משכן זימנא מציטרא חד ומשה ואהרן מציטרא חד (NU 16:19) וכנש עליהון קרח ית כל כנישתא לתרע משכן זימנא ואתנטיל בעותריה דאשכח תרין אוצרין מן אוצרוי דיוסף מליין כסף ודהב ובעא למיטרד בההוא עותרא ית משה וית אהרן מן עלמא אילולי דאיתגלי איקרא דייי לכל כנישתא (NU 16:20) ומליל ייי עם משה ועם אהרן למימר (NU 16:21) איתפרשו מגו כנישתא הדא ואישיצי יתהון כשעא זעירא (NU 16:22) ואתרכינו בצלו על אפיהון ואמר אל אלקא דשוי רוח נשמתא בגופי בני נשא ומיניה מתיהבא רוחא לכל בישרא האין גברא חד יחוב ועל כל (160A) כנישתא יהי רוגזא (NU 16:23) ומליל ייי עם משה למימר (NU 16:24) קבילית צלותכון על כנישתא כדון מליל להון למימר איסתלקו מן חזור חזור למשכנא דקרח דתן ואבירם (NU 16:25) וקם משה ואזל לאוכחא לדתן ולאבירם ואזלו בתרוי סבי ישראל (NU 16:26) ומליל לכנישתא למימר זורו כדון מעילוי משכני גובריא חייבייא איליין דאתחייבו קטול מן טליותהון במצרים פרסימו מיסיטירין דילי כד קטלית ית מצראה על ימא ארגיזו קדם ייי באלוש אפיסו ית יומא דשבתא כדון אזדמנו על מימרא דייי בגין כן חזי לנדוייהון ולגמרא ית כל ניכסיהון ולא תיקרבון בכל מה דאית להון דילמא תילקון בכל חוביהון (NU 16:27) ואיסתלקו מעילוי משכנא דקרח דתן ואבירם מן חזור חזור ודתן ואבירם נפקו במילי חירופין וקמו וארגיזו למשה תרע משכניהון ונשיהון ובניהון וטפלהון (NU 16:28) ואמר משה בדא תינדעון ארום ייי שדרני למעבד ית כל עובדיא האילין ארום לא מן רעות ליבי (NU 16:29) אין כמיתותא דמייתין בה כל בני נשא ימותון איליין וסכמות כל אינשא יסתכם עליהון לא ייי שדרני (NU 16:30) ואין לא איתבריית מיתותא להון מן יומת עלמא תתברי להון כדון ואין לא איתברי פום לארעא מן שירויא איתברי לה כדון ותפתוח ארעא ית פומא ותבלוע יתהון וית כל דילהון ויחתון כד חיין לשייול ותינדעון ארום ארגיזו

גובריא האילין קדם ייי (NU 16:31) והוה כדי פסק למללא ית כל פיתגמייא האילין ואיתבזעת ארעא דתחותהון (NU 16:32) ופתחת ארעא ית פומה ובלעת יתהון וית בתיהון וית כל אינשא דלקרח וית כל ניכסיא (NU 16:33) ונחתו הינון וכל דילהון כד חיין לשייול וחפת עליהון ארעא ואובדו מגו קהלא (NU 16:34) וכל ישראל די בחזרנתהון (161) ערקו מן דחיל קלהון היך צווחין ואמרין זכיי הוא ייי וקושטא היך דינוי וקושטא הינון פיתגמיה משה עבדיה ואנן רשיעיא דמרדנא ביה ובני ישראל אפכו כדי שמעו ארום אמרו דילמא תבלוע יתן ארעא (NU 16:35) ואישתא נפקת ברוגזא מן קדם ייי ואכלת ית מאתן וחמשין גוברין מסקי קטורת בוסמיא (NU 17:1) ומליל ייי עם משה למימר (NU 17:2) אמר לאלעזר בר אהרן כהנא ויפרש ית מחתיא מן בני יקידיא וית אישתא בדרי להאל ארום אתקדשא (NU 17:3) ית מחתיית חייבייא האילין דאתחייבו קטול בנפשתהון ויעבדון מנהון רדידי טסין חפיי למדבחא ארום קריבינון קדם ייי ואתקדשו ויהון לאת לבני ישראל (NU 17:4) ונסיב אלעזר כהנא ית מחתיית נחשא דקריבו יקידיא ורדידינון חפיי לגופה דמדבח דמן שירויא הוון תשמישתיה דמדבחא (NU 17:5) דוכרנא לבני ישראל מן בגלל דלא יקרב גבר חילוניי דלא מן בני אהרן לאסקא קטורת בוסמין קדם ייי ולא יהי גבר מתנטל למיפלוג על עיסק כהונתא כקרח וככנישת סעדוי וסופיה להובדא ולא כמיתותא דקרח וככנישתיה ביקידת אישא ובליעת ארעא אלהין למלקי בסגירותא היכמא דמליל למשה שוי ידך בעיטפך ולקת ידיה בצורעא הכדין ימטי ליה (NU 17:6) ואתרעמו כל כנישתא דבני ישראל ביומא חרן על משה ועל אהרן למימר אתון גרמתון דין מותא על עמא דייי (NU 17:7) והוה באתכנשות כנישתא על משה ועל אהרן למקטלהון ואתפניו למשכן זימנא והא חפייה ענן איקר שכינתא ואיתגלי תמן איקרא דייי (NU 17:8) ועל משה ואהרן מן קדם קהלא לתרע משכן זימנא (NU 17:9) ומליל ייי עם משה למימר (NU 17:10) איתפרשו מיגו כנישתא הדא ואישצי יתהון כשעא זעירא ואתרכינו בצלו על אפיהון (NU 17:11) ואמר משה לאהרן סב ית מחתיא והב עלה אישתא מעילוי מדבחא ושוי (161A) קטרת בוסמין על אישתא ואוביל בפריע לות כנישתא וכפר אמטולהון ארום נפק מחבלא דאתכלי בחורב דשמיה קצף מן קדם ייי בהרמנא שרי לקטלא (NU 17:12) ונסיב אהרן היכמא דמליל משה ורהט למצע קהלא והא שרי קצף מחבלא לחבלא בעמא ויהב ית קטורת בוסמין וכפר על עמא (NU 17:13) וקם ליה אהרן בצלו במצע ועבד מחיצותא במחתייתא ביני מיתיא וביני חייא ואתכליית מותנא (NU 17:14) והוו סכום דמיתו במותנא ארבסר אלפין ושבע מאה בר מדמיתו על פלוגתא דקרח (NU 17:15) ותב אהרן לות משה לתרע משכנא זימנא ומותנא איתכליית (NU 17:16) ומליל ייי עם משה למימר (NU 17:17) מליל עם בני ישראל וסב מינהון חוטרא חוטרא לבית אבא מלות כל אמרכלהון לבית אבהתהון תריסר חוטרין גבר ית שמיה תכתוב על חוטריה (NU 17:18) וית שמא דאהרן תכתוב על חוטרא דלוי ארום חוטרא חד לריש בית אבהתהון (NU 17:19) ותצנעינון במשכן זימנא קדם סהדותא דאיזמן מימרי לך תמן (NU 17:20) ויהי גברא דאתרעי ביה לשמשא קדמי

חוטריה ינעי ואישדיך מיני ית תורעמות בני ישראל דהינון מתרעמין עליכון (NU 17:21) ומליל משה עם בני ישראל ויהבו ליה כל אמרכלהון חטר לאמרכול חד חטר לאמרכול חד לבית אבהתהון תריסר חטרין וחטר אהרן במציעות חטריהון (NU 17:22) ואצנע משה ית חוטריא קדם ייי במשכנא דסהדותא (NU 17:23) והוה מיומא חרן ועאל משה למשכנא דסהדותא והא ייעא חטר אהרן לבית לוי ואפיק ליבלובין ואניץ נצין ביה בליליא גמר ועבד לוזין (NU 17:24) והנפק משה ית כל חטריא מן קדם ייי לכל בני ישראל ואשתמודעו ונסיבו גבר חוטריה (NU 17:25) ואמר ייי למשה אתיב ית חוטרא דאהרן קדם סהדותא למטרא לאת לבניא (162) סרבנייא ויסופן תורעמותהון מן קדמי ולא ימותון (NU 17:26) ועבד משה היכמא דפקיד ייי יתיה הכדין עבד (NU 17:27) ואמרו בני ישראל למשה למימר הא מינן אשתיציו בשלהובית אישתא ומינן איתבלעו בארעא ואובדו הא אנחנא חשיבין כאילו אבדנא כולנא (NU 17:28) כל דקריב מיקרב למשכנא דייי מאית הברם ספנא למישתציא (NU 18:1) ואמר ייי לאהרן אנת ובנך ובית אבך עימך תקבלון חובי קדשיא אין לא מזדהרין באסקותהון ואנת ובנך עימך תקבלון ית חובי כהונתכון אין לא מזדהרין באפרשותהון (NU 18:2) ואוף ית אחך שיבטא דלוי דמתקרי על שמא דעמרם אבך קריב לוותך ויתחברון לוותך וישמשונך ואנת ובנך עימך תקומון קדם משכנא דסהדותא (NU 18:3) ויטרון מטרתך ומטרת כל משכנא ברם למני קודשא ולמדבחא לא יקרבון ולא ימותון אוף הינון אוף אתון (NU 18:4) ויזדמנון לוותך מלבר ויטרון ית מטרת משכנא זימנא לכל פולחן משכנא וחילוניי לא יקרב לוותכון (NU 18:5) ותיטרון ית מטרת קודשא וית מטרת מדבחא ולא יהי תוב רוגזא דהוה על בני ישראל (NU 18:6) ואנא הא קריבית ית אחוכון ליואי מיגו בני ישראל לכון מתנא יהיבין קדם ייי למפלח ית פולחן משכן זימנא (NU 18:7) ואנת ובנך עימך תינטרון ית כהונתכון לכל פיתגם מדבחא ולמגיו לפרגודא ותפלחון לפום עדביא כפולחנא כן מיכל מתנה איתן בדכותא ית כהונתכון וחילוניי דיקרב יתקטל (NU 18:8) ומליל ייי עם אהרן ואנא בחדוא יהבית לך ית מטרת אפרשותיי חלתא וביכוריא וכל קודשיא דבני ישראל לך יהבתינון לרבו ולבנך לקיים עלם (NU 18:9) דין יהי לך מקודש קודשיא מה דמשתייר מעלתא דענא מן אישתא כל קרבנהון לכל מנחתהון לכל חטוותהון ולכל אשמהון די יתיבון קדמי קודש קודשין דילך הוא (162A) ודיבנך (NU 18:10) בקודש קודשיא תיכלוניה כל דכורא בכון ייכול ייתיה בדכותא קודשא יהי לך (NU 18:11) ודין דזכיתי לך אפרשות מתנתהון לכל ארמות בני ישראל לך יהבתינון ולבנך ולבנתך עימך לקיים עלם כל דידכי בביתך ייכול ייתיה (NU 18:12) כל טוב משח זיתא וכל טוב חמר עינבא ועיבור שירויהון דיתנון קדם ייי לך יהבתינון (NU 18:13) ביכורים דכל פירי אילני ארעהון דיקרבון קדם ייי דילך יהי כל דדכי בביתך ייכלוניה (NU 18:14) כל דמגמר בישראל דילך יהי (NU 18:15) כל פתח וולדא לכל בישרא בבעירא דיקרבון מינה קדם ייי כדינא באינשא כן דינא בבעירא למהוי דילך ברם מפרק תיפרוק ית בוכרא דאינשא בחמשא סילעין וית בוכרא

דבעירא מסאבא תיפרוק באימרא (NU 18:16) ופרקוניה דבר נש מבר
ירחא תיפרוק בסכום עילוייך כסף חמשא סילעין בסילעי בית קודשא
עשרין מעין הוא (NU 18:17) ברם בוכרא דתורי או בוכרא דאימרי או
בוכרא דעיזי לא תפרוק מטול דקודשא הינון וית אדמתהון תדרוק על
מדבחא וית תריבהון תסיק קורבן דמתקבל ברעוא קדם ייי (NU 18:18)
ובישריהון יהי לך למיכל הי כחדיא דארמותא והי כשקא דימינא דילך
יהי (NU 18:19) כל אפרשות קודשיא די יקדשון בני ישראל קדם ייי
יהבית לך ולבנך ולבנתך עימך לקיים עלם ולא יתבטיל הי כמלחא
דמבסים בשר קורבניא דקיים עלם הוא קדם ייי הכדין הוא לך ולבנך
(NU 18:20) ואמר ייי לאהרן בארעהון לא תקבל אחסנא כמשאר שבטיא
וחולקא לא יהוי לך ביניהון אנא חלקך ואחסנתך בגו בני ישראל
(NU 18:21) ולבנוי דלוי הא יהבית ית כל מעשרא בישראל באחסנא
חולף פולחנהון דהינון פלחין ית פולחן משכן זימנא (NU 18:22)
ולא יקרבון תוב בני ישראל למשכן זימנא לקבלא חובא (163) לימטת
(NU 18:23) ויפלחון ליואי הינון ית פולחן משכן זימנא והינון
יקבלון ית חוביהון אין לא מזדהרין בפולחנהון קיים עלם לדריכון
ובגו בני ישראל לא יחסנון אחסנא (NU 18:24) ארום ית מעשרא דבני
ישראל דיפרשון קדם ייי אפרשותא יהבית לליואי לאחסנא בגין כן
אמרית להון דבגו בני ישראל לא יחסנון אחסנא (NU 18:25) ומליל
ייי עם משה למימר (NU 18:26) ולליואי תמליל ותימר להון ארום
תיסבון מן בני ישראל ית מעשרא דיהבית להון באחסנתהון ותפרשון
מיניה אפרשותא קדם ייי מעשרא מיגו מעשרא (NU 18:27) ואתחשב
לכון אפרשותכון הי כעיבורא מן אידרא והי כחמרא דמליתא מן
מעצרתא (NU 18:28) הכדין תפרשון לחוד אתון אפרשותא קדם ייי מכל
מעשריכון דתיסבון מן בני ישראל ותיתנון מיניה אפרשותא קדם ייי
לאהרן כהנא (NU 18:29) מכל מתנתיכון תפרשון ית אפרשותא קדם ייי
מן כל שפר טוביה וביה (NU 18:30) ותימר להון לכהניא באפרשותכון ית
שפר טוביה מיניה וביה ויתחשב לליואי הי כאפרשות עיבורא מן גוא
אידרא והי כאפרשות חמרא מיגו מעצרתא (NU 18:31) ותיכלון יתיה
אתון כהניא בכל אתר אתון ואינש בתיכון ארום אגרא הוא לכון
חלופי פולחנכון במשכן זימנא (NU 18:32) ולא תקבלון עלוי חובא
בזמן אפרשותכון ית שפר טוביה מיניה וביה לאוכלי מיניה לדסאיב
וית קודשיא דבני ישראל לא יתפסון דלא תמותון

פרשה חקת התורה

(163A) (NU 19:1) ומליל ייי עם משה ועם אהרן למימר (NU 19:2) דא
גזירת אחויית אורייתא דפקיד ייי למימר מליל עם בני ישראל
ויסבון לך מאפרשות לישכתא תורתא סומקתא ברת תרתין שנין דלית בה
מומא ושומא משער חורן דלא סליק עלה דכר ולא אטרחא באבצן
עיבידתא ואפסרא וקטרבא ולא אידעצא בזקתא וסול וסירתא וכל דדמי
לנירא (NU 19:3) ותיתנון יתה לאלעזר סגן כהניא ויהנפק יתה
לחודה למיברא למשריתא ויסדר חזור חזור לה סידורי קיסין דתיניא
וכהנא אוחרן יכוס יתה קדמוי בתרין סימניא כמישאר בעירן
ויבדיקנה בתמניסרי טריפן (NU 19:4) ויסב אלעזר בכיהוניא מן
אדמיה באדבע יד ימיניה ולא יקבליניה במנא וידי לסידורא דקיסי

תיניא מן לגין מן ציטרא דממצע כל קבל אפי משכן זימנא מאדמה בטיבולא חדא שבע זימנין (NU 19:5) ויפקון מגו סידורא ויוקד כהן אוחרן ית תורתא כד חמי אלעזר ית מושכה וית בישרה וית אדמה על ריעייה יוקד (NU 19:6) ויסב כהין אוחרן בקעתא דקיסא דגולמיש ואיזובא וצבע דאישתני בזהורי ויטלוק לגו יקידתא דתורתא ויסגי דליקתא לאפושי קיטמא (NU 19:7) ויצבע לבושוי כהנא דינכס ית תורתא ויסחי בישריה בארבעין סווין דמוי ומן בתר כדין ייעול למשריתא ויהי מסאב כהנא ההוא קדם טיבוליה עד רמשא (NU 19:8) וכהנא דמתעסק ביקידתא יצבע לבושוי בארבעין סווין דמוי ויסחי בישריה בארבעין סווין דמוי ויהי מסאב קדם טיבוליה עד רמשא (NU 19:9) ויכנוש גבר כהין דכי ית קיטמא דתורתא בקלל דפחר מקף מגופת שייע ויפלג ית קיטמא לתלת חולקין חדא יהיב בחייל וחדא בטוור מישחא וחדא מפלג לכל מטרת ליואי ותהי לכנישתא דבני ישראל למוי אדיותא ברם שיבוק חובת עיגלא היא (NU 19:10) ויצבע (164) כהנא דכניש ית קיטמא דתורתא ית לבושוי ויהי מסאב קדם טיבוליה עד רמשא ותהי לדכותא לבני ישראל ולגייורייא דיתגיירון ביניהון לקיים עלם (NU 19:11) דיקרב בישכיבא לכל בר נשא ואפילו לוולדא בר ירחין לגושמיה ובדמיה יהי מסאב שובעא יומין (NU 19:12) הוא ידי עלוי מי קיטמא ההוא ביומא תליתאה וביומא שביעאה וידכי ואין לא ידי עלוי ביומא תליתאה יעכב עלוי וביומא שביעאה לא ידכי (NU 19:13) כל דיקרב בשכיבא ובוולדא בר תשעה ירחין בגושמיה ובדמיה דימות ולא ידי עלוי ית משכנא דייי סאיב וישתיצי בר נשא ההוא מישראל ארום מוי אדיותא לא אזדריקו עלוי מסאב הוא תוב סובתיה ביה עד דידי ויהדר וידי ויטבול ברמשא שביעאה (NU 19:14) דא אחוויית אורייתא גבר ארום ימות תחות גננא דפריס כל מן דעליל למשכנא אורח תרעא ולא מן צדדיה כדפתיח תרעיה וכל דבמשכנא ואפילו קרקעיתיה ואבנוי וקיסוי ומנוי יהי מסאב שובעא יומין (NU 19:15) וכל מאן דפחר פתיח דלית מגופתא מחברא ביה מקף על פמיה דיפריש ביניה ובין סובתא מסאב הוא בגנינא באוירא דסובתא דמפמיה ומגויה ולא מגביה (NU 19:16) וכל מאן דמקרב על אנפי ברא ולא במיתא דבכריסא דאימיה בקטיל סייפא או בסייפא דקטל ביה או בשכיבא שלימא ואפילו בגרמיה כשערתא או בגרמא דאינשא חייא דפרש מיניה או בקבורתא וגוללא ודופקא יהי מסאב שובעא יומין (NU 19:17) ויסבון לדמסאב מן עפר יקידת חטתא ויתן עלוי מי מבוע לגו מאן דפחר (NU 19:18) ויסב איזובא תלתא קילחין באיסרא חדא ויטמוש במיא האינון בעידן קיבול סובתא גבר כהין דכי וידי על משכנא ועל כל מניא ועל בני נש דהוו תמן ועל דמקרב בגרמא דחייא דפרש מיניה ונפל או בקטיל חרבא או בשכיבא במותנא או (164A) בבית קבורתא וגוללא ודופקא (NU 19:19) וידי כהנא דכיא על גברא מסאבא ביומא תליתאה וביומא שביעאה וידכיניה ביומא שביעאה ויצבע לבושוי ויסחי במיא וידכי ברמשא (NU 19:20) וגבר דיסתאב ולא ידי עלוי וישתיצי בר נשא ההוא מיגו קהלא ארום ית מקדשא דייי סאיב מי אדיותא לא אזדריקו עלוי מסאב הוא (NU 19:21) ותהי לכון לקיים עלם ולחוד כהנא דמדי מי אדיותא יצבע לבושוי ודיקרב במי

אדיותא יהי מסאב עד רמשא (NU 19:22) וכל מידעם דיקרב ביה מסאבא
ולא בהיסיטא יהי מסאב ובר נש דכי דיקרב ביה יהי מסאב עד רמשא
(NU 20:1) ואתו בני ישראל כל כנישתא למדברא דצין בעשרא יומין
לירחא דניסן ומיתת תמן מרים ואתקברת תמן (NU 20:2) ולפום
דבזכותא דמרים איתיהיבת בירא כד שכיבת איתגניזת בירא ולא הוו
מוי לכנישתא ואיתכנישו על משה ועל אהרן (NU 20:3) ונצא עמא על
משה ואמרו למימר הלואי דמיתנא כד מיתו אחנא קדם ייי (NU 20:4)
ולמא אתיתון ית קהלא דייי למדברא הדין לממת תמן אנחנא ובעירנא
(NU 20:5) ולמא אסיקתונא ממצרים לאיתאה יתן לאתרא בישא הדין לא
אתר כשר לבית דרע ואוף לא למינצב תינין וגופנין ורומנין ומוי
לית למישתי (NU 20:6) ועאל משה ואהרן מן קדם תורעמות קהלא לתרע
משכן זימנא ואיתרכינו על אפיהון ואיתגלי איקר שכינתא דייי להון
(NU 20:7) ומליל ייי עם משה למימר (NU 20:8) סב ית חטר ניסיא
וכנוש ית כנישתא אנת ואהרן אחוך ותומון תריכון ית כיפא בשמא
רבא ומפרשא כד הינון חמיין ויתן מוהי ואין יסרב לאפוקי מחי אנת
לחודך ביה בחוטרא דבידך ותהנפק להון מיא מן כיפא (165) ותשקי
ית כנישתא וית בעיריהון (NU 20:9) ודבר משה ית חטר ניסיא מן
קדם ייי היכמה דפקדיה (NU 20:10) וכנישו משה ואהרן ית קהלא
לקדם כיפא ואמר להון משה שמעו כדון סורבניא המן כיפא הדין
איפשר לן להנפקא לכון מיא (NU 20:11) וזקף משה ית ידיה ומחא ית
כיפא בחטריה תרתין זמנין בזימנא קמאה אטיפת אדמא ובזימנא
תניינא נפקו מיין סגיאין ואשתיאת כנישתא ובעיריהון (NU 20:12)
ואמר ייי למשה ולאהרן בשבועתא חולף דלא הימנתון במימרי לקדשותי
למיחמיהון דבני ישראל בגין כן לא תהנעלון ית קהלא הדין לארעא
די אתין להון (NU 20:13) הינון מי מצותא דנצו בני ישראל קדם
ייי על עיסק בירא דאיתגנזת ואתקדש בהון במשה ואהרן כד אתיהבת
להום (NU 20:14) ושדר משה אזגדין מרקם לות מלכא דאדום למימר
כדנן אמר אחוך ישראל אנת ידעת ית כל אניקי דאשכחתנא (NU 20:15)
ונחתו אבהתן למצרים ויתיבנא במצרים יומין סגיאין ואבאישו לנא
מצראי ולאבהתנא (NU 20:16) וצלינא קדם ייי וקביל צלותנא ושדר
חד ממלאכי שירותא והנפקנא ממצרים והא אנחנא ברקם קרתא דמתבניא
בסטר תחומך (NU 20:17) נעיבר כדון בארעך לא נשרגגה בתולן ולא
נאנוס אריסן ולא נבעול נשי גוברין באורח מלכא דבשמיא נזיל לא
נסטי לימינא ולשמאלא להנזקא בשבילי רשותא עד דניעיבר תחומך
(NU 20:18) ואמר ליה אדומאה לא תעיבר בתחומי דילמא בשליפי חרב
אפוק לקדמותך (NU 20:19) ואמרו ליה בני ישראל באיסרטיא דמלכא
ניזיל אין מייך נישתי אנא ובעיריי ואיתן דמי טימהון לחוד לית
פיתגם דביש בלחודי איעבר (NU 20:20) ואמר לא תעיבר ונפק אדומאה
(165A) לקדמותיה בחיל רב ובידא תקיפתא (NU 20:21) וסרב אדומאה
למשבוק ית ישראל למיעבר בתחומיה וסטא ישראל מלוותיה דהוו
מיפקדין מן קדם מימרא דשמיא דלא למסדרא עמהון סידרי קרבא דעד
כדון לא מטא זימנא למתיהבא נקמתא באדום בידהון (NU 20:22)
ונטלו מרקם ואתו בני ישראל כל כנישתא לטוורוס אומנוס
(NU 20:23) ואמר ייי למשה בטוורוס אומנוס על תחום ארעא דאדום

למימר (NU 20:24) יתכנש אהרן לעמיה ארום לא ייעול לארעא דיהבית
לבני ישראל מטול דסריבתון על מימרי במי מצותא (NU 20:25) דבר
ית אהרן וית אלעזר בריה ואסיק יתהון לטוורוס אומנוס (NU 20:26)
ואשלח ית אהרן ית לבושוי יקר כהונתא ותלבישינון ית אלעזר בריה
ואהרן יתכנש וימות תמן (NU 20:27) ועבד משה היכמא דפקיד ייי
וסליקו לטוורוס אומנוס כד חמן כל כנישתא (NU 20:28) ואשלח משה
ית אהרן ית לבושוי איקר כהונתא ואלביש ית אלעזר בריה ומית אהרן
תמן בריש טוורא ונחת משה ואלעזר מן טוורא (NU 20:29) וכיוון
דנח נפשיה דאהרן אסתלקו עננא יקרא בחד לירחא דאב וחמון כל
כנישתא משה נחית מן טוורא מנוי בזיעין והוי בכי ואמר ווי לי
עלך אהרן אחי עמוד צלותהון דישראל אוף הינון בכון ית אהרן
תלתין יומין גובריא ונשיא דישראל (NU 21:1) ושמע עמלק דהוה
שרי בארע דרומא ואתא ואישתני ומלך בערד ארום נח נפשיה דאהרן
ואסתלק עמודא דעננא דהוה מדבר בזכותיה קדם עמא בית ישראל וארום
אתו ישראל אורח אלליא אתר דמרדו במרי עלמא דכד תבו אלליא הוו
בני ישראל שריין ברקם והדרו לבתריהון מן ריקם עד מוסרות שית
משוריין (166) ארבעין שנין נטלו מן מוסרות ותבו לרקם אורח
מאללייא ואתו לטוורוס אומנוס ומית אהרן תמן הא בכין אתא ואגח
קרבא בישראל ושבא מנהון שיביא (NU 21:2) וקיים ישראל קיים קדם
ייי ואמר אין מימסר תימסר ית עמא הדין בידא ואיגמר ית קורייהון
(NU 21:3) וקביל ייי צלותיה דישראל ומסר ית כנענאה וגמר יתהון
וית קורייהון וקרא שמא דאתרא חרמה (NU 21:4) ונטלו מטוורוס
אומנוס מהלך ימא דסוף לאחזרא ית ארעא דאדום וקנטת נפשא דעמא
באורחא (NU 21:5) והרהרו עמא בלבבהון ואישתעיאו על מימרא דייי
ובמשה נצו למא אסקתונא ממצרים לממת במדברא ארום לית לחמא ולית
מיא ונפשנא קנטת במנא הדין דמזוניה קליל (NU 21:6) ברת קלא
נפלת מן שמי מרומא וכן אמרת איתון חמון כל בני נשא כל טבוון
דעבדית לעמא אסיקית יתהון פריקין ממצרים אחיתית להון מנא מן
שמיא וכדון חזרו ואתרעמו עלוי והא חיויא דגזרית עלוי מן יומא
שירוי עלמא עפר יהוי מזוניה ולא אתרעם עלוי ועמי אתרעמו על
מזונהון וכדון ייתון חיוייא דלא אתרעמו על מזונהון וינכתון ית
עמא די אתרעמו על מזונהון בכן גרי מימרא דייי בעמא ית חיוון
חורמנין ונכיתו ית עמא ומיתו אוכלוסין סגיאין מישראל (NU 21:7)
ואתו עמא לות משה ואמרו חבנא ארום הירהירנא ואישתעינא ביקר
שכינתא דייי ועימך נצינא צלי קדם ייי ויעדי מיננא ית מחת חיויא
וצלי משה על עמא (NU 21:8) ואמר ייי למשה עיבד לך חיווי חורמן
דנחש ושוי יתיה על אתר תלי ויהי כל דנכות יתיה חיויא ויהוי
מסתכל ביה וחאי אין מכוין ליביה לשום מימרא דייי (NU 21:9)
ועבד משה חיויא דנחשא ושוי יתיה על אתר תלי והוי כד נכית חיויא
(166A) ית גברא והוה מסתכל בחויא דנחשא ומכוין ליביה לשום
מימרא דייי וחאי (NU 21:10) ונטלו מתמן בני ישראל ושרו באבות
(NU 21:11) ונטלו מאובות ושרו במישרי מגזתא במדברא אתר דמכוון
על אנפי מואב ממדנח שמשא (NU 21:12) מתמן נטלו ושרו בנחלא
דמרבי חלפי גולי וסיגלי (NU 21:13) ומתמן נטלו ושרו מן להאל

לארנון במעברא דבמדברא דנפיק מתחות אמוראה ארום ארנון תחום מואב ממצע בין מואב ובין אמוראה ויתבין ביה כומרניא פלחי טעוותהון (NU 21:14) על כן יתאמר בספר אורייתא דתמן כתיבין קרביא דייי את והב דהוון בעלעולא דסגירותא וטרידין בסוף משריתא הינון בסרו ית ישראל דאדום ומואב איטמרו ביני טווריא למיכמן ולשיצאה עמא בית ישראל ומרי עלמא דמן לטווריא וקריבו דין לדין ומיתן ואדמהון הוה נגיד בנחליא סמיך לארנון (NU 21:15) ושפכות נחליא דאדמהון הוה נגיד עד מותבות לחיית ברם איהי אישתיזבת מן דין גמירא על דלא הוות בעיטתהון והא היא לתחום מואב (NU 21:16) ומתמן איתיהיבת להון בירא היא בירא דאמר ייי למשה כנוש ית עמא ואיתן להון מוי (NU 21:17) בכן ישבח ישראל ית שבח שירתא הדא בזמן דאתכסיית והדרת בירא דאיתיהיבת להום בזכותא דמרים סוקי בירא סוקי בירא הוון מזמרין לה והיא סלקא (NU 21:18) בירא דחפרו יתה אבהת עלמא אברהם יצחק ויעקב רברבניא דמלקדמין חפסו יתה רישי עמא משה ואהרן ספריהון דישראל משחו יתיה בחוטריהון וממדברא איתיהבת להון למתנה (NU 21:19) ומן דאתיהבת להון למתנא חזרת למיסוק עימהון לטווריא רמייא ומטווריא רמייא נחתא עימהון לגלימתא מחזרא לכל משיריתא דישראל ומשקיא יתהון כל חד וחד בתרע משכניה (NU 21:20) ומטוורייא (167) רמייא נחתא עימהון לגלימתא עמיקתא ואתגניזת מנהון בתחומהון דמואבאי ריש רמתא דמדיקא כל קבל בית ישימון מטול דבטילו פתגמי אורייתא (NU 21:21) ושדר ישראל עזגדין לות סיחון מלכא דאמוראה למימר (NU 21:22) אעיבר בארעך לא נאנוס אריסן ולא נשרגג בתולן ולא נבעול נשי גוברין אורח מלכא דבשמים נזיל עד דניעיבר תחומך (NU 21:23) ולא שבק סיחון ית ישראל למעיבר בתחומיה וכנש סיחון ית כל עמיה ונפק לקדמות ישראל למדברא ואתא ליהצא ואגח קרבא בישראל (NU 21:24) ומחהי ישראל בשמתא דייי דקטלא כפיתגם דחרב וירית ית ארעיה מארנונא עד יובקא עד תחום בני עמון ארום תקיף הות רבת תחום בני עמון ועד כדון אית להון ארכא (NU 21:25) ונסב ישראל ית כל קירויא האילין ויתיב ישראל בכל קירוי אמוראי בחשבון ובכל כפרנהא (NU 21:26) ארום חשבון קרתא דסיחון מלכא דאמוראה היא והוא אגיח קרבא במלכא דמואב קדמאה ונסיב ית כל ארעיה מן ידיה עד ארנון (NU 21:27) על כן יימרון בחודתא מתולייא אמרין צדיקיא דשלטין ביצריהון איתו ונחשב זיינא דעובדא טבא כלו קבל אגרא ואגר עובדא בישא כלו קבל זיינה יתבני וישתכלל דמיתער ומשיח באורייתא (NU 21:28) ארום מילין תקיפין הי כאישא נפקין מפמי צדיקיא מרי חושבנא דנא וזכוון חסינן הי כשלהוביתא מאילין דקריין ומשיחין באורייתא אכלת אישתהון לסנאה ולבעיל דבבא דמתחשבין קומיהון הי כפלחי במסי טעוותא דנחלי ארנונא (NU 21:29) ייא לכון סנאי צדיקיא אבדתון עמא דכמיש מדהינת פיתגמי אורייתא לית להון תקנתא עד דייצרכון ביניהכון למגלי לאתר דילפון אורייתא ובנתיהון מתרחקין בשבית חרבא כל קבל מתמלכין במולכנא דאורייתא אמוראין ומשיחין באורייתא (167A) (NU 21:30) אמירין רשיעיא לית רמא ומנטלא חמי כל דא אבד חושבנכון עד דיסוף

בדבונא נפשיכון ומרי עלמא יצדי יתהון עד דיפח נפשהון ויצדון
כמא דאצדי קרוי אמוראי ופלטירי רבניהון מן תרעא רבא דבית
מלכותא עד שוקא דנפחיא דסמיך עד מידבא (NU 21:31) ויתיבו ישראל
בתר דקטילו ית סיחון בארעא דאמוראי (NU 21:32) ושדר משה ית כלב
וית פנחס לאללא ית מכבר וכבשו כופרנהא ושיצון ית אימוראי דתמן
(NU 21:33) ואתפניו וסליקו אורח מתנן ונפק עוג מלכא דמותנן
לקדמותנא הוא וכל עמיה לאגחא קרבא לאדרעי (NU 21:34) והוה
כיוון דחמא משה ית עוג זע וארתית מן קדמוי עני ואמר דין הוא
עוג רשיעא דהוה מחסיד ית אברהם ושרה אבהתן למימר אתון מדמיין
לאילנין שתילין על פרקטונין דמיין ברם פירין לית הינון עבדין
בגין כן אמתין ליה קודשא בריך הוא למחווייא לדריא ויחמי מן
בניהון אוכלוסין סגיאין לאתמסרא בידיהון בכן אמר ייי למשה לא
תידחל מיניה ארום בידך מסרית יתיה וית כל עמיה וית ארעיה
ותעביד ליה היכמא דעבדת לסיחן מלכא דאמוראי דהוה יתיב בחשבון
(NU 21:35) והוה כיוון דחמא עוג רשיעא ית משירייתא דישראל דהוה
שיתא פרסי אמר ליה אנא מסדר סידרי קרבא כלו קבל עמא הדין דילמא
יעבדון לי היכמא דעבדו לסיחן אזל ועקר טוורא בר שיתא פרסי
ואחתיה על רישיה למיטלוק עליהון מן יד זמין מימרא דייי זחלא
ופכר טוורא ונקריה וטמע רישיה בגויה בעא למשלפיה מן רישיה ולא
יכיל מן בגלל דמשכי ככיה ושיניה פמיה הלכא והלכא אזל משה ונסב
נרגא ברת עישרתי אמין וטפז עישרתי אמין ומחייה בקרסוליה ונפל
ומית מן להאל למשריתא דישראל דהכין כתיב ומחו יתיה וית בנוי
וית כל עמיה עד די לא שיירו ליה משיזיב וירתו ית ארעיה
(NU 22:1) ונטלו בני ישראל ושרון (168) במישריא דמואב מעיברא לירדנא
דיריחו

פרשה בלק

(NU 22:2) וחמא בלק בר צפור ית כל מה דעבד ישראל לאמוראי
(NU 22:3) ודחילו מואבאי מן קדם עמא לחדא ארום סגי הוא ואתיעקו
מואבאי בחייהון מן קדם בני ישראל (NU 22:4) ואמרו מואבאי לסבי
מדינאי ארום עמא חד ומלכו חד הוון עד ההוא יומא כדון ישיצון
קהלא ית כל חזרנותנא היכמא דמיבעי תורא ית עיסבא דחקלא ובלק בר
צפור מדינאה מלכא למואב בעידנא ההיא ולא בעידנא חורנא דהכין
הווה תנאה בינתיהון למיהוי מלכין לפירקין מאילך ואילך
(NU 22:5) ושדר עיזגדין לות לבן ארמאה הוא בלעם דבעא למבלוע ית
עמא בית ישראל בר בעור דאיטפש מסוגעי חכמתי ולא חס על ישראל
זרעא דבני בנתיה ובית מותביה בפדן היא פתור על שמיה פתיר חלמיא
והיא מתבניא בארם דעל פרת ארע דפלחין וסגדין ליה בני עמיה
למיקרי ליה למימר הא עמא נפק ממצרים והא חפא ית חזווא דארעא
והוא שרי מן קובלי (NU 22:6) וכדון איתא בבעו לוט בגני ית עמא
הדין ארום תקיף הוא מיני לוואי איכול לאזעוריה ואתירכיניה מן
ארעא ארום ידעית ית די תברך מברך ודי תלוט לייט (NU 22:7)
ואזלו סבי מואב וסבי מדין וגדין דקיסמין חתימן בידיהון ואתו
לות בלעם ומלילו עימיה פיתגמי בלק (NU 22:8) ואמר להון ביתו
הכא בליליא ואתיב יתכון פיתגמא היכמא דימליל ייי עימי ואסחרו

רברבי מואב עם בלעם (NU 22:9) ואתא מימר מן קדם ייי לבלעם ואמר מן גובריא האילין כען דבתו עמך (168A) (NU 22:10) ואמר בלעם קדם ייי בלק בר צפר מלכא דמואבאי שדר פולין לותי (NU 22:11) הא עמא נפק ממצרים וחפא ית חזווא דארעא וכדון איתא לוט בגיני יתיה לואי איכול למסדרא סידרי קרב ביה ואתרכיניה (NU 22:12) ואמר ייי לבלעם לא תיזיל עמהון ולא תלוט ית עמא ארום בריכין הינון מיני מיומי אבהתהון (NU 22:13) וקם בלעם בצפרא ואמר לרברבי מואב איזילו לארעכון ארום לית רעוא קדם ייי למשבקי למיזל עימכון (NU 22:14) וקמו רברבי מואב ואתו לות בלק ואמר מסרב בלעם למיתי עימנא (NU 22:15) ואוסף תוב בלק למשדרא רברבין סגיאין ויקירין מאלין (NU 22:16) ואתו לות בלעם ואמרו ליה כדנן אמר בלק בר צפר לא כדון תיתמנע מלמיתי לותי (NU 22:17) ארום מיקרא איקרינך לחדא וכל דתימר לי אעבד ואיתא כדון לוט לותי ית עמא הדין (NU 22:18) ואתיב בלעם ואמר לעבדי בלק אין יתן לי בלק מלי קורטור דיליה כסף ודהב לית לי רשו למעיבר על גזירת מימרא דייי אלקי למעבד מילתא זעירתא או רבתא (NU 22:19) וכדון אסחרו בבעו הכא אוף אתון בליליא ואנדע מה יוסף מימרא דייי למללא עימי (NU 22:20) ואתא מימרא מן קדם ייי לבלעם ואמר ליה אין למיקרי לך אתו גובריא קום טייל עמהון ולחוד פיתגמא דאימליל עימך יתיה תעביד (NU 22:21) וקם בלעם בצפרא וזריז ית אתניה ואזל עם רברבי מואב (NU 22:22) ותקיף רוגזא דייי ארום אזיל הוא ללטוטינון ואתעתד מלאכא דייי באיסרטא למישטן ליה והוא רכיב על אתניה ותרין עולימוי יניס וימריס עימיה (NU 22:23) וחמת אתנא ית מלאכא דייי מעתד באיסרטא וחרביה שליפא בידיה וסטת אתנא מן אורחא ואזלת (169) בחקלא ומחא בלעם ית אתנא למכוונא יתה לאיסרטא (NU 22:24) וקם מלאכא דייי בדוחקא דמיצע ביני כרמיא אתר דאקים יעקב ולבן אוגר וקמא מציטרא מיכא וסכותא מציטרא מיכא וקיימו דלא למיעיבר דין תחום דין לבישא (NU 22:25) וחמת אתנא ית מלאכא דייי ואידחקת לסייגא ודחקת ית ריגל בלעם לסייגא ואוסיף למימחא ומלאכא אתכסי מינה (NU 22:26) ואוסיף מלאכא דייי למעיבר וקם באתר דחיק דלית אורח למיסטי לימינא ולשמאלא (NU 22:27) וחמת אתנא ית מלאכא דייי ורבעת לה תחות בלעם ותקיף רוגזא דבלעם ומחא ית אתנא בשוטא (NU 22:28) עשרתי פתגמין אתברייו בתר שיכלול עלמא במעלי שבתא ביני שימשתא מנא ובירא וחוטרא דמשה ושמירא וקשתא ועננא יקרא ופום ארעא וכתב לוחי קימא ומזיקי ופום ממלל אתנא בי היא שעתא פתח מימרא דייי ית פומה ואזדמן לה ממלל ואמרת לבלעם מה עבדית לך ארום מחיתני דנן תלת זימנין (NU 22:29) ואמר בלעם לאתנא ארום שקרת בי אילו אית סיפא בידי ארום כדון קטלתיך (NU 22:30) ואמרת אתנא לבלעם ווי לך בלעם חסיר דעתא אנא דאנא בעירא מסאבא איתא בעלמא הדין ולא אתיא לעלמא דאתי לא יכילת למילוט יתי כל דכן בנוי דאברהם יצחק ויעקב דבזכותהון אתברי עלמא ואנת אזיל למילט יתהון ודי גנבתא דעתהון דעמא האילין ואמרת לית הדא אתנא דידי שאילא היא בידי וסוסיא דידי שרי ברטיבא הלא אנא אתנך דרכבת עלי מן טליותך עד זמן יומא

הדין הא מתהנייתי מינך במשכבא ולא אתכוונית למעבד לך הכדין ואמר לא (NU 22:31 וגלא ייי ית עינוי דבלעם וחמא ית מלאכא דייי מעתד באיסרטא וסייפיה שליפא בידיה וגחן וסגיד על אנפוי (NU 22:32 ואמר ליה (169A מלאכא דייי מטול מה מחית ית אתנך דנן תלת זימנין הא אנא נפקית למישטן לך ואתנא דחילת חמת סטת מן אורחא וגלי קדמי דאנת בעי למיזל למילוט ית עמא ומילא לא מהוגנא לקובלי (NU 22:33 וחמתני אתנא וסטת מן קדמי דנן תלת זימנין אילולפון לא סטת מן קדמי ארום כען אוף יתך קטילית ויתה קיימית (NU 22:34 ואמר בלעם למלאכא דייי חבית ארום לא ידעית ארום אנת מעתד לקדמותי באורחא וכדון אין ביש קדמך איתוב לי (NU 22:35 ואמר מלאכא דייי לבלעם איזל עם גובריא וברם ית פיתגמיא דאימליל עימך יתיה תמליל ואזל בלעם עם רברבי בלק (NU 22:36 ושמע בלק ארום אתא בלעם ונפק לקדמותיה לקרתא דמואב דעל תחום ארנון דבסטר תחומא (NU 22:37 ואמר בלק לבלעם הלא שדרא שדרית לותך למקרי לך למא לא אתיתא לותי הברם מן קושטין הוית אמר לית אנא יכיל למייקרא יתך (NU 22:38 ואמר בלעם לבלק הא אתיתי לותך כדון המיכל יכילנא למללא מידעם פיתגמא דיזמן ייי בפמי יתיה אמליל (NU 22:39 ואזל בלעם עם בלק ואתון לקרתא דמקפן שורין לפלטיוון קרתא רבתא היא קרתא דסיחן היא בירושא (NU 22:40 ונחר בלק תורין ועאן ושדר לבלעם ולרברביא דעימיה (NU 22:41 והות עידוני בצפרא ודבר בלק ית בלעם ואסקיה לרמת דחלתא דפעור וחמא מתמן משיריין דן דמהלכין בקצת עמא דאתפרסמו מתחות עניני יקרא (NU 23:1 והוה כיוון דחמא בלעם יתהון דפולחנא נוכראה ביניהון חדא בליביה ואמר לבלק בני לי הכא שובעא אגורין ועתד לי הכא שבעא תורין ושבעא דיכרין (NU 23:2 ועבד בלק היכמא דמליל בלעם ואסיק בלעם ובלק תור ודכר על אגורא (NU 23:3 ואמר בלעם לבלק איתעתד על עלתך ואיהך דילמא יזדמן מימרא דייי לקדמותי (170 ופיתגם מה דיחוי לי ואיתני לך ואזל גחין כחויא (NU 23:4 וארע מימרא מן קדם ייי בבלעם ואמר קדמוהי ית שבעתי אוגריא סדרית ואסיקית תור ודכר על כל אגורא (NU 23:5 ושוי ייי פיתגמא בפמיה דבלעם ואמר תוב לות בלק והכדין תמליל (NU 23:6 ותב לותיה והא מעתד על עלתיה הוא וכל רברבי מואב (NU 23:7 ונטל מתל נבותיה ואמר מן ארם דעל פרת דברני בלק מלכא דמואבאי מן טוורי מדינחא איתא לוט בגיני דבית יעקב ואיתא זעיר לי ישראל (NU 23:8 מה אני לאיט ומימרא דייי מבריך יתהון ומן אנא מזעיר ומימרא דייי מסגי יתהון (NU 23:9 אמר בלעם רשיעא מסתכל אנא בעמא הדין דהינון מדברין בזכות אבהתהון צדיקיא דמתילין לטווריא ובזכות אימהתהון דמתילו לגלימתא הא עמא בלחודיהון עתידין למחסן עלמא מטול דבנימוסי אומיא לא מידברין (NU 23:10 והוה כיוון דחמא בלעם חייבא דבית ישראל הוון גזרין עורלתהון וטמרין בעפרא דמדברא אמר מן ייכול לממני זכוותא חסינייא האיליין וסכום עובדיא טביא דעים חדא מן ארבעתי משירייתא דישראל אמר בלעם רשיעא אין קטלין יתי בית ישראל בסייפא כבר מבשרנא דלית לי חולק לעלמא דאתי ברם אין מייתנא מותא דקשיטין לואי דתיהי סופי

כזעיריא דבהון (NU 23:11) ואמר בלק לבלעם מה עבדת לי למילוט
סנאי דברתך והא ברכא מברכת להון (NU 23:12) ואתיב ואמר הלא ית
מאן דישוי ייי בפומי יתיה אנטר למללא (NU 23:13) ואמר ליה בלק
איתא כדון עימי לאתר חורן דתחמיניה מתמן לחוד משיריתא דמהלך
בקצתיה תחמיה וכולהון משירייתוי לית אפשר דתחמי ותלוטיה לי
מתמן (NU 23:14) ודבר לחקל סכותא לריש רמתא ובנא שובעא אגורין
ואסק תור ודכר על כל אגורא (NU 23:15) ואמר לבלק אתעתד הכא על
עלתך ואנא (170A) אתארע עד הכא (NU 23:16) וארע מימר מן קדם
ייי בבלעם ושוי פתגמא בפמיה ואמר תוב לות בלק והכדין תמליל
(NU 23:17) ואתא לותיה והא מעתד על עלתיה ורברבי מואב עימיה
ואמר ליה בלק מה מליל ייי (NU 23:18) ונטל מתל נבותיה ואמר קום
בלק ושמע אצית מיליי בריה דצפור (NU 23:19) לא כמילי בר נש
מימר אלוק חי וקיים ריבון כל עלמיא ייי דבר נש אמר ומכדב ואוף
לא דמיין עובדוי לעובדי בני ביסרא דמתמלכין ותייבין ממה דגזרין
ברם רבון כל עלמא ייי אמר לאסגאה ית עמא הדין הי ככוכבי שמיא
ולאחסנותהון ית ארע כנענאי האפשר דאמר ולא יעבד ומה דמליל
האפשר דלא יקיימינה (NU 23:20) הא ברכתא קבילית מן פום מימר
קודשא לא אמנע סדר ברכתהון מנהון (NU 23:21) אמר בלעם רשיעא
לית אנא מסתכל פלחי טעוותא בדבית יעקב ולא מתקיימין עבדי ליעות
שקר בדבית ישראל מימרא דייי אלקהון בסעדהון ויבבות מלכא משיחא
מיבבא ביניהון (NU 23:22) אלקא דיפרק ואפיק יתהון פריקין מן
ארעא דמצרים תוקפא ורוממותא תושבחא וגבורתא דידיה הוא
(NU 23:23) ארום לא קאים נטורי נחשין בדבית יעקב ולא קסומי
קוסמין ברבותא דישראל בעידנא הדין יתאמר לבית יעקב ולבית ישראל
מה משבחין הינון ניסיא ופרישתא דעבד להון אלקא (NU 23:24)
יחידאה הוא עמא הדין נייח ושרי כאריא בגבורתא וכליתא מתנטלין
לא דמכין הינון עד דיקטלון קטול רב בבעלי דבביהון וביזת קטיליא
ירתון (NU 23:25) ואמר בלק לבלעם אוף לטטא לא תלוטינון אוף
ברכא לא תבריכינון (NU 23:26) ואתיב בלעם ואמר לבלק הלא מן
שירויא מלילית עימך למימר כל דימלל ייי יתיה אעבד (NU 23:27)
ואמר בלק לבלעם איתא כדון אידברינך לאתר חורן דילמא (171) תהי
רעוא מן קדם ייי ותלטטיה בגיני מתמן (NU 23:28) ודבר בלק ית
בלעם לריש רמתא דמדיתא על אנפי בית ישימות (NU 23:29) ואמר
בלעם לבלק בני לי הכא שבעא אגורין ועתד לי הכא שובעא תורין
ושובעא דיכרין (NU 23:30) ועבד בלק היכמא דאמר בלעם ואסיק תור
ודכר על כל אגורא (NU 24:1) וחמא בלעם ארום שפר הוה קדם ייי
לברכא ית ישראל ולא הליך זמן בתר זמן לקדמות קוסמיא ושוי
למדברא אנפוי למדכר עליהון עובדא דעיגלא דעבדו תמן (NU 24:2)
וזקף בלעם ית עינוי וחמא ית ישראל שריין לשיבטיהון בבתי
מדרישיהון ולא הוון תרעיהון מכוונין כלו קבל תרעי חבריהון ושרת
עלוי רוח נבואה מן קדם ייי (NU 24:3) ונטל מתל נבותיה ואמר
אימר בלעם בר בעור ואימר גברא דיקיר מן אבוי דרזיא סתימיא מה
דאתכסי מן נבייא הוה מתגלי ליה ועל דלא הוה גזיר נפיל על אנפוי
עד זמן דשרי מלאכא לקובליה (NU 24:4) אימר דשמע מימר מן קדם

אלקא חייא דחזיו מן קדם אל שדי הוה חמי וכד בעי דמתגלי ליה הוה משתטח על אנפוי ורזיא סתימיא מה דאתכסי מן נבייא הווה מתגלי ליה (NU 24:5) כמא יאוון הינון בתי מדרישיכון במשכנא די שמיש בהון יעקב אבוכון וכמה יאי הוא משכן זימנא דמייצע ביניכון ומשכניכון דחזור חזור ליה בית ישראל (NU 24:6) כנחלין דמיין דמתגברין כן הינון בית ישראל יתבין עדרין עדרין מתגברין באולפן אורייתא והי כגנין שתילין על פרקטוני נהרין כן הינון תלמידיהון חבורן חבורן בבית מדרישיהון זיו אפיהון יהר כזיו רקיעין דיברא ייי ביום תניין לבריאת עלמא ומתחינון ליקר שכינתא רמין ומנטלין על כל אומיא כארזיא דליבנוס דשתילין על מבועי מיין (NU 24:7) יקום מנהון מלכהון ופרוקהון מנהון ובהון יהוי וזרעיית בנוי דיעקב ישלטון בעממין סגיאין קמאה דימלוך עליהון יגיח קרבא (171A) בדבית עמלק ויתרודם על אגג מלכהון ובגין דיחוס עלוי יתנטיל מיניה מלכותיה (NU 24:8) אלקא דאפיקינון פריקין ממצרים תוקפא ורומא תושבחא וגבורתא דיליה ישיצי ית אומיא בעלי דבביהון ותוקפהון יתבר וגירי מחוות פורענותיה יגרי בהון וישיצינון (NU 24:9) נייחין ושריין כאריא וכליתא דכד דמיך מאן יקימיניה מברכיהון יהון בריכין כמשה נביא ספריהון דישראל ומלטטיכון יהון ליטין כבלעם בר בעור (NU 24:10) ותקף רוגזא דבלק בבלעם וטפח ית ידוי ואמר בלק לבלעם למילט סנאי דברתך והא ברכא מברכת להון דנן תלת זימנין (NU 24:11) וכדון ערוק לך לאתרך אמרית מייקרא איקרינך והא מנע ייי לבלעם מן יקרא (NU 24:12) ואמר בלעם לבלק הלא אם עזגדייך דשדרת לוותי מלילית למימר (NU 24:13) אם יתן לי בלק מלא קורטור דיליה כסף ודהב לית לי רשו למעיבר על גזירת מימרא דייי למעבד טבתא או בישתא מן רעותי מה דימליל ייי יתיה אימליל (NU 24:14) וכדון האנא מתפני ואזיל לעמי איתא אימלכינך איזל זמין פונדקין ומני בהון נשיא מטעייתא זבנן מיכלא ומישתייא בבציר מן טימהון וייתון עמא הדין וייכלון וישתון וירוון וישמשון עמהון ויכפרון באלקהון ויתמסרון בידך בשעא קלילא ויפלון מנהון סגיאין ברם בתר כדין עתידין הינון דישלטון בעמך בסוף עקב יומיא (NU 24:15) ונטל מתל נבותיה ואמר אימר בלעם בר בעור ואימר גברא דיקיר מן אבוי דרזיא סתימיא מה דאתכסי מן נביא הוה מתגלי ליה (NU 24:16) אימר דשמע מימר מן קדם אלקא וידע שעתא דרתח בה אלקא עילאה דחיזו מן קדם שדי חמי וכד הוה בעי דיתגלי ליה הוה משתטח ונפיל על אפוי ורזיא סתימיא מה דאתכסי מן נביא הוה מתגלי ליה (NU 24:17) (172) חמי אנא ליה וליתי כדון מסתכל אנא ביה וליתיה מקריב כד ימלוך מליך תקיף מדבית יעקב ויתרבי משיחא ושיבט תקיף מישראל ויקטל רברבני מואבאי וירוקן כל בנוי דשת משיריתיה דגוג דעתידין למסדרא סידרי קרבא בישראל ויפלון פיגריהון כולהון קדמוי (NU 24:18) ויהוון תריכין ויהוון תריכין בני דגבלא מן קדם ישראל סנאיהון וישראל יתקפון בניכסין וירתונון (NU 24:19) ויקום שליט מדבית יעקב ויוביד וישיצי שיזי ויצדי וקיסרין תקיף קירוי עממיא (NU 24:20) וחמא ית דבית עמלק ונטל מתל נבותיה ואמר שירוי אומיא דאגיחו קרבא בדבית ישראל

הינון דבית עמלק וסופיהון ביומי מלכא משיחא למסדרא סידרי קרבא עם כל בני מדינחא עם דבית ישראל ברם סופיהון דאיליין ודאיליין עד עלמא יהוי לאובדנא (NU 24:21) וחמא ית יתרו דמתגייר ונטל מתל נבותיה ואמר מה תקיף הוא משרוייך די שוית בניקריא דטינריא מדורך (NU 24:22) ארום אין יתגזר למיהוי לביזתא בנוי דשלמיא עד כדי ייתי סנחריב מלכא דאתור וישבי יתר (NU 24:23) ונטל מתל נבותיה ואמר ווי מאן יתקיים בזמן דיתגלי מימרא דייי למיתן אגר טב לצדיקייא ולמתפרעא מן רשיעיא ומכתת אומיא ומלכיא ומגרי איליין באיליין (NU 24:24) וציען יצטרחן במני זיינא ויפקון באוכלוסין סגיאין מן למברנייא ומארע איטלייא ויצטרפון בליגיונין דיפקון מן רומי וקושטנטיני ויצערון לאתוראי וישעבדון כל בנוי דעבר ברם סופהון דאיליין ואיליין למיפל ביד מלכא משיחא ויהוון עד עלמא לאובדנא (NU 24:25) וקם בלעם ואזל ותב לאתריה ולחוד בלק אזל לאורחיה ואקים ית בנתהון דמדינאי בקולין מבית ישימות עד טוור תלגא והווין זבנן זיני כיסנין בבציר מן טימהון במילכת (172A) בלעם רשיעא בפרשת אורחתא (NU 25:1) ויתיב ישראל באתרא דהוה מתקרי שיטים על שטותא וקלקולא דהוה בהון ושריאו עמא לאופסא קדושתהון ולמפער גרמיהון לטופסא דפעור ולמטעיא בתר בנת מואבאי דמפקן ית טופסיה דפעור מתותי פסיקייהון (NU 25:2) וקראה לעמא לדיבחי טעוותהון ואכלון עמא במרזיחיהון וסגדון לטעוותהון (NU 25:3) ואתחברו עמא בית ישראל בבעלא פעור כמסמרא בקיסא דלא מתפרש בלא קיסמא ותקיף רוגזא דייי בישראל (NU 25:4) ואמר ייי למשה סב ית כל רישי עמא ומני יתהון דיינין וידונון דינין דקטולין ית עמא דטעו בתר פעור ותצלוב יתהון קדם מימרא דייי על קיסא קבל שמשא בקריצתא ועם מטמוע שימשא תחית יתהון ותקברינון ויתוב תקוף רוגזא דייי מישראל (NU 25:5) ואמר משה לדיינא ישראל קטולו אינש גבר שיבטיה דאדבקו בטעוות פעור (NU 25:6) והא גבר מבני ישראל אתא ואחד בבלוריתא דמדינתא וקריב יתיה לות אחוי למחמי משה ולמחמי כל כנישתא דבני ישראל עני וכן אמר למשה אן מה דא למקרב לגבה ואין אמר אנת דאסירא היא הלא אנת נסיבת ית מדייניתא ברת יתרו וכדי שמע משה רתח ואישתלי ואינון בכן וקריין שמע וקיימין בתרע משכן זימנא (NU 25:7) וחמא כן פנחס בר אלעזר בר אהרן כהנא ואידכר הילכתא עני ואמר מאן דיקטול וקטיל האן הינון אריוותא דשיבט יהודה כיוון דחמנון שתקין קם מיגו סנדרי דיליה ונסיב רומחא בידיה (NU 25:8) תריסירי ניסין איתעבידו לפנחס בזמן דעל בתר גברא בר ישראל לות חוצא נס קדמאי דהוה ליה למפרש יתהון ולא פרש נס תניין דאסתתם פומהון ולא צווחין דאילו הוון צווחין הוון משתיזבין נס תליתאי דכווין ברומחא ובזזינון כחדא ית גברא בר ישראל ובבית גיבריה וית מדייניתא בבית בהתת (173) תורפה נס רביעאי דקם רומחא באתר בירוזא ולא אשתמיט נס חמישאי כד סובר יתהון אזדקף שיקפא עיל מיניה עד דנפק נס שתיתאי סובר יתהון בכל משיריתא דישראל דהוה שיתא פרסי ולא ואשתלהי נס שביעאי זקפינון בדרע ימיניה למחמי כולהון קריבוי ולא הווי יכלין להנזקותיה נס תמינאי דאתעשן אע רומחא ולא איתבר מן מטולא נס

תשיעאי דאתנגיד פרזלא כשיעור תרויהון ולא אשתליפו מיניה נס עשיראי אתא מלאכא והפך איתתא מלרע וגברא מלעיל דיחמון כל בית ישראל ית חיסודהון נס חדיסיראי דאתנטרו כד חיין עד זמן דהליך יתהון בכל משיריתא מן בגלל דלא יסתאב כהנא באוהלא דמיתא נס תריסיראי דאתקריש אדמהון ולא נפל עילוייה כיוון דאוביל יתהון במשריתא חבט שדנהי ומיתו עני ואמר קדם ריבון עלמא אפשר דמטול איליין ימותון עשרין וארבע אלפין מישראל ומן יד אתגוללו רחמי שמיא ואתכליית מותנא מעילוי בני ישראל (NU 25:9) והוו סכום דמיתו במותנא עשרין וארבע אלפין

פרשה פנחס

(NU 25:10) ומליל ייי עם משה למימר (NU 25:11) פנחס קנאה בר אלעזר בר אהרן כהנא אתיב ית ריתחי מעל בני ישראל בזמן דקני ית קנאתי וקטל חייבא דביניהון ואמטוליה לא שיציית ית בני ישראל בקינאתי (NU 25:12) בשבועא אימר ליה מן שמי האנא גזר ליה ית קיימי שלם ואעבדיניה מלאך קיים ויחי לעלם למבשרא גאולתא בסוף יומיא (NU 25:13) וחולף דחסדותי למימר הלא בר פוטי מדינאה הוא הא אנא מייחסיניה לכהונתא רבתא וחולף דאחד רומחא בדרעיה ומחא למדייניתא לבית בהתת (173A) קיבתה וצלי בפמיה על עמא בית ישראל יזכון כהניא לתלת מתנן דרועא ולועא וקיבתה ותהי ליה ולבנוי בתרוי קיים רבות עלם חולף דקני לאלקיה וכפר על בני ישראל (NU 25:14) ושום גברא בר ישראל קטילא דאיתקטיל עם מדינתא זמרי בר סלוא רב בית אבא לשיבט שמעון (NU 25:15) ושום איתתא קטילא מדינתא כזבי ברת צור דמתקריא שלונאי ברת בלק ריש אומא דמואב במדין בית מותביה הוא (NU 25:16) ומליל ייי עם משה למימר (NU 25:17) אעיק ית מדינאי ותקטול יתהון (NU 25:18) ארום עייקין הינון לכון בעיטת רמיותהון דרמיין לכון על עיסק פעור ועל עיסק כזבי ברת רבא דמדין אחתהון דאיתקטילת ביומא דמותנא על עיסק פעור (NU 25:19) והוה בתר מותנא אתגוללו רחמי שמיא למתפרעא פורענות דין עמיה (NU 26:1) ואמר ייי למשה ולאלעזר בר אהרן כהנא למימר (NU 26:2) קבילו ית סכום חושבן כל כנישתא דבני ישראל מבר עשרין שנין ולעילא כל נפיק חילא בישראל (NU 26:3) ומליל משה ואלעזר כהנא עם אמרכליא ואמר למימני יתהון במישריא דמואב על ירדנא דיריחו למימר (NU 26:4) מבר עשרין שנין ולעילא היכמא דפקיד ייי ית משה ובני ישראל דנפקו מארעא דמצרים (NU 26:5) ראובן בוכרא דישראל בנוי דראובן חנוך גניסת חנוך לפלוא גניסת פלוא (NU 26:6) לחצרון גניסת חצרון לכרמי גניסת כרמי (NU 26:7) איליין גניסתא דראובן והוו סכומהון ארבעין ותלת אלפין ושבע מאה ותלתין (NU 26:8) (NU 26:9) ובני אהליאב נמואל דתן ואבירם הוא דתן ואבירם מערעי כנישתא דאתכנשו ופליגו על משה ועל אהרן בכנישתא דקרח בזמן דאתכנשו ופליגו על ייי (NU 26:10) ופתחת ארעא ית פומה ובלעת יתהון וית קרח כד מיתו כנישת רשיעיא כד אכלת אישתא ית מאתן וחמשין גוברין והוו לניסיון (NU 26:11) (174) ובנוי דקרח לא הוו בעיטתא דאבוהון ואזלו בתר אולפנא דמשה נביא לא מיתו במותנא ולא לקו ביקידתא ולא טמעו בבליעת ארעא

(NU 26:12) בנוי דשמעון לגניסתהון לנמואל גניסת נמואל לימין
גניסת ימין ליכין גניסת יכין (NU 26:13) לזרח גניסת זרח לשאול
גניסת שאול (NU 26:14) אילין גניסתא דשמעון עשרין ותרין אלפין
ומאתן (NU 26:15) בנוי דגד לגניסתהון לצפון גניסת צפון לחגי
גניסת חגי לשוני גניסת שוני (NU 26:16) לאזני גניסת אזני לערי
גניסת ערי (NU 26:17) לארוד גניסת ארוד לאראלי גניסת אראלי
(NU 26:18) אילין גניסתא בני גד לסכומהון ארבעין אלפין וחמש
מאה (NU 26:19) בנוי דיהודה ער ועונן ומיתו ער ועונן על
חוביהון בארעא דכנען (NU 26:20) והוו בני יהודה לגניסתהון לשלה
גניסת שלה לפרץ גניסת פרץ לזרח גניסת זרח (NU 26:21) והוו בני
פרץ לחצרון גניסת חצרון לחמול גניסת חמול (NU 26:22) אילין
גניסתא דיהודה לסכומהון שובעין ושיתא אלפין וחמש מאה
(NU 26:23) בנוי דיששכר לגניסתהון תולע גניסת תולע לפוה גניסת
פוה (NU 26:24) לישוב גניסת ישוב לשמרון גניסת שמרון
(NU 26:25) אילין גניסת יששכר לסכומהון שיתין וארבעא אלפין
ותלת מאה (NU 26:26) בנוי דזבולן לסרד גניסת סרד לאלון גניסת
אלון ליחלאל גניסת יחלאל (NU 26:27) אילין גניסתא זבולון
לסכומהון שיתין אלפין וחמש מאה (NU 26:28) בנוי דיוסף מנשה
ואפרים (NU 26:29) בנוי דמנשה למכיר גניסת מכיר ומכיר אוליד ית
גלעד לגלעד גניסת גלעד (NU 26:30) אילין בנוי דגלעד איעזר
גניסת איעזר לחלק גניסת חלק (NU 26:31) ואשריאל גניסת אשריאל
ושכם גניסת שכם (NU 26:32) ושמידע גניסת שמידע וחפר גניסת חפר
(NU 26:33) וצלפחד בר חפר לא הוון ליה בנין אלהין בנן ושום בנת
צלפחד מחלה נעה חגלה מלכה ותרצה (NU 26:34) אילין גניסת מנשה
וסכומהון חמשין ותרין אלפין ושבע מאה (174A) (NU 26:35) אילין
בני אפרים לסכומהון לשותלח גניסת שותלח לבכר גניסת בכר לתחן
גניסת תחן (NU 26:36) ואילין בני שותלח לערן גניסת ערן
(NU 26:37) אילין גניסת בנוי דאפרים לסכומהון עשרין ותרין
אלפין וחמש מאה איליין בנוי דיוסף לגניסתהון (NU 26:38) בנוי
דבנימין לגניסתהון לבלע גניסת בלע לאשבל גניסת אשבל לאחירם
גניסת חירם (NU 26:39) לשפופם גניסת שפופם לחופם גניסת חופם
(NU 26:40) והוו בנוי דבלע ארד ונעמן לארד גניסת ארד לנעמן
גניסת נעמן (NU 26:41) איליין בנוי דבנימן לגניסתהון וסכומהון
ארבעין וחמשא אלפין ושית מאה (NU 26:42) אילין בנוי דגד
לגניסתהון לשוחם גניסת שוחם אילין גניסת דן לגניסתהון
(NU 26:43) כל גניסת שוחם לגניסתהון שיתין וארבעא אלפין וארבע
מאה (NU 26:44) בנוי דאשר לגניסתהון לימנה גניסת ימנה לישוה
גניסת ישוה לבריעה גניסת בריעה (NU 26:45) לבנוי דבריעה לחבר
גניסת חבר למלכיאל גניסת מלכיאל (NU 26:46) ושום ברת אשר סרח
דאידברת בשיתין ריבוון מלאכין ואיתעלת לגינתא דעדן בחייהא מן
בגלל דבשרת ית יעקב דעד כדון יוסף קיים (NU 26:47) אילין גניסת
בנוי דאשר לסכומהון חמשין ותלת אלפין וארבע מאה (NU 26:48)
בנוי דנפתלי לגניסתהון ליחצאל גניסת יחצאל לגוני גניסת גוני
(NU 26:49) ליצר גניסת יצר לשילם גניסת שילם (NU 26:50) אילין

גניסת נפתלי לסכומהון ארבעין וחמשא אלפין ושבע מאה (NU 26:51
אילין סכומי בני ישראל שית מאה וחד אלפין שבע מאה ותלתין
(NU 26:52 ומליל ייי עם משה למימר (NU 26:53 לאילין שבטיא
תתפלג ארעא באחסנא במניין שמהן (NU 26:54 לשיבטא דעמיה סגי
תסגון אחסנתהון ולשיבטא דעמיה זעיר תזער אחסנתהון גבר לפום
סכומהון יתיהב אחסנתיה (NU 26:55 ברם (175 בעדבין תתפלג ארעא
לשמהן שיבטא דאבהתהון יחסנון (NU 26:56 על פום עדבין תתפלג
אחסנתהון בין סגיאי לזעירי (NU 26:57 ואלין סכומי ליואי
לגניסתהון לגרשון גניסת גרשון לקהת גניסת קהת למררי גניסת מררי
(NU 26:58 איליין גניסת ליוואי גניסת ליבני גניסת חברון גניסת
מחלי גניסת מושי גניסת קרח וקהת אוליד ית עמרם (NU 26:59 ושום
איתת עמרם יוכבד ברת לוי דילידת ליה ללוי במיעלהון במצרים ביני
שוריא וילידת לעמרם ית אהרן וית משה וית מרים אחתהון
(NU 26:60 ואיתיליד לאהרן ית נדב וית אביהוא ית אלעזר וית איתמר
(NU 26:61 ומית נדב ואביהוא בקרוביהון אישתא נוכריתא מן תפיין
קדם ייי (NU 26:62 והוו סכומהון עשרין ותלתא אלפין כל דכורא
מבר ירחא ולעילא ארום לא אתמניו בגו בני ישראל ארום לא
איתיהיבת להון אחסנא בגו בני ישראל (NU 26:63 אילין סכומי משה
ואלעזר כהנא די סכמון ית בני ישראל במישריא דמואב על ירדנא
דיריחו (NU 26:64 ובאילין לא הוה גבר מן סכומי משה ואהרן כהנא
די סכמון ית בני ישראל במדברא דסיני (NU 26:65 ארום אמר ייי
להון ממת ימותון במדברא ולא אישתייר להון אינש אילהין כלב בר
יפונה ויהושע בר נון (NU 27:1 וקריבן לבי דינא בנת צלפחד בר
חפר בר גלעד בר מכיר בר מנשה לגניסת מנשה בר יוסף כדי שמעאן
דארעא מתפלגא לדוכרין ורחיצו ברחמי מרי עלמא ואיליין שמהן
בנתוי מחלה נעה חגלה מלכה ותרצה (NU 27:2 וקמא קדם משה בתר
דקמא קדם אלעזר כהנא וקדם רברביא וכל כנישתא לתרע משכן זימנא
(NU 27:3 אבונא מית במדברא והוא לא הוה בגו כנישתא דמתרעמין
ודאיזדמנו למרדא על ייי בכנישתא דקרח ארום בחוביה (175A מית
ולא אחטי לחורנין ובנין דוכרין לא הוו ליה (NU 27:4 למא יתמנע
שום אבונא מיגו גניסתיה ארום לית ליה ביר דכר אין לית אנן
חשיבין כבר ואימן כנטרא ייבם תיסב אימן חולק אבונן וחולק אחא
דאבונן ואין אנן חשיבין כביר הב לן אחסנא בגו אחי אבונן
(NU 27:5 דין חד מן ארבעא דינין די עלו קדם משה נביא וסכם
יתהון על דעתא דלעיל מנהון דיני ממונא ומינהון דיני נפשתא
בדיני ממונא הוה משה זריז ובדיני נפשתא הוה משה מתין ובאיליין
ובאיליין אמר משה לא שמעית מן בגלל למלפא רישי סנדרי דישראל
דעתידין למקום מן בתריה דיהוון זריזין לדיני ממונא ומתונין
לדיני נפשתא ולא יבהתון למשיילא דינא דמתקשי להון ארום משה
דהוה רבהון דישראל צרך דיימר לא שמעית בגין כן קריב משה ית
דינהין קדם ייי (NU 27:6 ואמר ייי עם משה למימר (NU 27:7
יאות בנת צלפחד ממללן כתיבא הוות דא קדמי אלהין זכאן לאתאמרא
על ידיהן מיתן תיתן להון ירתו ואחסנא בגו אחי אבוהן ותעבר ית
אחסנת אבוהן להן (NU 27:8 ועם בני ישראל תמליל למימר גבר ארום

ימות וביר דכר לית ליה ותעברון ית אחסנתיה לברתיה (NU 27:9
ואין לית ברתא ותיתנון ית אחסנתיה לאחוי מן אבוי (NU 27:10
ואין לית אחין מן אבוי ותיתנון ית אחסנתיה לאחי אבוי
(NU 27:11 ואין לית אחין לאבוי ותיתנון ית אחסנתיה לקריביה
דקריב ליה מגניסת אבוי וירית יתה ותהי לבני ישראל לאחויית
גזירת דין היכמא דפקיד ייי ית משה (NU 27:12 ואמר ייי למשה
סוק לטוורא הדין וחמי ית ארעא דיהבית לבני ישראל (NU 27:13
ותחמי יתה ותתכנש לעמך לחוד אנת היכמא דאיתכניש אהרן (176
אחוך (NU 27:14 מטול דסרבתון על מימרי במדברא דצין במוי מצות
כנישתא לקדשותי במיא למחמיהון הינון מוי מצות ריקם במדברא דצין
(NU 27:15 ומליל משה קדם ייי למימר (NU 27:16 ימני מימרא
דייי דשליט בנשמת בר נש ומיניה מתיהב רוח נשמתא לכל בישרא גבר
מהימן על כנישתא (NU 27:17 די הוו נפיק קדמיהון לסדרי קרבא
ודי הוי עליל קדמיהון מן סדרי קרבא ודיפיק יתהון מן יד בעלי
דבביהון ודיעיל יתהון לארעא דישראל ולא תהי כנישתא דייי בלא
חכימין מן בגלל דלא יטעון ביני עממיא כענא דטען ולית להון רעי
(NU 27:18 ואמר ייי למשה דבר לך ית יהושע בר נון גבר דרוח
נבואה מן קדם ייי שריא עלוי ותסמוך ית ידך עלוי (NU 27:19
ותקים יתיה קדם אלעזר כהנא וקדם כל כנישתא ותפקיד יתיה
למיחמיהון (NU 27:20 ותיתן מזיו יקרך עלוי מן בגלל די יקבלון
מיניה כל כנישתא דבני ישראל (NU 27:21 וקדם אלעזר כהנא ישמיש
ויהי כד יתכסי מיניה פתגם וישאיל ליה בדין אורייא קדם ייי על
מימרא דאלעזר כהנא יהון נפקין לסדרי קרבא ועל מימריה יהון עלין
למידון דינא הוא וכל בני ישראל עימיה וכל כנישתא (NU 27:22
ועבד משה היכמא דפקיד ייי יתיה ודבר ית יהושע ואקימיה קדם
אלעזר כהנא וקדם כל כנישתא (NU 27:23 וסמך ית ידוי עלוי
ופקדיה היכמא דפקיד ייי ית משה (NU 28:1 ומליל ייי עם משה
למימר (NU 28:2 פקיד ית בני ישראל ותימר להון ית קרבני לחים
סידור פתורי ייכלון כהניא ומה דאתון מקרבין על גב מדבחא לית
רשו לגבר דייכול מיניה הלא אישתא היא דאכלא יתיה והוא מתקבל
קדמי לריח רעוא עמי בני ישראל הוו זהירין למקרבא (176A יתיה
מאפרשות לשבתא קרבן קדמי בזימניה (NU 28:3 ותימר להון דין סדר
קרבניא די תקרבון קדם ייי אימרין בני שנה שלמין תרין ליומא
עלתא תדירא (NU 28:4 ית אימר חד תעבד בצפרא למכפרא על חובי
ליליא וית אימר תיניין תעבד ביני שימשתא למכפרא על חובי יממא
(NU 28:5 וחד מן עשרא בתלת סווין סמידא דחינטיא פתיכא במשח
זיתא כתישא רבעות הינא (NU 28:6 עלת תדירא היכמא דהות מיקרבא
על טוורא דסיני מטול לאתקבלא ברעוא קרבנא קדם ייי (NU 28:7
וניסוכיה רבעות הינא לאימר חד במני בית קודשא יתנסך ניסוך חמר
עתיק ואין לא משכח חמר עתיק מייתי חמר בר ארבעין יומין למנסכא
קדם ייי (NU 28:8 וית אימר תניין תעביד ביני שמשתא הי כדורונא
דצפרא והי כניסוכיה תעביד קרבן דמתקבל ברעוא קדם ייי (NU 28:9
וביומא דשבתא תרין אימרין בני שתא שלמין ותרין עשרונין סמידא
למנחתא פתיכא במשח זיתא וניסוכא (NU 28:10 עלת שבתא תתעבד

בשבתא ומיתוספא על עלת תדירא וניסוכה (NU 28:11) וברישי ירחכון
תקרבון עלתא קדם ייי תורין בני תורי דלא עירובין תרין ודכר חד
אימרין בני שנא שבעא שלמין (NU 28:12) ותלתא עשרונין סמידא
למנחתא פתיכא במשח זיתא לתורא חד ותרין עשרונין סמידא דמנחתא
פתיכא במשח זיתא לדיכרא חד (NU 28:13) ועשרונא עשרונא סמידא
למנחתא פתיכא במשח זיתא לאימרא חד עלתא לאתקבלא ברעוא קרבנא
קדם ייי (NU 28:14) וניסוכיהון דמתקרב עמהון פלגות הינא יהי
לתורא ותלתות הינא לדיכרא ורבעות הינא לאימרא חמר עינבי דא
עלתא תהוי מתקרבא בכל ריש ירח וירח בזמן (177) אתחדתות כל רישי
ירחי שתא (NU 28:15) וצפיר בר עיזי חד לחטאתא קדם ייי על חוסרן
סיהרא על עלת תדירא יתעביד וניסוכיה (NU 28:16) ובירחא דניסן
בארביסר יומין לירחא ניכסת פיסחא קדם ייי (NU 28:17) ובחמישת
עשר יומא לירחא הדין חגא שובעא יומין פטירי יתאכל (NU 28:18)
ביומא קמאה דחגא מארע קדיש כל עיבידת פולחנא לא תעבדון
(NU 28:19) ותקרבון קרבנא עלתא קדם ייי תורין בני תורי תרין
ודכר חד ושובעא אימרין בני שנא שלמין יהון לכון (NU 28:20)
ומנחתהון סמידא דחנטיא פתיכא במשח זיתא תלתא עשרונין לתורא
ותרין עשרונין לדיכרא תעבדון (NU 28:21) עשרונא עשרונא תעביד
לאימר חד הכדין לשובעא אימרין (NU 28:22) וצפירא דחטאתא חד
לכפרא עליכון (NU 28:23) בר מעלת צפרא די לעלת תדירא תעבדון ית
איליין קורבנייא (NU 28:24) כאילין קורבני יומא קמאה תעבדון כל
יומא שובעא יומין דחגא קרבן דמתקבל ברעוא קדם ייי על עלת תדירא
יתעביד וניסוכיה (NU 28:25) וביומא שביעאה מארע קדיש יהי לכון
כל עיבידת פולחנא לא תעבדון (NU 28:26) וביומא דביכוריא
בקרוביכון דורונא מן עללתא חדתא קדם ייי בעצרתיכון כד יתמלון
שבעתי שבועיא מארע קדיש יהי לכון כל עיבידת פולחנא לא תעבדון
(NU 28:27) ותקרבון עלתא לאתקבלא ברעוא קדם ייי תורין בני
תורין תרין ודכר חד שובעא אימרין בני שנא (NU 28:28) ומנחתהון
סמידא דחינטיא פתיכא במשח זיתא תלתא עשרונין לתורא חד תרין
עשרונין לדיכרא חד (NU 28:29) עשרונא עשרונא לאימרא חד כדין
לשובעא אימרין (NU 28:30) צפיר בר עיזי חד לכפרא עליכון
(NU 28:31) בר מן עלת תדירא ומנחתיה תעבדון שלמין יהוון לכון
וחמר ניסוכיהון (177A) (NU 29:1) ובירחא שביעאה הוא ירחא דתשרי
בחד לירחא מארע קדיש יהי לכון כל עיבידת פולחנא לא תעבדון יום
יבבא יהי לכון למערבבא סטנא דאתי למקטרגא לכון בקל יבבותכון
(NU 29:2) ותעבדון עלתא לאתקבלא ברעוא קדם ייי תור בר תורי חד
דכר חד אימרין בני שנא שובעא שלמין (NU 29:3) ומנחתהון סמידא
דחנטיא פתיכא במשח זיתא תלתא עשרונין לתורא ותרין עשרונין
לדיכרא (NU 29:4) ועשרונא חד לאימרא חד הכדין לשובעת אימרין
(NU 29:5) וצפיר בר עיזי חד לחטאתא למכפרא עליכון (NU 29:6) בר
מן עלת ריש ירחא ומנחתה ועלת תדירא ומנחתה וניסוכיהון כסדר
דינהון לאתקבלא ברעוא קורבנא קדם ייי (NU 29:7) ובעשרא יומין
לירחא שביעאה הוא ירחא דתשרי מארע קדיש יהי לכון ותסגפון ית
נפשתיכון מן מיכלא ומישתיא מבי בני ותמרוקא מסנדלא ותשמיש

דעריס כל עיבידת פולחנא לא תעבדון (NU 29:8) ותקרבון עלתא קדם
ייי לאתקבלא ברעוא תור חד בר תורי דכר חד אימרין בני שנא שובעא
שלמין יהון לכון (NU 29:9) ומנחתהון סמידא דחנטיא פתיכא במשח
זיתא תלתא עשרונין לתורא תרין עשרונין לדיכרא חד (NU 29:10)
עשרונא עישרונא לאימרא חד הכדין לשובעא אימרין (NU 29:11) צפיר
בר עיזי חד חטאתא בר מקרבן חטאת כיפוריא ועלת תדירא ומנחתהון
וחמר ניסוכיהון (NU 29:12) ובחמיסר יומא לירחא שביעאה מארע
קדיש יהי לכון כל עיבידת פולחנא לא תעבדון ותחגון חגא דמטליא
קדם ייי שובעא יומין (NU 29:13) ותקרבון עלתא קרבן דמתקבל
ברעוא קדם ייי תורין בני תורי תילתיסר אזלין כל יומא וחסרין
סכומהון שובעין על שובעין עממין ומקרבין יתהון תליסר מטרתא
דיכרין תרין דמקרבין תרין מטרתא אימרין בני שנא ארביסר (178)
שלמין דמקרבין תמני מטרתא שיתא מנהון מקרבין תרי תרי ותרין
מנהון חד חד שלמין יהון (NU 29:14) ומנחתהון סמידא דחנטיא
פתיכא במשח זיתא תלתא עשרונין לתורא חד לתליסר תורין תרין
עשרונין לדיכרא חד לתרין דיכרין (NU 29:15) ועשרונא עשרונא
לאימר חד לארביסר אימרין (NU 29:16) וצפיר בר עיזי חד חטאתא
דמקרב מטרתא חד בר מעלת תדירא וסמידא דחנטיא למנחתה וחמר
ניסוכא (NU 29:17) וביומא תניינא דחגא דמטליא תקרבון תורין בני
תורי תריסר לתריסר מטרתא דיכרין תרין לתרי מטרתא אימרין בני
שנא ארביסר שלמין לתשעת מטרתא חמשא מנהון מקרבין תרי תרי וארבע
מנהון חד חד (NU 29:18) ומנחתהון סמידא דחנטיא וחמר ניסוכיהון
מה דיתהוון מקרבין עם תוריא ועם דיכריא ואימריא במנייתהון כסדר
דינא (NU 29:19) וצפיר בר עיזי חד למטרתא חד חטאתא בר מעלת
תדירא וסמידא דחנטיא למנחתהון וחמר ניסוכיהון (NU 29:20)
וביומא תליתאה דחגא דמטליא תקרבון תורין חדסר לחדסר מטרתא
דיכרין תרין לתרי מטרתא אימרין בני שנא ארביסר שלמין לעשר
מטרתא ארבעא מנהון מקרבין תרי תרי ושית מנהון חד חד (NU 29:21)
ומנחתהון סמידא דחינטיא וחמר ניסוכיהון מה די תקרבון עם תורי
ודיכרי ואמרי במניינהון כסדר דינא (NU 29:22) וצפירא דחטאתא חד
למטרתא חד בר מן עלת תדירא וסמידא דחנטיא למנחתה וחמר ניסוכה
(NU 29:23) וביומא רביעאה דחגא דמטליא תורי עשרא לעשר מטרתא
דיכרין תרין לתרי מטרתא אימרין בני שנא ארביסר שלמין לחדסר
מטרתא תלת מנהון מקרבין תרי תרין ותמני מנהון מקרבין חד חד
(NU 29:24) (178A) מנחתהון סמידא דחנטיא וחמר ניסוכיהון מה די
תקרבון עם תורי ודיכרי ואימרי במנייניהון כסדר דינא (NU 29:25)
וצפיר בר עיזי חד למטרתא חד חטאתא בר מן עלת תדירא וסמידא
דחנטיא למנחתה וחמר ניסוכה (NU 29:26) וביומא חמישאה דחגא
דמטליא תורין תשעא לתשעת מטרתא דיכרין תרין לתרי מטרתא אימרא
בני שנא ארבסר שלמין לתריסר מטרתא תרי מנהון מקרבין תרי תרי
תריסר מנהון חד חד (NU 29:27) ומנחתהון סמידא דחנטיא למנחתהון
וחמר ניסוכיהון מה דתקרבון עם תורי ודיכרי ואימרי במנייניהון
כסדר דינא (NU 29:28) וצפירא דחטאתא חד למטרתא חדא בר מן עלת
תדירא וסמידא דחינטתא למנחתא וחמר ניסוכה (NU 29:29) וביומא

שתיתאה דחגא דמטליא תורין תמניא לתמני מטרתא דיכרין תרין לתרי מטרתא אימרין בני שנא ארביסר שלמין לתליסר מטרתא חדא מנהון מקרבא תרי ותריסר מנהון חד חד (NU 29:30) ומנחתהון סמידא דחנטיא וחמר ניסוכיהון מה דתקרבון עם תורי ודיכרי ואמרי במניינהון כסדר דינא (NU 29:31) וצפירא דחטאתא חד למטרתא חדא בר מן עלת תדירא וסמידא דחנטתא למנחתא וחמר ניסוכה וצלוחיתא דמיא הוון מנסכין ביומא דחגא דמטליא דוכרן טב לרביעא דמיטרא (NU 29:32) וביומא שביעאה דחגא דמטליא תקרבון תורין שובעא לשבע מטרתא דיכרין תרין לתרי מטרתא אימרין בני שנא ארביסר שלמין לארבסר מטרתא סכומהון דכל אימריא תמני ותשעין למכפרא על תמני ותשעין לווטיא (NU 29:33) ומנחתהון סמידא דחנטתא וחמר ניסוכיהון מה די תקרבון עם תורי ודיכרי ואימרי במנינהון כסדר דינהון (NU 29:34) וצפירא דחטאתא חד למטרתא חדא בר מן עלת תדירא וסמידא דחנטיא למנחתה וחמר ניסוכה (179) (NU 29:35) ביומא תמינאה כנישין תהוון בחדוא מן מטילכון לבתיכון כנישת חדוא ויומא טבא ואירוע קדיש תהוי לכון כל עיבידת פולחנא לא תעבדון (NU 29:36) ותקרבון עלתא קרבן דמתקבל ברעוא קדם ייי קורבנין קלילין תור חד קדם אלוק חד דכר חד לעמא יחידאיי אמרין בני שנא שבעא שלמין לחדוות שבעא יומין (NU 29:37) מנחתהון סמידא דחנטתא וחמר ניסוכיהון מה דתקרבון עם תורי ודיכרי ואימרי במניינהון כסדר דינא (NU 29:38) וצפירא דחטאתא חד בר מן עלת תדירא וסמידא למנחתה וחמר ניסוכה (NU 29:39) אילין תקרבון קדם ייי בזמן מועדיכון בר מנדריכון דנדרתון בחגא דתייתון בחגא ונסיבתכון לעלוותכון ולמנחתיכון ולניסוכיהון ולניכסת קודשיכון (NU 30:1) ואמר משה לבני ישראל ככל מה דפקיד ייי ית משה

פרשה מטות

(NU 30:2) ומליל משה עם אמרכלי שבטיא לבני ישראל למימר דין פיתגמא דמליל ייי למימר (NU 30:3) גבר בר תליסר שנין ארום ידר נדרא קדם ייי או יקיים קיים למיסר איסרא ממידעם דהיתירא על נפשיה לא יפיס פיתגמיה ברם בית דינא שרן ליה ואין לא שרו ליה ככל מה דיפוק מפמיה יעביד (NU 30:4) ואתתא דלא עברת תריסר שנין ארום תידר נדר קדם ייי ותיסר איסר בבית איבהא עד תריסר שנין (NU 30:5) וישמע איבהא ית נידרה ואיסרה דאסרת על נפשהא ויתכווין וישתוק לה איבהא ויתקיימון כל נדרהא (179A) וכל איסרהא דאסרת על נפשה יתקיים (NU 30:6) ואין יבטל איבהא יתה ביומא דשמע או לא אתכוון לקיימא ובטיל בתר דישמע כל נדרהא ואיסרא דאסרת על נפשה לא יתקיימון ומן קדם ייי ישתרי וישתביק ליה ארום בטיל אבוהא יתה מן רשותא דנדרא (NU 30:7) ואין אתנסבא אתניסיבת לגבר ונידרהא עלהא או פירוש סיפתהא דאסרת על נפשה בבית איבה ולא בטיל איבה עד לא אתניסבת ומדאיתניסיבת לגבר יתקיימון (NU 30:8) ואין בתר דאיתנסיבת נדרת וישמע בעלה וביומא דשמע יתכווין לקיימותהון וישתוק לה ויתקיימון נידרהא ואיסרהא דאסרת על נפשה יתקיימון (NU 30:9) ואין ביומא דשמע בעלה בטיל לה וישרי ית נידרה דעלה וית פירוש סיפתהא דאסרת על נפשה ומן

קדם ייי ישתרי וישתביק לה (NU 30:10) ונדרא דארמלא ומיתרכא כל
דאסרת על נפשה קום עלה (NU 30:11) ואין עד דהיא בבית בעלה ולא
בגרת נדרת או אסרת איסרא על נפשה בקיומא (NU 30:12) וישמע
בעלה וישתוק לה ולא בטיל יתה ומית עד דלא בגרת ויתקיימון כל
נדרהא וכל איסרי דאסרת על נפשה יתקיימון ולית איבהא זכי בה תוב
לבטלותהון (NU 30:13) ואין מישרא ישרי יתהון בעלה ביומא דשמע
כל אפקות סיפמהא לנדרהא ולאיסרי נפשהא לא יתקיימון ואין בעלה
בטילינון ולא ידעת ועברת מן קדם ייי ישתביק לה (NU 30:14) כל
נידרא וכל קיום איסרא לסגפא נפש בעלה יקיימינון ובעלה
יבטילינון (NU 30:15) ואין משתק ישתוק ומתכוין לה בעלה מיומא
דשמע ליומא חרן ויתקיימון כל נדרהא או ית כל איסרהא דעלה
ובמשתוקיה קיים יתהון ארום שתיק לה ואתכוון ולא שרינון ביומא
דשמע (NU 30:16) ואין מישרא ישרי לה יומא חד בתר דשמע לא סגיא
לה בשרותא ואין מפסא פיתגמא בעלה או איבה מקביל ית חובאה
(NU 30:17) אילין (180) אחווית קימיא דפקיד ייי ית משה בין גבר
לאיתתיה בין איבא לברתיה ביומי טליותא עד דהיא בבית איבהא ולא
ביומי טליותה והיא בבית בעלה (NU 31:1) ומליל ייי עם משה למימר
(NU 31:2) אתפרע פורענות בני ישראל מן מדינאי ומן בתר כדין
תתכנש לעמך (NU 31:3) ומליל משה עם עמא למימר אזדרזו לותכון
גוברין לחילא ויהון מסדרין סדרי קרבא על מדין למיתן פורענות
עמא דייי במדין (NU 31:4) אלפא לשיבטא אלפא לשיבטא לכל שיבטיא
דישראל תשדרון לחילא (NU 31:5) ואתבחרו גוברין צדיקין ומסרון
נפשהון מאלפיא דישראל אלפא לשיבטא תריסר אלפין מזרזי חילא
(NU 31:6) ושדר יתהון משה אלפא לשיבטא לחילא יתהון וית פנחס
בר אלעזר כהנא לחילא ואוריא ותומיא דקודשא למשיילא בהון וחצצרת
יבבא בידיה למכנש ולמישרי ולמיטל משריתא דישראל (NU 31:7)
ואתחיילון על מדין אקפוהא מתלת טריגונהא היכמא דפקיד ייי ית
משה וקטלו כל דכוראה (NU 31:8) וית מלכי מדינאי קטלו על קטולי
משיריתהון ית אוי וית רקם וית צור הוא בלק וית חור וית רבע
חמשת מלכי מדין וית בלעם בר בעור קטלו בסייפא והוה כיון דחמא
בלעם חייבא ית פנחס כהנא רדיף מן בתרוי עבד מילתא דקוסמין ופרח
באויר שמיא מן יד אדכר פנחס שמא רבא וקדישא ופרח בתרוי ואחדיה
ברישיה ואחתיה שלף סייפא ובעא למקטליה פתח פומיה במילי תחנונין
ואמר לפנחס אין תקיים ית נפשי משתבענא לך דכל יומין דאנא קיים
לית אנא מלטיט ית עמך עני ואמר ליה הלא אנת הוא לבן ארמאה
דבעית למשיציא ית יעקב אבונן ונחתתא למצרים בגין למובדא זרעיה
ומן בתר דנפקו ממצרים גריתא בהון עמלק רשיעא וכדון איתגרתא
איתגרא למילוט יתהון וכיוון דחמיתא דלא אהניין עובדך ולא קביל
מימרא דייי מינך אמליכת מילכא (180A) בישא ית בלק למוקמא ית
בנתיה בפרשת אורחתיה למטעיא יתהון ונפלו בגין כן מנהון עשרין
וארבעא אלפין בגין כן לית אפשר תוב למקיימא ית נפשך ומן יד שלף
סייפיה מן תיקה וקטליה (NU 31:9) ושבו בני ישראל ית נשיהון
דמדינאי וית טפלהון וית כל בעיריהון וית כל גיתיהון וית כל
ניכסיהון בזו (NU 31:10) וית כל קורייהון ובתי טירונייהון וית

במסי בית סיגדיהון אוקידו בנורא (NU 31:11) ושבו ית כל עדיתא
וית כל דברתא באינשא ובבעירא (NU 31:12) ואייתיאו לות משה ולות
אלעזר כהנא ולות כל כנישתא דבני ישראל ית שיבייתא וית דברתא
וית עדיתא למשריתא למישריא דמואב על ירדנא דיריחו (NU 31:13)
ונפקו משה ואלעזר כהנא וכל אמרכלי כנישתא לקדמותהון למברא
למשריתא (NU 31:14) וכנס משה על איסטרטיגין דממנן על חילא רבני
אלפין ורבני מאוותא דאתו מחיל סדרי קרבא (NU 31:15) ואמר להון
משה הקיימתון כל נוקבא (NU 31:16) הנין הנין דהואה תוקלא לבני
ישראל בעיצתא דבלעם למשקרא שקר קדם ייי על עיסק פעור והות
מותנא בכנישתא דייי (NU 31:17) וכדון קטולו כל דכורא בטפליא
וכל איתתא דידעת גבר למשכבי דכורא קטולו (NU 31:18) וכל טפלא
בנשיא אוקימו כלו קבל ציצא כלילא דקודשא ויסתכלו ביה ומאן דהיא
מיבעלא לגבר יתעבדון אפהא מוריקן ומאן דלא ידע משכבי דכורא
יהון סמקן אפהא היך נורא ותקיימונין לכון (NU 31:19) ואתון שרו
למיברא למשריתא שובעא יומין כל דקטיל בר נשא וכל דיקרב בקטילא
תדון עלוי ביומא תליתאה וביומא שביעאה אתון ושביכון (NU 31:20)
וכל לבוש וכל מנא דצלא וכל עובד מעזי קרנא וגרמא וכל מאן דקיסא
תדון עלוי (NU 31:21) ואמר אלעזר כהנא לגוברי חילא דאתו מן
סדרי קרבא דא (181) אחווית גזירת אורייתא דפקיד ייי ית משה
(NU 31:22) ברם לחודהון בלא חלדותהון ית דהבא וית כספא וית
נחשא וית פרזלא וית קסטירא וית כרכימישא מניהון לא גולמיא ולא
פשוטיא (NU 31:23) כל מידעם דאורחיה למיתעלא בנורא לביסיא
קדירתא שפודיא ואסכלתא תעברון בנורא וידכי בתר כדין במיא
דכשרין לאידכאה בהון דוותא יתדי וכל דלא מיתעל בנורא כרנבתא
כסיא קיתוניא קומקמוסיא תעברון בארבעין סווין דמוי (NU 31:24)
ותחוורון לבושיכון ביומא שביעאה ותידכון ומן בתר כן תיעלון
למשריתא (NU 31:25) ואמר ייי עם משה למימר (NU 31:26) סב ית
שירוי ביזת שבייתא ותקבל חושבנא אנת ואלעזר כהנא ורישי אבהת
כנישתא (NU 31:27) ותפליג ית דברתא בין גובריא בלושיא דאחדו ית
עתיד עדיתא באגחות קרבא דנפקו לחילא ובין כל כנישתא (NU 31:28)
ותפרש נסיבא לשמא דייי מן גוברי מגיחי קרבא די נפקו לחילא חדא
בת נשא מחמש מאה הכדין מן תורי ומן חמרי ומן ענא (NU 31:29) מן
פלגותהון דהוא חולק גברי מגיחי קרבא תיסבון ותיתנון לאלעזר
כהנא אפרשותא לשמא דייי (NU 31:30) ומפלגותא דבני ישראל תיסב
חד דמיתחד מן חמשין מן בת נשא ומן תורי ומן חמרי ומן כל בעירא
ותיתן יתהון לליואי נטרי מטרת משכנא דייי (NU 31:31) ועבד משה
ואלעזר כהנא היכמא דפקיד ייי ית משה (NU 31:32) והות סכום
דברתא שייור ביזתא דבזו עמא דנפקו לחילא מניין ענא שית מאה
ושובעין וחמשא אלפין (NU 31:33) ותורי שובעין ותרין אלפין
(NU 31:34) וחמרי שיתין וחד אלפין (NU 31:35) ונפשת אינשא מן
נשיא דלא ידעו תשמיש דכורא כל נפשתא תלתין ותרין אלפין
(NU 31:36) והות פלגותא חולק גובריא די נפקו לחילא סכום ענא
תלת מאה ותלתין ושובעא אלפין וחמש מאה (NU 31:37) והות (181A)
סכום נסיבא לשמא דייי מן ענא שית מאה שובעין וחמשא (NU 31:38)

וסכום תורי תלתין ושיתא אלפין וסכום נסיבתהון לשמא דייי שובעין ותרין (NU 31:39) וחמרי תלתין אלפין וחמש מאה וסכום נסיבתהון לשמא דייי תלתין ותרין נפשן (NU 31:41) ויהב משה ית סכום נסיבת אפרשותא דייי לאלעזר כהנא היכמא דפקיד ייי ית משה (NU 31:42) ומפלגות בני ישראל די פליג משה מן גובריא דנפקו לחילא (NU 31:43) והות סכום פלגות כנישתא מן ענא תלת מאה ותלתין ושובעא אלפין וחמש מאה (NU 31:44) וסכום תורי תלתין ושית אלפין (NU 31:45) וסכום חמרי תלתין אלפין וחמש מאה (NU 31:46) ובנת נשא שתסר אלפין (NU 31:47) ונסיב משה מפלגות בני ישראל ית דמיתחד חד מן חמשין מן בנת נשא ומן בעירא ויהב יתהון לליוואי נטרי מטרת משכנא דייי היכמא דפקיד ייי ית משה (NU 31:48) וקריבו לות משה איסטריטיגין דממנן על אלפי חילא רבני אלפין ורבני מאוותא (NU 31:49) ואמרו למשה עבדך קבילו ית סכום גוברי מגיחי קרבא די עימנא לא שגא מיננא אינש (NU 31:50) וקריבנא דורונא לשמא דייי כיון דמסר ייי ית מדינאי בידינן וכבשנן ית ארעהון וית מדינתהון והוינן עיילין לטריקליניהון וחמיין בנתיהון ייאתא חטייתא מפרנקתא וכל גבר דהוה משכח עליהן מנין דדהב הוי שרי קורייה מן רישיהון קדשיא מן אדניהן קטליא מן צוורהין שיריא מן אדרעיהן עזקתא מן עצבעתהן מחוכייא מבית תדייהן ובכל דא חס לן למיתלי עינינן ולא אסתכלנן בחדא מנהון דלא למתחייבא בחדא מנהין ולא נמות במיתותא דמייתין בה רשיעיא לעלמא דאתי ודא יידכר לן ליום דינא רבא למכפרא על נפשתן קדם ייי (NU 31:51) ונסיב משה ואלעזר כהנא ית דהבא מנהון כל מאן דעובדא (NU 31:52) והוה סכום כל דהב אפרשותא דאפרשו לשמא דייי שיתסר אלפין ושבע (182) מאה וחמשין סילעין מן רבני אלפין ומן רבני מאוותא (NU 31:53) גוברין דחילא בזזו גבר לנפשיה (NU 31:54) ונסב משה ואלעזר כהנא ית דהבא מן רבני אלפין ומאוותא ואייתיאו יתיה למשכן זימנא דוכרנא טבא לבני ישראל קדם ייי (NU 32:1) ובעירי סגיא הוון לבני ראובן ולבני גד תקיף לחדא וחמון ית ארעא דמכוור וית ארע גלעד והא אתרא אתר כשר לבית בעיר (NU 32:2) ואתו בני גד ובני ראובן ואמרו למשה ולאלעזר כהנא ולרברבי כנישתא למימר (NU 32:3) מכללתא ומדבשתא מכוור ובית נימרי ובית חושבני מעלת מרא שירן ובית קבורתיה דמשה ובעון (NU 32:4) ארעא דכבש ייי ומחא יתבהא קדם כנישתא דישראל ארע כשר לבית בעיר היא ולעבדך אית בעיר (NU 32:5) ואמרו אין אשכחנא רחמין קדמך תתיהב ארע הדא לעבדך אחסנא לא תעברינא ית יורדנא (NU 32:6) ואמר משה לבני גד ולבני ראובן האחיכון ייתון לקרבא ואתון תיתבון הכא (NU 32:7) ולמא תבטלון רעות בני ישראל מלמעיבר לארעא דיהב להון ייי (NU 32:8) הכדין עבדו אבהתכון כד שלחית יתהון מריקם גיעא למיחמי ית ארעא (NU 32:9) וסליקו עד נחלא דאתכלא וחמון ית ארעא ובטילו רעות ליבא דישראל בגין דלא למיעל לארעא דיהב להון ייי (NU 32:10) ותקיף רוגזא דייי ביומא ההוא וקיים למימר (NU 32:11) אין יחמון גובריא דסליקו ממצרים מבר עשרין שנין ולעילא ית ארעא דקיימית לאברהם ליצחק וליעקב ארום לא שלימו בתר

דחלתי (NU 32:12) אילהן כלב בר יפונה קניזאה ויהושע בר נון
ארום שלימו בתר דחלתא דייי (NU 32:13) ותקיף רוגזא דייי בישראל
וטלטילינון במדברא ארבעין שנין עד דסף כל דרא דעבד דביש קדם
ייי (NU 32:14) והא קמתון בתר אבהתכון תלמידי גובריא חייבייא
למוספא תוב על תקוף רוגזא דייי על ישראל (NU 32:15) ארום
תתובון מבתר (182A) דחלתיה ויוסף תוב לאוחרותהון במדברא
ותחבלון לכל עמא הדין (NU 32:16) וקריבו לותיה ואמר דירין דעאן
נבני לבעירנא הכא וקרוין לטפלנא (NU 32:17) ואנחנא נזדרז מבעין
בגו בני ישראל עד דנעילינון לאתרהון ויתבון טפלנא בקירוי חקרא
מן קדם יתבי ארעא (NU 32:18) לא נתוב לבתנא עד דיחסנון בני
ישראל גבר אחסנתיה (NU 32:19) ארום לא נחסין עימהון מעיברא
ליורדנא ולהלא ארום מטת אחסנתנא לנא מעיברא דיורדנא מדינחא
(NU 32:20) ואמר להון משה אין תעבדון ית פיתגמא הדין אין
תזדרזון קדם עמא דייי לאגחא קרבא (NU 32:21) ויעיבר לכון כל
דמזרז ית יורדנא קדם עמא דייי לאגחא קרבא עד דיתרך ית בעלי
דבבוי מן קדמוי (NU 32:22) ותתכבש ארעא קדם עמא דייי ומן בתר
כדין תתובון ותהון זכאין מן קדם ייי ומישראל ותהי ארעא הדא
לכון לאחסנא קדם ייי (NU 32:23) ואין לא תעבדון ית פיתגמא הדין
הא חבתון קדם ייי אלקכון ודעו חובתכון דתארע יתכון (NU 32:24)
בנו לכון קוריין לטפלכון ודירין לענכון ודנפיק מפומכון תעבדון
(NU 32:25) ואמר בני גד ובני ראובן באסכמותא חדא למשה למימר
עבדך יעבדון כל דריבוני מפקיד (NU 32:26) טפלנא נשנא גיתנא וכל
בעירנא יהון תמן בקוריי גלעד (NU 32:27) ועבדך יעיברון כל
דמזרז חילא קדם עמא דייי לקרבא היכמא דריבוני ממליל (NU 32:28)
ופקיד עליהון משה ית אלעזר כהנא וית רישי אבהת שיבטיא לבני
ישראל (NU 32:29) ואמר משה להון אין יעיברון בני גד ובני ראובן
עימכון ית יורדנא כל דמזרז לקרבא עמא דייי ותתכבש ארעא קדמיכון
ותיתנון להון ית ארע גלעד לאחסנא (NU 32:30) ואין לא יעיברון
מזרזין עמכון ויחסנון ביניכון בארעא דכנען (NU 32:31) ואתיבו
בני גד ובני ראובן ואמרו (183) ית כל דמליל ייי לעבדך הכדין
נעביד (NU 32:32) נחנא נעיבר מזרזין קדם עמא דייי לארעא דכנען
ועימנא אחידת אחסנתנא מעיברא ליורדנא (NU 32:33) ויהב להון משה
לבני גד ולבני ראובן ולפלגות שיבטא דמנשה בר יוסף ית מלכות
סיחון מלכא דאמוראי וית מלכות עוג מלכא דמתנן ארעא לקורייהא
בתחומי קוריי ארעא חזור חזור (NU 32:34) ובנו בני גד ית מדבשתא
וית מכללתא וית לחיית (NU 32:35) וית מכללת שופנא וית מכוור
ורמתא (NU 32:36) וית כרכא תקיפא בבית נימרין וית בית הרן
קוריי חקרא ודירין דעאן (NU 32:37) ובני ראובן בנו ית בית
חושבני וית מעלת מרא וית קרתא דתרין שוקהא מכבשן במרמירא היא
בירישא (NU 32:38) וית בית קבורתיה דמשה וית קרתא דבלק דפגרו
מתמן טעות פעור במדור בית במסיא וית קרתא דמקפן שורהא גליף
שמהת גיברהא וית שירן ובתר דבנונון קרו להון שמהן בשום גובריא
דבנונון (NU 32:39) ואזלו בני מכיר בר מנשה לגלעד וכבשוה
ותריכו ית אמוראי דבה (NU 32:40) ויהב משה ית גלעד למכיר בר

מנשה ויתיב בה (NU 32:41) ויאיר בר מנשה אזל וכבש ית כופרניהון וקרא יתהון כופרתי יאיר (NU 32:42) ונבח אזל וכבש ית קנת וית כופרנהא וקרא לה נבח על שמיה

פרשה מסעי

(NU 33:1) איליין מטלני בני ישראל די נפקו מארעא דמצרים לחילוותהון כד איתעבידו להון ניסין על יד (183A) משה ואהרן (NU 33:2) וכתב משה ית מפקנהון למטלניהון על מימרא דייי ואיליין מטלניהון למפקנהון (NU 33:3) ונטלו מן פילוסין בירחא דניסן מבתר דאכלו ניכסת פיסחא נפקו בני ישראל בריש גלי למחמיהון דכל מיצראי (NU 33:4) ומצראי מקרבין ית דקטל ייי בהון כל בוכרא ובטעותהון עבד מימרא דייי דינין טעוות מתכא הוו מתרככין טעוות אבנא מתגדעין טעוות פחרא מתעבדין בקיקין טעוון דעא מתעבדין קטם ודבעירי מייתין (NU 33:5) ונטלו בני ישראל מן פילוסין ושרו בסוכות אתרא דאתחפיאו שבעת ענני יקרא (NU 33:6) ונטלו מסוכות ושרו באיתם דבסטר מדברא (NU 33:7) ונטלו מאיתם ותבו על פמי חירתא מרבעתא דקדם טעות צפון ושרו קדם מגדל (NU 33:8) ונטלו מפירוקי חירתא ועברו בגו ימא ונפקו מן ימא ואזלו על כיף ימא כנישין אונכין ומרגלין ואזלו מבתר כדין מהלך תלתא יומין במדברא דאיתם ושרו במרה (NU 33:9) ונטלו ממרה ואתו לאלים ובאילים תרתיסרי עינוון דמיין לתריסר שיבטין ושובעין דיקלין כלו קבל שובעין חכימיא ושרון תמן על מיא (NU 33:10) ונטלו מאילים ושרו על גיף ימא דסוף (NU 33:11) ונטלו מגיף ימא דסוף ושרו במדברא דסין (NU 33:12) ונטלו ממדברא דסין ושרו בדופקה (NU 33:13) ונטלו מדפקה ושרו בכרך תקיף (NU 33:14) ונטלו מאתר תקיף ושרון ברפידים ומטול דרפון ידיהון מפיתגמי אורייתא לא הווה תמן מוי למישתי לעמא (NU 33:15) ונטלו מרפידים ושרו במדברא דסיני (NU 33:16) ונטלו ממדברא דסיני ושרו בקיברי דמשיילי בישרא (NU 33:17) ונטלו מקיברי דמשיילי בישרא ושרו בחצרות אתרא דאיסתגרת מרים נביאיתא (NU 33:18) ונטלו מחצרות ושרו ברתמה אתר דמרבי אילני רתמי (NU 33:19) ונטלו מאתר דמרבי אילני רתמי ושרו ברומנא דמתקיף פירוי (NU 33:20) ונטלו (184) מרומנא דמתקיף פירוי ושרו בלבנה אתר דתחומין לה מלבינתא בניין (NU 33:21) ונטלו מלבנה ושרו בבית ריסא (NU 33:22) ונטלו מריסה ושרו בקהלת אתר דאתכנשו קרח וסיעתיה על משה ואהרן (NU 33:23) ונטלו מקהלת ושרו בטוורא דשפירין פירוי (NU 33:24) ונטלו מטוורא דשפירין פירוי ושרו בחרדה אתר דתווהו על בישתא דמותנא (NU 33:25) ונטלו מחרדה ושרו במקהלות אתר כינופיא (NU 33:26) ונטלו ממקהלות ושרו בארעית מקהלות (NU 33:27) ונטלו מארעית מקהלות ושרו בתרח (NU 33:28) ונטלו מתרח ושרו במתקה אתר דבסימין מוהי (NU 33:29) ונטלו מאתר דבסימין מוהי ושרו בחשמונה (NU 33:30) ונטלו מחשמונה ושרו באתר מרדותא (NU 33:31) ונטלו מאתר מרדותא ושרו בבירי עקתה (NU 33:32) ונטלו מבירי עקתא ושרו בשקיפין ואתרא מתקרי גדגד (NU 33:33) ונטלו משקיפין דגדגד ושרו ביטבת אתר טב ונייח (NU 33:34) ונטלו מאתר טב ונייח ושרו

במגזתא (NU 33:35) ונטלו ממגזתא ושרו בכרך תרנגולא (NU 33:36)
ונטלו מכרך תרנגולא ושרו במדברא ציני טוור פרזלא היא רקם
(NU 33:37) ונטלו מרקם ושרו בטוורוס אומנוס בסייפי ארעא דאדום
(NU 33:38) וסליק אהרן כהנא לטוורוס אומנוס על מימרא דייי ומית
תמן בשנת ארבעין למיפק בני ישראל ממצרים בירחא חמישאה בחד
לירחא (NU 33:39) ואהרן בר מאה ועשרין ותלת שנין כד מית
בטוורים אומניס (NU 33:40) ושמע עמלק חייבא ואתחבר בכנענאי
ומלך בערד ובית מותביה בארע דרומא כד אתו בני ישראל ואגיח בהון
וגמרו יתהון וית קירויהון (NU 33:41) ונטלו מטוורים אומניס
ושרו בצלמונה אתר הובאי ובור בארע אדומאי ותמן עקת נפשא דעמא
באורחא (NU 33:42) ונטלו מצלמונה ושרו בפונון אתר דגרי ייי
בהון ית חיוון קלן וסליקת קבילתהון עד צית שמיא (NU 33:43)
ונטלו מאתר דגרי ייי בהון ית חיוון (184A) קלן ושרו באובות
(NU 33:44) ונטלו מאובות ושרו במגזת עיבראי בתחום מואבאי
(NU 33:45) ונטלו ממגזתא ושרו בדיבון בית מזלא (NU 33:46)
ונטלו מדיבון בית מזלא ושרו בעלמון דבלתימה אוף תמן אתכסיית
מנהון בירא על דשבקו פתגמי אורייתא דבסימין כדבלתא (NU 33:47)
ונטלו מעלמון דבלתים ושרו בטוורא עבראי קדם בית קבורתיה דמשה
(NU 33:48) ונטלו מטרי עבראי ושרו במשריא דמואב על יורדנא
דיריחו (NU 33:49) ושרו על יורדנא מבית ישימות עד מישר שיטין
במישריא דמואב (NU 33:50) ומליל ייי עם משה במישריא דמואב על
יורדנא דיריחו למימר (NU 33:51) מליל עם בני ישראל ותימר להון
ארום אתון עברין ית יורדנא לארעא דכנען (NU 33:52) ותתרכון ית
כל יתבי ארעא מן קדמיכון ותספון ית כל בית סיגדיהון וית כל
צילמי מתכוותהון תסייפון וית כל במסיהון תשיצון (NU 33:53)
ותתרכון ית יתבי ארעא ותיתבון בה ארום לכון יהבית ית ארעא
למירות יתה (NU 33:54) ותחסנון ית ארעא בעדבין לגניסתכון לשיבט
דעמיה סגין תסגי ולשיבט דעמיה זעירין תזעיר לדיפוק ליה תמן
עדבא דיליה יהי לשיבטי אבהתכון תתחסנון (NU 33:55) ואין לא
תתרכון ית כל יתבי ארעא מן קדמיכון ויהי מה די תשיירון מנהון
לסכיין בעינא בישא בכון ומקיפין לכון כתריסין בסיטריכון
ויתעיקון יתכון על ארעא דאתון יתבין בה (NU 33:56) ויהי כמא די
חשילית למעבד להון אעביד לכון (NU 34:1) ומליל ייי עם משה
למימר (NU 34:2) פקיד ית בני ישראל ותימר להון ארום אתון עלין
לארעא דכנען דא ארעא דתתפלג לכון באחסנא ארעא דכנען בתחומהא
(NU 34:3) ויהוי לכון תחום דרומא מן מדברא דציני טור פרזלא על
תחומי אדום ויהוי תחום דרומא מן סייפי ימא דמילחא מדינחא
(NU 34:4) ויקיף לכון (185) תחומא מן דרומא למסוקיתא דעקרבית
ויעיבר לציני טוור פרזלא ויהוון מפקנוי מן דרום לרקם גיעא
ויפוק לטירת אדריא ויעיבר לקיסם (NU 34:5) ויקיף תחומא מקיסם
לנילוס דמצראי ויהון מפקנוי למערבא (NU 34:6) ותחום מערבא
ויהוי לכון ימא רבא אוקינוס ותחומיה הינון מי בראשית עם מיא
קדמאי דהוון בגויה אבירוי ופרבירוי כרכוי ומדינתיה ניסוי
ומחוזוי ספינתיה ואלגוותיה דין יהוי לכון תחום מערביא

(NU 34:7) ודין יהוי לכון תחום ציפונא מן ימא רבא תכוונון לכון
לטוורים אומניס (NU 34:8) מטוורוס אומניס תכוונון לכון מעלך
לטבריא ויהון מפקנוי דתחומא מן תרין ציטרוי מכוונין לכרכוי דבר
זעמה ולכרכוי דבר סניגורא ודיווקינוס ותרנגולא עד קיסרין מעלך
לאבלס דקילקאי (NU 34:9) ויפוק תחומא לקרן זכותא ולגבתא דחטמנא
ויהון מפקנוי לביריא דבית סכל ולמציעות דרתא רבתא דממצעא בין
טירת עינוותא לבין דרמשק דין יהוי לכון תחום ציפונא (NU 34:10)
ותכוונון לכון לתחום מדינחא מטירת עינוותא לאפמיאה (NU 34:11)
ויחות תחומא מן אפמיאה לדפני מן מדנח לעיינוותא ויחות תחומא
למערת פניאס וממערת פניאס יחות תחומא לטור תלגא ומטור תלגא
יחות תחומא לעינן ומעינן יחות תחומא ויסב מיישרא מישר נחלי
ארנונא וייתי למדברא דציני טור פרזלא מי מצותא אבל ודמוכה סמיך
לגיניסר כרך מלכותהון דאדומאי אחסנות שיבט ראובן וגד ופלגות
שיבט מנשה ויחות תחומא ויקיף לתחום ימא דגיניסר ממדינחא
(NU 34:12) ויחות תחומא לירדנא ויהוון מפקנוי לימא דמילחא
ריקם גיעא מן דרומא טוורוס אומניס מן ציפונא ימא רבא מן מערבא
ימא דמילחא מן מדינחא דא תהוי לכון ארעא דישראל למצרני תחומהא
חזור חזור (NU 34:13) ופקיד משה ית בני ישראל למימר דא ארעא
דתחסין יתה בעדבא דפקיד ייי למיתן לתשעת שיבטין ופלגות (185A)
שיבטא (NU 34:14) ארום קבילו שיבטא דבני ראובן לבית אבהתהון
ושיבטא דבני גד לבית אבהתהון ופלגות שיבטא דמנשה קבילו
אחסנתהון (NU 34:15) תרין שיבטין ופלגות שיבטא קבילו אחסנתהון
מעיברא לירדנא מדינחא (NU 34:16) ומליל ייי עם משה למימר
(NU 34:17) אילין שמהת גובריא דיחסנון לכון ית ארעא אלעזר כהנא
ויהושע בר נון (NU 34:18) ונשיאי ואמרכל חד אמרכל חד מן שיבטא תידברון
לאחסנא ית ארעא (NU 34:19) ואילין שמהן גובריא לשבטא דבית
יהודא כלב בר יפונה (NU 34:20) לשבטא דשמעון שמואל בר עמיהוד
(NU 34:21) לשבטא דבנימין אלידד בר כסלון (NU 34:22) לשבטא דדן
אמרכל בקי בר יגלי (NU 34:23) לשבטא דבני יוסף לשבטא דבני מנשה
אמרכל חניאל בר אפוד (NU 34:24) לשיבטא דבית אפרים אמרכל קמואל
בר שפטן (NU 34:26) לשיבטא דישׂשכר אמרכל פלטיאל בר עזן
(NU 34:27) לשיבטא דאשר אמרכל אחיהוד בר שלומי (NU 34:25)
לשיבטא דזבולן אמרכל אליצפן בר פרנך (NU 34:28) לשיבטא דנפתלי
אמרכל פדהאל בר עמיהוד (NU 34:29) אליין דפקד ייי לאחסנא ית
בני ישראל בארעא דכנען (NU 35:1) ומליל ייי עם משה במישריא
דמואב על יורדנא דיריחו למימר (NU 35:2) פקד ית בני ישראל
ויתננון ליואי מאחסנת אחודתהון קירוין למיתב ופרוילין לקרויא
חזרנותהון תתנון לליואי (NU 35:3) ויהון קירוייא להון למיתב
ופרודלהון יהוון לבעיריהון ולקניינהון ולכל צורכיהון (NU 35:4)
ופרודולי קרווייא דתיתנון לליואי משור קרתא ולבר אלפא גרמידי
חזור חזור (NU 35:5) ותמשחון מברא לקרתא ית ציטרא דמדינחא תרין
אלפין גרמידי וית רוח דרומא תרין אלפין גרמידי וית רוח מערבא
תרין אלפין גרמידי וית רוח ציפונא תרין אלפין גרמידי וקרתא
במיצעא דין יהוי לכון פרודלי קירווייא (NU 35:6) וית קירווייא

דתיתנון לליוואי ית שית קוריין דקלטן קטולא למיעירוק לתמן ועליהון תיתנון ארבעין ותמני (186) קוריין (NU 35:7) כל קירווייא דתיתנון לליוואי ארבעין ותמניא קוריין יתהון וית פרודוולהון (NU 35:8) וקוריין דתיתנון מן אחסנת בני ישראל מן שבטא דעמיה סגי תסגון ומן שיבטא דעמיה זעיר תזערון גבר אגב אחסנתיה דיחסנון יתן מקירווי לליוואי (NU 35:9) ומליל ייי עם משה למימר (NU 35:10) מליל עם בני ישראל ותימר להון ארום אתון עברין ית יורדנא לארעא דכנען (NU 35:11) ותזמנון לכון קוריין בשוקין ובתי חיוותא קירוין קלטן יהוויין לכון ויעירוק לתמן קטולא דיקטול בר נש בשלו (NU 35:12) ויהון לכון קירווייא למיקלט קטולא מן תבע אדמא ולא ימות קטולא עד דיקום קדם כנישתא לדינא (NU 35:13) וקירווייא דתיתנון שית קירוין קלטן קטולא יהויין לכון (NU 35:14) וית תלת קירווייא תיתנון מעיברא ליורדנא וית תלת קירווייא תתנון בארעא דכנען קירווין קלטן תהויין (NU 35:15) לבני ישראל ולגיורא ולתותביא דביניהון יהוויין שית קירווייא האילין לשיזבא למיעירוק לתמן כל דיקטול בר נש בשלו (NU 35:16) ואין במנא דפרזלא במשהו מחהי וקטליה קטולא הוא אתקטלא יתקטל קטולא (NU 35:17) ואין באבנא מלוא ידא די כמיסת דימות בה מחהי וקטליה קטולא הוא אתקטלא יתקטל קטולא (NU 35:18) או במנא דקיסי מלא ידא די כמיסת דימות בה מחהי וקטליה קטולא הוא איתקטלא איתקטל קטולא (NU 35:19) תבע אדמא הוא יקטול ית קטולא כד יערעיניה מברא לקירווייא האילין בדינא הוא יקטליניה (NU 35:20) ואין ביסנא הדף ואתכוון ודחייה או טלק עלוי כלונסן ושרוותא וגלגיל עלוי כיפין בכוונות ליבא וקטליה (NU 35:21) או נטר ליה בבו ומחהי בידי וקטליה קטולא הוא איתקטלא יתקטול קטולא הוא תבע אדמא קטול ית קטולא כד אתחייב ליה (NU 35:22) ואין בשלו בלא נטר ליה בבו הדפיה או טלק עלוי כל מאן ולא אתכוון למקטליה (NU 35:23) או בכל אבנא (186A) דהיא כמיסת דימות בלא מתכוון וטלק עלוי מדעם וקטליה והוא לא סני ליה ולא תבע בישתיה (NU 35:24) וידינון כנישתא בין מחיא ובין תבע אדמא על סדר דיניא האילין (NU 35:25) וישיזבון כנישתא ית קטולא מן יד תבע אדמא ויתיבון יתיה לקורייתא דקלטיה דאפך לתמן ויתיב בה עד זמן דימות כהנא רבא דרבי יתיה סגנא במשח רבותא ומטול דלא צלי ביומא דכיפורי בקודש קודשיא על תלת עבירן קשיין דלא יתקלון עמא בית ישראל בפולחנא נוכריאה ובגילוי עירייתא ובשדיות אדם זכיא והוה בידיה לבטולתהון בצלותיה ולא צלי מטול כן אתקנס לימות בשתא ההיא (NU 35:26) ואין מיפק יפוק קטולא כל אימת דכהנא רבא קיים מן תחום קרתא דקלטיה דערק לתמן (NU 35:27) וישכח יתיה תבע אדמא מברא לתחום קרתא דקלטיה ויקטול תבע אדמא ית קטולא לית ליה סידרין דקטולין (NU 35:28) ארום בקירייתא דקלטיה יתיב עד דימות כהנא רבא ומן בתר דימות כהנא רבא יתוב קטולא לארע אחסנתיה (NU 35:29) ויהוון אילין אחוויתא לכון לגזירת דינין לדריכון בכל מותבניכון (NU 35:30) כל דיקטול בר נשא על מימר סהדין דחמיין למסהד עלוי יקטול תבע אדמא או בי דינא ית קטולא וסהיד

חד לא יסהד בבר נש לממת (NU 35:31) לא תקבלון פורקן לשיזבא בר
נש קטולא דהוא חייב לימָמת ארום איתקטלא יתקטל (NU 35:32) ולא
תקבלון פורקן לדערק לקרייתא דקלטיה למתוב למיתב בארעא עד זמן
דימות כהנא (NU 35:33) ולא תטנפון ית ארעא דאתון בה ארום דם
זכאי דלא מתפרע הוא יטנף ית ארעא ולארעא לא מתכפר על דם זכאי
דאישתדי בה אילהן בשדיות אדם דמן דשדייה (NU 35:34) ולא תסאבון
ית ארעא דאתון בה דשכינתי שריא בגוה ארום אנא הוא ייי דשכינתי
שריא בגו בני ישראל (NU 36:1) וקריבו לבי דינא רישי אבהתא
לגניסת בני גלעד (187) בר מכיר בר מנשה מגניסת יוסף ומלילו קדם
משה וקדם רברביא רישי אבהתא לבני ישראל (NU 36:2) ואמרו ית
ריבוני פקיד ייי למיתן ית ארעא באחסנתא בעדבא לבני ישראל
וריבוני אתפקד מן קדם ייי למיתן ית אחסנת צלפחד אחונא לבנתיה
(NU 36:3) והואה לחד מבני שיבטיא דבני ישראל לנשין ותתמנע
אחסנתהון מאחסנת אבהתנא ותיתוסף על אחסנת שיבטיא דיהוויין להון
ומן עדב אחסנתנא יתמנע (NU 36:4) ואין יהוי יובילא לבני ישראל
ותיתוסף אחסנתהון על אחסנת שיבטיא דיהוויין להון ומאחסנת שיבטא
דאבהתנא יתמנע אחסנתהין (NU 36:5) ופקיד משה ית בני ישראל על
מימרא דייי יאות שיבטא דבני יוסף ממללין (NU 36:6) דין פתגמא
דפקיד ייי לא לדריא דעתידין למיקום בתר פילוג ארעא אלהין לבנת
צלפחד למימר לדתקין בעיניהן תהוויין לנשין לחוד לגניסת שיבט
אבוהן תהוויין לנשין (NU 36:7) מטול דלא תיתקף אחסנא לבני
ישראל משיבטא לשיבטא חורנא ארום גבר באחסנת שיבטא דאבהתוי
ידבקון בני ישראל (NU 36:8) (NU 36:9) (NU 36:10) היכמא דפקיד
ייי ית משה הכדין עבדו בנת צלפחד (NU 36:11) והוואה מחלה תרצה
וחגלה ומלכה ונעה בנת צלפחד לבני חביביהן לנשין (NU 36:12)
מגניסת בני מנשה בר יוסף הואה לנשין והוות אחסנתהן על שיבט
גניסת אבוהן (NU 36:13) איליין פיקודייא וסידרי דינייא דפקיד
ייי בידא דמשה לות בני ישראל במישריא דמואב על יורדנא דיריחו

ספר המישי

פרשה דברים

(189) (DT 1:1) אילין פיתגמי אוכחותא די מליל משה עם כל ישראל כנפינון לותיה כד הוון בעיברא דיורדנא ענה ואמר להון הלא במדברא בטוורא דסיני איתיהבת לכון אורייתא ובמישריא דמואב איתפרשת לכון כמה ניסין ופרישן עבד לכון קודשא בריך הוא מזמן דעברתון על גיף ימא דסוף דעבד לכון אסטרט לכל שיבטא ושיבטא ואתון סטיתון מבתר מימריה וארגזתון קדמוי בפארן על מימרא אללייא וטפלתון עלוי מילי שיקרא ואיתרעמיתון על מנא דאחית לכון חיוור מן שמיא ושיילתון בישרא בחצרות והוי חמי לכון למישתיצא מיגו עלמא אילולי דדכר לכון זכוות אבהתכון צדיקייא ומשכן זימנא וארון קיימא ומני קודשא דחמיתון דהבא סנינא וכפר לכון על חובת עיגל דהבא (DT 1:2) מהלך חדיסר יומין מחורב מאורח טוורא דגבלא עם ריקם גיעא ועל די סטיתון וארגזתון קדם ייי איתחרתון ארבעין שנין (DT 1:3) והוה לסוף ארבעין שנין בחדסר ירח הוא ירחא דשבט בחד בירחא מליל משה עם בני ישראל ככל דפקיד ייי יתיה לוותהון (DT 1:4) מן בתר דמחא ית סיחן מלכא דאמוראה דיתיב בחשבון וית עוג מלכא דמתנן דיתיב בעשתרוותא באדרעת (DT 1:5) בעיברא דיורדנא בארעא דמואב שרי משה למלפא ית פיתגמי אורייתא הדא למימר (DT 1:6) ייי אלקן מליל עימן ולא אנא באנפי נפשי בחורב למימר סגי לכון ואתהני לכון עד האידנא דקבילתון ביה אורייתא ועבדתון ביה משכנא ומנוי ואקימיתון רבנין עליכון ומכען ביש לכון לאיתרחא בטוורא הדין (DT 1:7) איתפיניאו וטולו לכון לערד וחורמה ועולו לטורא דאמוראה ולות כל דיירוי עמון ומואב וגבלא במישרא דחורשא בטורא בשפילתא ובדרומא ובספר ימא אשקלון וקיסרין ארע כנענאה עד קלרהי וליבנן אתר טוורי בית מקדשא עד נהרא רבא נהרא פרת (DT 1:8) חמון דמסרית קדמיכון ית דיירא ארעא ולא (189A) תצטרכון למיטול זיינא עולו ואחסינו ית ארעא וקבעו בה דיפטיא ופלגוהא הי כמא דקיים ייי לאבהתכון לאברהם ליצחק וליעקב למיתן להון ולבניכון בתריכון (DT 1:9) ואמרית לכון בעידנא ההיא ליתנא שבקינכון על דיינא חד דאנא לא יכילנא בלחודיי למסוברא

יתכון (DT 1:10) מימרא דייי אלקכון אסגי יתכון והאיתיכון יומא
דין הי ככוכבי שמיא לסגי (DT 1:11) ייי אלקא דאבהתכון יוסיף
עליכון כותכון אלף זימנין מטול ברכתי דא ויברך יתכון בלא סכומא
הי כמא דמליל לכון (DT 1:12) היך אנא יכיל בלחודיי למסבול
טרחות אפקרסותכון ודמחשלין עלי בישתא ומילי ריניכון דמפקין
סילעא לאפוקי תרי (DT 1:13) זמנו לכון גוברין חכימין וסוכלתנין
מרעיונהון ומרי מנדעא לשיבטיכון ואימנינון רישין עליכון
(DT 1:14) ואתיבתון יתי ואמרתון תקין פיתגמא דמלילתא למימר
(DT 1:15) ודברית ית רישי שיבטיכון ואורכתנון במליא גוברין
חכימין ומרי מנדעא וסוכלתנין מריעיוניהון לא השכחית ומניתינון
רישי עליכון רבני אלפין רבני מאוותא רבני חמשין תריסר אלפין
רבני עישורייתא שית ריבוון וסרכין לשבטיכון (DT 1:16) ופקידית
ית דייניכון בעידנא ההיא ית סידרי דיניא למימר קבילו מן אחיכון
דלא ימליל חד כל מילוי וחד מקטע מילוי ומדשמעתון מיליהון לית
אפשר לכון דלא למדנהון ותדונון דינא בקשוט ופשרות שלמא בין
גברא לאחוי ובין מאן דמאגר מילי דינין (DT 1:17) לא תשתמודעון
אפין בדינא מילי זעירא הי כמילי רבא תשמעון ולא תידחלון מן קדם
עתיר ושולטן ארום דינא מן קדם ייי הוא וחמי כל טומריא ופיתגמא
דיקשי מנכון תקרבון לותי ואשמעיניה (DT 1:18) ופקידית יתכון
בעידנא ההיא ית כל עשרא פתגמיא דתעבדון ביני דיני ממונא לדיני
נפשתא (190) (DT 1:19) ונטלנא מחורב והליכנא ית כל מדברא רבא
ודחילא ההוא דחמיתון חיוין ככשורין ועקרבין כקשתין סריין רמיין
לקובליכון אורח טוורא דאימוראה היכמה דפקיד ייי אלקנא יתנא
ואתינא עד ריקם גיעא (DT 1:20) ואמרית לכון אתיתון עד טוורא
דאמוראה דייי אלקנא יהיב לנא (DT 1:21) חמון דיהב ייי אלקכון
לכון ית ארעא סוקו ואחסינו היכמה דמליל ייי אלקכון לכון לא
תידחלון ולא תיתברון (DT 1:22) וקריבתון לותי בעירבוביא כולכון
ואמרתון נשדר גוברין קדמנא ויתרגנון לנא ית ארעא ויתיבון יתנא
פיתגמא ית אורחא דניסק בה וית קירויא דניעול לותהון (DT 1:23)
ושפר בעיניי פיתגמא ודברית מנכון תריסר גוברין ברירין גוברא חד
לשיבטא (DT 1:24) ואתפניו וסליקו לטוורא ואתו עד נחלא דאתכלא
ותרגינו יתה (DT 1:25) ונסיבו בידיהון מן איבא דארעא ואחיתו
לוותנא ואתיבו יתנא פיתגמא ואמרו כלב ויהושע טבא ארעא דייי
אלקנא יהיב לנא (DT 1:26) ולא צביתון למיסוק והימנתון לפיתגמי
עשרא רשיעין וסריבתון על מימרא דייי אלקכון (DT 1:27) ורגינתון
במשכניכון נסיבתון בניכון ובנתיכון בעיטפיכון למימר ווי לכון
סגיפין מחר אתון מתקטלין מטול דסני ייי יתנא אפקנא מן ארעא
דמצרים למימס יתנא בידא דאמוראה לשציותנא (DT 1:28) לאן אנחנא
סלקין אחנא מסמיסן ית ליבנא למימר עם רב ותקיף מיננא קירוין
רברבן וכריכן עד צית שמיא ואוף בני עפרון גיברא חמינא תמן
(DT 1:29) ואמרית לכון לא תיתברון ולא תידחלון מנהון (DT 1:30)
מימרא דייי אלקכון די מדבר קדמיכון הוא יגיח לכון ככל מה דעבד
לכון במצרים למחמיכון (DT 1:31) ובמדברא דחמיתא חווייא קלן
מליין אירס דקטול וסוברך ייי אלקך בענני איקר שכינתיה היכמה

(190A) דמסובר גבר ית בריה בכל אורחא דהליכתון עד זמן מיתיכון עד אתרא הדין (DT 1:32) ובפיתגמה הדין ליתיכון מיהימנין במימרא דייי אלקכון (DT 1:33) דמדבר קדמיכון באורחא לאתקנא לכון אתר בית מישרוי לאשריותכון בעמודא דאישא בליליא לאנהרותכון באורחא דתהכון בה ועמודא דעננא בימָמא (DT 1:34) ושמיע קדם ייי ית קל פיתגמיכון ורגז וקיים למימר (DT 1:35) אין יחמון גבר בגובריא האילין דרא בישא הדין ית ארעא טבתא דקיימתא למיתן לאבהתכון (DT 1:36) אלהין כלב בר יפונה הוא יחמינה וליה איתן ית ארעא דחברון דטייל בה ולבנוי חולף דאשלים בתר דחלתא דייי (DT 1:37) אוף עלי הוה רגז מן קדם ייי מטולכון למימר אוף אנת לא תיעול לתמן (DT 1:38) יהושע בר נון דמשמש בבית אולפנך הוא ייעול לתמן יתיה תקיף ארום הוא יחסיננה ית ישראל (DT 1:39) וטפלכון דאמרתון לעדי יהון ובניכון דלא ידעין יומא דין בין טב לביש הינון יעלון לתמן ולהון אתנינה והינון יירתונה (DT 1:40) ואתון אתפינייו לכון וטולו למדברא אורח ימה דסוף (DT 1:41) ואתיבתון ואמרתון לי חבנא קדם ייי אנחנא ניסק ונגיח קרב ככל דפקדנא ייי אלקנא ואסרתון גבר ית מאני זייניה ושריתון למיסוק לטורא (DT 1:42) ואמר ייי לי אימר להון לא תיסקון ולא תסדרון סידרי קרב ארום לית שכינתי מהלכא ביניכון ולא תיתברון קדם בעלי דבביכון (DT 1:43) ומלילית לכון ולא קבלתון וסרבתון על מימרא דייי וארשעתון וסליקתון לטוורא (DT 1:44) ונפק אמוראה דיתיב בטוורא ההוא לקדמותכון ורדפו יתכון היכמה דחררן וחיישן אורעייתא ומחו יתכון בגבלא עד חרמה (DT 1:45) ותבתון ובכיתון (191) קדם ייי ולא קביל ייי צלותכון ולא אצית למיליכון (DT 1:46) ויתיבתון ברקם יומין סגיעין כיומיא דיתיבתון (DT 2:1) ואתפנינא ונטלנא למדברא אורח ימא דסוף היכמה דמליל ייי לי ואקיפנא ית טורא דגבלא יומין סגיעין (DT 2:2) ואמר ייי לי למימר (DT 2:3) סגי לכון דאקיפתון ית טורא הדין אתפנו לכון לציפונא (DT 2:4) וית עמא פקיד למימר אתון עברין בתהום אחוכון בנוי דעשו דיתבין בגבלא וידחלון מנכון ותסתמרון לחדא (DT 2:5) לא תיתגרון בהון ארום לא אתן לכון מארעתהון עד כמיסת פרסת ריגלא ארום ירותא לעשו יהבית ית טוורא דגבלא מטול איקרא דעבד לאבוי (DT 2:6) עיבורא תזבנון מינהון כד חי בכספא ותיכלון ואוף מיא תזבנון מנהון בכספא ותישתון (DT 2:7) אזדהרון דלא תנוסון להון ארום ייי אלקכון בריך יתכון בכל עובדי ידיכון סופיק צורכיכון במיהכך במדברא רבא הדין דנן ארבעין שנין מימרא דייי אלקכון בסעדכון לא חסרתון מידעם (DT 2:8) ועברנא מלות אחנא בני עשו דיתבין בגבלא מאילת ומכרך תרנגולא ואתפנינא ועברנא אורח מדברא דמואב (DT 2:9) ואמר ייי לי לא תעיק ית מואבאי ולא תסדר לקיבליהון סידרי קרבא ארום לא איתן לכון מארעהון ירותא ארום לבנוי דלוט יהבית ית לחיית ירותא (DT 2:10) אימתניא מן לקדמין יתיבו בה עם רב וסגי וחסין הי כגינבריא (DT 2:11) גיבריא דיתבין במישר גינברי מתחשבן אוף הינון הי כגינבריא דאתמחייו בטובענא ומואבאי קרן להון אמתני (DT 2:12) ובגבלא יתיבו

גנוסייא מן לקדמין ובני עשו תריכונון ושיציאונון מן קדמיהון
ויתיבו באתרהון היכמה דעבד ישראל לארע ירותתיה דיהב ייי להון
(DT 2:13) כדון קומו ועיברו לכון ית נחל טרווייא ועברנא ית נחל
טרווייא (DT 2:14) ויומיא דהליכנא (191A) מן רקם גיעא עד
דעברנא ית נחל טרווייא תלתין ותמני שנין עד דסף כל דרא גברי
מגיחי קרבא מיגו משריתא היכמא דקיים ייי להון (DT 2:15) ואוף
מחא מן קדם ייי אתגריית להון למשצייהון מיגו משריתא עד די פסקו
(DT 2:16) והוה כדי פסקו כל גברי מגיחי קרב עבדי בימתא לממת
מיגו משריתא (DT 2:17) ומליל ייי עמי למימר (DT 2:18) אתון
עברין יומא דין ית תחום מואבאי ית לחיית (DT 2:19) ותתקרבון
לקביל בני עמון לא תצור עליהון ולא תתגרי בהון לסדרי קרב ארום
לא אתן לכון מארע בני עמון ירותא ארום לבנוי דלוט מטול זכותיה
דאברהם יהבתה ירותה (DT 2:20) ארע גיבריא מתחשבא לחוד היא
גיברי יתיבו בה מן לקדמין ועמונאי קרן להון זימתני (DT 2:21)
עמא רבא וחסינא הי כגינבריא ושיצינון מימרא דייי מן קדמיהון
ותריכונון ויתיבו באתריהון (DT 2:22) עד זמן יומא הדין
(DT 2:23) ושאר פליטת כנענאי דהוו שרן בכופרנייא דרפיע עד עזה
קפודקאי דנפקו מן קפודקיא שיציאונון ויתיבו באתריהון (DT 2:24)
אזדקפו טולו ועיברו ית נחלי ארנונא חמון די מסרית בידיכון ית
סיחון מלכא דחשבון ואמוראה וית ארעיה שרי לתרכותיה ותתגרי
למסדרא לקובליה סדרי קרבא (DT 2:25) יומא דין שריית למיתן
זועתך ודחלתך על אנפי כל עממייא דתחות כל שמיא דישמעון שמע
זכוותך היך קמון שימשא וסיהרא אמטולתך ופסקון מן למימר שירתא
כמיסת יומא ופלגא וקמו במדורהון עד דאגחת קרבא בסיחון ויזעון
וירתתון מן קדמך (DT 2:26) ושדרית עזגדין מנהרדעא דסמיך למדבר
קדמות לות סיחון מלכא דאמוראי פתגמי שלם למימר (DT 2:27) אעיבר
בארעך באורחא דהיא אורח כבישא איזיל לא אסטי להנזקותך לימינא
ולשמאלא (DT 2:28) עיבור (192) כד חי בכספא תזבין לי ואיכול
ומוי בכספא תיתן לי ואישתי לחוד אעיבר בלחודיי (DT 2:29) היכמה
דעבדו לי בנוי דעשו דיתבין בגבלא ומואבאי דיתבין בלחיית עד זמן
דאיעיבר ית יורדנא לארעא דייי אלקנא יהיב לנא (DT 2:30) ולא
צבא סיחן מלכא דחשבון לאעברתונא בגו תחומיה ארום אקשי ייי אלקך
ית יצרא דרוחיה ואיתקף ית ליבביה מן בגלל לממסריה בידך כיומא
הדין (DT 2:31) ואמר ייי לי חמי באורכות שימשא וסיהרא דשריית
לממסר בידך ית סיחן וית ארעיה שרי לתרכותיה למירות ית ארעיה
(DT 2:32) ונפק סיחן לקדמותנא הוא וכל עמיה לאגחא קרבא ליהץ
(DT 2:33) ומסר יתיה ייי אלקנא קדמנא ומחינא יתיה וית בנוי וית
כל עמיה (DT 2:34) וכבשנה ית כל קירווי בעידנה ההיא וגמרנא ית
כל קירווייא גובריא ונשיא וטפלא לא אשארנא משיזיב (DT 2:35)
לחוד בעירי בזנא לנא ועדי קירווייא דכבשנא (DT 2:36) מערועד
דעל גיף נחלא ארנונא וקרתא דמתבניא במציעות נחלא עד גלעד לא
הות קרתא דתקיפת מיננא ית כולהון מסר ייי אלקנא קדמנא
(DT 2:37) לחוד לארע בני עמון לא קריבתא כל אתר נחלי יובקא
וקרווי טוורא ככל מה דפקיד ייי אלקנא (DT 3:1) ואתפנינא

וסליקנא אורח מתנן ונפק עוג מלכא דמתנן לקדמותנא הוא וכל עמיה לאגחא קרבא לאדרעת (DT 3:2) ואמר ײ לי לא תידחל מיניה ארום בידך מסרית יתיה וית כל עמיה וית ארעיה ותעביד ליה היכמה דעבדת לסיחון מלכא דאמוראה דיתיב בחשבון (DT 3:3) ומסר ײ אלקנא בידנא אוף ית עוג מלכא דמתנן וית כל עמיה ומחינוהי עד דלא אשתייר ליה משיזיב (DT 3:4) וכבשנן ית כל קירווי בעידנא ההיא לא הות קרתא דלא נסיבנא מנהון שיתין קירווין כל תחום פלך טרגונא מלכותא דעוג במתנן (DT 3:5) כל אילין קירווי מקרא מקפן שורין (192A) רמין אחידן בתרעין ונגרעין בר מקירוי פצחיא סגי לחדא (DT 3:6) וגמרנא ית קירויהון היכמה דעבדנא לסיחון מלכא דחשבון הכדין גמרנא ית כל קירוויי גובריא ונשייא וטפלא (DT 3:7) וכל בעירי ועדיי קרווייא בזנא לנא (DT 3:8) ונסיבנא בעידנא ההיא ית ארעא מן רשות תרין מלכי אמוראי דבעיברא דיורדנא מנחלי ארנונא עד טוורא דחרמון (DT 3:9) צידנאי הוון קרן לחרמון טוורא דמסרי פירוי ואימוראי קרן ליה טוור תלגא דלא פסיק מיניה תלגא לא בקייטא ולא בסתווא (DT 3:10) כל קרוי מישרא וכל גלעד וכל מתנן עד סלווקיא ואדרעת קרוי ממלכותא דעוג במתנן (DT 3:11) ארום לחוד עוג מלכא דמתנן אישתייר ממותר גיבריא דאשתיציין בטובענא הא שיווייה שווית דפרזלא הא היא יהיבא בבית ארכיון ברבת בני עמון תשע אמין אורכה וארבע אמין פותיא באומתא דגרמיה (DT 3:12) וית ארעא הדא יריתנא בעידנא ההיא מערער ועד כיף נחלא ופלגות טוורא דגלעד וקירווי יהבית לשיבט ראובן ולשיבט גד (DT 3:13) ושאר גלעד וכל מתנן מלכותיה דעוג יהבית לשיבט מנשה כל תחום בית פלך טרגונא וכל מתנן ההוא מתקרי ארע גיבריא (DT 3:14) ויאיר בר מנשה נסיב ית כל תחום פלך טרגונא עד תחום קורזי ואנטיקירוס וקרא יתהון על שמיה כפרני יאיר עד יומא הדין (DT 3:15) ולמכיר יהבית ית גלעד (DT 3:16) ולשיבט ראובן ולשיבט גד יהבית מן גלעד ועד נחלי ארנונא מציעות נחלא ותחומיה ועד יובקא דנחלא תחומא דבני עמון (DT 3:17) ומישרא ויורדנא ותחום מגניסר ועד ימא דמישרא וקרתא טבריה דסמיכה לימא דמילחא תחות שפכות מיא מרמתא מדינחא (DT 3:18) ופקידית יתכון שיבט ראובן ושיבט גד ופלגות שיבט מנשה בעידנא ההיא למימר ײ אלקכון יהיב לכון ית ארעא הדא למירתא מזיינין (193) תעיברון קדם אחוכון בני ישראל כל מזרזי חילא (DT 3:19) לחוד נשיכון טפליכון ובעיריכון ידענא ארום בעיר סגי לכון יתבון בקירויכון די יהבית לכון (DT 3:20) עד זמן דיניח ײ לאחוכון כוותכון ויירתון אוף הינון ית ארעא דײ אלקכון יהיב לכון ותתובון גבר לירותתיה דיהבית לכון (DT 3:21) וית יהושע פקידית בעידנא ההיא למימר עינך חמיין ית כל דעבד ײ אלקך לתרין מלכיא האילין הכדין יעביד ײ לכל מלכוותא דאנת עבר לתמן (DT 3:22) לא תידחלון מנהון ארום מימרא דײ אלקכון מגיח לכון

פרשה ואתחנן

(DT 3:23) ובעית רחמין מן קדם ײ בעידנא ההיא למימר (DT 3:24) בבעו ברחמין מן קדמך ײ אלקים אנת שריתא לאתחזאה ית

עבדך ית רבותך וית גבורת ידך תקיפתא דאת הוא אלקא ולא אית בר
מינך דשכינתך שריא בשמיא מלעילא ושליט בארעא לית דיעביד כעובדך
וכגבורתך (DT 3:25) אעיבר כדון ואחמי ית ארעא טבתא דבעיברא
דיורדנא טוורא טבתא דנן דביה מתבניא קרתא דירושלם וטוור ליבנן
דביה עתיד למישרי שכינתא (DT 3:26) ורגיז ייי עלי בגללכון ולא
קביל צלותי ואמר ייי לי סגי לך לא תוסיף למללא קדמי תוב בפתגמא
הדין (DT 3:27) סוק לריש רמתא וזקוף עינך למערבא ולציפונא
ולדרומא ולמדינחא וחמי בעינך ארום לא תעיבר ית יורדנא הדין
(DT 3:28) ופקיד ית יהושע ותקיפהי ואלימהי ארום הוא יעיבר קדם
עמא הדין והוא יחסין יתהון ית ארעא דאנת חמי (DT 3:29) ושרינן
בחילתא בכיין על חובינן דאזדוונן לפלחי טעוות פעור (DT 4:1)
וכדון ישראל שמעו לקיימייא ולדינייא דאנא מליף (193A) יתכון
למעבד מן בגלל דתיחון ותיעלון ותירתון ית ארעא דייי אלקא
דאבהתכון יהיב לכון (DT 4:2) ליתכון רשאין למוספא על פיתגמא
דאנא מפקיד יתכון ולא תבצרון מיניה מן לא למינטור ית פיקודייא
דייי אלקכון דאנא מפקיד יתכון (DT 4:3) בעיניכון חמיתון ית
דעבד מימרא דייי בפלחי טעוות פעור ארום כל בר נש דטעא בתר
טעוות פעור שיצייה ייי אלקך מבינך (DT 4:4) ואתון דדבקתון
בדחלתא דייי אלקכון קיימין כולכון יומא דין (DT 4:5) חמון
דאליפית יתכון קיימין ודינין היכמא דפקדני ייי אלקי למעבד
היכנא בגו ארעא דאתון עלין לתמן למירתה (DT 4:6) ותינטרון
ותעבדון ית אורייתא ארום היא חכמתכון וסוכלתנותכון למיחמי
עממיא דישמעון ית כל קיימיא האילין ויימרון לחוד עם חכים
וסוכלתן עמא רבא הדין (DT 4:7) ארום הי דא אומא רבא דאית ליה
אלקא קריב לוותיה בשום מימרא דייי אלקן אורחיהון דעממיא נטלין
דחלתהון על כתפיהון ודמיין קריבין להון והינון רחיקין מטול דלא
שמיעין באודניהון ברם מימרא דייי יתיב על כורסיה רם ומנטל ושמע
צלותנא בכל עידן דאנן מצליין קמיה ועביד בעותן (DT 4:8) והי דא
אומא רבא דליה קיימין ודינין תריצין ככל אורייתא הדא דאנא סדר
קמיכון יומא דין (DT 4:9) לחוד אסתמרו לכון וטורו נפשתיכון
לחדא דילמא תתנשון ית פיתגמיא דחמיתון בסיני בעיניכון ודילמא
יעידון מן ליבכון כל יומי חייכון ותלופונון לבניכון ולבני
בניכון (DT 4:10) ותדכון גרמיכון במעסקכון בה הי כיומא דקמתון
קדם ייי אלקכון בחורב בזמן דאמר ייי לי כנוש קדמי ית עמא
ואשמועינון ית פיתגמי דילפון למידחל מן קדמי כל יומיא דהינון
קיימין על ארעא וית בניהון יאלפון (DT 4:11) וקריבתון וקמתון
בשיפולי טוורא וטוורא דליק באישתא ושלהוביה מטי עד צית שמיא
חשוכא עננא ואמיטתא (194) (DT 4:12) ומליל ייי עימכון בטורא
מיגו אישתא קל דבורא אתון שמעין ודמו לא חמיתון אלהן קל ממלל
(DT 4:13) ותני לכון ית קימיה דפקיד יתכון למעבד עישרתי דבוריא
וכתבינון על לוחי סמפירינון (DT 4:14) ויתי פקיד ייי בעידנא
ההיא למלפא יתכון קיימין ודינין למעבדכון יתהון בארעא דאתון
עברין לתמן למירתא (DT 4:15) ותסתמרון לחדא לנפשתיכון ארום לא
חמיתון כל דמו ביומא דמליל ייי עימכון מיגו אישתא (DT 4:16)

הוון זהירין דלא תחבלון עובדיכון ותעבדון לכון צלם דמו דכל טעו דמו דדכר או דנוקבא (DT 4:17) דמו דכל בעירא דבארעא דמו דכל ציפר גפא דפרחא באויר רקיע שמיא (DT 4:18) דמו דכל ריחשא דבארע דמו דכל נוני דבמיא מלרע לארעא (DT 4:19) ודילמא תיתלון עיניכון לצית שמיא ותחמון ית שימשא וית זיהרא וית רישי כוכביא כל חילי שמיא ותטעון ותסגדון להון ותפלחונון דפליג יייי אלקכון בהון דעתהון דכל עממיא דתחות כל שמיא (DT 4:20) ויתכון נסיב מימרא דייי לחולקיה ואנפיק יתכון מניר פרזלא ממצרים מטול למיהוי ליה לעם אחסנא כיומא הדין (DT 4:21) ומן קדם ייי הוה רגז עלי על פיתגמיכון דאתרעמתון על מיא וקיים דלא אעיבר ית יורדנא ודלא איעול לארעא דייי אלקכון יהיב לכון (DT 4:22) ארום אנא שכיב בארעא הדא לית אנא אעבר ית יורדנא ואתון עברין ותירתון ית ארעא טבתא הדא (DT 4:23) אסתמרו לכון דילמא תתנשון ית קיימא דייי אלקכון דיגזר עימכון ותעבדון לכון צלם דמות כולא דפקדינכון ייי אלקכון דלא למעבד (DT 4:24) ארום ייי אלקכון מימריה אישא אכלא אישא הוא אלק קנאי ומתפרע בקינאה (DT 4:25) ארום תילדון בנין ובני בנין ותתעתקון בארעא ותחבלון עובדיכון ותעבדון לכון צלם דמות כולא ותעבדון דביש קדם ייי (194A) אלקכון לארגזא קדמוי (DT 4:26) אסהדית בכון יומא דין סהדין קיימין ית שמיא וית ארעא ארום מיבד תיבדון בסרהוביא מעילוי ארעא דאתון עברין ית יורדנא תמן למירתה לא תורכון יומין עלה ארום משתיציא תישתיצון (DT 4:27) ויבדר ייי יתכון ביני עממיא ותשתותרון בעם קליל ביני עממיא דידבר ייי יתכון תמן בגלותא (DT 4:28) ותיטעוקון למפלח תמן לפלחי טעוותא עובד אידיהון דבני נשא מן קיסא ואבנא דלא חמיין ולא שמעין ולא אכלין ולא מריחין (DT 4:29) ותתבעון מתמן למיתב לדחלתא דייי אלקכון ותשכחון רחמין ארום תבעון מן קדמוי בכל לבכון ובכל נפשכון (DT 4:30) כד תיעוק לכון ויארעון לכון כל פיתגמיא האילין בסוף יומיא ותתובון עד דחלתא דייי אלקכון ותקבלון למימריה (DT 4:31) ארום אלקא רחמנא ייי אלקכון לא ישביקנכון ולא יחבלכון ולא יתנשי ית קימא דאבהתכון דקיים להון (DT 4:32) ארום שייל כדון לדריא דמן יומי שירויא דהוו קדמך למן יומא דברא ייי אדם על ארעא ולמסייפי שמיא ועד סייפי שמייא ההוה היך פיתגמא רבא הדין או הישתמע דכוותיה (DT 4:33) האיפשר דשמע עמא קל מימרא דייי אלקא קיים דממלל מיגו אישא היכמא דשמעתון אתון ואתקיים (DT 4:34) או היך ניסא דעבד ייי לאתגלאה למיפרשא ליה אומא בפיצתא מיגו עם אוחרי בניסין באתין ובתימהין ובסדרי נצחני קרבין ובאדרע מרמם ובחזוונין רברבין הי ככל מה דעבד לכון ייי אלקכון במצרים ועיניכון חמיין (DT 4:35) אתון אתחמיתא ית פרישתא אילין מטול למינדע ארום ייי הוא אלקא לית תוב בר מיניה (DT 4:36) משמי מרומא אשמעינכון ית קל מימריה למכסנא יתכון באולפניה ועילוי ארעא אחמינכון ית אישתיה רבתא ופיתגמוי (195) שמעתון מיגו אישתא (DT 4:37) וחולף דרחים ית אבהתכון אברהם ויצחק ואתדעי בבנוי דיפקון בתרוי ואפיקינכון באפי רעותיה בחיליה רב ממצרים (DT 4:38) לתרכא עממין רברבין ותקיפין מינכון

מן קדמיכון לאעלותכון למיתן לכון ית ארעהון אחסנא כזמן יומא
הדין (DT 4:39) ותינדעו יומא דין ותתיבון על ליבכון ארום ייי
הוא אלקים דשכינתיה שריא בשמיא מלעילא ושליט על ארעא מלרע לית
חורן בר מיניה (DT 4:40) ותינטרון ית קיימוי וית פיקודוי דאנא
מפקיד לכון יומא דין דיוטב לכון ולבניכון בתריכון ומן בגלל
דתינגדון יומא דין על ארעא דייי אלקכון יהיב לכון כל יומיא
(DT 4:41) הא בכן אפריש משה תלת קירוין בעיברא דיורדנא מדנח
שימשא (DT 4:42) למעירוק לתמן קטולא דתיקטול ית חבריה ולא
אתכוון והוא לא סני ליה מאיתמלי ומדיקדמוי ויעירוק לחדא
מקירווייא האילין ויתקיים (DT 4:43) ית כותירין במדברא בארע
מישרא לשיבט ראובן וית רמתא בגלעד לשבט גד וית דברא במתנן
לשיבט מנשה (DT 4:44) ודא אחווית אורייתא די סדר משה קדם בני
ישראל (DT 4:45) אילין סהידוותא וקיימיא ודיניא דמליל משה עם
בני ישראל בזמן מפקהון ממצרים (DT 4:46) ותננון משה בעיברא
דיורדנא בחילתא בארע סיחן מלכא דאמוראי דיתיב בחשבונא דמחא משה
ובני ישראל במיפקהון ממצרים (DT 4:47) וירית‍ו ית ארעיה וית ארע
עוג מלכא דמתנן תרין מלכי אמוראי דבעיברא דיורדנא מדנח שימשא
(DT 4:48) מערועי דעל גיף נחלי ארנון ועד טוורא דסיאון הוא
טוור תלגא (DT 4:49) וכל מישרא עיברא דיורדנא מדינחא ועד ימא
דמישרא תחות משפך מרמתא (DT 5:1) וקרא משה לכל ישראל ואמר
להון שמעו ישראל ית קימייא וית דינייא דאנא ממליל קדמיכון יומא
(195A) דין ותילפון יתהון ותינטרון למעבדהון (DT 5:2) ייי
אלקנא גזר עימנא קיים בחורב (DT 5:3) לא עם אבהתנא גזר ייי ית
קיימא הדין אלהין עימנא אנחנא אילין הכא יומא דין כולנא חיין
וקיימין (DT 5:4) ממלל קבל ממלל מליל ייי עמכון בטוורא מיגו
אישתא (DT 5:5) אנא הוית קאים בין מימריה דייי וביניכון בעידנא
ההיא למיתניא לכון ית פיתגמא דייי ארום דחילתון מן קל פונין
דמימרא דייי דמישתמע מיגו אישתא ולא סליקתון בטורא כד אמר
(DT 5:6) עמי בני ישראל אנא הוא ייי אלקכון די פרקית ואפיקית
יתכון פריקין מן ארעא דמצראי מבית שעבוד עבדיא (DT 5:7) עמי
בני ישראל לא יהוי לכון אלק אוחרן בר מיני (DT 5:8) לא תעבדון
לכון צלם וכל דמו דבשמיא מלעיל ודי בארעא מלרע ודי במיא מלרע
לארעא (DT 5:9) לא תסגדון להון ולא תפלחון קדמיהון ארום אנא
הוא ייי אלקכון אלק קנאן ופורען ומתפרע בקנאה מדכר חובי אבהן
רשיען על בנין מרודין על דר תליתאי ועל דר רביעאי לסנאי כד
משלמין בניא למיחמי בתר אבהתהון (DT 5:10) ונטיר חסד וטיבו
לאלפין דרין לרחמיי צדיקיא ולנטרי פיקודיי ואורייתי (DT 5:11)
עמי בני ישראל לא ישתבע חד מנכון בשום מימריה דייי אלקכון על
מגן ארום לא מזכי ייי ביום דינא רבא ית כל מאן דמשתבע בשמיה על
מגן (DT 5:12) עמי בני ישראל הוו נטרין ית יומא דשבתא למקדשא
יתיה הי כמא דפקיד יתכון ייי אלקכון (DT 5:13) שיתא יומין
תפלחון ותעבדון כל עיבידתכון (DT 5:14) ויומא שביעאה שבי ונייח
קדם ייי אלקכון לא תעבדון כל עיבידתא אתון ובניכון ובנתיכון
ועבדיכון ואמהתכון ותוריכון וחמריכון וכל בעיריכון וגייורדיכון

די בקירוויכון מן בגלל די ינוחון עבדיכון ואמהתכון כוותכון
(DT 5:15 ותהוון דכירין ארום משעבדין הוויתון בארעא דמצרים
ופרק ואפיק (196 ייי אלקכון יתכון מתמן בידא תקיפא ובדרע מרמם
בגין כן פקדך ייי אלקך למעבד ית יומא דשבתא (DT 5:16 עמי בני
ישראל הוו זהירין גבר באיקרא דאבוי ובאיקרא דאימיה היכמא
דפקידכון ייי אלקכון מן בגלל דיורכון יומיכון ומן בגלל דייטב
לכון על ארעא דייי אלקכון יהיב לכון (DT 5:17 עמי בני ישראל
לא תהוון קטולין לא חברין ולא שותפין עם קטולין ולא יתחמי
בכנישתהון דישראל עם קטולין דלא יקומון בניכון מן בתריכון
וילפון להון הינון למיהוי עם קטולין ארום בחובי קטוליא חרבא
נפיק על עלמא (DT 5:18 עמי בני ישראל לא תהוון גיורין לא
חברין ולא שותפין עם גיורין ולא יתחמי בכנישתהון דישראל עם
גייורין דלא יקומון אוף בניכון מבתריכון וילפון לחוד הינון
למהוי עם גיורין ארום בחובי גיוריא מותא נפיק על עלמא
(DT 5:19 עמי בני ישראל לא תהוון גנבין לא חברין ולא שותפין
עם גנבין ולא יתחמי בכנישתהון דישראל עם גנבין ארום בחובי
גנביא כפנא נפיק על עלמא (DT 5:20 עמי בני ישראל לא תהוון
מסהדין סהדו דשיקרא לא חברין ולא שותפין עם מסהדי סהדן דשיקרא
ולא יתחמי בכנישתהון דישראל עם מסהדין סהדן דשיקרא ארום בחובי
סהדי שיקרא ענגין סלקין ומיטרא לא נחית ובצורתא לא אתי על עלמא
(DT 5:21 עמי בני ישראל לא תהוון חמודין לא חברין ולא שותפין
עם חמודין ולא יתחמי בכנישתהון דישראל עם חמודין דלא יקומון
בניכון מן בתריכון וילפון להון הינון למיהוי עם חמודין ולא
יירוג חד מינכון ית אינתתיה דחבריה ולא יירוג חד מנכון ית
ביתיה דחבריה ולא חקליה ולא עבדיה ולא אמתיה ולא תוריה ולא
חמריה ולא כל מאן דאית לחבריה ארום בחובי חמודיא מלכותא מתגריא
בניכסיהון דבני נשא למסב יתהון וגלותא אתיא על עלמא (196A
(DT 5:22 ית פיתגמיא האילין מליל ייי עם קהלכון בטוורא מיגו
אישתא עננא ואמיטתא קל רב דלא פסיק והוה קל דבירא מתכתיב על
תרין לוחי מרמירין ויהבינון לי (DT 5:23 והוה כיוון דשמעתון
ית קל דבירא מיגו חשוכא וטוורא דליק באישא וקריבתון לוותי כל
רישי שיבטיכון וחכימיכון (DT 5:24 ואמרתון הא אחמי יתן מימרא
דייי אלקנא ית שכינת יקריה וית רבות תושבחתיה וית קל מימריה
שמענא מגו אישתא יומא הדין חמינא ארום ממליל ייי עם בר נש דרוח
קודשא ביה ומתקיים (DT 5:25 וכדון למא נמות ארום תיכליננא
אישתא רבתא הדין אין מוספין אנחנא למישמע ית קל מימרא דייי
אלקנא תוב ומייתין אנחנא (DT 5:26 ארום הי דין כל בר בישרא
דשמע קל מימרא דאלק קיים ממלל מיגו אישתא כוותנא ואתקיים
(DT 5:27 קריב את ותשמע ית כל מה דיימר ייי אלקנא ואנת תמליל
עימנא ית כל דימליל ייי אלקנא לך ונקבל ונעבד (DT 5:28 ושמיע
קדם ייי ית קל פיתגמיכון במללותכון עימי ואמר ייי לי שמיע קדמי
ית כל פתגמי עמא הדין דמלילו עימך אוטיבו כל מה דמלילו
(DT 5:29 לואי דיהי יצרא דליבהון שלים ברעות דין להון למידחל
מן קדמי ולמינטור כל פיקודיי כל יומיא מן בגלל דיוטב להון

ולבניהון לעלם (DT 5:30) איזל אימר להון שרי לכון לאזדווגא עם
נשיכון דאתפרשתון דנן תלתא יומין (DT 5:31) ואנת פרש מן אינתתך
מטול דבסנדרי דלעיל אנת קאי לגבי ואימליל עימך ית תפקדיא
וקיימייא ודינייא דתלפון יתהון ויעבדון בארעא דאנא יהיב להון
למירתה (DT 5:32) וכדון טורו למעבד היכמא דפקיד ייי אלקכון
יתכון לא תיסטון לימינא ולשמאלא (DT 5:33) בכל אורחא דפקיד ייי
אלקכון יתכון תהכון מן בגלל דתיחון ויוטב לכון ותורכון יומין
בארעא דתירתון (DT 6:1) ודא אחווית תפקידתא קיימייא (197)
ודינייא דפקיד ייי אלקכון למילפא יתכון למעבד בארעא דאתון
עברין לתמן למירתה (DT 6:2) מן בגלל דתידחל קדם ייי אלקך
למינטור ית כל קיימוי ופיקודוי דאנא מפקיד לך אנת וברך ובר ברך
כל יומי חייך ומן בגלל דיורכון יומך (DT 6:3) ותקבל ישראל
ותינטר למעבד מטול דיוטב לך ותסגון לחדא היכמא דמליל ייי אלקא
דאבהתך לך ארע דפירהא שמינין כחלב וחליין כדבש (DT 6:4) והוה
כיוון דמטא זימניה דיעקב אבונן למתכנשא מיגו עלמא הוה מסתפי
דילמא אית בבנוי פסולא קרא יתהון ושיילינון דילמא אית בליבהון
עקמנותא אתיבו כולהון כחדא ואמרו ליה שמע ישראל אבונן ייי
אלקנא ייי חד עני יעקב ואמר בריך שום יקריה לעלמי עלמין
(DT 6:5) אמר משה נביא לעמא בית ישראל איזילו בתר פולחנא קשיטא
דאבהתכון ותרחמון ית ייי אלקכון בתרי יצרי ליבכון ואפילו נסיב
ית נפשכון ובכל ממונכון (DT 6:6) ויהון פיתגמיא האילין דאנא
מפקיד יתכון יומא דין כתיבין על לוח ליבכון (DT 6:7) ותגמרינון
לבנך ותהוון הגיין בהון במותביכון בבתיכון בזמן מיעסוקכון
בחיתונכון ובמהכיהון באורחכון ובפניא סמיך למשכבכון וברמשא
סמיך למיקמיכון (DT 6:8) ותקטורינון לאתין כתיבין על ידך
דשמאלא ויהוון לתפילין על מוקדך כלו קבל על עינך (DT 6:9)
ותכתובינון על מזוזיין ותקבעינון בתולתא לקבל תקי על סיפי ביתך
ובתרעך מימינא במיעלך (DT 6:10) ויהי ארום יעלינך ייי אלקך
לארע דקיים לאבהתך לאברהם ליצחק וליעקב למיתן לך קירוין רברבן
וטבן דלא אשתלהית למיבני (DT 6:11) ובתין דמליין כל טובא דלא
עסקת למימלי ובירין פסילין דלא לעית למיפסל כרמין וזיתין דלא
טרחת למנצב ותיכול ותיסבוע (DT 6:12) אסתמרו לכון דילמא תתנשון
דחלתא דייי אלקכון דפרק ואפיק יתכון (197A) פריקין מארעא
דמצרים מן בית שעבוד עבדיא (DT 6:13) מן קדם ייי אלקכון תהוון
דחלין וקדמוי תפלחון ובשום מימריה בקשוט תומון (DT 6:14) לא
תהכון בתר טעוות עממייא מנחלת עממיא דבחזרניכון (DT 6:15) ארום
אלק קנאן ופורען ייי אלקכון שכינתיה שריא ביניכון דילמא יתקוף
רוגזא דייי אלקכון בכון וישיצינון בסרהוביא מעילוי אפי ארעא
(DT 6:16) עמי בני ישראל הוו זהירין דלא תנסון ית ייי אלקכון
היכמא דנסיתון בעישרתי ניסיונין (DT 6:17) מינטר תינטרון ית
פיקודיא דייי אלקכון וסהידוותיה וקיימוי דפקיד לכון (DT 6:18)
ותעביד דתקין ודכשר קדם ייי מן בגלל דייטב לכון ותיעלון
ותירתון ית ארעא טבתא דקיים ייי לאבהתכון (DT 6:19) למידחי ית
כל בעלי דבבך מן קדמך היכמא דמליל ייי (DT 6:20) ארום ישיילנך

ברך מחר למימר מה סהידוותא וקיימייא ודינייא דפקיד ייי אלקנא יתכון (DT 6:21) ותימרון לבניכון משעבדין הוינן לפרעה במצרים ואפקנא מימרא דייי ממצרים בידא תקיפתא (DT 6:22) וגרי מימרא דייי אתין ותימהין רברבין ומכתשין בישין במצרים ובפרעה ובכל אינש ביתיה והוינא חמיין בעיננא (DT 6:23) ויתנא אפיק פריקין מן בגלל לאעלא יתנא למיתן לנא ית ארעא דקיים לאבהתן (DT 6:24) ופקיד עלנא ייי למעבד ית כל קיימייא האילין למידחל מן קדם ייי אלקנא כל יומיא לקיימותנא כזמן יומא הדין (DT 6:25) וזכו יהי נטיר לנא לעלמא דאתי ארום נינטר למיעבד ית כל קיימייא ית כל תפקידתא הדא קדם ייי אלקנא הי כמא דפקדנא (DT 7:1) ארום יעילינך ייי אלקך לארעה דאת עליל לתמן למירתה ויגלי עממין סגיאין מן קדמך חיתאי וגרגשאי ואמוראי וכנענאי ופריזאי וחיואי ויבוסאי שבעתי עממין סגיאין ותקיפין מינך (DT 7:2) וימסרינון ייי אלקכון (198) קדמיכון ותמחינון גמרא תגמרון יתהון בשמתא דייי לא תגזרון להון קיים ולא תרחמון עליהון (DT 7:3) לא תתחתנון בהון בנתיכון לא תתנון לבניהון ובנתיהון לא תסבון לבניכון דכל מאן דמתחתן בהון כמתחתן בטעוותהון (DT 7:4) ארום יטעיין בנתיהון ית בניכון מן בתר פולחני ויפלחון לטעוות עממיא ויתקוף רוגזא דייי בכון וישצנכון בסרהוביא (DT 7:5) ארום אין כדין תעבדון לכון אגוריהון תסתרון וקמתיהון תתברון ואילני סיגדיהון תקציצון וצילמי טעוותהון תוקדון בנורא (DT 7:6) ארום עמא קדישא אתון קדם ייי אלקכון ובכון אתרעי ייי אלקכון מטול למהוי ליה לעם חביב מן כולהון עממיא דעל אנפי ארעא (DT 7:7) לא מן בגלל דאתון גיוותנין מן כולהון אומיא צבי ייי בכון ואתרעי בכון אלהין דאתון מכיכי רוחא ועינוותנין מכל עממיא (DT 7:8) ארום מן בגלל דרחים ייי יתכון ומן דנטיר ית קיימא דקיים לאבהתכון אפיק יתכון פריקין בידא תקיפתא ופרקכון מבית שעבוד עבדיא מן ידא דפרעה מלכא דמצרים (DT 7:9) ותנדעון ארום ייי אלקכון הוא דיינא תקיפא ומהימנא נטיר קיימא וטיבו לרחמוי צדיקייא ולנטרי פיקודוי לאלפין דרין (DT 7:10) ומשלים לסנאוי אגר עובדיהון טביא בעלמא הדין מן בגלל למשציא יתהון לעלמא דאתי ולא משהי לסנאוי אלא עד דהינון בחיין בעלמא דאתי ולא משהי לסנאוי אלא עד דהינון בחיין בעלמא הדין משלים להון גומליהון (DT 7:11) ותינטרון ית תפקידתא וית קיימייא וית דינייא דאנא מפקיד יתהון למעבדהון

פרשה עקב

(198A) (DT 7:12) ויהי חולף די תקבלון ית דינייא האילין ותינטרון ותעבדון יתהון וינטר ייי אלקכון לכון ית קיימייא וית חסדא די קיים לאבהתכון (DT 7:13) וירחמינכון ויבריכינכון ויסגינכון ויברך וולדי מעיכון ופירי ארעכון עיבורכון חמרכון ומישחיכון בקרת תוריכון ועדרי עניכון (DT 7:14) בריכין תהוון מן כולהון עמיא לא יהוון בכון גוברין עקרין ונשין עקרן ולא בעירך עקירן מעמר וחלב וטליי (DT 7:15) ויעדי ייי מינך כל מרעין וכל מכתשיא דגרי ייי על מצרים בישיא דידעת לא ישוינון

בכון ויגרינון בכל סנאיכון (DT 7:16) ותגמר ית כל עממיא דייי
אלקך יהיב לך לא תיחוס עינך עליהון ולא תפלח ית טעוותהון ארום
לתוקלא הינון לך (DT 7:17) דילמא תימר בליבך סגיאין עממיא
האילין מיני היכדין אית לי יוכלא לתרכותהון (DT 7:18) לא
תידחלון מנהון הוון דכירין ית גבורן דעבד ייי לפרעה ולכל מצראי
(DT 7:19) ניסין רבריבין דחמיתון בעיניכון אתיא ותימהיא וגבורת
ידא תקיפתא וניצחנות אדרע מרממא כד אפקכון ייי אלקכון פריקין
הכדין יעבד ייי אלקכון לכל עממיא דאנת דחיל מן קדמיהון
(DT 7:20) ולחוד ית מחת אורעייתא טריקיא יגרי ייי אלקכון בהון
עד דיהובדון מה דמשתותרין ומה דמיטמרין מן קדמיכון (DT 7:21)
לא תיתברון מן קדמיהון ארום שכינת ייי אלקכון ביניכון אלקא רבא
ודחילא (DT 7:22) ויגלי ייי אלקכון ית עממיא האיליין מן
קדמיכון קליל לא תיכול לשיציותהון בפריע דילמא יסגי עליכון
חיות ברא כד ייתון למיכול גושמיהון (DT 7:23) וימסירינון ייי
אלקכון קודמיכון ויערבינון עירבוב רב עד דישתיצון (DT 7:24)
וימסור מלכיכון בידכון ותובדון ית שומהון מדוכרנא תחות כל שמיא
לא יתעתד איניש קומיכון עד דיתשיצי יתהון (DT 7:25) צילמי
טעוותהון תוקדון בנורא לא תחמדון כספא ודהבא דעליהון ותיסבון
לכון (199) דילמא תיתקלון בהון ארום מרחק קדם ייי אלקכון הוא
(DT 7:26) ולא תיעלון ריחוקי טעוותא ותשמישהא לבתיכון דלא
תהוון שמיתין כוותהון שקצא תשקיצינון היך סאוב שיקצא ורחקא
תרחקינון מטול דשמיתין הינון (DT 8:1) כל תפקידתא דאנא
מפקידכון יומא דין תיטרון למעבד מן בגלל דתיחון ותיסגון
ותיעלון ותירתון ית ארעא דקיים ייי לאבהתכון (DT 8:2) ותהון
דכירין ית כל אורחא דדברכון ייי אלקכון מן בגלל לסגופיכון ומן
בגלל לנסייוכון למנדוע הנטרין אתון פיקודוי אין לא (DT 8:3)
ועניך ואכפנך ואוכלך ית מנא דלא ידעתון ולא ידעון אבהתך מן
בגלל להודעותך ארום לא על לחמא בלחודוי חיי בר נשא ארום על כל
מה דאתברי על מימרא דייי חיי בר נשא (DT 8:4) כסותכון לא בלת
מעילוי גושמיכון וריגליכון לא הליכן מייחפן דנן ארבעין שנין
(DT 8:5) ודינדעון עם רעייוני ליבכון ארום היכמא דמסקר גבר ית
בריה ייי אלקך מסקר יתכון (DT 8:6) ותנטורון ית פיקודיא דייי
אלקכון למהך באורחן דתקנן קדמוי ולמידחל יתיה (DT 8:7) ארום
ייי אלקכון מעיל יתכון לארעא משבחא בפירהא ארעא דנגדא נחלין
דמיין צלילין מבועי עינוון חליין ותהומין דלא מייבשין נפקין
בביקען ובטוורין (DT 8:8) ארעא דמרביא חינטין ושערין ומלבלבא
גופנין דמנהון נפיק חמר חל וחריף ומרביא תינין ורומנין ארע דמן
זייתהא עבדין משח ומן תומרייהא עבדין דבש (DT 8:9) ארעא דלא
בחוסרנא תיכלון בה לחמא ולא תחסר כל מידעם בה ארעא די חכימהא
גזרין גזירן ברירן הי כפרזלא ותלמידהא שאילן שאילן חסימן
כנחשא (DT 8:10) ותהוון זהירין בזמן דאתון אכלין ושבעין הוון
מודין ומברכין קדם ייי אלקכון על כל פירי ארעא משבחא דיהב לכון
(DT 8:11) איסתמרון לכון דילמא תתנשון ית דחלתא דייי אלקכון מן
בגלל דלא למינטר פיקודוי ודינוי (199A) וקיימוי דאנא מפקיד

לכון יומא דין (DT 8:12) דילמא תיכלון ותיסבעון ובתין שפירין
תיבנון ותיתבון (DT 8:13) ותוריכון ועניכון יסגון וכספא ודהבא
יסגי לכון וכל דילכון יסגי (DT 8:14) ויתרם ליבכון ותתנשון ית
דחלתא דייי אלקכון דאפיקכון פריקין מארעא דמצרים מבית שעבוד
עבדיא (DT 8:15) דדברך ברחמין במדברא רבא ודחילא אתר מלי חיוון
קלן ועקרבין עקצין ובית צהוונא אתר דלית מוי דאפיק לך מוי
משמיר טינרא (DT 8:16) דאוכלך מנא במדברא דלא ידעון אבהתך מן
בגלל לסגפותך ומן בגלל לנסיותך לאוטבא לך בסופך (DT 8:17) הוו
זהירין דלא תימרון בליבכון חילן ותקוף ידן קנו לן ית ניכסייא
האילין (DT 8:18) ותהוון דכירין ית ייי אלקכון ארום הוא דיהיב
לכון מילכא למיקני ניכסין מן בגלל לקיימא ית קיימיה דקיים
לאבהתכון כזמן יומא הדין (DT 8:19) ויהי אין מינשא תינשון ית
דחלתא דייי אלקכון ותהכון בתר טעוות עממיא ותפלחונון ותסגדון
להון אסהדית עליכון יומא דין ארום מיבד תיבדון (DT 8:20) הי
כעמיא דייי מגלי מן קדמיכון היכדין תיבדון חולף דלא קבילתון
למימרא דייי אלקכון (DT 9:1) שמעו ישראל אתון עברין יומא דין
ית יורדנא למיעול למירות עממין רברבין ותקיפין מנכון קירוין
רברבן וכריכן עד צית שמיא (DT 9:2) עם חסין וגיוותן הי
כגינבריא דאתון ידעתון ואתון שמעתון מן ייכול למיקם קדם בנוי
דעפרון גיברא (DT 9:3) ותינדעון יומא דין ארום ייי אלקכון
שכינת יקריה מטיילא קדמיכון מימריה אישא אכלא הוא ישיצינון
והוא יתריכינון מן קדמיכון ותתריכינון ותובדינון בסרהוביא
היכמא דמליל ייי אלקכון לכון (DT 9:4) לא תימרון בליבכון כד
ידחי ייי אלקכון יתהון מן קדמיכון למימר בזכותי אעלני ייי
למירת ית ארעא הדא ובחובי עממיא האילין ייי מתרכהון (200) מן
קדמיכון (DT 9:5) לא מטול זכוותכון ובתריצות ליבכון אתון עללין
למירות ית ארעהון ארום בחובי עממיא האילין ייי אלקכון מתריך
יתהון מן קדמיכון ומן בגלל לקיימא ית פיתגמא דקיים ייי
לאבהתכון לאברהם ליצחק וליעקב (DT 9:6) ותינדעון ארום לא
בזכותכון ייי אלקכון יהיב לכון ית ארעא משבחא הדא למירתה ארום
עם קשי קדל אתון (DT 9:7) הוו דכירין לא תתנשון ית דארגזתון
קדם ייי אלקכון במדברא למן יומא דנפקתון מארעא דמצרים עד
מיתיכון עד אתרא הדין מסרבין הוויתון קדם ייי (DT 9:8) ובחורב
ארגיזתון קדם ייי והוה רוגזא מן קדם ייי בכון למשצייא יתכון
(DT 9:9) כד סליקית לטוורא למיסב לוחי מרמירא לוחי קיימא דגזר
ייי עמכון ושהיית בטוורא ארבעין יממין וארבעין לילוון לחמא לא
אכלית ומיא לא אשתיתי (DT 9:10) ויהב ייי לי ית תרין לוחי
מרמירא כתיבין באצבעא דייי ועלויהון כתיב הי ככל פיתגמיא דמליל
ייי עמכון בטוורא מיגו אישתא ביום כנישת קהלא (DT 9:11) והוה
מסוף ארבעין יומין וארבעין לילוון יהב ייי לי ית תרין לוחי
מרמירא לוחי קיימא (DT 9:12) ואמר ייי לי קום חות ארום חבילו
אורחתהון עמא דאתקריון על שמך דאפיקתא מארעא דמצרים (DT 9:13)
ואמר ייי לי למימר גלי קדמי סורחנות עמא הדין והא עם קשי קדל
הוא (DT 9:14) אנח בעותך מן קדמי ואשיצינון ואמחי ית שומהון

מתהות שמיא ואעביד יתך לעם תקיף וסגי מנהון (DT 9:15) וכוונית
ונחתית מן טוורא וטוורא דליק באישתא ותרין לוחי קימא על תרין
ידיי (DT 9:16) וחמית והא סרחתון קדם ייי אלקכון עבדתון לכון
עיגלא מתכא סטיתון בפריע מן אורחא דפקיד ייי יתכון (DT 9:17)
ואחדית בתרין לוחיא (200A) וטלקתינון מעילוי תרתין ידיי
ותברתינון ואתון חמיין כד לוחיא מיתברין ואתוותא פרחין
(DT 9:18) ובעית רחמין מן קדם ייי כד בקדמיתא ארבעין יממין
וארבעין לילוון לחמא לא אכלית ומוי לא אשתיית מטול כל חוביכון
דחבתון למעבד דביש קדם ייי לארגזא קדמוי (DT 9:19) בי היא
זימנא אישתלחון מן קדם ייי חמשתי מלאכיא מחבליא לחבלא ית ישראל
אף וחימה וקצף ומשחית וחרון כיון דישמע משה רבהון דישראל אזל
ואדכר שמא רבא ויקירא ואוקים מקיבריהון אברהם ויצחק ויעקב
וקמון בצלותא קדם ייי ומן יד אתכליאו תלת מנהון ואישתיירון
תרין אף וחימה בעא משה רחמין ואתכליאו אוף תריהון וחפר שייר
בארעא דמואב וטמרינון בשבועת שמא רבא ודחילא דהכין כתיב ארום
דחלית מן קדם רוגזא וחימתא דירגז ייי עליכון למשציא יתכון
וקביל ייי צלותי אוף בזימנא ההיא (DT 9:20) ועל אהרן הוה רגז
מן קדם ייי לחדא לשצייותיה וצליתי אוף על אהרן בעידנא ההיא
(DT 9:21) וית סורחנתכון דעבדתון ית עיגלא נסיבית ואוקידית
יתיה בנורא ושפיית יתיה בשופינא טבאות עד דהוה דקיק כעפרא
וטלקית ית עפריה לנחלא דנחית מן טוורא (DT 9:22) ובבית יקידתא
ובניסיתא ובקיברי תחמודא מרגיזין הוותון קדם ייי (DT 9:23)
ובזמן דשלח ייי יתכון מרקם געא למימר סוקו ואחסינו ית ארעא די
יהבית לכון וסריבתון על מימרא דייי אלקכון ולא הימנתון ליה ולא
קבילתון למימריה (DT 9:24) מסרבין הויתון קדם ייי מן יומא
דחכימית יתכון (DT 9:25) ואשטתחית בצלו קדם ייי ית ארבעין
יממין וית ארבעין לילוון דאשתטחית בצלו ארום אמר ייי למשציא
יתכון (DT 9:26) וצליית קדם ייי ואמרית בבעו ברחמין מן קדמך
ייי (201) אלקים לא תחבל עמך ואחסנתך די פרקת בתוקפך די אפיקת
ממצרים בגבורת אידא תקיפתא (DT 9:27) הוי דכיר לעבדך לאברהם
ליצחק וליעקב ולא תסתכל לקשיות לב עמא הדין לרישעיהון
ולסורחנותהון (DT 9:28) דילמא יימרון דיירי ארעא דאפקתנא מתמן
מדאיתתיש חילא מן קדם ייי לאעלותהון לארעא דמליל להון ומדסני
יתהון ואפיקינון לקטלותהון במדברא (DT 9:29) והינון עמך
ואחסנתך דאפיקתך בחילך רבא ובדרעך מרממא (DT 10:1) בעידנא ההיא
אמר ייי לי פסל לך תרי לוחי מרמירא כצורתהון דקמאי וסוק לקדמי
לטוורא ועיבד לך ארונא דקיסא (DT 10:2) ואכתוב על לוחיא ית
פיתגמיא דהוו על לוחיא קמאי דייתשר חילך דתברתנון ותשוינון
בארונא (DT 10:3) ועבדית ארונא דקיסא שיטא ופסלית תרי לוחי
מרמירא כצורת קמאי וסלקית לטוורא ותרין לוחיא בידי (DT 10:4)
וכתב על לוחיא הי ככתבא קמא עשרתי דביריא דמליל ייי עימכון
בטוורא מיגו אישתא ביומא דאתכנשו קהלא ויהבינון ייי לי
(DT 10:5) וכוונית ונחתית מן טוורא ושוויית ית לוחיא בארונא
דעבדית והוו תמן צניעין היכמא דפקדני ייי (DT 10:6) ובני ישראל

נטלו מן כופרני בירי בני יעקן למוסרה תמן אגח עימהון עמלק כד
מלך בערד דשמע דמית אהרן ואסתלקו ענני יקרא ומדעקת על ישראל על
קרבא ההוא בעו למתוב למצרים והדרי שית מטלין רדפו בני לוי
בתריהון וקטלו מינהון תמני גניסן והדרו לאחוריהון אף מבני לוי
אתקטלו ארבע גניסן אמרו דין לדין מאן גרם לנא קטולא הדא אלא על
דאתרשלנא במספדא דאהרן חסידא וקבעו תמן מספדא כל בני ישראל
כאילו תמן מית אהרן ואתקבר תמן ובכן שמיש אלעזר בריה באתרוי
(DT 10:7) מתמן נטלו לגודגוד ומן גודגוד ליטבת ארע נגדא נחלין
דמיין (DT 10:8) בעידנא ההיא (201A) אפריש ייי ית שיבטא דלוי
מטול דקניאו לשמיה לאתקטלא בגין יקריה למסוברא ית ארון קימא
דייי למיקום קדם ייי לשמשותיה ולברכה בשמיה עד זמן יומא הדין
(DT 10:9) בגין כן לא הוה לשיבט לוי חולק ואחסנא עם אחוהי מתנן
דיהב ליה ייי הינון אחסנתיה היכמא דמליל ייי אלקכון ליה
(DT 10:10) ואנא הוית קאי בטוורא בעי ומצלי הי כיומיא קמאי
ארבעין יממין וארבעין לילוון וקביל ייי צלותי אוף בזימנא ההיא
לא צבה ייי לחבלותך (DT 10:11) ואמר ייי לי קום איזיל לתייר
קדם עמא ויעלון וירתון ית ארעא דקיימית לאבהתהון למיתן להון
(DT 10:12) וכדון ישראל מה ייי אלקכון בעי מינכון אלהן למדחיל
מן קדם ייי אלקכון למהך בכל אורחן דתקנן קדמוי ולמרחם יתיה
ולמפלח קדם ייי אלקכון בכל ליבכון ובכל נפשיכון (DT 10:13)
למנטור ית פיקודוי דאנא מפקדכון יומא דין מטול דיוטב לכון
(DT 10:14) הא דייי אלקכון שמיא ושמי שמיא וכיתי מלאכיא דבהון
למשמשין קדמוי ארעא וכל דאית בה (DT 10:15) לחוד באבהתכון צבא
ייי מטול למרחם יתכון ואתרעי בבניהון בתריהון כוותכון מכל
עממיא דעל אנפי ארעא כזמן יומא הדין (DT 10:16) ותעדון ית
טפשות ליבכון וקדלכון לא תקשון תוב (DT 10:17) ארום ייי אלקכון
הוא אלקא דיינא ומרי מלכין אלקא רבא גיברא ודחילא דלית קדמוי
מיסב אפין ואוף לא לקבלא שוחדא (DT 10:18) עבד דין ייתם וארמלא
ורחים גיורייא למיתן ליה מזון ואסטוליא (DT 10:19) ותרחמון ית
גיורא ארום דיירין הויתון בארעא דמצרים (DT 10:20) מן קדם ייי
אלקכון תידחלון וקדמוי תפלחון ובדחלתיה תתקרבון ובשמיה תומון
(DT 10:21) הוא תושבחתכון והוא אלקכון דעבד עימכון ית רברבתא
וית חסינתא האילין דחמיתון בעיניכון (DT 10:22) בשובעין נפשתא
נחתו אבהתכון למצרים (202) וכדון שוינכון ייי אלקכון הי ככוכבי
שמיא לסוגי (DT 11:1) ותרחמון ית ייי אלקכון ותינטרון מטרת
מימריה וקימוי ודינוי ופיקודוי כל יומיא (DT 11:2) ותינדעון
יומא דין ארום לא עם בניכון דלא ידעון ולא חמון ית אולפן
אורייתא דייי אלקכון ית רבותיה וית ידיה תקיפתה ודרעיה מרמם
(DT 11:3) ית אתותיה וית עובדוי דעבד בגו מצרים לפרעה מלכא
דמצרים ולכל יתבי ארעא (DT 11:4) ודעבד למשריית מצרים
לסוסוותהון ולארתיכיהון די אטיף ית מוי דימא דסוף על אפיהון כד
רדפו בתריהון ואבידינון ייי עד זמן יומא הדין (DT 11:5) ודעבד
לכון במדברא עד זמן מיתיכון עד אתרא הדין (DT 11:6) ודעבד לדתן
ולאבירם בני אליאב בר ראובן דפתחת ארעא ית פומה ובלעתנון וית

אינש בתיהון וית כל בירייתא דהוון עימהון בגו כל ישראל (DT 11:7) ארום בעיניכון אתון חמיין ית כל עובדא דייי רבא דעבד (DT 11:8) ותינטרון ית כל תפקידתא דאנא מפקיד לכון יומא דין מן בגלל דתיתקפון ותיעלון ותירתון ית ארעא דאתון עברין לתמן למירתה (DT 11:9) ומן בגלל דיסגון יומיכון על ארעא דקיים ייי לאבהתכון למיתן להון ולבניהון ארעא דפירהא שמינין כחלב וחליין כדבש (DT 11:10) ארום ארעא דאנת עליל תמן למירתה לא כארעא דמצרים היא דנפקתון מתמן דתזרע ית זרעך ומשקיית ליה בגרמך הי כגינת ירקיא (DT 11:11) וארעא דאתון עברין לתמן למירתה ארע טוורין וביקען מן מיטרא דנחית מן שמיא שתיא מוי (DT 11:12) ארעא דייי אלקך תבע יתה במימריה לאוטבותא תדירא עיני ייי אלקך מסתכלין בה מן אירויא דשתא ועד סופא דשתא (DT 11:13) ויהי אין (202A) קבלא תקבלון לפיקודיי דאנא מפקד יתכון יומא דין למרחם ית ייי אלקכון ולמפלח קודמוי בכל ליבכון ובכל נפשכון (DT 11:14) ואיתן מיטרא דארעכון בעידניה בכיר במרחשוון ולקיש בניסן ותכנשון עיבורכם חמריכון ומישחכון (DT 11:15) ואיתן עיסבא בחקלך לבעירך ותיכול ותיסבע (DT 11:16) איסתמרו לכון דילמא יטעי יצרא דליבכון ותיסטון ותפלחון לטעוות עממיא ותסגדון להון (DT 11:17) ויתקף רוגזא דייי בכון ויחוד ית ענני שמיא ולא יחתון מיטרא וארעא לא תיתן עללתא ותיבדון בסרהוביא מעילוי ארעא משבחא דייי יהיב לכון (DT 11:18) ותשוון ית פיתגמיי אילין על לבכון ועל נפשכון ותקטרונון יתהון כד הינון כתיבין על תפילא לאת על רום ידכון שמאליתא ויהון לתפילין קבל מוקריכון בין עיניכון (DT 11:19) ותלפון יתהון ית בניכון למגרסא בהון במיתביכון בבתיכון עם חיתונכון ובמהככון באורחא ובפניא סמיך למשכבכון ובצפרא סמיך למיקמיכון (DT 11:20) ותכתובונון במגילתא על מזוזיין ותקבעינון בתולתא קבל תקי בסיפי בתיכון ובתריעיכון (DT 11:21) מן בגלל דיסגון יומיכון על ארעא דקיים ייי לאבהתכון למיתנה להון כסכום יומין דקיימין שמיא על ארעא (DT 11:22) ארי אין מינטר תינטרון ית כל תפקידתא הדא דאנא מפקיד יתכון למעבדה למרחם ית ייי אלקכון למהך בכל אורחן דתקנן קדמוי ומטול לאתקרבא לדחלתיה (DT 11:23) ויתרך מימרא דייי ית כל עממיא האילין מן קדמיכון ותרתון עממין רברבין ותקיפין מינכון (DT 11:24) כל אתרא די תדרוך פרסת ריגליכון ביה דילכון יהי מן מדברא וטוורי ליבנן הינון טוורי בי מקדשא מן נהרא רבא נהרא פרת עד ימא דאוקינוס הינון (203) מי בראשית סטר מערבא יהי תחומכון (DT 11:25) לא יתעתד בר נש באפיכון דחלתכון ואימתכון יתן ייי אלקכון על אפי כל יתבי ארעא דתדרכון בה היכמא דמליל לכון

פרשה ראה

(DT 11:26) אמר משה נביא חמון דאנא סדר קדמיכון יומא דין בירכתא וחילופה (DT 11:27) ית בירכתא אין תקבלון לפיקודיא דייי אלקכון דאנא מפקיד לכון יומא דין (DT 11:28) וחילופה אין לא תקבלון לפיקודיא דייי אלקכון ותטעון מן אורחא דאנא מפקיד יתכון יומא דין למטעי בתר טעוות עממיא דלא ידעתון (DT 11:29) ויהי

ארום יעיל יתכון ייי אלקכון לארעא דאתון עללין לתמן למירתה
ותיתנון שית שיבטין על טוורא דגריזים ושית שיבטין על טוורא
דעיבל מברכיא יהוון הפכין אפיהון לקבל טוורא דגריזים ומלטטיא
יהוון הפכין אפיהון לקבל טוורא דעיבל (DT 11:30) הלא הינון
יהיבין מלהלא ליורדנא אחורי אורח מטמעא דשמשא בארע כנענאה דשרי
במישרא כלו קבל גלגלא בסיטרי חזוי ממרא (DT 11:31) ארום אתון
עברין ית יורדנא למיעל למירות ית ארעא דייי אלקכון יהיב לכון
ותירתון יתה ותיתבון בה (DT 11:32) ותיטרון למעבד ית כל
קיימייא וית דינייא די אנא יהיב קדמיכון יומא דין (DT 12:1)
אילין קימייא ודינייא דתינטרון למעבד בארעא דיהב ייי אלקא
דאבהתכון לכון למירתה כל יומיא דאתון קיימין על ארעא (DT 12:2)
אבדא תאבדון ית כל אתריא (203A) די פלחו תמן עממיא דאתון ירתין
יתהון וית טעוותהון על טוורייא רמייא ועל גלימתא ותחות כל אילן
דריויה שפיר (DT 12:3) ותסתרון ית אגוריהון ותיתברון ית
קמיתהון ומרחקתהון תוקדון בנורא וצילמי טעוותהון תקצצון
ותשיצון ית שומהון מן אתרא ההוא (DT 12:4) ליתיכון רשאין למחקא
כתב שמא דייי אלקכון (DT 12:5) אלהין לארעא דיתרעי מימרא דייי
אלקכון מן כל שיבטיכון לאשרהא שכינתיה תמן לבית שכינתיה תתבעון
ותיתון תמן (DT 12:6) ותייתון תמן עלוותכון וניכסת קודשיכון
וית מעשרתכון וית אפרשות ידיכון ונדריכון וניסבתיכון ובכורי
תוריכון ועניכון (DT 12:7) ותיכלון תמן קדם ייי אלקכון ותחדון
בכל אושטות ידכון דבריכיכון ייי אלקכון (DT 12:8) ליתיכון
רשאין למעבד היכמא דאנן עבדין הכא יומא דין גבר כל דכשר בעינוי
(DT 12:9) ארום לא אתיתון עד כדון לבי מוקדשא דהוא בית נייחא
ולאחסנת ארעא דייי אלקכון יהיב לכון (DT 12:10) ותעברון ית
יורדנא ותיתבון בארעא דייי אלקכון מחסן יתכון ויניח לכון מכל
בעלי דבביכון מן חזור חזור ותיבנון בית מוקדשא ומבתר כדין
תיתבון לרוחצן (DT 12:11) ויהי אתרא דיתרעי ביה מימרא דייי
לאשראה שכינתיה תמן לתמן תייתון ית כל קורבנייא וביכוריא
ומעשריא דאנא מפקיד לכון תמן תקרבון עלוותכון וניכסת קודשיכון
תמן תיכלון מעשרכון ואפרשות ידיכון וכל שפר נידריכון דתידרון
קדם ייי (DT 12:12) ותיחדון קדם ייי אלקכון אתון ובניכון
ובנתיכון ועבדיכון ואמהתכון וליואה דבקירוויכון ארום לית ליה
חולק ואחסנא עימכון (DT 12:13) אסתמרון לכון דילמא תסקון
עלוותכון בכל אתרא דאתון חמיין (DT 12:14) אלהן לאתרא דיתרעי
ייי באחסנת (204) חד מן שבטיכון תמן תסקון עלוותכון ותמן
תעבדון ית כל מה דאנא מפקיד לכון (DT 12:15) לחוד בכל רעות
נפשיכון תיכסון ותיכלון בישרא הי כבירכתא דייי אלקכון דיהב
לכון בכל קירויכון דמסאבין מן למקרב לקודשיא ודדכין למקרב
לקודשיא כחדא ייכלון יתיה כבישריה דטביא וכאילה (DT 12:16)
לחוד באדמא הוו זהירין דלא תיכלוניה על ארעא תישדוניה הי כמוי
(DT 12:17) ליתיכון רשאין למיכול בקורייכון מעשרי עיבורכון
חמרכון ומישחכון ביכורי תוריכון וענכון וכל נדריכון דתידרון
וניסבתיכון ואפרשות ידיכון (DT 12:18) אילהן קדם ייי אלקכון

תיכלוניה באתרא דיתרעי ייי אלקכון ביה אתון ובניכון ובנתיכון
ועבדיכון ואמהתכון וליואי דבקירויכון ותיחדון קדם ייי אלקכון
בכל אושטות ידכון (DT 12:19) אסתמרו לכון דילמא תימעלון על
ליואי כל יומיכון דאתון שרן על ארעכון (DT 12:20) ארום יפתי
ייי אלקכון ית תחומכון הי כמא דמליל לכון ותימר איכול בישרא
ארום תירוג נפשך למיכול בישרא בכל ריגגת נפשך תיכול בישרא
(DT 12:21) ארום יתרחק מנכון אתרעא דיתרעי ייי אלקכון לאשראה
שכינתיה תמן ותיכסון מן תוריכון ומן עניכון דיהב ייי אלקכון
לכון היכמא דפקידית יתכון ותיכלון בקירויכון בכל ריגוג נפשיכון
(DT 12:22) ברם הכמא דמתאכל בישרא דטביא ואילא היכדין תיכלוניה
דמסאב למקרב לקודשיא ודדכי למקרב לקודשיא כחדא יכלוניה
(DT 12:23) לחוד איתוקפון ביצריכון מטול דלא למיכול אדמא ארום
אדמא הוא קיום נפשא לא תיכלון אדמא דביה קיום נפשא עם בישרא
(DT 12:24) לא תיכלוניה על ארעא תישדוניה הי כמיא (DT 12:25
לא תיכלוניה מן בגלל דייטב לכון ולבניכון בתריכון ארום תעבדון
דכשר קדם ייי (DT 12:26) לחוד בעירי מעשר קודשיכון דיהוון לכון
ונידריכון תיטלון ותיתון (204A) לאתרא דיתרעי ייי (DT 12:27
ותעבד כהילכתא עלוותך ביסרא ואדמא על מדבחא דייי אלקך ואדם שאר
נכסת קודשך ישתפיך על מדבחא דייי אלקך וביסרא אתכשר למיכול
(DT 12:28) טורו וקבילו ית כל פיתגמיא דאנא מפקיד לכון מן בגלל
דייטב לכון ולבניכון בתריכון עד עלמא ארום תעבדון דכשר קדם ייי
אלקכון (DT 12:29) ארום ישיצי ייי אלקכון ית עממיא דאתון עללין
לתמן לתרכותהון מן קדמיכון ותירת יתכון ותיתב בארעהון
(DT 12:30) אסתמרו לכון דילמא תיתוקלון בתר טעוותהון מן בתר
דישתיצון מן קדמיכון או דילמא תיתבעון לטעוותהון למימר הכדין
פלחין עממיא האילין לטעוותהון ונעביד כדין אוף אנן (DT 12:31
לא תעבדון פולחנא כדין לייי אלקכון ארום כל דמרחק ייי דסני
עבדין לטעוותהון ארום אוף ית בניהון וית בנתיהון כפתין ומוקדין
בנורא לטעוותהון (DT 13:1) ית כל פיתגמא דאנא מפקיד יתכון יתיה
תיטרון למעבד לא תוספון עלוי ולא תבצרון מיניה (DT 13:2) ארום
יקום ביניכון נבי שיקרא או מרי חלמא דזדנותא ויתן לכון את או
תימהא (DT 13:3) וייתי אתא או תימהא דמליל עימכון למימר נהך
בתר טעוות עממיא דלא חכימתנון וניפלוח קדמיהון (DT 13:4) לא
תקבלון לפיתגמי נבי שיקרא ההוא או מן חלים חילמא ההוא ארום
מנסי ייי אלקכון יתכון למינדוע האיתיכון רחמין ית ייי אלקכון
בכל לבבכון ובכל נפשכון (DT 13:5) בתר פולחנא דייי אלקכון
תהכון ויתיה תידחלון וית פיקודוי תינטרון ולמימריה תקבלון
וקדמוי תצלון ובדחלתיה תתקרבון (DT 13:6) ונבי שיקרא ההוא או
חלים חילמא זידנא ההוא יתקטל בסייפא ארום מליל סטיא על ייי
אלקכון דאפיק יתכון מארעא דמצראי ודי פרקכון (205) מבית שעבוד
עבדיא לאטעיותכון מן אורחא דפקידכון ייי אלקכון למהלכא בה
ותפלון עבדי בישתא מביניכון (DT 13:7) ארום יטעינך מילכא בישא
אחוך בר אימך כל דכן בר איבך או ברך או ברתך או איתתך דדמכא
בעבך או חברך דחביב עלך כנפשך ברז למימר נהך וניפלח לטעוות

עממיא דלא חכימתא אנת ואבהתך DT 13:8) מטעוות שבעתי עממיא דבחוזרנותכון דקריבין לכון או מן שאר עממיא דרחיקין לכון מן סייפי ארעא ועד סייפי ארעא DT 13:9) לא תצבון להון ולא תקבלון מיניה ולא תיחוס עיניכון עלוי ולא תרחמון ולא תכסון בטומרא עלוי DT 13:10) ארום מקטל תקטליניה ידיכון יתושטן ביה בשירויא למיקטליה וידיהון דכל עמא בסופא DT 13:11) ותאטלון יתיה באבנא וימות ארום בעא לאטעייותכון מדחלתא דייי אלקך דאפיק יתכון פריקין מן ארעא דמצרים מבית שעבוד עבדיא DT 13:12) וכל ישראל ישמעון וידחלון ולא יוספון למעבד כפיתגמא בישא הדין ביניכון DT 13:13) ארום תשמעון בחדא מן קרויכון דייי אלקכון יהיב לכון למיתב תמן למימר DT 13:14) נפקו גוברין זידנין מאולפנא דחכימיא דביניכון ואטעין ית יתבי קרתיכון למימר נהך וניפלח לטעוות עממיא דלא חכימתון DT 13:15) ותתבעון ותבדקון ית סהדיא ותשיילון טבאות והא קושטא כיוון פיתגמא איתעבידת תועיבתא הדא ביניכון DT 13:16) מימחא תימחון ית יתבי קרתא ההיא לפתגם דחרב גמרה יתה וית כל דבה וית בעירה לפתגם דחרב DT 13:17) וית כל עדאה תכנשון במצע פלטיתא ותוקדון בנורא ית קרתא וית כל עדאה גמיר קדם ייי אלקכון ותהי תל חרוב לעלם לא תתבני תוב DT 13:18) ולא תידבק בידיכון מדעם מן שמתא מן בגלל דיתוב ייי מתקוף רוגזיה ויכמור עליכון רחמין וירחם עליכון ויסגינכון היכמא דקיים לאבהתכון (205A) DT 13:19) ארום תקבלון למימר דייי אלקכון למנטור ית כל פיקודוי דאנא מפקיד לכון יומא דין למעבד דכשר קדם ייי אלקכון DT 14:1) הי כבנין חביבין אתון קדם ייי אלקכון לא תגודון בישריכון ולא תשוון כליל דיסער על בית אפיכון על נפש דמית DT 14:2) ארום עם קדיש אתון קדם ייי אלקכון ובכון אתרעי ייי אלקכון למיהוי לי לעם חביב מכל עממיא דעל אפי ארעא DT 14:3) לא תיכלון כל מידעם דרחיקית מנכון DT 14:4) דא היא בעירא דתיכלון תורין ואימרי בני רחילין ולא בני מסאבין וגדיי בני עיזין ולא עירובי טמיין DT 14:5) איילין וטביין ויחמורין יעלין ורימנין ותורי בר ודיצין DT 14:6) וכל בעירא דסדיקא טלפייא ולה קרנין וסדיק סידקא מסקא פישרא בבעירא יתה תיכלון DT 14:7) ברם ית דין לא תיכלון ממסקי פישרא ומסדיקי פרסתא שלילא דליה תרין רישין ותרתין שדראין הואיל ולית בזיניה חזי למתקימא ית גמלא וית ארנבא וית טפזא ארום מסקי פישרא הינון ופרסתהון לא סדיקין מסאבין הינון לכון DT 14:8) וית חזירא ארום סדיק פרסתא הוא ולית כנפיק ביה דסדיק ולא פשר מסאב הוא לכון מביסריהון לא תיכלון ובניבלתהון לא תקרבון DT 14:9) לחוד ית דין תיכלון מכל דקמיט כל דליה ציצין למפרח וחרספיתין על מושכיה ואין נתרון ואשתייר חד תחות ליסתיה וחד תחות ציציתיה וחד תחות גונביה יתיה תיכלון DT 14:10) וכל דלית ליה ציצין וחרספיתין לא תיכלון מסאב הוא לכון DT 14:11) כל ציפר דכי דלית דאית ליה זפק וקורקבניה קליף ואית ליה ציבעא יתירא ולא דריס תיכלון DT 14:12) ודין דלא תיכלון מנהון נשרא ועוזא ובר ניזא DT 14:13) ודייתא חיורא ואוכמתא דהיא איבו

ודייתא לזנה (DT 14:14) וית כל בני עורבא לזניהון (DT 14:15)
וית ברת נעמיתא וית חטפיתא וית ציפר שחפא וית בר נצצא לזנוי
(DT 14:16) וית קפופא (206) וית שלי נונא מן ימא וית צדיא
(DT 14:17) וקקא חיורתא ואוכמתא ושרקרקא ואותיא (DT 14:18)
ודייתא חיורתא ואוכמתא ליזנה ונגר טורא וערפדא (DT 14:19)
וזיבורי וזיזי דטלופחי ופולי דפרשין מן אוכלא ופרחין הי כעופא
מסאבין הינון לכון (DT 14:20) כל גובא דכיא תיכלון (DT 14:21)
לא תיכלון כל דמיקלקלא בניכסא לגיור ערל דבקירויכון תיתנונה
וייכלונה או תזבנון לבר עממין ארום עם קדיש אתון קדם ייי
אלקכון לית אתון רשאין למבשל כל דכן למיכול בשר וחלב תריהון
מערבון כחדא (DT 14:22) הוון זהירין לעשרא פיריכון מן דאתון
מפקין וכנשין מן חקלא כל שתא ושתא ולא פירי שתא על פירי שתא
אוחרי (DT 14:23) ותיכלון מעשרא תיניינא קדם ייי אלקכון באתרעא
דיתרעי לאשראה שכינתיה תמן מעשר עיבורכון חמרכון ומישחכון וכן
ביכורי תוריכון ועניכון מן בגלל דתילפון למדחל מן קדם ייי
אלקכון כל יומיא (DT 14:24) וארום יסגי מינכון אורחא ארום לא
תיכול למסוברא ית מעשרא ארום יתרחק מנכון אתרא די יתרעי ייי
אלקכון לאשראה שכינתיה תמן ארום יברכינך ייי אלקך (DT 14:25)
ותחליל בכספא ויהון פריטי צרירין בידך ותהך לאתרא דיתרעי ייי
אלקכון ביה (DT 14:26) ותיתן כספא בכל דיתרעי נפשך בתורי ובענא
ובחמר חדת ועתיק ובכל דתשיילינך נפשך ותיכלון תמן קדם ייי
אלקכון ותחדון אתון ואינש בתיכון (DT 14:27) וליואה דבקירויכון
לא תשבקוניה ארום לית ליה חולק ואחסנא עימכון (DT 14:28) מסוף
תלת שנין תפקון ית כל מעשר עללתכון בשתא ההיא ותצנעון
בקירויכון (DT 14:29) וייתי ליואה ארום לית ליה חולק ואחסנא
עימכון וגיורא ויתמי וארמלתא דבקירויכון ויכלון ויסבעון מן
בגלל דיברככון ייי אלקכון בכל עובדי ידיכון דתעבדון (DT 15:1)
מסוף שבעתי שנין תעבדון שמיטתא (DT 15:2) ודין (206A) אחוית
הילכת שמיטתא אשמיטו כל בר נש מרי מוזפתא דיזוף בחבריה לית ליה
רשו למדחקא בחבריה למתבוע אוזפותיה ולא מן אחוי בר ישראל ארום
קרא בית דינא שמיטתא קדם ייי (DT 15:3) ית בר עממין תדחוק
ודינא די יהוי לך עם אחוך תשמיט ידך (DT 15:4) לחוד אין אתון
עסיקין במצוותא דאורייתא לא יהוי בכון מסכינא ארום ברכא
יברככון ייי בארעא דייי אלקכון יהיב לכון אחסנא (DT 15:5) לחוד
אין קבלא תקבלון למימרא דייי אלקכון למינטור ית כל תפקדתא הדא
דאנא מפקיד לכון יומא דין (DT 15:6) ארום ייי אלקכון בירככון
היכמא דמליל לכון ותמשכנון עממין סגיעין ואתון לא תתמשכנון
ותשלטון בעממין סגיעין ובכון לא ישלטון (DT 15:7) ואין ליתיכון
עסיקין במצוותא דאורייתא ויהוי בכון מסכינא מחד אחך בחדא מן
קרוך דייי אלקך יהיב לך לא תתקף ית לבבך ולא תימנע ית אידך
מאחוך מסכינא (DT 15:8) אלא מיפתח תיפתח ית אידך ליה ומוזפא
תוזפיניה הי כמיסת חוסרניה דייחסר ליה (DT 15:9) איסתמרו לכון
דילמא יהי פתגם עם ליבבכון דזדנותא למימר קריבת שתא שביעתא שתא
דשמיטתא ותבאש עיניכון באחוכון מסכינא ולא תיתנון ליה ויקבול

עליכון קדם ייי ויהי בכון חובא (DT 15:10 מיתן תיתנון ליה ולא
יבאש ליבכון במיתנכון ליה ארום מטול פיתגמא הדין יברככון ייי
אלקכון בכל עובדיכון ובכל אושטות ידיכון (DT 15:11 ארום מטול
דלא נייחין בית ישראל במצוותא דאורייתא לא פסקין מסכינין מיגו
ארעא בגין כן אנא מפקידכון למימר מיפתח תיפתחון ית ידיכון
לקריביכון ולעניי שיבבותכון ולמסכיני ארעכון (DT 15:12 ארום
יזדבן לכון אחוכון בר ישראל או בת ישראל ויפלחינכון שית שנין
ובמעלי שביעיתא תפטרוניה לבר חורי מגביכון (DT 15:13 וארום
אין תפטרוניה בר חורי מגביכון לא תיפטרוניה ריקנא (DT 15:14
מדחדא תדחדון ליה מן ענכון מן אידיריכון ומן מעצרתכון (207
דבריכיכון ייי אלקכון תיתנון ליה (DT 15:15 ותהוון דכירין
ארום משעבדין הויתון בארעא דמצרים ופרקכון ייי אלקכון מטול כן
אנא מפקדכון למעבד ית פיתגמא הדין יומא דין (DT 15:16 ויהי
ארום יימר לך לא אפוק מן גבך ארום ריחמך וית אינש ביתך ארום טב
ליה דמיתהני עימך (DT 15:17 ותיסב ית מחטא ותינעוץ באודניה
ובתרע בית דינא ויהי לך עבד פלח עד יובלא ואוף לאמתך תיכתוב גט
חירו ותיתן לה (DT 15:18 לא יקשי בעינך במפטרך יתיה לבר חורין
מן גבך ארום בכופלא על אגר אגירא פלחך שית שנין וברכך מטוליה
ייי אלקך בכל מה דתעבד (DT 15:19 כל בוכרא דאיתיליד בתורך
ובענך דוכריא תקדש קדם ייי אלקך לא תפלוח בבכורי תוריכון ולא
תיגוז בכורי עניכון (DT 15:20 קדם ייי אלקכון תיכלוניה שנא
בישנא באתרא דיתרעי ייי אתון ואינש בתיכון (DT 15:21 וארום
יהי ביה מומא חגיר או סמי כל מידעם ביש לא תיכסוניה קדם ייי
אלקכון (DT 15:22 בקירויכון תיכלוניה דמסאב מן למקרב לקודשיא
ודדכי למקרב לקודשיא כחדא הי כבשר טביא ואילא (DT 15:23 לחוד
אדמיה לא תיכלון על ארעא תישדוניה היך מיא (DT 16:1 הוון
זהירין למינטר זימני מועדיא לעבורי שתא למינטר תקופתא בירחא
דאביבא למעבד ביה פיסחא קדם ייי אלקכון ארום בירחא דאביבא אפיק
יתכון ייי אלקכון ממצרים ותיכלון יתיה בליליא (DT 16:2
ותיכסון פיסחא קדם ייי אלקכון ביני שימשתא ועאן ותורי למחר
בכרן יומא לחדות חגא באתרא דיתרעי ייי לאשראה שכינתיה תמן
(DT 16:3 לא תיכלון על פיסחא חמיע שובעא יומין תיכלון לשמיה
פטיר לחמא ענייא ארום בבהילו נפקתון מארעא דמצרים מן בגלל
דתידכרון ית יום מיפקכון מארעא דמצרים כל יומי חייכון
(DT 16:4 ותיזדהרון מקמי פיסחא דלא יתחמי לכון חמיר בכל
תחומכון שובעא (207A יומין ולא יבית בר מן בישרא דתיכסון
ברמשא ביומא קמאה לצפרא (DT 16:5 לית לכון רשו למכוס ית פיסחא
בחדא מן קרויכון דייי אלקכון יהיב לכון (DT 16:6 אילהין באתרא
דיתרעי ייי אלקכון לאשראה שכינתיה תמן תיכסון ית פיסחא וברמשא
במיעל ית שימשא תיכלוניה עד פלגות ליליא זמן שריות פורקנכון
ממצרים (DT 16:7 ותטוון ותיכלון באתרא דיתרעי ייי אלקכון ביה
ותתפני בצפר מיפק חגא ותהך לקרווך (DT 16:8 ביומא קמא תקרבון
ית עומרא ותיכלון פטירי מעללתא עתיקתא ושיתא יומין דאשתיירו
תהון מרשן למיכול פטירי מעללתא חדתא וביומא שביעאה ההוא תהון

כנישין בתושבחא קדם ייי אלקכון לא תעבדון עיבידתא (DT 16:9 שובעא שבועין תימנון לכון מזמן דתשרון למשלח מגלא למחצוד בחקלא בתר חצר עומרא תישרון למימני שובעא שבועין (DT 16:10 ותעבדון חדוות חגא דשבועיא קדם ייי אלקכון הי כמיסת ניסבת ידכון היכמא דבריכיכון ייי אלקכון (DT 16:11 ותיחדון בחדוות חגא קדם ייי אלקכון אתון ובניכון ובנתיכון ועבדיכון ואמהתיכון וליואי דיבקרויכון וגיורא ויתמא וארמלתא דיביניכון באתרא דיתרעי ייי אלקכון לאשראה שכינתיה תמן (DT 16:12 ותהוון דכירין ארום משעבדין הויתון במצרים ותיטרון ותעבדון ית קימיא האילין (DT 16:13 חגא דמטליא תעבדון לכון שובעא יומין במישלמכון למיכנוש עללתא מאידיריכון וחמרא מן מעצרתיכון (DT 16:14 ותיחדון בחדות חגיכון בשאובתא וחלילא אתון ובניכון ובנתיכון ועבדיכון ואמהתכון וליואה וגיורא ויתמא וארמלתא די בקרויכון (DT 16:15 שובעא יומין תחגון קדם ייי אלקכון באתרא דיתרעי ייי ארום יבריככון ייי אלקכון בכל עללתכון ובכל עובדי אידיכון ותהוון ברם חדיין באצלחותא (DT 16:16 תלת זימנין בשתא יתחמון כל דכוריכון קדם ייי (208 אלקכון באתרא דיתרעי בחגא דפטיריא ובחגא דשבועיא ובחגא דמטליא וליתיכון רשאין למתחמיא קדם ייי אלקכון ריקנין מכל מצוותא (DT 16:17 גבר הי כמיסת מוהבות ידיה הי כבירכתא דייי אלקכון דיהב לכון

פרשת שופטים

(DT 16:18 דיינין קשיטין וסרכין אלימין תמנון לכון בכל קירויכון דייי אלקכון יהיב לכון לשבטיכון וידונון ית עמא דין קשוט (DT 16:19 לא תצלון דינא ולא תיסבון אפין ולא תקבלון שוחדא ארום שוחדא מסמי עיני חכימיא דנסבין ליה דגרים להון טיפשותא ומערבב מילין זכאין בפום דיינייא בשעת דינהון (DT 16:20 דין קשוט ודין שלם בקשוט תהי רדיף מן בגלל דתיחון ותירתון ית ארעא דייי אלקכון יהיב לכון (DT 16:21 היכמא דליתיכון רשאין למנצוב אשירתא לסטר מדבחא דייי אלקך הכדין ליתיכון רשאין למזווגא בדינא גברא טפשא עם דיינא חכימא למלפא לכון ית דתעבדון לכון (DT 16:22 והיכמה דליתיכון רשאין למיקמא קמא הכדין ליתיכון רשאין למנאה לפרנסא גברא זידנא דרחקיה ייי אלקכון (DT 17:1 לא תיכסון קדם ייי אלקכון תור ואימר דיהי ביה מומא או כל מידעם ביש דגזיל ואניס ארום מרחק קדם ייי אלקכון הוא (DT 17:2 ארום ישתכח ביניכון בחדא מן קורייכון דייי אלקכון יהיב לכון גבר או איתא דיעבד דביש קדם ייי אלקכון למעיבר על קיימיה (DT 17:3 ואזל בתר יצרא בישא ופלח לטעוות עממיא וסגיד להון ולשימשא או לסיהרא או לכל חילי שמייא דלא פקידית (DT 17:4 ואתחוא לכון (208A ותשמעון ותיתבעון ית סהדיא טבאות והא קושטא כיון פיתגמא איתעבידת תועבתא הדא ביניכון (DT 17:5 ותפקון ית גברא ההוא או ית אינתתא ההיא דעבדו ית פיתגמא בישא הדין לתרע בית דיניכון ית גברא או ית אינתתא ותאטלונון באבניא וימותון (DT 17:6 על מימר תרין סהדין או תלתא סהדין יתקטל דמתחייב קטול לא יתקטל על מימר סהיד חד

(DT 17:7) ידא דסהדיא תהי ביה בשירויא למיקטליה וידא דכל עמא בבתריתא ותפלון עביד דביש מביניכון (DT 17:8) ארום יתפרש מנכון פיתגמא לדינא ביני אדם סאוב לאדם דכי וביני דיני נפשתא לדיני ממונא ביני מוכתש צורעא למכתש ניתקא מילי פלוגתא בבית דינכון ותקומון ותיסקון לאתרא דיתרעי ייי אלקכון ביה (DT 17:9) ותיתון לות כהניא דמשיבט לוי ולות דיינא די יהי ביומיא האינון ותיתבעון מנהון ויחוון לכון ית הילכת דינא (DT 17:10) ותעבדון על מימר הילכת אורייתא דיחוון לכון מן אתרא ההוא דיתרעי ייי ותיטרון למעבד ככל דילפונכון (DT 17:11) על מימר אורייתא דילפונכון ועל הילכת דינא דיימרון לכון תעבדון לא תיסטון מן פיתגמא דיחוון לכון ימינא ושמאלא (DT 17:12) וגברא דיעבד בזדונותא בדיל דלא למיצת מן כהנא דקאים לשמשא תמן קדם ייי אלקכון או מן דיינא ויתקטל גברא ההוא ותפלון עביד דביש מישראל (DT 17:13) וכל עמא ישמעון וידחלון ולא ירשעון תוב (DT 17:14) ארום תיעלון לארעא דייי אלקכון יהיב לכון ותירתון יתה ותיתבון בה ותימרון נמני עלן מלכא ככל עממיא דבחזרנותיי (DT 17:15) תתבעון אולפן מן קדם ייי ומבתר כדין תמנון עליכון מלכא לית לכון רשו למנאה עליכון גבר חילוניי דלא מן אחוכון הוא (DT 17:16) לחוד לא יסגון ליה על תרין סוסוון דילמא ירכבון (209) רברבנוי עליהון ויתגאון ויתבטלון מפתגמי אורייתא ויחובון חובת גלותא למצרים ויי אמר לכון לא תוספון למתוב באורחא הדין תוב (DT 17:17) ולא יסגון ליה נשין על תימנסרי דלא יטעיין ליביה וכספא ודהבא לא יסגי ליה דלא יתרורם ליביה לחדא וימרד באלקא שמיא (DT 17:18) ויהי אין נייח הוא במצוותא דאורייתא יתיב לרוחצן על כורסי מלכותיה ויכתבון ליה סביא ית פרשגן אורייתא הדא על סיפרא מן קדם כהניא דמן שיבט לוי (DT 17:19) ותהי גביה ויהי קרי ביה כל יומי חייו מן בגלל דיליף למידחל מן קדם ייי אלקיה למינטר ית כל פתגמי אורייתא הדא וית קימיא האילין למעבדהון (DT 17:20) מטול דלא יגיס ליביה יתיר מן אחוי ומטול דלא יסטי מן תפקדתא לימינא ולשמאלא מן בגלל דינגוד יומין על מלכותיה הוא ובנוי ביני ישראל (DT 18:1) לא יהי לכהניא דמן שיבט לוי חולק ואחסנא עם אחוי קורבניא דייי באחסנתהון יכלון (DT 18:2) ואחסנת חקיל וכרם לא תיהי ליה ביני אחוי עשרין וארבע מוהבותא דכהונתא דיהב ליה ייי הינון אחסנתיה היכמא דמליל ליה (DT 18:3) ודין יהי חולקא דחמי לכהניא מן עמא מלות דבחי דיבחין אין תור אימר ויתנון לכהנא אדרעא דימינא ולוחא ארעיא וליחיא דרקיתא וקיבתא (DT 18:4) שירוי עיבורכון חמרכון ומישחכון ושירוי גיזת עניכון כמיסת קמורא תיתנון ליה (DT 18:5) מטול דביה איתרעי ייי אלקכון מכל שיבטיכון למקום לשמשא בשמא דייי הוא ובנוי כל יומיא (DT 18:6) וארום ייתי ליואה מחדא מן קרויכון מן כל ישראל דהוא דייר תמן וייתי בכל כרוך דרעיא נפשיה לאתרא דיתרעי ייי (DT 18:7) וישמש בשום מימרא דייי אלקיה הי ככל אחוי ליואי דמשמשין תמן קדם ייי (DT 18:8) חולק כל קבל חולק בשוה ייכלון בר ממותרי קורבניא דיכלון כהניא דאוריתו להון

(209A) אלעזר ואיתמר אבהתהון (DT 18:9) ארום אתון עללין לארעא
דייי אלקכון יהיב לכון לא תילפון למעבד כריחוקי עממיא האינון
(DT 18:10) לא ישתכח בכון מעברין בניהון ובנתיהון בנורא לא
קסומי קוסמין ולא חדודי עינין ולא נטורי נחשין ולא חרשין
(DT 18:11) ומחברין ואסרין חיווין ועקרבין וכל מיני רחשין
ושאלין אובא טמיא וגרם ידוע ותבע מן מיתיא (DT 18:12) ארום
מרחק קדם ייי כל עביד אילין ומטול תועיבתא האילין ייי
מתריכיהון מן קדמכון (DT 18:13) שלמין תהוון בדחלתא דייי
אלקכון (DT 18:14) ארום עממיא האילין דאתון עתידין למירות
יתהון לחדודי עינא ולקסומי קוסמיא צייתין ואתון לא כוותהון
אלהין כהנייא שיילי אורייא ותומיא ונביא תריציא יהב לכון ייי
אלקכון (DT 18:15) נבייא מבינ יכון מן אחוכון דדמי לי ברוח
קודשא יקים לכון ייי אלקכון מיניה תקבלון (DT 18:16) ככל
דשיילתון מן קדם ייי אלקכון בחורב ביומא דאתכנשו שבטיא למקבלא
אורייתא למימר לא נוסיף למשמע ית קל דיבורא מן קדם ייי אלקנא
וית אישתא רבתא הדא לא נחמי תוב דלא נמות (DT 18:17) ואמר ייי
לי אתקינו מה דמלילו (DT 18:18) נביא אקים להון מביני אחוהון
דרוח קודשא ביה כוותך ואיתן פיתגמי נבואתי בפמי וימלל עמהון ית
כל דאיפקדיניה (DT 18:19) ויהי גברא דלא יקבל פיתגמי נבותי
דימלל בישמי מימרי יפרע מיניה (DT 18:20) ברם נבי שיקרא דירשע
למללא פיתגמא בשמי ית דלא פקידתיה למללא ודי ימלל בשום טעוות
עממיא ויתקטל נביא ההוא בסייפא (DT 18:21) וארום תימרון
בריעייונכון היכדין נידע ית פיתגמא דלא מלליה ייי (DT 18:22)
מה דימלל נבי שיקרא בשמא דייי ולא ייתי פיתגמא ולא (210)
יתקיים הוא פיתגמא דלא מלליה ייי בזדנותא מלליה נבי שיקרא לא
תידחלון מיניה (DT 19:1) ארום ישיצי ייי אלקכון ית עממיא דייי
אלקכון יהיב לכון ית ארעהון ותירתונון ויתיבון בקירויהון
ובבתיהון (DT 19:2) תלת קירוין תפרשון לכון בגו ארעכון דייי
אלקכון יהיב לכון למירתה (DT 19:3) תכוונון לכון אורחא ותתלתון
ית תחום ארעכון דיחסנכון ייי אלקכון ויהי למערוק לתמן קטולא
(DT 19:4) ודין הילכת קטולא דיערוק לתמן וייחי דיקטול ית אחיה
בלא מתכוין ליה והוא לא נטר ליה סנא מאיתמלי ומדקדמוי
(DT 19:5) ומאן דעליל עם חבריה בחורשא למקטע קיסין ותידחף
אידיה בסיקוריא למקטע קיסא וישמוט פרזלא מן קתא וישכח ית חבריה
וימות הוא יעירוק לחדא מן קרויא מזמניא האילין וייחי (DT 19:6)
דילמא ירדוף תבע אדמא בתר קטולא ארום ירתח עלוי ליביה בעקתיה
וידבקיה ארום תיסגי אורחא ויקטליניה נפש וליה לא אית חובת דין
דקטול ארום לא סני הוא ליה מאתמלי ומדקדמוי (DT 19:7) בגין כן
אנא מפקיד לכון יומא דין תלת קירוין תפרשון לכון (DT 19:8)
ואין יפתי ייי אלקכון ית תחומכון היכמא דקיים לאבהתכון ויתן
לכון ית כל ארעא דקיים לאבהתכון (DT 19:9) ארום תינטרון ית כל
תפקידתא הדא למעבדא דאנא מפקדכון יומא דין למירחם ית ייי
אלקכון ולמהך באורחן דתקנן קדמוי כל יומיא ותוספון לכון תוב
תלת קירוין על תלת איליין (DT 19:10) ולא אתשד אדם זכאי

בארעכון דייי אלקכון יהיב לכון אחסנא ויהי עליכון חובת דין קטולא (DT 19:11) וארום יהי גבר סני לחבריה ויכמון עליה בטומרא ויקום עלוי ויקטליניה נפש וימות ויעירוק לחדא מן קרויא האילין (DT 19:12) וישדרון חכימי קרתיה וידברון יתיה מתמן וימסרון יתיה ביד תבע אדמא ויתקטיל (210A) (DT 19:13) ולא תיחוס עינכון עלוי ותפלון שדיי דם זכאי מישראל וייטב לכון (DT 19:14) לא תשנון תחום חבריכון דאתחימו קמאי באחסנתכון דתחסנון בארעא דייי אלקכון יהיב לכון למירתה (DT 19:15) לא יתקיים סהדן דחד בגבר לכל סורחן נפש ולכל חוב ממון ולכל חטא דיחטי ברם על מימרא דייי הוא למתפרעא על טומריא על מימר סהיד חד יומי למיכפור ית מה דמסהיד עלוי ועל מימר תרין סהדין או תלתא סהדין יתקיים פיתגמא (DT 19:16) ארום יקומון סהדין שיקרין בבר נש לאסהדא ביה סטיא (DT 19:17) ויקומון תרין גוברין דילהון תיגרא קדם ייי קדם כהניא ודייניא דיהון ביומיא האינון (DT 19:18) ויתבעון דיינייא לסהדין דמזמין יתהון טבאות והא סהדו דשקר בפום סהדין שיקרא אסהידו באחוהון (DT 19:19) ותעבדון להון היכמא דחשיבו למעבד לאחוהון ותפלון עבדי דביש מביניכון (DT 19:20) ורשיעיא דמשתיירין ישמעון וידחלון ולא יוספון למעבד תוב כפיתגמא בישא הדין ביניכון (DT 19:21) ולא תיחוס עיניכון נפשא חלופי נפשא דמי עינא חולף עינא דמי שינא חולף שינא דמי ידא חולף ידא דמי ריגלא חולף ריגלא (DT 20:1) ארום תיפקון לסדרי קרבא על בעלי דבביכון ותיחמון סוסוון ואירתכין עמין גיותנין וטירונין אלימין מינכון לא תידחלון מנהון ארום כולהון חשיבין כסוסיא חד וכרתיכא חד קדם ייי אלקכון דמימריה בסעדכון דאפקכון פריקין מארעא דמצרים (DT 20:2) ויהי בזמן דאתון קריבין לאגחא קרבא ויתקרב כהנא וימלל עם עמא (DT 20:3) ויימר להון שמעו ישראל אתון מתקרבין יומא דין לסידרי קרבא על בעלי דבביכון לא יזוח ליבכון לא תידחלון ולא תירתתון ולא תתירעון מן קדמיהון (DT 20:4) ארום (211) ייי אלקכון שכינתיה מידברא קדמיכון לאגחא מטולכון עם בעלי דבביכון למפרוק יתכון (DT 20:5) וימללון סרכיא עם עמא למימר מן גברא דיבנא ביתא חדתא ולא קבע ביה מזוזתא לשכללותיה יהך ויתוב לביתיה דילמא יגרום ליה חובא ויתקטל בקרבא וגבר חורן ישכלליניה (DT 20:6) ומן גברא דינצב כרמא ולא פרקיה מן כהנא ואחליה יהך ויתוב לביתיה דילמא יגרום ליה חובא דלא פרקיה ויתקטל בקרבא וגבר חורן יחליניה (DT 20:7) ומן גברא דקדיש איתתא ולא נסבה יהך ויתוב לביתיה דילמא יגרום ליה חובא דלא חדי באינתתיה ויתקטל בקרבא וגבר חורן יסבינה (DT 20:8) ויוספון סרכיא למללא עם עמא ויימרון מאן הוא גברא דדחיל מחוביה וליביה תביר יהך ויתוב לבייתיה דילמא יתקבלון אחוי בחובוי ויתבר ליבהון היך ליביה (DT 20:9) ויהי כד פסקין למללא עם עמא וימנון רברבני חילין בריש עמא (DT 20:10) ארום תקרבון לקרתא לסדרא עלה סדרי קרבא ותשדרון לוותה פולין למיקרי לה לשלם (DT 20:11) ויהי אין מילין דשלם תתיב לכון ותפתח לכון פילוותה ויהי כל עמא דמשתכח בה יהון למסקי מיסין ויפלחונכון (DT 20:12) ואין לא

תשלים עימכון ותעביד עימכון קרב ותקפון עלה (DT 20:13
וימסרינה ייי אלקכון בידכון ותימחי ית כל דכורה לפתגם דחרב
לחוד נשיא וטפליא ובעירא וכל דיהי בקרתא כל עדאה (DT 20:14
תיבזון לכון ותיכלון ית עדי סנאיכון די יהב ייי אלקכון לכון
היכנא תעבדון לכל קירויא דרחיקן מינכון לחדא דלא (DT 20:15
מקרוי שבעתי עממיא האילין הינון (DT 20:16 לחוד מקירוי עממיא
האילין דייי אלקכון יהיב לכון אחסנא לא תקיימון כל נישמא לא
לעבדין ולא לאמהן (DT 20:17 ארום גמרא תגמרינון חיתאי ואמוראי
כנענאי ופריזאי וחיואי (211A ויבוסאי היכמא דפקידכון ייי
אלקכון (DT 20:18 מן בגלל דלא ילפון יתכון למעבד ככל מרחקתהון
דעבדו לטעוותהון ותחובון קדם ייי אלקכון (DT 20:19 ארום תקפון
על קרתא כל יומי שבעתא לאגחא קרבא עלה למכבשא בשבתא לא תחבלון
ית אילנייהא למישדיא עלוי מן דפרזלא ארום מפירוי תיכלון ויתיה
לא תקוצון ארום לא כבר נש אילן דאנפי ברא למטמרא מקמיכון
בציירא (DT 20:20 לחוד אילן דתינדעון ארום לא אילן עביד פירי
מיכל הוא יתיה תחבלון ותיקטעון ותיבנון קרקומין על קרתא מרדא
דעבדא עימכון קרבא עד דתיכבשונה (DT 21:1 ארום ישתכח קטילא
בארעא דלא טמיע באוגרא בארעא דייי אלקכון יהיב לכון למירתה רמי
ולא צלוב בקיסא בחקלא ולא טאיף על אנפי מיא לא אשתמודע מאן
קטליה (DT 21:2 ויפקון מבי דינא רבא תרי מן חכימייך ותלת מן
דיינך וימשחון מארבע טריגונין ית קירויא די בחזרנות קטילא
(DT 21:3 ויהי קרתא דקריבא לקטילא מתחשדא וסבי בי דינא רבא
מפטרין ויסבון חכימי סבי קרתא ההיא עיגלת ברת תורין דלא
עירובין ברת שתא דלא אתפלח בה ולא נגדת בניר (DT 21:4 ויחתון
חכימי קרתא ההיא ית עגלתא לחקיל בייר דלא יתעביד ביה פולחן
ארעא ולא יזדרע וינפקון תמן ית עגלתא בקופיץ מבתרהא במצע חקלא
(DT 21:5 ויקרבון כהניא ביני לוי ארום בהון אתרעי מימרא דייי
אלקכון לשמשותיה ולברכא ית ישראל בשמיה ועל מימר פמהון יהי
מיתדן כל דין וכל מכתש צורעא למסגר ולמחלט (DT 21:6 וכל חכימי
קרתא ההיא דקריבין לקטילא ישזגון ית ידיהון על עגלתא דנקיפא
בחקלא (DT 21:7 ויתיבון ויימרון גלי קדם ייי דלא אתא לידינן
ופטרניה מן דשדא (212 ית אדמא הדין ועיננא לא חמון (DT 21:8
כהניא יימרון כפר לעמך ישראל דפרקת ייי ולא תשווי חובת אדם
זכאי בגו עמך ישראל וגלי מן קטליה ויתכפר להון על דמא ומן יד
נפקין נחיל דמורנין מיגו פרתה דעגלתא נגדין ואזלין עד אתרא
דקטולא תמן וסלקין עלוי ואחדין בי דינא יתיה ודיינין יתיה
(DT 21:9 ואתון בית ישראל תפלון משדי דם זכאיי מביניכון ארום
תעבדון דכשר קדם ייי

פרשה תצא

(DT 21:10 ארום תיפקון לסדרי קרבא על בעלי דבביכון
וימסרינון ייי אלקכון בידכון ותישבי שיבייתא מנהון (DT 21:11
ותיחמון בשבייתא איתא שפירת ריווי ותתיירעון בה ותסבינא לכון
לאינתו (DT 21:12 ותעליניה לגו ביתך ותספר ית מזייא דרישא
ותיצמי ית טופרייהא (DT 21:13 ותשני ית כסות שבייתא מינה

ותטבלינה ותגיירינה בביתך ותיבכי על טעוות בית איבה ואימה ותשהי תלת ירחין די תידע אין היא מעברא ומן בתר כדין תיעול לוותה ותפרין יתה ותיהווי לך לאינתו (DT 21:14) ויהי אין לא תתרעי בה ותפטרינה לבלחודה בגיטה וזבנא לא תזבנינה בכספא לא תיתגר בה בתר דשמשת עימה (DT 21:15) ארום תהוויין לגבר תרתין נשין חדא רחימתא ליה וחדא סניתא ליה וילידן ליה בנין רחימתא וסניתא ויהי ביר בוכרא לסניתא (DT 21:16) ויהי ביום אחסנותיה ית בנוי ית ניכסין דיהי ליה לית ליה רשו למיתן חולק בכורותא לבר רחימתא (212A) על אנפי ביר סניתא דהוא בוכרא (DT 21:17) ארום ית בוכרא ביר סניתא יהודע לכולא דהוא בוכרא למיתן ליה תרין חולקין בכל מה דמשתכח גביה ארום הוא שירוי תוקפיה ליה חזיא בכירותא (DT 21:18) ארום יהי לגבר ביר סורהבן ומרוד דליתוי מקבל למימר דאבוי ולמימרא דאימיה ויכסנון יתיה ולא מקבל אולפן מנהון (DT 21:19) ויחדון ביה אבוי ואימיה ויפקון יתיה לקדם חכימי קרתא לתרע בי דינא דבאתריה (DT 21:20) ויימרון לחכימי קרתא עברינן על גזירת מימרא דייי בגין כן אתיליד לנא ברנא דין דהוא סורהבן ומרוד ליתוי צייח למימרנא גרגרן בבישרא ושתאי בחמרא (DT 21:21) ויהי אין דחיל ומקביל עלוי אולפנא ובען לקיימותיה מקיימוניה ואין תאיב ומריד יאטלוניה כל אינשי קרתיה באבניא וימות ותפלון עביד דביש מביניכון וכל ישראל ישמעון וידחלון (DT 21:22) וארום אין יהוי בגבר חובת דין קטול ויתחייב אטלות אבנין ובתר כדין יצלבון יתיה על קיסא (DT 21:23) לא תבית ניבלת גושמיה על קיסא ארום מקבר תקברוניה ביומא ההוא ארום קילותא קדם אילקא למצלוב גבר אלהן חובוי גרמו ליה ומן בגלל דבדיוקנא דייי אתעבד תקברוניה עם מטמוע שימשא דלא יקילון ברייתא ביה ולא תטנפון בנבילתהון דחייביא ית ארעכון דייי אלקכון יהיב לכון (DT 22:1) לא תחמון ית תורא דאחוכון או ית אימריה טעיין ותפלגון דעתכון מנהון אתבא תתיבונון ליה (DT 22:2) ואין לא קריבא דעתא דאחוך עמך או לא חכימתיה ותכנשיניה לגו בייתך ויהי מתפרנס גבך עד זמן דיתבע אחוך יתיה ותתיביניה ליה (DT 22:3) והכדין תעבד לחמריה והכדין תעבד לכסותיה והכדין תעביד לכל אבידתא דאחוך די מתבדא מיניה ותשכחה לית לך רשו לכסאה (213) מיניה אכריז עלה ותהדרינה (DT 22:4) לא תחמון ית חמרא דאחוכון או תוריה רמאן באורחא ותכבשון עיניכון מנהון מיקם תקימון עימיה (DT 22:5) לא יהוון גוליין דציצית ותפילין דהינון תיקוני גבר על איתא ולא יספר גבר שיחייה ועריייתיה ובי אנפוי לאיתחמאה היך נשא ארום מרחק קדם ייי אלקכון הוא (DT 22:6) אי איזדמן שרכפא דציפר דכי קדמך באסרטא בכל אילן או על ארעא גוזלין או בעיין ואימא רביעא עילוי גוזלין או עילוי בעיין לא תיסב אימא מעל בניא (DT 22:7) מפטר תיפטור ית אימא וית בניא תיסב לך מן בגלל דיוטב לך בעלמא הדין ותורך יומין בעלמא דאתי (DT 22:8) ארום תיבני ביתא חדתא ותעבד תיאק גיפופין לאיגרך לא תגרמון לאסתקפא חובת אדם דקטול בביתך דילמא יפול דין דחמי למיפל מיניה (DT 22:9) לא תזרעון כרמיכון עירובין דילמא תתחייב

יקידתא דימעת זרעא דתזרעון ועללת כרמא (DT 22:10) לא תהוון רדיין בתורא ובחמרא ובכל ברייתא בתרין זינין קטירין כחדא (DT 22:11) לא תהוון לבשין ומשתחנין בכסו דשיע ועזיל וניז עמר וכיתן מערבין כחדא (DT 22:12) ברם לאיצטולי כיתן חוטי ציציית מן עמר תהון מרשן למעבד לכון על ארבע כנפי גולייתכון דתתעטפון בה בימַמא (DT 22:13) ארום יסב אינש איתא בתולתא ויעול עלה ומבתר כדין יסנינה (DT 22:14) וישוי בה ערר דמילין ויפק עלה טיב ביש ויימר ית איתתא הדא נסיבית ושמשית עמה ולא אשכחית לה סהידוון (DT 22:15) ויסבון אבוהא דעולימתא ואימה רשו מבי דינא ויפקון ית שושיפא בהדי סהידוון דעולימתא לוות חכימי קרתא לתרע בי דינא (DT 22:16) ויימר אבוהא דעולימתא לחכימיא ית ברתי קדישית לגברא הדין ומן בתר דשמיש עימה סנא (213A) ליה (DT 22:17) והא הוא שוי ערד דמילין למימר לא אשכחית לברתך סהידוון ואילין סהידוי ברתי ויפריסון שושיפא קדם חכימי קרתא (DT 22:18) ויסבון חכימי קרתא ההיא ית גברא וילקון יתיה (DT 22:19) ויזמון יתיה מאה סילעין דכסף ויתנון לאבוהא דעולימתא ארום אפיק טיב ביש על בתולתא כשרא דישראל וליה תהי לאינתו לית ליה רשו למיפטרה כל יומוי (DT 22:20) ואין קשוט הוה פיתגמא הדין לא הישתכחו סהידוון לעולימתה (DT 22:21) ויפקון ית עולימתא לתרע בית אבוהא ויאטלונה אינשי קרתא באבניא ותמות ארום עבדת קלנא בישראל למפקא שום דזנו על בית אבוהא ותפלון עביד דביש מבינֵיכון (DT 22:22) ארום אין משתכח גבר משמש עם איתתא איתת גבר חורן ויתקטלון אוף תרויהון גברא דמשמש עם איתתא ואיתתא ואפילו אין מעברא לא תשהוניה עד דתיליד אלהין בי היא שעתא תקטלונון בשינוקא דסודרא ותפלון עביד דביש מישראל (DT 22:23) ארום תהוי עולימתא בתולתא מיקדשא לגבר וישכחינה גבר חורן בקרתא וישמש עימה (DT 22:24) ותפקון ית תריהון לתרע בי דינא דבקרתא ההיא ותאטלון יתהון באבניא וימותון ית עולימתה מן בגלל דלא פגנת בקרתא וית גברא מן בגלל דשמיש עם איתת חבריה ותפלון עביד דביש מבינֵיכון (DT 22:25) ואין בברא ישכח גברא ית עולימתא דמיקדשא ויתקיף בה גברא וישמש עימה ויתקטל גברא דשמש עימה בלחודוי (DT 22:26) ולעולימתא לא תעבדון מידעם ביש לית לעולימתא דין קטול אילהין גברא יפטירינא מיניה בגיטא ארום היכמא דיכמון גבר על חבריה ויקטליניה נפש היכדין פיתגמא הדין (DT 22:27) ארום באנפי ברא אשכחא פגנת (214) עולימתא דמיקדשא ולא אזדמן פריק לה (DT 22:28) ארום ישכח גבר עולימתא בתולתא דלא מיקדשא ויחוד בה ומשמש עימה ומשתכחין (DT 22:29) ויתן גברא דשמיש עימה לאבוהא דעולימתא דמי בהתה חמשין סלעין דכסף וליה תהי לאיתו חולף דענייה לית ליה רשו למיפטרה בגיטה כל יומוי (DT 23:1) לא יסב גבר ית איתתא דאניס או דשרגיג אבוי כל דכן איתת אבוי ולא יגלי כנפא דגלי אבוי (DT 23:2) לא ידכי דמסרס ודפסיק גידא למיסב איתא מקהל עמא דייי (DT 23:3) לא ידכי דמתיליד מן זנו דביה מומא בישא ואתיהיב בעמיא חולונאי למיסב איתא כשרא מקהל עמא דייי (DT 23:4) לא ידכון דכורי עמונאי

ומואבאי למיסב איתא מקהל עמא דייי ברם דר עשיראי לא ידכי למיסב איתא מקהל עמא דייי עד עלמא (DT 23:5) על עיסק דלא זמינו לכון בלחמא ובמוי באורחא דמיפקכון ממצרים ודאוגר לכון ית בלעם בר בעור מן פתור חלמיא דמתבניא בארע ארם דעל פרת למילט יתכון (DT 23:6) ולא צבי ייי אלקכון לקבלא מן בלעם והפך ייי אלקכון בפומיה מטולכון ית לווטין לבירכן ארום רחמינכון ייי אלקכון (DT 23:7) לא תיתבעון שלמהון וטבהון כל יומיכון דאפילו מתגיירין סנא נטיר בליבהון עד עלמא (DT 23:8) לא תרחקון אדומאה דאתי לאתגיירא ארום אחוכון הוא לא תרחקון מצראה דאתי לאתגיירא ארום דיירין הויתון בארעהון (DT 23:9) בנין דמתילדין להון דר תליתאי ידכון למיסבא מעם קהלא דייי (DT 23:10) ארום תפקון משרויין על בעלי דבביכון ותסתמרון מכל פיתגם דביש מפולחנא נוכריא וגילוי ערייתא ושדיות אדם זכאי (DT 23:11) ארום יהי בך גבר דלא יהי דכי מקיריות הירהור (214A) ליליא ויפוק למיברא למשריתא לא יעול למצוע משריתא (DT 23:12) (DT 23:13) ואתר מזמן יהוי לך מברא למשריתא ותשוד תמן מוי דריגלך (DT 23:14) וסיכא תהוי קביעא לכון על מאני זיניכון אתר דתיסרון סייפיכון ותהווי חפיר בה ותיפני תמן ותתוב ותכסי ית רעייך (DT 23:15) ארום ייי אלקכון שכינתיה מהלכא בימצע משירייתכון לשיזבותכון ולמימסר סנאיכון בידיכון בגין כן תהי אתר משרוייכון קדישא ולא יחמי בכון קלנא דמידעם דלא יסליק שכינתיה מביניכון (DT 23:16) לא תימסור ערלאה ביד פלחי טעותיה דאישתיזב גביכון למהווי תחות טלל שכינתי דימטול היכמא ערק מן פולחן טעותיה (DT 23:17) עמכון יתיב וינטור מצוותא ביניכון אליפו יתיה אורייתא קבעו ליה מדרשא באתרא דיצבי בחדא מן קרויכון מתעסקו עימיה בדיוטב ליה לא תונוניה במילין (DT 23:18) לא תפסון בנתיכון למהוי נפקת ברא ולא יתפס גברא בר ישראל ית גרמיה בזנו (DT 23:19) לא תעלון אגר מוהבות מטעיתא ופירוג דכלב לקרבא בבי מוקדשא דייי אלקכון לכל נדרא כל דכן לשאר קורבניא ארום מרחק קדם ייי אלקכון אוף תרויהון (DT 23:20) לא תרבי מדילך לחברך על מזפו דאוזפך לא על מזפו דכסף ומיזפו דמיכלא ולא על מזפו דכל מידעם דמיתרבי (DT 23:21) לבר עממין תזוף מיניה בריביתא ולאחוך לא תזוף מיניה בריביתא מן בגלל דיברכינך ייי אלקך בכל אושטות ידך על ארעא דאנת עליל לתמן למירתה (DT 23:22) ארום תידרון נידרא קדם ייי אלקכון לא תוחרון לשלמותיה תלת חגין ארום מתבע יתבעיניה ייי אלקכון מנהון ובקורבנא לא יהי חוב ופסולא דבהפתיק מרי עלמא קאי אלא יהי בך חובת עיכוב נידרא (DT 23:23) וארום תתמנעון (215) מלמידר לא יהי בכון חובא (DT 23:24) מומתא דתיפוק מן שפוותכון תקימון מצוותא דכשרין לאתעובדא תעבדון ודלא כשרין לאתעובדא לא תעבדון והיכמא דנדרתון תשלמון חטאתא ואשמא עלוון ונכסת קודשא תקרבון קדם ייי אלקכון וניסבתא תיתון ונבזביית בית מוקדשא דמלילתון תיתנון ולענייי צדקתא מה דאמרתון בפומכון (DT 23:25) ארום תיעול למיסב אגרא כפעל בכרמא דחברך ותיכול כרעוות נפשך עד דתיסבע ולות צנך לא תתן (DT 23:26) ארום תיעול למיסב אגרא כפעל

בקמתא דחברך ותיקטוף פירוכיין בידך ומגלא לא תרים על קמתא דחברך (DT 24:1) ארום יסב גבר איתא ויעול עלה ויהי אין לא השכחת רחמין בעינוי ארום אשכח בה עבירת פיתגם ויכתוב לה ספר תירוכין קדם בי דינא ויתן ברשותא וישיל יתה מביתיה (DT 24:2) ונפקת מבייתיה ותהך ותהי לגבר חורן (DT 24:3) ואכריזו עלה מן שמייא דיסנינה גברא בתראה ויכתוב לה ספר תירוכין ויתן ברשותה ויישיל יתה מבייתיה או אכריזו עלוי דימות גברא בתראה דנסבה ליה לאיתו (DT 24:4) לית ליה רשו לבעלה קמאה דפטרה מן שירויה למתוב למסבה למהוי ליה לאינתו מן בתר דאסתאבת ארום מרחקא היא קדם ייי ולא מרחקין בנהא דתיליד מיניה ולא תחייב חובת מותנא ית ארעא דייי אלקכון יהיב לכון אחסנת (DT 24:5) ארום יסב גבר איתא חדתא בתולתא לא יפוק בחילא דלא יארע עלוי כל מידעם ביש פני יהי בביתיה שתא חדא ויחד עם אינתתיה דנסיב (DT 24:6) לא ימשכן גבר ריחיא וריכבא ארום צורכי דבהון מתעבד מזון לכל נפשא הוא ממשכן ולא יהוי גבר אסר חתנין וכלין בחרשין ארום נפשא דעתיד למיפק מנהון הוא מחבל (215A) (DT 24:7) ארום ישתכח בר נש גניב נפש מאחוי מבני ישראל ויעביד ביה פרקמטיא ויזבניניה ויתקטל גברא ההוא בשינוקא דסודרא ותפלי עביד דביש מבינך (DT 24:8) אסתמרו דלא למקטוע בישרא דביה בהקי אלהין למינטור לחדא ולמעבד ביני מכתש צורעתא למכתש ניתקא ביני מסאבא לביני דכיא הי ככל מה דילפון יתכון כהניא דמן שיבט לוי היכמא דפקידתינון תינטרון למעבד (DT 24:9) הוו זהירין דלא למיחשד חד בחבריה דלא ילקי הוו דכירין מה דעבד ייי אלקכון למרים דחשדת למשה במילתא דלא הות ביה ולקת בצורעא ואתעכבת באורחא במיפקכון מצרים (DT 24:10) ארום תוזפון בחבריכון מוזפו דמידעם לא תיעול לביתיה למשכוניה משכוניה (DT 24:11) בשוקא תקום וגברא דאנת מוזיף ביה יפיק לך ית משכונא לשוקא (DT 24:12) ואין גבר מסכין הוא לא תבית ומשכוניה גבך (DT 24:13) אתבא תתיב ליה ית משכונא כד מטמוע שימשא ויגני בקלופקריה ויברכינך ולך תהי זכו דיסהיד עלך שימשא קדם ייי אלקך (DT 24:14) לא תטלומון חבריכון ולא תשגון סוטריה דאגירא עניא ומסכינא מן אחוכון או מן גיוריכון דמתגיירין בארעכון בקרויכון (DT 24:15) ביומיה תפרע ליה סוטריה ולא תטמוע עלוי שימשא מטול דעניא הוא ומטולתיה הוא סבר לקיימה ית נפשיה ולא יקבול עלך קדם ייי ויהי בך חובא (DT 24:16) לא יתקטלון אבהן לא בסהדות ולא בחובי בנין ובנין לא יתקטלון לא בסהדות ולא בחובי אבהן איש בחובי על סהדין כשרין יתקטלון (DT 24:17) לא תצלון דין גיורא ויתמא ולא ימשכן חד מנכון כסו דארמלתא דלא יקומו שיבבן בישן ויפקון עלה טיב ביש כד תהדרון משכונה לה (DT 24:18) ותהוון דכירין ארום משעבדין הויתון בארעא דמצרים ופרק יתכון מימרא דייי אלקכון מתמן בגין כן אנא מפקיד לכון למעבד ית פיתגמא הדין (DT 24:19) ארום תחצדון חצדכון בחקליכון ותתנשון עומרא בחקלא לא (216) תתובון למיסביה לגיורא ליתמא ולארמלא יהי מטול די יברככון מימרא דייי אלקכון בכל עובדי ידיכון (DT 24:20) ארום תשבטון זייתיכון לא תבקרונון מן

בתריכון לגיורא ליתמא ולארמלא יהי (DT 24:21) (DT 24:22)
ותהוון דכירין ארום משעבדין הויתון בארעא דמצרים בגין כן אנא
מפקיד לכון למעבד ית פיתגמא הדין (DT 25:1) ארום יהי תיגרא בין
תרין גובריא ויתקרבון לות דינא וידונון יתהון ויכרעון לזכותא
ית זכאה ולחובא ית חייבא (DT 25:2) ויהי אין אתחייב למלקי
חייבא וירבעיניה דיינא וילקיניה קדמוי כמיסת חייוביה בדיניה
(DT 25:3) ארבעין יצליף וחסיר חד ילקיניה לא ישלים דילמא יוסיף
למילקייה על תלתין ותשע אילין מלקות יתיר ויסתכן ולא יתבזי
אחוך ואנת חמי ליה (DT 25:4) לא תזממון פם תורא בשעת דרכיה ברם
יבימתא דאיתרעת קמי לקי שיחנא ודלי חמי לא תזממונה ליה
(DT 25:5) כד דיירין בעלמא הדין שעא חדא אחין מן איבא דמיחדין
באחסנתא לא תהוי איתת שכיבא הפקירא בשוקא לגבר חילונאי יבמה
יעול עלה ויסבינה ליה לאיתו וייבם יתה (DT 25:6) ויהי בוכרא
דיתליד יקום באחסנתא על שום אחוי שכיבא ולא יתמחי שמיה מישראל
(DT 25:7) ואין לא יצבי גברא למיסב ית יבימתיה ותיסק יבימתיה
לתרע בי דינא קדם חמשא חכימין ויהון תלתא לדיינין ותרין לסהדין
ותימר בלישן בית קודשא קדמיהון מסרב יבמי למיקמא לאחוי שמא
בישראל לא צבי ליבמותי (DT 25:8) ויקרון ליה חכימי קרתיה
וימללון עימיה מילכא קשיטא ויקום בבי דינא ויימר בלישן בית
קודשא לא רעינא למיסבא (DT 25:9) ותתקרב יבימתיה לוותיה לקדם
חכימיא ויהי נעיל בריגלא ימינא דיבימה סנדלא דליה עקיבא דחייט
בשנצי ובפום סנדלא שנצי קטירן ויחדס ריגליה בארעא ותקום אינתתא
ותשרי שנצי ותשלוף סנדליה מעילוי ריגליה ומן בתר כדון (216A)
תירוק קדמוי רוקא נפישא דמתחמי לחכימיא ותתיב ותימר כדין חמי
לאתעובדא לגברא דלא יבני ית ביתא דאחוי (DT 25:10) וכל דקיימין
תמן יכרזון עלוי ויקרון שמיה בישראל שליף סנדלא (DT 25:11)
ארום מתגריין בני נשא כחדא גבר וחבריה ותיתקרב איתת חד מנהון
לשיזבא ית בעלה מיד מחהו ותושיט ידה ותתקיף בבית בהתתיה
(DT 25:12) ותקטעון ית פיסת ידה לא תחוסן עיניכון (DT 25:13)
לא יהוי לכון בנרתיקיכון מתקלין דנכיל מתקלין רברבין למהוי
זבין בהון ומתקילין זעירין למהוי מזבין בהון (DT 25:14) לא
יהוי לכון בבתיכון מכלן רברבן למהוי זבין בהון ומכלן זעירין
למהוי מזבין בהון (DT 25:15) מתקלין שלמין ומסחאתא דקשוט יהוי
לכון מכילן שלמן וקסטין דקשוט יהוי לכון מן בגלל דיסגון
יומיכון על ארעא דייי אלקכון יהיב לכון (DT 25:16) ארום מרחק
קדם ייי אלקכון כל דעביד אילין ניכלייא כל דעבד שיקרא בפרקמטיא
(DT 25:17) הוו דכירין ית דעבדו לכון דבית עמלק באורחא
במיפקכון ממצרים (DT 25:18) דארעו יתכון באורחא והוה קטיל בכון
כל דהוה מהרהר למסטי בתר מימרי הינון גובריא דמישבטא דבית דן
דהוה בידיהון פולחנא נוכראה והוה עננא פליט יתהון ודבית עמלק
מקביל יתהון וקטע בית גיבריהון ושדי לעילא ואתון בית ישראל
הויתון לעיין ומשלהיין מסוגי שעבודא דמצראי ומן דלוחי גללי ימא
דעברתון במצעיהון ולא דחלו בית עמלק מן קדם ייי (DT 25:19)
ויהי כד יניח ייי אלקכון לכון מן כל בעלי דבביכון מן חזור

בארעא דייי אלקכון יהיב לכון אחסנא למירתה תמחון ית דוכרנא דעמלק מתחות שמיא ואפילו ליומי מלכא משיחא לא תתנשי

(217) פרשה תבוא

(DT 26:1) ויהי ארום תיעלון לארעא דייי אלקכון יהיב לכון אחסנא ותירתונה ותיתבון בה (DT 26:2) ותיסבון מן שירוי ביכוריא דמתבשלין מן שירויא בכל איבא דארעא דייי אלקכון יהיב לכון ותשוון בסלא ותהכון לארעא דיתרעי ייי אלקכון לאשראה שכינתיה תמן (DT 26:3) ותעטרון בסליא וצניא ופיפייריא ותיעלון לות כהנא די יהוי ממני לכהין רב ביומיא האינון ותימרון ליה אודינן יומא דין קדם ייי אלקך ארום עלינן לארעא דקיים ייי לאבהתן למיתן לנא (DT 26:4) ויסב כהנא ית סלא דביכוריא מן ידך ויוביל וייתי וירים ויחית ומבתר כדין יחתיניה קדם מדבחא דייי אלקכון (DT 26:5) ותתיבון ותימרון קדם ייי אלקכון לארם נהריא נחתת אבונן יעקב מן שירויא ובעא לאובדותיה ושיזבי מימרא דייי מן ידוי ומבתר כדין נחת למצרים ואיתותב תמן בעם קליל והוה תמן לאומא רבא ותקיפא ומסגיא (DT 26:6) ואבאישו לנא מצראי וצערו יתנא ויהבו עלנא פולחנא קשיא (DT 26:7) וצלינא קדם ייי אלקנא דאבהתן וקביל ייי צלותנא וגלי קדמוי צערן וליעותן ודחקן (DT 26:8) והנפקנא ייי ממצרים בידא תקיפתא ובדרע מרממא ובחזונא רבא ובאתין ובתימהין (DT 26:9) ואעיל יתנא לאתרא הדין ויהב לנא ית ארעא הדין ארע דפירהא שמינין כחלב וחליין כדבש (DT 26:10) וכדון הא אייתיתי ית שירוי ביכורי איבא דארעא דיהבת לי ייי ותחתיניה קדם ייי אלקך ותסגוד קדם ייי אלקך (DT 26:11) ותחדי בכל טבתא דיהב לך ייי אלקך ולאינש בתיכון ותהנון ותיכלון אתון וליואי וגיורי דביניכון (DT 26:12) ארום תשיצון לעשרא ית כל מעשר עללתך בשתא תליתיתא דשמיטיתא ותיתנון מעשרא קמאה לליואי מעשרא תניינא הוא מעשר מסכיניא לגיוריא ליתמא ולארמלתא וייכלון בקרווך ויסבעון (DT 26:13) ומעשר תליתאי תיסק ותיכול קדם ייי אלקך ותימר (217A) הא אפרשנן קודשיא מן ביתא ולחוד יהבנן מעשרא קמאה לליואי מעשרא תנייניא לגיורי ליתמא ולארמלא הי ככל תפקידתך דפקידתני לא עברית חדא מן פיקודייך ולא אנשיית (DT 26:14) לא אכלית ביומי אבלי מיניה ולא אפרשית מיניה במסאב ולא יהבית מיניה תכריכין לנפש דמית שמענן בקל מימרא דייי אלקי עבדית כל מה דפקידתני (DT 26:15) אודיק ממדור בית שכינת קודשך מן שמיא ובריך ית עמך ית ישראל וית ארעא דיהבת לנא היכמא דקיימת לאבהתנא ארעא דפירהא שמינין כחלב וחליין כדבש (DT 26:16) יומא דין ייי אלקכון מפקיד לכון למעבד ית קיימייא האילין וית דינייא ותיטרון ותעבדון יתהון בכל ליבכון ובכל נפשכון (DT 26:17) ית ייי חטבתון חטיבא חדא בעלמא יומנא דהכין כתיב שמע ישראל ייי אלקנא ייי חד מטול למהוי לכון לאלקא ולמהך באורחן דתקנן קדמוי ולמינטור קיימוי ופיקודוי ודינוי ולמקבלא למימריה (DT 26:18) ומימרא דייי חטיב יתכון חטיבא חדא בעלמא יומנא דהכין כתיב מאן כוות עמך ישראל עם יחידאי בארע מטול למהוי ליה לעם חביב היכמא דמליל לכון ולמינטר כל פיקודוי

(DT 26:19) ולמנאה יתכון רמין וגיותנין על כל עממיא לרבו ולשום דיקר ולשיבהורא מטול למהוי עם קדיש קדם ייי אלקכון היכמא דמליל (DT 27:1) ופקיד משה וסבי ישראל ית עמא למימר טורו ית כל תפקידתא דאנא מפקיד לכון יומנא (DT 27:2) ויהי ביומא דתעברון ית יורדנא לארעא דייי אלקכון יהיב לכון ותקימין לכון אבנין רברבין ותשועון יתהון בגירא (DT 27:3) ותיכתוב עליהון ית פיתגמי אורייתא הדא במעברכון מן בגלל דתיעלון לארעא דייי אלקכון יהיב לכון ארעא דפירהא שמינין כחלב ועבדין דבש היכמא דמליל ייי אלקא דאבהתכון לכון (DT 27:4) ויהי בזמן דתעברון (218) ית יורדנא תקימון ית אבניא האילין דאנא מפקיד יתכון בטוורא דעיבל ותשועון יתהון בגירא (DT 27:5) ותיבנון תמן מדבחא קדם ייי אלקכון מדבח אבנין לא תרים עליהון פרזלא (DT 27:6) אבנין שלמן תבנון ית מדבחא דייי אלקכון ותסקון עלוי עלוון קדם ייי אלקכון (DT 27:7) ותיכסון ניכסת קודשין ותוכלון תמן ותיחדון קדם ייי אלקכון (DT 27:8) ותיכתובון על אבניא ית כל פיתגמי אוריתא חדא כתב חקיק ומפרש מתקרי בחד לישן ומיתרגם בשיבעין לישנין (DT 27:9) ומליל משה וכהניא בני לוי עם כל עמא למימר ציתו ושמעו ישראל יומנא אתבחרתון למהוי עמא קדם ייי אלקכון (DT 27:10) ותקבלון למימרא דייי אלקכון ותעבדון ית פיקודוי וית קימוי דאנא מפקיד לכון יומא דין (DT 27:11) ופקיד משה ית עמא ביומא ההוא למימר (DT 27:12) אילין שבטיא יקומון לברכא ית עמא על טוורא דגריזים במעברכון ית יורדנא שמעון ולוי ויהודה וישׂשכר ויוסף ובנימין (DT 27:13) ואילין שיבטיא יקומון על לווטייא בטוורא דעיבל ראובן גד ואשר וזבולן דן ונפתלי (DT 27:14) ויכרזון ליואי ויימרון לכל אינש ישראל בקלא רמא (DT 27:15) שיתא שיבטין קמו על טוורא דגריזים ושיתא על טוורא דעיבל וארונא וכהניא וליואי במציעא מברכיא הוון הפכין אפיהון כלו קבל טוורא דגריזין ואמרין בריך יהוי גברא דלא יעבד צלם וצורה וכל דמו מה דמרחק קדם ייי עובד ידי אומן ולא ישוי בטומרא מלטטיא הוון הפכין אפיהון כל קבל טוורא דעיבל ואמרין ליט יהוי גברא דיעבד צלם וצורה וכל דמו מה דמרחק קדם ייי עובד ידי אומן ושוי בטומרא הוון עניין כולהון כחדא ואמרין אמן (DT 27:16) ליט דמזלזל איקרא דאבוי ודאימיה עניין כולהון כחדא ואמרין אמן (DT 27:17) ליט דישני תחומא דחבריה הוון עניין כולהון כחדא ואמרין אמן (DT 27:18) ליט די יטעי אכסניא באורחא דהוא מדמי (218A) לסמיא הוון עניין כולהון כחדא ואמרין אמן (DT 27:19) ליט דיצלי דין דייר ייתם וארמלא הוון עניין כולהון כחדא ואמרין אמן (DT 27:20) ליט דמשמש עם איתת אבוי ארום גלי כנפא דגלי אבוי הוון עניין כולהון כחדא ואמרין אמן (DT 27:21) ליט דמשמש עם כל בעירא הוון עניין כולהון כחדא ואמרין אמן (DT 27:22) ליט דמשמש עם אחתיה ברת אבוי או ברת אימיה הוון עניין כולהון כחדא ואמרין אמן (DT 27:23) ליט דמשמש עם חמותיה הוון עניין כולהון כחדא ואמרין אמן (DT 27:24) ליט דימחי חבריה בלישן תליתאי בטומרא הוון עניין כולהון כחדא ואמרין אמן (DT 27:25) ליט

דמקבל שוחדא למקטל בר נש למשדי אדם זכאי הוון עניין כולהון
כחדא ואמרין אמן (DT 27:26) ליט תרתיסרי שבטיא כל חד וחד הוה
אמר ברכתא בכללא ולווטייא בכללא מברכיא הוון הפכין אפיהון לכל
מילא ומילא כלו קבל טוורא דגריזים ואמרין בריך יהוי גברא די
יקים ית פיתגמי אוריתא הדא למעבדהון מלטטייא הפכין אפיהון כלו
קבל טוורא דעיבל ואמרין ליט יהוי גברא דלא יקים ית פיתגמי
אורייתא הדא למעבדהון הוון עניין כלהון כחדא ואמרין אמן
פיתגמיא איליין איתאמרו בסיני ואתניין במשכן זימנא ואיתלתון
במישרי מואב תרתיסרי מילין מן מילתא לכל שיבטא ועל כל פיקודא
ופיקודא אתגזר עלה תלתין ושית קיימין (DT 28:1) ויהי אין קבלא
תקבלון למימר דייי אלקכון למינטר ולמעבד ית כל פיקודוי דאנא
מפקיד לכון יומנא ויתנינכון ייי אלקכון רמין וגיותנין על כל
עממי ארעא (DT 28:2) וייתון עליכון כל בירכתא האילין
וידבוקנכון ארום תקבלון למימר דייי אלקכון (DT 28:3) בריכין
אתון בקרתא ובריכין אתון בחקלא (DT 28:4) בריכין (219) וולדי
מעיכון ופירי ארעכון בקרי תוריכון ועדרי עניכון (DT 28:5) בריך
סלי ביכוריכון וחלת שירוי עצוותכון (DT 28:6) ובריכין אתון
במיעלכון לבתי מדרשכון ובריכין אתון במיפקכון לפרקמטייכון
(DT 28:7) ישוי מימרא דייי ית בעלי דבביכון דקיימין לקובליכון
למבאשא תבירין קדמיכון באורחא חד יהון נפקין לוותכון לסדרי
קרבא ובשבעא אורחין טעיין יהוון ערקין מן קדמיכון (DT 28:8)
יפקיד ייי עימכון ית בירכתא באוצריכון ובכל אושטות ידיכון
ויבריכנכון בארעא דייי אלקכון יהיב לכון (DT 28:9) יקים יתכון
מימרא דייי קדמוי לעם קדיש היכמה דקיים לכון ארום תינטרון ית
פיקודי דייי אלקכון ותהכון באורחן דתקנן קדמוי (DT 28:10)
ויחמון כל עממי ארעא ארום שמא דייי חקיק מזמן דתפילין דעלך
וידחלון מינך (DT 28:11) וישיירינכון מימרא דייי לטבא בוולדא
דמעכון ובוולדא דבעיריכון ובאיבא דארעכון על ארעא דקיים ייי
לאבהתכון (DT 28:12) ארבעא מפתחי בידי דמרי עלמא דלא מסרינון
בידא דטיפסרא מפתחא דחייתא ודקיבריא ודמזוני ודמיטרא וכן אמר
משה נביא הכא יפתח ייי לכון ית אוצריה טב דעימיה בשמיא למיתן
מטר ארעכון בזימניה בכיר במרחשוון ולקיש בניסן ולברכא ית כל
עובדי ידיכון ותוזפון לעממין סגיאין ואתון לא תצטרכון למזוף
(DT 28:13) וימני מימרא דייי יתכון למלכין ולא להדיוטין ותהון
לחודן מנטלין ולא תהון למאיסין ארום תקבלון לפיקודיא דייי
אלקכון דאנא מפקיד לכון יומנא למינטר ולמעבד (DT 28:14) ולא
תיסטון מכל פיתגמיא דאנא מפקיד לכון יומנא לימינא ולשמאלא למהך
בתר טעוות עממיא למפלחהון (DT 28:15) כד פתח משה נביא למימר
פיתגמי אוכחותא האילין אתריגישת ארעא ושמיא זעו שימשא וזיהרא
קדרון וכוכביא כנשו זיווהון אבהת עלמא (219A) צווחין מבית
קבורתהון וכל בירייתא שתקין ואילניא לא טלטיל זאזיהון עניין
אבהת עלמא ואמרין חבול על בנינן כד יחובון וימטון עליהון
לווטייא אילין היך יכלון לסוברותהון ודילמא יעבד בהון שציו ולא
תהי זכותין מגנא עליהון ולא יהוי גברא דיקום ויצלי אמטולהון

ברת קלא נפלת מן שמי מרומא וכן אמרת לא תידחלון אבהת עלמא
דאפילו פסקא זכותהון דכל דריא זכותהון לא יפסוק וקיימא דקיימית
עימכון לא מבטלא ותהי מגינא עליהון עני משה נביא ואמר אף על גב
דאנא מוכח יתהון על תנאה מתווכחין למימר דאין לא תקבלון
למימרא דייי אלקכון דלא למיטור למעבד ית כל פיקודיי וקיימיי
דאנא מפקיד לכון יומא דין וייתון עילויכון כולהון לווטייא
האילין וידבקונכון (DT 28:16 ליטין אתון בקרתא וליטין אתון
בחקלא (DT 28:17 ליט סלי ביכוריכון וחלת שירוי עצוותכון
(DT 28:18 ליטין וולדי מעיכון ופירי ארעכון בקרי תוריכון
ועדרי עניכון (DT 28:19 ליטין אתון במעלכון לבתי תיאטרוניכון
וקורקסתכון למבטלא פיתגמי אורייתא וליטין אתון במיפקכון
לפרקמטייכון (DT 28:20 יגרי מימרא דייי בכון ית לווטתא ללטטא
ממונכון וית ערבובא לערבבא שלמכון וית מזופיתא בכל אושטות
ידיכון דתעבדון עד דתישתצון ועד דתובדון בסרהוביא מן קדם בישות
עובדיכון דשבקתון דחלתי (DT 28:21 יאדק מימרא דייי בכון ית
מותא עד דישיצי יתכון מעילוי ארעא דאתון עללין תמן למירתה
(DT 28:22 ימחי יתכון מימרא דייי בשחפותא ובקדחותא ובאישא
דגרמיא דדלקא מוחיא ובחירהורי דלוחי צירחא דליבא ובשליפי חרבא
ובשידפונא ובירקונא דמקדוניא וירדפונכון על שווייכון עד
דתיבדון (DT 28:23 ויהון שמיא דעילויכון הי כנהשא דמזייע ולא
מספקין לכון טלין ומיטרין וארע דתחותיכון הי כפרזלא דלא מזייע
דלא מרטבא אילני ואיספרמקי ומיגדי וירקי (DT 28:24 וגרי ייי
בתר מיטרין (220 דנחתין על ארעכון רוחא דמסקא אבקא ועפרא
עילוי עישבי חיקליכון מן שמיא יחות פורענו עליכון עד דתשתיצון
(DT 28:25 ישוי יתכון מימרא דייי תבירין קדם בעלי דבביכון
באורחא חד תיפקון לקדמותהון לסידרי קרבא ובשבעתי אורחן טעיין
תהוון מפכין מן קדמיהון ותהון לריחוק לכל מלכוות ארעא
(DT 28:26 ותהי נבילתכון משגרא למיכל לכל עופא דשמיא ולבעירא
דארעא ולית דמניט יתהון מעילוי נבילתכון (DT 28:27 ימחינכון
מימרא דייי בשיחני דילקו בהון מצראי ובטחוריא דמסמיין חזותא
ובגרבא ובחיכוכא דלא תיכלון לאיתסאה (DT 28:28 ימחינכון מימרא
דייי בשווייותא דמטפשא מוקרא ובסמיותא ובשיעממות ליבא
(DT 28:29 ותהון טביעין מילכא טבא לרווחי עקתכון ולא יהוי
בכון מחוי קושטא היכמא דממשמש סמיא בקיבלא דלית לעדי אורחא
למיחמי למכוונותהון באורחא ולא תצלחון ית אורחתכון ותהון ברם
עציין ואניסין כל יומיא ולית דפריק (DT 28:30 איתא תקדש וגבר
חורן ישמש עימה ביתא תיבנון ולא תיתיב ביה כרמא תנצוב ולא
תחליניה (DT 28:31 תוריכון יהון נכיסין ואתון חמיין ולא
תיכלון מנהון חמריכון יהוון אניסין מן קדמיכון ולא יתובון לכון
ענכון מסירין לבעלי דבביכון ולית לכון פריק (DT 28:32 בניכון
ובנתיכון מסירין לעם חילונאי ועיניכון חמיין וחשכן עליהון כל
יומא ולית בידיכון עבדין טובין דתיתוקפן ידיכון בצלו קדם
אבוכון דבשמיא (DT 28:33 דיפרוק יתכון פרי ארעכון וכל
ליעותכון יגמר עמא דלא חכימתון ותהון ברם טלימין ודריסין כל

יומיא (DT 28:34 ותהון משתוין מפורענותא ומן מיחמי עיניכון דתיחמון תזועון (DT 28:35 ימחינכון מימרא דייי בשיחנא בישא על רכוביא מטול דחמיטתון לפיתגם עבירתא ועל שקייא דרהטו לה ואין לא תתובון לאורייתא לא תיכלון לאיתסאה אלהין תילקון ביה מפרסת ריגליכון ועד (220A מוקרא דרישיכון (DT 28:36 יגלי ייי יתכון וית מלככון דתמנון עליכון לאומא דלא חכימתון אתון ואבהתכון ותהוון מסקי ארנונין לפלחי טעוון דקיסין ואבנין (DT 28:37 ואין יהרהר ליבכון למפלח לטעוותהון תהוון לשיעמום למתלין ולתינויין ביני עממיא דיבדר יתכון ייי לתמן (DT 28:38 בר זרע סגי תפקון לחקלא וזעיר תכנשון ארום יקרסם יתיה גובאי (DT 28:39 כרמין תנצבון ותפלחון וחמרא לא תשתון ולא תעצרון למכנוש ארום יגמריניה זחלא (DT 28:40 זתין יהון לכון בכל תחומכון ומשח לא תטושון ארום ינתרון זיתיכון (DT 28:41 בנין ובנן תולדון ולא יהוון מהניין לכון ארום יזלון בשיבייותא (DT 28:42 כל אילניכון ופירי ארעכון ישיצי חלנונא (DT 28:43 ערלאה דדייר ביניכון יסוק עליכון מסוקיין על מסוקיין ואתון תחותון לרע מיניה מחותין מן מחותין (DT 28:44 הוא יוזפינכון ואתון לא תוזפון לכון הוא יהוי שליט ואתון תהוון הדיוטין (DT 28:45 וייתון עילויכון כל לווטייא האילין וירדפונכון ויאדבקונכון עד דתישתיצון ארום לא קבילתון למימרא דייי אלקכון למיטר פיקודוי וקיימוי דפקיד יתכון (DT 28:46 ויהון בכון לאתין ולתמהין ובבניכון עד עלמא (DT 28:47 חולף דלא פלחתון קדם ייי אלקכון בחדווא ובשפירות ליבא מסוגעי כל טובא (DT 28:48 ותיפלחון ית בעלי דבביכון דיגרינון מימרא דייי בכון בכפנא ובצהותא ובערטליותא ובחוסרן כל טבתא וישוון נירי פרזלא על צווריכון עד זמן דישיצי יתכון (DT 28:49 יטייס מימרא דייי עליכון אומא מן רחיק מן סייפי ארעא קלילין כמא דטייס נישרא אומא דלא תישמע לישניה (DT 28:50 אומא חציפי אפין דלא נסיב אפין לסבא ועל עולים לא חייס (DT 28:51 ויגמרון וולדא דבעיריכון ופירי ארעכון עד דתישתצון דלא ישיירון לכון עיבור משח (221 וחמר בקרי תוריכון ועדרי עניכון עד זמן די יהובדון יתכון (DT 28:52 ויעיקון לכון בכל קירויכון עד זמן די יחתון אבוליכון רמיא ותליליא דאתון רחיצין בהון לאישתיזבא בכון בכל ארעכון ויעיקון לכון בכל קירויכון בכל ארעכון דיהב ייי אלקכון לכון (DT 28:53 ויגמרון וולדי מעיכון דתיכלונון בכפנא בשר בניכון ובנתיכון דיהב ייי אלקכון לכון בצערו ובעקא דיעיקון לכון סנאיכון (DT 28:54 גברא דמחטי בכון ודימפרנק לחדא תבאש עייניה באחוי ובאיתתא דדמכא בעוביה ובשייר בנוי דישייר (DT 28:55 מן לא למיתן לחד מנהון מבשר בנוי די ייכול מן דלא אישתייר ליה מידעם בצערו ובעקא די יעיקון לכון סנאיכון בכל קרויכון (DT 28:56 דמחטייתא בכון ודמפרנקא דלא נסיית פרסת ריגלה למדדס על ארעא מן פירנוקא ומן חיטוייא תבאש עינא בבעיל דדמיך בעובה ובברתה (DT 28:57 ובשפיר שיליתא דתיפוק מבית תורפה בעידן מילדה ובבנה דתוליד ארום תיכלינון בחוסרן כל מידעם

בטומרא בצערו ובעקא די יעיקון לכון סנאיכון בקרויכון (DT 28:58) אין לא תינטרון למעבד ית כל פיקודיא דאורייתא הדא דיכתיבין בסיפרא הדין למידחל ית שמא יקירא ודחילא הדין ית ייי אלקכון (DT 28:59) ויכסי מימרא דייי מינכון רוח קודשא כד ייתון מחתין עליכון ומחתין על בניכון מחן רברבן ומיהמנן דלא למשבקכון ומרעין בישין ומיהמנין דמתעקין על גושמיכון (DT 28:60) ויתיב בכון ית כל מרעיא דאתגיירו במצראי ויתאדקון בכון (DT 28:61) לחוד כל מרע וכל מחא דלא כתיבין בספר אורייתא הדין יסקינון מימרא דייי עליכון עד דתישתיצון (DT 28:62) ותשתיירון באומא קלילא חולף דהויתון הי ככוכבי שמיא לסוגי ארום לא קבילתון למימרא דייי אלקכון (DT 28:63) ויהי היכמא דחדי מימרא דייי עליכון לאוטבותכון ולאסגאה יתכון הכדין יחדי מימרא דייי עליכון עממין נוכראין להובדא יתכון (221A) ולמשיציא יתכון ותיתעקרון מעילוי ארעא דאתון עללין לתמן למירתה (DT 28:64) ויבדרכון ייי ביני כל עממיא מסייפי ארעא ועד סייפי ארעא ותהוון מסקי ארנונא לפלחי טעוותא דלא ידעתון דמן קיסין ואבנין (DT 28:65) ואין יתפלג דעתכון למפלח לטעוותהון ואיגרי בבו ביניכון וביני עממיא האינון ולא תנוחון ולא יהוי מנח לפרסת ריגליכון ויתן מימרא דייי לכון תמן ליבא דחלא וחשכת עיינין ומפחת נפש (DT 28:66) ויהון חייכון תליין לכון מקביל ותהון דחלין יימם ולילי ולא תהימנון בחייכון (DT 28:67) בצפרא תהוון אמרין לואי דיהי רמשא דעקן מארכן שעי יומא באפיכון וברמשא תהוון אמרין לואי דיהי צפרא דעקן מארכן שעי ליליא באפיכון מתווהות ליבכון דתיהוון תוון ומן מחמי עיניכון דאתון חמיין פורענותא ודחלין (DT 28:68) ויגלינכון מימרא דייי למצרים באילפיא בגו ימא דסוף באורחא דעברתון ואמרית לכון לא תוספון תוב למיחמי יתה ותזדבנון תמן בשירויא לבעלי דבביכון בדמין יקירין היך מרי אומנוון ומן בתר כדין בדמין זולין כעבדין ואימהן עד דתיזדלזלון למשתעבדא מגן ולית דמניש (DT 28:69) איליין פיתגמי קיימא דפקיד ייי ית משה למיגזור עם בני ישראל בארעא דמואב בר מן קיימא דיגזר עימהון בחורב (DT 29:1) וקרא משה ואמר להון אתון חמיתון ית כל מחוותא דעבד מימרא דייי לעיניכון בארעא דמצרים לפרעה ולכל עבדוי ולכל יתבי ארעיה (DT 29:2) ניסין רברבן דחמיתון בעיניכון אתיא ותימהיא רברביא האינון (DT 29:3) ולא יהב מימרא דייי לכון ליבא למינשי אלהין למידע ועיינין למרמזא אלהין למיחמי ואודנין לטמטמא אלהין לצייתא ואתון נשיתון אורייתא דליבכון ורמזתון בעיינכון וטמטמתון אודניכון בזמן יומא הדין (DT 29:4) והליכית יתכון ארבעין שנין במדברא לא בלמו כסותיכון מעילוי גושמיכון וסנדליכון (222) לא איטלעו מעילוי ריגליכון (DT 29:5) לחמא דעיבורא לא אכלתון וחמר ומרת לא שתיתון והות אוריתי תדירא מסתרא במדרישיכון מטול דתיתעסקון בה ותינדעון ארום אנא הוא ייי אלקכון (DT 29:6) ואתיתון לאתרא הדין ונפק סיחון מלכא דחושבנא ועוג מלכא דמתנן לקדמותנא לסדרי קרבא ומחונון (DT 29:7) וכבשנן ית ארעהון ויהבנא אחסנא לשיבט ראובן ולשיבט גד לפלגות שיבט

מנשה (DT 29:8) ותינטרון ית פיתגמי ותעבדון יתהון מן בגלל דתצלחון ית כל דתעבדון

פרשה נצבים

(DT 29:9) אמר משה נביא לא בטומרא אנא מסהיד בכון אילהין כד אתון מעתדין יומנא כוליכון קדם ייי אלקכון רישי סנהדרין דילכון ואמרכלי שיבטיכון סביכון וסרכיכון כל אינשי ישראל (DT 29:10) טפליכון ונשיכון וגיוריכון דיבגו משרוייכון מקטועי קיסיכון עד מילואי מימיכון (DT 29:11) לאעלותכון בקיימא דייי אלקכון ולאזדהרותכון במומתיה דייי אלקכון גזר עימכון יומנא (DT 29:12) מן בגלל לקיימא יתכון יומנא לאומא ברירא והוא יהוי לכון לאלקא היכמא דמליל לכון והיכמא דקיים לאבהתכון לאברהם ליצחק וליעקב (DT 29:13) ולא עמכון בלחודיכון אנא גזר ית קיימא הדא ומסהיד ית מומתא הדא (DT 29:14) ארום ית כל דרייא דקמון מן יומת עלמא כולהון הינון דקיימין הכא עימנא יומנא קדם ייי אלקנא וית כל דרייא דעתידין למיקום עד סוף כל עלמא כולהון הינון קיימין הכא עימן יומנא (DT 29:15) ארום אתון (222A) ידעתון סכום שנייא דיתיבנא בארעא דמצרים וגבורן דעבד לנא ביני עממייא דעברתון (DT 29:16) וחמיתון ית מרחקתהון וית טעוון דילהון דמן קיסא ואבנא דרמיין באושקקי וטעוון דכסף ודהב דיהיבין עימהון בבתייא אחוין דשין בתריהון דלא יתגנבון (DT 29:17) אזדהרון דילמא אית בכון השתא ולא יהוי בתר דנא בר נש או איתא או גניסא או שיבטא דליביה מתפני למיטעי יומנא מדחלתא דייי אלקנא למיפלח ית טעוות עממייא האינון דילמא אית בכון טעו דשריש דליביה מהרהר עלוי בתר חיטאיה דשרוי חיטאה חלי וסופיה מסר כאגדנא דמותא (DT 29:18) ויהי במשמעיה ית פתגמי מומתא הדא ויתייאש בליביה למימר שלמא יהי לי ארום בתקוף יצרא בישא דליבי אזיל מן בגלל למוספא חובי שלותא על זדונותא (DT 29:19) לא יהי רעוא מן קדם ייי למשבק ליה ארום בכין יתקוף רוגזא דייי וחימתיה בבר נשא ההוא ותחול ביה כל פיתגמי לווטתא דכתיבין בסיפרא הדין וימחי ייי ית שום דוכרניה מתחות שמיא (DT 29:20) ויפרשיניה ייי לבישא מכל שבטיא דישראל הי ככל לווטיה קיימא דכתיבין בסיפרא הדין (DT 29:21) ויימרון דרייא בתראי בניכון די יקומון מן בתריכון ובר עממין דייתי מארע רחיקא ויחמון ית מחוותא דארעא ההיא וית מרעאהא דגרי ייי בה (DT 29:22) כובריתא ומילחא עם אישא מצלהבא תהי יקדא כל ארעא לא תתכשר לבר זרע ולא תרבי צימחין ולא יסק בה כל עיסבא תשתקע היך תהפכנותא דסדום ועמורא אדמה וצבויים דהפך מימרא דייי ברוגזיה ובכליתיה (DT 29:23) ויימרון כל עממיא מטול מה עבד ייי הכנא לארעא הדא מה הוה תקוף רוגזא רבא הדין (DT 29:24) ויימרון מטול דשבקו (223) ית קיימא דייי אלקא דאבהתהון דיגזר עימהון באפקותיה יתהון מארעא דמצרים (DT 29:25) ואזלו בתר יצרא בישא ופלחו לטעוות עממיא דתלק דלא ידעונין ולא איתפלגון להון (DT 29:26) ותקיף רוגזא דייי בארעא ההיא לאיתיא עלה ית כל לווטייא דכתיבין בסיפרא הדין (DT 29:27) וטלטילינון ייי מעילוי ארעהון ברגוז ובכלו ובתקוף רב וטלקינון בגלותא לארע

חורן כזמן יומא הדין (DT 29:28) טמירתא גליין קדם ייי אלקנא והוא יפרע מנהון וגלייתא יתמסרן לנא ולבננא עד עלמא למעבד להון דינא מטול למקיימא ית כל פיתגמי אורייתא הדא (DT 30:1) ויהי כד ייתון עילויכון ית כל פיתגמיא האילין בירכן וחילופהון דסדרית קדמכון ותתיבון על ליבכון למיתב לפולחני בכל גלוות עממיא דאגלי יתכון ייי לתמן (DT 30:2) טוביכון דצדיקיא מרי תתובא דכד תחובון ותתובון מטיא תיובתכון עד כורסי יקרא דייי אלקכון אין תקבלון למימריה ככל מה דאנא מפקד לכון יומנא אתון ובניכון בכל ליבכון ובכל נפשכון (DT 30:3) ויקבל מימריה ברעוא ית תיובתכון וירחם עליכון ויתוב ויכנוש יתכון מכל עממיא דבדר ייי יתכון לתמן (DT 30:4) אין יהון מבדריכון בסייפי שמיא מתמן יכנוש יתכון מימרא דייי על ידוי דאליהו כהנא רבא ומתמן יקרב יתכון על ידויי דמלכא משיחא (DT 30:5) ויעילינכון מימרא דייי אלקכון לארעא דיריתו אבהתכון ויוטב לכון ויסגינכון יתיר מן אבהתכון (DT 30:6) ויעדי ייי אלקכון ית טפשות לבכון וית טפשות ליבא דבניכון ארום יבטל יצרא בישא מן עלמא ויברי יצרא טבא די ימליכינכון למירחם ית ייי אלקכון בכל ליבכון ובכל נפשכון מן בגלל דיוגדון חייכון עד עלמין (DT 30:7) ויגרי מימרא דייי אלקכון ית לווטייא האילין (223A) על בעלי דבביכון דאעיקו יתכון בגלוותכון ועל סנאיכון דרדפו מן בתריכון עד די אנסו יתכון (DT 30:8) ואתון תתובון ותקבלון למימרא דייי ותעבדון ית כל פיקודוי דאנא מפקד לכון יומנא (DT 30:9) וישיירינכון ייי אלקכון לטבא דתצלחון בכל עובדי ידיכון בוולדא דמעכון ובפירי ארעכון לטבא ארום יתוב מימרא דייי למיחדי אמטולכון לאוטבא לכון היכמא דחדי על אבהתכון (DT 30:10) ארום תקבלון למימרא דייי אלקכון למינטר פיקודויי וקיימויי דכתיבין בספר אורייתא הדין ארום תתובון לדחלתא דייי אלקכון בכל ליבכון ובכל נפשכון (DT 30:11) ארום תפקידתא הדא דאנא פקד לכון יומנא לא מכסיא היא מנכון ולא רחיקא היא (DT 30:12) לא בשמיא היא למימר מן יסוק בדילנא בשמיא ויסיבנה לנא וישמע יתה לנא ונעבדינה (DT 30:13) ולא מן האל לעיבר ימא רבא היא למימר מן יעיבר בדילנא לעיבר ימא רבא ויסבינה לנא וישמע יתה לן ונעבדינה (DT 30:14) ארום קריב לכון פיתגמא בבית מידרשכון פתחו פמכון למהוי הגיין בהון ברירן ליבכון למעבד יתהון (DT 30:15) חמון די סדרית קודמיכון יומנא ית אורחא דחיי דביה משתלם אגר טב לצדיקייא וית אורחא דמותא דביה משתלם אגר ביש לרשיעיא (DT 30:16) דאנא מפקיד לכון יומנא למירחם ית ייי אלקכון ולמהך באורחן דתקנן קודמוי ולמנטר פיקודוי וקיימויי ודינויי ותיחון ותיסגון ויברכינכון ייי אלקכון בארעא דאתון עללין לתמן למירתה (DT 30:17) ואין יהרהר ליבכון ולא תקבלון ותיטעון ותיסגדון לטעוות עממייא ותיפלחונון (DT 30:18) תניתי לכון יומנא ארום מיבד תיבדון ולא תיגדון יומין על ארעא דאתון עברין ית יורדנא למיעל לתמן למירתה (224) (DT 30:19) לא סהדין דעברין מן עלמא אנא מסהיד בכון יומנא אילהין שמיא וארעא חיי ומותא סדרית קומיכון ברכתא וחילופה

ותיתרעון באורחא דחיי היא אורייתא מן בגלל דתיחון בחיי עלמא דאתי אתון ובניכון (DT 30:20 למירחם ית ייי אלקכון לקבלא במימריה ולמקרב לדחלתיה ארום אורייתא דאתון עסיקין בה היא חייכון בעלמא הדין ואוגדות יומיכון בעלמא דאתי ותתכנשון בסוף גלוותא ותיתבון על ארעא דקיים ייי לאבהתכון לאברהם ליצחק וליעקב למיתן להון

פרשה וילך

(DT 31:1 ואזל משה למשכן בית אולפנא ומליל ית פיתגמיא האילין עם כל ישראל (DT 31:2 ואמר להון בר מאה ועשרין שנין אנא יומנא לית אנא יכיל תוב למיפק ולמיעל ומימרא דייי אמר לי לא תעיבר ית יורדנא הדין (DT 31:3 ייי אלקכון ושכינתיה עביר קדמיכון הוא ישיצי ית עממיא האילין ותירתונון יהושע הוא יטייל קדמיכון היכמא דמליל ייי (DT 31:4 ויעבד ייי פורענות דינא מנהון היכמה דעבד לסיחן ולעוג מלכי אמוראי ולעממי ארעהון דשיצי יתהון (DT 31:5 וימסירינון מימרא דייי קדמיכון ותעבדון להון הי ככל תפקידתא דפקידית יתכון (DT 31:6 איתוקפו ואתחיילו לא תידחלון ולא תתרעון מן קדמיהון ארום ייי אלקכון שכינתיה מידברא קדמכון לא ישבקינכון ולא ירחקינכון (DT 31:7 וקרא משה (224A ליהושע מן גוא עמא ואמר ליה למיחמהון דכל ישראל איתוקף ואתחייל ארום אנת מתמני למיעול עם עמא הדין לארעא דקיים מימרא דייי לאבהתהון למיתן להון ואנת תפליג יתה להון (DT 31:8 ומימרא דייי שכינתיה מידברא קדמך ומימריה יהי בסעדך לא ישבקינך ולא ירחקינך לא תידחל ולא תתירע (DT 31:9 וכתב משה ית אורייתא הדא ומסרה לכהנייא בני לוי דנטלין ית ארון קיימא דייי ולכל חכימי ישראל (DT 31:10 ופקיד משה יתהון למימר בסוף שבע שנין באשוני שתא דשמיטיתא בחגא דמטליא (DT 31:11 במיתי כל ישראל לאיתחמאה קדם ייי אלקכון באתרא דיתרעי תיקרון ית אורייתא הדא קבל כל ישראל במשמעהון (DT 31:12 כנושו ית עמא גובריא למילף ונשייא למישמע אולפנא וטפליא לקבולי עליהון אגרא דמייתין יתהון וגייורייא דבקירויכון דיחמון איקר אורייתא וידחלון כולהון מן קדם מימרא דייי אלקכון ויטרון למעבד ית כל פיתגמי אורייתא הדא (DT 31:13 ובניהון דלא ידעו ישמעון וילפון למידחל מן קדם ייי אלקכון כל יומיא דאתון קיימין על ארעא דאתון עברין ית יורדנא תמן למירתה (DT 31:14 תלתא צדיקי אתאמרת קריבותא במיתתהון מטול דלא מטו ליומי אבהתהון וכל חד וחד מני פרנסא ביומוי יעקב אבונן ודוד מלכא ומשה נביא דהכין כתיב ואמר ייי למשה הא קריבן יומך לימממת קרי ית יהושע ותתעתדון במשכן זימנא ואיפקדיניה ואזל משה ויהושע ואתעתדו במשכן זימנא (DT 31:15 ואיתגלי איקר שכינתא דייי במשכנא בעמודא דעננא וקם עמודא דעננא על תרע משכנא ומשה ויהושע קמון מן לבר (DT 31:16 ואמר ייי למשה הא אנת שכיב בעפרא עם אבהתך ונשמתך תהוי גניזא בגניז חיי עלמא עם (225 אבהתך ויקומון רשיעי עמא הדין ויטעון בתר טעוות עממיא דהינון עללין תמן ביניהון וישבקון דחלתי וישנון ית קיימי די גזרית עימהון (DT 31:17 ויתקוף רוגזי בהון ביומא ההוא ואירחיקינון

ואסלק שכינתי מנהון ויהון לביזה ויארעו יתהון בישן סגיען ועקן ויימרון בעידנא ההיא בשבועה מטול דלית שכינת אלקי שריא במיצעי אירעוני בישתא האילין (DT 31:18 ואנא מסלקא אסלק שכינתי מנהון בעידנא ההיא עד דיתמקמקון ויקבלון פורענות חוביהון על כל בישתא דעבדו ארום אתפניין בתר טעוות עממייא (DT 31:19 וכדון כתובו לכון ית תושבחתא הדא ואלפא ית בני ישראל שווייה בפומהון בדיל דתיהי תושבחתא הדא קדמיי לסהיד בבני ישראל (DT 31:20 ארום אעילינון לארעא דקיימית לאבהתהון עבדא חלב ודבש וייכלון וישבעון וידהנון ויתפנון לטעוות עממיא ויפלחונון וירגזון קדמיי דישנון ית קיימי (DT 31:21 ויהי ארום יערען יתהון בישן סגיען ועקן ותסהיד תושבחתא הדא קדמיהון לסהדו ארום גלי קדמי דלא תתנשי מפום בניהון ארום גלי קדמי ית יצרהון בישא דהינון עבדין יומנא עד לא אעילינון לארעא דקיימית (DT 31:22 וכתב משה ית תושבחתא הדא ואלפא ית בני ישראל (DT 31:23 ופקיד ית יהושע בר נון ואמר אתוקף ואתחייל ארום אנת תעיל ית בני ישראל לארעא דקיימית להון ומימרי יהי בסעדך (DT 31:24 והוה כדי פסק משה למכתוב ית פיתגמי אורייתא הדא על גוילא עד די אשלימינון (DT 31:25 ופקיד משה ית ליואי נטלי ארון קיימא דייי למימר (DT 31:26 סבו ית סיפרא דאורייתא הדא ותשוון יתיה בקופסא מן צטר ימינא דארון קיימא דייי אלקכון ויהי תמן בכון לסהיד (225A (DT 31:27 ארום גלי קדמיי ית סורהבנותכון וית קדלכון קשיא הא עד זמן דאנא בחיים ביניכון יומא דין מסרהבין הויתון קדם ייי ואוף כל דכן בתר דאימות (DT 31:28 כנושו לוותי ית כל חכימי שיבטיכון וסרכיכון ואימליל במשמעהון ית כל פיתגמייא האילין ואסהיד בהון ית שמיא וית ארעא (DT 31:29 ארום חכימית דמן בתר דאימות ארום חבלא תחבלון עובדיכון ותטעון מן אורחא דפקידית יתכון ותארע יתכון בישתא בסוף יומייא ארום תעבדון דביש קדם ייי לארגזא קדמוי (DT 31:30 ומליל משה במשמע כל קהלא דישראל ית פיתגמי שבחתא הדא עד די שלימו

פרשה האזינו

(DT 32:1 והוה די מטה קיציה דמשה נביא למתכנשא מיגו עלמא אמר בליביה ליתנא מסהיד בעמא הדין סהדין דטעמין מיתותא בעלמא הדין האנא מסהיד בהון סהדין דלא טעמין מיתותא בעלמא הדין ברם סופיהון לאתחדתא לעלמא דאתי ישעיה נביא כד הוה מתנבי בכנישתהון דישראל יהב שמיעא לשמייא וצייתא לארעא מן בגלל דהוה קריב לארעא ורחיק מן שמייא ברם משה נביא כד הוה מתנבי בכנישתהון דישראל יהב שמיעא לארעא וצייתא לשמייא מן בגלל דהוה קריב לשמייא ורחיק מן ארעא דהכין כתיב אציתו שמייא ואימליל ותישמע ארעא ממלל פמי (DT 32:2 ינקוף על מרודיא היך מיטרא סחפא אולפני ותתקבל ברעוא על מקבלי אולפנא היך טלא ממללי (226 דילי כרביעות רוחי מיטרא דמנתבין על דיתאין בירח מרחשוון וכרסיסין לקושין דמרווין צימחוני ארעא בירחא דניסן (DT 32:3 ווי להון לרשיעייא דמדכרין שמא קדישא בגידופין ארום משה דהוה רבהון דישראל לא הוה איפשר ליה למידכר ית שמא קדישא עד דהוה מחניך פומיה בריש שירתא

בתמניין וחמשין אתין דהינון עשרין וחד מילין ומן ברת כדין אמר ארום בשמא דייי אנא מצלי ואתון עמא בית ישראל הבו איקר ורבותא קדם אלקנא (DT 32:4 אמר משה נביא כד סליקית לטוורא דסיני חמית רבון כל עלמיא ייי מרבע יומא לארבעא חולקין תלת שעין עסיק באוריתא ותלת עסיק בדינא ותלת מברזג בין גבר לאיתא וגזר למרומם ומאיך ותלת מפרנס כל ברייתא דהכין כתיב תקיף דשלמין עובדוי ארום כל אורחתוי דינא אלקא מהימנא דמן קדמוי עוולא לא נפיק דזכיי וקשיט הוא (DT 32:5 חבילו עובדיהון טביא בניא חביבייא אשתכח מומא בהון דרא עוקמנא דאשניו עובדיהון ואוף סדר דינייה דעלמא אישתני עליהון (DT 32:6 האפשר דלשום מימרא דייי אתון גמלין דא עמא דהוון טפשין וקבילו אורייתא ולא חכימו הלא הוא אבוכון דיקנא יתכון הוא ברא יתכון ושכליל יתכון (DT 32:7 אידכרו מן יומת עלמא אתבוננו בשנהון דכל דר ודר קרון בספרי אורייתא ויתנון לכון ובסיפרי נבייא ויימרון לכון (DT 32:8 באחסנות עילאה עלמא לעממייא די נפקו מבנוי דנח באפרשותיה מכתבין ולישנין לבני נשא בדרא דפלגותא בי היא זימנא רמא פיצתא עם שובעין מלאכיא רברבי עממין דאתגלי עימהון למחמי קרתא ובי היא זימנא אקים תחומי אומיא כסכום מניין שובעין נפשתא דישראל דנחתו למצרים (DT 32:9 וכיוון דנפל עמא קדישא בפיצתיה דמרי עלמא פתח מיכאל פמיה ואומר ארום חולק (226A טב דשום מימרא דייי עמיה פתח גבריאל פמיה בתושבחא ואמר דבית יעקב עדב אחסנתיה (DT 32:10 ארע יתהון שריין במדברא בצדייות אתר דמייללין שידין וירודין ובית צחותא אגין עליהון שבעתי ענני איקריה אליפינון ית אוריתיה נטרינון היכמה דשכינה נטרא בבי דעייניה (DT 32:11 היך נישרא דמעורר ומחיש לשרכפיה ועל תסילוי מחופף כדין שכינתיה מעורר למשריתהון דישראל וחפא עליהון טול שכינתיה והיכמא דנישרא פריס גדפוי על בנוי וטעין יתהון וסביל יתהון על איברוי כדין טענינון וסבלינון ואשרינון על תקוף כרכי ארעא דישראל (DT 32:12 מימרא דייי בלחודיהון ישרינון בארעהון ולא משרי ביניהון פלחי פולחנא נוכראה (DT 32:13 אשרינון על כרכי ארע דישראל ואייכל יתהון תפנוקי עללת חקלהא ואוניק יתהון דובשא מפירהא דמתרביין על כיפין ומשח מזיתהא דמלבלבין מטינרין תקיפין (DT 32:14 יהב להון לוואי שמיני תורין מן ביזת מלכיהון וחבלא מבכירי עאן מן עדי שלטוניהון עם טוב פטימין ודיכרין בני דענין שמינין ממתנן וגדאין אמר משה נביא אין נטרין הינון עמא בית ישראל מצוותא דאורייתא אתאמר עלי בנבואה דיהוון גרגירי חיטיהון היך כוליין דתורי וחמר סומק מן ענבא חד מפקין כור חד (DT 32:15 ועתרו בית ישראל ופחזו אצלחו תקוף קנון נכסין ושבקו פולחן אלקא דברא יתהון וארגיזו קדם תקיפא דפרקינון (DT 32:16 דקנון יתיה בפולחנא נוכרייא במרחקתהון ארגיזו קדמוי (DT 32:17 ידבחון לטעוון דמתילין לשדין דלית בהון מידעם דצרוך טעוון דלא ידעונון דחלן חדתן דמזמן קריב אתעבידא ולא איתעסקו בהון אבהתכון (DT 32:18 דחלת תקיפא דברא יתכון אתנשתון ואנשיתון מימרא אלקא דעבד יתכון מחילין מחילין (DT 32:19 וגלי קדם ייי

והוה רגוז מן קדמוי מן דארגיזו קדמוי בניא חביביא (227
דאתקרון על שמיה בנין ובנן (DT 32:20 ואמר מפלגא איפליג אפי
רעותי מנהון נחמי מה יהוי בסופיהון ארום דר דהפכנין אינון בנין
דלית בהון הימנותא (DT 32:21 הינון אקנון קדמוי בדלא אלקא
ארגיזו קדמוי בהבליהון ואנא אקנינון באומא דלא אומא בבבלאי עמא
טפשא נרגוז יתהון (DT 32:22 ארום קידום תקיף כאישא נפק מן
קדמי ובערת בתקוף רוגזי ואייקידת עד שיול ארעיא וסייפת ארעא
ועללתה ושלהבת יסודי טווריא (DT 32:23 וכד הינון יהיבין בבבל
הוון פלחין לטעוותהון בגין כן אמרית במימרי למכנשא עליהון
בישתא גירי מחת פורענותי אישיצי בהון (DT 32:24 אגלי יתהון
במדי ובעילם מן גוא שביית בבל אעיקו להון דבית אגג די מתילין
לשידין מנפחי כפן ולמזיקי אכילי עוף ולבני טיהררי כתישי רוחין
בישין ולילין ומרווחי רווחין בישין ויוונאי דנכתין בשיניהון
היך חיוות ברא איגרי בהון ואטלטילינון ביד אדומאי דמליין
אריסין כחיוין חורמניא זחלוי דעפרא (DT 32:25 עמא דגלו מברא
לארעא דישראל תתכיל יתהון מחת חרבא ודמשתיירין בארעא דישראל
בגו קיטוני מדמיכיהון איגרי בהון חרגת מותא אילך ואילך ישתיצון
לחוד עולימיהון ולחוד בתולתהון ינקיתהון עם גובריהון וסביהון
(DT 32:26 אמרית במימרי למיכלי מנהון רוח קודשי אשייר בהון
קליל כגבר דחציד חיקליה ומשייר אמנא חדא אבטל מספר ייחוס אנוש
דוכרנהון (DT 32:27 אילולפון רוגזא דסנאה דחיל דילמא יתרברבון
לקובלי מעיקיהון דילמא יימרון ידינן אתפרעון לן מבעלי דבבינן
ולא מן קדם ייי אתגזרת כל דא (DT 32:28 ארום אומא מאבדא עיטין
טבן הינון ולית בהון סוכלתנן (DT 32:29 אילו הוו חכימין הוון
מסתכלין באורייתא והינון מתבוננין מה יהי עתיד למהוי בסופיהון
(DT 32:30 היכדין יהי סנאה חד רדיף אלף מנהון ותרין יעירקון
(227A לריבותא מנהון אלהין מטול דתקיפהון מסרינון וייי
אשלימינון (DT 32:31 ארום לא כתקיפהון דישראל טעוותהון
דעממייא ארום תקיפהון דישראל כד יחובון מייתי עליהון פורענותא
וכד פרסין ידיהון בצלו עני ומשזיב יתהון אבל טעוותהון דעממיא
לית בהון צרוך ועל די ארגיזנן קדמוי ולא הדרנן לפולחניה
אתעבידו בעלי דבבינן סהדינן ודיינן (DT 32:32 ארום עובדיהון
דעמא האילין דמיין לעובדי עמא דסדום ועצתהון בישן כעיצתהון דעם
עמורא מחשבתהון בישין כרישי חיוניא חורמניא בגין כן תהון
תושלמתהון מתכלן וממרין להון (DT 32:33 הי כמרירתהון דתניניא
כד הינון רוון מן חמרהון בגין כן יהי מריר כס דלווט דישתון
ביום פורענותהון והיך רישי פיתוניא הכדין אינון אכזראין
(DT 32:34 הלא עובדיהון דהינון עבדין בטומרא קדמיי כולהון
גליין חתימין ומתקנין באפותיקיי (DT 32:35 קדמי פורענותא ואנא
אשלים לעידן דתמוט ריגליהון לגלותא ארום קריב למיתי יום תברהון
ומבעא בישתא דמתעתדא להון (DT 32:36 ארום דאין מימרא דייי
ברחמוי דינא דעמיה ישראל ועל בישתא דיגזר על עבדוי יהי תהן
קדמוי ארום גלי קדמוי דבעידן דיחובון ותיתקף עליהון מחת סנאה
ותתנטל סעיד מידיהון ויהון פסקין מהימניא מרי עובדין טבין

ויהון מיטלטלין ושביקין (DT 32:37) ויימר סנאה האן הוא דחלתהון דישראל תקיפא דרחיצו ביה (DT 32:38) דתריב נכסתהון הוון אכלין שתן חמר ניסוכיהון יקומון כדון ויסעדונכון יהי עליכון מגין במימריה (DT 32:39) כד יתגלי מימרא דייי למפרוק ית עמיה יימר לכל עממייא חמון כדון ארום אנא הוא דהוויי והוית ואנא הוא דעתיד למהוי ולית אלקא חורן בר מיני אנא במימרי ממית ומחי מחיתי ית עמא בית ישראל ואני אסי יתהון בסוף יומיא ולית דמשזיב מן ידי גוג ומשיריתיה דאתן למסדרא סדרי קרבא עמהון (DT 32:40) ארום זקפית בשבועא ית ידיי (228) בשמייא ואמרית היכמא דאנא קיים הכדין לא אבטיל שבועתי לעלמין (DT 32:41) אין שנינא היא ברק סייפי ותתקיף בדינא ידי אחזור פורענותא למעיקי עמי ולסנאיהון אשלים אגר עובדיהון בישיא (DT 32:42) אירוי גירדי מן אדם קטיליהון וסייפי תגמר בישריהון מדם קטילין ושיבין משירוי פורענות סנאיהון דעמי (DT 32:43) שבחו אומיא עמיה בית ישראל ארום אדם עבדוי דאשתדי הוא פרע ונטר וניקמא דפורענותא יחזר על בעלי דבבוי והוא במימריה יכפר על חובי ארעיה ועמיה (DT 32:44) ואתא משה מן משכן בית אולפנא ומליל ית כל פיתגמי תושבחתא הדא במשמעהון דעמא הוא והושע בר נון (DT 32:45) ופסק משה מן למללא ית כל דביריא האילין עם כל ישראל (DT 32:46) ואמר להון שוון לבכון לכל פיתגמיא דאנא מסהיד בכון יומנא דתפקדונון ית בניכון מטול למינטור ולמיעבד ית כל פיתגמי אורייתא הדא (DT 32:47) ארום לית פיתגם ריקם באורייתא אילהין לדעברין עלה ארום הוא חייכון ובפיתגמא הדין תורכון יומין על ארעא דאתון עברין ית יורדנא תמן למירתה (DT 32:48) ומליל ייי עם משה בשבעה בירחא דאדר בכרן יומא הדין למימר (DT 32:49) והוה כיוון דאמר ליה מימרא דייי סוק לטוור עיבראי הדין טוורא דנבו חשב בליביה ואמר דילמא דמיא מסוקתא דא למסוקתא דטוורא דסיני אמר איזיל ואיקדיש ית עמא אמר ליה מימרא דייי לא כל היאך אילהין סוק וחמי ית ארעא דכנען דאנא יהיב לבני ישראל לאחסנא (DT 32:50) ושכוב בטוורא דאנת סליק לתמן ואתכנש לעמך אוף אנת היכמה דשכב אהרן אחוך בטוורוס אומנוס ואתכנש לעמיה מן יד פתח משה פמיה בצלותא וכן אמר ריבוניה דעלמא בבעו מינך לא אהי מתיל כבר נש דהוה ליה ביר יחידאי ואשתבי אזל פרקיה בממון סגי אלפיה חכמתא ואמנותא קדיש ליה איתא נציב ליה אכוורנקי דמלכייא בנא ליה בית חתנותא אתקין ליה (228A) פוריינא וקטר ליה גננא בגויה זמין ליה שושביני אפא פיתיה נכס ניכסיה מזג חמריה כיוון דמטא למחדי בריה עם אינתתיה ובעו שושביני למכרך ריפתא איתבע ההוא בר נש לבי דינא קמי מלכא ואתקנס דין קטול ולא דלו מיניה עד דחמי בחדוות בריה הכדין אנא טרחית בעמא הדין אפיקית יתהון במימרך ממצרים אליפית יתהון אורייתך ביניתי להון משכנא לשמך וכד מטא זימנא למיעבר ית יורדנא למירות ית ארעא אנא מתקנס לממת אי ניחא לקמך דלי מיני דאעבור ית יורדנא ואחמי בטובתא דישראל ומבתר כדין אימות (DT 32:51) אתיב ליה מרי עלמא וכן אמר מן בגלל דשקרתון במימרי במצע בני ישראל במוי מצות רקם מדברא דצין מטול דלא קדישתון יתי במצע בני

ישראל (DT 32:52) ארום מקבל תחמי ית ארעא ותמן לא תיעול לארעא דאנא יהיב לבני ישראל

פרשה זאת הברכה

(DT 33:1) ודא סדר ברכתא דבריך משה נביא דייי ית בני ישראל קדם דימות (DT 33:2) ואמר ייי מן סיני אתגלי למיתן אורייתא לעמיה בית ישראל ודנח זיו איקר שכינתיה מגבלא למיתנה לבנוי דעשו ולא קבילו יתה הופע בהדרת איקר מטוורא דפארן למיתנה לבנוי דישמעאל ולא קבילו יתה הדר ואתגלי בקדושא על עמיה בית ישראל ועימיה ריבו ריבוון מלאכין קדישין כתב ימיניה ואוריתיה מיגוא שלהובית אישתא פיקודיא יהב להון (DT 33:3) אוף כל מה דאודעה לעממיא מטול למחבבא עמיה בית ישראל כולהון קרא להון קדישין (229) למקום באתר בית שכינתיה וכד הינון נטרין מצוותא דאורייתא מדברין לרגיל ענני יקרך נייחין ושריין כמן פס דבר (DT 33:4) אמרין בני ישראל אורייתא פקיד לנא משה יהבא ירתו לקהל שבטייא דיעקב (DT 33:5) והוא הוה מלכא בישראל באתכנשות רישי עמא כחדא משתמעין ליה שבטייא דישראל (DT 33:6) יחי ראובן בעלמא הדין ולא יימות במיתותא דמייתון בה רשיעייא לעלמא דאתי ויהי עולימוי מתמניין עם עולימהון דאחוי בית ישראל (DT 33:7) ודא בירכתא לשיבטא דיהודה וזווג בחולקיה ובבירכתיה לשמעון אחוי וכן אמר קביל ייי צלותיה דיהודה במפקיה לסדרי קרבא ולוות עמיה תעיליניה מסדרי קרבא בשלם ידוי יתפרען ליה מן בעלי דבבוי וסעיד וסמיך מסנאוי תהוי ליה (DT 33:8) ולשיבט לוי בריך משה נביא ואמר תומיא ואורייא אלבישתא לאהרן גבר דהישתכח חסיד קדמך דנסית יתיה בניסתא והוה שלים בדקתיה במוי מצות רקם ואישתכח מהימן (DT 33:9) נפקין שיבט לוי לפולחן משכן זימנא ומתפרשין מן משכניהון אמרין לאבוהון ולאימהתהון לא חמיתינון וית אחוהון דלא בני תלתין שנין לא אשתמודעון יתהון וית בניהון לא ידעין מטול דקיימין עשרין שנין במטרתהון במימרך וקיים פולחן קודשך נטרין (DT 33:10) כשרין אינון למלפא סידרי דינייך לדבית יעקב ואורייתא לדבית ישראל ישוון אחוהון כהניא קטרת בוסמין על מחתיא וייכלון מותנא ביום רוגזך וקרבן גמיר לרעוא על גבי מדבחך (DT 33:11) בריך ייי ניכסוי דבית לוי דיהבין מעשרא מן מעשרא וקרבן ידוי דאליהו כהנא דמקרב בטוורא כרמלא תקבל ברעוא תביר חרצא דאחאב סנאיה ופורקת נביי שיקרא דקיימין לקובליה ולא יהי לסנאוי דיוחנן כהנא רבא רגל למקום (DT 33:12) לשיבטא דבנימין בריך משה נביא ואמר חביביה דייי ישרי לרוחצן (229A) עלוי יהי מגין עלוי כל יומיא ובגו תחומיה שכינתא שריא (DT 33:13) ולשיבט יוסף בריך משה נביא דייי ואמר בריכא תהוי מן קדם ייי ארעיא דיוסף מטוב שמייא תהי עבדא מגדין מטלא ומיטרא דנחתין מן לעיל ומן טוב מבועי תחומא דסלקין ונגדין ומרוין צימחיא מלרע (DT 33:14) ומטוב מגדין ועללין דמבשלא ארעיה מן יבול שימשא ומן טוב בוכרי פירי אילניא דמבכרא ארעיה בכל ריש ירח וירח (DT 33:15) ומטוב רישי טוורייא בכירתא דאוריתו ליה ברכתא אבהתא דמן שירויא דמתילין לטווריא ומן טוב רמתא דלא מפסקן עללייא

דאחסינו ליה ברכתא אימהתא דמן עלמא דמתילין לגלימתא (DT 33:16) ומטוב שבח פירי ארעא ומלייה רעי ליה אלא דאיתגלי באיקר שכינתיה על משה בסנייא יתכנשן כולהון ברכתא אילין ויתעבדן כליל דרבו לרישיה דיוסף ולקדקדיה דגברא דהוה רב ושליט בארעא דמצרים והוה זהיר באיקרא דאחוי (DT 33:17) בכורותא הות חמיא לראובן ואתנטילת מיניה ואיתיהיבת ליוסף מן שירויא מן דין דהדרת איקרא ושיבהורא דידיה דהיכמא דלית אפשר לבר נש למפלוח בבוכרא דתוריה הכדין לית אפשר לבנוי דיוסף למשתעבדא ביני מלכוותא והיכמא דרימנא מנגח בקרנוי ית חיות ברא הכדין יהוון בנוי דיוסף שלטין בעממייא כחדא בכל סייפי ארעא והינון ריבוותא דקטל יהושע בר נון בגלגלא דהוא מדבית אפרים והינון אלפייא דקטל גדעון בר יואש במדינאי דהוא מדבית מנשה (DT 33:18) ולשיבט זבולן בריך משה נביא דייי ואמר חדון דבית זבולן במפקכון לפרקמטייכון ודבית יששכר במשכני בתי מדרישיכון (DT 33:19) אומין סגיעין לטור בית מקדשא יצלון תמן יקרבון קורבנין דקשוט ארום על ספר ימא רבא שרן ויתפרנקון מן טריתא וחלזונא יאחדון (230) ויצבעון מאדמיה תיכלא לחוטי גולייתהון ומן חלא מפקין אספקלרין ומני זגוגיתא ארום גניזיא דתחומיא גליין להון (DT 33:20) ולשיבטא דגד בריך משה נביא דייי ואמר בריך דאפתיה תחומיה דגד נייח כאריא למישרי וכד נפיק לסידרי קרבא קבל בעלי דבבוי מקטל מלכין עם שילטונין וקטולוי חכימין מן כל קטולייא דמגרר אדרעא עם קודקדא (DT 33:21) וחמא ארעא טבתא וקביל חולקיה בשירויא ארום תמן אתר מקבע אבנין טבין ומרגליין דביה משה ספריהון דישראל גניז והיכמא דהוה עליל ונפיק בריש עמא בעמא הדין הכדין יהי עליל ונפיק בעלמא דאתי מטול דזכוון קדם ייי עבד וסדרי דינוי אליף לעמיה בית ישראל (DT 33:22) ולשיבטא דדן בריך משה נביא דייי ואמר שיבטא דדן מדמי לגור בר אריוון ארעיא שתיא מנחליא דנגדין מן מתנן ותחומי יהי מטי עד בותניי (DT 33:23) ולשיבטא דנפתלי בריך משה נביא דייי ואמר (DT 33:24) בריך הוא מבניא דיעקב אשר יהי מרעי לאחוי ומספק להון מזוני בשני שמיטתא ותחומי יהי מרבי זיתין סגיעין עבדין משח מספקין למטבול ביה ריגלוי (DT 33:25) ברירין הינון שיבטא דאשר היך פרזלא וחסימין היך נחשא ריגליהון לטיילא על שיני כיפיא והכיומי טליותהון הכדין יהוון תקיפין בסיבותהון (DT 33:26) לית אלקא כאלקא ישראל דאשרי שכינתיה ורכוביה בשמיא הוא יהוי בסעדכון ויתיב על כורסיה יקרא בגיוותנותיה בשמי שחקי מרומא (DT 33:27) מדוריה דאלקא הוה מן לקדמין ומן תחות אדרע גבורתיה עלמא סביל ויבודור בעלי דבביכון מן קדמיכון ויימר במימריה למשיציא יתהון (DT 33:28) ושרון ישראל לרוחצן מן לקדמין כעין בירכתא דבריכינון יעקב אבוהון דבזכותיה אחסין יתהון ארעא טבתא דעבדא עיבור וחמר לחוד שמיא דעילויהון רסיין להון טלין דבירכתא ומטרין דרעוא (230A) (DT 33:29) טוביכון ישראל מן כוותכון בכל עממיא עמא דמתפרקין בשום מימרא דייי והוא תריס סעודכון ודי חרביה תקוף גיוותנותכון ויתכדבון סנאיכון לקובליכון מן רתיתא ואתון על פירקת צוורי

מלכיהון תדרכון (DT 34:1 וסליק משה מן מישרי מואב לטוורא דנבו
ריש רמתא דעל אפי יריחו ואחוויי ליה מימרא דייי ית כל תקיפי
ארעא ית גבורן דעתיד למעבד יפתח דמן גלעד וניצחנין דשמשון בר
מנוח דמן שיבט דן (DT 34:2 וית אלף סרכין מדבית נפתלי
דמתחברין עם בלק .וית מלכיא דעתיד למקטל יהושע בר נון דמן שיבט
אפרים וגבורן דגדעון בר יואש דמן שבט מנשה וית כל מלכיא דישראל
ומלכותא דבית יהודה דשליטו בארעא עד דאצתדי בית מוקדשא בתראה
(DT 34:3 וית מליך דרומא דמתחבר עם מליך ציפונא לחבלא יתבי
ארעא ועמונאי ומואבאי יתבי מישרא דמעיקין להון לישראל וית
גלוות תלמידי אליהו דגלו מן בקעתא דיריחו וית גלוות תלמידי
אלישע דגלו מן קריית גלעד דקליא על ידי אחיהון בית ישראל מאתן
אלפין גוברין וית עקת כל דר ודר ופורענות ארמלגוס רשיעא וסדרי
קרבא דגוג ובעידן צערא רבא דהוא מיכאל יקום בדרעא לפרוקא
(DT 34:4 ואמר ייי ליה דא היא ספא דמילתא בארעא ודא ארעא
דקיימית לאברהם ליצחק וליעקב למימר לבניכון אתנינא אחמיית יתה
בעיינך ותמן לא תעיבר (DT 34:5 בשבעא יומין לירחא דאדר איתליד
משה רבהון דישראל ובשבעא יומין לירחא דאדר אתכניש מגו עלמא ברא
קלא נפלת מן שמייא וכן אמרת אתון כל עללי עלמא וחמון בצערי
דמשה רבהון דישראל דטרח ולא אתהני ואתרבי בארבעת כלילן טבן
כלילא דאורייתא דידיה דשבא יתה משמיה מרומא ואתגלי עלוי איקר
שכינתא דייי בתרין אלפין רבוון דמלאכין ובארבעין ותרתין אלפין
(231 ארתכין דנור כלילא דכהונתא דידיה הוות שבעתי יומי
אשלמוותא כלילא דמלכותא אחסינו יתה מן שמייא לא חרבא שלף ולא
סוסא אסר ולא משיריין ארגיש כלילא דשמא טבא קנא בעובדין טבין
ובענוותנותיה בכן אתכנש תמן משה עבד דייי בארעא דמואב על נשיקת
מימרא דייי (DT 34:6 בריך שמיה דמריה עלמא דאליף לן ארחתיה
תקניה אליף יתן למלביש ערטלאין מן דאלביש אדם וחוה אליף יתן
למברזגא חתנין וכלן מן דזוויג חוה לות אדם אליף יתן למבקרא
מריעין מן דאתגלי בחזוי מימרא על אברהם כד הוה מרע מגיזרת
מהולתא אליף יתן למנחמא אבילין מן דאתגלי ליעקב תוב במתוי מפדן
באתר דמיתת אימיה אליף יתן למפרנסא מסכינין מן דאחית לבני
ישראל לחמא מן שמיא אליף יתן למקבור מיתיא מן משה דאתגלי עלוי
במימריה ועימיה חבורן דמלאכי שיריתא מיכאל וגבריאל אצעון דרגשא
דדהבא מקבעא בוורדין וסנדלכין ובורלין מיתקנא בביסתרקי מילת
וסובנין דארגוון ואוצטילין חיוורין מיטטרון ויופיאל ואוריאל
ויפהפיה רבני חכמתא ארבעון יתיה עלה ובמימריה דבריה ארבעתי
מילין וקבר יתיה בחילתא כלו קבל בית פעור דכל אימת דזקיף פעור
למדכר לישראל חובתהון מודיק בבית קבורתיה דמשה ומתכביש ולא
חכים בר נש ית קבורתיה עד זמן יומא הדין (DT 34:7 ומשה בר מאה
ועשרין שנין כד שכיב לא כהיין גלגילי עינוי ולא נתרון ניבי
ליסתיה (DT 34:8 ובכון בני ישראל ית משה במישריא דמואב תלתין
יומין ושלימו יומי בכותא דאיבליה דמשה בתמניא בניסן ובתשעא
בניסן אתקינו עמא בית ישראל ית מאניהון וטכיסו ית בעיריהון
ועברו ית יורדנא בעשרא בניסן ופסק להון מנא בשיתיסר בניסן

הישתכחו אכלין ית מנא בזכותיה דמשה בתר (231A דשכיב תלתין ושובעא יומין (DT 34:9 ויהושע בר נון אתמלי רוח חכמתא ארום סמך משה ית ידוי עלוי וקבילו אולפן מיניה בני ישראל ועבדו היכמה דפקיד ייי ית משה (DT 34:10 ולא קם נביא תוב בישראל כמשה ארום חכים יתיה מימרא דייי ממלל כלו קבל ממלל (DT 34:11 לכולהון אתיא ותימהי פרישתא די שדריה מימרא דייי למעבד בארעא דמצרים לפרעה ולכל עבדוי ולכל עם ארעיה (DT 34:12 ולכל גבורת ידא תקיפתא היך סובר ית חוטרא דמתקליה ארבעין סאוין ובזע ית ימא ומחא ית כיפא ולכל דחיל רב דעבד משה בזמן דקבל תרין לוחי אבן ספירינון ומתקלהון ארבעין סאוין וסוברינון בתרתין ידוי למיחמיהון דכולהון ישראל

Key-Word-in-Context Concordance

אב (504)

עבדוי למימר האית לכון **אבא** או אחא: ואמרנא לריבוני אית GN 44:19
היא לפום דאמרת ליעקב **אבא** אכר כדון פרגודא דברך לופום GN 38:25
יוסף לאבוי לא כדין **אבא** ארום דין בוכרא שוי יד ימינך GN 48:18
ואילין רברבנהום הוא **אבא** דאדומאי: אילין בנוי דגבל GN 36:19
אמר לי חמי למירות ית **אבא** דאנא בר שרה אינתתיה ואנת GN 22:1
אמר לי חמי למירות ית **אבא** דאנא בריה בוכרייא ויצחק GN 22:1
ואימר ליה אחיי ובית **אבא** דבארעא דכנען אתו לוותי: GN 46:31
אלפין ומאתן: ורב בית **אבא** דהוה מתמני על גניסת מררי NU 3:35
דמשכנא דרומא: ורב בית **אבא** דהוה מתמני על גניסתא קהת NU 3:30
ישרון מערבא: ורב בית **אבא** דהוה מתמני על תרתין NU 3:24
תריסר תורא לרב בית **אבא** דיכרא דיכרין תריסר מטול NU 7:87
והוו מקלסין לקדמוי דין **אבא** דמלכא רב בחכמתא ורכיך GN 41:43
עתיד למתקוף בית **אבא** הכא בסיגופיהום: ושלימן שבע GN 41:52
דחמיתון ותוחון ית **אבא** הלכא: ואתרכין על פריקת GN 45:13
יוסף ותני לפרעה ואמר **אבא** ואחיי ועניהון ותוריהון וכל GN 47:1
שעיע: מאים יגששינני **אבא** ואיהי דמי בעינוי הי כמגחך GN 27:12
גזירת שבתא וקיים איקר **אבא** ואימא ודיני פידעא ומשקופי EX 15:25
איסוק כדון ואיקבור ית **אבא** ואיתוב: ואמר פרעה סק וקבר GN 50:5
לאברהם אבוי ואמר **אבא** ואמר האנא ואמר הא אישתא GN 22:7
ברה: ועל לות אבוי ואמר **אבא** ואמר האנא מן אנת ברי: ואמר GN 27:18
לאבוי בריכני אוף לי **אבא**: ואמר עאל אחוך בחכמתא GN 27:34
יומי אבלא דמיתת **אבא** ובכן אנא קטיל ית יעקב אחי GN 27:41
ארום היכדין איסק לות **אבא** וטלייא ליתוי עימי דילמא GN 44:34
לאבוי ואמר לאבוי יקום **אבא** וייכול מצידא דבריה בדיל GN 27:31
כל ליאותי וית כל בית **אבא**: וית שום תניין קרא אפרים GN 41:51
בבישתא דתיברז ית **אבא**: ולא יכיל יוסף למסוברא דלא GN 44:34
מרומא דדברני מן בית **אבא** ומן ארע ילדותי ודמליל לי GN 24:7
דמצרים: אוחו וסקו לות **אבא** ותימרון ליה כדנן אמר ברך GN 45:9
והוה כדי סליקנא לעבדך **אבא** ותנינא ליה ית פיתגמי ריבוני: GN 44:24
תריסר אנן אחין בני **אבא** חד לית אנן ידעין מה הוה GN 42:32
חמישאה קריב רב בית **אבא** לבית שמעון שלומיאל בר NU 7:36
שביעאה קריב רב בית **אבא** לבני אפרים אלישמע בר NU 7:48
חדסר קריב רב בית **אבא** לבני אשר פגעיאל בר עכרן: NU 7:72
תשיעאה קריב רב בית **אבא** לבני בנימין אבידן בר גידעוני: NU 7:60
שתיתאה קריב רב בית **אבא** לבני גד אליסף בר דעואל: NU 7:42
עשיראה קריב רב בית **אבא** לבני דן אחיעזר בר עמי שדי: NU 7:66
תליתאה קריב רב בית **אבא** לבני זבולון אליאב בר חילון: NU 7:24
תמינאה קריב רב בית **אבא** לבני מנשה גמליאל בר פדה NU 7:54
יומא קריב רב בית **אבא** לבני נפתלי אחירע בר עינן: NU 7:78
רביעאה קריב רב בית **אבא** לבני ראובן אליצור בר שדיאור: NU 7:30
כדון: ומכל מה דבריך יתי **אבא** לית בידי אלהין הוו לי כזעיר GN 32:6
עבדך מערב בטלייא מן **אבא** למימר אין לא אייתיני לוותך GN 44:32
ליתוי עימנא: ואמר עבדך **אבא** לנא אתון ידעתון ארום תרין GN 44:27
זמרי בר סלוא רב בית **אבא** לשיבט שמעון: ושום איתתא NU 25:14
נחשון בר עמינדב רב בית **אבא** לשיבטא דיהודה: וקרבניה NU 7:12
נתנאל בר צוער רב בית **אבא** לשיבטא דיששכר: קריב ית NU 7:18
חוטרא חוטרא לבית **אבא** מלות כל אמרכלהון לבית NU 17:17
מן אברהם ישמעאל ומן **אבא** נפק עשו מתיבא רוחא GN 35:22
ואמרנא לריבוני אית לן **אבא** סבא ובר סיבתין קליל ואחוי GN 44:20
אנא הוא יוסף העוד כדון **אבא** קיים ולא יכילו אחוי לאתבא GN 45:3
במשמעיה דפרעה למימר: **אבא** קיים עלי למימר הא אנא GN 50:5
איתא לא תשמש עם **אבהא** וגבר לא ישמיש עם אימיה LV 18:7
לא בסהדות ולא בחובי **אבהן** איש בחובי על סהדין כשרין DT 24:16
בך חובא: לא יתקטלון **אבהן** לא בסהדות ולא בחובי בנין DT 24:16
דינא רבא מסער חובי **אבהן** על בנין מרודין על דר EX 34:7
לא מזכי מסער חובי **אבהן** רשיעין על בנין מרודין על דר NU 14:18
בקנאה מדכר חובי **אבהן** רשיען על בנין מרודין על דר DT 5:9
אנת ואלעזר כהנא ורישי **אבהת** כנישתא: ותפליג ית דברתא NU 31:26
ליה ית פנחס אילין רישי **אבהת** ליואי ליחוסיהון: איהו אהרן EX 6:25
סלקא: בירא דחפרו יתה **אבהת** עלמא אברהם יצחק ויעקב NU 21:18
וכן אמרת לא תידחלון **אבהת** עלמא דאפילו פסקא DT 28:15
חזור חזור מטול זכוות **אבהת** עלמא דמחזרן חזור חזור EX 40:8
תלתי מצוגייא תלתי **אבהת** עלמא הינון אברהם יצחק GN 40:12
לא טלטיל זאזיהון עניין **אבהת** עלמא ואמרין חבול על בנינן DT 28:15
די מחא ית מצראי ותלת **אבהת** עלמא ושית אימהתא EX 14:21
וכוכביא כנשו זיווהון **אבהת** עלמא צווחין מבית DT 28:15
ית אלעזר כהנא וית רישי **אבהת** שיבטיא לבני ישראל: ואמר NU 32:28
דאוריתו ליה ברכתא **אבהתא** דמן שירויא דמתילין DT 33:15
משה וקדם רברביא רישי **אבהתא** לבני ישראל: ואמרו ית NU 36:1
וקריבו לבי דינא רישי **אבהתא** לגניסת בני גלעד בר מכיר NU 36:1
בצומא מעתד בזכוות **אבהתא** רישי עמא וזכוות אימהתא EX 17:9
להון אלעזר ואיתמר **אבהתהון**: ארום אתון עללין לארעא DT 18:8
דסנאיהון ואוף בחובי **אבהתהון** בישיא דאחידין בידיהון LV 26:39

לגניסתהון לבית **אבהתהון** במניין שמהן NU 1:20
לגניסתהון לבית **אבהתהון** במניין שמהן NU 1:28
לגניסתהון לבית **אבהתהון** במניין שמהן NU 1:30
לגניסתהון לבית **אבהתהון** במניין שמהן NU 1:34
ישראל לגניסתהון לבית **אבהתהון** במניין שמהן כל דכורא NU 1:2
לגניסתהון לבית **אבהתהון** במניין שמהן לגולגל כל NU 1:22
לגניסתהון לבית **אבהתהון** במניין שמהן לגולגלות NU 1:32
לגניסתהון לבית **אבהתהון** במניין שמהן לגולגלותן NU 1:24
לגניסתהון לבית **אבהתהון** במניין שמהן לגולגלותן NU 1:26
לגניסתהון לבית **אבהתהון** במניין שמהן מבר עשרין NU 1:36
לגניסתהון לבית **אבהתהון** במניין שמהן מבר עשרין NU 1:38
לגניסתהון לבית **אבהתהון** במניין שמהן מבר עשרין NU 1:40
לגניסתהון לבית **אבהתהון** במניין שמהן מבר עשרין NU 1:42
דמצרים: אילין רישי בית **אבהתהון** בנוי דראובן בוכרא EX 6:14
ית חוביהון וית חובי **אבהתהון** בשיקריהון דשקרו LV 26:40
דישראל רישי בית **אבהתהון** הינון רברבי שבטיא הינון NU 7:2
מטול דלא מטו ליומי **אבהתהון** וכל חד וחד מני פרנסא DT 31:14
בניא למיחמי בתר **אבהתהון**: ונטיר חסד וטיבו לאלפין DT 5:9
ושיבטא דבני גד לבית **אבהתהון** ופלגות שיבטא דמנשה NU 34:14
בריכין הינון מיני מיומי **אבהתהון**: וקם בלעם בצפרא ואמר NU 22:12
שיבטא דבני ראובן לבית **אבהתהון** ושיבטא דבני גד לבית NU 34:14
חוטרא חד לריש בית **אבהתהון**: ותצנעינון במשכן זימנא NU 17:18
מנייני בני ישראל לבית **אבהתהון** כל מנייני משירייתא NU 2:32
מני ית בני לוי לבית **אבהתהון** לגניסתהון כל דכורא NU 3:15
בני גרשון אף הינון לבית **אבהתהון** לגניסתהון: מבר תלתין NU 4:22
הינון גניסת ליואי לבית **אבהתהון**: לגרשון גניסת לבני NU 3:20
בני לוי לגניסתהון לבית **אבהתהון**: מבר תלתין שנין ולעילא NU 4:2
קהת לגניסתהון ולבית **אבהתהון**: מבר תלתין שנין ולעילא NU 4:34
גרשון לגניסתהון ולבית **אבהתהון**: מבר תלתין שנין ולעילא NU 4:38
מררי לגניסתהון לבית **אבהתהון**: מבר תלתין שנין ולעילא NU 4:42
ליואי לגניסתהון ולבית **אבהתהון**: מבר תלתין שנין ולעילא NU 4:46
דהינון מדברין בזכות **אבהתהון** צדיקיא דמתילין NU 23:9
להון קים דקיימית עם **אבהתהון** קדמי בזמן דפרקית LV 26:45
טיכסיה באתוון לייחוס **אבהתהון** שריין ואתקוטטו כחדא LV 24:10
מררי לגניסתהון לבית **אבהתהון** תימני יתהון: מבר תלתין NU 4:29
כל אמרכלהון לבית **אבהתהון** תריסר חוטרין גבר ית NU 17:17
חטר לאמרכול חד לבית **אבהתהון** תריסר חטרין וחטר אהרן NU 17:21
לשיבטא גבר ריש לבית **אבהתוי** הוא: ואילין שמהת גובריא NU 1:4
גוברין גברא חד לבית **אבהתוי** הוון: והוו כל סכומי מנייני NU 1:44
גבר לזרעיתיה לבית **אבהתוי**: ואיליין ייחוסי אהרן ומשה NU 2:34
לגניסתיה ולאחסנת **אבהתוי** יתוב: ארום עבדי הינון LV 25:41
על ברכתא דבריכו יתי **אבהתיי** אברהם ויצחק דחמידו GN 49:26
יומיי יומי שני חיי **אבהתיי** ביומי תותבותהון: ובריך GN 47:9
במצרים: ואשכוב עם **אבהתיי** ותטלינני ממצרים GN 47:30
לעמי קברו יתי לות **אבהתיי** למערתא די בחקל עפרון GN 49:29
דבעיתי מינך למקברי עם **אבהתיי** מיתת עלי רחל בתכיף GN 48:7
עביר ולא נבהית באנפי **אבהתיי** צדיקייא בעלמא דאתי טב GN 38:25
ית יוסף ואמר ייי דיפלחו **אבהתיי** קדמוי אברהם ויצחק ייי GN 48:15
סגיאין: ואת תתכנש לות **אבהתך** בשלם תנוח נפשך ותתקבר GN 15:15
כל מצראי דלא חמון **אבהתך** ואבהת אבהתך מן יום EX 10:6
גניזא בגניז חיי עלמא עם **אבהתך** ויקומון רשיעי עמא הדין DT 31:16
ייי ליעקב תוב לארע **אבהתך** ולילדותך ויהי מימרי GN 31:3
הא אנת שכיב בעפרא עם **אבהתך** ונשמתך תהוי גניזא בגניז DT 31:16
דלא ידעתון ולא ידעון **אבהתך** מן בגלל להודעותך ארום DT 8:3
מנא במדברא דלא ידעון **אבהתך** מן בגלל לסגפותך ומן בגלל DT 8:16
חמון אבהתך ואבהת **אבהתך** מן יום מהויהון על ארעא EX 10:6
אישתא: וחולף דרחים ית **אבהתכון** אברהם ויצחק ואתרעי DT 4:37
לכון היכמא דחדי על **אבהתכון**: ארום תקבלון למימרא DT 30:9
על זרעייתהון לבית **אבהתכון** במניין שמהן מבר עשרין NU 1:18
ולא איתעסקו בהון **אבהתכון**: דחלת תקיפא דברא DT 32:17
אלקכון לארעא דיריתו **אבהתכון** ויוטב לכון ויסגינכון יתיר DT 30:5
לכון ויסגינכון יתיר מן **אבהתכון**: ויעדי ייי אלקכון ית DT 30:5
דיהב להון ייי: הכדין עבדו **אבהתכון** כד שלחית יתהון מריקם NU 32:8
בשובעין נפשתא נחתו **אבהתכון** למצרים וכדון שוינכון ייי DT 10:22
אילולי דדכר לכון זכוות **אבהתכון** צדיקייא ומשכן זימנא DT 1:1
קדם ייי: והא קמתון בתר **אבהתכון** תלמידי גובריא חייבייא NU 32:14
עדבא דיליה יהי לשיבטי **אבהתכון** תתחסנון: ואין לא NU 33:54
הוו עבדך אוף אנן אוף **אבהתן**: ואמרו לפרעה לאיתותבא GN 47:3
על טיקסיהון לבית **אבהתן** ישרון בני ישראל: משריתא NU 2:2
מחסיד ית אברהם ושרה **אבהתן** למימר אתון מדמיין NU 21:34
אניקי דאשכחתנא: ונחתו **אבהתן** למצרים ויתיבנא במצרים NU 20:15
מנייני בני ישראל לבית **אבהתן** מבר עשרין שנין ולעילא כל NU 1:45
בקינאה מדכר חובי **אבהתן** רשיען על בנין מרודין על EX 20:5
קיים בחורב: לא עם **אבהתנא** גזר ייי ית קיימא הדין DT 5:3

אחסנתהון מאחסנת **אבהתנא** ותיתוסף על אחסנת NU 36:3
ענהין: ואתאה לות רעואל **אבוה** דאבוהן ואמר מה דין אוחיתון EX 2:18
וחמא יוסף ארום משוי **אבוה** ית יד ימיניה על רישא GN 48:17
ארום לאיתותבא עם **אבוהא** אתא ולמיסב חדא מן GN 29:12
לפדן דארם לבית בתואל **אבוהא** דאימך וסבלך מתמן איתא GN 28:2
לה סהידוון: ויסבון **אבוהא** דעולימתא ואימה רשו מבי DT 22:15
לתרע בי דינא: ויימר **אבוהא** דעולימתא לחכימיא ית DT 22:16
שמיה בר עימיה ארום בר **אבוהא** הוא הוא אבוהון דעמא GN 19:38
הינון דהוה גחין להון **אבוהא**: וגנב יעקב ית דעתיה דלבן GN 31:19
בזני עד דהיא עם בית **אבוהא** וזניית בנורא תיתוקד: וכהנא LV 21:9
ית עולימתא לתרע בית **אבוהא** ויאטלונה אינשי קרתא DT 22:21
רבתא ושמישת עם **אבוהא** ולא ידע במישכבה אלא GN 19:33
ואזלת תמר ויתיבת בית **אבוהא**: וסגו יומיא ומיתת ברת שוע GN 38:11
לבריה או למיפרקא ליד **אבוהא** ותיפוק מגן דלא כסף ברם EX 21:11
למפקא שום דזנו על בית **אבוהא** ותפלון עביד דביש מביניכון: DT 22:21
וישתביק ליה ארום בטיל **אבוהא** יתה מן רשותא דנדרא: ואין NU 30:6
דזמין יתיה ויפרוק יתה **אבוהא** לגבר אוחרן לית ליה רשו EX 21:8
חמיא ליה או דלא יצבי **אבוהא** למיתנא ליה כסף חמשין EX 22:16
מאבוהא איתעברת הוא **אבוהום** דמואבאי עד יומא דין: GN 19:37
זימנין: ואמר להום ישראל **אבוהון** אין כדין הוא דא עיבידו סבו GN 43:11
אחסנתהון הוא עשו **אבוהון** דאדומאי: ויתב יעקב GN 36:43
בירכתא דבריכינון יעקב **אבוהון** דבזכותיה אחסין יתהון DT 33:28
ובען רחמין מן קדם **אבוהון** דבשמייא והוא שמע בקל EX 1:19
איתיליד אף הוא בר הוא **אבוהון** דכל בני עיבראי אחוי דיפת GN 10:21
ארום בר אבוהא הוא הוא **אבוהון** דעמא מואבאה עד זמן GN 19:38
יוסף ותבת עילוי יעקב **אבוהון**: ואמר ישראל סגין טבוון GN 45:27
מצייר ואייתייוהי לות **אבוהון** ואמרו דא אשכחנא GN 37:32
כחדא ודא דמליל להון **אבוהון** ובריך יתהון אינש הי GN 49:28
ותרבי יתהון היכמא ית **אבוהון** וישמשון קדמי ותהי למהוי EX 40:15
דנבייא ואתא ותני לות **אבוהון**: וישראל רחים ית יוסף מכל GN 37:2
בני ישראל ית יעקב **אבוהון** וית טפלהון וית נשיהון GN 46:5
אחי יוסף ארום מיית **אבוהון** ולא הוה מסתחר עמהון GN 50:15
ואיתמר על אפי אהרן **אבוהון**: ומליל ייי עם משה למימר: NU 3:4
לארעא דכנען לות יעקב **אבוהון**: ותניאו למימר עד כדון יוסף GN 45:25
מאבונא בנין: ואשקיאן ית **אבוהון** חמר בליליא ההוא ורוא GN 19:33
תמן: ואמר להום יעקב **אבוהון** יתי אתכלתון יוסף אמרתון GN 42:36
דילנא: ואתו לות יעקב **אבוהון** לארעא דכנען ותניאו ליה GN 42:29
אחוי ארום יתיה רחים **אבוהון** מכל אחוי ונטרו ליה בבו GN 37:4
ממצרים ואמר להון **אבוהון** תובו זבונן לנא קליל GN 43:2
על שיבט גניסת **אבוהן**: איליין פיקודייא וסידרי NU 36:12
ירתו ואחסנא בגו אחי **אבוהן** ותעבר ית אחסנת אבוהן NU 27:7
אוף בליליא ההוא ית **אבוהן** חמר ורוי וקמת זעירתא GN 19:35
אבוהן ותעבר ית אחסנת **אבוהן** להן: ועם בני ישראל תמליל NU 27:7
לחוד לגניסת שיבט **אבוהן** תהוויין לנשין: מטול דלא NU 36:6
דמשמש עם אחתיה ברת **אבוי** או ברת אימיה הוון עניין DT 27:22
ישמש עם אחתיה ברת **אבוי** או ברת אימיה ויבזי ית עריתה LV 20:17
ואמר יוסף לאחוי ולבית **אבוי** איסק ואיתני לפרעה ואימר GN 46:31
מלמחמיה דכד כפתיה **אבוי** אסתכל בקורסיה יקרא ושריין GN 27:1
ליט דמשמש עם איתת **אבוי** ארום גלי כנפא דגלי אבוי הוון DT 27:20
בשליותא בארע תותבות **אבוי** בארעא דכנען: אילין זרעית GN 37:1
יעקב ית שכם וית חמור **אבוי** בחוכמא ומלילו בגין דסאיב GN 34:13
בירן דמוי די חפסו עבדי **אבוי** ביומי אברהם אבוי וטמונינון GN 26:18
וכל בירין דחפסו עבדי **אבוי** ביומי אברהם אבוי טמונינון GN 26:15
וגבר די ישמש עם איתת **אבוי** בין דהיא אימיה בין דהיא LV 20:11
שביק ליוסף למקבור ית **אבוי** במערת כפילתא מן יד אזל GN 50:13
לעמיה: וארבע יוסף ית **אבוי** בערס דשנדפין מחפייא דהב GN 50:1
עימיה למיקבור ית **אבוי** בתר דקבר ית אבוי: וחמון אחי GN 50:14
לטליא למשבוק ית **אבוי** דאין שביק הוא ית אבוי מיית GN 44:22
בגו משכניה: וחמא חם **אבוי** דכנען ית עריתא דאבוי ותני GN 9:22
שם וחם ויפת וחם הוא **אבוי** דכנען: תלתא אילין בנוי דנח GN 9:18
נחור מלכא ברת הרן **אבוי** דמלכה ואבוי דיסכה היא שרי: GN 11:29
ואימר גברא דיקיר מן **אבוי** דרזיא סתימיא מה דאתכסי NU 24:3
ואימר גברא דיקיר מן **אבוי** דרזיא סתימיא מה דאתכסי NU 24:15
משכניה מן יד בני חמור **אבוי** דשכם במאה מרגליין: ואקם GN 33:19
עד מיתיהון: ונפק חמור **אבוי** דשכם לות יעקב למללא GN 34:6
אבוי ארום גלי כנפא דגלי **אבוי** הוון עניין כולהון כחדא DT 27:20
זכותא דיצחק דכפתיה **אבוי** הי כאימרא תריהון שלמין LV 9:3
ומית הרן למיחמי תרח **אבוי** היך איתוקד בארע ילדותיה GN 11:28
ית הבל בחיי אבוי והדר **אבוי** ואוליד ית שת ברם מתעכב GN 27:41
בצומא על דבלבל מצע **אבוי** ואזל ויתיב ביני טווריא GN 37:29
דכנענאי קדם יצחק **אבוי**: ואזל עשו לות ישמעאל ונסיב GN 28:8
רעי ית חמרייא לצבעון **אבוי**: ואילין בני ענה דישון GN 36:24
אולפן מנהון: ויחדון ביה **אבוי** ואימיה ויפקון יתיה לקדם DT 21:19
ית אחסנתיה לאחי **אבוי**: ואין לית אחין לאבוי ותיתנון NU 27:10

ית אחסנתיה לאחוי מן **אבוי**: ואין לית אחין מן אבוי NU 27:9
ואמר יצחק לאברהם **אבוי** ואמר אבא ואמר האנא ואמר GN 22:7
ביד יעקב ברה: ועל לות **אבוי** ואמר אבא ואמר האנא מן GN 27:18
דחיל דילמא ילטיטיניה **אבוי** ואמר הא עשו אחי גבר שערן GN 27:11
יד ימינך על רישיה: וסרב **אבוי** ואמר ידענא ברי דהוא בוכרא GN 48:19
נפשך: ואמר ליה יצחק **אבוי** ואמר ליה מאן אנת ואמר אנא GN 27:32
לאבוי ולאחהא ונזף ביה **אבוי** ואמר ליה מה חילמא הדין GN 37:10
סדר בירכתא דיברכיה **אבוי** ואמר עשו בליביה לית אנא GN 27:41
ואייתי יוסף ית יעקב **אבוי** ואקימיה קדם פרעה ובריך GN 47:7
אתרכין יוסף על אנפי **אבוי** ובכא עלוי ונשיק ליה: ופקד GN 50:1
וקביל יעקב במימר **אבוי** ובמימר אימיה ואזל לפדן GN 28:7
ית אסוותא לבסמא ית **אבוי** ובסימו אסוותא ית ישראל: GN 50:2
בגו עיטפיה דיצחק **אבוי** וגופיה קברו בנוי דעשו בחקל GN 50:13
וקריב יעקב לות יצחק **אבוי** וגששיה ואמר קלא הדין קליה GN 27:22
קין דקטל ית הבל בחיי **אבוי** והדר אבוי ואוליד ית שת ברם GN 27:41
ביומא ההוא שמיה ושם **אבוי** והוא הוה מזבן עיבורא לכל GN 42:6
מידהון לאתבותיה לות **אבוי**: והוה כד אתא יוסף לות אחהי GN 37:22
עד זמן דנפק יעקב מבית **אבוי** והינון לוון יתיה בחיסדא עד GN 28:12
פולחנא אתר דכפתיה **אבוי** והפך יצחק בצלותיה דעתיה GN 25:21
יוסף במצרים הוא ובית **אבוי** וחיא יוסף מאה ועשרים שנין: GN 50:22
ית אבוי בתר דקבר ית **אבוי**: וחמון אחי יוסף ארום מיית GN 50:14
כשמהן די הוה קרי להון **אבוי**: וחפסו עבדי יצחק ביספר GN 26:18
עבדי אבוי ביומי אברהם **אבוי** וטמונינון פלישתאי בתר GN 26:18
קורבניה לשמשא תחות **אבוי** וילבש ית לבושוי דבוץ מילת LV 16:32
דקריב ליה מגניסת **אבוי** ויריתּ יתה ותהי לבני ישראל NU 27:11
פרעה: ואותיב יוסף ית **אבוי** וית אחוי ויהב להון אחסנא GN 47:11
דפקד פרעה: וזן יוסף ית **אבוי** וית אחוי וית כל בית אבוי GN 47:12
טלי וגבר סיב דיילוט ית **אבוי** וית אימיה בשמא מפרשא LV 20:9
אבוי כל דכן איתת **אבוי** ולא יגלי כנפא דגלי אבוי: לא DT 23:1
ובכה יתיה ברם יצחק **אבוי**: ומדנאי זבינו יתיה למצרים GN 37:35
תבשילין היכמא דרחים **אבוי**: ונסיבת רבקה ית לבושי עשו GN 27:14
וסליק יוסף למיקבור ית **אבוי** וסליקו עימיה כל עבדוי GN 50:7
טיפוזין מלות אנפי יצחק **אבוי** ועשו אחוי על מצידיה: ועכיב GN 27:30
כדי שמע עשו ית פיתגמי **אבוי** וצוח צווחא רבתא ומרירתא GN 27:34
מן אבוי: ואין לית אחין מן **אבוי** ותיתנון ית אחסנתיה לאחי NU 27:10
עבדי אבוי ביומי אברהם **אבוי** טמונינון פלישתאי ומלונון GN 26:15
יעקב באלקא דדחיל ליה **אבוי** יצחק: ונכס יעקב ניכסתא GN 31:53
זכותא דיצחק דכפתיה **אבוי** כדיכרא בטוור פולחנא תריהון LV 9:2
איתתא דאניס או דשרגיג **אבוי** כל דכן איתת אבוי ולא יגלי DT 23:1
אבוי ולא יגלי כנפא דגלי **אבוי**: לא ידכי דמסרס ודפסיק גידא DT 23:1
דארם למיתי לות יצחק **אבוי** לארעא דכנען: ולבן אזל למיגז GN 31:18
ארום ברם עלוי עתיד **אבוי** לאתאבלא: ואוסיפת תוב GN 38:4
וסליק לקדמות ישראל **אבוי** לגשן וקדם דאשתמדעיה GN 46:29
ביתא דיוסף ואחוי ובית **אבוי** לחוד טפלהון וענהון ותוריהון GN 50:8
וית אחוי וית כל בית **אבוי** לחמא לפום למצטריך GN 47:12
דריבה: ואמר שכם לחמור **אבוי** למימר סב לי ית טליתא הדא GN 34:4
ואתא יעקב לות יצחק **אבוי** לממרא קרית ארבע היא GN 35:27
וראש דהוא ריש בבית **אבוי** מופים דאזדבן במוף חופים GN 46:21
אבוי דאין שביק הוא ית **אבוי** מיית הוא: ואמרת לעבדך אין GN 44:22
לגשן וקדם דאשתמדעיה **אבוי** סגד ליה ואתחייב למהוי שנוי GN 46:29
ושתי: ואמר ליה יצחק **אבוי** קריב כדון ושק לי ברי: וקריב GN 27:26
ואמר יהודה לישראל **אבוי** שדר טליא עמי נקום וניזיל GN 43:8
גבר מן אימיה ומן **אבוי** תהוון דחלין וית יומי שביא LV 19:3
כלתיה תיבי ארמלא בית **אבוייך** עד דירבי שלה ברי ארום GN 38:11
תני כדון לי האית בית **אבויך** אתר כשר לנא לימבת: GN 24:23
לאיתא דשמיש עימה **אבוך** בעידן דבלבליתא שיווייי GN 49:4
הינין: עירית בת איתת **אבוך** דילידת מן אבך אחתך היא LV 18:11
ואמר פרעה סק וקבר ית **אבוך** היכמא דקיים עלך: וסליק GN 50:6
ואמר פרעה ליוסף למימר **אבוך** ואחך אתו לותך: ארעא GN 47:5
אנא ייי אלקיה דאברהם **אבוך** ואלקיה דיצחק ארעא דאנת GN 28:13
קיימא דקיימית לאברהם **אבוך**: ואסגי ית בנך הי ככוכבי GN 26:3
ערייא אנא ייי: ערית **אבוך** ועריית אמך לא תיבזי איתא LV 18:7
מן ילדותך פוק מבית **אבוך** זיל לארעא דאחזינך: GN 12:1
תגלי עריתא: ערית איתת **אבוך** לא תבזי מטול דעריתא דאבך LV 18:8
אנא אלקיה דאברהם **אבוך** לא תידחל ארום בסעדך GN 26:24
למשאל בשלמך בני **אבוך**: מדמי אנא לך יהודה ברי לגור GN 49:8
ביה ושמעית ית **אבוך** ממליל עם עשו אחוך למימר: GN 27:6
ית בלהה למימר ליוסף **אבוך** פקיד קדם מותיה למימר לך: GN 50:16
ואיתאמר ליוסף הא **אבוך** שכיב מרע ודבר ית תרין בנוי GN 48:1
ידיכון בצלו קדם **אבוכון** דבשמיא דיפרוק יתכון: פרי DT 28:32
ולא חכימו הלא הוא **אבוכון** דיקנא יתכון הוא ברא יתכון DT 32:6
חמי אנא ית סבר אפי **אבוכון** והא ליתנון שפיין עימי GN 31:5
לארעא דכנען: ודברי ית **אבוכון** וית אינש בתיכון ואיתו GN 45:18
די שמיש בהון יעקב **אבוכון** וכמה יאי הוא משכן זימנא NU 24:5

ואתון סוקו לשלם לות **אבוכון:** וקריב לותיה יהודה ואמר GN 44:17
וית נשיכון ותיטלון ית **אבוכון** ותיתון: ועיניכון לא תיחוס GN 45:19
למימר העד כדון **אבוכון** קיים האית לכון אחא GN 43:7
וקבילו אולפן מן ישראל **אבוכון:** ראובן בוכרי אנת ריש חיל GN 49:2
בכל חיילי פלחית ית **אבוכן:** ואבוכן שקר בי ושלחיף ית GN 31:6
וקלילא יומא דין עם **אבונא** בארעא דכנען: ואמר לנא GN 42:32
כל עותרא דרוקן ייי מן **אבונא** די לנא הוא ודי בננא וכדון GN 31:16
לנא חולק ואחסנא בבית **אבונא:** הלא נוכריתא איתחשבנא GN 31:14
כל ארעא: איתא נשקי ית **אבונא** חמר וכד יהי רוי נשמיש GN 19:32
דכנען והא זעירא עם **אבונא** יומא דין וחד נפק מלוותן GN 42:13
הוו ליה: למא יתמנע שום **אבונא** מיגו גניסתיה ארום לית ליה NU 27:4
לתרע משכן זימנא: **אבונא** מית במדברא והוא לא הוה NU 27:3
ואמרת רבתא לזעירתא **אבונא** סיב וגבר לית בארעא למיעל GN 19:31
ית פיתגמי ריבוני: ואמר **אבונא** תובו זבונו לנא קליל עיבורא: GN 44:25
לאחוי איתון וניבכי על **אבונן** ארזא רמא דרישי מטי עד GN 50:1
מן אילנא דנציב אברהם **אבונן** בבירא דשבע וצלי תמן בשום EX 36:33
הב לן אחסנא בגו אחי **אבונן:** דין חד מן ארבעא דינין די NU 27:4
מני פרנסא ביומוי יעקב **אבונן** ודוד מלכא ומשה נביא דהכין DT 31:14
ייבם תיסב אימן חולק **אבונן** וחולק אחא דאבונן ואין אנן NU 27:4
למשיציא ית יעקב **אבונן** ונחתתא למצרים בגין NU 31:8
ואמרו ליה שמע ישראל **אבונן** ייי אלקנא ייי חד עני יעקב DT 6:4
לארם נהריא נחתת **אבונן** יעקב מן שירויא ובעא DT 26:5
דמטא זימניה דיעקב **אבונן** למתכנשא מיגו עלמא הוה DT 6:4
היא: עירית אחתך בת **אבך** או בת אימך מה דיוליד אבך מן LV 18:9
או מה דילידת אמך מן **אבך** או מן גבר חורן לא תבזי LV 18:9
איתת אבוך דילידת מן **אבך** אחתך היא לא תבזי עריתה: LV 18:11
ואנת יוסף מפקד דאיקר **אבך** בגין כן אימר לאחך דא עיבידו GN 45:19
לא תבזי קריבת בשר **אבך** היא: עירית אחת אמך לא תבזי LV 18:12
שפר ארעא אותיב ית **אבך** וית אחך יתבון בארעא דגשן GN 47:6
ועריית אחת אמך ואחת **אבך** לא תבזי ארום ית קריביה LV 20:19
תבזי עריתה: עירית אחת **אבך** לא תבזי קריבת בשר אבך היא: LV 18:12
או בת אימך מה דיוליד **אבך** מן איתא אוחרי או מן אימך או LV 18:9
ייי לאהרן אנת ובנך ובית **אבך** עימך תקבלון חובי קדשיא אין NU 18:1
על שמא דעמרם **אבך** קריב לוותך ויתחברון לוותך NU 18:2
לוותך ונתחייב קדם **אבנא** כל יומייא: וכדון יתיב בבעו GN 44:32
מן יחוסי ומגניסת בית **איבא:** בכין תזדכי ממומתי אין GN 24:40
הבירכתא חדא היא לך **איבא** בריכני אוף לי איבא וארים GN 27:38
הדין שעא חדא אחין מן **איבא** דמיחדין באחסנתא לא תהוי DT 25:5
טעוותא ונפקית מבית **איבא** ואמרית ליה טיבותיך GN 20:13
לך איבא בריכני אוף לי **איבא** וארים עשו קליה ובכא: GN 27:38
דאנא שבקית ארעי ובית **איבא** ועלית עימך לארע נוכריתא GN 16:5
בין גבר לאיתתיה בין **איבא** לברתיה ביומי טליותא עד NU 30:17
כל דכורא אין לית ליה **איבא** למיגזריה: ותיגזרון ית בישרא GN 17:10
כבר שמישית רמשי עם **איבא** נשקיניה חמרא אוף בלילייא GN 19:34
בארעהון: אלהין לבית **איבא** תיזיל ולייחוסי ותיסב איתא GN 24:38
ותיבכי על טעוות בית **איבה** ואימה ותשהי תלת ירחין די DT 21:13
דאסרת על נפשה בבית **איבה** ולא בטיל איבה עד לא NU 30:7
מפסא פיתגמא בעלה או **איבה** מקביל ית חובאה: אילין NU 30:16
בבית איבה ולא בטיל **איבה** עד לא אתניסבת NU 30:7
לה מיניה ותבת לבית **איבהא** דלא מנטרא ייבם הי כיומי LV 22:13
ויתכווין וישתוק לה **איבהא** ויתקיימון כל נדרהא וכל NU 30:5
טליותא עד דהיא בבית **איבהא** ולא ביומי טליותה והיא NU 30:17
על נפשה יתקיימון ולית **איבהא** זכי בה תוב לבטלותהון: ואין NU 30:12
עד תריסר שנין: וישמע **איבהא** ית נידרה ואיסרה דאסרת NU 30:5
נפשה יתקיים: ואין יבטל **איבהא** יתה ביומא דשמע או לא NU 30:6
ייי ותיסר איסר בבית **איבהא** עד תריסר שנין: וישמע NU 30:4
אחוך בר אימך כל דכן בר **איבך** או ברך או ברתך או איתתך DT 13:7
וכל דאית בה: לחוד **באבהתכון** צבא ייי מטול למרחם DT 10:15
בסייפא: ודחביל **באבוי** ובאימיה אתקטלא יתקטיל EX 21:15
אליעזר ארום אמר אלקא **דאבא** הוה בסעדי ושיזבני מחרבא EX 18:4
דייי חשבה עלי לטבתא **דאבא** הוה מותיב לי ברישא ומן GN 50:20
והכדין נחמי סבר אפוי **דאבא::** ושדרו ביד בני זלפה ובני GN 37:30
ית קיימא דייי אלקא **דאבהתהון** דיגזר עימהון DT 29:24
ארעא לשמהן שיבטא **דאבהתהון** יחסנון: על פום עדבין NU 26:55
וחמשין: וליואי לשיבטא **דאבהתהון** לא אתמנין ביניהון: NU 1:47
כנישתא רברבי שבטיא **דאבהתהון** רישי אלפיא דישראל NU 1:16
גבר באחסנת שיבטא **דאבהתוי** ידבקון בני ישראל::: NU 36:7
חד גברא חד לשבטא **דאבהתוי** תשלחון מן קדם כל NU 13:2
היכמא דמליל ייי אלקא **דאבהתך** לך ארע דפירהא שמינין DT 6:3
ותימר להון ייי אלקא **דאבהתכון** איתגלי לי אלקיה EX 3:16
תימר לבני ישראל אלקא **דאבהתכון** אלקיה דאברהם אלקיה EX 3:15
אתגלי לך ייי אלקא **דאבהתכון** אלקיה דאברהם אלקיה EX 4:5
ולא יתנשי ית קימא **דאבהתכון** דקיים להון: ארום שייל DT 4:31
ויתיב יתכון לארעא **דאבהתכון:** ואנא הא יהבית לך ית GN 48:21

בתר פולחנא קשיטא **דאבהתכון** ותרחמון ית ייי אלקכון DT 6:5
ית ארעא דייי אלקא **דאבהתכון** יהיב לכון: ליתכון רשאין DT 4:1
שמיא לסגי: ייי אלקא **דאבהתכון** יוסיף עליכון כותכון DT 1:11
היכמא דמליל ייי אלקא **דאבהתכון** לכון: ויהי בזמן דתעברון DT 27:3
בארעא דיהב ייי אלקא **דאבהתכון** לכון למירתה כל יומיא DT 12:1
ואימר להון ייי אלקא **דאבהתכון** שדרני לוותכון ויימרון EX 3:13
וכדון נשבחיניה אלקא **דאבהתן** ונרומימניה: אמרין בני EX 15:2
וצלינא קדם ייי אלקנא **דאבהתן** וקביל ייי צלותנא וגלי DT 26:7
להון ומאחסנת שיבטא **דאבהתנא** יתמנע אחסנתהין: ופקיד NU 36:4
אחהי למרעי ית ענא **דאבוהון** בשכם: והוה לזמן יומין GN 37:12
דקרח לא הוו בעיטתא **דאבוהון** ואזלו בתר אולפנא דמשה NU 26:11
וכסיו ית עריתא **דאבוהון** ואפיהום מאחזרין GN 9:23
ידינון בינן בינגא אלקיה **דאבוהון** וקיים יעקב באלקא GN 31:53
מאחזרין ועריתא **דאבוהון** לא חמון: ואיתער נח מן GN 9:23
הוו זהירין גבר ביקרא **דאבוהי** וביקרא דאימיה מן בגלל EX 20:12
ומתפרש מן ביה מדמכיה **דאבוהי** ודאימי ויתחבר באינתתיה GN 2:24
ואתאה לות רעואל אבוה **דאבוהן** ואמר מה דין אוחיתון EX 2:18
לאשקאה ענא **דאבוהן:** ואתון רעיא וטרדינון וקם EX 2:16
דהיא חורניתא ערייתא **דאבוי** בזי איתקטלא יתקטלון LV 20:11
מצעא דבלהה פילקתיה **דאבוי** דהות מסדרא כל קבל מצעא GN 35:22
דהוא עסק באיקרא **דאבוי** דילמא ייתי וימחינני אימא GN 32:12
בלהה ועם בני זלפה נשיא **דאבוי** ואייתי יוסף ית טיפיהון ביש GN 37:2
באטלות אבנין מטול **דאבוי** ואימיה לט קטלא חייב: וגבר LV 20:9
והוא יקיר מכל ביתא **דאבוי:** ואתא חמור ושכם בריה GN 34:19
הוו זהירין גבר באיקרא **דאבוי** ובאיקרא דאימיה היכמא DT 5:16
אמן: ליט דמזלזל איקרא **דאבוי** ודאימיה עניין כולהון כחדא DT 27:16
דליתוי מקבל למימר **דאבוי** ולמימרא דאימיה ויכסנון DT 21:18
אבוי דכנען ית ערייתא **דאבוי** ותני לתרין אחוי בשוקא: GN 9:22
עסק עשרין שנין ביקרא **דאבוי** יעקת ליה ופליג ית עמא GN 32:8
קדמוי וסעדא לידא **דאבוי** לאעדאה יתה מעל רישא GN 48:17
ואמר אנא הוא אלקיה **דאבוך** אלקיה דאברהם אלקיה EX 3:6
דישראל: מימימר אלקא **דאבוך** יהי סיועך ומן דמתקרי שדי GN 49:25
דרבעת בהון: ברכתא **דאבוך** יתוספן על ברכתא דבריכו GN 49:26
ואמר אנא הוא אל אלקי **דאבוך** לא תידחל מן למיחות GN 46:3
חמידתא לבייתיה **דאבוך** למה גנבת ית צילמי טעותי: GN 31:30
עימכון בישא ואלקא **דאבוכון** ברמשא אמר לי למימר GN 31:29
תידחלון אלקכון ואלקא **דאבוכון** יהב לכון סימא בטוניכון GN 43:23
ורוקן ייי ית גיתא **דאבוכן** ויהב לי: והוה בעידן GN 31:9
חולק אבונן וחולק אחא **דאבונן** ואין אנן חשיבין כביר הב לן NU 27:4
לא תבזי מטול דעריתא **דאבך** היא: עירית אחתך בת אבך או LV 18:8
בבעו לחובי עבדי אלקא **דאבך** ובכא יוסף במללותהון עימיה: GN 50:17
דמליל עימיה קמה **דאבנא** ונסיך עלה ניסוך חמר וניסוך GN 35:14
ואמר יעקב אלקיה **דאיבא** אברהם הוא אלקיה דאיבא GN 32:10
אילוליפון לאלקיה **דאיבא** אלקיה דאברהם ודדחיל GN 31:42
והי כדקדמוי ואלקא **דאיבא** הוה מימרא בסעדי: ואתון GN 31:5
אחתי ברת אחא **דאיבא** היא ברם לא מגניסת אימא GN 20:12
ואיתוב בשלם לביתיה **דאיבא** ויהי ייי לי לאלקא: ואבנא GN 28:21
אברהם הוא אלקיה **דאיבא** יצחק ייי דאמר לי תוב GN 32:10
מה הווי בסוף בייתיה **דאיבה** דהיא הוות מבנתהון GN 19:26
וקרא לדחלתא **דאיבה** ולא ענה יתה ומן יד טלקת GN 21:15
ולא מעברא מן מזוניה **דאיבהא** תיכול וכל חילוניי לא LV 22:13
ורחל אתת עם ענא **דלאבוהא** ארום רעיתא היא בההוא GN 29:9
מצראי דלא חמון אבהתך **ואבהת** אבהתך מן יום מהויהון על EX 10:6
דלא חכימתא אנת **ואבהתך:** מטעוות שבעתי עממיא DT 13:7
דלא חכימתון אתון **ואבהתכון** ותהוון מסקי ארנונין DT 28:36
בבעו לה: ואמר ייי למשה **ואבוהא** אילו מנזף נזף באנפה הלא NU 12:14
ית קיטרי כספיהון הינון **ואבוהון** ודחילו על שמעון דשבקו GN 42:35
הוא בלחודוי מן אימיה **ואבוי** בגין כן רחים ליה: ואמרת GN 44:20
ברת הרן אבוי דמלכה **ואבוי** דיסכה היא שרי: והות שרי GN 11:29
ארעא: וקניאו ביה אחוהי **ואבוי** נטר בליביה ית פיתגמא: GN 37:11
וקרת שמיה בר דווי **ואבוי** קרא ליה בנימין: ומיתת רחל GN 35:18
חיילי פלחית ית אבוכן: **ואבוכן** שקר בי ושלחיף ית אגרי GN 31:7
היכמא דקיים לך **ולאבהתך** ויתנינה לך: ותפרש כל EX 13:11
ואבאישו לנא מצראי **ולאבהתנא:** וצלינא קדם ייי וקביל NU 20:15
דקריבא לגופיה לאימיה **ולאבוי** ולבריה ולברתיה ולאחוי: LV 21:2
וחמש איסטולי דלבושין: **ולאבוי** שדר דורון כדין עשרא GN 45:23
ויהי שמך אברהם ארום **לאב** סגי סוגעי עממין מניתך: GN 17:5
הא גזר קימי עימך ותהי **לאב** סגי עממין: ולא יתקרי תוב GN 17:4
ממליל עימכון: ותתנון **לאבא** ית כל איקר דאית לי GN 45:13
הינון חוביא די גרמו **לאבהתא** למיכול בשר בניהון LV 26:29
עקיא מחוון באצבעתהון **לאבהתהון** ואמרין דין הוא אלקן EX 15:2
יחמון ית ארעא דקיימית **לאבהתהון** ולא דרא דארגיזו קדמי NU 14:23
דקיים מימרא דייי **לאבהתהון** למיתן להון ואנת תפליג DT 31:7
ית ארעא דקיימית **לאבהתהון** למיתן להון: וכדון DT 10:11

לארעא דקיימתא **לאבהתהון**: מינן לי בישרא למיתן NU 11:12
לארעא דקיימית **לאבהתהון** עבדא חלב ודבש DT 31:20
ייי אלקך לארע דקיים **לאבהתך** לאברהם ליצחק וליעקב DT 6:10
ויבוסאי דקיים במימריה **לאבהתך** למיתן לך ארע עבדא חלב EX 13:5
טבתא דקיימתא למיתן **לאבהתכון**: אלהין כלב בר יפונה DT 1:35
דנטיר ית קיימא דקיים **לאבהתכון** אפיק יתכון פריקין DT 7:8
על ארעא דקיים ייי **לאבהתכון**: ארבעא מפתחי בידי DT 28:11
לכון ית כל ארעא דקיים **לאבהתכון**: ארום תינטרון ית כל DT 19:8
ויסגינכון היכמא דקיים **לאבהתכון**: ארום תקבלון למימר DT 13:18
וית חסדא די קיים **לאבהתכון**: וירחמינכון ויבריכינכון DT 7:12
תחומכון היכמא דקיים **לאבהתכון** ויתן לכון ית כל ארעא DT 19:8
ית ארעא דקיים ייי **לאבהתכון**: ותהון דכירין ית כל DT 8:1
ית קיימיה דקיים **לאבהתכון** כזמן יומא הדין: ויהי אין DT 8:18
הי כמא דקיים ייי **לאבהתכון** לאברהם ליצחק DT 1:8
ית פיתגמא דקיים ייי **לאבהתכון** לאברהם ליצחק DT 9:5
לכון והיכמא דקיים **לאבהתכון** לאברהם ליצחק DT 29:12
על ארעא דקיים ייי **לאבהתכון** לאברהם ליצחק DT 30:20
ארעא טבתא דקיים ייי **לאבהתכון**: למידחי ית כל בעלי DT 6:18
על ארעא דקיים ייי **לאבהתכון** למיתן להון ולבניהון DT 11:9
על ארעא דקיים ייי **לאבהתכון** למיתנה להון כסכום DT 11:21
לנא ית ארעא דקיים **לאבהתן**: ופקיד עלנא ייי למעבד ית DT 6:23
עלינן לארעא דקיים ייי **לאבהתן** למיתן לנא: ויסב כהנא ית DT 26:3
לנא היכמא דקיימת **לאבהתנא** ארעא דפירהא שמינין DT 26:15
ית ארעא דקיימת **לאבהתנא** דלא תשלחפיננא בעם EX 34:9
מאה סילעין דכסף ויתנון **לאבוהא** דעולימתא ארום אפיק DT 22:19
ויתן גברא דשמיש עימה **לאבוהא** דעולימתא דמי בהתה DT 22:29
הוא ורהטת ותניאת **לאבוהא**: והוה כדי שמע לבן ית GN 29:12
ואחסינו בה: ואמר שכם **לאבוהא** ולאחהא אשכח רחמין GN 34:11
מן משכניהון אמרין **לאבוהון** ולאימהתהון לא חמיתינון DT 33:9
רב ותקיף לחדא ועבד **לאבוי** איבלא שובעא יומין: וחמא GN 50:10
מן אנת ברי: ואמר יעקב **לאבוי** אנא עשו בוכרך עבדנא GN 27:19
לך אילין: ואמר יוסף **לאבוי** בני הינון דיהב לי מימרא דייי GN 48:9
ומרירתא עד לחדא ואמר **לאבוי** בריכני אוף לי אבא: ואמר GN 27:34
אעביד לך ברי: ואמר עשו **לאבוי** הבירכתא חדא היא לך איבא GN 27:38
מיניה תבשילין ואיתי **לאבוי** ואמר לאבוי יקום אבא GN 27:31
דטלופחי ואזל לנחמא **לאבוי** ואתא עשו מן ברא והוא GN 25:29
בר עיזי תבשילין ואייביל **לאבוי** וזכה למקבלא סדר ברכתא LV 22:27
גחנן לי: ואישתעי **לאבוי** ולאחהא ונזף ביה אבוי ואמר GN 37:10
בשינוקא דסודרא: ודילוט **לאבוי** ולאימיה בשמא מפרשא EX 21:17
כל בר נש דמית לא יעול **לאבוי** ולאימיה לא יסתאב: ומן LV 21:11
על בר נש דמית לא יעול: **לאבוי** ולאימיה לאחוי ולאחתיה NU 6:7
יעקב ויעקב אמטי ליה **לאבוי** ושתי: ואמר ליה יצחק אבוי GN 27:25
לאחי אבוי: ואין לית אחין **לאבוי** ותיתנון ית אחסנתיה NU 27:11
ודבח דיבחין לאלקא **לאבוי** יצחק: ואמר ייי לישראל GN 46:1
ואיתי לאבוי ואמר **לאבוי** יקום אבא וייכול מצידא GN 27:31
ית בריה עני ואמר יצחק **לאבוי** כפת יתי יאות דלא נפרכס GN 22:10
רישא דמנשה: ואמר יוסף **לאבוי** לא כדין אבא ארום דין GN 48:18
טעינן עיבור ולחם וזוודין **לאבוי** לאורחא: ושדר ית אחוי GN 45:23
דכולהון: ואמר ראובן **לאבוי** למימר ית תרין בנוי תקטל GN 42:37
לגובא לאסקותיה **לאבוי** מאים יסב ליה אפין וכיוון GN 37:29
מטול איקרא דעבד **לאבוי**: עיבורא תזבנון מינהון כד חי DT 2:5
ואעביד יתהון תבשילין **לאבוך** היכמה די רחים: ותעיל GN 27:9
היכמה די רחים: ותעיל **לאבוך** ויכול בגין דיברכינך קדם GN 27:10
להום לשלם ואמר השלם **לאבוכון** סבא: הוא קיים וגחנו GN 43:27
נסיב יעקב ית כל די **לאבונא** ומן די לאבונא עבד ליה ית GN 31:1
ית כל די לאבונא ומן די **לאבונא** עבד ליה ית כל יקר נכסייא GN 31:1
דעמורא שנאב דאפילו **לאיבוד** הוה שני מלכא דאדמה GN 14:2
וקרת שמיה מואב ארום **מאבוהא** איתעברת הוא אבוהום GN 19:37
ואתעברן תרתין בנת לוט **מאבוהן**: וילידת רבתא בר וקרת GN 19:36
שימושי עימיה ונקיים **מאבונא** בנין: ואשקיאן אוף בליליא GN 19:34
רוי נשמיש עימיה ונקיים **מאבונא** בנין: ואשקיאן ית אבוהון GN 19:32

אבד (45)

רמא ומנטלא חמי כל דא **אבד** חושבנכון עד דיסוף בדבונא NU 21:30
דאתון קיימין על ארעא: **אבדא** תאבדון ית כל אתריא די DT 12:2
הא אנחנא חשיבין כאילו **אבדנא** כולנא: כל דקריב מיקרב NU 17:27
ייא לכון סנאי צדיקיא **אבדתון** עמא דכמיש מדהינת NU 21:29
והכדין תעביד לכל **אבידתא** דאחוך די מתבדא מיניה DT 22:3
די איתפקד גביה או ית **אבידתא** דאשכח: או מכל מדעם LV 5:23
ית חבריה: או אשכח **אבידתא** ויכפור בה ואישתבע על LV 5:22
על אימר על כסו ועל כל **אבידתא** ייומי כד יימר ארום הוא EX 22:8
יגרי ייי אלקכון בהון עד **דיהובדון** מה דמשתותרין ומה DT 7:20
דיכרין תריסר מטול **דיהובדון** תריסר רברבי ישמעאל NU 7:87
בני שנה תריסר מטול **דיהובדון** תריסר רברבי עשו NU 7:87
עד דתישתצון ועד **דתובדון** בסרהוביא מן קדם בישות DT 28:20
על שווייכון עד **דתיבדון**: ויהון שמיא דעילויכון הי DT 28:22
אפיהון כד רדפו בתריהון **ואבידינון** ייי עד זמן יומא הדין: DT 11:4
ומינן איתבלעו בארעא **ואובדו** הא אנחנא חשיבין כאילו NU 17:27
וחפת עליהון ארעא **ואובדו** מגו קהלא: וכל ישראל די NU 16:33
עיבידא ביכרן יומא הדין **ואוביד** ית בר נשא ההוא במותנא LV 23:30
שליט מדבית יעקב **ויוביד** וישיצי שיזֵ ויצדי וקיסרין NU 24:19
וימסור מלכיכון בידכון **ותובדון** ית שומהון מדוכרנא תחות DT 7:24
מן קדמיכון ותתריכינון **ותובדינון** בסרהוביא היכמא דמליל DT 9:3
וארעא לא תיתן עללתא **ותיבדון** בסרהוביא מעילוי ארעא DT 11:17
קדם בעלי דבביכון: **ותיבידון** ביני עממיא ותגמר יתכון LV 26:38
עולימא חבילית דבגיניה **יהובדון** זרעי: ארום קין דהב ותב GN 4:23
ועדרי עניכון עד זמן די **יהובדון** יתכון: ויעיקון לכון בכל DT 28:51
תלת שנין יהי לכון מרחק **לאבדא** לא יתאכל: ובשתא רביעתא LV 19:23
יעקב מן שירויא ובעא **לאובדותיה** ושיזבי מימרא דייי מן DT 26:5
ודאיליין עד עלמא יהוי **לאובדנא**: וחמא ית יתרו דמתגייר NU 24:20
משיחא ויהוון עד עלמא **לאובדנא**: וקם בלעם ואזל ותב NU 24:24
וככנישת סעדוי וסופיה **להובדא** ולא כמיתותא דקרח NU 17:5
עליכון עממין נוכראין **להובדא** יתכון ולמשיציא יתכון DT 28:63
ארום על ידוי עתידה **למובדא** ארעא דמצרים: ופקיד EX 10:7
דיניא דדרא דמבולא **למובדא** ולמישתציה מגו עלמא GN 6:3
ונחתתא למצרים בגין **למובדא** זרעיה ומן בתר דנפקו NU 31:8
הי כנחשא דמזייע **למובדא** פירהא: ויסוף לריקנו LV 26:19
כל דא: ארום אומא **מאבדא** עיטין טבן הינון ולית בהון DT 32:28
שמיא וית ארעא ארום **מיבד** תיבדון בסרהוביא מעילוי DT 4:26
עליכון יומא דין ארום **מיבד** תיבדון: הי כעמיא דייי מגלי DT 8:19
תניתי לכון יומנא ארום **מיבד** תיבדון ולא תיגדון יומין על DT 30:18
לכל אבידתא דאחוך די **מתבדא** מיניה ותשכחה לית לך DT 22:3
ריבוני צלי כען עלה ולא **נובדא** זכותה מיגו קהלא: וצלי משה NU 12:12
קיימין על ארעא: אבדא **תאבדון** ית כל אתריא די פלחו תמן DT 12:2
וית ארעא ארום מיבד **תיבדון** בסרהוביא מעילוי ארעא DT 4:26
יומא דין ארום מיבד **תיבדון**: הי כעמיא דייי מגלי מן DT 8:19
לכון יומנא ארום מיבד **תיבדון** ולא תיגדון יומין על ארעא DT 30:18
מגלי מן קדמיכון היכדין **תיבדון** חולף דלא קבילתון DT 8:20

אבוב (1)

דממנן לזמרא בכינרא **ואבובא**: וצלה אף היא ילידת ית GN 4:21

אבולא (1)

קירויכון עד זמן די יחתון **אבוליכון** רמיא ותליליא דאתון DT 28:52

אביר (1)

מיא קדמאי דהוון בגויה **אבירוי** ופרבירוי כרכוי ומדינתיה NU 34:6

אבל (16)

איתפקד די לא למיכול **אביל** מיניה כל דכן קרבן חטאתא LV 10:19
אליף יתן למנחמא **אבילין** מן דאתגלי ליעקב תוב DT 34:6
ארום איחות לות ברי כד **אבילנא** לבי קבורתא ובכה יתיה GN 37:35
טור פרזלא מי מצותא **אבל** ודמוכה סמיך לגיניסר כרך NU 34:11
מחוויין בידיהון ואמרין **אבל** תקיף דין למצרים בגין כן קרא GN 50:11
אנא עד זמן דימטון יומי **אבלא** דמיתת אבא ובכן אנא קטיל GN 27:41
אנשיית: לא אכלית ביומי **אבלי** מיניה ולא אפרשית מיניה DT 26:14
יתבי ארעא כנענאי ית **איבלא** בבית אידרי דאטד ושריין GN 50:11
ותקיף לחדא ועבד לאבוי **איבלא** שובעא יומין: וחמא יתבי GN 50:10
יומין מן בתר דשלים **איבליה** דמתושלח חמא ייי והא לא GN 7:10
יומין ושלימו יומי בכותא **דאיבליה** דמשה בתמניא בניסן DT 34:8
ית פיתגמא בישא הדין **ואיתבלו** ולא שוויו גבר ית תיקון EX 33:4
ואסר שקא בחרצוי **ואתאבל** על בריה יומין סגיאין: GN 37:34
עם כל בני ישראל **ואתאבלו** עמא לחדא: ואקדימו NU 14:39
שיפמיה יהי מעטף והי **כאבילא** יהי לביש וכרוזא מכריז LV 13:45
ברם עלוי עתיד אבוי **לאתאבלא**: ואוסיפת תוב וילידת בר GN 38:4

אבן (91)

עלמא זיויה הי כעובד **אבן** טבא והי כתקוף שפר שמיא כד EX 24:10
בזמן דקבל תרין לוחי **אבן** ספירינון ומתקלהון ארבעין DT 34:12
תחות כורסייה הי כעובד **אבן** ספירינון מידכר שיעבודא EX 24:10
מתעבד סייפא על **אבנא** אפיסתא יתה: ואתון כהניא EX 20:25
וקריב יעקב וגלגיל ית **אבנא** בחדא מן אדרעוי מעילוי פם GN 29:10
קין על הבל אחוהי וטבע **אבנא** במיצחיה וקטליה: ואמר ייי GN 4:8
תמן ואיתן לך ית לוחי **אבנא** דבהון רמיז שאר פיתגמי EX 24:12
חדא ניסא תליתאה **אבנא** דהוו כל עדריא מתכנשין GN 28:10
למקטליה: או בכל **אבנא** דהיא כמיסת דימות בלא NU 35:23
ייי בביתאל והיך נדרית **אבנא** והיך טפת בירא וסליקת GN 29:13
בינא ובינך: ונסיב יעקב **אבנא** וזקפא לקמא: ואמר יעקב GN 31:45
ובמני אעא ובמני **אבנא**: ועבדו היכדין משה ואהרן EX 7:19
צבי לסגופי נפשי נסיבו **אבנא** ושוויו תחותוי ויתיב עלה EX 17:12
יעקב בצפרא ונסיב ית **אבנא** מן דשוי איסדוי ושוי יתה GN 28:18
כל עדריא ומגלגלין ית **אבנא** מעל פם בירא ומשקן ית ענא GN 29:3
כל עדריא ויגלגלון ית **אבנא** מעל פם בירא ונשקי ענא: עד GN 29:8
מתכא מתרככין טעוות **אבנא** מתגדעין טעוות פחרא EX 12:12

הוו מתרככין טעוות **אבנא** מתגדעין טעוות פחרא NU 33:4
ית ענא ומתיבין ית **אבנא** על פם בירא לאתרא: ואמר GN 29:3
הוא: ויפכרון ית ביתא ית **אבנוי** וית קיסוי וית כל עפרא LV 14:45
אבני בורלוות חלא וית **אבני** אשלמותא לשקעא באפודא EX 35:27
לפישון ודליין מתמן ית **אבני** בורלוות חלא וית אבני EX 35:27
והא מכתשא כתרין מן **אבני** ביתא דליה ארבע כותלין LV 14:37
יתהון על כתפי אפודא **אבני** דוכרנא לבני ישראל היכמא EX 39:7
ויפקד כהנא וישמטון ית **אבניא** דיבהון מכתשא ויטלקון LV 14:40
בגלוף שמהן על **אבניא** דישראל: מימימר אלקא GN 49:24
ניסא תניינא ארבעתי **אבניא** דשוי איסדוי אשכח יתהון GN 28:10
ית יורדנא תקימון ית **אבניא** האילין דאנא מפקיד יתכון DT 27:4
ונסיב בידיה תרין לוחי **אבניא**: ואתגלי ייי בענני איקר EX 34:4
מן בתר דשמיטו ית **אבניא** ומן בתר דקליפו ית ביתא LV 14:43
חורניין ויעלון באתר **אבניא** ועפרא חורן יסב ויתטש ית LV 14:42
ייי אלקכון: ותיכתובון על **אבניא** ית כל פיתגמי אורייתא חדא DT 27:8
משה: ונסיב ית תרין לוחי **אבניא** לוחי קימא דאיתיהיבו ליה EX 40:20
ועל מארסא באטלות **אבנין** גיורא וגיורתא: וגבר די ישמש LV 20:10
יתקטלון באטלות **אבנין**: דיסב ית איתא וית אימא זנו LV 20:13
למשה פסל לך תרין לוחי **אבנין** הי כקדמאי ואכתוב על EX 34:1
ההוא: ופסל תרין לוחי **אבנין** הי כקדמאי ואקדם משה EX 34:4
יחייבון יתיה אטלות **אבנין**: ואנא איתן פנוייתא למעסוק LV 20:2
יתקטיל באטלות **אבנין**: וארום ינצון גוברין וימחון חד EX 21:17
למשריתא ואטלו יתיה **אבנין** ובני ישראל עבדו למסמך LV 24:23
קטול ויתחייב אטלות **אבנין** ובתר כדין יצלבון יתיה על DT 21:22
קטלא חייבין באטלות **אבנין**: וגבר די ישמיש עם כלתיה LV 20:11
קטלא חייבין באטלות **אבנין**: וגבר די ישמש עם דכורא LV 20:12
יתקטל באטלות **אבנין**: וינטרון בני ישראל ית שבתא EX 31:15
ית איתתא באטלות **אבנין** וית בעירא בקולפי אתקטלא LV 20:16
יתקטל באטלות **אבנין** וית בעירא תקטלון בקולפי: LV 20:15
קרי להום אחוי לקוטו **אבנין** ולקוטו אבנין ועבדו אוגר GN 31:46
לקוטו אבנין ולקוטו **אבנין** ועבדו אוגר ואכלו תמן על GN 31:46
לאתר מסאב: ויסבון **אבנין** חורניין ויעלון באתר אבניא LV 14:42
ארום תמן אתר מקבע **אבנין** טבין ומרגליין דביה משה DT 33:21
מחפייא דהב טב מקבעא **אבנין** טבן ומחזקא באטונין דבוין GN 50:1
לא תקיימון באטלות **אבנין** יתקטלון:: כל מאן דדבח EX 22:17
אטלא יאטלון יתיה **אבנין** כל כנישתא כגיורא כיציבא LV 24:16
קדם ייי אלקכון מדבח **אבנין** לא תרים עליהון פרזלא: אבנין DT 27:5
יתקטל באטלות **אבנין** מטול דאבוי ואימיה לט LV 20:9
יתקטל באטלות **אבנין**: עמי בני ישראל לא תבערון EX 35:2
יהיב לכון ותקימין לכון **אבנין** רברבין ותשועון יתהון בגירא: DT 27:2
לא תרים עליהון פרזלא: **אבנין** שלמן תבנון ית מדבחא דייי DT 27:6
ואיבריכינך: ואין מדבח **אבנין** תעביד לשמי לא תבני יתהן EX 20:25
עלמיא וחקיק ומפרש **באבן** שתייה דבה חתם מריה עלמא EX 28:30
גוברין וימחון חד לחבריה **באבנא** או במרתוקא ולא ימות EX 21:18
ידא ארום יתרגמא יתרגם **באבנא** ברדא או גירין דאישא EX 19:13
בסופא: ותאטלון יתיה **באבנא** וימות ארום בעא DT 13:11
זכורו אתקטלא יתקטלון **באבנא** יאטלון יתהון קטלא חייבין: LV 20:27
יתקטל גברא אטלו יתיה **באבנא** כל כנישתא מברא NU 15:35
יתקטל קטולא: ואין **באבנא** מלוא ידא די כמיסת דימות NU 35:17
כל אינשי קרתיה **באבניא** וימות ותפלון עביד דביש DT 21:21
ההיא ותאטלון יתהון **באבניא** וימותון ית עולימתה מן DT 22:24
ית אינתתא ותאטלונון **באבניא** וימותון: על מימר תרין DT 17:5
למשריתא ואטלו יתיה **באבניא** ומית היכמא דפקיד ייי ית NU 15:36
ויאטלונה אינשי קרתא **באבניא** ותמות ארום עבדת קלנא DT 22:21
כנישתא לאטלא יתהון **באבנין** ואיקר שכינתא דייי איתגלי NU 14:10
על רישיה ויאטלון יתיה **באבנין** כל כנישתא: ועם בני ישראל LV 24:14
מן דינא הוא לאטלא יתן **באבנין**: מהלך תלתא יומין נטייל EX 8:22
תרין לוחי סהדותא לוחי **דאבן** ספירינון מכורסי יקרא EX 31:18
סגותא לא תקימון לכון **ואבן** מציירא לא תתנון בארעכון LV 26:1
דבני נשא מן קיסא **ואבנא** דלא חמיין ולא שמעין ולא DT 4:28
טעוון דילהון דמן קיסא **ואבנא** דרמיין באושקקי וטעוון DT 29:16
דאיבא ויהי ייי לי לאלקא: **ואבנא** הדא דשויתי קמא תהי GN 28:22
בירא ההיא משקן עדריא **ואבנא** רבתא מחתא על פם בירא: GN 29:2
ואפילו קרקעיתיה **ואבנוי** וקיסוי ומנוי יהי מסאב NU 19:14
לפלחי טעוון דקיסין **ואבנין**: ואין יהרהר ליבכון למפלח DT 28:36
דלא ידעתון דמן קיסין **ואבנין**: ואין יתפלג דעתכון למפלח DT 28:64
ההיא בחיר תמן בידלחא **ואבנין** טבין דבורלין: ושום נהרא GN 2:12
על ימא כנשין מרגליין **ואבנין** טבן דדבר פישון מגינוניתא EX 14:9
מצראי דפתקין גירין **ואבנין** לישראל והוה עננא מקביל EX 14:19
דימא אידמון הי **כאבניא**: ימינך ייי מה משבחא היא EX 15:5
גבורתך ישתתקון הי **כאבנייא** עד זמן די יעברון עמך ייי EX 15:16
והות להון לבינתא **לאבנא** וטינא הוות להום לישיע: GN 11:3
אשכח יתהון בצפרא **לאבנא** חדא ניסא תליתאה אבנא GN 28:10
שימשא ונסיב ארבעה **מאבני** אתר קדיש ושוי איסדוי GN 28:11

אבץ (1)
עלה דכר ולא אטרחא **באבצן** עיבידתא ואפסרא וקטרבא NU 19:2

אבק (2)
על ארעכון רוחא דמסקא **אבקא** ועפרא עילוי עישבי DT 28:24
למיחמי פרעה: ויהי **לאבקא** על כל ארעא דמצרים ויהי EX 9:9

אבר (2)
יתיה ויתהין באתכות **אבר** לפמהון ולא תהי זנו ביניכון: LV 20:14
דימא נחתו ושקעו הי **כאברא** מיא ממשבחיא: מן כוותך EX 15:10

אגדנא (1)
חיטאה חלי וסופיה מסר **כאגדנא** דמותא: ויהי במשמעיה ית DT 29:17

אגורא (11)
בלעם ובלק תור ודכר על **אגורא**: ואמר בלעם לבלק איתעתד NU 23:2
ואסק תור ודכר על כל **אגורא**: ואמר לבלק אתעתד הכא NU 23:14
ואסיק תור ודכר על כל **אגורא**: וחמא בלעם ארום שפר הוה NU 23:30
תור ודכר על כל **אגורא**: ושוי ייי פיתגמא בפמיה NU 23:4
דריויה שפיר: ותסתרון ית **אגוריהון** ותיתברון ית קמיתהון DT 12:3
אין כדין תעבדון לכון **אגוריהון** תסתרון וקמתיהון DT 7:5
לריש רמתא ובנא שובעא **אגורין** ואסק תור ודכר על כל NU 23:14
לבלק בני לי הכא שובעא **אגורין** ועתד לי הכא שבעא תורין NU 23:1
לבלק בני לי הכא שבעא **אגורין** ועתד לי הכא שובעא תורין NU 23:29
ואמר קדמוהי ית שבעתי **אוגריא** סדרית ואסיקית תור ודכר NU 23:4
יהי לתקלא בינך: ארום ית **איגוריהון** תתרעון וית קמתהון EX 34:13

אגר (59)
עימיה לא ישלם אין **אגירא** הוא עאל פסידיה באגריה: EX 22:14
במניין שניא הי כיומי **אגירא** יהי עימיה: אין עד כדון אית LV 25:50
ארום בכופלא על אגר **אגירא** פלחך שית שנין וברכך DT 15:18
מן גבך ארום בכופלא על **אגר** אגירא פלחך שית שנין וברכך DT 15:18
דמותא דביה משתלם **אגר** ביש לרשיעיא: דאנא מפקיד DT 30:15
ואנת רב נחתומיא תקבל **אגר** ביש על חלמך ביש דחלמתא GN 40:18
ההוא הישתכח עימי **אגר** זכוון קלילן ונפלו קדמיי GN 15:1
יתהון אנא ייי דיהב **אגר** טב לנטרי פיקודי אורייתי: ולא LV 22:31
עלם אחרן ואית למיתן **אגר** טב לצדיקיא ואית למיתפרעא GN 4:8
עלם אחרן ולית למיתתן **אגר** טב לצדיקיא ולית למתפרעא GN 4:8
דחיי דביה משתלם **אגר** טב לצדיקייא וית אורחא DT 30:15
מימרא דייי למיתן **אגר** טב לצדיקייא ולמתפרעא מן NU 24:23
עתידין בנוי לקבלא **אגר** טב על דאינון עסיקין GN 30:18
ואת רב מזוגייא תקבל **אגר** טב על חלמך טב די חלמתא GN 40:12
ושמע אהרן ושתיק וקבל **אגר** טב על משתוקיה: וקרא משה LV 10:3
בני יששכר ממקבלין **אגר** כוותהון ושומהון סרד ואלון GN 46:14
ית גרמיה בזנו: לא תעלון **אגר** מוהבות מטעיתא ופירוג דכלב DT 23:19
כען לי דילמא איתקבלת **אגר** מצוותיי בעלמא הדין ולית לי GN 15:1
וכל בעירא למינטור בלא **אגר** נטיר וימות או איתביר מן חיוא EX 22:9
כסף או מנין למינטר בלא **אגר** נטיר ומתגנבין מבית גבר אין EX 22:6
מיניה דהוה ליה עימיה **אגר** נטיר ישלם למרוי: אין איתברא EX 22:11
עמי ולסנאיהון אשלים **אגר** עובדיהון בישיא: אירוי גירדי מן DT 32:41
להון מן שירויא ויקבלון **אגר** עובדיהון והינון הוון מן סביא NU 11:26
דרין: ומשלים לסנאוי **אגר** עובדיהון טביא בעלמא הדין DT 7:10
עממייא למשלמא לכון **אגר** עובדיכון טביא ואיתקוף יתכון LV 26:9
נפלין קומך בעלמא הדין **אגר** עובדך טביא נטיר ומתקן קדמי GN 15:1
תבירי חרב: ואיתפני מן **אגר** עממייא למשלמא לכון אגר LV 26:9
וטפליא לקבולי עליהון **אגרא** דמייתין יתהון וגייורייא DT 31:12
אתון ואינש בתיכון ארום **אגרא** הוא לכון חלופי פולחנכון NU 18:31
דעובדא טבא כלו קבל **אגרא** ואגר עובדא בישא כלו קבל NU 21:27
תניינא לא משתכח עימי **אגרא** ויתחל בי שום שמיא ובכין GN 15:1
ארום תיעול למיסב **אגרא** כפעל בכרמא דחברך ותיכול DT 23:25
תתן: ארום תיעול למיסב **אגרא** כפעל בקמתא דחברך DT 23:26
קיציא גניזיא ומתן **אגרהון** דצדיקייא ופורענותהון GN 49:1
ואמרת לאה יהב ייי **אגרי** דיהבית אמתי לבעלי והיכדין GN 30:18
וקרוח ונמור בעזיא ויהי **אגרי**: ותסהד בי זכוותי ליומחרא GN 30:32
ליומחרא ארום תהוי על **אגרי** לקמך כל דלתוהי נמור וקרוח GN 30:33
בגין ענך ושלחפתא ית **אגרי** עישרתי חולקין: אילוליפון GN 31:41
שקר בי ושלחיף ית **אגרי** עשר חולקין ולא יהב ליה ייי GN 31:7
דשומא בריגליהון יהי **אגרך** וילדן כל ענא מאן דשומא GN 31:8
הוה אמיר קרוחין יהי **אגרך** וילדן כל ענא קרוחין ואם GN 31:8
מגן תני לי מן יהי **אגרך**: וללבן הוון תרתין בנן שום GN 29:15
ייי בגינך: ואמר קטע **אגרך** עלי ואיתן: ואמר ליה אנת GN 30:28
לותי תיעול ארום מיגר **אגרתך** ביברוחי דברי מן רחל אחתי GN 30:16
אגירא הוא עאל פסידיה **באגריה**: וארום ישרגיג גבר בתולתא EX 22:14
תניס ולא תבית סוטרא **דאגירא** למעכבא גבך עד צפרא: לא LV 19:13
ולא תשגון סוטריה **דאגירא** עניא ומסכינא מן אחוכון DT 24:14
בין גברא לאחוי ובין מאן **דמאגר** מילי דינין: לא תשתמודעון DT 1:16
דהוא תותבא דכהנא **ואגירא** לא ייכול קודשא: וכהנא LV 22:10
ייכול ביה: דייור תותב **ואגירא** נוכראה לא ייכול ביה: EX 12:45
ונזקיה ובהתיה יתן **ואגר** אסיא ישלם עד דמיתסי: EX 21:19

ועיזייך לא אתכלו **ואגר** דיכרי ענך לא אכלית: דתבירא GN 31:38
טבא כלו קבל אגרא **ואגר** עובדא בישא כלו קבל זיינה NU 21:27
דמיפקכון ממצרים **ודאוגר** לכון ית בלעם בר בעור מן DT 23:5
לך ולעבדך ולאמתך **ולאגירך** ולתותבך דדיירין עימך: LV 25:6
שנוי יתיב ית פורקניה: הי **כאגיר** שנא בשנא יהי עימיה לא LV 25:53
פולחנות עבדיא: הי **כאגירא** הי כתותבא יהי עימך עד LV 25:40
ותעבד תיאק גיפופין **לאיגרך** לא תגרמון לאסתקפא DT 22:8
ואמרת לותי תיעול ארום **מיגר** אגרתך ביברוחי דברי מן רחל GN 30:16

אדבע (2)

ארבעין סאין כתיבין **באדבעא** דייי: וחמא עמא ארום EX 31:18
ותיתן על קרנת מדבחא **באדבעך** וית כל דמא תשוד EX 29:12

אדי (2)

ית משכנא וקדיש יתיה: **ואדי** מיניה על מדבחא שבע זימנין LV 8:11
ומן אדמא דעל מדבחא **ואדי** על אהרן ועל לבושוי ועל בנוי LV 8:30

אדמה (6)

בטורי מוריה למפלח ית **אדמתא** דאתברי מתמן: וטרד ית GN 3:23
מיטרא ומשקי ית כל אפי **אדמתא**: וברא ייי אלקים ית אדם GN 2:6
לא אית למיפלח ית **אדמתא**: וענן יקרא הוה נחית GN 2:5
ברייה: ורבי ייי אלקים מן **אדמתא** כל אילן דמרגג למיחמי GN 2:9
וברא ייי אלקים מן **אדמתא** כל חיות ברא וית כל עופא GN 2:19
לא תעבדון לכון: מדבח **אדמתא** תעביד לשמי ודהי דבח EX 20:24

אדן (1)

דמצרים הוה אהרן מצית **אדניה** ושמע מה דמליל עמיה: EX 6:28

אדק (5)

חוטא דתיכלא למהוי **אדיק** על המיין אפודא ולא יתפרק EX 28:28
בשזיר תיכלא למיהוי **אדיק** על המיין אפודא ולא יתפרק EX 39:21
חד מסיטרא מיכא נגידין **ואדיקין** הוון כרוביא ולא מתפרשין EX 37:8
דאתגיירו במצראי **ויתאדקון** בכון: לחוד כל מרע וכל DT 28:60
דשבקתון דחלתי: **יאדק** מימרא דייי בכון ית מותא עד DT 28:21

אדרע (7)

מן לקדמין ומן תחות **אדרע** גבורתיה עלמא סביל ויבודור DT 33:27
דמותא ודחלתא בתקוף **אדרע** גבורתך ישתתקון הי EX 15:16
ידא תקיפתא וניצחנות **אדרע** מרממא כד אפקכון ייי DT 7:19
תור אימר ויתנון לכהנא **אדרעא** דימינא ולוחא ארעיא DT 18:3
מן כל קטולייא דמגרר **אדרעא** עם קודקדא: וחמא ארעא DT 33:20
וגלגיל ית אבנא בחדא מן **אדרעוי** מעילוי פם בירא וטפת GN 29:10
ובסדרי נצחני קרבין **ובאדרע** מרמם ובחזוונין רברבין הי DT 4:34

אהל (2)

מרים אחתן מסאבא **באהילא** כמיתא דהיא מדמיא NU 12:12
בגלל דלא יסתאב כהנא **באוהלא** דמיתא נס תריסיראי NU 25:8

או (292)

אית לך בקרתא קריב **או** אחא הכא חתנך בנך ובנתך הנפק GN 19:12
למימר האית לכון אבא **או** אחא: ואמרנא לריבוני אית לן GN 44:19
ליה חד מן אחוי יפרקיניה: **או** אחבוי או בר אחבוי יפריקיניה LV 25:49
מפסא פיתגמא בעלה **או** איבה מקביל ית חובאה: אילין NU 30:16
ואמר עמי בני ישראל תור **או** אימר או גדיא ארום איתיליד LV 22:27
די יכוס ניכסת תור **או** אימר או עיזא במשריתא או די LV 17:3
דיליה: ארום יגנב גבר תור **או** אימר ויכסיניה או זבניה חמשא EX 21:37
גבר לחבריה חמר או תור **או** אימר וכל בעירא למינטור בלא EX 22:9
או איתביר מן חיוא **או** אישתבי ולית סהיד חמי EX 22:9
לאתעבדא בשלו ויתחייב: **או** אישתמודע ליה חובתיה דחב LV 4:23
לאיתעובדא ויתחייב: **או** אישתמודע ליה חובתיה דחב LV 4:28
ולא יהוי בתר דנא בר נש **או** איתא או גניסא או שיבטא DT 29:17
צולקת כואה היא: וגבר **או** איתא ארום יהי ביה מכתשא LV 13:29
הוא וידכיניה כהנא: וגבר **או** איתא ארום יהי במשך בישריהון LV 13:38
מליל עם בני ישראל גבר **או** איתא די יעבדון מכל חובי NU 5:6
אלקכון יהיב לכון גבר **או** איתא דיעבד דביש קדם ייי DT 17:2
ומבתר כן קטל גברא **או** איתא תורא יתרגם ואוף מריה EX 21:29
בלא אגר נטיר וימות **או** איתביר מן חיוא או אישתבי EX 22:9
ישראל ותימר להון גבר **או** איתתא ארום חמיין סטיתא NU 6:2
למהוי פלחין קדמי: וגבר **או** איתתא ארום יהי בהון בידין או LV 20:27
בר איבך או ברך או ברתך **או** איתתך דדמכא בעבך או חברך DT 13:7
ויישיל יתה מבייתיה **או** אכריזו עלוי דימות גברא DT 24:3
עבד כנענאי נגש תורא **או** אמתא כנעניתא כסף תלתין EX 21:32
בעלה ולא בגרת נדרת **או** אסרת איסרא על נפשה NU 30:11
וארום יפתח אינש גוב **או** ארום יחפס אינש גוב בשוקא EX 21:33
בכל קודשיא ויתחייב: **או** ארום יקרב בסואבות אינשא LV 5:3
מסאב הוא סגירותא הוא: **או** ארום יתוב בישרא חייא LV 13:16
בלא אשוני ריחוקה **או** ארום תידוב בתר יומי ריחוקה LV 15:25
או דיטלום ית חבריה: **או** אשכח אבידתא ויכפור בה LV 5:22
בכל ריחשא דיסתאב ליה **או** באינשא דמית דיסתאב ליה LV 22:5
או בשכיבא במותנא **או** בבית קבורתא וגוללא ודופקא: NU 19:18
מסאב בסואבות אינשא **או** בבעירא מסאבא או בכל שיקוץ LV 7:21
גביה או בשותפות ידא **או** בגזילא או דיטלום ית חבריה: או LV 5:21
סמקא מערבן בקורחתיה **או** בגלשולשותיה הי כחיזוי סגירות LV 13:43
הוא: וארום יהי בקורחתא **או** בגלשולשתא מכתש חיוור LV 13:42
סגיא הוא בקורחתיה **או** בגלשלשותיה: ויחמי יתיה כהנא LV 13:42
ואפילו בגרמיה כשערתא **או** בגרמא דאינשא חייא דפרש NU 19:16
יהי ביה מכתשא בריש **או** בדקן: ויחמי כהנא ית מכתשא LV 13:29
שומא זקיפא או קלופי **או** בהקי ויהי במשך בישריה LV 13:2
שומא זקיפא חוורא **או** בהקי מיטפלא חוורא סמקא LV 13:19
הוא: ברם בוכרא דתורי **או** בוכרא דאימרי או בוכרא דעיזי NU 18:17
דתורי או בוכרא דאימרי **או** בוכרא דעיזי לא תפרוק מטול NU 18:17
נדרא או בניסבתא **או** בזמן מועדיכון למעבד רעותא NU 15:3
ימותון באישא מצלהבא **או** בזמן מקרבהון למדבחא EX 30:20
עלוי יקטול תבע אדמא **או** בי דינא ית קטולא וסהיד חד לא NU 35:30
דייי למעבד טבתא **או** בישתא מן רעותי מה דימליל ייי NU 24:13
או ית ערבא בעמרא **או** בכיתנא או ית כל מאן דצלא LV 13:52
ולא אתכוון למקטליה: **או** בכל אבנא דהיא כמיסת דימות NU 35:23
או בשיתיא או בערבא **או** בכל מאן דיצלא: ויפקד כהנא LV 13:53
או בשיתיא או בערבא **או** בכל מאן דיצלא סגיא היא LV 13:57
או בשתיא או בערבא **או** בכל מאן דצלא מכתש סגירותא LV 13:49
ולעמרא או בצלא **או** בכל עיבידת צלא: ויהי מכתשא LV 13:48
או בבעירא מסאבא **או** בכל שיקוץ מסאב ויכול מבשר LV 7:21
שקיעא היא ברדדיה **או** בלבדיה: ואין חמא כהנא והא LV 13:55
מכתש סגירו בלבוש עמר **או** בלבוש כיתן: או בשיתיא או LV 13:47
דמיתנא בארעא דמצרים **או** במדברא הדין לואי דמיתנא: NU 14:2
יתקטל קטולא: **או** במנא דקיסי מלא ידא די כמיסת NU 35:18
מיעלהון למשכן זימנא **או** במקרבהון למדבחא לשמשא EX 28:43
חד לחבריה באבנא **או** במרתוקא ולא ימות ויפול למרע: EX 21:18
חד או לאימר בר אימרי **או** בני גדייא: כחושבן תורי ואימרי NU 15:11
בניבלת חיוא מסאבתא **או** בניבלת בעירא מסאבתא או LV 5:2
בכל מידעם דמסאב **או** בניבלת חיוא מסאבתא או LV 5:2
בניבלת בעירא מסאבתא **או** בניבלת רחיש מסאב ויתכסי LV 5:2
קודשיא לפרשא נדרא **או** בניסבתא או בזמן מועדיכון NU 15:3
אמתא ותיליד ליה בנין **או** בנן איתא ובנהא תהי לריבונה EX 21:4
דאימיה בקטיל סייפא **או** בסייפא דקטל ביה או בשכיבא NU 19:16
אילן או על ארעא גוזלין **או** בעיין ואימא רביעא עילוי גוזלין DT 22:6
נידרא או נסיבתא בתורי **או** בענא שלים יהי לרעוא כל מומא LV 22:21
בלבושא או בשיתיא **או** בערבא או בכל מאן דיצלא: LV 13:53
תוב בלבושא או בשיתיא **או** בערבא או בכל מאן דיצלא סגיא LV 13:57
או בצלא או בשתיא **או** בערבא או בכל מאן דצלא LV 13:49
בלבושא או בשיתיא **או** בערבא או בצלא לכל דיתעבד LV 13:51
בלבוש כיתן: או בשיתיא **או** בערבא לכיתנא ולעמרא או LV 13:48
בערבא לכיתנא ולעמרא **או** בצלא או בכל עיבידת צלא: ויהי LV 13:48
ירוק או סמוק בלבושא **או** בצלא או בשתיא או בערבא או LV 13:49
או בשיתיא או בערבא **או** בצלא לכל דיתעבד צלא LV 13:51
חייא דפרש מיניה **או** בקבורתא וגוללא ודופקא יהי NU 19:16
דחייא דפרש מיניה ונפל **או** בקטיל חרבא או בשכיבא NU 19:18
דילמא יארע יתן במותא **או** בקטלא: ואמר להון מלכא EX 5:3
אחוי יפרקיניה: או אחבוי **או** בר אחבוי יפריקיניה או מקריב LV 25:49
פיסחא כל בר עממין **או** בר ישראל דאישתמד ולא הדר EX 12:43
היא וידכיניה כהנא: **או** בר נש ארום יהי במשכיה כואה LV 13:24
ולא אידכי ויתחייב: **או** בר נש ארום יומי לפרשא LV 5:4
לא יחווי יקביל חוביה: **או** בר נש די יקרב בכל מידעם LV 5:2
בר אימך כל דכן בר איבך **או** ברך או ברתך או איתתך דדמכא DT 13:7
עם אחתיה ברת אבוי **או** ברת אימיה הוון עניין כולהון DT 27:22
עם אחתיה ברת אבוי **או** ברת אימיה ויבזי ית עריתה והיא LV 20:17
עריתהן: עירית ברת בנך **או** ברת ברתך לא תבזי עריתהן LV 18:10
כל דכן בר איבך או ברך **או** ברתך או איתתך דדמכא בעבך DT 13:7
בפיקדונא דאפקיד גביה **או** בשותפות ידא או בגזילא או LV 5:21
פיסיון מכתשא בלבושא **או** בשיתיא או בערבא או בכל מאן LV 13:53
תתחמי תוב בלבושא **או** בשיתיא או בערבא או בכל מאן LV 13:57
פיסיון מכתשא בלבושא **או** בשיתיא או בערבא או בצלא LV 13:51
עמר או בלבוש כיתן: **או** בשיתיא או בערבא לכיתנא LV 13:48
ונפל או בקטיל חרבא **או** בשכיבא במותנא או בבית NU 19:18
או בסייפא דקטל ביה **או** בשכיבא שלימא ואפילו בגרמיה NU 19:16
סמוק בלבושא או בצלא **או** בשתיא או בערבא או בכל מאן LV 13:49
עירית אחתך בת אבך **או** בת אימך מה דיוליד אבך מן LV 18:9
לכון אחוכון בר ישראל **או** בת ישראל ויפלחינכון שית שנין DT 15:12
או דמשתימיט ירכיה: **או** גבר דיהי ביה תביר דרגיל או LV 21:19
מיניה שכבת זרעא: **או** גבר דיקרב בכל ריחשא דיסתאב LV 22:5
בתשמיש דעריס: **או** גבר דתיעיבר עלוי רוח קינאיתא NU 5:30
בכל סואבת בר נש **או** גבר דתיפוק מיניה שכבת זרעא: LV 22:4
ותימרון להון גבר טלי **או** גבר סיב ארום יהי דאיב LV 15:2
ישראל למימר גבר טלי **או** גבר סיב ארום יהי מסאב לטמי NU 9:10
תמליל למימר גבר טלי **או** גבר סיב דירגז ויחרף שום כינויי LV 24:15
ייכלון אדמא: וגבר טלי **או** גבר סיב מבית גניסת ישראל ומן LV 17:13

ותימר להון גבר טלי **או** גבר סיב מבית גניסת ישראל ומן LV 22:18
במותנא אנא ייי: גבר טלי **או** גבר סיב מזרעא דאהרן והוא LV 22:4
ישראל תמליל גבר טלי **או** גבר סיב מן גניסת בני ישראל LV 20:2
בני ישראל תור או אימר **או** גדיא ארום איתיליד כאורח LV 22:27
מדבחא ואין נפיל גרמא **או** גומרא דאשא מעילוי מדבחא EX 27:5
יתרגם באבנא ברדא **או** גירין דאישא ידריקון ביה אין EX 19:13
בתר דנא בר נש או איתא **או** גניסא או שיבטא דליביה מתפני DT 29:17
חריר בישריה ית דוויה **או** דאיתחתם בישריה מדויה LV 15:3
יתן למריה דעבדא **או** דאמתא ותורא יתרגם: וארום EX 21:32
דרגיל או תביר דידא: **או** דגבינוי שכבן חפיין עינוי או לית LV 21:20
מומא לא יקרב גבר דסמי **או** דחגיר או דלקי בחוטמיה או LV 21:18
או לית שיער בגבינוי **או** דחלזון בעיינויי דמערב חיוורא LV 21:20
ותור ואימר יתיר כוליא **או** דחסיר כוליא נסיבא תעביד LV 22:23
ית איתת גבר מארסא **או** די יגור ית איתת חבריה מיבעלא LV 20:10
אימר או עיזא במשריתא **או** די יכוס מברא למשריתא: LV 17:3
בשותפות ידא או בגזילא **או** דיטלום ית חבריה: או אשכח LV 5:21
מסאב לטמי בר נש דמית **או** דייב או סגיר דמרחק באורח NU 9:10
דאהרן והוא מצרעא **או** דייב בקודשייא לא יכול עד זמן LV 22:4
בליגיונין וייתון עליי **או** דילמא בזימנא ההוא הישתכח GN 15:1
וקריבו לעיבידת משכנא **או** דילמא הישתיכח בבני ישראל LV 8:15
לי חולק בעלמא דאתי **או** דילמא ייזלון אחיהון וקריביהון GN 15:1
דישתיצון מן קדמיכון **או** דילמא תיתבעון לטעוותהון DT 12:30
ניתקא הוא סגירות רישא **או** דיקנא הוא: וארום יחמי כהנא ית LV 13:30
דמכתש סגירו לבוש עמר **או** דכיתן או שיתיא או ערבא או כל LV 13:59
לאיתו: אין לא חמיא ליה **או** דלא יצבי אבוהא למיתנא ליה EX 22:16
יקרב גבר דסמי או דחגיר **או** דלקי בחוטמיה או דמשתימיט LV 21:18
או דמלי חרסין יבשין **או** דמלי חזזיתא מצריתא או LV 21:20
דמערב חיוורא באוכמא **או** דמלי חרסין יבישין או חזזיתא LV 22:22
דמערב חיוורא באוכמא **או** דמלי חרסין יבשין או דמלי LV 21:20
דחגיר או דלקי בחוטמיה **או** דמשתימיט ירכיה: או גבר דיהי LV 21:18
דמו דכל טעו דמו דדכר **או** דנוקבא: דמו דכל בעירא DT 4:16
גרמא או דריסוי לקיין **או** דעינויי לקיין דמערב חיוורא LV 22:22
דמלי חזזיתא מצריתא **או** דפחדוי נפיחן וקליטן: כל גבר LV 21:20
דסמי או דתביר גרמא **או** דריסוי לקיין או דעינויי לקיין LV 22:22
גבר ית איתתא דאניס **או** דשרגיג אבוי כל דכן איתת אבוי DT 23:1
מומא לא יהי ביה: דסמי **או** דתביר גרמא או דריסוי לקיין או LV 22:22
חיא בזמן דבנפשיה ביה **או** דתליש מן חיותא נכיסתא ועד GN 9:4
ומוריק הי כגון זעפרנא **או** הי כמוי דגרגישתא או הי כמזג LV 15:19
או הי כמוי דגרגישתא **או** הי כמזג חמר סמוק בתרין LV 15:19
דשמעתון אתון ואתקיים: **או** היך ניסא דעבד ייי לאתגלאה DT 4:34
היך פיתגמא רבא הדין **או** הישתמע דכוותיה: האיפשר DT 4:32
תור או אימר ויכסיניה **או** זבניה חמשא תורא ישלם חולף EX 21:37
ארום יהי בהון בידין **או** זכורו אתקטלא יתקטלון באבנא LV 20:27
או איתתך דדמכא בעבך **או** חברך דחביב עלך כנפשך ברז DT 13:7
חוורא סמקא מערבין **או** חוורא בלחודא: ויחמי יתה כהנא LV 13:24
או דמלי חרסין יבישין **או** חזזיתא מצריתא לא תקרבון LV 22:22
ונבי שיקרא ההוא **או** חלים חילמא זידנא ההוא DT 13:6
דלווט ואיהוא סהיד **או** חמא חד מעלמא דעבר על LV 5:1
דאנת ידע ביה בלחודך **או** חמרא דטעי מן אורחא אתבא EX 23:4
יכסיניה ונפיל תמן תורא **או** חמרא: מריה דגובא ישלם כסף EX 21:33
גדיש או מידעם דקאי **או** חקיל שלמא ישלים מאן EX 22:5
או מאן שוי אילימא **או** חרשא או פתיחא או סמיא הלא EX 4:11
לא ניכול למללא לך ביש **או** טב: הא רבקה קומך דבר ואיזיל GN 24:50
בלא נטר ליה בבו הדפיה **או** טלק עלוי כל מאן ולא אתכוון NU 35:22
הדף ואתכוון ודחייה **או** טלק עלוי כלונסן ושרוותא NU 35:20
יפרקיניה או תארע ידיה **או** ידא דציבורא ויתפריק: וידייק LV 25:49
דעבר על פיתגמי מומתא **או** ידע בחבריה דבטיל שבועא LV 5:1
ענן יקרא בצפרא ונטלין **או** יימם ולילי ומסתלק עננא ונטלין: NU 9:21
ברא מייתי ליה סהדין **או** ימטיניה עד גופת דתביר לא EX 22:12
ארום ידר נדרא קדם ייי **או** יקיים קיים למיסר איסרא NU 30:3
ונטלין: או תרין יומין **או** ירחא או שתא שלמתא NU 9:22
די איתפקד גביה **או** ית אבידתא דאשכח: או מכל LV 5:23
תחמון ית תורא דאחוכון **או** ית אימריה טעיין ותפלגון DT 22:1
ותפקון ית גברא ההוא **או** ית אינתתא ההיא דעבדו ית DT 17:5
בית דיניכון ית גברא **או** ית אינתתא ותאטלונון באבניא DT 17:5
וארום ינגש תור ית גבר **או** ית איתא וימות יתרגמא יתרגם EX 21:28
גבר ית עבדיה כנענאה **או** ית אמתיה כנעניתא בשרביטא EX 21:20
חרן ויתקיימון כל נדרהא **או** ית כל איסרהא דעלה NU 30:15
ערבא בעמרא או בכיתנא **או** ית כל מאן דצלא דיהי ביה LV 13:52
ית עינא דעבדיה כנענאי **או** ית עינא דאמתיה כנעניתא EX 21:26
ויתיב ית גזילא דגזל **או** ית עציא די עצא או ית פיקדונא LV 5:23
ית לבושא או ית שיתיא **או** ית ערבא בעמרא או בכיתנא או LV 13:52
דגזל או ית עציא די עצא **או** ית פיקדונא די איתפקד גביה או LV 5:23
הוא: ויוקד ית לבושא **או** ית שיתיא או ית ערבא בעמרא LV 13:52

או שיתיא או ערבא **או** כל מאן דיצלא דתחוור ויעדי LV 13:58
או שיתיא או ערבא **או** כל מאן דיצלא לדכאותיה או LV 13:59
ואימר דיהי ביה מומא **או** כל מידעם ביש דגזיל ואניס DT 17:1
ארום יפקר גבר חקיל **או** כרמא וישלח ית בעיריה וייכול EX 22:4
אין אתון זבנין חקיל **או** כרמא כמניין סכום שנייא בתר LV 25:15
יתה ביומא דשמע **או** לא אתכוון לקיימא ובטיל בתר NU 30:6
דעתא דאחוך עמך **או** לא חכימתיה ותכנשיניה לגו DT 22:2
בשיפוון לאבאשא **או** לאיטבא לכל גוון דיפרש אינשא LV 5:4
לתורא חד או לדיכרא חד **או** לאימר בר אימרי או בני גדייא: NU 15:11
מסאב כל מאן דקיסא **או** לבוש או צלא או שק כל מאן LV 11:32
למיעבד לאיליין יומא דין **או** לבניהן דילידן: וכדון איתא וניגזר GN 31:43
לה למזמנא יתה ליה **או** לבריה או למיפרקא ליד אבוהא EX 21:11
יומי דכיתא לברא **או** לברתא תייתי אימר בר שתיה LV 12:6
לה: דימחי לבר ישראל **או** לבת ישראל ויקטליניה EX 21:12
הכדין יתעבד לתורא חד **או** לדיכרא חד או לאימר בר אימרי NU 15:11
קודשא לאימר חד: **או** לדיכרא תעביד מנחתא תרין NU 15:6
משכניה לכון גרמיכון **או** לדריכון וידחי למעבד פיסחא NU 9:10
ויתיתיה לות אהרן כהנא **או** לות חד מבנוי כהנא: ויחמי כהנא LV 13:2
דגבינוי שכבן חפיין עינוי **או** לית שיער בגבינוי או דחלזון LV 21:20
ולשימשא או לסיהרא **או** לכל חילי שמייא דלא פקידית: DT 17:3
יתה ליה או לבריה **או** למיפרקא ליד אבוהא ותיפוק EX 21:11
אורייתא דילידתא לידכר **או** לנוקבא: ואין לא תשכח ידה הי LV 12:7
ולדדייב ית דוביה לדכר **או** לנוקבא ולגבר די ישמש עם LV 15:33
הינא תעבד על עלתא **או** לניכסת קודשא לאימר חד: או NU 15:5
מאן דיצלא לדכאותיה **או** לסאבותיה: ומליל ייי עם משה LV 13:59
וסגיד להון ולשימשא **או** לסיהרא או לכל חילי שמייא DT 17:3
לערל תותב לעימך **או** לשריש פולחנא נוכראה LV 25:47
פומא בפום אדם קדמאי **או** מאן שוי אילימא או חרשא או EX 4:11
איתא אוחרי או מן אימך **או** מה דילידת אמך מן אבך או מן LV 18:9
כובין ותגמר גדיש **או** מידעם דקאי או חקיל שלמא EX 22:5
מן חבריה ויתבר מנא **או** מית בעירא מריה לית עימיה EX 22:13
כהין ארום תהי ארמלא **או** מיתרכא וולד לית לה מיניה LV 22:13
או ית אבידתא דאשכח: **או** מכל מדעם דאישתבע עלוי LV 5:24
אבך מן איתא אוחרי **או** מן אימך או מה דילידת אמך מן LV 18:9
ייי ויקרב מן שפניניא **או** מן בני יוניא ית קורבניה ברם LV 1:14
ענא קורבניה מן אימריא **או** מן בני עיזיא לעלתא דכר שלים LV 1:10
מה דילידת אמך מן אבך **או** מן גבר חורן לא תבזי עריתהן: LV 18:9
חד מן שפניניא רברביא **או** מן גוזלין בני יוון מן מה LV 14:30
עניא ומסכינא מן אחוכון **או** מן גיוריכון דמתגיירין בארעכון DT 24:14
דיעבד בזדנא מן יציביא **או** מן גייורייא ולא תאיב מן NU 15:30
יתגייר עימכון גייורא **או** מן דהוא כדון ביניכון לדריכון NU 15:14
תמן קדם ייי אלקכון **או** מן דיינא ויתקטל גברא ההוא DT 17:12
נבי שיקרא ההוא **או** מן חלים חילמא ההוא ארום DT 13:4
ברעוא קדם ייי מן תורי **או** מן ענא: ויקרב גברא דמקרב NU 15:3
או מן צלא או מן שיתיא **או** מן ערבא: ואין תתחמי תוב LV 13:56
ויבזע יתיה מן לבושיה **או** מן צלא או מן שיתיא או מן LV 13:56
דקריבין לכון **או** מן שאר עממיא דרחיקין לכון מן DT 13:8
מן לבושיה או מן צלא **או** מן שיתיא או מן ערבא: ואין LV 13:56
מבית ריבונך מנין דכסף **או** מנין דדהב: דישתכח עימיה GN 44:8
יתן גבר לחבריה כסף **או** מנין למינטר בלא אגר נטיר EX 22:6
או בר אחבוי יפריקיניה **או** מקריב בישריה מזרעתיה LV 25:49
יקום ביניכון נבי שיקרא **או** מרי חלמא דזדנותא ויתן לכון DT 13:2
קודשיא קדם ייי דכר **או** נוקבא שלים יקרביניה: אין אימר LV 3:6
בכוונות ליבא וקטליה: **או** נטר ליה בבו ומחהי בידי NU 35:21
ביניכון די יסיק עלתא **או** ניכסת קודשיא: ולתרע משכן LV 17:8
קרבנא קדם ייי עלתא **או** ניכסת קודשיא לפרשא נדרא או NU 15:3
או נכסתא לפרשא נידרא **או** ניכסת קודשיא קדם ייי: ויקרב NU 15:8
תעביד בר תורי עלתא **או** נכסתא לפרשא נידרא או ניכסת NU 15:8
קדם ייי לפרשא נידרא **או** נסיבתא בתורי או בענא שלים LV 22:21
עד צפרא: ואין נידרא **או** נסיבתא נכסת קורבניה ביומא LV 7:16
בר נש דמית או דייב **או** סגיר דמרחק באורח עלמא NU 9:10
כותלין משקען יורקן **או** סומקן וחיזיוהן מכיך יתיר מן LV 14:37
ייי למימר: גבר טלי **או** סיב מבית גניסת ישראל די יכוס LV 17:3
צלא: ויהי מכתשא ירוק **או** סמוק בלבושא או בצלא או LV 13:49
יהי ביה מומא חגיר **או** סמי כל מידעם ביש לא DT 15:21
או חרשא או פתיחא **או** סמיא הלא אנא ייי: וכדון איזל EX 4:11
והיא לא איסתאבת **או** עבר עלוי רוח קנאיתא ויקני ית NU 5:14
די יצוד צידא חייתא **או** עופא דמיכשרין למיכל וישוד ית LV 17:13
יכוס ניכסת תור או אימר **או** עיזא במשריתא או די יכוס LV 17:3
רביעא עילוי גוזלין **או** עילוי בעיין לא תיסב אימא מעל DT 22:6
באסרטא בכל אילן **או** על ארעא גוזלין או בעיין ואימא DT 22:6
הוא ברובא דגופיה **או** על מנא דהיא יתבא על קצתיה LV 15:23
תנו לי ואיפני על דרומא **או** על ציפונא: ואתיב לבן ובתואל GN 24:49
ויפריש מן חמרא **או** על שום מידעם ידר נדר נזירו NU 6:2

עמר או דכיתן או שיתיא **או** ערבא או כל מאן דיצלא LV 13:59
ולבושא או שיתיא **או** ערבא או כל מאן דיצלא דתחוור LV 13:58
עימנא יומי שתא חדא **או** עשרהרחין ובתר כדין תיזיל: GN 24:55
לגבר ונידרהא עלהא **או** פירוש סיפתהא דאסרת על NU 30:7
שוי אילימא או חרשא **או** פתיחא או סמיא הלא אנא ייי: EX 4:11
כל מאן דקיסא או לבוש **או** צלא או שק כל מאן דתיתעבד LV 11:32
נוקבא מן ענא אימרתא **או** צפירתא דעיזי לחטאתא ויכפר LV 5:6
בישריה שומא זקיפא **או** קלופי או בהקי ויהי במשך LV 13:2
למעבד מילתא זעירתא **או** רבתא: וכדון אסחרו בבעו הכא NU 22:18
רחמנין בארעא תורתא **או** רחלא יתה וית ברה לא תיכסון LV 22:28
לא איתפיריקאת בכספא **או** שטר שיחרורה לא איתיהיב לה LV 19:20
בר נש או איתא או גניסא **או** שיבטא דליביה מתפני למיטעי DT 29:17
שינא דעבדיה כנענאי **או** שינא דאמתיה כנעניתא יפיל EX 21:27
דביה מכתשא: ולבושא **או** שיתיא או ערבא או כל מאן LV 13:58
לבוש עמר או דכיתן **או** שיתיא או ערבא או כל מאן LV 13:59
לעלתא וגוזל בר יוון **או** שפנינא לחטאתא לתרע משכן LV 12:6
דקיסא או לבוש או צלא **או** שק כל מאן דתיתעבד בהון LV 11:32
או תרין יומין או ירחא **או** שתא שלמתא באורכות ענן NU 9:22
מזרעתיה יפרקיניה **או** תארע ידיה או ידא דציבורא LV 25:49
גבר דיהי ביה תביר דרגיל **או** תביר דידא: או דגבינוי שכבן LV 21:19
יתן גבר לחבריה חמר **או** תור או אימר וכל בעירא EX 22:9
ית חמרא דאחוכון **או** תוריה דמאן באורחא ותכבשון DT 22:4
תיתנוניה וייכלוניה **או** תזבנון לבר עממין ארום עם DT 14:21
תזבנון זביני לחבריכון **או** תיזבנון עיסקא דמיטלטלא מן LV 25:14
או תימהא: וייתי אתא **או** תימהא דמליל עימכון למימר DT 13:3
דזדנותא ויתן לכון את **או** תימהא: וייתי אתא או תימהא DT 13:2
על מימר תרין סהדין **או** תלתא סהדין יתקטל דמתחייב DT 17:6
ועל מימר תרין סהדין **או** תלתא סהדין יתקיים פיתגמא: DT 19:15
ליה תרין שפנינין רברבין **או** תרין גוזלין בני יוון וייתי יתהון LV 15:14
לה תרין שפנינין רברבין **או** תרין גוזלין בני יוון ותייתי יתהון LV 15:29
ותיסב תרין שפנינין **או** תרין גוזלין בני יוון חד לעלתא LV 12:8
ייתי תרין שפנינין **או** תרין גוזלין בני יוון לוות כהנא NU 6:10
ותרין שפנינין רברבין **או** תרין גוזלין בני יוון מה דתספוק LV 14:22
תרין שפנינין רברבין **או** תרין גוזלין בני יוניא וייתי ית LV 5:11
דחב תרין שפנינין רברבין **או** תרין גוזלין בני יוניא קדם ייי חד LV 5:7
ומסתלק עננא ונטלין: **או** תרין יומין או ירחא או שתא NU 9:22
יומא חד מעידן לעידן **או** תרין יומין קטיעין יתקיים לא EX 21:21

אובא (1)
וכל מיני רחשין ושאלין **אובא** טמיא וגרם ידוע ותבע מן DT 18:11

אוגר (9)
אנא לא איעבר לוותך ית **אוגר** הדין ואין אנת לא תעיבר לותי GN 31:52
ואמר לבן ליעקב הא **אוגר** הדין והא קמא דאקימית בינא GN 31:51
אנת לא תעיבר לותי ית **אוגר** הדין וית קמא הדא לאבאשא: GN 31:52
בינא ובינך: סהיד **אוגר** הדין וסהידא קמא אין אנא GN 31:52
קודשא גילעד: ואמר לבן **אוגר** הדין סהיד בינא ובינך יומא דין GN 31:48
ולקוטו אבנין ועבדו **אוגר** ואכלו תמן על אוגרא: וקרא GN 31:46
אתר דאקים יעקב ולבן **אוגר** וקמא מציטרא מיכא וסכותא NU 22:24
אוגר ואכלו תמן על **אוגרא**: וקרא ליה לבן אוגר סהיד GN 31:46
בארעא דלא טמיע **באוגרא** בארעא דייי אלקכון יהיב DT 21:1

אודן (20)
מן רישיהון קדשיא מן **אדניהן** קטליא מן צווריהן שיריא NU 31:50
אדמיה ויהב על חסחוס **אודנא** דאהרן דהוא גדירא מציעאה LV 8:23
אדמיה ותיתן על חסחוס **אודנא** דאהרן דימינא ועל חסחוס EX 29:20
דימינא ועל חסחוס **אודנא** דבנוי דימינא ועל אליון EX 29:20
דתליש מן חיוא חייא ית **אודניא** וית דנביא ואתא ותני לות GN 37:2
ויחייט ריבוניה ית **אודניה** ימינא במחטא ויהי ליה עבד EX 21:6
בעיינכון וטמטמתון **אודניכון** בזמן יומא הדין: והליכית DT 29:3
לאנהרות עינין ולמצתות **אודנין**: ואיתנציב במימרא דייי GN 2:7
ית מחטא ותינעוץ **באודניה** ובתרע בית דינא ויהי לך DT 15:17
מטול דלא שמיעין **באודניהון** ברם מימרא דייי יתיב על DT 4:7
שכם וית קדשייא דהוו **באודניהון** דיתבי קרתא דשכם GN 35:4
עמא ית קדשי דדהבא די **בודניהון** ואייתיו לאהרן: ונסיב EX 32:3
דהוא גדירא מציעאה **דאודן** ימיניה ועל פירקא מיצעא LV 8:23
כהנא על גדירא מיצעא **דאודנא** דמידכי דימינא ועל פירקא LV 14:14
יתן כהנא על חסחוס **דאודנא** דמידכי דימינא ועל פירקא LV 14:17
ויתין על גדירא מיצעא **דאודנא** דמידכי ימינא ועל פירקא LV 14:25
ידיה על גדירא מיצעא **דאודנא** דמידכי ימינא ועל פירקא LV 14:28
אדמא על גדירא מיצעא **דאודניהון** ימינא ועל פירקא מיצעא LV 8:24
פריקו קדשי דדהבא **דבאודני** נשיכון בניכון ובנתיכון EX 32:2
למרמזא אלהין למיחמי **ואודנין** לטמטמא אלהין לצייתא DT 29:3

אוורקסי (4)
כובעיא דבוצא וית **אוורקסי** בוצא דבוץ שזיר: וית EX 39:28
קדמי: ועיבד להון **אוורקסין** דבוץ לכסאה בשר עיריא EX 28:42
כהנא לבושין דבוץ **ואוורקסין** דבוץ ילבוש על בישריה LV 6:3
דבוץ מילת קודשא ילבש **ואוורקסין** דבוץ מילת יהון על LV 16:4

אויר (10)
ארעא ושביל טייסיה על **אויר** רקיע שמייא: וברא אלקים ית GN 1:20
דכל ציפר גפא דפרחא **באויר** רקיע שמיא: דמו דכל ריחשא DT 4:17
ריחשא ועד עופא דפרח **באויר** שמיא ואישתיצי מן ארעא GN 7:23
מן שמאליה פרח וטייס **באויר** שמיא חזר ומתחמי על EX 20:3
מילתא דקוסמין ופרח **באויר** שמיא מן יד אדכר פנחס NU 31:8
מן שמאליה פרח וטייס **באויר** שמייא וחזר ומתחמי על EX 20:2
מסאב הוא בגנינא **באוירא** דסובתא דמפמיה ומגויה NU 19:15
עלמא ית טוורא וזקפיה **באוירא** והוה זייג הי כאספקלריא EX 19:17
בנוני ימא ובעופא **דבאויר** שמייא ובבעירא ובכל GN 1:26
די בהון הוה פרח וטייס **לאויר** שמיא והוה צווח ואמר חבל EX 32:19

אוכלוזא (4)
אוחרן ברם מינך יפקון **אוכלוסין** דצדיקין קבל כל עמך EX 34:10
לדריא ויחמי מן בניהון **אוכלוסין** סגיאין לאתמסרא NU 21:34
ונכיתו ית עמא ומיתו **אוכלוסין** סגיאין מישראל: ואתו NU 21:6
יצטרחן במני זיינא ויפקון **באוכלוסין** סגיאין מן למברנייא NU 24:24

אוכם (9)
יתיר מן משכא ושער **אוכם** לית ביה ויסגר כהנא ית LV 13:31
כד הוה קם ניתקא ושער **אוכם** צמח ביה איתסי ניתקא דכי LV 13:37
ארעא כרכושתא ועכברא **אוכמא** וסמוקא וחיורא וחרדונא LV 11:29
לקיין דמערב חיוורא **באוכמא** או דמלי חרסין יבישין או LV 22:22
תהי דייבא אדם סמוק **ואוכם** ומוריק הי כגון ועפרנא או הי LV 15:19
ובר ניזא: ודייתא חיורא **ואוכמתא** דהיא איבו ודייתא לזנה: DT 14:13
וית צדיא: וקקא חיורתא **ואוכמתא** ושרקרקא ואותיא: DT 14:17
ואותיא: ודייתא חיורתא **ואוכמתא** ליזנה וגגר טורא וערפדא: DT 14:18
וית דייתא חיוורתא **ואכמתא** ליזנה וית נגר טורא וית LV 11:19

אול (2)
תמן למשכניה מן **אוולא** בין ביתאל ובין עי: לאתר GN 13:3
מן **אוולא** ברא אלקים ית שמייא וית GN 1:1

אומן (28)
ועד שושנייהא עובד **אומן** בקרנסא היא מתעבדא הי NU 8:4
ית תובל קין רב לכל **אומן** דידע בעיבידת נחשא ופרזלא GN 4:22
ועבד ית חושנא עובד **אומן** הי כעובד איפודא דדהבא EX 39:8
על דינייא עובד **אומן** הי עובד איפודא תעבדיניה EX 28:15
דמרחק קדם ייי עובד ידי **אומן** ולא ישוי בטומרא מלטטיא DT 27:15
דמרחק קדם ייי עובד ידי **אומן** ושוי בטומרא הוון עניין DT 27:15
הי כילדותהון: עובד **אומן** יהוין מרגלייתא גליף חקיק EX 28:11
זהורי ובוץ שזיר עובד **אומן** יעביד יתה ציורין כרובין: EX 26:31
זהורי ובגו בוצא עובד **אומן**: כתפין עבדו ליה מלפפן על EX 39:3
זהורי ובוץ שזיר עובד **אומן** עבד יתה כרובין צייורין: ועבד EX 36:35
זהורי צורת כרובין עובד **אומן** עבד יתהון: אורכא דיריעתא EX 36:8
דכסף ממינא קשיא עובד **אומן** תעבד יתהון ויהון לך לערעא NU 10:2
זהורי ובוץ שזיר עובד **אומן**: תרתין כיתפין מלפפן יהוון EX 28:6
חצד ארעכון לא תסייפון **אומנא** חדא דאית בחקלך בחצדך LV 23:22
דארעכון לא תסייפון **אומנא** חדא דאית בחקלך למחצוד LV 19:9
לא ממת תמותון ברם כל **אומנא** סני בר אומנותיה: ארום גלי GN 3:4
עבדי כל עיבידתא ומלפי **אומנוון**: ויעבד בצלאל ואהליאב וכל EX 35:35
למיעבד בכל עיבידת **אומנוון**: ולמילף אומנותא למשאר EX 35:33
בדמין יקירין היך מרי **אומנוון** ומן בתר כדין בדמין זולין DT 28:68
ובכל עיבידתא: ולאלפא **אומנוון** למיעבד בדהבא ובכספא EX 35:32
עיבידת אומנוון: ולמילף **אומנותא** למשאר אומניא יהב EX 35:34
ברם כל אומנא סני בר **אומנותיה**: ארום גלי קדם ייי ארום GN 3:4
אומנותא למשאר **אומניא** יהב מנדעא בליביה הוא EX 35:34
שמהת בני ישראל מקפן **באומנותהון** מרמצן דדהב תעבד EX 28:11
למעבד כל עיבידת נגר **ואומן** וצייר בתיכלא ובארגוונא EX 35:35
לשיבטא דדן נגר **ואומן** וצייר בתיכלא ובארגוונא EX 38:23
ולא רושם ברישיהון **ואמנא** דיקניהון לא יספרון LV 21:5
סגי אלפיה חכמתא **ואמנותא** קדיש ליה איתא נציב ליה DT 32:50

אומה (31)
אקנינון באומא דלא **אומא** בבלאי עמא טפשא נרגוז DT 32:21
לאתגלאה למיפרשא ליה **אומא** בפיצתא מיגו עם אוחרי DT 4:34
כמא דטייס נישרא **אומא** דלא תישמע לישניה: אומא DT 28:49
שלונאי ברת בלק ריש **אומא** דמואב במדין בית מותביה NU 25:15
דלא תישמע לישניה: **אומא** חציפי אפין דלא נסיב אפין DT 28:50
ייי אתגזרת כל דא: ארום **אומא** מאבדא עיטין טבן הינון ולית DT 32:28
יטייס מימרא דייי עליכון **אומא** מן רחיק מן סייפי ארעא DT 28:49
רבא הדין: ארום הי דא **אומא** רבא דאית ליה אלקא קריב DT 4:7
ועביד בעותן: והי דא **אומא** רבא דליה קיימין ודינין DT 4:8
וגבורתא דיליה ישיצי ית **אומיא** בעלי דבביהון ותוקפהון NU 24:8
מתל נבותיה ואמר שירוי **אומיא** דאגיחו קרבא בדבית NU 24:20
וית עופא לא פסג: ונחתו **אומיא** הינון מדמיין לעופא מסאבא GN 15:11
מן רשיעיא ומכתת **אומיא** ומלכיא ומגרי איליין NU 24:23
רוח נבואה מעילוי **אומיא** ותהי מתמלל ברוח קודשא EX 33:16

רמין ומנטלין על כל **אומיא** כארזיא דליבנוס דשתילין NU 24:6
וחמר: ישתעבדון לך **אומיא** כל בנוי דעשו ויגחנון קומך GN 27:29
היא זימנא אקים תחומי **אומיא** כסכום מניין שובעין נפשתא DT 32:8
עלמא מטול דבנימוסי **אומיא** לא מידברין: והוה כיוון NU 23:9
סנאיהון דעמי: שבחו **אומיא** עמיה בית ישראל ארום DT 32:43
דאתון גיוותנין מן כולהון **אומיא** צבי ייי בכון ואתרעי בכון DT 7:7
בית שכינת קודשך: שמעו **אומייא** יתרגזון דחילא אחזת יתהון EX 15:14
תגרין ואמפורין ורישי **אומין:** ובני דמדין עיפה ועפר וחנוך GN 25:3
במשכני בתי מדרישיכון: **אומין** סגיעין לטור בית מקדשא DT 33:19
בהבליהון ואנא אקנינון **באומא** דלא אומא בבבלאי עמא DT 32:21
דתישתיצון: ותשתיירון **באומא** קלילא חולף דהויתון הי DT 28:62
לקיימא יתכון יומנא **לאומא** ברירא והוא יהוי לכון DT 29:12
מלככון דתמנון עליכון **לאומא** דלא חכימתון אתון DT 28:36
דמצרים מן עידן דהות **לאומא** ומלכו: ומחא ברדא בכל EX 9:24
פרוק ואתון תהוון לשמי **לאומא** קדישיא: אנא ייי אלקכון LV 26:12
תמן בעם קליל והוה תמן **לאומא** רבא ותקיפא ומסגיא: DT 26:5
תריסר רברבין **לאומתהון:** ואילין שני חיי ישמעאל GN 25:16

אוניס (2)

דעלמא דאתי: ושמע יתרו **אונוס** מדין חמוי דמשה ית כל מאן EX 18:1
דמדין ויתיב עילוי בירא: **ולאוניס** דמדין שבע בנתא ואתא EX 2:16

אונית (2)

ואזל למצרים ואייתי **אוניתא** דחקיל כפילתא דלית בה GN 49:21
בההוא יומא ואייתי **אוניתא** דכתב עשו ליעקב אחוי על GN 50:13

אונכין (1)

ואזלו על כיף ימא כנישין **אונכין** ומרגלין ואזלו מבתר כדין NU 33:8

אונקלא (1)

וקריבו וסוברונון **באונקלוון** דפרזלא בכיתונהון LV 10:5

אוף (180)

ענא הוו עבדך אוף אנן **אוף** אבהתן: ואמרו לפרעה GN 47:3
מיתר תינתר אוף אנת **אוף** אהרן ובנוי וסביא דעימך ארום EX 18:18
במללותהון עימיה: ואזלו **אוף** אחוי ואתרכינו קדמוי ואמרו GN 50:18
והי כמדקדמוי **אוף** איתמלי אוף יומא דין: ואתו EX 5:14
בלישן רוגזא ואמר ליוסף **אוף** אנא הוית חמי בחילמי והא GN 40:16
ליבבך עבדת דא ומנעית **אוף** אנא יתך מלמחטי קדמיי בגין GN 20:6
קדמי בעראי: ואידכר **אוף** אנא יתכון עראי בעלמא LV 26:24
קדמיי בעראי: ואידכר **אוף** אנא יתכון עראי בעלמא וארדי LV 26:28
ואנא אירבי ואיתבני **אוף** אנא מיניה: ושחררת ליה ית GN 30:3
וכדון אימת אעביד **אוף** אנא עיבידתא ואנא זקיק GN 30:30
לפרעה רעי ענא הוו עבדך **אוף** אנן אוף אבהתן: ואמרו לפרעה GN 47:3
וניזיל וניחי ולא נמות **אוף** אנן אוף אנת אוף טפלנא: אנא GN 43:8
למא נמות ועינך חמן **אוף** אנן אוף ארען קני יתן וית אנן GN 47:19
הא אנחנא עבדין לריבוני **אוף** אנן אוף מאן דהישתיכח GN 44:16
לטעוותהון ונעביד כדין **אוף** אנן: לא תעבדון פולחנא כדין DT 12:30
דאנת עביד: מיתר תינתר **אוף** אנת אוף אהרן ובנוי וסביא EX 18:18
וניחי ולא נמות אוף אנן **אוף** אנת אוף טפלנא: אנא מערבנא GN 43:8
לתמן ואתכנש לעמך **אוף** אנת היכמה דשכב אהרן אחוך DT 32:50
קדם ייי מטולכון למימר **אוף** אנת לא תיעול לתמן: יהושע בר DT 1:37
מוי מן לגיניתיך: ותימר לי **אוף** אנת שתי אוף לגמלך אמלי GN 24:44
טפלכון יזיל עמכון: ואמר **אוף** אנת תיתן בידנא נכסת קודשין EX 10:25
דבנך וממרי יעלינך תמן **אוף** אסיק ית בנך מתמן ובדם יוסף GN 46:4
למימר ליה אוף תיבנא **אוף** אספסתא סגי עימנא אוף אתר GN 24:25
נמות ועינך חמן אוף אנן **אוף** ארען קני יתן וית אנן בלחם GN 47:19
דגושן: וסליקו עימיה **אוף** ארתכין אוף פרשין והות GN 50:9
אמר קומו פוקו מגו עמי **אוף** אתון אוף בני ישראל וזילו EX 12:31
וכדון אסחרו בבעו הכא **אוף** אתון בלילייא ואנדע מה יוסף NU 22:19
ולא ימותון אוף הינון **אוף** אתון: ויזדמנון לוותך מלבר NU 18:3
אוף אספסתא סגי עימנא **אוף** אתר כשר למבת: וגחן גברא GN 24:25
ארום מתרברבת עלנא **אוף** אתרברבא: ברם לא לארעא NU 16:13
פרעה ית יצרא דליביה **אוף** בזימנא הדא ולא פטר ית עמא: EX 8:28
יתכון וקביל ייי צלותי **אוף** בזימנא ההיא: ועל אהרן הוה רגז DT 9:19
לילוון וקביל ייי צלותי **אוף** בזימנא ההיא לא צבה ייי DT 10:10
עם איבא נשקיניה חמרא **אוף** בלילייא דין וירוי ועולי GN 19:34
מאבונא בנין: ואשקיאן **אוף** בלילייא ההוא ית אבוהן חמר GN 19:35
פוקו מגו עמי אוף אתון **אוף** בני ישראל וזילו פלחו קדם ייי EX 12:31
בנין דרין תליתאין **אוף** בני מכיר בר מנשה כד GN 50:23
עם גייורין דלא יקומון **אוף** בניכון מבתריכון וילפון לחוד DT 5:18
אוף לטטא לא תלוטינון **אוף** ברכא לא תבריכינון: ואתיב NU 23:25
לרחמין קדם מצראי **אוף** גברא משה רב לחדא בארעא EX 11:3
חייתא לא תידחלין ארום **אוף** דין ליך בר דכר: והוה במיפק GN 35:17
תשכחון יתיה: ותימרון **אוף** הא עבדך יעקב אתי בתרנא GN 32:21
לריבוני לעשו והא **אוף** הוא אתי בתרן: ופקיד אוף ית GN 32:19
ארום אמר דילמא ימות **אוף** הוא הי כאחהי ואזלת תמר GN 38:11
אמר לי דאחת היא והיא **אוף** היא אמרת אחי הוא בקשטות GN 20:5
עד יומא דין: וזעירתא **אוף** היא ילידת בר וקרת ית שמיה GN 19:38
ושמה ראומה וילידת **אוף** היא ית טבח וית גחם וית תחש GN 22:24
לא יקרבון ולא ימותון **אוף** הינון אוף אתון: ויזדמנון לוותך NU 18:3
עמוד צלותהון דישראל **אוף** הינון בכון ית אהרן תלתין NU 20:29
במישר גינברי מתחשבן **אוף** הינון הי כגינבריא דאתמחייו DT 2:11
בשעבודהון דישראל לקו **אוף** הינון וכל בוכריה בעירא מיתו EX 12:29
לאחוכון כוותכון ויירתון **אוף** הינון ית ארעא דייי אלקכון DT 3:20
ייי הבר עממין דלא חוב **אוף** חמי ליה למזכי בדינא אתקטיל: GN 20:4
ענכון ותוריכון יקום גביי **אוף** טפלכון יזיל עמכון: ואמר אוף EX 10:24
נמות אוף אנן אוף אנת **אוף** טפלנא: אנא מערבנא ביה מן GN 43:8
בעותי דיהי לי בר כאחתי **אוף** יהב לי תרין והכדין עתידין בנוי GN 30:8
כמדקדמוי אוף איתמלי **אוף** יומא דין: ואתו סרכי בני ישראל EX 5:14
עבדין לטעוותהון ארום **אוף** ית בניהון וית בנתיהון כפתין DT 12:31
בתר טעוותהין מטעיין **אוף** ית בנך בתר טעוותהין: דחלן EX 34:16
והא אחמי יתי ייי **אוף** ית בנך: ואפיק יוסף יתהון מלות GN 48:11
משתיא דדא וניתן לך **אוף** ית דא בפולחנא דתיפלח עימי GN 29:27
ארום שניתא אנא ויהב לי **אוף** ית דין והכדין ישתמע קדמוי GN 29:33
חמיתיה עד כדון: ותדברון **אוף** ית דין מן קדמיי ויארעיניה GN 44:29
בעלי ואנת בעיא למיסב **אוף** ית יברוחי דברי ואמרת רחל GN 30:15
קדם ייי מה דעבד וקטע **אוף** ית יומוי: ואמר יהודה לתמר GN 38:10
ית תניין אוף ית תלתאיי **אוף** ית כל דאזלין בתר עדריא GN 32:20
ומסר ייי אלקנא בידנא **אוף** ית עוג מלכא דמתנן וית כל DT 3:3
ארעא: ואמר ייי למשה **אוף** ית פיתגמיא הדין דמלילתא EX 33:17
ועל אוף לות רחל ורחים **אוף** ית רחל מלאה ופלח עימיה GN 29:30
בתרן: ופקיד אוף ית תניין **אוף** ית תלתאיי אוף ית כל דאזלין GN 32:20
הוא אתי בתרן: ופקיד **אוף** ית תניין אוף ית תלתאיי אוף GN 32:20
סטת מן קדמי ארום כען **אוף** יתך קטילית ויתה קיימית: NU 22:33
נהי לריבוני לעבדין: ואמר **אוף** כדין הי כפיתגמיכון כן יהי GN 44:10
עימך וכדון אתון תבעין **אוף** כהונתא רבתא: בגין כן אנת וכל NU 16:10
פיקודיא יהב להון: **אוף** כל מה דאודעה לעממיא מטול DT 33:3
יתן ולא ישיירון מינן **אוף** לא חד ומן בתר כדין יסקון EX 1:10
ובניהן וגחינן: וקריבת **אוף** לאה ובנהא וגחנן ובתר כדין GN 33:7
ותימר לי אוף אנת שתי **אוף** לגמלך אמלי היא אינתתא GN 24:44
לאשקייותיה ואמרת **אוף** לגמלך אמלי עד דיספקון GN 24:19
ומסרה לה לאמהו: ועל **אוף** לות רחל ורחים אוף ית רחל GN 29:30
ירתון: ואמר בלק לבלעם **אוף** לטטא לא תלוטינון אוף ברכא NU 23:25
ואמר לאבוי בריכני **אוף** לי אבא: ואמר עאל אחוך GN 27:34
חדא היא לך איבא בריכני **אוף** לי איבא וארים עשו קליה GN 27:38
ליה הא נסיבית אפך **אוף** לפיתגמא הדין בדיל דלא GN 19:21
ויהי אין לא יהימנון **אוף** לתרין אתייא האילין ולא EX 4:9
ייי לא גבר דברן אנא **אוף** מאיתמלי אוף מן לקדמוי אוף EX 4:10
עבדין לריבוני אוף אנן **אוף** מאן דהישתיכח כלידא בידיה: GN 44:16
ליה ארום זבננא ואכל **אוף** מיכל ית כספנא: ארום כל GN 31:15
דברן אנא אוף מאיתמלי **אוף** מן לקדמוי אוף מן שעתא EX 4:10
מאיתמלי אוף מן לקדמוי **אוף** מן שעתא דמלילתא עם עבדך EX 4:10
מתשמיש דעריס הלא **אוף** עימנא מליל ושמיע קדם ייי: NU 12:2
לשצייותיה וצליתי **אוף** על אהרן בעידנא ההיא: וית DT 9:20
וחפסו ביר אוחרי נצו **אוף** עלה ויבשת ותו לא נבעת וקרא GN 26:21
בתר דחלתא דייי: **אוף** עלי הוה רגז מן קדם ייי DT 1:37
לא יתחמי בכל טוורא **אוף** ענא ותורא לא ירעון כל קבל EX 34:3
קדם ייי היכמה דאמרתון: **אוף** ענכון אוף תוריכון דברו ומן EX 12:32
עימיה אוף ארתכין **אוף** פרשין והות משריתא סגיאה GN 50:9
מימרא דאלקים בחילמא **אוף** קדמיי גלי ארום בקשיטות GN 20:6
דאמרתון: אוף ענכון **אוף** תוריכון דברו ומָן דילי היכמא EX 12:32
לנחור: ותנת למימר ליה **אוף** תיבנא אוף אספסתא סגי GN 24:25
ושרו בעלמון דבלתימה **אוף** תמן אתכסיית מנהון בירא על NU 33:46
מרחק קדם ייי אלקכון **אוף** תרוויהון: לא תרבי מדילך DT 23:19
גבר חורן ויתקטלון **אוף** תרויהון גברא דמשמש עם DT 22:22
מתמן למה אתכל **אוף** תרויכון יומא חד דאנת GN 27:45
משה רחמין ואתכליאו **אוף** תריהון וחפר שייר בארעא DT 9:19
קרבן חטאתא יומא דין **אוף** תרין בניי דאשתיירו הוה להון LV 10:19
שאילתא ותבו ובכו ברם **אף** בני ישראל ואמרו מאן יכלינגא NU 11:4
הבל דקטליה קין: ולשת **אף** הוא איתיליד בר וקרת ית שמיה GN 4:26
עממיהון: ולשם איתיליד **אף** הוא בר הוא אבוהון דכל בני GN 10:21
קדם ייי: והבל אייתי **אף** הוא מבכירי ענא ומפטימהון GN 4:4
כלבא חדא וקטליה ועבד **אף** הוא מיניה תבשילין ואיתי GN 27:31
למימר הא ילידת מילכה **אף** היא אתרווחת בזכותא דאחתה GN 22:20
בכינרא ואבובא: וצלה **אף** היא ילידת ית תובל קין רב לכל GN 4:22
עימי ענר אשכול וממרא **אף** הינון יסבון חולקהון: בתר GN 14:24
ית חושבון בני גרשון **אף** הינון לבית אבהתהון לגניסתהון: NU 4:22
למימני ית עפרא דארעא **אף** כן בנך אפשר דיתמנון: קום טייל GN 13:16
מאיביה ואכלת ויהבת **אף** לבעלה עימה ואכל: ואתנהרן GN 3:6
גניסן והדרו לאחוריהון **אף** מבני לוי אתקטלו ארבע גניסן DT 10:6
עני משה נביא ואמר **אף** על גב דאנא מוכח יתהון על DT 28:15
בוכרא ואוף חכימנא **דאוף** הוא יהי לעם רב ואוף הוא GN 48:19

דעתיה ממה דגזר עליה **דאף** הוא הוה עקר ואתרווח GN 25:21
למימר לא תדחל **דאף** על גב דיהון מצטרפין בלגיונין GN 15:1
בטלייא ולא קבלתון מיני **ואוף** אדמי הא מתבעי מינך: ואינון GN 42:22
למיקום למישמעהון **ואוף** אהרן ובנוי וכל סביא דעמא EX 18:23
חקלא והא קמת פורכתי **ואוף** איזדקפת והא מתחורן GN 37:7
ואינש לא יסק עמך **ואוף** אינש לא יתחמי בכל טוורא EX 34:3
ואמר לא אשכחתא **ואוף** אינשי אתרא אמרו לא הות GN 38:22
ונצו ליה כל חרשי מצראי **ואוף** אכלו קורצוי קדם פרעה GN 49:23
ואוף אנת לא תנית לי **ואוף** אנא לא שמענא מן חורנין GN 21:26
מעבדך יהי חייב קטול **ואוף** אנן נהי לריבוני לעבדין: ואמר GN 44:9
דעבד ית פיתגמא הדין **ואוף** אנת לא תנית לי ואוף אנא לא GN 21:26
מניית יתך בשום טב **ואוף** אשכחת רחמין קדמי: וכדון EX 33:12
אתינא לות אחוך לעשו **ואוף** אתי לקדמותך וארבע מאה GN 32:7
בארעתא דסנאיהון **ואוף** בחובי אבהתהון בישיא LV 26:39
עמא במללותי עימך **ואוף** בך יהימנון לעלם ותני משה EX 19:9
וכריכן עד צית שמיא **ואוף** בני עפרון גיברא חמינא תמן: DT 1:28
בארעא ביומיא האינון **ואוף** בתר כן דעלון בני רברביא לות GN 6:4
ונעבד קדם ייי אלקנא: **ואוף** גיתנא יזיל עימנא לא תשתייר EX 10:26
גמלייך אשקי ושתיתי **ואוף** גמלייא אשקיית: ושאילית GN 24:46
מינה ואמרת שתי **ואוף** גמלייך אשקי ושתיתי ואוף GN 24:46
ואישתי ותימר שתי **ואוף** גמלייך אשקי יתי זמינתא GN 24:14
דשקרו במימרי **ואוף** דהליכו עימי בעראי: ברם אנא LV 26:40
לאחוהי איתותב כספי **ואוף** הא בטוני ונפק מנדע לבהון GN 42:28
ארום מללא ימליל הוא **ואוף** הא הוא נפיק לקדמותך EX 4:14
למימר זניית תמר כלתך **ואוף** הא מעברא לזנו ואמר יהודה GN 38:24
דאוף הוא יהי לעם רב **ואוף** הוא יסגי וברם אחוי קלילא GN 48:19
מן ארעא דעיבראי **ואוף** הכא לא עבדית מדעם ביש GN 40:15
ידענא ברי דהוא בוכרא **ואוף** חכימנא דאוף הוא יהי לעם רב GN 48:19
מזדהרין באפרשותהון: **ואוף** ית אחך שיבטא דלוי דמתקרי NU 18:2
ית כל חקלי עמלקאי **ואוף** ית אמוראי דיתיב בעין גדי: GN 14:7
מצראי עירבות חיות ברא **ואוף** ית ארעא דהינון עלה: ואעבד EX 8:17
אמתא לא מתיחס בתרך: **ואוף** ית בר אמתא לעם ליסטיס GN 21:13
חייא ויפלגון ית דמיה **ואוף** ית דמי מותא יפלגון: אין EX 21:35
דייי מיניה לית אנא דחיל **ואוף** ית ישראל לא איפטור: ואמרו EX 5:2
ואתיב ית כל קניינא **ואוף** ית לוט אחוי וקנייניה אתיב GN 14:16
לוט אחוי וקנייניה אתיב **ואוף** ית נשיא וית עמא: ונפק מלכא GN 14:16
יתהום ארבע מאה שנין: **ואוף** ית עמא דיפלחון להום דיין GN 15:14
עם יצחק בטוור מוריה **ואוף** ית קיימא דקיימית עם LV 26:42
עם יעקב בביתאל **ואוף** ית קיימא דקיימית עם יצחק LV 26:42
ויפיל מנהון רב דבהון: **ואוף** כהניא דקריבין לשמשא ייי EX 19:22
מסרהבין הויתון קדם ייי **ואוף** כל דכן בתר דאימות: כנושו DT 31:27
ייי דבר נש אמר ומכדב **ואוף** לא דמיין עובדוי לעובדי בני NU 23:19
לא אתר כשר לבית דרע **ואוף** לא למינצב תינין וגופנין NU 20:5
דלית קדמוי מיסב אפין **ואוף** לא לקבלא שוחדא: עבד דין DT 10:17
דנתקטלא תחותוהי **ואוף** לא עולימא חבילית דבגיניה GN 4:23
לך עבד פלח עד יובלא **ואוף** לאמתך תיכתוב גט חירו DT 15:17
תמן אברם בשמא דייי: **ואוף** ללוט דהוה מידבר בזכותיה GN 13:5
תזבנון עבדין ואמהן: **ואוף** מבני תותביא עריליא דדיירין LV 25:45
יהי זכאי מדין קטול **ואוף** מדמי עבדא ואמהו: ואין תור EX 21:28
היכמא דקיים ייי להון: **ואוף** מחא מן קדם ייי אתגריית DT 2:15
כד חי בכספא ותיכלון **ואוף** מיא תזבנון מנהון בכספא DT 2:6
כריכן חניין רברבן לחדא **ואוף** מרבנייני דענק גיברא חמינא NU 13:28
או איתא תורא יתרגם **ואוף** מריה יתקטל במיתותא EX 21:29
חמשא חמשא לכל גברא: **ואוף** נוכראין סגיאין מנהון מאתן EX 12:38
דאשנייו עובדיהון **ואוף** סדר דינייה דעלמא אישתני DT 32:5
לארעא דשדרתנא **ואוף** עבדא חלב ודבש היא ודין NU 13:27
אורייתי רחיקת נפשיהון: **ואוף** על כל דא ארחים יתהון LV 26:44
שמה: ואברך יתה בגופה **ואף** איתן מינה לה בר לאברכיניה GN 17:16
דידיה מיניה אנא מעברא **ואף** על גב דאנא יקדא לית אנא GN 38:25
עלך מימרי תריס לך **ואף** על גב דהינון נפלין קומך GN 15:1

אוקיינוס (4)

כורסי יקרא ומלי מיא מן **אוקינוס** והדר סליק מן ארעא GN 2:6
ויהוי לכון ימא רבא **אוקינוס** ותחומיה הינון מי בראשית NU 34:6
רבא נהרא פרת עד ימא **דאוקינוס** הינון מי בראשית סטר DT 11:24
ביני סיטרי שמייא למוי **דאוקינוס** ואפריש ביני מייא דמלרע GN 1:7

אור (1)

עד צפרא תצניעיניה **ובאורתא** דשיתיסר בנורא תוקדון EX 12:10

אורז (1)

דעללתא דארעא ולא מן **אוריזא** ודוחינא וקיטני תפרשון NU 15:19

אורח (129)

וארום אתו ישראל **אורח** אלליא אתר דמרדו במרי NU 21:1
ית עמא ולא דברינון ייי **אורח** ארע פלישתאי ארום קריב EX 13:17
קודמך אודעני כדון ית **אורח** טובך ואנדע רחמך היך אנת EX 33:13
סריין רמיין לקובליכון **אורח** טוורא דאימוראה היכמה DT 1:19
ונטלנא למדברא **אורח** ימא דסוף היכמה דמליל ייי DT 2:1
וטולו לכון למדברא **אורח** ימא דסוף: ומליל ייי עם משה NU 14:25
לכון וטולו למדברא **אורח** ימה דסוף: ואתיבתון ואמרתון DT 1:40
בארעך באורחא דהיא **אורח** כבישא איזיל לא אסטי DT 2:27
וקם באתר דחיק דלית **אורח** למיסטי לימינא ולשמאלא: NU 22:26
מן מוסרות ותבו לרקם **אורח** מאללייא ואתו לטוורוס NU 21:1
ואחזר ייי ית עמא **אורח** מדברא דימא דסוף וכל חד EX 13:18
ואתפנינא ועברנא **אורח** מדברא דמואב: ואמר ייי לי DT 2:8
מלהלא ליורדנא אחורי **אורח** מטמעא דשמשא בארע DT 11:30
ולא נבעול נשי גוברין **אורח** מלכא דבשמים נזיל עד NU 21:22
דתמן: ואתפניו וסליקו **אורח** מתנן ונפק עוג מלכא דמותנן NU 21:33
ואתפנינא וסליקנא **אורח** מתנן ונפק עוג מלכא דמתנן DT 3:1
למיקום מן קמך ארום **אורח** נשין לי ופשפש ולא אשכח GN 31:35
פסק מלמהוי לשרה **אורח** סובתא כנשיא: ותמהת שרה GN 18:11
כל מן דעליל למשכנא **אורח** תרעא ולא מן צדדיה כדפתיח NU 19:14
יומיא: וארום יסגי מינכון **אורחא** ארום לא תיכול למסוברא DT 14:24
או חמרא דטעי מן **אורחא** אתבא תתביניה ליה: אין EX 23:4
והיכמא דאיתקטעא ליה **אורחא** במיזליה לפדן ארם היכדין GN 24:61
דייי אלקכון ותטעון מן **אורחא** דאנא מפקיד יתכון יומא DT 11:28
ותהון דכירין ית כל **אורחא** דדברכון ייי אלקכון מן DT 8:2
גבר ית בריה בכל **אורחא** דהליכתון עד זמן מיתיכון DT 1:31
קודמיכון יומנא ית **אורחא** דחיי דביה משתלם אגר טב DT 30:15
בבית כנישתהון וית **אורחא** דיפקדון למריעין ודיהכון EX 18:20
אגר טב לצדיקייא וית **אורחא** דמותא דביה משתלם אגר DT 30:15
עימהון: לא כדין **אורחא** דמשה עבדי בכל בית NU 12:7
ויתיבון יתנא פיתגמא ית **אורחא** דניסק בה וית קירויא DT 1:22
לימינא ולשמאלא: בכל **אורחא** דפקיד ייי אלקכון יתכון DT 5:33
מתכא סטיתון בפריע מן **אורחא** דפקיד ייי יתכון: ואחדית DT 9:16
עובדיכון ותטעון מן **אורחא** דפקידית יתכון ותארע DT 31:29
עבדיא לאטעיותכון מן **אורחא** דפקידכון ייי אלקכון DT 13:6
דמצרים: סטו בפריע מן **אורחא** דפקידתינון בסיני לא EX 32:8
בידיה וסטת אתנא מן **אורחא** ואזלת בחקלא ומחא בלעם NU 22:23
דהיא בסכות עיינין על **אורחא** ואמרו לא הוה הכא GN 38:21
דחילת חמת סטת מן **אורחא** וגלי קדמי דאנת בעי למיזל NU 22:32
וידבקיה ארום תיסגי **אורחא** ויקטליניה נפש וליה לא DT 19:6
יוסף למחווייא קדמוי **אורחא** ולמכבשא ית עמודיא GN 46:28
דרביע על פרשת **אורחא** ולרישי חיויו דכמין על GN 49:17
דילמא ירגזון בכון עברי **אורחא**: וסליקו ממצרים ואתו GN 45:24
למירתה: תכוונון לכון **אורחא** ותתלתון ית תחום ארעכון DT 19:3
בקיבלא דלית לעדי **אורחא** למיחמי למכוונותהון DT 28:29
תעכבון יתי וייי אצלח **אורחי** אלווייוני ואיזיל לריבוני: GN 24:56
אין איתך כדון מצלח **אורחי** דאנא אזיל עלה: הא אנא קאי GN 24:42
למינדע האצלח ייי **אורחיה** אין לה: והוה כדי ספיקו GN 24:21
כל בישרא כל חד וחד ית **אורחיה** על ארעה: ואמר ייי לנח GN 6:12
בשום מימרא דייי אלקן **אורחיהון** דעממיא נטלין דחלתהון DT 4:7
ואעטפת ויתיבת בפרשת **אורחין** דכל עיינין מסתכלין תמן GN 38:14
לסדרי קרבא ובשבעא **אורחין** טעיין יהוון ערקין מן DT 28:7
מלאכיה עימך ויצלח **אורחך** ותיסב איתא לברי מן יחוסי GN 24:40
ייי אלקכון למהך בכל **אורחן** דתקנן קדמוי ולמרחם יתיה DT 10:12
ית ייי אלקכון למהך בכל **אורחן** דתקנן קדמוי ומטול DT 11:22
לסידרי קרבא ובשבעתי **אורחן** טעיין תהוון מפכין מן DT 28:25
בלעם רשיעא בפרשת **אורחתא**: ויתיב ישראל באתרא NU 24:25
לי קום חות ארום חבילו **אורחתהון** עמא דאתקריון על שמך DT 9:12
דשלמין עובדוי ארום כל **אורחתוי** דינא אלקא מהימנא דמן DT 32:4
ית בנתיה בפרשת **אורחתיה** למטעיא יתהון ונפלו בגין NU 31:8
יתכון מלגיו ויצדיין **אורחתכון**: ואין באילין מרדוותא LV 26:22
באורחא ולא תצלחון ית **אורחתכון** ותהון ברם עציין ואניסין DT 28:29
קיים ומטייל בשבילי **ארחא** דחיי לעלמא דאתי: ואדם GN 3:24
בגיטא ואזלת וטכנת מן **ארחא** למדברא דסמיך לבירא GN 21:14
בגין דיירהא דסטו מן **ארחן** דתקנן קדם ייי ואיתמליאת GN 6:11
ביתיה בתרויי ויטרון **ארחן** דתקנן קדם ייי למעבד GN 18:19
דמריה עלמא דאליף לן **ארחתיה** תקניה אליף יתן למלביש DT 34:6
ומיתת רחל ואתקברת **באורח** אפרת היא בית לחם: ואקים GN 35:19
כפילתא וקברתה תמן **באורח** אפרת היא בית לחם: וחמא GN 48:7
ולא נבעול נשי גוברין **באורח** מלכא דבשמיא נזיל לא NU 20:17
או דייב או סגיר דמרחק **באורח** עלמא בקריות ליליא והוא NU 9:10
דריבוניה אברהם דדברני **באורח** קשוט למיסב ית ברת אחוי GN 24:48
מן ריבוני אנא בזכותיה **באורח** תקנא דברני ייי בית אחוי GN 24:27
קטיל ית ברך בוכרך: והוה **באורחא** בבית אבתותא וארע ביה EX 4:24
דעבדו לכון דבית עמלק **באורחא** במיפקכון ממצרים: דארעו DT 25:17
ולקת בצורעא ואתעכבת **באורחא** במיפקכון מצרים: ארום DT 24:9
בתכיף בארעא דכנען **באורחא** בעוד סוגעי ארעא למיעול GN 48:7
והוה מימריה בסעדי **באורחא** דאזלית: ומסרו ביד יעקב GN 35:3
אמן: ליט די יטעי אכסניא **באורחא** דהוא מדמי לסמיא הוון DT 27:18

למימר: אעיבר בארעך **באורחא** דהיא אורח כבישא איזיל	DT 2:27
וחילופה ותיתרעון **באורחא** דחיי היא אורייתא מן	DT 30:19
על כל זרע זרעונין **באורחא** די יזדרע בנוגביה דכי הוא:	LV 11:37
זמינו לכון בלחמא ובמוי **באורחא** דמיפקכון ממצרים ודאוגר	DT 23:5
באילפיא בגו ימא דסוף **באורחא** דעברתון ואמרית לכון לא	DT 28:68
בליליא לאנהרותכון **באורחא** דתהכון בה ועמודא דעננא	DT 1:33
אימיה ויארעיניה מותא **באורחא** דתהכון בה ותחתון ית	GN 42:38
נוכרא וגילויי עריתא **באורחא** הדין דאנא אזיל ויתן לי	GN 28:20
לכון לא תוספון למתוב **באורחא** הדין תוב: ולא יסגון ליה	DT 17:16
דעננא לדברותהון **באורחא** ובליליא הדר עמודא	EX 13:21
עם חיתונכון ובמהככון **באורחא** ובפניא סמיך למשכבכון	DT 11:19
ממצרים: דארעו יתכון **באורחא** והוה קטיל בכון כל דהוה	DT 25:18
וקנטת נפשא דעמא **באורחא**: והרהרו עמא בלבבהון	NU 21:4
אנת מעתד לקדמותי **באורחא** וכדון אין ביש קדמך	NU 22:34
למיחמי למכוונותהון **באורחא** ולא תצלחון ית אורחתכון	DT 28:29
מלאכא קדמך למטרך **באורחא** ולאעלותך לאתר שכינתי	EX 23:20
ותמן עקת נפשא דעמא **באורחא**: ונטלו מצלמונה ושרו	NU 33:41
אנת דילמא אישיצינכון **באורחא**: ושמע עמא ית פיתגמא	EX 33:3
דאחוכון או תוריה רמאן **באורחא** ותכבשון עיניכון מנהון	DT 22:4
ואתא אברהם ובת **באורחא** ותניאו לאברהם למימַר	GN 22:20
תבירין קדמיכון **באורחא** חד יהון נפקין לוותכון	DT 28:7
קדם בעלי דבביכון **באורחא** חד תיפקון לקדמותהון	DT 28:25
אלקכון: דמדבר קדמיכון **באורחא** לאתקנא לכון אתר בית	DT 1:33
כל עקתא דאשכחתנון **באורחא** על ימא דסוף ובמרה	EX 18:8
דן: ואתפלג להום ליליא **באורחא** פלגותא אגחן עם מלכיא	GN 14:15
היא לכון לקביל אפיכון **באורחכון** דתהלכון עד זמן די	EX 10:10
בחיתונכון ובמהכיהון **באורחכון** ובפניא סמיך למשכבכון	DT 6:7
דייי אלקכון ותהכון **באורחן** דתקנן קדמוי: ויחמון כל	DT 28:9
דייי אלקכון למהך **באורחן** דתקנן קדמוי ולמידחל	DT 8:6
לכון לאלקא ולמהך **באורחן** דתקנן קדמוי ולמינטור	DT 26:17
ית ייי אלקכון ולמהך **באורחן** דתקנן קדמוי כל יומיא	DT 19:9
ית ייי אלקכון ולמהך **באורחן** דתקנן קודמוי ולמנטר	DT 30:16
ולא פשוטיא: כל מידעם **דאורחיה** למיתעלא בנורא לביסיא	NU 31:23
דמיא במדברא על עינא **דבאורח** חגרא: ואמר הגר אמתא	GN 16:7
יתיה: וגברא דהוא דכי **ובאורח** עלמא לא אסתאב ומברא	NU 9:13
תבשילין וסדר קדמיהון **כאורח** הילכת בריית עלמא והוא	GN 18:8
אסידי למנטר ית יוסף **כאורח** כל אסיריא ארום לא חמי	GN 39:23
לית בארעא למיעל עלנא **כאורח** כל ארעא: איתא נשקי ית	GN 19:31
הוה משמש עם אינתתיה **כאורח** כל ארעא ותקף רוגזא דייי	GN 38:7
מן קיסי שיטא קיימין הי **כאורח** נציבהון: עשר אמין אורכא	EX 36:20
דקיסי שיטא קיימין הי **כאורח** נציביהון: עשר אמין אורכא	EX 26:15
או גדיא ארום איתיליד **כאורח** עלמא ויהי שבעתי יומין	LV 22:27
רחים יתה: וסטא לוותה **לאורחא** ואמר הבי כדון איעול	GN 38:16
ולמיתן להון זוודיין **לאורחא** ועבד להום כן: ונטלו ית	GN 42:25
עיבור ולחם וזוודין לאבוי **לאורחא**: ושדר ית אחוי יטיילו	GN 45:23
פרעה ויהב להון זוודין **לאורחא**: לכולהון יהב לגברא	GN 45:21
לאתריה ולחוד בלק אזל **לאורחיה** ואקים ית בנתהון	NU 24:25
לבן לאתריה: ויעקב אזל **לאורחיה** וארעו ביה מלאכייא דייי:	GN 32:2
ותב ביומא ההוא עשו **לאורחיה** לגבלא: ויעקב נטל	GN 33:16
ריגליכון ותקדמון ותהכון **לאורחתכון** ואמר לא ארי בשוקא	GN 19:2
חדיסר יומין מחורב **מאורח** טוורא דגבלא עם ריקם	DT 1:2

אוריא (6)

חושנא וסדר בחושנא ית **אוריא** וית תומיא: ושוי ית מצנפתא	LV 8:8
אלהין כהנייא שיילי **אורייא** ותומיא ונביא תריציא יהב	DT 18:14
פתגם וישאיל ליה בדין **אורייא** קדם ייי על מימרא דאלעזר	NU 27:21
כהנא הוא הוה שאיל **באורייא** ותומיא מתחות ידוי ממנן	NU 3:32
בר אלעזר כהנא לחילא **ואוריא** ותומיא דקודשא למשיילא	NU 31:6
משה נביא ואמר תומיא **ואורייא** אלבישתא לאהרן גבר	DT 33:8

אורעיתא (2)

על ארבע זני דיבבי וזני **אורעיה** וזני זיבורי שיקצא הוא לכון	LV 11:20
מחזרי קדל: ואשדר ית **אורעיתא** קדמך ותתרך ית חיואי	EX 23:28

אושא (1)

מן יומא דאשתכללו **אושהא** ועד כדון: וכדון שדר כנוש	EX 9:18

אותיא (2)

מן ימא וית קיפופא: וית **אותיא** וית קקא וית שרקרקא: וית	LV 11:18
ואוכמתא ושרקרקא **ואותיא**: ודייתא חיורתא ואוכמתא	DT 14:17

אזוב (8)

דארזא וית צבע זהורי וית **איזובא** ויטמש יתהון וית ציפרא	LV 14:6
ויסב ית קיסא דארזא וית **איזובא** וית צבע זהורי וית צפרא	LV 14:51
פיסחא: ותיסבון איסרת **איזובא** ותטמשון בדמא דבמן	EX 12:22
מבוע לגו מאן דפחר: ויסב **איזובא** תלתא קילחין באיסרא	NU 19:18
וקיסא דארזא וצבע זהורי **ואיזובא**: ויכוס טבחא ית ציפורא	LV 14:49
וקיסא דארזא וצבע זהורי **ואיזובא**: ויפקד כהנא לטבחא ויכוס	LV 14:4
בקעתא דקיסא דגולמיש **ואיזובא** וצבע דאישתני בזהורי	NU 19:6
חייתא ובקיסא דארזא **ובאיזובא** ובצבע זהורי: ויפטור ית	LV 14:52

אזל (229)

על דלא חוי ליה ארום **אזיל** הוא: ואזל הוא עם כל דיליה	GN 31:20
ותקיף רוגזא דייי ארום **אזיל** הוא ללטוטינון ואתעתד	NU 22:22
אלהין לארעי ולילדותי **אזיל**: ואמר לא כדון תשבוק יתנא	NU 10:30
יוסף אמר במימריה **אזיל** ואתלוש קיסין ביומא דשבתא	NU 15:32
ליה במיתביה דביומא חד **אזיל** וביומא חד תב: ויצחק הוה	GN 24:61
באורחא הדין דאנא **אזיל** ויתן לי לחים למיכל וכסו	GN 28:20
בשמא דייי: ונטל אברם **אזיל** ונטיל לדרומא: והוה כפנא	GN 12:9
ייי: ורבא גברא ואזל **אזיל** ורבי עד די רבא לחדא: והוו	GN 26:13
לחדא: והוה קל שופרא **אזיל** ותקיף לחדא משה הוה ממלל	EX 19:19
משה קדם ייי הא אנא **אזיל** לות בני ישראל ואימר להון ייי	EX 3:13
קדם ייי מאן אנא ארום **אזיל** לות פרעה וארום אפיק ית בני	EX 3:11
אתברי עלמא ואנת **אזיל** למילט יתהון ודי גגבתא	NU 22:30
לי: ואמר עשו הא אנא **אזיל** לממת ולית אנא חיי תוב	GN 25:32
דשלחה מלותיה כד הוה **אזיל** למצרים: וית תרין בנהא דשום	EX 18:2
בתקוף יצרא בישא דליבי **אזיל** מן בגלל למוספא חובי	DT 29:18
כדון מצלח אורחי דאנא **אזיל** עלה: הא אנא קאי על עינא	GN 24:42
על אנפי סדום ואברהם **אזיל** עמהון לאלוואיהון: וייי אמר	GN 18:16
מטב עד ביש: וכדון מיזל **אזילתיה** ארום מתחמדא חמידתא	GN 31:30
עמינדב לחנוכת מדבחא **אזל** אהרן ובנוי ואוקידו תלתיהון	LV 10:16
משה רבהון דישראל **אזל** ואדכר שמא רבא ויקירא	DT 9:19
ויתיב בה: ויאיר בר מנשה **אזל** וכבש ית כופרניהון וקרא יתהון	NU 32:41
יתהון כופרתי יאיר: ונבח **אזל** וכבש ית קנת וית כופרנהא	NU 32:42
לי היכמא דעבדו לסיחן **אזל** ועקר טוורא בר שיתא פרסי	NU 21:35
ותב לאתריה ולחוד בלק **אזל** לאורחיה ואקים ית בנתהון	NU 24:25
ותב לבן לאתריה: ויעקב **אזל** לאורחיה וארעו ביה מלאכייא	GN 32:2
קומוי ובההוא יומא דנפק **אזל** לחרן: וצלי באתר בית מוקדשא	GN 28:10
אבוי לארעא דכנען: ולבן **אזל** למיגז ית עניה וגנבת רחל ית	GN 31:19
פמיה הלכא והלכא **אזל** משה ונסב נרגא ברת עישרתי	NU 21:35
במערת כפילתא מן יד **אזל** נפתלי ורהט ונחת למצרים	GN 50:13
ליה ביר יחידאי ואשתבי **אזל** פרקיה בממון סגי אלפיה	DT 32:50
הוית אחתן וכדון את **אזלא** ומתנסבא לצדיקא יהי רעוא	GN 24:60
מאיבא דארעא ויומיא די **אזלו** בעשרין ותשעה לירחא דסיון	NU 13:20
ולבית מוקדשי תהון **אזלין** בדחלתא אנא ייי: אין בקיימי	LV 26:2
ולבית מוקדשי תהון **אזלין** בדחלתא אנא ייי: לא תסטון	LV 19:30
תדונון חבריכון: לא תהון **אזלין** בתר לישן תליתאיי דהוא	LV 19:16
בארע מדינחא: ומיא הוו **אזלין** וחסרין עד ירח עשיריי ירח	GN 8:5
מיא מעילוי ארעא **אזלין** ותייבין וחסרו מיא מסוף	GN 8:3
תורין בני תורי תילתיסר **אזלין** כל יומא וחסרין סכומהון	NU 29:13
כד הינין חיין: ועננֵי שמיא **אזלין** לפישון ודליין מתמן ית אבני	EX 35:27
יתהון באנפי מדברא **אזלין** רברבני ישראל ומייתן יתהון	EX 35:27
על נהרא ועולימתהא **אזלן** על גיף נהרא וחמת ית	EX 2:5
על ישראל: ואמר ליה לא **איזיל** אלהין לארעי ולילדותי אזיל:	NU 10:30
עוג עימהון אמר בליביה **איזיל** ואחוי לאברם על עיסק לוט	GN 14:13
דטוורא דסיני אמר **איזיל** ואיקדיש ית עמא אמר ליה	DT 32:49
עם גברא הדין ואמרת **איזיל**: ואלוייו ית רבקה אחתהום	GN 24:58
ודין דוכרני לכל דר ודר: **איזיל** ותיכנוש ית סבי ישראל	EX 3:16
דעד כדון יוסף ברי קיים **איזיל** כדון ואחמיניה קדם דאמות:	GN 45:28
לות יתרו חמוי ואמר ליה **איזיל** כדון ואיתוב לות אחיי	EX 4:18
דהיא אורח כבישא **איזיל** לא אסטי להנזקותך לימינא	DT 2:27
קיימין ואמר יתרו למשה **איזיל** לשלם: ואמר ייי למשה במדין	EX 4:18
ואמר ייי לי קום **איזיל** לתייר קדם עמא ויעלון	DT 10:11
בבי מערתכון ואתון **איזילו** אובלו עיבורא דזבנתון	GN 42:19
נביא לעמא בית ישראל **איזילו** בתר פולחנא קשיטא	DT 6:5
כמא דאתון סברין אלהין **איזילו** כדון גובריא ופלחו קדם ייי	EX 10:11
ואמר לרברבי מואב **איזילו** לארעכון ארום לית רעוא	NU 22:13
ואמר פרעה לכל מצראי **איזילו** לות יוסף דיימר לכון	GN 41:55
ית עמא מעיבידתהון **איזילו** לפולחנכון: ואמר פרעה הא	EX 5:4
יהיב לכון תיבנא: אתון **איזילו** סבו לכון תיבנא מן אתר	EX 5:11
חגא קדם אלקנא: וכדון **איזילו** פלחו ותיבנא לא יתיהב לכון	EX 5:18
למשה ולאהרן ואמר **איזילו** פלחו נכסת חגא קדם ייי	EX 8:21
לות פרעה ואמר להום **איזילו** פלחו קדם ייי אלקכון מן ומן	EX 10:8
ואמרת לה ברת פרעה **איזילי** ואזלת טליתא וקרת	EX 2:8
להון ולבניהון לעלם: **איזל** אימר להון שרי לכון לאזדווגא	DT 5:30
אהרן: ומליל ייי עם משה **איזל** איסתלק מיכא דילמא יתקף	EX 33:1
אמחיניה מסיפרי: וכדון **איזל** דבר ית עמא לאתר דמלילית	EX 32:34
סמיא הלא אנא ייי: וכדון **איזל** ואנא במימרי אהא עם ממלל	EX 4:12
לעמי איתא אימלכינך **איזל** זמין פונדקין ומני בהון נשיא	NU 24:14
וקדשהי: ואמר ליה ייי **איזל** חות ותיסק אנת ואהרן עימך	EX 19:24
ומליל ייי עם משה **איזל** חות מן רבות יקרך דלא יהיבת	EX 32:7
ליה האנא: ואמר ליה **איזל** כדון חמי ית שלם אחך וית	GN 37:14
למה דאנא מפקדת יתך: **איזל** כדון לבית עינא וסב לי מתמן	GN 27:9
ייי למשה ביומא רביעאה **איזל** לות עמא ותזמינינון יומא דין	EX 19:10

מסרב למפטור ית עמא: **איזל** לות פרעה בצפרא הא נפיק EX 7:15
בחרן: ואמר ייי לאברם **איזל** לך מארעך אתפרש מן ילדותך GN 12:1
מבנתהום דכנענאי: קום **איזל** לפדן דארם לבית בתואל GN 28:2
מן גיו ומברא בחימרא:: **איזל** לפישון וסב מתמן יורדא GN 6:16
חבלא: ואמר ייי לאהרן **איזל** לקדמות משה למדברא ואזל EX 4:27
ואמר ליה פרעה **איזל** מעילוויי איזדהר לך לא תוסיף EX 10:28
ואמר אבימלך ליצחק **איזל** מעימנא ארי תקיפתא מיננא GN 26:16
מלאכא דייי לבלעם **איזל** עם גובריא וברם ית פיתגמיא NU 22:35
באנפי בני עמי יהבתה לך **איזל** קבר מיתך: וגחן ליה אברהם GN 23:11
ואמר ייי למשה במדין **איזל** תוב למצרים ארום איתרוקנו EX 4:19
היא אינתתא דזמין ייי **במזלא** לבר ריבוני: אנא עד לא GN 24:44
אשקי יתי זמינתא **במזלא** לעבדך ליצחק ובה אינדע GN 24:14
דאיתקטעא ליה אורחא **במיזליה** לפדן ארם היכדין GN 24:61
דפרעה לא אשגחו עד **דאזל** הוא וכל עבדוי וכל מצראי EX 12:33
יפתח דמן גלעד: ובתר **דאזל** יעקב קמו רעייא על בירא GN 31:22
והא תרין מלאכיא **דאזלו** לסדום ואיטרדו מן GN 28:12
עולימיא וחולק גובריא **דאזלו** עימי ענר אשכול וממרא אף GN 14:24
הכדין: ותנון אוקטריא **דאזלו** עם ישראל ארום עריק עמא EX 14:5
ית תלתאיי אוף ית כל **דאזלין** בתר עדריא למימר GN 32:20
ייי אלקכון מן ומן הינון **דאזלין**: ואמר בטליינא ובסבנא ניזיל EX 10:8
מימריה בסעדי באורחא **דאזלית**: ומסרו ביד יעקב ית כל GN 35:3
אחתיה לבת פרעה **האיזיל** ואיקרי ליך איתא מיניקתא EX 2:7
וקרו לרבקה ואמר לה **התיזילין** עם גברא הדין ואמרת GN 24:58
בניי דפלחית יתך בגינהון **ואזיל** ארום אנת ידעת ית פולחני די GN 30:26
איקר שכינתא דייי מנהון **ואזיל**: וענן איקר שכינתא דייי NU 12:9
נפיק משה מן משריתא **ואזיל** למשכנא קיימין כל רשיעי EX 33:8
וכדון האנא מתפני **ואזיל** לעמי איתא אימלכינך איזל NU 24:14
וקבל: ואמר נטייל ונהך **ואזיל** לקיבלך עד דתימטי לבי GN 33:12
רישיה דעשו מתגלגל **ואזיל** עד דעל לגו מערתא ואיתנח GN 50:13
יתיה הוות להון כל דא **ואזל** אבימלך לוותיה מגרר ואתקיף GN 26:26
דאילנא בקרנוי **ואזל** אברהם ונסיב יתיה ואסיקהי GN 22:13
בך כל זרעית ארעא: **ואזל** אברם היכמה דמליל ליה ייי GN 12:4
וברכיה ייי: ורבא גברא **ואזל** אזיל ורבי עד די רבא לחדא: GN 26:13
ייי בפמי יתיה אמליל: **ואזל** בלעם עם בלק ואתון לקרתא NU 22:39
עימך יתיה תמליל **ואזל** בלעם עם רברבי בלק: ושמע NU 22:35
למעיבר על קיימיה: **ואזל** בתר יצרא בישא ופלח DT 17:3
מה דיחוי לי ואיתני לך **ואזל** גחין כחויא: וארע מימרא מן NU 23:3
חוי ליה ארום אזיל הוא: **ואזל** הוא עם כל דיליה וקם ועבר GN 31:21
לקדמות משה למדברא **ואזל** וארעיה בטוורא דאיתגלי עלוי EX 4:27
ייי אלקים מגינתא דעדן **ואזל** ויתיב בטורי מוריה למפלח ית GN 3:23
על דבלבל מצע אבוי **ואזל** ויתיב ביני טווריא למהדור GN 37:29
קבל מיני ואיזל סב לי: **ואזל** ונסיב ואייתי לאימיה ועבדת GN 27:14
ואכל ושתי וקם **ואזל** ושט עשו ית בכירותא וחולק GN 25:34
לאובדנא: וקם בלעם **ואזל** ותב לאתריה ולחוד בלק אזל NU 24:25
דיליה ובריך יתהון **ואזל** ותב לבן לאתריה: ויעקב אזל GN 32:1
כן הוו אמרין נזיל לדותן **ואזל** יוסף בתר אחהי ואשכחינון GN 37:17
דהוה ביומי אברהם **ואזל** יצחק לות אבימלך מלכא GN 26:1
דלבן ארמאה ליה לאינתו: **ואזל** יצחק לטוור פולחנא אתר GN 25:21
גמלין מן גמליה ריבוניה **ואזל** כל שפר אפותיקי דריבוניה GN 24:10
דתן ואבירם: וקם משה **ואזל** לאוכחא לדתן ולאבירם ואזלו NU 16:25
דריבוניה בידיה וקם **ואזל** לארם דעל פרת לקרתא דנחור: GN 24:10
ריגלוי לטיילא **ואזל** לארע בני מדינחא: וחמא והא GN 29:1
דחזיין לעלתא וקם **ואזל** לאתרא דאמר ליה ייי: ביומא GN 22:3
הינון: ופטר משה ית חמוי **ואזל** ליה לגיירא כל בני ארעא: EX 18:27
בגיתי בכספא ובדהבא: **ואזל** למטלנוי מן דרומא ועד GN 13:3
יוסף קיים והוא אזדרז **ואזל** למצרים ואייתי אוניתא GN 49:21
יעקב תבשילי דטלופחי **ואזל** לנחמא לאבוי ואתא עשו מן GN 25:29
אבוי ובמימר אימיה **ואזל** לפדן דארם: וחמא עשו ארום GN 28:7
ושדר יצחק ית יעקב **ואזל** לפדן דארם לות לבן בר GN 28:5
אתייא דפקדיה למעבד: **ואזל** משה ואהרן וכנשו ית כל סבי EX 4:29
זימנא ואיפקדיניה **ואזל** משה ויהושע ואתעתדו DT 31:14
דתעביד ביה ית אתייא: **ואזל** משה ותב לות יתרו חמוי EX 4:18
וליעקב למיתן להון: **ואזל** משה למשכן בית אולפנא DT 31:1
מיננא בניכסין לחדא: **ואזל** מתמן יצחק ושרא בנחלא GN 26:17
דעבר זימנא דקבע להון **ואזל** סטנא ואטעינון והדר ליבהון EX 32:1
דיכפת אברהם ית יצחק **ואזל** סטנא ותני לות שרה דאברהם GN 22:20
היכמה דמליל ליה ייי **ואזל** עימיה לוט ואברם בר שובעין GN 12:4
בצפרא וזריז ית אתניה **ואזל** עם רברבי מואב: ותקיף רוגזא NU 22:21
וכל ברתא תקיימון: **ואזל** עמרם גברא דמשבט לוי EX 2:1
דכנענאי קדם יצחק אבוי: **ואזל** עשו לות ישמעאל ונסיב ית GN 28:9
מליל יצחק עם עשו בריה **ואזל** עשו לחקלא למיצד צידא GN 27:5
וקרת ית שמיה אשר: **ואזל** ראובן ביומי סיון בזמן חצד GN 30:14
ישראל בארעא ההיא **ואזל** ראובן ובלבל ית מצעא GN 35:22
יוסף במללותהון עימיה: **ואזלו** אוף אחוי ואתרכינו קדמוי GN 50:18

נטר בליביה ית פיתגמא: **ואזלו** אחהי למרעי ית ענא דאבוהון GN37:12
בשום גובריא דבנונון: **ואזלו** בני מכיר בר מנשה לגלעד NU32:39
לא הוו בעיטתא דאבוהון **ואזלו** בתר אולפנא דמשה נביא לא NU26:11
יתהון מארעא דמצרים: **ואזלו** בתר יצרא בישא ופלחו DT 29:25
לאוכחא לדתן ולאבירם **ואזלו** בתרוי סבי ישראל: ומליל NU16:25
דאב מסוף ארבעין יומין: **ואזלו** ואתו לות משה ולות אהרן NU13:26
קנייניה בר אחוי דאברם **ואזלו** והוא יתיב בסדום: ואתא עוג GN14:12
מפום משה גחנו וסגידו: **ואזלו** ועבדו בני ישראל היכמא EX 12:28
ועמורה וית כל מזונהון **ואזלו**: ושבו ית לוט וית קנייניה בר GN14:11
נשא הימון רוח מערבא **ואזלו**: ותקיף ייי ית יצרא ולבא EX 10:19
לות עולימוי וקמו **ואזלו** כחדא לבירא דשבע ויתיב GN22:19
כחדא במשריתא **ואזלו** לבי דינא בר איתתא בת LV 24:10
בריה עד דהוא בחיי **ואזלו** למיתב קידומא לארע GN25:6
וקמו כל בנוי וכל נשי בנוי **ואזלו** למנחמא ליה וסריב לקבלא GN37:35
דדמיין לגובריא **ואזלו** לסדום ואברהם עד כדון בעי GN18:22
ושויו על כתף תרוויהון **ואזלו** מאחזריין וכסיו ית עריתא GN 9:23
כנישין אונכין ומרגלין **ואזלו** מבתר כדין מהלך תלתא NU33:8
ואתרווחו ואלוינון יצחק **ואזלו** מלותיה בשלם: והוה ביומא GN26:31
ית עיבוריהון על חמריהון **ואזלו** מתמן: ופתח לוי דאישתאר GN42:26
מברך ודי תלוט לייט: **ואזלו** סבי מואב וסבי מדין וגדין NU22:7
בגו ימא ונפקו מן ימא **ואזלו** על כיף ימא כנישין אונכין NU33:8
ית אישתא וית סכינא **ואזלו** תרוויהום כחדא: ואמר יצחק GN22:6
ליה אימרא לעלתא ברי **ואזלו** תרויהום בלב שלים כחדא: GN22:8
ורעי דלוט הוו מבקרין **ואזלין** ואכלין בחקלי כנענאי GN13:7
ותייבין ענני שמייא **ואזלין** לגן עדן ונסבין מתמן ית EX 35:28
מיגו פרתה דעגלתא נגדין **ואזלין** עד אתרא דקטולא תמן DT 21:8
מורני נפקן מן פרתהון **ואזלין** עד בית לישנהון ואכלין NU14:37
דמרי עלמא והוו מיטרדין **ואזלין** עד זמן דנפק יעקב מבית GN28:12
ורכיבן על גמלייא **ואזלן** בתר גברא ודבר עבדא ית GN24:61
וסטת אתנא מן אורחא **ואזלת** בחקלא ומחא בלעם ית NU22:23
וית ריבא ופטרה בגיטא **ואזלת** וטכנת מן ארחא למדברא GN21:14
תחות חד מן אילנייא: **ואזלת** ויתיבת לה ליסטר חד GN21:16
ואיתגלי לה בירא דמיא **ואזלת** ומלת ית קרווה מיא GN21:19
ואיתעברת ליה: וקמת **ואזלת** ועדת רדידה מינה ולבישת GN38:19
לה ברת פרעה איזילי **ואזלת** טליתא וקרת לאימיה EX 2:8
דילידתא למה דין לי בנין **ואזלת** לבי מדרשא דשם רבא GN25:22
ימות אוף הוא הי כאחהי **ואזלת** תמר ויתיבת בית אבוהא: GN38:11
טב: הא רבקה קומך דבר **ואיזיל** ותהי איתא לבר ריבונך כמא GN24:51
אחוי שוית קומוי לעבדין **ואיזיל** ותיטרד מיני דמה אעביד לך GN27:37
אצלח אורחי אלווייוני **ואיזיל** לריבוני: ואמרו ניקרי לריבא GN24:56
למיכנוש בעיר אשקו ענא **ואיזילו** רעו: ואמרו לא ניכול עד די GN29:7
וכדון הא אינתתך דבר **ואיזל**: ופקיד עילוי פרעה גוברין GN12:19
מיני קום ערוק לך לנפשך **ואיזל** לות לבן אחי לחרן: ותיתב GN27:43
דאת רחים ית יצחק **ואיזל** לך לארע פולחנא ואסיקהי GN22:2
ביה ית נהרא דבר בידך **ואיזל** לך מן קדם תרעמתהון: האנא EX 17:5
ועל נפשי ברם קבל מיני **ואיזל** סב לי: ואזל ונסיב ואייתי GN27:13
דילי היכמא דמלילהון **וזילו** ולית אנא בעי מנכון אלהן EX 12:32
אוף אתון אוף בני ישראל **וזילו** פלחו קדם ייי היכמה EX 12:31
שדר טליא עמי נקום **וניזיל** וניחי ולא נמות אוף אנן אוף GN43:8
וניסב בתוקפא ית ברתנא **וניזיל**: ושפרו פיתגמהון בעיני חמור GN34:17
ילדותך פוק מבית אבוך **זיל** לארעא דאחזינך: ואעבדינך לעם GN12:1
קרא פרעה למשה ואמר **זילו** פלחו קדם ייי לחוד ענכון EX 10:24
ייי אלקנא: ואוף גיתנא **יזיל** עימנא לא תשתייר מנהון EX 10:26
יקום גביי אוף טפלכון **יזיל** עמכון: ואמר אוף אנת תיתן EX 10:24
יהוון מהניין לכון ארום **יזלון** בשיבייותא: כל אילניכון ופירי DT 28:41
והי כמילקדמוי הינון **יזלון** ויגבבון להון תיבנא: וית סכום EX 5:7
בעלמא דאתי או דילמא **ייזלון** אחיהון וקריביהון דאילין GN15:1
לאנהרא קדמיהון **למיזל** ביממא ובליליא: לא עדי EX 13:21
חרבא: למא איטמרת **למיזל** וגנבת דעתי ולא תנית לי GN31:27
יתכון מלכא דמצרים **למיזל** ולא מן דחיליה תקיף אלהין EX 3:19
דיגיירו בחרן ונפקו **למיזל** לארעא דכנען ואתו לארעא GN12:5
עימהון מאורא דכשדאי **למיזל** לארעא דכנען ואתו עד חרן GN11:31
וכל דיליה ולוט עימיה **למיזל** לדרומא: ואברם תקיף לחדא GN13:1
וגלי קדמי דאנת בעי **למיזל** למילוט ית עמא ומילא לא NU22:32
מגרר ואתקיף ברחמוי **למיזל** עימיה ופיכל רב חיליה: ואמר GN26:26
רעוא קדם ייי למשבקי **למיזל** עימכון: וקמו רברבי מואב NU22:13
יעקב מטב עד ביש: וכדון **מיזל** אזילתיה ארום מתחמדא GN31:30
איתקרי עלנא וכדון **נזיל** כדון מהלך תלתא יומין EX 3:18
באורח מלכא דבשמיא **נזיל** לא נסטי לימינא ולשמאלא NU20:17
קרבא בגין כן הוו אמרין **נזיל** לדותן ואזל יוסף בתר אחהי GN37:17
בגין כן אתון אמרין **נזיל** נדבח נכסת חגא קדם אלקנא: EX 5:17
אורח מלכא דבשמים **נזיל** עד דניעיבר תחומך: ולא שבק NU21:22
באיסרטיא דמלכא **ניזיל** אין מייך נישתי אנא ובעיריי NU20:19
ניזיל בעננא ובתורנא **ניזיל** ארום חגא קדם ייי לנא: ואמר EX 10:9

ואמר בטליינא ובסבנא **ניזיל** בברנא ובברתנא ניזיל בעננא EX 10:9
ניזיל בברנא ובברתנא **ניזיל** בעננא ובתורנא ניזיל ארום EX 10:9
כן הינון צווחין למימר **ניזיל** נדבח ניכסת חגא קדם אלהנא: EX 5:8
או עשרהרחין ובתר כדין **תיזיל**: ואמר להום לא תעכבון יתי GN 24:55
אלהין לבית איבא **תיזיל** ולייחוסי ותיסב איתא לברי: GN 24:38
ולילדותי ולבית גניסתי **תיזיל** ותיסב איתתא לברי ליצחק: GN 24:4
כבבת עיננא: ויהי ארום **תיזיל** עימנא ויהי טבא ההוא NU 10:32
ואמר ייי לבלעם לא **תיזיל** עמהון ולא תלוט ית עמא NU 22:12
מן האן אנת אתיא ולאן **תיזלין** ואמרת מן קדם שרי ריבונתי GN 16:8

אזתווד (2)

דדהב ותיתן על ארבע **איזתוורוי** ותרתין עיזקן על ציטריה EX 25:12
עיזקן דדהב על ארבע **אסתוורוי** ותרתין עיזקן על סיטריה EX 37:3

אח (349)

אימן חולק אבונן וחולק **אחא** דאבונן ואין אנן חשיבין כביר NU 27:4
בקושטא אחתי ברת **אחא** דאיבא היא ברם לא מגניסת GN 20:12
אית לך בקרתא קריב או **אחא** הכא חתנך בנך ובנתך הנפק מן GN 19:12
דעד כדון אית לכון **אחא**: ואמרו מישאל שאיל גברא GN 43:6
האית לכון אבא או **אחא**: ואמרנא לריבוני אית לן אבא GN 44:19
אחוי דריבוני:: ולרבקה **אחא** ושמיה לבן ורהט לבן לות GN 24:29
אבוכון קיים האית לכון **אחא** ותנינא ליה על מימר GN 43:7
דאסיבא ליה נביות **אחה**: וילידת עדה לעשו ית אליפז GN 36:3
לדותן ואזל יוסף בתר **אחהי** ואשכחינון בדותן: וחמון יתיה GN 37:17
והוה כד אתא יוסף לות **אחהי** ואשלחו ית יוסף ית פרגודיה GN 37:23
ורבא משה ונפק לות **אחהי** וחמא באניק נפשיהון ובסוגי EX 2:11
בליביה ית פיתגמא: ואזלו **אחהי** למרעי ית ענא דאבוהון GN 37:12
ואשקי ית ענא דלבן **אחוהא** דאימיה והוות טייפא GN 29:10
יעקב ית רחל ברת לבן **אחוהא** דאימיה וקריב יעקב וגלגיל GN 29:10
מתמן איתא מבנת לבן **אחוהא** דאימך: ואל שדי יברך יתך GN 28:2
לבן בר בתואל ארמאה **אחוהא** דרבקה אימא דיעקב ועשו: GN 28:5
דהא מית ואמר **אחוהא** ואימא תיתב ריבא עימנא GN 24:55
ישראל אפרשותא מן **אחוהון** באונסא וקריבו לעיבידת LV 8:15
לא חמיתינון וית **אחוהון** דלא בני תלתין שנין לא DT 33:9
יתהון עמא במחמיהון **אחוהון** דמיתו בקרבא מאתן אלפין EX 13:17
נביא אקים להון מביני **אחוהון** דרוח קודשא ביה כוותך DT 18:18
לדבית ישראל ישוון **אחוהון** כהניא קטרת בוסמין על DT 33:10
ורבותא דבנוי על כל **אחוהון** ליואי דיכלון מקורבניא דייי LV 7:35
ואמר קין לות הבל **אחוהי** איתא וניפוק תרוינן לברא GN 4:8
לריבוני וטלייא יסק עם **אחוהי**: ארום היכדין איסק לות GN 44:33
ואשתמודע יוסף ית **אחוהי** דכר אתפרש מנהום הוה GN 42:8
וגחנן לפורכתי: ואמרו ליה **אחוהי** הלממלך אנת מדמי עלנא GN 37:8
לך על ארעא: וקניאו ביה **אחוהי** ואבוי נטר בליביה ית GN 37:11
על ארעא: וחמא יוסף ית **אחוהי** ואשתמודעינון ואיתעביד GN 42:7
ברא וקם קין על הבל **אחוהי** וטבע אבנא במיצחיה GN 4:8
מנכסוי ואתפרש מן **אחוהי** וסטא לות גברא עדולמאה GN 38:1
בישרנא הוא וקבילו **אחוהי**: ועברו גברי מדינאי מרי GN 37:27
משכנין ומרי בעיר: ושום **אחוהי** יובל הוא הוה רב בהום דכל GN 4:21
לוי חולק ואחסנא עם **אחוהי** מתנן דיהב ליה ייי הינון DT 10:9
ואתפרשו אינש מעל **אחוי**: אברם יתיב בארעא דכנען GN 13:11
דיוסף לא שדר יעקב עם **אחוי** ארום אמר הא הוא טליא GN 42:4
עלוי אימתיה דיעקב **אחוי**: ארום הוה ניכסיהון סגי GN 36:6
ליה פרגוד מצוייר: וחמון **אחוי** ארום יתיה רחים אבוהון מכל GN 37:4
בטוורא ולבן אשרי ית **אחוי** בההוא טורא דגלעד: ואמר לבן GN 31:25
לבייתיה דילמא יתקבלון **אחוי** בחובוי ויתבר ליבהון היך DT 20:8
וגבר די יסב ית איתת **אחוי** בחייוי מרחקא היא עידיתא LV 20:21
על פרישותא דיוסף **אחוי** בלע דאתבלע מיניה ובכר GN 46:21
יפלח תוב: וישמש עם **אחוי** במשכן זימנא למיטר מטרא NU 8:26
ית עינוי וחמא ית בנימין **אחוי** בר אימיה ואמר הדין אחוכון GN 43:29
אוזפותיה ולא מן **אחוי** בר ישראל ארום קרא בית DT 15:2
דאבוי ותני לתרין **אחוי** בשוקא: ונסב שם ויפת ית GN 9:22
אילין ילידת מלכה לנחור **אחוי** דאברהם: ותפלקתיה ושמה GN 22:23
ית לוט וית קנייניה בר **אחוי** דאברם ואזלו והוא יתיב GN 14:12
בר מלכה אינתתי דנחור **אחוי** דאברם ולגינתה על כיתפה: GN 24:15
אמר בליבהון הלא הרן **אחוי** דאברם מלא קוסמין וחרשין GN 11:28
בחזוי ממרא אמוראה **אחוי** דאשכל ואחוי דענר והינון הוו GN 14:13
בארעא דגשן: ומקצת **אחוי** דבר חמשא גוברין זבולון דן GN 47:2
וכהנא רבא דמתרברב על **אחוי** די יתריק על רישיה מישחא LV 21:10
אעבר למדיניתא מן בגלל **אחוי** דיוסף דלא יתקרון גלוולאי GN 47:21
ממצרים: וית בנימין **אחוי** דיוסף לא שדר יעקב עם אחוי GN 42:4
אבוהון דכל בני עיבראי **אחוי** דיפת רבא בדחלתא דייי: בנוי GN 10:21
פרץ: ובתר כדין נפק **אחוי** דעל ידי קטיר חוט זהורי GN 38:30
תקנא דברני ייי בית **אחוי** דריבוני:: ולרבקה אחא ושמיה GN 24:27
קשוט למיסב ית ברת **אחוי** דריבוני לברי: וכדון אין GN 24:48
ובזע ית לבושוי: ותב לות **אחוי** ואמר טליא ליתוהי ואנא להן GN 37:30
וולדא ית ידיה והא נפק **אחוי** ואמרת מה תקוף סגי GN 38:29

עימיה: ואזלו אוף **אחוי** ואתרכינו קדמוי ואמרו הא GN 50:18
על פריקת צוורי בנימין **אחוי** ובכא דחמא דעתיד בית GN 45:14
למחרוב: ונשיק לכל **אחוי** ובכא עליהון דחמא GN 45:15
ארום רחשו רחמוי על **אחוי** ובעא למבכי ועל לקיטונא GN 43:30
ליה ויפרוק ית זביני **אחוי**: וגבר ארום לא יהי ליה מן LV 25:25
וקטולו אפילו גבר ית **אחוי** וגבר ית חבריה ואינש ית EX 32:27
וית סדר ברכתא מן יד **אחוי** והיך אתגלי ליה ייי בביתאל GN 29:13
אברם ארום אשתבי **אחוי** וזיין ית עולמויי דחניך לקרבא GN 14:14
והוא מרבע ביני תחומי **אחוי**: וחמא נייחא דעלמא דאתי GN 49:14
וככין: ובתר כדין נפק **אחוי** וידיה אחידא בעקיבא דעשו GN 25:26
ואותיב יוסף ית אבוי וית **אחוי** ויהב להון אחסנא בארעא GN 47:11
וזן יוסף ית אבוי וית **אחוי** וית כל בית אבוי לחמא לפום GN 47:12
שרי אינתתיה וית לוט בר **אחוי** וית כל קיניינהום דיקנו וית GN 12:5
ית עוץ בוכריה וית בוז **אחוי** וית קמואל רב קסומיא GN 22:21
ומית יוסף ובתריה מיתו **אחוי** וכל דרא ההוא: ובנוי דישראל EX 1:6
ובבירכתיה לשמעון **אחוי** וכן אמר קביל ייי צלותיה DT 33:7
יומין: לא חמון גבר ית **אחוי** ולא קמון אינש מאתריה EX 10:23
דלא יגיס ליביה יתיר מן **אחוי** ומטול דלא יסטי מן DT 17:20
במיערקיה מן קדם עשו **אחוי**: ומיתת דבורה פידגוגתא GN 35:7
יתיה רחים אבוהון מכל **אחוי** ונטרו ליה בבו ולא צבן GN 37:4
דעבדו כשדאי לאברם **אחוי**: ונסיב אברם ונחור להון נשין GN 11:28
כל קניינא ואוף ית לוט **אחוי** וקנייניה אתיב ואוף ית נשיא GN 14:16
זימנין עד מיקרביה עד **אחוי**: ורהט עשו לקדמותיה וגפיף GN 33:3
לאבוי לאורחא: ושדר ית **אחוי** יטיילו ואמר להום לא תתנצון GN 45:24
יד פורקנא יהי ליה חד מן **אחוי** יפרקיניה: או אחבוי או בר LV 25:48
איתפליגת ארעא ושום **אחוי** יקטן: ויקטן אוליד ית אלמודד GN 10:25
ביה ועל אנפי כל **אחוי** יתערבב וישרי: ואודיאת קדם GN 16:12
אזגדין קומוי לות עשו **אחוי** לארעא דגבלא לחקלי GN 32:4
כדון אבא קיים ולא יכילו **אחוי** לאתבא ליה פתגם ארום GN 45:3
דייי אלקיה הי ככל **אחוי** ליואי דמשמשין תמן קדם ייי: DT 18:7
וקריב יתיה לות **אחוי** למחמי משה ולמחמי כל NU 25:6
לבנוי דהוי קרי להום **אחוי** לקוטו אבנין ולקוטו אבנין GN 31:46
לא יחות ברי עמכון ארום **אחוי** מית והוא בלחודוי אישתייר GN 42:38
אישתא דלא למיקד ית **אחוי** מן יד נפלת אישתא מן שמי GN 11:28
באורייתא והוי ליה **אחוי** מסקי דורונין: מדבית דן עתיד GN 49:15
בידיה דורון לעשו **אחוי**: עזי מאתן וברחי עשרין רחילי GN 32:14
ומן בתר כדין מלילו **אחוי** עימיה: וקלא אישתמע בית GN 45:15
אנפי יצחק אבוי ועשו **אחוי** על מצידיה: ועכיב מימרא דייי GN 27:30
שנא בליביה על יעקב **אחוי** על סדר בירכתא דיברכיה GN 27:41
דכתב עשו ליעקב **אחוי** על פלגות מערת כפילתא ומן GN 50:13
וכרם לא תיהי ליה ביני **אחוי** עשרין וארבע מוהבותא DT 18:2
לוי חולק ואחסנא עם **אחוי** קורבניא דייי באחסנתהון DT 18:1
רב ואוף הוא יסגי וברם **אחוי** קלילא יסגי יתיר מיניה ובנוי GN 48:19
מיניתיה עלך וית כל **אחוי** שוית קומוי לעבדין ואיזיל GN 27:37
יקום באחסנתא על שום **אחוי** שכיבא ולא יתמחי שמיה DT 25:6
ארום הוה ידוי כידי עשו **אחוי** שערניין וברכיה: ואמר אנת GN 27:23
מעלך לאתור על אנפי כל **אחוי** שרא באחסנתיה: ואילין GN 25:18
ואמר בבעו לא כדון **אחוי** תבאשון: הא כדון אית לי GN 19:7
אוף לי אבא: ואמר עאל **אחוך** בחכמתא וקבל מיני בירכתך: GN 27:35
אנת היכמה דשכב אהרן **אחוך** בטוורוס אומנוס ואתכנש DT 32:50
יטעינך מילכא בישא **אחוך** בר אימך כל דכן בר איבך או DT 13:7
עבדת קל דמי קטילת **אחוך** דאיתבלעו בגרגישתא צווחין GN 4:10
אלהא דיליה ואהרן **אחוך** הוי נביא דילך: אנת תמליל EX 7:1
במיערקך מן קדם עשו **אחוך**: ואמר יעקב לאינשי בייתיה GN 35:1
ואמר ייי לקין אן הבל **אחוך** ואמר לא ידענא דילמא נטיר GN 4:9
יתיר ויסתכן ולא יתבזי **אחוך** ואנת חמי ליה: לא תזממון פם DT 25:3
אחוך לא תבזי בחיי **אחוך** ובתר מותיה אין אית ליה בנין LV 18:16
לאונן עול לות איתת **אחוך** ויבם יתה ואקם זרעא על GN 38:8
וארום אין יתמסכן **אחוך** ויזבון מאחסנתיה וייתי LV 25:25
ותלבש יתהון ית אהרן **אחוך** וית בנוי עימיה ותרביה יתהון EX 28:41
קריב לוותך ית אהרן **אחוך** וית בנוי עימיה מגו בני EX 28:1
ייי למשה מליל עם אהרן **אחוך** ולא יהי עליל בכל עידן LV 16:2
לבושיה קודשא לאהרן **אחוך** ולבנוי לשמשא קדמוי: והינון EX 28:4
ית כנישתא אנת ואהרן **אחוך** ותומון תריכון ית כיפא NU 20:8
הוא להון: וארום יתמסכן **אחוך** ותמוט ידיה עימך ותתקיף LV 25:35
ית כל דאיפקדינך ואהרן **אחוך** ימליל לפרעה ויפטור ית בני EX 7:2
דאדום למימר כדנן אמר **אחוך** ישראל אנת ידעת ית כל NU 20:14
למילד בנין לנחור **אחוך**: ית עוץ בוכריה וית בוז אחוי GN 22:20
גבך עד זמן דיתבע **אחוך** יתיה ותתיביניה ליה: והכדין DT 22:2
ואמרת ליה הא עשו **אחוך** כמין לך כמן ומתיעט עלך GN 27:42
עריתה: עירית איתת **אחוך** לא תבזי בחיי אחוך ובתר LV 18:16
במשה ואמר הלא אהרן **אחוך** לוואי גלי קדמי ארום מללא EX 4:14
לבושי קודשא לאהרן **אחוך** ליקר ולתושבחא: ואנת EX 28:2
ית אבוך ממליל עם עשו **אחוך** למימר: אעיל לי צידה ועיבד GN 27:6

יעקב למימר אתינא לות **אחוך** לעשו ואוף אתי לקדמותך GN 32:7
היכמא דאיתכניש אהרן **אחוך:** מטול דסרבתון על מימרי NU 27:13
ותותב דעימך ויתמסכן **אחוך** עימיה ויזדבן לערל תותב LV 25:47
לאלקא: וארום יתמסכן **אחוך** עימך ויזדבן לך לא תפלח ביה LV 25:39
ותידחל מאלקך ויתפרנס **אחוך** עימך: עמי בני ישראל ית LV 25:36
ודינא די יהוי לך עם **אחוך** תשמיט ידך: לחוד אין אתון DT 15:3
דאגירא עניא ומסכינא מן **אחוכון** או מן גיוריכון דמתגיירין DT 24:14
אלא מהימהי אתון ית **אחוכון** אתן לכון וית ארעא תתגרון GN 42:34
בפומכון למיסני ית **אחוכון** בליבכון אוכחא תוכחון ית LV 19:17
אתון עברין בתהום **אחוכון** בנוי דעשו דיתבין בגבלא DT 2:4
מזיינין תעיברון קדם **אחוכון** בני ישראל כל מזרזי חילא: DT 3:18
ארעכון: ארום יזדבן לכון **אחוכון** בר ישראל או בת ישראל DT 15:12
דילמא בשלו הוה: וית **אחוכון** דברו וקומו תובו לות גברא: GN 43:13
נבייא מביניכון מן **אחוכון** דדמי לי ברוח קודשא יקים DT 18:15
וקריבו ואמר אנא יוסף **אחוכון** די זבינתון יתי למצרים: GN 45:4
דאתי לאתגיירא ארום **אחוכון** הוא לא תרחקון מצראה DT 23:8
גבר חילוניי דלא מן **אחוכון** הוא: לחוד לא יסגון ליה על DT 17:15
ידעין דיימר אחיתו ית **אחוכון:** ואמר יהודה לישראל אבוי GN 43:7
פטרו מנכון חד וידבר ית **אחוכון** ואתון תתאסרון ויתבחרון GN 42:16
בר אימיה ואמר הדין **אחוכון** זעירא דאמרתון לי ואמר מן GN 43:29
תיחמון סבר אפיי בדלית **אחוכון** זעירא עימכון: אין איתך GN 43:3
לעבדך אין לא ייחות **אחוכון** זעירא עימכון לא תוספון GN 44:23
דחיל: אם מהמנין אתון **אחוכון** חד יתאסר בבי מערתכון GN 42:19
אנדע ארום מהימני אתון **אחוכון** חד שבוקו עמי וית דצריך GN 42:33
גברא ויפטור לכון ית **אחוכון** חורנא וית בנימין ואנא הא GN 43:14
ואנא הא קריבית ית **אחוכון** ליואי מיגו בני ישראל לכון NU 18:6
תיחמון סבר אפיי בדלית **אחוכון** עימכון: ואמר ישראל למא GN 43:5
מיכא אלהין בדייתי **אחוכון** קלילא הכא: פטרו מנכון חד GN 42:15
סיבו וטיילו: ואייתיאו ית **אחוכון** קלילא לותי ואנדע ארום GN 42:34
לכפיני בתיכון: וית **אחוכון** קלילא תייתון לותי GN 42:20
ביה למיקטליה ארום **אחונא** בישרנא הוא וקבילו אחוהי: GN 37:27
חייבין אנחנא על **אחונא** דחמינא אניקי דנפשיה כד GN 42:21
יהי לן ארום ניקטול ית **אחונא** ונכסי על דמיה: איתו GN 37:26
אפשר לנא למיחות אין **אחונא** זעירא עימנא וניחות ארום GN 44:26
ית אחסנת צלפחד **אחונא** לבנתיה: והואה לחד מבני NU 36:2
אין איתך משדר ית **אחונא** עימנא ניחות וניזבון לך GN 43:4
להון ירתו ואחסנא בגו **אחי** אבוהן ותעבר ית אחסנת NU 27:7
כביר הב לן אחסנא בגו **אחי** אבונן: דין חד מן ארבעא דינין NU 27:4
הילכתא מיני ואהרן **אחי** אדכר יתיה לי: ומליל ייי עם LV 10:20
לא ידענא דילמא נטיר **אחי** אנא: ואמר מה עבדת קל דמי GN 4:9
והא עיניכון חמיין ועיני **אחי** בנימין ארום פומי בלישן בית GN 45:12
אבוי ואמר הא עשו **אחי** גבר שערן ואנא גבר שעיע: GN 27:11
מבנוי דיעקב שמעון ולוי **אחי** דינא גבר סייפיה ועלו על GN 34:25
היא והיא אוף היא אמרת **אחי** הוא בקשטות לבבי ובזכאות GN 20:5
ערקית מן קדם עשו **אחי** ואיתותיבית בארעא דלא דידי GN 47:9
ובכן אנא קטיל ית יעקב **אחי** ואנא משתכח קטול וירית: GN 27:41
ארום יארעינך עשו **אחי** ויבעי מינך למימר דמאן אנת GN 32:18
בתר דקבר ית אבוי: וחמון **אחי** יוסף ארום מיית אבוהון ולא GN 50:15
לכל עמא דארעא ואתו **אחי** יוסף ובלשו בסרטייתא GN 42:6
דפרעה למימר אתו **אחי** יוסף ושפר פיתגמא בעיני GN 45:16
וניחי ולא נמות: ונחתו **אחי** יוסף עשרה למזבון עיבורא GN 42:3
אית לי ניכסין סגיאין **אחי** יתקיים לך מאן דאית לך: ואמר GN 33:9
לך לנפשך ואיזל לות לבן **אחי** לחרן: ותיתב עימיה יומין GN 27:43
לאתרא: ואמר להום יעקב **אחי** מנן אתון ואמרו מחרן אנחנא: GN 29:4
ואמר ווי לי עלך אהרן **אחי** עמוד צלותהון דישראל אוף NU 20:29
משרוין: שיזבני כדון מן יד **אחי** רבא מן יד עשו ארום מסתפי GN 32:12
לתמן וייחי דיקטול ית **אחיה** בלא מתכוין ליה והוא לא DT 19:4
גלעד דקליא על ידי **אחיהון** בית ישראל מאתן אלפין DT 34:3
פרק מטייא מפרנסין ית **אחיהון** בני ישששכר ממקבלין אגר GN 46:14
דאתי או דילמא ייזלון **אחיהון** וקריביהון דאילין קטיליא GN 15:1
דילך יהון על שום **אחיהון** יתקרון באחסנתהון: ואנא GN 48:6
מה אנת בעי: ואמר ית **אחיי** אנא בעי חוי כדון לי איכן GN 37:16
איזיל כדון ואיתוב לות **אחיי** דבמצרים ואיחמי העד כדון EX 4:18
בייתך שוי כדון דינך קבל **אחיי** ואחך וידינון קשוט בין GN 31:37
ואיתני לפרעה ואימר ליה **אחיי** ובית אבא דבארעא דכנען GN 46:31
דיניא למימר קבילו מן **אחיכון** דלא ימליל חד כל מילוי DT 1:16
ואמר להון קריבו טולו ית **אחיכון** מן קודשא ותסוברונון LV 10:4
ואמרו תריסר עבדך **אחין** אנחנא בני גברא חד בארעא GN 42:13
ובין רעוותך ארום גוברין **אחין** אנחנא: הלא כל ארעא קדמך GN 13:8
הוינא אלילי: תריסר אנן **אחין** בני אבא חד לית אנן ידעין מה GN 42:32
ואמרו שמעון ולוי דהוו **אחין** בעיטתא גבר לאחוי הא מרי GN 37:19
לאחי אבוי: ואין לית **אחין** לאבוי ותיתנון ית אחסנתיה NU 27:11
לאחוי מן אבוי: ואין לית **אחין** מן אבוי ותיתנון ית אחסנתיה NU 27:10
בעלמא הדין שעא חדא **אחין** מן איבא דמיחדין באחסנתא DT 25:5

דיסלקת עלה: שמעון ולוי **אחין** תלאמין מאני זיינא שנינא GN 49:5
ויהוי בכון מסכינא מחד **אחך** בחדא מן קרוך דייי אלקך יהיב DT 15:7
וקרב יתך וית כל **אחך** בני לוי עימך וכדון אתון NU 16:10
חד למתנא יתיר על **אחך** דינסיבית מידיהון דאמוראי GN 48:22
רב ושליט תהי על **אחך** ויהון מקדמין למשאל בשלמך GN 27:29
איזל כדון חמי ית שלם **אחך** וית שלם ענא ואתיבני GN 37:14
דתמר בגין כן לך יהודון **אחך** ויתקרון יהודאין על שמך ידך GN 49:8
במטו שבוק כדון לחובי **אחך** ולחטיאיהון ארום בישא גמלו GN 50:17
ארעא אותיב ית אבך וית **אחך** יתבון בארעא דגשן ואין GN 47:6
ואמר ישראל ליוסף הלא **אחך** רעו בשכם ודחיל אנא דילמא GN 37:13
באפרשותהון: ואוף ית **אחך** שיבטא דלוי דמתקרי על NU 18:2
ימות בלא זימניה כל קבל **אחנא** אשתמודע לך מאן דעימי מן GN 31:32
מידעם: ועברנא מלות **אחנא** בני עשו דיתבין בגבלא DT 2:8
לאן אנחנא סלקין **אחנא** מסמיסן ית ליבנא למימר עם DT 1:28
הלואי דמיתנא כד מיתו **אחנא** קדם ייי: ולמא אתיתון ית NU 20:3
לא תבזי עריתה: עירית **אחת** אבך לא תבזי קריבת בשר LV 18:12
במותנא מגו עמהן: וערית **אחת** אמך ואחת אבך לא תבזי LV 20:19
בשר אבך היא: עירית **אחת** אמך לא תבזי ארום קריבת LV 18:13
קדשא וית שירייא על ידי **אחתא** וכד שמע ית פתגמי רבקה GN 24:30
זנו היא: ואיתתא בחיי **אחתה** לא תיסב לאעקה לה לבזאה LV 18:18
איזיל: ואלוייו ית רבקה **אחתהום** וית פדגוגתה וית עבדא GN 24:59
וישוי ובריעה ושרח **אחתהון** דאידברת כד היא קיימא GN 46:17
כזבי ברת רבא דמדין **אחתהון** דאיתקטילת ביומא NU 25:18
אהרן וית משה וית מרים **אחתהון:** ואיתיליד לאהרן ית נדב NU 26:59
בגין דסאיב ית דינה **אחתהון:** ואמרו להום לא ניכול GN 34:13
ית קרתא דסאיבו בגוה **אחתהון:** ית ענהום וית תוריהום וית GN 34:27
בני עמהון מטול דעריית **אחתי** בזי חוביה יקבל: וגבר די LV 20:17
אינתתי: וברם בקושטא **אחתי** ברת אחא דאיבא היא ברם GN 20:12
אתרא על אינתתיה ואמר **אחתי** היא ארום דחיל למימר לה GN 26:7
היא והיכדין אמרת **אחתי** היא ואמר ליה יצחק ארום GN 26:9
אינתתך היא: למא אמרת **אחתי** היא ודברית יתה לי לאינתו GN 12:19
על שרה אינתתיה **אחתי** היא ושדר אבימלך מלכא GN 20:2
ביברוחי דברי מן רחל **אחתי** ושכיב עימה בליליא ההוא: GN 30:16
שיבטייא ברם מן רחל **אחתי** יפקון תרין שיבטין היכמה GN 30:21
חייבין: וגבר די ישמש עם **אחתיה** ברת אבוי או ברת אימיה LV 20:17
אמן: ליט דמשמש עם **אחתיה** ברת אבוי או ברת אימיה DT 27:22
ונסיבת מרים נביאתא **אחתיה** דאהרן ית תופא בידא EX 15:20
ארמאה דמן פדן ארם **אחתיה** דלבן ארמאה ליה לאינתו: GN 25:20
בר ישמעאל בר אברהם **אחתיה** דנביות מן אימיה על נשוי GN 28:9
ית אלישבע ברת עמינדב **אחתיה** דנחשון ליה לאינתו וילידת EX 6:23
וחסידותיה דיעקב בר **אחתיה** היך נסיב ית בכירותא וית GN 29:13
יהודאי הוא דין: ואמרת **אחתיה** לבת פרעה האיזיל ואיקרי EX 2:7
שמע ית פתגמי רבקה **אחתיה** למימר כדנן מליל עמי GN 24:30
נהרא: ואיתעתדת מרים **אחתיה** מרחיק לאתחכמא מה EX 2:4
דאבך היא: עירית **אחתך** בת אבך או בת אימך מה LV 18:9
אבוך דילידת מן אבך **אחתך** היא לא תבזי עריתה: עירית LV 18:11
דלית לה תבוע יעביד ית **אחתן** אין לא עבדנא ית פיתגמא GN 34:31
ואמר ליה עד כדון הוית **אחתן** וכדון את אזלא ומתנסבא GN 24:60
דמצרים הות מרים **אחתן** חמיא יתן בגלותן ובטילטולן NU 12:12
פיתגמא הדין למיתן ית **אחתן** לגבר דלא עורלתא ארום GN 34:14
בבעו מינך לא תהוי מרים **אחתן** מסאבא באהילא כמיתא NU 12:12
סהדין שיקרא אסהידו **באחוהון:** ותעבדון להון היכמא DT 19:18
ולית דרדיף: ויתקלון גבר **באחוי** הי כמן קדם שלופי חרבא LV 26:37
לחדא תבאש עייניה **באחוי** ובאיתתא דדמכא בעוביה DT 28:54
ותבאש עיניכון **באחוכון** מסכינא ולא תיתנון ליה DT 15:9
ליעקב וקניאת רחל **באחתא** ואמרת ליעקב צלי קדם ייי GN 30:1
מיד גבר דישוד ית דמא **דאחוי** אתבוע ית נפשא דאינשא: GN 9:5
מרחקא היא עיריתא **דאחוי** בזי דלא וולד יהון: ותיטרון LV 20:21
מתמניין עם עולימהון **דאחוי** בית ישראל: ודא בירכתא DT 33:6
והוה זהיר באיקרא **דאחוי:** בכורותא הות חמיא לראובן DT 33:16
במצרים וזהיר ביקרא **דאחוי:** בנימין שיבט תקיף כדיבא GN 49:26
הוה עליל לות אינתתיה **דאחוי** הוה מחבל עובדוי על ארעא GN 38:9
למקמה בנין על שמיה **דאחוי:** ובאש קדם ייי מה דעבד GN 38:9
לגברא דלא יבני ית ביתא **דאחוי:** וכל דקיימין תמן יכרזון עלוי DT 25:9
הוה שליט על ארעא וידע **דאחוי** עלין למזבון מני נטורין GN 42:6
אריה יהודה גיבריהון **דאחוי** ענא ואמר לאחוי איתון GN 50:1
תעביד לכל אבידתא **דאחוך** די מתבדא מיניה ותשכחה DT 22:3
אין אית ליה בנין עריית **דאחוך** היא: עירית איתא וברתא לא LV 18:16
יתה ואקם זרעא על שמא **דאחוך:** וידע אונן ארום לא על GN 38:8
ית פומא וקבילת ית דמי **דאחוך** מן ידך: ארום תיפלח ית GN 4:11
דאחוך: עד דינוח רוגזא **דאחוך** מנך ויתנשי ית מה דעבדתא GN 27:45
עד די תישדוך ריתחא **דאחוך:** עד דינוח רוגזא דאחוך מנך GN 27:44
ואין לא קריבא דעתא **דאחוך** עמך או לא חכימתיה DT 22:2
לכון: לא תחמון ית תורא **דאחוכון** או ית אימריה טעיין DT 22:1

לא תחמון ית חמרא **דאחוכון** או תוריה רמאן באורחא DT 22:4
דינהך לתמן אימרי עלי **דאחי** הוא: ונסב אבימלך עאן ותורין GN 20:13
דריבונתך ובעובדא **דאחך** מדמי אנא לך לגופן שתילא GN 49:22
הלא הוא אמר לי **דאחת** היא והיא אוף היא אמרת GN 20:5
היא אתרווחת בזכותא **דאחתה** למילד בנין לנחור אחוך: ית GN 22:20
יקיימון: אימרי בבעו **דאחתי** אנת בגין דייטב לי בגיניך GN 12:13
משה לבני גד ולבני ראובן **האחיכון** ייתון לקרבא ואתון NU 32:6
יומין: ואמר לבן ליעקב **המדאחי** אנת חשיב ותיפלחינני מגן GN 29:15
ותב יוסף למצרים הוא **ואחהי** וכל דסליקו עימיה למיקבור GN 50:14
ותבו לקרתא: ועל יהודה **ואחוהי** לבית יוסף והוא עוד כדון GN 44:14
אמוראה אחוי דאשכל **ואחוי** דענר והינון הוו מריה קיימיה GN 14:13
וכל אינש ביתא דיוסף **ואחוי** ובית אבוי לחוד טפלהון GN 50:8
סבא ובר סיבתין קליל **ואחוי** מית ואישתאר הוא בלחודוי GN 44:20
למיחמי סבר אפי גברא **ואחונא** זעירא ליתוי עימנא: ואמר GN 44:26
ותנ לפרעה ואמר אבא **ואחיי** ועניהון ותוריהון וכל דילהון GN 47:1
ותזכון ית דינא עליכון **ואחיכון** כל בית ישראל יבכון ית LV 10:6
פרעה ליוסף למימר אבוך **ואחך** אתו לותך: ארעא דמצרים GN 47:5
שוי כדון דינך קבל אחיי **ואחך** וידינון קשוט בין תרווינן: דנן GN 31:37
המיתי ניתי אנא ואימך **ואחך** למגחן לך על ארעא: וקניאו GN 37:10
עמהן: וערית אחת אמך **ואחת** אבך לא תבזי ארום ית LV 20:19
והוו בני לוטן חרי והימם **ואחתיה** דלוטן תמנע: ואילין בני GN 36:22
בעיבידת נחשא ופרזלא **ואחתיה** דתובל קין נעמא היא הות GN 4:22
ארום נגעתון גבר בבריה **ובאחוי** ולאייתאה עליכון יומא דין EX 32:29
לעלם בהון תפלחון **ובאחיכון** בני ישראל גבר בחבריה LV 25:46
בה: ואמר שכם לאבוהא **ולאחהא** אשכח רחמין בעיניכון GN 34:11
גחנן לי: ואישתעי לאבוי **ולאחהא** ונזף ביה אבוי ואמר ליה GN 37:10
ולאבוי ולבריה ולברתיה **ולאחוי**: ולאחתיה בתולתא דקריבא LV 21:2
תזוף מיניה בריביתא **ולאחוך** לא תזוף מיניה בריביתא מן DT 23:21
לכל אתר ומרכיך וחאי **ולאחוך** תהי משתעבד ויהי אין GN 27:40
ולבריה ולברתיה ולאחוי: **ולאחתיה** בתולתא דקריבא ליה LV 21:3
לאבוי ולאימיה לאחוי **ולאחתיה** לא יסתאב להון במותהון NU 6:7
דילמא ימות אוף הוא הי **כאחהי** ואזלת תמר ויתיבת בית GN 38:11
לכל בני אהרן תהי גבר **כאחוי**: ודא אורייתא דניכסת LV 7:10
קביל בעותי דיהי לי בר **כאחתי** אוף יהב לי תרין והכדין GN 30:8
למצרים: ואמר יהודא **לאחהי** מה הניית ממון יהי לן ארום GN 37:26
ויהב לרבקה ודורונין יהב **לאחוהא** ולאימא: ואכלו ושתו הוא GN 24:53
היכמא דחשיבו למעבד **לאחוהון** ותפלון עבדי דביש DT 19:19
הוא בפום טוניה: ואמר **לאחוהי** איתותב כספי ואוף הא GN 42:28
וחלם יוסף חילמא ותני **לאחוהי** ואוסיפו תוב למינטר ליה GN 37:5
חילמא חורנא ותני יתיה **לאחוהי** ואמר הא חלימית חילמא GN 37:9
דאחוי ענא ואמר **לאחוי** איתון וניבכי על אבונן ארזא GN 50:1
בית פרעה: ואמר יוסף **לאחוי** אנא הוא יוסף העוד כדון GN 45:3
ועבדו כן: ואמרו גבר **לאחוי** בקושטא חייבין אנחנא על GN 42:21
קדם פרעה: ואמר פרעה **לאחוי** דיוסף מה עובדיכון ואמרו GN 47:3
גזרינון יוסף: ואמר יוסף **לאחוי** הא אנא מיית וייי מידכר GN 50:24
דהוו אחין בעיטתא גבר **לאחוי** הא מרי חילמייא דיכי אתי: GN 37:19
רביעיי עביד משעבד יהי **לאחוי**: ואמר בריך ייי אלקא דשם GN 9:25
כד אישתמודע יוסף **לאחוי**: וארים ית קליה בבכותא GN 45:1
ופשרות שלמא בין גברא **לאחוי** ובין מאן דמאגר מילי דינין: DT 1:16
לא יעול: לאבוי ולאימיה **לאחוי** ולאחתיה לא יסתאב להון NU 6:7
אנת קיים: ואמר יוסף **לאחוי** ולבית אבוי איסק ואיתני GN 46:31
דיעקב אשר יהי מרעי **לאחוי** ומספק להון מזוני בשני DT 33:24
בצפרא וקיימו גבר **לאחוי** ופסג מתגא דחמריה ויהב GN 26:31
מנדע לבהון ותווהו גבר **לאחוי** למימר מה דא עבד ייי ולא GN 42:28
ותיתנון ית אחסנתיה **לאחוי** מן אבוי: ואין לית אחין מן NU 27:9
למצרים: ואמרו גבר **לאחוי** נמני עלן מליך לריש ונתוב NU 14:4
מן קדמוי: ואמר יוסף **לאחוי** קריבו בבעו לותי וחמון GN 45:4
מסרב יבמי למיקמא **לאחוי** שמא בישראל לא צבי DT 25:7
יהבית אלף סילעין דכסף **לאחוך** הא הינון ליך תחמרא GN 20:16
לכון: עד זמן דיניח ייי **לאחוכון** כוותכון ויירתון אוף הינון DT 3:20
ותיתנון ית אחסנתיה **לאחי** אבוי: ואין לית אחין לאבוי NU 27:10
דאיקר אבך בגין כן אימר **לאחך** דא עיבידו סיבו לכון מארעא GN 45:19
ואמר פרעה ליוסף אמר **לאחך** די עיבידו טעינו ית בעיריכון GN 45:17
מצראי מחי גבר יהודאי **מאחוי**: ואיסתכל משה בחכמת EX 2:11
ישתכח בר נש גניב נפש **מאחוי** מבני ישראל ויעביד ביה DT 24:7
ולא תימנע ית אידך **מאחוך** מסכינא: אלא מיפתח DT 15:7

אחבא (6)

חד מן אחוי יפרקיניה: או **אחבוי** או בר אחבוי יפריקיניה או LV 25:49
עם איתת אחבוי ערית **אחבוי** בזי חוביהון יקבלון במותנא LV 20:20
יפרקיניה: או אחבוי או בר **אחבוי** יפריקיניה או מקריב בישריה LV 25:49
וגבר די ישמש עם איתת **אחבוי** ערית אחבוי בזי חוביהון LV 20:20
בתשמיש ערסא איתת **אחבוך** היא: עירית כלתך לא תבזי LV 18:14
בשר אימך היא: עירית **אחבוך** לא תבזי ולות אינתתיה לא LV 18:14

אחד (32)

לוט לתרעא ודשא **אחד** בתרוי: ואמר בבעו לא כדון GN 19:6
ואיתרווחו: ארום מיחד **אחד** מימרא דייי באנפי כל ציריה GN 20:18
לוותהון לביתה וית דשא **אחדו**: וית גובריא דבתרע ביתא GN 19:10
אדומאי תקיפי מואבי **אחדת** יתהון רתיתא אתמסי לבהון EX 15:15
ויתננון ליואי מאחסנת **אחודתהון** קירוין למיתב ופרוילין NU 35:2
שימשתא דשכלול עלמא **אחיד** ברחישותא דאילנא בקרנוי GN 22:13
כדין נפק אחוי וידיה **אחידא** בעקיבא דעשו וקרא שמיה GN 25:26
מקרא מקפן שורין רמין **אחידן** בתרעין ונגרעין בר מקירוי DT 3:5
לארעא דכנען ועימנא **אחידת** אחסנתנא מעיברא ליורדנא: NU 32:32
לית דמסהיד בה והיא לא **איתחדת**: ויעיבר עלוי רוח קנאיתא NU 5:13
לכהונתא רבתא וחולף **דאחד** רומחא בדרעיה ומחא NU 25:13
בין גובריא בלושיא **דאחדו** ית עתיד עדיתא באגחות NU 31:27
בחובי אבהתהון בישיא **דאחידין** בידיהון עמהון יתימסון: LV 26:39
במציעא וסדר פסגא **דחד** כל קבל חבריה וית עופא לא GN 15:10
שעא חדא אחין מן איבא **דמיחדין** באחסנתא לא תהוי איתת DT 25:5
מפלגות בני ישראל ית **דמיתחד** חד מן חמשין מן בנת נשא NU 31:47
דבני ישראל תיסב חד **דמיתחד** מן חמשין מן בת נשא ומן NU 31:30
תלסרית דמן סטר ימינא **ואחד** בבישרא אתא: ובנא ייי GN 2:21
גבר מבני ישראל אתא **ואחד** בבלוריתא דמדינתא וקריב NU 25:6
הדין ארום קריב מלאכא **ואחד** בפתי ירכא ימינא דיעקב GN 32:33
רבא וקדישא ופרח בתרוי **ואחדיה** ברישיה ואחתיה שלף NU 31:8
תמן וסלקין עלוי **ואחדין** בי דינא יתיה ודיינין יתיה: DT 21:8
אורחא דפקיד ייי יתכון: **ואחדית** בתרין לוחיא וטלקתינון DT 9:17
ביתא תמן בביתא: **ואחדתיה** בלבושיה למימר שכוב GN 39:12
ייי למשה אושיט ידך **ואיחוד** בקוטניה ואושיט ידיה EX 4:4
ולא מקבל אולפן מנהון: **ויחדון** ביה אבוי ואימיה ויפקון DT 21:19
בתולתא דלא מיקדשא **ויחוד** בה ומשמש עימה ומשתכחין: DT 22:28
ויתקף רוגזא דייי בכון **ויחוד** ית ענני שמיא ולא יחתון DT 11:17
מן טריתא וחלזונא **יאחדון** ויצבעון מאדמיה תיכלא DT 33:19
לוותך על יד מלאכא **כאחד** ומעל יתהון לך לקיימא: ואנת GN 6:20
חילא משיבטא דאפרים **מאחדין** בתריסין ורומחין ומני זיינין EX 13:17
ואיתרווחו: ארום **מיחד** אחד מימרא דייי באנפי כל GN 20:18

אחז (1)

אומייא יתרגזון דחילא **אחזת** יתהון כל עמודי דיירי EX 15:14

אחי (1)

דיהיבין עימהון בבתייא **אחוין** דשין בתריהון דלא יתגנבון: DT 29:16

אחר (84)

מה דיוליד אבך מן איתא **אוחרי** או מן אימך או מה דילידת LV 18:9
אומא בפיצתא מיגו עם **אוחרי** בניסין באתין ובתימהין DT 4:34
דכנען וטייל לארעא **אוחרי** דהות רמיא עלוי אימתיה GN 36:6
מתמן וחפס ביר **אוחרי** ולא נצו עלה הי כקדמאי GN 26:22
פירי שתא על פירי שתא **אוחרי**: ותיכלון מעשרא תיניינא DT 14:22
עם דין גניסא עם גניסא **אוחרי** למעבד יתיה: וארום איתגייר EX 12:47
עלה עימיה: וחפסו ביר **אוחרי** נצו אוף עלה ויבשת ותו לא GN 26:21
כלב חולף דהוות רוח **אוחרי** עימיה ואשלים בתר דחלתי NU 14:24
יעקב לא תיתן לי מדעם **אוחרן** אין תעביד לי פיתגמא הדין GN 30:31
לכון רשו למיסגוד לאלק **אוחרן** ארום ייי קנאי ופורען שמיה EX 34:14
רבקה אימיה וקרא שמיה **אוחרן** בכותיא: ואיתגלי ייי ליעקב GN 35:8
ריעייה יוקד: ויסב כהין **אוחרן** בקעתא דקיסא דגולמיש NU 19:6
ישראל לא יהוי לכון אלק **אוחרן** בר מיני: לא תעבדון לכון DT 5:7
אשלחיף עמא הדין בעם **אוחרן** ברם מינך יפקון אוכלוסין EX 34:10
דלא תשלחפיננא בעם **אוחרן**: ואמר הא אנא גזר קיים דלא EX 34:9
יוסף ייי לי על דין בר **אוחרן**: והוה כדי ילידת רחל ית יוסף GN 30:24
ולית אנא חיי תוב בעלם **אוחרן** ולמה דנן לי בכירותא GN 25:32
ארום אמרת יהב לי ייי בר **אוחרן** חלף הבל דקטליה קין: ולשת GN 4:25
קיסין דתיניא וכהנא **אוחרן** יכוס יתה קדמוי בתרין NU 19:3
מגו סידורא ויוקד כהן **אוחרן** ית תורתא כד חמי אלעזר ית NU 19:5
ויפרוק יתה אבוהא לגבר **אוחרן** לית ליה רשו לזבונא חלף EX 21:8
דימקרב ית עלת גבר **אוחרן** משך עלתא דיקרב לכהנא LV 7:8
בעיריה וייכול בחקל גבר **אוחרן** שפר חקליה ושפר כרמיה EX 22:4
לך מן דאיתן יתה לגבר **אוחרן** תיב עימי: ופלח יעקב בגין GN 29:19
בגינה תוב שב שנין **אוחרניין**: וגלי קדם ייי ארום לא הוה GN 29:30
עימי תוב שב שנין **אוחרנין**: ועבד יעקב כדין ואשלים GN 29:27
אתרא ובנא ארבע קוריין **אוחרנין** ית נינוה וית פלטיאת GN 10:11
שרה בזימנא הדין בשתא **אוחרנתא**: ופסק מלמללא עימיה GN 17:21
יהיבין מלהלא ליורדנא **אחורי** אורח מטמעא דשמשא DT 11:30
ומסתכלין בעינא בישא **אחורי** משה עד זמן מיעליה EX 33:8
דיתירא תשפע על **אחורי** משכנא: ואמתא מיכא EX 26:12
תהוון נטרי נחשין ולא **אחורי** סנהדרין עיינין: לא תפקון LV 19:26
לה כד היא טחנא **אחורי** ריחייא וכל בוכרא דבעירא: EX 11:5
דין ואית דיין ואית עלם **אחרן** ואית למיתן אגר טב GN 4:8
דין ולית דיין ולית עלם **אחרן** ולית למיתתן אגר טב GN 4:8
סטיתון וארגזתון קדם ייי **איתחרתון** ארבעין שנין: והוה לסוף DT 1:2

ית ענא לאתר שפר רעייא **דאחורי** מדברא ואתא לטוורא EX 3:1
לגבר וישכחינה גבר **חורן** בקרתא וישמש עימה: ותפקון DT 22:23
למהוי ולית אלקא **חורן** בר מיני אנא במימרי ממית DT 32:39
על ארעא מלרע לית **חורן** בר מיניה: ותינטרון ית קיימוי DT 4:39
כדון אידברינך לאתר **חורן** דילמא תהי רעוא מן קדם ייי NU 23:27
איתא כדון עימי לאתר **חורן** דתחמיניה מתמן לחוד NU 23:13
ותהך ותהי לגבר **חורן**: ואכריזו עלה מן שמייא DT 24:2
עם איתתא איתת גבר **חורן** ויתקטלון אוף תרויהון גברא DT 22:22
ויתקטל בקרבא וגבר **חורן** יחליניה: ומן גברא דקדיש DT 20:6
באתר אבניא ועפרא **חורן** יסב ויתטש ית ביתא: ואין LV 14:42
ויתקטל בקרבא וגבר **חורן** יסבינה: ויוספון סרכיא למללא DT 20:7
ויתקטל בקרבא וגבר **חורן** ישכלליניה: ומן גברא דינצב DT 20:5
דפריק: איתא תקדש וגבר **חורן** ישמש עימה ביתא תיבנון ולא DT 28:30
וטלקינון בגלותא לארע **חורן** כזמן יומא הדין: טמירתא גליין DT 29:27
כדנא אמר ייי ליליא **חורן** כשעתא דא אנא מתגלי בגו EX 11:4
ואין זבין ית חקלא לגבר **חורן** לא יתפריק תוב: ויהי חקלא LV 27:20
אמך מן אבך או מן גבר **חורן** לא תבזי עריתהן: עירית ברת LV 18:9
ביה שקר: וישמש גבר **חורן** עימה תשמיש דעריס ויהי NU 5:13
רמשא ההוא ועד רמשא **חורן** תהוון ציימין צומיכון ושבתין LV 23:32
יתיה בידנא: וכספא **חורנא** אחיתנא בידנא למזבון GN 43:22
משיבטא לשיבטא **חורנא** ארום גבר באחסנת שיבטא NU 36:7
ההיא ולא בעידנא **חורנא** דהכין הווה תנאה בינתיהון NU 22:4
ויפטור לכון ית אחוכון **חורנא** וית בנימין ואנא הא כבר GN 43:14
וחלם תוב חילמא **חורנא** ותני יתיה לאחוהי ואמר הא GN 37:9
מסאב: ויסבון אבנין **חורניין** ויעלון באתר אבניא ועפרא LV 14:42
עם חדא וחמש יריען **חורניין** מלפפן חדא עם חדא: EX 26:3
גומייא: והא שבע תורתי **חורניין** סלקן בתריהון חשיכן ובישן GN 41:19
גומייא: והא שבע תורתי **חורניין** סלקן מן נהרא בישן GN 41:3
בתריהן שבע שנייא **חורנייתא** אינין מבשרן ושבע GN 41:27
אישתי וכתב על לוחיא **חורנייתא** ית פיתגמי קיימא EX 34:28
ואוף אנא לא שמענא מן **חורנין** אלהן יומא דין מינך: ודבר GN 21:26
ית לבושוי וילבש לבושין **חורנין** ויהנפק ית קיטמא למיברא LV 6:4
ואוריך תוב שובעא יומין **חורנין** ושדר ית יונתא ולא אוסיפת GN 8:12
בין דהיא אימיה בין דהיא **חורניתא** עריתא דאבוי בזי LV 20:11
דישראל יעבד לה: אין **חורנתא** בת ישראל יסב ליה עליה EX 21:10
הדין: ואקדימו מיומא **חרא** ואסיקו עלוון וקריבו ניכסין EX 32:6
דין בירכתא: והוה ביומא **חרי** ואמר משה לעמא אתון חבתון EX 32:30
מיומא דשמע ליומא **חרן** ויתקיימון כל נדרהא או ית כל NU 30:15
דיתנכס יתאכל וביומא **חרן** ומה דמשתייר עד יומא LV 19:6
ייי ית פיתגמא הדין ליום **חרן** ומית כל בעירא דמצראי EX 9:6
דסהדותא: והוה מיומא **חרן** ועאל משה למשכנא דסהדותא NU 17:23
דבני ישראל ביומא **חרן** על משה ועל אהרן למימר NU 17:6
סוסותהון וממגר דבביהון **לאחורא**: אמר יעקב כד חמא ית GN 49:17
אמתיה רכביה מתפרקיד **לאחוריה** הכדין יקטיל שמשון בר GN 49:17
מינהון תמני גניסן והדרו **לאחוריהון** אף מבני לוי אתקטלו DT 10:6
עם בני ישראל ויתובון **לאחוריהון** וישרון קדם פומי EX 14:2
על נפשך לא אסתתכל **לאחורך** ולא תקום בכל מישרא GN 19:17
בחוביה מית ולא אחטי **לחורנין** ובנין דוכרין לא הוו ליה: NU 27:3

אחר (2)

דחלתיה ויוסף תוב **לאוחרותהון** במדברא ותחבלון לכל NU 32:15
קדם ייי אלקכון לא **תוחרון** לשלמותיה תלת חגין ארום DT 23:22

אטד (1)

כל יומי חייך: וכובין **ואטטין** תצמח ותרבי בדילך GN 3:18

אטונא (5)

פרסא לתרע דרתא וית **אטונוי** ומתחהא וית כל מני פולחן EX 39:40
מדבחא חזור חזור וית **אטונוי** לכל פולחניה: ולקהת NU 3:26
משכנא חזור חזור וית **אטוניהון** וית כל מאני פולחנהון וית NU 4:26
וית מתחי דרתא וית **אטוניהון**: ית לבושי שימושא EX 35:18
אבנין טבן ומחזקא **באטונין** דבוין תמן הוו שדיין חמרין GN 50:1

אטימוס (4)

על ביתא וידכי ברם אין **איטימוס** בייתא למילקי תוב LV 14:53
על אנפי חקלא ויהי אין **איטימוס** ההוא גברא למילקי תוב LV 14:7
בני גלוותא ברם קיריס **איטימוס** להון בשעת אניקין NU 11:26
קבל דרכמונא לגולגלתא **דאיטימוסין** בנהא למיתב לעיבידת GN 24:22

איבא (10)

אייתיתי ית שירוי ביכורי **איבא** דארעא דיהבת לי ייי DT 26:10
מן שירויא בכל **איבא** דארעא דייי אלקכון יהיב DT 26:2
יתה: ונסיבו בידיהון מן **איבא** דארעא ואחיתו לוותנא DT 1:25
כל כנישתא וחמיאונון ית **איבא** דארעא: ואשתעייו ליה ואמרו NU 13:26
ותמרי בזמן ביכורי **איבא** עם דובשיה מתקרב ויכלון LV 2:12
חלב ודבש היא ודין **איבה**: לחוד ארום תקיף עמא דיתיב NU 13:27
ובוולדא דבעיריכון **ובאיבא** דארעכון על ארעא דקיים DT 28:11
ותעבדון חזקתא ותיסבון **מאיבא** דארעא ויומיא די אזלו NU 13:20
בארבסר בניסן ואיתי קין **מאיבא** דארעא מדרע כיתנא קרבן GN 4:3

לאיסתכלא ביה ונסיבת **מאיביה** ואכלת ויהבת אף לבעלה GN 3:6

איבו (1)

חיורא ואוכמתא דהיא **איבו** ודייתא לזנה: וית כל בני עורבא DT 14:13

איברא (8)

לכון: וארום אין יתפשח **איברא** וימות מן בעירא דהיא חזיא LV 11:39
גווייה וכרעוי ותסדר אל **איברוי** ועל רישיה: ותסיק ית כל EX 29:17
יתהון וסביל יתהון על **איברוי** כדין טענינון וסבלינון DT 32:11
למתב לקדמותא תקוף **איבריה** דלא למשמשא עם GN 49:24
דאדמה ושמאבר דמחבל **איבריה** ליזניה מלכא דצבויים GN 14:2
קודשא בריך הוא לכולי **איבריי** לא הויתי מעכב מן יד GN 22:1
במאתן וארבעין ותמני **איברין** בשית מאה ושיתין וחמשא GN 1:27
עלוי מנהון במותהון **דאיבריא** דידהון דאתפשח מנהון LV 11:32

איגר (2)

ותחפי יתיה דהב דכי ית **איגריה** וית כותלוי חזור חזור וית EX 30:3
וחפא יתיה דהב דכי ית **איגריה** וית כותלוי חזור חזור וית EX 37:26

אידנא (1)

סגי לכון ואתהני לכון עד **האידנא** דקבילתון ביה אורייתא DT 1:6

איכדין (1)

מן בגלל דאנת אינתתיה **ואכדין** אעביד בישתא רבתא הדא GN 39:9

איכן (1)

אחיי אנא בעי חוי כדון לי **איכן** אינון רען: ואמר גברא נטלו GN 37:16

איל (6)

וביה הוה חקיק צורת בר **אילא** והוה חמי למהוי ביה צורת בר NU 2:10
עיזין ולא עירובי טמיין: **אילין** וטביין ויחמורין יעלין ורימנין DT 14:5
דמתאכל בישרא דטביא **ואילא** היכדין תיכלוניה דמסאב DT 12:22
כחדא הי כבשר טביא **ואילא**: לחוד אדמיה לא תיכלון על DT 15:22
יתיה כבישריה דטביא **וכאילה**: לחוד באדמא הוו זהירין DT 12:15
נפתלי עזגד קליל דמי **לאיילא** דרהיט על שיני טוריא GN 49:21

אילו (21)

דכן קרבן חטאתא ומה **אילו** אשתליית ואכלית מן קרבן LV 10:19
בקדמייתא ארום אמר **אילו** אתי עשו לחבלא בריביא GN 33:2
אתגזרת בר תמניא יומין **אילו** הוה בך מנדעא דילמא לא GN 22:1
הינון ולית בהון סוכלתנן: **אילו** הוו חכימין הוון מסתכלין DT 32:29
ואמר ייי למשה ואבוהא **אילו** מנזף נזף באנפה הלא הות NU 12:14
למפרשא בין טב לביש **אילו** נטר מצוותא פקידתיה אית GN 3:22
ליביה דהרן למימר **אילו** נצח נימרוד אהי מן סיעתיה GN 11:28
פומהון ולא צווחין **דאילו** הוון צווחין הוון משתיזבין NU 25:8
חדא וחמית ית גופיך **דאילו** יהבית ית כל דהוה לי לא GN 20:16
וגנבת דעתי ולא תנית לי **דאילו** תניתא לי שלחתך פון GN 31:27
בר תלתין ושב שנין **ואילו** בעי קודשא בריך הוא לכולי GN 22:1
נימרוד אהי מן סיעתיה **ואילו** נצח אברם אהי מן סיעתיה GN 11:28
הא אנחנא חשיבין **כאילו** אבדנא כולנא: כל דקריב NU 17:27
לגברא ההוא ותהי ליה **כאילו** אדם זכאיי אשד וישתצי בר LV 17:4
ואינון יתבין ודמי ליה **כאילו** אכלין: ואמר ליה האן שרה GN 18:8
אפא להום ודמי ליה **כאילו** אכלין: עד דלא שכיבו GN 19:3
שוית יתך דחילא לפרעה **כאילו** אלהא דיליה ואהרן אחוך הוי EX 7:1
ומשתביק להון חוביהון **כאילו** מקרבין עלתא על מדבחא: EX 40:6
לך ארום איתחשב לך **כאילו** עלתא לאיתא דשמיש עימה GN 49:4
אימיה ואיתחשיב עילוי **כאילו** שמיש עימה ושמע ישראל GN 35:22
מספדא כל בני ישראל **כאילו** תמן מית אהרן ואתקבר תמן DT 10:6

אילולי (4)

משה וית אהרן מן עלמא **אילולי** דאיתגלי איקרא דייי לכל NU 16:19
למישתיצא מיגו עלמא **אילולי** דדכר לכון זכוות אבהתכון DT 1:1
ובעא למשטפיה לעלמא **אילולי** זכותא דמשה ואהרן ונתב NU 11:31
קמך כל יומייא: ארום **אלולפון** שהינא ארום כדון תבנא GN 43:10

אילוליפון (3)

ית אגרי עישרתי חולקין: **אילוליפון** לאלקיה דאיבא אלקיה GN 31:42
מן קדמי דנן תלת זימנין **אילולפון** לא סטת מן קדמי ארום NU 22:33
ייחוס אנוש דוכרנהון: **אילולפון** רוגזא דסנאה דחיל DT 32:27

אילך (4)

איגרי בהון חרגת מותא **אילך** ואילך ישתיצון לחוד DT 32:25
מלכין לפירקין מאילך **ואילך**: ושדר עיזגדין לות לבן NU 22:4
בהון חרגת מותא אילך **ואילך** ישתיצון לחוד עולימיהון DT 32:25
למיהוי מלכין לפירקין **מאילך** ואילך: ושדר עיזגדין לות לבן NU 22:4

אילן (70)

ובעובדתה כבשת כל **אולני** סרקא כן כבשת יוסף ברי GN 49:22
דכי קדמך באסרטא בכל **אילן** או על ארעא גוזלין או בעיין DT 22:6
לחיויא משאר פירי **אילן** גינוניתא אית לן רשו למיכל: GN 3:2
אלקים לא תיכלון מכל **אילן** גינוניתא: ואמרת איתתא GN 3:1
על אדם לאומר מכל **אילן** גינוניתא מיכל תיכול: ומאילן GN 2:16
תקוצון ארום לא כבר נש **אילן** דאנפי ברא למטמרא מקמיכון DT 20:19
ליה ואכריזו קודמוי **אילן** דחלתך ישראל דאסקוך EX 32:8
לארעא ותינצבון כל **אילן** דמיכלא ותגזרון גזרא ית LV 19:23
ייי אלקים מן אדמתא כל **אילן** דמרגג למיחמי וטב למיכל GN 2:9

ועל גלימתא ותחות כל **אילן** דרויה שפיר: ותסתרון ית DT 12:2
מקמיכון בציירא: לחוד **אילן** דתינדעון ארום לא אילן עביד DT 20:20
יתהון קל טרפא נתיר מן **אילן** ויערקון הי כמערוקי חרבא LV 26:36
אורייתא לפלחה מן פירי **אילן** חייא דאתקנהא מימר דייי GN 3:24
יפשט ידיה ויסב מן פירי **אילן** חייא דהא אין אכיל הוא מיניה GN 3:22
אשכח חינא קדם ייי: **אילן** יחוסין דגניסת נח נח הוה גבר GN 6:9
קדם ייי ואחוי ליה ייי **אילן** מריר דארדפני וכתב עלוי EX 15:25
ביומא קמאה דחגא פירי **אילן** משבח תרוגין ולולבין והדסין LV 23:40
אילן דתינדעון ארום לא **אילן** עביד פירי מיכל הוא יתיה DT 20:20
אלקים ועתיד למיעבד: **אילן** תולדת שמייא וארעא כד GN 2:4
חקלא ומערתה דביה וכל **אילנא** דבחקלא דבכל תחומי חזור GN 23:17
לן רשו למיכל: ומפירי **אילנא** דבי מציעות גינוניתא אמר GN 3:3
ולאסקותא ודביה פירי **אילנא** דבזיריה מיזדרע לכון יהי GN 1:29
מחא ברדא וית כל **אילנא** דחקלא תבר ושריש: לחוד EX 9:25
דארעא וית כל פירי **אילנא** די שייר ברדא ולא אישתייר EX 10:15
מזרעא דארעא ומפ׳ירי **אילנא** דייי הוא קודש קודשין הוא LV 27:30
מן ברדא וישיצי ית כל **אילנא** דיצמח לכון מן חקלא: EX 10:5
מן סייפי לסייפי מן **אילנא** דנציב אברהם אבונן בבירא EX 36:33
מן סייפי לסייפי מן **אילנא** דנציב אברהם בבירא דשבע EX 26:28
מכרז ואמר דין הוא **אילנא** דנציב אברהם בבירא דשבע EX 26:28
אנת דילמא מן פירי **אילנא** דפקידתך דלא למיכל מיניה GN 3:11
אינתתך ואכלת מן פירי **אילנא** דפקידתך למימר לא תיכול GN 3:17
גביי היא יהבת לי מן פירי **אילנא** ואכלית: ואמר ייי אלקים GN 3:12
ואסתמיכו תחות **אילנא**: ואסב סעיד דלחים וסעידו GN 18:4
ימא קטעו מלאכייא ית **אילנא** וטלקוה לימא והוה טפי על EX 26:28
לנהורא דעיינין ומרגג **אילנא** לאיסתכלא ביה ונסיבת GN 3:6
ודחילת וידעת ארום טב **אילנא** למיכל וארום אסו הוא GN 3:6
דייכלון ויתפנקון מן פירי **אילנא** על די פלחו בחייהון באולפן GN 3:24
ביכורים דכל פירי **אילני** ארעהון דיקרבון קדם ייי NU 18:13
קדם ייי אלקים במציעות **אילני** גינוניתא: וקרא ייי אלקים GN 3:8
דלא מזייע דלא מרטבא **אילני** ואיספרמקי ומיגדי וירקי: וגרי DT 28:23
ארעא ושמייא: וכל **אילני** חקלא עד כדו לא הוו בארעא GN 2:5
אנפי כל ארעא וית כל **אילני** סרקא לצרוך בינייגא GN 1:29
ושרו ברתמה אתר דמרבי **אילני** רתמי: ונטלו מאתר דמרבי NU 33:18
ונטלו מאתר דמרבי **אילני** רתמי ושרו ברומנא דמתקיף NU 33:19
ומן טוב בוכרי פירי **אילניא** דמבכרא ארעיה בכל ריש DT 33:14
ית ריבא תחות חד מן **אילנייא**: ואזלת ויתיבת לה ליסטר GN 21:15
בשבתא לא תחבלון ית **אילנייהא** למישדיא עלוי מן DT 20:19
יזלון בשיבייותא: כל **אילניכון** ופירי ארעכון ישיצי DT 28:42
רוגזי בכון וארשין פירי **אילניכון** עם בוסרא בליבלוביהון EX 34:26
אין פתרנין האית בה **אילנין** דמיכל אין לא ותעבדון NU 13:20
ולא אישתייר כל ירוק **באילנא** ובעיסבא דחקלא בכל EX 10:15
ארעא ההיא משבחא **באילניא** כגינוניתא דייי ובעללתא GN 13:10
עלמא אחיד ברחישותא **דאילנא** בקרנוי ואזל אברהם ונסיב GN 22:13
מהלך חמש מאה שנין **ואילן** דאכלין פירוהי ידעין בין טב GN 2:9
ארעא פירי עללתא **ואילן** דאנפי ברא יצלח בפירוי: LV 26:4
מה דאתון מעלין לגווה **ואילן** דאנפי ברא יקלח פירוי: ואין LV 26:20
למיחמי וטב למיכל **ואילן** חייא במציעות גינוניתא GN 2:9
עישבא דביזריה מזדרע **ואילן** פירי עביד פירי ליזניה GN 1:11
עיסבא דביזריה מזדרע **ואילן** פירי עביד פירי ליזניה וחמא GN 1:12
מאה וחמשין שנין ומית: **ואילן** תולדת בנוי דנח ואיתיילדו GN 10:1
סלקון עיניון בסימן **ואילני** מיכלא וירקי ומיגדי בארעית EX 15:19
וקמתיהון תתברון **ואילני** סיגדיהון תקציצון וצילמי DT 7:5
וכל ביריתא שתקין **ואילניא** לא טלטיל ואזיהון עניין DT 28:15
מגרר איתיבשן ביריהון **ואילניהון** לא עבדו פירין וארגישו GN 26:26
מן ארען יבישו בירן **ואילננא** לא עבדו פירין ואמרנא GN 26:28
תלתא אילין בנוי דנח **ומאילין** איתבדרו למיתב בכל ארעא: GN 9:19
גינוניתא מיכל תיכול: **ומאילן** דאכלין פירוהי חכמין GN 2:17
אית הוא חי וקיים **כאילן** חייא עד לעלמין וכדון על GN 3:22
למימר אתון מדמיין **לאילנין** שתילין על פרקטונין דמיין NU 21:34
וטרסס אכזיא ודרדניא: **מאילן** איתפרשא גנוסי נגוות GN 10:5

אילפא (1)

מימרא דייי למצרים **באילפיא** בגו ימא דסוף באורחא DT 28:68

אימא (87)

ארמאה אחוהא דרבקה **אימא** דיעקב ועשו: וחמא עשו GN 28:5
חוה ארום היא הות **אימא** דכל בני נשא: ועבד ייי אלקים GN 3:20
היא ברם לא מגניסת **אימא** והות לי לאינתו: והוה כד בעו GN 20:12
בניא: מפטר תיפטור ית **אימא** וית בניא תיסב לך מן בגלל DT 22:7
אבנין: דיסב ית איתא וית **אימא** זנו היא בנורא יוקדון יתיה LV 20:14
או עילוי בעיין לא תיסב **אימא** מעל בניא: מפטר תיפטור ית DT 22:6
דילמא ייתי וימחינני **אימא** על בנייא: ואנת אבטחתני GN 32:12
לי אלקא פרוק מן תדיי **אימהון** הוון עקיא מחוון EX 15:2
דתרע דרתא מטול זכוות **אימהת** עלמא דפריס בתרע גהינם EX 40:8
דאחסינו ליה ברכתא **אימהתא** דמן עלמא דמתילין DT 33:15
רישי עמא וזכוות **אימהתא** דמתילין לגלימתא EX 17:9
ארבעה בוכרין לארבע **אימהתא** ואישתיירו תמנייא ותנא GN 32:25
ותלת אבהת עלמא ושית **אימהתא** ותריסר שיבטוי דיעקב EX 14:21
דמתילין לטווריא ובזכות **אימהתהון** דמתילו לגלימתא הא NU 23:9
יצחק בתר דמיתת **אימיא**: ואוסיף אברהם ונסיב איתא GN 24:67
וגבר לא ישמיש עם **אימיה** אימך היא לא תגלי עריתה: LV 18:7
ולא בירכך: ואמרת ליה **אימיה** אין בירכן ייברכינך ייתון GN 27:13
מפדן באתר דמיתת **אימיה** אליף יתן למפרנסא מסכינין DT 34:6
עם איתת אבוי בין דהיא **אימיה** בין דהיא חורניתא עריתא LV 20:11
בזמן דטלקת יתיה **אימיה** בנהרא: ועבדו היכדין EX 8:2
סיב דיילוט ית אבוי וית **אימיה** בשמא מפרשא אתקטלא LV 20:9
וולדא בעירא דמשגרא **אימיה** דיהון לך דיכרין תקדש קדם EX 13:12
ברת אבוי או ברת **אימיה** הוון עניין כולהון כחדא DT 27:22
הוא בלחודוי מן **אימיה** ואבוי בגין כן רחים ליה: GN 44:20
במימר אבוי ובמימר **אימיה** ואזל לפדן דארם: וחמא עשו GN 28:7
כל קבל מצעא דלאה **אימיה** ואיתחשיב עילוי כאילו GN 35:22
וחמא ית בנימין אחוי בר **אימיה** ואמר הדין אחוכון זעירא GN 43:29
מימריה בתר דמיתת **אימיה**: ואמר ליה ייי עד כדון הוה GN 35:9
ואיתי יתהום ללאה **אימיה** ואמרת רחל ללאה הבי כדון GN 30:14
עובדהא דתקנן כעובדיה **אימיה** ואתנחם יצחק בתר דמיתת GN 24:67
יומין יהי ייניק בתר **אימיה** וביומא תמינאה תפרישיניה EX 22:29
בלחודוי אישתייר מן **אימיה** ויארעיניה מותא באורחא GN 42:38
ברת אבוי או ברת **אימיה** ויבזי ית עריתה והיא תבזי LV 20:17
אנא ייי אלקכון: גבר מן **אימיה** ומן אבוי תהוון דחלין וית LV 19:3
יצחק למשכנא דשרה **אימיה** ומן יד נהרת בוצינא דטפת GN 24:67
יעקב על מיתת רבקה **אימיה** וקרא שמיה אוחרן בכותיא: GN 35:8
ויקיר אחי דהוא אחוי בר **אימיה** וראש דהוא ריש בבית אבוי GN 46:21
ותרכה ונסיבת ליה **אימיה** ית פטימא אתתא מארעא GN 21:21
ויהי שבעתי יומין בתר **אימיה** מטול דישתמודע דלא נפיל LV 22:27
בישריה בזמן דיתבא **אימיה** על מתברא וימות וולדא NU 12:12
אחתיה דנביות מן **אימיה** על נשוי ליה לאינתו: חמשא GN 28:9
בסיני ואזיד וארגיז ושום **אימיה** שלומית בת דיברי לשבטא LV 24:11
ואייתי לאימיה ועבדת **אימיה** תבשילין היכמא דרחים GN 27:14
לוולדא דאישלם במעוי **אימיה** תשעה ירחין וכיוון דימטא NU 12:12
מן איתא אוחרי או מן **אימך** או מה דילידת אמך מן אבך LV 18:9
לא ישמיש עם אימיה **אימך** היא לא תגלי עריתה: ערית LV 18:7
תבזי ארום קריבת בשר **אימך** היא: עיריית אחבוך לא תבזי LV 18:13
מילכא בישא אחוך בר **אימך** כל דכן בר איבך או ברך או DT 13:7
אחתך בת אבך או בת **אימך** מה דיוליד אבך מן איתא LV 18:9
ואימן כנטרא ייבם תיסב **אימן** חולק אבונן וחולק אחא NU 27:4
מגו עמהון: וערית אחת **אמך** ואחת אבך לא תבזי ארום ית LV 20:19
אבך היא: עירית אחת **אמך** לא תבזי ארום קריבת בשר LV 18:13
ייי: ערית אבוך ועריית **אמך** לא תיבזי איתא לא תשמש LV 18:7
למשאל בשלמך בני **אמך** לייטך ברי יהון ליטין כבלעם GN 27:29
מן אימך או מה דילידת **אמך** מן אבך או מן גבר חורן לא LV 18:9
ואנת בר הגר אמתא **דאימי** עני ישמעאל ואמר אנא זכאי GN 22:1
ולא במיתא דבכריסא **דאימיה** בקטיל סייפא או בסייפא NU 19:16
באיקרא דאבוי ובאיקרא **דאימיה** היכמא דפקידכון ייי DT 5:16
מיניה ובכר דהוא בוכרא **דאימיה** ואשבל דהליך בשיביתא GN 46:21
ית ענא דלבן אחוהא **דאימיה** והוות טייפא עשרין שנין: GN 29:10
למימר דאבוי ולמימרא **דאימיה** ויכסנון יתיה ולא מקבל DT 21:18
ית רחל ברת לבן אחוהא **דאימיה** וקריב יעקב וגלגיל ית GN 29:10
ביקרא דאבוהי וביקרא **דאימיה** מן בגלל דיסגון יומיכון על EX 20:12
איתא מבנת לבן אחוהא **דאימך**: ואל שדי יברך יתך בניכסין GN 28:2
לבית בתואל אבוהא **דאימך** וסבלך מתמן איתא מבנת GN 28:2
מן שמיר טינרא בעידן **דאימן** נפקן לאנפי ברא וילדן EX 15:2
שבתא וקיים איקר אבא **ואימא** ודיני פידעא ומשקופי EX 15:25
על ארעא גוזלין או בעיין **ואימא** רביעא עילוי גוזלין או עילוי DT 22:6
דהא מית ואמר אחוהא **ואימא** תיתב ריבא עימנא יומי GN 24:55
על טעוות בית איבה **ואימא** ותשהי תלת ירחין די תידע DT 21:13
ויסבון אבוהא דעולימתא **ואימא** דשו מבי דינא ויפקון ית DT 22:15
מנהון: ויחדון ביה אבוי **ואימיה** ויפקון יתיה לקדם חכימי DT 21:19
אבנין מטול דאבוי **ואימיה** לט קטלא חייב: וגבר די יגור LV 20:9
המיתי ניתי אנא **ואימך** ואחך למגחן לך על ארעא: GN 37:10
אין לית אנן חשיבן כבר **ואימן** כנטרא ייבם תיסב אימן NU 27:4
בסייפא: ודחביל באבוי **ובאימיה** אתקטלא יתקטיל EX 21:15
מן ביה מדמכיה דאבוהי **ודאימי** ויתחבר באינתתיה ויהון GN 2:24
דמזלזל איקרא דאבוי **ודאימיה** עניין כולהון כחדא ואמרין DT 27:16
ודורונין יהב לאחוהא **ולאימא**: ואכלו ושתו הוא וגובריא GN 24:53
משכניהון אמרין לאבוהון **ולאימהתהון** לא חמיתינון וית DT 33:9
דסודרא: ודילוט לאבוי **ולאימיה** בשמא מפרשא איתקטלא EX 21:17
נש דמית לא יעול לאבוי **ולאימיה** לא יסתאב: ומן מקדשא LV 21:11
נש דמית לא יעול: לאבוי **ולאימיה** לאחוי ולאחתיה לא NU 6:7
ואפילו זעירי דלא צריכין **לאימהון** יתבון במטליא מברכין LV 23:42

ואזלת טליתא וקרת **לאימיה** דרביא: ואמרת לה ברת EX 2:8
דקריבא לגופיה **לאימיה** ולאבוי ולבריה ולברתיה LV 21:2
סב לי: ואזל ונסיב ואייתי **לאימיה** ועבדת אימיה תבשילין GN 27:14

אימר (124)

אברם למשכניה תיכן **אימור** ואתא ויתיב בחיזוי ממרא די GN 13:18
עמי בני ישראל תור או **אימר** או גדיא ארום איתיליד LV 22:27
די יכוס ניכסת תור או **אימר** או עיזא במשריתא או די LV 17:3
ייי ית יומי נזריה וייתי **אימר** בר שתיה לאשמא ויומיא NU 6:12
לברא או לברתא תייתי **אימר** בר שתיה לעלתא וגוזל בר LV 12:6
ית קרבניה קדם ייי **אימר** בר שתיה שלים חד לעלתא NU 6:14
שלים יקרבינה: אין **אימר** הוא מקריב ית קורבניה ויקרב LV 3:7
ארום יגנב גבר תור או **אימר** ויכסיניה או זבניה חמשא EX 21:37
דבחי דיבחין אין תור **אימר** ויתנון לכהנא אדרעא דימינא DT 18:3
לחבריה חמר או תור או **אימר** וכל בעירא למינטור בלא אגר EX 22:9
ולית ידיה מספקא ויסב **אימר** חד אשמא לארמא מטול LV 14:21
דכר חד בר תרתין שנין **אימר** חד בר שתיה קריב רב שיבטא NU 7:21
רידיה וארבע ענא חולף **אימר** חד מן בגלל דאקטיה EX 21:37
ליומא עלתא תדירא: ית **אימר** חד תעבד בצפרא למכפרא NU 28:4
כהנא וישתביק ליה: ואין **אימר** ייתי קורבניה לחטאתא LV 4:32
מן תור עד חמר עד **אימר** כד הינון קיימין על חד תרין EX 22:3
ולא לדריא ויסבון להון **אימר** לבית גניסתא ואין סגיאין EX 12:3
כל אימר נמור וקרות וכל **אימר** לחוש באימריא וקרוח ונמור GN 30:32
גבר יתיה אין תור אין **אימר** לשמא דייי הוא: ואין בבעירא LV 27:26
היכמא דאיתעדא תריב **אימר** מניכסת קודשיא ויסיק יתהון LV 4:35
יומא דין אעדי מתמן כל **אימר** נמור וקרוח וכל אימר לחוש GN 30:32
על תור על חמר על **אימר** על כסו ועל כל אבידתא ייומי EX 22:8
בני ענא לייחוסיכון וכוסו **אימר** פיסחא: ותיסבון איסרת EX 12:21
ארמותכון ית עומרא **אימר** שלים בר שתיה לעלתא LV 23:12
תיכסון ית אימרא: **אימר** שלים דכר בר שתא יהי לכון EX 12:5
יהון כהנייא מקרבין **אימר** תדירא עד ארבע שעין וביני GN 49:27
על חובי ליליא וית **אימר** תיניין תעבד ביני שימשתא NU 28:4
וביני שימשתא יקרבון **אימר** תניין וברמשא יהון מפלגין GN 49:27
למנסכא קדם ייי: וית **אימר** תניין תעביד ביני שמשתא הי NU 28:8
מיסת מיכליה תיכסון ית **אימרא:** אימר שלים דכר בר שתא EX 12:4
בר תורין רכיך ושמין **אימרא** איתבחר תיניין בגין מדכר LV 22:27
קדם ייי: ויכוס טבחא ית **אימרא** באתרא דיכוס ית חטאתא LV 14:13
תרין לתרי מטרתא **אימרא** בני שנא ארבסר שלמין NU 29:26
קדם ייי: ויכוס טבחא ית **אימרא** דאשמא ויסב כהנא מן LV 14:25
קדם ייי: ויסב כהנא ית **אימרא** דאשמא וית לוגא דמשחא LV 14:24
ידיה כמיסת למייתייא **אימרא** וייתי ית קרבן אשמיה דחב LV 5:7
עשרא כמיסת למיכול **אימרא** ויסב הוא ושיבביה דקריב EX 12:4
היכדין יתפרשון מן **אימרא** ומן עיזא ויסקינון כהנא על LV 4:10
ידה הי כמיסת למיתייא **אימרא** ותיסב תרין שפנינין או תרין LV 12:8
זימנא: ויסב כהנא ית **אימרא** חד ויקריב יתיה לקרבן LV 14:12
תרין ליומא תדירא: ית **אימרא** חד תעביד בצפרא וית EX 29:39
סגיאין ממניינא יסבון **אימרא** לביתא: ואין זעירין אינשי EX 12:3
אברהם ייי יבחר ליה **אימרא** לעלתא ברי ואזלו תרויהום GN 22:8
הא אישתא וקיסין והאן **אימרא** לעלתא: ואמר אברהם ייי GN 22:7
מדבחא וזכה ואזדמן ליה **אימרא** תחותוי לעלתא גדי בר עיזי LV 22:27
חד תעביד בצפרא וית **אימרא** תיניינא תעביד ביני EX 29:39
הינא לאימרא חד: וית **אימרא** תיניינא תעביד ביני EX 29:41
לדיכרא חד או לאימר בר **אימרי** או בני גדייא: כחושבן תורי NU 15:11
מן בני ענא קורבניה מן **אימריא** או מן בני עיזיא לעלתא LV 1:10
לא תקין למעבד כן ארום **אימריא** דהינון טעוותהון דמצראי EX 8:22
דכר בר שתא יהי לכון מן **אימריא** ומן בני עזייא תסבון: ויהי EX 12:5
ית גברא דמידכי וית **אימריא** קדם ייי בתרע משכן זימנא: LV 14:11
מטרתא סכומהון דכל **אימריא** תמני ותשעין למכפרא על NU 29:32
ית תורא דאחוכון או ית **אימריה** טעיין ותפלגון דעתכון DT 22:1
דמקרבין תרין מטרתא **אימרין** בני שנא ארביסר שלמין NU 29:13
תרין לתרי מטרתא **אימרין** בני שנא ארביסר שלמין NU 29:17
תרין לתרי מטרתא **אימרין** בני שנא ארביסר שלמין NU 29:20
תרין לתרי מטרתא **אימרין** בני שנא ארביסר שלמין NU 29:23
תרין לתרי מטרתא **אימרין** בני שנא ארביסר שלמין NU 29:29
תרין לתרי מטרתא **אימרין** בני שנא ארביסר שלמין NU 29:32
תרין ודכר חד שובעא **אימרין** בני שנא: ומנחתהון סמידא NU 28:27
עירובין תרין ודכר חד **אימרין** בני שנא שבעא שלמין: NU 28:11
תור בר תורי חד דכר חד **אימרין** בני שנא שובעא שלמין: NU 29:2
תור חד בר תורי דכר חד **אימרין** בני שנא שובעא שלמין יהון NU 29:8
תרין ודכר חד ושובעא **אימרין** בני שנא שלמין יהון לכון: NU 28:19
חמשא ברחי חמשא **אימרין** בני שנה חמשא דין סדר NU 7:17
חמשא ברחי חמשא **אימרין** בני שנה חמשא דין סדר NU 7:23
חמשא ברחי חמשא **אימרין** בני שנה חמשא דין סדר NU 7:83
חד לחטאתא ותרין **אימרין** בני שנה לנכסת קודשיא: LV 23:18
חד לחטאתא ותרין **אימרין** בני שנה לנכסת קודשיא: LV 23:19
די תקרבון קדם ייי **אימרין** בני שנה שלמין תרין ליומא NU 28:3
דתעביד על מדבחא **אימרין** בני שנה תרין ליומא תדירא: EX 29:38
תריסר רברבי ישמעאל **אימרין** בני שנה תריסר מטול NU 7:87
ייי: וביומא דשבתא תרין **אימרין** בני שתא שלמין ותרין NU 28:9
אתין דברכת כהניא **אימרין** בני שתא שנין לכפרא על NU 7:88
לאימר חד לארביסר **אימרין:** וצפיר בר עיזי חד חטאתא NU 29:15
חד הכדין לשובעת **אימרין:** וצפיר בר עיזי חד לחטאתא NU 29:4
חד הכדין לשובעא **אימרין:** וצפירא דחטאתא חד NU 28:21
חד הכדין לשובעא **אימרין:** צפיר בר עיזי חד חטאתא NU 29:10
חד כדין לשובעא **אימרין:** צפיר בר עיזי חד לכפרא NU 28:29
ארמא קדם ייי על תרין **אימרין** קודשא יהון לשמא דייי: LV 23:20
על לחמא ההוא שיבעא **אימרין** שלמין בני שנה ותור בר LV 23:18
דחב נוקבא מן ענא **אימרתא** או צפירתא דעיזי LV 5:6
דכר חד לעמא יחידאיי **אמרין** בני שנא שבעא שלמין NU 29:36
תמינאה יסב תרין **אמרין** שלמין ואימרתא חדא בר LV 14:10
ובוכרא דחמרא תיפרוק **באימרא** ואין לא תיפרוק ותינקפיה EX 34:20
וולדא בחמרא תיפרוק **באימרא** ואין לא תפרוק תינקוף EX 13:13
דבעירא מסאבא תיפרוק **באימרא:** ופרקוניה דבר נש מבר NU 18:15
לכון שלים דכר בתורי **באימריא** ובבני עזיא: כל דביה מומא LV 22:19
וקרוח וכל אימר לחוש **באימריא** וקרוח ונמור בעזיא ויהי GN 30:32
נמור וקרוח בעזיא ולחוש **באימרייא** גניבא הוא למהוי דילי: GN 30:33
חיוורא ביה וכל דילחוש **באימרייא** ויהב בידא דבנוי: ושוי GN 30:35
בוכרא דתורי או בוכרא **דאימרי** או בוכרא דעיזי לא תפרוק NU 18:17
דאשתעבדתון לעיגלא **ואימר** בר שתיה מטול דידכר לכון LV 9:3
קדם ייי אלקכון תור **ואימר** דיהי ביה מומא או כל DT 17:1
למימר כל תריב תור **ואימר** ועיזא לא תיכלון: ותריב חיוא LV 7:23
דכר חד בר תרתין שנין **ואימר** חד בר שתיה תלתיהון קרב NU 7:15
מדבחא לשמא דייי: ותור **ואימר** יתיר כוליא או דחסיר כוליא LV 22:23
שלמין לעלתא: ותור **ואימר** לניכסת קודשיא לדבחא LV 9:4
דתקרבון עם תורי ודיכרי **ואימרי** במניינהון כסדר דינא: NU 29:37
תקרבון עם תורי ודיכרי **ואימרי** במניינהון כסדר דינא: וצפיר NU 29:24
דתקרבון עם תורי ודיכרי **ואימרי** במנייניהון כסדר דינא: NU 29:27
תקרבון עם תורי ודיכרי **ואימרי** במנינהון כסדר דינהון: NU 29:33
בעירא דתיכלון תורין **ואימרי** בני רחילין ולא בני מסאבין DT 14:4
מנהון דיכריא דתורי **ואימרי:** ובוכרא דחמרא תיפרוק EX 34:19
בני גדייא: כחושבן תורי **ואימרי** וגדיי דתעבדון קרבנא NU 15:12
עם תוריא ועם דקכריא **ואימריא** במנייתהון כסדר דינא: NU 29:18
יסב תרין אמרין שלמין **ואימרתא** חדא בר שתה שלמתא LV 14:10
שתיה שלים חד לעלתא **ואימרתא** חדא ברת שתא שלמתא NU 6:14
תקרבון עם תורי ודיכרי **ואמרי** במניינהון כסדר דינא: וצפירא NU 29:21
דתקרבון עם תורי ודיכרי **ואמרי** במניינהון כסדר דינא: וצפירא NU 29:30
כהילכת חטאתא דתורא **ודאימר** בר עיזי ויכפר עלוי כהנא LV 5:10
דיצחק דכפתיה אבוי הי **כאימרא** תריהון שלמין לעלתא: LV 9:3
חד או לדיכרא חד או **לאימר** בר אימרי או בני גדייא: NU 15:11
או לניכסת קודשא **לאימר** חד: או לדיכרא תעביד NU 15:5
ייי: וניסוכיה רבעות הינא **לאימר** חד במני בית קודשא יתנסך NU 28:7
עשרונא עשרונא תעביד **לאימר** חד הכדין לשובעא אימרין: NU 28:21
דיכרין: ועשרונא עשרונא **לאימר** חד לארביסר אימרין: וצפיר NU 29:15
חד: עשרונא עישרונא **לאימרא** חד הכדין לשובעא אימרין: NU 29:10
לדיכרא: ועשרונא חד **לאימרא** חד הכדין לשובעת אימרין: NU 29:4
וניסוכא רבעות הינא **לאימרא** חד: וית אימרא תיניינא EX 29:40
חד: עשרונא עשרונא **לאימרא** חד כדין לשובעא אימרין: NU 28:29
פתיכא במשח זיתא **לאימרא** חד עלתא לאתקבלא NU 28:13
לדיכרא ורבעות הינא **לאימרא** חמר עינבי דא עלתא תהוי NU 28:14

אימרה (4)

וחמשין ענובין על **אימרא** דיריעתא בבית ליפופה EX 26:10
ענובין דתיכלא על **אימרה** דיריעתא חדא מן ציטרה EX 26:4
ותעביד חמשין ענובין על **אימרת** דיריעתא חדא מציטרא EX 26:10
בבית ליפופה וכן תעביד **באימרה** דיריעתא בבית ליפופה EX 26:4

אימת (11)

לך מדעלית בביתך וכדון **אימת** אעביד אוף אנא עיבידתא GN 30:30
ואמר ייי למשה עד **אימת** אתון מסרבין למנטור EX 16:28
כלו קבל בית פעור דכל **אימת** דזקיף פעור למדכר לישראל DT 34:6
מיפק יפוק קטולא כל **אימת** דכהנא רבא קיים מן תחום NU 35:26
מברכין לברייהון כל **אימת** דעיילין תמן: מן בגלל דידעון LV 23:42
עבדי פרעה ליה עד **אימת** יהי דין גברא לנא לתקלא EX 10:7
ועם אהרן למימר: עד **אימת** לכנישתא בישתא דמתחברין NU 14:27
ייי אלקא דישראל עד **אימת** מסרב אנת מן למתכנעא מן EX 10:3
זימנא: ואמר ייי למשה עד **אימתי** יהון מרגזין קדמי עמא הדין NU 14:11
קדמי עמא הדין ועד **אימתי** לא יהימנון במימרי לכל NU 14:11
לפרעה שבח נפשך בגיני **לאימת** דאנת בעי איצלי עלך ועל EX 8:5

אימתן (8)

למשעבדא ית בנוי **אימתא** דא היא בבל קבלא דא היא GN 15:12
דכנענאי: תפיל עליהון **אימתא** דמותא ודחלתא בתקוף EX 15:16

אשלם מיומא ליומא: ית **אימתי** אשדר קדמך ואשגש ית כל EX 23:27
אוחרי דהות רמיא עלוי **אימתיה** דיעקב אחוי: ארום הוה GN 36:6
תקיפיא דבהמתא וית **אימתני** דבשוה קריתים: וית חוראי GN 14:5
בעיקביה ונפיל ומן **אמתיה** רכביה מתפרקיד לאחוריה GN 49:17
ומלו ית ארעא: ודחלתכון **ואימתכון** יהי על כל חיית ארעא GN 9:2
בר נש באפיכון דחלתכון **ואימתכון** יתן ייי אלקכון על אפי DT 11:25

אין (395)

קדם ייי אלקכון הוא: **אי** איזדמן שרכפא דציפר דכי DT 22:6
אנא מתקנס לממת **אי** ניחא לקמך דלי מיני דאעבור ית DT 32:50
לאתנא ארום שקרת בי **אילו** אית סיפא בידי ארום כדון NU 22:29
מריה עימיה לא ישלם **אין** אגירא הוא עאל פסידיה EX 22:14
לית אפשר לנא למיחות **אין** אחונא זעירא עימנא וניחות GN 44:26
על ביתא וידכי ברם **אין** איטימוס בייתא למילקי תוב LV 14:53
על אנפי חקלא ויהי **אין** איטימוס ההוא גברא למילקי LV 14:7
או נוקבא שלים יקרבינה: **אין** אימר הוא מקריב ית קורבניה LV 3:7
דקדיש גבר יתיה אין תור **אין** אימר לשמא דייי הוא: ואין LV 27:26
ידריקון ביה אין בעירא **אין** אינשא לא יתקיים ברם במיגד EX 19:13
איתתא ותימר אמן **אין** איסתאבית כד מארסא אמן אין NU 5:22
ואוף ית דמי מותא יפלגון: **אין** אישתמודע ארום תור נגחן הוא EX 21:36
בחייא אחוך ובתר מותיה **אין** אית ליה בנין ערייתא דאחוך היא: LV 18:16
אגר נטיר ישלם למרוי: **אין** איתברא יתבר מן חיות ברא EX 22:12
מאלקך אנא ייי: וארום **אין** איתגייר ואיתחזק עימכון גיורא LV 19:33
אחוי דריבוני לברי: וכדון **אין** איתיכון עבדין טיבו וקשוט עם GN 24:49
אלקיה דריבוני אברהם **אין** איתך כדון מצלח אורחי דאנא GN 24:42
אחוכון זעירא עימכון: **אין** איתך משדר ית אחונא עימנא GN 43:4
ברוח קודשא ארום **אין** איתכלית על יוסף איתכל על GN 43:14
מלותיה למיחמיה **אין** איתקוללו מיא מעילוי אנפי GN 8:8
ומליל עמהון למימר **אין** איתרעו עם נפשכון למקבר ית GN 23:8
מן פירי אילן חייא דהא **אין** אכיל הוא מיניה הוי חי וקיים GN 3:22
אוגר הדין וסהידא קמא **אין** אנא לא איעבר לוותך ית אוגר GN 31:52
ואנא שמעית עלך למימר **אין** אנת שמע חילמא אנת פשר ליה: GN 41:15
ועד סנדלית רצועה **אין** אסב מכל דילך ולא תהי GN 14:23
ייכול מן קודשייא אלהין **אין** אסחי בישריה בארבעין סווין LV 22:6
כד מארסא אמן **אין** אסתאבית כד נסיבתא: ויכתוב NU 5:22
מיא: וישקינה ית מיא ויהי **אין** אסתאבת בתשמיש דעריס NU 5:27
לא יעביד דינא: ואמר ייי **אין** אשכח בסדום חמשין זכאין בגו GN 18:26
קרתא ואמר לא איחביל **אין** אשכח תמן ארבעין וחמשא: GN 18:28
ואמר לא אעביד גמירא **אין** אשכח תמן תלתין: ואמר בבעו GN 18:30
דנייחין בה צדיקייא **אין** אשכחית רחמין קדמך ולא NU 11:15
ולעבדך אית בעיר: ואמרו **אין** אשכחנא רחמין קדמך תתיהב NU 32:5
ית חבריה: עמי בני ישראל **אין** אתון זבנין חקיל או כרמא LV 25:15
אחוך תשמיט ידך: לחוד **אין** אתון עסיקין במצוותא DT 15:4
ולחובא ית חייבא: ויהי **אין** אתחייב למלקי חייבא DT 25:2
על ארעא וסגיד: ואמר **אין** בבעו אשכחית רחמין קדמך ייי EX 34:9
רחמין קדמי: וכדון **אין** בבעו אשכחית רחמין קודמך EX 33:13
רבני בית פרעה למימר **אין** בבעו אשכחנא רחמין בעיניכון GN 50:4
בהון הכרכין פציחי חניין **אין** בחקרין: ומה שבח ארעא NU 13:19
ולית בה עיבידתא: **אין** בחרכא דכותלא משתכח גנבא EX 22:1
ותיסתכין עילוי מתברא **אין** ביר דכר הוא ותקטלון יתיה EX 1:16
מבר שתין שנין ולעילא **אין** ביר דכר ויהי עילוייה חמיסר LV 27:7
בירכן: ואמרת ליה אימיה **אין** בירכן ייברכינך ייתון עלך ועל GN 27:13
לקדמותי באורחא וכדון **אין** ביש קדמך איתוב לי: ואמר NU 22:34
יתיב בה הטבתא היא **אין** בישתא ומא קירויא דהוא יתיב NU 13:19
יפוק לבר חורין מגן: **אין** בלחודוי ייעול בלחודוי יפוק EX 21:3
במעיי ית כל עמא הדין **אין** בניי הינון דאמרת לי במצרים NU 11:12
ועד שתא דשמיטתא: **אין** בסהדיא משתכחא ברשותיה EX 22:3
גירין דאישא ידריקון ביה **אין** בעירא אין אינשא לא יתקיים EX 19:13
אזלין בדחלתא אנא ייי: **אין** בקיימי אורייתי תהכון וית LV 26:3
עלוי סנהדרין דישראל: **אין** בר ישראל ינגח תורא אין לבת EX 21:31
שפיכות אדם זכאיי: **אין** בריר פיתגמא כשימשא דלא EX 22:2
ושתאי בחמרא: ויהי **אין** דחיל ומקביל עלוי אולפנא DT 21:21
אין מן תורי הוא מקרב **אין** דכר אין נוקבא שלים יקרביניה: LV 3:1
ארום לא הווינא מזכי ליה **אין** הוא חייבא: ושוחדא לא תקבל EX 23:7
תלת ירחין די תידע **אין** היא מעברא ומן בתר כדין DT 21:13
כהנא ביומא שביעאה **אין** הלכא תהליך פיסיונא במשכה LV 13:27
בנתא דישראל יעבד לה: **אין** חורנתא בת ישראל יסב ליה EX 21:10
דיתיב עלה התקיף הוא **אין** חלש הזעיר הוא אין סגי: ומא NU 13:18
פתגמיי עד דאימליל **אין** יהוון כל נביא דקמו מן יומת NU 12:6
ישמעון וידחלון: וארום **אין** יהוי בגבר חובת דין קטול DT 21:22
דבדר ייי יתכון לתמן: **אין** יהון מבדריכון בסייפי שמיא DT 30:4
וקיים יעקב קיים למימר **אין** יהי מימרא דייי בסעדי ויטרינני GN 28:20
דין קטילת סייפא: ברם **אין** יומא חד מעידן לעידן או תרין EX 21:21
לאתחייב בהון: ויהי **אין** יחטי ויתחייב ויומי ויתיב ית LV 5:23
ורגז וקיים למימר: **אין** יחמון גבר בגובריא האילין DT 1:35

ההוא וקיים למימר: **אין** יחמון גובריא דסליקו ממצרים NU 32:11
ולמוהבות רחל: ואמר **אין** ייתי עשו למשרי דחדא מנהין GN 32:9
ישראל: ואמר משה להון **אין** יעיברון בני גד ובני ראובן NU 32:29
האיליין יהי מסאב: וארום **אין** יפיל מנבילתהון על כל זרע LV 11:37
ערסיה במה ישכוב ויהי **אין** יקבול קדמי ואיקביל צלותיה EX 22:26
יתיה אזדהרון לכון ארום **אין** יקום ויצווח עליכון בצלו קדמיי EX 22:22
ולא ימות ויפול למרע: **אין** יקום ממרעיה ומהליך בשוקא EX 21:19
מסאב עד רמשא: וארום **אין** יריק דובנא בדכיא יצבע לבושוי LV 15:8
להון ויספקון להון **אין** ית כל נוני ימא רבא יתכנשון NU 11:22
דעלך ויסובורון עימך: **אין** ית פיתגמא הדין תעביד דתיהי EX 18:23
דטינריא מדורך: ארום **אין** יתגזר למיהוי לביזתא בנוי NU 24:22
יקבל גברא ההוא: וארום **אין** יתגייר עימכון גייורא ויעבד NU 9:14
להון ארכא שובעא יומין **אין** יתובון ישתביק להון ואין לא GN 7:4
תיתנון לארעא: וארום **אין** יתמסכן אחוך ויזבון LV 25:25
בלעם ואמר לעבדי בלק **אין** יתן לי בלק מלי קורטור דיליה NU 22:18
מסאב הוא לכון: וארום **אין** יתפשח איברא וימות מן בעירא LV 11:39
נתמטי עד כא לבחוני **אין** יתקיים מה דאתבשרית כדין GN 22:5
יעקב לא תימא כן בבעו **אין** כדון אשכחית רחמין בעינך GN 33:10
די פלחתך: ואמר ליה לבן **אין** כדון אשכחית רחמין בעינך הא GN 30:27
לבריה ליוסף ואמר ליה **אין** כדון אשכחית רחמין קדמך שוי GN 47:29
ברחמין מן קדמך ייי **אין** כדון אשכחת חינא קומך לא GN 18:3
להום ישראל אבוהון **אין** כדין הוא דא עיבידו סבו ממא GN 43:11
בסרהוביא: ארום **אין** כדין תעבדון לכון אגוריהון DT 7:5
ויעבד מן חד מנהון: **אין** כהנא רבא דמתרבי במישחא LV 4:3
ארום לא מן רעות ליבי: **אין** כמיתותא דמייתין בה כל בני NU 16:29
עלוי מן שמיא: ברם **אין** כנסא דממונא יתשוי עלוי ויתן EX 21:30
ארמלן ובניכון יתמין: **אין** כספא תוזיף לעמי ית ענייא EX 22:24
בטלייא מן אבא למימר **אין** לא אייתיני לוותך ונתחייב קדם GN 44:32
תרין בנוי תקטל בשמתא **אין** לא אייתיניה לוותך הב יתיה על GN 42:37
ביה מן ידא תיבעיניה **אין** לא אייתיניה לוותך ואקימיניה GN 43:9
אנא ייי גזרית במימרי **אין** לא גזרית במימרי לכל כנישתא NU 14:35
להון בשבועא קיים אנא **אין** לא היכמא דמלילתון קדמי NU 14:28
ריבונהא ופורקן כספא: **אין** לא השכחת חינא קדם ריבונהא EX 21:8
גבר איתא ויעול עלה ויהי **אין** לא השכחת רחמין בעינוי ארום DT 24:1
שכינתא דייי שריא ביננא **אין** לא: ואתא עמלק מארע דרומא EX 17:7
נטרין מצוותא דאורייתי **אין** לא: ויהי ביומא שתיתאיי ויזמנון EX 16:4
תחמי היארעינך פיתגמי **אין** לא: ונפק משה ממשכן בית NU 11:23
הנטרין אתון פיקודוי **אין** לא: ועניך ואכפנך ואוכלך ית DT 8:2
ברי האנת דין ברי עשו **אין** לא: וקריב יעקב לות יצחק אבוי GN 27:21
האית בה אילנין דמיכל **אין** לא ותעבדון חזקתא ותיסבון NU 13:20
יפרין יתה ליה לאיתו: **אין** לא חמיא ליה או דלא יצבי EX 22:16
ברייא הי כבישריה:: ויהי **אין** לא יהימנון אוף לתרין אתייא EX 4:9
דבטיל שבועא ולווט **אין** לא יחווי יקביל חוביה: או בר נש LV 5:1
מיית הוא: ואמרת לעבדך **אין** לא ייחות אחוכון זעירא עימכון GN 44:23
תקבלון חובי קדשיא **אין** לא מזדהרין באסקותהון ואנת NU 18:1
ית חובי כהונתכון **אין** לא מזדהרין באפרשותהון: ואוף NU 18:1
והינון יקבלון ית חוביהון **אין** לא מזדהרין בפולחנהון קיים NU 18:23
איהו משלם על חד תרין: **אין** לא משתכח גנבא ויתקרב מריה EX 22:7
ויימר כהנא לאיתתא **אין** לא סטית לאיסתאבא NU 5:19
דביה מכתש צורעתא **אין** לא ספיקת בין ידויי למייתייא LV 14:32
לה תבוע יעביד ית אחתן **אין** לא עבדנא ית פיתגמא הדין: GN 34:31
לכון סנאיכון בקרויכון: **אין** לא תינטרון למעבד ית כל DT 28:58
לכון יומא דין: וחילופה **אין** לא תקבלון לפיקודיא דייי DT 11:28
ותיהווי לך לאינתו: ויהי **אין** לא תתרעי בה ותפטרינה DT 21:14
אין בר ישראל ינגח תורא **אין** לבת ישראל ינגח כדינא הדין EX 21:31
כדון מפרגודא דברך היא **אין** לה: ואשתמודעה ואמר פרגוד GN 37:32
האצלח ייי אורחיה **אין** לה: והוה כדי ספיקו גמליא GN 24:21
ארום לית ליה ביר דכר **אין** לית אנן חשיבין כבר ואימן NU 27:4
כדין אנוח לך: ואמר ליה **אין** לית אפין מהלכא מיננא לא EX 33:15
מיגזר לכון כל דכורא **אין** לית ליה איבא למיגזריה: GN 17:10
מן ידוי שלמא ישלם **אין** לית ליה מה דמשלם ויזדבן ליה EX 22:2
ית בישרא דעורלתיה **אין** לית ליה מן דיגזר וישתצי בר GN 17:14
עמי ויפלחון קדמי: ארום **אין** ליתך מפטר ית עמי האנא מגרי EX 8:17
ייי לבלעם ואמר ליה **אין** למיקרי לך אתו גובריא קום NU 22:20
אנת מדמי עלנא **אין** למישלט את סביר עלנא GN 37:8
אישתא רבתא הדין **אין** מוספין אנחנא למישמע ית קל DT 5:25
תוכחון ית חבריכון ברם **אין** מיבהית לא תקבלון מטולתיה LV 19:17
באיסרטיא דמלכא ניזיל **אין** מייך נישתי אנא ובעיריי ואיתן NU 20:19
ליה: ואמר ישראל ליוסף **אין** מייתנא בהדא זימנא מתנחם GN 46:30
חולק לעלמא דאתי ברם **אין** מייתנא מותא דקשיטין לואי NU 23:10
למיקרי לה לשלם: ויהי **אין** מילין דשלם תתיב לכון ותפתח DT 20:11
קיים קדם ייי ואמר **אין** מימסר תימסר ית עמא הדין NU 21:2
שמיא על ארעא: ארי **אין** מינטר תינטרון ית כל DT 11:22
כזמן יומא הדין: ויהי **אין** מינשא תינשון ית דחלתא דייי DT 8:19

ויהוי מסתכל ביה וחאי **אין** מכוין ליביה לשום מימרא דייי: NU 21:8
ויודון ית חוביהון דעבדו **אין** ממונא אנס לחבריה ויתיב ית NU 5:7
לא על שערין ולא ריביין: **אין** ממשכנא תמשכן כסותא EX 22:25
בקניניה שמיא וארעא: **אין** מן חוטא ועד סנדלית רצועה GN 14:23
ייי ולהלא לדריכון: ויהי **אין** מן מחמי כנישתא איתעבידת NU 15:24
ניכסת קודשיא קורבניה **אין** מן תורי הוא מקרב אין דכר אין LV 3:1
עמי ויפלחון קדמיי: ארום **אין** מסרב אנת למפטור ית עמי הא EX 10:4
עמי ויפלחון קדמי: ארום **אין** מסריב אנת למפטור ועד כדון EX 9:2
איתתא ואיתתא ואפילו **אין** מעברא לא תשהוניה עד DT 22:22
קדם ייי אילהן הא **אין** מקרבין אנן ית טעוותהון EX 8:22
בחמשין סילעין דכסף: **אין** משתא דיובילא יקדיש חקליה LV 27:17
דביש מביניכון: ארום **אין** משתכח גבר משמש עם DT 22:22
נטיר ומתגנבין מבית גבר **אין** משתכח גנבא איהו משלם על EX 22:6
בנוגביה דכי הוא: וארום **אין** מתיהיב מוי על בר זרעא ויפיל LV 11:38
תורי הוא מקרב אין דכר **אין** נוקבא שלים יקרביניה: ויסמוך LV 3:1
וגדאין אמר משה נביא **אין** נטרין הינון עמא בית ישראל DT 32:14
מן בגלל לנסוייהון **אין** נטרין מצוותא דאורייתי אין לא: EX 16:4
וימרד באלקא שמיא: ויהי **אין** נייח הוא במצוותא דאורייתא DT 17:18
מן קדם רגוז בנת חת **אין** נסיב יעקב איתא רשיעתא GN 27:46
קדם ייי אלקן ואנחנא **אין** נשביקינון לית אנן ידעין ממא EX 10:26
הוא אין חלש הזעיר הוא **אין** סגי: ומא ארעא דהוא יתיב בה NU 13:18
ארמלא ויתם לא תסגפון: **אין** סגפא תסגיף יתיה אזדהרון EX 22:22
הדין יתעביד ליה: ברם **אין** עבד כנענאי נגש תורא או EX 21:32
כיומי אגירא יהי עימיה: **אין** עד כדון אית סגוי בשנייא לפום LV 25:51
קודשיא די יקרב קדם ייי: **אין** על תודתא יקרביניה ויקרב על LV 7:12
תקרבון ית קורבנכון: **אין** עלתא היא קרבניה מן תורי דכר LV 1:3
ואתן לכון מזון בגיתיכון **אין** פסק כספא: ואייתיו ית גיתיהון GN 47:16
ישתטיף במיא: וארום **אין** פסק מדובנא דוויה וימני ליה LV 15:13
השמינין הינון פירייה **אין** פתרנין האית בה אילנין דמיכל NU 13:20
עשיריתא: ואמר **אין** קבלא תקביל למימר דייי אלקך EX 15:26
בשמי מימריה: ארום **אין** קבלא תקביל למימריה ותעביד EX 23:22
תלתין ושית קיימין: ויהי **אין** קבלא תקבלון למימר דייי DT 28:1
יהיב לכון אחסנא: לחוד **אין** קבלא תקבלון למימרא דייי DT 15:5
לאולפן אורייתי: וכדון **אין** קבלא תקבלון למימרי EX 19:5
ועד סופא דשתא: ויהי **אין** קבלא תקבלון לפיקודיי דאנא DT 11:13
ויתבחרון פיתגמין **אין** קושטא עימכון ואין לא חיי GN 42:16
אמר בלעם רשיעא **אין** קטלין יתי בית ישראל בסייפא NU 23:10
ותיפוק אינתתיה עימיה: **אין** ריבוניה יתן ליה איתא אמתא EX 21:4
טבא ארעא לחדא לחדא: **אין** רעוא דייי אית בנא ואעיל יתנא NU 14:8
מן ארעא ארום אמרין **אין** שהיין הינון הכא שעתא חדא EX 12:33
לא נכסי מן ריבוני ארום **אין** שלים כספא וגיתי בעירא GN 47:18
אבטיל שבועתי לעלמין: **אין** שנינא היא ברק סייפי ותתקיף DT 32:41
ארום קשיא אמר יעקב **אין** שריין הינון תריהון כחדא לית GN 49:7
לית מיסב אפין בדינא: **אין** תארע תורא דסנאך דאת סני EX 23:4
ברם בדא נתפייס לכון **אין** תהוון כוותנא למיגזור לכון כל GN 34:15
עמא מלות דבחי דיבחין **אין** תור אימר ויתנון לכהנא אדרעא DT 18:3
אפשר דקדיש גבר יתיה **אין** תור אין אימר לשמא דייי הוא: LV 27:26
תעבדון ית פיתגמא הדין **אין** תזדרזון קדם עמא דייי לאגחא NU 32:20
אתבא תתביניה ליה: **אין** תחמי חמרא דסנאך דאנת שני EX 23:5
תהי משתעבד ויהי **אין** תטעי ותחית ית בנוי מלמיטר GN 27:40
לשמייא ומני כוכביא **אין** תיכול למימני יתהון ואמר ליה GN 15:5
על ארעא לרוחצן:: וארום **אין** תימרון מה ניכול בשתא LV 25:20
בכין תזדכי ממומתי **אין** תיעול לבית יחוסי ואין לא GN 24:41
ומעיילה לא ימנע לה: **אין** תלת מילייא האיליין לא יעבד EX 21:11
ניטמר גבר מן חבריה: **אין** תסגיף ית ברתיי למעבד להן GN 31:50
מדינחא: ואמר להון משה **אין** תעבדון ית פיתגמא הדין אין NU 32:20
לא תיתן לי מדעם אוחרן **אין** תעביד לי פיתגמא הדין איתוב GN 30:31
לבר חורי מגביכון: וארום **אין** תפטרוניה בר חורי מגביכון לא DT 15:13
תתבחרון חיי דפרעה **אין** תפקון מיכא אלהין בדייתי GN 42:15
כורסי יקרא דייי אלקכון **אין** תקבלון למימריה ככל מה DT 30:2
וחילופה: ית בירכתא **אין** תקבלון לפיקודיא דייי אלקכון DT 11:27
תחנונין ואמר לפנחס **אין** תקיים ית נפשי משתבענא לך NU 31:8
להון דחלן דדהב: וכדון **אין** תשבוק לחוביהון שבוק ואין EX 32:32
לי במימרא דייי הכא **אין** תשקר בי ובברי ובביר בירי GN 21:23
אורייתא ומשתלחין עלך **אין** תתובון אעדינון מינך ארום אנא EX 15:26
בר עיזי מן ענא ואמרת **אין** תתן משכונא עד דתשדר: ואמר GN 38:17
לציפונא ואנא לדרומא **אם** אנת לדרומא ואנא לציפונא: GN 13:9
קדמך אתפרש כדון מיני **אם** אנת לציפונא ואנא לדרומא אם GN 13:9
עמא דארעא למימר ברם **אם** אנת צבי למעבד לי טבו קביל GN 23:13
יהוי משתעבד לזעירא **אם** בנוי דזעירא נטרין פיקודייא GN 25:23
לוותי מלילית למימר: **אם** יתן לי בלק מלא קורטור דיליה NU 24:13
עבדי קרבא ואמרת **אם** כדין הוא צערא דילידתא למה GN 25:22
ייי רשו לאבאשא עמי: **אם** כדין הוה אמיר קרוחין יהי אגרך GN 31:8
מן קדם ייי אנא דחיל: **אם** מהמנין אתון אחוכון חד GN 42:19

לית עימיה שלמא ישלם: **אם** מריה עימיה לא ישלם אין EX 22:14
ואמר בלעם לבלק הלא **אם** עזגדייך דשדרת לוותי מלילית NU 24:12
איקונין דאנפך: הלא **אם** תייטיב עובדך ישתביק לך GN 4:7
בינן ובינך ונגזור קים עמך: **אם** תעבד עימנא בישא היכמא GN 26:29
ברא לא אייתי לוותך **דאין** אנא חטי בה מן ידי הוית תבע GN 31:39
לא תבני יתהן חציבן **דאין** ארימת פרזלא דמיניה מתעבד EX 20:25
בגין כן לא בריך ית יצחק **דאין** הוה מבריך ליצחק ולא מבריך GN 25:11
ית קיימיי וית סידרי דיניי **דאין** יעבד יתהון אינשא וייחי בהון LV 18:5
קדמי אנא מקדש משכנא **דאין** לא מזדהרין בעיבידת קורבניא LV 10:3
תנאה מתווכחין למימר **דאין** לא תקבלון למימרא דייי DT 28:15
למשבוק ית אבוי **דאין** שביק הוא ית אבוי מיית הוא: GN 44:22
רוחא לכל בישרא **האין** גברא חד יחוב ועל כל NU 16:22
קדמך האיפשר דאיטמר **ואין** אהי מטלטל וגלי בארעא כל GN 4:14
ויהי מסאב עד רמשא: **ואין** אידיכיית מדובה ותמני לה LV 15:28
עלוי כהנא וישתביק ליה: **ואין** אימר ייתי קורבניה לחטאתא LV 4:32
מיטמר ביה אנא חמי **ואין** אינון פיקודייא דפקדיתו: ואמר GN 3:9
שפיכות אדם זכאיי עלוי **ואין** אישתיזיב מן ידוי שלמא ישלם EX 22:2
מיניה מומתא ולא ישלם: **ואין** איתגנבא יתגניב מיניה דהוה EX 22:11
אן מה דא למקרב לגבה **ואין** אמר אנת דאסירא היא הלא NU 25:6
אבונן וחולק אחא דאבונן **ואין** אנן חשיבין כביר הב לן אחסנא NU 27:4
לוותך ית אוגר הדין **ואין** אנת לא תעיבר לותי ית אוגר GN 31:52
מסאב עד רמשא וידכי: **ואין** ארשע ולא יצבע ובישריה לא LV 17:16
תליתייא בנורא יתוקד: **ואין** אתאכלא יתאכל ביומא LV 19:7
יתה מן רשותא דנדרא: **ואין** אתנסבא אתניסיבת לגבר NU 30:7
יתקטל קטולא: **ואין** באבנא מלוא ידא די כמיסת NU 35:17
מלגיו ויצדיין אורחתכון: **ואין** באילין מרדוותא לא תיתרדון LV 26:23
כהנא יתיה מכתשא הוא: **ואין** באתרא קמת בהקי לא הליכת LV 13:23
דמכתש סגירותא הוא: **ואין** באתרא קמת בהקי לא הליכת LV 13:28
אין אימר לשמא דייי הוא: **ואין** בבעירא מסאבא ויפרוק LV 27:27
עביד דביש מביניכון: **ואין** בברא ישכח גברא ית DT 22:25
ותיכלון ולא תשבעון: **ואין** בהדא תוכחתא לא תשמעון LV 26:27
לתרע משכן זימנא: **ואין** בחדא יתקעון ויזדמנון לוותך NU 10:4
על נפשה יתקיימון: **ואין** ביומא דשמע בעלה בטיל לה NU 30:9
בדינא הוא יקטליניה: **ואין** ביסנא הדף ואתכוון ודחייה או NU 35:20
דלא יבשלון ביה חולי **ואין** במנא דנחשא תיתבשל ויסתפן LV 6:21
כל דיקטול בר נש בשלו: **ואין** במנא דפרזלא במשהו מחהי NU 35:16
היכדין יעליניה כהנא: **ואין** בעירא דיקרבון מינה קורבנא LV 27:9
נפשהא לא יתקיימון **ואין** בעלה בטילינון ולא ידעת NU 30:13
ית כל פיקודיא האילין: **ואין** בקיימי אורייתי תקוצון ואין LV 26:15
דאשמא וישתביק ליה: **ואין** בר נש ארום יחוב ויעבד חדא LV 5:17
מחובתיה וישתביק ליה: **ואין** בר נש חד יחוב בשלו מן עמא LV 4:27
לעמא אירע בשלותא: **ואין** בר נשא חד יחוב בשלו ויקרב NU 15:27
דכסף בסילעי קודשא: **ואין** ברת נוקבא היא ויהי עלוייה LV 27:4
זמן מישלם יומי דכותה: **ואין** ברת נוקבא תליד ותהי LV 12:5
דכר הוא ותקטלון יתיה **ואין** ברתה נוקבא היא ותתקיים: EX 1:16
קטולא כד אתחייב ליה: **ואין** בשלו בלא נטר ליה בבו הדפיה NU 35:22
ולית דרדיף יתכון: **ואין** בתר אילין מרדוותא לא תצבון LV 26:18
לגבר יתקיימון: **ואין** בתר דאיתנסיבת נדרת וישמע NU 30:8
חקליה הי כעלוייה יקום: **ואין** בתר יובילא יקדיש חקליה LV 27:18
לך ית משכונא לשוקא: **ואין** גבר מסכין הוא לא תבית DT 24:12
לא שטף במיא יהי מסאב **ואין** גברא הוא יצבע לבושוי ויסחי LV 15:11
וענא ותורי דמיינקן עלי **ואין** דחיקניא להום יום חד וימותון GN 33:13
דמעלן כהנא היכדין יקום: **ואין** דין דמקדיש יפרוק ית ביתיה LV 27:15
איתגזרית לתלסירי שנין **ואין** הוה צבותי למעכבא לא הוינא GN 22:1
כהנא שובעא יומין: **ואין** הלכא תהליך פיסיונא במשכא LV 13:22
כהנא ויצבע לבושוי וידכי: **ואין** הלכא תהליך פיסיונתא LV 13:35
ואין לא יפרוק ית חקלא **ואין** זבין ית חקלא לגבר חורן לא LV 27:20
ית כל אורייתא הדא: **ואין** זכאי גברא מחובין איתתא NU 5:31
יסבון אימרא לביתא: **ואין** זעירין אינשי ביתא ממניין EX 12:4
אחך יתבון בארעא דגשן **ואין** חכימת דאית בהום גוברין GN 47:6
היא ברדדיה או בלבדיה: **ואין** חמא כהנא והא עמא מכתשא LV 13:56
דאסרת על נפשה יתקיים: **ואין** יבטל איבהא יתה ביומא NU 30:6
עדב אחסנתנא יתמנע: **ואין** יהוי יובילא לבני ישראל NU 36:4
עללין לתמן למירתה: **ואין** יהרהר ליבכון ולא תקבלון DT 30:17
טעוון דקיסין ואבנין: **ואין** יהרהר ליבכון למפלח DT 28:37
נביא בבקעת דורא **ואין** יחמון כדין ידחלון ויתובון EX 13:17
מכתשא מסאב הוא: **ואין** יחמי כהנא והא לא הליך LV 13:53
מכתש סגירותא היא: **ואין** יחמינה כהנא והא לית בבהקי LV 13:26
הוא בשיחנא סגיאת: **ואין** יחמינה כהנא והא לית בה שער LV 13:21
כד הינון חמיין ויתן מוהי **ואין** יסרב לאפוקי מחי אנת לחודך NU 20:8
תלת קירוין תפרשון לכון: **ואין** יפתי ייי אלקכון ית תחומכון DT 19:8
ייכול ארום קודשא הינון: **ואין** ישתייר מבשר קורבניא ומן EX 29:34
לכהנא תהי אחסנתיה: **ואין** ית חקיל זבינוי דלא מן חקיל LV 27:22
בקיימי אורייתי תקוצון **ואין** ית סדרי דיניי תרחיק LV 26:15

יסב ויתטש ית ביתא: **ואין** יתוב מכתשא ויסגי בביתא מן LV 14:43
והוא יפוק בלחודוי: **ואין** יתני ויימר עבדא רחימנא ית EX 21:5
ידעתון דמן קיסין ואבנין: **ואין** יתפלג דעתכון למפלח DT 28:65
הדין ארום יקיר הוא מיני: **ואין** כדין אנת עביד לי דתישבוק NU 11:15
הוא ופירוגיה יהי קודשא: **ואין** כל בעירא מסאבא דלא יקרבון LV 27:11
בית מישד קיטמא יתוקד: **ואין** כל כנישתא דישראל ישתלון LV 4:13
עלמא תתברי להון כדון **ואין** לא איתברי פום לארעא מן NU 16:30
עליהון לא ייי שדרני: **ואין** לא איתבריית מיתותא להון NU 16:30
בכל אתרא דהוא תמן: **ואין** לא אסתאבת אינתתא NU 5:28
צלי קדם ייי ויהב לי בנין **ואין** לא הי כמיתא אנא חשיבא: GN 30:1
אין קושטא עימכון **ואין** לא חיי דפרעה ארום אלילי GN 42:16
וביומא שביעאה וידכי **ואין** לא ידי עלוי ביומא תליתאה NU 19:12
אין תיעול לבית יחוסי **ואין** לא ינתנון לך ותהי זכאי GN 24:41
ית ארע גלעד לאחסנא: **ואין** לא יעיברון מזרזין עמכון NU 32:30
עלוייה עלוי ויקום ליה: **ואין** לא יפרוק ית חקלא ואין זבין LV 27:20
יתמחי שמיה מישראל: **ואין** לא יצבי גברא למיסב ית DT 25:7
אין יתובון ישתביק להון **ואין** לא יתובון לזמן יומין תוב GN 7:4
עידן לעידן יהי פורקניה: **ואין** לא יתפריק עד זמן מישלם ליה LV 25:30
בשקיין ואנת חמי ליה: **ואין** לא יתפרק באיליין שנייא LV 25:54
תשבוק לחוביהון שבוק **ואין** לא מחיני כדון מן ספר צדיקיא EX 32:32
בני ישראל בכל מטלניהון: **ואין** לא מסתלק ענן יקרא ולא EX 40:37
יתנסך ניסוך חמר עתיק **ואין** לא משכח חמר עתיק מייתי NU 28:7
ויוסיף חומש דמוי עלוי **ואין** לא מתפרק ויזדבן בדמי LV 27:27
ית אדמיה בניכסתא **ואין** לא מתקלקלא ניכסתיה LV 17:13
אתבא תתיבונון ליה: **ואין** לא קריבא דעתא דאחוך עמך DT 22:2
ברם בית דינא שרן ליה **ואין** לא שרו ליה ככל מה דיפוק NU 30:3
ליה ויתוב לאחסנתיה: **ואין** לא תארע ידיה הי כמיסת LV 25:28
עלוי כהנא מן חובתיה: **ואין** לא תארע ידיה כמיסת LV 5:7
דחב וישתביק ליה: **ואין** לא תארע ידיה כמיסת LV 5:11
עובדך ישתביק לך חובך **ואין** לא תייטיב עובדך בעלמא GN 4:7
דחמרא תיפרוק באימרא **ואין** לא תיפרוק ותינקפיה בקופיץ EX 34:20
יתכון בקומא זקיפא: **ואין** לא תיצבון למשמע לאולפן LV 26:14
וקשוט עם ריבוני תנו לי **ואין** לא תנו לי ואיפני על דרומא או GN 24:49
לכון לאחסנא קדם ייי: **ואין** לא תעבדון ית פיתגמא הדין NU 32:23
בחמרא תיפרוק באימרא **ואין** לא תפרוק תינקוף יתיה וכל EX 13:13
אתי לוותך לאתגיירא **ואין** לא תקביל יתי בגיני קביל בגין EX 18:6
עמכון ונהי לעמא חד: **ואין** לא תקבלון מיננא למיגזור GN 34:17
לידכר או לנוקבא: **ואין** לא תשכח ידה הי כמיסת LV 12:8
למסקי מיסין ויפלחונכון: **ואין** לא תשלים עימכון ותעביד DT 20:12
ועל שקייא דרהטו לה **ואין** לא תתובון לאורייתא לא DT 28:35
אבהתכון תתחסנון: **ואין** לא תתרכון ית כל יתבי ארעא NU 33:55
ייתון עלך ועל בנך **ואין** לווטן ילטטינך ייתון עלי ועל GN 27:13
ית אחסנתיה לאחי אבוי: **ואין** לית אחין לאבוי ותיתנון ית NU 27:11
אחסנתיה לאחוי מן אבוי: **ואין** לית אחין מן אבוי ותיתנון ית NU 27:10
למן דאתחייב ליה: **ואין** לית אית לגבר פריק לאתבא NU 5:8
ית אחסנתיה לברתיה: **ואין** לית ברתא ותיתנון ית NU 27:9
סגיעין ובכון לא ישלטון: **ואין** ליתיכון עסיקין במצוותא DT 15:7
הוא ויצלי עלך ותיחי **ואין** ליתך מתיב דע ארי מימת GN 20:7
דמני מרה רשותיה עלה: **ואין** לציד בריה זמין יתה כהילכת EX 21:9
עלוייה תלתין סילעין: **ואין** מבר חמש שנין ועד בר עשרין LV 27:5
ולנוקבא עשר סילעין: **ואין** מבר ירחא ועד בר חמש שנין LV 27:6
תלתא סילעין דכסף: **ואין** מבר שתין שנין ולעילא אין LV 27:7
עלך ברכתי ואיבריכינך: **ואין** מדבח אבנין תעביד לשמי לא EX 20:25
ויתן על מימר דיינייא: **ואין** מותא יהי בה ותדינון נפשא EX 21:23
ויכפר עלוי כהנא וידכי: **ואין** מיסכן הוא ולית ידיה מספקא LV 14:21
בביתא יצבע ית לבושוי: **ואין** מיעל ייעול כהנא וייחמי והא LV 14:48
ליממת בשתא ההיא: **ואין** מיפק יפוק קטולא כל אימת NU 35:26
זכי בה תוב לבטלותהון: **ואין** מישרא ישרי יתהון בעלה NU 30:13
ולא שרינון ביומא דשמע: **ואין** מישרא ישרי לה יומא חד בתר NU 30:16
ית שמא דקודשי: **ואין** מכבש יכבשון עמא בית LV 20:4
לחים קורבנה קדם ייי: **ואין** מן בני עיזא קורבניה ויקרביניה LV 3:12
עלוי עלוי ויהי דיליה: **ואין** מן חקיל אחסנתיה יקדש גבר LV 27:16
דמתקבל ברעוא קדם ייי: **ואין** מן עופא קורבניה קדם ייי LV 1:14
דמתקבל ברעוא קדם ייי: **ואין** מן ענא קרבניה לנכסת LV 3:6
עלה מישחא מנחתא היא: **ואין** מנחת מרתחא קרבנך סמידא LV 2:7
פטירין דמשיחין במשח: **ואין** מנחתא על מסריתא קרבנך LV 2:5
ארום מסאב הוא: **ואין** מסגיא תיסגי סגירותא LV 13:12
נוקבא עשר סילעין: **ואין** מסכן הוא ממיסת עילוייה LV 27:8
ית עמי ויפלחון קדמי: **ואין** מסרב אנת למפטור הא אנא EX 7:27
לא סגיא לה בשרותא **ואין** מפסא פיתגמא בעלה או איבה NU 30:16
ודביה מומא בשלים **ואין** מפרוג יפרג בעירא בבעירא LV 27:10
טב לביש ולא יפרגוניה **ואין** מפרוג יפריג יתיה ויהי הוא LV 27:33
קודשין הוא קדם ייי: **ואין** מפרוק יפרוק גבר ממעשריה LV 27:31
דיעלי כהנא היכדין יהי: **ואין** מפרוק יפרקיניה ויוסיף חומש LV 27:13
ומנכי ליה מן עלוייה: **ואין** מפרק יפרוק ית חקלא דין LV 27:19
רישיה קרוח הוא דכי הוא: **ואין** מקבל אנפוי ייתר שיער רישיה LV 13:41
ייעול בלחודוי יפוק **ואין** מרי אינתתא בת ישראל היא EX 21:3
ובעלה יבטילינון: **ואין** משתק ישתוק ומתכוין לה NU 30:15
מיניה עד צפרא: **ואין** נידרא או נסיבתא נכסת LV 7:16
לבונתא קורבנא קדם ייי: **ואין** ניכסת קודשיא קורבניה אין מן LV 3:1
על פלגות מדבחא **ואין** נפיל גרמא או גומרא דאשא EX 27:5
וחרספיתין על מושכיה **ואין** נתרון ואשתייר חד תחות DT 14:9
להון אימר לבית גניסתא **ואין** סגיאין ממניינא יסבון אימרא EX 12:3
על נפשה קום עלה: **ואין** עד דהיא בבית בעלה ולא NU 30:11
ויהי מסאב עד רמשא: **ואין** על משכבא הוא ברובא דגופיה LV 15:23
פורקניה מכסף זבינוי: **ואין** קליל לאשתוירון בשניא עד LV 25:52
רשו למיפטרה כל יומוי: **ואין** קשוט הוה פיתגמא הדין לא DT 22:20
יפטירניה חולף עיניה: **ואין** שינא דעבדיה כנענאי או שינא EX 21:27
ביה יהי מסאב עד רמשא: **ואין** שמשא ישמש גבר עימה ותהוי LV 15:24
הלבר מאה שנין יהי וולד **ואין** שרה הברת תשעין שנין תוליד: GN 17:17
לקיימותיה מקיימוניה **ואין** תאיב ומריד יאטלוניה כל DT 21:21
דאנפי ברא יקלח פירוי: **ואין** תהכון עימי בעראי ולא תצבון LV 26:21
ואוף מדמי עבדא ואמהו: **ואין** תור נגשן הוא מאיתמלי EX 21:29
תותביה דנפלא למושכיה **ואין** תיסב מצע ערסיה במה ישכוב EX 22:26
מצראי לא אישוינון עלך **ואין** תעברון על פיתגמי אורייתא EX 15:26
כל קרבנך תקריב מילחא: **ואין** תקרב מנחת ביכורין קדם ייי LV 2:14
או מן שיתיא או מן ערבא: **ואין** תתחמי תוב בלבושא או LV 13:57
כהנא ויסאיב יתיה: **ואם** בהקי חיוורתא כסידא היא LV 13:4
הוא ויצבע לבושוי וידכי: **ואם** הלוכי הליך פיסיונא דקלופי LV 13:7
מטול דמסאב הוא: **ואם** כד הוה קם ניתקא ושער אוכם LV 13:37
וילידן כל ענא קרוחין **ואם** כדין יימר מאן דשומא GN 31:8
ותיסב איתא לברי מתמן: **ואם** לית צבות איתתא למיתי GN 24:8
ניחות וניזבון לך עיבורא: **ואם** ליתך משדר לא ניחות ארום GN 43:5
דמתקבל ברעוא קדם ייי: **ואם** מן בני ענא קורבניה מן אימריא LV 1:10
עבדו גמירא הינון חייבין **ואם** עבדין תתובא הלא הינון GN 18:21
למעבד להון עולבנא **ואם** תיסב על ברתיי לית אינש GN 31:50

אינב (3)

חמישיתא תיכלון ית **אינביה** מטול דיוספון לכון מן LV 19:25
ובשתא רביעתא יהי כל **אינביה** קודשי תושבחן קדם ייי LV 19:24
דמיכלא ותגזרון גזרא ית **אינביה** תלת שנין יהי לכון מרחק LV 19:23

אינש (249)

ולא אישתייר להון **אינש** אילהין כלב בר יפונה ויהושע NU 26:65
בה בימּמא: ארום יסב **אינש** איתא בתולתא ויעול עלה DT 22:13
בטימרא דלא ידעו **אינש** בחבריה: ומשה הוה רעי ית EX 2:25
לציטריה ותמהו גוברייא **אינש** בחבריה: ונטל חולקין מעל GN 43:33
ולא תכפרון ולא תשקרון **אינש** בחבריה: עמי בני ישראל לא LV 19:11
מיליא עלוי ועל **אינש** בייתיה ויכוס ית תורא LV 16:11
ושמעו מצראי ושמע **אינש** בית פרעה: ואמר יוסף לאחוי GN 45:2
סבי ארעא דמצרים: וכל **אינש** ביתא דיוסף ואחוי ובית אבוי GN 50:8
בגין דיפקד ית בנוי וית **אינש** ביתיה בתרויי ויטרון ארחן GN 18:19
במצרים ובפרעה ובכל **אינש** ביתיה והוינא חמיין בעיננא: DT 6:22
מיליא עלוי ועל **אינש** ביתיה: ויסב ית תרין צפירין LV 16:6
מיפקיה ויכפר עלוי ועל **אינש** ביתיה ועל כל קהלא דישראל: LV 16:17
מכתשין רברבין וית **אינש** ביתיה על עיסק שרי איתת GN 12:17
עם יעקב גבר עם **אינש** ביתיה עלו: ראובן שמעון לוי EX 1:1
מן גבך ארום ריחמך וית **אינש** ביתך ארום טב ליה דמיתהני DT 15:16
ייי לנח עול אנת וכל **אינש** ביתך לתיבותא ארום יתך GN 7:1
פומה ובלעת יתהון וית **אינש** בתיהון וית כל אינשא דלקרח NU 16:32
ית פומה ובלעתנון וית **אינש** בתיהון וית כל בירייתא דהוון DT 11:6
ודברי ית אבוכון וית **אינש** בתיכון ואיתו לותי ואיתן GN 45:18
לדיינא ישראל קטולו **אינש** גבר שיבטיה דאדבקו בטעוות NU 25:5
יתרגם: וארום יפתח **אינש** גוב או ארום יחפס אינש גוב EX 21:33
אינש גוב או ארום יחפס **אינש** גוב בשוקא ולא יכסיניה ונפיל EX 21:33
בני ישראל ותימר להום **אינש** די יקרב מנכון ולא מן LV 1:2
להון אבוהון ובריך יתהון **אינש** הי כברכתיה בריך יתהון: GN 49:28
ואישצי ית כל גווית **אינש** ובעיר ארעא: ועבד נח ככל GN 7:4
מיתו: ושיצי ית כל גווית **אינש** ובעיר דעל אנפי ארעא GN 7:23
די עימנא לא שגא מיננא **אינש**: וקריבנא דורונא לשמא דייי NU 31:49
קוסמיהון היכדין: וטלקון **אינש** חוטריה והוו לחורמנין ומן יד EX 7:12
ויכרזון ליואי ויימרון לכל **אינש** ישראל בקלא רמא: שיתא DT 27:14
ית תחומך ולא יחמיד **אינש** ית ארעך בזמן מיסקך EX 34:24
עמהון בגו סאובתהון: וכל **אינש** לא יהי במשכן זימנא בזמן LV 16:17
ואינש לא יסק עמך ואוף **אינש** לא יתחמי בכל טוורא אוף EX 34:3
והוון תמהין ואמרין **אינש** לחבריה מאן הוא ארום לא EX 16:15
לישנהום דלא ישמעון **אינש** לישן חבריה: ואיתגליאת GN 11:7
ואם תיסב על ברתיי לית **אינש** למידן יתן חמי מימרא דייי GN 31:50
עד ארבע שעין דיומא **אינש** לפום מיכליה ומן ארבע שעין EX 16:21
בפינקסי חושבניה ולית **אינש** מאינשי ביתא תמן בביתא: GN 39:11

גרמידי ולא יפוק **אינש** מאתריה לטיילא לבר מתרין EX 16:29
גבר ית אחוי ולא קמון **אינש** מאתריה תלתא יומין ובכל EX 10:23
קיברנא קבר ית מיתך **אינש** מיננא ית קבורתיה לא ימנע GN 23:6
קודמוי ואמר הנפיקו כל **אינש** מן קדמיי ולא קם אינש GN 45:1
פחרא ואתון לא תפקון **אינש** מן תרע ביתיה עד צפרא: EX 12:22
לוט ממדינחא ואתפרשו **אינש** מעל אחוי: אברם יתיב בארעא GN 13:11
אינש מן קדמיי ולא קם **אינש** עימיה כד אישתמודע יוסף GN 45:1
כל שמיא לא יתעתד **אינש** קומיכון עד דיתשיצי יתהון: DT 7:24
בכל מסאב בסואבות **אינשא** או בבעירא מסאבא או בכל LV 7:21
ית ארעא בגין חובי בני **אינשא** ארום יצרא דליבא דאינשא GN 8:21
וחמון בני רברביא ית בנת **אינשא** ארום שפירן הינון וכסלן GN 6:2
בליביה דילמא יקטלונני **אינשא** אתרא על עיסק רבקה ארום GN 26:7
במימריה ארום עבד ית **אינשא** בארעא ואידיין עליהון GN 6:6
ייי ארום סגיאת בישת **אינשא** בארעא וכל יצרא דמחשבת GN 6:5
ואמר ייי אבטיל ית **אינשא** דבריתי מעל אנפי ארעא GN 6:7
וית אינש בתיהון וית כל **אינשא** דלקרח וית כל ניכסיא: NU 16:32
לאברם הב לי נפשת **אינשא** דעימי דאתובתא וקניינא GN 14:21
כל דייכול חמיע וישתיצי **אינשא** ההוא מישראל מיומא EX 12:15
בדיוקנא אלקים עבד ית **אינשא**: ואתון פושו וסגו אתילדו GN 9:6
כען קדמך בין בני **אינשא** ובין בני בעירא: בליעות כף GN 3:18
וית כל דילך בחקלא כל **אינשא** ובעירא דאשתכח בחקלא EX 9:19
דלטא ייי בגין חובי בני **אינשא**: וחיא למך בתר דאולד ית נח GN 5:29
דיניי דאין יעבד יתהון **אינשא** וייחי בהון בחיי עלמא LV 18:5
בני רברביא לות בנת **אינשא** וילידן להון והינון מתקריין GN 6:4
אפיי ארום לא יחמינני **אינשא** ויתקיים: ואמר ייי הא אתר EX 33:20
בכל ארעא דמצרים על **אינשא** ועל בעירא ועל כל עיסבא EX 9:22
ארעא דמצרים ויהי על **אינשא** ועל בעירא לשחין סגי EX 9:9
איליין וסכמות כל **אינשא** יסתכם עליהון לא ייי שדרני: NU 16:29
ישלמינה ומן דיקטול **אינשא** יתקטיל: דינא חדא יהי לכון LV 24:21
כל אפרשא דיתפרש מן **אינשא** לא יתפרק בכספא אלהין LV 27:29
ביה אין בעירא אין **אינשא** לא יתקיים ברם במיגד קל EX 19:13
על חדא מכל דיעביד **אינשא** לאתחייב בהון: ויהי אין LV 5:22
לאיטבא לכל גוון דיפרש **אינשא** לדהווה ולדעתיד למיתי LV 5:4
או ארום יקרב בסואבות **אינשא** לכל סובתיה דמסתאב בה LV 5:3
די יעבדון מכל חובי **אינשא** למשקרא שקר קדם ייי NU 5:6
שיתין וחד אלפין: ונפשת **אינשא** מן נשיא דלא ידעו תשמיש NU 31:35
ואמר לא אשכחתא ואוף **אינשי** אתרא אמרו לא הות הכא GN 38:22
לותה: וכנש לבן ית כל **אינשי** אתרא ועבד להון שירו עני GN 29:22
ולא אשכחא: ושאיל ית **אינשי** אתרא למימר האן מטעיתא GN 38:21
ויתיב יצחק בגרר: ושאילו **אינשי** אתרא על אינתתיה ואמר GN 26:7
ואנא זקיק לפרנסא **אינשי** בייתי: ואמר מה איתן לך GN 30:30
לביתא: ואין זעירין **אינשי** ביתא ממניין עשרא כמיסת EX 12:4
וישמעאל בריה: וכל **אינשי** ביתיה מריביייני ביתא וזביני GN 17:27
תועיבתא האיליין עבדו **אינשי** דקדמיכון ואסתאבת ארעא: LV 18:27
סביכון וסרכיכון כל **אינשי** ישראל: טפליכון ונשיכון DT 29:9
גבר לפום סכום **אינשי** משכניה תסבון: ועבדו כן בני EX 16:16
ואינשין רשיעין דבקרתא **אינשי** סדום אחזרו על ביתא GN 19:4
בית אבוהא ויאטלונה **אינשי** קרתא באבניא ותמות ארום DT 22:21
ומריד יאטלוניה כל **אינשי** קרתיה באבניא וימות DT 21:21
מתקריין גיברין דמעלמא **אינשי** שמהן: וחמא ייי ארום סגיאת GN 6:4
קרתיהון ומלילו עם **אינשי** תרע קרתיהון למימר: GN 34:20
בסהדות ולא בחובי אבהן **איש** בחובי על סהדין כשרין DT 24:16
חדא אבטל מספר ייחוס **אנוש** דוכרנהון: אילולפון רוגזא DT 32:26
זביני כספיה כל דכורא **באינשא** ביתא דאברהם וגזר ית GN 17:23
ריחשא דיסתאב ליה או **באינשא** דמית דיסתאב ליה ולכל LV 22:5
שינא היכמא דיתן מומא **באינשא** היכדין יתיהב ביה: ומן LV 24:20
כל בוכרא בבני ישראל **באינשא** ובבעירא ביומא דקטלית NU 8:17
כל וולדא בבני ישראל **באינשא** ובבעירא דילי הוא: ואמר EX 13:2
עדיתא וית כל דברתא **באינשא** ובבעירא: ואייתיאו לות NU 31:11
והות מחת קלמי שלטא **באינשא** ובבעירא: ואמרו איסטגניני EX 8:14
והוה שחין שלבוקיין סגי **באינשא** ובבעירא: ולא יכילו EX 9:10
מינה קדם ייי כדינא **באינשא** כן דינא בבעירא למהוי NU 18:15
ייי עם משה למימר: **ברנש** ארום יהי במשך בישריה LV 13:2
תינקוף יתיה וכל בוכרא **דאינשא** בברך ולא בעבדך תיפרוק EX 13:13
מפרק תיפרוק ית בוכרא **דאינשא** בחמשא סילעין וית בוכרא NU 18:15
ארום יצרא דליבא **דאינשא** ביש מטליותיה ולא אוסיף GN 8:21
דאינשא: דישוד דמא **דאינשא** בסהדין דיינייא מחייבין GN 9:6
דאחוי אתבוע ית נפשא **דאינשא**: דישוד דמא דאינשא GN 9:5
מחת קלמי בבישרא **דאינשא** ודבעירא כל עפרא דארעא EX 8:13
דמצרים מן בוכרא **דאינשא** ועד בוכרא דבעירא בגין כן EX 13:15
כשערתא או בגרמא **דאינשא** חייא דפרש מיניה או NU 19:16
קדמי לדריכון: על בישרא **דאינשא** לא יתמרק ובדמוייה לא EX 30:32
לאיתקטלא עליה ומידא **דאינשא** מיד גבר דישוד ית דמא GN 9:5
על עינא דמיא ובנתהון **דאינשי** קרתא נפקו למימלי מוי: GN 24:13

וימחוונני ואישתיצי אנא **ואינש** ביתי: עניין שמעון ולוי לא GN 34:30
דילמא תיתמסכן אנת **ואינש** ביתך וכל דילך: והא עיניכון GN 45:11
כהניא בכל אתר אתון **ואינש** בתיכון ארום אגרא הוא לכון NU 18:31
באתרא דיתרעי ייי אתון **ואינש** בתיכון: וארום יהי ביה מומא DT 15:20
ייי אלקכון ותחדון אתון **ואינש** בתיכון: וליואה דבקירויכון DT 14:26
ליה לזכו פסיל יהא **ואינש** די יכול מיניה חוביה יקבל: LV 7:17
ית אחוי וגבר ית חבריה **ואינש** ית קריביה: ועבדו בני לוי הי EX 32:27
ייי אלקים על ארעא **ואינש** לא אית למיפלח ית אדמתא: GN 2:5
קדמי תמן על ריש טוורא: **ואינש** לא יסק עמך ואוף אינש לא EX 34:3
ופרס למשכניה עד סדם: **ואינשין** דסדום בישין בממונהון דין GN 13:13
תפרישיניה קדמיי: **ואינשין** קדישין טעמין חולין EX 22:30
אכלין: עד דלא שכיבו **ואינשין** רשיעין דבקרתא אינשי GN 19:4
טבתא דיהב לך ייי אלקך **ולאינש** בתיכון ותהנון ותיכלון DT 26:11
עשו אחוך: ואמר יעקב **לאינשי** בייתיה ולכל דעימיה עטרון GN 35:2
דביעתא בדרגשא וקרת **לאינשי** ביתא ואמרת חמון שכבת GN 39:14
כלבא בלישניה למנבח **למאינשא** ועד בעירא מן בגלל EX 11:7
טוורא למימר כדנא תימר **לנשייא** דבית יעקב ותתני לבית EX 19:3
קדם ייי מן כל דאית ליה **מאינשא** ובעירא ומחקיל אחסנתיה LV 27:28
קדמי כל בוכרא בישראל **מאינשא** ועד בעירא דילי יהון אנא NU 3:13
בוכרא בארעא דמצרים **מאינשא** ועד בעירא ובכל טעות EX 12:12
דמצרים ית כל דבחקלא **מאינשא** ועד בעירא וית כל עיסבא EX 9:25
דבריתי מעל אנפי ארעא **מאינשא** עד בעירא עד ריחשא ועד GN 6:7
ובעיר דעל אנפי ארעא **מאינשא** עד בעירא עד ריחשא ועד GN 7:23
חושבניה ולית אינש **מאינשי** ביתא תמן בביתא: GN 39:11
ולא יהוי בתר דנא בר **נש** או איתא או גניסא או שיבטא DT 29:17
ודיקרב בכל סואבת בר **נש** או גבר דתיפוק מיניה שכבת LV 22:4
לא תקוצון ארום לא כבר **נש** אילן דאנפי ברא למטמרא DT 20:19
ריבון כל עלמיא ייי דבר **נש** אמר ומכדב ואוף לא דמיין NU 23:19
ית מכתשא דכי הוא: ובר **נש** ארום יהי ביה במשכיה שיחנא LV 13:18
היא וידכיניה כהנא: או בר **נש** ארום יהי במשכיה כואה דנור LV 13:24
ולא אידכי ויתחייב: או בר **נש** ארום יומי לפרשא בשיפוון LV 5:4
עם בני ישראל למימר בר **נש** ארום יחוב בשלו מכל פיקודיא LV 4:2
וישתביק ליה: ואין בר **נש** ארום יחוב ויעבד חדא מכל LV 5:17
דחב וישתביק ליה: ובר **נש** ארום יחוב וישמע קל אומאה LV 5:1
ייי עם משה למימר: בר **נש** ארום יחוב וישקר שיקרין לשום LV 5:21
ברעוא קדם ייי: ובר **נש** ארום יקרב קרבן מנחתא קדם LV 2:1
בר נשא ההוא מעמיה: ובר **נש** ארום יקריב בכל מסאב LV 7:21
ייי עם משה למימר: בר **נש** ארום ישקר שקר ויחוב בשלו LV 5:15
תחומכון: לא יתעתד בר **נש** באפיכון דחלתכון ואימתכון יתן DT 11:25
לתמן כל דיקטול בר **נש** בשלו: ואין במנא דפרזלא NU 35:15
לתמן קטולא דיקטול בר **נש** בשלו: ויהון לכון קירווייא NU 35:11
מחבל: ארום ישתכח בר **נש** גניב נפש מאחוי מבני ישראל DT 24:7
מינך לא אהי מתיל כבר **נש** דהוה ליה ביר יחידאי ואשתבי DT 32:50
ועל כל מניא ועל בני **נש** דהוו תמן ועל דמקרב בגרמא NU 19:18
טעוות פעור ארום כל בר **נש** דטעא בתר טעוות פעור שיצייה DT 4:3
יכול בשר קודשא: ובר **נש** די יכול בישרא מניכסת קודשיא LV 7:20
ייי אלקכון: ארום כל בר **נש** די יכול לציימא ולא יצום בכרן LV 23:29
יחווי יקביל חוביה: או בר **נש** די יקרב בכל מידעם דמסאב או LV 5:2
דייכלינֵיה ישתיצי: וכל בר **נש** דייכול בישרא דמטלק בקילקול LV 17:15
ית תרבא מעמיה:: כל בר **נש** דייכול כל אדם מן כל דחי LV 7:27
נוכראה מגו עמהון: ובר **נש** דיסטי בתר שאלי בידין ומסקי LV 20:6
ולמן דיעבד בשלו: ובר **נש** דיעבד בזדנא מן יציביא או מן NU 15:30
במותנא מגו עמיה: וכל בר **נש** דיעבד כל עיבידא ביכרן יומא LV 23:30
בהיסיטא יהי מסאב ובר **נש** דכי דיקרב ביה יהי מסאב עד NU 19:22
ארום יהי מסאב לטמי בר **נש** דמית או דייב או סגיר דמרחק NU 9:10
וכדנא תימר להון על בר **נש** דמית לא יסתאב בעמיה: אלהין LV 21:1
בשעת אניקי: ולות כל בר **נש** דמית לא יעול לאבוי ולאימיה LV 21:11
דיפרש לשמא דייי על בר **נש** דמית לא יעול: לאבוי ולאימיה NU 6:6
מסאבין לטמא נפש בר **נש** דמית עליהון בתכוף דפוקדניה NU 9:6
אנחנא אסתאבנא לבר **נש** דמית עלנא למא כען נתמנע NU 9:7
ארום ממליל ייי עם בר **נש** דרוח קודשא ביה ומתקיים: DT 5:24
שקר קדם ייי ויתחייב בר **נש** ההוא: ויודון ית חוביהון דעבדו NU 5:6
ונקט רוחצניא דבר **נש** ואמר לרב מזוגיא אלהן GN 40:14
סגירו ארום יהי בבר **נש** ויתיתי לות כהנא: ויחמי כהנא LV 13:9
דייי דשליט בנשמת בר **נש** ומיניה מתיהב רוח נשמתא לכל NU 27:16
תהייא ובהיא צריא מבני **נש** וריקנייא מן כל בעיר וחשוכא GN 1:2
בכפלא תרין עומרין לבר **נש** חד ואתו כל רברבני כנישתא EX 16:22
וישתביק ליה: ואין בר **נש** חד יחוב בשלו מן עמא דארעא LV 4:27
ומתכביש ולא חכים בר **נש** ית קבורתיה עד זמן יומא הדין: DT 34:6
ולכל סובתיה בחייוי: בר **נש** כהין דיקרב ביה יהי מסאב עד LV 22:6
סהדין שיקרין בבר **נש** לאסהדא ביה סטיא: ויקומון DT 19:16
ריפתא איתבע ההוא בר **נש** לבי דינא קמי מלכא ואתקנס DT 32:50
וסהיד חד לא יסהד בבר **נש** לממת: לא תקבלון פורקן NU 35:30
דלית אפשר לבר **נש** למפלוח בבוכרא דתוריה הכדין DT 33:17

שוחדא למקטל בר **נש** למשדי אדם זכאי הוון עניין DT 27:25
באימרא: ופרקוניה דבר **נש** מבר ירחא תיפרוק בסכום NU 18:16
בריה דצפור: לא כמילי בר **נש** מימר אלוק חי וקיים ריבון כל NU 23:19
שמיטתא אשמיטו כל בר **נש** מרי מוזפתא דיזוף בחבריה לית DT 15:2
וכהנא ארום יקני בר **נש** נוכראה קניין כספיה הוא ייכול LV 22:11
פורקן לשיזבא בר **נש** קטולא דהוא חייב לימומת ארום NU 35:31
בך ואמסור יתך ביד בני **נשא** איליין דהוו תבעין ית נפשך EX 10:28
דכל חיתא דקטלא לבר **נשא** איתבועיניה לאיתקטלא עליה GN 9:5
אכלתיה ולא על יד בני **נשא** איתקטל אלא חמי אנא ברוח GN 37:33
דאברהם הוון בני **נשא** אמרין בקושטא אברהם אוליד GN 25:19
לחמא בלחודוי חיי בר **נשא** ארום על כל מה דאתברי על DT 8:3
ולא מן חרשיותא דבני **נשא** בגין דתינדע ארום לית דדמי EX 9:14
מכתבין ולישנין לבני **נשא** בדרא דפלגותא בי היא זימנא DT 32:8
ויכפר כהנא על בר **נשא** דאשתלי כד סרח בשלו קדם NU 15:28
בר נשא מסאבא לבין בר **נשא** דכיא דא תהוי גזירת אחויית LV 14:57
דאיתברייו בגווני בני **נשא** דכר ונוקבא ועיינין פתיחן EX 14:2
בדעתיה לחדא מן כל בני **נשא** דעל אנפי ארעא ולא חש NU 12:3
יומא הדין ואוביד ית בר **נשא** ההוא במותנא מגו עמיה: כל LV 23:30
עלוי וישתיצי בר **נשא** ההוא במותנא מן קדמי LV 22:3
בעלמא הדין ישתצי בר **נשא** ההוא בעלמא דאתי דעתיד NU 15:31
פנייתא למעסוק בבר **נשא** ההוא די יכול כל אדמא ואשצי LV 17:10
קדם ייי וישתיצי בר **נשא** ההוא דייכול ית תרבא מעמיה:: LV 7:25
פניתא למעסוק בבר **נשא** ההוא ואישצי יתיה במותנא LV 20:6
רוגזא דייי וחימתיה בבר **נשא** ההוא ותחול ביה כל פיתגמי DT 29:19
ייי הוא מרגיז וישתיצי בר **נשא** ההוא מגו עמיה: ארום על NU 15:30
דייי אפיס וישתיצי בר **נשא** ההוא מגו עמיה: ובזמן LV 19:8
זכאיי אשד וישתצי בר **נשא** ההוא מגו עמיה: מן בגלל דיתון LV 17:4
ולא ידי עלוי וישתיצי בר **נשא** ההוא מיגו קהלא ארום ית NU 19:20
דייי סאיב וישתיצי בר **נשא** ההוא מישראל ארום מוי NU 19:13
מחמעא וישתיצי בר **נשא** ההוא מכנישתא דישראל EX 12:19
ליה מן דיגזר וישתצי בר **נשא** ההוא מעמי ית קימי אשני: GN 17:14
פיסחא דניסן וישתיצי בר **נשא** ההוא מעמיה ארום קורבנא NU 9:13
עלוי וישתיצי בר **נשא** ההוא מעמיה: ובר נש ארום LV 7:20
קדם ייי וישתיצי בר **נשא** ההוא מעמיה: וגבר טלי וגבר LV 17:9
קדם ייי וישתיצי בר **נשא** ההוא מעמיה: ומליל ייי עם LV 7:21
מן כל דחי וישתיצי בר **נשא** ההוא מעמיה: ומליל ייי עם LV 7:27
בה עיבידתא וישתיצי בר **נשא** ההוא מעמיה: שיתא יומין EX 31:14
קרתא ומוגדלא דבנו בני **נשא:** ואמר ייי הא עמא חד ולישן GN 11:5
דיקרב בישכיבא לכל בר **נשא** ואפילו לוולדא בר ירחין NU 19:11
יומין כל דקטיל בר **נשא** וכל דיקרב בקטילא תדון עלוי NU 31:19
מתגריא בניכסיהון דבני **נשא** ולמיסב יתהון ועתירי נכסין EX 20:17
חמא ייי והא לא תהו בני **נשא** ומוי דטובענא הוו נחתין GN 7:10
רוח נשמתא בגופי בני **נשא** ומיניה מתיהבא רוחא לכל NU 16:22
חד מן חמשין מן בנת **נשא** ומן בעירא ויהב יתהון לליוואי NU 31:47
מן חמשין מן בת **נשא** ומן תורי ומן חמרי ומן כל NU 31:30
היא הות אימא דכל בני **נשא:** ועבד ייי אלקים לאדם GN 3:20
היך אנת מדבר עם בני **נשא** זכאין מטי להון הי כחייבין EX 33:13
אירע בשלותא: ואין בר **נשא** חד יחוב בשלו ויקרב גדיתא NU 15:27
יהוי מדמי לערוד בבני **נשא** ידויי יתפרעון מבעלי דבבוי GN 16:12
דמייתין בה כל בני **נשא** ימותון איליין וסכמות כל NU 16:29
סנדלא: ארום מתגריין בני **נשא** כחדא גבר וחבריה ותיתקרב DT 25:11
דרחיש על ארעא וכל בני **נשא:** כל דנשמת רוחא דחיין באנפוי GN 7:21
אמרת איתון חמון כל בני **נשא** כל טבוון דעבדית לעמא NU 21:6
על מימרא דייי חיי בר **נשא:** כסותכון לא בלת מעילוי DT 8:3
מתגריא בניכסיהון דבני **נשא** למסב יתהון וגלותא אתיא על DT 5:21
והוה ארום שריאו בני **נשא** למסגי על אנפי ארעא ובנתא GN 6:1
יקטיל כל נפשתיה דבר **נשא** מבני ישראל יתקטלא יתקטל LV 24:17
די נפקו לחילא חדא בת **נשא** מחמש מאה הכדין מן תורי NU 31:28
עובד אידיהון דבני **נשא** מן קיסא ואבנא דלא חמיין DT 4:28
ישראל אזדהרון דכל בר **נשא** מנכון לא ייכול אדמא LV 17:12
לבין יומא נהירא ובין בר **נשא** מסאבא לבין בר נשא דכיא דא LV 14:57
מותבניכון: כל דיקטול בר **נשא** על מימר סהדין דחמיין NU 35:30
מה דמתגניב ביממא מבני **נשא** עלי הוה לאשלמא ומה דהוה GN 31:39
אלפין וחמש מאה: ובנת **נשא** שתסר אלפין: ונסיב משה NU 31:46

איסדא (3)

ארבעתי אבניא דשוי **איסדוי** אשכח יתהון בצפרא GN 28:10
ונסיב ית אבנא מן דשוי **איסדוי** ושוי יתה קמה ואריק GN 28:18
מאבני אתר קדיש ושוי **איסדוי** ושכיב באתרא ההוא: וחלם GN 28:11

איסטגן (1)

ארום הוה מחת שיחנא **באיסטיגנינייא** ובכל מצראי: ותקיף EX 9:11

איסטגנין (5)

באינשא ובבעירא: ואמרו **איסטגניני** פרעה ולא מן כח גבורת EX 8:15
דמצרים: ועבדו היכדין **איסטיגניניא** חרשיותא בלחשיהון EX 8:14
ובבעירא: ולא יכילו **איסטיגנינייא** למיקם קדם משה מן EX 9:11
דמצרים: ועבדו היכדין **איצטיגנוני** מצרים בלחשיהון EX 7:22
בנהרא: ועבדו היכדין **אסטגניניא** בלחשיהון ואסיקו ית EX 8:3

איסרא (1)

אימר פיסחא: ותיסבון **איסרת** איזובא ותטמשון בדמא EX 12:22

איסרטא (7)

שמשא וסיהרא ומתמן **איסרטוון** דנהורי ותמן גניזי EX 40:4
ית מלאכא דייי מעתד **באיסרטא** וחרביה שליפא בידיה NU 22:23
ית מלאכא דייי מעתד **באיסרטא** וסייפיה שליפא בידיה NU 22:31
ואתעתד מלאכא דייי **באיסרטא** למישטן ליה והוא רכיב NU 22:22
ואמרו ליה בני ישראל **באיסרטיא** דמלכא ניזיל אין מייך NU 20:19
שרכפא דציפר דכי קדמך **באסרטא** בכל אילן או על ארעא DT 22:6
ית אתנא למכוונא יתה **לאיסרטא:** וקם מלאכא דייי NU 22:23

איפרכא (4)

ותובל ומשך ותירס ושום **אפרכיותהום** אפריקי וגרמניא GN 10:2
ורעמא וסבתכא ושום **אפרכיותהום** סיניראי והינדיקי GN 10:7
ומצרים ופוט וכנען ושום **אפרכיותהום** ערביא ומצרים GN 10:6
ומכנש מלכין קטרי תגין **ואיפרכין** לבשי שיריונין וכל עממיא NU 11:26

איקון (20)

חכים ארום אשתבהר זיו **איקונין** דאנפוי דהוה ליה מן זיו EX 34:29
משה והא אשתבהר זיו **איקונין** דאנפוי ודחילון מן לקרבא EX 34:30
דמשה ארום אשתבהר זיו **איקונין** דאנפי משה ותאיב משה ית EX 34:35
לך ולמה איתכבישו **איקונין** דאנפך: הלא אם תייטיב GN 4:6
לקין לחדא ואיתכבישו **איקונין** דאפוהי: ואמר ייי לקין למה GN 4:5
למללא עמהון ויהב על **איקונין** דבית אנפוי סודרא: וכד EX 34:33
מעדי ית סודרא דעל **איקונין** דבית אנפוי עד מיפקיה EX 34:34
ית יוסף מכל בנוי ארום **איקונין** דיוסף דמיין לאיקונין GN 37:3
אברהם ומן בגלל דהוה **איקונין** דיצחק מדמיין לאיקונין GN 25:19
וחמיין בני ישראל ית **איקונין** דמשה ארום אשתבהר זיו EX 34:35
ליום דינא רבא ארום **בדיוקנא** אלקים עבד ית אינשא: GN 9:6
ביומא דברא ייי אדם **בדיוקנא** דייי עבידתיה: דכר ונוקבא GN 5:1
וברא אלקים ית אדם **בדיוקניה** בצילמא אלקים ברא GN 1:27
איתון חמון יעקב חסידא **דאיקונין** דיליה קביעא בכורסי GN 28:12
חובוי גרמו ליה ומן בגלל **דבדיוקנא** דייי אתעבד תקברוניה DT 21:23
ברם סטיו חקיק בציורין **ודיוקנין** תשוון בארעית מקדשיכון LV 26:1
נעבד אדם בצילמנא **כדייוקננא** וישלטון בנוני ימא GN 1:26
שנין ואולד ית שת דדמי **לאיקוניה** ולדמותיה ארום מן GN 5:3
איקונין דיצחק מדמיין **לאיקונין** דאברהם הוון בני נשא GN 25:19
איקונין דיוסף דמיין **לאיקונין** דיליה ועבד ליה פרגוד GN 37:3

אירס (2)

חווייא קלן מליין **אירס** דקטול וסוברך ייי אלקך DT 1:31
משלח חדא לשב שנין **ואיריסא** דמותא בפמך ועפרא GN 3:14

אית (85)

הוה מסתפי דילמא **אית** בבנוי פסולא קרא יתהון DT 6:4
הוא מידבר ומסב אפין **אית** בדינא מן בגלל מה אתקבל GN 4:8
יתגנבון: אזדהרון דילמא **אית** בכון השתא ולא יהוי בתר דנא DT 29:17
עממייא האינון דילמא **אית** בכון טעו דשריש דליביה DT 29:17
יתהון ושיילינון דילמא **אית** בליבהון עקמנותא אתיבו DT 6:4
לחדא: אין רעוא דייי **אית** בנא ואעיל יתנא לארעא הדא NU 14:8
לבית בעיר היא ולעבדך **אית** בעיר: ואמרו אין אשכחנא NU 32:4
דאת הוא אלקא ולא **אית** בר מינך דשכינתך שריא DT 3:24
פרעה למימר בר מיני לא **אית** גבר דפשר חילמין ברם מן קדם GN 41:16
ואמרית להון למאן **אית** דהב פריקו ויהבו לי וטלקתיה EX 32:24
עני הבל ואמר לקין **אית** דין ואית דיין ואית עלם אחרן GN 4:8
נטר מצוותא פקידתיה **אית** הוא חי וקיים כאילן חייא עד GN 3:22
שלופי חרבא ורדיף לא **אית** ולא תהי לכון תייקא למקום LV 26:37
ויקטליניה נפש וליה לא **אית** חובת דין דקטול ארום לא סני DT 19:6
זכאי עם חייב: מאים **אית** חמשין זכאין בגו קרתא דיצלון GN 18:24
מדמכיה ואמר בקושטא **אית** יקר שכינתא דייי שרי באתרא GN 28:16
דאתחייב ליה: ואין לית **אית** לגבר פריק לאתבא חובתא NU 5:8
בעלמא הדין אולפן סגי **אית** לה לעלמא דאתי לצדיקיא NU 12:16
ובפריזאי דעד כדון **אית** להום רשותא בארעא והוו GN 13:7
תחום בני עמון ועד כדון **אית** להון ארכא: ונסב ישראל ית כל NU 21:24
למיתן לי ברם מה הנייה **אית** לי דאנא עביר מן עלמא דלא GN 15:2
האילין מיני היכדין **אית** לי יוכלא לתרכותהון: לא DT 7:17
בעיני ריבוני: ואמר עשו **אית** לי ניכסין סגיאין אחי יתקיים GN 33:9
מן קדם ייי וארום **אית** לי ניכסין סגיאין ודחק ביה GN 33:11
אחוי תבאשון: הא כדון **אית** לי תרתין בנן דלא שמישו עם GN 19:8
אחוך ובתר מותיה אין **אית** ליה בנין עריית דאחוך היא: LV 18:16
רושם דקן וההיא שעתא **אית** ליה: ודכיר יוסף ית חילמייא GN 42:8
גובריא ללוט תוב מאן **אית** לך בקרתא קריב או אחא הכא GN 19:12
לעשרא כל דילך והא **אית** לך תריסר בנין וברתא חדא GN 32:25
לחוואה לגברא דעד כדון **אית** לכון אחא: ואמרו מישאל GN 43:6
על ארעא ואינש לא **אית** למיפלח ית אדמתא: וענן יקרא GN 2:5
תקוף סגי תקיפתא ועלך **אית** למיתקוף דאנת עתיד למחסן GN 38:29

או אחא: ואמרנא לריבוני **אית** לן אבא סבא ובר סיבתין קליל GN 44:20
ייי עם משה למימר: עדאן **אית** לן זכותא דתידכר לן סידרי LV 22:27
פירי אילן גינוניתא **אית** לן רשו למיכל: ומפירי אילנא GN 3:2
ליה האיפשר דעד כדון **אית** לנא חולק ואחסנא בבית GN 31:14
יהי עימיה: אין עד כדון **אית** סגוי בשנייא לפום סכומהון LV 25:51
ארום שקרת בי אילו **אית** סיפא בידי ארום כדון קטלתיך: NU 22:29
אסכלתא מה דעבדת: **אית** ספיקא בידי למעבד עימכון GN 31:29
ואמר הא שמעית ארום **אית** עיבורא מזדבן למצרים חותו GN 42:2
סגין יהבת לי וסגין **אית** קדמך למיתן לי ברם מה הנייה GN 15:2
שער חיוור ומכיכא לא **איתה** למחוור יתיר מן משכא מטול LV 13:26
דריבוני לברי: וכדון אין **איתיכון** עבדין טיבו וקשוט עם GN 24:49
דריבוני אברהם אין **איתך** כדון מצלח אורחי דאנא אזיל GN 24:42
אחוכון זעירא עימכון: אין **איתך** משדר ית אחונא עימנא GN 43:4
כעפרא דארעא דהיכמא **דאית** איפשר לגבר למימני ית GN 13:16
עלוי אנא ייי: והוא איתא **דאית** בה בתולהא יסב: ארמלא LV 21:13
קדמוי ארעא וכל **דאית** בה: לחוד באבהתכון צבא ייי DT 10:14
דגשן ואין חכימת **דאית** בהום גוברין דחילא ותמנינון GN 47:6
וית ימא וית כל מא **דאית** בהון ונח ביומא שביעאה בגין EX 20:11
לא תסייפון אומנא חדא **דאית** בחקלך בחצדך ולקטא LV 23:22
לא תסייפון אומנא חדא **דאית** בחקלך למחצוד ולקטא LV 19:9
איתון חמון תרין יחידאין **דאית** בעלמא חד נכיס וחד מתנכיס GN 22:10
ולא תיקרבון בכל מה **דאית** להון דילמא תילקון בכל NU 16:26
ולא חמריה ולא כל מאן **דאית** לחבריה ארום בחובי חמודיא DT 5:21
לחמריה ולא לכל מאן **דאית** לחבריה ארום בחוביא EX 20:17
לאבא ית כל איקר **דאית** לי במצרים וית כל רבותי GN 45:13
ארום הי דא אומא רבא **דאית** ליה אלקא קריב לוותיה DT 4:7
בירכתא דייי בכל מה **דאית** ליה בביתא ובחקלא: ושבק GN 39:5
ובחקלא: ושבק כל **דאית** ליה בידא דיוסף ולא ידע GN 39:6
על בייתיה ועל כל **דאית** ליה ובריך ייי ית בית מצראי GN 39:5
לכון: כל ציפר דכי דלית **דאית** ליה זפק וקורקבניה קליף DT 14:11
יפרש גבר קדם ייי מן כל **דאית** ליה מאינשא ובעירא ומחקיל LV 27:28
מדעם מה בביתא וכל **דאית** ליה מסר בידי: ליתיה רב GN 39:8
על בייתיה וכל **דאית** ליה מסר בידיה: והוה מעידן GN 39:4
וחור עימכון מן מאן **דאית** ליה עסק דינא יתקרב EX 24:14
דמהלך על ארבע כל **דאית** ליה קרסולין מלעיל לריגלוי LV 11:21
אחי יתקיים לך מאן **דאית** לך: ואמר יעקב לא תימא כן GN 33:9
ואמר ייי למשה האיפשר **דאית** קדם ייי מחסור כדון תחמי NU 11:23
לבלחודיי לרגל עיבידתא **דאית** קדמיי ולרגל אולפן טלייא GN 33:14
הינון פירייה אין פתרנין **האית** בה אילנין דמיכל אין לא NU 13:20
ברת מאן את תני כדון לי **האית** בית אבויך אתר כשר לנא GN 24:23
שאיל ית עבדוי למימר **האית** לכון אבא או אחא: ואמרנא GN 44:19
העד כדון אבוכון קיים **האית** לכון אחא ותנינא ליה על GN 43:7
אלקכון יתכון למינדוע **האיתיכון** רחמין ית ייי אלקכון בכל DT 13:4
הבל ואמר לקין אית דין **ואית** דיין ואית עלם אחרן ואית GN 4:8
מימרא דייי ולא נטלין: **ואית** זמן דהוי ענן יקרא יומין NU 9:20
פום מימרא דייי נטלין: **ואית** זמן דהוי ענן יקרא מן רמשא NU 9:21
ליה זפק וקורקבניה קליף **ואית** ליה ציבעא יתירא ולא דריס DT 14:11
דיין ואית עלם אחרן **ואית** למיתן אגר טב לצדיקיא ואית GN 4:8
למיתן אגר טב לצדיקיא **ואית** למיתפרעא מן רשיעיא ועל GN 4:8
לקין אית דין ואית דיין **ואית** עלם אחרן ואית למיתן אגר GN 4:8
ומטילפן טילפין פרסתא **ודאית** לה קרנין מסקא פישרא LV 11:3
דייי אלקכון אסגי יתכון **והאיתיכון** יומא דין הי ככוכבי DT 1:10
ויצחק ייי דאיזן יתי **מדאיתני** עד יומא הדין: יהי רעוא GN 48:15

איתא (343)

גבר גבר ארום תיסטי **אינתיה** וישקר ביה שקר: וישמש NU 5:12
למצרים וחמון מצראי ית **אינתתא** ארום שפירא היא לחדא: GN 12:14
בלחודוי יפוק ואין מרי **אינתתא** בת ישראל היא ותיפוק EX 21:3
תמן: ואין לא אסתאבת **אינתתא** בתשמיש דעריס ודכיתא NU 5:28
הא אנת מיית על עיסק **אינתתא** דאנסת והיא מיבעלא GN 20:3
אוף לגמלך אמלי היא **אינתתא** דזמין ייי במזלא לבר GN 24:44
ית גברא ההוא או ית **אינתתא** ההיא דעבדו ית פיתגמא DT 17:5
דיניכון ית גברא או ית **אינתתא** ותאטלונון באבניא DT 17:5
ריגליה בארעא ותקום **אינתתא** ותשרי שנצי ותשלוף DT 25:9
יתה לפרעה ואידברת **אינתתא** לבית מלכותא דפרעה: GN 12:15
וכדון ידעית ארום **אינתתא** שפירת חזו אנת: ויהי ארום GN 12:11
ואמר יעקב ללבן הב ית **אינתתי** ארום אשלימו יומי פולחני GN 29:21
ארום דחיל למימר לה **אינתתי** ארום חשיב בליביה דילמא GN 26:7
שמע ריבוניה ית פיתגמי **אינתתי** דמלילת עימיה למימר GN 39:19
לבתואל בר מלכה **אינתתי** דנחור אחוי דאברם GN 24:15
הדין ויקטלונני על עיסק **אינתתי**: וברם בקושטא אחתי ברת GN 20:11
רחימנא ית ריבוני ית **אינתתי** וית בניי לא איפוק לבר EX 21:5
ואמר אברהם על שרה **אינתתיה** אחתי היא ושדר אבימלך GN 20:2
דעתיה ממה דגזר על **אינתתיה** ארום עקרא הוות גביה GN 25:21
ויחמון ית שופריך ויימרון **אינתתיה** דא ויקטלון יתי ויתיך GN 12:12

והוה כד הוה עליל לות **אינתתיה** דאחוי הוה מחבל עובדוי GN 38:9
ולא יירוג חד מינכון ית **אינתתיה** דחבריה ולא יירוג חד DT 5:21
ולא יחמיד חד מנכון ית **אינתתיה** דחבריה ולא לעבדיה ולא EX 20:17
חמוי דמשה ית צפורה **אינתתיה** דמשה בתר דשלחה EX 18:2
שתא חדא ויחד עם **אינתתיה** דנסיב: לא ימשכן גבר DT 24:5
ידע עימיה מדעם אלהין **אינתתיה** דשכיב גבה והוה יוסף GN 39:6
וגנונא דהלולא ית יוכבד **אינתתיה** דתריך מן קדם גזירתא EX 2:1
ואמר אברם לשרי **אינתתיה** הא עד כדון לא GN 12:11
ואיתעברת רבקה **אינתתיה**: ואידחיקו בניא במעהא GN 25:21
יתיך מן בגלל דאנת **אינתתיה** ואכדין אעביד בישתא GN 39:9
ואתיב ליה ית שרה **אינתתיה**: ואמר אבימלך הא ארעי GN 20:14
ושאילו אינשי אתרא על **אינתתיה** ואמר אחתי היא ארום GN 26:7
ית אבא דאנא בר שרה **אינתתיה** ואנת בר הגר אמתא GN 22:1
דעדן: וידע קין ית **אינתתיה** ואעדיאת וילידת ית חנוך GN 4:17
ישראל במצרים ועל על **אינתתיה** ואתעברת וילידת בר בגו LV 24:10
דמטא למחדי בריה עם **אינתתיה** ובעו שושביני למכרך DT 32:50
יתה: ודבר משה ית **אינתתיה** וית בנוי וארכיבינון על EX 4:20
גוברין ואלויאו יתיה וית **אינתתיה** וית כל דיליה: וסליק GN 12:20
מחרן: ודבר אברם ית שרי **אינתתיה** וית לוט בר אחוי וית כל GN 12:5
אלקים ית אבימלך וית **אינתתיה** ולחינתוי ואיתרווחו: ארום GN 20:17
איתקבר אברהם ושרה **אינתתיה**: ומן בגלל דלא אברהם GN 25:10
קריב אבימלך לגבי שרה **אינתתיה**: וצלי אברהם קדם אלקים GN 20:16
יצחק חאיך עם רבקה **אינתתיה**: וקרא אבימלך ליצחק GN 26:8
קברו ית יצחק וית רבקה **אינתתיה** ותמן קברית ית לאה: GN 49:31
מן דיליה וחולק חד מן **אינתתיה** ותרין חולקין מן תרין בנוי GN 43:34
רבא: וקרא אדם שום **אינתתיה** חוה ארום היא הות אימא GN 3:20
ייי דלא הוה משמש עם **אינתתיה** כאורח כל ארעא ותקף GN 38:7
הוא בלחודוי יתיב ולציד **אינתתיה** לא יתקרב מברא LV 13:46
אחבוך לא תבזי ולות **אינתתיה** לא תקרב בתשמיש LV 18:14
היך קנייו כל חד מנהון ית **אינתתיה** לאשקייותהן מיא NU 16:4
איסתקף עלוי דייתי ית **אינתתיה** לכהנא ומטול דאיהי NU 5:15
קבר אברהם ית שרה **אינתתיה** למערת חקיל כפילתא GN 23:19
ושבעא: וידע אדם תוב ית **אינתתיה** לסוף מאה ותלתין שנין GN 4:25
דארעא: ואיסתכלת **אינתתיה** מבתר מלאכא למנדוע GN 19:26
דבית מלכותיה פעו ושום **אינתתיה** מהיטבאל ברת מטרד GN 36:39
בת ישראל היא ותיפוק **אינתתיה** עימיה: אין ריבוניה יתן EX 21:3
מותביה ולא יקרב לציד **אינתתיה** שובעא יומין: ויהי ביומא LV 14:8
קברו ית אברהם וית שרה **אינתתיה** תמן קברו ית יצחק וית GN 49:31
קריבית לותה וכדון הא **אינתתך** דבר ואיזל: ופקיד עילוי GN 12:19
ליצחק ואמר ברם הא **אינתתך** היא והיכדין אמרת אחתי GN 26:9
לי למא לא חוית לי ארום **אינתתך** היא: למא אמרת אחתי GN 12:18
מלכא דמיחד בעמא עם **אינתתך** ואייתיתא עלינא חובא: GN 26:10
אמר ארום קבילת למימר **אינתתך** ואכלת מן פירי אילנא GN 3:17
ואמר ליה האן שרה **אינתתך** ואמר הא היא במשכנא: GN 18:9
למימר קום דבר ית **אינתתך** וית תרתין בנתך GN 19:15
קיימין והא בר לשרה **אינתתך** ושרה הוות שמעא בתרע GN 18:10
יתי בגיני קביל בגין **אינתתך** ותרין בנהא דעימה: ונפק EX 18:6
ואמר ייי לאברהם שרי **אינתתך** לא תהי קרי ית שמא שרי GN 17:15
יומין: ואנת פרש מן **אינתתך** מטול דבסנדרי דלעיל אנת DT 5:31
ואמר ייי בקושטא שרה **אינתתך** תליד לך בר ותיקרי ית GN 17:19
יהוי בתר דנא בר נש או **איתא** או גניסא או שיבטא דליביה DT 29:17
אימך מה דיוליד אבך מן **איתא** אוחרי או מן אימך או מה LV 18:9
אין ריבוניה יתן ליה **איתא** אמתא ותיליד ליה בנין או EX 21:4
כואה היא: וגבר או **איתא** ארום יהי ביה מכתשא בריש LV 13:29
וידכיניה כהנא: וגבר או **איתא** ארום יהי במשך בישריהון LV 13:38
לדא חמי למיקרי **איתא** ארום מגבר איתניסיבת דא: GN 2:23
ביממא: ארום יסב אינש **איתא** בתולתא ויעול עלה ומבתר DT 22:13
אלקיה עלוי אנא ייי: והוא **איתא** דאית בה בתולהא יסב: LV 21:13
עם בני ישראל גבר או **איתא** די יעבדון מכל חובי אינשא NU 5:6
אלקכון יהיב לכון גבר או **איתא** דיעבד דביש קדם ייי אלקכון DT 17:2
בלחודיה אעביד ליה **איתא** דתיהי סמיך בקיבליה: וברא GN 2:18
ותיליד ליה בנין או בנן **איתא** ובנהא תהי לריבונה והוא EX 21:4
עריית דאחוך היא: עירית **איתא** וברתא לא תבזי ית ברת ברה LV 18:17
ינגש תור ית גבר או ית **איתא** וימות יתרגמא יתרגם תורא EX 21:28
דחברך: ארום יסב גבר **איתא** ויעול עלה ויהי אין לא DT 24:1
באטלות אבנין: דיסב ית **איתא** וית אימא זנו היא בנורא LV 20:14
דהינון תיקוני גבר על **איתא** ולא יספר גבר שיחייה DT 22:5
מיכשרא מבנת עמיה יסב **איתא**: ולא יפיס זרעיה בעמיה ארום LV 21:14
ואוסיף אברהם ונסיב **איתא** ושמא קטורה היא הגר GN 25:1
אחסנת: ארום יסב גבר **איתא** חדתא בתולתא לא יפוק DT 24:5
פולחנא היתיו: וכל **איתא** חכימת ליבא בידהא הות EX 35:25
בר ארבעין שנין ונסיב **איתא** ית יהודית ברת בארי חיתאה GN 26:34
במדברא דפארן ונסיב **איתא** ית עדישא ותרכה ונסיבת GN 21:21
דארם למיסב ליה מתמן **איתא** כד בריך יתיה ופקיד עילוי GN 28:6

בעמיא חולונאי למיסב **איתא** כשרא מקהל עמא דייי: לא DT 23:3
ועריית אמך לא תיבזי **איתא** לא תשמש עם אבהא וגבר LV 18:7
קומך דבר ואיזיל ותהי **איתא** לבר ריבונך כמא דמליל ייי: GN24:51
תיזיל ולייחוסי ותיסב **איתא** לברי: ואמרית לריבוני מאים GN24:38
ריבוני למימר לא תיסב **איתא** לברי מבנת כנענאי דאנא GN24:37
על ארעא דילא תיסב **איתא** לברי מבנתהון דכנענאי די GN24:3
ויצלח אורחך ותיסב **איתא** לברי מן יחוסי ומגניסת בית GN24:40
מלאכיה לקמך ותיסב **איתא** לברי מתמן: ואם לית צבות GN24:7
ילידת יתיה: ונסיב יהודה **איתא** לער בוכריה ברת שם רבא GN38:6
דאימך וסבלך מתמן **איתא** מבנת לבן אחוהא דאימך: GN28:2
ואמר ליה לא תיסב **איתא** מבנתהום דכנענאי: קום איזל GN28:1
עילוי למימר לא תיסב **איתא** מבנתהון דכנענאי: וקביל GN28:6
דריבוני אברהם זמין כען **איתא** מהגנא קומי יומנא ועיבד GN24:12
פרעה האיזיל ואיקרי ליך **איתא** מיניקתא מן יהודייתא ותניק EX 2:7
עמונאי ומואבאי למיסב **איתא** מקהל עמא דייי ברם דר DT 23:4
ודפסיק גידא למיסב **איתא** מקהל עמא דייי: לא ידכי DT 23:2
עשיראי לא ידכי למיסב **איתא** מקהל עמא דייי עד עלמא: DT 23:4
ואמנותא קדיש ליה **איתא** נציב ליה אכוורנקי דמלכייא DT 32:50
בנת חת אין נסיב יעקב **איתא** רשיעתא מבנת חת כאילן GN27:46
מנהון: ותיחמון בשבייתא **איתא** שפירת ריווי ותתיירעון בה DT 21:11
ומבתר כן קטל גברא או **איתא** תורא יתרגם ואוף מריה EX 21:29
כל יומיא ולית דפריק: **איתא** תקדש וגבר חורן ישמש DT 28:30
וגבר ארום ישכוב עם **איתא** תשמיש זרעא והיא אמתא LV 19:20
אמן: ליט דמשמש עם **איתת** אבוי ארום גלי כנפא דגלי DT 27:20
וגבר די ישמש עם **איתת** אבוי בין דהיא אימיה בין LV 20:11
או דשרגיג אבוי כל דכן **איתת** אבוי ולא יגלי כנפא דגלי DT 23:1
כעריתך הינין: עירית בת **איתת** אבוך דילידת מן אבך אחתך LV 18:11
לא תגלי עריתא: ערית **איתת** אבוך לא תבזי מטול LV 18:8
אבימלך על עיסק שרה **איתת** אברהם: וייי דכר ית שרה GN20:18
בר בריה וית שרי כלתיה **איתת** אברם בריה ונפקו עימהון GN11:31
ביתיה על עיסק שרי **איתת** אברם: וקרא פרעה לאברם GN12:17
למימר שרי: ודברת שרי **איתת** אברם ית הגר מצריתא GN16:3
גירגשאי וית יבוסאי: ושרי **איתת** אברם לא ילידת ליה ולה GN16:1
ונחור להון נשין שום **איתת** אברם שרי ושום איתת נחור GN11:29
יסופון: וגבר די ישמש עם **איתת** אחבוי ערית אחבוי בזי LV 20:20
תקרב בתשמיש ערסא **איתת** אחבוך היא: עירית כלתך לא LV 18:14
ימותון: וגבר די יסב ית **איתת** אחוי בחייוי מרחקא היא LV 20:21
יהודה לאונן עול לות **איתת** אחוך ויבם יתה ואקם זרעא GN38:8
לא תבזי עריתיה: עירית **איתת** אחוך לא תבזי בחיי אחוך LV 18:16
עירית כלתך לא תבזי **איתת** ברך היא לא תבזי עירייתה: LV 18:15
למקרב לגבה: וכדון אתיב **איתת** גברא ארום נביא הוא ויצלי GN20:7
גבר משמש עם איתתא **איתת** גבר חורן ויתקטלון אוף DT 22:22
חייב: וגבר די יגור ית **איתת** גבר מארסא או די יגור ית LV 20:10
מן בגלל דשמיש עם **איתת** חבריה ותפלון עביד דביש DT 22:24
גבר מארסא או די יגור ית **איתת** חבריה מיבעלא איתקטלא LV 20:10
לבזאה עריתה: ולציד **איתת** חברך לא תיתן תשמישתך LV 18:20
גבר וחבריה ותיתקרב **איתת** חד מנהון לשיזבא ית בעלה DT 25:11
יומיא ומיתת ברת שוע **איתת** יהודה ואתנחם יהודה וסליק GN38:12
שיתיסר נפשן: בני רחל **איתת** יעקב יוסף ובנימין: ואיתיליד GN46:19
איתת אברם שרי ושום **איתת** נחור מלכה בת הרן אבוי GN11:29
אוליד ית עמרם: ושום **איתת** עמרם יוכבד ברת לוי דילידת NU26:59
אהליבמה ברת ענה **איתת** עשו: אילין בני עשו ואילין GN36:18
דאדום אילין בני בשמת **איתת** עשו: ואילין בני אהליבמה GN36:17
דאיוב אילין בני עדה **איתת** עשו: ואילין בני רעואל נחת GN36:12
אילין הוון בני בשמת **איתת** עשו: ואילין הוו בני אהליבמה GN36:13
עשו רעואל בר בשמת **איתת** עשו: והוו בני אליפז תימן GN36:10
ברת ענה ברת צבעון **איתת** עשו וילידת לעשו ית יעוש GN36:14
עשו: ואילין בני אהליבמה **איתת** עשו רבא יעוש רבא יעלם GN36:18
בני עשו אליפז בר עדה **איתת** עשו רעואל בר בשמת איתת GN36:10
דינה לשכם ורביתה **איתת** פוטיפרע רבא דטניס לאינתו GN41:45
וחמרין: וילידת שרה **איתת** ריבוני בר לריבוני בתר GN24:36
פיתגמייא האילין וזקפת **איתת** ריבוניה ית עינה ביוסף GN39:7
באחסנתא לא תהוי **איתת** שכיבא הפקירא בשוקא DT 25:5
משתכח גבר משמש עם **איתתא** איתת גבר חורן ויתקטלון DT 22:22
ותימר להון גבר או **איתתא** ארום חמיין סטיתא NU 6:2
פלחין קדמי: וגבר או **איתתא** ארום יהי בהון בידין או LV 20:27
עם בני ישראל למימר **איתתא** ארום תעדי ותיליד ביר LV 12:2
מינה ותקטלון ית **איתתא** באטלות אבנין וית בעירא LV 20:16
כל יומי חייהא: ולציד **איתתא** בזמן ריחוק סאובתא לא LV 18:19
ודבבו אישוי בינך ובין **איתתא** בין זרעית בנך ובין זרעית GN 3:15
דבעליך: ויומי כהנא ית **איתתא** בקיום קינומתא ויימר NU 5:21
אוריית קינאתא דתיסטי **איתתא** בר מן רשותא דבעלא NU 5:29
ואזלו לבי דינא בר **איתתא** בת ישראל וגברא בר LV 24:10
כד מחייב פריש וחריף בר **איתתא** בת ישראל ית שמא רבא LV 24:11

לריבוני מאים לא תיתי **איתתא** בתריי: ואמר לי ייי דיפלחת GN24:39
כל יומוי: לא יסב גבר ית **איתתא** דאניס או דשרגיג אבוי כל DT 23:1
יקבל: וגבר די ישמש עם **איתתא** דוותא ובזי ית עריתא וית LV 20:18
כל דכורא בטפליא וכל **איתתא** דידעת גבר למשכבי דכורא NU31:17
מיניה אכלת: ואמר אדם **איתתא** דיהבת גביי היא יהבת לי GN 3:12
עלה טיב ביש ויימר ית **איתתא** הדא נסיבית ושמשית עמה DT 22:14
ואין זכאי גברא מחובין **איתתא** ההיא תקבל ית חובהא: NU 5:31
גברא דמשמש עם **איתתא** ואיתתא ואפילו אין DT 22:22
ברת לוי: ואיתעברת **איתתא** וילידת ביר בסוף שיתא EX 2:2
יחליניה: ומן גברא דקדיש **איתתא** ולא נסבה יהך ויתוב DT 20:7
ולמסייא ירכונין ותענה **איתתא** ותימר אמן אין איסתאבית NU 5:22
מה דא עבדת ואמרה **איתתא** חיויא אשייני בחוכמתיה GN 3:13
ומבתר כדין ישקי ית **איתתא** ית מיא: וישקינה ית מיא NU 5:26
למיא בדוקיא: וישקי ית **איתתא** ית מיא מריריא בדוקיא NU 5:24
בין טב לביש: וחמת **איתתא** ית סמאל מלאך מותא GN 3:6
ית סוטריך ונסיבת **איתתא** ית רבייא ואוניקתיה: ורבא EX 2:9
דלא מהגנין על עיסק **איתתא** כושייתא דאסבוהי כושאי NU12:1
גניסתי תיזיל ותיסב **איתתא** לברי ליצחק: ואמר ליה GN24:4
אילן גינוניתא: ואמרת **איתתא** לחיויא משאר פירי אילן GN 3:2
ותיתמסי ירכה ותהי **איתתא** ללווטא בגו בני עמה ברם NU 5:27
עבדא מאים לית צבות **איתתא** למיתי בתריי לארעא הדא GN24:5
מתמן: ואם לית צבות **איתתא** למיתי בתרך ותזדכי GN24:8
קדם ייי דזמין קדמוי **איתתא** מהגנא: ואמר בריך שמא GN24:26
ויהון קדישין בגופיהון: **איתתא** מטעיא בזנו דאיתלידא מן LV 21:7
אתא מלאכא והפך **איתתא** מלרע וגברא מלעיל דיחמון NU25:8
זימנא ולא תוב תתברי **איתתא** מן גבר היכמא דאיתבריאת GN 2:23
תהכון ריקנין: ותישאל **איתתא** מן שיבבתא ומן קריבת EX 3:22
וארום ינצון גוברין וימחון **איתתא** מעברא ואפילת ית וולדהא EX 21:22
למיא: ויוקם כהנא ית **איתתא** קדם ייי ויאסור על חרצה NU 5:18
לשיבט שמעון: ושום **איתתא** קטילא מדינתא כזבי ברת NU25:15
דאתי: ואדם ידע ית חוה **איתתיה** דהיא מתעברא מן סמאל GN 4:1
רוח קנאיתא ויקני ית **איתתיה** והיא לא איסתאבת או NU 5:14
רוח קנאיתא ויקני ית **איתתיה** והיא לא איסתאבת: ומטול NU 5:14
רוח קינאיתא ויקני ית **איתתיה** ויקים ית איתתיה קדם ייי NU 5:30
ית איתתיה ויקים ית **איתתיה** קדם ייי ויעבד לה כהנא ית NU 5:30
איבך או ברך או ברתך או **איתתך** דדמכא בעבך או חברך DT 13:7
ארום תרין בנין ילידת לי **אנתתי**: ונפק חד מלותי ואמרית GN44:27
ליה אימיה ית פטימא **אתתא** מארעא דמצרים: והוה GN21:21
דאבוהי ודאימי ויתחבר **באינתתיה** ויהון תרוויהון לבישרא GN 2:24
יגרום ליה חובא דלא חדי **באינתתיה** ויתקטל בקרבא וגבר DT 20:7
דכורא קטולו: וכל טפלא **בנשיא** אוקימו כלו קבל ציצא NU31:18
בריביא ולמעבד זנו **בנשיא** יעביד באיליין ובגו פיתגמא GN33:2
דמשוי עליה בעלה **דאינתתא** ויתן על מימר דיינייא: EX 21:22
גובריא בידיה ובידא **דאינתתיה** ובידא דתרתין ברתוי GN19:16
חמי אנא ברוח קודשא **דאיתא** בישתא קיימא לקובליה: GN37:33
לא תשכוב בתשמישיא **דאיתא** מרחקה היא: ובכל בעירא LV 18:22
עם דכורא תשמישין **דאיתא** תועיבתא עבדו תריהון LV 20:13
דקטולא חולף נפשא **דאיתתא**: דמי עינא חולף עינא דמי EX 21:23
למיסב משכונא מידא **דאיתתא** ולא אשכחא: ושאיל ית GN38:20
ללוט: ויסב כהנא מידא **דאיתתא** ית מנחת דקנאיתא NU 5:25
ויפרע ית רישא **דאיתתא** מטול דאיהי קלעת סער NU 5:18
בנהא ויהי כד יהוון בנהא **דאיתתא** נטרין מצוותא דאורייתא GN 3:15
עלוי יהי מסאב: **ואינתתא** ארום ידוב דוב אדמא LV 15:25
ויהון מסאבין עד רמשא: **ואינתתא** ארום תהי דייבא אדם LV 15:19
אברם ממצרים הוא **ואינתתיה** וכל דיליה ולוט עימיה GN13:1
תרוויהון חכימין אדם **ואינתתיה** ולא אמתינו ביקרהון: GN 2:25
על ארעא: ועל נח ובנוהי **ואינתתיה** ונשי בנוי עימיה GN 7:7
על ארעא: ונפק נח ובנוי **ואינתתיה** ונשי בנוי עימיה: כל GN 8:18
חמוי דמשה ובנוי דמשה **ואינתתיה** לות משה למדברא דהוא EX 18:5
למנח יומא ואיטמר אדם **ואינתתיה** מן קדם ייי אלקים GN 3:8
פוק מן תיבותא את **ואינתתך** ובנך ונשי בנך עימך: כל GN 8:16
לתיבותא אנת ובנך **ואינתתך** ונשי בנך עמך: ומן כל דחי GN 6:18
נח ושם וחם ויפת בני נח **ואיתת** נח ותלת נשי בנוהי עימיה GN 7:13
בישרה הינון זנו היא: **ואיתתא** בחיי אחתה לא תיסב LV 18:18
כל גבר בר ישראל **ואיתתא** בת ישראל דאיתרעי EX 35:29
בעירא תקטלון בקולפי: **ואיתתא** די תקרב לציד כל בעירא LV 20:16
מן פסוליא לא יסבון **ואיתתא** דמיפטרא בין מגברא בין LV 21:7
דמשמש עם איתתא **ואיתתא** ואפילו אין מעברא לא DT 22:22
במשריתא למימר גבר **ואיתתא** לא יעבדון תוב עיבידתא EX 36:6
לאיסתאבא בה **ואיתתא** לא תקום קדם בעירא LV 18:23
גבר מן רחמיה מצראי **ואיתתא** מן רחמה מצריתא מאנין EX 11:2
ויהוי מסאב עד רמשא: **ואיתתא** פניתא די ישמש גבר עימה LV 15:18
מה דיפוק מפמיה יעביד: **ואתתא** דלא עברת תריסר שנין NU30:4
דיקרב לביש בגברא הדין **ובאינתתיה** איתקטלא יתקטל: וזרע GN26:11

תבאש עייניה באחוי **ובאיתתא** דדמכא בעוביה ובשייר DT 28:54
מלגלג במיליה עלנא **וכאיתא** מטעייא נפקת ברא דלית GN 34:31
ועבד ייי אלקים לאדם **ולאינתתיה** לבושין דיקר מן משך GN 3:21
ונפק נח ובנוי ואינתתיה **ונשי** בנוי עימיה: כל חיתא כל GN 8:18
ועל נח ובנוהי ואינתתיה **ונשי** בנוי עימיה לתיבותא מן קדם GN 7:7
את ואינתתך ובנך **ונשי** בנך עימך: כל חיתא דעימך GN 8:16
אנת ובנך ואינתתך **ונשי** בנך עמך: ומן כל דחי מכל GN 6:18
תלתין יומין גובריא **ונשיא** דישראל: ושמע עמלק דהוה NU 20:29
ית כל קירווייא גובריא **ונשיא** וטפלא לא אשארנא משיזיב: DT 2:34
למשה תרע משכניהון **ונשיהון** ובניהון וטפלהון: ואמר NU 16:27
ית כל קירוויי גובריא **ונשייא** וטפלא: וכל בעירי ועדיי DT 3:6
ית עמא גובריא למילף **ונשייא** למישמע אולפנא וטפליא DT 31:12
אינשי ישראל: טפליכון **ונשיכון** וגיוריכון דיבגו משרוייכון DT 29:10
יהוון בכון גוברין עקרין **ונשין** עקרן ולא בעירך עקירן מעמר DT 7:14
אחתיה דלבן ארמאה ליה **לאינתו**: ואזל יצחק לטוור פולחנא GN 25:20
ית אסנת ברת דינה ברתך **לאינתו** ואמר קריבינון כדון לותי GN 48:9
לי והבו לי ית ריבא **לאינתו**: ואתיבו בני יעקב ית שכם GN 34:12
מגניסת אימא והות לי **לאינתו**: והוה כד בעו לאטעאה יתי GN 20:12
והיא לא איתיהבת ליה **לאינתו**: וחמיה יהודה והוה מדמיה GN 38:14
ויהב ליה ית רחל ברתיה **לאינתו**: ויהב לבן לרחל ברתיה ית GN 29:28
ותפרין יתה ותיהווי לך **לאינתו**: ויהי אין לא תתרעי בה DT 21:13
ויהבת יתה ליעקב **לאינתו**: וילידת זלפה אמתה דלאה GN 30:9
ית יוכבד חביבתיה ליה **לאינתו** וילידת ליה ית אהרן וית EX 6:20
אחתיה דנחשון ליה **לאינתו** וילידת ליה ית נדב וית EX 6:23
דיתרו הוא פוטיאל ליה **לאינתו** וילידת ליה ית פנחס אילין EX 6:25
סב לי ית טליתא הדא **לאינתו**: ויעקב שמע ארום סאיב ית GN 34:4
היא ודברית יתה לי **לאינתו** ומן יד איתגריאת בי GN 12:19
פוטיפרע רבא דטניס **לאינתו** ונפק יוסף שליט על ארעא GN 41:45
יתה לאברם בעלה ליה **לאינתו**: ועול לות הגר ועדיאת GN 16:3
בלהה אמתה ומסרה ליה **לאינתו** ועל לוותה יעקב: ואעדיאת GN 30:4
ית רבקה והוות ליה **לאינתו** וריחמא בגין דחמא GN 24:67
הבו בבעו יתה ליה **לאינתו**: ותיתערבון בחיתונא עימנא GN 34:8
בה ותסבינא לכון **לאינתו**: ותעליניה לגו ביתך ותספר DT 21:11
מן אימיה על נשוי ליה **לאינתו**: חמשא ניסין איתעבידו GN 28:9
כשרא דישראל וליה תהי **לאינתו** לית ליה רשו למיפטרה כל DT 22:19
למסבה למהוי ליה **לאינתו** מן בתר דאסתאבת ארום DT 24:4
ביומי מלכא משיחא: **לאינתתא** אסגא אסגי סיגופיך GN 3:16
לא יסתאב בעמיה: אלהין **לאינתתא** דקריבא לגופיה לאימיה LV 21:2
קדם פרעה וריחקה ארום **לאיתא** אסבוהי ית מלכתא דכוש NU 12:1
לך כאילו עלתא **לאיתא** דשמיש עימה אבוך בעידן GN 49:4
ותלת מברזג בין גבר **לאיתא** וגזר למרומם ומאיך ותלת DT 32:4
מפרנא יפרין יתה ליה **לאיתו**: אין לא חמיא ליה או דלא EX 22:15
יעול עלה ויסבינה ליה **לאיתו** וייבם יתה: ויהי בוכרא DT 25:5
סלעין דכסף וליה תהי **לאיתו** חולף דענייה לית ליה רשו DT 22:29
גברא בתראה דנסבה ליה **לאיתו**: לית ליה רשו לבעלה קמאה DT 24:3
למקרבא לגבה ואמרת **לאיתת** ריבוניה הא ריבוני לא ידע GN 39:8
רבא ויקירא ויימר כהנא **לאיתתא** אין לא סטית לאיסתאבא NU 5:19
דעבד ייי אלקים ואמר **לאיתתא** הקושטא דאמר ייי GN 3:1
ית עילעא דנסב מן אדם **לאיתתא** ואתיה לות אדם: ואמר GN 2:22
קינומתא ויימר כהנא **לאיתתא** יתן ייי יתיך ללוט NU 5:21
דלטור על ברייה ואמר **לאיתתא** לא ממת תמותון ברם כל GN 3:4
דאיתרעי לבהון עימהן **לאיתתא** לכל עיבידתא דפקיד ייי EX 35:29
יסתאב: לא יסתאב בעלא **לאיתתיה** אלהין כד כשרא ליה ברם LV 21:4
ייי ית משה בין גבר **לאיתתיה** בין איבא לברתיה ביומי NU 30:17
ואכלית: ואמר ייי אלקים **לאיתתיה** מה דא עבדת ואמרה GN 3:13
ית בנתיהון ניסב לנא **לינשין** וית בנתנא ניתן להום: ברם GN 34:21
קינין וזמרין: ואמר למך **לנשוי** עדה וצלה קבילן קלי נשי GN 4:23
כל ציריה בית וולדא **לנשיא** דבבית אבימלך על עיסק GN 20:18
ליעקב בנתא דנסיבת **לנשין** ברתיי הינון ובנייא דילידן הי GN 31:43
בני מנשה בר יוסף הואה **לנשין** והות אחסנתהן על שיבט NU 36:12
שיבטיא דבני ישראל **לנשין** ותתמנע אחסנתהון NU 36:3
לדתקין בעיניהן תהוויין **לנשין** לחוד לגניסת שיבט אבוהן NU 36:6
צלפחד לבני חביביהן **לנשין**: מגניסת בני מנשה בר יוסף NU 36:11
שיבט אבוהן תהוויין **לנשין**: מטול דלא תיתקף אחסנא NU 36:6
למצרים נפקי ירכיה בר **מנשיהון** דבני יעקב כל נפשתא GN 46:26
אנפוי לאיתחמאה היך **נשא** ארום מרחק קדם ייי אלקכון DT 22:5
בני נח ואיתת נח ותלת **נשי** בנוהי עימיה לתיבותא: הינון GN 7:13
סגיאין: וקמו כל בנוי וכל **נשי** בנוי ואזלו למנחמא ליה וסריב GN 37:35
נשרגג בתולן ולא נבעול **נשי** גוברין אורח מלכא דבשמים NU 21:22
נאנוס אריסן ולא נבעול **נשי** גוברין באורח מלכא דבשמיא NU 20:17
עדה וצלה קבילן קלי **נשי** למך אציתן למימרי ארום לא GN 4:23
בטינא ובליבנין והוואן **נשיא** בטשן ית טינא עם גובריהון EX 24:10
ית תופא בידא ונפקן כל **נשיא** בתרא בתופייא הוו חיילין EX 15:20
בני בלהה ועם בני זלפה **נשיא** דאבוי ואייתי יוסף ית GN 37:2
צבע זהורי וית בוצא: וכל **נשיא** דאיתרעי לבהון עימהן EX 35:26
אלפין: ונפשת אינשא מן **נשיא** דלא ידעו תשמיש דכורא כל NU 31:35
לפתגם דחרב: לחוד **נשיא** וטפליא ובעירא וכל דיהי DT 20:14
וקנייניה אתיב ואוף ית **נשיא** וית עמא: ונפק מלכא דסדם GN 14:16
וזקף ית ענוי וחמא ית **נשיא** וית ריביא ואמר מאן אילין לך GN 33:5
קודשא: ואתו גובריא עם **נשיא** כל מאן דיאיתרעי ליביה EX 35:22
ואייתו לוותי: וסריבו **נשיא** למיתן תכשיטיהון לגובריהון EX 32:3
זמין פונדקין ומני בהון **נשיא** מטעייתא זבנן מיכלא NU 24:14
מן אספקלירי דנחשא **נשיא** צניעתא ובעידן דאתיין EX 38:8
אבוהון וית טפלהון וית **נשיהון** בסדני דשדר פרעה למיטל GN 46:5
ושבו בני ישראל ית **נשיהון** דמדינאי וית טפלהון וית כל NU 31:9
סאובתהון ויתפרשון מן **נשיהון** סמיך לווסתהון ולא יסתקף LV 15:31
לאתהי ולארעי: הב לי ית **נשיי** וית בניי דפלחית יתך בגינהון GN 30:26
בחרבא דמותא ויהון **נשיכון** ארמלן ובניכון יתמין: אין EX 22:23
קדשי דדהבא דבאודני **נשיכון** בניכון ובנתיכון ואייתו EX 32:2
שרי לכון לאזדווגא עם **נשיכון** דאתפרשתון דנן תלתא DT 5:30
בהון ית טפלכון וית **נשיכון** ותיטלון ית אבוכון ותיתון: GN 45:19
כל מזרזי חילא: לחוד **נשיכון** טפליכון ובעיריכון ידענא DT 3:19
תהוויין לגבר תרתין **נשין** חדא רחימתא ליה וחדא DT 21:15
סעדי מזונא ויאפיין עשר **נשין** לחמיכון בתנורא חד מדהוא LV 26:26
מן קמך ארום אורח **נשין** לי ופשפש ולא אשכח GN 31:35
והרהירו ליזנו ונסיבו להון **נשין** מכל דאיתרעיו: ואמר ייי GN 6:2
הדין תוב: ולא יסגון ליה **נשין** על תימנסרי דלא יטעיין DT 17:17
ונסיב אברם ונחור להון **נשין** שום איתת אברם שרי ושום GN 11:29
ונסיב ליה למך תרתין **נשין** שום חדא עדה ושום תנייתא GN 4:19
דריבוני מפקיד: טפלנא **נשנא** גיתנא וכל בעירנא יהון תמן NU 32:26
למיפל בחרבא דכנענאי **נשנא** וטפלנא יהון למיבז הלא טב NU 14:3

איתכלא (4)

לאתרא ההוא קרו נחלא **איתכילא** על עיסק עוברתא NU 13:24
ארעא: וסליקו עד נחלא **דאתכלא** וחמון ית ארעא ובטילו NU 32:9
דמצרים: ואתו עד נחלא **דאתכלא** וקצו מתמן עוברתא NU 13:23
לטוורא ואתו עד נחלא **דאתכלא** ותרגינו יתה: ונסיבו DT 1:24

אכום (1)

בעיינויי דמערב חיוורא **באוכמא** או דמלי חרסין יבשין או LV 21:20

אכורנקא (1)

ליה איתא נציב ליה **אכוורנקי** דמלכייא בנא ליה בית DT 32:50

אכזר (1)

רישי פיתוניא הכדין אינון **אכזראין**: הלא עובדיהון דהינון DT 32:33

אכל (395)

ופולי דפרשין מן **אוכלא** ופרחין הי כעופא מסאבין DT 14:19
כמא דמליל לכון ותימר **איכול** בישרא ארום תירוג נפשך DT 12:20
וארגיש ביה ואמר לא **איכול** עד דאמליל פיתגמיי ואמר GN 24:33
פירי אילן חייא דהא אין **אכיל** הוא מיניה הוי חי וקיים עד GN 3:22
פרעה עובד נחתום ועופא **אכיל** יתהום מן סלא מעילוי רישי: GN 40:17
ברמשא בתואל הוה **אכיל** מההוא תבשילא ואשכחונהי GN 24:55
מנפחי כפן ולמזיקי **אכילי** עוף ולבני טיהררי כתישי DT 32:24
וארבעין לילוון לחמא לא **אכל** ומוי לא אישתי וכתב על EX 34:28
אלקכון מימריה אישא **אכלא** אישא הוא אלק קנאי DT 4:24
בערא וזיקוקי אישא **אכלא** אישא והוון חמן ותמהין בני EX 24:17
בעלמא דאתי באישא **אכלא** אשא דמיכלא קבל מיכלא GN 38:25
קדמיכון מימריה אישא **אכלא** הוא ישיצינון והוא יתריכינון DT 9:3
דמתילא לחריבא שנינא **אכלה** מתרין סיטרין אתקין בגוה GN 3:24
לארעא מיתבא ית מנא **אכלו** ארבעין יומין בתר מותיה עד EX 16:35
למטרא: ובני ישראל **אכלו** ית מנא ארבעין שנין בחייוהי EX 16:35
בכולא עדאה דבר מיני **אכלו** עולימיא וחולק גובריא GN 14:24
כל חרשי מצראי ואוף **אכלו** קורצוי קדם פרעה סברין GN 49:23
לא הות ביה: ואמר משה **אכלוהי** יומא דין ארום שבתא יומא EX 16:25
ית טיפיהון ביש דחמנון **אכלין** בישרא דתליש מן חיוא חייא GN 37:2
אנחנא ית נוניא דהוינא **אכלין** במצרים מגן בלא תפקדתא NU 11:5
על ירכיה: בגין כן לא **אכלין** בני ישראל ית גידא נשיא GN 32:33
דחלין ליה יהודאי **אכלין**: ואחזרו קדמוי רבא כהילכת GN 43:32
יתבין ודמי ליה כאילו **אכלין**: ואמר ליה האן שרה אינתתך GN 18:8
חמיין ולא שמעין ולא **אכלין** ולא מריחין: ותתבעון מתמן DT 4:28
ותהוון זהירין בזמן דאתון **אכלין** ושבעין הוון מודין ומברכין DT 8:10
בניסן הישתכחו **אכלין** ית מנא בזכותיה דמשה בתר DT 34:8
דביסרא כד הוינא **אכלין** לחמא ושבעין ארום EX 16:3
משריתא: רשיעיא הוון **אכלין** מביסרא ולמן דיהביה להון NU 11:33
להום ודמי ליה כאילו **אכלין**: עד דלא שכיבו ואינשין GN 19:3
ביה: דתריב נכסתהון הוון **אכלין** שתן חמר ניסוכיהון יקומון DT 32:38
פיקודייך ולא אנשיית: לא **אכלית** ביומי אבלי מיניה ולא DT 26:14
ואגר דיכרי ענך לא **אכלית**: דתבירא מן חיות ברא לא GN 31:38
וארבעין לילוון לחמא לא **אכלית** ומוי לא אשתיית מטול כל DT 9:18
וארבעין לילוון לחמא לא **אכלית** ומיא לא אשתיתי: ויהב ייי DT 9:9
הויתי בימא בחקלא **אכלני** שרבא וקרושא בליליא GN 31:40

מיתו כנישת רשיעיא כד **אכלת** אישתא ית מאתן וחמשין NU 26:10
ומשיחין באורייתא **אכלת** אישתהון לסנאה ולבעיל NU 21:28
דלא למיכל מיניה **אכלת**: ואמר אדם איתתא דיהבת GN 3:11
לחמא דעיבורא לא **אכלתון** וחמר ומרת לא שתיתון DT 29:5
למימר: מדין לא **אכלתון** ית חטאתא באתר קדיש LV 10:17
דברי היא לא חיות ברא **אכלתיה** ולא על יד בני נשא GN 37:33
ונימר חיתא בישתא **אכלתיה** וניחמי מה יהי פשר חלמוי: GN 37:20
אמרתון חיותא בישתא **אכלתיה** ושמעון אמרתון מלכא GN 42:36
בנורא יתוקד: ואין **אתאכלא** יתאכל ביומא תליתאה LV 19:7
יתהון חובי אשמתהון **במיכלהון** בסאובא ית קודשיהון LV 22:16
למירמי סמא דמותא **במיכליה** ובמשקייה למקטל GN 40:1
מעיל יתכון לתמן: ויהי **במיכלכון** מלחמא דעללתא NU 15:19
מסרבייא ית לחמא **דאוכלית** יתכון במדברא בהנפקותי EX 16:32
לך מוי משמיר טינרא: **דאוכלך** מנא במדברא דלא ידעון DT 8:16
מיניה הלא אישתא היא **דאכלא** יתיה והוא מתקבל קדמי NU 28:2
בירחא דניסן מבתר **דאכלו** ניכסת פיסחא נפקו בני. NU 33:3
בלחודיהון ולמצראי **דאכלין** עימיה בלחודיהון ארום לא GN 43:32
מיכל תיכול: ומאילן **דאכלין** פירוהי חכמין למידע בין GN 2:17
חמש מאה שנין ואילן **דאכלין** פירוהי ידעין בין טב לביש: GN 2:9
ארום נפק מחבלא **דאתכלי** בחורב דשמיה קצף מן NU 17:11
ישתיצי: וכל בר נש **דייכול** בישרא דמטלק בקילקול LV 17:15
חמיר מבתיכון ארום כל **דייכול** חמיע וישתיצי אינשא ההוא EX 12:15
וישתיצי בר נשא ההוא **דייכול** ית תרבא מעמיה:: כל בר נש LV 7:25
תרבא מעמיה:: כל בר נש **דייכול** כל אדם מן כל דחי וישתיצי LV 7:27
בבתיכון ארום כל מאן **דייכול** מחמעא וישתיצי בר נשא EX 12:19
גב מדבחא לית רשו לגבר **דייכול** מיניה הלא אישתא היא NU 28:2
לא תיכלוניה: ארום כל **דייכול** תריב מן בעירא דמתכשרא LV 7:25
גינתא דעדן לצדיקייא **דייכלון** ויתפנקון מן פירי אילנא על GN 3:24
עילאה מלבר על בתיא **דייכלון** יתיה ודדמכין בהון: ויכלון EX 12:7
בישרא אדמיה הוא כל מן **דייכליניה** ישתיצי: וכל בר נש LV 17:14
מילי שיקרא מגברא **דיכול** קורצין בחבריה קדמך ולא EX 23:1
בר ממותרי קורבניא **דיכלון** כהניא דאוריתו להון אלעזר DT 18:8
על כל אחוהון ליואי **דיכלון** מקורבניא דייי ביומא די LV 7:35
פתרנין האית בה אילנין **דמיכל** אין לא ותעבדון חזקתא NU 13:20
לא על מזפו דכסף ומיזפו **דמיכלא** ולא על מזפו דכל מידעם DT 23:20
לארעא ותינצבון כל אילן **דמיכלא** ותגזרון גזרא ית אינביה LV 19:23
באישא אכלא אשא **דמיכלא** קבל מיכלא היא לפום GN 38:25
מידיא: חביל על עמא **דמיכלהון** לחם שמיא ומתרעמין NU 11:7
ואנת סב לך מכל מיכל **דמיתאכיל** ויהי לך ולכון למיכל: GN 6:21
בכל מסאב לית איפשר **דמיתאכל** בנורא יתוקד ובשר LV 7:19
תתברון: מכל מיכלא **דמיתאכל** די ייעלון עלוי מוי יהי LV 11:34
ריגוג נפשיכון: ברם הכמא **דמתאכל** בישרא דטביא ואילא DT 12:22
נתחשב קדמך כבעירא **דניכול** עיסבא דאפי ברא נקום כען GN 3:18
ויפרוש ית קיטמא **דתיכול** אישתא ית עלתא על LV 6:3
תיכול מיניה ארי ביומא **דתיכול** תהי חייב קטול: ואמר ייי GN 2:17
עד צפרא ולא מן בישרא **דתיכלון** ברמשא: שירוי ביכורי פירי EX 23:18
גלי קדם ייי ארום ביומא **דתיכלון** מיניה ותיהוון כמלאכין GN 3:5
מנכון: דא היא בעירא **דתיכלון** תורין ואימרי בני רחילין DT 14:4
לכון: ויגמרון וולדי מעיכון **דתיכלונון** בכפנא בשר בניכון DT 28:53
אין לא: ועניך ואכפנך **ואוכלך** ית מנא דלא ידעתון ולא DT 8:3
על כרכי ארע דישראל **ואייכל** יתהון תפנוקי עללת DT 32:13
דרחימית ותעיל לותי **ואיכול** בגין דתברכינך נפשי עד לא GN 27:4
צידה ועיבד לי תבשילין **ואיכול** ואברכינך קדם ייי קדם GN 27:7
כד חי בכספא תזבין לי **ואיכול** ומוי בכספא תיתן לי DT 2:28
ואמר אנא: ואמר קריב לי **ואיכול** מצידא דברי בגין דתברכינך GN 27:25
מקורבנייא דייי **ואיכלוה** פטיר בסטר מדבחא ארום LV 10:12
קיצא למיפוק לעלמא **ואיתאכיל** פלגות בישריה בזמן NU 12:12
ליה ארום זבננא **ואכל** אוף מיכל ית כספנא: ארום כל GN 31:15
ויהבת אף לבעלה עימה **ואכל**: ואתנהרן עיני תרויהון וידעו GN 3:6
נפשי וקריב ליה **ואכל** ולא הוה חמרא גביה ואזדמן GN 27:25
לחם ותבשיל דטלופחי **ואכל** ושתי וקם ואזל ושט עשו ית GN 25:34
דתורתי על כיף נהרא: **ואכלא** תורתי דבישן למיחמי GN 41:4
יהב לאחוהא ולאימא: **ואכלו** ושתו הוא וגובריא דעימיה GN 24:54
ולקוטו אבנין ועבדו אוגר **ואכלו** תמן על אוגרא: וקרא ליה לבן GN 31:46
לעמא לדיבחי טעוותהון **ואכלון** עמא במרזיחיהון וסגדון NU 25:2
מותר שאר קורבנייא **ואכלין** גבר חולקיה: כל אילין GN 49:27
להום מלות פרעה **ואכלין** ית חילקהון דיהב להון GN 47:22
והוו בני ישראל צדיין **ואכלין** יתהון: והוה ביומא EX 16:21
ואזלין עד בית לישנהון **ואכלין** לישנהון עם מוריגיהון NU 14:37
ואטעייני ברשיעותיה **ואכלית**: ואייתי ייי אלקים תלתיהון GN 3:13
יהבת לי מן פירי אילנא **ואכלית**: ואמר ייי אלקים לאיתתיה GN 3:12
דיכי דצד צידא ואעיל לי **ואכלית** מכל דאייתי עד דלא עלת GN 27:33
ומה אילו אשתליית **ואכלית** מן קרבן חטאתא יומא דין LV 10:19
ארעא דמצרים לבישו: **ואכלן** תורתי השיכתא ובישתא ית GN 41:20

ביה ונסיבת מאיביה **ואכלת** ויהבת אף לבעלה עימה GN 3:6
נפקת ברוגזא מן קדם ייי **ואכלת** ית מאתן וחמשין גוברין NU 16:35
קבילת למימר אינתתך **ואכלת** מן פירי אילנא דפקידתך GN 3:17
אישתא מן קדם רש **ואכלת** על גבי מדבחא ית עליא וית LV 9:24
יהי מסאב עד רמשא: **ודייכול** מנבילתה יצבע לבושוי ויהי LV 11:40
פסיל הוא לא יהוי לרעוא: **ודייכליניה** חוביה יקבל ארום ית LV 19:8
בביתא יצבע ית לבושוי **ודיכול** בביתא יצבע ית לבושוי: ואין LV 14:47
ית בישריה באתר קדיש: **וייכול** אהרן ובנוי ית בישרא EX 29:32
כרמא וישלח ית בעיריה **וייכול** בחקל גבר אוחרן שפר EX 22:4
ית גברא קרין ליה **וייכול** לחמא: וכד חכים רעואל EX 2:20
ואמר לאבוי יקום אבא **וייכול** מצידא דבריה בדיל GN 27:31
ויצלוב יתך על קיסא **וייכול** עופא ית בישרך מינך: והוה GN 40:19
ליתמא ולארמלתא **וייכלון** בקרווך ויסבעון: ומעשר DT 26:12
עבדא חלב ודבש **וייכלון** וישבעון וידהנון ויתפנון DT 31:20
טימהון וייתון עמא הדין **וייכלון** וישתון וירוון וישמשון NU 24:14
אמרת ביסרא איתן להון **וייכלון** ירח יומין: הענא דבערב NU 11:21
בתרע משכן זימנא: **וייכלון** יתהון דאתכפר בהון לקרבא EX 29:33
מפולחנא ותפקר פירהא **וייכלון** מסכיני עמך ושייוריהון EX 23:11
ערל דבקירויכון תיתנונה **וייכלונה** או תזבנון לבר עממין DT 14:21
די רחים: ותעיל לאבוך **ויכול** בגין דיברכינך קדם מותיה: GN 27:10
או בכל שיקוץ מסאב **ויכול** מבשר ניכסת קודשיא LV 7:21
חיות ברא וציפורי שמיא **ויכלו** גושמהון ומבתר כדין ייחון כל NU 11:26
וארמלתא דבקירויכון **ויכלון** ויסבעון מן בגלל דיברככון DT 14:29
יתיה ודדמכין בהון: **ויכלון** ית בישרא בליליא הדין EX 12:8
עם דובשיה מתקרב **ויכלון** יתהון כהנייא ברם למדבחא LV 2:12
עלם: ותהי לאהרן ולבנוי **ויכלוניה** מן בתר איסתלקותיה LV 24:9
ולפרנוס בתיכון **ולמיכול** לטפליכון: ואמרו קיימתנא GN 47:24
לכון לבר זרעא דחקלא **ולמיכליכון** ולפרנוס בתיכון GN 47:24
יתסק על מדבחא **ומיכל** לא תיכלוניה: ארום כל LV 7:24
וסניא ליהוי יקיד **ומתאכיל** בנורא: ואמר משה איתפני EX 3:2
למימר הב לנא בישרא **וניכול**: לית אנא יכיל בלחודי NU 11:13
כען ונלעי בליעות ידיי **וניכול** מזון מן מזונא דארעא ובכן GN 3:18
ותיכסון ניכסת קודשין **ותוכלון** תמן ותיחדון קדם ייי DT 27:7
תצמח ותרבי בדילך **ותיכול** ית עיסבא דעל אפי ברא עני GN 3:18
לטעוותהון ויזמנון לך **ותיכול** מן דיבחי טעוותהון: ותיסב EX 34:15
עמי קום כדון אסתחר **ותיכול** מצידי בגין דתברכינני נפשך: GN 27:19
ולאינש בתיכון ותהנון **ותיכלון** אתון וליואי וגיורי דביניכון: DT 26:11
פורקנכון ממצרים: ותטוון **ותיכלון** באתרא דיתרעי ייי אלקכון DT 16:7
עמא תימר אזדמנו למחר **ותיכלון** בישרא ארום בכיתון קדם NU 11:18
רעות נפשיכון תיכסון **ותיכלון** בישרא הי כבירכתא דייי DT 12:15
היכמא דפקידית יתכון **ותיכלון** בקירויכון בכל ריגוג DT 12:21
עבירן די חטיתון קדמי: **ותיכלון** בשר בניכון ובשר בנתיכון LV 26:29
מינהון כד חי בכספא **ותיכלון** ואוף מיא תזבנון מנהון DT 2:6
לכון כד מינפל במתקלא **ותיכלון** ולא תשבעון: ואין בהדא LV 26:26
כל עדאה תיבזון לכון **ותיכלון** ית עדי סנאיכון די יהב ייי DT 20:14
שפר ארג ארעא דמצרים **ותיכלון** ית שמנותיתא דארעא: GN 45:18
ארום קודש קודשין היא: **ותיכלון** יתה באתר קדיש ארום LV 10:13
חמרא מיגו מעצרתא: **ותיכלון** יתיה אתון כהניא בכל אתר NU 18:31
וחוטריכון בידיכון **ותיכלון** יתיה בבהילו דשכינת מרי EX 12:11
ייי אלקכון ממצרים **ותיכלון** יתיה בליליא: ותיכסון DT 16:1
ויתן ייי לכון ביסרא **ותיכלון**: לא יומא חד תיכלון ולא NU 11:18
יארע אפקות בר זרעא **ותיכלון** לחמיכון ותשבעון ותיתבון LV 26:5
ית שתא תמינתא **ותיכלון** מן עללתא עתיקתא LV 25:22
על פירי שתא אוחרי: **ותיכלון** מעשרא תיניינא קדם ייי DT 14:23
ואקים ית קיימי עמכון: **ותיכלון** עתיקא דמעתק ולא LV 26:10
קמא תקרבון ית עומרא **ותיכלון** פטירי מעללתא עתיקתא DT 16:8
ובכורי תוריכון ועניכון: **ותיכלון** תמן קדם ייי אלקכון DT 12:7
ובכל דתשיילינך נפשך **ותיכלון** תמן קדם ייי אלקכון DT 14:26
דכל בר נשא מנכון לא **ייכול** אדמא וגייורייא דמתגיירין LV 17:12
קדמי וחילוני לא **ייכול** ארום קודשא הינון: ואין EX 29:33
וכל ערלאי בר ישראל לא **ייכול** ביה: אורייתא חדא תהי לכל EX 12:48
תותב ואגירא נוכראה לא **ייכול** ביה: בחבורא חדא יתאכל לא EX 12:45
יתיה ותיטבליניה בכן **ייכול** ביה: דייור תותב ואגירא EX 12:44
תיכול וכל חילוניי לא **ייכול** ביה: וגבר ישראל ארום ייכול LV 22:13
דאישתמד ולא הדר לא **ייכול** ביה: וכל נוכראי דאיזדבן EX 12:43
נוכראה קניין כספיה הוא **ייכול** ביה ומרבייני בייתיה הינון LV 22:11
תיכלוניה כל דכורא בכון **ייכול** ייתיה בדכותא קודשא יהי לך: NU 18:10
עלם כל דידכי בביתך **ייכול** ייתיה: כל טוב משח זיתא וכל NU 18:11
במוי: כל דכורא בכהניא **ייכול** יתה קודש קודשין היא: וכל LV 6:22
למיתב ביניהון די **ייכול** כל אדמא ואתן פנוייתא LV 17:10
זוגין גוואין דענבא לא **ייכול**: כל יומי נדר ניזריה גלב לא NU 6:4
רטיבין וצמיקין לא **ייכול**: כל יומי נזריה מכל דמתעבד NU 6:3
הוא: נבילא וקטולא לא **ייכול** לאסתאבא בה אנא ייי: ויטרון LV 22:8
לחד מנהון מבשר בנוי די **ייכול** מן דלא אישתייר ליה מידעם DT 28:55

ויתכשר ובתר כדין **ייכול** מן קודשיא ארום מזוניה הוא: LV 22:7
יהי מסאב עד רמשא ולא **ייכול** מן קודשייא אלהין אין אסחי LV 22:6
וכל חילוניי לא **ייכול** קודשא בר ישראל דהוא LV 22:10
ביה: וגבר ישראל ארום **ייכול** קודשא בשלו ויוסיף חומש LV 22:14
דכהנא ואגירא לא **ייכול** קודשא: וכהנא ארום יקני בר LV 22:10
למיתב ביניכון לא **ייכלון** אדמא: וגבר טלי או גבר סיב LV 17:12
ייי: ומה דמשתיירא מינה **ייכלון** אהרן ובנוי פטירי תתאכל LV 6:9
ומרביני בייתיה הינון **ייכלון** בלחמיה: וברת כהין ארום LV 22:11
כל קבל חולק בשוה **ייכלון** בר ממותרי קורבניא דיכלון DT 18:8
באפיהון ארום עימי **ייכלון** גובריא באנטון שירותא GN 43:16
מדבחא בזימניה ובישריה **ייכלון** דכיין בגו בני ישראל: דין הוא NU 9:7
למקרב לקודשיא כחדא **ייכלון** יתיה כבישריה דטביא DT 12:15
קרבני לחים סידור פתורי **ייכלון** כהניא ומה דאתון מקרבין NU 28:2
ברם בפיסחא דניסן הינון **ייכלון** פטירי וקורבן פיסחא לא NU 9:12
קדיש בדרת משכן זימנא **ייכלונא**: לא תתאפי חמיע חולקהון LV 6:9
הוא: כל דכורא בכהניא **ייכלונה** באתר קדיש יתאכל קודש LV 7:6
למימר אהרן ובנוי **ייכלוניה**: ומה דמשתייר בבישרא LV 8:31
דילך יהי כל דדכי בביתך **ייכלוניה**: כל דמגמר בישראל דילך NU 18:13
יתיה על פטיר ומררין **ייכלוניה**: לא ישיירון מיניה עד NU 9:11
ופטיר על תמכה ועולשין **ייכלוניה**: לא תיכלון מיניה כד חי EX 12:8
כהנא די מכפר באדמה **ייכלינה** באתר קדיש תתאכל בדרת LV 6:19
כל דכורא בבני אהרן **ייכלינה** קיים עלם לדריכון LV 6:11
בשר קודשא: ובר נש די **יכול** בישרא מניכסת קודשיא LV 7:20
כל דידכי לקודשא **יכול** בשר קודשא: ובר נש די יכול LV 7:19
בבר נשא ההוא די **יכול** כל אדמא ואשצי יתיה מגו LV 17:10
ארום כל בר נש די **יכול** לציימא ולא יצום בכרן יומא LV 23:29
לזכו פסיל יהא ואינש די **יכול** מיניה חוביה יקבל: ובשר LV 7:17
או דייב בקודשייא לא **יכול** עד זמן דמידכי ודיקרב בכל LV 22:4
קורבניא דייי באחסנתהון **יכלון**: ואחסנת חקיל וכרם לא תיהי DT 18:1
למקרב לקודשיא כחדא **יכלוניה**: לחוד איתוקפון ביצריכון DT 12:22
בני ישראל ואמרו מאן **יכלינא** בישרא: דכירין אנחנא ית NU 11:4
ארעא שיקצא הוא לא **יתאכיל**: וכל דמהלך על מעוי וכל LV 11:41
ית דמשתייר בנורא לא **יתאכל** ארום קודשא הוא: ותעביד EX 29:34
חגא שובעא יומין פטירי **יתאכל**: ביומא קמאה דחגא מארע NU 28:17
יתוקד: ואין אתאכלא **יתאכל** ביומא תליתאה פסיל הוא LV 19:7
ומה דמשתייר מיניה **יתאכל** בפניא: ומה דמשתייר מבשר LV 7:16
ברם דובשא דזיבורא **יתאכל**: ברם ית דין תיכלון מן כל LV 11:20
תיכסוניה: ביומא דיתנכס **יתאכל** וביומא חרן ומה דמשתייר LV 19:6
דיקרב ית ניכסתיה **יתאכל** וביומחרן ומה דמשתייר LV 7:16
לכון מרחק לאבדא לא **יתאכל**: ובשתא רביעתא יהי כל LV 19:23
אפיק ייי יתכון מיכא ולא **יתאכל** חמיע: יומא דין אתון נפקין EX 13:3
חגא קדם ייי: פטירי **יתאכל** ית שבעא יומין ולא יתחמי EX 13:7
ייכול ביה: בחבורא חדא **יתאכל** לא תפקון מן ביתא מן EX 12:46
לכון תיכסון: ביומא ההוא **יתאכל** לא תשיירון מיניה עד צפרא LV 22:30
קודשוי ביום קרבניה **יתאכל** לית אפשר לאיצטנעא LV 7:15
ייכלונה באתר קדיש **יתאכל** קודש קודשין היא: כהילכת LV 7:6
ליתוי מקליף לא **יתאכלון** שיקצא הינון ית נישרא LV 11:13
דאתקבלו ברעוא הי **כאכלין** והי כשתיין: ואמר ייי למשה EX 24:11
שפר טוביה מיניה וביה **לאוכלי** מיניה לדסאיב וית קודשיא NU 18:32
ביני חייתא דמיכשרא **לאיתאכלא** וביני חייתא דלא LV 11:47
חייתא דלא מיכשרא **לאתאכלא**: ומליל ייי עם משה LV 11:47
תניינא איתפקד די לא **למיכול** אביל מיניה כל דכן קרבן LV 10:19
ביצריכון מטול דלא **למיכול** אדמא ארום אדמא הוא DT 12:23
ממניין עשרא כמיסת **למיכול** אימרא ויסב הוא ושיבביה EX 12:4
בישרא ארום תירוג נפשך **למיכול** בישרא בכל ריגגת נפשך DT 12:20
הי כמוי: ליתיכון רשאין **למיכול** בקורייכון מעשרי עיבורכון DT 12:17
חוביא די גרמו לאבהתא **למיכול** בשר בניהון ובנתיהון על LV 26:29
רשאין לא למבשלא ולא **למיכול** בשר וחלב מערבין כחדא EX 23:19
רשאין למבשל כל דכן **למיכול** בשר וחלב תריהון מערבון DT 14:21
רשאין למבשלא ולא **למיכול** בשר וחלב תריהון מערבין EX 34:26
חיות ברא כד ייתון **למיכול** גושמיהון: וימסירינון ייי DT 7:22
בעירא דהיא חזיא לכון **למיכול** דיקרב בנבילתא יהי מסאב LV 11:39
ייי לכון ברמשא בישרא **למיכול** ולחמא בצפרא למיסבוע EX 16:8
ניכסין ואסחר עמא **למיכול** ולמישתי וקמו להון EX 32:6
אלקך וביסרא אתכשר **למיכול**: טורו וקבילו ית כל DT 12:27
יתרגם תורא ולא יתנכס **למיכול** ית בישריה ומריה דתורא EX 21:28
בארעא: והוה כד פסקו **למיכול** ית עיבורא דהייתיו GN 43:2
מסתחר עמהון כחדא **למיכול** לחדא ואמר מה דילמא נטר GN 50:15
ועקרבין הוו ביה: וחזרו **למיכול** לחמא וזקפו עיניהון וחמון GN 37:25
אהרן וכל סבי ישראל **למיכול** לחמא עם חמוי דמשה EX 18:12
לא תתברון ביה בדיל **למיכול** מה דבגויה: כל כנישתא EX 12:46
ארום לא כשרין מצראי **למיכול** עם יהודאי לחמא ארום GN 43:32
דאשתיירו תהון מרשן **למיכול** פטירי מעללתא חדתא DT 16:8
עלך חיות ברא כד ייתון **למיכול** פיגריהון וינזקון בך: קליל EX 23:29

דקטיל מן תרין חורפוי **למיכול** קורצין למעקא לבר עמך LV 19:16
דעימיה: וסדרו קומיה **למיכול** תבשילא דביה כמא דקטול GN 24:33
מה דייתון לקמיהון **למיכל** ביומא בשבתא ויערבון EX 16:5
וכדון יהביה ייי לכון **למיכל**: דין פיתגמא דפקיד ייי EX 16:15
קדם ייי: ובישריהון יהי לך **למיכל** הי כחדיא דארמותא והי NU 18:18
אילן דמרגג למיחמי וטב **למיכל** ואילן חייא במציעות GN 2:9
וידעת ארום טב אילנא **למיכל** וארום אסו הוא לנהורא GN 3:6
למיכל לדמיפסלא **למיכל** ובין עופא דמיפסל למיכל LV 20:25
או עופא דמיכשרין **למיכל** וישוד ית אדמיה בניכסתא LV 17:13
דאנא אזיל ויתן לי לחים **למיכל** וכסו למילבוש: ואיתוב GN 28:20
למיכל לדמיכשר **למיכל** ולא תשקצון ית נפשתיכון LV 20:25
דביזריה מיזדרע לכון יהי **למיכל**: ולכל חיות ארעא ולכל GN 1:29
גינוניתא אית לן רשו **למיכל**: ומפירי אילנא דבי מציעות GN 3:2
דמיתאכיל ויהי לך ולכון **למיכל**: ועבד נח ככל דפקדיה ייי: GN 6:21
בארעך תהי כל עללתא **למיכל**: ותימני לך שבע שמיטין LV 25:7
ושנוי נקיין מן חלבא דלא **למיכל** חטוף ואנוסא וכדין יסמקון GN 49:12
דהוא חי דילכון יהי **למיכל** כירוק עיסבא יהבית לכון ית GN 9:3
בהון לחוד מן דיתעביד **למיכל** כל נפש איהו בלחודוי EX 12:16
ובין עופא דמיפסל **למיכל** לדמיכשר למיכל ולא LV 20:25
מן בעירא דמתכשרא **למיכל** לדמיפסלא למיכל ובין LV 20:25
ותהי שמיטת ארעא לכון **למיכל** לך ולעבדך ולאמתך LV 25:6
ותהי נבילתכון משגרא **למיכל** לכל עופא דשמיא ולבעירא DT 28:26
אילנא דפקידתך דלא **למיכל** מיניה אכלת: ואמר אדם GN 3:11
הוינא מסתחר עימכון **למיכל** מן בגלל דנטירנא לכון בבו GN 50:20
למישהי וספיקא להון **למיכל** עד חמיסר יומין לירחא EX 12:39
ביומא ההוא ומיתכשרא **למיכלא** וית ציפרא נכיסתא הוה LV 14:53
ביומא ההוא ומתכשרא **למיכלא** וית צפרא נכיסא הוה LV 14:7
דא חייתא דמיכשרא **למיכלכון** מן כל בעירא דעל ארעא: LV 11:2
לקיימא: ואנת סב לך מכל **מיכל** דמיתאכיל ויהי לך ולכון GN 6:21
ארום לא אילן עביד פירי **מיכל** הוא יתיה תחבלון ותיקטעון DT 20:20
ארום זבננא ואכל אוף **מיכל** ית כספנא: ארום כל עותרא GN 31:15
לפום עדביא כפולחנא כן **מיכל** מתנה איתן בדכותא ית NU 18:7
עילאה מכל תפנוקי **מיכל** פרעה עובד נחתום ועופא GN 40:17
מכל אילן גינוניתא **מיכל** תיכול: ומאילן דאכלין פירוהי GN 2:16
אדמון לות קודשא גוואה **מיכל** תיכלון יתה בקודשא היכמא LV 10:18
קמחא דשערי דהינון **מיכלא** דבעירי לא יריק עלה NU 5:15
ויתיה תתברון: מכל **מיכלא** דמיתאכל די ייעלון עלוי LV 11:34
אשא דמיכלא קבל **מיכלא** היא לפום דאמרת ליעקב GN 38:25
עליהון מיכלא כל קבל **מיכלא** היא מטול דהינון בסידרי LV 26:43
עיניוון בסימן ואילני **מיכלא** וירקי ומיגדי בארעית ימא: EX 15:19
ותסגפון ית נפשתיכון מן **מיכלא** ומישתיא מבי בני ותמרוקא NU 29:7
בהון נשיא מטעייתא זבנן **מיכלא** ומישתייא בבציר מן טימהון NU 24:14
תענון ית נפשתיכון מן **מיכלא** ומן מישתיא ומן הניית בי LV 16:29
חורפן ואתקין בגויה **מיכלא** ומשקיא לעבוריא GN 21:33
חלף בירכן ימטון עליהון **מיכלא** כל קבל מיכלא היא מטול LV 26:43
די טעמון בדכותא **מיכלהון** ויתפרשון מסואבות LV 11:1
דימלחון במנייא לצרוך **מיכלהון** נשא הימון רוח מערבא EX 10:19
שעין דיומא אינש לפום **מיכליה** ומן ארבע שעין ולהאל EX 16:21
מן מכילתא גבר לפום **מיכליה** לקיטו: ואמר משה להון גבר EX 16:18
לקוטו מיניה גבר לפום **מיכליה** עומרא לגולגלתא מניין EX 16:16
נפשתא גבר לפום מיסת **מיכליה** תיכסון ית אימרא: אימר EX 12:4
ייי אלקכון ויברך ית מזוני **מיכלך** ומישתייך ואעדי מחת EX 23:25
וכל עמה דגווה גברא מרי **מיכלן** בישן: ותמן חמינא ית גיבריא NU 13:32
לכון ותענון ית נפשתיכון **ממיכלא** ומשיתיא והניית בי בני LV 23:27
וארום אין תימרון מה **ניכול** בשתא שביעתא הא לא נזרע LV 25:20
מכל אילן גינוניתא מיכל **תיכול**: ומאילן דאכלין פירוהי GN 2:16
מסכיני עמך ושייוריהון **תיכול** חיות ברא כדין תעביד EX 23:11
דמותא בפמך ועפרא **תיכול** כל יומי חייך: ודבבו אישוי GN 3:14
בעירא: בליעות כף ידך **תיכול** מזונא עד דתיהדור לעפרא GN 3:19
למידע בין טב לביש לא **תיכול** מיניה ארי ביומא דתיכול GN 2:17
דפקידתך למימר לא **תיכול** מיניה ליטא ארעא בגין דלא GN 3:17
תינטור שובעא יומין **תיכול** פטירא היכמה דפקידתך EX 23:15
תינטרון שובעא יומין **תיכול** פטירי היכמא דפקידתך EX 34:18
בירחא הדין: שובעא יומין **תיכול** פטירי וביומא שביעאה חגא EX 13:6
הוא קיום נפשא לא **תיכלון** אדמא דביה קיום נפשא DT 12:23
אדם כל בישרא לא **תיכלון** ארום קיום נפש כל בישרא LV 17:14
וית שקא דאפרשותא **תיכלון** באתר דכי אנת ובנך עימך LV 10:14
ארעא דלא בחוסרנא **תיכלון** בה לחמא ולא תחסר כל DT 8:9
דייי שבעתי יומין פטירי **תיכלון**: ביומא קדמאה דחגא מארע LV 23:6
למימר בני שימשתא **תיכלון** בישרא ובצפרא תיכלון EX 16:12
כל עירבובין דמחמע לא **תיכלון** בכל אתר מותבניכון תיכלון EX 12:20
פישרא בבעירא יתה **תיכלון**: ברם ית דין לא תיכלון LV 11:3
פישרא בבעירא יתה **תיכלון**: ברם ית דין לא תיכלון DT 14:6
שובעא יומין פטירא **תיכלון** ברם מפלגות יומא דמקמי EX 12:15

כל תריב וכל אדם לא **תיכלון** ברם על גבי מדבחא יתקריב LV 3:17
הוא לכון: מבישריהון לא **תיכלון** ובניבלתהון לא תקרבון LV 11:8
הוא לכון מביסריהון לא **תיכלון** ובניבלתהון לא תקרבון: DT 14:8
נפקא כולא נשמתא לא **תיכלון:** וברם ית דימכון לנפשתיכון GN 9:4
ציבעא יתירא ולא דריס **תיכלון:** ודין דלא תיכלון מנהון DT 14:11
ומיבישריהון לא **תיכלון** וית ניבלתהון תשקצון ומן LV 11:11
מן דפרזלא ארום מפירוי **תיכלון** ויתיה לא תקוצון ארום לא DT 20:19
בימָמיא ובנחליא יתהון **תיכלון:** וכל דלית ליה ציצין LV 11:9
וחד תחות גונביה יתיה **תיכלון:** וכל דלית ליה ציצין DT 14:9
ותיכלון: לא יומא חד **תיכלון** ולא תרין יומין ולא חמשא NU 11:19
לכון יומא דין: דילמא **תיכלון** ותיסבעון ובתין שפירין DT 8:12
תור ואימר ועיזא לא **תיכלון:** ותריב חיוא דמיקלקלא LV 7:23
ברמשא דעשרין ותרין **תיכלון** חמיע: שובעא יומין חמיר EX 12:18
מה דמשתייר מן מא די **תיכלון** יומא דין אצנעו יתיה ויהי EX 16:23
כהנא: ובשתא חמישיתא **תיכלון** ית אינביה מטול דיוספון LV 19:25
ית אילין מינייא מנהון **תיכלון** ית גובאי ליזניה וית רשונא LV 11:22
תהי לכון מן חקלא **תיכלון** ית עללתא: בשתא דיובלא LV 25:12
לות קודשא גוואה מיכל **תיכלון** יתה בקודשא היכמא LV 10:18
טבא: וכדא הילכתא **תיכלון** יתיה בזימנא דא ולא לדריא EX 12:11
בתרע משכן זימנא ותמן **תיכלון** יתיה וית לחמא דבסל LV 8:31
כל גובא דכיא תיכלון: לא **תיכלון** כל דמיקלקלא בניכסא DT 14:21
דעל אפי ארעא: לא **תיכלון** כל מידעם דרחיקית מנכון: DT 14:3
הינון לכון: כל גובא דכיא **תיכלון:** לא תיכלון כל דמיקלקלא DT 14:20
תיכלון בישרא ובצפרא **תיכלון** לחמא ותינדעון ארום אנא EX 16:12
מן חיוותא חייא לא **תיכלון** לכלבא תרמון יתיה EX 22:30
חמיע שובעא יומין **תיכלון** לשמיה פטיר לחמא ענייא DT 16:3
אנא הוא אלקכון: לא **תיכלון** מבשר כל ניכסתא עד LV 19:26
גינוניתא אמר ייי לא **תיכלון** מיניה ולא תקרבון ביה GN 3:3
ועולשין ייכלוניה: לא **תיכלון** מיניה כד חי ולא כד בשלא EX 12:9
דאמר ייי אלקים לא **תיכלון** מכל אילן גינוניתא: ואמרת GN 3:1
מסאבין הינון לכון: ית דין **תיכלון** מכל די במיא כל דיליה LV 11:9
לא תקרבון: לחוד ית דין **תיכלון** מכל דקמיט כל דליה ציצין DT 14:9
תיכלון: ברם ית דין לא **תיכלון** ממינא דמסקי פישרא LV 11:4
תיכלון: ברם ית דין לא **תיכלון** ממסקי פישרא ומסדיקי DT 14:7
יתאכל: ברם ית דין **תיכלון** מן כל ריחשא דעופא LV 11:21
נכיסין ואתון חמיין ולא **תיכלון** מנהון חמריכון יהוון·אניסין DT 28:31
דריס תיכלון: ודין דלא **תיכלון** מנהון נשרא ועוזא ובר ניזא: DT 14:12
ליה ציצין וחרספיתין לא **תיכלון** מסאב הוא לכון: כל ציפר DT 14:10
וניכסת קודשיכון תמן **תיכלון** מעשרכון ואפרשות ידיכון DT 12:11
וקלי ופירוכיין חדתין לא **תיכלון** עד כרן יומא הדין עד זמן LV 23:14
ואילא: לחוד אדמיה לא **תיכלון** על ארעא תישדוניה היך DT 15:23
שכינתיה תמן: לא **תיכלון** על פיסחא חמיע שובעא DT 16:3
עד זמן מיעל עללתא **תיכלון** עתיקתא: וארעא דישראל LV 25:22
בכל אתר מותבניכון **תיכלון** פטירי: וקרא משה לכל סבי EX 12:20
פיסחא וברמשא דחמסר **תיכלון** פטירי עד יומא דעשרין וחד EX 12:18
דרחיש על ארעא לא **תיכלונון** ארום שיקצא הינון: לא LV 11:42
על מדבחא ומיכל לא **תיכלוניה:** ארום כל דייכול תריב מן LV 7:24
אילהן קדם ייי אלקכון **תיכלוניה** באתרא דיתרעי ייי DT 12:18
דטביא ואילא היכדין **תיכלוניה** דמסאב למקרב לקודשיא DT 12:22
ייי אלקכון: בקירויכון **תיכלוניה** דמסאב מן למקרב DT 15:22
ודיבנך: בקודש קודשיא **תיכלוניה** כל דכורא בכון ייכול NU 18:10
תישדוניה הי כמיא: לא **תיכלוניה** מן בגלל דייטב לכון DT 12:25
במיעל ית שימשא **תיכלוניה** עד פלגות ליליא זמן DT 16:6
באדמא הוו זהירין דלא **תיכלוניה** על ארעא תישדוניה הי DT 12:16
נפשא עם בישרא: לא **תיכלוניה** על ארעא תישדוניה הי DT 12:24
עניכון: קדם ייי אלקכון **תיכלוניה** שנא בישנא באתרא DT 15:20
חויאת לך חובך בעמל **תיכלינא** כל יומי חייך: וכובין GN 3:17
ובבנה דתוליד ארום **תיכלינון** בחוסרן כל מידעם DT 28:57
וכדון למא נמות ארום **תיכלינא** אישתא רבתא הדין אין DT 5:25
לכפרא בקודשא לא **תיתאכל** בנורא תיתוקד: ודא LV 6:23
תסתדר ותיהווי לא **תיתאכל:** ומליל ייי עם משה למימר: LV 6:16
ייכלון אהרן ובנוי פטירי **תתאכל** באתר קדיש בדרת משכן LV 6:9
ייכלינה באתר קדיש **תתאכל** בדרת משכן זימנא: כל LV 6:19
מברא לארעא דישראל **תתכיל** יתהון מחת חרבא DT 32:25

אכסנאי (1)

ואמרין אמן: ליט די יטעי **אכסניא** באורחא דהוא מדמי DT 27:18

אלא (9)

על יד בני נשא איתקטל **אלא** חמי אנא ברוח קודשא דאיתא GN 37:33
ולא ידע במישכבה **אלא** ידע במקימה: והוה מיומחרא GN 19:33
מרי עלמא קאי **אלא** יהי בך חובת עיכוב נידרא: DT 23:22
ארום לא אלילי אתון **אלא** מהימהי אתון ית אחוכון אתן GN 42:34
ית אידך מאחוך מסכינא: **אלא** מיפתח תיפתח ית אידך ליה DT 15:8
די נטייבא לך קיימתך **אלא** מן בגלל למחזייך ית חילי ומן EX 9:16
דאתי ולא משהי לסנאוי **אלא** עד דהינון בחיין בעלמא דאתי DT 7:10
דאתי ולא משהי לסנאוי **אלא** עד דהינון בחיין בעלמא הדין DT 7:10
גרם לנא קטולא הדא **אלא** על דאתרשלנא במספדא DT 10:6

אלה (609)

ניסב ונקרבא קדם ייי **אילהן** הא אין מקרבין אנן ית EX 8:22
ההוא ארום קילותא קדם **אילקא** למצלוב גבר אלהן חובוי DT 21:23
ארעא ומלייה רעי ליה **אלא** דאיתגלי באיקר שכינתיה על DT 33:16
יתך דחילא לפרעה כאילו **אלהא** דיליה ואהרן אחוך הוי נביא EX 7:1
חבול: קדישין יהון קדם **אלההון** ולא יפסון ית שמא LV 21:6
פלחו נכסת חגא קדם ייי **אלהכון** בארעא הדא: ואמר משה EX 8:21
ותידעון ארום אנא ייי **אלהכון** דאנפיק יתכון מגו דחוק EX 6:7
ניכסת חגא קדם ייי **אלהן** דילמא יארע יתן במותא או EX 5:3
נדבת ניכסת חגא קדם **אלהנא:** תיתקף פולחנא עילוי EX 5:8
קלילין תור חד קדם **אלוק** חד דכר חד לעמא יחידאיי NU 29:36
לא כמילי בר נש מימר **אלוק** חי וקיים ריבון כל עלמיא ייי NU 23:19
בני ישראל לא יהוי לכון **אלק** אוחרן בר מיני: לא תעבדון DT 5:7
אישא אכלא אישא הוא **אלק** קנאי ומתפרע בקינאה: ארום DT 4:24
ייי קנאי ופורען שמיה **אלק** קנאי ופורען הוא: דילמא תיגזר EX 34:14
ארום אנא ייי אלקכון **אלק** קנאן ופורען ומתפרע בקינאה EX 20:5
אנא הוא ייי אלקכון **אלק** קנאן ופורען ומתפרע בקנאה DT 5:9
עממיא דבחזרניכון: ארום **אלק** קנאן ופורען ייי אלקכון DT 6:15
הינון אקנון קדמוי בדלא **אלקא** ארגיזו קדמוי בהבליהון DT 32:21
חד אליעזר ארום אמר **אלקא** דאבא הוה בסעדי ושיזבני EX 18:4
דשבקו ית קיימא דייי **אלקא** דאבהתהון דיגזר עימהון DT 29:24
לחדא היכמא דמליל ייי **אלקא** דאבהתך לך ארע דפירהא DT 6:3
ישראל ותימר להון ייי **אלקא** דאבהתכון איתגלי לי EX 3:16
כדנן תימר לבני ישראל **אלקא** דאבהתכון אלקיה דאברהם EX 3:15
ארום אתגלי לך ייי **אלקא** דאבהתכון אלקיה דאברהם EX 4:5
ותירתון ית ארעא דייי **אלקא** דאבהתכון יהיב לכון: ליתכון DT 4:1
הי ככוכבי שמיא לסגי: ייי **אלקא** דאבהתכון יוסיף עליכון DT 1:11
דבש היכמא דמליל ייי **אלקא** דאבהתכון לכון: ויהי בזמן DT 27:3
למעבד בארעא דיהב ייי **אלקא** דאבהתכון לכון למירתה כל DT 12:1
בני ישראל ואימר להון ייי **אלקא** דאבהתכון שדרני לוותכון EX 3:13
יתן וכדון נשבחיניה **אלקא** דאבהתן ונרומימניה: אמרין EX 15:2
אבניא דישראל: מימימר **אלקא** דאבוך יהי סיועך ומן GN 49:25
שבוק בבעו לחובי עבדי **אלקא** דאבך ובכא יוסף במללותהון GN 50:17
דלבן עביד לך: אנא הוא **אלקא** דאיתגליתי עלך בביתאל די GN 31:13
יתנטיל מיניה מלכותיה: **אלקא** דאפיקינון פריקין ממצרים NU 24:8
קנון נכסין ושבקו פולחן **אלקא** דברא יתהון וארגיזו קדם DT 32:15
דמצרים ותימרון ליה ייי **אלקא** דיהודאי איתקרי עלנא וכדון EX 3:18
עימיה כדנא אמר ייי **אלקא** דיהודאי פטור ית עמי EX 9:1
ותימר ליה כדנא אמר ייי **אלקא** דיהודאי פטור ית עמי EX 9:13
תיסב לידך: ותימר ליה ייי **אלקא** דיהודאי שדרני לוותך EX 7:16
ארום ייי אלקכון הוא **אלקא** דיינא ומרי מלכין אלקא DT 10:17
משיחא מיבבא ביניהון: **אלקא** דיפרק ואפיק יתהון פריקין NU 23:22
קדם ריבון עלמיא ייי **אלקא** דישראל: ארום איתריך EX 34:23
מן כל דיליה קדם אל **אלקא** דישראל: ונפקת דינה ברת GN 33:20
עיניהון וחמון ית איקר **אלקא** דישראל ותחות אפיפורין EX 24:10
היא לכון ארום אפריש **אלקא** דישראל יתכון מן כנישתא NU 16:9
ואמר להון כדנן אמר ייי **אלקא** דישראל כל מאן דדבח EX 32:27
ואמר ליה כדנא אמר ייי **אלקא** דישראל עד אימת מסרב EX 10:3
לפרעה כדנא אמר ייי **אלקא** דישראל פטור ית עמי EX 5:1
תתיב ית ברי לתמן: ייי **אלקא** דמותביה בשמי מרומא GN 24:7
בשום מימרא דייי **אלקא** דמותביה בשמי מרומא הוא GN 24:3
ואנשיתון מימרא **אלקא** דעבד יתכון מחילין מחילין: DT 32:18
על אפיהון ואמר אל **אלקא** דשוי רוח נשמתא בגופי בני NU 16:22
בשמי מרומא הוא **אלקא** דשולטניה על ארעא דילא GN 24:3
אלקא רחמנא בבעו **אלקא** דשליט בנישמת כל בישרא NU 12:13
יהי לאחוי: ואמר בריך ייי **אלקא** דשם דעבדיתיה צדיק ובגין GN 9:26
דשמע מימר מן קדם **אלקא** וידע שעתא דרתח בה NU 24:16
ידך תקיפתא דאת הוא **אלקא** ולא אית בר מינך דשכינתך DT 3:24
הדא ידעית דייי הוא **אלקא** זכאה וברם אני ועמי חייבין EX 9:27
הוא דעתיד למהוי ולית **אלקא** חורן בר מיני אנא במימרי DT 32:39
דשמע מימר מן קדם **אלקא** חייא דחזיו מן קדם אל שדי NU 24:4
ואיקביל צלותיה ארום **אלקא** חננא אנא: עמי בני ישראל EX 22:26
ופרישתא דעבד להון **אלקא:** יחידאה הוא עמא הדין נייח NU 23:23
תקיפין בסיבותהון: לית **אלקא** כאלקא ישראל דאשרי DT 33:26
למינדע ארום ייי הוא **אלקא** לית תוב בר מיניה: משמי DT 4:35
ארום כל אורחתוי דינא **אלקא** מהימנא דמן קדמוי עוולא DT 32:4
ואמר בריך אברם מן **אלקא** עילאה דבגין צדיקיא קנא GN 14:19
ידי בשבועה קדם ייי **אלקא** עילאה דבגין צדיקיא קנא GN 14:22
וידע שעתא דרתח בה **אלקא** עילאה דחיזו מן קדם שדי NU 24:16
קנא שמיא וארעא: ובריך **אלקא** עילאה דעבד סנאך כתריסא GN 14:20
זימנא הוה משמש קדם **אלקא** עילאה: ובריכיה ואמר בריך GN 14:18
והימינו בשם מימרא דייי **אלקא** עלמא: והוה בתר פיתגמיא GN 21:33

תמן בשום מימרא דייי **אלקא** עלמא: וית לוחיא חפא דהבא EX 36:33

ייי אמר במימריה והות לי **אלקא** פרוק מן תדיי אימהון הוון EX 15:2

עמא קל מימרא דייי **אלקא** קיים דממלל מיגו אישא DT 4:33

דא אומא רבא דאית ליה **אלקא** קריב לוותיה בשום מימרא DT 4:7

אלקא דיינא ומרי מלכין **אלקא** רבא גיברא ודחילא דלית DT 10:17

שכינת ייי אלקכון ביניכון **אלקא** רבא ודחילא: ויגלי ייי DT 7:21

ייי למימר בבעו ברחמין **אלקא** רחמנא בבעו אלקא דשליט NU 12:13

על אפוי וקרא ייי ייי **אלקא** רחמנא וחננא אריך רוח EX 34:6

ותקבלון למימריה: ארום **אלקא** רחמנא ייי אלקכון לא DT 4:31

דאדום ארום אנא הוא ייי **אלקהון** ביומוי דגוג: ודכירנא להון LV 26:44

ישראל מימרא דייי **אלקהון** בסעדהון ויבבות מלכא NU 23:21

ביניהון אנא הוא ייי **אלקהון**: ותעביד מדבחא לאסקא EX 29:46

דמשמשין קדם ייי **אלקהכון**: אנא הוא ייי אלקכון די NU 15:40

ותימר להון אנא הוא **אלקוכון**: כעובדין בישין דעמא LV 18:2

האנא: ואמר אנא הוא אל **אלקי** דאבוך לא תידחל מן למיחות GN 46:3

ודינין היכמא דפקדני ייי **אלקי** למעבד היכנא בגו ארעא DT 4:5

על גזירת מימרא דייי **אלקי** למעבד מילתא זעירתא או NU 22:18

שמענן בקל מימרא דייי **אלקי** עבדית כל מה דפקידתני: DT 26:14

מטול דלית שכינת **אלקי** שריא במיצעי אירעוני DT 31:17

תקיף הוא ייי על כל **אלקיא** ארום בפיתגמא דארשעו EX 18:11

לא יתכשר לקרבא קרבן **אלקיה**: ארום כל גבר דביה מומא LV 21:17

דנחור ידינון בינן ביננא **אלקיה** דאבוהון וקיים יעקב GN 31:53

ישראל: ואמר אנא הוא **אלקיה** דאבוך אלקיה דאברהם EX 3:6

עילוי ואמר ליה אנא ייי **אלקיה** דאברהם אבוך ואלקיה GN 28:13

בלילייא ההוא ואמר אנא **אלקיה** דאברהם אבוך לא תידחל GN 26:24

אנא הוא אלקיה דאבוך **אלקיה** דאברהם אלקיה דיצחק EX 3:6

ישראל אלקא דאבהתכון **אלקיה** דאברהם אלקיה דיצחק EX 3:15

לך ייי אלקא דאבהתכון **אלקיה** דאברהם אלקיה דיצחק EX 4:5

וית קמא הדא לאבאשא: **אלקיה** דאברהם ואלקי דנחור GN 31:53

לאלקיה דאיבא **אלקיה** דאברהם ודדחיל ליה יצחק GN 31:42

דאבהתכון איתגלי לי **אלקיה** דאברהם יצחק ויעקב EX 3:16

לשיזבא: ואמר יעקב **אלקיה** דאיבא אברהם הוא אלקיה GN 32:10

דאיבא אברהם הוא **אלקיה** דאיבא יצחק ייי דאמר לי GN 32:10

לא איפטור: ואמרו **אלקיה** דיהודאי איתקרי שמיה EX 5:3

דאבוך אלקיה דאברהם **אלקיה** דיצחק ואלקיה דיעקב EX 3:6

אלקיה דאברהם **אלקיה** דיצחק ואלקיה דיעקב EX 3:15

אלקיה דאברהם **אלקיה** דיצחק ואלקיה דיעקב: EX 4:5

חד מן כל פיקודיא דייי **אלקיה** דלא כשרין לאתעבדא LV 4:22

יומנא לעינא ואמרית ייי **אלקיה** דריבוני אברהם אין איתך GN 24:42

ואמר בריך שמא דייי **אלקיה** דריבוני אברהם די לא מנע GN 24:27

דנפקן מליאתא: ואמר ייי **אלקיה** דריבוני אברהם זמין כען GN 24:12

קדם ייי ובריכית ית ייי **אלקיה** דריבוניה אברהם דדברני GN 24:48

וישמש בשום מימרא דייי **אלקיה** הי ככל אחוי ליואי DT 18:7

ושרי לצלאה קדם ייי **אלקיה** ואמר למא ייי יתקוף רוגזך EX 32:11

גלעד אודי ומצלי קדם **אלקיה**: ואתא מלאכא במימר מן GN 31:23

דירגז ויחרף שום כינויי **אלקיה** ויקבל חוביה: ברם מאן LV 24:15

ארום קדיש הוא קדם **אלקיה**: ותקדישיניה לכהנא ארום LV 21:7

דייי מומא ביה ית קרבן **אלקיה** לא יתכשר לקרבא: ברם LV 21:21

למידחל מן קדם ייי **אלקיה** למינטר ית כל פתגמי DT 17:19

ארום משח רבות **אלקיה** עלוי אנא ייי: והוא איתא LV 21:12

ברחמין מן קדמך ייי **אלקים** אנת שריתא לאתחזאה ית DT 3:24

מיין קרא יממי וחמא **אלקים** ארום טב: ואמר אלקים GN 1:10

וזני דלא דכיין וחמא **אלקים** ארום טב: ואמר אלקים GN 1:25

עביד פירי ליזניה וחמא **אלקים** ארום טב: והוה רמש והוה GN 1:12

ובין חשוך לילייא וחמא **אלקים** ארום טב: והוה רמש והוה GN 1:18

דכיין וזני דלא דכיין וחמי **אלקים** ארום טב:: והוה רמש והוה GN 1:21

אתברייו ביומא דעבד ייי **אלקים** ארעא ושמייא: וכל אילני GN 2:4

וכל חילוותהון: ושלים **אלקים** ביומא שביעא עיבידתיה GN 2:2

נהורא ארום טב ואפרש **אלקים** בין נהורא ובין חשוכא: וקרא GN 1:4

הדא למירתא: ואמר ייי **אלקים** במא אינדע ארום אירתינה: GN 15:8

ואינתתיה מן קדם ייי **אלקים** במציעות אילני גינוניתא: GN 3:8

אדם בדיוקניה בצילמא **אלקים** ברא יתיה במאתן וארבעין GN 1:27

ואיתנציב במימרא דייי **אלקים** גינוניתא מעדן לצדיקייא GN 2:8

לחבלא ארעא: ואמר **אלקים** דא את קימא דאנא מקיים GN 9:12

על ליבכון ארום ייי הוא **אלקים** דשכינתיה שריא בשמיא DT 4:39

עילוי ארעא: ואמר **אלקים** הא יהיבת לכון ית כל GN 1:29

היכמא דפקיד יתיה ייי **אלקים** ואגן מימרא דייי ית תרעא GN 7:16

מכל חיות ברא דעבד ייי **אלקים** ואמר לאיתתא הקושטא GN 3:1

ברא יתהון: ובריך יתהון **אלקים** ואמר להון אלקים פושו GN 1:28

וצלי אברהם קדם **אלקים** ואסי אלקים ית אבימלך GN 20:17

תהון דחלין מן קדם ייי **אלקים**: וכתנא וסרתא לקון ארום EX 9:30

נח מכל עיבידתיה דברא **אלקים** ועתיד למיעבד: אילן תולדת GN 2:3

צפר יום תליתאי: ואמר **אלקים** יהון נהורין ברקיעא GN 1:14

על אנפי מיא: ואמר **אלקים** יהי נהורא לאנהרא עלמא GN 1:3

צפר יומא חדא: ואמר **אלקים** יהי רקיעא במציעות מייא GN 1:6

צפר יום רביעיי: ואמר **אלקים** ירחשון רקקי מוי רחיש GN 1:20

קדם אלקים ואסי **אלקים** ית אבימלך וית אינתתיה GN 20:17

דרחיש עילוי ארעא: וברא **אלקים** ית אדם בדיוקניה בצילמא GN 1:27

כל אפי אדמתא: וברא ייי **אלקים** ית אדם בתרין יצרין ודבר GN 2:7

רביעא הוא פרת: ודבר ייי **אלקים** ית אדם מן טוור פולחנא GN 2:15

ליזנה והוה כן: ועבד **אלקים** ית חיות ארעא ליזנה זני GN 1:25

עיבידתיה דעבד: ובריך **אלקים** ית יומא שביעאה מן כולהון GN 2:3

עיסבין והוה כן: וחזא **אלקים** ית כל דעבד והא טב לחדא GN 1:31

ומן יד הוה נהורא: וחמא **אלקים** ית נהורא ארום טב ואפרש GN 1:4

ולילי לא יתבטלון: ובריך **אלקים** ית נח וית בנוי ואמר להום GN 9:1

בבישרא אתא: ובנא ייי **אלקים** ית עילעא דנסב מן אדם GN 2:22

לביני מוי תתאי: ועבד **אלקים** ית רקיעא סומכיה תלת GN 1:7

מן אוולא ברא **אלקים** ית שמייא וית ארעא: GN 1:1

אויר רקיע שמייא: וברא **אלקים** ית תנינייא רברבייא ית GN 1:21

ארעא והוה כן: ועבד **אלקים** ית תרין נהוריא רברביה GN 1:16

והוה צפר יום תניין: ואמר **אלקים** יתכנשון מיין תתאין GN 1:9

ברחמין מן קדמך ייי **אלקים** לא תחבל עמך ואחסנתך די DT 9:26

הקושטא דאמר ייי **אלקים** לא תיכלון מכל אילן GN 3:1

תהי חייב קטול: ואמר ייי **אלקים** לא תקין די יהי אדם דמיך GN 2:18

אילני גינוניתא: וקרא ייי **אלקים** לאדם ואמר ליה הלא כל GN 3:9

דכל בני נשא: ועבד ייי **אלקים** לאדם ולאינתתיה לבושין GN 3:21

אילנא ואכלית: ואמר ייי **אלקים** לאיתתיה מה דא עבדת GN 3:13

שרה: ואתא מימר מן קדם **אלקים** לות אבימלך בחילמא GN 20:3

ואלבישינון: ואמר ייי **אלקים** למלאכייא די משמשין GN 3:22

אלקים ארום טב: ואמר **אלקים** למלאכייא דמשמשין קומוי GN 1:26

יבישתא והוה כן: וקרא **אלקים** לנגביתא ארעא ולבית GN 1:10

נהורא ובין חשוכא: וקרא **אלקים** לנהורא יממא ועבדיה GN 1:5

ביסרא דעל ארעא: ואמר **אלקים** לנח דא את קים דקיימית GN 9:17

בארעא וסגו בה: ואמר **אלקים** לנח ולבנוי עימיה למימר: GN 9:8

דרקיעא והוה כן: וקרא **אלקים** לרקיע שמייא והוה רמש GN 1:8

עד לעלמין: ותרכיה ייי **אלקים** מגינתא דעדן ואזל ויתיב GN 3:23

ושמעו ית קל מימרא דייי **אלקים** מטייל בגינוניתא למנח GN 3:8

ית אדם כד ברייה: ורבי ייי **אלקים** מן אדמתא כל אילן דמרגג GN 2:9

סמיך בקיבליה: וברא ייי **אלקים** מן אדמתא כל חיות ברא GN 2:19

ורוח רחמין מן קדם **אלקים** מנתבא על אנפי מיא: ואמר GN 1:2

סגי לחדא: ואמר אברם ייי **אלקים** סגין יהבת לי וסגין אית GN 15:2

דינא רבא ארום בדיוקנא **אלקים** עבד ית אינשא: ואתון פושו GN 9:6

ולמנטר פקדוה: ופקד ייי **אלקים** על אדם לאומר מכל אילן GN 2:16

צמח ארום לא אמטר ייי **אלקים** על ארעא ואינש לא אית GN 2:5

וית כוכביי: וסדר יתהון **אלקים** על שיטריהון ברקיעא GN 1:17

יתהון אלקים ואמר להון **אלקים** פושו וסגו ומלו ית ארעא GN 1:28

דעימיה בתיבותא ואעבר **אלקים** רוח רחמין על ארעא GN 8:1

סמיך ביקיבליה: ורמא ייי **אלקים** שינתא עמיקתא עילוי אדם GN 2:21

צפר יום חמישאיי: ואמר **אלקים** תהנפק גרגישתא דארעא GN 1:24

יהוי כנען עביד ליה: ישפר **אלקים** תחומיה דיפת ויתגיירון GN 9:27

ואכלית: ואייתי ייי **אלקים** תלתיהון לדינא ואמר GN 3:14

אלקים ארום טב: ואמר **אלקים** תרבי ארעא דיתאי עישבא GN 1:11

בני ישראל ארום אנא ייי **אלקין** די הנפיקית יתהון פריקין EX 29:46

אודינן יומא דין קדם ייי **אלקך** ארום עלינן לארעא דקיים ייי DT 26:3

מן בגלל דיברכינך ייי **אלקך** בכל אושטות ידך על ארעא DT 23:21

שנין וברכך מטוליה ייי **אלקך** בכל מה דתעבד: כל בוכרא DT 15:18

אירס דקטול וסוברך ייי **אלקך** בענני איקר שכינתיה היכמה DT 1:31

מדחלתא דייי **אלקך** דאפיק יתכון פריקין מן DT 13:11

לכהנא ארום ית קרבן **אלקך** הוא מקריב קדיש יהי לך ולא LV 21:8

לסטר מדבחא דייי **אלקך** הכדין ליתיכון רשאין DT 16:21

ואדמא על מדבחא דייי **אלקך** ואדם שאר נכסת קודשך DT 12:27

ישתפיך על מדבחא דייי **אלקך** וביסרא אתכשר למיכול: DT 12:27

קבלא תקביל למימר דייי **אלקך** ודכשר קדמוי תעביד ותצית EX 15:26

בכל טבתא דיהב לך ייי **אלקך** ולאינש בתיכון ותהנון DT 26:11

ייי אלקך ותסגוד קדם ייי **אלקך**: ותחדי בכל טבתא דיהב לך DT 26:10

תמן ארום יברכינך ייי **אלקך**: ותחליל בכספא ויהון פריטי DT 14:24

תיסק ותיכול קדם ייי **אלקך** ותימר הא אפרשנן קודשיא DT 26:13

לי ייי ותחתיניה קדם ייי **אלקך** ותסגוד קדם ייי אלקך: ותחדי DT 26:10

ותגמר ית כל עממיא דייי **אלקך** יהיב לך לא תיחוס עינך DT 7:16

אחך בחדא מן קרוך דייי **אלקך** יהיב לך לא תתקף ית לבבך DT 15:7

תחומיה ארום אקשי ייי **אלקך** ית יצרא דרוחיה ואיתקף ית DT 2:30

עלך שימשא קדם ייי **אלקך**: לא תטלומון חבריכון ולא DT 24:13

דוכריא תקדש קדם ייי **אלקך** לא תפלוח בבכורי תוריכון DT 15:19

ויהי ארום יעלינך ייי **אלקך** לארע דקיים לאבהתך DT 6:10

ויהי ארום יעלינך ייי **אלקך** לארע כנענאי וחיתאי EX 13:5

דפקדנא: ארום יעילינך ייי **אלקך** לארעה דאת עליל לתמן DT 7:1

מן בגלל דתידחל קדם ייי **אלקך** למינטור ית כל קיימוי DT 6:2

מרמם בגין כן פקדך ייי **אלקך** למעבד ית יומא דשבתא: עמי DT 5:15

חמיין ית כל דעבד ייי **אלקך** לתרין מלכיא האילין הכדין DT 3:21
טעוות פעור שיצייה ייי **אלקך** מבינך: ואתון דדבקתון DT 4:3
דמסקר גבר ית בריה ייי **אלקך** מסקר יתכון: ותנטורון ית DT 8:5
תדירא עיני ייי **אלקך** מסתכלין בה מן אירויא DT 11:12
ולא תבטל מלח קיים **אלקך** מעילוי מנחתך מטול דעשרין LV 2:13
תיתי לבית מוקדשא דייי **אלקך** עמי בית ישראל לית אתון EX 23:19
ברי ואמר ארום וזמן ייי **אלקך** קדמיי: ואמר יצחק ליעקב GN 27:20
שתיא מוי: ארעא דייי **אלקך** תבע יתה במימריה DT 11:12
לאתחמאה קדם ייי **אלקך** תלת זימנין בשתא: לא תכסון EX 34:24
לשמשא תמן קדם ייי **אלקכון** או מן דיינא ויתקטל גברא DT 17:12
ארום מרחק קדם ייי **אלקכון** אוף תרוויהון: לא תרבי DT 23:19
עד כורסי יקרא דייי **אלקכון** אין תקבלון למימריה ככל DT 30:2
למחקא כתב שמא דייי **אלקכון**: אלהין לארעא דיתרעי DT 12:4
קדמיהון ארום אנא ייי **אלקכון** אלק קנאן ופורען ומתפרע EX 20:5
ארום אנא הוא ייי **אלקכון** אלק קנאן ופורען ומתפרע DT 5:9
יתכון: מימרא דייי **אלקכון** אסגי יתכון והאיתיכון DT 1:10
ביה פיסחא קדם ייי **אלקכון** ארום בירחא דאביבא DT 16:1
ותהוון דכירין ית ייי **אלקכון** ארום הוא דיהיב לכון DT 8:18
תעבדון דכשר קדם ייי **אלקכון**: ארום ישיצי ייי אלקכון ית DT 12:28
לכפרא עליכון קדם ייי **אלקכון**: ארום כל בר נש די יכול LV 23:28
תעבדון פולחנא כדין לייי **אלקכון** ארום כל דמרחק ייי דסני DT 12:31
תהוון בדחלתא דייי **אלקכון**: ארום עממיא האילין DT 18:13
ותחובון קדם ייי **אלקכון**: ארום תקפון על קרתא כל DT 20:18
קדם ייי: ותיחדון קדם ייי **אלקכון** אתון ובניכון ובנתיכון DT 12:12
בחדוות חגא קדם ייי **אלקכון** אתון ובניכון ובנתיכון DT 16:11
ותיסגון ויברכינכון ייי **אלקכון** בארעא דאתון עללין לתמן DT 30:16
כל דכוריכון קדם ייי **אלקכון** באתרא דיתרעי בחגא DT 16:16
יומין תחגון קדם ייי **אלקכון** באתרא דיתרעי ייי ארום DT 16:15
לאיתחמאה קדם ייי **אלקכון** באתרא דיתרעי תיקרון ית DT 31:11
מעשרא תיניינא קדם ייי **אלקכון** באתרעא דיתרעי לאשראה DT 14:23
להון ותפלחונון דפליג ייי **אלקכון** בהון דעתהון דכל עממיא DT 4:19
טריקיא יגרי ייי **אלקכון** בהון עד דיהובדון מה DT 7:20
דלא פלחתון קדם ייי **אלקכון** בחדווא ובשפירות ליבא DT 28:47
כיומא דקמתון קדם ייי **אלקכון** בחורב בזמן דאמר ייי לי DT 4:10
דשיילתון מן קדם ייי **אלקכון** בחורב ביומא דאתכנשו DT 18:16
ותקפון עלה: וימסרינה ייי **אלקכון** בידכון ותימחי ית כל DT 20:13
דבביכון וימסרינון ייי **אלקכון** בידכון ותישבי שיבייתא DT 21:10
באתרא דיתרעי ייי **אלקכון** ביה אתון ובניכון ובנתיכון DT 12:18
לאתרא דיתרעי ייי **אלקכון** ביה: ותיתון לות כהניא DT 17:8
ותהך לאתרא דיתרעי ייי **אלקכון** ביה: ותיתן כספא בכל DT 14:25
באתרא דיתרעי ייי **אלקכון** ביה ותתפני בצפר מיפק DT 16:7
ותיכסון פיסחא קדם ייי **אלקכון** ביני שימשתא ועאן ותורי DT 16:2
קדמיהון ארום שכינת ייי **אלקכון** ביניכון אלקא רבא ודחילא: DT 7:21
לכון יומא דין: ארום ייי **אלקכון** בירככון היכמא דמליל DT 15:6
דילמא יתקוף רוגזא דייי **אלקכון** בכון וישיצינון בסרהוביא DT 6:15
ותיחדון קדם ייי **אלקכון** בכל אושטות ידכון: DT 12:18
האיתיכון רחמין ית ייי **אלקכון** בכל לבבכון ובכל נפשכון: DT 13:4
יתיה ולמפלח קדם ייי **אלקכון** בכל ליבכון ובכל נפשיכון: DT 10:12
למירחם ית ייי **אלקכון** בכל ליבכון ובכל נפשכון DT 30:6
תתובון לדחלתא דייי **אלקכון** בכל ליבכון ובכל נפשכון: DT 30:10
די יברככון מימרא דייי **אלקכון** בכל עובדי ידיכון: ארום DT 24:19
מן בגלל דיברככון ייי **אלקכון** בכל עובדי ידיכון דתעבדון: DT 14:29
פיתגמא הדין יברככון ייי **אלקכון** בכל עובדיכון ובכל DT 15:10
ייי ארום יבריככון ייי **אלקכון** בכל עללתכון ובכל עובדי DT 16:15
יתכון ותדבחון קדם ייי **אלקכון** במדברא לחוד ארחקא לא EX 8:24
ית דארגזתון קדם ייי **אלקכון** במדברא למן יומא DT 9:7
הי ככל מה דעבד לכון ייי **אלקכון** במצרים ועיניכון חמיין: DT 4:34
ארבעין שנין מימרא דייי **אלקכון** בסעדכון לא חסרתון DT 2:7
להון: וכדון ישראל מה ייי **אלקכון** בעי מינכון אלהן למדחיל DT 10:12
לקבלא מן בלעם והפך ייי **אלקכון** בפומיה מטולכון ית לווטין DT 23:6
לא תיכסוניה קדם ייי **אלקכון**: בקירויכון תיכלוניה DT 15:21
תנוסון להון ארום ייי **אלקכון** בריך יתכון בכל עובדי DT 2:7
ארום תקבלון למימר דייי **אלקכון**: בריכין אתון בקרתא DT 28:2
לכון לדוכרנא טבא קדם **אלקכון** ברם סטנא מתערבב לקל NU 10:10
ותרחמון ית ייי **אלקכון** בתרי יצרי ליבכון ואפילו DT 6:5
תהון ארום קדיש אנא ייי **אלקכון**: גבר מן אימיה ומן אבוי LV 19:2
במומתיה דייי **אלקכון** גזר עימכון יומנא: מן בגלל DT 29:11
ית פיקודייא דייי **אלקכון** דאנא מפקיד יתכון: DT 4:2
תקבלון לפיקודיא דייי **אלקכון** דאנא מפקיד לכון יומא דין: DT 11:27
תקבלון לפיקודיא דייי **אלקכון** דאנא מפקיד לכון יומנא DT 28:13
ארום מליל סטיא על ייי **אלקכון** דאפיק יתכון מארעא DT 13:6
לאומא קדישיא: אנא ייי **אלקכון** דאפיקית יתכון פריקין מן LV 26:13
ותתנשון ית דחלתא דייי **אלקכון** דאפיקכון פריקין מארעא DT 8:14
חלב ודבש אנא הוא ייי **אלקכון** דאפרשית יתכון מן עממיא: LV 20:24

דיקשוט יהי לכון אנא ייי **אלקכון** דהנפיקית יתכון פריקין LV 19:36
מנהון: מימרא דייי **אלקכון** די מדבר קדמיכון הוא יגיח DT 1:30
בני ישראל אנא הוא ייי **אלקכון** די פרקית ואפיקית יתכון EX 20:2
עיבוריכון: אנא הוא ייי **אלקכון** די פרקית ואפיקית יתכון LV 25:38
ייי אלקהכון: אנא הוא ייי **אלקכון** די פרקית ואפיקית יתכון NU 15:41
בני ישראל אנא הוא ייי **אלקכון** די פרקית ואפיקית יתכון DT 5:6
תתנשון ית קיימא דייי **אלקכון** דיגזר עימכון ותעבדון לכון DT 4:23
בישרא הי כבירכתא דייי **אלקכון** דיהב לכון בכל קירויכון DT 12:15
ידיה הי כבירכתא דייי **אלקכון** דיהב לכון: דיינין קשיטין DT 16:17
לא תקבלון למימרא דייי **אלקכון** דלא למיטור למעבד ית כל DT 28:15
דמות כולא דפקדינכון ייי **אלקכון** דלא למעבד: ארום ייי DT 4:23
מיהימנין במימרא דייי **אלקכון**: דמדבר קדמיכון באורחא DT 1:32
חד וכרתיכא חד קדם ייי **אלקכון** דמימריה בסעדכון DT 20:1
הוא תושבחתכון והוא **אלקכון** דעבד עימכון ית רברבתא DT 10:21
תתנשון דחלתא דייי **אלקכון** דפרק ואפיק יתכון פריקין DT 6:12
נשא ארום מרחק קדם ייי **אלקכון** הוא: אי איזדמן שרכפא DT 22:5
לא תקשון תוב: ארום ייי **אלקכון** הוא אלקא דיינא ומרי DT 10:17
ארום מרחק קדם ייי **אלקכון** הוא: ארום ישתכח ביניכון DT 17:1
ותנדעון ארום ייי **אלקכון** הוא דיינא תקיפא ומהימנא DT 7:9
בהון ארום מרחק קדם ייי **אלקכון** הוא: ולא תיעלון ריחוקי DT 7:25
למעבד דכשר קדם ייי **אלקכון**: הי כבנין חביבין אתון קדם DT 13:19
למצרים וכדון שוינכון ייי **אלקכון** הי ככוכבי שמיא לסוגי: DT 10:22
חגא דשבועיא קדם ייי **אלקכון** הי כמיסת ניסבת ידכון DT 16:10
למהוי עם קדיש קדם ייי **אלקכון** היכמא דמליל: ופקיד משה DT 26:19
זהירין דלא תנסון ית ייי **אלקכון** היכמא דנסיתון בעישרתי DT 6:16
מן ריבוני לא תידחלון **אלקכון** ואלקא דאבוכון יהב לכון GN 43:23
לא תעבדון לכון אנא ייי **אלקכון**: וארום תיכסון ניכסת LV 19:4
ארום אנא הוא ייי **אלקכון**: ואתיתון לאתרא הדין ונפק DT 29:5
קדישא אתון קדם ייי **אלקכון** ובכון אתרעי ייי אלקכון DT 7:6
עם קדיש אתון קדם ייי **אלקכון** ובכון אתרעי ייי אלקכון DT 14:2
הדין הא חבתון קדם ייי **אלקכון** ודעו חובתכון דתארע NU 32:23
ארום אנא הוא ייי **אלקכון**: והוה ברמשא וסליקו EX 16:12
יבבותכון אנא הוא ייי **אלקכון**: והוה בשתא תנייתא NU 10:10
ותפלחון קדם ייי **אלקכון** ויברך ית מזוני מיכלך EX 23:25
קבילתון למימרא דייי **אלקכון**: ויהי היכמא דחדי מימרא DT 28:62
ארעכון דיחסנכון ייי **אלקכון** ויהי למערוק לתמן קטולא: DT 19:3
ימינא דארון קיימא דייי **אלקכון** ויהי תמן בכון לסהיד: ארום DT 31:26
מן קדם מימרא דייי **אלקכון** ויטרון למעבד ית כל DT 31:12
ודחילא הדין ית ייי **אלקכון**: ויכסי מימרא דייי מינכון DT 28:58
וסריבתון על מימרא דייי **אלקכון** ולא הימנתון ליה ולא DT 9:23
לאעלותכון בקיימא דייי **אלקכון** ולאזדהרותכון במומתיה DT 29:11
ואמר חבית קדם ייי **אלקכון** ולכון: וכדון שבוק כדון EX 10:16
יומא דין למירחם ית ייי **אלקכון** ולמהך באורחן דתקנן DT 19:9
יומנא למירחם ית ייי **אלקכון** ולמהך באורחן דתקנן DT 30:16
יומא דין למרחם ית ייי **אלקכון** ולמפלח קודמוי בכל DT 11:13
בהון אנא הוא ייי **אלקכון**: ומליל ייי עם משה למימר: LV 18:30
יתהון אנא הוא ייי **אלקכון**: ומליל ייי עם משה למימר: LV 23:22
דמצרים אנא הוא ייי **אלקכון**: ומליל משה ית זמן סידורי LV 23:43
יהי ארום אנא הוא ייי **אלקכון**: ומליל משה עם בני ישראל LV 24:22
קודשא תקרבון קדם ייי **אלקכון** וניסבתא תיתון ונבזביית DT 23:24
לכון לאלקא אנא הוא ייי **אלקכון**: ונסיב גולייתיה דכולא NU 15:41
תינטרון ית פיקודיא דייי **אלקכון** וסהידוותיה וקיימוי דפקיד DT 6:17
וסריבתון על מימרא דייי **אלקכון**: ורגינתון במשכניכון DT 1:26
תעיבר ית יורדנא הדין: ייי **אלקכון** ושכינתיה עביר קדמיכון DT 31:3
כל עדאה גמיר קדם ייי **אלקכון** ותהי תל חרוב לעלם לא DT 13:17
תינטרון ית פיקודי דייי **אלקכון** ותהכון באורחן דתקנן DT 28:9
תינשון ית דחלתא דייי **אלקכון** ותהכון בתר טעוות עממיא DT 8:19
ותיכלון תמן קדם ייי **אלקכון** ותחדון אתון ואינש בתיכון: DT 14:26
ותיכלון תמן קדם ייי **אלקכון** ותחדון בכל אושטות ידכון DT 12:7
תקבלון לפיקודיא דייי **אלקכון** ותטעון מן אורחא דאנא DT 11:28
היכמא דבריכיכון ייי **אלקכון**: ותיחדון בחדוות חגא קדם DT 16:10
להלכא בהון אנא ייי **אלקכון**: ותיטרון ית קיימיי וית LV 18:4
עלוי עלוון קדם ייי **אלקכון**: ותיכסון ניכסת קודשין DT 27:6
תמן ותיחדון קדם ייי **אלקכון**: ותיכתובון על אבניא ית כל DT 27:7
לסוגי: ותרחמון ית ייי **אלקכון** ותינטרון מטרת מימריה DT 11:1
בהון: ארום אנא הוא ייי **אלקכון** ותיתקדשון ותהוון קדישין LV 11:44
תבנון ית מדבחא דייי **אלקכון** ותסקון עלוי עלוון קדם ייי DT 27:6
ותקבלון למימרא דייי **אלקכון** ותעבדון ית פיקודוי וית DT 27:10
מאלקך אנא הוא ייי **אלקכון**: ותעבדון ית קיימיי וית LV 25:17
למהוי עמא קדם ייי **אלקכון**: ותקבלון למימרא דייי DT 27:9
ותתובון עד דחלתא דייי **אלקכון** ותקבלון למימריה: ארום DT 4:30
למיתב לדחלתא דייי **אלקכון** ותשכחון רחמין ארום DT 4:29
קדם מדבחא דייי **אלקכון**: ותתיבון ותימרון קדם ייי DT 26:4
דוכרנכון לטבא קדם ייי **אלקכון** ותתפרקון מבעלי דבביכון: NU 10:9

יומיכון על ארעא דייי **אלקכון** יהב לכון: עמי בני ישראל EX 20:12
ארום תיעלון לארעא דייי **אלקכון** יהיב לכון אחסנא DT 26:1
אדם זכאי בארעכון דייי **אלקכון** יהיב לכון אחסנא ויהי DT 19:10
עממיא האילין דייי **אלקכון** יהיב לכון אחסנא לא DT 20:16
יברככון ייי בארעא דייי **אלקכון** יהיב לכון אחסנא: לחוד אין DT 15:4
מן חזור חזור בארעא דייי **אלקכון** יהיב לכון אחסנא למירתה DT 25:19
מותנא ית ארעא דייי **אלקכון** יהיב לכון אחסנת: ארום DT 24:4
בחדא מן קרויכון דייי **אלקכון** יהיב לכון: אילהין באתרא DT 16:5
ודלא איעול לארעא דייי **אלקכון** יהיב לכון: ארום אנא שכיב DT 4:21
יומיכון על ארעא דייי **אלקכון** יהיב לכון: ארום מרחק קדם DT 25:15
דתיעלון לארעא דייי **אלקכון** יהיב לכון ארעא דפירהא DT 27:3
בחדא מן קורייכון דייי **אלקכון** יהיב לכון גבר או איתא DT 17:2
ותירתון ית ארעא דייי **אלקכון** יהיב לכון: היכמא דליתיכון DT 16:20
למירות ית ארעא דייי **אלקכון** יהיב לכון ותירתון יתה DT 11:31
ארום תיעלון לארעא דייי **אלקכון** יהיב לכון ותירתון יתה DT 17:14
ולאחסנת ארעא דייי **אלקכון** יהיב לכון: ותעברון ית DT 12:9
ית יורדנא לארעא דייי **אלקכון** יהיב לכון ותקימין לכון DT 27:2
בכל איבא דארעא דייי **אלקכון** יהיב לכון ותשוון בסלא DT 26:2
אוף הינון ית ארעא דייי **אלקכון** יהיב לכון ותתובון גבר DT 3:20
ויבריכנכון בארעא דייי **אלקכון** יהיב לכון: יקים יתכון DT 28:8
ארום לא בזכותכון ייי **אלקכון** יהיב לכון ית ארעא DT 9:6
בעידנא ההיא למימר ייי **אלקכון** יהיב לכון ית ארעא הדא DT 3:18
אלקכון ית עממיא דייי **אלקכון** יהיב לכון ית ארעהון DT 19:1
יומא דין על ארעא דייי **אלקכון** יהיב לכון כל יומיא: הא בכן DT 4:40
דחייביא ית ארעכון דייי **אלקכון** יהיב לכון: לא תחמון ית DT 21:23
אתון עללין לארעא דייי **אלקכון** יהיב לכון לא תילפון DT 18:9
דתחסנון בארעא דייי **אלקכון** יהיב לכון למירתה: לא DT 19:14
באוגרא בארעא דייי **אלקכון** יהיב לכון למירתה רמי ולא DT 21:1
לכון בגו ארעכון דייי **אלקכון** יהיב לכון למירתה: תכוונון DT 19:2
בחדא מן קרויכון דייי **אלקכון** יהיב לכון למיתב תמן DT 13:13
לכון בכל קירויכון דייי **אלקכון** יהיב לכון לשבטיכון וידונון DT 16:18
לכון על ארעא דייי **אלקכון** יהיב לכון: עמי בני ישראל DT 5:16
מן אבהתכון: ויעדי ייי **אלקכון** ית טפשות לבכון וית DT 30:6
למסגוד לה ארום אנא ייי **אלקכון**: ית יומי שביא דילי תיטרון LV 26:1
עלמין: ויגרי מימרא דייי **אלקכון** ית לווטייא האילין על DT 30:7
אלקכון: ארום ישיצי ייי **אלקכון** ית עממיא דאתון עללין DT 12:29
מיניה: ארום ישיצי ייי **אלקכון** ית עממיא דייי אלקכון DT 19:1
רבא ודחילא: ויגלי ייי **אלקכון** ית עממיא האיליין מן DT 7:22
ית אולפן אורייתא דייי **אלקכון** ית רבותיה וית ידיה DT 11:2
על ארעכון: ארום יפתי ייי **אלקכון** ית תחומכון הי כמא דמליל DT 12:20
לכון: ואין יפתי ייי **אלקכון** ית תחומכון היכמא דקיים DT 19:8
בליבכון כד ידחי ייי **אלקכון** יתהון מן קדמיכון למימר DT 9:4
למעבד היכמא דפקיד ייי **אלקכון** יתכון לא תיסטון לימינא DT 5:32
ההוא ארום מנסי ייי **אלקכון** יתכון למינדוע האיתיכון DT 13:4
דמצרים ופרק ואפיק ייי **אלקכון** יתכון מתמן בידא תקיפא DT 5:15
בכל אורחא דפקיד ייי **אלקכון** יתכון תהכון מן בגלל DT 5:33
לכון: ארום מרחק קדם ייי **אלקכון** כל דעביד אילין ניכלייא כל DT 25:16
למידחל מן קדם ייי **אלקכון** כל יומיא דאתון קיימין על DT 31:13
למדחל מן קדם ייי **אלקכון** כל יומיא: וארום יסגי DT 14:23
ארום אלקא רחמנא ייי **אלקכון** לא ישביקנכון ולא יחבלכון DT 4:31
חביבין אתון קדם ייי **אלקכון** לא תגודון בישריכון ולא DT 14:1
תידרון נידרא קדם ייי **אלקכון** לא תוחרון לשלמותיה DT 23:22
שמיא עללתא אנא הוא **אלקכון**: לא תיכלון מבשר כל LV 19:25
גברא זידנא דרחקיה ייי **אלקכון**: לא תיכסון קדם ייי אלקכון DT 16:22
ארום רחמינכון ייי **אלקכון**: לא תיתבעון שלמהון DT 23:6
דילי תינטרון אנא ייי **אלקכון**: לא תסטון לפולחן טעוון LV 19:3
שבא ונייח קדם ייי **אלקכון** לא תעבדון כל עבידתא EX 20:10
שבי ונייח קדם ייי **אלקכון** לא תעבדון כל עיבידתא DT 5:14
דמצרים אנא הוא ייי **אלקכון**: לא תעבדון לכון טעוון LV 25:55
בתושבחא קדם ייי **אלקכון** לא תעבדון עיבידתא: DT 16:8
דמצרים אנא הוא ייי **אלקכון**: לא תעבדון שיקרא בסידרי LV 19:34
ותעבדון דביש קדם ייי **אלקכון** לארגזא קדמוי: אסהדית DT 4:25
ותתיבון ותימרון קדם ייי **אלקכון** לארם נהריא נחתת אבונן DT 26:5
ויהי ארום יעיל יתכון ייי **אלקכון** לארעא דאתון עללין לתמן DT 11:29
ויעילינכון מימרא דייי **אלקכון** לארעא דיריתו אבהתכון DT 30:5
מנכון אתרעא דיתרעי ייי **אלקכון** לאשראה שכינתיה תמן DT 12:21
מנכון אתרא די יתרעי ייי **אלקכון** לאשראה שכינתיה תמן DT 14:24
באתרא דיתרעי ייי **אלקכון** לאשראה שכינתיה תמן DT 16:6
באתרא דיתרעי ייי **אלקכון** לאשראה שכינתיה תמן: DT 16:11
לארעא דיתרעי ייי **אלקכון** לאשראה שכינתיה תמן: DT 26:2
לכון יומנא: וישיירינכון ייי **אלקכון** לטבא דתצלחון בכל עובדי DT 30:9
היכמא דמליל ייי **אלקכון** ליה: ואנא הוית קאי DT 10:9
עם קדיש אתון קדם ייי **אלקכון** לית אתון רשאין למבשל DT 14:21
לבית מוקדשא דייי **אלקכון** לית אתון רשאין למבשלא EX 34:26

ידכון דבריכיכון ייי **אלקכון**: ליתיכון רשאין למעבד DT 12:7
בניכון ובנתיכון דיהב ייי **אלקכון** לכון בצערו ובעקא דיעיקון DT 28:53
ומן עניכון דיהב ייי **אלקכון** לכון היכמא דפקידית DT 12:21
ית עדי סנאיכון די יהב ייי **אלקכון** לכון: היכנא תעבדון לכל DT 20:14
בכל ארעכון דיהב ייי **אלקכון** לכון: ויגמרון וולדי מעיכון DT 28:52
יהיב לנא: חמון דיהב ייי **אלקכון** לכון ית ארעא סוקו DT 1:21
ותעבדון יתהון וינטר ייי **אלקכון** לכון ית קיימייא וית חסדא DT 7:12
היכמה דמליל ייי **אלקכון** לכון לא תידחלון ולא DT 1:21
היכמא דמליל ייי **אלקכון** לכון: לא תימרון בליבכון DT 9:3
קדם ייי: ויהי כד יניח ייי **אלקכון** לכון מן כל בעלי דבביכון DT 25:19
לקרבא בבי מוקדשא דייי **אלקכון** לכל נדרא כל דכן לשאר DT 23:19
פריקין הכדין יעבד ייי **אלקכון** לכל עממיא דאנת דחיל מן DT 7:19
ית פיקודיא דייי **אלקכון** למהך באורחן דתקנן DT 8:6
אלהן למדחיל מן קדם ייי **אלקכון** למהך בכל אורחן דתקנן DT 10:12
למעבדה למרחם ית ייי **אלקכון** למהך בכל אורחן דתקנן DT 11:22
מן אורחא דפקידכון ייי **אלקכון** למהלכא בה ותפלון עבדי DT 13:6
אלקכון ובכון אתרעי ייי **אלקכון** למיהוי לי לעם חביב מכל DT 14:2
קבילתון למימרא דייי **אלקכון** למיטר פיקודוי וקיימוי DT 28:45
ודינייא דפקיד ייי **אלקכון** למילפא יתכון למעבד DT 6:1
תקבלון למימרא דייי **אלקכון** למינטור ית כל תפקדתא DT 15:5
תקבלון למימר דייי **אלקכון** למינטר ולמעבד ית כל DT 28:1
תקבלון למימרא דייי **אלקכון** למינטר פיקודויי וקיימויי DT 30:10
ארום תקבלון למימר דייי **אלקכון** למנטור ית כל פיקודוי DT 13:19
דיעבד דביש קדם ייי **אלקכון** למעיבר על קיימיה: ואזל DT 17:2
הוו דכירין מה דעבד ייי **אלקכון** למרים דחשדת למשה DT 24:9
ובניכון: למירחם ית ייי **אלקכון** לקבלא במימריה ולמקרב DT 30:20
למילט יתכון: ולא צבי ייי **אלקכון** לקבלא מן בלעם והפך ייי DT 23:6
בהון אתרעי מימרא דייי **אלקכון** לשמשותיה ולברכא ית DT 21:5
מנהון ארום מימרא דייי **אלקכון** מגיח לכון: ובעית רחמין מן DT 3:22
תמן מדבחא קדם ייי **אלקכון** מדבח אבנין לא תרים DT 27:5
ותיתבון בארעא דייי **אלקכון** מחסן יתכון ויניח לכון מכל DT 12:10
דמצרים ופרקכון ייי **אלקכון** מטול כן אנא מפקדכון DT 15:15
אלקכון ובכון אתרעי ייי **אלקכון** מטול למהוי ליה לעם DT 7:6
דלא למעבד: ארום ייי **אלקכון** מימריה אישא אכלא DT 4:24
קודשא יקים לכון ייי **אלקכון** מיניה תקבלון: ככל DT 18:15
לא תקרבון ית קרבן **אלקכון** מכל איליין ארום חיבולהון LV 22:25
מטול דביה איתרעי ייי **אלקכון** מכל שיבטיכון למקום DT 18:5
דאביבא אפיק יתכון ייי **אלקכון** ממצרים ותיכלון יתיה DT 16:1
היכמא דפקידכון ייי **אלקכון** מן בגלל דיורכון יומיכון DT 5:16
היכמא דפקידכון ייי **אלקכון**: מן בגלל דלא ילפון יתכון DT 20:17
תתנשון ית דחלתא דייי **אלקכון** מן בגלל דלא למינטר DT 8:11
ית כל אורחא דדברכון ייי **אלקכון** מן בגלל לסגופיכון ומן DT 8:2
איזילו פלחו קדם ייי **אלקכון** מן ומן הינון דאזלין: ואמר EX 10:8
דיתרעי מימרא דייי **אלקכון** מן כל שיבטיכון לאשרהא DT 12:5
לאיסתאבא בהון אנא ייי **אלקכון**: מן קדם סבין דסברין LV 19:31
ארום מתבע יתבעיניה ייי **אלקכון** מנהון ובקורבנא לא יהי DT 23:22
ולמידחל יתיה: ארום ייי **אלקכון** מעיל יתכון לארעא DT 8:7
וחליין כדבש: יומא דין ייי **אלקכון** מפקיד לכון למעבד ית DT 26:16
ופרק יתכון מימרא דייי **אלקכון** מתמן בגין כן אנא מפקיד DT 24:18
בחובי עממיא האילין ייי **אלקכון** מתריך יתהון מן קדמיכון DT 9:5
תריציא יהב לכון ייי **אלקכון**: נבייא מביניכון מן אחוכון DT 18:14
והא סרחתון קדם ייי **אלקכון** עבדתון לכון עיגלא מתכא DT 9:16
ואימתכון יתן ייי **אלקכון** על אפי כל יתבי ארעא DT 11:25
מודין ומברכין קדם ייי **אלקכון** על כל פירי ארעא משבחא DT 8:10
מנכון בשום מימריה דייי **אלקכון** על מגן ארום לא מזכי ייי EX 20:7
מנכון בשום מימריה דייי **אלקכון** על מגן ארום לא מזכי ייי DT 5:11
בחיבורהון אנא הוא ייי **אלקכון**: עמי בני ישראל לא תהוון LV 19:10
מרממא כד אפקכון ייי **אלקכון** פריקין הכדין יעבד ייי DT 7:19
מינך: וימסרינון ייי **אלקכון** קדמיכון ותמחינון גמרא DT 7:2
גושמיהון: וימסירינון ייי **אלקכון** קודמיכון ויערבינון עירבוב DT 7:23
זמן איתוייכון ית קרבן **אלקכון** קיים עלם לדריכון בכל LV 23:14
דדבקתון בדחלתא דייי **אלקכון** קיימין כולכון יומא דין: DT 4:4
למתחמיא קדם ייי **אלקכון** ריקנין מכל מצוותא: גבר הי DT 16:16
יומנא כוליכון קדם ייי **אלקכון** רישי סנהדרין דילכון DT 29:9
לכון יומנא ויתנינכון ייי **אלקכון** רמין וגיותנין על כל עממי DT 28:1
נחלין ותיחדון קדם ייי **אלקכון** שבעתי יומין:: במטללתא LV 23:40
הי כמא דפקיד יתכון ייי **אלקכון**: שיתא יומין תפלחון DT 5:12
יומא דין ארום ייי **אלקכון** שכינת יקריה מטיילא DT 9:3
ותכסי ית רעייך: ארום ייי **אלקכון** שכינתיה מהלכא בימצע DT 23:15
מן קדמיהון: ארום ייי **אלקכון** שכינתיה מידברא קדמיכון DT 20:4
מן קדמיהון ארום ייי **אלקכון** שכינתיה מידברא קדמכון DT 31:6
אלק קנאן ופורען ייי **אלקכון** שכינתיה שריא ביניכון DT 6:15
מטול דיוטב לכון: הא דייי **אלקכון** שמיא ושמי שמיא וכיתי DT 10:14
קבילתון למימרא דייי **אלקכון**: שמעו ישראל אתון עברין DT 8:20

עבדיא: מן קדם ייי **אלקכון** תהוון דחלין וקדמוי DT 6:13
נפשכון: בתר פולחנא דייי **אלקכון** תהכון ויתיה תידחלון וית DT 13:5
לא תיכסון קדם ייי **אלקכון** תור ואימר דיהי ביה מומא DT 17:1
דמצרים: מן קדם ייי **אלקכון** תידחלון וקדמוי תפלחון DT 10:20
ידיכון: אילהן קדם ייי **אלקכון** תיכלוניה באתרא דיתרעי DT 12:18
בכורי עניכון: קדם ייי **אלקכון** תיכלוניה שנא בישנא DT 15:20
מעצרתכון דבריכיכון ייי **אלקכון** תיתנון ליה: ותהוון דכירין DT 15:14
לוותיה בשום מימרא דייי **אלקן** אורחיהון דעממיא נטלין DT 4:7
ואמרין דין הוא **אלקן** דהוה מוניק לן דובשא מן EX 15:2
ניסב למפלח קדם ייי **אלקן** ואנחנא אין נשביקינון לית EX 10:26
אורייתא הדא למימר: ייי **אלקן** מליל עימן ולא אנא באנפי DT 1:6
הבו איקר ורבותא קדם **אלקנא**: אמר משה נביא כד סליקית DT 32:3
דיתיב בחשבון: ומסר ייי **אלקנא** בידנא אוף ית עוג מלכא DT 3:3
ותינטרון למעבדהון: ייי **אלקנא** גזר עימנא קיים בחורב: לא DT 5:2
קשיא: וצלינא קדם ייי **אלקנא** דאבהתן וקביל ייי צלותנא DT 26:7
תפקידתא הדא קדם ייי **אלקנא** הי כמא דפקדנא: ארום DT 6:25
ונדבח נכסת חגא קדם ייי **אלקנא** היכמא דיימר לנא: ואמר EX 8:23
ועלוון ונעבד קדם ייי **אלקנא**: ואוף גיתנא יזיל עימנא לא EX 10:25
במדברא ונדבח קדם ייי **אלקנא**: ואנא קדמיי גלי ארום לא EX 3:18
ית כל מה דיימר ייי **אלקנא** ואנת תמליל עימנא ית כל DT 5:27
קרב ככל דפקדנא ייי **אלקנא** ואסרתון גבר ית מאני זייניה DT 1:41
טוורא ככל מה דפקיד ייי **אלקנא**: ואתפנינא וסליקנא אורח DT 2:37
טמירתא גליין קדם ייי **אלקנא** והוא יפרע מנהון וגלייתא DT 29:28
דתינדע ארום לית כייי **אלקנא**: ויעדון עורדענייא מינך EX 8:6
ית קל דיבורא מן קדם ייי **אלקנא** וית אישתא רבתא הדא לא DT 18:16
עימנא יומנא קדם ייי **אלקנא** וית כל דרייא דעתידין DT 29:14
נדבח נכסת חגא קדם **אלקנא**: וכדון איזילו פלחו ותיבנא EX 5:17
ית יורדנא לארעא דייי **אלקנא** יהיב לנא: ולא צבא סיחן DT 2:29
ויהושע טבא ארעא דייי **אלקנא** יהיב לנא: ולא צביתון DT 1:25
עד טוורא דאמוראה דייי **אלקנא** יהיב לנא: חמון דיהב ייי DT 1:20
כתיב שמע ישראל ייי **אלקנא** ייי חד וביה הוה חקיק צורת NU 2:10
כתיב שמע ישראל ייי **אלקנא** ייי חד מטול למהוי לכון DT 26:17
שמע ישראל אבונן ייי **אלקנא** ייי חד עני יעקב ואמר בריך DT 6:4
הא אחמי יתן מימרא דייי **אלקנא** ית שכינת יקריה וית רבות DT 5:24
ודינייא דפקיד ייי **אלקנא** יתכון: ותימרון לבניכון DT 6:20
היכמה דפקיד ייי **אלקנא** יתנא ואתינא עד ריקם DT 1:19
למידחל מן קדם ייי **אלקנא** כל יומיא לקיימותנא כזמן DT 6:24
עימנא ית כל דימליל ייי **אלקנא** לך ונקבל ונעבד: ושמיע DT 5:27
יומנא מדחלתא דייי **אלקנא** למיפלח ית טעוות עממייא DT 29:17
ליהץ: ומסר יתיה ייי **אלקנא** קדמנא ומחינא יתיה וית DT 2:33
מיננא ית כולהון מסר ייי **אלקנא** קדמנא: לחוד לארע בני DT 2:36
ית קל מימרא דייי **אלקנא** תוב ומייתין אנחנא: ארום DT 5:25
גברייא ויפלחון קדם ייי **אלקקון** העד כדון לא חכימית EX 10:7
מיא ממשבחיא: מן כוותך **באילי** מרומא ייי מן כוותך הדור EX 15:11
עלם: גברא חייבא מרוד **באלק** שמיא נפק ממצרים בר גברא LV 24:10
דאבוהון וקיים יעקב **באלקא** דדחיל ליה אבוי יצחק: GN 31:53
ליביה לחדא וימרד **באלקא** שמיא: ויהי אין נייח הוא DT 17:17
וישמשון עמהון ויכפרון **באלקהון** ויתמסרון בידך בשעא NU 24:14
ולא יפסון ית שמא **דאלההון** ארום ית קרבניא דייי LV 21:6
בישרא דשמע קל מימרא **דאלק** קיים ממלל מיגו אישתא DT 5:26
שחקי מרומא: מדוריה **דאלקא** הוה מן לקדמין ומן תחות DT 33:27
קרבניא דייי תיקרובתא **דאלקהון** הינון מקרבין ויהון LV 21:6
ולא יפיס ית מקדשא **דאלקיה** ארום משח רבות אלקיה LV 21:12
במותהון ארום כלילא **דאלקיה** על רישיה: כל יומי נזריה NU 6:7
בלבבי לחוד לית דחלתא **דאלקים** באתרא הדין ויקטלונני על GN 20:11
דא: ואמר ליה מימרא **דאלקים** בחילמא אוף קדמיי גלי GN 20:6
קים עלם בין מימרא **דאלקים** ובין כל נפשת חיתא בכל GN 9:16
ברם מותרי קורבנייא **דאלקים** מה דמשתייר מן קודשי LV 21:22
ולא תפיס ית שמא **דאלקך** אנא ייי: ועם דכורי לא LV 18:21
לשקרא לאפסא ית שמא **דאלקך** אנא ייי: לא תטלום ית LV 19:12
למעבד עימכון בישא **ואלקא** דאבוכון ברמשא אמר לי GN 31:29
לא תידחלון אלקכון **ואלקא** דאבוכון יהב לכון סימא GN 43:23
דאיתמלי והי כדקדמוי **ואלקא** דאיבא הוה מימרא בסעדי: GN 31:5
אלקיה דאברהם **ואלקי** דנחור ידינון בינן ביננא GN 31:53
דאברהם אלקיה דיצחק **ואלקיה** דיעקב: ואמר ייי ליה תוב EX 4:5
דאברהם אלקיה דיצחק **ואלקיה** דיעקב וכבשינון משה EX 3:6
דאברהם אלקיה דיצחק **ואלקיה** דיעקב שדרני לוותכון דין EX 3:15
ייי אלקיה דאברהם אבוך **ואלקיה** דיצחק ארעא דאנת שכיב GN 28:13
בסיבותהון: לית אלקא **כאלקא** ישראל דאשרי שכינתיה DT 33:26
לית לכון רשו למיסגוד **לאלק** אוחרן ארום ייי קנאי ופורען EX 34:14
מטול למהוי לכון **לאלקא** אנא הוא ייי אלקכון: ונסיב NU 15:41
להון מטול למהוי להון **לאלקא** אנא ייי: אילין קימייא LV 26:45
מטול למהוי לכון **לאלקא** אנא ייי: ומליל ייי עם משה LV 22:33
תמן ועיבד תמן מדבחא **לאלקא** דאיתגלי לך במיערקך מן GN 35:1

ואעביד תמן מדבחא **לאלקא** דקבל צלותי ביומא דעקתי GN 35:3
ברירא והוא יהוי לכון **לאלקא** היכמא דמליל לכון DT 29:12
לביתיה דאיבא ויהי ייי לי **לאלקא**: ואבנא הדא דשויתי קמא GN 28:21
לאחסנת עלם והוי להון **לאלקא**: ואמר ייי לאברהם ואנת ית GN 17:8
ארעא דכנען למהוי לכון **לאלקא**: וארום יתמסכן אחוך עימך LV 25:38
בני ישראל ואהוי להון **לאלקא**: וידעון בני ישראל ארום EX 29:45
לקים עלך למהוי לך **לאלקא** ולבנך בתרך: ואתן לך ולבנך GN 17:7
ייי חד מטול למהוי לכון **לאלקא** ולמהך באורחן דתקנן DT 26:17
קדמיי לעם ואהוי לכון **לאלקא** ותידעון ארום אנא ייי EX 6:7
לבאר שבע ודבח דיבחין **לאלקא** לאבוי יצחק: ואמר ייי GN 46:1
ביניכון ויהי מימרי לכון **לאלקא** פרוק ואתון תהוון לשמי LV 26:12
מטול למיהוי לכון **לאלקה** ותהוון קדישין ארום קדיש LV 11:45
יקרא ותושבחתא ורוממו **לאלקוכון**: ואמר ייי למשה למא EX 14:14
חולקין: אילוליפון **לאלקיה** דאיבא אלקיה דאברהם GN 31:42
רבות עלם חולף דקני **לאלקיה** וכפר על בני ישראל: ושום NU 25:13
במילין קשין ותידחל **מאלקך** אנא הוא ייי אלקכון: LV 25:17
אפי חכימא ותידחל **מאלקך** אנא ייי: וארום אין איתגייר LV 19:32
לא תשוון תוקלא ותדחל **מאלקך** אנא ייי: לא תעבדון שקר LV 19:14
ביה בקשיו ותידחל **מאלקך**: ברם עבדיכון ואמהתיכון LV 25:43
ולא ריביין ותידחל **מאלקך** ויתפרנס אחוך עימך: עמי LV 25:36

אלהין (80)

דייי אלקכון יהיב לכון: **אילהין** באתרא דיתרעי ייי אלקכון DT 16:6
לית לעולימתא דין קטול **אילהין** גברא יפטירינא מיניה DT 22:26
יעקב איתאמר עוד שמך **אילהין** ישראל ארום איתרברבת GN 32:29
אנא מסהיד בכון **אילהין** כד אתון מעתדין יומנא DT 29:9
לאשראה יתכון בה ארום **אילהין** כלב בר יפונה ויהושע בר נון: NU 14:30
ולא אישתייר להון אינש **אילהין** כלב בר יפונה ויהושע בר נון: NU 26:65
פיתגם ריקם באורייתא **אילהין** לדעברין עלה ארום הוא DT 32:47
דתכסוף ארבסר יומין **אילהין** מסתיא דתיטרד שבעתי NU 12:14
מימרא דייי לא כל היאך **אילהין** סוק וחמי ית ארעא דכנען DT 32:49
אנא מסהיד בכון יומנא **אילהין** שמיא וארעא חיי ומותא DT 30:19
על דם זכאי דאישתדי בה **אילהן** בשדיות אדם דמן דשדייה: NU 35:33
בזנו ית איליין לא יסב **אילהן** בתולתא מיכשרא מבנת LV 21:14
לא שלימו בתר דחלתי: **אילהן** כלב בר יפונה קניזאה NU 32:12
לא עלנא תורעמותכון **אילהן** על מימרא דייי: ואמר משה EX 16:8
ואפרשות ידיכון: **אילהן** קדם ייי אלקכון תיכלוניה DT 12:18
לא כמא דאתון סברין **אלהין** איזילו כדון גובריא ופלחו EX 10:11
ולא ייכול מן קודשייא **אלהין** אין אסחי בישריה בארבעין LV 22:6
ולא ידע עימיה מדעם **אלהין** אינתתיה דשכיב גבה והוה GN 39:6
דהוא בריה לא שוי ידיה **אלהין** אמר אנא אעביד כפיתגמך: GN 47:30
ולא מן דחיליה תקיף **אלהין** בגין דממריה לאוכחותיה EX 3:19
בישיא דעתיד למיעבד **אלהין** בגין זכותיה דאברהם חס GN 21:17
דלא יהיבת לך רבותא **אלהין** בגין ישראל וכדון חבילו EX 32:7
במסוקיין על מדבחי **אלהין** בגישריא דלא תיתחמי EX 20:26
דפרעה אין תפקון מיכא **אלהין** בדייתי אחוכון קלילא הכא: GN 42:15
לא תשהוניה עד דתיליד **אלהין** בי היא שעתא תקטלונון DT 22:22
לית אנא משדר יתך **אלהין** בירכת יתי: ואמר ליה מה GN 32:27
אשכחית רחמין קדמך **אלהין** במללות שכינתך עימן EX 33:16
בר חפר לא הוון ליה בנין **אלהין** בנן ושום בנת צלפחד מחלה NU 26:33
לא יתפרק בכספא **אלהין** בעלוון ובנכסת קודשין LV 27:29
ליה למימר לא ירתינך דין **אלהין** בר דתוליד הוא ירתינך: GN 15:4
בשינא ועינא **אלהין** בשנין דשמטתא ובסימניא EX 21:7
אישתייר לנא קדם ריבוני **אלהין** גופינן וארען: למא נמות ועינך GN 47:18
צבי ייי בכון ואתרעי בכון **אלהין** דאתון מכיכי רוחא DT 7:7
ולא בזכותיה אישתזב **אלהין** דייחמון דיירי עלמא גבורתא GN 14:13
לא מטא זימני למשבחא **אלהין** הדא זימנא ואמר לית אנא GN 32:27
דבריך יתי אבא לית בידי **אלהין** הוו לי כזעיר תורין וחמרין GN 32:6
כתיבא הוות דא קדמי **אלהין** זכאן לאתאמרא על ידיהן NU 27:7
לא ניגמול לכון בישתא **אלהין** טבתא ארום דחיל ומיתבר GN 50:19
ושקייני ולא מבשל במיא **אלהין** טוי נור עם רישיה עם ריגלוי EX 12:9
יתקרי שמך תוב יעקב **אלהין** ישראל יהי שמך וקרא ית GN 35:10
מיני ולא מנע מיני מדעם **אלהין** יתיך מן בגלל דאנת GN 39:9
יסתאב בעלא לאיתתיה **אלהין** כד כשרא ליה ברם לקריבוי LV 21:4
טניפו לברתיה דיעקב **אלהין** כדין יאי למיהוי מתאמר GN 34:31
צייתין ואתון לא כוותהון **אלהין** כהנייא שיילי אורייא DT 18:14
למיתן לאבהתכון: **אלהין** כלב בר יפונה הוא יחמינה DT 1:36
דמית לא יסתאב בעמיה: **אלהין** לאינתתא דקריבא לגופיה LV 21:2
כתב שמא דייי אלקכון: **אלהין** לארעא דיתרעי מימרא דייי DT 12:5
ואמר ליה לא איזיל **אלהין** לארעי ולילדותי אזיל: ואמר NU 10:30
די אנא יתיב ביניהון: **אלהין** לארעי ולילדותי ולבית GN 24:4
דאנא יתיב בארעהון: **אלהין** לבית איבא תיזיל ולייחוסי GN 24:38
למיקום בתר פילוג ארעא **אלהין** לבנת צלפחד למימר לדתקין NU 36:6
בתר סגיאין למבאשא **אלהין** למטייבא ולא יתמנע חד EX 23:2
דייי לכון ליבא למינשי **אלהין** למידע ועיינין למרמזא DT 29:3

למידע ועיינין למרמזא **אלהין** למיחמי ואודנין לטמטמא DT 29:3
בישרא דביה בהקי **אלהין** למינטור לחדא ולמעבד ביני DT 24:8
אישא ובליעת ארעא **אלהין** למלקי בסגירותא היכמא NU 17:5
מנגבא לית כל מידעם **אלהין** למנא אנן מסתכיין כמסכן NU 11:6
פורקן דשעתא **אלהין** לפורקנך סכיית ואודיקית ייי GN 49:18
ואודנין לטמטמא **אלהין** לצייתא ואתון נשיתון DT 29:3
מן סיסיא ולא מן גרדיא **אלהין** לשומהון יעבדונון ויפסקון NU 15:38
בגין כן לא תהון פלחין **אלהין** לשמא דייי בלחודוי: וגיורא EX 22:19
לא חמי למימחי שמך **אלהין** מאן דחב קדמי אמחיניה EX 32:33
יעירקון לריבותא מנהון **אלהין** מטול דתקיפהון מסרינון וייי DT 32:30
אתון שדרתון יתי הלכא **אלהין** מן קדם ייי איסתקף GN 45:8
דהדרו למירדוף בתריי **אלהין** משרויין דמלאכייא קדישין GN 32:3
גזר ייי ית קיימא הדין **אלהין** עימנא אנחנא אילין הכא DT 5:3
אלילי: ואמר להון לא **אלהין** עירית מטעיית ארעא GN 42:12
ולא אשתיירו מינהון **אלהין** קלילין ותריך רעיא דיליה GN 29:9
לא תיכלון לאיתסאה **אלהין** תילקון ביה מפרסת ריגליכון DT 28:35
מן מצרים ולא הוה כפנא **אלהין** תרתין שנין בלחודיהן: ועברו GN 50:3
לית דין אתר חול ארום **אלהן** בית מקדש לשמיה דייי ודין GN 28:17
וזילו ולית אנא בעי מנכון **אלהן** דתצלו עלי דלא אמות: וכד EX 12:32
קדם אילקא למצלוב גבר **אלהן** חובוי גרמו ליה ומן בגלל DT 21:23
לא שמענא מן חורנין **אלהן** יומא דין מינך: ודבר אברהם GN 21:26
בכל אתרא דאתון חמיין: **אלהן** לאתרא דיתרעי ייי באחסנת DT 12:14
ייי אלקכון בעי מינכון **אלהן** למדחיל מן קדם ייי אלקכון DT 10:12
גבורת משה ואהרן היא **אלהן** מחא משתלחא מן קדם ייי EX 8:15
לא הוו מתמנן ירחייא **אלהן** מתשרי דהוא ריש שתא GN 7:11
שמעין ודמו לא חמיתון **אלהן** קל ממלל: ותני לכון ית קימיה DT 4:12
דבר נש ואמר לרב מזוגיא **אלהן** תדכרינני עימך כד ייטב לך GN 40:14

אלואי (9)

איסק ואיצלי קדם ייי **הלואי** איכפר על חוביכון: ותב משה EX 32:30
ואמרו להון בני ישראל **הלואי** דמיתנא במימרא דייי EX 16:3
על משה ואמרו למימר **הלואי** דמיתנא כד מיתו אחנא קדם NU 20:3
ומבתר כן נחמי אנפוי **הלואי** יסבר לי אפין: ועברת דורונא GN 32:21
ואמר אברהם קדם ייי **הלואי** ישמעאל יתקיים ויפלח GN 17:18
איתא לוט בגיני יתיה **לואי** איכול למסדרא סידרי קרב NU 22:11
וברמשא תהוון אמרין **לואי** דיהי צפרא דעקן מארכן שעי DT 28:67
בצפרא תהוון אמרין **לואי** דיהי רמשא דעקן מארכן שעי DT 28:67
מייתנא מותא דקשיטין **לואי** דתיהי סופי כזעיריא דבהון: NU 23:10

אליון (2)

אליון ידיהון דימינא ועל **איליון** ריגליהון דימינא ותדרוק ית EX 29:20
אודנא דבנוי דימינא ועל **אליון** ידיהון דימינא ועל איליון EX 29:20

אליתא (5)

מן תורא ומן דיכרא **אליתא** ודחפי בני גווא וכולייתא LV 9:19
חזור: ונסיב ית תרבא וית **אליתא** וית כל תרבא דעל בני גווא LV 8:25
כל תרביה יקרב מינה ית **אליתא** וית תרבי דחפי ית בני גווא: LV 7:3
קדם ייי טוב שומניה **אליתא** שלמתא כל קבל דקיתא LV 3:9
ותיסב מן דיכרא תרבא **ואליתא** וית תרבא דחפי ית בני EX 29:22

אלל (25)

לותי ואנדע ארום לא **אלילי** אתון אלא מהימהי אתון ית GN 42:34
דמלילית עמכון למימר **אלילי** אתון: בהדא מיילא תתבחרון GN 42:14
ואין לא חיי דפרעה ארום **אלילי** אתון: וכנש ייתהום לבית GN 42:16
עליהום ואמר להום **אלילי** אתון למיחמי ית עירית GN 42:9
אנחנא לא הוו עבדך **אלילי**: ואמר להון לא אלהין עירית GN 42:11
ליה מהימני אנן לא הוינא **אלילי**: תריסר אנן אחין בני אבא חד GN 42:31
וארום אתו ישראל אורח **אלליא** אתר דמרדו במרי עלמא NU 21:1
במרי עלמא דכד תבו **אלליא** הוו בני ישראל שריין ברקם NU 21:1
קדמוי בפארן על מימרא **אללייא** וטפלתון עלוי מילי שיקרא DT 1:1
טיב ביש על ארעא **דאלילו** יתה לות בני ישראל למימר NU 13:32
במדברא: במניין יומיא **דאלילתון** ית ארעא ארבעין יומין NU 14:34
דמן ביכורי עינבין: וסליקו **ואלילו** ית ארעא מן מדברא דצין NU 13:21
שלח לך גוברין חריפין **ויאללון** ית ארעא דכנען דאנא יהיב NU 13:2
מילין קשין ובזי יתן **כמאללי** ארעא: ואמרנא ליה מהימני GN 42:30
יהושע: ושדר יתהון משה **לאללא** ית ארעא דכנען ואמר להון NU 13:17
גובריא דשדר משה **לאללא** ית ארעא וכדי חמא משה NU 13:16
גוברייא האינון דהליכו **לאללא** ית ארעא: ומליל משה ית NU 14:38
וגובריא די שדר משה **לאללא** ית ארעא ותבו וארעימו NU 14:36
משה ית כלב וית פנחס **לאללא** ית מכבר וכבשו כופרנהא NU 21:32
למימר ארעא דעברנא בה **לאללא** יתה ארעא מקטלא יתבהא NU 13:32
למימר ארעא דעברנא בה **לאללא** יתה טבא ארעא לחדא NU 14:7
בר נון וכלב בר יפונה מן **מאללי** ית ארעא בזעו לבושיהון: NU 14:6
ותבו לרקם אורח **מאללייא** ואתו לטוורוס אומנוס NU 21:1
שמהתן דתריסר גובריא **מאללייא** לשיבטא דראובן עזגד NU 13:4
נטיף מיניה כנחלא: ותבו **מלאללא** ית ארעא בתמניא יומין NU 13:25

אלם (6)

אדם קדמאי או מאן שוי **אילימא** או חרשא או פתיחא או EX 4:11
ומלכן ממלכן יהי **אלים** ורבא יהוי משתעבד לזעירא GN25:23
עמין גיותנין וטירונין **אלימין** מינכון לא תידחלון מנהון DT 20:1
דיינין קשיטין וסרכין **אלימין** תמנון לכון בכל קירויכון DT 16:18
מן כל דיתרעי ליביה ולא **באלמותא** תיסבון אפרשותי: ודא EX 25:2
ית יהושע ותקיפהי **ואלימהי** ארום הוא יעיבר קדם DT 3:28

אלף (122)

ושוור בליליא ההוא **אלף** ושית מאה מילין ומן בגלל בבו EX 17:8
ישראל נסיב ית כספא **אלף** ותלת מאה ושיתין וחמש NU 3:50
יוסיף עליכון כותכון **אלף** זימנין מטול ברכתי דא ויברך DT 1:11
יהי סנאה חד רדיף **אלף** מנהון ותרין יעירקון לריבותא DT 32:30
שרה אמר הא יהבית **אלף** סילעין דכסף לאחוך הא הינון GN20:16
מנוח דמן שיבט דן: וית **אלף** סרכין מדבית נפתלי DT 34:2
לליואי משור קרתא ולבר **אלפא** גרמידי חזור חזור: ותמשחון NU35:4
קנטינר לחומרא: וית **אלפא** ושבע מאה ושבעין וחמש EX 38:28
פורענות עמא דייי במדין: **אלפא** לשיבטא אלפא לשיבטא NU31:4
חילא: ושדר יתהון משה **אלפא** לשיבטא לחילא יתהון וית NU31:6
במדין: אלפא לשיבטא **אלפא** לשיבטא לכל שיבטיא NU31:4
נפשהון מאלפיא דישראל **אלפא** לשיבטא תריסר אלפין מזרזי NU31:5
איסטריטיגין דממנן על **אלפי** חילא רבני אלפין ורבני NU31:48
שבטיא דאבהתהון רישי **אלפיא** דישראל הינון: ודבר משה NU 1:16
לוותך רברבייא רישי **אלפיא** דישראל: ותיתקעון יבבתא NU10:4
ייי שרי ביקרך בגו ריבוות **אלפייא** דישראל וביה הוה חקיק NU 2:25
דבית יעקב מיניין **אלפייא** דישראל: והוו רשיעי עמא NU10:36
מדבית אפרים והינון **אלפייא** דקטל גדעון בר יואש DT 33:17
עמא דאתנדון תרין **אלפין** אמין והוה קרי ליה משכן EX 33:7
ובארבעין ותרתין **אלפין** ארתכין דנור כלילא DT 34:5
כן מנהון עשרין וארבעא **אלפין** בגין כן לית אפשר תוב NU31:8
ההוא כמניין תלתא **אלפין** גברא: ואמר משה קריבו EX 32:28
ואמר משה שית מאה **אלפין** גברין ריגליין עמא דאנא שרי NU11:21
משרוי והינון כשית מאה **אלפין** גובריא ומטיילין על ריגליהון EX 12:37
דמיתו בקרבא מאתן **אלפין** גוברין בני חילא משיבטא EX 13:17
בית ישראל מאתן **אלפין** גוברין וית עקת כל דר ודר DT 34:3
לטיילא לבר מתרין **אלפין** גרמידי ביומא שביעאה: ונחו EX 16:29
ית ציטרא דמדינחא תרין **אלפין** גרמידי וית רוח דרומא תרין NU35:5
וית רוח דרומא תרין **אלפין** גרמידי וית רוח מערבא תרין NU35:5
וית רוח מערבא תרין **אלפין** גרמידי וית רוח ציפונא תרין NU35:5
וית רוח ציפונא תרין **אלפין** גרמידי וקרתא במיצעא דין NU35:5
יהי רעוא דמיניך יפקון **אלפין** דריבוון וירתון בנייכי ית GN24:60
ולעילא עשרין ותרין **אלפין**: ואמר ייי למשה מני כל NU 3:39
דנפתלי חמשין ותלתא **אלפין** וארבע מאה: איליין סכומי NU 1:43
שיתין וארבעא **אלפין** וארבע מאה: בנוי דאשר NU26:43
לסכומהון חמשין ותלת **אלפין** וארבע מאה: בנוי דנפתלי NU26:47
ראובן מאה וחמשין וחד **אלפין** וארבע מאה וחמשין NU 2:16
חמשין ושובעא **אלפין** וארבע מאה: כל מניינייא NU 2:8
דשיבטיה תלתין וחמשא **אלפין** וארבע מאה: כל סכום NU 2:23
דשיבטיה חמשין ותלת **אלפין** וארבע מאה: כל סכום NU 2:30
דבנימין תלתין וחמשא **אלפין** וארבע מאה: לבנוי דדן NU 1:37
דיששכר ארבעין וחמשא **אלפין** וארבע מאה: לבנוי דזבולן NU 1:29
יהודה מאה ותמנן **אלפין** וארבע מאה לחילוותהון NU 2:9
רבא כל כסף מניא תרין **אלפין** וארבע מאה סילעין בסילעי NU 7:85
שבעין קנטירין ותרין **אלפין** וארבע מאה סילעין: ועבד בה EX 38:29
חמשין וארבעא **אלפין** וארבע מאה: שבטא דזבולון NU 2:6
דזבולון חמשין ושבעא **אלפין** וארבעה מאה: לבנוי דיוסף NU 1:31
כל נפשתא תלתין ותרין **אלפין**: והות פלגותא חולק גובריא NU31:35
ותורי שובעין ותרין **אלפין**: וחמרי שיתין וחד אלפין: NU31:33
לסכומהון עשרין ותרין **אלפין** וחמש מאה איליין בנוי NU26:37
בני גד לסכומהון ארבעין **אלפין** וחמש מאה: בנוי דיהודה ער NU26:18
זבולון לסכומהון שיתין **אלפין** וחמש מאה: בנוי דיוסף מנשה NU26:27
לסכומהון שובעין ושיתא **אלפין** וחמש מאה: בנוי דיששכר NU26:22
דאשר ארבעין וחד **אלפין** וחמש מאה: בנוי דנפתלי NU 1:41
וסכום חמרי תלתין **אלפין** וחמש מאה: ובנת נשא שתסר NU31:45
דשבטיה ארבעין **אלפין** וחמש מאה: ודיסמכין ליה NU 2:19
מאה ותלתין ושובעא **אלפין** וחמש מאה: והות סכום NU31:36
לשית מאה ותלתא **אלפין** וחמש מאה וחמשין: והואה EX 38:26
שית מאה ותלתא **אלפין** וחמש מאה וחמשין: וליואי NU 1:46
שית מאה ותלתא **אלפין** וחמש מאה וחמשין: וליואי NU 2:32
ותרין: וחמרי תלתין **אלפין** וחמש מאה וסכום נסיבתהון NU31:39
מאה ותלתין ושובעא **אלפין** וחמש מאה: וסכום תורי NU31:43
דשיבטיא ארבעין וחד **אלפין** וחמש מאה: ושיבטא דנפתלי NU 2:28
והוו סכומהון תמניא **אלפין** וחמש מאה ותמנן: על פום NU 4:48
דראובן ארבעין ושית **אלפין** וחמש מאה: לבנוי דשמעון NU 1:21
ולעילא סכומהון שבעתי **אלפין** וחמש מאה: תרתין גניסתא NU 3:22
דאפרים ארבעין **אלפין** וחמשא מאה: לבנוי דמנשה NU 1:33
אפרים מאתן ותמנין **אלפין** ומאה לחיליהון בתליתיתא NU 2:24

כהנא ית דהבא מן רבני **אלפין** ומאוותא ואייתיאו יתיה NU 31:54
סכומהון לגניסתהון תלת **אלפין** ומאתן: אילין מנייני סכומי NU 4:44
דשמעון עשרין ותרין **אלפין** ומאתן: בנוי דגד לגניסתהון NU 26:14
מבר ירחא ולעילא שיתא **אלפין** ומאתן: ורב בית אבא דהוה NU 3:34
דמנשה תלתין ותרין **אלפין** ומאתן: לבנוי דבנימין NU 1:35
במותנא עשרין וארבע **אלפין:** ומליל ייי עם משה למימר: NU 25:9
וחמשין סילעין מן רבני **אלפין** ומן רבני מאוותא: גוברין NU 31:52
מאה: ובנת נשא שתסר **אלפין:** ונסיב משה מפלגות בני NU 31:46
אלפין: וחמרי שיתין וחד **אלפין:** ונפשת אינשא מן נשיא דלא NU 31:34
וסכום תורי תלתין ושית **אלפין:** וסכום חמרי תלתין אלפין NU 31:44
תורי תלתין ושיתא **אלפין** וסכום נסיבתהון לשמא דייי NU 31:38
דממנן על חילא רבני **אלפין** ורבני מאוותא דאתו מחיל NU 31:14
על אלפי חילא רבני **אלפין** ורבני מאוותא: ואמרו למשה NU 31:48
רבני חומשין תריסר **אלפין** ורבני עישורייתא שית ריבוון: EX 18:25
וסכומהון חמשין ותרין **אלפין** ושבע מאה: אילין בני אפרים NU 26:34
ארבעין וחמשא **אלפין** ושבע מאה: אילין סכומי בני NU 26:50
דמיתו במותנא ארבסר **אלפין** ושבע מאה בר מדמיתו על NU 17:14
דשיבטיה שיתין ותרין **אלפין** ושבע מאה: ודישרן סמיכין NU 2:26
סכומהון לגניסתהון תרין **אלפין** ושבע מאה וחמשין: אילין NU 4:36
לשמא דייי שיתסר **אלפין** ושבע מאה וחמשין סילעין NU 31:52
סכומהון ארבעין ותלת **אלפין** ושבע מאה ותלתין:: ובני NU 26:7
לשבטא דדן שיתין ותרין **אלפין** ושבע מאה: לבנוי דאשר NU 1:39
ארבעין וחמשא **אלפין** ושית מאה: אילין בנוי דגד NU 26:41
דן מאה וחמשין ושובעא **אלפין** ושית מאה בבתריתא נטלין NU 2:31
שובעין וארבעא **אלפין** ושית מאה: ודישרו סמיכין NU 2:4
דגד ארבעין וחמשה **אלפין** ושית מאה וחמשין: לבנוי NU 1:25
סכומהון לגניסתהון תרין **אלפין** ושית מאה ותלתין: איליין NU 4:40
דשבטיה ארבעין וחמשא **אלפין** ושית מאה: כל סכום מניינייא NU 2:15
דיהודה ארבעין ושבעא **אלפין** ושית מאה: לבנוי דיששכר NU 1:27
ירחא ולעילא תמניא **אלפין** ושית מאה נטרי מטרתא NU 3:28
מאה ושובעין וחמשא **אלפין:** ותורי שובעין ותרין אלפין: NU 31:32
שיתין וארבעא **אלפין** ותלת מאה: בנוי דזבולן לסרד NU 26:25
דשיבטיה:: חמשין ותשעה **אלפין** ותלת מאה: ושיבטא דגד NU 2:13
דשמעון חמשים ותשעה **אלפין** ותלת מאה: לבנוי דגד NU 1:23
סכומהון עשרין ותלתא **אלפין** כל דכורא מבר ירחא ולעילא NU 26:62
מניינהון עשרין ותרין **אלפין** מאתן ושובעין ותלתא: NU 3:43
אלפא לשיבטא תריסר **אלפין** מזרזי חילא: ושדר יתהון NU 31:5
ימותון עשרין וארבע **אלפין** מישראל ומן יד אתגוללו NU 25:8
איקר שכינתא דייי בתרין **אלפין** רבוון דמלאכין ובארבעין DT 34:5
מאה רבני מאוותא שית **אלפין** רבני חומשין תריסר אלפין EX 18:25
ותמני עליהון רבני **אלפין** רבני מאוותא רבני חומשין EX 18:21
רישי עליכון רבני **אלפין** רבני מאוותא רבני חמשין DT 1:15
רבני חמשין תריסר **אלפין** רבני עישורייתא שית ריבוון DT 1:15
הדין ועימי תשעין **אלפין** ריבוון מלאכין מחבלין EX 12:12
בני ישראל שית מאה וחד **אלפין** שבע מאה ותלתין: ומליל ייי NU 26:51
רישין על עמא רבני **אלפין** שית מאה רבני מאוותא שית EX 18:25
ביניהכון למגלי לאתר **דילפון** אורייתא ובנתיהון מתרחקין NU 21:29
נפשיה מאה קינטנרין **ואלפא** ושבע מאה ושובעין וחמש EX 38:25
צדיקייא ולנטרי פיקודוי **לאלפין** דרין: ומשלים לסנאוי אגר DT 7:9
ונטיר חסד וטיבו **לאלפין** דרין לרחמיי צדיקיא DT 5:10
לשנאיי: ונטיר חסד וטיבו **לאלפין** דרין לרחמיי צדיקייא EX 20:6
וקשוט: נטיר חסד וטיבו **לאלפין** דרין שרי ושביק על חובין EX 34:7
למימר: נפקו גוברין זידנין **מאולפנא** דחכימיא דביניכון DT 13:14
צדיקין ומסרון נפשהון **מאלפיא** דישראל אלפא לשיבטא NU 31:5

אלף (98)

דלא ידעון ולא חמון ית **אולפן** אורייתא דייי אלקכון ית DT 11:2
וטמירינון במשכן **אולפן** אורייתא דיליה ברם ית EX 33:7
דאית קדמיי ולרגל **אולפן** טלייא עד זמן דאיתי לות GN 33:14
משה ית ידוי עלוי וקבילו **אולפן** מיניה בני ישראל ועבדו DT 34:9
ושמעו בני יעקב וקבילו **אולפן** מן ישראל אבוכון: ראובן GN 49:2
לוותי עמא למתבוע **אולפן** מן קדם ייי: ארום יהי להון EX 18:15
לכהנא רבא דתבע **אולפן** מן קדם ייי בהון דבהון חקיק EX 28:30
ויתנון למשה ומשה יתבע **אולפן** מן קדם ייי וידון יתי ובכן NU 15:32
ואנת תהוי ליה לרב תבוע **אולפן** מן קדם ייי: וית חוטרא הדין EX 4:16
דבחזרנותיי: תתבעון **אולפן** מן קדם ייי ומבתר כדין DT 17:15
בבי מדרשא דעבר תבע **אולפן** מן קדם ייי: ורחים יצחק ית GN 25:27
הוי אנת לעמא תבע **אולפן** מן קדם ייי ותייתי אנת ית EX 18:19
ויכסנון יתיה ולא מקבל **אולפן** מנהון: ויחדון ביה אבוי DT 21:18
בצורעא בעלמא הדין **אולפן** סגי אית לה לעלמא דאתי NU 12:16
זרעא וכבש יצריה מן **אולפן** תקיף דקביל מן יעקב ומתמן GN 49:24
ייי הוה נפיק למשכן בית **אולפנא** דמברא למשריתא מודי על EX 33:7
דאבוהון ואזלו בתר **אולפנא** דמשה נביא לא מיתו NU 26:11
ברעוא על מקבלי **אולפנא** היך טלא ממללי דילי DT 32:2
והוו קיימין על את בבית **אולפנא** הינון לוחי סהדותא ותברי EX 40:20

אין דחיל ומקביל עלוי **אולפנא** ובען לקיימותיה DT 21:21
והוה קרי ליה משכן בית **אולפנא** והוי כל מאן דהדר בתתובא EX 33:7
למילף ונשייא למישמע **אולפנא** וטפליא לקבולי עליהון DT 31:12
ואתא משה מן משכן בית **אולפנא** ומליל ית כל פיתגמי DT 32:44
ואזל משה למשכן בית **אולפנא** ומליל ית פיתגמיא האילין DT 31:1
לשלם ואתו למשכן בית **אולפנא:** ותני משה לחמוי ית כל מה EX 18:7
היך מיטרא סחפא **אולפני** ותתקבל ברעוא על מקבלי DT 32:2
בר נון דמשמש בבית **אולפנך** הוא ייעול לתמן יתיה תקיף DT 1:38
מן דזוויג חוה לות אדם **אליף** יתן למבקרא מריעין מן DT 34:6
מן דאלביש אדם וחוה **אליף** יתן למברזגא חתנין וכלן מן DT 34:6
לן ארחתיה תקניה **אליף** יתן למלביש ערטלאין מן DT 34:6
מרע מגיזרת מהולתא **אליף** יתן למנחמא אבילין מן DT 34:6
באתר דמיתת אימיה **אליף** יתן למפרנסא מסכינין מן DT 34:6
ישראל לחמא מן שמיא **אליף** יתן למקבור מיתיא מן משה DT 34:6
קדם ייי עבד וסדרי דינוי **אליף** לעמיה בית ישראל: ולשיבטא DT 33:21
והוה משה בטוורא **אליף** פיתגמי אורייתא מן פום EX 24:18
וינטור מצוותא ביניכון **אליפו** יתיה אורייתא קבעו ליה DT 23:17
שבעתי ענני איקריה **אליפינון** ית אוריתיה נטרינון DT 32:10
יתהון במימרך ממצרים **אליפית** יתהון אורייתך בניתי להון DT 32:50
אזל פרקיה בממון סגי **אלפיה** חכמתא ואמנותא קדיש DT 32:50
על די פלחו בחייהון **באולפן** אורייתא בעלמא הדין GN 3:24
עדרין עדרין מתגברין **באולפן** אורייתא והי כגנין שתילין NU 24:6
לרשיעיא דמרדו בחייהון **באולפן** אורייתא טבתא היא GN 3:24
מימריה למכסנא יתכון **באולפניה** ועילוי ארעא אחמינכון DT 4:36
בריך שמיה דמריה עלמא **דאליף** לן ארחתיה תקניה אליף יתן DT 34:6
כולכון יומא דין: חמון **דאליפית** יתכון קיימין ודינין DT 4:5
ביה כל יומי חייו מן בגלל **דיליף** למידחל מן קדם ייי אלקיה DT 17:19
לביני דכיא הי ככל מה **דילפון** יתכון כהניא דמן שיבט לוי DT 24:8
ואשמועינון ית פיתגמי **דילפון** למידחל מן קדמי כל יומיא DT 4:10
על מימר אורייתא **דילפונכון** ועל הילכת דינא דיימרון DT 17:11
ייי ותיטרון למעבד ככל **דילפונכון:** על מימר אורייתא DT 17:10
תוריכון ועניכון מן בגלל **דתילפון** למדחל מן קדם ייי DT 14:23
וקיימייא ודינייא **דתלפון** יתהון ויעבדון בארעא DT 5:31
אהא עם ממלל פומך **ואליף** יתך מה דתמליל: ואמר בבעו EX 4:12
פומך ועם מימר פומיה **ואליף** יתכון ית מה דתעבדון: וימלל EX 4:15
זמן סידורי מועדיא דייי **ואליפינון** לבני ישראל: ומליל ייי עם LV 23:44
שרן במדברא למידן **ואליפת** לנא עיסק דינא והוית NU 10:31
משה ית תושבחתא הדא **ואלפא** ית בני ישראל: ופקיד ית DT 31:22
לכון ית תושבחתא הדא **ואלפא** ית בני ישראל שווייה DT 31:19
יקומון בניכון מן בתריכון **וילפון** להון הינון למיהוי עם חמודין DT 5:21
יקומון בניכון מן בתריכון **וילפון** להון הינון למיהוי עם קטולין DT 5:17
אוף בניכון מבתריכון **וילפון** לחוד הינון למהוי עם גיורין DT 5:18
יקומון בניכון מן בתריכון **וילפון** לחוד הינון למיהוי עם EX 20:13
יקומון בניכון בתריכון **וילפון** לחוד הינון למיהוי עם EX 20:16
יקומון בניכון מן בתריכון **וילפון** לחוד הינון למיהוי עם EX 20:17
יקומון בניכון מן בתריכון **וילפון** לחוד הינון למיהוי עם גייורין EX 20:14
יקומון בניכון מן בתריכון **וילפון** לחוד הינון למיהוי עם גנבין EX 20:15
ובניהון דלא ידעו ישמעון **וילפון** למידחל מן קדם ייי אלקכון DT 31:13
ובמנדעא ובכל עיבידתא: **ולאלפא** אומנוון למעבד בדהבא EX 35:32
וביני מסאבא וביני דכיא: **ולאלפא** ית בני ישראל ית כל LV 10:11
בכל עיבידת אומנוון: **ולמילף** אומנותא למשאר אומניא EX 35:34
ממליל קדמיכון יומא דין **ותילפון** יתהון ותינטרון למעבדהון: DT 5:1
מן ליבכון כל יומי חייכון **ותלופונון** לבניכון ולבני בניכון: DT 4:9
קבל מוקריכון בין עיניכון: **ותלפון** יתהון ית בניכון למגרסא DT 11:19
ויתיב במדברא והוה **יליף** רבי קשוותא: ויתיב במדברא GN 21:20
ייי אלקכון: מן בגלל דלא **ילפון** יתכון למעבד ככל מרחקתהון DT 20:18
ולא תצבון למשמע **לאולפן** אורייתי ואוסיף לאייתאה LV 26:21
לא תצבון למשמע **לאולפן** אורייתי ואוסיף למירדי LV 26:18
ומתמן קריבית יתכון **לאולפן** אורייתי: וכדון אין קבלא EX 19:4
תוכחתא לא תשמעון **לאולפן** אורייתי ותהלכון קדמיי LV 26:27
ואין לא תיצבון למשמע **לאולפן** מאלפי אורייתי ולא LV 26:14
פיקודיא דכתבית **לאלופיהון:** וקם משה ויהושע EX 24:12
ולשומא ולקלופי ולבהקי: **לאלפא** כהנא לעמא בין יומא LV 14:57
כנושו ית עמא גובריא **למילף** ונשייא למישמע אולפנא DT 31:12
דפקיד ייי אלקכון **למילפא** יתכון למעבד בארעא DT 6:1
ולא יתמנע חד מנכון **למלפא** זכו על חבריה בדינא למימר EX 23:2
בארעא דמואב שרי משה **למלפא** ית פיתגמי אורייתא הדא DT 1:5
עתיד לקבלא אורייתא **למלפא** יתה לבני ישראל: ואמר אנא EX 3:5
פקיד ייי בעידנא ההיא **למלפא** יתכון קיימין ודינין DT 4:14
טפשא עם דיינא חכימא **למלפא** לכון ית דתעבדון לכון: DT 16:21
לא שמעית מן בגלל **למלפא** לרישי סנדרייתא דעתידין NU 9:8
קודשך נטרין: כשרין אינון **למלפא** סידרי דינייך לדבית יעקב DT 33:10
לא שמעית מן בגלל **למלפא** רישי סנדרי דישראל NU 27:5
לא שמעית מן בגלל **למלפא** רישי סנדרי דעתידין NU 15:34

לא שמעית מן בגלל **למלפא** רישי סנהדרייתא דישראל LV 24:12
מדבית יהודה וספרין **מאלפי** אורייתא מזרעיה עד זמן די GN 49:10
תיצבון למשמע לאולפן **מאלפי** אורייתי ולא תעבדון מן LV 26:14
לקיימייא ולדינייא דאנא **מליף** יתכון למעבד מן בגלל DT 4:1
אלקכון יהיב לכון לא **תילפון** למעבד כריחוקי עממיא DT 18:9

אלפס (1)

בדוכיתא ומבשלין ליה **בלאפיסיא** ועבדין מיניה חררן והוי NU 11:8

אלקפטא (1)

אנא פרעה מלכא ואנת **אלקפטא** ובר מימרך לא ירעים גבר GN 41:44

אמגושא (2)

קוסמין עילוי מיא הי **כאמגושא** ותיתעתד לקדמותיה על EX 7:15
קוסמין עילוי מיא הי **כאמגושתא** ותימר ליה כדנא אמר EX 8:16

אמה (67)

הי כאורח נציביהון: עשר **אמין** אורכא דלוחא ואמתא ופלגא EX 26:16
הי כאורח נציבהון: עשר **אמין** אורכא דלוחא ואמתא ופלגא EX 36:21
דקיסי שיטא חמש **אמין** אורכא וחמש אמין פותיא EX 27:1
זהורי ובוץ שזיר ועשרין **אמין** אורכא ורומיה כפותיה חמש EX 38:18
לדרתא דבוץ שזיר מאה **אמין** אורכא לרוח חדא: ועמודוי EX 27:9
ברבת בני עמון תשע **אמין** אורכה וארבע אמין פותיא DT 3:11
דקיסי שיטא תרתין **אמין** אורכיה ואמתא פותיה EX 25:23
דקיסי שיטא תרתין **אמין** אורכיה ואמתא פותיה EX 37:10
דקיסי שיטא חמש **אמין** אורכיה וחמש אמין פותיה EX 38:1
למדינחא ורומא חמש **אמין** דבוץ שזיר וחומריהון דנחשא: EX 27:18
חדא עשרין ותמני **אמין** דיריעתא חדא משחתא חדא EX 26:2
אמין ופותיא ארבע **אמין** דיריעתא חדא משחתא חדא EX 26:8
דרתא פרסא עשרין **אמין** דתיכלא וארגוונא וצבע זהורי EX 27:16
לדרומא וכרום תרתין **אמין** הוה פרח על אנפי ארעא והוו NU 11:31
דיריעתא חדא תלתין **אמין** וארבע אמין פותיא דיריעתא EX 36:15
דאתנדון תרין אלפין **אמין** והוה קרי ליה משכן בית EX 33:7
קידומא מדינחא חמשין **אמין:** ווילוון חמיסרי אמין לעיברא EX 38:13
חמשין אמין: וחמיסירי **אמין** ווילוון לעיברא עמודיהון EX 27:14
קידומא מדינחא חמשין **אמין:** וחמיסירי אמין ווילוון EX 27:13
ונסב נרגא ברת עישרתי **אמין** וטפז עישרתי אמין ומחייה NU 21:35
אמין וטפז עישרתי **אמין** ומחייה בקרסוליה ונפל ומית NU 21:35
דיריעתא חדא תלתין **אמין** ופותיא ארבע אמין דיריעתא EX 26:8
חדא עשרין ותמני **אמין** ופותיא ארבע אמין סכום EX 36:9
ארכא דדרתא מאה **אמין** ופותיא חמשין למערבא EX 27:18
דדהב דכי תרתין **אמין** ופלגא אורכא ואמתא ופלגא EX 25:17
דדהב דכי תרתין **אמין** ופלגא אורכא ואמתא ופלגא EX 37:6
דקיסי שיטא תרתין **אמין** ופלגא אורכיה ואמתא ופלגא EX 25:10
דקיסי שיטא תרתין **אמין** ופלגיה אורכיה ואמתא ופלגא EX 37:1
מציעאה אורכיה שובעין **אמין** ופרישן מתעבדין ביה דכד הוו EX 26:28
ורומיה כפותיה חמש **אמין** כל קבל ווילוות דרתא: EX 38:18
אמין: ווילוון חמיסרי **אמין** לעיברא עמודיהון תלתא EX 38:14
אמין ופותיא ארבע **אמין** סכום דיריעתא חדא משחתא EX 36:9
מערבא ווילוון חמשין **אמין** עמודיהון עשרא וחומריהון EX 38:12
מערבא ווילוון חמשין **אמין** עמודיהון עשרה וחומריהון EX 27:12
דרתא דבוץ שזיר מאה **אמין:** עמודיהון עשרין דנחשא ווי EX 38:9
דרתא ווילוון חמיסרי **אמין** עמודיהון תלתא וחומריהון EX 38:15
כסף: ולרוח ציפונא מאה **אמין** עמודיהן עשרים וחומריהון EX 38:11
תשע אמין אורכה וארבע **אמין** פותיא באומתא דגרמיה: וית DT 3:11
חדא תלתין אמין וארבע **אמין** פותיא דיריעתא חדא EX 36:15
חמש אמין אורכא וחמש **אמין** פותיא מרבע יהי מדבחא EX 27:1
חמש אמין אורכיה וחמש **אמין** פותיה מרבע ותלת אמין EX 38:1
אמין פותיה מרבע ותלת **אמין** רומיה: ועבד קרנוי על ארבע EX 38:1
מרבע יהי מדבחא ותלת **אמין** רומיה: ותעביד קרנוי על ארבע EX 27:1
פותייה מרבע ותרתין **אמין** רומיה מיניה הוון קרנוי זקיפין: EX 37:25
פותיה מרבע יהי ותרתין **אמין** רומיה מיניה יהון קרנוי זקיפין: EX 30:2
בוסמיא מן קיסי שיטא **אמתא** אורכיה ואמתא פותייה EX 37:25
מן למילד עול כדון לות **אמתי** ואחררינה מאים אתבני מינה GN 16:2
שיטא תעביד יתהון: **אמתיה** אורכיה ואמתא פותיה EX 30:2
וארבע אמין פותיא **באומתא** דגרמיה: וית ארעא הדא DT 3:11
דלוחא ואמתא ופלגא **דאמתא** פותיא דלוחא חד: תרתין EX 36:21
דלוחא ואמתא ופלגא **דאמתא** פותיה דלוחא חד: תרתין EX 26:16
עשר אמין אורכא דלוחא **ואמתא** ופלגא דאמתא פותיא EX 36:21
עשר אמין אורכא דלוחא **ואמתא** ופלגא דאמתא פותיה EX 26:16
אמין ופלגא אורכיה **ואמתא** ופלגא פותיא ואמתא EX 25:10
אמין ופלגא אורכא **ואמתא** ופלגא פותיה ברם סומכה EX 37:6
אמין ופלגיה אורכיה **ואמתא** ופלגא פותיה ואמתא EX 37:1
אמין ופלגא אורכא **ואמתא** ופלגא פותיה וסומכה יהי EX 25:17
ואמתא ופלגא פותיא **ואמתא** ופלגא רומא: ותחפי יתיה EX 25:10
אורכיה ואמתא פותיה **ואמתא** ופלגא רומיה: וחפא יתיה EX 37:10
ואמתא ופלגא פותיה **ואמתא** ופלגא רומיה: וחפייה דהב EX 37:1
אורכיה ואמתא פותיה **ואמתא** ופלגא רומיה: ותחפי יתי EX 25:23
משכנא: ואמתא מיכא **ואמתא** מיכא בדיתיר באורך EX 26:13
תשפע על אחורי משכנא: **ואמתא** מיכא ואמתא מיכא EX 26:13
תרתין אמין אורכיה **ואמתא** פותיה ואמתא ופלגא EX 25:23
תרתין אמין אורכיה **ואמתא** פותיה ואמתא ופלגא EX 37:10
יתהון: אמתיה אורכיה **ואמתא** פותיה מרבע יהי ותרתין EX 30:2
שיטא אמתא אורכיה **ואמתא** פותייה מרבע ותרתין אמין EX 37:25

אמהא (58)

היכמה דנפקו מן חדא מן **אמהתא** ושמיע קדם ייי צלותא GN 30:21
ואמהתיכון דיהון לכון מן **אמהתיכון** דמן עממיא די LV 25:44
אינתתיה ואנת בר הגר **אמתא** דאימי עני ישמעאל ואמר GN 22:1
דן ונפתלי: ובני זלפה **אמתא** דלאה גד ואשר אילין בני GN 35:26
תוב וילידת בלהה **אמתא** דרחל בר תניין ליעקב: GN 30:7
יוסף ובנימין: ובני בלהה **אמתא** דרחל דן ונפתלי: ובני זלפה GN 35:25
דילידת הגר מצריתא **אמתא** דשרה לאברהם: ואילין GN 25:12
דבאורח חגרא: ואמר הגר **אמתא** דשרי מן האן אנת אתיא GN 16:8
ואמרת לאברהם טרוד ית **אמתא** הדא וית ברא ארום לית GN 21:10
לית אוושר למירות בר **אמתא** הדא עם ברי ויגח קרבא עם GN 21:10
תשמיש זרעא והיא **אמתא** וחרתא מתארסא לגבר חרי LV 19:20
ושחררת ית זלפה **אמתא** ויהבת יתה ליעקב לאינתו: GN 30:9
ריבוניה יתן ליה איתא **אמתא** ותיליד ליה בנין או בנן EX 21:4
עבד כנענאי נגש תורא או **אמתא** כנעניתא כסף תלתין EX 21:32
יתקרון לך בנין ודין בר **אמתא** לא מתיחס בתרך: ואוף ית GN 21:12
מתיחס בתרך: ואוף ית בר **אמתא** לעם ליסטים אשוויניה ארום GN 21:13
אברם ית הגר מצריתא **אמתא** מסוף עשר שנין למיתב GN 16:3
אברם לא ילידת ליה ולה **אמתא** מצריתא ושמא הגר ברת GN 16:1
שמיה גד: וילידת זלפה **אמתה** דלאה בר תניין ליעקב: GN 30:12
לאינתו: וילידת זלפה **אמתה** דלאה ליעקב בר: ואמרת GN 30:10
ושחררת ליה ית בלהה **אמתה** ומסרה ליה לאינתו ועל GN 30:4
פירי מעיא: ואמרת הא **אמתי** בלהה עול לוותה ותיליד GN 30:3
דלא הוינא ילדא חררית **אמתי** ויהבתא למשכוב בעיטפך GN 16:5
לאה יהב ייי אגרי דיהבית **אמתי** לבעלי והיכדין עתידין בנוי GN 30:18
חקליה ולא עבדיה ולא **אמתיה** ולא תוריה ולא חמריה ולא DT 5:21
ית עבדיה כנענאה או ית **אמתיה** כנעניתא בשרביטא וימות EX 21:20
ואמר אברם לשרי הא **אמתיך** ברשותיך עיבידי לה דתקין GN 16:6
דינפק מתרבותך ועל **אמתך** דאת מתרך כל דתימר לך GN 21:12
תורך וחמרך וישקוט בר **אמתך** ערלאה וגיורא: ובכל פיקודיא EX 23:12
מלכותיה עד בוכרא **דאמתא** בצירתא דבמצרים EX 11:5
לה במותנהא לאודועי **דאמתא** היא וית ריבא ופטרה GN 21:14
יתן למריה דעבדא או **דאמתא** ותורא יתרגם: וארום יפתח EX 21:32
כנענאי או ית עינא **דאמתיה** כנעניתא וסמינה לבר EX 21:26
דעבדיה כנענאי או שינא **דאמתיה** כנעניתא יפיל לבר חורין EX 21:27
כדין בדמין זולין כעבדין **ואימהן** עד דתיזדלזלון DT 28:68
קטול ואוף מדמי עבדא **ואמהו:** ואין תור נגשן הוא מאיתמלי EX 21:28
ונסב אבימלך עאן ותורין **ואמהן** ויהב לאברהם ואתיב ליה GN 20:14
מנהון תזבנון עבדין **ואמהן:** ואוף מבני תותביא ערילא LV 25:44
ותורין וחמרין ועבדין **ואמהן** ואתנין וגמלין: וגרי מימר דייי GN 12:16
וכספא ודהבא ועבדין **ואמהן** וגמלין וחמרין: וילידת שרה GN 24:35
והוו ליה עאן סגיאן **ואמהן** ועבדין וגמלין וחמרין: ושמע GN 30:43
תורין וחמרין עאן ועבדין **ואמהן** ושדרית לתנאה לריבוני דלא GN 32:6
מאלקך: ברם עבדיכון **ואמהתיכון** דיהון לכון מן LV 25:44
ובנתיכון ועבדיכון **ואמהתיכון** וגיוריכון די בקירויכון: EX 20:10
ובנתיכון ועבדיכון **ואמהתיכון** וליואי דיבקרויכון DT 16:11
ובנתיכון ועבדיכון **ואמהתכון** וליוואה דבקירויכון ארום DT 12:12
ובנתיכון ועבדיכון **ואמהתכון** וליוואה וגיורא ויתמא DT 16:14
ובנתיכון ועבדיכון **ואמהתכון** וליואי דבקירויכון DT 12:18
ובנתיכון ועבדיכון **ואמהתכון** ותוריכון וחמריכון וכל DT 5:14
בגלל די ינוחון עבדיכון **ואמהתכון** כוותכון: ותהוון דכירין DT 5:14
לכון למיכל לך ולעבדך **ולאמתך** ולאגירך ולתותבך דדיירין LV 25:6
ברת פרעה דיהבא לה **לאמהו** בזמן דנסבא ואיתכתש GN 16:1
ומסרה ללאה ברתיה **לאמהו:** והוה לעידוני צפרא GN 29:24
ליה פילקתיה ומסרה לה **לאמהו:** ועל אוף לות רחל ורחים GN 29:29
נישמא לא לעבדין ולא **לאמהן:** ארום גמרא תגמרינון DT 20:16
ית ברתיה זעירתא **לאמהן** לא תיפוק במפקנות EX 21:7
דחבריה ולא לעבדיה ולא **לאמתיה** ולא לתוריה ולא לחמריה EX 20:17
עבד פלח עד יובלא ואוף **לאמתך** תיכתוב גט חירו ותיתן לה: DT 15:17

אמיטתא (3)

מרחיק ומשה קריב לצית **אמיטתא** דתמן יקר שכינתא דייי: EX 20:21
צית שמיא חשוכא עננא **ואמיטתא:** ומליל ייי עימכון בטורא DT 4:11
מיגו אישתא עננא **ואמיטתא** קל רב דלא פסיק והוה DT 5:22

אמן (49)

ותענה איתתא ותימר **אמן** אין איסתאבית כד מארסא NU 5:22
איסתאבית כד מארסא **אמן** אין אסתאבית כד נסיבתא: NU 5:22
כולהון כחדא ואמרין **אמן:** ליט די יטעי אכסניא באורחא DT 27:17
כולהון כחדא ואמרין **אמן:** ליט דימחי חבריה בלישן DT 27:23

כולהון כחדא ואמרין **אמן:** ליט דיצלי דין דייר ייתם DT 27:18
כולהון כחדא ואמרין **אמן:** ליט דישני תחומא דחבריה DT 27:16
כולהון כחדא ואמרין **אמן:** ליט דמזלזל איקרא דאבוי DT 27:15
כולהון כחדא ואמרין **אמן:** ליט דמקבל שוחדא למקטל DT 27:24
כולהון כחדא ואמרין **אמן:** ליט דמשמש עם אחתיה ברת DT 27:21
כולהון כחדא ואמרין **אמן:** ליט דמשמש עם איתת אבוי DT 27:19
כולהון כחדא ואמרין **אמן:** ליט דמשמש עם חמותיה הוון DT 27:22
כולהון כחדא ואמרין **אמן:** ליט דמשמש עם כל בעירא DT 27:20
כולהון כחדא ואמרין **אמן:** ליט תרתיסרי שבטיא כל חד DT 27:25
עניין כלהון כחדא ואמרין **אמן** פיתגמיא איליין איתאמרו DT 27:26
דחציד חיקליה ומשייר **אמנא** חדא אבטל מספר ייחוס DT 32:26
חד והואה ידוי פריסן **בהימנותא** בצלו וצומא עד מטמוע EX 17:12
לחוטרא בידיה: מן בגלל **דיהמנון** ארום אתגלי לך ייי אלקא EX 4:5
ופליג ליביה ארום לא **הימין** להום: ומלילו עימיה ית כל GN 45:26
כדון יהון בנך: והוות ליה **הימנותא** במימרא דייי וחשבה ליה GN 15:6
יתהון: וקמו מחסרי **הימנותא** די בעמא כל יומא ההוא NU 11:32
אינון בנין דלית בהון **הימנותא:** הינון אקנון קדמוי בדלא DT 32:20
דלא דילהון חלף דלא **הימנת** וישעבדון בהון ויסגפון GN 15:13
בשבועתא חולף דלא **הימנתון** במימרי לקדשותי NU 20:12
מימרא דייי אלקכון ולא **הימנתון** ליה ולא קבילתון DT 9:23
ועבד אתייא לעיני עמא: **והימין** עמא ושמעו ארום דכיר ייי EX 4:31
ודחילו עמא מן קדם ייי **והימינו** בשום מימריה דייי EX 14:31
מכריז עליהון תמן אודו **והימינו** בשם מימרא דייי אלקא GN 21:33
לנא: ולא צביתון למיסוק **והימנתון** לפיתגמי עשרא רשיעין DT 1:26
קלילא תייתון לותי **ויתהימנון** פיתגמיכון ולא תמותון GN 42:20
הוא דיינא תקיפא **ומהימנא** נטיר קיימא וטיבו לרחמוי DT 7:9
למשבקכון ומרעין בישין **ומהימנין** דמתעקין על גושמיכון: DT 28:59
על בניכון מחן רברבן **ומהימנן** דלא למשבקכון ומרעין DT 28:59
הי כבישריה:: ויהי אין לא **יהימנון** אוף לתרין אתייא האילין EX 4:9
עמא הדין ועד אימתי לא **יהימנון** במימרי לכל אתוותא NU 14:11
משה ואמר והא לא **יהימנון** לי ולא יקבלון מיני ארום EX 4:1
במללותי עימך ואוף **בך יהימנון** לעלם ותני משה ית פיתגמי EX 19:9
לא אלילי אתון אלא **מהימהי** אתון ית אחוכון אתן לכון GN 42:34
בכל בית ישראל עמי **מהימן** הוא: ממלל עם ממלל NU 12:7
מצות רקם ואישתכח **מהימן:** נפקין שיבט לוי לפולחן DT 33:8
נשמתא לכל בישרא גבר **מהימן** על כנישתא: די הוו נפיק NU 27:16
כל אורחתוי דינא אלקא **מהימנא** דמן קדמוי עוולא לא נפיק DT 32:4
כולנא בני גברא חד נחנא **מהימני** אנחנא לא הוו עבדך אלילי: GN 42:11
ארעא: ואמרנא ליה **מהימני** אנן לא הוינא אלילי: תריסר GN 42:31
ארעא בדא אנדע ארום **מהימני** אתון אחוכון חד שבוקו GN 42:33
מידיהון ויהון פסקין **מהימניא** מרי עובדין טבין ויהון DT 32:36
מן קדם ייי אנא דחיל: אם **מהמנין** אתון אחוכון חד יתאסר GN 42:19
ובפיתגמה הדין ליתיכון **מיהימנין** במימרא דייי אלקכון: DT 1:32
יתמה עלי: ואמרת מה **מיהמין** מבשרא דבשר לאברהם GN 21:7
דחלין יימם ולילי ולא **תהימנון** בחייכון: בצפרא תהוון DT 28:66

אמפורין (2)

ארבסרי: ובנוי דדן זריזין **ואמפורין** ולית סכום למנייניהום: GN 46:23
דדן ובני דדן הוון תגרין **ואמפורין** ורישי אומין: ובני דמדין GN 25:3

אמר (1935)

ויתן יתהון בשבועה **אמירא** ומפרשא בשמא רבא LV 16:21
ונטל מתל נבותיה ואמר **אימר** בלעם בר בעור ואימר גברא NU 24:3
ונטל מתל נבותיה ואמר **אימר** בלעם בר בעור ואימר גברא NU 24:15
דשרי מלאכא לקובליה: **אימר** דשמע מימר מן קדם אלקא NU 24:4
מן נביא הוה מתגלי ליה: **אימר** דשמע מימר מן קדם אלקא NU 24:16
ייי: ואמר ייי למשה **אימר** לאהרן ארים ית חוטרך ומחי EX 8:12
מן נהרא: ואמר ייי למשה **אימר** לאהרן סב חוטרך וארים ידך EX 7:19
מפקד דאיקר אבך בגין כן **אימר** לאחך דא עיבידו סיבו לכון GN 45:19
ודכירנא ית קיימי: בכן **אימר** לבני ישראל אנא הוא ייי EX 6:6
עלוי: ואמר ייי למשה **אימר** לבני ישראל אתון עם קשי EX 33:5
למימלי מוי: ותהי ריבא די **אימר** לה ארכיני כדון לגיניך GN 24:14
מקדשין קדמי אנא ייי: **אימר** להון אזדהרון לדריכון כל גבר LV 22:3
עלי שמיע קדמי: **אימר** להון בשבועא קיים אנא אין NU 14:28
ויימרון לי מה שמיה מה **אימר** להון: ואמר ייי למשה דין EX 3:13
לטורא: ואמר ייי לי **אימר** להון לא תיסקון ולא תסדרון DT 1:42
להון ולבניהון לעלם: איזל **אימר** להון שרי לכון לאזדווגא עם DT 5:30
בקינאתי: בשבועא **אימר** ליה מן שמי האנא גזר ליה ית NU 25:12
חייבין: ואמר ייי למשה **אימר** לכהניא בני אהרן דכוריא LV 21:1
דייי: ואמר משה לאהרן **אימר** לכל כנישתא דבני ישראל EX 16:9
יתי ויתיך יקיימון: **אימרי** בבעו דאחתי אנת בגין GN 12:13
לכל אתרא דינהך לתמן **אימרי** עלי דאחי הוא: ונסב אבימלך GN 20:13
ליה יעקב: ואמר לא יעקב **איתאמר** עוד שמך אילהין ישראל GN 32:29
אמן פיתגמיא איליין **איתאמרו** בסיני ואתניין במשכן DT 27:26
במולכנא דאורייתא **אמוראין** ומשיחין באורייתא: NU 21:29
עמי: אם כדין הוה **אמיר** קרוחין יהי אגרך וילידן כל GN 31:8
קבילו למימרי: בשבועא **אמירא** דא דלא יחמון ית ארעא NU 14:23
עלי: בשבועא **אמירא** דאתון לא תיעלון לארעא NU 14:30
ומשיחין באורייתא: **אמירין** רשיעיא לית רמא ומנטלא NU 21:30
עבוריא האילין: והדר **אמר** אברהם להלין גובריא יתסב GN 18:4
דאדום למימר כדנן **אמר** אחוך ישראל אנת ידעת ית כל NU 20:14
למסוקתא דטוורא דסיני **אמר** איזיל ואיקדיש ית עמא אמר DT 32:49
ובניהן בקדמייתא ארום **אמר** אילו אתי עשו לחבלא בריביא GN 33:2
איתכסי מיניה ובכין **אמר** איתו ואיתני לכון מה דיארע GN 49:1
ושום חד אליעזר ארום **אמר** אלקא דאבא הוה בסעדי EX 18:4
שכינתא דייי: ולחכימיא **אמר** אמתינו לנא הכא עד זמן EX 24:14
בריה לא שוי ידיה אלהין **אמר** אנא אעביד כפיתגמך: ואמר GN 47:30
עיסק תיכלא משה הוה **אמר** אנא שמעית מן פום קודשא NU 16:2
שום בוכרא מנשה ארום **אמר** אנשי יתי ייי ית כל ליאותי וית GN 41:51
מה דא למקרב לגבה ואין **אמר** אנת דאסירא היא הלא אנת NU 25:6
וחד מילין ומן ברת כדין **אמר** ארום בשמא דייי אנא מצלי DT 32:3
למיזכי ולמיחטי: ולאדם **אמר** ארום קבילת למימר אינתתך GN 3:17
רחמין מן קדם ייי וכן **אמר** אתגלי כדון מימרא דייי NU 10:35
דלא שלטת נורא באברם **אמר** בליבהון הלא הרן אחוי GN 11:28
האילין הוה עוג עימהון **אמר** בליביה איזיל ואחוי לאברם GN 14:13
יהודה אכר יתהום בכן **אמר** בליביה טב לי בהית בעלמא GN 38:25
למתכנשא מיגו עלמא **אמר** בליביה ליתנא מסהיד בעמא DT 32:1
משירייתא דישראל **אמר** בלעם רשיעא אין קטלין יתי NU 23:10
סדר ברכתהון מנהון: **אמר** בלעם רשיעא לית אנא NU 23:21
ומימרא דייי מסגי יתהון: **אמר** בלעם רשיעא מסתכל אנא NU 23:9
בלעם ואמרו ליה כדנן **אמר** בלק בר צפר לא כדון תיתמנע NU 22:16
קם גברא מדבית יוסף **אמר** במימריה איזיל ואתלוש קיסין NU 15:32
דחיל על כל עלמיא ייי **אמר** במימריה והות לי אלקא פרוק EX 15:2
עמהון לאלוואיהון: וייי **אמר** במימריה לית אוושר לי GN 18:17
אבא ותימרון ליה כדנן **אמר** ברך יוסף שוויני ייי לרב לכל GN 45:9
שבטיא כל חד וחד הוה **אמר** ברכתא בכללא ולווטייא DT 27:26
דשום חד גרשום ארום **אמר** דייר הוויתי בארע נוכראה EX 18:3
וקרא שמיה גרשום ארום **אמר** דייר הוויתי בארעא נוכריא EX 2:22
עד דירבי שלה ברי ארום **אמר** דילמא ימות אוף הוא הי GN 38:11
יעקב עם אחוי ארום **אמר** הא הוא טליא ומסתפינא GN 42:4
בעינך תיב: ולות שרה **אמר** הא יהבית אלף סילעין דכסף GN 20:16
וחולקא בעלמא דאתי **אמר:** ואמר יעקב קיים לי כיום דיהי GN 25:32
דין דאמר והוה עלמא **אמר** והוה כולא ואמר כדנא תימר EX 3:14
כל עלמיא ייי דבר נש **אמר** ומכדב ואוף לא דמיין עובדוי NU 23:19
בי היא היא שעתא **אמר** חויא דלטור על ברייה ואמר GN 3:4
דאתרא פניאל ארום **אמר** חמיתי מלאכייא דייי אפין כל GN 32:31
ותמליל עימיה כדנא **אמר** ייי אלקא דיהודאי פטור ית EX 9:1
פרעה ותימר ליה כדנא **אמר** ייי אלקא דיהודאי פטור ית EX 9:13
בנוי דלוי: ואמר להון כדנן **אמר** ייי אלקא דישראל כל מאן EX 32:27
פרעה ואמר ליה כדנא **אמר** ייי אלקא דישראל עד אימת EX 10:3
ואהרן ואמר לפרעה כדנא **אמר** ייי אלקא דישראל פטור ית EX 5:1
לא קבילת עד כדון: כדנא **אמר** ייי בדא סימנא תינדע ארום EX 7:17
עמא: ותימר לפרעה כדנא **אמר** ייי ברי בוכרי ישראל: ואמרית EX 4:22
ארום קריב הוא ארום **אמר** ייי דילמא יתהון עמא EX 13:17
ואמר במימרי קיימית **אמר** ייי חולף דעבדת ית פיתגמא GN 22:16
דבי מציעות גינוניתא **אמר** ייי לא תיכלון מיניה ולא GN 3:3
במדברא דסיני: ארום **אמר** ייי להון ממת ימותון במדברא NU 26:65
מרממא: בעידנא ההיא **אמר** ייי לי פסל לך תרי לוחי DT 10:1
ואמר משה לפרעה כדנא **אמר** ייי לילייא חורן כשעתא דא EX 11:4
לאתמסרא בידיהון בכן **אמר** ייי למשה לא תידחל מיניה NU 21:34
דאשתטחית בצלו ארום **אמר** ייי למשציא יתכון: וצליית DT 9:25
כל דחשיבו למיעבד: **אמר** ייי לשבעין מלאכיא דקימין GN 11:7
פרעה ותימר ליה כדנא **אמר** ייי פטור ית עמי ויפלחון קדמי: EX 7:26
ותימר ליה כדנא **אמר** ייי פטור ית עמי ויפלחון קדמי: EX 8:16
וסכותא איתקריית די **אמר** יסתכי ייי בנא ובנך ארום GN 31:49
על יוסף ארום קשיא **אמר** יעקב אין שרין הינון תריהון GN 49:7
וממגר דבביהון לאחורא: **אמר** יעקב כד חמא ית גדעון בר GN 49:18
פכרו שור בעלי דבבהון: **אמר** יעקב ליט הוה כרכא דשכם GN 49:7
עלנא הלא למיקטלי אנת **אמר** כמה דקטלת ית מצראי ודחיל EX 2:14
ארום גבר רמאי הוא **אמר** לא יעקב אנא רמאי וחכים GN 29:12
לשמא דייי לחדא: ויייי **אמר** לאברם בתר דאיתפרש לוט GN 13:14
עבדוי: ואמר פרעה ליוסף **אמר** לאחך די עיבידו טעינו ית GN 45:17
ייי עם משה למימר: **אמר** לאלעזר בר אהרן כהנא ויפרש NU 17:2
ברם רבון כל עלמא ייי **אמר** לאסגאה ית עמא הדין הי NU 23:19
עם דא כחדא ימא הוה **אמר** לארעא קבילי בנייכי וארעא EX 15:12
דיימר לא שמעית בגין כן **אמר** להון משה אוריכו עד דאשמע NU 9:8
לקיבליהון סידרי קרבא **אמר** להון משה לא תגיחון דמן EX 14:14
דהות אמרא ניחות לימא **אמר** להון משה לא תידחלון EX 14:13
אמרא נתוב למצרים **אמר** להון משה לא תתובון ארום EX 14:13
נלבלבה לקובליהון **אמר** להון משה שתוקו והבו יקרא EX 14:14

בדינא אתקטיל: הלא הוא **אמר** לי דאחת היא והיא אוף היא GN 20:5
וישמעאל ישמעאל הוה **אמר** לי חמי למירות ית אבא דאנא GN 22:1
בריה בוכרייא ויצחק הוה **אמר** לי חמי למירות ית אבא דאנא GN 22:1
ולמיעל ומימרא דייי **אמר** לי לא תעיבר ית יורדנא הדין: DT 31:2
ואלקא דאבוכון ברמשא **אמר** לי למימר איסתמר לך GN 31:29
קדם ייי חמי מה דאנת **אמר** לי סליק ית עמא הדין ואנת EX 33:12
דהוה שיתא פרסי **אמר** ליה אנא מסדר סידרי קרבא NU 21:35
כדינרא דאישא והיכדין **אמר** ליה כדין ינתנון כל מאן דעבר EX 30:13
רוחא דקודשא וכן **אמר** ליה לא תידחל דכולהון GN 35:22
על אבירם למימחייה **אמר** ליה למה אנת מחי לחברך: EX 2:13
איזיל ואיקדיש ית עמא **אמר** ליה מימרא דייי לא כל היאך DT 32:49
למיקרב לגביה בכין **אמר** ליה משה אגיס מנדעך וקריב LV 9:7
קבילי בנייכי וארעא הות **אמר** לימא קבל קטילניך לא ימא EX 15:12
הברם מן קושטין הוית **אמר** לית אנא יכיל למייקרא יתך: NU 22:37
חובת גלותא למצרים וייי **אמר** לכון לא תוספון למתוב DT 17:16
לה יעקב וכד חמא כן **אמר** ללבן מה דא עבדת לי הלא GN 29:25
קרתא לא ארחיקו ויוסף **אמר** למנשה די ממנה אפיטרופוס GN 44:4
דבני ישראל עני וכן **אמר** למשה אן מה דא למקרב לגבה NU 25:6
קטול וברם ארום חולקא **אמר** למתיהבא להום מלות פרעה GN 47:22
שעתא דאתינן לותך הות **אמר** לן מן קדם ייי אנא דחיל וכדון GN 44:18
לא ניחות ארום גברא **אמר** לנא לא תיחמון סבר אפיי GN 43:5
לך לתוקלא: ולות משה **אמר** מיכאל סרכן חכמתא ביומא EX 24:1
לגמרא ית דבית עשו **אמר** מכדון לית אנא מסתפי מן GN 30:25
אתיב ליה מרי עלמא וכן **אמר** מן בגלל דשקרתון במימרי DT 32:51
וטמרין בעפרא דמדברא **אמר** מן ייכול לממני זכוותא NU 23:10
מתון ובאיליין ובאיליין **אמר** משה לא שמעית מן בגלל LV 24:12
ובאיליין ובאילליין **אמר** משה לא שמעית מן בגלל NU 9:8
מתין ובאיליין ובאיליין **אמר** משה לא שמעית מן בגלל NU 15:34
מתין ובאיליין ובאיליין **אמר** משה לא שמעית מן בגלל NU 27:5
שמינין ממתנן וגדאין **אמר** משה נביא אין נטרין הינון DT 32:14
ודמזוני ודמיטרא וכן **אמר** משה נביא הכא יפתח ייי לכון DT 28:12
בה היכמא דמליל לכון: **אמר** משה נביא חמון דאנא סדר DT 11:26
ורבותא קדם אלקנא: **אמר** משה נביא כד סליקית לטוורא DT 32:4
בשר בניכון ובשר בנתיכון **אמר** משה נביא כמה קשיין הינון LV 26:29
דתצלחון ית כל דתעבדון: **אמר** משה נביא לא בטומרא אנא DT 29:9
שום יקריה לעלמי עלמין: **אמר** משה נביא לעמא בית ישראל DT 6:5
יעקב אתי בתרנא ארום **אמר** נירעי ית סבר אפוי בדורונא GN 32:21
לריבוני לעשו כדנן **אמר** עבדך יעקב עם לבן GN 32:5
ולא סליקתון בטורא כד **אמר:** עמי בני ישראל אנא הוא ייי DT 5:5
וסרכוי ואמר לעמא כדנא **אמר** פרעה לית אנא יהיב לכון EX 5:10
פילגוס דימא רבא: דהוה **אמר** פרעה רשיעא סנאה ובעל EX 15:9
לשמעון אחוי וכן **אמר** קביל ייי צלותיה דיהודה DT 33:7
הוה פרעה בקל עציב וכן **אמר** קומו פוקו מגו עמי אוף אתון EX 12:31
משה פמיה בצלותא וכן **אמר** ריבוניה דעלמא בבעו מינך לא DT 32:50
רחמין מן קדם ייי וכן **אמר** תוב כדון מימרא דייי ברחמך NU 10:36
תניין קרא אפרים ארום **אמר** תקיף יתי ייי בארע סיגופי GN 41:52
יתהון כיתא דהות **אמרא** ניחות לימא אמר להון משה EX 14:13
על גיף ימא דסוף חדא **אמרא** ניחות לימא וחדא אמרא EX 14:13
אמרא ניחות לימא וחדא **אמרא** ניתוב למצרים וחדא אמרא EX 14:13
קרביכון כיתא דהות **אמרא** נלבלבה לקובליהון אמר EX 14:14
סידרי קרבא וחדא **אמרא** נלבלבה לקובליהון ונערבבה EX 14:13
ניתוב למצרים וחדא **אמרא** נסדרא לקובליהון סידרי EX 14:13
עד עלמא: כיתא דהות **אמרא** נסדרא לקיבליהון סידרי EX 14:14
יומא דין כיתא דהות **אמרא** נתוב למצרים אמר להון EX 14:13
לריבא ונשמע מה דהיא **אמרה:** וקרו לרבקה ואמר לה GN 24:57
אפכו כדי שמעו ארום **אמרו** דילמא תבלוע יתן ארעא: NU 16:34
לוי אתקטלו ארבע גניסן **אמרו** דין לדין מאן גרם לנא קטולא DT 10:6
תתובא ולא עבדו ארום **אמרו** לא גלי קדם ייי עובדין בישיא GN 19:24
ואוף אינשי אתרא **אמרו** לא הות הכא מטעיתא: ואמר GN 38:22
וגובריא דסליקו עימיה **אמרו** לא ניכול למיסוק לות עמא NU 13:31
יתי מצראי שובעין יומין **אמרין** אילין לאילין איתון ניבכי על GN 50:3
מן ארעא ארום **אמרין** אין שהיין הינון הכא שעתא EX 12:33
כל דריא דקימון למהוי **אמרין** בטוורא הדין כפת אברהם GN 22:14
נייחין ושריין כמן פס דבר: **אמרין** בני ישראל אורייתא פקיד DT 33:4
דאבהתן ונרומימניה: **אמרין** בני ישראל ייי גיברא עביד EX 15:3
דאברהם הוון בני נשא **אמרין** בקושטא אברהם אוליד ית GN 25:19
ומתפרשין מן משכניהון **אמרין** לאבוהון ולאימהתהון לא DT 33:9
באפיכון וברמשא תהוון **אמרין** לואי דיהי צפרא דעקן DT 28:67
בחייכון: בצפרא תהוון **אמרין** לואי דיהי רמשא דעקן DT 28:67
מיתיהב לעבדך וליבניא **אמרין** לנא עיבידו והא עבדך לקיין EX 5:16
סדרי קרבא בגין כן הוו **אמרין** נזיל לדותן ואזל יוסף בתר GN 37:17
בטלנין בגין כן אתון **אמרין** נזיל נדבח נכסת חגא קדם EX 5:17
למחתא יתיה מן יקריה **אמרין** עלוי לישן תליתאי דקשי הי GN 49:23
יימרון בחודתא מתולייא **אמרין** צדיקיא דשלטין ביצריהון NU 21:27

ואמר ליה יצחק ארום **אמרית** בלבבי דילמא אתקטל GN 26:9
הדין: ואמר אברהם ארום **אמרית** בלבבי לחוד לית דחלתא GN 20:11
עם גובריהון וסביהון: **אמרית** במימרי למיכלי מנהון רוח DT 32:26
פלחין לטעוותהון בגין כן **אמרית** במימרי למכנשא עליהון DT 32:23
יתהום ראובן ואמר הלא **אמרית** יתכון למימר לא תיחטון GN 42:22
חובי נפשא יכפר: בגין כן **אמרית** לבני ישראל אזדהרון דכל LV 17:12
לליואי לאחסנא בגין כן **אמרית** להון דבגו בני ישראל לא NU 18:24
וכדון ערוק לך לאתרך **אמרית** מייקרא איקרינך והא מנע NU 24:11
דאחת היא והיא אוף היא **אמרת** אחי הוא בקשטות לבבי GN 20:5
הא אינתתך היא והיכדין **אמרת** אחתי היא ואמר ליה יצחק GN 26:9
ארום אינתתך היא: למא **אמרת** אחתי היא ודברית יתה לי GN 12:19
נפלת מן שמי מרומא וכן **אמרת** איתון חמון כל בני נשא כל NU 21:6
דמימריה מתמלל לה וכן **אמרת** אנת הוא חי וקיים דחמי ולא GN 16:13
ית שמיה ראובן ארום **אמרת** ארום גלי קדם ייי עולבני GN 29:32
קלא נפלת מן שמייא וכן **אמרת** אתון כל עללי עלמא וחמון DT 34:5
עיינהא לשמי מרומא וכן **אמרת** בבעו ברחמין מן קדמך ייי GN 38:25
דאנא שרי ביניהון ואנת **אמרת** ביסרא איתן להון וייכלון NU 11:21
וקרת ית שמה דינה ארום **אמרת** דין הוא מן קדם ייי דיהון GN 30:21
דחמי ולא מתחמי ארום **אמרת** הא ברם הכא איתגליאת יקר GN 16:13
וקרת ית שמיה שת ארום **אמרת** יהב לי ייי בר אוחרן חלף GN 4:25
נפלת מן שמי מרומא וכן **אמרת** לא תידחלון אבהת עלמא DT 28:15
צידא לאיתיאה: ורבקה **אמרת** ליעקב ברה למימר הא GN 27:6
מיגד בקשתא ארום **אמרת** לית אנא יכלא למיחמי GN 21:16
בדמות גבר ואמר הלא **אמרת** לעשרא כל דילך והא אית GN 32:25
וקרת שמיה משה ארום **אמרת** מן מוי דנהרא שחילתיה: EX 2:10
שלח עימי ואנת במימרך **אמרת** מניית יתך בשום טב ואוף EX 33:12
על יד תלת רעיין ודי **אמרת** נסיבית ית עינביא ועצרית GN 40:12
יתי אתכלתון יוסף **אמרתון** חיותא בישתא אכלתיה GN 42:36
בישתא אכלתיה ושמעון **אמרתון** מלכא דארעא כפתיה וית GN 42:36
מצוותא דאורייתא **אתאמר** עלי בנבואה דיהוון גרגירי DT 32:14
למירתה: תלתא צדיקי **אתאמרת** קריבותא במיתתהון DT 31:14
דכנענאי: וקביל יעקב **במימר** אבוי ובמימר אימיה ואזל GN 28:7
יתיב במדין יתאמר לי **במימר** מן קדם ייי דגובריא דבעו EX 10:29
בזמן דנסבא ואיתכתש **במימר** מן קדם ייי: ואמרת שרי GN 16:1
אלקיה: ואתא מלאכא **במימר** מן קדם ייי ושלף חרבא על GN 31:24
איתניגיד וסליק לרקיעא **במימר** קדם ייי וקרא שמיה GN 5:24
אודנין: ואיתנציב **במימרא** דייי אלקים גינוניתא מעדן GN 2:8
הדין ליתיכון מיהימנין **במימרא** דייי אלקכון: דמדבר DT 1:32
ישראל הלואי דמיתנא **במימרא** דייי בארעא דמצרים כד EX 16:3
לריחוק חולף דקצתון **במימרא** דייי דאיקר שכינתיה NU 11:20
דאנת עביד: וכדון קיים לי **במימרא** דייי הכא אין תשקר בי GN 21:23
בנך: והוות ליה הימנותא **במימרא** דייי וחשבה ליה לזכו דלא GN 15:6
אנא ייי: וכדון איזל ואנא **במימרי** אהא עם ממלל פומך ואליף EX 4:12
שמי על בני ישראל ואנא **במימרי** איברכינון: והוה ביום ריש NU 6:27
עלי: אנא ייי גזרית **במימרי** אין לא גזרית במימרי לכל NU 14:35
לכון במצרים: ואמרית **במימרי** אסיק יתכון מסיגוף מצראי EX 3:17
דשמייא ארום תבית **במימרי** ארום עבדתינון: ונח דהוה GN 6:7
אמר מן בגלל דשקרתון **במימרי** במצע בני ישראל במוי DT 32:51
בשיקריהון דשקרו **במימרי** ואוף דהליכו עימי בעראי: LV 26:40
ארעא חולף דקבילתא **במימרי:** ודברו מלאכי מרומא ית GN 22:18
חולף די קבל אברהם **במימרי** ונטר מטרת מימרי פיקודיי GN 26:5
על כל דא ארחים יתהון **במימרי** כד יהוון גליין בארע בעלי LV 26:44
תיעלון לארעא דקיימית **במימרי** לאשראה יתכון בה ארום NU 14:30
ועד אימתי לא יהימנון **במימרי** לכל אתוותא דעבדית NU 14:11
במימרי אין לא גזרית **במימרי** לכל כנישתא בישתא NU 14:35
גובריהון וסביהון: אמרית **במימרי** למיכלי מנהון רוח קודשי DT 32:26
יתכון לארעא דקיימית **במימרי** למיתן יתה לאברהם EX 6:8
בגין כן אמרית **במימרי** למכנשא עליהון בישתא DT 32:23
חולף דלא הימנתון **במימרי** לקדשותי למיחמיהון דבני NU 20:12
אלקא חורן בר מיני אנא **במימרי** ממית ומחי מחיתי ית עמא DT 32:39
באספלידא דטינרא ואגין **במימרי** עלך עד זמן דאיעיבר: EX 33:22
תניינות מן שמיא: ואמר **במימרי** קיימית אמר ייי חולף GN 22:16
גברא מדבית יוסף אמר **במימריה** אזיל ואתלוש קיסין NU 15:32
ביש כל יומא: ותב ייי **במימריה** ארום עבד ית אינשא GN 6:6
בארעא ואידיין עליהון **במימריה:** ואמר ייי אבטיל ית GN 6:6
על כל עלמיא ייי אמר **במימריה** והות לי אלקא פרוק מן EX 15:2
ית ייי אלקכון לקבלא **במימריה** ולמקרב לדחלתיה ארום DT 30:20
מן משה דאתגלי עלוי **במימריה** ועימיה חבורן דמלאכי DT 34:6
בכורסיה יקריה דהוא **במימריה** יגיח קרבא בדבית עמלק EX 17:16
יחזר על בעלי דבבוי והוא **במימריה** יכפר על חובי ארעיה DT 32:43
וחמשין יומין: ודכיר ייי **במימריה** ית נח וית כל חיתא וית GN 8:1
יהי עליכון מגין **במימריה:** כד יתגלי מימרא דייי DT 32:38
ברעוא קורבניה ואמר ייי **במימריה** לא אוסיף למילט תוב ית GN 8:21
מכל דאיתרעיו: ואמר ייי **במימריה** לא יתדנון כל דריא בישא GN 6:3

וחיואי ויבוסאי דקיים **במימריה** לאבהתך למיתן לך ארע EX 13:5
דייי אלקך תבע יתה **במימריה** לאוטבותא תדירא עיני DT 11:12
לאלוואיהון: וייי אמר **במימריה** לית אוושר לי למכסיא מן GN 18:17
לא איתגלי דאיתקביל **במימריה** למיפטור ית ישראל לא EX 5:2
באנפי יעקב ואמר **במימריה** למיתן לה בגין ורחל הות GN 29:31
לשמי מרומא דייי ואמר **במימריה** למפרוקינון מן פולחנא: EX 2:23
מן קדמיכון ויימר **במימריה** למשיציא יתהון: ושרון DT 33:27
קדמוי קל צלותא ואמר **במימריה** למתן לה בנין: ואתעברת GN 30:22
חייסא הוא קדם ייי דחס **במימריה** על בתי בני ישראל EX 12:27
מאן דמתגאי קדמוי הוא **במימריה** פרע מיניה על די אזיד EX 15:1
דאנת שלח עימי ואנת **במימרך** אמרת מניית יתך בשום EX 33:12
עבדך דקיימתא להון **במימרך** ומלילתא להום אסגי ית EX 32:13
עשרין שנין במטרתהון **במימרך** וקיים פולחן קודשך נטרין: DT 33:9
הדין אפיקית יתהון **במימרך** ממצרים אליפית יתהון DT 32:50
למצרים שרי בארעא **דאימר** לך: דור בארעא הדא ויהי GN 26:2
על חד מן טוורייא **דאימר** לך: ואקדים אברהם בצפרא GN 22:2
דיכרין: ועבד בלק היכמא **דאמר** בלעם ואסיק תור ודכר על NU 23:30
למימר חמוי ועבד כל **דאמר**: ובחר משה גיברי חילא מכל EX 18:24
להון: ואמר ייי למשה דין **דאמר** והוה עלמא אמר והוה כולא EX 3:14
ית ארע כנענאי האפשר **דאמר** ולא יעבד ומה דמליל NU 23:19
ועבד גברא היכמא **דאמר** יוסף ואעיל גברא ית גובריא GN 43:17
שני כופנא למיתי היכמא **דאמר** יוסף והוה כפנא בכל ארעתא GN 41:54
ואמר לאיתתא הקושטא **דאמר** ייי אלקים לא תיכלון מכל GN 3:1
הא אנחנא סלקין לאתרא **דאמר** ייי ארום חבנא: ואמר משה NU 14:40
אנחנא מיכא לאתרא **דאמר** ייי יתיה איתן לכון איתא NU 10:29
איהו אהרן ומשה **דאמר** ייי להון הנפיקו ית בני EX 6:26
ייי אלקכון בחורב בזמן **דאמר** ייי לי כנוש קדמי ית עמא DT 4:10
הוא ודי בננא וכדון כל **דאמר** ייי לך עיביד: וקם יעקב וסובר GN 31:16
להון בירא היא בירא **דאמר** ייי למשה כנוש ית עמא NU 21:16
אלקיה דאיבא יצחק ייי **דאמר** לי תוב לארעך ולילדותך GN 32:10
וייי דכר ית שרה היכמא **דאמר** ליה ועבד ייי ניסא לשרה GN 21:1
וקם ואזל לאתרא **דאמר** ליה ייי: ביומא תליתאה וזקף GN 22:3
כחדא: ואתו לאתרא **דאמר** ליה ייי ובנא תמן אברהם ית GN 22:9
הדין למימר: והוה כיוון **דאמר** ליה מימרא דייי סוק לטוור DT 32:49
בידי: ועבד יהושע היכמא **דאמר** ליה משה לאגחא קרבא EX 17:10
ביומי אמרפל הוא נמרוד **דאמר** למירמי אברם לנורא הוא GN 14:1
קאי בתריה וציית מה **דאמר** מלאכא: ואברהם ושרה סבין GN 18:10
ושמע ית פיתגמי בני לבן **דאמרין** נסיב יעקב ית כל די GN 31:1
שמיא וכל ארעא הדא **דאמרית** לכון איתן לבנכון ויחסנון EX 32:13
וגיורא: ובכל פיקודיא **דאמרית** לכון תיסתמרון ושום EX 23:13
עמא הדין אין בניי הינון **דאמרת** לי במצרים טעון טורחנהון NU 11:12
קבל מיכלא היא לפום **דאמרת** ליעקב אבא אכר כדון GN 38:25
פלחו קדם ייי היכמה **דאמרתון**: אוף ענכון אוף תוריכון EX 12:31
ולענייי צדקתא מה **דאמרתון** בפומכון: ארום תיעול DT 23:24
ויהושע בר נון: וטפליכון **דאמרתון** דלביזא יהון ואעיל יתהון NU 14:31
ואמר הדין אחוכון זעירא **דאמרתון** לי ואמר מן קדם ייי GN 43:29
ית ישראל: וטפלכון **דאמרתון** לעדי יהון ובניכון דלא DT 1:39
יומא דין עלך בגין **דבמימרי** לשיזבותך מן ידא EX 3:8
אישוינך תמן: אנא הוא **דבמימרי** ניחות עימך למצרים GN 46:4
המידע הוינא ידעין **דיימר** אחיתו ית אחוכון: ואמר GN 43:7
ולא הוה ידע חד מה **דיימר** חבריה והוו קטלין דין לדין GN 11:8
את ותשמע ית כל מה **דיימר** ייי אלקנא ואנת תמליל DT 5:27
דהוה רבהון דישראל צרך **דיימר** לא שמעית בגין כן אמר להון NU 9:8
משה רבהון דישראל צרך **דיימר** לא שמעית בגין כן אצנעו LV 24:12
דהוה רבהון דישראל צרך **דיימר** לא שמעית בגין כן אצנעוהי NU 15:34
דהוה רבהון דישראל צרך **דיימר** לא שמעית בגין כן קריב NU 27:5
מצראי איזילו לות יוסף **דיימר** לכון תעבדון: וכפנא הוה על GN 41:55
קדם ייי אלקנא היכמא **דיימר** לנא: ואמר פרעה אנא אפטור EX 8:23
ועל הילכת דינא **דיימרון** לכון תעבדון לא תיסטון מן DT 17:11
מכל טעוון דמצרים בגין **דיימרון** מצראי בחיר הוא בעל צפון EX 14:2
ית כל סורחן בידיה בגין **דמימר** דייי הוה בסעדיה ודהוא GN 39:23
דמתמלל עם משה **דמימרא** דייי בחזיו לוותהון מתגלי NU 12:6
דחילתון מן קל פונין **דמימרא** דייי דמישתמע מיגו DT 5:5
חד קדם ייי אלקכון **דמימריה** בסעדכון דאפקכון פריקין DT 20:1
וישרי: ואודיאת קדם ייי **דמימריה** מתמלל לה וכן אמרת GN 16:13
דחיליה תקיף אלהין בגין **דממריה** לאוכחותיה במכתשין EX 3:19
איקרינך לחדא וכל **דתימר** לי אעבד ואיתא כדון לוט NU 22:17
אמתך דאת מתרך כל **דתימר** לך שרה קביל מינה GN 21:12
ומתנא ואיתן היכמא **דתימרון** לי והבו לי ית ריבא GN 34:12
עלמא פתח מיכאל פמיה **ואומר** ארום חולק טב דשום DT 32:9
אימר בלעם בר בעור **ואימר** גברא דיקיר מן אבוי דרזיא NU 24:3
אימר בלעם בר בעור **ואימר** גברא דיקיר מן אבוי דרזיא NU 24:15
ריבא דתיפוק למימלי **ואימר** לה אשקיני כדון קליל מוי מן GN 24:43
אנא אזיל לות בני ישראל **ואימר** להון ייי אלקא דאבהתכון EX 3:13
איסק ואיתני לפרעה **ואימר** ליה אחיי ובית אבא GN 46:31
יומא דין שיעבוד מצראי **ואיתאמר** להום בנבואה דחיואי בען GN 37:17
בתר פיתגמייא האילין **ואיתאמר** ליוסף הא אבוך שכיב GN 48:1
ואתא יוסף ותני לפרעה **ואמר** אבא ואחיי ועניהון ותוריהון GN 47:1
יצחק לאברהם אבוי **ואמר** אבא ואמר האנא ואמר הא GN 22:7
יעקב ברה: ועל לות אבוי **ואמר** אבא ואמר האנא מן אנת ברי: GN 27:18
ליה ית פיתגמי ריבוני: **ואמר** אבונא תובו זבונו לנא קליל GN 44:25
ליה ית שרה אינתתיה: **ואמר** אבימלך הא ארעי קדמך GN 20:15
והוה בעידנא ההיא **ואמר** אבימלך ופיכל רב חיליה GN 21:22
דאנסו ליה עבדי אבימלך: **ואמר** אבימלך לא ידענא מן הוא GN 21:26
ואפרישינון מן תורי: **ואמר** אבימלך לאברהם מה הינון GN 21:29
לאיתעבדא עבדת עימי: **ואמר** אבימלך לאברהם מה חמיתא GN 20:10
פלישתאי ומלונון עפרא: **ואמר** אבימלך ליצחק איזל מעימנא GN 26:16
דילמא אתקטל בגינה: **ואמר** אבימלך מה דא עבדת לנא GN 26:10
ועם ארעא דדרתא בה: **ואמר** אברהם אנא אקיים: ואתווכח GN 21:24
עבדת ית פיתגמא הדין: **ואמר** אברהם ארום אמרית בלבבי GN 20:11
והאן אימרא לעלתא: **ואמר** אברהם ייי יבחר ליה אימרא GN 22:8
אברהם בכל מיני ברכתא: **ואמר** אברהם לאליעזר עבדיה סבא GN 24:2
ואשתמודעיה מן רחיק: **ואמר** אברהם לעולימוי אוריכן לכון GN 22:5
חגרא ואיתותב בגרר: **ואמר** אברהם על שרה אינתתיה GN 20:2
הברת תשעין שנין תוליד: **ואמר** אברהם קדם ייי הלואי GN 17:18
מסכי למירת יתי: **ואמר** אברם הא לי לא יהבת בר והא GN 15:3
לעלמא דאתי סגי לחדא: **ואמר** אברם ייי אלקים סגין יהבת GN 15:2
דעד כדון יתבין בארעא: **ואמר** אברם ללוט לא כען תהי GN 13:8
וקניינא דבר לך: **ואמר** אברם למלכא דסדום GN 14:22
וגליאו בשריהון למיעבר **ואמר** אברם לשרי אינתתיה הא עד GN 12:11
דטלקך לאתונא דנורא: **ואמר** אברם לשרי הא אמתיך GN 16:6
דלא למיכל מיניה אכלת: **ואמר** אדם איתתא דיהבת גביי היא GN 3:12
ואתיה לות אדם: **ואמר** אדם הדא זימנא ולא תוב GN 2:23
אתיתא עלוי חובא רבא: **ואמר** אהרן לא יתקף רוגזא דריבוני EX 32:22
מרים והא לקת בצורעא: **ואמר** אהרן למשה במטו מינך NU 12:11
למשכנא לות שרה **ואמר** אוחא תלת סאין סמידא GN 18:6
אוף טפלכון יזיל עמכון: **ואמר** אוף אנת תיתן בידנא נכסת EX 10:25
אנן נהי לריבוני לעבדין: **ואמר** אוף כדין הי כפיתגמיכון כן GN 44:10
בקריצתא דהא מית **ואמר** אחוהא ואימא תיתב ריבא GN 24:55
ומנית יתך בשום טב: **ואמר** אחמי כדון יתי ית יקרך: ואמר EX 33:18
אתרא על אינתתיה **ואמר** אחתי היא ארום דחיל למימר GN 26:7
ורהט עבדא לקדמותהא **ואמר** אטעימיני כדון קליל מוי מן GN 24:17
פרעה למשה ולאהרן **ואמר** איזילו פלחו נכסת חגא קדם EX 8:21
ייי: ונטל מתל נבותיה **ואמר** אימר בלעם בר בעור ואימר NU 24:3
יומיא: ונטל מתל נבותיה **ואמר** אימר בלעם בר בעור ואימר NU 24:15
וגחן על ארעא וסגיד: **ואמר** אין בבעו אשכחית רחמין EX 34:9
לאה ולמוהבות רחל: **ואמר** אין ייתי עשו למשרי דחדא GN 32:9
ישראל קיים קדם ייי **ואמר** אין מימסר תימסר ית עמא NU 21:2
בניסייונא עשיריתא: **ואמר** אין קבלא תקביל למימר דייי EX 15:26
ירתינך: ואפיק יתיה לברא **וְאמר** איסתכל כדון לשמייא ומני GN 15:5
בצלו על אפיהון **ואמר** אל אלקא דשוי רוח נשמתא NU 16:22
אברהם ואמר האנא: **ואמר** אל תושיט ידך לטלייא ולא GN 22:12
טליא חד ותני למשה **ואמר** אלדד ומידד מתנביין הכין NU 11:27
מאן דקיסא תדון עלוי: **ואמר** אלעזר כהנא לגוברי חילא NU 31:21
טובענא לחבלא ארעא: **ואמר** אלקים דא את קימא דאנא GN 9:12
דרחשא עילוי ארעא: **ואמר** אלקים הא יהיבת לכון ית כל GN 1:29
והוה צפר יום תליתאי: **ואמר** אלקים יהון נהורין ברקיעא GN 1:14
מנתבא על אנפי מיא: **ואמר** אלקים יהי נהורא לאנהרא GN 1:3
רמש והוה צפר יומא חדא: **ואמר** אלקים יהי רקיעא במציעות GN 1:6
והוה צפר יום רביעיי: **ואמר** אלקים ירחשון רקקי מוי GN 1:20
רמש והוה צפר יום תניין: **ואמר** אלקים יתכנשון מיין תתאין GN 1:9
וחמא אלקים ארום טב: **ואמר** אלקים למלאכייא דמשמשין GN 1:26
בכל ביסרא דעל ארעא: **ואמר** אלקים לנח דא את קים GN 9:17
אתילדו בארעא וסגו בה: **ואמר** אלקים לנח ולבנוי עימיה GN 9:8
והוה צפר יום חמישאיי: **ואמר** אלקים תהנפק גרגישתא GN 1:24
וחמא אלקים ארום טב: **ואמר** אלקים תרבי ארעא דיתאי GN 1:11
ארום עמך עמא הדין: **ואמר** אמתן עד דיהכון סבר אפין EX 33:14
ליה ייי בליליא ההוא **ואמר** אנא אלקיה דאברהם אבוך GN 26:24
תתן לי ארום תיעול לותי: **ואמר** אנא אשדר גידי בר עיזי מן GN 38:17
יעקב יעקב ואמר האנא: **ואמר** אנא הוא אל אלקי דאבוך לא GN 46:3
למלפא יתה לבני ישראל: **ואמר** אנא הוא אלקיה דאבוך EX 3:6
אנת הוא דין ברי עשו **ואמר** אנא: ואמר קריב לי ואיכול GN 27:24
דאימי עני ישמעאל **ואמר** אנא זכאי יתיר מינך דאנא GN 22:1
גזירת מהולתי וקריבו **ואמר** אנא יוסף אחוכון די זבינתון GN 45:4
אבוי ואמר ליה מאן אנת **ואמר** אנא עשו ברך בוכרך: ואזדעזע GN 27:32
אחוי שערניין וברכיה: **ואמר** אנת הוא דין ברי עשו ואמר GN 27:24
עליהון עני משה נביא **ואמר** אף על גב דאנא מוכח יתהון DT 28:15
ורחם יעקב ית רחל **ואמר** אפלחינך שב שנין בגין רחל GN 29:18

וסריב לקבלא תנחומין **ואמר** ארום איחות לות ברי כד GN 37:35
אוחיתא למשכחא ברי **ואמר** ארום זמן ייי אלקך קדמיי: GN 27:20
ית בני ישראל ממצרים: **ואמר** ארום יהי מימרי בסעדך ודין EX 3:12
דאקימתא בלחודיהון: **ואמר** ארום ית שבע חורפן תקבל GN 21:30
וקרא שמא רווחתא **ואמר** ארום כדון ארווח ייי לנא GN 26:22
דעבד אתרא בגיני הוא: **ואמר** ארום קיים מימרא דייי EX 17:16
ופקיד ית יהושע בר נון **ואמר** אתוקף ואתחייל ארום אנת DT 31:23
מחוורא היא כתלגא: **ואמר** אתיב ידך לעיטפך ואתיב EX 4:7
בגינהום: ואתיב אברהם **ואמר** בבעו ברחמין הא כדון שריתי GN 18:27
אין אשכח תמן תלתין: **ואמר** בבעו ברחמין הא כדון שריתי GN 18:31
דעל אפי ברא עני אדם **ואמר** בבעו ברחמין מן קדמך ייי GN 3:18
ואליף יתך מה דתמליל: **ואמר** בבעו ברחמין מן קדמך ייי EX 4:13
משכנא וסגיד על ארעא: **ואמר** בבעו ברחמין מן קדמך ייי אין GN 18:3
תמן באתרא ההוא **ואמר** בבעו ברחמין מן קדמך ייי גלי GN 22:14
איחבל בגין זכוות עשרין: **ואמר** בבעו ברחמין מן קדמך לא GN 18:32
וסגיד אנפוי על ארעא: **ואמר** בבעו כדון רבוניי זורו כדון GN 19:2
ודשא אחד בתרוי: **ואמר** בבעו לא כדון אחוי תבאשון: GN 19:7
תריהום מן דינא **ואמר** בגין דלא יהבתא לשלה ברי GN 38:26
מן ומן הינון דאזלין: **ואמר** בטליינא ובסבנא ניזיל בברנא EX 10:9
דעמך תקפא וסלקא: **ואמר** בטלנין אתון בטלנין בגין כן EX 5:17
אברהם על אנפוי ותמה **ואמר** בליביה הלבר מאה שנין יהי GN 17:17
מחיתני דנן תלת זימנין: **ואמר** בלעם לאתנא ארום שקרת בי NU 22:29
ובלק תור ודכר על אגורא: **ואמר** בלעם לבלק איתעתד על NU 23:3
על אנפי בית ישימות: **ואמר** בלעם לבלק בני לי הכא NU 23:29
אנא יכיל למייקרא יתך: **ואמר** בלעם לבלק הא אתיתי לותך NU 22:38
מנע ייי לבלעם מן יקרא: **ואמר** בלעם לבלק הלא אם עזגדייך NU 24:12
קטילית ויתה קיימית: **ואמר** בלעם למלאכא דייי חבית NU 22:34
האילין כען דבתו עמך: **ואמר** בלעם קדם ייי בלק בר צפר NU 22:10
וביזת קטיליא ירתון: **ואמר** בלק לבלעם אוף לטטא לא NU 23:25
כל דימלל ייי יתיה אעבד: **ואמר** בלק לבלעם איתא כדון NU 23:27
ארנון דבסטר תחומא: **ואמר** בלק לבלעם הלא שדרא NU 22:37
בבלעם וטפח ית ידוי **ואמר** בלק לבלעם למילט סנאי NU 24:10
סופי כזעיריא דבהון: **ואמר** בלק לבלעם מה עבדת לי NU 23:11
ותב משה וצלי קדם ייי **ואמר** במטו מינך ריבון כל עלמיא EX 32:31
וקריב לותיה יהודה **ואמר** במטו ריבוני ימליל במטו GN 44:18
תניינות מן שמיא: **ואמר** במימרי קיימית אמר ייי חולף GN 22:16
רחימתא באנפי יעקב **ואמר** במימריה למיתן לה בגין ורחל GN 29:31
לשמי מרומא דייי **ואמר** במימריה למפרוקינון מן EX 2:23
ושמיע קדמוי קל צלותא **ואמר** במימריה למתן לה בנין: GN 30:22
ודנפיק מפומכון תעבדון: **ואמר** בני גד ובני ראובן באסכמותא NU 32:25
ואמר מאן אילין לך **ואמר** בניי הינון דאיתיהיבו לי GN 33:5
ואיתער יעקב מדמכיה **ואמר** בקושטא אית יקר שכינתא GN 28:16
ית מצראי ודחיל משה **ואמר** בקושטא איתפרסם פיתגמא: EX 2:14
וקבל מיני בירכתך: **ואמר** בקושטא קרא שמיה יעקב GN 27:36
אלקא עילאה: וברכיה **ואמר** בריך אברם מן אלקא עילאה GN 14:19
דגד בריך משה נביא דייי **ואמר** בריך דאפתיה תחומיה דגד DT 33:20
בריך משה נביא דייי **ואמר:** בריך הוא מבניא דיעקב אשר DT 33:23
עביד משעבד יהי לאחוי: **ואמר** בריך ייי אלקא דשם GN 9:26
אלקנא ייי חד עני יעקב **ואמר** בריך שום יקריה לעלמי DT 6:4
קדמוי איתתא מהגנא: **ואמר** בריך שמא דייי אלקיה GN 24:27
יוסף בריך משה נביא דייי **ואמר** בריכא תהוי מן קדם ייי DT 33:13
וקרא אבימלך ליצחק **ואמר** ברם הא אינתתך היא והיכדין GN 26:9
בהון עשירתי דביריא: **ואמר** ברת מאן את תני כדון לי GN 24:23
כדון לי איכן אינון רען: **ואמר** גברא נטלו מיכן ארום GN 37:17
גבריאל פמיה בתושבחא **ואמר** דבית יעקב עדב אחסנתיה: DT 32:9
אברהם ואמר ליה האנא: **ואמר** דבר כדון ית ברך ית יחידך GN 22:2
כל משרי הדין דארעית **ואמר** דורון הוא דשדרית לאשכחא GN 33:8
טוורא דנבו חשב בליביה **ואמר** דילמא דמיא מסוקתא דא DT 32:49
מיא והוה מלאכא מכרז **ואמר** דין הוא אילנא דנציב אברהם EX 26:28
זע וארתית מן קדמוי עני **ואמר** דין הוא עוג רשיעא דהוה NU 21:34
מעילוי רישי: ואתיב יוסף **ואמר** דין הוא פושרניה תלתי סליא GN 40:18
עמא הדין: וקריבו לותיה **ואמר** דירין דעאן נבני לבעירנא NU 32:16
ואמר אבא ואמר האנא **ואמר** הא אישתא וקיסין והאן GN 22:7
תשלחפיננא בעם אוחרן: **ואמר** הא אנא גזר קיים דלא EX 34:10
מדבחא לכפרא על עמא **ואמר** הא דין אדם קיימא דיגזר ייי EX 24:8
ליה האן שרה אינתתך **ואמר** הא היא במשכנא: ואמר חד GN 18:9
חורנא ותני יתיה לאחוהי **ואמר** הא חלימית חילמא תוב והא GN 37:9
ביה ואמר ליה האנא: **ואמר** הא כדון סיבית לית אנא ידע GN 27:2
נבואה אלדד הוה מתנבי **ואמר** הא משה מתכניש מן עלמא NU 11:26
להון מידד הוה מתנבי **ואמר** הא סלוי סלקן מן ימא וחפיין NU 11:26
ברתיה אתיה עם ענא: **ואמר** הא עדן יומא סגי לא עידן GN 29:7
דילמא ילטיטיניה אבוי **ואמר** הא עשו אחי גבר שערן ואנא GN 27:11
דחלין למיחות למצרים: **ואמר** הא שמעית ארום אית GN 42:2
ליה אברהם אברהם **ואמר** האנא: ואמר אל תושיט ידך GN 22:11

ואמר יעקב יעקב **ואמר** האנא: ואמר אנא הוא אל GN 46:2
לאברהם אבוי ואמר אבא **ואמר** האנא ואמר הא אישתא GN 22:7
סניא ואמר משה משה **ואמר** האנא: ואמר לא תקרב הלכא EX 3:4
לאתגזרא מתיב יצחק **ואמר** האנא יומנא בר תלתין ושב GN 22:1
ועל לות אבוי ואמר אבא **ואמר** האנא מן אנת ברי: ואמר יעקב GN 27:18
אחמי כדון יתי ית יקרך: **ואמר** האנא מעבר כל מכילת טובי EX 33:19
וסטא לוותה לאורחא **ואמר** הבי כדון איעול לותיך ארום GN 38:16
על עינא דבאורח חגרא: **ואמר** הגר אמתא דשרי מן האן אנת GN 16:8
ית בנימין אחוי בר אימיה **ואמר** הדין אחוכון זעירא דאמרתון GN 43:29
ותקיף רוגזא דייי במשה **ואמר** הלא אהרן אחוך לוואי גלי EX 4:14
הדא: ענה יתהום ראובן **ואמר** הלא אמרית יתכון למימר לא GN 42:22
עימיה בדמות גבר **ואמר** הלא אמרת לעשרא כל דילך GN 32:25
מברכת להון: ואתיב **ואמר** הלא ית מאן דישוי ייי בפומי NU 23:12
והא כדון קביל בירכתי **ואמר** הלא שבקתא לי בירכתא: GN 27:36
כל מן דקיימין קודמוי **ואמר** הנפיקו כל אינש מן קדמיי GN 45:1
קדם ייי: וצלי אברהם **ואמר** הרוגזך שציא זכאי עם חייב: GN 18:23
ארעא: ושאל להום לשלם **ואמר** השלם לאבוכון סבא: הוא GN 43:27
לבן בר נחור ואמרו ידענא: **ואמר** השלם ליה ואמרו שלם והא GN 29:6
ית מצראי: ואתיב משה **ואמר** והא לא יהימנון לי ולא EX 4:1
ושמע ישראל ובאיש ליה **ואמר** ווי דילמא נפיק מיני פסולא GN 35:22
חשב אברם בליביה **ואמר** ווי כען לי דילמא איתקבלת GN 15:1
מנוי בזיעין והוי בכי **ואמר** ווי לי עלך אהרן אחי עמוד NU 20:29
יתר: ונטל מתל נבותיה **ואמר** ווי מאן יתקיים בזמן דיתגלי NU 24:23
ואמר שדרוני לריבוני: **ואמר** ועל דהוו ממללין ברמשא GN 24:55
יומין קרא פרעה למשה **ואמר** זילו פלחו קדם ייי לחוד ענכון EX 10:24
האילין: ואכר יהודה **ואמר** זכיא היא תמר מיני אתעברת GN 38:26
יעקב ואמרתי האנא: **ואמר** זקוף כדון עינך וחמי כל GN 31:12
דבנימין בריך משה נביא **ואמר** חביביה דייי ישרי לרוחצן DT 33:12
למיקרי למשה ולאהרן **ואמר** חבית קדם ייי אלקכון ולכון: EX 10:16
לאויר שמיא והוה צווח **ואמר** חבל על עמא דשמעו בסיני EX 32:19
וקרא אהרן בקל עציב **ואמר** חגא קדם ייי מחר מניכסת EX 32:5
ואמר הא היא במשכנא: **ואמר** חד מנהון מיתב איתוב לוותך GN 18:10
בריך משה נביא דייי **ואמר** חדון דבית זבולן במפקכון DT 33:18
ואמר ליה ייי מה דין בידך **ואמר** חוטרא: ואמר טלוק יתיה EX 4:2
להום: ושאיל יעקב **ואמר** חוי כדון שמך ואמר למה דנן GN 32:30
דייי וית אורייתיה: **ואמר** חמוי דמשה ליה לא תקין EX 18:17
ית ריחא דלבושוי וברכיה **ואמר** חמון ריחא דברי כריחא GN 27:27
דהישתיכח כלידא בידיה: **ואמר** חס לי מלמעבד דא גברא GN 44:17
משה ואידיין בליביה **ואמר** טוורא דסיני דהווה ריבוייה LV 1:1
דין בידך ואמר חוטרא: **ואמר** טלוק יתיה לארעא וטלקיה EX 4:3
ית לבושוי: ותב לות אחוי **ואמר** טליא ליתוהי ואנא להן אנא GN 37:30
על רישיה: וסרב אבוי **ואמר** ידענא ברי דהוא בוכרא ואוף GN 48:19
ובריך יעקב ית פרעה **ואמר** יהא רעוא דיתמלון מוי GN 47:7
לאחתא למצרים: **ואמר** יהודא לאחהי מה הניית ממון GN 37:26
ואוף הא מעברא לזנו **ואמר** יהודה הלא בת כהין היא GN 38:24
דייי עליה וקטליה ייי: **ואמר** יהודה לאונן עול לות איתת GN 38:8
דיימר אחיתו ית אחוכון: **ואמר** יהודה לישראל אבוי שדר GN 43:8
דעבד וקטע אוף ית יומוי: **ואמר** יהודה לתמר כלתיה תיבי GN 38:11
יטייר גבר דכוותי: **ואמר** יהודה מה נימר לריבוני על GN 44:16
לא הות הכא מטעיתא: **ואמר** יהודה תיסב לה משכונייא GN 38:23
ארום שלים כל כספא: **ואמר** יוסף הבו גיתיכון ואתן לכון GN 47:16
מאן איתילידו לך אילין: **ואמר** יוסף לאבוי בני הינון דיהב לי GN 48:9
על רישא דמנשה: **ואמר** יוסף לאבוי לא כדין אבא GN 48:18
ושמע אינש בית פרעה: **ואמר** יוסף לאחוי אנא הוא יוסף GN 45:3
כד איתילידו גזרינון יוסף: **ואמר** יוסף לאחוי הא אנא מיית וייי GN 50:24
ארום עד כדון אנת קיים: **ואמר** יוסף לאחוי ולבית אבוי GN 46:31
ארום אתבהילו מן קדמוי: **ואמר** יוסף לאחוי קריבו בבעו לותי GN 45:4
כן לא זבינו ית ארעהון: **ואמר** יוסף לעמא הא קניתי יתכון GN 47:23
לחרשייא ולית דמתני לי: **ואמר** יוסף לפרעה חילמא דפרעה GN 41:25
ואידיין עליהון במימריה: **ואמר** ייי אבטיל ית אינשא דבריתי GN 6:7
כל ארעא לא יעביד דינא: **ואמר** ייי אין אשכח בסדום חמשין GN 18:26
לעידן דנפקן מליאתא: **ואמר** ייי אלקיה דריבוני אברהם GN 24:12
ית ארעא הדא למירתא: **ואמר** ייי אלקים במא אינדע ארום GN 15:8
דתיכול תהי חייב קטול: **ואמר** ייי אלקים לא תקין די יהי GN 2:18
לי מן פירי אילנא ואכלית: **ואמר** ייי אלקים לאיתתיה מה דא GN 3:13
דאישתלחו ואלבישינון: **ואמר** ייי אלקים למלאכייא די GN 3:22
וקבל ייי ברעוא קורבניה **ואמר** ייי במימריה לא אוסיף GN 8:21
להון נשין מכל דאיתרעיו: **ואמר** ייי במימריה לא יתדנון כל GN 6:3
יתקיים ויפלח קומך: **ואמר** ייי בקושטא שרה אינתתך GN 17:19
בוכרא: ובריך ית יוסף **ואמר** ייי דיפלחו אבהתיי קדמוי GN 48:15
יחמינני אינשא ויתקיים: **ואמר** ייי הא אתר מתקן קדמי ותהי EX 33:21
ומוגדלא דבנו בני נשא: **ואמר** ייי הא עמא חד ולישן חד GN 11:6
לא קריב לגבה למסאבה **ואמר** ייי הבר עממין דלא חוב אוף GN 20:4
עלם והוי להון לאלקא: **ואמר** ייי לאברהם ואנת ית קימי GN 17:9

דיפלח לפולחנא נוכראה: **ואמר** ייי לאברהם לא יבאיש בעינך GN 21:12
וריבוני אברהם סיב: **ואמר** ייי לאברהם למה דנן גחכת GN 18:13
מעמי ית קימי אשני: **ואמר** ייי לאברהם שרי אינתתך לא GN 17:15
שנין ומית תרח בחרן: **ואמר** ייי לאברם איזל לך מארעך GN 12:1
מן ידוי דמלאך חבלא: **ואמר** ייי לאהרן איזל לקדמות משה EX 4:27
הברם ספנא למישתציא: **ואמר** ייי לאהרן אנת ובנך ובית אבך NU 18:1
ייי הכדין הוא לך ולבנך: **ואמר** ייי לאהרן בארעהון לא תקבל NU 18:20
קרב ביה ואתרכיניה: **ואמר** ייי לבלעם לא תיזיל עמהון NU 22:12
למבעי רחמין מן קדם ייי: **ואמר** ייי לה תרין עממין במעייכי GN 25:23
ושריתון למיסוק לטורא: **ואמר** ייי לי אימר להון לא תיסקון DT 1:42
לא נחמי תוב דלא נמות: **ואמר** ייי לי אתקינו מה דמלילו: DT 18:17
בידך כיומא הדין: **ואמר** ייי לי חמי באורכות שימשא DT 2:31
לאגחא קרבא לאדרעת: **ואמר** ייי לי לא תידחל מיניה ארום DT 3:2
אורח מדברא דמואב: **ואמר** ייי לי לא תעיק ית מואבאי DT 2:9
מארעא דמצרים: **ואמר** ייי לי למימר גלי קדמי DT 9:13
טורא דגבלא יומין סגיעין: **ואמר** ייי לי למימר: סגי לכון DT 2:2
בגללכון ולא קביל צלותי **ואמר** ייי לי סגי לך לא תוסיף DT 3:26
לא צבה ייי לחבלותך: **ואמר** ייי לי קום איזיל לתייר קדם DT 10:11
מרמירא לוחי קיימא: **ואמר** ייי לי קום חות ארום חבילו DT 9:12
במללותכון עימי **ואמר** ייי לי שמיע קדמי ית כל DT 5:28
יקום בדרעא לפרוקא: **ואמר** ייי ליה דא היא ספא דמילתא DT 34:4
חגר פום וקשי ממלל אנא: **ואמר** ייי ליה מאן הוא דשוי ממלל EX 4:11
דיצחק ואלקיה דיעקב: **ואמר** ייי ליה תוב אעיל כדון ידך EX 4:6
עבדנא ית פיתגמא הדין: **ואמר** ייי ליעקב קום סוק לביתאל GN 35:1
כדאיתמלי והי כדקדמוי: **ואמר** ייי ליעקב תוב לארע אבהתך GN 31:3
לאלקא לאבוי יצחק: **ואמר** ייי לישראל בנבואה דליליא GN 46:2
ותב משה לקדם ייי **ואמר** ייי למא אבאשתא לעמא EX 5:22
ית טבתא דמליל עלוי: **ואמר** ייי למלאכי שירותא קבילת GN 18:20
עממייא דעל אנפי ארעא: **ואמר** ייי למשה אוף ית פיתגמיא EX 33:17
וערק משה מן קדמוי: **ואמר** ייי למשה אושיט ידך ואיחוד EX 4:4
מנהון היכמא דמליל ייי: **ואמר** ייי למשה אימר לאהרן ארים EX 8:12
למישתי מוי מן נהרא: **ואמר** ייי למשה אימר לאהרן סב EX 7:19
חקיק ומפרש עלוי: **ואמר** ייי למשה אימר לבני ישראל EX 33:5
יתהון קטלא חייבין: **ואמר** ייי למשה אימר לכהניא בני LV 21:1
קביל מנהון היכמא ייי: **ואמר** ייי למשה איתקף יצרא דלבה EX 7:14
קרבנהון לקדם מדבחא: **ואמר** ייי למשה אמרכול חד ליומא NU 7:11
מנהון היכמא דמליל ייי: **ואמר** ייי למשה אקדים בצפרא EX 8:16
דמליל ייי עם משה: **ואמר** ייי למשה אקדם בצפרא EX 9:13
יתהון מלות אפי פרעה: **ואמר** ייי למשה ארים את ידך על EX 10:12
עבדך ישלטון עורדעניא: **ואמר** ייי למשה ארים ית ידך EX 8:1
עבדוי וית גיתוי בחקלא: **ואמר** ייי למשה ארים ית ידך על EX 9:22
ולא פטר ית בני ישראל: **ואמר** ייי למשה ארים ית ידך על EX 10:21
להון קרבין במצראי: **ואמר** ייי למשה ארכן ית ידך על EX 14:26
ונסיבו גבר חוטריה: **ואמר** ייי למשה אתיב ית חוטרא NU 17:25
הדין דינא יתעבד ביה: **ואמר** ייי למשה אתקטלא יתקטל NU 15:35
כנישתא לטוורוס אומנוס: **ואמר** ייי למשה בטוורוס אומנוס NU 20:23
ית פיתגמי עמא קדם ייי: **ואמר** ייי למשה ביומא רביעאה EX 19:10
ית פיתגמי עמא קדם ייי: **ואמר** ייי למשה ביומא תליתאה הא EX 19:9
יתרו למשה איזיל לשלם: **ואמר** ייי למשה במדין איזל תוב EX 4:19
ניסין מן קדם ייי בידיה: **ואמר** ייי למשה במהכך למתוב EX 4:21
דאסקוך מארעא דמצרים: **ואמר** ייי למשה גלי קדמוי זדונהון EX 32:9
דטען ולית להון רעי: **ואמר** ייי למשה דבר לך ית יהושע NU 27:18
מה שמיה מה אימר להון: **ואמר** ייי למשה דין דאמר והוה EX 3:14
ית כל קהלא הדין בכפנא: **ואמר** ייי למשה הא אנא מחית לכון EX 16:4
ויהושע קמון מן לבר: **ואמר** ייי למשה הא אנת שכיב DT 31:16
ומשה נביא דהכין כתיב **ואמר** ייי למשה הא קריבן יומך DT 31:14
להון ויספקון להון: **ואמר** ייי למשה האיפשר דאית NU 11:23
כל בישרא אסי בבעו לה: **ואמר** ייי למשה ואבוהא אילו מנזף NU 12:14
ית בני ישראל מארעיה: **ואמר** ייי למשה ולאהרן בארעא EX 12:1
כנישתא ובעיריהון: **ואמר** ייי למשה ולאהרן בשבועתא NU 20:12
מגלוותהון לדריהון: **ואמר** ייי למשה ולאהרן דא היא EX 12:43
ארעא ולא חש למיליהון: **ואמר** ייי למשה ולאהרן ולמרים NU 12:4
במלילתהון עם פרעה: **ואמר** ייי למשה ולאהרן למימר: EX 7:8
דפרעה ולא פטר ית עמא: **ואמר** ייי למשה ולאהרן סיבו לכון EX 9:8
פורענות דין עמיה: **ואמר** ייי למשה ולאלעזר בר אהרן NU 26:1
לריש טוורא וסליק משה: **ואמר** ייי למשה חות אסהיד בעמא EX 19:21
לא שזיבתא ית עמך: **ואמר** ייי למשה כדון תחמי מה EX 6:1
דתמן יקר שכינתא דייי: **ואמר** ייי למשה כדנא תימר לבני EX 20:22
ולא אחמי בבישותי: **ואמר** ייי למשה כנוש לשמי שובעין NU 11:16
דייי בקטילת סייפא: **ואמר** ייי למשה כתב דא דוכרנא EX 17:14
וטרפיהון כחדא: **ואמר** ייי למשה כתב לך ית EX 34:27
דכתבתא שמי בגויה: **ואמר** ייי למשה לא חמי למימחי EX 32:33
מלות פרעה בתקוף רגז: **ואמר** ייי למשה לא יקביל מנכון EX 11:9
וכדין יקביל מיני פרעה: **ואמר** ייי למשה למא אנת מסתפי EX 7:1

ורוממו לאלקוכון: **ואמר** ייי למשה למא אנת קאי EX 14:15
ככל מה דפקידתך יעבדון: **ואמר** ייי למשה למימר: ואנת EX 31:12
דפקיד ייי ית משה: **ואמר** ייי למשה למימר: מליל עם NU 15:37
יתהון קדם משכנא: **ואמר** ייי למשה למימר: קבל מנהון NU 7:4
ומיתו באישא מצלהבא: **ואמר** ייי למשה מליל עם אהרן LV 16:2
עשרין ותרין אלפין: **ואמר** ייי למשה מני כל בוכריא NU 3:40
רוגזא דייי בישראל: **ואמר** ייי למשה סב ית כל רישי NU 25:4
דאהרן וישתיצי מעמיה: **ואמר** ייי למשה סב לך בושמיא EX 30:34
דפקיד ייי ית משה: **ואמר** ייי למשה סוק לטוורא הדין NU 27:12
הי כאכלין והי כשתיין: **ואמר** ייי למשה סוק קדמי לטוורא EX 24:12
מנא ולא אשכחו: **ואמר** ייי למשה עד אימת אתון EX 16:28
יקרא במשכנא זימנא: **ואמר** ייי למשה עד אימתי יהון NU 14:11
אסי מימרא דייי ית נהרא: **ואמר** ייי למשה עול לות פרעה EX 7:26
הדא ולא פטר ית עמא: **ואמר** ייי למשה עול לות פרעה EX 9:1
דמליל ייי בידא דמשה: **ואמר** ייי למשה עול לות פרעה EX 10:1
חיויא וצלי משה על עמא: **ואמר** ייי למשה עיבד לך חיווי NU 21:8
זעיר והינון רגמין יתי: **ואמר** ייי למשה עיבר קדם עמא EX 17:5
לית אפשר לך למיחמי: **ואמר** ייי למשה פסל לך תרין לוחי EX 34:1
תוב למיחמי סבר אפך: **ואמר** ייי למשה תוב מכתש חד אנא EX 11:1
וחד ית אורחיה על ארעה: **ואמר** ייי לנח סופא דכל בישרא GN 6:13
ועבד נח ככל דפקדיה ייי: **ואמר** ייי לנח עול אנת וכל אינש GN 7:1
אבנא במיצחיה וקטליה: **ואמר** ייי לקין אן הבל אחוך ואמר GN 4:9
איקונין דאפוהי: **ואמר** ייי לקין למה תקיף לך ולמה GN 4:6
בני ישראל קדם דימות: **ואמר** ייי מן סיני אתגלי למיתן DT 33:2
משה ית דינהין קדם ייי: **ואמר** ייי עם משה למימר: יאות בנת NU 27:6
כן תיעלון למשריתא: **ואמר** ייי עם משה למימר: סב ית NU 31:25
דנפקו ממצרים ועד כדון: **ואמר** ייי שבקית להון כפיתגמך: NU 14:20
משרי דמשתאר לשיזבא: **ואמר** יעקב אלקיה דאיבא אברהם GN 32:10
כדי ילידת רחל ית יוסף **ואמר** יעקב ברוח קודשא דבית GN 30:25
בגין כן קרא שמיה אדום: **ואמר** יעקב זבון יומנא כיום דאנת GN 25:31
לישראל בנבואה דליליא **ואמר** יעקב יעקב ואמר האנא: ואמר GN 46:2
וארעו ביה מלאכייא דייי: **ואמר** יעקב כיון דחמנון לא משרויין GN 32:3
יתקיים לך מאן דאית לך: **ואמר** יעקב לא תימא כן בבעו אין GN 33:10
בייתי: ואמר מה איתן לך **ואמר** יעקב לא תיתן לי מדעם GN 30:31
ואמר האנא מן אנת ברי: **ואמר** יעקב לאבוי אנא עשו בוכרך GN 27:19
מן קדם עשו אחוך: **ואמר** יעקב לאינשי בייתיה ולכל GN 35:2
יעקב אבנא וזקפא לקמא: **ואמר** יעקב לבנוי דהוי קרי להום GN 31:46
ומייתן עיבורא ממצרים **ואמר** יעקב לבנוי למה דין אתון GN 42:1
ישראל ויתיב על דרגשא: **ואמר** יעקב ליוסף אל שדי איתגלי GN 48:3
קלילין מדרחים יתה: **ואמר** יעקב ללבן הב ית אינתתי GN 29:21
כמה אינון יומי שני חייך: **ואמר** יעקב לפרעה יומי שני GN 47:9
שבו ובזו וית כל דבביתא: **ואמר** יעקב לשמעון וללוי עכרתון GN 34:30
בעלמא דאת אמר: **ואמר** יעקב קיים לי כיום דיהי GN 25:33
למיכס ית בריה עני **ואמר** יצחק לאבוי כפת יתי יאות GN 22:10
ואזלו תרוויהום כחדא: **ואמר** יצחק לאברהם אבוי ואמר GN 22:7
בגין דתברכינני נפשך: **ואמר** יצחק לבריה מה דין אוחיתא GN 27:20
וזמן ייי אלקך קדמיי: **ואמר** יצחק ליעקב קריב כדון GN 27:21
ונפקו ובריכו ית עמא **ואמר** יקבל מימר דייי ברעוא ית LV 9:23
תוב על דיסגד ליה: **ואמר** ישראל ליוסף אין מייתנא GN 46:30
אפרים דיהי קדם מנשה: **ואמר** ישראל ליוסף הא אנא מטא GN 48:21
בשכם: והוה לזמן יומין **ואמר** ישראל ליוסף הלא אחך רעו GN 37:13
ונשיק להון וגפיף להון: **ואמר** ישראל ליוסף מחמי סבר אפך GN 48:11
בדלית אחוכון עימכון: **ואמר** ישראל למא אבאשתון לי GN 43:6
ותבת עילוי יעקב אבוהון: **ואמר** ישראל סגין טבוון עבד עמי GN 45:28
גברא למימר מה אנת בעי: **ואמר** ית אחיי אנא בעי חוי כדון לי GN 37:16
אינון פיקודייא דפקדיתנו: **ואמר** ית קל מימרך שמעית GN 3:10
שיזבינון מן ידא דמצראי: **ואמר** יתרו בריך שמא דייי דשיזיב EX 18:10
העד כדון אינון קיימין **ואמר** יתרו למשה איזיל לשלם: EX 4:18
פועה היא מרים ברתה: **ואמר** כד תהוויין מולדן ית EX 1:16
עלמא אמר והוה כולא **ואמר** כדנא תימר לבני ישראל אנא EX 3:14
ישתיירון: ואמר למחר **ואמר** כפתגמך מן בגלל דתינדע EX 8:6
כל אתרא ותשבוק להום **ואמר** לא אחביל בגין זכוות עשרא: GN 18:32
לזוער ית כל קרתא **ואמר** לא איחביל אין אשכח תמן GN 18:28
שבוק להום בגין רחמך **ואמר** לא איחבל בגין זכוות עשרין: GN 18:31
כמא דקטול וארגיש ביה **ואמר** לא איכול עד דאמליל GN 24:33
שבוק להום בגין רחמך **ואמר** לא אעביד גמירא אין אשכח GN 18:30
שבוק לה בגין רחמך **ואמר** לא אעביד גמירא בגין זכוות GN 18:29
ותהכון לאורחתכון **ואמר** לא ארי בשוקא נבית: ופייס GN 19:2
מטעיתא: ותב לות יהודה **ואמר** לא אשכחתא ואוף אינשי GN 38:22
למעבד לך הכדין **ואמר** לא: וגלא ייי ית עינוי דבלעם NU 22:30
ייי לקין אן הבל אחוך **ואמר** לא ידענא דילמא נטיר אחי GN 4:9
ידיי ואנא אתיביניה לך: **ואמר** לא יחות ברי עמכון ארום GN 42:38
מה שמך ואמר ליה יעקב: **ואמר** לא יעקב איתאמר עוד שמך GN 32:29
גמירא בגין זכוות ארבעין: **ואמר** לא כדון יתקוף רוגזא דרבון GN 18:30

לארעי ולילדותי אזיל: **ואמר** לא כדון תשבוק יתנא ארום NU 10:31
ושיזביה מן אידיהון **ואמר** לא נקטליניה דלא נתחייב GN 37:21
סידרי קרבא במשריתא: **ואמר** לא קל גיברין דנצחין בסידרי EX 32:18
למצרים ואתגלי ליה ייי **ואמר** לא תיחות למצרים שרי GN 26:2
דביש בלחודי אעיבר: **ואמר** לא תעיבר ונפק אדומאה NU 20:20
משה משה ואמר האנא: **ואמר** לא תקרב הלכא שלוף סינך EX 3:5
ומרירתא עד לחדא **ואמר** לאבוי בריכני אוף לי אבא: GN 27:34
תבשילין ואיתי לאבוי **ואמר** לאבוי יקום אבא וייכול GN 27:31
למיסק עמא בית ישראל: **ואמר** לאברם מינדע תינדע ארום GN 15:13
ולסבי סנהדרי ישראל: **ואמר** לאהרן סב לך עיגל בר תורי LV 9:2
והא הוא בפום טוניה: **ואמר** לאחוהי איתותב כספי ואוף GN 42:28
גיבריהון דאחוי ענא **ואמר** לאחוי איתון וניבכי על אבונן GN 50:1
ברא דעבד ייי אלקים **ואמר** לאיתתא הקושטא דאמר ייי GN 3:1
חויא דלטור על ברייה **ואמר** לאיתתא לא ממת תמותון GN 3:4
תור ודכר על כל אגורא: **ואמר** לבלק אתעתד הכא על עלתך NU 23:15
ביניהון חדא בליביה **ואמר** לבלק בני לי הכא שובעא NU 23:1
תבריכינון: ואתיב בלעם **ואמר** לבלק הלא מן שירויא NU 23:26
בלישן בית קודשא גילעד: **ואמר** לבן אוגר הדין סהיד בינא GN 31:48
בגין רחל ברתך זעירתא: **ואמר** לבן ברמיו טב דאיתן יתה לך GN 29:19
גניבא הוא למהוי דילי: **ואמר** לבן יאות לואי דיהי כפיתגמך: GN 30:34
עימך ולמא שקרת בי: **ואמר** לבן לא מתעביד כדין באתרין GN 29:26
דייי סהיד בינא ובינך: **ואמר** לבן ליעקב הא אוגר הדין והא GN 31:51
ויתב עימיה ירח יומין: **ואמר** לבן ליעקב המדאחי אנת GN 29:15
בההוא טורא דגלעד: **ואמר** לבן ליעקב מה עבדת וגנבת GN 31:26
ואיתגלי ייי לאברם **ואמר** לבנך אתין ית ארעא הדא GN 12:7
דלה לן ואשקי ית ענא: **ואמר** לבנתיה דבריה והאן הוא למא EX 2:20
דהיא אמרה: וקרו לרבקה **ואמר** לה התיזילין עם גברא הדין GN 24:58
וחד אשתאר עם לוט **ואמר** לה חוס על נפשך לא GN 19:17
דייי להגר מן שמייא **ואמר** לה מה ליך הגר לא תיסתפין GN 21:17
שרי ריבונתי אנא ערקת:: **ואמר** לה מלאכא דייי אסגאה אסגי GN 16:10
בנייכי ולא יתמנון מסגי: **ואמר** לה מלאכא הא אנת מעברא GN 16:11
קרבני ברעוא עני קין **ואמר** להבל לית דין ולית דיין ולית GN 4:8
תרויהון לברא עני קין **ואמר** להבל מסתכל אנא דברחמין GN 4:8
וקרא יעקב לבנוי **ואמר** להום אידכו מסואבותא GN 49:1
וית אהרן לות פרעה **ואמר** להום איזילו פלחו קדם ייי EX 10:8
חילמייא דחלם עליהום **ואמר** להום אלילי אתון למיחמי ית GN 42:9
ועבד להון שירו עני **ואמר** להום הא שב שנין דאתא GN 29:22
אתון ואמרו מחרן אנחנא: **ואמר** להום הידעתון ית לבן בר GN 29:5
לבית מטרא תלתא יומין: **ואמר** להום יוסף ביומא תליתאה GN 42:18
ידעין מה הווה בסיפיה: **ואמר** להום יוסף הוא דמלילית GN 42:14
ואמרו הא אנן לך לעבדין: **ואמר** להום יוסף לא תידחלון ארום GN 50:19
ונפלו קדמוי על ארעא: **ואמר** להום יוסף מה עובדא הדין GN 44:15
על שמעון דשבקו תמן: **ואמר** להום יעקב אבוהון יתי GN 42:36
על פם בירא לאתרא: **ואמר** להום יעקב אחי מנן אתון GN 29:4
תבנא דנן תרתין זימנין: **ואמר** להום ישראל אבוהון אין כדין GN 43:11
ובתר כדין תיזיל: **ואמר** להום לא תעכבון יתי וייי GN 24:56
ושדר ית אחוי יטיילו **ואמר** להום לא תתנצון על עיסק GN 45:24
עמהון מילין קשיין **ואמר** להום מנן אתיתון ואמרו GN 42:7
אלקים ית נח וית בנוי **ואמר** להום פושו וסגו ומלו ית GN 9:1
דלא נתחייב באדמיה: **ואמר** להום ראובן לא תשדון אדם GN 37:22
עיבורא דהייתיו ממצרים **ואמר** להון אבוהון תובו זבונן לנא GN 43:2
מה הוה ליה בסיפיה: **ואמר** להון אהרן פריקו קדשי EX 32:2
כל כנישתא דבני ישראל **ואמר** להון אילין פיתגמיא דפקיד EX 35:1
ובריך יתהון אלקים **ואמר** להון אלקים פושו וסגו ומלו GN 1:28
בריך יתהון: ופקיד יתהון **ואמר** להון אנא מתכנש לעמי קברו GN 49:29
בחורב: וקרא משה **ואמר** להון אתון חמיתון ית כל DT 29:1
עימיה פיתגמי בלק: **ואמר** להון ביתו הכא בליליא NU 22:8
האילין עם כל ישראל: **ואמר** להון בר מאה ועשרין שנין DT 31:2
בעיברא דיורדנא ענה **ואמר** להון הלא במדברא בטוורא DT 1:1
למיקרי למשה ולאהרן **ואמר** להון חבית בזימנא הדא EX 9:27
ארום חגא קדם ייי לנא: **ואמר** להון יהי כדין מימרא דייי EX 10:10
חלימנא ופשר לית ליה **ואמר** להון יוסף הלא מן קדם ייי GN 40:8
עימיה ופיכל רב חיליה: **ואמר** להון יצחק מדין אתיתון לותי GN 26:27
לוותיה כל בנוי דלוי: **ואמר** להון כדנן אמר ייי אלקא EX 32:27
לא הוו עבדך אלילי: **ואמר** להון לא אלהין עירית GN 42:12
מלכא דמצרים לחייתא **ואמר** להון למה דין עבדתון EX 1:18
יתן במותא או בקטלא: **ואמר** להון מלכא דמצרים למה EX 5:4
מעיברא דיורדנא מדינחא: **ואמר** להון משה אין תעבדון ית NU 32:20
כנישתא ותנו למשה: **ואמר** להון משה הוא דמליל ייי EX 16:23
דאתו מחיל סדרי קרבא: **ואמר** להון משה הקיימתון כל NU 31:15
ואמרו הב לן מוי ונישתי **ואמר** להון משה מה נצן אתון עימי EX 17:2
ית קהלא לקדם כיפא **ואמר** להון משה שמעו כדון NU 20:10
משה לכל סבי ישראל **ואמר** להון נגודו ידיהון מטעוות EX 12:21
לאללא ית ארעא דכנען **ואמר** להון סקו בהדין ציטרא NU 13:17

משה מן טוורא לות עמא **ואמר** להון קרובו קבילו אורייתא EX 19:25
ליואי חביבא דאהרן **ואמר** להון קריבו טולו ית אחיכון LV 10:4
האילין עם כל ישראל: **ואמר** להון שוון לבכון לכל DT 32:46
וקרא משה לכל ישראל **ואמר** להון שמעו ישראל ית קימייא DT 5:1
תוב למינטר ליה בבו: **ואמר** להון שמעו כדון חילמא הדין GN 37:6
ועלן לחקלא לות עניה: **ואמר** להין חמי אנא ית סבר אפי GN 31:5
דילמא תישתיצי: **ואמר** לוט לוותיה בבעו מינך אמתין GN 19:18
אלקים תלתיהון לדינא **ואמר** לחיויא ארום עבדת דא ליט GN 3:14
בארעא דכנען ובריך יתי: **ואמר** לי האנא מפיש לך ומסגי לך GN 48:4
לא תיתי איתתא בתריי: **ואמר** לי ייי דיפלחת קומוי יזמן GN 24:40
וקרוחין וגביהון חיוורין: **ואמר** לי מלאכא דייי בחילמא GN 31:11
מלאכא דייי מן שמיא **ואמר** ליה אברהם אברהם ואמר GN 22:11
לארעא די נפקתא מתמן: **ואמר** ליה אברהם איסתמר לך GN 24:6
דייי נסי ית אברהם **ואמר** ליה אברהם ואמר ליה האנא: GN 22:1
עד דניעיבר תחומך: **ואמר** ליה אדומאה לא תעיבר NU 20:18
משה ותב לות יתרו חמוי **ואמר** ליה איזיל כדון ואיתוב לות EX 4:18
לותהון ואמר ליה האנא: **ואמר** ליה איזל כדון חמי ית שלם GN 37:14
וקרא לבריה ליוסף **ואמר** ליה אין כדון אשכחית רחמין GN 47:29
ומן בתר כדין אנוח לך: **ואמר** ליה אין לית אפין מהלכא EX 33:15
מן קדם ייי לבלעם **ואמר** ליה אין למיקרי לך אתו NU 22:20
שנין ואתגלי ייי לאברם **ואמר** ליה אנא אל שדי פלח קדמי GN 17:1
יקרא דייי מעתד עילוי **ואמר** ליה אנא ייי אלקיה דאברהם GN 28:13
דלא אטח לקמיה במילין: **ואמר** ליה אנא ייי דאפיקתך מאתון GN 15:7
ומליל ייי עם משה **ואמר** ליה אנא ייי הוא דאיתגליתי EX 6:2
קטע אגרך עלי ואיתן: **ואמר** ליה אנת ידעת ית די פלחתך GN 30:29
יתיה אנטר למללא: **ואמר** ליה בלק איתא כדון עימי NU 23:13
ורברבי מואב עימיה **ואמר** ליה בלק מה מליל ייי: ונטל NU 23:17
רבא בארביסר בניסן **ואמר** ליה ברי הא ליליא דין עילאי GN 27:1
יוסף ית מה דשפר בעינוי **ואמר** ליה דין לך פושרניה תלתי GN 40:18
למה אנת מחי לחברך: **ואמר** ליה דתן מאן הוא דמני יתך EX 2:14
בחילמא דליליא **ואמר** ליה הא אנת מיית על עיסק GN 20:3
היא ותתקיים נפשי: **ואמר** ליה הא נסיבית אפך אוף GN 19:21
ודמי ליה כאילו אכלין: **ואמר** ליה האן שרה אינתתך ואמר GN 18:9
ואמר ליה אברהם **ואמר** ליה האנא: ואמר דבר כדון ית GN 22:1
טלין מתפתחין ביה **ואמר** ליה האנא: ואמר הא כדון GN 27:1
כדון ואשלחינך לותהון **ואמר** ליה האנא: ואמר ליה איזל GN 37:13
אנא מלטיט ית עמך עני **ואמר** ליה הלא אנת הוא לבן NU 31:8
וקרא ייי אלקים לאדם **ואמר** ליה הלא כל עלמא דבריתי GN 3:9
מכל יומיא דהויתון הכא: **ואמר** ליה חילמא חלימנא ופשר GN 40:8
מזוגיא ית חלמיא ליוסף **ואמר** ליה חמי הוית בחילמי והא GN 40:9
רמאה בחילמא דליליא **ואמר** ליה טור לך דילמא תמליל GN 31:24
זבונן לנא קליל עיבורא: **ואמר** ליה יהודה למימר מסהדא GN 43:3
ית כסא על ידא דפרעה: **ואמר** ליה יוסף דין סוף פושרנא GN 40:12
תחים ית טוורא וקדשהי: **ואמר** ליה ייי איזל חות ותיסק אנת EX 19:24
וקרא ית שמיה ישראל: **ואמר** ליה ייי אנא אל שדי פוש וסגי GN 35:11
זכיי דישכחינני יקטלינני: **ואמר** ליה ייי הא בכין כל דקטיל GN 4:15
יימרון לא איתגלי ייי: **ואמר** ליה ייי מה דין בידך ואמר EX 4:2
בתר דמיתת אימיה: **ואמר** ליה ייי עד כדון הוה שמך GN 35:10
יתי: ואמר ליה מה שמך **ואמר** ליה יעקב: ואמר לא יעקב GN 32:28
בדיל דיתברכינני נפשך: **ואמר** ליה יצחק אבוי ואמר ליה GN 27:32
אמטי ליה לאבוי ושתי: **ואמר** ליה יצחק אבוי קריב כדון GN 27:26
והיכדין אמרת אחתי היא **ואמר** ליה יצחק ארום אמרית GN 26:9
אין תיכול למימני יתהון **ואמר** ליה כדון יהון בנך: והוות ליה GN 15:5
משה ואהרן לות פרעה **ואמר** ליה כדנא אמר ייי אלקא EX 10:3
לגיוריא על ישראל: **ואמר** ליה לא איזיל אלהין לארעי NU 10:30
ובריך יתיה ופקדיה **ואמר** ליה לא תיסב איתא GN 28:1
ית פולחני די פלחתך: **ואמר** ליה לבן אין כדון אשכחית GN 30:27
ית כל פיתגמיא האילין: **ואמר** ליה לבן ברם קריבי ודמי לי GN 29:14
ליהושע מן גוא עמא **ואמר** ליה למיחמהון דכל ישראל DT 31:7
ואמר ליה יצחק אבוי **ואמר** ליה מאן אנת ואמר אנא עשו GN 27:32
ולאחהא ונזף ביה אבוי **ואמר** ליה מה חילמא הדין GN 37:10
יתך אלהין בירכת יתי: **ואמר** ליה מה שמך ואמר ליה יעקב: GN 32:28
ובזכאות ידיי עבדית דא: **ואמר** ליה מימרא דאלקים בחילמא GN 20:6
וגחן וסגיד על אנפוי: **ואמר** ליה מלאכא דייי מטול מה NU 22:32
ולא תוספון לאתעכבא: **ואמר** ליה משה במיפקי סמיך EX 9:29
וכלי מנהון רוח נבואתא: **ואמר** ליה משה המן בגלל דאתנבו NU 11:29
אינדע ארום אירתינה: **ואמר** ליה סב לי תקרובתין וקרב GN 15:9
איתתא לברי ליצחק: **ואמר** ליה עבדא מאים לית צבות GN 24:5
גוברוי: ובריכו ית רבקה **ואמר** ליה עד כדון הוית אחתן GN 24:60
ולא צבא למפטרינון: **ואמר** ליה פרעה איזל מעילוויי EX 10:28
והדר ליבהון זהוהין **ואמר** ליה קום עיבד לנא דחלן EX 32:1
עד דתימטי לבי משרוייך: **ואמר** ליה ריבוני ידע ארום טלייא GN 33:13
למללא בלישן רוגזא **ואמר** ליוסף אוף אנא הוית חמי GN 40:16
ליה דלא יוליד בר רביעיי: **ואמר** ליט כנען דהוא בריה רביעיי GN 9:25

נטיר בגין כן פריש משה **ואמר** ליל נטיר לפורקן הוא מן קדם EX 12:42
אוכח ברמשא: ואתיב לבן **ואמר** ליעקב בנתא דנסיבת לנשין GN 31:43
אלהין הדא זימנא **ואמר** לית אנא משדר יתך אלהין GN 32:27
דחמי ליה למתרחמא: **ואמר** לית אפשר לך למיחמי ית EX 33:20
טעותי: ואתיב יעקב **ואמר** ללבן ארום אסתפיתי GN 31:31
עם לבן ואתיב יעקב **ואמר** ללבן מה חובתי ומה סורחני GN 31:36
מסתפי מן עשו וליגיונוי **ואמר** ללבן שלחני ואיהך לאתהי GN 30:25
עמך מן פולומוסין דעימי **ואמר** למא דנן אשכח רחמין קדם GN 33:15
לצלאה קדם ייי אלקיה **ואמר** למא ייי יתקוף רוגזך בעמך EX 32:11
יעקב ואמר חוי כדון שמך **ואמר** למה דנן אנת שאיל לשמי GN 32:30
מה דנהרא ישתיירון: **ואמר** למחר ואמר כפתגמך מן בגלל EX 8:6
כהנא עם אמרכליא **ואמר** למימני יתהון במישרא NU 26:3
הות מרת קינין וזמרין: **ואמר** למך לנשוי עדה וצלה קבילן GN 4:23
יוסף עמהון ית בנימין **ואמר** למנשה די ממנה אפיטרופוס GN 43:16
דייי למשה מן שירויא: **ואמר** למשה אנא חמוך יתרו אתי EX 18:6
הוה אהרן מיבהית **ואמר** למשה דילמא לא איתרעי LV 9:23
בחדוא קדם עיגלא **ואמר** למשה קל סידרי קרבא EX 32:17
עם אבונא בארעא דכנען: **ואמר** לנא גברא ריבוני ארעא בדא GN 42:33
עדרא עדרא בלחודוי **ואמר** לעבדוי עברו קדמי וניפש GN 32:17
עמא הדין: ואתיב בלעם **ואמר** לעבדי בלק אין יתן לי בלק NU 22:18
ית עמא וחוורו לבושיהון: **ואמר** לעמא הוו זמינין לתלתי יומין EX 19:15
שולטני עמא וסרכוי **ואמר** לעמא כדנא אמר פרעה לית EX 5:10
יוסף ולא הליך בנימוסוי: **ואמר** לעמיה הא עמא בני ישראל EX 1:9
קליה ובכא: ואתיב יצחק **ואמר** לעשו הא בטוב פירי ארעא GN 27:39
לי בירכתא: ואתיב יצחק **ואמר** לעשו הא שליט מיניתיה עלך GN 27:37
פומיה במילי תחנונין **ואמר** לפנחס אין תקיים ית נפשי NU 31:8
כדין עאלו משה ואהרן **ואמר** לפרעה כדנא אמר ייי אלקא EX 5:1
מן רשיעיא עני הבל **ואמר** לקין אית דין ואית דיין ואית GN 4:8
איתקבל ברעוא עני הבל **ואמר** לקין ברחמין איתברי עלמא GN 4:8
ונקט רוחצניא דבר נש **ואמר** לרב מזוגיא אלהן תדכרינני GN 40:14
וקם בלעם בצפרא **ואמר** לרברבי מואב איזילו לארעכון NU 22:13
תוב למללא קודמוי **ואמר** מאים ישתכחון תמן ארבעין GN 18:29
וחמא ית נשיא וית ריביא **ואמר** מאן אילין לך ואמר בניי הינון GN 33:5
ואידכר הילכתא עני **ואמר** מאן דיקטול וקטיל האן הינון NU 25:7
סנהדרין דמשריתא **ואמר** מאן הוא דחליא דייי ייתון EX 32:26
היך ריתא דיקידת גהינם **ואמר** מאן הוא דיכי דצד צידא GN 27:33
ואיטמרית מן כיסופא: **ואמר** מאן חוי לך ארום ערטילאי GN 3:11
בצית איקר שכינתא דייי: **ואמר** מגלא גלי קדמיי ית סיגוף EX 3:7
לפרנסא אינשי בייתי: **ואמר** מה איתן לך ואמר יעקב לא GN 30:31
וקרא פרעה לאברם **ואמר** מה דא עבדת לי למא לא GN 12:18
ואנא לא הוית ידע: ודחיל **ואמר** מה דחיל ומשבח אתרא הדין GN 28:17
כחדא למיכול לחדא **ואמר** מה דילמא נטר לנא סנא יוסף GN 50:15
לות רעואל אבוהן **ואמר** מה דין אוחיתון למיתי יומא EX 2:18
תתן משכונא עד דתשדר: **ואמר** מה משכונא דאתן לך ואמרת GN 38:18
וקרא אבימלך לאברהם **ואמר** מה עבדת לנא ומה חבית לך GN 20:9
דילמא נטיר אחי אנא: **ואמר** מה עבדת קל דמי קטילת GN 4:10
דהוא טרח ועביד לעמיה **ואמר** מה פתגמא הדין דאנת עביד EX 18:14
ונטל מתל נבותיה **ואמר** מה תקיף הוא משרויהי די NU 24:21
עמא ואציתינון לות משה **ואמר** מיסק ניסק ונירת יתה ארום NU 13:30
אין ביש קדמך איתוב לי: **ואמר** מלאכא דייי לבלעם איזל עם NU 22:35
לא תמהית ארום דחילית **ואמר** מלאכא לא תידחלין ארום GN 18:15
עד דאמליל פיתגמיי **ואמר** מליל: ואמר עבדא דאברהם GN 24:33
עשרא מכל מה דאתיב: **ואמר** מלכא דסדום לאברם הב לי GN 14:21
מואב: ונטל מתל נבותיה **ואמר** מן ארם דעל פרת דברני בלק NU 23:7
מימר מן קדם ייי לבלעם **ואמר** מן גובריא האילין כען דבתו NU 22:9
וכסייה בקומתיה וגחנן: **ואמר** מן לך כל משרי הדין דארעית GN 33:8
ישראל ית בנוי דיוסף **ואמר** מן מאן איתילידו לך אילין: GN 48:8
זעירא דאמרתון לי **ואמר** מן קדם ייי יתרחם עלך ברי: GN 43:29
ואתיב לבן ובתואל **ואמר** מן קדם ייי נפק פיתגמא GN 24:50
מואב ואתו לות בלק **ואמר** מסרב בלעם למיתי עימנא: NU 22:14
על שמיה בנין ובנן: **ואמר** מפלגא איפליג אפי רעותי DT 32:20
יקיד ומתאכיל בנורא: **ואמר** משה איתפני כדון ואחמי ית EX 3:3
סרי וריחשא לא הות ביה: **ואמר** משה אכלוהי יומא דין ארום EX 16:25
ונשיהון ובניהון וטפלהון: **ואמר** משה בדא תינדעון ארום ייי NU 16:28
ארום אתרעמתון עלנא: **ואמר** משה בדין תידעון בדיזמן ייי EX 16:8
וקמון בלב שלים קדם ייי: **ואמר** משה דין פיתגמא דתעבדון LV 9:6
וטעמיה כאשישיין בדבש: **ואמר** משה דין פתגמא דפקיד ייי EX 16:32
תרחקון לטיילא צלו עלי: **ואמר** משה הא אנא נפיק מלותך EX 8:25
איתחרכו ומיתו קדם ייי: **ואמר** משה הוא דמליל ייי עימי LV 10:3
מה דמלקטין יומא ויומא: **ואמר** משה ואהרן לכל בני ישראל EX 16:6
יתך לעם רב ותקיף מנהון: **ואמר** משה וישמעון בניהון דמצראי NU 14:13
ית נפשך למיסב יתה: **ואמר** משה יאות מלילתא אנא עד EX 10:29
ייי אלהכון בארעא הדא: **ואמר** משה לא תקין למעבד כן EX 8:22
אילהן על מימרא דייי: **ואמר** משה לאהרן אימר לכל EX 16:9

היכמא דמליל משה: **ואמר** משה לאהרן ולאלעזר LV 10:6
וית לבושי בנוי עימיה: **ואמר** משה לאהרן ולבנוי בשילו ית LV 8:31
הוה סימא נפקא באנפוי: **ואמר** משה לאהרן מה עבד לך עמא EX 32:21
בצלו על אפיהון: **ואמר** משה לאהרן סב ית מחתיא NU 17:11
יתכון מארעא דמצרים: **ואמר** משה לאהרן סב צלוחית EX 16:33
לא תעברינא ית יורדנא: **ואמר** משה לבני גד ולבני ראובן NU 32:6
ישראל נדבתא קדם ייי: **ואמר** משה לבני ישראל חמון דמני EX 35:30
ולניכסת קודשיכון: **ואמר** משה לבני ישראל ככל מה NU 30:1
תקוף רוגזא דייי מישראל: **ואמר** משה לדייני ישראל קטולו NU 25:5
שיבטיא לבני ישראל: **ואמר** משה להון אין יעיברון בני גד NU 32:29
גבר לפום מיכליה לקיטו: **ואמר** משה להון גבר לא ישייר EX 16:19
ארום לא ידעון מה הוא **ואמר** משה להון הוא לחמא EX 16:15
מעילוי משכנא ונטלו: **ואמר** משה לחובב בר רעואל NU 10:29
מן צפרא עד רמשא: **ואמר** משה לחמוי ארום אתיין EX 18:15
פולחנא נוכראה דבידיהון: **ואמר** משה ליהושע בחר לנא גוברין EX 17:9
ביומא דשבתא: **ואמר** משה לכל כנישתא דבני EX 35:4
דאדר לתרע משכן זימנא: **ואמר** משה לכנישתא דין פיתגמא LV 8:5
בירכתא: והוה ביומא חרי **ואמר** משה לעמא אתון חבתון EX 32:30
ובבעירא דילי הוא: **ואמר** משה לעמא הוון דכירין ית EX 13:3
מן קדם ייי דילמא נמות: **ואמר** משה לעמא לא תידחלון EX 20:20
עבדי פרעה וקדם עמא: **ואמר** משה לפרעה כדנא אמר ייי EX 11:4
נכסת חגא קדם ייי: **ואמר** משה לפרעה שבח נפשך בגיני EX 8:5
אבאישית לחד מנהון: **ואמר** משה לקרח אנת וכל כנישת NU 16:16
דקדיש סגי לכון בני לוי: **ואמר** משה לקרח ולגניסתיה קבילו NU 16:8
דאמר ייי ארום חבנא: **ואמר** משה מה דין אתון עברין על NU 14:41
וקרא ליה ייי מגו סניא **ואמר** משה משה ואמר האנא: ואמר EX 3:4
ויהון לדמא ביבשתא: **ואמר** משה קדם ייי בבעו ייי לא גבר EX 4:10
אוריתא על טוורא הדין: **ואמר** משה קדם ייי הא אנא אזיל EX 3:13
ית כל דאנא ממליל עימך: **ואמר** משה קדם ייי הא קשי ממלל EX 6:30
לא הוה זייע בגו משכניה: **ואמר** משה קדם ייי חמי מה דאנת EX 33:12
דילמא יקטול בהון ייי: **ואמר** משה קדם ייי לא יכלון עמא EX 19:23
לחדא ובעיני משה ביש: **ואמר** משה קדם ייי למא אבאשתא NU 11:11
עמי בני ישראל ממצרים: **ואמר** משה קדם ייי מאן אנא ארום EX 3:11
תלתא אלפין גברא: **ואמר** משה קריבו קורבנכון על EX 32:29
למא דנן נפקנא ממצרים: **ואמר** משה שית מאה אלפין גברין NU 11:21
סגיאין ודחק ביה וקבל: **ואמר** נטייל ונהך ואזיל לקיבלך עד GN 33:12
לאבוי בריכני אוף לי אבא: **ואמר** עאל אחוך בחכמתא וקבל GN 27:35
פיתגמיי ואמר מליל: **ואמר** עבדא דאברהם אנא: וייי בריך GN 24:34
בחקלא לקדמותנא **ואמר** עבדא הוא ריבוני ונסיבת GN 24:65
זעירא ליתוי עימנא: **ואמר** עבדך אבא לנא אתון ידעתון GN 44:27
רוגזא דיעקב ברחל **ואמר** עד דאנת בעיא מיני בעי מן GN 30:2
וחשיב לבן דהוא אברהם **ואמר** עול בריכא דייי למא אנת GN 24:31
לסטר ובכן הוה צווח **ואמר** עמי בית ישראל: לא תעבדון EX 20:3
מן סטר לסטר ובכן צווח **ואמר** עמי בני ישראל אנא הוא ייי EX 20:2
בגין כן פריש משה נביא **ואמר** עמי בני ישראל תור או אימר LV 22:27
רחמין בעיני ריבוני: **ואמר** עשו אית לי ניכסין סגיאין GN 33:9
דאיתי לות ריבוני לגבלא: **ואמר** עשו אשבוק כדון עמך מן GN 33:15
בירכתא דיברכיה אבוי **ואמר** עשו בליביה לית אנא עביד GN 27:41
למחסן ית בכירותא לי: **ואמר** עשו הא אנא אזיל לממת GN 25:32
מיני דמה אעביד לך ברי: **ואמר** עשו לאבוי הבירכתא חדא GN 27:38
דאתי ובזה ית בכירותא: **ואמר** עשו ליעקב אטעם יתי כדון GN 25:30
מבשרא דבשר לאברהם **ואמר** עתידה דתוניק בנין שרה GN 21:7
היא אין לה: ואשתמודעה **ואמר** פרגוד דברי היא לא חיות ברא GN 37:33
היכמא דיימר לנא: **ואמר** פרעה אנא אפטור יתכון EX 8:24
הוון מפלחין בהון בקשייו: **ואמר** פרעה דמך הוה חמי בחילמיה EX 1:15
איזילו לפולחנכון: **ואמר** פרעה הא סגין הינון כדון EX 5:5
ואקימינון קדם פרעה: **ואמר** פרעה לאחוי דיוסף מה GN 47:3
בעיני פרעה ובעיני עבדוי: **ואמר** פרעה ליוסף אמר לאחך די GN 45:17
על כל ארעא דמצרים: **ואמר** פרעה ליוסף אנא פרעה מלכא GN 41:44
נבואה מן קדם ייי ביה: **ואמר** פרעה ליוסף בתר דאודע ייי GN 41:39
כסותיה ועל לות פרעה: **ואמר** פרעה ליוסף חילמא חלימית GN 41:15
מלכותא אהא רב מינך: **ואמר** פרעה ליוסף חמי דמנית יתך GN 41:41
כען עבדך בארעא דגשן: **ואמר** פרעה ליוסף למימר אבוך GN 47:5
כפנא מן עלמא ביומך: **ואמר** פרעה ליעקב כמה אינון יומי GN 47:8
קדם פרעה בגין לחמא **ואמר** פרעה לכל מצראי איזילו לות GN 41:55
פרעה וקדם כל עבדוי: **ואמר** פרעה לעבדוי הנשכח כדין GN 41:38
דמצרים ובגין איתיעט **ואמר** פרעה מלכא דמצרים לחייתא EX 1:15
ואיקבור ית אבא ואיתוב: **ואמר** פרעה סק וקבר ית אבוך GN 50:6
ויעבדון לי חגא במדברא: **ואמר** פרעה שמא דייי לא איתגלי EX 5:2
פרעה למשה ולאהרן **ואמר** צלון קדם ייי ויעדי EX 8:4
ותקיף למשה לחדא **ואמר** קדם ייי בבעו מינך לא NU 16:15
חבט שדנהי ומיתו עני **ואמר** קדם ריבון עלמא אפשר NU 25:8
מן קדם ייי בבלעם **ואמר** קדמוהי ית שבעתי אוגריא NU 23:4
ייי: ונטל מתל נבותיה **ואמר** קום בלק ושמע אצית מיליי NU 23:18

עם חתנויי דנסיבו ברתויי **ואמר** קומו פוקו מן אתרא הדין GN 19:14
קוסמין וברכני ייי בגינך: **ואמר** קטע אגרך עלי ואיתן: ואמר GN 30:28
אנא אעביד כפיתגמך: **ואמר** קיים לי וקיים ליה ומן יד GN 47:31
בין למיזכי בין למיחטי: **ואמר** קין לות הבל אחוהי איתא GN 4:8
מטלטל וגלי תהי בארעא: **ואמר** קין קדם ייי סגי תקיף מרודי GN 4:13
לות יצחק אבוי וגששיה **ואמר** קלא הדין קליה דיעקב ברם GN 27:22
דין ברי עשו ואמר אנא: **ואמר** קריב לי ואיכול מצידא דברי GN 27:25
ברת דינה ברתך לאינתו **ואמר** קריבינון כדון לותי GN 48:9
הואה צוקתא דכולהון: **ואמר** ראובן לאבוי למימר ית תרין GN 42:37
יהי לביש וכרוזא מכריז **ואמר** רחוקו רחוקו מן מסאבא: כל LV 13:45
בר נון משומשניה דמשה **ואמר** ריבוני משה בעי רחמין מן NU 11:28
לוי במעשרא עני מיכאל **ואמר** ריבוניה דעלמא דין הוא עדבך GN 32:25
ובתו וקמו בצפרא **ואמר** שדרוני לריבוני: ואמר ועל GN 24:54
באתכתשותיה עימיה: **ואמר** שדרני ארום סלק עמוד GN 32:27
מן דמעין ונפק ואזדרז **ואמר** שוו לחמא: ושויו ליה בלחודוי GN 43:31
דדן בריך משה נביא דייי **ואמר** שיבטא דדן מדמי לגור בר DT 33:22
עמלק ונטל מתל נבותיה **ואמר** שירוי אומיא דאגיחו קרבא NU 24:20
פרקמטייא ואחסינו בה: **ואמר** שכם לאבוהא ולאחהא GN 34:11
פייוסין על ליבה דריבה: **ואמר** שכם לחמור אבוי למימר סב GN 34:4
מן שוי כספנא בטוננאי: **ואמר** שלם לכון מן ריבוני לא GN 43:23
ומרים ונפקו תרויהון: **ואמר** שמועו בבעו פתגמיי עד NU 12:6
למיכוי שדרני לותכון: **ואמר** תוב ייי למשה כדנן תימר EX 3:15
פיתגמא בפמיה דבלעם **ואמר** תוב לות בלק והכדין תמליל: NU 23:5
ושוי פתגמא בפמיה **ואמר** תוב לות בלק והכדין תמליל: NU 23:16
לוי בריך משה נביא **ואמר** תומיא ואורייא אלבישתא DT 33:8
עבדו ובריך יתהון משה **ואמר** תשרי שכינתא דייי בעובדי EX 39:43
אוחיתון למיתי יומא דין: **ואמרא** גבר מצראי שיזבנהו מן ידא EX 2:19
לאיתתיה מה דא עבדת **ואמרה** איתתא חויא אשייני GN 3:13
ועבדיה עיגל מתכא **ואמרו** איליין דחלתך ישראל EX 32:4
היא ולעבדך אית בעיר: **ואמרו** אין אשכחנא רחמין קדמך NU 32:5
שלטא באינשא ובבעירא: **ואמרו** איסטגניני פרעה ולא מן כח EX 8:15
ית ישראל לא איפטור: **ואמרו** אלקיה דיהודאי איתקרי EX 5:3
דארעא: ואשתעייו ליה **ואמרו** אתאנא לארעא דשדרתנא NU 13:27
עימיה בתרע ביתיה: **ואמרו** במטו מינך ריבוני מיחת GN 43:20
ייי יתיה הכדין עבד: **ואמרו** בני ישראל למשה למימר הא NU 17:27
ולא תמותון ועבדו כן: **ואמרו** גבר לאחוי בקושטא חייבין GN 42:21
טב לנא דנתוב למצרים: **ואמרו** גבר לאחוי נמני עלן מליך NU 14:4
בארעא דבבל ויתיבו תמן: **ואמרו** גבר לחבריה הבו נירמי ליבנין GN 11:3
וקדם אהרן ביומא ההוא: **ואמרו** גובריא האינון ליה אנחנא NU 9:7
להשכחא תרעא: **ואמרו** גובריא ללוט תוב מאן אית GN 19:12
ואייתייוהי לות אבוהון **ואמרו** דא אשכחנא אישתמודע GN 37:32
אחוי ואתרכינו קדמוי **ואמרו** הא אנן לך לעבדין: ואמר GN 50:18
רשיעי עמא עם משה **ואמרו** הב לן מוי ונישתי ואמר להון EX 17:2
וטינא הוות להום לישיע: **ואמרו** הבו ניבני לנא קרתא GN 11:4
דילי: ואמרו קריב להלא **ואמרו** הלא בלחודוי אתא דין GN 19:9
דכוש ורחיק מינה: **ואמרו** הלחוד ברם עם משה מליל NU 12:2
ואתו עמא לות משה **ואמרו** חבנא ארום הירהירנא NU 21:7
על עבדכון בדיל למסעוד **ואמרו** יאות מלילתא עביד GN 18:5
הידעתון ית לבן בר נחור **ואמרו** ידענא: ואמר השלם ליה GN 29:5
ואתיבו בני גד ובני ראובן **ואמרו** ית כל דמליל ייי לעבדך NU 32:31
אבהתא לבני ישראל: **ואמרו** ית ריבוני פקיד ייי למיתן ית NU 36:2
ואתיבו כל עמא כחדא **ואמרו** כל דמליל ייי נעביד ואתיב EX 19:8
ואתיב כל עמא קלא חד **ואמרו** כל דמליל ייי נעביד: וכתב EX 24:3
לא תידחלון מנהון: **ואמרו** כל כנישתא לאטלא יתהון NU 14:10
וקרא קדם עמא **ואמרו** כל פיתגמיא דמליל ייי EX 24:7
ואתיבו יתנא פיתגמא **ואמרו** כלב ויהושע טבא ארעא דייי DT 1:25
בסכות עיינין על אורחא **ואמרו** לא הוה הכא מטעיתא: ותב GN 38:21
אשקו ענא ואיזילו רעו: **ואמרו** לא ניכול עד די יתכנשון כל GN 29:8
ולאבירם בני אליאב **ואמרו** לא ניסוק: הזעירא היא ארום NU 16:12
דסאיב ית דינה אחתהון: **ואמרו** להום לא ניכול למעבד ית GN 34:14
משה ועל אהרן במדברא: **ואמרו** להון בני ישראל הלואי EX 16:3
במיפקהון מן קדם פרעה: **ואמרו** להון יתגלי קדם ייי עולבננא EX 5:21
ועל אהרן כל בני ישראל **ואמרו** להון כל כנישתא לואי NU 14:2
על משה ועל אהרן **ואמרו** להון סגי לכון רבנותא ארום NU 16:3
בישא הוא דאטעינון: **ואמרו** לי עיבד לנא דחלן דיטיילון EX 32:23
וגחנן לפורכתי: **ואמרו** ליה אחוהי הלממלך אנת GN 37:8
על עיסק בירא דחפסו **ואמרו** ליה אשכחנא מוי: וקרא יתה GN 26:32
חרב אפוק לקדמותך: **ואמרו** ליה בני ישראל באיסרטיא NU 20:19
עמא מסיפא: וקרו ללוט **ואמרו** ליה האן גובריא דעלו לוותך GN 19:5
מאלין: ואתו לות בלעם **ואמרו** ליה כדנן אמר בלק בר צפר NU 22:16
לוותיה בשתא תינייתא **ואמרו** ליה לא נכסי מן ריבוני ארום GN 47:18
דארעא אתיתון למיחמי: **ואמרו** ליה לא ריבוני ועבדך אתו GN 42:10
ית כל פיתגמיא האילין: **ואמרו** ליה למה ימלל ריבוניה GN 44:7
אתיבו כולהון כחדא **ואמרו** ליה שמע ישראל אבונן ייי DT 6:4

ית ארעא בזעו לבושיהון: **ואמרו** לכל כנישתא למימר ארעא NU 14:7
ואתרעם עמא על משה **ואמרו** למה דנן אסיקתנא ממצרים EX 17:3
אהרן: ונצא עמא על משה **ואמרו** למימר הלואי דמיתנא כד NU 20:3
ואתו בני גד ובני ראובן **ואמרו** למשה ולאלעזר כהנא NU 32:2
תריסר מילין מרחיק: **ואמרו** למשה מליל אנת עימנא EX 20:19
מעיבידתיה דהינון עבדין: **ואמרו** למשה מסגיין עמא למייתיא EX 36:5
רבני אלפין ורבני מאוותא: **ואמרו** למשה עבדך קבילו ית סכום NU 31:49
אוף אנן אוף אבהתן: **ואמרו** לפרעה לאיתותבא בארעא GN 47:4
דיוסף מה עובדיכון **ואמרו** לפרעה רעי ענא הוו עבדך GN 47:3
ובכו ברם אף בני ישראל **ואמרו** מאן יכלינא בישרא: דכירין NU 11:4
ואמר להום מנן אתיתון **ואמרו** מארעא דכנען למיזבן GN 42:7
ועבדוי לביש על עמא **ואמרו** מה דא עבדנא ארום פטרנא EX 14:5
מן קדם בני ישראל: **ואמרו** מואבאי לסבי מדינאי ארום NU 22:4
יתי ותרכתוני מלוותכון: **ואמרו** מחמא חמינא ארום הוה GN 26:28
להום יעקב אחי מנן אתון **ואמרו** מחרן אנחנא: ואמר להום GN 29:4
דעד כדון אית לכון אחא: **ואמרו** מישאל שאיל גברא לנא GN 43:7
ושריין מן בתריהון **ואמרו** מצראי אילין לאילין נעירון EX 14:25
אלווייוני ואיזיל לריבוני: **ואמרו** ניקרי לריבא ונשמע מה GN 24:57
ונפק מלות פרעה: **ואמרו** עבדי פרעה ליה עד אימת EX 10:7
ארום איתעלו לבית יוסף **ואמרו** על עיסק כספא דתב לטוננא GN 43:18
ולמיכול לטפליכון: **ואמרו** קיימתנא נשכח רחמין בעיני GN 47:25
טלל כשורא הדא דילי: **ואמרו** קריב להלא ואמרו הלא GN 19:9
וצלו בני ישראל קדם ייי: **ואמרו** רשיעי דרא למשה המן בגלל EX 14:11
ידענא: ואמר השלם ליה **ואמרו** שלם והא רחל ברתיה אתיה GN 29:6
עלוי למיקטליה: **ואמרו** שמעון ולוי דהוו אחין GN 37:19
ארעא אתיתון למיחמי: **ואמרו** תריסר עבדך אחין אנחנא GN 42:13
והוון מחוויין בידיהון **ואמרין** אבל תקיף דין למצרים בגין GN 50:11
ידיה בני גללייא עניין **ואמרין** איליין לאיליין איתו ניתן EX 15:18
בני ישראל והוון תמהין **ואמרין** אינש לחבריה מאן הוא EX 16:15
לשמי מרומא עניין **ואמרין** איתון חמון יעקב חסידא GN 28:12
הוון עניין כולהון כחדא **ואמרין** אמן: ליט די יטעי אכסניא DT 27:17
הוון עניין כולהון כחדא **ואמרין** אמן: ליט דימחי חבריה DT 27:23
הוון עניין כולהון כחדא **ואמרין** אמן: ליט דיצלי דין דייר DT 27:18
עניין כולהון כחדא **ואמרין** אמן: ליט דישני תחומא DT 27:16
הוון עניין כולהון כחדא **ואמרין** אמן: ליט דמזלזל איקרא DT 27:15
הוון עניין כולהון כחדא **ואמרין** אמן: ליט דמקבל שוחדא DT 27:24
הוון עניין כולהון כחדא **ואמרין** אמן: ליט דמשמש עם DT 27:21
הוון עניין כולהון כחדא **ואמרין** אמן: ליט דמשמש עם DT 27:22
הוון עניין כולהון כחדא **ואמרין** אמן: ליט דמשמש עם איתת DT 27:19
הוון עניין כולהון כחדא **ואמרין** אמן: ליט דמשמש עם כל DT 27:20
הוון עניין כולהון כחדא **ואמרין** אמן: ליט תרתיסרי שבטיא DT 27:25
הוון עניין כלהון כחדא **ואמרין** אמן פיתגמיא איליין DT 27:26
כלו קבל טוורא דגריזים **ואמרין** בריך יהוי גברא די יקים ית DT 27:26
כלו קבל טוורא דגריזין **ואמרין** בריך יהוי גברא דלא יעבד DT 27:15
באצבעתהון לאבהתהון **ואמרין** דין הוא אלקן דהוה מוניק EX 15:2
תריהון כחדא מתנביין **ואמרין** הא מלכא סליק מן ארעא NU 11:26
דחיל קלהון היך צווחין **ואמרין** זכיי הוא ייי וקושטא היך NU 16:34
עניין אבהת עלמא **ואמרין** חבול על בנינן כד יחובון DT 28:15
כל קבל טוורא דעיבל **ואמרין** ליט יהוי גברא דיעבד צלם DT 27:15
כלו קבל טוורא דעיבל **ואמרין** ליט יהוי גברא דלא יקים ית DT 27:26
שירתא הדא קדם ייי **ואמרין** למימר נודה ונשבחא קדם EX 15:1
וימברס רישי חרשייא **ואמרין** לפרעה ביר חד עתיד EX 1:15
יתכון: וצליית קדם ייי **ואמרית** בבעו ברחמין מן קדמך ייי DT 9:26
דאיתעביד לכון במצרים: **ואמרית** במימרי אסיק יתכון EX 3:17
לי אנתתי: ונפק חד מלותי **ואמרית** ברם מקטל קטיל ולא GN 44:28
אשקיית: ושאילית יתה **ואמרית** ברת מאן אנת ואמרת ברת GN 24:47
ללבן ארום אסתפיתי **ואמרית** דילמא תנוס ית בנתך מיני: GN 31:31
בשבועא ית ידיי בשמייא **ואמרית** היכמא דאנא קיים הכדין DT 32:40
ואתית יומנא לעינא **ואמרית** ייי אלקיה דריבוני אברהם GN 24:42
אדמיה בנפשיה הוא **ואמרית** לבני ישראל אדם כל LV 17:14
ונחתת לעיינא ומלת **ואמרית** לה אשקיני כדון: ואוחיאת GN 24:45
עבדו ורחיק מימרי יתהון: **ואמרית** להון אתון תזדהרון מן LV 20:24
מה הוה ליה בסיפיה: **ואמרית** להון למאן אית דהב פריקו EX 32:24
ית שבע תובלייא טבתא **ואמרית** לחרשייא ולית דמתני לי: GN 41:24
ונפקית מבית איבא **ואמרית** ליה טיבותיך דתעבדין GN 20:13
עלך בגו סנייא **ואמרית** לך אנא ייי: ואיתגליתי EX 6:2
אמר ייי ברי בוכרי ישראל: **ואמרית** לך פטור ית ברי ויפלח EX 4:23
ואתינא עד ריקם גיעא: **ואמרית** לכון אתיתון עד טוורא DT 1:20
להון ולבניכון בתריכון: **ואמרית** לכון בעידנא ההיא ליתנא DT 1:9
דסוף באורחא דעברתון **ואמרית** לכון לא תוספון תוב DT 28:68
עפרון גיברא חמינא תמן: **ואמרית** לכון לא תיתברון ולא DT 1:29
ותיסב איתא לברי: **ואמרית** לריבוני מאים לא תיתי GN 24:39
הדין וקיימתון ית בנייא: **ואמרן** חייתא לפרעה ארום לא EX 1:19
רחל באסכמותא דלאה **ואמרן** ליה האיפשר דעד כדון אית GN 31:14

ובזי יתן כמאללי ארעא: **ואמרנא** ליה מהימני אנן לא הוינא GN 42:31
זבונו לנא קליל עיבורא: **ואמרנא** לית אפשר לנא למיחות GN 44:26
האית לכון אבא או אחא: **ואמרנא** לריבוני אית לן אבא סבא GN 44:20
ואשוי עינוי לטבתא עלוי: **ואמרנא** לריבוני לית אפשר לטלייא GN 44:22
ואילננא לא עבדו פירין **ואמרנא** נהדריניה לותנא ותתקיים GN 26:28
ופסקת לאשקייותיה **ואמרת** אוף לגמלך אמלי עד GN 24:19
מן בני יהודאי הוא דין: **ואמרת** אחתיה לבת פרעה האיזיל EX 2:7
התיזילין עם גברא הדין **ואמרת** איזיל: ואלוייו ית רבקה GN 24:58
גידי בר עיזי מן ענא **ואמרת** אין תתן משכונא עד GN 38:17
מכל אילן גינוניתא: **ואמרת** איתתא לחיויא משאר פירי GN 3:2
הי כגיברין עבדי קרבא **ואמרת** אם כדין הוא צערא GN 25:22
ואתעברת תוב וילידת בר **ואמרת** ארום שמיע קדם ייי ארום GN 29:33
בידי ארום כדון קטלתיך: **ואמרת** אתנא לבלעם ווי לך בלעם NU 22:30
ואמרית ברת מאן אנת **ואמרת** ברת בתואל בר נחור GN 24:47
יתהון קמי רגלי דייניא **ואמרת** גברא דאילין משכונייא GN 38:25
וברת קלא נפלת משמייא **ואמרת** דמן קדמי הוה פתגמא GN 38:26
מנע מיניך פירי מעיא: **ואמרת** הא אמתי בלהה עול לוותה GN 30:3
תוב וילידת בר **ואמרת** הדא זימנא אודי קדם ייי GN 29:35
ואתעברת תוב וילידת בר **ואמרת** הדא זימנא יתחבר עימי GN 29:34
וקרת לאינשי ביתא **ואמרת** חמון שכבת זרעא דאטיל GN 39:14
לריגלוי דמלאך חבלא **ואמרת** חתנא בעא למגזור וחמוי EX 4:25
בנין: ואתעברת וילידת בר **ואמרת** כנש ייי ית חיסודי והכדין GN 30:23
ית כל משכנא ולא אשכח: **ואמרת** לא יתקוף בעיני ריבוני GN 31:35
נוכראה וגחין לייי: **ואמרת** לאברהם טרוד ית אמתא GN 21:10
אמתה דלאה ליעקב בר: **ואמרת** לאה אתא מזלא טבא ברם GN 30:11
בר שתיתאי ליעקב: **ואמרת** לאה זבד יתי ייי זבודין טבון GN 30:20
ליעקב בר חמישאי: **ואמרת** לאה יהב ייי אגרי דיהבית GN 30:18
דלאה בר תניין ליעקב: **ואמרת** לאה תושבחא הות לי ארום GN 30:13
וסרב למקרבא לגבה **ואמרת** לאיתת ריבוניה הא ריבוני GN 39:8
פומה ואזדמן לה ממלל **ואמרת** לבלעם מה עבדית לך ארום NU 22:28
וקרת לאימיה דרביא: **ואמרת** לה ברת פרעה אוביلי ית EX 2:9
ותניק ליך ית רבייא: **ואמרת** לה ברת פרעה איזילי ואזלת EX 2:8
כדון לי מן יברוחי דבריך: **ואמרת** לה הזעיר הוא דנסיבת ית GN 30:15
והוה בקשיותא במילדה **ואמרת** לה חייתא לא תידחלין GN 35:17
ונפקת לאה לקדמותיה **ואמרת** לותי תיעול ארום מיגר GN 30:16
עלי לווטן ולא בירכן: **ואמרת** ליה אימיה אין בירכן GN 27:13
אתר כשר לנא לימבת: **ואמרת** ליה ברת בתואל אנא בת GN 24:24
ליעקב ברא זעירא **ואמרת** ליה הא עשו אחוך כמין לך GN 27:42
וקניאת רחל באחתא **ואמרת** ליעקב צלי קדם ייי ויהב לי GN 30:1
חדא מן ברתוי ענת רחל **ואמרת** לית איפשר לך למיתב GN 29:12
דעתהון דעמא האילין **ואמרת** לית הדא אתנא דידי NU 22:30
ואיתרכינת מעל גמלא: **ואמרת** לעבדא מן גברא הדור ויאי GN 24:65
ואבוי בגין כן רחים ליה: **ואמרת** לעבדך אחתוהי לותי ואשוי GN 44:21
הוא ית אבוי מיית הוא: **ואמרת** לעבדך אין לא ייחות GN 44:23
מיניה בכן שבחת צפורה **ואמרת** מה חביב הוא אדם גוזרתא EX 4:26
ייי כל דשמע יתמה עלי: **ואמרת** מה מיהימן מבשרא דבשר GN 21:7
ית ידיה והא נפק אחוי **ואמרת** מה תקוף סגי תקיפתא GN 38:29
לא ידע ארום כלתיה היא **ואמרת** מה תתן לי ארום תיעול GN 38:16
טלייא בכי וחסת עלוי **ואמרת** מן בני יהודאי הוא דין: EX 2:6
אנת אתיא ולאן תיזלין **ואמרת** מן קדם שרי ריבונתי אנא GN 16:8
מה משכונא דאתן לך **ואמרת** סיטומתך וחוטייך וחוטרך GN 38:18
יומי חייהון דאדם וחוה: **ואמרת** רבקה ליצחק איתיעקית GN 27:46
הוא ותרתין בנתיה: **ואמרת** רבתא לזעירתא אבונא סיב GN 19:31
במקימה: והוה מיומחרא **ואמרת** רבתא לזעירתא הא כבר GN 19:34
אוף ית יברוחי דברי **ואמרת** רחל בגין כן ישכוב עמך GN 30:15
בלהה וילידת ליעקב בר: **ואמרת** רחל דן יתי ייי ברחמוי GN 30:6
יתהום ללאה אימיה **ואמרת** רחל ללאה הבי כדון לי מן GN 30:14
דרחל בר תניין ליעקב: **ואמרת** רחל מדחקא דחיקית קדם GN 30:8
ריבוניה ית עינה ביוסף **ואמרת** שכוב עימי: וסרב למקרבא GN 39:7
ליה ית יצחק בריה: **ואמרת** שרה תימהא עבד לי ייי כל GN 21:6
במימר מן קדם ייי: **ואמרת** שרי לאברם הא כדון מנעני GN 16:2
איקר ריבונתא בעינהא: **ואמרת** שרי לאברם כל עולבני מינך GN 16:5
ואחיתת לגינתא מינה **ואמרת** שתי ואוף גמלייך אשקי GN 24:46
קליל מוי מן לגיניתיך: **ואמרת** שתי ריבוני ואוחיאת GN 24:18
שיבטיכון וחכימיכון: **ואמרתון** הא אחמי יתן מימרא דייי DT 5:24
ימה דסוף: ואתיבתון **ואמרתון** לי חבנא קדם ייי אנחנא DT 1:41
לותי בעירבוביא כולכון **ואמרתון** נשדר גוברין קדמנא DT 1:22
עליכון: ואתיבתון יתי **ואמרתון** תקין פיתגמא דמלילתא DT 1:14
דייי בחילמא יעקב **ואמרתי** האנא: ואמר זקוף כדון עינך GN 31:11
וקביל יעקב במימר אבוי **ובמימר** אימיה ואזל לפדן דארם: GN 28:7
בערא שלטא בקשא: **ובמימר** מן קדמך איתעבידו מיא EX 15:8
ארבעין יתיה עלה **ובמימריה** דבריה ארבעתי מילין DT 34:6
אשכח רחמין בעיניכון **ודתימרון** לי אתין: אסגו עלי לחדא GN 34:11
קרתא לתרע בי דינא: **ויימר** אבוהא דעולימתא לחכימיא DT 22:16

קשיטא ויקום בבי דינא **ויימר** בלישן קודשא לא רעינא DT 25:8
דבביכון מן קדמיכון **ויימר** במימריה למשיציא יתהון: DT 33:27
ויפק עלה טיב ביש **ויימר** ית איתתא הדא נסיבית DT 22:14
שמא רבא ויקירא **ויימר** כהנא לאיתתא אין לא סטית NU 5:19
איתתא בקיום קינומתא **ויימר** כהנא לאיתתא יתן ייי יתיך NU 5:21
כהנא וימלל עם עמא: **ויימר** להון שמעו ישראל אתון DT 20:3
ויהון מיטלטלין ושביקין: **ויימר** סנאה האן הוא דחלתהון DT 32:37
יפוק בלחודוי: ואין יתני **ויימר** עבדא רחימנא ית ריבוני ית EX 21:5
ארום יקרי לכון פרעה **ויימר** תנון לי מן עובדיכון: ותימרון GN 46:33
מצראי ויחמון ית שופריך **ויימרון** אינתתיה דא ויקטלון יתי GN 12:12
ית עמא הדין מביניהון: **ויימרון** בחדווא ליתבי ארעא הדא NU 14:14
יתהון בישן סגיען ועקן **ויימרון** בעידנא ההיא בשבועה DT 31:17
דנקיפא בחקלא: ויתיבון **ויימרון** גלי קדם ייי דלא אתא DT 21:7
דכתיבין בסיפרא הדין: **ויימרון** דרייא בתראי בניכון די DT 29:21
דייי ברוגזיה ובכליתיה: **ויימרון** כל עממיא מטול מה עבד DT 29:23
ית כל קיימיא האילין **ויימרון** לחוד עם חכים וסוכלתן DT 4:6
לתרע בי דינא דבאתריה: **ויימרון** לחכימי קרתא עברינן על DT 21:20
שדרני לוותכון **ויימרון** לי מה שמיה מה אימר להון: EX 3:13
לכון ובסיפרי נבייא **ויימרון** לכון: באחסנות עילאה DT 32:7
זמן דייתון תרין פרוקין **ויימרון** לכון מדכר דכיר ייי יתכון GN 50:25
דן ונפתלי: ויכרזון ליואי **ויימרון** לכל אינש ישראל בקלא DT 27:14
סרכיא למללא עם עמא **ויימרון** מאן הוא גברא דדחיל DT 20:8
תקוף רוגזא רבא הדין: **ויימרון** מטול דשבקו ית קיימא דייי DT 29:24
ית עמא הדין כגברא חד **ויימרון** עממיא דישמעו ית שמע NU 14:15
שרן לקבליה על גיף ימא: **וימר** פרעה לדתן ולאבירם בני EX 14:3
דיירי עלמא גבורתא דייי **וימרון** הלא גיבריא דהוו מלקדמין GN 14:13
מקבל למימר דאבוי **ולמימרא** דאימיה ויכסנון יתיה ולא DT 21:18
וית פיקודוי תינטרון **ולמימריה** תקבלון וקדמוי תצלון DT 13:5
שעין ולוט על לזוער: **ומימרא** דייי אחית מיטרין דרעווא GN 19:24
יכיל תוב למיפק ולמיעל **ומימרא** דייי אמר לי לא תעיבר ית DT 31:2
חיל גבורתהון מעליהון **ומימרא** דייי בסעדנא לא תידחלון NU 14:9
ואברהם סיב על ביומין **ומימרא** דייי בריך ית אברהם בכל GN 24:1
ולמקבלא למימריה: **ומימרא** דייי חטיב יתכון חטיבא DT 26:18
דנטירנא לכון בבו הוא **ומימרא** דייי חשבה עלי לטבתא GN 50:20
לי ישראל: מה אני לאיט **ומימרא** דייי מבריך יתהון ומן אנא NU 23:8
יתהון ומן אנא מזעיר **ומימרא** דייי מסגי יתהון: אמר NU 23:8
בפלגות ליליא דחמיסר **ומימרא** דייי קטל כל בוכרא EX 12:29
ואנת תפליג יתה להון: **ומימרא** דייי שכינתיה מידברא DT 31:8
ית פיתגמייא בפומיה **ומימרי** יהא עם מימר פומך ועם EX 4:15
לארעא דקיימית להון **ומימרי** יהי בסעדך: והוה כדי פסק DT 31:23
שכינתיה מידברא קדמך **ומימריה** יהי בסעדך לא ישבקינך DT 31:8
ואיחמי סיגוופיהון דבנך **וממרי** יעליניך תמן ואוף אסיק ית GN 46:4
ונירמיניה בחד מן גובייא **ונימר** חיתא בישתא אכלתיה GN 37:20
הי כמא דמליל לכון **ותימר** איכול בישרא ארום תירוג DT 12:20
ירכונין ותענה איתתא **ותימר** אמן אין איסתאבית כד NU 5:22
לדיינין ותרין לסהדין **ותימר** בלישן בית קודשא קדמיהון DT 25:7
ותיכול קדם ייי אלקך **ותימר** הא אפרשנן קודשיא מן DT 26:13
לחכימיא ותתיב **ותימר** כדין חמי לאתעובדא לגברא DT 25:9
למימר הבו לכון תימהא **ותימר** לאהרן סב ית חוטרך וטלוק EX 7:9
מליל עם בני ישראל **ותימר** להום אינש ארי יקרב מנכון LV 1:2
בתר גברייא ותדבקינון **ותימר** להום למה שלימתון בישתא GN 44:4
מליל עם בני ישראל **ותימר** להון אנא הוא אלקוכון: LV 18:2
מליל עם בני ישראל **ותימר** להון ארום אתון עברין ית NU 33:51
מליל עם בני ישראל **ותימר** להון ארום אתון עברין ית NU 35:10
פקיד ית בני ישראל **ותימר** להון ארום אתון עלין NU 34:2
למימר: ולליואי תמליל **ותימר** להון ארום תיסבון מן בני NU 18:26
מליל עם בני ישראל **ותימר** להון ארום תיעלון לארע NU 15:2
מליל עם בני ישראל **ותימר** להון ארום תיעלון לארעא LV 23:10
מליל עם בני ישראל **ותימר** להון ארום תיעלון לארעא LV 25:2
מליל עם בני ישראל **ותימר** להון במיעלכון לארעא NU 15:18
מליל עם בני ישראל **ותימר** להון גבר או איתתא ארום NU 6:2
מליל עם בני ישראל **ותימר** להון גבר ארום יפריש פירוש LV 27:2
מליל עם בני ישראל **ותימר** להון גבר גבר ארום תיסטי NU 5:12
בנוי ועם כל בני ישראל **ותימר** להון גבר טלי או גבר סיב LV 22:18
קרבן קדמי בזימניה: **ותימר** להון דין סדר קרבניא די NU 28:3
ועם בנוי ועם בני ישראל **ותימר** להון דין פיתגמא דפקיד ייי LV 17:2
מליל עם בני ישראל **ותימר** להון ויעבדון להון ציצייתא NU 15:38
מליל עם בני ישראל **ותימר** להון זמן סידורי מועדיא דייי LV 23:2
ותיכנוש ית סבי ישראל **ותימר** להון ייי אלקא דאבהתכון EX 3:16
פקיד ית בני ישראל **ותימר** להון ית קרבני לחים סידור NU 28:2
מן כל שפר טוביה וביה: **ותימר** להון לכהניא באפרשותכון NU 18:30
כל כנישתא דבני ישראל **ותימר** להון קדישין תהון ארום LV 19:2
קליל מוי מן לגיניתיך: **ותימר** לי אוף אנת שתי אוף לגמלך GN 24:44
למימר: מליל עם אהרן **ותימר** ליה בזמן דאדלקותך ית NU 8:2

אמר

דא מצוותא דבוכרייא **ותימר** ליה בתקוף גבורת ידא EX 13:14
לחיוי תיסב לידך: **ותימר** ליה ייי אלקא דיהודאי EX 7:16
ותיתעתד קדם פרעה **ותימר** ליה כדנא אמר ייי אלקא EX 9:13
ייי למשה עול לות פרעה **ותימר** ליה כדנא אמר ייי פטור ית EX 7:26
עילוי מיא הי כאמגושתא **ותימר** ליה כדנא אמר ייי פטור ית EX 8:16
ולמאן אילין דקדמך: **ותימר** לעבדך ליעקב דורון הוא GN 32:19
ולא יפטור ית עמא: **ותימר** לפרעה כדנא אמר ייי ברי EX 4:22
כדון לגיניך ואישתי **ותימר** שתי ואוף גמלייך אשקי יתי GN 24:14
עשו כד תשכחון יתיה: **ותימרון** אוף הא עבדך יעקב אתי GN 32:21
דפקיד ייי אלקנא יתכון: **ותימרון** לבניכון משעבדין הוינן DT 6:21
מלילו עם בני ישראל **ותימרון** להון גבר טלי או גבר סיב LV 15:2
לכהין רב ביומיא האינון **ותימרון** ליה אודינן יומא דין קדם DT 26:3
לות מלכא דמצרים **ותימרון** ליה ייי אלקא דיהודאי EX 3:18
אוחו וסקו לות אבא **ותימרון** ליה כדנן אמר ברך יוסף GN 45:9
ויימר תנון לי מן עובדיכון: **ותימרון** מרי גיתי הוו עבדך GN 46:34
מה פולחנא הדא לכון: **ותימרון** ניכסת חייסא הוא קדם ייי EX 12:27
ותירתון יתה ותיתבון בה **ותימרון** נמני עלן מלכא ככל DT 17:14
דייי אלקכון: ותתיבון **ותימרון** קדם ייי אלקכון לארם DT 26:5
ועל כל אבידתא ייומי כד **יימר** ארום הוא דין וכד משתכחא EX 22:8
הדין יומא דין: ויהי ארום **יימר** לך לא אפוק מן גבך ארום DT 15:16
דייי למפרוק ית עמיה **יימר** לכל עממייא חמון כדון ארום DT 32:39
כל ענא קרוחין ואם כדין **יימר** מאן דשומא בריגליהון יהי GN 31:8
חקיק ומפרש ובמישרוי **יימר** תוב ייי שרי ביקרך בגו ריבוות NU 2:25
מן ידיה עד ארנון: על כן **יימרון** בחודתא מתולייא אמרין NU 21:27
ולסורחנותהון: דילמא **יימרון** דיירי ארעא דאפקתנא DT 9:28
לקובלי מעיקיהון דילמא **יימרון** ידינן אתפרעון לן מבעלי DT 32:27
ועיננא לא חמון: כהניא **יימרון** כפר לעמך ישראל דפרקת ייי DT 21:8
לי ולא יקבלון מיני ארום **יימרון** לא איתגלי ייי: ואמר ליה ייי EX 4:1
על דוכנא בהדין לישן **יימרון** להון: יברכינך ייי בכל עיסקך NU 6:23
פולחנא הדא: ויהי ארום **יימרון** לכון בניכון בזימנא ההוא מה EX 12:26
ובידא תקיפא: למא דין **יימרון** מצראי דמשתיירין למימר EX 32:12
פלחי טעוותהון: על כן **יתאמר** בספר אורייתא דתמן NU 21:14
דישראל בעידנא הדין **יתאמר** לבית יעקב ולבית ישראל NU 23:23
עד דהוינא יתיב במדין **יתאמר** לי במימר מן קדם ייי EX 10:29
מרודא קדם ייי בגין כן **יתאמר** מן יומא דאיתברי עלמא לא GN 10:9
ופקד ייי אלקים על אדם **לאומר** מכל אילן גינוניתא מיכל GN 2:16
דא קדמי אלהין זכאן **לאתאמרא** על ידיהן מיתן תיתן NU 27:7
כדון במשמעיה דפרעה **למימר:** אבא קיים עלי למימר הא GN 50:4
דגשן: ואמר פרעה ליוסף **למימר** אבוך ואחך אתו לותך: ארעא GN 47:5
היכמא דפקידית **למימר** אהרן ובנוי ייכלוניה: ומה LV 8:31
רגז מן קדם ייי מטולכון **למימר** אוף אנת לא תיעול לתמן: DT 1:37
ומליל משה עם עמא **למימר** אזדרזו לותכון גוברין לחילא NU 31:3
איתפליג ליביה דהרן **למימר** אילו נצח נימרוד אהי מן GN 11:28
ית עמא ביומא ההוא **למימר:** אילין שבטיא יקומון לברכא DT 27:11
ומליל ייי עם משה **למימר:** אילין שמהת גובריא NU 34:16
חיתאה: ומליל עמהון **למימר** אין איתרעו עם נפשכון GN 23:8
יתיה ואנא שמעית עלך **למימר** אין אנת שמע חילמא אנת GN 41:15
יוסף עם רבני בית פרעה **למימר** אין בבעו אשכחנא רחמין GN 50:4
דנא: וקיים יעקב קיים **למימר** אין יהי מימרא דייי בסעדי GN 28:20
קל פיתגמיכון ורגז וקיים **למימר:** אין יחמון גבר בגובריא DT 1:34
דייי ביומא ההוא וקיים **למימר:** אין יחמון גובריא דסליקו NU 32:10
מערב בטלייא מן אבא **למימר** אין לא אייתיני לוותך GN 44:32
ולאדם אמר ארום קבילת **למימר** אינתתך ואכלת מן פירי GN 3:17
כנישתא כדון מליל להון **למימר** איסתלקו מן חזור חזור NU 16:24
דאבוכון ברמשא אמר לי **למימר** איסתמר לך מלמללא עם GN 31:29
ייי עם משה ועם אהרן **למימר:** איתפרשו מגו כנישתא הדא NU 16:20
זימנא: ומליל ייי עם משה **למימר:** איתפרשו מיגו כנישתא NU 17:9
מליל עם בני ישראל **למימר** איתתא ארום תעדי ותיליד LV 12:2
הוא דמלילית עמכון **למימר** אלילי אתון: בהדא מיילא GN 42:14
דשדרת לוותי מלילית **למימר:** אם יתן לי בלק מלא קורטור NU 24:12
ומליל ייי עם משה **למימר:** אמר לאלעזר בר אהרן כהנא NU 17:1
דילך ולא תהי מתרברב **למימר** אנא אעתרית מן דידי ית GN 14:23
אלקים לנח ולבנוי עימיה **למימר:** אנא הא אנא מקיים קיימי GN 9:8
על אנפוי ומליל עימיה ייי **למימר:** אנא הא גזר קימי עימך ותהי GN 17:3
ואפיק כרוזא במשריתא **למימר** אנא הוא דאתעלמת LV 10:20
עמיה: ומליל ייי עם משה **למימר** אנא הוא ייי מליל עם פרעה EX 6:29
דאמוראי פתגמי שלם **למימר:** אעיבר בארעך באורחא DT 2:26
סיחון מלכא דאמוראה **למימר:** אעיבר בארעך לא נאנוס NU 21:21
ממליל עם עשו אחוך **למימר:** אעיל לי צידה ועיבד לי GN 27:6
הוא: ומליל ייי עם משה **למימר:** אעיק ית מדינאי ותקטול NU 25:16
ומליל ייי עם משה **למימר:** אקדש קדמי כל בוכרא EX 13:1
עדרא: ופקיד ית קמא **למימר** ארום יארעינך עשו אחי GN 32:18
ואמר ייי למשה ולאהרן **למימר:** ארום ימלל עמכון פרעה EX 7:8
ייי עם משה ועם אהרן **למימר:** ארום תיעלון לארעא דכנען LV 14:33

ייי: ומליל ייי עם משה **למימר:** ארום תקביל ית חושבין בני EX 30:11
יתה לות בני ישראל **למימר** ארעא דעברנא בה לאללא NU 13:32
ואמרו לכל כנישתא **למימר** ארעא דעברנא בה לאללא NU 14:7
ושולטונייא דחקין **למימר** אשלימו עיבידתכון פיתגם EX 5:13
בית מלכותא דפרעה **למימר** אתו אחי יוסף ושפר GN 45:16
חרן על משה ועל אהרן **למימר** אתון גרמתון דין מותא על NU 17:6
ית אברהם ושרה אבהתן **למימר** אתון מדמיין לאילנין NU 21:34
לציפונא: וית עמא פקיד **למימר** אתון עברין בתהום אחוכון DT 2:4
משריתא: ומליל ייי עמי **למימר:** אתון עברין יומא דין ית DT 2:17
ותבו עזגדיא לות יעקב **למימר** אתינא לות אחוך לעשו GN 32:7
בעלה: ומליל ייי עם משה **למימר:** אתפרע פורענות בני ישראל NU 31:1
יימרון מצראי דמשתיירין **למימר** בבישא הנפיקינון לקטלא EX 32:12
ובעא רחמין קדם ייי **למימר** בבעו ברחמין אלקא רחמנא NU 12:13
מן קדם ייי בעידנא ההיא **למימר:** בבעו ברחמין מן קדמך ייי DT 3:23
לכל עלי תרע קרתיה **למימר:** בבעו ריבוני קבל מיני חקלא GN 23:10
דמליל ייי עימי בסיני **למימר** בדיקריבין קדמי אנא מקדש LV 10:3
יתהון מן קדמיכון **למימר** בזכותי אעלני ייי למירת ית DT 9:4
מליל עם בני ישראל **למימר** בחמיסר יומין לירחא LV 23:34
ידיכון: ומליל ייי עם משה **למימר:** ביומא דירחא קמאה הוא EX 40:1
ובריכינון ביומא ההוא **למימר** בך יוסף ברי יברכון בית GN 48:20
בני ישראל מליל עמהון **למימר** בני שימשתא תיכלון EX 16:12
ופקיד משה יתהון **למימר** בסוף שבע שנין באשוני DT 31:10
עם כל כנישתא דישראל **למימר** בעשרא לירחא הדין זימניה EX 12:3
ליה: ואתיב יוסף ית פרעה **למימר** בר מיני לא אית גבר דפשר GN 41:16
מליל עם בני ישראל **למימר** בר נש ארום יחוב בשלו מכל LV 4:2
דחב: ומליל ייי עם משה **למימר:** בר נש ארום יחוב וישקר LV 5:20
היא:: ומליל ייי עם משה **למימר:** בר נש ארום ישקר שקר LV 5:14
באנפי עמא דארעא **למימר** ברם אם אנת צבי למעבד לי GN 23:13
דייי: ומליל ייי עם משה **למימר:** ברם בעשרא יומין לירחא LV 23:26
תמליל עם בני ישראל **למימר** ברם ית יומי שביא דילי EX 31:13
ומליל ייי עם משה **למימר:** ברם ית שיבטא דלוי לא NU 1:48
ומליל ייי עם משה **למימר:** ברנש ארום יהי במשך LV 13:1
ותמהת שרה בליבבה **למימר** בתר די סיבת הוי לי עדויין GN 18:12
מליל עם בני ישראל **למימר** בתשרי דהוא ירחא שביעאה LV 23:24
ועם בני ישראל תמליל **למימר** גבר ארום ימות וביר דכר NU 27:8
דין פיתגמא דמליל ייי **למימר:** גבר בר תליסר שנין ארום NU 30:2
ואעברו כרוזא במשריתא **למימר** גבר ואיתתא לא יעבדון תוב EX 36:6
מליל עם בני ישראל **למימר** גבר טלי או גבר סיב ארום NU 9:10
ועם בני ישראל תמליל **למימר** גבר טלי או גבר סיב דירגז LV 24:15
דין פיתגמא דפקיד ייי **למימר:** גבר טלי או סיב מבית גניסת LV 17:2
למימר: מליל עם אהרן **למימר** גבר מבנך לזרעיית דריהון LV 21:17
ייי עם משה ועם אהרן **למימר:** גבר על טיקסיה באתוון NU 2:1
עם אינשי תרע קרתיהון **למימר:** גובריא האילין שלימין GN 34:20
דמצרים: ואמר ייי לי **למימר** גלי קדמי סורחנות עמא DT 9:13
מליל עם אהרן ועם בנוי **למימר** דא אורייתא דחטאתא LV 6:18
פקיד ית אהרן וית בנוי **למימר** דא אורייתא דעלתא LV 6:2
להון: ומליל ייי עם משה **למימר:** דא אחוייתא די לליואי דלא NU 8:23
משה ית בני ישראל **למימר** דא ארעא דתתחסין יתה NU 34:13
ייי עם משה ועם אהרן **למימר:** דא גזירת אחויית אורייתא NU 19:1
מלילו עם בני ישראל **למימר** דא חייתא דמיכשרא LV 11:2
ומליל ייי עם משה **למימר:** דא תהי אורייתא דמצרעא LV 14:1
ומרוד דליתוי מקבל **למימר** דאבוי ולמימרא דאימיה DT 21:18
על תנאה מתווכחין **למימר** דאין לא תקבלון למימרא DT 28:15
ייי ית כל דביריא האיליין **למימר:** דבירא קדמאה כד הוה נפיק EX 20:1
ואמר אין קבלא תקביל **למימר** דייי אלקך ודכשר קדמוי EX 15:26
וידבוקנכון ארום תקבלון **למימר** דייי אלקכון: בריכין אתון DT 28:2
ויהי אין קבלא תקבלון **למימר** דייי אלקכון למינטר DT 28:1
לאבהתכון: ארום תקבלון **למימר** דייי אלקכון למנטור ית כל DT 13:19
ומליל עם בני חיתאה **למימר:** דייר ותותב אנא עמכון GN 23:3
דיגרר עם רעוותא דיצחק **למימר** דילנא מיא והות צבו מן GN 26:20
בר: וקרא ית שמיה נח **למימר** דין ינחמיננא מפולחננא דלא GN 5:29
על ידיה חוט זהורי **למימר** דין נפק בקדמיתא: והוה כד GN 38:28
שבטיא לבני ישראל **למימר** דין פיתגמא דמליל ייי NU 30:2
כנישתא דבני ישראל **למימר** דין פיתגמא דפקיד ייי EX 35:4
ומליל ייי עם משה **למימר:** דין קרבנא דאהרן ודבנוי די LV 6:12
אבימלך ית כל עמא **למימר** דיקרב לביש בגברא הדין GN 26:11
עשו אחי ויבעי מינך **למימר** דמאן אנת ולאן אנת מטייל GN 32:18
למימר: אבא קיים עלי **למימר** הא אנא מיית בקיברי GN 50:5
וסליקו לריש טוורא **למימר** הא אנחנא סלקין לאתרא NU 14:40
ומליל משה קדם ייי **למימר** הא בני ישראל לא קבילו EX 6:12
וית אפרים: ותניאו ליעקב **למימר** הא ברך יוסף אתי לותך GN 48:2
זכו על חבריה בדינא **למימר** הא בתר סגיאי דינא סטי: EX 23:2
לתמנת: ואיתני לתמר **למימר** הא חמויך סליק לתמנת GN 38:13
באורחא ותניאו לאברהם **למימר** הא ילידת מילכה אף היא GN 22:20

ורבקה אמרת ליעקב ברה **למימר** הא ליליא הדין עילאי GN 27:6
ואמרו בני ישראל למשה **למימר** הא מינן אשתיציו NU 17:27
בני עמיה למיקרי ליה **למימר** הא עמא נפק ממצרים והא NU 22:5
רבוני שאיל ית עבדוי **למימר** האית לכון אבא או אחא: GN 44:19
ושאיל ית אינשי אתרא **למימר** האן מטעיתא דהיא בסכות GN 38:21
עמא הדין ארום בכן עלי **למימר** הב לנא בישרא וניכול: לית NU 11:13
ואתו מצראי לות יוסף **למימר** הב לנא לחמא ולמה נמות GN 47:15
ארום ימלל עמכון פרעה **למימר** הבו לכון תימהא ותימר EX 7:9
למה דנן גחכת שרה **למימר** הברם בקשוט אוליד ואנא GN 18:13
ויקומון חזור חזור לטורא **למימר** הוו זהירין מלמיסק בהר EX 19:12
ביתא ויתני לכהנא **למימר** הי כמכתשא איתחמי לי LV 14:35
תיתבעון לטעוותהון **למימר** הכדין פלחין עממיא האילין DT 12:30
יומיא: וחולף דחסדותי **למימר** הלא בר פוטי מדינאה הוא NU 25:13
עמא על משה ואמרו **למימר** הלואי דמיתנא כד מיתו NU 20:3
ובגין דנסייו קדם ייי **למימר** המן קושטא איקר שכינתא EX 17:7
דייי: ומליל ייי עם משה **למימר:** הנפיק ית מרגזא למיברא LV 24:13
גברא לנא ולייחוסנא **למימר** העד כדון אבוכון קיים GN 43:7
ייי: ומליל ייי עם משה **למימר:** ואנא הא קריבית ית ליואי NU 3:11
ומליל ייי עם משה **למימר:** ואנת סב לך בושמין EX 30:22
יעבדון: ואמר ייי למשה **למימר:** ואנת תמליל עם בני ישראל EX 31:12
תקין פיתגמא דמלילתא **למימר:** ודברית ית רישי שיבטיכון DT 1:14
דאדר בכרן יומא הדין **למימר:** והוה כיוון דאמר ליה מימרא DT 32:48
ובנתיכון בעיטפיכון **למימר** ווי לכון סגיפין מחר אתון DT 1:27
דמצרים בירחא קדמאה **למימר:** ויעבדון בני ישראל ניכסת NU 9:1
ומליל ייי עם משה **למימר:** ולליואי תמליל ותימר להון NU 18:25
ייי: ומליל ייי עם משה **למימר:** ועם בני ישראל תמליל גבר LV 20:1
ומליל עם משה **למימר:** ותעביד כיורא דנחשא EX 30:17
ישראל: ומליל לכנישתא **למימר** זורו כדון מעילוי משכני NU 16:26
היא ואיתני ליהודה **למימר** זניית תמר כלתך ואוף הא GN 38:24
ייתון בשלם: וקבל משה **למימר** חמוי ועבד כל דאמר: ובחר EX 18:24
ומליל פרעה עם יוסף **למימר** חמי הוית בחילמי הא אנא GN 41:17
ומליל ייי עם משה **למימר:** חמי משה דקריית בשום טב EX 31:1
ומליל ייי עם אהרן **למימר:** חמר וכל מידעם מרוי לא LV 10:8
וסבי ישראל ית עמא **למימר** טורו ית כל תפקידתא דאנא DT 27:1
ייי: ואמר ייי עם משה **למימר:** יאות בנת צלפחד ממללן NU 27:6
וקרת ית שמיה יוסף **למימר** יוסף ייי לי על דין בר אוחרן: GN 30:24
מנשה בעידנא ההיא **למימר** ייי אלקכון יהיב לכון ית DT 3:18
ית פיתגמי אורייתא הדא **למימר:** ייי אלקן מליל עימן ולא DT 1:5
רב היכמא דמלילתא **למימר:** ייי אריך רוח וקריב רחמין NU 14:17
דצין: ומליל משה קדם ייי **למימר:** ימני מימרא דייי דשליט NU 27:15
ולאהרן בארעא דמצרים **למימר:** ירחא הדין לכון למקבעיה EX 12:1
ינוקא ביומא דמהולתא **למימר** ישוינך ייי כאפרים וכמנשה GN 48:20
רב מזוגייא קדם פרעה **למימר** ית סורחניי אנא מדכר יומא GN 41:9
ואמר ראובן לאבוי **למימר** ית תרין בנוי תקטל בשמתא GN 42:37
על תחום ארעא דאדום **למימר:** יתכנש אהרן לעמיה ארום NU 20:23
אדומאי: ופקיד יתהום **למימר** כדין תימרון לריבוני לעשו GN 32:5
מליל עם אהרן ועם בנוי **למימר** כדנא תברכון ית בני ישראל NU 6:23
וקרא ליה ייי מן טוורא **למימר** כדנא תימר לנשייא דבית EX 19:3
מרקם לות מלכא דאדום **למימר** כדנן אמר אחוך ישראל אנת NU 20:14
ית פתגמי רבקה אחתיה **למימר** כדנן מליל עמי גברא ואתא GN 24:30
בכין פקיד לכל עמיה **למימר** כל ביר דכר דאיתיליד EX 1:22
מן שירויא מלילית עימך **למימר** כל דימלל ייי יתיה אעבד: NU 23:26
מליל עם בני ישראל **למימר** כל מאן דמקרב ית ניכסת LV 7:29
מליל עם בני ישראל **למימר** כל תריב תור ואימר ועיזא LV 7:23
ית כל דאזלין בתר עדריא **למימר** כפיתגמא הדין תמללון עם GN 32:20
אינתתי דמלילת עימיה **למימר** כפיתגמיא האילין עבד לי GN 39:19
והא הוא שוי ערד דמילין **למימר** לא אשכחית לברתך DT 22:17
פיתגמא מן קדם ייי ליה **למימר** לא ירתינך דין אלהין בר GN 15:4
למקבלא אורייתא **למימר** לא נוסיף למשמע ית קל DT 18:16
דייי עם אברם בחיזונא **למימר** לא תדחל דאף על גב דיהון GN 15:1
דעמא וית סרכוי **למימר:** לא תוספון למיתן תיבנא EX 5:6
ואמר הלא אמרית יתכון **למימר** לא תיחטון בטלייא ולא GN 42:22
אסהיד בנא גברא **למימר** לא תיחמון סבר אפיי GN 43:3
מן פירי אילנא דפקידתך **למימר** לא תיכול מיניה ליטא GN 3:17
בני ישראל יתהון בביש **למימר** לא תימנעון מן ליבניכון EX 5:19
דיליה: ואומי יתי ריבוני **למימר** לא תיסב איתא לברי מבנת GN 24:37
בריך יתיה ופקיד עילוי **למימר** לא תיסב איתא מבנתהון GN 28:6
ולשרה בר: וכפרת שרה **למימר** לא תמהית ארום דחילית GN 18:15
ובמנוי: ומליל ייי עם משה **למימר:** לא תסתפקון לשיצאה ית NU 4:17
ומליל ייי עם משה **למימר:** לאילין שבטיא תתפלג NU 26:52
ואומי יוסף ית בני ישראל **למימר** לבנהון הא אתון משתעבדין GN 50:25
לאברהם ליצחק וליעקב **למימר** לבניכון אתנינא אחמיית DT 34:4
לאברהם ליצחק וליעקב **למימר** לבנך איתנינה: ואיזמן קדמך EX 33:1
ולמפרוקינון ממלכותא **למימר** לבנך אתן ית ארעא הדא GN 15:18

ודמליל לי ותקיים עלי **למימר** לבנך אתן ית ארעא הדא GN 24:7
אלהין לבנת צלפחד **למימר** לדתקין בעיניהן תהוויין NU 36:6
אחתי היא ארום דחיל **למימר** לה אינתתי ארום חשיב GN 26:7
ייי עם משה ועם אהרן **למימר** להון לבני אהרן דיזהרון ית LV 11:1
דילידת לנחור: ותנת **למימר** ליה אוף תיבנא אוף GN 24:25
בני חיתאה ית אברהם **למימר** ליה: קבל מיננא ריבוננא רב GN 23:5
ואתיב עפרון ית אברהם **למימר** ליה: ריבוני קביל מיני ארע GN 23:14
יתיה: ופקידו ית בלהה **למימר** ליוסף אבוך פקיד קדם GN 50:16
אבוך פקיד קדם מותיה **למימר** לך: וכדנא תימרון ליוסף GN 50:16
ביניכון ובכיתון קדמוי **למימר** למא דנן נפקנא ממצרים: NU 11:20
עליהון שולטני פרעה **למימר** למה דין לא אשלימתון EX 5:14
ישראל וצווחו קדם פרעה **למימר** למה תעביד כדין לעבדך: EX 5:15
למהוי מתגאי בלבביה **למימר** מאן הוא כספא ומאן הוא GN 36:39
דמואב על ירדנא דיריחו **למימר:** מבר עשרין שנין ולעילא NU 26:3
בנוי דאהרן דאישתיירו **למימר:** מדין לא אכלתון ית LV 10:16
במטרת ביתא דריבוניה **למימר** מדין סבר אפיכון ביש יומא GN 40:7
בחקלא ושאיליה גברא **למימר** מה אנת בעי: ואמר ית אחיי GN 37:15
וצלי משה קדם ייי **למימר** מה אעבד לעמא הדין תוב EX 17:4
ארום ישיילינך ברך מחר **למימר** מה דא מצוותא דבוכרייא EX 13:14
לבהון ותווהו גבר לאחוי **למימר** מה דא עבד ייי ולא בחובא GN 42:28
ואתרעמו עמא על משה **למימר** מה נישתי: וצלי קדם ייי EX 15:24
ארום ישיילנך ברך מחר **למימר** מה סהידוותא וקיימייא DT 6:20
מידעם: וקבע ייי זימנא **למימר** מחר יעביד ייי ית פיתגמא EX 9:5
דאברהם יצחק ויעקב **למימר** מידכר דכירנא יתכון וית EX 3:16
אומי ית בני ישראל **למימר** מידכר ידכר ייי יתכון EX 13:19
ופיכל רב חיליה לאברהם **למימר** מימרא דייי בסעדך בכל מה GN 21:22
בגין כן אנא מפקידכון **למימר** מיפתח תיפתחון ית ידיכון DT 15:11
כהנא ולרברבי כנישתא **למימר:** מכללתא ומדבשתא מכוור NU 32:2
אפיטרופוס על ביתיה **למימר** מלי ית דיסקיי גובריא GN 44:1
ליה ית כל דארע יתהום **למימר:** מליל גברא ריבוני ארעא GN 42:29
ומליל ייי עם משה **למימר:** מליל עם אהרן ועם בנוי LV 6:17
ומליל ייי עם משה **למימר:** מליל עם אהרן ועם בנוי LV 22:1
ניזריה: ומליל ייי עם משה **למימר:** מליל עם אהרן ועם בנוי NU 6:22
משה: ומליל ייי עם משה **למימר:** מליל עם אהרן ועם בנוי ועם LV 17:1
ומליל ייי עם משה **למימר:** מליל עם אהרן ועם בנוי ועם LV 22:17
עימיה: ומליל ייי עם משה **למימר:** מליל עם אהרן ותימר ליה NU 8:1
ומליל ייי עם משה **למימר:** מליל עם אהרן למימר גבר LV 21:16
ומליל ייי עם משה **למימר:** מליל עם בני ישראל גבר או NU 5:5
לילוון: ומליל ייי עם משה **למימר:** מליל עם בני ישראל ויסבון EX 25:1
אורייתא דפקיד ייי **למימר** מליל עם בני ישראל ויסבון NU 19:2
עמא: ומליל ייי עם משה **למימר:** מליל עם בני ישראל ויתובון EX 14:1
ומליל ייי עם משה **למימר:** מליל עם בני ישראל וסב NU 17:16
עימיה מן משכן זימנא **למימר:** מליל עם בני ישראל ותימר LV 1:1
חוביה: ומליל ייי עם משה **למימר:** מליל-עם בני ישראל ותימר LV 18:1
ייי: ומליל ייי עם משה **למימר:** מליל עם בני ישראל ותימר LV 23:1
ומליל ייי עם משה **למימר:** מליל עם בני ישראל ותימר LV 23:9
עם משה בטוורא דסיני **למימר:** מליל עם בני ישראל ותימר LV 25:1
דמשה: ומליל ייי עם משה **למימר:** מליל עם בני ישראל ותימר LV 27:1
יהי: ומליל ייי עם משה **למימר:** מליל עם בני ישראל ותימר NU 5:11
ומליל ייי עם משה **למימר:** מליל עם בני ישראל ותימר NU 6:1
שצייו: ומליל ייי למשה **למימר:** מליל עם בני ישראל ותימר NU 15:1
ומליל ייי עם משה **למימר:** מליל עם בני ישראל ותימר NU 15:17
ית משה: ואמר ייי למשה **למימר:** מליל עם בני ישראל ותימר NU 15:37
דמואב על יורדנא דיריחו **למימר:** מליל עם בני ישראל ותימר NU 33:50
ומליל ייי עם משה **למימר:** מליל עם בני ישראל ותימר NU 35:9
דייי: ומליל ייי עם משה **למימר:** מליל עם בני ישראל למימר LV 4:1
ומליל ייי עם משה **למימר:** מליל עם בני ישראל למימר LV 7:22
ומליל ייי עם משה **למימר:** מליל עם בני ישראל למימר LV 7:28
ומליל ייי עם משה **למימר:** מליל עם בני ישראל למימר LV 12:1
ומליל ייי עם משה **למימר:** מליל עם בני ישראל למימר LV 23:23
ומליל ייי עם משה **למימר:** מליל עם בני ישראל למימר LV 23:33
ומליל ייי עם משה **למימר:** מליל עם בני ישראל למימר NU 9:9
ומליל ייי עם משה **למימר:** מליל עם כל כנישתא דבני LV 19:1
ייי עם משה ועם אהרן **למימר:** מלילו עם בני ישראל LV 15:1
דישמעו ית שמע גבורתך **למימר:** מן בגלל דלא הות יוכלא מן NU 14:15
ותתני לברך ביומא ההוא **למימר** מן בגלל מצוותא דא עבד EX 13:8
וימללון סרכיא עם עמא **למימר** מן גברא דיבנא ביתא חדתא DT 20:5
היא: לא בשמיא היא **למימר** מן יסוק בדילנא בשמיא DT 30:12
ארום בכיתון קדם ייי **למימר** מן יספיננא בישרא ארום טב NU 11:18
האל לעיבר ימא רבא היא **למימר** מן יעיבר בדילנא לעיבר ימא DT 30:13
עם משה במדברא דסיני **למימר:** מני ית בני לוי לבית NU 3:14
עיבורא: ואמר ליה יהודה **למימר** מסהדא אסהיד בנא גברא GN 43:3
ועם בני ישראל תמליל **למימר** משח רבות קודשא יהי דין EX 30:31
או תימהא דמליל עימכון **למימר** נהך בתר טעוות עממיא DT 13:3

דחביב עלך כנפשך ברז **למימר** נהך וניפלח לטעוות עממיא DT 13:7
ואטעין ית יתבי קרתיכון **למימר** נהך וניפלח לטעוות עממיא DT 13:14
הדא קדם ייי ואמרין **למימר** נודה ונשבחא קדם ייי רמא EX 15:1
הינון בגין כן הינון צווחין **למימר** ניזיל נדבח ניכסת חגא קדם EX 5:8
יהיב לכון למיתב תמן **למימר:** נפקו גוברין זידנין מאולפנא DT 13:13
להון: ומליל ייי עם משה **למימר:** סב ית חטר ניסיא וכנוש ית NU 20:7
ואמר ייי עם משה **למימר:** סב ית שירוי ביזת שבייתא NU 31:25
ואמר שכם לחמור אבוי **למימר** סב לי ית טליתא הדא GN 34:4
ועם בני ישראל תמליל **למימר** סבו ברם אתון צפיר בר עיזי LV 9:3
נטלי ארון קיימא דייי **למימר:** סבו ית סיפרא דאורייתא DT 31:25
דין פיתגמא דפקיד ייי **למימר:** סבו מנכון אפרשותא קדם EX 35:4
יומין סגיעין: ואמר ייי לי **למימר:** סגי לכון דאקיפתון ית DT 2:2
אנא באנפי נפשי בחורב **למימר** סגי לכון ואתהני לכון עד DT 1:6
ייי יתכון מרקם געא **למימר** סוקו ואחסינו ית ארעא די DT 9:23
האילין ואתחוא **למימר** סרחו רב מזוגייא דמלכא GN 40:1
באסכמותא חדא למשה **למימר** עבדך יעבדון כל דריבוני NU 32:25
ייי עם משה ועם אהרן **למימר:** עד אימת לכנישתא בישתא NU 14:26
לות יעקב אבוהון: ותניאו **למימר** עד כדון יוסף קיים וארום GN 45:26
לכון: ומליל ייי עם משה **למימר:** עדאן אית לן זכותא LV 22:26
ומליל ייי עם משה **למימר:** עול מליל עם פרעה מלכא EX 6:10
דמשה: ומליל ייי עם משה **למימר:** עיבד לך מדילך תרתין NU 10:1
פקידית בעידנא ההיא **למימר** עינך חמיין ית כל דעבד ייי DT 3:21
ליה כפיתגמייא האילין **למימר** על לותי עבדא עבראי GN 39:17
אחנא מסמיסן ית ליבנא **למימר** עם רב ותקיף מיננא קירוין DT 1:28
לותי ויבעון מטו מיני **למימר** פוק אנת וכל עמא דעימך EX 11:8
ארעא: ומליל ייי עם נח **למימר:** פוק מן תיבותא את GN 8:15
דיהודאי שדרני לוותך **למימר** פטור ית עמי ויפלחון קדמי EX 7:16
כד פתח משה נביא **למימר** פיתגמי אוכחותא האילין DT 28:15
אלפין: ומליל ייי עם משה **למימר:** פנחס קנאה בר אלעזר בר NU 25:10
יתגלי ייי עליכון וידון **למימר** פסק מיננא וניפלח ית EX 14:12
דמואב על יורדנא דיריחו **למימר:** פקד ית בני ישראל ויתננון NU 35:1
בה: ומליל ייי עם משה **למימר:** פקיד ית אהרן וית בנוי LV 6:1
ומליל ייי עם משה **למימר:** פקיד ית בני ישראל ויסבון LV 24:1
משה: ומליל ייי עם משה **למימר:** פקיד ית בני ישראל ויפטרון NU 5:1
משה: ומליל ייי עם משה **למימר:** פקיד ית בני ישראל ותימר NU 28:1
לכון: ומליל ייי עם משה **למימר:** פקיד ית בני ישראל ותימר NU 34:1
בני לוי עם כל עמא **למימר** ציתו ושמעו ישראל יומנא DT 27:9
קרח ועם כנישת סעדוי **למימר** צפרא ויהודע ייי ית דכשר NU 16:5
ומליל ייי עם משה **למימר:** קביל ית חושבון בני גרשון NU 4:21
משה: ומליל ייי עם משה **למימר:** קבילו ית חושבן בני קהת NU 4:1
מארעא דמצרים **למימר:** קבילו ית חושבן כל NU 1:1
ולאלעזר בר אהרן כהנא **למימר:** קבילו ית סכום חושבן כל NU 26:1
ההיא ית סידרי דיניא **למימר** קבילו מן אחיכון דלא ימליל DT 1:16
רוגזא: ומליל ייי עם משה **למימר:** קבילית צלותכון על NU 16:23
משכנא: ואמר ייי למשה **למימר:** קבל מנהון ויהון ציבי לצרוך NU 7:4
ודחיקו מלאכיא בלוט **למימר** קום דבר ית דבר אינתתך GN 19:15
ומליל ייי עם משה **למימר:** קרב ית שיבטא דלוי ותקים NU 3:5
דסיני: ומליל ייי עם משה **למימר:** קריב ית אהרן דאתרחק על LV 8:1
ומליל ייי עם משה **למימר:** קריב ית ליואי חלף כל NU 3:44
ומליל ייי עם משה **למימר:** קריב ית ליואי מגו בני NU 8:5
עם ליבכון דזדנותא **למימר** קריבת שתא שביעתא שתא DT 15:9
אמטולתך ופסקון מן **למימר** שירתא כמיסת יומא ופלגא DT 2:25
ואחדתיה בלבושיה **למימר** שכוב עימי ושבקיה GN 39:12
ומליל חמור עימהון **למימר** שכם ברי רעיית נפשיה GN 34:8
דפארן: ומליל ייי עם משה **למימר:** שלח לך גוברין חריפין NU 13:1
הדא ויתייאש בליביה **למימר** שלמא יהי לי ארום בתקוף DT 29:18
יקרא: ומליל ייי עם משה **למימר:** שמיע קדמוי ית תורעמות EX 16:11
אתבני מינה וקביל אברם **למימר** שרי: ודברת שרי איתת GN 16:2
ארום אנת אסהידת בנא **למימר** תחים ית טוורא וקדשהי: EX 19:23
למימר דאין לא תקבלון **למימרא** דייי אלקכון דלא למיטור DT 28:15
לסוגי ארום לא קבילתון **למימרא** דייי אלקכון: ויהי היכמא DT 28:62
קדם ייי אלקכון: ותקבלון **למימרא** דייי אלקכון ותעבדון ית DT 27:10
ארום לא קבילתון **למימרא** דייי אלקכון למיטר DT 28:45
לחוד אין קבלא תקבלון **למימרא** דייי אלקכון למינטור ית DT 15:5
אבהתכון: ארום תקבלון **למימרא** דייי אלקכון למינטר DT 30:10
חולף דלא קבילתון **למימרא** דייי אלקכון: שמעו ישראל DT 8:20
ואתון תתובון ותקבלון **למימרא** דייי ותעבדון ית כל DT 30:8
קלי נשי למך אציתן **למימרי** ארום לא גברא קטילית GN 4:23
עשר זימנין ולא קבילו **למימרי:** בשבועא אמירא דא דלא NU 14:22
וכדון אין קבלא תקבלון **למימרי** ותינטרון ית קימי ותהון EX 19:5
דייי אלקכון ותקבלון **למימריה:** ארום אלקא רחמנא ייי DT 4:30
ופיקודוי ודינוי ולמקבלא **למימריה:** ומימרא דייי חטיב יתכון DT 26:17
ארום אין קבלא תקביל **למימריה** ותעביד כל דאמליל על EX 23:22
דייי אלקכון אין תקבלון **למימריה** ככל מה דאנא מפקד לכון DT 30:2

איזדהר מן קדמוי וקביל **למימריה** לא תסריב על מילוי ארום EX 23:21
ליה ולא קבילתון **למימריה:** מסרבין הויתון קדם ייי מן DT 9:23
ומרוד ליתוי ציית **למימרנא** גרגרן בבישרא ושתאי DT 21:20
שמהן על אבניא דישראל: **מימימר** אלקא דאבוך יהי סיועך GN 49:25
ככל דילפונכון: על **מימר** אורייתא דילפונכון ועל DT 17:11
דצפור: לא כמילי בר נש **מימר** אלוק חי וקיים ריבון כל NU 23:19
דאחתוהי לתמן: והוה **מימר** דייי בסעדא דיוסף והוה גבר GN 39:2
ואמהן ואתנין וגמלין: וגרי **מימר** דייי בפרעה מכתשין רברבין GN 12:17
ית עמא ואמר יקבל **מימר** דייי ברעוא ית קורבניכון LV 9:23
וחמא ריבוניה ארום **מימר** דייי הוה בסעדיה וכל דהוא GN 39:3
אילן חייא דאתקנהא **מימר** דייי לנטורהא דיהי קיים GN 3:24
מה יתעבד ליה: וגרי **מימר** דייי צולקא דשחינא וטריב EX 2:5
בעלה דאינתתא ויתן על **מימר** דיינייא: ואין מותא יהי בה EX 21:22
הילכת דינא: ותעבדון על **מימר** הילכת אורייתא דיחוון לכון DT 17:10
דקיימית בין מימרי ובין **מימר** כל ביסרא דעל ארעא: והוו בני GN 9:17
מתגלי ליה: אימר דשמע **מימר** מן קדם אלקא וידע שעתא NU 24:16
לקובליה: אימר דשמע **מימר** מן קדם אלקא חייא דחזיו מן NU 24:4
דגרר ודבר ית שרה: ואתא **מימר** מן קדם אלקים לות אבימלך GN 20:3
אתארע עד הכא: וארע **מימר** מן קדם ייי בבלעם ושוי NU 23:16
מואב עם בלעם: ואתא **מימר** מן קדם ייי לבלעם ואמר מן NU 22:9
כל דיקטול בר נשא על **מימר** סהדין דחמיין למסהד עלוי NU 35:30
קטול לא יתקטל על **מימר** סהיד חד: ידא דסהדיא תהי DT 17:6
על טומריא על **מימר** סהיד חד יומי למיכפור ית מה DT 19:15
יהא עם מימר פומך ועם **מימר** פומיה ואליף יתכון ית מה EX 4:15
בפומיה ומימרי יהא עם **מימר** פומך ועם מימר פומיה ואליף EX 4:15
על ביתי ועל גזירת **מימר** פומך יתזנון כל עמי לחוד GN 41:40
האיליין ארום על **מימר** פיתגמיא האילין גזרית עמך EX 34:27
לכון אחא ותנינא ליה על **מימר** פיתגמייא האילין המידע GN 43:7
ית ישראל בשמיה ועל **מימר** פמהון יהי מיתדן כל דין וכל DT 21:5
ויהב להום יוסף סדני על **מימר** פרעה ויהב להון זוודין GN 45:21
ברכתא קבילית מן פום **מימר** קודשא לא אמנע סדר NU 23:20
באבניא וימותון: על **מימר** תרין סהדין או תלתא סהדין DT 17:6
ית מה דמסהיד עלוי ועל **מימר** תרין סהדין או תלתא סהדין DT 19:15
קדמוי בפארן על **מימרא** אללייא וטפלתון עלוי מילי DT 1:1
אתנשתון ואנשיתון **מימרא** אלקא דעבד יתכון מחילין DT 32:18
ואלקא דאיבא הוה **מימרא** בסעדי: ואתון ידעתון ארום GN 31:5
דיתמסר להון ויפלחון: על **מימרא** דאהרן ובנוי יהי כל פולחן NU 4:27
בדין אורייא קדם ייי על **מימרא** דאלעזר כהנא יהון נפקין NU 27:21
כל בר בישרא דשמע קל **מימרא** דאלק קיים ממלל מיגו DT 5:26
ידיי עבדית דא: ואמר ליה **מימרא** דאלקים בחילמא אוף GN 20:6
למידכר קים עלם בין **מימרא** דאלקים ובין כל נפשת GN 9:16
מהולתי: ואומינך בשום **מימרא** דייי אלקא דמותביה בשמי GN 24:3
תמן אודו והימינו בשם **מימרא** דייי אלקא עלמא: והוה בתר GN 21:33
דשבע וצלי תמן בשום **מימרא** דייי אלקא עלמא: וית EX 36:33
האיפשר דשמע עמא קל **מימרא** דייי אלקא קיים דממלל DT 4:33
שקר בדבית ישראל **מימרא** דייי אלקהון בסעדהון NU 23:21
לי רשו למעיבר על גזירת **מימרא** דייי אלקי למעבד מילתא NU 22:18
לנפש דמית שמענן בקל **מימרא** דייי אלקי עבדית כל מה DT 26:14
דיתרעי ייי: וישמש בשום **מימרא** דייי אלקיה הי ככל אחוי DT 18:7
קמורין: ושמעו ית קל **מימרא** דייי אלקים מטייל GN 3:8
בלחודיי למסוברא יתכון: **מימרא** דייי אלקכון אסגי יתכון DT 1:10
יהי מטול די יברככון **מימרא** דייי אלקכון בכל עובדי DT 24:19
הדין דנן ארבעין שנין **מימרא** דייי אלקכון בסעדכון לא DT 2:7
ולא תידחלון מנהון: **מימרא** דייי אלקכון די מדבר DT 1:30
וידחלון כולהון מן קדם **מימרא** דייי אלקכון ויטרון למעבד DT 31:12
יהבית לכון וסריבתון על **מימרא** דייי אלקכון ולא הימנתון DT 9:23
רשיעין וסריבתון על **מימרא** דייי אלקכון: ורגינתון DT 1:26
חייכון עד עלמין: ויגרי **מימרא** דייי אלקכון ית לווטייא DT 30:7
משיחא: ויעילינכון **מימרא** דייי אלקכון לארעא דיריתו DT 30:5
לוי ארום בהון אתרעי **מימרא** דייי אלקכון לשמשותיה DT 21:5
לא תידחלון מנהון ארום **מימרא** דייי אלקכון מגיח לכון: DT 3:22
אלהין לארעא דיתרעי **מימרא** דייי אלקכון מן כל DT 12:5
דמצרים ופרק יתכון **מימרא** דייי אלקכון מתמן בגין כן DT 24:18
קריב לוותיה בשום **מימרא** דייי אלקן אורחיהון DT 4:7
ואמרתון הא אחמי יתן **מימרא** דייי אלקנא ית שכינת DT 5:24
אנחנא למישמע ית קל **מימרא** דייי אלקנא תוב ומייתין DT 5:25
עליהון: האפשר דלשום **מימרא** דייי אתון גמלין דא עמא DT 32:6
בידא תקיפתא: וגרי **מימרא** דייי אתין ותימהין רברבין DT 6:22
ארום מיחד אחד **מימרא** דייי באנפי כל ציריה בית GN 20:18
קרתא עברינן על גזירת **מימרא** דייי בגין כן אתיליד לנא DT 21:20
דשבתא כדון אזדמנו על **מימרא** דייי בגין כן חזי לנדוייהון NU 16:26
לאבוי בני הינון דיהב לי **מימרא** דייי בדין כתבא דעליה GN 48:9
מימרא דייי נטרין על פום **מימרא** דייי בידא דמשה: ומליל ייי NU 9:23
מנא משה ואהרן על פום **מימרא** דייי בידא דמשה: ומניין NU 4:37

ונטלו בקדמיתא על פום **מימרא** דייי בידא דמשה: ונטיל NU 10:13
משה ואהרן על פום **מימרא** דייי בידא דמשה: כל סכום NU 4:45
שום טב לדריא ובנא להין **מימרא** דייי בית מלכותא ובית EX 1:21
ית בעלי דבביכון דיגרינון **מימרא** דייי בכון בכפנא ובצהותא DT 28:48
לפרקמטייכון: יגרי **מימרא** דייי בכון ית לווטתא DT 28:20
דשבקתון דחלתי: יאדק **מימרא** דייי בכון ית מותא עד DT 28:21
הוא: ואמר ארום קיים **מימרא** דייי בכורסיה יקריה דהוא EX 17:16
כרכי ארעא דישראל: **מימרא** דייי בלחודיהון ישרינון DT 32:12
תמן בבי אסירי: והוה **מימרא** דייי בסטרא דיוסף ונגד GN 39:21
קיים למימר אין יהי **מימרא** דייי בסעדי ויטרינני GN 28:20
רשו לאבאשא לי ארום **מימרא** דייי בסעדי וכדי ידעת ארום GN 29:12
ואשקיית ית טליא: והוה **מימרא** דייי בסעדיה דטליא ורבא GN 21:20
חיליה לאברהם למימר **מימרא** דייי בסעדך בכל מה דאנת GN 21:22
מחמא חמינא ארום הוה **מימרא** דייי בסעדך דבזכותך הוות GN 26:28
קביל מיני אימלכינך ויהי **מימרא** דייי בסעדך הוי אנת לעמא EX 18:19
דייי בגין כן לא יהי **מימרא** דייי בסעדכון: ואזדרזו NU 14:43
מטא סופי לימות ויהי **מימרא** דייי בסעדכון ויתיב יתכון GN 48:21
לנא: ואמר להון יהי כדין **מימרא** דייי בסעדכון כמא דאפטור EX 10:10
דילמא לא איתרעי **מימרא** דייי בעובדי ידיי בכן עלו LV 9:23
על מזונהון בכן גרי **מימרא** דייי בעמא ית חיוון חורמנין NU 21:6
חמיתון ית דעבד **מימרא** דייי בפלחי טעוות פעור DT 4:3
גיבריא דעמיה על פום **מימרא** דייי בקטילת סייפא: ואמר EX 17:13
אדמה וצבויים דהפך **מימרא** דייי ברוגזיה ובכליתיה: DT 29:22
להון: ארום דאין **מימרא** דייי ברחמוי דינא דעמיה DT 32:36
ייי וכן אמר תוב כדון **מימרא** דייי ברחמך טביא ודבר ית NU 10:36
דמואב על נשיקת **מימרא** דייי: בריך שמיה דמריה DT 34:5
לאיתסאה: ימחינכון **מימרא** דייי בשווייותא דמטפשא DT 28:28
תמן למירתה: ימחי יתכון **מימרא** דייי בשחפותא ובקדחותא DT 28:22
דתיחמון תזועון: ימחינכון **מימרא** דייי בשיחנא בישא על DT 28:35
נבילתכון: ימחינכון **מימרא** דייי בשיחני דילקו בהון DT 28:27
ייי וכן אמר אתגלי כדון **מימרא** דייי בתקוף רוגזך ויתבדרון NU 10:35
מיא תמן שוי ליה **מימרא** דייי גזירת שבתא וקיים EX 15:25
מדבחא וקרא שמיה **מימרא** דייי דין ניסא דילי דניסא EX 17:15
ומכנין לטעוותהון בשום **מימרא** דייי: דין ספר ייחוס תולדת GN 4:26
בוכרא ובטעותהון עבד **מימרא** דייי דינין טעוות מתכא הוו NU 33:4
משה קדם ייי למימר: ימני **מימרא** דייי דשליט בנשמת בר נש NU 27:16
מן עמא בני ישראל ארום **מימרא** דייי הוא דמגיח להון קרבין EX 14:25
חטא דיחטי ברם על **מימרא** דייי הוא למתפרעא על DT 19:15
ומנא יתהון משה על פם **מימרא** דייי היכמה דאיתפקד: והוון NU 3:16
לאהרן ולבנוי על פום **מימרא** דייי היכמה דפקד ייי ית NU 3:51
סעדך דאזדמנתון על **מימרא** דייי ואהרן מה הוא ארום NU 16:11
דין אתון עברין על גזירת **מימרא** דייי ואיהי לא תצלח לכון: NU 14:41
מפקנהון למטלניהון על **מימרא** דייי ואיליין מטלניהון NU 33:2
תורעמותכון אילהן על **מימרא** דייי: ואמר משה לאהרן EX 16:8
תמן וקרא משה בשום **מימרא** דייי: ואעבר ייי שכינתיה על EX 34:5
ולא קבלתון וסרבתון על **מימרא** דייי וארשעתון וסליקתון DT 1:43
בלבבהון ואישתעיאו על **מימרא** דייי ובמשה נצו למא NU 21:5
ליבכון ואודו לשום **מימרא** דייי ובתר כדין תעבירון GN 18:5
עמא דמתפרקין בשום **מימרא** דייי והוא תריס סעודכון ודי DT 33:29
ומכוין ליביה לשום **מימרא** דייי וחאי: ונטלו מתמן בני NU 21:9
בני ישראל ית מטרת **מימרא** דייי ולא נטלין: ואית זמן NU 9:19
יומין ותיטרון ית מיטרת **מימרא** דייי ולא תמותון ארום LV 8:35
לטוורוס אומנוס על **מימרא** דייי ומית תמן בשנת NU 33:38
דיתפרש להון על גזירת **מימרא** דייי: ומליל ייי עם משה LV 24:12
מנא משה ואהרן על פום **מימרא** דייי: ומניין סכומי גניסת בני NU 4:41
דשבע וצלי תמן בשום **מימרא** דייי ונסבוהי בני ישראל EX 26:28
ובגין דעברו על גזירת **מימרא** דייי ונפקו ממצרים תלתין EX 13:17
אין מכוין ליביה לשום **מימרא** דייי: ועבד משה חיויא NU 21:8
עאל דוכרניה דיוסף קדם **מימרא** דייי ופרעה הוה חלים והא GN 41:1
דסין למטלניהון על **מימרא** דייי ושרו ברפידים אתרא EX 17:1
עליהון מן יד זמין **מימרא** דייי זחלא ופכר טוורא NU 21:35
על כל מה דאתברי על **מימרא** דייי חיי בר נשא: כסותכון DT 8:3
משה ית בני ישראל על **מימרא** דייי יאות שיבטא דבני יוסף NU 36:5
לפרקמטייכון: ישוי **מימרא** דייי ית בעלי דבביכון DT 28:7
לדחלתיה: ויתרך **מימרא** דייי ית כל עממיא האילין DT 11:23
אפי יריחו ואחוויי ליה **מימרא** דייי ית כל תקיפי ארעא ית DT 34:1
עבדיא: והוה כד אקשי **מימרא** דייי ית ליבא דפרעה EX 13:15
ית נהרא ומבתר כן אסי **מימרא** דייי ית נהרא: ואמר ייי EX 7:25
עליהון חוביהון: וחבל **מימרא** דייי ית עמא על דגחנו EX 32:35
בי היא שעתא פתח **מימרא** דייי ית פומה ואזדמן לה NU 22:28
יתיה ייי אלקים ואגן **מימרא** דייי ית תרעא דתיבותא GN 7:16
שמיעין באודניהון ברם **מימרא** דייי יתיב על כורסיה רם DT 4:7
לא תצטרכון למזוף: וימני **מימרא** דייי יתכון למלכין ולא DT 28:13
ממדברא דפארן על פום **מימרא** דייי כולהון גוברין חריפין NU 13:3

ית עמא אמר ליה **מימרא** דייי לא כל היאך אילהין DT 32:49
עמא הדין לארעא דקיים **מימרא** דייי לאבהתהון למיתן להון DT 31:7
ויהי אתרא דיתרעי ביה **מימרא** דייי לאשראה שכינתיה DT 12:11
מנא משה ואהרן על פום **מימרא** דייי לגניסתהון כל דכורא NU 3:39
כל שמיא: ויתכון נסיב **מימרא** דייי לחולקיה ואנפיק יתכון DT 4:20
וידחלון מינך: וישיירינכון **מימרא** דייי לטבא בוולדא דמעכון DT 28:11
מן בגלל מצוותא דא עבד **מימרא** דייי לי ניסין ופרישן EX 13:8
רברביא האינון: ולא יהב **מימרא** דייי לכון ליבא למינשי DT 29:3
לפרסת ריגליכון ויתן **מימרא** דייי לכון תמן ליבא דחלא DT 28:65
ארעכון לטבא ארום יתוב **מימרא** דייי למיחדי אמטולכון DT 30:9
מאן יתקיים בזמן דיתגלי **מימרא** דייי למיתן אגר טב NU 24:23
בלילייא ואנדע מה יוסף **מימרא** דייי למללא עימי: ואתא NU 22:19
פרישתא די שדריה **מימרא** דייי למעבד בארעא DT 34:11
לי רשו למעיבר על גזירת **מימרא** דייי למעבד טבתא או NU 24:13
מגין במימריה: כד יתגלי **מימרא** דייי למפרוק ית עמיה יימר DT 32:39
ודחלין: ויגלינכון **מימרא** דייי למצרים באילפיא בגו DT 28:68
ית כל מחוותא דעבד **מימרא** דייי לעיניכון בארעא DT 29:1
ואיהך דילמא יזדמן **מימרא** דייי לקדמותי ופיתגם מה NU 23:3
שכינתיה תמן: ויתן לך **מימרא** דייי מטוב טלין דנחתין מן GN 27:28
אחוי על מצידיה: ועכיב **מימרא** דייי מיניה צידא דכיא GN 27:31
אהניין עובדך ולא קביל **מימרא** דייי מינך אמליכת מילכא NU 31:8
הדין ית ייי אלקכון: ויכסי **מימרא** דייי מינכון רוח קודשא כד DT 28:59
כמשה ארום חכים יתיה **מימרא** דייי ממלל כלו קבל ממלל: DT 34:10
לפרעה במצרים ואפקנא **מימרא** דייי ממצרים בידא DT 6:21
ובעא לאובדותיה ושיזבי **מימרא** דייי מן ידוי ומבתר כדין DT 26:5
הי כגינבריא ושיצינון **מימרא** דייי מן קדמיהון ותריכונון DT 2:21
כבריתא ואישא מן קדם **מימרא** דייי מן שמייא: והפך ית GN 19:24
מאה ותמנן: על פום **מימרא** דייי מנא יתהון בידא דמשה NU 4:49
מימרא דייי שרן ועל פום **מימרא** דייי נטלין: ואית זמן דהוי NU 9:20
מימרא דייי שרן ועל פום **מימרא** דייי נטלין ית מטרת מימרא NU 9:23
דייי נטלין ית מטרת **מימרא** דייי נטרין על פום מימרא NU 9:23
קדם מרי עלמא ומן יד **מימרא** דייי נסי ית אברהם ואמר GN 22:1
לית אינש למידן יתן חמי **מימרא** דייי סהיד בינא ובינך: ואמר GN 31:50
והוה כיוון דאמר ליה **מימרא** דייי סוק לטוור עיבראי DT 32:49
לישן חבריה: ואיתגליאת **מימרא** דייי עילוי קרתא ועימיה GN 11:8
דבורא דייי למשה ומליל **מימרא** דייי עימיה מן משכן זימנא LV 1:1
יבישיא דאחי יתהון **מימרא** דייי על ידא דיחזקאל נביא EX 13:17
שמיא מתמן יכנוש יתכון **מימרא** דייי על ידוי דאליהו כהנא DT 30:4
פעור ותצלוב יתהון קדם **מימרא** דייי על קיסא קבל שמשא NU 25:4
ועל תרתין סיפייא ויגין **מימרא** דייי על תרעא ולא ישבוק EX 12:23
זמן דישיצי יתכון: יטייס **מימרא** דייי עליכון אומא מן רחיק DT 28:49
ויהי היכמא דחדי **מימרא** דייי עליכון לאוטבותכון DT 28:63
אורייתא הדין יסקינון **מימרא** דייי עליכון עד דתישתיצון: DT 28:61
יתכון הכדין יחדי **מימרא** דייי עליכון עממין נוכראין DT 28:63
בתרע משכנא ומתמלל **מימרא** דייי עם משה: וחמן כל עמא EX 33:9
ארום חולק טב דשום **מימרא** דייי עמיה פתח גבריאל DT 32:9
יהיב לכון: יקים יתכון **מימרא** דייי קדמוי לעם קדיש DT 28:9
דשיצי יתהון: וימסירינון **מימרא** דייי קדמיכון ותעבדון להון DT 31:5
על משכנא על פום **מימרא** דייי שרן ועל פום מימרא NU 9:20
נטלין: על פום **מימרא** דייי שרן ועל פום מימרא NU 9:23
נטלין בני ישראל: ועל פום **מימרא** דייי שרן כל יומין דשרי ענן NU 9:18
עד דתשתיצון: ישוי יתכון **מימרא** דייי תבירין קדם בעלי DT 28:25
נביא ודן יתהון על פום **מימרא** דלעיל מינהון דינא ממונא LV 24:12
דאתמנייו על פם **מימרא** דמשה ברם פולחן לואי הות EX 38:21
משה נביא ודן יתהון על **מימרא** דקודשא בקצת מנהון הוה NU 9:8
נביא ודן יתהון על פום **מימרא** דקודשא מינהון דיני ממונא NU 15:34
דהוו מיפקדין מן קדם **מימרא** דשמיא דלא למסדרא NU 20:21
עפרון די בכפילתא דקדם **מימרא** חקלא ומערתה דביה וכל GN 23:17
לך ואזל גחין כחויא: וארע **מימרא** מן קדם ייי בבלעם ואמר NU 23:4
דייי למללא עימי: ואתא **מימרא** מן קדם ייי לבלעם ואמר NU 22:20
מריעין מן דאתגלי בחזוי **מימרא** על אברהם כד הוה מרע DT 34:6
אחוך: מטול דסרבתון על **מימרי** במדברא דצין במוי מצות NU 27:14
מטול דסריבתון על **מימרי** במי מצותא: דבר ית אהרן NU 20:24
לך: דור בארעא הדא ויהי **מימרי** בסעדך ואבריכינך ארום לך GN 26:3
ובגין זכוות בנך: והא **מימרי** בסעדך ואיטרינך בכל אתר GN 28:15
ממצרים: ואמר ארום יהי **מימרי** בסעדך ודין לך סימנא דאנא EX 3:12
אבהתך ולילדותך ויהי **מימרי** בסעדך: ושדר יעקב ית נפתלי GN 31:3
מהרהר למסטי בתר **מימרי** הינון גובריא דמישבטא DT 25:18
לא תידחל ארום בסעדך **מימרי** ואיבריכינך ואסגי ית בנך GN 26:24
לדריהון קיים עלם: בין **מימרי** ובין בני ישראל את היא EX 31:17
דא את קים דקיימית בין **מימרי** ובין מימר כל ביסרא דעל GN 9:17
ותהי לסימן קיים בין **מימרי** וביני ארעא: ויהי כד אפרוס GN 9:13
דא קימי דתיטרון בין **מימרי** וביניכון ובין בנך בתרך מיגזר GN 17:10
קימא דאנא מקיים בין **מימרי** וביניכון ובין כל נפשת חיתא GN 9:12

ודכירנא ית קיימי דבין **מימרי** וביניכון ובין כל נפשת חיתא GN 9:15
ויהי לאת קים בין **מימרי** וביניכון: ובר תמניא יומין יגזר GN 17:11
ארום את הוא בין **מימרי** וביניכון למידוע ארום אנא EX 31:13
בבישרך: ואיתן קימי בין **מימרי** ובינך ואסגי יתך לחדא GN 17:2
יפקון: ואקים ית קימי בין **מימרי** ובינך ובין בנך בתרך לדריהון GN 17:7
אנא ייי: ויטרון ית מטרת **מימרי** ולא יקבלון עלוי חובא ולא LV 22:9
נבותי דימלל בישמי **מימרי** יפרע מיניה: ברם נבי שיקרא DT 18:19
דבבל ולא ירחק **מימרי** יתהון במלכותא דמדי LV 26:44
האילין עבדו ורחיק **מימרי** יתהון: ואמרית להון אתון LV 20:23
פיגרי טעוותיכון ותירחק **מימרי** יתכון: ואיתן ית קורייכון LV 26:30
יקרי ביניכון ולא ירחק **מימרי** יתכון: ואשרי איקר שכינתי LV 26:11
דאיתן לך: ואיזמן **מימרי** לך תמן ואימליל עימך EX 25:22
קדם סהדותא דאיזמן **מימרי** לך תמן: ויהי גברא דאתרעי NU 17:19
דעל סהדותא דאיזמן **מימרי** לך תמן: ויקטר עלוי אהרן EX 30:6
במשכן זימנא דאיזמן **מימרי** לך תמן קודש קודשין תהי EX 30:36
איקר שכינתי ביניכון ויהי **מימרי** לכון לאלקא פרוק ואתון LV 26:12
זימנא קדם ייי דאיזמן **מימרי** לכון תמן למללא עימך תמן: EX 29:42
עממין: ותיטרון ית מטרת **מימרי** למזדהרא מטול דלא למעבד LV 18:30
במימרי ונטר מטרת **מימרי** פיקודיי קיימיי ואורייתיי: GN 26:5
למללא עימך תמן: ואיזמן **מימרי** תמן לבני ישראל ואיקדש EX 29:43
בלגיונין ואתיין עלך **מימרי** תריס לך ואף על גב דהינון GN 15:1
למעבד: ארום ייי אלקכון **מימריה** אישא אכלא אישא הוא DT 4:24
יקריה מטיילא קדמיכון **מימריה** אישא אכלא הוא ישיצינון DT 9:3
חוביכון ארום בשמי **מימריה**: ארום אין קבלא תקביל EX 23:21
ביומא דעקתי והוה **מימריה** בסעדי באורחא דאזלית: GN 35:3
וקדמוי תפלחון ובשום **מימריה** בקשוט תומון: לא תהכון DT 6:13
ובכל נפשכון: ויקבל **מימריה** ברעוא ית תיובתכון וירחם DT 30:3
דארם ובריך ייי בשום **מימריה** בתר דמיתת אימיה: ואמר GN 35:9
ישתבע חד מנכון בשום **מימריה** דייי אלקכון על מגן ארום EX 20:7
ישתבע חד מנכון בשום **מימריה** דייי אלקכון על מגן ארום DT 5:11
אנא הוית קאים בין **מימריה** דייי וביניכון בעידנא ההיא DT 5:5
מן קדם ייי והימינו בשום **מימריה** דייי ובנבואתיה דמשה EX 14:31
וישקר שיקרין לשום **מימריה** דייי ויכפור בחבריה LV 5:21
טובי קדמך ואיקרי בשום **מימריה** דייי קדמך ואיחוס על מאן EX 33:19
ואתון סטיתון מבתר **מימריה** וארגזתון קדמוי בפארן על DT 1:1
אורייתא דיהב ייי בין **מימריה** ובין בני ישראל בטוורא LV 26:46
אלקכון ותינטרון מטרת **מימריה** וקימוי ודינוי ופיקודוי כל DT 11:1
ברנון ובריך יתהון בשום **מימריה** וקרא ית שומהון אדם GN 5:2
נפקין לסדרי קרבא ועל **מימריה** יהון עלין למידון דינא הוא NU 27:21
אשמעינכון ית קל **מימריה** למכסנא יתכון באולפניה DT 4:36
רבות תושבחתיה וית קל **מימריה** שמענא מגו אישתא יומא DT 5:24
ואנת אלקפטא ובר **מימרך** לא ירעים גבר ידיה למיסור GN 41:44
דפקדיתנו: ואמר ית קל **מימרך** שמעית בגינוניתא ודחילת GN 3:10
ולוי לא יאי למיהוי **מתאמר** בכנישתהון דבני ישראל GN 34:31
אלהין כדין יאי למיהוי **מתאמר** ערלאין איתקטילו בגין GN 34:31
דכוותי: ואמר יהודה מה **נימר** לריבוני על כספא קדמאה ומה GN 44:16
אנת בלחודך: ולות עמא **תימר** אזדמנו למחר ותיכלון בישרא NU 11:18
לתוקלא הינון לך: דילמא **תימר** בליבך סגיאין עממיא האילין DT 7:17
דא להון לדריהון: ולהון **תימר** גבר גבר טלי וגבר סיב מבית LV 17:8
ואמר תוב ייי למשה כדנן **תימר** לבני ישראל אלקא EX 3:15
והוה כולא ואמר כדנא **תימר** לבני ישראל אנא הוא דהוינא EX 3:14
ואמר ייי למשה כדנא **תימר** לבני ישראל אתון חמיתון EX 20:22
מן סאוב וכדנא **תימר** להון על בר נש דמית לא LV 21:1
ייי מן טוורא למימר כדנא **תימר** לנשייא דבית יעקב ותתני EX 19:3
לך בסופך: הוו זהירין דלא **תימרון** בליבכון חילן ותקוף ידן קנו DT 8:17
ייי אלקכון לכון: לא **תימרון** בליבכון כד ידחי ייי אלקכון DT 9:4
ההוא בסייפא: וארום **תימרון** בריעייונכון היכדין נידע ית DT 18:21
מותיה למימר לך: וכדנא **תימרון** ליוסף במטו שבוק כדון GN 50:17
ופקיד יתהום למימר כדין **תימרון** לריבוני לעשו כדנן אמר GN 32:5
ארעא לרוחצן:: וארום אין **תימרון** מה ניכול בשתא שביעתא LV 25:20

אמרכול (38)

בר פדה צור: לבנימין **אמרכול** אבידן בר גדעוני: לדן NU 1:11
אבידן בר גדעוני: לדן **אמרכול** אחיעזר בר עמי שדי: לאשר NU 1:12
אליסף בר דעואל: לנפתלי **אמרכול** אחירע בר עינן: אילין מזמני NU 1:15
נתנאל בר צוער: לזבולון **אמרכול** אליאב בר חילון: לבני יוסף NU 1:9
פגעיאל בר עכרן: לגד **אמרכול** אליסף בר דעואל: לנפתלי NU 1:14
דיקומון עימכון לראובן **אמרכול** אליצור בר שדיאור: NU 1:5
חילון: לבני יוסף לאפרים **אמרכול** אלישמע בר עמיהוד NU 1:10
בר עמיהוד למנשה **אמרכול** גמליאל בר פדה צור: NU 1:10
תשלחון מן קדם כל **אמרכול** דבהון: ושדר יתהון משה NU 13:2
מדבחא: ואמר ייי למשה **אמרכול** חד ליומא אמרכול חד NU 7:11
אמרכול חד ליומא **אמרכול** חד ליומא יקרבון ית NU 7:11
בר צורי שדי: ליהודה **אמרכול** נחשון בר עמינדב: לישׂשכר NU 1:7
בר עמינדב: לישׂשכר **אמרכול** נתנאל בר צוער: לזבולון NU 1:8

בר עמי שדי: לאשר **אמרכול** פגעיאל בר עכרן: לגד NU 1:13
בר שדיאור: לשמעון **אמרכול** שלומיאל בר צורי שדי: NU 1:6
הינון דמתמנן במצרים **אמרכולין** על מניינייא: ואייתיו ית NU 7:2
סבי כנישתא דמתמנן **אמרכולין** על תריסר שיבטיא LV 4:15
בר עזן: לשיבטא דאשר **אמרכל** אחיהוד בר שלומי: לשיבטא NU 34:27
שלומי: לשיבטא דזבולן **אמרכל** אליצפן בר פרנך: לשיבטא NU 34:25
בר כסלון: לשבטא דדן **אמרכל** בקי בר יגלי: לשבטא דבני NU 34:22
בר נון: ונשיאי ואמרכל חד **אמרכל** חד מן שיבטא תידברון NU 34:18
יוסף לשבטא דבני מנשה **אמרכל** חניאל בר אפוד: לשיבטא NU 34:23
בר פרנך: לשיבטא דנפתלי **אמרכל** פדהאל בר עמיהוד: איליין NU 34:28
שפטן: לשיבטא דיששכר **אמרכל** פלטיאל בר עזן: לשיבטא NU 34:26
לשיבטא דבית אפרים **אמרכל** קמואל בר שפטן: לשיבטא NU 34:24
בני ישראל ויהבו ליה כל **אמרכלהון** חטר לאמרכול חד חטר NU 17:21
לבית אבא מלות כל **אמרכלהון** לבית אבהתהון תריסר NU 17:17
משה ואלעזר כהנא וכל **אמרכלי** כנישתא לקדמותהון NU 31:13
ישראל מאתן וחמשין **אמרכלי** כנישתא מערעי זמן NU 16:2
ית משה: ומליל משה עם **אמרכלי** שבטיא לבני ישראל NU 30:2
וקדש יתהון: וקריבו **אמרכליא** דישראל רישי בית NU 7:2
משה ואלעזר כהנא עם **אמרכליא** ואמר למימני יתהון NU 26:3
תורין עגלתא ביני תרין **אמרכלין** ותורא לחד ולא צבא NU 7:3
בהון ופרסא וכל פולחניה: **ואמרכול** דיממני על רברבי ליואי NU 3:32
ויהושע בר נון: ונשיאי **ואמרכל** חד אמרכל חד מן שיבטא NU 34:18
רישי סנהדרין דילכון **ואמרכלי** שיבטיכון סביכון DT 29:9
ליה כל אמרכלהון חטר **לאמרכול** חד חטר לאמרכול חד NU 17:21
חטר לאמרכול חד חטר **לאמרכול** חד לבית אבהתהון NU 17:21

אן (5)

וקטליה: ואמר ייי לקין **אן** הבל אחוך ואמר לא ידענא GN 4:9
עני וכן אמר למשה **אן** מה דא למקרב לגבה ואין אמר NU 25:6
מינך למימר דמאן אנת **ולאן** אנת מטייל ולמאן אילין GN 32:18
דשרי מן האן אנת אתיא **ולאן** תיזלין ואמרת מן קדם שרי GN 16:8
דאמוראה לשציותנא: **לאן** אנחנא סלקין אחנא מסמיסן DT 1:28

אנא (1875)

אבהת ליואי ליחוסיהון: **איהו** אהרן ומשה דאמר ייי להון EX 6:26
דיתעביד למיכל כל נפש **איהו** בלחודוי יתעביד לכון: ותיטרון EX 12:16
בוכריא במצרים וקם **איהו** ועבדוי ומחינון ורדפינון מה GN 14:15
גבר אין משתכח גנבא **איהו** משלם על חד תרין: אין לא EX 22:6
מבנוי יקומון לכהנין **איהוא** יעבד יתה קיים עלם קדם ייי LV 6:15
עד מותבות לחיית ברם **איהי** אישתיזבת מן דין גמירא על NU 21:15
דקרתא דבלעת דיירהא **איהי** זוער וסדרו עמהון סדרי קרבא GN 14:8
ביני ניניוה וביני חדיית **איהי** קרתא רבתי: ומצרים אוליד ית GN 10:12
והיך רישי פיתוניא הכדין **אינון** אכזראין: הלא עובדיהון דהינון DT 32:33
לותך למצרים דילי **אינון** אפרים ומנשה הי כראובן GN 48:5
ארום דר דהפכנין **אינון** בנין דלית בהון הימנותא: הינון DT 32:20
בצפרא וחמא יתהום והא **אינון** בניסין: ושאל ית רברבי פרעה GN 40:6
עמא ארום בני צדיקיא **אינון** ברם יצרא בישא הוא EX 32:22
וידעו ארום ערטילאין **אינון** דאיתערטלו מן לבוש טופרא GN 3:7
ונחתו מנכסיהון והא **אינון** חשיבין כמיתיא כל גוברייא EX 4:19
ואמר פרעה ליעקב כמה **אינון** יומי שני חייך: ואמר יעקב GN 47:8
ציטריהון מיכא ומיכא **אינון** כתיבין: ולוחיא עובדא דייי EX 32:15
קודשך נטרין: כשרין **אינון** למלפא סידרי דינייך לדבית DT 33:10
בפרגמטיא: והוה כד **אינון** מריקין דיסקיינון והא גבר GN 42:35
גובריא האילין שלימין **אינון** עימנא ויתבון בארעא ויעבדון GN 34:21
מיטמר ביה אנא חמי ואין **אינון** פיקודייא דפקדיתו: ואמר ית GN 3:9
ואיחמי העד כדון **אינון** קיימין ואמר יתרו למשה EX 4:18
אנא בעי חוי כדון לי איכן **אינון** רען: ואמר גברא נטלו מיכן GN 37:16
שבע שנייא חורנייתא **אינין** מבשרן ושבע שובלייא GN 41:27
תורתן טבתן שבע שנייא **אינין** מבשרן ושבע שובלייא טבתא GN 41:26
שבע שנייא האילין **אינין** מבשרן חילמא חד הוא: ושבע GN 41:26
דהליכו עימי בעראי: ברם **אנא** אדכר יתהון עראי בעלמא LV 26:41
ייי בבעו ייי לא גבר דברן **אנא** אוף מאיתמלי אוף מן לקדמוי EX 4:10
ואמר משה קדם ייי הא **אנא** אזיל לות בני ישראל ואימר EX 3:13
לי: ואמר עשו הא **אנא** אזיל לממת ולית אנא חיי תוב GN 25:32
יעקב: וכדון לא תידחלון **אנא** איזון יתכון וית טפלכון ונחים GN 50:21
אימר להון בשבועא קיים **אנא** אין לא היכמא דמלילתון NU 14:28
ישראל: ואמר ליה ייי **אנא** אל שדי פוש וסגי עם קדיש GN 35:11
ייי לאברם ואמר ליה **אנא** אל שדי פלח קדמי והוי שלים GN 17:1
ייי בליליא ההוא ואמר **אנא** אלקיה דאברהם אבוך לא GN 26:24
למבטלא ית קיימיי: לחוד **אנא** אעביד דא לכון ואיגרי עליכון LV 26:16
לא שוי ידיה אלהין אמר **אנא** אעביד כפיתגמך: ואמר קיים לי GN 47:30
שכיב בארעא הדא לית **אנא** אעבר ית יורדנא ואתון עברין DT 4:22
ולא תהי מתרברב למימר **אנא** אעתרית מן דידי ית אברם: GN 14:23
דיימר לנא: ואמר פרעה **אנא** אפטור יתכון ותדבחון קדם ייי EX 8:24
דדרתא בה: ואמר אברהם **אנא** אקיים: ואתווכח אברהם עם GN 21:24
ואמר משה קדם ייי מאן **אנא** ארום אזיל לות פרעה וארום EX 3:11

ארום תיעול לותי: ואמר **אנא** אשדר גידי בר עיזי מן ענא GN 38:17
טליא ליתוהי ואנא להן **אנא** אתי והכדין נחמי סבר אפוי GN 37:30
דידי שרי ברטיבא הלא **אנא** אתנך דרכבת עלי מן טליותך NU 22:30
ימא ביבשתא: ואנא הא **אנא** אתקיף ית יצרא דליבהון EX 14:17
ייי אלקן מליל עימן ולא **אנא** באנפי נפשי בחורב למימר סגי DT 1:6
הדין ארום משלהי **אנא** בגין כן קרא שמיה אדום: ואמר GN 25:30
וקושטיה מן ריבוני **אנא** בזכותיה באורח תקנא דברני GN 24:27
ליה וליתי כדון מסתכל **אנא** ביה וליתיה מקריב כד ימלוך NU 24:17
עמא דיפלחון להום דיין **אנא** במאתן וחמשין מחן ומן בתר GN 15:14
ולית אלקא חורן בר מיני **אנא** במימרי ממית ומחי מחיתי ית DT 32:39
אנת בעי: ואמר ית אחיי **אנא** בעי חוי כדון לי איכן אינון רען: GN 37:16
דמלילהון חילו ולית **אנא** בעי מנכון אלהן דתצלו עלי EX 12:32
בלעם רשיעא מסתכל **אנא** בעמא הדין דהינון מדברין NU 23:9
עליכון בצלו קדמיי שמע **אנא** בקל צלותיה ופרע ליה: ויתקף EX 22:22
נשא איתקטל אלא חמי **אנא** ברוח קודשא דאיתא בישתא GN 37:33
ואמרת ליה ברת בתואל **אנא** בת מלכה דילידת לנחור: ותנת GN 24:24
תרווינן: דנן עשרין שנין **אנא** גבך רחלייך ועיזייך לא אתכלו GN 31:38
ולא עמכון בלחודיכון **אנא** גזר ית קיימא הדא ומסהיד ית DT 29:13
בעם אוחרן: ואמר הא **אנא** גזר קיים דלא אשלחיף עמא EX 34:10
קדישין ארום קדיש **אנא**: דא היא גזירת אורייתא LV 11:45
ווי לך בלעם חסיר דעתא **אנא** דאנא בעירא מסאבא איתא NU 22:30
בוכרא דבעירא בגין כן **אנא** דבח קדם ייי כל פתח וולדא EX 13:15
קין ואמר להבל מסתכל **אנא** דברחמין אתברי עלמא אבל GN 4:8
ואתקיימו מן קדם ייי **אנא** דחיל: אם מהמנין אתון אחוכון GN 42:18
ית שמא דייי מיניה לית **אנא** דחיל ואוף ית ישראל לא EX 5:2
הות אמר לן מן קדם ייי **אנא** דחיל וכדון חזרון דינייך למיהוי GN 44:18
בהדא זימנא מתנחם **אנא** די במיתותא דמייתין בה GN 46:30
אחך רעו בשכם ודחיל **אנא** דילמא ייתון חיואי וימחונון GN 37:13
ודחילת ארום ערטיליי **אנא** דמצותא דפקידתני אעברית GN 3:10
לנח ולבנוי עימיה למימר: **אנא** הא אנא מקיים קיימי עמכון GN 9:9
ומליל עימיה ייי למימר: **אנא** הא גזר קימי עימך ותהי לאב GN 17:4
יעקב ואמר האנא: ואמר **אנא** הוא אל אלקי דאבוך לא GN 46:3
כל אונסא דלבן עביד לך: **אנא** הוא אלקא דאיתגליתי עלך GN 31:13
בני ישראל ותימר להון **אנא** הוא אלקוכון: כעובדין בישין LV 18:2
יתה לבני ישראל: ואמר **אנא** הוא אלקיה דאבוך אלקיה EX 3:6
לכון מן שמיא עללתא **אנא** הוא אלקכון: לא תיכלון מבשר LV 19:25
כרוזא במשריתא למימר **אנא** הוא דאתעלמת הילכתא מיני LV 10:20
לעם סגי אישוינך תמן: **אנא** הוא דבמימרי ניחות עימך GN 46:4
עממייא חמון כדון ארום **אנא** הוא דהוויי והוית ואנא הוא DT 32:39
כדנא תימר לבני ישראל **אנא** הוא דהוינא ועתיד למיכוי EX 3:14
פרעה: ואמר יוסף לאחוי **אנא** הוא יוסף העוד כדון אבא קיים GN 45:3
במלכותא דאדום ארום **אנא** הוא ייי אלקהון ביומוי דגוג: LV 26:44
שכינתיה ביניהון **אנא** הוא ייי אלקהון: ותעביד EX 29:46
תפלחון קדמיהון ארום **אנא** הוא ייי אלקכון אלק קנאן DT 5:9
ארע עבדא חלב ודבש **אנא** הוא ייי אלקכון דאפרשית LV 20:24
ואמר עמי בני ישראל **אנא** הוא ייי אלקכון די פרקית EX 20:2
לא תיתנון עיבוריכון: **אנא** הוא ייי אלקכון די פרקית LV 25:38
קדם ייי אלקהכון: **אנא** הוא ייי אלקכון די פרקית NU 15:41
כד אמר: עמי בני ישראל **אנא** הוא ייי אלקכון די פרקית DT 5:6
בה ותינדעון ארום **אנא** הוא ייי אלקכון: ואתיתון DT 29:5
לחמא ותינדעון ארום **אנא** הוא ייי אלקכון: והוה ברמשא EX 16:12
מתערבב לקל יבבותכון **אנא** הוא ייי אלקכון: והוה בשתא NU 10:10
ולא תסתאבון בהון **אנא** הוא ייי אלקכון: ומליל ייי עם LV 18:30
ולגייורי תשבוק יתהון **אנא** הוא ייי אלקכון: ומליל ייי עם LV 23:22
כגיורא כיציבא יהי ארום **אנא** הוא ייי אלקכון: ומליל משה LV 24:22
פריקין מארעא דמצרים **אנא** הוא ייי אלקכון: ומליל משה ית LV 23:43
למהוי לכון לאלקא **אנא** הוא ייי אלקכון: ונסיב גולייתיה NU 15:41
תיסתאבון פון בהון: ארום **אנא** הוא ייי אלקכון ותיתקדשון LV 11:44
קשין ותידחל מאלקך **אנא** הוא ייי אלקכון: ותעבדון ית LV 25:17
הויתון בארעא דמצרים **אנא** הוא ייי אלקכון: לא תעבדון LV 19:34
פריקין מן ארעא דמצרים **אנא** הוא ייי אלקכון: לא תעבדון LV 25:55
תשבוק יתהון בחיבורהון **אנא** הוא ייי אלקכון: עמי בני ישראל LV 19:10
אעדינון מינך ארום **אנא** הוא ייי אסאך: ואתו לאלים EX 15:26
וידעון מצראי ארום **אנא** הוא ייי באיתיקרותי בפרעה EX 14:18
דרחיש על ארעא: ארום **אנא** הוא ייי דאסיקית יתכון פריקין LV 11:45
שריא בגוה ארום **אנא** הוא ייי דשכינתי שריא בגו בני NU 35:34
בכן אימר לבני ישראל **אנא** הוא ייי ואפיק יתכון מגו דחוק EX 6:6
בהון ותינדעון ארום **אנא** הוא ייי: ועאל משה ואהרן לות EX 10:2
וינדעון מצראי ארום **אנא** הוא ייי ועבדו הכדין: ותנון EX 14:4
וינדעון מצראי ארום **אנא** הוא ייי כד ארים ית מחת EX 7:5
ייי עם משה למימר **אנא** הוא ייי מליל עם פרעה מלכא EX 6:29
ית קיימיי ותעבדון יתהון **אנא** הוא ייי מקדישכון: ארום גבר LV 20:8
וביניכון למידוע ארום **אנא** הוא ייי מקדישכון: ותינטרון ית EX 31:13
דאקבל ברעוא צלותכון **אנא** הוא ייי מקדשכון: ותיטרון ית LV 20:7

רוגזא ואמר ליוסף אוף **אנא** הוית חמי בחילמי והא תלתא GN 40:16
בטוורא מיגו אישתא: **אנא** הוית קאים בין מימריה דייי DT 5:5
דחלמתא המיתי ניתי **אנא** ואימך ואחך למגחן לך על GN 37:10
ישתכחון תמן עשרא ונהי **אנא** ואינון ונבעי רחמין על כל GN 18:32
עלי וימחונני ואישתיצי **אנא** ואינש ביתי: עניין שמעון ולוי GN 34:30
חגר פום וקשי ממלל **אנא**: ואמר ייי ליה מאן הוא דשוי EX 4:10
ידענא דילמא נטיר אחי **אנא**: ואמר מה עבדת קל דמי GN 4:9
הוא דין ברי עשו ואמר **אנא**: ואמר קריב לי ואיכול מצידא GN 27:24
וכדון איתא וניגזר קיים **אנא** ואנת ויהי לסהיד בינא ובינך: GN 31:44
דחיל ומיתבר מן קדם ייי **אנא**: ואתון חשבתון עלי מחשבן GN 50:19
ניזיל אין מייך נישתי **אנא** ובעיריי ואיתן דמי טימהון NU 20:19
חילמא בליליא חד **אנא** והוא גבר חילמיה ופושרן GN 41:11
קדם ייי ארום שניתא **אנא** ויהב לי אוף ית דין והכדין GN 29:33
ואמר עבדא דאברהם **אנא**: ווייי בריך ית ריבוני לחדא ורבא GN 24:34
קדישין ארום קדיש **אנא** ולא תסאבון ית נפשתיכון בכל LV 11:44
וברם בשבועה קיים **אנא** ומליא יקרא דייי ית כל ארעא: NU 14:21
דאימי עני ישמעאל ואמר **אנא** זכאי יתיר מינך דאנא GN 22:1
לא אייתי לוותך דאין **אנא** חטי בה מן ידי הוית תבע יתה GN 31:39
הא אנא אזיל לממת ולית **אנא** חיי תוב בעלם אוחרן ולמה דנן GN 25:32
לא יהוי לך ביניהון **אנא** חלקך ואחסנתך בגו בני ישראל: NU 18:20
מן שירויא: ואמר לְמשה **אנא** חמוך יתרו אתי לוותך EX 18:6
דאנת דאת מיטמר ביה **אנא** חמי ואין אינון פיקודייא GN 3:9
בנין ואין לא הי כמיתא **אנא** חשיבא: ותקיף רוגזא דיעקב GN 30:1
בחדוות בריה הכדין **אנא** טרחית בעמא הדין אפיקית DT 32:50
הא כדון סיבית לית **אנא** ידע יום מותי: וכדון סב כדון GN 27:2
זרעא על ארעא: ארום הא **אנא** יהיב להון ארכא שובעא יומין GN 7:4
כדנא אמר פרעה לית **אנא** יהיב לכון תיבנא: אתון איזילו EX 5:10
כל קיימייא וית דינייא די **אנא** יהיב קדמיכון יומא דין: אילין DT 11:32
בר מאה ועשרין שנין **אנא** יומנא לית אנא יכיל תוב DT 31:2
מהולתי וקריבו ואמר **אנא** יוסף אחוכון די זבינתון יתי GN 45:4
למהוי להון לאלקא **אנא** ייי: אילין קימייא וסידרי דינייא LV 26:45
דהינון מקדשין קדמי **אנא** ייי: אימר להון אזדהרון לדריכון LV 22:2
תהון אזלין בדחלתא **אנא** ייי: אין בקיימי אורייתי תהכון LV 26:2
לאלקא ותידעון ארום **אנא** ייי אלהכון דאנפיק יתכון מגו EX 6:7
מעתד עילוי ואמר ליה **אנא** ייי אלקיה דאברהם אבוך GN 28:13
וידעון בני ישראל ארום **אנא** ייי אלקין די הנפיקית יתהון EX 29:46
תפלחון קדמיהון ארום **אנא** ייי אלקכון אלק קנאן ופורען EX 20:5
קדישין תהון ארום קדיש **אנא** ייי אלקכון: גבר מן אימיה ומן LV 19:2
לשמי לאומא קדישיא: **אנא** ייי אלקכון דאפיקית יתכון LV 26:13
וקסטין דיקשוט יהי לכון **אנא** ייי אלקכון דהנפיקית יתכון LV 19:36
דמתכן לא תעבדון לכון **אנא** ייי אלקכון: וארום תיכסון LV 19:4
תיטרון להלכא בהון **אנא** ייי אלקכון: ותיטרון ית קיימיי LV 18:4
ולא למסגוד לה ארום **אנא** ייי אלקכון: ית יומי שביא דילי LV 26:1
יומי שביא דילי תינטרון **אנא** ייי אלקכון: לא תסטון לפולחן LV 19:3
לאיסתאבא בהון **אנא** ייי אלקכון: מן קדם סבין LV 19:31
מן קדמי במותנא **אנא** ייי: גבר טלי או גבר סיב מזרעא LV 22:3
וחולקיה עם צדיקייא **אנא** ייי: גבר טלי וגבר סיב לכל LV 18:5
ית דאיתרעמיתון עלי: **אנא** ייי גזרית במימרי אין לא גזרית NU 14:35
לקמיה במילין: ואמר ליה **אנא** ייי דאפיקתך מאתון נורא GN 15:7
קדישין ארום קדיש **אנא** ייי דבחרית בכון ואפרישית LV 20:26
פיקודיי ותעבדון יתהון **אנא** ייי דיהב אגר טב לנטרי פיקודי LV 22:31
בדא סימנא תינדע ארום **אנא** ייי הא אנא מחי בחוטרא דבידי EX 7:17
ייי עם משה ואמר ליה **אנא** ייי הוא דאיתגליתי עלך בגו EX 6:2
בגו סנייא ואמרית לך **אנא** ייי: ואיתגליתי לאברהם ליצחק EX 6:2
חכימא ותידחל מאלקך **אנא** ייי: וארום אין איתגייר LV 19:32
משח רבות אלקיה עלוי **אנא** ייי: והוא איתא דאית בה LV 21:12
דינדעון מצראי ארום **אנא** ייי: ויהי אדם ניכסת פיסחא EX 12:12
לא ייכול לאסתאבא בה **אנא** ייי: ויטרון ית מטרת מימרי ולא LV 22:8
משמשין קדמי ליואי **אנא** ייי: וית פרקוני מאתן ושובעין NU 3:45
או פתיחא או סמיא הלא **אנא** ייי: וכדון איזל ואנא במימרי EX 4:11
ועד בעירא דילי יהון **אנא** ייי: ומליל ייי עם משה במדברא NU 3:13
דיניי ותעבדון יתהון **אנא** ייי: ומליל ייי עם משה למימר: LV 19:37
למהוי לכון לאלקא **אנא** ייי: ומליל ייי עם משה למימר: LV 22:33
ואיתן יתה לכון ירותא **אנא** ייי: ומליל משה כדין עם בני EX 6:8
תפיס ית שמא דאלקך **אנא** ייי: ועם דכורי לא תשכוב LV 18:21
תשיירון מיניה עד צפרא **אנא** ייי: ותיטרון ית פיקודיי LV 22:30
ותקרב ית ליואי קדמי **אנא** ייי חלף כל בוכריא בבני NU 3:41
סני לך לא תעביד ליה **אנא** ייי: ית קיימיי תיטרון בעירך לא LV 19:18
לאפסא ית שמא דאלקך **אנא** ייי: לא תטלום ית חברך ולא LV 19:12
למסהדא עלוי בדינא **אנא** ייי: לא תמללון שעיעא LV 19:16
תהון אזלין בדחלתא **אנא** ייי: לא תסטון בתר שאלי בידין LV 19:30
תוקלא ותדחל מאלקך **אנא** ייי: לא תעבדון שקר בסדר LV 19:14
ציורא לא תתנון בכון **אנא** ייי: לא תפסון ית בנתיכון LV 19:28
מצלהבא ארום יפסוניה **אנא** ייי מקדישיהון: וכל חילוניי לא LV 22:9

יפיס זרעיה בעמיה ארום **אנא** ייי מקדשיה: ומליל ייי עם משה LV 21:15

יפיס יות מקדשי ארום **אנא** ייי מקדישיהון: ומליל משה עם LV 21:23

יות קודשיהון ארום **אנא** ייי מקדישיהון: ומליל ייי עם LV 22:16

ולא תפסיניה ארום קדיש **אנא** ייי מקדישכון: וברת גבר כהין LV 21:8

ואתקדש בגו בני ישראל **אנא** ייי מקדשכון: דהנפיק יתכון LV 22:32

ובפרסומי ערייא **אנא** ייי: ערית אבוך ועריית אמך לא LV 18:6

מן בגלל דתינדע ארום **אנא** ייי שליט בגו ארעא: ואישוי EX 8:18

לנא בישרא וניכול: לית **אנא** יכיל בלחודי למיטען לכל עמא NU 11:14

הי כמא דמליל לכון: היך **אנא** יכיל בלחודיי למסבול טרחות DT 1:12

קושטין הוית אמר לית **אנא** יכיל למייקרא יתך: ואמר בלעם NU 22:37

שנין אנא יומנא לית **אנא** יכיל תוב למיפק ולמיעל DT 31:2

ארום אמרת לית **אנא** יכלא למיחמי במותא דטליא GN 21:16

עול לות פרעה ארום **אנא** יקרית יצרא דליביה ויצרא EX 10:1

קורבניכון: ואצדי לחוד **אנא** יות ארעא דלא יהי עלה נייח LV 26:32

לות עניה: ואמר להין חמי **אנא** יות סבר אפי אבוכון והא ליתנון GN 31:5

מבנתהון דכנענאי די **אנא** יתיב ביניהון: אלהין לארעי GN 24:3

עבדת דא ומנעית אוף **אנא** יתך מלמחטי קדמיי בגין כל GN 20:6

בעראיי: ואידכר אוף **אנא** יתכון עראי בעלמא ואמחי LV 26:24

בעראי: ואידכר אוף **אנא** יתכון עראי בעלמא וארדי LV 26:28

ואוטיב עימך: לית **אנא** כמיסת וזעיר אנא מכל טבוון GN 32:11

הדין וסהידא קמא אין **אנא** לא איעבר לוותך יות אוגר הדין GN 31:52

אנת לא תנית לי ואוף **אנא** לא שמענא מן חורנין אלהן GN 21:26

נביא הוה מתגלי ליה: חמי **אנא** ליה וליתי כדון מסתכל אנא NU 24:17

בשלמך בני אבוך: מדמי **אנא** לך יהודה ברי לגור בר אריוון GN 49:9

ובעובדא דאחך מדמי **אנא** לך לגופן שתילא על מבועין GN 49:22

פרעה למימר יות סורחניי **אנא** מדכר יומא דין: מן קדם ייי GN 41:9

ולא לפורקניה דשמשון **אנא** מודיק דפורקנהון פורקן GN 49:18

דייי מבריך יתהון ומן **אנא** מזעיר ומימרא דייי מסגי יתהון: NU 23:8

מן עובדיהן בישיא והא **אנא** מחבלהון עם ארעא: עיבד לך GN 6:13

תינדע ארום אנא ייי הא **אנא** מחי בחוטרא דבידי על מוי די EX 7:17

מסרב אנת למפטור הא **אנא** מחי יות כל תחומך בעורדעניא: EX 7:27

ואמר ייי למשה הא **אנא** מחית לכון לחמא מן שמייא EX 16:4

לזמן יומין תוב שובעא **אנא** מחית מיטרא על ארעא GN 7:4

ואמר ישראל ליוסף הא **אנא** מטא סופי לימטת ויהי מימרא GN 48:21

.בר פוטי מדינאה הוא הא **אנא** מייחסיניה לכהונתא רבתא NU 25:13

אבא קיים עלי למימר הא **אנא** מיית בקיברי דחפירית לי GN 50:5

דמייתין בה צדיקייא **אנא** מיית בתר דחמית סבר אפך GN 46:30

ואמר יוסף לאחוי הא **אנא** מיית וייי מידכר ידכר יתכון GN 50:24

אנת למפטור יות עמי הא **אנא** מייתי מחר גובא בתחומך: EX 10:4

ייי למשה תוב מכתש חד **אנא** מייתי עלוי פרעה ועילוי EX 11:1

מן יד עשו ארום מסתפי **אנא** מיניה דהוא עסק באיקרא GN 32:12

ואנא אירבי ואיתבני אוף **אנא** מיניה: ושחררת ליה יות בלהה GN 30:3

לית אנא כמיסת וזעיר **אנא** מכל טבוון ומן כל קושטא די GN 32:11

יומין דאנא קיים לית **אנא** מלטיט יות עמך עני ואמר ליה NU 31:8

שיתא פרסי אמר ליה **אנא** מסדר סידרי קרבא כלו קבל NU 21:35

משה נביא לא בטומרא **אנא** מסהיד בכון אילהין כד אתון DT 29:9

סהדין דעברין מן עלמא **אנא** מסהיד בכון יומנא אילהין DT 30:19

לא לפורקניה דגדעון **אנא** מסכי ולא לפורקניה דשמשון GN 49:18

אמר בלעם רשיעא לית **אנא** מסתכל פלחי טעוותא בדבית NU 23:21

עשו אמר מכדון לית **אנא** מסתפי מן עשו וליגיונוי ואמר GN 30:25

משכונייא דידיה מיניה **אנא** מעברא ואף על גב דאנא יקדא GN 38:25

אנן אוף אנת אוף טפלנא: **אנא** מערבנא ביה מן ידא תיבעיניה GN 43:9

ייי אלקכון מטול כן **אנא** מפקדכון למעבד יות פיתגמא DT 15:15

ומדקדמוי: בגין כן **אנא** מפקיד לכון יומא דין תלת DT 19:7

אלקכון מתמן בגין כן **אנא** מפקיד לכון למעבד יות DT 24:18

בארעא דמצרים בגין כן **אנא** מפקיד לכון למעבד יות DT 24:22

מיגו ארעא בגין כן **אנא** מפקידכון למימר מיפתח DT 15:11

על גב דאנא יקדא לית **אנא** מפרסמא ליה ברם מרי עלמא GN 38:25

אמר ארום בשמא דייי **אנא** מצלי ואתון עמא בית ישראל DT 32:3

הוינא מקבל וכדון לית **אנא** מקבל בגין דאיזכי למתעבדא GN 50:20

למימר בדיקריבין קדמי **אנא** מקדש משכנא דאין לא LV 10:3

עימיה למימר: אנא הא **אנא** מקיים קיימי עמכון ועם בניכון GN 9:9

וקשא תריהון כחדא: הא **אנא** משגר מלאכא קדמך למטרך EX 23:20

הדא זימנא ואמר לית **אנא** משדר יתך אלהין בירכת יתי: GN 32:27

ליליא חורן כשעתא דא **אנא** מתגלי בגו מצראי: וימות כל EX 11:4

ביומא תליתאה הא **אנא** מתגלי עלך בעיבא דענן יקרא EX 19:9

ופקיד יתהון ואמר להון **אנא** מתכנש לעמי קברו יתי לות GN 49:29

יורדנא למירות יות ארעא **אנא** מתקנס לממת אי ניחא לקמך DT 32:50

צלו עלי: ואמר משה הא **אנא** נפיק מלותך ואיצלי קדם ייי EX 8:25

אתנך דנן תלת זימנין הא **אנא** נפקית למישטן לך ואתנא NU 22:32

ואמר עשו בליביה לית **אנא** עביד היכמא דעבד קין דקטל GN 27:41

משה יאות מלילתא **אנא** עד דהוינא יתיב במדין יתאמר EX 10:29

יות שת ברם מתעכב **אנא** עד זמן דימטון יומי אבלא GN 27:41

ייי במזלא לבר ריבוני: **אנא** עד לא פסקית למללא עם GN 24:45

וכדון אימת אעביד אוף **אנא** עיבידתא ואנא זקיק לפרנסא GN 30:30

ארום אלקא חננא **אנא:** עמי בני ישראל דייניכון לא EX 22:26

למימר: דייר ותותב **אנא** עמכון בבעו זבונו לי אחסנת GN 23:4

מן קדם שרי ריבונתי **אנא** ערקת:: ואמר לה מלאכא דייי GN 16:8

ברי: ואמר יעקב לאבוי **אנא** עשו בוכרך עבדנא היכמה GN 27:19

ואמר ליה מאן אנת ואמר **אנא** עשו ברך בוכרך: ואזדעזע יצחק GN 27:32

למיקטול יתיה: ואישוי **אנא** פנוייתא למעסוק בגברא ההוא LV 20:5

ואמר פרעה ליוסף **אנא** פרעה מלכא ואנת אלקפטא GN 41:44

חמי הוית בחילמי הא **אנא** קאי על כיף נהרא: והא מן נהרא GN 41:17

עם ריבוני אברהם: הא **אנא** קאי על עינא דמיא ובנתהון GN 24:13

דאנא אזיל עלה: הא **אנא** קאי על עינא דמיא ותהי ריבא GN 24:43

משיריית עמלק מחר **אנא** קאים בצומא מעתד בזכוות EX 17:9

אנת למיפטריה הא **אנא** קטיל יות ברך בוכרך: והוה EX 4:23

אבלא דמיתת אבא ובכן **אנא** קטיל יות יעקב אחי ואנא GN 27:41

רמאי הוא אמר לא יעקב **אנא** רמאי וחכים יתיר מיניה ולית GN 29:12

ואמחי יתכון לחוד **אנא** שבע מחן על שבע עבירן די LV 26:24

וארדי יתכון לחוד **אנא** שבע מחן על שבע עבירן די LV 26:28

אלקכון יהיב לכון: ארום **אנא** שכיב בארעא הדא לית אנא DT 4:22

קדמי: ארום בזימנא הדא **אנא** שלח מחתא לך מן שמייא EX 9:14

נוכראה ומגחכן קדמהא **אנא** שמע: והוה כד קריב משה EX 32:18

תיכלא משה הוה אמר **אנא** שמעית מן פום קודשא יהי NU 16:2

קיימא הדין אלהין עימנא **אנחנא** אילין הכא יומא דין כולנא DT 5:3

גובריא האינון ליה **אנחנא** אסתאבנא לבר נש דמית NU 9:7

דייי אלקנא תוב ומייתין **אנחנא:** ארום הי דין כל בר בישרא DT 5:25

ואמרו תריסר עבדך אחין **אנחנא** בני גברא חד בארעא דכנען GN 42:13

והנפקנא ממצרים והא **אנחנא** ברקם קרתא דמתבניא NU 20:16

רעוותך ארום גוברין אחין **אנחנא:** הלא כל ארעא קדמך GN 13:8

מנן אתון ואמרו מחרן **אנחנא:** ואמר להום הידעתון יות לבן GN 29:4

הדין לממת תמן **אנחנא** ובעירנא: ולמא אסיקתונא NU 20:4

בארעא ואובדו הא **אנחנא** חשיבין כאילו אבדנא כולנא: NU 17:27

דין וחד נפק מלוותן ולית **אנחנא** ידעין מה הווה בסיפיה: ואמר GN 42:13

מן אתרא: ארום מחבלין **אנחנא** יות אתרא הדין ארום סגיאת GN 19:13

יכלינא בישרא: דכירין **אנחנא** יות נוניא דהוינא אכלין NU 11:5

גברא חד נחנא מהימני **אנחנא** לא הוו עבדך אלילי: ואמר GN 42:11

רבתא הדין אין מוספין **אנחנא** למישמע יות קל מימרא דייי DT 5:25

חמוי דמשה נטלין **אנחנא** מיכא לאתרא דאמר ייי NU 10:29

הדין די חלימית: והא **אנחנא** מפרכין פירוכין בגו חקלא GN 37:7

לי חבנא קדם ייי **אנחנא** ניסק ונגיח קרב בכל DT 1:41

לשציותנא: לאן **אנחנא** סלקין אחנא מסמיסן יות DT 1:28

לריש טוורא למימר הא **אנחנא** סלקין לאתרא דאמר ייי NU 14:40

חובא על עבדך הא **אנחנא** עבדין לריבוני אוף אנן אוף GN 44:16

לאחוי בקושטא חייבין **אנחנא** על אחונא דחמינא אניקי GN 42:21

הוא אלקא זכאה וברם **אני** ועמי חייבין בכל מחתא ומחתא: EX 9:27

זעיר לי ישראל: מה **אני** לאיט ומימרא דייי מבריך יתהון NU 23:8

רעי ענא הוו עבדך אוף **אנן** אוף אבהתן: ואמרו לפרעה GN 47:3

וניזיל וניחי ולא נמות אוף **אנן** אוף אנת אוף טפלנא: אנא GN 43:8

למא נמות ועינך חמן אוף **אנן** אוף ארען קני יתן וית אנן GN 47:19

אנחנא עבדין לריבוני אוף **אנן** אוף מאן דהישתיכח כלידא GN 44:16

לא הוינא אלילי: תריסר **אנן** אחין בני אבא חד לית אנן ידעין GN 42:32

יתן וית אנן בלחם ונהי **אנן** וארען עבדין לפרעה והב בר GN 47:19

קדם ייי ואנחנא מא **אנן** חשיבין ארום אתרעמתון עלנא: EX 16:7

וחולק אחא דאבונן ואין **אנן** חשיבין כביר הב לן אחסנא בגו NU 27:4

לית ליה ביר דכר אין לית **אנן** חשיבין כבר ואימן כנטרא ייבם NU 27:4

עלוי ואנחנא מה **אנן** חשיבין לא עלנא תורעמותכון EX 16:8

אחין בני אבא חד לית **אנן** ידעין מה הוה בסופיה וקלילא GN 42:32

אין נשביקינון לית **אנן** ידעין ממא נפלח קדם ייי עד EX 10:26

ייי אילהן הא אין מקרבין **אנן** יות טעוותהון דמצראי קדמיהון EX 8:22

ואמרנא ליה מהימני **אנן** לא הוינא אלילי: תריסר אנן GN 42:31

איתיהיבת ליצחק **אנן** לא ניכול למללא לך ביש או טב: GN 24:50

ונעביד כדין אוף **אנן:** לא תעבדון פולחנא כדין לייי DT 12:30

קדמוי ואמרו הא **אנן** לך לעבדין: ואמר להום יוסף לא GN 50:18

דתב לטוננא בקדמיתא **אנן** מיתעלין למתעקפא עלן GN 43:18

כל מידעם אלהין למנא **אנן** מסתכיין כמסכן דמודיק NU 11:6

יהי חייב קטול ואוף **אנן** נהי לריבוני לעבדין: ואמר אוף GN 44:9

שבטיא דישראל: יהודה **אנת** אודיתא על עובדא דתמר בגין GN 49:8

עביד: מיתר תינתר אוף **אנת** אוף אהרן ובנוי וסביא דעימך EX 18:18

ולא נמות אוף אנן אוף **אנת** אוף טפלנא: אנא מערבנא ביה GN 43:8

עלנא הלא למיקטלי **אנת** אמר כמה דקטלת יות מצראי EX 2:14

לטוורא דסיני ארום **אנת** אסהידת בנא למימר תחים יות EX 19:23

הגר אמתא דשרי מן האן **אנת** אתיא ולאן תיזלין ואמרת מן GN 16:8

אימרי בבעו דאחתי **אנת** בגין דייטב לי בגיניך ותתקיים GN 12:13

דעמא ולא תיטעון **אנת** בלחודך: ולות עמא תימר NU 11:17

גברא למימר מה **אנת** בעי: ואמר יות אחיי אנא בעי GN 37:15

אבא ואמר האנא מן **אנת** ברי: ואמר יעקב לאבוי אנא GN 27:18

למקרב לגבה ואין אמר **אנת** דאסירא היא הלא אנת נסיבת NU 25:6
ארום עם קשי קדל **אנת** דילמא אישיצינכון באורחא: EX 33:3
חוי לך ארום ערטילאי **אנת** דילמא מן פירי אילנא GN 3:11
שערניין וברכיה: ואמר **אנת** הוא דין ברי עשו ואמר אנא: GN 27:24
מתמלל לה וכן אמרת **אנת** הוא חי וקיים דחמי ולא GN 16:13
הדא דישמעו ארום **אנת** הוא ייי דשכינתך שריא בגו NU 14:14
עמך עני ואמר ליה הלא **אנת** הוא לבן ארמאה דבעית NU 31:8
יתה ותתכנש לעמך לחוד **אנת** היכמא דאיתכניש אהרן אחוך: NU 27:13
לתמן ואתכנש לעמך אוף **אנת** היכמה דשכב אהרן אחוך DT 32:50
עממיא דלא חכימתא **אנת** ואבהתך: מטעוות שבעתי DT 13:7
ניסיא וכנוש ית כנישתא **אנת** ואהרן אחוך ותומון תריכון ית NU 20:8
תימנון יתהון לחיליהון **אנת** ואהרן: ועימכון יהון גבר גבר NU 1:3
בירחא סק לקדם ייי **אנת** ואהרן נדב ואביהוא ושובעין EX 24:1
ליה ייי איזל חות ותיסק **אנת** ואהרן עימך וכהנייא ועמא לא EX 19:24
כפנא דילמא תיתמסכן **אנת** ואינש ביתך וכל דילך: והא GN 45:11
שבייתא ותקבל חושבנא **אנת** ואלעזר כהנא ורישי אבהת NU 31:26
אבוי ואמר ליה מאן **אנת** ואמר אנא עשו ברך בוכרך: GN 27:32
יתה ואמרית ברת מאן **אנת** ואמרת ברת בתואל בר נחור GN 24:47
ואנת ית קימי תיטר **אנת** ובנך בתרך לדריהון: דא קימי GN 17:9
עמך ותיעול לתיבותא **אנת** ובנך ואינתתך ונשי בנך עמך: GN 6:18
ואמר ייי לאהרן **אנת** ובנך ובית אבך עימך תקבלון NU 18:1
דגושן ותהי קריב לותי **אנת** ובנך ובני בנך וענך ותורך וכל GN 45:10
תיכלון באתר דכי **אנת** ובנך עימך ארום חולקך וחולק LV 10:14
מידעם מרוי לא תשתי **אנת** ובנך עימך ביזמן מיעלכון LV 10:9
ופיקודוי דאנא מפקיד לך **אנת** וברך ובר ברך כל יומי חייך ומן DT 6:2
זמינין לבי דינא קדם ייי **אנת** והינון ואהרן מחר: וסבו גבר NU 16:16
אינתתא שפירת חזו **אנת**: ויהי ארום יסתכלון ביך מצראי GN 12:11
לבן ברם קריבי ודמי לי **אנת** ויתב עימיה ירח יומין: ואמר GN 29:14
ייי: ואמר ייי לנח עול **אנת** וכל אינש ביתך לתיבותא GN 7:1
דע ארי מיממת תמות **אנת** וכל דילך: ואקדים אבימלך GN 20:7
כהונתא רבתא: בגין כן **אנת** וכל כנישת סעדך דאזדמנתון NU 16:11
מנהון: ואמר משה לקרח **אנת** וכל כנישת סעדך הוו זמינין NU 16:16
מטו מיני למימר פוק **אנת** וכל עמא דעימך ומבתר כדין EX 11:8
קדמי ארום דחלא דייי **אנת** ולא עכיבתא ית ברך ית יחידך GN 22:12
ויבעי מינך למימר דמאן **אנת** ולאן אנת מטייל ולמאן אילין GN 32:18
איתבראת ארום עפרא **אנת** ולעפרא תתוב ומן עפרא אנת GN 3:19
ויקבלון מינך ותיעול **אנת** וסבי ישראל לות מלכא EX 3:18
ואישיצינון בגין כן טייל **אנת** ועמא דאסיקתא מארעא EX 33:1
לבן ליעקב המדאחי **אנת** חשיב ותיפלחינני מגן תני לי GN 29:15
עלי ואיתן: ואמר ליה **אנת** ידעת ית די פלחתך וית דהוה GN 30:29
כדנן אמר אחוך ישראל **אנת** ידעת ית כל אניקי NU 20:14
לא יתקף רוגזא דריבוני **אנת** ידעת ית עמא ארום בני EX 32:22
יתך בגינהון ואזיל ארום **אנת** ידעת ית פולחני די פלחתך: GN 30:26
אולפן מן קדם ייי ותייתי **אנת** ית פיתגמיא דילהון קדם ייי: EX 18:19
דאנת עביד לעמא מה דין **אנת** יתיב לבלחודך למידון וכל EX 18:14
טב ושלחנך פון בשלם **אנת** כדון בריכא דייי:: ואקדימו GN 26:29
ייי מטולכון למימר אוף **אנת** לא תיעול לתמן: יהושע בר נון DT 1:37
ית פיתגמא הדין ואוף **אנת** לא תנית לי ואוף אנא לא GN 21:26
לוותך ית אוגר הדין ואין **אנת** לא תעיבר לותי ית אוגר הדין GN 31:52
ואנא לדרומא אם **אנת** לדרומא ואנא לציפונא: וזקף GN 13:9
ואין יסרב לאפוקי מחי **אנת** לחודך ביה בחוטרא דבידך NU 20:8
ברי ויפלח קדמוי ומסרב **אנת** למיפטריה הא אנא קטיל ית EX 4:23
ויפלחון קדמי: ואין מסרב **אנת** למפטור הא אנא מחי ית כל EX 7:27
קדמי: ארום אין מסריב **אנת** למפטור ועד כדון אנת מתקיף EX 9:2
קדמיי: ארום אין מסרב **אנת** למפטור ית עמי הא אנא מייתי EX 10:4
מימרא דייי בסעדך הוי **אנת** לעמא תבע אולפן מן קדם ייי EX 18:19
אתפרש כדון מיני אם **אנת** לציפונא ואנא לדרומא אם GN 13:9
טובך ואנדע רחמך היך **אנת** מדבר עם בני נשא זכאין מטי EX 33:13
ומטרא ובעמודא דעננא **אנת** מדבר קדמיהון בימטא מטול NU 14:14
ליה אחוהי הלממלך **אנת** מדמי עלנא אין למישלט את GN 37:8
למימחייה אמר ליה למה **אנת** מחי לחברך: ואמר ליה דתן EX 2:13
למימר דמאן אנת ולאן **אנת** מטייל ולמאן אילין דקדמך: GN 32:18
דלילייא ואמר ליה הא **אנת** מיית על עיסק אינתתא GN 20:3
דישראל עד אימת מסרב **אנת** מן למתכנעא מן קדמיי פטור EX 10:3
ואמר ייי למשה למא **אנת** מסתפי חמי דכבר שוית יתך EX 7:1
ואמר לה מלאכא הא **אנת** מעברא ותלדין בר ותקרין ית GN 16:11
ארום לא ידעית ארום **אנת** מעתד לקדמותי באורחא NU 22:34
ואנת משמש מן בתריי **אנת** מקני לי רעינא פון דיהון כל NU 11:29
איתוקף ואתחייל ארום **אנת** מתמני למיעול עם עמא הדין DT 31:7
אנת למפטור ועד כדון **אנת** מתקיף בהון: הא מחת ידא דייי EX 9:2
אנת דאסירא היא הלא **אנת** נסיבת ית מדייניתא ברת יתרו NU 25:6
חשוכא כנהורא והיך **אנת** סבר בליבך לאיטמרי מן קדמי GN 3:9
ותרחמיה לחברך דמן **אנת** סני לך לא תעביד ליה אנא ייי: LV 19:18
יקיר הוא מיני: ואין כדין **אנת** עביד לי דתישבוק כל NU 11:15

ואמרו למשה מליל **אנת** עימנא ונקביל ולא יתמליל EX 20:19
ולעפרא תתוב ומן עפרא **אנת** עתיד למיקום למיתן דינא GN 3:19
אתר קדיש הוא ועלוי **אנת** עתיד לקבלא אורייתא למלפא EX 3:5
אין אנת שמע חילמא **אנת** פשר ליה: ואתיב יוסף ית פרעה GN41:15
דארעא למימר ברם אם **אנת** צבי למעבד לי טבו קביל מיני GN23:13
עול בריכא דייי למא **אנת** קאי בברא ואנא פניית ביתא GN24:31
ואמר ייי למשה למא **אנת** קאי ומצלי קדמי הא צלותהון EX 14:15
מטול דבסנדרי דלעיל **אנת** קאי לגבי ואימליל עימך ית DT 5:31
ומן בתר כל ניסיא אילין **אנת** קטל ית עמא הדין כגברא חד NU 14:15
סבר אפך ארום עד כדון **אנת** קיים: ואמר יוסף לאחוי ולבית GN46:30
אבוכון: ראובן בוכרי **אנת** ריש חיל שימושי ושירוי קריות GN49:3
כדון שמך ואמר למה דנן **אנת** שאיל לשמי ובריך יתיה יעקב GN32:30
לבר: ואמר ייי למשה הא **אנת** שכיב בעפרא עם אבהתך DT 31:16
שמעית עלך למימר אין **אנת** שמע חילמא אנת פשר ליה: GN41:15
מן קדמך ייי אלקים **אנת** שריתא לאתחזאה ית עבדך ית DT 3:24
לגיניתיך: ותימר לי אוף **אנת** שתי אוף לגמלך אמלי היא GN24:44
סוכלתן וחכים כוותך: **אנת** תהי אפיטרופוס על ביתי ועל GN41:40
יזיל עמכון: ואמר אוף **אנת** תיתן בידנא נכסת קודשין EX 10:25
אחוך הוי נביא דילך: **אנת** תמליל לאהרן ית כל EX 7:2
אתוקף ואתחייל ארום **אנת** תעיל ית בני ישראל לארעא DT 31:23
כדון הוית אחתן וכדון **את** אזלא ומתנסבא לצדיקא יהי GN24:60
למימר: פוק מן תיבותא **את** ואינתתך ובנך ונשי בנך עימך: GN 8:16
כוותנא ואתקיים: קריב **את** ותשמע ית כל מה דיימר ייי DT 5:27
ואמר ייי למשה ארים **את** ידך על ארעא דמצרים בדיל EX 10:12
ארום עבדת דא ליט **את** מכל בעירא ומכל חיות ברא על GN 3:14
וכען חלף דקטלתיה ליט **את** מן ארעא דפתחת ית פומא GN 4:11
מדמי עלנא אין למישלט **את** סביר עלנא ואוסיפו תוב למנטר GN37:8
ותרחם ליה כוותך דמה **את** שני לך לא תעביד ליה ארום LV 19:34
דביריא: ואמר ברת מאן **את** תני כדון לי האית בית אבויך GN24:23
קומו פוקו מגו עמי אוף **אתון** אוף בני ישראל וזילו פלחו EX 12:31
ייי אנא דחיל: אם מהמנין **אתון** אחוכון חד יתאסר בבי GN42:19
בדא אנדע ארום מהימני **אתון** אחוכון חד שבוקו עמי וית GN42:33
אנא יהיב לכון תיבנא: **אתון** איזילו סבו לכון תיבנא מן EX 5:11
ואנדע ארום לא אלילי **אתון** אלא מהימהי אתון ית אחוכון GN42:34
אתון בטלנין בגין כן **אתון** אמרין נזיל נדבח נכסת חגא EX 5:17
הכדין תפרשון לחוד **אתון** אפרשותא קדם ייי מכל NU18:28
במצרים ועיניכון חמיין: **אתון** אתחמיתא ית פרישתא אילין DT 4:35
עמכון למימר אלילי **אתון**: בהדא מיילא תתבחרון חיי GN42:14
אתון בקרתא ובריכין **אתון** בחקלא: בריכין וולדי מעיכון DT 28:3
אתון בקרתא וליטין **אתון** בחקלא: ליט סלי ביכוריכון DT 28:16
וסלקא: ואמר בטלנין **אתון** בטלנין בגין כן אתון אמרין EX 5:17
אסחרו בבעו הכא אוף **אתון** בלילייא ואנדע מה יוסף NU22:19
שירוי עצוותכון: ובריכין **אתון** במיעלכון לבתי מדרשכון DT 28:6
פיתגמי אורייתא וליטין **אתון** במיפקכון לפרקמטייכון: יגרי DT 28:19
לבתי מדרשכון ובריכן **אתון** במיפקכון לפרקמטייכון: ישוי DT 28:6
ועדרי עניכון: ליטין **אתון** במעלכון לבתי תיאטרוניכון DT 28:19
ופלחו קדם ייי ארום יתה **אתון** בעאן ותריך יתהון מלות אפי EX 10:11
דייי אלקכון: בריכין **אתון** בקרתא ובריכין אתון בחקלא: DT 28:3
האילין וידבקונכון: ליטין **אתון** בקרתא וליטין אתון בחקלא: DT 28:16
היכדין פקיד ייי למעבד **אתון** בתר יומי אשלמוותא LV 8:34
דלשום מימרא דייי **אתון** גמלין דא עמא דהוון טפשין DT 32:6
משה ועל אהרן למימר **אתון** גרמתון דין מותא על עמא NU17:6
יעקב לבנוי למה דין **אתון** דחלין למיחות למצרים: ואמר GN42:1
ארום עם קשי קדל **אתון**: הוו דכירין לא תתנשון ית DT 9:6
לאומא דלא חכימתון **אתון** ואבהתכון ותהוון מסקי DT 28:36
אתון כהניא בכל אתר **אתון** ואינש בתיכון ארום אגרא NU18:31
באתרא דיתרעי ייי **אתון** ואינש בתיכון: וארום יהי ביה DT 15:20
קדם ייי אלקכון ותחדון **אתון** ואינש בתיכון: וליואה DT 14:26
להום יעקב אחי מנן **אתון** ואמרו מחרן אנחנא: ואמר GN29:4
אישא היכמא דשמעתון **אתון** ואתקיים: או היך ניסא דעבד DT 4:33
דאנא מפקד לכון יומנא **אתון** ובניכון בכל ליבכון ובכל DT 30:2
לא תעבדון כל עבידתא **אתון** ובניכון ובנתיכון ועבדיכון EX 20:10
לא תעבדון כל עיבידתא **אתון** ובניכון ובנתיכון ועבדיכון DT 5:14
ותיחדון קדם ייי אלקכון **אתון** ובניכון ובנתיכון ועבדיכון DT 12:12
דיתרעי ייי אלקכון ביה **אתון** ובניכון ובנתיכון ועבדיכון DT 12:18
חגא קדם ייי אלקכון **אתון** ובניכון ובנתיכון ועבדיכון DT 16:11
בשאובתא וחלילא **אתון** ובניכון ובנתיכון ועבדיכון DT 16:14
דתיחון בחיי עלמא דאתי **אתון** ובניכון: למירחם ית ייי DT 30:19
ולא ימותון אוף הינון אוף **אתון**: ויזדמנון לוותך מלבר ויטרון NU18:3
חיי דפרעה ארום אלילי **אתון**: וכנש ייתהום לבית מטרא GN42:16
בתיכון ותהנון ותיכלון **אתון** וליואי וגיורי דביניכון: ארום DT 26:11
וביומא שביעאה **אתון** ושביכון: וכל לבוש וכל מנא NU31:19
עמי בני ישראל אין **אתון** זבנין חקיל או כרמא כמניין LV 25:15
חרי ואמר משה לעמא **אתון** חבתון חובא רבא וכדון איסק EX 32:30

כל ישראל: ארום בעיניכון **אתון** חמיין ית כל עובדא דייי רבא DT 11:7
כדנא תימר לבני ישראל **אתון** חמיתון ארום מן שמיא EX 20:22
וקרא משה ואמר להון **אתון** חמיתון ית כל מחוותא דעבד DT 29:1
יעקב ותתני לבית ישראל: **אתון** חמיתון מה די עבדית EX 19:4
ואמר עבדך אבא לנא **אתון** ידעתון ארום תרין בנין ילידת GN 44:27
הכא עימן יומנא: ארום **אתון** ידעתון סכום שנייא דיתיבנא DT 29:15
אלילי אתון אלא מהימהי **אתון** ית אחוכון אתן לכון וית GN 42:34
מעצרתא: ותיכלון יתיה **אתון** כהניא בכל אתר אתון ואינש NU 18:31
מן שמייא וכן אמרת **אתון** כל עללי עלמא וחמון בצערי DT 34:5
דלא וולד יהון: ותיטרון **אתון** כנישתא דישראל ית כל LV 20:22
ית דיירהא: ותיטרון **אתון** כנישתא דישראל ית קיימיי LV 18:26
ואמר להום אלילי **אתון** למיחמי ית עירית מטעייתא GN 42:9
כפתיה וית בנימין כען **אתון** למיסב עלאיי הואה צוקתא GN 42:36
ושרה אבהתן למימר **אתון** מדמיין לאילנין שתילין על NU 21:34
ואמר ייי למשה עד אימת **אתון** מסרבין למנטור פיקודיי EX 16:28
מסהיד בכון אילהין כד **אתון** מעתדין יומנא כוליכון קדם DT 29:9
ישראל למימר לבנהון הא **אתון** משתעבדין במצרים ולא GN 50:25
ווי לכון סגיפין מחר **אתון** מתקטלין מטול דסני ייי יתנא DT 1:27
ויימר להון שמעו ישראל **אתון** מתקרבין יומא דין לסידרי DT 20:3
שכינתא דייי ומה דין **אתון** מתרברבין על קהלא דייי: NU 16:3
יתאכל חמיע: יומא דין **אתון** נפקין פריקין מחמיסר בניסן EX 13:4
וית עמא פקיד למימר **אתון** עברין בתהום אחוכון בנוי DT 2:4
אלקכון: שמעו ישראל **אתון** עברין יומא דין ית יורדנא DT 9:1
ומליל ייי עמי למימר: **אתון** עברין יומא דין ית תחום DT 2:18
ישראל ותימר להון ארום **אתון** עברין ית יורדנא לארעא NU 33:51
ישראל ותימר להון ארום **אתון** עברין ית יורדנא לארעא NU 35:10
בסיטרי חזוי ממרא: ארום **אתון** עברין ית יורדנא למיעל DT 11:31
חבנא: ואמר משה מה דין **אתון** עברין על גזירת מימרא דייי NU 14:41
ארום דיירין ותותבין **אתון** עימי: ובכל ארע אחסנתיכון LV 25:23
ואמר להון משה מה נצן **אתון** עימי ומה מנסון אתון קדם ייי: EX 17:2
מה הוא ארום מתרעמין **אתון** עלי: ושדר משה פולין לזמנא NU 16:11
ישראל ותימר להון ארום **אתון** עלין לארעא דכנען דא ארעא NU 34:2
ואיתמר אבהתהון: ארום **אתון** עללין לארעא דייי אלקכון DT 18:9
ובתריצות ליבכון **אתון** עללין למירות ית ארעהון DT 9:5
למשה אימר לבני ישראל **אתון** עם קשי קדל שעא חדא EX 33:5
תשמיט ידך: לחוד אין **אתון** עסיקין במצוותא דאורייתא DT 15:4
לנסייוכון למנדוע הנטרין **אתון** פיקודוי אין לא: ועננייך ואכפנך DT 8:2
תמליל למימר סבו ברם **אתון** צפיר בר עיזי מטול דסטנא LV 9:3
בנורא: ארום עמא קדישא **אתון** קדם ייי אלקכון ובכון אתרעי DT 7:6
דמית: ארום עם קדיש **אתון** קדם ייי אלקכון ובכון אתרעי DT 14:2
אלקכון: הי כבנין חביבין **אתון** קדם ייי אלקכון לא תגודון DT 14:1
עממין ארום עם קדיש **אתון** קדם ייי אלקכון לית אתון DT 14:21
נצן אתון עימי ומה מנסון **אתון** קדם ייי: וצחי תמן עמא למוי EX 17:2
עמי בית ישראל לית **אתון** רשאין לא למבשלא ולא EX 23:19
מן יד חבריכון לית **אתון** רשאין לאוניא ית חבריה: עמי LV 25:14
קדם ייי אלקכון לית **אתון** רשאין למבשל כל דכן DT 14:21
דייי אלקכון לית **אתון** רשאין למבשלא ולא למיכול EX 34:26
לשיזבא רבא: וכדון לא **אתון** שדרתון יתי הלכא אלהין מן GN 45:8
מיגו אישתא קל דבורא **אתון** שמעין ודמו לא חמיתון אלהן DT 4:12
אחך בני לוי עימך וכדון **אתון** תבעין אוף כהונתא רבתא: NU 16:10
יתהון: ואמרית להון **אתון** תזדהרון מן תועיבתא איליין LV 20:24
ארום רעיתא היא **בההוא** זימנא ארום הוה מחתא דייי GN 29:9
ולבן אשרי ית אחוי **בההוא** טורא דגלעד: ואמר לבן GN 31:25
ונחת למצרים ואתא **בההוא** יומא ואייתי אוניתא דכתב GN 50:13
ארום חמש עבירן עבר **בההוא** יומא פלח פולחנא נוכראה GN 25:29
בשרביטא וימות **בההוא** יומא תחות ידיה יתדנא EX 21:20
כסף ודהב ובעא למיטרד **בההוא** עותרא ית משה וית אהרן NU 16:19
שפיריא לא שדר מחתיה **בההיא** שעתא ברם איתנטרא להון EX 24:11
ליה משבוק תשבוק **בההיא** שעתא ית סנא דבלבך עלוי EX 23:5
מן בגלל דתיתלי עינך **בהן** ולא תליתא עינך בחדא מנהון GN 49:22
ארום אנת אסהידת **בנא** למימר תחים ית טוורא EX 19:23
אינתתיה לכהנא ומטול **דאיהי** אטעימית לגיורא תפנוקין NU 5:15
מעילוי תדייהא מטול **דאיהי** אסרת חרצהא בצלצוליין NU 5:18
ויתנינון במן דחסף מטול **דאיהי** אשקיית לגייורא חמר בסים NU 5:17
ית רישא דאיתתא מטול **דאיהי** קלעת סער רישה ויתן על NU 5:18
לנא כל דכורא היכמא **דאינון** גזרין: גיתיהון וניכסיהון וכל GN 34:22
גובריא עיבורא היכמא **דאינון** יכלין לסוברא ושוי כסף גבר GN 44:1
בנוי לקבלא אגר טב על **דאינון** עסיקין באורייתא וקראת GN 30:18
ערייתא באורחא הדין **דאנא** אזיל ויתן לי לחים למיכל GN 28:20
איתך כדון מצלח אורחי **דאנא** אזיל עלה: הא אנא קאי על GN 24:42
אנא זכאי יתיר מינך **דאנא** איתגזרית לתלסירי שנין ואין GN 22:1
קדלכון קשיא הא עד זמן **דאנא** בחיים ביניכון יומא דין DT 31:27
בלעם חסיר דעתא אנא **דאנא** בעירא מסאבא איתא NU 22:30
לי חמי למירות ית אבא **דאנא** בר שרה אינתתיה ואנת בר GN 22:1
לי חמי למירות ית אבא **דאנא** בריה בוכרייא ויצחק הוה GN 22:1
ויאללון ית ארעא דכנען **דאנא** יהיב לבני ישראל גברא חד NU 13:2
ותמן לא תיעול לארעא **דאנא** יהיב לבני ישראל: ודא סדר DT 32:52
וחמי ית ארעא דכנען **דאנא** יהיב לבני ישראל לאחסנא: DT 32:49
יתהון ויעבדון בארעא **דאנא** יהיב להון למירתה: וכדון טורו DT 5:31
ארום תיעלון לארעא **דאנא** יהיב לכון ותחצדון ית חצדא LV 23:10
תיעלון לארע מותבניכון **דאנא** יהיב לכון: ותעבדון על NU 15:2
ארום תיעלון לארעא **דאנא** יהיב לכון ותשמיט ארעא LV 25:2
תיעלון לארעא דכנען **דאנא** יהיב לכון לאחסנא ומשתכח LV 14:34
יחידיי בארעא היכמא **דאנא** יחידי בשמי מרומא ועתידין GN 3:22
אנא מעברא ואף על גב **דאנא** יקדא לית אנא מפרסמא ליה GN 38:25
איתא לברי מבנת כנענאי **דאנא** יתיב בארעהון: אלהין לבית GN 24:37
שבקינכון על דיינא חד **דאנא** לא יכילנא בלחודיי למסוברא DT 1:9
תהכון בנימוסי עממיא **דאנא** מגלי מן קדמיכון ארום ית כל LV 20:23
איליין איסתאבו עממיא **דאנא** מגלי מן קדמיכון: ואיסתאבת LV 18:24
נביא ואמר אף על גב **דאנא** מוכח יתהון על תנאה DT 28:15
שכינתי ביניהון: ככל מה **דאנא** מחמי יתך ית צורת משכנא EX 25:9
שמעו לקיימייא ולדינייא **דאנא** מליף יתכון למעבד מן בגלל DT 4:1
מלכא דמצרים ית כל **דאנא** ממליל עימך: ואמר משה קדם EX 6:29
ית קימייא וית דינייא **דאנא** ממליל קדמיכון יומא דין DT 5:1
שוון לבכון לכל פיתגמיא **דאנא** מסהיד בכון יומנא DT 32:46
להון במיעלכון לארעא **דאנא** מעיל יתכון לתמן: ויהי NU 15:18
דעמא דארעא דכנען **דאנא** מעיל יתכון לתמן לא תעבדון LV 18:3
ולא תפלוט יתכון ארעא **דאנא** מעיל יתכון לתמן למיתב בה: LV 20:22
קבלא תקבלון לפיקודיי **דאנא** מפקד יתכון יומא דין למרחם DT 11:13
למימריה ככל מה **דאנא** מפקד לכון יומנא אתון DT 30:2
ותעבדון ית כל פיקודוי **דאנא** מפקד לכון יומנא: וישיירינכון DT 30:8
תפקידתא הדא למעבדא **דאנא** מפקדכון יומא דין למירחם DT 19:9
למנטור ית פיקודוי **דאנא** מפקדכון יומא דין מטול DT 10:13
וכדון ברי קבל מיני למה **דאנא** מפקדת יתך: איזל כדון לבית GN 27:8
וית קיימייא וית דינייא **דאנא** מפקיד יתהון למעבדהון: ויהי DT 7:11
תקימון ית אבניא האילין **דאנא** מפקיד יתכון בטוורא דעיבל DT 27:4
ית פיקודייא דייי אלקכון **דאנא** מפקיד יתכון: בעיניכון DT 4:2
למוספא על פיתגמא **דאנא** מפקיד יתכון ולא תבצרון DT 4:2
ויהון פיתגמיא האילין **דאנא** מפקיד יתכון יומא דין DT 6:6
ותטעון מן אורחא **דאנא** מפקיד יתכון יומא דין DT 11:28
ית כל פיתגמא **דאנא** מפקיד יתכון יתיה תיטרון DT 13:1
ית כל תפקידתא הדא **דאנא** מפקיד יתכון למעבדה DT 11:22
ית כל קיימוי ופיקודוי **דאנא** מפקיד לך אנת וברך ובר ברך DT 6:2
עביד עימך: טור לך ית מה **דאנא** מפקיד לך יומא דין האנא EX 34:11
לפיקודיא דייי אלקכון **דאנא** מפקיד לכון יומא דין: DT 11:27
ית כל תפקדתא הדא **דאנא** מפקיד לכון יומא דין: ארום DT 15:5
ית קיימוי וית פיקודוי **דאנא** מפקיד לכון יומא דין דיוטב DT 4:40
פיקודוי ודינוי וקיימוי **דאנא** מפקיד לכון יומא דין: דילמא DT 8:11
ית כל פיקודיי וקיימיי **דאנא** מפקיד לכון יומא דין וייתון DT 28:15
ית פיקודוי וית קימוי **דאנא** מפקיד לכון יומא דין: ופקיד DT 27:10
למנטור ית כל פיקודוי **דאנא** מפקיד לכון יומא דין למעבד DT 13:19
ית כל תפקידתא **דאנא** מפקיד לכון יומא דין מן בגלל DT 11:8
טורו ית כל תפקידתא **דאנא** מפקיד לכון יומנא: ויהי ביומא DT 27:1
ולמעבד ית כל פיקודוי **דאנא** מפקיד לכון יומנא ויתנינכון DT 28:1
תיסטון מכל פיתגמיא **דאנא** מפקיד לכון יומנא לימינא DT 28:14
לפיקודיא דייי אלקכון **דאנא** מפקיד לכון יומנא למינטר DT 28:13
אגר ביש לרשיעיא: **דאנא** מפקיד לכון יומנא למירחם DT 30:16
ותמן תעבדון ית כל מה **דאנא** מפקיד לכון: לחוד בכל רעות DT 12:14
וקבילו ית כל פיתגמיא **דאנא** מפקיד לכון מן בגלל דייטב DT 12:28
וביכוריא ומעשריא **דאנא** מפקיד לכון תמן תקרבון DT 12:11
הינון: כל תפקידתא **דאנא** מפקידכון יומא דין תיטרון DT 8:1
אלקים דא את קימא **דאנא** מקיים בין מימרי וביניכון ובין GN 9:12
המן בגלל דאתנבו עלי **דאנא** מתכנש מן עלמא ואנת NU 11:29
אמר משה נביא חמון **דאנא** סדר קדמיכון יומא דין DT 11:26
ככל אורייתא הדא **דאנא** סדר קמיכון יומא דין: לחוד DT 4:8
למכסיא מן אברהם מה **דאנא** עביד ומן דינא הוא דלא GN 18:17
דייי ארום דחיל הוא **דאנא** עביד עימך: טור לך ית מה EX 34:10
לי ברם מה־הנייה אית לי **דאנא** עביר מן עלמא דלא בנין GN 15:2
ארום תפקידתא הדא **דאנא** פקד לכון יומנא לא מכסיא DT 30:11
בשמייא ואמרית היכמא **דאנא** קיים הכדין לא אבטיל DT 32:40
משתבענא לך דכל יומין **דאנא** קיים לית אנא מלטיט ית NU 31:8
עמי בני ישראל היכמא **דאנא** רחמן בשמיא כן תהוון LV 22:28
רחיצא דתעבד דיני **דאנא** שבקית ארעי ובית איבא GN 16:5
בסעדך ודין לך סימנא **דאנא** שדרתך בהנפקותך ית עמא EX 3:12
אלפין גברין ריגליין עמא **דאנא** שרי ביניהון ואנת אמרת NU 11:21
ושמע צלותנא בכל עידן **דאנן** מצליין קמיה ועביד בעותן: והי DT 4:7
רשאין למעבד היכמא **דאנן** עבדין הכא יומא דין גבר כל DT 12:8
אלהין יתיך מן בגלל **דאנת** אינתתיה ואכדין אעביד GN 39:9

משה קדם ייי חמי מה **דאנת** אמר לי סליק ית עמא הדין EX 33:12
שבח נפשך בגיני לאימת **דאנת** בעי איצלי עלך ועל עבדך EX 8:5
מן אורחא וגלי קדמי **דאנת** בעי למיזל למילוט ית עמא NU 22:32
דיעקב ברחל ואמר עד **דאנת** בעיא מיני בעי מן קדם ייי GN 30:2
מן קדמי הלא אתר **דאנת** דאת מיטמר ביה אנא חמי GN 3:9
ייי אלקכון לכל עממיא **דאנת** דחיל מן קדמיהון: ולחוד ית DT 7:19
יחסין יתהון ית ארעא **דאנת** חמי: ושרינן בחילתא בכיין DT 3:28
ארום ית כל ארעא **דאנת** חמי לך איתנינא וליבנך עד GN 13:15
וענא מן עניי הוו וכל **דאנת** חמי מן דילי הוא ולברתיי מה GN 31:43
דאת סני ליה על חובתא **דאנת** ידע ביה בלחודך או חמרא EX 23:4
דאנת שני ליה על חובתא **דאנת** ידע ביה בלחודך רביע תחות EX 23:5
בשוקא תקום וגברא **דאנת** מוזיף ביה יפיק לך ית DT 24:11
וחמי ועיבד בציוריהון **דאנת** מתחמי בטוורא: וית משכנא EX 25:40
אוף תרויכון יומא חד **דאנת** מתקטל והוא מטרד היכמא GN 27:45
לאחסנא: ושכוב בטוורא **דאנת** סליק לתמן ואתכנש לעמך DT 32:50
דייי בסעדך בכל מה **דאנת** עביד: וכדון קיים לי במימרא GN 21:22
ואמר מה פתגמא הדין **דאנת** עביד לעמא מה דין אנת יתיב EX 18:14
ליה לא תקין פיתגמא **דאנת** עביד: מיתר תינתר אוף אנת EX 18:17
יעביד ייי לכל מלכוותא **דאנת** עבר לתמן: לא תידחלון מנהון DT 3:21
אושטות ידך על ארעא **דאנת** עליל לתמן למירתה: ארום DT 23:21
תגזור קיים ליתיב ארעא **דאנת** עליל עלה דילמא יהי EX 34:12
וחליין כדבש: ארום ארעא **דאנת** עליל תמן למירתה לא DT 11:10
יעקב זבון יומנא כיום **דאנת** עתיד למחסן ית בכירותא לי: GN 25:31
ועלך אית למיתקוף **דאנת** עתיד למחסן מלכותא וקרת GN 38:29
מעל ריגלך ארום אתרא **דאנת** קאים עלוי אתר קדיש הוא EX 3:5
ואלקיה דיצחק ארעא **דאנת** שכיב עלה לך אתנינה ולבנך: GN 28:13
לא אודעתני ית מאן **דאנת** שלח עימי ואנת במימרך EX 33:12
אין תחמי חמרא דסנאך **דאנת** שני ליה על חובתא דאנת EX 23:5
עממיא ויחמון כל עמא **דאנת** שרי ביניהון ביומא ההוא ית EX 34:10
עינך ותיחמי מן אתרא **דאנת** תמן לציפונא ולדרומא GN 13:14
וחולקא בעלמא **דאת** אמר: ואמר יעקב קיים לי כיום GN 25:32
ואשגש ית כל עמיא **דאת** אתי לסדרא בכון סדרי קרבא EX 23:27
וית גבורת ידך תקיפתא **דאת** הוא אלקא ולא אית בר מינך DT 3:24
כאילין ארום ביומא **דאת** חמי סבר אפיי יתקוף רוגזי בך EX 10:28
מן קדמי הלא אתר דאנת **דאת** מיטמר ביה אנא חמי ואין GN 3:9
מתרבותך ועל אמתך **דאת** מתרך כל דתימר לך שרה GN 21:12
אין תארע תורא דסנאך **דאת** סני ליה על חובתא דאנת ידע EX 23:4
יעילינך ייי אלקך לארעה **דאת** עליל לתמן למירתה ויגלי DT 7:1
כדון ית ברך ית יחידך **דאת** רחים ית יצחק ואיזל לך לארע GN 22:2
ותהוון זהירין בזמן **דאתון** אכלין ושבעין הוון מודין DT 8:10
ולא תטנפון ית ארעא **דאתון** בה ארום דם זכאי דלא NU 35:33
ולא תסאבון ית ארעא **דאתון** בה דשכינתי שריא בגוה NU 35:34
אנפי ארעא: לא מן בגלל **דאתון** גיוותנין מן כולהון אומיא DT 7:7
עלוותכון בכל אתרא **דאתון** חמיין: אלהן לאתרא דיתרעי DT 12:13
תוון ומן מחמי עיניכון **דאתון** חמיין פורענותא ודחלין: DT 28:67
ליבכון ובתר חיזיו עיניכון **דאתון** טען בתריהון: מן בגלל NU 15:39
חסין וגיוותן הי כגינבריא **דאתון** ידעתון ואתון שמעתון מן DT 9:2
די פלחו תמן עממיא **דאתון** ירתין יתהון וית טעוותהון DT 12:2
ויתעיקון יתכון על ארעא **דאתון** יתבין בה: ויהי כמא די NU 33:55
עלי: בשבועא אמירא **דאתון** לא תיעלון לארעא דקיימית NU 14:30
הינון כדון עמא דארעא **דאתון** מבטלין יתהון מפולחנהון: EX 5:5
בכון ואתרעי בכון אלהין **דאתון** מכיכי רוחא ועינוותנין מכל DT 7:7
ולא תיתן ארעכון ית מה **דאתון** מעלין לגווה ואילן דאנפי LV 26:20
זהירין לעשרא פיריכון מן **דאתון** מפקין וכנשין מן חקלא כל DT 14:22
פתורי ייכלון כהניא ומה **דאתון** מקרבין על גב מדבחא לית NU 28:2
ותחמון יתיה בזמן **דאתון** מתעטפין בהון ביממא NU 15:39
קדם ייי ית תורעמותכון **דאתון** מתרעמין עלוי ואנחנא מה EX 16:8
אתר משרוייכון: לא כמא **דאתון** סברין אלהין איזילו כדון EX 10:11
דכיר ייי יתכון ובעידן **דאתון** סלקין תסקון ית גרמיי GN 50:25
תיגדון יומין על ארעא **דאתון** עברין ית יורדנא למיעל DT 30:18
בסרהוביא מעילוי ארעא **דאתון** עברין ית יורדנא תמן DT 4:26
דאתון קיימין על ארעא **דאתון** עברין ית יורדנא תמן DT 31:13
תורכון יומין על ארעא **דאתון** עברין ית יורדנא תמן DT 32:47
למעבדכון יתהון בארעא **דאתון** עברין לתמן למירתא: DT 4:14
הי כגינת ירקיא: וארעא **דאתון** עברין לתמן למירתה ארע DT 11:11
ותירתון ית ארעא **דאתון** עברין לתמן למירתה: ומן DT 11:8
יתכון למעבד בארעא **דאתון** עברין לתמן למירתה: מן DT 6:1
למעבד היכנא בגו ארעא **דאתון** עלין לתמן למירתה: DT 4:5
יתכון ייי אלקכון לארעא **דאתון** עללין לתמן למירתה DT 11:29
ותיתעקרון מעילוי ארעא **דאתון** עללין לתמן למירתה: DT 28:63
ייי אלקכון בארעא **דאתון** עללין לתמן למירתה: ואין DT 30:16
ייי אלקכון ית עממיא **דאתון** עללין לתמן לתרכותהון מן DT 12:29
יתכון מעילוי ארעא **דאתון** עללין תמן למירתה: ימחי DT 28:21
לדחלתיה ארום אורייתא **דאתון** עסיקין בה היא חייכון DT 30:20

ארום עממיא האילין **דאתון** עתידין למירות יתהון DT 18:14
מחר איפו יומא דין וית **דאתון** צריכין למבשלא מחר בשילו EX 16:23
קודשא קדם ייי למחר ית **דאתון** צריכין למיפא מחר איפו EX 16:23
לכון למירתה כל יומיא **דאתון** קיימין על ארעא: אבדא DT 12:1
ייי אלקכון כל יומיא **דאתון** קיימין על ארעא דאתון DT 31:13
דמצרים: ויהי בזמן **דאתון** קריבין לאגחא קרבא DT 20:2
אבוליכון רמיא ותליליא **דאתון** רחיצין בהון לאישתיזבא DT 28:52
מיניה את על בתיא **דאתון** שריין תמן ואחמי ית זכות EX 12:13
ליה וישכחון יתכון **דאתון** שרן לקבליה על גיף ימא: EX 14:2
על ליואי כל יומיכון **דאתון** שרן על ארעכון: ארום יפתי DT 12:19
מן עללתא עתיקתא **דההיא** שתא שתיתיתא עד שתא LV 25:22
על עינא: וחשיב לבן **דהוא** אברהם ואמר עול בריכא דייי GN 24:31
דהוה נעים ויקיר אחי **דהוא** אחוי בר אימיה וראש דהוא GN 46:21
על אנפי ביר סניתא **דהוא** בוכרא: ארום ית בוכרא ביר DT 21:16
בלע דאתבלע מיניה ובכר **דהוא** בוכרא דאימיה ואשבל דהליך GN 46:21
אבוי ואמר ידענא ברי **דהוא** בוכרא ואוף חכימנא דאוף GN 48:19
ביר סניתא יהודע לכולא **דהוא** בוכרא למיתן ליה תרין DT 21:17
מעילוי יצחק בריה עד **דהוא** בחיי ואזלו למיתב קידומא GN 25:6
למהך למדברא דצוק **דהוא** בית הדורי: ויסובר צפירא LV 16:21
וקשי דבמדברא דצוק **דהוא** בית הדורי: ויקרב אהרן ית LV 16:10
עד כדון לבי מוקדשא **דהוא** בית נייחא ולאחסנת ארעא DT 12:9
דייי בכורסיה יקריה **דהוא** במימריה יגיח קרבא בדבית EX 17:16
בקבורתהון ומן בגלל **דהוא** בריה לא שוי ידיה אלהין אמר GN 47:30
בר רביעיי: ואמר ליט כנען **דהוא** בריה רביעיי עביד משעבד GN 9:25
על חסחוס אודנא דאהרן **דהוא** גדירא מציעאה דאודן ימיניה LV 8:23
עממין דלא מבינך הוא: מן **דהוא** גזיר יגזר מרביינָי בתיכון GN 17:13
מן קרויכון מן כל ישראל **דהוא** דייר תמן וייתי בכל כרוך DT 18:6
דמוי יוסף עלוי למריה **דהוא** דיליה יתנינה ביומא דתהא LV 5:24
ויקרבון יתיה: וגברא **דהוא** דכי ובאורח עלמא לא NU 9:13
ומן ענא: מן פלגותהון **דהוא** חולק גברי מגיחי קרבא NU 31:29
יתמסרון: כל ריחשא **דהוא** חי דילכון יהי למיכל כירוק GN 9:3
לשיזבא בר נש קטולא **דהוא** חייב ליממת ארום איתקטלא NU 35:31
נחתומי ארום יאות פשר **דהוא** חמא פושרן חלמא דחבריה GN 40:16
וחמא חמוי דמשה ית כל **דהוא** טרח ועביד לעמיה ואמר מה EX 18:14
מנשה מן צטר שמאליה **דהוא** ימינא דישראל וקריב לוותיה: GN 48:13
ישראל למימר בתשרי **דהוא** ירחא שביעאה יהי לכון יומא LV 23:24
הוא אין סגי: ומא ארעא **דהוא** יתיב בה הטבתא היא אין NU 13:19
אין בישתא ומא קירויא **דהוא** יתיב בהון הכרכין פציחי NU 13:19
עימכון גייורא או מן **דהוא** כדון ביניכון לדריכון ויעבד NU 15:14
יהושע בר נון בגלגלא **דהוא** מדבית אפרים והינון אלפייא DT 33:17
גדעון בר יואש במדינאי **דהוא** מדבית מנשה: ולשיבט זבולן DT 33:17
די יטעי אכסניא באורחא **דהוא** מדמי לסמיא הוון עניין DT 27:18
דהוה מעבר ולא עבר **דהוא** מחליף ולא חליף דדיליה הוא EX 15:18
דגוג ובעידן צערא רבא **דהוא** מיכאל יקום בדרעא לפרוקא: DT 34:3
פם בירא ונשקי ענא: עד **דהוא** ממלל עמהון ורחל אתת עם GN 29:9
אהרן ית תורא דחטאתא **דהוא** מן ממוניה ויכפר באשתעות LV 16:6
כן אתיליד לנא ברנא דין **דהוא** סורהבן ומרוד ליתוי ציית DT 21:20
דייי הוה בסעדיה וכל **דהוא** עביד ייי מצלח בידיה: ומשכח GN 39:3
ושדר יעקב ית נפתלי **דהוא** עזגד קליל וקרא לרחל GN 31:4
טב לי בהית בעלמא הדין **דהוא** עלם עביר ולא נבהית באנפי GN 38:25
ארום מסתפי אנא מיניה **דהוא** עסק באיקרא דאבוי דילמא GN 32:12
נפיק חקל קטיל נפשן **דהוא** קטל ית נמרוד וית חנוך בריה GN 25:27
ית דעבד ליה חם בריה **דהוא** קליל בזכותא דגרם ליה דלא GN 9:24
בתר לישן תליתאיי **דהוא** קשי הי כחרבא דקטיל מן LV 19:16
אחוי בר אימיה וראש **דהוא** ריש בבית אבוי מופים GN 46:21
ירחייא אלהן מתשרי **דהוא** ריש שתא לשכלול עלמא GN 7:11
וביומא שביעאה **דהוא** שבתא לא יהי ביה מנא נחית: EX 16:26
ית אפרים מן צטר ימיניה **דהוא** שמאליה דישראל וית מנשה GN 48:13
לות משה למדברא **דהוא** שרי תמן סמיך לטוורא EX 18:5
ייכול קודשא בר ישראל **דהוא** תותבא דכהנא ואגירא לא LV 22:10
דאברהם חס עילוי באתר **דהוא** תמן: אזדקפי טולי ית טליא GN 21:17
האינון בכל אתרא **דהוא** תמן: ואין לא אסתאבת NU 5:27
אעיבר בארעך באורחא **דהיא** אורח כבישא איזיל לא אסטי DT 2:27
ודייתא חיורא ואוכמתא **דהיא** איבו ודייתא לזנה: וית כל בני DT 14:13
ישמש עם איתת אבוי בין **דהיא** אימיה בין דהיא חורניתא LV 20:11
ניקרי לריבא ונשמע מה **דהיא** אמרה: וקרו לרבקה ואמר לה GN 24:57
ביומי טליותא עד **דהיא** בבית איבהא ולא ביומי NU 30:17
נפשה קום עלה: ואין עד **דהיא** בבית בעלה ולא בגרת נדרת NU 30:11
למימר האן מטעיתא **דהיא** בסכות עיינין על אורחא GN 38:21
הווי בסוף בייתיה דאיבה **דהיא** הוות מבנתהון דסדומאי GN 19:26
אבוי בין דהיא אימיה בין **דהיא** חורניתא ערייתא דאבוי בזי LV 20:11
איברא וימות מן בעירא **דהיא** חזיא לכון למיכול דיקרב LV 11:39
וית בר גזא: וית דייתא **דהיא** טריפתא ליזנה: וית כל עורבא LV 11:14
ברובא דגופיה או על מנא **דהיא** יתבא על קצתיה בזמן LV 15:23

למקטליה: או בכל אבנא **דהיא** כמיסת דימות בלא מתכוון NU 35:23
מסאבא באהילא כמיתא **דהיא** מדמיא לוולדא דאישלם NU 12:12
ויסתכלו ביה ומאן **דהיא** מיבעלא לגבר יתעבדון אפהא NU 31:18
ידע ית חוה איתתיה **דהיא** מתעברא מן סמאל מלאכא GN 4:1
נפולא לזניה וית כרזבא **דהיא** נדונא לזניה: וכל ריחשא LV 11:22
עד רמשא: לכל בעירא **דהיא** סדיקא פרסתא וטילפין LV 11:26
הדא ויתנינה לנא ארעא **דהיא** עבדא חלב ודבש: ברם NU 14:8
גרמה למטעי בזני עד **דהיא** עם בית אבוהא וזניית בנורא LV 21:9
יתיר מן משכא מטול **דהיא** עמיא ויסגריניה כהנא שובעא LV 13:26
יתיר מן משכא מטול **דהיא** עמיה ויסגירניה כהנא LV 13:21
ית שני שמיטהא כל יומין **דהיא** צדיא מינכון ואתון תהוון LV 26:34
ית שני שמיטהא כל יומין **דהיא** צדיא מנכון והינון ירעון ית LV 26:43
ית שני שמיטהא: כל יומין **דהיא** צדיא מנכון תתנייח היכמא LV 26:35
משהי לסנאוי אלא עד **דהינון** בחיין בעלמא דאתי ולא DT 7:10
משהי לסנאוי אלא עד **דהינון** בחיין בעלמא הדין משלים DT 7:10
קבל מיכלא היא מטול **דהינון** בסידרי דיניי קצו וית קיימי LV 26:43
בני ישראל ית ניכסתהון **דהינון** דבחין על אנפי חקלא LV 17:5
מסבי ישראל דידעתא **דהינון** הוו סבי עמא וסרכוי NU 11:16
ובארעא דכנען בעיבורא **דהינון** זבנין ואיתי יוסף ית כספא GN 47:14
למעבד כן ארום אימריא **דהינון** טעוותהון דמצראי מינהון EX 8:22
לטעוון דמתילין לשידי **דהינון** טען בתריהון קיים עלם תהי LV 17:7
מסתכל אנא בעמא הדין **דהינון** מדברין בזכות אבהתהון NU 23:9
סאין קמחא דשערי **דהינון** מיכלא דבעירי לא יריק עלה NU 5:15
יפסון ית שמא דקודשי **דהינון** מקדשין קדמי אנא ייי: אימר LV 22:2
ית תורעמות בני ישראל **דהינון** מתרעמין עלי שמיע קדמי: NU 14:27
ית תורעמות בני ישראל **דהינון** מתרעמין עליכון: ומליל NU 17:20
תריס לך ואף על גב **דהינון** נפלין קומך בעלמא הדין אגר GN 15:1
כל ישראל אשתין ריבוון **דהינון** סכום תמניין לגיונין ועננ NU 12:16
אכזראין: הלא עובדיהון **דהינון** עבדין בטומרא קדמיי DT 32:34
גבר גבר מעיבידתיה **דהינון** עבדין: ואמרו למשה מסגיין EX 36:4
קדמי ית יצרהון בישא **דהינון** עבדין יומנא עד לא אעילינון DT 31:21
תיבנא: וית סכום ליבנייא **דהינון** עבדין מאיתמלי ומדקדמוי EX 5:8
כשרא ליה ברם לקריבוי **דהינון** עבדין עובדי עמיה יתחל LV 21:4
חיות ברא ואוף ית ארעא **דהינון** עלה: ואעבד פלאין ביומא EX 8:17
בתר טעוות עממיא **דהינון** עללין תמן ביניהון וישבקון DT 31:16
בתמניין וחמשין אתין **דהינון** עשרין וחד מילין ומן ברת DT 32:3
באחסנא חולף פולחנהון **דהינון** פלחין ית פולחן משכן זימנא: NU 18:21
מן קדמי כל יומיא **דהינון** קיימין על ארעא וית בניהון DT 4:10
גוליין דציצית ותפילין **דהינון** תיקוני גבר על איתא ולא DT 22:5
בדקין מיא בדוקיא **האינון** בכל אתרא דהוא תמן: ואין NU 5:27
ושוי פיתגמייא **האינון** במשמעיה דיהושע ארום EX 17:14
חדא ויטמוש במיא **האינון** בעידן קיבול סובתא גבר NU 19:18
העיניהון דגוברייא **האינון** דבארעא ההיא תסנוור NU 16:14
אתקיימו מן גובריא **האינון** דהליכו לאללא ית ארעא: NU 14:38
ית טעוות עממייא **האינון** דילמא אית בכון טעו DT 29:17
והוו בארעא ביומיא **האינון** ואוף בתר כן דעלון בני GN 6:4
והוה ביומייא סגיאייא **האינון** ואיתכתש מלכא דמצרים EX 2:23
ודיינייא דיהון ביומיא **האינון**: ויתבעון דיינייא לסהדין DT 19:17
אתיא ותימהיא רברביא **האינון**: ולא יהב מימרא דייי לכון DT 29:2
בבו ביניכון וביני עממיא **האינון** ולא תנוחון ולא יהוי מנח DT 28:65
שחילתיה: והוה ביומא **האינון** ורבא משה ונפק לות אחהי EX 2:11
ממני לכהין רב ביומיא **האינון** ותימרון ליה אודינן יומא דין DT 26:3
ולות דיינא די יהי ביומיא **האינון** ותיתבעון מנהון ויחוון לכון DT 17:9
למעבד כריחוקי עממיא **האינון**: לא ישתכח בכון מעברין DT 18:9
ההוא: ואמרו גובריא **האינון** ליה אנחנא אסתאבנא לבר NU 9:7
אימר ליה מן שמי **האנא** גזר ליה ית קיימי שלם NU 25:12
אברהם אברהם ואמר **האנא**: ואמר אל תושיט ידך לטלייא GN 22:11
ואמר יעקב יעקב ואמר **האנא**: ואמר אנא הוא אל אלקי GN 46:2
ליה אברהם ואמר ליה **האנא**: ואמר דבר כדון ית ברך ית GN 22:1
אבוי ואמר אבא ואמר **האנא** ואמר הא אישתא וקיסין GN 22:7
מתפתחין ביה ואמר ליה **האנא**: ואמר הא כדון סיבית לית GN 27:1
בחילמא יעקב ואמרתי **האנא**: ואמר זקוף כדון עינך וחמי כל GN 31:11
ואמר משה משה ואמר **האנא**: ואמר לא תקרב הלכא שלוף EX 3:4
לותהון ואמר ליה **האנא**: ואמר ליה איזל כדון חמי ית GN 37:13
מתיב יצחק ואמר **האנא** יומנא בר תלתין ושב שנין GN 22:1
אין ליתך מפטר ית עמי **האנא** מגרי בך ובעבדך ובעמך EX 8:17
בדיל דלא למיפטירינון: **האנא** מחית בעידן הדין למחר מן EX 9:18
ותליתאין תעבדינה: ואנא **האנא** מייתא ית טובענא מיא על GN 6:17
אבוי ואמר אבא ואמר **האנא** מן אנת ברי: ואמר יעקב GN 27:18
מיתותא בעלמא הדין **האנא** מסהיד בהון סהדין דלא DT 32:1
כדון יתי ית יקרך: ואמר **האנא** מעבר כל מכילת טובי קדמך EX 33:19
דכנען ובריך יתי: ואמר לי **האנא** מפיש לך ומסגי לך ואיתנינך GN 48:4
ייי יתיה אימליל: וכדון **האנא** מתפני ואזיל לעמי איתא NU 24:14
דאנא מפקיד לך יומא דין **האנא** מתריך מן קדמך ית אמוראי EX 34:11

טורחא דעמא הדין עלי: **האנא** עברית וחשחשית במעיי ית NU 11:12
לך מן קדם תרעמתהון: **האנא** קאים קדמך תמן באתרא EX 17:6
קריב כדון ואמושנך ברי **האנת** דין ברי עשו אין לא: וקריב GN 27:21
תתקרבון: ונבי שיקרא **ההוא** או חלים חילמא זידנא ההוא DT 13:6
ביניכון: ותפקון ית גברא **ההוא** או ית אינתתא ההיא דעבדו DT 17:5
לפיתגמי נבי שיקרא **ההוא** או מן חלים חילמא ההוא DT 13:4
דרומא ושוור בליליא **ההוא** אלף ושית מאה מילין ומן EX 17:8
ומטול דלא אייתי גברא **ההוא** אפרשותא ומעשרא איסתקף NU 5:15
ההוא או מן חלים חילמא **ההוא** ארום מנסי ייי אלקכון יתכון DT 13:4
מקבר תקברוניה ביומא **ההוא** ארום קילותא קדם אילקא DT 21:23
ית עיניהון מן גברא **ההוא** בדיתן מזרעיה לפולחנא LV 20:4
הוא ידי עלוי מי קיטמא **ההוא** ביומא תליתאה וביומא NU 19:12
הדא: בגין קרא לבירא **ההוא** בירא דשבע חורפן ארום תמן GN 21:31
רישה: וקרא שמא דאתרא **ההוא** ביתאל וברם לוז שמא GN 28:19
כן קרא שמיה דאתרא **ההוא** בלישן בית קודשא מחנים: GN 32:3
הדין ואוביד ית בר נשא **ההוא** במותנא מגו עמיה: כל LV 23:30
עלוי וישתיצי בר נשא **ההוא** במותנא מן קדמי במותנא LV 22:3
קמי והוא בת בליליא **ההוא** במשריתא: וקם בליליא GN 32:22
עממיא ויתקטל נביא **ההוא** בסייפא: וארום תימרון DT 18:20
על ישראל על קרבא **ההוא** בעו למתוב למצרים והדרי DT 10:6
הדין ישתצי בר נשא **ההוא** בעלמא דאתי דעתיד למיתן NU 15:31
למכרך ריפתא איתבע **ההוא** בר נש לבי דינא קמי מלכא DT 32:50
ויזבניניה ויתקטל גברא **ההוא** בשינוקא דסודרא ותפלי DT 24:7
חקלא ויהי אין איטימוס **ההוא** גברא למילקי תוב בצורעא LV 14:7
בין פסוגיא האילין: ביומא **ההוא** גזר ייי עם אברם קיים דלא GN 15:18
למעבד פיסחא ביומא **ההוא** דהוה יום שביעאה NU 9:6
כל מדברא רבא ודחילא **ההוא** דחמיתון חיוין ככשורין DT 1:19
למעסוק בבר נשא **ההוא** די יכול כל אדמא ואשצי LV 17:10
דהוה בארעא מן כפנא **ההוא** דיהי מן בתר כן ארום תקיף GN 41:31
תיזיל עימנא ויהי טבא **ההוא** דייוטב ייי עימנא ונוטיב לך NU 10:32
קדם ייי וישתיצי בר נשא **ההוא** דייכול ית תרבא מעמיה:: כל LV 7:25
דיחוון לכון מן אתרא **ההוא** דיתרעי ייי ותיטרון למעבד DT 17:10
וקרא שמיה דאתרא **ההוא** דליקתא ארום דליקת בהון NU 11:3
עליי או דילמא בזימנא **ההוא** הישתכח עימי אגר זכוון GN 15:1
ויתקוף רוגזי בהון ביומא **ההוא** ואירחיקינון ואסלק שכינתי DT 31:17
למעסוק בבר נשא **ההוא** ואישצי יתיה במותנא מגו LV 20:6
פנוייתא למעסוק בגברא **ההוא** ואישצי יתיה מגו עמיה ארום LV 20:3
ואיתגלי ליה ייי בליליא **ההוא** ואמר אנא אלקיה דאברהם GN 26:24
אברהם תמן באתרא **ההוא** ואמר בבעו ברחמין מן קדמך GN 22:14
משה וקדם אהרן ביומא **ההוא**: ואמרו גובריא האינון ליה NU 9:6
חוביה יקבל גברא **ההוא**: וארום אין יתגייר עימכון NU 9:13
בשלם: והוה ביומא **ההוא** ואתו עבדי יצחק ותנו ליה על GN 26:32
קלהון ובכו עמא בליליא **ההוא** ואתקבעת להון ההוא ליליא NU 14:1
פנוייתא למעסוק בגברא **ההוא** ובגיניסתיה דמחפיין עלוי LV 20:5
מיתו אחוי וכל דרא **ההוא**: ובנוי דישראל נפישו EX 1:6
במשריתא: וקם בליליא **ההוא** ודבר ית תרתין נשוי וית GN 32:23
ושית מילין הליך ביומא **ההוא** והוא הוה מידבר קדם NU 10:33
איסדוי ושכיב באתרא **ההוא**: וחלם והא סולמא קביע GN 28:11
קדם ייי ויתחייב בר נש **ההוא**: ויודון ית חוביהון דעבדו אין NU 5:6
ויקדש ית רישיה ביומא **ההוא**: ויפריש קדם ייי ית יומי נזריה NU 6:11
די בעמא כל יומא **ההוא** וכל ליליא וכל יומא דבתרוי NU 11:32
קידומא בארעא כל יומא **ההוא** וכל ליליא צפרא הוה ורוח EX 10:13
ציפורא תמן ביומא **ההוא** ומיתכשרא למיכלא וית LV 14:53
חייתא לבייתיה ביומא **ההוא** ומתכשרא למיכלא וית צפרא LV 14:7
מסגי: ובת תמן בליליא **ההוא** ונסיב מן דאיזדמן בידיה GN 32:14
בעידוני רמשא מן רמשא **ההוא** ועד רמשא חורן תהוון ציימין LV 23:32
לא ירעון כל קבל טוורא **ההוא**: ופסל תרין לוחי אבנין הי EX 34:3
הוא ולא הינון עד יומא **ההוא**: ופקיד ית מנשה דממנה GN 43:34
ושכיב עימה בליליא **ההוא**: וקבל ייי צלותא דלאה GN 30:16
וכנענאה דיתיב בטוורא **ההוא** וקטלו יתהון ושיציאונון NU 14:45
ותקיף רוגזא דייי ביומא **ההוא** וקיים למימר: אין יחמון NU 32:10
ואתא משה ביומא **ההוא** וקרא לסבי עמא וסדר EX 19:7
ית אבוהון חמר בליליא **ההוא** ורוא וקמת רבתא ושמישת GN 19:33
אדם קטל יתחשב לגברא **ההוא** ותהי ליה כאילו אדם זכאיי LV 17:4
דייי וחימתיה בבר נשא **ההוא** ותחול ביה כל פיתגמי DT 29:19
מן דיינא ויתקטל גברא **ההוא** ותפלון עביד דביש מישראל: DT 17:12
חד ומלכו חד הוון עד **ההוא** יומא כדון ישיצון קהלא ית NU 22:4
ואשקיאן אוף בליליא **ההוא** ית אבוהן חמר ורוי וקמת GN 19:35
כפיתגמך: ואפריש ביומא **ההוא** ית ברחיא דסימנא בריגלהון GN 30:35
ופרק ושיזיב ייי ביומא **ההוא** ית ישראל מן ידיהון דמצראי EX 14:30
דאנת שרי ביניהון ביומא **ההוא** ית עובדא דייי ארום דחיל EX 34:10
ופקיד פרעה ביומא **ההוא** ית שולטנייא דעמא וית EX 5:6
לכון תיכסון: ביומא **ההוא** יתאכל לא תשיירון מיניה עד LV 22:30
או חלים חילמא זידנא **ההוא** יתקטל בסייפא ארום מליל DT 13:6

בקטילת סייפא ביומא **ההוא** כמניין תלתא אלפין גברא: EX 32:28
ונחת משה ביומא **ההוא** לות עמא וזמין ית עמא EX 19:14
ההוא ואתקבעת להון **ההוא** ליליא לבכותא לדריהון: NU 14:1
ית שומהון מן אתרא **ההוא**: ליתיכון רשאין למחקא כתב DT 12:3
משה ית עמא ביומא **ההוא** למימר: אילין שבטיא יקומון DT 27:11
בעממיא: ובריכינון ביומא **ההוא** למימר בך יוסף ברי יברכון GN 48:20
ותתני לברך ביומא **ההוא** למימר מן בגלל מצוותא דא EX 13:8
למחר ולא איזדרז ביומא **ההוא** לפורקנא דישראל ולא הוה EX 17:12
אמוראה דיתיב בטוורא **ההוא** לקדמותכון ורדפו יתכון DT 1:44
מרגיז וישתיצי בר נשא **ההוא** מגו עמיה: ארום על פיתגמא NU 15:30
אפיס וישתיצי בר נשא **ההוא** מגו עמיה: ובזמן מחצדכון ית LV 19:8
אשד וישתצי בר נשא **ההוא** מגו עמיה: מן בגלל דיתון בני LV 17:4
ואסיק ארבע עלוון על **ההוא** מדבחא: וקבל ייי ברעוא GN 8:20
יימרון לכון בניכון בזימנא **ההוא** מה פולחנא הדא לכון: EX 12:26
ידי עלוי וישתיצי בר נשא **ההוא** מיגו קהלא ארום ית מקדשא NU 19:20
סאיב וישתיצי בר נשא **ההוא** מישראל ארום מוי אדיותא NU 19:13
חמיע וישתיצי אינשא **ההוא** מישראל מיומא קדמאה EX 12:15
מחמעא וישתיצי בר נשא **ההוא** מכנישתא דישראל בדייורי EX 12:19
מן דיגזר וישתצי בר נשא **ההוא** מעמי ית קימי אשני: ואמר ייי GN 17:14
דניסן וישתיצי בר נשא **ההוא** מעמיה ארום קורבנא דייי לא NU 9:13
עלוי וישתיצי בר נשא **ההוא** מעמיה: ובר נש ארום יקריב LV 7:20
קדם ייי וישתיצי בר נשא **ההוא** מעמיה: וגבר טלי וגבר סיב LV 17:9
קדם ייי וישתיצי בר נשא **ההוא** מעמיה: ומליל ייי עם משה LV 7:21
כל דחי וישתיצי בר נשא **ההוא** מעמיה: ומליל ייי עם משה LV 7:27
וישתיצי בר נשא **ההוא** מעמיה: שיתא יומין יתעביד EX 31:14
דר ודר והא לא קאים מן **ההוא** מצראי גבר גיור ולא דעביד EX 2:12
פלך טרגונא וכל מתנן **ההוא** מתקרי ארע גיבריא: ויאיר בר DT 3:13
וקרא שמא דאתרא **ההוא** נסיונא ומצותא בגין דנצו בני EX 17:7
עלה: ואעבד פלאין ביומא **ההוא** עם ארעא דגושן דעמי שרי EX 8:18
ניסא ליעקב ותב ביומא **ההוא** עשו לאורחיה לגבלא: ויעקב GN 33:16
צפיריא איתקריבו ביומא **ההוא** צפירא דריש ירחא וצפירא LV 10:16
ויהי מסאב כהנא **ההוא** קדם טיבוליה עד רמשא: NU 19:7
ויתן ית עלוייה ביומא **ההוא** קודשא קדם ייי: בשתא LV 27:23
וקרא ית שום אתרא **ההוא** קיברי דמשיילי בישרא ארום NU 11:34
וכן מן תיניא: לאתרא **ההוא** קרו נחלא איתכילא על עיסק NU 13:24
דייי: ותקרבון על לחמא **ההוא** שיבעא אימרין שלמין בני LV 23:18
שירויא וכל מאן דמדכר **ההוא** שמא קדישא בשעת אניקי EX 28:30
כל דעליל ביומא **ההוא** שמיה ושם אבוי והוא הוה GN 42:6
חדתא וביומא שביעאה **ההוא** תהון כנישין בתושבחא קדם DT 16:8
ובדרעך מרממא: בעידנא **ההיא** אמר ייי לי פסל לך תרי לוחי DT 10:1
נגדא נחלין דמיין: בעידנא **ההיא** אפריש ייי ית שיבטא דלוי DT 10:8
דהבא: ודהבא דארעא **ההיא** בחיר תמן בידלחא ואבנין GN 2:12
ועקן ויימרון בעידנא **ההיא** בשבועה מטול דלית שכינת DT 31:17
ההוא או ית אינתתא **ההיא** דעבדו ית פיתגמא בישא DT 17:5
וכל חכימי קרתא **ההיא** דקריבין לקטילא ישזגון ית DT 21:6
כד שרא ישראל בארעא **ההיא** ואזל ראובן ובלבל ית מצעא GN 35:22
כן אתקנס לימָמת בשתא **ההיא**: ואין מיפק יפוק קטולא כל NU 35:25
דמצרים: והוה בעידנא **ההיא** ואמר אבימלך ופיכל רב GN 21:22
יצחק לצדקתא בארעא **ההיא** ואשכח בשתא ההיא על חד GN 26:12
ההיא: ושלימת שתא **ההיא** ואתו כל מצראי לוותיה GN 47:18
ית כל קירווי בעידנה **ההיא** וגמרנא ית כל קירווייא DT 2:34
דלא הוה בעיטא **ההיא** ויהב כסא על ידא דפרעה: וית GN 40:21
ית מחוותא דארעא **ההיא** וית מרעאהא דגרי ייי בה: DT 29:21
אוף על אהרן בעידנא **ההיא**: וית סורחנתכון דעבדתון ית DT 9:20
מלכא למואב בעידנא **ההיא** ולא בעידנא חורנא דהכין NU 22:4
והוה בעידנא **ההיא** ונחת יהודה מנכסוי ואתפרש GN 38:1
ייי צלותי אוף בזימנא **ההיא**: ועל אהרן הוה רגז מן קדם ייי DT 9:19
בכל גיתיהון בשתא **ההיא**: ושלימת שתא ההיא ואתו כל GN 47:17
לתרע בי דינא דבקרתא **ההיא** ותאטלון יתהון באבניא DT 22:24
מעשר עללתכון בשתא **ההיא** ותצנעון בקירויכון: וייתי DT 14:28
לנא: ונסיבנא בעידנא **ההיא** ית ארעא מן רשות תרין מלכי DT 3:8
ויסבון חכימי קרתא **ההיא** ית גברא וילקון יתיה: ויזמון DT 22:18
ופקידית יתכון בעידנא **ההיא** ית כל עשרא פתגמיא DT 1:18
ית דייניכון בעידנא **ההיא** ית סידרי דיניא למימר קבילו DT 1:16
בניר: ויחתון חכימי קרתא **ההיא** ית עגלתא לחקיל בייר דלא DT 21:4
ית כל קירווי בעידנא **ההיא** לא הות קרתא דלא נסיבנא DT 3:4
ייי צלותי אוף בזימנא **ההיא** לא צבה ייי לחבלותך: ואמר DT 10:10
ותקיף רוגזא דייי בארעא **ההיא** לאיתיא עלה ית כל לווטייא DT 29:26
מן ארעא מסאבתא **ההיא** לארע טבתא ופתייא EX 3:8
דלא אהניית לי בירכתא **ההיא** לאשכחא רחמין בעינך דלא GN 32:6
דנא הוון יתבי ארעא **ההיא** לוטן ושובל וצבעון וענה: GN 36:20
ואמרית לכון בעידנא **ההיא** ליתנא שבקינכון על דיינא DT 1:9
מן קדם ייי בעידנא **ההיא** למימר: בבעו ברחמין מן DT 3:23
שיבט מנשה בעידנא **ההיא** למימר ייי אלקכון יהיב לכון DT 3:18

יהושע פקידית בעידנא **ההיא** למימר עינך חמיין ית כל DT 3:21
דייי וביניכון בעידנא **ההיא** למיתניא לכון ית פיתגמא DT 5:5
ויתי פקיד ייי בעידנא **ההיא** למלפא יתכון קיימין ודינין DT 4:14
תימחון ית יתבי קרתא **ההיא** לפתגם דחרב גמרה יתה וית DT 13:16
הדא יריתנא בעידנא **ההיא** מערער ועד כיף נחלא ופלגות DT 3:12
וית עמרה הות ארעא **ההיא** משבחא באילניא כגינוניתא GN 13:10
עלה ארום מן בירא **ההיא** משקן עדריא ואבנא רבתא GN 29:2
דפונטוס: מן ארעא **ההיא** נפק נמרוד ומלך באתור דלא GN 10:11
שכינתי מנהון בעידנא **ההיא** עד דיתמקמקון ויקבלון DT 31:18
ויסבון חכימי סבי קרתא **ההיא** עיגלת ברת תורין דלא DT 21:3
ההיא ואשכח בשתא **ההיא** על חד מאה בדשערוי ובברכיה GN 26:12
בני ישראל ארום עד **ההיא** שעתא הוות פולחנא EX 24:5
דגובריא האינון דבארעא **ההיא** תסנוור ותנצח יתהון ולא NU 16:14
גברא מחובין איתתא **ההיא** תקבל ית חובהא: ומליל ייי NU 5:31
בני עשו ואילין רברבנהום **הוא** אבא דאדומאי: אילין בנוי דגבל GN 36:19
ארום מאבוהא איתעברת **הוא** אבוהום דמואבאי עד יומא דין: GN 19:37
איתיליד אף הוא בר **הוא** אבוהון דכל בני עיבראי אחוי GN 10:21
ארום בר אבוהא הוא **הוא** אבוהון דעמא מואבאה עד זמן GN 19:38
שם וחם ויפת וחם **הוא** אבוי דכנען: תלתא אילין בנוי GN 9:18
אורייתא ולא חכימו הלא **הוא** אבוכון דיקנא יתכון הוא ברא DT 32:6
צפורה ואמרת מה חביב **הוא** אדם גוזרתא הדין דשיזב ית EX 4:26
מסאב הוא סגירותא **הוא**: או ארום יתוב בישרא חייא LV 13:15
מרחק קדם ייי אלקכון **הוא**: אי איזדמן שרכפא דציפר דכי DT 22:5
מלאכא מכרז ואמר דין **הוא** אילנא דנציב אברהם בבירא EX 26:28
עמא דיתיב עלה התקיף **הוא** אין חלש הזעיר הוא אין סגי: NU 13:18
הוא אין חלש הזעיר **הוא** אין סגי: ומא ארעא דהוא יתיב NU 13:18
דקטליה קין: ולשת אף **הוא** איתיליד בר וקרת ית שמיה GN 4:26
בה מחהי וקטליה קטולא **הוא** איתקטלא איתקטל קטולא: NU 35:18
בידי וקטליה קטולא **הוא** איתקטלא יתקטול קטולא NU 35:21
ואמר האנא: ואמר אנא **הוא** אל אלקי דאבוך לא תידחל מן GN 46:3
חייא עד דחמא ית פנחס **הוא** אליהו כהנא רבא דעתיד EX 6:18
וילידת לאליפז ית עמלק **הוא** אליפז חבריה דאיוב אילין בני GN 36:12
אישא אכלא אישא **הוא** אלק קנאי ומתפרע בקינאה: DT 4:24
דלבן עביד לך: אנא **הוא** אלקא דאיתגליתי עלך GN 31:13
תוב: ארום ייי אלקכון **הוא** אלקא דיינא ומרי מלכין אלקא DT 10:17
דמותביה בשמי מרומא **הוא** אלקא דשולטניה על ארעא GN 24:3
גבורת ידך תקיפתא דאת **הוא** אלקא ולא אית בר מינך DT 3:24
בזימנא הדא ידעית דייי **הוא** אלקא זכאה וברם אני ועמי EX 9:27
מטול למינדע ארום ייי **הוא** אלקא לית תוב בר מיניה: DT 4:35
ישראל ותימר להון אנא **הוא** אלקוכון: כעובדין בישין דעמא LV 18:2
לבני ישראל: ואמר אנא **הוא** אלקיה דאבוך אלקיה דאברהם EX 3:6
אלקיה דאיבא אברהם **הוא** אלקיה דאיבא יצחק ייי דאמר GN 32:10
על ליבכון ארום ייי **הוא** אלקים דשכינתיה שריא DT 4:39
מן שמיא עללתא אנא **הוא** אלקכון: לא תיכלון מבשר כל LV 19:25
לאבהתהון ואמרין דין **הוא** אלקן דהוה מוניק לן דובשא מן EX 15:2
עימיה ארום גבר רמאי **הוא** אמר לא יעקב אנא רמאי GN 29:12
בדינא אתקטיל: הלא **הוא** אמר לי דאחת היא והיא אוף GN 20:5
הדין והא עם קשי קדל **הוא**: אנח בעותך מן קדמי ואשיצינון DT 9:13
פלישתאי ארום קריב **הוא** ארום אמר ייי דילמא יתהון EX 13:17
תבזי ית עריתיה גניי **הוא** ארום חסדא עבדית עם קדמאי LV 20:17
מרחק קדם ייי אלקכון **הוא**: ארום ישתכח ביניכון בחדא מן DT 17:1
אינש לחבריה מאן **הוא** ארום לא ידעון מה הוא ואמר EX 16:15
תושבחא וגבורתא דידיה **הוא**: ארום לא קאים נטורי נחשין NU 23:22
על מימרא דייי ואהרן מה **הוא** ארום מתרעמין אתון עלי: NU 16:11
לריבוני לעשו והא אוף **הוא** אתי בתרן: ופקיד אוף ית תניין GN 32:19
בה מחהי וקטליה קטולא **הוא** אתקטלא יתקטל קטולא: או NU 35:17
מחהי וקטליה קטולא **הוא** אתקטלא יתקטל קטולא: ואין NU 35:16
למישר פרדיסיא **הוא** אתר דמסיק פרקטונין דמיין GN 14:3
ועיינין פתיחן להון **הוא** אתרא דטניס דביני מגדול וביני EX 14:2
דאשמא קודש קודשין **הוא**: באתרא דיכסון ית עלתא LV 7:1
דישראל ארום בסימא **הוא** בגין כן ארכין כתפי למלעי GN 49:15
ביניה ובין סובתא מסאב **הוא** בגנינא באוירא דסובתא NU 19:15
ביה וברם חטאת קהלא **הוא**: בזמן די רבא בעמיה יחוב LV 4:21
דילי תינטרון ארום את **הוא** בין מימרי וביניכון למידוע EX 31:13
דעימיה למישר מפנא **הוא** בית רסא דמלכא: ומלכא GN 14:17
יתיר מן משכא סגירותא **הוא** בכוואה סגיאת ויסאב יתיה LV 13:25
יהי מסאב מטול דמסאב **הוא** בלחודוי יתיב ולציד אינתתיה LV 13:46
ואחוי מית ואישתאר **הוא** בלחודוי מן אימיה ואבוי בגין GN 44:20
עיזגדין לות לבן ארמאה **הוא** בלעם דבעא למבלוע ית עמא NU 22:5
ית אוי וית רקם וית צור **הוא** בלק וית חור וית רבע חמשת NU 31:8
כל מאן דמתגאי קדמוי **הוא** במימריה פרע מיניה על די EX 15:1
שמיא: ויהי אין נייח **הוא** במצוותא דאורייתא יתיב DT 17:18
לא הליך פיסיוניה מסאב **הוא** בנורא תוקדיניה מטול דצורעא LV 13:55
בגין דיימרון מצראי בחיר **הוא** בעל צפון מכל טעוותא EX 14:2

וחמא ית כספיה והא **הוא** בפום טוניה: ואמר לאחוהי GN 42:27
מערב סגירות סגיא **הוא** בקורחתיה או בגלשלשותיה: LV 13:42
והיא אוף היא אמרת אחי **הוא** בקשטות לבבי ובזכאות ידיי GN 20:5
ולשם איתיליד אף **הוא** בר הוא אבוהון דכל בני עיבראי GN 10:21
הוא אבוכון דיקנא יתכון **הוא** ברא יתכון ושכליל יתכון: DT 32:6
רמשא: ואין על משכבא **הוא** ברובא דגופיה או על מנא דהיא LV 15:23
בית קודשא עשרין מעין **הוא:** ברם בוכרא דתורי או בוכרא NU 18:16
איתהפיך לחיוור דכי **הוא:** ברם ביומא דיתחמי ביה LV 13:13
למלקי היא מחייבא ולא **הוא** ברם סדר קטולין לית הינון LV 19:20
מטול דמכתש סגירותא **הוא** בשיחנא סגיאת: ואין יחמינה LV 13:20
טוריא מבשר בשורן טבן **הוא** בשר דעד כדון יוסף קיים והוא GN 49:21
עם עמא ויימרון מאן **הוא** גברא דדחיל מחוביה וליביה DT 20:8
מהיטבאל ברת מטרד **הוא** גברא דהוה לעי במטרדא GN 36:39
ישראל אבוהון אין כדין **הוא** דא עיבידו סבו ממא דמשתבח GN 43:11
אינון ברם יצרא בישא **הוא** דאטעינון: ואמרו לי עיבד לנא EX 32:22
משה ואמר ליה אנא ייי **הוא** דאיתגליתי עלך בגו סנייא EX 6:2
עובדא דייי ארום דחיל **הוא** דאנא עביד עימך: טור לך ית EX 34:10
במשריתא למימר אנא **הוא** דאתעלמת הילכתא מיני LV 10:20
סגי אישוינך תמן: אנא **הוא** דבמימרי ניחות עימך למצרים GN 46:4
בסילעי קודשא דין **הוא** דהב ארמותא דארימו בני EX 38:24
מאן הוא כספא ומאן **הוא** דהבא: ואילין שמהת רברבי GN 36:39
חמון כדון ארום אנא **הוא** דהוויי והוית ואנא הוא דעתיד DT 32:39
תימר לבני ישראל אנא **הוא** דהוינא ועתיד למיכוי שדרני EX 3:14
דמשריתא ואמר מאן **הוא** דחליא דייי ייתון לותי EX 32:26
ושביקין: ויימר סנאה האן **הוא** דחלתהון דישראל תקיפא DT 32:37
ית ייי אלקכון ארום **הוא** דיהיב לכון מילכא למיקני DT 8:18
ותנדעון ארום ייי אלקכון **הוא** דיינא תקיפא ומהימנא נטיר DT 7:9
בר בריה דלא חב דינא **הוא** דייתלי ליה עד שובעין ושבעא: GN 4:24
דיקידת גהינם ואמר מאן **הוא** דיכי דצד צידא ואעיל לי GN 27:33
שמיה אלק קנאי ופורען **הוא:** דילמא תיגזר קיים ליתיב EX 34:14
וברכיה: ואמר אנת **הוא** דין ברי עשו ואמר אנא: ואמר GN 27:24
ואמרת מן בני יהודאי **הוא** דין: ואמרת אחתיה לבת פרעה EX 2:6
ייומי כד יימר ארום **הוא** דין וכד משתכחא גניבותא EX 22:8
ייתר שיער רישיה קרוח **הוא** דכי הוא: ואין מקבל אנפוי ייתר LV 13:40
שיער רישיה גלשלשן **הוא** דכי הוא: וארום יהי בקורחתא LV 13:41
קידוש לעלם מן דינא **הוא** דלא איעול לגויה עד זמן די LV 1:1
מה דאנא עביד ומן דינא **הוא** דלא נעביד עד דנודע יתיה: GN 18:17
ישראל ארום מימרא דייי **הוא** דמגיח להון קרבין במצראי: EX 14:25
נהרא תליתאה דיגלת **הוא** דמהלך למדנח אתור ונהרא GN 2:14
ית מחת גבורתי מן דינא **הוא** דמחיתי יתך וית עמך במותא EX 9:15
למשה: ואמר להון משה **הוא** דמליל ייי עבדתון שבא שבת EX 16:23
קדם ייי: ואמר משה **הוא** דמליל ייי עימי בסיני למימר LV 10:3
בסיפיה: ואמר להום יוסף **הוא** דמלילית עמכון למימר אלילי GN 42:14
ואמר ליה דתן מאן **הוא** דמני יתך לגבר רב ודיין עלנא EX 2:14
רישי נהרין: שום חד פישון **הוא** דמקיף ית כל ארע הינדיקי GN 2:11
ושום נהרא תניינא גיחון **הוא** דמקיף ית כל ארעא דכוש: GN 2:13
לעבדך ליעקב דורון **הוא** דמשתלחא לריבוני לעשו והא GN 32:19
בנוי: ואילין ייחוסין דעשו **הוא** דמתקרי אדום: עשו נסיב ית GN 36:1
דבריך: ואמרת לה הזעיר **הוא** דנסיבת ית בעלי ואנת בעיא GN 30:15
אבימלך לא ידענא מן **הוא** דעבד ית פיתגמא הדין ואוף GN 21:26
הוא דהוויי והוית ואנא **הוא** דעתיד למהוי ולית אלקא חורן DT 32:39
ויהי גברא דיתרעי ביה ייי **הוא** דקדיש סגי לכון בני לוי: ואמר NU 16:7
בר וקרת ית שמיה אנוש **הוא** דרא דביומוהו שריו למטעי GN 4:26
הדין דארעית ואמר דורון **הוא** דשדרית לאשכחא רחמין GN 33:8
אנא: ואמר ייי ליה מאן **הוא** דשוי ממלל פומא בפום אדם EX 4:11
נמואל דתן ואבירם **הוא** דתן ואבירם מערעי כנישתא NU 26:9
הלא בר פוטי מדינאה **הוא** הא אנא מייחסיניה לכהונתא NU 25:13
עימיה ארום בר אבוהא **הוא** הוא אבוהון דעמא מואבאה עד GN 19:38
ולמרדא קדם ייי בארעא: **הוא** הוה גיבר מרודא קדם ייי בגין GN 10:9
רבא מבצר: רבא מגדיאל **הוא** הוה מתקרי מגדיאל על שום GN 36:43
ממה דגזר עליה דאף **הוא** הוה עקר ואתרווח ואיתעברת GN 25:21
בעיר: ושום אחוהי יובל **הוא** הוה רב בהום דכל דממנן GN 4:21
צלה: וילידת עדה ית יבל **הוא** הוה רב בהום דכל יתבי משכנין GN 4:20
בארעא דכנען: ויוסף **הוא** הוה שליט על ארעא וידע GN 42:6
אמר דילמא ימות אוף **הוא** הי כאחהי ואזלת תמר ויתיבת GN 38:11
טיכוסיה דעלוי מיניה **הוא** הי כעובדוי דהבא תיכלא EX 39:5
יהב מנדעא בליביה **הוא** ואהליאב בר אחיסמך לשיבטא EX 35:34
קדמי ארום מללא ימליל **הוא** ואוף הא הוא נפיק לקדמותך EX 4:14
דלא חוי ליה ארום אזיל **הוא:** ואזל הוא עם כל דיליה וקם GN 31:20
ממרא: ותב יוסף למצרים **הוא** ואחהי וכל דסליקו עימיה GN 50:14
יתיה ארום בר קיימי **הוא** ואטמרתיה תלת ירחין EX 2:2
גבר ריש לבית אבהתוי **הוא:** ואילין שמהת גובריא דיקומון NU 1:4
כהנא יתיה מכתשא **הוא:** ואין באתרא קמת בהקי לא LV 13:22
מטול דמכתש סגירותא **הוא:** ואין באתרא קמת בהקי לא LV 13:27

תור אין אימר לשמא דייי **הוא:** ואין בבעירא מסאבא ויפרוק LV 27:26
מחלטא מכתשא מסאב **הוא:** ואין יחמי כהנא והא לא הליך LV 13:52
לא יסגירניה ארום מסאב **הוא:** ואין מסגיא תיסגי סגירותא LV 13:11
רישיה קרוח הוא דכי **הוא:** ואין מקבל אנפוי ייתר שיער LV 13:40
וסליק אברם ממצרים **הוא** ואינתתיה וכל דיליה ולוט GN 13:1
דחייסא מן קדם ייי לכון **הוא:** ואיתגלי בארעא דמצרים EX 12:11
מצלהב מטול דמסאב **הוא:** ואם כד הוה קם ניתקא ושער LV 13:36
דניסא דעבד אתרא בגיני **הוא:** ואמר ארום קיים מימרא דייי EX 17:15
הוא ארום לא ידעון מה **הוא** ואמר משה להון הוא לחמא EX 16:15
באינשא ובבעירא דילי **הוא:** ואמר משה לעמא הוון דכירין EX 13:2
בישרא אדמיה בנפשיה **הוא** ואמרית לבני ישראל אדם כל LV 17:14
שביק הוא ית אבוי מיית **הוא:** ואמרת לעבדך אין לא ייחות GN 44:22
נפש כל בישרא באדמא **הוא** ואנא יהבתיה לכון לגזירתא LV 17:11
אשוויניה ארום ברך **הוא:** ואקדים אברהם בצפרא ונסיב GN 21:13
די יזדרע בנוגביה דכי **הוא:** וארום אין מתיהיב מוי על בר LV 11:37
רישיה גלשלשן הוא דכי **הוא:** וארום יהי בקורחתא או LV 13:41
סגירות רישא או דיקנא **הוא:** וארום יחמי כהנא ית מכתש LV 13:30
יתדן מטול דכסף זביניה **הוא:** וארום ינצון גוברין וימחון EX 21:21
עמא לחדא ארום סגי **הוא** ואתיעקו מואבאי בחייהון מן NU 22:3
ויתיב יוסף במצרים **הוא** ובית אבוי וחיא יוסף מאה GN 50:22
דינגוד יומין על מלכותיה **הוא** ובנוי ביני ישראל: לא יהי DT 17:20
לשמשא בשמא דייי **הוא** ובנוי כל יומיא: וארום ייתי DT 18:5
בר חורין בשתא דיובילא **הוא** ובנוי עימיה: ארום דילי הינון LV 25:54
ויפוק לבר חורין מעימך **הוא** ובנוי עימך ויתוב לגניסתיה LV 25:41
כהנא ית מכתשא דכי **הוא:** ובר נש ארום יהי ביה במשכיה LV 13:17
צהר הוא סגי במשכא דכי **הוא:** וגבר ארום ייתר שיער רישיה LV 13:39
ולאימא: ואכלו ושתו **הוא** וגובריא דעימיה ובתו וקמו GN 24:54
חמא תלת זימני מסאב **הוא:** ודא תהי סאובתיה גוון חיוור LV 15:2
ייי מן אבונא די לנא **הוא** ודי בננא וכדון כל דאמר ייי לך GN 31:16
קדמי קודש קודשין דילך **הוא** ודיבנך: בקודש קודשיא NU 18:9
הדא במשמעהון דעמא **הוא** והושע בר נון: ופסק משה מן DT 32:44
וסליק על גזזי עניה **הוא** וחירה רחמיה עדולמאה GN 38:12
ארום דינא מן קדם ייי **הוא** וחמי כל טומריא ופיתגמא DT 1:17
ביה איתסי ניתקא דכי **הוא** וידכיניה כהנא: וגבר או איתא LV 13:37
מחלטא מכתשא מסאב **הוא:** ויוקד ית לבושא או ית שיתיא LV 13:51
בישריה מכתש סגירותא **הוא** ויחמיניה כהנא ויסאיב יתיה: LV 13:3
לכהנא קודש קודשין **הוא:** ויסב כהנא מן אדמא דאשמא LV 14:13
עלתא קדם ייי חטאתא **הוא:** ויסב כהנא מן אדמא דחטאתא LV 4:24
היא בביתא מסאב **הוא:** ויפכרון ית ביתא ית אבנוי וית LV 14:44
כהנא קלופי מיטפלא **הוא** ויצבע לבושוי וידכי: ואם הלוכי LV 13:6
איתת גבר ארום נביא **הוא** ויצלי עלך ותיחי ואין ליתך GN 20:7
דמדבחא חטאתא **הוא:** וית עוף תניין יעבד עלתא הי LV 5:9
דצלא מכתש סגירותא **הוא** ויתחמי לכהנא: ויחמי כהנא ית LV 13:49
הדין והא עם קשי קדל **הוא:** וכדון אנח בעותך ולא תפגין EX 32:9
יהון עלין למידון דינא **הוא** וכל בני ישראל עימיה וכל NU 27:21
כל פתח וולדא דילי **הוא** וכל בעירך תקדיש מנהון EX 34:19
ואתכנש משה למשריתא **הוא** וכל סבי ישראל: ורוחא דעל NU 11:30
לא אשגחו עד דאזל **הוא** וכל עבדוי וכל מצראי ותקיפו EX 12:33
דכנען היא ביתאל **הוא** וכל עמא דעימיה: ובנא תמן GN 35:6
דמותנן לקדמותנא **הוא** וכל עמיה לאגחא קרבא NU 21:33
מלכא דמתנן לקדמותנא **הוא** וכל עמיה לאגחא קרבא DT 3:1
ונפק סיחן לקדמותנא **הוא** וכל עמיה לאגחא קרבא ליהץ: DT 2:32
והא מעתד על עלתיה **הוא** וכל רברבי מואב: ונטל מתל NU 23:6
להון: וקם פרעה בליליא **הוא** וכל שאר עבדוי וכל שאר EX 12:30
מיניה לא שתו חמרא לא **הוא** ולא הינון עד יומא ההוא: ופקיד GN 43:34
כומרניא דבדקו דחלבונא **הוא** ולא קטל יתיה ויהבי בבי GN 39:20
מרחק קדם ייי אלקכון **הוא:** ולא תיעלון ריחוקי טעוותא DT 7:25
וכל דאנת חמי מן דילי **הוא** ולברתיי מה איכול למיעבד GN 31:43
כהנא וידכי: ואין מיסכן **הוא** ולית ידיה מספקא ויסב אימר LV 14:21
ארום סדיק פרסתא **הוא** ולית כנפיק ביה דסדיק ולא DT 14:8
שימשא מטול דעניא **הוא** ומטולתיה הוא סבר לקיימה DT 24:15
ארום סדיק פרסתא **הוא** ומטלף טילפין פרסתא והוא LV 11:7
בגלל דנטירנא לכון בבו **הוא** ומימרא דייי חשבה עלי GN 50:20
במדין בית מותביה **הוא:** ומליל ייי עם משה למימר: NU 25:15
בנכילו אפילו כהנא **הוא** ומשמש על גבי מדבחי מתמן EX 21:14
חד מן עשרא לתלת סאין **הוא:** ונטלו כל כנישתא דבני ישראל EX 16:36
לתמן אימרי עלי דאחי **הוא:** ונסב אבימלך עאן ותורין GN 20:13
כל ארעא דמצרים דילכון **הוא:** ועבדו כן בני ישראל ויהב להום GN 45:20
ויקריא ליצרא דליביה **הוא** ועבדוי: ואיתקף יצרא ולבא EX 9:34
ארום דכר קורבניא **הוא:** ועגול דלחים חד וגריץ דלחם EX 29:22
קאים עלוי אתר קדיש **הוא** ועלוי אנת עתיד לקבלא EX 3:5
יפרג בעירא בבעירא ויהי **הוא** ופירוגיה יהי קודשא: ואין כל LV 27:10
מפרוג יפריג יתיה ויהי **הוא** ופירוגיה יהי קודשא לא LV 27:33
ארום מסיק פישרא **הוא** ופרסתא לא סדיקא מסאב LV 11:6

גמלא ארום מסיק פישרא **הוא** ופרסתיה לא סדיקא מסאב LV 11:4
ארום מסיק פישרא **הוא** ופרסתיה לא סדיקא מסאב LV 11:5
ארום אחונא בישרנא **הוא** וקבילו אחוהי: ועברו גברי GN 37:27
ידעת ארום בר רבקה **הוא** ורהטת ותניאת לאבוהא: והוה GN 29:12
אינין מבשרן חילמא חד **הוא**: ושבע תורתי כחישתא GN 41:26
למיכול אימרא ויסב **הוא** ושיבביה דקריב לביתיה EX 12:4
לא אזדריקו עלוי מסאב **הוא**: ותהי לכון לקיים עלם ולחוד NU 19:20
ברעוא קרבנא קדם ייי **הוא**: ותיסב ית דיכרא תניינא EX 29:18
לא יתאכל ארום קודשא **הוא**: ותעביד לאהרן ולבנוי היכדין EX 29:34
מתברא אין ביר דכר **הוא** ותקטלון יתיה ואין ברתה EX 1:16
בזוער ויתיב במערתא **הוא** ותרתין בנתיה: ואמרת רבתא GN 19:30
בינגא ארום עם קשי קדל **הוא** ותשבוק לחובאנא ולחטאנא EX 34:9
ואהד ויכין וצחר ושאול **הוא** זמרי דאשאיל נפשיה לזנותא EX 6:15
ואוהד ויכין וצחר ושאול **הוא** זמרי דעבד עובדא דכנענאי GN 46:10
לא נפיק דזכיי וקשיט **הוא**: חבילו עובדיהון טביא בניא DT 32:4
דכיין בגו בני ישראל: דין **הוא** חד מארבעה דינין דעלו קדם NU 9:8
ולות כל כנישתא: דין **הוא** חד מן ארבעה דינין די עלו NU 15:34
דיברי לשבטא דדן: דין **הוא** חד מן ארבעתי דינין דיעלו LV 24:12
לה וכן אמרת אנת **הוא** חי וקיים דחמי ולא מתחמי GN 16:13
מצוותא פקידתיה אית **הוא** חי וקיים כאילן חייא עד GN 3:22
לא הווינא מזכי ליה אין **הוא** חייבא: ושוחדא לא תקבל EX 23:7
לדעברין עלה ארום **הוא** חייכון ובפיתגמא הדין תורכון DT 32:47
הינון וכתבא כתבא דייי **הוא** חקיק ומפרש על לוחיא: ושמע EX 32:16
ארנון ועד טוורא דסיאון **הוא** טוור תלגא: וכל מישרא עיברא DT 4:48
עם אחוי ארום אמר הא **הוא** טליא ומסתפינא דילמא GN 42:4
די מדבר קדמיכון **הוא** יגיח לכון ככל מה דעבד לכון DT 1:30
יהי מסאב שובעא יומין: **הוא** ידי עלוי מי קיטמא ההוא NU 19:12
ורכוביה בשמיא **הוא** יהוי בסעדכון ויתיב על כורסיה DT 33:26
הוא לך עם עמא ויהי **הוא** יהוי לך למתורגמן ואנת תהוי EX 4:16
ואתון לא תוזפון לכון **הוא** יהוי שליט ואתון תהוון DT 28:44
דהישתכח כלידא בידיה **הוא** יהי לי עבדא ואתון סוקו GN 44:17
ואוף חכימנא דאוף **הוא** יהי לעם רב ואוף הוא יסגי GN 48:19
לכון ית שבתא בגין כן **הוא** יהיב לכון ביום שתיתאה לחים EX 16:29
מיניה מחותין מן מחותין: **הוא** יוזפינכון ואתון לא תוזפון לכון DT 28:44
תמינאה לאשלמוותא **הוא** יומא קדמאה לירחא דניסן LV 9:1
ואמר יוסף לאחוי אנא **הוא** יוסף העוד כדון אבא קיים ולא GN 45:3
לבנך אתן ית ארעא הדא **הוא** יזמן מלאכיה לקמך ותיסב GN 24:7
אלהין כלב בר יפונה **הוא** יחמינה וליה איתן ית ארעא DT 1:36
לתמן יתיה תקיף ארום **הוא** יחסיננה ית ישראל: וטפלכון DT 1:38
האילין ותירתונון יהושע **הוא** יטייל קדמיכון היכמא דמליל DT 31:3
דם זכאי דלא מתפרע **הוא** יטנף ית ארעא ולארעא לא NU 35:33
דאדום ארום אנא **הוא** ייי אלקהון ביומוי דגוג: ודכירנא LV 26:44
שכינתיה ביניהון אנא **הוא** ייי אלקהון: ותעביד מדבחא EX 29:46
קדמיהון ארום אנא **הוא** ייי אלקכון אלק קנאן ופורען DT 5:9
עבדא חלב ודבש אנא **הוא** ייי אלקכון דאפרשית יתכון מן LV 20:24
עמי בני ישראל אנא **הוא** ייי אלקכון די פרקית ואפיקית EX 20:2
לא תיתנון עיבוריכון: אנא **הוא** ייי אלקכון די פרקית ואפיקית LV 25:38
קדם ייי אלקהכון: אנא **הוא** ייי אלקכון די פרקית ואפיקית NU 15:41
אמר: עמי בני ישראל אנא **הוא** ייי אלקכון די פרקית ואפיקית DT 5:6
בה ותינדעון ארום אנא **הוא** ייי אלקכון: ואתיתון לאתרא DT 29:5
ותינדעון ארום אנא **הוא** ייי אלקכון: והוה ברמשא EX 16:12
לקל יבבותכון אנא **הוא** ייי אלקכון: והוה בשתא NU 10:10
ולא תסתאבון בהון אנא **הוא** ייי אלקכון: ומליל ייי עם משה LV 18:30
תשבוק יתהון אנא **הוא** ייי אלקכון: ומליל ייי עם משה LV 23:22
מארעא דמצרים אנא **הוא** ייי אלקכון: ומליל משה ית זמן LV 23:43
כיציבא יהי ארום אנא **הוא** ייי אלקכון: ומליל משה עם בני LV 24:22
למהוי לכון לאלקא אנא **הוא** ייי אלקכון: ונסיב גולייתיה NU 15:41
פון בהון: ארום אנא **הוא** ייי אלקכון ותיתקדשון ותהוון LV 11:44
ותידחל מאלקך אנא **הוא** ייי אלקכון: ותעבדון ית קיימיי LV 25:17
מן ארעא דמצרים אנא **הוא** ייי אלקכון: לא תעבדון לכון LV 25:55
בארעא דמצרים אנא **הוא** ייי אלקכון: לא תעבדון שיקרא LV 19:34
יתהון בחיבורהון אנא **הוא** ייי אלקכון: עמי בני ישראל לא LV 19:10
אעדינון מינך ארום אנא **הוא** ייי אסאך: ואתו לאלים EX 15:26
וידעון מצראי ארום אנא **הוא** ייי באיתיקרותי בפרעה EX 14:18
על ארעא: ארום אנא **הוא** ייי דאסיקית יתכון פריקין מן LV 11:45
שריא בגוה ארום אנא **הוא** ייי דשכינתי שריא בגו בני NU 35:34
הדא דישמעו ארום אנת **הוא** ייי דשכינתך שריא בגו עמא NU 14:14
אימר לבני ישראל אנא **הוא** ייי ואפיק יתכון מגו דחוק EX 6:6
בהון ותינדעון ארום אנא **הוא** ייי: ועאל משה ואהרן לות EX 10:2
וינדעון מצראי ארום אנא **הוא** ייי ועבדו הכדין: ותנון EX 14:4
היך צווחין ואמרין זכיי **הוא** ייי וקושטא היך דינוי וקושטא NU 16:34
וינדעון מצראי ארום אנא **הוא** ייי כד ארים ית מחת גבורתי EX 7:5
ייי עם משה למימר אנא **הוא** ייי מליל עם פרעה מלכא EX 6:29
ותעבדון יתהון אנא **הוא** ייי מקדישכון: ארום גבר טלי LV 20:8

למידוע ארום אנא **הוא** ייי מקדישכון: ותינטרון ית EX 31:13
ברעוא צלותכון אנא **הוא** ייי מקדשכון: ותיטרון ית LV 20:7
כדון חכימית ארום תקיף **הוא** ייי על כל אלקיא ארום EX 18:11
נש נוכראה קניין כספיה **הוא** ייכול ביה ומרביני בייתיה LV 22:11
נון דמשמש בבית אולפנך **הוא** ייעול לתמן יתיה תקיף ארום DT 1:38
הוא יהי לעם רב ואוף **הוא** יסגי וברם אחוי קלילא יסגי GN 48:19
ותקיפהי ואלימהי ארום **הוא** יעיבר קדם עמא הדין והוא DT 3:28
וישכח ית חבריה וימות **הוא** יעירוק לחדא מן קרויא DT 19:5
יהי מסאב ואין גברא **הוא** יצבע לבושוי ויסחי בארבעין LV 15:11
קטולא: תבע אדמא **הוא** יקטול ית קטולא כד יערעיניה NU 35:19
לקירוייא האילין בדינא **הוא** יקטליניה: ואין ביסנא הדף NU 35:19
לחיי נח ביירחא תניינא **הוא** ירח מרחשון דעד כדון לא הוו GN 7:11
עלם בירחא שביעאה **הוא** ירח תשרי בעשרא יומין לירחא LV 16:29
פריקין מחמיסר בניסן **הוא** ירחא דאביבא: ויהי ארום EX 13:4
קדם ייי: בירחא תיניינא **הוא** ירחא דאייר בארביסר יומא NU 9:11
תנייתא בירחא תניינא **הוא** ירחא דאייר בעשרין לירחא NU 10:11
ביומא דירחא קמאה **הוא** ירחא דניסן בחד לירחא תקים EX 40:2
תיבותא בירחא שביעאה **הוא** ירחא דניסן בשבסרי יומין GN 8:4
עבד: והוה בירחא קמאה **הוא** ירחא דניסן בשתא תניינא בחד EX 40:17
ארבעין שנין בחדסר ירח **הוא** ירחא דשבט בחד בירחא מליל DT 1:3
ובירחא שבעיאה **הוא** ירחא דתשרי בחד לירחא NU 29:1
יומין לירחא שביעאה **הוא** ירחא דתשרי מארע קדיש יהי NU 29:7
זימנא בחד לירחא דאייר **הוא** ירחא תיניינא דמן שתא NU 1:1
בחד יומא לירחא דאייר **הוא** ירחא תיניינא ואיתייחסו על NU 1:18
יומין לירחא דאייר **הוא** ירחא תיניינא למיפיקהון EX 16:1
דין אלהין בר דתוליד **הוא** ירתינך: ואפיק יתיה לברא GN 15:4
ושכינתיה עביר קדמיכון **הוא** ישיצי ית עממיא האילין DT 31:3
מימריה אישא אכלא **הוא** ישיצינון והוא יתריכינון מן DT 9:3
ית אבוי דאין שביק **הוא** ית אבוי מיית הוא: ואמרת GN 44:22
לא אילן עביד פירי מיכל **הוא** יתיה תחבלון ותיקטעון DT 20:20
ושלויתא דעדן מה **הוא** כחדא מתכנשין תריסר שבטי GN 49:1
ליה: קורבן אשמא **הוא** כל דאתחייב לקרבן אשמא LV 5:19
קרבנא קדם ייי אשמא **הוא**: כל דכורא בכהניא ייכלונה LV 7:5
נפש כל בישרא אדמיה **הוא** כל מן דייכליניה ישתיצי: וכל LV 17:14
מחליף ולא חליף דדיליה **הוא** כליל מלכותא והוא מלך מלכין EX 15:18
בלבביה למימר מאן **הוא** כספא ומאן הוא דהבא: ואילין GN 36:39
ביומא תליתאה פסיל **הוא** לא יהוי לרעוא: ודייכליניה LV 19:7
דרחיש על ארעא שיקצא **הוא** לא יתאכיל: וכל דמהלך על LV 11:41
לשוקא: ואין גבר מסכין **הוא** לא תבית ומשכוניה גבך: אתבא DT 24:12
לאתהניא מינה תבלא **הוא**: לא תסתאבון בחדא מכל LV 18:23
לאתגיירא ארום אחוכון **הוא** לא תרחקון מצראה דאתי DT 23:8
קדמיהון הוא מן דינא **הוא** לאטלא יתן באבנין: מהלך EX 8:22
עני ואמר ליה הלא אנת **הוא** לבן ארמאה דבעית למשיציא NU 31:8
יזבנון ארום אחסנת עלם **הוא** להון: וארום יתמסכן אחוך LV 25:34
מן בתר כן ארום תקיף **הוא** לחדא: ומן בגלל דאיתני חילמא GN 41:31
חילוניי דלא מן אחוכון **הוא**: לחוד לא יסגון ליה על תרין DT 17:15
מה הוא ואמר משה להון **הוא** לחמא דאיצטנע לכון מן EX 16:15
ובכל ארעא דמצרים **הוא** לחמא: וכפנת כל ארעא GN 41:54
דין דקטול ארום לא סני **הוא** ליה מאתמלי ומדקדמוי: בגין DT 19:6
ארום קודש קודשין **הוא** ליה מקורבנייא דייי קיים עלם: LV 24:9
ישראל מארעא דמצרים **הוא** ליליא הדין נטיר ממלאכא EX 12:42
ויהי זכאי היך חייב חולין **הוא** לך האיפשר מאן דדאין כל GN 18:25
עלם הוא קדם ייי הכדין **הוא** לך ולבנך: ואמר ייי לאהרן NU 18:19
זכאין דבגווה: חולין **הוא** לך למעבד כפיתגמא הדין GN 18:25
ית מה דתעבדון: וימלל **הוא** לך עם עמא ויהי הוא יהוי לך EX 4:16
די חלמתא ופושרניה דין **הוא** לך תלתי מצוגייא תלתא יומין GN 40:12
כהנא ארמא קודשא **הוא** לכהנא על חדיא דארמותא NU 6:20
כחטאתא הכדין אשמא **הוא** לכהנא קודש קודשין הוא: ויסב LV 14:13
ואילו בעי קודשא בריך **הוא** לכולי איבריי לא הויתי מעכב GN 22:1
וזני זיבורי שיקצא **הוא** לכון ברם דובשא דזיבורא LV 11:20
עלוי ברוטביה מסאב **הוא** לכון: וארום אין יתפשח איברא LV 11:38
וחרספיתין במיא שיקצא **הוא** לכון: וית איליין מינייא LV 11:12
לא סדיקא מסאב **הוא** לכון: וית ארנבא ארום מסיק LV 11:5
לא סדיקא מסאב **הוא** לכון: וית חזירא ארום סדיק LV 11:6
לא סדיקא מסאב **הוא** לכון: וית טווזא ארום מסיק LV 11:4
ארבע ריגלין שיקצא **הוא** לכון: ולאילין תסתאבון כל LV 11:23
מותבניכון: שבא ונייחא **הוא** לכון ותענון ית נפשתיכון LV 23:32
בתיכון ארום אגרא **הוא** לכון חלופי פולחנכון במשכן NU 18:31
ותידכון: שבת שבתא **הוא** לכון כל עיבידת פולחנא לא LV 16:31
לא תיכלון מסאב **הוא** לכון: כל ציפר דכי דלית דאית DT 14:10
ותקופתא קדמאי **הוא** לכון למניין ירחי שתא: מלילו EX 12:2
דסדיק ולא פשר מסאב **הוא** לכון מביסריהון לא תיכלון DT 14:8
פישרא לא פשר מסאב **הוא** לכון: מבישריהון לא תיכלון LV 11:7
ארום יומא דכיפוריא **הוא** לכפרא עליכון קדם ייי אלקכון: LV 23:28

רוגזא דייי ארום אזיל **הוא** ללטוטינון ואתעתד מלאכא NU 22:22
לבנתיה דבריה והאן **הוא** למא דנן שבקתין ית גברא EX 2:20
ולחוש באימרייא גניבא **הוא** למהוי דילי: ואמר לבן יאות GN 30:33
אמתין ליה קודשא בריך **הוא** למחווייא לדריא ויחמי מן NU 21:34
ברם על מימרא דייי **הוא** למתפרעא על טומריא על DT 19:15
אילנא למיכל וארום אסו **הוא** לנהורא דעיינין ומרגג אילנא GN 3:6
ואמהו: ואין תור נגשן **הוא** מאיתמלי ומידקדמוי EX 21:29
ארום תור נגחן **הוא** מאיתמלי ומידקדמוי ולא EX 21:36
הדין יומא דכיפוריא **הוא** מארע קדיש יהי לכון ותענון LV 23:27
קדם ייי: והבל אייתי אף **הוא** מבכירי ענא ומפטימהון והוה GN 4:4
נביא דייי ואמר: בריך **הוא** מבניא דיעקב אשר יהי מרעי DT 33:24
ובנא נח מדבחא קדם ייי **הוא** מדבחא דבנא אדם בעידן GN 8:20
חילמא דפרעה חד **הוא** מה דייי עתיד למעבד תני GN 41:25
מניין כנישות עללתא **הוא** מזבן לך: ולא תונון גבר ית LV 25:16
עבד לכון קודשא בריך **הוא** מזמן דעברתון על גיף ימא DT 1:1
דעתיד למיפק מנהון **הוא** מחבל: ארום ישתכח בר נש גניב DT 24:6
לא כפירי עובדין טבין **הוא** מידבר ומסב אפין אית בדינא GN 4:8
וכפירי עובדין טבין **הוא** מידבר ומסב אפין לית בדינא GN 4:8
עמא הדין ארום יקיר **הוא** מיני: ואין כדין אנת עביד לי NU 11:14
ית עמא הדין ארום תקיף **הוא** מיני לוואי איכול לאזעוריה NU 22:6
אילן חייא דהא אין אכיל **הוא** מיניה הוי חי וקיים עד לעלמין: GN 3:22
חדא וקטליה ועבד אף **הוא** מיניה תבשילין ואיתי לאבוי GN 27:31
לות עמא ארום תקיף **הוא** מיננא: ואפיקו טיב ביש על NU 13:31
כהנא מטול דסגירותא **הוא:** מכתש סגירו ארום יהי בבר נש LV 13:8
למירמי אברם לנורא **הוא** מלכא דפונטוס אריוך דהוה GN 14:1
עשר סילעין: ואין מסכן **הוא** ממיסת עילוייה ויוקימיניה LV 27:8
בית ישראל עמי מהימן **הוא:** ממלל עם ממלל מלילית NU 12:7
מתעבד מזון לכל נפשא **הוא** ממשכן ולא יהוי גבר אסר DT 24:6
כל בר עממין דלא מבינך **הוא:** מן דהוא גזיר יגזר מרביני GN 17:12
דמצראי קדמיהון **הוא** מן דינא הוא לאטלא יתן EX 8:22
דינה ארום אמרת דין **הוא** מן קדם ייי דיהון מיני פלגות GN 30:21
ואמר ליל נטיר לפורקן **הוא** מן קדם ייי למפקא ית שמא EX 12:42
משך בישרא: גבר סגיר **הוא** מסאב הוא סאבא יסאיביניה LV 13:44
לליואי מעשרא תניינא **הוא** מעשר מסכיניא לגיוריא DT 26:12
וית כל דעבדין תמן **הוא** מפקד למעבד: לית צרוך לרב GN 39:22
קורבניה אין מן תורי **הוא** מקרב אין דכר אין נוקבא LV 3:1
שלים יקרביניה: אין אימר **הוא** מקריב ית קורבניה ויקרב יתיה LV 3:7
ארום ית קרבן אלקך **הוא** מקריב קדיש יהי לך ולא LV 21:8
מן סורחנותיה קדם ייי **הוא** מרגיז וישתיצי בר נשא ההוא NU 15:30
ית בני ישראל ממצרים **הוא** משה נביא ואהרן כהנא: והוה EX 6:27
יעקב אבוכון וכמה יאי **הוא** משכן זימנא דמייצע ביניכון NU 24:5
נבותיה ואמר מה תקיף **הוא** משרוייך די שוית בניקריא NU 24:21
דידיה הוא על גיותנין **הוא** מתגאי ועל רמין הוא מתנטל EX 15:21
הוא מתגאי ועל רמין **הוא** מתנטל על די אזיד פרעה EX 15:21
מן קודשיא ארום מזוניה **הוא:** נבילא וקטולא לא ייכול LV 22:7
ייי: והוה ביומי אמרפל **הוא** נמרוד דאמר למירמי אברם GN 14:1
ימליל הוא ואוף הא **הוא** נפיק לקדמותך ויחמינך ויחדי EX 4:14
גבר סגיר הוא מסאב **הוא** סאבא יסאיביניה כהנא מטול LV 13:44
דעניא הוא ומטולתיה **הוא** סבר לקיימה ית נפשיה ולא DT 24:15
בהקי עמיין חוורן צהר **הוא** סגי במשכא דכי הוא: וגבר LV 13:39
ויסאב יתיה כהנא ניתקא **הוא** סגירות רישא או דיקנא הוא: LV 13:30
חייא דביה מסאב **הוא** סגירותא הוא: או ארום יתוב LV 13:15
לא ישלם אין אגירא **הוא** עאל פסידיה באגריה: וארום EX 22:14
והוה בשעא קלילא **הוא** עד כדון לא פסק למללא והא GN 24:15
ואמר ריבוניה דעלמא דין **הוא** עדבך ועל עיסק פיתגמייא GN 32:25
מן קדמוי עני ואמר דין **הוא** עוג רשיעא דהוה מחסיד ית NU 21:34
תוקפא ורומומתא דידיה **הוא** על גיותנין הוא מתגאי ועל EX 15:21
ארום אדם ניכסא **הוא** על חובי נפשא יכפר: בגין כן LV 17:11
ליה ארום אזיל הוא: ואזל **הוא** עם כל דיליה וקם ועבר ית GN 31:21
להון אלקא: יחידאה **הוא** עמא הדין נייח ושרי כאריא NU 23:24
בני צבעון ואיה וענה **הוא** ענה דארבע ית ערדיא עם GN 36:24
בארע אחסנתהון **הוא** עשו אבוהון דאדומאי: ויתב GN 36:43
נסיב ליה מברתוי דיתרו **הוא** פוטיאל ליה לאינתו וילידת EX 6:25
ואתיב יוסף ואמר דין **הוא** פושרניה תלתי סליא תלתי GN 40:18
פיתגמא ולא יתקיים **הוא** פיתגמא דלא מלליה ייי DT 18:22
ממצרים: הלא דין **הוא** פיתגמא דמלילנא עימך EX 14:12
אדם עבדוי דאשתדי **הוא** פרע ונטר וניקמא דפורענותא DT 32:43
אתור ונהרא רביעא **הוא** פרת: ודבר ייי אלקים ית אדם GN 2:14
דייהויין שבע שני כפנא: **הוא** פתגמא דמלילית עם פרעה מה GN 41:28
בה לעשו חולקא וכד **הוא** פתח פומיה בכנישתא דישראל GN 49:21
קרבא ואמרת אם כדין **הוא** צערא דילידתא למה דין לי GN 25:22
לא יסבון ארום קדיש **הוא** קדם אלקיה: ותקדישיניה LV 21:7
ותימרון ניכסת חייסא **הוא** קדם ייי דחס במימריה על בתי EX 12:27
לאתקבלא ברעוא קרבנא **הוא** קדם ייי היכמא דפקיד ייי ית LV 8:21

בשר קורבניא דקיים עלם **הוא** קדם ייי הכדין הוא לך ולבנך: NU 18:19
דייי הוא קודש קודשין **הוא** קדם ייי: ואין מפרוק יפרוק גבר LV 27:30
כל יומי נזריה קדיש **הוא** קדם ייי: וארום ימות מיתה NU 6:8
לדריכון קודש קודשין **הוא** קדם ייי: ומליל ייי עם משה EX 30:10
ברעוא קדם ייי קורבנא **הוא** קדם ייי: ותיסב ית חדיא מדכר EX 29:25
כל אפרשא קדש קודשין **הוא** קדם ייי: כל אפרשא דיתפרש LV 27:28
דיכרא למדבחא עלתא **הוא** קדם ייי לאתקבלא ברעוא EX 29:18
ומפירי אילנא דייי **הוא** קודש קודשין הוא קדם ייי: LV 27:30
תעבדון כוותיה קודשא **הוא** קודשא יהי לכון: גבר די ימזג EX 30:32
אדמא ארום אדמא **הוא** קיום נפשא לא תיכלון אדמא DT 12:23
השלם לאבוכון סבא: **הוא** קיים וגחנו וסגידו: וזקף ית GN 43:28
עשו בטוור גבלא עשו **הוא** רבא דאדומאי: ואילין ייחוסין GN 36:8
לקדמותנא ואמר עבדא **הוא** ריבוני ונסיבת רדידא GN 24:65
עימה סנא ליה: והא **הוא** שוי ערד דמילין למימר לא DT 22:17
מה דמשתכח גביה ארום **הוא** שירוי תוקפיה ליה חזיא DT 21:17
עד כדון יוסף קיים וארום **הוא** שליט בכל ארעא דמצרים GN 45:26
דמלכא: ומלכא צדיקא **הוא** שם בר נח מלכא דירושלים GN 14:18
דיעקב שדרני לוותכון דין **הוא** שמי לעלם ודין דוכרני לכל דר EX 3:15
ליה אדם נפשא חייתא **הוא** שמיה: וקרא אדם שמהן לכל GN 2:19
וכוש אוליד ית נמרוד **הזא** שרי למיהוי גיבר בחיטאה GN 10:8
יתקטול קטולא **הוא** תבע אדמא קטול ית קטולא NU 35:21
לא אזדריקו עלוי מסאב **הוא** תוב סובתיה ביה עד דידי NU 19:13
תתקרבון ובשמיה תומון: **הוא** תושבחתכון והוא אלקכון DT 10:21
לצרוך מיכלהון נשא **הימון** רוח מערבא ואזלו: ותקיף ייי EX 10:19
תלתי אבהת עלמא **הינון** אברהם יצחק ויעקב דמן בני GN 40:12
יקרבון ולא ימותון אוף **הינון** אוף אתון: ויזדמנון לוותך NU 18:3
אחוהי מתנן דיהב ליה ייי **הינון** אחסנתיה היכמא דמליל ייי DT 10:9
דכהונתא דיהב ליה ייי **הינון** אחסנתיה היכמא דמליל ליה: DT 18:2
בנין דלית בהון הימנותא: **הינון** אקנון קדמוי בדלא אלקא DT 32:21
ית עמא ארום פריעין **הינון** ארום פריעו על ידוי דאהרן ית EX 32:25
מאן דיקטול וקטיל האן **הינון** אריוותא דשיבט יהודה כיוון NU 25:7
אתו מארעא דכנען והא **הינון** בארעא דגשן: ומקצת אחוי GN 47:1
מיניה ארום בטלנין **הינון** בגין כן הינון צווחין למימר EX 5:8
דאשתלחו מן קדם ייי **הינון** בגין כן קרא שמיה דאתרא GN 32:3
מוי ממרה ארום מרירין **הינון** בגין כן קרא שמיה מרה: EX 15:23
טובוי דאשר מן שמינין **הינון** בירוי ארעיא מרביא בושמין GN 49:20
דמיין דמתגברין כן **הינון** בית ישראל יתבין עדרין NU 24:6
צלותהון דישראל אוף **הינון** בכון ית אהרן תלתין יומין NU 20:29
יטור נפיש וקדמה: אילין **הינון** בנוי דישמעאל ואילין שומהון GN 25:16
ובנוי עימיה: ארום דילי **הינון** בני ישראל משתעבדין LV 25:55
מן קדם ייי דמן קדמוי **הינון** בניא והוא מנע מיניך פירי GN 30:2
וטרידין בסוף משריתא **הינון** בסרו ית ישראל דאדום ומואב NU 21:14
כתקוף שפר שמיא כד **הינון** ברירין מן ענניא: ולות נדב EX 24:10
ברישיה לבושי קודשא **הינון** ברם בלבושי דהבא לא יהי LV 16:4
וכל בעיריהום הלא דלנא **הינון** ברם נתפייס להום ויתבון GN 34:23
מתגלי ליה: כמא יאוון **הינון** בתי מדרישיכון במשכנא די NU 24:5
למסטי בתר מימרי **הינון** גובריא דמישבטא דבית דן DT 25:18
לבני וגניסת שמעי איליין **הינון** גניסת גרשון: סכומהון במניין NU 3:21
מחלי ומושי אילין **הינון** גניסת ליואי לבית אבהתהון: NU 3:20
וגניסתא דמושי איליין **הינון** גניסת מררי: סכומהון במניין NU 3:33
וגניסתא דעזיאל איליין **הינון** גניסת קהת: במניין כל דכורא NU 3:27
קדם ייי אלקכון מן ומן **הינון** דאזלין: ואמר בטליינא ובסבנא EX 10:8
מאן אילין לך ואמר בניי **הינון** דאיתיהיבו לי במיחוס מן GN 33:5
ית כל עמא הדין אין בניי **הינון** דאמרת לי במצרים טעון NU 11:12
לאורייתי עבדי **הינון** דאפיקית יתהון פריקין מן LV 25:55
לא משרויין דעשו **הינון** דאתיין לקדמותי ולא GN 32:3
קרבא בדבית ישראל **הינון** דבית עמלק וסופיהון ביומי NU 24:20
ולא משרויין דלבן **הינון** דהדרו למירדוף בתריי אלהין GN 32:3
וממלל עמהון ואילין **הינון** דהוה גחין להון אבוהא: וגנב GN 31:19
אבהתוי יתוב: ארום עבדי **הינון** דהנפיקית יתהון פריקין LV 25:42
ואמר יוסף לאבוי בני **הינון** דיהב לי מימרא דייי בדין GN 48:9
ברם בתר כדין עתידין **הינון** דישלטון בעמך בסוף עקב NU 24:14
דמצרים על חיליהון: **הינון** דממללין עם פרעה מלכא EX 6:27
הינון רברבי שבטיא **הינון** דמתמנן במצרים אמרכולין NU 7:2
סליא תלתי שעבודיא **הינון** דעתידין בית ישראל GN 40:18
מן יומת עלמא כולהון **הינון** דקיימין הכא עימנא יומנא DT 29:14
עלתא קרבן אשלמותא **הינון** דשלימון בכולא מטול LV 8:28
דפלשתאי וקטלונון **הינון** הוו גרמיא יבישיא דאחי EX 13:17
גינברי מתחשבן אוף **הינון** הי כגינבריא דאתמחיין DT 2:11
ארום אמרין אין שהיין **הינון** הכא שעתא חדא הא כולנא EX 12:33
וחמון ית קיטרי כספיהון **הינון** ואבוהון ודחילו על שמעון GN 42:35
רישין על בני ישראל **הינון:** ואילין שמהתן דתריסר NU 13:3
לא ייכול ארום קודשא **הינון:** ואין ישתייר מבשר קורבניא EX 29:33
דנסיבת לנשין ברתיי **הינון** ובנייא דילידן הי כבני חשיבין GN 31:43

רישי אלפיא דישראל **הינון**: ודבר משה ואהרן ית גובריא NU 1:16
נהר וגברייא איתפטרו **הינון** וחמריהון: הינון נפקו מן קרתא GN 44:3
וכל פתגם קליל ידונון **הינון** ויקילון מן מטול דעלך EX 18:22
תפרוק מטול דקודשא **הינון** וית אדמתהון תדרוק על NU 18:17
דישראל לקו אוף **הינון** וכל בוכריה בעירא מיתו EX 12:29
וית כל ניכסיא: ונחתו **הינון** וכל דילהון כד חיין לשייול NU 16:33
בנוהי עימיה לתיבותא: **הינון** וכל חיתא ליזנהא וכל בעירא GN 7:14
בנת אינשא ארום שפירן **הינון** וכסלן ופקסן ומהלכן בגילוי GN 6:2
ולוחיא עובדא דייי **הינון** וכתבא כתבא דייי הוא חקיק EX 32:16
אומא מאבדא עיטין טבן **הינון** ולית בהון סוכלתנן: אילו הוו DT 32:28
ותפיין יסתרון מסאבין **הינון** ומסאבין יהון לכון: לחוד עינוון LV 11:35
בוסמיא: מרגליין דבורלין **הינון** ומרגליין דאשלמותא EX 35:9
וכל פתגם קליל דיינון **הינון**: ופטר משה ית חמוי ואזל ליה EX 18:26
טפזא ארום מסקי פישרא **הינון** ופרסתהון לא סדיקין מסאבין DT 14:7
מארעי קדיש איליין **הינון** זמן סידורי מועדיי: שיתא LV 23:2
עריתה קריבת בישרה **הינון** זנו היא: ואיתתא בחיי אחתה LV 18:17
משה נביא כמה קשיין **הינון** חוביא די גרמו לאבהתא LV 26:29
ברם סדר קטולין לית **הינון** חייבין ארום לא איתחרת LV 19:20
קומוי עבדו גמירא **הינון** חייבין ואם עבדין תתובא GN 18:21
בשמא רבא ומפרשא כד **הינון** חמיין ויתן מוהי ואין יסרב NU 20:8
מן מדברא וטוורי ליבנן **הינון** טוורי בי מקדשא מן נהרא DT 11:24
יסודי טוורייא: וכד **הינון** יהיבין בבבל הוון פלחין DT 32:23
לאהרן ולבנוי מתנה **הינון** יהיבין ומסירין ליה מלות בני NU 3:9
לקבל טוורא דעיבל: הלא **הינון** יהיבין מלהלא ליורדנא אחורי DT 11:30
והי כמילקדמוי **הינון** יזלון ויגבבון להון תיבנא: וית EX 5:7
ועל כל מנוי ועל כל דליה **הינון** יטלון ית משכנא וית כל מנוי NU 1:50
ביה ומרבייני בייתיה **הינון** ייכלון בלחמיה: וברת כהין LV 22:11
יתיה ברם בפיסחא דניסן **הינון** ייכלון פטירי וקורבן פיסחא NU 9:12
ולחרשייא ועבדו לחוד **הינון** יניס וימבריס חרשין דבמצרים EX 7:11
ענר אשכול וממרא אף **הינון** יסבון חולקהון: בתר פיתגמיא GN 14:24
יומא דין בין טב לביש **הינון** יעלון לתמן ולהון אתנינה DT 1:39
כוותכון ויירתון אוף **הינון** ית ארעא דייי אלקכון יהיב DT 3:20
לא יתאכלון שיקצא **הינון** ית נישרא וית עוזא וית בר גזא: LV 11:13
לימנת: ויפלחון ליואי **הינון** ית פולחן משכן זימנא והינון NU 18:23
ואמר פרעה הא סגין **הינון** כדון עמא דארעא דאתון EX 5:5
ופריק יתהום ועתידין **הינון** כל דריא דקימון למהוי אמרין GN 22:14
מטול דשמיתין **הינון**: כל תפקידתא דאנא מפקידכון DT 7:26
ותקטרונון יתהון כד **הינון** כתיבין על תפילא לאת על DT 11:18
בהון מומא בהון פסילין **הינון** לא לרעוא יהון לכון: ומליל ייי LV 22:25
תיכלונון ארום שיקצא **הינון**: לא תשקצון ית נפשתיכון בכל LV 11:42
ית חושבון בני גרשון אף **הינון** לבית אבהתהון לגניסתהון: NU 4:22
על את בבית אולפנא **הינון** לוחי סהדותא ותברי לוחיא EX 40:20
שבעתי עממיא האילין **הינון**: לחוד מקירוי עממיא האילין DT 20:15
סילעין דכסף לאחוך הא **הינון** ליך תחמרא דעיינין חלף GN 20:16
טעוותהון ארום לתוקלא **הינון** לך: דילמא תימר בליבך סגיאין DT 7:16
יתהון: ארום עייקין **הינון** לכון בעיטת רמיותהון דרמיין NU 25:18
מסאב עד רמשא מסאבין **הינון** לכון: ודין לכון דמסאב דמיה LV 11:28
לא סדיקין מסאבין **הינון** לכון: וית חזירא ארום סדיק DT 14:7
ריחשא דבמיא שיקצא **הינון** לכון: ושיקצא יהון לכון LV 11:10
לא תקרבון מסאבין **הינון** לכון: ית דין תיכלון מכל די LV 11:8
ופרחין הי כעופא מסאבין **הינון** לכון: כל גובא דכיא תיכלון: לא DT 14:19
ליתהא מסקא מסאבין **הינון** לכון כל דיקרב בהון יהי LV 11:26
על ארבע מסאבין **הינון** לכון כל דיקרב בנבילתהון יהי LV 11:27
מבתריכון וילפון לחוד **הינון** למהוי עם גיורין ארום בחובי DT 5:18
מן בתריכון וילפון לחוד **הינון** למיהוי עם גייורין ארום בחובי EX 20:14
מן בתריכון וילפון לחוד **הינון** למיהוי עם גנבין ארום בחובי EX 20:15
מן בתריכון וילפון לחוד **הינון** למיהוי עם חמודין ולא יחמיד EX 20:17
מן בתריכון וילפון להון **הינון** למיהוי עם חמודין ולא יירוג DT 5:21
בתריכון וילפון לחוד **הינון** למיהוי עם מסהדין סהדי EX 20:16
מן בתריכון וילפון לחוד **הינון** למיהוי עם קטולין ארום EX 20:13
מן בתריכון וילפון להון **הינון** למיהוי עם קטולין ארום DT 5:17
ולך לא יהי אסו ועתידין **הינון** למיעבד שפיותא בעיקבא GN 3:15
מצוגייא תלתא יומין **הינון** לפורקנך: בסוף תלתי יומין GN 40:12
תלתי סליא תלת יומין **הינון** לקטלך: בסוף תלתא יומין GN 40:18
לא פסג: ונחתו אומיא **הינון** מדמיין לעופא מסאבא GN 15:11
במיא למחמיהון **הינון** מוי מצות ריקם במדברא דצין: NU 27:14
פרת עד ימא דאוקינוס **הינון** מי בראשית סטר מערבא יהי DT 11:24
רבא אוקינוס ותחומיה **הינון** מי בראשית עם מיא קדמאי NU 34:6
לארעא די אתין להון: **הינון** מי מצותא דנצו בני ישראל NU 20:13
ית עמא ארום בריכין **הינון** מיני מיומי אבהתהון: וקם NU 22:12
ומאדמא דצפירא כד **הינון** מערבין ויתן על קרנת מדבחא LV 16:18
דייי תיקרובתא דאלקהון **הינון** מקרבין ויהון קדישין בגופיהון: LV 21:6
בוסמיא: מרגליין דבירולין **הינון** מרגליין דאשלמותא EX 25:7
ברם במיגד קל שופרא **הינון** מרשן למיסק בטוורא: ונחת EX 19:13

באתר בית שכינתיה וכד **הינון** נטרין מצוותא דאורייתא DT 33:3
ישראל מה משבחין **הינון** ניסיא ופרישתא דעבד להון NU 23:23
ולא עבדו: שמחזאי ועזאל **הינון** נפלן מן שמיא והוו בארעא GN 6:4
איתפטרו הינון וחמריהון: **הינון** נפקו מן קרתא לא ארחיקו GN 44:4
עריתך עלוי: ואיליין **הינון** סידרי דיניא די תסדר EX 21:1
למשמע בבי דינא למן **הינון** סיטומתא וחוטיא וחוטרא GN 38:25
דמיין ברם פירין לית **הינון** עבדין בגין כן אמתין ליה NU 21:34
מתנטלין לא דמכין **הינון** עד דיקטלון קטול רב בבעלי NU 23:24
שתו חמרא לא הוא ולא **הינון** עד יומא ההוא: ופקיד ית GN 43:34
לעצור דעינבין: מה יאיין **הינון** עינוי דמלכא משיחא כחמרא GN 49:12
קרבא ויתוספון לחוד **הינון** על סנאינן וישיצון יתן ולא EX 1:10
במצרים מיטרפין **הינון** עמא בית ישראל בארעא טרד EX 14:3
אמר משה נביא אין נטרין **הינון** עמא בית ישראל מצוותא DT 32:14
ומה שבח ארעא השמינין **הינון** פירייה אין פתרנין האית בה NU 13:20
היך דינוי וקושטא **הינון** פיתגמיה משה עבדיה ואנן NU 16:34
בטלנין הינון בגין כן **הינון** צווחין למימר ניזיל נדבח EX 5:8
ארום מפרשא מפרשין **הינון** קדמי מגו בני ישראל חולף NU 8:16
ואם עבדין תתובא הלא **הינון** קדמיי זכאין כמא דלא ידעית GN 18:21
עד סוף כל עלמא כולהון **הינון** קיימין הכא עימן יומנא: ארום DT 29:14
תור עד חמר עד אימר כד **הינון** קיימין על חד תרין ישלם: EX 22:3
רישי בית אבהתהון **הינון** רברבי שבטיא הינון דמתמנן NU 7:2
כמרירתהון דתניניא כד **הינון** רוון מן חמרהון בגין כן יהי DT 32:33
אבימלך לאברהם מה **הינון** שבע חורפן האילן דאקימתא GN 21:29
ענן יקרא יומין דמניין **הינון** שבעתי יומי שבעתא על NU 9:20
ביה ריגלוי: ברירין **הינון** שיבטא דאשר היך פרזלא DT 33:25
ענן יקרא על משכנא ברם **הינון** שרן: ובאורכות עננא על NU 9:18
על פרקטוני נהרין כן **הינון** תלמידיהון חבורן חבורן בבית NU 24:6
אמר יעקב אין שריין **הינון** תריהון כחדא לית מליך GN 49:7
על שמהת בני ישראל **הינון** תרתיסירי על שמהתהון גליף EX 28:21
ארום בידנא מסירין **הינון** תש חיל גבורתהון מעליהון NU 14:9
לחינתא: ושוי ית לחינתא **הינין** ובניהן בקדמיתא ארום אמר GN 33:2
על עבדך: וקריבן לחינתא **הינין** ובניהן וגחינן: וקריבת אוף GN 33:6
לא לקון ארום לקישן **הינין**: ונפק משה מלות פרעה סמיך EX 9:32
ומנפסן יתהין כד **הינין** חיין: ועגני שמיא אזלין לפישון EX 35:26
שמע בקל צלותהן ומן יד **הינין** מתעניין וילדן ופרקן בשלם: EX 1:19
עריתהן ארום הי כעריתך **הינין**: עירית בת איתת אבוך דילידת LV 18:10
זריזן וחכימן בדעתיהן **הינין** קדם עד לא תיתי לוותהון EX 1:19
לא תיתי לוותהון חייתא **הינין** תליין עיניהן בצלו מצליין EX 1:19
לקייתא שקיפן קידום **הם** הכי מבשרן דייהויין שבע שני GN 41:27
ומבתר דעבד איתגלי ליה **ואיהו** ידע דשקר ולא תב ואתחייב LV 5:4
מלא קוסמין וחרשין **ואיהו** לחש עילוי אישתא דלא GN 11:28
רחל וית יוסף בתראין: **ואיהו** עבר לקמיהון מצלי ובעי GN 33:3
ומן בתר כדין איתגלי ליה **ואיהוא** ידע דמסאב ולא אידכי LV 5:3
גלי קדם ייי סיגופיך: **ואיהוא** יהוי מדמי לערוד בבני נשא GN 16:12
וישמע קל אומאה דלווט **ואיהוא** סהיד או חמא חד מעלמא LV 5:1
מאים יגששינני אבא **ואיהי** דמי בעינוי הי כמגחך ביה GN 27:12
על גזירת מימרא דייי **ואיהי** לא תצלח לכון: לא תיסקון NU 14:41
משה רתח ואישתלי **ואינון** בכן וקריין שמע וקיימין NU 25:6
תמן עשרא ונהי אנא **ואינון** ונבעי רחמין על כל אתרא GN 18:32
והוא משמש קדמיהון **ואינון** יתבין ודמי ליה כאילו אכלין: GN 18:8
הוה להום רושם דקן **ואינון** לא אשתמודעוהי דלא הוה GN 42:8
אדמי הא מתבעי מינך: **ואינון** לא הוו ידעין ארום שמע הוה GN 42:23
ריבוני ויטייל קדם עבדיה **ואנא** אידבר בנייחא לבלחודיי לרגל GN 33:14
בלהה עול לוותה ותיליד **ואנא** אירבי ואיתבני אוף אנא מיניה: GN 30:3
הדין ואוניקתיה לי **ואנא** איתין ית סוטרייך ונסיבת EX 2:9
יתיה אטלות אבנין: **ואנא** איתן פנוייתא למעסוק בגברא LV 20:3
דתירתון ית ארעהון **ואנא** איתנינה לכון למירת יתה LV 20:24
ארגיזו קדמוי בהבליהון **ואנא** אקנינון באומא דלא אומא DT 32:21
ית בני ישראל מארעיה: **ואנא** אקשי ית יצרא דליבא דפרעה EX 7:3
קדמי פורענותא **ואנא** אשלים לעידן דתמוט DT 32:35
אתעתד הכא על עלתך **ואנא** אתארע עד הכא: וארע מימר NU 23:15
לוותך הב יתיה על ידיי **ואנא** אתיביניה לך: ואמר לא יחות GN 42:37
ותעבידינון קדם פרעה **ואנא** אתקיף ית יצרא דליביה ולא EX 4:21
ומליל ייי עם אהרן **ואנא** בחדוא יהבית לך ית מטרת NU 18:8
הלא אנא ייי: וכדון איזל **ואנא** במימרי אהא עם ממלל פומך EX 4:12
שמי על בני ישראל **ואנא** במימרי איברכינון: והוה ביום NU 6:27
הא עשו אחי גבר שערן **ואנא** גבר שעיע: מאים יגששינני GN 27:11
יתקרון באחסנתהון: **ואנא** דבעיתי מינך למקברי עם GN 48:7
ישראל בגו ימא ביבשתא: **ואנא** הא אנא אתקיף ית יצרא EX 14:17
יתכון לארעא דאבהתכון: **ואנא** הא יהבית לך ית קרתא דשכם GN 48:22
אחוכון חורנא וית בנימין **ואנא** הא כבר אתבשרית ברוח GN 43:14
למעבד כל עיבידתא: **ואנא** הא מניית עימיה ית אהליאב EX 31:6
דהוה על בני ישראל: **ואנא** הא קריבית ית אחוכון ליואי NU 18:6
ייי עם משה למימר: **ואנא** הא קריבית ית ליואי מגו בני NU 3:12

ותליתאין תעבדינה: **ואנא** האנא מייתא ית טובענא מיא GN 6:17
אנא הוא דהוויי והוית **ואנא** הוא דעתיד למהוי ולית DT 32:39
דמליל ייי אלקכון ליה: **ואנא** הוית קאי בטוורא בעי ומצלי DT 10:10
לכון הכא עם חמרא **ואנא** ועולימא נתמטי עד כא GN 22:5
אוף אנא עיבידתא **ואנא** זקיק לפרנסא אינשי בייתי: GN 30:30
משבחין למרי עלמא **ואנא** חד מן מלאכיא משבחייא GN 32:27
כל בישרא באדמא הוא **ואנא** יהבתיה לכון לגזירתא LV 17:11
דייי שרי באתרא הדין **ואנא** לא הוית ידע: ודחיל ואמר מה GN 28:16
עמי לקיימא ית נפשי **ואנא** לא יכילנא לאישתיזבא GN 19:19
מיני אם אנת לציפונא **ואנא** לדרומא אם אנת לדרומא GN 13:9
אחוי ואמר טליא ליתוהי **ואנא** להן אנא אתי והכדין נחמי GN 37:30
לדרומא אם אנת לדרומא **ואנא** לציפונא: וזקף לוט ית עינוי GN 13:9
אירעוני בישתא האילין: **ואנא** מסלקא אסלק שכינתי מנהון DT 31:18
יומין מברא למשריתא **ואנא** מעכב בגין זכותך ענני יקרי NU 12:14
עייני ואשכח תלת סהדיי **ואנא** מקימא לך מן חרציי תלתא GN 38:25
אנא קטיל ית יעקב אחי **ואנא** משתכח קטול וירית: GN 27:41
שריתי למללא קדם ייי **ואנא** מתיל לעפר וקטם: מאין GN 18:27
הברם בקשוט אוליד **ואנא** סיבית: האפשר דיתכסי מן GN 18:13
ארעא בכנענאי ובפריזאי **ואנא** עם דמניין ויתכנשון עלי GN 34:30
דייי למא אנת קאי בברא **ואנא** פניית ביתא מפולחנא נוכראה GN 24:31
ונדבח קדם ייי אלקנא: **ואנא** קדמיי גלי ארום לא ישבוק EX 3:19
והכדין יקביל מיני פרעה **ואנא** קשי ממלל: ומליל ייי עם משה EX 6:12
ומפשר לית יתיה **ואנא** שמעית עלך למימר אין אנת GN 41:15
למפלח קדם ייי אלקן **ואנחנא** אין נשביקינון לית אנן EX 10:26
ית תורעמתכון קדם ייי **ואנחנא** מא אנן חשיבין ארום EX 16:7
דאתון מתרעמין עלוי **ואנחנא** מה אנן חשיבין לא עלנא EX 16:8
הכא וקרוין לטפלנא: **ואנחנא** נזדרז מבעין בגו בני ישראל NU 32:17
ית עמא בית ישראל **ואני** אסי יתהון בסוף יומיא ולית DT 32:39
פיתגמיה משה עבדיה **ואנן** רשיעיא דמרדנא ביה ובני NU 16:34
וימחינני אימא על בנייא: **ואנת** אבטחתני אוטבא אוטב עימך GN 32:13
דבזכותהון אתברי עלמא **ואנת** אזיל למילט יתהון ודי גנבתא NU 22:30
ליוסף אנא פרעה מלכא **ואנת** אלקפטא ובר מימרך לא GN 41:44
עמא דאנא שרי ביניהון **ואנת** אמרת ביסרא איתן להון NU 11:21
מריריא בדוקיא האילין: **ואנת** ארום סטית בר מן רשותא NU 5:20
עם בני ישראל ויטלון: **ואנת** ארים ית חוטרך וארכין ית EX 14:16
מסר נפשי לאתגזרא **ואנת** אתגזרת בר תמניא יומין אילו GN 22:1
ית מאן דאנת שלח עימי **ואנת** במימרך אמרת מניית יתך EX 33:12
הוא דנסיבת ית בעלי **ואנת** בעיא למיסב אוף ית יברוחי GN 30:15
דאנא בר שרה אינתתיה **ואנת** בר הגר אמתא דאימי עני GN 22:1
מלגוו לשורתא לרשיעין: **ואנת** ברור מכל עמא גיברי חילא EX 18:21
מאתן וחמשין מחתיין **ואנת** ואהרן גבר מחתיתיה: ונסיבו NU 16:17
ית פולחן משכן זימנא: **ואנת** ובנך עימך תינטרון ית NU 18:7
לא מזדהרין באסקותהון **ואנת** ובנך עימך תקבלון ית חובי NU 18:1
לוותך וישמשונך **ואנת** ובנך עימך תקומון קדם NU 18:2
איתא וניגזר קיים אנא **ואנת** ויהי לסהיד בינא ובינך: ונסיב GN 31:44
ארום דייי היא ארעא: **ואנת** ועבדך חכימית ארום עד לא EX 9:30
לא ישעביד ביה בשקיין **ואנת** חמי ליה: ואין לא יתפרק LV 25:53
ויסתכן ולא יתבזי אחוך **ואנת** חמי ליה: לא תזממון פם תורא DT 25:3
ית שמנותיתא דארעא: **ואנת** יוסף מפקד דאיקר אבך בגין GN 45:19
ואמר ייי לאברהם **ואנת** ית קימי תיטר אנת ובנך GN 17:9
לי סליק ית עמא הדין **ואנת** לא אודעתני ית מאן דאנת EX 33:12
הא שדרית ית גדיא הדין **ואנת** לא אשכחתיה: והוה בזמן GN 38:23
לא תקבל בגו בני ישראל: **ואנת** מני ית ליואי על משכנא NU 1:50
דאנא מתכנש מן עלמא **ואנת** משמש מן בתריי אנת מקני לי NU 11:29
ייי עם משה למימר: **ואנת** סב לך בושמין בשירויא מור EX 30:23
ומעל יתהון לך לקיימא: **ואנת** סב לך מכל מיכל דמיתאכיל GN 6:21
אתרא דאשרי שכינתי **ואנת** פלח קדמי תמן אשלח עלך EX 20:24
דנן תלתא יומין: **ואנת** פרש מן אינתתך מטול DT 5:31
לדריהון מן בני ישראל: **ואנת** קריב לוותך ית אהרן אחוך EX 28:1
בית ישראל למשתעבדא **ואנת** רב נחתומיא תקבל אגר ביש GN 40:18
הוא יהוי לך למתורגמן **ואנת** תהוי ליה לרב תבוע אולפן מן EX 4:16
בישא ולוותך יהוי מתויה **ואנת** תהי שליט ביה בין למיזכי בין GN 4:7
כל מה דיימר ייי אלקנא **ואנת** תמליל עימנא ית כל דימליל DT 5:27
ואמר ייי למשה למימר: **ואנת** תמליל עם בני ישראל למימר EX 31:13
אחוך ליקר ולתושבחא: **ואנת** תמליל עם כל חכימיה ליביה EX 28:3
לאבהתהון למיתן להון **ואנת** תפליג יתה להון: ומימרא דייי DT 31:7
דרתא חזור חזור דנחשא: **ואנת** תפקד ית בני ישראל ויסבון EX 27:20
בידכון ית כל יתבי ארעא **ואנת** תתריכינון מן קדמך: לא EX 23:31
פרעה שתי בעיקבא **ואת** רב מזוגייא תקבל אגר טב על GN 40:12
לחירותא בניכסין סגיאין: **ואת** תתכנש לות אבהתך בשלם GN 15:15
חד יתאסר בבי מערתכון **ואתון** איזילו אובלו עיבורא GN 42:19
אתנינה והינון יירתונה: **ואתון** אתפינייו לכון וטולו DT 1:40
גיבריהון ושדי לעילא **ואתון** בית ישראל הויתון לעיין DT 25:18
בי דינא יתיה ודיינין יתיה: **ואתון** בית ישראל תפלון משדי דם DT 21:9

שיצייה ייי אלקך מבינך: **ואתון** דדבקתון בדחלתא דייי DT 4:4
דינא: ולגייורא לא תעיקון **ואתון** חכימתון ית אניק נפש גייורא EX 23:9
תוריכון יהון נכיסין **ואתון** חמיין ולא תיכלון מנהון DT 28:31
תרתין ידיי ותברתינון **ואתון** חמיין כד לוחיא מיתברין DT 9:17
ומיתבר מן קדם ייי אנא: **ואתון** חשבתון עלי מחשבן בישן GN 50:20
הוה מימרא בסעדי: **ואתון** ידעתון ארום בכל חיילי GN 31:6
על אבנא אפיסתא יתה: **ואתון** כהניא דקיימין למשמשא EX 20:26
על מייא: ונטלו מאלים **ואתון** כל כנישתא דישראל EX 16:1
ולקסומי קוסמיא צייתין **ואתון** לא כוותהון אלהין כהנייא DT 18:14
מן מחותין: הוא יוזפינכון **ואתון** לא תוזפון לכון הוא יהוי DT 28:44
דייי לא תבטשון **ואתון** לא תידחלון מן עמא דארעא NU 14:9
מן אדמא דבמן פחרא **ואתון** לא תפקון אינש מן תרע EX 12:22
ותוזפון לעממין סגיאין **ואתון** לא תצטרכון למזוף: וימני DT 28:12
ותמשכנון עממין סגיעין **ואתון** לא תתמשכנון ותשלטון DT 15:6
לטמטמא אלהין לצייתא **ואתון** נשיתון אורייתא דליבכון DT 29:3
בידיה הוא יהי לי עבדא **ואתון** סוקו לשלם לות אבוכון: GN 44:17
לכל שיבטא ושיבטא **ואתון** סטיתון מבתר מימריה DT 1:1
לותי דאצלי עליכון **ואתון** סניתון יתי ותרכתוני GN 26:27
לית אנא אעבר ית יורדנא **ואתון** עברין ותירתון ית ארעא DT 4:22
לקובליכון מן רתיתא **ואתון** על פירקת צוורי מלכיהון DT 33:29
בשמא דייי אנא מצלי **ואתון** עמא בית ישראל הבו איקר DT 32:3
אלקים עבד ית אינשא: **ואתון** פושו וסגו אתילדו בארעא GN 9:7
יתכון מכל חוביכון **ואתון** קדם ייי תודון סורחנותכון LV 16:30
לוותך לשתא דאתיא **ואתון** קיימין והא בר לשרה GN 18:10
לוותך בעידנא הדין **ואתון** קיימין ולשרה בר: וכפרת GN 18:14
לאשקאה ענא דאבוהן: **ואתון** רעיא וטרדינון וקם משה EX 2:17
כגינבריא דאתון ידעתון **ואתון** שמעתון מן ייכול למיקם DT 9:2
היך נורא ותקיימונין לכון: **ואתון** שרו למיברא למשריתא NU 31:19
לכון הוא יהוי שליט **ואתון** תהוון הדיוטין: וייתון DT 28:44
מימרי לכון לאלקא פרוק **ואתון** תהוון לשמי לאומא קדישיא: LV 26:12
יומין דהיא צדיא מינכון **ואתון** תהוון מיטלטלין בארע בעלי LV 26:34
עימיה יהי לי עבדא **ואתון** תהון זכאין: ואוחיאו ואחיתו GN 44:10
עממייא דעל אפי ארעא: **ואתון** תהון קדמי מלכין קטרי EX 19:6
מסוקיין על מסוקיין **ואתון** תחותון לרע מיניה מחותין DT 28:43
האחיכון ייתון לקרבא **ואתון** תיתבון הכא: ולמא תבטלון NU 32:6
חד וידבר ית אחוכון **ואתון** תתאסרון ויתבחרון פיתגמין GN 42:16
עד די אנסו יתכון: **ואתון** תתובון ותקבלון למימרא DT 30:8
ורבקה רחימת ית יעקב: **ובההוא** יומא דמית אברהם בשיל GN 25:29
קפצת ארעא קומוי **ובההוא** יומא דנפק אזל לחרן: וצלי GN 28:10
עם אברהם בחברון **ובההוא** יומא הוה שרוי גלותא GN 37:14
יתיה בחיסדא עד ביתאל **ובההוא** יומא סלקון לשמי מרומא GN 28:12
מארעא דמצרים: **ובההוא** יומא פסק להון לישא EX 16:2
רבא והוה תמן תלת שנין **ובההוא** יומא תב אברהם לות GN 22:19
למעבד תמן פיסחא **ובההוא** ליליא אתיבית יתכון EX 19:4
ואפיק ליה לחים וחמר **ובההיא** זימנא הוה משמש קדם GN 14:18
דמימר דייי הוה בסעדיה **ודהוא** עביד ייי מצלח: והוה בתר GN 39:23
דהוו מן אדם קדמאי **וההוא** יומא לא אלבשינון עשו GN 27:15
דלא הוה ליה רושם דקן **וההיא** שעתא אית ליה: ודכיר יוסף GN 42:8
מלכא דאמוראה היא **והוא** אגיח קרבא במלכא דמואב NU 21:26
בשר דעד כדון יוסף קיים **והוא** אזדרז ואזל למצרים ואייתי GN 49:21
אלקיה עלוי אנא ייי: **והוא** איתא דאית בה בתולהא יסב: LV 21:13
תומון: הוא תושבחתכון **והוא** אלקכון דעבד עימכון ית DT 10:21
עמכון ארום אחוי מית **והוא** בלחודוי אישתייר מן אימיה GN 42:38
יחזר על בעלי דבבוי **והוא** במימריה יכפר על חובי DT 32:43
עלמא בקריות ליליא **והוא** בר מן סקוף משכניה לכון NU 9:10
אפין: ועברת דורונא קמי **והוא** בת בליליא ההוא במשריתא: GN 32:22
חילמא בליליא חד אנא **והוא** גבר חילמיה ופושרן חילמא GN 41:11
וקים דחמי ולא מתחמי **והוא** הוה יתיב בארע דרומא: ונפק GN 24:62
ההוא שמיה ושם אבוי **והוא** הוה מזבן עיבורא לכל עמא GN 42:6
מילין הליך ביומא ההוא **והוא** הוה מידבר קדם משריתא NU 10:33
לקהל שבטייא דיעקב: **והוא** הוה מלכא בישראל DT 33:5
בכן חוי לאברם עיברא **והוא** הוה שרי בחזוי ממרא אמוראה GN 14:13
ושוי על רישא דאפרים **והוא** זעירא וית שמאליה על רישא GN 48:14
מן בית מדרשא **והוא** טלה מתרבי עם בני בלהה ועם GN 37:2
יומנא לאומא ברירא **והוא** יהוי לכון לאלקא היכמא DT 29:12
ולות בעליך תהי מתויך **והוא** יהי שליט ביך למיזכי GN 3:16
זבולון על ספרי ימא ישרי **והוא** יהי שליט במחוזין ומכבש GN 49:13
יעיבר קדם עמא הדין **והוא** יחסין יתהון ית ארעא דאנת DT 3:28
ובנהא תהי לריבונה **והוא** יפוק בלחודוי: ואין יתני ויימר EX 21:4
גליין קדם ייי אלקנא **והוא** יפרע מנהון וגלייתא יתמסרן DT 29:28
ארום צבי בברת יעקב **והוא** יקיר מכל ביתא דאבוי: ואתא GN 34:19
בר אחוי דאברם ואזלו **והוא** יתיב בסדום: ואתא עוג GN 14:12
אכלא הוא ישיצינון **והוא** יתריכינון מן קדמיכון DT 9:3
ישראל ית שמיה מנא **והוא** כבר זרע כוסבר חיור וטעמיה EX 16:31

אבונא מית במדברא **והוא** לא הוה בגו כנישתא NU 27:3
על שלותיה דאשתלי **והוא** לא ידע וחב וישתביק ליה: LV 5:18
אחיה בלא מתכוין ליה **והוא** לא נטר ליה סנא מאיתמלי DT 19:4
עלוי מדעם וקטליה **והוא** לא סני ליה ולא תבע בישתיה: NU 35:23
ית חבריה ולא אתכוון **והוא** לא סני ליה מאיתמלי DT 4:42
דין דהוה שתי ריבוני ביה **והוא** מטיירא הוה מטייר ביה GN 44:5
ית פנואל ושרי לטיילא **והוא** מטלח על ירכיה: בגין כן לא GN 32:32
יומא חד דאנת מתקטל **והוא** מטרד היכמא דאיתכלת חוה GN 27:45
הוא כליל מלכותא **והוא** מלך מלכין בעלמא הדין EX 15:18
ייי דמן קדמוי הינון בניא **והוא** מנע מיניך פירי מעיא: ואמרת GN 30:2
מסאב ויתכסי מיניה **והוא** מסאב ויקרב בכל קודשיא LV 5:2
דנסב מן גינוניתא דחמוי **והוא** מספיר כורסי יקרא מתקליה EX 4:20
גבר סיב מזרעא דאהרן **והוא** מצרעא או דייב בקודשייא לא LV 22:4
תקיף ידע בעני בזימניא **והוא** מרבע ביני תחומי אחוי: וחמא GN 49:14
יקרא דייי בחיזוי ממרא **והוא** מרע מכיבא דמהולתא יתיב GN 18:1
לאבוי ואתא עשו מן ברא **והוא** משלהי ארום חמש עבירן עבר GN 25:29
הילכת ברייה עלמא **והוא** משמש קדמיהון ואינון יתבין GN 18:8
היא דאכלא יתיה **והוא** מתקבל קדמי לריח רעוא עמי NU 28:2
יהודה ואחוהי לבית יוסף **והוא** עוד כדון תמן ונפלו קדמוי על GN 44:14
ומטלף טילפין פרסתא **והוא** פישרא לא פשר מסאב הוא LV 11:7
ויבישו שעבזוי ואיסתרס **והוא** רבא דפרעה רב ספוקלטוריא GN 39:1
באיסרטא למישטן ליה **והוא** רכיב על אתניה ותרין עולימוי NU 22:22
מן קדם אבוהון דבשמייא **והוא** שמע בקל צלותהון ומן יד EX 1:19
חפא ית חזווא דארעא **והוא** שרי מן קובלי: וכדון איתא NU 22:5
בשום מימרא דייי **והוא** תריס סעודכון ודי חרביה DT 33:29
דהוא מדבית אפרים **והינון** אלפייא דקטל גדעון בר יואש DT 33:17
בני מלכיא דאשתביין **והינון** בי גובא מתמשכנין ביד פרעה EX 12:29
אחוי דאשכל ואחוי דענר **והינון** הוו מריה קיימיה דאברם: וכד GN 14:13
ויקבלון אגר עובדיהון **והינון** הוון מן סביא דסליקו NU 11:26
להון ארום שלותא היא **והינון** היתיאו ית קרבנהון קרבנא NU 15:25
לבי דינא קדם ייי אנת **והינון** ואהרן מחר: וסבו גבר NU 16:16
למקטלי נחתו מניכסהון **והינון** חשיבין כמיתיא ולא מן סוף EX 10:29
ית עמודייא דארעא **והינון** יהדרון מזיינין בסופא בניכסין GN 49:19
יעלון לתמן ולהון אתנינה **והינון** ירתונה: ואתון אתפניין לכון DT 1:39
שבטיא ית נחלא ארנונא **והינון** יכבשון קדמיהון ית עמודייא GN 49:19
ולבנוי לשמשא קדמוי: **והינון** יסבון מן ממונהון ית דהבא EX 28:5
ית פולחן משכן זימנא **והינון** יקבלון ית חוביהון אין לא NU 18:23
יומין דהיא צדיא מנכון **והינון** ירעון ית חוביהון לווטין חלף LV 26:43
ית משכנא וית כל מנוי **והינון** ישמשוניה וחזור חזור NU 1:50
להון בית משרוי **והינון** כשית מאה אלפין גובריא EX 12:37
משה בלחודוי קדם ייי **והינון** לא יתקרבון ועמא לא יסקון EX 24:2
דנפק יעקב מבית אבוי **והינון** לוון יתיה בחיסדא עד ביתאל GN 28:12
קודשא למעבד יתה **והינון** מייתן ליה תוב נדבתא בצפר EX 36:3
כסף וחיפוי רישיהון כסף **והינון** מכבשין כסף היכדין הוו EX 38:17
הוון מסתכלין באורייתא **והינון** מתבוננין מה יהי עתיד למהוי DT 32:29
בנת אינשא וילידן להון **והינון** מתקריין גיברין דמעלמא GN 6:4
לקטלותהון במדברא: **והינון** עמך ואחסנתך דאפיקתך DT 9:29
הדין תוב קליל זעיר **והינון** רגמין יתי: ואמר ייי למשה EX 17:4
ודמיין קריבין להון **והינון** רחיקין מטול דלא שמיעין DT 4:7
כחדא בכל סייפי ארעא **והינון** ריבוותא דקטל יהושע בר נון DT 33:17
ואמר טליא ליתוהי ואנא **להן** אנא אתי והכדין נחמי סבר GN 37:30
ותעבר ית אחסנת אבוהון **להן**: ועם בני ישראל תמליל למימר NU 27:7
תסגיף ית ברתיי למעבד **להן** עולבנא ואם תיסב על ברתיי GN 31:50
בתואל הוה אכיל **מההוא** תבשילא ואשכחוהי GN 24:55
בקורסיה יקרא ושריין **מההיא** זימנא עיינוי למכהי וקרא GN 27:1
כולנא בני גברא חד **נחנא** מהימני אנחנא לא הוו עבדך GN 42:11
ייי לעבדך הכדין נעביד: **נחנא** נעיבר מזרזין קדם עמא דייי NU 32:32

אנאר (1)

כדון לי האית בית אבוך **אתר** כשר לנא לימבת: ואמרת ליה GN 24:23

אנח (1)

בגין למיסחי באדמיהון **ואתאנחו** בני ישראל מן פולחנא EX 2:23

אנס (16)

ארום גלי קדמי ית כל **אונסא** דלבן עביד לך: אנא הוא GN 31:12
ית מדבחא מן כל ספק **אונס** וחטופין מטול דחשיב משה LV 8:15
מנהון חמריכון יהוון **אניסין** מן קדמיכון ולא יתובון לכון DT 28:31
דעבדו אין ממונא **אנס** לחבריה ויתיב ית חובתיה NU 5:7
דרדפו מן בתריכון עד די **אנסו** יתכון: ואתון תתובון ותקבלון DT 30:7
אפרשותא מן אחוהון **באונסא** וקריבו לעיבידת משכנא LV 8:15
רבא דארעא ודבר יתה **באונסא** ושכיב עימה וסגפה: GN 34:2
לא יסב גבר ית איתתא **דאניס** או דשרגיג אבוי כל דכן DT 23:1
קבילת סדם ועמרה **דאניסין** מסכינין וגזרין דכל דיהיב GN 18:20
על עיסק בירא דמיא **דאנסו** ליה עבדי אבימלך: ואמר GN 21:25
מיית על עיסק איתתא **דאנסת** והיא מיבעלא לגבר: GN 20:3
חלבא דלא למיכל חטוף **ואנוסא** וכדין יסמקון טוורוי GN 49:12
או כל מידעם ביש דגזיל **ואניס** ארום מרחק קדם ייי אלקכון DT 17:1
ותהון ברם עציין **ואניסין** כל יומיא ולית דפריק: DT 28:29
לא נשרגגה בתולן ולא **נאנוס** אריסן ולא נבעול נשי גוברין NU 20:17
למימר: אעיבר בארעך לא **נאנוס** אריסן ולא נשרגג בתולן ולא NU 21:22

אנפא (216)

בהון לדריהון ויתנון על **אנפא** גוליתהון שזיר דתיכלא: ויהי NU 15:38
קדמוי ומבתר כן נחמי **אנפוי** הלואי יסבר לי אפין: ועברת GN 32:21
בידיה וגחן וסגיד על **אנפוי**: ואמר ליה מלאכא דייי מטול NU 22:31
הוה יכיל למיקם וגחן על **אנפוי** ומליל עימיה ייי למימר: אנא GN 17:3
על כתפי אפודא כל קבל **אנפוי**: ועבדו תרתין עיזקן דדהב EX 39:18
ליה הוה משתטח על **אנפוי** ורזיא סתימיא מה דאתכסי NU 24:4
יהון: ונפל אברהם על **אנפוי** ותמה ואמר בליביה הלבר GN 17:17
על כתפי אפודא כל קבל **אנפוי**: ותעביד תרתין עיזקן דדהב EX 28:25
הוא דכי הוא: ואין מקבל **אנפוי** יתר שיער רישיה גלשלשן LV 13:41
ושוי על מצנפתא כל קבל **אנפוי** ית ציצא דדהבא כלילא LV 8:9
אפודא מלרע מלקבל **אנפוי** כל קבל בית לופי מעילוי EX 39:20
גבר שיחייה ועריתיה ובי **אנפוי** לאיתחמאה הין נשא ארום DT 22:5
קוסמיא ושוי למדברא **אנפוי** למדכר עליהון עובדא NU 24:1
ועבר ית פרת ושוי ית **אנפוי** למיסוק לטוורא דגלעד ארום GN 31:21
מטול משה ונפל על **אנפוי** מן כיסופא: ומליל עם קרח NU 16:4
ויהב על איקונין דבית **אנפוי** סודרא: וכד עליל משה לקדם EX 34:33
דלא הוה גזיר נפיל על **אנפוי** עד זמן דשרי מלאכא NU 24:3
סודרא דעל איקונין דבית **אנפוי** עד מיפקיה ונפיק וממליל עם EX 34:34
מתרע משכנא וסגיד **אנפוי** על ארעא: ואמר בבעו כדון GN 19:1
הא בכין אתרכין יוסף על **אנפי** אבוי ובכא עלוי ונשיק ליה: GN 50:1
סדום ועמורה ועל כל **אנפי** ארע מישרא וחמא והא סליק GN 19:28
עד לא ניתבדר מעילוי **אנפי** ארעא: ואיתגלי ייי לאיתפרעא GN 11:4
משניי מכל עממייא דעל **אנפי** ארעא: ואמר ייי למשה אוף ית EX 33:16
דתיבותא וחמא נגובו **אנפי** ארעא: ובירח מרחשון בעשרין GN 8:13
שריאו בני נשא למסגי על **אנפי** ארעא ובנתא שפירתא GN 6:1
תרתין אמין הוה פרח על **אנפי** ארעא והוו מהלכין בהון עד NU 11:31
איתקוללו מיא מעילוי **אנפי** ארעא: ולא השכחת יונתא GN 8:8
מן כל בני נשא דעל **אנפי** ארעא ולא חש למיליהון: ואמר NU 12:3
טרדת יתי יומא דין מעל **אנפי** ארעא ומן קדמך האיפשר GN 4:14
תעבדון: וכפנא הוה על כל **אנפי** ארעא ופתח יוסף ית כל GN 41:56
כוותכון מכל עממיא דעל **אנפי** ארעא כזמן יומא הדין: ותעדון DT 10:15
מן כולהון עממיא דעל **אנפי** ארעא: לא מן בגלל דאתון DT 7:6
ית אינשא דבריתי מעל **אנפי** ארעא מאינשא עד בעירא עד GN 6:7
כל גווית אינש ובעיר דעל **אנפי** ארעא מאינשא עד בעירא עד GN 7:23
לבר רחימתא על **אנפי** ביר סניתא דהוא בוכרא: ארום DT 21:16
לריש רמתא דמדיתא על **אנפי** בית ישימות: ואמר בלעם NU 23:28
וכל מאן דמקרב על **אנפי** ברא ולא במיתא דבכריסא NU 19:16
האיליין הוו מתנציין על **אנפי** ברא וקם קין על הבל אחוהי GN 4:8
בגו תלתא על ארבעת **אנפי** גוליהון דמתעטפין בהון NU 15:38
ית צפרא חייתא על **אנפי** חקלא ויהי אין איטימוס LV 14:7
דהינון דבחין על **אנפי** חקלא וייתונון קדם ייי לתרע LV 17:5
למיברא לקרתא על **אנפי** חקלא ויכפר על ביתא וידכי LV 14:53
בתרתין טיפוזין מלות **אנפי** יצחק אבוי ועשו אחוי על GN 27:30
לאבאשא ביה ועל **אנפי** כל אחוי יתערבב וישרי: GN 16:12
מצרים מעלך לאתור על **אנפי** כל אחוי שרא באחסנתיה: GN 25:18
ומתמן בדרינון ייי על **אנפי** כל ארעא: אילין גניסת שם שם GN 11:9
ואודעת ארום מוי על **אנפי** כל ארעא ואושיט ידיה GN 8:9
דביזריה מזדרע דעילוי **אנפי** כל ארעא וית כל אילני סרקא GN 1:29
בידיה ובדרינון מתמן על **אנפי** כל ארעא לשיבעין לישנין ולא GN 11:8
למיתן זועתך ודחלתך על **אנפי** כל עממייא דתחות כל שמיא DT 2:25
חד כל קבל כפורתא הוון **אנפי** כרוביא: ועבד ית פתורא דקיסי EX 37:9
אנחות טלא והות על **אנפי** מדברא דקיק מסרגל דקיק EX 16:14
במדברא אתר דמכוון על **אנפי** מואב ממדנח שמשא: מתמן NU 21:11
עד דהוה דקיק ודרי על **אנפי** מוי דנחלא ואשקי ית בני EX 32:20
קדם אלקים מנתבא על **אנפי** מיא: ואמר אלקים יהי נהורא GN 1:2
לימא והוה טפי על **אנפי** מיא והוה מלאכא מכרז ואמר EX 26:28
מהלכא סחיא על **אנפי** מיא: ומיא תקפו לחדא על GN 7:18
בחקלא ולא טאיף על **אנפי** מיא לא אשתמודע מאן DT 21:1
חקיל כפילתא דעל **אנפי** ממרא היא חברון בארעא GN 23:19
מן עפרון חיתאה על **אנפי** ממרא: ותב יוסף למצרים הוא GN 50:13
בר צחר חיתאה דעל **אנפי** ממרא: חקלא דיזבן אברהם מן GN 25:9
מן הנדקי עד חלוצא דעל **אנפי** מצרים מעלך לאתור על אנפי GN 25:18
ומידקדמוי ואיתסהד על **אנפי** מריה תלתי זימניה ולא נטריה EX 21:29
ותרין מנהון אודיקו על **אנפי** סדום ואברהם אזיל עמהון GN 18:16
ביצלו קדם ייי: ואודיק על **אנפי** סדום ועמורה ועל כל אנפי GN 19:28
מן כל בעיר וחשוכא על **אנפי** תהומא ורוח רחמין מן קדם GN 1:2
ואודון ואתרכינו בצלו על **אנפיהון**: ונסיבו בני אהרן נדב LV 9:24
מנהון ואישתיירון תרין **אף** וחימה בעא משה רחמין DT 9:19
לחבלא ית ישראל **אף** וחימה וקצף ומשחית וחרון כיון DT 9:19

משכבי דכורא יהון סמקן **אפהא** היך נורא ותקיימונין לכון: NU 31:18
ויהון מנהרין כל קבל **אפהא**: ומלקטייהא ומחתייהא EX 25:37
מלכה ושוית קדשא על **אפהא** ושירייא על ידהא: וגחנית GN 24:47
מיבעלא לגבר יתעבדון **אפהא** מוריקן ומאן דלא ידע NU 31:18
ובמי מבוע: וידי על בית **אפוהי** דמידכי מן סגירותא שבעתי LV 14:7
ארום אמר נירעי ית סבר **אפוי** בדורונא דמהלכא קדמי GN 32:21
אתי והכדין נחמי סבר **אפוי** דאבא:: ושדרו ביד בני זלפה GN 37:30
יהי: ויהי על פדחתא דבית **אפוי** דאהרן מן צידעא לצידעא EX 28:38
וחמא יעקב ית סבר **אפוי** דלבן והא ליתנון שפיין GN 31:2
ואעבר ייי שכינתיה על **אפוי** וקרא ייי ייי אלקא רחמנא EX 34:6
הוה משתטח ונפיל על **אפוי** ורזיא סתימיא מה דאתכסי מן NU 24:16
אפודא מלרע מקבל **אפוי** כל קבל בית לופי מעילוי EX 28:27
וטלני: ינהר ייי סבר **אפוי** לך במעסקך באורייתא ויגלי NU 6:25
ויחוס עלך: יסבר ייי סבר **אפוי** לך בצלותך וישוי עלך שלם NU 6:26
מדמכא ובכא תמן: ושזג **אפוי** מן דמעין ונפק ואזדרז ואמר GN 43:31
משה ית סודרי על בית **אפוי** עד זמן מיעליה למללא עימיה: EX 34:35
מלות רכובוי וסגד על **אפוי** על ארעא: ודבר יוסף ית GN 48:12
להין חמי אנא ית סבר **אפי** אבוכון והא ליתנון שפיין עימי GN 31:5
קין ואיטרדו תרוויהון מן **אפי** אדם וחוה כל יומי חייהון GN 27:45
מיטרא ומשקי ית כל **אפי** אדמתא: וברא ייי אלקים ית GN 2:6
ושמש אלעזר ואיתמר על **אפי** אהרן אבוהון: ומליל ייי עם NU 3:4
חביבין מכל עממייא דעל **אפי** ארעא: ואתון תהון קדמי מלכין EX 19:5
חביב מכל עממיא דעל **אפי** ארעא: לא תיכלון כל מידעם DT 14:2
בסרהוביא מעילוי **אפי** ארעא: עמי בני ישראל הוו DT 6:15
לשיצאה יתהון מעל **אפי** ארעא תוב מתקוף רוגזך ויהוי EX 32:12
ותיכול ית עיסבא דעל **אפי** ברא עני אדם ואמר בבעו GN 3:18
אפשר לנא למיחמי סבר **אפי** גברא ואחונא זעירא ליתוי GN 44:26
מיניה ורשם ייי על **אפי** דקין אתא מן שמא רבא GN 4:15
באורייתא תקומון ותיקר **אפי** חכימא ותידחל מאלקך אנא LV 19:32
דנבו ריש רמתא דעל **אפי** יריחו ואחוויי ליה מימרא דייי DT 34:1
יתן ייי אלקכון על **אפי** כל יתבי ארעא דתדרכון בה DT 11:25
וידי באדבעיה ימינא על **אפי** כפורתא לרוח קידומא ולקדם LV 16:14
חד לקבל כפורתא יהון **אפי** כרוביא: ותיתן ית כפורתא על EX 25:20
אפך ודמי לי הי כמיחמי **אפי** מלאכא דידך והא איתריעיתא GN 33:10
די בחקל כפילתא דעל **אפי** ממרא בארעא דכנען דזבן GN 49:30
ועבד כן אהרן כל קבל **אפי** מנרתא אדליק בוצינהא היכמה NU 8:3
תפילת רישא כל קבל **אפי** מצנפתא יהי: ויהי על פדחתא EX 28:37
ציטרא דממצע כל קבל **אפי** משכן זימנא מאדמה בטיבולא NU 19:4
שתיתיתא כל קבל **אפי** משכנא: ותעביד חמשין ענובין EX 26:9
בעאן ותריך יתהון מלות **אפי** פרעה: ואמר ייי למשה ארים EX 10:11
למסכינא ולא תייקרון **אפי** רבא בקושטא תדונון חבריכון: LV 19:15
ובנן: ואמר מפלגא איפליג **אפי** רעותי מנהון נחמי מה יהוי DT 32:20
למכפרא על חציפי **אפיא** ויהי על מצנפתא מעילוי EX 28:37
וית כל מנוי וית לחם **אפיא**: וית מנרתא וית בוצינהא EX 39:36
לבייתי וסגידו ליה על **אפיהום** על ארעא: וחמא יוסף ית GN 42:6
חוטין ואעלת בגוא **אפיהון** ואוקידת ית נשמתהון ברם LV 10:2
זימנא ואיתרכינו על **אפיהון** ואיתגלי איקר שכינתא דייי NU 20:6
זעירא: ואתרכינו בצלו על **אפיהון** ואמר אל אלקא דשוי רוח NU 16:22
זעירא ואתרכינו בצלו על **אפיהון**: ואמר משה לאהרן סב ית NU 17:10
בבית מדרישיהון זיו **אפיהון** ינהר כזיו רקיעין דיברא ייי NU 24:6
ית מוי דימא דסוף על **אפיהון** כד רדפו בתריהון ואבידינון DT 11:4
מלטטיא הוון הפכין **אפיהון** כל קבל טוורא דעיבל DT 27:15
מברכיא הוון הפכין **אפיהון** כלו קבל טוורא דגריזין DT 27:15
מלטטייא הפכין **אפיהון** כלו קבל טוורא דעיבל DT 27:26
מברכיא הוון הפכין **אפיהון** לכל מילא ומילא כלו קבל DT 27:26
מברכיא יהוון הפכין **אפיהון** לקבל טוורא דגריזים DT 11:29
ומלטטיא יהוון הפכין **אפיהון** לקבל טוורא דעיבל: הלא DT 11:29
ואתרכינו משה ואהרן על **אפיהון** קדם כל כנישתא דבני NU 14:5
לך למיחמי ית סבר **אפיי** ארום לא יחמינני אינשא EX 33:20
למימר לא תיחמון סבר **אפיי** בדלית אחוכון זעירא עימכון: GN 43:3
אמר לנא לא תיחמון סבר **אפיי** בדלית אחוכון עימכון: ואמר GN 43:5
לא תוספון למיחמי סבר **אפיי**: והוה כדי סליקנא לעבדך אבא GN 44:23
ביומא דאת חמי סבר **אפיי** יתקוף רוגזי בך ואמסור יתך EX 10:28
לא תוסיף למיחמי סבר **אפיי** למללא קדמיי חדא מן מלייא EX 10:28
למקבר ית מיתי מן מחמי **אפיי** קבילו מיני ובעו עלי קדם GN 23:8
אריחוי: ועל פתור לחם **אפייא** יפרסון לבוש דתיכלא ויתנון NU 4:7
בישא היא לכון לקביל **אפיכון** באורחכון דתהלכון עד זמן EX 10:10
בגלל דתיהוי דחלתיה על **אפיכון** בגין דלא תחובון: וקם עמא EX 20:20
למימר מדין סבר **אפיכון** ביש יומא דין מכל יומיא GN 40:7
כליל דיסער על בית **אפיכון** על נפש דמית: ארום עם DT 14:1
טבין הוא מידבר ומסב **אפין** אית בדינא מן בגלל מה GN 4:8
עלוי ארום לית מיסב **אפין** בדינא: אין תארע תורא דסנאך EX 23:3
דינין: לא תשתמודעון **אפין** בדינא מילי זעירא הי כמילי DT 1:17
והוה רעוא קדם ייי וסבר **אפין** בהבל ובקורבניה: ולקין GN 4:4
לישניה: אומא חציפי **אפין** דלא נסיב אפין לסבא ועל DT 28:50
תסליקיננה מיכא בסבר **אפין** דרוגזא: ובמה יתידע כדון EX 33:15
אמתן עד דיהכון סבר **אפין** דרוגזא ומן בתר כדין אנוח לך: EX 33:14
כנפקת ברא ארום כעיסת **אפין** הות בביתיה דיהודה ולא הוה GN 38:15
דלית קדמוי מיסב **אפין** ואוף לא לקבלא שוחדא: עבד DT 10:17
דייי אפין כל קבל **אפין** ואישתיזבת נפשי: ודנח ליה GN 32:31
לאבוי מאים יסב ליה **אפין** וכיוון דתב וחמא והא לות GN 37:29
תצלון דינא ולא תיסבון **אפין** ולא תקבלון שוחדא ארום DT 16:19
אנפוי הלואי יסבר לי **אפין**: ועברת דורונא קמי והוא בת GN 32:21
ולקורבניה לא אסבר **אפין** ותקיף לקין לחדא ואיתכבישו GN 4:5
חמיתי מלאכייא דייי **אפין** כל קבל אפין ואישתיזבת GN 32:31
טבין הוא מידבר ומסב **אפין** לית בדינא ועל דהוו פירי GN 4:8
בסדר דינא לא תיסבון **אפין** למסכינא ולא תייקרון אפי LV 19:15
בדיניה לא תיסב ליה **אפין** למרחמא עלוי ארום לית EX 23:3
חציפי אפין דלא נסיב **אפין** לסבא ועל עולים לא חייס: DT 28:50
לך: ואמר ליה אין לית **אפין** מהלכא מיננא לא תסליקיננה EX 33:15
וקם אברהם מן מחמי **אפין** על מיתיה ומליל עם בני GN 23:3
ואמר ליה הא נסיבית **אפך** אוף לפיתגמא הדין בדיל דלא GN 19:21
מיית בתר דחמית סבר **אפך** ארום עד כדון אנת קיים: ואמר GN 46:30
אוסיף תוב למיחמי סבר **אפך**: ואמר ייי למשה תוב מכתש חד EX 10:29
ארום בגין כן חמית סבר **אפך** ודמי לי הי כמיחמי אפי GN 33:10
ישראל ליוסף מחמי סבר **אפך** לא חשיבית והא אחמי יתי ייי GN 48:11
ואבוהא אילו מנזף נזף **באנפה** הלא הות מיכספא ומיטרדא NU 12:14
עברת ויתבזי איקרי **באנפהא** וכדון אתגלי קדם ייי GN 16:5
וריח תבשיליה עלת **באנפוי** היך ריחא דיקידת גהינם GN 27:33
דדהבא הוה סימא נפקא **באנפוי**: ואמר משה לאהרן מה עבד EX 32:20
יהודה והוה מדמיה **באנפוי** כנפקת ברא ארום כעיסת GN 38:15
כל דנשמת רוחא דחיין **באנפוי** מכל דיבישתא מיתו: ושיצי GN 7:22
עלם עביר ולא נבהית **באנפי** אבהתיי צדיקייא בעלמא GN 38:25
לעפרון ית כספא דמליל **באנפי** בני חיתאה ארבע מאה GN 23:16
מיתך: וגחן ליה אברהם **באנפי** בני חיתאה: ומליל עם עפרון GN 23:12
עפרן חיתאה ית אברהם **באנפי** בני חיתאה לכל עלי תרע GN 23:10
חזור: לאברהם לזבינוי **באנפי** בני חיתאה לכל עלי תרע GN 23:18
דביה לך יהבתה למתנא **באנפי** בני עמי יהבתה לך איזל קבר GN 23:11
פיתגמא הדין: ארום **באנפי** ברא אשכחא פגנת עולימתא DT 22:27
ובליבנא ובכל פולחנהא **באנפי** ברא ומן בתר כדין מתפרקין GN 40:12
ובליבנין ובכל פולחנא **באנפי** ברא ית כל פולחנהון הוון EX 1:14
ונפק יצחק לצלאה **באנפי** ברא לעידוני רמשא וזקף GN 24:63
בחוצפא ואורו הילכתא **באנפי** דמשה על עיסק תיכלא NU 16:2
דייי ית תרעא דתיבותא **באנפי**: והוה טובענא ארבעין יממין GN 7:16
לא הוה לאה רחימתא **באנפי** יעקב ואמר במימריה למיתן GN 29:31
מיחד אחד מימרא דייי **באנפי** כל ציריה בית וולדא לנשיא GN 20:18
ובחושנא ומחתן יתהון **באנפי** מדברא אזלין רברבני ישראל EX 35:27
והכדין הוינא דמיין **באנפי** נפשהון: וארימת כל כנישתא NU 13:33
מליל עימן ולא אנא **באנפי** נפשי בחורב למימר סגי לכון DT 1:6
גיבריא והווינא דמיין **באנפי** נפשנא הי כקמצין והכדין NU 13:33
חיתאה: ומליל עם עפרון **באנפי** עמא דארעא למימר ברם אם GN 23:13
דיפקון בתרוי ואפיקינכון **באפי** רעותיה בחיליה רב ממצרים: DT 4:37
באל שדי ושמי ייי ברם **באפי** שכינתי לא איתידעת להון: EX 6:3
נשייא ואתקן תבשילא **באפיהון** ארום עימי ייכלון גובריא GN 43:16
מן עמא דהוה סימא **באפיהון** בקטילת סייפא ביומא EX 32:28
לא יתעתד בר נש **באפיכון** דחלתכון ואימתכון יתן ייי DT 11:25
דעקן מארכן שעי יומא **באפיכון** וברמשא תהוון אמרין DT 28:67
דעקן מארכן שעי ליליא **באפיכון** מתווהות ליבכון דתיהוון DT 28:67
אשתבהר זיו איקונין **דאנפוי** דהוה ליה מן זיו איקר EX 34:29
והא אשתבהר זיו איקונין **דאנפוי** ודחילון מן לקרבא לותיה: EX 34:30
ארעא פירי עללתא ואילן **דאנפי** ברא יצלח בפירוי: ויארע לכון LV 26:4
דאתון מעלין לגווה ואילן **דאנפי** ברא יקלח פירוי: ואין תהכון LV 26:20
ארום לא כבר נש אילן **דאנפי** ברא למטמרא מקמיכון DT 20:19
אשתבהר זיו איקונין **דאנפי** משה ותאיב משה ית סודרי EX 34:35
ולמה איתכבישו איקונין **דאנפך**: הלא אם תייטיב עובדך GN 4:6
ואיתכבישו איקונין **דאפוהי**: ואמר ייי לקין למה תקיף GN 4:5
כבעירא דניכול עיסבא **דאפי** ברא נקום כען ונלעי בליעות GN 3:18
וית כל מנוי וית לחם **דאפיא**: וית מנרתא דאנהורי וית EX 35:13
דתפילי איקר שכינתי **ואפי** איקר שכינתי לית אפשר לך EX 33:23
ית עריתא דאבוהון **ואפיהום** מאחזרין ועריתא GN 9:23
בגדפיהון על כפורתא **ואפיהון** חד כל קבל חד כל קבל EX 37:9
בגדפיהון על כפורתא **ואפיהון** חד כל קבל חד לקבל EX 25:20
דיעקב וכבשינון משה **לאנפוי** ארום הוה דחיל מלימיסתכי EX 3:6
וטפת בירא וסליקו מיא **לאנפוי** ואשקי ית ענא דלבן אחוהא GN 29:10
דטפת בירא וסליקו מיא **לאנפוי** והות טייפא כל יומין דהוה GN 28:10
והיך טפת בירא וסליקת **לאנפוי** ורהט לקדמותיה וגפיף ליה GN 29:13
טינרא בעידן דאימן נפקן **לאנפי** ברא וילדן ושבקן יתן תמן EX 15:2

אנק (12)
בה: ולחוד קימי ית **אניק** בני ישראל דמצראי משעבדין EX 6:5
ואתון חכימתון ית **אניק** נפש גייורא ארום דיירין EX 23:9
ואשתנקת ומיתת מן **אניקא** ואתא אברהם ובת באורחא GN 22:20
יתימסון: ויוודון בשעת **אניקהון** ית חוביהון וית חובי LV 26:40
ישראל אנת ידעת ית כל **אניקי** דאשכחתנא: ונחתו אבהתן NU 20:14
על אחונא דחמינא **אניקי** דנפשיה כד הוה מפייס לנא GN 42:21
ולבושוי לא יבזע בשעת **אניקי**: ולות כל בר נש דמית לא LV 21:10
שמא קדישא בשעת **אניקי** מישתיזב וטמירן מיגליין ליה EX 28:30
דיצחק ברי עליין לשעת **אניקי** תהוי מידכר להום ועני תהום GN 22:14
איטימוס להון בשעת **אניקין** ומקטל כולהון ביקידת NU 11:26
ייי עני יתי בהדא שעת **אננקי** ואנהר עייני ואשכח תלת GN 38:25
ונפק לות אחהי וחמא **באניק** נפשיהון ובסוגי פולחנהון EX 2:11

אנתא (2)
בלעם בצפרא וזריז ית **אתניה** ואזל עם רברבי מואב: ותקיף NU 22:21
ליה והוא רכיב על **אתניה** ותרין עולימוי יניס וימריס NU 22:22

אסטלא (5)
מאה סילעין דכסף וחמש **איסטולי** דלבושין: ולאבוי שדר GN 45:22
לכולהון יהב לגברא **אסטולי** ולבוש ולבנימין יהב תלת GN 45:22
בשוקא: ונסב שם ויפת ית **אסכטלא** ושויו על כתף תרוויהון GN 9:23
מילת וסובנין דארגוון **ואוצטילין** חיוורין מיטטרון DT 34:6
גייורייא למיתן ליה מזון **ואסטוליא**: ותרחמון ית גייורא DT 10:18

אסטרטיגו (2)
למשריתא: וכנס משה על **איסטרטיגין** דממנן על חילא רבני NU 31:14
משה: וקריבו לות משה **איסטריטיגין** דממנן על אלפי חילא NU 31:48

אסי (22)
כהנא ית ביתא ארום **איתסי** מכתשא: ויסב לדכאה ית LV 14:48
ושער אוכם צמח ביה **איתסי** ניתקא דכי הוא וידכיניה LV 13:37
למשריתא ויחמי והא **איתסי** סגירותא מן סגירא: ויפקד LV 14:3
גרמידא ונסיבתא ומן יד **איתסיית** מן שיחנא ומן טריבא: EX 2:5
מינך ארום אנא הוא ייי **אסאך**: ואתו לאלים ובאילים EX 15:26
טב אילנא למיכל וארום **אסו** הוא לנהורא דעיינין ומרגג GN 3:6
בעיקביהון ברם להון יהי **אסו** ולך לא יהי אסו ועתידין הינון GN 3:15
להון יהי אסו ולך לא יהי **אסו** ועתידין הינון למיעבד שפיותא GN 3:15
לבסמא ית אבוי ובסימו **אסוותא** ית ישראל: ושלימו ליה מן GN 50:2
ופקד יוסף ית עבדוי ית **אסוותא** לבסמא ית אבוי ובסימו GN 50:2
בנישמת כל בישרא **אסי** בבעו לה: ואמר ייי למשה NU 12:13
ית עמא בית ישראל ואני **אסי** יתהון בסוף יומיא ולית DT 32:39
ייי ית נהרא ומבתר כן **אסי** מימרא דייי ית נהרא: ואמר ייי EX 7:25
ונזקיה ובהתיה יתן ואגר **אסיא** ישלם עד דמיתסי: וארום EX 21:19
זייעין ולא נטלין עד זמן **דאיתסיית** מרים נביאתא ומן בתר NU 12:16
ועמא לא נטל עד זמן **דאתסיית** מרים: ולפום דאתחייבת NU 12:15
יתן ואגר אסיא ישלם עד **דמיתסי**: וארום ימחי גבר ית עבדיה EX 21:19
וכל ישראל עד זמן **דתיתסי** ומן בתר כדין תתכנש: NU 12:14
יהי ביה במשכיה שיחנא **ואיתסי**: ויהי באתר שיחנא שומא LV 13:18
וצלי אברהם קדם אלקים **ואסי** אלקים ית אבימלך וית GN 20:17
לאורייתא לא תיכלון **לאיתסאה** אלהין תילקון ביה DT 28:35
ובחיכוכא דלא תיכלון **לאיתסאה**: ימחינכון מימרא דייי DT 28:27

אסכלא (1)
לביסיא קדירתא שפודיא **ואסכלתא** תעברון בנורא וידכי בתר NU 31:23

אסל (2)
דמשך ססגונא ויתנון על **אסלא**: ועל מדבחא דדהבא יפרסון NU 4:10
לכפרא בקודשא יתפקון **באסלין** על ידיהון דטלא דכהנא LV 16:27

אסן (1)
בטומרא מתגלינה ליה **באסנא** ודמו דבתר שכינתי חזי ומא NU 12:8

אספליד (1)
יקר שכינתי ואישוינך **באספלידא** דטינרא ואגין במימרי EX 33:22

אספסתא (4)
חבריה ית שקיה למיתן **אספסתא** לחמריה בבי מבתותא GN 42:27
מוי ושזיגו ריגליהון ויהב **אספסתא** לחמריהון: ואתקינו ית GN 43:24
ליה אוף תיבנא אוף **אספסתא** סגי עימנא אוף אתר כשר GN 24:25
גמלייא ויהב לבן תיבנא **ואספסתא** לגמליא ומוי למשזוג GN 24:32

אספקלריא (3)
וית בסיסיה דנחשא מן **אספקלירי** דנחשא נשיא צניעתא EX 38:8
ומן חלא מפקין **אספקלרין** ומני זגוגיתא ארום DT 33:19
באוירא והוה זייג הי **כאספקלריא** ואתעתדו תחותי EX 19:17

אספרמקי (1)
מזייע דלא מרטבא אילני **ואיספרמקי** ומיגדי וירקי: וגרי ייי DT 28:23

אסקופא (3)
ויחמי ית אדמא דעל **אסקופא** ועל תרתין סיפייא ויגין EX 12:23
על תרין סיפייא ועילוי **אסקופא** עילאה מלבר על בתיא EX 12:7
בדמא דבמן פחרא ותדון **לאסקופא** עילאה מלבר ולתרין EX 12:22

אסקותא (1)
סרקא לצרוך בינינא **ולאסקותא** ודביה פירי אילנא GN 1:29

אסר (56)
תידר נדר קדם ייי ותיסר **איסר** בבית איבהא עד תריסר שנין: NU 30:4
לה: כל נידרא וכל קייום **איסרא** לסגפא נפש בעלה יקיימינון NU 30:14
ייי או יקיים קיים למיסר **איסרא** ממידעם דהיתירא על NU 30:3
ולא בגרת נדרת או אסרת **איסרא** על נפשה בקייומא: וישמע NU 30:11
ויתקיימון כל נדרהא וכל **איסרהא** דאסרת על נפשה יתקיים: NU 30:5
כל נדרהא או ית כל **איסרהא** דעלה ובמשתוקיה קיים NU 30:15
ויתקיימון כל נדרהא וכל **איסרי** דאסרת על נפשה יתקיימון NU 30:12
אסירי אתרא דיוסף **אסיר** תמן: ומני רב ספוקלטוריא ית GN 40:3
בגין כן אצנעוהי בבית **אסירי** ארום עד כדון לא איתפרש NU 15:34
ולא קטל יתיה ויהבי בבי **אסירי** אתר דאסירי מלכא אסירין GN 39:20
בי רב ספוקלטוריא לבית **אסירי** אתרא דיוסף אסיר תמן: ומני GN 40:3
בית אסירי: ומני רב בית **אסירי** ביד יוסף ית כל אסירייא GN 39:22
ותהנפיקינני מן בית **אסירי** הדין: ארום מיגנב איתגניבית GN 40:14
דמצרים דאסירין בבית **אסירי**: ואתא לותהון יוסף בצפרא GN 40:5
אסירין והוה תמן בבי **אסירי**: והוה מימרא דייי בסטרא GN 39:20
ארום שויאו יתי בבית **אסירי**: וחמא רב נחתומי ארום יאות GN 40:15
ית כל אסירייא דבבית **אסירי** וית כל דעבדין תמן הוא GN 39:22
דיוסף למיפק מן בית **אסירי**: ומליל רב מזוגייא קדם פרעה GN 41:8
רחמותיה בעיני רב בית **אסירי**: ומני רב בית אסירי ביד יוסף GN 39:21
ית יוסף ודלוגיה מן בית **אסירי** וספר ושני כסותיה ועל לות GN 41:14
לית צרוך לרב בית **אסירי** למנטר ית יוסף כאורח כל GN 39:23
ית יוסף כאורח כל **אסיריא** ארום לא חמי ית כל סורחן GN 39:23
אסירי ביד יוסף ית כל **אסירייא** דבבית אסירי וית כל GN 39:22
אתר דאסירי מלכא **אסירין** והוה תמן בבי אסירי: והוה GN 39:20
לא חרבא שלף ולא סוסא **אסר** ולא משיריין ארגיש כלילא DT 34:5
למקום מדבית יהודה **אסר** חרצוי ונחית ומסדר סדרי GN 49:11
הוא ממשכן ולא יהוי גבר **אסר** חתנין וכלין בחרשין ארום DT 24:6
לכסאה בשר עיריא מן **אסר** קמור חרציהון ועד ירכיהון EX 28:42
בעלה ולא בגרת נדרת או **אסרת** איסרא על נפשה בקיומא: NU 30:11
תדייהא מטול דאיהי **אסרת** חרצהא בצלצוליין ויפרע ית NU 5:18
איזובא תלתא קילחין **באיסרא** חדא ויטמוש במיא האינון NU 19:18
לגבה ואין אמר אנת **דאסירא** היא הלא אנת נסיבת ית NU 25:6
ויהבי בבי אסירי אתר **דאסירי** מלכא אסירין והוה תמן GN 39:20
די למלכא דמצרים **דאסירין** בבית אסירי: ואתא לותהון GN 40:5
עלהא או פירוש סיפתהא **דאסרת** על נפשה בבית איבה ולא NU 30:7
וית פירוש סיפתהא **דאסרת** על נפשה ומן קדם ייי NU 30:9
כל נדרהא וכל איסרהא **דאסרת** על נפשה יתקיים: ואין NU 30:5
נידרהא ואיסרהא **דאסרת** על נפשה יתקיימון: ואין NU 30:8
כל נדרהא וכל איסרי **דאסרת** על נפשה יתקיימון ולית NU 30:12
כל נדרהא ואיסרא **דאסרת** על נפשה לא יתקיימון ומן NU 30:6
דארמלא ומיתרכא כל **דאסרת** על נפשה קום עלה: ואין עד NU 30:10
איבהא ית נידרה ואיסרה **דאסרת** על נפשהא ויתכווין NU 30:5
ית עמא בכן על קריבתא **דמתאסרן** להון גבר לתרע משכניה NU 11:10
לכון על מאני זיניכון אתר **דתיסרון** סייפיכון ותהווי חפיר בה DT 23:14
בתר דישמע כל נדרהא **ואיסרא** דאסרת על נפשה לא NU 30:6
וישמע איבהא ית נידרה **ואיסרה** דאסרת על נפשהא NU 30:5
לה ויתקיימון נידרהא **ואיסרהא** דאסרת על נפשה NU 30:8
ובזע יעקב לבושוי **ואסר** שקא בחרצוי ואתאבל על GN 37:34
ולא חרשין: ומחברין **ואסרין** חיווין ועקרבין וכל מיני DT 18:11
ככל דפקדנא ייי אלקנא **ואסרתון** גבר ית מאני זייניה DT 1:41
כהנא ית איתתא קדם ייי **ויאסור** על חרצה אשלא מעילוי NU 5:18
אפקות סיפמהא לנדרהא **ולאיסרי** נפשהא לא יתקיימון ואין NU 30:13
ארום תידר נדר קדם ייי **ותיסר** איסר בבית איבהא עד NU 30:4
מהמנין אתון אחוכון חד **יתאסר** בבי מערתכון ואתון איזילו GN 42:19
קדם ייי או יקיים קיים **למיסר** איסרא ממידעם דהיתירא NU 30:3
וידבר ית אחוכון ואתון **תתאסרון** ויתבחרון פיתגמין אין GN 42:16

אע (5)
נס תמינאי דאתעשן **אע** רומחא ולא איתבר מן מטולא NU 25:8
בכל ארע דמצרים ובמני **אעא** ובמני אבנא: ועבדו היכדין EX 7:19
מתעבדין בקיקין טעוות **אעא** מתעבדין קטם דינדעון EX 12:12
תיטפי וילפי עלה כהנא **אעין** בצפר בצפר עד ארבע שעין LV 6:5
מתעבדין בקיקין טעוון **דעא** מתעבדין קטם ודבעירי NU 33:4

אפודא (30)
מעיזקתיה לעיזקת **איפודא** בשזיר חוטא דתיכלא EX 28:28
ייי ית משה: ועבד ית **איפודא** דדהבא תיכלא וארגוונא EX 39:2
עובד אומן הי כעובד **איפודא** דדהבא תיכלא וארגוונא EX 39:8
וזריז יתיה בהמיין **איפודא** ואתקין ליה ביה: ושוי עלוי LV 8:7
מעילא ויהב עלוי ית **איפודא** וזריז יתיה בהמיין איפודא LV 8:7
יתפרק חושנא מעילוי **איפודא**: ויטול אהרן ית שמהת בני EX 28:28
בית לופי מעילוי להמיין **איפודא**: ויטכסון ית חושנא EX 28:27
מרגלייתא על כיתפי **איפודא** מרגליית מדכרן זכותא EX 28:12
עובד אומן הי עובד **איפודא** תעבדיניה דדהבא תיכלא EX 28:15
ושוי יתהון על כתפי **אפודא** אבני דוכרנא לבני ישראל EX 39:7

מעיזקתא לעיזקת **אפודא** בשזיר תיכלא למיהוי אדיק EX 39:21
יתפרק חושנא מעילוי **אפודא** היכמא דפקיד ייי ית משה: EX 39:21
בית לופי מעילוי להמיין **אפודא**: וטכיסו ית חושנא EX 39:20
כיתונא וית מנטר מעיל **אפודא** וית אפודא וית חושנא EX 29:5
מנטר מעיל אפודא וית **אפודא** וית חושנא ותטכס יתיה EX 29:5
למהוי אדיק על המיין **אפודא** ולא יתפרק חושנא מעילוי EX 28:28
למיהוי אדיק על המיין **אפודא** ולא יתפרק חושנא מעילוי EX 39:21
ותטכס יתיה בהמיין **אפודא**: ותשוי מצנפתא על רישיה EX 29:5
ויהבונון על כתפי **אפודא** כל קבל אנפוי: ועבדו תרתין EX 39:18
מרמצתא ותיתן על כתפי **אפודא** כל קבל אנפוי: ותעביד EX 28:25
וסדרינון על תרין כתפי **אפודא** מלרע מלקבל אנפוי כל קבל EX 39:20
יתהון על תרין כתפי **אפודא** מלרע מקבל אפוי כל קבל EX 28:27
וית בוצא: ויעבדון ית **אפודא** תיכלא וארגוונא וצבע זהורי EX 28:6
למכבשא ולמקבעא **באפודא** ובחושנא: ויעבדון לשמי EX 25:7
דאשלמותא למשקעא **באפודא** ובחושנא: וכל חכימי ליבא EX 35:9
אבני אשלמותא לשקעא **באפודא** ובחושנא ומחתן יתהון EX 35:27
ותעבד ית מנטר מעילא **דאיפודא** שזיר חוטא דתיכלא: ויהי EX 28:31
על שיפמיה דלעברא **דאפודא** לגיו: ועבדו תרתין עיזקן EX 39:19
לבושיא דיעבדון חושנא **ואפודא** ומעילא וכיתונין מרמצן EX 28:4
על שיפמיה דלעברא **לאפודא** לגיו: ותעביד תרתין עיזקן EX 28:26

אפוטניות (1)
בהון מזונא וחמש **אפוטניותא** בימינא וחמש GN 6:14

אפופודין (2)
ואתקניה גלוגדק תחות **אפיפורין** דמרי עלמא זיויה הי EX 24:10
אלקא דישראל ותחות **אפיפורין** דריגלוי דמייצע תחות EX 24:10

אפותיק (1)
גליין חתימין ומתקנין **באפותיקי**: קדמי פורענותא ואנא DT 32:34

אפותיקי (2)
סבא דביתיה דשליט בכל **אפותיקי** דליה שוי כדון ידך בגזירת GN 24:2
ריבוניה ואזל כל שפר **אפותיקי** דריבוניה בידיה וקם ואזל GN 24:10

אפי (11)
צריכין למיפא מחר **איפו** יומא דין וית דאתון צריכין EX 16:23
להום משתיין ופטירי **אפא** להום ודמי ליה כאילו אכלין: GN 19:3
בגויה זמין ליה שושביני **אפא** פיתיה נכס ניכסיה מזג חמריה DT 32:50
תקריב קרבן מנחתא **דמתאפי** בתנורא סמידא גריצן LV 2:4
דיליה יהי: וכל מנחתא **דתיתאפי** בתנורא וכל דתיתעבד LV 7:9
חוטר כל סעדי מזונא **ויאפיין** עשר נשין לחמיכון בתנורא LV 26:26
וסדרין על רישיהון **ומתאפי** להון מחומתא דשמשא EX 12:39
לדריכון: ותיסב סמידא **ותיפי** יתה תריסירי גריצן שווין LV 24:5
סמידא יהוויין חמיר **יתאפיין** ביכורין לשמא דייי: LV 23:17
למחר ית דאתון צריכין **למיפא** מחר איפו יומא דין וית EX 16:23
משכן זימנא ייכלונא: לא **תתאפי** חמיע חולקהון מן מותרי LV 6:10

אפיטרופו (9)
ושמיש יתיה ומנייה **אפוטרופוס** על בייתיה וכל דאית GN 39:4
בידיה: והוה מעידן דמנייה **אפוטרופוס** על בייתיה ועל כל GN 39:5
לות גברא דיממנא **אפיטרופוס** על בית יוסף ומלילו GN 43:19
וחכים כוותך: אנת תהי **אפיטרופוס** על ביתי ועל גזירת GN 41:40
ואמר למנשה די ממנה **אפיטרופוס** על ביתיה אעיל ית GN 43:16
ופקיד ית מנשה דממנא **אפיטרופוס** על ביתיה למימר מלי GN 44:1
אמר למנשה די ממנה **אפיטרופוס** על ביתיה קום רדף GN 44:4
ויצברון עיבורא תחות יד **אפיטרופין** דפרעה וישוון עיבורא GN 41:35
ועבד פרעה וימנה **אפיטרופין** על ארעא ויפקון חד מן GN 41:34

אפילו (14)
פולחנא נוכראה וקטולו **אפילו** גבר ית אחוי וגבר ית חבריה EX 32:27
חבריה למיקטליה בנכילו **אפילו** כהנא הוא ומשמש על גבי EX 21:14
מלכא דעמורא שנאב **דאפילו** לאיבוד הוה שני מלכא GN 14:2
וטבהון כל יומיכון **דאפילו** מתגיירין סנא נטיר בליבהון DT 23:7
תידחלון אבהת עלמא **דאפילו** פסקא זכותהון דכל דריא DT 28:15
עם איתתא ואיתתא **ואפילו** אין מעברא לא תשהוניה עד DT 22:22
ביה או בשכיבא שלימא **ואפילו** בגרמיה כשערתא או בגרמא NU 19:16
עד דלא עלת ובריכתיה **ואפילו** הכי בריך יהי: כדי שמע עשו GN 27:33
יומין כל דכוריא בישראל **ואפילו** זעירי דלא צריכין לאימהון LV 23:42
בישכיבא לכל בר נשא **ואפילו** לוולדא בר ירחין לגושמיה NU 19:11
דעמלק מתחות שמיא **ואפילו** ליומי מלכא משיחא לא DT 25:19
חד בכל תחום מצרים **ואפילו** מה דימלחון במנייא לצרוך EX 10:19
בתרי יצרי ליבכון **ואפילו** נסיב ית נפשכון ובכל DT 6:5
תרעיה וכל דבמשכנא **ואפילו** קרקעיתיה ואבנוי וקיסוי NU 19:14

אפיקורוס (1)
בלחודיי למסבול טרחות **אפקרסותכון** ודמחשלין עלי DT 1:12

אפך (2)
יתיה לקורייתא דקלטיה **דאפך** לתמן ויתיב בה עד זמן NU 35:25
אורחן טעיין תהוון **מפכין** מן קדמיהון ותהון לריחוק DT 28:25

אפסרא (1)
אטרחא באבצן עיבידתא **ואפסרא** וקטרבא ולא אידעצא NU 19:2

אפרסמון (1)
דזיתא לאנהורותא וית **אפרסמא** דכיא למשח רבותא EX 35:28

אפשר (24)
חלב ודבש ארום לית **איפשר** דאיסלק שכינת יקרי EX 33:3
די יקרב בכל מסאב לית **איפשר** דמיתאכל בנורא יתוקד LV 7:19
דארעא דהיכמא דאית **איפשר** לגבר למימני ית עפרא GN 13:16
דתלת יומין לא הוה **איפשר** לי דאיסוק לותיה עד זמן LV 1:1
רבהון דישראל לא הוה **איפשר** ליה למידכר ית שמא DT 32:3
ענת רחל ואמרת לית **איפשר** לך למיתב עימיה ארום גבר GN 29:12
בעיני ריבוני ארום לית **איפשר** למיקום מן קמך ארום אורח GN 31:35
סורבניא המן כיפא הדין **איפשר** לן להנפקא לכון מיא: וזקף NU 20:10
מן דינא דייתוקדון דלית **אפשר** דישפר קדם ייי: ושמע משה LV 10:19
ותריב חיוא תבירא **אפשר** דיתעבד לכל עיבדתא ברם LV 7:24
ואמר קדם ריבון עלמא **אפשר** דמטול איליין ימותון עשרין NU 25:8
לשמא דייי בבעירא לית **אפשר** דקדיש גבר יתיה אין תור אין LV 27:26
וכולהון משירייתוי לית **אפשר** דתתמי ותלוטיה לי מתמן: NU 23:13
ביום קרבניה יתאכל לית **אפשר** לאיצטנעא מיניה עד צפרא: LV 7:15
דתוריה הכדין לית **אפשר** לבנוי דיוסף למשתעבדא DT 33:17
דידיה דהיכמא דלית **אפשר** לבר נש למפלוח בבוכרא DT 33:17
די פקיד ייי ית משה ולית **אפשר** לחדתא בהון מידעם LV 27:34
ומדשמעתון מיליהון לית **אפשר** לכון דלא למדנהון ותדונון DT 1:16
אלפין בגין כן לית **אפשר** תוב למקיימא ית נפשך ומן NU 31:8
להון: ואמר ייי למשה **האיפשר** דאית קדם ייי מחסור כדון NU 11:23
או הישתמע דכוותיה: **האיפשר** דשמע עמא קל מימרא DT 4:33
ית ארע כנענאי **האפשר** דאמר ולא יעבד ומה NU 23:19
ולא יעבד ומה דמליל **האפשר** דלא קיימיניה: הא ברכתא NU 23:19
דעלמא אישתני עליהון: **האפשר** דלשום מימרא דייי אתון DT 32:6

אצבע (18)
ית אדמא לוותיה וטבל **אדבעיה** באדם תורא ויהב על קרנת LV 9:9
זימנא: ויטמש כהנא ית **אצבעיה** באדמא ויידי מן אדמא LV 4:6
ויטמש כהנא ית **אצבעיה** ימינא מן משחא דעל ידיה LV 14:16
זימנא: ויטמש כהנא **אצבעיה** מן אדמא וידי מיניה שבע LV 4:17
ית רקיעא סומכיה תלת **אצבעתא** ביני סיטרי שמייא למוי GN 1:7
בכיהוניא מן אדמיה **באדבע** יד ימיניה ולא יקבליניה NU 19:4
דשמאלא: וידי כהנא **באדבעיה** דימינא ממישחא דעל LV 14:27
ויסב כהנא מן אדמא **באדבעיה** ויתן על קרנת מדבחא LV 4:30
כהנא מן אדם חטאתא **באדבעיה** ויתן על קרנת מדבחא LV 4:34
קרנת מדבחא חזור חזור **באדבעיה** ורבי ית מדבחא מן כל LV 8:15
ידי שבע זימנין מן אדמא **באדבעיה** ימינא: ויכוס ית צפירא LV 16:14
מן אדמא דתורא וידי **באדבעיה** ימינא על אפי כפורתא LV 16:14
חזור: וידי עלוי מן אדמא **באדבעיה** ימינא שבע זימנין LV 16:19
ידיה שמאלא וידי משחא **באדבעיה** שבעתא זימנין: וממה LV 14:16
לוחי מרמירא כתיבין **באצבעא** דייי ועלויהון כתיב הי DT 9:10
מן אדמא דחטאתא **באצבעיה** ויתן על קרנת מדבחא LV 4:25
אימהון הוון עקיא מחוון **באצבעתהון** לאבהתהון ואמרין דין EX 15:2
מן אדרעיהן עזקתא מן **עצבעתהן** מחוכייא מבית תדייהן NU 31:50

אצוות (5)
עבדך ובעמך ובתנורך **ובאצוותך**: ובגופך ובגופי עמך ובכל EX 7:28
ביכוריכון וחלת שירוי **עצוותכון**: ובריכין אתון במיעלכון DT 28:5
אפרשותא קדם ייי: שירוי **עצוותכון** חלתא חד מן עשרין NU 15:20
ביכוריכון וחלת שירוי **עצוותכון**: ליטין וולדי מעיכון ופירי DT 28:17
תפרשון יתה: מן שירוי **עצוותכון** תתנון אפרשותא קדם ייי NU 15:21

אצטלות (1)
וכיתן מערבין כחדא: ברם **לאיצטולי** כיתן חוטי ציציית מן DT 22:12

אצר (12)
דאשכח תרין אוצרין מן **אוצרוי** דיוסף מליין כסף ודהב NU 16:19
קוריין תלילין לשום בית **אוצרוי** דפרעה ית טאנוס וית EX 1:11
בעידן הדין למחר מן **אוצרי** שמייא ברדא תקיף לחדא EX 9:18
הכא יפתח ייי לכון ית **אוצריה** טב דעימיה בשמיא למיתן DT 28:12
ית ברכתי לכון מן **אוצריי** טבין דבשמי שכינתי בשתא LV 25:21
שובעא עד דימלון כל **אוצרייא**: וכנש ית כל עיבור שבע GN 41:47
ארעא ופתח יוסף ית כל **אוצרין** דבהון עיבורא וזבין למצראי GN 41:56
בעותריה דאשכח תרין **אוצרין** מן אוצרוי דיוסף מליין כסף NU 16:19
עיבורא חדתא תפנון מן **אוצרכון**: ואיתן שכינת יקרי ביניכון LV 26:10
ייי עימכון ית בירכתא **באוצריכון** ובכל אושטות ידיכון DT 28:8
משבחין למרי עלמא **ואוצרי** טלין מתפתחין ביה GN 27:6
משבחין למרי עלמא **ואוצרי** טלין מתפתחין ביה ואמר GN 27:1

אקטר (1)
ייי ועבדו הכדין: ותנון **אוקטריא** דאזלו עם ישראל ארום EX 14:5

ארבע (277)
מטרתא אימרין בני שנא **ארביסר** שלמין דמקרבין תמני NU 29:13
מטרתא אימרין בני שנא **ארביסר** שלמין לארבסר מטרתא NU 29:32
מטרתא אימרין בני שנא **ארביסר** שלמין לחדסר מטרתא NU 29:23
מטרתא אימרין בני שנא **ארביסר** שלמין לעשר מטרתא NU 29:20

מטרתא אימרין בני שנא **ארביסר** שלמין לתליסר מטרתא NU 29:29
מטרתא אימרין בני שנא **ארביסר** שלמין לתשעת מטרתא NU 29:17
סכום דמיתו במותנא **ארבסר** אלפין ושבע מאה בר NU 17:14
ויהי לכון קטיר ונטיר עד **ארבסר** יומא לירחא הדין דתינדעון EX 12:6
בה מן דינא דתכסוף **ארבסר** יומין אילהין מסתיא NU 12:14
מטרתא אימרא בני שנא **ארבסר** שלמין לתריסר מטרתא NU 29:26
ליעקב כל נפשתא **ארבסרי:** ובנוי דדן זריזין ואמפורין GN 46:22
תליד ותהי מסאבא **ארבסרי** יומין רציפין הי כריחוקא LV 12:5
שנין בביתך פלחתך **ארבסרי** שנין בגין תרתין בנתך GN 31:41
עיזקין דדהב ותיתן על **ארבע** איזתוורוי ותרתין עיזקן על EX 25:12
חדא תלתין אמין ופותיא **ארבע** אמין דיריעתא חדא משחתא EX 26:8
ותמני אמין ופותיא **ארבע** אמין סכום דיריעתא חדא EX 36:9
ארבע עיזקן דדהב על **ארבע** אסתוורוי ותרתין עיזקן על EX 37:3
אף מבני לוי אתקטלו **ארבע** גניסן אמרו דין לדין מאן גרם DT 10:6
דדהב ויהב ית עזקתא על **ארבע** זיוייתא דלארבע ריגלוי: כל EX 37:13
רומיה: ועבד קרנוי על **ארבע** זיווייתיה מיניה הוואה קרנוי EX 38:2
רומיה: ותעביד קרנוי על **ארבע** זיווייתיה מיניה יהויין קרנוי EX 27:2
דעופא דמהלך על **ארבע** זני דיבבי וזני אורעיה וזני LV 11:20
מן אבני ביתא דליה **ארבע** כותלין משקען יורקן או LV 14:37
מצראי מדנמות במדברא: **ארבע** כיתין איתעבידו בני ישראל EX 14:13
דעופא דמהלך על **ארבע** כל דאית ליה קרסולין LV 11:21
מרשן למעבד לכון על **ארבע** כנפי גולייתכון דתתעטפון DT 22:12
והא עשו אתי ועימיה **ארבע** מאה גוברין פולומרכין ופליג GN 33:1
דנפקן פריקין ממצרים **ארבע** מאה והוה בכרן יומא הדין EX 12:41
בתר דאוליד ית עבר **ארבע** מאה ותלת שנין ואוליד בנין GN 11:15
בתר דאוליד ית שלח **ארבע** מאה ותלתין שנין ואוליד GN 11:13
עבר בתר דאוליד ית פלג **ארבע** מאה ותלתין שנין ואוליד GN 11:17
מאתן ועשר שנין ומניין **ארבע** מאה ותלתין שנין מן דמליל EX 12:40
מיני ארע דטימין דידה **ארבע** מאה סילעין דכסף בינא GN 23:15
דמליל באנפי בני חיתאה **ארבע** מאה סילעין דכסף טב עברין GN 23:16
ארעא דמצרים מהלך **ארבע** מאה פרסי הוות וארעא דגשן EX 12:31
בהון ויסגפון יתהום **ארבע** מאה שנין: ואוף ית עמא GN 15:13
אתרמיית על אברם והא **ארבע** מלכוון קיימין למשעבדא ית GN 15:12
על מעוי וכל דמהלך על **ארבע** מן חיויא ועד נדל דמסגי LV 11:42
בכל חייתא דמהלכא על **ארבע** מסאבין הינון לכון כל דיקרב LV 11:27
כמיסת פולחנהון: וית **ארבע** עגלן וית תמנן תורי יהב לבני NU 7:8
חזור חזור: ותתיך ליה **ארבע** עיזקין דדהב ותיתן על ארבע EX 25:12
דנפלין מן מדבחא: ואתיך **ארבע** עיזקן בארבע זיווייתיה EX 38:5
חזור חזור: ואתיך ליה **ארבע** עיזקן דדהב ויהב ית עזקתא EX 37:13
חזור חזור: ותעביד ליה **ארבע** עיזקן דדהב ותיתן ית EX 25:26
חזור חזור: ואתיך ליה **ארבע** עיזקן דדהב על ארבע EX 37:3
ותעבד על מצדתא **ארבע** עיזקן דנחשא על ארבע EX 27:4
ומן כל עוף דכי ואסיק **ארבע** עלוון על ההוא מדבחא: וקבל GN 8:20
ארבע עיזקן דנחשא על **ארבע** ציטרוי: ותיתן יתה תחות EX 27:4
ייי בגין כן אתרא ובנא **ארבע** קוריין אוחרנין ית נינוה וית GN 10:11
דרא דפלוגתא ושבק **ארבע** קוריין אילין ויהב ליה ייי בגין GN 10:11
וכל ריחשא דעופא דליה **ארבע** ריגלין שיקצא הוא לכון: LV 11:23
יתיה מן עידן צפרא עד **ארבע** שעין דיומא אינש לפום EX 16:21
אעין בצפר בצפר עד **ארבע** שעין דיומא ויסדר עלה LV 6:5
מקרבין אימר תדירא עד **ארבע** שעין וביני שימשתא יקרבון GN 49:27
אינש לפום מיכליה ומן **ארבע** שעין ולהאל שחין שימשא EX 16:21
ויתלון בחמשת קיטרין **ארבעא** בגו תלתא על ארבעת אנפי NU 15:38
בגו אחי אבונן: דין חד מן **ארבעא** דינין די עלו קדם משה NU 27:5
צייור מחטא עמודיהון **ארבעא** וחומריהון ארבעא: כל EX 27:16
וויהון דהבא ואתך להון **ארבעא** חומרין דכסף: ועבד ווילון EX 36:36
דהבא וויהון דהבא על **ארבעא** חומרין דכסף: ותיתן ית EX 26:32
דמרגליין טבאן כל קבל **ארבעא** טריגונין דעלמא סידרא EX 28:17
ארבעא וחומריהון **ארבעא:** כל עמודי דרתא חזור חזור EX 27:16
מן מנרתא: ובמנרתא **ארבעא** כלידין משקעין בצייוריהון EX 37:20
שבעת ענני יקרא **ארבעא** מארבע ציטריהון וחד EX 12:37
שלמין לעשר מטרתא **ארבעא** מנהון מקרבין תרי תרי NU 29:20
דקיים ייי לאבהתכון: **ארבעא** מפתחי בידי דמרי עלמא DT 28:12
אשלמות דמרגליין טבאן. **ארבעא** סידרין דמרגליין טבאן כל EX 28:17
פותיה עיף: ואשלימו ביה **ארבעא** סידרין מרגליין טבן כל EX 39:10
כרובין צייורין: ועבד לה **ארבעא** עמודי קיסי שיטא וחפנון EX 36:36
עשרתנון מן יד אפרש **ארבעה** בוכרין לארבע אימהתא GN 32:25
כנישתא: דין הוא חד מן **ארבעה** דינין די עלו קדם משה נביא NU 15:34
ארבעה וחומריהון **ארבעה** דנחשא וויהון כסף וחיפוי EX 38:19
ווילוות דרתא: ועמודיהון **ארבעה** וחומריהון ארבעה דנחשא EX 38:19
ותיתן ית עיזקתא על **ארבעה** זיוויין די לארבע ריגלוי: כל EX 25:26
מן מנרתא: ובמנרתא **ארבעה** כלידין משקעין בצייוריהון EX 25:34
פריקין מארעא דמצרים: **ארבעה** לילוון כתיבין בספר EX 12:42
ארום טמע שימשא ונסיב **ארבעה** מאבני אתר קדיש ושוי GN 28:11
ונפלו קומי אברם וקטלו **ארבעה** מלכין ואהדר תשע משירין GN 15:1

כרובין: ותסדר יתה על **ארבעה** עמודי שיטא מחפין דהבא EX 26:32
וסכומהון דשבטיה **ארבעין** אלפין וחמש מאה: NU 2:19
גניסתא בני גד לסכומהון **ארבעין** אלפין וחמש מאה: בנוי NU 26:18
לשיבטא דאפרים **ארבעין** אלפין וחמשא מאה: לבנוי NU 1:33
אעביד גמירא בגין זכוות **ארבעין:** ואמר לא כדון יתקוף רוגזא GN 18:29
וסכומהון דשיבטיא **ארבעין** וחד אלפין וחמש מאה: NU 2:28
סכומהון לשיבטא דאשר **ארבעין** וחד אלפין וחמש מאה: בנוי NU 1:41
לשיבטא דיששכר **ארבעין** וחמשא אלפין וארבע מאה: NU 1:29
גניסת נפתלי לסכומהון **ארבעין** וחמשא אלפין ושבע מאה: NU 26:50
וסכומהון דשבטיה **ארבעין** וחמשא אלפין ושית מאה: NU 2:15
לגניסתהון וסכומהון **ארבעין** וחמשא אלפין ושית מאה: NU 26:41
איחביל אין אשכח תמן **ארבעין** וחמשא: ואוסיף תוב GN 18:28
סכומהון לשיבטא דגד **ארבעין** וחמשה אלפין ושית מאה NU 1:25
לשיבטא דיהודה **ארבעין** ושבעא אלפין ושית מאה: NU 1:27
סכומהון לשבטא דראובן **ארבעין** ושית אלפין וחמש מאה: NU 1:21
הוו תלתין תוריתא **ארבעין** ותורי עשרא אתני עשרין GN 32:16
דראובן והוו סכומהון **ארבעין** ותלת אלפין ושבע מאה NU 26:7
לתמן ועליהון תיתנון **ארבעין** ותמני קוריין: כל קירווייא NU 35:6
דתיתנון לליוואי **ארבעין** ותמניא קוריין יתהון וית NU 35:7
גזירתא למיהוי כפנא **ארבעין** ותרתין שנין ובזכותיה GN 50:3
יומי שבע שמיטין דשנין **ארבעין** ותשע שנין: ותעבר קל LV 25:8
ושלימו ליה מן דאתבסם **ארבעין** יומין ארום כדין שלמין יומי GN 50:3
מיתבא ית מנא אכלו **ארבעין** יומין בתר מותיה עד דעברו EX 16:35
יומין בירחא דאב מסוף **ארבעין** יומין: ואזלו ואתו לות משה NU 13:25
כנישת קהלא: והוה מסוף **ארבעין** יומין וארבעין לילוון יהב ייי DT 9:11
רישי טווריא: והוה מסוף **ארבעין** יומין ופתח נח ית כוות GN 8:6
דאלילתון ית ארעא **ארבעין** יומין יומא לשתא יומא NU 14:34
עתיק מייתי חמר בר **ארבעין** יומין למנסכא קדם ייי: וית NU 28:7
וצורה וכל דמו ולסוף **ארבעין** יומין עבדו עיגל מתכא EX 32:19
קודשא יהי שמיה משבח **ארבעין** יממין וארבעין לילוון: EX 24:18
ישראל: והוה תמן קדם ייי **ארבעין** יממין וארבעין לילוון EX 34:28
עמכון ושהיית בטוורא **ארבעין** יממין וארבעין לילוון DT 9:9
מן קדם ייי כד בקדמיתא **ארבעין** יממין וארבעין לילוון DT 9:18
ומצלי הי כיומיא קמאי **ארבעין** יממין וארבעין לילוון DT 10:10
מיטרא נחית על ארעא **ארבעין** יממין וארבעין לילוון: בכרן GN 7:12
מחית מיטרא על ארעא **ארבעין** יממין וארבעין ליליוון GN 7:4
בצלו קדם ייי ית **ארבעין** יממין וית ארבעין לילוון DT 9:25
באנפי: והוה טובענא **ארבעין** יממין על ארעא וסגיאו GN 7:17
כמיסת חייוביה בדיניה: **ארבעין** יצליף וחסיר חד ילקיניה DT 25:3
ייי ית ארבעין יממין וית **ארבעין** לילוון דאשתטחית בצלו DT 9:25
דייי ומית תמן בשנת **ארבעין** למיפק בני ישראל ממצרים NU 33:38
ית חוטרא דמתקליה **ארבעין** סאוין ובזע ית ימא ומחא DT 34:12
אבן ספירינון ומתקלהון **ארבעין** סאוין וסוברינון בתרתין DT 34:12
כורסי יקרא מתקליה **ארבעין** סאין ועילוי חקיק ומפרש EX 4:20
מכורסי יקרא מתקלהון **ארבעין** סאין כתיבין באדבעא דייי: EX 31:18
מאים ישתכחון תמן **ארבעין** עשרא עשרא לכל קרתא GN 18:29
ארבעין שנין: והוה לסוף **ארבעין** שנין בחדסר ירח הוא ירחא DT 1:3
ובני ישראל אכלו ית מנא **ארבעין** שנין בחייוהי דמשה עד EX 16:35
יומא הדין: והליכית יתכון **ארבעין** שנין במדברא לא בלמו DT 29:4
ית יצחק: והוה יצחק בר **ארבעין** שנין במיסביה ית רבקה GN 25:20
לא הליכן מייחפן דנן **ארבעין** שנין: ודינדעון עם רעייוני DT 8:4
קדם ייי איתחרתון **ארבעין** שנין: והוה לסוף ארבעין DT 1:2
יהון טעיין במדברא **ארבעין** שנין ויקבלון ית חוביכון עד NU 14:33
יומא הדין: והוה עשו בר **ארבעין** שנין ונסיב איתא ית GN 26:34
תקבלון ית חוביכון **ארבעין** שנין ותינדעון ית NU 14:34
במדברא רבא הדין דנן **ארבעין** שנין מימרא דייי אלקכון DT 2:7
ובזכותיה דיעקב אתמנען **ארבעין** שנין מן מצרים ולא הוה GN 50:3
עד מוסרות שית משוריין **ארבעין** שנין נטלו מן מוסרות ותבו NU 21:1
וטלטילינון במדברא **ארבעין** שנין עד דסף כל דרא דעבד NU 32:13
ארבעא בגולתא על **ארבעת** אנפי גוליהון דמתעטפין NU 15:38
נטרי מטרתא דקודשא: **ארבעת** גניסתא די נפקו מקהת NU 3:29
מרגליין טבן כל קבל **ארבעת** טריגונין דעלמא סדרא EX 39:10
ואריוך מלכא דתלסר **ארבעת** מלכין סדרו קרבא לקביל GN 14:9
ית תרתין עגלתא וית **ארבעת** תורי יהב לבני גרשון NU 7:7
עימיה ניסא תניינא **ארבעתי** אבניא דשוי איסדוי אשכח GN 28:10
דדן: דין הוא חד מן **ארבעתי** דינין דיעלו קדם משה LV 24:12
ובכל טעות מצראי אעבד **ארבעתי** דינין טעוות מתכא EX 12:12
עלה ובמימריה דבריה **ארבעתי** מילין וקבר יתיה בחילתא DT 34:6
טביא דעים חדא מן **ארבעתי** משירייתא דישראל אמר NU 23:10
וקרא ית עשו בריה רבא **בארביסר** בניסן ואמר ליה ברי הא GN 27:1
תיניינא הוא ירחא דאייר **בארביסר** יומא ביני שימשתא NU 9:11
ביני שימשתא בזימניה: **בארביסר** יומא בירחא הדין בין NU 9:3
יתיה:: ועבדו ית פיסחא **בארביסר** יומין לירחא ביני NU 9:5
וניסוכיה: ובירחא דניסן **בארביסר** יומין לירחא ניכסת NU 28:16

בזימניהון: בירחא דניסן **בארביסר** לירחא בינו שימשתא זמן LV 23:5
בארעא: והוה מסוף יומיא **בארבסר** בניסן ואיתי קין מאיבא GN 4:3
לדריכון קיים עלם: בניסן **בארבסר** יומין לירחא תיכסון ית EX 12:18
ואתיך ארבע עיזקן **בארבע** זיווייתיה לקנקל דנחשא EX 38:5
עימה שכבת זרעא ויסחון **בארבעין** סאווין דמוי ויהון מסאבין LV 15:18
הוא יצבע לבושוי ויסחי **בארבעין** סאווין דמוי ויהי מסאב LV 15:11
יצבע לבושוי ויסחי **בארבעין** סאוין דמוי ויהי מסאב עד LV 15:5
יצבע לבושוי ויסחי **בארבעין** סאוין דמוי ויהי מסאב עד LV 15:6
יצבע לבושוי ויסחי **בארבעין** סאוין דמוי ויהי מסאב עד LV 15:7
יצבע לבושוי ויסחי **בארבעין** סאוין דמוי ויהי מסאב עד LV 15:8
דתיתעבד בהון עיבידתא **בארבעין** סאוין דמוי ייתעל ויהי LV 11:32
זימנא ותטבול יתהון **בארבעין** סאוין דמיין חיין: ותיסב EX 29:4
סווין דמוי ויסחי בישריה **בארבעין** סווין דמוי ויהי מסאב NU 19:8
יצבע לבושוי ויסחי **בארבעין** סווין דמוי ויהי מסאב עד LV 15:10
יצבע לבושוי ויסחי **בארבעין** סווין דמוי ויהי מסאב עד LV 15:21
עלוי יצבע לבושוי ויסחי **בארבעין** סווין דמוי ויהי מסאב עד LV 15:22
ויצבע לבושוי ויסחי **בארבעין** סווין דמוי ויהי מסאב עד LV 15:27
ויצבע לבושוי ויסחי **בארבעין** סווין דמוי ויהי מסאב עד LV 17:15
אלהין אין אסחי בישריה **בארבעין** סווין דמוי: ויטמוע LV 22:6
מיעליה יסחי ית בישריה **בארבעין** סווין דמוי וילבישינון: ומן LV 16:4
ביקידתא יצבע לבושוי **בארבעין** סווין דמוי ויסחי בישריה NU 19:8
לבושוי ויסחי ית בישריה **בארבעין** סווין דמוי ומן בתר כדין LV 16:26
ית תורתא ויסחי בישריה **בארבעין** סווין דמוי ומן בתר כדין NU 19:7
ויסחי ית בישריהון **בארבעין** סווין דמוי ומן בתר כן LV 16:28
יומין ובתר כדין תטבול **בארבעין** סווין דמוי ותדכי: וביומא LV 15:28
קומקמוסיא תעברון **בארבעין** סווין דמוי: ותחוורון NU 31:23
מיניה שכבת זרעא ויסחי **בארבעין** סווין דמוי ית כל בישריה LV 15:16
ויחוורון לבושיהון וידכון **בארבעין** סווין דמיא: ויסבון תור בר NU 8:7
ולא אתהני ואתרבי **בארבעת** כלילן טבן כלילא DT 34:5
בכרן יומא הדין **בארבעת** עשר גזר אברהם GN 17:26
ובית משרוייהון **בארבעתי** מילין מרבען במציעותא NU 2:17
משירית יהודה לחיליהון **בארבעתי** מילין מרבען וטיקסיה NU 2:3
דרומא ישרון לחיליהון **בארבעתי** מילין מרבען וטיקסיה NU 2:10
ישרון ומשירייתהון **בארבעתי** מילין מרבען וטיקסיה NU 2:18
חיליהון ובית משרוייהון **בארבעתי** מילין מרבען וטיקסיה NU 2:25
סמידא עשרונא פתיכא **ברבעות** הינא משח זיתא: וחמר NU 15:4
עזקתא על ארבע זיוייתא **דלארבע** ריגלוי: כל קבל גפוף הואה EX 37:13
דמיתו במותנא עשרין **וארבע** אלפין: ומליל ייי עם משה NU 25:9
איליין ימותון עשרין **וארבע** אלפין מישראל ומן יד NU 25:8
עמון תשע אמין אורכה **וארבע** אמין פותיא באומתא DT 3:11
חדא תלתין אמין **וארבע** אמין פותיא דיריעתא חדא EX 36:15
יתיה: ויתפלגון לעשרין **וארבע** חולקין ויטרון ית מטרתיה NU 3:7
ותיתנון חומשא לפרעה **וארבע** חולקין יהי לכון לבר זרעא GN 47:24
חמשין ותלתא אלפין **וארבע** מאה: איליין סכומי מניינייא NU 1:43
שיתין וארבעא אלפין **וארבע** מאה: בנוי דאשר לגניסתהון NU 26:43
חמשין ותלת אלפין **וארבע** מאה: בנוי דנפתלי לגניסתהון NU 26:47
ואוף אתי לקדמותך **וארבע** מאה גוברין פולומרכין GN 32:7
מאה וחמשין וחד אלפין **וארבע** מאה וחמשין לחיליהון NU 2:16
חמשין ושובעא אלפין **וארבע** מאה: כל מניינייא למשרית NU 2:8
תלתין וחמשא אלפין **וארבע** מאה: כל סכום מניינייא NU 2:23
חמשין ותלת אלפין **וארבע** מאה: כל סכום מניינייא NU 2:30
תלתין וחמשא אלפין **וארבע** מאה: לבנוי דדן ייחוסיהון NU 1:37
ארבעין וחמשא אלפין **וארבע** מאה: לבנוי דזבולן ייחוסיהון NU 1:29
יהודה מאה ותמנן אלפין **וארבע** מאה לחילוותהון בקדמיתא NU 2:9
כל כסף מניא תרין אלפין **וארבע** מאה סילעין בסילעי בית NU 7:85
קנטירין ותרין אלפין **וארבע** מאה סילעין: ועבד בה ית EX 38:29
חמשין וארבעא אלפין **וארבע** מאה: שבטא דזבולון ורבא NU 2:6
ליה ביני אחוי עשרין **וארבע** מוהבותא דכהונתא דיהב DT 18:2
מנחתך מטול דעשרין **וארבע** מוהבתא דכהניא איתגזרו LV 2:13
תורין כל קבל עשרין **וארבע** מטרתא דיכרי שיתין כל NU 7:88
מנהון מקרבין תרי תרי **וארבע** מנהון חד חד: ומנחתהון NU 29:17
בגלל דבטליה מן רידיה **וארבע** ענא חולף אימר חד מן בגלל EX 21:37
ובנן: וחיא עבר תלתין **וארבע** שנין ואוליד ית פלג: וחיא GN 11:16
בגין כן מנהון עשרין **וארבעא** אלפין בגין כן לית אפשר NU 31:8
שוחם לגניסתהון שיתין **וארבעא** אלפין וארבע מאה: בנוי NU 26:43
וחיליה וסכומהון חמשין **וארבעא** אלפין וארבע מאה: שבטא NU 2:6
דשיבטיא שובעין **וארבעא** אלפין ושית מאה: ודישרו NU 2:4
יששכר לסכומהון שיתין **וארבעא** אלפין ותלת מאה: בנוי NU 26:25
לניכסת קודשיא עשרין **וארבעא** תורין כל קבל עשרין NU 7:88
חלתא חד מן עשרין **וארבעא** תפרשון אפרשותא לכהנא NU 15:20
חמשין ושבעא אלפין **וארבעה** מאה: לבנוי דיוסף לבנוי NU 1:31
סכום יומי חייו מאה **וארבעין** ושבע שנין: וקריבו יומי GN 47:28
אלקים ברא יתיה במאתן **וארבעין** ותמני איברין בשית מאה GN 1:27
ציפונא עשרין לוחין: **וארבעין** חומריהון דכסף תרין EX 26:21

ציפונא עבד עשרין לוחין: **וארבעין** חומריהון דכסף תרין EX 36:26
לוחין לרוח עיבר דרומא: **וארבעין** חומרין דכסף עבד תחות EX 36:24
לוחין לרוח עיבר דרומא: **וארבעין** חומרין דכסף תעבד תחות EX 26:19
על ארעא ארבעין יממין **וארבעין** לילוון: בכרן יומא הדין על GN 7:12
משבח ארבעין יממין **וארבעין** לילוון: ומליל ייי עם משה EX 24:18
קמאי ארבעין יממין **וארבעין** לילוון וקביל ייי צלותי DT 10:10
והוה מסוף ארבעין יומין **וארבעין** לילוון יהב ייי לי ית תרין DT 9:11
קדם ייי ארבעין יממין **וארבעין** לילוון לחמא לא אכל ומוי EX 34:28
בטוורא ארבעין יממין **וארבעין** לילוון לחמא לא אכלית DT 9:9
בקדמיתא ארבעין יממין **וארבעין** לילוון לחמא לא אכלית DT 9:18
על ארעא ארבעין יממין **וארבעין** ליליוון ואישצי ית כל GN 7:4
סגיאין מנהון מאתן **וארבעין** רבוון סליקו עמהון ועאן EX 12:38
ית מהללאל תמני מאה **וארבעין** שנין ואוליד בנין ובנן: והוו GN 5:13
אלפין רבוון דמלאכין **ובארבעין** ותרתין אלפין ארתכין DT 34:5
ובתיליסירי שנין מרדו: **ובירביסרי** שנין אתא כדרלעמר GN 14:5
מאתר בית מקדשא **ומארבעת** רוחי עלמא ופתכא מכל GN 2:7
ותלתות הינא לדיכרא **ורבעות** הינא לאימרא חמר עינבי NU 28:14
עשרונא לאימר חד **לארביסר** אימרין: וצפיר בר עיזי חד NU 29:15
בני שנא ארביסר שלמין **לארבסר** מטרתא סכומהון דכל NU 29:32
יד אפרש ארבעה בוכרין **לארבע** אימהתא ואישתיירו GN 32:25
על ארבעה זיווין די **לארבע** ריגלוי: כל קבל גפוף תהוויין EX 25:26
כל עלמיא ייי מרבע יומא **לארבעא** חולקין תלת שעין עסיק DT 32:4
עשרא עשרא לכל קרתא **לארבעת** קוריין וזוער דחובהא GN 18:29
ומתמן מתפרש והוי **לארבעת** רישי נהרין: שום חד פישון GN 2:10
קדם ייי ברגז ואיתפליגת **לארבעתי** חוטין ואעלת בגוא LV 10:2
ותלת מן דיינך וימשחון **מארבע** טריגונין ית קירויא די DT 21:2
שבעת ענני יקרא ארבעא **מארבע** ציטריהון וחד מעילויהון EX 12:37
מרשותא לרשותא בר **מארבעה** גרמידי ולא יפוק אינש EX 16:29
בני ישראל: דין הוא חד **מארבעה** דינין דעלו קדם משה NU 9:8
ויהי ארום ייחוב בחדא **מארבעתי** איליין ובתר כן תהא LV 5:5
ייי: ואמר ייי למשה ביומא **רביעאה** איזל לות עמא ותזמינינון EX 19:10
בסיבו טבא: ודרא **רביעאה** דבנך יתובון הכא למירתא GN 15:16
וחמר ניסוכה: וביומא **רביעאה** דחגא דמטליא תורי עשרא NU 29:23
כחדא מן דרעוי ניסא **רביעאה** דטפת בירא וסליקו מיא GN 28:10
בכוריהון דישראל **רביעאה** כד איתגלי למפרוק ית EX 12:42
ויששכר: ושום סידרא **רביעאה** כרום ימא רבא ובורלת EX 39:13
ויששכר: ושום סידרא **רביעאה** כרום ימא רבא ובירליוות EX 28:20
קודשיא וגומר: ביומא **רביעאה** קריב רב בית אבא לבני NU 7:30
בבית בהתת תורפה נס **רביעאי** דקם רומחא באתר בירוזא NU 25:8
על דר תליתאי ועל **רביעאי:** ואוחי משה וגחן על ארעא EX 34:7
על דר תליתאי ועל דר **רביעאי** לסנאי כד משלמין בניא DT 5:9
על דר תליתאי ועל דר **רביעאי:** שבוק כדון לסורחנות עמא NU 14:18
והוה רמש והוה צפר יום **רביעיי:** ואמר אלקים ירחשון רקקי GN 1:19
דגרם ליה דלא יוליד בר **רביעיי:** ואמר ליט כנען דהווא בריה GN 9:24
על דר תליתאי ועל דר **רביעיי** לשנאיי: ונטיר חסד וטיבו EX 20:5
ליט כנען דהווא בריה **רביעיי** עביד משעבד יהי לאחוי: GN 9:25
לא יתאכל: ובשתא **רביעתא** יהי כל אינביה קודשי LV 19:24
ברעוא וניסוכי חמר עינבי **רבעות** הינא: ולחים וקלי ופירוכיין LV 23:13
קרבנא קדם ייי: וניסוכיה **רבעות** הינא לאימר חד במני בית NU 28:7
במשח זיתא כתישא **רבעות** הינא: עלת תדירא היכמא NU 28:5
וחמר עינבא לניסוכא **רבעות** הינא תעבד על עלתא או NU 15:5

ארג (1)

על מניכון ארום שפר **ארג** כל ארעא דמצרים דילכון הוא: GN 45:20

ארגוון (28)

ויפרסון עלוי לבוש **ארגוון:** ויתנון עלוי ית כל מנוי NU 4:13
ית דהבא וית תיכלא וית **ארגוונא** וית צבע זהורי וית בוצא: EX 28:5
כל עזיל ית תיכלא וית **ארגיוונא** וית צבע זהורי וית בוצא: EX 35:25
בביסתרקי מילת וסובנין **דארגוון** ואוצטילין חיוורין DT 34:6
שזרין למעבד בגו תיכלא **וארגוונא** ובגו צבע זהורי ובגו בוצא EX 39:3
וכספא ונחשא: ותיכלא **וארגוונא** וצבע זהורי ובוץ ומעזי: EX 25:4
דהישתכח עימיה תיכלא **וארגוונא** וצבע זהורי ובוץ ומעזי EX 35:23
וכספא ונחשא: ותיכלא **וארגוונא** וצבע זהורי ובוץ מעזי: EX 35:6
ותעביד פרגודא דתיכלא **וארגוונא** וצבע זהורי ובוץ שזיר EX 26:31
לתרע משכנא תיכלא **וארגוונא** וצבע זהורי ובוץ שזיר EX 26:36
עשרין אמין דתיכלא **וארגוונא** וצבע זהורי ובוץ שזיר EX 27:16
ית אפודא תיכלא **וארגוונא** וצבע זהורי ובוץ שזיר EX 28:6
מיניה יהי דדהבא תיכלא **וארגוונא** וצבע זהורי ובוץ שזיר: EX 28:8
תעבדיניה דדהבא תיכלא **וארגוונא** וצבע זהורי ובוץ שזיר EX 28:15
ועבד ית פרגודא דתיכלא **וארגוונא** וצבע זהורי ובוץ שזיר EX 36:35
לתרע משכנא דתיכלא **וארגוונא** וצבע זהורי ובוץ שזיר EX 36:37
צייור מחטא דתיכלא **וארגוונא** וצבע זהורי ובוץ שזיר EX 38:18
איפודא דדהבא תיכלא **וארגוונא** וצבע זהורי ובוץ שזיר: EX 39:2
הי כעובדוי דהבא תיכלא **וארגוונא** וצבע זהורי ובוץ שזיר EX 39:5
איפודא דדהבא תיכלא **וארגוונא** וצבע זהורי ובוץ שזיר: EX 39:8

חזור חזור: ומן תיכלא **וארגוונא** וצבע זהורי עבדו לבושי EX 39:1
דבוץ שזיר ותיכלא **וארגוונא** וצבע זהורי עובד ציור EX 39:29
שיפולוי רומניין דתיכלא **וארגוונא** וצבע זהורי על שיפולוי EX 28:33
יריען דבוץ שזיר ותיכלא **וארגוונא** וצבע זהורי צורת כרובין EX 36:8
יריען דבוץ שזיר ותיכלא **וארגוונא** וצבע זהורי צייור כרובין: EX 26:1
מעילא רומניין דתיכלא **וארגוונא** וצבע זהורי שזיר: ועבדו EX 39:24
נגר ואומן וצייר בתיכלא **ובארגוונא** וביצבע זהורי ובבוצא EX 35:35
נגר ואומן וצייר בתיכלא **ובארגוונא** ובצבע זהורי ובבוצא: כל EX 38:23

ארום (996)

אתר אתון ואינש בתיכון **ארום** אגרא הוא לכון חלופי NU 18:31
על אדם נפשתיכון **ארום** אדם ניכסא הוא על חובי LV 17:11
אומיא עמיה בית ישראל **ארום** אדם עבדוי דאשתדי הוא DT 32:43
מטול דלא למיכול אדמא **ארום** אדמא הוא קייום נפשא לא DT 12:23
קדם ייי אתגזרת כל דא: **ארום** אומא מאבדא עיטין טבן DT 32:28
נילוס והוה מידבר עימיה **ארום** אומאה אומי ית בני ישראל EX 13:19
לה חייתא לא תידחלין **ארום** אוף דין ליך בר דכר: והוה GN 35:17
דסני עבדין לטעוותהון **ארום** אוף ית בניהון וית בנתיהון DT 12:31
איפשר למיקום מן קמך **ארום** אורח נשין לי ופשפש ולא GN 31:35
ולמקרב לדחלתיה **ארום** אורייתא דאתון עסיקין בה DT 30:20
ארמאה על דלא חוי ליה **ארום** אזיל הוא: ואזל הוא עם כל GN 31:20
מואב: ותקיף רוגזא דייי **ארום** אזיל הוא ללטוטינון ואתעתד NU 22:22
משה קדם ייי מאן אנא **ארום** אזיל לות פרעה וארום אפיק EX 3:11
ואמר לא יחות ברי עמכון **ארום** אחוי מית והוא בלחודוי GN 42:38
דאתי לאתגיירא **ארום** אחוכון הוא לא תרחקון DT 23:8
לא תהי ביה למיקטליה **ארום** אחונא בישרנא הוא וקבילו GN 37:27
פרוילי קירויהון לא יזבנון **ארום** אחסנת עלם הוא להון: וארום LV 25:34
לקבלא תנחומין ואמר **ארום** איחות לות ברי כד אבילנא GN 37:35
עבדת לנא ומה חבית לך **ארום** אייתיתא עלי ועל מלכותי GN 20:9
לאשראה יתכון בה **ארום** אילהין כלב בר יפונה ויהושע NU 14:30
משה לא תקין למעבד כן **ארום** אימריא דהינון טעוותהון EX 8:22
אתבשרית ברוח קודשא **ארום** אין איתכלית על יוסף איתכל GN 43:14
יתיה אזדהרון לכון **ארום** אין יקום ויצווח עליכון בצלו EX 22:22
בניקריא דטינריא מדורך: **ארום** אין יתגזר למיהוי לביזתא NU 24:22
בכון וישצנכון בסרהוביא: **ארום** אין כדין תעבדון לכון DT 7:5
ית עמי ויפלחון קדמי: **ארום** אין ליתך מפטר ית עמי האנא EX 8:17
ית עמי ויפלחון קדמיי: **ארום** אין מסרב אנת למפטור ית EX 10:4
ית עמי ויפלחון קדמי: **ארום** אין מסריב אנת למפטור ועד EX 9:2
עביד דביש מביניכון: **ארום** אין משתכח גבר משמש עם DT 22:22
ארום בשמי מימריה: **ארום** אין קבלא תקביל למימריה EX 23:22
ליה לא נכסי מן ריבוני **ארום** אין שלים כספא וגיתי בעירא GN 47:18
בבישריך וכדון ידעית **ארום** אינתתא שפירת חזו אנת: ויהי GN 12:11
לי למא לא חוית לי **ארום** אינתתך היא: למא אמרת GN 12:18
ויומיא קדמאי יבטלון **ארום** איסתאב ניזריה: ודא אחוויית NU 6:12
רחים ית יוסף מכל בנוי **ארום** איקונין דיוסף דמיין לאיקונין GN 37:3
ייי אלקים במא אינדע **ארום** אירתינה: ואמר ליה סב לי GN 15:8
ייי וידכי מן דוויה: וגבר **ארום** אישתלי ויפוק מיניה שכבת LV 15:16
ואמר הא שמעית **ארום** אית עיבורא מזדבן למצרים GN 42:2
ועל די חטית ישתבק לך **ארום** איתחשב לך כאילו עלתא GN 49:4
ית דורון דאיתתיא לך **ארום** איתיהב לי במיחוס מן קדם GN 33:11
תור או אימר או גדיא **ארום** איתיליד כאורח עלמא ויהי LV 22:27
בישרא מטא מן קדמי **ארום** איתמליאת ארעא חטופין מן GN 6:13
על ארעא: וחמא פרעה **ארום** איתמנע מיטרא וברדא EX 9:34
ליתוהי עם דיירי ארעא **ארום** איתניגיד וסליק לרקיעא GN 5:24
וידכי כהנא ית ביתא **ארום** איתסי מכתשא: ויסב לדכאה LV 14:48
יוסף: ודחילו גובריא **ארום** איתעלו לבית יוסף ואמרו על GN 43:18
טריב סנייא: וגלי קדם ייי **ארום** איתפני למיחמי וקרא ליה ייי EX 3:4
מן טוור מישחא וידע נח **ארום** איתקוללו מיא מעילוי ארעא: GN 8:11
דהוא חייב לימימת **ארום** איתקטלא יתקטל: ולא NU 35:31
עוד שמך אילהין ישראל **ארום** איתרברבת עם מלאכייא דייי GN 32:29
במדין איזל תוב למצרים **ארום** איתרוקנו ונחתו מנכסיהון EX 4:19
ייי אלקא דישראל: **ארום** איתריך עממין מן קדמך EX 34:24
פטירן ארום לא חמע **ארום** איתריכו ממצרים ולא יכילו EX 12:39
הדין לית דין אתר חול **ארום** אלהן בית מקדש לשמיה דייי GN 28:17
ונתחייב קמך כל יומייא: **ארום** אלולפון שהינא ארום כדון GN 43:10
ואין לא חיי דפרעה **ארום** אלילי אתון: וכנש ייתהום GN 42:16
עממיא דבחזרניכון: **ארום** אלק קנאן ופורען ייי אלקכון DT 6:15
קדמי ואיקביל צלותיה **ארום** אלקא חננא אנא: עמי בני EX 22:26
ותקבלון למימריה: **ארום** אלקא רחמנא ייי אלקכון לא DT 4:31
ומן מדברא ועד פרת **ארום** אמסור בידכון ית כל יתבי EX 23:31
הינין ובניהן בקדמייתא **ארום** אמר אילו אתי עשו לחבלא GN 33:2
היא: ושום חד אליעזר **ארום** אמר אלקא דאבא הוה בסעדי EX 18:4
ית שום בוכרא מנשה **ארום** אמר אנשי יתי ייי ית כל GN 41:51
בנהא דשום חד גרשום **ארום** אמר דייר הוויתי בארע EX 18:3
דכר וקרא שמיה גרשום **ארום** אמר דייר הויתי בארעא EX 2:22
עד דירבי שלה ברי **ארום** אמר דילמא ימות אוף הוא הי GN 38:11
לא שדר יעקב עם אחוי **ארום** אמר הא הוא טליא GN 42:4
שמא דאתרא פניאל **ארום** אמר חמיתי מלאכייא דייי GN 32:31
ארום קריב הוא **ארום** אמר ייי דילמא יתהון עמא EX 13:17
ישראל במדברא דסיני: **ארום** אמר ייי להון ממת ימותון NU 26:65
לילוון דאשתטחית בצלו **ארום** אמר ייי למשציא יתכון: DT 9:25
עבדך יעקב אתי בתרנא **ארום** אמר נירעי ית סבר אפוי GN 32:21
שום תניין קרא אפרים **ארום** אמר תקיף יתי ייי בארע GN 41:52
ישראל אפכו כדי שמעו **ארום** אמרו דילמא תבלוע יתן NU 16:34
תתובא ולא עבדו **ארום** אמרו לא גלי קדם ייי עובדין GN 19:24
למופטורינון מן ארעא **ארום** אמרין אין שהיין הינון הכא EX 12:33
היא ואמר ליה יצחק **ארום** אמרית בלבבי דילמא GN 26:9
הדין: ואמר אברהם **ארום** אמרית בלבבי לחוד לית GN 20:11
בר וקרת ית שמיה ראובן **ארום** אמרת ארום גלי קדם ייי GN 29:32
ברת וקרת ית שמה דינה **ארום** אמרת דין הוא מן קדם ייי GN 30:21
וקיים דחמי ולא מתחמי **ארום** אמרת הא ברם הכא GN 16:13
בר וקרת ית שמיה שת **ארום** אמרת יהב לי ייי בר אוחרן GN 4:25
כשיעור מיגד בקשתא **ארום** אמרת לית אנא יכלא GN 21:16
כביר וקרת שמיה משה **ארום** אמרת מן מוי דנהרא EX 2:10
לכל עממייא חמון כדון **ארום** אנא הוא דהוויי והוית ואנא DT 32:39
עימהון במלכותא דאדום **ארום** אנא הוא ייי אלקהון ביומוי LV 26:44
תיסתאבון פון בהון: **ארום** אנא הוא ייי אלקכון LV 11:44
ולא תפלחון קדמיהון **ארום** אנא הוא ייי אלקכון אלק DT 5:9
דתיתעסקון בה ותינדעון **ארום** אנא הוא ייי אלקכון: ואתיתון DT 29:5
תיכלון לחמא ותינדעון **ארום** אנא הוא ייי אלקכון: והוה EX 16:12
לכון כגיורא כיציבא יהי **ארום** אנא הוא ייי אלקכון: ומליל LV 24:22
אין תתובון אעדינון מינך **ארום** אנא הוא ייי אסאך: ואתו EX 15:26
ובפרשוי: וידעון מצראי **ארום** אנא הוא ייי באיתיקרותי EX 14:18
ריחשא דרחיש על ארעא: **ארום** אנא הוא ייי דאסיקית יתכון LV 11:45
בה דשכינתי שריא בגוה **ארום** אנא הוא ייי דשכינתי שריא NU 35:34
דשויתי בהון ותינדעון **ארום** אנא הוא ייי: ועאל משה EX 10:2
משיריתי וינדעון מצראי **ארום** אנא הוא ייי ועבדו הכדין: EX 14:4
רברבין: וינדעון מצראי **ארום** אנא הוא ייי כד ארים ית מחת EX 7:5
מימרי וביניכון למידוע **ארום** אנא הוא ייי מקדישכון: EX 31:13
לכון לאלקא ותידעון **ארום** אנא ייי אלהכון דאנפיק יתכון EX 6:7
וידעון בני ישראל **ארום** אנא ייי אלקין די הנפיקית EX 29:46
ולא תפלחון קדמיהון **ארום** אנא ייי אלקכון אלק קנאן EX 20:5
ולא למסגוד לה **ארום** אנא ייי אלקכון: ית יומי שביא LV 26:1
ייי בדא סימנא תינדע **ארום** אנא ייי הא אנא מחי בחוטרא EX 7:17
קטם דינדעון מצראי **ארום** אנא ייי: ויהי אדם ניכסת EX 12:12
ביה ולא יפיס ית מקדשי **ארום** אנא ייי מקדישיהון: ומליל LV 21:23
בסאובא ית קודשיהון **ארום** אנא ייי מקדישיהון: ומליל ייי LV 22:16
ולא יפיס זרעיה בעמיה **ארום** אנא ייי מקדשיה: ומליל ייי LV 21:15
ברא מן בגלל דתינדע **ארום** אנא ייי שליט בגו ארעא: EX 8:18
ייי למשה עול לות פרעה **ארום** אנא יקרית יצרא דליביה EX 10:1
דייי אלקכון יהיב לכון: **ארום** אנא שכיב בארעא הדא לית DT 4:22
למיסק לטוורא דסיני **ארום** אנת אסהידת בנא למימר EX 19:23
ארעא הדא דישמעו **ארום** אנת הוא ייי דשכינתך שריא NU 14:14
יתך בגינהון ואזיל **ארום** אנת ידעת ית פולחני די GN 30:26
חבית ארום לא ידעית **ארום** אנת מעתד לקדמותי NU 22:34
ישראל איתוקף ואתחייל **ארום** אנת מתמני למיעול עם עמא DT 31:7
ואמר אתוקף ואתחייל **ארום** אנת תעיל ית בני ישראל DT 31:23
דאישתנקו בימא **ארום** אסיקתא בחילך ית עמא NU 14:13
לא ניסוק: הזעירא היא **ארום** אסיקתנא ממצרים ארעא NU 16:13
ואתיב יעקב ואמר ללבן **ארום** אסתפיתי ואמרית דילמא GN 31:31
לסהיד בבני ישראל: **ארום** אעילינון לארעא דקיימית DT 31:20
לאבוהא דעולימתא **ארום** אפיק טיב ביש על בתולתא DT 22:19
ייי למשה ולישראל עמיה **ארום** אפיק ייי ית ישראל ממצרים: EX 18:1
בני לוי: הזעירא היא לכון **ארום** אפריש אלקא דישראל יתכון NU 16:9
לאעברתונא בגו תחומיה **ארום** אקשי ייי אלקך ית יצרא DT 2:30
כד חיין לשיול ותינדעון **ארום** ארגיזו גובריא האיליין קדם NU 16:30
רמא: והוה כדי שמע **ארום** ארימית קלי וקרית ושבקית GN 39:15
דנפיק מתחות אמוראה **ארום** ארנון תחום מואב ממצע בין NU 21:13
כחלב וחליין כדבש: **ארום** ארעא דאנת עליל תמן DT 11:10
לא השכחת רחמין בעינוי **ארום** אשכח בה עבירת פיתגם DT 24:1
דרוגזא: ובמה יתידע כדון **ארום** אשכחית רחמין קדמך אלהין EX 33:16
הדין דמלילתא אעבד **ארום** אשכחתא רחמין קדמי ומנית EX 33:17
ללבן הב ית אינתתי **ארום** אשלימו יומי פולחני ואיעול GN 29:21
מן טוורא ומשה לא חכים **ארום** אשתבהר זיו איקונין דאנפוי EX 34:29
ישראל ית איקונין דמשה **ארום** אשתבהר זיו איקונין דאנפי EX 34:35
דאברם: וכד שמע אברם **ארום** אשתבי אחוי וזיין ית עולמויי GN 14:14
באדבעא דייי: וחמא עמא **ארום** אשתהי משה מן למיחות מן EX 32:1
יומי שביא דילי תינטרון **ארום** את הוא בין מימרי וביניכון EX 31:13
רברבי בלק: ושמע בלק **ארום** אתא בלעם ונפק לקדמותיה NU 22:36

אחוי לאתבא ליה פתגם **ארום** אתבהילו מן קדמוי: ואמר GN 45:3
בידיה: מן בגלל דיהמנון **ארום** אתגלי לך ייי אלקא EX 4:5
קיימין הכא עימן יומנא: **ארום** אתון ידעתון סכום שנייא DT 29:15
בני ישראל ותימר להון **ארום** אתון עברין ית יורדנא NU 33:51
בני ישראל ותימר להון **ארום** אתון עברין ית יורדנא NU 35:10
בסיטרי חזוי ממרא: **ארום** אתון עברין ית יורדנא למיעל DT 11:31
בני ישראל ותימר להון **ארום** אתון עלין לארעא דכנען דא NU 34:2
אלעזר ואיתמר אבהתהון: **ארום** אתון עללין לארעא דייי DT 18:9
רמשא: ואמר משה לחמוי **ארום** אתיין לוותי עמא למתבוע EX 18:15
מה עבד לך עמא הדין **ארום** אתיתא עלוי חובא רבא: ואמר EX 32:21
וקרא שמא דבירא עסק **ארום** אתעסקו עלה עימיה: וחפסו GN 26:20
על כל בישתא דעבדו **ארום** אתפניו בתר טעוות עממייא: DT 31:18
וית אישתא בדרי להאל **ארום** אתקדשא: ית מחתיית NU 17:2
שלוף סינך מעל ריגלך **ארום** אתרא דאנת קאים עלוי אתר EX 3:5
ואנחנא מא אנן חשיבין **ארום** אתרעמתון עלנא: ואמר משה EX 16:7
נפש היכדין פיתגמא הדין: **ארום** באנפי ברא אשכחא פגנת DT 22:27
פטיר לחמא ענייא **ארום** בבהילו נפקתון מארעא DT 16:3
דייי ובתר כדין תעבירון **ארום** בגין כדין באשון שירותא GN 18:5
לא כדון תשבוק יתנא **ארום** בגין כן דידעתא כד הוינא NU 10:31
ותקבל דורוני מן ידי **ארום** בגין כן חמית סבר אפך ודמי GN 33:10
לא תעבדון מידעם ביש **ארום** בגין כן עלו למיבת ואיטמרו GN 19:8
מיניה ליום דינא רבא **ארום** בדיוקנא אלקים עבד ית GN 9:6
ויקרבון כהניא בני לוי **ארום** בהון אתרעי מימרא דייי DT 21:5
ית עמי ויפלחון קדמי: **ארום** בזימנא הדא אנא שלח מחתא EX 9:14
הינון למהוי עם גיורין **ארום** בחובי גיוריא מותא נפיק על DT 5:18
הינון למיהוי עם גייורין **ארום** בחובי גייורא מותא נפיק על EX 20:14
הינון למיהוי עם גנבין **ארום** בחובי גנביא כפנא נפיק על EX 20:15
דישראל עם גנבין **ארום** בחובי גנביא כפנא נפיק על DT 5:19
כל מאן דאית לחבריה **ארום** בחובי חמודיא מלכותא DT 5:21
עם מסהדין סהדי שיקרא **ארום** בחובי סהדי שיקרא ענני EX 20:16
מסהדין סהדן דשיקרא **ארום** בחובי סהדי שיקרא עננין DT 5:20
עללין למירות ית ארעהון **ארום** בחובי עממיא האילין ייי DT 9:5
הינון למיהוי עם קטולין **ארום** בחובי קטוליא חרבא נפיק EX 20:13
הינון למיהוי עם קטולין **ארום** בחובי קטוליא חרבא נפיק DT 5:17
לכל מאן דאית לחבריה **ארום** בחוביא חמודיא מלכותא EX 20:17
על ייי בכנישתא דקרח **ארום** בחוביה מית ולא אחטי NU 27:3
די עבדת עם עבדך **ארום** בחוטרי בלחוד עברית ית GN 32:11
אורייתא דייי בפומך **ארום** בחיל ידא תקיפתא הנפקך ייי EX 13:9
מתפרשין מן כפורתא **ארום** בחכמת רוח נבואה עבד ית EX 37:8
ייי ישתרי וישתביק ליה **ארום** בטיל אבוהא יתה מן רשותא NU 30:6
עליהון לא תימנעון מיניה **ארום** בטלנין הינון בגין כן הינון EX 5:8
תחמי מה אעביד לפרעה **ארום** בידא תקיפתא ופטורינון EX 6:1
למשה לא תידחל מיניה **ארום** בידך מסרית יתיה וית כל NU 21:34
ייי לי לא תידחל מיניה **ארום** בידך מסרית יתיה וית כל DT 3:2
תידחלון מן עמא דארעא **ארום** בידנא מסירין הינון תש חיל NU 14:9
שבעתא וקדיש יתיה **ארום** ביה נח מכל עיבידתיה דברא GN 2:3
לזמן ירחא דאביבא **ארום** ביה נפקת ממצרים ולא EX 23:15
מלייא קשייתא כאילין **ארום** ביומא דאת חמי סבר אפיי EX 10:28
ארום גלי קדם ייי **ארום** ביומא דתיכלון מיניה ותיהוון GN 3:5
וגיורא דיתגייר ביניכון: **ארום** ביומא הדין יכפר עליכון LV 16:30
זמינין לימא תליתאה **ארום** ביומא תליתאה יתגלי ייי EX 19:11
תרין בנין שום חד פלג **ארום** ביומוי איתפליגת ארעא GN 10:25
קביל מינה דנביאתא היא **ארום** ביצחק יתקרון לך בנין ודין GN 21:12
פיסחא קדם ייי אלקכון **ארום** בירחא דאביבא אפיק יתכון DT 16:1
לזמן ירחא דאביבא **ארום** בירחא דאביבא נפקתון EX 34:18
לחובי אחך ולחטיאיהון **ארום** בישא גמלו יתך וכדון שבוק GN 50:17
לפדן דארם: וחמא עשו **ארום** בישן בנתהון דכנענאי קדם GN 28:8
יתיה לבר חורין מן גבך **ארום** בכופלא על אגר אגירא פלחך DT 15:18
מן קדם ייי למשבק ליה **ארום** בכין יתקוף רוגזא דייי DT 29:19
למחר ותיכלון בישרא **ארום** בכיתון קדם ייי למימר מן NU 11:18
בחדא מכל איליין **ארום** בכל איליין איסתאבו עממיא LV 18:24
בסעדי: ואתון ידעתון **ארום** בכל חיילי פלחית ית אבוכן: GN 31:6
למיתן לכל עמא הדין **ארום** בכן עלי למימר הב לנא NU 11:13
ית לישתא דפטירי **ארום** בכרן יומא הדין הנפיקית ית EX 12:17
בר וקראת ית שמיה ער **ארום** בלא וולד עתיד לממת: GN 38:3
מן בגלל דידעון דריכון **ארום** במטלת ענני יקרא אותיבית LV 23:43
אנת ידעת ית עמא **ארום** בני צדיקיא אינון ברם יצרא EX 32:22
וחולקא דארעא דישראל **ארום** בסימא הוא בגין כן ארכין GN 49:15
אבוך לא תידחל **ארום** בסעדך מימרי ואיבריכינך GN 26:24
יתיה באבנא וימות **ארום** בעא לאטעייותכון מדחלתא DT 13:11
עימהון בגו כל ישראל: **ארום** בעיניכון אתון חמיין ית כל DT 11:7
טפליכון ובעיריכון ידענא **ארום** בעיר סגי לכון יתבון DT 3:19
לפרגודא לקדם כפורתא **ארום** בענני איקרי שכינתיה LV 16:2
עם יהודאי לחמא **ארום** בפירא דמיצראי דחלין ליה GN 43:32

הוא ייי על כל אלקיא **ארום** בפיתגמא דארשעו מצראי EX 18:11
מלאכא לא תידחלין **ארום** בקושטא גחכת: וקמו מתמן GN 18:15
לית ליה סידרין דקטולין: **ארום** בקירייתא דקלטיה יתיב עד NU 35:28
בחילמא אוף קדמיי גלי **ארום** בקשיטות ליבבך עבדת דא GN 20:6
וקרת ית שמיה בר עימיה **ארום** בר אבוהא הוא הוא אבוהון GN 19:38
שיתא ירחין וחמת יתיה **ארום** בר קייומי הוא ואטמרתיה EX 2:2
דייי בסעדי וכדי ידעת **ארום** בר רבקה הוא ורהטת ותניאת GN 29:12
לא איתיחד יקרי **ארום** ברוגזהון קטלו מלכא GN 49:6
דיעקב ועשו: וחמא עשו **ארום** בריך יצחק ית יעקב ושדר GN 28:6
ולא תלוט ית עמא **ארום** בריכין הינון מיני מיומי NU 22:12
לעם ליסטיס אשוויניה **ארום** ברך הוא: ואקדים אברהם GN 21:13
מנעת ית ברך ית יחידך: **ארום** ברכא אברכינך ואסגא אסגי GN 22:17
לא יהוי בכון מסכינא **ארום** ברכא יברככון ייי בארעא דייי DT 15:4
בר וקרת ית שמיה אונן **ארום** ברם עלוי עתיד אבוי GN 38:4
ישראל את היא לעלם **ארום** בשיתא יומין ברא ייי ושכליל EX 31:17
וגיוריכון די בקירויכון: **ארום** בשיתא יומין ברא ייי ית EX 20:11
מילין ומן ברת כדין אמר **ארום** בשמא דייי אנא מצלי ואתון DT 32:3
ארום לא אשבוק חוביכון **ארום** בשמי מימריה: ארום אין EX 23:21
וקירוי אחסנתהון ביובלא **ארום** בתי קירוי ליואי היא LV 25:33
מבית שעבוד עבדייא **ארום** בתקוף גבורת ידא אפיק ייי EX 13:3
ולתפילין בין ריסי עינך **ארום** בתקוף גבורת ידא הנפקנא ייי EX 13:16
למימר שלמא יהי לי **ארום** בתקוף יצרא בישא דליבי DT 29:18
משיבטא לשיבטא חורנא **ארום** גבר באחסנת שיבטא NU 36:7
אנא הוא ייי מקדישכון: **ארום** גבר טלי וגבר סיב דיילוט ית LV 20:9
איפשר לך למיתב עימיה **ארום** גבר רמאי הוא אמר לא יעקב GN 29:12
ליתך משדר לא ניחות **ארום** גברא אמר לנא לא תיחמון GN 43:5
וגובריא רעיין רעאן **ארום** גוברי מרי גיתי הוו וענהון GN 46:32
ובין רעוותיי ובין רעוותך **ארום** גוברין אחין אנחנא: הלא כל GN 13:8
דמשמש עם איתת אבוי **ארום** גלי כנפא דגלי אבוי הוון עניין DT 27:20
אומנא סני בר אומנותיה: **ארום** גלי קדם ייי ארום ביומא GN 3:5
ית שמיה ישמעאל **ארום** גלי קדם ייי סיגופיך: ואיהוא GN 16:11
שמיה ראובן ארום אמרת **ארום** גלי קדם ייי עולבני ארום כדון GN 29:32
על עבדוי יהי תהן קדמוי **ארום** גלי קדמוי דבעידן דיחובון DT 32:36
הדא קדמיהון לסהדו **ארום** גלי קדמי דלא תתנשי מפום DT 31:21
דלא תתנשי מפום בניהון **ארום** גלי קדמי ית יצרהון בישא DT 31:21
וקרוחין וגביהון חיוורין **ארום** גלי קדמי ית כל אונסא דלבן GN 31:12
בזכותיה כל עממי ארעא: **ארום** גלי קדמיי חסידותיה בגין GN 18:19
מן קדם משעבדהון **ארום** גלי קדמיי ית כיביהון: EX 3:7
ויהי תמן בכון לסהיד: **ארום** גלי קדמיי ית סורהבנותכון DT 31:27
לא לעבדין ולא לאמהן: **ארום** גמרא תגמרינון חיתאי DT 20:17
אחתן לגבר דלא עורלתא **ארום** גנותא היא לנא: ברם בדא GN 34:14
אספקלרין ומני זגוגיתא **ארום** גניזיא דתחומיא גליין להון: DT 33:19
בישתא דמתעתדא להון: **ארום** דאין מימרא דייי ברחמוי DT 32:36
ההוא ית עובדא דייי **ארום** דחיל הוא דאנא עביד עימך: EX 34:10
בישתא אלהין טבתא **ארום** דחיל ומיתבר מן קדם ייי אנא: GN 50:19
ואמר אחתי היא **ארום** דחיל למימר לה אינתתי GN 26:7
שרה למימר לא תמהית **ארום** דחילית ואמר מלאכא לא GN 18:15
לכון ית פיתגמא דייי **ארום** דחילתון מן קל פונין דמימרא DT 5:5
ביש ארום כדון גלי קדמי **ארום** דחלא דייי אנת ולא עכיבתא GN 22:12
רבא ודחילא דהכין כתיב **ארום** דחלית מן קדם רוגזא DT 9:19
יהי תוב מן בגלל דתינדע **ארום** דייי היא ארעא: ואנת ועבדך EX 9:29
בני ישראל הוו דכירין **ארום** דיירין הוויתון בארעא EX 22:20
ית אניק נפש גייורא **ארום** דיירין הוויתון בארעא EX 23:9
שני לך לא תעביד ליה **ארום** דיירין הויתון בארעא LV 19:34
ותרחמון ית גייורא **ארום** דיירין הויתון בארעא DT 10:19
מצראה דאתי לאתגיירא **ארום** דיירין הויתון בארעהון: בגין DT 23:8
ארום דילי ארעא **ארום** דיירין ותותבין אתון עימי: LV 25:23
לאברם מינדע תינדע **ארום** דיירין יהון בנך בארעא דלא GN 15:13
לא תיזדבן לחלוטין **ארום** דילי ארעא ארום דיירין LV 25:23
דיובילא הוא ובנוי עימיה: **ארום** דילי הינון בני ישראל LV 25:55
משמשין קדמי ליואי: **ארום** דילי כל בוכרא בארעא NU 3:13
קריבית יתהון קדמי: **ארום** דילי כל בוכרא בבני ישראל NU 8:17
יוסף לאבוי לא כדין אבא **ארום** דין בוכרא שוי יד ימינך על GN 48:18
דחלן דיטיילון קדמנא **ארום** דין משה גברא דאסקנא EX 32:1
דחלן דיטיילון קדמנא **ארום** דין משה גברא דאסקנא EX 32:23
מן קדם עתיר ושולטן **ארום** דינא מן קדם ייי הוא וחמי כל DT 1:17
עמא: והימין עמא ושמעו **ארום** דכיר ייי ית בני ישראל וארום EX 4:31
וית שקא דימינא **ארום** דכר קורבניא הוא: ועגול EX 29:22
דאתרא ההוא דליקתא **ארום** דליקת בהון אישא מצלהבא NU 11:3
ית ארעא דאתון בה **ארום** דם זכאי דלא מתפרע הוא NU 35:33
יתכון שדרני ייי קדמיכון: **ארום** דנן תרתין שנין כפנא בגו GN 45:6
נחמי מה יהוי בסופיהון **ארום** דר דהפכנין אינון בנין דלית DT 32:20
מנהון זרעא על ארעא: **ארום** הא אנא יהיב להון ארכא GN 7:4
דכירין ית ייי אלקכון **ארום** הוא דיהיב לכון מילכא DT 8:18

אבידתא ייומי כד יימר **ארום** הוא דין וכד משתכחא	EX 22:8
אילהין לדעברין עלה **ארום** הוא חייכון ובפיתגמא הדין	DT 32:47
ייעול לתמן יתיה תקיף **ארום** הוא יחסיננה ית ישראל:	DT 1:38
יהושע ותקיפהי ואלימהי **ארום** הוא יעיבר קדם עמא הדין	DT 3:28
בכל מה דמשתכח גביה **ארום** הוא שירוי תוקפיה ליה חזיא	DT 21:17
וכבשינון משה לאנפוי **ארום** הוה דחיל מלימיסתכי בצית	EX 3:6
דעשו: ולא אשתמודעיה **ארום** הוה ידוי כידי עשו אחוי	GN 27:23
ביני כנענאי דעלין למזבון **ארום** הוה כפנא בארעא דכנען:	GN 42:5
משה מן קדם שיחנא **ארום** הוה מחת שיחנא	EX 9:11
רעיתא היא בההוא זימנא **ארום** הוה מחתא דייי בענא דלבן	GN 29:9
ואמרו מחמא חמינא **ארום** הוה מימרא דייי בסעדך	GN 26:28
יוסף בלישן בית קודשא **ארום** הוה מנשה למתורגמן ביניהום:	GN 42:23
אימתיה דיעקב אחוי: **ארום** הוה ניכסיהון סגי מלמיתב	GN 36:7
ארעא למיתב בחדא **ארום** הוה קיניינהון סגי ולא יכילו	GN 13:6
ותרתין בנתיה עימיה **ארום** הווה דחיל למיתב בזוער	GN 19:30
ארעא: וחמא פרעה **ארום** הות רווחתא לעקתיה ויקר	EX 8:11
וסוכלתן עמא רבא הדין: **ארום** הי דא אומא רבא דאית ליה	DT 4:7
תוב ומייתין אנחנא: **ארום** הי דין כל בר בישרא דשמע	DT 5:26
ברתך לא תבזי עריתהן **ארום** הי כעריתך הינין: עירית בת	LV 18:10
אדם שום אינתתיה חוה **ארום** היא הות אימא דכל בני נשא:	GN 3:20
ותעבדון ית אורייתא **ארום** היא חכמתכון וסוכלתנותכון	DT 4:6
שימשא תתביניה ליה: **ארום** היא טלת דמתכסי בה	EX 22:26
וית עלתא באתר קדיש **ארום** היא כחטאתא הכדין אשמא	LV 14:13
וטלייא יסק עם אחוהי: **ארום** היכדין איסק לות אבא	GN 44:34
מימרא דייי ולא תמותון **ארום** היכדין איתפקדית: ועבד	LV 8:35
להון משה לא תתובון **ארום** היכמא דחמיתון ית מצראי	EX 14:13
יפטירינא מיניה בגיטא **ארום** היכמא דיכמון גבר על חבריה	DT 22:26
עם רעייוני ליבכון **ארום** היכמא דמסקר גבר ית בריה	DT 8:5
לות משה ואמרו חבנא **ארום** הירהירנא ואישתעינא ביקר	NU 21:7
בנך היא מקרבניא דייי **ארום** הכדין איתפקדית: וית חדיא	LV 10:13
מכתשא ביומא שביעאה **ארום** הליך פיסיון מכתשא	LV 13:51
אכלין לחמא ושבעין **ארום** הנפקתון יתן למדברא הדין	EX 16:3
למשכחא ברי ואמר **ארום** וזמן ייי אלקך קדמיי: ואמר	GN 27:20
ארעא דמצראי לפרעה **ארום** זבינו מצראי גבר חקליה ארום	GN 47:20
ולא יתקוף בעיניכון **ארום** זבינתון יתי הלכא ארום	GN 45:5
נוכריתא איתחשבנא ליה **ארום** זבננא ואכל אוף מיכל ית	GN 31:15
סדרי קרבא עמהון: **ארום** זקפית בשבועא ית ידיי	DT 32:40
מצרייתא יהודייתא **ארום** זריזן וחכימן בדעתיהן הינין	EX 1:19
ואמר ייי לי קום חות **ארום** חבילו אורחתהון עמא	DT 9:12
ית ארעא והא איתחבלת **ארום** חבילת כל בישרא כל חד וחד	GN 6:12
דמן בתר דאימות **ארום** חבלא תחבלון עובדיכון	DT 31:29
סלקין לאתרא דאמר ייי **ארום** חבנא: ואמר משה מה דין	NU 14:40
בעננא ובתורנא ניזיל **ארום** חגא קדם ייי לנא: ואמר להון	EX 10:9
דמלילתא עם עבדך **ארום** חגר פום וקשי ממלל אנא:	EX 4:10
תכתוב על חוטרא דלוי **ארום** חוטרא חד לריש בית	NU 17:18
פתח מיכאל פמיה ואומר **ארום** חולק טב דשום מימרא דייי	DT 32:9
מן דין קטול וברם **ארום** חולקא אמר למתיהבא להום	GN 47:22
דכי אנת ובנך עימך **ארום** חולקך וחולק בנך איתיהיבו	LV 10:14
ותיכלון יתה באתר קדיש **ארום** חולקך וחולק בנך היא	LV 10:13
ולא יתן עלה לבונתא **ארום** חטאתא היא: וייתיניה לות	LV 5:11
קרבן אלקכון מכל איליין **ארום** חיבולהון בהון מומא בהון	LV 22:25
נביא תוב בישראל כמשה **ארום** חכים יתיה מימרא דייי ממלל	DT 34:10
בהון ית שמיא וית ארעא: **ארום** חכימית דמן בתר דאימות	DT 31:29
למיסוק לטוורא דגלעד **ארום** חמא ברוח קודשא דתמן	GN 31:21
להון גבר או איתתא **ארום** חמיין סטיתא בקילקולה	NU 6:2
עשו מן ברא והוא משלהי **ארום** חמש עבירן עבר בההוא יומא	GN 25:29
תמן דעל שבילא דתמנת **ארום** חמת ארום רבא שלה והיא	GN 38:14
תבזי ית עריתיה גניי הוא **ארום** חסדא עבדית עם קדמאי מן	LV 20:17
בגלל דתיהווי לי לסהדו **ארום** חפירית ית בירא הדא: בגין	GN 21:30
בחשבון ובכל כפרנהא: **ארום** חשבון קרתא דסיחון מלכא	NU 21:26
דחיל למימר לה אינתתי **ארום** חשיב בליביה דילמא	GN 26:7
מותא ודחילת וידעת **ארום** טב אילנא למיכל וארום אסו	GN 3:6
דלא דכיין וחמא אלקים **ארום** טב: ואמר אלקים למלאכייא	GN 1:25
קרא יממי וחמא אלקים **ארום** טב: ואמר אלקים תרבי ארעא	GN 1:10
וחמא אלקים ית נהורא **ארום** טב ואפרש אלקים בין נהורא	GN 1:4
פירי ליזניה וחמא אלקים **ארום** טב: והוה רמש והוה צפר יום	GN 1:12
ליליא וחמא אלקים **ארום** טב: והוה רמש והוה צפר יום	GN 1:18
דלא דכיין וחמי אלקים **ארום** טב:: והוה רמש והוה צפר יום	GN 1:21
נייחא דעלמא דאתי **ארום** טב וחולקא דארעא דישראל	GN 49:15
ריחמך וית אינש ביתך **ארום** טב ליה דמיתהני עימך: ותיסב	DT 15:16
מן יספיננא בישרא **ארום** טב לנא במצרים ויתן ייי לכון	NU 11:18
מיננא וניפלח ית מצראי **ארום** טב לנא דניפלח ית מצראי	EX 14:12
ואמר ליה ריבוני ידע **ארום** טלייא חטיין וענא ותורי	GN 33:13
בית מוקדשא ובת תמן **ארום** טמע שימשא ונסיב ארבעה	GN 28:11
אסירי: וחמא רב נחתומי **ארום** יאות פשר דהוא חמא פושרן	GN 40:16
קדם עד לא יסגון ויהוי **ארום** יארע יתן סדרי קרבא	EX 1:10
ופקיד ית קמא למימר **ארום** יארעינך עשו אחי ויבעי מינך	GN 32:18
וית טפשות ליבא דבניכון **ארום** יבטל יצרא בישא מן עלמא	DT 30:6
באתרא דיתרעי ייי **ארום** יבריככון ייי אלקכון בכל	DT 16:15
לאשראה שכינתיה תמן **ארום** יברכינך ייי אלקך: ותחליל	DT 14:24
ולא תעצרון למכנוש **ארום** יגמריניה זחלא: זתין יהון לכון	DT 28:39
ומושכא יהי דיליה: **ארום** יגנב גבר תור או אימר	EX 21:37
עלוי יהי מסאב: ואינתתא **ארום** ידוב דוב אדמא יומין תלתא	LV 15:25
ואתיריכיניה מן ארעא **ארום** ידעית ית די תברך מברך ודי	NU 22:6
גבר בר תליסר שנין **ארום** ידר נדרא קדם ייי או יקיים	NU 30:3
תפלח ית טעוותהון **ארום** יהון לך לתוקלא: ולות משה	EX 23:33
הוא: מכתש סגירו **ארום** יהי בבר נש ויתיתי לות כהנא:	LV 13:9
קדמי: וגבר או איתתא **ארום** יהי בהון בידין או זכורו	LV 20:27
מכתשא דכי הוא: ובר נש **ארום** יהי ביה במשכיה שיחנא	LV 13:18
מותביה: ולבושא **ארום** יהי ביה מכתש סגירו בלבוש	LV 13:47
כואה היא: וגבר או איתא **ארום** יהי ביה מכתשא בריש או	LV 13:29
ושדיות אדם זכאי: **ארום** יהי בך גבר דלא יהי דכי	DT 23:11
ייי עם משה למימר: ברנש **ארום** יהי במשך בישריה שומא	LV 13:2
כהנא: וגבר או איתא **ארום** יהי במשך בישריהון בהקי	LV 13:38
וידכיניה כהנא: או בר נש **ארום** יהי במשכיה כואה דנור ותהי	LV 13:24
להון גבר טלי או גבר סיב **ארום** יהי דאיב מבישריה דויה חמא	LV 15:2
ליה חזיא בכירותא: **ארום** יהי לגבר ביר סורהבן ומרוד	DT 21:18
אולפן מן קדם ייי: **ארום** יהי להון דינא אתאן לוותי	EX 18:16
ישראל ממצרים: ואמר **ארום** יהי מימרי בסעדך ודין לך	EX 3:12
גבר טלי או גבר סיב **ארום** יהי מסאב לטמי בר נש דמית	NU 9:10
למעבד ית פיתגמא הדין: **ארום** יהי תיגרא בין תרין גובריא	DT 25:1
ית עינבי שמיטהא: **ארום** יובלא היא קודשא תהי לכון	LV 25:12
פתיכא במשח זיתא **ארום** יומא דין איקר שכינתא דייי	LV 9:4
תעבדון בכרן יומא הדין **ארום** יומא דכיפוריא הוא לכפרא	LV 23:28
אידכי ויתחייב: או בר נש **ארום** יומי לפרשא בשיפוון	LV 5:4
ויתוב לאחסנתיה: וגבר **ארום** יזבון בית מותבא בבירנין	LV 25:29
ולמסכיני ארעכון: **ארום** יזדבן לכון אחוכון בר ישראל	DT 15:12
ולא יהוון מהניין לכון **ארום** יזלון בשיבייותא: כל אילניכון	DT 28:41
בני ישראל למימר בר נש **ארום** יחוב בשלו מכל פיקודיא דייי	LV 4:2
וישתביק ליה: ואין בר נש **ארום** יחוב ויעבד חדא מכל	LV 5:17
וישתביק ליה: ובר נש **ארום** יחוב וישמע קל אומאה	LV 5:1
עם משה למימר: בר נש **ארום** יחוב וישקר שיקרין לשום	LV 5:21
וארום יפתח אינש גוב או **ארום** יחפס אינש גוב בשוקא ולא	EX 21:33
סנאך ואעיק למעיקייך: **ארום** יטייל מלאכי קדמך ויעילינך	EX 23:23
כמתחתן בטעוותהון: **ארום** יטעיין בנתיהון ית בניכון מן	DT 7:4
עבדי בישתא מביניכון: **ארום** יטעינך מילכא בישא אחוך	DT 13:7
לחדא מן איליין: ויהי **ארום** ייחוב בחדא מארבעתי איליין	LV 5:5
מפקיד לכון יומא דין: **ארום** ייי אלקכון בירככון היכמא	DT 15:6
דלא תנוסון להון **ארום** ייי אלקכון בריך יתכון בכל	DT 2:7
וקדלכון לא תקשון תוב: **ארום** ייי אלקכון הוא אלקא דיינא	DT 10:17
מלכא דמצרים: ותנדעון **ארום** ייי אלקכון הוא דיינא תקיפא	DT 7:9
ייי אלקכון דלא למעבד: **ארום** ייי אלקכון מימריה אישא	DT 4:24
קדמוי ולמידחל יתיה: **ארום** ייי אלקכון מעיל יתכון	DT 8:7
גיברא: ותינדעון יומא דין **ארום** ייי אלקכון שכינת יקריה	DT 9:3
ותתוב ותכסי ית רעייך: **ארום** ייי אלקכון שכינתיה מהלכא	DT 23:15
ולא תתירעון מן קדמיהון: **ארום** ייי אלקכון שכינתיה מידברא	DT 20:4
ולא תתרעון מן קדמיהון **ארום** ייי אלקכון שכינתיה מידברא	DT 31:6
ישראל ברמשא ותינדעון **ארום** ייי אפיק יתכון פריקין מן	EX 16:6
אילין מטול למינדע **ארום** ייי הוא אלקא לית תוב בר	DT 4:35
דין ותתיבון על ליבכון **ארום** ייי הוא אלקים דשכינתיה	DT 4:39
פיקודיי ואורייתי: חמון **ארום** ייי יהב לכון ית שבתא בגין כן	EX 16:29
איתא עימנא ונוטיב לך **ארום** ייי מליל לאוטבא לגיוריא על	NU 10:29
למיסגוד לאלק אוחרן **ארום** ייי קנאי ופורען שמיה אלק	EX 34:14
ואמר משה בדא תינדעון **ארום** ייי שדרני למעבד ית כל	NU 16:28
ייכול ביה: וגבר ישראל **ארום** ייכול קודשא בשלו ויוסיף	LV 22:14
הדין יומא דין: ויהי **ארום** יימר לך לא אפוק מן גבך	DT 15:16
לי ולא יקבלון מיני **ארום** יימרון לא איתגלי ייי: ואמר	EX 4:1
ית פולחנא הדא: ויהי **ארום** יימרון לכון בניכון בזימנא	EX 12:26
במשכא דכי הוא: וגבר **ארום** ייתר שיער רישיה קרוח הוא	LV 13:40
זימנא יתחבר עימי בעלי **ארום** ילידית ליה תלתא בנין	GN 29:34
עתידה דתוניק בנין שרה **ארום** ילידת ליה ביר לאישון: ורבא	GN 21:7
יהי מדוריה דבעלי עימי **ארום** ילידת ליה שיתא בנין והכדין	GN 30:20
תמליל למימר גבר **ארום** ימות וביר דכר לית ליה	NU 27:8
דא אחוויית אורייתא גבר **ארום** ימות תחות גננא דפריס כל	NU 19:14
ייי למשה ולאהרן למימר: **ארום** ימלל עמכון פרעה למימר הבו	EX 7:9
ומשח לא תטושון **ארום** ינתרון זיתיכון: בנין ובנן	DT 28:40
דתתעטפון בה בימּמא: **ארום** יסב אינש איתא בתולתא	DT 22:13
תרים על קמתא דחברך: **ארום** יסב גבר איתא ויעול עלה	DT 24:1

יהיב לכון אחסנת: **ארום** יסב גבר איתא חדתא DT 24:5
שפירת חזו אנת: ויהי **ארום** יסתכלון ביך מצראי ויחמון GN 12:12
עממיא דלא ידעתון: ויהי **ארום** יעיל יתכון ייי אלקכון DT 11:29
אלקנא הי כמא דפקדנא: **ארום** יעילינך ייי אלקך לארעה DT 7:1
הוא ירחא דאביבא: ויהי **ארום** יעלינך ייי אלקך לארע EX 13:5
מימינא במיעלך: ויהי **ארום** יעלינך ייי אלקך לארע דקיים DT 6:10
ולא בליליא: ויהי **ארום** יעלינך ייי לארעא דכנענאי EX 13:11
דישנון ית קיימי: ויהי **ארום** יערען יתהון בישן סגיען ועקן DT 31:21
ביה באישא מצלהבא **ארום** יפסוניה אנא ייי מקדישיהון: LV 22:9
קיימין על חד תרין ישלם: **ארום** יפקר גבר חקיל או כרמא EX 22:4
ישראל ותימר להון גבר **ארום** יפריש פירוש דנידרא בעילוי LV 27:2
דאתון שרן על ארעכון: **ארום** יפתי ייי אלקכון ית תחומכון DT 12:20
בגין חובי בני אינשא **ארום** יצרא דליבא דאינשא ביש GN 8:21
דמיה על עלוייה: וגבר **ארום** יקדש ית ביתיה קודשא קדם LV 27:14
עלוי ולא תבצרון מיניה: **ארום** יקום ביניכון נבי שיקרא או DT 13:2
סהדין יתקיים פיתגמא: **ארום** יקומון סהדין שיקרין בבר נש DT 19:16
דמייחד יתקטיל: וגבר **ארום** יקטיל כל נפשתיה דבר נשא LV 24:17
למיטען לכל עמא הדין **ארום** יקיר הוא מיני: ואין כדין אנת NU 11:14
אהרן ובנוי וסביא דעימך **ארום** יקיר מינך פיתגמא לא תיכול EX 18:18
לא ייכול קודשא: וכהנא **ארום** יקני בר נש נוכראה קניין LV 22:11
בכל קודשיא ויתחייב: או **ארום** יקרב בסואבות אינשא לכל LV 5:3
לא לרעוא יהי לכון: וגבר **ארום** יקרב ניכסת קודשיא קדם ייי LV 22:21
ברעוא קדם ייי: ובר נש **ארום** יקרב קרבן מנחתא קדם ייי LV 2:1
וכל דילהון אייתיו: ויהי **ארום** יקרי לכון פרעה ויימר תנון לי GN 46:33
נשא ההוא מעמיה: ובר נש **ארום** יקריב בכל מסאב בסואבות LV 7:21
לחקלא וזעיר תכנשון **ארום** יקרסם יתיה גובאי: כרמין DT 28:38
עד כמיסת פרסת ריגלא **ארום** ירותא לעשו יהבית ית טוורא DT 2:5
תבע אדמא בתר קטולא **ארום** ירתח עלוי ליביה בעקתיה DT 19:6
תיפרוק בכספא: ויהי **ארום** ישיילינך ברך מחר למימר מה EX 13:14
קדמך היכמא דמליל ייי: **ארום** ישיילנך ברך מחר למימר מה DT 6:20
דכשר קדם ייי אלקכון: **ארום** ישיצי ייי אלקכון ית עממיא DT 12:29
לא תידחלון מיניה: **ארום** ישיצי ייי אלקכון ית עממיא DT 19:1
וכיתן לא יסוק עלך: וגבר **ארום** ישכוב עם איתא תשמיש LV 19:20
ולא אזדמן פריק לה: **ארום** ישכח גבר עולימתא בתולתא DT 22:28
עם משה למימר: בר נש **ארום** ישקר שקר ויחוב בשלו LV 5:15
קדם ייי אלקכון הוא: **ארום** ישתכח ביניכון בחדא מן DT 17:2
למיפק מנהון הוא מחבל: **ארום** ישתכח בר נש גניב נפש DT 24:7
קרבא עד דתיכבשונה: **ארום** ישתכח קטילא בארעא דלא DT 21:1
דילמא יהי לתקלא בינך: **ארום** ית איגוריהון תתרעון וית EX 34:13
ביר סניתא דהוא בוכרא: **ארום** ית בוכרא ביר סניתא יהודע DT 21:17
תהי שקא דימינא לחולק: **ארום** ית חדיא דארמותא וית שקא LV 7:34
ולמדינחא ולמערבא: **ארום** ית כל ארעא דאנת חמי לך GN 13:15
ומסהיד ית מומתא הדא: **ארום** ית כל דרייא דקמון מן יומת DT 29:14
דאנא מגלי מן קדמיכון **ארום** ית כל מרחקייא האילין עבדו LV 20:23
לא יחסנון אחסנא: **ארום** ית מעשרא דבני ישראל NU 18:24
בר נשא ההוא מיגו קהלא **ארום** ית מקדשא דייי סאיב מי NU 19:20
ודייכליניה חוביה יקבל **ארום** ית קודשא דייי אפיס LV 19:8
ותקדישיניה לכהנא **ארום** ית קרבן אלקך הוא מקריב LV 21:8
יפסון ית שמא דאלההון **ארום** ית קרבניא דייי תיקרובתא LV 21:6
אמך ואחת אבך לא תבזי **ארום** ית קריביה בישריה בזי LV 20:19
בלחודיהון: ואמר **ארום** ית שבע חורפן תקבל מן ידי GN 21:30
וגיוריא דיתגיירון ביניכון: **ארום** ית תועיבתא האיליין עבדו LV 18:27
גובריא ופלחו קדם ייי **ארום** יתה אתון בעאן ותריך יתהון EX 10:11
הוא סגירותא הוא: או **ארום** יתוב בישרא חייא ויתהפיך LV 13:16
ובפירי ארעכון לטבא **ארום** יתוב מימרא דייי למיחדי DT 30:9
פרגוד מצוייר: וחמון אחוי **ארום** יתיה רחים אבוהון מכל אחוי GN 37:4
וכל אינש ביתך לתיבותא **ארום** יתך חמית זכאיי קדמי בדרא GN 7:1
על חד תרין לחבריה: **ארום** יתן גבר לחבריה חמר או תור EX 22:9
מאן דאדליק ית דליקתא: **ארום** יתן גבר לחבריה כסף או מנין EX 22:6
דיהון כל עמא דייי נביין **ארום** יתן ייי ית רוח נבותיה עליהון: NU 11:29
נפשא חלף נפשא: וגבר **ארום** יתן מומא בחבריה היכמא LV 24:19
עביד דביש מביניכון: **ארום** יתפרש מנכון פיתגמא לדינא DT 17:8
לא תיקרב ביה ידא **ארום** יתרגמא יתרגם באבנא ברדא EX 19:13
למסוברא ית מעשרא **ארום** יתרחק מנכון אתרא די יתרעי DT 14:24
נפשך תיכול בישרא: **ארום** יתרחק מנכון אתרעא דיתרעי DT 12:21
שמא רווחתא ואמר **ארום** כדון ארווח ייי לנא ויפישיננא GN 26:22
תעביד ליה מידעם ביש **ארום** כדון גלי קדמי ארום דחלא GN 22:12
ארום גלי קדם ייי עולבני **ארום** כדון ירחמנני בעלי והיכמה GN 29:32
בי אילו אית סיפא בידי **ארום** כדון קטלתיך: ואמרת אתנא NU 22:29
ליה יצחק הוה בסעדי **ארום** כדון ריקם שלחתני ית סיגופי GN 31:42
לית דדמי לי בכל ארעא: **ארום** כדון שדרית ית מחת גבורתי EX 9:15
ארום אלולפון שהינא **ארום** כדון תבנא דנן תרתין זימנין: GN 43:10
ניסוך חמר וניסוך מוי **ארום** כדין עתידין בנוי למעבר GN 35:14
דאתבסם ארבעין יומין **ארום** כדין שלמין יומי בסימיא GN 50:3

וחמא ית כל מישר ירדנא **ארום** כולה בית שקייא קדם עד לא GN 13:10
מינכון לא תידחלון מנהון **ארום** כולהון חשיבין כסוסיא חד DT 20:1
תקיף דשלמין עובדוי **ארום** כל אורחתוי דינא אלקא DT 32:4
דייי בפלחי טעוות פעור **ארום** כל בר נש דטעא בתר טעוות DT 4:3
עליכון קדם ייי אלקכון: **ארום** כל בר נש די יכול לציימא ולא LV 23:29
לקרבא קרבן אלקיה: **ארום** כל גבר דביה מומא לא יקרב LV 21:18
יקרא דייי ית כל ארעא: **ארום** כל גובריא די חמון ית יקרי NU 14:22
תבטלון חמיר מבתיכון **ארום** כל דייכול חמיע וישתיצי EX 12:15
ומיכל לא תיכלוניה: **ארום** כל דייכול תריב מן בעירא LV 7:25
פולחנא כדין לייי אלקכון **ארום** כל דמרחק ייי דסני עבדין DT 12:31
ייי לא תתעבד חמיע **ארום** כל חמיר וכל דבש לא LV 2:11
להון סגי לכון רבנותא **ארום** כל כנישתא כולהון קדישין NU 16:3
לא ישתכח בבתיכון **ארום** כל מאן דייכול מחמעא EX 12:19
איתקטלא איתקטל **ארום** כל מאן דיעבד בה עיבידתא EX 31:14
ית עמא דקדמיכון: **ארום** כל מן דיעבד חדא מכל LV 18:29
אוף מיכל ית כספנא: **ארום** כל עותרא דרוקן ייי מן אבונא GN 31:16
לא יסתאב להון במותהון **ארום** כלילא דאלקיה על רישיה: כל NU 6:7
לותיך ארום לא ידע **ארום** כלתיה היא ואמרת מה תתן GN 38:16
באנפוי כנפקת ברא **ארום** כעיסת אפין הות בביתיה GN 38:15
לא סטת מן קדמי **ארום** כען אוף יתך קטילית ויתה NU 22:33
לחוד אילן דתינדעון **ארום** לא אילן עביד פירי מיכל הוא DT 20:20
קטולין לית הינון חייבין **ארום** לא איתחררת כולה: וייתי גבר LV 19:20
אתמניו בגו בני ישראל **ארום** לא איתיהיבת להון אחסנא NU 26:62
לקיבליהון סידרי קרבא **ארום** לא איתן לכון מארעהון DT 2:9
קלילא לותי ואנדע **ארום** לא אלילי אתון אלא מהימהי GN 42:34
חקלא עד כדו לא צמח **ארום** לא אמטר ייי אלקים על GN 2:5
לא תסריב על מילוי **ארום** לא אשבוק חוביכון ארום EX 23:21
ואתיבינך לארעא הדא **ארום** לא אשבקינך עד זמן די GN 28:15
דין גבר כל דכשר בעינוי: **ארום** לא אתיתון עד כדון לבי DT 12:9
דכורא מבר ירחא ולעילא **ארום** לא אתמניו בגו בני ישראל NU 26:62
תתגרי בהון לסדרי קרב **ארום** לא אתן לכון מארע בני עמון DT 2:19
לחדא: לא תיתגרון בהון **ארום** לא אתן לכון מארעתהון עד DT 2:5
ליצחק וליעקב: ותינדעון **ארום** לא בזכותכון ייי אלקכון יהיב DT 9:6
נשי למך אציתן למימרי **ארום** לא גברא קטילית דנתקטלא GN 4:23
אוחרניין: וגלי קדם ייי **ארום** לא הוה לאה רחימתא באנפי GN 29:31
ותב ראובן לגובא **ארום** לא הוה עמהון למסעוד כד GN 37:29
והוות צווחתא רבתא **ארום** לא הוה תמן ביתא דמצראי EX 12:30
ליה זכו לא תקטול **ארום** לא הווינא מזכי ליה אין הוא EX 23:7
דמצרים ופליג ליביה **ארום** לא הימין להום: ומלילו עימיה GN 45:26
יוסף כאורח כל אסיריא **ארום** לא חמי ית כל סורחן בידיה GN 39:23
לחדא לנפשתיכון **ארום** לא חמיתון כל דמו ביומא DT 4:15
דשמשא חרירן פטירן **ארום** לא חמע ארום איתריכו EX 12:39
הבי כדון איעול לותיך **ארום** לא ידע ארום כלתיה היא GN 38:16
אינש לחבריה מאן הוא **ארום** לא ידעון מה הוא ואמר משה EX 16:15
למלאכא דייי חבית **ארום** לא ידעית ארום אנת מעתד NU 22:34
ית זביני אחוי: וגבר **ארום** לא יהי ליה מן דחמי למפרוק LV 25:26
לך למיחמי ית סבר אפיי **ארום** לא יחמינני אינשא ויתקיים: EX 33:20
יתכנש אהרן לעמיה **ארום** לא ייעול לארעא דיהבית NU 20:24
ולא אשכחו צלילן **ארום** לא יכילו למשתי מן מוי EX 7:24
בה: אוחי אישתיזב לתמן **ארום** לא יכילנא למיעבד מידעה GN 19:22
מלמילד: וחמת רחל **ארום** לא ילידת ליעקב וקניאת GN 30:1
אלקנא: ואנא קדמיי גלי **ארום** לא ישבוק יתכון מלכא EX 3:19
תיכלון ויתיה לא תקוצון **ארום** לא כבר נש אילן דאנפי ברא DT 20:19
ואמרן חייתא לפרעה **ארום** לא כנשייא מצרייתא EX 1:19
דאכלין עימיה בלחודיהון **ארום** לא כשרין מצראי למיכול עם GN 43:32
מסרינון ויייי אשלימינון: **ארום** לא כתקיפהון דישראל DT 32:31
דביה מומא לא תקרבון **ארום** לא לרעוא יהי לכון: וגבר ארום LV 22:20
דייי אלקכון על מגן **ארום** לא מזכי ייי ביום דינא רבא ית EX 20:7
דייי אלקכון על מגן **ארום** לא מזכי ייי ביום דינא רבא ית DT 5:11
תיבנא מן אתר דתשכחון **ארום** לא מיתמנע מפולחנכון EX 5:11
ית כל עובדיא האילין **ארום** לא מן רעות ליבי: אין NU 16:28
בני ישראל גבר אחסנתיה: **ארום** לא נחסין עימהון מעיברא NU 32:19
להום יוסף לא תידחלון **ארום** לא ניגמול לכון בישתא GN 50:19
לא אית חובת דין דקטול **ארום** לא סני הוא ליה מאתמלי DT 19:6
מן בגלל להודעותך **ארום** לא על לחמא בלחודוי חיי בר DT 8:3
שמא דאחוך: וידע אונן **ארום** לא על שמיה איקרון בנין GN 38:9
יומיא: ותינדעון יומא דין **ארום** לא עם בניכון דלא ידעון ולא DT 11:2
וגבורתא דידיה הוא: **ארום** לא קאים נטורי נחשין בדבית NU 23:23
עד דתישתיצון **ארום** לא קבילתון למימרא דייי DT 28:45
הי ככוכבי שמיא לסוגי **ארום** לא קבילתון למימרא דייי DT 28:62
מילייא וידע אברהם **ארום** לא קריב אבימלך לגבי שרה GN 20:16
יתובון הכא למירתא **ארום** לא שלום חובא דאמוראה עד GN 15:16
לאברהם ליצחק וליעקב **ארום** לא שלימו בתר דחלתי: אילהן NU 32:11
וארום יסגי מינכון אורחא **ארום** לא תיכול למסוברא ית DT 14:24

ולמדינחא וחמי בעינך **ארום** לא תעיבר ית יורדנא הדין: DT 3:27
אברם ויהי שמך אברהם **ארום** לאב סגי סוגעי עממין מניתך: GN 17:5
מן קדם פרעה וריחקה **ארום** לאיתא אסבוהי ית מלכתא NU 12:1
ובכא: ותני יעקב לרחל **ארום** לאיתותבא עם אבוהא אתא GN 29:12
לכון מארעהון ירותא **ארום** לבנוי דלוט יהבית ית לחיית DT 2:9
מארע בני עמון ירותא **ארום** לבנוי דלוט מטול זכותיה DT 2:19
ממלכותא דעוג במתנן: **ארום** לחוד עוג מלכא דמתנן DT 3:11
ית אמתא הדא וית ברא **ארום** לית אוושר למירות בר אמתא GN 21:10
לצרוך תלת מיליא **ארום** לית אוושר למלאכא GN 18:2
לארע עבדא חלב ודבש **ארום** לית איפשר דאיסלק שכינת EX 33:3
לא יתקוף בעיני ריבוני **ארום** לית איפשר למיקום מן קמך GN 31:35
זעירא עימנא וניחות **ארום** לית אפשר לנא למיחמי סבר GN 44:26
בארעא אתינא **ארום** לית אתר בית רעיא לענא GN 47:4
דבני נשא בגין דתינדע **ארום** לית דדמי לי בכל ארעא: ארום EX 9:14
כפתגמך מן בגלל דתינדע **ארום** לית כייי אלקנא: ויעדון EX 8:6
ממצרים לממת במדברא **ארום** לית לחמא ולית מיא ונפשנא NU 21:5
שום אבונא מיגו גניסתיה **ארום** לית ליה ביר דכר אין לית אנן NU 27:4
וליואה דבקירויכון **ארום** לית ליה חולק ואחסנא DT 12:12
לא תשבקוניה **ארום** לית ליה חולק ואחסנא DT 14:27
בקירויכון: וייתי ליואה **ארום** לית ליה חולק ואחסנא DT 14:29
וית אשיריהון תקצצון: **ארום** לית לכון רשו למיסגוד לאלק EX 34:14
ליה אפין למרחמא עלוי **ארום** לית מיסב אפין בדינא: אין EX 23:3
כל פיתגמי אורייתא הדא: **ארום** לית פיתגם ריקם באורייתא DT 32:47
מואב איזילו לארעכון **ארום** לית רעוא קדם ייי למשבקי NU 22:13
תצלח לכון: לא תיסקון **ארום** לית שכינתא דייי שריא NU 14:42
ולא תסדרון סידרי קרב **ארום** לית שכינתי מהלכא ביניכון DT 1:42
חזקתא לארכא ולפתיא **ארום** לך איתנינה: ופרס אברם GN 13:17
מימרי בסעדך ואבריכינך **ארום** לך ולבנך אתן ית כל ארעתא GN 26:3
יתבי ארעא ותיתבון בה **ארום** לכון יהבית ית ארעא למירות NU 33:53
מה חובתי ומה סורחני **ארום** למיתי בתריי: ארום פשפשתא GN 31:36
דיפסקת עם אברהם **ארום** לעם סגי אישוינך תמן: אנא GN 46:3
ואתקיפי ית אידיך ביה **ארום** לעם רב אשויניה: וגלי ייי ית GN 21:18
דמתגיירין ביניהון **ארום** לעמא אירע בשלותא: ואין בר NU 15:26
ארום זבינתון יתי הלכא **ארום** לקיימא יתכון שדרני ייי GN 45:5
וכונתיא לא לקון **ארום** לקישן הינין: ונפק משה מלות EX 9:32
ולא תפלח ית טעוותהון **ארום** לתוקלא הינון לך: דילמא DT 7:16
יתכון וית טפלכון חמון **ארום** לתקלא בישא היא לכון EX 10:10
בר וקרת שמיה מואב **ארום** מאבוהא איתעברת הוא GN 19:37
לדא חמי למיקרי איתא **ארום** מגבר איתניסיבת דא: בגין כן GN 2:23
ריבוני ארעא בדא אנדע **ארום** מהימני אתון אחוכון חד GN 42:33
בר נשא ההוא מישראל **ארום** מוי אדיותא לא אזדריקו עלוי NU 19:13
לתיבותא ואודעת **ארום** מוי על אנפי כל ארעא GN 8:9
יעול ולמדבחא לא יקרב **ארום** מומא ביה ולא יפיס ית LV 21:23
כדין ייכול מן קודשיא **ארום** מזוניה הוא: נבילא וקטולא LV 22:7
ואישצי יתיה מגו עמיה **ארום** מזרעיה יהב לפולחנא נוכראה LV 20:3
קומו פוקו מן אתרא הדין **ארום** מחבל ייי ית קרתא והוה GN 19:14
ובנתך הנפק מן אתרא: **ארום** מחבלין אנחנא ית אתרא GN 19:13
לבלעם מה עבדית לך **ארום** מחיתני דנן תלת זימנין: ואמר NU 22:28
ובכל אושטות ידיכון: **ארום** מטול דלא נייחין בית ישראל DT 15:11
ליבכון במיתנכון ליה **ארום** מטול פיתגמא הדין יברככון DT 15:10
דעבדתון הלא ידעתון **ארום** מטיירא יטייר גבר דכוותי: GN 44:15
מעיברא ליורדנא ולהלא **ארום** מטת אחסנתנא לנא מעיברא NU 32:19
דכר: והוה במיפק נפשא **ארום** מטת עלה מותא וקרת שמיה GN 35:18
ית שמיא וית ארעא **ארום** מיבד תיבדון בסרהוביא DT 4:26
אסהדית עליכון יומא דין **ארום** מיבד תיבדון: הי כעמיא דייי DT 8:19
תניתי לכון יומנא **ארום** מיבד תיבדון ולא תיגדון DT 30:18
מן בית אסירי הדין: **ארום** מיגנב איתגניבית מן ארעא GN 40:15
ואמרת לותי תיעול **ארום** מיגר אגרתך ביברוחי דברי מן GN 30:16
ולחינתוי ואיתרווחו: **ארום** מיחד אחד מימרא דייי באנפי GN 20:18
ית אבוי: וחמון אחי יוסף **ארום** מיית אבוהון ולא הוה GN 50:15
מיסק ניסק ונירת יתה **ארום** מיכל ניכול לה: וגובריא NU 13:30
ומשיח באורייתא: **ארום** מילין תקיפין הי כאישא NU 21:28
במשמעיה דיהושע **ארום** מימחא אמחי ית דוכרן EX 17:14
מצראי: וחמא ריבוניה **ארום** מימר דייי הוה בסעדיה וכל GN 39:3
לתמן: לא תידחלון מנהון **ארום** מימרא דייי אלקכון מגיח DT 3:22
ליה רשו לאבאשא לי **ארום** מימרא דייי בסעדי וכדי ידעת GN 29:12
מן עמא בני ישראל **ארום** מימרא דייי הוא דמגיח להון EX 14:25
מנהון פרסתא חדא **ארום** מינהון ניסב למפלח קדם ייי EX 10:26
תיתמנע מלמיתי לותי: **ארום** מיקרא איקרינך לחדא וכל NU 22:17
ייי: ורחים יצחק ית עשו **ארום** מלי רמייותא בפומיה ורבקה GN 25:28
ההוא יתקטל בסייפא **ארום** מליל סטיא על ייי אלקכון DT 13:6
אחוך לוואי גלי קדמי **ארום** מללא ימליל הוא ואוף הא EX 4:14
יומא הדין חמינא **ארום** ממליל ייי עם בר נש דרוח DT 5:24
ועינוותנין מכל עממיא: **ארום** מן בגלל דרחים ייי יתכון ומן DT 7:8

ותתרמון קטילין בחרבא **ארום** מן בגלל דתבתון מן בתר NU 14:43
משה לעמא לא תידחלון **ארום** מן בגלל לנסייוכתן איתגלי EX 20:20
עדרין דעאן רביעין עלה **ארום** מן בירא ההיא משקן עדריא GN 29:2
לגבר די יפשר יתיה **ארום** מן קדם ייי איסתקף מן בגלל GN 41:8
לאיקוניה ולדמותיה **ארום** מן קדמת דנא אולידת חוה GN 5:3
ישראל אתון חמיתון **ארום** מן שמיא מלילית עימכון: עמי EX 20:22
ולא יתקוף רוגזך בעבדך **ארום** מן שעתא דאתינן לותך הות GN 44:18
ולא יתן עלה לבונתא **ארום** מנחת קנאתא היא מנחת NU 5:15
שניא תזעיר זבינוי **ארום** מניין כנישות עללתא הוא LV 25:16
או מן חלים חילמא ההוא **ארום** מנסי ייי אלקכון יתכון DT 13:4
רישא דמנשה פרג ית ידוי **ארום** מנשה בוכרא: ובריך ית יוסף GN 48:14
כהנא לא יסגירניה **ארום** מסאב הוא: ואין מסגיא תיסגי LV 13:11
הוא לכון: וית ארנבא **ארום** מסיק פישרא הוא ופרסתא LV 11:6
ברם ית גמלא **ארום** מסיק פישרא הוא ופרסתיה LV 11:4
הוא לכון: וית טווזא **ארום** מסיק פישרא הוא ופרסתיה LV 11:5
וית ארנבא וית טפזא **ארום** מסקי פישרא הינון ופרסתהון DT 14:7
מן יד אחי רבא מן יד עשו **ארום** מסתפי אנא מיניה דהוא עסק GN 32:12
עלוי מן דפרזלא **ארום** מפירוי תיכלון ויתיה לא DT 20:19
כעובדיהון בישיא **ארום** מפכרא תפכר בית סגודהון EX 23:24
ותרים יתהון ארמא: **ארום** מפרשא מפרשין הינון קדמי NU 8:16
יתי במצע בני ישראל: **ארום** מקבל תחמי ית ארעא ותמן DT 32:52
ניבלת גושמיה על קיסא **ארום** מקבר תקברוניה ביומא ההוא DT 21:23
ולא תכסון בטומרא עלוי: **ארום** מקטל תקטליניה ידיכון DT 13:10
כל דכן לשאר קורבניא **ארום** מרחק קדם ייי אלקכון אוף DT 23:19
דילמא תיתקלון בהון **ארום** מרחק קדם ייי אלקכון הוא: DT 7:25
מידעם ביש דגזיל ואניס **ארום** מרחק קדם ייי אלקכון הוא: DT 17:1
לאיתחמאה היך נשא **ארום** מרחק קדם ייי אלקכון הוא: DT 22:5
דייי אלקכון יהיב לכון: **ארום** מרחק קדם ייי אלקכון כל DT 25:16
ידוע ותבע מן מיתיא: **ארום** מרחק קדם ייי כל עביד אילין DT 18:12
מן בתר דאסתאבת **ארום** מרחקא היא קדם ייי ולא DT 24:4
דתיתיבון בארעא דגשן **ארום** מרחקין מצראי כל רעי ענא: GN 46:34
יכילו למישתי מוי ממרה **ארום** מרירין הינון בגין כן קרא EX 15:23
דינא דמתקשי להון **ארום** משה דהוה רבהון דישראל NU 9:8
דינא דמתקשי להון **ארום** משה דהוה רבהון דישראל NU 15:34
דינא דמתקשי להון **ארום** משה דהוה רבהון דישראל NU 27:5
שמא קדישא בגידופין **ארום** משה דהוה רבהון דישראל לא DT 32:3
דינא דמתקשי להון **ארום** משה רבהון דישראל צרך LV 24:12
בגו ארעא: וחמא יוסף **ארום** משוי אבוה ית יד ימיניה על GN 48:17
ית מקדשא דאלקיה **ארום** משח רבות אלקיה עלוי אנא LV 21:12
תיפקון דילמא תמותון **ארום** משח רבותא דייי עליכון LV 10:7
מן תבשילא סמוקא הדין **ארום** משלהי אנא בגין כן קרא GN 25:30
כוותכון: ותהוון דכירין **ארום** משעבדין הוויתון בארעא DT 5:15
תיתנון ליה: ותהוון דכירין **ארום** משעבדין הויתון בארעא DT 15:15
לה: ותהוון דכירין **ארום** משעבדין הויתון בארעא DT 24:18
יהי:: ותהוון דכירין **ארום** משעבדין הויתון בארעא DT 24:22
תמן: ותהוון דכירין **ארום** משעבדין הויתון במצרים DT 16:12
לא תורכון יומין עלה **ארום** משתיציא תישתיצון: ויבדר DT 4:26
לשלמותיה תלת חגין **ארום** מתבע יתבעיניה ייי אלקכון DT 23:22
בישראל שליף סנדלא: **ארום** מתגריין בני נשא כחדא גבר DT 25:11
ביש: וכדון מיזל אזילתיה **ארום** מתחמדא חמידתא לבייתיה GN 31:30
לקטלותנא במדברא **ארום** מתרברבת עלנא אוף NU 16:13
דייי ואהרן מה הוא **ארום** מתרעמין אתון עלי: ושדר NU 16:11
וכדון אתיב איתת גבר **ארום** נביא הוא ויצלי עלך ותיחי GN 20:7
ויתכפר לכון קדם ייי **ארום** נגעתון גבר בבריה ובאחוי EX 32:29
ואישתני ומלך בערד **ארום** נח נפשיה דאהרן ואסתלק NU 21:1
אמר יסתכי ייי בנא ובנך **ארום** ניטמר גבר מן חבריה: אין GN 31:49
נטיר לנא לעלמא דאתי **ארום** נינטר למיעבד ית כל קיימייא DT 6:25
מה הניית ממון יהי לן **ארום** ניקטול ית אחונא ונכסי על GN 37:26
כנישתא וכפר אמטולהון **ארום** נפק מחבלא דאתכלי בחורב NU 17:11
אסר חתנין וכלין בחרשין **ארום** נפשא דעתיד למיפק מנהון DT 24:6
הדא לאינתו: ויעקב שמע **ארום** סאיב ית דינה ברתיה ובנוי GN 34:5
מן קדם עמא לחדא **ארום** סגי הוא ואתיעקו מואבאי NU 22:3
אינשי שמהן: וחמא ייי **ארום** סגיאת בישת אינשא בארעא GN 6:5
פיתא לעניא ייקד בנורא **ארום** סגיאת וחובתהון ארום GN 18:20
אנחנא ית אתרא הדין **ארום** סגיאת קבילהון קדם ייי GN 19:13
הינון לכון: וית חזירא **ארום** סדיק פרסתא הוא ולית DT 14:8
הוא לכון: וית חזירא **ארום** סדיק פרסתא הוא ומטלף LV 11:7
בדוקיא האילין: ואנת **ארום** סטית בר מן רשותא דבעליך NU 5:20
עימיה: ואמר שדרני **ארום** סלק עמוד קריצתא ומטא GN 32:27
נון אתמלי רוח חכמתא **ארום** סמך משה ית ידוי עלוי DT 34:9
וכתנא וסרתא לקון **ארום** סרתא הוות בסירא וכיתנא EX 9:31
כל יומא: ותב ייי במימריה **ארום** עבד ית אינשא בארעא GN 6:6
ולאחסנת אבהתוי יתוב: **ארום** עבדי הינון דהנפיקית יתהון LV 25:42
סיבתי בדווי לבי קבורתא::: **ארום** עבדך מערב בטלייא מן אבא GN 44:32

לדינא ואמר לחיויא **ארום** עבדת דא ליט את מכל GN 3:14
לאברהם מה חמיתא **ארום** עבדת ית פיתגמא הדין: ואמר GN 20:10
קרתא באבניא ותמות **ארום** עבדת קלנא בישראל למפקא DT 22:21
לעבדך ליצחק ובה אינדע **ארום** עבדתא טיבו עם ריבוני: והוה GN 24:14
ארום תבית במימרי **ארום** עבדתינון: ונח דהוה צדיקא GN 6:7
למשכוב בעיטפך וחמת **ארום** עברת ויתבזי איקרי באנפהא GN 16:5
ושדר בוכרי בני ישראל **ארום** עד ההיא שעתא הוות EX 24:5
בתר דחמית סבר אפך **ארום** עד כדון אנת קיים: ואמר יוסף GN 46:30
וכל דילך: ואיזון יתך תמן **ארום** עד כדון חמש שנין כפנא GN 45:11
כן אצנעוהי בבית אסירי **ארום** עד כדון לא איתפרש הדין NU 15:34
ואנת ועבדך חכימית **ארום** עד לא תפטרון עמא תהון EX 9:30
לות הגר ועדיאת וחמת **ארום** עדיעת וזללת איקר ריבונתא GN 16:4
דבבינן סהדינן ודיינן: **ארום** עובדיהון דעמא האילין דמיין DT 32:32
ית מדינאי ותקטול יתהון: **ארום** עייקין הינון לכון בעיטת NU 25:18
ואתקן תבשילא באפיהון **ארום** עימי ייכלון גובריא באנטון GN 43:16
העד כדון לא חכימית **ארום** על ידוי עתידה למובדא EX 10:7
בלחודוי חיי בר נשא **ארום** על כל מה דאתברי על מימרא DT 8:3
לך ית פיתגמיא האיליין **ארום** על מימר פיתגמיא האילין EX 34:27
יקרבון קורבנין דקשוט **ארום** על ספר ימא רבא שרן DT 33:19
בר נשא ההוא מגו עמיה: **ארום** על פיתגמא קדמאה דפקיד NU 15:31
למעהן ולא אישתמודע **ארום** עלו למעהן ומחמהן ביש הי GN 41:21
היא והויא לעלמא עלמין: **ארום** עלו סוסוות פרעה ברתיכוי EX 15:19
יומא דין קדם ייי אלקך **ארום** עלינן לארעא דקיים ייי DT 26:3
בכל ארעא: וחמא יעקב **ארום** עללייא זבנין ומייתן עיבורא GN 42:1
אפיכון על נפש דמית: **ארום** עם קדיש אתון קדם ייי DT 14:2
או תזבנון לבר עממין **ארום** עם קדיש אתון קדם ייי DT 14:21
שרי במדור משריתיכון **ארום** עם קשי קדל אנת דילמא EX 33:3
משבחא הדא למירתה **ארום** עם קשי קדל אתון: הוו דכירין DT 9:6
שכינת יקרך ייי בינגא **ארום** עם קשי קדל הוא ותשבוק EX 34:9
מואבאי לסבי מדינאי **ארום** עמא חד ומלכו חד הוון עד NU 22:4
טעוותהון תוקדון בנורא: **ארום** עמא קדישא אתון קדם ייי DT 7:6
רחמין קדמך וגלי קדמך **ארום** עמך עמא הדין: ואמר אמתן EX 33:13
קדם בעלי דבביכון: **ארום** עמלקאי וכנענעאי תמן זמינין NU 14:43
בדחלתא דייי אלקכון: **ארום** עממיא האילין דאתון עתידין DT 18:14
עד יום איסתלקותיה: **ארום** ענן יקרא דייי הוה מטלל על EX 40:38
לעפרא דמינא איתבראת **ארום** עפרא אנת ולעפרא תתוב ומן GN 3:19
ממה דגזר על אינתתיה **ארום** עקרא הוות גביה עשרין GN 25:21
כיסופא: ואמר מאן חוי לך **ארום** ערטילאי אנת דילמא מן פירי GN 3:11
עיני תרויהון וידעו **ארום** ערטילאין אינון דאיתערטלו GN 3:7
בגינוניתא ודחילת **ארום** ערטיליי אנא דמצותא GN 3:10
דאזלו עם ישראל **ארום** עריק עמא ואיתהפיך לבא EX 14:5
ביומא תליתאה וידע **ארום** ערק יעקב דבזכותיה הווה GN 31:22
פרעה יהי לחוי חורמן **ארום** עתידין כל דיירי ארעא EX 7:9
קהת לא יהב עגלן ותורין **ארום** פולחן קודשא רמיא עליהון NU 7:9
חמיין ועיני אחי בנימין **ארום** פומי בלישן בית קודשא GN 45:12
ואמרו מה דא עבדנא **ארום** פטרנא ית ישראל מפולחננא:: EX 14:5
עמא ארום פריעין הינון **ארום** פריעו על ידוי דאהרן ית EX 32:25
הדין: וחמא משה ית עמא **ארום** פריעין הינון ארום פריעו על EX 32:25
ארום למיתי בתריי: **ארום** פשפשתא ית כל מנאיי מה GN 31:37
רבייא למעבד פיתגמא **ארום** צבי בברת יעקב והוא יקיר GN 34:19
כואה היא וידכיניה כהנא **ארום** צולקת כואה היא: וגבר או LV 13:28
ימשכן גבר ריחיא וריכבא **ארום** צורכי דבהון מתעבד מזון DT 24:6
דצלא דיהי ביה מכתשא **ארום** צורעא מחלטא מכתשא LV 13:52
שיבטין ופלגות שיבטא: **ארום** קבילו שיבטא דבני ראובן NU 34:14
ולמיחטי: ולאדם אמר **ארום** קבילת למימר אינתתך GN 3:17
לאלקה ותהוון קדישין **ארום** קדיש אנא: דא היא גזירת LV 11:45
ותהוון קדישין **ארום** קדיש אנא ולא תסאבון ית LV 11:44
ותימר להון קדישין תהון **ארום** קדיש אנא ייי אלקכון: גבר מן LV 19:2
ותהוון קדמיי קדישין **ארום** קדיש אנא ייי דבחרית בכון LV 20:26
יהי לך ולא תפסיניה **ארום** קדיש אנא ייי מקדישכון: LV 21:8
בין מן יבמה לא יסבון **ארום** קדיש הוא קדם אלקיה: LV 21:7
מעל פתורא באתר קדיש **ארום** קודש קודשין הוא ליה LV 24:9
פטיר בסטר מדבחא **ארום** קודש קודשין היא: ותיכלון LV 10:12
בנורא לא יתאכל **ארום** קודשא הוא: ותעביד לאהרן EX 29:34
ותינטרון ית שבתא **ארום** קודשא היא לכון כל דיפסינה EX 31:14
קדמי וחילוני לא ייכול **ארום** קודשא הינון: ואין ישתייר EX 29:33
ית חטאתא באתר קדיש **ארום** קודשין היא ויתה יהב לכון LV 10:17
בר נשא ההוא מעמיה **ארום** קורבנא דייי לא קריב בזימניה NU 9:13
עמא טפשא נרגוז יתהון: **ארום** קידום תקיף כאישא נפק מן DT 32:22
ואשצי יתיה מגו עמיה: **ארום** קיום נפש כל בישרא באדמא LV 17:11
ניכסתיה יכסיניה בעפרא: **ארום** קיום נפש כל בישרא אדמיה LV 17:14
כל בישרא לא תיכלון **ארום** קיום נפש כל בישרא אדמיה LV 17:14
אתרא בגיני הוא: ואמר **ארום** קיים מימרא דייי בכורסיה EX 17:16
תקברוניה ביומא ההוא **ארום** קילותא קדם אילקא למצלוב DT 21:23

דבגיניה יהובדון זרעי: **ארום** קין דהב ותב בתיובא עד GN 4:24
דהוה בעירך נטיר עימי: **ארום** קליל דהוה לך עאן קדמי GN 30:30
ותקיף להום לחדא **ארום** קלנא עבד שכם בישראל GN 34:7
שמיה נפתלי: וחמת לאה **ארום** קמת מלמילד ושחררת ית GN 30:9
ולא מן אחוי בר ישראל **ארום** קרא בית דינא שמיטתא קדם DT 15:2
ייי אורח ארע פלישתאי **ארום** קריב הוא ארום אמר ייי EX 13:17
וישמע יתה לן ונעבדינה: **ארום** קריב לכון פיתגמא בבית DT 30:14
דתמוט ריגליהון לגלותא **ארום** קריב למיתי יום תברהון DT 32:35
וחיותא עד יומא הדין **ארום** קריב מלאכא ואחד בפתי GN 32:33
טסין חפיי למדבחא **ארום** קריבינון קדם ייי ואתקדשו NU 17:3
אחת אמך לא תבזי **ארום** קריבת בשר אימך היא: עירית LV 18:13
וחימתהון על יוסף **ארום** קשיא אמר יעקב אין שריין GN 49:7
דתמנת ארום חמת **ארום** רבא שלה והיא לא איתיהבת GN 38:14
וסב לך ולא ידע יעקב **ארום** רחל גנבתנון: ועל לבן GN 31:32
ית לווטין לבירכן **ארום** רחמינכון ייי אלקכון: לא DT 23:6
עלך ברי: ואוחי יוסף **ארום** רחשו רחמוי על אחוי ובעא GN 43:30
יימר לך לא אפוק מן גבך **ארום** ריחמך וית אינש ביתך ארום DT 15:16
אתת עם ענא דלאבוהא **ארום** רעיתא היא בההוא זימנא GN 29:9
לאה תושבחא הות לי **ארום** שבחו לי בנת ישראל והכדין GN 30:13
לשוקא: והוה כדי חמת **ארום** שבק ללבושיה בידא ואפק GN 39:13
משה אכלוהי יומא דין **ארום** שבתא יומא דין קדם ייי יומא EX 16:25
יומי אשלמוותכון **ארום** שובעא יומין יתוקם משכנא LV 8:33
אפין ולא תקבלון שוחדא **ארום** שוחדא מסמי עיני חכימיא DT 16:19
חייבא: ושוחדא לא תקבל **ארום** שוחדא מסמי ענוי נסבוהי EX 23:8
לא עבדית מדעם ביש **ארום** שויאו יתי בבית אסירי: וחמא GN 40:15
דאבהתכון דקיים להון: **ארום** שייל כדון לדריא דמן יומי DT 4:32
על ארעא לא תיכלונון **ארום** שיקצא הינון: לא תשקצון ית LV 11:42
לא תיתברון מן קדמיהון **ארום** שכינת ייי אלקכון ביניכון DT 7:21
דבני ישראל וישתרי להון **ארום** שלותא היא והינון היתיאו ית NU 15:25
בר וקרת ית שמיה שלה **ארום** שלי יתה בעלה והוה בפסקת GN 38:5
ולמה נמות כל קבלך **ארום** שלים כל כספא: ואמר יוסף GN 47:15
קניזאה ויהושע בר נון **ארום** שלימו בתר דחלתא דייי: NU 32:12
ויחמון כל עממי ארעא **ארום** שמא דייי חקיק מזמן DT 28:10
תוב וילידת בר ואמרת **ארום** שמיע קדם ייי ארום שניתא GN 29:33
מה ליך הגר לא תיסתפין **ארום** שמיע קדם ייי ית קליה GN 21:17
ישראל קריבו קדם ייי **ארום** שמיען קודמוי ית EX 16:9
מינן: ואינון לא הוו ידעין **ארום** שמע הוה יוסף בלישן בית GN 42:23
יוסף בשירותא דטיהרא **ארום** שמעו מיניה ארום תמן GN 43:25
ואמר גברא נטלו מיכן **ארום** שמעית מבתר פרגודא דהא GN 37:17
ארום שמיע קדם ייי **ארום** שניתא אנא ויהב לי אוף ית GN 29:33
וחמון מצראי ית אינתתא **ארום** שפירא היא לחדא: וחמון יתה GN 12:14
רברביא ית בנת אינשא **ארום** שפירן הינון וכסלן ופקסן GN 6:2
אתרא על עיסק רבקה **ארום** שפירת חזו היא: והוה כד GN 26:7
לא תיחוס על מניכון **ארום** שפר ארג כל ארעא דמצרים GN 45:20
כל אגורא: וחמא בלעם **ארום** שפר הוה קדם ייי לברכא ית NU 24:1
ואמר בלעם לאתנא **ארום** שקרת בי אילו אית סיפא NU 22:29
למיעל למשכן זימנא **ארום** שרא עלוי ענן יקרא ואיקר EX 40:35
לא תהי קרי ית שמא שרי **ארום** שרה שמה: ואברך יתה בגופה GN 17:15
שם וית חם וית יפת: והוה **ארום** שריאו בני נשא למסגי על GN 6:1
ובמשתוקיה קיים יתהון **ארום** שתיק לה ואתכוון ולא שרינון NU 30:15
ועד עופא דשמייא **ארום** תבית במימרי ארום עבדתינון: GN 6:7
אלקכון ותשכחון רחמין **ארום** תבעון מן קדמוי בכל לבכון DT 4:29
בה בתר דשמשת עימה: **ארום** תהוויין לגבר תרתין נשין DT 21:15
עביד דביש מישראל: **ארום** תהוי עולימתא בתולתא DT 22:23
בי זכוותי ליומחרא **ארום** תהוי על אגרי לקמך כל GN 30:33
לא תיכול: וברת כהין **ארום** תהי ארמלא או מיתרכא וולד LV 22:13
עד רמשא: ואינתתא **ארום** תהי דייבא אדם סמוק ואוכם LV 15:19
בלחמיה: וברת כהין **ארום** תהי מתנסבא לגבר חילוניי LV 22:12
לרחמין בעיני מצראי ויהי **ארום** תהכון מן תמן פריקין לא EX 3:21
במיפקכון מצרים: **ארום** תוזפון בחבריכון מוזפו DT 24:10
נודי ונשבחא קדם ייי **ארום** תוקפא ורומומתא דידיה הוא EX 15:21
יפלגון: אין אישתמודע **ארום** תור נגחן הוא מאיתמלי EX 21:36
למעבד ית פיתגמא הדין: **ארום** תחצדון חצדכון בחקליכון DT 24:19
יומין בעלמא דאתי: **ארום** תיבני ביתא חדתא ותעבד DT 22:8
בלא אשוני ריחוקה או **ארום** תידוב בתר יומי ריחוקה כל LV 15:25
דלא עברת תריסר שנין **ארום** תידר נדר קדם ייי ותיסר NU 30:4
עליל לתמן למירתה: **ארום** תידרון נידרא קדם ייי DT 23:22
דיניא די תסדר קדמיהון: **ארום** תיזבון בגניבותיה לעבדא לבר EX 21:2
עלן כבבת עיננא: ויהי **ארום** תיזיל עימנא ויהי טבא ההוא NU 10:32
מילדה ובבנה דתוליד **ארום** תיכלינון בחוסרן כל מידעם DT 28:57
וכדון למא נמות **ארום** תיכלינגא אישתא רבתא הדין DT 5:25
קנאי ומתפרע בקינאה: **ארום** תילדון בנין ובני בנין DT 4:25
ארעא דקיים לאבהתכון: **ארום** תינטרון ית כל תפקידתא DT 19:9
קדיש היכמה דקיים לכון **ארום** תינטרון ית פיקודי דייי DT 28:9

תמליל ותימר להון **ארום** תיסבון מן בני ישראל ית NU 18:26
ליביה בעקתיה וידבקיה **ארום** תיסגי אורחא ויקטליניה נפש DT 19:6
ותימר להון גבר גבר **ארום** תיסטי אינתתיה וישקר ביה NU 5:12
היא ואמרת מה תתן לי **ארום** תיעול לותי: ואמר אנא אשדר GN 38:16
מה דאמרתון בפומכון: **ארום** תיעול למיסב אגרא כפעל DT 23:25
ולות צנך לא תתן: **ארום** תיעול למיסב אגרא כפעל DT 23:26
בני ישראל ותימר להון **ארום** תיעלון לארע מותבניכון NU 15:2
בני ישראל ותימר להון **ארום** תיעלון לארעא דאנא יהיב LV 23:10
בני ישראל ותימר להון **ארום** תיעלון לארעא דאנא יהיב LV 25:2
וידחלון ולא ירשעון תוב: **ארום** תיעלון לארעא דייי אלקכון DT 17:14
משיחא לא תתנשי: ויהי **ארום** תיעלון לארעא דייי אלקכון DT 26:1
משה ועם אהרן למימר: **ארום** תיעלון לארעא דכנען דאנא LV 14:34
דכורייא עד עלמא: ויהי **ארום** תיעלון לארעא דעתיד למיתן EX 12:25
ית דמי דאחוך מן ידך: **ארום** תיפלח ית ארעא לא תוסף GN 4:12
דמי ריגלא חולף ריגלא: **ארום** תיפקון לסדרי קרבא על DT 20:1
תעבדון דכשר קדם ייי: **ארום** תיפקון לסדרי קרבא על DT 21:10
לכון ותימר איכול בישרא **ארום** תירוג נפשך למיכול בישרא DT 12:20
ושפר כרמיה ישלים: **ארום** תיתפק נור ותשכח כובין EX 22:5
שכינתיה בביתאל **ארום** תמן אתגליו ליה מלאכייא GN 35:7
וקביל חולקיה בשירויא **ארום** תמן אתר מקבע אבנין טבין DT 33:21
ארום שמעו מיניה **ארום** תמן יסעדון לחמא: ועל יוסף GN 43:25
בגין כן קרא שמה בבל **ארום** תמן ערביב ייי לישן כל דיירי GN 11:9
קיברי דמשיילי בישרא **ארום** תמן קברו ית עמא דשיילו NU 11:34
ההוא בירא דשבע חורפן **ארום** תמן קיימי תריהון: וגזרו קיים GN 21:31
בישתא בסוף יומייא **ארום** תעבדון דביש קדם ייי DT 31:29
בתריכון עד עלמא **ארום** תעבדון דכשר קדם ייי DT 12:28
משדי דם זכאי מביניכון **ארום** תעבדון דכשר קדם ייי: ארום DT 21:9
לכון ולבניכון בתריכון **ארום** תעבדון דכשר קדם ייי: לחוד DT 12:25
ישראל למימר איתתא **ארום** תעדי ותיליד ביר דכר ותהי LV 12:2
וברת גבר כהין מארסא **ארום** תפיס גרמה למטעי בזני עד LV 21:9
ויחייבון יתך קדמוי **ארום** תפלח ית טעוותהון ארום EX 23:33
למיסבא מעם קהלא דייי: **ארום** תפקון משרויין על בעלי DT 23:10
בכל ליבכון ובכל נפשכון: **ארום** תפקידתא הדא דאנא פקד DT 30:11
ייי עם משה למימר: **ארום** תקביל ית חושבין בני ישראל EX 30:12
היכמא דקיים לאבהתכון: **ארום** תקבלון למימר דייי אלקכון DT 13:19
האילין וידבוקנכון **ארום** תקבלון למימר דייי אלקכון: DT 28:2
דחדי על אבהתכון: **ארום** תקבלון למימרא דייי אלקכון DT 30:10
ולא תהון למאיסין **ארום** תקבלון לפיקודיא דייי DT 28:13
לפרעה תרתין זימנין **ארום** תקין פתגמא מן קדם ייי GN 41:32
מצראי: כדון חכימית **ארום** תקיף הוא ייי על כל אלקיא EX 18:11
ההוא דיהי מן בתר כן **ארום** תקיף הוא לחדא: ומן בגלל GN 41:31
לוט בגני ית עמא הדין **ארום** תקיף הוא מיני לוואי איכול NU 22:6
ניכול למיסוק לות עמא **ארום** תקיף הוא מיננא: ואפיקו טיב NU 13:31
יובקא עד תחום בני עמון **ארום** תקיף הוה רבת תחום בני NU 21:24
בית רעיא לענא דלעבדך **ארום** תקיף כפנא בארעא דכנען GN 47:4
למצרים לאיתותבא תמן **ארום** תקיף כפנא בארעא: והוה GN 12:10
למזבון עיבורא מן יוסף **ארום** תקיף כפנא בכל ארעא: וחמא GN 41:57
ולחמא לית בכל ארעא **ארום** תקיף כפנא לחדא GN 47:13
זבינו מצראי גבר חקליה **ארום** תקיף עליהון כפנא והות GN 47:20
היא ודין איבה: לחוד **ארום** תקיף עמא דיתיב בארעא NU 13:28
טעוותהון דעממייא **ארום** תקיפהון דישראל כד יחובון DT 32:31
ארום סגיאת וחובתהון **ארום** תקיפת לחדא: אתגלי כדון GN 18:20
ותחובון קדם ייי אלקכון: **ארום** תקפון על קרתא כל יומי DT 20:19
רברבני חילין בריש עמא: **ארום** תקרבון לקרתא לסדרא עלה DT 20:10
אבא לנא אתון ידעתון **ארום** תרין בנין ילידת לי אנתתי: GN 44:27
אלקכון בכל עובדי ידיכון: **ארום** תשבטון זייתיכון לא DT 24:20
ולייואי וגיורי דביניכון: **ארום** תשיצון לעשרא ית כל מעשר DT 26:12
בישא הדין ביניכון: **ארום** תשמעון בחדא מן קירויכון DT 13:13
בספר אורייתא הדין **ארום** תתובון לדחלתיה דייי DT 30:10
רוגזא דייי על ישראל: **ארום** תתובון מבתר דחלתיה ויוסף NU 32:15
דקיימין שמיא על ארעא: **ארי** אין מינטר תינטרון ית כל DT 11:22
לביש לא תיכול מיניה **ארי** ביומא דתיכול תהי חייב קטול: GN 2:17
לאורחתכון ואמר לא **ארי** בשוקא נבית: ופייס בהום לחדא GN 19:2
עמיד קריצתא: וחמא **ארי** לא הוה ליה רשו למאבשא ליה GN 32:26
ואין ליתך מתיב דע **ארי** מימת תמות אנת וכל דילך: GN 20:7
ליצחק איזל מעימנא **ארי** תקיפתא מיננא ניכסין לחדא: GN 26:16
ותידחל מאלקך אנא ייי: **וארום** אין איתגייר ואיתחזק LV 19:33
ישראל ישמעון וידחלון: **וארום** אין יהוי בגבר חובת דין DT 21:22
מיא האיליין יהי מסאב: **וארום** אין יפיל מנבילתהון על כל LV 11:37
ויהי מסאב עד רמשא: **וארום** אין יריק דובנא בדכיא יצבע LV 15:8
חוביה יקבל גברא ההוא: **וארום** אין יתגייר עימכון גיורא NU 9:14
פורקנא תיתנון לארעא: **וארום** אין יתמסכן אחוך ויזבון LV 25:25
ברוטביה מסאב הוא לכון: **וארום** אין יתפשח איברא וימות מן LV 11:39
די יזדרע בנוגביה דכי הוא: **וארום** אין מתיהיב מוי על בר זרעא LV 11:38

דקיסא ישתטיף במיא: **וארום** אין פסק מדובנא דוויה וימני LV 15:13
על ארעא לרוחצן: **וארום** אין תימרון מה ניכול בשתא LV 25:20
לבר חורי מגביכון: **וארום** אין תפטרוניה בר חורי DT 15:13
בר מן רשותא דבעליך **וארום** איסתאבת בתשמיש דעריס NU 5:20
לי במיחוס מן קדם ייי **וארום** אית לי ניכסין סגיאין ודחק GN 33:11
אוחרי למעבד יתיה: **וארום** איתגייר עמכון גיורא ויעבד EX 12:48
ארום טב אילנא למיכל **וארום** אסו הוא לנהורא דעיינין GN 3:6
ארום אזיל לות פרעה **וארום** אפיק ית בני ישראל ממצרים: EX 3:11
קדם עמא בית ישראל **וארום** אתו ישראל אורח אלליא NU 21:1
דכיר ייי ית בני ישראל **וארום** גלי קדמוי שיעבודהון וגחנו EX 4:31
עד כדון יוסף קיים **וארום** הוא שליט בכל ארעא GN 45:26
ייי אתון ואינש בתיכון: **וארום** יהי ביה מומא חגיר או סמי DT 15:21
גלשלשן הוא דכי הוא: **וארום** יהי בקורחתא או LV 13:42
עליכון חובת דין קטולא: **וארום** יהי גבר סני לחבריה ויכמון DT 19:11
ליה עבד פלח עד יובלא: **וארום** יזבון גבר בר ישראל ית EX 21:7
רישא או דיקנא הוא: **וארום** יחמי כהנא ית מכתש ניתקא LV 13:31
דייי הוא ובנוי כל יומיא: **וארום** ייתי ליואה מחדא מן DT 18:6
נזריה קדיש הוא קדם ייי: **וארום** ימות מיתה עלוי בתכוף שלו NU 6:9
אסיא ישלם עד דמיתסי: **וארום** ימחי גבר ית עבדיה כנענאה EX 21:20
הלכשוש חולף הלכשוש: **וארום** ימחי גבר ית עינא דעבדיה EX 21:26
ונבילתא יהי דיליה: **וארום** ינגוף תור דגבר ית תורא EX 21:35
יפטירינֵיה חולף שיניה: **וארום** ינגש תור ית גבר או ית איתא EX 21:28
מטול דכסף זביניה הוא: **וארום** ינצון גוברין וימחון איתתא EX 21:22
יתקטיל באטלות אבנין: **וארום** ינצון גוברין וימחון חד EX 21:18
ייי אלקכון כל יומיא: **וארום** יסגי מינכון אורחא ארום לא DT 14:24
או דאמתא ותורא יתרגם: **וארום** יפתח אינש גוב או ארום EX 21:33
לך אתר דיערוק לתמן: **וארום** ירשע גבר על חבריה EX 21:14
גופת דתביר לא ישלים: **וארום** ישאל גבר מידעם מן חבריה EX 22:13
הוא עאל פסידיה באגריה: **וארום** ישרגיג גבר בתולתא דלא EX 22:15
דמתקבל ברעוא קדם ייי: **וארום** יתגייר עימכון גיורא או מן NU 15:14
אחסנת עלם הוא להון: **וארום** יתמסכן אחוך ותמוט ידיה LV 25:35
למהוי לכון לאלקא: **וארום** יתמסכן אחוך עימך ויזדבן LV 25:39
לא תשעבדון בהון בקשיו: **וארום** תארע יד ערל ותותב דעימך LV 25:47
תתובון גבר לאחסנתיה: **וארום** תזבנון זביני לחבריכון או LV 25:14
לא תיכסון ביומא חד: **וארום** תיכסון ניכסת נסיבא לשמא LV 22:29
לכון אנא ייי אלקכון: **וארום** תיכסון ניכסת קודשיא קדם LV 19:5
נביא ההוא בסייפא: **וארום** תימרון בריעייונכון היכדין DT 18:21
לכון לקים עלם לדריכון: **וארום** תיעולון למסדרא סידרי NU 10:9
ליה מחובתיה דחב: **וארום** תיעלון לארעא ותינצבון כל LV 19:23
ברעוא קדם ייי: **וארום** תעביד בר תורי עלתא או NU 15:8
קודשין מקרבניא דייי: **וארום** תקריב קרבן מנחתא LV 2:4
קדם ייי לדריכון: **וארום** תשתלון ולא תעבדון חדא NU 15:22
יהי בך חובת עיכוב נידרא: **וארום** תתמנעון מלמידר לא יהי DT 23:23

ארון (46)

בני לוי דנטלין ית **ארון** קייםא דייי ולכל חכימי DT 31:9
משה ית ליואי נטלי **ארון** קיימא דייי למימר: סבו ית DT 31:25
בגין יקריה למסוברא ית **ארון** קימא דייי למיקום קדם ייי DT 10:8
ציטרי ארונא למיטול ית **ארונא** בהון: בעיזקתא דארונא יהוון EX 25:14
לריש טוורא ברם **ארונא** דביה קימא דייי ומשה לא זזו NU 14:44
דמצרים: ואסיק משה ית **ארונא** דגרמיה יוסף בגויה מן נילוס EX 13:19
דפרסא וטלליה על **ארונא** דסהדותא היכמא דפקיד ייי EX 40:21
ית משכן זימנא וית **ארונא** דסהדותא וית כפורתא EX 31:7
ביה ית משכן זימנא וית **ארונא** דסהדותא: וית פתורא וית כל EX 30:26
פרגודא דפרסא ויכסון ית **ארונא** דסהדותא: ויתנון עלוי NU 4:5
זימנא: ותשוי תמן ית **ארונא** דסהדותא ותטליל על ארונא EX 40:3
לתמן מלגיו לברוגדא ית **ארונא** דסהדותא ותפריש פרגודא EX 26:33
מבין תרין כרוביא דעל **ארונא** דסהדותא ית כל מה דאפקד EX 25:22
עילוי כפורתא דעל **ארונא** דסהדותא מבין תרין כרוביא NU 7:89
לקטרת בוסמיא קדם **ארונא** דסהדותא מטול חכימיא EX 40:5
יתיה קדם פרגודא דעל **ארונא** דסהדותא קדם כפורתא EX 30:6
לקדמי לטוורא ועיבד לך **ארונא** דקיסא: ואכתוב על לוחיא DT 10:1
ותשווינון בארונא: ועבדית **ארונא** דקיסא שיטא ופסלית תרי DT 10:3
והיכדין תעבדון: ויעבדון **ארונא** דקיסי שיטא תרתין אמין EX 25:10
דנחשא: ועבד בצלאל ית **ארונא** דקיסי שיטא תרתין אמין EX 37:1
והוה כד הוה בעי למיטל **ארונא** הוה ענגא מקפל וקאים ולא NU 10:35
וכד הוה בעי למישרי **ארונא** הוה ענגא מקפל וקאים ולא NU 10:36
ושוי ית אריחיא על **ארונא** ויהב ית כפורתא בהדי EX 40:20
עמודוי וית חומרוי: ית **ארונא** וית אירוחוי וית כפורתא וית EX 35:12
דארונא למיטל ית **ארונא**: ועבד כפורתא דדהב דכי EX 37:5
בר עזיאל: ומטרתהון **ארונא** ופתורא ומנרתא ומתבחיא NU 3:31
לא יעדון מיניה: ותיתן בגו **ארונא** ית לוחי סהדותא דאיתן לך: EX 25:16
דסהדותא ותטליל על **ארונא** ית פרוכתא: והנעל ית פתורא EX 40:3
בעיזקתא על ציטרי **ארונא** למיטול ית ארונא בהון: EX 25:14
מלעילא: והנעיל ית **ארונא** למשכנא ושוי ית פרגודא EX 40:21

ותיתן ית כפורתא על **ארונא** מלעילא ובגו ארונא תיתן ית EX 25:21
דנפקין נגיד מינה על **ארונא** מלעילא: והנעיל ית ארונא EX 40:20
על ארונא מלעילא ובגו **ארונא** תיתן ית לוחי סהדותא EX 25:21
וית פרגודא דפרסא: וית **ארנא** דסהדותא וית אריחוי וית EX 39:35
ואבהתכון ותהוון מסקי **ארנונין** לפלחי טעוון דקיסין ואבנין: DT 28:36
טוורא ושוויית ית לוחיא **בארונא** דעבדית והוו תמן צניעין DT 10:5
חילך דתברתנון ותשוינון **בארונא**: ועבדית ארונא דקיסא DT 10:2
סהדותא ותברי לוחיא **בארונא** ושוי ית אריחיא על ארונא EX 40:20
בקופסא מן צטר ימינא **דארון** קיימא דייי אלקכון ויהי תמן DT 31:26
ית ארונא בהון: בעיזקתא **דארונא** יהוון מחתן אריחיא לא EX 25:15
בעיזקתא על סיטרא **דארונא** למיטל ית ארונא: ועבד EX 37:5
דייי מהלך תלתא יומין **וארון** קיימא דייי מטייל קדמיהון NU 10:33
צדיקייא ומשכן זימנא **וארון** קיימא ומני קודשא דחמיתון DT 1:1
ושיתא על טוורא דעיבל **וארונא** וכהניא וליואי במציעא DT 27:15
זכותך ענני יקרי ומשכנא **וארונא** וכל ישראל עד זמן דתיתסי NU 12:14
דייי שריא ביניכון **וארונא** ומשכנא וענני יקרא ליתיהון NU 14:42

ארז (7)

איתון וניבכי על אבונן **ארזא** רמא דרישי מטי עד צית GN 50:1
דציפרא חייתא ובקיסא **דארזא** ובאיזובא ובצבע זהורי: LV 14:52
מי מבוע: ויסב ית קיסא **דארזא** וית איזובא וית צבע זהורי LV 14:51
יסב יתה וית קיסא **דארזא** וית צבע זהורי וית איזובא LV 14:6
תרתין צפרין וקיסא **דארזא** וצבע זהורי ואיזובא: ויכוס LV 14:49
חיין ודכיין וקיסא **דארזא** וצבע זהורי ואיזובא: ויפקד LV 14:4
ומנטלין על כל אומיא **כארזיא** דליבנוס דשתילין על NU 24:6

ארי (11)

אגר עובדיהון בישיא: **אירוי** גירדי מן אדם קטיליהון DT 32:42
תעבד להון לדכואיהון **ארי** עליהון מיא דחטאתא ויעברון NU 8:7
ישמעאל תמן הוה קאים **אריה** יהודה גיבריהון דאחוי ענא GN 50:1
דדן מדמי לגור בר **אריוון** ארעיא שתיא מנחליא דנגדין DT 33:22
לך יהודה ברי לגור בר **אריוון** דמן קטיליה דיוסף ברי GN 49:9
וביה הוה חקיק צורת בר **אריוון** מטול דרבא לבני יהודה NU 2:3
דיקטול וקטיל האן הינון **אריוותא** דשיבט יהודה כיוון NU 25:7
הוא עמא הדין נייח ושרי **כאריא** בגבורתא וכליתא מתנטלין NU 23:24
נייח ושרי בתקוף הי **כאריא** והי כליתא דכד נח מן GN 49:9
וישיצינון: נייחין ושריין **כאריא** וכליתא דכד דמיך מאן NU 24:9
תחומיה דגד נייח **כאריא** למישרי וכד נפיק לסידרי DT 33:20

אריח (28)

וית חומרוי: ית ארונא וית **אירוחוי** וית כפורתא וית פרגודא EX 35:12
יתהון נחשא: ויהנעל ית **אריחוי** בעיזקתא ויהון אריחיא על EX 27:7
דמשך ססגונא וישוון ית **אריחוי**: ויסבון לבוש דתיכלא NU 4:8
דמשך ססגונא וישוון **אריחוי**: ויפסוק אהרן ובנוי לכסאה NU 4:14
דפרסא: ית פתורא וית **אריחוי** וית כל מנוי וית לחם דאפיא: EX 35:13
קנקל דנחשא דיליה ית **אריחוי** וית כל מנוי ית כיורא וית EX 39:39
וית ארנא דסהדותא וית **אריחוי** וית כפורתא וכרוביא EX 39:35
קנקל דנחשא דיליה ית **אריחוי** וית מנוי ית כיורא וית EX 35:16
תיכלא מלעיל וישוון **אריחוי**: ועל פתור לחם אפייא NU 4:6
על סיטרי תיניין: ועבד **אריחי** דקיסי שיטא וחפא יתהון EX 37:4
ציטריה תינייניא: ותעביד **אריחי** דקיסי שיטא ותחפי יתהון EX 25:13
יתהון נחשא: והנעל ית **אריחיא** בעיזקא על סטר מדבחא EX 38:7
יתהון דהבא: ואעיל ית **אריחיא** בעיזקתא על סיטרא EX 37:5
יתהון דהבא: ותהנעל ית **אריחיא** בעיזקתא על ציטרי ארונא EX 25:14
ית פתורא: ועבד ית **אריחיא** דקיסי שיטא וחפא יתהון EX 37:15
יתיה בהון: ועבד ית **אריחיא** דקיסי שיטא וחפא יתהון EX 37:28
אתרא לאריחיא: ועבד ית **אריחיא** דקיסי שיטא וחפא יתהון EX 38:6
יתיה בהום: ותעביד ית **אריחיא** דקיסי שיטא ותחפי יתהון EX 30:5
דארונא יהוון מחתן **אריחיא** לא יעדון מיניה: ותיתן בגו EX 25:15
לוחיא בארונא ושוי ית **אריחיא** על ארונא ויהב ית כפורתא EX 40:20
אריחוי בעיזקתא ויהון **אריחיא** על תרין ציטרי מדבחא EX 27:7
ית פתורא: ותעביד ית **אריחייא** דקיסי שיטא ותחפי יתהון EX 25:28
יתיה על מדבחא: ותעביד **אריחין** דקיסי שיטא ותחפי יתהון EX 27:6
לקנקל דנחשא אתרא **לאריחיא**: ועבד ית אריחיא דקיסי EX 38:5
על תרין סיטרוי לאתרא **לאריחיא** למיטול יתיה בהון: ועבד EX 37:27
תרין ציטרוי ויהי לאתרא **לאריחיא** למיטל יתיה בהום: EX 30:4
תהוויין עיזקתא לאתרא **לאריחייא** למיטול ית פתורא: EX 25:27
הואה עיזקתא אתרא **לאריחייא** למיטל ית פתורא: ועבד EX 37:14

ארך (55)

בגין כן אמר להון משה **אוריכו** עד דאשמע מה דאתפקד מן NU 9:8
ואמר אברהם לעולימוי **אוריכן** לכון הכא עם חמרא ואנא GN 22:5
וצבע זהורי צייור כרובין: **אורכא** דיריעתא חדא עשרין ותמני EX 26:2
עובד אומן עבד יתהון: **אורכא** דיריעתא חדא עשרין ותמני EX 36:9
ידיען תעביד יתהין: **אורכא** דיריעתא חדא תלתין אמין EX 26:8
חדיסירי יריען עבד יתהון: **אורכא** דיריעתא חדא תלתין אמין EX 36:15
נציביהון: עשר אמין **אורכא** דלוחא ואמתא ופלגא EX 26:16
נציבהון: עשר אמין **אורכא** דלוחא ואמתא ופלגא EX 36:21
דכי תרתין אמין ופלגא **אורכא** ואמתא ופלגא פותיה EX 25:17
דכי תרתין אמין ופלגא **אורכא** ואמתא ופלגא פותיה ברם EX 37:6
דקיסי שיטא חמש אמין **אורכא** וחמש אמין פותיא מרבע EX 27:1
באורכא ווילון מאה **אורכא** ועמודיהון עשרין וחומריהון EX 27:11
ובוץ שזיר ועשרין אמין **אורכא** ורומיה כפותיה חמש אמין EX 38:18
דבוץ שזיר מאה אמין **אורכא** לרוח חדא: ועמודוי עשרין EX 27:9
משריתא דישראל הוה **אורכא** תריסר מילין ופותיה תריסר NU 2:3
בני עמון תשע אמין **אורכה** וארבע אמין פותיא DT 3:11
שיטא תרתין אמין ופלגא **אורכיה** ואמתא ופלגא פותיא EX 25:10
תרתין אמין ופלגיה **אורכיה** ואמתא ופלגא פותיה EX 37:1
שיטא תרתין אמין **אורכיה** ואמתא פותיה ואמתא EX 25:23
שיטא תרתין אמין **אורכיה** ואמתא פותיה ואמתא EX 37:10
תעביד יתהון: אמתיה **אורכיה** ואמתא פותיה מרבע יהי EX 30:2
מן קיסי שיטא אמתא **אורכיה** ואמתא פותייה מרבע EX 37:25
יתיה: מרבע יהי עיף זרתא **אורכיה** וזרתא פותיה: ותשלים ביה EX 28:16
עבדו ית חושנא זרתא **אורכיה** וזרתיה פותיה עיף: EX 39:9
דקיסי שיטא חמש אמין **אורכיה** וחמש אמין פותיה מרבע EX 38:1
מיניה נגרא מציעאה **אורכיה** שובעין אמין ופרישן EX 26:28
דפונטוס אריוך דהִוה **אריך** בגינבריא מלכא דתליסר GN 14:1
ייי אלקא רחמנא וחננא **אריך** רוח וקריב רחמין מסגי EX 34:6
דמלילתא למימר: ייי **אריך** רוח וקריב רחמין שרי לחובין NU 14:18
כסף וחומריהון דנחשא: **ארכא** דדרתא מאה אמין ופותיא EX 27:18
עמון ועד כדון אית להון **ארכא**: ונסב ישראל ית כל קירויא NU 21:24
עובדיהון הא יהבית להון **ארכא** מאה ועשרין שנין מן בגלל GN 6:3
ארום הא אנא יהיב להון **ארכא** שובעא יומין אין יתובון GN 7:4
מינה דמיה דהבל מן יד **ארכינת** יד ימינך ייי בשבועה על EX 15:12
במצראי: ואמר ייי למשה **ארכן** ית ידך על ימא ויתובון מאין EX 14:26
ואמתא מיכא בדיתיר **באורך** יריעתא דמשכנא יהי משפע EX 26:13
והיכדין לרוח ציפונא **באורכא** ווילון מאה אורכא EX 27:11
ירחא או שתא שלמתא **באורכות** ענן יקרא על משכנא NU 9:22
הדין: ואמר ייי לי חמי **באורכות** שימשא וסיהרא דשריית DT 2:31
דסיני תנין כוליה מן בגלל **דארכין** ליה ייי שמיא ואיתגלי עלוי EX 19:18
ייי אלקכון מן בגלל **דיורכון** יומיכון ומן בגלל דייטב DT 5:16
כל יומי חייך ומן בגלל **דיורכון** יומך: ותקבל ישראל ותינטר DT 6:2
יתה לותיה לתיבותא: **ואוריך** תוב שובעא יומין ואוסיף GN 8:10
מיא מעילוי ארעא: **ואוריך** תוב שובעא יומין חורנין GN 8:12
ית רישי שיבטיכון **ואורכתנון** במליא גוברין חכימין DT 1:15
ואנת ארים ית חוטרך **וארכין** ית ידך ביה על ימא ובזעהו EX 14:16
סדרי קרבא כל ליליא: **וארכין** משה ית ידיה על ימא EX 14:21
רתיכיהון ועל פרשיהון: **וארכן** משה ית ידיה על ימא ותב EX 14:27
משכנא ברם הינון שרן: **ובאורכות** עננא על משכנא יומין NU 9:19
בגלל דתיחון ויוטב לכון **ותורכון** יומין בארעא דתירתון: ודא DT 5:33
בארעא ועיבד בה חזקתא **לארכא** ולפתיא ארום לך איתנינה: GN 13:17
לואי דיהי רמשא דעקן **מארכן** שעי יומא באפיכון וברמשא DT 28:67
לואי דיהי צפרא דעקן **מארכן** שעי ליליא באפיכון DT 28:67
חייכון ובפיתגמא הדין **תורכון** יומין על ארעא דאתון DT 32:47
יורדנא תמן למירתה לא **תורכון** יומין עלה ארום משתיציא DT 4:26

ארכיון (1)

הא היא יהיבא בבית **ארכיון** ברבת בני עמון תשע אמין DT 3:11

ארמלא (18)

וברת כהין ארום תהי **ארמלא** או מיתרכא וולד לית לה LV 22:13
יהודה לתמר כלתיה תיבי **ארמלא** בית אבוייך עד דירבי שלה GN 38:11
בארעא דמצרים: כל **ארמלא** ויתם לא תסגפון: אין סגפא EX 22:21
דאית בה בתולהא יסב: **ארמלא** ומיפטרא ודאיתילידא מן LV 21:14
מינה ולבישת לבישי **ארמלותא**: ושדר יהודה ית גדי בר GN 38:19
למיגז עניה: ואעדת לבושי **ארמלותא** מינה וכסיית ברדידא GN 38:14
דמותא ויהון נשיכון **ארמלן** ובניכון יתמין: אין כספא EX 22:23
וישתביק לה: ונדרא **דארמלא** ומיתרכא כל דאסרת על NU 30:10
ולא ימשכן חד מנכון כסו **דארמלתא** דלא יקומו שיבבן בישן DT 24:17
ליט דיצלי דין דייר ייתם **וארמלא** הוון עניין כולהון כחדא DT 27:19
שוחדא: עבד דין ייתם **וארמלא** ורחים גייורייא למיתן ליה DT 10:18
עימכון וגיורא ויתמי **וארמלתא** דבקירויכון ויכלון DT 14:29
וליואה וגיורא ויתמא **וארמלתא** די בקרויכון: שובעא DT 16:14
דיבקרויכון וגיורא ויתמא **וארמלתא** דיביניכון באתרא DT 16:11
תינייניא לגיורי ליתמא **ולארמלא** הי ככל תפקידתך DT 26:13
בתריכון לגיורא ליתמא **ולארמלא** יהי:: ותהוון דכירין ארום DT 24:20
למיסביה לגיורא ליתמא **ולארמלא** יהי מטול די יברככון DT 24:19
מסכיניא לגיוריא ליתמא **ולארמלתא** וייכלון בקרווך ויסבעון: DT 26:12

ארנבתא (2)

מסאב הוא לכון: וית **ארנבא** ארום מסיק פישרא הוא LV 11:6
למתקימא ית גמלא וית **ארנבא** וית טפזא ארום מסקי DT 14:7

ארס (11)

ביד אדומאי דמליין **אריסין** כחיוין חורמניא זחלוי DT 32:24
נשרגגה בתולן ולא נאנוס **אריסן** ולא נבעול נשי גוברין באורח NU 20:17

אעיבר בארעך לא נאנוס **אריסן** ולא נשרגג בתולן ולא נבעול NU 21:22
וגבר די יגור ית איתת גבר **מארסא** או די יגור ית איתת חבריה LV 20:10
אמן אין איסתאבית כד **מארסא** אמן אין אסתאבית כד NU 5:22
מקדישכון: וברת גבר כהין **מארסא** ארום תפיס גרמה למטעי LV 21:9
אקושא בגו רכיכא ועל **מארסא** באטלות אבנין גיורא LV 20:10
דקריבא ליה ולא **מארסא** ודעד כדון לא הות מיבעלא LV 21:3
ישרגיג גבר בתולתא דלא **מארסא** וישמש עמה מפרנא יפרין EX 22:15
זכיא ועל על עולימתא **מארשה** וכפר בחיי עלמא דאתי GN 25:29
והיא אמתא וחרתא **מתארסא** לגבר חרי ומתפרקא LV 19:20

ארע (42)
ביניהון ארום לעמא **אירע** בשלותא: ואין בר נשא חד NU 15:26
דלא יהבתא לשלה ברי **אירע** יתי כדון ולא אוסף תוב GN 38:26
אלקי שריא במיצעי **אירעוני** בישתא האילין: ואנא DT 31:17
יעקב עדב אחסנתיה: **ארע** יתהון שריין במדברא בצדייות DT 32:10
הכא על עלתך ואנא **אתארע** עד הכא: וארע מימר מן NU 23:15
ואוף דהליכו עימי **בעראי**: ברם אנא אדכר יתהון עראי LV 26:40
אורייתי ותהלכון קדמיי **בעראי**: ואידכר אוף אנא יתכון עראי LV 26:27
פירוי: ואין תהכון עימי **בעראי** ולא תצבון למשמע לאולפן LV 26:21
קדמי ותהכון קדמי **בעראיי**: ואידכר אוף אנא יתכון LV 26:23
דכנען ותניאו ליה ית כל **דארע** יתהום למימר: מליל גברא GN 42:29
במיפקכון ממצרים: **דארעך** יתכון באורחא והוה קטיל DT 25:18
מן לך כל משרי הדין **דארעית** ואמר דורון הוא דשדרית GN 33:8
איתו ואיתני לכון מה **דיארע** יתכון בסוף יומיא: אתכנשו GN 49:1
ייי אלקכון ודעו חובתכון **דתארע** יתכון: בנו לכון קוריין NU 32:23
ייי מחסור כדון תחמי **היארעינך** פיתגמי אין לא: ונפק NU 11:23
ועלוותהון קדם ייי **וארע** יתי סקול כאילין בתרין בניי LV 10:19
מהלך שובעא יומין **וארע** יתיה דשרי בטוור גלעד אודי GN 31:23
ואנא אתארע עד הכא: **וארע** מימר מן קדם ייי בבלעם ושוי NU 23:16
לך ואזל גחין כחויא: **וארע** מימרא מן קדם ייי בבלעם NU 23:4
ויעקב אזל לאורחיה **וארעו** ביה מלאכייא דייי: ואמר GN 32:2
דפתגם יום ביומיה: **וארעו** ית משה וית אהרן קיימין EX 5:20
דאנפי ברא יצלה בפירוי: **ויארע** לכון דרכא ית קטפא וקטפא LV 26:5
מנהון ויהון לביזה **ויארעו** יתהון בישן סגיען ועקן DT 31:17
ית דיפרשון לשמא דייי: **ויארעון** יתהון חובי אשמתהון LV 22:16
נפשכון: כד תיעוק לכון **ויארעון** לכון כל פיתגמיא האילין DT 4:30
אישתייר מן אימיה **ויארעיניה** מותא באורחא דתהכון GN 42:38
אוף ית דין מן קדמיי **ויארעיניה** מותא ותחתון ית סיבתי GN 44:29
מן דחמי למפרוק זבינוי **ותארע** ידיה וישכח הי כמיסת LV 25:26
אורחא דפקידית יתכון **ותארע** יתכון בישתא בסוף יומייא DT 31:29
דרכא ית קטפא וקטפא **יארע** אפקות בר זרעא ותיכלון LV 26:5
קדם ייי אלהן דילמא **יארע** יתן במותא או בקטלא: ואמר EX 5:3
עד לא יסגון ויהוי ארום **יארע** יתן סדרי קרבא ויתוספון EX 1:10
לא יפוק בחילא דלא **יארע** עלוי כל מידעם ביש פני יהי DT 24:5
טליא ומסתפינא דילמא **יארעיניה** מותא: ואתו בני ישראל GN 42:4
ית קמא למימר ארום **יארעינך** עשו אחי ויבעי מינך GN 32:18
ואידכר אוף אנא יתכון **עראי** בעלמא ואמחי יתכון לחוד LV 26:24
בהון בקשיו: וארום **תארע** יד ערל ותותב דעימך LV 25:47
מזרעתיה יפרקיניה או **תארע** ידיה או ידא דציבורא LV 25:49
לאחסנתיה: ואין לא **תארע** ידיה הי כמיסת דיתיב ליה LV 25:28
כהנא מן חובתיה: ואין לא **תארע** ידיה כמיסת למייתיא LV 5:7
וישתביק ליה: ואין לא **תארע** ידיה כמיסת למייתיא תרין LV 5:11
מיסב אפין בדינא: אין **תארע** תורא דסנאך דאת סני ליה EX 23:4

ארע (9)
זמן סידורי מועדיא דייי **דתארעון** יתהון מארעי קדיש LV 23:2
זימני סידורי מועדייא דייי **דתערעון** יתהון מארעי קדיש LV 23:37
קודשא יהון לשמא דייי: **ותערעון** חיין וקיימין הי כזמן כרן LV 23:21
שביעאה: וביומא קדמאה **מארע** קדיש וביומא שביעאה EX 12:16
קדיש וביומא שביעאה **מארע** קדיש יהי לכון כל עיבידתא EX 12:16
דייי דתארעון יתהון **מארעי** קדיש איליין הינון זמן LV 23:2
זמני סידורי מועדיא דייי **מארעי** קדיש די יתרעון יתהון LV 23:4
דייי דתערעון יתהון **מארעי** קדיש לקרבא קורבנא LV 23:37
הי כזמן כרן יומא הדין **מערע** קדיש יהי לכון כל עיבידת LV 23:21

ארע (13)
כנישת חדוא ויומא טבא **ואירוע** קדיש תהוי לכון כל עיבידת NU 29:35
הוא ירחא דתשרי **מארע** קדיש יהי לכון ותסגפון ית NU 29:7
הדין יומא דכיפוריא הוא **מארע** קדיש יהי לכון ותענון ית LV 23:27
ביומא קדמאה דחגא **מארע** קדיש יהי לכון כל עיבידת LV 23:7
וביומא שביעאה **מארע** קדיש יהי לכון כל עיבידת NU 28:25
יתמלון שבעתי שבועיא **מארע** קדיש יהי לכון כל עיבידת NU 28:26
ירחא דתשרי בחד לירחא **מארע** קדיש יהי לכון כל עיבידת NU 29:1
יומא לירחא שביעאה **מארע** קדיש יהי לכון כל עיבידת NU 29:12
שביעאה שבא ונייחא **מארע** קדיש כל עיבידא לא תעבדון LV 23:3
ביומא שביעתא דחגא **מארע** קדיש כל עיבידת פולחנא LV 23:8
יומא טבא דוכרן יבבא **מארע** קדיש: כל עיבידת פולחנא LV 23:24
דייי: ביומא קדמאה דחגא **מארע** קדיש כל עיבידת פולחנא LV 23:35
ביומא קמאה דחגא **מארע** קדיש כל עיבידת פולחנא NU 28:18

ארעא (1036)
אנן אוף ארען קני יתן וית **ארען** בלחם ונהי אנן וארען עבדין GN 47:19
ותותבין אתון עימי: ובכל **ארע** אחסנתיכון פורקנא תיתנון LV 25:24
ואיתן מכתש סגירו בבית **ארע** אחסנתכון: וייתי דדיליה ביתא LV 14:34
ותגמר יתכון במותנא **ארע** בעלי דבביכון: ודמשתייר מנכון LV 26:38
וכל מתנן ההוא מתקרי **ארע** גיבריא: ויאיר בר מנשה נסיב DT 3:13
דאברהם יהבתה ירותה: **ארע** גיבריא מתחשבא לחוד היא DT 2:20
ית ארעא דמכוור וית **ארע** גלעד והא אתרא אתר כשר NU 32:1
קדמיכון ותיתנון להון ית **ארע** גלעד לאחסנא: ואין לא NU 32:29
ליה: ריבוני קביל מיני **ארע** דטימין דידה ארבע מאה GN 23:15
נוכראה: אשרינון על כרכי **ארע** דישראל ואייכל יתהון תפנוקי DT 32:13
ומרביא תינין ורומנין **ארע** דמן זייתהא עבדין משח ומן DT 8:8
ויהון דמא ויהי דמא בכל **ארע** דמצרים ובמני אעא ובמני EX 7:19
בדיל גובא וייסק על **ארע** דמצרים וישיצי ית כל עיסבא EX 10:12
ייי אלקא דאבהתך לך **ארע** דפירהא שמינין כחלב וחליין DT 6:3
ויהב לנא ית ארעא הדין **ארע** דפירהא שמינין כחלב וחליין DT 26:9
מתבניא בארם דעל פרת **ארע** דפלחין וסגדין ליה בני עמיה NU 22:5
רחמין קדמך תתיהב **ארע** הדא לעבדך אחסנא לא NU 32:5
פישון הוא דמקיף ית כל **ארע** הינדיקי דתמן דהבא: ודהבא GN 2:11
עברין לתמן למירתה **ארע** טוורין וביקען מן מיטרא DT 11:11
דדברני מן בית אבא ומן **ארע** ילדותי ודמליל לי ותקיים עלי GN 24:7
ימא אשקלון וקיסרין **ארע** כנענאה עד קלרהי וליבנן אתר DT 1:7
שמיא ולאחסנותהון ית **ארע** כנענאי האפשר דאמר ולא NU 23:19
קדם כנישתא דישראל **ארע** כשר לבית בעיר היא ולעבדך NU 32:4
ועמורה ועל כל אנפי **ארע** מישרא וחמא והא סליק GN 19:28
ומן גודגוד ליטבת **ארע** נגדא נחלין דמיין: בעידנא DT 10:7
איתנינה לכון למירת יתה **ארע** עבדא חלב ודבש אנא הוא ייי LV 20:24
לאבהתך למיתן לך **ארע** עבדא חלב ודבש ותפלח ית EX 13:5
ויריתו ית ארעיה וית **ארע** עוג מלכא דמתנן תרין מלכי DT 4:47
איזדווג ליה ומן קדם ייי **ארע** עיקתיה לידוי ואזמן לך אתר EX 21:13
ולא דברינון ייי אורח **ארע** פלישתאי ארום קריב הוא EX 13:17
להום ית ארעא דכנען ית **ארע** תותבותהון דאיתותבו בה: EX 6:4
ויתיבינך למירתך ית **ארע** תותבותך די יהב ייי לאברהם: GN 28:4
יומיא דאתון קיימין על **ארעא**: אבדא תאבדון ית כל אתריא DT 12:1
קדמך היא בבית שפר **ארעא** אותיב ית אבך וית אחך GN 47:6
ותאיבו מיא מעילוי **ארעא** אזלין ותייבין וחסרו מיא GN 8:3
יתכון באולפניה ועילוי **ארעא** אחמינכון ית אישתיה רבתא DT 4:36
בדרינון ייי על אנפי כל **ארעא**: אילין גניסת שם שם בר מאה GN 11:9
למיעל עלנא כאורח כל **ארעא**: איתא נשקי ית אבונא חמר GN 19:31
למיקום בתר פילוג **ארעא** אלהין לבנת צלפחד למימר NU 36:6
ביקידת אישא ובליעת **ארעא** אלהין למלקי בסגירותא NU 17:5
גובריא דיחסנון לכון ית **ארעא** אלעזר כהנא ויהושע בר נון: NU 34:17
ית יורדנא למירות ית **ארעא** אנא מתקנס לממת אי ניחא DT 32:50
יומיא דאלילתון ית **ארעא** ארבעין יומין יומא לשתא NU 14:34
אנא מחית מיטרא על **ארעא** ארבעין יממין וארבעין GN 7:4
והוה מיטרא נחית על **ארעא** ארבעין יממין וארבעין GN 7:12
ייי והא ליתוהי עם דיירי **ארעא** ארום איתניגיד וסליק GN 5:24
לאוחאה למפטורינון מן **ארעא** ארום אמרין אין שהיין הינון EX 12:33
בכל ריחשא דרחיש על **ארעא**: ארום אנא הוא ייי דאסיקית LV 11:44
בזכותיה כל עממי **ארעא**: ארום גלי קדמיי חסידותיה GN 18:18
לחלוטין ארום דילי **ארעא** ארום דיירין ותותבין אתון LV 25:23
לקיימא מנהון זרעא על **ארעא**: ארום הא אנא יהיב להון GN 7:3
בהון ית שמיא וית **ארעא**: ארום חכימית דמן בתר DT 31:28
ואתירכיניה מן **ארעא** ארום ידעית ית די תברך NU 22:6
ארום לית דדמי לי בכל **ארעא**: ארום כדון שדרית ית מחת EX 9:14
ומליא יקרא דייי ית כל **ארעא**: ארום כל גובריא די חמון ית NU 14:21
קיימין ית שמיא וית **ארעא** ארום מיבד תיבדון DT 4:26
קדמוי: ויחמון כל עממי **ארעא** ארום שמא דייי חקיק מזמן DT 28:10
ולחמא לית בכל **ארעא** ארום תקיף כפנא לחדא GN 47:13
יומין דקיימין שמיא על **ארעא**: ארי אין מינטר תינטרון ית DT 11:21
לא אלהין עירית מטעיית **ארעא** אתיתון למיחמי: ואמרו GN 42:12
לאילין שבטיא תתפלג **ארעא** באחסנא במניין שמהן: NU 26:53
ריבוני פקיד ייי למיתן ית **ארעא** באחסנתא בעדבא לבני NU 36:2
דמצרים בבית שפר **ארעא** בארעא דפילוסין היכמה GN 47:11
ית אלמודד דמשח ית **ארעא** באשלון וית שלף דישלף GN 10:26
חם וית יפת: ואיתחבלת **ארעא** בגין דיירהא דסטו מן ארחן GN 6:11
לא תיכול מיניה ליטא **ארעא** בגין דלא חויאת לך חובך GN 3:17
לא אוסיף למילט תוב ית **ארעא** בגין חובי בני אינשא ארום GN 8:21
לא פסקין מסכינין מיגו **ארעא** בגין כן אנא מפקידכון DT 15:11
ואמר לנא גברא ריבוני **ארעא** בדא אנדע ארום מהימני GN 42:33
בר יפונה מן מאללי ית **ארעא** בזעו לבושיהון: ואמרו לכל NU 14:6
לקושין דמרווין צימחוני **ארעא** בירחא דניסן: ווי להון DT 32:2

ואזל ליה לגיירא כל בני **ארעא:** בירחא תליתאה לאפקות בני EX 18:27
למפקא טיבי ביש ביתבי **ארעא** בכנענאי ובפריזאי ואנא עם GN 34:30
ולא טמעו בבליעת **ארעא:** בנוי דשמעון לגניסתהון NU 26:11
פושו וסגו ומלו ית **ארעא** בנן ובנן ותקופו עלה בניכסין GN 1:28
עברית ימא ונפק על **ארעא** בסוף תלת שעין ולוט על GN 19:23
למירות יתה: ותחסנון ית **ארעא** בעדבין לגניסתכון לשיבט NU 33:54
כל ביסרא דרחיש על **ארעא** בעופא ובבעירא ובחיתא GN 7:21
דאפיקו טיב ביש על **ארעא** בשבעא יומין באלול והוון NU 14:37
רתיחין מן שמייא עילוי **ארעא:** בשנת שית מאה שנין לחיי GN 7:10
כנחלא: ותבו מלאללא ית **ארעא** בתמניא יומין בירחא דאב NU 13:25
בכל אילן או על **ארעא** גוזלין או בעיין ואימא רביעא DT 22:6
בטוורוס אומנוס בסייפי **ארעא** דאדום: וסליק אהרן כהנא NU 33:37
ימא דסוף לאחזרא ית **ארעא** דאדום וקנטת נפשא דעמא NU 21:4
אומנוס על תחום **ארעא** דאדום למימר: יתכנש אהרן NU 20:23
ואפיקו טיב ביש על **ארעא** דאלילו יתה לות בני ישראל NU 13:32
יתהון ולא תפלוט יתכון **ארעא** דאנא מעיל יתכון לתמן LV 20:22
והוא יחסין יתהון ית **ארעא** דאנת חמי: ושרינן בחילתא DT 3:28
ולמערבא: ארום ית כל **ארעא** דאנת חמי לך איתנינא GN 13:15
בכל אושטות ידך על **ארעא** דאנת עליל לתמן למירתה: DT 23:21
דילמא תגזור קיים ליתיב **ארעא** דאנת עליל עלה דילמא יהי EX 34:12
כחלב וחליין כדבש: ארום **ארעא** דאנת עליל תמן למירתה לא DT 11:10
אבוך ואלקיה דיצחק **ארעא** דאנת שכיב עלה לך אתנינה GN 28:13
דילמא יימרון דיירי **ארעא** דאפקתנא מתמן DT 9:28
נצצא ובכל מן דתרחש **ארעא** דאפרשית לכון לסאוביהון: LV 20:25
כהנא: ולא תטנפון ית **ארעא** דאתון בה ארום דם זכאי NU 35:33
דשדייה: ולא תסאבון ית **ארעא** דאתון בה דשכינתי שריא NU 35:34
ויתעיקון יתכון על **ארעא** דאתון יתבין בה: ויהי כמא די NU 33:55
ולא תיגדון יומין על **ארעא** דאתון עברין ית יורדנא DT 30:18
בסרהוביא מעילוי **ארעא** דאתון עברין ית יורדנא תמן DT 4:26
יומיא דאתון קיימין על **ארעא** דאתון עברין ית יורדנא תמן DT 31:13
הדין תורכון יומין על **ארעא** דאתון עברין ית יורדנא תמן DT 32:47
ותיעלון ותירתון ית **ארעא** דאתון עברין לתמן למירתה: DT 11:8
אלקי למעבד היכנא בגו **ארעא** דאתון עלין לתמן למירתה: DT 4:5
יתכון ותיתעקרון מעילוי **ארעא** דאתון עללין לתמן למירתה: DT 28:63
עד דישיצי יתכון מעילוי **ארעא** דאתון עללין תמן למירתה: DT 28:21
ידך לית אפשר למילקי **ארעא** דבה הות לך שיזבותא כד EX 8:12
דשמייא ולכל דרחיש על **ארעא** דביה נפשא חייתא ית כל GN 1:30
פלאין ביומא ההוא עם **ארעא** דגושן דעמי שרי עלה בדיל EX 8:18
אשתמע קליה עד **ארעא** דגשן מתחנן הוה פרעה בקל EX 12:31
עימך תעביד עימי ועם **ארעא** דדרתא בה: ואמר אברהם GN 21:23
הזעיר הוא אין סגי: ומא **ארעא** דהוא יתיב בה הטבתא היא NU 13:19
לארעא הדא ויתנינה לנא **ארעא** דהיא עבדא חלב ודבש: ברם NU 14:8
חיות ברא ואוף ית **ארעא** דהינון עלה: ואעבד פלאין EX 8:17
קריב לשמייא ורחיק מן **ארעא** דהכין כתיב אציתו שמייא DT 32:1
יחמינה וליה איתן ית **ארעא** דחברון דטייל בה ולבנוי DT 1:36
ולא תחסר כל מידעם בה **ארעא** די חכימהא גזירן גזירן ברירן DT 8:9
למימר סוקו ואחסינו ית **ארעא** די יהבית לכון וסריבתון על DT 9:23
תוב מינך יפקון: וית **ארעא** דיהבית לאברהם וליצחק לך GN 35:12
לטוורא הדין וחמי ית **ארעא** דיהבית לבני ישראל: ותחמי NU 27:12
ית עמך ית ישראל וית **ארעא** דיהבת לנא היכמא דקיימת DT 26:15
ותיעלון ותירתון ית **ארעא** דייי אלקא דאבהתכון יהיב DT 4:1
מן שמיא שתיא מוי: **ארעא** דייי אלקך תבע יתה DT 11:12
בגלל דיסגון יומיכון על **ארעא** דייי אלקכון יהב לכון: עמי EX 20:12
ויירתון אוף הינון ית **ארעא** דייי אלקכון יהיב לכון DT 3:20
יורדנא למיעל למירות ית **ארעא** דייי אלקכון יהיב לכון DT 11:31
בית נייחא ולאחסנת **ארעא** דייי אלקכון יהיב לכון: DT 12:9
בגלל דתיחון ותירתון ית **ארעא** דייי אלקכון יהיב לכון: DT 16:20
תחייב חובת מותנא ית **ארעא** דייי אלקכון יהיב לכון DT 24:4
בגלל דיסגון יומיכון על **ארעא** דייי אלקכון יהיב לכון: ארום DT 25:15
דתינגדון יומא דין על **ארעא** דייי אלקכון יהיב לכון כל DT 4:40
ומן בגלל דייטב לכון על **ארעא** דייי אלקכון יהיב לכון: עמי DT 5:16
ואמרו כלב ויהושע טבא **ארעא** דייי אלקנא יהיב לנא: ולא DT 1:25
הוא אלקא דשולטניה על **ארעא** דילא תיסב איתא לברי GN 24:3
זימנא למיפק ולמירות ית **ארעא** דישראל הא כדון היא NU 12:12
רשות חיות ברא מן **ארעא** דישראל ושלופי חרב לא LV 26:6
דעמיה דעל ידוי עתידה **ארעא** דישראל למיתפלגא ומשיחא EX 40:11
מן מדינחא דא תהוי לכון **ארעא** דישראל למצרני תחומהא NU 34:12
ואשרינון על תקוף כרכי **ארעא** דישראל: מימרא דייי DT 32:11
טב: ואמר אלקים תרבי **ארעא** דיתאי עישבא דביזריה GN 1:11
ארעא והוה כן: והנפקת **ארעא** דיתאין עיסבא דביזריה GN 1:12
קבורתיה דמשה ובעון: **ארעא** דכבש ייי ומחא יתבהא קדם NU 32:4
מצרים ועד סופיה: לחוד **ארעא** דכומרניא לא זבן מן בגלל GN 47:22
חומשא מן עללתא לחוד **ארעא** דכומרנייא בלחודהון לא GN 47:26
גיחון הוא דמקיף ית כל **ארעא** דכוש: ושום נהרא תליתאה GN 2:13

ארעא דמצרים: ואצלחת **ארעא** דכל שובל עבד מלי תרי GN 41:47
דתתפלג לכון באחסנא **ארעא** דכנען בתחומהא: ויהוי לכון NU 34:2
גוברין חריפין ויאללון ית **ארעא** דכנען דאנא יהיב לבני NU 13:2
אילהין סוק וחמי ית **ארעא** דכנען דאנא יהיב לבני DT 32:49
יתהון משה לאללא ית **ארעא** דכנען ואמר להון סקו בהדין NU 13:17
יורדנא ועלו לסייפי **ארעא** דכנען: ועומרא חד מן עשרא EX 16:35
עמהון למיתן להום ית **ארעא** דכנען ית ארע תותבותהון EX 6:4
ארעא תותבותך ית כל **ארעא** דכנען לאחסנת עלם והוי GN 17:8
מטול למיתן לכון ית **ארעא** דכנען למהוי לכון לאלקא: LV 25:38
ארעא דמצרים ודיירי **ארעא** דכנען מן קדם כפנא: ולקיט GN 47:13
תומרייהא עבדין דבש: **ארעא** דלא בחוסרנא תיכלון בה DT 8:9
ואצדי לחוד אנא ית **ארעא** דלא יהי עלה נייח רוחא LV 26:32
יד ימינך ייי בשבועה על **ארעא** דלא יתבעון מינה לעלמי EX 15:12
הוה מחבל עובדוי על **ארעא** דלא למקמה בנין על שמיה GN 38:9
מצלחא ומליעות ידנא מן **ארעא** דלטא ייי בגין חובי בני GN 5:29
הא מלכא סליק מן **ארעא** דמגוג בסוף יומיא ומכנש NU 11:26
גד תקיף לחדא וחמון ית **ארעא** דמכוור וית ארע גלעד והא NU 32:1
וקנא יוסף ית כל **ארעא** דמצראי לפרעה ארום זבינו GN 47:20
ואפיקית יתכון פריקין מן **ארעא** דמצראי מבית שעבוד DT 5:6
ואפיקית יתכון פריקין מן **ארעא** דמצראי מן בית שיעבוד EX 20:2
על כל ביתיה ושליט בכל **ארעא** דמצרים: אוחו וסקו לות אבא GN 45:8
יתהון פריקין מן **ארעא** דמצרים אנא הוא ייי אלקכון: LV 25:55
פרעה ולבית עבדוי ובכל **ארעא** דמצרים אתחבלו יתבי EX 8:20
למשה ארים את ידך על **ארעא** דמצרים בדיל גובא וייסק על EX 10:12
שמייא ויהי חשוכא על **ארעא** דמצרים בקריצתא ויעדי EX 10:21
עורדענייא וחפת ית **ארעא** דמצרים ברם משה לא אלקי EX 8:2
דארעא ויהי לקלמי בכל **ארעא** דמצרים ברם על ידך לית EX 8:12
ותהי צווחתא רבתא בכל **ארעא** דמצרים דדכותיה ליליא לא EX 11:6
דבזכותיה עדת כפנא מן **ארעא** דמצרים דהוות גזירתא GN 50:3
מניכון ארום שפר ארג כל **ארעא** דמצרים דילכון הוא: ועבדו GN 45:20
הוא לחמא: וכפנת כל **ארעא** דמצרים דלא הות מפקא בר GN 41:55
כפנא בכל ארעתא ובכל **ארעא** דמצרים הוא לחמא: וכפנת GN 41:54
מלכותא דפרעה בריש **ארעא** דמצרים הוה וכד קרא למשה EX 12:31
ובני ישראל במציעות **ארעא** דמצרים הוות ופלטרין דבית EX 12:31
ובעיסבא דחקלא בכל **ארעא** דמצרים: ואוחי פרעה ושדר EX 10:15
ומני יתיה סרכן על כל **ארעא** דמצרים: ואמר פרעה ליוסף GN 41:43
דמנית יתך סרכן על כל **ארעא** דמצרים: ואעדי פרעה ית GN 41:41
ועבר רב ושליט בכל **ארעא** דמצרים: ואצלחת ארעא דכל GN 41:46
ואסיק ית עורדעניא על **ארעא** דמצרים: וארים אהרן ית ידיה EX 8:1
ידוי עתידא למחרבא כל **ארעא** דמצרים ובגין איתיעט ואמר EX 1:15
ייי אפיק יתכון פריקין מן **ארעא** דמצרים: ובצפרא יתגלי EX 16:6
לחדא ואישתלהון דיירי **ארעא** דמצרים ודיירי ארעא דכנען GN 47:13
ואחית ייי ברדא על **ארעא** דמצרים: והוה ברדא ואישתא EX 9:23
פרעה: ויהי לאבקא על כל **ארעא** דמצרים ויהי על אינשא ועל EX 9:9
ונפק יוסף שליט על **ארעא** דמצרים: ויוסף בר תלתין GN 41:45
משה ית חוטריה על **ארעא** דמצרים וייי דבר רוח EX 10:13
אתיין שובעא רבא בכל **ארעא** דמצרים: ויקומון שבע שני GN 41:29
סבי בייתיה וכל סבי **ארעא** דמצרים: וכל אינש ביתא GN 50:7
סגי שלופוקיין בכל **ארעא** דמצרים: ונסיבו ית קטמא EX 9:9
וחכים וימניניה על **ארעא** דמצרים: ועבד פרעה וימנה GN 41:33
והות מחת דמא בכל **ארעא** דמצרים: ועבדו היכדין EX 7:21
למיהוי קלמי בכל **ארעא** דמצרים: ועבדו היכדין EX 8:13
וארום הוא שליט בכל **ארעא** דמצרים ופליג ליביה ארום GN 45:26
על ידוי עתידה למובדא **ארעא** דמצרים: ופקיד לאיתותבא EX 10:7
ואסיקו ית עורדענייא על **ארעא** דמצרים: וקרא פרעה למשה EX 8:3
למרכוב על סוסיא בכל **ארעא** דמצרים: וקרא פרעה שמיה GN 41:44
גובא: וסליק גובא על כל **ארעא** דמצרים ושרא בכל תחום EX 10:14
ואיתן לכון ית שפר ארג **ארעא** דמצרים ותיכלון ית GN 45:18
ומלכו: ומחא ברדא בכל **ארעא** דמצרים ית כל דבחקלא EX 9:25
לא חמית דכוותהן בכל **ארעא** דמצרים לבישו: ואכלן תורתי GN 41:19
ואיתבדר עמא בכל **ארעא** דמצרים לגבבא גולי לתיבנא: EX 5:12
דסני ייי יתנא אפקנא מן **ארעא** דמצרים למימס יתנא בידא DT 1:27
לגזירא עד יומא הדין על **ארעא** דמצרים לפרעה למיסב GN 47:26
דאפיק יתכון פריקין מן **ארעא** דמצרים מבית שעבוד DT 13:11
תמן בכור מאית: ותחום **ארעא** דמצרים מהלך ארבע מאה EX 12:31
יתכון פריקין מן **ארעא** דמצרים מטול למיהוי לכון LV 11:45
ואפיקית יתכון פריקין מן **ארעא** דמצרים מטול למיתן לכון LV 25:38
יתכון פריקין מן **ארעא** דמצרים מלמהוי להון LV 26:13
דלא הוה דכותיה בכל **ארעא** דמצרים מן עידן דהות EX 9:24
שמייא ויהי ברדא בכל **ארעא** דמצרים על אינשא ועל EX 9:22
אבוך ואחך אתו לותך: **ארעא** דמצרים קדמך היא בבית GN 47:6
חמי בחילמיה והא כל **ארעא** דמצרים קיימא בכף מודנא EX 1:15
ואפיק יתהון פריקין מן **ארעא** דמצרים תוקפא ורוממותא NU 23:22
והוה חשוך דקביל בכל **ארעא** דמצרים תלתא יומין: לא EX 10:22

נפקין בביקען ובטוורין: **ארעא** דמרביא חינטין ושערין DT 8:8
לארעא משבחא בפירהא **ארעא** דנגדא נחלין דמיין צלילין DT 8:7
ארום אסיקתנא ממצרים **ארעא** דעבדא חלב ודבש NU 16:13
לות בני ישראל למימר **ארעא** דעברנא בה לאללא יתה NU 13:32
לכל כנישתא למימר **ארעא** דעברנא בה לאללא יתה NU 14:7
מיגנב איתגניבית מן **ארעא** דעיבראי ואוף הכא לא GN 40:15
ובבעירא ובכל חית **ארעא** דעימכון מכל נפקי תיבותא GN 9:10
למיתן להון ולבניהון **ארעא** דפירהא שמינין כחלב וחליין DT 11:9
דקיימת לאבהתנא **ארעא** דפירהא שמינין כחלב וחליין DT 26:15
דייי אלקכון יהיב לכון **ארעא** דפירהא שמינין כחלב ועבדין DT 27:3
דקטלתיה ליט את מן **ארעא** דפתחת ית פומא וקבילת ית GN 4:11
בגלל דיסגון יומיכון על **ארעא** דקיים ייי לאבהתכון DT 11:21
בסוף גלוותא ותיתבון על **ארעא** דקיים ייי לאבהתכון DT 30:20
ובאיבא דארעכון על **ארעא** דקיים ייי לאבהתכון: ארבעא DT 28:11
ותיעלון ותירתון ית **ארעא** דקיים ייי לאבהתכון: ותהון DT 8:1
בגלל דיסגון יומיכון על **ארעא** דקיים ייי לאבהתכון למיתן DT 11:9
ויתן לכון ית כל **ארעא** דקיים לאבהתכון: ארום DT 19:8
יתנא למיתן לנא ית **ארעא** דקיים לאבהתן: ופקיד עלנא DT 6:23
אמירא דא דלא יחמון ית **ארעא** דקיימית לאבהתהון ולא NU 14:23
עמא ויעלון וירתון ית **ארעא** דקיימית לאבהתהון למיתן DT 10:11
עשרין שנין ולעילא ית **ארעא** דקיימית לאברהם ליצחק NU 32:11
דמילתא בארעא ודא **ארעא** דקיימית לאברהם ליצחק DT 34:4
ולחטאנא ותחסנינגא ית **ארעא** דקיימת לאבהתנא דלא EX 34:9
ואעיל יתהון וינדעון ית **ארעא** דקצתון בה: ופיגריכון דילכון NU 14:31
דעבדית: עוד כל יומי **ארעא** דרועא בתקופת תשרי GN 8:22
אלקכון על אפי כל יתבי **ארעא** דתדרכון בה היכמא דמליל DT 11:25
האילין ואיתבזעת **ארעא** דתחותהון: ופתחת ארעא ית NU 16:31
ית בני ישראל למימר דא **ארעא** דתתחסין יתה בעדבא דפקיד NU 34:13
לדוכתא חד ותתנגב **ארעא** דתתחמי יבישתא והוה כן: GN 1:9
עלין לארעא דכנען דא **ארעא** דתתפלג לכון באחסנא NU 34:2
הי ככוכבי שמיא וכל **ארעא** הדא דאמרית לכון איתן EX 32:13
ויימרון בחדווא ליתבי **ארעא** הדא דישמעו ארום אנת הוא NU 14:14
עלי למימר לבנך אתן ית **ארעא** הדא הוא יזמן מלאכיה GN 24:7
אעלני ייי למירת ית **ארעא** הדא ובחובי עממיא האילין DT 9:4
ואמר לבנך אתין ית **ארעא** הדא ובנא תמן מדבחא קדם GN 12:7
קיים כדון קום פוק מן **ארעא** הדא ותוב לארע ילדותך: GN 31:13
באומתא דגרמיה: וית **ארעא** הדא יריתנא בעידנא ההיא DT 3:12
יתכון ויסק יתכון מן **ארעא** הדא לארעא דקיים לאברהם GN 50:24
שיבטין ואיתין ית **ארעא** הדא לברך בתרך אחסנת GN 48:4
קדם ייי ומישראל ותהי **ארעא** הדא לכון לאחסנא קדם ייי: NU 32:22
דכשדאי למיתן לך ית **ארעא** הדא למירתא: ואמר ייי GN 15:7
ייי אלקכון יהיב לכון ית **ארעא** הדא למירתא מזיינין DT 3:18
למימר לבנך אתן ית **ארעא** הדא מנילוס דמצרים עד GN 15:18
לאתרא הדין ויהב לנא ית **ארעא** הדין ארע דפירהא שמינין DT 26:9
דמקדמת דנא הוון יתבי **ארעא** ההיא לוטן ושובל וצבעון GN 36:20
ית סדם וית עמרה הות **ארעא** ההיא משבחא באילניא GN 13:10
בארעא דפונטוס: מן **ארעא** ההיא נפק נמרוד ומלך GN 10:11
בעי למטמע יתהון ולא **ארעא** הות בעיא למבלע יתהון EX 15:12
ובכל ריחשא דרחיש על **ארעא** הנפק עימך ויתילדון בארעא GN 8:17
אין בחקרין: ומה שבח **ארעא** השמינין הינון פירייה אין NU 13:20
חיין לשייול וחפת עליהון **ארעא** ואובדו מגו קהלא: וכל NU 16:33
איתקוללו מיא מעילוי **ארעא**: ואוריך תוב שובעא יומין GN 8:11
ארום מוי על אנפי כל **ארעא** ואושיט ידיה ונסבהא ואעיל GN 8:9
ויתברכון בך כל זרעית **ארעא**: ואזל אברם היכמה דמליל GN 12:3
ומצלהבא אישתא על **ארעא** ואחית ייי ברדא על ארעא EX 9:23
אוקינוס והדר סליק מן **ארעא** ואחית מיטרא ומשקי ית כל GN 2:6
תידברון לאחסנא ית **ארעא**: ואילין שמהן גובריא NU 34:18
לא אמטר ייי אלקים על **ארעא** ואינש לא אית למיפלח ית GN 2:5
ולבנך בתרך אתן ית **ארעא**: ואיסתלק מעילווי יקר GN 35:12
עד די תיסגי ותחסין ית **ארעא**: ואישוי ית תחומך מן ימא EX 23:30
ארום אנא ייי שליט בגו **ארעא**: ואישוי פורקן לעמי ועל עמך EX 8:18
אמרו דילמא תבלוע יתן **ארעא**: ואישתא נפקת ברוגזא מן NU 16:34
שמיא ואישתיצי מן **ארעא** ואישתאר ברם נח ודעימיה GN 7:23
לא ניתבדר מעילוי אנפי **ארעא**: ואיתגלי ייי לאיתפרעא GN 11:4
ומיא תקפו לחדא על **ארעא** ואיתחפיאו כל טווריא רמיא GN 7:19
יהי עוד טובענא לחבלא **ארעא**: ואמר אלקים דא את קימא GN 9:11
חייתא דרחשא עילוי **ארעא**: ואמר אלקים הא יהיבת לכון GN 1:28
חיתא בכל ביסרא דעל **ארעא**: ואמר אלקים לנח דא את GN 9:16
מתרע משכנא וסגיד על **ארעא**: ואמר בבעו ברחמין מן קדמך GN 18:2
משכנא וסגיד אנפוי על **ארעא**: ואמר בבעו כדון רבוניי זורו GN 19:1
מכל עממייא דעל אנפי **ארעא**: ואמר ייי למשה אוף ית EX 33:16
כדון תמן ונפלו קדמוי על **ארעא**: ואמר להום יוסף מה עובדא GN 44:14
קשין ובזי יתן כמאללי **ארעא**: ואמרנא ליה מהימני אנן לא GN 42:30
דתינדע ארום דייי היא **ארעא**: ואנת ועבדך חכימית ארום EX 9:29

בידכון ית כל יתבי **ארעא** ואנת תתריכינון מן קדמך: לא EX 23:31
מן קדמיכון: ואיסתאבת **ארעא** ואסערית חובאה עלה LV 18:25
שתא נגובו מיא מעל **ארעא** ואעדי נח ית חופאה GN 8:13
נפקי תיבותא לכל חית **ארעא**: ואקיים ית קימי עימכון ולא GN 9:10
אלקים ית שמייא וית **ארעא**: וארעא הוות תהייא ובהיא GN 1:1
אלקים רוח רחמין על **ארעא** ואשתדכו מיא: ואיסתגרו GN 8:1
מכל עממייא דעל אפי **ארעא**: ואתון תהון קדמי מלכין EX 19:5
בגין זכוותך כל ייחוסי **ארעא** ובגין זכוות בנך: והא מימרי GN 28:14
נחלא דאתכלא וחמון ית **ארעא** ובטילו רעות ליבא דישראל NU 32:9
ייי ושכליל ית שמיא וית **ארעא** וביומא שביעאה שבת ונח: EX 31:17
וחמא נגובו אנפי **ארעא**: ובירח מרחשון בעשרין GN 8:13
דשמייא בכל דתרחיש **ארעא** ובכל נוני ימא בידכם GN 9:2
לא אתברייו בכל דיירי **ארעא** ובכל עממיא ויחמון כל עמא EX 34:10
שמייא ובבעירא ובכל **ארעא** ובכל ריחשא דרחיש עילוי GN 1:26
בני נשא למסגי על אנפי **ארעא** ובנתא שפירתא איתילידו GN 6:1
ריחשא דרחיש עילוי **ארעא**: וברא אלקים ית אדם GN 1:26
במותא ואישתיצית מן **ארעא**: וברם בקושטא לא מן בגלל EX 9:15
רכובוי וסגד על אפוי על **ארעא**: ודבר יוסף ית תריהום ית GN 48:12
להום פושו וסגו ומלו ית **ארעא**: ודחלתכון ואימתכון יהי על GN 9:1
דמצרים ולכל יתבי **ארעא**: ודעבד למשריית מצרים DT 11:3
חטופין: וחמא ייי ית **ארעא** והא איתחבלת ארום חבילת GN 6:12
ליזניה דביזריה ביה על **ארעא** והוה כן: והנפקת ארעא GN 1:11
דשמייא למנהרא עילוי **ארעא** והוה כן: ועבד אלקים ית GN 1:15
ובין מימר כל ביסרא דעל **ארעא**: והוו בני נח דנפקו מן תיבותא GN 9:17
אמין הוה פרח על אנפי **ארעא** והוו מהלכין בהון עד פרתהון NU 11:31
מיא וסגיאו לחדא על **ארעא** והות תיבותא מהלכא סחיא GN 7:18
כחדא בכל סייפי **ארעא** והינון ריבוותא דקטל יהושע DT 33:17
יוסף יתקפון לסגי בגו **ארעא**: וחמא יוסף ארום משוי אבוה GN 48:16
ליה על אפיהום על **ארעא**: וחמא יוסף ית אחוהי GN 42:6
ארום תקיף כפנא בכל **ארעא**: וחמא יעקב ארום עללייא GN 41:57
למיחמי בנימוס בנת עמי **ארעא**: וחמא יתא שכם בר חמור GN 34:1
דהוה נחית לא מטא על **ארעא**: וחמא פרעה ארום איתמנע EX 9:33
כירוויין כירוויין וסריית **ארעא**: וחמא פרעה ארום הות EX 8:10
דקיק כגלידא דעל **ארעא**: וחמון בני ישראל והוון EX 16:14
ויוסף הוא הוה שליט על **ארעא** וידע דאחוי עלין למזבון מני GN 42:6
לכון בר זרעא ותזרעין ית **ארעא**: ויהי באשוניה במכנוש GN 47:23
קיים בין מימרי וביני **ארעא**: ויהי כד אפרוס ענני יקרא GN 9:13
דילמא תיגזר קיים ליתיב **ארעא** ויטעון בתר טעוותהון EX 34:15
וגיותנין על כל עממי **ארעא**: וייתון עליכון כל בירכתא DT 28:1
וימנה אפיטרופין על **ארעא** ויפקון חד מן חמשא מן כל GN 41:34
ולא יהוי יכיל למיחמי ית **ארעא** וישיצי ית שאר שיזבותא EX 10:5
יומיא דהינון קיימין על **ארעא** וית בניהון יאלפון: וקריבתון DT 4:10
ברא ייי ית שמיא וית **ארעא** וית ימא וית כל מא דאית EX 20:11
מזדרע דעילוי אנפי כל **ארעא** וית כל אילני סרקא לצרוך GN 1:29
קדמנא ויתרגנון לנא ית **ארעא** ויתיבון יתנא פיתגמא ית DT 1:22
עלמא ושיציאונון מן **ארעא** וכד אגחו מלכיא האילין הוה GN 14:13
דשדר משה לאללא ית **ארעא** וכדי חמא משה עינוותנותיה NU 13:16
ובכל ריחשא דרחיש על **ארעא** וכל בני נשא: כל דנשמת GN 7:21
דבהון למשמשין קדמוי **ארעא** וכל דאית בה: לחוד DT 10:14
מיניה למן דיליה אחסנת **ארעא**: וכל עילווייה יהי בסילעי LV 27:24
צווחין קדמיי מן **ארעא**: וכען חלף דקטלתיה ליט את GN 4:10
וקשתא ועננֵי יקרא ופום **ארעא** וכתב לוחי קימא ומזיקי NU 22:28
מיא מעילוי אנפי **ארעא**: ולא השכחת יונתא נייחא GN 8:8
מן כל בני נשא דעל אנפי **ארעא** ולא חש למיליהון: ואמר ייי NU 12:3
דלא יתעביד ביה פולחן **ארעא** ולא יזדרע וינפקון תמן ית DT 21:4
וישיצי כפנא ית דיירי **ארעא**: ולא יתידע שובעא דהוה GN 41:30
דקדמיכון ואסתאבת **ארעא**: ולא תפלוט ארעא יתכון LV 18:27
קדמיכון ית דיירא **ארעא** ולא תצטרכון למיטול זיינא DT 1:8
מתפרע הוא יטנף ית **ארעא** ולארעא לא מתכפר על דם NU 35:33
כן: וקרא אלקים לנגביתא **ארעא** ולבית כנישות מיין קרא GN 1:10
יהי למיכל: ולכל חיות **ארעא** ולכל עופא דשמייא ולכל GN 1:30
דשמייא למנהרא על **ארעא**: ולמישמשא בימָמא GN 1:17
יומא דברא ייי אדם על **ארעא** ולמסייפי שמיא ועד סייפי DT 4:32
לאפקא טיב ביש על **ארעא**: ומיתו גובריא דאפיקו טיב NU 14:36
ומטוב שבח פירי **ארעא** ומלייה רעי ליה אלא DT 33:16
יומין לירחא איתבשת **ארעא**: ומליל ייי עם נח למימר: פוק GN 8:14
האינון דהליכו לאללא ית **ארעא**: ומליל משה ית פיתגמייא NU 14:38
יתי יומא דין מעל אנפי **ארעא** ומן קדמך האיפשר דאיטמר GN 4:14
ערביב ייי לישן כל דיירי **ארעא** ומתמן בדרינון ייי על אנפי GN 11:9
עימנא ונוטיב לך בפילוג **ארעא**: ונטלו מטורא דאתגלי עלוי NU 10:32
בארעא ויפשון ויסגון על **ארעא**: ונפק נח ובנוי ואינתתיה ונשי GN 8:17
ארבעין יממין על **ארעא** וסגיאו מיא ונטלו ית GN 7:17
ואוחי משה וגחן על **ארעא** וסגיד: ואמר אין בבעו EX 34:8
מריקם גיעא למיחמי ית **ארעא**: וסליקו עד נחלא דאתכלא NU 32:8

יח כל גווית אינש ובעיר **ארעא:** ועבד נח ככל דפקדיה ייי: ונח GN 7:4
דנן תרתין שנין כפנא בגו **ארעא** ועד חמש שנין דלא רדיין GN 45:6
ביני כל עממיא מסייפי **ארעא** ועד סייפי ארעא ותהוון DT 28:64
דרחיקין לכון מן סייפי **ארעא** ועד סייפי ארעא: לא תצבון DT 13:8
יהי על כל חיית **ארעא** ועל כל עופא דשמייא בכל GN 9:2
וטובענא הוה מיא על **ארעא:** ועל נח ובנוהי ואינתתיה ונשי GN 7:6
עד שיול ארעיא וסייפת **ארעא** ועללתה ושלהבת יסודי DT 32:22
ציפונא לחבלא יתבי **ארעא** ועמונאי ומואבאי יתבי DT 34:3
וכפנא הוה על כל אנפי **ארעא** ופתח יוסף ית כל אוצרין GN 41:56
זיינא עולו ואחסינו ית **ארעא** וקבעו בה דיפטיא ופלגוהא DT 1:8
ונפק טיבהון ביש בעממי **ארעא** וקנון להון שום ביש לדריהון: EX 32:25
ואחך למגחן לך על **ארעא:** וקניאו ביה אחוהי ואבוי נטר GN 37:10
לביתא וסגידו ליה על **ארעא:** ושאל להום לשלם ואמר GN 43:26
דטייס ושרכפיה על **ארעא** ושביל טייסיה על אויר רקיע GN 1:20
עד דיביאישו מיא מעילוי **ארעא:** ושדר ית יונתא דכייתא GN 8:7
בתר כדין יסקון להון מן **ארעא:** ושוון עליהון רברבנין EX 1:10
ארום ביומוי איתפליגת **ארעא** ושום אחוי יקטן: ויקטן GN 10:25
דכל ארעא עד די חשוכת **ארעא** ושיצי ית כל עיסבא דארעא EX 10:15
ענפוי מטלן על כל דיירי **ארעא** ושירשוי מטיין עד ארעית GN 50:1
האילין אתריגישת **ארעא** ושמיא זעו שימשא וזיהרא DT 28:15
ביומא דעבד ייי אלקים **ארעא** ושמייא: וכל אילני חקלא עד GN 2:4
איתבדרו למיתב בכל **ארעא:** ושרי נח למיהוי גבר פלח GN 9:19
די שדר משה לאללא ית **ארעא** ותבו וארעימו עלוהי ית כל NU 14:36
מסייפי ארעא ועד סייפי **ארעא** ותהוון מסקי ארנונא לפלחי DT 28:64
לריחוק לכל מלכוות **ארעא:** ותהי נבילתכון משגרא DT 28:25
תשיצון: ותתרכון ית יתבי **ארעא** ותיתבון בה ארום לכון NU 33:53
יטעיין בזנו בתר עממי **ארעא** ותיתמלי ארעא זנו: ית יומי LV 19:29
חגא מן זינין דמרביין מן **ארעא** ותלישין משחתהא עד LV 23:42
ארום מקבל תחמי ית **ארעא** ותמן לא תיעול לארעא DT 32:52
עם אינתתיה כאורח כל **ארעא** ותקף רוגזא דייי עליה GN 38:7
תיבותא ואיתרמת מעל **ארעא:** ותקפו מיא וסגיאו לחדא על GN 7:17
דבביכון בכין תתנייח **ארעא** ותרעי ית שני שמיטהא: כל LV 26:34
אפרוס ענני יקרא עילוי **ארעא** ותתחמי קשתא ביממא עד GN 9:14
עממי ארעא ותיתמלי **ארעא** זנו: ית יומי שביא דילי LV 19:29
בגין בנך כל עממי **ארעא:** חולף די קבל אברהם במימרי GN 26:4
בגין זכוות בנך כל עממי **ארעא** חולף דקבילתא במימרי: GN 22:18
לקורייהא בתחומי קוריי **ארעא** חזור חזור: ובנו בני גד ית NU 32:33
קדם ייי ואיתמליאת **ארעא** חטופין: וחמא ייי ית ארעא GN 6:11
קדמי ארום איתמליאת **ארעא** חטופין מן עובדיהן בישיא GN 6:13
תקיף עליהון כפנא והות **ארעא** חליטא לפרעה: וית עמא GN 47:20
אעיבר כדון ואחמי ית **ארעא** טבתא דבעיברא דיורדנא DT 3:25
דבזכותיה אחסין יתהון **ארעא** טבתא דעבדא עיבור וחמר DT 33:28
לכון ותיעלון ותירתון ית **ארעא** טבתא דקיים ייי לאבהתכון: DT 6:18
דרא בישא הדין ית **ארעא** טבתא דקיימתא למיתן DT 1:35
ואתון עברין ותירתון ית **ארעא** טבתא הדא: אסתמרו לכון DT 4:22
עם קודקדא: וחמא **ארעא** טבתא וקביל חולקיה DT 33:21
לעשו הא בטוב פירי **ארעא** יהי מותבך ומטלא דשמייא GN 27:39
לדיגלוי למשרג בהון על **ארעא:** ית אילין מינייא מנהון LV 11:21
מימרא דייי ית כל תקיפי **ארעא** ית גבורן דעתיד למעבד DT 34:1
חובאה עלה ופלטת **ארעא** ית דיירהא: ותיטרון אתון LV 18:25
איתברי לה כדון ותפתוח **ארעא** ית פומא ותבלוע יתהון וית NU 16:30
ארעא דתחותהון: ופתחת **ארעא** ית פומה ובלעת יתהון וית NU 16:32
ופליגו על ייי: ופתחת **ארעא** ית פומה ובלעת יתהון וית NU 26:10
אליאב בר ראובן דפתחת **ארעא** ית פומה ובלעתנון וית אינש DT 11:6
צדיאן: הא בכן תרעי **ארעא** ית שני שמיטהא כל יומין LV 26:34
דפריסן על חקל **ארעא** יתחשבון פורקנא תהי לכון LV 25:31
ארעא: ולא תפלוט **ארעא** יתכון בסאוביכון יתה היכמה LV 18:28
מכל עממיא דעל אנפי **ארעא** כזמן יומא הדין: ותעדון ית DT 10:15
מן כל בעירא דעל **ארעא:** כל דסדיקא פרסתא LV 11:2
שובעא יומין: וחמא יתבי **ארעא** כנענאי ית איבלא בבית GN 50:11
בריחשא דרחיש על **ארעא** כרכושתא ועכברא אוכמא LV 11:29
האיפשר מאן דדאין כל **ארעא** לא יעביד דינא: ואמר ייי אין GN 18:25
כולהון עממיא דעל אנפי **ארעא:** לא מן בגלל דאתון גיוותנין DT 7:6
חקרא מן קדם יתבי **ארעא:** לא נתוב לבתנא עד דיחסנון NU 32:17
מן ידך: ארום תיפלח ית **ארעא** לא תוסף למיתן חיל פירהא GN 4:12
מכל עממיא דעל אפי **ארעא:** לא תיכלון כל מידעם DT 14:2
בכל ריחשא דרחיש על **ארעא** לא תיכלונון ארום שיקצא LV 11:42
מן סייפי ארעא ועד סייפי **ארעא:** לא תצבון להון ולא תקבלון DT 13:8
מצלהבא תהי יקדא כל **ארעא** לא תתכשר לבר זרע ולא DT 29:22
נפשת חייתא דרחשא על **ארעא:** לאפרשא ביני מסאבא וביני LV 11:46
ליזנה וית כל רחיש **ארעא** לזנה זני דכיין וזני דלא דכיין GN 1:25
וכל עופא דרחיש על **ארעא** לזרעייתהון נפקו מן תיבותא: GN 8:19
ית טובענא מיא על **ארעא** לחבלא כל בישרא דביה GN 6:17
בה לאללא יתה טבא **ארעא** לחדא לחדא: אין רעוא דייי NU 14:7

בעירי וריחשי ובריית **ארעא** ליזנה והוה כן: ועבד אלקים GN 1:24
כן: ועבד אלקים ית חיות **ארעא** ליזנה זני דכיין וזני דלא דכיין GN 1:25
וכל ריחשא דרחיש על **ארעא** ליזניה כל עופא ליזניה כל GN 7:14
בתר טובענא: והוה כל **ארעא** לישן חד וממלל חד ועיטא GN 11:1
יהי לארעא: ותהי שמיטת **ארעא** לכון למיכל לך ולעבדך LV 25:6
באורחא בעוד סוגעי **ארעא** למיעול לאפרת ולא יכילת GN 48:7
בה ארום לכון יהבית ית **ארעא** למירות יתה: ותחסנון ית NU 33:53
ולא סוברת יתהום **ארעא** למיתב בחדא ארום הוה GN 13:6
יתהון דחילא הות **ארעא** למקבלא יתהון מן בגלל דלא EX 15:12
ארום עתידין כל דיירי **ארעא** למשמע קל ציווחתהון EX 7:9
מלכות עוג מלכא דמתנן **ארעא** לקורייהא בתחומי קוריי NU 32:33
יתהון ותיתבון על **ארעא** לרוחצן:: וארום אין תימרון LV 25:18
מתמן על אנפי כל **ארעא** לשיבעין לישנין ולא הוה ידע GN 11:8
ברם בעדבין תתפלג **ארעא** לשמהן שיבטא דאבהתהון NU 26:55
בתיבותא: ותקפו מיא על **ארעא** מאה וחמשין יומין: ודכיר ייי GN 7:24
אינשא דבריתי מעל אנפי **ארעא** מאינשא עד בעירא עד GN 6:7
אינש ובעיר דעל אנפי **ארעא** מאינשא עד בעירא עד GN 7:23
לטורא: ותיחמון ית **ארעא** מה היא וית עמא דיתיב עלה NU 13:18
בינא ובינך ותתמלי **ארעא** מינן ולא נצטרך לבנהא דהגר GN 16:5
דסלקין ומרביין צימחי **ארעא** מלרע וסוגעי עיבור וחמר: GN 27:28
מלעילא ושליט על **ארעא** מלרע לית חורן בר מיניה: DT 4:39
שמייא ואימליל ותישמע **ארעא** ממלל פמי: ינקוף על מרודיא DT 32:1
עינבין: וסליקו ואלילו ית **ארעא** מן מדברא דצין עד פלטיוות NU 13:21
פרסת ריגלה למדרס על **ארעא** מן פירנוקא ומן חיטוייא DT 28:56
דמצרים אתחבלו יתבי **ארעא** מן קדם עירבוב חיות ברא: EX 8:20
לא תתרכון ית כל יתבי **ארעא** מן קדמיכון ויהי מה די NU 33:55
ותתרכון ית כל יתבי **ארעא** מן קדמיכון ותספון ית כל NU 33:52
ונסיבנא בעידנא ההיא ית **ארעא** מן רשות תרין מלכי אמוראי DT 3:8
לחדא ואיתמליאת **ארעא** מנהון: וקם מליך חדת כמין EX 1:7
דמצראי ולאסקותהון מן **ארעא** מסאבתא ההיא לארע EX 3:8
דעברנא בה לאללא יתה **ארעא** מקטלא יתבהא היא במרעין NU 13:32
ייי אלקכון על כל פירי **ארעא** משבחא דיהב לכון: DT 8:10
בסרהוביא מעילוי **ארעא** משבחא דייי יהיב לכון: DT 11:17
ייי אלקכון יהיב לכון ית **ארעא** משבחא הדא למירתה ארום DT 9:6
דיהב ייי אלקכון לכון ית **ארעא** סוקו ואחסינו היכמה דמליל DT 1:21
כן: וחפא ית חזוונא דכל **ארעא** עד די חשוכת ארעא ושיצי EX 10:15
מן יום מהויהון על **ארעא** עד יומא הדין ואיתפיני ונפק EX 10:6
דתתני שמי קדישא בכל **ארעא:** עד כדון מתרברב בעמי בדיל EX 9:16
והא אנא מחבלהון עם **ארעא:** עיבד לך תיבותא דקיסין GN 6:13
למימר: מליל גברא ריבוני **ארעא** עימנא מילין קשין ובזי יתן GN 42:30
דמצרים: וכל דיירי **ארעא** עלו למצרים למזבון עיבורא GN 41:57
בסרהוביא מעילוי אפי **ארעא:** עמי בני ישראל הוו זהירין DT 6:15
לעלמי דאתי ופתחת **ארעא** פומה ובלעת יתהון: דברת EX 15:12
בכיר ולקיש ותיתן **ארעא** פירי עללתא ואילן דאנפי LV 26:4
בשתא חדא דילמא תהי **ארעא** צדיא ויסגון עלך חיות ברא EX 23:29
ית פיתגמיהון וסגיד על **ארעא** קדם ייי: והנפק עבדא מנין GN 24:52
דבבוי מן קדמוי: ותתכבש **ארעא** קדם עמא דייי ומן בתר כדין NU 32:22
עמא דייי ותתכבש **ארעא** קדמיכון ותיתנון להון ית NU 32:29
אחין אנחנא: הלא כל **ארעא** קדמך אתפרש כדון מיני אם GN 13:9
ניסא חמישאה קפצת **ארעא** קומוי ובההוא יומא דנפק GN 28:10
אומא מן רחיק מן סייפי **ארעא** קלילין כמא דטייס נישרא DT 28:49
מן קדם ייי וגחן על **ארעא** שבע זימנין עד מיקרביה עד GN 33:3
וכל ריחשא דרחיש על **ארעא** שיקצא הוא לא יתאכיל: וכל LV 11:41
דאנא יהיב לכון ותשמיט **ארעא** שמיטתא קדם ייי: שית שנין LV 25:2
לשיצאה יתהון מעל אפי **ארעא** תוב מתקוף רוגזך ויהוי תוהו EX 32:12
ואתן לך ולבנך בתרך ית **ארעא** תותבותך ית כל ארעא GN 17:8
כחדא ולא כהילת **ארעא** תותבתהון לסוברא יתהום GN 36:7
זהירין דלא תיכלוניה על **ארעא** תישדוניה הי כמוי: ליתיכון DT 12:16
בישרא: לא תיכלוניה על **ארעא** תישדוניה הי כמיא: לא DT 12:24
אדמיה לא תיכלון על **ארעא** תישדוניה היך מיא: הוון DT 15:23
כל יומי חנוך עם דיירי **ארעא** תלת מאה ושיתין וחמש GN 5:23
ומן עופא וכל דרחיש על **ארעא:** תרין תרין עלו לנח לתיבותא GN 7:8
ית אחוכון אתן לכון וית **ארעא** תתגרון בפרגמטיא: והוה כד GN 42:34
חד וחד ית אורחיה על **ארעה:** ואמר ייי לנח סופא דכל GN 6:12
קדם ייי על טב פירי **ארעהום** וקרת ית שמיה אשר: ואזל GN 30:13
למיתן לכון ית **ארעהון** אחסנא כזמן יומא הדין: DT 4:38
אתון עללין למירות ית **ארעהון** ארום בחובי עממיא האילין DT 9:5
וטלטילינון ייי מעילוי **ארעהון** ברגוז ובכלו ובתקוף רב DT 29:27
ביכורים דכל פירי אילני **ארעהון** דיקרבון קדם ייי דילך יהי NU 18:13
בגווהון כל עמודי דיירי **ארעהון** דכנענאי: תפיל עליהון EX 15:15
יתהון כל עמודי דיירי **ארעהון** דפלישתאי: הא בכן EX 15:14
מלכי אמוראי ולעממי **ארעהון** דשיצי יתהון: וימסירינון DT 31:4
פרעה בגין כן לא זבינו ית **ארעהון:** ואמר יוסף לעמא הא קניתי GN 47:22
מן בגלל דתירתון ית **ארעהון** ואנא איתנינה לכון למירת LV 20:24

קרבא ומחונון: וכבשנן ית **ארעהון** ויהבנא אחסנא לשיבט DT 29:7
מדינאי בידינן וכבשנן ית **ארעהון** וית מדינתהון והוינן עיילין NU 31:50
דייי אלקכון יהיב לכון ית **ארעהון** ותירתונון ויתיבון DT 19:1
דיני דאנא שבקית **ארעי** ובית איבא ועלית עימך לארע GN 16:5
ואמר אבימלך הא **ארעי** קדמך ובדתקין בעינך תיב: GN 20:15
בריכא תהוי מן קדם ייי **ארעיא** דיוסף מטוב שמייא תהי DT 33:13
אדרעא דימינא ולוחא **ארעיא** וליחיא דרקיתא וקיבתא: DT 18:3
רוגזי ואייקידת עד שיול **ארעיא** וסייפת ארעא ועללתה DT 32:22
מן שמינין הינון בירוי **ארעיא** מרביא בושמין ועיקרי GN 49:20
דדן מדמי לגור בר אריוון **ארעיא** שתיא מנחליא דנגדין מן DT 33:22
פירי אילניא דמבכרא **ארעיה** בכל ריש ירח וירח: ומטוב DT 33:14
ממצרים: ויריתו ית **ארעיה** וית ארע עוג מלכא דמתנן DT 4:47
ולכל עבדוי ולכל עם **ארעיה**: ולכל גבורת ידא תקיפתא DT 34:11
תקיפתא יתריכינון מן **ארעיה**: ומליל ייי עם משה ואמר EX 6:1
ליה משיזיב ויריתו ית **ארעיה**: ונטלו בני ישראל ושרון NU 21:35
לתרכותיה למירות ית **ארעיה**: ונפק סיחן לקדמותנא הוא DT 2:31
במימריה יכפר על חובי **ארעיה** ועמיה: ואתא משה מן משכן DT 32:43
יתיה וית כל עמיה וית **ארעיה** ותעביד ליה היכמא דעבדת NU 21:34
יתיה וית כל עמיה וית **ארעיה** ותעביד ליה היכמה דעבדת DT 3:2
כפיתגם דחרב וירית ית **ארעיה** מארנונא עד יובקא עד NU 21:24
מגדין ועללין דמבשלא **ארעיה** מן יבול שימשא ומן טוב DT 33:14
קדמאה ונסיב ית כל **ארעיה** מן ידיה עד ארנון: על כן NU 21:26
ולכל עבדוי ולכל יתבי **ארעיה**: ניסין רברבן דחמיתון DT 29:1
דחשבון ואמוראה וית **ארעיה** שרי לתרכותיה ותתגרי DT 2:24
בידך ית סיחן וית **ארעיה** שרי לתרכותיה למירות ית DT 2:31
דשם ליחוסיהון במותב **ארעייתהון** לגניסת עממהון: אילין GN 10:31
ארעא ושירשוי מטיין עד **ארעית** תהומא מיניה קמו תריסר GN 50:1
ולא יחמיד אינש ית **ארעך** בזמן מיסקך לאתחמאה קדם EX 34:24
ושית שנין תדרע ית **ארעך** ותכנוש ית עללתא: EX 23:10
שירוי ביכורי פירי **ארעך** תיתי לבית מוקדשא דייי EX 23:19
שיבבותכון ולמסכיני **ארעכון**: ארום יזדבן לכון אחוכון בר DT 15:11
כל יומיכון דאתון שרן על **ארעכון**: ארום יפתי ייי אלקכון ית DT 12:19
בשמיא למיתן מטר **ארעכון** בזימניה בכיר במרחשוון DT 28:12
בריכין וולדי מעיכון ופירי **ארעכון** בקרי תוריכון ועדרי עניכון: DT 28:4
ליטין וולדי מעיכון ופירי **ארעכון** בקרי תוריכון ועדרי עניכון: DT 28:18
לכון בכל קירויכון בכל **ארעכון** דיהב ייי אלקכון לכון: DT 28:52
ותתלתון ית תחום **ארעכון** דיחסנכון ייי אלקכון ויהי DT 19:3
קירוין תפרשון לכון בגו **ארעכון** דייי אלקכון יהיב לכון DT 19:2
בנבילתהון דחייביא ית **ארעכון** דייי אלקכון יהיב לכון: לא DT 21:23
לאישתיזבא בכון בכל **ארעכון** ויעיקון לכון בכל קירויכון DT 28:52
דיפרוק יתכון: פרי **ארעכון** וכל ליעותכון יגמר עמא DT 28:33
קל שופר חירותא בכל **ארעכון**: ותקדשון ית שנת חמשין LV 25:9
כל אילניכון ופירי **ארעכון** ישיצי חלנונא: ערלאה דדייר DT 28:42
לריקנו חיליכון ולא תיתן **ארעכון** ית מה דאתון מעלין לגווה LV 26:20
ובזמן מחצדכון ית חצד **ארעכון** לא תסייפון אומנא חדא LV 23:22
בוולדא דמעכון ובפירי **ארעכון** לטבא ארום יתוב מימרא DT 30:9
קניתי יתכון יומא דין וית **ארעכון** לפרעה הא לכון בר זרעא GN 47:23
וולדא דבעיריכון ופירי **ארעכון** עד דתישתצון דלא ישיירון DT 28:51
ויברך וולדי מעיכון ופירי **ארעכון** עיבורכון חמרכון DT 7:13
עם שלופי חרב ותהי **ארעכון** צדיא וקורייכון יהוויין LV 26:33
בתר מיטרין דנחתין על **ארעכון** רוחא דמסקא אבקא DT 28:24
פיסחא: שירוי בוכרת פירי **ארעכון** תייתון לבית מוקדשא דייי EX 34:26
טבתא וכדו נפקתא מן **ארען** יבישו בירן ואילננא לא עבדו GN 26:28
ועינך חמן אוף אנן אוף **ארען** קני יתן וית אנן בלחם ונהי GN 47:19
לך ולבנך אתן ית כל **ארעתא** האילין ואקיים ית קיימא GN 26:3
שמיא ואיתן לבנך ית כל **ארעתא** האילין ויתברכון בגין בנך GN 26:4
יוסף והוה כפנא בכל **ארעתא** ובכל ארעא דמצרים הוא GN 41:54
ללישנהום במותב **ארעתהון** בגניסת עממיהון: ולשם GN 10:20
דגבל דמדורהון מן עלמין **בארע** אדומאי: והוו בני לוטן חרי GN 36:21
אתר הובאי ובור **בארע** אדומאי ותמן עקת נפשא NU 33:41
רברבי אדום למותבניהון **בארע** אחסנתהון הוא עשו אבוהון GN 36:43
פתור חלמיא דמתבניא **בארע** ארם דעל פרת למילט יתכון: DT 23:5
ואעיל יתהון בגלותא **בארע** בעלי דבביהון הא בכין ייתבר LV 26:41
במימרי כד יהוון גליין **בארע** בעלי דבביהון לא אמאסינון LV 26:44
ואתון תהוון מיטלטלין **בארע** בעלי דבביכון בכין תתנייח LV 26:34
ושמע עמלק דהוה שרי **בארע** דרומא ואתא ואישתני ומלך NU 21:1
תמן: עמלקאי יתבין **בארע** דרומא וחיתאי ויבוסאי NU 13:29
מתחמי והוא הוה יתיב **בארע** דרומא: ונפק יצחק לצלאה GN 24:62
ומלך בערד ובית מותביה **בארע** דרומא כד אתו בני ישראל NU 33:40
קין מן קדם ייי ויתיב **בארע** טלטול גלותיה דהות עבידא GN 4:16
תרח אבוי היך איתוקד **בארע** ילדותיה באתון נורא דעבדו GN 11:28
אורח מטמעא דשמשא **בארע** כנענאה דשרי במישרא כלו DT 11:30
מתבניא קרתא דארמניא **בארע** מדינחא: ומיא הוו אזלין GN 8:4
עמך ישראל עם יחידאי **בארע** מטול למהוי ליה לעם חביב DT 26:18

ית כותירין במדברא **בארע** מישרא לשיבט ראובן וית DT 4:43
ארום אמר דייר הוויתי **בארע** נוכראה דלא הידי היא: ושום EX 18:3
ארום אמר תקיף יתי ייי **בארע** סיגופי והכדין עתיד למתקוף GN41:52
דיורדנא בחילתא **בארע** סיחן מלכא דאמוראי דיתיב DT 4:46
ויתב יעקב בשליותא **בארע** תותבות אבוי בארעא דכנען: GN37:1
לפרעה לאיתותבא **בארעא** אתינא ארום לית אתר בית GN47:4
הינון נפלן מן שמיא והוו **בארעא** ביומיא האינון ואוף בתר כן GN 6:4
איתפרשו עממיא **בארעא** בתר טובענא: והוה כל GN10:32
רברבי רעואל דמדורהון **בארעא** דאדום אילין בני בשמת GN36:17
רברבי אליפז דמדורהון **בארעא** דאדום אילין בני עדה: GN36:16
ואילין מלכייא די מלכו **בארעא** דאדום קדם עד לא מלך GN36:31
לא תיחות למצרים שרי **בארעא** דאימר לך: דור בארעא הדא GN26:2
בתר דקטילו ית סיחון **בארעא** דאמוראי: ושדר משה ית NU21:31
דתלפון יתהון ויעבדון **בארעא** דאנא יהיב להון למירתה: DT 5:31
ודינין למעבדכון יתהון **בארעא** דאתון עברין לתמן DT 4:14
למילפא יתכון למעבד **בארעא** דאתון עברין לתמן DT 6:1
ויברכינכון ייי אלקכון **בארעא** דאתון עללין לתמן DT 30:16
ואשכחו בקעתא **בארעא** דבבל ויתיבו תמן: ואמרו GN11:2
מן קדמת דנא **בארעא** דגבלא: ואילין מלכייא די GN36:30
וענהון ותוריהון שבקו **בארעא** דגושן: וסליקו עימיה אוף GN50:8
לותי לא תתעכב: ותיתב **בארעא** דגושן ותהי קריב לותי אנת GN45:10
ועד כדון בגין דתיתיבון **בארעא** דגשן ארום מרחקין מצראי GN46:34
תבר ושריש: לחוד **בארעא** דגשן דתמן בני ישראל לא EX 9:26
להון בתי מדרשין ופלטין **בארעא** דגשן ואחסינו בה אחסנת GN47:27
ית אבך וית אחך יתבון **בארעא** דגשן ואין חכימת דאית GN47:6
וכדון יתבון כען עבדך **בארעא** דגשן: ואמר פרעה ליוסף GN47:4
מארעא דכנען והא הינון **בארעא** דגשן: ומקצת אחוי דבר GN47:1
ודינייא דתינטרון למעבד **בארעא** דיהב ייי אלקא דאבהתכון DT 12:1
ארום ברכא יברככון ייי **בארעא** דייי אלקכון יהיב לכון DT 15:4
באחסנתכון דתחסנון **בארעא** דייי אלקכון יהיב לכון DT 19:14
דלא טמיע באוגרא **בארעא** דייי אלקכון יהיב לכון DT 21:1
דבביכון מן חזור חזור **בארעא** דייי אלקכון יהיב לכון DT 25:19
ידיכון ויבריכנכון **בארעא** דייי אלקכון יהיב לכון: יקים DT 28:8
ית יורדנא ותיתבון **בארעא** דייי אלקכון מחסן יתכון DT 12:10
וית ניכסיהון דיקנו **בארעא** דיכנען ואתו למצרים יעקב GN46:6
מחת חרבא ודמשתיירין **בארעא** דישראל בגו קיטוני DT 32:25
בארעכון: ואיתן שלמא **בארעא** דישראל ותשרון ולית LV 26:6
שנין ותכרזון חירותא **בארעא** דישראל לכל יתבהא LV 25:10
ליה ומסדרין קרבא **בארעא** דישראל על בני גלוותא NU11:26
בארע תותבות אבוי **בארעא** דכנען: אילין זרעית יעקב GN37:1
מיתת עלי רחל בתכיף **בארעא** דכנען באורחא בעוד סוגעי GN48:7
דאתי: והוה כפנא תקיף **בארעא** דכנען בר מכפנא קדמאה GN26:1
כפילתא דעל אפי ממרא **בארעא** דכנען דזבן אברהם ית GN49:30
יומא דין עם אבונא **בארעא** דכנען: ואמר לנא גברא GN42:32
בקרית ארבע היא חברון **בארעא** דכנען ואתא אברהם מן GN23:2
עמכון ויחסנון ביניכון **בארעא** דכנען: ואתיבו בני גד ובני NU32:30
אל שדי איתגלי לי בלוז **בארעא** דכנען ובריך יתי: ואמר לי GN48:3
דעשו די איתילידו ליה **בארעא** דכנען: ודבר עשו ית נשוי GN36:5
אחין אנחנא בני גברא חד **בארעא** דכנען והא זעירא עם אבונא GN42:13
ער ועונן על חוביהון **בארעא** דכנען: והוו בני יהודה NU26:19
וזרח לא אולידו בנין **בארעא** דכנען והוו בני פרץ דנחתו GN46:12
עשר שנין למיתב אברם **בארעא** דכנען וחררתה ויהבת יתה GN16:3
וית כל ניכסוי דיקנה **בארעא** דכנען וטייל לארעא אוחרי GN36:6
למזבון ארום הוה כפנא **בארעא** דכנען: ויוסף הוא הוה שליט GN42:5
ארום תקיף כפנא **בארעא** דכנען וכדון יתבון כען GN47:4
מעל אחוי: אברם יתיב **בארעא** דכנען ולוט יתיב בקוריי GN13:12
לאחסנא ית בני ישראל **בארעא** דכנען: ומליל ייי עם משה NU34:29
אנפי ממרא היא חברון **בארעא** דכנען: וקם חקלא ומערתא GN23:19
וית תלת קירווייא תתנון **בארעא** דכנען קירווין קלטן תהויין: NU35:14
מיית בקיברי דחפירית לי **בארעא** דכנען תמן תקבירינני וכדון GN50:5
עשו אחי ואיתותיבית **בארעא** דלא דידי וכדון בעידן GN47:9
ארום דיירין יהון בנך **בארעא** דלא דילהון חלף דלא GN15:13
ארום ישתכח קטילא **בארעא** דלא טמיע באוגרא בארעא DT 21:1
מן קדם פרעה ויתיב **בארעא** דמדין ויתיב עילוי בירא: EX 2:15
למיגזור עם בני ישראל **בארעא** דמואב בר מן קיימא דיגזר DT 28:69
אוף תריהון וחפר שייר **בארעא** דמואב וטמרינון בשבועת DT 9:19
תמן משה עבד דייי **בארעא** דמואב על נשיקת מימרא DT 34:5
בעיברא דיורדנא **בארעא** דמואב שרי משה למלפא DT 1:5
דבניי כד יהון משתעבדין **בארעא** דמצראי: ואתעברת תוב GN29:32
כנישתא לואי דמיתנא **בארעא** דמצרים או במדברא הדין NU14:2
ליה ארום דיירין הויתון **בארעא** דמצרים אנא הוא ייי LV 19:34
דקטלית כל בוכרא **בארעא** דמצרים אקדישית יתהון NU 8:17
דקטלית כל בוכרא **בארעא** דמצרים אקדישית קדמי NU 3:13
אחוי ויהב להון אחסנא **בארעא** דמצרים בבית שפר ארעא GN47:11

ארום משעבדין הויתון **בארעא** דמצרים בגין כן אנא מפקיד DT 24:22
ארום דילי כל בוכרא **בארעא** דמצרים ביומא דקטלית NU 3:13
ייי לכון הוא: ואיתגלי **בארעא** דמצרים בשכינת יקרי EX 12:12
ואיתיליד ליוסף בנין **בארעא** דמצרים דילידת ליה אסנת GN 46:20
דמליל ייי עם משה **בארעא** דמצרים הוה אהרן מצית EX 6:28
כד מחתך הכדין כד הוינן **בארעא** דמצרים הות מרים אחתן NU 12:12
ועל כל עיסבא דחקלא **בארעא** דמצרים: וארים משה ית EX 9:22
ית כל כספא דהישתיכח **בארעא** דמצרים ובארעא דכנען GN 47:14
הות לפרעה: ויתיב ישראל **בארעא** דמצרים ובנו להון בתי GN 47:27
סכום שנייא דיתיבנא **בארעא** דמצרים וגבורן דעבד לנא DT 29:15
הגברא דהוה רב ושליט **בארעא** דמצרים והוה זהיר באיקרא DT 33:16
שבע שני שובעא דהוו **בארעא** דמצרים ויהב עיבורא GN 41:48
למחבלא במיקטלי **בארעא** דמצרים: ויהי יומא הדין EX 12:13
ויתנשי כל שובעא דהוה **בארעא** דמצרים וישיצי כפנא ית GN 41:30
וזבין למצראי ותקף כפנא **בארעא** דמצרים: וכל דיירי ארעא GN 41:56
בשבע שני כפנא דתיהוין **בארעא** דמצרים ולא ישתיצי עמא GN 41:36
מן בגלל לאסגאה תמהיי **בארעא** דמצרים: ומשה ואהרן עבדו EX 11:9
דשחינא וטריב בישרא **בארעא** דמצרים ונחתת ביתיה EX 2:5
ארום משעבדין הוויתון **בארעא** דמצרים ופרק ואפיק ייי DT 5:15
ארום משעבדין הויתון **בארעא** דמצרים ופרק יתכון מימרא DT 24:18
ארום משעבדין הויתון **בארעא** דמצרים ופרקכון ייי DT 15:15
ארום דיירין הוויתון **בארעא** דמצרים: ושית שנין תדרע EX 23:9
שבע שני שובעא דהואה **בארעא** דמצרים: ושריאן שבע שני GN 41:53
ית אתוותיי וית תימהיי **בארעא** דמצרים: יקבל מנכון פרעה EX 7:3
דמיתנא במימרא דייי **בארעא** דמצרים כד הוינא יתבין על EX 16:3
ארום דיירין הוויתון **בארעא** דמצרים: כל ארמלא ויתם EX 22:20
ואמר ייי למשה ולאהרן **בארעא** דמצרים למימר: ירחא הדין EX 12:1
מימרא דייי לעיניכון **בארעא** דמצרים לפרעה ולכל DT 29:1
מימרא דייי למעבד **בארעא** דמצרים לפרעה ולכל DT 34:11
ואקטול כל בוכרא **בארעא** דמצרים מאינשא ועד EX 12:12
מצראי: וימות כל בוכרא **בארעא** דמצרים מביר בוכרא EX 11:5
דייי קטל כל בוכרא **בארעא** דמצרים מביר בוכריה EX 12:29
וקטל ייי כל בוכרא **בארעא** דמצרים מן בוכרא דאינשא EX 13:15
ארום דיירין הויתון **בארעא** דמצרים: מן קדם ייי DT 10:19
תרין בנך דאיתילידו לך **בארעא** דמצרים עד דאתית לותך GN 48:5
אוף גברא משה רב לחדא **בארעא** דמצרים קדם עבדי פרעה EX 11:3
לחדא: וחייא יעקב **בארעא** דמצרים שבסרי שנין והוו GN 47:28
מיירי וכנענאי בכין הוו **בארעא** דעד כדון לא מטא זימנא GN 12:6
והדס ונציבין וקטיספון **בארעא** דפונטוס: מן ארעא ההיא GN 10:10
בבית שפר ארעא **בארעא** דפילוסין היכמה דפקד GN 47:11
ויוטב לכון ותורכון יומין **בארעא** דתירתון: ודא אחוויית DT 5:33
חגא קדם ייי אלהכון **בארעא** הדא: ואמר משה לא תקין EX 8:21
בארעא דאימר לך: דור **בארעא** הדא ויהי מימרי בסעדך GN 26:3
לכון: ארום אנא שכיב **בארעא** הדא לית אנא אעבר ית DT 4:22
והוה כד שרא ישראל **בארעא** ההיא ואזל ראובן ובלבל ית GN 35:22
וזרע יצחק לצדקתא **בארעא** ההיא ואשכח בשתא ההיא GN 26:12
להון: ותקיף רוגזא דייי **בארעא** ההיא לאיתיא עלה ית כל DT 29:26
ולמרדא קדם ייי **בארעא**: הוא הוה גיבר מרודא קדם GN 10:8
הא אדם הוה יחידיי **בארעא** היכמא דאנא יחידי בשמי GN 3:22
אישתא ומינן איתבלעו **בארעא** ואובדו הא אנחנא חשיבין NU 17:27
ארום עבד ית אינשא **בארעא** ואידיין עליהון במימריה: GN 6:6
ופריזאי דעד כדון יתבין **בארעא**: ואמר אברם ללוט לא כען GN 13:7
לך מטלטל וגלי תהי **בארעא**: ואמר קין קדם ייי סגי תקיף GN 4:12
ושרי נח למיהוי גבר פלח **בארעא** ואשכח גופנא דמושכיה GN 9:20
דא היא ספא דמילתא **בארעא** ודא ארעא דקיימית DT 34:4
סבו ממא דמשתבח **בארעא** והבו במניכון ואחיתו GN 43:11
לבי קבורתא: וכפנא תקיף **בארעא**: והוה כד פסקו למיכול ית GN 43:1
תמן ארום תקיף כפנא **בארעא**: והוה כמא דקריב למיעל GN 12:10
ענא וקין הוה גבר פלח **בארעא**: והוה מסוף יומיא בארבסר GN 4:2
כדון אית להום רשותא **בארעא** והוו זממין בעידיהון דלא GN 13:7
אינון עימנא ויתבון **בארעא** ויעבדון בה פרקמטייא GN 34:21
הנפק עימך ויתילדון **בארעא** ויפשון ויסגון על ארעא: GN 8:17
סגיאת בישת אינשא **בארעא** וכל יצרא דמחשבת ליביה GN 6:5
חקלא עד כדו לא הוו **בארעא** וכל עיסבי חקלא עד כדו GN 2:5
לשואה לכון שיורא **בארעא** ולקיימא לכון לשיזבא רבא: GN 45:7
ונטיל לדרומא: והוה כפנא **בארעא** ונחת אברם למצרים GN 12:10
ואתון פושו וסגו אתילדו **בארעא** וסגו בה: ואמר אלקים לנח GN 9:7
ארווח ייי לנא ויפישיננא **בארעא**: וסליק מתמן לבירא דשבע: GN 26:22
ייי ית פיתגמא הדין **בארעא**: ועבד ייי ית פיתגמא הדין EX 9:5
אפשר דיתמנון: קום טייל **בארעא** ועיבד בה חזקתא לארכא GN 13:17
ארום תקיף עמא דיתיב **בארעא** וקירויא כריכן חניין רברבן NU 13:28
וחלם והא סולמא קביע **בארעא** ורישי מטי עד צית שמייא GN 28:12
בנין ובני בנין ותתעתקון **בארעא** ותחבלון עובדיכון ותעבדון DT 4:25
קטירן ויחדס ריגליה **בארעא** ותקום אינתתא ותשרי DT 25:9

הינון עמא בית ישראל **בארעא** טרד עליהון טעוות צפון EX 14:3
ואין אהי מטלטל וגלי **בארעא** כל זכיי דישכחינני יקטלינני: GN 4:14
וייי דבר רוח קידומא **בארעא** כל יומא ההוא וכל ליליא EX 10:13
בשמיא מלעילא ושליט **בארעא** לית דיעביד כעובדך DT 3:24
עיבורא גניז במערתא **בארעא** למזן מיניה בשבע שני כפנא GN 41:36
אבונא סיב וגבר לית **בארעא** למיעל עלנא כאורח כל GN 19:31
דמו דבשמיא מלעיל ודי **בארעא** מלרע ודי במיא מלרע EX 20:4
דמו דבשמיא מלעיל ודי **בארעא** מלרע ודי במיא מלרע DT 5:8
ולא יתידע שובעא דהוה **בארעא** מן כפנא ההוא דיהי מן בתר GN 41:31
בשיביתא גרא דאיתגר **בארעא** נוכראה ונעמן דהוה נעים GN 46:21
ארום אמר דייר הויתי **בארעא** נוכרייא דלא דידי: והוה EX 2:22
דכנען: ועבר אברם **בארעא** עד אתר שכם עד מישר GN 12:6
דבית יהודה דשליטו **בארעא** עד דאצתדי בית מוקדשא DT 34:2
דקלטיה למתוב למיתב **בארעא** עד זמן דימות כהנא: ולא NU 35:32
תועיבתא דאיתעבידו **בארעא** קודמיכון ולא תסתאבון LV 18:30
בשמיא כן תהוון רחמנין **בארעא** תורתא או רחלא יתה וית LV 22:28
מבנת כנענאי דאנא יתיב **בארעהון**: אלהין לבית איבא תיזיל GN 24:37
ותירת יתכון ותיתב **בארעהון**: אסתמרו לכון דילמא DT 12:29
ארום דיירין הויתון **בארעהון**: בנין דמתילדין להון דר DT 23:8
דייי בלחודיהון ישרינון **בארעהון** ולא משרי ביניהון פלחי DT 32:12
לך ולבנך: ואמר ייי לאהרן **בארעהון** לא תקבל אחסנא כמשאר NU 18:20
תקיף כדיבא טרפיה **בארעיה** תשרי שכינת מרי עלמא GN 49:27
מיכלא וירקי ומיגדי **בארעית** ימא: ונסיבת מרים נביאתא EX 15:19
בציורין ודיוקנין תשוון **בארעית** מקדשיכון ולא למסגוד לה LV 26:1
ונטלו ממקהלות ושרו **בארעית** מקהלות: ונטלו מארעית NU 33:26
שלם למימר: אעיבר **בארעך** באורחא דהיא אורח כבישא DT 2:27
לא תעביד להון שכונן **בארעך** דילמא יטעינך ויחייבון יתך EX 23:33
לא תהי תכלא ועקרא **בארעך** ית מניין יומי חייך אשלם EX 23:26
דאמוראה למימר: אעיבר **בארעך** לא נאנוס אריסן ולא נשרגג NU 21:22
בסטר תחומך: נעיבר כדון **בארעך** לא נשרגגה בתולן ולא NU 20:17
ולבעירך ולחייתא די **בארעך** תהי כל עללתא למיכל: LV 25:7
או מן גיוריכון דמתגיירין **בארעכון** בקרויכון: ביומיה תפרע DT 24:14
ולא אתשד אדם זכאי **בארעכון** דייי אלקכון יהיב לכון DT 19:10
ותיתבון לרוחצן **בארעכון**: ואיתן שלמא בארעא LV 26:5
דעימכון דאיתילידו **בארעכון** ולא מן כנענאי ויהון לכון LV 25:45
ושלופי חרב לא יעידון **בארעכון**: ותירדפון ית בעלי LV 26:6
ואיתחזק עימכון גיורא **בארעכון** לא תונון יתיה במילין LV 19:33
ואבן מציירא לא תתנון **בארעכון** למגחן עלה ברם סטיו LV 26:1
למסדרא סידרי קרבא **בארעכון** על מעיקי דמעיקין לכון NU 10:9
מנכון יתימסון בחוביהון **בארעתא** דסנאיהון ואוף בחובי LV 26:39
ואעיל תברא בליבהון **בארעתא** דסנאיהון ויהי רדיף יתהון LV 26:36
ודבעירא כל עפרא **דארעא** איתהפיך למיהוי קלמי בכל EX 8:13
לגבר למימני ית עפרא **דארעא** אף כן בנך אפשר דיתמנון: GN 13:16
לא תידחלון מן עמא **דארעא** ארום בידנא מסירין הינון NU 14:9
ית עירית מטעייתא **דארעא** אתיתון למיחמי: ואמרו ליה GN 42:9
ולא ישתיצי עמא **דארעא** בכפנא: ושפר פיתגמא קדם GN 41:36
תוב סוגעי אשוון עללתא **דארעא** במיתיה לאפרת וילידת GN 35:16
חד יחוב בשלו מן עמא **דארעא** במעבדיה חד מן פיקודיא LV 4:27
הא סגין הינון כדון עמא **דארעא** דאתון מבטלין יתהון EX 5:5
ית בנך סגיאין כעפרא **דארעא** דהיכמא דאית איפשר לגבר GN 13:16
ית שירוי ביכורי איבא **דארעא** דיהבת לי ייי ותחתיניה DT 26:10
מן שירויא בכל איבא **דארעא** דייי אלקכון יהיב לכון DT 26:2
דאתי ארום טב וחולקא **דארעא** דישראל ארום בסימא הוא GN 49:15
פיגריהון על טווריא **דארעא** דישראל ויתון כל חיות NU 11:26
והי כעובדין בישין דעמא **דארעא** דכנען דאנא מעיל יתכון LV 18:3
על עובדיהון בישייא **דארעא** דכנען ושלה וזרח לא GN 46:12
מן חמשא מן כל עיבורא **דארעא** דמצרים בשבע שני שובעא: GN 41:34
כעובדין בישין דעמא **דארעא** דמצרים דיתיתיבתון בה LV 18:3
דתמן דהבא: ודהבא **דארעא** ההיא בחיר תמן בידלחא GN 2:12
ויחמון ית מחוותא **דארעא** ההיא וית מרעאהא דגרי ייי DT 29:21
וחמא והא סליק קוטרא **דארעא** היא כקוטרא דאתונא: והוה GN 19:28
ונסיבו בידיהון מן איבא **דארעא** ואחיתו לוותנא ואתיבו DT 1:25
יתבי קירווייא וצימחא **דארעא**: ואיסתכלת אינתתיה מבתר GN 19:25
ותיכלון ית שמנותיתא **דארעא**: ואנת יוסף מפקד דאיקר GN 45:18
וחמיאונון ית איבא **דארעא**: ואשתעייו ליה ואמרו NU 13:26
מזבן עיבורא לכל עמא **דארעא** ואתו אחי יוסף ובלשו GN 42:6
יהי לכון ולגיורא וליציבא **דארעא**: וביומא דאתקם ית משכנא NU 9:14
ידיי וניכול מזון מן מזונא **דארעא** ובכן יתאפרש כען קדמך GN 3:18
בר חמור חיואה רבא **דארעא** ודבר יתה באונסא ושכיב GN 34:2
והא חפא ית חזווא **דארעא** והוא שרי מן קובלי: וכדון NU 22:5
בחוטריה ומחא ית עפרא **דארעא** והות מחת קלמי בבישרא EX 8:13
קדמיהון ית עמודייא **דארעא** והינון יהדרון מזיינין בסופא GN 49:19
ית חוטרך ומחי ית עפרא **דארעא** ויהי לקלמי בכל ארעא EX 8:12
חזקתא ותיסבון מאיבא **דארעא** ויומיא די אזלו בעשרין NU 13:20

ושיצי ית כל עיסבא **דארעא** וית כל פירי אילנא די שייר EX 10:15
ממצרים וחפא ית חזווא **דארעא** וכדון איתא לוט בגיני יתיה NU 22:11
למעבדיה ויהי כיציבא **דארעא** וכל ערלאי בר ישראל לא EX 12:48
בתחומך: ויחפי ית חזוונא **דארעא** ולא יהוי יכיל למיחמי ית EX 10:5
מלחמא דעללתא **דארעא** ולא מן אוריזא ודוחינא NU 15:19
עופא דשמיא ולבעירא **דארעא** ולית דמניט יתהון מעילוי DT 28:26
ולמכבשא ית עמודיא **דארעא** ולמתקנא קדמוי בית GN 46:28
מעשרא דארעא מזרעא **דארעא** ומפירי אילנא דייי הוא LV 27:30
בנך סגיאין הי כעפרא **דארעא** ותיתקף למערבא GN 28:14
וישיצי ית כל עיסבא **דארעא** ית כל מה די שייר ברדא: EX 10:12
דישראל בדייורי ובייציבי **דארעא**: כל עירבובין דמחמע לא EX 12:19
ושמעון אמרתון מלכא **דארעא** כפתיה וית בנימין כען אתון GN 42:36
וקם אברהם וגחן לעמא **דארעא** לבני חיתאה: ומליל עמהון GN 23:7
ליזניה ומכל ריחשא **דארעא** ליזניה תרין מכולא ייעלון GN 6:20
כאילן מבנתהום דעמא **דארעא** למה לי חיין: וקרא יצחק GN 27:46
עם עפרון באנפי עמא **דארעא** למימר ברם אם אנת צבי GN 23:13
בניסן ואיתי קין מאיבא **דארעא** מדרע כיתנא קרבן ביכוריא GN 4:3
מתחייב: וכל מעשרא **דארעא** מזרעא דארעא ומפירי LV 27:30
בר יוסף כדי שמעאן **דארעא** מתפלגא לדוכרין ורחיצו NU 27:1
אלקים תהנפק גרגישתא **דארעא** נפשת ברייתא ליזנה זני GN 1:24
מיכנשכון ית עללתא **דארעא** תחגון ית חגא דייי שובעא LV 23:39
יתהון: ואיתן מיטריא **דארעכון** בעידנהון בכיר ולקיש LV 26:4
נפשכון: ואיתן מיטרא **דארעכון** בעידניה בכיר במרחשוון DT 11:14
ובזמן מחצדכון ית חצדא **דארעכון** לא תסייפון אומנא חדא LV 19:9
דבעיריכון ובאיבא **דארעכון** על ארעא דקיים ייי DT 28:11
שמיא: דמו דכל ריחשא **דבארע** דמו דכל נוני דבמיא מלרע DT 4:18
דחיי מן תחות שמיא כל **דבארע** יתנגד: ואקים ית קימי עמך GN 6:17
ליה אחיי ובית אבא **דבארעא** דכנען אתו לוותי: וגובריא GN 46:31
בכל דליה לקרתא דשכם **דבארעא** דכנען במיתיה מפדן GN 33:18
יעקב: ואתא יעקב ללוז **דבארעא** דכנען היא ביתאל הוא GN 35:6
דנוקבא: דמו דכל בעירא **דבארעא** דמו דכל ציפר גפא DT 4:17
העיניהון דגובריא האינון **דבארעא** ההיא תסנוור ותנצח NU 16:14
באורחא בבית אבתותא **וארע** ביה מלאכא דייי ובעא EX 4:24
לכון טלין ומיטרין **וארע** דתחותיכון הי כפרזלא דלא DT 28:23
קנא בקנייניה שמיא **וארעא**: אין מן חוטא ועד סנדלית GN 14:22
בגרמך הי כגינת ירקיא: **וארעא** דאתון עברין לתמן למירתה DT 11:11
ארבע מאה פרסי הוות **וארעא** דגשן דתמן משה ובני EX 12:31
ביני פסגיא אדכור **וארעא** דישראל אדכור ברחמין: LV 26:42
עללתא תיכלון עתיקתא: **וארעא** דישראל לא תיזדבן LV 25:23
לכון טלין ומיטרין **וארעא** דתחותיכון הי כנחשא LV 26:19
ויעבדון בה פרקמטייא **וארעא** הא פתיית תחומין קדמיהון GN 34:21
לעמיה בית ישראל: ימא **וארעא** הוון מדיינין דין עם דא EX 15:12
ית שמייא וית ארעא: **וארעא** הוות תהייא ובהיא צריא GN 1:2
לארעא קבילי בנייכי **וארעא** הות אמר לימא קבל EX 15:12
דבגין צדיקיא קנא שמיא **וארעא**: ובריך אלקא עילאה דעבד GN 14:19
ושלימו ברייתי שמייא **וארעא** וכל חילוותהון: ושלים GN 2:1
בכון יומנא אילהין שמיא **וארעא** חיי ומותא סדרית קומיכון DT 30:19
אילן תולדת שמייא **וארעא** כד אתברייו ביומא דעבד ייי GN 2:4
שמיא ולא יחתון מיטרא **וארעא** לא תיתן עללתא ותיבדון DT 11:17
בר זרעא וניחי ולא נמות **וארעא** לא תשתומם: וקנא יוסף ית GN 47:19
לכון: ועמנא תתיבון **וארעא** תהי קדמיכון בדניחא לכון GN 34:10
דישראל אדכור ברחמין: **וארעא** תתרטיש ותשתביק מנהון LV 26:43
משה למדברא ואזל **וארעיה** בטוורא דאיתגלי עלוי EX 4:27
קדם ריבוני אלהין גופינן **וארען**: למא נמות ועינך חמן אוף אנן GN 47:18
וית אנן בלחם ונהי אנן **וארען** עבדין לפרעה והב בר זרעא GN 47:19
בארעא דמצרים **ובארעא** דכנען בעיבורא דהינון GN 47:14
לא תקרבון לשמא דייי **ובארעכון** לא תסרסון: ומן יד בר LV 22:24
הוא יטנף ית ארעא **ולארעא** לא מתכפר על דם זכאי NU 35:33
שלחני ואיהך לאתהי **ולארעי**: הב לי ית נשיי וית בניי GN 30:25
סגיאין מן למברנייא **ומארע** איטלייא ויצטרפון בליגיונין NU 24:24
כספא מארעא דמצרים **ומארעא** דכנען ואתו מצראי לות GN 47:15
עליל תמן למירתה לא **כארעא** דמצרים היא דנפקתון DT 11:10
כגינוניתא דייי ובעללתא **כארעא** דמצרים מעלך לזוער: ובחר GN 13:10
ואמר ייי ליעקב תוב **לארע** אבהתך ולילדותך ויהי מימרי GN 31:3
כהנא רבא יתוב קטולא **לארע** אחסנתיה: ויהוון אילין NU 35:28
ריגלוי לטיילא ואזל **לארע** בני מדינחא: וחמא והא בירא GN 29:1
ייי אלקנא קדמנא: לחוד **לארע** בני עמון לא קריבתא כל DT 2:37
ארום יעלינך ייי אלקך **לארע** דקיים לאבהתך לאברהם DT 6:10
דין: ונטל מתמן אברהם **לארע** דרומא ויתיב ביני ריקם וביני GN 20:1
רב וטלקינון בגלותא **לארע** חורן כזמן יומא הדין: DT 29:27
מן ארעא מסאבתא ההיא **לארע** טבתא ופתייא בתחומין EX 3:8
פוק מן ארעא הדא ותוב **לארע** ילדותך: ואתיבת רחל GN 31:13
היכמה דעבד ישראל **לארע** ירותתיה דיהב ייי להון: כדון DT 2:12
יתכון מסיגוף מצראי **לארע** כנענאי וחיתאי ואימוראי EX 3:17

ארום יעלינך ייי אלקך **לארע** כנענאי וחיתאי ואמוראי EX 13:5
בית ישראל ומעיל יתהון **לארע** כנענאי ומחסין יתה להון NU 11:26
ואזלו למיתב קידומא **לארע** מדינחא: ואילין סכום יומי GN 25:6
ותימר להון ארום תיעלון **לארע** מותבניכון דאנא יהיב לכון: NU 15:2
ובית איבא ועלית עימך **לארע** נוכריתא וכדון בגין דלא GN 16:5
ופריזאי חיואי ויבוסאי: **לארע** עבדא חלב ודבש ארום לית EX 33:3
ופריזאי וחיוואי ויבוסאי **לארע** עבדא חלב ודבש: ויקבלון EX 3:17
טבתא ופתייא בתחומין **לארע** עבדא חלב ודבש לאתר EX 3:8
רחים ית יצחק ואיזל לך **לארע** פולחנא ואסיקהי תמן GN 22:2
ופיכל רב חיליה ותבו **לארע** פלישתאי: ואנציב פרדיסא GN 21:32
בארעא דכנען וטייל **לארעא** אוחרי דהות רמיא עלוי GN 36:6
תעביד לליואי עד תיעלון **לארעא** במטרתהון: ומליל ייי עם NU 8:26
בסעדכון ויתיב יתכון **לארעא** דאבהתכון: ואנא הא יהבית GN 48:21
פוק מבית אבוך זיל **לארעא** דאחזינך: ואעבדינך לעם רב GN 12:1
ית ארעא ותמן לא תיעול **לארעא** דאנא יהיב לבני ישראל: ודא DT 32:52
ותימר להון ארום תיעלון **לארעא** דאנא יהיב לכון ותחצדון LV 23:10
ותימר להון ארום תיעלון **לארעא** דאנא יהיב לכון ותשמיט LV 25:2
ותימר להון במיעלכון **לארעא** דאנא מעיל יתכון לתמן: NU 15:18
יעיל יתכון ייי אלקכון **לארעא** דאתון עללין לתמן DT 11:29
קומוי לות עשו אחוי **לארעא** דגבלא לחקלי אדומאי: GN 32:4
בית משרוי בגושנא ואתו **לארעא** דגושן: וטקיס יוסף ארתכיה GN 46:28
תהנעלון ית קהלא הדין **לארעא** די אתין להון: הינון מי NU 20:12
האתבה אתיב ית ברך **לארעא** די נפקתא מתמן: ואמר ליה GN 24:5
נייח דשמיטיתא יהי **לארעא** די תשמיט קדם ייי LV 25:4
בני ישראל מלמעיבר **לארעא** דיהב להון ייי: הכדין עבדו NU 32:7
דישראל בגין דלא למיעל **לארעא** דיהב להון ייי: ותקיף רוגזא NU 32:9
לעמיה ארום לא ייעול **לארעא** דיהבית לבני ישראל מטול NU 20:24
ית יורדנא ודלא איעול **לארעא** דייי אלקכון יהיב לכון: DT 4:21
ירשעון תוב: ארום תיעלון **לארעא** דייי אלקכון יהיב לכון DT 17:14
תתנשי: ויהי ארום תיעלון **לארעא** דייי אלקכון יהיב לכון DT 26:1
דתעברון ית יורדנא **לארעא** דייי אלקכון יהיב לכון DT 27:2
מן בגלל דתיעלון **לארעא** דייי אלקכון יהיב לכון DT 27:3
ארום אתון עללין **לארעא** דייי אלקכון יהיב לכון לא DT 18:9
זמן דאיעיבר ית יורדנא **לארעא** דייי אלקנא יהיב לנא: ולא DT 2:29
מימרא דייי אלקכון **לארעא** דיריתו אבהתכון ויוטב DT 30:5
דבביהון ודיעיל יתהון **לארעא** דישראל ולא תהי כנישתא NU 27:17
דעפרא: עמא דגלו מברא **לארעא** דישראל תתכיל יתהון DT 32:25
ותשוון בסלא ותהכון **לארעא** דיתרעי ייי אלקכון DT 26:2
שמא דייי אלקכון: אלהין **לארעא** דיתרעי מימרא דייי DT 12:5
להון ארום אתון עלין **לארעא** דכנען דא ארעא דתתפלג NU 34:2
למימר: ארום תיעלון **לארעא** דכנען דאנא יהיב לכון LV 14:34
דיגיירו בחרן ונפקו למיזל **לארעא** דכנען ואתו לארעא דכנען: GN 12:5
מאורא דכשדאי למיזל **לארעא** דכנען ואתו עד חרן ויתיבו GN 11:31
בעיריכון וטיילו אובילו **לארעא** דכנען: ודברי ית אבוכון וית GN 45:17
למיתי לות יצחק אבוי **לארעא** דכנען: ולבן אזל למיגז ית GN 31:18
לארעא דכנען ואתו **לארעא** דכנען: ועבר אברם בארעא GN 12:5
מזרזין קדם עמא דייי **לארעא** דכנען ועימנא אחידת NU 32:32
ונטלו יתיה בנוי **לארעא** דכנען ושמיע פיתגמא GN 50:13
אתון עברין ית יורדנא **לארעא** דכנען: ותזמנון לכון קוריין NU 35:10
ואתו לות יעקב אבוהון **לארעא** דכנען ותניאו ליה ית כל GN 42:29
אתון עברין ית יורדנא **לארעא** דכנען: ותתרכון ית כל יתבי NU 33:51
וסליקו ממצרים ואתו **לארעא** דכנען לות יעקב אבוהון: GN 45:25
ויהי ארום יעלינך ייי **לארעא** דכנענאי היכמא דקיים לך EX 13:11
מן קדם ייי לאעלותהון **לארעא** דמליל להון ומדסני יתהון DT 9:28
וארכיבינון על חמרא ותב **לארעא** דמצרים ונסיב משה ית EX 4:20
בתר דחלתי ואעילניה **לארעא** דעל לתמן ובנוי ירתונה: NU 14:24
עלמא: ויהי ארום תיעלון **לארעא** דעתיד למיתן לכון ייי EX 12:25
ייי אלקך ארום עלינן **לארעא** דקיים ייי לאבהתן למיתן DT 26:3
יתכון מן ארעא הדא **לארעא** דקיים לאברהם ליצחק GN 50:24
ייי לאעלא ית עמא הדין **לארעא** דקיים להון וקטלינון NU 14:16
למיעול עם עמא הדין **לארעא** דקיים מימרא דייי DT 31:7
אמירא דאתון לא תיעלון **לארעא** דקיימית במימרי לאשראה NU 14:30
מצראי: ואעיל יתכון **לארעא** דקיימית במימרי למיתן EX 6:8
יומנא עד לא אעילינון **לארעא** דקיימית: וכתב משה ית DT 31:21
ישראל: ארום אעילינון **לארעא** דקיימית לאבהתהון עבדא DT 31:20
מארעא דמצרים **לארעא** דקיימית לאברהם ליצחק EX 33:1
אנת תעיל ית בני ישראל **לארעא** דקיימית להון ומימרי יהי DT 31:23
למינוקא עד זמן דימטון **לארעא** דקיימתא לאבהתהון: מינן NU 11:12
ליה ואמרו אתאנא **לארעא** דשדרתנא ואוף עבדא חלב NU 13:27
אתר דתהך ואתיבינך **לארעא** הדא ארום לא אשבקינך עד GN 28:15
איתתא למיתי בתריי **לארעא** הדא האתבה אתיב ית ברך GN 24:5
דייי אית בנא ואעיל יתנא **לארעא** הדא ויתנינה לנא ארעא NU 14:8
ולמא ייי מעיל יתנא **לארעא** הדא למיפל בחרבא NU 14:3
מטול מה עבד ייי הכנא **לארעא** הדא מה הוה תקוף רוגזא DT 29:23

פורקנא תיתנון **לארעא:** וארום אין יתמסכן אחוך LV 25:24
דכל נוני דבמיא מלרע **לארעא:** ודילמא תיתלון עיניכון DT 4:18
יתיה לארעא וטלקיה **לארעא** והוה לחויא וערק משה מן EX 4:3
חוטרא: ואמר טלוק יתיה **לארעא** וטלקיה לארעא והוה EX 4:3
עילוי קנקל ולא יתמטי **לארעא** ונסבין יתיה כהניא מעילוי EX 27:5
ואחיתו גבר טוניה **לארעא** ופתחו גבר טוניה: ופשפש GN 44:11
דישראל יהב שמיעא **לארעא** וצייתא לשמייא מן בגלל DT 32:1
מן בגלל דהוה קריב **לארעא** ורחיק מן שמייא ברם משה DT 32:1
שנת שמיטתא יהי **לארעא:** ותהי שמיטת ארעא לכון LV 25:5
דחב: וארום תיעלון **לארעא** ותינצבון כל אילן דמיכלא LV 19:23
מלרע ודי במיא מלרע **לארעא:** לא תסגדון להון ולא EX 20:4
מלרע ודי במיא מלרע **לארעא:** לא תסגדון להון ולא DT 5:8
דמשה עד מיתיהון **לארעא** מיתבא ית מנא אכלו EX 16:35
שמיעא לשמייא וצייתא **לארעא** מן בגלל דהוה קריב לארעא DT 32:1
כדון ואין לא איתברי פום **לארעא** מן שירויא איתברי לה כדון NU 16:30
ייי אלקכון מעיל יתכון **לארעא** משבחא בפירהא ארעא DT 8:7
אוף אתרברבא: ברם לא **לארעא** עבדא חלב ודבש אעילתנא NU 16:14
דא כחדא ימא הוה אמר **לארעא** קבילי בנייכי וארעא הות EX 15:12
ארום יעילינך ייי אלקך **לארעה** דאת עליל לתמן למירתה DT 7:1
ליה לא איזיל אלהין **לארעי** ולילדותי אזיל: ואמר לא NU 10:30
אנא יתיב ביניהון: אלהין **לארעי** ולילדותי ולבית גניסתי GN 24:4
יצחק ייי דאמר לי תוב **לארעך** ולילדותך ואוטיב עימך: לית GN 32:10
לרברבי מואב איזילו **לארעכון** ארום לית רעוא קדם ייי NU 22:13
קרב ארום לא אתן לכון **מארע** בני עמון ירותא ארום לבנוי DT 2:19
ומלך תחותויי חושם **מארע** דרומא: ומית חושם ומלך GN 36:34
אין לא: ואתא עמלק **מארע** דרומא ושוור בליליא ההוא EX 17:8
בתריכון ובר עממין דייתי **מארע** רחיקא ויחמון ית מחוותא DT 29:21
ותוריהון וכל דילהון אתו **מארעא** דכנען והא הינון בארעא GN 47:1
בפום טוננא אתיבניה לך **מארעא** דכנען והכדין ניגנוב מבית GN 44:8
להום מנן אתיתון ואמרו **מארעא** דכנען למיזבן עיבורא: GN 42:7
ייי אלקכון דאפיק יתכון **מארעא** דמצראי ודי פרקכון מבית DT 13:6
לאפקא ית בני ישראל **מארעא** דמצרים: אילין רישי בית EX 6:13
דין משה גברא דאסקנא **מארעא** דמצרים אישתלהב EX 32:23
דהנפיקית יתהון פריקין **מארעא** דמצרים אנא הוא ייי LV 23:43
כל חילייא דייי פריקין **מארעא** דמצרים: ארבעה לילוון EX 12:41
דין משה גברא דאסקנא **מארעא** דמצרים אשתלהב בטוורא EX 32:1
עמי בני ישראל פריקין **מארעא** דמצרים בדינין רברבין: EX 7:4
רוגזך בעמך דהנפקת **מארעא** דמצרים בחיל רב ובידא EX 32:11
לאפקות בני ישראל **מארעא** דמצרים ביומא הדין בחד EX 19:1
תיניינא לזמן מיפקהון **מארעא** דמצרים בירחא קדמאה NU 9:1
ית שמא בני ישראל **מארעא** דמצרים הוא ליליא הדין EX 12:42
עימהון באפקותיה יתהון **מארעא** דמצרים: ואזלו בתר יצרא DT 29:24
על שמך דאפיקתא **מארעא** דמצרים: ואמר ייי לי למימר DT 9:12
דחלתך ישראל דאסקוך **מארעא** דמצרים: ואמר ייי למשה EX 32:8
בהנפקותי יתכון **מארעא** דמצרים: ואמר משה לאהרן EX 16:32
טפלין סליקו בני ישראל **מארעא** דמצרים: ואסיק משה ית EX 13:18
ירחא תיניינא למיפיקהון **מארעא** דמצרים: ובההוא יומא פסק EX 16:1
אימיה ית פטימא אתתא **מארעא** דמצרים: והוה בעידנא GN 21:21
דחלתך ישראל דהנפקוך **מארעא** דמצרים: וחמא אהרן ית EX 32:4
ואפיקית יתהון פריקין **מארעא** דמצרים וחמיין כל עממיא LV 26:45
דאפקכון פריקין **מארעא** דמצרים: ויהי בזמן דאתון DT 20:1
דפרעה: ושלים כספא **מארעא** דמצרים ומארעא דכנען GN 47:15
ית חיליכון פריקין **מארעא** דמצרים ותיטרון ית יומא EX 12:17
דהנפיקית יתכון פריקין **מארעא** דמצרים: ותיטרון ית כל LV 19:36
ית יום מיפקכון **מארעא** דמצרים כל יומי חייכון: DT 16:3
דהנפיקית יתהון פריקין **מארעא** דמצרים לא יזדבנון הי LV 25:42
אנת ועמא דאסיקתא **מארעא** דמצרים לארעא דקיימית EX 33:1
די הנפיקית יתהון פריקין **מארעא** דמצרים לאשראה EX 29:46
בני ישראל די נפקו **מארעא** דמצרים לחילוותהון כד NU 33:1
תנייתא ליזמן מיפקהון **מארעא** דמצרים למימר: קבילו ית NU 1:1
אלקכון דאפיקכון פריקין **מארעא** דמצרים מבית שעבוד DT 8:14
דהנפיק יתכון פריקין **מארעא** דמצרים מטול למהוי לכון LV 22:33
ואפיקית יתכון פריקין **מארעא** דמצרים מטול למהוי לכון NU 15:41
ארום בבהילו נפקתון **מארעא** דמצרים מן בגלל דתידכרון DT 16:3
ואפיק יתכון פריקין **מארעא** דמצרים מן בית שעבוד DT 6:12
דא עיבידו סיבו לכון **מארעא** דמצרים סדני דמינגדן GN 45:19
עובדיהון עמך דאסיקת **מארעא** דמצרים: סטו בפריע מן EX 32:7
למן יומא דנפקתון **מארעא** דמצרים עד מיתיכון עד DT 9:7
ית בני ישראל פריקין **מארעא** דמצרים על חיליהון: הינון EX 6:26
אפיק ייי ית בני ישראל **מארעא** דמצרים על חיליהון: ומליל EX 12:51
משה ובני ישראל דנפקו **מארעא** דמצרים: ראובן בוכרא NU 26:4
ארום לא איתן לכון **מארעהון** ירותא ארום לבנוי דלוט DT 2:9
ולא פטר ית בני ישראל **מארעיה:** ואמר ייי למשה ולאהרן EX 11:10
ויפטור ית בני ישראל **מארעיה:** ואנא אקשי ית יצרא EX 7:2
ויפטור ית בני ישראל **מארעיה:** ומליל משה קדם ייי EX 6:11
ואמר ייי לאברם איזל לך **מארעך** אתפרש מן ילדותך פוק GN 12:1
בהון ארום לא אתן לכון **מארעתהון** עד כמיסת פרסת ריגלא DT 2:5

אש (116)

ארום ייי אלקכון מימריה **אישא** אכלא אישא הוא אלק קנאי DT 4:24
הי כאשא בערא וזיקוקי **אישא** אכלא אישא והוון חמן EX 24:17
מטיילא קדמיכון מימריה **אישא** אכלא הוא ישיצינון והוא DT 9:3
רברביא בזמן קרוביהון **אישא** בריא קדם ייי ומיתו באישא LV 16:1
מימריה אישא אכלא **אישא** הוא אלק קנאי ומתפרע DT 4:24
אלקא קיים דממלל מיגו **אישא** היכמא דשמעתון אתון DT 4:33
וככנישתיה ביקידת **אישא** ובליעת ארעא אלהין למלקי NU 17:5
וזיקוקי אישא אכלא **אישא** והוון חמן ותמהין בני ישראל: EX 24:17
רוגזיה ודליקת בהון **אישא** מצלהבא מן קדם ייי NU 11:1
ארום דליקת בהון **אישא** מצלהבא מן קדם ייי: וגיורייא NU 11:3
בה: כובריתא ומילחא עם **אישא** מצלהבא תהי יקדא כל DT 29:22
הוי על משכנא הי כחיזו **אישא** עד צפרא: כדין הוי תדירא ענן NU 9:15
ייי עמכון בטוורא מיגו **אישתא:** אנא הוית קאים בין DT 5:4
קדם ייי ואישתקעת **אישתא** באתרה: וקרא שמיה NU 11:2
מן בני יקידיא וית **אישתא** בדרי להאל ארום NU 17:2
ייי עמכון בטוורא מיגו **אישתא** ביום כנישת קהלא: והוה DT 9:10
ייי עימכון בטוורא מיגו **אישתא** ביומא דאתכנשו קהלא DT 10:4
וחרשין ואיהו לחש עילוי **אישתא** דלא למיקד ית אחוי מן יד GN 11:28
נשמתא בשלהובית **אישתא** דנפקא מתחות כורסי NU 11:26
דתרבא על קיסין דעל **אישתא** דעל מדבחא: וכריסא LV 1:8
יתהון על קיסין דעל **אישתא** דעל מדבחא: וכריסא LV 1:12
שיער ריש ניזריה ויתן על **אישתא** דתחות דודא דנכסת NU 6:18
דמליל ייי עימכון מיגו **אישתא:** הוון זהירין דלא תחבלון DT 4:15
לגבר דייכול מיניה הלא **אישתא** היא דאכלא יתיה והוא NU 28:2
ושוי קטרת בוסמין על **אישתא** ואוביל בפריע לות כנישתא NU 17:11
ופיתגמוי שמעתון מיגו **אישתא:** וחולף דרחים ית אבהתכון DT 4:36
ויסדרון קיסין על **אישתא:** ויסדרון בני אהרן כהניא ית LV 1:7
בריה ונסיב בידיה ית **אישתא** וית סכינא ואזלו תרוויהום GN 22:6
דייי דמישתמע מיגו **אישתא** ולא סליקתון בטורא כד DT 5:5
אשתיציו בשלהובית **אישתא** ומינן איתבלעו בארעא NU 17:27
ולא תמותון ביקידת **אישתא** ועילוי כל כנישתא יהי LV 10:6
ואמר האנא ואמר הא **אישתא** וקיסין והאן אימרא GN 22:7
כנישת סעדוי: והבו בהון **אישתא** ושוו עליהון קטרת בוסמין NU 16:7
גבר מחתיתיה ויהבו בהון **אישתא** ושויאו עלה קטורת LV 10:1
גבר מחתיתיה ויהבו בהון **אישתא** ושויאו עליהון קטורת NU 16:18
קל מימריה שמענא מגו **אישתא** יומא הדין חמינא ארום DT 5:24
כנישת רשיעיא כד אכלת **אישתא** ית מאתן וחמשין גוברין NU 26:10
ית קיטמא דתיכול **אישתא** ית עלתא על מדבחא LV 6:3
דאלק קיים ממלל מיגו **אישתא** כוותנא ואתקיים: קריב את DT 5:26
מעלתא דענא מן **אישתא** כל קרבנהון לכל מנחתהון NU 18:9
מלאכא דייי ליה בלהבי **אישתא** מגו סניא וחמא והא סנייא EX 3:2
יתהון: ונפקת שלהובית **אישתא** מן קדם ייי ברגז LV 10:2
דייי לכל עמא: ונפקת **אישתא** מן קדם רש ואכלת על גבי LV 9:24
ית אחוי מן יד נפלת **אישתא** מן שמי מרומא וגמרתיה GN 11:28
סב ית מחתיא והב עלה **אישתא** מעילוי מדבחא ושוי קטרת NU 17:11
מצלהבא בזמן קרוביהון **אישתא** נוכריתא מן תפיין ובנין לא NU 3:4
נדב ואביהוא בקרוביהון **אישתא** נוכריתא מן תפיין קדם ייי: NU 26:61
בוסמין וקריבו קדם ייי **אישתא** נוכרתא מן תפיין מה דלא LV 10:1
קלין וברדין ומצלהבא **אישתא** על ארעא ואחית ייי ברדא EX 9:23
וינתנון בני אהרן כהנא **אישתא** על מדבחא ויסדרון קיסין LV 1:7
למדבחא על קיסין דעל **אישתא** עלתא היא קרבן דמתקבל LV 1:17
עם קהלכון בטוורא מיגו **אישתא** עננא ואמיטתא קל רב דלא DT 5:22
מיגוא שלהובית **אישתא** פיקודיא יהב להון: אוף כל DT 33:2
ית קטורת בוסמיא על **אישתא** קדם ייי ויחפי ענן תנן LV 16:13
בנך דמיתו ביקידת **אישתא** קים עלם לדריכון: LV 10:9
ייי עימכון בטורא מיגו **אישתא** קל דבורא אתון שמעין DT 4:12
מן קדם ייי אלקנא וית **אישתא** רבתא הדא לא נחמי תוב DT 18:16
נמות ארום תיכלינגא **אישתא** רבתא הדין אין מוספין DT 5:25
תרבי ניכסת קודשיא: **אישתא** תדירא תהי יוקדא על LV 6:6
עליהון קדמי וארתח רגז **אישתא** תקיפתא בהון ואישיצינון EX 32:10
באורייתא אכלת **אישתהון** לסנאה ולבעיל דבבא NU 21:28
ארעא אחמינכון ית **אישתיה** רבתא ופיתגמוי שמעתון DT 4:36
דאתי באישא אכלא **אשא** דמיכלא קבל מיכלא היא GN 38:25
בני ישראל לא תבערון **אשתא** בכל אתר מותבניכון ביומא EX 35:3
כל ליליא עד צפרא ברם **אשתא** דמדבחא תהי יוקדא ביה: LV 6:2
אוקידינון בשלהובית **אשתא** מן קדמוי מטול דעל מיחמי LV 10:3
עלתא דעל קיסין דעל **אשתא** קרבן דמתקבל ברעוא קדם LV 3:5
ולא ניקד בעלמא דאתי **באישא** אכלא אשא דמיכלא קבל GN 38:25
חשוכא וטוורא דליק **באישא** וקריבתון לוותי כל רישי DT 5:23
טב לי יקיד בעלמא הדין **באישא** טפייא ולא ניקד בעלמא GN 38:25

יקדשון מוי ולא ימותון **באישא** מצלהבא או בזמן מקרבהון EX 30:20
חובא ולא ימותון ביה **באישא** מצלהבא ארום יפסוניה LV 22:9
לקודשא דלא ימותון **באישא** מצלהבא דין מטול בני NU 4:15
למיקרב דילמא יתוקדון **באישא** מצלהבא דנפיק מן קודשיא: EX 29:37
בריא קדם ייי ומיתו **באישא** מצלהבא: ואמר ייי למשה LV 16:1
בחיי דצדיקי ולא ימותון **באישא** מצלהבא ויזוחון עיניהון מן NU 4:19
מאני קודשא דלא ימותון **באישא** מצלהבא: ומליל ייי עם NU 4:20
ייי שמיא ואיתגלי עלוי **באישא** מצלהבא וסליק קוטריה הי EX 19:18
וריגליהון ולא ימותון **באישא** מצלהבא ותהי להון קיים EX 30:21
ובזמן מיפיקיה ולא ימות **באישא** מצלהבא: ותעביד ציצא EX 28:35
וחילוני דיקרב יתקטל **באישא** מצלהבא מן קדם ייי: וישרון NU 1:51
אישתלהב בטוורא **באישא** מצלהבא מן קדם ייי ולא EX 32:23
וחילוניי דיקרב יתקטל **באישא** מצלהבא מן קדם ייי: כל NU 3:38
אשתלהב בטוורא **באישא** מצלהבא מן קדם ייי לא EX 32:1
דעל סהדותא ולא ימות **באישא** מצלהבא קדם ייי: ויסב מן LV 16:13
ומשאר שיבטיא יתוקד **באישא** מצלהבא קדם ייי: וית אהרן EX 30:29
וחילוניי דיקרב יתקטל **באישא** מצלהבא קדם ייי: ומליל ייי NU 3:10
ולא יקבלון חובא **באישא** מצלהבא קיים עלם ליה EX 28:43
נוכראה ולקה ישמעאל **באישא** צמירתא ושתי כל מיא עד GN 21:15
וחמא והא סנייא מטריב **באישתא** וסניא ליהוי יקיד EX 3:2
טוורא וטוורא דליק **באישתא** ושלהוביה מטי עד צית DT 4:11
מן טוורא וטוורא דליק **באישתא** ותרין לוחי קימא על תרין DT 9:15
נדב ואביהוא קדם ייי **באישתא** מצלהבא בזמן קרוביהון NU 3:4
לאשריותכון בעמודא **דאישא** בליליא לאנהרותכון DT 1:33
למשה בטוורא הי כדינרא **דאישא** והיכדין אמר ליה כדין EX 30:13
באבנא ברדא או גירין **דאישא** ידריקון ביה אין בעירא אין EX 19:13
דנור מן ימיניה ולמפד **דאישא** מן שמאליה פרח וטייס EX 20:2
דנור מן ימיניה ולמפד **דאישא** מן שמאליה פרח וטייס EX 20:3
מחתיתא גומרין לחשן **דאישא** מעילוי מדבחא מן קדם ייי LV 16:12
דעננא בימאמ ועמודא **דאישתא** בליליא למידברא קדם EX 13:22
משכנא בימאמ ועמודא **דאישתא** הוה מנהר בליליא וחמיין EX 40:38
מישריא ובעמודא **דאישתא** לאנהרא בליליא: ומן בתר NU 14:14
מן בתריהון ועמודא **דאישתא** לאנהרא קדמיהון למיזל EX 13:21
בגוה זיקוקין דנור וגומרין **דאישתא** למידן בהום לרשיעיא GN 3:24
דמצראי בעמודא **דאישתא** למירמי עליהון גומרין EX 14:24
למירמי עליהון גומרין **דאשא** ובעמודא דעננא למרמא EX 14:24
מסיק תננא וגומרין **דאשא** ומבעיר שביבין דנור למידן GN 15:17
ואין נפיל גרמא או גומרא **דאשא** מעילוי מדבחא נפיל עילוי EX 27:5
בכן נחתו עליהון כבריתא **ואישא** מן קדם מימרא דייי מן GN 19:24
דמצרים: והוה ברדא **ואישתא** מתקפצא בגו ברדא תקיף EX 9:24
דילמא תבלוע יתן ארעא: **ואישתא** נפקת ברוגזא מן קדם ייי NU 16:35
למשריתא לאתר דכי: **ואישתא** על מדבחא תהי יוקדא LV 6:5
בשחפותא ובקדחותא **ובאישא** דגרמיא דדלקא מוחיא DT 28:22
יתהון: ארום קידום תקיף **כאישא** נפק מן קדמי ובערת DT 32:22
ארום מילין תקיפין הי **כאישא** נפקין מפמי צדיקיא מרי NU 21:28
וחיזו זיו יקרא דייי הי **כאשא** בערא וזיקוקי אישא אכלא EX 24:17

אשון (4)

אדמא יומין תלתא בלא **אשוני** ריחוקה או ארום תידוב בתר LV 15:25
עימי ייכלון גובריא **באנטון** שירותא דטיהרא: ועבד GN 43:16
כגבר מגחיך בעיני חתנוי: **וכאשון** מיסק קריצא הוה למיסוק GN 19:15
ארום ילידת ליה ביר **לאישון**: ורבא טליא ואתחסין ועבד GN 21:7

אשירה (2)

וית קמתהון תתברון וית **אשיריהון** תקצצון: ארום לית לכון EX 34:13
דליתיכון רשאין למנצוב **אשירתא** לסטר מדבחא דייי אלקך DT 16:21

אשישיין (1)

זרע כוסבר חיור וטעמיה **כאשישיין** בדבש: ואמר משה דין EX 16:31

אשלא (2)

קדם ייי ויאסור על חרצה **אשלא** מעילוי תדייהא מטול דאיהי NU 5:18
אלמודד דמשח ית ארעא **באשלוון** וית שלף דישלף מוי GN 10:26

אשם (33)

חטאתא היכדין הילכת **אשמא** אורייתא חדא להון כהנא די LV 7:7
וחב וישתביק ליה: קורבן **אשמא** הוא כל דאתחייב לקרבן LV 5:19
למדבחא קרבנא קדם ייי **אשמא** הוא: כל דכורא בכהניא LV 7:5
היא כחטאתא הכדין **אשמא** הוא לכהנא קודש קודשין LV 14:13
ית עלתא יכסון ית **אשמא** וית אדמיה ידרוק על LV 7:2
בסילעי קודשא לקרבן **אשמא**: וית הניית קודשא דחב מן LV 5:15
חד ויקריב יתיה לקרבן **אשמא** וית לוגא דמשחא וירים LV 14:12
מן שירויא אדם קרבן **אשמא**: ומה דמשתייר מן מישחא LV 14:17
מן שירויא אדם קרבן **אשמא**: ומה דמשתייר מן משחא LV 14:28
הוא כל דאתחייב לקרבן **אשמא** ייתי קרבן לאשמא לשמיה LV 5:19
מספקא ויסב אימר חד **אשמא** לארמא מטול למכפרא עלוי LV 14:21
לכל חטוותהון ולכל **אשמהון** די יתיבון קדמי קודש NU 18:9
אימרא וייתי ית קרבן **אשמיה** דחב תרין שפנינן רברבין LV 5:7
על חובתיה: וית קרבן **אשמיה** ייתיה לקדם ייי דכר שלים LV 5:25
דייי וייתי ית קורבן **אשמיה** לקדם ייי דכר שלים מן ענא LV 5:15
דחב עלה: וייתי ית קרבן **אשמיה** לקדם ייי מטול חובתיה LV 5:6
עימה ולא היא ית קרבן **אשמיה** לתרע משכן זימנא דיכרא LV 19:21
דייי: ויארעון יתהון חובי **אשמתהון** במיכלהון בסאובא ית LV 22:16
ויכוס טבחא ית אימרא **דאשמא** ויסב כהנא מן אדמא LV 14:25
כהנא יכפר עלוי בדיכרא **דאשמא** וישתביק ליה: ואין בר נש LV 5:16
ייי: ויסב כהנא ית אימרא **דאשמא** וית לוגא דמשחא וירים LV 14:24
הוא: ויסב כהנא מן אדמא **דאשמא** ויתין כהנא על גדירא LV 14:14
ויסב כהנא מן אדמא **דאשמא** ויתין על גדירא מיצעא LV 14:25
ויכפר עלוי כהנא בדיכרא **דאשמא** קדם ייי מטול חובתיה LV 19:22
תיתוקד: ודא אורייתא **דאשמא** קודש קודשין הוא: באתרא LV 7:1
תשלמון חטאתא **ואשמא** עלוון ונכסת קודשא DT 23:24
למנחתא לחטאתא **ולאשמתא** דא רבותא דאהרן LV 7:35
היא הי כחטאתא הי **כאשמא**: כל דכורא בבני אהרן LV 6:10
וייתי אימר בר שתיה **לאשמא** ויומיא קדמאי יבטלון NU 6:12
משכן זימנא דיכרא **לאשמא**: ויכפר עלוי כהנא בדיכרא LV 19:21
שלים מן ענא בעילוייה **לאשמא** לות כהנא ויכפר עלוי LV 5:18
שלים מן ענא בעילוייה **לאשמא** לות כהנא: ויכפר עלוי LV 5:25
לקרבן אשמא ייתי קרבן **לאשמא** לשמיה דייי על חובתיה LV 5:19

אשקק (1)

דמן קיסא·ואבנא דרמיין **באושקקי** וטעוון דכסף ודהב DT 29:16

אשר (1)

דהוו על לוחיא קמאי **דייתשר** חילך דתברתנון ותשוינון DT 10:2

את (40)

רבא ויקירא ועישרתי **אהוותא** די מחא ית מצראי ותלת EX 14:21
חלמא דזדנותא ויתן לכון **את** או תימהא: וייתי אתא או DT 13:2
בחורב והוו קיימין על **את** בבית אולפנא הינון לוחי EX 40:20
מיננא ריבוננא רב קדם ייי **את** ביננא בשפר קיברנא קבר ית GN 23:6
שביא דילי תינטרון ארום **את** הוא בין מימרי וביניכון למידוע EX 31:13
בין מימרי ובין בני ישראל **את** היא לעלם ארום בשיתא יומין EX 31:17
מערב לכון למעבד מיניה **את** על בתיא דאתון שריין תמן EX 12:13
ואמר אלקים לנח דא **את** קים דקיימית בין מימרי ובין GN 9:17
ארעא: ואמר אלקים דא **את** קימא דאנא מקיים בין מימרי GN 9:12
לכון את או תימהא: וייתי **אתא** או תימהא דמליל עימכון DT 13:3
מחא לעידן מחר יהי **אתא** הדין: ועבד ייי כן ואיתי EX 8:19
ורשם ייי על אפי דקין **אתא** מן שמא רבא ויקירא בגין GN 4:15
לא יהימנון במימרי לכל **אתוותא** דעבדית ביניהון: אמחי NU 14:11
דעבדוי מן בגלל לשוואה **אתוותיי** איליין ביניהון: ומן בגלל EX 10:1
די חמון ית יקרי וית **אתוותיי** דעבדית במצרים NU 14:22
דעבדית במצרים וית **אתוותיי** דשויתי בהון ותינדעון EX 10:2
דליבא דפרעה ואסגי ית **אתוותיי** וית תימהיי בארעא EX 7:3
ודרעיה מרמם: ית **אתוותיה** וית עובדוי דעבד בגו DT 11:3
כלו קבל ממלל: לכולהון **אתיא** ותימהי פרישתא די שדריה DT 34:11
דחמיתון בעיניכון **אתיא** ותימהיא וגבורת ידא DT 7:19
רברבן דחמיתון בעיניכון **אתיא** ותימהיא רברביא האינון: ולא DT 29:2
האילין דשלחיה וית כל **אתייא** דפקדיה למעבד: ואזל משה EX 4:28
לא יהימנון אוף לתרין **אתייא** האילין ולא יקבלון מינך EX 4:9
בידך דתעביד ביה ית **אתייא**: ואזל משה ותב לות יתרו EX 4:17
דמליל ייי עם משה ועבד **אתייא** לעיני עמא: והימין עמא EX 4:30
שיתין כל קבל שיתין **אתין** דברכת כהניא אימרין בני NU 7:88
שירתא בתמניין וחמשין **אתין** דהינון עשרין וחד מילין ומן DT 32:3
תקיפתא: וגרי מימרא דייי **אתין** ותימהין רברבין ומכתשין DT 6:22
למימר: גבר על טיקסיה **באתוון** דמסתמנין על טיקסיהון NU 2:2
דישראל גבר על טיכסיה **באתוון** לייחוס אבהתהון שריין LV 24:10
מיגו עם אוחרי בניסין **באתין** ובתימהין ובסדרי נצחני DT 4:34
חמיין כד לוחיא מיתברין **ואתוותא** פרחין: ובעית רחמין מן DT 9:17
מרממא ובחזונא רבא **ובאתין** ובתימהין: ואעיל יתנא DT 26:8
דבריי אפרוק בכספא: ויהי **לאת** חקיק ומפרש על יד שמאלך EX 13:16
קדם ייי ואתקדשו ויהון **לאת** לבני ישראל: ונסיב אלעזר NU 17:3
קדם סהדותא למטרא **לאת** לבניא סרבנייא ויסופן NU 17:25
הינון כתיבין על תפילא **לאת** על רום ידכון שמאליתא ויהון DT 11:18
בישרא דעורלתכון ויהי **לאת** קים בין מימרי וביניכון: ובר GN 17:11
דפקיד יתכון: ויהון בכון **לאתין** ולתמהין ובבניכון עד עלמא: DT 28:46
למיקמיכון: ותקטורינון **לאתין** כתיבין על ידך דשמאלא DT 6:8

אתא (437)

ביכוריא קדם ייי: והבל **אייתי** אף הוא מבכירי ענא GN 4:4
איסתאבת: ומטול דלא **אייתי** גברא ההוא אפרשותא NU 5:15
דתבירא מן חיות ברא לא **אייתי** לוותך דאין אנא חטי בה מן GN 31:39
פורקן לעמי ועל עמך **אייתי** מחא לעידן מחר יהי אתא EX 8:19
ובנת בנוי וכל זרעיה **אייתי** עימיה למצרים: ואילין GN 46:7
וליתרע משכן זימנא לא **אייתיה** לקרבא קרבנא קדם ייי LV 17:4
ותוריהון וכל דילהון **אייתיו**: ויהי ארום יקרי לכון פרעה GN 46:32
מן אבא למימר אין לא **אייתיני** לוותך ונתחייב קדם אבנא GN 44:32
תקטל בשמתא אין לא **אייתיניה** לוותך הב יתיה על ידיי GN 42:37

מן ידא תיבעיניה אין לא **אייתיניה** לוותך ואקימיניה לקמך GN 43:9
לנא ומה חבית לך ארום **אייתיתא** עלי ועל מלכותי חובא GN 20:9
וחליין כדבש: וכדון הא **אייתיתי** ית שירוי ביכורי איבא DT 26:10
האנא מתפני ואזיל לעמי **איתא** אימלכינך איזל זמין פונדקין NU 24:14
והוא שרי מן קובלי: וכדון **איתא** בבעו לוט בגני ית עמא הדין NU 22:6
דחקין יתהון: וכדון **איתא** ואשדרינך לות פרעה ואפיק EX 3:10
או לבניהן דילידן: וכדון **איתא** וניגזר קיים אנא ואנת ויהי GN 31:44
קין לות הבל אחוהי **איתא** וניפוק תרוינן לברא והוה כד GN 4:8
אעבד: ואמר בלק לבלעם **איתא** כדון אידברינך לאתר חורן NU 23:27
וית שכם וית יתבי קרתא **איתא** כדון ואשלחינך לותהון ואמר GN 37:13
למללא: ואמר ליה בלק **איתא** כדון עימי לאתר חורן NU 23:13
מן טוורי מדינחא **איתא** לוט בגיני דבית יעקב ואיתא NU 23:7
ית חזווא דארעא וכדון **איתא** לוט בגיני יתיה לואי איכול NU 22:11
שער חיוור ומכיכא לא **איתא** למחוור יתיר מן משכא מטול LV 13:21
עלנא כאורח כל ארעא: **איתא** נשקי ית אבונא חמר וכד יהי GN 19:32
דאמר ייי יתיה איתן לכון **איתא** עימנא ונוטיב לך ארום ייי NU 10:29
איתכסי מיניה ובכין אמר **איתו** ואיתני לכון מה דיארע יתכון GN 49:1
ית אחונא ונכסי על דמיה: **איתו** ונזבניניה לערבאין וידנא לא GN 37:27
דשלטין ביצריהון **איתו** ונחשב זיינא דעובדא טבא NU 21:27
ואמרין איליין לאיליין **איתו** ניתן כליל דרבו בריש פרוקן EX 15:18
קמאה דפיסחא מן יום **איתוייכון** ית עומרא דארמותא LV 23:15
עד כרן יומא הדין עד זמן **איתוייכון** ית קרבן אלקכון קיים LV 23:14
דאחוי ענא ואמר לאחוי **איתון** וניבכי על אבונן ארזא רמא GN 50:1
מרומא עניין ואמרין **איתון** חמון יעקב חסידא דאיקונין GN 28:12
מן שמי מרומא וכן אמרת **איתון** חמון כל בני נשא כל טבוון NU 21:6
עניין מלאכי מרומא **איתון** חמון תרין יחידאין דאית GN 22:10
מלאכיא דקימין קומוי **איתון** כדון וניחות ונערבבא תמן GN 11:7
סגין ותקפין יתיר מינן: **איתון** כדון נתייעט עליהון בהלין EX 1:10
יומין אמרין אילין לאילין **איתון** ניבכי על יעקב חסידא GN 50:3
ובית שקיותן סגו וכדון **איתן** נתיעט עליה עיטא דרמיו GN 29:22
בלק: ושמע בלק ארום **אתא** בלעם ונפק לקדמותיה NU 22:36
ויתמסר בידיהון עאל **אתא** במעלי יומא דפיסחא GN 14:13
ואמרו הלא בלחודוי **אתא** דין לאיתותבא בינן והא GN 19:9
ומית אהרן תמן הא בכין **אתא** ואגח קרבא בישראל ושבא NU 21:1
ביני עשו וביני יעקב **אתא** ואגח קרבא עם ישראל EX 17:8
והא גבר מבני ישראל **אתא** ואחד בבלוריתא דמדינתא NU 25:6
ימינא ואחד בבישרא **אתא**: ובנא ייי אלקים ית עילעא GN 2:21
לאיתותבא עם אבוהא **אתא** ולמיסב חדא מן ברתוי ענת GN 29:12
דחמרא וידעת דהא יעקב **אתא** ונפקת לאה לקדמותיה GN 30:16
לות אבוי: והוה כד **אתא** יוסף לות אחהי ואשלחו ית GN 37:23
מרדו: ובירביסרי שנין **אתא** כדרלעמר ומלכיא דעימיה GN 14:5
סימא בטוניכון כספיכון **אתא** לותי ואפיק לותהון ית שמעון: GN 43:23
ויימרון גלי קדם ייי דלא **אתא** לידינן ופטרניה מן דשדא ית DT 21:7
ליתיר מן מילא חד חד **אתא** למבשרא יתיה דהא שרה GN 18:2
למשיזבא ית לוט וחד **אתא** למיהפך ית סדום וית עמורה GN 18:2
שרה ילדה ביר זכר וחד **אתא** למשיזבא ית לוט וחד אתא GN 18:2
ליעקב בר: ואמרת לאה **אתא** מזלא טבא ברם בנוי עתידין GN 30:11
מיניה נס עשיראי **אתא** מלאכא והפך איתתא מלרע NU 25:8
ובנוי ואוקידו תלתיהון **אתא** משה ותבע ית צפירא LV 10:16
ייי: ארום יהי להון דינא **אתאן** לוותי ודייננא בין גברא ובין EX 18:16
ואשתעייו ליה ואמרו **אתאנא** לארעא דשדרתנא ואוף NU 13:27
מלכותא דפרעה למימר **אתו** אחי יוסף ושפר פיתגמא בעיני GN 45:16
מותביה בארע דרומא כד **אתו** בני ישראל ואגיח בהון וגמרו NU 33:40
ואמר ליה אין למיקרי לך **אתו** גובריא קום טייל עמהון NU 22:20
חילמייא דיכי אתי: וכדון **אתו** וניקטליניה ונירמיניה בחד מן GN 37:20
עמא בית ישראל וארום **אתו** ישראל אורח אלליא אתר NU 21:1
אבא דבארעא דכנען **אתו** לוותי: וגובריא רעיין רעאן GN 46:31
ליוסף למימר אבוך ואחך **אתו** לותך: ארעא דמצרים קדמך GN 47:5
ביומא הדין בחד לירחא **אתו** למדברא דסיני: ונטלו מרפידים EX 19:1
ליה לא ריבוני ועבדך **אתו** למזבון עיבורא: כולנא בני גברא GN 42:10
ותוריהון וכל דילהון **אתו** מארעא דכנען והא הינון GN 47:1
לעשו והא אוף הוא **אתי** בתרן: ופקיד אוף ית תניין אוף GN 32:19
אוף הא עבדך יעקב **אתי** בתרנא ארום אמר נירעי ית GN 32:21
ליתוהי ואנא להן אנא **אתי** והכדין נחמי סבר אפוי דאבא:: GN 37:30
הא מרי חילמייא דיכי **אתי**: וכדון אתו וניקטליניה GN 37:19
ית ענוי וחמא והא עשו **אתי** ועימיה ארבע מאה גוברין GN 33:1
למשה אנא חמוך יתרו **אתי** לוותך לאתגיירא ואין לא EX 18:6
למימר הא ברך יוסף **אתי** לותך ואתתקף ישראל ויתיב GN 48:2
ואשגש ית כל עמיא דאת **אתי** לסדרא בכון סדרי קרבא ואיתן EX 23:27
לות אחוך לעשו ואוף **אתי** לקדמותך וארבע מאה גוברין GN 32:7
חד תב: ויצחק הוה **אתי** מבי מדרשא דשם רבא מעלנא GN 24:62
לא נחית ובצורתא לא **אתי** על עלמא: עמי בני ישראל לא DT 5:20
ארום אמר אילו **אתי** עשו לחבלא בריביא ולמעבד GN 33:2
אמתא דשרי מן האן אנת **אתיא** ולאן תיזלין ואמרת מן קדם GN 16:8

איתא בעלמא הדין ולא **אתיא** לעלמא דאתי לא יכילת NU 22:30
והא סיעא דערבאין **אתיא** מגלעד וגמליהון טעינין GN 37:25
נכסין מתמסכנין דגלותא **אתיא** על עלמא: וכל עמא חמיין ית EX 20:17
נשא למסב יתהון וגלותא **אתיא** על עלמא: ית פיתגמיא DT 5:21
לא נחית ובצורתא **אתיא** על עלמא: עמי בני ישראל לא EX 20:16
שלם והא רחל ברתיה **אתיה** עם ענא: ואמר הא עדן יומא GN 29:6
עינוי וחמא והא גמלייא **אתיין**: וזקפת רבקה ית עינהא GN 24:63
דלא ייכלון גזלה עד דהוו **אתיין** לאתר מרעיהון ורעי דלוט GN 13:7
ואמר משה לחמוי ארום **אתיין** לוותי עמא למתבוע אולפן EX 18:15
ית פרעה: הא שבע שנייא **אתיין** שובעא רבא בכל ארעא GN 41:29
לאיתותבא בארעא **אתינא** ארום לית אתר בית רעיא GN 47:4
עזגדיא לות יעקב למימר **אתינא** לות אחוך לעשו ואוף אתי GN 32:7
לותך למקרי לך למא לא **אתיתא** לותי הברם מן קושטין NU 22:37
עבד לך עמא הדין ארום **אתיתא** עלוי חובא רבא: ואמר אהרן EX 32:21
קשיין ואמר להום מנן **אתיתון** ואמרו מארעא דכנען GN 42:7
אחנא קדם ייי: ולמא **אתיתון** ית קהלא דייי למדברא NU 20:4
ואמר להון יצחק מדין **אתיתון** לותי דאצלי עליכון ואתון GN 26:27
עירית מטעייתא דארעא **אתיתון** למיחמי: ואמרו ליה לא GN 42:9
עירית מטעיית ארעא **אתיתון** למיחמי: ואמרו תריסר GN 42:12
ריקם גיעא: ואמרית לכון **אתיתון** עד טוורא דאמוראה דייי DT 1:20
כל דכשר בעינוי: ארום לא **אתיתון** עד כדון לבי מוקדשא DT 12:9
ואמר בלעם לבלק הא **אתיתי** לותך כדון המיכל יכילנא NU 22:38
קבילנא מיניה בגין כן **אתת** לנא עקתא הדא: ענה יתהום GN 42:21
דהוא ממלל עמהון ורחל **אתת** עם ענא דלאבוהא ארום GN 29:9
אין תפקון מיכא אלהין **בדייתי** אחוכון קלילא הכא: פטרו GN 42:15
ואיתגלי ייי ליעקב תוב **במיתוהי** מפדן דארם ובריך ייי GN 35:9
בחגא דמטליא: **במיתי** כל ישראל לאיתחמאה קדם DT 31:11
אשוון עללתא דארעא **במיתיה** לאפרת וילידת רחל GN 35:16
דשכם דבארעא דכנען **במיתיה** מפדן דארם ושרא לקבל GN 33:18
מן דאתגלי ליעקב תוב **במתוי** מפדן באתר דמיתת אימיה DT 34:6
ואעיל לי ואכלית מכל **דאייתי** עד דלא עלת ובריכתיה GN 27:33
שכבת זרעא דאטיל דין **דאייתי** ריבונכון לנא גבר עבראי GN 39:14
משה ית כל אפרשותא **דאייתיו** בני ישראל לעיבידת פולחן EX 36:3
על לותי עבדא עבראי **דאייתיתא** לנא למגחוך בי: והוה כדי GN 39:17
אולפן טלייא עד זמן **דאיתי** לות ריבוני לגבלא: ואמר עשו GN 33:14
לי: קבל כדון ית דורון **דאיתתיא** לך ארום איתיהב לי GN 33:11
ואמר להום הא שב שנין **דאתא** יעקב לגבן בירן לא חסרו GN 29:22
בגין מדכר זכות סבא **דאתא** ממדינחא פטיר בולי קריב LV 22:27
רבני אלפין ורבני מאוותא **דאתו** מחיל סדרי קרבא: ואמר להון NU 31:14
כהנא לגוברי חילא **דאתו** מן סדרי קרבא דא אחווית NU 31:21
בטוורא וזמן לקריבויי **דאתו** עם לבן למסעוד לחמא GN 31:54
ולית לי חולק בעלמא **דאתי** או דילמא ייזלון אחיהון GN 15:1
וחמא נייחא דעלמא **דאתי** ארום טב וחולקא דארעא GN 49:15
וזכו יהי נטיר לנא לעלמא **דאתי** ארום נינטר למיעבד ית כל DT 6:25
הדין ותורך יומין בעלמא **דאתי**: ארום תיבני ביתא חדתא DT 22:7
בגלל דתיחון בחיי עלמא **דאתי** אתון ובניכון: למירחם ית ייי DT 30:19
טפייא ולא ניקד בעלמא **דאתי** באישא אכלא אשא דמיכלא GN 38:25
דלית לי חולק לעלמא **דאתי** ברם אין מייתנא מותא NU 23:10
בר נשא ההוא בעלמא **דאתי** דעתיד למיתן חושבן NU 15:31
ביום דינא רבא לעלמא **דאתי** היכמא דיתבע מינה דמיה EX 15:12
ארחא דחיי לעלמא **דאתי**: ואדם ידע ית חוה איתתיה GN 3:24
מארשה וכפר בחיי עלמא **דאתי** ובזה ית בכירותא: ואמר עשו GN 25:29
בה רשיעיא לעלמא **דאתי** ודא יידכר לן ליום דינא רבא NU 31:50
היא מלכותא לעלמא **דאתי** ודיליה היא והויא לעלמא EX 15:18
ביום דינא רבא לעלמא **דאתי**: והוה ביומא הדין ועל לביתא GN 39:10
בכירותא וחולק עלמא **דאתי**: והוה כפנא תקיף בארעא GN 25:34
בה רשיעייא לעלמא **דאתי** ויהי עולימוי מתמניין עם DT 33:6
למשציא יתהון לעלמא **דאתי** ולא משהי לסנאוי אלא עד DT 7:10
עד דהינון בחיין בעלמא **דאתי** ולא משהי לסנאוי אלא עד DT 7:10
דלא יתבעון מינה לעלמי **דאתי** ופתחת ארעא פומה ובלעת EX 15:12
דמשיחא ומדרא דעלמא **דאתי**: ושמע יתרו אונוס מדין חמוי EX 17:16
ואוגדות יומיכון בעלמא **דאתי** ותתכנשון בסוף גלוותא DT 30:20
אבהתיי צדיקייא בעלמא **דאתי** טב לי יקיד בעלמא הדין GN 38:25
לאתחדתא לעלמא **דאתי** ישעיה נביא כד הוה מתנבי DT 32:1
הדין ולא אתיא לעלמא **דאתי** לא יכילת למילוט יתי כל NU 22:30
לא תרחקון אדומאה **דאתי** לאתגיירא ארום אחוכון הוא DT 23:8
הוא לא תרחקון מצראה **דאתי** לאתגיירא ארום דיירין DT 23:8
שנין תמני יתהון כל **דאתי** לחיילא חילא למעבד NU 4:23
ועד בר חמשין שנין כל **דאתי** לחילא למעבד עיבידתא NU 4:3
חמשין שנין תמנינון כל **דאתי** לחילא למפלח ית פולחן NU 4:30
ועד בר חמשין שנין כל **דאתי** לחילא למפלח פולחן NU 4:47
ועד בר חמשין שנין כל **דאתי** לחילא לפולחנא במשכן NU 4:35
ועד בר חמשין שנין כל **דאתי** לחילא לפולחנא במשכן NU 4:39
ועד בר חמשין שנין כל **דאתי** לחילא לפולחנא במשכן NU 4:43

יהי לכון למערבבא סטנא **דאתי** למקטרגא לכון בקל NU 29:1
סגי אית לה לעלמא **דאתי** לצדיקיא ולנטרי פיקודי NU 12:16
יהי עליל ונפיק בעלמא **דאתי** מטול דזכוון קדם ייי עבד DT 33:21
ומתקן קדמי לעלמא **דאתי** סגי לחדא: ואמר אברם ייי GN 15:1
איתוב לוותך לשתא **דאתיא** ואתון קיימין והא בר לשרה GN 18:10
דא אורייתא דעלתא **דאתיא** למכפרא על הירהורי ליבה LV 6:2
כל עיבור שנייא טבתא **דאתיין** איליין ויצברון עיבורא GN 41:35
במטרת צפרא בעדנא **דאתיין** חיילי מרומא לשבחא EX 14:24
נשיא צניעתא ובעידן **דאתיין** לצלאה בתרע משכן זימנא EX 38:8
לא משרויין דעשו הינון **דאתיין** לקדמותי ולא משרויין GN 32:3
בשקייתא דמייא אתר **דאתיין** ענא למישתי תמן שווינון GN 30:38
בעבדך ארום מן שעתא **דאתינן** לותך הות אמר לן מן קדם GN 44:18
לך בארעא דמצרים עד **דאתית** לותך למצרים דילי אינון GN 48:5
פסקו למיכול ית עיבורא **דהייתיו** ממצרים ואמר להון אבוהון GN 43:2
שתיתאיי ויזמנון מה **דייתון** לקמיהון למיכל ביומא EX 16:5
למיסוק ממצרים עד זמן **דייתון** תרין פרוקין ויימרון לכון GN 50:25
ומעשרא איסתקף עלוי **דייתי** ית אינתתיה לכהנא ומטול NU 5:15
תפנוקין איסתקף עלה **דייתי** ית קורבנה דקייץ עלה NU 5:15
מן בתריכון ובר עממין **דייתי** מארע רחיקא ויחמון ית DT 29:21
צדקתא ודינא בגין **דייתיה** עילוי אברהם ית טבתא GN 18:19
ולא חסרן ניכסוי גבר מה **דייתן** לכהנא דיליה יהי: ומליל ייי NU 5:10
ההוא מגו עמיה: מן בגלל **דיתון** בני ישראל ית ניכסתהון LV 17:5
ולא יימות במיתותא **דמייתון** בה רשיעייא לעלמא דאתי DT 33:6
לקדם ייי ויקרבינה גברא **דמייתי** יתה לות כהנא וכהנא LV 2:8
לקבולי עליהון אגרא **דמייתין** יתהון וגייורייא דבקירויכון DT 31:12
מנדריכון דנדרתון בחגא **דתייתון** בחגא ונסיבתכון NU 29:39
יהבתיה לכון לגזירתא **דתיתינון** אדם ניכסא על מדבחא LV 17:11
רוחיה בנבואתה דעימיה **הייתיו** ית אפרשותא לקדם ייי EX 35:21
ארום שלותא היא והינון **היתיאו** ית קרבנהון קרבנא קדם ייי NU 15:25
ייי למעבד בידא דמשה **היתיו** בני ישראל נדבתא קדם ייי: EX 35:29
לכל עיבידת פולחנא **היתיו:** וכל איתא חכימת ליבא EX 35:24
ארמות כספא ונחשא **היתיו** ית אפרשותא קדם ייי וכל EX 35:24
מסמקי ומשכי ססגונא **היתיו:** כל דארים ארמות כספא EX 35:23
כל מאן דיאיתרעי ליביה **היתיו** שירין ושיווין עיזקן ומחוכין EX 35:22
חילמא הדין דחלמתא **המיתי** ניתי אנא ואימך ואחך GN 37:10
נשיכון בניכון ובנתיכון **ואייתו** לוותי: וסריבו נשיא למיתן EX 32:2
והוא אזדרז ואזל למצרים **ואייתי** אוניתא דחקיל כפילתא GN 49:21
ואתא בההוא יומא **ואייתי** אוניתא דכתב עשו ליעקב GN 50:13
בני זלפה נשיא דאבוי **ואייתי** יוסף ית טיפיהון ביש GN 37:2
רבני גיתי על דידי: **ואייתי** יוסף ית יעקב אבוי GN 47:7
ברשיעותיה ואכלית: **ואייתי** ייי אלקים תלתיהון לדינא GN 3:14
ואיזל סב לי: ואזל ונסיב **ואייתי** לאימיה ועבדת אימיה GN 27:14
גביה ואזדמן ליה מלאכא **ואייתי** מן חמרא דאיצטנע בעינבויי GN 27:25
דמי בעינוי הי כמגחך ביה **ואייתי** עלי לווטן ולא בירכן: ואמרת GN 27:12
בתיכון סיבו וטיילו: **ואייתיאו** ית אחוכון קלילא לותי GN 42:34
מן רבני אלפין ומאוותא **ואייתיאו** יתיה למשכן זימנא NU 31:54
באינשא ובבעירא: **ואייתיאו** לות משה ולות אלעזר NU 31:12
בגיתיכון אין פסק כספא: **ואייתיו** ית גיתיהון ליוסף ויהב להון GN 47:17
דכסף וזבנו מנהון סנדלין **ואייתיו** ית יוסף למצרים: ותב GN 37:28
אמרכולין על מניינייא: **ואייתיו** ית קרבנהון קדם ייי שית NU 7:3
קדשי דדהבא די בודניהון **ואייתיו** לאהרן: ונסיב מידיהון וצר EX 32:3
בלהה ית פרגוד מצייר **ואייתייוהי** לות אבוהון ואמרו דא GN 37:32
בעמא עם אינתתך **ואייתיתא** עלינא חובא: ופקיד GN 26:10
ואוניקתיה: ורבא רבייא **ואייתיתיה** לברת פרעה והוה לה EX 2:10
לוט בגיני דבית יעקב **ואיתא** זעיר לי ישראל: מה אני NU 23:7
וכל דתימר לי אעבד **ואיתא** כדון לוט לותי ית עמא הדין: NU 22:17
אבוכון וית אינש בתיכון **ואיתו** לותי ואיתן לכון ית שפר ארג GN 45:18
ושמע קל כרוזא ואיסתפי **ואיתי** בלא צבו מטול כן דכי יתיה LV 8:15
בעיבורא דהינון זבנין **ואיתי** יוסף ית כספא בבית GN 47:14
ואשכח יברוחין בחקלא **ואיתי** יתהום ללאה אימיה ואמרת GN 30:14
אף הוא מיניה תבשילין **ואיתי** לאבוי ואמר לאבוי יקום GN 27:31
וית כל עופא דשמייא **ואיתי** לוות אדם למיחמי מה יהי GN 2:19
יהי אתא הדין: ועבד ייי כן **ואיתי** עירבוב חיות ברא תקיף EX 8:20
עבירן די חטיתון קדמיי: **ואיתי** עליכון עם שלופי חרב LV 26:25
יומיא בארבסר בניסן **ואיתי** קין מאיבא דארעא מדרע GN 4:3
ייי ית משה היכדין עבדו: **ואיתיו** ית משכנא לות משה לבית EX 39:33
ומיתת מן אניקא **ואתא** אברהם ובת באורחא ותניאו GN 22:20
היא חברון בארעא דכנען **ואתא** אברהם מן טוור פולחנא GN 23:2
ונכסת קודשין קדם ייי **ואתא** אהרן וכל סבי ישראל EX 18:12
ורהט ונחת למצרים **ואתא** בההוא יומא ואייתי אוניתא GN 50:13
דהוה שרי בארע דרומא **ואתא** ואישתני ומלך בערד ארום NU 21:1
דמדין שבע בנתא **ואתא** ודלאה ומלאה ית מורכיוותא EX 2:16
למשכניה תיכן אימור **ואתא** ויתיב בחיזוי ממרא די GN 13:18
ית אודניא וית דנבייא **ואתא** ותני לות אבוהון: וישראל GN 37:2

יקיר מכל ביתא דאבוי: **ואתא** חמור ושכם בריה לתרע GN34:20
מצראי כל רעי ענא: **ואתא** יוסף ותני לפרעה ואמר אבא GN47:1
שרוי גלותא דמצרים וקם **ואתא** יוסף לשכם: ואשכחיה GN37:14
ליה בפדן דארם: **ואתא** יעקב לות יצחק אבוי GN35:27
ולא רדפו בתר בני יעקב: **ואתא** יעקב ללוז דבארעא דכנען GN35:6
שמא דאתרא סוכות: **ואתא** יעקב שלים בכל דליה GN33:18
ושיזבני מחרבא דפרעה: **ואתא** יתרו חמוי דמשה ובנוי EX 18:5
ונטל ישראל וכל דיליה **ואתא** לבאר שבע ודבח דיבחין GN46:1
כדנן מליל עמי גברא **ואתא** לות גברא והא קאי עלוי GN24:30
דאסירין בבית אסירי: **ואתא** לותהון יוסף בצפרא וחמא GN40:6
לות בלק והכדין תמליל: **ואתא** לותיה והא מעתד על עלתיה NU23:17
דגבלא בליגיונין סגיאין **ואתא** לחברון ולא הוה שביק ליוסף GN50:13
רעייא דאחורי מדברא **ואתא** לטוורא דאיתגלי עלוי יקרא EX 3:1
לקדמות ישראל למדברא **ואתא** ליהצא ואגח קרבא בישראל: NU21:23
מלכא דגרר ודבר ית שרה: **ואתא** מימר מן קדם אלקים לות GN20:3
רברבי מואב עם בלעם: **ואתא** מימר מן קדם ייי לבלעם NU22:9
מימרא דייי למללא עימי: **ואתא** מימרא מן קדם ייי לבלעם NU22:20
אודי ומצלי קדם אלקיה: **ואתא** מלאכא במימר מן קדם ייי GN31:24
קדם משירייתא דישראל **ואתא** מן בתריהון ונטל עמודא EX 14:19
דתמליל עם בני ישראל: **ואתא** משה ביומא ההוא וקרא EX 19:7
ועמא לא יסקון עימיה: **ואתא** משה ואישתעי לעמא ית כל EX 24:3
על חובי ארעיה ועמיה: **ואתא** משה מן משכן בית אולפנא DT 32:44
ואזלו והוא יתיב בסדום: **ואתא** עוג דאישתזיב מן גנבריא GN14:13
דייי שריא בינגא אין לא: **ואתא** עמלק מארע דרומא ושוור EX 17:8
ואזל לנחמא לאבוי **ואתא** עשו מן ברא והוא משלהי GN25:29
ופרקינין ואשקי ית ענהין: **ואתאה** לות רעואל אבוה דאבוהן EX 2:18
עיבורא לכל עמא דארעא **ואתו** אחי יוסף ובלשו בסרטייתא GN42:6
אתר כשר לבית בעיר: **ואתו** בני גד ובני ראובן ואמרו NU32:2
דילמא יארעיניה מותא: **ואתו** בני ישראל כל חד בתרעא חד GN42:5
ביה יהי מסאב עד רמשא: **ואתו** בני ישראל כל כנישתא NU20:1
בידהון: ונטלו מרקם **ואתו** בני ישראל כל כנישתא NU20:22
פולחניה וללבושי קודשא: **ואתו** גובריא עם נשיא כל מאן EX 35:22
ישראל מן קדם משה: **ואתו** כל גבר דאיתרעי ליביה וכל EX 35:21
בצפר בצפר מן ממונהון: **ואתו** כל חכימיא דעבדין ית כל EX 36:4
ושלימת שתא ההיא **ואתו** כל מצראי לוותיה בשתא GN47:18
תרין עומרין לבר נש חד **ואתו** כל רברבני כנישתא ותנו EX 16:22
ארום אנא הוא ייי אסאך: **ואתו** לאלים ובאילים תרתיסירי EX 15:27
ושרו במרה: ונטלו ממרה **ואתו** לאלים ובאילים תרתיסרי NU33:9
בית משרוי בגושנא **ואתו** לארעא דגושן: וטקיס יוסף GN46:28
למיזל לארעא דכנען **ואתו** לארעא דכנען: ועבר אברם GN12:5
אורחא: וסליקו ממצרים **ואתו** לארעא דכנען לות יעקב GN45:25
ליצטר מדברא: ותבו **ואתו** לאתרא דאיתפליג דינא GN14:7
בלב שלים כחדא: **ואתו** לאתרא דאמר ליה ייי ובנא GN22:9
סגיאין ויקירין מאלין: **ואתו** לות בלעם ואמרו ליה כדנן NU22:16
דקיסמין חתימן בידיהון **ואתו** לות בלעם ומלילו עימיה NU22:7
עימכון: וקמו רברבי מואב **ואתו** לות בלק ואמר מסרב בלעם NU22:14
ייי ולא בחובא דילנא: **ואתו** לות יעקב אבוהון לארעא GN42:29
מסוף ארבעין יומין: ואזלו **ואתו** לות משה ולות אהרן ולות כל NU13:26
לרקם אורח מאללייא **ואתו** לטוורוס אומנוס ומית אהרן NU21:1
דסיני: ונטלו מרפידים **ואתו** למדברא דסיני ושרו במדברא EX 19:2
דיקנו בארעא דיכנען **ואתו** למצרים יעקב וכל בנוי עימיה: GN46:6
ולא אשכחו מיא: **ואתו** למרה ולא יכילו למישתי מוי EX 15:23
גבר לחבריה לשלם **ואתו** למשכן בית אולפנא: ותני EX 18:7
דמצרים ומארעא דכנען **ואתו** מצראי לות יוסף למימר הב GN47:15
איתמלי אוף יומא דין: **ואתו** סרכי בני ישראל וצווחו קדם EX 5:15
בשלם: והוה ביומא ההוא **ואתו** עבדי יצחק ותנו ליה על עיסק GN26:32
משריתא סגיאה לחדא: **ואתו** עד בית אידרי דאטד די GN50:10
וסליקו מן צטר דרומא **ואתו** עד חברון ותמן אחימן ששי NU13:22
למיזל לארעא דכנען **ואתו** עד חרן ויתיבו תמן: והוו יומי GN11:31
תתבני טאניס דמצרים: **ואתו** עד נחלא דאתכלא וקצו NU13:23
ואתפניו וסליקו לטוורא **ואתו** עד נחלא דאתכלא ותרגינו DT 1:24
סגיאין מישראל: **ואתו** עמא לות משה ואמרו חבנא NU21:7
ואברהם תב לאתריה: **ואתו** תרין מלאכיא לסדום ברמשא GN19:1
ואזל בלעם עם בלק **ואתון** לקרתא דמקפן שורין NU22:39
דנסב מן אדם לאיתתא **ואתיה** לות אדם: ואמר אדם הדא GN 2:22
דמיין ונגרין עד ימא רבא **ואתיין** חיוון דכיין ובעירן ושתיין EX 16:21
ליבא בידהא הות עזלא **ואתיין** כל עזיל ית תיכלא וית EX 35:25
דיהון מצטרפין בלגיונין **ואתיין** עלך מימרי תריס לך ואף על GN15:1
דפקיד ייי אלקנא יתנא **ואתינא** עד ריקם גיעא: ואמרית DT 1:19
לך ותהי זכאי ממומתי: **ואתית** יומנא לעינא ואמרית ייי GN24:42
אנא הוא ייי אלקכון: **ואתיתון** לאתרא הדין ונפק סיחון DT 29:6
ית יונתא מן תיבותא: **ואתת** לותיה יונתא לעידוני רמשא GN 8:11
ית מה דפקיד משה **והייתיו** לקדם משכן זימנא וקריבו LV 9:5
תור בר תורי לחטאתא **וייתון** יתיה לקדם משכן זימנא: LV 4:14

דאשתייר ולא לקא **וייתון** למסגוד ליה וישכחון יתכון EX 14:2
מפקיד לכון יומא דין **וייתון** עילויכון כולהון לווטייא DT 28:15
ואתון תהוון הדיוטין: **וייתון** עילויכון כל לווטייא האילין DT 28:45
ויצטרפון בליגיונין **וייתון** עליי או דילמא בזימנא ההוא GN 15:1
על כל עממי ארעא: **וייתון** עליכון כל בירכתא האילין DT 28:2
בבציר מן טימהון **וייתון** עמא הדין וייכלון וישתון NU 24:14
דבחין על אנפי חקלא **וייתונון** קדם ייי לתרע משכן זימנא LV 17:5
קדם ייי ית יומי נזריה **וייתי** אימר בר שתיה לאשמא NU 6:12
ויתן לכון את או תימהא: **וייתי** אתא או תימהא דמליל DT 13:3
ישראל דהוא דייר תמן **וייתי** בכל כרוך דרעיא נפשיה DT 18:6
ארום לא איתחרת כולה: **וייתי** גבר דשמיש עימה ולא היא ית LV 19:21
בבית ארע אחסנתכון: **וייתי** דדיליה ביתא ויתני לכהנא LV 14:35
ואתחייב ויקביל חוביה: **וייתי** דכר שלים מן ענא בעילוייה LV 5:18
דביכוריא מן ידך ויוביל **וייתי** וירים ויחית ומבתר כדין DT 26:4
ויתהני מן קודשיא דייי **וייתי** ית קורבן אשמיה לקדם ייי LV 5:15
ליה חובתיה דחב **וייתי** ית קורבני צפירתא דעיזי LV 4:28
או תרין גוזלין בני יוניא **וייתי** ית קורבניה דחב חד מן עשרא LV 5:11
כמיסת למייתייא אימרא **וייתי** ית קרבן אשמיה דחב תרין LV 5:7
ויודי חובתא דחב עלה: **וייתי** ית קרבן אשמיה לקדם ייי LV 5:6
חד חטאתא וחד עלתא: **וייתי** יתהון ביומא תמינאה LV 14:23
לחטאתא וחד לעלתא: **וייתי** יתהון לוות כהנא ויקרב ית מן LV 5:8
או תרין גוזלין בני יוון **וייתי** יתהון לקדם ייי לתרע משכן LV 15:14
ביתא ומן בתר דאיתטש: **וייתי** כהנא ויחמי והא הליך פיסיון LV 14:44
חייא ויתהפיך לחיוור **וייתי** לות כהנא: ויחמיניה כהנא והא LV 13:16
ההיא ותצנעון בקירויכון: **וייתי** ליואה ארום לית ליה חולק DT 14:29
מישר נחלי ארנונא **וייתי** למדברא דציני טור פרזלא מי NU 34:11
אחוך ויזבון מאחסנתיה **וייתי** פריקיה הקריב ליה ויפרוק ית LV 25:25
ליה חובתיה דחב **וייתי** קורבניה צפיר בר עיזי דכר LV 4:23
משחא ויתן עלה לבונתא: **וייתינא** לות אהרן כהניא ויקמוץ LV 2:2
ארום חטאתא היא: **וייתיניה** לות כהנא ויקמוץ כהנא LV 5:12
טווריא דארעא דישראל **ויתון** כל חיות ברא וציפורי שמיא NU 11:26
דמצרעא ביומא דדכותיה **ויתיתי** לוות כהנא: ויפוק כהנא LV 14:2
סגירו ארום יהי בבר נש **ויתיתי** לות כהנא: ויחמי כהנא והא LV 13:9
בישריה למיכתש סגירו **ויתיתיה** לות אהרן כהנא או לות LV 13:2
נגעתון גבר בבריה ובאחוי **ולאייתאה** עליכון יומא דין בירכתא: EX 32:29
אזלין רברבני ישראל **ומייתן** יתהון לצרוך עיבידתא: EX 35:27
יעקב ארום עללייא זבנין **ומייתן** עיבורא ממצרים ואמר יעקב GN 42:1
לכון ותחצדון ית חצדא **ותייתון** ית עומרא שירוי חצדכון LV 23:10
תתבעון ותיתון תמן: **ותייתון** תמן עלוותכון וניכסת DT 12:6
תבע אולפן מן קדם ייי **ותייתי** אנת ית פיתגמיא דילהון EX 18:19
או תרין גוזלין בני יוון **ותייתי** יתהון לות כהנא לתרע LV 15:29
ותיטלון ית אבוכון **ותיתון**: ועיניכון לא תיחוס על GN 45:19
לכון ונידריכון תיטלון **ותיתון** לאתרא דיתרעי ייי: ותעבד DT 12:26
דיתרעי ייי אלקכון ביה: **ותיתון** לות כהניא דמשיבט לוי DT 17:9
לבית שכינתיה תתבעון **ותיתון** תמן: ותייתון תמן עלוותכון DT 12:5
הדין על אתר בי דינהון **ייתון** בשלם: וקבל משה למימר EX 18:23
·וכל חכימי ליבא דיבכון **ייתון** ויעבדון ית כל דפקד ייי: ית EX 35:10
בשכם ודחיל אנא דילמא **ייתון** חיואי וימחונון על עיסק די GN 37:13
על מזונהון וכדון **ייתון** חיוייא דלא אתרעמו על NU 21:6
בסואבתהון וכד ידכון **ייתון** ית קרבנהון מטול למכפרא LV 15:33
על קורבני תרביא **ייתון** לארמא ארמא קדם ייי ויהי LV 10:15
עידן ויהי כל פיתגם רב **ייתון** לוותך וכל פתגם קליל ידונון EX 18:22
מאן הוא דחליא דייי **ייתון** לותי ואתכנשו לוותיה כל בנוי EX 32:26
יסגי עליכון חיות ברא כד **ייתון** למיכול גושמיהון: וימסירינון DT 7:22
ויסגון עלך חיות ברא כד **ייתון** למיכול פיגריהון וינזקון בך: EX 23:29
גד ולבני ראובן האחיכון **ייתון** לקרבא ואתון תיתבון הכא: NU 32:6
מינכון רוח קודשא כד **ייתון** מחתין עליכון ומחתין על DT 28:59
אורייתא הדא: ויהי כד **ייתון** עילויכון ית כל פיתגמיא DT 30:1
בנך ואין לווטן ילטטינך **ייתון** עלי ועל נפשי ברם קבל מיני GN 27:13
אין בירכן ייברכינך **ייתון** עלך ועל בנך ואין לווטן GN 27:13
ניכסת קודשוי קדם ייי **ייתי** בגרמיה ית קורבניה לקדם ייי LV 7:29
באיקרא דאבוי דילמא **ייתי** וימחינני אימא על בנייא: ואנת GN 32:12
כל מאן דאיתרעי ליביה **ייתי** ית אפרשותא דייי דהבא EX 35:5
דמספקא ידיה למייתייא **ייתי** ית חד חטאתא וית חד עלתא LV 14:31
וחמש שנין ולעילא **ייתי** לחיילא חילא בפולחן משכן NU 8:24
ובנוי כל יומיא: וארום **ייתי** ליואה מחדא מן קרויכון מן כל DT 18:6
מזרעיה עד זמן די **ייתי** מלכא משיחא זעיר בנוי GN 49:10
מן קרבנייא רברבייא **ייתי** מן קרבנייא קלילייא האילין LV 14:32
בנוי דשלמיא עד כדי **ייתי** סנחריב מלכא דאתור וישבי NU 24:22
ולמוהבות רחל: ואמר אין **ייתי** עשו למשרי דחדא מנהין GN 32:9
שיקרא בשמא דייי ולא **ייתי** פיתגמא ולא יתקיים הוא DT 18:22
וישתביק ליה: ואין אימר **ייתי** קורבניה לחטאתא נוקבא LV 4:32
דאתחייב לקרבן אשמא **ייתי** קרבן לאשמא לשמיה דייי על LV 5:19
יגלביניה: וביומא תמינאה **ייתי** תרין שפנינין או תרין גוזלין בני NU 6:10

וית קרבן אשמיה **ייתיה** לקדם ייי דכר שלים מן ענא LV 5:25
ייי מן ניכסת קודשוי: ידוי **ייתיין** ית קורבניא דייי די יפרש LV 7:30
נוקבא שלמתא **ייתינה**: ויסמוך יד ימיניה על ריש LV 4:32
מיכא לוקבל אפקותא **ייתיניה** לארמא יתיה ארמא קדם LV 7:30
ולתרע משכן זימנא לא **ייתיניה** למעבד יתיה קרבנא קדם LV 17:9
דענא והוון מתיחמן **כמיתהין** למישתי: ואתחימו ענא GN 30:38
ידיה כמיסת נידריה **לאייתאה** מן די ידר היכדין יעבד NU 6:21
לאולפן אורייתי ואוסיף **לאייתאה** עליכון שביעיתא מחא LV 26:21
אסיקתונא ממצרים **לאיתאה** יתן לאתרא בישא הדין NU 20:5
רוגזא דייי בארעא ההיא **לאיתיא** עלה ית כל לווטייא DT 29:26
לחקלא למיצד צידא **לאיתיאה**: ורבקה אמרת ליעקב ברה GN 27:5
למשה מסגיין עמא **למייתיא** מיסת פולחנא לעיבידתא EX 36:5
לא תארע ידיה כמיסת **למייתייא** אימרא וייתי ית קרבן LV 5:7
ית מה דמספקא ידיה **למייתייא** ייתי ית חד חטאתא וית LV 14:31
אין לא ספיקת בין ידויי **למייתייא** מן קרבנייא רברבייא ייתי LV 14:32
לא תארע ידיה כמיסת **למייתייא** תרין שפנינין רברבין או LV 5:11
דעתיד מלכא משיחא **למיתי** איתכסי מיניה ובכין אמר GN 49:1
אינשא לדהווה ולדעתיד **למיתי** באומתא ומשקר בה ויתכסי LV 5:4
חובתי ומה סורחני ארום **למיתי** בתריי: ארום פשפשתא ית GN 31:36
מאים לית צבות איתתא **למיתי** בתריי לארעא הדא האתבה GN 24:5
ואם לית צבות איתתא **למיתי** בתרך ותזדכי ממומתי דא GN 24:8
ושריאן שבע שני כופנא **למיתי** היכמא דאמר יוסף והוה GN 41:54
לגלותא ארום קריב **למיתי** יום תברהון ומבעא בישתא DT 32:35
ואמר מה דין אוחיתון **למיתי** יומא דין: ואמרא גבר מצראי EX 2:18
די קנה בפדן דארם **למיתי** לות יצחק אבוי לארעא GN 31:18
בלק ואמר מסרב בלעם **למיתי** עימנא: ואוסף תוב בלק NU 22:14
לא תשכח ידה הי כמיסת **למיתייא** אימרא ותיסב תרין LV 12:8
ישראל דלא הוה בליביה **למיתייא** לעיבידתא ושמע קל LV 8:15
וישתתפון בדרתיהון בגין **למיתייא** מידין לידין ויהי לכון EX 16:5
תעבדינה: ואנא האנא **מייתא** ית טובענא מיא על ארעא GN 6:17
לא משכח חמר עתיק **מייתי** חמר בר ארבעין יומין NU 28:7
יתבר מן חיות ברא **מייתי** ליה סהדין או ימטיניה עד EX 22:12
למפטור ית עמי הא אנא **מייתי** מחר גובא בתחומך: ויחפי ית EX 10:4
תוב מכתש חד אנא **מייתי** עלוי פרעה ועילוי מצראי EX 11:1
דישראל כד יחובון **מייתי** עליהון פורענותא וכד פרסין DT 32:31
בכל עידן ית פתגם קשי **מייתן** לוות משה וכל פתגם קליל EX 18:26
למעבד יתה והינון **מייתן** ליה תוב נדבתא בצפר בצפר EX 36:3
ומקימין ית משכנא עד **מיתיהון**: ונטיל טיקס משיריית בני NU 10:21
בחקלא ושתיק יעקב עד **מיתיהון**: ונפק חמור אבוי דשכם GN 34:5
שנין בחייוהי דמשה עד **מיתיהון** לארעא מיתבא ית מנא EX 16:35
אורחא דהליכתון עד זמן **מיתיכון** עד אתרא הדין: ובפיתגמה DT 1:31
לכון במדברא עד זמן **מיתיכון** עד אתרא הדין: ודעבד DT 11:5
מארעא דמצרים עד **מיתיכון** עד אתרא הדין מסרבין DT 9:7
ממא נפלח קדם ייי עד **מיתנא** לתמן: ותקיף ייי ית יצרא EX 10:26
קודשא ופסק עמא **מלאיתאה**: ועיבידתא הות כמיסת EX 36:6
בר צפר לא כדון תיתמנע **מלמיתי** לותי: ארום מיקרא NU 22:16
דיצרא בישא ולוותך יהוי **מתויה** ואנת תהי שליט ביה בין GN 4:7
בנין ולות בעליך תהי **מתויך** והוא יהי שליט ביך למיזכי GN 3:16
הדין דחלמתא המיתי **ניתי** אנא ואימך ואחך למגחן לך על GN 37:10
שכינתיה תמן לתמן **תייתון** ית כל קורבנייא וביכוריא DT 12:11
בוכרת פירי ארעכון **תייתון** לבית מוקדשא דייי אלקכון EX 34:26
וית אחוכון קלילא **תייתון** לותי ויתיהימונון פיתגמיכון GN 42:20
דייי: מאתר מותבניכון **תייתון** לחים ארמותא תרתין גריצן LV 23:17
דכיתא לברא או לברתא **תייתי** אימר בר שתיה לעלתא וגוזל LV 12:6
קדם ייי אלקכון וניסבתא **תיתון** ונבזביית בית מוקדשא DT 23:24
לריבוני מאים לא **תיתי** איתתא בתריי: ואמר לי ייי GN 24:39
שירוי ביכורי פירי ארעך **תיתי** לבית מוקדשא דייי אלקך EX 23:19
הינין קדם עד לא **תיתי** לוותהון חייתא הינין תליין EX 1:19

אתונא (10)

חופניכון קטם דקיק מן **אתונא** וידריקיניה משה לצית EX 9:8
איתוקד בארע ילדותיה **באתון** נורא דעבדו כשדאי לאברם GN 11:28
נירמי ליבנין וניוי יתהון **באתונא** והות להון לבינתא לאבנא GN 11:3
דארעא היא כקוטרא **דאתונא**: והוה בחבלות ייי ית קירוי GN 19:28
קוטריה הי כקוטרא **דאתונא** וזע כל טוורא לחדא: והוה EX 19:18
ונסיבו ית קטמא **דאתונא** וקמו לקדם פרעה ודרק EX 9:10
דמקדשין שמך ונחתין **לאתון** נורא בבקעת דורא בה GN 38:25
כד רמא נימרוד ית אברם **לאתונא** דנורא דלא פלח לטעותיה GN 11:28
פרעה בר נימרוד דטלקך **לאתונא** דנורא: ואמר אברם לשרי GN 16:5
ליה אנא ייי דאפיקתך **מאתון** נורא דכשדאי למיתן לך ית GN 15:7

אתמול (10)

ליתנון שפיין לקיבליה **כדאיתמלי** והי כדקדמוי: ואמר ייי GN 31:2
למירמי ליבנין הי **כמאיתמלי** והי כמדקדמוי אוף EX 5:14
לעמא למירמי לבניא הי **כמאיתמלי** והי כמילקדמוי הינון EX 5:7
ייי לא גבר דברן אנא אוף **מאיתמלי** אוף מן לקדמוי אוף מן EX 4:10

אתכוון והוא לא סני ליה **מאיתמלי** ומדיקדמוי ויעירוק DT 4:42
והוא לא נטר ליה סנא **מאיתמלי** ומדקדמוי: ומאן דעליל DT 19:4
ליבנייא דהינון עבדין **מאיתמלי** ומדקדמוי תמנון עליהון EX 5:8
ואמהו: ואין תור נגשן הוא **מאיתמלי** ומידקדמוי ואיתסהד על EX 21:29
ארום תור נגחן הוא **מאיתמלי** ומידקדמוי ולא נטריה EX 21:36
ארום לא סני הוא ליה **מאתמלי** ומדקדמוי: בגין כן אנא DT 19:6

אתנא (18)

קימא ומזיקי ופום ממלל **אתנא** בי היא שעתא פתח מימרא NU 22:28
רוגזא דבלעם ומחא ית **אתנא** בשוטא: עשרתי פתגמין NU 22:27
האילין ואמרת לית הדא **אתנא** דידי שאילא היא בידי NU 22:30
מהוגנא לקובלי: וחמתני **אתנא** וסטת מן קדמי דנן תלת NU 22:33
תחום דין לבישא: וחמת **אתנא** ית מלאכא דייי ואידחקת NU 22:25
לימינא ולשמאלא: וחמת **אתנא** ית מלאכא דייי ורבעת לה NU 22:27
יניס וימריס עימיה: וחמת **אתנא** ית מלאכא דייי מעתד NU 22:23
כדון קטלתיך: ואמרת **אתנא** לבלעם ווי לך בלעם חסיר NU 22:30
בחקלא ומחא בלעם ית **אתנא** למכוונא יתה לאיסרטא: וקם NU 22:23
שליפא בידיה וסטת **אתנא** מן אורחא ואזלת בחקלא NU 22:23
דארבע ית ערדיא עם **אתני** ולזמן אשכח ית בודנייתא GN 36:24
ארבעין ותורי עשרא **אתני** עשרין ולווקדין עשרא: וזמין GN 32:16
ומטובא דמצרים ועשר **אתנין** טעינן עיבור ולחם וזוודין GN 45:23
דייי מטול מה מחית ית **אתנך** דנן תלת זימנין הא אנא NU 22:32
שרי ברטיבא הלא אנא **אתנך** דרכבת עלי מן טליותך עד NU 22:30
אנא נפקית למישטן לך **ואתנא** דחילת חמת סטת מן NU 22:32
וחמרין ועבדין ואמהן **ואתנין** וגמלין: וגרי מימר דייי GN 12:16
תלת זימנין: ואמר בלעם **לאתנא** ארום שקרת בי אילו אית NU 22:29

אתר (226)

יתיה אתון כהניא בכל **אתר** אתון ואינש בתיכון ארום NU 18:31
וכל סביא דעמא הדין על **אתר** בי דינהון ייתון בשלם: וקבל EX 18:23
דטוורא דסיני וקיימא על **אתר** בית יקידתא על מדבח כל LV 6:2
יתיה על קיסין בנורא על **אתר** בית מישד קיטמא יתוקד: ואין LV 4:12
יומין לאתקנא להון **אתר** בית מישרוי: וענן איקר NU 10:33
באורחא לאתקנא לכון **אתר** בית מישרוי לאשריותכון DT 1:33
בארעא אתינא ארום לית **אתר** בית רעיא לענא דלעבדך ארום GN 47:4
ית אדם מן טוור פולחנא **אתר** דאיתבריא מתמן ואשרייא GN 2:15
לאיטמרי מן קדמי הלא **אתר** דאנת דאת מיטמר ביה אנא GN 3:9
יתיה ויהבי בבי אסירי **אתר** דאסירי מלכא אסירין והוה GN 39:20
דמיצע ביני כרמיא **אתר** דאקים יעקב ולבן אוגר וקמא NU 22:24
עמכון: ונטלו מסוכות **אתר** דאתחפיו בענני יקרא ושרו EX 13:20
בשקייתא דמייא **אתר** דאתיין ענא למישתי תמן GN 30:38
מריסה ושרו בקהלת **אתר** דאתכנשו קרח וסיעתיה על NU 33:22
מתרח ושרו במתקה **אתר** דבסימין מוהי: ונטלו מאתר NU 33:28
מצלמונה ושרו בפונון **אתר** דגרי ייי בהון ית חיוון קלן NU 33:42
דריגליה ימינא עילוי **אתר** דיהב מן שירויא אדם קרבן LV 14:17
דריגליה ימינא על **אתר** דיהב מן שירויא אדם קרבן LV 14:28
עיקתיה לידוי ואזמן לך **אתר** דיערוק לתמן: וארום ירשע EX 21:13
יצחק לטוור פולחנא **אתר** דכפתיה אבוי והפך יצחק GN 25:21
עקצין ובית צהוונא **אתר** דלית מוי דאפיק לך מוי DT 8:15
עלוייה כמיסת זרעיה **אתר** דמיזדרע ביה כור סעורין LV 27:16
שריין במדברא בצדייות **אתר** דמייללין שידין ווירודין ובית DT 32:10
במישרי מגזתא במדברא **אתר** דמכוון על אנפי מואב ממדנח NU 21:11
יתהון בטור בית מוקדשך **אתר** דמכוון קביל כרסי יקרך מוזמן EX 15:17
למישר פרדיסיא הוא **אתר** דמסיק פרקטונין דמיין ושדי GN 14:3
מחצרות ושרו ברתמה **אתר** דמרבי אילני רתמי: ונטלו NU 33:18
אתו ישראל אורח אלליא **אתר** דמרדו במרי עלמא דכד תבו NU 21:1
בסעדך ואיטרינך בכל **אתר** דתהך ואתיבינך לארעא הדא GN 28:15
פירוי ושרו בחרדה **אתר** דתווהו על בישתא דמותנא: NU 33:24
פירוי ושרו בלבנה **אתר** דתחומין לה מלבינתא בניין: NU 33:20
לכון על מאני זיניכון **אתר** דתיסרון סייפיכון ותהווי חפיר DT 23:14
סבו לכון תיבנא מן **אתר** דתשכחון ארום לא מיתמנע EX 5:11
אומניס ושרו בצלמונה **אתר** הובאי ובור בארע אדומאי NU 33:41
תהי רחיץ עלול לכל **אתר** ומרכיך וחאי ולאחוך תהי GN 27:40
אתרא הדין לית דין **אתר** חול ארום אלהן בית מקדש GN 28:17
דגדגד ושרו ביטבת **אתר** טב וניח: ונטלו מאתר טב NU 33:33
כנענאה עד קלרהי וליבנן **אתר** טוורי בית מקדשא עד נהרא DT 1:7
מחרדה ושרו במקהלות **אתר** כינופיא: ונטלו ממקהלות ושרו NU 33:25
ארע גלעד והא אתרא **אתר** כשר לבית בעיר: ואתו בני גד NU 32:1
לאתרא בישא הדין לא **אתר** כשר לבית דרע ואוף לא NU 20:5
אספסתא סגי עימנא אוף **אתר** כשר למבת: וגחן גברא וסגיד GN 24:25
שבתא היא לייי בכל **אתר** מותבניכון: אילין זמני סידורי LV 23:3
לא תבערון אשתא בכל **אתר** מותבניכון ביומא דשבתא: EX 35:3
קיים עלם לדריכון בכל **אתר** מותבניכון: שבא ונייחא הוא LV 23:31
דמחמע לא תיכלון בכל **אתר** מותבניכון תיכלון פטירי: וקרא EX 12:20
במדברא רבא ודחילא **אתר** מלי חיוון קלן ועקרבין עקצין DT 8:15
בשירויא ארום תמן **אתר** מקבע אבנין טבין ומרגליין DT 33:21

עד זמן די תמטון לבית **אתר** משרוייכון: לא כמא דאתון EX 10:10
בידיכון בגין כן תהי **אתר** משרוייכון קדישא ולא יחמי DT 23:15
ויתקיים: ואמר ייי הא **אתר** מתקן קדמי ותהי מעתד על EX 33:21
בני עמון לא קריבתא כל **אתר** נחלי יובקא וקרווי טוורא ככל DT 2:37
דחזרנות ניתקא ברם **אתר** ניתקא לא יספר ויסגר כהנא LV 13:33
אתרא דאנת קאים עלוי **אתר** קדיש הוא ועלוי אנת עתיד EX 3:5
ונסיב ארבעה מאבני **אתר** קדיש ושוי איסדוי ושכיב GN 28:11
ועבר אברם בארעא עד **אתר** שכם עד מישר דהוה מיירי GN 12:6
דנחשא ושוי יתיה על **אתר** תלי והוי כד נכית חיויא ית NU 21:9
דנחש ושוי יתיה על **אתר** תלי ויהי כל דנכות יתיה חיויא NU 21:8
לא אשכחתא ואוף אינשי **אתרא** אמרו לא הות הכא מטעיתא: GN 38:22
חתנך בנך ובנתך הנפק מן **אתרא**: ארום מחבלין אנחנא ית GN 19:12
וית ארע גלעד והא **אתרא** אתר כשר לבית בעיר: ואתו NU 32:1
קדמי ואשבוק לכל **אתרא** בגינהום: ואתיב אברהם GN 18:26
ניסא דילי דניסא דעבד **אתרא** בגיני הוא: ואמר ארום קיים EX 17:15
בישרא ושרו בחצרות **אתרא** דאיסתגרת מרים נביאיתא: NU 33:17
סינך מעל ריגלך ארום **אתרא** דאנת קאים עלוי אתר קדיש EX 3:5
כדון עינך ותיחמי מן **אתרא** דאנת תמן לציפונא GN 13:14
מן ענך ומן תורך בכל **אתרא** דאשרי שכינתי ואנת פלח EX 20:24
תסקון עלוותכון בכל **אתרא** דאתון חמיין: אלהן לאתרא DT 12:13
מן פילוסין ושרו בסוכות **אתרא** דאתחפיאו שבעת ענני יקרא: NU 33:5
דייי ושרו ברפידים **אתרא** דבטילו אידיהון ממצוותא EX 17:1
מיא בדוקיא האינון בכל **אתרא** דהוא תמן: ואין לא NU 5:27
מן להלא למוגדלא דעדר **אתרא** דהתמן עתיד דאיתגלי GN 35:21
ועיינין פתיחן להון הוא **אתרא** דטניס דביני מגדול וביני EX 14:2
ארום יתרחק מנכון **אתרא** די יתרעי ייי אלקכון DT 14:24
ותקיפין מינכון: כל **אתרא** די תדרוך פרסת ריגליכון DT 11:24
לבית אסירי **אתרא** דיוסף אסיר תמן: ומני רב GN 40:3
דתעבדין עימי לכל **אתרא** דינהך לתמן אימרי עלי GN 20:13
כדין תיתבון לרוחצן: ויהי **אתרא** דיתרעי ביה מימרא דייי DT 12:11
ועד ביתאל ותב עד **אתרא** דפרסיה תמן למשכניה מן GN 13:3
דעגלתא נגדין ואזלין עד **אתרא** דקטולא תמן וסלקין עלוי DT 21:8
ואמר קומו פוקו מן **אתרא** הדין ארום מחבל ייי ית GN 19:14
ארום מחבלין אנחנא ית **אתרא** הדין ארום סגיאת קבילהון GN 19:13
עד זמן מיתיכון עד **אתרא** הדין: ובפיתגמה הדין DT 1:31
עד זמן מיתיכון עד **אתרא** הדין: ודעבד לדתן ולאבירם DT 11:5
ואמר מה דחיל ומשבח **אתרא** הדין לית דין אתר חול ארום GN 28:17
דמצרים עד מיתיכון עד **אתרא** הדין מסרבין הוויתון קדם DT 9:7
אורייתא דיחוון לכון מן **אתרא** ההוא דיתרעי ייי ותיטרון DT 17:10
ותשיצון ית שומהון מן **אתרא** ההוא: ליתיכון רשאין DT 12:3
סגי לחדא: וקרא ית שום **אתרא** ההוא קיברי דמשיילי NU 11:34
אילין ויהב ליה ייי בגין כן **אתרא** ובנא ארבע קוריין אוחרנין GN 10:11
וכנש לבן ית כל אינשי **אתרא** ועבד להון שירו עני ואמר GN 29:22
ואינון ונבעי רחמין על כל **אתרא** ותשבוק להום ואמר לא GN 18:32
זיווייתיה לקנקל דנחשא **אתרא** לאריחיא: ועבד ית אריחיא EX 38:5
קבל גפוף הואה עיזקתא **אתרא** לאריחייא למיטל ית פתורא: EX 37:14
אשכחא: ושאיל ית אינשי **אתרא** למימר האן מטעיתא דהיא GN 38:21
עיזקיתהון עבד דהבא **אתרא** לנגרין וחפא ית נגרין דהבא: EX 36:34
עיזקתהון תעביד דהבא **אתרא** לנגרין ותחפי ית נגריא דהבא: EX 26:29
בגרר: ושאילו אינשי **אתרא** על אינתתיה ואמר אחתי GN 26:7
דילמא יקטלונני אינשא **אתרא** על עיסק רבקה ארום GN 26:7
אבדא תאבדון ית כל **אתריא** די פלחו תמן עממיא דאתון DT 12:2
ארום יתרחק מנכון **אתרעא** דיתרעי ייי אלקכון DT 12:21
אבנין חורניין ויעלון **באתר** אבניא ועפרא חורן יסב LV 14:42
נס רביעאי דקם רומחא **באתר** בירוזא ולא אשתמיט נס NU 25:8
דנפק אזל לחרן: וצלי **באתר** בית מוקדשא ובת תמן ארום GN 28:11
קרא להון קדישין למקום **באתר** בית שכינתיה וכד הינון DT 33:3
בפתי ירכא ימינא דיעקב **באתר** גדיא נשיא: וזקף יעקב ית GN 32:33
דאברהם חס עילוי **באתר** דהוא תמן: אזדקפי טולי ית GN 21:17
מלאכא דייי למעיבר וקם **באתר** דחיק דלית אורח למיסטי NU 22:26
צפירא ויכוס יתיה טבחא **באתר** דיכוס ית עלתא קדם ייי LV 4:24
שקא דאפרשותא תיכלון **באתר** דכי אנת ובנך עימך ארום LV 10:14
לסטר מדבחא קידומא **באתר** דמוקדין קיטמא: ויתלע יתיה LV 1:16
ליעקב תוב במתוי מפדן **באתר** דמיתת אימיה אליף יתן DT 34:6
ונטלו מחשמונה ושרו **באתר** מרדותא: ונטלו מאתר NU 33:30
ית חטאתא וית עלתא **באתר** קדיש ארום היא כחטאתא LV 14:13
קודשין היא: ותיכלון יתה **באתר** קדיש ארום חולקך וחולק LV 10:13
מעל פתורא **באתר** קדיש ארום קודש קודשין LV 24:9
לא אכלתון ית חטאתא **באתר** קדיש ארום קודשין היא LV 10:17
ובנוי פטירי תתאכל **באתר** קדיש בדרת משכן זימנא LV 6:9
ותבשיל ית בישריה **באתר** קדיש: וייכול אהרן ובנוי ית EX 29:31
ויסחי ית בישריה במוי **באתר** קדיש וילבש ית לבושוי LV 16:24
דיידי עלה תתחוור **באתר** קדיש: וכל מאן דפחר LV 6:20
דכורא בכהניא ייכלונה **באתר** קדיש יתאכל קודש קודשין LV 7:6

די מכפר באדמה ייכלינה **באתר** קדיש תתאכל בדרת משכן LV 6:19
שיחנא ואיתסי: ויהי **באתר** שיחנא שומא זקיפא חוורא LV 13:19
לשדרא יתיה לימנת **באתר** תקיף וקשי דבמדברא דצוק LV 16:10
אורחתא: ויתיב ישראל **באתרא** דהוה מתקרי שיטים על NU 25:1
ויכוס טבחא ית אימרא **באתרא** דיכוס ית חטאתא וית LV 14:13
מטול קורבן חטאתא **באתרא** דיכוס ית עלתא: ויסב כהנא LV 4:33
קודש קודשין הוא: **באתרא** דיכסון ית עלתא יכסון ית LV 7:2
קבעו ליה מדרשא **באתרא** דיצבי בחדא מן קרויכון DT 23:17
דכוריכון קדם ייי אלקכון **באתרא** דיתרעי בחגא דפטיריא DT 16:16
אלקכון יהיב לכון: אילהין **באתרא** דיתרעי ייי אלקכון DT 16:6
וארמלתא דיביניכון **באתרא** דיתרעי ייי אלקכון DT 16:11
ייי אלקכון תיכלוניה **באתרא** דיתרעי ייי אלקכון ביה DT 12:18
ממצרים: ותטוון ותיכלון **באתרא** דיתרעי ייי אלקכון ביה DT 16:7
תחגון קדם ייי אלקכון **באתרא** דיתרעי ייי ארום יבריככון DT 16:15
תיכלוניה שנא בישנא **באתרא** דיתרעי ייי אתון ואינש DT 15:20
בכרן יומא לחדות חגא **באתרא** דיתרעי ייי לאשראה DT 16:2
קדם ייי אלקכון **באתרא** דיתרעי תיקרון ית DT 31:11
מעילווי יקר שכינתא דייי **באתרא** דמליל עימיה: ואקים תמן GN 35:13
עימיה: ואקים תמן קמה **באתרא** דמליל עימיה קמה דאבנא GN 35:14
ויכוס ית חטאתא **באתרא** דעלתא: ויסב כהנא מן LV 4:29
האנא קאים קדמך תמן **באתרא** דתיחמי רושם ריגלא על EX 17:6
דא אורייתא דחטאתא **באתרא** דתיתנכס עלתא תיתנכס LV 6:18
יקר שכינתא דייי שרי **באתרא** הדין ואנא לא הוית ידע: GN 28:16
לית דחלתא דאלקים **באתרא** הדין ויקטלונני על עיסק GN 20:11
ואודי וצלי אברהם תמן **באתרא** ההוא ואמר בבעו ברחמין GN 22:14
קדיש ושוי אסדוי ושכיב **באתרא** ההוא: וחלם והא סולמא GN 28:11
יתיה מכתשא הוא: ואין **באתרא** קמת בהקי לא הליכת LV 13:23
סגירותא הוא: ואין **באתרא** קמת בהקי לא הליכת LV 13:28
ייי ואישתקעת אישתא **באתרה**: וקרא שמיה דאתרא ההוא NU 11:2
מן קדמיהון ויתיבו **באתרהון** היכמה דעבד ישראל DT 2:12
ובכן שמיש אלעזר בריה **באתרוי**: מתמן נטלו לגודגוד ומן DT 10:6
לתרין יומין שרון גבר **באתריה** ולא תטלטלון מידעם EX 16:29
שיציאונון ויתיבו **באתריהון**: אודקפו טולו ועיברו ית DT 2:23
ותריכונון ויתיבו **באתריהון**: עד זמן יומא הדין: ושאר DT 2:21
לבן לא מתעביד כדין **באתרין** למיתן זעירתא קדם רבתא: GN 29:26
בגין כן קרא שמה **דאתר** אבל מצרים די בעברא GN 50:11
וקרא יעקב ית שמיה **דאתרא** דמליל עימיה תמן ייי GN 35:15
על רישה: וקרא שמא **דאתרא** ההוא ביתאל וברם לוז GN 28:19
הינון בגין כן קרא שמיה **דאתרא** ההוא בלישן בית קודשא GN 32:3
באתרה: וקרא שמיה **דאתרא** ההוא דליקתא ארום NU 11:3
סבי ישראל: וקרא שמא **דאתרא** ההוא נסיונא ומצותא בגין EX 17:7
וית קוריהון וקרא שמא **דאתרא** חרמה: ונטלו מטוורוס NU 21:3
מטלן בגין כן קרא שמא **דאתרא** סוכות: ואתא יעקב שלים GN 33:17
תמן: וקרא יעקב שמא **דאתרא** פניאל ארום אמר חמיתי GN 32:31
קרתא לתרע בי דינא **דבאתריה**: ויימרון לחכימי קרתא DT 21:19
ביתא מפולחנא נוכראה **ואתר** אתקינית לגמלייא: ועל גברא GN 24:31
לא יעול למצוע משריתא: **ואתר** מזמן יהוי לך מברא DT 23:13
עקתא ושרו בשקיפין **ואתרא** מתקרי גדגד: ונטלו NU 33:32
ואמר ללבן שלחני ואיהך **לאתהי** ולארעי: הב לי ית נשיי וית GN 30:25
פילוסין ואובילית יתכון **לאתר** בית מוקדשא למעבד תמן EX 19:4
למשריתא לאתר דכי **לאתר** בית מישד קיטמא ויוקד LV 4:12
לארע עבדא חלב ודבש **לאתר** דדיירין תמן כנענאי וחיתאי EX 3:8
דייצרכון ביניהכון למגלי **לאתר** דילפון אורייתא ובנתיהון NU 21:29
למיברא למשריתא **לאתר** דכי: ואישתא על מדבחא LV 6:4
תורא למברא למשריתא **לאתר** דכי לאתר בית מישד LV 4:12
וכדון איזל דבר ית עמא **לאתר** דמלילית לך הא מלאכי EX 32:34
איתא כדון אידברינך **לאתר** חורן דילמא תהי רעוא מן NU 23:27
ליה בלק איתא כדון עימי **לאתר** חורן דתחמיניה מתמן לחוד NU 23:13
אוולא בין ביתאל ובין עי: **לאתר** מדבחא דעבד תמן בשירויא GN 13:4
רברבי עשו לייחוסיהון **לאתר** מדוריהון בשמהותהן רבא GN 36:40
דקליפו מברא לקרתא **לאתר** מסאב: ויסבון אבנין חורניין LV 14:41
יתהין למברא לקרתא **לאתר** מסאב: וית ביתא יקלפון LV 14:40
ויפק למברא לקרתא **לאתר** מסאב: ומאן דייעול לביתא LV 14:45
גזלה עד דהוו אתיין **לאתר** מרעיהון ורעי דלוט הוו GN 13:7
עלוי ית כל חוביהון **לאתר** צדיא ויפטור גברא ית צפירא LV 16:22
זמניהון מן לאסקותהון **לאתר** שכינתי בוכרי דברך תפריש EX 22:28
באורחא ולאעלותך **לאתר** שכינתי דאתקינית: איזדהר EX 23:20
רבא דמדין ודבר ית ענא **לאתר** שפר רעייא דאחורי מדברא EX 3:1
ובנא תמן מדבחא וקרא **לאתרא** אל דאשרי שכינתיה GN 35:7
שציא ולא תשבוק **לאתרא** בגין זכוות חמשין זכאין GN 18:24
ממצרים לאיתאה יתן **לאתרא** בישא הדין לא אתר כשר NU 20:5
מדברא: ותבו ואתו **לאתרא** דאיתפליג דינא דמשה GN 14:7
למימר הא אנחנא סלקין **לאתרא** דאמר ייי ארום חבנא: ואמר NU 14:40
נטלין אנחנא מיכא **לאתרא** דאמר ייי יתיה איתן לכון NU 10:29
דחזיין לעלתא וקם ואזל **לאתרא** דאמר ליה ייי: ביומא GN 22:3
בלב שלים כחדא: ואתו **לאתרא** דאמר ליה ייי ובנא תמן GN 22:9
פריטי צרירין בידך ותהך **לאתרא** דיתרעי ייי אלקכון ביה: DT 14:25
דינכון ותקומון ותיסקון **לאתרא** דיתרעי ייי אלקכון ביה: DT 17:8
דאתון חמיין: אלהן **לאתרא** דיתרעי ייי באחסנת חד מן DT 12:14
בכל כרוך דרעיא נפשיה **לאתרא** דיתרעי ייי: וישמש בשום DT 18:6
ונידריכון תיטלון ותיתון **לאתרא** דיתרעי ייי: ותעבד DT 12:26
ואקדם אברהם בצפרא **לאתרא** דשמיש תמן ביצלו קדם ייי: GN 19:27
ובתימהין: ואעיל יתנא **לאתרא** הדין ויהב לנא ית ארעא DT 26:9
הוא ייי אלקכון: ואתיתון **לאתרא** הדין ונפק סיחון מלכא DT 29:6
מן רומניא וכן מן תיניא: **לאתרא** ההוא קרו נחלא איתכילא NU 13:24
ית אבנא על פם בירא **לאתרא**: ואמר להום יעקב אחי מנן GN 29:3
זווייתיה על תרין סיטרוי **לאתרא** לאריחיא למיטול יתיה EX 37:27
על תרין ציטרוי ויהי **לאתרא** לאריחיא למיטל יתיה EX 30:4
גפוף תהוויין עיזקתא **לאתרא** לאריחייא למיטול ית EX 25:27
בני ישראל עד דנעילינון **לאתרהון** ויתבון טפלנא בקירוי NU 32:17
עם אברהם ואברהם תב **לאתריה**: ואתו תרין מלאכיא GN 18:33
יתהון ואזל ותב לבן **לאתריה**: ויעקב אזל לאורחיה GN 32:1
וקם בלעם ואזל ותב **לאתריה** ולחוד בלק אזל לאורחיה NU 24:25
זימנין: וכדון ערוק לך **לאתרך** אמרית מייקרא איקרינך NU 24:11
בתרין יצרין ודבר עפרא **מאתר** בית מקדשא ומארבעת רוחי GN 2:7
אתר דבסימין מוהי: ונטלו **מאתר** דבסימין מוהי ושרו NU 33:29
עד צית שמיא: ונטלו **מאתר** דגרי ייי בהון ית חיוון קלן NU 33:43
דמרבי אילני רתמי: ונטלו **מאתר** דמרבי אילני רתמי ושרו NU 33:19
אתר טב ונייח: ונטלו **מאתר** טב ונייח ושרו במגזתא: NU 33:34
דלחים חדת לשמיה דייי: **מאתר** מותבניכון תייתון לחים LV 23:17
באתר מרדותא: ונטלו **מאתר** מרדותא ושרו בבירי עקתה: NU 33:31
ושרו בכרך תקיף: ונטלו **מאתר** תקיף ושרון ברפידים ומטול NU 33:14
גרמידי ולא יפוק אינש **מאתריה** לטיילא לבר מתרין אלפין EX 16:29
ית אחוי ולא קמון אינש **מאתריה** תלתא יומין ובכל בני EX 10:23

ב (5684)

באיש (183)

יעבדון עובדין טבין והא **אבאישו** עובדיהון הא יהבית להון GN 6:3
דחד מנהון שחרית ולא **אבאישית** לחד מנהון: ואמר משה NU 16:15
ואמר משה קדם ייי למא **אבאשתא** לעבדך ולמא לא NU 11:11
לקדם ייי ואמר ייי למא **אבאשתא** לעמא הדין ולמא דנן EX 5:22
ואמר ישראל למא **אבאשתון** לי לחוואה לגברא דעד GN 43:6
מטיירא הוה מטייר ביה **אבאשתון** מה דעבדתון: ואדביקינון GN 44:5
לות פרעה למללא בשמך **אתבאש** לעמא הדין ושיזבא לא EX 5:23
סרכי בני ישראל יתהון **בביש** למימר לא תימנעון מן EX 5:19
קרבא עם ברע דעובדוי **בביש** מלכא דסדום ועם ברשע GN 14:2
דמשתיירין למימר **בבישא** הנפיקינון לקטלא יתהון EX 32:12
רחמין קדמך ולא אחמי **בבישותי**: ואמר ייי למשה כנוש NU 11:15
ליתוי עימי דילמא אחמי **בבישתא** דתיברז ית אבא: ולא יכיל GN 44:34
וישתיצון במותנא וחמיין **בבישתהון** בני עמהון מטול דעריית LV 20:17
אנן לא ניכול למללא לך **ביש** או טב: הא רבקה קומך דבר GN 24:50
לא תעבדון מידעם **ביש** ארום בגין כן עלו למיבת GN 19:8
ולא תעביד ליה מידעם **ביש** ארום כדון גלי קדמי ארום GN 22:12
הכא לא עבדית מדעם **ביש** ארום שויאו יתי בבית אסירי: GN 40:15
עכרתון יתי למפקא טיבי **ביש** ביתבי ארעא בכנענאי GN 34:30
ומפרש ביה ונפק טיבהון **ביש** בעממי ארעא וקנון להון שום EX 32:25
ביה מומא או כל מידעם **ביש** דגזיל ואניס ארום מרחק קדם DT 17:1
תקבל אגר ביש על חלמך **ביש** דחלמתא ופשר ליה יוסף ית GN 40:18
ואייתי יוסף ית טיפיהון **ביש** דחמנון אכלין בישרא דתליש GN 37:2
עלו למעהן ומחמהן **ביש** הי כדבקדמיתא ואיתערית: GN 41:21
כהנא יתה בין טב לבין **ביש** היכמה דיעלי כהנא היכדין יהי: LV 27:12
כהנא בין טב לבין **ביש** היכמה דמעלן כהנא היכדין LV 27:14
עם יעקב מן טב ועד **ביש**: ואדבק לבן ית יעקב ויעקב GN 31:24
דייי לחדא ובעיני משה **ביש**: ואמר משה קדם ייי למא NU 11:10
דמילין ויפק עלה טיב **ביש** ויימר ית איתתא הדא נסיבית DT 22:14
עם יעקב מטב עד **ביש**: וכדון מיזל אזילתא ארום GN 31:29
למימר מדין סבר אפיכון **ביש** יומא דין מכל יומיא דהויתון GN 40:7
בישן ויפקון עלה טיב **ביש** כד תהדרון משכונה לה: ותהוון DT 24:17
דמחשבת ליביה לחוד **ביש** כל יומא: ותב ייי במימריה GN 6:5
חגיר או סמי כל מידעם **ביש** לא תיכסוניה קדם ייי אלקכון: DT 15:21
ארעא וקנון להון שום **ביש** לדריהון: וקם משה בתרע EX 32:25
לא תעבדון מידעם **ביש** לית לעולימתא דין קטול DT 22:26
רבנין עליכון ומכען **ביש** לכון לאיתרחא בטוורא הדין: DT 1:6
דביה משתלם אגר **ביש** לרשיעיא: דאנא מפקיד לכון DT 30:15
יצרא דליבא דאינשא **ביש** מטליותיה ולא אוסיף תוב GN 8:21
גובריא דאפיקו טיב **ביש** על ארעא בשבעא יומין באלול NU 14:37
הוא מיננא: ואפיקו טיב **ביש** על ארעא דאלילו יתה לות בני NU 13:32
כל כנשיתא לאפקא טיב **ביש** על ארעא: ומיתו גובריא NU 14:36
ארום אפיק טיב **ביש** על בתולתא כשרא דישראל DT 22:19

רב נחתומיא תקבל אגר **ביש** על חלמך ביש דחלמתא ופשר GN 40:18
יארע עלוי כל מידעם **ביש** פני יהי בביתיה שתא חדא DT 24:5
והוה ער בוכרא דיהודה **ביש** קדם ייי דלא הוה משמש עם GN 38:7
מכוונין והגיאן **ביש** קדם ייי ושמיע קדם ייי ותקיף NU 11:1
באורחא וכדון אין **ביש** קדמך איתוב לי: ואמר מלאכא NU 22:34
ארום יטעינך מילכא **בישא** אחוך בר אימך כל דכן בר DT 13:7
ומסתכלין בעינא **בישא** אחורי משה עד זמן מיעליה EX 33:8
מנהון לסכיין בעינא **בישא** בכון ומקיפין לכון כתריסין NU 33:55
אחך ולחטיאיהון ארום **בישא** גמלו יתך וכדון שבוק בבעו GN 50:17
גלי קדמי ית יצרהון **בישא** דהינון עבדין יומנא עד לא DT 31:21
ואתבא יתיב לנא ית כל **בישא** דיגמלנא יתיה: ופקידו ית GN 50:15
יהי לי ארום בתקוף יצרא **בישא** דליבי אזיל מן בגלל למוספא DT 29:18
לא יתדנון כל דריא **בישא** דעתידין למיקום בסדר דיניא GN 6:3
יוספון למעבד כפיתגמא **בישא** הדין ביניכון: ארום תשמעון DT 13:12
למעבד תוב כפיתגמא **בישא** הדין ביניכון: ולא תיחוס DT 19:20
ושמע עמא ית פיתגמא **בישא** הדין ואיתבלו ולא שוויו גבר EX 33:4
בגובריא האילין דרא **בישא** הדין ית ארעא טבתא DT 1:35
לאיתאה יתן לאתרא **בישא** הדין לא אתר כשר לבית דרע NU 20:5
ההיא דעבדו ית פיתגמא **בישא** הדין לתרע בית דיניכון ית DT 17:5
צדיקיא אינון ברם יצרא **בישא** הוא דאטעינון: ואמרו לי עיבד EX 32:22
חמון ארום לתקלא **בישא** היא לכון לקביל אפיכון EX 10:10
עמך: אם תעבד עימנא **בישא** היכמא דלא קריבנא בך לביש GN 26:29
בידי למעבד עימכון **בישא** ואלקא דאבוכון ברמשא GN 31:29
מן זנו דביה מומא **בישא** ואתיהיב בעמיא חולונאי DT 23:3
לי למפרק יתי מכל **בישא** והיכמא דכוורי ימא סגי GN 48:16
מסרית רשותיה דיצרא **בישא** ולוותך יהוי מתויה ואנת תהי GN 4:7
קיימיה: ואזל בתר יצרא **בישא** ופלח לטעוות עממיא וסגיד DT 17:3
דמצרים: ואזלו בתר יצרא **בישא** ופלחו לטעוות עממיא דתלק DT 29:25
מינך אמליכת מילכא **בישא** ית בלק למוקמא ית בנתיה NU 31:8
דלא ישלוט בהון עיינא **בישא** כד ייעלון כחדא למזבון ביני GN 42:5
קבל אגרא ואגר עובדא **בישא** כלו קבל זיינה יתבני NU 21:27
דתעבדון אעברו ית יצרא **בישא** מן ליבכון ומן יד איתגלי לכון LV 9:6
דבניכון ארום יבטל יצרא **בישא** מן עלמא ויברי יצרא טבא די DT 30:6
מימרא דייי בשיחנא **בישא** על רכוביא מטול דחמיטתון DT 28:35
בסרהוביא מן קדם **בישות** עובדיכון דשבקתון דחלתי: DT 28:20
אשלים אגר עובדיהון **בישיא**: אירוי גירדי מן אדם DT 32:41
ולא תעבדון כעובדיהון **בישיא** ארום מפכרא תפכר בית EX 23:24
ואוף בחובי אבהתהון **בישיא** דאחידין בידיהון עמהון LV 26:39
דגרי ייי על מצרים **בישיא** דידעת לא ישוינון בכון DT 7:15
ולא דן יתיה לפום עובדוי **בישיא** דעתיד למיעבד אלהין בגין GN 21:17
לא גלי קדם ייי עובדין **בישיא** הא בכן נחתו עליהון GN 19:24
חטופין מן עובדיהן **בישיא** והא אנא מחבלהון עם GN 6:13
לאמרדא בעובדיהון **בישיא** ליצחק ולרבקה: והוה כד סיב GN 26:35
ער ואונן על עובדיהון **בישייא** דארעא דכנען ושלה וזרח GN 46:12
עד סדם: ואינשין דסדום **בישין** בממונהון דין לדין וחייבין GN 13:13
ותימהין רברבין ומכתשין **בישין** במצרים ובפרעה ובכל אינש DT 6:22
לא תעבדון והי כעובדין **בישין** דעמא דארעא דכנען דאנא LV 18:3
הוא אלקוכון: כעובדין **בישין** דעמא דארעא דמצרים LV 18:3
כל קיימויי כל מרעין **בישין** דשויתי על מצראי לא EX 15:26
ולילין ומרווחי רווחין **בישין** ויוונאי דנכתין בשיניהון היך DT 32:24
טיהררי כתישי רוחין **בישין** ולילין ומרווחי רווחין בישין DT 32:24
דלא למשבקכון ומרעין **בישין** ומיהמנין דמתעקין על DT 28:59
לאוכחותיה במכתשין **בישין**: ותתעכבון תמן עד דאישדר EX 3:19
דעם עמורא מחשבתהון **בישין** כרישי חיוניא חורמניא בגין DT 32:32
דארם: וחמא עשו ארום **בישן** בנתהון דכנענאי קדם יצחק GN 28:8
חשבתון עלי מחשבן **בישן** דמה דלא הוינא מסתחר GN 50:20
דלא יקומו שיבבן **בישן** ויפקון עלה טיב ביש כד DT 24:17
דגווה גברא מרי מיכלן **בישן**: ותמן חמינא ית גיבריא בני NU 13:32
עמא דסדום ועצתהון **בישן** כעיצתהון דעם עמורא DT 32:32
חורניין סלקן מן נהרא **בישן** למיחמי וחסיין בבישריהון GN 41:3
ויהון לביזה ויארעו יתהון **בישן** סגיען ועקן ויימרון בעידנא DT 31:17
ויהי ארום יערען יתהון **בישן** סגיען ועקן ותסהיד DT 31:21
וחמא ייי ארום סגיאת **בישת** אינשא בארעא וכל יצרא GN 6:5
מן גובייא ונימר חיתא **בישתא** אכלתיה וניחמי מה יהי GN 37:20
יוסף אמרתון חיותא **בישתא** אכלתיה ושמעון אמרתון GN 42:36
ארום לא ניגמול לכון **בישתא** אלהין טבתא ארום דחיל GN 50:19
יתכון ותארע יתכון **בישתא** בסוף יומייא ארום תעבדון DT 31:29
במימרי למכנשא עליהון **בישתא** גירי מחת פורענותי אישיצי DT 32:23
במימרי לכל כנישתא **בישתא** דאזדמנו למרדא עלי NU 14:35
והוה תהו מן קדם ייי על **בישתא** דחשיב למעבד לעמיה: EX 32:14
דינא דעמיה ישראל ועל **בישתא** דיגזר על עבדוי יהי תהן DT 32:36
בחרדה אתר דתווהו על **בישתא** דמותנא: ונטלו מחרדה NU 33:24
ויהוי תוהו קדמך על **בישתא** דמלילתא למעבד לעמך: EX 32:12
עד אימת לכנישתא **בישתא** דמתחברין עלי ית NU 14:27
יום תברהון ומבעא **בישתא** דמתעתדא להון: ארום דאין DT 32:35
פורענות חוביהון על כל **בישתא** דעבדו ארום אתפניין בתר DT 31:18
שריא במיצעי אירעוני **בישתא** האילין: ואנא מסלקא DT 31:17
לטוורא דילמא תירעינני **בישתא** ואימות: הא כדון בבעו GN 19:19
יתיב בה הטבתא היא אין **בישתא** ומא קירויא דהוא יתיב NU 13:19
ודמחשלין עלי **בישתא** ומילי ריננכון דמפקין DT 1:12
להום למה שלימתון **בישתא** חולף טבתא: הלא דין דהוה GN 44:4
בה ותפלון עבדי **בישתא** מביניכון: ארום יטעינך DT 13:6
דייי למעבד טבתא או **בישתא** מן רעותי מה דימליל ייי NU 24:13
ברוח קודשא דאיתא **בישתא** קיימא לקובליה: ובזע יעקב GN 37:33
אינתתיה ואכדין אעביד **בישתא** רבתא הדא ואיחוב קדם ייי: GN 39:9
לא סני ליה ולא תבע **בישתיה**: וידינון כנישתא בין מחיא NU 35:23
טימהון לחוד לית פיתגם **דביש** בלחודי אעיבר: ואמר לא NU 20:19
בית אבוהא ותפלון עביד **דביש** מביניכון: ארום אין משתכח DT 22:21
בבתריתא ותפלון עביד **דביש** מביניכון: ארום יתפרש מנכון DT 17:7
חבריה ותפלון עביד **דביש** מביניכון: ואין בברא ישכח DT 22:24
וימות ותפלון עביד **דביש** מביניכון וכל ישראל ישמעון DT 21:21
לאחוהון ותפלון עבדי **דביש** מביניכון: ורשיעיא DT 19:19
דסודרא ותפלי עביד **דביש** מבינך: אסתמרו דלא למקטוע DT 24:7
דסודרא ותפלון עביד **דביש** מישראל: ארום תהוי DT 22:22
גברא ההוא ותפלון עביד **דביש** מישראל: וכל עמא ישמעון DT 17:12
ותסתמרון מכל פיתגם **דביש** מפולחנא נוכריא וגילוי DT 23:10
דמות כולא ותעבדון **דביש** קדם ייי אלקכון לארגזא DT 4:25
לכון גבר או איתא דיעבד **דביש** קדם ייי אלקכון למעיבר על DT 17:2
עד דסף כל דרא דעבד **דביש** קדם ייי: והא קמתון בתר NU 32:13
חוביכון דחבתון למעבד **דביש** קדם ייי לארגזא קדמוי: בי DT 9:18
יומייא ארום תעבדון **דביש** קדם ייי לארגזא קדמוי: ומליל DT 31:29
כיף נהרא: ואכלא תורתי **דבישן** למיחמי וחסירן בבישריהון GN 41:4
במצרים יומין סגיאין **ואבאישו** לנא מצראי ולאבהתנא: NU 20:15
רבא ותקיפא ומסגיא: **ואבאישו** לנא מצראי וצערו יתנא DT 26:6
עימה ושמע ישראל **ובאיש** ליה ואמר ווי דילמא נפיק GN 35:22
ברי ויגח קרבא עם יצחק: **ובאיש** פיתגמא לחדא בעיני GN 21:11
ימיניה על רישא דאפרים **ובאיש** קדמוי וסעדא לידא דאבוי GN 48:17
בנין על שמיה דאחוי: **ובאש** קדם ייי מה דעבד וקטע אוף GN 38:10
מאה ותלתין שנין קלילין **ובישין** הוו יומי שני חיי דמן GN 47:9
סלקן בתריהון חשיכן **ובישן** למיחמי לחדא וחסיין GN 41:19
ושבע תורתי כחישתא **ובישתא** דסלקן בתריהן שבע GN 41:27
ואכלן תורתי השיכתא **ובישתא** ית שבע תורתי קמייתא GN 41:20
שתא דשמיטתא **ותבאש** עיניכון באחוכון מסכינא DT 15:9
ואמר ייי לאברהם לא **יבאיש** בעינך על טלייא דינפק GN 21:12
מיתן תיתנון ליה ולא **יבאש** ליבכון במיתנכון ליה ארום DT 15:10
יומי לפרשא בשיפוון **לאבאשא** או לאיטבא לכל גוון LV 5:4
אוגר הדין וית קמא הדא **לאבאשא**: אלקיה דאברהם ואלקי GN 31:52
וידי דבעלי יתושטון **לאבאשא** ביה ועל אנפי כל אחוי GN 16:12
יתיר מיניה ולית ליה רשו **לאבאשא** לי ארום מימרא דייי GN 29:12
ולא יהב ליה ייי רשו **לאבאשא** עמי: אם כדין הוה אמיר GN 31:7
דידעין למפרשא בין טב **לביש** אילו נטר מצוותא פקידתיה GN 3:22
כל עמא למימר דיקרב **לביש** בגברא הדין ובאינתתיה GN 26:11
ידעין יומא דין בין טב **לביש** הינון יעלון לתמן ולהון DT 1:39
היכמא דלא קריבנא בך **לביש** והיכמה דעבדנא עימך לחוד GN 26:29
דחכמין למינדע בין טב **לביש**: וחמת איתתא ית סמאל GN 3:5
ייי: לא יפשפיש בין טב **לביש** ולא יפרגוניה ואין מפרוג LV 27:33
פירוהי ידעין בין טב **לביש**: ונהרא נפיק מעדן לאשקאה GN 2:9
חכמין למידע בין טב **לביש** לא תיכול מיניה ארי ביומא GN 2:17
ביקרהון: וחויא הוה חכים **לביש** מכל חיות ברא דעבד ייי GN 3:1
לבא דפרעה ועבדוי **לביש** על עמא ואמרו מה דא עבדנא EX 14:5
למיעיבר דין תחום דין **לבישא**: וחמת אתנא ית מלאכא NU 22:24
שמיא: ויפרשיניה ייי **לבישא** מכל שבטיא דישראל הי DT 29:20
בכל ארעא דמצרים **לבישו**: ואכלן תורתי השיכתא GN 41:19
לקובליהון מן בגלל **למאבאשא** להון: ובסוגי גיפתנותך EX 15:6
ארי לא הוה ליה רשו **למאבשא** ליה וקריב בפתי ירכיה GN 32:26
לא תהוון בתר סגיאין **למבאשא** אלהין למטייבא ולא EX 23:2
דקיימין לקובליכון **למבאשא** תבירין קדמיכון באורחא DT 28:7
דיינא ודאין לכולנא וכדון **נבאיש** לך יתיר מידלהון ואתקיפו GN 19:9
בכון ודימפרנק לחדא **תבאש** עייניה באחוי ובאיתתא DT 28:54
מן פירנוקא ומן חיטוייא **תבאש** עינא בבעיל דדמיך בעובה DT 28:56
ואמר בבעו לא כדון אחוי **תבאשון**: הא כדון אית לי תרתין בנן GN 19:7

בביתא (2)

היכמה דשכינה נטרא **בבי** דעייניה: היך נישרא דמעורר DT 32:10
דינא והוית חביב עלן **כבבת** עיננא: ויהי ארום תיזיל NU 10:31

בגין (165)

תקביל יתי בגיני קביל **בגין** אינתתך ותרין בנהא דעימה: EX 18:6
ושריין קמורי חרציהון **בגין** איקר דיעקב והוון מחוויין GN 50:11
ארעתא האילין ויתברכון **בגין** בנך כל עממי ארעא: חולף די GN 26:4

בתולתא ופלחי צילמין **בגין** ברתיה דיעקב ולא יהוי שכם GN 34:31
ערלאין איתקטילו **בגין** בתולתא ופלחי צילמין בגין GN 34:31
וכדון לית אנא מקבל **בגין** דאיזכי למתעבדא לן שיזבתא GN 50:20
ואיתגליתי יומא דין עלך **בגין** דבמימרי לשיזבותך מן ידא EX 3:8
ליה לאינתו וריחמא **בגין** דחמא עובדהא דתקנן GN 24:67
רחים: ותעיל לאבוך ויכול **בגין** דיברכינך קדם מותיה: ועל GN 27:10
אימרי בבעו דאחתי אנת **בגין** דייטב לי בגיניך ותתקיים נפשי GN 12:13
מכל טעוון דמצרים **בגין** דיימרון מצראי בחיר הוא בעל EX 14:2
יפת: ואיתחבלת ארעא **בגין** דיירהא דסטו מן ארחן דתקנן GN 6:11
ייי למעבד צדקתא ודינא **בגין** דייתיה עילוי אברהם ית GN 18:19
גלי קדמיי חסידותיה **בגין** דיפקד ית בנוי וית אינש ביתיה GN 18:19
לארע נוכריתא וכדון **בגין** דלא הוינא ילדא חררית אמתי GN 16:5
תיכול מיניה ליטא ארעא **בגין** דלא חויאת לך חובך בעמל GN 3:17
תריהום מן דינא ואמר **בגין** דלא יהבתא לשלה ברי אירע GN 38:26
עלנא למא כען נתמנע **בגין** דלא למיכוס פיסחא ולמיזרוק NU 9:7
רעות ליבא דישראל **בגין** דלא למיעל לארעא דיהב להון NU 32:9
קבורתיה לא ימנע מינך **בגין** דלא למיקבר מיתך: וקם GN 23:6
מן שמא רבא ויקירא **בגין** דלא למיקטול יתיה כל GN 4:15
דחלתיה על אפיכון **בגין** דלא תחובון: וקם עמא תריסר EX 20:20
חמי ית כל סורחן בידיה **בגין** דמימר דייי הוה בסעדיה ודהוא GN 39:23
מן דחיליה תקיף אלהין **בגין** דממריה לאוכחותיה במכתשין EX 3:19
ההוא נסיונא ומצותא **בגין** דנצו בני ישראל עם משה ובגין EX 17:7
אבוי בחוכמא ומלילו **בגין** דסאיב ית דינה אחתהון: ואמרו GN 34:13
לי ואיכול מצידא דברי **בגין** דתברכינך נפשי וקריב ליה GN 27:25
ותעיל לותי ואיכול **בגין** דתברכינך נפשי עד לא אימות: GN 27:4
אסתחר ותיכול מצידי **בגין** דתברכינני נפשך: ואמר יצחק GN 27:19
מן חרשיותא דבני נשא **בגין** דתינדע ארום לית דדמי לי EX 9:14
מטלייותנא ועד כדון **בגין** דתיתיבון בארעא דגשן ארום GN 46:34
ואמר במימריה למיתן לה **בגין** ורחל הות עקרה: ואיתעברת GN 29:31
ואמר לא אעביד גמירא **בגין** זכוות ארבעין: ואמר לא כדון GN 18:29
קוריי שנאיהון: ויתברכון **בגין** זכוות בנך כל עממי ארעא GN 22:18
ולא תשבוק לאתרא **בגין** זכוות חמשין זכאין דבגווה: GN 18:24
להום ואמר לא אחביל **בגין** זכוות עשרא: ואיסתלק איקר GN 18:32
רחמך ואמר לא איחבל **בגין** זכוות עשרין: ואמר בבעו GN 18:31
ואיבריכינך ואסגי ית בנך **בגין** זכוותא דאברהם עבדי: ובנא GN 26:24
ולדרומא ויתברכון **בגין** זכוותך כל ייחוסי ארעא ובגין GN 28:14
קדם ייי ית קליה דטליא **בגין** זכותיה דאברהם וקרא מלאכא GN 21:17
דעתיד למיעבד אלהין **בגין** זכותיה דאברהם חס עילוי GN 21:17
ובריך ייי ית בית מצראי **בגין** זכותיה דיוסף והוה בירכתא GN 39:5
למשריתא ואנא מעכב **בגין** זכותך ענני יקרי ומשכנא NU 12:14
למילט תוב ית ארעא **בגין** חובי בני אינשא ארום יצרא GN 8:21
ידנא מן ארעא דלטא ייי **בגין** חובי בני אינשא: וחיא למך בתר GN 5:29
דלא כהלכתיה ויקרב **בגין** חובתיה תור בר תורי שלים LV 4:3
זכאין חמשא התחבל **בגין** חמשא דחסרין לזוער ית כל GN 18:28
ישראל ואיקדש ברבניכון **בגין** יקרי: ואיקדש ית משכן זימנא EX 29:43
לשמיה לאתקטלא **בגין** יקריה למסוברא ית ארון קימא DT 10:8
יהיבת לך רבותא אלהין **בגין** ישראל וכדון חבילו עובדיהון EX 32:7
ובתר כדין תעבירון ארום **בגין** כדין באשון שירותא אזדמנתון GN 18:5
אנא יתך מלמחטי קדמיי **בגין** כל לא שבקתך למקרב לגבה: GN 20:6
ליאות ידיי גלי קדם ייי **בגין** כן אוכח ברמשא: ואתיב לבן GN 31:42
יוסף מפקד דאיקר אבך **בגין** כן אימר לאחך דא עיבידו סיבו GN 45:19
צרך דיימר לא שמעית **בגין** כן אמר להון משה אוריכו עד NU 9:8
הוון פלחין לטעוותהון **בגין** כן אמרית במימרי למכנשא DT 32:23
הוא על חובי נפשא יכפר: **בגין** כן אמרית לבני ישראל LV 17:12
יהבית לליואי לאחסנא **בגין** כן אמרית להון דבגו בני NU 18:24
פירין לית הינון עבדין **בגין** כן אמתין ליה קודשא בריך NU 21:34
ועד בוכרא דבעירא **בגין** כן אנא דבח קדם ייי כל פתח EX 13:15
ליה מאתמלי ומדקדמוי: **בגין** כן אנא מפקיד לכון יומא דין DT 19:7
דייי אלקכון מתמן **בגין** כן אנא מפקיד לכון למעבד ית DT 24:18
הויתון בארעא דמצרים **בגין** כן אנא מפקיד לכון למעבד ית DT 24:22
מסכינין מיגו ארעא **בגין** כן אנא מפקידכון למימר DT 15:11
אוף כהונתא רבתא: **בגין** כן אנת וכל כנישת סעדך NU 16:11
צרך דיימר לא שמעית **בגין** כן אצנעו יתיה בבית מיטרא LV 24:12
צרך דיימר לא שמעית **בגין** כן אצנעוהי בבית אסירי ארום NU 15:34
ארום בסימא הוא **בגין** כן ארכין כתפי למלעי GN 49:15
בטלנין אתון בטלנין **בגין** כן אתון אמרין נזיל נדבח נכסת EX 5:17
על גזירת מימרא דייי **בגין** כן אתיליד לנא ברנא דין דהוא DT 21:20
קוריין אילין ויהב ליה ייי **בגין** כן אתרא ובנא ארבע קוריין GN 10:11
לנא ולא קבילנא מיניה **בגין** כן אתת לנא עקתא הדא: ענה GN 42:21
בהון ונח ביומא שביעאה **בגין** כן בריך ייי ית יומא דשבתא EX 20:11
כדון תשבוק יתנא ארום **בגין** כן דידעתא כד הוינא שרן NU 10:31
ייי יהב לכון ית שבתא **בגין** כן הוא יהיב לכון ביום EX 16:29
עמהון סדרי קרבא **בגין** כן הוו אמרין נזיל לדותן ואזל GN 37:17
מיניה ארום בטלנין הינון **בגין** כן הינון צווחין למימר ניזיל EX 5:8

אזדמנו על מימרא דייי **בגין** כן חזי לנדוייהון ולגמרא ית כל NU 16:26
דורוני מן ידי ארום **בגין** כן חמית סבר אפך ודמי לי הי GN 33:10
רוגזי בעמא ואישיצינון **בגין** כן טייל אנת ועמא דאסיקתא EX 33:1
דלא יתקרון גלוולאי **בגין** כן טלטילינון מסיפי תחום GN 47:21
כד הינון רוון מן חמרהון **בגין** כן יהי מריר כס דלווט דישתון DT 32:33
מגבר איתניסיבת דא: **בגין** כן ישבוק גבר ומתפרש מן ביה GN 2:24
יברוחי דברי ואמרת רחל **בגין** כן ישכוב עמך בליליא הדין GN 30:15
הוה גיבר מרודא קדם ייי **בגין** כן יתאמר מן יומא דאיתברי GN 10:9
ברב מזוגייא בבשר עביר **בגין** כן לא אידכר רב מזוגיא ית GN 40:23
והוא מטלח על ירכיה: **בגין** כן לא אכלין בני ישראל ית GN 32:33
צבי לברכא ית ישמעאל **בגין** כן לא בריך ית יצחק דאין הוה GN 25:11
בשמיה עד זמן יומא הדין: **בגין** כן לא הוה לשיבט לוי חולק DT 10:9
דיהב להון פרעה **בגין** כן לא זבינו ית ארעהון: ואמר GN 47:22
מן בתר פולחנא דייי **בגין** כן לא יהי מימרא דייי בסעדכון: NU 14:43
בסייפא וניכסוי יתגמרון **בגין** כן לא תהון פלחין אלהין EX 22:19
למיחמיהון דבני ישראל **בגין** כן לא תהנעלון ית קהלא הדין NU 20:12
עשרין וארבעא אלפין **בגין** כן לית אפשר תוב למקיימא NU 31:8
אודיתא על עובדא דתמר **בגין** כן לך יהודון אחך ויתקרון GN 49:8
למטעיא יתהון ונפלו **בגין** כן מנהון עשרין וארבעא אלפין NU 31:8
איתגזרו בקיים מילחא **בגין** כן על כל קרבנך תקריב מילחא: LV 2:13
מידעם ביש ארום **בגין** כן עלו למיבת ואיטמרו תחות GN 19:8
תקיפא ובדרע מרמם **בגין** כן פקדך ייי אלקך למעבד ית DT 5:15
וכולהון קרא לילי נטיר **בגין** כן פריש משה ואמר ליל נטיר EX 12:42
למקבלא סדר ברכתא **בגין** כן פריש משה נביא ואמר עמי LV 22:27
דייי חזוא בתר חזוא: **בגין** כן קרא לבירא בירא דאיתגלי GN 16:14
ולגיתוי עבד מטלן **בגין** כן קרא שמא דאתרא סוכות: GN 33:17
מידעה עד מיעלך לתמן **בגין** כן קרא שמא דקרתא זוער: GN 19:22
ופסקו מלימיבני קרתא: **בגין** כן קרא שמה בבל ארום תמן GN 11:9
אבל תקיף דין למצרים **בגין** כן קרא שמה דאתר אבל GN 50:11
הדין ארום משלהי אנא **בגין** כן קרא שמיה אדום: ואמר GN 25:30
סהיד בינא ובינך יומא דין **בגין** כן קרא שמיה גלעד: וסכותא GN 31:48
מן קדם ייי הינון **בגין** כן קרא שמיה דאתרא ההוא GN 32:3
לשמשא קדם ייי **בגין** כן קרא שמיה לוי: ואיתעברת GN 29:34
ממרה ארום מרירין הינון **בגין** כן קרא שמיה מרה: ואתרעמו EX 15:23
צרך דיימר לא שמעית **בגין** כן קריב משה ית דינהין קדם NU 27:5
בידיה ית עמא דפלשתאי **בגין** כן קרת שמיה דן: ואיתעברת GN 30:6
דעתיד לאודויי קדם ייי **בגין** כן קרת שמיה יהודה וקמת GN 29:35
בלחודוי מן אימיה ואבוי **בגין** כן רחים ליה: ואמרת לעבדך GN 44:20
מוי: וקרא יתה שבעה **בגין** כן שמא דקרתא ביר שבע עד GN 26:33
כרישי חיוניא חורמניא **בגין** כן תהון תושלמתהון מתכלן DT 32:32
סנאיכון בידיכון **בגין** כן תהי אתר משרוייכון קדישא DT 23:15
וצוח עמא קדם פרעה **בגין** לחמא ואמר פרעה לכל מצראי GN 41:55
אבונן ונחתתא למצרים **בגין** למובדא זרעיה ומן בתר דנפקו NU 31:8
בוכרייא דבני ישראל **בגין** למיסחי באדמיהון ואתאנחו EX 2:23
וישתתפון בדרתיהון **בגין** למיתייא מידין לידין ויהי לכון EX 16:5
פוטיפר על דחמייה שפיר **בגין** למעבד עימיה משכבי דכורא GN 39:1
דקטולון לא תושטון ביה **בגין** לשיזבא יתיה מידהון GN 37:22
אימרא איתבחר תיניין **בגין** מדכר זכות מדכר ישירא LV 22:27
תורא אתבחר קדמי **בגין** מדכר זכות סבא דאתא LV 22:27
בר עיזי איתבחר תחותוי **בגין** מדכר זכות שלימא דעבד גדיי LV 22:27
תרתין בנתך ושית שנין **בגין** ענך ושלחפתא ית אגרי GN 31:41
חפירית ית בירא הדא: **בגין** קרא לבירא ההוא בירא דשבע GN 21:31
ואמר אפלחינך שב שנין **בגין** רחל ברתך זעירתא: ואמר לבן GN 29:18
מה דא עבדת לי הלא **בגין** רחל פלחית עימך ולמא שקרת GN 29:25
תיב עימי: ופלח יעקב **בגין** רחל שב שנין והוו דמיין בעינוי GN 29:20
ולתלת שבוק להום **בגין** רחמך ואמר לא איחבל בגין GN 18:31
קלילין שבוק לה **בגין** רחמך ואמר לא אעביד גמירא GN 18:29
וזוער שבוק להום **בגין** רחמך ואמר לא אעביד גמירא GN 18:30
פלחתך ארבסרי שנין **בגין** תרתין בנתך ושית שנין בגין GN 31:41
בלבבי דילמא אתקטל **בגינה**: ואמר אבימלך מה דא עבדת GN 26:9
ולאברם אוטב פרעה **בגינה** והוו ליה מדיליה עאן ותורין GN 12:16
רחל מלאה ופלח עימיה **בגינה** תוב שב שנין אוחרניין: וגלי GN 29:30
ואשבוק לכל אתרא **בגינהום**: ואתיב אברהם ואמר בבעו GN 18:26
וית בניי דפלחית יתך **בגינהון** ואזיל ארום אנת ידעת ית GN 30:26
טוורי מדינחא איתא לוט **בגיני** דבית יעקב ואיתא זעיר לי NU 23:7
דילי דניסא דעבד אתרא **בגיני** הוא: ואמר ארום קיים מימרא EX 17:15
דארעא וכדון איתא לוט **בגיני** יתיה לואי איכול למסדרא NU 22:11
משה לפרעה שבח נפשך **בגיני** לאימת דאנת בעי איצלי עלך EX 8:5
מן קדם ייי ותלטטיה **בגיני** מתמן: ודבר בלק ית בלעם NU 23:27
ואין לא תקביל יתי **בגיני** קביל בגין אינתתך ותרין EX 18:6
ותרתין שנין ואתהפיך **בגיניה** דעתיה ממה דגזר עליה דאף GN 25:21
קדם זימניה דטמע **בגיניה** קדם זימניה במיפקיה מבירא GN 32:32
אנת בגין דייטב לי **בגיניך** ותתקיים נפשי אמטולתיך: GN 12:13
קוסמין וברכני ייי **בגינך**: ואמר קטע אגרך עלי ואיתן: GN 30:27

וכדון איתא בבעו לוט **בגני** ית עמא הדין ארום תקיף הוא NU 22:6
ובין סובתא מסאב הוא **בגנינא** באוירא דסובתא דמפמיה NU 19:15
לא עבדו פירין וארגישו **דבגין** דתריכו יתיה הוות להון כל GN 26:26
קדם ייי אלקא עילאה **דבגין** צדיקיא קנא בקניניה שמיא GN 14:22
אברם מן אלקא עילאה **דבגין** צדיקיא קנא שמיא וארעא: GN 14:19
ואוף לא עולימא חבילית **דבגיניה** יהובדון זרעי: ארום קין דהב GN 4:23
כל ארעא דמצרים **ובגין** איתיעט ואמר פרעה מלכא EX 1:15
ויתרודם על אגג מלכהון **ובגין** דיחוס עלוי יתנטיל מיניה NU 24:7
דנצו בני ישראל עם משה **ובגין** דנסייו קדם ייי למימר המן EX 17:7
למיבוז גיתי פלישתאי **ובגין** דעברו על גזירת מימרא דייי EX 13:17
היכמה דפשר להום יוסף: **ובגין** דשבק יוסף חסדא דלעיל GN 40:23
זכוותך כל ייחוסי ארעא **ובגין** זכוות בנך: והא מימרי בסעדך GN 28:14
דשם דעבדיתיה צדיק **ובגין** כן יהוי כנען עביד ליה: ישפר GN 9:26
תבור וחרמון ושריון וסיני **ובגין** לשיצאה יתהון מעל אפי EX 32:12

בגלל (133)

אעבר למדיניתא מן **בגלל** אחוי דיוסף דלא יתקרון GN 47:21
ושית מאה מילין ומן **בגלל** בבו דהוה ביני עשו וביני יעקב EX 17:8
דייי ובעא למיקטליה מן **בגלל** גרשום בריה דלא הוה גזיר על EX 4:24
תקיף הוא לחדא: ומן **בגלל** דאיתני חילמא לפרעה תרתין GN 41:32
מדעם אלהין יתיך מן **בגלל** דאנת אינתתיה ואכדין GN 39:9
ענא חולף אימר חד מן **בגלל** דאקטיה בגניבותיה ולית בה EX 21:37
דסיני תנין כוליה מן **בגלל** דארכין ליה ייי שמיא ואיתגלי EX 19:18
מטי להון הי כחוביהון מן **בגלל** דאשכח רחמין קדמך וגלי EX 33:13
דעל אנפי ארעא: לא מן **בגלל** דאתון גיוותנין מן כולהון DT 7:7
דשער וקרו שמיה עשו מן **בגלל** דאתיליד כוליה גמיר בשיער GN 25:25
ואמר ליה משה המן **בגלל** דאתנבו עלי דאנא מתכנש מן NU 11:29
אלהן חובוי גרמו ליה ומן **בגלל** דבדיוקנא דייי אתעבד DT 21:23
ישלם חולף תור חד מן **בגלל** דבטליה מן רידיה וארבע ענא EX 21:37
לגינתא דעדן בחייהא מן **בגלל** דבשרת ית יעקב דעד כדון NU 26:46
מן מחיצתהון מן **בגלל** דגליין מסטירין דמרי עלמא GN 28:12
בקבורתהון ומן **בגלל** דהוא בריה לא שוי ידיה GN 47:30
יצחק בר אברהם ומן **בגלל** דהוה איקונין דיצחק מדמיין GN 25:19
שימשא בלא אשוניה מן **בגלל** דהוה דבירא מתחמד למללא GN 28:10
וצייתא לארעא מן **בגלל** דהוה קריב לארעא ורחיק מן DT 32:1
וצייתא לשמייא מן **בגלל** דהוה קריב לשמייא ורחיק מן DT 32:1
הוה משה זריז מן **בגלל** דהוו דיני ממונא ובאיליין NU 9:8
מנהון הוה משה מתין מן **בגלל** דהוו דיני נפשתא ובצתהון NU 9:8
ולא בעורדענייא מן **בגלל** דהות ליה בהון שיזבותא בזמן EX 8:2
דכומרניא לא זבן מן **בגלל** דחמון ליה זכותא בזמן דבעא GN 47:22
בני דדן ולא שבקוה מן **בגלל** דטיכסין דישראל גבר על LV 24:10
דכר לעלתא תיסב מן **בגלל** די ידכר לך זכותא דיצחק LV 9:2
די בקירוויכון מן **בגלל** די ינוחון עבדיכון ואמהתכון DT 5:14
רוח קדשי בהום מן **בגלל** די יעבדון עובדין טבין והא GN 6:3
ותיתן מזיו יקרך עלוי מן **בגלל** די יקבלון מיניה כל כנישתא NU 27:20
וברם בקושטא לא מן **בגלל** די נטייבא לך קיימתך אלא מן EX 9:16
תזוף מיניה בריביתא מן **בגלל** דיברכינך ייי אלקך בכל DT 23:21
ויכלון ויסבעון מן **בגלל** דיברככון ייי אלקכון בכל DT 14:29
כל אימת דעיילין תמן: מן **בגלל** דידעון דריכון ארום במטלת LV 23:43
והוה לחוטרא בידיה: מן **בגלל** דיהמנון ארום אתגלי לך ייי EX 4:5
ליבכון ובכל נפשכון מן **בגלל** דיוגדון חייכון עד עלמין: ויגרי DT 30:6
כל פיקודיי כל יומיא מן **בגלל** דיוטב להון ולבניהון לעלם: DT 5:29
וית בניא תיסב לך מן **בגלל** דיוטב לך בעלמא הדין ותורך DT 22:7
דפקידכון ייי אלקכון מן **בגלל** דיורכון יומיכון ומן בגלל DT 5:16
ובר ברך כל יומי חייך ומן **בגלל** דיורכון יומך: ותקבל ישראל DT 6:2
מיני למטרא לדריכון מן **בגלל** דיחמון דרייא מסרבייא ית EX 16:32
הי כמיא: לא תיכלוניה מן **בגלל** דייטב לכון ולבניכון בתריכון DT 12:25
דאנא מפקיד לכון מן **בגלל** דייטב לכון ולבניכון בתריכון DT 12:28
דתקין ודכשר קדם ייי מן **בגלל** דייטב לכון ותיעלון ותירתון DT 6:18
בגלל דיורכון יומיכון ומן **בגלל** דייטב לכון על ארעא דייי DT 5:16
קרי ביה כל יומי חייו מן **בגלל** דיליף למידחל מן קדם ייי DT 17:19
מן קדם ייי איסתקף מן **בגלל** דימטא זימניה דיוסף למיפק GN 41:8
לימינא ולשמאלא מן **בגלל** דינגוד יומין על מלכותיה הוא DT 17:20
וביומא שביעאה תנוח מן **בגלל** דינוחון תורך וחמרך וישקוט EX 23:12
עברין לתמן למירתה: ומן **בגלל** דיסגון יומיכון על ארעא DT 11:9
בתיכון ובתריעיכון: מן **בגלל** דיסגון יומיכון על ארעא DT 11:21
וביקרא דאימיה מן **בגלל** דיסגון יומיכון על ארעא דייי EX 20:12
דקשוט יהוי לכון מן **בגלל** דיסגון יומיכון על ארעא דייי DT 25:15
מאה ועשרין שנין מן **בגלל** דיעבדון תתובא ולא עבדו: GN 6:3
דלא ימותון במיצעיה מן **בגלל** דיקבלון פורענן דמשתלחא EX 14:27
עלך בעיבא דענן יקרא מן **בגלל** דישמעון עמא במללותי עימך EX 19:9
מדעם מן שמתא מן **בגלל** דיתוב ייי מתקוף רוגזיה DT 13:18
נשא ההוא מגו עמיה: מן **בגלל** דיתון בני ישראל ית LV 17:5
עבדית עם קדמאי מן **בגלל** דיתמלי עלמא מנהון עד לא LV 20:17
לדבחא קדם ייי מן **בגלל** דיתרעי בכון ומנחתא פתיכא LV 9:4

ושרה אינתתיה: ומן **בגלל** דלא אברהם צבי לברכא ית GN 25:11
שמע גבורתך למימר: מן **בגלל** דלא הות יוכלא מן קדם ייי NU 14:16
רשיעי דרא למשה המן **בגלל** דלא הות לנא בית קבורתא EX 14:11
דייי בלא חכימין מן **בגלל** דלא יטעון ביני עממיא כענא NU 27:17
דפקידכון ייי אלקכון: מן **בגלל** דלא ילפון יתכון למעבד ככל DT 20:18
יתהון בכל משירייתא מן **בגלל** דלא יסתאב כהנא באוהלא NU 25:8
דפריס בתרע גהינם מן **בגלל** דלא יעלון תמן נפשת דרדקי EX 40:8
דוכרנא לבני ישראל מן **בגלל** דלא יקרב גבר חילוניי דלא מן NU 17:5
ארעא למקבלא יתהון מן **בגלל** דלא יתבעון גבה ביום דינא EX 15:12
דחלתא דייי אלקכון מן **בגלל** דלא למינטר פיקודוי ודינוי DT 8:11
וימותון ית עולימתה מן **בגלל** דלא פגנת בקרתא וית גברא DT 22:24
הוה חשיב דרחל היא מן **בגלל** דמסרת לה רחל כל מליא GN 29:25
מן רישיה ולא יכיל מן **בגלל** דמשכי ככיה ושיניה פמיה NU 21:35
עימכון למיכל מן **בגלל** דנטירנא לכון בבו הוא GN 50:20
קודשא לי ולעמך מן **בגלל** דניהי משניי מכל עממייא EX 33:16
וידוי דמשה הוו יקרין מן **בגלל** דעכב קרבא למחר ולא EX 17:12
מכל עממיא: ארום מן **בגלל** דרחים ייי יתכון ומן דנטיר ית DT 7:8
בקרתא וית גברא מן **בגלל** דשמיש עם איתת חבריה DT 22:24
מרי עלמא וכן אמר מן **בגלל** דשקרתון במימרי במצע בני DT 32:51
קטילין בחרבא ארום מן **בגלל** דתבתון מן בתר פולחנא דייי NU 14:43
דאתון טען בתריהון: מן **בגלל** דתדכרון ותעבדון ית כל NU 15:40
עברין לתמן למירתה: מן **בגלל** דתידחל קדם ייי אלקך DT 6:2
מארעא דמצרים מן **בגלל** דתידכרון ית יום מיפקכון DT 16:3
חורפן תקבל מן ידי מן **בגלל** דתיהווי לי לסהדו ארום GN 21:30
ענך בגובהא דרישך מן **בגלל** דתיהוי אורייתא דייי בפומך EX 13:9
לכון יקרא דייי ומן **בגלל** דתיהוי דחלתיה על אפיכון EX 20:20
דחיי היא אורייתא מן **בגלל** דתיחון בחיי עלמא דאתי DT 30:19
אלקכון יתכון תהכון מן **בגלל** דתיחון ויוטב לכון ותורכון DT 5:33
דין תיטרון למעבד מן **בגלל** דתיחון ותיסגון ותיעלון DT 8:1
מליף יתכון למעבד מן **בגלל** דתיחון ותיעלון ותירתון ית DT 4:1
בקשוט תהי רדיף מן **בגלל** דתיחון ותירתון ית ארעא DT 16:20
ביכורי תוריכון ועניכון מן **בגלל** דתילפון למדחל מן קדם ייי DT 14:23
ולבניכון בתריכון ומן **בגלל** דתינגדון יומא דין על ארעא DT 4:40
תמן עירבוב חיות ברא מן **בגלל** דתינדע ארום אנא ייי שליט EX 8:18
וברדא לא יהי תוב מן **בגלל** דתינדע ארום דייי היא ארעא: EX 9:29
למחר ואמר כפתגמך מן **בגלל** דתינדע ארום לית כייי EX 8:6
למאינשא ועד בעירא מן **בגלל** דתינדעון דיפריש ייי בין EX 11:7
הדא במעברכון מן **בגלל** דתיעלון לארעא דייי אלקכון DT 27:3
מן תועיבתא איליין מן **בגלל** דתירתון ית ארעהון ואנא LV 20:24
וקטלאין דדהבא מן **בגלל** דתיתלי עינך בהן ולא תליתא GN 49:22
מפקיד לכון יומא דין מן **בגלל** דתיתקפון ותיעלון ותירתון DT 11:8
ותעבדון יתהון מן **בגלל** דתצלחון ית כל דתעבדון: DT 29:8
איליין ביניהון: ומן **בגלל** דתתני במשמעי ברך ובר ברך EX 10:2
למחזייך ית חילי ומן **בגלל** דתתני שמי קדישא בכל EX 9:16
למסוברא דלא למבכי מן **בגלל** כל מן דקיימין קודמוי ואמר GN 45:1
לא יקביל מנכון פרעה מן **בגלל** לאסגאה תמהיי בארעא EX 11:9
ויתנא אפיק פריקין מן **בגלל** לאעלא יתנא למיתן לנא ית DT 6:23
ולא ידעון אבהתך מן **בגלל** להודעותך ארום לא על DT 8:3
דקיימין לקובליהון מן **בגלל** למאבאשא להון: ובסוגי EX 15:6
בישא דליבי אזיל מן **בגלל** למוספא חובי שלותא על DT 29:18
לך קיימתך אלא מן **בגלל** למחזייך ית חילי ומן בגלל EX 9:16
אמר משה לא שמעית מן **בגלל** למלפא לרישי סנדרייתא NU 9:8
אמר משה לא שמעית מן **בגלל** למלפא רישי סנדרי דישראל NU 27:5
אמר משה לא שמעית מן **בגלל** למלפא רישי סנדרי דעתידין NU 15:34
אמר משה לא שמעית מן **בגלל** למלפא רישי סנהדרייתא LV 24:12
ואיתקף ית ליבביה מן **בגלל** לממסריה בידך כיומא הדין: DT 2:30
רברבנין מפלחנין מן **בגלל** למצערא יתהון בשעבודהון EX 1:11
טביא בעלמא הדין מן **בגלל** למשציא יתהון לעלמא דאתי DT 7:10
פיתגם יום ביומיה מן **בגלל** לנסוייהון אין נטרין מצוותא EX 16:4
מן בגלל לסגפותך ומן **בגלל** לנסיותך לאוטבא לך בסופך: DT 8:16
מן בגלל לסגופיכון ומן **בגלל** לנסייוכון למנדוע הנטרין DT 8:2
לא תידחלון ארום מן **בגלל** לנסייוכתן איתגלי לכון יקרא EX 20:20
יהב לפולחנא נוכראה מן **בגלל** לסאבא ית מקדשי ולאפסא LV 20:3
דדברכון ייי אלקכון מן **בגלל** לסגופיכון ומן בגלל לנסייוכון DT 8:2
דלא ידעון אבהתך מן **בגלל** לסגפותך ומן בגלל לנסיותך DT 8:16
יתהון מן קדמיכון ומן **בגלל** לקיימא ית פיתגמא דקיים ייי DT 9:5
מילכא למיקני ניכסין מן **בגלל** לקיימא ית קיימיה דקיים DT 8:18
גזר עימכון יומנא: מן **בגלל** לקיימא יתכון יומנא לאומא DT 29:12
ויצרא דלבהון דעבדוי מן **בגלל** לשוואה אתוותיי איליין EX 10:1
ומסב אפין אית בדינא מן **בגלל** מה אתקבל קרבנך ברעוא GN 4:8
ביומא ההוא למימר מן **בגלל** מצוותא דא עבד מימרא דייי EX 13:8
ושרא מן בתריהון מן **בגלל** מצראי דפתקין גירין ואבנין EX 14:19
עננא מקביל יתהון מן **בגלל** פולחנא נוכראה דבידיהון: EX 17:8
שכינתא: ורגיז ייי עלי **בגללכון** ולא קביל צלותי ואמר ייי DT 3:26

בגר (2)
בטיל יתה ומית עד דלא **בגרת** ויתקיימון כל נדרהא וכל NU 30:12
עד דהיא בבית בעלה ולא **בגרת** נדרת או אסרת איסרא על NU 30:11

בדולחא (2)
דארעא ההיא בחיר תמן **בידלחא** ואבנין טבין דבורלין: ושום GN 2:12
קריש חיזויה הי כחיזו **בידלחא**: חפסין רשיעי עמא NU 11:7

בדח (1)
עמלק ושיזבינון יײ: **ובדח** יתרו על כל טבתא דעבד יײ EX 18:9

בדיל (16)
ידך על ארעא דמצרים **בדיל** גובא וייסק על ארע דמצרים EX 10:12
וייכול מצידא דבריה **בדיל** דיתברכינני נפשך: ואמר ליה GN 27:31
אפך אוף לפיתגמא הדין **בדיל** דלא איהפוך ית קרתא GN 19:21
דגושן דעמי שרי עלה **בדיל** דלא למיהוי תמן עירבוב חיות EX 8:18
עד כדון מתרברב בעמי **בדיל** דלא למיפטירינון: האנא מחית EX 9:17
וגברא דיעבד בזדנותא **בדיל** דלא למיצת מן כהנא דקאים DT 17:12
דיניי תרחיק נפשתיכון **בדיל** דלא למעבד ית כל פיקודיי LV 26:15
לא יוסיף פרעה למשקרא **בדיל** דלא למפטור ית עמא EX 8:25
ישראל שווייה בפומהון **בדיל** דתיהי תושבחתא הדא קדמיי DT 31:19
וגרמא לא תתברון ביה **בדיל** למיכול מה דבגויה: כל EX 12:46
ועברתון על עבדכון **בדיל** למסעוד ואמרו יאות מלילתא GN 18:5
לעם רב ותקיף ויתברכון **בדיליה** בזכותיה כל עממי ארעא: GN 18:18
ואטטין תצמח ותרבי **בדילך** ותיכול ית עיסבא דעל אפי GN 3:18
היא למימר מן יסוק **בדילנא** בשמיא ויסיבנה לנא וישמע DT 30:12
רבא היא למימר מן יעיבר **בדילנא** לעיבר ימא רבא ויסבינה DT 30:13
מלכא משיחא זעיר בנוי **ובדיליה** יתימסון עממייא: מה יאי GN 49:10

בדק (13)
מנפחא: ויעלון מיא **בדוקיא** האילין במעייכי למנפחא NU 5:22
תהוי זכאה ממיא מריריא **בדוקיא** האילין: ואנת ארום סטית NU 5:19
ברם לגיורא בדקין מיא **בדוקיא** האינון בכל אתרא דהוא NU 5:27
דכהנא יהון מיא מריריא **בדוקיא**: ויומי יתה כהנא בשבועת NU 5:18
איתתא ית מיא מריריא **בדוקיא** ויעלון בה מיא בדוקיא NU 5:24
מגילתא וימחוק למיא **בדוקיא**: וישקי ית איתתא ית מיא NU 5:23
בדוקיא ויעלון בה מיא **בדוקיא** ללוט: ויסב כהנא מידא NU 5:24
וייעלון ויעלון בה מיא **בדוקיא** ללוט ותנפח כריסא NU 5:27
לאשקייותהן מיא **בדוקיא** מטול משה ונפל על אנפוי NU 16:4
בגו בני עמה ברם לגיורא **בדקין** מיא בדוקיא האינון בכל NU 5:27
ריבוני יוסף מן כומרניא **דבדקו** דחלבונא הוא ולא קטל GN 39:20
סימניא כמישאר בעירן **ויבדיקנה** בתמניסרי טריפן: ויסב NU 19:3
דלא חכימתון: ותתבעון **ותבדקון** ית סהדיא ותשיילון DT 13:15

בדר (16)
וית אנטיוכי ובתר כדין **איתבדרו** זרעייתהון דכנענאי: והוה GN 10:18
אילין בנוי דנח ומאילן **איתבדרו** למיתב בכל ארעא: ושרי GN 9:19
בני יקידיא וית אישתא **בדרי** להאל ארום אתקדשא: ית NU 17:2
כל דיירי ארעא ומתמן **בדרינון** יײ על אנפי כל ארעא: אילין GN 11:9
יתכון מכל עממיא **דבדר** יײ יתכון לתמן: אין יהון DT 30:3
ולתינויין ביני עממיא **דיבדר** יתכון יײ לתמן: בר זרע סגי DT 28:37
ביני שאר שבטיא ביעקב **ואבדר** שיבטא דלוי בגו כלהון GN 49:7
מפולחנכון מידעם: **ואיתבדר** עמא בכל ארעא דמצרים EX 5:12
ורושם כתביה בידיה **ובדרינון** מתמן על אנפי כל ארעא GN 11:8
משתיציא תישתיצון: **ויבדר** יײ יתכון ביני עממיא DT 4:27
עללין לתמן למירתה: **ויבדרכון** יײ ביני כל עממיא מסייפי DT 28:64
גבורתיה עלמא סביל **ויבודור** בעלי דבביכון מן קדמיכון DT 33:27
מימרא דײי בתקוף רוגזך **ויתבדרון** בעלי דבביהון דעמך ולא NU 10:35
כתיב יקום יײ **ויתבדרון** סנאך ויעריקון בעלי דבבך NU 2:3
יײ יתכון לתמן: אין יהון **מבדריכון** בסייפי שמיא מתמן DT 30:4
סידרי קרבא קדם עד לא **ניתבדר** מעילוי אנפי ארעא: ואיתגלי GN 11:4

בהדי (5)
ותיתן ית כפורתא **בהדי** כרוביא דנפקין נגיד מינה EX 26:34
ארונא ויהב ית כפורתא **בהדי** כרוביא דנפקין נגיד מינה על EX 40:20
דינא ויפקון ית שושיפא **בהדי** סהידוון דעולימתא לוות DT 22:15
כרוביא פריסין גדפיהון **בהדי** רישיהון לעילא מטללין EX 37:9
ודבר עבדא ית רבקה **בהדיה** וטייל והיכמא דאיתקטעא GN 24:61

בהי (5)
בכן אמר בליביה טב לי **בהית** בעלמא הדין דהוא עלם עביר GN 38:25
וארעא הוות תהייא **ובהיא** צריא מבני נש וריקנייא מן GN 1:2
שכינתא הוה אהרן **מיבהית** ואמר למשה דילמא לא LV 9:23
ית חבריכון ברם אין **מיבהית** לא תקבלון מטולתיה LV 19:17
הדין דהוא עלם עביר ולא **נבהית** באנפי אבהתיי צדיקייא GN 38:25

בהל (5)
לאתבא ליה פתגם ארום **אתבהילו** מן קדמוי: ואמר יוסף GN 45:3
דפלישתאי: הא בכן **אתבהלון** רברבני אדומאי תקיפי EX 15:15
למינגד ולמירדוף **בבהילו** אוסיף על כל רתיכא EX 14:7
בידיכון ותיכלון יתיה **בבהילו** דשכינת מרי עלמא מטול EX 12:11
פטיר לחמא ענייא ארום **בבהילו** נפקתון מארעא דמצרים מן DT 16:3

בהק (12)
יחמינה כהנא והא לית **בבהקי** שער חיוור ומכיכא לא LV 13:26
למקטוע בישרא דביה **בהקי** אלהין למינטור לחדא DT 24:8
יהי במשך בישריהון **בהקי** בהקי חוורן: ויחמי כהנא והא LV 13:38
זקיפא או קלופי או **בהקי** ויהי במשך בישריה למיכתש LV 13:2
דנור ותהי רושם כואה **בהקי** חוורא סמקא מערבין או LV 13:24
במשך בישריהון בהקי **בהקי** חוורן: ויחמי כהנא והא במשך LV 13:38
כהנא ויסאיב יתיה: ואם **בהקי** חיוורתא כסידא היא במשך LV 13:4
הוא: ואין באתרא קמת **בהקי** לא הליכת פיסיונא צולקת LV 13:23
הוא: ואין באתרא קמת **בהקי** לא הליכת פיסיונתא במשכא LV 13:28
שומא זקיפא חוורא או **בהקי** מיטפלא חוורא סמקא LV 13:19
והא במשך בישריהון **בהקי** עמיין חוורן צהר הוא סגי LV 13:39
ולביתא: ולשומא ולקלופי **ולבהקי**: לאלפא כהנא לעמא בין LV 14:56

בהר (3)
בני ישראל ית משה והא **אשתבהר** זיו איקונין דאנפוי EX 34:30
ומשה לא חכים ארום **אשתבהר** זיו איקונין דאנפוי דהוה EX 34:29
ית איקונין דמשה ארום **אשתבהר** זיו איקונין דאנפי משה EX 34:35

בהת (6)
לאבוהא דעולימתא דמי **בהתה** חמשין סלעין דכסף וליה DT 22:29
ומחא למדייניתא לבית **בהתת** קיבתה וצלי בפמיה על עמא NU 25:13
וית מדייניתא בבית **בהתת** תורפה נס רביעאי דקם NU 25:8
ביה והוון חמיין **בהתתהון** וחטיטו להון מטרפי GN 3:7
ידה ותתקיף בבית **בהתתיה**: ותקטעון ית פיסת ידה DT 25:11
וצעריה ונזקיה **ובהתתיה** יתן ואגר אסיא ישלם עד EX 21:19

בוז (25)
אחוך: ית עוץ בוכריה וית **בוז** אחוי וית קמואל רב קסומיא GN 22:21
דבקרתא וית דבחקלא **בזו**: וית כל נכסיהון וית כל טפליהון GN 34:28
גיתיהון וית כל ניכסיהון **בזו**: וית כל קורייהון ובתי טירונייהון NU 31:9
מאוותא: גוברין דחילא **בזזו** גבר לנפשיה: ונסב משה ואלעזר NU 31:53
וכל בעירי ועדיי קרווייא **בזנא** לנא: ונסיבנא בעידנא ההיא ית DT 3:7
משיזיב: לחוד בעירי **בזנא** לנא ועדי קירווייא דכבשנא: DT 2:35
חררן והוי טעמיה כטעם **ביזא** די מסרבלא בשומנא: וכד נחית NU 11:8
רב וסגי ונבוז מינהון **ביזא** רבא ונישבי מינהון שיביא רבא EX 15:9
שיביא רבא ואיפליג **ביזהון** לעמי עבדי קרבי וכד תתמלי EX 15:9
לוואי שמיני תורין מן **ביזת** מלכיהון וחבלא מבכירי עאן DT 32:14
משה למימר: סב ית שירוי **ביזת** שבייתא ותקבל חושבנא אנת NU 31:26
והות סכום דברתא שייור **ביזתא** דבזו עמא דנפקו לחילא NU 31:32
דברתא שייור ביזתא **דבזו** עמא דנפקו לחילא מניין ענא NU 31:32
בר נון: וטפליכון דאמרתון **דלביזא** יהון ואעיל יתהון וינדעון NU 14:31
וכפר בחיי עלמא דאתי **ובזה** ית בכירותא: ואמר עשו ליעקב GN 25:29
וית כל טפליהון שבו **ובזו** וית כל דבביתא: ואמר יעקב GN 34:29
עלו לחלצא קטילייא **ובזו** ית קרתא דסאיבו בגוה GN 34:27
קטול רב בבעלי דבביהון **וביזת** קטיליא ירתון: ואמר בלק NU 23:24
בהון קטול רב וסגי **ונבוז** מינהון ביזא רבא ונישבי EX 15:9
שכינתי מנהון ויהון **לביזה** ויארעו יתהון בישן סגיען DT 31:17
ארום אין יתגזר למיהוי **לביזתא** בנוי דשלמיא עד כדי ייתי NU 24:22
ומני זיינין ונחתו לגת **למיבוז** גיתי פלישתאי ובגין דעברו EX 13:17
מדמיין לעופא מסאבא **למיבוז** נכסיהון דישראל והות GN 15:11
נשנא וטפלנא יהון **למיבז** הלא טב לנא דנתוב למצרים: NU 14:3
דיהי בקרתא כל עדאה **תיבזון** לכון ותיכלון ית עדי DT 20:14

בוטמא (1)
וטמר יתהום יעקב תחות **בוטמא** דסמיכא לקרתא דשכם: GN 35:4

בוטנא (1)
דבש שעוה ולטום משח **דבוטנין** ומשח דלוזין: וכספא על חד GN 43:11

בולי (1)
דאתא ממדינחא פטיר **בולי** קריב לשמך בר תורין רכיך LV 22:27

בוסמן (50)
יתיה קטרת בוסמין **בוסם** עובד ממזיג מערב דכי EX 30:35
קודשא וית קטורת **בוסמיא** דכי עובד בוסמנו: ועבד ית EX 37:29
קרנת מדבחא דקטרת **בוסמיא** דקדם יײ דבמשכן זימנא LV 4:7
לאסקא עלוי קטרת **בוסמיא** דקיסי שיטא תעביד יתהון: EX 30:1
וית מדבחא דקטרת **בוסמיא**: וית מדבחא דעלתא וית EX 30:27
דרבותא וית קטרת **בוסמיא** וית פרסא דבתרע משכנא: EX 39:38
דרבותא וית קטורת **בוסמיא** וית פרסא דתרעא לתרע EX 35:15
גוברין מסקי קטורת **בוסמיא**: ומליל יײ עם משה למימר: NU 16:35
דאנהרותא וקטורת **בוסמיא** ומנחתא דתדירא ומישחא NU 4:16
וריחהון נדיף הי כקטרת **בוסמיא** ותשוי ית פרסא דתרעא EX 40:5
למשח רבותא ולקטרת **בוסמיא**: כל גבר בר ישראל ואיתתא EX 35:28
משח רבותא וית קטורת **בוסמיא** לקודשא הי ככל מה EX 31:11
ועבד ית מדבחא דקטרת **בוסמיא** מן קיסי שיטא אמתא EX 37:25
למשח רבותא ולקטרת **בוסמיא**: מרגליין דבורלין הינון EX 35:8
ולפיטומא דקטרת **בוסמיא**: מרגליין דבירולין הינון EX 25:6
לפרגודא: ויתן ית קטורת **בוסמיא** על אישתא קדם יײ ויחפי LV 16:13
מדבחא דדהבא לקטרת **בוסמיא** קדם ארונא דסהדותא EX 40:5

יהי: ותעביד יתיה קטרת **בוסמין** בוסם עובד ממזיג מערב EX 30:35
קטף וכשת וחלבניא **בוסמין** בחירין ולבונתא דכיתא EX 30:34
ויקטר עלוי אהרן קטרת **בוסמין** בצפר בצפר באתקנותיה ית EX 30:7
לא תסקון עלוי קטרת **בוסמין** דעממין נוכראין ועלתא EX 30:9
קודשין תהי לכון: וקטרת **בוסמין** דתעבד בדמוייה לא EX 30:37
ואסיק עלוי קטורת **בוסמין** היכמא דפקיד ייי ית משה: EX 40:27
בעמא ויהב ית קטורת **בוסמין** וכפר על עמא: וקם ליה NU 17:12
ושויאו עליהון קטורת **בוסמין** וקמו בתרע משכן זימנא NU 16:18
ושויאו עלה קטורת **בוסמין** וקריבו קדם ייי אישתא LV 10:1
ותיתנון עליהון קטורת **בוסמין** ותקרבון קדם ייי גבר NU 16:17
ישראל מליין קטורת **בוסמין** טבין מתקל עשר סילעין NU 7:86
ייי ומלי חופנוי קטורת **בוסמין** כתישין ויעיל מן לגיו LV 16:12
מדבחא ושוי קטרת **בוסמין** על אישתא ואוביל בפריע NU 17:11
אחוהון כהניא קטרת **בוסמין** על מחתיא וייכלון מותנא DT 33:10
בני אהרן לאסקא קטורת **בוסמין** קדם ייי ולא יהי גבר מתנטל NU 17:5
ושוו עליהון קטרת **בוסמין** קדם ייי מחר ויהי גברא NU 16:7
יקטירנה קטורת **בוסמין** תדירא קדם ייי לדריכון: לא EX 30:8
בוסמיא דכי עובד **בוסמנו:** ועבד ית מדבחא דעלתא EX 37:29
דברי כריחא דקטורת **בוסמנייא** דעתידא מתקרבא בטוור GN 27:27
קריב יתה מליא קטורת **בוסמנין** טבין מן אפרשותא: תור חד NU 7:20
ותמן מוקדין רישי **בוסמנין** תמן הוו קיימין גוברין מן GN 50:1
יתיה משח רבות קודשא **בושם** מתבשם עובד בשמא ממזית EX 30:25
חמש מאה מנין וקנמון **בושם** פלגותיה מתקל מאתן EX 30:23
לגן עדן ונסבין מתמן ית **בושמא** בחירא וית משחא דזיתא EX 35:28
מאתן וחמשין מנין וקנה **בושמא** מתקל מאתן וחמשין מנין: EX 30:23
וית מדבחא דקטרת **בושמיא:** וית מדבחא דעלתא וית EX 31:8
ומשחא לאנהרותא **בושמיא** למשח רבותא ולקטרת EX 35:8
ואמר ייי למשה סב לך **בושמיא** קטף וכשת וחלבניא EX 30:34
משה למימר: ואנת סב לך **בושמין** בשירויא מור בהיר מתקל EX 30:23
הינון בירוי ארעיא מרביא **בושמין** ועיקרי סמנין ותחומי יהוי GN 49:20
קריב יתה מליא קטורת **בושמנין** טבין מן אפרשותא: תור חד NU 7:14
ומשח זיתא לאנהרא **ובוסמיא** לפיטומא דמשח רבותא EX 25:6
ומלחין ליה במילחא **ובוסמנין** וכתבין קוסמין בציצא GN 31:19

בוסרא (1)

וארשין פירי אילניכון עם **בוסרא** בליבלוביהון וטרפיהון EX 34:26

בוץ (45)

דבוצא וית אוורקסי **בוצא** דבוץ שזיר: וית קמורא דבוץ EX 39:28
זימנא וישלח ית לבושי **בוצא** דמילת דילבש בזמן מיעליה LV 16:23
וית צבע זהורי וית **בוצא:** ויעבדון ית אפודא תיכלא EX 28:5
וית צבע זהורי וית **בוצא:** וכל נשיא דאיתרעי לבהון EX 35:25
ובגו צבע זהורי ובגו **בוצא** עובד אומן: כתפין עבדו ליה EX 39:3
טבן ומחזקא באטונין **דבוין** תמן הוו שדיין חמרין רתיחין GN 50:1
ביה: וילבוש כהנא לבושין **דבוץ** ואוורקסין דבוץ ילבוש על LV 6:3
ואלביש יתיה לבושין **דבוץ** ושוי מניכא דדהבא על צווריה: GN 41:42
לבושין דבוץ ואוורקסין **דבוץ** ילבוש על בישריה ויפרוש ית LV 6:3
ועיבד להון אוורקסין **דבוץ** לכסאה בשר עיריא מן אסר EX 28:42
קודשא ילבש ואוורקסין **דבוץ** מילת יהון על בישריה LV 16:4
דבוץ מילת יצר ומצינפא **דבוץ** מילת יטכס ברישיה לבושי LV 16:4
יהון על בישריה ובקמורא **דבוץ** מילת יצר ומצינפא דבוץ LV 16:4
אבוי וילבש ית לבושוי **דבוץ** מילת לבושי קודשא: ויכפר LV 16:32
ודכר לעלתא: כיתונא **דבוץ** מילת קודשא ילבש LV 16:4
משה: ועבדו ית כיתונין **דבוץ** עובד גרדי לאהרן ולבנוי: וית EX 39:27
ווילוות דרתא חזור חזור **דבוץ** שזיר: וחומריא לעמודיא EX 38:16
ורומא חמש אמין **דבוץ** שזיר וחומריהון דנחשא: לכל EX 27:18
וית אוורקסי בוצא **דבוץ** שזיר: וית קמורא דבוץ שזיר EX 39:28
תעביד עשר יריען **דבוץ** שזיר ותיכלא וארגוונא וצבע EX 26:1
ית משכנא עשר יריען **דבוץ** שזיר ותיכלא וארגוונא וצבע EX 36:8
דבוץ שזיר: וית קמורא **דבוץ** שזיר ותיכלא וארגוונא וצבע EX 39:29
דרומא ווילוון לדרתא **דבוץ** שזיר מאה אמין אורכא לרוח EX 27:9
דרומא ווילוות דרתא **דבוץ** שזיר מאה אמין: עמודיהון EX 38:9
וית ברצוץ כובעיא **דבוצא** וית אוורקסי בוצא דבוץ EX 39:28
ולבנוי: וית מצנפתא **דבוצא** וית ברצוץ כובעיא דבוצא EX 39:28
זכאה ותעביד מצנפתא **דבוצא** למכפרא על מגיסי רעיוניהון EX 28:39
קדם ייי: ותרמיץ כיתונא **דבוצא** למכפרא על שידי אדמא EX 28:39
ובארגוונא וביצבע זהורי **ובבוצא** וגרדי עבדי כל עיבידתא EX 35:35
ובארגוונא ובצבע זהורי **ובבוצא:** כל דהבא דאיתעביד EX 38:23
וארגוונא וצבע זהורי **ובוץ** ומעזי ומושכי דדיכרי מסמקי EX 35:23
וארגוונא וצבע זהורי **ובוץ** ומעזי: ומשכי דדיכרי מסמקי EX 25:4
וארגוונא וצבע זהורי **ובוץ** מעזי: ומשכי דדיכרי מסמקי EX 35:6
וארגוונא וצבע זהורי **ובוץ** שזיר היכמא דפקיד ייי ית EX 39:5
וארגוונא וצבע זהורי **ובוץ** שזיר ועשרין אמין אורכא EX 38:18
וארגוונא וצבע זהורי **ובוץ** שזיר: ורדידו ית טסי דדהבא EX 39:2
וארגוונא וצבע זהורי **ובוץ** שזיר: ותיסב ית תרתין מרגליין EX 28:8
וארגוונא וצבע זהורי **ובוץ** שזיר: מרבע הוה עיף עבדו ית EX 39:8
וארגוונא וצבע זהורי **ובוץ** שזיר עובד אומן יעביד יתה EX 26:31
וארגוונא וצבע זהורי **ובוץ** שזיר עובד אומן עבד יתה EX 36:35
וארגוונא וצבע זהורי **ובוץ** שזיר עובד אומן: תרתין כיתפין EX 28:6
וארגוונא וצבע זהורי **ובוץ** שזיר עובד צייור: וית עמודוי EX 36:37
וארגוונא וצבע זהורי **ובוץ** שזיר עובד צייור מחטא: EX 26:36
וארגוונא וצבע זהורי **ובוץ** שזיר עובד צייור מחטא EX 27:16
וארגוונא וצבע זהורי **ובוץ** שזיר תעביד יתיה: מרבע יהי EX 28:15

בוצין (17)

אימיה ומן יד נהרת **בוצינא** דטפת בזמן דמיתת שרה GN 24:67
אפיא: וית מנרתא וית **בוצינהא** בוציני סידורא דמסדרין EX 39:37
קבל אפי מנרתא אדליק **בוצינהא** היכמה דפקיד ייי ית משה: NU 8:3
ודליק כהנא דמתמני ית **בוצינהא** ויהון מנהרין כל קבל EX 25:37
ית מנרתא דאנהורי וית **בוצינהא** וית מילקטיא וית NU 4:9
דאנהורי וית מנהא וית **בוצינהא** וית משחא: דרבותא וית EX 35:14
חדא דדהב דכי: ועבד ית **בוצינהא** שבעא ומלקטייהא EX 37:23
לנהורי ותדלק ית **בוצינהא** שובעא כל קבל שבעתי EX 40:4
וית מנרתא וית בוצינהא **בוציני** סידורא דמסדרין כל קבל EX 39:37
ובאדלקות אהרן ית **בוציניא** ביני שימשתא יקטירנה EX 30:8
בצפר באתקנותיה ית **בוציניא** יקטירנה: ובאדלקות אהרן EX 30:7
ליה בזמן אדלקותך ית **בוציניא** כל קבל מנרתא יהון NU 8:2
דמשכנא דרומא: ואדלק **בוציניא** קדם ייי היכמא דפקיד ייי EX 40:25
לאנהורי לאדלקא **בוציניא** תדירא: במשכן זימנא EX 27:20
יהון מנהרין שבעתי **בוציניא** תלת לקבל רוח מערבא NU 8:2
דדהב דכי: ותעביד ית **בוציניה** שבעא ודליק כהנא EX 25:37
כתיש לאנהרא לאדלקא **בוצינייא** תדירא ביומא דשבתא LV 24:2

בור (2)

ההיא ית עגלתא לחקיל **בייר** דלא יתעביד ביה פולחן ארעא DT 21:4
בצלמונה אתר הובאי **ובור** בארע אדומאי ותמן עקת NU 33:41

בזי (30)

חורניתא עריתא דאבוי **בזי** איתקטלא יתקטלון תריהון LV 20:11
היא עיריתא דאחוי **בזי** דלא וולד יהון: ותיטרון אתון LV 20:21
וית מבוע אדם סובתא **בזי** והיא בזיית ית מבוע אדמהא LV 20:18
מטול דעריית אחתי **בזי** חוביה יקבל: וגבר די ישמש עם LV 20:17
ארום ית קריביה בישריה **בזי** חוביהון יקבלון במותנא יסופון: LV 20:19
אחבוי ערית אחבוי **בזי** חוביהון יקבלון במותנא יסופון LV 20:20
אדם סובתא בזי והיא **בזיית** ית מבוע אדמהא וישתיצון LV 20:18
ישמש עם איתתא דוותא **ובזי** ית ערייתא וית מבוע אדם LV 20:18
ארעא עימנא מילין קשין **ובזי** יתן כמאללי ארעא: ואמרנא GN 42:30
ברת אבוי או ברת אימיה **ויבזי** ית עריתה והיא תבזי ית LV 20:17
וחמת ארום עברת **ויתבזי** איקרי באנפהא וכדון אתגלי GN 16:5
מלקות יתיר ויסתכן ולא **יתבזי** אחוך ואנת חמי ליה: לא DT 25:3
בישריה לא תקרבון **לבזאה** ערייתא בתשמישתא LV 18:6
סאובתא לא תיקרב **לבזאה** עריתה: ולציד איתת חברך LV 18:19
וית ברת ברתה לא תיסב **לבזאה** ערייתה קריבת בישרה הינון LV 18:17
לא תיסב לאעקה לה **לבזאה** עריתה עלה כל יומי חייהא: LV 18:18
היא: עירית כלתך לא **תבזי** איתת ברך היא לא תבזי LV 18:15
אחת אמך ואחת אבך לא **תבזי** ארום ית קריביה בישריה בזי LV 20:19
היא: עירית אחת אמך לא **תבזי** ארום קריבת בשר אימך היא: LV 18:13
עירית איתת אחוך לא **תבזי** בחיי אחוך ובתר מותיה אין LV 18:16
היא: עירית אחבוך לא **תבזי** ולות אינתתיה לא תקרב LV 18:14
עירית איתא וברתא לא **תבזי** ית ברת ברה וית ברת ברתה LV 18:17
ויבזי ית עריתה והיא **תבזי** ית עריתיה גניי הוא ארום LV 20:17
עירית איתת אבוך לא **תבזי** מטול דעריתא דאבך היא: LV 18:8
תבזי איתת ברך היא לא **תבזי** ערייתה: עירית איתת אחוך LV 18:15
מן אבך אחתך היא לא **תבזי** עריתה: עירית אחת אבך לא LV 18:11
בנך או ברת ברתך לא **תבזי** עריתהן ארום הי כעריתך LV 18:10
אבך או מן גבר חורן לא **תבזי** עריתהן: עירית ברת בנך או LV 18:9
עירית אחת אבך לא **תבזי** קריבת בשר אבך היא: עירית LV 18:12
אבוך ועריית אמך לא **תיבזי** איתא לא תשמש עם אבהא LV 18:7

בזיך (19)

דקריב פיילי וגומר: **בזיכא** חדא מתקלא וגומר: תור בר NU 7:68
דקריב פיילי וגומר: **בזיכא** חדא מתקלא וגומר: תור בר NU 7:74
דקריב פיילי וגומר: **בזיכא** חדא מתקלא וגומר: תור בר NU 7:80
דקריב פיילי וגומר: **בזיכא** חדא מתקלא וגומר: תור חד NU 7:32
דקריב פיילי וגומר: **בזיכא** חדא מתקלא וגומר: תור חד NU 7:38
דקריב פיילי וגומר: **בזיכא** חדא מתקלא וגומר: תור חד NU 7:44
דקריב פיילי וגומר: **בזיכא** חדא מתקלא וגומר: תור חד NU 7:50
דקריב פיילי וגומר: **בזיכא** חדא מתקלא וגומר: תור חד NU 7:56
דקריב פיילי וגומר: **בזיכא** חדא מתקלא וגומר: תור חד NU 7:62
סילעין בסילעי וגומר: **בזיכא** חדא מתקלא וגומר: תורא חד NU 7:26
במשח זיתא למנחתא: **בזיכא** חדא מתקלא עשר סילעין NU 7:14
במשח זיתא למנחתא: **בזיכא** חדא מתקלא עשרא סילעין NU 7:20
פתורא ית פיילוותיה וית **בזיכוי** וית מכילתיה וית קסוותא EX 37:16
בסילעי בית קודשא: **בזיכי** דדהבא תריסירי כל קבל NU 7:86

קבל נשיא דבני ישראל **בזיכי** דדהבא תריסר כל קבל NU 7:84
עלוי ית פילוותא וית **בזיכיא** וית מנקייתא וית קסוות NU 4:7
עשירתא דביריא כל דהב **בזיכיא** מאה ועשרין כל קבל שניא NU 7:86
עשר סילעין הוה מתקלא **דבזיכא** בסילעי בית קודשא כל NU 7:86
פתורא: ותעביד פיילתוי **ובזיכוי** וקשוותוי ומכילתוי די EX 25:29

בזע (18)

יומין לירחא ביומא הדין **איתבזעו** כל מבועי תהומא רבא GN 7:11
משה נחית מן טוורא מנוי **בזיעין** והוי בכי ואמר ווי לי עלך NU 20:29
ואתבזעו מיא לתריסר **בזיען** כל קבל תריסר שיבטוי EX 14:21
מן מאללי ית ארעא **בזעו** לבושיהון: ואמרו לכל כנישתא NU 14:6
ית כל פיתגמייא האילין **ואיתבזעת** ארעא דתחותהון: NU 16:31
ושוי ית ימא נגיבא **ואתבזעו** מיא לתריסר בזיען כל EX 14:21
בישתא קיימא לקובליה: **ובזע** יעקב לבושוי ואסר שקא GN 37:34
דמתקליה ארבעין סאוין **ובזע** ית ימא ומחא ית כיפא ולכל DT 34:12
והא לות יוסף בגובא **ובזע** ית לבושוי: ותב לות אחוי GN 37:29
ית ידך ביה על ימא **ובזעהו** ויעלון בני ישראל בגו ימא EX 14:16
אוגבין בטונא דבנימין: **ובזעו** לבושיהון ואתיהב להון כח GN 44:13
בתרו דחוורו יתה **ויבזע** יתיה מן לבושיה או מן צלא LV 13:56
ירבי פירוע ולבושוי לא **יבזע** בשעת אניקי: ולות כל בר נש LV 21:10
חזור חזור מטול דלא **יתבזע:** ועבדו על שיפולי מנטר EX 39:23
כפום שיריא יהי ליה לא **יתבזע:** ותעבד על שיפולוי רומניין EX 28:32
במצרים וביה עתיד **למבזע** ית ימא דסוף ולהנפקא מוי EX 2:21
מכתשא לבושוי יהוון **מבזעין** ורישי יהי מרבי פרוע ועל LV 13:45
פרוע ולבושיכון לא **תבזעון** ולא תמותון ביקידת LV 10:6

בחל (4)

דייי בפומך ארום **בחיל** ידא תקיפתא הנפקך ייי EX 13:9
מארעא דמצרים **בחיל** רב ובידא תקיפא: למא דין EX 32:11
ימינך ייי מה משבחא היא **בחילא** ימינך ייי תכרית בעל EX 15:6
ית מצראי וטמריה **בחלא:** ונפק ביומא תיניינא ואודיק EX 2:12

בחן (1)

ועולימא נתמטי עד כא **לבחוני** אין יתקיים מה דאתבשרית GN 22:5

בחר (23)

לעלתא גדי בר עיזי **איתבחר** תחותוי בגין מדכר זכות LV 22:27
תורין רכיך ושמין אימרא **איתבחר** תיניין בגין מדכר זכות LV 22:27
לן סידרי קרבנינן תורא **אתבחר** קדמי בגין מדכר זכות סבא LV 22:27
ושמעו ישראל יומנא **אתבחרתון** למהוי עמא קדם ייי DT 27:9
לך בושמין בשירויא מור **בהיר** מתקל חמש מאה מנין וקנמון EX 30:23
בגין דיימרון מצראי **בחיר** הוא בעל צפון מכל טעוותא EX 14:2
ודהבא דארעא ההיא **בחיר** תמן בידלחא ואבנין טבין GN 2:12
ונסבין מתמן ית בושמא **בחירא** וית משחא דזיתא EX 35:28
ודבר שית מאה רתיכין **בחירין** וכל רתיכי מצראי עבדוי EX 14:7
וכשת וחלבניא בוסמין **בחירין** ולבונתא דכיתא מתקל EX 30:34
ואמר משה ליהושע **בחר** לנא גוברין גיברין ותקיפין EX 17:9
עלתא הי כהלכת עופא **דאיתבחר** בשירויא לחטאתא ולא LV 5:10
לוות כהנא ויקרב ית מן **דאתבחר** לחטאתא בשירויא LV 5:8
ארום קדיש אנא ייי **דבחרית** בכון ואפרישית יתכון מן LV 20:26
דישראל: יהי גברא **דיתבחר** ויקום מדבית דן מדמי GN 49:17
דישראל תשדרון לחילא: **ואתבחרו** גוברין צדיקין ומסרון NU 31:5
דמצרים מעלך לזוער: **ובחר** ליה לוט ית כל מישר ירדנא GN 13:11
ולא צבו למהלכא עמיה **ובחר** מינהון ית אליעזר בר נמרוד GN 14:14
חמוי ועבד כל דאמר: **ובחר** משה גיברי חילא מכל ישראל EX 18:25
אחוכון ואתון תתאסרון **ויתבחרון** פיתגמין אין קושטא GN 42:16
לעלתא: ואמר אברהם ייי **יבחר** ליה אימרא לעלתא ברי ואזלו GN 22:8
'דישראל למשבחא **מבחר** מכל לישניא: ברי דרבית יוסף GN 49:21
אלילי אתון: בהדא מיילא **תתבחרון** חיי דפרעה אין תפקון GN 42:15

בחש (1)

ביומא הדין ועל לביתא **למבחוש** בפינקסי חושבניה ולית GN 39:11

בטח (1)

אימא על בנייא: ואנת **אבטחתני** אוטבא אוטב עימך GN 32:13

בטל (41)

עליהון במימריה: ואמר ייי **אבטיל** ית אינשא דבריתי מעל GN 6:7
דאנא קיים הכדין לא **אבטיל** שבועתי לעלמין: אין שנינא DT 32:40
ומשייר אמנא חדא **אבטל** מספר ייחוס אנוש דוכרנהון: DT 32:26
מחייא מדין קטול לחוד **בוטלן** עיבידיתיה וצעריה ונזקיה EX 21:19
וישתביק ליה ארום **בטיל** אבוהא יתה מן רשותא דנדרא: NU 30:6
על נפשה בבית איבה ולא **בטיל** איבה עד לא אתניסבת NU 30:7
וית תפקידת מהולתא **בטיל** אישתיציאה בעלמא הדין NU 15:31
בעלה וישתוק לה ולא **בטיל** יתה ומית עד דלא בגרת NU 30:12
ואין ביומא דשמע בעלה **בטיל** לה וישרי ית נידרה דעלה וית NU 30:9
תלתא יומין במדברא **בטילין** מן פיקודייא ולא אשכחו EX 15:22
לא יתקיימון ואין בעלה **בטילינון** ולא ידעת ועברת מן קדם NU 30:13
תקפא וסלקא: ואמר **בטלנין** אתון בטלנין בגין כן אתון EX 5:17
ואמר בטלנין אתון **בטלנין** בגין כן אתון אמרין נזיל EX 5:17
לא תימנעון מיניה ארום **בטלנין** הינון בגין כן הינון צווחין EX 5:8

מומתא או ידע בחבריה **דבטיל** שבועא ולווט אין לא יחווי LV 5:1
דייי ושרו ברפידים אתרא **דבטילו** אידיהון ממצוותא EX 17:1
קבל בית ישימון מטול **דבטילו** פתגמי אורייתא: ושדר NU 21:20
חולף תור חד מן בגלל **דבטליה** מן רידיה וארבע ענא חולף EX 21:37
חרב למתפרע מנכון על **דבטלתון** ית קיימיי ותתכנשון מן LV 26:25
ותשרון ולית דמניט **ואיבטיל** רשות חיות ברא מן ארעא LV 26:6
או לא אתכוון לקיימא **ובטיל** בתר דישמע כל נדרהא NU 30:6
דאתכלא וחמון ית ארעא **ובטילו** רעות ליבא דישראל בגין NU 32:9
אחתן חמיא יתן בגלותן **ובטילטולן** ובשיעבודן וכדו מטת NU 12:12
רברבנוי עליהון ויתגאון **ויתבטלון** מפתגמי אורייתא ויחובון DT 17:16
בעלה יקיימינון ובעלה **יבטילינון:** ואין משתק ישתוק NU 30:14
על נפשה יתקיים: ואין **יבטל** איבהא יתה ביומא דשמע או NU 30:6
ליבא דבניכון ארום **יבטל** יצרא בישא מן עלמא ויברי DT 30:6
לאשמא ויומיא קדמאי **יבטלון** ארום איסתאב ניזריה: ודא NU 6:12
עימך לקיים עלם ולא **יתבטיל** הי כמלחא דמבסים בשר NU 18:19
וסיתוא וימפי ולילי לא **יתבטלון:** ובריך אלקים ית נח וית GN 8:22
אדם זכיא והוה בידיה **לבטולתהון** בצלותיה ולא צלי NU 35:25
ולית איבהא זכי בה תוב **לבטלותהון:** ואין מישרא ישרי NU 30:12
ית כל פיקודיי וסופכון **למבטלא** ית קיימיי: לחוד אנא LV 26:15
וקורקסתכון **למבטלא** פיתגמי אורייתא וליטין DT 28:19
דקיימית עימכון לא **מבטלא** ותהי מגינא עליהון עני DT 28:15
כדון עמא דארעא דאתון **מבטלין** יתהון מפולחנהון: ופקיד EX 5:5
במלחא תמלח ולא **תבטל** מלח קיים אלקך מעילוי LV 2:13
לא תכסון קדם עד לא **תבטלון** חמיע ניכסת פיסחי ולא EX 34:25
יומא דמקמי חגא **תבטלון** חמיר מבתיכון ארום כל EX 12:15
למה משה ואהרן **תבטלון** ית עמא מעיבידתהון EX 5:4
ואתון תיתבון הכא: ולמא **תבטלון** רעות בני ישראל מלמעיבר NU 32:7

בטש (3)

ובליבנין והוואן נשיא **בטשן** ית טינא עם גובריהון הות EX 24:10
ואפילת ית עוברא **ואתבטש** עם טינא נחת גבריאל EX 24:10
ברם בפיקודיא דייי לא **תבטשון** ואתון לא תידחלון מן NU 14:9

ביבור (1)

ומן בתר דאיסתלק קל **דיבורא** תאיב למשריתא ומתני EX 33:11

בימה (1)

כל גברי מגיחי קרב עבדי **בימתא** לממת מיגו משריתא: ומליל DT 2:16

בין (301)

משה בין גבר לאיתתיה **בין** איבא לברתיה ביומי טליותא NU 30:17
תמן למשכניה מן אוולא **בין** ביתאל ובין עי: לאתר מדבחא GN 13:3
ובכן יתאפרש כען קדמך **בין** בני אינשא ובין בני בעירא: GN 3:18
עסיק בדינא ותלת מברזג **בין** גבר לאיתא וגזר למרומם ומאיך DT 32:4
דפקיד ייי ית משה **בין** גבר לאיתתיה בין איבא NU 30:17
דינא אתאן לוותי ודייננא **בין** גברא ובין חבריה ומהודענא EX 18:16
בקשוט ופשרות שלמא **בין** גברא לאחוי ובין מאן דמאגר DT 1:16
ותפליג ית דברתא **בין** גובריא בלושיא דאחדו ית עתיד NU 31:27
לחדא: ויעבד ייי פלאין **בין** גיתי דישראל ובין גיתי דמצראי EX 9:4
די ישמש עם איתת אבוי **בין** דהיא אימיה בין דהיא חורניתא LV 20:11
אבוי בין דהיא אימיה **בין** דהיא חורניתא עריתא דאבוי LV 20:11
אישוי בינך ובין איתתא **בין** זרעית בנך ובין זרעית בנהא ויהי GN 3:15
כהנא: ויעלי כהנא יתה **בין** טב לבין ביש היכמה דיעלי LV 27:12
קדם ייי ויעליניה כהנא **בין** טב לבין ביש היכמה דמעלן LV 27:14
מיניה דידעין למפרשא **בין** טב לביש אילו נטר מצוותא GN 3:22
דלא ידעין יומא דין **בין** טב לביש הינון יעלון לתמן DT 1:39
רברבין דחכמין למינדע **בין** טב לביש: וחמת איתתא ית GN 3:5
קדם ייי: לא יפשפיש **בין** טב לביש ולא יפרגוניה ואין LV 27:33
דאכלין פירוהי ידעין **בין** טב לביש: ונהרא נפיק מעדן GN 2:9
פירוהי חכמין למידע **בין** טב לביש לא תיכול מיניה ארי GN 2:17
דרתא רבתא דממצעא **בין** טירת עינוותא לבין דרמשק דין NU 34:9
צורעתא אין לא ספיקת **בין** ידויי למייתייא מן קרבנייא LV 14:32
לאלפא כהנא לעמא **בין** יומא קבילא דלא למיחמי ביה LV 14:57
עינוי דכהנא ומתכוונן **בין** למדכייא ובין לסאבא: ויחמי LV 13:12
ואנת תהי שליט ביה **בין** למיזכי בין למיחטי: ואמר קין GN 4:7
שליט ביה בין למיזכי **בין** למיחטי: ואמר קין לות הבל GN 4:7
יסבון ואיתתא דמיפטרא **בין** מגברא בין מן יבמה לא יסבון LV 21:7
ארנון תחום מואב ממצע **בין** מואב ובין אמוראה ויתבין ביה NU 21:13
בישתיה: וידינון כנישתא **בין** מחיא ובין תבע אדמא על סדר NU 35:24
למידכר קים עלם **בין** מימרא דאלקים ובין כל נפשת GN 9:16
לדריהון קיים עלם: **בין** מימרי ובין בני ישראל את היא EX 31:17
דא את קים דקיימית **בין** מימרי ובין מימר כל ביסרא דעל GN 9:17
בעננא ותהי לסימן קיים **בין** מימרי וביני ארעא: ויהי כד GN 9:13
דא קימי דתיטרון **בין** מימרי וביניכון ובין בנך בתרך GN 17:10
את קימא דאנא מקיים **בין** מימרי וביניכון ובין כל נפשת GN 9:12
ויהי לאת קים **בין** מימרי וביניכון: ובר תמניא יומין GN 17:11
תינטרון ארום את הוא **בין** מימרי וביניכון למידוע ארום EX 31:13
בבישרך: ואיתן קימי **בין** מימרי ובינך ואסגי יתך לחדא GN 17:2

יפקון: ואקים ית קימי **בין** מימרי ובינך ובין בנך בתרך GN 17:7
אישתא: אנא הוית קאים **בין** מימריה דייי וביניכון בעידנא DT 5:5
וגזירת אורייתא דיהב ייי **בין** מימריה ובין בני ישראל בטוורא LV 26:46
דמיפטרא בין מגברא **בין** מן יבמה לא יסבון ארום קדיש LV 21:7
דתינדעון דיפריש ייי **בין** מצראי וביני ישראל: ויחתון כל EX 11:7
לקידוש ותסדר יתיה **בין** משכן זימנא ובין מדבחא ותיתן EX 30:18
עננא מקביל יתהון: ועאל **בין** משרייתא דישראל ובין EX 14:20
ובליליא ולמפרשא **בין** נהורא דימטא ובין חשוך ליליא GN 1:18
ארום טב ואפרש אלקים **בין** נהורא ובין חשוכא: וקרא אלקים GN 1:4
עדבין תתפלג אחסנתהון **בין** סגיאי לזעירי: ואלין סכומי ליואי NU 26:56
יתחל עליהון: לא ירשמון **בין** עיניהון ולא רושם ברישיהון LV 21:5
לתפילין קבל מוקריכון **בין** עיניכון: ותלפון יתהון ית בניכון DT 11:18
ביה רשיעיא והא עבר **בין** פסוגיא האילין: ביומא ההוא גזר GN 15:17
על יד שמאלך ולתפילין **בין** ריסי עינך ארום בתקוף גבורת EX 13:16
למיתב כחדא: והוו דיינין **בין** רעאי גיתיה דאברם ובין רעאי GN 13:7
חי וקיים והא היא יהיבא **בין** רקם ובין חלוצא: וילידת הגר GN 16:14
יומא בירחא הדין **בין** שימשתא תעבדון יתיה בזימניה NU 9:3
אחיי ואחך וידינון קשוט **בין** תרווינן: דנן עשרין שנין אנא גבך GN 31:37
ומסהיד: מומתא דייי תהי **בין** תריהום יומי דלא אושיט ידיה EX 22:10
הדין: ארום יהי תיגרא **בין** תרין גובריא ויתקרבון לות דינא DT 25:1
יקר שכינתיה מו לקדמין **בין** תרין כרוביא קדם עד לא ברא GN 3:24
חמי מימרא דייי סהיד **בינא** ובינך: ואמר לבן ליעקב הא GN 31:50
לא כען תהי מצותא **בינא** ובינך ובין רעוותיי ובין רעוותך GN 13:8
אנא ואנת ויהי לסהיד **בינא** ובינך: ונסיב יעקב אבנא וזקפא GN 31:44
ייי עולבני ויפרוש שלמיה **בינא** ובינך ותתמלי ארעא מינן ולא GN 16:5
לבן אוגר הדין סהיד **בינא** ובינך יומא דין בגין כן קרא GN 31:48
ארבע מאה סילעין דכסף **בינא** ובינך מה היא וית מיתך קבר: GN 23:15
הדין והא קמא דאקימית **בינא** ובינך: סהיד אוגר הדין וסהידא GN 31:51
דניסן בארביסר לירחא **בינו** שימשתא זמן ניכסת פיסחא LV 23:5
מנכון פיתגמא לדינא **ביני** אדם סאוב לאדם דכי וביני דיני DT 17:8
חקיל וכרם לא תיהי ליה **ביני** אחוי עשרין וארבע מוהבותא DT 18:2
עשרא פתגמיא דתעבדון **ביני** דיני ממונא לדיני נפשתא: DT 1:18
ביני מסאבא וביני דכיא **ביני** חייתא דמיכשרא לאיתאכלא LV 11:47
מצע אבוי ואזל ויתיב **ביני** טווריא למהדור לגובא GN 37:29
דאדום ומואב איטמרו **ביני** טווריא למיכמן ולשיצאה עמא NU 21:14
הנפיקינון לקטלא יתהון **ביני** טוורייא תבור וחרמון ושריון EX 32:12
דשמייא לאפרשא **ביני** יממא וביני ליליא ויהון GN 1:14
על מלכותיה הוא ובנוי **ביני** ישראל: לא יהי לכהניא דמן DT 17:20
בישרא עד כדון הוה **ביני** ככיהון עד לא פסק ורוגזא דייי NU 11:33
למירתה: ויבדרכון ייי **ביני** כל עממיא מסייפי ארעא ועד DT 28:64
כד ייעלון כחדא למזבון **ביני** כנענאי דעלין למזבון ארום הוה GN 42:5
דייי בדוחקא דמיצע **ביני** כרמיא אתר דאקים יעקב ולבן NU 22:24
חקלא: ויקרבון כהניא **ביני** לוי ארום בהון אתרעי מימרא DT 21:5
מייא ויהי מפרש **ביני** מוי עלאי לביני מוי תתאי: ועבד GN 1:6
דיני נפשתא לדיני ממונא **ביני** מוכתש צורעא למכתש ניתקא DT 17:8
למוי דאוקינוס ואפריש **ביני** מייא דמלרע לרקיעא וביני GN 1:7
מחיצותא במחתייתא **ביני** מיתיא וביני חייא ואתכליית NU 17:13
למינטור לחדא ולמעבד **ביני** מכתש צורעתא למכתש DT 24:8
לבנוי דיוסף למשתעבדא **ביני** מלכוותא והיכמא דרימנא DT 33:17
על ארעא: לאפרשא **ביני** מסאבא וביני דכיא ביני חייתא LV 11:47
צורעתא למכתש ניתקא **ביני** מסאבא לביני דכיא הי ככל מה DT 24:8
מדבחא: ותיתן ית כיורא **ביני** משכן זימנא וביני מדבחא EX 40:7
ית כיורא על בסיסיה **ביני** משכן זימנא וביני מדבחא ויהב EX 40:30
וית תלסר דמתבניא **ביני** ניניוה וביני חדיית איהי קרתא GN 10:12
סומכיה תלת אצבעתא **ביני** סיטרי שמייא למוי דאוקינוס GN 1:7
עברו קדמי וניפש תשוון **ביני** עדרא וביני עדרא: ופקיד ית GN 32:17
למתלין ולתינויין **ביני** עממיא דיבדר יתכון ייי לתמן: DT 28:37
ותשתותרון בעם קליל **ביני** עממיא דידבר ייי יתכון תמן DT 4:27
דשריין בה: ויתכון אדרי **ביני** עממיא ואיגרי בתריכון עם LV 26:33
בעלי דבביכון: ותיבידון **ביני** עממיא ותגמר יתכון במותנא LV 26:38
ויבדר ייי יתכון **ביני** עממיא ותשתותרון בעם קליל DT 4:27
מן בגלל דלא יטעון **ביני** עממיא כענא דטען ולית להון NU 27:17
דמצרים וגבורן דעבד לנא **ביני** עממייא דעברתון: וחמיתון ית DT 29:15
ושוי מהלך תלתא יומין **ביני** עניה וביני יעקב ויעקב רעי ית GN 30:36
מילין ומן בגלל בבו דהוה **ביני** עשו וביני יעקב אתא ואגח EX 17:8
דקיימית עם אברהם **ביני** פסגיא אדכור וארעא דישראל LV 26:42
עמיה בחמיסר בניסן **ביני** פסוגייא עד יומא דנפקו EX 12:40
עלם לדריכון: ולאפרשא **ביני** קודשא וביני חולא וביני LV 10:10
ותפריש פרגודא לכון **ביני** קודשא וביני קודש קודשיא: EX 26:33
לארע דרומא ויתיב **ביני** ריקם וביני חגרא ואיתותב GN 20:1
בני יהודה וחולק חד **ביני** שאר שבטיא ביעקב ואבדר GN 49:7
ללוי במיעלהון במצרים **ביני** שוריא וילידת לעמרם ית אהרן NU 26:59
במעלהון למצרים **ביני** שוריא סכום כל נפשתא לבית GN 46:27
בני ישראל ניכסת פיסחא **ביני** שימשתא בזימניה: בארביסר NU 9:2

בארביסר יומין לירחא **ביני** שימשתא במדברא דסיני ככל NU 9:5
והא דיכרא חד דאיתברי **ביני** שימשתא דשכלול עלמא GN 22:13
אימרא תיניינא תעביד **ביני** שימשתא הי כמנחת צפרא והי EX 29:41
ית חוטרא דאיתבריאת **ביני** שימשתא וחקיין ומפרש עלה EX 2:21
קהל כנישתא דישראל **ביני** שימשתא: ויסבון מן אדמא EX 12:6
ועישרתי עיסקין דברא **ביני** שימשתא ונח ביומא שביעאה GN 2:2
פיסחא קדם ייי אלקכון **ביני** שימשתא ועאן ותורי למחר DT 16:2
אימרא תיניינא תעביד **ביני** שימשתא: ועשרונא סמידא EX 29:39
דאייר בארביסר יומא **ביני** שימשתא יעבדון יתיה על NU 9:11
אהרן ית בוציניא **ביני** שימשתא יקטירנה קטורת EX 30:8
וית אימר תיניין תעבד **ביני** שימשתא למכפרא על חובי NU 28:4
עלמא במעלי שבתא **ביני** שימשתא מנא ובירא וחוטרא NU 22:28
ייי: וית אימר תניין תעביד **ביני** שמשתא הי כדורונא דצפרא NU 28:8
בעני בזימניא והוא מרבע **ביני** תחומי אחוי: וחמא נייחא GN 49:14
ותריסר תורין עגלתא **ביני** תרין אמרכלין ותורא לחד ולא NU 7:3
מקף על פמיה דיפריש **ביניה** ובין סובתא מסאב הוא NU 19:15
הוה מנשה למתורגמן **ביניהום**: וחזר מלוותהון ובכא ותב GN 42:23
דכנענאי די אנא יתיב **ביניהון**: אלהין לארעי ולילדותי GN 24:3
מלכא משיחא מיבבא **ביניהון**: אלקא דיפרק ואפיק יתהון NU 23:21
לכל אתוותא דעבדית **ביניהון**: אמחי יתהון במחתא NU 14:11
לאשראה שכינתיה **ביניהון** אנא הוא ייי אלקהון: EX 29:46
וחולקא לא יהוי לך **ביניהון** אנא חלקך ואחסנתך בגו בני NU 18:20
ולגייוריא דמתגיירין **ביניהון** ארום לעמא אירע בשלותא: NU 15:26
כל עמא דאנת שרי **ביניהון** ביומא ההוא ית עובדא דייי EX 34:10
איקר שכינתי שריא **ביניהון**: דא גזירת אחויית דובנא ומן LV 15:31
דמתגיירין למיתב **ביניהון** די ייכול כל אדמא ואתן LV 17:10
ריגליין עמא דאנא שרי **ביניהון** ואנת אמרת ביסרא איתן NU 11:21
עממיא דהינון עללין תמן **ביניהון** וישבקון דחלתי וישנון ית DT 31:16
בכל פרישוותיי דאעבד **ביניהון** ומבתר כן יפטור יתכון: EX 3:20
דאבהתהון לא אתמנין **ביניהון**: ומליל ייי עם משה למימר: NU 1:47
לשוואה אתוותיי איליין **ביניהון**: ומן בגלל דתתני במשמעי EX 10:1
ולגייורא די מתגייר **ביניהון**: ועבדו כל בני ישראל היכמא EX 12:49
דשכינת קודשי שריא **ביניהון**: ועבדו כן בני ישראל ופטרו NU 5:3
ואשרי איקר שכינתך **ביניהון** ורחים ית ריבוותא דבית NU 10:36
יתהון דפולחנא נוכראה **ביניהון** חדא בליביה ואמר לבלק NU 23:1
מוקדשא ואשרי שכינתי **ביניהון**: ככל מה דאנא מחמי יתך ית EX 25:8
ולגייורייא דיתגיירון **ביניהון** לקיים עלם: דיקרב NU 19:10
בארעהון ולא משרי **ביניהון** פלחי פולחנא נוכראה: DT 32:12
ייי: וגיורייא דאתכנשו **ביניהון** שאילו שאילתא ותבו ובכו NU 11:4
תקנתא עד דייצרכון **ביניהכון** למגלי לאתר דילפון NU 21:29
ולגייורי דמתגיירין **ביניכון** אורייתא חדא יהי לכון ולמן NU 15:29
יתיב וינטור מצוותא **ביניכון** אליפו יתיה אורייתא קבעו DT 23:17
ארום שכינת ייי אלקכון **ביניכון** אלקא רבא ודחילא: ויגלי ייי DT 7:21
יציבא וגיורא דיתגייר **ביניכון**: ארום ביומא הדין יכפר LV 16:29
יציביא וגיוריא דיתגיירון **ביניכון**: ארום ית תועיבתא האיליין LV 18:26
כפיתגמא בישא הדין **ביניכון**: ארום תשמעון בחדא מן DT 13:12
מזרזין עמכון ויחסנון **ביניכון** בארעא דכנען: ואתיבו בני גד NU 32:30
הוא: ארום ישתכח **ביניכון** בחדא מן קורייכון דייי DT 17:2
דיתגיירון למיתב **ביניכון** די יסיק עלתא או ניכסת LV 17:8
דיתגיירון למיתב **ביניכון** די יצוד צידא חייתא או LV 17:13
אלקכון שכינתיה שריא **ביניכון** דילמא יתקוף רוגזא דייי DT 6:15
לית שכינתא דייי שריא **ביניכון** וארונא ומשכנא ועננא יקרא NU 14:42
לטעוותהון ואיגרי בבו **ביניכון** וביני עממיא האינון ולא DT 28:65
דאיקר שכינתיה שריא **ביניכון** ובכיתון קדמוי למימר למא NU 11:20
אבר לפמהון ולא תהי זנו **ביניכון**: וגבר דיתן תשמישיה LV 20:14
ואשרי איקר שכינתי **ביניכון** ויהי מימרי לכון לאלקא LV 26:12
ואיתן שכינת יקרי **ביניכון** ולא ירחק מימרי יתכון: LV 26:11
כפיתגמא בישא הדין **ביניכון**: ולא תיחוס עיניכון נפשא DT 19:20
לית שכינתי מהלכא **ביניכון** ולא תיתברון קדם בעלי DT 1:42
הוא משכן זימנא דמייצע **ביניכון** ומשכניכון דחזור חזור ליה NU 24:5
תועבתא הדא **ביניכון**: ותפקון ית גברא ההוא או DT 17:4
לקורייכון ואיגרי מותנא **ביניכון** ותתמסרון כד מיתין ביד LV 26:25
הא עד זמן דאנא בחיים **ביניכון** יומא דין מסרהבין הויתון DT 31:27
חלנונא: ערלאה דדייר **ביניכון** יסוק עליכון מסוקיין על DT 28:43
דמתגיירין למיתב **ביניכון** לא ייכלון אדמא: וגבר טלי LV 17:12
בכסף שלים יתנינה לי **ביניכון** לאחסנת קבורתא: ועפרן GN 23:9
גייורא או מן דהוא כדון **ביניכון** לדריכון ויעבד קרבן NU 15:14
תועיבתא הדא **ביניכון**: מימחא תימחון ית יתבי DT 13:15
תבצרון מיניה: ארום יקום **ביניכון** נבי שיקרא או מרי חלמא DT 13:2
עלה דילמא יהי לתקלא **בינך**: ארום ית איגוריהון תתרעון EX 34:12
כל יומי חייך: ודבבו אישוי **בינך** ובין איתתא בין זרעית בנך ובין GN 3:15
ואלקי דנחור ידינון **בינן** ביננא אלקיה דאבוהון וקיים GN 31:53
דהות בינן ומבכין תהי **בינן** ובינך ונגזור קים עמך: אם תעבד GN 26:28
אתא דין לאיתותבא **בינן** והא איתעביד דיינא ודאין GN 19:9

כדון מומתא דהות **בינן** ומבכין תהי בינן ובינך ונגזור GN 26:28
איקר שכינתא דייי שריא **בינגא** אין לא: ואתא עמלק מארע EX 17:7
ואלקי דנחור ידינון בינן **בינגא** אלקיה דאבוהון וקיים יעקב GN 31:53
תהך כדון שכינת יקרך ייי **בינגא** ארום עם קשי קדל הוא EX 34:9
ריבוננא רב קדם ייי את **בינגא** בשפר קיברנא קבר ית מיתך GN 23:6
חורנא דהכין הווה תנאה **בינתיהון** למיהוי מלכין לפירקין NU 22:4
דישראל למדברא דסין **דבין** אילים ובין סיני בחמיסר יומין EX 16:1
בעננא: ודכירנא ית קיימי **דבין** מימרי וביניכון ובין כל נפשת GN 9:15
להון הוא אתרא דטניס **דביני** מגדול וביני ימא קדם טעות EX 14:2
ית קנאתי וקטל חייבא **דביניהון** ואמטוליה לא שיציית ית NU 25:11
ולגיורא ולתותביא **דביניהון** יהוויין שית קירוייא NU 35:15
אתון וליואי וגיורי **דביניכון**: ארום תשיצון לעשרא ית DT 26:11
עטרון ית טעוות עממייא **דביניכון** דדברתון מבית טעוות GN 35:2
זידנין מאולפנא דחכימיא **דביניכון** ואטעין ית יתבי קרתיכון DT 13:14
וגיורא ויתמא וארמלתא **דיביניכון** באתרא דיתרעי ייי DT 16:11
חייך: ודבבו אישוי בינך **ובין** איתתא בין זרעית בנך ובין GN 3:15
מואב ממצע בין מואב **ובין** אמוראה ויתבין ביה כומרניא NU 21:13
כען קדמך בין בני אינשא **ובין** בני בעירא: בליעות כף ידך GN 3:18
קיים עלם: בין מימרי **ובין** בני ישראל את היא לעלם EX 31:17
דיהב ייי בין מימריה **ובין** בני ישראל בטוורא דסיני על LV 26:46
ית קימי בין מימרי ובינך **ובין** בנך בתרך לדריהון לקים עלך GN 17:7
בין מימרי וביניכון **ובין** בנך בתרך מיגזר לכון כל דכורא GN 17:10
מכתשא לבין יומא נהירא **ובין** בר נשא מסאבא לבין בר נשא LV 14:57
פלאין בין גיתי דישראל **ובין** גיתי דמצראי ולא ימות מכל EX 9:4
איתתא בין זרעית בנך **ובין** זרעית בנהא ויהי כד יהוון בנהא GN 3:15
לוותי ודיינגא בין גברא **ובין** חבריה ומהודענא להון ית EX 18:16
והא היא יהיבא בין רקם **ובין** חלוצא: וילידת הגר לאברם בר GN 16:14
בין נהורא דימכא **ובין** חשוך ליליא וחמא אלקים GN 1:18
ואפרש אלקים בין נהורא **ובין** חשוכא: וקרא אלקים לנהורא GN 1:4
קרבא דנפקו לחילא **ובין** כל כנישתא: ותפרש נסיבא NU 31:27
דבין מימרי וביניכון **ובין** כל נפשת חיתא בכל ביסרא GN 9:15
עלם בין מימרא דאלקים **ובין** כל נפשת חיתא בכל ביסרא GN 9:16
מקיים בין מימרי וביניכון **ובין** כל נפשת חיתא דעימכון לדרי GN 9:12
ומתכוונן בין למדכייא **ובין** לסאבא: ויחמי כהנא והא חפת LV 13:12
שלמא בין גברא לאחוי **ובין** מאן דמאגר מילי דינין: לא DT 1:16
יתיה בין משכן זימנא **ובין** מדבחא ותיתן תמן מוי: ויסבון EX 30:18
קים דקיימית בין מימרי **ובין** מימר כל ביסרא דעל ארעא: GN 9:17
בין משרייתא דישראל **ובין** משרייתא דמצראי והוה עננא EX 14:20
על פמיה דיפריש ביניה **ובין** סובתא מסאב הוא בגנינא NU 19:15
דסין דבין אילים **ובין** סיני בחמיסר יומין לירחא EX 16:1
לדמיפסלא למיכל **ובין** עופא דמיפסל למיכל LV 20:25
מן אוולא בין ביתאל **ובין** עי: לאתר מדבחא דעבד תמן GN 13:3
בין רעאי גיתיה דאברם **ובין** רעאי גיתיה דלוט דרעאי GN 13:7
תהי מצותא בינא ובינך **ובין** רעוותיי ובין רעוותך ארום GN 13:8
בינא ובינך ובין רעוותיי **ובין** רעוותך ארום גוברין אחין GN 13:8
וידינון כנישתא בין מחיא **ובין** תבע אדמא על סדר דיניא NU 35:24
לסימן קיים בין מימרי **וביני** ארעא: ויהי כד אפרוס ענני GN 9:13
אדם סאוב לאדם דכי **וביני** דיני נפשתא לדיני ממונא ביני DT 17:8
לאפרשא ביני מסאבא **וביני** דכיא ביני חייתא דמיכשרא LV 11:47
וביני חולא וביני מסאבא **וביני** דכיא: ולאלפא ית בני ישראל LV 10:10
דרומא ויתיב ביני ריקם **וביני** חגרא ואיתותב בגרר: ואמר GN 20:1
דמתבניא ביני ניניוה **וביני** חדיית איהי קרתא רבתי: GN 10:12
ולאפרשא ביני קודשא **וביני** חולא וביני מסאבא וביני דכיא: LV 10:10
במחתייתא ביני מיתיא **וביני** חייא ואתכליית מותנא: והוו NU 17:13
דמיכשרא לאיתאכלא **וביני** חייתא דלא מיכשרא LV 11:47
דטניס דביני מגדול **וביני** ימא קדם טעות צפון EX 14:2
בגלל בבו דהוה ביני עשו **וביני** יעקב אתא ואגח קרבא עם EX 17:8
תלתא יומין ביני עניה **וביני** יעקב ויעקב רעי ית ענא דלבן GN 30:36
דיפריש ייי בין מצראי **וביני** ישראל: ויחתון כל עבדך אליין EX 11:7
לאפרשא ביני יממא **וביני** ליליא ויהון לסימנין ולזמני GN 1:14
בסיסיה ביני משכן זימנא **וביני** מדבחא ויהב תמן מיין חיין EX 40:30
כיורא ביני משכן זימנא **וביני** מדבחא ותיתן תמן מוי מטול EX 40:7
מייא דמלרע לרקיעא **וביני** מייא דלעיל בקובתא דרקיעא GN 1:7
ביני קודשא וביני חולא **וביני** מסאבא וביני דכיא: ולאלפא LV 10:10
וניפש תשוון ביני עדרא **וביני** עדרא: ופקיד ית קמא למימר GN 32:17
ואיגרי בבו ביניכון **וביני** עממיא האינון ולא תנוחון ולא DT 28:65
פרגודא לכון ביני קודשא **וביני** קודש קודשיא: ותיתן ית EX 26:33
תדירא עד ארבע שעין **וביני** שימשתא יקרבון אימר תניין GN 49:27
כנישתא כולהון קדישין **וביניהון** שריא שכינתא דייי ומה דין NU 16:3
קאים בין מימריה דייי **וביניכון** בעידנא ההיא למיתניא DT 5:5
קימי דתיטרון בין מימרי **וביניכון** ובין בנך בתרך מיגזר לכון GN 17:10
דאנא מקיים בין מימרי **וביניכון** ובין כל נפשת חיתא GN 9:12
ית קיימי דבין מימרי **וביניכון** ובין כל נפשת חיתא בכל GN 9:15
ויהי לאת קים בין מימרי **וביניכון**: ובר תמניא יומין יגזר לכום GN 17:11
ארום את הוא בין מימרי **וביניכון** למידוע ארום אנא הוא ייי EX 31:13
מימרא דייי סהיד בינא **ובינך**: ואמר לבן ליעקב הא אוגר GN 31:50
ואיתן קימי בין מימרי **ובינך** ואסגי יתך לחדא לחדא: ועל GN 17:2
ית קימי בין מימרי **ובינך** ובין בנך בתרך לדריהון לקים GN 17:7
לא כען תהי מצותא בינא **ובינך** ובין רעוותיי ובין רעוותך GN 13:8
בינן ומבכין תהי בינן **ובינך** ונגזור קים עמך: אם תעבד GN 26:28
ואנת ויהי לסהיד בינא **ובינך**: ונסיב יעקב אבנא וזקפא GN 31:44
ויפרוש שלמיה בינא **ובינך** ותתמלי ארעא מינן ולא GN 16:5
לבן אוגר הדין סהיד בינא **ובינך** יומא דין בגין כן קרא שמיה GN 31:48
מאה סילעין דכסף בינא **ובינך** מה היא וית מיתך קבר: וקביל GN 23:15
והא קמא דאקימית בינא **ובינך**: סהיד אוגר הדין וסהידא קמא GN 31:51
די אמר יסתכי ייי בנא **ובנך** ארום ניטמר גבר מן חבריה: אין GN 31:49
ויעלי כהנא יתה בין טב **לבין** ביש היכמה דיעלי כהנא LV 27:12
ייי ויעליניה כהנא בין טב **לבין** ביש היכמה דמעלן כהנא LV 27:14
ובין בר נשא מסאבא **לבין** בר נשא דכיא דא תהוי גזירת LV 14:57
בין טירת עינוותא **לבין** דרמשק דין יהוי לכון תחום NU 34:9
למיחמי ביה מכתשא **לבין** יומא נהירא ובין בר נשא LV 14:57
ניתקא ביני מסאבא **לביני** דכיא הי ככל מה דילפון יתכון DT 24:8
ויהי מפרש ביני מוי עלאי **לביני** מוי תתאי: ועבד אלקים ית GN 1:6
עימך מעילוי כפורתא **מבין** תרין כרוביא דעל ארונא EX 25:22
דעל ארונא דסהדותא **מבין** תרין כרוביא ומתמן הוה NU 7:89
דמלילו: נביא אקים להון **מביני** אחוהון דרוח קודשא ביה DT 18:18
ית עמא בית ישראל **מביני** עמיא וכולהון קרא לילי נטיר EX 12:42
מעילויכון ודברית יתכון **מביניהון** בני חרי והלכית יתכון LV 26:13
בחילך ית עמא הדין **מביניהון**: ויימרון בחדווא ליתבי NU 14:13
ית בני ישראל פריקין **מביניהון**: ועבד משה ואהרן היכמא EX 7:5
ותפלון עביד דביש **מביניכון**: ארום אין משתכח גבר DT 22:21
בה ותפלון עבדי בישתא **מביניכון**: ארום יטעינך מילכא DT 13:6
ותפלון עביד דביש **מביניכון**: ארום יתפרש מנכון DT 17:7
תפלון משדי דם זכאיי **מביניכון** ארום תעבדון דכשר קדם DT 21:9
דאיסלק שכינת יקרי **מביניכון** ברם לא יהי יקרי שרי EX 33:3
ותפלון עביד דביש **מביניכון**: ואין בברא ישכח גברא ית DT 22:24
וימות ותפלון עביד דביש **מביניכון** וכל ישראל ישמעון DT 21:21
ותפלון עבדי דביש **מביניכון**: ורשיעיא דמשתיירין DT 19:19
דלא יסליק שכינתיה **מביניכון**: לא תימסור ערלאה ביד DT 23:15
לכון ייי אלקכון: נבייא **מביניכון** מן אחוכון דדמי לי ברוח DT 18:15
ותפלי עביד דביש **מבינך**: אסתמרו דלא למקטוע DT 24:7
מן כל בר עממין דלא **מבינך** הוא: מן דהוא גזיר יגזר GN 17:12
איסליק איקר שכינתי **מבינך** ואישיצינך וכדון אעדי תיקון EX 33:5
פעור שיצייה ייי אלקך **מבינך**: ואתון דדבקתון בדחלתא DT 4:3
באורייתא והינון **מתבוננין** מה יהי עתיד למהוי DT 32:29

בין (1)

אידכרו מן יומת עלמא **אתבוננו** בשנהון דכל דר ודר קרון DT 32:7

בין (1)

משה בחכמת דעתיה **ואיתבונן** בכל דר ודר והא לא קאים EX 2:12

ביסא (1)

למיתעלא בנורא **לביסיא** קדירתא שפודיא. NU 31:23

ביסתרק (1)

ובורלין מיתקנא **בביסתרקי** מילת וסובנין דארגוון DT 34:6

ביעא (4)

שערא למחוור כקרם **ביעתא** ורושם בישרא חייא בשומא: LV 13:10
או על ארעא גוזלין או **בעיין** ואימא רביעא עילוי גוזלין או DT 22:6
עילוי גוזלין או עילוי **בעיין** לא תיסב אימא מעל בניא: DT 22:6
והא ורמת חלבונא **דביעתא** בדרגשא וקרת לאינשי GN 39:14

ביר (51)

ואיסתלק מתמן וחפס **ביר** אוחרי ולא נצו עלה הי כקדמאי GN 26:22
עלה עימיה: וחפסו **ביר** אוחרי נצו אוף עלה ויבשת ותו GN 26:21
נחלא ואשכחו תמן **ביר** מוי נבעין: ונצו רעוותא דיגרר GN 26:19
בני מדינחא: וחמא והא **בירא** בחקלא והא תמן תלתא GN 29:2
ומגלגלין לה מעילוי פם **בירא** גלגל יתא כחדא מן דרעוי GN 28:10
חזוא: בגין כן קרא לבירא **בירא** דאיתגלי עלה חי וקיים והא GN 16:14
ישראל קדם ייי על עיסק **בירא** דאיתגנזת ואתקדש בהון NU 20:13
בזמן דאתכסיית והדרת **בירא** דאיתיהיבת להום בזכותא NU 21:17
להון בירא היא **בירא** דאמר ייי למשה כנוש ית עמא NU 21:16
יצחק ותנו ליה על עיסק **בירא** דחפסו ואמרו ליה אשכחנא GN 26:32
מזמרין לה והיא סלקא: **בירא** דחפרו יתה אבהת עלמא NU 21:18
עם אבימלך על עיסק **בירא** דמיא דאנסו ליה עבדי GN 21:25
ייי ית עינהא ואיתגלי לה **בירא** דמיא ואזלת ומלת ית קרווה GN 21:19
לסהדו ארום חפירית ית **בירא** הדא: בגין קרא לבירא ההוא GN 21:30
רביעין עלה ארום מן **בירא** ההיא משקן עדריא ואבנא GN 29:2
דמרים סוקי בירא סוקי **בירא** הוון מזמרין לה והיא סלקא: NU 21:17
ומתמן איתיהיבת להון **בירא** היא בירא דאמר ייי למשה NU 21:16
מן אדרעוי מעילוי פם **בירא** וטפת בירא וסליקו מיא GN 29:10
וחפסו תמן עבדי יצחק **בירא**: וכד נפק יצחק מגרר איתיבשן GN 26:25

יעקב קמו רעייא על **בירא** ולא אשכחו מיא ואמתינו GN 31:22
כד שכיבת איתגניזת **בירא** ולא הוו מוי לכנישתא NU 20:2
דמדין ויתיב עילוי **בירא:** ולאוניס דמדין שבע בנתא EX 2:15
ית אבנא מעל פם **בירא** ומשקן ית ענא ומתיבין ית GN 29:3
רבתא מחתא על פם **בירא:** ומתכנשין תמן כל עדריא GN 29:2
ית אבנא מעל פם **בירא** ונשקי ענא: עד דהוא ממלל GN 29:8
מעילוי פם בירא וטפת **בירא** וסליקו מיא לאנפוי ואשקי ית GN 29:10
ניסא רביעאה דטפת **בירא** וסליקו מיא לאנפוי והות GN 28:10
נדרית אבנא והיך טפת **בירא** וסליקת לאנפוי ורהט GN 29:13
דמרים איתיהיבת **בירא** כד שכיבת איתגניזת בירא NU 20:2
ומתיבין ית אבנא על פם **בירא** לאתרא: ואמר להום יעקב GN 29:3
בזכותא דמרים סוקי **בירא** סוקי בירא הוון מזמרין לה NU 21:17
אוף תמן אתכסיית מנהון **בירא** על דשבקו פתגמי אורייתא NU 33:46
ישראל נטלו מן כופרני **בירי** בני יעקן למוסרה תמן אגח DT 10:6
נפק יצחק מגרר איתיבשן **ביריהון** ואילניהון לא עבדו פירין GN 26:26
חמשא: ומישר פרדסיא **בירין** בירין מליין חימרא וערקו GN 14:10
יתיה פלישתאי: וכל **בירין** דחפסו עבדי אבוי ביומי GN 26:15
ומישר פרדסיא בירין **בירין** מליין חימרא וערקו מלכא GN 14:10
תמן: ותב יצחק וחפס ית **בירן** דמוי די חפסו עבדי אבוי ביומי GN 26:18
נפקתא מן ארען יבישו **בירן** ואילננא לא עבדו פירין GN 26:28
שנין דאתא יעקב לגבן **בירן** לא חסרו ובית שקיותן סגו GN 29:22
דשם רבא מעלנא **דבירא** דאיתגלי עלוי חי וקים דחמי GN 24:62
ונבעת וקרא שמא **דבירא** עסק ארום אתעסקו עלה GN 26:20
לישראל דיהב להון מנא **ובירא** ודי שיזבינון מן ידא דמצראי: EX 18:9
ביני שימשתא מנא **ובירא** וחוטרא דמשה ושמירא NU 22:28
ועננא יקרא ומשכנא **ובירא** לא זייעין ולא נטלין עד זמן NU 12:16
דלא עסקת למימלי **ובירין** פסילין דלא לעית למיפסל DT 6:11
בתר חזוא: בגין כן קרא **לבירא** בירא דאיתגלי עלה חי GN 16:14
בריה ויתיב יצחק סמיך **לבירא** דאתגלי עלוי יקר חי וקיים GN 25:11
גמליא מברא לקרתא **לבירא** דמיא לעידן רמשא לעידן GN 24:11
ית בירא הדא: בגין קרא **לבירא** ההוא בירא דשבע חורפן GN 21:31
בית שקתי ורהטת תוב **לבירא** למימלי ומלת לכל גמלוי: GN 24:20

בירלא (10)

ודליין מתמן ית אבני **בורלוות** חלא וית אבני אשלמותא EX 35:27
ותיסב ית תרתין מרגליין **דבורלא** ותיגלוף עליהון שמהת בני EX 28:9
ולקטרת בוסמיא: מרגליין **דבורלין** הינון ומרגליין דאשלמותא EX 35:9
תמן בידלחא ואבנין טבין **דבורלין:** ושום נהרא תניינא גיחון GN 2:12
משה: ועבדו ית מרגלוון **דבורלתא** חלא משקען מרמצן EX 39:6
דקטרת בוסמיא: מרגליין **דבירולין** הינון מרגליין דאשלמותא EX 25:7
מקבעא בוורדין וסנדלכין **ובורלין** מיתקנא בביסתרקי מילת DT 34:6
רביעאה כרום ימא רבא **ובורלת** חלא ומרגנית אפנטורין EX 39:13
דבחושנא כרום ימא **ובירלוות** חלא ואפנטור וביה חקיק NU 2:25
רביעאה כרום ימא רבא **ובירליוות** חלא ומרגניית אפנטורין EX 28:20

בירנית (1)

ארום יזבון בית מותבא **בבירנין** דמפקן שור ויהי פורקניה LV 25:29

בית (677)

והוה באורחא בבית **אבתותא** וארע ביה מלאכא דייי EX 4:24
הוא ולא קטל יתיה ויהבי **בבי** אסירי אתר דאסירי מלכא GN 39:20
מלכא אסירין והוה תמן **בבי** אסירי: והוה מימרא דייי GN 39:20
מילכא קשיטא ויקום **בבי** דינא ויימר בלישן בית קודשא DT 25:8
לופום כן צרכית למשמע **בבי** דינא למן הינון סיטומתא GN 38:25
אספסתא לחמריה **בבי** מבתותא וחמא ית כספיה והא GN 42:27
שלים בעובדוי משמש **בבי** מדרשא דעבר תבע אולפן מן GN 25:27
ופירוג דכלב לקרבא **בבי** מוקדשא דייי אלקכון לכל DT 23:19
קמא תהי מסדרא **בבי** מוקדשא דייי ויהון דריא פלחין GN 28:22
אתון אחוכון חד יתאסר **בבי** מערתכון ואתון איזילו אובלו GN 42:19
אימיה וראש דהוא ריש **בבית** אבוי מופים דאזדבן במוף GN 46:21
אית לנא חולק ואחסנא **בבית** אבונא: הלא נוכריתא GN 31:14
ברך בוכרך: והוה באורחא **בבית** אבתותא וארע ביה מלאכא EX 4:24
והוו קיימין על את **בבית** אולפנא הינון לוחי סהדותא EX 40:20
יהושע בר נון דמשמש **בבית** אולפנך הוא ייעול לתמן יתיה DT 1:38
דאסרת על נפשה **בבית** איבה ולא בטיל איבה עד לא NU 30:7
ביומי טליותא עד דהיא **בבית** איבהא ולא ביומי טליותה NU 30:17
נדר קדם ייי ותיסר איסר **בבית** איבהא עד תריסר שנין: NU 30:4
ארעא כנענאי ית איבלא **בבית** אידרי דאטד ושריין קמורי GN 50:11
שמעית בגין כן אצנעוהי **בבית** אסירי ארום עד כדון לא NU 15:34
למלכא דמצרים דאסירין **בבית** אסירי: ואתא לותהון יוסף GN 40:5
ביש ארום שויאו יתי **בבית** אסירי: וחמא רב נחתומי ארום GN 40:15
דפרזלא הא היא יהיבא **בבית** ארכיון ברבת בני עמון תשע DT 3:11
ואיתן מכתש סגירו **בבית** ארע אחסנתכון: וייתי דדיליה LV 14:34
גיבריה וית מדייניתא **בבית** בהתת תורפה נס רביעאי NU 25:8
ותושיט ידה ותתקיף **בבית** בהתתיה: ותקטעון ית פיסת DT 25:11
קום עלה: ואין עד דהיא **בבית** בעלה ולא בגרת נדרת או NU 30:11
ולא ביומי טליותה והיא **בבית** בעלה: ומליל ייי עם משה NU 30:17

ית גברא בר ישראל **בבית** גיבריה וית מדייניתא בבית NU 25:8
ניתקא מילי פלוגתא **בבית** דינכון ותקומון ותיסקון DT 17:8
ואיתי יוסף ית כספא **בבית** היפתיקא דפרעה: ושלים GN 47:14
להון ית צלותא דיצלון **בבית** כנישתהון וית אורחא EX 18:20
דיריעתא חדא מציטרא **בבית** ליפופה וחמשין ענובין על EX 26:10
דיריעתא חדא מן ציטרה **בבית** ליפופה וכן תעביד באימרה EX 26:4
תעביד באימרה דיריעתא **בבית** ליפופה תניין: חמשין ענובין EX 26:4
על אימרא דיריעתא **בבית** ליפופה תניינא: ותעביד EX 26:10
תלמידיהון חבורן חבורן **בבית** מדרישיהון זיו אפיהון ינהר NU 24:6
לכפרא עלוי: ויכוס טבחא **בבית** מטבחיא ית בר תורי קדם ייי LV 1:5
ושמש יתהום והוו יומין **בבית** מטרא: וחלמו חילמא תריהון GN 40:4
ארום קריב לכון פיתגמא **בבית** מידרשכון פתחו פמכון למהוי DT 30:14
בגין כן אצנעו יתיה **בבית** מיטרא עד זמן דיתפרש להון LV 24:12
ורמתא: וית כרכא תקיפא **בבית** נימרין וית בית הרן קוריי NU 32:36
דילידת ליה אסנת דרבת **בבית** פוטיפרע רבא דטניס: וקרא GN 41:50
ליה אסנת בת דינה ורבת **בבית** פוטיפרע רבא דטניס ית GN 46:20
או בשכיבא במותנא או **בבית** קבורתא וגוללא ודופקא: וידי NU 19:18
לישראל חובתהון מודיק **בבית** קבורתיה דמשה ומתכביש DT 34:6
והוה גבר מצלח והוה **בבית** ריבוניה מצראי: וחמא ריבוניה GN 39:2
בניין: ונטלו מלבנה ושרו **בבית** ריסא: ונטלו מריסה ושרו NU 33:21
דמצרים קדמך היא **בבית** שפר ארעא אותיב ית אבך GN 47:6
אחסנא בארעא דמצרים **בבית** שפר ארעא בארעא דפילוסין GN 47:11
לא הליך פיסיון מכתשא **בביתא** בתר דאיתטש ית ביתא LV 14:48
ליה מסר בידי: ליתיה רב **בביתא** הדין מיני ולא מנע מיני GN 39:9
אינש מאינשי ביתא תמן **בביתא:** ואחדתיה בלבושיה למימר GN 39:11
עשו ואישתארו גבה **בביתא** ואלבשת ית יעקב ברא GN 27:15
דייי בכל מה דאית ליה **בביתא** ובחקלא: ושבק כל דאית GN 39:5
הי כמכתשא איתחמי לי **בביתא:** ויפקד כהנא ויפנון ית ביתא LV 14:35
לא ידע עימי מדעם מה **בביתא** וכל דאית ליה מסר בידי: GN 39:8
יצבע ית לבושוי ודיכול **בביתא** יצבע ית לבושוי: ואין מיעל LV 14:47
עד רמשא: ודישכוב **בביתא** יצבע ית לבושוי ודיכול LV 14:47
ואין יתוב מכתשא ויסגי **בביתא** מן בתר דשמיטו ית אבניא LV 14:43
סגירות מחלטא היא **בביתא** מסאב הוא: ויפכרון ית ביתא LV 14:44
והא הליך פיסיון מכתשא **בביתא** סגירות מחלטא היא בביתא LV 14:44
ארום כעיסת אפין הות **בביתיה** דיהודה ולא הוה יהודה GN 38:15
כל מידעם ביש פני יהי **בביתיה** שתא חדא ויחד עם DT 24:5
חובת אדם דקטול **בביתך** דילמא יפול דין דחמי DT 22:8
עורדעניא ויסקון ויעלון **בביתך** ובקיטון בי דמכך ועילוי EX 7:28
דאהניית לך מדעלית **בביתך** וכדון אימת אעביד אוף אנא GN 30:30
ותטבלינה ותגיירינה **בביתך** ותיבכי על טעוות בית איבה DT 21:13
לקיים עלם כל דידכי **בביתך** ייכול ייתיה: כל טוב משח NU 18:11
ייי דילך יהי כל דדכי **בביתך** ייכלוניה: כל דמגמר בישראל NU 18:13
מיני: דנן לי עשרין שנין **בביתך** פלחתך ארבסרי שנין בגין GN 31:41
ישראל שריין לשיבטיהון **בבתי** מדרישיהון ולא הוון תרעיהון NU 24:2
ביומא בשבתא ויערבון **בבתיא** וישתתפון בדרתיהון בגין EX 16:5
ודהב דיהיבין עימהון **בבתייא** אחוין דשין בתריהון דלא DT 29:16
לא תיכסון עד דחמיע **בבתיכון** אדם ניכסת פיסחי ולא EX 23:18
יומין חמיר לא ישתכח **בבתיכון** ארום כל מאן דייכול EX 12:19
הגיין בהון במותביכון **בבתיכון** בזמן מיעסוקכון DT 6:7
מזבין בהון: לא יהוי לכון **בבתיכון** מכלן רברבן למהוי זבין DT 25:14
למגרסא בהון במיתביכון **בבתיכון** עם חיתונכון ובמהככון DT 11:19
מסתכל פלחי טעוותא **בדבית** יעקב ולא מתקיימין עבדי NU 23:21
לא קאים נטורי נחשין **בדבית** יעקב ולא קסומי קוסמין NU 23:23
אומיא דאגיחו קרבא **בדבית** ישראל הינון דבית עמלק NU 24:20
עבדי ליעות שקר **בדבית** ישראל מימרא דייי אלקהון NU 23:21
במימריה יגיח קרבא **בדבית** עמלק וישיצי יתהון לתלתי EX 17:16
עליהון יגיח קרבא **בדבית** עמלק ויתרודם על אגג NU 24:7
ומן מישתיא ומן הניית **בי** בני ותמרוקא ומסנא ותשמיש LV 16:29
ומשיתיא והניית **בי** בני ותמרוקין ותשמיש ערסא LV 23:27
מלכיא דאשתביין והינון **בי** גובא מתמשכנין ביד פרעה ועל EX 12:29
ותובו מתרע סנדרי לתרע **בי** דינא במשריתא ובעו מן קדם ייי EX 32:27
חכימי קרתא לתרע **בי** דינא דבאתריה: ויימרון לחכימי DT 21:19
ותפקון ית תריהון לתרע **בי** דינא דבקרתא ההיא ותאטלון DT 22:24
לוות חכימי קרתא לתרע **בי** דינא: ויימר אבוהא דעולימתא DT 22:15
לה ספר תירוכין קדם **בי** דינא ויתן ברשותא וישיל יתה DT 24:1
יקטול תבע אדמא או **בי** דינא ית קטולא וסהיד חד לא NU 35:30
תמן וסלקין עלוי ואחדין **בי** דינא יתיה ודיינין יתיה: ואתון DT 21:8
ותיסק יבימתיה לתרע **בי** דינא קדם חמשא חכימין ויהון DT 25:7
לקטילא מתחשדא וסבי **בי** דינא רבא מפטרין ויסבון חכימי DT 21:3
דעמא הדין על אתר **בי** דינהון ייתון בשלם: וקבל משה EX 18:23
ויעלון בביתך ובקיטון **בי** דמכך ועילוי דרגשך ובבית עבדך EX 7:28
דעתידא מתקרבא בטוור **בי** מוקדשא דאיתקרי חקיל דבריך GN 27:27
ירחי שתא ובנא ליה **בי** מידרשא ולגיתוי עבד מטלן בגין GN 33:17
וטוורי ליבנן הינון טוורי **בי** מקדשא מן נהרא רבא נהרא פרת DT 11:24

עבדוי ויהב יתיה דמטרא **בי** רב ספוקלטוריא יתיה וית רב GN 41:10
ויהב יתהום במטרא **בי** רב ספוקלטוריא לבית אסירי GN 40:3
וידכי ברם אין איטימוס **בייתא** למילקי תוב בצורעא תייבא LV 14:53
זקיק לפרנסא אינשי **בייתי:** ואמר מה איתן לך ואמר GN 30:30
למנדוע מך הווי בסוף **בייתיה** דאיבה דהיא הוות מבנתהון GN 19:26
הוא ייכול ביה ומרבייני **בייתיה** הינון ייכלון בלחמיה: וברת LV 22:11
מיליא עלוי ועל אינש **בייתיה** ויכוס ית תורא דחטאתא LV 16:11
בריה וית כל מרבייני **בייתיה** וית כל זביני כספיה כל GN 17:23
ומנייה אפוטרופוס על **בייתיה** וכל דאית ליה מסר בידיה: GN 39:4
כל עבדוי דפרעה סבי **בייתיה** וכל סבי ארעא דמצרים: וכל GN 50:7
אחוך: ואמר יעקב לאינשי **בייתיה** ולכל דעימיה עטרון ית GN 35:2
דמנייה אפוטרופוס על **בייתיה** ועל כל דאית ליה ובריך ייי GN 39:5
חכימתיה ותכנשיניה לגו **בייתך** ויהי מתפרנס גבך עד זמן DT 22:2
ית כל מנאיי מה מכל מני **בייתך** שוי כדון דינך קבל אחיי GN 31:37
שיתא אלפין ומאתן: ורב **בית** אבא דהוה מתמני על גניסת NU 3:35
דמשכנא דרומא: ורב **בית** אבא דהוה מתמני על גניסתא NU 3:30
ישרון מערבא: ורב **בית** אבא דהוה מתמני על תרתין NU 3:24
תריסר תורא לרב **בית** אבא דיכרא דיכרין תריסר NU 7:87
והכדין עתיד למתקוף **בית** אבא הכא בסיגופיהום: ושלימן GN 41:52
ייי ית כל ליאותי וית כל **בית** אבא: וית שום תניין קרא GN 41:51
בשמי מרומא דדברני מן **בית** אבא ומן ארע ילדותי ודמליל GN 24:7
ביומא חמישאה קריב רב **בית** אבא לבית שמעון שלומיאל NU 7:36
ביומא שביעאה קריב רב **בית** אבא לבני אפרים אלישמע בר NU 7:48
ביומא חדסר קריב רב **בית** אבא לבני אשר פגעיאל בר NU 7:72
ביומא תשיעאה קריב רב **בית** אבא לבני בנימין אבידן בר NU 7:60
ביומא שתיתאה קריב רב **בית** אבא לבני גד אליסף בר דעואל: NU 7:42
ביומא עשיראה קריב רב **בית** אבא לבני דן אחיעזר בר עמי NU 7:66
ביומא תליתאה קריב רב **בית** אבא לבני זבולון אליאב בר NU 7:24
ביומא תמינאה קריב רב **בית** אבא לבני מנשה גמליאל בר NU 7:54
תריסר יומא קריב רב **בית** אבא לבני נפתלי אחירע בר NU 7:78
ביומא רביעאה קריב רב **בית** אבא לבני ראובן אליצור בר NU 7:30
זמרי בר סלוא רב **בית** אבא לשיבט שמעון: ושום NU 25:14
נחשון בר עמינדב רב **בית** אבא לשיבטא דיהודה: וקרבניה NU 7:12
נתנאל בר צוער רב **בית** אבא לשיבטא דיששכר: קריב NU 7:18
דמצרים: אילין רישי **בית** אבהתהון בנוי דראובן בוכרא EX 6:14
אמרכליא דישראל רישי **בית** אבהתהון הינון רברבי שבטיא NU 7:2
ארום חוטרא חד לריש **בית** אבהתהון: ותצנעינון במשכן NU 17:18
למטעי בזני עד דהיא עם **בית** אבוהא וזניית בנורא תיתוקד: LV 21:9
ית עולימתא לתרע **בית** אבוהא ויאטלונה אינשי קרתא DT 22:21
ואזלת תמר ויתיבת **בית** אבוהא: וסגו יומיא ומיתת ברת GN 38:11
למפקא שום דזנו על **בית** אבוהא ותפלון עביד דביש DT 22:21
ית אבוי וית אחוי וית כל **בית** אבוי לחמא לפום למצטריך GN 47:12
כלתיה תיבי ארמלא **בית** אבוייך עד דירבי שלה ברי GN 38:11
את תני כדון לי האית **בית** אבויך אתר כשר לנא לימבת: GN 24:23
קדם ייי הוה נפיק למשכן **בית** אולפנא דמברא למשריתא EX 33:7
אמין והוה קרי ליה משכן **בית** אולפנא והוי כל מאן דהדר EX 33:7
ואתא משה מן משכן **בית** אולפנא ומליל ית כל פיתגמי DT 32:44
להון: ואזל משה למשכן **בית** אולפנא ומליל ית פיתגמיא DT 31:1
לשלם ואתו למשכן **בית** אולפנא: ותני משה לחמוי ית EX 18:7
קוריין תלילין לשום **בית** אוצרוי דפרעה ית טאנוס וית EX 1:11
באורח תקנא דברני ייי **בית** אחוי דריבוני:: ולרבקה אחא GN 24:27
לברי מן יחוסי ומגניסת **בית** איבא: בכין תזדכי ממומתי אין GN 24:40
בביתך ותיבכי על טעוות **בית** איבה ואימה ותשהי תלת DT 21:13
סגיאה לחדא: ואתו עד **בית** אידרי דאטד די בעוברא GN 50:10
רב בית אסירי: ומני רב **בית** אסירי ביד יוסף ית כל GN 39:22
פרעה ותהנפיקינני מן **בית** אסירי הדין: ארום מיגנב GN 40:14
זימניה דיוסף למיפק מן **בית** אסירי: ומליל רב מזוגייא קדם GN 41:8
ויהב רחמותיה בעיני רב **בית** אסירי: ומני רב בית אסירי ביד GN 39:21
וקרא ית יוסף ודלוגיה מן **בית** אסירי וספר ושני כסותיה ועל GN 41:14
למעבד: לית צרוך לרב **בית** אסירי למנטר ית יוסף כאורח GN 39:23
ובמי מבוע: וידי על **בית** אפוהי דמידכי מן סגירותא LV 14:7
ותאיב משה ית סודרי על **בית** אפוי עד זמן מיעליה למללא EX 34:35
תשוון כליל דיסער על **בית** אפיכון על נפש דמית: ארום עם DT 14:1
מתמן טעות פעור במדור **בית** במסיא וית קרתא דמקפן NU 32:38
מקביל יתהון וקטע **בית** גיבריהון ושדי לעילא ואתון DT 25:18
וכדון סב כדון מאני זינך **בית** גירך וקשתך ופוק לחקלא וצוד GN 27:3
ותינעוץ באודניה ובתרע **בית** דינא ויהי לך עבד פלח עד DT 15:17
בר ישראל ארום קרא **בית** דינא שמיטתא קדם ייי: ית בר DT 15:2
לא יפיס פיתגמיה ברם **בית** דינא שרן ליה ואין לא שרו ליה NU 30:3
בישא הדין לתרע **בית** דיניכון ית גברא או ית אינתתא DT 17:5
למדברא דצוק דהוא **בית** הדורי: ויסובר צפירא עלוי ית LV 16:21
דבמדברא דצוק דהוא **בית** הדורי: ויקרב אהרן ית תורא LV 16:10
תקיפא בבית נימרין וית **בית** הרן קוריי חקרא ודירין דעאן: NU 32:36
דייי באנפי כל ציריה **בית** וולדא לנשיא דבבית אבימלך GN 20:18

דעאן: ובני ראובן בנו ית **בית** חושבני וית מעלת מרא וית NU 32:37
דמלכייא בנא ליה **בית** חתנותא אתקין ליה פוריינא DT 32:50
דבידיהון דדברו מן **בית** טעוות שכם וית קדשייא דהוו GN 35:4
דיממנא אפיטרופוס על **בית** יוסף ומלילו עימיה בתרע GN 43:19
דסיני וקיימא על אתר **בית** יקידתא על מדבח כל ליליא LV 6:2
רמתא דמדיקא כל קבל **בית** ישימון מטול דבטילו פתגמי NU 21:20
רמתא דמדיתא על אנפי **בית** ישימות: ואמר בלעם לבלק בני NU 23:28
אמר משה נביא לעמא **בית** ישראל איזילו בתר פולחנא DT 6:5
דעמי: שבחו אומיא עמיה **בית** ישראל ארום אדם עבדוי DT 32:43
מיטרפין הינון עמא **בית** ישראל בארעא טרד עליהון EX 14:3
ואתחברו עמא **בית** ישראל בבעלא פעור כמסמרא NU 25:3
ארום מטול דלא נייחין **בית** ישראל במצוותא דאורייתא DT 15:11
רשיעא אין קטלין יתי **בית** ישראל בסייפא כבר מבשרנא NU 23:10
קשיין דלא יתקלון עמא **בית** ישראל בפולחנא נוכריאה NU 35:25
דבעא למבלוע ית עמא **בית** ישראל בר בעור דאיטפש NU 22:5
אנא מצלי ואתון עמא **בית** ישראל הבו איקר ורבותא קדם DT 32:3
ושדי לעילא ואתון **בית** ישראל הויתון לעיין ומשלהיין DT 25:18
עתידין למיסק עמא **בית** ישראל: ואמר לאברם מינדע GN 15:12
ומחי מחיתי ית עמא **בית** ישראל ואני אסי יתהון בסוף DT 32:39
מדבר בזכותיה קדם עמא **בית** ישראל וארום אתו ישראל NU 21:1
אשתמודע קנסא לכל **בית** ישראל ואשכחו סהדיא ית NU 15:32
עם עולימהון דֿאחוי **בית** ישראל: ודא בירכתא לשיבטא DT 33:6
למיתן אורייתא לעמיה **בית** ישראל ודנח זיו איקר שכינתיה DT 33:2
וסדרי דינוי אליף לעמיה **בית** ישראל: ולשיבטא דדן בריך DT 33:21
מן בתריה ומדבר עמא **בית** ישראל ומעיל יתהון לארע NU 11:26
למיכמן ולשיצאה עמא **בית** ישראל ומרי עלמא דמן NU 21:14
זימנא וצלו עמא **בית** ישראל ונפקו ובריכו ית עמא LV 9:23
בקדושא על עמיה **בית** ישראל ועימיה ריבו ריבוון DT 33:2
חד מפקין כור חד: ועתרו **בית** ישראל ופחזו אצלחו תקוף DT 32:15
בזכותיהון על עמא **בית** ישראל: ותיתן ית מדבחא EX 40:5
דמחזרן חזור חזור לעמא **בית** ישראל ותיתן ית פרסא דתרע EX 40:8
דינא עליכון ואחיכון כל **בית** ישראל יבכון ית יקידתא LV 10:6
וצלי בפמיה על עמא **בית** ישראל יזכון כהניא לתלת NU 25:13
איתקטלא יתקטיל עמא **בית** ישראל יחייבון יתיה אטלות LV 20:2
מודע גבורתיה לעמיה **בית** ישראל ייי שמיה כשמיה כן EX 15:3
ניסין ופרישן לעמיה **בית** ישראל: ימא וארעא הוון EX 15:11
וגברא מלעיל דיחמון כל **בית** ישראל ית חיסודהון נס NU 25:8
בך יוסף ברי יברכון **בית** ישראל ית ינוקא ביומא GN 48:20
בניסן אתקינו עמא **בית** ישראל ית מאניהון וטכיסו ית DT 34:8
ואין מכבש יכבשון עמא **בית** ישראל ית עיניהון מן גברא LV 20:4
בתנא שיזיב וכד שמעו **בית** ישראל ית פיתגמא הדין מפום EX 12:27
ביומא שביעאה: וקרון **בית** ישראל ית שמיה מנא והוא EX 16:31
דמיין דמתגברין כן הינון **בית** ישראל יתבין עדרין עדרין NU 24:6
מטול למחבבא עמיה **בית** ישראל כולהון קרא להון DT 33:3
דחזור חזור ליה **בית** ישראל: כנחלין דמיין דמתגברין NU 24:5
ובכן הוה צווח ואמר עמי **בית** ישראל: לא תעבדון לכון צלם EX 20:3
מצראי ותקיפו על עמא **בית** ישראל לאוחאה למופטורינון EX 12:33
מוקדשא דייי אלקך עמי **בית** ישראל לית אתון רשאין לא EX 23:19
מיניה דעל ידוי עתידין **בית** ישראל למנצחא לגוג EX 40:11
שעבודיא הינון דעתידין **בית** ישראל למשתעבדא ואנת רב GN 40:18
לכפרא על סורחנות עמא **בית** ישראל לשדרא יתיה ליממת LV 16:10
דקליא על ידי אחיהון **בית** ישראל מאתן אלפין גוברין וית DT 34:3
איתגלי למפרוק ית עמא **בית** ישראל מביני עמיא וכולהון EX 12:42
נביא אין נטרין הינון עמא **בית** ישראל מצוותא דאורייתא DT 32:14
אורחא דמשה עבדי בכל **בית** ישראל עמי מהימן הוא: ממלל NU 12:7
יתיה ודיינין יתיה: ואתון **בית** ישראל תפלון משדי דם זכאיי DT 21:9
לכון: לחוד עינוון וגובין **בית** כנישות מיין נבעין יהי דכי ברם LV 11:36
על שיקייאון ועל כל **בית** כנישות מימיהון ויהון דמא EX 7:19
שכינתיה מתגליא על **בית** כפורי: בהדא מידה יהי עליל LV 16:2
דיריעתא בציטרא **בית** לופי וחמשין ענובין עבד על EX 36:17
דיריעתא חדא מסיטרא **בית** לופי כן עבד בשיפתא EX 36:11
מקבל אפוי כל קבל **בית** לופי מעילוי להמיין איפודא: EX 28:27
מלקבל אנפוי כל קבל **בית** לופי מעילוי להמיין אפודא: EX 39:20
עבד בשיפתא דיריעתא **בית** לופי תניינא: חמשין ענובין עבד EX 36:11
תמן באורח אפרת היא **בית** לחם: וחמא ישראל ית בנוי GN 48:7
מן פרתהון ואזלין עד **בית** לישנהון ואכלין לישנהון עם NU 14:37
שנין הוה במיפיקיה מן **בית** מדרשא והוא טלה מתרבי עם GN 37:2
עלמא ובאחסנתיה יתבני **בית** מוקדשא בצפרא יהון כהנייא GN 49:27
בארעא עד דאצתדי **בית** מוקדשא בתראה: וית מליך DT 34:2
וניסבתא תיתון ונבזביית **בית** מוקדשא דמלילתון תיתנון DT 23:24
אזל לחרן: וצלי באתר **בית** מוקדשא ובת תמן ארום טמע GN 28:11
מן חזור חזור ותיבנון **בית** מוקדשא ומבתר כדין תיתבון DT 12:10
אחוי ובכא דחמא דעתיד **בית** מוקדשא למהוי מתבני GN 45:14
ואובילית יתכון לאתר **בית** מוקדשא למעבד תמן פיסחא EX 19:4

ותנצוב יתהון בטור **בית** מוקדשך אתר דמכוון קביל EX 15:17
ואחסינת יתהון טור **בית** מוקדשך מדור בית שכינת EX 15:13
וגבר ארום יזבון **בית** מותבא בבירנין דמפקן שור LV 25:29
ריש אומא דמואב במדין **בית** מותביה הוא: ומליל ייי עם NU 25:15
ויתיב מברא למשכן **בית** מותביה ולא יקרב לציד LV 14:8
כל אילין בנוי דיקטן: והוה **בית** מותבניהון מן מישא מעלך GN 10:30
ממגזתא ושרו בדיבון **בית** מזלא: ונטלו מדיבון בית מזלא NU 33:45
בית מזלא: ונטלו מדיבון **בית** מזלא ושרו בעלמון דבלתימה NU 33:46
לאתר דכי לאתר **בית** מישד קיטמא ויוקד יתיה על LV 4:12
על קיסין בנורא על אתר **בית** מישד קיטמא יתוקד: ואין כל LV 4:12
יומין לאתקנא להון אתר **בית** מישרוי: וענן איקר שכינתא דייי NU 10:33
לאתקנא לכון אתר **בית** מישרוי לאשריותכון בעמודא DT 1:33
עימיה: וקלא אישתמע **בית** מלכותא דפרעה למימר אתו GN 45:16
ובנא להין מימרא דייי **בית** מלכותא ובית כהונתא רבתא: EX 1:21
כל דאית ליה ובריך ייי ית **בית** מצראי בגין זכותיה דיוסף והוה GN 39:5
דין אתר חול ארום אלהן **בית** מקדש לשמיה דייי ודין כשר GN 28:17
יצרין ודבר עפרא מאתר **בית** מקדשא ומארבעת רוחי עלמא GN 2:7
אומין סגיעין לטור **בית** מקדשא יצלון תמן יקרבון DT 33:19
קלרהי וליבנן אתר טוורי **בית** מקדשא עד נהרא רבא נהרא DT 1:7
קדשך אתקינתא ייי **בית** מקדשך ייי תרתין אידייך EX 15:17
דארעא ולמתקנא קדמוי **בית** משרוי בגושנא ואתו לארעא GN 46:28
וישרון בני ישראל גבר על **בית** משרוי וגבר על טקסיה NU 1:52
טורייא לאתקנא להון **בית** משרוי והינון כשית מאה אלפין EX 12:37
כדון לבי מוקדשא דהוא **בית** נייחא ולאחסנת ארעא דייי DT 12:9
ית גובריא לביתא ופרע **בית** ניכסתא וסב גידא נשייא GN 43:16
ארום מפכרא תפכר **בית** סגודהון ותברא תתבר קמתי EX 23:24
טירונייהון וית במסי **בית** סיגדיהון אוקידו בנורא: ושבו NU 31:10
קדמיכון ותספון ית כל **בית** סיגדיהון וית כל צילמי NU 33:52
במצעיהון ולא דחלו **בית** עמלק מן קדם ייי: ויהי כד יניח DT 25:18
לשיבט מנשה כל תחום **בית** פלך טרגונא וכל מתנן ההוא DT 3:13
יתיה בחילתא כלו קבל **בית** פעור דכל אימת דזקיף פעור DT 34:6
מצראי ושמע אינש **בית** פרעה: ואמר יוסף לאחוי אנא GN 45:2
ומליל יוסף עם רבני **בית** פרעה למימר אין בבעו GN 50:4
המן בגלל דלא הות לנא **בית** קבורתא במצרים דברתנא EX 14:11
בית קבורתא היא קמת **בית** קבורתא דרחל עד יומא דין: GN 35:20
ואקים יעקב קמתא על **בית** קבורתא היא קמת בית GN 35:20
היא בירישא: וית **בית** קבורתיה דמשה וית קרתא NU 32:38
ושרו בטוורא עבראי קדם **בית** קבורתיה דמשה: ונטלו מטרי NU 33:47
ויזוחון עיניהון מן **בית** קודש קודשיא בזמן מיקרבהון NU 4:19
שמע הוה יוסף בלישן **בית** קודשא ארום הוה מנשה GN 42:23
מאה סילעין בסילעי **בית** קודשא: בזיכי דדהבא תריסירי NU 7:85
ויעקב קרא ליה בלישן **בית** קודשא גילעד: ואמר לבן אוגר GN 31:47
ותלתין סילעין בסלעי **בית** קודשא הוה מתקלא מזירקא NU 7:19
ותלתין סילעין בסילעי **בית** קודשא הות מתקלא מזירקא NU 7:13
הינא לאימר חד במני **בית** קודשא יתנסך ניסוך חמר NU 28:7
מתקלא דבזיכא בסילעי **בית** קודשא כל קבל עשירתא NU 7:86
בבי דינא ויימר בלישן **בית** קודשא לא רעינא למיסבא: DT 25:8
דאתרא ההוא בלישן **בית** קודשא מחנים: ושדר יעקב GN 32:3
בנימין ארום פומי בלישן **בית** קודשא ממליל עימכון: ותתנון GN 45:12
חמשא סילעין בסילעי **בית** קודשא עשרין מעין הוא: ברם NU 18:16
לסהדין ותימר בלישן **בית** קודשא קדמיהון מסרב יבמי DT 25:7
שובעין סילעין בסילעי **בית** קודשא תרין מאניא האילין NU 7:13
שובעין סילעין בסילעי **בית** קודשא תרין מניא האילין NU 7:19
למישר מפנא הוא **בית** רסא דמלכא: ומלכא צדיקא GN 14:17
אתינא ארום לית אתר **בית** רעיא לענא דלעבדך ארום GN 47:4
מן ארעא דמצראי מן **בית** שיעבוד עבדיא: דבירא תניינא EX 20:2
כרסי יקרך מוזמן קבל **בית** שכינת קדשך אתקינתא ייי EX 15:17
דפקידתני: אודיק ממדור **בית** שכינת קודשך מן שמיא ובריך DT 26:15
טור בית מוקדשך מדור **בית** שכינת קודשך: שמעו אומייא EX 15:13
לא: ונפק משה ממשכן **בית** שכינתא ומליל עם עמא ית NU 11:24
קדישין למקום באתר **בית** שכינתיה וכד הינון נטרין DT 33:3
מארעא דמצרים מן **בית** שעבוד עבדיא: מן קדם ייי DT 6:12
מישר ירדנא ארום כולה **בית** שקייא קדם עד לא חביל ייי GN 13:10
לגינתא למורכיוות **בית** שקתי ורהטת תוב לבירא GN 24:20
ית ביתא וידכי כהנא ית **ביתא** ארום איתסי מכתשא: ויסב LV 14:48
שבע זימנין: וידכי ית **ביתא** באדמא דציפרא חייתא LV 14:52
ומשתכח גבר דבני **ביתא** בחטופין ואיתן מכתש סגירו LV 14:34
מקבר כהנא במיחמי מרי **ביתא:** דא תיהוי גזירת אחויית LV 14:53
יעקב והוא יקיר מכל **ביתא** דאבוי: ואתא חמור ושכם GN 34:19
כל דכורא באינשא **ביתא** דאברהם וגזר ית בישרא GN 17:23
לגברא דלא יבני ית **ביתא** דאחוי: וכל דקיימין תמן DT 25:9
ליה שתא שלמתא ויקום **ביתא** דבקרתא דליה שורין LV 25:30
ולא יחמיד חד מנכון ית **ביתא** דחבריה ולא יחמיד חד מנכון EX 20:17
ארעא דמצרים: וכל אינש **ביתא** דיוסף ואחוי ובית אבוי לחוד GN 50:8

מכתשא כתרין מן אבני **ביתא** דליה ארבע כותלין משקען LV 14:37
רבתא ארום לא הוה תמן **ביתא** דמצראי דלא הוה תמן בכור EX 12:30
פרעה דעימיה במטרת **ביתא** דריבוניה למימר מדין סבר GN 40:7
חורן יסב ויתטש ית **ביתא:** ואין יתוב מכתשא ויסגי LV 14:42
בדדגשא וקרת לאינשי **ביתא** ואמרת חמון שכבת זרעא GN 39:14
ית עבדוי וית גיתוי לגו **ביתא:** ובלעם דלא שוי ליביה EX 9:20
אינשי ביתיה מריבייני **ביתא** וזביני כספא מן בר עממין GN 17:27
על אנפי חקלא ויכפר על **ביתא** וידכי ברם אין איטימוס LV 14:53
בביתא בתר דאיתטש ית **ביתא** וידכי כהנא ית ביתא ארום LV 14:48
ייעול כהנא למיחמי ית **ביתא:** ויחמי כהנא והא מכתשא LV 14:36
פיסיון מכתשא בכותלי **ביתא:** ויפקד כהנא וישמטון ית LV 14:39
אחסנתכון: וייתי דדיליה **ביתא** ויתני לכהנא למימר הי LV 14:35
הא אפרשנן קודשיא מן **ביתא** ולחוד יהבנן מעשרא קמאה DT 26:13
ומן בתר דקליפו ית **ביתא** ומן בתר דאיתטש: וייתי LV 14:43
מן ליואי ויפוק זביני **ביתא** וקירוי אחסנתהון ביובלא LV 25:33
למימר מן גברא דיבנא **ביתא** חדתא ולא קבע ביה מזוזתא DT 20:5
דאתי: ארום תיבני **ביתא** חדתא ותעבד תיאק גיפופין DT 22:8
לקרתא לאתר מסאב: וית **ביתא** יקלפון מגויה חזור חזור LV 14:41
מסאב הוא: ויפכרון ית **ביתא** ית אבנוי וית קיסוי וית כל LV 14:45
גנבא ויתקרב מריה **ביתא** לקדם דיינייא ויומי דלא EX 22:7
מן כותלא: ויפוק כהנא מן **ביתא** לתרע ביתא מלבר ויסגר ית LV 14:38
וית גובריא דבתרע **ביתא** מחו בחוורווריא מטלייא ועד GN 19:11
ייעול כהנא למיחמי ית **ביתא** מטול דלא יסתאב כל LV 14:36
אינשי סדום אחזרו על **ביתא** מטליא ועד סבא כל עמא GN 19:4
כהנא מן ביתא לתרע **ביתא** מלבר ויסגר ית ביתא שובעא LV 14:38
לביתא: ואין זעירין אינשי **ביתא** ממניין עשרא כמיסת למיכול EX 12:4
יתאכל לא תפקון מן **ביתא** מן בישרא בר מחבורתא ולא EX 12:46
ומן קריבת כותליה **ביתא** מנין דכסף ומנין דדהב EX 3:22
קאי בברא ואנא פניית **ביתא** מפולחנא נוכראה ואתר GN 24:31
ויפקד כהנא ויפנון ית **ביתא** עד לא ייעול כהנא למיחמי LV 14:36
ביתא מלבר ויסגר ית **ביתא** שובעא יומין: ויתוב כהנא LV 14:38
וגבר חורן ישמש עימה **ביתא** תיבנון ולא תיתיב ביה כרמא DT 28:30
ולית אינש מאינשי **ביתא** תמן בביתא: ואחדתיה GN 39:11
מכתשא: ויסב לדכאה ית **ביתא** תרתין צפרין וקיסא דארזא LV 14:49
פיתגמי בלק: ואמר להון **ביתו** הכא בליליא ואתיב יתכון NU 22:8
בנין ואליעזר בר פרנסת **ביתי** דעל ידוי איתעבידו לי ניסין GN 15:2
אנת תהי אפיטרופוס על **ביתי** ועל גזירת מימר פומך יתזנון GN 41:40
יהבת בר והא בר פרנסת **ביתי** ירת יתי: והא פיתגמא מן קדם GN 15:3
ואישתיצי אנא ואינש **ביתי:** עניין שמעון ולוי לא יאי GN 34:30
די ממנה אפיטרופוס על **ביתיה** אעיל ית גובריא לביתא GN 43:16
בארעא דמצרים ונחתת **ביתיה** ברתיה דפרעה לאיתקררא EX 2:5
דיפקד ית בנוי וית אינש **ביתיה** בתרויי ויטרון ארחן דתקנן GN 18:19
ולא יירוג חד מנכון ית **ביתיה** דחבריה ולא חקליה ולא DT 5:21
יוסף ומלילו עימיה בתרע **ביתיה:** ואמרו במטו מינך ריבוני GN 43:19
ובפרעה ובכל אינש **ביתיה** והוינא חמיין בעיננא: ויתנא DT 6:22
דין דמקדיש יפרוק ית **ביתיה** ויוסיף חומש כסף עלוי LV 27:15
מיליא עלוי ועל אינש **ביתיה:** ויסב ית תרין צפירין ויקם LV 16:6
וית בנתוי וית כל נפשת **ביתיה** וית גיתוי וית בעירוי וית כל GN 36:6
דחניך לקרבא מרבייני **ביתיה** ולא צבו למהלכא עמיה GN 14:14
ויכפר עלוי ועל אינש **ביתיה** ועל כל קהלא דישראל: LV 16:17
לרב לפרעה ולרב על כל **ביתיה** ושליט בכל ארעא דמצרים: GN 45:8
דממנה אפיטרופוס על **ביתיה** למימר מלי ית דיסקיי GN 44:1
בריה: וכל אינשי **ביתיה** מריבייני ביתא וזביני כספא GN 17:27
לא תפקון אינש מן תרע **ביתיה** עד צפרא: ויתגלי יקרא דייי EX 12:22
רברבין וית אינש **ביתיה** על עיסק שרי איתת אברם: GN 12:17
עם יעקב גבר עם אינש **ביתיה** עלו: ראובן שמעון לוי ויהודה: EX 1:1
וגבר ארום יקדש ית **ביתיה** קודשא קדם ייי ויעלויניה LV 27:14
די ממנה אפיטרופוס על **ביתיה** קום רדף בתר גברייא GN 44:4
ארום ריחמך וית אינש **ביתך** ארום טב ליה דמיתהני עימך: DT 15:16
לקבל תקי על סיפי **ביתך** ובתרעך מימינא במיעלך: ויהי DT 6:9
תיתמסכן אנת ואינש **ביתך** וכל דילך: והא עיניכון חמיין GN 45:11
לאינתו: ותעליניה לגו **ביתך** ותספר ית מזייא דרישא DT 21:12
לנח עול אנת וכל אינש **ביתך** לתיבותא ארום יתך חמית GN 7:1
ועברת דורונא קמי והוא **בת** בליליא ההוא במשריתא: וקם GN 32:22
ייי דחס במימריה על **בתי** בני ישראל במצרים בחבלותיה EX 12:27
ודבית יששכר במשכני **בתי** מדרישיכון: אומין סגיעין לטור DT 33:18
ליה: כמא יאוון הינון **בתי** מדרישיכון במשכנא די שמיש NU 24:5
דמצרים ובנו להון **בתי** מדרשין ופלטין בארעא דגשן GN 47:27
חיות ברא ויתמלון **בתי** מצראי עירבות חיות ברא ואוף EX 8:17
יפקון: וקירוי ליואי **בתי** קירוי אחסנתהון פורקן עלם LV 25:32
אחסנתהון ביובלא ארום **בתי** קירוי ליואי היא אחסנתהון בגו LV 25:33
למעבד מיניה את על **בתיא** דאתון שריין תמן ואחמי ית EX 12:13
עילאה מלבר על **בתיא** דייכלון יתיה ודדמכין בהון: EX 12:7
ומיתו עורדעניא מן **בתיא** ומן דרתא ומן חקליא: וכנשו EX 8:9

ובלעת יתהון וית אינש **בתיהון** וית כל אינשא דלקרח וית NU 16:32
פומה ובלעתנון וית אינש **בתיהון** וית כל בירייתא דהוון DT 11:6
בכל אתר אתון ואינש **בתיכון** ארום אגרא הוא לכון חלופי NU 18:31
ית אבוכון וית אינש **בתיכון** ואיתו לותי ואיתן לכון ית GN 45:18
דיתרעי ייי אתון ואינש **בתיכון:** וארום יהי ביה מומא חגיר DT 15:20
בתולתא קבל תקי בסיפי **בתיכון** ובתריעיכון: מן בגלל דיסגון DT 11:20
דכורא לדריכון מרבייני **בתיכון** וזביני כספיכון מן כל בר GN 17:12
עיבורא דזבנתון לכפיני **בתיכון:** וית אחוכון קלילא תייתון GN 42:19
ותחדון אתון ואינש **בתיכון:** וליואה דבקירויכון לא DT 14:26
ולמיכליכון ולפרנוס **בתיכון** ולמיכול לטפליכון: ואמרו GN 47:24
מן דהוא גזיר יגזר מרבייני **בתיכון** וסביני כספיכון ותהי קימי GN 17:13
לך ייי אלקך ולאינש **בתיכון** ותהנון ותיכלון אתון וליואי DT 26:11
עמי וית דצריך לכפיני **בתיכון** סיבו וטיילו: ואייתיאו ית GN 42:33
ושית בפותיה ועשרה **בתין** במיצעא לאצנעא בהון מזונא GN 6:14
לכון מן חקלא: ויתמלון **בתך** ובתי כל עבדך ובתי כל מצראי EX 10:6
בחבלותיה ית מצראי וית **בתנא** שיזיב וכד שמעו בית ישראל EX 12:27
ציריה בית וולדא לנשיא **דבבית** אבימלך על עיסק שרה GN 20:18
ביד יוסף ית כל אסירייא **דבבית** אסירי וית כל דעבדין תמן GN 39:22
בציטרא דידיעתא **דבבית** ליפופה תיניינה מכוונן EX 26:5
טפליהון שבו ובזו וית כל **דבביתא:** ואמר יעקב לשמעון וללוי GN 34:29
מטול דלא יסתאב כל **דבביתא** ומן בתר כדין ייעול כהנא LV 14:36
למבכי ועל לקיטונא **דבי** מדמכא ובכא תמן: ושזג אפוי GN 43:30
רשו למיכל: ומפירי אילנא **דבי** מציעות גינוניתא אמר ייי לא GN 3:3
שביית בבל אעיקו להון **דבית** אגג די מתילין לשידין מנפחי DT 32:24
עמהון ויהב על איקונין **דבית** אנפוי סודרא: וכד עליל משה EX 34:33
ית סודרא דעל איקונין **דבית** אנפוי עד מיפקיה ונפיק EX 34:34
יהי: ויהי על פדחתא **דבית** אפוי דאהרן מן צידעא EX 28:38
חניאל בר אפוד: לשיבטא **דבית** אפרים אמרכל קמואל בר NU 34:24
הינון גובריא דמישבטא **דבית** דן דהוה בידיהון פולחנא DT 25:18
דבסיפי משריתא **דבית** דן דהוה פיסלא עימהון: וצווח NU 11:1
ויסוק צפירא על טווריא **דבית** הדורי וידחיניה רוח זיקא מן LV 16:22
נביא דייי ואמר חדון **דבית** זבולן במפקכון לפרקמטייכון DT 33:18
שמהן גובריא לשבטא **דבית** יהודא כלב בר יפונה: לשבטא NU 34:19
דישראל ומלכותא **דבית** יהודה דשליטו בארעא עד DT 34:2
מטול כליל דמלכותא **דבית** יהודה ומלכא משיחא דעתיד EX 40:9
ואמר יעקב ברוח קודשא **דבית** יוסף עתידין למהוי GN 30:25
מדינחא איתא לוט בגיני **דבית** יעקב ואיתא זעיר לי ישראל: NU 23:7
כדנא תימר לנשייא **דבית** יעקב ותתני לבית ישראל: EX 19:3
ורחים ית ריבוותא **דבית** יעקב מיניין אלפייא דישראל: NU 10:36
פמיה בתושבחא ואמר **דבית** יעקב עדב אחסנתיה: ארע DT 32:9
מן דבית עשו וגוברין מן **דבית** ישמעאל תמן הוה קאים GN 50:1
עם כל בני מדינחא עם **דבית** ישראל ברם סופיהון דאיליין NU 24:20
כיוון דחמא בלעם חייבא **דבית** ישראל הוון גזרין עורלתהון NU 23:10
מיליהון ומפרסמין טמירן **דבית** ישראל וית תומיא דמשלימין EX 28:30
משה ידוי בצלו ומתגברין **דבית** ישראל וכד הוה מנח ידוי מן EX 17:11
מדבחך: בריך ייי ניכסוי **דבית** לוי דיהבין מעשרא מן DT 33:11
עבד על סיפתא דיריעתא **דבית** לופי תניינא: ועבד פורפין EX 36:17
עבד בסיטרא דיריעתא **דבית** לופי תניינא מכוונן ענוביא EX 36:12
דעשו רבא דאדומא **דבית** מדורהון בטוור גבלא: אילין GN 36:9
דמצרים הוות ופלטרין **דבית** מלכותא דפרעה בריש ארעא EX 12:31
רבניהון מן תרעא רבא **דבית** מלכותא עד שוקא דנפחיא NU 21:30
בר בעור ושום קרתא **דבית** מלכותיה דנהבא: ומית בלע GN 36:32
מואב ושום קרתא **דבית** מלכותיה עוית: ומית הדד GN 36:35
תחותוי הדר ושום קרתא **דבית** מלכותיה פעו ושום אינתתיה GN 36:39
ויהון מפקנוי לביריא **דבית** סכל ולמציעות דרתא רבתא NU 34:9
הוו דכירין ית דעבדו לכון **דבית** עמלק באורחא במיפקכון DT 25:17
מן למצליא ומתגברין **דבית** עמלק: וידוי דמשה הוו יקרין EX 17:11
קירוי עממיא: וחמא ית **דבית** עמלק ונטל מתל נבותיה NU 24:20
בדבית ישראל הינון **דבית** עמלק וסופיהון ביומי מלכא NU 24:20
כשלהוביתא לגמרא ית **דבית** עשו אמר מכדון לית אנא GN 30:25
תמן הוו קיימין גוברין מן **דבית** עשו וגוברין מן דבית GN 50:1
דין תריהום דין מריה **דביתא** ודין גנבא ולמאן דמחייבין EX 22:8
וית קיסוי וית כל עפרא **דביתא** וינפק למברא לקרתא LV 14:45
לאליעזר עבדיה סבא **דביתיה** דשליט בכל אפותיקי דליה GN 24:2
מן גובריא האילין כען **דבתו** עמך: ואמר בלעם קדם ייי NU 22:9
לנחלא דנחית מן טוורא: **ובבית** יקידתא ובניסיתא ובקיברי DT 9:22
בי דמכך ועילוי דרגשך **ובבית** עבדך ובעמך ובתנורך EX 7:28
מגרי בך ובעבדך ובעמך **ובביתך** ית עירבוב חיות ברא EX 8:17
בסרטייתא ובפלטייתא **ובבתי** פונדקתא ולא אשכחוהו GN 42:6
ויתיבון בקירויהון **ובבתיהון:** תלת קירוין תפרשון לכון DT 19:1
לפרעה ואימר ליה אחיי **ובית** אבא דבארעא דכנען אתו GN 46:31
ויתיב יוסף במצרים הוא **ובית** אבוי וחיא יוסף מאה ועשרים GN 50:22
אינש ביתא דיוסף ואחוי **ובית** אבוי לחוד טפלהון וענהון GN 50:8
ואמר ייי לאהרן אנת ובנך **ובית** אבך עימך תקבלון חובי NU 18:1

דיני דאנא שבקית ארעי **ובית** איבא ועלית עימך לארע GN 16:5
מכוור ובית נימרי **ובית** חושבני מעלת מרא שירן ובית NU 32:3
מימרא דייי בית מלכותא **ובית** כהונתא רבתא: וכד חמא EX 1:21
בכנענאי ומלך בערד **ובית** מותביה בארע דרומא כד אתו NU 33:40
ישראל זרעא דבני בנתיה **ובית** מותביה בפדן היא פתור על NU 22:5
ליואי בגו משירייתא **ובית** משרוייהון בארבעתי מילין NU 2:17
דן לציפונא חיליהון **ובית** משרוייהון בארבעתי מילין NU 2:25
ומדבשתא מכוור **ובית** נימרי ובית חושבני מעלת NU 32:3
חיוון קלן ועקרבין עקצין **ובית** צהוונא אתר דלית מוי דאפיק DT 8:15
דמייללין שידין ווירודין **ובית** צחותא אגין עליהון שבעתי DT 32:10
חושבני מעלת מרא שירן **ובית** קבורתיה דמשה ובעון: ארעא NU 32:3
יעקב לגבן בירן לא חסרו **ובית** שקיותן סגו וכדון איתן GN 29:22
מיכא ועולו לבית עבדכון **וביתו** ושזוגו ריגליכון ותקדמון GN 19:2
מן אניקא ואתא אברהם **ובת** באורחא ותניאו לאברהם GN 22:20
וצלי באתר בית מוקדשא **ובת** תמן ארום טמע שימשא ונסיב GN 28:11
דימא דלא מתמני מסגי: **ובת** תמן בליליא ההוא ונסיב מן GN 32:14
לחמא וסעדו לחמא **ובתו** בטוורא: ואקדים לבן בצפרא GN 31:54
הוא וגובריא דעימיה **ובתו** וקמו בצפרא ואמר שדרוני GN 24:54
לכון קוריין בשוקין **ובתי** חיוותא קירוין קלטן יהוויין NU 35:11
בזו: וית כל קורייהון **ובתי** טירונייהון וית במסי בית NU 31:10
לדרוי לא יפוק ביובלא: **ובתי** כופרניא דלית להון שור מקף LV 25:31
בתך ובתי כל עבדך **ובתי** כל מצראי דלא חמון אבהתך EX 10:6
מן חקלא: ויתמלון בתך **ובתי** כל עבדך ובתי כל מצראי דלא EX 10:6
דלא אשתלהית למיבני: **ובתין** דמליין כל טובא דלא עסקת DT 6:11
דילמא תיכלון ותיסבעון **ובתין** שפירין תיבנון ותיתבון: DT 8:12
במפקכון לפרקמטייכון **ודבית** ישׂשכר במשכני בתי DT 33:18
והוה עננא פליט יתהון **ודבית** עמלק מקביל יתהון וקטע DT 25:18
בכל קודשיא לא תיקרב **ולבי** מקדשא לא תיעול עד זמן LV 12:4
ית בני קהת לגניסתהון **ולבית** אבהתהון: מבר תלתין שנין NU 4:34
בני גרשון לגניסתהון **ולבית** אבהתהון: מבר תלתין שנין NU 4:38
ית ליואי לגניסתהון **ולבית** אבהתהון: מבר תלתין שנין NU 4:46
קיים: ואמר יוסף לאחוי **ולבית** אבוי איסק ואיתני לפרעה GN 46:31
אלהין לארעי ולילדותי **ולבית** גניסתי תיזיל ותיסב איתתא GN 24:4
הדין יתאמר לבית יעקב **ולבית** ישראל מה משבחין הינון NU 23:23
אלקים לנגביתא ארעא **ולבית** כנישות מיין קרא יממי GN 1:10
יומי שביא דילי תיטרון **ולבית** מוקדשי תהון אזלין LV 19:30
יומי שביא דילי תיטרון **ולבית** מוקדשי תהון אזלין LV 26:2
ברא תקיף לבית פרעה **ולבית** עבדוי ובכל ארעא דמצרים EX 8:20
ולצורעא דלבושא **ולביתא:** ולשומא ולקלופי ולבהקי: LV 14:55
לשיצאה עורדענייא מינך **ומבתך** לחוד מה דבנהרא ישתיירון: EX 8:5
ויעדון עורדענייא מינך **ומיבתך** ומן עבדך ומן עמך לחוד EX 8:7
שובעא יומין ולא **יבית** בר מן בישרא דתיכסון DT 16:4
אדם ניכסת פיסחי ולא **יבית** בר מן מדבחא תרבי ניכסת EX 23:18
חמיע ניכסת פיסחי ולא **יביתון** לצפרא בר ממדבחא תרבי EX 34:25
ויהושע בר נון: וקריבן **לבי** דינא בנת צלפחד בר חפר בר NU 27:1
כחדא במשריתא ואזלו **לבי** דינא בר איתתא בת ישראל LV 24:10
כנישת סעדך הוו זמינין **לבי** דינא קדם ייי אנת והינון ואהרן NU 16:16
איתבע ההוא בר נש **לבי** דינא קמי מלכא ואתקנס דין DT 32:50
ושדר משה פולין לזמנא **לבי** דינא רבא לדתן ולאבירם בני NU 16:12
בגו בני ישראל: וקריבו **לבי** דינא רישי אבהתא לגניסת בני NU 36:1
ית יצחק ואובלוהי **לבי** מדרשא דשם רבא והוה תמן GN 22:19
למה דין לי בנין ואזלת **לבי** מדרשא דשם רבא למבעי GN 25:22
לא אתיתון עד כדון **לבי** מוקדשא דהוא בית נייחא DT 12:9
לקיבלך עד דתימטי **לבי** משרוייך: ואמר ליה ריבוני ידע GN 33:12
ותחתון ית סיבתי בדווי **לבי** קבורתא::: ארום עבדך מערב GN 44:29
לות ברי כד אבילנא **לבי** קבורתא ובכה יתיה ברם יצחק GN 37:35
ותחתון ית סיבתי בדווי **לבי** קבורתא: וכפנא תקיף בארעא: GN 42:38
ולא אשכחוהו ועלו **לבייתי** וסגידו ליה על אפיהום על GN 42:6
תייבא צפרא חייתא **לבייתיה** ביומא ההוא ומתכשרא LV 14:7
ארום מתחמדא חמידתא **לבייתיה** דאבוך למה גנבת ית GN 31:30
וליביה תביר יהך ויתוב **לבייתיה** דילמא יתקבלון אחוי DT 20:8
גבה עד דעל ריבוניה **לבייתיה:** ומלילת ליה כפיתגמייא GN 39:16
מינהון חוטרא חוטרא **לבית** אבא מלות כל אמרכלהון NU 17:17
ייחוסיהון לגניסתהון **לבית** אבהתהון במניין שמהן NU 1:20
ייחוסיהון לגניסתהון **לבית** אבהתהון במניין שמהן NU 1:22
דגד ייחוסיהון לגניסתהון **לבית** אבהתהון במניין שמהן NU 1:24
ייחוסיהון לגניסתהון **לבית** אבהתהון במניין שמהן NU 1:26
ייחוסיהון לגניסתהון **לבית** אבהתהון במניין שמהן NU 1:28
ייחוסיהון לגניסתהון **לבית** אבהתהון במניין שמהן NU 1:30
ייחוסיהון לגניסתהון **לבית** אבהתהון במניין שמהן NU 1:32
ייחוסיהון לגניסתהון **לבית** אבהתהון במניין שמהן NU 1:34
דבני ישראל לגניסתהון **לבית** אבהתהון במניין שמהן כל NU 1:2
ייחוסיהון לגניסתהון **לבית** אבהתהון במניין שמהן מבר NU 1:36
דדן ייחוסיהון לגניסתהון **לבית** אבהתהון במניין שמהן מבר NU 1:38

ייחוסיהון לגניסתהון **לבית** אבהתהון במניין שמהן מבר NU 1:40
ייחוסיהון לגניסתהון **לבית** אבהתהון במניין שמהן מבר NU 1:42
ושיבטא דבני גד **לבית** אבהתהון ופלגות שיבטא NU 34:14
שיבטא דבני ראובן **לבית** אבהתהון ושיבטא דבני גד NU 34:14
סכום מנייני בני ישראל **לבית** אבהתהון כל מנייני NU 2:32
למימר: מני ית בני לוי **לבית** אבהתהון לגניסתהון כל NU 3:15
בני גרשון אף הינון **לבית** אבהתהון לגניסתהון: מבר NU 4:22
אילין הינון גניסת ליואי **לבית** אבהתהון: לגרשון גניסת לבני NU 3:20
מגו בני לוי לגניסתהון **לבית** אבהתהון: מבר תלתין שנין NU 4:2
בני מררי לגניסתהון **לבית** אבהתהון: מבר תלתין שנין NU 4:42
בני מררי לגניסתהון **לבית** אבהתהון תימני יתהון: מבר NU 4:29
אבא מלות כל אמרכלהון **לבית** אבהתהון תריסר חוטרין גבר NU 17:17
חד חטר לאמרכול חד **לבית** אבהתהון תריסר חטרין וחטר NU 17:21
גבר לשיבטא גבר ריש **לבית** אבהתוי הוא: ואילין שמהת NU 1:4
תריסר גוברין גברא חד **לבית** אבהתוי הוון: והוו כל סכומי NU 1:44
נטלין גבר לזרעיתיה **לבית** אבהתוי: ואיליין ייחוסי אהרן NU 2:34
ואיתייחסו על זרעייתהון **לבית** אבהתכון במניין שמהן מבר NU 1:18
דמסתמנין על טיקסיהון **לבית** אבהתן ישרון בני ישראל: NU 2:2
סכומי מנייני בני ישראל **לבית** אבהתן מבר עשרין שנין NU 1:45
יתיב בארעהון: אלהין **לבית** איבא תיזיל ולייחוסי ותיסב GN 24:38
וולד לית לה מיניה ותבת **לבית** איבהא דלא מנטרא ייבם הי LV 22:13
בי רב ספוקלטוריא **לבית** אסירי אתרא דיוסף אסיר GN 40:3
עד זמן די תמטון **לבית** אתר משרוייכון: לא כמא EX 10:10
ומחא למדייניתא **לבית** בהתת קיבתה וצלי בפמיה NU 25:13
דישראל ארע כשר **לבית** בעיר היא ולעבדך אית בעיר: NU 32:4
והא אתרא אתר כשר **לבית** בעיר: ואתו בני גד ובני ראובן NU 32:1
קום איזל לפדן דארם **לבית** בתואל אבוהא דאימך וסבלך GN 28:2
לדריא ויסבון להון אימר **לבית** גניסתא ואין סגיאין ממניינא EX 12:3
בישא הדין לא אתר כשר **לבית** דרע ואוף לא למינצב תינין NU 20:5
גובריא ארום איתעלו **לבית** יוסף ואמרו על עיסק כספא GN 43:18
ואעיל גברא ית גובריא **לבית** יוסף: ודחילו גובריא ארום GN 43:17
ועל יהודה ואחוהי **לבית** יוסף והוא עוד כדון תמן GN 44:14
ואעיל גברא ית גובריא **לבית** יוסף ויהב מוי ושזיגו ריגליהון GN 43:24
ממומתי אין תיעול **לבית** יחוסי ואין לא ינתנון לך ותהי GN 24:41
שוריא סכום כל נפשתא **לבית** יעקב דעלא למצרים שובעין: GN 46:27
בעידנא הדין יתאמר **לבית** יעקב ולבית ישראל מה NU 23:23
דבית יעקב ותתני **לבית** ישראל: אתון חמיתון מה די EX 19:3
והא ייעא חטר אהרן **לבית** לוי ואפיק ליבלובין ואניץ NU 17:23
עיבורא: והוה כד מטינא **לבית** מבתותא ופתחנא ית טוננא GN 43:21
ית משכנא לות משה **לבית** מדרשיה דהוו תמן יתבין EX 39:33
ביכורי פירי ארעך תיתי **לבית** מוקדשא דייי אלקך עמי בית EX 23:19
פירי ארעכון תייתון **לבית** מוקדשא דייי אלקכון לית EX 34:26
אלילי אתון: וכנש ייתהום **לבית** מטרא תלתא יומין: ואמר GN 42:17
ואידברת אינתתא **לבית** מלכותא דפרעה: ולאברם GN 12:15
זורו כדון מיכא ועולו **לבית** עבדכון וביתו ושזוגו ריגליכון GN 19:2
מפקדת יתך: איזל כדון **לבית** עינא וסב לי מתמן תרי גדיי GN 27:9
עירבוב חיות ברא תקיף **לבית** פרעה ולבית עבדוי ובכל EX 8:20
לאשרהא שכינתיה תמן **לבית** שכינתיה תתבעון ותיתון DT 12:5
קריב רב בית אבא **לבית** שמעון שלומיאל בר צורי שדי: NU 7:36
ממניינא יסבון אימרא **לביתא**: ואין זעירין אינשי ביתא EX 12:3
יסעדון לחמא: ועל יוסף **לביתא** ואעילו ליה ית דורונא GN 43:26
בחקלא ולא יתכניש **לביתא** ויחות עילויהון ברדא EX 9:19
ליה ית דורונא דיבידיהון **לביתא** וסגידו ליה על ארעא: ושאל GN 43:26
ביתיה אעיל ית גובריא **לביתא** ופרע בית ניכסתא וסב גידא GN 43:16
לגמלייא: ועל גברא **לביתא** ושרי זממי גמלייא ויהב לבן GN 24:32
מסאב: ומאן דייעול **לביתא** כל יומין דיסגר יתיה יהי LV 14:46
והוה ביומא הדין ועל **לביתא** למבחוש בפינקסי חושבניה GN 39:11
נכיסתא ובמי מבוע וידי **לביתא** שבע זימנין: וידכי ית ביתא LV 14:51
והנעילו ית לוט לוותהון **לביתה** וית דשא אחדו: וית גובריא GN 19:10
ויסב הוא ושיבביה דקריב **לביתיה** בסכום נפשתא גבר לפום EX 12:4
למילבוש: ואיתוב בשלם **לביתיה** דאיבא ויהי ייי לי לאלקא: GN 28:21
לשכללותיה יהך ויתוב **לביתיה** דילמא יגרום ליה חובא DT 20:5
כהנא ואחליה יהך ויתוב **לביתיה** דילמא יגרום ליה חובא DT 20:6
ולא נסבה יהך ויתוב **לביתיה** דילמא יגרום ליה חובא DT 20:7
ועבד פרעה צורכיה ועאל **לביתיה** ולא שוי ליביה לחוד EX 7:23
לחדא וזרו לוותיה ועלו **לביתיה** ועבד להום משתייו ופטירי GN 19:3
ליה ונשיק ליה ואעליה **לביתיה** ותני ללבן ית כל פיתגמיא GN 29:13
מוזפו דמידעם לא תיעול **לביתיה** למשכוניה משכוניה: DT 24:10
ובריכין אתון במיעלכון **לבתי** מדרשכון ובריכן אתון DT 28:6
ליטין אתון במעלכון **לבתי** תיאטרוניכון וקורקסתכון DT 28:19
טעוותא ותשמישהא **לבתיכון** דלא תהוון שמיתין DT 7:26
תהוון בחדוא מן מטילכון **לבתיכון** כנישת חדוא ויומא טבא NU 29:35
מלאכא מחבלא למיעול **לבתיכון** למימחי: ותיטרון ית EX 12:23
יתבי ארעא: לא נתוב **לבתנא** עד דיחסנון בני ישראל גבר NU 32:18

למלפא סידרי דינייך **לדבית** יעקב ואורייתא לדבית DT 33:10
לדבית יעקב ואורייתא **לדבית** ישראל ישוון אחוהון כהניא DT 33:10
בית אבויך אתר כשר לנא **לימבת**: ואמרת ליה ברת בתואל GN 24:23
סגי עימנא אוף אתר כשר **למבת**: וגחן גברא וסגיד קדם ייי GN 24:25
ביש ארום בגין כן עלו **למיבת** ואיטמרו תחות טלל כשורא GN 19:8
מן מיכלא ומישתיא **מבי** בני ותמרוקא מסנדלא NU 29:7
דעולימתא ואימה רשו **מבי** דינא ויפקון ית שושיפא בהדי DT 22:15
דמן שיבטא דדן: וכד נפק **מבי** דינא כד מחייב פריש וחריף בר LV 24:11
מאן קטליה: ויפקון **מבי** דינא רבא תרי מן חכימייך DT 21:2
הוי רחיק ודי נפק זכיי **מבי** דינך ואשכחו ליה חובתיה ודי EX 23:7
חד תב: ויצחק הוה אתי **מבי** מדרשא דשם רבא מעלנא GN 24:62
ויתן ברשותה ויישיל יתה **מבייתיה** או אכריזו עלוי דימות DT 24:3
יתה מביתיה: ונפקת **מבייתיה** ותהך ותהי לגבר חורן: DT 24:2
ואזלין עד זמן דנפק יעקב **מבית** אבוי והינון לוון יתיה GN 28:12
אתפרש מן ילדותך פוק **מבית** אבוך זיל לארעא דאחזינך: GN 12:1
פלחי טעוותא ונפקית **מבית** איבא ואמרית ליה טיבותיך GN 20:13
בלא אגר נטיר ומתגנבין **מבית** גבר אין משתכח גנבא איהו EX 22:6
למימר: גבר טלי או סיב **מבית** גניסת ישראל די יכוס ניכסת LV 17:3
להון גבר טלי או גבר סיב **מבית** גניסת ישראל ומן גיורא LV 22:18
גבר גבר טלי וגבר סיב **מבית** גניסת ישראל ומן גייורייא LV 17:8
וגבר טלי וגבר סיב **מבית** גניסת ישראל ומן גייורייא LV 17:10
וגבר טלי או גבר סיב **מבית** גניסת ישראל ומן גייורייא LV 17:13
דביניכון דדברתון **מבית** טעוות שכם ואידכו GN 35:2
בנתהון דמדינאי בקולין **מבית** ישימות עד טוור תלגא והווין NU 24:25
דיריחו: ושרו על יורדנא **מבית** ישימות עד מישר שיטין NU 33:49
אבהת עלמא צווחין **מבית** קבורתהון וכל בירייתא DT 28:15
דכנען והכדין ניגנוב **מבית** ריבונך מנין דכסף או מנין GN 44:8
דחרב ודברו ית דינה **מבית** שכם ונפקו: מותר בנוי דיעקב GN 34:26
פריקין מארעא דמצרים **מבית** שעבוד עבדיא: דדברך DT 8:14
ייי ממצרים פריקין **מבית** שעבוד עבדיא: והוה כד אקשי EX 13:14
פריקין מן ארעא דמצרים **מבית** שעבוד עבדיא: וכל ישראל DT 13:11
דמצראי ודי פרקכון **מבית** שעבוד עבדיא לאטעיותכון DT 13:6
בידא תקיפתא ופרקכון **מבית** שעבוד עבדיא מן ידא דפרעה DT 7:8
פריקין מן ארעא דמצראי **מבית** שעבוד עבדיא: עמי בני DT 5:6
נפקתון פריקין ממצרים **מבית** שעבוד עבדייא ארום בתקוף EX 13:3
מן עצבעתהן מחוכייא **מבית** תדייהן ובכל דא חס לן NU 31:50
ובשפיר שיליתא דתיפוק **מבית** תורפה בעידן מילדה ובבנה DT 28:57
ויתן ברשותא וישיל יתה **מביתיה**: ונפקת מבייתיה ותהך DT 24:1
אספסתא לחמריה בבי **מבתותא** וחמא ית כספיה והא הוא GN 42:27
והוה כד מטינא לבית **מבתותא** ופתחנא ית טוננא והא GN 43:21
חגא תבטלון חמיר **מבתיכון** ארום כל דייכול חמיע EX 12:15
בר נון בגלגלא דהוא **מדבית** אפרים והינון אלפייא דקטל DT 33:17
והוה נסיב וקטיל גוברין **מדבית** דן דלא הוה עננא מקביל EX 17:8
יהי גברא דיתבחר ויקום **מדבית** דן מדמי לחורמנא דרביע GN 49:17
ליה אחוי מסקי דורונין: **מדבית** דן עתיד דיקום גברא דידון GN 49:16
משיחא דעתיד למקום **מדבית** יהודה אסר חרצוי ונחית GN 49:11
לא פסקין מלכין ושליטין **מדבית** יהודה וספרין מאלפי GN 49:10
אשתמודע להון קם גברא **מדבית** יוסף אמר במימריה אזיל NU 15:32
וירתונון: ויקום שליט **מדבית** יעקב ויוביד וישיצי שיז NU 24:19
כד ימלוך מליך תקיף **מדבית** יעקב ויתרבי משיחא NU 24:17
הדין לקיימא עם סגי **מדבית** יעקב: וכדון לא תידחלון GN 50:20
בר יואש במדינאי דהוא **מדבית** מנשה: ולשיבט זבולן בריך DT 33:17
שיבט דן: וית אלף סרכין **מדבית** נפתלי דמתחברין עם בלק DT 34:2
ואמר לא ארי בשוקא **נבית**: ופייס בהום לחדא וזרו לוותיה GN 19:2
ואין גבר מסכין הוא לא **תבית** ומשכוניה גבך: אתבא תתיב DT 24:12
יתיה על קיסא: לא **תבית** ניבלת גושמיה על קיסא DT 21:23
ית חברך ולא תניס ולא **תבית** סוטרא דאגירא למעכבא גבך LV 19:13

בכי (41)

לאחוי: וארים ית קליה **בבכותא** ושמעו מצראי ושמע אינש GN 45:2
תרתין זימנין ובנימין **בכא** על פריקת צווריה דיוסף GN 45:14
דשינוי דאתמזמיזו ויעקב **בכא** על צערא דצווריה: וזקף ית GN 33:4
ונשיך ליה ובכון עשו **בכא** על צערא דשינוי דאתמזמיזו GN 33:4
דישראל אוף הינון **בכון** ית אהרן תלתין יומין גובריא NU 20:29
תלתין יומין ושלימו יומי **בכותא** דאיבליה דמשה בתמניא DT 34:8
ואהרן ובני ישראל קל **בכותא** דפרעה לא אשגחו עד דאזל EX 12:33
וקרא שמיה אוחרן **בכותיא**: ואיתגלי ייי ליעקב תוב GN 35:8
מן טוורא מנוי בזיעין והוי **בכי** ואמר ווי לי עלך אהרן אחי NU 20:29
ית ריבא והא טלייא **בכי** וחסת עלוי ואמרת מן בני EX 2:6
חמי: ושרינן בחילתא **בכיין** על חובינן דאזדוונן לפלחי DT 3:29
ותיכלון בישרא ארום **בכיתון** קדם ייי למימר מן יספיננא NU 11:18
בלחודיהן: ועברו יומי **בכיתיה** ומליל יוסף עם רבני בית GN 50:4
רתח ואישתלי ואינון **בכן** וקריין שמע וקיימין בתרע NU 25:6
ועיני לאה הוון צירנייתן **דבכיא** ובעיא מן קדם ייי דלא יזמן GN 29:17
פריקת צוורי בנימין אחוי **ובכא** דחמא דעתיד בית מוקדשא GN 45:14

איבא וארים עשו קליה **ובכא:** ואתיב יצחק ואמר לעשו הא GN 27:38
ביניהום: וחזר מלוותהון **ובכא** ותב לוותהון ומליל עמהון GN 42:24
לרחל וארים ית קליה **ובכא:** ותני יעקב לרחל ארום GN 29:11
לחובי עבדי אלקא דאבך **ובכא** יוסף במללותהון עימיה: ואזלו GN 50:17
ורכן על פריקת צווריה **ובכא** על צווריה תוב על דיסגד ליה: GN 46:29
יוסף על אנפי אבוי **ובכא** עלוי ונשיק ליה: ופקד יוסף ית GN 50:1
למחרוב: ונשיק לכל אחוי **ובכא** עליהון דחמא דמשתעבדון GN 45:15
לקיטונא דבי מדמכא **ובכא** תמן: ושזג אפוי מן דמעין ונפק GN 43:30
כד אבילנא לבי קבורתא **ובכה** יתיה ברם יצחק אבוי: ומדנאי GN 37:35
שאילו שאילתא ותבו **ובכו** ברם אף בני ישראל ואמרו מאן NU 11:4
כנישתא ויהבו ית קלהון **ובכו** עמא בליליא ההוא ואתקבעת NU 14:1
ולא נתרון ניבי ליסתיה: **ובכון** בני ישראל ית משה במישריא DT 34:8
כדין שלמין יומי בסימיא **ובכון** יתי מצראי שובעין יומין GN 50:3
על צווריה ונשיך ליה **ובכון** עשו בכא על צערא דשינוי GN 33:4
בגבלא עד חרמה: ותבתון **ובכיתון** קדם ייי ולא קביל ייי DT 1:45
שכינתיה שריא ביניכון **ובכיתון** קדמוי למימר למא דנן NU 11:20
ברה וארימת ית קלא **ובכת:** ושמיע קדם ייי ית קליה GN 21:16
ויתיב למיספד לשרה **ולמבכייה:** וקם אברהם מן מחמי GN 23:2
כדון מומתא דהות בינן **ומבכין** תהי בינן ובינך ונגזור קים GN 26:28
ותגיירינה בביתך **ותיבכי** על טעוות בית איבה ואימה DT 21:13
ואחיכון כל בית ישראל **יבכון** ית יקידתא דאוקד ייי: ומתרע LV 10:6
להון ההוא ליליא **לבכותא** לדריהון: ואתרעמו על NU 14:1
רחמוי על אחוי ובעא **למבכי** ועל לקיטונא דבי מדמכא GN 43:30
יכיל יוסף למסוברא דלא **למבכי** מן בגלל כל מִן דקיימין GN 45:1
אילין לאילין איתון **ניבכי** על יעקב חסידא דבזכותיה GN 50:3

בכר (132)

אפשר לבר נש למפלוח **בבוכרא** דתוריה הכדין לית אפשר DT 33:17
שעתא הוות פולחנא **בבוכריא** דעד כדון לא איתעביד EX 24:5
קדם ייי אלקך לא תפלוח **בבכורי** תוריכון ולא תיגוז בכורי DT 15:19
על אנפי ביר סניתא דהוא **בוכרא:** ארום ית בוכרא ביר סניתא DT 21:16
ביומא דקטלית כל **בוכרא** בארעא דמצרים אקדישית NU 3:13
ביומא דקטלית כל **בוכרא** בארעא דמצרים אקדישית NU 8:17
ליואי: ארום דילי כל **בוכרא** בארעא דמצרים ביומא NU 3:13
מחבלין ואקטול כל **בוכרא** בארעא דמצרים מאינשא EX 12:12
בגו מצראי: וימות כל **בוכרא** בארעא דמצרים מביר EX 11:5
ומימרא דייי קטל כל **בוכרא** בארעא דמצרים מביר EX 12:29
למפטרנא וקטל ייי כל **בוכרא** בארעא דמצרים מן בוכרא EX 13:15
קדמי: ארום דילי כל **בוכרא** בבני ישראל באינשא NU 8:17
ית ליואי חולף כל **בוכרא** בבני ישראל: ויהבית ית NU 8:18
קריב ית ליואי חלף כל **בוכרא** בבני ישראל וית בעירת NU 3:45
בעירא דליואי חלף כל **בוכרא** בבעירא דבני ישראל: ומנא NU 3:41
דהוא בוכרא: ארום ית **בוכרא** ביר סניתא יהודע לכולא DT 21:17
אקדישית קדמי כל **בוכרא** בישראל מאינשא ועד NU 3:13
מיניה ובכר דהוא **בוכרא** דאימיה ואשבל דהליך GN 46:21
הוא: ברם בוכרא דתורי או **בוכרא** דאימרי או בוכרא דעיזי לא NU 18:17
תפרוק תינקוף יתיה וכל **בוכרא** דאינשא בברך ולא בעבדך EX 13:13
ברם מפרק תיפרוק ית **בוכרא** דאינשא בחמשא סילעין וית NU 18:15
בארעא דמצרים מן **בוכרא** דאינשא ועד בוכרא דבעירא EX 13:15
בכל מה דתעבד: כל **בוכרא** דאיתיליד בתורך ובענך DT 15:19
על כורסיי מלכותיה עד **בוכרא** דאמתא בצירתא דבמצרים EX 11:5
מן בוכרא דאינשא ועד **בוכרא** דבעירא בגין כן אנא דבח EX 13:15
טחנא אחורי ריחייא וכל **בוכרא** דבעירא: ותהי צווחתא EX 11:5
בחמשא סילעין וית **בוכרא** דבעירא מסאבא תיפרוק NU 18:15
פתח וולדא דוכרייא וכל **בוכרא** דבריי אפרוק בכספא: ויהי EX 13:15
ותינקפיה בקופיץ וכל **בוכרא** דברך תיפרוק ולא יתחמיין EX 34:20
ושמהא תמר: והוה ער **בוכרא** דיהודה ביש קדם ייי דלא GN 38:7
דעלו למצרים יעקב ובנוי **בוכרא** דיעקב ראובן: ובנוי דראובן GN 46:8
בני יעקב תריסר: בני לאה **בוכרא** דיעקב ראובן ושמעון ולוי GN 35:23
בשומהון לתולדתהון **בוכרא** דישמעאל נבט וערב GN 25:13
מארעא דמצרים: ראובן **בוכרא** דישראל בנוי דראובן חנוך NU 26:5
אבהתהון בנוי דראובן **בוכרא** דישראל חנוך ופלוא חצרון EX 6:14
דסיני: והוו בני ראובן **בוכרא** דישראל ייחוסיהון NU 1:20
לאיתו וייבם יתה: ויהי **בוכרא** דיתליד יקום באחסנתא על DT 25:6
מעין הויא סילעא: ברם **בוכרא** דיתפרש לשמא דייי בבעירא LV 27:26
למימר: אקדש קדמי כל **בוכרא** דכוריא פתח כל וולדא בבני EX 13:2
או בוכרא דאימרי או **בוכרא** דעיזי לא תפרוק מטול NU 18:17
רברבי בני עשו בני אליפז **בוכרא** דעשו רבא תימן רבא אומר GN 36:15
בארעא דמצרים מביר **בוכרא** דפרעה דעתיד דייתיב על EX 11:5
עשרין מעין הוא: ברם **בוכרא** דתורי או בוכרא דאימרי או NU 18:17
ואמר ידענא ברי דהוא **בוכרא** ואוף חכימנא דאוף הוא יהי GN 48:19
ית דקטל ייי בהון כל **בוכרא** ובטעותהון עבד מימרא דייי NU 33:4
פרג ית ידוי ארום מנשה **בוכרא:** ובריך ית יוסף ואמר ייי GN 48:14
דהוון נכסין גברא **בוכרא** וחזמין רישיה ומלחין ליה GN 31:19
יהודע לכולא דהוא **בוכרא** למיתן ליה תרין חולקין בכל DT 21:17

רחימתא וסניתא ויהי ביר **בוכרא** לסניתא: ויהי ביום DT 21:15
וקרא יוסף ית שום **בוכרא** מנשה ארום אמר אנשי יתי GN 41:51
לא כדין אבא ארום דין **בוכרא** שוי יד ימינך על רישיה: וסרב GN 48:18
מן ישראל אבוכון: ראובן **בוכרי** אנת ריש חיל שימושי ושירוי GN 49:3
שיבטיא דישראל: ושדר **בוכרי** בני ישראל ארום עד ההיא EX 24:5
לאתר שכינתי **בוכרי** דברך תפריש קדמיי: היכדין EX 22:28
לפרעה כדנא אמר ייי ברי **בוכרי** ישראל: ואמרית לך פטור ית EX 4:22
מן יבול שימשא ומן טוב **בוכרי** פירי אילניא דמבכרא ארעיה DT 33:14
דפקיד ייי יתיה ית כל **בוכריא** בבני ישראל: והוון כל NU 3:42
קדמי אנא ייי חלף כל **בוכריא** בבני ישראל וית בעירא NU 3:41
אצטנעא למימחי **בוכריא** במצרים וקם איהו ועבדוי GN 14:15
על כורסיה מלכותיה עד **בוכריא** בני מלכיא דאשתביין והינון EX 12:29
ואמר ייי למשה מני כל **בוכריא** דוכריא בבני ישראל מבר NU 3:40
בבני ישראל: והוון כל **בוכריא** דוכריא בסכום מניין שמהן NU 3:43
חולף פתח כל וולדא **בוכריא** כולהון דמבני ישראל NU 8:16
מגו בני ישראל חלף כל **בוכריא** פתח וולדא מבני ישראל NU 3:12
לקו אוף הינון וכל **בוכריה** בעירא מיתו דמצראי פלחין EX 12:29
ונסיב יהודה איתא לער **בוכריה** ברת שם רבא ושמהא תמר: GN 38:6
בארעא דמצרים מביר **בוכריה** דפרעה דעתיד למיתב על EX 12:29
בנין לנחור אחוך: ית עוץ **בוכריה** וית בוז אחוי וית קמואל רב GN 22:21
וכנען אוליד ית צידון **בוכריָה** וית חת: וית יבוסאי וית GN 10:15
והות ידיה מקטלא כל **בוכריה** מצרים וימיניה משיזבא EX 12:42
דמצרים ופקיד לקטלא **בוכרייא** דבני ישראל בגין למיסחי EX 2:23
על פרקוני ליואי: מלוות **בוכרייא** דבני ישראל נסיב ית כספא NU 3:50
ית אבא דאנא בריה **בוכרייא** ויצחק הוה אמר לי חמי GN 22:1
מן יד אפרש ארבעה **בוכרין** לארבע אימהתא ואישתיירו GN 32:25
אנת ואמר אנא עשו ברך **בוכרך:** ואזדעזע יצחק זעזוע סגי כדי GN 27:32
הא אנא קטיל ית ברך **בוכרך:** והוה באורחא בבית EX 4:23
יעקב לאבוי אנא עשו **בוכרך** עבדנא היכמה דמלילתא GN 27:19
ניכסת פיסחא: שירוי **בוכרת** פירי ארעכון תייתון לבית EX 34:26
הא אייתיתי ית שירוי **ביכורי** איבא דארעא דיהבת לי ייי DT 26:10
מתקרב ותמרי בזמן **ביכורי** איבא עם דובשיה מתקרב LV 2:12
דשבועיא תעביד לך בזמן **ביכורי** חצד חינטין וחגא דכנשא EX 34:22
ריקנין: וחגא דחצדא **ביכורי** עובדך דתיזרע בחקלא וחגא EX 23:16
לירחא דסיון יומי דמן **ביכורי** עינבין: וסליקו ואלילו ית NU 13:20
דתיכלון ברמשא: שירוי **ביכורי** פירי ארעך תיתי לבית EX 23:19
נגודין בעמך לא תלוטון: **ביכורי** פירך וביכורי חמר נעווך לא EX 22:28
חמרכון ומישחכון וכן **ביכורי** תוריכון ועניכון מן בגלל DT 14:23
חמרכון ומישחכון **ביכורי** תוריכון וענכון וכל נדריכון DT 12:17
בה: ותיסבון מן שירוי **ביכוריא** דמתבשלין מן שירויא בכל DT 26:2
יתהון קדם ייי דלחם **ביכוריא** חמיר מתקרב ותמרי בזמן LV 2:12
מדרע כיתנא קרבן **ביכוריא** קדם ייי: והבל אייתי אף GN 4:3
ועדרי עניכון: בריך סלי **ביכוריכון** וחלת שירוי עצוותכון: DT 28:5
אתון בחקלא: ליט סלי **ביכוריכון** וחלת שירוי עצוותכון: DT 28:17
קדם ייי לך יהבתינון: **ביכורים** דכל פירי אילני ארעהון NU 18:13
יהוויין חמיר יתאפיין **ביכורין** לשמא דייי: ותקרבון על LV 23:17
מילחא: ואין תקרב מנחת **ביכורין** קדם ייי מהבהב קלי בנורא LV 2:14
ופירוכיין תקרב ית מנחת **ביכורך:** ותיתן עלה משח זיתא LV 2:14
עלה בניכסין ושלוטו **בכוורי** ימא ובעופא דשמייא ובכל GN 1:28
דמצראי דלא הוה תמן **בכור** מאית: ותחום ארעא דמצרים EX 12:30
והוה זהיר באיקרא דאחוי: **בכורותא** הות חמיא לראובן DT 33:17
הירהורי חמי הוי לך **בכורותא** ורבות כהונתא ומלכותא GN 49:3
ליה רשו למיתן חולק **בכורותא** לבר רחימתא על אנפי ביר DT 21:16
בבכורי תוריכון ולא תיגוז **בכורי** עניכון: קדם ייי אלקכון DT 15:19
מצרים וימיניה משיזבא **בכוריהון** דישראל רביעאה כד EX 12:42
מיטרא דארעכון בעידניה **בכיר** במרחשוון ולקיש בניסן DT 11:14
מטר ארעכון בזימניה **בכיר** במרחשוון ולקיש בניסן DT 28:12
דארעכון בעידנהון **בכיר** ולקיש ותיתן ארעא פירי LV 26:4
שירוי תוקפיה ליה חזיא **בכירותא:** ארום יהי לגבר ביר DT 21:17
עלמא דאתי ובזה ית **בכירותא:** ואמר עשו ליעקב אטעם GN 25:29
וקם ואזל ושט עשו ית **בכירותא** וחולק עלמא דאתי: והוה GN 25:34
בעלם אוחרן ולמה דנן לי **בכירותא** וחולקא בעלמא דאת GN 25:32
בר אחתיה היך נסיב ית **בכירותא** וית סדר ברכתא מן יד GN 29:13
דאנת עתיד למחסן ית **בכירותא** לי: ואמר עשו הא אנא GN 25:31
די חטית ברי איתיהבת **בכירותא** ליוסף ומלכותא ליהודה GN 49:3
בי דנן תרתין זימנין ית **בכירותי** נסיב והא כדון קביל GN 27:36
דיהי וקיים ליה וזבין ית **בכירותיה** ליעקב: ויעקב יהב לעשו GN 25:33
וירח: ומטוב רישי טוורייא **בכירתא** דאוריתו ליה ברכתא DT 33:15
למימר מה דא מצוותא **דבוכרייא** ותימר ליה בתקוף גבורת EX 13:14
כהנא יתהון על לחמא **דביכוריא** ארמא קדם ייי על תרין LV 23:20
לא תעבדון: וביומא **דביכוריא** בקרוביכון דורונא מן NU 28:26
לנא: ויסב כהנא ית סלא **דביכוריא** מן ידך ויוביל וייתי וירים DT 26:4
טוב בוכרי פירי אילניא **דמבכרא** ארעיה בכל ריש ירח וירח: DT 33:14
דיכריא דתורי ואימרי: **ובוכרא** דחמרא תיפרוק באימרא EX 34:20

לא תלוטון: ביכורי פירך **וביכורי** חמר נעווך לא תשהי על EX 22:28
תייתון ית כל קורבנייא **וביכוריא** ומעשריא דאנא מפקיד DT 12:11
מטרת אפרשותיי חלתא **וביכורייא** וכל קודשיא דבני ישראל NU 18:8
ונדריכון וניסבתיכון **ובכורי** תוריכון ועניכון: ותיכלון תמן DT 12:6
משוי והוון לקישיא ללבן **ובכירייא** ליעקב: ותקיף גברא לחדא GN 30:42
קדמיי: היכדין תעביד **לבוכרי** תורך וענך שובעא יומין יהי EX 22:29
מה דאשתיירו על ליואי **מבוכריא** דבני ישראל: ותיסב NU 3:46
מן ביזת מלכיהון וחבלא **מבכירי** עאן מן עדי שלטוניהון עם DT 32:14
ייי: והבל אייתי אף הוא **מבכירי** ענא ומפטימהון והוה רעוא GN 4:4
בכל עידן דמיתיחמן ענא **מבכרתא** ומשוי יעקב ית חטרייא GN 30:41

בלבל (3)

דהוה יתיב בצומא על **דבלבל** מצע אבוי ואזל ויתיב ביני GN 37:29
עימה אבוך בעידן **דבלבליתא** שיוויי דיסלקת עלה: GN 49:4
בארעא ההיא ואזל ראובן **ובלבל** ית מצעא דבלהה פילקתיה GN 35:22

בלורית (1)

מבני ישראל אתא ואחד **בבלוריתא** דמדינתא וקריב יתיה NU 25:6

בלי (1)

חיי בר נשא: כסותכון לא **בלת** מעילוי גושמיכון וריגליכון לא DT 8:4

בלם (1)

ארבעין שנין במדברא לא **בלמו** כסותיכון מעילוי גושמיכון DT 29:4

בלע (20)

בשלהובית אישתא ומינן **איתבלעו** בארעא ואובדו הא אנחנא NU 17:27
לקו ביקידתא ולא טמעו **בבליעת** ארעא: בנוי דשמעון NU 26:11
על פרישותא דיוסף אחוי **בלע** דאתבלע מיניה ובכר דהוא GN 46:21
לגניסתהון לבלע גניסת **בלע** לאשבל גניסת אשבל לאחירם NU 26:38
קל דמי קטילת אחוך **דאיתבלעו** בגרגישתא צווחין GN 4:10
דיוסף אחוי בלע **דאתבלע** מיניה ובכר דהוא בוכרא GN 46:21
דצבוים ומלכא דקרתא **דבלעת** דיירהא איהי זוער וסדרו GN 14:8
דצבויים ומלכא דקרתא **דבלעת** דיירהא היא זוער: כל אילין GN 14:2
ביקידת אישא **ובליעת** ארעא אלהין למלקי NU 17:5
למיהוי כמרן שירויא **ובלע** חוטרא דאהרן ית חוטריהון: EX 7:12
קידום צמחן בתריהן: **ובלען** תובלייא לקייתא ית שבע GN 41:7
קידום צמחן בתריהן: **ובלען** תובלייא לקייתא ית שבע GN 41:24
ופתחת ארעא פומה **ובלעת** יתהון: דברת בחסדך עמך EX 15:12
ופתחת ארעא ית פומה **ובלעת** יתהון וית אינש בתיהון וית NU 16:32
ופתחת ארעא ית פומה **ובלעת** יתהון וית קרח כד מיתו NU 26:10
דפתחת ארעא ית פומה **ובלעתנון** וית אינש בתיהון וית כל DT 11:6
ותפתוח ארעא ית פומא **ותבלוע** יתהון וית כל דילהון NU 16:30
ארמאה הוא בלעם דבעא **למבלוע** ית עמא בית ישראל בר NU 22:5
ולא ארעא הות בעיא **למבלע** יתהון דחילא הות ארעא EX 15:12
שמעו ארום אמרו דילמא **תבלוע** יתן ארעא: ואישתא נפקת NU 16:34

בלש (2)

ית דברתא בין גובריא **בלושיא** דאחדו ית עתיד עדיתא NU 31:27
דארעא ואתו אחי יוסף **ובלשו** בסרטייתא ובפלטייתא GN 42:6

במסא (5)

דאורייתא: ואישיצי ית **במוסיכון** ואיפכר ית מנחשיכון LV 26:30
ובתי טירונייהון וית **במסי** בית סיגדיהון אוקידו בנורא: NU 31:10
קומיהון הי כפלחי **במסי** טעוותא דנחלי ארנונא: ייא NU 21:28
טעות פעור במדור בית **במסיא** וית קרתא דמקפן שורהא NU 32:38
תסייפון וית כל **במסיהון** תשיצון: ותתרכון ית יתבי NU 33:52

בני (68)

אמתי ואחרדינה מאים **אתבני** מינה וקביל אברם למימר GN 16:2
גיברא וחברון שבע שנין **אתבניית** קדם עד לא תתבני NU 13:22
כל אילני סרקא לצרוך **ביניינא** ולאסקותא ודביה פירי GN 1:29
די אמר יסתכי ייי **בנא** ובנך ארום ניטמר גבר מן GN 31:49
ליה אכוורנקי דמלכייא **בנא** ליה בית חתנותא אתקין ליה DT 32:50
לנא גבר עבראי למגחוך **בנא** על לותי למשכוב עימי וקרית GN 39:14
ודירין דעאן: ובני ראובן **בנו** ית בית חושבני וית מעלת מרא NU 32:37
חובתכון דתארע יתכון: **בנו** לכון קוריין לטפלכון ודירין NU 32:24
ואמר בלעם לבלק **בני** לי הכא שבעא אגורין ועתד לי NU 23:29
חדא בליביה ואמר לבלק **בני** לי הכא שובעא אגורין ועתד לי NU 23:1
וילידת ית חנוך והוה **בני** קרתא וקרא שום קרתא כשום GN 4:17
דתחומין לה מלבינתא **בניין**: ונטלו מלבנה ושרו בבית ריסא: NU 33:20
אליפית יתהון אורייתך **ביניתי** להון משכנא לשמך וכד מטא DT 32:50
קדם ייי הוא מדבחא **דבנא** אדם בעידן דאיטרד מן גינתא GN 8:20
תמן אברהם ית מדבחא **דבנא** אדם ואיתפכר במוי דטובענא GN 22:9
על עובד קרתא ומוגדלא **דבנו** בני נשא: ואמר ייי הא עמא חד GN 11:5
להון שמהן בשום גובריא **דבנונון**: ואזלו בני מכיר בר מנשה NU 32:38
גיברהא וית שירן ובתר **דבנונון** קרו להון שמהן בשום NU 32:38
לאחסנא ומשתכח גבר **דבני** ביתא בחטופין ואיתן מכתש LV 14:34
עם עמא למימר מן גברא **דיבנא** ביתא חדתא ולא קבע ביה DT 20:5
בר בעור מן פתור חלמיא **דמתבניא** בארע ארם דעל פרת DT 23:5
וית חדיות: וית תלסר **דמתבניא** ביני ניניוה וביני חדיית GN 10:12
גיף נחלא ארנונא וקרתא **דמתבניא** במציעות נחלא עד גלעד DT 2:36
יח מערת כפילתא דיליה **דמתבניא** בסטר חקליה בכסף GN 23:9
והא אנחנא ברקם קרתא **דמתבניא** בסטר תחומך: נעיבר כדון NU 20:16
ותיליד ואנא אירבי **ואיתבני** אוף אנא מיניה: ושחררת GN 30:3
ליה ייי בגין כן אתרא **ובנא** ארבע קוריין אוחרנין ית נינוה GN 10:11
ואחד בבישרא אתא: **ובנא** ייי אלקים ית עילעא דנסב מן GN 2:22
וקנו להין שום טב לדריא **ובנא** להין מימרא דייי בית מלכותא EX 1:21
תמן תריסר ירחי שתא **ובנא** ליה בי מידרשא ולגיתוי עבד GN 33:17
דייי ואקדם בצפרא **ובנא** מדבחא בשיפולי טורא EX 24:4
חור נכיס קדמוי ודחיל **ובנא** מדבחא קדמוי וקרא אהרן EX 32:5
עמלק מתחות שמייא: **ובנא** משה מדבחא וקרא שמיה EX 17:15
נפקו מן תיבותא: **ובנא** נח מדבחא קדם ייי הוא GN 8:20
סכותא לריש רמתא **ובנא** שובעא אגורין ואסק תור ודכר NU 23:14
לאתרא דאמר ליה ייי **ובנא** תמן אברהם ית מדבחא דבנא GN 22:9
זכוותא דאברהם עבדי: **ובנא** תמן מבדחא וצלי בשמא דייי GN 26:25
הוא וכל עמא דעימיה: **ובנא** תמן מדבחא וקרא לאתרא אל GN 35:7
לבנך אתין ית ארעא הדא **ובנא** תמן מדבחא קדם ייי דאיתגלי GN 12:7
בחיזוי ממרא די בחברון **ובנא** תמן מדבחא קדם ייי: והוה GN 13:18
מן מערבא ועי ממדינחא **ובנא** תמן מדבחא קדם ייי וצלי GN 12:8
קוריי ארעא חזור חזור: **ובנו** בני גד ית מדבשתא וית NU 32:34
ישראל בארעא דמצרים **ובנו** להון בתי מדרשין ופלטין GN 47:27
במוי דטובענא ותב נח **ובנייה** ואיתפכר בדרא דפלוגתא GN 22:9
מוי דטובענא איתצד **ובנייה** נח ונסב מכל בעירא דכיא GN 8:20
יתהון בשעבודהון **ובניין** קוריין תלילין לשום בית EX 1:11
ענא ואמר לאחוי איתון **וניבכי** על אבונן ארזא רמא דרישי GN 50:1
דבביכון מן חזור חזור **ותיבנון** בית מוקדשא ומבתר כדין DT 12:10
יתיה תחבלון ותיקטעון **ותיבנון** קרקומין על קרתא מרדא DT 20:20
ותשועון יתהון בגירא: **ותיבנון** תמן מדבחא קדם ייי DT 27:5
לאתעובדא לגברא דלא **יבני** ית ביתא דאחוי: וכל דקיימין DT 25:9
מרי עלמא ובאחסנתיה **יתבני** בית מוקדשא בצפרא יהון GN 49:27
בישא כלו קבל זיינה **יתבני** וישתכלל דמיתער ומשיח NU 21:27
וטבן דלא אשתלהית **למיבני**: ובתין דמליין כל טובא דלא DT 6:10
קטלין דין לדין ופסקו **מלימיבני** קרתא: בגין כן קרא שמה GN 11:8
בית מוקדשא למהוי **מתבני** בחולקיה דבנימין ועתיד GN 45:14
שמיה פתיר חלמיא והיא **מתבניא** בארם דעל פרת ארע NU 22:5
טוורא חד ארמניא ותמן **מתבניא** קרתא דארמניא בארע GN 8:4
טוורא טבתא דנן דביה **מתבניא** קרתא דירושלם וטוור DT 3:25
לותיה ואמר דירין דעאן **נבני** לבעירנא הכא וקרוין לטפלנא: NU 32:16
להום לישיע: ואמרו הבו **ניבני** לנא קרתא ומוגדלא ורישי GN 11:4
פרזלא: אבנין שלמן **תבנון** ית מדבחא דייי אלקכון DT 27:6
אבנין תעביד לשמי לא **תבני** יתהן חציבן דאין ארימת EX 20:25
חורן ישמש עימה ביתא **תיבנון** ולא תיתיב ביה כרמא תנצוב DT 28:30
ותיסבעון ובתין שפירין **תיבנון** ותיתבון: ותוריכון ועניכון DT 8:12
יומין בעלמא דאתי: ארום **תיבני** ביתא חדתא ותעבד תיאק DT 22:8
אתבניית קדם עד לא **תתבני** טאניס דמצרים: ואתו עד NU 13:22
ותהי תל חרוב לעלם לא **תתבני** תוב: ולא תידבק בידיכון DT 13:17

בנס (2)

וחמא יתהום והא אינון **בניסין**: ושאל ית רברבי פרעה GN 40:6
למלכא דמצרים: **ובנס** פרעה כדי שמע על תרין GN 40:2

בסם (15)

אשקיית לגיורא חמר **בסים** במנין יקרין ומן עפרא די יהי NU 5:17
דארעא דישראל ארום **בסימא** הוא בגין כן ארכין כתפי GN 49:15
ארום כדין שלמין יומי **בסימיא** ובכון יתי מצראי שובעין GN 50:3
ימא ותמן סלקון עיניוון **בסימן** ואילני מיכלא וירקי ומיגדי EX 15:19
בושם מתבשם עובד **בשמא** ממזית משח רבות קודשא EX 30:25
ית ישראל: ושלימו ליה מן **דאתבסם** ארבעין יומין ארום כדין GN 50:3
דשבקו פתגמי אורייתא **דבסימין** כדבלתא: ונטלו מעלמון NU 33:46
מתרח ושרו במתקה אתר **דבסימין** מוהי: ונטלו מאתר NU 33:28
מוהי: ונטלו מאתר **דבסימין** מוהי ושרו בחשמונה: NU 33:29
ולא יתבטיל הי כמלחא **דמבסים** בשר קורבניא דקיים עלם NU 18:19
אסוותא לבסמא ית אבוי **ובסימו** אסוותא ית ישראל: ושלימו GN 50:2
יוסף בר מאה ועשר שנין **ובסימו** יתיה ועטרון יתיה ושוון GN 50:26
אלהין בשנין דשמטתא **ובסימניא** וביובלא ובמותת EX 21:7
ית עבדוי ית אסוותא **לבסמא** ית אבוי ובסימו אסוותא GN 50:2
משח רבות קודשא בושם **מתבשם** עובד בשמא ממזית משח EX 30:25

בסס (12)

דכי נגיד תתעבד מנרתא **בסיס** דידא וקנהא חיזורייה EX 25:31
מינא קשיא דדהב עד **בסיס** דידה ועד שושנייהא עובד NU 8:4
דכי נגיד עבד ית מנרתא **בסיס** דידה וקנהא כלידהא חזורייה EX 37:17
משה: ושוי ית כיורא על **בסיסיה** ביני משכן זימנא וביני EX 40:30
ית כיורא דנחשא וית **בסיסיה** דנחשא מן אספקלירי EX 38:8
כל מנוי וית כיורא וית **בסיסיה**: וית לבושי שמושא וית EX 31:9
כל מנוי וית כיורא וית **בסיסיה**: ותקדש יתהון ויהון קודש EX 30:28
ותרבי ית כיורא וית **בסיסיה** ותקדש יתיה מטול יהושע EX 40:11
וית כל מנוי ית כיורא וית **בסיסיה**: ית ווילוות דרתא וית EX 39:39

וית מנוי ית כיורא וית **בסיסיה:** ית ווילוות דרתא ית EX 35:16
כל מנוי וית כיורא וית **בסיסיה** לקדשותהון: ואריק מן LV 8:11
ותעביד כיורא דנחשא **ובסיסיה** דנחשא לקידוש ותסדר EX 30:18

בסר (2)

קדמאה דפקיד ייי בסיני **בסר** וית תפקידת מהולתא בטיל NU 15:31
בסוף משריתא הינון **בסרו** ית ישראל דאדום ומואב NU 21:14

בעי (109)

שושביני למכרך ריפתא **איתבע** ההוא בר נש לבי דינא קמי DT 32:50
ואמר יעקב לא תימא כן **בבעו** אין כדון אשכחית רחמין GN 33:10
ברחמין אלקא רחמנא **בבעו** אלקא דשליט בנישמת כל NU 12:13
על ארעא וסגיד: ואמר אין **בבעו** אשכחית רחמין קדמך ייי EX 34:9
רחמין קדמי: וכדון אין **בבעו** אשכחית רחמין קודמך EX 33:13
בית פרעה למימר אין **בבעו** אשכחנא רחמין בעיניכון GN 50:4
רחמין קדם ייי למימר **בבעו** ברחמין אלקא רחמנא בבעו NU 12:13
ואתיב אברהם ואמר **בבעו** ברחמין הא כדון שריתי GN 18:27
אשכח תמן תלתין: ואמר **בבעו** ברחמין הא כדון שריתי GN 18:31
וסגיד על ארעא: ואמר **בבעו** ברחמין מן קדמך ייי אין כדון GN 18:3
ייי בעידנא ההיא למימר: **בבעו** ברחמין מן קדמך ייי אלקים DT 3:24
וצלית קדם ייי ואמרית **בבעו** ברחמין מן קדמך ייי אלקים DT 9:26
תמן באתרא ההוא ואמר **בבעו** ברחמין מן קדמך ייי גלי GN 22:14
אפי ברא עני אדם ואמר **בבעו** ברחמין מן קדמך ייי דלא GN 3:18
לשמי מרומא וכן אמרת **בבעו** ברחמין מן קדמך ייי עני יתי GN 38:25
יתך מה דתמליל: ואמר **בבעו** ברחמין מן קדמך ייי שלח EX 4:13
בגין זכוות עשרין: ואמר **בבעו** ברחמין מן קדמך לא כדון GN 18:32
יתי ויתיך יקיימון: אימרי **בבעו** דאחתי אנת בגין דייטב לי GN 12:13
או רבתא: וכדון אסחרו **בבעו** הכא אוף אתון בלילייא NU 22:19
דייר ותותב אנא עמכון **בבעו** זבונו לי אחסנת קבורתא GN 23:4
ואמר משה קדם ייי **בבעו** ייי לא גבר דברן אנא אוף EX 4:10
נפשיה בברתכון הבו **בבעו** יתה ליה לאינתו: ותיתערבון GN 34:8
אנפוי על ארעא: ואמר **בבעו** כדון רבוניי זורו כדון מיכא GN 19:2
ודשא אחד בתרוי: ואמר **בבעו** לא כדון אחוי תבאשון: הא GN 19:7
בנישמת כל בישרא אסי **בבעו** לה: ואמר ייי למשה ואבוהא NU 12:13
מן קובלי: וכדון איתא **בבעו** לוט בגני ית עמא הדין ארום NU 22:6
ואמר יוסף לאחוי קריבו **בבעו** לותי וחמון גזירת מהולתי GN 45:4
גמלו יתך וכדון שבוק **בבעו** לחובי עבדי אלקא דאבך GN 50:17
ואמר לוט לוותיה **בבעו** מינך אמתין לי שעא זעירא GN 19:18
וכן אמר ריבוניה דעלמא **בבעו** מינך לא אהי מתיל כבר נש DT 32:50
דאיטפשנא ודי סרחנא: **בבעו** מינך לא תהוי מרים אחתן NU 12:12
לחדא ואמר קדם ייי **בבעו** מינך לא תיסתכל לדורון NU 16:15
כל יומייא: וכדון יתיב **בבעו** עבדך חולף טלייא עבדא GN 44:33
תרויהון: ואמר שמועו **בבעו** פתגמיי עד דאימליל אין יהוון NU 12:6
בישתא ואימות: הא כדון **בבעו** קרתא הדא קריבא מותבהא GN 19:20
חד וימותון כל ענא: יעיבר **בבעו** ריבוני ויטייל קדם עבדיה GN 33:14
עלי תרע קרתיה למימר: **בבעו** ריבוני קבל מיני חקלא יהבית GN 23:11
יתיה באבנא וימות ארום **בעא** לאטעייותכון מדחלתא דייי DT 13:11
חבלא ואמרת חתנא **בעא** למגזור וחמוי עכיב עלוי וכדון EX 4:25
נמרוד ומלך באתור דלא **בעא** למיהוי בעיטת דרא דפלוגתא GN 10:11
ישראל שריין במדברא **בעא** למפרוס משכניה בגו שיבטא LV 24:10
וטמע רישיה בגויה **בעא** למשלפיה מן רישיה ולא יכיל NU 21:35
תרין אף וחימה **בעא** משה רחמין ואתכליאו אוף DT 9:19
קדם ייי ארום יתה אתון **בעאן** ותריך יתהון מלות אפי פרעה: EX 10:11
והות לי לאינתו: והוה כד **בעו** לאטעאה יתי פלחי טעוותא GN 20:13
ישראל על קרבא ההוא **בעו** למתוב למצרים והדרי שית DT 10:6
קדם ייי: ועבד ייי כפתגם **בעותא** דמשה ואעדי עירבוב חיות EX 8:27
קדם ייי בצלו ברם קביל **בעותי** דיהי לי בר כאחתי אוף יהב GN 30:8
קשי קדל הוא: וכדון אנח **בעותך** ולא תפגין עליהון קדמי EX 32:10
עם קשי קדל הוא: אנח **בעותך** מן קדמי ואשיצינון ואמחי DT 9:14
דאנן מצליין קמיה ועביד **בעותן:** והי דא אומא רבא דליה DT 4:7
נפשך בגיני לאימת דאנת **בעי** איצלי עלך ועל עבדך ועל עמך EX 8:5
קדם שדי חמי וכד הוה **בעי** דיתגלי ליה הוה משתטח ונפיל NU 24:16
אל שדי הוה חמי וכד **בעי** דמתגלי ליה הוה משתטח על NU 24:4
גברא למימר מה אנת **בעי:** ואמר ית אחיי אנא בעי חוי GN 37:15
ואנא הוית קאי בטוורא **בעי** ומצלי הי כיומיא קמאי ארבעין DT 10:10
בעי: ואמר ית אחיי אנא **בעי** חוי כדון לי איכן אינון רען: GN 37:16
קטילניך לא ימא הוה **בעי** למטמע יתהון ולא ארעא הות EX 15:12
אורחא וגלי קדמי דאנת **בעי** למיזל למילוט ית עמא ומילא NU 22:32
מן משריתא: והוה כד הוה **בעי** למיטל ארונא הוה עננא מקפל NU 10:35
לימקום קדמך: וכד הוה **בעי** למישרי ארונא הוה עננא מקפל NU 10:36
ישראל מה ייי אלקכון **בעי** מינכון אלהן למדחיל מן קדם DT 10:12
עד דאנת בעיא מיני **בעי** מן קדם ייי דמן קדמוי הינון GN 30:2
דמלילהון וזילו ולית אנא **בעי** מנכון אלהן דתצלו עלי דלא EX 12:32
בר תלתין ושב שנין ואילו **בעי** קודשא בריך הוא לכולי איבריי GN 22:1
דמשה ואמר ריבוני משה **בעי** רחמין מן קדם ייי וכלי מנהון NU 11:28
לסדום ואברהם עד כדון **בעי** רחמין על לוט ומשמש בצלו GN 18:22
יתהון ולא ארעא הות **בעיא** למבלע יתהון דחילא הות EX 15:12
דנסיבת ית בעלי ואנת **בעיא** למיסב אוף ית יברוחי דברי GN 30:15
ברחל ואמר עד דאנת **בעיא** מיני בעי מן קדם ייי דמן GN 30:2
להום בנבואה דחיואי **בען** למסדרא עמהון סדרי קרבא GN 37:17
לבן ארמאה הוא בלעם **דבעא** למבלוע ית עמא בית ישראל NU 22:5
דחמון ליה זכותא בזמן **דבעא** ריבוניה למיקטליה ושיזבוהי GN 47:22
מן קדם ייי דגובריא **דבעו** למקטלי נחתו מניכסהון EX 10:29
אנת הוא לבן ארמאה **דבעית** למשיציא ית יעקב אבונן NU 31:8
יתקרון באחסנתהון: ואנא **דבעיתי** מינך למקברי עם אבהתיי GN 48:7
וצווח עמא על משה **דיבעי** עליהון וצלי משה קדם ייי NU 11:2
ויהי מתפרנס גבך עד זמן **דיתבע** אחוך יתיה ותתיביניה ליה: DT 22:2
לעלמא דאתי היכמא **דיתבע** מינה דמיה דהבל מן יד EX 15:12
ית כל חזרנותנא היכמא **דמיבעי** תורא ית עיסבא דחקלא NU 22:4
בעלוון ובנכסת קודשין **ובמבעי** רחמין קדם ייי מטול דדין LV 27:29
אבונן יעקב מן שירויא **ובעא** לאובדותיה ושיזבי מימרא DT 26:5
רחשו רחמוי על אחוי **ובעא** למבכי ועל לקיטונא דבי GN 43:30
דיוסף מליין כסף ודהב **ובעא** למיטרד בההוא עותרא ית NU 16:19
וארע ביה מלאכא דייי **ובעא** למיקטליה מן בגלל גרשום EX 4:24
פרעה ית פיתגמא הדין **ובעא** למקטול ית משה וערק משה EX 2:15
ואחתיה שלף סייפא **ובעא** למקטליה פתח פומיה במילי NU 31:8
ונטלת ברוגזא מן ייי **ובעא** למשטפיה לעלמא אילולי NU 11:31
מיגו קהלא: וצלי משה **ובעא** רחמין קדם ייי למימר בבעו NU 12:13
לתרע בי דינא במשריתא **ובעו** מן קדם ייי דישתביק לכון EX 32:27
מן מחמי אפיי קבילו מיני **ובעו** עלי קדם עפרן בר צחר: ויזבון GN 23:8
בריה עם אינתתיה **ובעו** שושביני למכרך ריפתא DT 32:50
ואיהו עבר לקמיהון מצלי **ובעי** רחמין מן קדם ייי וגחן על GN 33:3
הוה קאי בצלו מצלי **ובעי** רחמין מן קדם ייי וכן אמר NU 10:35
משה קאי בצלו ומצלי **ובעי** רחמין מן קדם ייי וכן אמר NU 10:36
לאה הוון צירנייתן דבכיא **ובעיא** מן קדם ייי דלא יזמן לה GN 29:17
דלא הוה בלבבי עוקמא **ובעית** למיעבד גזירתך בחדווא כדין GN 22:14
דייי אלקכון מגיח לכון: **ובעית** רחמין מן קדם ייי בעידנא DT 3:23
מיתברין ואתוותא פרחין: **ובעית** רחמין מן קדם ייי כד DT 9:18
ומקביל עלוי אולפנא **ובען** לקיימותיה מקיימוניה ואין DT 21:21
עיניהן בצלו מצליין **ובען** רחמין מן קדם אבוהון EX 1:19
מיתאפקא לאיתוקדא **ובעת** תלת משכוניא ולא GN 38:25
כל עבדך אליין לותי **ויבעון** מטו מיני למימר פוק אנת EX 11:8
ארום יארעינך עשו אחי **ויבעי** מינך למימר דמאן אנת ולאן GN 32:18
עשרא ונהי אנא ואינון **ונבעי** רחמין על כל אתרא ותשבוק GN 18:32
לבי מדרשא דשם רבא **למבעי** רחמין מן קדם ייי: ואמר ייי GN 25:22
מיני ואוף אדמי הא **מתבעי** מינך: ואינון לא הוו ידעין GN 42:22
ותשכחון רחמין ארום **תבעון** מן קדמוי בכל לבכון ובכל DT 4:29
אנא מערבנא ביה מן ידא **תיבעיניה** אין לא אייתיניה לוותך GN 43:9

בעיר (136)

וגבר דיתן תשמישיה **בבעירא** אתקטלא יתקטל LV 20:15
דליואי חלף כל בוכרא **בבעירא** דבני ישראל: ומנא משה NU 3:41
פתח וולדא לכל בישרא **בבעירא** דיקרבון מינה קדם ייי NU 18:15
תשקצון ית נפשתיכון **בבעירא** דריסת חייתא ובעופא LV 20:25
ואין מפרוג יפרג בעירא **בבעירא** ויהי הוא ופירוגיה יהי LV 27:10
לה קרנין מסקא פישרא **בבעירא** יתה תיכלון: ברם ית דין לא LV 11:3
סידקא מסקא פישרא **בבעירא** יתה תיכלון: ברם ית דין לא DT 14:6
דיתפרש לשמא דייי **בבעירא** לית אפשר דקדיש גבר LV 27:26
כדינא באינשא כן דינא **בבעירא** למהוי דילך ברם מפרק NU 18:15
בסואבות אינשא או **בבעירא** מסאבא או בכל שיקוץ LV 7:21
לשמא דייי הוא: ואין **בבעירא** מסאבא ויפרוק בעילוייה LV 27:27
הות למהוי מתגריא לחוד **בבעירך** דבחקלא בסוסוותא בחמרי EX 9:3
סגי לא עידן למיכנוש **בעיר** אשקו ענא ואיזילו רעו: ואמרו GN 29:7
דישראל ארע כשר לבית **בעיר** היא ולעבדך אית בעיר: ואמרו NU 32:4
בעיר היא ולעבדך אית **בעיר:** ואמרו אין אשכחנא רחמין NU 32:4
אתרא אתר כשר לבית **בעיר:** ואתו בני גד ובני ראובן ואמרו NU 32:1
מבני נש וריקנייא מן כל **בעיר** וחשוכא על אנפי תהומא ורוח GN 1:2
דכל יתבי משכנין ומרי **בעיר:** ושום אחוהי יובל הוא הוה רב GN 4:20
ובעיריכון ידענא ארום **בעיר** סגי לכון יתבון בקירויכון די DT 3:19
דאישא ידריקון ביה אין **בעירא** אין אינשא לא יתקיים ברם EX 19:13
בשלים ואין מפרוג יפרג **בעירא** בבעירא ויהי הוא ופירוגיה LV 27:10
בין בני אינשא ובין בני **בעירא:** בליעות כף ידך תיכול מזונא GN 3:18
באטלות אבנין וית **בעירא** בקולפי אתקטלא יתקטלון LV 20:16
או דנוקבא: דמו דכל **בעירא** דבארעא דמו דכל ציפר גפא DT 4:17
יתפשח איברא וימות מן **בעירא** דהיא חזיא לכון למיכול LV 11:39
מסאב עד רמשא: לכל **בעירא** דהיא סדיקא פרסתא LV 11:26
בישראל מאינשא ועד **בעירא** דילי יהון אנא ייי: ומליל ייי NU 3:13
יעליניה כהנא: ואין **בעירא** דיקרבון מינה קורבנא קדם LV 27:9
ובנייה נח ונסב מכל **בעירא** דכיא ומן כל עוף דכי ואסיק GN 8:20
קרבנא קדם ייי מן **בעירא** דכיא מן תורי ומן ענא ולא LV 1:2
קדמי בדרא הדין: מכל **בעירא** דכיא תיסב לך שובעא GN 7:2

מן קדם מוי דטובענא: מן **בעירא** דכייא ומן בעירא דליתא GN 7:8
בוכריא בבני ישראל וית **בעירא** דליואי חלף כל בוכרא NU 3:41
מן בעירא דכייא ומן **בעירא** דליתא דכייא ומן עופא וכל GN 7:8
שובעא דכר ונוקבא ומן **בעירא** דליתא דכייא תרין דכר GN 7:2
הדין ליום חרן ומית כל **בעירא** דמצראי ומבעירא דבני EX 9:6
קדם ייי וכל פתח וולדא **בעירא** דמשגרא אימיה דיהון לך EX 13:12
מן עממיא: ותפרשון מן **בעירא** דמתכשרא למיכל LV 20:25
ארום כל דייכול תריב מן **בעירא** דמתכשרא למקרב מינה LV 7:25
ותורי בר ודיצין: וכל **בעירא** דסדיקא טלפייא ולה קרנין DT 14:6
נח וית כל חיתא וית כל **בעירא** דעימיה בתיבותא ואעבר GN 8:1
למיכלכון מן כל **בעירא** דעל ארעא: כל דסדיקא LV 11:2
דרחיקית מנכון: דא היא **בעירא** דתיכלון תורין ואימרי בני DT 14:4
אמן: ליט דמשמש עם כל **בעירא** הוון עניין כולהון כחדא DT 27:21
דמצרים מאינשא ועד **בעירא** ובכל טעות מצראי אעבד EX 12:12
חמשין מן בנת נשא ומן **בעירא** ויהב יתהון לליוואי נטרי NU 31:47
על גמלייא: ודבר ית כל **בעירא** וית כל נכסוי די קנה גיתוי GN 31:18
דבחקלא מאינשא ועד **בעירא** וית כל עיסבא דחקלא מחא EX 9:25
וקרא אדם שמהן לכל **בעירא** ולכל עופא דשמייא ולכל GN 2:20
עבדת דא ליט את מכל **בעירא** ומכל חיות ברא על מעך GN 3:14
דמצרים על אינשא ועל **בעירא** ועל כל עיסבא דחקלא EX 9:22
ומן תורי ומן חמרי ומן כל **בעירא** ותיתן יתהון לליואי נטרי NU 31:30
יתיהב ביה: ומן דיקטול **בעירא** ישלמינה ומן דיקטול LV 24:21
בסייפא: ודיקטול נפש **בעירא** ישלמינה נפשא חלף נפשא: LV 24:18
מרחקה היא: ובכל **בעירא** לא תיתן תשמישתך LV 18:23
ואיתתא לא תקום קדם **בעירא** לאתהניא מינה תבלא הוא: LV 18:23
דכיין וזני דלא דכיין וית **בעירא** ליזנה וית כל רחיש ארעא GN 1:25
וכל חיתא ליזנהא וכל **בעירא** ליזנהא וכל ריחשא דרחיש GN 7:14
חמר או תור או אימר וכל **בעירא** למינטור בלא אגר נטיר EX 22:9
די תקרב לציד כל **בעירא** למתהניא מינה ותקטלון ית LV 20:16
אין שלים כספא וגיתי **בעירא** לריבוני לא אישתייר לנא GN 47:18
ויהי על אינשא ועל **בעירא** לשחין סגי שלופוקייון בכל EX 9:9
לקו אוף הינון וכל בוכריה **בעירא** מיתו דמצראי פלחין להון: EX 12:29
למנבח למאינשא ועד **בעירא** מן בגלל דתינדעון דיפריש EX 11:7
חסיר דעתא אנא דאנא **בעירא** מסאבא איתא בעלמא הדין NU 22:30
יהי קודשא: ואין כל **בעירא** מסאבא דלא יקרבון מינה LV 27:11
מסאבתא או בניבלת **בעירא** מסאבתא או בניבלת רחיש LV 5:2
ויתבר מנא או מית **בעירא** מריה לית עימיה שלמא EX 22:13
אנפי ארעא מאינשא עד **בעירא** עד ריחשא ועד עופא GN 6:7
אנפי ארעא מאינשא עד **בעירא** עד ריחשא ועד עופא דפרח GN 7:23
קרבנא קדם ייי ויקם ית **בעירא** קדם כהנא: ויעלי כהנא יתה LV 27:11
באטלות אבנין וית **בעירא** תקטלון בקולפי: ואיתתא די LV 20:15
יתה וית כל דבה וית **בעירה** לפתגם דחרב: וית כל עדאה DT 13:16
ביתיה וית גיתוי וית **בעירויי** וית כל ניכסוי דיקנה GN 36:6
אשארנא משיזיב: לחוד **בעירי** בזנא לנא ועדי קירווייא DT 2:35
ונשייא וטפלא: וכל **בעירי** ועדיי קרווייא בזנא לנא: DT 3:7
זני דכיין וזני דלא דכיין **בעירי** וריחשי ובריית ארעא ליזנה GN 1:24
דכשר קדם ייי: לחוד **בעירי** מעשר קודשיכון דיהוון לכון DT 12:26
חקיל או כרמא וישלח ית **בעיריה** וייכול בחקל גבר אוחרן EX 22:4
גיתיהון וניכסיהון וכל **בעיריהום** הלא דלנא הינון ברם GN 34:23
בארעא והוו זממין **בעיריהון** דלא ייכלון גזלה עד דהוו GN 13:7
ותשקי ית כנישתא וית **בעיריהון**: ודבר משה ית חטר ניסיא NU 20:8
וית בעירת ליואי חלף **בעיריהון** ויהון משמשין קדמי NU 3:45
וית טפלהון וית כל **בעיריהון** וית כל גיתיהון וית כל NU 31:9
ית מאניהון וטכיסו ית **בעיריהון** ועברו ית יורדנא בעשרא DT 34:8
ותוריכון וחמריכון וכל **בעיריכון** וגייוריכון די בקירוויכון מן DT 5:14
לאחך די עיבידו טעינו ית **בעיריכון** וטיילו אובילו לארעא GN 45:17
ותתכל יתכון ותשיצי ית **בעיריכון** מברא ותזער יתכון מלגיו LV 26:22
אנא ייי: ית קיימיי תיטרון **בעירך** לא תרבעיניה עירבובין LV 19:19
ית די פלחתך וית דהוה **בעירך** נטיר עימי: ארום קליל דהוה GN 30:29
עקרין ונשין עקרן ולא **בעירך** עקירן מעמר וחלב וטליי: DT 7:14
פתח וולדא דילי הוא וכל **בעירך** תקדיש מנהון דיכריא דתורי EX 34:19
בתרין סימניא כמישאר **בעירן** ויבדיקנה בתמניסרי טריפן: NU 19:3
טפלנא נשנא גיתנא וכל **בעירנא** יהון תמן בקוריי גלעד: NU 32:26
בוכרא בבני ישראל וית **בעירת** ליואי חלף בעיריהון ויהון NU 3:45
עם יהודאי לחמא ארום **בפירא** דמיצראי דחלין ליה יהודאי GN 43:32
דאינשא ועד בוכרא **דבעירא** בגין כן אנא דבח קדם ייי EX 13:15
נשיא דעל פתי ירכא **דבעירא** וחיותא עד יומא הדין GN 32:33
דא היא גזירת אורייתא **דבעירא** ועופא וכל נפשת חייתא LV 11:46
אחורי ריחייא וכל בוכרא **דבעירא**: ותהי צווחתא רבתא בכל EX 11:5
סילעין וית בוכרא **דבעירא** מסאבא תיפרוק באימרא: NU 18:15
דשערי דהינון מיכלא **דבעירי** לא יריק עלה מישחא ולא NU 5:15
בוולדא דמעכון ובוולדא **דבעיריכון** ובאיבא דארעכון על DT 28:11
לא חייס: ויגמרון וולדא **דבעיריכון** ופירי ארעכון עד DT 28:51
בבני ישראל באינשא **ובבעירא** ביומא דקטלית כל בוכרא NU 8:17
בבני ישראל באינשא **ובבעירא** דילי הוא: ואמר משה EX 13:2
וית כל דברתא באינשא **ובבעירא**: ואייתיאו לות משה ולות NU 31:11
קלמי שלטא באינשא **ובבעירא**: ואמרו איסטגניני פרעה EX 8:14
דרחיש על ארעא בעופא **ובבעירא** ובחיתא ובכל ריחשא GN 7:21
ובעופא דבאויר שמייא **ובבעירא** ובכל ארעא ובכל ריחשא GN 1:26
חיתא דעימכון בעופא **ובבעירא** ובכל חית ארעא דעימכון GN 9:10
מכל בישרא בעופא **ובבעירא** ובכל ריחשא דרחיש על GN 8:17
שלבוקיין סגי באינשא **ובבעירא**: ולא יכילו איסטיגניניא EX 9:10
ית כל גווית אינש **ובעיר** ארעא: ועבד נח ככל דפקדיה GN 7:4
ושיצי ית כל גווית אינש **ובעיר** דעל אנפי ארעא מאינשא עד GN 7:23
דילך בחקלא כל אינשא **ובעירא** דאשתכח בחקלא ולא EX 9:19
לחוד נשיא וטפליא **ובעירא** וכל דיהי בקרתא כל עדאה DT 20:14
מן כל דאית ליה מאינשא **ובעירא** ומחקיל אחסנתיה לא LV 27:28
לבני ישראל קדם ייי: **ובעירי** סגיא הוון לבני ראובן ולבני NU 32:1
ואשתיאת כנישתא **ובעיריהון**: ואמר ייי למשה ולאהרן NU 20:11
ניזיל אין מייך נישתי אנא **ובעיריי** ואיתן דמי טימהון לחוד NU 20:19
לחוד נשיכון טפליכון **ובעיריכון** ידענא ארום בעיר סגי DT 3:19
רבא ואתיין חיוון דכיין **ובעירן** ושתיין מיניה והוו בני EX 16:21
הדין לממת תמן אנחנא **ובעירנא**: ולמא אסיקתונא ממצרים NU 20:4
קלמי בבישרא דאינשא **ודבעירא** כל עפרא דארעא EX 8:13
דעא מתעבדין קטם **ודבעירי** מייתין: ונטלו בני ישראל מן NU 33:4
למיכל לכל עופא דשמיא **ולבעירא** דארעא ולית דמניט יתהון DT 28:26
ולתותבך דדיירין עימך: **ולבעירך** ולחייתא די בארעך תהי LV 25:7
תננא וגומרין דאשא **ומבעיר** שביבין דנור למידן ביה GN 15:17
ומית כל בעירא דמצראי **ומבעירא** דבני ישראל לא מית חד: EX 9:6
יהון: מעופא ליזניה **ומבעירא** ליזניה ומכל ריחשא GN 6:20
ייי דלא נתחשב קדמך **כבעירא** דניכול עיסבא דאפי ברא GN 3:18
למיתב ופרודלהון יהוון **לבעיריהון** ולקניינהון ולכל NU 35:3
ואיתן עיסבא בחקלך **לבעירך** ותיכול ותיסבע: איסתמרו DT 11:15
ואמר דירין דעאן נבני **לבעירנא** הכא וקרוין לטפלנא: NU 32:16
למיחמי והא לא מית **מבעירא** דבני ישראל עד חד EX 9:7

בעל (95)

ומן חיטוייא תבאש עינא **בבעיל** דדמיך בעובה ובברתה: DT 28:56
דעריס ושקרת שקר **בבעלה** וייעלון ויעלון בה מיא NU 5:27
עד דיקטלון קטול רב **בבעלי** דבביהון וביזת קטיליא NU 23:24
בחילא ימינך ייי תכרית **בעל** דבבהון דעמך דקיימין EX 15:6
ומית שאול ומלך תחותוי **בעל** חנן בר עכבור: ומית בעל חנן בר GN 36:38
בעל חנן בר עכבור: ומית **בעל** חנן בר עכבור ומלך תחותוי GN 36:39
דיימרון מצראי בחיר הוא **בעל** צפון מכל טעוותא דאשתייר EX 14:2
לה יסתאב: לא יסתאב **בעלא** לאיתתיה אלהין כד כשרא LV 21:4
דייי: ואוסיפת למילד מן **בעלה** אדם ית תיומתיה וית הבל GN 4:2
ואין מפסא פיתגמא **בעלה** או איבה מקביל ית חובאה: NU 30:16
ואין ביומא דשמע **בעלה** בטיל לה וישרי ית נידרה NU 30:9
נפשהא לא יתקיימון ואין **בעלה** בטילינון ולא ידעת ועברת NU 30:13
ואין מישרא ישרי יתהון **בעלה** ביומא דשמע כל אפקות NU 30:13
היכמא דמשוי עליה **בעלה** דאינתתא ויתן על מימר EX 21:22
דאיתנסיבת נדרת וישמע **בעלה** וביומא דשמע יתכווין NU 30:8
שלה ארום שלי יתה **בעלה** והוה בפסקת כד ילידת יתיה: GN 38:5
נפשה בקיומא: וישמע **בעלה** וישתוק לה ולא בטיל יתה NU 30:12
עלה: ואין עד דהיא בבית **בעלה** ולא בגרת נדרת או אסרת NU 30:11
דעריס ויהי מכסי מעיני **בעלה** ומיטמרא והיא מסאבא NU 5:13
ביומי טליותה והיא בבית **בעלה**: ומליל ייי עם משה למימר: NU 30:17
מנהר ותשכח רחמין קדם **בעלה** ותתעבר בבר דכר: דא אחויית NU 5:28
איסרא לסגפא נפש **בעלה** יקיימינון ובעלה יבטילינון: NU 30:14
ויהבת יתה לאברם **בעלה** ליה לאינתו: ועול לות הגר GN 16:3
חד מנהון לשיזבא ית **בעלה** מיד מחהו ותושיט ידה DT 25:11
ישתוק ומתכוין לה **בעלה** מיומא דשמע ליומא חרן NU 30:15
הדא זימנא יתחבר עימי **בעלי** ארום ילידית ליה תלתא בנין GN 29:34
וברעותהון פכרו שור **בעלי** דבבהון: אמר יעקב ליט הוה GN 49:6
ייי מחר מניכסת קטול **בעלי** דבבוי איליין דכפרין במריהון EX 32:5
דפורענותא יחזר על **בעלי** דבבוי והוא במימריה יכפר על DT 32:43
ומסדר סדרי קרבא עם **בעלי** דבבוי ומקטל מלכין עם GN 49:11
ידוי יתפרען ליה מן **בעלי** דבבוי וסעיד וסמיך מסנאוי DT 33:7
קרבא עד דיתרך ית **בעלי** דבבוי מן קדמוי: ותתכבש NU 32:21
נפיק לסידרי קרבא קבל **בעלי** דבבוי מקטל מלכין עם DT 33:20
בנוי לאתפרקא מן יד **בעלי** דבביהום בדחקותהון בצלו GN 30:8
קל חלשין דמתנצחין מן **בעלי** דבביהון בסידרי קרבא קל EX 32:18
בתקוף רוגזך ויתבדרון **בעלי** דבביהון דעמך ולא יהוי NU 10:35
גיפתנותך תפכר שורי **בעלי** דבביהון דעמך תגרי בהון EX 15:7
יתהון בגלותא בארע **בעלי** דבביהון הא בכין ייתבר LV 26:41
קרבא ודיפיק יתהון מן יד **בעלי** דבביהון ודיעיל יתהון לארעא NU 27:17
דיליה ישיצי ית אומיא **בעלי** דבביהון ותוקפהון יתבר וגירי NU 24:8
כד יהוון גליין בארע **בעלי** דבביהון לא אמאסינון LV 26:44
ולא תיתברון קדם **בעלי** דבביכון: ארום עמלקאי NU 14:42

מימרא דייי תבירין קדם **בעלי** דבביכון באורחא חד תיפקון DT 28:25
תהוון מיטלטלין בארע **בעלי** דבביכון בכין תתנייח ארעא LV 26:34
ית לווטייא האילין על **בעלי** דבביכון דאעיקו יתכון DT 30:7
כל טובא: ותיפלחון ית **בעלי** דבביכון דיגרינון מימרא דייי DT 28:48
ישוי מימרא דייי ית **בעלי** דבביכון דקיימין לקובליכון DT 28:7
וכתייא יכלון יתהון **בעלי** דבביכון: ואיתן פניותא LV 26:16
יתכון במותנא ארע **בעלי** דבביכון: ודמשתייר מנכון LV 26:38
תיפקון לסדרי קרבא על **בעלי** דבביכון וימסרינון ייי אלקכון DT 21:10
בארעכון: ותירדפון ית **בעלי** דבביכון ויפלון קדמיכון LV 26:7
בכון ותיתברון קדם **בעלי** דבביכון וירדון בכון סנאיכון LV 26:17
ולא תיתברון קדם **בעלי** דבביכון: ומלילית לכון ולא DT 1:42
לכון תייקא למקום קדם **בעלי** דבביכון: ותיבידון ביני עממיא LV 26:37
תיפקון לסדרי קרבא על **בעלי** דבביכון ותיחמון סוסוון DT 20:1
ארום תפקון משרויין על **בעלי** דבביכון ותסתמרון מכל DT 23:10
דין לסידרי קרבא על **בעלי** דבביכון לא יזוח ליבכון לא DT 20:3
לאגחא מטולכון עם **בעלי** דבביכון למפרוק יתכון: DT 20:4
ייי אלקכון לכון מן כל **בעלי** דבביכון מן חזור חזור בארעא DT 25:19
יתכון ויניח לכון מכל **בעלי** דבביכון מן חזור חזור ותיבנון DT 12:10
עלמא סביל ויבודור **בעלי** דבביכון מן קדמיכון ויימר DT 33:27
לריבבותא יעריקון ויפלון **בעלי** דבביכון קדמיכון תבירי חרב: LV 26:8
לפולחניה אתעבידו **בעלי** דבבינן סהדינן ודיינן: ארום DT 32:31
לאבהתכון: למידחי ית כל **בעלי** דבבך מן קדמך היכמא דמליל DT 6:19
ויתבדרון סנאך ויעריקון **בעלי** דבבך מן קדמך וביה הוה NU 2:3
סדרי קרבא ואיתן ית כל **בעלי** דבבך קדמך מחזרי קדל: EX 23:27
לה הזעיר הוא דנסיבת ית **בעלי** ואנת בעיא למיסב אוף ית GN 30:15
ארום כדון ירחמנני **בעלי** והיכמה דאיתגלי קדם ייי GN 29:32
חלף דאתכסית מן **בעליך** ליליא חדא וחמית ית גופיך GN 20:16
בי צער תילדין בנין ולות **בעליך** תהי מתויך והוא יהי שליט GN 3:16
איתתא בר מן רשותא **דבעלא** ותיסתאב בתשמיש דעריס: NU 5:29
מבעלי דבבוי וידי **דבעלי** יתושטון לאבאשא ביה ועל GN 16:12
זימנא הדא יהי מדוריה **דבעלי** עימי ארום ילידת ליה שיתא GN 30:20
סטית בר מן רשותא **דבעליך** וארום איסתאבת NU 5:20
תשמישיה בר מן רשותיה **דבעליך**: ויומי כהנא ית איתתא NU 5:20
דעריס בר מן רשותא **דבעליך** תהוי זכאה ממיא מריריא NU 5:19
אמר פרעה רשיעא סנאה **ובעל** דבבא ארדוף בתר עמא בני EX 15:9
נפש בעלה יקיימינון **ובעלה** יבטילינון: ואין משתק NU 30:14
אכלת אישתהון לסנאה **ולבעיל** דבבא דמתחשבין קומיהון NU 21:28
ואכלת ויהבת אף **לבעלה** עימה ואכל: ואתנהרן עיני GN 3:6
ליה לאיתו: לית ליה רשו **לבעלה** קמאה דפטרה מן שירויה DT 24:4
ותזדבנון תמן בשירויא **לבעלי** דבביכון בדמין יקירין היך DT 28:68
יתובון לכון ענכון מסירין **לבעלי** דבביכון ולית לכון פריק: DT 28:31
ייי אגרי דיהבית אמתי **לבעלי** והיכדין עתידין בנוי לקבלא GN 30:18
בבני נשא ידויי יתפרעון **מבעלי** דבבוי וידי דבעלי יתושטון GN 16:12
ייי אלקכון ותתפרקון **מבעלי** דבביכון: וביום חדוותכון NU 10:9
יימרון ידינן אתפרעון לן **מבעלי** דבבינן ולא מן קדם ייי DT 32:27
על שמך ידך יתפרעון לך **מבעלי** דבבך למפתק גירין להון כד GN 49:8
די יגור ית איתת חבריה **מיבעלא** איתקטלא יתקטל על LV 20:10
איתקטלא יתקטל על **מיבעלא** בשינוק סודרא אקושא בגו LV 20:10
אינתתא דאנסת והיא **מיבעלא** לגבר: ואבימלך לא קריב GN 20:3
ויסתכלו ביה ומאן דהיא **מיבעלא** לגבר יתעבדון אפהא NU 31:18
ודעד כדון לא הות **מיבעלא** לגבר לה יסתאב: לא LV 21:3
ולא נשרגג בתולן ולא **נבעול** נשי גוברין אורח מלכא NU 21:22
ולא נאנוס אריסן ולא **נבעול** נשי גוברין באורח מלכא NU 20:17

בעע (2)

קריב למיתי יום תברהון **ומבעא** בישתא דמתעתדא להון: DT 32:35
לטפלנא: ואנחנא נזדרז **מבעין** בגו בני ישראל עד דנעילינון NU 32:17

בער (6)

והיך הוו נפקין מן גוא **בעוריא** וית קל שופרא היך הוה EX 20:18
זיו יקרא דייי הי כאשא **בערא** וזיקוקי אישא אכלא אישא EX 24:17
תגמר יתהון הי כנורא **בערא** שלטא בקשא: ובמימר מן EX 15:7
כאישא נפק מן קדמי **ובערת** בתקוף רוגזי ואייקידת עד DT 32:22
אבנין: עמי בני ישראל לא **תבערון** אשתא בכל אתר EX 35:3
לא תלקיט: וכרמיכון לא **תבערון** טוטלוותהון ונותרא דכרמך LV 19:10

בצא (2)

בחוטרך על נהריא על **ביציא** ועל שיקייא ואסיק ית EX 8:1
דמצראי על נהריהון על **ביציהון** על שיקייאון ועל כל בית EX 7:19

בצל (1)

וית קפלוטיא וית **בצליא** וית תומיא: וכדון נפשנא NU 11:5

בצר (8)

והווין זבנן זיני כיסנין **בבציר** מן טימהון במילכת בלעם NU 24:25
זבנן מיכלא ומישתייא **בבציר** מן טימהון וייתון עמא הדין NU 24:14
עשרין וחד שעין **בציר** מנהון שית מאה ותרין GN 1:16
עד בוכרא דאמתא **בצירתא** דבמצרים דמתיליד לה כד EX 11:5
סלקין ומיטרא לא נחית **ובצורתא** אתיא על עלמא: עמי בני EX 20:16
סלקין ומיטרא לא נחית **ובצורתא** לא אתי על עלמא: עמי DT 5:20
לא תוספון עלוי ולא **תבצרון** מיניה: ארום יקום ביניכון DT 13:1
דאנא מפקיד יתכון ולא **תבצרון** מיניה מן לא למינטור ית DT 4:2

בקיקא (2)

טעוות פחרא מתעבדין **בקיקין** טעוון דעא מתעבדין קטם NU 33:4
טעוות פחרא מתעבדין **בקיקין** טעוות אעא מתעבדין קטם EX 12:12

בקעה (6)

דלא מייבשין נפקין **בביקען** ובטוורין: ארעא דמרביא DT 8:7
שמך ונחתין לאתון נורא **בבקעת** דורא בה שעתא רמז GN 38:25
על ידא דיחזקאל נביא **בבקעת** דורא ואין יחמון כדין EX 13:17
ממדינחא ואשכחו **בקעתא** בארעא דבבל ויתיבו תמן: GN 11:2
תלמידי אליהו דגלו מן **בקעתא** דיריחו וית גלוות תלמידי DT 34:3
למירתה ארע טוורין **וביקען** מן מיטרא דנחית מן שמיא DT 11:11

בקעתא (1)

יוקד: ויסב כהין אוחרן **בקעתא** דקיסא דגולמיש ואיזובא NU 19:6

בקר (3)

חוה לות אדם אליף יתן **למבקרא** מריעין מן דאתגלי בחזוי DT 34:6
מרעיהון ורעי דלוט הוו **מבקרין** ואזלין ואכלין בחקלי GN 13:7
תשבטון זייתיכון לא **תבקרונון** מן בתריכון לגיורא DT 24:20

בקרא (5)

מעיכון ופירי ארעכון **בקרי** תוריכון ועדרי עניכון: בריך DT 26:4
מעיכון ופירי ארעכון **בקרי** תוריכון ועדרי עניכון: ליטין DT 28:18
לכון עיבור משח וחמר **בקרי** תוריכון ועדרי עניכון עד זמן DT 28:51
חמרכון ומישחיכון **בקרת** תוריכון ועדרי עניכון: בריכין DT 7:13
פתוכי ועבידי גריצן: **ולבקרותא** רהט אברהם ונסיב בר GN 18:7

בר (2021)

אברהם ויצחק ואתרעי **בבנוי** דיפקון בתרוי ואפיקינכון DT 4:37
הוה מסתפי דילמא אית **בבנוי** פסולא קרא יתהון ושיילינון DT 6:4
הי כאשמא: כל דכורא **בבני** אהרן ייכלינה קיים עלם LV 6:11
הדא קדמיי לסהיד **בבני** ישראל: ארום אעילינון לארעא DT 31:19
ארום דילי כל בוכרא **בבני** ישראל באינשא ובבעירא NU 8:17
דכוריא פתח כל וולדא **בבני** ישראל באינשא ובבעירא דילי EX 13:2
או דילמא הישתיכח **בבני** ישראל דלא הוה בליביה LV 8:15
ייי יתיה ית כל בוכריא **בבני** ישראל: והוון כל בוכריא NU 3:42
ית ליואי חולף כל בוכרא **בבני** ישראל: ויהבית ית ליואי יהיבין NU 8:18
אנא ייי חלף כל בוכריא **בבני** ישראל וית בעירא דליואי חלף NU 3:41
ית ליואי חלף כל בוכרא **בבני** ישראל וית בעירת ליואי חלף NU 3:45
עלוי וישתרי ליה: יציבא **בבני** ישראל ולגייורי דמתגיירין NU 15:29
מני כל בוכריא דוכריא **בבני** ישראל מבר ירחא ולעילא NU 3:40
על בני ישראל ולא יהי **בבני** ישראל מותא בזמן מיקרב בני NU 8:19
ואיהוא יהוי מדמי לערוד **בבני** נשא ידויי יתפרעון מבעלי GN 16:12
למרחם יתכון ואתרעי **בבניהון** בתריהון כוותכון מכל DT 10:15
קדם בעלה ותתעבר **בבר** דכר: דא אחויית אוריית NU 5:28
מכתש סגירו ארום יהי **בבר** נש ויתיתי לות כהנא: ויחמי LV 13:9
יקומון סהדין שיקרין **בבר** נש לאסהדא ביה סטיא: DT 19:16
וסהיד חד לא יסהד **בבר** נש לממת: לא תקבלון פורקן NU 35:30
ואתן פנוייתא למעסוק **בבר** נשא ההוא די יכול כל אדמא LV 17:10
ואיתן פנויתא למעסוק **בבר** נשא ההוא ואישצי יתיה LV 20:6
רוגזא דייי וחימתיה **בבר** נשא ההוא ותחול ביה כל DT 29:19
כל יציביא בישראל ולא **בבר** עממין יעבד הכדין ית אילין NU 15:13
קדם ייי ארום נגעתון גבר **בבריה** ובאחוי ולאייתאה עליכון EX 32:29
יתיה וכל בוכרא דאינשא **בברך** ולא בעבדך תיפרוק בכספא: EX 13:13
בטליינא ובסבנא ניזיל **בברנא** ובברתנא ניזיל בעננא EX 10:9
רחימתא וסניתא ויהי **ביר** בוכרא לסניתא: ויהי ביום DT 21:15
איתתא וילידת **ביר** בסוף שיתא ירחין וחמת יתיה EX 2:2
גניסתיה ארום לית ליה **ביר** דכר אין לית אנן חשיבין כבר NU 27:4
לכל עמיה למימר כל **ביר** דכר דאיתיליד ליהודאי בנהרא EX 1:22
עילוי מתברא אין **ביר** דכר הוא ותקטלון יתיה ואין EX 1:16
שתין שנין ולעילא אין **ביר** דכר ויהי עילוייה חמיסר LV 27:7
ברת בריה למשה: וילידת **ביר** דכר וקרא שמיה גרשום ארום EX 2:22
ארום תעדי ותיליד **ביר** דכר ותהי מסאבא שבעא יומין LV 12:2
יתיה דהא שרה ילדה **ביר** זכר וחד אתא למשיזבא ית לוט GN 18:2
חרשייא ואמרין לפרעה **ביר** חד עתיד למיהוי מתיליד EX 1:15
מתיל כבר נש דהוה ליה **ביר** יחידאי ואשתבי אזל פרקיה DT 32:50
שרה ארום ילידת ליה **ביר** לאישון: ורבא טליא ואתחסין GN 21:7
בכירותא: ארום יהי לגבר **ביר** סורהבן ומרוד דליתוי מקבל DT 21:18
לבר רחימתא על אנפי **ביר** סניתא דהוא בוכרא: ארום ית DT 21:16
בוכרא: ארום ית בוכרא **ביר** סניתא יהודע לכולא דהוא DT 21:17
תשקר בי ובברי ובביר **בירי** כטיבותא דיעבדית עימך GN 21:23
ויתפרנס עימך: עמי **בית** ישראל לא תיסבון לא שערין LV 25:36
ומן יד רמז יוסף לחושים **בן** דן ונטל סייפא וקטע רישיה GN 50:13
זרעית בנהא ויהי כד יהוון **בנהא** דאיתתא נטרין מצוותא GN 3:15
ומקשקיש כמנחיש **בנהא** דלאה סדר מציטרא חדא GN 43:33
קביל בגין אינתתך ותרין **בנהא** דעימה: ונפק משה מתחות EX 18:6

ואלדעה כל אילין **בנהא** דקטורא: ויהב אברהם במתנה GN 25:4
עלמא ישמעאל ועשו וכל **בנהא** דקטורה יתכנשן כל אילין GN 49:26
קומך מלכוותא כל **בנהא** דקטורה רב ושליט תהי על GN 27:29
אזיל למצרים: וית תרין **בנהא** דשום חד גרשום ארום אמר EX 18:3
היא קדם ייי ולא מרחקין **בנהא** דתיליד מיניה ולא תחייב DT 24:4
בין זרעית בנך ובין זרעית **בנהא** ויהי כד יהוון בנהא דאיתתא GN 3:15
לגולגלתא דאיטימוסין **בנהא** למיתב לעיבידת משכנא GN 24:22
נח ואיתת נח ותלת נשי **בנוהי** עימיה לתיבותא: הינון וכל GN 7:13
קיימין למשעבדא ית **בנוי** אימתא דא היא בבל קבלא דא GN 15:12
וית מדבחא וית אהרן וית **בנוי** איקדש לשמשא קדמוי: ואשרי EX 29:44
רחים ית יוסף מכל **בנוי** ארום איקונין דיוסף דמיין GN 37:3
יהון: ויהון על אהרן ועל **בנוי** בזמן מיעלהון למשכן זימנא או EX 28:43
למילוט יתי כל דכן **בנוי** דאברהם יצחק ויעקב NU 22:30
על אלעזר ועל איתמר **בנוי** דאהרן דאישתיירו למימר: מדין LV 10:16
ואביהוא אלעזר ואיתמר **בנוי** דאהרן: ותעביד לבושי קודשא EX 28:1
משה מן בתר דמיתו תרין **בנוי** דאהרן כהניא רברביא בזמן LV 16:1
ועם אלעזר ועם איתמר **בנוי** דאישתיירו מן יקידתא סיבו LV 10:12
ושמיה דתניין מידד **בנוי** דאליצפן בר פרנך דילידת ליה NU 11:26
גניסת ערן: אילין גניסת **בנוי** דאפרים לסכומהון עשרין NU 26:37
אלפין וארבע מאה: **בנוי** דאשר לגניסתהון לימנה גניסת NU 26:44
יוסף קיים: אילין גניסת **בנוי** דאשר לסכומהון חמשין ותלת NU 26:47
לחופם גניסת חופם: והוו **בנוי** דבלע ארד ונעמן לארד גניסת NU 26:40
בנוי דיוסף לגניסתהון: **בנוי** דבנימין לגניסתהון לבלע NU 26:38
לנעמן גניסת נעמן: איליין **בנוי** דבנימן לגניסתהון וסכומהון NU 26:41
הוא אבא דאדומאי: אילין **בנוי** דגבל גנוסיא דמקדמת דנא GN 36:20
אילין רברבי גנוסיא **בנוי** דגבל דמדורהון מן עלמין GN 36:21
ותרין אלפין ומאתן: **בנוי** דגד לגניסתהון לצפון גניסת NU 26:15
אלפין ושית מאה: אילין **בנוי** דגד לגניסתהון לשוחם גניסת NU 26:42
לגלעד גניסת גלעד: אילין **בנוי** דגלעד איעזר גניסת איעזר NU 26:30
אהרן פריקייא דישראל: **בנוי** דגרשום לבני ושמעי EX 6:17
אלפין ותלת מאה: **בנוי** דזבולן לסרד גניסת סרד לאלון NU 26:26
משתעבד לזעירא אם **בנוי** דזעירא נטרין פיקודייא GN 25:23
וצבויים עד קלרהי: איליין **בנוי** דחם לזרעית יחוסיהון GN 10:20
למיתן לחד מנהון מבשר **בנוי** די ייכול מן דלא אישתייר ליה DT 28:55
אלפין וחמש מאה: **בנוי** דיהודה ער ועונן ומיתו ער ועונן NU 26:19
לחם: וחמא ישראל ית **בנוי** דיוסף ואמר מן מאן איתילידו GN 48:8
אלפין וחמש מאה איליין **בנוי** דיוסף לגניסתהון: בנוי דבנימין NU 26:37
שיתין אלפין וחמש מאה: **בנוי** דיוסף מנשה ואפרים: בנוי NU 26:28
ית חיות ברא הכדין יהוון **בנוי** דיוסף שלטין בעממייא כחדא DT 33:17
מנהון ובהון יהוי וזרעיית **בנוי** דיעקב ישלטון בעממין סגיאין NU 24:7
מבית שכם ונפקו: מותר **בנוי** דיעקב עלו לחלצא קטילייא GN 34:27
להום בנין בתר טובענא: **בנוי** דיפת גמר ומגוג ומדי ויון GN 10:2
בחדווא כדין כד יהון **בנוי** דיצחק ברי עליין לשעת אניקי GN 22:14
חווילא וית יובב כל אילין **בנוי** דיקטן: והוה בית מותבניהון מן GN 10:29
דדמכא בעוביה ובשייר **בנוי** דישייר: מן לא למיתן לחד DT 28:54
נפיש וקדמה: אילין הינון **בנוי** דישמעאל ואילין שומהון GN 25:16
אלפין וחמש מאה: **בנוי** דיששכר לגניסתהון תולע NU 26:23
ואתכנשו לוותיה כל **בנוי** דלוי: ואמר להון כדנן אמר ייי EX 32:26
דשמעון: ואילין שמהת **בנוי** דלוי לייחוסיהון גרשון וקהת EX 6:16
בנוי דיוסף מנשה ואפרים: **בנוי** דמנשה למכיר גניסת מכיר NU 26:29
שנין ומית: ואילן תולדת **בנוי** דנח ואיתיילדו להום בנין בתר GN 10:1
אבוי דכנען: תלתא אילין **בנוי** דנח ומאילן איתבדרו למיתב GN 9:19
עממהון: אילין יחוסי **בנוי** דנח ליחוסיהון בעממיהון GN 10:32
וחד אלפין וחמש מאה: **בנוי** דנפתלי ייחוסיהון לגניסתהון NU 1:42
ותלת אלפין וארבע מאה: **בנוי** דנפתלי לגניסתהון ליחצאל NU 26:48
לאתוראי וישעבדון כל **בנוי** דעבר ברם סופהון דאיליין NU 24:24
משה למישאל ולאלצפן **בנוי** דעוזיאל ליואי חביבא דאהרן LV 10:4
מן ייכול למיקם קדם **בנוי** דעפרון גיברא: ותינדעון יומא DT 9:2
דיצחק אבוי וגופיה קברו **בנוי** דעשו בחקל כפילתא ובתר כן GN 50:13
וית יעלם וית קרח אילין **בנוי** דעשו די איתילידו ליה בארעא GN 36:5
עברין בתהום אחוכון **בנוי** דעשו דיתבין בגבלא וידחלון DT 2:4
בלחודיי: היכמה דעבדו לי **בנוי** דעשו דיתבין בגבלא ומואבאי DT 2:29
ישתעבדון לך אומיא כל **בנוי** דעשו ויגחנון קומך מלכוותא GN 27:29
אילין רישי בית אבהתהון **בנוי** דראובן בוכרא דישראל חנוך EX 6:14
ראובן בוכרא דישראל **בנוי** דראובן חנוך גניסת חנוך לפלוא NU 26:5
אין יתגזר למיהוי לביזתא **בנוי** דשלמיא עד כדי ייתי סנחריב NU 24:22
טור מדינחא: אילין **בנוי** דשם ליחוסיהון במותב GN 10:31
דיפת רבא בדחלתא דייי: **בנוי** דשם עילם ואתור וארפכשד GN 10:22
טמעו בבליעת ארעא: **בנוי** דשמעון לגניסתהון לנמואל NU 26:12
קדמיהון אפליג אחסנת **בנוי** דשמעון לתרין חולקין חולק GN 49:7
רברבני מואבאי וירוקן כל **בנוי** דשת משיריתיה דגוג דעתידין NU 24:17
לקדם אהרן ולקדם **בנוי** הי כמא דפקיד ייי ית משה על NU 8:22
וקמו כל בנוי וכל נשי **בנוי** ואזלו למנחמא ליה וסריב GN 37:35
וקברו יתיה עשו ויעקב **בנוי**: ואילין ייחוסין דעשו הוא GN 35:29

וקריב משה ית אהרן וית **בנוי** ואלבישינון כיתונין וזריז יתהון LV 8:13
ובריך אלקים ית נח וית **בנוי** ואמר להום פושו וסגו ומלו ית GN 9:1
וקריב משה ית אהרן וית **בנוי** ואסחו יתהון במוי: וסדר עלוי LV 8:6
על ידי אהרן ועל ידי **בנוי** וארים יתהון ארמא קדם ייי: LV 8:27
משה ית אינתתיה וית **בנוי** וארכיבינון על חמרא ותב EX 4:20
ייתי מלכא משיחא זעיר **בנוי** ובדיליה יתימסון עממייא: מה GN 49:10
יעקב וכל בנוי עימיה: **בנוי** ובנוי בנוי עימיה בנתיה ובנת GN 46:7
דינה ברתיה כל נפשת **בנוי** וברתיה תלתין ותלת: ובנוי דגד GN 46:15
דנישרא פריס גדפוי על **בנוי** וטעין יתהון וסביל יתהון על DT 32:11
תחומיה דיפת ויתגיירון **בנוי** וישרון במדרשא דשם ויהי GN 9:27
חסידותיה בגין דיפקד ית **בנוי** וית אינש ביתיה בתרויי ויטרון GN 18:19
ודבר עשו ית נשוי וית **בנוי** וית בנתוי וית כל נפשת ביתיה GN 36:6
קדמנא ומחינא יתיה וית **בנוי** וית כל עמיה: וכבשנה ית כל DT 2:33
כתיב ומחו יתיה וית **בנוי** וית כל עמיה עד די לא שיירו NU 21:35
ית אהרן וית לבושוי וית **בנוי** וית לבושי בנוי עימיה: ואמר LV 8:30
וקם יעקב וסובר ית **בנוי** וית נשוי על גמלייא: ודבר ית GN 31:17
מליל עם אהרן ועם **בנוי** ויתפרשון מקודשיא דבני LV 22:2
בנוי עימיה בנתיה ובנת **בנוי** וכל זרעיה אייתי עימיה GN 46:7
יומין סגיאין: וקמו כל **בנוי** וכל נשי בנוי ואזלו למנחמא GN 37:35
ופסק יעקב לפקדא ית **בנוי** וכנש ריגלוי לגו דרגשא GN 49:33
כהנא דיקום בתרוי מן **בנוי** ולא מן ליואי בזמן דיעולו EX 29:30
קיים דלא למידן ביה **בנוי** ולמפרוקינון ממלכותא למימר GN 15:18
על אהרן ועל לבושוי ועל **בנוי** ועל לבושוי בנוי עימיה וקדיש LV 8:30
על אהרן ועל לבושוי ועל **בנוי** ועל לבושי בנוי עימיה: ותיסב EX 29:21
מליל עם אהרן ועם **בנוי** ועם בני ישראל ותימר להון דין LV 17:2
משה עם אהרן ועם **בנוי** ועם כל בני ישראל: ומליל ייי LV 21:24
מליל עם אהרן ועם **בנוי** ועם כל בני ישראל ותימר להון LV 22:18
ותרין חולקין מן תרין **בנוי** ושתיו ורוויו עימיה דמן יומא GN 43:34
כולא על ידי אהרן ועל **בנוי** ותרים יתהון ארמא קדם ייי: EX 29:24
ליואי קדם אהרן וקדם **בנוי** ותרים יתהון ארמא קדם ייי: NU 8:13
ויהי ביום אחסנותיה ית **בנוי** ית ניכסין דיהי ליה לית ליה DT 21:16
דפקידינון: ונטלו יתיה **בנוי** לארעא דכנען ושמיע פיתגמא GN 50:13
לי תרין והכדין עתידין **בנוי** לאתפרקא מן יד בעלי GN 30:8
די בעברא דיירדנא: ועבדו **בנוי** ליה היכדין כמה דפקידינון: GN 50:12
ובתר כן קברו יתיה **בנוי** ליעקב במערת חקל כפילתא GN 50:13
בנין והיכדין עתידין **בנוי** למיהויהון מתחברין לשמשא GN 29:34
מליל עם אהרן ועם **בנוי** למימר דא אורייתא דחטאתא LV 6:18
למימר: פקיד ית אהרן וית **בנוי** למימר דא אורייתא דעלתא LV 6:2
מליל עם אהרן ועם **בנוי** למימר כדנא תברכון ית בני NU 6:23
מני ארום כדין עתידין **בנוי** למעבר בחגא דמטלייא ואריק GN 35:14
יתיה יצחק וישמעאל **בנוי** למערת כפילתא לחקיל עפרון GN 25:9
לבעלי והיכדין עתידין **בנוי** לקבלא אגר טב על דאינון GN 30:18
בנין והכדין עתידין **בנוי** לקבלא חולק טב וקרת שמיה GN 30:20
ישראל והכדין עתידין **בנוי** לשבחא קדם ייי על טב פירי GN 30:13
לאהרן כהנא וית לבושי **בנוי** לשמשא: הי ככל מה דפקד ייי EX 39:41
לאהרן כהנא וית לבושי **בנוי** לשמשא: וית משח רבותא וית EX 31:10
דלאהרן כהנא וית לבושי **בנוי** לשמשא: ונפקו כל כנישתא EX 35:19
ותקרב ית אהרן וית **בנוי** לתרע משכן זימנא ותסחי EX 40:12
ויהי אין תטעי ותחית ית **בנוי** מלמיטר פיקודי אורייתא בכין GN 27:40
ולא דעביד תתובא מן בני **בנוי** עד עלמא ומחאי ית מצראי EX 2:12
ואתו למצרים יעקב וכל **בנוי** עימיה: בנוי ובנוי בנוי עימיה GN 46:6
וכל בנוי עימיה: בנוי ובנוי **בנוי** עימיה בנתיה ובנת בנוי וכל GN 46:7
וית בנוי וית לבושי **בנוי** עימיה: ואמר משה לאהרן LV 8:30
ועל בנוי ועל לבושוי **בנוי** עימיה וקדיש ית אהרן וית LV 8:30
ועל בנוי ועל לבושי **בנוי** עימיה: ותיסב מן דיכרא תרבא EX 29:21
יתהון ית אהרן אחוך וית **בנוי** עימיה ותרביה יתהון ותקריב EX 28:41
שכיב מרע ודבר ית תרין **בנוי** עימיה ית מנשה וית אפרים: GN 48:1
נח ובנוי ואינתתיה ונשי **בנוי** עימיה: כל חיתא כל ריחשא GN 8:18
נח ובנוהי ואינתתיה ונשי **בנוי** עימיה לתיבותא מן קדם מוי GN 7:7
לוותך ית אהרן אחוך וית **בנוי** עימיה מגו בני ישראל לשמשא EX 28:1
אתא מזלא טבא ברם **בנוי** עתידין למירות אחסנתהון GN 30:11
ולאלעזר ולאיתמר **בנוי** רישיכון לא תרבון פרוע LV 10:6
בני ישראל: וית אהרן וית **בנוי** תמני ויטרון ית כהונתהון NU 3:10
לאבוי למימר ית תרין **בנוי** תקטל בשמתא אין לא GN 42:37
רישיה ותרבי יתיה: וית **בנוי** תקריב ותלבישינון כיתונין: EX 29:8
יתיה וישמש קדמי: וית **בנוי** תקריב ותלבישינון כיתונין: EX 40:14
באסלא: וית אהרן וית **בנוי** תקריב לתרע משכן זימנא EX 29:4
קדם ייי: וית אהרן וית **בנוי** תרבי ותקדש יתהון לשמשא EX 30:30
אלילי: תריסר אנן אחין **בני** אבא חד לית אנן ידעין מה הוה GN 42:32
מקדמין למשאל בשלמך **בני** אבוך: מדמי אנא לך יהודה ברי GN 49:8
בשמת איתת עשו: ואילין **בני** אהליבמה איתת עשו רבא יעוש GN 36:18
איתת עשו: ואילין הוו **בני** אהליבמה ברת ענה ברת צבעון GN 36:14
במדבחא יתקדש מן **בני** אהרן ברם משאר עמא לית EX 29:37
קודשיא וית תריב מן **בני** אהרן דיליה תהי שקא דימינא LV 7:33

ייי למשה אימר לכהניא **בני** אהרן דכוריא דיתפרשון מן LV 21:1
דריגליה ימינא: וקריב ית **בני** אהרן ויהב משה מן אדמא על LV 8:24
דחטאתא דידיה: וקריבו **בני** אהרן ית אדמא לוותיה וטבל LV 9:9
די לעמא ואקריבו **בני** אהרן ית אדמא ליה ודרקיה על LV 9:18
קדם משכן זימנא וידרקון **בני** אהרן ית אדמיה על מדבחא LV 3:8
קדם משכן זימנא וידרקון **בני** אהרן ית אדמיה על מדבחא LV 3:13
יתה לפסגהא: ויתנון **בני** אהרן כהנא אישתא על מדבחא LV 1:7
בר תורי קדם ייי ויקרבון **בני** אהרן כהנא ית אדמא במניא LV 1:5
דמנחתא דיקרבון יתה **בני** אהרן כהנא קדם ייי לקדם LV 6:7
משכן זימנא וידרקון **בני** אהרן כהניא ית אדמא על LV 3:2
ציפונא קדם ייי וידרקון **בני** אהרן כהניא ית אדמיה LV 1:11
על אישתא: ויסדרון **בני** אהרן כהניא ית פסגייא וית LV 1:8
דסיני:: ואילין שמהת **בני** אהרן כהניא תלמידיא דמשה NU 3:3
יקרב גבר חילוניי דלא מן **בני** אהרן לאסקא קטורת בוסמין NU 17:5
ונכס ית עלתא ואקריבו **בני** אהרן ליה ית אדמא ודרקיה על LV 9:12
יעדינה: ויסקון יתיה **בני** אהרן למדבחא על עלתא דעל LV 3:5
בצלו על אנפיהון: ונסיבו **בני** אהרן נדב ואביהוא גבר LV 10:1
במשח ומנגבה לכל **בני** אהרן תהי גבר כאחוי: ודא LV 7:10
תוב ית ארעא בגין חובי **בני** אינשא ארום יצרא דליבא GN 8:21
יתאפרש כען קדמך בין **בני** אינשא ובין בני בעירא: בליעות GN 3:18
דלטא ייי בגין חובי **בני** אינשא: וחיא למך בתר דאולד GN 5:29
ודעבד לדתן ולאבירם **בני** אליאב בר ראובן דפתחת ארעא DT 11:6
קהת בר לוי ודתן ואבירם **בני** אליאב ואון בר פלת בני ראובן: NU 16:1
דינא רבא לדתן ולאבירם **בני** אליאב ואמרו לא ניסוק: הזעירא NU 16:12
אילין רברבי בני עשו **בני** אליפז בוכרא דעשו רבא תימן GN 36:15
בשמת איתת עשו: והוו **בני** אליפז תימן אומר צפו וגעתם GN 36:11
מקדמין למשאל בשלמך **בני** אמך לייטך ברי יהון ליטין GN 27:29
ונטיל טיקס משיריית **בני** אפרים לחיליהון ורבא דהוה NU 10:22
אלפין ושבע מאה: אילין **בני** אפרים לסכומהון לשותלח NU 26:35
וישבן ויתרן וכרן: אילין **בני** אצר בלהן וזעון ועקן: אילין בני GN 36:27
חמוי ואזל ליה לגיירא כל **בני** ארעא: בירחא תליתאה לאפקות EX 18:27
לא דמיין עובדוי לעובדי **בני** ביסרא דמתמלכין ותייבין ממה NU 23:19
וגוני ויצר ושלם: אילין **בני** בלהה דיהב לבן לרחל ברתיה GN 46:25
והוא טלה מתרבי עם **בני** בלהה ועם בני זלפה נשיא דאבוי GN 37:2
ולא דעביד תתובא מן **בני** בנוי עד עלמא ומחאי ית מצראי EX 2:12
אברהם יצחק ויעקב דמן **בני** בניהון עתידין למשתעבדא GN 40:12
קדמך בין בני אינשא ובין **בני** בעירא: בליעות כף ידך תיכול GN 3:18
בארעא דאדום אילין **בני** בשמת איתת עשו: ואילין בני GN 36:17
שמה ומזה אילין הוון **בני** בשמת איתת עשו: ואילין הוו GN 36:13
תריסר עבדך אחין אנחנא **בני** גברא חד בארעא דכנען והא GN 42:13
למזבון עיבורא: כולנא **בני** גברא חד נחנא מהימני אנחנא GN 42:11
מפומכון תעבדון: ואמר **בני** גד ובני ראובן באסכמותא חדא NU 32:25
בארעא דכנען: ואתיבו **בני** גד ובני ראובן ואמרו ית כל NU 32:31
כשר לבית בעיר: ואתו **בני** גד ובני ראובן ואמרו למשה NU 32:2
משה להון אין יעיברון **בני** גד ובני ראובן עימכון ית יורדנא NU 32:29
ארעא חזור חזור: ובנו **בני** גד ית מדבשתא וית מכללתא NU 32:34
אראלי: אילין גניסתא **בני** גד לסכומהון ארבעין אלפין NU 26:18
או לאימר בר אימרי או **בני** גדייא: כחושבן תורי ואימרי NU 15:11
ית כל תרבא דחפא על **בני** גווא וית דמשתאר על חצר EX 29:13
וית תרבא דחפי ית **בני** גווא וית דמשתאר על חצר EX 29:22
ונסיב ית כל תרבא דעל **בני** גווא וית חצר כבדא וית תרתין LV 8:16
וית כל תרבא דעל **בני** גווא וית חצר כבדא וית תרתין LV 8:25
פסגויא וית תרבא: וית **בני** גווא וית ריגלאה חליל במוי LV 8:21
על מדבחא: וחליל ית **בני** גווא וית ריגלייא ואסיק על LV 9:14
וית תרבי דחפי ית **בני** גווא: וית תרתין כוליין וית LV 7:3
ומן דיכרא אליתא ודחפי **בני** גווא וכולייתא וחצר כבדא: LV 9:19
על רישיה ועל ריגלוי ועל **בני** גוויה ורעייה: ויפיק ית כל תורא LV 4:11
תפסיג לפסגוי ותחליל **בני** גווייה וכרעוי ותסדר אל איברוי EX 29:17
עם רישיה עם ריגלוי ועם **בני** גויה: ולא תשיירון מיניה עד EX 12:9
מבועי תהומא רבא והוון **בני** גיברייא משוויין תמן בניהון GN 7:11
בארעא דישראל על **בני** גלוותא ברם קיריס איטימוס NU 11:26
ימא דסוף וגבורת ידיה **בני** גללייא עניין ואמרין איליין EX 15:18
רישי אבהתא לגניסת **בני** גלעד בר מכיר בר מנשה מגניסת NU 36:1
למימר: קביל ית חושבון **בני** גרשון אף הינון לבית אבהתהון NU 4:22
דא היא פולחנת גניסת **בני** גרשון במשכן זימנא ומטרתהון NU 4:28
אליסף בר לאל: ומטרת **בני** גרשון במשכן זימנא משכנא NU 3:25
ומתפרק משכנא ונטלין **בני** גרשון ובני מררי נטלי משכנא: NU 10:17
מיניין סכומי גניסת **בני** גרשון כל דיפלח במשכן זימנא NU 4:41
בידא דמשה: ומניין סכומי **בני** גרשון לגניסתהון ולבית NU 4:38
ומררי: ואילין שמהת **בני** גרשון לגניסתהון לבני ושמעי: NU 3:18
דאהרן ובנוי יהי כל פולחן **בני** גרשון לכל מטולהון ולכל NU 4:27
תריכין ויהוון תריכין **בני** דגבלא מן קדם ישראל סנאיהון NU 24:18
משכניה בגו שיבטא **בני** דדן ולא שבקוה מן בגלל LV 24:10
בת ענה: ואילין **בני** דישן חמדן וישבן ויתרן וכרן: GN 36:26

בלהן וזעון ועקן: אילין **בני** דישן עוץ וארם: אילין רברבי GN 36:28
ונטיל טיקס משיריית **בני** דן מכניש לכל משירייתא NU 10:25
עם טוב פטימין ודיכרין **בני** דענין שמינין ממתנן וגדאין DT 32:14
אילין: ואמר יוסף לאבוי **בני** הינון דיהב לי מימרא דייי בדין GN 48:9
ומן מישתיא ומן הניית בי **בני** ותמרוקא ומסנא ותשמיש LV 16:29
מן מיכלא ומישתיא מבי **בני** ותמרוקא מסנדלא ותשמיש NU 29:7
ומשיתיא והניית בי **בני** ותמרוקין ותשמיש ערסא LV 23:27
חבר ומלכיאל: אילין **בני** זלפה דיהב לבן ללאה ברתיה GN 46:18
אפוי דאבא:: ושדרו ביד **בני** זלפה ובני בלהה ית פרגוד מצייר GN 37:32
מתרבי עם בני בלהה ועם **בני** זלפה נשיא דאבוי ואייתי יוסף GN 37:2
מאתן אלפין גוברין **בני** חילא משיבטא דאפרים EX 13:17
ית כספא דמליל באנפי **בני** חיתאה ארבע מאה סילעין GN 23:16
לאחסנת קבורתא מן **בני** חיתאה: ואברהם סיב על ביומין GN 23:20
קבורתא: ועפרן יתיב בגו **בני** חיתאה ואתיב עפרן חיתאה ית GN 23:10
וגחן ליה אברהם באנפי **בני** חיתאה: ומליל עם עפרון באנפי GN 23:12
חקלא ומערתא דביה מן **בני** חיתאה: ופסק יעקב לפקדא ית GN 49:32
ית מיתי תמן: ואתיבו **בני** חיתאה ית אברהם למימר ליה: GN 23:5
לאברהם לזבינוי באנפי **בני** חיתאה לכל עלי תרע קרתי: ומן GN 23:18
חיתאה ית אברהם באנפי **בני** חיתאה לכל עלי תרע קרתיה GN 23:10
על מיתיה ומליל עם **בני** חיתאה למימר: דייר ותותב אנא GN 23:3
חקלא דיזבן אברהם מן **בני** חיתאה תמן איתקבר אברהם GN 25:10
דפרס תמן משכניה מן יד **בני** חמור אבוי דשכם במאה GN 33:19
ודברית יתכון מביניהון **בני** חרי והלכית יתכון בקומא LV 26:13
וחסת עלוי ואמרת מן **בני** יהודאי הוא דין: ואמרת אחתיה EX 2:6
חד יפוק ליה מגו אחסנת **בני** יהודה וחולק חד ביני שאר GN 49:7
בארעא דכנען: והוו **בני** יהודה לגניסתהון לשלה גניסת NU 26:20
ונטיל טיקס משיריית **בני** יהודה לחיליהון ורבא דהוה NU 10:14
רברבין או תרין גוזלין **בני** יוון וייתי יתהון לקדם ייי לתרע LV 15:14
רברבין או תרין גוזלין **בני** יוון ותייתי יתהון לות כהנא LV 15:29
שפנינין או תרין גוזלין **בני** יוון חד לעלתא וחד לחטאתא LV 12:8
שפנינין או תרין גוזלין **בני** יוון לוות כהנא לתרע משכן NU 6:10
רברבין או תרין גוזלין **בני** יוון מה דתספוק ידיה ויהי חד LV 14:22
רברביא או מן גוזלין **בני** יוון מן מה דמספקא ידיה: ית מה LV 14:30
רברבין או תרין גוזלין **בני** יוניא וייתי ית קורבניה דחב חד LV 5:11
ויקרב מן שפנינייא או מן **בני** יוניא ית קורבניה ברם שפניניא LV 1:14
רברבין או תרין גוזלין **בני** יוניא קדם ייי חד לחטאתא וחד LV 5:7
דלאה גד ואשר אילין **בני** יעקב דאיתילידו ליה בפדן GN 35:26
חוזרניהום ולא רדפו בתר **בני** יעקב: ואתא יעקב ללוז דבארעא GN 35:5
יומיא: אתכנשו ושמעו **בני** יעקב וקבילו אולפן מן ישראל GN 49:2
ית ריבא לאינתו: ואתיבו **בני** יעקב ית שכם וית חמור אבוי GN 34:13
דאיתיליד בנימין הוו **בני** יעקב תריסר: בני לאה בוכרא GN 35:22
נטלו מן כופרני בירי **בני** יעקן למוסרה תמן אגח עימהון DT 10:6
ויפרש ית מחתיא מן **בני** יקידיא וית אישתא בדרי להאל NU 17:2
לאברהם: ואילין שמהת **בני** ישמעאל בשומהון לתולדתהון GN 25:13
כמן פס דבר: אמרין **בני** ישראל אורייתא פקיד לנא DT 33:4
די סדר משה קדם **בני** ישראל: אילין סהידוותא DT 4:44
להון אחסנא בגו **בני** ישראל: אילין סכומי משה NU 26:62
לאוניא ית חבריה: עמי **בני** ישראל אין אתון זבנין חקיל או LV 25:15
ובכן צווח ואמר עמי **בני** ישראל אנא הוא ייי אלקכון די EX 20:2
בטורא כד אמר: עמי **בני** ישראל אנא הוא ייי אלקכון די DT 5:6
דקודשי ואתקדש בגו **בני** ישראל אנא ייי מקדשכון: LV 22:32
להון לאלקא: וידעון **בני** ישראל ארום אנא ייי אלקין די EX 29:46
ארום לא אתמניו בגו **בני** ישראל ארום לא איתיהיבת NU 26:62
לאילין נעירדון מן עמא **בני** ישראל ארום מימרא דייי הוא EX 14:25
דלא קדישתון יתי במצע **בני** ישראל: ארום מקבל תחמי ית DT 32:51
דישראל: ושדר בוכרי **בני** ישראל ארום עד ההיא שעתא EX 24:5
קיים עלם: בין מימרי ובין **בני** ישראל את היא לעלם ארום EX 31:17
לקדמותך: ואמרו ליה **בני** ישראל באיסרטיא דמלכא ניזיל NU 20:19
דפקד ייי לאחסנא ית **בני** ישראל בארעא דכנען: ומליל ייי NU 34:29
ייי ית משה למיגזור עם **בני** ישראל בארעא דמואב בר מן DT 28:69
על ימא ובזעהו ויעלון **בני** ישראל בגו ימא ביבשתא: ואנא EX 14:16
שיבטוי דיעקב: ועלו **בני** ישראל בגו ימא ביבשתא ומיא EX 14:22
ענני יקרא אותיבית ית **בני** ישראל בזמן דהנפיקית יתהון LV 23:43
אתיב ית ריתחי מעל **בני** ישראל בזמן דקני ית קנאתי NU 25:11
ודיניא דמליל משה עם **בני** ישראל בזמן מפקהון ממצרים: DT 4:45
ויטול אהרן ית שמהת **בני** ישראל בחשן דינא על ליביה EX 28:29
מטול לאחוואותהון לות **בני** ישראל בטוורא דסיני: ומליל ייי LV 27:34
דיהב ייי בין מימריה ובין **בני** ישראל בטוורא דסיני על ידא LV 26:46
דשעבידו מצראי ית **בני** ישראל בטינא ובליבנין והוואן EX 24:10
יקרא מעילוי משכן נטלין **בני** ישראל בכל מטלניהון: ואין לא EX 40:36
מנהר בליליא וחמיין כל **בני** ישראל בכל מטלניהון: והוה כיון EX 40:38
ואהרן כהנא די סכמון ית **בני** ישראל במדברא דסיני: ארום NU 26:64
דשקרתון במימרי במצע **בני** ישראל במוי מצות רקם מדברא DT 32:51
למימר כדנא תברכון ית **בני** ישראל במיפרסהון ידיהון על NU 6:23

כהנא די סכמון ית **בני** ישראל במישריא דמואב על NU 26:63
ייי בידא דמשה לות **בני** ישראל במישריא דמואב על NU 36:13
ייי דחס במימריה על בתי **בני** ישראל במצרים בחבלותיה ית EX 12:27
להון: ויומייא דיתיבו **בני** ישראל במצרים תלתין שמיטין EX 12:40
ישראל למפלח ית פולחן **בני** ישראל במשכנא זימנא ולכפרא NU 8:19
ואמטוליה לא שיציית ית **בני** ישראל בקינאתי: בשבועא אימר NU 25:11
ושעבידו מצראי ית **בני** ישראל בקשייו: ואמרירו ית EX 1:13
ניכסת פיסחא נפקו **בני** ישראל בריש גלי למחמיהון NU 33:3
ואמר משה ואהרן לכל **בני** ישראל ברמשא ותינדעון ארום EX 16:6
משה למימר: מליל עם **בני** ישראל גבר או איתא די יעבדון NU 5:6
נתוב לבתנא עד דיחסנון **בני** ישראל גבר אחסנתיה: ארום לא NU 32:18
בהון תפלחון ובאחיכון **בני** ישראל גבר בחבריה לא LV 25:46
מן קדם ייי: וישרון **בני** ישראל גבר על בית משרוי וגבר NU 1:52
ולבנוי לקיים עלם מן **בני** ישראל: דא היא אורייתא LV 7:34
ממלאכא מחבלא לכל **בני** ישראל דבמצרים וכן למפרקהון EX 12:42
עלי ית תורעמות **בני** ישראל דהינון מתרעמין עלי NU 14:27
מיני ית תורעמות **בני** ישראל דהינון מתרעמין עליכון: NU 17:20
לבני אהרן דיזהרון ית **בני** ישראל די טעמון בדכותא LV 11:1
על שמיה: איליין מטלני **בני** ישראל די נפקו מארעא דמצרים NU 33:1
ייי ית משה: ומפלגות **בני** ישראל די פליג משה מן גובריא NU 31:42
אלקא חננא אנא: עמי **בני** ישראל דייניכון לא תקילון EX 22:27
ובישריה ייכלון דכיין בגו **בני** ישראל: דין הוא חד מארבעה NU 9:7
טלי או גבר סיב מן גניסת **בני** ישראל דיעבר מזרעיה למולך LV 20:2
לכון תיבנא: ולקו סרכי **בני** ישראל דמנו עליהון שולטני EX 5:14
בה: ולחוד קימי ית אניק **בני** ישראל דמצראי משעבדין EX 6:5
פרעה לדתן ולאבירם **בני** ישראל דמשתיירין במצרים EX 14:3
למצרים: ואילין שמהת **בני** ישראל דעלו למצרים יעקב GN 46:8
דמצרים: ואילין שמהת **בני** ישראל דעלו למצרים עם יעקב EX 1:1
תלתא יומין ובכל **בני** ישראל הוה נהורא למקבור EX 10:23
למיסב ליה נכסוי עמי **בני** ישראל הוו דכירין ארום דיירין EX 22:20
ית יומא דשבתא: עמי **בני** ישראל הוו זהירין גבר באיקרא DT 5:16
דשבתא וקדיש יתיה: עמי **בני** ישראל הוו זהירין גבר ביקרא EX 20:12
מעילוי אפי ארעא: עמי **בני** ישראל הוו זהירין דלא תנסון ית DT 6:16
קדמי לריח רעוא עמי **בני** ישראל הוו זהירין למקרבא NU 28:2
בשמיה על מגן: עמי **בני** ישראל הוו נטרין ית יומא DT 5:12
בשמיה על מגן: עמי **בני** ישראל הוון דכירין יומא EX 20:8
קרבנא לשמא דייי: עמי **בני** ישראל היכמא דאנא רחמן LV 22:28
ולבא דפרעה ולא פטר ית **בני** ישראל היכמא דמליל ייי בידא EX 9:35
וליואי לא אתמניין בגו **בני** ישראל היכמא דפקד ייי ית NU 2:33
גחנו וסגידו: ואזלו ועבדו **בני** ישראל היכמא דפקיד ייי ית EX 12:28
מתגייר ביניהון: ועבדו כל **בני** ישראל היכמא דפקיד ייי ית EX 12:50
משכן זימנא ועבדו **בני** ישראל היכמא דפקיד ייי ית EX 39:32
שיבטא דאבהתוי ידבקון **בני** ישראל::: היכמא דפקיד ייי ית NU 36:7
חריפין דמתמנן רישין על **בני** ישראל הינון: ואילין שמהתן NU 13:3
מתנסבן על שמהת **בני** ישראל הינון תרתיסירי על EX 28:21
במדברא: ואמרו להון **בני** ישראל הלואי דמיתנא במימרא EX 16:3
בארע דרומא כד אתו **בני** ישראל ואגיח בהון וגמרו יתהון NU 33:40
קדמוי: ואשרי שכינתי בגו **בני** ישראל ואהוי להון לאלקא: EX 29:45
ליואי הכדין עבדו להון **בני** ישראל: ואידכיאו ליואי וחוורו NU 8:20
ייי הא אנא אזיל לות **בני** ישראל ואימר להון ייי אלקא EX 3:13
ולבא דפרעה ולא פטר ית **בני** ישראל: ואמר ייי למשה ארים ית EX 10:20
על משה ועל אהרן כל **בני** ישראל ואמרו להון כל כנישתא NU 14:2
ותבו ובכו ברם אף **בני** ישראל ואמרו מאן יכלינּנא NU 11:4
מואבאי בחייהון מן קדם **בני** ישראל: ואמרו מואבאי לסבי NU 22:3
וישוון ית בירכת שמי על **בני** ישראל ואנא במימרי איברכינון: NU 6:27
יהי תוב רוגזא דהוה על **בני** ישראל: ואנא הא קריבית ית NU 18:5
חושבנהון לא תקבל בגו **בני** ישראל: ואנת מני ית ליואי על NU 1:49
ייי קיים עלם לדריהון מן **בני** ישראל: ואנת קריב לוותך ית EX 27:21
אישא והוון חמן ותמהין **בני** ישראל: ואעל משה בגו עננא EX 24:17
אלקכון: ומליל משה עם **בני** ישראל ואפיקו ית מרגזא LV 24:23
ושמעו ארום דכיר ייי ית **בני** ישראל וארום גלי קדמוי EX 4:31
חטריא מן קדם ייי לכל **בני** ישראל ואשתמודעו ונסיבו גבר NU 17:24
פיתגמייא דתמליל עם **בני** ישראל: ואתא משה ביומא ההוא EX 19:6
פיתגמייא האיליין עם כל **בני** ישראל ואתאבלו עמא לחדא: NU 14:39
מלכא דמצרים ורדף בתר **בני** ישראל ובני ישראל נפקין בידא EX 14:8
ליואי היא אחסנתהון בגו **בני** ישראל: וברם חקיל פרוילי LV 25:33
עוברתא דקציצו מתמן **בני** ישראל והוה חמרא נטיף מיניה NU 13:24
ייי ית משה הכדין עבדו **בני** ישראל: והוו גובריא דהוו NU 9:5
ואתכליית מותנא מעילוי **בני** ישראל: והוו סכום דמיתו NU 25:8
כגלידא דעל ארעא: וחמון **בני** ישראל והוון תמהין ואמרין EX 16:15
מגו עמי אוף אתון אוף **בני** ישראל וזילו פלחו קדם ייי EX 12:31
מטרת מקדשא למטרת **בני** ישראל וחילוניי דיקרב יתקטל NU 3:38
דילכון הוא: ועבדו כן **בני** ישראל ויהב להום יוסף סדני על GN 45:21
עליכון: ומליל משה עם **בני** ישראל ויהבו ליה כל אמרכלהון NU 17:21

ליואי ארמא קדם ייי מן **בני** ישראל ויהון למפלח ית פולחנא NU 8:11
ייי: ותפרש ית ליואי מגו **בני** ישראל ויהון משמשין קדמי NU 8:14
קדמת לדידך מליל עם **בני** ישראל ויטלון: ואנת ארים ית EX 14:15
ייי למימר מליל עם **בני** ישראל ויסבון לך מאפרשות NU 19:2
דנחשא: ואנת תפקד ית **בני** ישראל ויסבון לך מישחא EX 27:20
עם משה למימר: פקיד ית **בני** ישראל ויסבון מן דילך משח LV 24:2
משה למימר: מליל עם **בני** ישראל ויסבון קדמי אפרשותא EX 25:2
עם משה למימר: פקיד ית **בני** ישראל ויפטרון מן משריתא כל NU 5:2
ויקדשיניה מסואבות **בני** ישראל: ויפסוק מן למכפרא על LV 16:19
יהיבין ומסירין ליה מלות **בני** ישראל: וית אהרן וית בנוי תמני NU 3:9
ויודי עלוי ית כל עוויית **בני** ישראל וית כל מרודיהון לכל LV 16:21
משה למימר: מליל עם **בני** ישראל ויתובון לאחוריהון EX 14:2
דיריחו למימר: פקד ית **בני** ישראל ויתננון ליואי מאחסנת NU 35:2
ואתעברת וילידת בר בגו **בני** ישראל וכד הוון ישראל שריין LV 24:10
מוי דנחלא ואשקי ית **בני** ישראל וכל מאן דיהב תמן EX 32:20
זימנא ולכפרא על **בני** ישראל ולא יהי בבני ישראל NU 8:19
משכנא למישרי עלוי שרן **בני** ישראל ולא נטלין ובזמן NU 9:22
ייי: ומליל משה כדין עם **בני** ישראל ולא קבילו מן משה EX 6:9
אנא חלקך ואחסנתך בגו **בני** ישראל: ולבנוי דלוי הא יהבית NU 18:20
ית חיסודא דמצרים מעל **בני** ישראל ולמגזר יתהום מעיברא GN 30:23
משכניה תסבון: ועבדו כן **בני** ישראל ולקיטו מנא מאן דאסגי EX 16:17
ואהרן וכנשו ית כל סבי **בני** ישראל: ומליל אהרן ית כל EX 4:29
אהרן ועם בנוי ועם כל **בני** ישראל: ומליל ייי עם משה LV 21:24
ייי עם משה היכדין עבדו **בני** ישראל: ומליל ייי עם משה NU 5:4
מיליא מסואבות **בני** ישראל וממרודיהון לכל LV 16:16
ואזדרזון אהרן ובנוי וכל **בני** ישראל ונסיבו ית מה דפקיד LV 9:5
דבבא ארדוף בתר עמא **בני** ישראל ונרע יתהון שריין על גיף EX 15:9
משה למימר: מליל עם **בני** ישראל וסב מינהון חוטרא NU 17:17
עלוי וקבילו אולפן מיניה **בני** ישראל ועבדו היכמה דפקיד ייי DT 34:9
מימרא דייי ונסבוהי **בני** ישראל ועבדו מיניה נגרא EX 26:28
משכנא ובתר כן נטלין **בני** ישראל: ועל פום מימרא דייי NU 9:17
שריא ביניהון: ועבדו כן **בני** ישראל ופטרו יתהון למיברא NU 5:4
הדא ואלפא ית **בני** ישראל: ופקיד ית יהושע בר נון DT 31:22
כדין איתקריבו כל **בני** ישראל ופקידינון ית כל מה EX 34:32
אוף יומא דין: ואתו סרכי **בני** ישראל וצווחו קדם פרעה EX 5:15
ייי דשכינתי שריא בגו **בני** ישראל: וקריבו לבי דינא רישי NU 35:34
חקיק מפרש על שמהת **בני** ישראל: ושוי יתהון על כתפי EX 39:6
דקני לאלקיה וכפר על **בני** ישראל: ושום גברא בר ישראל NU 25:13
ועם אהרן ואזהרינון על **בני** ישראל ושלחינון לות פרעה EX 6:13
מצראי בחייהון מן קדם **בני** ישראל: ושעבידו מצראי ית בני EX 1:12
דייי וחאי: ונטלו מתמן **בני** ישראל ושרו באבות: ונטלו NU 21:10
וירתו ית ארעיה: ונטלו **בני** ישראל ושרון במישריא דמואב NU 22:1
קריב ית ליואי מגו **בני** ישראל ותדכי יתהון: וכדין NU 8:6
זימנא למימר: מליל עם **בני** ישראל ותימר להום איניש די LV 1:2
משה למימר: מליל עם **בני** ישראל ותימר להון אנא הוא LV 18:2
משה למימר: מליל עם **בני** ישראל ותימר להון ארום LV 23:10
דסיני למימר: מליל עם **בני** ישראל ותימר להון ארום LV 25:2
למשה למימר: מליל עם **בני** ישראל ותימר להון ארום NU 15:2
דיריחו למימר: מליל עם **בני** ישראל ותימר להון ארום אתון NU 33:51
עם משה למימר: פקיד ית **בני** ישראל ותימר להון ארום אתון NU 34:2
משה למימר: מליל עם **בני** ישראל ותימר להון ארום אתון NU 35:10
משה למימר: מליל עם **בני** ישראל ותימר להון במיעלכון NU 15:18
משה למימר: מליל עם **בני** ישראל ותימר להון גבר או NU 6:2
משה למימר: מליל עם **בני** ישראל ותימר להון גבר ארום LV 27:2
משה למימר: מליל עם **בני** ישראל ותימר להון גבר גבר NU 5:12
אהרן ועם בנוי ועם כל **בני** ישראל ותימר להון גבר טלי או LV 22:18
עם אהרן ועם בנוי ועם **בני** ישראל ותימר להון דין פיתגמא LV 17:2
למשה למימר: מליל עם **בני** ישראל ותימר להון ויעבדון NU 15:38
משה למימר: מליל עם **בני** ישראל ותימר להון זמן סידורי LV 23:2
עם משה למימר: פקיד ית **בני** ישראל ותימר להון ית קרבני NU 28:2
אהרן למימר: מלילו עם **בני** ישראל ותימרון להון גבר טלי LV 15:2
ית כספא דכיפוריא מן **בני** ישראל ותיתן יתיה על עיבידת EX 30:16
מעשריכון דתיסבון מן **בני** ישראל ותיתנון מיניה NU 18:28
כל מה דאפקד יתך לות **בני** ישראל: ותעביד פתורא דקיסי EX 25:22
מפרשין הינון קדמי מגו **בני** ישראל חולף פתח כל וולדא NU 8:16
הא קריבית ית ליואי מגו **בני** ישראל חלף כל בוכריא פתח NU 3:12
ונרומימניה: אמרין **בני** ישראל ייי גיברא עביד קרבינן EX 15:3
ית מה דאיתפקד: וחמיין **בני** ישראל ית איקונין דמשה ארום EX 34:35
ירכיה: בגין כן לא אכלין **בני** ישראל ית גידא נשיא דעל פתי GN 32:33
ונסיב משה מפלגות **בני** ישראל ית דמיתחד חד מן NU 31:47
ית ליואי קדם ייי ויסמכון **בני** ישראל ית ידיהון על ליואי: NU 8:10
מבירא דשבע ונטלו **בני** ישראל ית יעקב אבוהון וית GN 46:5
ייי ית משה הכדין עבדו **בני** ישראל ית כל פולחנא: וחמא EX 39:42
וביני דכיא: ולאלפא ית **בני** ישראל ית כל קיימייא דמליל LV 10:11

ויתפרנס אחוך עימך: עמי **בני** ישראל ית כספיכון לא תיתנון LV 25:37
ונפיק וממליל עם **בני** ישראל ית מה דאיתפקד: וחמיין EX 34:34
יומין סגיאין וינטרון **בני** ישראל ית מטרת מימרא דייי NU 9:19
להון ארום תיסבון מן **בני** ישראל ית מעשרא דיהבית להון NU 18:26
נתרון ניבי ליסתיה: ובכון **בני** ישראל ית משה במישריא DT 34:8
עימיה: וחמא אהרן וכל **בני** ישראל ית משה והא אשתבהר EX 34:30
מגו עמיה: מן בגלל דיתון **בני** ישראל ית ניכסתהון דהינון LV 17:5
יתיה: כד חמון עמא **בני** ישראל ית ניסיא וית פרשיתא EX 15:18
מן תיקה וקטליה: ושבו **בני** ישראל ית נשיהון דמדינאי וית NU 31:9
קדמוי קרבנין וזקפו **בני** ישראל ית עיניהון והא מצראי EX 14:10
משה הא יומא דין קריבו **בני** ישראל ית קרבן חטאתהון LV 10:19
באטלות אבנין: וינטרון **בני** ישראל ית שבתא למעבד EX 31:16
תתנון: וחמון סרכי **בני** ישראל יתהון בביש למימר לא EX 5:19
וקבעו תמן מספדא כל **בני** ישראל כאילו תמן מית אהרן DT 10:6
משכנא דסהדותא: ועבדו **בני** ישראל ככל דפקד ייי ית משה NU 1:54
בירחא מליל משה עם **בני** ישראל ככל דפקיד ייי יתיה DT 1:3
דפקד ייי ית משה: ועבדו **בני** ישראל ככל מה דפקד ייי ית NU 2:34
דהב ארמותא דארימו **בני** ישראל כל גבר דאיתרעי ליביה EX 38:24
יארעיניה מותא: ואתו **בני** ישראל כל חד בתרעא חד דלא GN 42:5
בידהון: ונטלו מרקם ואתו **בני** ישראל כל כנישתא לטוורוס NU 20:22
מסאב עד רמשא: ואתו **בני** ישראל כל כנישתא למדברא NU 20:1
תעיברון קדם אחוכון **בני** ישראל כל מזרזי חילא: לחוד DT 3:18
הי כמיפרני בתולתא: עמי **בני** ישראל כל עביד חרשיותא לא EX 22:17
לחוד בארעא דגשן דתמן **בני** ישראל לא הוה ברדא: ושדר EX 9:26
מבית שעבוד עבדיא: עמי **בני** ישראל לא יהוי לכון אלק אוחרן DT 5:7
למיהוי מחתא כדא: ולכל **בני** ישראל לא יהנזק כלבא EX 11:7
בגין כן אמרית להון דבגו **בני** ישראל לא יחסנון אחסנא: NU 18:24
קיים עלם לדריכון ובגו **בני** ישראל לא יחסנון אחסנא: ארום NU 18:23
פיקודיי ואורייתי: עמי **בני** ישראל לא ישתבע חד מנכון EX 20:7
אינש בחבריה: עמי **בני** ישראל לא ישתבע חד מנכון LV 19:12
פיקודיי ואורייתי: עמי **בני** ישראל לא ישתבע חד מנכון DT 5:11
משה קדם ייי למימר הא **בני** ישראל לא קבילו מיני והכדין EX 6:12
באטלות אבנין: עמי **בני** ישראל לא תבערון אשתא בכל EX 35:3
דיהי סהיד שקר: עמי **בני** ישראל לא תהוון בתר סגיאין EX 23:2
נפיק על עלמא: עמי **בני** ישראל לא תהוון גייורין לא EX 20:14
נפיק על עלמא: עמי **בני** ישראל לא תהוון גייורין לא DT 5:18
אנא הוא ייי אלקכון: עמי **בני** ישראל לא תהוון גנבין ולא LV 19:11
נפיק על עלמא: עמי **בני** ישראל לא תהוון גנבין לא EX 20:15
נפיק על עלמא: עמי **בני** ישראל לא תהוון גנבין לא DT 5:19
אתיא על עלמא: עמי **בני** ישראל לא תהוון חמודין לא EX 20:17
לא אתי על עלמא: עמי **בני** ישראל לא תהוון חמודין לא DT 5:21
כפנא נפיק על עלמא: עמי **בני** ישראל לא תהוון מסהדין EX 20:16
כפנא נפיק על עלמא: עמי **בני** ישראל לא תהוון מסהדין סהדו DT 5:20
אלקכון יהב לכון: עמי **בני** ישראל לא תהוון קטולין לא EX 20:13
אלקכון יהיב לכון: עמי **בני** ישראל לא תהוון קטולין לא DT 5:17
קדם רבון עלמא ייי: עמי **בני** ישראל לא תיכסון עד דחמיע EX 23:18
מלילית עימכון: עמי **בני** ישראל לא תעבדון למסגוד EX 23:23
ותטעון עימיה: עמי **בני** ישראל לא תצלון דין ממסכינא EX 23:6
יתיה בסוטריה: עמי **בני** ישראל לא תקבלון מילי שיקרא EX 23:1
ארום אנת תעיל ית **בני** ישראל לארעא דקיימית להון DT 31:23
איליין סכום מנייני **בני** ישראל לבית אבהתהון כל NU 2:32
הוון: והוו כל סכומי מנייני **בני** ישראל לבית אבהתן מבר NU 1:45
בר עינן: איליין מטלני **בני** ישראל לחיליהון ואיסתלק ענן NU 10:28
מתנתהון לכל ארמות **בני** ישראל לך יהבתינון ולבנך NU 18:11
ית אחוכון ליואי מיגו **בני** ישראל לכון מתנא יהיבין קדם NU 18:6
עוויית קודשיא דיקדשון **בני** ישראל לכל מתנת קודשיהון EX 28:38
משכנא דסהדותא: ונטלו **בני** ישראל למטלניהון ממדברא NU 10:12
משה למימר: מליל עם **בני** ישראל למימר איתתא ארום LV 12:2
ארעא דאלילו יתה לות **בני** ישראל למימר ארעא דעברנא NU 13:32
משה למימר: מליל עם **בני** ישראל למימר בחמיסר יומין LV 23:34
משה למימר: מליל עם **בני** ישראל למימר בר נש ארום יחוב LV 4:2
למימר: ואנת תמליל עם **בני** ישראל למימר ברם ית יומי EX 31:13
משה למימר: מליל עם **בני** ישראל למימר בתשרי דהוא LV 23:24
משה למימר: מליל עם **בני** ישראל למימר גבר טלי או גבר NU 9:10
חזור חזור: ופקיד משה ית **בני** ישראל למימר דא ארעא NU 34:13
טריפן: מלילו עם **בני** ישראל למימר דא חייתא LV 11:2
משה למימר: מליל עם **בני** ישראל למימר כל מאן דמקרב LV 7:29
משה למימר: מליל עם **בני** ישראל למימר כל תריב תור LV 7:23
וליעקב: ואומי יוסף ית **בני** ישראל למימר לבנהון הא אתון GN 50:25
ארום אומאה אומי ית **בני** ישראל למימר מידכר ידכר ייי EX 13:19
ארום תקביל ית חושבין **בני** ישראל למניינהון ויתנון גבר EX 30:12
משכן זימנא וית מטרת **בני** ישראל למפלח ית פולחן NU 3:8
יהיבין לאהרן ולבנוי מגו **בני** ישראל למפלח ית פולחן בני NU 8:19
יתיה הכדין עבד: ואמרו **בני** ישראל למשה למימר הא מינן NU 17:27

זימנא: ולא יקרבון תוב **בני** ישראל למשכן זימנא לקבלא NU 18:22
כל אפרשותא דאייתיו **בני** ישראל לעיבידת פולחן קודשא EX 36:3
מותא בזמן מיקרב **בני** ישראל לקודשא: ועבד משה NU 8:19
דסיני ביומא דפקיד ית **בני** ישראל לקרבא ית קורבנהון LV 7:38
אחוך וית בנוי עימיה מגו **בני** ישראל לשמשא קדמי אהרן נדב EX 28:1
דמצרים לאפקא ית **בני** ישראל מארעא דמצרים: אילין EX 6:13
בירחא תליתאה לאפקות **בני** ישראל מארעא דמצרים ביומא EX 19:1
קדם ייי למפקא ית שמא **בני** ישראל מארעא דמצרים הוא EX 12:42
עם חמשא טפלין סליקו **בני** ישראל מארעא דמצרים: ואסיק EX 13:18
יומא הדין אפיק ייי ית **בני** ישראל מארעא דמצרים על EX 12:51
דפרעה ולא פטר ית **בני** ישראל מארעיה: ואמר ייי למשה EX 11:10
ימליל לפרעה ויפטור ית **בני** ישראל מארעיה: ואנא אקשי ית EX 7:2
מלכא דמצרים ויפטור ית **בני** ישראל מארעיה: ומליל משה EX 6:11
לקיים עלם לכפרא על **בני** ישראל מכל חוביהון חדא זימנא LV 16:34
קדמוי ית תורעמות **בני** ישראל מליל עמהון למימר בני EX 16:12
הכא: ולמא תבטלון רעות **בני** ישראל מלמעיבר לארעא דיהב NU 32:7
בשנת ארבעין למיפק **בני** ישראל ממצרים בירחא NU 33:38
דמצרים להנפקא ית **בני** ישראל ממצרים הוא משה נביא EX 6:27
פרעה וארום אפיק ית **בני** ישראל ממצרים: ואמר ארום יהי EX 3:11
לות פרעה ואפיק ית עמי **בני** ישראל ממצרים: ואמר משה EX 3:10
למימר: אתפרע פורענות **בני** ישראל מן מדינאי ומן בתר כדין NU 31:2
סאובתא: ותפרשון ית **בני** ישראל מן סאובתהון ויתפרשון LV 15:31
באדמיהון ואתאנחו **בני** ישראל מן פולחנא דהוה קשיא EX 2:23
ודבעירי מייתין: ונטלו **בני** ישראל מן פילוסין ושרו בסוכות NU 33:5
מצראי מניכסיהון: ונטלו **בני** ישראל מן פילוסין לסוכות מאה EX 12:37
דתיתנון מן אחסנת **בני** ישראל מן שבטא דעמיה סגי NU 35:8
מאן אעבד לך: ואתרוקנו **בני** ישראל מן תיקון זיניהון דשמא EX 33:6
ולבנוי לקיים עלם מן **בני** ישראל מניכסת קודשיהון EX 29:28
מרגלייתא על שמהת **בני** ישראל מקפן באומנותהון EX 28:11
לבית אבהתן ישרון **בני** ישראל: משריתא דישראל הוה NU 2:2
עימיה: ארום דילי הינון **בני** ישראל משתעבדין לאורייתי LV 25:55
בידא דמשה היתיו **בני** ישראל נדבתא קדם ייי: ואמר EX 35:29
קדמאה למימר: ויעבדון **בני** ישראל ניכסת פיסחא ביני NU 9:2
ואמר לעמיה הא עמא **בני** ישראל סגין ותקפין יתיר מינן: EX 1:9
בלבביה ורדף בתר עמא **בני** ישראל סוסוון ורוכביהון רמא EX 15:1
רשיעא ורדף בתר עמא **בני** ישראל סוסוותיה ורתיכוי רמא EX 15:21
ויבוסאי: וכדון הא קבילת **בני** ישראל סליקת לקדמיי ולחוד EX 3:9
ואנחנא נזדרז מבעין בגו **בני** ישראל עד דנעילינון לאתרהון NU 32:17
למידון דינא הוא וכל **בני** ישראל עימיה וכל כנישתא: NU 27:21
ארבע כיתין איתעבידו **בני** ישראל על גיף ימא דסוף חדא EX 14:13
ייי ויטול אהרן ית דין **בני** ישראל על ליביה קדם ייי EX 28:30
ופקיד משה ית **בני** ישראל על מימרא דייי יאות NU 36:5
ממצרים ואתרעמון כל **בני** ישראל על משה ועל אהרן EX 16:2
ויטול אהרן ית שמהת **בני** ישראל על תרין כתפוי לדוכרנא: EX 28:12
נסיונא ומצותא בגין דנצו **בני** ישראל עם משה ובגין דנסייו EX 17:7
דאמר ייי להון הנפיקו ית **בני** ישראל פריקין מארעא דמצרים EX 6:26
במצרים ואפיק ית עמי **בני** ישראל פריקין מארעא דמצרים EX 7:4
על מצרים ואנפיק ית **בני** ישראל פריקין מביניהון: ועבד EX 7:5
ובעירן ושתיין מיניה והוו **בני** ישראל צדיין ואכלין יתהון: והוה EX 16:21
דבריך משה נביא דייי ית **בני** ישראל קדם דימות: ואמר ייי מן DT 33:1
ודחילו לחדא וצלו **בני** ישראל קדם ייי: ואמרו רשיעי EX 14:10
לקודשיא די יקדשון **בני** ישראל קדם ייי וסובתיה עלוי LV 22:3
קודשיא די יקדשון **בני** ישראל קדם ייי יהבית לך ולבנך NU 18:19
הינון מי מצותא דנצו **בני** ישראל קדם ייי על עיסק בירא NU 20:13
חדת קדם ייי תדירא מן **בני** ישראל קיים עלם: ותהי לאהרן LV 24:8
הדא ואלפא ית **בני** ישראל שווייה בפומהון בדיל DT 31:19
ושבע מאה: אילין סכומי **בני** ישראל שית מאה וחד אלפין NU 26:51
ותיגלוף עליהון שמהת **בני** ישראל: שיתא מן קצת EX 28:9
ליום דינא רבא: והוון **בני** ישראל שריין במדברא גזירת NU 15:32
דכד תבו אלליא הוו **בני** ישראל שריין ברקם והדרו NU 21:1
משה נביא ואמר עמי **בני** ישראל תור או אימר או גדיא LV 22:27
ייי עם משה למימר: ועם **בני** ישראל תמליל גבר טלי או גבר LV 20:2
אחסנת אבוהן להן: ועם **בני** ישראל תמליל למימר גבר ארום NU 27:8
באבנין כל כנישתא: ועם **בני** ישראל תמליל למימר גבר טלי LV 24:15
לשמשא קודמוי: ועם **בני** ישראל תמליל למימר משח EX 30:31
וקריב קדם ייי: ועם **בני** ישראל תמליל למימר סבו ברם LV 9:3
ומרגליתא על שמהת **בני** ישראל תריסירי על שמהתהון EX 39:14
מפרנסין ית אחיהון **בני** יששכר ממקבלין אגר כוותהון GN 46:14
הוו בני יעקב תריסר: **בני** לאה בוכרא דיעקב ראובן GN 35:23
סרד ואלון ויחלאל: אילין **בני** לאה דילידת ליעקב בפדן דארם GN 46:15
וחמרין: ושמע ית פיתגמי **בני** לבן דאמרין נסיב יעקב ית כל די GN 31:1
בארע אדומאי: והוו **בני** לוטן חרי והימם ואחתיה דלוטן GN 36:22
דאיתפקד: והוון איליין **בני** לוי בשמהתהון גרשון וקהת NU 3:17
והדרי שית מטלין רדפו **בני** לוי בתריהון וקטלו מינהון תמני DT 10:6

הדא ומסרה לכהנייא **בני** לוי דנטלין ית ארון קיימא דייי	DT 31:9
ולגניסתיה קבילו כען **בני** לוי: הזעירא היא לכון ארום	NU 16:8
ואינש ית קריביה: ועבדו **בני** לוי הי כפיתגמא דמשה ונפלו מן	EX 32:28
ייי הוא דקדיש סגי לכון **בני** לוי: ואמר משה לקרח	NU 16:7
דסיני למימר: מני ית **בני** לוי לבית אבהתהון לגניסתהון	NU 3:15
ית חושבן בני קהת מגו **בני** לוי לגניסתהון לבית אבהתהון:	NU 4:2
וקרב יתך וית כל אחך **בני** לוי עימך וכדון אתון תבעין אוף	NU 16:10
ומליל משה וכהניא **בני** לוי עם כל עמא למימר ציתו	DT 27:9
לטיילא ואזל לארע **בני** מדינחא: וחמא והא בירא	GN 29:1
סידרי קרבא עם כל **בני** מדינחא עם דבית ישראל ברם	NU 24:20
בנין דרין תליתאין אוף **בני** מכיר בר מנשה כד איתילידו	GN 50:23
גובריא דבנונון: ואזלו **בני** מכיר בר מנשה לגלעד וכבשוה	NU 32:39
מלכותיה עד בוכריא **בני** מלכיא דאשתביין והינון בי	EX 12:29
חביביהן לנשין: מגניסת **בני** מנשה בר יוסף הואה לנשין	NU 36:12
ואימרי בני רחילין ולא **בני** מסאבין וגדיי בני עיזין ולא	DT 14:4
אילין מנייני סכומי גניסת **בני** מררי דמנא משה ואהרן על פום	NU 4:45
איתמר בר אהרן כהנא: **בני** מררי לגניסתהון לבית אבהתהון	NU 4:29
דייי: ומניין סכומי גניסת **בני** מררי לגניסתהון לבית אבהתהון:	NU 4:42
ציפונא: ודמסיר למינטר **בני** מררי לוחי משכנא ונגרוי	NU 3:36
דא היא פולחנת גניסת **בני** מררי לכל פולחנהון במשכן	NU 4:33
ביסרא דעל ארעא: והוו **בני** נח דנפקו מן תיבותא שם וחם	GN 9:18
על נח ושם וחם ויפת **בני** נח ואיתת נח ותלת נשי בנוהי	GN 7:13
משכנא ועל כל מניא ועל **בני** נש דהוו תמן ועל דמקרב	NU 19:18
רוגזי בך ואמסור יתך ביד **בני** נשא איליין דהוו תבעין ית	EX 10:28
ברא אכלתיה ולא על יד **בני** נשא איתקטל אלא חמי אנא	GN 37:33
לאיקונין דאברהם הוון **בני** נשא אמרין בקושטא אברהם	GN 25:19
דאיתברייו בגווני **בני** נשא דכר ונוקבא ועיינין פתיחן	EX 14:2
בדעתיה לחדא מן כל **בני** נשא דעל אנפי ארעא ולא חש	NU 12:3
קרתא ומוגדלא דבנו **בני** נשא: ואמר ייי הא עמא חד	GN 11:5
חמא ייי והא לא תהו **בני** נשא ומוי דטובענא הוו נחתין	GN 7:10
דשוי רוח נשמתא בגופי **בני** נשא ומיניה מתיהבא רוחא לכל	NU 16:22
היא הות אימא דכל **בני** נשא: ועבד ייי אלקים לאדם	GN 3:20
רחמך היך אנת מדבר עם **בני** נשא זכאין מטי להון הי כחייבין	EX 33:13
כמיתותא דמייתין בה כל **בני** נשא ימותון איליין וסכמות כל	NU 16:29
סנדלא: ארום מתגריין **בני** נשא כחדא גבר וחבריה	DT 25:11
דרחיש על ארעא וכל **בני** נשא: כל דנשמת רוחא דחיין	GN 7:21
וכן אמרת איתון חמון כל **בני** נשא כל טבוון דעבדית לעמא	NU 21:6
יפת: והוה ארום שריאו **בני** נשא למסגי על אנפי ארעא	GN 6:1
חבריה דאיוב אילין **בני** עדה איתת עשו: ואילין בני	GN 36:12
בארעא דאדום אילין **בני** עדה: ואילין בני רעואל בר עשו	GN 36:16
איבו ודייתא לזנה: וית כל **בני** עורבא לזניהון: וית ברת נעמיתא	DT 14:14
יהי לכון מן אימריא ומן **בני** עזייא תסבון: ויהי לכון קטיר	EX 12:5
הוא בר הוא אבוהון דכל **בני** עיבראי אחוי דיפת רבא	GN 10:21
קורבנה קדם ייי: ואין מן **בני** עיזא קורבניה ויקרביניה קדם	LV 3:12
זעירא: וית משכי דגדיי **בני** עיזי אלבישת על ידוי ועל	GN 27:16
ישראל יסב תרין צפירי **בני** עיזי דלא עירובין לקרבן	LV 16:5
מן אימריא או מן **בני** עיזיא לעלתא דכר שלים	LV 1:10
ולא בני מסאבין וגדיי **בני** עיזין ולא עירובי טמיין: אילין	DT 14:4
ותהי איתתא ללווטא בגו **בני** עמה ברם לגיורא בדקין מיא	NU 5:27
וחמיין בבישתהון **בני** עמהון מטול דעריית אחתי בזי	LV 20:17
עד יובקא עד תחום **בני** עמון ארום תקיף הות רבת	NU 21:24
תקיף הות רבת תחום **בני** עמון ועד כדון אית להון ארכא:	NU 21:24
ארום לא אתן לכון מארע **בני** עמון ירותא ארום לבנוי דלוט	DT 2:19
קדמנא: לחוד לארע **בני** עמון לא קריבתא כל אתר נחלי	DT 2:37
לחיית: ותתקרבון לקביל **בני** עמון לא תצור עליהון ולא	DT 2:19
בבית ארכיון ברבת **בני** עמון תשע אמין אורכה וארבע	DT 3:11
לך יהבתה למתנא באנפי **בני** עמי יהבתה לך איזל קבר מיתך:	GN 23:11
ארע דפלחין וסגדין ליה **בני** עמיה למיקרי ליה למימר הא	NU 22:5
יתיך ללוט ולממומי בגו **בני** עמיך בדיתן ייי ית ירכוניך	NU 5:21
מצראי וסבו לכון מן **בני** ענא לייחוסיכון וכוסו אימר	EX 12:21
ברעוא קדם ייי: ואם מן **בני** ענא קורבניה מן אימריא או מן	LV 1:10
לצבעון אבוי: ואילין **בני** ענה דישון ואהליבמה בת ענה:	GN 36:25
ותמן חמינא ית גיבריא **בני** ענק מגניסת גיבריא והווינא	NU 13:33
עד צית שמיא ואוף **בני** עפרון גיברא חמינא תמן:	DT 1:28
בטוור גבלא: אילין שמהת **בני** עשו אליפז בר עדה איתת עשו	GN 36:10
וית קרח: אילין רברבי **בני** עשו בני אליפז בוכרא דעשו	GN 36:15
ועברנא מלות אחנא **בני** עשו דיתבין בגבלא מאילת	DT 2:8
ענה איתת עשו: אילין **בני** עשו ואילין רברבנהום הוא אבא	GN 36:19
בנין בארעא דכנען והוו **בני** פרץ דנחתו למצרים הצרון	GN 46:12
פרץ לזרח גניסת זרח: והוו **בני** פרץ לחצרון גניסת חצרון	NU 26:21
ועיבל שפו ואונם: ואילין **בני** צבעון ואיה וענה הוא ענה	GN 36:24
אנת ידעת ית עמא ארום **בני** צדיקיא אינון ברם יצרא בישא	EX 32:22
מצלהבא דין מטול **בני** קהת במשכן זימנא: ודמסיר	NU 4:15
במשכן זימנא: דא פולחנת **בני** קהת במשכן זימנא קודש	NU 4:4
ומנא משה ואהרן ית **בני** קהת לגניסתהון ולבית	NU 4:34
ומן בתר כדין ייעלון **בני** קהת למסוברא ולא יקרבון	NU 4:15
למימר: קבילו ית חושבן **בני** קהת מגו בני לוי לגניסתהון	NU 4:2
במדברא דסיני: והוו **בני** ראובן בוכרא דישראל	NU 1:20
בני אליאב ואון בר פלת **בני** ראובן: וקמו בחוצפא ואורו	NU 16:1
איתילידו להון: וחמון **בני** רברביא ית בנת אינשא ארום	GN 6:2
ואוף בתר כן דעלון **בני** רברביא לות בנת אינשא וילידן	GN 6:4
שנין חייא עד דחמא ית **בני** רחביה בר גרשום בר משה: ובנוי	EX 6:20
דתיכלון תורין ואימרי **בני** רחילין ולא בני מסאבין וגדיי	DT 14:4
ליעקב שיתיסר נפשן: **בני** רחל איתת יעקב יוסף ובנימין:	GN 46:19
דנחת למצרים: אילין **בני** רחל דאיתילידו ליעקב כל	GN 46:22
ויהודה וישׂשכר וזבולן: **בני** רחל יוסף ובנימין: ובני בלהה	GN 35:24
אילין בני עדה: ואילין **בני** רעואל בר עשו רבא נחת רבא	GN 36:17
עדה איתת עשו: ואילין **בני** רעואל נחת וזרח שמה ומזה	GN 36:13
דלוטן תמנע: ואילין **בני** שובל עלון ומנחת ועיבל שפו	GN 36:23
לתחן גניסת תחן: ואילין **בני** שותלח לערן גניסת ערן: אילין	NU 26:36
מליל עמהון למימר **בני** שימשתא תיכלון בישרא	EX 16:12
תרין מטרתא אימרין **בני** שנא ארביסר שלמין דמקרבין	NU 29:13
לתרי מטרתא אימרין **בני** שנא ארביסר שלמין לארבסר	NU 29:32
לתרי מטרתא אימרין **בני** שנא ארביסר שלמין לחדסר	NU 29:23
לתרי מטרתא אימרין **בני** שנא ארביסר שלמין לעשר	NU 29:20
לתרי מטרתא אימרין **בני** שנא ארביסר שלמין לתליסר	NU 29:29
לתרי מטרתא אימרין **בני** שנא ארביסר שלמין לתשעת	NU 29:17
לתרי מטרתא אימרא **בני** שנא ארבסר שלמין לתריסר	NU 29:26
ודכר חד שובעא אימרין **בני** שנא: ומנחתהון סמידא דחינטיא	NU 28:27
תרין ודכר חד אימרין **בני** שנא שבעא שלמין: ותלתא	NU 28:11
חד לעמא יחידאיי אמרין **בני** שנא שבעא שלמין לחדוות	NU 29:36
תורי חד דכר חד אימרין **בני** שנא שובעא שלמין: ומנחתהון	NU 29:2
בר תורי דכר חד אימרין **בני** שנא שובעא שלמין יהון לכון:	NU 29:8
ודכר חד ושובעא אימרין **בני** שנא שלמין יהון לכון: ומנחתהון	NU 28:19
שיבעא אימרין שלמין **בני** שנה ותור בר תורין דלא עירובין	LV 23:18
ברחי חמשא אימרין **בני** שנה חמשא דין סדר קורבנא	NU 7:23
ברחי חמשא אימרין **בני** שנה חמשא דין סדר קורבנא די	NU 7:17
ברחי חמשא אימרין **בני** שנה חמשא דין סדר קרבנא די	NU 7:83
לחטאתא ותרין אימרין **בני** שנה לנכסת קודשיא: וירים	LV 23:19
לחטאתא ותרין אימרין **בני** שנה לנכסת קודשיא: ותעבדון	LV 23:18
תקרבון קדם ייי אימרין **בני** שנה שלמין תרין ליומא עלתא	NU 28:3
על מדבחא אימרין **בני** שנה תרין ליומא תדירא: ית	EX 29:38
רברבי ישמעאל אימרין **בני** שנה תריסר מטול דיהובדון	NU 7:87
דשבתא תרין אימרין **בני** שתא שלמין ותרין עשרונין	NU 28:9
דברכת כהניא אימרין **בני** שתא שנין לכפרא על שיתין	NU 7:88
עלתא קדם ייי תורין **בני** תורי דלא עירובין תרין ודכר חד	NU 28:11
ברעוא קדם ייי תורין **בני** תורי תילתיסר אזלין כל יומא	NU 29:13
עלתא קדם ייי תורין **בני** תורי תרין ודכר חד ושובעא	NU 28:19
דמטליא תקרבון תורין **בני** תורי תריסר לתריסר מטרתא	NU 29:17
ברעוא קדם ייי תורין **בני** תורין תרין ודכר חד שובעא	NU 28:27
וית אחוהון דלא **בני** תלתין שנין לא אשתמודעון	DT 33:9
אינתתיה: ואידחיקו **בניא** במעהא הי כגיברין עבדי	GN 25:22
קדם ייי דמן קדמוי הינון **בניא** והוא מנע מיניך פירי מעיא:	GN 30:2
קדמוי מן דארגיזו קדמוי **בניא** חביביא דאתקרון על שמיה	DT 32:19
חבילו עובדיהון טביא **בניא** חביבייא אשתכח מומא בהון	DT 32:5
לסנאי כד משלמין **בניא** למיחמי בתר אבהתהון: ונטיר	DT 5:9
לא תיסב אימא מעל **בניא**: מפטר תיפטור ית אימא וית	DT 22:6
תיפטור ית אימא וית **בניא** תיסב לך מן בגלל דיוטב לך	DT 22:7
לדריא ויחמי מן **בניהון** אוכלוסין סגיאין לאתמסרא	NU 21:34
קדמי דלא תתנשי מפום **בניהון** ארום גלי קדמי ית יצרהון	DT 31:21
ואמר משה וישמעון **בניהון** דמצראי דאישתנקו בימא	NU 14:13
עשרין: גמלייא נוקבן עם **בניהון** הוו תלתין תוריתא ארבעין	GN 32:16
לא ישתכח בכון מעברין **בניהון** ובנתיהון בנורא לא קסומי	DT 18:10
לאבהתא למיכול בשר **בניהון** ובנתיהון על דלא נטרו	LV 26:29
לטעוותהון ארום אוף ית **בניהון** וית בנתיהון כפתין ומוקדין	DT 12:31
בני גיברייא משוויין תמן **בניהון** וסתמין יתהון ובתר הכי	GN 7:11
קיימין על ארעא וית **בניהון** יאלפון: וקריבתון וקמתון	DT 4:10
אשתמודעון יתהון וית **בניהון** לא ידעין מטול דקיימין	DT 33:9
יצחק ויעקב דמן בני **בניהון** עתידין למשתעבדא	GN 40:12
יומא דין אוף תרין **בניי** דאשתיירו הוה להון מן דינא	LV 10:19
הב לי ית נשיי וית **בניי** דפלחית יתך בגינהון ואזיל	GN 30:26
ואמר מאן אילין לך ואמר **בניי** הינון דאיתיהיבו לי במיחוס מן	GN 33:5
ית כל עמא הדין אין **בניי** הינון דאמרת לי במצרים טעון	NU 11:12
יתי סקול כאילין בתרין **בניי** הלא מעשרא תניינא איתפקד	LV 10:19
ית ריבוני ית אינתתי וית **בניי** לא איפוק לבר חורין: ויקרביניה	EX 21:5
הדין וקיימתון ית **בנייא**: ואמרן חייתא לפרעה ארום	EX 1:18
ייתי וימחינני אימא על **בנייא**: ואנת אבטחתני אוטבא אוטב	GN 32:12
דמצרים וקיימא ית **בנייא**: וקרא מלכא דמצרים לחייתא	EX 1:17

פולומרכין ופליג ית **בנייא** על לאה ועל רחל ועל תרתין GN 33:1
הוה אמר לארעא קבילי **בנייכי** וארעא הות אמר לימא קבל EX 15:12
דייי אסגאה אסגי ית **בנייכי** ולא יתמנון מסגי: ואמר לה GN 16:10
אלפין דריבוון וירתון **בנייכי** ית קוריי סנאיהום: וקמת GN 24:60
ויהי ארום יימרון לכון **בניכון** בזימנא ההוא מה פולחנא EX 12:26
סהדי שיקרא דלא יקומון **בניכון** בתריכון וילפון לחוד הינון EX 20:16
מקיים קיימי עמכון ועם **בניכון** בתריכון: ועם כל נפשת חיתא GN 9:9
ויימרון דרייא בתראי **בניכון** די יקומון מן בתריכון ובר DT 29:21
יומא דין ארום לא עם **בניכון** דלא ידעון ולא חמון ית DT 11:2
ומליתלא להום אסגי ית **בניכון** הי ככוכבי שמיא וכל ארעא EX 32:13
במשכניכון נסיבתון **בניכון** ובנתיכון בעיטפיכון למימר DT 1:27
דתיכלונון בכפנא בשר **בניכון** ובנתיכון דיהב ייי אלקכון DT 28:53
דדהבא דבאודני נשיכון **בניכון** ובנתיכון וייתו לוותי: EX 32:2
דבביכון ולית לכון פריק: **בניכון** ובנתיכון מסירין לעם DT 28:32
קדמי: ותיכלון בשר **בניכון** ובשר בנתיכון אמר משה LV 26:29
ולבושין ותעטרון על **בניכון** ועל בנתיכון ותרוקינון ית EX 3:22
ותלופונון לבניכון ולבני **בניכון**: ותדכון גרמיכון במעסקכון DT 4:9
עיניכון: ותלפון יתהון ית **בניכון** למגרסא בהון במיתביכון DT 11:19
כל גבר דיקרב מכל **בניכון** לקודשיא די יקדשון בני LV 22:3
גייורין דלא יקומון אוף **בניכון** מבתריכון וילפון לחוד הינון DT 5:18
עליכון ומחתין על **בניכון** מחן רברבן ומיהמנן דלא DT 28:59
בכון יומנא דתפקדונון ית **בניכון** מטול למינטור ולמיעבד ית DT 32:46
ארום יטעיין בנתיהון ית **בניכון** מן בתר פולחני ויפלחון DT 7:4
עם קטולין דלא יקומון **בניכון** מן בתריכון וילפון להון הינון DT 5:17
עם חמודין דלא יקומון **בניכון** מן בתריכון וילפון להון הינון DT 5:21
עם קטולין ולא יקומון **בניכון** מן בתריכון וילפון לחוד הינון EX 20:13
עם גייורין דלא יקומון **בניכון** מן בתריכון וילפון לחוד הינון EX 20:14
עם גנבין דלא יקומון **בניכון** מן בתריכון וילפון לחוד הינון EX 20:15
עם חמודין דלא יקומון **בניכון** מן בתריכון וילפון לחוד הינון EX 20:17
איתא אמתא ותיליד ליה **בנין** או בנן איתא ובנהא תהי EX 21:4
בר חפר לא הוון ליה **בנין** אלהין בנן ושום בנת צלפחד NU 26:33
ושלה וזרח לא אולידו **בנין** בארעא דכנען והוו בני פרץ GN 46:12
ובנימין: ואיתיליד ליוסף **בנין** בארעא דמצרים דילידת ליה GN 46:20
בנוי דנח ואיתיילדו להום **בנין** בתר טובענא: בנוי דיפת גמר GN 10:1
ארום דר דהפכנין אינון **בנין** דלית בהון הימנותא: הינון DT 32:20
דיירין הויתון בארעהון: **בנין** דמתילדין להון דר תליתאי DT 23:9
שנין: וחמא יוסף לאפרים **בנין** דרין תליתאין אוף בני מכיר בר GN 50:23
דילידתא למה דין לי **בנין** ואזלת לבי מדרשא דשם רבא GN 25:22
צלי קדם ייי ויהב לי **בנין** ואין לא הי כמיתא אנא חשיבא: GN 30:1
עביר מן עלמא דלא **בנין** ואליעזר בר פרנסת ביתי דעל GN 15:2
עימיה ונקיים מאבונא **בנין**: ואשקיאן אוף בליליא ההוא GN 19:34
עימיה ונקיים מאבונא **בנין**: ואשקיאן ית אבוהון חמר GN 19:32
ואמר במימריה למתן לה **בנין**: ואתעברת וילידת בר ואמרת GN 30:22
בקינאה: ארום תילדון **בנין** ובני בנין ותתעתקון בארעא DT 4:25
לא בסהדות ולא בחובי **בנין** ובנין לא יתקטלון לא בסהדות DT 24:16
דאתקרון על שמיה **בנין** ובנן: ואמר מפלגא איפליג אפי DT 32:19
חמש מאה שנין ואוליד **בנין** ובנן: וארפכשד חיא תלתין GN 11:11
וחמיסר שנין ואוליד **בנין** ובנן: והוו כל יומי אנוש תשע GN 5:10
תלת מאה שנין ואולד **בנין** ובנן: והוו כל יומי חנוך עם דיירי GN 5:22
תמני מאה שנין ואולד **בנין** ובנן: והוו כל יומי ירד תשע GN 5:19
וחמש שנין ואולד **בנין** ובנן: והוו כל יומי למך שבע GN 5:30
מאה ותלתין שנין ואולד **בנין** ובנן: והוו כל יומי מהללאל GN 5:16
ותמנן ותרתין שנין ואולד **בנין** ובנן: והוו כל יומי מתושלח GN 5:26
וארבעין שנין ואוליד **בנין** ובנן: והוו כל יומי קינן תשע GN 5:13
מאה ושבע שנין ואוליד **בנין** ובנן: והוו כל יומי שת תשע GN 5:7
נחור מאתן שנין ואולד **בנין** ובנן: וחיא נחור עשרין ותשע GN 11:23
מאה ותלת שנין ואוליד **בנין** ובנן: וחיא עבר תלתין וארבע GN 11:15
מאה ותלתין שנין ואוליד **בנין** ובנן: וחיא פלג תלתין שנין GN 11:17
מאתן ותשע שנין ואולד **בנין** ובנן: וחיא רעו תלתין ותרתין GN 11:19
מאתן ושבע שנין ואולד **בנין** ובנן: וחיא שרוג תלתין שנין GN 11:21
מאה ושתסרי שנין ואולד **בנין** ובנן: וחיא תרח שובעין שנין GN 11:25
מאה ותלתין שנין ואוליד **בנין** ובנן: ושלח חיא תלתין שנין GN 11:13
ארום יתרון זיתיכון: **בנין** ובנן תולדון ולא יהוון מהניין DT 28:41
דילך והא אית לך תריסר **בנין** וברתא חדא ולא עשרתנון מן GN 32:25
ארום ביצחק יתקרון לך **בנין** ודין בר אמתא לא מתיחס GN 21:12
לא על שמיה איקרון **בנין** והוה כד הוה עליל לות GN 38:9
ארום ילידית ליה תלתא **בנין** והיכדין עתידין בנוי למיהויהון GN 29:34
ארום ילידת ליה שיתא **בנין** והכדין עתידין בנוי לקבלא GN 30:20
ועידוייך בי צער תילדין **בנין** ולות בעליך תהי מתויך והוא GN 3:16
ארום תילדון בנין ובני **בנין** ותתעתקון בארעא ותחבלון DT 4:25
אתון ידעתון ארום תרין **בנין** ילידת לי אנתתי: ונפק חד GN 44:27
הליך נח: ואולד נח תלתא **בנין** ית שם ית חם וית יפת: GN 6:10
בזכותא דאחתה למילד **בנין** לנחור אחוך: ית עוץ בוכריה וית GN 22:20
רבא מסער חובי אבהן על **בנין** מרודין על דר תליתאי ועל EX 34:7

חובי אבהתן רשיען על **בנין** מרודין על דר תליתאי ועל דר EX 20:5
חובי אבהן רשיעין על **בנין** מרודין על דר תליתאי ועל דר NU 14:18
חובי אבהן רשיען על **בנין** מרודין על דר תליתאי ועל דר DT 5:9
וליוסף איתילידו תרין **בנין** עד לא עלת שתא דכפנא GN 41:50
על ארעא דלא למקמה **בנין** על שמיה דאחוי: ובאש קדם ייי GN 38:9
ובתר מותיה אין אית ליה **בנין** עריית דאחוך היא: עריית איתא LV 18:16
ותייבן לגובריהון וילדן **בנין** צדיקין בזמן דמידכן מן EX 38:8
סניתא ליה וילידן ליה **בנין** רחימתא וסניתא ויהי ביר DT 21:15
ולעבר איתילידו תרין **בנין** שום חד פלג ארום ביומוי GN 10:25
ואמר עתידה דתוניק **בנין** שרה ארום ילידת ליה ביר GN 21:7
עלמא ואמרין חבול על **בנין** כד יחובון וימטון עליהון DT 28:15
תבזי עריתהן: עירית ברת **בנך** או ברת ברתך לא תבזי עריתהן LV 18:10
עימך ארום חולקך וחולק **בנך** איתיהיבו מניכסת קודשיא LV 10:14
ית עפרא דארעא אף כן **בנך** אפשר דיתממנון: קום טייל GN 13:16
תינדע ארום דיירין יהון **בנך** בארעא דלא דילהון חלף דלא GN 15:13
ואיבריכינך ואסגי ית **בנך** בגין זכוותא דאברהם עבדי: GN 26:24
טעוותהן מטעיין אוף ית **בנך** בתר טעוותהין: דחלן דמתכא EX 34:16
קימי בין מימרי ובינך ובין **בנך** בתרך לדריהון לקים עלך למהוי GN 17:7
בין מימרי וביניכון ובין **בנך** בתרך מיגזר לכון כל דכורא אין GN 17:10
אחסנת עלם: וכדון תרין **בנך** דאיתילידו לך בארעא דמצרים GN 48:5
זימנא היכמה דעבדו **בנך** דמיתו ביקידת אישתא קים LV 10:9
לאברהם אבוך: ואסגי ית **בנך** הי ככוכבי שמיא ואיתן לבנך ית GN 26:4
ארום חולקך וחולק **בנך** היא מקרבניא דייי ארום הכדין LV 10:13
ייברכינך ייתון עלך ועל **בנך** ואין לווטן ולטטינך ייתון עלי GN 27:13
והא אחמי יתי ייי אוף ית **בנך**: ואפיק יוסף יתהון מלות רכובוי GN 48:11
ובין איתתא בין זרעית **בנך** ובין זרעית בנהא ויהי כד יהוון GN 3:15
ידיהון בצלו ומברכין ית **בנך** ובלעם דמלטט יתהום אילוט GN 12:3
קריב או אחא הכא חתנך **בנך** ובנתך הנפק מן אתרא: ארום GN 19:12
ייחוסי ארעא ובגין זכוות **בנך**: והא מימרי בסעדך ואיטרינך GN 28:14
יתהון ואמר ליה כדון יהון **בנך**: והוות ליה הימנותא במימרא GN 15:5
מה דאתבשרית כדין יהון **בנך** ונסגוד למרי עלמא ונתוב GN 22:5
קריב לותי אנת ובנך ובני **בנך** וענך ותורך וכל דילך: ואיזון יתך GN 45:10
דעל כיף ימא ויירתון **בנך** ית קוריי שנאיהון: ויתברכון בגין GN 22:17
אברכינך ואסגא אסגי ית **בנך** ככוכבי שמיא והי כחלא דעל GN 22:17
ויתברכון בגין זכוות **בנך** כל עממי ארעא חולף GN 22:18
האילין ויתברכון בגין **בנך** כל עממי ארעא: חולף די קבל GN 26:4
יעלינך תמן אוף אסיק ית **בנך** מתמן וברם יוסף ישוי ידיה על GN 46:4
לך אתנינה ולבנך: ויהון **בנך** סגיאין הי כעפרא דארעא GN 28:14
עד עלמא: ואשוי ית **בנך** סגיאין כעפרא דארעא דהיכמא GN 13:16
אוטב עימך ואישוי ית **בנך** סגיעין הי כחלא דימא דלא GN 32:13
את ואינתתך ובנך ונשי **בנך** עימך: כל חיתא דעימך מכל GN 8:16
אנת ובנך ואינתתך ונשי **בנך** עמך: ומן כל דחי מכל בישרא GN 6:18
פושו וסגו ומלו ית ארעא **בנן** ובנן ותקופו עלה בניכסין GN 1:28
לקטלא יתנא וית **בננא** וית גיתנא בצחותא: וצלי משה EX 17:3
מן אבונא די לנא הוא ודי **בננא** וכדון כל דאמר ייי לך עיביד: GN 31:16
ית שמיה בר עימיה ארום **בר** אבוהא הוא הוא אבוהון דעמא GN 19:38
על גניסת מררי צוריאל **בר** אביחיל על שידא דמשכנא NU 3:35
היא בשמת בר ישמעאל **בר** אברהם אחתיה דנביות מן GN 28:9
ואילין תולדת ישמעאל **בר** אברהם דילידת הגר מצריתא GN 25:12
ואילין תולדת יצחק **בר** אברהם ומן בגלל דהוה איקונין GN 25:19
פנחס קנאה בר אלעזר **בר** אהרן כהנא אתיב ית ריתחי מעל NU 25:11
ומטרתהון ביד איתמר **בר** אהרן כהנא: בני מררי לגניסתהון NU 4:28
על רברבי ליואי אלעזר **בר** אהרן כהנא הוא הוה שאיל NU 3:32
וחמא כן פנחס בר אלעזר **בר** אהרן כהנא ואידכר הילכתא עני NU 25:7
לואי הות בידא דאיתמר **בר** אהרן כהנא: ובצלאל בר אורי בר EX 38:21
למימר: אמר לאלעזר **בר** אהרן כהנא ויפרש ית מחתיא מן NU 17:2
פולחנהון בידא דאיתמר **בר** אהרן כהנא: ולבני קהת לא יהב NU 7:8
זימנא בידא דאיתמר **בר** אהרן כהנא: ומנא משה ואהרן ית NU 4:33
ואמר ייי למשה ולאלעזר **בר** אהרן כהנא למימר: קבילו ית NU 26:1
זימנא: ודמסיר לאלעזר **בר** אהרן כהנא מישחא דאנהרותא NU 4:16
ייחוסין דקרח: ואלעזר **בר** אהרן נסיב ליה מברתוי דיתרו EX 6:25
למימר יוסף ייי לי על דין **בר** אוחרן: והוה כדי ילידת רחל ית GN 30:24
ארום אמרת יהב לי ייי **בר** אוחרן חלף הבל דקטליה קין: GN 4:25
ברם כל אומנא סני **בר** אומנותיה: ארום גלי קדם ייי GN 3:4
ייי בשום טב בצלאל **בר** אורי בר חור לשבטא דיהודא: EX 35:30
בשום טב בצלאל **בר** אורי בר חור לשיבטא דיהודה: EX 31:2
בר אהרן כהנא: ובצלאל **בר** אורי בר חור לשיבטא דיהודה EX 38:22
יפרקיניה: או אחבוי או **בר** אחבוי יפריקיניה או מקריב LV 25:49
ושבו ית לוט וית קנייניה **בר** אחוי דאברם ואזלו והוא יתיב GN 14:12
ית שרי אינתתיה וית לוט **בר** אחוי וית כל קיניינהום דיקנו GN 12:5
בליביה הוא ואהליאב **בר** אחיסמך לשיבטא דדן: אשלים EX 35:34
מניית עימיה ית אהליאב **בר** אחיסמך לשיבטא דדן ובליבא EX 31:6
ית משה: ועימיה אהליהב **בר** אחיסמך לשיבטא דדן נגר ואומן EX 38:23
וחסידותיה דיעקב **בר** אחתיה היך נסיב ית בכירותא GN 29:13

אחוך בר אימך כל דכן **בר** איבך או ברך או ברתך או	DT 13:7
חד וביה הוה חקיק צורת **בר** אילא והוה חמי למהוי ביה צורת	NU 2:10
וחמא ית בנימין אחוי **בר** אימיה ואמר הדין אחוכון זעירא	GN 43:29
ויקיר אחי דהוא אחוי **בר** אימיה וראש דהוא ריש בבית	GN 46:21
מילכא בישא אחוך **בר** אימך כל דכן בר איבך או ברך או	DT 13:7
או לדיכרא חד או לאימר **בר** אימרי או בני גדייא: כחושבן	NU 15:11
ואזלו לבי דינא **בר** איתתא בת ישראל וגברא בר	LV 24:10
כד מחייב פריש וחריף **בר** איתתא בת ישראל ית שמא	LV 24:11
משה למימר: פנחס קנאה **בר** אלעזר בר אהרן כהנא אתיב ית	NU 25:11
זימנא: וחמא כן פנחס **בר** אלעזר בר אהרן כהנא ואידכר	NU 25:7
לחילא יתהון וית פנחס **בר** אלעזר כהנא לחילא ואוריא	NU 31:6
ארום לית אוושר למירות **בר** אמתא הדא עם ברי ויגח קרבא	GN 21:10
יתקרון לך בנין ודין **בר** אמתא לא מתיחס בתרך: ואוף	GN 21:12
מתיחס בתרך: ואוף ית **בר** אמתא לעם ליסטיס אשויניה	GN 21:13
תורך וחמרך וישקוט **בר** אמתך ערלאה וגיורא: ובכל	EX 23:12
מנשה אמרכל חניאל **בר** אפוד: לשיבטא דבית אפרים	NU 34:23
למיתפלגא ומשיחא **בר** אפרים דנפיק מיניה דעל ידוי	EX 40:11
חמר עתיק מייתי חמר **בר** ארבעין יומין למנסכא קדם ייי:	NU 28:7
ית יצחק: והוה יצחק **בר** ארבעין שנין במיסביה ית רבקה	GN 25:20
עד יומא הדין: והוה עשו **בר** ארבעין שנין ונסיב איתא ית	GN 26:34
שיבטא דדן מדמי לגור **בר** אריוון ארעיא שתיא מנחליא	DT 33:22
אנא לך יהודה ברי לגור **בר** אריוון דמן קטיליה דיוסף ברי	GN 49:9
וביה הוה חקיק צורת **בר** אריוון מטול דרבא לבני יהודה	NU 2:3
ואתעברת וילידת **בר** בגו בני ישראל וכד הוון ישראל	LV 24:10
ומלך תחותויי הדד **בר** בדד דקטל ית מדינאה	GN 36:35
אנחנא: ארום הי דין כל **בר** בישרא דשמע קל מימרא דאלק	DT 5:26
בכף מודנא חדא וטליא **בר** בכף מודנא חדא והות כרעא כף	EX 1:15
ית עמא בית ישראל **בר** בעור דאיטפש מסוגעי חכמתי	NU 22:5
נבותיה ואמר אימר בלעם **בר** בעור ואימר גברא דיקיר מן אבוי	NU 24:3
נבותיה ואמר אימר בלעם **בר** בעור ואימר גברא דיקיר מן אבוי	NU 24:15
ברי יהון ליטין כבלעם **בר** בעור ומברכך יהון בריכן כמשה	GN 27:29
ומלך באדום בלעם **בר** בעור ושום קרתא דבית	GN 36:32
יהון ליטין כבלעם **בר** בעור: ותקף רוגזא דבלק בבלעם	NU 24:9
ודאוגר לכון ית בלעם **בר** בעור מן פתור חלמיא דמתבניא	DT 23:5
מלכי מדין וית בלעם **בר** בעור קטלו בסייפא והוה כיון	NU 31:8
דדין אתיליו ליה ולמך **בר** בריה דלא חב דינא הוא דייתלי	GN 4:24
בריה וית לוט בר הרן **בר** בריה וית שרי כלתיה איתת	GN 11:31
עדה איתת עשו רעואל **בר** בשמת איתת עשו: והוו בני	GN 36:10
ואזל לפדן דארם לות לבן **בר** בתואל ארמאה אחוהא דרבקה	GN 28:5
שמיא נפק ממצרים **בר** גברא מצראה דקטל גברא בר	LV 24:10
שיבטא דבני בנימן אבידן **בר** גדעוני: וחיליה וסכומהון	NU 2:22
דבני בנימין אבידן **בר** גדעוני: ונטיל טיקס משיריית בני	NU 10:24
לבנימין אמרכול אבידן **בר** גדעוני: לדן אמרכול אחיעזר בר	NU 1:11
ית נישרא וית עוזא וית **בר** גזא: וית דייתא דהיא טריפתא	LV 11:13
אבא לבני בנימין אבידן **בר** גידעוני: קרבניה דקריב פיילי	NU 7:60
דינא בנת צלפחד בר חפר **בר** גלעד בר מכיר בר מנשה לגניסת	NU 27:1
דדן עזגד עמיאל **בר** גמלי: לשיבטא דאשר עזגד סתור	NU 13:12
עד דחמא ית בני רחביה **בר** גרשום בר משה: ובנוי דיצהר	EX 6:20
וילידת שרה לאברהם **בר** דדמי ליה לסיבתוי לזימנא	GN 21:2
עלה מותא וקרת שמיה **בר** דווי ואבוי קרא ליה בנימין:	GN 35:18
ארום אוף דין ליך **בר** דכר: והוה במיפק נפשא ארום	GN 35:17
שיבטא דבני גד אליסף **בר** דעואל: ונטלין גניסת קהת נטלי	NU 10:20
עכרן: לגד אמרכול אליסף **בר** דעואל: לנפתלי אמרכול אחירע	NU 1:14
בית אבא לבני גד אליסף **בר** דעואל: קרבניה דקריב פיילי	NU 7:42
לא ירתינך דין אלהין **בר** דתוליד הוא ירתינך: ואפיק יתיה	GN 15:4
בר שרה אינתתיה ואנת **בר** הגר אמתא דאימי עני ישמעאל	GN 22:1
ולשם איתיליד אף הוא **בר** הוא אבוהון דכל בני עיבראי	GN 10:21
ית אברם בריה וית לוט **בר** הרן בר בריה וית שרי כלתיה	GN 11:31
ואתעברת תוב וילידת **בר** ואמרת ארום שמיע קדם ייי	GN 29:33
ואיתעברת תוב וילידת **בר** ואמרת הדא זימנא אודי קדם ייי	GN 29:35
ואתעברת תוב וילידת **בר** ואמרת הדא זימנא יתחבר עימי	GN 29:34
בנין: ואתעברת וילידת **בר** ואמרת כנש ייי ית חיסודי	GN 30:23
אמתה דלאה ליעקב **בר**: ואמרת לאה אתא מזלא טבא	GN 30:10
בלהה וילידת ליעקב **בר**: ואמרת רחל דן יתי ייי ברחמוי	GN 30:5
אברם הא לי לא יהבת **בר** והא בר פרנסת ביתי ירת יתי:	GN 15:3
שמע בקל צלותי ויהב לי **בר** והיכדין עתיד למידן על יד	GN 30:6
ואתון קיימין ולשרה **בר**: וכפרת שרה למימר לא תמהית	GN 18:14
דנפתלי עזגד נחבי **בר** ופסי: לשיבטא דגד עזגד גאואל	NU 13:14
וילידת הגר לאברם **בר** וקרא אברם שום בריה דילידת	GN 16:15
ותמנן ותרתין שנין ואולד **בר**: וקרא ית שמיה נח למימר דין	GN 5:28
לותה: ואתעברת וילידת **בר** וקראת ית שמיה ער ארום בלא	GN 38:3
ואיתעברת תוב וילידת **בר** וקרת ית שמיה אונן ארום ברם	GN 38:4
ולשת אף הוא איתיליד **בר** וקרת ית שמיה אנוש הוא דרא	GN 4:26
וזעירתא אוף היא ילידת **בר** וקרת ית שמיה בר עימיה ארום	GN 19:38
ואיתעברת לאה וילידת **בר** וקרת ית שמיה ראובן ארום	GN 29:32
ואוסיפת תוב וילידת **בר** וקרת ית שמיה שלה ארום שלי	GN 38:5
דאיתקטיל הבל וילידת **בר** וקרת ית שמיה שת ארום אמרת	GN 4:25
מאבוהן: וילידת רבתא **בר** וקרת שמיה מואב ארום	GN 19:37
שרה אינתתך תליד לך **בר** ותיקרי ית שמיה יצחק ואקים	GN 17:19
הא אנת מעברא ותלדין **בר** ותקרין ית שמיה ישמעאל ארום	GN 16:11
דראובן עזגד שמוע **בר** זכור: לשיבטא דשמעון עזגד	NU 13:4
בלע ומלך תחותויי יובב **בר** זרח מבצרה: ומית יובב ומלך	GN 36:33
דיבדר יתכון ייי לתמן: **בר** זרע סגי תפקון לחקלא וזעיר	DT 28:38
אין מתיהיב מוי על **בר** זרעא ויפיל מנבילתהון עלוי	LV 11:38
וארען עבדין לפרעה והב **בר** זרעא וניחי ולא נמות וארעא לא	GN 47:19
דמצרים דלא הות מפקא **בר** זרעא וצוח עמא קדם פרעה בגין	GN 41:55
ארעכון לפרעה הא לכון **בר** זרעא ותזרעין ית ארעא: ויהי	GN 47:23
וקטפא יארע אפקות **בר** זרעא ותיכלון לחמיכון ותשבעון	LV 26:5
טב בצלאל בר אורי **בר** חור לשבטא דיהודא: ואשלים	EX 35:30
טב בצלאל בר אורי **בר** חור לשיבטא דיהודה:	EX 31:2
כהנא: ובצלאל בר אורי **בר** חור לשיבטא דיהודה עבד ית כל	EX 38:22
דשמעון עזגד שפט **בר** חורי: לשיבטא דיהודה עזגד כלב	NU 13:5
וארום אין תפטרוניה **בר** חורי מגביכון לא תיפטרוניה	DT 15:13
באיליין שנייא ויפוק **בר** חורין בשתא דיובילא הוא ובנוי	LV 25:54
דבני זבולון אליאב **בר** חילון: וחיליה וסכומהון	NU 2:7
דבני זבולון אליאב **בר** חילון: ומתפרק משכנא ונטלין	NU 10:16
לזבולון אמרכול אליאב **בר** חילון: לבני יוסף לאפרים	NU 1:9
אבא לבני זבולון אליאב **בר** חילון: קרבניה דקריב פיילי	NU 7:24
בעיני חמור ובעיני שכם **בר** חמור: ולא איתעכב רבייא	GN 34:18
ארעא: וחמא יתא שכם **בר** חמור חיואה רבא דארעא ודבר	GN 34:2
דיעקב ולא יהוי שכם **בר** חמור מלגלג במיליה עלנא	GN 34:31
וילידת ליעקב **בר** חמישאי: ואמרת לאה יהב ייי	GN 30:17
ושבע שנין ומית: והוה נח **בר** חמש מאה שנין ואולד נח ית שם	GN 5:32
ואין מבר ירחא ועד **בר** חמש שנין ויהי עלוייה דביר דכר	LV 27:6
תלתין שנין ולעילא ועד **בר** חמשין שנין כל דאתי לחילא	NU 4:3
תלתין שנין ולעילא ועד **בר** חמשין שנין כל דאתי לחילא	NU 4:35
תלתין שנין ולעילא ועד **בר** חמשין שנין כל דאתי לחילא	NU 4:39
תלתין שנין ולעילא ועד **בר** חמשין שנין כל דאתי לחילא	NU 4:43
תלתין שנין ולעילא ועד **בר** חמשין שנין כל דאתי לחילא	NU 4:47
תלתין שנין ולעילא ועד **בר** חמשין שנין תמני יתהון כל	NU 4:23
תלתין שנין ולעילא ועד **בר** חמשין שנין תמנינון כל דאתי	NU 4:30
לבי דינא בנת צלפחד **בר** חפר בר גלעד בר מכיר בר מנשה	NU 27:1
וחפר גניסת חפר: וצלפחד **בר** חפר לא הוון ליה בנין אלהין בנן	NU 26:33
לשבטא דדן אמרכל בקי **בר** יגלי: לשבטא דבני יוסף לשבטא	NU 34:22
אלפייא דקטל גדעון **בר** יואש במדינאי דהוא מדבית	DT 33:17
אפרים וגבורן דגדעון **בר** יואש דמן שבט מנשה וית כל	DT 34:2
יעקב כד חמא ית גדעון **בר** יואש וית שמשון בר מנוח	GN 49:18
בר שתיה לעלתא וגוזל **בר** יוון או שפנינא לחטאתא לתרע	LV 12:6
תלת שנין ושפנינא ותסילא **בר** יוון: וקריב קומוי ית כל אילין	GN 15:9
לנשין: מגניסת בני מנשה **בר** יוסף הואה לנשין והות	NU 36:12
ולפלגות שיבטא דמנשה **בר** יוסף ית מלכות סיחון מלכא	NU 32:33
בר מנשה לגניסת מנשה **בר** יוסף כדי שמעאן דארעא	NU 27:1
דיששכר עזגד יגאל **בר** יוסף: לשיבטא דאפרים עזגד	NU 13:7
ייי: ויהושע בר נון וכלב **בר** יפונה אתקיימו מן גובריא	NU 14:38
לאבהתכון: אלהין כלב **בר** יפונה הוא יחמינה וליה איתן ית	DT 1:36
בה ארום אילהין כלב **בר** יפונה ויהושע בר נון: וטפליכון	NU 14:30
להון אינש אילהין כלב **בר** יפונה ויהושע בר נון: וקריבן לבי	NU 26:65
לשבטא דבית יהודא כלב **בר** יפונה: לשבטא דשמעון שמואל	NU 34:19
דיהודה עזגד כלב **בר** יפונה: לשיבטא דיששכר עזגד	NU 13:6
ויהושע בר נון וכלב **בר** יפונה מן מאללי ית ארעא בזעו	NU 14:6
בתר דחלתי: אילהן כלב **בר** יפונה קניזאה ויהושע בר נון	NU 32:12
דכולא תיכלא קרח **בר** יצהר בר קהת בר לוי ודתן	NU 16:1
בר נשא ואפילו לוולדא **בר** ירחין לגושמיה ובדמיה יהי	NU 19:11
ית מחלת היא בשמת **בר** ישמעאל בר אברהם אחתיה	GN 28:9
ארום יזדבן לכון אחוכון **בר** ישראל או בת ישראל	DT 15:12
אוזפותיה ולא מן אחוי **בר** ישראל ארום קרא בית דינא	DT 15:2
וברזינון כחדא ית גברא **בר** ישראל בבית גיבריה וית	NU 25:8
מצראה דקטל גברא **בר** ישראל במצרים ועל על	LV 24:10
פיסחא כל בר עממין או **בר** ישראל דאישתמד ולא הדר לא	EX 12:43
חילוניי לא ייכול קודשא **בר** ישראל דהוא תותבא דכהנא	LV 22:10
בת ישראל וגברא **בר** ישראל דמן שיבטא דדן: וכד נפק	LV 24:10
ולקטרת בוסמיא: כל גבר **בר** ישראל ואיתתא בת ישראל	EX 35:29
דאיזדבן לעבד לגברא **בר** ישראל זבין כספא ותיגזור יתיה	EX 12:44
סנהדרין דישראל: אין **בר** ישראל ינגח תורא אין לבת	EX 21:31
יובלא: וארום יזבון גבר **בר** ישראל ית ברתיה זעירתא	EX 21:7
ברא ולא יתפס גברא **בר** ישראל ית גרמיה בזנו: לא תעלון	DT 23:18
דארעא וכל ערלאי **בר** ישראל לא ייכול ביה: אורייתא	EX 12:48
בזמן דעל בתר גברא **בר** ישראל לות חוצא נס קדמאי	NU 25:8

בני ישראל: ושום גברא **בר** ישראל קטילא דאיתקטיל עם NU 25:14
ברם קביל בעותי דיהי לי **בר** כאחתי אוף יהב לי תרין והכדין GN 30:8
לשבטא דבנימין אלידד **בר** כסלון: לשבטא דדן אמרכל בקי NU 34:21
בגופה ואף איתן מינה לה **בר** לאברכיניה ביה ותהי לכינשין GN 17:16
גניסתא דגרשון אליסף **בר** לאל: ומטרת בני גרשון במשכן NU 3:24
קרח בר יצהר בר קהת **בר** לוי ודתן ואבירם בני אליאב ואון NU 16:1
וילידת שרה איתת ריבוני **בר** לריבוני בתר דסיבת ויהב ליה ית GN 24:36
דאתיא ואתון קיימין והא **בר** לשרה אינתתך ושרה הוות GN 18:10
גרמיי מיכא: ומית יוסף **בר** מאה ועשר שנין ובסימו יתיה GN 50:26
בחד לירחא: ואהרן **בר** מאה ועשרין ותלת שנין כד מית NU 33:39
עם כל ישראל: ואמר להון **בר** מאה ועשרין שנין אנא יומנא DT 31:2
עד זמן יומא הדין: ומשה **בר** מאה ועשרין שנין כד שכיב לא DT 34:7
אילין גניסת שם שם **בר** מאה שנין כד אוליד ית ארפכשד GN 11:10
דפקיד יתיה ייי: ואברהם **בר** מאה שנין כד איתיליד ליה ית GN 21:5
מן ביתא מן בישרא **בר** מחבורתא ולא למשדרא דורונין EX 12:46
דאשר עזגד סתור **בר** מיכאל: לשיבטא דנפתלי עזגד NU 13:13
לשיבטא דגד עזגד גאואל **בר** מכי: אילין שמהת גובריא דשדר NU 13:15
צלפחד בר חפר בר גלעד **בר** מכיר בר מנשה לגניסת מנשה בר NU 27:1
אבהתא לגניסת בני גלעד **בר** מכיר בר מנשה מגניסת יוסף NU 36:1
דאיתילידא לבתואל **בר** מלכה אינתתי דנחור אחוי GN 24:15
שובעא יומין ולא יבית **בר** מן בישרא דתיכסון ברמשא DT 16:4
גבר ביך ית תשמישיה **בר** מן רשותיה דבעליך: ויומי כהנא NU 5:20
למידן על יד שמשון **בר** מנוח דמן זרעיתיה ולמימסר GN 30:6
גלעד וניצחנין דשמשון **בר** מנוח דמן שיבט דן: וית אלף DT 34:1
בר יואש וית שמשון **בר** מנוח דקיימין לפרוקין לא GN 49:18
הכדין יקטיל שמשון **בר** מנוח ית כל גיברי פלישתאי GN 49:17
בר מנשה ויתיב בה: ויאיר **בר** מנשה אזל וכבש ית כופרניהון NU 32:41
משה ית גלעד למכיר **בר** מנשה ויתיב בה: ויאיר בר מנשה NU 32:40
תליתאין אוף בני מכיר **בר** מנשה כד איתילידו גזרינון יוסף: GN 50:23
דבנונן: ואזלו בני מכיר **בר** מנשה לגלעד וכבשוה ותריכו ית NU 32:39
בר חפר בר גלעד בר מכיר **בר** מנשה לגניסת מנשה בר יוסף NU 27:1
בני גלעד בר מכיר **בר** מנשה מגניסת יוסף ומלילו קדם NU 36:1
מתקרי ארע גיבריא: ויאיר **בר** מנשה נסיב ית כל תחום פלך DT 3:14
אחידן בתרעין ונגרעין **בר** מקירוי פצחיא סגי לחדא: DT 3:5
ית בני רחביה בר גרשום **בר** משה: ובנוי דיצהר קרח ונפג EX 6:20
בר יפונה קניזאה ויהושע **בר** נון ארום שלימו בתר דחלתא NU 32:12
ושובעא יומין: ויהושע **בר** נון אתמלי רוח חכמתא ארום DT 34:9
ריבוותא דקטל יהושע **בר** נון בגלגלא דהוא מדבית אפרים DT 33:17
למשה דבר לך ית יהושע **בר** נון גבר דרוח נבואה מן קדם ייי NU 27:18
דעתיד למקטל יהושע **בר** נון דמן שיבט אפרים וגבורן DT 34:2
לא תיעול לתמן: יהושע **בר** נון דמשמש בבית אולפנך הוא DT 1:38
ברם משומשניה יהושע **בר** נון הוה טלי לא הוה זייע בגו EX 33:11
ישראל: ופקיד ית יהושע **בר** נון ואמר אתוקף ואתחייל ארום DT 31:23
כלב בר יפונה ויהושע **בר** נון: וטפליכון דאמרתון דלביזא NU 14:30
מן קדם ייי: ויהושע **בר** נון וכלב בר יפונה אתקיימו מן NU 14:38
דבני ישראל: ויהושע **בר** נון וכלב בר יפונה מן מאללי ית NU 14:6
אלעזר כהנא ויהושע **בר** נון: ונשיאי ואמרכל חד אמרכל NU 34:17
דעמא הוא והושע **בר** נון: ופסק משה מן למללא ית כל DT 32:44
כלב בר יפונה ויהושע **בר** נון: וקריבן לבי דינא בנת צלפחד NU 26:65
עינוותנותיה קרא להושע **בר** נון יהושע: ושדר יתהון משה NU 13:16
דאפרים עזגד הושע **בר** נון: לשיבטא דבנימין עזגד פלטי NU 13:8
במשריתא: ואתיב יהושע **בר** נון משומשניה דמשה ואמר NU 11:28
מן עלמא ויהושע **בר** נון קאי מן בתריה ומדבר עמא NU 11:26
ומלכא צדיקא הוא שם **בר** נח מלכא דירושלים נפק GN 14:18
אנת ואמרת ברת בתואל **בר** נחור דילידת ליה מלכה ושוית GN 24:47
להום הידעתון ית לבן **בר** נחור ואמרו ידענא: ואמר השלם GN 29:5
לבנהא דהגר ברת פרעה **בר** נימרוד דטלקך לאתונא דנורא: GN 16:5
ובחר מינהון ית אליעזר **בר** נמרוד דהוה מתיל בגבורתא GN 14:14
חייתא ובעופא דריס **בר** נצצא ובכל מן דתרחש ארעא LV 20:25
וית ציפר שחפא וית **בר** נצצא לזנוי: וית קפופא וית שלי DT 14:15
וית ציפר שחפא וית **בר** נצצא ליזניה: וית צײדא וית שלי LV 11:16
השתא ולא יהוי בתר דנא **בר** נש או איתא או גניסא או DT 29:17
ודיקרב בכל סואבת **בר** נש או גבר דתיפוק מיניה שכבת LV 22:4
היא וידכיניה כהנא: או **בר** נש ארום יהי במשכיה כואה דנור LV 13:24
ולא אידכי ויתחייב: או **בר** נש ארום יומי לפרשא בשיפוון LV 5:4
עם בני ישראל למימר **בר** נש ארום יחוב בשלו מכל LV 4:2
וישתביק ליה: ואין **בר** נש ארום יחוב ויעבד חדא מכל LV 5:17
ייי עם משה למימר: **בר** נש ארום יחוב וישקר שיקרין LV 5:21
ייי עם משה למימר: **בר** נש ארום ישקר שקר ויחוב בשלו LV 5:15
יהי תחומכון: לא יתעתד **בר** נש באפיכון דחלתכון ואימתכון DT 11:25
לתמן כל דיקטול **בר** נש בשלו: ואין במנא דפרזלא NU 35:15
לתמן קטולא דיקטול **בר** נש בשלו: ויהון לכון קירוייא NU 35:11
הוא מחבל: ארום ישתכח **בר** נש גניב נפש מאחוי מבני ישראל DT 24:7
טעוות פעור ארום כל **בר** נש דטעא בתר טעוות פעור DT 4:3

קדם ייי אלקכון: ארום כל **בר** נש די יכול לציימא ולא יצום LV 23:29
לא יחווי יקביל חוביה: או **בר** נש די יקרב בכל מידעם דמסאב LV 5:2
מן דייכליניה ישתיצי: וכל **בר** נש דייכול בישרא דמטלק LV 17:15
ית תרבא מעמיה:: כל **בר** נש דייכול כל אדם מן כל דחי LV 7:27
במותנא מגו עמיה: וכל **בר** נש דיעבד כל עיבידא ביכרן LV 23:30
ארום יהי מסאב לטמי **בר** נש דמית או דייב או סגיר NU 9:10
וכדנא תימר להון על **בר** נש דמית לא יסתאב בעמיה: LV 21:1
בשעת אניקי: ולות כל **בר** נש דמית לא יעול לאבוי LV 21:11
דיפרש לשמא דייי על **בר** נש דמית לא יעול: לאבוי NU 6:6
דהוו מסאבין לטמא נפש **בר** נש דמית עליהון בתכוף NU 9:6
ארום ממליל ייי עם **בר** נש דרוח קודשא ביה ומתקיים: DT 5:24
שקר קדם ייי ויתחייב **בר** נש ההוא: ויודון ית חוביהון NU 5:6
דייי דשליט בנשמת **בר** נש ומיניה מתיהב רוח נשמתא NU 27:16
וישתביק ליה: ואין **בר** נש חד יחוב בשלו מן עמא LV 4:27
ומתכביש ולא חכים **בר** נש ית קבורתיה עד זמן יומא DT 34:6
ליה ולכל סובתיה בחייוי: **בר** נש כהין דיקרב ביה יהי מסאב LV 22:6
ריפתא איתבע ההוא **בר** נש לבי דינא קמי מלכא ואתקנס DT 32:50
דמקבל שוחדא למקטל **בר** נש למשדי אדם זכאי הוון עניין DT 27:25
בריה דצפור: לא כמילי **בר** נש מימר אלוק חי וקיים ריבון NU 23:19
שמיטתא אשמיטו כל **בר** נש מרי מוזפתא דיזוף בחבריה DT 15:2
קודשא: וכהנא ארום יקני **בר** נש נוכראה קניין כספיה הוא LV 22:11
תקבלון פורקן לשיזבא **בר** נש קטולא דהוא חייב לימטת NU 35:31
על לחמא בלחודוי חיי **בר** נשא ארום על כל מה דאתברי DT 8:3
לחטאתא: ויכפר כהנא על **בר** נשא דאשתלי כד סרח בשלו NU 15:28
ובין בר נשא מסאבא לבין **בר** נשא דכיא דא תהוי גזירת LV 14:57
יומא הדין ואוביד ית **בר** נשא ההוא במותנא מגו עמיה: כל LV 23:30
וסובתיה עלוי וישתיצי **בר** נשא ההוא במותנא מן קדמי LV 22:3
בעלמא הדין ישתצי **בר** נשא ההוא בעלמא דאתי דעתיד NU 15:31
קרבנא קדם ייי וישתיצי **בר** נשא ההוא דייכול ית תרבא LV 7:25
ייי הוא מרגיז וישתיצי **בר** נשא ההוא מגו עמיה: ארום על NU 15:30
דייי אפיס וישתיצי **בר** נשא ההוא מגו עמיה: ובזמן LV 19:8
אדם זכאיי אשד וישתצי **בר** נשא ההוא מגו עמיה: מן בגלל LV 17:4
ולא ידי עלוי וישתיצי **בר** נשא ההוא מיגו קהלא ארום ית NU 19:20
דייי סאיב וישתיצי **בר** נשא ההוא מישראל ארום מוי NU 19:13
דייכול מחמעא וישתיצי **בר** נשא ההוא מכנישתא דישראל EX 12:19
לית ליה מן דיגזר וישתצי **בר** נשא ההוא מעמי ית קימי אשני: GN 17:14
פיסחא דניסן וישתיצי **בר** נשא ההוא מעמיה ארום קורבנא NU 9:13
וסובתיה עלוי וישתיצי **בר** נשא ההוא מעמיה: ובר נש ארום LV 7:20
קרבנא קדם ייי וישתיצי **בר** נשא ההוא מעמיה: וגבר טלי LV 17:9
קדם ייי וישתיצי **בר** נשא ההוא מעמיה: ומליל ייי עם LV 7:21
אדם מן כל דחי וישתיצי **בר** נשא ההוא מעמיה: ומליל ייי עם LV 7:27
בה עיבידתא וישתיצי **בר** נשא ההוא מעמיה: שיתא יומין EX 31:14
דיקרב בישכיבא לכל **בר** נשא ואפילו לוולדא בר ירחין NU 19:11
שובעא יומין כל דקטיל **בר** נשא וכל דיקרב בקטילא תדון NU 31:19
אירע בשלותא: ואין **בר** נשא חד יחוב בשלו ויקרב NU 15:27
על מימרא דייי חיי **בר** נשא: כסותכון לא בלת מעילוי DT 8:3
לבני ישראל אזדהרון דכל **בר** נשא מנכון לא ייכול אדמא LV 17:12
לבין יומא נהירא ובין **בר** נשא מסאבא לבין בר נשא דכיא LV 14:57
מותבניכון: כל דיקטול **בר** נשא על מימר סהדין דחמיין NU 35:30
דזבולון עזגד גדיאל **בר** סודי: לשיבטא דיוסף לשיבטא NU 13:10
דמנשה עזגד גדי **בר** סוסי: לשיבטא דדן עזגד עמיאל NU 13:11
עם מדינתא זמרי **בר** סלוא רב בית אבא לשיבט NU 25:14
שמהת בני עשו אליפז **בר** עדה איתת עשו רעואל בר GN 36:10
על גניסתא קהת אליצפן **בר** עזיאל: ומטרתהון ארונא ופתורא NU 3:30
דיששכר אמרכל פלטיאל **בר** עזן: לשיבטא דאשר אמרכל NU 34:26
תחותוי לעלתא גדי **בר** עיזי איתבחר תחותוי בגין מדכר LV 22:27
ושדר יהודה ית גדי **בר** עיזי ביד רחמיה עדולמאה GN 38:20
דחב וייתי קורבניה צפיר **בר** עיזי דכר שלים: ויסמוך בתוקפא LV 4:23
קודשיא: ותעבדון צפיר **בר** עיזי דלא עירובין חד לחטאתא LV 23:19
תליתאיי על עיסק צפיר **בר** עיזי דנכיסו שבטוי דיעקב LV 9:3
חטאתא דתורא ודאימר **בר** עיזי ויכפר עלוי כהנא מחובתיה LV 5:10
לארביסר אימרין: וצפיר **בר** עיזי חד חטאתא דמקרב NU 29:16
כל רישי ירחי שתא: וצפיר **בר** עיזי חד לחטאתא קדם ייי על NU 28:15
לשובעא אימרין: צפיר **בר** עיזי חד לכפרא עליכון: בר מן NU 28:30
כסדר דינא: וצפיר **בר** עיזי חד למטרתא חד חטאתא NU 29:19
כסדר דינא: וצפיר **בר** עיזי חד למטרתא חד חטאתא NU 29:25
סבו ברם אתון צפיר **בר** עיזי מטול דסטנא מימתיל ביה LV 9:3
ואמר אנא אשדר גידי **בר** עיזי מן ענא ואמרת אין תתן GN 38:17
זכות שלימא דעבד גדיי **בר** עיזי תבשילין ואייביל לאבוי LV 22:27
וניסוכיה כד חמי וצפיר **בר** עיזין דלא עירובין חד לחטאתא: NU 15:24
תורא חד וגומר: צפיר **בר** עיזין וגומר: ולניכסת קודשיא NU 7:28
וגומר: תור חד וגומר: צפיר **בר** עיזין וגומר: ולניכסת קודשיא NU 7:34
וגומר: תור חד וגומר: צפיר **בר** עיזין וגומר: ולניכסת קודשיא NU 7:40
חד בר תורין וגומר: צפיר **בר** עיזין וגומר: ולניכסת קודשיא NU 7:46

חד בר תורין וגומר: צפיר **בר** עיזין וגומר: ולניכסת קודשיא NU 7:52
חד בר תורין וגומר: צפיר **בר** עיזין וגומר: ולניכסת קודשיא NU 7:58
חד בר תורין וגומר: צפיר **בר** עיזין וגומר: ולניכסת קודשיא NU 7:64
תור בר תורין וגומר: צפיר **בר** עיזין וגומר: ולניכסת קודשיא NU 7:70
תור בר תורין וגומר: צפיר **בר** עיזין וגומר: ולניכסת קודשיא NU 7:76
תור בר תורין וגומר: צפיר **בר** עיזין וגומר: ולניכסת קודשיא NU 7:82
דיהודה לעלתא: צפיר **בר** עיזין חד קריב לחטאתא: NU 7:16
דיששכר לעלתא: צפיר **בר** עיזין חד קריב לחטאתא: NU 7:22
דבני נפתלי אחירע **בר** עינן: איליין מטלני בני ישראל NU 10:27
לנפתלי אמרכול אחירע **בר** עינן: אילין מזמני עם כנישתא NU 1:15
די קריב מניכסוי אחירע **בר** עינן: דא חנוכת רבותיה דמדבחא NU 7:83
דבני נפתלי אחירע **בר** עינן: וחיליה וסכומהון דשיבטיה NU 2:29
אבא לבני נפתלי אחירע **בר** עינן: קרבניה דקריב פיילי וגומר: NU 7:78
ומלך תחותוי בעל חנן **בר** עכבור: ומית בעל חנן בר עכבור GN 36:38
בר עכבור: ומית בעל חנן **בר** עכבור ומלך תחותוי הדר ושום GN 36:39
דבני אשר פגעיאל **בר** עכרן: וחיליה וסכומהון NU 2:27
דבני אשר פגעיאל **בר** עכרן: ורבא דהוה ממני על NU 10:26
לאשר אמרכול פגעיאל **בר** עכרן: לגד אמרכול אליסף בר NU 1:13
אבא לבני אשר פגעיאל **בר** עכרן: קרבניה דקריב פיילי וגומר: NU 7:72
שבטוי דבני דן אחיעזר **בר** עמי שדי: וחיליה וסכומהון NU 2:25
חילוות שיבטיה אחיעזר **בר** עמי שדי: ורבא דהוה ממני על NU 10:25
לדן אמרכול אחיעזר **בר** עמי שדי: לאשר אמרכול פגעיאל NU 1:12
בית אבא לבני דן אחיעזר **בר** עמי שדי: קרבניה דקריב פיילי NU 7:66
דנפתלי אמרכל פדהאל **בר** עמיהוד: איליין דפקד ייי NU 34:28
דבני אפרים אלישמע **בר** עמיהוד: וחיליה וסכומהון NU 2:18
שיבטיה אלישמע **בר** עמיהוד: ורבא דהוה ממני על NU 10:22
אמרכול אלישמע **בר** עמיהוד למנשה אמרכול NU 1:10
לשבטא דשמעון שמואל **בר** עמיהוד: לשבטא דבנימין אלידד NU 34:20
לבני אפרים אלישמע **בר** עמיהוד: קרבניה דקריב פיילי NU 7:48
די קריב מנכסוי נחשון **בר** עמינדב: ביומא תניינא קריב ית NU 7:17
דרבא לבני יהודה נחשון **בר** עמינדב: וחיליה וסכומהון NU 2:3
דבני יהודה נחשון **בר** עמינדב: ורבא דהוה ממני על NU 10:14
דחטאתא דקריב נחשון **בר** עמינדב לחנוכת מדבחא אזל LV 10:16
ליהודה אמרכול נחשון **בר** עמינדב: לישׂשכר אמרכול נתנאל NU 1:7
ית קורבניהן נחשון **בר** עמינדב רב בית אבא לשיבטא NU 7:12
דא היא גזירת פיסחא כל **בר** עממין או בר ישראל דאישתמד EX 12:43
ביתא וזביני כספא מן **בר** עממין אתגזרו עימיה: ואתגלי GN 17:27
וזביני כספיכון מן כל **בר** עממין דלא מבינך הוא: מן דהוא GN 17:12
לא תסרסון: ומן יד **בר** עממין לא תקרבון ית קרבן LV 22:25
שמיטתא קדם ייי: ית **בר** עממין תדחוק ודינא די יהוי לך DT 15:3
הוות פילקתא לאליפז **בר** עשו וילידת לאליפז ית עמלק GN 36:12
עדה: ואילין בני רעואל **בר** עשו רבא נחת רבא זרח רבא GN 36:17
ואין מבר חמש שנין ועד **בר** עשרין שנין ויהי עלוייה דביר LV 27:5
ויהי עילוייה דביר דכר מן **בר** עשרין שנין ועד בר שתין שנין LV 27:3
דבני מנשה גמליאל **בר** פדה צור: ורבא דהוה ממני על NU 10:23
למנשה אמרכול גמליאל **בר** פדה צור: לבנימין אמרכול אבידן NU 1:10
אבא לבני מנשה גמליאל **בר** פדה צור: קרבניה דקריב פיילי NU 7:54
דבני מנשה גמליאל **בר** פדר צור:: ושבטא דבנימן ורבא NU 2:20
דחסדותי למימר הלא **בר** פוטי מדינאה הוא הא אנא NU 25:13
ואבירם בני אליאב ואון **בר** פלת בני ראובן: וקמו בחוצפא NU 16:1
מידד בנוי דאליצפן **בר** פרנך דילידת ליה יוכבד ברת לוי NU 11:26
דזבולן אמרכל אליצפן **בר** פרנך: לשיבטא דנפתלי אמרכל NU 34:25
עלמא דלא בנין ואליעזר **בר** פרנסת ביתי דעל ידוי איתעבידו GN 15:2
הא לי לא יהבת בר והא **בר** פרנסת ביתי ירת יתי: והא GN 15:3
דקריב מניכסוי נתנאל **בר** צוער: ביומא תליתאה קריב רב NU 7:23
דבני ישראל נתנאל **בר** צוער: וחיליה וסכומהון חמשין NU 2:5
דבני ישׂשכר נתנאל **בר** צוער: ורבא דהוה ממני על NU 10:15
לישׂשכר אמרכול נתנאל **בר** צוער: לזבולון אמרכול אליאב בר NU 1:8
קריב ית קורבניה נתנאל **בר** צוער רב בית אבא לשיבטא NU 7:18
דבני שמעון שלומיאל **בר** צורי שדי: ורבא דהוה ממני על NU 10:19
אמרכול שלומיאל **בר** צורי שדי: ליהודה אמרכול נחשון NU 1:6
לבית שמעון שלומיאל **בר** צורי שדי: קרבניה דקריב פיילי NU 7:36
מיני ובעו עלי קדם עפרן **בר** צחר: ויזבון לי ית מערת כפילתא GN 23:8
כפילתא לחקיל עפרון **בר** צחר חיתאה דעל אנפי ממרא: GN 25:9
דיריחו: וחמא בלק **בר** צפור ית כל מה דעבד ישראל NU 22:2
ית עיסבא דחקלא ובלק **בר** צפור מדינאה מלכא למואב NU 22:4
ואמרו ליה כדנן אמר בלק **בר** צפר לא כדון תיתמנע מלמיתי NU 22:16
ואמר בלעם קדם ייי בלק **בר** צפר מלכא דמואבאי שדר פולין NU 22:10
תיכלא קרח בר יצהר **בר** קהת בר לוי ודתן ואבירם בני NU 16:1
ירחין וחמת יתיה ארום **בר** קיימי הוא ואטמרתיה תלת EX 2:2
ולאבירם בני אליאב **בר** ראובן דפתחת ארעא ית פומה DT 11:6
דגרם ליה דלא יוליד **בר** רביעיי: ואמר ליט כנען דהוא GN 9:24
בסעדי וכדי ידעת ארום **בר** רבקה הוא ורהטת ותניאת GN 29:12
מציטרא חדא ובנימין **בר** רחל סדר לציטריה ותמהו GN 43:33

שיבטא דבני גד אליסף **בר** רעואל: וחיליה וסכומהון NU 2:14
ונטלו: ואמר משה לחובב **בר** רעואל מדינאה חמוי דמשה NU 10:29
דבנימין עזגד פלטי **בר** רפוא: לשיבטא דזבולון עזגד NU 13:9
אילין זרעית יעקב יוסף **בר** שביסרי שנין הוה במיפיקיה מן GN 37:2
שיבטא דראובן אליצור **בר** שדיאור: וחיליה וסכומהון NU 2:10
חילוות שיבטיה אליצור **בר** שדיאור: ורבא דהוי ממני על NU 10:18
לראובן אמרכול אליצור **בר** שדיאור: לשמעון אמרכול NU 1:5
אבא לבני ראובן אליצור **בר** שדיאור: קרבניה דקריב פיילי NU 7:30
ואזל עימיה לוט ואברם **בר** שובעין וחמש שנין במיפיקיה GN 12:4
נח ככל דפקדיה ייי: ונח **בר** שית מאה שנין וטובענא הוה GN 7:6
לסיחן אזל ועקר טוורא **בר** שיתא פרסי ואחתיה על רישיה NU 21:35
וקרא שמיה יעקב ויצחק **בר** שיתין שנין כד ילידת יתהום: GN 25:26
דאשר אמרכל אחיהוד **בר** שלומי: לשיבטא דזבולן אמרכל NU 34:27
אפרים אמרכל קמואל **בר** שפטן: לשיבטא דיששכר אמרכל NU 34:24
למירות ית אבא דאנא **בר** שרה אינתתיה ואנת בר הגר GN 22:1
יחוב בשלו ויקרב גדיתא **בר** שתא דלא עירובין לחטאתא: NU 15:27
אימרא: אימר שלים דכר **בר** שתא יהי לכון מן אימריא ומן EX 12:5
שלמין ואימרתא חדא **בר** שתה שלמתא ותלתא עשרונין LV 14:10
ית יומי נזריה וייתי אימר **בר** שתיה לאשמא ויומיא קדמאי NU 6:12
או לברתא תייתי אימר **בר** שתיה לעלתא וגוזל בר יוון או LV 12:6
ית עומרא אימר שלים **בר** שתיה לעלתא לשמא דייי: LV 23:12
לעיגלא ואימר **בר** שתיה מטול דידכר לכון זכותא LV 9:3
בר תרתין שנין אימר חד **בר** שתיה קריב רב שיבטא דיששכר NU 7:21
ית קרבניה קדם ייי אימר **בר** שתיה שלים חד לעלתא NU 6:14
בר תרתין שנין ואימר חד **בר** שתיה תלתיהון קרב רב שיבטא NU 7:15
מן בר עשרין שנין ועד **בר** שתין שנין ויהי עילוייה חמשין LV 27:3
תוב לאה וילידת **בר** שתיתאי ליעקב: ואמרת לאה GN 30:19
חמי למהוי ביה צורת **בר** תורי ברם משה נביא חלפיה NU 2:10
ברעוא תור חד **בר** תורי דכר חד אימרין בני שנא NU 29:8
קדמוי סב תור חד **בר** תורי דלא עירובין ודיכרין תרין EX 29:1
אהרן לקודשא בתור **בר** תורי דלא עירובין לקרבן LV 16:3
ברעוא קדם ייי תור **בר** תורי חד דכר חד אימרין בני שנא NU 29:2
ויעבדון כל כנישתא תור **בר** תורי חד לעלתא לאתקבלא NU 15:24
עלה ויקרבון קהלא תור **בר** תורי לחטאתא וייתון יתיה LV 4:14
ואמר לאהרן סב לך עיגל **בר** תורי לחטאתא מטול דלא LV 9:2
קדם ייי: ויקרב על **בר** תורי מנחתא סמידא תלתא NU 15:9
קדם ייי: וארום תעביד **בר** תורי עלתא או נכסתא לפרשא NU 15:8
טבחא בבית מטבחיא ית **בר** תורי קדם ייי ויקרבון בני אהרן LV 1:5
רהט אברהם ונסיב **בר** תורי רכיך ושמין ויהב לעולימא GN 18:7
ויקרב בגין חובתיה תור **בר** תורי שלים קדם ייי לחטאתא: LV 4:3
במשח זיתא ותור תיניין **בר** תורי תיסב לחטאתא: ותקריב NU 8:8
סווין דמיא: ויסבון תור **בר** תוריה ומנחתיה סולתא פתיכא NU 8:8
מן אפרשותא: תור חד **בר** תורין בר תלת שנין דכר חד בר NU 7:15
מן אפרשותא: תור חד **בר** תורין בר תלת שנין דכר חד בר NU 7:21
שלמין בני שנה ותור **בר** תורין דלא עירובין חד לחטאתא LV 23:18
מתקלא וגומר: תור חד **בר** תורין וגומר: צפיר בר עיזין וגומר: NU 7:45
מתקלא וגומר: תור חד **בר** תורין וגומר: צפיר בר עיזין וגומר: NU 7:51
מתקלא וגומר: תור חד **בר** תורין וגומר: צפיר בר עיזין וגומר: NU 7:57
מתקלא וגומר: תור חד **בר** תורין וגומר: צפיר בר עיזין וגומר: NU 7:63
חדא מתקלא וגומר: תור **בר** תורין וגומר: צפיר בר עיזין וגומר: NU 7:69
חדא מתקלא וגומר: תור **בר** תורין וגומר: צפיר בר עיזין וגומר: NU 7:75
חדא מתקלא וגומר: תור **בר** תורין וגומר: צפיר בר עיזין וגומר: NU 7:81
פטיר בולי קריב לשמך **בר** תורין רכיך ושמין אימרא LV 22:27
דמליל ייי למימר: גבר **בר** תליסר שנין ארום ידר נדרא NU 30:3
תור חד בר תורין **בר** תלת שנין דכר חד בר תרתין NU 7:15
תור חד בר תורין **בר** תלת שנין דכר חד בר תרתין NU 7:21
ברת תלת שנין וברחא **בר** תלת שנין ועיזא ברת תלת שנין GN 15:9
יצחק ואמר האנא יומנא **בר** תלתין ושב שנין ואילו בעי GN 22:1
על ארעא דמצרים: ויוסף **בר** תלתין שנין כד קם קדם פרעה GN 41:46
וישמעאל בריה **בר** תלתיסרי שנין כד גזר ית בישרא GN 17:25
לאתגזרא ואנת אתגזרת **בר** תמניא יומין אילו הוה בך GN 22:1
אברהם ית יצחק בריה **בר** תמנייא יומין כמה דפקיד יתיה GN 21:4
דאתפרש מיניה הוה **בר** תמניסר שנין וחזא לכילת GN 46:21
הגר ישמעאל: ואברם **בר** תמנן ושית שנין כד ילידת הגר GN 16:16
בר תמנן שנין ואהרן **בר** תמנן ותלת שנין במלילתהון עם EX 7:7
יתהון היכדין עבדו: ומשה **בר** תמנן שנין ואהרן בר תמנן ותלת EX 7:7
זלפה אמתה דלאה **בר** תניין ליעקב: ואמרת לאה GN 30:12
בלהה אמתא דרחל **בר** תניין ליעקב: ואמרת רחל GN 30:7
בר תלת שנין דכר חד **בר** תרתין שנין אימר חד בר שתיה NU 7:21
בר תלת שנין דכר חד **בר** תרתין שנין ואימר חד בר שתיה NU 7:15
דיקרב בשכיבא ובוולדא **בר** תשעה ירחין בגושמיה ובדמיה NU 19:13
לאברם: והוה אברם **בר** תשעין ותשע שנין ואתגלי ייי GN 17:1
דמליל עימיה ייי: ואברהם **בר** תשעין ותשע שנין כד גזר ית GN 17:24
טרוד ית אמתא הדא וית **ברא** ארום לית אוושר למירות בר GN 21:10

ושדרת וקראת ליעקב **ברא** זעירא ואמרת ליה הא עשו GN 27:42
ואלבשת ית יעקב **ברא** זעירא: וית משכי דגדיי בני עיזי GN 27:15
קודשא ית פיתגמי עשו **ברא** רבא דחשיב בליביה למקטול GN 27:42
רבקה ית לבושי עשו **ברא** רבא מרגגן דהוו מן אדם GN 27:15
ית יצחק: וחמת שרה ית **ברה** דהגר מצריתא דילידת GN 21:9
וגזרת ית ערלת גרשום **ברה** ואקריבת ית גזירת מהולתא EX 4:25
דטליא ויתיבת מקביל **ברה** וארימת ית קלא ובכת: ושמיע GN 21:16
וברתא לא תבזי ית ברת **ברה** וית ברת ברתה לא תיסב LV 18:17
די עבדת ביד יעקב **ברה**: ועל לות אבוי ואמר אבא ואמר GN 27:17
נוכראה ארחיקית מן **ברה** כשיעור מיגד בקשתא ארום GN 21:16
תורתא או רחלא יתה וית **ברה** לא תיכסון ביומא חד: וארום LV 22:28
ורבקה אמרת ליעקב **ברה** למימר הא ליליא הדין עילאי GN 27:6
בגין דלא יהבתא לשלה **ברי** אירע יתי כדון ולא אוסף תוב GN 38:26
ומלכותא ועל די חטית **ברי** איתיהבת בכירותא ליוסף GN 49:3
אבוייך עד דירבי שלה **ברי** ארום אמר דילמא ימות אוף GN 38:11
לפרעה כדנא אמר ייי **ברי** בוכרי ישראל: ואמרית לך פטור EX 4:22
סרקא כן כבשת יוסף **ברי** בחכמתך ובעובדך טבייא כל GN 49:22
וסרב אבוי ואמר ידענא **ברי** דהוא בוכרא ואוף חכימנא GN 48:19
כן איתרעת ראובן **ברי** די חטית לא תוסיף ועל די GN 49:4
זימנא אודי קדם ייי דמן **ברי** דין עתיד למיפק מלכין ומיניה GN 29:35
לישניא: ברי דרבית יוסף **ברי** דרבית ותקיפת וטוף הוה עלך GN 49:22
מבחר מכל לישניא: **ברי** דרבית יוסף ברי דרבית GN 49:22
בניסן ואמר ליה **ברי** הא ליליא דין עילאי משבחין GN 27:1
קריב כדון ואמושנך **ברי** האנת דין ברי עשו אין לא: GN 27:21
מן קדם ייי יתרחם עלך **ברי**: ואוחי יוסף ארום רחשו רחמוי GN 43:29
יבחר ליה אימרא לעלתא **ברי** ואזלו תרויהום בלב שלים GN 22:8
דין אוחיתא למשכחא **ברי** ואמר ארום וזמן ייי אלקך GN 27:20
אבא ואמר האנא מן אנת **ברי**: ואמר יעקב לאבוי אנא עשו GN 27:18
מיני דמה אעביד לך **ברי**: ואמר עשו לאבוי הבירכתא GN 27:37
בר אמתא הדא עם **ברי** ויגח קרבא עם יצחק: ובאיש GN 21:10
ואמרית לך פטור ית **ברי** ויפלח קדמוי ומסרב אנת EX 4:23
אבוי קריב כדון ושק לי **ברי**: וקריב ונשיק ליה וארח ית GN 27:26
ההוא למימר בך יוסף **ברי** יברכון בית ישראל ית ינוקא GN 48:20
בשלמך בני אמך לייטך **ברי** יהון ליטין כבלעם בר בעור GN 27:29
ואמר ארום איחות לות **ברי** כד אבילנא לבי קבורתא ובכה GN 37:35
ממומתי דא לחוד ית **ברי** לא תתיב לתמן: ושוי עבדא ית GN 24:8
מדמי אנא לך יהודה **ברי** לגור בר אריוון דמן קטיליה GN 49:9
לך דילמא תתיב ית **ברי** לתמן: ייי אלקא דמותביה GN 24:6
דמן קטיליה דיוסף **ברי** סליקת נפשך ומדינא דתמר GN 49:9
כדין כד יהון בנוי דיצחק **ברי** עליין לשעת אניקי תהוי מידכר GN 22:14
לך: ואמר לא יחות **ברי** עמכון ארום אחוי מית והוא GN 42:38
ואמושנך ברי האנת דין **ברי** עשו אין לא: וקריב יעקב לות GN 27:21
ואמר אנת הוא דין **ברי** עשו ואמר אנא: ואמר קריב לי GN 27:24
ייי קדם דאימות: וכדון **ברי** קבל מיני למה דאנא מפקדת GN 27:8
עלך למיקטלך: וכדון **ברי** קבל מיני קום ערוק לך לנפשך GN 27:43
לא סכיית דעד כדון יוסף **ברי** קיים איזיל כדון ואחמיניה קדם GN 45:28
עימהון למימר שכם **ברי** רעיית נפשיה בברתכון הבו GN 34:8
תמן ובכן שמיש אלעזר **בריה** באתרוי: מתמן נטלו לגודגוד DT 10:6
למירות ית אבא דאנא **בריה** בוכרייא ויצחק הוה אמר לי GN 22:1
היכמה דמסובר גבר ית **בריה** בכל אורחא דהליכתון עד זמן DT 1:31
דעורלתיה: וישמעאל **בריה** בר תלתיסרי שנין כד גזר ית GN 17:25
וגזר אברהם ית יצחק **בריה** בר תמנייא יומין כמה דפקיד GN 21:4
חלמא ית דעבד ליה חם **בריה** דהוא קליל בזכותא דגרם ליה GN 9:24
והכדין עתיד יהושע **בריה** דיוסף למכנוש ית חיסודא GN 30:23
בר וקרא אברם שום **בריה** דילידת הגר ישמעאל: ואברם GN 16:15
על עיסק ישמעאל **בריה** דיפלח לפולחנא נוכראה: ואמר GN 21:11
ייי: וקרא אברהם ית שום **בריה** דיתליד לי דילידת ליה שרה GN 21:3
מן בגלל גרשום **בריה** דלא הוה גזיר על עיסק יתרו EX 4:24
דרין אתיליו ליה ולמך בר **בריה** דלא חב דינא הוא דייתלי ליה GN 4:24
בלק ושמע אצית מיליי **בריה** דצפור: לא כמילי בר נש מימר NU 23:18
מיניה עד דחמי בחדוות **בריה** הכדין אנא טרחית בעמא DT 32:50
ותלבישינון ית אלעזר **בריה** ואהרן יתכנש וימות תמן: NU 20:26
ואסיקהי לעלתא חולף **בריה**: ואודי וצלי אברהם תמן GN 22:13
כד מליל יצחק עם עשו **בריה** ואזל עשו לחקלא למיצד GN 27:5
איתיליד ליה ית יצחק **בריה**: ואמרת שרה תימהא עבד לי GN 21:5
דבר ית אהרן וית אלעזר **בריה** ואסיק יתהון לטוורוס אומנוס: NU 20:25
קטל ית נמרוד וית חנוך **בריה** ויעקבו גבר שלים בעובדוי GN 25:27
ודבר אברהם ית ישמעאל **בריה** וית כל מרבייני בייתיה וית כל GN 17:23
וולד: ודבר תרת ית אברם **בריה** וית לוט בר הרן בר בריה וית GN 11:31
בריה וית לוט בר הרן בר **בריה** וית שרי כלתיה איתת אברם GN 11:31
אברהם בריך ייי ית יצחק **בריה** ויתיב יצחק סמיך לבירא GN 25:11
גזר אברהם וישמעאל **בריה**: וכל אינשי ביתיה מריביני GN 17:26
ואלביש ית אלעזר **בריה** ומית אהרן תמן בריש טוורא NU 20:28
דעלתא ושוי עילוי יצחק **בריה** ונסיב בידיה ית אישתא וית GN 22:6

שרי כלתיה איתת אברם **בריה** ונפקו עימהון מאורא דכשדאי GN 11:31
עימיה וית יצחק **בריה** וקטע קיסין דזיתא ותאנתא GN 22:3
ית קיסיא וכפת ית יצחק **בריה** ושוי יתיה על מדבחא לעיל GN 22:9
כפת אברהם ית יצחק **בריה** ותמן איתגליית עילוי GN 22:14
רשותיה עלה: ואין לציד **בריה** זמין יתה כהילכת בנתא EX 21:9
וקרא שום קרתא כשום **בריה** חנוך: ואיתייליד לחנוך ית GN 4:17
בחרצוי ואתאבל על **בריה** יומין סגיאין: וקמו כל בנוי וכל GN 37:34
היכמא דמסקר גבר ית **בריה** ייי אלקך מסקר יתכון: DT 8:5
וקבילו מן חמור ומן שכם **בריה** כל נפקי תרע קרתיה וגזרו כל GN 34:24
ומן בגלל דהוא **בריה** לא שוי ידיה אלהין אמר אנא GN 47:30
ויהב ית ציפורה ברת **בריה** למשה: וילידת ביר דכר וקרא EX 2:21
דאבוי: ואתא חמור ושכם **בריה** לתרע קרתיהון ומלילו עם GN 34:20
ותריכינון מעילוי יצחק **בריה** עד דהוא בחיי ואזלו למיתב GN 25:6
כיוון דמטא למחדי **בריה** עם אינתתיה ובעו שושביני DT 32:50
ונסיבת סכינא למיכס ית **בריה** עני ואמר יצחק לאבוי כפת GN 22:10
וית חמור וית שכם **בריה** קטלו לפתגם דחרב ודברו ית GN 34:26
למכהי וקרא ית עשו **בריה** רבא בארביסר בניסן ואמר GN 27:1
ואמר ליט כנען דהוא **בריה** רביעיי עביד משעבד יהי GN 9:25
אימך כל דכן בר איבך או **ברך** או ברתך או איתתך דדמכא DT 13:7
מאן אנת ואמר אנא עשו **ברך** בוכרך: ואזדעזע יצחק זעזוע GN 27:32
הא אנא קטיל ית **ברך** בוכרך: והוה באורחא בבית EX 4:23
ליסטיס אשויניה ארום **ברך** הוא: ואקדים אברהם בצפרא GN 21:13
כלתך לא תבזי איתת **ברך** היא לא תבזי עריתה: עירית LV 18:15
בגלל דתתני במשמעי **ברך** ובר ברך ית ניסין דעבדית EX 10:2
ותניאו ליעקב למימר הא **ברך** יוסף אתי לותך ואתתקף GN 48:2
סגי ומסתגי במיא כדין **ברך** יוסף יתקפון לסגי בגו ארעא: GN 48:16
ותימרון ליה כדנן אמר **ברך** יוסף שווייני ייי לרב לכל GN 45:9
הדין ולא מנעת ית **ברך** ית יחידך: ארום ברכא אברכינך GN 22:16
האנא: ואמר דבר כדון ית **ברך** ית יחידך דאת רחים ית יצחק GN 22:2
דייי אנת ולא עכיבתא ית **ברך** ית יחידך מיני: וזקף אברהם ית GN 22:12
דתתני במשמעי ברך ובר **ברך** ית ניסין דעבדית במצרים וית EX 10:2
מפקיד לך אנת וברך ובר **ברך** כל יומי חייך ומן בגלל דיורכון DT 6:2
הדא האתבה אתיב ית **ברך** לארעא די נפקתא מתמן: ואמר GN 24:5
ויהי ארום ישיילינך **ברך** מחר למימר מה דא מצוותא EX 13:14
דמליל ייי: ארום ישיילנך **ברך** מחר למימר מה סהידוותא DT 6:20
דייי בגין כן אתיליד לנא **ברנא** דין דהוא סורהבן ומרוד ליתוי DT 21:20
וית כל עורבא ליזניה: וית **בת** נעמיתא וית חטפיתא וית ציפר LV 11:16
בר חמש שנין ויהי עלוייה **דביר** דכר חמש סילעין דכסף LV 27:6
לשמא דייי: ויהי עילוייה **דביר** דכר מן בר עשרין שנין ועד בר LV 27:3
עשרין שנין ויהי עלוייה **דביר** דכר עשרין סילעין ולנוקבא LV 27:5
ועל חסחוס אודנא **דבנוי** דימינא ועל אליון ידיהון EX 29:20
באימרייא ויהב בידא **דבנוי**: ושוי מהלך תלתא יומין ביני GN 30:35
קורבנא דאהרן וקורבנא **דבנוי**: ותקריב ית תורא קדם EX 29:9
רבותא דאהרן ורבותא **דבנוי** על כל אחוהון ליואי דיכלון LV 7:35
על חילוות שיבטא **דבני** אפרים אלישמע בר עמיהוד: NU 2:18
ממני על חילוות שיבטא **דבני** אשר פגעיאל בר עכרן: וחיליה NU 2:27
ממני על חילוות שיבטא **דבני** אשר פגעיאל בר עכרן: ורבא NU 10:26
ממני על חילוות שיבטא **דבני** בנימין אבידן בר גדעוני: ונטיל NU 10:24
ממני על חילוות שיבטא **דבני** בנימן אבידן בר גדעוני: וחיליה NU 2:22
ולא חס על ישראל זרעא **דבני** בנתיה ובית מותביה בפדן היא NU 22:5
ממני על חילוות שיבטא **דבני** גד אליסף בר דעואל: ונטלין NU 10:20
ממני על חילוות שיבטא **דבני** גד אליסף בר רעואל: וחיליה NU 2:14
לבית אבהתהון ושיבטא **דבני** גד לבית אבהתהון ופלגות NU 34:14
ממני על חילוות שבטוי **דבני** דן אחיעזר בר עמי שדי: וחיליה NU 2:25
ממני על חילוות שיבטא **דבני** זבולון אליאב בר חילון: NU 10:16
ממני על חילוות שבטוי **דבני** זבולון אליאב בר חילון: וחיליה NU 2:7
ממני על חילוות שיבטא **דבני** יהודה נחשון בר עמינדב: ורבא NU 10:14
בקי בר יגלי: לשבטא **דבני** יוסף לשבטא דבני מנשה NU 34:23
מימרא דייי יאות שיבטא **דבני** יוסף ממללין: דין פתגמא NU 36:5
נפקי ירכיה בר מנשיהון **דבני** יעקב כל נפשתא שיתין ושית: GN 46:26
דילמא נסיבו סרכיא **דבני** ישראל אפרשותא מן אחוהון LV 8:15
לקדשותי למיחמיהון **דבני** ישראל בגין כן לא תהנעלון ית NU 20:12
ופקיד לקטלא בוכרייא **דבני** ישראל בגין למיסחי באדמיהון EX 2:23
תריסר כל קבל נשיא **דבני** ישראל בזיכי דדהבא תריסר NU 7:84
ואתרעמו כל כנישתא **דבני** ישראל ביומא חרן על משה NU 17:6
לאפרשא: וכסף מינייני **דבני** ישראל דיהבו בזמן דמננון EX 38:25
אחסנא: ארום ית מעשרא **דבני** ישראל דיפרשון קדם ייי NU 18:24
אפרשות לכל קודשיא **דבני** ישראל דיקרבון לכהנא דיליה NU 5:9
משה ית כל כנישתא **דבני** ישראל ואמר להון אילין EX 35:1
קדם ייי צער שעבודהון **דבני** ישראל וגלי קדמוי ית תיובתא EX 2:25
אפיהון קדם כל כנישתא **דבני** ישראל: ויהושע בר נון וכלב בר NU 14:5
יהי רוגזא על כנישתא **דבני** ישראל ויטרון ליואי ית מטרת NU 1:53
כהנא על כל כנישתא **דבני** ישראל וישתרי להון ארום NU 15:25
בנוי ויתפרשון מקודשיא **דבני** ישראל ולא יפסון ית שמא LV 22:2

מן קדם ייי לכל כנישתא **דבני** ישראל ולגייוריא דמתגיירין NU 15:26
חלף כל בוכרא בבעירא **דבני** ישראל: ומנא משה היכמה NU 3:41
יקבלון מיניה כל כנישתא **דבני** ישראל: וקדם אלעזר כהנא NU 27:20
מליל עם כל כנישתא **דבני** ישראל ותימר להון קדישין LV 19:2
על ליואי מבוכריא **דבני** ישראל: ותיסב חמשא חמשא NU 3:46
ותיכנוש ית כל כנישתא **דבני** ישראל: ותקריב ית ליואי קדם NU 8:9
וילבישינון: ומן כנישתא **דבני** ישראל יסב תרין צפירי בני LV 16:5
ולא יפסון ית קודשיא **דבני** ישראל ית דיפרשון לשמא דייי: LV 22:15
כהנא ולות כל כנישתא **דבני** ישראל ית שיבייתא וית NU 31:12
לדסאיב וית קודשיא **דבני** ישראל לא יתפסון דלא NU 18:32
בעירא דמצראי ומבעירא **דבני** ישראל לא מית חד: ושדר EX 9:6
ית חושבן כל כנישתא **דבני** ישראל לגניסתהון לבית NU 1:2
וביכורייא וכל קודשיא **דבני** ישראל לך יהבתינון לרבו NU 18:8
משה ואהרן וכל כנישתא **דבני** ישראל לליואי הי ככל מה NU 8:20
אהרן ולות כל כנישתא **דבני** ישראל למדברא דפארן לרקם NU 13:26
ליואי ותהי לכנישתא **דבני** ישראל למוי אדיותא ברם NU 19:9
ואמר משה לכל כנישתא **דבני** ישראל למימר דין פיתגמא EX 35:4
דעד כדון לא מטא זימנא **דבני** ישראל למירתא: ואיתגלי ייי GN 12:6
והואה לחד מבני שיבטיא **דבני** ישראל לנשין ותתמנע NU 36:3
סכום חושבן כל כנישתא **דבני** ישראל מבר עשרין שנין NU 26:2
הוא: ונטלו כל כנישתא **דבני** ישראל ממדברא דסין EX 17:1
ונפקו כל כנישתא **דבני** ישראל מן קדם משה: ואתו כל EX 35:20
ליואי: מלוות בוכרייא **דבני** ישראל נסיב ית כספא אלף NU 3:50
ממני על חילוות שיבטא **דבני** ישראל נתנאל בר צוער: וחיליה NU 2:5
והא לא מית מבעירא **דבני** ישראל עד חד ואיתייקר יצרא EX 9:7
ולמחמי כל כנישתא **דבני** ישראל עני וכן אמר למשה אן NU 25:6
מתאמר בכנישתהון **דבני** ישראל ערלאין סאיבו GN 34:31
אימר לכל כנישתא **דבני** ישראל קריבו קדם ייי ארום EX 16:9
מניכסת קודשיא **דבני** ישראל: שקא דאפרשותא LV 10:14
לשמא דייי: ומפלגותא **דבני** ישראל תיסב חד דמיתחד מן NU 31:30
ממני על חילוות שיבטא **דבני** ישששכר נתנאל בר צוער: ורבא NU 10:15
דבני יוסף לשבטא **דבני** מנשה אמרכל חניאל בר אפוד: NU 34:23
ממני על חילוות שיבטא **דבני** מנשה גמליאל בר פדה צור: NU 10:23
ממני על חילוות שיבטא **דבני** מנשה גמליאל בר פדר צור:: NU 2:20
ממני על חילוות שיבטא **דבני** נפתלי אחירע בר עינן: איליין NU 10:27
ממני על חילוות שיבטא **דבני** נפתלי אחירע בר עינן: וחיליה NU 2:29
ולא מן חרשיותא **דבני** נשא בגין דתינדע ארום לית EX 9:14
מתגריא בניכסיהון **דבני** נשא ולמיסב יתהון ועתירי EX 20:17
מתגריא בניכסיהון **דבני** נשא למסב יתהון וגלותא DT 5:21
טעוותא עובד אידיהון **דבני** נשא מן קיסא ואבנא דלא DT 4:28
שיבטין ותהי זכי לכינשת **דבני** סנהדרין דסכומהון שובעין GN 28:3
יובקא דנחלא תחומא **דבני** עמון: ומישרא ויורדנא ותחום DT 3:16
ארום קבילו שיבטא **דבני** ראובן לבית אבהתהון NU 34:14
ממני על חילוות שיבטא **דבני** שמעון שלומיאל בר צורי שדי: NU 10:19
יהוי גלי קדמוי עולבנהון **דבניי** כד יהון משתעבדין בארעא GN 29:32
ישתמע קדמוי קלהון **דבניי** כד יהון משתעבדין במצרים GN 29:33
לבכון וית טפשות ליבא **דבניכון** ארום יבטל יצרא בישא מן DT 30:6
ואיחמי סיגוופיהון **דבנך** וממרי יעלינך תמן אוף אסיק GN 46:4
טבא: ודרא רביעאה **דבנך** יתובון הכא למירתא ארום לא GN 15:16
ציטרוי מכוונין לכרכוי **דבר** זעמה ולכרכוי דבר סניגורא NU 34:8
וקיים ריבון כל עלמיא ייי **דבר** נש אמר ומכדב ואוף לא דמיין NU 23:19
דלעיל ונקט רוחצניא **דבר** נש ואמר לרב מזוגיא אלהן GN 40:14
באימרא: ופרקוניה **דבר** נש מבר ירחא תיפרוק בסכום NU 18:16
ארום יקטיל כל נפשתיה **דבר** נשא מבני ישראל יתקטלא LV 24:17
דבר זעמה ולכרכוי **דבר** סניגורא ודיווקינוס ותרנגולא NU 34:8
קריב לי ואיכול מצידא **דברי** בגין דתברכינך נפשי וקריב GN 27:25
ואשתמודעה ואמר פרגוד **דברי** היא לא חיות ברא אכלתיה GN 37:33
למיסב אוף ית יברוחי **דברי** ואמרת רחל בגין כן ישכוב GN 30:15
וברכיה ואמר חמון ריחא **דברי** כריחא דקטורת בוסמנייא GN 27:27
מיגר אגרתך ביברוחי **דברי** מן רחל אחתי ושכיב עימה GN 30:16
יקום אבא וייכול מצידא **דבריה** בדיל דיתברכינני נפשך: ואמר GN 27:31
ית ענא: ואמר לבנתיה **דבריה** והאן הוא למא דנן שבקתין EX 2:20
לגובא והות צרה ברתיה **דבריה** מפרנסא יתיה בסיתרא בזמן EX 2:21
דוכרייא וכל בוכרא **דבריי** אפרוק בכספא: ויהי לאת EX 13:15
הבי כדון לי מן יברוחי **דבריך**: ואמרת לה הזעיר הוא GN 30:14
הדין חולף יברוחי **דבריך**: ועל יעקב מן חקלא ברמשא GN 30:15
כדון מפרגודא **דברך** היא אין לה: ואשתמודעה GN 37:32
אבא אכר כדון פרגודא **דברך** לופום כן צרכית למשמע בבי GN 38:25
בקופיץ וכל בוכרא **דברך** תיפרוק ולא יתחמיין קדמי EX 34:20
לאתר שכינתי בוכרי **דברך** תפריש קדמיי: היכדין תעביד EX 22:28
נהורא למקבור רשיעיא **דיבניהון** דמיתו וזכאיא למעסוק EX 10:23
כל וולדא בוכריא כולהון **דמבני** ישראל קריבית יתהון קדמי: NU 8:16
לגבה למסאבה ואמר ייי **הבר** עממין דלא חוב אוף חמי ליה GN 20:4
ותמה ואמר בליביה **הלבר** מאה שנין יהי וולד ואין שרה GN 17:17

הכא אין תשקר בי ובברי **ובביר** בירי כטיבותא דיעבדית GN 21:23
תורפה בעידן מילדה **ובבנה** דתוליד ארום תיכלינון DT 28:57
דכר בתורי באימריא **ובבני** עזיא: כל דביה מומא לא LV 22:19
בכון לאתין ולתמהין **ובבניכון** עד עלמא: חולף דלא DT 28:46
דייי הכא אין תשקר בי **ובברי** ובביר בירי כטיבותא GN 21:23
למימר גבר ארום ימות **וביר** דכר לית ליה ותעברון ית NU 27:8
דזלפה מציטרא חדא **ובנה** דבלהה מציטרא חדא ובנימין GN 43:33
דלאה סדר מציטרא חדא **ובנהא** דזלפה מציטרא חדא ובנה GN 43:33
וגחינן: וקריבת אוף לאה **ובנהא** וגחנן ובתר כדין קריב יוסף GN 33:7
ליה בנין או בנן איתא **ובנהא** תהי לריבונה והוא יפוק EX 21:4
מיא על ארעא: ועל נח **ובנוהי** ואינתתיה ונשי בנוי עימיה GN 7:7
דעלו למצרים יעקב **ובנוי** בוכרא דיעקב ראובן: ובנוי GN 46:8
קודשיא: ועליל אהרן **ובנוי** בזמן מיטל משריתא ויפרקון NU 4:5
יומין על מלכותיה הוא **ובנוי** ביני ישראל: לא יהי לכהניא DT 17:20
יעקב וכל בנוי עימיה: בנוי **ובנוי** בנוי עימיה בנתיה ובנת בנוי GN 46:7
ערי וארודי ואראלי: **ובנוי** דאשר ימנה וישוה וישוי GN 46:17
ית מנשה וית אפרים: **ובנוי** דבנימין עשרה ושומהון על GN 46:21
מן דין קטול ביומי יואב **ובנוי** דבריעה דנחתו למצרים חבר GN 46:17
בנוי וברתיה תלתין ותלת: **ובנוי** דגד צפיון וחגי שוני ואצבון GN 46:16
ויתיניא ואוסיא ותרקי: **ובנוי** דגומר אשכנז וריפת ותורגמא: GN 10:3
כל נפשתא ארבסרי: **ובנוי** דדן זריזין ואמפורין ולית GN 46:23
שובעין נפשתא עם יוסף **ובנוי** דהוו במצרים: ומית יוסף EX 1:5
תולע ופוה ויוב ושמרון: **ובנוי** דזבולון תגרין מרי פרק מטייא GN 46:14
ליחוסיהום בעממיהום: **ובנוי** דחם כוש ומצרים ופוט וכנען GN 10:6
דלוי גרשון וקהת ומררי: **ובנוי** דיהודה ער ואונן ושלה ופרץ GN 46:12
כל נפשתא שיתין ושית: **ובנוי** דיוסף דאיתילידו ליה GN 46:27
לות יעקב למללא עימיה: **ובנוי** דיעקב עלו מן חקלא כדי GN 34:7
בר גרשום בר משה: **ובנוי** דיצהר קרח ונפג וזכרי: ובנוי EX 6:21
אחוי וכל דרא ההוא: **ובנוי** דישראל נפישו ואיתילדו וסגו EX 1:7
למצרים הצרון וחמול: **ובנוי** דיששכר חכימין ומרי חושבנא GN 46:13
ומצרים ואליחרק וכנען: **ובנוי** דכוש סבא וחוילא וסבתה GN 10:7
עובדא דכנענאי דשיטים: **ובנוי** דלוי גרשון וקהת ומררי: ובנוי GN 46:11
וסמראי ולובאי וזינגאי **ובנוי** דמווריטינוס זמרגד ומזג: וכוש GN 10:7
ויצהר וחברון ועזיאל: **ובנוי** דממרי לגניסתהון מחלי NU 3:20
דישראל בסוף יומייא: **ובנוי** דמררי מחלי ומושי אילין EX 6:19
ואתא יתרו חמוי דמשה **ובנוי** דמשה ואינתתיה לות משה EX 18:5
ולית סכום למנייניהום: **ובנוי** דנפתלי יחצאל וגוני ויצר GN 46:24
דיצהר קרח ונפג וזכרי: **ובנוי** דעזיאל משאל ואלצפן וסתרי: EX 6:22
לגניסתהון לבני ושמעי: **ובנוי** דקהת לגניסתהון עמרם NU 3:19
לבני ושמעי לייחוסיהון: **ובנוי** דקהת עמרם ויצהר וחברון EX 6:18
ית אלעזר וית איתמר: **ובנוי** דקרח אסיר ואלקנה ואביאסף EX 6:24
גוברין והוו לניסיון: **ובנוי** דקרח לא הוו בעיטתא NU 26:11
ובנוי בוכרא דיעקב ראובן: **ובנוי** דראובן חנוך ופלוא חצרון GN 46:9
אילין ייחוסין דראובן: **ובנוי** דשמעון ימואל וימין ואהד EX 6:15
חנוך ופלוא חצרון וכרמי: **ובנוי** דשמעון ימואל וימין ואוהד GN 46:10
סאיב ית דינה ברתיה **ובנוי** הוו עם גיתוי בחקלא ושתיק GN 34:5
מדבחא אזל אהרן **ובנוי** ואוקידו תלתיהון אתא משה LV 10:16
ויסגון על ארעא: ונפק נח **ובנוי** ואינתתיה ונשי בנוי עימיה: כל GN 8:18
כלילא דכהונתא דאהרן **ובנוי** ואליהו כהנא רבא דעתיד EX 40:10
תמן יתבין משה ואהרן **ובנוי** והוה מתרץ להון סדר כהונתא EX 39:33
תמינאה לרבות אהרן **ובנוי** ויום תמינאה לאשלמוותא LV 9:1
לכון: ואזדרזון אהרן **ובנוי** וכל בני ישראל ונסיבו ית מה LV 9:5
למישמעהון ואוף אהרן **ובנוי** וכל סביא דעמא הדין על אתר EX 18:23
אוף אנת אוף אהרן **ובנוי** וסביא דעימך ארום יקיר מינך EX 18:18
יתהון בקמורין לאהרן **ובנוי** ותכבוש להון כובעין ותהי EX 29:9
קלילא יסגי יתיר מיניה **ובנוי** יהון סגיאין בעממיא: ובריכינון GN 48:19
על מימרא דאהרן **ובנוי** יהי כל פולחן בני גרשון לכל NU 4:27
דפקידית למימר אהרן **ובנוי** ייכלוניה: ומה דמשתייר LV 8:31
מיקרבהון לתמן אהרן **ובנוי** ייעלון וימנון יתהון גבר גבר NU 4:19
לארעא דעל לתמן **ובנוי** ירתונה: ועמלקאי וכנענאי NU 14:24
בלבושיהון על כיתפיהון: **ובנוי** ישראל עבדו כפיתגמא דמשה EX 12:35
ויקדשון בימוהי אהרן **ובנוי** ית אידיהון וית ריגליהון: בזמן EX 30:19
באתר קדיש: וייכול אהרן **ובנוי** ית בישרא דדיכרא וית לחמא EX 29:32
דכר עלתא וסמכו אהרן **ובנוי** ית יד ימינהון על ריש דיכרא: LV 8:18
דחטאתא וסמך אהרן **ובנוי** ית ידיהון ימיני על ריש תורא LV 8:14
חד תיסב ויסמכון אהרן **ובנוי** ית ידיהון על ריש דיכרא: EX 29:15
תניינא ויסמוך אהרן **ובנוי** ית ידיהון על ריש דיכרא: EX 29:19
בכולא וסמכו אהרן **ובנוי** ית ידיהון על ריש דיכרא: ונכס LV 8:22
זימנא ויסמוך אהרן **ובנוי** ית ידיהון על ריש תורא: EX 29:10
איתפקדית: ועבד אהרן **ובנוי** ית כל פיתגמיא דפקיד ייי LV 8:36
לשמשא בשמא דייי הוא **ובנוי** כל יומיא: וארום ייתי ליואה DT 18:5
אריחוי: ויפסוק אהרן **ובנוי** לכסאה ית קודשא וית כל NU 4:15
ייי וימות: ויעול אהרן **ובנוי** למשכן זימנא וישלח ית LV 16:23
יסדר יתיה אהרן **ובנוי** מן רמשא ועד צפרא קדם ייי EX 27:21

מדינחא משה אהרן **ובנוי** נטרין מטרת מקדשא למטרת NU 3:38
בשתא דיובילא הוא **ובנוי** עימיה: ארום דילי הינון בני LV 25:54
לבר חורין מעימך הוא **ובנוי** עימך ויתוב לגניסתיה LV 25:41
מינה ייכלון אהרן **ובנוי** פטירי תתאכל באתר קדיש LV 6:9
ושבע מאה ותלתין:: **ובני** אהליאב נמואל דתן ואבירם NU 26:9
תתקעון ולא תיבבון: **ובני** אהרן כהניא שלימיא יתקעון NU 10:8
בני רחל יוסף ובנימין: **ובני** בלהה אמתא דרחל דן ונפתלי: GN 35:25
ושדרו ביד בני זלפה **ובני** בלהה ית פרגוד מצייר GN 37:32
ארום תילדון בנין **ובני** בנין ותתעתקון בארעא DT 4:25
קריב לותי אנת ובנך **ובני** בנך וענך ותורך וכל דילך: ואיזון GN 45:10
אוליד ית שבא וית דדן **ובני** דדן הוון תגרין ואמפורין ורישי GN 25:3
ואמפורין ורישי אומין: **ובני** דמדין עיפה ועפר וחנוך GN 25:4
אמתא דרחל דן ונפתלי: **ובני** זלפה אמתא דלאה גד ואשר GN 35:26
ויטרינך מן לילי ומזייעי **ובני** טיהררי ובני צפרירי ומזיקי NU 6:24
שפניניא יקריב מן רברבין **ובני** יוניא מן גוזלין: ויקרביניה כהנא LV 1:14
קדם סהדותא למטרא: **ובני** ישראל אכלו ית מנא ארבעין EX 16:35
רשיעיא דמרדנא ביה **ובני** ישראל אפכו כדי שמעו ארום NU 16:34
בחשבונא דמחא משה **ובני** ישראל במיפקהון ממצרים: DT 4:46
וארעא דגשן דתמן משה **ובני** ישראל במציעות ארעא EX 12:31
דפקיד ייי ית משה **ובני** ישראל דנפקו מארעא דמצרים: NU 26:4
לא אישתייר בהון עד חד: **ובני** ישראל הליכו ביבשתא בגו EX 14:29
ייי עליהון ית מוי דימא **ובני** ישראל הליכו ביבשתא בגו EX 15:19
הא בכן שבח משה **ובני** ישראל ית שבח שירתא הדא EX 15:1
צניעין היכמא דפקדני ייי: **ובני** ישראל נטלו מן כופרני בירי בני DT 10:6
ורדף בתר בני ישראל **ובני** ישראל נפקין בידא מרממא EX 14:8
ואטלו יתיה אבנין **ובני** ישראל עבדו למסמך ידיהון LV 24:23
וכד שמעו משה ואהרן **ובני** ישראל קל בכותא דפרעה לא EX 12:33
משכנא ונטלין בני גרשון **ובני** מררי נטלי משכנא: ונטל טיקס NU 10:17
יתיבו גנוסייא מן לקדמין **ובני** עשו תריכונון ושיציאונון מן DT 2:12
לילי ומזייעי ובני טיהררי **ובני** צפרירי ומזיקי וטלני: ינהר ייי NU 6:24
תעבדון: ואמר בני גד **ובני** ראובן באסכמותא חדא למשה NU 32:25
קוריי חקרא ודירין דעאן: **ובני** ראובן בנו ית בית חושבני וית NU 32:37
דכנען: ואתיבו בני גד **ובני** ראובן ואמרו ית כל דמליל ייי NU 32:31
לבית בעיר: ואתו בני גד **ובני** ראובן ואמרו למשה ולאלעזר NU 32:2
להון אין יעיברון בני גד **ובני** ראובן עימכון ית יורדנא כל NU 32:29
כל פיתגמי אורייתא הדא: **ובניהון** דלא ידעו ישמעון וילפון DT 31:13
תרע משכניהון ונשיהון **ובניהון** וטפלהון: ואמר משה בדא NU 16:27
ושוי ית לחינתא הינין **ובניהן** בקדמייתא ארום אמר אילו GN 33:2
וקריבן לחינתא הינין **ובניהן** וגחינן: וקריבת אוף לאה GN 33:6
לנשין ברתיי הינון **ובנייא** דילידן הי כבני חשיבין וענא GN 31:43
מפקד לכון יומנא אתון **ובניכון** בכל ליבכון ובכל נפשכון: DT 30:2
דאמרתון לעדי יהון **ובניכון** דלא ידעין יומא דין בין טב DT 1:39
כל עבידתא אתון **ובניכון** ובנתיכון ועבדיכון EX 20:10
כל עיבידתא אתון **ובניכון** ובנתיכון ועבדיכון DT 5:14
קדם ייי אלקכון אתון **ובניכון** ובנתיכון ועבדיכון DT 12:12
ייי אלקכון ביה אתון **ובניכון** ובנתיכון ועבדיכון DT 12:18
קדם ייי אלקכון אתון **ובניכון** ובנתיכון ועבדיכון DT 16:11
בשאובתא וחלילא אתון **ובניכון** ובנתיכון ועבדיכון DT 16:14
יתרמון במדברא הדין: **ובניכון** יהון טעיין במדברא ארבעין NU 14:33
ויהון נשיכון ארמלן **ובניכון** יתמין: אין כספא תוזיף EX 22:23
בחיי עלמא דאתי אתון **ובניכון:** למירחם ית ייי אלקכון DT 30:19
מית ולא אחטי לחורנין **ובנין** דוכרין לא הוו ליה: למא יתמנע NU 27:3
נוכריתא מן תפיין **ובנין** לא הוו להון ושמש אלעזר NU 3:4
בסהדות ולא בחובי בנין **ובנין** לא יתקטלון לא בסהדות ולא DT 24:16
ואנת ית קימי תיטר אנת **ובנך** בתרך לדריהון: דא קימי GN 17:9
ושמעון מתחשבין לי: **ובנך** די תוליד בתריהון דילך יהון GN 48:6
ותיעול לתיבותא אנת **ובנך** ואינתתך ונשי בנך עמך: ומן כל GN 6:18
ואמר ייי לאהרן אנת **ובנך** ובית אבך עימך תקבלון חובי NU 18:1
ותהי קריב לותי אנת **ובנך** ובני בנך וענך ותורך וכל דילך: GN 45:10
מן תיבותא את ואינתתך **ובנך** ונשי בנך עימך: כל חיתא GN 8:16
תיכלון באתר דכי אנת **ובנך** עימך ארום חולקך וחולק בנך LV 10:14
מרוי לא תשתי אנת **ובנך** עימך ביזמן מיעלכון למשכן LV 10:9
פולחן משכן זימנא: ואנת **ובנך** עימך תינטרון ית כהונתכון NU 18:7
באסקותהון ואנת **ובנך** עימך תקבלון ית חובי NU 18:1
לוותך וישמשונך ואנת **ובנך** עימך תקומון קדם משכנא NU 18:2
דתתני במשמעי ברך **ובר** ברך ית ניסין דעבדית במצרים EX 10:2
מפקיד לך אנת וברך **ובר** ברך כל יומי חייך ומן בגלל DT 6:2
ורברבייא ית לויתן **ובר** זוגיה דמתעתדין ליום נחמתא GN 1:21
מנהון נשרא ועוזא **ובר** ניזא: ודייתא חיורא ואוכמתא DT 14:12
ית מכתשא דכי הוא: **ובר** נש ארום יהי ביה במשכיה LV 13:18
דחב וישתביק ליה: **ובר** נש ארום יחוב וישמע קל LV 5:1
דמתקבל ברעוא קדם ייי: **ובר** נש ארום יקרב קרבן מנחתא LV 2:1
בר נשא ההוא מעמיה: **ובר** נש ארום יקריב בכל מסאב LV 7:21
יכול בשר קודשא: **ובר** נש די יכול בישרא מניכסת LV 7:20

נוכראה מגו עמהון: **ובר** נש דיסטי בתר שאלי בידין LV 20:6
לכון ולמן דיעבד בשלו: **ובר** נש דיעבד בזדנא מן יציביא או NU 15:30
ולא בהיסיטא יהי מסאב **ובר** נש דכי דיקרב ביה יהי מסאב NU 19:22
לריבוני אית לן אבא סבא **ובר** סיבתין קליל ואחוי מית GN 44:20
די יקומון מן בתריכון **ובר** עממין דייתי מארע רחיקא DT 29:21
ונסיב לווי שמין וחלב **ובר** תורי דעבד עולימא תבשילין GN 18:8
קים בין מימרי וביניכון: **ובר** תמניא יומין יגזר לכום כל GN 17:12
וביומא תמינאי תשתרי **ובורא** יתגזר בשר ערלתיה: ותלתין LV 12:3
דאנא מפקיד לך אנת **וברך** ובר ברך כל יומי חייך ומן בגלל DT 6:2
למימר: דין קרבנא דאהרן **ודבנוי** די יקרבון קדם ייי ביומא LV 6:13
קודש קודשין דילך הוא **ודיבנך:** בקודש קודשיא תיכלוניה NU 18:9
עימיה: ואמר משה לאהרן **ולבנוי** בשילו ית בשר קורבניא LV 8:31
מצלהבא קיים עלם ליה **ולבנוי** בתרוי: ודין פתגמא דתעביד EX 28:43
ולועא וקיבתה ותהי ליה **ולבנוי** בתרוי קיים רבות עלם חולף NU 25:13
ואחסנתך בגו בני ישראל: **ולבנוי** דלוי הא יהבית ית כל NU 18:21
הוא: ותעביד לאהרן **ולבנוי** היכדין ככל די פקידית יתך EX 29:35
קיים עלם: ותהי לאהרן **ולבנוי** ויכלוניה מן בתר LV 24:9
דבוץ עובד גרדי לאהרן **ולבנוי:** וית מצנפתא דבוצא וית EX 39:27
ויהי חדיא לאהרן **ולבנוי:** וית שקא דימינא מן כתפא LV 7:31
בכן קרא משה לאהרן **ולבנוי** ולסבי סנהדרי ישראל: ואמר LV 9:1
ארעא דחברון דטייל בה **ולבנוי** חולף דאשלים בתר דחלתא DT 1:36
ותהי להון קיים עלם ליה **ולבנוי** לדריהון: ומליל ייי עם משה EX 30:21
ומידי לבנוי: ויהי לאהרן **ולבנוי** לקיים עלם מן בני ישראל EX 29:28
יתהון לאהרן כהנא **ולבנוי** לקיים עלם מן בני ישראל: LV 7:34
קודשא לאהרן אחוך **ולבנוי** לשמשא קדמוי: והינון יסבון EX 28:4
ית ליואי יהיבין לאהרן **ולבנוי** מגו בני ישראל למפלח ית NU 8:19
ותיתן ית ליואי לאהרן **ולבנוי** מתנה הינון יהיבין ומסירין NU 3:9
בה: ואמר אלקים לנח **ולבנוי** עימיה למימר: אנא הא אנא GN 9:8
ית כסף פרקונא לאהרן **ולבנוי** על פום מימרא דייי היכמה NU 3:51
ותיתן כספא לאהרן **ולבנוי** פרקוני מה דמשתיירין בהון: NU 3:48
מן מנחתא יהי לאהרן **ולבנוי** קדש קודשין מקרבניא דייי: LV 2:10
מן מנחתא יהי לאהרן **ולבנוי** קודש קודשין מקרבניא דייי: LV 2:3
וקמור תעביד עובד ציור: **ולבני** אהרן תעביד כיתונין ותעביד EX 28:40
חייכון ותלופונון לבניכון **ולבני** בניכון: ותדכון גרמיכון DT 4:9
סגיא הוון לבני ראובן **ולבני** גד תקיף לחדא וחמון ית NU 32:1
כפן ולמזיקי אכילי עוף **ולבני** טיהררי כתישי רוחין בישין DT 32:24
דאיתמר בר אהרן כהנא: **ולבני** קהת לא יהב עגלן ותורין NU 7:9
ואמר משה לבני גד **ולבני** ראובן האחיכון ייתון לקרבא NU 32:6
ויהב להון משה לבני גד **ולבני** ראובן ולפלגות שיבטא NU 32:33
ית כל דליה ליצחק: **ולבניהום** דפלקתין דלאברהם יהב GN 25:6
לאבהתכון למיתן להון **ולבניהון** ארעא דפירהא שמינין DT 11:9
מן בגלל דיוטב להון **ולבניהון** לעלם: איזל אימר להון שרי DT 5:29
מן בגלל דייטב לכון **ולבניכון** בתריכון ארום תעבדון DT 12:25
וליעקב למיתן להון **ולבניכון** בתריכון: ואמרית לכון DT 1:8
לכון יומא דין דיוטב לכון **ולבניכון** בתריכון ומן בגלל DT 4:40
לכון מן בגלל דייטב לכון **ולבניכון** בתריכון עד עלמא ארום DT 12:28
ואבריכינך ארום לך **ולבנך** אתן ית כל ארעתא האילין GN 26:3
וליצחק לך איתנינה **ולבנך** בתרך אתן ית ארעא: GN 35:12
עלך למהוי לך לאלקא **ולבנך** בתרך: ואתן לך ולבנך בתרך GN 17:7
ולבנך בתרך: ואתן לך **ולבנך** בתרך ית ארעא תותבותך ית GN 17:8
פיתגמא הדין לקיים לך **ולבנך** דכורייא עד עלמא: ויהי ארום EX 12:24
קדם ייי הכדין הוא לך **ולבנך:** ואמר ייי לאהרן בארעהון לא NU 18:19
שכיב עלה לך אתנינה **ולבנך:** ויהון בנך סגיאין הי כעפרא GN 28:13
ישראל קדם ייי יהבית לך **ולבנך** ולבנתך עימך לקיים עלם NU 18:19
בני ישראל לך יהבתינון **ולבנך** ולבנתך עימך לקיים עלם כל NU 18:11
ישראל לך יהבתינון לרבו **ולבנך** לקיים עלם: דין יהי לך NU 18:8
ית ברכתא דאברהם לך **ולבנך** עימך ויתיבינך למירתך ית GN 28:4
ארמא קדם ייי ויהי לך **ולבנך** עימך לקיים עלם היכמא LV 10:15
וגלייתא יתמסרן לנא **ולבננא** עד עלמא למעבד להון דינא DT 29:28
לליואי משור קרתא **ולבר** אלפא גרמידי חזור חזור: NU 35:4
לגופיה לאימיה ולאבוי **ולבריה** ולברתיה ולאחוי: ולאחתיה LV 21:2
דאנת חמי לך איתנינא **וליבנך** עד עלמא: ואשוי ית בנך GN 13:15
בפולחן משכן זימנא: **ומבר** חמשין שנין ייתוב מחיל NU 8:25
דאבונן ואין אנן חשיבין **כביר** הב לן אחסנא בגו אחי אבונן: NU 27:4
פרעה והוה לה חביב הי **כביר** וקרת שמיה משה ארום EX 2:10
הינון ובנייא דילידן הי **כבני** חשיבין וענא מן עניי הוו וכל GN 31:43
דכשר קדם ייי אלקכון: הי **כבנין** חביבין אתון קדם ייי אלקכון DT 14:1
דכר אין לית אנן חשיבין **כבר** ואימן כנטרא ייבם תיסב אימן NU 27:4
ית שמיה מנא והוא **כבר** זרע כוסבר חיור וטעמיה EX 16:31
לא תקוצון ארום לא **כבר** נש אילן דאנפי ברא למטמרא DT 20:19
בבעו מינך לא אהי מתיל **כבר** נש דהוה ליה ביר יחידאי DT 32:50
דחמא דמשתעבדון **לביני** עממייא ומן בתר כדין מלילו GN 45:15
ארעא מינן ולא נצטרך **לבנהא** דהגר ברת פרעה בר נימרוד GN 16:5
ית בני ישראל למימר **לבנהון** הא אתון משתעבדין GN 50:25

עתיד למיהוי שיזבותא **לבנוי** ביומי יפתח דמן גלעד: ובתר GN 31:21
קימי עימיה לקים עלם **לבנוי** בתרוי: ועל ישמעאל קבילית GN 17:19
קודשא דילאהרן יהון **לבנוי** בתרוי לרבאה בהון ולקרבא EX 29:29
מאה: לבנוי דיוסף **לבנוי** דאפרים ייחוסיהון לגניסתהון NU 1:32
ותרין אלפין ושבע מאה: **לבנוי** דאשר ייחוסיהון לגניסתהון NU 1:40
ותרין אלפין ומאתן: **לבנוי** דבנימין ייחוסיהון לגניסתהון NU 1:36
לבריעה גניסת בריעה: **לבנוי** דבריעה לחבר גניסת חבר NU 26:45
אלפין ותלת מאה: **לבנוי** דגד ייחוסיהון לגניסתהון NU 1:24
אלפין וארבע מאה: **לבנוי** דדן ייחוסיהון לגניסתהון NU 1:38
וזקפא לקמא: ואמר יעקב **לבנוי** דהוי קרי להום אחוי לקוטו GN 31:46
אלפין וארבע מאה: **לבנוי** דזבולן ייחוסיהון לגניסתהון NU 1:30
ושית מאה וחמשין: **לבנוי** דיהודה ייחוסיהון לגניסתהון NU 1:26
אלפין וארבעה מאה: **לבנוי** דיוסף לבנוי דאפרים NU 1:32
דתוריה הכדין לית אפשר **לבנוי** דיוסף למשתעבדא ביני DT 33:17
לבן בצפרא ונשיק **לבנוי** דיעקב ולבנתיה דיליה ובריך GN 32:1
מטוורא דפארן למיתנה **לבנוי** דישמעאל ולא קבילו יתה DT 33:2
ושבעא אלפין ושית מאה: **לבנוי** דיששכר ייחוסיהון NU 1:28
מארעהון ירותא ארום **לבנוי** דלוט יהבית ית לחיית ירותא: DT 2:9
בני עמון ירותא ארום **לבנוי** דלוט מטול זכותיה דאברהם DT 2:19
אלפין וחמשא מאה: **לבנוי** דמנשה ייחוסיהון לגניסתהון NU 1:34
שכינתיה מגבלא למיתנה **לבנוי** דעשו ולא קבילו יתה הופע DT 33:2
ושית אלפין וחמש מאה: **לבנוי** דשמעון ייחוסיהון לגניסתהון NU 1:22
ובקשתי: וקרא יעקב **לבנוי** ואמר להום אידכו מסואבותא GN 49:1
מדי לאהרן ומידי **לבנוי**: ויהי לאהרן ולבנוי לקיים עלם EX 29:27
ממצרים ואמר יעקב **לבנוי** למה דין אתון דחלין למיחות GN 42:1
ועם אהרן למימר להון **לבני** אהרן דיזהרון ית בני ישראל די LV 11:1
קריב רב בית אבא **לבני** אפרים אלישמע בר עמיהוד: NU 7:48
חדסר קריב רב בית אבא **לבני** אשר פגעיאל בר עכרן: קרבניה NU 7:72
קריב רב בית אבא **לבני** בנימין אבידן בר גידעוני: NU 7:60
ולא אמתנתני לנשקא **לבני** ברתיי ולברתיי כדון אסכלתא GN 31:28
קריב רב בית אבא **לבני** גד אליסף בר דעואל: קרבניה NU 7:42
ית יורדנא: ואמר משה **לבני** גד ולבני ראובן האחיכון ייתון NU 32:6
ליורדנא: ויהב להון משה **לבני** גד ולבני ראובן ולפלגות NU 32:33
וית ארבעת תורי יהב **לבני** גרשון כמיסת פולחנהון: וית NU 7:7
קריב רב בית אבא **לבני** דן אחיעזר בר עמי שדי: NU 7:66
קריב רב בית אבא **לבני** זבולון אליאב בר חילון: קרבניה NU 7:24
ומלכה ונעה בנת צלפחד **לבני** חביביהן לנשין: מגניסת בני NU 36:11
וגחן לעמא דארעא **לבני** חיתאה: ומליל עמהון למימר GN 23:7
בר אריוון מטול דרבא **לבני** יהודה נחשון בר עמינדב: NU 2:3
אמרכול אליאב בר חילון: **לבני** יוסף לאפרים אמרכול NU 1:10
בנפשיה הוא ואמרית **לבני** ישראל אדם כל בישרא לא LV 17:14
יכפר: בגין כן אמרית **לבני** ישראל אזדהרון דכל בר נשא LV 17:12
תוב ייי למשה כדנן תימר **לבני** ישראל אלקא דאבהתכון EX 3:15
כולא ואמר כדנא תימר **לבני** ישראל אנא הוא דהוינא ועתיד EX 3:14
ית קיימי: בכן אימר **לבני** ישראל אנא הוא ייי ואפיק EX 6:6
ייי למשה כדנא תימר **לבני** ישראל אתון חמיתון ארום מן EX 20:22
ואמר ייי למשה אימר **לבני** ישראל אתון עם קשי קדל EX 33:5
הנין הנין דהואה תוקלא **לבני** ישראל בעיצתא דבלעם NU 31:16
ארעא דכנען דאנא יהיב **לבני** ישראל גברא חד גברא חד NU 13:2
אפודא אבני דוכרנא **לבני** ישראל היכמא דפקיד ייי ית EX 39:7
תמן: ואיזמן מימרי תמן **לבני** ישראל ואיקדש ברבניכון בגין EX 29:43
אורייתא למלפא יתה **לבני** ישראל: ואמר אנא הוא אלקיה EX 3:5
וית רישי אבהת שיבטיא **לבני** ישראל: ואמר משה להון אין NU 32:28
רברביא רישי אבהתא **לבני** ישראל: ואמרו ית ריבוני פקיד NU 36:1
תיעול לארעא דאנא יהיב **לבני** ישראל: ודא סדר ברכתא DT 32:52
מרגליית מדכרן זכותא **לבני** ישראל ויטול אהרן ית שמהת EX 28:12
קירווין קלטן תהויין: **לבני** ישראל ולגיורא ולתותביא NU 35:15
עד רמשא ותהי לדכותא **לבני** ישראל ולגייורייא דיתגיירון NU 19:10
מועדיא דייי ואליפינון **לבני** ישראל: ומליל ייי עם משה LV 23:44
קדם עד לא מלך מלכא **לבני** ישראל: ומלך באדום בלעם בר GN 36:31
ייי ואתקדשו ויהון לאת **לבני** ישראל: ונסיב אלעזר כהנא ית NU 17:3
ארעא באחסנתא בעדבא **לבני** ישראל וריבוני אתפקד מן NU 36:2
וחמי ית ארעא דיהבית **לבני** ישראל: ותחמי יתה ותתכנש NU 27:12
יתמנע: ואין יהוי יובילא **לבני** ישראל ותיתוסף אחסנתהון NU 36:4
קדם ייי: ואמר משה **לבני** ישראל חמון דמני ייי בשום EX 35:30
קודשיכון: ואמר משה **לבני** ישראל ככל מה דפקיד ייי ית NU 30:1
אבוי וירית יתה ותהי **לבני** ישראל לאחויית גזירת דין NU 27:11
ארעא דכנען דאנא יהיב **לבני** ישראל לאחסנא: ושכוב DT 32:49
עיבידת משכן זימנא ויהי **לבני** ישראל לדוכרן טב קדם ייי EX 30:16
מסכינין מן דאחית **לבני** ישראל לחמא מן שמיא אליף DT 34:6
עם אמרכלי שבטיא **לבני** ישראל למימר דין פיתגמא NU 30:2
לא ייעול לארעא דיהבית **לבני** ישראל מטול דסריבתון על NU 20:24
דמצראי ולא ימות מכל **לבני** ישראל מידעם: וקבע ייי זימנא EX 9:4
דמדבחא: דוכרנא **לבני** ישראל מן בגלל דלא יקרב גבר NU 17:5

דלא תיתקף אחסנא **לבני** ישראל משיבטא לשיבטא NU 36:7
זימנא דוכרנא טבא **לבני** ישראל קדם ייי: ובעירי סגיא NU 31:54
קריב רב בית אבא **לבני** מנשה גמליאל בר פדה צור: NU 7:54
עגלן וית תמנן תורי יהב **לבני** מררי כמיסת פולחנהון בידא NU 7:8
יומא קריב רב בית אבא **לבני** נפתלי אחירע בר עינן: קרבניה NU 7:78
מכתבין ולישנין **לבני** נשא בדרא דפלגותא בי היא DT 32:8
נקמין ולא נטרין דבבו **לבני** עמך ותרחמיה לחברך דמן LV 19:18
קריב רב בית אבא **לבני** ראובן אליצור בר שדיאור: NU 7:30
קדם ייי: ובעירי סגיא הוון **לבני** ראובן ולבני גד תקיף לחדא NU 32:1
סהדו/תא למטרא לאת **לבניא** סרבנייא ויסופן תורעמותהון NU 17:25
לאחסנא: ותחסנון יתהון **לבניהון** בתריכון לירותת אחסנא LV 25:46
בהון בנתיכון לא תתנון **לבניהון** ובנתיהון לא תסבון לבניכון DT 7:3
לאיליין יומא דין או **לבניהן** דילידן: וכדון איתא וניגזר GN 31:43
ליצחק וליעקב למימר **לבניכון** אתנינא אחמיית יתה DT 34:4
ובנתיהון לא תסבון **לבניכון** דכל מאן דמתחתן בהון DT 7:3
כל יומי חייכון ותלופונון **לבניכון** ולבני בניכון: ותדכון גרמיכון DT 4:9
ייי אלקנא יתכון: ותימרון **לבניכון** משעבדין הוינן לפרעה DT 6:21
ליצחק וליעקב למימר **לבנך** איתנינה: ואיזמן קדמך מלאכא EX 33:1
ואיתגלי ייי לאברם ואמר **לבנך** אתין ית ארעא הדא ובנא תמן GN 12:7
לי ותקיים עלי למימר **לבנך** אתן ית ארעא הדא הוא יזמן GN 24:7
ממלכותא למימר **לבנך** אתן ית ארעא הדא מנילוס GN 15:18
ותיסב מבנתהון **לבנך** וכך טעיין בנתהון בתר EX 34:16
על לוח ליבכון: ותגמרינון **לבנך** ותהוון הגיין בהון במותביכון DT 6:7
הי ככוכבי שמיא ואיתן **לבנך** ית כל ארעתא האילין GN 26:4
הדא דאמרית לכון איתן **לבנכון** ויחסנון לעלם: והוה תהו מן EX 32:13
כל ארעא לא תתכשר **לבר** זרע ולא תרבי צימחין ולא יסק DT 29:22
וארבע חולקין יהי לכון **לבר** זרעא דחקלא ולמיכליכון GN 47:24
שביעיתא תפטרוניה **לבר** חורי מגביכון: וארום אין DT 15:12
וית בניי לא איפוק **לבר** חורין: ויקרביניה ריבוניה לקדם EX 21:5
כנעניתא וסמינה **לבר** חורין יפטירניה חולף עיניה: EX 21:26
דאמתיה כנעניתא יפיל **לבר** חורין יפטירניה חולף שיניה: EX 21:27
ובמעלי שביעיתא יפוק **לבר** חורין מגן: אין בלחודוי ייעול EX 21:2
בעינך במפטרך יתיה **לבר** חורין מן גבך ארום בכופלא על DT 15:18
דיובלא יפלח עימך: ויפוק **לבר** חורין מעימך הוא ובנוי עימך LV 25:41
פיטורין יהיב לה: דימחי **לבר** ישראל או לבת ישראל EX 21:12
תיזבון בגניבותיה לעבדא **לבר** ישראל שית שנין יפלח ובמעלי EX 21:2
אינש מאתריה לטיילא **לבר** מתרין אלפין גרמידי ביומא EX 16:29
ליה אנחנא אסתאבנא **לבר** נש דמית עלנא למא כען NU 9:7
לחם בכפלא תרין עומרין **לבר** נש חד ואתו כל רברבני EX 16:22
דהיכמא דלית אפשר **לבר** נש למפלוח בבוכרא דתוריה DT 33:17
ידא דכל חיתא דקטלא **לבר** נשא איתבועיניה לאיתקטלא GN 9:5
למיכול קורצין למעקא **לבר** עמך לא תימנע זכו דחברך LV 19:16
וייכלונה או תזבנון **לבר** עממין ארום עם קדיש אתון DT 14:21
דכל מידעם דמיתרבי: **לבר** עממין תזוף מיניה בריביתא DT 23:21
למיתן חולק בכורותא **לבר** רחימתא על אנפי ביר סניתא DT 21:16
אינתתא דזמין ייי במזלא **לבר** ריבוני: אנא עד לא פסקית GN 24:44
דבר ואיזיל ותהי איתא **לבר** ריבונך כמא דמליל ייי: והוה כדי GN 24:51
ובמשלם יומי דכיתא **לברא** או לברתא תייתי אימר בר LV 12:6
ולייחוסי ותיסב איתא **לברי**: ואמרית לריבוני מאים לא GN 24:38
ית ברת אחוי דריבוני **לברי**: וכדון אין איתיכון עבדין טיבו GN 24:48
תיזיל ותיסב איתתא **לברי** ליצחק: ואמר ליה עבדא מאים GN 24:4
למימר לא תיסב איתא **לברי** מבנת כנענאי דאנא יתיב GN 24:37
ארעא דילא תיסב איתא **לברי** מבנתהון דכנענאי די אנא GN 24:3
אורחך ותיסב איתא **לברי** מן יחוסי ומגניסת בית איבא: GN 24:40
לקמך ותיסב איתא **לברי** מתמן: ואם לית צבות איתתא GN 24:7
לה למזמנא יתה ליה או **לבריה** או למיפרקא ליד אבוהא EX 21:11
יומי ישראל לממת וקרא **לבריה** ליוסף ואמר ליה אין כדון GN 47:29
נפשך: ואמר יצחק **לבריה** מה דין אוחיתא למשכחא GN 27:20
חמיר בכל תחומך: ותתני **לברך** ביומא ההוא למימר מן בגלל EX 13:8
ואיתין ית ארעא הדא **לברך** בתרך אחסנת עלם: וכדון תרין GN 48:4
נביאין וכהנין יהון **מבינך** דאולידתא ותרין מלכין תוב GN 35:11
בוכרא בארעא דמצרים **מביר** בוכרא דפרעה דעתיד דייתיב EX 11:5
בוכרא בארעא דמצרים **מביר** בוכריה דפרעה דעתיד למיתב EX 12:29
מיניה על חילוניי דלא **מבנוי** דאהרן וישתיצי מעמיה: ואמר EX 30:33
גוזרתהום ונסיבו תרין **מבנוי** דיעקב שמעון ולוי אחי דינא GN 34:25
עלמא לעממייא די נפקו **מבנוי** דנח באפרשותיה מכתבין DT 32:8
במשחא וברם תחותוי **מבנוי** יקומון לכהנין איהוא יעבד LV 6:15
אהרן כהנא או לות חד **מבנוי** כהנא: ויחמי כהנא ית LV 13:2
בטעוות פעור: והא גבר **מבני** ישראל אתא ואחד בבלוריתא NU 25:6
כל בוכריא פתח וולדא **מבני** ישראל ויהון משמשין קדמי NU 3:12
דסודרא: ודיגנוב נפש **מבני** ישראל ויזבניניה וישתכח EX 21:16
בר נש גניב נפש מאחוי **מבני** ישראל ויעביד ביה פרקמטיא DT 24:7
כל נפשתיה דבר נשא **מבני** ישראל יתקטלא יתקטל LV 24:17
ייי ומסעדין להון גובריא **מבני** ישראל מאתן וחמשין אמרכלי NU 16:2

והדרו לאחוריהון אף **מבני** לוי אתקטלו ארבע גניסן DT 10:6
הוות תהייא ובהיא צריא **מבני** נש וריקנייא מן כל בעיר GN 1:2
יתה מה דמתגניב בימממא **מבני** נשא עלי הוה לאשלמא ומה GN 31:39
לבנתיה: והואה לחד **מבני** שיבטיא דבני ישראל לנשין NU 36:3
תזבנון עבדין ואמהן: ואוף **מבני** תותביא עריליא דדיירין LV 25:45
נביא דייי ואמר: בריך הוא **מבניא** דיעקב אשר יהי מרעי לאחוי DT 33:24
זבד יתי ייי זבודין טבון **מבנין** זימנא הדא יהי מדוריה דבעלי GN 30:20
עם אהרן למימר גבר **מבנך** לזרעיית דריהון דיהי ביה LV 21:17
תלתין סילעין: ואין **מבר** חמש שנין ועד בר עשרין שנין LV 27:5
ותלתא אלפין כל דכורא **מבר** ירחא ולעילא ארום לא NU 26:62
דוכריא בבני ישראל **מבר** ירחא ולעילא וקביל ית סכום NU 3:40
בסכום מניין שמהן **מבר** ירחא ולעילא לסכום מניינהון NU 3:43
במניין כל דכורא **מבר** ירחא ולעילא סכומהון שבעתי NU 3:22
דייי לגניסתהון כל דכורא **מבר** ירחא ולעילא עשרין ותרין NU 3:39
במניין כל דכורא **מבר** ירחא ולעילא שיתא אלפין NU 3:34
קהת: במניין כל דכורא **מבר** ירחא ולעילא תמניא אלפין NU 3:28
לגניסתהון כל דכורא **מבר** ירחא ולעילא תמנינון: ומנא NU 3:15
עשר סילעין: ואין **מבר** ירחא ועד בר חמש שנין ויהי LV 27:6
ופרקוניה דבר נש **מבר** ירחא תיפרוק בסכום עילוייך NU 18:16
מופסלין במומהון ברם **מבר** עשרין וחמש שנין ולעילא ייתי NU 8:24
אבהתכון במניין שמהן **מבר** עשרין שנין ולעילא NU 1:18
סכומכון לכל חושבנכון **מבר** עשרין שנין ולעילא NU 14:29
על ירדנא דיריחו למימר: **מבר** עשרין שנין ולעילא היכמא NU 26:4
גובריא דסליקו ממצרים **מבר** עשרין שנין ולעילא ית ארעא NU 32:11
מאן דעבר על מניינייא **מבר** עשרין שנין ולעילא יתן EX 30:14
כל דכורא לגולגלתהון: **מבר** עשרין שנין ולעילא כל נפיק NU 1:3
לגולגלותהון כל דכורא **מבר** עשרין שנין ולעילא כל נפיק NU 1:20
שמהן לגולגל כל דכורא **מבר** עשרין שנין ולעילא כל נפיק NU 1:22
לגולגלותן כל דכורא **מבר** עשרין שנין ולעילא כל נפיק NU 1:24
לגולגלותהון כל דכורא **מבר** עשרין שנין ולעילא כל נפיק NU 1:28
לגולגלותהון כל דכורא **מבר** עשרין שנין ולעילא כל נפיק NU 1:30
לגולגלות כל דכורא **מבר** עשרין שנין ולעילא כל נפיק NU 1:32
לגולגלותהון כל דכורא **מבר** עשרין שנין ולעילא כל נפיק NU 1:34
אבהתהון במניין שמהן **מבר** עשרין שנין ולעילא כל נפיק NU 1:36
אבהתהון במניין שמהן **מבר** עשרין שנין ולעילא כל נפיק NU 1:38
אבהתהון במניין שמהן **מבר** עשרין שנין ולעילא כל נפיק NU 1:40
אבהתהון במניין שמהן **מבר** עשרין שנין ולעילא כל נפיק NU 1:42
בני ישראל לבית אבהתהון **מבר** עשרין שנין ולעילא כל נפיק NU 1:45
כל כנישתא דבני ישראל **מבר** עשרין שנין ולעילא כל נפיק NU 26:2
לכל מאן דעבר על מניינא **מבר** עשרין שנין ולעילא לשית EX 38:26
לגולגלותן כל דכורא **מבר** עשרין שנין ולעילה כל נפיק NU 1:26
תלתא סילעין דכסף: ואין **מבר** שתין שנין ולעילא אין ביר דכר LV 27:7
לבית אבהתהון: **מבר** תלתין שנין ולעילא ועד בר NU 4:3
אבהתהון לגניסתהון: **מבר** תלתין שנין ולעילא ועד בר NU 4:23
אבהתהון תימני יתהון: **מבר** תלתין שנין ולעילא ועד בר NU 4:30
ולבית אבהתהון: **מבר** תלתין שנין ולעילא ועד בר NU 4:35
ולבית אבהתהון: **מבר** תלתין שנין ולעילא ועד בר NU 4:39
לבית אבהתהון: **מבר** תלתין שנין ולעילא ועד בר NU 4:43
ולבית אבהתהון: **מבר** תלתין שנין ולעילא ועד בר NU 4:47

ברא (142)

דייי למא אנת קאי **בברא** ואנא פניית ביתא מפולחנא GN 24:31
עביד דביש מביניכון: ואין **בברא** ישכח גברא ית עולימתא DT 22:25
יעלין ורימנין ותורי **בר** ודיצין: וכל בעירא דסדיקא DT 14:5
מרשותא לרשותא **בר** מארבעא גרמידי ולא יפוק אינש EX 16:29
קדם ייי יתן לכהנא **בר** מדכר כיפוריא די יכפר ביה עלוי: NU 5:8
ארבסר אלפין ושבע מאה **בר** מדמיתו על פלוגתא דקרח: ותב NU 17:14
ולא רכיבין על סוסוון **בר** מטפלא חמשא חמשא לכל EX 12:37
למהוי ולית אלקא חורן **בר** מיני אנא במימרי ממית ומחי DT 32:39
יוסף ית פרעה למימר **בר** מיני לא אית גבר דפשר חילמין GN 41:16
לא יהוי לכון אלק אוחרן **בר** מיני: לא תעבדון לכון צלם וכל DT 5:7
על ארעא מלרע לית חורן **בר** מיניה: ותינטרון ית קיימוי וית DT 4:39
ייי הוא אלקא לית תוב **בר** מיניה: משמי מרומא אשמעינכון DT 4:35
דאת הוא אלקא ולא אית **בר** מינך דשכינתך שריא בשמיא DT 3:24
תקיף בארעא דכנען **בר** מכפנא קדמאה דהוה ביומי GN 26:1
פיסחי ולא יביתון לצפרא **בר** ממדבחא תרבי ניכסת פיסחא: EX 34:25
קבל חולק בשוה ייכלון **בר** ממותרי קורבניא דיכלון כהניא DT 18:8
בר מן יומי שביא דייי **בר** ממתנתיכון ובר מנידריכון ובר LV 23:38
פיתגם יום ביומיה: **בר** מן יומי שביא דייי בר LV 23:38
ניכסת פיסחי ולא יבית **בר** מן מדבחא תרבי ניכסת פיסחי EX 23:18
קדם ייי על ניזריה **בר** מן מה דתדביק ידיה כמיסת NU 6:21
בקריות ליליא והוא **בר** מן סקוף משכניה לכון גרמיכון NU 9:10
ואסיק על מדבחא **בר** מן עלת צפרא: ונכיס ית תורא LV 9:17
למכפרא עליכון: **בר** מן עלת ריש ירחא ומנחתה NU 29:6
עיזי חד לכפרא עליכון: **בר** מן עלת תדירא ומנחתיה NU 28:31
חד למטרתא חדא **בר** מן עלת תדירא וסמידא NU 29:28
חד למטרתא חדא **בר** מן עלת תדירא וסמידא NU 29:31
וצפירא דחטאתא חד **בר** מן עלת תדירא וסמידא NU 29:38
חד למטרתא חד **בר** מן עלת תדירא וסמידא דחנטיא NU 29:22
למטרתא חד חטאתא **בר** מן עלת תדירא וסמידא דחנטיא NU 29:25
חד למטרתא חדא **בר** מן עלת תדירא וסמידא דחנטיא NU 29:34
ישראל בארעא דמואב **בר** מן קיימא דיגזר עימהון בחורב: DT 28:69
קינאתא דתיסטי איתתא **בר** מן רשותא דבעלא ותיסתאב NU 5:29
האילין: ואנת ארום סטית **בר** מן רשותא דבעליך וארום NU 5:20
בתשמיש דעריס **בר** מן רשותא דבעליך תהוי זכאה NU 5:19
קדם ייי בזמן מועדיכון **בר** מנדריכון דנדרתון בחגא NU 29:39
למצרים נפקי ירכיה **בר** מנשיהון דבני יעקב כל נפשתא GN 46:26
חד לכפרא עליכון: **בר** מעלת צפרא די לעלת תדירא NU 28:23
דמקרב מטרתא חד **בר** מעלת תדירא וסמידא דחנטיא NU 29:16
למטרתא חד חטאתא **בר** מעלת תדירא וסמידא דחנטיא NU 29:19
צפיר בר עיזי חד חטאתא **בר** מקרבן חטאת כיפוריא ועלת NU 29:11
לשובעא אימרין: צפיר **בר** עיזי חד חטאתא בר מקרבן NU 29:11
לשובעת אימרין: וצפיר **בר** עיזי חד לחטאתא למכפרא NU 29:5
בשיניהון היך חיוות **ברא** איגרי בהון ואטלטילינון ביד DT 32:24
פרגוד דברי היא לא חיות **ברא** אכלתיה ולא על יד בני נשא GN 37:33
מדמיה באנפי כנפקת **ברא** ארום כעיסת אפין הות GN 38:15
הדין: ארום באנפי **ברא** אשכחא פגנת עולימתא DT 22:27
וכאיתא מטעייא נפקת **ברא** דלית לה תבוע יעביד ית GN 34:31
חכים לביש מכל חיות **ברא** דעבד ייי אלקים ואמר GN 3:1
מגגח בקרנוי ית חיות **ברא** הכדין יהוון בנוי דיוסף שלטין DT 33:17
בתי מצראי עירבות חיות **ברא** ואוף ית ארעא דהינון עלה: EX 8:17
לאבוי ואתא עשו מן **ברא** והוא משלהי ארום חמש עבירן GN 25:29
בעידן דאימן נפקן לאנפי **ברא** וילדן ושבקן יתן תמן ומשדר EX 15:2
ובביתך ית עירבוב חיות **ברא** ויתמלון בתי מצראי עירבות EX 8:17
וכל מאן דמקרב על אנפי **ברא** ולא במיתא דבכריסא דאימיה NU 19:16
בנתיכון למהוי נפקת **ברא** ולא יתפס גברא בר ישראל ית DT 23:18
ובכל פולחנהא באנפי **ברא** ומן בתר כדין מתפרקין על יד GN 40:12
דישראל ויתון כל חיות **ברא** וציפורי שמיא ויכלו גושמהון NU 11:26
הוו מתנצין על אנפי **ברא** וקם קין על הבל אחוהי וטבע GN 4:8
מן קדם עירבוב חיות **ברא**: וקרא פרעה למשה ולאהרן EX 8:20
ואיגרי בכון רשות חיות **ברא** ותתכל יתכון ותשיצי ית LV 26:22
פירי עללתא ואילן דאנפי **ברא** יצלח בפירוי: ויארע לכון דרכא LV 26:4
מעלין לגווה ואילן דאנפי **ברא** יקלח פירוי: ואין תהכון עימי LV 26:20
ובכל פולחנא באנפי **ברא** ית כל פולחנהון הוון מפלחין EX 1:14
דילמא יסגי עליכון חיות **ברא** כד ייתון למיכול גושמיהון: DT 7:22
צדיא ויסגון עלך חיות **ברא** כד ייתון למיכול פיגריהון EX 23:29
ושיוריהון תיכול חיות **ברא** כדין תעביד לכרמך לזיתך: EX 23:11
אכלית: דתבירא מן חיות **ברא** לא אייתי לוותך דאין אנא חטי GN 31:39
לא כבר נש אילן דאנפי **ברא** למטמרא מקמיכון בציירא: DT 20:19
ונפק יצחק לצלאה באנפי **ברא** לעידוני רמשא וזקף עינוי GN 24:63
איתברא יתבר מן חיות **ברא** מייתי ליה סהדין או ימטיניה EX 22:12
ואיבטיל רשות חיות **ברא** מן ארעא דישראל ושלופי חרב LV 26:6
למיהוי תמן עירבוב חיות **ברא** מן בגלל דתינדע ארום אנא ייי EX 8:18
ייי ויעדי עירבוב חיות **ברא** מן פרעה ומן עבדוי ומן עמיה EX 8:25
ואעדי עירבוב חיות **ברא** מפרעה ומעבדוי ומעמיה לא EX 8:27
דניכול עיסבא דאפי **ברא** נקום כען ונלעי בליעות ידיי GN 3:18
מכל בעירא ומכל חיות **ברא** על מעך תהי מטייל וריגלך GN 3:14
מתגניב בליליא מן חיות **ברא** עלי הוה למשלמא: הויתי GN 31:39
תרין כרוביא קדם עד לא **ברא** עלמא ברא אורייתא אתקין GN 3:24
ית עיסבא דעל אפי **ברא** עני אדם ואמר בבעו ברחמין GN 3:18
ייי כן ואיתי עירבוב חיות **ברא** תקיף לבית פרעה ולבית EX 8:20
לית לי רשו בכולא עדאה **דבר** מיני אכלו עולימיא וחולק GN 14:24
נפיק למשכן בית אולפנא **דמברא** למשריתא מודי על חוביה EX 33:7
מלכא ואנת אלקפטא **ובר** מימרך לא ירעים גבר ידיה GN 41:44
ובר מנידריכון **ובר** מכל נסיבתכון דתיתנון קדם ייי: LV 23:38
שביא דייי בר ממתנתיכון **ובר** מנידריכון ובר מכל נסיבתכון LV 23:38
ותישוע יתה מן גיו **ומברא** בחימרא:: איזל לפישון וסב GN 6:14
וחפייה דהב דכיה מגיו **ומברא** ועבד ליה דיר דדהב חזור EX 37:2
עלמא לא אסתאב **ומברא** לסקוף משכניה לא הוה NU 9:13
יתיה דהב דכיה מגיו **ומברא** תחפיניה ותעביד עלוי דיר EX 25:11
ומשה ויהושע קמון מן **לבר**: ואמר ייי למשה הא אנת שכיב DT 31:15
נזירא ית ריש ניזריה **לברא** בתר דנכיסו ית ניכסת NU 6:18
הוא ירתינך: ואפיק יתיה **לברא** ואמר איסתכל כדון לשמייא GN 15:5
והוה באפקתהון יתהון **לברא** והדר חד מנהון לסדום GN 19:17
איתא וניפוק תרוינן **לברא** והוה כד נפקו תרויהון לברא GN 4:8
לבן ורהט לבן לות גברא **לברא** לעיינא: והוה כדי חמא ית GN 24:29
והוה כד נפקו תרויהון **לברא** עני קין ואמר להבל מסתכל GN 4:8
בכיתנוהון וקברונון **למברא** למשריתא היכמא דמליל LV 10:5
ישראל ואפיקו ית מרגזא **למברא** למשריתא ואטלו יתיה LV 24:23

להון: ויפיק ית תורא **למברא** למשריתא ויוקיד יתיה LV 4:21
כנישתא לקדמותהון **למברא** למשריתא: וכנס משה על NU 31:13
מן קודשא ותסוברונון **למברא** למשריתא: וקריבו וסוברונון LV 10:4
ורעייה: ויפיק ית כל תורא **למברא** למשריתא לאתר דכי לאתר LV 4:12
ועד נוקבא תפטרון **למברא** למשריתא תפטורונון ולא NU 5:3
מכתשא ויטלקון יתהין **למברא** לקרתא לאתר מסאב: וית LV 14:40
כל עפרא דביתא וינפק **למברא** לקרתא לאתר מסאב: ומאן LV 14:45
בני ישראל ופטרו יתהון **למיברא** למשריתא היכמה דמליל NU 5:4
דכהנא כהנא ויסובורונון **למיברא** למשריתא ויוקדון בנורא LV 16:27
לוות כהנא: ויפוק כהנא **למיברא** למשריתא ויחמי והא LV 14:3
ויהנפק יתה לחודה **למיברא** למשריתא ויסדר חזור NU 19:3
למימר: הנפיק ית מרגזא **למיברא** למשריתא ויסמכון כל LV 24:14
הירהור ליליא ויפוק **למיברא** למשריתא לא יעול למצוע DT 23:11
חורנין ויהנפק ית קיטמא **למיברא** למשריתא לאתר דכי: LV 6:4
לכון: ואתון שרו **למיברא** למשריתא שובעא יומין NU 31:19
ויפטור ית צפורא חייתא **למיברא** לקרתא על אנפי חקלא LV 14:53
ותשיצי ית בעיריכון **מברא** ותזער יתכון מלגיו ויצדיין LV 26:22
זחלוי דעפרא: עמא דגלו **מברא** לארעא דישראל תתכיל DT 32:25
כן יעול למשריתא ויתיב **מברא** למשכן בית מותביה ולא LV 14:8
נסב מתמן ופרסיה ליה **מברא** למשריתא ארחיק יתיה מן EX 33:7
וית רעייה אוקד בנורא **מברא** למשריתא היכמא דפקיד ייי LV 8:17
יתיה כל כנישתא **מברא** למשריתא ואטלו יתיה NU 15:36
דתיטרד שבעתי יומין **מברא** למשריתא ואנא מעכב בגין NU 12:14
יתיה באבנא כל כנישתא **מברא** למשריתא: והנפיקו יתיה כל NU 15:35
במשריתא או די יכוס **מברא** למשריתא: וליתרע משכן LV 17:3
וית מושכיה אוקיד בנורא **מברא** למשריתא: ונכס ית עלתא LV 9:11
ואתר מזמן יהוי לך **מברא** למשריתא ותשוד תמן מוי DT 23:13
וית ריעייה תוקיד בנורא **מברא** למשריתא חטאתא היא: וית EX 29:14
אינתתיה לא יתקרב **מברא** למשריתא מותביה: ולבושא LV 13:46
תתכנש: ואיטרדת מרים **מברא** למשריתא שבעתי יומין NU 12:15
דשבתא וביומא דעובדא: **מברא** לפרגודא דסהדותא לעלמא LV 24:3
תדירא: במשכן זימנא **מברא** לפרגודא דעל סהדותא יסדר EX 27:21
ותשוי ית פתורא **מברא** לפרגודא וית מנרתא כל קבל EX 26:35
שידא דמשכנא ציפונא **מברא** לפרגודא: וסדר עלוי סידורין EX 40:22
ית קטולא כד יערעיניה **מברא** לקירווייא האילין בדינא הוא NU 35:19
עלווי ואפקוהי ואשריוהי **מברא** לקרתא: והוה באפקתהון GN 19:16
חזור חזור: ותמשחון **מברא** לקרתא ית ציטרא דמדינתא NU 35:5
ית עפרא דקליפו **מברא** לקרתא לאתר מסאב: ויסבון LV 14:41
דנחור: וארבע גמליא **מברא** לקרתא לבירא דמיא לעידן GN 24:11
וישכח יתיה תבע אדמא **מברא** לתחום קרתא דקלטיה NU 35:27
אוף אתון: ויזדמנון לוותך **מלבר** ויטרון ית מטרת משכנא NU 18:4
מן ביתא לתרע ביתא **מלבר** ויסגר ית ביתא שובעא יומין: LV 14:38
ותדון לאסקופא עילאה **מלבר** ולתרין סיפייא מן אדמא EX 12:22
ועילוי אסקופא עילאה **מלבר** על בתיא דייכלון יתיה EX 12:7

ברד (21)

דלא מיתו במותנא ולא **בברדא** ומולתא תליתיתא למינגד EX 14:7
יתרגמא יתרגם באבנא **ברדא** או גירין דאישא ידריקון ביה EX 19:13
לאומא ומלכו: ומחא **ברדא** בכל ארעא דמצרים ית כל EX 9:25
ידך על צית שמייא ויהי **ברדא** בכל ארעא דמצרים על EX 9:22
על ארעא דמצרים: והוה **ברדא** ואישתא מתקפצא בגו ברדא EX 9:24
ית כל מה די שייר **ברדא**: וארים משה ית חוטריה על EX 10:12
לביתא ויחות עילויהון **ברדא** וימותון: איוב דהוה דחיל EX 9:19
דאישתייארת לכון מן **ברדא** וישיצי ית כל אילנא דיצמח EX 10:5
כל עיסבא דחקלא מחא **ברדא** וית כל אילנא דחקלא תבר EX 9:25
כל פירי אילנא די שייר **ברדא** ולא אישתייר כל ירוק EX 10:15
דתמן בני ישראל לא הוה **ברדא**: ושדר פרעה פולין למיקרי EX 9:26
על ארעא ואחית ייי **ברדא** על ארעא דמצרים: והוה EX 9:23
ואישתא מתקפצא בגו **ברדא** תקיף לחדא דלא הוה EX 9:24
למחר מן אוצרי שמייא **ברדא** תקיף לחדא דלא הוי דכוותא EX 9:18
דעננא למרמא עליהון **ברדין** ושאמם ית משיריית מצראי: EX 14:24
דלא יחות עליהון מיטרא **וברדא** ולא יתחרכון בשרבי EX 12:37
ייי ואתמנעו קלין דלווט **וברדא** ומטרא דהוה נחית לא מטא EX 9:33
ארום איתמנע מיטרא **וברדא** וקלייא דלווט פסקו ואוסיף EX 9:34
קדם ייי קלייא יתמנעון **וברדא** לא יהי תוב מן בגלל דתינדע EX 9:29
קלין דלווט מן קדם ייי **וברדין** ואפטור יתכון ולא תוספון EX 9:28
צית שמייא וייי יהב קלין **וברדין** ומצלהבא אישתא על ארעא EX 9:23

ברז (2)

דילמא אחמי בבישתא **דתיברז** ית אבא: ולא יכיל יוסף GN 44:34
תליתאי דכווין ברומחא **וברזינון** כחדא ית גברא בר ישראל NU 25:8

ברזג (2)

אדם וחוה אליף יתן **למברזגא** חתנין וכלן מן דזוויג חוה DT 34:6
ותלת עסיק בדינא ותלת **מברזג** בין גבר לאיתא וגזר למרומם DT 32:4

ברח (9)

תורין תרין דיכרין חמשא **ברחי** חמשא אימרין בני שנה NU 7:17
תורין תרין דיכרי חמשא **ברחי** חמשא אימרין בני שנה NU 7:23
תורין תרין דיכרי חמשא **ברחי** חמשא אימרין בני שנה NU 7:83
יצחק כד יליד ית יעקב **ברחי** שיתין כל קבל שיתין אתין NU 7:88
ואפריש ביומא ההוא ית **ברחיא** דסימנא בריגלהון וקרוחיא GN 30:35
זקוף כדון עינך וחמי כל **ברחיא** דסלקין על ענא שומא GN 31:12
עניי וחמית בחילמא והא **ברחייא** דסלקין על ענא שומא GN 31:10
עגלא ברת תלת שנין **וברחא** בר תלת שנין ועיזא ברת GN 15:9
לעשו אחוי: עזי מאתן **וברחי** עשרין רחילי מאתן ודיכרי GN 32:15

ברי (68)

דתיהדור לעפרא דמינא **איתבראת** ארום עפרא אנת GN 3:19
פום לארעא מן שירויא **איתברי** לה כדון ותפתוח ארעא ית NU 16:30
הבל ואמר לקין ברחמין **איתברי** עלמא וכפירי עובדין טבין GN 4:8
תתברי להון כדון ואין לא **איתברי** פום לארעא מן שירויא NU 16:30
לא ייי שדרני: ואין לא **איתבריית** מיתותא להון מן ימות NU 16:30
מסתכל אנא דברחמין **אתברי** עלמא אבל לא כפירי עובדין GN 4:8
יצחק ויעקב דבזכותהון **אתברי** עלמא ואנת אזיל למילט NU 22:30
תולדת שמייא וארעא כד **אתברייו** ביומא דעבד ייי אלקים GN 2:4
ובהינון פרישן לא **אתברייו** בכל דיירי ארעא ובכל EX 34:10
בשוטא: עשרתי פתגמין **אתברייו** בתר שיכלול עלמא NU 22:28
שמא רבא וקדישא דביה **אתבריין** תלת מאה ועישרתי EX 28:30
יתהון היכמא דשמעו כל **ביריתא** ית קל ציווחת חיויא כד EX 7:9
קדם עד לא ברא עלמא **ברא** אורייתא אתקין גינתא דעדן GN 3:24
מן אוולא **ברא** אלקים ית שמייא וית ארעא: GN 1:1
מן אדמתא כל חיות **ברא** וית כל עופא דשמייא ואיתי GN 2:19
עופא דשמייא ולכל חיות **ברא** ולאדם לא אשכח עד השתא GN 2:20
לעלם ארום בשיתא יומין **ברא** ייי ושכליל ית שמיא וית EX 31:17
ארום בשיתא יומין **ברא** ייי ית שמיא וית ארעא וית EX 20:11
דכר ונוקבא בגוונהון **ברא** יתהון: ובריך יתהון אלקים GN 1:27
בצילמא אלקים **ברא** יתיה במאתן וארבעין ותמני GN 1:27
אבוכון דיקנא יתכון הוא **ברא** יתכון ושכליל יתכון: אידכרו DT 32:6
בזמן קרוביהון אישא **בריא** קדם ייי ומיתו באישא LV 16:1
אמר חויא דלטור על **ברייה** ואמר לאיתתא לא ממת GN 3:4
ואשרי תמן ית אדם כד **ברייה**: ורבי ייי אלקים מן אדמתא GN 2:8
מעדן לצדיקייא קדם **בריית** עלם ואשרי תמן ית אדם כד GN 2:8
קדמיהון כאורח הילכת **בריית** עלמא והוא משמש קדמיהון GN 18:8
ועבדיה למינח ביה **ברייתא** והווה רמש והוה צפר יומא GN 1:5
גרגישתא דארעא נפשת **ברייתא** ליזנה זני דכיין וזני דלא GN 1:24
צפר יום שתיתיי: ושלימו **ברייתי** שמייא וארעא וכל GN 2:1
עבידתיה: דכר ונוקבא **ברנון** ובריך יתהון בשום מימריה GN 5:2
עינוי וחזא והא דיכרא חד **דאיתברי** ביני שימשתא דשכלול GN 22:13
בחוטרא רבא ויקירא **דאיתברי** מן שירויא וביה חקיק EX 14:21
בגין כן יתאמר מן יומא **דאיתברי** עלמא לא הוה כנמרוד GN 10:9
משבחייא ומיומא **דאיתברי** עלמא לא מטא זימני GN 32:27
קודשה הוו ממללין **דאיתבריא** ביה עלמא מן שירויא: GN 11:1
מן טוור פולחנא אתר **דאיתבריא** מתמן ואשרייא GN 2:15
מן לבוש טופרא **דאיתבריאו** ביה והוון חמיין GN 3:7
ואיסתכי ית חוטרא **דאיתבריאת** ביני שימשתא וחקיין EX 2:21
איתתא מן גבר היכמא **דאיתבריאת** דא מיני גרמא מגרמיי GN 2:23
פומי חירתא מרביעתא **דאיתברייו** בגווני בני נשא דכר EX 14:2
ית שומהון אדם ביומא **דאיתברייו**: וחיא אדם מאה ותלתין GN 5:2
דמשמשין קומוי **דאיתבריין** ביום תניין לבריית GN 1:26
למפלח ית אדמתא **דאתברי** מתמן: וטרד ית אדם מן GN 3:23
בר נשא ארום על כל מה **דאתברי** על מימרא דייי חיי בר נשא: DT 8:3
ביה נח מכל עיבידתיה **דברא** אלקים ועתיד למיעבד: אילן GN 2:3
דעבד ועישרתי עיסקין **דברא** ביני שימשתא ונח ביומא GN 2:2
תולדת אדם ביומא **דברא** ייי אדם בדיוקנא דייי GN 5:1
דהוו קדמך למן יומא **דברא** ייי אדם על ארעא ולמסייפי DT 4:32
ושבקו פולחן אלקא **דברא** יתהון וארגיזו קדם תקיפא DT 32:15
אבהתכון: דחלת תקיפא **דברא** יתכון אתנשתון ואנשיתון DT 32:18
ואמר ליה הלא כל עלמא **דבריתי** גלי קדמיי חשוכא כנהורא GN 3:9
ייי אבטיל ית אינשא **דבריתי** מעל אנפי ארעא מאינשא GN 6:7
אפיהון ינהר כזיו רקיעין **דיברא** ייי ביום תניין לבריאת NU 24:6
דרחיש עילוי ארעא: **וברא** אלקים ית אדם בדיוקניה GN 1:27
על אויר רקיע שמייא: **וברא** אלקים ית תנינייא רברבייא GN 1:21
ית כל אפי אדמתא: **וברא** ייי אלקים ית אדם בתרין GN 2:7
דתיהי סמיך בקיבליה: **וברא** ייי אלקים מן אדמתא כל GN 2:19
ופתכא מכל מימי עלמא **ובריה** סומק שחים וחיור ונפח GN 2:7
דלא דכיין בעירי וריחשי **ובריית** ארעא ליזנה והוה כן: ועבד GN 1:24
יצרא בישא מן עלמא **ויברי** יצרא טבא די ימליכינכון DT 30:6
דיברא ייי ביום תניין **לבריאת** עלמא ומתחינון ליקר NU 24:6
יתבון במטליא מברכין **לברייהון** כל אימת דעיילין תמן: מן LV 23:42
דאיתבריין ביום תניין **לבריית** עלמא נעבד אדם בצילמנא GN 1:26
קדמאה כד איתגלי **למיברי** עלמא תיניינא כד איתגלי EX 12:42
ותיסתכין עילוי **מתברא** אין ביר דכר הוא ותקטלון EX 1:16

בזמן דיתבא אימיה על **מתברא** וימות וולדא ומפקא יתיה NU 12:12
אדם הדא זימנא ולא תוב **תתברי** איתתא מן גבר היכמא GN 2:23
להון מן ימות עלמא **תתברי** להון כדון ואין לא איתברי NU 16:30

ברי (1)

ומן גו חוביה תבת למיהוי **ברייא** הי כבישריה:: ויהי אין לא EX 4:7

בריתא (5)

וית אינש בתיהון וית כל **בירייתא** דהוון עימהון בגו כל DT 11:6
מבית קבורתהון וכל **בירייתא** שתקין ואילניא לא DT 28:15
שימשא דלא יקילון **ברייתא** ביה ולא תטנפון בנבילתהון DT 21:23
בתורא ובחמרא ובכל **ברייתא** בתרין זינין קטירין כחדא: DT 22:10
ומאיך ותלת מפרנס כל **ברייתא** דהכין כתיב תקיף דשלמין DT 32:4

ברך (211)

ית יחידך: ארום ברכא **אברכינך** ואסגא אסגי ית בנך GN 22:17
בני ישראל ואנא במימרי **איברכינון**: והוה ביום ריש ירחא NU 6:27
דין: ארום ייי אלקכון **בירככון** היכמא דמליל לכון DT 15:6
ואייתי עלוי לווטן ולא **בירכן**: ואמרת ליה אימיה אין בירכן GN 27:12
ית כל פיתגמיא האילין **בירכן** וחילופהון דסדרית קדמכון DT 30:1
ואמרת ליה אימיה אין **בירכן** ייברכינך ייתון עלך ועל בנך GN 27:13
ית חוביהון לווטין חלף **בירכן** ימטון עליהון מיכלא כל קבל LV 26:43
אנא משדר יתך אלהין **בירכת** יתי: ואמר ליה מה שמך GN 32:27
בכל תחומך: וישוון ית **בירכת** שמי על בני ישראל ואנא NU 6:27
דין בירכתא וחילופה: ית **בירכתא** אין תקבלון לפיקודיא דייי DT 11:27
יפקיד ייי עימכון ית **בירכתא** באוצריכון ובכל אושטות DT 28:8
לרוחצן מן לקדמין כעין **בירכתא** דבריכינון יעקב אבוהון DT 33:28
על יעקב אחוי על סדר **בירכתא** דיברכיה אבוי ואמר עשו GN 27:41
בגין זכותיה דיוסף והוה **בירכתא** דייי בכל מה דאית ליה GN 39:5
ארעא: וייתון עליכון כל **בירכתא** האילין וידבוקנכון ארום DT 28:2
לריבוני דלא אהניית לי **בירכתא** ההיא לאשכחא רחמין GN 32:6
ואמר הלא שבקתא לי **בירכתא**: ואתיב יצחק ואמר לעשו GN 27:36
עליכון יומא דין **בירכתא**: והוה ביומא חרי ואמר EX 32:29
סדר קדמיכון יומא דין **בירכתא** וחילופה: ית בירכתא אין DT 11:26
דאחוי בית ישראל: ודא **בירכתא** לשיבטא דיהודה וזווג DT 33:7
נסיב והא כדון קביל **בירכתי** ואמר הלא שבקתא לי GN 27:36
בחכמתא וקבל מיני **בירכתך**: ואמר בקושטא קרא שמיה GN 27:35
עילאה: ובריכיה ואמר **בריך** אברם מן אלקא עילאה דבגין GN 14:19
משה נביא דייי ואמר **בריך** דאפתיה תחומיה דגד נייח DT 33:20
שנין ואילו בעי קודשא **בריך** הוא לכולי איבריי לא הויתי GN 22:1
כן אמתין ליה קודשא **בריך** הוא למחווייא לדריא ויחמי NU 21:34
משה נביא דייי ואמר: **בריך** הוא מבניא דיעקב אשר יהי DT 33:24
ופרישן עבד לכון קודשא **בריך** הוא מזמן דעברתון על גיף DT 1:1
טוורא דגריזים ואמרין **בריך** יהוי גברא די יקים ית פיתגמי DT 27:26
טוורא דגריזין ואמרין **בריך** יהוי גברא דלא יעבד צלם DT 27:15
ובריכתיה ואפילו הכי **בריך** יהי: כדי שמע עשו ית פיתגמי GN 27:33
משעבד יהי לאחוי: ואמר **בריך** ייי אלקא דשם דעבדיתיה GN 9:26
ביומא שביעאה בגין כן **בריך** ייי ית יומא דשבתא וקדיש EX 20:11
דבו ובתר דמית אברהם **בריך** ייי ית יצחק בריה ויתיב יצחק GN 25:11
לרעוא על גבי מדבחך: **בריך** ייי ניכסוי דבית לוי דיהבין DT 33:11
ועשו: וחמא עשו ארום **בריך** יצחק ית יעקב ושדר יתיה GN 28:6
על ביומין ומימרא דייי **בריך** ית אברהם בכל מיני ברכתא: GN 24:1
ית ישמעאל בגין כן לא **בריך** ית יצחק דאין הוה מבריך GN 25:11
עבדא דאברהם אנא: וייי **בריך** ית ריבוני לחדא ורבא ויהב GN 24:35
יתהון אינש הי כברכתיה **בריך** יתהון: ופקיד יתהון ואמר להון GN 49:28
ליה מתמן איתא כד **בריך** יתיה ופקיד עילוי למימר לא GN 28:6
להון ארום ייי אלקכון **בריך** יתכון בכל עובדי ידיכון סופיק DT 2:7
גליין להון: ולשיבטא דגד **בריך** משה נביא דייי ואמר בריך DT 33:20
בותניי: ולשיבטא דנפתלי **בריך** משה נביא דייי ואמר: בריך הוא DT 33:23
שריא: ולשיבט יוסף **בריך** משה נביא דייי ואמר בריכא DT 33:13
מנשה: ולשיבט זבולן **בריך** משה נביא דייי ואמר חדון DT 33:18
ישראל: ולשיבטא דדן **בריך** משה נביא דייי ואמר שיבטא DT 33:22
למקום: לשיבטא דבנימין **בריך** משה נביא ואמר חביביה דייי DT 33:12
תהוי ליה: ולשיבט לוי **בריך** משה נביא ואמר תומיא DT 33:8
תוריכון ועדרי עניכון: **בריך** סלי ביכוריכון וחלת שירוי DT 28:5
ייי חד עני יעקב ואמר **בריך** שום יקריה לעלמי עלמין: אמר DT 6:4
איתתא מהגנא: ואמר **בריך** שמא דייי אלקיה דריבוני GN 24:27
ידא דמצראי: ואמר יתרו **בריך** שמא דייי דשיזיב יתכון מן EX 18:10
על נשיקת מימרא דייי: **בריך** שמיה דמריה עלמא דאליף לן DT 34:6
פון בשלם אנת כדון **בריכא** דייי:: ואקדימו בצפרא וקיימו GN 26:29
דהוא אברהם ואמר עול **בריכא** דייי למא אנת קאי בברא GN 24:31
משה נביא דייי ואמר **בריכא** תהוי מן קדם ייי ארעיא DT 33:13
למימר דייי אלקכון: **בריכין** אתון בקרתא ובריכין אתון DT 28:3
ולא תלוט ית עמא ארום **בריכין** הינון מיני מיומי אבהתהון: NU 22:12
ובריכין אתון בחקלא: **בריכין** וולדי מעיכון ופירי ארעכון DT 28:4
ומרביין צמחין מלרע **בריכין** יהויין תדייא דינקת מנהין GN 49:25
יקמיניה מברכיהון יהון **בריכין** כמשה נביא ספריהון NU 24:9
תוריכון ועדרי עניכון: **בריכין** תהוון מן כולהון עמיא לא DT 7:14
קבילית צלותך הא **בריכית** יתיה ואפיש יתיה ואסגי GN 17:20
בר בעור ומברכך יהון **בריכין** כמשה נביא ספרהום דישראל: GN 27:29
עד לחדא ואמר לאבוי **בריכני** אוף לי אבא: ואמר עאל GN 27:34
חדא היא לך איבא **בריכני** אוף לי איבא וארים עשו GN 27:38
ית ברך ית יחידך: ארום **ברכא** אברכינך ואסגא אסגי ית בנך GN 22:17
יהוי בכון מסכינא ארום **ברכא** יברככון ייי בארעא דייי DT 15:4
לטטא לא תלוטינון אוף **ברכא** לא תבריכינון: ואתיב בלעם NU 23:25
למילט סנאי דברתך והא **ברכא** מברכת להון דנן תלת זימנין: NU 24:10
למילוט סנאי דברתך והא **ברכא** מברכת להון: ואתיב ואמר NU 23:11
ומן דמתקרי שדי יברכינך **ברכן** דנחתן מטלא דשמייא GN 49:25
דשמייא מלעילא ומטוב **ברכן** מבועי תהומא דסלקן ומרביין GN 49:25
בכירתא דאוריתו ליה **ברכתא** אבהתא דמן שירויא DT 33:15
בסנייא יתכנשן כולהון **ברכתא** אילין ויתעבדן כליל דרבו DT 33:16
עללייא דאחסינו ליה **ברכתא** אימהתא דמן עלמא DT 33:15
וזכה למקבלא סדר **ברכתא** בגין כן פריש משה נביא LV 22:27
כל חד וחד הוה אמר **ברכתא** בכללא ולווטייא בכללא DT 27:26
ומעייא דרבעת בהון: **ברכתא** דאבוך יתוספן על ברכתא GN 49:26
עממיא: ויתן לך ית **ברכתא** דאברהם לך ולבנך עימך GN 28:4
לבני ישראל: ודא סדר **ברכתא** דבריך משה נביא דייי ית DT 33:1
דאבוך יתוספן על **ברכתא** דבריכו יתי אבהתיי אברהם GN 49:26
בריך ית אברהם בכל מיני **ברכתא**: ואמר אברהם לאליעזר GN 24:1
ומותא סדרית קומיכון **ברכתא** וחילופה ותיתרעון באורחא DT 30:19
יתכנשן כל אילין **ברכתא** ויתעבדו כליל דרבו לריש GN 49:26
ית בכירותא וית סדר **ברכתא** מן יד אחוי והיך אתגלי ליה GN 29:13
דלא יקיימינה: הא **ברכתא** קבילית מן פום מימר NU 23:20
קודשא לא אמנע סדר **ברכתהון** מנהון: אמר בלעם רשיעא NU 23:20
כותכון אלף זימנין מטול **ברכתי** דא ויברך יתכון בלא סכומא DT 1:11
קדמי תמן אשלח עלך **ברכתי** ואיבריכינך: ואין מדבח אבנין EX 20:24
כתי עללתנא: ואפקיד ית **ברכתי** לכון מן אוצרי טבין דבשמי LV 25:21
רסיין להון טלין **דבירכתא** ומטרין דרעוא: טוביכון DT 33:28
עד כדון: ומכל מה **דבריך** יתי אבא לית בידי אלהין הוו GN 32:6
מוקדשא דאיתקרי חקיל **דבריך** יתיה ייי ואתרעי לאשראה GN 27:27
ישראל: ודא סדר ברכתא **דבריך** משה נביא דייי ית בני ישראל DT 33:1
יתוספן על ברכתא **דבריכו** יתי אבהתיי אברהם ויצחק GN 49:26
ניסבת ידכון היכמא **דבריכיכון** ייי אלקכון: ותיחדון DT 16:10
בכל אושטות ידכון **דבריכיכון** ייי אלקכון: ליתיכון DT 12:7
אידיריכון ומן מעצרתכון **דבריכיכון** ייי אלקכון תיתנון ליה: DT 15:14
מן לקדמין כעין בירכתא **דבריכינון** יעקב אבוהון דבזכותיה DT 33:28
כל קבל שיתין אתין **דברכת** כהניא אימרין בני שתא NU 7:88
אחוי על סדר בירכתא **דיברכיה** אבוי ואמר עשו בליביה GN 27:41
מיניה בריביתא מן בגלל **דיברכינך** ייי אלקך בכל אושטות DT 23:21
ותעיל לאבוך ויכול בגין **דיברכינך** קדם מותיה: ועל דהוה GN 27:10
ויכלון ויסבעון מן בגלל **דיברככון** ייי אלקכון בכל עובדי DT 14:29
מצידא דבריה בדיל **דיתברכינני** נפשך: ואמר ליה יצחק GN 27:31
ואיכול מצידא דברי בגין **דתברכינך** נפשי וקריב ליה ואכל GN 27:25
ותעיל לותי ואיכול בגין **דתברכינך** נפשי עד לא אימות: GN 27:4
ותיכול מצידי בגין **דתברכינני** נפשך: ואמר יצחק לבריה GN 27:19
לך ברי: ואמר עשו לאבוי **הבירכתא** חדא היא לך איבא GN 27:38
וארבי שמך ותהי מברך: **ואבריך** ית כהניא דפרסין ידיהון GN 12:3
הדא ויהי מימרי בסעדך **ואבריכינך** ארום לך ולבנך אתן ית GN 26:3
שרי ארום שרה שמה: **ואברך** יתה בגופה ואף איתן מינה GN 17:16
לי תבשילין ואיכול **ואברכינך** קדם ייי קדם דאימות: GN 27:7
תמן אשלח עלך ברכתי **ואיבריכינך**: ואין מדבח אבנין EX 20:24
ארום בסעדך מימרי **ואיבריכינך** ואסגי ית בנך בגין GN 26:24
ואעבדינך לעם רב **ואיבריכינך** וארבי שמך ותהי מברך: GN 12:2
ואמר קריבינון כדון לותי **ואיברכינון**: ועיני ישראל יקרן מן GN 48:9
למשמשא עם ריבונתיה **ואתברכו** ידוי מן הרהורא זרעא GN 49:24
דיהודה וזווג בחולקיה **ובבירכתיה** לשמעון אחוי וכן אמר DT 33:7
קנא שמיא וארעא: **ובריך** אלקא עילאה דעבד סנאך GN 14:20
מכל עיבידתיה דעבד: **ובריך** אלקים ית יומא שביעאה מן GN 2:3
ויממי ולילי לא יתבטלון: **ובריך** אלקים ית נח וית בנוי ואמר GN 9:1
במיתוהי מפדן דארם **ובריך** ייי בשום מימריה בתר GN 35:9
בייתיה ועל כל דאית ליה **ובריך** ייי ית בית מצראי בגין GN 39:5
עאן קדמי ותקיף לסגי **ובריך** ייי יתך בריגלי דאהניית לך GN 30:30
ואקימיה קדם פרעה **ובריך** יעקב ית פרעה ואמר יהא GN 47:7
ביומי תותבותהון: **ובריך** יעקב ית פרעה ונפק מן קדם GN 47:10
ידוי ארום מנשה בוכרא: **ובריך** ית יוסף ואמר ייי דיפלחו GN 48:15
שכינת קודשך מן שמיא **ובריך** ית עמך ית ישראל וית ארעא DT 26:15
ודא דמליל להון אבוהון **ובריך** יתהון אינש הי כברכתיה GN 49:28
בגוונהון ברא יתהון: **ובריך** יתהון אלקים ואמר להון GN 1:28
דכר ונוקבא ברנון **ובריך** יתהון בשום מימריה וקרא ית GN 5:2
דיעקב ולבנתיה דיליה **ובריך** יתהון ואזל ותב לבן לאתריה: GN 32:1
דפקיד ייי היכדין עבדו **ובריך** יתהון משה ואמר תשרי EX 39:43

לי בלוז בארעא דכנען **ובריך** יתי: ואמר לי האנא מפיש לך GN 48:3
חיין: וקרא יצחק ליעקב **ובריך** יתיה ופקדיה ואמר ליה לא GN 28:1
דנן אנת שאיל לשמי **ובריך** יתיה יעקב תמן: וקרא יעקב GN 32:30
עמא בית ישראל ונפקו **ובריכו** ית עמא ואמר יקבל מימר LV 9:23
דאברהם וית גוברוי: **ובריכו** ית רבקה ואמר ליה עד כדון GN 24:60
בריכין אתון בקרתא **ובריכין** אתון בחקלא: בריכין וולדי DT 28:3
וחלת שירוי עצוותכון: **ובריכין** אתון במיעלכון לבתי DT 28:6
יהון סגיאין בעממיא: **ובריכינון** ביומא ההוא למימר בך GN 48:20
אהרן ית ידוי לקבל עמא **ובריכינון** ונחת מן מדבחא בחדוא LV 9:22
וגחנית וסגידית קדם ייי **ובריכית** ית ייי אלקיה דריבוניה GN 24:48
במיעלכון לבתי מדרשכון **ובריכן** אתון במיפקכון DT 28:6
דאייתי עד דלא עלת **ובריכתיה** ואפילו הכי בריך יהי: כדי GN 27:33
כידי עשו אחוי שערניין **וברכיה:** ואמר אנת הוא דין ברי עשו GN 27:23
קדם אלקא עילאה: **וברכיה** ואמר בריך אברם מן אלקא GN 14:19
וארח ית ריחא דלבושוי **וברכיה** ואמר חמון ריחא דברי GN 27:27
על חד מאה בדשערוי **וברכיה** ייי: ורבא גברא ואזל אזיל GN 26:12
אגירא פלחך שית שנין **וברכך** מטוליה ייי אלקך בכל מה DT 15:18
הא אטירית קוסמין **וברכני** ייי בגינך: ואמר קטע אגרך GN 30:27
לאבהתכון: וירחמינכון **ויבריכינכון** ויסגינכון ויברך וולדי DT 7:13
ובכל אושטות ידיכון **ויבריכנכון** בארעא דייי אלקכון DT 28:8
ויבריכינכון ויסגינכון **ויברך** וולדי מעיכון ופירי ארעכון DT 7:13
ותפלחון קדם ייי אלקכון **ויברך** ית מזוני מיכלך ומישתייך EX 23:25
זימנין מטול ברכתי דא **ויברך** יתכון בלא סכומא הי כמא DT 1:11
שימשא ויגני בקלופקריה **ויברכינך** ולך תהי זכו דיסהיד עלך DT 24:13
ודינויי ותיחון ותיסגון **ויברכינכון** ייי אלקכון בארעא DT 30:16
ית כל ארעתא האילין **ויתברכון** בגין בנך כל עממי ארעא: GN 26:4
בנך ית קוריי שנאיהון: **ויתברכון** בגין זכוות בנך כל עממי GN 22:18
ולציפונא ולדרומא **ויתברכון** בגין זכוותך כל ייחוסי GN 28:14
דיהי לעם רב ותקיף **ויתברכון** בדיליה בזכותיה כל עממי GN 18:18
ויקטלוניה לפיתגם דחרב **ויתברכון** בך כל זרעית ארעא: ואזל GN 12:3
דייי אלקכון לשמשותיה **ולברכא** ית ישראל בשמיה ועל DT 21:5
במרחשוון ולקיש בניסן **ולברכא** ית כל עובדי ידיכון ותוזפון DT 28:12
קדם ייי לשמשותיה **ולברכה** בשמיה עד זמן יומא הדין: DT 10:8
דפרסין ידיהון בצלו **ומברכין** ית בנך ובלעם דמלטט GN 12:3
אכלין ושבעין הוון מודין **ומברכין** קדם ייי אלקכון על כל DT 8:10
ליטין כבלעם בר בעור **ומברכך** יהון בריכן כמשה נביא GN 27:29
באתרא דיתרעי ייי ארום **יבריככון** ייי אלקכון בכל עללתכון DT 16:15
אחוהא דאימך: ואל שדי **יברך** יתך בניכסין סגיאין ויפישינך GN 28:3
ההוא למימר בך יוסף ברי **יברכון** בית ישראל ית ינוקא ביומא GN 48:20
סיועך ומן דמתקרי שדי **יברכינך** ברכן דנחתן מטלא GN 49:25
שכינתיה תמן ארום **יברכינך** ייי אלקך: ותחליל בכספא DT 14:24
בהדין לישן יימרון להון: **יברכינך** ייי בכל עיסקך ויטרינך מן NU 6:24
ארום מטול פיתגמא הדין **יברככון** ייי אלקכון בכל עובדיכון DT 15:10
בכון מסכינא ארום ברכא **יברככון** ייי בארעא דייי אלקכון DT 15:4
ולארמלא יהי מטול די **יברככון** מימרא דייי אלקכון בכל DT 24:19
ליה אימיה אין בירכן **ייברכינך** ייתון עלך ועל בנך ואין GN 27:13
ותיכלון בישרא הי **כבירכתא** דייי אלקכון דיהב לכון DT 12:15
כמיסת מוהבות ידיה הי **כבירכתא** דייי אלקכון דיהב לכון: DT 16:17
ובריך יתהון אינש הי **כברכתיה** בריך יתהון: ופקיד יתהון GN 49:28
ואף איתן מינה לה בר **לאברכיניה** ביה ותהי לכינשין GN 17:16
מטולכון ית לווטין **לבירכן** ארום רחמינכון ייי אלקכון: DT 23:6
והוה כדי שצי יצחק **לברכא** ית יעקב והוה ברם מיפק GN 27:30
בגלל דלא אברהם צבי **לברכא** ית ישמעאל בגין כן לא GN 25:11
ארום שפר הוה קדם ייי **לברכא** ית ישראל ולא הליך זמן NU 24:1
אילין שבטיא יקומון **לברכא** ית עמא על טוורא דגריזים DT 27:12
אני לאיט ומימרא דייי **מבריך** יתהון ומן אנא מזעיר NU 23:8
בריך ית יצחק דאין הוה **מבריך** ליצחק ולא מבריך GN 25:11
הוה מבריך ליצחק ולא **מבריך** לישמעאל הוה נטיר ליה דבו GN 25:11
מן פום קודשא יהי שמיה **מברך** דציציית יהוון מן חיוור NU 16:2
מן פום קודשא יהי שמיה **מברך** הי כזיקין והי כברקין והי EX 20:2
מן פום קודשא יהי שמיה **מברך** הי כזיקין והי כברקין והי EX 20:3
וארבי שמך ותהי **מברך:** ואבריך ית כהניא דפרסין GN 12:2
ארום ידעית ית די תברך **מברך** ודי תלוט לייט: ואזלו סבי NU 22:6
כן גבורתיה יהי שמי **מברך** לעלמי עלמין: ארתכוי דפרעה EX 15:3
וכהניא וליואי במציעא **מברכיא** הוון הפכין אפיהון כלו DT 27:15
בכללא ולווטייא בכללא **מברכיא** הוון הפכין אפיהון לכל DT 27:26
שיבטין על טוורא דעיבל **מברכיא** יהוון הפכין אפיהון לקבל DT 11:29
דכד דמיך מאן יקמיניה **מברכיהון** יהון בריכין כמשה נביא NU 24:9
ולמן דיהביה להון לא הוו **מברכין** בישרא עד כדון הוה ביני NU 11:33
לאימהון יתבון במטליא **מברכין** לברייהון כל אימת דעיילין LV 23:42
סנאי דברתך והא ברכא **מברכת** להון דנן תלת זימנין: וכדון NU 24:10
סנאי דברתך והא ברכא **מברכת** להון: ואתיב ואמר הלא ית NU 23:11
תלוטינון אוף ברכא לא **תבריכינון:** ואתיב בלעם ואמר לבלק NU 23:25
ארעא ארום ידעית ית די **תברך** מברך ודי תלוט לייט: ואזלו NU 22:6
ועם בנוי למימר כדנא **תברכון** ית בני ישראל במיפרסהון NU 6:23

ברם (150)

בצלו עני ומשזיב יתהון **אבל** טעוותהון דעממיא לית בהון DT 32:31
דברחמין אתברי עלמא **אבל** לא כפירי עובדין טבין הוא GN 4:8
נגיד עד מותבות לחיית **ברם** איהי אישתיזבת מן דין גמירא NU 21:15
ויכפר על ביתא וידכי **ברם** אין איטימוס בייתא למילקי LV 14:53
יתדן דין קטילת סייפא: **ברם** אין יומא חד מעידן לעידן או EX 21:21
עלוי מן שמיא: **ברם** אין כנסא דממונא יתשוי עלוי EX 21:30
תוכחון ית חבריכון **ברם** אין מיבהית לא תקבלון LV 19:17
לי חולק לעלמא דאתי **ברם** אין מייתנא מותא דקשיטין NU 23:10
כדינא הדין יתעביד ליה: **ברם** אין עבד כנענאי נגש תורא או EX 21:32
מחתיה בההיא שעתא **ברם** איתנטרא להון ליום תמיניי EX 24:11
דלא שבקיה למגזריה **ברם** אליעזר הוה גזר בתנאה EX 4:24
עמא דארעא למימר **ברם** אם אנת צבי למעבד לי טבו GN 23:13
ואוף דהליכו עימי בעראי: **ברם** אנא אדכר יתהון עראי בעלמא LV 26:41
שאילתא ותבו ובכו **ברם** אף בני ישראל ואמרו מאן NU 11:4
למיסוק לריש טוורא **ברם** ארונא דביה קימא דייי ומשה NU 14:44
כל ליליא עד צפרא **ברם** אשתא דמדבחא תהי יוקדא LV 6:2
תמליל למימר סבו **ברם** אתון צפיר בר עיזי מטול LV 9:3
שערא דחזרנות ניתקא **ברם** אתר ניתקא לא יספר ויסגר LV 13:33
באל שדי ושמי ייי **ברם** באפי שכינתי לא איתידעת EX 6:3
וית בנתנא ניתן להום: **ברם** בדא יתפייסון לנא גובריא GN 34:22
ארום גנותא היא לנא: **ברם** בדא נתפייס לכון אין תהוון GN 34:15
עשרין מעין הויא סילעא: **ברם** בוכרא דיתפרש לשמא דייי LV 27:26
קודשא עשרין מעין הוא: **ברם** בוכרא דתורי או בוכרא NU 18:17
דתיתנון קדם ייי: **ברם** בחמיסר יומא לירחא שביעאה LV 23:39
איתהפיך לחיוור דכי הוא: **ברם** ביומא דיתחמי ביה בישריה LV 13:14
יהבית לכון ית כולא: **ברם** בישרא דתליש מן חיותא חיא GN 9:4
נפשיה לא יפיס פיתגמיה **ברם** בית דינא שרן ליה ואין לא שרו NU 30:3
תהי כל דמהא דכיין **ברם** בכל קודשיא לא תיקרב ולבי LV 12:4
לבושי קודשא הינון **ברם** בלבושי דהבא לא יהי עליל LV 16:4
אין אינשא לא יתקיים **ברם** במיגד קל שופרא הינון מרשן EX 19:13
לאה אתא מזלא טבא **ברם** בנוי עתידין למירות GN 30:11
יתיהב אחסנתיה: **ברם** בעדבין תתפלג ארעא לשמהן NU 26:55
ייי עם משה למימר: **ברם** בעשרא יומין לירחא שביעה LV 23:27
דניסן יעבדון יתיה **ברם** בפיסחא דניסן הינון ייכלון NU 9:12
דהיא עבדא חלב ודבש: **ברם** בפיקודיא דייי לא תבטשון NU 14:9
בדכותא תהון קדמיי **ברם** בשר תלוש מן חיוותא חייא EX 22:30
ויפלון מנהון סגיאין **ברם** בתר כדין עתידין הינון NU 24:14
ואוקידת ית נשמתהון **ברם** גופיהון לא איתחרכו ומיתו LV 10:2
ותיפוק מגן דלא כסף **ברם** גט פיטורין יהיב לה: דימחי EX 21:11
זיבורי שיקצא הוא לכון **ברם** דובשא דזיבורא יתאכל: ברם LV 11:20
מיין נבעין יהי דכי **ברם** די יקרב בנבילתהון בגו מיא LV 11:36
איתא מקהל עמא דייי **ברם** דר עשיראי לא ידכי למיסב DT 23:4
אבימלך ליצחק ואמר **ברם** הא אינתתך היא והיכדין GN 26:9
ענן יקרא על משכנא **ברם** הינון שרן: ובאורכות עננא על NU 9:18
מתחמי ארום אמרת הא **ברם** הכא איתגליאת יקר שכינתא GN 16:13
בכל ריגוג נפשיכון: **ברם** הכמא דמתאכל בישרא DT 12:22
כל עלמיא ייי ואמליל **ברם** זימנא מאים ישתכחון תמן GN 18:32
עובדי אידיכון ותהוון **ברם** חדיין באצלחותא: תלת זימנין DT 16:15
וגובא סריק לית ביה מוי **ברם** חיוין ועקרבין הוו ביה: וחזרו GN 37:24
דלא חכימתון ותהון **ברם** טלימין ודריסין כל יומיא: DT 28:33
פם תורא בשעת דרכיה **ברם** יבימתא דאיתרעת קמי לקי DT 25:4
תקיף מרודי מלמסובלא **ברם** יוכלא קדמך למשבוק יתיה: GN 4:13
לבי קבורתא ובכה יתיה **ברם** יצחק אבוי: ומדנאי זבינו יתיה GN 37:35
ארום בני צדיקיא אינון **ברם** יצרא בישא הוא דאטעינון: EX 32:22
טבא סיב ושבע כל טובא **ברם** ישמעאל עבד תתובא ביומוי GN 25:8
דאיתיליד ממסאבתא **ברם** ית גמלא ארום מסיק פישרא LV 11:4
בבעירא יתה תיכלון: **ברם** ית דין לא תיכלון ממינא LV 11:4
בבעירא יתה תיכלון: **ברם** ית דין לא תיכלון ממסקי DT 14:7
דובשא דזיבורא יתאכל: **ברם** ית דין תיכלון מן כל ריחשא LV 11:21
עם בני ישראל למימר **ברם** ית יומי שביא דילי תינטרון EX 31:13
אולפן אורייתא דיליה **ברם** ית משכנא נסב מתמן ופרסיה EX 33:7
ייי עם משה למימר: **ברם** ית שיבטא דלוי לא תימני וית NU 1:49
לא ממת תמותון **ברם** כל אומנא סני בר אומנותיה: GN 3:4
ויזדבן בדמי עלוייה: **ברם** כל אפרשא די יפרש גבר קדם LV 27:28
יתהון בשיפולי טוורא **ברם** כתבא קדישא די בהון הוה EX 32:19
שכינת יקרי מביניכון **ברם** לא יהי יקרי שרי במדור EX 33:3
עלנא אוף אתרברבא: **ברם** לא לארעא עבדא חלב ודבש NU 16:14
ברת אחא דאיבא היא **ברם** לא מגניסת אימא והות לי GN 20:12
עמר וכיתן מערבין כחדא: **ברם** לאיצטולי כיתן חוטי ציציית DT 22:12
ללווטא בגו בני עמה **ברם** לגיורא בדקין מיא בדוקיא NU 5:27
ונכית יתהון בעיקביהון **ברם** להון יהי אסו ולך לא יהי אסו GN 3:15
דפקיד ייי ית משה: **ברם** לחודהון בלא חלדותהון ית NU 31:22

ויכלון יתהון כהנייא **ברם** למדבחא לא יתסקון LV 2:12
ומטרת כל משכנא **ברם** למני קודשא ולמדבחא לא NU 18:3
אלהין כד כשרא ליה **ברם** לקריבוי דהינון עבדין עובדי LV 21:4
אלקיה ויקבל חוביה: **ברם** מאן דמפרש ומחרף שמא דייי LV 24:16
דלא מופסלין במומהון **ברם** מבר עשרין וחמש שנין ולעילא NU 8:24
אית קדמך למיתן לי **ברם** מה הנייה אית לי דאנא עביר GN 15:2
לא יתכשר לקרבא: **ברם** מותרי קורבנייא דאלקים מה LV 21:22
דלא שמיעין באודניהון **ברם** מימרא דייי יתיב על כורסיה DT 4:7
קלא הדין קליה דיעקב **ברם** מימש ידוי כמימש ידוי דעשו: GN 27:22
עמא הדין בעם אוחרן **ברם** מינך יפקון אוכלוסין דצדיקין EX 34:10
לברכא ית יעקב והוה **ברם** מיפק נפק יעקב בתרתין GN 27:30
דכייא תרין דכר ונוקבא: **ברם** מן צפרי שמיא שובעא שובעא GN 7:3
אית גבר דפשר חילמין **ברם** מן קדם ייי יתותב שלמא GN 41:16
מיני פלגות שיבטייא **ברם** מן רחל אחתי יפקון תרין GN 30:21
יומין פטירא תיכלון **ברם** מפלגות יומא דמקמי חגא EX 12:15
דינא בבעירא למהוי דילך **ברם** מפרק תיפרוק ית בוכרא NU 18:15
ונפק חד מלותי ואמרית **ברם** מקטל קטיל ולא חמיתיה עד GN 44:28
לית אנא מפרסמא ליה **ברם** מרי עלמא יתין בלבביה דיכיר GN 38:25
יתקדש מן בני אהרן **ברם** משאר עמא לית אפשר להון EX 29:37
וחפת ית ארעא דמצרים **ברם** משה לא אלקי ית מיא לא EX 8:2
למהוי ביה צורת בר תורי **ברם** משה נביא חלפיה מטול דלא NU 2:10
לארעא ורחיק מן שמייא **ברם** משה נביא כד הוה מתנבי DT 32:1
לכנישתהון דישראל **ברם** משומשניה יהושע בר נון הוה EX 33:11
דבורא מתמלל עימי **ברם** משכן זימנא הדין דריבוייה LV 1:1
והדר אבוי ואוליד ית שת **ברם** מתעכב אנא עד זמן דימטון GN 27:41
בישמי מימרי יפרע מיניה: **ברם** נבי שיקרא דירשע למללא DT 18:20
מן ארעא ואישתאר **ברם** נח ודעימיה בתיבותא: ותקפו GN 7:23
הלא דלנא הינון **ברם** נתפייס להום ויתבון עימנא: GN 34:23
היא מחייבא ולא הוא **ברם** סדר קטולין לית הינון חייבין LV 19:20
ואמתא ופלגא פותיה **ברם** סומכה הות פושכא: ועבד תרין EX 37:6
וישעבדון כל בנוי דעבר **ברם** סופהון דאיליין ואיליין למיפל NU 24:24
מדינחא עם דבית ישראל **ברם** סופיהון דאיליין ודאיליין עד NU 24:20
מיתותא בעלמא הדין **ברם** סופיהון לאתחדתא לעלמא DT 32:1
בארעכון למגחן עלה **ברם** סטיו חקיק בציורין ודיוקנין LV 26:1
טבא קדם אלקכון **ברם** סטנא מתערבב לקל יבבותכון NU 10:10
בקשיו ותידחל מאלקך: **ברם** עבדיכון ואמהתיכון דיהון לכון LV 25:44
וכל אדם לא תיכלון **ברם** על גבי מדבחא יתקריב לשמא LV 3:17
בכל ארעא דמצרים **ברם** על ידך לית אפשר למילקי EX 8:12
ממון ולכל חטא דיחטי **ברם** על מימרא דייי הוא למתפרעא DT 19:15
ית שמיה אונן ארום **ברם** עלוי עתיד אבוי לאתאבלא: GN 38:4
מינה: ואמרו הלחוד **ברם** עם משה מליל ייי דאתפרש NU 12:2
מטי עד צית שמייא **ברם** ענפוי מטלן על כל דיירי ארעא GN 50:1
ית אורחתכון ותהון **ברם** עציין ואניסין כל יומיא ולית DT 28:29
על פם מימרא דמשה **ברם** פולחן לואי הות בידא דאיתמר EX 38:21
על פרקטונין דמיין **ברם** פירין לית הינון עבדין בגין כן NU 21:34
דחיקית קדם ייי בצלו **ברם** קביל בעותי דיהי לי בר GN 30:8
ייתון עלי ועל נפשי **ברם** קבל מיני ואיזל סב לי: ואזל GN 27:13
דישראל על בני גלוותא **ברם** קיריס איטימוס להון בשעת NU 11:26
שבתא אשתמודע להון **ברם** קנסא דשבתא לא אשתמודע NU 15:32
האילין: ואמר ליה לבן **ברם** קריבי ודמי לי אנת ויתב GN 29:14
ותייבין ממה דגזרין **ברם** רבון כל עלמא ייי אמר NU 23:19
ישראל למוי אדיותא **ברם** שיבוק חובת עיגלא היא: ויצבע NU 19:9
מן בני יוניא ית קורבניה **ברם** שפניניא יקריב מן רברבין ובני LV 1:14
כל כנישתא יהי רוגזא **ברם** שתוקו ותזכון ית דינא עליכון LV 10:6
דיתעבד לכל עיבדתא **ברם** תריב חיוא דמיכשרא יתסק LV 7:24
ויהוי לעמא לתוקלא **ברם** תריהון כחדא מתנביין ואמרין NU 11:26
דנן גחכת שרה למימר **הברם** בקשוט אוליד ואנא סיבית: GN 18:13
לך למא לא אתיתא לותי **הברם** מן קושטין הוית אמר לית NU 22:37
למשכנא דייי מאית **הברם** ספנא למישתציא: ואמר ייי NU 17:28
לעם רב ואוף הוא יסגי **וברם** אחוי קלילא יסגי יתיר מיניה GN 48:19
דייי הוא אלקא זכאה **וברם** אני ועמי חייבין בכל מחתא EX 9:27
ושיזבוהי מן דין קטול **וברם** ארום חולקא אמר למתיהבא GN 47:22
על עיסק אינתתי: **וברם** בקושטא אחתי ברת אחא GN 20:12
ואישתיצית מן ארעא: **וברם** בקושטא לא מן בגלל די EX 9:16
ייי שבקית להון כפיתגמך: **וברם** בשבועה קיים אנא ומליא NU 14:21
עיגלא דעבדת בחורב **וברם** דכר לעלתא תיסב מן בגלל די LV 9:2
לקדמותיה על גיף נהרא **וברם** חוטרא דאהרן דאיתהפיך EX 7:15
חובין דישראל ביה **וברם** חטאת קהלא הוא: בזמן די LV 4:21
בגו בני ישראל: **וברם** חקיל פרוילי קירויהון לא LV 25:34
אוף אסיק ית בנך מתמן **וברם** יוסף ישוי ידיה על עיניך: וקם GN 46:4
כולא נשמתא לא תיכלון: **וברם** ית דימכון לנפשתיכון אתבוע GN 9:5
לבלעם איזל עם גובריא **וברם** ית פיתגמיא דאימליל עימך NU 22:35
עלוי ויתין יתיה לכהנא **וברם** כהנא יכפר עלוי בדיכרא LV 5:16
דאתרא ההוא ביתאל **וברם** לוז שמא דקרתא מן קדמת GN 28:19
דמעתק ולא תסלמנטון **וברם** עתיקא מן קדם עיבורא LV 26:10
לכל עיבידתא ועבדו יתה **וברם** שיירו: ועבדו כל חכימי ליבא EX 36:7
רבא דמתרבי במשחא **וברם** תחותוי מבנוי יקומון לכהנין LV 6:15
לביתאל בשיפולי מישרא **וברם** תמן אתבשר יעקב על מיתת GN35:8

ברק (3)

לעלמין: אין שנינא היא **ברק** סייפי ותתקיף בדינא ידי DT 32:41
שמיה מברך הי כזיקין והי **כברקין** והי כשלהוביין דינור למפד EX 20:2
שמיה מברך הי כזיקין והי **כברקין** והי כשלהוביין דנור למפד EX 20:3

ברקתא (3)

דבחושנא סמוקא וירוקא **וברוקא** וביה חקיק ומפרש שמהת NU 2:3
קדמיא סמוקתא ירקתא **וברקתא** סדרא חד ועליהון חקיק EX 28:17
סמוקתא ירוקתא **וברקתא** סידרא חד ועליהון חקיק EX 39:10

ברר (11)

לשורתא לרשיעין: ואנת **ברור** מכל עמא גיברי חילא דחליא EX 18:21
והיא מסאבא וסהדו **בריר** לית דמסהיד בה והיא לא NU 5:13
שפיכות אדם זכאיי: אין **בריר** פיתגמא כשימשא דלא EX 22:2
יתכון יומנא לאומא **ברירא** והוא יהוי לכון לאלקא DT 29:12
מנכון תריסר גוברין **ברירין** גוברא חד לשיבטא: ואתפניו DT 1:23
למטבול ביה ריגלוי: **ברירין** הינון שיבטא דאשר היך DT 33:25
שפר שמיא כד הינון **ברירין** מן ענניא: ולות נדב ואביהוא EX 24:10
ית שמיא דעילויכון **ברירן** הי כפרזלא דלא מזייע מן LV 26:19
די חכימהא גזרין גזירן **ברירן** הי כפרזלא ותלמידהא שאילן DT 8:9
פמכון למהוי הגיין בהון **ברירן** ליבכון למעבד יתהון: חמון די DT 30:14
סידורייא צריד לבונתא **בריתא** ותהי ללחמא לאדכרא LV 24:7

ברת (249)

פיתגמא ארום צבי **בברת** יעקב והוא יקיר מכל ביתא GN34:19
שכם ברי רעיית נפשיה **בברתכון** הבו בבעו יתה ליה לאינתו: GN34:8
ותיליד ליה בנין או **בנן** איתא ובנהא תהי לריבונה והוא EX 21:4
הא כדון אית לי תרתין **בנן** דלא שמישו עם גבר אנפיק כדון GN19:8
לא הוון ליה בנין אלהין **בנן** ושום בנת צלפחד מחלה נעה NU26:33
אגרך: וללבן הוון תרתין **בנן** שום רבתא לאה ושום זעירתא GN29:16
וחמון בני רברביא ית **בנת** אינשא ארום שפירן הינון GN 6:2
כן דעלון בני רברביא לות **בנת** אינשא וילידן להון והינון GN 6:4
בחיי מן קדם רגוז **בנת** חת אין נסיב יעקב איתא GN27:46
הות לי ארום שבחו לי **בנת** ישראל והכדין עתידין בנוי GN30:13
ואתעברן תרתין **בנת** לוט מאבוהן: וילידת רבתא בר GN19:36
דפעור ולמטעיא בתר **בנת** מואבאי דמפקן ית טופסיה NU25:1
חד מן חמשין מן **בנת** נשא ומן בעירא ויהב יתהון NU31:47
ליעקב למיחמי בנימוס **בנת** עמי ארעא: וחמא יתא שכם בר GN34:1
בר נון: וקריבן לבי דינא **בנת** צלפחד בר חפר בר גלעד בר NU27:1
ייי ית משה הכדין עבדו **בנת** צלפחד: והוואה מחלה תרצה NU36:10
תרצה וחגלה ומלכה ונעה **בנת** צלפחד לבני חביביהן לנשין: NU36:11
ליה בנין אלהין בנן ושום **בנת** צלפחד מחלה נעה חגלה מלכה NU26:33
ייי עם משה למימר: יאות **בנת** צלפחד ממללן כתיבא הוות NU27:7
בריה זמין יתה כהילכת **בנתא** דישראל יעבד לה: אין EX 21:9
ואתיב לבן ואמר ליעקב **בנתא** דנסיבת לנשין ברתיי הינון GN31:43
ולאוניס דמדין שבע **בנתא** ואתא ודלאה ומלאה ית EX 2:16
מבנתהון לבנך וכך טעיין **בנתהון** בתר טעוותהין מטעיין אוף EX 34:16
וחמא עשו ארום בישן **בנתהון** דכנענאי קדם יצחק אבוי: GN28:8
אזל לאורחיה ואקים ית **בנתהון** דמדינאי בקולין מבית NU24:25
הוו מקלסין קדמך הוו **בנתהון** דשלטוניא מהלכן על GN49:22
עשו ית נשוי וית בנוי וית **בנתוי** וית כל נפשת ביתיה וית GN36:6
מרי עלמא ואיליין שמהן **בנתוי** מחלה נעה חגלה מלכה NU27:1
וגנבת דעתי ודברת ית **בנתי** הי כשבית חרבא: למא GN31:26
ית בלק למוקמא ית **בנתיה** בפרשת אורחתיה למטעיא NU31:8
במערתא הוא ותרתין **בנתיה:** ואמרת רבתא לזעירתא GN19:30
חס על ישראל זרעא דבני **בנתיה** ובית מותביה בפדן היא NU22:5
בנוי ובנוי בנוי עימיה **בנתיה** ובנת בנוי וכל זרעיה אייתי GN46:7
ויתיב בטוורא ותרתין **בנתיה** עימיה ארום הווה דחיל GN19:30
לטריקליניהון וחמיין **בנתיהון** ייאתא חטייתא מפרנקתא NU31:50
בטעוותהון: ארום יטעיין **בנתיהון** ית בניכון מן בתר פולחני DT 7:4
ארום אוף ית בניהון וית **בנתיהון** כפתין ומוקדין בנורא DT 12:31
תחומין קדמיהון ית **בנתיהון** ניסב לנא לינשין וית GN34:21
ותיכלון בשר בניכון ובשר **בנתיכון** אמר משה נביא כמה קשיין LV 26:29
ותעטרון על בניכון ועל **בנתיכון** ותרוקינון ית מצראי: ואתיב EX 3:22
לא תתחתנון בהון **בנתיכון** לא תתנון לבניהון ובנתיהון DT 7:3
לזנו ולא תשהון למסבא **בנתיכון** לגוברין סמיך לפירקיהן LV 19:29
תונוניה במילין: לא תפסון **בנתיכון** למהוי נפקת ברא ולא DT 23:18
אנא ייי: לא תפסון ית **בנתיכון** למסבא יתהון לזנו ולא LV 19:29
וניתן ית בנתנא לכון וית **בנתיכון** ניסב לנא וניתב עמכון ונהי GN34:16
בחיתונא עימנא **בנתיכון** תתנון לנא וית בנתנא GN34:9
דבר אינתתך וית תרתין **בנתך** דהישתכחן גבך דילמא GN19:15
ארבסרי שנין בגין תרתין **בנתך** ושית שנין בגין ענך GN31:41
ואמרית דילמא תנוס ית **בנתך** מיני: עם כל מאן דתשכח ית GN31:31

לכון כל דכורא: וניתן ית **בנתנא** לכון וית בנתיכון ניסב לנא GN34:16
ניסב לנא לינשין וית **בנתנא** ניתן להום: ברם בדא GN34:21
בנתיכון תתנון לנא וית **בנתנא** תיסבון לכון: ועמנא תתיבון GN34:9
דאדר אתכניש מגו עלמא **ברא** קלא נפלת מן שמייא וכן DT 34:5
ליט דמשמש עם אחתיה **ברת** אבוי או ברת אימיה הוון עניין DT 27:22
די ישמש עם אחתיה **ברת** אבוי או ברת אימיה ויבזי ית LV 20:17
וברם בקושטא אחתי **ברת** אחא דאיבא היא ברם לא GN20:12
באורח קשוט למיסב ית **ברת** אחוי דריבוני לברי: וכדון אין GN24:48
בארי חיתאה וית בשמת **ברת** אילון חיתאה: והוון מגחנן GN26:34
עם אחתיה ברת אבוי או **ברת** אימיה הוון עניין כולהון כחדא DT 27:22
עם אחתיה ברת אבוי או **ברת** אימיה ויבזי ית עריתה והיא LV 20:17
נשוי מבנת כנען ית עדה **ברת** אלון חיתאה וית אהליבמה GN36:2
גניסת מלכיאל: ושום **ברת** אשר סרח דאידברת בשיתין NU26:46
ונסיב איתא ית יהודית **ברת** בארי חיתאה וית בשמת ברת GN26:34
צור דמתקריא שלונאי **ברת** בלק ריש אומא דמואב במדין NU25:15
לא תבזי עריתהן: עירית **ברת** בנך או ברת ברתך לא תבזי LV 18:10
איתא וברתא לא תבזי ית **ברת** ברה וית ברת ברתה לא תיסב LV 18:17
עם גברא ויהב ית ציפורה **ברת** בריה למשה: וילידת ביר דכר EX 2:21
לא תבזי ית ברת ברה וית **ברת** ברתה לא תיסב לבזאה LV 18:17
עירית ברת בנך או **ברת** ברתך לא תבזי עריתהן ארום LV 18:10
לנא לימבת: ואמרת ליה **ברת** בתואל אנא בת מלכה דילידת GN24:24
שנין במיסביה ית רבקה **ברת** בתואל ארמאה דמן פדן ארם GN25:20
ברת מאן אנת ואמרת **ברת** בתואל בר נחור דילידת ליה GN24:47
חירה: וחמא תמן יהודה **ברת** גבר תגר ושמיה שוע וגיירה GN38:2
דעליה נסיבית ית אסנת **ברת** דינה ברתך לאינתו ואמר GN48:9
ושום איתת נחור מלכא **ברת** הרן אבוי דמלכה ואבוי דיסכה GN11:29
ומן בתר כדין ילידת **ברת** וקרת ית שמה דינה ארום GN30:21
בישראל למשכוב עם **ברת** יעקב וכן לא הוה כשר GN34:7
ואתרעיית נפשיה בדינה **ברת** יעקב ורחים ית ריבא ומליל GN34:3
צבעון חיואה: וית בשמת **ברת** ישמעאל דאסיבא ליה נביות GN36:3
אנת נסיבת ית מדייניתא **ברת** יתרו וכדי שמע משה רתח NU25:6
עשרין וחד מילין ומן **ברת** כדין אמר ארום בשמא דייי DT 32:3
דישראל: ונפקת דינה **ברת** לאה די ילידת ליעקב למיחמי GN34:1
כדי חמא יעקב ית רחל **ברת** לבן אחוהא דאימיה וקריב GN29:10
פרנך דילידת ליה יוכבד **ברת** לוי בזמן דפטרה עמרם גברה NU11:26
דהוה במצרים ויוכבד **ברת** לוי דאיתילידת במעלהון GN46:27
ושום איתת עמרם יוכבד **ברת** לוי דילידת ליה ללוי NU26:59
כד היא זעירתא מיקריא **ברת** לוי: ואיתעברת איתתא וילידת EX 2:1
גזירתא דפרעה והות **ברת** מאה ותלתין שנין כד אהדרה EX 2:1
ושאילית יתה ואמרית **ברת** מאן אנת ואמרת ברת בתואל GN24:47
עשירתי דביריא: ואמר **ברת** מאן את תני כדון לי האית בית GN24:23
אינתתיה מהיטבאל **ברת** מטרד הוא גברא דהוה לעי GN36:39
בסילעי קודשא: ואין **ברת** נוקבא היא ויהי עלוייה תלתין LV 27:4
מישלם יומי דכותה: ואין **ברת** נוקבא תליד ותהי מסאבא LV 12:5
כל בני עורבא לזניהון: וית **ברת** נעמיתא וית חטפיתא וית DT 14:15
אזל משה ונסב נרגא **ברת** עישרתי אמין וטפז עישרתי NU21:35
ונסיב אהרן ית אלישבע **ברת** עמינדב אחתיה דנחשון ליה EX 6:23
אילין רברבי אהליבמה **ברת** ענה איתת עשו: אילין בני עשו GN36:18
ואילין הוו בני אהליבמה **ברת** ענה ברת צבעון איתת עשו GN36:14
חיתאה וית אהליבמה **ברת** ענה ברת צבעון חיואה: וית GN36:2
דרביא: ואמרת לה **ברת** פרעה אובילי ית ריבייא הדין EX 2:9
ליך ית רבייא: ואמרת לה **ברת** פרעה איזילי ואזלת טליתא EX 2:8
ולא נצטרך לבנהא דהגר **ברת** פרעה בר נימרוד דטלקך GN16:5
מצריתא ושמא הגר **ברת** פרעה דיהבא לה לאמהו בזמן GN16:1
בני אהליבמה ברת ענה **ברת** צבעון איתת עשו וילידת GN36:14
וית אהליבמה ברת ענה **ברת** צבעון חיואה: וית בשמת ברת GN36:2
קטילא מדינתא כזבי **ברת** צור דמתקריא שלונאי ברת NU25:15
במנא הדין דמזוניה קליל: **ברת** קלא נפלת מן שמי מרומא וכן NU21:6
דיקום ויצלי אמטולהון **ברת** קלא נפלת מן שמי מרומא וכן DT 28:15
פעור ועל עיסק כזבי **ברת** רבא דמדין אחתהון NU25:18
וסגו יומיא ומיתת **ברת** שוע איתת יהודה ואתנחם GN38:12
יהודה איתא לער בוכריה **ברת** שם רבא ושמהא תמר: והוה ער GN38:6
ברת תורין דלא עירובין **ברת** שתא דלא אתפלח בה ולא DT 21:3
לעלתא ואימרתא חדא **ברת** שתא שלמתא לחטאתא ודכר NU 6:14
סבי קרתא ההיא עיגלת **ברת** תורין דלא עירובין ברת שתא DT 21:3
וקרב קדמי עגלא **ברת** תלת שנין וברחא בר תלת GN15:9
בר תלת שנין ועיזא **ברת** תלת שנין ושפנינא ותסילא בר GN15:9
תורתא סומקתא **ברת** תרתין שנין דלית בה מומא NU19:2
לברתיה: ואין לית **ברתא** ותיתנון ית אחסנתיה לאחוי NU27:9
בנהרא תטלוקוניה וכל **ברתא** תקיימון: ואזל עמרם גברא EX 1:22
דתנייתא פועה היא מרים **ברתה**: ואמר כד תהוויין מולדן ית EX 1:15
ית ברת ברה וית ברת **ברתה** לא תיסב לבזאה עריתה LV 18:17
הוא ותקטלון יתיה ואין **ברתה** נוקבא היא ותתקיים: ודחילא EX 1:16
ובידא דתרתין **ברתוי** בדחייסא מן קדם ייי הוות GN19:16

אתא ולמיסב חדא מן **ברתוי** ענת רחל ואמרת לית איפשר GN29:12
ומליל עם חתנויי דנסיבו **ברתויי** ואמר קומו פוקו מן אתרא GN19:14
סהידוון ואילין סהידוי **ברתי** ויפריסון שושיפא קדם חכימי DT 22:17
דעולימתא לחכימיא ית **ברתי** קדישית לגברא הדין ומן בתר DT 22:16
ליה ואמרו שלם והא רחל **ברתיה** אתיה עם ענא: ואמר הא עדן GN29:6
יתיה לגובא והות צפרה **ברתיה** דבריה מפרנסא יתיה EX 2:21
ויהב לבן ליה ית זלפה **ברתיה** דילידת ליה פילקתיה GN29:24
לרחל ברתיה ית בלהה **ברתיה** דילידת ליה פילקתיה GN29:29
ופלחי צילמין בגין **ברתיה** דיעקב ולא יהוי שכם בר GN34:31
דמצרים ונחתת ביתיה **ברתיה** דפרעה לאיתקררא על נהרא EX 2:5
ברמשא ודברית לאה **ברתיה** ואעיל יתה לותיה ועל לותה: GN29:23
שמע ארום סאיב ית דינה **ברתיה** ובנוי הוו עם גיתוי בחקלא GN34:5
דאשתארו שוי קדם רחל **ברתיה**: והוה כדי חמא יעקב ית רחל GN29:9
בני זלפה דיהב לבן ללאה **ברתיה** וילידת ית אילין ליעקב GN46:18
בני בלהה דיהב לבן לרחל **ברתיה** וילידת ית אילין ליעקב כל GN46:25
יזבון גבר בר ישראל ית **ברתיה** זעירתא לאמהן לא תיפוק EX 21:7
לאינתו: ויהב לבן לרחל **ברתיה** ית בלהה ברתיה דילידת GN29:29
בפדן דארם וית דינה **ברתיה** כל נפשת בנוי וברתיה GN46:15
דלאה ויהב ליה ית רחל **ברתיה** לאינתו: ויהב לבן לרחל GN29:28
פילקתיה ומסרה ללאה **ברתיה** לאמהו: והוה לעידוני צפרא GN29:24
בנתא דנסיבת לנשין **ברתיי** הינון ובנייא דילידן הי כבני GN31:43
אמתנתני לנשקא לבני **ברתיי** ולברתיי כדון אסכלתא מה GN31:28
עולבנא ואם תיסב על **ברתיי** לית אינש למידן יתן חמי GN31:50
מן חבריה: אין תסגיף ית **ברתיי** למעבד להן עולבנא ואם GN31:50
דכן בר איבך או ברך או **ברתך** או איתתך דדמכא בעבך או DT 13:7
שב שנין בגין רחל **ברתך** זעירתא: ואמר לבן ברמיו טב GN29:18
עירית ברת בנך או ברת **ברתך** לא תבזי עריתהן ארום הי LV 18:10
ית אסנת ברת דינה **ברתך** לאינתו ואמר קריבינון כדון GN48:9
וניסב בתוקפא ית **ברתנא** וניזיל: ושפרו פיתגמהון GN34:17
דאבך היא: עירית אחתך **בת** אבך או בת אימך מה דיוליד LV 18:9
עירית אחתך בת אבך או **בת** אימך מה דיוליד אבך מן איתא LV 18:9
הי כעריתך הינין: עירית **בת** איתת אבוך דילידת מן אבך LV 18:11
ושום אימיה שלומית **בת** דיברי לשבטא דדן: דין הוא חד LV 24:11
דילידת ליה אסנת **בת** דינה ורבת בבית פוטיפרע רבא GN46:20
גבר בר ישראל ואיתתא **בת** ישראל דאיתרעי לבהון עימהן EX 35:29
יפוק ואין מרי אינתתא **בת** ישראל היא ותיפוק אינתתיה EX 21:3
לבי דינא בר איתתא **בת** ישראל וגברא בר ישראל דמן LV 24:10
אחוכון בר ישראל או **בת** ישראל ויפלחינכון שית שנין DT 15:12
יעבד לה: אין חורנתא **בת** ישראל יסב ליה עליה מזונה EX 21:10
פריש וחריף בר איתתא **בת** ישראל ית שמא רבא ויקירא LV 24:11
לזנו ואמר יהודה הלא **בת** כהין היא הנפקוהא ותיתוקד: GN38:24
ליה ברת בתואל אנא **בת** מלכה דילידת לנחור: ותנת GN24:24
דמיתחד מן חמשין מן **בת** נשא ומן תורי ומן חמרי ומן כל NU31:30
די נפקו לחילא חדא **בת** נשא מחמש מאה הכדין מן תורי NU31:28
תיתן בתשמישתה לציד **בת** עממין למעברא לפולחנא LV 18:21
בני ענה דישון ואהליבמה **בת** ענה: ואילין בני דישן חמדן GN36:25
שנין יהי וולד ואין שרה **הברת** תשעין שנין תוליד: ואמר GN17:17
בבעיל דדמיך בעובה **ובברתה**: ובשפיר שיליתא דתיפוק DT 28:56
ובסבנא ניזיל בברנא **ובברתנא** ניזיל בעננא ובתורנא ניזיל EX 10:9
דאתקרון על שמיה בנין **ובנן**: ואמר מפלגא איפליג אפי DT 32:19
מאה שנין ואוליד בנין **ובנן**: וארפכשד חיא תלתין וחמש GN11:11
וחמיסר שנין ואוליד בנין **ובנן**: והוו כל יומי אנוש תשע מאה GN 5:10
מאה שנין ואולד בנין **ובנן**: והוו כל יומי חנוך עם דיירי GN 5:22
מאה שנין ואולד בנין **ובנן**: והוו כל יומי ירד תשע מאה GN 5:19
וחמש שנין ואולד בנין **ובנן**: והוו כל יומי למך שבע מאה GN 5:30
ותלתין שנין ואולד בנין **ובנן**: והוו כל יומי מהללאל תמני GN 5:16
ותרתין שנין ואולד בנין **ובנן**: והוו כל יומי מתושלח תשע GN 5:26
וארבעין שנין ואוליד בנין **ובנן**: והוו כל יומי קינן תשע מאה GN 5:13
ושבע שנין ואוליד בנין **ובנן**: והוו כל יומי שת תשע מאה GN 5:7
מאתן שנין ואולד בנין **ובנן**: וחיא נחור עשרין ותשע שנין GN11:23
ותלת שנין ואוליד בנין **ובנן**: וחיא עבר תלתין וארבע שנין GN11:15
ותלתין שנין ואוליד בנין **ובנן**: וחיא פלג תלתין שנין ואולד ית GN11:17
ותשע שנין ואולד בנין **ובנן**: וחיא רעו תלתין ותרתין שנין GN11:19
ושבע שנין ואולד בנין **ובנן**: וחיא שרוג תלתין שנין ואולד GN11:21
ושתסרי שנין ואולד בנין **ובנן**: וחיא תרח שובעין שנין ואולד GN11:25
ותלתין שנין ואוליד בנין **ובנן**: ושלח חיא תלתין שנין ואוליד GN11:13
וסגו ומלו ית ארעא בנן **ובנן** ותקופו עלה בניכסין ושלוטו GN 1:28
ארום ינתרון זיתיכון: בנין **ובנן** תולדון ולא יהוון מהניין לכון DT 28:41
ובנוי בנוי עימיה בנתיה **ובנת** בנוי וכל זרעיה אייתי עימיה GN46:7
תלתין אלפין וחמש מאה: **ובנת** נשא שתסר אלפין: ונסיב משה NU31:46
למסגי על אנפי ארעא **ובנתא** שפירתא איתילידו להון: GN 6:1
אנא קאי על עינא דמיא **ובנתהון** דאינשי קרתא נפקו GN24:13
בכון מעברין בניהון **ובנתיהון** בנורא לא קסומי קוסמין DT 18:10
לא תתנון לבניהון **ובנתיהון** לא תסבון לבניכון דכל DT 7:3

לאתר דילפון אורייתא **ובנתיהון** מתרחקין בשבית חרבא NU 21:29
למיכול בשר בניהון **ובנתיהון** על דלא נטרו מצוותא LV 26:29
נסיבתון בניכון **ובנתיכון** בעיטפיכון למימר ווי לכון DT 1:27
בכפנא בשר בניכון **ובנתיכון** דיהב ייי אלקכון לכון DT 28:53
דבאודני נשיכון בניכון **ובנתיכון** ואייתו לוותי: וסריבו נשיא EX 32:2
כל עבידתא אתון ובניכון **ובנתיכון** ועבדיכון ואמהתיכון EX 20:10
ייי אלקכון אתון ובניכון **ובנתיכון** ועבדיכון ואמהתיכון DT 16:11
עיבידתא אתון ובניכון **ובנתיכון** ועבדיכון ואמהתכון DT 5:14
ייי אלקכון אתון ובניכון **ובנתיכון** ועבדיכון ואמהתכון DT 12:12
אלקכון ביה אתון ובניכון **ובנתיכון** ועבדיכון ואמהתכון DT 12:18
וחלילא אתון ובניכון **ובנתיכון** ועבדיכון ואמהתכון DT 16:14
ולית לכון פריק: בניכון **ובנתיכון** מסירין לעם חילונאי DT 28:32
או אחא הכא חתנך בנך **ובנתך** הנפק מן אתרא: ארום GN 19:12
קדיש אנא ייי מקדישכון: **וברת** גבר כהין מארסא ארום תפיס LV 21:9
קודשייא לא תיכול: **וברת** כהין ארום תהי ארמלא או LV 22:13
הינון ייכלון בלחמיה: **וברת** כהין ארום תהי מתנסבא LV 22:12
היא תמר מיני אתעברת **וברת** קלא נפלת משמייא ואמרת GN 38:26
והא אית לך תריסר בנין **וברתא** חדא ולא עשרתנון מן יד GN 32:25
דאחוך היא: עירית איתא **וברתא** לא תבזי ית ברת ברה וית LV 18:17
ברתיה כל נפשת בנוי **וברתיה** תלתין ותלת: ובנוי דגד GN 46:15
דכר חמש סילעין דכסף **ודברתה** נוקבא עילוייה תלתא LV 27:6
ונשיק לבנוי דיעקב **ולבנתיה** דיליה ובריך יתהון ואזל GN 32:1
קדם ייי יהבית לך ולבנך **ולבנתך** עימך לקיים עלם ולא NU 18:19
לך יהבתינון ולבנך **ולבנתך** עימך לקיים עלם כל דידכי NU 18:11
עילוייה חמיסר סילעין **ולברתה** נוקבא עשר סילעין: ואין LV 27:7
לאימיה ולאבוי ולבריה **ולברתיה** ולאחוי: ולאחתיה LV 21:2
לנשקא לבני ברתיי **ולברתיי** כדון אסכלתא מה דעבדת: GN 31:28
דאנת חמי מן דילי הוא **ולברתיי** מה איכול למיעבד לאיליין GN 31:43
בתר פילוג ארעא אלהין **לבנת** צלפחד למימר לדתקין NU 36:6
לן ואשקי ית ענא: ואמר **לבנתיה** דבריה והאן הוא למא דנן EX 2:20
אחסנת צלפחד אחונא **לבנתיה:** והואה לחד מבני שיבטיא NU 36:2
ורבא רבייא ואייתיתיה **לברת** פרעה והוה לה חביב הי כביר EX 2:10
יומי דכיתא לברא או **לברתא** תייתי אימר בר שתיה LV 12:6
גבר לאיתתיה בין איבא **לברתיה** ביומי טליותא עד דהיא NU 30:17
ופלחי צילמין טניפו **לברתיה** דיעקב אלהין כדין יאי GN 34:31
ותעברון ית אחסנתיה **לברתיה:** ואין לית ברתא ותיתנון ית NU 27:8
למימר לא אשכחית **לברתך** סהידוון ואילין סהידוי ברתי DT 22:17
לה: דימחי לבר ישראל או **לבת** ישראל ויקטליניה אתקטלא EX 21:12
בר ישראל ינגח תורא אין **לבת** ישראל ינגח כדינא הדין EX 21:31
הוא דין: ואמרת אחתיה **לבת** פרעה האיזיל ואיקרי ליך EX 2:7
יעקב איתא רשיעתא **מבנת** חת כאילן מבנתהום דעמא GN 27:46
אדום: עשו נסיב ית נשוי **מבנת** כנען ית עדה ברת אלון GN 36:2
לא תיסב איתא לברי **מבנת** כנענאי דאנא יתיב בארעהון: GN 24:37
וסבלך מתמן איתא **מבנת** לבן אחוהא דאימך: ואל שדי GN 28:2
אילהן בתולתא מיכשרא **מבנת** עמיה יסב איתא: ולא יפיס LV 21:14
ליה לא תיסב איתא **מבנתהום** דכנענאי: קום איזל לפדן GN 28:1
מבנת חת כאילן **מבנתהום** דעמא דארעא למה לי GN 27:46
דילא תיסב איתא לברי **מבנתהון** דכנענאי די אנא יתיב GN 24:3
למימר לא תיסב איתא **מבנתהון** דכנענאי: וקביל יעקב GN 28:6
דאיבה דהיא הוות **מבנתהון** דסדומאי ומטול דחטת GN 19:26
דיבחי טעוותהון: ותיסב **מבנתהון** לבנך וכך טעיין בנתהון EX 34:16
בר אהרן נסיב ליה **מברתוי** דיתרו הוא פוטיאל ליה EX 6:25

בשל (21)

יומא דמית אברהם **בשיל** יעקב תבשילי דטלופחי ואזל GN 25:29
צריכין למבשלא מחר **בשילו** יומא דין וית כל מה EX 16:23
ואמר משה לאהרן ולבנוי **בשילו** ית בשר קורבניא בדודוותא LV 8:31
מיניה כד חי ולא כד **בשלא** בחמרא ומישחא ושקייני EX 12:9
תתובון בידיכון דילמא **בשלו** הוה: וית אחוכון דברו וקומו GN 43:12
אפיקת ליבלובהא ומן יד **בשלו** סגולייהא הוו עינבין: חמי GN 40:10
ומטוב מגדין ועללין **דמבשלא** ארעיה מן יבול שימשא DT 33:14
ויסב כהנא ית אדרועא **דמיבשלא** שלימא מן דיכרא NU 6:19
מן שירוי ביכוריא **דמתבשלין** מן שירויא בכל איבא DT 26:2
קדיש: וכל מאן דפחר **דתיתבשל** בה יתבר מטול דלא LV 6:21
כחדא דלא יתקף רוגזי **ואיבשיל** עיבוריכון דגנא וקשא EX 23:19
וביה ביומא אנייצת **ובשילת** עינבין ועצרינון: ושתי מן GN 9:20
צבי הוה שחיק בדוכיתא **ומבשלין** ליה בלאפיסיא ועבדין NU 11:8
וית דכר קורבניא תיסב **ותבשיל** ית בישריה באתר קדיש: EX 29:31
בה יתבר מטול דלא **יבשלון** ביה חולי ואין במנא דנחשא LV 6:21
אלקכון לית אתון רשאין **למבשל** כל דכן למיכול בשר וחלב DT 14:21
לית אתון רשאין לא **למבשלא** ולא למיכול בשר וחלב EX 23:19
אלקכון לית אתון רשאין **למבשלא** ולא למיכול בשר וחלב EX 34:26
דין וית דאתון צריכין **למבשלא** מחר בשילו יומא דין וית EX 16:23
ומישחא ושקייני ולא **מבשל** במיא אלהין טוי נור עם EX 12:9
חולי ואין במנא דנחשא **תיתבשל** ויסתפן בגרגישתא LV 6:21

בשר (176)

דמן סטר ימינא ואחד **בבישרא** אתא: ובנא ייי אלקים ית GN 2:21
דארעא והות מחת קלמי **בבישרא** דאינשא ודבעירא כל EX 8:13
ייכלוניה: ומה דמשתייר **בבישרא** ובלחמא בנורא תוקדון: LV 8:32
ציית למימרנא גרגרן **בבישרא** ושתאי בחמרא: ויהי אין DT 21:20
אדם מסאב הוי דובא **בבישרא** שובעא יומין תהי יתבא LV 15:19
בישן למיחמי וחסיין **בבישריהון** וקמן לקובליהום GN 41:3
דבישן למיחמי וחסירן **בבישריהון** ית שבע תורתי דשפירן GN 41:4
למיחמי לחדא וחסיין **בבישריהון** לא חמית דכוותהן בכל GN 41:19
עד כדון לא איסתכלית **בבישריך** וכדון ידעית ארום GN 12:11
פלח קדמי והוי שלים **בבישרך:** ואיתן קימי בין מימרי GN 17:1
מסאב עד רמשא: ודיקרב **בבשר** דובנא יצבע לבושוי ויסחי LV 15:7
ואתרחץ ברב מזוגייא **בבשר** עביר בגין כן לא אידכר רב GN 40:23
משכן זימנא: כל דימקרב **בבשרה** יתקדש ודיידי מן אדמה על LV 6:20
כספיכון ותהי קימי **בבשרכון** לקים עלם: וערלאה GN 17:13
על נפש דמית לא תיתנון **ביבשרכון** וכתב חקיק לרשם חרית LV 19:28
שרי ביניהון ואנת אמרת **ביסרא** איתן להון וייכלון ירח יומין: NU 11:21
דמיין עובדוי לעובדי בני **ביסרא** דמתמלכין ותייבין ממה NU 23:19
ובין כל נפשת חיתא בכל **ביסרא** דעל ארעא: ואמר אלקים GN 9:16
בין מימרי ובין מימר כל **ביסרא** דעל ארעא: והוו בני נח GN 9:17
טוורייא: ואיתמסי כל **ביסרא** דרחיש על ארעא בעופא GN 7:21
עילוי מושכא ומלי יתיה **ביסרא** ואדמא דכר ונוקבא בגוונהון GN 1:27
ותעבד כהילכתא עלוותך **ביסרא** ואדמא על מדבחא דייי DT 12:27
ובין כל נפשת חיתא בכל **ביסרא** ולא יהי תוב מיא לטובענא GN 9:15
לנא במצרים ויתן ייי לכון **ביסרא** ותיכלון: לא יומא חד תיכלון NU 11:18
עימכון ולא ישתיצי כל **ביסרא** עוד ממוי דטובעא ולא יהי GN 9:11
ית לבושוי ויסחי ית **ביסריה** במוי וידכי: וביומא תמינאה LV 14:9
ואתחריך ואיתקליש **ביסריה** וסוברתיה ואישתלהיאת GN 21:15
ארום קיום נפש כל **בישרא** אדמיה בנפשיה הוא LV 17:14
ארום קיום נפש כל **בישרא** אדמיה הוא כל מן LV 17:14
דשליט בנישמת כל **בישרא** אסי בבעו לה: ואמר ייי NU 12:13
אזדמנו למחר ותיכלון **בישרא** ארום בכיתון קדם ייי NU 11:18
ייי למימר מן יספיננא **בישרא** ארום טב לנא במצרים ויתן NU 11:18
בכל ריגגת נפשך תיכול **בישרא:** ארום יתרחק מנכון אתרעא DT 12:20
דמליל לכון ותימר איכול **בישרא** ארום תירוג נפשך למיכול DT 12:20
ההוא קיברי דמשיילי **בישרא** ארום תמן קברו ית עמא NU 11:34
עמיה: ארום קיום נפש כל **בישרא** באדמא הוא ואנא יהבתיה LV 17:11
צולקא דשחינא וטריב **בישרא** בארעא דמצרים ונחתת EX 2:5
יהי: כל פתח וולדא לכל **בישרא** בבעירא דיקרבון מינה קדם NU 18:15
חיוור מן שמיא ושיילתון **בישרא** בחצרות והוי חמי לכון DT 1:1
ארום תירוג נפשך למיכול **בישרא** בכל ריגגת נפשך תיכול DT 12:20
ודדמכין בהון: ויכלון ית **בישרא** בלילייא הדין דחמיסר EX 12:8
כל חיתא דעימך מכל **בישרא** בעופא ובבעירא ובכל GN 8:17
לא תפקון מן ביתא מן **בישרא** בר מחבורתא ולא למשדרא EX 12:46
מתיהב רוח נשמתא לכל **בישרא** גבר מהימן על כנישתא: די NU 27:16
הי כחיזוי סגירות משך **בישרא:** גבר סגיר הוא מסאב הוא LV 13:43
יהי דין קדמי לדריכון: על **בישרא** דאינשא לא יתמרק EX 30:32
אסתמרו דלא למקטוע **בישרא** דביה בהקי אלהין למינטור DT 24:8
לתיבותא תרין תרין מכל **בישרא** דביה רוחא דחיי: ועליא דכר GN 7:15
מיא על ארעא לחבלא כל **בישרא** דביה רוחא דחיי מן תחות GN 6:17
וייכול אהרן ובנוי ית **בישרא** דדיכרא וית לחמא דבסלא EX 29:32
ברם הכמא דמתאכל **בישרא** דטביא ואילא היכדין DT 12:22
ואמרו מאן יכלינגא **בישרא:** דכירין אנחנא ית נוניא NU 11:4
ישתיצי: וכל בר נש דייכול **בישרא** דמטלק בקילקול ניכסתא LV 17:15
ביתא דאברהם וגזר ית **בישרא** דעורלתהון ביכרן יומא הדין GN 17:23
דכורא דלא יגזר ית **בישרא** דעורלתיה אין לית ליה מן GN 17:14
תלתיסרי שנין כד גזר ית **בישרא** דעורלתיה: בכרן יומא הדין GN 17:25
ותשע שנין כד גזר ית **בישרא** דעורלתיה: וישמעאל בריה GN 17:24
למיגזריה: ותיגזרון ית **בישרא** דעורלתכון ויהי לאת קים GN 17:11
אנחנא: ארום הי דין כל בר **בישרא** דשמע קל מימרא דאלק DT 5:26
ותסדר על מדבחא: וית **בישרא** דתורא וית מושכיה וית EX 29:14
פיסחי עד צפרא ולא מן **בישרא** דתיכלון ברמשא: שירוי EX 23:18
יומין ולא יבית בר מן **בישרא** דתיכסון ברמשא ביומא DT 16:4
ביש דחמנון אכלין **בישרא** דתליש מן חיוא חייא ית GN 37:2
יהבית לכון ית כולא: ברם **בישרא** דתליש מן חיותא חיא בזמן GN 9:4
מתיהבא רוחא לכל **בישרא** האין גברא חד יחוב ועל כל NU 16:22
נפשיכון תיכסון ותיכלון **בישרא** הי כבירכתא דייי אלקכון DT 12:15
בני שימשתא תיכלון **בישרא** ובצפרא תיכלון לחמא EX 16:12
ופקסן ומהלכן בגילוי **בישרא** והרהירו ליזנו ונסיבו להון GN 6:2
קברו ית עמא דשיילו **בישרא:** ומן קיברי דמשיילי בישרא NU 11:34
ושרו בקיברי דמשיילי **בישרא:** ונטלו מקיברי דמשיילי NU 33:16
בכן עלי למימר הב לנא **בישרא** וניכול: לית אנא יכיל NU 11:13
שפירן למחמי ופטימן **בישרא** ורעיין בגו גומייא: והא שבע GN 41:2
כהנא ית מכתשא במשך **בישרא** ושערא במכתשא איתהפיך LV 13:3

ונטלו מקיברי דמשיילי **בישרא** ושרו בחצרות אתרא NU 33:17
מיא לטובענא לחבלא כל **בישרא:** ותהי קשתא בעננא GN 9:15
כקרם ביעתא ורושם **בישרא** חייא בשומא: סגירותא LV 13:10
יהי מסאב: ויחמי כהנא ית **בישרא** חייא ויסאיביניה מטול LV 13:15
הוא: או ארום יתוב **בישרא** חייא ויתהפיך לחיוור וייתי LV 13:16
ארום חבילת כל **בישרא** כל חד וחד ית אורחיה על GN 6:12
לבני ישראל אדם כל **בישרא** לא תיכלון ארום קיום נפש LV 17:14
דביה קיום נפשא עם **בישרא:** לא תיכלוניה על ארעא DT 12:23
בדיזמן ייי לכון ברמשא **בישרא** למיכול ולחמא בצפרא EX 16:8
לאבהתהון: מינן לי **בישרא** למיתן לכל עמא הדין ארום NU 11:13
משכנא מטול דסוף כל **בישרא** לעפרא יסב כהנא ויתן NU 5:17
ואמר ייי לנח סופא דכל **בישרא** מטא מן קדמי ארום GN 6:13
קודשא: ובר נש די יכול **בישרא** מניכסת קודשיא LV 7:20
ומן קיברי דמשיילי **בישרא** נטלו עמא לחצרות והוון NU 11:35
להון לא הוו מברכין **בישרא** עד כדון הוה ביני ככיהון עד NU 11:33
ועליא דכר ונוקבא מן כל **בישרא** עלו היכמא דפקיד יתיה ייי GN 7:16
בנך עמך: ומן כל דחי מכל **בישרא** תרין מכולא תעיל GN 6:19
לבזאה עריתה קריבת **בישרה** הינון זנו היא: ואיתתא בחיי LV 18:17
אלעזר ית מושכה וית **בישרה** וית אדמה על ריעייה יוקד: NU 19:5
ובזמן מיעליה יסחי ית **בישריה** בארבעין סווין דמוי LV 16:4
אלהין אין אסחי **בישריה** בארבעין סווין דמוי: LV 22:6
סווין דמוי ויסחי **בישריה** בארבעין סווין דמוי ויהי NU 19:8
ית לבושוי ויסחי ית **בישריה** בארבעין סווין דמוי ומן LV 16:26
דינכס ית תורתא ויסחי **בישריה** בארבעין סווין דמוי ומן NU 19:7
תיסב ותבשיל ית **בישריה** באתר קדיש: וייכול אהרן EX 29:31
לא תבזי ארום ית קריביה **בישריה** בזי חוביהון יקבלון LV 20:19
לעלמא ואיתאכיל פלגות **בישריה** בזמן דיתבא אימיה על NU 12:12
ויצניעינון תמן: ויסחי ית **בישריה** במוי באתר קדיש וילבש LV 16:24
ויצבע לבושוי ויסחי **בישריה** במי מבוע וידכי: וביומא LV 15:13
דבוץ מילת יהון על **בישריה** ובקמורא דבוץ מילת יצר LV 16:4
והא חפת סגירותא ית כל **בישריה** וידכי ית מכתשא כוליה LV 13:13
סווין דמוי ית כל **בישריה** ויהי מסאב עד רמשא: וכל LV 15:16
עתיקתא היא במשך **בישריה** ויסאיביניה ויחלטיניה LV 13:11
דבוץ ילבוש על **בישריה** ויפרוש ית קיטמא דתיכול LV 6:3
וית תורא וית מושכא וית **בישריה** וית רעייה אוקד בנורא LV 8:17
ולא יתנכס למיכול ית **בישריה** ומריה דתורא יהי זכאי EX 21:28
כסידא היא במשך **בישריה** ועמיק לית חיזויה למחוור LV 13:4
ברם ביומא דיתחמי ביה **בישריה** חייא דביה יהי מסאב: LV 13:14
גוון חיוור בדוויה חריר **בישריה** ית דוויה או דאיתחתם LV 15:3
טלי וגבר סיב לכל קריבת **בישריה** לא תקרבון לבזאה עריתא LV 18:6
או בהקי ויהי במשך **בישריה** למיכתש סגירו ויתיתיה LV 13:2
ית דוויה או דאיתחתם **בישריה** מדויה סאיבתיה היא: כל LV 15:3
יפריקיניה או מקריב **בישריה** מזרעתיה יפרקיניה או LV 25:49
כתלגא יתיר ממשך **בישריה** מכתש סגירותא הוא LV 13:3
סגירותא ית כל משך **בישריה** מרישיה ועד ריגלוי לכל LV 13:12
וית כל משך תורא וית **בישריה** על רישיה ועל ריגלוי ועל LV 4:11
ברנש ארום יהי במשך **בישריה** שומא זקיפא או קלופי או LV 13:2
יצבע לבושוי ויסחי ית **בישריהון** בארבעין סווין דמוי ומן LV 16:28
או איתא ארום יהי במשך **בישריהון** בהקי בהקי חוורן: ויחמי LV 13:38
ויחמי כהנא והא במשך **בישריהון** בהקי עמיין חוורן צהר LV 13:39
ויעברון גלב על כל שער **בישריהון** ויחוורון לבושיהון וידכון NU 8:7
בנורא ית משכיהון וית **בישריהון** וית רעייהון: ודמוקיד LV 16:27
דאשלח מיניה על משך **בישריהון** חלף טופריהון GN 3:21
קטיליהון וסייפי תגמר **בישריהון** מדם קטילין ושיבין DT 32:42
ייי אלקכון לא תגודון **בישריכון** ולא תשוון כליל דיסער DT 14:1
על קיסא וייכול עופא ית **בישרך** מינך: והוה ביום תליתאי יום GN 40:19
למיקטליה ארום אחונא **בישרנא** הוא וקבילו אחוהי: ועברו GN 37:27
אבך לא תבזי קריבת **בשר** אבך היא: עיריית אחת אמך לא LV 18:12
לא תבזי ארום קריבת **בשר** אימך היא: עידית אחבוך לא LV 18:13
די גרמו לאבהתא למיכול **בשר** בניהון ובנתיהון על דלא נטרו LV 26:29
מעיכון דתיכלונון בכפנא **בשר** בניכון ובנתיכון דיהב ייי DT 28:53
די חטיתון קדמי: ותיכלון **בשר** בניכון ובשר בנתיכון אמר LV 26:29
לא למבשלא ולא למיכול **בשר** וחלב מערבין כחדא דלא EX 23:19
למבשל כל דכן למיכול **בשר** וחלב תריהון מערבון כחדא: DT 14:21
למבשלא ולא למיכול **בשר** וחלב תריהון מערבין כחדא EX 34:26
שבע תורתי פטימן **בשר** ושפירן למיחמי ורעיין בגו GN 41:18
אוורקסין דבוץ לכסאה **בשר** עיריא מן אסר קמור חרציהון EX 28:42
תשתרי וברא יתגזר **בשר** ערלתיה: ותלתין ותלתא יומין LV 12:3
כל דידכי לקודשא יכול **בשר** קודשא: ובר נש די יכול בישרא LV 7:19
לאהרן ולבנוי בשילו ית **בשר** קורבניא בדודוותא בתרע LV 8:31
הי כמלחא דמבסים **בשר** קורבניא דקיים עלם הוא קדם NU 18:19
תהון קדמיי ברם **בשר** תלוש מן חיוותא חייא לא EX 22:30
דפקיד ייי ית משה: וית **בשרא** וית מושכיה אוקיד בנורא LV 9:11
ומטו לנהרא וגליאו **בשריהון** למיעבר ואמר אברם לשרי GN 12:11
הוינא יתבין על דדוותא **דבישרא** כד הוינא אכלין לחמא EX 16:3
חייא ויסאיביניה מטול **דבישרא** חייא דביה מסאב הוא LV 13:15
דיקניהון לא יספרון **ובבישרהון** לא יחבלון חבול: קדישין LV 21:5
על מדבחא דייי אלקך **ובישרא** אתכשר למיכול: טורו DT 12:27
דא מיני גרמא מגרמיי **ובישרא** מבישרי לדא חמי למיקרי GN 2:23
דמסאב דמיה ומשכיה **ובישריה** בריחשא דרחיש על ארעא LV 11:29
דייי על מדבחא בזימניה **ובישריה** ייכלון דכיין בגו בני NU 9:7
ואין ארשע ולא יצבע **ובישריה** לא יסחי ויקבל חוביה: LV 17:16
דמתקבל ברעוא קדם ייי: **ובישריהון** יהי לך למיכל הי כחדיא NU 18:18
ותיכלון בשר בניכון **ובשר** בנתיכון אמר משה נביא כמה LV 26:29
ניכסת קודשיא דיליה יהי: **ובשר** ניכסת תודת קודשוי ביום LV 7:15
יכול מיניה חוביה יקבל: **ובשר** קודשיא די יקרב בכל מסאב LV 7:19
דמיתאכל בנורא יתוקד **ובשר** קודשיא כל דידכי לקודשא LV 7:19
בקילקול ניכסתא **ובשר** תבירא ביציבא ובגיוריא LV 17:15
לכון ציריהון ורוטביהון **ומיבישריהון** לא תיכלון וית LV 11:11
כחדא ייכלון יתיה **כבישריה** דטביא וכאילה: לחוד DT 12:15
תבת למיהוי ברייא הי **כבישריה::** ויהי אין לא יהימנון אוף EX 4:7
לקודשיא כחדא הי **כבשר** טביא ואילא: לחוד אדמיה DT 15:22
באינתתיה ויהון תרוויהון **לבישרא** חד: והוו תרוויהון חכימין GN 2:24
רשיעיא הוון אכלין **מביסרא** ולמן דיהביה להון לא הוו NU 11:33
ולא פשר מסאב הוא לכון **מביסריהון** לא תיכלון ובניבלתהון DT 14:8
גרמא מגרמיי ובישרא **מבישרי** לדא חמי למיקרי איתא GN 2:23
גבר סיב ארום יהי דאיב **מבישריה** דויה חמא תלת זימני LV 15:2
לא פשר מסאב הוא לכון: **מבישריהון** לא תיכלון ובניבלתהון LV 11:8
מן לא למיתן לחד מנהון **מבשר** בנוי די ייכול מן דלא DT 28:55
הוא אלקכון: לא תיכלון **מבשר** כל ניכסתא עד דאדמא קיים LV 19:26
בפניא: ומה דמשתייר **מבשר** ניכסת קודשיא ביומא LV 7:17
בכל שיקוץ מסאב ויכול **מבשר** ניכסת קודשיא דמתקרבין LV 7:21
קודשא הינון: ואין ישתייר **מבשר** קורבניא ומן לחמא עד צפרא EX 29:34

בשר (18)

מישרא וברם תמן **אתבשר** יעקב על מיתת רבקה GN 35:8
וית בנימין ואנא הא כבר **אתבשרית** ברוח קודשא ארום אין GN 43:14
על שיני טוריא מבשר **בשורן** טבן הוא בשר דעד כדון יוסף GN 49:21
מבשר בשורן טבן הוא **בשר** דעד כדון יוסף קיים והוא GN 49:21
לבחוני אין יתקיים מה **דאתבשרית** כדין יהון בנך ונסגוד GN 22:5
דהוו מדמיין לגברייא דין **דבשר** ית שרה סליק לשמיה GN 18:16
מה מיהמין מבשרא **דבשר** לאברהם ואמר עתידה GN 21:7
דעדן בחייהא מן בגלל **דבשרת** ית יעקב דעד כדון יוסף NU 26:46
היא קיימא לגינוניתא על **דבשרת** ליעקב דיוסף קיים היא GN 46:17
מלאך קיים ויחי לעלם **למבשרא** גאולתא בסוף יומיא: NU 25:12
מן מילא חד חד אתא **למבשרא** יתיה דהא שרה ילדה ביר GN 18:2
דדהיט על שיני טוריא **מבשר** בשורן טבן הוא בשר דעד GN 49:21
עלי: ואמרת מה מיהמין **מבשרא** דבשר לאברהם ואמר GN 21:7
שקיפן קידום הם הכי **מבשרן** דייהויין שבע שני כפנא: הוא GN 41:27
טבתן שבע שנייא אינין **מבשרן** ושבע שובלייא טבתא שבע GN 41:26
שנייא חורנייתא אינין **מבשרן** ושבע שובלייא לקייתא GN 41:27
שבע שנייא האילין אינין **מבשרן** חילמא חד הוא: ושבע GN 41:26
בית ישראל בסייפא כבר **מבשרנא** דלית לי חולק לעלמא NU 23:10

בתולה (17)

ייי: והוא איתא דאית בה **בתולהא** יסב: ארמלא ומיפטרא LV 21:13
אסגי סיגופיך באדם **בתולין** ועידוייך בי צער תילדין בנין GN 3:16
כדון בארעך לא נשרגגה **בתולן** ולא נאנוס אריסן ולא נבעול NU 20:17
נאנוס אריסן ולא נשרגג **בתולן** ולא נבעול נשי גוברין אורח NU 21:22
וארום ישרגיג גבר **בתולתא** דלא מארסא וישמש עמה EX 22:15
ישכח גבר עולימתא **בתולתא** דלא מיקדשא ויחוד בה DT 22:28
ולאחוי: ולאחתיה **בתולתא** דקריבא ליה ולא מארסא LV 21:3
שפירא למיחמי לחדא **בתולתא** וגבר לא ידעה במשכבה GN 24:16
ארום יסב איניש איתא **בתולתא** ויעול עלה ומבתר כדין DT 22:13
ערלאין איתקטילו בגין **בתולתא** ופלחי צילמין בגין ברתיה GN 34:31
ארום אפיק טיב ביש על **בתולתא** כשרא דישראל וליה תהי DT 22:19
יסב גבר איתא חדתא **בתולתא** לא יפוק בחילא דלא DT 24:5
ית איליין לא יסב אילהן **בתולתא** מיכשרא מבנת עמיה יסב LV 21:14
ארום תהוי עולימתא **בתולתא** מיקדשא לגבר וישכחינה DT 22:23
יתקניס הי כמיפרני **בתולתא:** עמי בני ישראל כל עביד EX 22:16
לחוד עולימיהון ולחוד **בתולתהון** ינקיתהון עם גובריהון DT 32:25
ישראל ערלאין סאיבו **לבתולתא** ופלחי צילמין טניפו GN 34:31

בתר (313)

וידא דכל עמא **בבתריתא** ותפלון עביד דביש DT 17:7
אלפין ושית מאה **בבתריתא** נטלין לטיקסיהון: איליין NU 2:31
כד משלמין בניא למיחמי **בתר** אבהתהון: ונטיר חסד וטיבו DT 5:9
קדם ייי: והא קמתון **בתר** אבהתכון תלמידי גובריא NU 32:14
בעיטתא דאבוהון ואזלו **בתר** אולפנא דמשה נביא לא מיתו NU 26:11
נזיל לדותן ואזל יוסף **בתר** אחהי ואשכחינון בדותן: וחמון GN 37:17
ולית דרדיף יתכון: ואין **בתר** אילין מרדוותא לא תצבון LV 26:18

שובעא יומין יהי ייניק **בתר** אימיה וביומא תמינאה EX 22:29
עלמא ויהי שבעתי יומין **בתר** אימיה מטול דישתמודע דלא LV 22:27
לאהרן ולבנוי ויכלוניה מן **בתר** איסתלקותיה מעל פתורא LV 24:9
חוזרניהום ולא רדפו **בתר** בני יעקב: ואתא יעקב ללוז GN 35:5
מלכא דמצרים ורדף **בתר** בני ישראל ובני ישראל נפקין EX 14:8
דפעור ולמטעיא **בתר** בנת מואבאי דמפקן ית NU 25:1
לפנחס בזמן דעל **בתר** גברא בר ישראל לות חוצא נס NU 25:8
ורכיבן על גמלייא ואזלן **בתר** גברא ודבר עבדא ית רבקה GN 24:61
על ביתיה קום רדף **בתר** גברייא ותדבקינון ותימר להום GN 44:4
ייי ביה: ואמר פרעה ליוסף **בתר** דאודע ייי יתך ית כל דא לית GN 41:39
ית למך: וחיא מתושלח **בתר** דאוליד ית למך שבע מאה GN 5:26
חנוך בקשוט קדם ייי **בתר** דאוליד ית מתושלח תלת מאה GN 5:22
בני אינשא: וחיא למך **בתר** דאוליד ית נח חמש מאה GN 5:30
ואוליד ית נחור: וחיא שרוג **בתר** דאוליד ית נחור מאתן שנין GN 11:23
ואוליד ית תרח: וחיא נחור **בתר** דאוליד ית תרח מאה ושתסרי GN 11:25
בתר טובענא: וחיא שם **בתר** דאוליד ית ארפכשד חמש GN 11:11
ואוליד ית חנוך: וחיא ירד **בתר** דאוליד ית חנוך תמני מאה GN 5:19
ית ירד: וחיא מהללאל **בתר** דאוליד ית ירד תמני מאה GN 5:16
ית מהללאל: וחיא קינן **בתר** דאוליד ית מהללאל תמני GN 5:13
ית עבר: וחיא שלח **בתר** דאוליד ית עבר ארבע מאה GN 11:15
ואוליד ית פלג: וחיא עבר **בתר** דאוליד ית פלג ארבע מאה GN 11:17
ית קינן: וחיא אנוש **בתר** דאוליד ית קינן תמני מאה GN 5:10
ואולד ית רעו: וחיא פלג **בתר** דאוליד ית רעו מאתן ותשע GN 11:19
ית שלח: וחיא ארפכשד **בתר** דאוליד ית שלח ארבע מאה GN 11:13
ואוליד ית שרוג: וחיא רעו **בתר** דאוליד ית שרוג מאתן ושבע GN 11:21
שמיה שת: והוו יומי אדם **בתר** דאוליד ית שת:::: תמני מאה GN 5:4
ארעא: ארום חכימית דמן **בתר** דאימות ארום חבלא תחבלון DT 31:29
קדם ייי ואוף כל דכן **בתר** דאימות: כנושו לוותי ית כל DT 31:27
קבל עם חבריה ומן **בתר** דאיסתלק קל דיבורא תאיב EX 33:11
דמיטפלא במשכא **בתר** דאיתחמי לכהנא לדכותיה LV 13:7
דקליפו ית ביתא ומן **בתר** דאיתטש: וייתי כהנא ויחמי LV 14:43
פיסיון מכתשא בביתא **בתר** דאיתטש ית ביתא וידכי כהנא LV 14:48
לגבר יתקיימון: ואין **בתר** דאיתנסיבת נדרת וישמע NU 30:8
לחדא: וייי אמר לאברם **בתר** דאיתפרש לוט מיניה זקוף GN 13:14
על דיש אהרן ורבי יתיה **בתר** דאלבשיה מטול לקדשותיה: LV 8:12
למהוי ליה לאינתו מן **בתר** דאסתאבת ארום מרחקא היא DT 24:4
דשבתא: וקריבו יתיה **בתר** דאתרו ביה ותלש סהדיא NU 15:33
תיניינות: ויחמי כהנא **בתר** דחוורו ית מכתשא והא לא LV 13:55
בה ולבנוי חולף דאשלים **בתר** דחלתא דייי: אוף עלי הוה רגז DT 1:36
בר נון ארום שלימו **בתר** דחלתא דייי: ותקיף רוגזא דייי NU 32:12
וליעקב ארום לא שלימו **בתר** דחלתי: אילהן כלב בר יפונה NU 32:11
אוחרי עימיה ואשלים **בתר** דחלתי ואעיליניה לארעא דעל NU 14:24
בה צדיקייא אנא מיית **בתר** דחמית סבר אפך ארום עד GN 46:30
ושלימו שובעא יומין מן **בתר** די מחא ייי ית נהרא ומבתר כן EX 7:25
שרה בליבבה למימר **בתר** די סיבת הוי לי עדיוין וריבוני GN 18:12
חד ויתן על ידי נזירא **בתר** דיגלב ית ניזריה: וירים יתהון NU 6:19
בתר פתגמיא האילין מן **בתר** דיכפת אברהם ית יצחק ואזל GN 22:20
עד דימות כהנא רבא ומן **בתר** דימות כהנא רבא יתוב קטולא NU 35:28
אתכון לקיימא ובטיל **בתר** דישמע כל נדרהא ואיסרא NU 30:6
בתר טעוותהון מן **בתר** דישתיצון מן קדמיכון או DT 12:30
דמזרעית גיורא: **בתר** דישתמודע לכון דיזדבן מן יד LV 25:48
דנתקא במשכא **בתר** דכותיה: ויחמיניה כהנא והא LV 13:35
ייי יתיה לוותהון: מן **בתר** דמחא ית סיחון מלכא DT 1:4
אבוי וטמונינון פלישתאי **בתר** דמית אברהם וקרא להון GN 26:18
ומליל ייי עם משה מן **בתר** דמיתו תרין בנוי דאהרן כהניא LV 16:1
אימיה ואתנחם יצחק **בתר** דמיתת אימיה: ואוסיף אברהם GN 24:67
ובריך ייי בשום מימריה **בתר** דמיתת אימיה: ואמר ליה ייי GN 35:9
בכון השתא ולא יהוי **בתר** דנא בר נש או איתא או גניסא DT 29:17
ית ריש ניזריה לברא **בתר** דנכיסו ית ניכסת קודשיא NU 6:18
בגין למובדא זרעיה ומן **בתר** דנפקו ממצרים גריתא בהון NU 31:8
איתת ריבוני בר לריבוני **בתר** דסיבת ויהב ליה ית כל דיליה: GN 24:36
עימיה למיקבור ית אבוי **בתר** דקבר ית אבוי: וחמון אחי יוסף GN 50:14
עד מידבא: ויתיבו ישראל **בתר** דקטילו ית סיחון בארעא NU 21:31
דשמיטו ית אבניא ומן **בתר** דקליפו ית ביתא ומן בתר LV 14:43
ותרצה: וקמא קדם משה **בתר** דקמא קדם אלעזר כהנא וקדם NU 27:2
ית מנא בזכותיה דמשה **בתר** דשכיב תלתין ושובעא יומין: DT 34:8
צפורה אינתתיה דמשה **בתר** דשלחה מלותיה כד הוה אזיל EX 18:2
לזמן שובעא יומין מן **בתר** דשלים איבליה דמתושלח GN 7:10
מכתשא ויסגי בביתא מן **בתר** דשמיטו ית אבניא ומן בתר LV 14:43
קדישית לגברא הדין ומן **בתר** דשמיש עימה סנא ליה: והא DT 22:16
מישרא ישרי לה יומא חד **בתר** דשמע לא סגיא לה בשרותא NU 30:16
בכספא לא תיתגר בה **בתר** דשמשת עימה: ארום תהוויין DT 21:14
מלכא דסדם לקדמותיה **בתר** דתב מלימממי ית כדרלעמר GN 14:17
יתהון ולא תסטון למטעי **בתר** הרהור ליבכון ובתר חיזיו NU 15:39

ית ישראל ולא הליך זמן **בתר** זמן לקדמות קוסמיא ושוי NU 24:1
יקר שכינתא דייי חזוא **בתר** חזוא: בגין כן קרא לבירא בירא GN 16:13
דליביה מהרהר עלוי **בתר** חיטאיה דשרוי חיטאה חלי DT 29:17
מגלא למחצוד בחקלא **בתר** חצר עומרא תישרון למימני DT 16:9
דנח ואיתיילדו להום בנין **בתר** טובענא: בנוי דיפת גמר ומגוג GN 10:1
איתפרשו עממיא בארעא **בתר** טובענא: והוה כל ארעא לישן GN 10:32
ית ארפכשד תרתין שנין **בתר** טובענא: וחיא שם בתר דאוליד GN 11:10
כנען עביד להון: וחיא נח **בתר** טובענא תלת מאה וחמשין GN 9:28
רשיעי עמא הדין ויטעון **בתר** טעוות עממיא דהינון עללין DT 31:16
עימיכון למימר נהך **בתר** טעוות עממיא דלא חכימתנון DT 13:3
יתכון יומא דין למטעי **בתר** טעוות עממיא דלא ידעתון: DT 11:28
דייי אלקכון ותהכון **בתר** טעוות עממיא ותפלחונון DT 8:19
לימינא ולשמאלא למהך **בתר** טעוות עממיא למפלחהון: כד DT 28:14
דעבדו ארום אתפניין **בתר** טעוות עממייא: וכדון כתובו DT 31:18
בקשוט תמומן: לא תהכון **בתר** טעוות עממייא מנחלת DT 6:14
ארום כל בר נש דטעא **בתר** טעוות פעור שיציה ייי אלקך DT 4:3
קיים ליתיב ארעא ויטעון **בתר** טעוותהון וידבחון לטעוותהון EX 34:15
לכון דילמא תיתוקלון **בתר** טעוותהון מן בתר דישתיצון DT 12:30
מטעיין אוף ית בנך **בתר** טעוותהון: דחלן דמתכא לא EX 34:16
לבנך וכך טעיין בנתהון **בתר** טעוותהין מטעיין אוף ית בנך EX 34:16
דישׂשכר: קריב ית קרבניה **בתר** יהודה על פום קודשא פיילי NU 7:19
הי כעלוייה יקום: ואין **בתר** יובילא יקדיש חקליה וידייק LV 27:18
כרמא כמניין סכום שנייא **בתר** יובלא תזבנון מן חבריכון LV 25:15
פקיד ייי למעבד אתון **בתר** יומי אשלמוותא למכפרא LV 8:34
ריחוקה או ארום תידוב **בתר** יומי ריחוקה כל יומי דוב LV 15:25
למעיבר על קיימיה: ואזל **בתר** יצרא בישא ופלח לטעוות DT 17:3
מארעא דמצרים: ואזלו **בתר** יצרא בישא ופלחו לטעוות DT 29:25
מעילוי ריגליה ומן **בתר** כדון תירוק קדמוי רוקא DT 25:9
ויקרב בכל קודשיא ומן **בתר** כדין איתגלי ליה ואיהוא ידע LV 5:3
סבר אפין דרוגזא ומן **בתר** כדין אנוח לך: ואמר ליה אין EX 33:14
מן אדם קטיליהון מן **בתר** כדין אשלוף חרבי ואישצי EX 15:9
היך מרי אומנוון ומן **בתר** כדין בדמין זולין כעבדין DT 28:68
תעברון בנורא וידכי **בתר** כדין במיא דכשרין לאידכאה NU 31:23
יסתאב כל דבביתא ומן **בתר** כדין ייעול כהנא למיחמי ית LV 14:36
בארבעין סווין דמוי ומן **בתר** כדין ייעול למשריתא ויהי NU 19:7
בזמן מיטל משרייתא ומן **בתר** כדין ייעלון בני קהת למסוברא NU 4:15
משמשין קדמי לוואי: ומן **בתר** כדין ייעלון ליואי למפלח ית NU 8:15
טב וקרת שמיה זבולן: ומן **בתר** כדין ילידת ברת וקרת ית GN 30:21
מינן אוף לא חד ומן **בתר** כדין יסקון להון מן ארעא: EX 1:10
בארבעין סווין דמוי ומן **בתר** כדין יעול למשריתא: וית תורא LV 16:26
במאתן וחמשין מחן ומן **בתר** כדין יפקון לחירותא בניכסין GN 15:14
לביני עממייא ומן **בתר** כדין מלילו אחוי עימיה: וקלא GN 45:15
פולחנהא באנפי ברא ומן **בתר** כדין מתפרקין על יד תלת GN 40:12
מרים נביאתא ומן **בתר** כדין נטלו עמא מחצרות ושרון NU 12:16
ויפלון מנהון סגיאין ברם **בתר** כדין עתידין הינון דישלטון NU 24:14
לכל עלי תרע קרתי: ומן **בתר** כדין קבר אברהם ית שרה GN 23:19
אין היא מעברא ומן **בתר** כדין תיעול לוותה ותפרין יתה DT 21:13
ארעא קדם עמא דייי ומן **בתר** כדין תתובון ותהון זכאין מן NU 32:22
עד זמן דתיתסי ומן **בתר** כדין תתכנש: ואיטרדת מרים NU 12:14
בני ישראל מן מדינאי ומן **בתר** כדין תתכנש לעמך: ומליל NU 31:2
לאנהרא בליליא: ומן **בתר** כל ניסיא אילין אנת קטל ית NU 14:15
חולקי שעתא ומן **בתר** כן אישתעיית סיהרא עילוי GN 1:16
מן כפנא ההוא דיהי מן **בתר** כן ארום תקיף הוא לחדא: ומן GN 41:31
וכד משתכחא גניבותא **בתר** כן ביד גובא קדם דיינייא ייעול EX 22:8
ביומיא האינון ואוף **בתר** כן דעלון בני רברביא לות בנת GN 6:4
בארבעין סווין דמוי ומן **בתר** כן יעול למשריתא: ותהי דא LV 16:28
שביעאה ותידכון ומן **בתר** כן תיעלון למשריתא: ואמר ייי NU 31:24
חבריכון: לא תהון אזלין **בתר** לישן תליתאי דהוא קשי הי LV 19:16
מנא אכלו ארבעין יומין **בתר** מותיה עד דעברו יורדנא ועלו EX 16:35
על עיסק פעור: והוה **בתר** מותנא אתגוללו רחמי שמיא NU 25:19
ומיגדי וירקי: וגרי ייי **בתר** מיטרין דנחתין על ארעכון DT 28:24
כל דהווה מהרהר למסטי **בתר** מימרי הינון גובריא דמישבטא DT 25:18
גניסתא די נפקו מגרשון **בתר** משכנא ישרון מערבא: ורב בית NU 3:23
חבריה בדינא למימר הא **בתר** סגיאי דינא סטי: ומסכינא EX 23:2
עמי בני ישראל לא תהוון **בתר** סגיאין למבאשא אלהין EX 23:2
אוף ית כל דאזלין **בתר** עדריא למימר כפיתגמא הדין GN 32:20
סנאה ובעל דבבא ארדוף **בתר** עמא בני ישראל ונרע יתהון EX 15:9
ואיתנטל בלבביה ורדף **בתר** עמא בני ישראל סוסוון EX 15:1
אזיד פרעה רשיעא ורדף **בתר** עמא בני ישראל סוסוותיה EX 15:21
דלא יטעיין בזנו **בתר** עממי ארעא ותיתמלי ארעא LV 19:29
בכל לבבכון ובכל נפשכון: **בתר** פולחנא דייי אלקכון תהכון DT 13:5
מן בגלל דתבתון מן **בתר** פולחנא דייי בגין כן לא יהי NU 14:43
דמדברא אדכרו למטעי **בתר** פולחנא נוכראה ולקה GN 21:15
כל דטען בתרוי למטעי **בתר** פולחנא נוכראה מגו עמהון: ובר LV 20:5

לעמא בית ישראל איזילו **בתר** פולחנא קשיטא דאבהתכון DT 6:5
בנתיהון ית בניכון מן **בתר** פולחני ויפלחון לטעוות DT 7:4
לדריא דעתידין למיקום **בתר** פילוג ארעא אלהין לבנת NU 36:6
עביד ייי מצלח: והוה **בתר** פיתגמיא האילין ואתחוא GN 40:1
אף הינון יסבון חולקהון: **בתר** פיתגמיא האילין מן דאתכנשו GN 15:1
דייי אלקא עלמא: והוה **בתר** פיתגמיא האילין מן דינצו GN 22:1
על ריש דרגשא: והוה **בתר** פיתגמייא האילין ואיתאמר GN 48:1
בריוא ויאי בחזוא: והוה **בתר** פיתגמייא האילין וזקפת GN 39:7
דקטולין ית עמא דטעו **בתר** פעור ותצלוב יתהון קדם NU 25:4
בבירא דשבע: והוה **בתר** פתגמיא האילין מן בתר GN 22:20
דילמא ירדוף תבע אדמא **בתר** קטולא ארום ירתח עלוי DT 19:6
אנא ייי: לא תסטון **בתר** שאלי בידין ומסקי זכורו LV 19:31
מגו עמהון: ובר נש דיסטי **בתר** שאלי בידין ומסקי זכורו LV 20:6
עשרתי פתגמין אתברייו **בתר** שיכלול עלמא במעלי שבתא NU 22:28
בידא ונפקן כל נשיא **בתרא** בתופייא הוו חיילין EX 15:20
אכריזו עלוי דימות גברא **בתראה** דנסבה ליה לאיתו: לית ליה DT 24:3
מן שמייא דיסנינה גברא **בתראה** ויכתוב לה ספר תירוכין DT 24:3
דאצתדי בית מוקדשא **בתראה**: וית מליך דרומא דמתחבר DT 34:2
ומה נמליל על כספא **בתראה** ומה נזדכי על אוגבין מן GN 44:16
הדין: ויימרון דרייא **בתראי** בניכון די יקומון מן בתריכון DT 29:21
ומן ידוי דכנענאי דרדפו **בתראיי** וסגין ניחמן חמית וסכיתי GN 45:28
וית רחל וית יוסף **בתראין**: ואיהו עבר לקמיהון מצלי GN 33:2
קרבא וית לאה וריבהא **בתראין** וית רחל וית יוסף בתראין: GN 33:2
כהנא והא עמא מכתשא **בתרו** דחוורו יתה ויבזע יתיה מן LV 13:56
שמא רבא וקדישא ופרח **בתרוי** ואחדיה ברישיה ואחתיה NU 31:8
לוט לתרעא ודשא אחד **בתרוי**: ואמר בבעו לא כדון אחוי GN 19:6
ואתרעי בבנוי דיפקון **בתרוי** ואפיקינכון באפי רעותיה DT 4:37
קיים עלם ליה ולבנוי **בתרוי**: ודין פתגמא דתעביד להון EX 28:43
עימיה לקים עלם לבנוי **בתרוי**: ועל ישמעאל קבילית צלותך GN 17:19
אישצי וית כל דטען **בתרוי** למטעי בתר פולחנא נוכראה LV 20:5
דילאהרן יהון לבנוי **בתרוי** לרבאה בהון ולקרבא בהון EX 29:29
ית קריבוי עימיה ורדף **בתרוי** מהלך שובעא יומין וארע GN 31:23
ילבשינון כהנא דיקום **בתרוי** מן בנוי ולא מן ליואי בזמן EX 29:30
לדתן ולאבירם ואזלו **בתרוי** סבי ישראל: ומליל לכנישתא NU 16:25
ית פנחס כהנא רדיף מן **בתרוי** עבד מילתא דקוסמין ופרח NU 31:8
וקיבתה ותהי ליה ולבנוי **בתרוי** קיים רבות עלם חולף דקני NU 25:13
ית בנוי וית אינש ביתיה **בתרויי** ויטרון ארחן דתקנן קדם ייי GN 18:19
דישראל דעתידין למקום **בתריה** דיהוון זריזין בדיני ממונא LV 24:12
דעתידין למקום מן **בתריה** דיהוון זריזין לדיני ממונא NU 27:5
ויהושע בר נון קאי מן **בתריה** ומדבר עמא בית ישראל NU 11:26
משכנא וישמעאל קאי **בתריה** וציית מה דאמר מלאכא: GN 18:10
משיריית פרעה דעלו **בתריהון** בימא לא אישתייר בהון EX 14:28
דעתידין למקום מן **בתריהון** דיהון מתינין בדיני נפשתא NU 9:8
לי: ובנך די תוליד **בתריהון** דילך יהון על שום אחיהון GN 48:6
בבתייא אחוין דשין **בתריהון** דלא יתגנבון: אזדהרון DT 29:16
דסוף על אפיהון כד רדפו **בתריהון** ואבידינון ייי עד זמן יומא DT 11:4
על מצראי: ורדפו מצראי **בתריהון** ואדביקו יתהון כד שרן על EX 14:9
דלבא דפרעה וירדוף **בתריהון** ואיתיקר בפרעה ובכל EX 14:4
דליבהון דמצראי ויעלון **בתריהון** ואיתיקר בפרעה ובכל EX 14:17
ותבעי גרם ידוע למטעי **בתריהון** ואיתן פניתא למעסוק LV 20:6
והוון מהלכין ושריין מן **בתריהון** ואמרו מצראי אילין EX 14:25
עיניהון והא מצראי נטלין **בתריהון** ודחילו לחדא וצלו בני EX 14:10
דישראל ואתא מן **בתריהון** ונטל עמודא דעננא מן EX 14:19
למיחשך למרדפין מן **בתריהון** ועמודא דאישתא לאנהרא EX 13:21
שית מטלין רדפו בני לוי **בתריהון** וקטלו מינהון תמני גניסן DT 10:6
שבע תורתי חורניין סלקן **בתריהון** חשיכן ובישן למיחמי GN 41:19
יתכון ואתרעי בבניהון **בתריהון** כוותכון מכל עממיא דעל DT 10:15
ורדפו מצראי ועלו מן **בתריהון** כל סוסות פרעה רתיכוי EX 14:23
חיזיו עיניכון דאתון טען **בתריהון**: מן בגלל דתדכרון ותעבדון NU 15:39
מן קדמיהון ושרא מן **בתריהון** מן בגלל מצראי דפתקין EX 14:19
לשידי דהינון טען **בתריהון** קיים עלם תהי דא להון LV 17:7
ושקיפן קידום צמחן **בתריהן**: ובלען תובלייא לקייתא ית GN 41:6
שקיפן קידום צמחן **בתריהן**: ובלען תובלייא לקייתא ית GN 41:23
שבע שני כופנא מן **בתריהן** ויתנשי כל שובעא דהוה GN 41:30
ובישתא דסלקן **בתריהן** שבע שנייא חורנייתא אינין GN 41:27
הינון דהדרו למירדוף **בתריי** אלהין משרויין דמלאכייא GN 32:3
עלמא ואנת משמש מן **בתריי** אנת מקני לי רעינא פון דיהון NU 11:29
ומה סורחני ארום למיתי **בתריי**: ארום פשפשתא ית כל מנאיי GN 31:36
מאים לא תיתי איתתא **בתריי**: ואמר לי ייי דיפלחת קומוי GN 24:39
לית צבות איתתא למיתי **בתריי** לארעא הדא האתבה אתיב GN 24:5
דייטב לכון ולבניכון **בתריכון** ארום תעבדון דכשר קדם DT 12:25
למיתן להון ולבניכון **בתריכון**: ואמרית לכון בעידנא DT 1:8
בניכון די יקומון מן **בתריכון** ובר עממין דייתי מארע DT 29:21
דלא יקומון בניכון מן **בתריכון** וילפון להון הינון למיהוי DT 5:17

דלא יקומון בניכון מן **בתריכון** וילפון להון הינון למיהוי DT 5:21
ולא יקומון בניכון מן **בתריכון** וילפון לחוד הינון למיהוי EX 20:13
דלא יקומון בניכון מן **בתריכון** וילפון לחוד הינון למיהוי EX 20:14
דלא יקומון בניכון מן **בתריכון** וילפון לחוד הינון למיהוי EX 20:15
דלא יקומון בניכון **בתריכון** וילפון לחוד הינון למיהוי EX 20:16
דלא יקומון בניכון מן **בתריכון** וילפון לחוד הינון למיהוי EX 20:17
דין דיוטב לכון ולבניכון **בתריכון** ומן בגלל דתינגדון יומא DT 4:40
קיימי עמכון ועם בניכון **בתריכון**: ועם כל נפשת חיתא GN 9:9
זייתיכון לא תבקרונון מן **בתריכון** לגיורא ליתמא ולארמלא DT 24:20
ותחסנון יתהון לבניהון **בתריכון** לירותת אחסנא לעלם LV 25:46
ועל סנאיכון דרדפו מן **בתריכון** עד די אנסו יתכון: ואתון DT 30:7
דייטב לכון ולבניכון **בתריכון** עד עלמא ארום תעבדון DT 12:28
אדרי ביני עממיא ואיגרי **בתריכון** עם שלופי חרב ותהי LV 26:33
ית ארעא הדא לברך **בתרך** אחסנת עלם: וכדון תרין בנך GN 48:4
לך איתנינה ולבנך **בתרך** אתן ית ארעא: ואיסתלק GN 35:12
בר אמתא לא מתיחס **בתרך**: ואוף ית בר אמתא לעם GN 21:12
למהוי לך לאלקא ולבנך **בתרך**: ואתן לך ולבנך בתרך ית GN 17:7
לית צבות איתתא למיתי **בתרך** ותזדכי ממומתי דא לחוד ית GN 24:8
בתרך: ואתן לך ולבנך **בתרך** ית ארעא תותבותך ית כל GN 17:8
ית קימי תיטר אנת ובנך **בתרך** לדריהון: דא קימי דתיטרון GN 17:9
בין מימרי ובינך ובין בנך **בתרך** לדריהון לקים עלך למהוי לך GN 17:7
מימרי וביניכון ובין בנך **בתרך** מיגזר לכון כל דכורא אין לית GN 17:10
לעשו והא אוף הוא אתי **בתרן**: ופקיד אוף ית תניין אוף ית GN 32:19
אוף הא עבדך יעקב אתי **בתרנא** ארום אמר נירעי ית סבר GN 32:21
קדמיהון: והוה ביומא **דבתר** יומא דכיפורי ויתיב משה EX 18:13
ליה באסנא ודמו **דבתר** שכינתי חזי ומא דין לא NU 12:8
וכל ליליא וכל יומא **דבתרוי** וכנשו ית סלוי דקטיע NU 11:32
צדיקין ולית בהון פסולא **דמבתר** דאיתיליד בנימין הוו בני GN 35:22
ביומי יפתח דמן גלעד: **ובתר** דאזל יעקב קמו רעייא על GN 31:22
שמהת גיברהא וית שירן **ובתר** דבנונון קרו להון שמהן בשום NU 32:38
הוה נטיר ליה דבו **ובתר** דמית אברהם בריך ייי ית GN 25:11
תמן בניהון וסתמין יתהון **ובתר** הכי חרכי שמיא איתפתחו: GN 7:11
בתר הרהור ליבכון **ובתר** חיזיו עיניכון דאתון טען NU 15:39
וית חומצאי וית אנטיוכי **ובתר** כדין איתבדרו זרעייתהון GN 10:18
ויטמוע שימשא ויתכשר **ובתר** כדין ייכול מן קודשיא ארום LV 22:7
ויתחייב אטלות אבנין **ובתר** כדין יצלבון יתיה על קיסא: DT 21:22
וקרת שמיה פרץ: **ובתר** כדין נפק אחוי דעל ידי קטיר GN 38:30
ודיקנא ושינין וככין: **ובתר** כדין נפק אחוי וידיה אחידא GN 25:26
שיעבודהון וגחנו וסגידו: **ובתר** כדין עאלו משה ואהרן ואמר EX 5:1
אוף לאה ובנהא וגחנן **ובתר** כדין קריב יוסף ואתעבר קמי GN 33:7
ותמני לה שובעא יומין **ובתר** כדין תטבול בארבעין סווין LV 15:28
שתא חדא או עשרהרחין **ובתר** כדין תיזיל: ואמר להום לא GN 24:55
ואודו לשום מימרא דייי **ובתר** כדין תעבירון ארום בגין כדין GN 18:5
זרעיתיה בספר יחוס אדם **ובתר** כן אוליד ית דדמי ליה וקרת GN 5:3
עבד תתובא ביומוי **ובתר** כן אתכנש לעמיה: וקברו יתיה GN 25:8
על דמידכי מסואבותיה **ובתר** כן יכוס ית עלתא: ויסיק כהנא LV 14:19
שערי ויסחי במיא וידכי **ובתר** כן יעול למשריתא ויתיב LV 14:8
ענן יקרא: מעילוי משכנא **ובתר** כן נטלין בני ישראל: ועל פום NU 9:17
דעשו בחקל כפילתא **ובתר** כן קברו יתיה בנוי ליעקב GN 50:13
בחדא מארבעתי איליין **ובתר** כן תהא ויודי חובתא דחב LV 5:5
אחוך לא תבזי בחיי אחוך **ובתר** מותיה אין אית ליה בנין LV 18:16
כדין קשיין גובא דכוותיה **ובתרוי** לא עתיד דיהי כן: וחפא ית EX 10:14
דהוו במצרים: ומית יוסף **ובתריה** מיתו אחוי וכל דרא ההוא: EX 1:6
ומשקר בה ויתכסי מיניה **ומבתר** דעבד איתגלי ליה ואיהו LV 5:4
ואחמי בטובתא דישראל **ומבתר** כדין אימות: אתיב ליה מרי DT 32:50
פוק אנת וכל עמא דעימך **ומבתר** כדין איפוק ונפק מלות EX 11:8
ומליל משה עמהון: **ומבתר** כדין איתקריבו כל בני EX 34:32
ויוביל וייתי וירים ויחית **ומבתר** כדין יחתיניה קדם מדבחא DT 26:4
שמיא ויכלו גושמהון **ומבתר** כדין ייחון כל מיתיא NU 11:26
בתולתא ויעול עלה **ומבתר** כדין יסנינה: וישוי בה ערד DT 22:13
דקשי עליהון מכולהון **ומבתר** כדין יפטור יתכון מיכא EX 11:1
אדכרתא ויסק למדבחא **ומבתר** כדין ישקי ית איתתא ית NU 5:26
ועל שקא דאפרשותא **ומבתר** כדין ישתי נזירא חמרא: דא NU 6:20
מימרא דייי מן ידוי **ומבתר** כדין נחת למצרים ואיתותב DT 26:5
עליהון אהרן לדכאואיהון: **ומבתר** כדין עלו ליואי למפלח ית NU 8:22
ותיבנון בית מוקדשא **ומבתר** כדין תיתבון לרוחצן: ויהי DT 12:10
אולפן מן קדם ייי **ומבתר** כדין תמנון עליכון מלכא DT 17:15
בתר די מחא ייי ית נהרא **ומבתר** כן אסי מימרא דייי ית נהרא: EX 7:25
דאעבד ביניהון **ומבתר** כן יפטור יתכון: ואיתן ית EX 3:20
בדורונא דמהלכא קדמי **ומבתר** כן נחמי אנפוי הלואי יסבר GN 32:21
תלתי זימניה ולא נטריה **ומבתר** כן קטל גברא או איתא EX 21:29
שריין ברקם והדרו **לבתריהון** מן ריקם עד מוסרות NU 21:1
מן פילוסין בירחא דניסן **מבתר** דאכלו ניכסת פיסחא נפקו NU 33:3
על ישראל: ארום תתובון **מבתר** דחלתיה ויוסף תוב NU 32:15

קדם ייי לרעוא לכון **מבתר** יומא טבא קמאה דפיסחא LV 23:11
מותבניכון: ותימנון לכון **מבתר** יומא טבא קמאה דפיסחא LV 23:15
אונכין ומרגלין ואזלו **מבתר** כדין מהלך תלתא יומין NU 33:8
ושיבטא ואתון סטיתון **מבתר** מימריה וארגזתון קדמוי DT 1:1
ואיסתכלת אינתתיה **מבתר** מלאכא למנדוע מה הווי GN 19:26
נטלו מיכן ארום שמעית **מבתר** פרגודא דהא אישתרי מן GN 37:17
שבוען שלמן יהויין: עד **מבתר** שבועתא שביעאה תימנון LV 23:16
תמן ית עגלתא בקופיץ **מבתרהא** במצע חקלא: ויקרבון DT 21:4
הדר עמודא דעננא **מבתריהון** למיחשך למרדפין מן EX 13:21
דלא יקומון אוף בניכון **מבתריכון** וילפון לחוד הינון למהוי DT 5:18

גאי (15)

ויתיב על כורסיה יקרא **בגיוותנותיה** בשמי שחקי מרומא: DT 33:26
סעודכון ודי חרביה תקוף **גיוותנותכון** ויתכדבון סנאיכון DT 33:29
ייי רמא דמתגאיה על **גיוותניא** ומתנטל על מנטליא כל EX 15:1
ארעא: לא מן בגלל דאתון **גיוותנין** מן כולהון אומיא צבי ייי DT 7:7
ורומומתא דידיה הוא על **גיותנין** הוא מתגאי ועל רמין הוא EX 15:21
סוסוון ואירתכין עמין **גיותנין** וטירונין אלימין מינכון לא DT 20:1
למאבאשא להון: ובסוגי **גיפתנותך** תפכר שורי בעלי דבביהון EX 15:7
על מנטליא כל מאן **דמתגאי** קדמוי הוא במימריה פרע EX 15:1
ונשבחא קדם ייי רמא **דמתגאיה** על גיוותניא ומתנטל על EX 15:1
עד צית שמיא: עם חסין **וגיוותן** הי כגינבריא דאתון ידעתון DT 9:2
ויתנינכון ייי אלקכון רמין **וגיותנין** על כל עממי ארעא: וייתון DT 28:1
ולמנאה יתכון רמין **וגיותנין** על כל עממיא לרבו ולשום DT 26:19
ירכבון רברבנוי עליהון **ויתגאון** ויתבטלון מפתגמי DT 17:16
וקנה נכסין הדר למהוי **מתגאי** בלבביה למימר מאן הוא GN 36:39
הוא על גיותנין הוא **מתגאי** ועל רמין הוא מתנטל על די EX 15:21

גאל (1)

ויחי לעלם למבשרא **גאולתא** בסוף יומיא: וחולף NU 25:12

גב (50)

דעמיה זעיר תזערון גבר **אגב** אחסנתיה דיחסנון יתן מקירווי NU 35:8
אנא מעברא ואף על **גב** דאנא יקדא לית אנא מפרסמא GN 38:25
משה נביא ואמר אף על **גב** דאנא מוכח יתהון על תנאה DT 28:15
מימרי תריס לך ואף על **גב** דהינון נפלין קומך בעלמא הדין GN 15:1
למימר לא תדחל דאף על **גב** דיהון מצטרפין בלגיונין ואתיין GN 15:1
ומה דאתון מקרבין על **גב** מדבחא לית רשו לגבר דייכול NU 28:2
עשו ואישתארו **גבה** בביתא ואלבשת ית יעקב ברא GN 27:15
מן בגלל דלא יתבעון **גבה** ביום דינא רבא לעלמא דאתי EX 15:12
אלהין אינתתיה דשכיב **גבה** והוה יוסף שפיר בריוא ויאי GN 39:6
ולא קביל מיניה למשכוב **גבה** למיהוי מתחייב עימה ביום GN 39:10
לשוקא: ואנחת לבשא **גבה** עד דעל ריבוניה לבייתיה: GN 39:16
קלי וקרית ושבק לבשיה **גבי** ואפק לשוקא: והוה כדי שמע GN 39:18
ולא שמיש תוב על **גבי** מדבחא בכן קרא משה לאהרן LV 9:1
ישירא דאתעקד על **גבי** מדבחא וזכה ואזדמן ליה LV 22:27
קדם ייי ויקריב יתה על **גבי** מדבחא: ויקמוץ כהנא מן NU 5:25
מן קדם רש ואכלת על **גבי** מדבחא ית עליא וית תרביא LV 9:24
אדם לא תיכלון ברם על **גבי** מדבחא יתקריב לשמא דייי: LV 3:17
כהנא הוא ומשמש על **גבי** מדבחי מתמן תסבוני EX 21:14
וקרבן גמיר לרעוא על **גבי** מדבחך: בריך ייי ניכסוי דבית לוי DT 33:10
בפיקדונא דאפקיד **גביה** או בשותפות ידא או בגזילא LV 5:21
ית פיקדונא די איתפקד **גביה** או ית אבידתא דאשכח: או LV 5:23
בכל מה דמשתכח **גביה** ארום הוא שירוי תוקפיה ליה DT 21:17
ליה ואכל ולא הוה חמרא **גביה** ואזדמן ליה מלאכא ואייתי מן GN 27:25
דמן שיבט לוי: ותהי **גביה** ויהי קרי ביה כל יומי חייו מן DT 17:19
ארום עקרא הוות **גביה** עשרין ותרתין שנין ואתהפיך GN 25:21
ענכון ותוריכון יקום **גביי** אוף טפלכון יזיל עמכון: ואמר EX 10:24
אדם איתתא דיהבת **גביי** היא יהבת לי מן פירי אילנא GN 3:12
פלחי טעותיה דאישתיזב **גביכון** למהווי תחות טלל שכינתי DT 23:16
יתיה לבר חורין מן **גבך** ארום בכופלא על אגר אגירא DT 15:18
יימר לך לא אפוק מן **גבך** ארום ריחמך וית אינש ביתך DT 15:16
הוא לא תבית ומשכוניה **גבך**: אתבא תתיב ליה ית משכונא DT 24:12
תרתין בנתך דהישתכחן **גבך** דילמא תישתיצי בחובי יתבי GN 19:15
לגו בייתך ויהי מתפרנס **גבך** עד זמן דיתבע אחוך יתיה DT 22:2
סוטרא דאגירא למעכבא **גבך** עד צפרא: לא תלוטון מן דלא LV 19:13
דנן עשרין שנין אנא **גבך** רחלייך ועיזייך לא אתכלו ואגר GN 31:38
שומא בריגליהון וקרוחין **וגביהון** חיוורין ארום גלי קדמי ית GN 31:12
שומא בריגליהון וקרוחין **וגביהון** חיוורין: ואמר לי מלאכא GN 31:10
בריגליהום וקרוחין **וגביהון** חיוורין: וטלייא אפריש GN 30:39
למשה אן מה דא למקרב **לגבה** ואין אמר אנת דאסירא היא NU 25:6
עימי: וסרב למקרבא **לגבה** ואמרת לאיתת ריבוניה הא GN 39:8
כל לא שבקתך למקרב **לגבה**: וכדון אתיב איתת גבר ארום GN 20:6
לגבר: ואבימלך לא קריב **לגבה** למסאבה ואמר ייי הבר עממין GN 20:4
דבסנדרי דלעיל אנת קאי **לגבי** ואימליל עימך ית תפקדיא DT 5:31
ארום לא קריב אבימלך **לגבי** שרה אינתתיה: וצלי אברהם GN 20:16
לעיגלא איסתפי למיקרב **לגביה** בכין אמר ליה משה אגיס LV 9:7

הא שב שנין דאתא יעקב **לגבן** בירן לא חסרו ובית שקיותן GN 29:22
עיטא דרמיו דיימתן **לגבן** ועבדו ליה עיטא דרמיו GN 29:22
דמפמיה ומגויה ולא **מגביה**: וכל מאן דמקרב על אנפי NU 19:15
תפטרוניה לבר חורי **מגביכון**: וארום אין תפטרוניה בר DT 15:12
אין תפטרוניה בר חורי **מגביכון** לא תיפטרוניה ריקנא: DT 15:13

גבב (2)

כמילקדמוי הינון יזלון **ויגבבון** להון תיבנא: וית סכום EX 5:7
עמא בכל ארעא דמצרים **לגבבא** גולי לתיבנא: ושולטונייא EX 5:12

גבורה (32)

בר נמרוד דהוה מתיל **בגבורתא** ככולהון תלת מאה GN 14:14
מנהון הוון דכירין ית **גבורן** דעבד ייי לפרעה ולכל מצראי: DT 7:18
ית כל תקיפי ארעא ית **גבורן** דעתיד למעבד יפתח דמן DT 34:1
עבדייא ארום בתקוף **גבורת** ידא אפיק ייי יתכון מיכא EX 13:3
ותימר ליה בתקוף **גבורת** ידא אפקנא ייי ממצרים EX 13:14
ריסי עינך ארום בתקוף **גבורת** ידא הנפקנא ייי ממצרים: EX 13:16
גיף ימא: וחמון ישראל ית **גבורת** ידא תקיפתא די עבד ייי בה EX 14:31
ולכל עם ארעיה: ולכל **גבורת** ידא תקיפתא היך סובר ית DT 34:12
גירין דקטול ואיתין מחת **גבורת** ידי במצרים ואפיק ית עמי EX 7:4
ית עבדך ית רבותך וית **גבורת** ידך תקיפתא דאת הוא DT 3:24
פרעה ולא מן כח **גבורת** משה ואהרן היא אלהן מחא EX 8:15
דייחמון דיירי עלמא **גבורתא** דייי וימרון הלא גיבריא GN 14:13
וחמיין כל עממיא ית כל **גבורתא** דעבדית להון מטול למהוי LV 26:45
ואתיהב להון כח **גבורתא** וטענו גבר על חמריה ותבו GN 44:13
תמן עד דאישדר ית מחת **גבורתי** ואימחי ית מצראי בכל EX 3:20
כדון שדרית ית מחׄת **גבורתי** מן דינא הוא דמחיתי יתך EX 9:15
הוא ייי כד ארים ית מחת **גבורתי** על מצרים ואנפיק ית בני EX 7:5
כדי שמע לבן ית שמע **גבורתיה** וחסידותיה דיעקב בר GN 29:13
וטרדינון וקם משה בכח **גבורתיה** ופרקינין ואשקי ית ענהין: EX 2:17
ייי שמיה כשמיה כן **גבורתיה** יהי שמי מברך לעלמי EX 15:3
קרבינן בכל דר ודר מודע **גבורתיה** לעמיה בית ישראל ייי EX 15:3
לקדמין ומן תחות אדרע **גבורתיה** עלמא סביל ויבודור בעלי DT 33:27
ודחלתא בתקוף אדרע **גבורתך** ישתתקון הי כאבנייא עד EX 15:16
עממיא דישמעו ית שמע **גבורתך** למֵימר: מן בגלל דלא הות NU 14:15
בר נון דמן שיבט אפרים **וגבורן** דגדעון בר יואש דמן שבט DT 34:2
דיתיבנא בארעא דמצרים **וגבורן** דעבד לנא ביני עממייא DT 29:15
ייי דעבד עימיה ניסין **וגבורן** ואיסתכי ית חוטרא EX 2:21
בעיניכון אתיא ותימהיא **וגבורת** ידא תקיפתא וניצחנות DT 7:19
משבח על ימא דסוף **וגבורת** ידיה בני גללייא עניין EX 15:18
ורוממותא תושבחא **וגבורתא** דידיה הוא: ארום לא קאים NU 23:22
תוקפא ורומא תושבחא **וגבורתא** דיליה ישיצי ית אומיא NU 24:8
לית דיעביד כעובדך **וכגבורתך**: אעיבר כדון ואחמי ית DT 3:24

גבינא (3)

חפיין עינוי או לית שיער **בגבינוי** או דחלזון בעיינויי דמערב LV 21:20
ית רישיה וית דיקניה וית **גביני** עינוי וית כל שעריה יספר LV 14:9
דרגיל או תביר דידא: או **דגבינוי** שכבן חפיין עינוי או לית LV 21:20

גבר (587)

די אפיקת ממצרים **בגבורת** אידא תקיפתא: הוי דכיר DT 9:26
הדין נייח ושרי כאריא **בגבורתא** וכליתא מתנטלין לא NU 23:24
וידחלון: וארום אין יהוי **בגבר** חובת דין קטול ויתחייב DT 21:22
לא יתקיים סהדן דחד **בגבר** לכל סורחן נפש ולכל חוב DT 19:15
יתיר מידלהון ואתקיפו **בגברא** בלוט לחדא וקריבו למיתבר GN 19:9
עמא למימר דיקרב לביש **בגברא** הדין ובאינתתיה איתקטלא GN 26:11
איתן פנוייתא למעסוק **בגברא** ההוא ואישצי יתיה מגו LV 20:3
אנא פנוייתא למעסוק **בגברא** ההוא ובגיניסתיה דמחפיין LV 20:5
למימר: אין יחמון גבר **בגובריא** האילין דרא בישא הדין DT 1:35
מסירין הינון תש חיל **גבורתהון** מעליהון ומימרא דייי NU 14:9
דעמיה זעיר תזערון **גבר** אגב אחסנתיה דיחסנון יתן NU 35:8
מליל עם בני ישראל **גבר** או איתא די יעבדון מכל חובי NU 5:6
דייי אלקכון יהיב לכון **גבר** או איתא דיעבד דביש קדם ייי DT 17:2
בני ישראל ותימר להון **גבר** או איתתא ארום חמיין סטיתא NU 6:2
שיניה: וארום ינגש תור ית **גבר** או ית איתא וימות יתרגמא EX 21:28
וכהנא דימקרב ית עלת **גבר** אוחרן משך עלתא דיקרב LV 7:8
ית בעיריה וייכול בחקל **גבר** אוחרן שפר חקליה ושפר EX 22:4
עד דיחסנון בני ישראל **גבר** אחסנתיה: ארום לא נחסין NU 32:18
אגר נטיר ומתגנבין מבית **גבר** אין משתכח גנבא איהו משלם EX 22:6
קמתא דחברך: ארום יסב **גבר** איתא ויעול עלה ויהי אין לא DT 24:1
לכון אחסנת: ארום יסב **גבר** איתא חדתא בתולתא לא יפוק DT 24:5
קדם אילקא למצלוב **גבר** אלהן חובוי גרמו ליה ומן בגלל DT 21:23
בנן דלא שמישו עם **גבר** אנפיק כדון יתהין לוותכון GN 19:8
הוא ממשכן ולא יהוי **גבר** אסר חתנין וכלין בחרשין ארום DT 24:6
בני ישראל תמליל למימר **גבר** ארום ימות וביר דכר לית ליה NU 27:8
דא אחוויית אורייתא **גבר** ארום ימות תחות גננא דפריס NU 19:14
בני ישראל ותימר להון **גבר** ארום יפריש פירוש דנידרא LV 27:2
לגבה: וכדון אתיב איתת **גבר** ארום נביא הוא ויצלי עלך GN 20:7

ישראל ותימר להון גבר **גבר** ארום תיסטי אינתיה וישקר NU 5:12
ולית דרדיף: ויתקלון **גבר** באחוי הי כמן קדם שלופי LV 26:37
לשיבטא חורנא ארום **גבר** באחסנת שיבטא דאבהתוי NU 36:7
עמי בני ישראל הוו זהירין **גבר** באיקרא דאבוי ובאיקרא DT 5:16
לחים לתרין יומין שרון **גבר** באתריה ולא תטלטלון מידעם EX 16:29
קדם ייי ארום נגעתון **גבר** בבריה ובאחוי ולאייתאה EX 32:29
וקיים למימר: אין יחמון **גבר** בגוברייא האילין דרא בישא DT 1:35
ובאחיכון בני ישראל **גבר** בחבריה לא תשעבדון בהון LV 25:46
בתשמיש דעריס ויהב **גבר** ביך ית תשמישיה בר מן NU 5:20
עמי בני ישראל הוו זהירין **גבר** ביקרא דאבוהי וביקרא דאימיה EX 20:12
יכלין לסוברא ושוי כסף **גבר** בפום טוניה: וית אוגביני אוגבין GN 44:1
ית טוננא והא כסף **גבר** בפום טוניה כספנא במתקליה GN 43:21
ולקטרת בוסמיא: כל **גבר** בר ישראל ואיתתא בת ישראל EX 35:29
עד יובלא: וארום יזבון **גבר** בר ישראל ית ברתיה זעירתא EX 21:7
דמליל ייי למימר: **גבר** בר תליסר שנין ארום ידר נדרא NU 30:3
באגריה: וארום ישרגיג **גבר** בתולתא דלא מארסא וישמש EX 22:15
רשיעי עמא ומתעתדין **גבר** בתרע משכניה ומסתכלין EX 33:8
קבל משכנא כדקיימין **גבר** בתרע משכניה: ומתמלל ייי עם EX 33:10
בני ישראל ותימר להון **גבר** גבר ארום תיסטי אינתיה NU 5:12
להון לדריהון: ולהון תימר **גבר** גבר טלי וגבר סיב מבית גניסת LV 17:8
אנת ואהרן: ועימכון יהון **גבר** גבר לשיבטא גבר ריש לבית NU 1:4
ית כל עיבידת קודשא **גבר** גבר מעיבידתיה דהינון עבדין: EX 36:4
ובנוי ייעלון וימנון יתהון **גבר** גבר על פולחניה ומטוליה: ולא NU 4:19
מנא יתהון בידא דמשה **גבר** גבר על פולחניה ועל מטוליה NU 4:49
קאים מן ההוא מצראי **גבר** גיור ולא דעביד תתובא מן בני EX 2:12
מן קדם משה: ואתו כל **גבר** דאיתרעי ליביה וכל דאשלימת EX 35:21
דארימו בני ישראל כל **גבר** דאיתרעי ליביה לאפרשא: וכסף EX 38:24
וכל תכשיט דדהב כל **גבר** דארים ארמות דדהבא קדם ייי: EX 35:22
קרבן אלקיה: ארום כל **גבר** דביה מומא לא יקרב גבר דסמי LV 21:18
לכון לאחסנא ומשתכח **גבר** דבני ביתא בחטופין ואיתן LV 14:34
קדם ייי בבעו ייי לא **גבר** דברן אנא אוף מאיתמלי אוף EX 4:10
חטייתא מפרנקתא וכל **גבר** דהוה משכח עליהן מנין דדהב NU 31:50
אלבישתא לאהרן **גבר** דהישתכח חסיד קדמך דנסית DT 33:8
דהבא קדם ייי: וכל **גבר** דהישתכח עימיה תיכלא EX 35:23
הוא קודשא יהי לכון: **גבר** די ימזג כוותיה ודיתן מיניה על EX 30:33
ריש צפירא ויפטור ביד **גבר** די מזמן מן אשתקד למהך LV 16:21
או דמשתימיט ירכיה: או **גבר** דיהי ביה תביר דרגיל או תביר LV 21:19
קודשא תהי לכון קדם ייי: **גבר** דיעבד דכוותיה לארחא בה EX 30:38
מיניה שכבת זרעא: או **גבר** דיקרב בכל ריחשא דיסתאב LV 22:5
להון אזדהרון לדריכון כל **גבר** דיקרב מכל בניכון לקודשיא די LV 22:3
עליה ומידא דאינשא מיד **גבר** דישוד ית דמא דאחוי אתבוע GN 9:5
ארום מטיירא יטייר **גבר** דכוותי: ואמר יהודה מה נימר GN 44:15
אדם זכאי: ארום יהי בך **גבר** דלא יהי דכי מקיריות הירהור DT 23:11
גבר דביה מומא לא יקרב **גבר** דסמי או דחגיר או דלקי LV 21:18
למימר בר מיני לא אית **גבר** דפשר חילמין ברם מן קדם ייי GN 41:16
לעבדוי הנשכח כדין **גבר** דרוח נבואה מן קדם ייי ביה: GN 41:38
דבר לך ית יהושע בר נון **גבר** דרוח נבואה מן קדם ייי שריא NU 27:18
לא איתחרת כולה: וייתי **גבר** דשמיש עימה ולא היא ית קרבן LV 19:21
בתשמיש דעריס: או **גבר** דתיעיבר עלוי רוח קינאיתא NU 5:30
בכל סואבת בר נש או **גבר** דתיפוק מיניה שכבת זרעא: או LV 22:4
ריקנין מכל מצוותא: **גבר** הי כמיסת מוהבות ידיה הי DT 16:17
ופשר לנא ית חילמנא **גבר** הי כפושרן חילמיה פשר: והוה GN 41:12
תוב תתברי איתתא מן **גבר** היכמא דאיתבריאת דא מיני GN 2:23
כרוזא במשריתא למימר **גבר** ואיתתא לא יעבדון תוב EX 36:6
מלאכא עימיה בדמות **גבר** ואמר הלא אמרת לעשרא כל GN 32:25
מתגריין בני נשא כחדא **גבר** וחבריה ותיתקרב איתת חד DT 25:11
דא: בגין כן ישבוק **גבר** ומתפרש מן ביה מדמכיה GN 2:24
יחוסין דגניסת נח נח הוה **גבר** זכאי שלים בעובדין טבין הוה GN 6:9
ואשתמודעו ונסיבו **גבר** חוטריה: ואמר ייי למשה אתיב NU 17:24
שאר קורבנייא ואכלין **גבר** חולקיה: כל אילין שיבטייא GN 49:27
מיקדשא לגבר וישכחינה **גבר** חורן בקרתא וישמש עימה: DT 22:23
עם איתתא איתת **גבר** חורן ויתקטלון אוף תרויהון DT 22:22
אמך מן אבך או מן **גבר** חורן לא תבזי עריתהן: עיריית LV 18:9
וישקר ביה שקר: וישמש **גבר** חורן עימה תשמיש דעריס ויהי NU 5:13
לכון רשו למנאה עליכון **גבר** חילוניי דלא מן אחוכון הוא: DT 17:15
מן בגלל דלא יקרב **גבר** חילוניי דלא מן בני אהרן NU 17:5
וחלמו חילמא תריהון **גבר** חילמיה בלילייא חד גבר GN 40:5
בלילייא חד אנא והוא **גבר** חילמיה ופושרן חילמא GN 41:11
גבר חילמיה בלילייא חד **גבר** חילמיה ופושרן חילמיא GN 40:5
בצלאל ואהליאב וכל **גבר** חכים ליבא דיהב ייי חוכמתא EX 36:1
לבצלאל ולאהליאב ולכל **גבר** חכים ליבא דיהב ייי חכמתא EX 36:2
תרין ישלם: ארום יפקר **גבר** חקיל או כרמא וישלח ית EX 22:4
ארום זבינו מצראי **גבר** חקליה ארום תקיף עליהון GN 47:20
גבר טוניה לארעא ופתחו **גבר** טוניה: ופשפש בראובן שרי GN 44:11

זכאין: ואוחיאו ואחיתו **גבר** טוניה לארעא ופתחו גבר טוניה: GN 44:11
עם בני ישראל למימר **גבר** טלי או גבר סיב ארום יהי NU 9:10
בני ישראל ותימרון להון **גבר** טלי או גבר סיב ארום יהי דאיב LV 15:2
בני ישראל תמליל למימר **גבר** טלי או גבר סיב דירגז ויחרף LV 24:15
בני ישראל ותימר להון **גבר** טלי או גבר סיב מבית גניסת LV 22:18
מן קדמי במותנא אנא ייי: **גבר** טלי או גבר סיב מזרעא דאהרן LV 22:4
ועם בני ישראל תמליל **גבר** טלי או גבר סיב מן גניסת בני LV 20:2
דפקיד ייי למימר: **גבר** טלי או סיב מבית גניסת LV 17:3
הוא ייי מקדישכון: ארום **גבר** טלי וגבר סיב דיילוט ית אבוי LV 20:9
עם צדיקייא אנא ייי: **גבר** טלי וגבר סיב לכל קריבת LV 18:6
לדריהון: ולהון תימר גבר **גבר** טלי וגבר סיב מבית גניסת LV 17:8
ובר מימרך לא ירעים **גבר** ידיה למיסור זייני וית ריגליה GN 41:44
וחמא גבר מצראי מחי **גבר** יהודאי מאחוי: ואיסתכל משה EX 2:11
נוכראה וקטולו אפילו **גבר** ית אחוי וגבר ית חבריה ואינש EX 32:27
תלתא יומין: לא חמון **גבר** ית אחוי ולא קמון אינש EX 10:23
בגיטה כל יומוי: לא יסב **גבר** ית איתתא דאניס או דשרגיג DT 23:1
שכינתיה היכמה דמסובר **גבר** ית בריה בכל אורחא דהליכתון DT 1:31
ארום היכמא דמסקר **גבר** ית בריה ייי אלקך מסקר יתכון: DT 8:5
הוא מזבן לך: ולא תונון **גבר** ית חבריה במילין קשין ותידחל LV 25:17
ייי אלקנא ואסרתון **גבר** ית מאני זייניה ושריתון DT 1:41
עד דמיתסי: וארום ימחי **גבר** ית עבדיה כנענאה או ית EX 21:20
הלכשוש: וארום ימחי **גבר** ית עינא דעבדיה כנענאי או ית EX 21:26
אבהתהון תריסר חוטרין **גבר** ית שמיה תכתוב על חוטריה: NU 17:17
הדין ואיתבלו ולא שוויו **גבר** ית תיקון זיניה דאיתיהב להון EX 33:4
לית אפשר דקדיש **גבר** יתיה אין תור אין אימר לשמא LV 27:26
לכל בני אהרן תהי **גבר** כאחוי: ודא אורייתא דניכסת LV 7:10
דפחדוי נפיחן וקליטן: כל **גבר** כהין דביה מומא מזרעא דאהרן LV 21:21
בעידן קיבול סובתא **גבר** כהין דכי וידי על משכנא ועל NU 19:18
עד רמשא: ויכנוש **גבר** כהין דכי ית קיטמא דתורתא NU 19:9
אנא ייי מקדישכון: וברת **גבר** כהין מארסא ארום תפיס גרמה LV 21:9
דאנן עבדין הכא יומא דין **גבר** כל דכשר בעינוי: ארום לא DT 12:8
ותיתן יתהון לליוואי **גבר** כמיסת פולחניה: ונסב משה ית NU 7:5
לקיטו: ואמר משה להון **גבר** לא ישייר מיניה עד צפרא: ולא EX 16:19
תמותון ועבדו כן: ואמרו **גבר** לאחוי בקושטא חייבין אנחנא GN 42:21
ולוי דהוו אחין בעיטתא **גבר** לאחוי הא מרי חילמייא דיכי GN 37:19
ואקדימו בצפרא וקיימו **גבר** לאחוי ופסג מתגא דחמריה GN 26:31
ונפק מנדע לבהון ותווהו **גבר** לאחוי למימר מה דא עבד ייי GN 42:28
דנתוב למצרים: ואמרו **גבר** לאחוי נמני עלן מליך לריש NU 14:4
דיובלא הדא תתובון **גבר** לאחסנתיה: וארום תזבנון זביני LV 25:13
היא תהי לכון ותתובון **גבר** לאחסנתיה וגבר לייחוסיה LV 25:10
בדינא ותלת מברזג בין **גבר** לאיתא וגזר למרומם ומאיך DT 32:4
דפקיד ייי ית משה בין **גבר** לאיתתיה בין איבא לברתיה NU 30:17
לטיקסיהון והכדין נטלין **גבר** לזרעיתיה לבית אבהתוי: NU 2:34
דבבל ויתיבו תמן: ואמרו **גבר** לחבריה הבו נירמי ליבנין וניוי GN 11:3
ולא למשדרא דורונין **גבר** לחבריה וגרמא לא תתברון ביה EX 12:46
תרין לחבריה: ארום יתן **גבר** לחבריה חמר או תור או אימר EX 22:9
ית דליקתא: ארום יתן **גבר** לחבריה כסף או מנין למינטר EX 22:6
ונשיק ליה וגייריה ושיילו **גבר** לחבריה לשלם ואתו למשכן EX 18:7
יהיב לכון ותתובון **גבר** לירותתיה דיהבית לכון: וית DT 3:20
וכל איתתא דידעת **גבר** למשכבי דכורא קטולו: וכל NU 31:17
גוברין דחילא בזזו **גבר** לנפשיה: ונסב משה ואלעזר NU 31:53
לא חסר מן מכילתא **גבר** לפום מיכליה לקיטו: ואמר EX 16:18
דפקיד ייי לקוטו מיניה **גבר** לפום מיכליה עומרא EX 16:16
לביתיה בסכום נפשתא **גבר** לפום מיסת מיכליה תיכסון ית EX 12:4
מניין נפשתיכון **גבר** לפום סכום אינשי משכניה EX 16:16
זעיר תזער אחסנתהון **גבר** לפום סכומהון יתיהב NU 26:54
ואהרן: ועימכון יהון גבר **גבר** לשיבטא גבר ריש לבית NU 1:4
קריבתא דמתאסרן להון **גבר** לתרע משכניה ותקיף רוגזא NU 11:10
וגבר די יגור ית איתת **גבר** מארסא או די יגור ית איתת LV 20:10
בטעוות פעור: והא **גבר** מבני ישראל אתא ואחד NU 25:6
מליל עם אהרן למימר **גבר** מבנך לזרעיית דריהון דיהי ביה LV 21:17
יהון ולא חסרן ניכסוי **גבר** מה דייתן לכהנא דיליה יהי: NU 5:10
רוח נשמתא לכל בישרא **גבר** מהימן על כנישתא: די הוו נפיק NU 27:16
בני אהרן נדב ואביהוא **גבר** מחתיתיה ויהבו בהון אישתא LV 10:1
גבר מחתיתיה: ונסיבו **גבר** מחתיתיה ויהבו בהון אישתא NU 16:18
מחתיין ואנת ואהרן **גבר** מחתיתיה: ונסיבו גבר NU 16:17
והינון ואהרן מחר: וסבו **גבר** מחתיתיה ותיתנון עליהון NU 16:17
בוסמין ותקרבון קדם ייי **גבר** מחתיתיה מאתן וחמשין NU 16:17
לא ישלים: וארום ישאל **גבר** מידעם מן חבריה ויתבר מנא או EX 22:13
ייי: ואין מפרוק יפרוק **גבר** ממעשריה חומש דמוי יוסיף LV 27:31
קדיש אנא ייי אלקכון: **גבר** מן אימיה ומן אבוי תהוון דחלין LV 19:3
ייי בנא ובנך ארום ניטמר **גבר** מן חבריה: אין תסגיף ית ברתיי GN 31:49
דיריחו: ובאילין לא הוה **גבר** מן סכומי משה ואהרן כהנא די NU 26:64
דעמא וישיילון **גבר** מן רחמיה מצראי ואיתתא מן EX 11:2

ית משכונא לשוקא: ואין **גבר** מסכין הוא לא תבית ומשכוניה DT 24:12
כל עיבידת קודשא גבר **גבר** מעיבידתיה דהינון עבדין: EX 36:4
דייי בסעדא דיוסף והוה **גבר** מצלח והוה בבית ריבוניה GN 39:2
דפרעה רב ספוקלטוריא **גבר** מצראי בערבנותא מן ערבאי GN 39:1
ובסוגי פולחנהון וחמא **גבר** מצראי מחי גבר יהודאי מאחוי: EX 2:11
למיתי יומא דין: ואמרא **גבר** מצראי שיזבנהו מן ידא דרעיא EX 2:19
ומפרש הי כגלוף דעיזקא **גבר** מרגליתיה על שמיה לתריסר EX 39:14
ומפרש הי כגלוף דעיזקא **גבר** מרגליתיה על שמיה תהוויין EX 28:21
ארום אין משתכח **גבר** משמש עם איתתא איתת גבר DT 22:22
בוסמין קדם ייי ולא יהי **גבר** מתנטל למיפלוג על עיסק NU 17:5
ורביאו טליא והוה עשו **גבר** נחשירכן למיצוד עופן וחיוון GN 25:27
למיצוד עופן וחיוון **גבר** נפיק חקל קטיל נפשן דהוא GN 25:27
סגירות משך בישרא: **גבר** סגיר הוא מסאב הוא סאבא LV 13:44
וכדון יחמי פרעה **גבר** סוכלתן וחכים וימניניה על GN 41:33
ותימרון להון גבר טלי או **גבר** סיב ארום יהי דאיב מבישריה LV 15:2
למימר גבר טלי או **גבר** סיב ארום יהי מסאב לטמי בר NU 9:10
למימר גבר טלי או **גבר** סיב דירגז ויחרף שום כינויי LV 24:15
ייכלון אדמא: וגבר טלי או **גבר** סיב מבית גניסת ישראל ומן LV 17:13
ותימר להון גבר טלי או **גבר** סיב מבית גניסת ישראל ומן LV 22:18
אנא ייי: גבר טלי או **גבר** סיב מזרעא דאהרן והוא LV 22:4
תמליל גבר טלי או **גבר** סיב מן גניסת בני ישראל דיעבר LV 20:2
שמעון ולוי אחי דינא **גבר** סייפיה ועלו על קרתא דהבא GN 34:25
דין קטולא: וארום יהי **גבר** סני לחבריה ויכמון עליה DT 19:11
דין דאייתי ריבונכון לנא **גבר** עבראי למגחוך בנא על לותי GN 39:14
פריק לה: ארום ישכח **גבר** עולימתא בתולתא דלא DT 22:28
ואין שמשא ישמש **גבר** עימה ותהוי ריחוקא עלוי ויהי LV 15:24
ואיתתא פניתא די ישמש **גבר** עימה שכבת זרעא ויסחון LV 15:18
ותפילין דהינון תיקוני **גבר** על איתא ולא יספר גבר DT 22:5
ייי: וישרון בני ישראל **גבר** על בית משרוי וגבר על טקסיה NU 1:52
ארום היכמא דיכמון **גבר** על חבריה ויקטליניה נפש DT 22:26
לתמן: וארום ירשע **גבר** על חבריה למיקטליה בנכילו EX 21:14
להון כח גבורתא וטענו **גבר** על חמריה ותבו לקרתא: ועל GN 44:13
בגלל דטיכסין דישראל **גבר** על טיכסיה באתוון לייחוס LV 24:10
משה ועם אהרן למימר: **גבר** על טיקסיה באתוון דמסתמנין NU 2:2
ייעלון וימנון יתהון גבר **גבר** על פולחניה ומטוליה: ולא NU 4:19
יתהון בידא דמשה גבר **גבר** על פולחניה ועל מטוליה NU 4:49
כמא דשרן היכדין נטלין **גבר** על תחומיה לטיקסיהון: טיקס NU 2:17
דעלו למצרים עם יעקב **גבר** עם אינש ביתיה עלו: ראובן EX 1:1
דיהבו בזמן דמנגון משה **גבר** פורקן נפשיה מאה קינטנרין EX 38:25
ישראל למניינהון ויתנון **גבר** פורקן נפשיה קדם ייי כד תימני EX 30:12
ארעא: ושרי נח למיהוי **גבר** פלח בארעא ואשכח גופנא GN 9:20
הבל רעי ענא וקין הוה **גבר** פלח בארעא: והוה מסוף יומיא GN 4:2
מן חקיל אחסנתיה יקדש **גבר** קדם ייי ויהי עלוייה כמיסת LV 27:16
ברם כל אפרשא די יפרש **גבר** קדם ייי מן כל דאית ליה LV 27:28
מריקין דיסקיינון והא **גבר** קטר כספיה בידסקייה וחמון GN 42:35
דנסיב: לא ימשכן **גבר** ריחיא וריכבא ארום צורכי DT 24:6
יהון גבר גבר לשיבטא **גבר** ריש לבית אבהתוי הוא: ואילין NU 1:4
לך למיתב עימיה ארום **גבר** רמאי הוא אמר לא יעקב אנא GN 29:12
ישראל קטולו אינש **גבר** שיבטיה דאדבקו בטעוות פעור: NU 25:5
גבר על איתא ולא יספר **גבר** שיחייה ועריתיה ובי אנפוי DT 22:5
וית חנוך בריה ויעקבו **גבר** שלים בעובדוי משמש בבי GN 25:27
עשו אחי גבר שערן ואנא **גבר** שעיע: מאים יגששינני אבא GN 27:11
אבוי ואמר הא עשו אחי **גבר** שערן ואנא גבר שעיע: מאים GN 27:11
וחמא תמן יהודה ברת **גבר** תגר ושמיה שוע וגיירה ועל GN 38:2
יהי דיליה: ארום יגנב **גבר** תור או אימר ויכסיניה או זבניה EX 21:37
נטריה ומבתר כן קטל **גברא** או איתא תורא יתרגם ואוף EX 21:29
לתרע בית דיניכון ית **גברא** או ית אינתתא ותאטלונון DT 17:5
למשה אתקטלא יתקטל **גברא** אטלו יתיה באבנא כל NU 15:35
משדר לא ניחות ארום **גברא** אמר לנא לא תיחמון סבר GN 43:5
ית צלמנייא דהוון נכסין **גברא** בוכרא וחזמין רישיה ומלחין GN 31:19
וברזינון כחדא ית **גברא** בר ישראל בבית גיבריה וית NU 25:8
בר גברא מצראה דקטל **גברא** בר ישראל במצרים ועל על LV 24:10
נפקת ברא ולא יתפס **גברא** בר ישראל ית גרמיה בזנו: לא DT 23:18
לפנחס בזמן דעל בתר **גברא** בר ישראל לות חוצא נס NU 25:8
וכפר על בני ישראל: ושום **גברא** בר ישראל קטילא דאיתקטיל NU 25:14
או אכריזו עלוי דימות **גברא** בתראה דנסבה ליה לאיתו: DT 24:3
עלה מן שמייא דיסנינה **גברא** בתראה ויכתוב לה ספר DT 24:3
קמי רגלי דיינייא ואמרת **גברא** דאילין משכונייא דידיה GN 38:25
קדמנא ארום דין משה **גברא** דאסקנא מארעא דמצרים EX 32:1
קדמנא ארום דין משה **גברא** דאסקנא מארעא דמצרים EX 32:23
מימרי לך תמן: ויהי **גברא** דאתרעי ביה לשמשא קדמי NU 17:20
עם עמא ויימרון מאן הוא **גברא** דדחיל מחוביה וליביה תביר DT 20:8
ברת מטרד הוא **גברא** דהוה לעי במטרדא GN 36:39
ואמר חס לי מלמעבד דא **גברא** דהישתכח כלידא בידיה הוא GN 44:17

וקרא פרעה שמיה דיוסף **גברא** דטמירן מפרסם ויהב ליה ית GN41:45
דגריזים ואמרין בריך יהוי **גברא** די יקים ית פיתגמי אורייתא DT 27:26
עם עמא למימר מן **גברא** דיבנא ביתא חדתא ולא קבע DT 20:5
מדבית דן עתיד דיקום **גברא** דידון ית עמיה דינין דקשוט GN49:16
ית חמרנא: וקריבו לות **גברא** דיממנא אפיטרופוס על בית GN43:19
וגבר חורן ישכלליניה: ומן **גברא** דינצב כרמא ולא פרקיה מן DT 20:6
דעיבל ואמרין ליט יהוי **גברא** דיעבד צלם וצורה וכל דמו DT 27:15
מגנא עליהון ולא יהוי **גברא** דיקום ויצלי אמטולהון ברת DT 28:15
בלעם בר בעור ואימר **גברא** דיקיר מן אבוי דרזיא סתימיא NU24:3
בלעם בר בעור ואימר **גברא** דיקיר מן אבוי דרזיא סתימיא NU24:15
ליה שבטיא דישראל: יהי **גברא** דיתבחר ויקום מדבית דן GN49:17
בוסמין קדם ייי מחר ויהי **גברא** דיתרעי ביה ייי הוא דקדיש NU16:7
דגריזין ואמרין בריך יהוי **גברא** דלא יעבד צלם וצורה וכל DT 27:15
ית כל דאיפקדיניה: ויהי **גברא** דלא יקבל פיתגמי נבותי DT 18:19
דעיבל ואמרין ליט יהוי **גברא** דלא יקים ית פיתגמי DT 27:26
דיעיקון לכון סנאיכון: **גברא** דמחטי בכון ודימפרנק לחדא DT 28:54
ויוקים כהנא דמדכי ית **גברא** דמידכי וית אימריא קדם ייי LV 14:11
לקדם ייי ויקרבינה **גברא** דמייתי יתה לות כהנא וכהנא LV 2:8
מן תורי או מן ענא: ויקרב **גברא** דמקרב קורבניה קדם ייי NU15:4
תקיימון: ואזל עמרם **גברא** דמשבט לוי ואותיב בכילתא EX 2:1
ויתקטלון אוף תרויהון **גברא** דמשמש עם איתתא ואיתתא DT 22:22
וגבר חורן יחליניה: ומן **גברא** דקדיש איתתא ולא נסבה יהך DT 20:7
עימה ומשתכחין: ויתן **גברא** דשמיש עימה לאבוהא DT 22:29
וישמש עימה ויתקטל **גברא** דשמש עימה בלחודוי: DT 22:25
גמלא: ואמרת לעבדא מן **גברא** הדור ויאי דמטייל בחקלא GN24:65
ואמר לה התיזילין עם **גברא** הדין ואמרת איזיל: ואלוייו ית GN24:58
הדא ביניכון: ותפקון ית **גברא** ההוא או ית אינתתא ההיא DT 17:5
ומטול דלא אייתי **גברא** ההוא אפרשותא ומעשרא NU 5:15
בית ישראל ית עיניהון מן **גברא** ההוא בדיתן מזרעיה LV 20:4
ויזבניניה ויתקטל **גברא** ההוא בשינוקא דסודרא DT 24:7
בזימניה חוביה יקבל **גברא** ההוא: וארום אין יתגייר NU 9:13
או מן דיינא ויתקטל **גברא** ההוא ותפלון עביד דביש DT 17:12
במיא יהי מסאב ואין **גברא** הוא יצבע לבושוי ויסחי LV 15:11
שירותא דטיהרא: ועבד **גברא** היכמא דאמר יוסף ואעיל GN43:17
חמשא חמשא לכל **גברא**: ואוף נוכראין סגיאין מנהון EX 12:37
בדשערוי וברכיה ייי: ורבא **גברא** ואזל אזיל ורבי עד די רבא GN26:13
לנא למיחמי סבר אפי **גברא** ואחונא זעירא ליתוי עימנא: GN44:26
דברו וקומו תובו לות **גברא**: ואל שדי יתן לכון רחמין קדם GN43:13
כמניין תלתא אלפין **גברא**: ואמר משה קריבו קורבנכון EX 32:28
למימר כדנן מליל עמי **גברא** ואתא לות גברא והא קאי GN24:30
אתאן לוותי ודייננא בין **גברא** ובין חבריה ומהודענא להון EX 18:16
על גמלייא ואזלן בתר **גברא** ודבר עבדא ית רבקה בהדיה GN24:61
ואשכחיה גבריאל בדמות **גברא** והא טעי בחקלא ושאיליה GN37:15
עמי גברא ואתא לות **גברא** והא קאי עלוי גמליא על עינא: GN24:30
והוי כד נכית חיויא ית **גברא** והוה מסתכל בחויא דנחשא NU21:9
צבי משה למיתב עם **גברא** ויהב ית ציפורה ברת בריה EX 2:21
חכימי קרתא ההיא ית **גברא** וילקון יתיה: ויזמון יתיה מאה DT 22:18
שדי יתן לכון רחמין קדם **גברא** ויפטור לכון ית אחוכון חורנא GN43:14
דמיקדשא ויתקיף בה **גברא** וישמש עימה ויתקטל גברא DT 22:25
אתר כשר למבת: וגחן **גברא** וסגיד קדם ייי דזמין קדמוי GN24:26
רשאין למנאה לפרנסא **גברא** זידנא דרחקיה ייי אלקכון: לא DT 16:22
עבדך אחין אנחנא בני **גברא** חד בארעא דכנען והא זעירא GN42:13
דאנא יהיב לבני ישראל **גברא** חד גברא חד לשבטא NU13:2
רוחא לכל בישרא האין **גברא** חד יחוב ועל כל כנישתא יהי NU16:22
ישראל תריסר גוברין **גברא** חד לבית אבהתוי הוון: והוו כל NU 1:44
לבני ישראל גברא חד **גברא** חד לשבטא דאבהתוי NU13:2
למזבון עיבורא: כולנא בני **גברא** חד נחנא מהימני אנחנא לא GN42:11
דייי קיים עלם: **גברא** חייבא מרוד באלק שמיא נפק LV 24:10
רשאין למזווגא בדינא **גברא** טפשא עם דיינא חכימא DT 16:21
דין קטול אילהין **גברא** יפטירינא מיניה בגיטא ארום DT 22:26
היכמא דאמר יוסף ואעיל **גברא** ית גובריא לבית יוסף: ודחילו GN43:17
לותהון ית שמעון: ואעיל **גברא** ית גובריא לבית יוסף ויהב GN43:24
ואין בברא ישכח **גברא** ית עולימתא דמיקדשא DT 22:25
לאתר צדיא ויפטור **גברא** ית צפירא למדברא דצוק LV 16:22
ואשכחו סהדיא ית **גברא** כד תליש ועקר קיסין ביומא NU15:32
ופשרות שלמא בין **גברא** לאחוי ובין מאן דמאגר מילי DT 1:16
אתקינית לגמלייא: ועל **גברא** לביתא ושרי זממי גמלייא GN24:32
ושמיה לבן ורהט לבן לות **גברא** לברא לעיינא: והוה כדי חמא GN24:29
ובכירייא ליעקב: ותקיף **גברא** לחדא לחדא והוו ליה עאן GN30:43
ויהי אין איטימוס ההוא **גברא** למילקי תוב בצורעא תייבא LV 14:7
מסהדא אסהיד בנא **גברא** למימר לא תיחמון סבר אפיי GN43:3
טעי בחקלא ושאיליה **גברא** למימר מה אנת בעי: ואמר ית GN37:15
מישראל: ואין לא יצבי **גברא** למיסב ית יבימתיה ותיסק DT 25:7
ואמרו מישאל שאיל **גברא** לנא ולייחוסנא למימר העד GN43:7

ליה עד אימת יהי דין **גברא** לנא לתקלא פטור ית גברייא EX 10:7
לא אשתמודע להון קם **גברא** מדבית יוסף אמר במימריה NU 15:32
אורייתא הדא: ואין זכאי **גברא** מחובין איתתא ההיא תקבל NU 5:31
דלא פגנת בקרתא וית **גברא** מן בגלל דשמיש עם איתת DT 22:24
וידי כהנא דכיא על **גברא** מסאבא ביומא תליתאה NU 19:19
שמיא נפק ממצרים בר **גברא** מצראה דקטל גברא בר LV 24:10
במרעין וכל עמה דגווה **גברא** מרי מיכלן בישן: ותמן חמינא NU 13:32
לרחמין קדם מצראי אוף **גברא** משה רב לחדא בארעא EX 11:3
לי איכן אינון רען: ואמר **גברא** נטלו מיכן ארום שמעית GN 37:17
מן אחוהי וסטא לות **גברא** עדולמאה ושמיה חירה: וחמא GN 38:1
גמליא למימלי ונסיב **גברא** קדשא דדהבא דרכמונא GN 24:22
אציתן למימרי ארום לא **גברא** קטילית דנתקטלא תחותוהי GN 4:23
הוא למא דנן שבקתין ית **גברא** קרין ליה וייכול לחמא: וכד EX 2:20
בארעא דכנען: ואמר לנא **גברא** ריבוני ארעא בדא אנדע ארום GN 42:33
יתהום למימר: מליל **גברא** ריבוני ארעא עימנא מילין GN 42:30
לוי בזמן דפטרה עמרם **גברה** ואיתניסיבת ליה עד דלא NU 11:26
פסקו: והוה כדי פסקו כל **גברי** מגיחי קרב עבדי בימתא DT 2:16
שנין עד דסף כל דרא **גברי** מגיחי קרבא מיגו משריתא DT 2:14
מן פלגותהון דהוא חולק **גברי** מגיחי קרבא תיסבון ותיתנון NU 31:29
הוא וקבילו אחוהי: ועברו **גברי** מדינאי מרי פרקמטיא ונגידו GN 37:28
לנא לתקלא פטור ית **גברייא** ויפלחון קדם ייי אלקקון EX 10:7
על ביתיה קום רדף בתר **גברייא** ותדבקינון ותימר להום למה GN 44:4
משה שית מאה אלפין **גברין** ריגליין עמא דאנא שרי NU 11:21
תריסר גוברין ברירין **גוברא** חד לשיבטא: ואתפניו וסליקו DT 1:23
וית עבדא דאברהם וית **גוברוי**: ובריכו ית רבקה ואמר ליה GN 24:59
נסיבא לשמא דייי מן **גוברי** מגיחי קרבא די נפקו לחילא NU 31:28
עבדך קבילו ית סכום **גוברי** מגיחי קרבא די עימנא לא NU 31:49
רעיין רעאן ארום **גוברי** מרי גיתי הוו ועניהון ותוריהון GN 46:32
ותפליג ית דברתא בין **גובריא** בלושיא דאחדו ית עתיד NU 31:27
טיב ביש על ארעא: ומיתו **גובריא** דאפיקו טיב ביש על ארעא NU 14:37
קרו להון שמהן בשום **גובריא** דבנונון: ואזלו בני מכיר בר NU 32:38
ומלכיא דעימיה ומחו ית **גובריא** דבעשתרות קרנים וית GN 14:5
ית כל ארעא: ארום כל **גובריא** די חמון ית יקרי וית NU 14:22
והות פלגותא חולק **גובריא** די נפקו לחילא סכום ענא NU 31:36
למימר: אילין שמהת **גובריא** דיחסנון לכון ית ארעא NU 34:17
למסטי בתר מימרי הינון **גובריא** דמישבטא דבית דן דהוה DT 25:18
ישראל די פליג משה מן **גובריא** דנפקו לחילא: והות סכום NU 31:42
ללוט ואמרו ליה האן **גובריא** דעלו לוותך ליליא דין GN 19:5
בר מכי: אילין שמהת **גובריא** דשדר משה לאללא ית NU 13:16
ודבר משה ואהרן ית **גובריא** האילין דאתפרשו בשמהן: NU 1:17
קדם ייי לבלעם ואמר מן **גובריא** האילין כען דבתו עמך: ואמר NU 22:9
דייי לבלעם איזל עם **גובריא** וברם ית פיתגמיא דאימליל NU 22:35
ארום יהי תיגרא בין תרין **גובריא** ויתקרבון לות דינא וידונון DT 25:1
והינון כשית מאה אלפין **גובריא** ומטיילין על ריגליהון ולא EX 12:37
וגמרנא ית כל קירווייא **גובריא** ונשיא וטפלא לא אשארנא DT 2:34
בתר אבהתכון תלמידי **גובריא** חייבייא למוספא תוב על NU 32:14
והדר אמר אברהם להלין **גובריא** יתסב כדון זעיר מיא ושזיגן GN 18:4
כנושו ית עמא **גובריא** למילף ונשייא למישמע DT 31:12
ואילין שמהתן דתריסר **גובריא** מאללייא לשיבטא דראובן NU 13:4
וללבושי קודשא: ואתו **גובריא** עם נשיא כל מאן דיאיתרעי EX 35:22
נשיא בטשן ית טינא עם **גובריהון** הות תמן ריבא מפנקתא EX 24:10
בתולתהון ינקיתהון עם **גובריהון** וסביהון: אמרית במימרי DT 32:25
סדר לציטריה ותמהו **גוברייא** אינש בחבריה: ונטל חולקין GN 43:33
לבית יוסף: ודחילו **גוברייא** ארום איתעלו לבית יוסף GN 43:18
ארום עימי ייכלון **גוברייא** באנטון שירותא דטיהרא: GN 43:16
ואישתהי ואתקיפו **גוברייא** בידיה ובידא דאינתתיה GN 19:16
אכלו עולימיא וחולק **גוברייא** דאזלו עימי ענר אשכול GN 14:24
וית דשא אחדו: וית **גוברייא** דבתרע ביתא מחו GN 19:11
עבדו בני ישראל: והוו **גוברייא** דהוו מסאבין לטמא נפש NU 9:6
אינון חשיבין כמיתיא כל **גוברייא** דהוו תבעין ית נפשך EX 4:19
הוא: ואילין שמהת **גוברייא** דיקומון עימכון לראובן NU 1:5
וקיים למימר: אין יחמון **גוברייא** דסליקו ממצרים מבר NU 32:11
למשזוג ריגלוי וריגליה **גוברייא** דעימיה: וסדרו קומיה GN 24:32
ותינדעון ארום ארגיזו **גוברייא** האיליין קדם ייי: והוה כדי NU 16:30
תרע קרתיהון למימר: **גוברייא** האילין שלימין אינון GN 34:21
בר יפונה אתקיימו מן **גוברייא** האינון דהליכו לאללא ית NU 14:38
אהרן ביומא ההוא: ואמרו **גוברייא** האינון ליה אנחנא NU 9:7
עם מלאכייא דייי ועם **גוברייא** ויכילת להום: ושאיל יעקב GN 32:29
תיתקף פולחנא עילוי **גוברייא** ויתעסקון בה ולא יתרחצון EX 5:9
ית אהרן תלתין יומין **גוברייא** ונשיא דישראל: ושמע NU 20:29
גמרנא ית כל קירוויי **גוברייא** ונשייא וטפלא: וכל בעירי DT 3:6
סברין אלהין איזילו כדון **גוברייא** ופלחו קדם ייי ארום יתה EX 10:11
כדי שמעו ואיתנסיסו **גוברייא** ותקיף להום לחדא ארום GN 34:7
זורו כדון מעילוי משכני **גוברייא** חייבייא איליין דאתחייבו NU 16:26
משה ושיירו דתן ואבירם **גובריא** חייבייא מיניה עד צפרא EX 16:20
שמעון ועל בנימין: ונסיבו **גובריא** ית דורונא הדא ועל חד GN 43:15
למיתבר דשא: ואושיטו **גובריא** ית ידיהון והנעילו ית לוט GN 19:10
יוסף ואעיל גברא ית **גובריא** לבית יוסף: ודחילו גובריא GN 43:17
שמעון: ואעיל גברא ית **גובריא** לבית יוסף ויהב מוי ושזיגו GN 43:24
על ביתיה אעיל ית **גובריא** לביתא ופרע בית ניכסתא GN 43:16
האילין קדמיהון ודחילו **גובריא** לחדא: וקרא אבימלך GN 20:8
להשכחא תרעא: ואמרו **גובריא** ללוט תוב מאן אית לך GN 19:12
ברם בדא יתפייסון לנא **גובריא** למיתב עימנא למיהוי לעם GN 34:22
ית ארעא: ואילין שמהן **גובריא** לשבטא דבית יהודא כלב NU 34:19
פקיד ייי ומסעדין להון **גובריא** מבני ישראל מאתן וחמשין NU 16:2
למימר מלי ית דיסקיי **גובריא** עיבורא היכמא דאינון GN 44:1
ליה אין למיקרי לך אתו **גובריא** קום טייל עמהון ולחוד NU 22:20
בתולן ולא נבעול נשי **גוברין** אורח מלכא דבשמים נזיל NU 21:22
ובין רעוותך ארום **גוברין** אחין אנחנא: הלא כל ארעא GN 13:8
אריסן ולא נבעול נשי **גוברין** באורח מלכא דבשמיא נזיל NU 20:17
פסקין: וישתיירון תרין **גוברין** במשריתא שמיה דחד אלדד NU 11:26
בקרבא מאתן אלפין **גוברין** בני חילא משיבטא דאפרים EX 13:17
ודברית מנכון תריסר **גוברין** ברירין גוברא חד לשיבטא: DT 1:23
ורברבי ישראל תריסר **גוברין** גברא חד לבית אבהתוי הוון: NU 1:44
משה ליהושע בחר לנא **גוברין** גיברין ותקיפין בפיקודיא EX 17:9
אלפין ומן רבני מאוותא: **גוברין** דחילא בזזו גבר לנפשיה: ונסב NU 31:53
ואין חכימת דאית בהום **גוברין** דחילא ותמנינון רבני גיתי על GN 47:6
ביה סטיא: ויקומון תרין **גוברין** דילהון תיגרא קדם ייי קדם DT 19:17
גיברי חילא דחליא דייי **גוברין** דקשוט דסנן לקבלא ממון EX 18:21
ואיזל: ופקיד עילוי פרעה **גוברין** ואלויאו יתיה וית אינתתיה GN 12:20
ית מאתן וחמשין **גוברין** והוו לניסיון: ובנוי דקרח לא NU 26:10
זביניה הוא: וארום ינצון **גוברין** וימחון איתתא מעברא EX 21:22
אבנין: וארום ינצון **גוברין** וימחון חד לחבריה באבנא EX 21:18
בית ישראל מאתן אלפין **גוברין** וית עקת כל דר ודר DT 34:3
תלתא מלאכין בדמות **גוברין** וקיימין קומוי דאישתלחו GN 18:2
ומקצת אחוי דבר חמשא **גוברין** זבולון דן ונפתלי גד ואשר GN 47:2
למיתב תמן למימר: נפקו **גוברין** זידנין מאולפנא דחכימיא DT 13:14
כנוש לשמי שובעין **גוברין** זכאין מסבי ישראל דידעתא NU 11:16
ואורכתנון במליא **גוברין** חכימין ומרי מנדעא DT 1:15
לאפוקי תרי: זמנו לכון **גוברין** חכימין וסוכלתנין מרעיונהון DT 1:13
פום מימרא דייי כולהון **גוברין** חריפין דמתמנן רישין על בני NU 13:3
עם משה למימר: שלח לך **גוברין** חריפין ויאללון ית ארעא NU 13:2
ואודיק והא דתן ואבירם **גוברין** יהודאין נצן וכד חמא דיזקף EX 2:13
למימר אזדרזו לותכון **גוברין** לחילא ויהון מסדרין סדרי NU 31:3
והוה נסיב וקטיל **גוברין** מדבית דן דלא הוה עננא EX 17:8
בוסמנין תמן הוו קיימין **גוברין** מן דבית עשו וגוברין מן GN 50:1
דייי וכנש שובעין **גוברין** מסבי ישראל ואקים יתהון NU 11:24
ואכלת ית מאתן וחמשין **גוברין** מסקי קטורת בוסמיא: ומליל NU 16:35
מידעם ויהב על שובעין **גוברין** סביא והוה כד שרת עליהון NU 11:25
עמיא לא יהוון בכון **גוברין** עקרין ונשין עקרן ולא בעירך DT 7:14
אתי ועימיה ארבע מאה **גוברין** פולומרכין ופליג ית בנייא על GN 33:1
לקדמותך וארבע מאה **גוברין** פולומרכין עימיה: ודחיל GN 32:7
תשדרון לחילא: ואתבחרו **גוברין** צדיקין ומסרון נפשהון NU 31:5
כולכון ואמרתון נשדר **גוברין** קדמנא ויתרגנון לנא ית DT 1:22
נמרוד הוא שרי למיהוי **גיבר** בחיטאה ולמרדא קדם ייי GN 10:8
עלמא לא הוה כנמרוד **גיבר** בצידא ומרודא קדם ייי: והוות GN 10:9
קדם ייי בארעא: הוא הוה **גיבר** מרודא קדם ייי בגין כן יתאמר GN 10:9
ומרי מלכין אלקא רבא **גיברא** ודחילא דלית קדמוי מיסב DT 10:17
ותלמי מרביני דענק **גיברא** וחברון שבע שנין אתבניית NU 13:22
למיקם קדם בנוי דעפרון **גיברא**: ותינדעון יומא דין ארום ייי DT 9:2
שמיא ואוף בני עפרון **גיברא** חמינא תמן: ואמרית לכון לא DT 1:28
ואוף מרבנייני דענק **גיברא** חמינא תמן: עמלקאי יתבין NU 13:28
אמרין בני ישראל ייי **גיברא** עביד קרבינן בכל דר ודר EX 15:3
שורהא גליף שמהת **גיברהא** וית שירן ובתר דבנונון קרו NU 32:38
שדא בימא שיפר עולימי **גיברוי** רמא וטמע יתהון בימא דסוף: EX 15:4
ואנת ברור מכל עמא **גיברי** חילא דחליא דייי גוברין EX 18:21
כל דאמר: ובחר משה **גיברי** חילא מכל ישראל ומני יתהון EX 18:25
מתחשבא לחוד היא **גיברי** יתיבו בה מן לקדמין ועמונאי DT 2:20
שמשון בר מנוח ית כל **גיברי** פלישתאי לפרשיא GN 49:17
בישן: ותמן חמינא ית **גיבריא** בני ענק מגניסת גיבריא NU 13:33
דמתנן אישתייר ממותר **גיבריא** דאשתיציין בטובענא הא DT 3:11
גבורתא דייי וימרון הלא **גיבריא** דהוו מלקדמין מרדו במרי GN 14:13
וסגי וחסין הי כגינבריא: **גיבריא** דיתבין במישר גינברי DT 2:11
ית עמלק דקטע רישי **גיבריא** דעמיה על פום מימרא דייי EX 17:13
גיבריא בני ענק מגניסת **גיבריא** והווינא דמיין באנפי נפשנא NU 13:33
מתנן ההוא מתקרי ארע **גיבריא**: ויאיר בר מנשה נסיב ית כל DT 3:13
יהבתה ירותה: ארע **גיבריא** מתחשבא לחוד היא גיברי DT 2:20
ית גברא בר ישראל בבית **גיבריה** וית מדייניתא בבית בהתת NU 25:8

הוה קאים אריה יהודה **גיבריהון** דאחוי ענא ואמר לאחוי GN 50:1
מקביל יתהון וקטע בית **גיבריהון** ושדי לעילא ואתון בית DT 25:18
תהומא רבא והוון בני **גיברייא** משוויין תמן בניהון וסתמין GN 7:11
להון והינון מתקריין **גיברין** דמעלמא אינשי שמהן: וחמא GN 6:4
במשריתא: ואמר לא קל **גיברין** דנצחין בסידרי קרבא ולא EX 32:18
ליהושע בחר לנא גוברין **גיברין** ותקיפין בפיקודיא ונצחני EX 17:9
דיליה: וארום ינגוף תור **דגבר** ית תורא דחבריה וימות EX 21:35
ולאתבא כספיהון **דגבר** לגו דישקיה ולמיתן להון GN 42:25
לרישיה דיוסף ולקדקדיה **דגברא** דהוה רב ושליט בארעא DT 33:16
לריש יוסף ולקדקדיה **דגברא** דהוה רב ושליט במצרים GN 49:26
לי במימר מן קדם ייי **דגובריא** דבעו למקטלי נחתו EX 10:29
חקלין וכרמין העיניהון **דגובריא** האינון דבארעא ההיא NU 16:14
ארום צולקת כואה היא: **וגבר** או איתא ארום יהי ביה LV 13:29
דכי הוא וידכיניה כהנא: **וגבר** או איתא ארום יהי במשך LV 13:38
מטול למהוי פלחין קדמי: **וגבר** או איתתא ארום יהי בהון LV 20:27
קדם ייי וידכי מן דוויה: **וגבר** ארום אישתלי ויפוק מיניה LV 15:16
כסף ויתוב לאחסנתיה: **וגבר** ארום יזבון בית מותבא LV 25:29
הוא סגי במשכא דכי הוא: **וגבר** ארום ייתר שיער רישיה קרוח LV 13:40
חומש דמיה על עלוייה: **וגבר** ארום יקדש ית ביתיה קודשא LV 27:14
שמא דמייחד יתקטיל: **וגבר** ארום יקטיל כל נפשתיה דבר LV 24:17
ארום לא לרעוא יהי לכון: **וגבר** ארום יקרב ניכסת קודשיא LV 22:21
עמר וכיתן לא יסוק עלך: **וגבר** ארום ישכוב עם איתא LV 19:20
נפשא חלף נפשא: **וגבר** ארום יתן מומא בחבריה LV 24:19
ליה ויפרוק ית זביני אחוי: **וגבר** ארום לא יהי ליה מן דחמי LV 25:26
ואימיה לט קטלא חייב: **וגבר** די יגור ית איתת גבר מארסא LV 20:10
יסופון דלא וולד ימותון: **וגבר** די יסב ית איתת אחוי בחייוי LV 20:21
למיתב עלוי יהי מסאב: **וגבר** די יקרב במשכביה יצבע LV 15:5
חייבין באטלות אבנין: **וגבר** די ישמיש עם כלתיה LV 20:12
דין קטול חייבין: **וגבר** די ישמש עם אחתיה ברת LV 20:17
אבנין גיורא וגיורתא: **וגבר** די ישמש עם איתת אבוי בין LV 20:11
יקבלון במותנא יסופון: **וגבר** די ישמש עם איתת אחבוי LV 20:20
אחתי בזי חוביה יקבל: **וגבר** די ישמש עם איתתא דוותא LV 20:18
חייבין באטלות אבנין: **וגבר** די ישמש עם דכורא תשמישין LV 20:13
במיא וידכי ברמשא: **וגבר** דיסתאב ולא ידי עלוי NU 19:20
ולא תהי זנו ביניכון: **וגבר** דיתן תשמישיה בבעירא LV 20:15
פרקיה ויתקטל בקרבא **וגבר** חורן יחליניה: ומן גברא דקדיש DT 20:6
ויתקטל בקרבא **וגבר** חורן יסבינה: ויוספון סרכיא DT 20:7
חובא ויתקטל בקרבא **וגבר** חורן ישכלליניה: ומן גברא DT 20:5
דפריק: איתא תקדש **וגבר** חורן ישמש עימה ביתא תיבנון DT 28:30
ביניכון לא ייכלון אדמא: **וגבר** טלי או גבר סיב מבית גניסת LV 17:13
בר נשא ההוא מעמיה: **וגבר** טלי וגבר סיב מבית גניסת LV 17:10
וכל חילוניי לא ייכול ביה: **וגבר** ישראל ארום ייכול קודשא LV 22:14
אפילו גבר ית אחוי **וגבר** ית חבריה ואינש ית קריביה: EX 32:27
לכהנא דיליה יהון: **וגבר** ית מעשר קודשוי דיליה יהון NU 5:10
למיחמי לחדא בתולתא **וגבר** לא ידעה במשכבה ונחתת GN 24:16
לא תשמש עם אבהא **וגבר** לא ישמיש עם אימיה אימך LV 18:7
ותתובון גבר לאחסנתיה **וגבר** לייחוסיה תתובון: יובלא היא LV 25:10
לזעירתא אבונא סיב **וגבר** לית בארעא למיעל עלנא GN 19:31
מקדישכון: ארום גבר טלי **וגבר** סיב דיילוט ית אבוי וית LV 20:9
צדיקייא אנא ייי: גבר טלי **וגבר** סיב לכל קריבת בישריה לא LV 18:6
ולהון תימר גבר גבר טלי **וגבר** סיב מבית גניסת ישראל ומן LV 17:8
ההוא מעמיה: וגבר טלי **וגבר** סיב מבית גניסת ישראל ומן LV 17:10
גבר על בית משרוי **וגבר** על טקסיה לחיליהון: וליואי NU 1:52
בר איתתא בת ישראל **וגברא** בר ישראל דמן שיבטא דדן: LV 24:10
משכוניה: בשוקא תקום **וגברא** דאנת מוזיף ביה יפיק לך ית DT 24:11
יידכון ויקרבון יתיה: **וגברא** דהוא דכי ובאורח עלמא לא NU 9:13
לכון ימינא ושמאלא: **וגברא** דיעבד בזדנותא בדיל דלא DT 17:12
למימלי ומלת לכל גמלוי: **וגברא** הוה ממתין לה ושתיק GN 24:21
והפך איתתא מלרע **וגברא** מלעיל דיחמון כל בית NU 25:8
מליל ושמיע קדם ייי: **וגברא** משה ענוותן בדעתיה לחדא NU 12:3
דיוסף דמליל: צפרא נהר **וגברייא** איתפטרו הינון וחמריהון: GN 44:3
יתה ארום מיכל ניכול לה: **וגובריא** דסליקו עימיה אמרו לא NU 13:31
הדין יסופון ותמן ימותון: **וגובריא** די שדר משה לאללא ית NU 14:36
ולאימא: ואכלו ושתו הוא **וגובריא** דעימיה ובתו וקמו בצפרא GN 24:54
דכנען אתו לוותי: **וגובריא** רעיין רעאן ארום גוברי GN 46:32
גוברין מן דבית עשו **וגוברין** מן דבית ישמעאל תמן הוה GN 50:1
דוביה לדכר או לנוקבא **ולגבר** די ישמש עם מסאבתה כל LV 15:33
קודשי אשייר בהון קליל **כגבר** דחציד חיקליה ומשייר אמנא DT 32:26
והוה פתגמא כתימהא **כגבר** מגחיך בעיני חתנוי: וכאשון GN 19:14
אנת קטל ית עמא הדין **כגברא** חד ויימרון עממיא דישמעו NU 14:15
בניא במעהא הי **כגיברין** עבדי קרבא ואמרת אם GN 25:22
בה עם רב וסגי וחסין הי **כגינבריא**: גיבריא דיתבין במישר DT 2:10
עם חסין וגיוותן הי **כגינבריא** דאתון ידעתון ואתון DT 9:2
מתחשבן אוף הינון הי **כגינבריא** דאתמחייו בטובענא DT 2:11

עמא רבא וחסינא הי **כגינבריא** ושיצינון מימרא דייי מן DT 2:21
יתיה ויפרוק יתה אבוהא **לגבר** אוחרן לית ליה רשו לזבונא EX 21:8
יתה לך מן דאיתן יתה **לגבר** אוחרן תיב עימי: ופלח יעקב GN 29:19
חזיא בכירותא: ארום יהי **לגבר** ביר סורהבן ומרוד דליתוי DT 21:18
זבינוי ויתיב ית מותרא **לגבר** דזבין ליה ויתוב לאחסנתיה: LV 25:27
חילמיה ולא הוה אפשר **לגבר** די יפשר יתיה ארום מן קדם GN 41:8
על גב מדבחא לית רשו **לגבר** דייכול מיניה הלא אישתא NU 28:2
הדין למיתן ית אחתן **לגבר** דלא עורלתא ארום גנותא GN 34:14
דאנסת והיא מיבעלא **לגבר**: ואבימלך לא קריב לגבה GN 20:3
בתולתא מיקדשא **לגבר** וישכחינה גבר חורן בקרתא DT 22:23
ואין אתנסבא אתניסיבת **לגבר** ונידרהא עלהא או פירוש NU 30:7
מבייתיה ותהך ותהי **לגבר** חורן: ואכריזו עלה מן שמייא DT 24:2
חקלא ואין זבין ית חקלא **לגבר** חורן לא יתפריק תוב: ויהי LV 27:20
שכיבא הפקירא בשוקא **לגבר** חילונאי יבמה יעול עלה DT 25:5
כהין ארום תהי מתנסבא **לגבר** חילוניי היא באפרשות LV 22:12
אמתא וחרתא מתארסא **לגבר** חרי ומתפרקא כולה עד כדון LV 19:20
ביה ומאן דהיא מיבעלא **לגבר** יתעבדון אפהא מוריקן ומאן NU 31:18
ומדאיתניסיבת **לגבר** יתקיימון: ואין בתר NU 30:7
כדון לא הות מיבעלא **לגבר** לה יסתאב: לא יסתאב בעלא LV 21:3
דהיכמא דאית איפשר **לגבר** למימני ית עפרא דארעא אף GN 13:16
ליה: ואין לית אית **לגבר** פריק לאתבא חובתא ליה NU 5:8
דתן מאן הוא דמני יתך **לגבר** רב ודיין עלנא הלא למיקטלי EX 2:14
עימה: ארום תהווין **לגבר** תרתין נשין חדא רחימתא DT 21:15
לאורחא: לכולהון יהב **לגברא** אסטולי ולבוש ולבנימין יהב GN 45:22
נוכראי דאיזדבן לעבד **לגברא** בר ישראל זבין כספא EX 12:44
והבו במניכון ואחיתו **לגברא** דורונא קליל שרף קטף GN 43:11
כדין חמי לאתעובדא **לגברא** דלא יבני ית ביתא דאחוי: DT 25:9
אבאשתון לי לחוואה **לגברא** דעד כדון אית לכון אחא: GN 43:6
ית ברתי קדישית **לגברא** הדין ומן בתר דשמיש עימה DT 22:16
דייי אדם קטל יתחשב **לגברא** ההוא ותהי ליה כאילו אדם LV 17:4
מלאכייא דהוו מדמיין **לגברייא** דין דבשר ית שרה סליק GN 18:16
עלוי: ואמר אלעזר כהנא **לגוברי** חילא דאתו מן סדרי קרבא NU 31:21
כדתקין קומיכון לחוד **לגובריא** האילין לא תעבדון מידעם GN 19:8
ומשבחן ומודן ותייבן **לגובריהון** וילדן בנין צדיקין בזמן EX 38:8
נשיא למיתן תכשיטיהון **לגובריהון** ומן יד פריקו כל עמא ית EX 32:3
תרין מלאכיא דדמיין **לגובריא** ואזלו לסדום ואברהם עד GN 18:22
תשהון למסבא בנתיכון **לגוברין** סמיך לפירקיהן דלא יטעיין LV 19:29
חמי למיקרי איתא ארום **מגבר** איתניסיבת דא: בגין כן ישבוק GN 2:23
ואיתתא דמיפטרא בין **מגברא** בין מן יבמה לא יסבון ארום LV 21:7
לא תקבלון מילי שיקרא **מגברא** דיכול קורצין בחבריה קדמך EX 23:1
נפקין בידא מרממא **מתגברין** על מצראי: ורדפו מצראי EX 14:8

גבר (5)

בית ישראל: כנחלין דמיין **דמתגברין** כן הינון בית ישראל NU 24:6
כד זקיף משה ידוי בצלו **ומתגברין** דבית ישראל וכד הוה EX 17:11
הוה מנח ידוי מן למצליא **ומתגברין** דבית עמלק: וידוי דמשה EX 17:11
יתבין עדדין עדדין **מתגברין** באולפן אורייתא והי כגנין NU 24:6
דעלון לגווה נחלין מוחין **מתגברין** ולא יכילת למסובלא GN 49:4

גדד (1)

אתון קדם ייי אלקכון לא **תגודון** בישריכון ולא תשוון כליל DT 14:1

גדי (9)

אימרא תחותוי לעלתא **גדי** בר עיזי איתבחר תחותוי בגין LV 22:27
מדכר זכות שלימא דעבד **גדיי** בר עיזי תבשילין ואייביל LV 22:27
עינא וסב לי מתמן תרי **גדיי** עזין שמינין חד לשום פיסחא GN 27:9
לאימר בר אימרי או בני **גדייא**: כחושבן תורי ואימרי וגדיי NU 15:11
חד יחוב בשלו ויקרב **גדיתא** בר שתא דלא עירובין NU 15:27
ברא זעירא: וית משכי **דגדיי** בני עיזי אלבישת על ידוי ועל GN 27:16
בני דענין שמינין ממתנן **וגדאין** אמר משה נביא אין נטרין DT 32:14
רחילין ולא בני מסאבין **וגדיי** בני עיזין ולא עירובי טמיין: DT 14:4
כחושבן תורי ואימרי **וגדיי** דתעבדון קרבנא הכדין NU 15:12

גדירא (5)

דאשמא ויתין כהנא על **גדירא** מיצעא דאודנא דמידכי LV 14:14
אדמא דאשמא ויתין על **גדירא** מיצעא דאודנא דמידכי LV 14:25
ממשחא דעל ידיה על **גדירא** מיצעא דאודנא דמידכי LV 14:28
ויהב משה מן אדמא על **גדירא** מיצעא דאודניהון ימינא ועל LV 8:24
אודנא דאהרן דהוא **גדירא** מציעאה דאודן ימיניה ועל LV 8:23

גדיש (1)

נור ותשכח כובין ותגמר **גדיש** או מידעם דקאי או חקיל EX 22:5

גדע (2)

מתרככין טעוות אבנא **מתגדעין** טעוות פחרא מתעבדין EX 12:12
מתרככין טעוות אבנא **מתגדעין** טעוות פחרא מתעבדין NU 33:4

גדפא (9)

קיטמא: ויתלע יתיה **בגדפוי** ולא יפריש גדפוי מיניה LV 1:17
כל קבל רישיהום מטללין **בגדפיהון** על כפורתא ואפיהון חד EX 25:20
רישיהון לעילא מטללין **בגדפיהון** על כפורתא ואפיהון חד EX 37:9

דכיין וית כל עוף דטייס **בגדפין** לזנוהי זני דכיין וזני דלא GN 1:21
יתיה בגדפוי ולא יפריש **גדפוי** מיניה ויסיק יתיה כהנא LV 1:17
והיכמא דנישרא פריס **גדפוי** על בנוי וטעין יתהון וסביל DT 32:11
יתכון על ענגין הי כעל **גדפי** נשרין מן פילוסין ואובילית EX 19:4
והוון כרוביא פריסין **גדפיהון** בהדי רישיהון לעילא EX 37:9
ויהון כרוביא פריסו **גדפיהון** לעילא כל קבל רישיהום EX 25:20

גדש (1)

במתקלא ובמכילתא **בגדישותא** ובמחקא: מודנוון LV 19:35

גו (224)

תיתן להון ירתו ואחסנא **בגו** אחי אבוהן ותעבר ית אחסנת NU 27:7
כביר הב לן אחסנא **בגו** אחי אבונן: דין חד מן ארבעא NU 27:4
לא יעדון מיניה: ותיתן **בגו** ארונא ית לוחי סהדותא דאיתן EX 25:16
ייי אלקי למעבד היכנא **בגו** ארעא דאתון עלין לתמן DT 4:5
ארום אנא ייי שליט **בגו** ארעא: ואישוי פורקן לעמי ועל EX 8:18
ברך יוסף יתקפון לסגי **בגו** ארעא: וחמא יוסף ארום משוי GN 48:16
דנן תרתין שנין כפנא **בגו** ארעא ועד חמש שנין דלא רדיין GN 45:6
תלת קירוין תפרשון לכון **בגו** ארעכון דייי אלקכון יהיב לכון DT 19:2
קבורתא: ועפרן יתיב **בגו** בני חיתאה ואתיב עפרן חיתאה GN 23:10
איתיהיבת להון אחסנא **בגו** בני ישראל: אילין סכומי משה NU 26:62
שמא דקודשי ואתקדש **בגו** בני ישראל אנא ייי מקדשכון: LV 22:32
ולעילא ארום לא אתמניו **בגו** בני ישראל ארום לא איתיהיבת NU 26:62
ובישריה ייכלון דכיין **בגו** בני ישראל: דין הוא חד מארבעה NU 9:7
וליואי לא אתמניין **בגו** בני ישראל היכמא דפקד ייי ית NU 2:33
קדמוי: ואשרי שכינתי **בגו** בני ישראל ואהוי להון לאלקא: EX 29:45
וית חושבנהון לא תקבל **בגו** בני ישראל: ואנת מני ית ליואי NU 1:49
ליואי היא אחסנתהון **בגו** בני ישראל: וברם חקיל פרוילי LV 25:33
ואתעברת וילידת בר **בגו** בני ישראל וכד הוון ישראל LV 24:10
אנא חלקך ואחסנתך **בגו** בני ישראל: ולבנוי דלוי הא NU 18:20
הוא ייי דשכינתי שריא **בגו** בני ישראל: וקריבו לבי דינא NU 35:34
ואנחנא נזדרז מבעין **בגו** בני ישראל עד דנעילינון NU 32:17
ותהי איתתא ללווטא **בגו** בני עמה ברם לגיורא בדקין מיא NU 5:27
ייי יתיך ללוט ולממומי **בגו** בני עמיך בדיתן ייי ית ירכוניך NU 5:21
ברדא ואישתא מתקפצא **בגו** ברדא תקיף לחדא דלא הוה EX 9:24
נהרא וחמת ית תיבותא **בגו** גומייא ואושיטת ית גרמידא EX 2:5
ופטימן בישרא ורעיין **בגו** גומייא: והא שבע תורתי חורניין GN 41:2
ושפירן למיחמי ורעיין **בגו** גומייא: והא שבע תורתי חורניין GN 41:18
בגוה ית טלייא ושויתיה **בגו** גומייא על גיף נהרא: ואיתעתדת EX 2:3
אפקיה מן גובא ועל משה **בגו** גינוניתא דרעואל והוה מודי EX 2:21
מוי מן כיפא והוה דעיץ **בגו** גינוניתא ומן יד אושיט ידיה EX 2:21
חד מכוונן ציטר חד **בגו** חד הכדין תעביד לכל לוחי EX 26:17
ידך בחובך ואעל ידיה **בגו** חוביה והנפקא והא ידיה EX 4:6
אנחנא מפרכין פירוכין **בגו** חקלא והא קמת פורכתי ואוף GN 37:7
ובזעהו ויעלון בני ישראל **בגו** ימא ביבשתא: ואנא הא אנא EX 14:16
דיעקב: ועלו בני ישראל **בגו** ימא ביבשתא ומיא קרשון הי EX 14:22
ועלים ייי ית מצראי **בגו** ימא דלא ימותון במיצעיה מן EX 14:27
דייי למצרים באילפיא **בגו** ימא דסוף באורחא דעברתון DT 28:68
ישראל הליכו ביבשתא **בגו** ימא ומיא להון הי כשורין EX 14:29
מפירוקי חירתא ועברו **בגו** ימא ונפקו מן ימא ואזלו על כיף NU 33:8
ישראל הליכו ביבשתא **בגו** ימא ותמן סלקון עיניוון בסימן EX 15:19
כל בירייתא דהוון עימהון **בגו** כל ישראל: ארום בעיניכון אתון DT 11:6
ואבדר שיבטא דלוי **בגו** כלהון שבטיא דישראל: יהודה GN 49:7
במדברא והוא לא הוה **בגו** כנישתא דמתרעמין ודאיזדמנו NU 27:3
נגרא מציעאה לשלבשא **בגו** לוחיא מן סייפי לסייפי מן EX 36:33
מערבא: ונגרא מציעאה **בגו** לוחייא משלביש מן סייפי EX 26:28
ברם די יקרב בנבילתהון **בגו** מיא האיליין יהי מסאב: וארום LV 11:36
כשעתא דא אנא מתגלי **בגו** מצראי: וימות כל בוכרא בארעא EX 11:4
וית עובדוי דעבד **בגו** מצרים לפרעה מלכא דמצרים DT 11:3
זימנא משירית ליואי **בגו** משירייתא ובית משרוייהון NU 2:17
נון הוה טלי לא הוה זייע **בגו** משכניה: ואמר משה קדם ייי EX 33:11
חמרא ורבי ואיתערטל **בגו** משכניה: וחמא חם אבוי דכנען GN 9:21
זימנא דשרי עמהון **בגו** סאובתהון: וכל אינש לא יהי LV 16:16
חד מכוונן סטר חד **בגו** סטר חד הכדין עבד לכל לוחי EX 36:22
ייי הוא דאיתגליתי עלך **בגו** סנייא ואמרית לך אנא ייי: EX 6:2
וית ריש רב נחתומייא **בגו** עבדוי: ואתיב ית רב מזוגייא על GN 40:20
דעל לגו מערתא ואיתנח **בגו** עיטפיה דיצחק אבוי וגופיה GN 50:13
הוא ייי דשכינתך שריא **בגו** עמא הדין דבעיניהון חמון NU 14:14
תשווי חובת אדם זכאי **בגו** עמך ישראל וגלי מן קטליה DT 21:8
בני ישראל: ואעל משה **בגו** עננא וסליק לטוורא והוה משה EX 24:18
קפו עליהון תהומיא **בגו** פילגוס דימא רבא: דהוה אמר EX 15:8
בארעא דישראל **בגו** קיטוני מדמיכיהון איגרי בהון DT 32:25
בסדום חמשין זכאין **בגו** קרתא דיצלון קדמי ואשבוק GN 18:26
מאים אית חמשין זכאין **בגו** קרתא דיצלון קדמך עשרא לכל GN 18:24
יימר תוב ייי שרי ביקרך **בגו** ריבוות אלפייא דישראל וביה NU 2:25
בשינוק סודרא אקושא **בגו** רכיכא ועל מארסא באטלות LV 20:10
בעא למפרוס משכניה **בגו** שיבטא בני דדן ולא שבקוה מן LV 24:10
דחשבון לאעברתונא **בגו** תחומיה ארום אקשי ייי אלקך DT 2:30
יתהון שזרין למעבד **בגו** תיכלא וארגוונא ובגו צבע זהורי EX 39:3
בחמשת קיטרין ארבעא **בגו** תלתא על ארבעת אנפי גוליהון NU 15:38
לארבעתי חוטין ואעלת **בגוא** אפיהון ואוקידת ית נשמתהון LV 10:2
בגלוסקמא ושקעון יתיה **בגוא** נילוס דמצרים: ואילין שמהת GN 50:26
ובזו ית קרתא דסאיבו **בגוה** אחתהון: ית ענהום וית GN 34:27
בה דשכינתי שריא **בגוה** ארום אנא הוא ייי דשכינתי NU 35:34
קרתא דבחוזרנהא כנש **בגוה**:: וליוסף איתילידו תרין בנין עד GN 41:48
מתרין סיטרין אתקין **בגוה** זיקוקין דנור וגומרין דאישתא GN 3:24
בחימרא וזיפתא ושוויית **בגוה** ית טלייא ושויתיה בגו גומייא EX 2:3
רתיתא אתמסי לבהון **בגווהון** כל עמודי דיירי ארעהון EX 15:15
רמשא: ומאן דפחר דיקרב **בגוויה** דובנא יתבר וכל מאן דקיסא LV 15:12
ואדמא דכר ונוקבא **בגוונהון** ברא יתהון: ובריך יתהון GN 1:27
מרביעתא דאיתברייו **בגווני** בני נשא דכר ונוקבא ועיינין EX 14:2
עם מיא קדמאי דהוון **בגויה** אבירוי ופרבירוי כרכוי NU 34:6
ונקריה וטמע רישיה **בגויה** בעא למשלפיה מן רישיה ולא NU 21:35
צדיקיא דכתבתא שמי **בגויה**: ואמר ייי למשה לא חמי EX 32:32
בנורא ועאל סטנא **בגויה** ונפק מיניה דמות עיגלא הדין: EX 32:24
פוריינא וקטר ליה גננא **בגויה** זמין ליה שושביני אפא פיתיה DT 32:50
מנהון לגויה כל מאן די **בגויה** יהי מסאב ויתיה תתברון: LV 11:33
קדמוי וסטנא הוה **בגויה** מטפז ומשוור קדם עמא ומן EX 32:19
דשבע חורפן ואתקין **בגויה** מיכלא ומשקיא לעבוריא GN 21:33
כרעא כף מודנא דטלייא **בגויה** מן יד שדר וקרא לכל חרשי EX 1:15
ית ארונא דגרמיה יוסף **בגויה** מן נילוס והוה מידבר עימיה EX 13:19
ידיה לחוביה והנפקה ומן **גו** חוביה תבת למיהוי ברייא הי EX 4:7
הי כאפרשות עיבורא מן **גוא** אידרא והי כאפרשות חמרא NU 18:30
חד וחד והיך הוו נפקין מן **גוא** בעוריא וית קל שופרא היך הוה EX 20:18
וקרא משה ליהושע מן **גוא** עמא ואמר ליה למיחמהון דכל DT 31:7
יתהון במדי ובעילם מן **גוא** שביית בבל אעיקו להון דבית DT 32:24
כל תרבא דחפא על בני **גווא** וית דמשתאר על חצר כבדא EX 29:13
וית תרבא דחפי ית בני **גווא** וית דמשתאר על חצר כבדא EX 29:22
ית כל תרבא דעל בני **גווא** וית חצר כבדא וית תרתין LV 8:16
וית כל תרבא דעל בני **גווא** וית חצר כבדא וית תרתין LV 8:25
פסגויא וית תרבא: וית בני **גווא** וית ריגלאה חליל במוי ואסיק LV 8:21
על מדבחא: וחליל ית בני **גווא** וית ריגלייא ואסיק על עלתא LV 9:14
וית תרבי דחפי ית בני **גווא**: וית תרתין כוליין וית תרבא LV 7:3
דיכרא אליתא ודחפי בני **גווא** וכולייתא וחצר כבדא: ושויין LV 9:19
מן אדמון לות קודשא **גוואה** מיכל תיכלון יתה בקודשא LV 10:18
ותסדר על פתורא לחמא **גוואה** קדמי תדירא: ותעביד מנרתא EX 25:30
מקילופין ועד זוגין **גוואין** דענבא לא ייכול: כל יומי נדר NU 6:4
רישיה ועל ריגלוי ועל בני **גוויה** ורעייה: ויפיק ית כל תורא LV 4:11
לפסגוי ותחליל בני **גווייה** וכרעוי ותסדר אל איברוי ועל EX 29:17
הוון עזלו ית מעזיא על **גווייתהון** ומנפסן יתהין כד הינין EX 35:26
ליליוון ואישצי ית כל **גווית** אינש ובעיר ארעא: ועבד נח GN 7:4
מיתו: ושיצי ית כל **גווית** אינש ובעיר דעל אנפי ארעא GN 7:23
או לאיטבא לכל **גוון** דיפרש אינשא לדהווה LV 5:4
הוא: ודא תהי סאובתיה **גוון** חיוור בדוויה חריר בישריה ית LV 15:3
רישיה עם ריגלוי ועם בני **גויה**: ולא תשיירון מיניה עד צפרא EX 12:9
בשמאלה ותישוע יתה מן **גיו** ומברא בחימרא:: איזל לפישון GN 6:14
בגין כן אמרית להון **דבגו** בני ישראל לא יחסנון אחסנא: NU 18:24
בגין זכוות חמשין זכאין **דבגווה**: חולין הוא לך למעבד GN 18:24
ביה בדיל למיכול מה **דבגויה**: כל כנישתא דישראל EX 12:46
היא במרעין וכל עמה **דגווה** גברא מרי מיכלן בישן: ותמן NU 13:32
טפליכון ונשיכון וגיוריכון **דיבגו** משרוייכון מקטועי קיסיכון DT 29:10
ניסוי ומחוזוי ספינתיה **ואלגוותיה** דין יהוי לכון תחום NU 34:6
על ארונא מלעילא **ובגו** ארונא תיתן ית לוחי סהדותא EX 25:21
וארגוונא ובגו צבע זהורי **ובגו** בוצא עובד אומן: כתפין עבדו EX 39:3
קיים עלם לדריכון **ובגו** בני ישראל לא יחסנון אחסנא: NU 18:23
זנו בנשיא יעביד באילין **ובגו** פיתגמא הדין נקום ונגיח GN 33:2
בגו תיכלא וארגוונא **ובגו** צבע זהורי ובגו בוצא עובד EX 39:3
יהי מגין עלוי כל יומיא **ובגו** תחומיה שכינתא שריא: DT 33:12
לכל פיתגם מדבחא **ולמגיו** לפרגודא ותפלחון לפום NU 18:7
דסובתא דמפמיה **ומגויה** ולא מגביה: וכל מאן דמקרב NU 19:15
לא חכימתיה ותכנשיניה **לגו** בייתך ויהי מתפרנס גבך עד זמן DT 22:2
כנש ית עבדוי וית גיתוי **לגו** ביתא: ובלעם דלא שוי ליביה EX 9:20
לכון לאינתו: ותעליניה **לגו** ביתך ותספר ית מזייא דרישא DT 21:12
ולאתבא כספיהון דגבר **לגו** דישקיה ולמיתן להון זוודיין GN 42:25
ית בנוי וכנש ריגלוי **לגו** דרגשא ואיתנגיד ואיתכניש GN 49:33
פרעה רתיכוי ופרשוי **לגו** ימא: והוות במטרת צפרא בעדנא EX 14:23
דאישתני בזהורי ויטלוק **לגו** יקידתא דתורתא ויסגי NU 19:6
ויתן עלוי מי מבוע **לגו** מאן דפחר: ויסב איזובא תלתא NU 19:17
שמא רבא ויקירא וטלק **לגו** מיא ואיתחלון מיא תמן שוי EX 15:25
מתגלגל ואזיל עד דעל **לגו** מערתא ואיתנח בגו עיטפיה GN 50:13

פישון מגינוניתא דעדן **לגוא** גיחון וגיחון דברינון לימא EX 14:9
הוה כרכא דשכם כד עלון **לגוה** למחרבה ברוגזיהון דתקיף GN 49:7
ית מה דאתון מעלין **לגווה** ואילן דאנפי ברא יקלח פירוי: LV 26:20
דאמוראי בעידן די עלתון **לגווה** וקמית וסייעית יתכון בסייפי GN 48:22
לך לגינא קלילא דעלון **לגווה** נחלין מוחין מתגברין ולא GN 49:4
ומאן דפחר דיפיל מנהון **לגויה** כל מאן די בגויה יהי מסאב LV 11:33
מן דינא הוא דלא איעול **לגויה** עד זמן די יתמלל עמי מן LV 1:1
דלעברא דאפודא **לגיו:** ועבדו תרתין עיזקן דדהב EX 39:19
דלעברא לאפודא **לגיו:** ותעביד תרתין עיזקן דדהב EX 28:26
מתמן ואשרינון מן **לגיו** לנהר סמבטיון ובהינון פרישן EX 34:10
בוסמין כתישין ויעיל מן **לגיו** לפרגודא: ויתן ית קטורת LV 16:12
בכל עידן לקודשא מן **לגיו** לפרגודא לקדם כפורתא ארום LV 16:2
סדרוי תרין סדרי לחמא **מאה** שית עגולין בסידרא כל קבל EX 40:4
חולק חד יפוק ליה **מגו** אחסנת בני יהודה וחולק חד GN 49:7
וית קל מימריה שמענא **מגו** אישתא יומא הדין חמינא ארום DT 5:24
קדם ייי: ותפרש ית ליואי **מגו** בני ישראל ויהון משמשין קדמי NU 8:14
למימר: קריב ית ליואי **מגו** בני ישראל ותדכי יתהון: וכדין NU 8:6
מפרשין הינון קדמי **מגו** בני ישראל חולף פתח כל וולדא NU 8:16
הא קריבית ית ליואי **מגו** בני ישראל חלף כל בוכריא NU 3:12
יהיבין לאהרן ולבנוי **מגו** בני ישראל למפלח ית פולחן NU 8:19
אחוך וית בנוי עימיה **מגו** בני ישראל לשמשא קדמי אהרן EX 28:1
קבילו ית חושבן בני קהת **מגו** בני לוי לגניסתהון לבית NU 4:2
אנא הוא ייי ואפיק יתכון **מגו** דחוק פולחן מצראי ואישיזיב EX 6:6
ייי אלהכון דאנפיק יתכון **מגו** דחוק פולחן מצראי: ואעיל EX 6:7
דאברהם ושלח ית לוט **מגו** הפיכתא כד הפך ית קירווייא די GN 19:29
אהרן למימר: איתפרשו **מגו** כנישתא הדא ואישיצי יתהון NU 16:21
ית שיבטא דגניסת קהת **מגו** ליואי: ודא תקנתא עיבידו להון NU 4:18
חדא שבע זימנין: ויפקון **מגו** סידורא ויוקד כהן אוחרן ית NU 19:5
למיחמי וקרא ליה ייי **מגו** סניא ואמר משה משה ואמר EX 3:4
דייי ליה בלהבי אישתא **מגו** סניא וחמא והא סנייא מטריב EX 3:2
לירחא דאדר אתכניש **מגו** עלמא ברא קלא נפלת מן DT 34:5
למובדא ולמישתציה **מגו** עלמא הלא יהבית רוח קדשי GN 6:3
בתר פולחנא נוכראה **מגו** עמהון: ובר נש דיסטי בתר LV 20:5
תרויהון במותנא **מגו** עמהן: ועריית אחת אמך ואחת LV 20:18
עציב וכן אמר קומו פוקו **מגו** עמי אוף אתון אוף בני ישראל EX 12:31
ההוא ואישצי יתיה **מגו** עמיה ארום מזרעיה יהב LV 20:3
וישתיצי בר נשא ההוא **מגו** עמיה: ארום על פיתגמא NU 15:30
כל אדמא ואשצי יתיה **מגו** עמיה: ארום קיום נפש כל LV 17:10
וישתיצי בר נשא ההוא **מגו** עמיה: ובזמן מחצדכון ית חצדא LV 19:8
הדין וישתיצי במותנא **מגו** עמיה: וכל בר נש דיעבד כל LV 23:29
ואישצי יתיה במותנא **מגו** עמיה: ותתקדשון ותהון קדישין LV 20:6
ית בר נשא ההוא במותנא **מגו** עמיה: כל עיבידת פולחנא לא LV 23:30
וישתצי בר נשא ההוא **מגו** עמיה: מן בגלל דיתון בני ישראל LV 17:4
נפשתא דיעבדן הכדין **מגו** עממין: ותיטרון ית מטרת LV 18:29
עליהון ארעא ואובדו **מגו** קהלא: וכל ישראל די NU 16:33
קימא דייי ומשה לא זזו **מגוא** משריתא: ונחת עמלקאה NU 14:44
ואעדי מחת מרירתא **מגווך:** לא תהי תכלא ועקרא בארעך EX 23:25
מסאב: וית ביתא יקלפון **מגויה** חזור חזור ויטלקון ית עפרא LV 14:41
רומיה: וחפייה דהב דכיה **מגיו** ומברא ועבד ליה דיר דדהב EX 37:2
ותחפי יתיה דהב דכיה **מגיו** ומברא תחפיניה ותעביד עלוי EX 25:11
דייי אלקא קיים דממלל **מיגו** אישא היכמא דשמעתון אתון DT 4:33
מליל ייי עמכון בטוורא **מיגו** אישתא: אנא הוית קאים בין DT 5:4
דמליל ייי עמכון בטוורא **מיגו** אישתא ביום כנישת קהלא: DT 9:10
דמליל ייי עימכון בטוורא **מיגו** אישתא ביומא דאתכנשו DT 10:4
ביומא דמליל ייי עימכון **מיגו** אישתא: הוון זהירין דלא DT 4:15
רבתא ופיתגמוי שמעתון **מיגו** אישתא: וחולף דרחים ית DT 4:36
דמימרא דייי דמישתמע **מיגו** אישתא ולא סליקתון בטורא DT 5:5
דאלק קיים ממלל **מיגו** אישתא כוותנא ואתקיים: DT 5:26
ייי עם קהלכון בטוורא **מיגו** אישתא עננא ואמיטתא קל רב DT 5:22
ומליל ייי עימכון בטורא **מיגו** אישתא קל דבורא אתון DT 4:12
לא פסקין מסכינין **מיגו** ארעא בגין כן אנא מפקידכון DT 15:11
קריבית ית אחוכון ליואי **מיגו** בני ישראל לכון מתנא יהיבין NU 18:6
למא יתמנע שום אבונא **מיגו** גניסתיה ארום לית ליה ביר NU 27:4
דשמעתון ית קל דבירא **מיגו** חשוכא וטוורא דליק באישא DT 5:23
משה למימר: איתפרשו **מיגו** כנישתא הדא ואישצי יתהון NU 17:10
והי כאפרשות חמרא **מיגו** מעצרתא: ותיכלון יתיה אתון NU 18:30
קדם ייי מעשרא **מיגו** מעשרא: ואתחשב לכון NU 18:26
כל דרא גברי מגיחי קרבא **מיגו** משריתא היכמא דקיים ייי DT 2:14
קרב עבדי בימתא לממת **מיגו** משריתא: ומליל ייי עמי למימר: DT 2:16
להון למשצייהון **מיגו** משריתא עד די פסקו: והוה כדי DT 2:15
כיוון דחמנון שתקין קם **מיגו** סנדרי דיליה ונסיב רומחא NU 25:7
חמי לכון למישתיצא **מיגו** עלמא אילולי דדכר לכון זכוות DT 1:1
דמשה נביא למתכנשא **מיגו** עלמא אמר בליביה ליתנא DT 32:1
דיעקב אבונן למתכנשא **מיגו** עלמא הוה מסתפי דילמא אית DT 6:4

ליה אומא בפיצתא **מיגו** עם אוחרי בניסין באתין DT 4:34
למשה ביומא שביעאה **מיגו** עננא: וחיזו זיו יקרא דייי הי EX 24:16
ומן יד נפקין נחיל דמורנין **מיגו** פרתה דעגלתא נגדין ואזלין עד DT 21:8
וישתיצי בר נשא ההוא **מיגו** קהלא ארום ית מקדשא דייי NU 19:20
עלה ולא נובדא זכותה **מיגו** קהלא: וצלי משה ובעא רחמין NU 12:12
כתב ימיניה ואוריתיה **מיגוא** שלהובית אישתא פיקודיא DT 33:2
דשורת דינא ודיעבדון **מלגוו** לשורתא לרשיעין: ואנת ברור EX 18:20
מברא ותזער יתכון **מלגיו** ויצדיין אורחתכון: ואין LV 26:22
פורפיא ותעיל לתמן **מלגיו** לברוגדא ית ארונא דסהדותא EX 26:33
הי כעכינא חזור חזור **מלגיו** ללוחי משכנא וכד הוה EX 26:28
ויעיל ית אדמא דצפירא **מלגיו** לפרגודא ויעביד לאדמיה LV 16:15

גוב (26)

דתב וחמא והא לות יוסף **בגובא** ובזע ית לבושוי: ותב לות GN 37:29
קביעא כל קבל ענך **בגובהא** דרישך מן בגלל דתיהוי EX 13:9
ומפרש על תפילת ידא **בגובהא** דשמאלך ולדוכרן חקיק EX 13:9
יתרגם: וארום יפתח אינש **גוב** או ארום יחפס אינש גוב בשוקא EX 21:33
גוב או ארום יחפס אינש **גוב** בשוקא ולא יכסיניה ונפיל תמן EX 21:33
עמי הא אנא מייתי מחר **גובא** בתחומך: ויחפי ית חזוונא EX 10:4
לא הוה כדין קשיין **גובא** דכוותיה ובתרוי לא עתיד EX 10:14
מסאבין הינון לכון: כל **גובא** דכיא תיכלון: לא תיכלון כל DT 14:20
ונגידו ואסיקו ית יוסף מן **גובא** וזבינו ית יוסף לערבאין GN 37:28
תקיף לחדא ונטל ית **גובא** וטלקיה לימא דסוף לא EX 10:19
על ארעא דמצרים בדיל **גובא** וייסק על ארע דמצרים וישיצי EX 10:12
הוה ורוח קידומא נטל ית **גובא:** וסליק גובא על כל ארעא EX 10:13
עישרתי שנין אפקיה מן **גובא** ועל משה בגו גינוניתא EX 2:21
לימא דסוף לא אישתייר **גובא** חד בכל תחום מצרים ואפילו EX 10:19
דאשתביין והינון בי **גובא** מתמשכנין ביד פרעה ועל EX 12:29
נטל ית גובא: וסליק **גובא** על כל ארעא דמצרים ושרא EX 10:14
ונירמיניה בחד מן **גובייא** ונימר חיתא בישתא GN 37:20
תורא או חמרא: מריה **דגובא** ישלם כסף יתיב למריה דמי EX 21:34
וטלקו יתיה לגובא **וגובא** סריק לית ביה מוי ברם חיוין GN 37:24
יהון לכון: לחוד עינוון **וגובין** בית כנישות מיין נבעין יהי LV 11:36
יוסף למצרים: ותב ראובן **לגובא** ארום לא הוה עמהון GN 37:29
מן צערא דנפשי ונדחי **לגובא** דחבלא וישתכח פסולא GN 22:10
אדם זכאיי טלוקו יתיה **לגובא** הדין דבמדברא ויד דקטולון GN 37:22
ונסבוהי וטלקו יתיה **לגובא** וגובא סריק לית ביה מוי GN 37:24
מן קדם פרעה טלק יתיה **לגובא** והות צפרה ברתיה דבריה EX 2:21
ביני טוורייא למהדור **לגובא** לאסקותיה לאבוי מאים יסב GN 37:29

גובאי (2)

ארום יקרסם יתיה **גובאי:** כרמין תנצבון ותפלחון DT 28:38
מינייא מנהון תיכלון ית **גובאי** ליזניה וית רשונא לזניה וית LV 11:22

גוון (4)

הוה ממילת תלת **גוונין** כל קבל תלת מרגלייתא NU 2:3
הוה ממילת תלת **גוונין** כל קבל תלת מרגלייתא NU 2:10
הוה ממילת תלת **גוונין** כל קבל תלת מרגלייתא NU 2:18
הוה ממילת תלת **גוונין** כל קבל תלת מרגלייתא NU 2:25

גוז (1)

בבכורי תוריכון ולא **תיגוז** בכורי עניכון: קדם ייי אלקכון DT 15:19

גוזל (12)

בכל אילן או על ארעא **גוזלין** או בעיין ואימא רביעא עילוי DT 22:6
ואימא רביעא עילוי **גוזלין** או עילוי בעיין לא תיסב DT 22:6
שפנינין רברבין או תרין **גוזלין** בני יוון וייתי יתהון לקדם ייי LV 15:14
שפנינין רברבין או תרין **גוזלין** בני יוון ותייתי יתהון לות LV 15:29
תרין שפנינין או תרין **גוזלין** בני יוון חד לעלתא וחד LV 12:8
תרין שפנינין או תרין **גוזלין** בני יוון לוות כהנא לתרע NU 6:10
שפנינין רברבין או תרין **גוזלין** בני יוון מה דתספוק ידיה ויהי LV 14:22
שפניניא רברביא או מן **גוזלין** בני יוון מן מה דמספקא ידיה: LV 14:30
שפנינין רברבין או תרין **גוזלין** בני יוניא וייתי ית קורבניה LV 5:11
שפנינין רברבין או תרין **גוזלין** בני יוניא קדם ייי חד LV 5:7
מן רברבין ובני יוניא מן **גוזלין:** ויקרביניה כהנא למדבחא LV 1:14
אימר בר שתיה לעלתא **וגוזל** בר יוון או שפנינא לחטאתא LV 12:6

גוילא (1)

פיתגמי אורייתא הדא על **גוילא** עד די אשלימינון: ופקיד משה DT 31:24

גולמא (1)

וית כרכימישא מניהון לא **גולמיא** ולא פשוטיא: כל מידעם NU 31:22

גולמיש (1)

אוחרן בקעתא דקיסא **דגולמיש** ואיזובא וצבע דאישתני NU 19:6

גולתא (7)

תלתא על ארבעת אנפי **גוליהון** דמתעטפין בהון לדריהון NU 15:38
תקימון עימיה: לא יהוון **גוליין** דציצית ותפילין דהינון DT 22:5
יהי ביה קרח וחברוי עבדו **גוליין** וציצייתהון כולהון דתיכלא NU 16:2
מאדמיה תיכלא לחוטי **גולייתהון** ומן חלא מפקין DT 33:19
הוא ייי אלקכון: ונסיב **גולייתיה** דכולא תיכלא קרח בר NU 16:1
לכון על ארבע כנפי **גולייתכון** דתתעטפון בה בימּמא: DT 22:12

לדריהון ויתנון על אנפא **גוליתהון** שזיר דתיכלא: ויהי לכון NU 15:38

גומא (4)

וחמת ית תיבותא בגו **גומייא** ואושיטת ית גרמידא EX 2:5
ופטימן בישרא ורעיין בגו **גומייא:** והא שבע תורתי חורניין GN 41:2
למיחמי ורעיין בגו **גומייא:** והא שבע תורתי חורניין GN 41:18
ית טלייא ושויתיה בגו **גומייא** על גיף נהרא: ואיתעתדת EX 2:3

גומר (49)

ותלתין סילעין בסילעי **וגומר:** בזיכא חדא מתקלא וגומר: NU 7:25
קרבניה דקריב פיילי **וגומר:** בזיכא חדא מתקלא וגומר: NU 7:31
שדי: קרבניה דקריב פיילי **וגומר:** בזיכא חדא מתקלא וגומר: NU 7:37
קרבניה דקריב פיילי **וגומר:** בזיכא חדא מתקלא וגומר: NU 7:43
קרבניה דקריב פיילי **וגומר:** בזיכא חדא מתקלא וגומר: NU 7:49
צור: קרבניה דקריב פיילי **וגומר:** בזיכא חדא מתקלא וגומר: NU 7:55
קרבניה דקריב פיילי **וגומר:** בזיכא חדא מתקלא וגומר: NU 7:61
שדי: קרבניה דקריב פיילי **וגומר:** בזיכא חדא מתקלא וגומר: NU 7:67
קרבניה דקריב פיילי **וגומר:** בזיכא חדא מתקלא וגומר: NU 7:73
עינן: קרבניה דקריב פיילי **וגומר:** בזיכא חדא מתקלא וגומר: NU 7:79
ולניכסת קודשיא תורין **וגומר:** ביום תריסר יומא קריב רב NU 7:77
ולניכסת קודשיא תורין **וגומר:** ביומא חדסר קריב רב בית NU 7:71
וגומר: ולניכסת קודשיא **וגומר:** ביומא חמישאה קריב רב בית NU 7:35
ולניכסת קודשיא תורין **וגומר:** ביומא עשיראה קריב רב בית NU 7:65
וגומר: ולניכסת קודשיא **וגומר:** ביומא רביעאה קריב רב בית NU 7:29
וגומר: ולניכסת קודשיא **וגומר:** ביומא שביעאה קריב רב בית NU 7:47
וגומר: ולניכסת קודשיא **וגומר:** ביומא שתיתאה קריב רב NU 7:41
ולניכסת קודשיא תורין **וגומר:** ביומא תמינאה קריב רב בית NU 7:53
קודשיא תורין תרין **וגומר:** ביומא תשיעאה קריב רב בית NU 7:59
חד וגומר: צפיר בר עיזין **וגומר:** ולניכסת קודשיא וגומר: NU 7:28
חד וגומר: צפיר בר עיזין **וגומר:** ולניכסת קודשיא וגומר: NU 7:34
חד וגומר: צפיר בר עיזין **וגומר:** ולניכסת קודשיא וגומר: NU 7:40
וגומר: צפיר בר עיזין **וגומר:** ולניכסת קודשיא וגומר: NU 7:46
וגומר: צפיר בר עיזין **וגומר:** ולניכסת קודשיא תורין וגומר: NU 7:52
וגומר: צפיר בר עיזין **וגומר:** ולניכסת קודשיא תורין וגומר: NU 7:64
וגומר: צפיר בר עיזין **וגומר:** ולניכסת קודשיא תורין וגומר: NU 7:70
וגומר: צפיר בר עיזין **וגומר:** ולניכסת קודשיא תורין וגומר: NU 7:76
וגומר: צפיר בר עיזין **וגומר:** ולניכסת קודשיא תורין תרין NU 7:58
וגומר: צפיר בר עיזין **וגומר:** ולניכסת קודשיא תורין תרין NU 7:82
מתקלא וגומר: תורא חד **וגומר:** צפיר בר עיזין וגומר: ולניכסת NU 7:27
מתקלא וגומר: תור חד **וגומר:** צפיר בר עיזין וגומר: ולניכסת NU 7:33
מתקלא וגומר: תור חד **וגומר:** צפיר בר עיזין וגומר: ולניכסת NU 7:39
וגומר: תור חד בר תורין **וגומר:** צפיר בר עיזין וגומר: ולניכסת NU 7:45
וגומר: תור חד בר תורין **וגומר:** צפיר בר עיזין וגומר: ולניכסת NU 7:51
וגומר: תור חד בר תורין **וגומר:** צפיר בר עיזין וגומר: ולניכסת NU 7:57
וגומר: תור חד בר תורין **וגומר:** צפיר בר עיזין וגומר: ולניכסת NU 7:63
וגומר: תור בר תורין **וגומר:** צפיר בר עיזין וגומר: ולניכסת NU 7:69
וגומר: תור בר תורין **וגומר:** צפיר בר עיזין וגומר: ולניכסת NU 7:75
וגומר: תור בר תורין **וגומר:** צפיר בר עיזין וגומר: ולניכסת NU 7:81
בזיכא חדא מתקלא **וגומר:** תור בר תורין וגומר: צפיר בר NU 7:68
בזיכא חדא מתקלא **וגומר:** תור בר תורין וגומר: צפיר בר NU 7:74
בזיכא חדא מתקלא **וגומר:** תור בר תורין וגומר: צפיר בר NU 7:80
בזיכא חדא מתקלא **וגומר:** תור חד בר תורין וגומר: צפיר NU 7:44
בזיכא חדא מתקלא **וגומר:** תור חד בר תורין וגומר: צפיר NU 7:50
בזיכא חדא מתקלא **וגומר:** תור חד בר תורין וגומר: צפיר NU 7:56
בזיכא חדא מתקלא **וגומר:** תור חד בר תורין וגומר: צפיר NU 7:62
בזיכא חדא מתקלא **וגומר:** תור חד וגומר: צפיר בר עיזין NU 7:32
בזיכא חדא מתקלא **וגומר:** תור חד וגומר: צפיר בר עיזין NU 7:38
בזיכא חדא מתקלא **וגומר:** תורא חד וגומר: צפיר בר עיזין NU 7:26

גוס (4)

בכין אמר ליה משה **אגיס** מנדעך וקריב למדבחא ולא LV 9:7
למעבדהון: מטול דלא **יגיס** ליביה יתיר מן אחוי ומטול DT 17:20
מסתכיין כמסכן דמודיק **מגיסא** מידיא: חביל על עמא NU 11:6
דבוצא למכפרא על **מגיסי** רעיוניהון וקמור תעביד עובד EX 28:39

גוף (19)

דחיי והוות נשמתא **בגופא** דאדם לרוח ממללא GN 2:7
שרה שמה: ואברך יתה **בגופה** ואף איתן מינה לה בר GN 17:16
אלקא דשוי רוח נשמתא **בגופי** בני נשא ומיניה מתיהבא NU 16:22
מקרבין ויהון קדישין **בגופיהון:** איתתא מטעיא בזנו LV 21:6
דין לדין וחייבין **בגופיהון** בגילוי עריתא ושדייות GN 13:13
ותתקדשון ותהון קדישין **בגופיכון** מטול דאקבל ברעוא LV 20:7
לפסגוי ית רישיה וית **גופיה** ויסדר כהנא יתהון על קיסין LV 1:12
ית נשמתהון ברם **גופיהון** לא איתחרכו ומיתו קדם ייי: LV 10:2
ליליא חדא וחמית ית **גופיך** דאילו יהבית ית כל דהוה לי GN 20:16
לנא קדם ריבוני אלהין **גופינן** וארען: למא נמות ועינך חמן GN 47:18
בסיפא ית רישך מעילוי **גופך** ויצלוב יתך על קיסא וייכול GN 40:19
סהדין או ימטיניה עד **גופת** דתביר לא ישלים: וארום EX 22:12
על משכבא הוא ברובא **דגופיה** או על מנא דהיא יתבא על LV 15:23
ובאצוותך: ובגופך **ובגופי** עמך ובכל עבדך ישלטון EX 7:29
ובתנורך ובאצוותך: **ובגופך** ובגופי עמך ובכל עבדך EX 7:29
בחילמי והא גופנא קדמי: **ובגופנא** תלתי מצוגיא והיא כדי GN 40:10
בגו עיטפיה דיצחק אבוי **וגופיה** קברו בנוי דעשו בחקל GN 50:13
יקידיא ורדידינון חפיי **לגופה** דמדבח דמן שירויא הוון NU 17:4
אלהין לאינתתא דקריבא **לגופיה** לאימיה ולאבוי ולבריה LV 21:2

גופן (7)

גבר פלח בארעא ואשכח **גופנא** דמושכיה נהרא מן גינוניתא GN 9:20
חמי הוית בחילמי והא **גופנא** קדמי: ובגופנא תלתי מצוגיא GN 40:9
חינטין ושערין ומלבלבא **גופנין** דמנהון נפיק חמר חל וחריף DT 8:8
ואוף לא למינצב תינין **וגופנין** ורומנין ומוי לית למישתי: NU 20:5
דאחך מדמי אנא לך **לגופן** שתילא על מבועין דמיין GN 49:22
יומי נזריה מכל דמתעבד **מגופנא** דחמרא מגופנין מקילופין NU 6:4
דמתעבד מגופנא דחמרא **מגופנין** מקילופין ועד זוגין גוואין NU 6:4

גור (82)

אנא ייי: וארום אין **איתגייר** ואיתחזק עימכון גיורא LV 19:33
למעבד יתיה: וארום **איתגייר** עמכון גייורא ויעבד EX 12:48
מן ההוא מצראי גבר **גיור** ולא דעביד תתובא מן בני בנוי EX 2:12
איתגייר ואיתחזק עימכון **גיורא** בארעכון לא תונון יתיה LV 19:33
לה ולפלחהא דמזרעית **גיורא:** בתר דישתמודע לכון דיזדבן LV 25:47
מבית גניסת ישראל ומן **גיורא** דבישראל דיקרב קרבניה לכל LV 22:18
כיציבא מנכון יהי לכון **גיורא** דמתגייר עמכון ותרחם ליה LV 19:34
יתקטלון: לא תצלון דין **גיורא** ויתמא ולא ימשכן חד מנכון DT 24:17
מן אחוכון או מן **גיוריכון** דמתגיירין בארעכון DT 24:14
ייי: וארום יתגייר עימכון **גייורא** או מן דהוא כדון ביניכון NU 15:14
חכימתון ית אניק נפש **גייורא** ארום דיירין הוויתון בארעא EX 23:9
ואסטוליא: ותרחמון ית **גייורא** ארום דיירין הויתון בארעא DT 10:19
וארום אין יתגייר עימכון **גייורא** ויעבד פיסחא קדם ייי NU 9:14
וארום איתגייר עמכון **גייורא** ויעבד פיסחא קדם ייי יגזור EX 12:48
מבית גניסת ישראל ומן **גייורייא** דיתגיירון למיתב ביניכון LV 17:8
מבית גניסת ישראל ומן **גייורייא** דיתגיירון למיתב ביניכון LV 17:13
מבית גניסת ישראל ומן **גייורייא** דמתגיירין למיתב ביניהון LV 17:10
בזדנא מן יציביא או מן **גייורייא** ולא תאיב מן סורחנותיה NU 15:30
דין ייתם וארמלא ורחים **גייורייא** למיתן ליה מזון ואסטוליא: DT 10:18
דהליך בשיביתא גרא **דאיתגר** בארעא נוכראה ונעמן GN 46:21
דיקנו וית נפשתא **דיגיירו** בחרן ונפקו למיזל לארעא GN 12:5
לא תעבדון יציבא וגיורא **דיתגייר** ביניכון: ארום ביומא הדין LV 16:29
לבני ישראל ולגייורייא **דיתגיירון** ביניהון לקיים עלם: NU 19:10
האיליין יציביא וגיוריא **דיתגיירון** ביניכון: ארום ית LV 18:26
ישראל ומן גייורייא **דיתגיירון** למיתב ביניכון די יסיק LV 17:8
ישראל ומן גייורייא **דיתגיירון** למיתב ביניכון די יצוד LV 17:13
לאובדנא: וחמא ית יתרו **דמתגייר** ונטל מתל נבותיה ואמר NU 24:21
מנכון יהי לכון גיורא **דמתגייר** עמכון ותרחם ליה כוותך LV 19:34
מן אחוכון או מן גיוריכון **דמתגיירין** בארעכון בקרויכון: DT 24:14
דבני ישראל ולגייוריא **דמתגיירין** ביניהון ארום לעמא NU 15:26
בבני ישראל ולגייורי **דמתגיירין** ביניכון אורייתא חדא NU 15:29
ישראל ומן גייורייא **דמתגיירין** למיתב ביניהון די ייכול LV 17:10
לא ייכול אדמא וגייורייא **דמתגיירין** למיתב ביניכון לא ייכלון LV 17:12
ובשר תבירא ביציבא **ובגיוריא** ויצבע לבושוי ויסחי LV 17:15
לא תעבדון יציבא **וגיורא** דיתגייר ביניכון: ארום ביומא LV 16:29
בר אמתך ערלאה **וגיורא:** ובכל פיקודיא דאמרית לכון EX 23:12
ואמהתכון וליואה **וגיורא** ויתמא וארמלתא די DT 16:14
וליואי דיבקרויכון **וגיורא** ויתמא וארמלתא דיביניכון DT 16:11
חולק ואחסנא עימכון **וגיורא** ויתמי וארמלתא דבקירויכון DT 14:29
ותיכלון אתון וליואי **וגיורי** דביניכון: ארום תשיצון DT 26:11
תועבתא האיליין יציביא **וגיוריא** דיתגיירון ביניכון: ארום ית LV 18:26
מצלהבא מן קדם ייי: **וגיורייא** דאתכנשו ביניהון שאילו NU 11:4
ועבדיכון ואמהתיכון **וגיוריכון** די בקירויכון: ארום בשיתא EX 20:10
ישראל: טפליכון ונשיכון **וגיוריכון** דיבגו משרוייכון מקטועי DT 29:10
לשמא דייי בלחודוי: **וגייורא** לא תקנטון במילין ולא EX 22:20
אגרא דמייתין יתהון **וגייורייא** דבקירויכון דיחמון איקר DT 31:12
מנכון לא ייכול אדמא **וגייורייא** דמתגיירין למיתב ביניכון LV 17:12
וחמריכון וכל בעיריכון **וגייוריכון** די בקירוויכון מן בגלל די DT 5:14
ברת גבר תגר ושמיה שוע **וגיירה** ועל לותה: ואתעברת וילידת GN 38:2
חמוי וסגיד ונשיק ליה **וגייריה** ושיילו גבר לחבריה לשלם EX 18:7
אלקים תחומיה דיפת **ויתגיירון** בנוי וישרון במדרשא דשם GN 9:27
קיימא חדא יהי לכון **ולגיורא** וליציבא דארעא: וביומא NU 9:14
קלטן תהויין: לבני ישראל **ולגיורא** ולתותביא דביניהון יהווין NU 35:15
חדא ודינא חד יהי לכון **ולגיוריא** די יתגיירון עימכון: ומליל NU 15:16
כולא קיימא חדא לכון **ולגייורא** די יתגיירון קיים עלם NU 15:15
לכל מצוותא לייציבא **ולגייורא** די מתגייר ביניהון: ועבדו EX 12:49
בפומהון בשעת דינא: **ולגייורא** לא תעיקון ואתון EX 23:9
ליה: יציבא בבני ישראל **ולגייורי** דמתגיירין ביניכון אורייתא NU 15:29

דחצדך לא תלקיט לעניי **ולגייורי** תשבוק יתהון אנא הוא ייי LV 23:22
דכרמך לא תלקט לעניי **ולגייורי** תשבוק יתהון בחיבורהון LV 19:10
כנישתא דבני ישראל **ולגייוריא** דמתגיירין ביניהון ארום NU 15:26
לדכותא לבני ישראל **ולגייורייא** דיתגיירון ביניהון לקיים NU 19:10
שבייתא מינה ותטבלינה **ותגיירינה** בביתך ותיבכי על טעוות DT 21:13
ברעוא קדם ייי: וארום **יתגייר** עימכון גייורא או מן דהוא NU 15:14
גברא ההוא: וארום אין **יתגייר** עימכון גייורא ויעבד פיסחא NU 9:14
חד יהי לכון ולגיוריא די **יתגיירון** עימכון: ומליל ייי עם משה NU 15:16
חדא לכון ולגייורא די **יתגיירון** קיים עלם לדריכון כוותכון NU 15:15
יתיה אבנין כל כנישתא **כגיורא** כיציבא בזמן דיחרף שמא LV 24:16
דינא חדא יהי לכון **כגיורא** כיציבא יהי ארום אנא הוא LV 24:22
עלם לדריכון כוותכון **כגייורא** יהי קדם ייי: אורייתא חדא NU 15:15
תרחקון אדומאה דאתי **לאתגיירא** ארום אחוכון הוא לא DT 23:8
תרחקון מצראה דאתי **לאתגיירא** ארום דיירין הויתון DT 23:8
חמוך יתרו אתי לוותך **לאתגיירא** ואין לא תקביל יתי בגיני EX 18:6
כל דמיקלקלא בניכסא **לגיור** ערל דבקירויכון תיתנונה DT 14:21
לא תבקרונון מן בתריכון **לגיורא** ליתמא ולארמלא יהי:: DT 24:20
לא תתובון למיסביה **לגיורא** ליתמא ולארמלא יהי מטול DT 24:19
לליואי מעשרא תינייניא **לגיורי** ליתמא ולארמלא הי ככל DT 26:13
הוא מעשר מסכיניא **לגיוריא** ליתמא ולארמלתא וייכלון DT 26:12
ארום ייי מליל לאוטבא **לגיוריא** על ישראל: ואמר ליה לא NU 10:29
משה ית חמוי ואזל ליה **לגיירא** כל בני ארעא: בירחא EX 18:27
לייציבא ולגייורא די **מתגייר** ביניהון: ועבדו כל בני EX 12:49
כל יומיכון דאפילו **מתגיירין** סנא נטיר בליבהון עד DT 23:7

גור (17)

מארסא באטלות אבנין **גיורא** וגיורתא: וגבר די ישמש עם LV 20:10
עם גיורין ארום בחובי **גיוריא** מותא נפיק על עלמא: עמי DT 5:18
לחוד הינון למהוי עם **גיורין** ארום בחובי גיוריא מותא DT 5:18
עם גייורין ארום בחובי **גייורא** מותא נפיק על עלמא: עמי EX 20:14
לחוד הינון למיהוי עם **גייורין** ארום בחובי גייורא מותא EX 20:14
בכנישתהון דישראל עם **גייורין** דלא יקומון אוף בניכון DT 5:18
בכנישתהון דישראל עם **גייורין** דלא יקומון בניכון מן EX 20:14
חברין ולא שותפין עם **גייורין** ולא יתחמי בכנישתהון EX 20:14
חברין ולא שותפין עם **גייורין** ולא יתחמי בכנישתהון DT 5:18
עמי בני ישראל לא תהוון **גייורין** לא חברין ולא שותפין עם EX 20:14
עמי בני ישראל לא תהוון **גייורין** לא חברין ולא שותפין עם DT 5:18
באטלות אבנין גיורא **וגיורתא:** וגבר די ישמש עם איתת LV 20:10
לט קטלא חייב: וגבר די **יגור** ית איתת גבר מארסא או די LV 20:10
איתת גבר מארסא או די **יגור** ית איתת חבריה מיבעלא LV 20:10
ללווטא בגו בני עמה ברם **לגיורא** בדקין מיא בדוקיא האינון NU 5:27
ומטול דאיהי אטעימית **לגיורא** תפנוקין איסתקף עלה NU 5:15
מטול דאיהי אשקיית **לגייורא** חמר בסים במנין יקרין ומן NU 5:17

גור (2)

ואמר שיבטא דדן מדמי **לגור** בר אריוון ארעיא שתיא DT 33:22
מדמי אנא לך יהודה ברי **לגור** בר אריוון דמן קטיליה דיוסף GN 49:9

גז (1)

נישרא וית עוזא וית בר **גזא:** וית דייתא דהיא טריפתא ליזנה: LV 11:13

גזז (3)

ואתנחם יהודה וסליק על **גזזי** עניה הוא וחירה רחמיה GN 38:12
לארעא דכנען: ולבן אזל **למיגז** ית עניה וגנבת רחל ית GN 31:19
הא חמויך סליק לתמנת **למיגז** עניה: ואעדת לבושי GN 38:13

גזל (5)

או בשותפות ידא או **בגזילא** או דיטלום ית חבריה: או LV 5:21
ויתחייב ויומי ויתיב ית **גזילא** דגזל או ית עציא די עצא או LV 5:23
בעיריהון דלא ייכלון **גזלה** עד דהוו אתיין לאתר מרעיהון GN 13:7
מומא או כל מידעם ביש **דגזיל** ואניס ארום מרחק קדם ייי DT 17:1
ויומי ויתיב ית גזילא **דגזל** או ית עציא די עצא או ית LV 5:23

גזר (121)

וארבע מוהבתא דכהניא **איתגזרו** בקיים מילחא בגין כן על LV 2:13
זכאי יתיר מינך דאנא **איתגזרית** לתלסירי שנין ואין הוה GN 22:1
ועל כל פיקודא ופיקודא **אתגזר** עלה תלתין ושית קיימין: DT 27:26
משכבי דכורא ומן יד **אתגזר** עלוי ויבישו שעבזוי GN 39:1
וזביני כספא מן בר עממין **אתגזרו** עימיה: ואתגלי עלוהי יקרא GN 17:27
נפשי לאתגזרא ואנת **אתגזרת** בר תמניא יומין אילו הוה GN 22:1
דבבינן ולא מן קדם ייי **אתגזרת** כל דא: ארום אומא מאבדא DT 32:27
לתמן: ושוי עבדא ית ידיה **בגזירת** מהולתא דאברהם ריבוניה GN 24:9
דליה שוי כדון ידך **בגזירת** מהולתי: ואומינך בשום GN 24:2
קדמך שוי כדון אידך **בגזירת** מהולתי ותעבד כדון עימי GN 47:29
עימנא למיהוי לעם חד **במיגזור** לנא כל דכורא היכמא GN 34:22
מה חביב הוא אדם **גוזרתא** הדין דשיזב ית חתנא מן EX 4:26
עכיב עלוי וכדון אדם **גוזרתא** הדין יכפר על חתנא דילי: EX 4:25
הוו מתמקמקין מן כיב **גוזרתהום** ונסיבו תרין מבנוי דיעקב GN 34:25
דלא מבינך הוא: מן דהוא **גזיר** יגזר מרביני בתיכון וסביני GN 17:13
לחדא: ועל דלא אברם **גזיר** לא הוה יכיל למיקם וגחן על GN 17:3
מתגלי ליה ועל דלא הוה **גזיר** נפיל על אנפוי עד זמן דשרי NU 24:3
גרשום בריה דלא הוה **גזיר** על עיסק יתרו חמוי דלא EX 4:24
ארעא די חכימהא גזרין **גזירן** ברירן הי כפרזלא ותלמידהא DT 8:9
ארום קדיש אנא: דא היא **גזירת** אורייתא דבעירא ועופא וכל LV 11:46
סדרי קרבא דא אחווית **גזירת** אורייתא דפקיד ייי ית משה: NU 31:21
ועם אהרן למימר: דא **גזירת** אחויית אורייתא דפקיד ייי NU 19:2
מרי ביתא: דא תיהוי **גזירת** אחויית אורייתא לכל מכתש LV 14:54
דמידכי קדם ייי: דא תהוי **גזירת** אחויית דביה מכתש LV 14:32
שכינתי שריא ביניהון: דא **גזירת** אחויית דובנא ומן דיפוק LV 15:32
בר נשא דכיא דא תהוי **גזירת** אחויית מכתש צורעתא: LV 14:57
לבני ישראל לאחויית **גזירת** דין היכמא דפקיד ייי ית NU 27:11
גרשום ברה ואקריבת ית **גזירת** מהולתא לריגלוי דמלאך EX 4:25
קריבו בבעו לותי וחמון **גזירת** מהולתי וקריבו ואמר אנא GN 45:4
אפיטרופוס על ביתי ועל **גזירת** מימר פומך יתזנון כל עמי GN 41:40
לית לי רשו למעיבר על **גזירת** מימרא דייי אלקי למעבד NU 22:18
לחכימי קרתא עברינן על **גזירת** מימרא דייי בגין כן אתיליד DT 21:20
מה דין אתון עברין על **גזירת** מימרא דייי ואיהי לא תצלח NU 14:41
עד זמן דיתפרש להון על **גזירת** מימרא דייי: ומליל ייי עם LV 24:12
פלישתאי ובגין דעברו על **גזירת** מימרא דייי ונפקו ממצרים EX 13:17
לית לי רשו למעיבר על **גזירת** מימרא דייי למעבד טבתא או NU 24:13
יתברון ביה ככל אחויית **גזירת** פיסחא דניסן יעבדון יתיה NU 9:12
פיסחא קדם ייי כאוויית **גזירת** פיסחא וכדחזי ליה הכדין NU 9:14
למשה ולאהרן דא היא **גזירת** פיסחא כל בר עממין או בר EX 12:43
ישראל שריין במדברא **גזירת** שבתא אשתמודע להון ברם NU 15:32
תמן שוי ליה מימרא דייי **גזירת** שבתא וקיים איקר אבא EX 15:25
אינתתיה דתריך מן קדם **גזירתא** דפרעה והות ברת מאה EX 2:1
תלתין שנין מדיאיתגזרת **גזירתא** הדא עד דאיתיליד יצחק EX 12:41
מן ארעא דמצרים דהוות **גזירתא** למיהוי כפנא ארבעין GN 50:3
עוקמא ובעית למיעבד **גזירתך** בחדווא כדין כד יהון בנוי GN 22:14
למה דין לא אשלימתון **גזירתכון** למירמי ליבנין הי EX 5:14
יומא הדין בארבעת עשר **גזר** אברהם וישמעאל בריה: וכל GN 17:26
ברם אליעזר הוה **גזר** בתנאה דאתנייו תרוויהון: EX 4:24
בחורב: לא עם אבהתנא **גזר** ייי ית קיימא הדין אלהין עימנא DT 5:3
האילין: ביומא ההוא **גזר** ייי עם אברם קיים דלא למידן GN 15:18
בר תלתיסרי שנין כד **גזר** ית בישרא דעורלתיה: בכרן יומא GN 17:25
בר תשעין ותשע שנין כד **גזר** ית בישרא דעורלתיה: וישמעאל GN 17:24
עמכון בלחודיכון אנא **גזר** ית קיימא הדא ומסהיד ית DT 29:13
אימר ליה מן שמי האנא **גזר** ליה ית קיימי שלם ואעבדיניה NU 25:12
במומתיה דייי אלקכון **גזר** עימכון יומנא: מן בגלל לקיימא DT 29:11
למעבדהון: ייי אלקנא **גזר** עימנא קיים בחורב: לא עם DT 5:2
אוחרן: ואמר הא אנא **גזר** קיים דלא אשלחיף עמא הדין EX 34:10
עימיה ייי למימר: אנא הא **גזר** קימי עימך ותהי לאב סגי GN 17:4
כל אילן דמיכלא ותגזרון **גזרא** ית אינביה תלת שנין יהי לכון LV 19:23
בה ארעא די חכימהא **גזרין** גזירן ברירן הי כפרזלא DT 8:9
כל דכורא היכמא דאינון **גזרין:** גיתיהון וניכסיהון וכל GN 34:22
חייבא דבית ישראל הוון **גזרין** עורלתהון וטמרין בעפרא NU 23:10
בר מנשה כד איתילידו **גזרינון** יוסף: ואמר יוסף לאחוי הא GN 50:23
עלי: אנא ייי **גזרית** במימרי אין לא גזרית במימרי NU 14:35
ייי גזרית במימרי אין לא **גזרית** במימרי לכל כנישתא בישתא NU 14:35
וישנון ית קיימי די **גזרית** עימהון: ויתקוף רוגזי בהון DT 31:16
מימר פיתגמיא האילין **גזרית** עמך קיים ועם ישראל: והוה EX 34:27
מרמירא לוחי קיימא **דגזר** ייי עמכון ושהיית בטוורא DT 9:9
בצלותיה דעתיה ממה **דגזר** על אינתתיה ארום עקרא הוות GN 25:21
בגיניה דעתיה ממה **דגזר** עליה דאף הוא הוה עקר GN 25:21
דמתמלכין ותייבין ממה **דגזרין** ברם רבון כל עלמא ייי אמר NU 23:19
ואתרעמו עלוי והא חיויא **דגזרית** עלוי מן יומא שירוי עלמא NU 21:6
אין לית ליה מן **דיגזר** וישתצי בר נשא ההוא מעמי GN 17:14
ואמר הא דין אדם קיימא **דיגזר** ייי עימכון על כל פיתגמיא EX 24:8
דייי אלקא דאבהתהון **דיגזר** עימהון באפקותיה יתהון DT 29:24
דמואב בר מן קיימא **דיגזר** עימהון בחורב: וקרא משה DT 28:69
ית קיימא דייי אלקכון **דיגזר** עימכון ותעבדון לכון צלם DT 4:23
ישראל ועל בישתא **דיגזר** על עבדוי יהי תהן קדמוי DT 32:36
קימייא וסידרי דינייא **וגזירת** אורייתא דיהב ייי בין LV 26:46
ויהי אדם ניכסת פיסחא **וגזירת** מהולתא מערב לכון למעבד EX 12:13
דילידת ליה שרה יצחק: **וגזר** אברהם ית יצחק בריה בר GN 21:4
באינשא ביתא דאברהם **וגזר** ית בישרא דעורלתהון ביכרן GN 17:23
מברזג בין גבר לאיתא **וגזר** למרומם ומאיך ותלת מפרנס DT 32:4
כל נפקי תרע קרתיה **וגזרו** כל דכורא כל נפקי תרע GN 34:24
ארום תמן קיימי תריהון: **וגזרו** קיים בבירא דשבע חורפן וקם GN 21:32
ותורין ויהב לאבימלך **וגזרו** תריהום קים: ואקם אברהם ית GN 21:27
ועמרה דאניסין מסכינין **וגזרין** דכל דיהיב פיתא לעניא ייקד GN 18:20
ונסיבת צפורה טינרא **וגזרת** ית ערלת גרשום ברה EX 4:25
דמצרים מעל בני ישראל **ולמגזר** יתהום מעיברא לירדנא: GN 30:23
ומבכין תהי בינן ובינך **ונגזור** קים עמך: אם תעבד עימנא GN 26:28

דילידן: וכדון איתא **וניגזר** קיים אנא ואנת ויהי לסהיד GN 31:44
כל אילן דמיכלא **ותגזרון** גזרא ית אינביה תלת שנין LV 19:23
בר ישראל זבין כספא **ותיגזור** יתיה ותיטבליניה בכן ייכול EX 12:44
לית ליה איבא למיגזריה: **ותיגזרון** ית בישרא דעורלתכון ויהי GN 17:11
ויעבד פיסחא קדם ייי **יגזור** ליה כל דכורא ובכן יהי כשר EX 12:48
עלם: וערלאה דכורא דלא **יגזר** ית בישרא דעורלתיה אין לית GN 17:14
וביניכון: ובר תמניא יומין **יגזר** לכום כל דכורא לדריכון GN 17:12
מבינך הוא: מן דהוא גזיר **יגזר** מרביני בתיכון וסביני כספיכון GN 17:13
תמינאי תשתרי וברא **יתגזר** בשר ערלתיה: ותלתין ותלתא LV 12:3
דטינריא מדורך: ארום אין **יתגזר** למיהוי לביזתא בנוי דשלמיא NU 24:22
לא הוינא מסר נפשי **לאתגזרא** ואנת אתגזרת בר תמניא GN 22:1
לא הוית מסר נפשך **לאתגזרא** מתיב יצחק ואמר האנא GN 22:1
עבדין לפרעה: ושוי יוסף **לגזירא** עד יומא הדין על ארעא GN 47:26
אילין אחוויתא לכון **לגזירת** דינין לדריכון בכל NU 35:29
הוא ואנא יהבתיה לכון **לגזירתא** דתיתינון אדם ניכסא על LV 17:11
חבלא ואמרת חתנא בעא **למגזור** וחמוי עכיב עלוי וכדון אדם EX 4:25
יתרו חמוי דלא שבקיה **למגזריה** ברם אליעזר הוה גזר EX 4:24
ואין לא תקבלון מיננא **למיגזור** וניסב בתוקפא ית ברתנא GN 34:17
לכון אין תהוון כוותנא **למיגזור** לכון כל דכורא: וניתן ית GN 34:15
דפקיד ייי ית משה **למיגזור** עם בני ישראל בארעא DT 28:69
דכורא אין לית ליה איבא **למיגזריה:** ותיגזרון ית בישרא GN 17:10
על אברהם כד הוה מרע **מגיזרת** מהולתא אליף יתן DT 34:6
והוה מסוף תלתין שנין **מדיאיתגזרת** גזירתא הדא עד EX 12:41
וביניכון ובין בנך בתרך **מיגזר** לכון כל דכורא אין לית ליה GN 17:10
דלא נטר מה דפקידתא **נגזור** עלוהי וניטרדיה מן גינתא GN 3:22
איסתמר לך דילמא **תגזור** קיים ליתיב ארעא דאנת EX 34:12
לא תזרעון וכרמיכון לא **תגזרון:** ית כתי שביק חצדיכון לא LV 25:4
חקליכון ושית שנין **תגזרון** כרמיכון ותכנשון ית עללתא: LV 25:3
יתהון בשמתא דייי לא **תגזרון** להון קיים ולא תרחמון DT 7:2
קנאי ופורען הוא: דילמא **תיגזר** קיים ליתיב ארעא ויטעון EX 34:15
תתריכינון מן קדמך: לא **תיגזרון** להון ולטעוותהון קיים: לא EX 23:32

גחך (10)

תידחלין ארום בקושטא **גחכת:** וקמו מתמן מלאכייא דהוו GN 18:15
ייי לאברהם למה דנן **גחכת** שרה למימר הברם בקשוט GN 18:13
קל פלחי פולחני נוכראה **ומגחכן** קדמהא אנא שמע: והוה כד EX 32:18
אבא ואיהי דמי בעינוי הי **כמגחך** ביה ואייתי עלי לווטן ולא GN 27:12
לה משכונייא דילמא נהוי **לגחוך** הא שדרית ית גדיא הדין GN 38:23
עבראי דאייתיתא לנא **למגחוך** בי: והוה כדי ארימית קלי GN 39:17
ריבונכון לנא גבר עבראי **למגחוך** בנא על לותי למשכוב עימי GN 39:14
ולמישתי וקמו להון **למגחכא** בפולחנא נוכריא: ומליל ייי EX 32:6
פתגמא כתימהא כגבר **מגחיך** בעיני חתנוי: וכאשון מיסק GN 19:14
דילידת לאברהם **מגחך** לפולחנא נוכראה וגחין לייי: GN 21:9

גחן (25)

דיחוי לי ואיתני לך ואזל **גחין** כחויא: וארע מימרא מן קדם NU 23:3
עמהון ואילין הינון דהוה **גחין** להון אבוהא: וגנב יעקב ית GN 31:19
פיתגמא הדין מפום משה **גחנו** וסגידו: ואזלו ועבדו בני ישראל EX 12:27
וסיהרא וחדסר כוכבייא **גחנן** לי: ואישתעי לאבוי ולאחהא GN 37:9
מימרא דייי ית עמא על **דגחנו** לעיגלא דעבד אהרן: ומליל ייי EX 32:35
מגחך לפולחנא נוכראה **וגחין** לייי: ואמרת לאברהם טרוד ית GN 21:9
לחינתא הינין ובניהן **וגחינן:** וקריבת אוף לאה ובנהא GN 33:6
אוף אתר כשר למבת: **וגחן** גברא וסגיד קדם ייי דזמין GN 24:26
וסייפיה שליפא בידיה **וגחן** וסגיד על אנפוי: ואמר ליה NU 22:31
לך איזל קבר מיתך: **וגחן** ליה אברהם באנפי בני חיתאה: GN 23:12
מיתך: וקם אברהם **וגחן** לעמא דארעא לבני חיתאה: GN 23:7
גזיר לא הוה יכיל למיקם **וגחן** על אנפוי ומליל עימיה ייי GN 17:3
ועל רביעאי: ואוחי משה **וגחן** על ארעא וסגיד: ואמר אין EX 34:8
ובעי רחמין מן קדם ייי **וגחן** על ארעא שבע זימנין עד GN 33:3
גלי קדמוי שיעבודהון **וגחנו** וסגידו: ובתר כדין עאלו משה EX 4:31
לאבוכון סבא: הוא קיים **וגחנו** וסגידו: וזקף ית עינוי וחמא ית GN 43:28
אפהא ושירייא על ידהא: **וגחנית** וסגידית קדם ייי ובריכית GN 24:48
רחל וכסייה בקומתיה **וגחנן:** ואמר מן לך כל משרי הדין GN 33:7
וקריבת אוף לאה ובנהא **וגחנן** ובתר כדין קריב יוסף ואתעבר GN 33:7
והא מתחורן פורכתיהון **וגחנן** לפורכתי: ואמרו ליה אחוהי GN 37:7
לך אומיא כל בנוי דעשו **ויגחנון** קומך מלכוותא כל בנהא GN 27:29
בידיהון דרשיעיא מחנגין **ומגחנין** קדמוי וסטנא הוה בגויה EX 32:19
ניתי אנא ואימך ואחך **למגחן** לך על ארעא: וקניאו ביה GN 37:10
לא תתנון בארעכון **למגחן** עלה ברם סטיו חקיק LV 26:1
ברת אילון חיתאה: והוון **מגחנן** בפולחנא נוכראה ומתכוונן GN 26:35

גט (6)

גברא יפטירינא מיניה **בגיטא** ארום היכמא דיכמון גבר על DT 22:26
היא וית ריבא ופטרה **בגיטא** ואזלת וטכנת מן ארחא GN 21:14
בה ותפטרינה לבלחודה **בגיטה** וזבנא לא תזבנינה בכספא DT 21:14
לית ליה רשו למיפטרה **בגיטה** כל יומוי: לא יסב גבר ית DT 22:29
ואוף לאמתך תיכתוב **גט** חירו ותיתן לה: לא יקשי בעינך DT 15:17
מגן דלא כסף ברם **גט** פיטורין יהיב לה: דימחי לבר EX 21:11

גיד (10)

ושדר יהודה ית **גדי** בר עיזי ביד רחמיה עדולמאה GN 38:20
ישראל תור או אימר או **גדיא** ארום איתיליד כאורח עלמא LV 22:27
נהוי לגחוך הא שדרית ית **גדיא** הדין ואנת לא אשכחתיה: והוה GN 38:23
ירכא ימינא דיעקב באתר **גדיא** נשיא: וזקף יעקב ית ענוי GN 32:33
לא ידכי דמסרס ודפסיק **גידא** למיסב איתא מקהל עמא דייי: DT 23:2
לא אכלין בני ישראל ית **גידא** נשיא דעל פתי ירכא דבעירא GN 32:33
ופרע בית ניכסתא וסב **גידא** נשייא ואתקן תבשילא GN 43:16
פחדוי ודשחית ודמסרס **גידוי** לא תקרבון לשמא דייי LV 22:24
לותי: ואמר אנא אשדר **גידי** בר עיזי מן ענא ואמרת אין GN 38:17
מאה ושיתין וחמשא **גידין** וקרם עילוי מושכא ומלי יתיה GN 1:27

גיזתא (1)

חמרכון ומישחכון ושירוי **גיזת** עניכון כמיסת קמורא תיתנון DT 18:4

גיח (32)

ובמרה וברפידים והיך **אגח** עמהון עמלק ושיזבינון ייי: EX 18:8
דאמוראה היא והוא **אגיח** קרבא במלכא דמואב קדמאה NU 21:26
דאחדו ית עתיד עדיתא **באגחות** קרבא דנפקו לחילא ובין NU 31:27
ופלגא וקמו במדורהון עד **דאגחת** קרבא בסיחון ויזעון DT 2:25
ואמר שירוי אומיא **דאגיחו** קרבא בדבית ישראל הינון NU 24:20
ארום מימרא דייי הוא **דמגיח** להון קרבין במצראי: ואמר EX 14:25
למדברא ואתא ליהצא **ואגח** קרבא בישראל: ומחהי ישראל NU 21:23
אהרן תמן הא בכין אתא **ואגח** קרבא בישראל ושבא מנהון NU 21:1
ביני עשו וביני יעקב אתא **ואגח** קרבא עם ישראל ברפידים EX 17:8
כד אתו בני ישראל **ואגיח** בהון וגמרו יתהון וית NU 33:40
בר אמתא הדא עם ברי **ויגח** קרבא עם יצחק: ובאיש GN 21:10
ובגו פיתגמא הדין נקום **ונגיח** עימיה קרבא וית לאה וריבהא GN 33:2
קדם ייי אנחנא ניסק **ונגיח** קרב ככל דפקדנא ייי אלקנא DT 1:41
די מדבר קדמיכון הוא **יגיח** לכון ככל מה דעבד לכון DT 1:30
יקריה דהוא במימריה **יגיח** קרבא בדבית עמלק וישיצי EX 17:16
קמאה דימלוך עליהון **יגיח** קרבא בדבית עמלק ויתרודם NU 24:7
מידברא קדמיכון **לאגחא** מטולכון עם בעלי דבביכון DT 20:4
היכמא דאמר ליה משה **לאגחא** קרבא בעמלק ומשה ואהרן EX 17:10
תזדרזון קדם עמא דייי **לאגחא** קרבא: ויעיבר לכון כל דמזרז NU 32:20
ויהי בזמן דאתון קריבין **לאגחא** קרבא ויתקרב כהנא וימלל DT 20:2
הוא וכל עמיה **לאגחא** קרבא לאדרעי: והוה כיוון NU 21:33
הוא וכל עמיה **לאגחא** קרבא לאדרעת: ואמר ייי לי DT 3:1
הוא וכל עמיה **לאגחא** קרבא ליהץ: ומסר יתיה ייי DT 2:32
ית יורדנא קדם עמא דייי **לאגחא** קרבא עד דיתרך ית בעלי NU 32:21
קרתא כל יומי שבעתא **לאגחא** קרבא עלה למכבשא DT 20:19
מימרא דייי אלקכון **מגיח** לכון: ובעית רחמין מן קדם ייי DT 3:22
והוה כדי פסקו כל גברי **מגיחי** קרב עבדי בימתא לממת DT 2:16
לשמא דייי מן גוברי **מגיחי** קרבא די נפקו לחילא חדא NU 31:28
קבילו ית סכום גוברי **מגיחי** קרבא די עימנא לא שגא NU 31:49
עד דסף כל דרא גברי **מגיחי** קרבא מיגו משריתא היכמא DT 2:14
דהוא חולק גברי **מגיחי** קרבא תיסבון ותיתנון NU 31:29
קרבא אמר להון משה לא **תגיחון** דמן קדם ייי מתעביד לכון EX 14:14

גילא (2)

ושרו בנחלא דמרבי חלפי **גולי** וסיגלי: ומתמן נטלו ושרו מן NU 21:12
ארעא דמצרים לגבבא **גולי** לתיבנא: ושולטונייא דחקין EX 5:12

גין (5)

ווירודין ובית צחותא **אגין** עליהון שבעתי ענני איקריה DT 32:10
באספלידא דטינרא **ואגין** במימרי עלך עד זמן דאיעיבר: EX 33:22
דפקיד יתיה ייי אלקים **ואגן** מימרא דייי ית תרעא GN 7:16
ועל תרתין סיפייא **ויגין** מימרא דייי על תרעא ולא EX 12:23
סמוק ואוכם ומוריק הי **כגון** זעפרנא או הי כמוי דגרגישתא LV 15:19

גיף (13)

הוא מזמן דעברתון על **גיף** ימא דסוף דעבד לכון אסטרט DT 1:1
ונטלו מאילים ושרו על **גיף** ימא דסוף: ונטלו מגיף ימא דסוף NU 33:10
איתעבידו בני ישראל על **גיף** ימא דסוף חדא אמרא ניחות EX 14:13
ולא מיתין רמאין על **גיף** ימא: וחמון ישראל ית גבורת EX 14:30
דאתון שרן לקבליה על **גיף** ימא: וימר פרעה לדתן ולאבירם EX 14:2
ונרע יתהון שריין על **גיף** ימא ונסדרא לקובליהון סידרי EX 15:9
ושויתיה בגו גומייא על **גיף** נהרא: ואיתעתדת מרים אחתיה EX 2:3
ותיתעתד לקדמותיה על **גיף** נהרא וברם חוטרא דאהרן EX 7:15
ועולימתהא אזלן על **גיף** נהרא וחמת ית תיבותא בגו EX 2:5
דכבשנא: מערוער דעל **גיף** נחלא ארנונא וקרתא דמתבניא DT 2:36
שימשא: מערוער דעל **גיף** נחלי ארנון ועד טוורא דסיאון DT 4:48
דסוף רמא יתהון על **גיפיה** כל סוסות ארתכי פרעה EX 14:9
על גיף ימא דסוף: ונטלו **מגיף** ימא דסוף ושרו במדברא דסין: NU 33:11

גיפוף (7)

חדתא ותעבד תיאק **גיפופין** לאיגרך לא תגרמון DT 22:8
דלארבע ריגלוי: כל קבל **גפוף** הואה עיזקתא אתרא EX 37:14
חזור חזור: ותעביד ליה **גפוף** רומיה הי פושכא חזור ותעביד EX 25:25

חזור חזור: ועבד ליה **גפוף** רומיה פושכא חזור חזור ועבד EX 37:12
די לארבע ריגלוי: כל קבל **גפוף** תהוויין עיזקתא לאתרא EX 25:27
חזור חזור ועבד דיר דדהב **לגפופיה** חזור חזור: ואתיך ליה EX 37:12
חזור ותעביד דיר דדהב **לגפופיה** חזור חזור: ותעביד ליה EX 25:25

גיר (3)

דעיבל ותשועון יתהון **בגירא**: ותיבנון תמן מדבחא קדם ייי DT 27:4
רברבין ותשועון יתהון **בגירא**: ותיכתוב עליהון ית פיתגמי DT 27:2
לישן תליתאי דקשי הי **כגירין**: והדרת למתב לקדמותא GN 49:23

גישרא (1)

על מדבחי אלהין **בגישריא** דלא תיתחמי עריתך EX 20:26

גיתא (33)

ואברם תקיף לחדא **בגיתי** בכספא ובדהבא: ואזל GN 13:2
גיתיכון ואתן לכון מזון **בגיתיכון** אין פסק כספא: ואייתיו GN 47:16
בריגליהון: ורוקן ייי ית **גיתא** דאבוכן ויהב לי: והוה בעידן GN 31:9
דייי ושבק ית עבדוי וית **גיתוי** בחקלא: ואמר ייי למשה ארים EX 9:21
דינה ברתיה ובנוי הוו עם **גיתוי** בחקלא ושתיק יעקב עד GN 34:5
וית כל נפשת ביתיה וית **גיתוי** וית בעירויי וית כל ניכסוי GN 36:6
וית כל נכסוי די קנה **גיתוי** ונכסוי די קנה בפדן דארם GN 31:18
דפרעה כנש ית עבדוי וית **גיתוי** לגו ביתא: ובלעם דלא שוי EX 9:20
ויעבד ייי פלאין בין **גיתי** דישראל ובין גיתי דמצראי EX 9:4
בין גיתי דישראל ובין **גיתי** דמצראי ולא ימות מכל לבני EX 9:4
רעאן ארום גוברי מרי **גיתי** הוו וענהון ותוריהון וכל דילהון GN 46:32
מן עובדיכון: ותימרון מרי **גיתי** הוו עבדך מטלייותנא ועד כדון GN 46:34
די רבא לחדא: והוו ליה **גיתי** עאן וגיתין תורין ופולחנא GN 26:14
דחילא ותמנינון רבני **גיתי** על דידי: ואייתי יוסף ית יעקב GN 47:6
זיינין ונחתו לגת למיבוז **גיתי** פלישתאי ובגין דעברו על EX 13:17
והוו דיינין בין רעאי **גיתיה** דאברם ובין רעאי גיתיה GN 13:7
גיתיה דאברם ובין רעאי **גיתיה** דלוט דרעאי דאברם הוו GN 13:7
לסוברא יתהום מן קדם **גיתיהום**: ויתיב עשו בטוור גבלא GN 36:7
וזנינין בלחמא בכל **גיתיהון** בשתא ההיא: ושלימת GN 47:17
וית כל בעיריהון וית כל **גיתיהון** וית כל ניכסיהון בזו: וית כל NU 31:9
היכמא דאינון גזרין: **גיתיהון** וניכסיהון וכל בעיריהום GN 34:23
פסק כספא: ואייתיו ית **גיתיהון** ליוסף ויהב להון יוסף GN 47:17
כל כספא: ואמר יוסף הבו **גיתיכון** ואתן לכון מזון בגיתיכון GN 47:16
כדון: וכדון שדר כנוש ית **גיתך** וית כל דילך בחקלא כל EX 9:19
יתנא וית בננא וית **גיתנא** בצחותא: וצלי משה קדם ייי EX 17:3
מפקיד: טפלנא נשנא **גיתנא** וכל בעירנא יהון תמן בקוריי NU 32:26
קדם ייי אלקנא: ואוף **גיתנא** יזיל עימנא לא תשתייר EX 10:26
להון יוסף לחמא בסוסון **ובגיתי** ענא ובגיתי תורי ובחמרא GN 47:17
בסוסון ובגיתי ענא **ובגיתי** תורי ובחמרא וזנינין בלחמא GN 47:17
ארום אין שלים כספא **וגיתי** בעירא לריבוני לא אישתייר GN 47:18
סליקו עמהון ועאן ותורי **וגיתי** סגי לחדא: והוו קטעין מן EX 12:38
לחדא: והוו ליה גיתי עאן **וגיתין** תורין ופולחנא סגיאה וקניאו GN 26:14
ובנא ליה בי מידרשא **ולגיתוי** עבד מטלן בגין כן קרא GN 33:17

גלב (6)

ייכול: כל יומי נדר ניזריה **גלב** לא יעיבר על רישיה עד זמן NU 6:5
מיא דחטאתא ויעברון **גלב** על כל שער בישריהון ויחוורון NU 8:7
ויתן על ידי נזירא בתר **דיגלב** ית ניזריה: וירים יתהון כהנא NU 6:19
ית מנחתיה וית ניסוכיה: **ויגלב** נזירא ית ריש ניזריה לברא NU 6:18
דכותיה ביומא שביעאה **יגלביניה**: וביומא תמינאה ייתי תרין NU 6:9
תפקון צדדי רישיכון ולא **תגלבון** ית שומת דקניכון: ושורטת LV 19:27

גלגל (6)

שנין כד שכיב לא כהיין **גלגילי** עינוי ולא נתרון ניבי ליסתיה: DT 34:7
משיריית מצראי: ונסר ית **גלגילי** רידוותיה דפרעה והוו EX 14:25
עד די יתכנשון כל עדריא **ויגלגלון** ית אבנא מעל פם בירא GN 29:8
ומתכנשין תמן כל עדריא **ומגלגלין** ית אבנא מעל פם בירא GN 29:3
דהוו כל עדריא מתכנשין **ומגלגלין** לה מעילוי פם בירא גלגל GN 28:10
רשיעא והוה רישיה דעשו **מתגלגל** ואזיל עד דעל לגו מערתא GN 50:13

גלד (5)

דמקריב פיילי דכסף חדא **גילדא** סמיך מאה ותלתין סילעין NU 7:13
קודשא פיילי דכסף חדא **גילדה** סמיך מאה ותלתין סילעין NU 7:19
דקריב פיילי דכסף חדא **גילדה** סמיך מאה ותלתין סילעין NU 7:25
מזירקא חד דכסף **דגילדה** קליש שובעין סילעין NU 7:13
מזירקא חדא דכסף **דגילדה** קליש שובעין סילעין NU 7:19

גלוגדקא (1)

לשמי מרומא ואתקניה **גלוגדק** תחות אפיפורין דמרי עלמא EX 24:10

גלוסקם (1)

ועטרון יתיה ושוון יתיה **בגלוסקמא** ושקעון יתיה בגוא GN 50:26

גלופקרין (1)

כד מטמוע שימשא ויגני **בקלופקריה** ויברכינך ולך תהי זכו DT 24:13

גלוש (4)

מערבן בקורחתיה או **בגלשולשותיה** הי כחיזוי סגירות LV 13:43
וארום יהי בקורחתא או **בגלשולשתא** מכתש חיוור סמוקרי LV 13:42
סגיא הוא בקורחתיה או **בגלשלשותיה**: ויחמי יתיה כהנא LV 13:42
אנפוי ייתר שיער רישיה **גלשלשן** הוא דכי הוא: וארום יהי LV 13:41

גלי (152)

על חוביכון ומן יד **איתגלי** איקר שכינתא דייי לכל LV 9:23
על אברהם תליתאה כד **איתגלי** במצרים והות ידיה מקטלא EX 12:42
ואיקר שכינתא דייי **איתגלי** בענני יקרא במשכנא זימנא: NU 14:10
ואמר פרעה שמא דייי לא **איתגלי** דאיתקביל במימריה EX 5:2
מיני ארום יימרון לא **איתגלי** ייי: ואמר ליה ייי מה דין EX 4:1
ייי אלקא דאבהתכון **איתגלי** לי אלקיה דאברהם יצחק EX 3:16
יעקב ליוסף אל שדי **איתגלי** לי בלוז בארעא דכנען ובריך GN 48:3
מיניה ומבתר דעבד **איתגלי** ליה ואיהו ידע דשקר ולא LV 5:4
קודשיא ומן בתר כדין **איתגלי** ליה ואיהוא ידע דמסאב LV 5:3
בישא מן ליבכון ומן יד **איתגלי** לכון איקר שכינתא דייי: LV 9:6
ארום מן בגלל לנסייוכתן **איתגלי** לכון יקרא דייי ומן בגלל EX 20:20
עלמא ליליא קדמאה כד **איתגלי** למיברי עלמא תיניינא כד EX 12:42
דישראל רביעאה כד **איתגלי** למפרוק ית עמא בית EX 12:42
למיברי עלמא תיניינא כד **איתגלי** על אברהם תליתאה כד EX 12:42
קיים לי וקיים ליה ומן יד **איתגלי** עלוי יקר שכינתא דייי GN 47:31
אמרת הא ברם הכא **איתגליאת** יקר שכינתא דייי חזוא GN 16:13
ית יצחק בריה ותמן **איתגליית** עילוי שכינתא דייי: וקרא GN 22:14
דאיתעבידו קורבניא ולא **איתגליית** שכינתא הוה אהרן LV 9:23
והא יקר שכינתא דייי **אתגלי** בענן יקרא: ומליל ייי עם EX 16:10
ארום תקיפת לחדא: **אתגלי** כדון ואחמי הא כקבילתא GN 18:21
מן קדם ייי וכן אמר **אתגלי** כדון מימרא דייי בתקוף NU 10:35
ברכתא מן יד אחוי והיך **אתגלי** ליה ייי בביתאל והיך נדרית GN 29:13
מן בגלל דיהמנון ארום **אתגלי** לך ייי אלקא דאבהתכון EX 4:5
דימות: ואמר ייי מן סיני **אתגלי** למיתן אורייתא לעמיה בית DT 33:2
איקרי באנפהא וכדון **אתגלי** קדם ייי עולבני ויפרוש GN 16:5
בביתאל ארום תמן **אתגליו** ליה מלאכייא דייי GN 35:7
וכסלן ופקסן ומהלכן **בגילוי** בישרא והרהירו ליזנו ונסיבו GN 6:2
דין לדין וחייבין בגופיהון **בגילוי** עריתא ושדייות אדם זכוי GN 13:13
כחמרא זכיכא מן למחמי **גילוי** עריין ושדיות אדם זכיי ושנוי GN 49:12
בחילמא אוף קדמיי **גלי** ארום בקשיטות ליבבך עבדת GN 20:6
ייי אלקנא: ואנא קדמיי **גלי** ארום לא ישבוק יתכון מלכא EX 3:19
עם איתת אבוי ארום **גלי** כנפא דגלי אבוי הוון עניין DT 27:20
נפקו בני ישראל בריש **גלי** למחמיהון דכל מיצראי: ומצראי NU 33:3
סני בר אומנותיה: ארום **גלי** קדם ייי ארום ביומא דתיכלון GN 3:5
ית סיגופי וית ליאות ידיי **גלי** קדם ייי בגין כן אוכח ברמשא: GN 31:42
בחקלא: ויתיבון ויימרון **גלי** קדם ייי דלא אתא לידינן DT 21:7
ית שמיה ישמעאל ארום **גלי** קדם ייי סיגופיך: ואיהוא יהוי GN 16:11
ולא עבדו ארום אמרו לא **גלי** קדם ייי עובדין בישיא הא בכן GN 19:24
ראובן ארום אמרת ארום **גלי** קדם ייי עולבני ארום כדון GN 29:32
יהי תהן קדמוי ארום **גלי** קדמוי דבעידן דיחובון ותיתקף DT 32:36
דמצרים: ואמר ייי למשה **גלי** קדמוי זדונהון דעמא הדין והא EX 32:9
ייי עולבני היכדין יהוי **גלי** קדמוי עולבנהון דבניי כד יהון GN 29:32
ייי ית בני ישראל וארום **גלי** קדמוי שיעבודהון וגחנו וסגידו: EX 4:31
מידעם ביש ארום כדון **גלי** קדמי ארום דחלא דייי אנת ולא GN 22:12
הלא אהרן אחוך לוואי **גלי** קדמי ארום מללא ימליל הוא EX 4:14
קדמיהון לסהדו ארום **גלי** קדמי דלא תתנשי מפום בניהון DT 31:21
מפום בניהון ארום **גלי** קדמי ית יצרהון בישא דהינון DT 31:21
וגביהון חיוורין ארום **גלי** קדמי ית כל אונסא דלבן עביד GN 31:12
ואמר ייי לי למימר **גלי** קדמי סורחנות עמא הדין והא DT 9:13
כל עממי ארעא: ארום **גלי** קדמיי חסידותיה בגין דיפקד GN 18:19
הלא כל עלמא דבריתי **גלי** קדמיי חשוכא כנהורא והיך GN 3:9
סליקת לקדמיי ולחוד **גלי** קדמיי ית דוחקא דמצראי EX 3:9
מן קדם משעבדהון ארום **גלי** קדמיי ית כיביהון: ואיתגליתי EX 3:7
תמן בכון לסהיד: ארום **גלי** קדמיי ית סורהבנותכון וית DT 31:27
שכינתא דייי: ואמר מגלא **גלי** קדמיי ית סיגוף עמי דבמצרים EX 3:7
ברחמין מן קדמך ייי **גלי** קדמך דלא הוה בלבבי עוקמא GN 22:14
מינך ריבון כל עלמיא **גלי** קדמך חשוכא הי כנהורא וכדון EX 32:31
ארום גניזיא דתחומיא **גליין** להון: ולשיבטא דגד בריך משה DT 33:19
כזמן יומא הדין: טמירתא **גליין** קדם ייי אלקנא והוא יפרע DT 29:28
דדהבא דרביע עלה ומן **דאיתגלי** איקר שכינתא דייי קיצא GN 49:1
אהרן מן עלמא אילולי **דאיתגלי** איקרא דייי לכל כנישתא: NU 16:19
ומלייה רעי ליה אלא **דאיתגלי** באיקר שכינתיה על משה DT 33:16
תמן מדבחא קדם ייי **דאיתגלי** ליה: ואיסתלק מתמן GN 12:7
תמן מדבחא לאלקא **דאיתגלי** לך במיערקך מן קדם עשו GN 35:1
אתרא דהתמן עתיד **דאיתגלי** מלכא משיחא בסוף GN 35:21
בגין כן קרא לבירא בירא **דאיתגלי** עלה חי וקיים והא היא GN 16:14
דשם רבא מעלנא דבירא **דאיתגלי** עלוי חי וקים דחמי ולא GN 24:62
וסליק משה לטורא **דאיתגלי** עלוי יקר שכינתא דייי: EX 24:13
ואזל וארעיה בטוורא **דאיתגלי** עלוי יקרא דייי ונשיק ליה: EX 4:27
מדברא ואתא לטוורא **דאיתגלי** עלוי יקרא דייי לחורב: EX 3:1
שרי תמן סמיך לטוורא **דאיתגלי** עלוי יקרא דייי למשה מן EX 18:5
ירחמנני בעלי והיכמה **דאיתגלי** קדם ייי עולבני היכדין GN 29:32

עביד לך: אנא הוא אלקא **דאיתגליתי** עלך בביתאל די רבית GN 31:13
ואמר ליה אנא ייי הוא **דאיתגליתי** עלך בגו סנייא ואמרית EX 6:2
יתן למבקרא מריעין מן **דאתגלי** בחזוי מימרא על אברהם DT 34:6
יתן למנחמא אבילין מן **דאתגלי** ליעקב תוב במתוי מפדן DT 34:6
מלאכיא רברבי עממין **דאתגלי** עימהון למחמי קרתא ובי DT 32:8
ארעא: ונטלו מטורא **דאתגלי** עלוי איקר שכינתא דייי NU 10:33
למקבור מיתיא מן משה **דאתגלי** עלוי במימריה ועימיה DT 34:6
ויתיב יצחק סמיך לבירא **דאתגלי** עלוי יקר חי וקיים דחמי GN 25:11
אעדי תיקון זינך מינך **דאתגלי** קדמי מאן אעבד לך: EX 33:5
אבוי ארום גלי כנפא **דגלי** אבוי הוון עניין כולהון כחדא DT 27:20
אבוי ולא יגלי כנפא **דגלי** אבוי: לא ידכי דמסרס ודפסיק DT 23:1
מן מחיצתהון מן בגלל **דגליין** מסטירין דמרי עלמא והוו GN 28:12
שדי חמי וכד הוה בעי **דיתגלי** ליה הוה משתטח ונפיל על NU 24:16
ווי מאן יתקיים בזמן **דיתגלי** מימרא דייי למיתן אגר טב NU 24:23
אל שדי הוה חמי וכד בעי **דמתגלי** ליה הוה משתטח על אנפוי NU 24:4
ואתעתדו במשכן זימנא: **ואיתגלי** איקר שכינתא דייי DT 31:15
ואיתרכינו על אפיהון **ואיתגלי** איקר שכינתא דייי להון: NU 20:6
עלוי יקרא דייי לחורב: **ואיתגלי** זגנזגאל מלאכא דייי ליה EX 3:2
יתהון חזור חזור למשכנא: **ואיתגלי** ייי בענן איקר שכינתא NU 11:25
דבני ישראל למירתא: **ואיתגלי** ייי לאברם ואמר לבנך GN 12:7
מעילוי אנפי ארעא: **ואיתגלי** ייי לאיתפרעא מנהון על GN 11:5
שמיה אוחרן בכותיא: **ואיתגלי** ייי ליעקב תוב במיתוהי GN 35:9
ומשבח ונעימתא חלייא: **ואיתגלי** ייי על טוורא דסיני על ריש EX 19:20
זימנא ונפקו תלתיהון: **ואיתגלי** יקרא דייי בעמודא דענן NU 12:5
וגלי ייי ית עינהא **ואיתגלי** לה בירא דמיא ואזלת GN 21:19
מתמן לבירא דשבע: **ואיתגלי** ליה ייי בליליא ההוא GN 26:24
דארכין ליה ייי שמיא **ואיתגלי** עלוי באישא מצלהבא EX 19:18
חפייה ענן איקר שכינתא **ואיתגלי** תמן איקרא דייי: ועל משה NU 17:7
אינש לישן חבריה: **ואיתגליאת** מימרא דייי עילוי GN 11:8
גלי קדמיי ית כיביהון: **ואיתגליתי** יומא דין עלך בגין EX 3:8
סנייא ואמרית לך אנא ייי: **ואיתגליתי** לאברהם ליצחק EX 6:3
ויתעתדון תמן עימך: **ואתגלי** באיקר שכינתי ואימלל NU 11:17
ולא קבילו יתה הדר **ואתגלי** בקדושא על עמיה בית DT 33:2
בידיה תרין לוחי אבניא: **ואתגלי** ייי בענני איקר שכינתיה EX 34:5
בר תשעין ותשע שנין **ואתגלי** ייי לאברם ואמר ליה אנא GN 17:1
דיצחק למיחות למצרים **ואתגלי** ליה ייי ואמר לא תיחות GN 26:2
בר עממין אתגזרו עימיה: **ואתגלי** עלוהי יקרא דייי בחיזוי GN 18:1
יתה משמיה מרומא **ואתגלי** עלוי איקר שכינתא דייי DT 34:5
ישראל בפולחנא נוכריאה **ובגילוי** עירייתא ובשדיות אדם NU 35:25
דביש מפולחנא נוכריא **וגילוי** ערייתא ושדיות אדם זכאי: DT 23:10
אדם זכאי ופולחנא נוכרא **וגילויי** עריתא באורחא הדין דאנא GN 28:20
לך הכדין ואמר לא: **וגלא** ייי ית עינוי דבלעם וחמא ית NU 22:31
ארום לעם רב אשויניה: **וגלי** ייי ית עינהא ואיתגלי לה בירא GN 21:19
הדין מדין לא טריב סנייא: **וגלי** קדם ייי ארום איתפני למיחמי EX 3:4
תוב שב שנין אוחרניין: **וגלי** קדם ייי ארום לא הוה לאה GN 29:31
יתכון מחילין מחילין: **וגלי** קדם ייי והוה רגוז מן קדמוי מן DT 32:19
ועם יצחק ועם יעקב: **וגלי** קדם ייי צער שעבודהון דבני EX 2:25
שעבודהון דבני ישראל **וגלי** קדמוי ית תיובתא דעבדו EX 2:25
וקביל ייי צלותנא **וגלי** קדמוי צערן וליעותן ודחקן: DT 26:7
חמת סטת מן אורחא **וגלי** קדמי דאנת בעי למיזל למילוט NU 22:32
דאשכח רחמין קדמך **וגלי** קדמך ארום עמך עמא הדין: EX 33:13
מצרים ומטו לנהרא **וגליאו** בשריהון למיעבר ואמר GN 12:11
אלקנא והוא יפרע מנהון **וגלייתא** יתמסרן לנא ולבננא עד DT 29:28
אלקא רבא ודחילא: **ויגלי** ייי אלקכון ית עממיא האיליין DT 7:22
לך במעסקך באורייתא **ויגלי** לך טמירן ויחוס עלך: יסבר ייי NU 6:25
עליל לתמן למירתה **ויגלי** עממין סגיאין מן קדמך DT 7:1
חמיין פורענותא ודחלין: **ויגלינכון** מימרא דייי למצרים DT 28:68
מן תרע ביתיה עד צפרא: **ויתגלי** יקרא דייי למימחי ית EX 12:23
ועד מוקרא דרישיכון: **יגלי** ייי יתכון וית מלככון דתמנון DT 28:36
כל דכן איתת אבוי ולא **יגלי** כנפא דגלי אבוי: לא ידכי DT 23:1
ארום ביומא תליתאה **יתגלי** ייי לעיני כל עמא על טורא EX 19:11
דמלילנא עימך במצרים **יתגלי** ייי עליכון וידון למימר פסק EX 14:12
עליכון מגין במימריה: כד **יתגלי** מימרא דייי למפרוק ית עמיה DT 32:39
ארעא דמצרים: ובצפרא **יתגלי** עליכון יקר שכינתיה דייי כד EX 16:7
קדם פרעה: ואמרו להון **יתגלי** קדם ייי עולבננא ולחוד EX 5:21
או היך ניסא דעבד ייי **לאתגלאה** למיפרשא ליה אומא DT 4:34
בהון קליפין חיוורין **לגלאה** חיוורא דעל חטרייא: ונעץ GN 30:37
איקר שכינתא דייי: ואמר **מגלא** גלי קדמיי ית סיגוף עמי EX 3:7
אניקי מישתיזב וטמירן **מיגליין** ליה ויהון על ליבה דאהרן EX 28:30
חורן כשעתא דא אנא **מתגלי** בגו מצראי: וימות כל בוכרא EX 11:4
דייי בחזיו לוותהון **מתגלי** בחלמא ממלילנא עימהון: NU 12:6
מה דאתכסי מן נביא הוה **מתגלי** ליה: אימר דשמע מימר מן NU 24:15
דאתכסי מן נבייא הוה **מתגלי** ליה ועל דלא הוה גזיר נפיל NU 24:3
מה דאתכסי מן נביא הוה **מתגלי** ליה: חמי אנא ליה וליתי כדון NU 24:16
דאתכסי מן נבייא הוה **מתגלי** ליה: כמא יאוון הינון בתי NU 24:4
דין איקר שכינתא דייי **מתגלי** לכון: ואזדרזון אהרן ובנוי וכל LV 9:4
ביומא תליתאה הא אנא **מתגלי** עלך בעיבא דענן יקרא מן EX 19:9
בענני איקרי שכינתיה **מתגליא** על בית כפורי: בהדא מידה LV 16:2
וחזיו ולא בטומרא **מתגלינה** ליה באסנא ודמו דבתר NU 12:8
עם אימיה אימך היא לא **תגלי** עריתא: ערית איתת אבוך לא LV 18:7

גלי (34)

פורענותי אישיצי בהון: **אגלי** יתהון במדי ובעילם מן גוא DT 32:24
דבביכון דאעיקו יתכון **בגלוותכון** ועל סנאיכון דרדפו מן DT 30:7
בעלמא ואעיל יתהון **בגלותא** בארע בעלי דבביהון הא LV 26:41
דידבר ייי יתכון תמן **בגלותא**: ותיטעוקון למפלח תמן DT 4:27
ובתקוף רב וטלקינון **בגלותא** לארע חורן כזמן יומא הדין: DT 29:27
מרים אחתן חמיא יתן **בגלותן** ובטילטולן ובשיעבודן וכדו NU 12:12
למיתב לפולחני בכל **גלוות** עממיא דאגלי יתכון ייי DT 30:1
להון לישראל וית **גלוות** תלמידי אליהו דגלו מן DT 34:3
מן בקעתא דיריחו וית **גלוות** תלמידי אלישע דגלו מן DT 34:3
בארעא דישראל על בני **גלוותא** ברם קיריס איטימוס להון NU 11:26
דאתי ותתכנשון בסוף **גלוותא** ותיתבון על ארעא דקיים DT 30:20
דעתיד למשתלחא בסוף **גלוותא**: ותרבי ית כיורא וית EX 40:10
ובההוא יומא הוה שרוי **גלותא** דמצרים וקם ואתא יוסף GN 37:14
אורייתא ויחובון חובת **גלותא** למצרים ויייי אמר לכון לא DT 17:16
ייי ויתיב בארע טלטול **גלותיה** דהות עבידא עילוהי GN 4:16
יתהון במימרי כד יהוון **גליין** בארע בעלי דבביהון לא LV 26:44
בטומרא קדמיי כולהון **גליין** חתימין ומתקנין באפותיקיי: DT 32:34
בכל גלוות עממיא **דאגלי** יתכון ייי לתמן: טוביכון DT 30:1
זחלוי דעפרא: עמא **דגלו** מברא לארעא דישראל תתכיל DT 32:25
וית גלוות תלמידי אליהו **דגלו** מן בקעתא דיריחו וית גלוות DT 34:3
גלוות תלמידי אלישע **דגלו** מן קריית גלעד דקליא על ידי DT 34:3
ועתירי נכסין מתמסכנין **דגלותא** אתיא על עלמא: וכל עמא EX 20:17
מן קדם ייי לכון הוא: **ואיתגלי** בארעא דמצרים בשכינת EX 12:12
דבני נשא למסב יתהון **וגלותא** אתיא על עלמא: ית DT 5:21
ואין אהי מטלטל **וגלי** בארעא כל זכיי דישכחינני GN 4:14
זכאי בגו עמך ישראל **וגלי** מן קטליה ויתכפר להון על DT 21:8
חיל פירהא לך מטלטל **וגלי** תהי בארעא: ואמר קין קדם ייי GN 4:12
רבא דעתיד למשתלחא **לגלוותא** דישראל בסוף יומייא: EX 6:18
לעידן דתמוט ריגליהון **לגלותא** ארום קריב למיתי יום DT 32:35
עד דייצרכון ביניהכון **למגלי** לאתר דילפון אורייתא NU 21:29
דבמצרים וכן למפרקהון **מגלוותהון** לדריהון: ואמר ייי למשה EX 12:42
בנימוסי עממיא דאנא **מגלי** מן קדמיכון ארום ית כל LV 20:23
תיבדון: הי כעמיא דייי **מגלי** מן קדמיכון היכדין תיבדון DT 8:20
איסתאבו עממיא דאנא **מגלי** מן קדמיכון: ואיסתאבת ארעא LV 18:24

גליד (1)

דקיק מסרגל דקיק **כגלידא** דעל ארעא: וחמון בני EX 16:14

גלימא (8)

על טוורייא רמייא ועל **גלימתא** ותחות כל אילן דריויה DT 12:2
ומעצרתיה מן חמרא **וגילמתוי** יחוורן מן טללתא ומן GN 49:12
מטול למכבא טוריא **וגלימתא** ולמדלי מישריא ובעמודא NU 14:14
אימהתהון דמתילו **לגלימתא** הא עמא בלחודיהון NU 23:9
וזכוות אימהתא דמתילן **לגלימתא** וחוטרא דאיתעבידו ביה EX 17:9
דמן עלמא דמתילין **לגלימתא**: ומטוב שבח פירי ארעא DT 33:15
רמייא נחתא עימהון **לגלימתא** מחזרא לכל משיריתא NU 21:19
רמייא נחתא עימהון **לגלימתא** עמיקתא ואתגניזת מנהון NU 21:20

גלל (27)

אלפין מישראל ומן יד **אתגוללו** רחמי שמיא ואתכליית NU 25:8
פעור: והוה בתר מותנא **אתגוללו** רחמי שמיא למתפרעא NU 25:19
לה מעילוי פם בירא **גלגל** יתא כחדא מן דרעוי ניסא GN 28:10
אחוי דיוסף דלא יתקרון **גלוולאי** בגין כן טלטילינון מסיפי GN 47:21
ומצראי ערקין כל קבל **גללוי** ועלים ייי ית מצראי בגו ימא EX 14:27
דמצראי ומן דלוחי **גללי** ימא דעברתון במצעיהון ולא DT 25:18
דמשתלחא להון: ותבו **גללי** ימא וחפון ית רתיכיא וית EX 14:28
דסוף וגבורת ידיה בני **גללייא** עניין ואמרין איליין לאיליין EX 15:18
או בבית קבורתא **וגוללא** ודופקא: וידי כהנא דכיא על NU 19:18
מיניה או בקבורתא **וגוללא** ודופקא יהי מסאב שובעא NU 19:16
דאימיה וקריב יעקב **וגלגיל** ית אבנא בחדא מן אדרעוי GN 29:10
עלוי כלונסן ושרוותא **וגלגיל** עלוי כיפין בכוונות ליבא NU 35:20
אבהתהון במניין שמהן **לגולגל** כל דכורא מבר עשרין שנין NU 1:22
אבהתהון במניין שמהן **לגולגלות** כל דכורא מבר עשרין NU 1:32
אבהתהון במניין שמהן **לגולגלותהון** כל דכורא מבר עשרין NU 1:20
אבהתהון במניין שמהן **לגולגלותהון** כל דכורא מבר עשרין NU 1:28
אבהתהון במניין שמהן **לגולגלותהון** כל דכורא מבר עשרין NU 1:30
אבהתהון במניין שמהן **לגולגלותהון** כל דכורא מבר עשרין NU 1:34
אבהתהון במניין שמהן **לגולגלותן** כל דכורא מבר עשרין NU 1:24
אבהתהון במניין שמהן **לגולגלותן** כל דכורא מבר עשרין NU 1:26
חמשא חמשא סילעין **לגולגלתא** בסילעי קודשא תיסב NU 3:47

מתקליה קבל דרכמונא **לגולגלתא** דאיטימוסין בנהא GN 24:22
גבר לפום מיכליה עומרא **לגולגלתא** מניין נפשתיכון גבר EX 16:16
מבר עשרין שנין ולעילא **לגולגלתהון:** היכמה דפקיד ייי ית NU 1:18
במניין שמהן כל דכורא **לגולגלתהון:** מבר עשרין שנין NU 1:2
בסילעי קודשא: דרכמונא **לגלגלתא** פלגות סילעא בסילעי EX 38:26
מוקמין ית משכנא הוה **מיסגלגל** הי כעכינא חזור חזור EX 26:28

גלף (15)

פרנסא ולאתחברא **בגלוף** שמהן על אבניא דישראל: GN 49:24
אומן יהויין מרגלייתא **גליף** חקיק ומפרש הי כגלוף EX 28:11
תרתיסירי על שמהתהון **גליף** חקיק ומפרש הי כגלוף EX 28:21
על שמהתהון כתב **גליף** חקיק ומפרש הי כגלוף EX 39:14
דהב דכי וכתבו עלוי **גליף** חקיק ומפרש קודש לייי: וסדרו EX 39:30
וית קרתא דמקפן שורהא **גליף** שמהת גיברהא וית שירן ובתר NU 32:38
חלא משקען מרמצן **גליפן** כתב חקיק מפרש על שמהת EX 39:6
בדהבא ובכספא ובנחשא: **ובאגלפות** מרגליתא טבתא EX 35:33
בדהבא ובכספא ובנחשא: **ובאגלפות** מרגליתא לאשלמא EX 31:5
ותעביד ציצא דדהב דכי **ותיגלוף** עלוי חקיק ומפרש קדש EX 28:36
תרתין מרגליין דבורלא **ותיגלוף** עליהון שמהת בני ישראל: EX 28:9
גליף חקיק ומפרש הי **כגלוף** דעיזקא גבר מרגליתיה על EX 28:21
גליף חקיק ומפרש הי **כגלוף** דעיזקא גבר מרגליתיה על EX 39:14
גליף חקיק ומפרש הי **כגלוף** דעיזקא תיגלוף ית תרתין EX 28:11
ומפרש הי כגלוף דעיזקא **תיגלוף** ית תרתין מרגלייתא על EX 28:11

גמל (28)

בסוסוותא בחמרי **בגמלי** בתורי ובענא מותא תקיף EX 9:3
ממסאבתא ברם ית **גמלא** ארום מסיק פישרא הוא LV 11:4
יצחק ואיתרכינת מעל **גמלא:** ואמרת לעבדא מן גברא הדור GN 24:64
בזיניה חזי למתקימא ית **גמלא** וית ארנבא וית טפזא ארום DT 14:7
למימלי ומלת לכל **גמלוי:** וגברא הוה ממתין לה ושתיק GN 24:20
אין לה: והוה כדי ספיקו **גמליא** למימלי ונסיב גברא קדשא GN 24:22
לקרתא דנחור: וארבע **גמליא** מברא לקרתא לבירא דמיא GN 24:11
לות גברא והא קאי עלוי **גמליא** על עינא: וחשיב לבן דהוא GN 24:30
עבדא עשרא גמלין מן **גמליה** ריבוניה ואזל כל שפר GN 24:10
אשקי ושתיתי ואוף **גמלייא** אשקיית: ושאילית יתה GN 24:46
וזקף עינוי וחמא והא **גמלייא** אתיין: וזקפת רבקה ית GN 24:63
וריבתהא ורכיבן על **גמלייא** ואזלן בתר גברא ודבר GN 24:61
ית בנוי וית נשוי על **גמלייא:** ודבר ית כל בעירא וית כל GN 31:17
גברא לביתא ושרי זממי **גמלייא** ויהב לבן תיבנא ואספסתא GN 24:32
מאתן ודיכרי עשרין: **גמלייא** נוקבן עם בניהון הוו תלתין GN 32:16
מינה ואמרת שתי ואוף **גמלייך** אשקי ושתיתי ואוף גמלייא GN 24:46
ואישתי ותימר שתי ואוף **גמלייך** אשקי יתי זמינתא במזלא GN 24:14
הדין: ודבר עבדא עשרא **גמלין** מן גמליה ריבוניה ואזל כל GN 24:10
ושותינון בעביטא **דגמלא** ויתיבת עלויהום ופשפיש GN 31:34
דערבאין אתיא מגלעד **וגמליהון** טעינין שעוה ושרף קטף GN 37:25
דעימיה וית ענא וית תורי **וגמלייא** לתרין משריין למוהבות GN 32:8
ועבדין ואמהן ואתנין **וגמלין:** וגרי מימר דייי בפרעה GN 12:16
ודהבא ועבדין ואמהן **וגמלין** וחמרין: וילידת שרה איתת GN 24:35
עאן סגיאן ואמהן ועבדין **וגמלין** וחמרין: ושמע ית פיתגמי בני GN 30:43
לבן תיבנא ואספסתא **לגמליא** ומוי למשזוג ריגלוי וריגליה GN 24:32
נוכראה ואתר אתקינית **לגמלייא:** ועל גברא לביתא ושרי GN 24:31
לי אוף אנת שתי אוף **לגמלך** אמלי היא אינתתא דזמין ייי GN 24:44
לאשקייותיה ואמרת אוף **לגמלך** אמלי עד דיספקון למשתי: GN 24:19

גמל (6)

הדין משלים להון **גומליהון:** ותינטרון ית תפקידתא DT 7:10
ולחטיאיהון ארום בישא **גמלו** יתך וכדון שבוק בבעו לחובי GN 50:17
דלשום מימרא דייי אתון **גמלין** דא עמא דהוון טפשין וקבילו DT 32:6
יתיב לנא ית כל בישא **דיגמלנא** יתיה: ופקידו ית בלהה GN 50:15
ודיהכון למקבור מיתייא **ולמיגמול** בה חיסדא וית עובדא EX 18:20
לא תידחלון ארום לא **ניגמול** לכון בישתא אלהין טבתא GN 50:19

גמר (44)

ואין נפיל גרמא או **גומרא** דאשא מעילוי מדבחא נפיל EX 27:5
עד פלגיה מטול לקבלא **גומריא** וגרמיא דנפלין מן מדבחא: EX 38:4
דאישתא למירמי עליהון **גומרין** דאשא ובעמודא דעננא EX 14:24
דיליה: ויסב מלי מחתיתא **גומרין** לחשן דאישא מעילוי LV 16:12
מן בגלל דאתיליד כוליה **גמיר** בשיער רישא ודיקנא ושינין GN 25:25
מותנא ביום רוגזך וקרבן **גמיר** לרעוא על גבי מדבחך: בריך ייי DT 33:10
ית קרתא וית כל עדאה **גמיר** קדם ייי אלקכון ותהי תל DT 13:17
רחמך ואמר לא אעביד **גמירא** אין אשכח תמן תלתין: ואמר GN 18:30
רחמך ואמר לא אעביד **גמירא** בגין זכוות ארבעין: ואמר לא GN 18:29
דעלתא קומוי עבדו **גמירא** הינון חייבין ואם עבדין GN 18:21
יתכון מיכא כמיפטריה **גמירא** יהי ליה מטרד יטרוד יתכון EX 11:1
איהי אישתיזבת מן דין **גמירא** על דלא הוות בעיטתהון NU 21:15
וכל מנחתא דכהנא **גמירא** תסתדר ותיהווי לא תיתאכל: LV 6:16
יתה קיים עלם קדם ייי **גמירה** תסתדר ותיתסק: וכל LV 6:15
ואניץ נצין ביה בליליא **גמר** ועבד לוזין: והנפק משה ית כל NU 17:23

קדמיכון ותמחינון **גמרא** תגמרון יתהון בשמתא דייי DT 7:2
לעבדין ולא לאמהן: ארום **גמרא** תגמרינון חיתאי ואמוראי DT 20:17
ההיא לפתגם דחרב **גמרה** יתה וית כל דבה וית בעירה DT 13:16
מלכא דחשבון הכדין **גמרנא** ית כל קירוויי גובריא DT 3:6
דדכי בביתך ייכלוניה: כל **דמגמר** בישראל דילך יהי: כל פתח NU 18:14
ית עמא הדין בידא **ואיגמר** ית קורייהון: וקביל ייי NU 21:2
אתקין בגוה זיקוקין דנור **וגומרין** דאישתא למידן בהום GN 3:24
אברם גיהינם מסיק תננא **וגומרין** דאשא ומבעיר שביבין דנור GN 15:17
ומסר ית כנענאה **וגמר** יתהון וית קורייהון וקרא NU 21:3
ית פרסא דבתרע משכנא **וגמר** משה ית עיבידתא: וחפא ענן EX 40:33
בני ישראל ואגיח בהון **וגמרו** יתהון וית קירויהון: ונטלו NU 33:40
כל קירווי בעידנה ההיא **וגמרנא** ית כל קירווייא גובריא DT 2:34
מקירוי פצחיא סגי לחדא: **וגמרנא** ית קירויהון היכמה דעבדנא DT 3:6
אישתא מן שמי מרומא **וגמרתיה** ומית הרן למיחמי תרח GN 11:28
ועל עולים לא חייס: **ויגמרון** וולדא דבעיריכון ופירי DT 28:51
דיהב ייי אלקכון לכון: **ויגמרון** וולדי מעיכון דתיכלונון DT 28:53
דייי בגין כן חזי לנדוייהון **ולגמרא** ית כל ניכסיהון ולא NU 16:26
תיתפק נור ותשכח כובין **ותגמר** גדיש או מידעם דקאי או EX 22:5
בכון ויגרינון בכל סנאיכון: **ותגמר** ית כל עממיא דייי אלקך DT 7:16
ותיבידון ביני עממיא **ותגמר** יתכון במותנא ארע בעלי LV 26:38
כתיבין על לוח ליבכון: **ותגמרינון** לבנך ותהוון הגיין בהון DT 6:7
פרי ארעכון וכל ליעותכון **יגמר** עמא דלא חכימתון ותהון ברם DT 28:33
תעצרון למכנוש ארום **יגמריניה** זחלא: זתין יהון לכון בכל DT 28:39
יתקטיל בסייפא וניכסוי **יתגמרון** בגין כן לא תהון פלחין EX 22:19
למהוי כשלהוביתא **לגמרא** ית דבית עשו אמר מכדון GN 30:25
מן אדם קטיליהון וסייפי **תגמר** בישריהון מדם קטילין DT 32:42
תגרי בהון תקוף יוגזך **תגמר** יתהון הי כנורא בערא שלטא EX 15:7
קדמיכון ותמחינון גמרא **תגמרון** יתהון בשמתא דייי לא DT 7:2
ולא לאמהן: ארום גמרא **תגמרינון** חיתאי ואמוראי כנענאי DT 20:17

גן (27)

עבידא עילוהי מלקדמין **בגינוניתא** דעדן: וידע קין ית GN 4:16
מתמן ואשרייא **בגינוניתא** דעדן למיהוי פלח GN 2:15
ית קל מימרך שמעית **בגינוניתא** ודחילת ארום ערטיליי GN 3:10
דייי אלקים מטייל **בגינוניתא** למנח יומא ואיטמר אדם GN 3:8
לחיויא משאר פירי אילן **גינוניתא** אית לן רשו למיכל: ומפירי GN 3:2
אילנא דבי מציעות **גינוניתא** אמר ייי לא תיכלון מיניה GN 3:3
משה ית חוטרא דנסב מן **גינוניתא** דחמוי והוא מספיר כורסי EX 4:20
גופנא דמושכיה נהרא מן **גינוניתא** דעדן ונצביה לכרמא וביה GN 9:20
מן גובא ועל משה בגו **גינוניתא** דרעואל והוה מודי ומצלי EX 2:21
לא תיכלון מכל אילן **גינוניתא:** ואמרת איתתא לחיויא GN 3:1
מן כיפא והוה דעיץ בגו **גינוניתא** ומן יד אושיט ידיה ונסביה EX 2:21
נפיק מעדן לאשקאה ית **גינוניתא** ומתמן מתפרש והוי GN 2:10
אלקים במציעות אילני **גינוניתא:** וקרא ייי אלקים לאדם GN 3:8
אדם לאומר מכל אילן **גינוניתא** מיכל תיכול: ומאילן GN 2:16
במימרא דייי אלקים **גינוניתא** מעדן לצדיקייא קדם GN 2:8
ואילן חייא במציעות **גינוניתא** רומיה מהלך חמש מאה GN 2:9
אדם בעידן דאיטרד מן **גינתא** דעדן ואקריב עילוי קרבנא GN 8:20
ברא אורייתא אתקין **גינתא** דעדן לצדיקייא דייכלון GN 3:24
נגזור עלוהי וניטרדיה מן **גינתא** דעדן קדם עד לא יפשט ידיה GN 3:22
ההיא משבחא באילניא **כגינוניתא** דייי ובעללתא כארעא GN 13:10
ומשקיית ליה בגרמך הי **כגינת** ירקיא: וארעא דאתון עברין DT 11:10
באולפן אורייתא והי **כגנין** שתילין על פרקטוני נהרין כן NU 24:6
וכהונתא ללוי: מדימנא לך **לגינא** קלילא דעלון לגווה נחלין GN 49:4
דאידברת כד היא קיימא **לגינוניתא** על דבשרת ליעקב דיוסף GN 46:17
ענני שמייא ואזלין **לגן** עדן ונסבין מתמן ית בושמא EX 35:28
ואבנין טבן דדבר פישון **מגינוניתא** דעדן לגוא גיחון וגיחון EX 14:9
ותרכיה ייי אלקים **מגינתא** דעדן ואזל ויתיב בטורי GN 3:23

גנב (42)

מומתא ולא ישלם: ואין **איתגנבא** יתגניב מיניה דהוה ליה EX 22:11
אסירי הדין: ארום מיגנב **איתגניבית** מן ארעא דעיבראי ואוף GN 40:15
חד מן בגלל דאקטיה **בגניבותיה** ולית בה עיבידתא: אין EX 21:37
קדמיהון: ארום תיזבון **בגניבותיה** לעבדא לבר ישראל שית EX 21:2
מבית גבר אין משתכח **גנבא** איהו משלם על חד תרין: אין EX 22:6
בחרכא דכותלא משתכח **גנבא** ויתמחי וימות לית ליה חובת EX 22:1
חד תרין: אין לא משתכח **גנבא** ויתקרב מריה ביתא לקדם EX 22:7
דין מריה דביתא ודין **גנבא** ולמאן דמחייבין דיינייא ישלם EX 22:8
דמחייבין דיינייא ישלם **גנבא** על חד תרין לחבריה: ארום יתן EX 22:8
גניבותא בתר כן ביד **גנבא** קדם דיינייא ייעול דין תריהום EX 22:8
עם גנבין ארום בחובי **גנביא** כפנא נפיק על עלמא: עמי בני EX 20:15
עם גנבין ארום בחובי **גנביא** כפנא נפיק על עלמא: עמי בני DT 5:19
לחוד הינון למיהוי עם **גנבין** ארום בחובי גנביא כפנא נפיק EX 20:15
בכנישתהון דישראל עם **גנבין** ארום בחובי גנביא כפנא נפיק DT 5:19
בכנישתהון דישראל עם **גנבין** דלא יקומון בניכון מן בתריכון EX 20:15
חברין ולא שותפין עם **גנבין** ולא יתחמי בכנישתהון EX 20:15

חברין ולא שותפין עם **גנבין** ולא יתחמי בכנישתהון DT 5:19
עמי בני ישראל לא תהוון **גנבין** ולא תכפרון ולא תשקרון LV 19:11
עמי בני ישראל לא תהוון **גנבין** לא חברין ולא שותפין עם EX 20:15
עמי בני ישראל לא תהוון **גנבין** לא חברין ולא שותפין עם DT 5:19
לבייתיה דאבוך למה **גנבת** ית צילמי טעותי: ואתיב יעקב GN 31:30
אזיל למילט יתהון ודי **גנבתא** דעתהון דעמא האילין NU 22:30
ולא ידע יעקב ארום רחל **גנבתנון**: ועל לבן במשכנא דיעקב GN 31:32
ארום ישתכח בר נש **גניב** נפש מאחוי מבני ישראל DT 24:7
בעזיא ולחוש באימרייא **גניבא** הוא למהוי דילי: ואמר לבן GN 30:33
הוא דין וכד משתכחא **גניבותא** בתר כן ביד גנבא קדם EX 22:8
משתכחא ברשותיה **גניבותא** מן תור עד חמר עד אימר EX 22:3
דמשלם ויזדבן ליה בדמי **גניבותיה** ועד שתא דשמיטתא: אין EX 22:2
מן ידי הוית תבע יתה מה **דמתגניב** ביממא מבני נשא עלי הוה GN 31:39
דהוה גחין להון אבוהא: **וגנב** יעקב ית דעתיה דלבן ארמאה GN 31:20
לבן ליעקב מה עבדת **וגנבת** דעתי ודברת ית בנתי הי GN 31:26
למא איטמרת למיזל **וגנבת** דעתי ולא תנית לי דאילו GN 31:27
ולבן אזל למיגז ית עניה **וגנבת** רחל ית צלמנייא דהוון נכסין GN 31:19
לוי ואותיב בכילתא **וגנונא** דהלולא ית יוכבד אינתתיה EX 2:1
בשינוקא דסודרא: **ודיגנוב** נפש מבני ישראל ויזבניניה EX 21:16
למינטר בלא אגר נטיר **ומתגנבין** מבית גבר אין משתכח EX 22:6
ומושכא יהי דיליה: ארום **יגנב** גבר תור או אימר ויכסיניה או EX 21:37
אחוין דשין בתריהון דלא **יתגנבון**: אזדהרון דילמא אית בכון DT 29:16
ולא ישלם: ואין איתגנבא **יתגניב** מיניה דהוה ליה עימיה אגר EX 22:11
מן בית אסירי הדין: ארום **מיגנב** איתגניבית מן ארעא GN 40:15
הוה לאשלמא ומה דהוה **מתגניב** בליליא מן חיות ברא עלי GN 31:39
לך מארעא דכנען והכדין **ניגנוב** מבית ריבונך מנין דכסף או GN 44:8

גנברא (2)

אריוך דהוה אריך **בגינבריא** מלכא דתליסר כדרלעמר GN 14:1
ואתא עוג דאישתזיב מן **גנבריא** דמיתו בטובענא ורכב עילוי GN 14:13

גנובתא (1)

ציציתיה וחד תחות **גונביה** יתיה תיכלון: וכל דלית ליה DT 14:9

גנון (2)

ליה פוריינא וקטר ליה **גננא** בגויה זמין ליה שושביני אפא DT 32:50
גבר ארום ימות תחות **גננא** דפריס כל מן דעליל למשכנא NU 19:14

גנז (10)

בירא כד שכיבת **איתגניזת** בירא ולא הוו מוי NU 20:2
ונשמתך תהוי גניזא **בגניז** חיי עלמא עם אבהתך ויקומון DT 31:16
וינטרון: ויהי עיבורא **גניז** במערתא בארעא למזן מיניה GN 41:36
משה ספריהון דישראל **גניז** והיכמא דהוה עליל ונפיק בריש DT 33:21
אבהתך ונשמתך תהוי **גניזא** בגניז חיי עלמא עם אבהתך DT 31:16
איסרטוון דנהורי ותמן **גניזי** חכמתא דמתילין לנהורי EX 40:4
ומני זגוגיתא ארום **גניזיא** דתחומיא גליין להון: DT 33:19
רזייא סתימיא קיציא **גניזיא** ומתן אגרהון דצדיקייא GN 49:1
קדם ייי על עיסק בירא **דאיתגנזת** ואתקדש בהון במשה NU 20:13
לגלימתא עמיקתא **ואתגניזת** מנהון בתחומהון NU 21:20

גני (3)

לגבר דלא עורלתא ארום **גנותא** היא לנא: ברם בדא נתפייס GN 34:14
והיא תבזי ית עריתיה **גניי** הוא ארום חסדא עבדית עם LV 20:17
כד מטמוע שימשא **ויגני** בקלופקריה ויברכינך ולך תהי DT 24:13

גניס (2)

איתא לברי מן יחוסי **ומגניסת** בית איבא: בכין תזדכי GN 24:40
אחא דאיבא היא ברם לא **מגניסת** אימא והות לי לאינתו: והוה GN 20:12

גניסא (183)

במותב ארעתהון **בגניסת** עממיהון: ולשם איתיליד GN 10:20
והוה ביום תליתאי יום **גנוסא** דפרעה ועבד שורו לכל עבדוי GN 40:20
מאילן איתפרשא **גנוסי** נגוות עממיא כל חד ללישניה GN 10:5
ואצר ודישן אילין רברבי **גנוסיא** בנוי דגבל דמדורהון מן GN 36:21
דאדומאי: אילין בנוי דגבל **גנוסיא** דמקדמת דנא הוון יתבי GN 36:20
רבא דישן אילין רברבי **גנוסייא** לרברבניהום דמדוריהום מן GN 36:30
עוץ וארם: אילין רברבי **גנוסייא** רבא לוטן רבא שובל רבא GN 36:29
דנא בר נש או איתא או **גניסא** או שיבטא דליביה מתפני DT 29:17
דין עם דין גניסא עם **גניסא** אוחרי למעבד יתיה: וארום EX 12:47
מתערבין דין עם דין **גניסא** עם גניסא אוחרי למעבד EX 12:47
מבני לוי אתקטלו ארבע **גניסן** אמרו דין לדין מאן גרם לנא DT 10:6
וקטלו מינהון תמני **גניסן** והדרו לאחוריהון אף מבני לוי DT 10:6
והות אחסנתהן על שיבט **גניסת** אבוהן: איליין פיקודייא NU 36:12
לשוני גניסת שוני: לאזני **גניסת** אזני לערי גניסת ערי: לארוד NU 26:16
אילין בנוי דגלעד איעזר **גניסת** איעזר לחלק גניסת חלק: NU 26:30
לסרד גניסת סרד לאלון **גניסת** אלון ליחלאל גניסת יחלאל: NU 26:26
גניסת ארוד לאראלי **גניסת** אראלי: אילין גניסתא בני גד NU 26:17
דבלע ארד ונעמן לארד **גניסת** ארד לנעמן גניסת נעמן: NU 26:40
לערי גניסת ערי: לארוד **גניסת** ארוד לאראלי גניסת אראלי: NU 26:17
לבלע גניסת בלע לאשבל **גניסת** אשבל לאחירם גניסת חירם: NU 26:38
גניסת חלק: ואשריאל **גניסת** אשריאל ושכם גניסת שכם: NU 26:31
גניסת שותלח לבכר **גניסת** בכר לתחן גניסת תחן: ואילין NU 26:35
דבנימין לגניסתהון לבלע **גניסת** בלע לאשבל גניסת אשבל NU 26:38
לערן גניסת ערן: אילין **גניסת** בנוי דאפרים לסכומהון NU 26:37
כדון יוסף קיים: אילין **גניסת** בנוי דאשר לסכומהון חמשין NU 26:47
מטולהון: דא היא פולחנת **גניסת** בני גרשון במשכן זימנא NU 4:28
איליין מיניין סכומי **גניסת** בני גרשון כל דיפלח במשכן NU 4:41
גבר טלי או גבר סיב מן **גניסת** בני ישראל דיעבר מזרעיה LV 20:2
איליין מנייני סכומי **גניסת** בני מררי דמנא משה ואהרן NU 4:45
מימרא דייי: ומניין סכומי **גניסת** בני מררי לגניסתהון לבית NU 4:42
מטולהון: דא היא פולחנת **גניסת** בני מררי לכל פולחנהון NU 4:33
גניסת ישוה לבריעה **גניסת** בריעה: לבנוי דבריעה לחבר NU 26:44
גניסת יחצאל לגוני **גניסת** גוני: ליצר גניסת יצר לשילם NU 26:48
אוליד ית גלעד לגלעד **גניסת** גלעד: אילין בנוי דגלעד NU 26:29
זימנא: דא היא פולחנת **גניסת** גרשון למפלח ולמטול: NU 4:24
ליואי לגניסתהון לגרשון **גניסת** גרשון לקהת גניסת קהת NU 26:57
שמעי איליין הינון **גניסת** גרשון: סכומהון במניין כל NU 3:21
גניסת שוחם אילין **גניסת** דן לגניסתהון: כל גניסת NU 26:42
לפרץ גניסת פרץ לזרח **גניסת** זרח: והוו בני פרץ לחצרון NU 26:20
ליכין גניסת יכין: לזרח **גניסת** זרח לשאול גניסת שאול: NU 26:13
לבנוי דבריעה לחבר **גניסת** חבר למלכיאל גניסת NU 26:45
גניסת ליוואי גניסת ליבני **גניסת** חברון גניסת מחלי גניסת NU 26:58
לצפון גניסת צפון לחגי **גניסת** חגי לשוני גניסת שוני: לאזני NU 26:15
גניסת שפופם לחופם **גניסת** חופם: והוו בנוי דבלע ארד NU 26:39
גניסת אשבל לאחירם **גניסת** חירם: לשפופם גניסת שפופם NU 26:38
גניסת איעזר לחלק **גניסת** חלק: ואשריאל גניסת NU 26:30
גניסת חצרון לחמול **גניסת** חמול: אילין גניסתא דיהודה NU 26:21
בנוי דראובן חנוך **גניסת** חנוך לפלוא גניסת פלוא: NU 26:5
גניסת שמידע וחפר **גניסת** חפר: וצלפחד בר חפר לא הוון NU 26:32
זרח: והוו בני פרץ לחצרון **גניסת** חצרון לחמול גניסת חמול: NU 26:21
גניסת פלוא: לחצרון **גניסת** חצרון לכרמי גניסת כרמי: NU 26:6
גניסת אלון ליחלאל **גניסת** יחלאל: אילין גניסתא זבולון NU 26:26
לגניסתהון ליחצאל **גניסת** יחצאל לגוני גניסת גוני: ליצר NU 26:48
לימין גניסת ימין ליכין **גניסת** יכין: לזרח גניסת זרח לשאול NU 26:12
גניסת נמואל לימין **גניסת** ימין ליכין גניסת יכין: לזרח NU 26:12
דאשר לגניסתהון לימנה **גניסת** ימנה לישוה גניסת ישוה NU 26:44
לגוני גניסת גוני: ליצר **גניסת** יצר לשילם גניסת שילם: NU 26:49
לפוה גניסת פוה: לישוב **גניסת** ישוב לשמרון גניסת שמרון: NU 26:24
לימנה גניסת ימנה לישוה **גניסת** ישוה לבריעה גניסת בריעה: NU 26:44
גבר טלי או סיב מבית **גניסת** ישראל די יכוס ניכסת תור LV 17:3
טלי או גבר סיב מבית **גניסת** ישראל ומן גיורא דבישראל LV 22:18
גבר טלי וגבר סיב מבית **גניסת** ישראל ומן גייורייא LV 17:8
וגבר טלי וגבר סיב מבית **גניסת** ישראל ומן גייורייא LV 17:10
טלי או גבר סיב מבית **גניסת** ישראל ומן גייורייא LV 17:13
גניסת שמרון: אילין **גניסת** יששכר לסכומהון שיתין NU 26:25
גניסת חצרון לכרמי **גניסת** כרמי: אילין גניסתא דראובן NU 26:6
לבית אבהתהון: לגרשון **גניסת** לבני וגניסת שמעי איליין NU 3:21
מררי: איליין גניסת ליוואי **גניסת** ליבני גניסת חברון גניסת NU 26:58
מחלי ומושי אילין הינון **גניסת** ליואי לבית אבהתהון: NU 3:20
למררי גניסת מררי: איליין **גניסת** ליוואי גניסת ליבני גניסת NU 26:58
גניסת חברון גניסת מחלי **גניסת** מושי גניסת קרח וקהת NU 26:58
גניסת ליבני גניסת חברון **גניסת** מחלי גניסת מושי גניסת NU 26:58
בנוי דמנשה למכיר **גניסת** מכיר ומכיר אוליד ית גלעד NU 26:29
גניסת חבר למלכיאל **גניסת** מלכיאל: ושום ברת אשר NU 26:45
חגלה מלכה ותרצה: אילין **גניסת** מנשה וסכומהון חמשין NU 26:34
לקהת גניסת קהת למררי **גניסת** מררי: איליין גניסת ליוואי NU 26:57
דמושי איליין הינון **גניסת** מררי: סכומהון במניין כל NU 3:33
אבא דהוה מתמני על **גניסת** מררי צוריאל בר אביחיל על NU 3:35
לגניסתהון לנמואל **גניסת** נמואל לימין גניסת ימין NU 26:12
לארד גניסת ארד לנעמן **גניסת** נעמן: איליין בנוי דבנימן NU 26:40
גניסת שילם: אילין **גניסת** נפתלי לסכומהון ארבעין NU 26:50
מאה: בנוי דזבולן לסרד **גניסת** סרד לאלון גניסת אלון NU 26:26
לאזני גניסת אזני לערי **גניסת** ערי: לארוד גניסת ארוד NU 26:16
ואילין בני שותלח לערן **גניסת** ערן: אילין גניסת בנוי NU 26:36
תולע גניסת תולע לפוה **גניסת** פוה: לישוב גניסת ישוב NU 26:23
חנוך גניסת חנוך לפלוא **גניסת** פלוא: לחצרון גניסת חצרון NU 26:5
לשלה גניסת שלה לפרץ **גניסת** פרץ לזרח גניסת זרח: והוו בני NU 26:20
דגד לגניסתהון לצפון **גניסת** צפון לחגי גניסת חגי לשוני NU 26:15
דעזיאל איליין הינון **גניסת** קהת: במניין כל דכורא מבר NU 3:27
אילין מניין סכומי **גניסת** קהת כל דפלח במשכן זימנא NU 4:37
גניסת גרשון לקהת **גניסת** קהת למררי גניסת מררי: NU 26:57
אליסף בר דעואל: ונטלין **גניסת** קהת נטלי מוקדשא ומקימין NU 10:21
גניסת מחלי גניסת מושי **גניסת** קרח וקהת אוליד ית עמרם: NU 26:58
לזרח גניסת זרח לשאול **גניסת** שאול: אילין גניסתא דשמעון NU 26:13
דגד לגניסתהון לשוחם **גניסת** שוחם אילין גניסת דן NU 26:42

גניסת דן לגניסתהון: כל **גניסת** שוחם לגניסתהון שיתין NU 26:43
לחגי גניסת חגי לשוני **גניסת** שוני: לאזני גניסת אזני לערי NU 26:15
לסכומהון לשותלח **גניסת** שותלח לבכר גניסת בכר NU 26:35
ליצר גניסת יצר לשילם **גניסת** שילם: אילין גניסת נפתלי NU 26:49
גניסת אשריאל ושכם **גניסת** שכם: ושמידע גניסת שמידע NU 26:31
יהודה לגניסתהון לשלה **גניסת** שלה לפרץ גניסת פרץ לזרח NU 26:20
על אנפי כל ארעא: אילין **גניסת** שם שם בר מאה שנין כד GN 11:10
גניסת שכם: ושמידע **גניסת** שמידע וחפר גניסת חפר: NU 26:32
גניסת ישוב לשמרון **גניסת** שמרון: אילין גניסת יששכר NU 26:24
גניסת חירם: לשפופם **גניסת** שפופם לחופם גניסת חופם: NU 26:39
לגניסתהון תולע **גניסת** תולע לפוה גניסת פוה: לישוב NU 26:23
לבכר גניסת בכר לתחן **גניסת** תחן: ואילין בני שותלח לערן NU 26:35
וית נחור וית הרן: ואילין **גניסת** תרח תרח אוליד ית אברם GN 11:27
גניסת אראלי: אילין **גניסתא** בני גד לסכומהון ארבעין NU 26:18
דהוה מתמני על תרתין **גניסתא** דגרשון אליסף בר לאל: NU 3:24
אלפין וחמש מאה: תרתין **גניסתא** די נפקו מגרשון בתר NU 3:23
דקודשא: ארבעת **גניסתא** די נפקו מקהת ישרון על NU 3:29
גניסת חמול: אילין **גניסתא** דיהודה לסכומהון שובעין NU 26:22
מטרת קודשא: למררי **גניסתא** דמחלי וגניסתא דמושי NU 3:33
לכל פולחניה: ולקהת **גניסתא** דעמרם וגניסתא דיצהר NU 3:27
לכרמי גניסת כרמי: אילין **גניסתא** דראובן והוו סכומהון NU 26:7
גניסת שאול: אילין **גניסתא** דשמעון עשרין ותרין NU 26:14
ויסבון להון אימר לבית **גניסתא** ואין סגיאין ממניינא יסבון EX 12:3
גניסת יחלאל: אילין **גניסתא** זבולון לסכומהון שיתין NU 26:27
אבא דהוה מתמני על **גניסתא** קהת אליצפן בר עזיאל: NU 3:30
לארעי ולילדותי ולבית **גניסתי** תיזיל ותיסב איתתא לברי GN 24:4
יתמנע שום אבונא מיגו **גניסתיה** ארום לית ליה ביר דכר אין NU 27:4
קדם ייי: אילין יחוסין **דגניסת** נח נח הוה גבר זכאי שלים GN 6:9
לשיצאה ית שיבטא **דגניסת** קהת מגו ליואי: ודא תקנתא NU 4:18
למעסוק בגברא ההוא **ובגניסתיה** דמחפיין עלוי LV 20:5
לגרשון גניסת לבני **וגניסת** שמעי איליין הינון גניסת NU 3:21
דעמרם וגניסתא דיצהר **וגניסתא** דחברון וגניסתא דעוזיאל NU 3:27
ולקהת גניסתא דעמרם **וגניסתא** דיצהר וגניסתא דחברון NU 3:27
למררי גניסתא דמחלי **וגניסתא** דמושי איליין הינון גניסת NU 3:33
דיצהר וגניסתא דחברון **וגניסתא** דעוזיאל איליין הינון גניסת NU 3:27
בני לוי: ואמר משה לקרח **ולגניסתיה** קבילו כען בני לוי: NU 16:8
לבי דינא רישי אבהתא **לגניסת** בני גלעד בר מכיר בר מנשה NU 36:1
גלעד בר מכיר בר מנשה **לגניסת** מנשה בר יוסף כדי שמעאן NU 27:1
במותב ארעייתהון **לגניסת** עממהון: אילין יחוסי בנוי GN 10:31
תהוויין לנשין לחוד **לגניסת** שיבט אבוהן תהוויין לנשין: NU 36:6
מאה אילין בנוי דיוסף **לגניסתהון**: בנוי דבנימין לגניסתהון NU 26:37
משה ואהרן ית בני קהת **לגניסתהון** ולבית אבהתהון: מבר NU 4:34
ומניין סכומי בני גרשון **לגניסתהון** ולבית אבהתהון: מבר NU 4:38
ורברבי ישראל ית ליואי **לגניסתהון** ולבית אבהתהון: מבר NU 4:46
ומושי אילין ייחוסין דלוי **לגניסתהון**: ונסב עמרם ית יוכבד EX 6:19
נעמן: אילין בנוי דבנימן **לגניסתהון** וסכומהון ארבעין NU 26:41
שוחם אילין גניסת דן **לגניסתהון**: כל גניסת שוחם NU 26:42
בני לוי לבית אבהתהון **לגניסתהון** כל דכורא מבר ירחא NU 3:15
על פום מימרא דייי **לגניסתהון** כל דכורא מבר ירחא NU 3:39
כל כנישתא דבני ישראל **לגניסתהון** לבית אבהתהון במניין NU 1:2
דישראל ייחוסיהון **לגניסתהון** לבית אבהתהון במניין NU 1:20
לבנוי דשמעון ייחוסיהון **לגניסתהון** לבית אבהתהון במניין NU 1:22
מאה: לבנוי דגד ייחוסיהון **לגניסתהון** לבית אבהתהון במניין NU 1:24
לבנוי דיהודה ייחוסיהון **לגניסתהון** לבית אבהתהון במניין NU 1:26
לבנוי דיששכר ייחוסיהון **לגניסתהון** לבית אבהתהון במניין NU 1:28
לבנוי דזבולן ייחוסיהון **לגניסתהון** לבית אבהתהון במניין NU 1:30
לבנוי דאפרים ייחוסיהון **לגניסתהון** לבית אבהתהון במניין NU 1:32
לבנוי דמנשה ייחוסיהון **לגניסתהון** לבית אבהתהון במניין NU 1:34
לבנוי דבנימין ייחוסיהון **לגניסתהון** לבית אבהתהון במניין NU 1:36
מאה: לבנוי דדן ייחוסיהון **לגניסתהון** לבית אבהתהון במניין NU 1:38
לבנוי דאשר ייחוסיהון **לגניסתהון** לבית אבהתהון במניין NU 1:40
בנוי דנפתלי ייחוסיהון **לגניסתהון** לבית אבהתהון במניין NU 1:42
בני קהת מגו בני לוי **לגניסתהון** לבית אבהתהון: מבר NU 4:2
סכומי גניסת בני מררי **לגניסתהון** לבית אבהתהון: מבר NU 4:42
בר אהרן כהנא: בני מררי **לגניסתהון** לבית אבהתהון תימני NU 4:29
לגניסתהון: בנוי דבנימין **לגניסתהון** לבלע גניסת בלע NU 26:38
ואילין שמהת בני גרשון **לגניסתהון** לבני ושמעי: ובנוי דקהת NU 3:18
ואלין סכומי ליואי **לגניסתהון** לגרשון גניסת גרשון NU 26:57
וארבע מאה: בנוי דנפתלי **לגניסתהון** ליחצאל גניסת יחצאל NU 26:48
וארבע מאה: בנוי דאשר **לגניסתהון** לימנה גניסת ימנה NU 26:44
ארעא: בנוי דשמעון **לגניסתהון** לנמואל גניסת נמואל NU 26:12
אלפין ומאתן: בנוי דגד **לגניסתהון** לצפון גניסת צפון לחגי NU 26:15
ושית מאה: אילין בנוי דגד **לגניסתהון** לשוחם גניסת שוחם NU 26:42
דכנען: והוו בני יהודה **לגניסתהון** לשלה גניסת שלה לפרץ NU 26:20

אף הינון לבית אבהתהון **לגניסתהון**: מבר תלתין שנין ולעילא NU 4:22
ועזיאל: ובנוי דמררי **לגניסתהון** מחלי ומושי אילין הינון NU 3:20
לבני ושמעי: ובנוי דקהת **לגניסתהון** עמרם ויצהר וחברון NU 3:19
כל גניסת שוחם **לגניסתהון** שיתין וארבעא אלפין NU 26:43
וחמש מאה: בנוי דיששכר **לגניסתהון** תולע גניסת תולע לפוה NU 26:23
זימנא: והוו סכומהון **לגניסתהון** תלת אלפין ומאתן: NU 4:44
זימנא: והוו סכומהון **לגניסתהון** תרין אלפין ושבע מאה NU 4:36
זימנא: והוו סכומהון **לגניסתהון** תרין אלפין ושית מאה NU 4:40
הוא ובנוי עימך ויתוב **לגניסתיה** ולאחסנת אבהתוי יתוב: LV 25:41
ית ארעא בעדבין **לגניסתכון** לשיבט דעמיה סגין NU 33:54
לקריביה דקריב ליה **מגניסת** אבוי וירית יתה ותהי לבני NU 27:11
לבני חביביהן לנשין: **מגניסת** בני מנשה בר יוסף הואה NU 36:12
חמינא ית גיבריא בני ענק **מגניסת** גיבריא והווינא דמיין באנפי NU 13:33
גלעד בר מכיר בר מנשה **מגניסת** יוסף ומלילו קדם משה NU 36:1

גנן (1)

ורכב עילוי תיבותא והוה **גננא** על רישיה והוה מתפרנס מן GN 14:13

גף (1)

דבארעא דמו דכל ציפר **גפא** דפרחא באויר רקיע שמיא: דמו DT 4:17

גפף (3)

יתהון לוותיה ונשיק להון **וגפיף** להון: ואמר ישראל ליוסף GN 48:10
ורהט עשו לקדמותיה **וגפיף** ליה ואתרכין על צווריה ונשיך GN 33:4
לאנפוי ורהט לקדמותיה **וגפיף** ליה ונשיק ליה ואעליה GN 29:13

גרב (1)

דמסמיין חזותא **ובגרבא** ובחיכוכא דלא תיכלון DT 28:27

גרגר (2)

עלי בנבואה דיהוון **גרגירי** חיטיהון היך כוליין דתורי DT 32:14
ליתוי צייח למימרנא **גרגרן** בבישרא ושתאי בחמרא: ויהי DT 21:20

גרגשתא (4)

דנחשא תיתבשל ויסתפן **בגרגישתא** וישתטיף במוי: כל LV 6:21
קטילת אחוך דאיתבלעו **בגרגישתא** צווחין קדמיי מן ארעא: GN 4:10
ואמר אלקים תהנפק **גרגישתא** דארעא נפשת ברייתא GN 1:24
כגון זעפרנא או הי כמוי **דגרגישתא** או הי כמזג חמר סמוק LV 15:19

גרד (5)

לפומיה חזור חזור עובד **גרדא** הי כפום שיריא יהי ליה לא EX 28:32
ית כיתונין דבוץ עובד **גרדי** לאהרן ולבנוי: וית מצנפתא EX 39:27
ית מנטר מעילא עובד **גרדי** שזיר תיכלא: ופום מנטר EX 39:22
ולא מן סיסיא ולא מן **גרדיא** אלהין לשומהון יעבדונון NU 15:38
וביצבע זהורי ובבוצא **וגרדי** עבדי כל עיבידתא ומלפי EX 35:35

גרי (48)

בשיניהון היך חיוות ברא **איגרי** בהון ואטלטילינון ביד DT 32:24
בגו קיטוני מדמיכיהון **איגרי** בהון חרגת מותא אילך ואילך DT 32:25
רשיעא וכדון איתגרתא **איתגרא** למילוט יתהון וכיוון NU 31:8
יתה לי לאינתו ומן יד **איתגריאת** בי מכתשא ולא קריבית GN 12:19
בהון עמלק רשיעא וכדון **איתגרתא** איתגרא למילוט יתהון NU 31:8
ואוף מחא מן קדם ייי **אתגריית** להון למשצייהון מיגו DT 2:15
למכנשא עליהון בישתא **גירי** מחת פורענותי אישיצי בהון: DT 32:23
יתרגם באבנא ברדא או **גירין** דאישא ידריקון ביה אין EX 19:13
מן קדמך ייי כסון עליהון **גירין** דימא נחתו ושקעו הי כאברא EX 15:10
מנכון פרעה ואיגרי בהון **גירין** דקטול ואיתין מחת גבורת ידי EX 7:4
מן בגלל מצראי דפתקין **גירין** ואבנין לישראל והוה עננא EX 14:19
לך מבעלי דבבך למפתק **גירין** להון כד יחזורון קדל קדמך GN 49:8
סב כדון מאני זינך בית **גירך** וקשתך ופוק לחקלא וצוד לי GN 27:3
עובדיהון בישיא: אירוי **גירי** מן אדם קטיליהון וסייפי DT 32:42
אתרעמו על מזונהון בכן **גרי** מימרא דייי בעמא ית חיוון NU 21:6
ומן בתר דנפקו ממצרים **גריתא** בהון עמלק רשיעא וכדון NU 31:8
ויתיב בכון ית כל מרעיא **דאתגיירו** במצראי ויתאדקון בכון: DT 28:60
ההיא וית מרעאהא **דגרי** ייי בה: כובריתא ומילחא עם DT 29:21
ושרו בפונון אתר **דגרי** ייי בהון ית חיוון קלן וסליקת NU 33:42
צית שמיא: ונטלו מאתר **דגרי** ייי בהון ית חיוון קלן ושרו NU 33:43
כל מרעין וכל מכתשיא **דגרי** ייי על מצרים בישיא דידעת DT 7:15
ית בעלי דבביכון **דיגרינון** מימרא דייי בכון בכפנא DT 28:48
למפלח לטעוותהון **ואיגרי** בבו בניכון ובני עממיא DT 28:65
יקבל מנכון פרעה **ואיגרי** בהון גירין דקטול ואיתין EX 7:4
עבירן די חטיתון קדמי: **ואיגרי** בכון רשות חיות ברא LV 26:22
ויתכון אדרי ביני עממיא **ואיגרי** בתריכון עם שלופי חרב LV 26:33
מן צייריא לקורייכון **ואיגרי** מותנא ביניכון ותתמסרון כד LV 26:25
אנא אעביד דא לכון **ואיגרי** עליכון מחת מותנתא ית LV 26:16
דבביהון ותוקפהון יתבר **וגירי** מחוות פורענותיה יגרי בהון NU 24:8
ואיספרמקי ומיגדי וירקי: **וגרי** ייי בתר מיטרין דנחתין על DT 28:24
ואמהן ואתנין וגמלין: **וגרי** מימר דייי בפרעה מכתשין GN 12:17
מה יתעבד ליה: **וגרי** מימר דייי צולקא דשחינא EX 2:5
ממצרים בידא תקיפתא: **וגרי** מימרא דייי אתין ותימהין DT 6:22
דיוגדון חייכון עד עלמין: **ויגרי** מימרא דייי אלקכון ית DT 30:7
דידעת לא ישווינון בכון **ויגרינון** בכל סנאיכון: ותגמר ית כל DT 7:15

ומכתת אומיא ומלכיא **ומגרי** איליין באיליין: וציען יצטרחן NU 24:23
ארעיה שרי לתרכותיה **ותתגרי** למסדרא לקובליה סדרי DT 2:24
וגירי מחוות פורענותיה **יגרי** בהון וישיצינון: נייחין ושריין NU 24:8
מחת אורעייתא טריקיא **יגרי** ייי אלקכון בהון עד דיהובדון DT 7:20
במיפקכון לפרקמטייכון: **יגרי** מימרא דייי בכון ית לווטתא DT 28:20
מפטר ית עמי האנא **מגרי** בך ובעבדך ובעמך ובביתך ית EX 8:17
בחוביא חמודיא מלכותא **מתגריא** בניכסיהון דבני נשא EX 20:17
בחובי חמודיא מלכותא **מתגריא** בניכסיהון דבני נשא למסב DT 5:21
כען כד לא הות למהוי **מתגריא** לחוד בבעירך דבחקלא EX 9:3
שליף סנדלא: ארום **מתגריין** בני נשא כחדא גבר וחבריה DT 25:11
שורי בעלי דבביהון דעמך **תגרי** בהון תקוף רוגזך תגמר יתהון EX 15:7
ותסתמרון לחדא: לא **תיתגרון** בהון ארום לא אתן לכון DT 2:5
לא תצור עליהון ולא **תתגרי** בהון לסדרי קרב ארום לא DT 2:19

גרם (39)

בגרמיה כשערתא או **בגרמא** דאינשא חייא דפרש מיניה NU 19:16
נש דהוו תמן ועל דמקרב **בגרמא** דחייא דפרש מיניה ונפל או NU 19:18
קודשוי קדם ייי ייתי **בגרמיה** ית קורבניה לקדם ייי מן LV 7:29
בשכיבא שלימא ואפילו **בגרמיה** כשערתא או בגרמא NU 19:16
ית זרעך ומשקיית ליה **בגרמך** הי כגינת ירקיא: וארעא DT 11:10
בידין ומסקי זכורו ותבעי **גרם** ידוע ולא תיתבעון לאיסתאבא LV 19:31
בידין ומסקי זכורו ותבעי **גרם** ידוע למטעי בתריהון ואיתן LV 20:6
גניסן אמרו דין לדין מאן **גרם** לנא קטולא הדא אלא על DT 10:6
פלגות מדבחא ואין נפיל **גרמא** או גומרא דאשא מעילוי EX 27:5
יהי ביה: דסמי או דתביר **גרמא** או דריסוי לקיין או דעינויי LV 22:22
דאיתבריאת דא מיני **גרמא** מגרמיי ובישרא מבישרי לדא GN 2:23
כהין מארסא ארום תפיס **גרמה** למטעי בזני עד דהיא עם בית LV 21:9
קשיין הינון חוביא די **גרמו** לאבהתא למיכול בשר בניהון LV 26:29
למצלוב גבר אלהן חובוי **גרמו** ליה ומן בגלל דבדיוקנא דייי DT 21:23
יומי אפרשותיה ימטי ית **גרמי** לתרע משכן זימנא: ויקריב ית NU 6:13
וקטלונון הינון הוו **גרמיא** יבישיא דאחי יתהון מימרא EX 13:17
יתפס גברא בר ישראל ית **גרמיה** בזנו: לא תעלון אגר מוהבות DT 23:18
קדושתהון ולמפער **גרמיהון** לטופסא דפעור ולמטעיא NU 25:1
דאתון סלקין תסקון ית **גרמיי** מיכא: ומית יוסף בר מאה GN 50:25
ידכר ייי יתכון ותסקון ית **גרמיי** מיכא עמכון: ונטלו מסוכות EX 13:19
בר מן סקוף משכניה לכון **גרמיכון** או לדריכון וידחי למעבד NU 9:10
ולבני בניכון: ותדכון **גרמיכון** במעסקכון בה הי כיומא DT 4:10
ועל אהרן למימר אתון **גרמתון** דין מותא על עמא דייי: NU 17:6
עיני חכימיא דנסבין ליה **דגרים** להון טיפשותא ומערבב DT 16:19
בריה דהוא קליל בזכותא **דגרם** ליה דלא יוליד בר רביעיי: GN 9:24
קדם פרעה וקדם עבדוי **דגרמהון** למיתן סייפא בידיהון EX 5:21
ובקדחותא ובאישא **דגרמיא** דדלקא מוחיא ובחירהורי DT 28:22
אמין פותיא באומתא **דגרמיה**: וית ארעא הדא יריתנא DT 3:11
ואסיק משה ית ארונא **דגרמיה** יוסף בגויה מן נילוס והוה EX 13:19
ושאלין אובא טמיא **וגרם** ידוע ותבע מן מיתיא: ארום DT 18:11
וכל עובד מעזי קרנא **וגרמא** וכל מאן דקיסא תדון עלוי: NU 31:20
ישיירון מיניה עד צפרא **וגרמא** לא יתברון ביה ככל אחויית NU 9:12
דורונין גבר לחבריה **וגרמא** לא תתברון ביה בדיל EX 12:46
מטול לקבלא גומריא **וגרמיא** דנפלין מן מדבחא: ואתיך EX 38:4
יהך ויתוב לביתיה דילמא **יגרום** ליה חובא דלא חדי DT 20:7
יהך ויתוב לביתיה דילמא **יגרום** ליה חובא דלא פרקיה DT 20:6
יהך ויתוב לביתיה דילמא **יגרום** ליה חובא ויתקטל בקרבא DT 20:5
דא מיני גרמא **מגרמיי** ובישרא מבישרי לדא חמי GN 2:23
תיאק גיפופין לאיגרך לא **תגרמון** לאסתקפא חובת אדם DT 22:8

גרמידא (10)

בגו גומייא ואושיטת ית **גרמידא** ונסיבתא ומן יד איתסיית EX 2:5
לבר מתרין אלפין **גרמידי** ביומא שביעאה: ונחו עמא EX 16:29
דמדינחא תרין אלפין **גרמידי** וית רוח דרומא תרין אלפין NU 35:5
רוח דרומא תרין אלפין **גרמידי** וית רוח מערבא תרין אלפין NU 35:5
רוח מערבא תרין אלפין **גרמידי** וית רוח ציפונא תרין אלפין NU 35:5
לרשותא בר מארבעה **גרמידי** ולא יפוק אינש מאתריה EX 16:29
רוח ציפונא תרין אלפין **גרמידי** וקרתא במיצעא דין יהוי NU 35:5
משור קרתא ולבר אלפא **גרמידי** חזור חזור: ותמשחון מברא NU 35:4
כל שמיא: חמיסירי **גרמידין** מלעיל תקפו מיא GN 7:20
לאנהרא לאנהרא לכון **ולגרמידא** תשיצינה מלעיל ותרעא GN 6:16

גרס (1)

ותלפון יתהון ית בניכון **למגרסא** בהון במיתביכון בבתיכון DT 11:19

גרץ (14)

וסלא דפטירי סמידא **גריצן** במשח זיתא וערוכין פטירין NU 6:15
דסולתא פתוכי ועבידי **גריצן**: ולבקרותא רהט אברהם GN 18:6
אשכחיה דהוה עביד **גריצן** פטירן בכן חוי לאברם עיברא GN 14:13
ויקרב על ניכסת תודתא **גריצן** פטירן פתיכן במשח זיתא LV 7:12
דמתאפי בתנורא סמידא **גריצן** פתירן ופתיכן במשח וספוגין LV 2:4
ותיפי יתה תריסירי **גריצן** שווין לתריסר שבטיא תרי LV 24:5
לחים ארמותא תרתין **גריצן** תרין עישרונין סמידא יהוויין LV 23:17
פתיכא במשח זיתא: על **גריצתא** דלחים חמיע יקריב LV 7:13
שבטיא תרי עשרונין תהי **גריצתא** חדא: ותסדר יתהון תרתין LV 24:5
דפטיריא דקדם ייי נסב **גריצתא** פטירתא חדא וגריצתא LV 8:26
הוא: ועגול דלחים חד **וגריץ** דלחם פתיך במשח חד ועריך EX 29:23
תרין שלמין: ולחם פטיר **וגריצן** פטירין דפתיכין במשח זיתא EX 29:2
גריצתא פטירתא חדא **וגריצתא** דלחים פתיך במשח חדא LV 8:26
שלימא מן דיכרא **וגריצתא** פטירתא חדא מן סלא NU 6:19

גרר (1)

חכימין מן כל קטולייא **דמגרר** אדרעא עם קודקדא: וחמא DT 33:20

גשם (9)

ובוולדא בר תשעה ירחין **בגושמיה** ובדמיה דימות ולא ידי NU 19:13
ברא וציפורי שמיא ויכלו **גושמהון** ומבתר כדין ייחון כל NU 11:26
קיסא: לא תבית ניבלת **גושמיה** על קיסא ארום מקבר DT 21:23
ברא כד ייתון למיכול **גושמיהון**: וימסירינון ייי אלקכון DT 7:22
ומיהמנין דמתעקין על **גושמיכון**: ויתיב בכון ית כל מרעיא DT 28:59
בלמו כסותיכון מעילוי **גושמיכון** וסנדליכון לא איטלעו DT 29:4
כסותכון לא בלת מעילוי **גושמיכון** וריגליכון לא הליכן DT 8:4
במדברא הדין יתרמון **גושמיכון** כל סכומכון לכל NU 14:29
ואפילו לוולדא בר ירחין **לגושמיה** ובדמיה יהי מסאב שובעא NU 19:11

גשש (2)

יעקב לות יצחק אבוי **וגששיה** ואמר קלא הדין קליה GN 27:22
ואנא גבר שעיע: מאים **יגששינני** אבא ואיהי דמי בעינוי הי GN 27:12

ד (8131)

דאבונא (1)

אבד חושבנכון עד דיסוף **בדבונא** נפשיכון ומרי עלמא יצדי NU 21:30

דבב (62)

לטעוותהון ואיגרי **בבו** ביניכון וביני עממיא האינון ולא DT 28:65
מאה מילין ומן בגלל **בבו** דהוה ביני עשו וביני יעקב אתא EX 17:8
ואין בשלו בלא נטר ליה **בבו** הדפיה או טלק עלוי כל מאן NU 35:22
מן בגלל דנטירנא לכון **בבו** הוא ומימרא דייי חשבה עלי GN 50:20
ואוסיפו תוב למינטר ליה **בבו**: ואמר להון שמעו כדון חילמא GN 37:5
מכל אחוי ונטרו ליה **בבו** ולא צבן למללא עימיה שלם: GN 37:4
ליבא וקטליה: או נטר ליה **בבו** ומחהי בידי וקטליה קטולא NU 35:21
ואוסיפו תוב למנטר ליה **בבו** על חלמוי ועל פיתגמוי: וחלם GN 37:8
בעינך דלא תינטר לי **בבו** עלה: ותבו עזגדיא לות יעקב GN 32:6
פרעה רשיעא סנאה ובעל **דבבא** ארדוף בתר עמא בני ישראל EX 15:9
אישתהון לסנאה ולבעיל **דבבא** דמתחשבין קומיהון הי NU 21:28
פכרו שור בעלי **דבבהון**: אמר יעקב ליט הוה כרכא GN 49:6
ימינך ייי תכרית בעל **דבבהון** דעמך דקיימין לקובליהון EX 15:6
תהוון נקמין ולא נטרין **דבבו** לבני עמך ותרחמיה לחברך LV 19:18
מחר מניכסת קטול בעלי **דבבוי** איליין דכפרין במריהון ופרגו EX 32:5
יחזר על בעלי **דבבוי** והוא במימריה יכפר על חובי DT 32:43
ידויי יתפרעון מבעלי **דבבוי** וידי דבעלי יתושטון GN 16:12
סדרי קרבא עם בעלי **דבבוי** ומקטל מלכין עם שולטניהון GN 49:11
ידוי יתפרען ליה מן בעלי **דבבוי** וסעיד וסמיך מסנאוי תהוי DT 33:7
קרבא עד דיתרך ית בעלי **דבבוי** מן קדמוי: ותתכבש ארעא NU 32:21
לסידרי קרבא קבל בעלי **דבבוי** מקטל מלכין עם שילטונין DT 33:20
לאתפרקא מן יד בעלי **דבביהום** בדחקותהון בצלו קדם ייי GN 30:8
דמתנצחין מן בעלי **דבביהון** בסידרי קרבא קל פלחי EX 32:18
רוגזך ויתבדרון בעלי **דבביהון** דעמך ולא יהוי לסנאיהון NU 10:35
תפכר שורי בעלי **דבביהון** דעמך תגרי בהון תקוף EX 15:7
בגלותא בארע בעלי **דבביהון** הא בכין ייתבר ליבהון LV 26:41
דיקטלון קטול רב בבעלי **דבביהון** וביזת קטיליא ירתון: ואמר NU 23:24
ודיפיק יתהון מן יד בעלי **דבביהון** ודיעיל יתהון לארעא NU 27:17
ישיצי ית אומיא בעלי **דבביהון** ותוקפהון יתבר וגירי NU 24:8
כד יהוון גליין בארע בעלי **דבביהון** לא אמאסינון במלכותא LV 26:44
ויעקר סוסותהון וממגר **דבביהון** לאחורא: אמר יעקב כד GN 49:17
ולא תיתברון קדם בעלי **דבביכון**: ארום עמלקאי וכנענאי NU 14:42
דייי תבירין קדם בעלי **דבביכון** באורחא חד תיפקון DT 28:25
תמן בשירויא לבעלי **דבביכון** בדמין יקירין היך מרי DT 28:68
מיטלטלין בארע בעלי **דבביכון** בכין תתנייח ארעא ותרעי LV 26:34
לווטייא האילין על בעלי **דבביכון** דאעיקו יתכון בגלוותכון DT 30:7
טובא: ותיפלחון ית בעלי **דבביכון** דיגרינון מימרא דייי בכון DT 28:48
ישוי מימרא דייי ית בעלי **דבביכון** דקיימין לקובליכון DT 28:7
וכתייא יכלון יתהון בעלי **דבביכון**: ואיתן פניותא למעסוק LV 26:16
ותתפרקון מבעלי **דבביכון**: וביום חדוותכון ומועדכון NU 10:9
יתכון במותנא ארע בעלי **דבביכון**: ודמשתייר מנכון יתימסון LV 26:38
לסדרי קרבא על בעלי **דבביכון** וימסרינון ייי אלקכון DT 21:10
ותירדפון ית בעלי **דבביכון** ויפלון קדמיכון תבירי חרב: LV 26:7
בכון ותיתברון קדם בעלי **דבביכון** וירדון בכון סנאיכון LV 26:17
לכון ענכון מסירין לבעלי **דבביכון** ולית לכון פריק: בניכון DT 28:31
ולא תיתברון קדם בעלי **דבביכון**: ומלילית לכון ולא קבלתון DT 1:42
תייקא למקום קדם בעלי **דבביכון**: ותיבידון ביני עממיא LV 26:37
לסדרי קרבא על בעלי **דבביכון** ותיחמון סוסוון ואירתכין DT 20:1

תפקון משרויין על בעלי **דבביכון** ותסתמרון מכל פיתגם	DT 23:10
לסידרי קרבא על בעלי **דבביכון** לא יזוח ליבכון לא	DT 20:3
מטולכון עם בעלי **דבביכון** למפרוק יתכון: וימללון	DT 20:4
אלקכון לכון מן כל בעלי **דבביכון** מן חזור חזור בארעא דייי	DT 25:19
ויניח לכון מכל בעלי **דבביכון** מן חזור חזור ותיבנון בית	DT 12:10
עלמא סביל ויבודור בעלי **דבביכון** מן קדמיכון ויימר במימריה	DT 33:27
יעריקון ויפלון בעלי **דבביכון** קדמיכון תבירי חרב:	LV 26:8
ידינן אתפרעון לן מבעלי **דבבינן** ולא מן קדם ייי אתגזרת כל	DT 32:27
לפולחניה אתעבידו בעלי **דבבינן** סהדינן ודיינן: ארום	DT 32:31
ידך יתפרען לך מבעלי **דבבך** למפתק גירין להון כד יחזרון	GN 49:8
למידחי ית כל בעלי **דבבך** מן קדמך היכמא דמליל ייי:	DT 6:19
סנאך ויעריקון בעלי **דבבך** מן קדמך וביה הוה חקיק	NU 2:3
קרבא ואיתן ית כל בעלי **דבבך** קדמך מחזרי קדל: ואשדר ית	EX 23:27
תיכול כל יומי חייך: **ודבבו** אישוי בינך ובין איתתא בין	GN 3:15

דבח (229)

קודש קודשין כל דיקרב **במדבחא** יתקדש מן בני אהרן ברם	EX 29:37
יתהון מידהון ותסדר **במדבחא** על עלתא לאתקבלא	EX 29:25
תעביד לשמי ודהי **דבח** עלוי ית עלוותך וית נכסת	EX 20:24
דבעירא בגין כן אנא **דבח** קדם ייי כל פתח וולדא	EX 13:15
לכהניא מן עמא מלות **דבחי** דיבחין אין תור אימר ויתנון	DT 18:3
ית ניכסתהון דהינון **דבחין** על אנפי חקלא וייתונון קדם	LV 17:5
אבנין יתקטלון:: כל מאן **דדבח** לטעוות עממיא יתקטיל	EX 22:19
אלקא דישראל כל מאן **דדבח** לטעוות עממיא יתקטל	EX 32:27
ויזמנון לך ותיכול מן **דיבחי** טעוותהון: ותיסב מבנתהון	EX 34:15
ייי: ולא ידבחון תוב ית **דיבחיהון** לטעוון דמתילין לשידי	LV 17:7
מן עמא מלות דבחי **דיבחין** אין תור אימר ויתנון לכהנא	DT 18:3
ואתא לבאר שבע ודבח **דיבחין** לאלקא לאבוי יצחק: ואמר	GN 46:1
ורדידינון חפיי לגופה **דמדבח** דמן שירויא הוון	NU 17:4
כל אדמא ישוד ליסודא **דמדבח** עלתא דבתרע משכן זימנא:	LV 4:18
עינן: דא חנוכת רבותיה **דמדבחא** ביום דרביו יתיה מנכסי	NU 7:84
רברביא ית חנוכת רבותא **דמדבחא** ביומא דרביו יתיה וקריבו	NU 7:10
שירויא הוון תשמישתיה **דמדבחא:** דוכרנא לבני ישראל מן	NU 17:4
דתורא ישוד לישודא **דמדבחא** דעלתא דבתרע משכן	LV 4:7
וית אדמיה ישוד ליסודא **דמדבחא** דעלתא: וית כל תרביה	LV 4:25
כל אדמא ישוד ליסודא **דמדבחא:** וית כל תרבא יעבר	LV 4:34
כל אדמא ישוד ליסודא **דמדבחא:** וית כל תרבה יעבר	LV 4:30
אדמא אריק ליסודא **דמדבחא** וקדשיה לכפרא עלוי:	LV 8:15
אדמא אריק ליסודא **דמדבחא** וקדשיה למכפרא עלוי:	LV 9:9
כל דמא תשוד ליסודא **דמדבחא:** ותיסב ית כל תרבא	EX 29:12
באדמא יתמצי ליסודא **דמדבחא** חטאתא הוא: וית עוף	LV 5:9
עד צפרא ברם אשתא **דמדבחא** תהי יוקדא ביה: וילבוש	LV 6:2
דיליה ואתא לבאר שבע **ודבח** דיבחין לאלקא לאבוי יצחק:	GN 46:1
עיגל מתכו וסגידו ליה **ודבחו** ליה ואכריזו קודמוי אילן	EX 32:8
ויטעון בתר טעוותהון **וידבחון** לטעוותהון ויזמנון לך	EX 34:15
ומן עמי ואפטור ית עמא **וידבחון** נכסת חגא קדם ייי: ואמר	EX 8:4
חזור חזור למשכנא **ולמדבחא** ויהב ית פרסא דבתרע	EX 40:33
לחוד לפרגודא לא יעול **ולמדבחא** לא יקרב ארום מומא ביה	LV 21:23
משכנא ברם למני קודשא **ולמדבחא** לא יקרבון ולא ימותון	NU 18:3
ארונא ופתורא ומנרתא **ומתבחיא** ומני קודשא דישמשון	NU 3:31
תלתא יומין במדברא **ונדבח** ניכסת חגא קדם ייי אלהן	EX 5:3
יומין נטייל במדברא **ונדבח** נכסת חגא קדם ייי אלקנא	EX 8:23
תלתא יומין במדברא **ונדבח** קדם ייי אלקנא: ואנא קדמיי	EX 3:18
פרעה אנא אפטור יתכון **ותדבחון** קדם ייי אלקכון במדברא	EX 8:24
ארגיזו קדמוי: **ידבחון** לטעוון דמתילין לשדין	DT 32:17
ברעוא קדם ייי: ולא **ידבחון** תוב ית דיבחיהון לטעוון	LV 17:7
ואימר לניכסת קודשיא **לדבחא** קדם ייי מן בגלל דיתרעי	LV 9:4
פסיקייהון: וקראה לעמא **לדיבחי** טעוותהון ואכלון עמא	NU 25:2
מנהון רדידי טסין חפיי **למדבחא** ארום קריבינון קדם ייי	NU 17:3
דפקיד ייי: וקריב אהרן **למדבחא** בזריזותא ונכיס ית עיגלא	LV 9:8
ויצדד ויפוק מן קודשא **למדבחא** דקדם ייי ויכפר עלוי	LV 16:18
וית כל תרביה יסיק **למדבחא** הי כתרב ניכסת קודשיא	LV 4:26
כבדא מן חטאתא אסיק **למדבחא** היכמא דפקיד ייי ית משה:	LV 9:10
תרבא דחטאתא יסיק **למדבחא:** ודיפטור ית צפירא	LV 16:25
ייי: ויסק כהנא ית תרבא **למדבחא** ויהי חדיא לאהרן ולבנוי:	LV 7:31
מן גוזלין: ויקרביניה כהנא **למדבחא** ויחזום ית רישיה ויסיק	LV 1:15
ית עלתא וית מנחתא **למדבחא** ויכפר עלוי כהנא וידכי:	LV 14:20
יפריש מיניה ויסיק **למדבחא:** ויעביד לתורא היכמא	LV 4:19
לות כהנא וכהנא ימטינה **למדבחא:** ויפרש כהנא מן מנחתא	LV 2:8
חדוותא ואסיק תרביא **למדבחא:** וית חדוותא וית שקא	LV 9:20
וית תרבהן ואסיק משה **למדבחא:** וית תורא וית מושכא וית	LV 8:16
ויחזום ית רישיה ויסיק **למדבחא** ויתמציה אדמיה על כותל	LV 1:15
משה אגיס מנדעך וקריב **למדבחא** ולא תיסתפי ועיבד ית	LV 9:7
ית צריד אדכרתא ויסק **למדבחא** ומבתר כדין ישקי ית	NU 5:26
ריגלייא ואסיק על עלתא **למדבחא:** וקריב ית קרבן עמא ונסב	LV 9:14
ויכלון יתהון כהנייא ברם **למדבחא** לא יתסקון לאתקבלא	LV 2:12
קודשיא ויסק כהנא **למדבחא** לאיתקבלא ברעוא קדם	LV 4:31
דעל מנחתא ויסיק **למדבחא** לאתקבלא ברעוא שבח	LV 6:8
יעדינה: ויסקינון כהנא **למדבחא** לחים קורבנא לאתקבלא	LV 3:16
יעדינה: ויסקיניה כהנא **למדבחא** לחים קורבנה קדם ייי:	LV 3:11
זימנא או במקרבהון **למדבחא** לשמשא בקודשא ולא	EX 28:43
או בזמן מקרבהון **למדבחא** לשמשא לאסקא קורבנא	EX 30:20
זימנא ובמיקרבהון **למדבחא** מקדשין היכמא דפקיד ייי	EX 40:32
דלא למפטור ית עמא **למדבחא** ניכסת חגא קדם ייי: ונפק	EX 8:25
ויסקון יתיה בני אהרן **למדבחא** על עלתא דעל קיסין דעל	LV 3:5
ית שבח אדכרתא ויסק **למדבחא** על קורבניא דייי חטאתא	LV 5:12
מיניה ויסיק יתיה כהנא **למדבחא** על קיסין דעל אישתא	LV 1:17
ויסיק יתהון כהנא **למדבחא** על קרבניא דייי ויכפר	LV 4:35
ותסיק ית כל דיכרא **למדבחא** עלתא הוא קדם ייי	EX 29:18
ואסיק משה ית דיכרא **למדבחא** עלתא היא לאתקבלא	LV 8:21
ויסק כהנא ית כולא **למדבחא** עלתא היא קרבן	LV 1:9
כהנא ית כולא ויסיק **למדבחא** עלתא היא קרבן	LV 1:13
מנוי עבד נחשא: ועבד **למדבחא** קנקל עובד מצדתא	EX 38:4
כהנא ית שפר אדכרתא **למדבחא** קרבן דמתקבל ברעוא	LV 2:2
ית שבח אדכרתא ויסיק **למדבחא** קרבן דמתקבל ברעוא	LV 2:9
יעדינה: ויסיק יתהון כהנא **למדבחא** קרבנא קדם ייי אשמא	LV 7:5
דאברהם עבדי: ובנא תמן **מבדחא** וצלי בשמא דייי ופרס תמן	GN 26:25
מדבחא קדם ייי אלקכון **מדבח** אבנין לא תרים עליהון	DT 27:5
ברכתי ואיבריכינך: ואין **מדבח** אבנין תעביד לשמי לא תבני	EX 20:25
דדהב לא תעבדון לכון: **מדבח** אדמתא תעביד לשמי ודהי	EX 20:24
על אתר בית יקידתא על **מדבח** כל ליליא עד צפרא ברם	LV 6:2
בר עמינדב לחנוכת **מדבחא** אזל אהרן ובנוי ואוקידו	LV 10:16
ודין קורבנא דתעביד על **מדבחא** אימרין בני שנה תרין	EX 29:38
דייי ואיכלוה פטיר בסטר **מדבחא** ארום קודש קודשין היא:	LV 10:12
דתורא ותיתן על קרנת **מדבחא** באדבעך וית כל דמא	EX 29:12
ועל משכן זימנא ועל **מדבחא** באשתעות מיליא ויקרב ית	LV 16:20
אדמא דקרבנא דייי על **מדבחא** בזימניה ובישריה ייכלון	NU 9:7
עמא ובריכינון ונחת מן **מדבחא** בחדוא מן דפסק למעבד	LV 9:22
דישראל דא חנוכת רבות **מדבחא** ביומא דרביו יתיה: וכד	NU 7:88
ולא שמיש תוב על גבי **מדבחא** בכן קרא משה לאהרן	LV 9:1
על כיפוריא ותדכי על **מדבחא** בכפרותך עלוי ותרבי יתיה	EX 29:36
אריחיא על תרין ציטרי **מדבחא** במיטל מדבחא: חליל לוחין	EX 27:7
יתיה טבחא על שיפולי **מדבחא** בסטר ציפונא קדם ייי	LV 1:11
והוה כיוון דחמא אהרן **מדבחא** בקרנוי מידמי לעיגלא	LV 9:7
צריד אדכרתא ואסיק על **מדבחא** בר מן עלת צפרא: ונכיס ית	LV 9:17
דייי ואקדם בצפרא ובנא **מדבחא** בשיפולי טורא ותריסירי	EX 24:4
נח מדבחא קדם ייי הוא **מדבחא** דבנא אדם בעידן דאיטרד	GN 8:20
ייי ובנא תמן אברהם ית **מדבחא** דבנא אדם ואיתפכר במוי	GN 22:9
מישחא דאנהרותא: וית **מדבחא** דדהב וית מישחא דרבותא	EX 39:38
ייי ית משה: ושוי ית **מדבחא** דדהבא במשכן זימנא קדם	EX 40:26
ויתנון על אסלא: ועל **מדבחא** דדהבא יפרסון לבוש	NU 4:11
בזכותהון: ותיתן ית **מדבחא** דדהבא לקטרת בוסמיא	EX 40:5
למנצוב אשירתא לסטר **מדבחא** דייי אלקך הכדין ליתיכון	DT 16:21
ביסרא ואדמא על **מדבחא** דייי אלקך ואדם שאר	DT 12:27
נכסת קודשך ישתפיך על **מדבחא** דייי אלקך וביסרא אתכשר	DT 12:27
אבנין שלמן תבנון ית **מדבחא** דייי אלקכון ותסקון עלוי	DT 27:6
כדין יחתיניה קדם **מדבחא** דייי אלקכון: ותתיבון	DT 26:4
כהנא ית אדמא על **מדבחא** דייי בתרע משכן זימנא	LV 17:6
דבתרע משכנא: וית **מדבחא** דנחשא וית קנקל דנחשא	EX 39:39
תרע משכן זימנא וית **מדבחא** דנחשא וית קנקלי דנחשא	EX 38:30
בין ביתאל ובין עי: לאתר **מדבחא** דעבד תמן בשירויא וצלי	GN 13:4
עובד בוסמנו: ועבד ית **מדבחא** דעלתא דקיסי שיטא חמש	EX 38:1
באצבעיה ויתן על קרנת **מדבחא** דעלתא וית אדמיה ישוד	LV 4:25
באדבעיה ויתן על קרנת **מדבחא** דעלתא וית כל אדמא ישוד	LV 4:30
באדבעיה ויתן על קרנת **מדבחא** דעלתא וית כל אדמא ישוד	LV 4:34
בסוף יומיא: ותרבי ית **מדבחא** דעלתא וית כל מנוי	EX 40:10
דקטרת בוסמיא: וית **מדבחא** דעלתא וית כל מנוי וית	EX 30:28
דקטרת בושמיא: וית **מדבחא** דעלתא וית כל מנוי וית	EX 31:9
עיזא ויסקינון כהנא על **מדבחא** דעלתא: וית כל משך תורא	LV 4:10
דתרעא לתרע משכנא: ית **מדבחא** דעלתא וית קנקל דנחשא	EX 35:16
בית ישראל: ותיתן ית **מדבחא** דעלתא קדם תרע משכן	EX 40:6
דתרעא למשכנא: וית **מדבחא** דעלתא שוי בתרע משכן	EX 40:29
ומן אדמא יתן על קרנת **מדבחא** דקדם ייי דבמשכן זימנא	LV 4:18
כהנא מן אדמא על קרנת **מדבחא** דקטרת בוסמיא דקדם ייי	LV 4:7
וית מנרתא וית מנהא וית **מדבחא** דקטרת בוסמיא: וית	EX 30:27
וית כל מנהא: ועבד ית **מדבחא** דקטרת בוסמיא מן קיסי	EX 37:25
דכיתא וית כל מנהא וית **מדבחא** דקטרת בושמיא: וית	EX 31:8
דנחשא: ותעביד ית **מדבחא** דקיסי שיטא חמש אמין	EX 27:1
דרבותא ומן אדמא דעל **מדבחא** ואדי על אהרן ועל לבושוי	LV 8:30

ותיהי מצדתא על פלגות **מדבחא** ואין נפיל גרמא או גומרא EX 27:5
ית קרבנהון לקדם **מדבחא:** ואמר ייי למשה אמרכול NU 7:10
גומריא וגרמיא דנפלין מן **מדבחא:** ואתיך ארבע עיזקן בארבע EX 38:4
אדם חטאתא על כותל **מדבחא** ודאשתייר באדמא יתמצי LV 5:9
קורבנהון לחנוכת רבותא **מדבחא:** והוה דמקרב ביומא קמאה NU 7:11
ישירא דאתעקד על גבי **מדבחא** וזכה ואזדמן ליה אימרא LV 22:27
וית רישא ואסיק על **מדבחא:** וחליל ית בני גווא וית LV 9:13
ביני משכן זימנא וביני **מדבחא** ויהב תמן מיין חיין לקידוש EX 40:30
וית כל מנוי ותקדש ית **מדבחא** ויהי מדבחא קדש קודשין EX 40:10
אהרן כהנא אישתא על **מדבחא** ויסדרון קיסין על אישתא: LV 1:7
אדמיה על כותל **מדבחא:** ויעדיה ית זרוקפיה LV 1:15
כהנא קדם ייי לקדם **מדבחא:** ויפריש מיניה בקומציה מן LV 6:7
על קופא: וידרדון ית **מדבחא** ויפרסון עלוי לבוש ארגוון: NU 4:13
וית מזירקייא כל מני **מדבחא** ויפרשון עלוי חופאה דמשך NU 4:14
ייי ויקריב יתה על גבי **מדבחא:** ויקמוץ כהנא מן מנחתא NU 5:25
אישתא ית עלתא על **מדבחא** וישוויניה בצטר מדבחיה: LV 6:3
ית משכן זימנא וית **מדבחא** וית אהרן וית בנוי איקדש EX 29:44
תרבא דעליהן ותסדר על **מדבחא:** וית בישרא דתורא וית EX 29:13
דנחשא דיליה וית כל מני **מדבחא:** וית חומרי דרתא חזור חזור EX 38:30
שבע זימנין ורבי ית **מדבחא** וית כל מנוי וית כיורא וית LV 8:11
יתיה וית כל מנוי וית **מדבחא** וית כל מנוי ורבינון וקדש NU 7:1
תורא ויהב על קרנת **מדבחא** וית שאר אדמא אריק LV 9:9
וית אדמתהון תדרוק על **מדבחא** וית תריבהון תסיק קורבן NU 18:17
קיסין דעל אישתא דעל **מדבחא:** וכריסא וריגלוי יחליל LV 1:8
קיסין דעל אישתא דעל **מדבחא:** וכריסא וריגלוי יחליל LV 1:12
מטרת קודשא וית מטרת **מדבחא** ולא יהי תוב רוגזא דהוה על NU 18:5
ית כהונתכון לכל פיתגם **מדבחא** ולמגיו לפרגודא ותפלחון NU 18:7
חיוא דמיכשרא יתסק על **מדבחא** ומיכל לא תיכלוניה: ארום LV 7:24
ותיסב מן אדמא דעל **מדבחא** וממשחא דרבותא ותדי על EX 29:21
אדם ניכסא דרק על **מדבחא:** ונסיב סיפרא דקיימא EX 24:6
ועל משכן זימנא ועל **מדבחא** ועל כהניא ועל כל עמא LV 16:33
ארבע עלוון על ההוא **מדבחא:** וקבל ייי ברעוא קורבניה GN 8:20
עמא דעימיה: ובנא תמן **מדבחא** וקרא לאתרא אל דאשרי GN 35:7
שמייא: ובנא משה **מדבחא** וקרא שמיה מימרא דייי דין EX 17:15
והב עלה אישתא מעילוי **מדבחא** ושוי קטרת בוסמין על NU 17:11
כאילו מקרבין עלתא על **מדבחא:** ותיתן ית כיורא ביני משכן EX 40:6
בין משכן זימנא ובין **מדבחא** ותיתן תמן מוי: ויסבון EX 30:18
ביני משכן זימנא וביני **מדבחא** ותיתן תמן מוי מטול EX 40:7
אמין פותיא מרבע יהי **מדבחא** ותלת אמין רומיה: ותעביד EX 27:1
מרגליין: ואקם תמן **מדבחא** ותמן יהב מעשריא GN 33:20
קנקל ומהדרין יתיה על **מדבחא:** ותעביד אריחין דקיסי EX 27:5
שובעא יומין תכפר על **מדבחא** ותקדיש יתיה ויהי מדבחא EX 29:37
ית אדמא ויהב על קרנת **מדבחא** חזור חזור באדבעיה ורבי LV 8:15
ית אדמא במזרקיא על **מדבחא** חזור חזור דבתרע משכן LV 1:5
מערבין ויתן על קרנת **מדבחא** חזור חזור: וידי עלוי מן LV 16:18
ית אדמיה במזירקא על **מדבחא** חזור חזור: ויפסיג יתיה LV 1:11
בני אהרן ית אדמיה על **מדבחא** חזור חזור: ויקרב מיניה LV 3:13
בני אהרן ית אדמיה על **מדבחא** חזור חזור: ויקרב מנכסת LV 3:8
אהרן כהניא ית אדמא על **מדבחא** חזור חזור: ויקריב מנכסת LV 3:2
דרתא דעל משכנא ועל **מדבחא** חזור חזור וית אטונוי לכל NU 3:26
ית אדמיה ותדרוק על **מדבחא** חזור חזור: וית דיכרא EX 29:16
ודרק משה ית אדמה על **מדבחא** חזור חזור: וית דיכרא פסיג LV 8:19
וית אדמיה ידרוק על **מדבחא** חזור חזור: וית כל תרביה LV 7:2
ליה ית אדמא ודרקיה על **מדבחא** חזור חזור: וית עלתא LV 9:12
ית אדמא ליה ודרקיה על **מדבחא** חזור חזור: וית תרביא מן LV 9:18
ית כל מותר אדמא על **מדבחא** חזור חזור: ונסיב ית תרבא LV 8:24
ית מותר אדמה על **מדבחא** חזור חזור: ותיסב מן אדמא EX 29:20
ציטרי מדבחא במיטל **מדבחא:** חליל לוחין מלי עפרא EX 27:7
נחשא: ועבד ית כל מאניה **מדבחא** ית דודוותיה וית מגרופיתא EX 38:3
קדם רש ואכלת על גבי **מדבחא** ית עליא וית תרביא וחמון LV 9:24
לא תיכלון ברם על גבי **מדבחא** יתקריב לשמא דייי: ומליל LV 3:17
תדירא תהי יוקדא על **מדבחא** לא תיטפי: ודא אורייתא LV 6:6
ותיב תמן ועיבד תמן **מדבחא** לאלקא דאיתגלי לך GN 35:1
לביתאל ואעביד תמן **מדבחא** לאלקא דקבל צלותי GN 35:3
הוא ייי אלקהון: ותעביד **מדבחא** לאסקא עלוי קטרת EX 30:1
ומה דאתון מקרבין על גב **מדבחא** לית רשו לגבר דייכול מיניה NU 28:2
דבמזירקיא ודרק על **מדבחא** לכפרא על עמא ואמר הא EX 24:8
אריחיא בעיזקא על סטר **מדבחא** למיטל יתיה בהון חליל EX 38:7
יצחק בריה ושוי יתיה על **מדבחא** לעיל מן קיסין: ופשט GN 22:9
לא תקרבון מנהון על **מדבחא** לשמא דייי: ותור ואימר LV 22:22
דתיתינון אדם ניכסא על **מדבחא** מטול למכפרא על אדם LV 17:11
ותיתן יתה תחות סובבי **מדבחא** מלרע ותיהי מצדתא על EX 27:5
חזור באדבעיה ורבי ית **מדבחא** מן כל ספק אנוס וחטופין LV 8:15
לחשן דאישא מעילוי **מדבחא** מן קדם ייי ומלי חופנוי LV 16:12

או גומרא דאשא מעילוי **מדבחא** נפיל עילוי קנקל ולא EX 27:5
מעל ידיהון ואסיק על **מדבחא** על עלתא קרבן אשלמותא LV 8:28
יתהון בגירא: ותיבנון תמן **מדבחא** קדם ייי אלקכון מדבח DT 27:5
ית ארעא הדא ובנא תמן **מדבחא** קדם ייי דאיתגלי ליה: GN 12:7
נפקו מן תיבותא: ובנא נח **מדבחא** קדם ייי הוא מדבחא דבנא GN 8:20
די בחברון ובנא תמן **מדבחא** קדם ייי: והוה ביומי אמרפל GN 13:18
ועי ממדינחא ובנא תמן **מדבחא** קדם ייי וצלי בשמא דייי: GN 12:8
נכיס קדמוי ודחיל ובנא **מדבחא** קדמוי וקרא אהרן בקל EX 32:5
ותקדש ית מדבחא ויהי **מדבחא** קדש קודשין מטול כלילא EX 40:10
ותקדיש יתיה ויהי **מדבחא** קודש קודשין כל דיקרב EX 29:37
ויטלק יתיה לסטר **מדבחא** קידומא באתר דמוקדין LV 1:16
יהיב לכון: ותעבדון על **מדבחא** קרבנא קדם ייי עלתא או NU 15:3
יתיה: ואדי מיניה על **מדבחא** שבע זימנין ורבי ית מדבחא LV 8:11
לאתר דכי: ואישתא על **מדבחא** תהי יוקדא ביה לא תיטפי LV 6:5
פיסחי ולא יבית בר מן **מדבחא** תרבי ניכסת פיסחי עד EX 23:18
לא תסקון במסוקיין על **מדבחי** אלהין בגישריא דלא EX 20:26
הוא ומשמש על גבי **מדבחי** מתמן תסבוני ותקטלוניה EX 21:14
מדבחא וישויניה בצטר **מדבחיה:** וישלח ית לבושוי וילבש LV 6:3
וקרבן גמיר לרעוא על גבי **מדבחך:** בריך ייי ניכסוי דבית לוי DT 33:10
ולא יביתון לצפרא בר **ממדבחא** תרבי ניכסת פיסחא: EX 34:25
הינון צווחין למימר ניזיל **נדבח** ניכסת חגא קדם אלהנא: EX 5:8
בגין כן אתון אמרין נזיל **נדבח** נכסת חגא קדם אלקנא: וכדון EX 5:17

דבלה (1)

פתגמי אורייתא דבסימין **כדבלתא:** ונטלו מעלמון דבלתים NU 33:46

דבק (15)

לאיתותבא הכא ולא **אדביקו** יומיי יומי שני חיי אבהתיי GN 47:9
קטולו אינש גבר שיבטיה **דאדבקו** בטעוות פעור: והא גבר NU 25:5
ייי אלקך מבינך: ואתון **דדבקתון** בדחלתא דייי אלקכון DT 4:4
ויעליניה כהנא כמיסת **דתדביק** יד נודירא היכדין יעליניה LV 27:8
ייי על ניזריה בר מן מה **דתדביק** ידיה כמיסת נידריה NU 6:21
ורדפו מצראי בתריהון **ואדביקו** יתהון כד שרן על ימא EX 14:9
אבאשתון מה דעבדתון: **ואדביקינון** ומליל עמהון ית כל GN 44:6
עם יעקב מן טב ועד ביש: **ואדבק** לבן ית יעקב ויעקב פרס ית GN 31:25
האילין וירדפונכון **ויאדבקונכון** עד דתישתיצון ארום DT 28:45
כל בירכתא האילין **וידבוקנכון** ארום תקבלון למימר DT 28:2
כולהון לווטייא האילין **וידבקונכון:** ליטין אתון בקרתא DT 28:15
עלוי ליביה בעקתיה **וידבקיה** ארום תיסגי אורחא DT 19:6
קום רדף בתר גברייא **ותדבקינון** ותימר להום למה GN 44:4
שיבטא דאבהתוי **ידבקון** בני ישראל::: היכמא דפקיד NU 36:7
לא תתבני תוב: ולא **תידבק** בידיכון מדעם מן שמתא מן DT 13:18

דבר (226)

ויטייל קדם עבדיה ואנא **אידבר** בנייחא לבלחודיי לרגל GN 33:14
בלק לבלעם איתא כדון **אידברינך** לאתר חורן דילמא תהי NU 23:27
ית מצראי מדנמות **במדברא:** ארבע כיתין איתעבידו בני EX 14:12
הדין: ובניכון יהון טעיין **במדברא** ארבעין שנין ויקבלון ית NU 14:33
דייי בישראל וטלטילינון **במדברא** ארבעין שנין עד דסף כל NU 32:13
ממצרים לממת **במדברא** ארום לית לחמא ולית NU 21:5
חלב ודבש לקטלותנא **במדברא** ארום מתרברבת עלנא NU 16:13
ושרו במישרי מגזתא **במדברא** אתר דמכוון על אנפי NU 21:11
ויתקיים: ית כותירין **במדברא** בארע מישרא לשיבט DT 4:43
ית לחמא דאוכלית יתכון **במדברא** בהנפקותי יתכון מארעא EX 16:32
ענה ואמר להון הלא **במדברא** בטוורא דסיני איתיהבת DT 1:1
וטיילו תלתא יומין **במדברא** בטילין מן פיקודייא ולא EX 15:22
עד זמן דיסופון פיגריכון **במדברא:** במניין יומיא דאלילתון ית NU 14:33
וכד הוון ישראל שריין **במדברא** בעא למפרוס משכניה בגו LV 24:10
ארע יתהון שריין **במדברא** בצדייות אתר דמייללין DT 32:10
והוון בני ישראל שריין **במדברא** גזירת שבתא אשתמודע NU 15:32
כדין מהלך תלתא יומין **במדברא** דאיתם ושרו במרה: ונטלו NU 33:8
טינרא: דאוכלך מנא **במדברא** דלא ידעון אבהתך מן DT 8:16
מגיף ימא דסוף ושרו **במדברא** דסין: ונטלו ממדברא דסין NU 33:11
די סכמון ית בני ישראל **במדברא** דסיני: ארום אמר ייי להון NU 26:64
דסיני: ומליל ייי עם משה **במדברא** דסיני במשכן זימנא בחד NU 1:1
ומליל ייי עם משה **במדברא** דסיני בשתא תיניינא לזמן NU 9:1
דפקיד ייי ית משה ומננון **במדברא** דסיני: והוו בני ראובן NU 1:19
ייי במשכנא דעבדו ליה **במדברא** דסיני: ומליל ייי עם משה LV 7:38
ונטלו מרפידים ושרו **במדברא** דסיני: ונטלו ממדברא NU 33:15
לירחא ביני שימשתא **במדברא** דסיני ככל מה די פקיד ייי NU 9:5
ייי: ומליל ייי עם משה **במדברא** דסיני למימר: מני ית בני NU 3:14
עמא מחצרות ושרון **במדברא** דפארן: ומליל ייי עם משה NU 12:16
דסיני ושרא ענן יקרא **במדברא** דפארן: ונטלו בקדמיתא NU 10:12
יליף רבי קשוותא: ויתיב **במדברא** דפארן ונסיב איתא ית GN 21:21
מטול דסרבתון על מימרי **במדברא** דצין במוי מצות כנישתא NU 27:14
הינון מוי מצות ריקם **במדברא** דצין: ומליל משה קדם ייי NU 27:14
ופיגריכון דילכון יתרמון **במדברא** הדין: ובניכון יהון טעיין NU 14:32

דאזדמנו למרדא עלי **במדברא** הדין יסופון ותמן ימותון: NU 14:35
קדמי היכדין אעביד לכון: **במדברא** הדין יתרמון גושמיכון כל NU 14:29
בארעא דמצרים או **במדברא** הדין לואי דמיתנא: ולמא NU 14:2
ית עמי ויעבדון לי חגא **במדברא:** ואמר פרעה שמא דייי לא EX 5:1
על משה ועל אהרן **במדברא:** ואמרו להון בני ישראל EX 16:2
ית עמי ויפלחון קדמי **במדברא** והא לא קבילת עד כדון: EX 7:16
משכן זימנא: אבונא מית **במדברא** והוא לא הוה בגו כנישתא NU 27:3
דטליא ורבא ויתיב **במדברא** והוה יליף רבי קשוותא: GN 21:20
ואפיקינון לקטלותהון **במדברא:** והינון עמך ואחסנתך DT 9:28
דקיים להון וקטלינון **במדברא:** וכדון יסגי כדון חילא NU 14:16
ייי להון ממת ימותון **במדברא** ולא אישתייר להון אינש NU 26:65
כדון מהלך תלתא יומין **במדברא** ונדבח ניכסת חגא קדם ייי EX 5:3
מהלך תלתא יומין נטייל **במדברא** ונדבח נכסת חגא קדם ייי EX 8:23
כדון מהלך תלתא יומין **במדברא** ונדבח קדם ייי אלקנא: EX 3:18
למדברא דסיני ושרו **במדברא** ושרא תמן ישראל בלב EX 19:2
ויוסף תוב לאוחרותהון **במדברא** ותחבלון לכל עמא הדין: NU 32:15
יתכון ארבעין שנין **במדברא** לא בלמו כסותיכון מעילוי DT 29:4
ותדבחון קדם ייי אלקכון **במדברא** לחוד ארחקא לא תרחקון EX 8:24
כן דידעתא כד הוינא שרן **במדברא** למידן ואליפת לנא עיסק NU 10:31
קדם ייי אלקכון **במדברא** למן יומא דנפקתון DT 9:7
במצרים דברתנא לממת **במדברא** מה דא עבדתא לנא EX 14:11
יומא הדין: ודעבד לכון **במדברא** עד זמן מיתיכון עד אתרא DT 11:5
דייי על עינא דמיא **במדברא** על עינא דבאורח חגרא: GN 16:7
מכרך תרנגולא ושרו **במדברא** ציני טוור פרזלא היא רקם: NU 33:36
סופיק צורכיכון במיהכך **במדברא** רבא הדין דנן ארבעין שנין DT 2:7
עבדיא: דדברך ברחמין **במדברא** רבא ודחילא אתר מלי DT 8:15
ושום ברת אשר סרח **דאידברת** בשיתין ריבוון מלאכין NU 26:46
ובריעה ושרח אחתהון **דאידברת** כד היא קיימא לגינוניתא GN 46:17
כיוון דשמעתון ית קל **דבירא** מיגו חשוכא וטוורא דליק DT 5:23
אשוניה מן בגלל דהוה **דבירא** מתחמד למללא עימיה ניסא GN 28:10
רב דלא פסיק והוה קל **דבירא** מתכתיב על תרין לוחי DT 5:22
פיתגמי קיימא עישרתי **דביריא** דהוו כתיבין על לוחיא EX 34:28
הי ככתבא קמא עשרתי **דביריא** דמליל ייי עימכון בטוורא DT 10:4
משה מן למללא ית כל **דביריא** האילין עם כל ישראל: ואמר DT 32:45
דכתיבין בהון עשירתי **דביריא:** ואמר ברת מאן את תני GN 24:22
קודשא כל קבל עשירתא **דביריא** כל דהב בזיכיא מאה NU 7:86
להאל לארנון במעברא **דבמדברא** דנפיק מתחות אמוראה NU 21:13
באתר תקיף וקשי **דבמדברא** דצוק דהוא בית הדורי: LV 16:10
טלוקו יתיה לגובא הדין **דבמדברא** ויד דקטולון לא תושטון GN 37:22
בלוט למימר קום דבר ית **דבר** אינתתך וית תרתין בנתך GN 19:15
דמחית ביה ית נהרא **דבר** בידך ואיזל לך מן קדם EX 17:5
או טב: הא רבקה קומך **דבר** ואיזיל ותהי איתא לבר ריבונך GN 24:51
לותה וכדון הא אינתתך **דבר** ואיזל: ופקיד עילוי פרעה גוברין GN 12:19
דגשן: ומקצת אחוי **דבר** חמשא גוברין זבולון דן ונפתלי GN 47:2
שיבטוי דיעקב ומן יד **דבר** ייי ית ימא ברוח קידומא תקיף EX 14:21
על מימרי במי מצותא: **דבר** ית אהרן וית אלעזר בריה NU 20:25
בלוט למימר קום **דבר** ית דבר אינתתך וית תרתין GN 19:15
מסיפרי: וכדון איזל **דבר** ית עמא לאתר דמלילית לך EX 32:34
ואמר ליה האנא: ואמר **דבר** כדון ית ברך ית יחידך דאת GN 22:2
דעימי דאתובתא וקניינא **דבר** לך: ואמר אברם למלכא דסדום GN 14:21
להון רעי: ואמר ייי למשה **דבר** לך ית יהושע בר נון גבר דרוח NU 27:18
על ארעא דמצרים ויייי **דבר** רוח קידומא בארעא כל יומא EX 10:13
אוף ענכון אוף תוריכון **דברו** ומן דילי היכמא דמלילהון EX 12:32
בשלו הוה: וית אחוכון **דברו** וקומו תובו לות גברא: ואל GN 43:13
יתיה עלה ובמימריה **דבריה** ארבעתי מילין וקבר יתיה DT 34:6
פטר פרעה ית עמא ולא **דברינון** ייי אורח ארע פלישתאי EX 13:17
דעדן לגוא גיחון וגיחון **דברינון** לימא דסוף וימא דסוף רמא EX 14:9
ואמר מן ארם דעל פרת **דברני** בלק מלכא דמואבאי מן NU 23:7
בזכותיה באורח תקנא **דברני** ייי בית אחוי דריבוני:: ולרבקה GN 24:27
פומה ובלעת יתהון: **דברת** בחסדך עמך האיליין די EX 15:13
ית כל עדיתא וית כל **דברתא** באינשא ובבעירא: ואייתיאו NU 31:11
כנישתא: ותפליג ית **דברתא** בין גובריא בלושיא דאחדו NU 31:27
ישראל ית שיבייתא וית **דברתא** וית עדיתא למשריתא NU 31:12
ייי ית משה: והות סכום **דברתא** שייור ביזתא דבזו עמא NU 31:32
עבדת לי למילוט סנאי **דברתך** והא ברכא מברכת להון: NU 23:11
בלק לבלעם למילט סנאי **דברתך** והא ברכא מברכת להון דנן NU 24:10
בית קבורתא במצרים **דברתנא** לממת במדברא מה דא EX 14:11
כנשין מרגליין ואבנין טבן **דדבר** פישון מגינוניתא דעדן לגוא EX 14:9
טעוות עממייא דבידיהון **דדברו** מן בית טעוות שכם וית GN 35:4
מבית שעבוד עבדיא: **דדברך** ברחמין במדברא רבא DT 8:15
דכירין ית כל אורחא **דדברכון** ייי אלקכון מן בגלל DT 8:2
אלקיה דריבוניה אברהם **דדברני** באורח קשוט למיסב ית GN 24:48
דמותביה בשמי מרומא **דדברני** מן בית אבא ומן ארע GN 24:7
טעוות עממייא דביניכון **דדברתון** מבית טעוות שכם ואידכו GN 35:2

בעם קליל ביני עממיא **דידבר** ייי יתכון תמן בגלותא: DT 4:27
ונטל מלאכא דייי **דמדבר** קדם משירייתא דישראל EX 14:19
במימרא דייי אלקכון: **דמדבר** קדמיכון באורחא לאתקנא DT 1:33
והוו כיוון דמטו לפיתחא **דמדברא** אדכרו למטעי בתר GN 21:15
עורלתהון וטמרין בעפרא **דמדברא** אמר מן ייכול לממני NU 23:10
עליהון טעוות צפון נגהוי **דמדברא:** ואיתקף ית יצרא דלבא EX 14:3
מה דעבדתא ליה ואשדר **ואידברינך** מתמן למה אתכל אוף GN 27:45
פרעה ושבחו יתה לפרעה **ואידברת** אינתתא לבית מלכותא GN 12:15
לכון במצרים למחמיכון: **ובמדברא** דחמיתא חווייא קלן DT 1:31
דעבדית במצרים **ובמדברא** ונסיאו קדמי דנן עשר NU 14:22
יקרא דייי מעילוי אברהם: **ודבר** אברהם ית ישמעאל בריה וית GN 17:23
אלהן יומא דין מינך: **ודבר** אברהם עאן ותורין ויהב GN 21:27
שנין במיפיקיה מחרן: **ודבר** אברם ית שרי אינתתיה וית GN 12:5
והות עידוני בצפרא **ודבר** בלק ית בלעם ואסקיה לרמת NU 22:41
ייי ותלטטיה בגיני מתמן: **ודבר** בלק ית בלעם לריש רמתא NU 23:28
וסגד על אפוי על ארעא: **ודבר** יוסף ית תריהום ית אפרים מן GN 48:13
ונהרא רביעא הוא פרת: **ודבר** ייי אלקים ית אדם מן טוור GN 2:15
היכמא דפקיד ייי יתיה **ודבר** ית יהושע ואקימיה קדם NU 27:22
בנוי וית נשוי על גמלייא: **ודבר** ית כל בעירא וית כל נכסוי די GN 31:18
מימרא דייי ברחמך טביא **ודבר** ית עמא ישראל ואשרי איקר NU 10:36
דיתרו חמוי רבא דמדין **ודבר** ית ענא לאתר שפר רעייא EX 3:1
הווה טייפא עשרין שנין: **ודבר** ית קריבוי עימיה ורדף בתרוי GN 31:23
אבימלך מלכא דגרר **ודבר** ית שרה: ואתא מימר מן קדם GN 20:2
הא אבוך שכיב מרע **ודבר** ית תרין בנוי עימיה ית מנשה GN 48:1
בצפרא וזריז ית חמריה **ודבר** ית תרין טליוי ית אליעזר וית GN 22:3
וקם בליליא ההוא **ודבר** ית תרתין נשוי וית תרתין GN 32:23
חמור חיואה רבא דארעא **ודבר** יתה באונסא ושכיב עימה GN 34:2
ייי ית ישראל ממצרים: **ודבר** יתרו חמוי דמשה ית צפורה EX 18:2
ותלוטיה לי מתמן: **ודבר** לחקל סכותא לריש רמתא NU 23:14
לוותהון ומליל עמהון **ודבר** מלותהון ית שמעון דיעט GN 42:24
אלפיא דישראל הינון: **ודבר** משה ואהרן ית גובריא האילין NU 1:17
ית נפשך למיסב יתה: **ודבר** משה ית אינתתיה וית בנוי EX 4:20
ית כנישתא וית בעיריהון: **ודבר** משה ית חטר ניסיא מן קדם NU 20:9
גמלייא ואזלן בתר גברא **ודבר** עבדא ית רבקה בהדיה וטייל GN 24:61
על עיסק פיתגמא הדין: **ודבר** עבדא עשרא גמלין מן גמליה GN 24:10
למשה עיבר קדם עמא **ודבר** עמך מסבי ישראל וחוטרך EX 17:5
ית אדם בתרין יצרין **ודבר** עפרא מאתר בית מקדשא GN 2:7
ליה בארעא דכנען: **ודבר** עשו ית נשוי וית בנוי וית GN 36:6
ית ישראל מפולחננא:: **ודבר** שית מאה רתיכין בחירין וכל EX 14:7
שרי עקרא לית לה וולד: **ודבר** תרת ית אברם בריה וית לוט GN 11:31
תרין כספא נסיבו בידיהון **ודברו** ית בנימין וקמו ונחתו GN 43:15
בריה קטלו לפתגם דחרב **ודברו** ית דינה מבית שכם תפקו: GN 34:26
דשדר פרעה למיטל יתיה: **ודברו** ית קינייניהון וית ניכסיהון GN 46:6
חולף דקבילתא במימרי: **ודברו** מלאכי מרומא ית יצחק GN 22:19
אובילו לארעא דכנען: **ודברי** ית אבוכון וית אינש בתיכון GN 45:18
ועבר ית מגזת יובקא: **ודברינון** ועברינון ית נחלא ועבר ית GN 32:24
דמלילתא למימר: **ודברית** ית רישי שיבטיכון DT 1:15
למא אמרת אחתי היא **ודברית** יתה לי לאינתו ומן יד GN 12:19
ניר שעבודהון מעילויכון **ודברית** יתכון מביניהון בני חרי LV 26:13
חולף רחל: והוה ברמשא **ודברית** לאה ברתיה ואעיל יתה GN 29:23
ושפר בעיניי פיתגמא **ודברית** מנכון תריסר גוברין ברירין DT 1:23
מה עבדת וגנבת דעתי **ודברת** ית בנתי הי כשבית חרבא: GN 31:26
וקביל אברם למימר שרי: **ודברת** שרי איתת אברם ית הגר GN 16:3
הכא: פטרו מנכון חד **וידבר** ית אחוכון ואתון תתאסרון GN 42:16
וישדרון חכימי קרתיה **וידברון** יתיה מתמן וימסרון יתיה DT 19:12
בר נון קאי מן בתריה **ומדבר** עמא בית ישראל ומעיל NU 11:26
משחו יתיה בחוטריהון **וממדברא** איתיהבת להון למתנה: NU 21:18
ולא חמיתיה עד כדון: **ותדברון** אוף ית דין מן קדמיי GN 44:29
סבי עמא וסרכוי במצרים **ותידבר** יתהון למשכנא זימנא NU 11:16
בימּמא בעמודא דעננא **לדברותהון** באורחא ובליליא הדר EX 13:21
עזגדין מנהרדעא דסמיך **למדבר** קדמות לות סיחון מלכא DT 2:26
ואתפנינא ונטלנא **למדברא** אורח ימא דסוף היכמה DT 2:1
מחר איתפנו וטולו לכון **למדברא** אורח ימא דסוף: ומליל ייי NU 14:25
אתפינייו לכון וטולו **למדברא** אורח ימה דסוף: ואתיבתון DT 1:40
לקדמות קוסמיא ושוי **למדברא** אנפוי למדכר עליהון NU 24:1
ואינתתיה לות משה **למדברא** דהוא שרי תמן סמיך EX 18:5
מן ימא דסוף ונפקו **למדברא** דחלוצא וטיילו תלתא EX 15:22
כל כנישתא דישראל **למדברא** דסין דבין אילים ובין סיני EX 16:1
הדין בחד לירחא אתו **למדברא** דסיני: ונטלו מרפידים EX 19:1
ונטלו מרפידים ואתו **למדברא** דסיני ושרו במדברא ושרא EX 19:2
ואזלת וטכנת מן ארחא **למדברא** דסמיך לבירא דשבע: והוו GN 21:14
כל כנישתא דבני ישראל **למדברא** דפארן לרקם ואתיבו להון NU 13:26
מזמן מן אשתקד למהך **למדברא** דצוק דהוא בית הדורי: LV 16:21
ויפטור גברא ית צפירא **למדברא** דצוק ויסוק צפירא על LV 16:22

בני ישראל כל כנישתא **למדברא** דצין בעשרא יומין לירחא NU 20:1
מישר נחלי ארנונא וייתי **למדברא** דציני טור פרזלא מי NU 34:11
אתיתון ית קהלא דייי **למדברא** הדין לממת תמן אנחנא NU 20:4
ארום הנפקתון יתן **למדברא** הדין לקטלא ית כל קהלא EX 16:3
איזל לקדמות משה **למדברא** ואזל וארעיה בטוורא EX 4:27
ונפק לקדמות ישראל **למדברא** ואתא ליהצא ואגח קרבא NU 21:23
דישראל ואיתפניין **למדברא** והא יקר שכינתא דייי EX 16:10
דאישתא בליליא **למידברא** קדם עמא: ומליל ייי עם EX 13:22
עמודא דעננא דהוה **מדבר** בזכותיה קדם עמא בית NU 21:1
ואנדע רחמך היך אנת **מדבר** עם בני נשא זכאין מטי להון EX 33:13
ובעמודא דעננא אנת **מדבר** קדמיהון ביממא מטול NU 14:14
מימרא דייי אלקכון די **מדבר** קדמיכון הוא יגיח לכון ככל DT 1:30
ומחתן יתהון באנפי **מדברא** אזלין רברבני ישראל ומייתן EX 35:27
ואחזר ייי ית עמא אורח **מדברא** דימא דסוף וכל חד עם EX 13:18
ואתפנינא ועברנא אורח **מדברא** דמואב: ואמר ייי לי לא DT 2:8
ישראל במוי מצות רקם **מדברא** דצין מטול דלא קדישתון DT 32:51
ואלילו ית ארעא מן **מדברא** דצין עד פלטיוות מעלך NU 13:21
לכון תחום דרומא מן **מדברא** דציני טור פרזלא על תחומי NU 34:3
טלא והות על אנפי **מדברא** דקיק מסרגל דקיק כגלידא EX 16:14
ושרו באיתם דביסטר **מדברא:** ואיקר שכינתא דייי מידבר EX 13:20
שפר רעייא דאחורי **מדברא** ואתא לטוורא דאיתגלי EX 3:1
ביה דילכון יהי מן **מדברא** וטוורי ליבנן הינון טוורי בי DT 11:24
ושרו באיתם דבסטר **מדברא:** ונטלו מאיתם ותבו על פמי NU 33:6
עד ימא דפלישתאה ומן **מדברא** ועד פרת ארום אמסור EX 23:31
פארן דיסמיך ליצטר **מדברא:** ותבו ואתו לאתרא GN 14:6
מחורב והליכנא ית כל **מדברא** רבא ודחילא ההוא DT 1:19
אנא בעמא הדין דהינון **מדברין** בזכות אבהתהון צדיקיא NU 23:9
רידוותיה דפרעה והוו **מדברין** יתהון בקשייו והוון מהלכין EX 14:25
נטרין מצוותא דאורייתא **מדברין** לרגיל ענני יקרך נייחין DT 33:3
דייי: ואוף ללוט דהוה **מידבר** בזכותיה דאברם הוו עאן GN 13:5
כפירי עובדין טבין הוא **מידבר** ומסב אפין אית בדינא מן GN 4:8
וכפירי עובדין טבין הוא **מידבר** ומסב אפין לית בדינא ועל GN 4:8
יוסף בגויה מן נילוס והוה **מידבר** עימיה ארום אומאה אומי EX 13:19
ביומא ההוא והוא הוה **מידבר** קדם משריתא דישראל NU 10:33
ואיקר שכינתא דייי **מידבר** קדמיהון ביממא בעמודא EX 13:21
ייי אלקכון שכינתיה **מידברא** קדמיכון לאגחא מטולכון DT 20:4
ומימרא דייי שכינתיה **מידברא** קדמך ומימריה יהי בסעדך DT 31:8
ייי אלקכון שכינתיה **מידברא** קדמכון לא ישבקינכון ולא DT 31:6
דבנימוסי אומיא לא **מידברין:** והוה כיוון דחמא בלעם NU 23:9
ושרו במדברא דסין: ונטלו **ממדברא** דסין ושרו בדופקה: ונטלו NU 33:12
כל כנישתא דבני ישראל **ממדברא** דסין למטלניהון על EX 17:1
בני ישראל למטלניהון **ממדברא** דסיני ושרא ענן יקרא NU 10:12
במדברא דסיני: ונטלו **ממדברא** דסיני ושרו בקיברי NU 33:16
דבהון: ושדר יתהון משה **ממדברא** דפארן על פום מימרא NU 13:3
אמרכל חד מן שיבטא **תידברון** לאחסנא ית ארעא: ואילין NU 34:18

דבש (23)

חיור וטעמיה כאשישיין **בדבש:** ואמר משה דין פתגמא EX 16:31
ומן תומרייהא עבדין **דבש:** ארעא דלא בחוסרנא תיכלון DT 8:8
שמינין כחלב ועבדין **דבש** היכמא דמליל ייי אלקא DT 27:3
חמיע ארום כל חמיר וכל **דבש** לא תקרבון מיניה קרבנא קדם LV 2:11
קליל שרף קטף וקליל **דבש** שעוה ולטום משח דבוטנין GN 43:11
שיקצא הוא לכון ברם **דובשא** דזיבורא יתאכל: ברם ית דין LV 11:20
הוא אלקן דהוה מוניק לן **דובשא** מן כיפא ומשח מן שמיר EX 15:2
חקלהא ואוניק יתהון **דובשא** מפירהא דמתרביין על כיפין DT 32:13
בזמן ביכורי איבא עם **דובשיה** מתקרב ויכלון יתהון LV 2:12
יתה ארע עבדא חלב **ודבש** אנא הוא ייי אלקכון LV 20:24
לא לארעא עבדא חלב **ודבש** אעילתנא ויהבת לנא אחסנת NU 16:14
לארע עבדא חלב **ודבש** ארום לית איפשר דאיסלק EX 33:3
ארעא דהיא עבדא חלב **ודבש:** ברם בפיקודיא דייי לא NU 14:8
ואוף עבדא חלב **ודבש** היא ודין איבה: לחוד ארום NU 13:27
לאבהתהון עבדא חלב **ודבש** וייכלון וישבעון וידהנון DT 31:20
לארע עבדא חלב **ודבש:** ויקבלון מינך ותיעול אנת EX 3:17
לך ארע עבדא חלב **ודבש** ותפלח ית פולחנא הדא EX 13:5
לארע עבדא חלב **ודבש** לאתר דדיירין תמן כנענאי EX 3:8
ארעא דעבדא חלב **ודבש** לקטלותנא במדברא ארום NU 16:13
שמינין כחלב וחליין **כדבש:** ארום ארעא דאנת עליל תמן DT 11:9
שמינין כחלב וחליין **כדבש:** והוה כיוון דמטא זימניה DT 6:3
שמינין כחלב וחליין **כדבש:** וכדון הא אייתיתי ית שירוי DT 26:9
שמינין כחלב וחליין **כדבש:** יומא דין ייי אלקכון מפקיד DT 26:15

דגן (1)

רוגזי ואיבשיל עיבוריכון **דגנא** וקשא תריהון כחדא: הא אנא EX 23:19

דגפא (1)

דמדכרין שמא קדישא **בגידופין** ארום משה דהוה רבהון DT 32:3

דהב (146)

ובנימן משקען מרמצן **בדהב** באשלמותהון: ומרגליתא על EX 39:13
יוסף ובנימין משקען **בדהב** יהון באשלמותהון: EX 28:20
ברעיונהון היך למעבד **בדהבא** ובכספא ובנחשא: ובאגלפות EX 31:4
ולאלפא אומנוון למעבד **בדהבא** ובכספא ובנחשא: ובאגלפות EX 35:32
דדהב דכי: קנטינר **דדהב** דדכי יעבד יתה כל מנייה EX 25:39
ריבונך מנין דכסף או מנין **דדהב:** דישתכח עימיה מעבדך יהי GN 44:8
הוו כולא נגידא חדא **דדהב** דכי: ועבד ית בוצינהא שבעא EX 37:22
קסוותא דמחפין בהון **דדהב** דכי: ועבד ית מנרתא דדהב EX 37:16
מתחמן עובד קליעא **דדהב** דכי: ועבדו תרתין מרמצן EX 39:15
מצלהבא: ותעביד ציצא **דדהב** דכי ותיגלוף עלוי חקיק EX 28:36
יהון כולה נגידה חדא **דדהב** דכי: ותעביד ית בוציניה EX 25:36
מתחמן עובד קליעא **דדהב** דכי: ותעביד על חושנא EX 28:22
דדהב: ותרתין שישלן **דדהב** דכי מתחמן תעבד יתהון EX 28:14
דכי: ועבד ית מנרתא **דדהב** דכי נגיד עבד ית מנרתא EX 37:17
פושכא: ועבד תרין כרובין **דדהב** דכי נגיד עבד יתהון מתרין EX 37:7
ותעביד תרין כרובין **דדהב** דכי נגיד תעביד יתהון מתרין EX 25:18
תדירא: ותעביד מנרתא **דדהב** דכי נגיד תתעבד מנרתא EX 25:31
דדהב דכי: קנטינר **דדהב** דכי עבד יתה וית כל מנהא: EX 37:24
ומלקטייהא ומחתייהא **דדהב** דכי: קנטינר דדהב דדכי יעבד EX 25:38
ומלקטייהא ומחתייה **דדהב** דכי: קנטינר דדהב דכי עבד EX 37:23
די ישתמש ויתרק בהון **דדהב** דכי תעבד יתהון: ותסדר על EX 25:29
לך: ותעבד כפורתא **דדהב** דכי תרתין אמין ופלגא EX 25:17
ית ארונא: ועבד כפורתא **דדהב** דכי תרתין אמין ופלגא EX 37:6
דהוה משכח עליהן מנין **דדהב** הוי שרי קורייה מן רישיהון NU 31:50
מאנין דכסף ומנין **דדהב:** ויהב ייי ית עמא לרחמין קדם EX 11:2
ואתיך ליה ארבע עיזקן **דדהב** ויהב ית עזקתא על ארבע EX 37:13
זהורי שזיר: ועבדו חיזוריין **דדהב** ויהבו ית חיזוריא במציעות EX 39:25
דדהב ותרתין עיזקן **דדהב** ויהבו ית תרתין עיזיקתא על EX 39:16
מצראי מנין דכסף ומנין **דדהב:** וייי יהב ית עמא לחן וחסד EX 12:35
דאנהרותא: וית מדבחא **דדהב** וית מישחא דרבותא וית EX 39:38
רבא ועבדו להון דחלן **דדהב:** וכדון אין תשבוק לחוביהון EX 32:31
עבדא מנין דכסף ומנין **דדהב** ולבושין ויהב לרבקה ודורונין GN 24:53
ביתא מנין דכסף ומנין **דדהב** ולבושין ותעטרון על בניכון EX 3:22
חדא: ועבד חמשין פורפין **דדהב** ולפיף ית יריעתא חדא עם EX 36:13
לגיו: ועבדו תרתין עיזקן **דדהב** וסדרינון על תרין כתפי EX 39:20
אנפוי: ועבדו תרתין עיזקן **דדהב** ושויאו על תרתין ציטרי EX 39:19
ותעביד ליה ארבע עיזקן **דדהב** ותיתן ית עיזקתא על ארבעה EX 25:26
לגיו: ותעביד תרתין עיזקן **דדהב** ותיתן יתהון על תרין כתפי EX 28:27
ותעביד תרתין עיזקן **דדהב** ותיתן יתהון על תרין סיטרי EX 28:26
ותתיך ליה ארבע עיזקין **דדהב** ותיתן על ארבע איזתוורוי EX 25:12
ותעביד חמשין פורפין **דדהב** ותלפיף ית יריעתא חדא עם EX 26:6
דכי: ועבדו תרתין מרמצן **דדהב** ותרתין עיזקן דדהב ויהבו ית EX 39:16
לדוכרנא: ותעביד מרמצן **דדהב:** ותרתין שישלן דדהב דכי EX 28:13
מגיו ומברא ועבד ליה דיר **דדהב** חזור חזור: ואתיך ליה ארבע EX 37:2
יתיה דהב דכי ועבד דיר **דדהב** חזור חזור: ועבד ליה גפוף EX 37:11
דהב דכי ותעביד ליה דיר **דדהב** חזור חזור: ותעביד ליה גפוף EX 25:24
וית קרנוי ותעביד ליה זיר **דדהב** חזור חזור: ותרתין עיזקן EX 30:3
וית קרנוי ועבד ליה דיר **דדהב** חזור חזור: ותרתין עיזקן EX 37:26
ותעביד עלוי דיר **דדהב** חזור חזור: ותתיך ליה ארבע EX 25:11
סילעין דכסף והיא הות **דדהב** טב קריב יתה מליא קטורת NU 7:14
עשרא סילעין והיא **דדהב** טב קריב יתה מליא קטורת NU 7:20
ומחוכין וכל תכשיט **דדהב** כל גבר דארים ארמות דהבא EX 35:22
קדמיי דחלן דכסף ודחלן **דדהב** לא תעבדון לכון: מדבח EX 23:23
חזור חזור ועבד דיר **דדהב** לגפופיה חזור חזור: ואתיך EX 37:12
פושכא חזור ותעביד דיר **דדהב** לגפופיה חזור חזור: ותעביד EX 25:25
חזור חזור: ותרתין עיזקן **דדהב** עבד ליה מלרע לדיריה על EX 37:27
עובד מנרתא מינא קשיא **דדהב** עד בסיס דידה ועד NU 8:4
ואתיך ליה ארבע עיזקן **דדהב** על ארבע אסתוורוי ותרתין EX 37:3
ויהבו תרתין קליען **דדהב** על תרתין עיזקיתא על EX 39:17
ותיתן ית תרתין קליען **דדהב** על תרתין עיזקתא בסיטרי EX 28:24
באומנותהון מרמצן **דדהב** תעבד יתהון: ותסדר ית EX 28:11
חזור חזור: ותרתין עיזקן **דדהב** תעביד ליה מלרע לזיריה על EX 30:4
חזור חזור וחיזוריין **דדהבא** במציעיהון חזור חזור: EX 28:33
ית משה: ושוי ית מדבחא **דדהבא** במשכן זימנא קדם פרגודא: EX 40:26
להון אהרן פריקו קדשי **דדהבא** דבאודני נשיכון בניכון EX 32:2
פריקו כל עמא ית קדשי **דדהבא** די בודניהון ואייתיו לאהרן: EX 32:3
ישראל מקפין דרגשא **דדהבא** דרביע עלה ומן דאיתגלי GN 49:1
ונסיב גברא קדשא **דדהבא** דרכמונא מתקליה קבל GN 24:22
וכל מאן דיהב תמן מאנא **דדהבא** הוה סימא נפקא באנפוי: EX 32:20
דלא ידכר חובת עיגלא **דדהבא** ובזמן מיעליה יסחי ית LV 16:4
וכתבין קוסמין בציצא **דדהבא** ויהבין תחות לישניה GN 31:19
ובוץ שזיר: ורדידו ית טסי **דדהבא** וקטעו יתהון שזרין למעבד EX 39:3
חזור חזור: חיזורא **דדהבא** ורומנא דתכלתא ודצבע EX 28:34

ודצבע זהורי חיזורא **דדהבא** ורומנא דתכלתא וצבע EX 28:34
על אסלא: ועל מדבחא **דדהבא** יפרסון לבוש תיכלא ויכסון NU 4:11
כל קבל אנפוי ית ציצא **דדהבא** כלילא דקודשא היכמא LV 8:9
ותיתן ית מדבחא **דדהבא** לקטרת בוסמיא קדם EX 40:5
לקמך שירין וקטלאין **דדהבא** מן בגלל דתיתלי עינך בהן GN 49:22
וגבריאל אצעון דרגשא **דדהבא** מקבעא בוורדין וסנדלכין DT 34:6
ידהא מתקל עשר סילעין **דדהבא** סכום מתקלהון קבל תרין GN 24:22
לבושין דבוץ ושוי מניכא **דדהבא** על צווריה: וארכיב יתיה GN 41:42
הי כעובדיה מיניה יהי **דדהבא** תיכלא וארגוונא וצבע EX 28:8
עובד איפודא תעבדיניה **דדהבא** תיכלא וארגוונא וצבע EX 28:15
ית משה: ועבד ית איפודא **דדהבא** תיכלא וארגוונא וצבע EX 39:2
אומן הי כעובד איפודא **דדהבא** תיכלא וארגוונא וצבע EX 39:8
בית קודשא: בזיכי **דדהבא** תריסירי כל קבל רברבי NU 7:86
נשיא דבני ישראל בזיכי **דדהבא** תריסר כל קבל תריסר NU 7:84
דעובדא: והוה סכום כל **דהב** אפרשותא דאפרשו לשמא NU 31:52
בסילעי קודשא דין הוא **דהב** ארמותא דארימו בני ישראל EX 38:24
קודשא והוה סכום **דהב** ארמותא עשרין ותשע קנטירין EX 38:24
קבל עשירתא דביריא כל **דהב** בזיכיא מאה ועשרין כל קבל NU 7:86
ית ציצת כלילא דקודשא **דהב** דכי וכתבו עלוי גליף חקיק EX 39:30
ופלגא רומיה: וחפא יתיה **דהב** דכי ועבד דיר דדהב חזור חזור: EX 37:11
ופלגא רומיה: ותחפי יתי **דהב** דכי ותעביד ליה דיר דדהב EX 25:24
קרנוי זקיפין: ותחפי יתיה **דהב** דכי ית איגריה וית כותלוי EX 30:3
קרנוי זקיפין: וחפא יתיה **דהב** דכי ית איגריה וית כותלוי EX 37:26
ופלגא רומיה: וחפייה **דהב** דכיה מגיו ומברא ועבד ליה EX 37:2
ופלגא רומא: ותחפי יתיה **דהב** דכיה מגיו ומברא תחפיניה EX 25:11
וביה שער מצלהב כחיזו **דהב** דקיק ויסאב יתיה כהנא LV 13:30
ביה שער מצלהב כחיזו **דהב** וחיזוי ניתקא לית עמיק יתיר LV 13:32
בערס דשנדפין מחפייא **דהב** טב מקבעא אבנין טבן GN 50:1
ואמרית להון למאן אית **דהב** פריקו ויהבו לי וטלקתיה EX 32:24
וית עיזקיתהון עבד **דהבא** אתרא לנגרין וחפא ית נגרין EX 36:34
וית עיזקתהון תעביד **דהבא** אתרא לנגרין ותחפי ית נגריא EX 26:29
ובצבע זהורי ובבוצא: כל **דהבא** דאיתעביד לעיבידתא בכל EX 38:24
מאן הוא כספא ומאן הוא **דהבא:** ואילין שמהת רברבי עשו GN 36:39
דקיסי שיטא וחפא יתהון **דהבא:** ואעיל ית אריחיא בעיזקתא EX 37:4
וחפנון דהבא וויהון **דהבא** ואתך להון ארבעא חומרין EX 36:36
ית כל ארע הינדיקי דתמן **דהבא:** ודהבא דארעא ההיא בחיר GN 2:11
עמודי קיסי שיטא וחפנון **דהבא** וויהון דהבא ואתך להון EX 36:36
שיטא ותחפי יתהון **דהבא** וויהון דהבא ותתיר להון EX 26:37
עמודי שיטא מחפין **דהבא** וויהון דהבא על ארבעא EX 26:32
וחפי רישיהון וכיבושיהון **דהבא** וחומריהון חמשא דנחשא: EX 36:38
בלא חלדותהון ית **דהבא** וית כספא וית נחשא וית NU 31:22
עלמא: וית לוחיא חפא **דהבא** וית עיזקיתהון עבד דהבא EX 36:34
וית לוחיא תחפי **דהבא** וית עיזקתהון תעביד דהבא EX 26:29
יסבון מן ממונהון ית **דהבא** וית תיכלא וית ארגוונא וית EX 28:5
דסיתבון מנהון **דהבא** וכספא ונחשא: ותיכלא EX 25:3
ייתי ית אפרשותא דייי **דהבא** וכספא ונחשא: ותיכלא EX 35:5
דקיסי שיטא וחפא יתהון **דהבא:** ועבד ית מישחא דרבותא EX 37:28
לנגרין וחפא ית נגרין **דהבא:** ועבד ית פרגודא דתיכלא EX 36:34
שיטא ותחפי יתהון **דהבא:** ותהנעל ית אריחיא EX 25:13
שיטא ותחפי יתהון **דהבא:** ותיתן יתיה קדם פרגודא EX 30:5
לנגרין ותחפי ית נגריא **דהבא:** ותקים ית משכנא כהילכתא EX 26:29
ותחפי יתהון דהבא וויהון **דהבא** ותתיר להון חמשא חומרין EX 26:37
הינון ברם בלבושי **דהבא** לא יהי עליל מטול דלא ידכר LV 16:4
דקיסי שיטא וחפא יתהון **דהבא** למיטל ית פתורא: ועבד ית EX 37:15
וכפר לכון על חובת עיגל **דהבא:** מהלך חדיסר יומין מחורב DT 1:1
משה ואלעזר כהנא ית **דהבא** מן רבני אלפין ומאוותא NU 31:54
משה ואלעזר כהנא ית **דהבא** מנהון כל מאן דעובדא: והוה NU 31:51
ומני קודשא דחמיתון **דהבא** סנינא וכפר לכון על חובת DT 1:1
מחפין דהבא וויהון **דהבא** על ארבעא חומרין דכסף: EX 26:32
כל גבר דארים ארמות **דהבא** קדם ייי: וכל גבר דהישתכח EX 35:22
מיניה הוא הי כעובדוי **דהבא** תיכלא וארגוונא וצבע זהורי EX 39:5
שיטא ותחפי יתהון **דהבה** ויהון נטלין בהון ית פתורא: EX 25:28
על חושנא תרתין עיזקן **דידהב** דכי ותיתן ית תרתין EX 28:23
לחדא בגיתי בכספא **ובדהבא:** ואזל למטלנוי מן דרומא GN 13:2
באושקקי וטעוון דכסף **ודהב** דיהיבין עימהון בבתייא אחוין DT 29:16
אוצרוי דיוסף מליין כסף **ודהב** ובעא למיטרד בההוא עותרא NU 16:19
מלי קורטור דיליה כסף **ודהב** לית לי רשו למעיבר על גזירת NU 22:18
מלא קורטור דיליה כסף **ודהב** לית לי רשו למעיבר על גזירת NU 24:13
ארע הינדיקי דתמן דהבא: **ודהבא** דארעא ההיא בחיר תמן GN 2:12
בנורא לא תחמדון כספא **ודהבא** דעליהון ותיסבון לכון DT 7:25
ליה עאן ותורין וכספא **ודהבא** ועבדין ואמהן וגמלין וחמרין: GN 24:35
ועניכון יסגון וכספא **ודהבא** יסגי לכון וכל דילכון יסגי: DT 8:13
דלא יטעיין ליביה וכספא **ודהבא** לא יסגי ליה דלא יתרורם DT 17:17

דוב (34)

תהי סאובתיה גוון חיוור **בדוויה** חריר בישריה ית דוויה או LV 15:3
ואין על משכבא הוא **ברובא** דגופיה או על מנא דהיא LV 15:23
טלי או גבר סיב ארום יהי **דאיב** מבישריה דויה חמא תלת LV 15:2
משריתא כל דימצרע וכל **דדאיב** וכל דמסאב לטמי נפש NU 5:2
ואינתתא ארום ידוב **דוב** אדמא יומין תלתא בלא אשוני LV 15:25
בתר יומי ריחוקה כל יומי **דוב** סאובתא תהי מסאבא LV 15:25
דמוי אדם מסאב הוי **דובא** בבישרא שובעא יומין תהי LV 15:19
למשכוב עלוי כל יומי **דובה** הי כמשכבא דמייחד LV 15:26
ריחוקא ולדדייב ית **דוביה** לדכר או לנוקבא ולגבר די LV 15:33
רמשא: וארום אין יריק **דובנא** בדכיא יצבע לבושוי ויסחי LV 15:8
וכל מידעם דיקרב ביה **דובנא** וידוי לא שטף במיא יהי LV 15:11
ביניהון: דא גזירת אחויית **דובנא** ומן דיפוק מיניה שיכבת LV 15:32
ומרכבא דירכוב עלוי **דובנא** יהי מסאב וכל דיקרב בכל LV 15:9
דמייחד למישכוב עלוי **דובנא** יהי מסאב וכל מאנא דמייחד LV 15:4
מנא דמייחד למיתב עלוי **דובנא** יצבע לבושוי ויסחי בארבעין LV 15:6
עד רמשא: ודיקרב בבשר **דובנא** יצבע לבושוי ויסחי בארבעין LV 15:7
ומאן דפחר דיקרב בגוויה **דובנא** יתבר וכל מאן דקיסא LV 15:12
בדוויה חריר בישריה ית **דוויה** או דאיתחתם בישריה מדויה LV 15:3
כהנא קדם ייי וידכי מן **דוויה:** וגבר ארום אישתלי ויפוק LV 15:15
וארום אין פסק מדובנא **דוויה** וימני ליה שובעא יומין LV 15:13
די ישמש עם איתתא **דוותא** ובזי ית עריתא וית מבוע LV 20:18
דכשרין לאידכאה בהון **דוותא** יתדי וכל דלא מיתעל בנורא NU 31:23
ארום יהי דאיב מבישריה **דויה** חמא תלת זימני מסאב הוא: LV 15:2
לטמי בר נש דמית או **דייב** או סגיר דמרחק באורח עלמא NU 9:10
דאהרן והוא מצרעא או **דייב** בקודשייא לא יכול עד זמן LV 22:4
ואינתתא ארום תהי **דייבא** אדם סמוק ואוכם ומוריק הי LV 15:19
בעידוני ריחוקא **ולדדייב** ית דוביה לדכר או לנוקבא LV 15:33
מסאב: ואינתתא ארום **ידוב** דוב אדמא יומין תלתא בלא LV 15:25
לאידכאה בהון דוותא **יתדי** וכל דלא מיתעל בנורא NU 31:23
ויכפר עלה כהנא קדם ייי **מדוב** סאובתא: ותפרשון ית בני LV 15:30
עד רמשא: ואין אידיכיית **מדובה** ותמני לה שובעא יומין LV 15:28
במיא: וארום אין פסק **מדובנא** דוויה וימני ליה שובעא LV 15:13
או דאיתחתם בישריה **מדויה** סאיבתיה היא: כל משכבא LV 15:3
אשוני ריחוקה או ארום **תידוב** בתר יומי ריחוקה כל יומי LV 15:25

דודא (4)

בשילו ית בשר קורבניא **בדודוותא** בתרע משכן זימנא ותמן LV 8:31
ויתן על אישתא דתחות **דודא** דנכסת קודשיא: ויסב כהנא NU 6:18
ית כל מאניה מדבחא ית **דודוותיה** וית מגרופיתא וית EX 38:3
יתיה נחשא: ותעביד **דודוותיה** למרדדא יתיה ומגרפתיה EX 27:3

דוחן (1)

דארעא ולא מן אוריזא **ודוחינא** וקיטני תפרשון אפרשותא NU 15:19

דוי (2)

מותא ותחתון ית סיבתי **בדווי** לבי קבורתא::: ארום עבדך GN 44:29
בה ותחתון ית סיבתי **בדווי** לבי קבורתא: וכפנא תקיף GN 42:38

דוך (2)

במיפרסהון ידיהון על **דוכנא** בהדין לישן יימרון להון: NU 6:23
מן לרע לשמייא **לדוכתא** חד ותתנגב ארעא GN 1:9

דופק (2)

או בבית קבורתא וגוללא **ודופקא:** וידי כהנא דכיא על גברא NU 19:18
או בקבורתא וגוללא **ודופקא** יהי מסאב שובעא יומין: NU 19:16

דוק (17)

עבדית כל מה דפקידתני: **אודיק** ממדור בית שכינת קודשך DT 26:15
מרומא ותרין מנהון **אודיקו** על אנפי סדום ואברהם GN 18:16
יתיה בניסתא והוה שלים **בדקתיה** במוי מצות רקם DT 33:8
דמואבאי ריש רמתא **דמדיקא** כל קבל בית ישימון מטול NU 21:20
ית בלעם לריש רמתא **דמדיתא** על אנפי בית ישימות: NU 23:28
אנן מסתכיין כמסכן **דמודיק** מגיסא מידיא: חביל על NU 11:6
תמן יומיא למשרי **ואודיק** אבימלך מלכא דפלישתאי GN 26:8
ונפק ביומא תיניינא **ואודיק** והא דתן ואבירם גוברין EX 2:13
חיילי מרומא לשבחא **ואודיק** ייי ברגוז עילוי משריתהון EX 14:24
תמן ביצלו קדם ייי: **ואודיק** על אנפי סדום ועמורה ועל GN 19:28
אלהין לפורקנך סכיית **ואודיקית** ייי דפורקנך פורקן עלמין: GN 49:18
הי כמיסת פורקניה: **וידייק** ית סכום שני זבינוי ויתיב ית LV 25:27
אחסנתיה יקדיש קדם ייי: **וידייק** ליה כהנא ית סכום דמי LV 27:23
יובילא יקדיש חקליה **וידייק** ליה כהנא ית סכום כספא LV 27:18
או ידא דציבורא ויתפריק: **וידייק** עם ערלאה זבניה משתא LV 25:50
למדכר לישראל חובתהון **מודיק** בבית קבורתיה דמשה DT 34:6
לפורקניה דשמשון אנא **מודיק** דפורקנהון פורקן דשעתא GN 49:18

דור (100)

ההוא מכנישתא דישראל **בדיירי** ובייציבי דארעא: כל EX 12:19
תתאכל באתר קדיש **בדרת** משכן זימנא ייכלונא: לא LV 6:9
באתר קדיש תתאכל **בדרת** משכן זימנא: כל דימקרב LV 6:19
דפגרו מתמן טעות פעור **במדור** בית במסיא וית קרתא NU 32:38

ברם לא יהי יקרי שרי **במדור** משריתיכון ארום עם קשי EX 33:3
כמיסת יומא ופלגא וקמו **במדורהון** עד דאגחת קרבא בסיחון DT 2:25
ישיצי חלנונא: ערלאה **דדייר** ביניכון יסוק עליכון מסוקיין DT 28:43
ולאגירך ולתותבך **דדיירין** עימך: ולבעירך ולחייתא די LV 25:6
מבני תותביא עריליא **דדיירין** עימכון מנהון תזבנון ומן LV 25:45
עבדא חלב ודבש לאתר **דדיירין** תמן כנענאי וחיתאי EX 3:8
קרית ארבע היא חברון **דדר** תמן אברהם ויצחק: והוו יומי GN 35:27
תעביד עימי ועם ארעא **דדרתא** בה: ואמר אברהם אנא GN 21:23
וכל פולחניה: ועמודי **דדרתא** חזור חזור וחומריהון NU 3:37
וחומריהון עשרה: ופותיא **דדרתא** לרוח קידומא מדינחא EX 27:13
וחומריהון דנחשא: ארכא **דדרתא** מאה אמין ופותיא חמשין EX 27:18
שרי בארעא דאימר לך: **דור** בארעא הדא ויהי מימרי בסעדך GN 26:3
בכן ייכול ביה: **דייור** תותב ואגירא נוכראה לא EX 12:45
חד גרשום ארום אמר **דייר** הוויתי בארע נוכראה דלא EX 18:3
שמיה גרשום ארום אמר **דייר** הויתי בארעא נוכרייא דלא EX 2:22
עם בני חיתאה למימר: **דייר** ותותב אנא עמכון בבעו זבונו GN 23:4
אמן: ליט דיצלי דין **דייר** ייתם וארמלא הוון עניין DT 27:19
מן כל ישראל דהוא **דייר** תמן וייתי בכל כרוך דרעיא DT 18:6
דמסרית קדמיכון ית **דיירא** ארעא ולא תצטרכון למיטול DT 1:8
ומלכא דקרתא דבלעת **דיירהא** איהי זוער וסדרו עמהון GN 14:8
ואיתחבלת ארעא בגין **דיירהא** דסטו מן ארחן דתקנן קדם GN 6:11
ומלכא דקרתא דבלעת **דיירהא** היא זוער: כל אילין GN 14:2
עלה ופלטת ארעא ית **דיירהא:** ותיטרון אתון כנישתא LV 18:25
דאמוראה ולות כל **דיירוי** עמון ומואב וגבלא במישרא DT 1:7
קדם ייי והא ליתוהי עם **דיירי** ארעא ארום איתניגיד וסליק GN 5:24
דילמא יימרון **דיירי** ארעא דאפקתנא מתמן DT 9:28
כפנא לחדא ואישתלהון **דיירי** ארעא דמצרים ודיירי ארעא GN 47:13
פרישן לא אתברייו בכל **דיירי** ארעא ובכל עממיא ויחמון כל EX 34:10
דמצרים וישיצי כפנא ית **דיירי** ארעא: ולא יתידע שובעא GN 41:30
תמן ערביב ייי לישן כל **דיירי** ארעא ומתמן בדרינון ייי על GN 11:9
ברם ענפוי מטלן על כל **דיירי** ארעא ושירשוי מטיין עד GN 50:1
חורמן ארום עתידין כל **דיירי** ארעא למשמע קל ציווחתהון EX 7:9
בארעא דמצרים: וכל **דיירי** ארעא עלו למצרים למזבון GN 41:57
ובנן: והוו כל יומי חנוך עם **דיירי** ארעא תלת מאה ושיתין GN 5:23
לבהון בגווהון כל עמודי **דיירי** ארעהון דכנענאי: תפיל עליהון EX 15:15
אחזת יתהון כל עמודי **דיירי** ארעהון דפלישתאי: הא בכן EX 15:14
אישתזב אלהין דייחמון **דיירי** עלמא גבורתא דייי וימרון GN 14:13
ועבדיה למפלח ביה **דיירי** עלמא ולחשוכא קרא ליליא GN 1:5
עיסבין למתפרנסא בהון **דיירי** עלמא ותסדר ית סדרוי תרין EX 40:4
חמי לא תזממונה ליה: כד **דיירין** בעלמא הדין שעא חדא אחין DT 25:5
אניק נפש גייורא ארום **דיירין** הוויתון בארעא דמצרים: EX 23:9
ישראל הוו דכירין ארום **דיירין** הוויתון בארעא דמצרים: כל EX 22:20
לך לא תעביד ליה ארום **דיירין** הויתון בארעא דמצרים אנא LV 19:34
ותרחמון ית גייורא ארום **דיירין** הויתון בארעא דמצרים: מן DT 10:19
דאתי לאתגיירא ארום **דיירין** הויתון בארעהון: בנין DT 23:8
ארום דילי ארעא ארום **דיירין** ותותבין אתון עימי: ובכל LV 25:23
מינדע תינדע ארום **דיירין** יהון בנך בארעא דלא דילהון GN 15:13
יחוורן מן טללתא ומן **דירון** דעאן: זבולון על ספרי ימא GN 49:12
הדין: וקריבו לותיה ואמר **דירין** דעאן נבני לבעירנא הכא NU 32:16
עמלק אילין רברבי אליפז **דמדורהון** בארעא דאדום אילין בני GN 36:16
מזה אילין רברבי רעואל **דמדורהון** בארעא דאדום אילין בני GN 36:17
רברבי גנוסיא בנוי דגבל **דמדורהון** מן עלמין בארע אדומאי: GN 36:21
גנוסייא לרברבניהום **דמדוריהום** מן קדמת דנא בארעא GN 36:30
היכדין יעבדון: ותעבד ית **דרת** משכנא לרוח עיבר דרומא EX 27:9
עיבר דרומא ווילוות **דרתא** דבוץ שזיר מאה אמין: EX 38:9
דרתא וית פרסא דבתרע **דרתא** דעל משכנא ועל מדבחא NU 3:26
וית פרסא דמעלנא דתרע **דרתא** דעל משכנא חזור חזור וית NU 4:26
מיכא ומיכא לתרע **דרתא** ווילוון חמיסרי אמין EX 38:15
חומרהא וית פרסא לתרע **דרתא** וית אטונוי ומתחהא וית כל EX 39:40
מתחי משכנא וית מתחי **דרתא** וית אטוניהון: ית לבושי EX 35:18
חזור וית כל מתחי תרע **דרתא** וית כל חומרי דרתא חזור EX 38:31
וית פרסא דתרע **דרתא:** וית מתחי משכנא וית מתחי EX 35:17
וית בסיסיה: ית ווילוות **דרתא** וית עמודהא וית חומרהא EX 39:40
משכן זימנא: ווילוות **דרתא** וית פרסא דבתרע דרתא NU 3:26
משכן זימנא: וית ווילוות **דרתא** וית פרסא דמעלנא דתרע NU 4:26
עורדעניא מן בתיא ומן **דרתא** ומן חקליא: וכנשו יתהון EX 8:9
אמין כל קבל ווילוות **דרתא:** ועמודיהון ארבעה וחומריהון EX 38:18
הוו מתעבדין כל עמודא **דרתא:** ופרסא דתרע דרתא עובד EX 38:17
תלתא: כל ווילוות **דרתא** חזור חזור דבוץ שזיר: EX 38:16
וכל מתחוי וכל מתחי **דרתא** חזור חזור דנחשא: ואנת EX 27:19
מני מדבחא: וית חומרי **דרתא** חזור חזור וית כל מתחי תרע EX 38:31
תרע דרתא וית כל חומרי **דרתא** חזור חזור: ומן תיכלא EX 38:31
ייי ית משה: ואקים ית **דרתא** חזור חזור למשכנא EX 40:33
הי כמיא: ותשוי ית **דרתא** חזור חזור מטול זכוות אבהת EX 40:8
ארבעא: כל עמודי **דרתא** חזור חזור מכבשין כסף EX 27:17
וית בסיסיה: ית ווילוות **דרתא** ית עמודוי וית חומרנהא וית EX 35:17
סואבות דימהון: ועבד ית **דרתא** לרוח עיבר דרומא ווילוות EX 38:9
ותיתן ית פרסא דתרע **דרתא** מטול זכוות אימהת עלמא EX 40:8
דרתא: ופרסא דתרע **דרתא** עובד צייור מחטא דתיכלא EX 38:18
וחומריהון תלתא:: ולתרע **דרתא** פרסא עשרין אמין דתיכלא EX 27:16
דבית סכל ולמציעות **דרתא** רבתא דממצעא בין טירת NU 34:9
בוסמיא ומנחתא **דתדירא** ומישחא דרבותא מסרת NU 4:16
דיירי ארעא דמצרים **ודיירי** ארעא דכנען מן קדם כפנא: GN 47:13
וית בית הרן קוריי חקרא **ודירין** דעאן: ובני ראובן בנו ית בית NU 32:36
בנו לכון קוריין לטפלכון **ודירין** לענכון ודנפיק מפומכון NU 32:24
וכל מתחיא למשכנא **ולדרתא** חזור חזור דנחשא: איליין EX 38:20
ותתקיף ביה ותהנייה **ידור** ויתותב ויתפרנס עימך: עמי LV 25:35
לרוח עיבר דרומא ווילוון **לדרתא** דבוץ שזיר מאה אמין EX 27:9
יתהון טור בית מוקדשך **מדור** בית שכינת קודשך: שמעו EX 15:13
דעשו רבא דאדומא דבית **מדורהון** בטוור גבלא: אילין שמהת GN 36:9
בשמי שחקי מרומא: **מדוריה** דאלקא הוה מן לקדמין ומן DT 33:27
מבנין זימנא הדא יהי **מדוריה** דבעלי עימי ארום ילידת GN 30:20
עשו לייחוסיהון לאתר **מדוריהון** בשמהותהן רבא תמנע GN 36:40
דתיבותא בציטרא תשוי **מדורין** תתאין תניינין ותליתאין GN 6:16
שוית בניקריא דטינריא **מדורך:** ארום אין יתגזר למיהוי NU 24:21
כל מה דפקידתני: אודיק **ממדור** בית שכינת קודשך מן DT 26:15

דורון (19)

אמר נירעי ית סבר אפוי **בדורונא** דמהלכא קדמי ומבתר כן GN 32:21
לי: קבל כדון ית **דורון** דאיתתיא לך ארום איתיהב GN 33:11
ותימר לעבדך ליעקב **דורון** הוא דמשתלחא לריבוני לעשו GN 32:19
הדין דארעית ואמר **דורון** הוא דשדרית לאשכחא רחמין GN 33:8
דלבושין: ולאבוי שדר **דורון** כדין עשרא חומרין טעינין GN 45:23
ונסיב מן דאיזדמן בידיה **דורון** לעשו אחוי: עזי מאתן וברחי GN 32:14
לביתא ואעילו ליה ית **דורונא** דיבידיהון לביתא וסגידו GN 43:26
בנימין: ונסיבו גובריא ית **דורונא** הדא ועל חד תרין כספא GN 43:15
מיננא אינש: וקריבנא **דורונא** לשמא דייי כיון דמסר ייי ית NU 31:50
דביכוריא בקרוביכון **דורונא** מן עללתא חדתא קדם ייי NU 28:26
לחמריהון: ואתקינו ית **דורונא** עד מיעל יוסף בשירותא GN 43:25
במניכון ואחיתו לגברא **דורונא** קליל שרף קטף וקליל דבש GN 43:11
יסבר לי אפין: ועברת **דורונא** קמי והוא בת בליליא ההוא GN 32:22
רחמין בעינך ותקבל **דורוני** מן ידי ארום בגין כן חמית GN 33:10
מחבורתא ולא למשדרא **דורונין** גבר לחבריה וגרמא לא EX 12:46
והוי ליה אחוי מסקי **דורונין:** מדבית דן עתיד דיקום GN 49:15
ולבושין ויהב לרבקה **ודורונין** יהב לאחוהא ולאימא: GN 24:53
תעביד ביני שמשתא הי **כדורונא** דצפרא והי כניסוכיה NU 28:8
בבעו מינך לא תיסתכל **לדורון** דידהון דלא חמרא דחד NU 16:15

דות (1)

כד הוינא יתבין על **דדוותא** דביסרא כד הוינא אכלין EX 16:3

דחד (2)

לא תיפטרוניה ריקנא: **מדחדא** תדחדון ליה מן ענכון מן DT 15:14
ריקנא: מדחדא **תדחדון** ליה מן ענכון מן אידיריכון DT 15:14

דחי (5)

לכון גרמיכון או לדריכון **וידחי** למעבד פיסחא קדם ייי: NU 9:10
על טוורייא דבית הדורי **וידחיניה** רוח זיקא מן קדם ייי LV 16:22
נפרכס מן צערא דנפשי **ונדחי** לגובא דחבלא וישתכח GN 22:10
לא תימרון בליבכון כד **ידחי** ייי אלקכון יתהון מן קדמיכון DT 9:4
דקיים ייי לאבהתכון: **למידחי** ית כל בעלי דבבך מן קדמך DT 6:19

דחל (168)

מוקדשי תהון אזלין **בדחלתא** אנא ייי: אין בקיימי LV 26:2
מוקדשי תהון אזלין **בדחלתא** אנא ייי: לא תסטון בתר LV 19:30
מן קדמכון: שלמין תהוון **בדחלתא** דייי אלקכון: ארום עממיא DT 18:13
מבינך: ואתון דדבקתון **בדחלתא** דייי אלקכון קיימין DT 4:4
עיבראי אחוי דיפת רבא **בדחלתא** דייי: בנוי דשם עילם GN 10:21
טבין הוה בדרוהי **בדחלתא** דייי הליך נח: ואולד נח GN 6:9
וקיים יעקב באלקא **דדחיל** ליה אבוי יצחק: ונכס יעקב GN 31:53
ויימרון מאן הוא גברא **דדחיל** מחוביה וליביה תביר יהך DT 20:8
מן קדם ייי אנא **דחיל:** אם מהמנין אתון אחוכון חד GN 42:18
מן כוותך הדור בקודשא **דחיל** בתושבחן עביד ניסין ופרישן EX 15:11
דהוה יעקב דחיל חיטאה **דחיל** דילמא ילטיטיניה אבוי ואמר GN 27:11
אילולפון רוגזא דסנאה **דחיל** דילמא יתרברבון לקובלי DT 32:27
ית עובדא דייי ארום **דחיל** הוא דאנא עביד עימך: טור לך EX 34:10
שמא דייי מיניה לית אנא **דחיל** ואוף ית ישראל לא איפטור: EX 5:2
אמר לן מן קדם ייי אנא **דחיל** וכדון חזרון דינייך למיהוי GN 44:18
אלהין טבתא ארום **דחיל** ומיתבר מן קדם ייי אנא: GN 50:19
ושתאי בחמרא: ויהי אין **דחיל** ומקביל עלוי אולפנא ובען DT 21:21
הוית ידע: ודחיל ואמר מה **דחיל** ומשבח אתרא הדין לית דין GN 28:17
מותיה: ועל דהוה יעקב **דחיל** חיטאה דחיל דילמא GN 27:11
ואמר אחתי היא ארום **דחיל** למימר לה אינתתי ארום GN 26:7

בנתיה עימיה ארום הווה **דחיל** למיתב בזוער ויתיב במערתא GN 19:30
משה לאנפוי ארום הוה **דחיל** מלימיסתכי בצית איקר EX 3:6
לכל עממיא דאנת **דחיל** מן קדמיהון: ולחוד ית מחת DT 7:19
ברדא וימותון: איוב דהוה **דחיל** מפתגמא דייי מעבדוי דפרעה EX 9:20
תוקפן ורב תושבחתן **דחיל** על כל עלמיא ייי אמר EX 15:2
די בחזרנתהון ערקו מן **דחיל** קלהון היך צווחין ואמרין זכיי NU 16:34
ימא ומחא ית כיפא ולכל **דחיל** רב דעבד משה בזמן דקבל DT 34:12
שמעו אומייא יתרגזון **דחילא** אחזת יתהון כל עמודי דיירי EX 15:14
ומן רבני מאוותא: גוברין **דחילא** בזזו גבר לנפשיה: ונסב משה NU 31:53
הות בעיא למבלע יתהון **דחילא** הות ארעא למקבלא יתהון EX 15:12
דאית בהום גוברין **דחילא** ותמנינון רבני גיתי על דידי: GN 47:6
ותקיפו לחדא: והוה כד **דחילא** חייתא מן קדם ייי וקנו להין EX 1:21
חמי דכבר שוית יתך **דחילא** לפרעה כאילו אלהא דיליה EX 7:1
וכל רתיכי מצראי עבדוי **דחילו** מפתגמא דייי דלא מיתו EX 14:7
דמצרים למיזל ולא מן **דחיליה** תקיף אלהין בגין דממריה EX 3:19
למימר לא תמהית ארום **דחילית** ואמר מלאכא לא תידחלין GN 18:15
למישטן לך ואתנא **דחילת** חמת סטת מן אורחא וגלי NU 22:32
שכינתי חזי ומא דין לא **דחילתון** לאשתעויי כהלין מלייא NU 12:8
ית פיתגמא דייי ארום **דחילתון** מן קל פונין דמימרא דייי DT 5:5
כדון גלי קדמי ארום **דחלא** דייי אנת ולא עכיבתא ית GN 22:12
דייי לכון תמן ליבא **דחלא** וחשכת עיינין ומפחת נפש: DT 28:65
דעברתון במצעיהון ולא **דחלו** בית עמלק מן קדם ייי: ויהי כד DT 25:18
מכל עמא גיברי חילא **דחליא** דייי גוברין דקשוט דסנן EX 18:21
ואמר מאן הוא **דחליא** דייי ייתון לותי ואתכנשו EX 32:26
מן אימיה ומן אבוי תהוון **דחלין** וית יומי שביא דילי תינטרון LV 19:3
מן קדם ייי אלקכון תהוון **דחלין** וקדמוי תפלחון ובשום DT 6:13
תליין לכון מקביל ותהון **דחלין** יימם ולילי ולא תהימנון DT 28:66
ארום בפירא דמיצראי **דחלין** ליה יהודאי אכלין: ואחזרו GN 43:32
יעקב לבנוי למה דין אתון **דחלין** למיחות למצרים: ואמר הא GN 42:1
לא תפטרון עמא תהון **דחלין** מן קדם ייי אלקים: וכתנא EX 9:30
דהכין כתיב ארום **דחלית** מן קדם רוגזא וחימתא DT 9:19
חובא רבא ועבדו להון **דחלן** דדהב: וכדון אין תשבוק EX 32:31
ואמר ליה קום עיבד לנא **דחלן** דיטיילון קדמנא ארום דין EX 32:1
ואמרו לי עיבד לנא **דחלן** דיטיילון קדמנא ארום דין EX 32:23
דמשמשין קדמיי **דחלן** דכסף ודחלן דדהב לא EX 23:23
ית בנך בתר טעוותהין: **דחלן** דמתכא לא תעבדון לכון: ית EX 34:17
דצרוך טעוון דלא ידעונון **דחלן** חדתן דמזמן קריב אתעבידא DT 32:17
איתעסקו בהון אבהתכון: **דחלת** תקיפא דברא יתכון DT 32:18
אמרית בלבבי לחוד לית **דחלתא** דאלקים באתרא הדין GN 20:11
חולף דאשלים בתר **דחלתא** דייי: אוף עלי הוה רגז מן DT 1:36
ליבכון ותתנשון ית **דחלתא** דייי אלקכון דאפיקכון DT 8:14
לכון דילמא תתנשון **דחלתא** דייי אלקכון דפרק ואפיק DT 6:12
אין מינשא תינשון ית **דחלתא** דייי אלקכון ותהכון בתר DT 8:19
בסוף יומיא ותתובון עד **דחלתא** דייי אלקכון ותקבלון DT 4:30
לכון דילמא תתנשון ית **דחלתא** דייי אלקכון מן בגלל דלא DT 8:11
בר נון ארום שלימו בתר **דחלתא** דייי: ותקיף רוגזא דייי NU 32:12
ית בלעם ואסקיה לרמת **דחלתא** דפעור וחמא מתמן NU 22:41
ויימר סנאה האן הוא **דחלתהון** דישראל תקיפא דרחיצו DT 32:37
אורחיהון דעממיא נטלין **דחלתהון** על כתפיהון ודמיין DT 4:7
ארום לא שלימו בתר **דחלתי**: אילהן כלב בר יפונה קניזאה NU 32:11
עימיה ואשלים בתר **דחלתי** ואעילינִיה לארעא דעל NU 14:24
תמן ביניהון וישבקון **דחלתי** וישנון ית קיימי די גזרית DT 31:16
עובדיכון דשבקתון **דחלתי**: יאדק מימרא דייי בכון ית DT 28:20
ארום תתובון מבתר **דחלתיה** ויוסף תוב לאוחרותהון NU 32:15
דייי ומן בגלל דתיהוי **דחלתיה** על אפיכון בגין דלא EX 20:20
ליה ואכריזו קודמוי אילן **דחלתך** ישראל דאסקוך מארעא EX 32:8
עיגל מתכא ואמרו איליין **דחלתך** ישראל דהנפקוך מארעא EX 32:4
יתעתד בר נש באפיכון **דחלתכון** ואימתכון יתן ייי אלקכון DT 11:25
לתמן למירתה: מן בגלל **דתידחל** קדם ייי אלקך למינטור ית DT 6:2
ופלחו לטעוות עממיא **דתלק** דלא ידעונין ולא איתפלגון DT 29:25
תידחלון וקדמוי תפלחון **ובדחלתיה** תתקרבון ובשמיה DT 10:20
תקבלון וקדמוי תצלון **ובדחלתיה** תתקרבון: ונבי שיקרא DT 13:5
דאיבא אלקיה דאברהם **ודדחיל** ליה יצחק הוה בסעדי ארום GN 31:42
הלא אחך רעו בשכם **ודחיל** אנא דילמא ייתון חיואי GN 37:13
הדין ואנא לא הוית ידע: **ודחיל** ואמר מה דחיל ומשבח GN 28:17
אהרן ית חור נכיס קדמוי **ודחיל** ובנא מדבחא קדמוי וקרא EX 32:5
גוברין פולומרכין עימיה: **ודחיל** יעקב לחדא על דלא עסק GN 32:8
כמה דקטלת ית מצראי **ודחיל** משה ואמר בקושטא EX 2:14
ברחמין במדברא רבא **ודחילא** אתר מלי חיוון קלן DT 8:15
בשבועת שמא רבא **ודחילא** דהכין כתיב ארום דחלית DT 9:19
מלכין אלקא רבא גיברא **ודחילא** דלית קדמוי מיסב אפין DT 10:17
למידחל ית שמא יקירא **ודחילא** הדין ית ייי אלקכון: ויכסי DT 28:58
ית כל מדברא רבא **ודחילא** ההוא דחמיתון חיוין DT 1:19
ביניכון אלקא רבא **ודחילא**: ויגלי ייי אלקכון ית עממיא DT 7:21

נוקבא היא ותתקיים: **ודחילא** חייתא מן קדם ייי ולא EX 1:17
ית גובריא לבית יוסף: **ודחילו** גובריא ארום איתעלו לבית GN 43:18
האילין קדמיהון **ודחילו** גובריא לחדא: וקרא GN 20:8
מצראי נטלין בתריהון **ודחילו** לחדא וצלו בני ישראל קדם EX 14:10
דעבד ישראל לאמוראי: **ודחילו** מואבאי מן קדם עמא לחדא NU 22:3
כספיהון הינון ואבוהון **ודחילו** על שמעון דשבקו תמן: GN 42:35
עבד ייי בה ניסין במצרים **ודחילו** עמא מן קדם ייי והימינו EX 14:31
זיו איקונין דאנפוי **ודחילון** מן לקרבא לותיה: וקרא EX 34:30
מימרך שמעית בגינוניתא **ודחילת** ארום ערטיליי אנא GN 3:10
ית סמאל מלאך מותא **ודחילת** וידעת ארום טב אילנא GN 3:6
דאתון חמיין פורענותא **ודחלין**: ויגלינכון מימרא דייי DT 28:67
קדמיי דחלן דכסף **ודחלן** דדהב לא תעבדון לכון: מדבח EX 23:23
לא תסטון לפולחן טעוון **ודחלן** דמתכן לא תעבדון לכון אנא LV 19:4
עליהון אימתא דמותא **ודחלתא** בתקוף אדרע גבורתך EX 15:16
דין שריית למיתן זועתך **ודחלתך** על אנפי כל עממייא DT 2:25
פושו וסגו ומלו ית ארעא: **ודחלתכון** ואימתכון יהי על כל GN 9:2
וכל ישראל ישמעון **וידחלון**: וארום אין יהוי בגבר חובת DT 21:21
וכל ישראל ישמעון **וידחלון** ולא יוספון למעבד DT 13:12
דמשתיירין ישמעון **וידחלון** ולא יוספון למעבד תוב DT 19:20
וכל עמא ישמעון **וידחלון** ולא ירשעון תוב: ארום DT 17:13
דיחמון איקר אורייתא **וידחלון** כולהון מן קדם מימרא דייי DT 31:12
מזמן דתפילין דעלך **וידחלון** מינך: וישיירינכון מימרא DT 28:10
בנוי דעשו דיתבין בגבלא **וידחלון** מנכון ותסתמרון לחדא: לא DT 2:4
באורחן דתקנן קדמוי **ולמידחל** יתיה: ארום ייי אלקכון DT 8:6
סמיא לא תשוון תוקלא **ותדחל** מאלקך אנא ייי: לא תעבדון LV 19:14
ית חבריה במילין קשין **ותידחל** מאלקך אנא הוא ייי LV 25:17
ותיקר אפי חכימא **ותידחל** מאלקך אנא ייי: וארום אין LV 19:32
לא תשעבדון ביה בקשיו **ותידחל** מאלקך: ברם עבדיכון LV 25:43
לא שערין ולא ריביין **ותידחל** מאלקך ויתפרנס אחוך LV 25:36
דורא ואין יחמון כדין **ידחלון** ויתובון למצרים: ואחזר ייי EX 13:17
ואישתלהיאת וקרא **לדחלתא** דאיבה ולא ענה יתה ומן GN 21:15
הדין ארום תתובון **לדחלתא** דייי אלקכון בכל ליבכון DT 30:10
ותתבעון מתמן למיתב **לדחלתא** דייי אלקכון ותשכחון DT 4:29
במימריה ולמקרב **לדחלתיה** ארום אורייתא דאתון DT 30:20
קדמוי ומטול לאתקרבא **לדחלתיה**: ויתרך מימרא דייי ית כל DT 11:22
אלקכון בעי מינכון אלהן **למדחיל** מן קדם ייי אלקכון למהך DT 10:12
ועניכון מן בגלל דתילפון **למדחל** מן קדם ייי אלקכון כל DT 14:23
דיכתיבין בסיפרא הדין **למידחל** ית שמא יקירא ודחילא DT 28:58
יומי חייו מן בגלל דיליף **למידחל** מן קדם ייי אלקיה למינטר DT 17:19
דלא ידעו ישמעון וילפון **למידחל** מן קדם ייי אלקכון כל DT 31:13
ית כל קיימייא האילין **למידחל** מן קדם ייי אלקנא כל DT 6:24
שלים ברעות דין להון **למידחל** מן קדמי ולמינטור כל DT 5:29
ית פיתגמי דילפון **למידחל** מן קדמי כל יומיא דהינון DT 4:10
ארום בעא לאטעייותכון **מדחלתא** דייי אלקך דאפיק יתכון DT 13:11
מתפני למיטעי יומנא **מדחלתא** דייי אלקנא למיפלח ית DT 29:17
בתר טעוות עממייא **מנחלת** עממיא דבחזרניכון: ארום DT 6:14
אברם בחיזונא למימר לא **תדחל** דאף על גב דיהון מצטרפין GN 15:1
דאברהם אבוך לא **תידחל** ארום בסעדך מימרי GN 26:24
דקודשא וכן אמר ליה לא **תידחל** דכולהון צדיקין ולית בהון GN 35:22
ישבקינך ולא ירחקינך לא **תידחל** ולא תתירע: וכתב משה ית DT 31:8
בכן אמר ייי למשה לא **תידחל** מיניה ארום בידך מסרית NU 21:34
לאדרעת: ואמר ייי לי לא **תידחל** מיניה ארום בידך מסרית DT 3:2
הוא אל אלקי דאבוך לא **תידחל** מן למיחות למצרים על GN 46:3
מרומא וכן אמרת לא **תידחלון** אבהת עלמא דאפילו DT 28:15
לימא אמר להון משה לא **תידחלון** איתעתדו וחמון ית EX 14:13
שלם לכון מן ריבוני לא **תידחלון** אלקכון ואלקא דאבוכון GN 43:23
מדבית יעקב: וכדון לא **תידחלון** אנא איזון יתכון וית GN 50:21
ואמר להום יוסף לא **תידחלון** ארום לא ניגמול לכון GN 50:19
ואמר משה לעמא לא **תידחלון** ארום מן בגלל לנסייוכתן EX 20:20
דייי אלקכון תהכון ויתיה **תידחלון** וית פיקודוי תינטרון DT 13:5
לא יזוח ליבכון לא **תידחלון** ולא תירתתון ולא DT 20:3
ייי אלקכון לכון לא **תידחלון** ולא תיתברון: וקריבתון DT 1:21
איתוקפו ואתחיילו לא **תידחלון** ולא תתרעון מן קדמיהון DT 31:6
מן קדם ייי אלקכון **תידחלון** וקדמוי תפלחון DT 10:20
מלליה נבי שיקרא לא **תידחלון** מיניה: ארום ישיצי ייי DT 18:22
לא תבטשון ואתון לא **תידחלון** מן עמא דארעא ארום NU 14:9
כמילי רבא תשמעון ולא **תידחלון** מן קדם עתיר ושולטן DT 1:17
אלימין מינכון לא **תידחלון** מנהון ארום כולהון DT 20:1
דאנת עבר לתמן: לא **תידחלון** מנהון ארום מימרא דייי DT 3:22
לי יוכלא לתרכותהון: לא **תידחלון** מנהון הוון דכירין ית גבורן DT 7:18
ומימרא דייי בסעדנא לא **תידחלון** מנהון: ואמרו כל כנישתא NU 14:9
לכון לא תיתברון ולא **תידחלון** מנהון: מימרא דייי אלקכון DT 1:29
ואמרת לה חייתא לא **תידחלין** ארום אוף דין ליך בר דכר: GN 35:17
ואמר מלאכא לא **תידחלין** ארום בקושטא גחכת: GN 18:15

דחס (1)

סנדלא שנצי קטירן **ויחדס** ריגליה בארעא ותקום DT 25:9

דחף (2)

עבדו למסמך ידיהון **ולמדחף** ולמצלב ולמקבור היכמא LV 24:23
בחורשא למקטע קיסין **ותידחף** אידיה בסיקוריא למקטע DT 19:5

דחק (15)

וקם מלאכא דייי **בדוחקא** דמיצע ביני כרמיא אתר NU 22:24
מן יד בעלי דבביהום **בדחקותהון** בצלו קדם ייי וקרת GN 30:8
ולחוד גלי קדמיי ית **דוחקא** דמצראי דחקין יתהון: וכדון EX 3:9
דייי למעיבר וקם באתר **דחיק** דלית אורח למיסטי לימינא NU 22:26
ואמרת רחל מדחקא **דחיקית** קדם ייי בצלו ברם קביל GN 30:8
ותורי דמיינקן עלי ואין **דחיקניא** להום יום חד וימותון כל GN 33:13
רבקה אינתתיה: **ואידחיקו** בניא במעהא הי כגיברין GN 25:22
אתנא ית מלאכא דייי **ואידחקת** לסייגא ודחקת ית ריגל NU 22:25
קריצא הוה למיסוק **ודחיקו** מלאכיא בלוט למימר קום GN 19:15
אית לי ניכסין סגיאין **ודחק** ביה וקבל: ואמר נטייל ונהך GN 33:11
וגלי קדמוי צערן וליעותן **ודחקן**: והנפקנא ייי ממצרים בידא DT 26:7
דייי ואידחקת לסייגא **ודחקת** ית ריגל בלעם לסייגא NU 22:25
בחבריה לית ליה רשו **למדחקא** בחבריה למתבוע DT 15:2
תניין ליעקב: ואמרת רחל **מדחקא** דחיקית קדם ייי בצלו ברם GN 30:8
קדם ייי: ית בר עממין **תדחוק** ודינא די יהוי לך עם אחוך DT 15:3

די (433)

וכל חכימי ליבא **דיבכון** ייתון ויעבדון ית כל דפקד EX 35:10
ומפולחנא נוכראה קשיא **דיבידיהון**: ומליל ייי עם משה EX 6:9
ואעילו ליה ית דורונא **דיבידיהון** לביתא וסגידו ליה על GN 43:26
ויתהפכון לאדמא: ונוני **דיבנהרא** ימותון ויסרי נהרא EX 7:18
נהורא למקבור רשיעיא **דיבניהון** דמיתו וזכאיא למעסוק EX 10:23
קודש קודשין דילך הוא **ודיבנך**: בקודש קודשיא תיכלוניה NU 18:9
ועל רמין הוא מתנטל על **די** אזיד פרעה רשיעא ורדף בתר EX 15:21
במימריה פרע מיניה על **די** אזיד פרעה רשיעא קדם ייי EX 15:1
מאיבא דארעא ויומיא **די** אזלו בעשרין ותשעה לירחא NU 13:20
ולארתיכיהון **די** אטיף ית מוי דימא דסוף על DT 11:4
למימלי מוי: ותהי ריבא **די** אימר לה ארכיני כדון לגיניך GN 24:14
וית קרח אילין בנוי דעשו **די** איתילידו ליה בארעא דכנען: GN 36:5
די עצא או ית פיקדונא **די** איתפקד גביה או ית אבידתא LV 5:23
גלעד: וסכותא איתקריית **די** אמר יסתכי ייי בנא ובנך ארום GN 31:49
כל קיימייא וית דינייא **די** אנא יהיב קדמיכון יומא דין: DT 11:32
לברי מבנתהון דכנענאי **די** אנא יתיב ביניהון: אלהין לארעי GN 24:3
דרדפו מן בתריכון עד **די** אנסו יתכון: ואתון תתובון DT 30:7
לא אשבקינך עד זמן **די** אעביד ית דמלילית לך: ואיתער GN 28:15
די פרקת בתוקפך **די** אפיקת ממצרים בגבורת אידא DT 9:26
לית בהון צרוך ועל **די** ארגיזנן קדמוי ולא הדרנן DT 32:31
הדא על גוילא עד **די** אשלימינון: ופקיד משה ית ליואי DT 31:24
ית קהלא הדין לארעא **די** אתין להון: הינון מי מצותא דנצו NU 20:12
מזונהון וינכתון ית עמא **די** אתרעמו על מזונהון בכן גרי NU 21:6
עימך: ולבעירך ולחייתא **די** בארעך תהי כל עללתא למיכל: LV 25:7
מנהון לגויה כל מאן **די** בגויה יהי מסאב ויתיה תתברון: LV 11:33
ברם כתבא קדישא **די** בהון הוה פרח וטייס לאויר EX 32:19
כל עמא ית קדשי דדהבא **די** בודניהון ואייתיו לאהרן: ונסיב EX 32:3
ויתיב בחיזוי ממרא **די** בחברון ובנא תמן מדבחא קדם GN 13:18
טריגונין ית קירויא **די** בחזרנות קטילא: ויהי קרתא DT 21:2
אמהתיכון דמן עממיא **די** בחזרנותכון מנהון תזבנון עבדין LV 25:44
מגו קהלא: וכל ישראל **די** בחזרנתהון ערקו מן דחיל קלהון NU 16:34
עפרון חיתאה: במערתא **די** בחקל כפילתא דעל אפי ממרא GN 49:30
לות אבהתיי למערתא **די** בחקל עפרון חיתאה: במערתא די GN 49:29
על שפיכות אדמא **די** בידיכון ויתכפר לכון קדם ייי EX 32:29
וקם זבין חקלא עפרון **די** בכפילתא דקדם מימרא חקלא GN 23:17
לכון: ית דין תיכלון מכל **די** במיא כל דיליה ציצין וחרספיתין LV 11:9
בהדא זימנא מתנחם אנא **די** במיתותא דמייתין בה צדיקייא GN 46:30
תקיף לחדא וזע כל עמא **די** במשריתא: ואנפיק משה ית עמא EX 19:16
בחוטרא דבידי על מוי **די** בנהרא ויתהפכון לאדמא: ונוני EX 7:17
מוי דבנהרא לאדמא: ונוני **די** בנהרא מיתו וסרי נהרא ולא EX 7:21
שמה דאתר אבל מצרים **די** בעברא דיירדנא: ועבדו בנוי ליה GN 50:11
עד בית אידרי דאטד **די** בעוברא דיירדנא וספדו תמן GN 50:10
וקמו מחסרי הימנותא **די** בעמא כל יומא ההוא וכל ליליא NU 11:32
וכל בעיריכון וגייוריכון **די** בקירווּיכון מן בגלל די ינוחון DT 5:14
ואמהתיכון וגיוריכון **די** בקירויכון: ארום בשיתא יומין EX 20:10
וגיורא ויתמא וארמלתא **די** בקרויכון: שובעא יומין תחגון DT 16:14
דחלתי וישנון ית קיימי **די** גזרית עימהון: ויתקוף רוגזי בהון DT 31:16
כמה קשיין הינון חוביא **די** גרמו לאבהתא למיכול בשר LV 26:29
כד הפך ית קירווייא **די** הוה יתיב בהון לוט: וסליק לוט GN 19:29
להון שמהן הי כשמהן **די** הוה קרי להון אבוי: וחפסו עבדי GN 26:18
גבר מהימן על כנישתא: **די** הוו נפיק קדמיהון לסדרי קרבא NU 27:17
ארום אנא ייי אלקין **די** הנפיקית יתהון פריקין מארעא EX 29:46
ואמר אנא יוסף אחוכון **די** זבינתון יתי למצרים: וכדון לא GN 45:4
כהונתא ומלכותא ועל **די** חטית ברי איתיהבת בכירותא GN 49:3
די חטית לא תוסיף ועל **די** חטית ישתבק לך ארום GN 49:4
כן איתרעת ראובן ברי **די** חטית לא תוסיף ועל די חטית GN 49:4
מחא על שבע עבירן **די** חטיתון קדמי: ואיגרי בכון רשות LV 26:21
מאחאתא על שבע עבירן **די** חטיתון קדמי: ואיתבר ית איקר LV 26:18
שבע מחן על שבע עבירן **די** חטיתון קדמי: ותיכלון בשר LV 26:28
שבע מחן על שבע עבירן **די** חטיתון קדמיי: ואיתי עליכון עם LV 26:24
כל מידעם בה ארעא **די** חכימהא גזרין גזירן ברירן הי DT 8:9
שמעו כדון חילמא הדין **די** חלימית: והא אנחנא מפרכין GN 37:6
אגר טב על חלמך טב **די** חלמתא ופושרניה דין הוא לך GN 40:12
ארעא: ארום כל גובריא **די** חמון ית יקרי וית אתוותיי NU 14:22
יצחק וחפס ית בירן דמוי **די** חפסו עבדי אבוי ביומי אברהם GN 26:18
ית חזוונא דכל ארעא עד **די** חשוכת ארעא ושיצי ית כל EX 10:15
יתבין בה: ויהי כמא **די** חשילית למעבד להון אעביד NU 33:56
דיזהרון ית בני ישראל **די** טעמון בדכותא מיכלהון LV 11:1
ולארמלא יהי מטול **די** יברככון מימרא דייי אלקכון בכל DT 24:19
לט קטלא חייב: וגבר **די** יגור ית איתת גבר מארסא או די LV 20:10
ית איתת גבר מארסא או **די** יגור ית איתת חבריה מיבעלא LV 20:10
לעלתא תיסב מן בגלל **די** ידכר לך זכותא דיצחק דכפתיה LV 9:2
נידריה לאייתאה מן **די** ידר היכדין יעבד על אוריית NU 6:21
אחוויית אורייתא נזירא **די** ידר קרבניה קדם ייי על ניזריה בר NU 6:21
ותיכלון ית עדי סנאיכון **די** יהב ייי אלקכון לכון: היכנא DT 20:14
ית ארע תותבותך **די** יהב ייי לאברהם: ושדר יצחק ית GN 28:4
סוקו ואחסינו ית ארעא **די** יהבית לכון וסריבתון על מימרא DT 9:23
סגי לכון יתבון בקירויכון **די** יהבית לכון: עד זמן דיניח ייי DT 3:19
ועדרי עניכון עד זמן **די** יהובדון יתכון: ויעיקון לכון בכל DT 28:51
בר עממין תדחוק ודינא **די** יהוי לך עם אחוך תשמיט ידך: DT 15:3
ותיעלון לות כהנא **די** יהוי ממני לכהין רב ביומיא DT 26:3
וכל לבושא וכל צלא **די** יהוי עלוי שכבת זרעא ויצטבע LV 15:17
ואמר ייי אלקים לא תקין **די** יהי אדם דמיך בלחודיה אעביד GN 2:18
דמשיבט לוי ולות דיינא **די** יהי ביומיא האינון ותיתבעון DT 17:9
במנין יקרין ומן עפרא **די** יהי בשיפולי משכנא מטול דסוף NU 5:17
כל זרע זרעונין באורחא **די** יזדרע בנוגביה דכי הוא: וארום LV 11:37
לכון בכל קירויכון עד זמן **די** יחתון אבוליכון רמיא ותליליא DT 28:52
כחדא ואמרין אמן: ליט **די** יטעי אכסניא באורחא דהוא DT 27:18
דמתגיירין למיתב ביניהון **די** ייכול כל אדמא ואתן פנוייתא LV 17:10
לחד מנהון מבשר בנוי **די** ייכול מן דלא אישתייר ליה DT 28:55
מכל מיכלא דמיתאכל **די** ייעלון עלוי מוי יהי מסאב וכל LV 11:34
אורייתא מזרעיה עד זמן **די** ייתי מלכא משיחא זעיר בנוי GN 49:10
יכול בשר קודשא: ובר נש **די** יכול בישרא מניכסת קודשיא LV 7:20
למעסוק בבר נשא ההוא **די** יכול כל אדמא ואשצי יתיה מגו LV 17:10
אלקכון: ארום כל בר נש **די** יכול לציימא ולא יצום בכרן LV 23:29
לזכו פסיל יהא ואינש **די** יכול מיניה חוביה יקבל: ובשר LV 7:17
או עיזא במשריתא או **די** יכוס מברא למשריתא: וליתרע LV 17:3
סיב מבית גניסת ישראל **די** יכוס ניכסת תור או אימר או LV 17:3
אורייתא חדא להון כהנא **די** יכפר ביה דיליה יהי: וכהנא LV 7:7
לכהנא בר מדכר כיפוריא **די** יכפר ביה עלוי: וכל אפרשות לכל NU 5:8
ונפקת דינה ברת לאה **די** ילידת ליעקב למיחמי בנימוס GN 34:1
הוא קודשא יהי לכון: גבר **די** ימזג כוותיה ודיתן מיניה על EX 30:33
עלמא ויברי יצרא טבא **די** ימליכינכון למירחם ית ייי DT 30:6
די בקירווּיכון מן בגלל **די** ינוחון עבדיכון ואמהתכון DT 5:14
דלא וולד ימותון: וגבר **די** יסב ית איתת אחוי בחייוי LV 20:21
דיתגיירון למיתב ביניכון **די** יסיק עלתא או ניכסת קודשיא: LV 17:8
בני ישראל גבר או איתא **די** יעבדון מכל חובי אינשא NU 5:6
רוח קדשי בהום מן בגלל **די** יעבדון עובדין טבין והא אבאישו GN 6:3
ית נחלי ארנונא עד זמן **די** יעברון עמך האיליין דקנית ית EX 15:16
הי כאבנייא עד זמן **די** יעברון עמך ייי ית נחלי ארנונא EX 15:16
מידעם בצערו ובעקא **די** יעיקון לכון סנאיכון בכל קרויכון: DT 28:55
בטומרא בצערו ובעקא **די** יעיקון לכון סנאיכון בקרויכון: DT 28:57
עלוייה: ברם כל אפרשא **די** יפרש גבר קדם ייי מן כל דאית LV 27:28
ייתיין ית קורבניא דייי **די** יפרש מניכסת קודשיה ית תרבא LV 7:30
ולא הוה אפשר לגבר **די** יפשר יתיה ארום מן קדם ייי GN 41:8
דיתגיירון למיתב ביניכון **די** יצוד צידא חייתא או עופא LV 17:13
מזיו יקרך עלוי מן בגלל **די** יקבלון מיניה כל כנישתא דבני NU 27:20
מכל בניכון לקודשיא **די** יקדשון בני ישראל קדם ייי LV 22:3
יהי: כל אפרשות קודשיא **די** יקדשון בני ישראל קדם ייי NU 18:19
דרייא בתראי בניכון **די** יקומון מן בתריכון ובר עממין DT 29:21
ואמרין בריך יהוי גברא **די** יקים ית פיתגמי אורייתא הדא DT 27:26
יקביל חוביה: או בר נש **די** יקרב בכל מידעם דמסאב או LV 5:2
יקבל: ובשר קודשיא **די** יקרב בכל מסאב לית איפשר LV 7:19
עלוי יהי מסאב: וגבר **די** יקרב במשכביה יצבע לבושוי LV 15:5
מיין נבעין יהי דכי ברם **די** יקרב בנבילתהון בגו מיא LV 11:36
ותימר להום אינש **די** יקרב מנכון ולא מן משעמדיא LV 1:2

דניכסת קודשיא **די** יקרב קדם ייי: אין על תודתא	LV 7:11
מקורבניא דייי ביומא **די** יקרבון יתהון לְשמשא קדם ייי:::	LV 7:35
דין קרבנא דאהרן ודבנוי **די** יקרבון קדם ייי ביומא דירבון	LV 6:13
באטלות אבנין: וגבר **די** ישמיש עם כלתיה אתקטלא	LV 20:12
רמשא: ואיתתא פניתא **די** ישמש גבר עימה שכבת זרעא	LV 15:18
דין קטול חייבין: וגבר **די** ישמש עם אחתיה ברת אבוי או	LV 20:17
אבנין גיורא וגיורתא: וגבר **די** ישמש עם איתת אבוי בין דהיא	LV 20:11
במותנא יסופון: וגבר **די** ישמש עם איתת אחבוי ערית	LV 20:20
בזי חוביה יקבל: וגבר **די** ישמש עם איתתא דוותא ובזי ית	LV 20:18
באטלות אבנין: וגבר **די** ישמש עם דכורא תשמישין	LV 20:13
לדכר או לנוקבא ולגבר **די** ישמש עם מסאבתה כל אילין	LV 15:33
וקשוותוי ומכילתוי **די** ישתמש ויתרק בהון דדהב דכי	EX 25:29
חד יהי לכון ולגיוריא **די** יתגיירון עימכון: ומליל ייי עם	NU 15:16
חדא לכון ולגייורא **די** יתגיירון קיים עלם לדריכון	NU 15:15
חטוותהון ולכל אשמהון **די** יתיבון קדמי קודש קודשין דילך	NU 18:9
רעו: ואמרו לא ניכול עד **די** יתכנשון כל עדריא ויגלגלון ית	GN 29:8
דלא איעול לגויה עד זמן **די** יתמלל עמי מן קדם ייי ובכין	LV 1:1
רבא דמתרברב על אחוי **די** יתריק על רישיה מישחא	LV 21:10
דייי מארעי קדיש **די** יתרעון יתהון בזימניהון: בירחא	LV 23:4
יתרחק מנכון אתרא **די** יתרעי ייי אלקכון לאשראה	DT 14:24
ואין באבנא מלוא ידא **די** כמיסת דימות בה מחהי וקטליה	NU 35:17
או במנא דקיסי מלא ידא **די** כמיסת דימות בה מחהי וקטליה	NU 35:18
מעשרא תניינא איתפקד **די** לא למיכול אביל מיניה כל דכן	LV 10:19
אלקיה דריבוני אברהם **די** לא מנע טיבותיה וקושטיה מן	GN 24:27
וית בנוי וית כל עמיה עד **די** לא שיירו ליה משיזיב וירית ית	NU 21:35
דאמרין נסיב יעקב ית כל **די** לאבונא ומן די לאבונא עבד ליה	GN 31:1
ית כל די לאבונא ומן **די** לאבונא עבד ליה ית כל יקר	GN 31:1
ועבדו ית לבושי קודשא **די** לאהרן כהנא היכמא דפקיד ייי	EX 39:1
על ארבעה זיווין **די** לארבע ריגלוי: כל קבל גפוף	EX 25:26
למימר: דא אחוייתא **די** לליואי דלא מופסלין במומהון	NU 8:24
דחבריה מזוגא ונחתומא **די** למלכא דמצרים דאסירין בבית	GN 40:5
דרוקן ייי מן אבונא **די** לנא הוא ודי בננא וכדון כל דאמר	GN 31:16
עליכון: בר מעלת צפרא **די** לעלת תדירא תעבדון ית איליין	NU 28:23
דיכרא ניכסת קודשיא **די** לעמא ואקריבו בני אהרן ית	LV 9:18
ונסב ית צפירא דחטאתא **די** לעמא ונכסיה וכפר באדמיה	LV 9:15
ית צפירא דחטאתא **די** לעמא ותבעיה והא איתוקד	LV 10:16
מימרא דייי אלקכון **די** מדבר קדמיכון הוא יגיח לכון	DT 1:30
צפירא ויפטור ביד גבר **די** מזמן מן אשתקד למהך למדברא	LV 16:21
שובעא יומין מן בתר **די** מחא ייי ית נהרא ומבתר כן אסי	EX 7:25
ויקירא ועישרתי אהוותא **די** מחא ית מצראי ותלת אבהת	EX 14:21
חיואי וימחונון על עיסק **די** מחו ית חמור וית שכם וית יתבי	GN 37:13
ית יוסף ואנשייה עד זמן **די** מטא קיצא מן קדם ייי	GN 40:23
הדא עד די שלימו: והוה **די** מטה קיציה דמשה נביא	DT 32:1
שובעא יומין וכל משכבא **די** מייחד למשכביה עלוי יהי מסאב:	LV 15:24
קדש קודשין היא: כהנא **די** מכפר באדמה ייכלינה באתר	LV 6:19
אילין פיתגמי אוכחותא **די** מליל משה עם כל ישראל כנפינון	DT 1:1
דגבלא: ואילין מלכייא **די** מלכו בארעא דאדום קדם עד לא	GN 36:31
ית בנימין ואמר למנשה **די** ממנה אפיטרופוס על ביתיה	GN 43:16
ויוסף אמר למנשה **די** ממנה אפיטרופוס על ביתיה קום	GN 44:4
ייי: כל סכומי מנייני ליואי **די** מנא משה ואהרן על פום מימרא	NU 3:39
כל דפלח במשכן זימנא **די** מנא משה ואהרן על פום מימרא	NU 4:37
כל דיפלח במשכן זימנא **די** מנא משה ואהרן על פום מימרא	NU 4:41
והוי טעמיה כטעם ביזא **די** מסרבלא בשומנא: וכד נחית טלא	NU 11:8
ית נחלי ארנונא חמון **די** מסרית בידיכון ית סיחון מלכא	DT 2:24
ייי אלקים למלאכייא **די** משמשין קומוי הא אדם הוה	GN 3:22
לכל אבידתא דאחוך **די** מתבדא מיניה ותשכחה לית לך	DT 22:3
לייציבא ולגייורא **די** מתגייר ביניהון: ועבדו כל בני	EX 12:49
אעיקו להון דבית אגג **די** מתילין לשידין מנפחי כפן	DT 32:24
בקושטא לא מן בגלל **די** נטייבא לך קיימתך אלא מן בגלל	EX 9:16
מן גוברי מגיחי קרבא **די** נפקו לחילא חדא בת נשא	NU 31:28
פלגותא חולק גובריא **די** נפקו לחילא סכום ענא תלת	NU 31:36
איליין מטלני בני ישראל **די** נפקו מארעא דמצרים	NU 33:1
עילאה עלמא לעממייא **די** נפקו מבנוי דנח באפרשותיה	DT 32:8
מאה: תרתין גניסתא **די** נפקו מגרשון בתר משכנא ישרון	NU 3:23
דקודשא: ארבעת גניסתא **די** נפקו מקהת ישרון על שידא	NU 3:29
אתיב ית ברך לארעא **די** נפקתא מתמן: ואמר ליה אברהם	GN 24:5
הוון דכירין ית יומא הדין **די** נפקתון פריקין ממצרים מבית	EX 13:3
ודא אחווית אורייתא **די** סדר משה קדם בני ישראל: אילין	DT 4:44
למעבד יתהון: חמון **די** סדרית קודמיכון יומנא ית	DT 30:15
עם ריקם גיעא ועל **די** סטיתון וארגזתון קדם ייי	DT 1:2
שרה בליבבה למימר בתר **די** סיבת הוי לי עדויין וריבוני	GN 18:12
סכומי משה ואהרן כהנא **די** סכמון ית בני ישראל במדברא	NU 26:64
משה ואלעזר כהנא **די** סכמון ית בני ישראל במישריא	NU 26:63
ית גבורת ידא תקיפתא **די** עבד ייי בה ניסין במצרים ודחילו	EX 14:31
וחמון ית פורקנא דייי **די** עבד לכון יומא דין כיתא דהוות	EX 14:13
ישראל: אתון חמיתון מה **די** עבדית למצראי וטענית יתכון	EX 19:4
ית תבשיליא וית לחמא **די** עבדת ביד יעקב ברה: ועל לות	GN 27:17
טבוון ומן כל קושטא **די** עבדת עם עבדך ארום בחוטרי	GN 32:11
קודשא קדם ייי כל מאן **די** עביד עיבידתא ביומא דשבתא	EX 31:15
פרעה ליוסף אמר לאחך **די** עיבידו טעינו ית בעיריכון וטיילו	GN 45:17
סכום גוברי מגיחי קרבא **די** עימנא לא שגא מיננא אינש:	NU 31:49
הוא חד מן ארבעה דינין **די** עלו קדם משה נביא ודן יתהון	NU 15:34
דין חד מן ארבעא דינין **די** עלו קדם משה נביא וסכם יתהון	NU 27:5
מידיהון דאמוראי בעידן **די** עלתון לגווה וקמית וסייעית	GN 48:22
גזילא דגזל או ית עציא **די** עצא או ית פיקדונא די איתפקד	LV 5:23
מן פירי אילנא על **די** פלחו בחייהון באולפן אורייתא	GN 3:24
תאבדון ית כל אתריא **די** פלחו תמן עממיא דאתון ירתין	DT 12:2
אנת ידעת ית פולחני **די** פלחתך: ואמר ליה לבן אין כדון	GN 30:26
ואמר ליה אנת ידעת ית **די** פלחתך וית דהוה בעירך נטיר	GN 30:29
ומפלגות בני ישראל **די** פליג משה מן גובריא דנפקו	NU 31:42
מיגו משריתא עד **די** פסקו: והוה כדי פסקו כל גברי	DT 2:15
במדברא דסיני ככל מה **די** פקיד ייי ית משה הכדין עבדו בני	NU 9:5
יתפריק: אילין פיקודיא **די** פקיד ייי ית משה ולית אפשר	LV 27:34
לאהרן ולבנוי היכדין ככל **די** פקידית יתך שובעא יומין תקרב	EX 29:35
אנא הוא ייי אלקכון **די** פרקיתָ ואפיקית יתכון פריקין	NU 15:41
אנא הוא ייי אלקכון **די** פרקית ואפיקית יתכון פריקין מן	EX 20:2
אנא הוא ייי אלקכון **די** פרקית ואפיקית יתכון פריקין מן	LV 25:38
אנא הוא ייי אלקכון **די** פרקית ואפיקית יתכון פריקין מן	DT 5:6
לא תחבל עמך ואחסנתך **די** פרקת בתוקפך די אפיקת	DT 9:26
בחסדך עמך האיליין **די** פרקת ואחסינת יתהון טור בית	EX 15:13
בנך כל עממי ארעא: חולף **די** קבל אברהם במימרי ונטר מטרת	GN 26:5
ית קיימייא וית חסדא **די** קיים לאבהתכון: וירחמינכון	DT 7:12
חטרייא: ונעץ ית חטריא **די** קליף במורכייתא בשקייתא	GN 30:38
נכסוי די קנה גיתוי ונכסוי **די** קנה בפדן דארם למיתי לות	GN 31:18
כל בעירא וית כל נכסוי **די** קנה גיתוי ונכסוי די קנה בפדן	GN 31:18
חמשא דין סדר קרבנא **די** קריב מניכסוי אחירע בר עינן: דא	NU 7:83
חמשא דין סדר קורבנא **די** קריב מנכסוי נחשון בר עמינדב:	NU 7:17
חטאת קהלא הוא: בזמן **די** רבא בעמיה יחוב ויעבד חד מן	LV 4:22
גברא ואזל אזיל ורבי עד **די** רבא לחדא: והוו ליה גיתי עאן	GN 26:13
קיים עלם: ויכפר כהנא **די** רבי יתיה ודיקרב קורבניה	LV 16:32
דאיתגליתי עלך בביתאל **די** רבית תמן קמא דקיימת קדמי	GN 31:13
תבשילין לאבוך היכמה **די** רחים: ותעיל לאבוך ויכול בגין	GN 27:9
ותמן ימותון: וגובריא **די** שדר משה לאללא ית ארעא	NU 14:36
אתיא ותימהי פרישתא **די** שדריה מימרא דייי למעבד	DT 34:11
מה תקיף הוא משרוייך **די** שוית בניקריא דטינריא מדורך:	NU 24:21
נמורתא וקרוחתא כל **די** שומא חיוורא ביה וכל דילחוש	GN 30:35
עיסבא דארעא ית כל מה **די** שייר ברדא: וארים משה ית	EX 10:12
וית כל פירי אילנא **די** שייר ברדא ולא אישתייר כל	EX 10:15
פיתגמי שבחתא הדא עד **די** שלימו: והוה די מטה קיציה	DT 31:30
בתי מדרישיכון במשכנא **די** שמיש בהון יעקב אבוכון וכמה	NU 24:5
מן ארעא ארום ידעית ית **די** תברך מברך ודי תלוט לייט:	NU 22:6
ותקיפין מינכון: כל אתרא **די** תדרוך פרסת ריגליכון ביה	DT 11:24
מתחשבין לי: ובנך **די** תוליד בתריהון דילך יהון על	GN 48:6
ואימה ותשהי תלת ירחין **די** תידע אין היא מעברא ומן בתר	DT 21:13
כל מה דמשתייר מן מא **די** תיכלון יומא דין אצנעו יתיה	EX 16:23
איתריכינון מן קדמך עד **די** תיסגי ותחסין ית ארעא: ואישוי	EX 23:30
עימיה יומין קלילין עד **די** תישדוך ריתחא דאחוך: עד דינוח	GN 27:44
דתהלכון עד זמן **די** תמטון לבית אתר משרוייכון: לא	EX 10:10
ואיליין הינון סידרי דיניא **די** תסדר קדמיהון: ארום תיזבון	EX 21:1
למעבדהון: ויהי חולף **די** תקבלון ית דינייא האילין	DT 7:12
תקטלון בקולפי: ואיתתא **די** תקרב לציד כל בעירא למתהניא	LV 20:16
וחמר ניסוכיהון מה **די** תקרבון עם תורי ודיכרי ואימרי	NU 29:24
וחמר ניסוכיהון מה **די** תקרבון עם תורי ודיכרי ואימרי	NU 29:33
וחמר ניסוכיהון מה **די** תקרבון עם תורי ודיכרי ואמרי	NU 29:21
להון דין סדר קרבניא **די** תקרבון קדם ייי אימרין בני שנה	NU 28:3
מקרבניא דייי: כל מנחתא **די** תקרבון קדם ייי לא תתעבד	LV 2:11
מן קדמיכון ויהי מה **די** תשיירון מנהון לסכיין בעינא	NU 33:55
דשמיטיתא יהי לארעא **די** תשמיט קדם ייי חקליכון לא	LV 25:4
תתעבד מנרתא בסיס **דידא** וקנהא חיזורייה ושושנייה	EX 25:31
קביל מיני ארע דטימין **דידה** ארבע מאה סילעין דכסף	GN 23:15
דדכי יעבד יתה כל מנייה **דידה** האילין: וחמי ועיבד בציוריהון	EX 25:39
קשיא דדהב עד בסיס **דידה** ועד שושנייהא עובד אומן	NU 8:4
עבד ית מנרתא בסיס **דידה** וקנהא כלידהא חזורייה	EX 37:17
מנהון במותהון דאיבריא **דידהון** דאתפשח מנהון יהי מסאב	LV 11:32
מינך לא תיסתכל לדורון **דידהון** דלא חמרא דחד מנהון	NU 16:15
ותמנינון רבני גיתי על **דידי**: ואייתי יוסף ית יעקב אבוי	GN 47:6
בארעא נוכרייא דלא **דידי**: והוה ביומייא סגיאייא האינון	EX 2:22
ואיתותיבית בארעא דלא **דידי** וכדון בעידן סיבתי נחתית	GN 47:9

למימר אנא אעתרית מן **דידי** ית אברם: הלא לית לי רשו GN 14:23
ואמרת לית הדא אתנא **דידי** שאילא היא בידי וסוסיא דידי NU 22:30
שאילא היא בידי וסוסיא **דידי** שרי ברטיבא הלא אנא אתנך NU 22:30
איקרא ושיבהורא **דידיה** דהיכמא דלית אפשר לבר נש DT 33:17
טבן כלילא דאורייתא **דידיה** דשבא יתה משמיה מרומא DT 34:5
תושבחא וגבורתא **דידיה** הוא: ארום לא קאים נטורי NU 23:22
ארום תוקפא ורומומתא **דידיה** הוא על גיותנין הוא מתגאי EX 15:21
דנור כלילא דכהונתא **דידיה** הוות שבעתי יומי DT 34:5
ית עיגלא דחטאתא **דידיה:** וקריבו בני אהרן ית אדמא LV 9:8
גברא דאילין משכונייא **דידיה** מיניה אנא מעברא ואף על גב GN 38:25
ימינא ועל פירקא מיצעא **דידיהון** ימינא ועל פירקא מיצעא LV 8:24
הי כמיחמי אפי מלאכא **דידך** והא איתריעיתא לי: קבל כדון GN 33:10
עימך לקיים עלם כל **דידכי** בביתך ייכול ייתיה: כל טוב NU 18:11
יתוקד ובשר קודשיא כל **דידכי** לקודשא יכול בשר קודשא: LV 7:19
מן אדמה על לבושא **דיידי** עלה תתחוור באתר קדיש: LV 6:20
הוו וענהון ותוריהון וכל **דילהון** אייתיו: ויהי ארום יקרי לכון GN 46:32
וענהון ותוריהון וכל **דילהון** אתו מארעא דכנען והא GN 47:1
ית מרחקתהון וית טעוון **דילהון** דמן קיסא ואבנא דרמיין DT 29:16
ותבלוע יתהון וית כל **דילהון** וייחתון כד חיין לשייול NU 16:30
על ריש תורא דחטאתא **דילהון:** ונכס משה ית תורא ונסב LV 8:14
יהון בנך בארעא דלא **דילהון** חלף דלא הימנת וישעבדון GN 15:13
ניכסיא: ונחתו הינון וכל **דילהון** כד חיין לשייול וחפת NU 16:33
ותייתי אנת ית פיתגמיא **דילהון** קדם ייי: ותזהר יתהון ית EX 18:19
ויקומון תרין גוברין **דילהון** תיגרא קדם ייי קדם כהניא DT 19:17
עד דאתית לותך למצרים **דילי** אינון אפרים ומנשה הי כראובן GN 48:5
תיזדבן לחלוטין ארום **דילי** ארעא ארום דיירין ותותבין LV 25:23
מימרא דייי דין ניסא **דילי** דניסא דעבד אתרא בגיני הוא: EX 17:15
ישראל באינשא ובבעירא **דילי** הוא: ואמר משה לעמא הוון EX 13:2
ממצרים: כל פתח וולדא **דילי** הוא וכל בעירך תקדיש מנהון EX 34:19
הוו וכל דאנת חמי מן **דילי** הוא ולברתיי מה איכול GN 31:43
אוף תוריכון דברו ומן **דילי** היכמא דמלילהון וזילו ולית EX 12:32
הוא ובנוי עימיה: ארום **דילי** הינון בני ישראל משתעבדין LV 25:55
גניבא הוא למהוי **דילי:** ואמר לבן יאות לואי דיהי GN 30:33
תחות טלל כשורא הדא **דילי:** ואמרו קריב להלא ואמרו הלא GN 19:8
הדין יכפר על חתנא **דילי:** ופסק מלאך חבלא מיניה בכן EX 4:25
מאינשא ועד בעירא **דילי** יהון אנא ייי: ומליל ייי עם משה NU 3:13
פרסימו מיסיטירין **דילי** כד קטלית ית מצראה על ימא NU 16:26
קדמי ליואי: ארום **דילי** כל בוכרא בארעא דמצרים NU 3:13
יתהון קדמי: ארום **דילי** כל בוכרא בבני ישראל NU 8:17
אולפנא היך טלא ממללי **דילי** כרביעות רוחי מיטרא DT 32:2
ארעא זנו: ית יומי שביא **דילי** תיטרון ולבית מוקדשי תהון LV 19:30
ייי אלקכון: ית יומי שביא **דילי** תיטרון ולבית מוקדשי תהון LV 26:2
דחלין וית יומי שביא **דילי** תינטרון אנא ייי אלקכון: לא LV 19:3
ברם ית יומי שביא **דילי** תינטרון ארום את הוא בין EX 31:13
למן דזבניה מיניה למן **דיליה** אחסנת ארעא: וכל עילוייה LV 27:24
ונבילתא ומושכא יהי **דיליה:** ארום יגנב גבר תור או אימר EX 21:36
במשכן אולפן אורייתא **דיליה** ברם ית משכנא נסב מתמן EX 33:7
לי ית מערת כפילתא **דיליה** דמתבניא בסטר חקליה GN 23:9
באדם עיגלא דחטאתא **דיליה** דקריב בשירויא: וקריב ית LV 9:15
לפרעה כאילו אלהא **דיליה** ואהרן אחוך הוי נביא דילך: EX 7:1
דסיבת ויהב ליה ית כל **דיליה:** ואומי יתי ריבוני למימר לא GN 24:36
כסף עלויי עלוי ויהי **דיליה:** ואין מן חקיל אחסנתיה LV 27:15
ית נחלא ועבר ית **דיליה:** ואישתאר יעקב בלחודוי GN 32:24
וחמריה ונבילתא יהי **דיליה:** וארום ינגוף תור דגבר ית EX 21:34
דאמות: ונטל ישראל וכל **דיליה** ואתא לבאר שבע ודבח GN 46:1
לבנוי דיעקב ולבנתיה **דיליה** ובריך יתהון ואזל ותב לבן GN 32:1
מן דיליה וחולק חד מן **דיליה** וחולק חד מן אינתתיה ותרין GN 43:34
חד חולקיה וחולק חד מן **דיליה** וחולק חד מן דיליה וחולק GN 43:34
ויקרב אהרן ית תורא **דיליה** ויכפר באישתעות מיליא LV 16:11
ויכוס ית תורא דחטאתא **דיליה:** ויסב מלי מחתיתא גומרין LV 16:11
וית קנקלי דנחשא **דיליה** וית כל מני מדבחא: וית EX 38:30
הוא ואינתתיה וכל **דיליה** ולוט עימיה למיזל לדרומא: GN 13:1
קלילין ותריך רעיא **דיליה** ומה דאשתארו שוי קדם רחל GN 29:9
שתקין קם מיגו סנדרי **דיליה** ונסיב רומחא בידיה: תריסירי NU 25:7
וית אינתתיה וית כל **דיליה:** וסליק אברם ממצרים הוא GN 12:20
דיוסף דמיין לאיקונין **דיליה** ועבד ליה פרגוד מצוייר: GN 37:3
הוא: ואזל הוא עם כל **דיליה** וקם ועבר ית פרת ושוי ית GN 31:21
ישראל דיקרבון לכהנא **דיליה** יהון: וגבר ית מעשר קודשוי NU 5:9
וגבר ית מעשר קודשוי **דיליה** יהון ולא חסרן ניכסוי גבר מה NU 5:10
ית אדם ניכסת קודשיא **דיליה** יהי: ובשר ניכסת תודת LV 7:14
להון כהנא די יכפר ביה **דיליה** יהי: וכהנא דימקרב ית עלת LV 7:7
עלתא דיקרב לכהנא **דיליה** יהי: וכל מנחתא דתיתאפי LV 7:8
לכהנא דמקרב יתה **דיליה** יהי: וכל מנחתא פתיכא LV 7:9
גבר מה דייתן לכהנא **דיליה** יהי: ומליל ייי עם משה NU 5:10

לדיפוק ליה תמן עדבא **דיליה** יהי לשיבטי אבהתכון NU 33:54
ורומא תושבחא וגבורתא **דיליה** ישיצי ית אומיא בעלי NU 24:8
דנחשא וית קנקל דנחשא **דיליה** ית אריחוי וית כל מנוי ית EX 39:39
וית קנקל דנחשא **דיליה** ית אריחוי וית מנוי ית כיורא EX 35:16
וית פרסיה וית חופאה **דיליה** ית פורפוי וית לוחוי וית נגרוי EX 35:11
יוסף עלוי למריה דהוא **דיליה** יתנינה ביומא דתהא על LV 5:24
יתן לי בלק מלי קורטור **דיליה** כסף ודהב לית לי רשו NU 22:18
יתן לי בלק מלא קורטור **דיליה** כסף ודהב לית לי רשו NU 24:13
תיכלון מכל די במיא כל **דיליה** ציצין וחרספיתין ביממיא LV 11:9
יעקב חסידא דאיקונין **דיליה** קביעא בכורסי יקרא והויתון GN 28:12
מעשריא דאפריש מן כל **דיליה** קדם אל אלקא דישראל: GN 33:20
וית תריב מן בני אהרן **דיליה** תהי שקא דימינא לחולק: LV 7:33
לך מאן דעימי מן **דיליך** וסב לך ולא ידע יעקב ארום GN 31:32
ואהרן אחוך הוי נביא **דילך:** אנת תמליל לאהרן ית כל EX 7:1
כנוש ית גיתך וית כל **דילך** בחקלא כל אינשא ובעירא EX 9:19
כן דינא בבעירא למהוי **דילך** ברם מפרק תיפרוק ית בוכרא NU 18:15
קדמי קודש קודשין **דילך** הוא ודיבנך: בקודש קודשיא NU 18:9
ובני בנך וענך ותורך וכל **דילך:** ואיזון יתך תמן ארום עד כדון GN 45:10
מימממת תמות אנת וכל **דילך:** ואקדים אבימלך בצפרא וקרא GN 20:7
הלא אמרת לעשרא כל **דילך** והא אית לך תריסר בנין GN 32:25
אנת ואינש ביתך וכל **דילך:** והא עיניכון חמיין ועיני אחי GN 45:11
רצועה אין אסב מכל **דילך** ולא תהי מתרברב למימר אנא GN 14:23
לי: ובנך די תוליד בתריהון **דילך** יהון על שום אחיהון יתקרון GN 48:6
והי כשקא דימינא **דילך** יהי: כל אפרשות קודשיא די NU 18:18
ארעהון דיקרבון קדם ייי **דילך** יהי כל דדכי בביתך ייכלוניה: NU 18:13
כל דמגמר בישראל **דילך** יהי: כל פתח וולדא לכל NU 18:14
ית בני ישראל ויסבון מן **דילך** משח זיתא זכיך כתיש LV 24:2
נייחא: ותיסבון מן **דילכון** ביומא קמאה דחגא פירי LV 23:40
ארג כל ארעא דמצרים **דילכון** הוא: ועבדו כן בני ישראל GN 45:20
ייי אלקכון רישי סנהדרין **דילכון** ואמרכלי שיבטיכון סביכון DT 29:9
דאתפקד מן קדם ייי על **דילכון:** ומליל ייי עם משה למימר: NU 9:8
כל ריחשא דהוא חי **דילכון** יהי למיכל כירוק עיסבא GN 9:3
פרסת ריגליכון ביה **דילכון** יהי מן מדברא וטוורי ליבנן DT 11:24
ודהבא יסגי לכון וכל **דילכון** יסגי: ויתרם ליבכון ותתנשון DT 8:13
דקצתון בה: ופיגריכון **דילכון** יתרמון במדברא הדין: NU 14:32
מן קדמך בשתא חדא **דילמא** תהי ארעא צדיא ויסגון עלך EX 23:29
לאישתיזבא לטוורא **דילמא** תירעינני בישתא ואימות: GN 19:19
ארום אסתפיתי ואמרית **דילמא** תנוס ית בנתך מיני: עם כל GN 31:31
דא עבד ייי ולא בחובא **דילנא:** ואתו לות יעקב אבוהון GN 42:28
רעוותא דיצחק למימר **דילנא** מיא והות צבו מן שמיא GN 26:20
כתרין מן אבני ביתא **דליה** ארבע כותלין משקען יורקן LV 14:37
לזניה: וכל ריחשא דעופא **דליה** ארבע ריגלין שיקצא הוא לכון: LV 11:23
ועל כל מנוי ועל כל **דליה** הינון יטלון ית משכנא וית כל NU 1:50
אברהם במתנה ית כל **דליה** ליצחק: ולבניהום דפלקתין GN 25:5
ואתא יעקב שלים בכל **דליה** לקרתא דשכם דבארעא GN 33:18
ימינא דיבימה סנדלא **דליה** עקיבא דחייט בשנצי ובפום DT 25:9
תיכלון מכל דקמיט כל **דליה** ציצין למפרח וחרספיתין על DT 14:9
בעותן: והי דא אומא רבא **דליה** קיימין ודינין תריצין ככל DT 4:8
דשליט בכל אפותיקי **דליה** שוי כדון ידך בגזירת מהולתי: GN 24:2
ויקום ביתא דבקרתא **דליה** שורין לחלוטין לדיזבן יתיה LV 25:30
ומסדיקי פרסתא שלילא **דליה** תרין רישין ותרתין שדראין DT 14:7
וכל בעיריהום הלא **דלנא** הינון ברם נתפייס להום GN 34:23
בארע נוכראה דלא **הידי** היא: ושום חד אליעזר ארום EX 18:3
על יד תלת רעיין **ודי** אמרת נסיבית ית עינביא GN 40:12
וכל דמו דבשמיא מלעיל **ודי** בארעא מלרע ודי במיא מלרע EX 20:4
וכל דמו דבשמיא מלעיל **ודי** בארעא מלרע ודי במיא מלרע DT 5:8
מלעיל ודי בארעא מלרע **ודי** במיא מלרע לארעא: לא תסגדון EX 20:4
מלעיל ודי בארעא מלרע **ודי** במיא מלרע לארעא: לא תסגדון DT 5:8
ייי מן אבונא די לנא הוא **ודי** בננא וכדון כל דאמר ייי לך GN 31:16
ואנת אזיל למילט יתהון **ודי** גנבתא דעתהון דעמא האילין NU 22:30
קדמיהון לסדרי קרבא **ודי** הוי עליל קדמיהון מן סדרי NU 27:17
דייי והוא תריס סעודכון **ודי** חרביה תקוף גיוותנותכון DT 33:29
ית דלא פקידתיה למללא **ודי** ימלל בשום טעוות עממיא DT 18:20
ויהי מסאב עד רמשא: **ודי** יתיב על מנא דמייחד למיתב LV 15:6
יתקטול בסייפא: **ודי** לא איזדווג ליה ומן קדם ייי EX 21:13
מפתגם שיקרא הוי רחיק **ודי** נפק זכיי מבי דינך ואשכחו ליה EX 23:7
ואשכחו ליה חובתיה **ודי** נפק חייב ואשכחו ליה זכו לא EX 23:7
עלנא חובא דאיטפשנא **ודי** סרחנא: בבעו מינך לא תהוי NU 12:11
יתכון מארעא דמצראי **ודי** פרקכון מבית שעבוד עבדיא DT 13:6
דיהב להון מנא ובירא **ודי** שיזבינון מן ידא דמצראי: ואמר EX 18:9
ידעית ית די תברך מברך **ודי** תלוט לייט: ואזלו סבי מואב NU 22:6
דימקרב בבשרה יתקדש **ודיידי** מן אדמה על לבושא דיידי LV 6:20
מלכותא לעלמא דאתי **ודיליה** היא והויא לעלמא עלמין: EX 15:18
מלך מלכין בעלמא הדין **ודיליה** היא מלכותא לעלמא דאתי EX 15:18

ארע אחסנתכון: וייתי **דדיליה** ביתא ויתני לכהנא למימר LV 14:35
דהוא מחליף ולא חליף **דדיליה** הוא כליל מלכותא והוא EX 15:18
טבין מדידך וקדמין **לדידך** אתקבל קרבני ברעוא עני GN 4:8
הא צלותהון דעמי קדמת **לדידך** מליל עם בני ישראל ויטלון: EX 14:15
בשינוקא דסודרא: **ודילוט** לאבוי ולאימיה בשמא EX 21:17
אחי ויבעי מינך למימר **דמאן** אנת ולאן אנת מטייל ולמאן GN 32:18
דהוו פירי עובדיי טבין **מדידך** וקדמין לדידך אתקבל GN 4:8
ית קורבנה דקייץ עלה **מדילה** חד מן עשרא בתלת סאין NU 5:15
פרעה בגינה והוו ליה **מדיליה** עאן ותורין וחמרין ועבדין GN 12:16
אוף תרוויהון: לא תרבי **מדילך** לחברך על מזפו דאוזפך לא DT 23:20
עם משה למימר: עיבד לך **מדילך** תרתין חצוצרן דכסף ממינא NU 10:2

דיבא (1)
בנימין שיבט תקיף **כדיבא** טרפיה בארעיה תשרי GN 49:27

דיבבא (1)
דמהלך על ארבע זני **דיבבי** וזני אורעיה וזני זיבורי LV 11:20

דיבור (12)
בטורא מיגו אישתא קל **דבורא** אתון שמעין ודמו לא DT 4:12
מן קדם ייי ובכין קרא **דבורא** דייי למשה ומליל מימרא LV 1:1
לותיה עד זמן דהוה **דבורא** מתמלל עימי ברם משכן LV 1:1
יתכון למעבד עישרתי **דבוריא** וכתבינון על לוחי DT 4:13
תרין כרוביא ומתמן הוה **דבירא** מתמליל עימיה: ומליל ייי NU 7:89
דביריה האיליין למימר: **דבירא** קדמאה כד הוה נפיק מן פום EX 20:2
מן בית שיעבוד עבדיא: **דבירא** תיניינא כד הוה נפיק מן פום EX 20:3
דביריי: ומליל ייי ית כל **דביריה** האיליין למימר: דבירא EX 20:1
אורייתא עם עשרתי **דביריא**: ומליל ייי ית כל דביריא EX 19:25
נייחין ושריין כמן פס **דבר**: אמרין בני ישראל אוריתא DT 33:3
קדם ייי בבעו ייי לא גבר **דברן** אנא אוף מאיתמלי אוף מן EX 4:10
לא נוסיף למשמע ית קל **דיבורא** מן קדם ייי אלקנא וית DT 18:16

דיופטין (1)
ית ארעא וקבעו בה **דיפטיא** ופלגוהא הי כמא דקיים ייי DT 1:8

דייתא (5)
וית עוזא וית בר גזא: וית **דייתא** דהיא טריפתא ליזנה: וית כל LV 11:14
קקא וית שרקרקא: וית **דייתא** חיוורתא ואכמתא ליזנה וית LV 11:19
נשרא ועוזא ובר גיזא: **ודייתא** חיורא ואוכמתא דהיא איבו DT 14:13
ושרקרקא ואותיא: **ודייתא** חיורתא ואוכמתא ליזנה DT 14:18
ואוכמתא דהיא איבו **ודייתא** לזנה: וית כל בני עורבא DT 14:13

דילטור (1)
היא שעתא אמר חויא **דלטור** על ברייה ואמר לאיתתא לא GN 3:4

דילמא (85)
אבא וטלייא ליתוי עימי **דילמא** אחמי בבישתא דתיברז ית GN 44:34
ארום עם קשי קדל אנת **דילמא** אישיצינכון באורחא: ושמע EX 33:3
מיגו עלמא הוה מסתפי **דילמא** אית בבנוי פסולא קרא DT 6:4
דלא יתגבון: אזדהרון **דילמא** אית בכון השתא ולא יהוי DT 29:17
טעוות עממייא האינון **דילמא** אית בכון טעו דשריש DT 29:17
קרא יתהון ושייילינון **דילמא** אית בליבהון עקמנותא DT 6:4
בליביה ואמר ווי כען לי **דילמא** איתקבלת אגר מצוותיי GN 15:1
ארום אמרית בלבבי **דילמא** אתקטל בגינה: ואמר GN 26:9
בליגיונין וייתון עליי או **דילמא** בזימנא ההוא הישתכח עימי GN 15:1
טוניכון תתובון בידיכון **דילמא** בשלו הוה: וית אחוכון דברו GN 43:12
לא תעיבר בתחומי **דילמא** בשליפי חרב אפוק NU 20:18
דנבו חשב בליביה ואמר **דילמא** דמיא מסוקתא דא DT 32:49
לעיבידת משכנא או **דילמא** הישתיכח בבני ישראל דלא LV 8:15
ניכסת חגא קדם ייי אלהן **דילמא** יארע יתן במותא או EX 5:3
הא הוא טליא ומסתפינא **דילמא** יארעיניה מותא: ואתו בני GN 42:4
נסבה יהך ויתוב לביתיה **דילמא** יגרום ליה חובא דלא חדי DT 20:7
יהך ויתוב לביתיה **דילמא** יגרום ליה חובא דלא פרקיה DT 20:6
יהך ויתוב לביתיה **דילמא** יגרום ליה חובא ויתקטל DT 20:5
ארעא דאנת עליל עלה **דילמא** יהי לתקלא בינך: ארום ית EX 34:12
ליה: איסתמרו לכון **דילמא** יהי פתגם עם ליבכון DT 15:9
חד ילקיניה לא ישלים **דילמא** יוסיף למילקייה על תלתין DT 25:3
איתעתד על עלתך ואיהך **דילמא** יזדמן מימרא דייי לקדמותי NU 23:3
ותיסבע: איסתמרו לכון **דילמא** יטעי יצרא דליבכון DT 11:16
להון שכונן בארעך **דילמא** יטעינך ויחייבון יתך קדמוי EX 23:33
חולק בעלמא דאתי או **דילמא** ייזלון אחיהון וקריביהון GN 15:1
ולסורחנותהון: **דילמא** יימרון דיירי ארעא DT 9:28
לקובלי מעיקיהון **דילמא** יימרון ידינן אתפרעון לן DT 32:27
רעו בשכם ודחיל אנא **דילמא** ייתון חיואי וימחונון על GN 37:13
עסק באיקרא דאבוי **דילמא** ייתי וימחינני אימא על GN 32:12
חות אסהיד בעמא **דילמא** יכוונון קדם ייי לאיסתכלא EX 19:21
יעקב דחיל חיטאה דחיל **דילמא** ילטיטיניה אבוי ואמר הא GN 27:11
שלה ברי ארום אמר **דילמא** ימות אוף הוא הי כאחהי GN 38:11
לשיציותהון בפריע **דילמא** יסגי עליכון חיות ברא כד DT 7:22
קרבא כלו קבל עמא הדין **דילמא** יעבדון לי היכמא דעבדו NU 21:35
אדם דקטול בביתך **דילמא** יפול דין דחמי למיפל מיניה: DT 22:8
למסתכלא קדם ייי **דילמא** יקטול בהון: ונחת משה מן EX 19:24
לשמשא ייי יתקדשון **דילמא** יקטול בהון ייי: ואמר משה EX 19:22
ארום חשיב בליביה **דילמא** יקטלונני אינשא אתרא על GN 26:7
תתנצון על עיסק זבינתי **דילמא** ירגזון בכון עברי אורחא: GN 45:24
מזמניא האילין וייחי: **דילמא** ירדוף תבע אדמא בתר DT 19:6
יסגון ליה על תרין סוסוון **דילמא** ירכבון רברבנוי עליהון DT 17:16
קריב הוא ארום אמר ייי **דילמא** יתהון עמא במחמיהון EX 13:17
לית אפשר להון למיקרב **דילמא** יתוקדון באישא מצלהבא EX 29:37
תביר יהך ויתוב לבייתיה **דילמא** יתקבלון אחוי בחובוי ויתבר DT 20:8
שכינתיה שריא ביניכון **דילמא** יתקוף רוגזא דייי אלקכון DT 6:15
איזל איסתלק מיכא **דילמא** יתקף רתח רוגזי בעמא EX 33:1
רוגזא דסנאה דחיל **דילמא** יתרברבון לקובלי מעיקיהון DT 32:27
מיבהית ואמר למשה **דילמא** לא איתרעי מימרא דייי LV 9:23
יומין אילו הוה בך מנדעא **דילמא** לא הוית מסר נפשך GN 22:1
לך ארום ערטילאי אנת **דילמא** מן פירי אילנא דפקידתך GN 3:11
תיסב לה משכונייא **דילמא** נהוי לגחוך הא שדרית ית GN 38:23
אחוך ואמר לא ידענא **דילמא** נטיר אחי אנא: ואמר מה GN 4:9
למיכול לחדא ואמר מה **דילמא** נטר לנא סנא יוסף ואתבא GN 50:15
עימנא תוב מן קדם ייי **דילמא** נמות: ואמר משה לעמא לא EX 20:19
דחשיב משה בלבביה **דילמא** נסיבו סרכיא דבני ישראל LV 8:15
ובאיש ליה ואמר ווי **דילמא** נפיק מיני פסולא היכמא GN 35:22
כדי שמעו ארום אמרו **דילמא** תבלוע יתן ארעא: ואישתא NU 16:34
ויבוסאי: איסתמר לך **דילמא** תגזור קיים ליתיב ארעא EX 34:12
אידברינך לאתר חורן **דילמא** תהי רעוא מן קדם ייי NU 23:27
אלק קנאי ופורען הוא: **דילמא** תיגזר קיים ליתיב ארעא EX 34:15
ואמתינו תלתא יומין **דילמא** תיהי טייפא ולא טפת ובכין GN 31:22
מפקיד לכון יומא דין: **דילמא** תיכלון ותיסבעון ובתין DT 8:12
בכל מה דאית להון **דילמא** תילקון בכל חוביהון: NU 16:26
ידכון: אסתמרו לכון **דילמא** תימעלון על ליואי כל DT 12:19
ארום לתוקלא הינון לך: **דילמא** תימר בליבך סגיאין עממיא DT 7:17
ולא תיסתאבון בהון **דילמא** תיסתאבון פון בהון: ארום LV 11:43
בנתך דהישתכחן גבך **דילמא** תישתיצי בחובי יתבי GN 19:15
מישרא לטוורא אישתיזב **דילמא** תישתיצי: ואמר לוט לוותיה GN 19:17
דישתיצון מן קדמיכון או **דילמא** תיתבעון לטעוותהון למימר DT 12:30
בארעהון: אסתמרו לכון **דילמא** תיתוקלון בתר טעוותהון DT 12:30
עד כדון חמש שנין כפנא **דילמא** תיתמסכן אנת ואינש ביתך GN 45:11
דעליהון ותיסבון לכון **דילמא** תיתקלון בהון ארום מרחק DT 7:25
משכן זימנא לא תיפקון **דילמא** תמותון ארום משח רבותא LV 10:7
מיניה ולא תקרבון ביה **דילמא** תמותון: בי היא היא שעתא GN 3:3
ואמר ליה טור לך **דילמא** תמליל עם יעקב מן טב ועד GN 31:24
עימכון: אסתמרון לכון **דילמא** תסקון עלוותכון בכל אתרא DT 12:13
תזרעון כרמיכון עירובין **דילמא** תתחייב יקידתא דימעת DT 22:9
ליה אברהם איסתמר לך **דילמא** תתיב ית ברי לתמן: ייי GN 24:6
ותיסבוע: אסתמרו לכון **דילמא** תתנשון דחלתא דייי DT 6:12
לכון: איסתמרון לכון **דילמא** תתנשון ית דחלתא דייי DT 8:11
וטורו נפשתיכון לחדא **דילמא** תתנשון ית פיתגמיא DT 4:9
הדא: אסתמרו לכון **דילמא** תתנשון ית קיימא דייי DT 4:23
היך יכלון לסוברותהון **ודילמא** יעבד בהון שציו ולא תהי DT 28:15
דחמיתון בסיני בעיניכון **ודילמא** יעידון מן ליבכון כל יומי DT 4:9
נוני דבמיא מלרע לארעא: **ודילמא** תיתלון עיניכון לצית DT 4:19

דין (303)
ארום לית מיסב אפין **בדינא**: אין תארע תורא דסנאך דאת EX 23:3
זכו דחברך למסהדא עלוי **בדינא** אנא ייי: לא תמללון שעיעא LV 19:16
חוב אוף חמי ליה למזכי **בדינא** אתקטיל: הלא הוא אמר לי GN 20:4
ליתיכון רשאין למזווגא **בדינא** גברא טפשא עם דיינא DT 16:21
מברא לקירוייא האילין **בדינא** הוא יקטליניה: ואין ביסנא NU 35:19
מידבר ומסב אפין לית **בדינא** ועל דהוו פירי עובדיי טבין GN 4:8
באורייתא ותלת עסיק **בדינא** ותלת מברזג בין גבר לאיתא DT 32:4
היא ברק סייפי ותתקיף **בדינא** ידי אחזור פורענותא למעיקי DT 32:41
למלפא זכו על חבריה **בדינא** למימר הא בתר סגיאי דינא EX 23:2
לה פישפוש יהוי **בדינא** למלקי היא מחייבא ולא הוא LV 19:20
לא תשתמודעון אפין **בדינא** מילי זעירא הי כמילי רבא DT 1:17
מידבר ומסב אפין אית **בדינא** מן בגלל מה אתקבל קרבנך GN 4:8
ומנהון דיני נפשתא **בדיני** ממונא הוה משה זריז ובדיני LV 24:12
ומינהון דיני נפשתא **בדיני** ממונא הוה משה זריז ובדיני NU 15:34
ומינהון דיני נפשתא **בדיני** ממונא הוה משה זריז ובדיני NU 27:5
בדיני נפשתא וזריזין **בדיני** ממונא ולא יבהתון למשיילא NU 9:8
בתריה דיהוון זריזין **בדיני** ממונא ומתונין בדיני נפשתא LV 24:12
למיקום דיהוון זריזין **בדיני** ממונא ומתונין בדיני נפשתא NU 15:34
מן בתריהון דיהון מתינין **בדיני** נפשתא וזריזין בדיני ממונא NU 9:8
בדיני ממונא ומתונין **בדיני** נפשתא ולא יבהתון LV 24:12
בדיני ממונא ומתונין **בדיני** נפשתא ולא יבהתון למשיילא NU 15:34
קדמוי כמיסת חייוביה **בדיניה**: ארבעין יצליף וחסיר חד DT 25:2
סטי: ומסכינא דאתחייב **בדיניה** לא תיסב ליה אפין EX 23:3

לא תצלון דין ממסכינא **בדיניה:** מפתגם שיקרא הוי רחיק EX 23:6
פריקין מארעא דמצרים **בדינין** רברבין: וינדעון מצראי ארום EX 7:4
דמתעתדא להון: ארום **דאין** מימרא דייי ברחמוי דינא DT 32:36
הוא לך האיפשר מאן **דדאין** כל ארעא לא יעביד דינא: GN 18:25
רחמין קדם ייי מטול **דדין** קטול מתחייב: וכל מעשרא LV 27:29
דן עתיד דיקום גברא **דידון** ית עמיה דינין דקשוט כחדא GN 49:16
ית עמא דיפלחון להום **דיין** אנא במאתן וחמשין מחן ומן GN 15:14
ואמר לקין אית דין ואית **דיין** ואית עלם אחרן ואית למיתן GN 4:8
ואמר להבל לית דין ולית **דיין** ולית עלם אחרן ולית למיתתן GN 4:8
כהניא דמשיבט לוי ולות **דיינא** די יהי ביומיא האינון DT 17:9
בינן והא איתעביד **דיינא** ודאין לכולנא וכדון נבאיש לך GN 19:9
למלקי חייבא וירבעיניה **דיינא** וילקיניה קדמוי כמיסת DT 25:2
קדם ייי אלקכון או מן **דיינא** ויתקטל גברא ההוא ותפלון DT 17:12
ייי אלקכון הוא אלקא **דיינא** ומרי מלכין אלקא רבא גיברא DT 10:17
ליתנא שבקינכון על **דיינא** חד דאנא לא יכילנא בלחודיי DT 1:9
בדינא גברא טפשא עם **דיינא** חכימא למלפא לכון ית DT 16:21
ארום ייי אלקכון הוא **דיינא** תקיפא ומהימנא נטיר קיימא DT 7:9
משה וכל פתגם קליל **דיינון** הינון: ופטר משה ית חמוי EX 18:26
מילין זכאין בפום **דיינייא** בשעת דינהון: דין קשוט DT 16:19
דאינתתא ויתן על מימר **דיינייא:** ואין מותא יהי בה ותדינון EX 21:22
וטלקת יתהון קמי רגלי **דיינייא** ואמרת גברא דאילין GN 38:25
מריה ביתא לקדם **דיינייא** ויומי דלא אושיט ידיה EX 22:7
ויקרביניה ריבוניה לקדם **דיינייא** ויסב מנהון רשותא EX 21:6
דישראל דאיתכסי מן **דיינייא** וסידרי נצחן קרביהון EX 28:15
בתר כן ביד גנבא קדם **דיינייא** ייעול דין תריהום דין מריה EX 22:8
גנבא ולמאן דמחייבין **דיינייא** ישלם גנבא על חד תרין EX 22:8
ביומיא האינון: ויתבעון **דיינייא** לסהדין דמזמין יתהון DT 19:18
דמא דאינשא בסהדין **דיינייא** מחייבין ליה קטול ודישוד GN 9:6
קרביהון ולמכפרא על **דיינייא** עובד אומן הי עובד איפודא EX 28:15
לשבטיכון: ופקידית ית **דייניכון** בעידנא ההיא ית סידרי DT 1:16
חננא אנא: עמי בני ישראל **דייניכון** לא תקילון ורבנין דמתמנין EX 22:27
יכילו למיתב כחדא: והוו **דיינין** בין רעאי גיתיה דאברם ובין GN 13:7
כל רישי עמא ומני יתהון **דיינין** וידונון דינין דקטולין ית עמא NU 25:4
שית ריבוון: והוון **דיינין** ית עמא בכל עידן ית פתגם EX 18:26
דייי אלקכון דיהב לכון: **דיינין** קשיטין וסרכין אלימין תמנון DT 16:18
תרי מן חכימייך ותלת מן **דיינך** וימשחון מארבע טריגונין ית DT 21:2
קדם ייי ויטול אהרן ית **דין** בני ישראל על ליביה קדם ייי EX 28:30
יתקטלון: לא תצלון **דין** גיורא ויתמא ולא ימשכן חד DT 24:17
ואמרין אמן: ליט דיצלי **דין** דייר ייתם וארמלא הוון עניין DT 27:19
נפש וליה לא אית חובת **דין** דקטול ארום לא סני הוא ליה DT 19:6
שמה דינה ארום אמרת **דין** הוא מן קדם ייי דיהון מיני GN 30:21
ישראל לאחויית גזירת **דין** היכמא דפקיד ייי ית משה: ואמר NU 27:11
פמהון יהי מיתדן כל **דין** וכל מכתש צורעא למסגר DT 21:5
לא לקבלא שוחדא: עבד **דין** ייתם וארמלא ורחים גייורייא DT 10:18
למימר אתון גרמתון **דין** מותא על עמא דייי: והוה NU 17:6
בני ישראל לא תצלון **דין** ממסכינא בדיניה: מפתגם EX 23:6
למתפרעא פורענות **דין** עמיה: ואמר ייי למשה ולאלעזר NU 25:19
ביש לית לעולימתא **דין** קטול אילהין גברא יפטירינא DT 22:26
שזיבת ליתבי אבל מן **דין** קטול ביומי יואב ובנוי דבריעה GN 46:17
למיקטליה ושיזבוהי מן **דין** קטול וברם ארום חולקא אמר GN 47:22
אין יהוי בגבר חובת **דין** קטול ויתחייב אטלות אבנין DT 21:22
דינא קמי מלכא ואתקנס **דין** קטול ולא דלו מיניה עד דחמי DT 32:50
אחסנא ויהי עליכון חובת **דין** קטולא: וארום יהי גבר סני DT 19:10
דיינייא בשעת דינהון: **דין** קשוט ודין שלם בקשוט תהי DT 16:20
וידונון ית עמא **דין** קשוט: לא תצלון דינא ולא DT 16:18
עובדוי ארום כל אורחתוי **דינא** אלקא מהימנא דמן קדמוי DT 32:4
מן קדם ייי: ארום יהי להון **דינא** אתאן לוותי ודייננא בין גברא EX 18:16
ייי כדינא באינשא כן **דינא** בבעירא למהוי דילך ברם NU 18:15
תעבדון שיקרא בסידרי **דינא** במשחתא דקייטא וסיתוא LV 19:35
מתרע סנדרי לתרע בי **דינא** במשריתא ובעו מן קדם ייי EX 32:27
ויהושע בר נון: וקריבן לבי **דינא** בנת צלפחד בר חפר בר גלעד NU 27:1
דלא למדנהון ותדונון **דינא** בקשוט ופשרות שלמא בין DT 1:16
במשריתא ואזלו לבי **דינא** בר איתתא בת ישראל וגברא LV 24:10
חכימי קרתא לתרע בי **דינא** דבאתריה: ויימרון לחכימי DT 21:19
מרמצתא: ותעבד חושן **דינא** דביה מהודע דינהון דישראל EX 28:15
ית תריהון לתרע בי **דינא** דבקרתא ההיא ותאטלון DT 22:24
דילפונכון ועל הילכת **דינא** דיימרון לכון תעבדון לא DT 17:11
דאשתיירו הוה להון מן **דינא** דייתוקדון דלית אפשר דישפר LV 10:19
ואתו לאתרא דאיתפליג **דינא** דמשה נביא על עינא דמי GN 14:7
ולא יבהתון למישאלא **דינא** דמתקשי להון ארום משה LV 24:12
ולא יבהתון למשיילא **דינא** דמתקשי להון ארום משה NU 9:8
ולא יבהתון למשיילא **דינא** דמתקשי להון ארום משה NU 15:34
ולא יבהתון למשיילא **דינא** דמתקשי להון ארום משה NU 27:5
דאין מימרא דייי ברחמוי **דינא** דעמיה ישראל ועל בישתא DT 32:36

יומין וכדון דנזפית בה מן **דינא** דתכסוף ארבסר יומין אילהין NU 12:14
ולמך בר בריה דלא חב **דינא** הוא דייתלי ליה עד שובעין GN 4:24
קידוש לעלם מן **דינא** הוא דלא איעול לגויה עד זמן LV 1:1
מה דאנא עביד ומן **דינא** הוא דלא נעביד עד דנודע GN 18:17
ית מחת גבורתי מן **דינא** הוא דמחיתי יתך וית עמך EX 9:15
מימריה יהון עלין למידון **דינא** הוא וכל בני ישראל עימיה וכל NU 27:21
דמצראי קדמיהון הוא מן **דינא** הוא לאטלא יתן באבנין: מהלך EX 8:22
ואשתיזבו תריהום מן **דינא** ואמר בגין דלא יהבתא לשלה GN 38:26
כל ארעא לא יעביד **דינא:** ואמר ייי אין אשכח בסדום GN 18:25
וית עובדא דשורת **דינא** ודיעבדון מלגוו לשורתא EX 18:20
למידן ואליפת לנא עיסק **דינא** והוית חביב עלן כבבת עיננא: NU 10:31
עתיד למיקום למיתן **דינא** וחושבנא על כל מה דעבדת GN 3:19
גובריא ויתקרבון לות **דינא** וידונון יתהון ויכרעון לזכותא DT 25:1
באודניה ובתרע בית **דינא** ויהי לך עבד פלח עד יובלא DT 15:17
חכימי קרתא לתרע בי **דינא:** ויימר אבוהא דעולימתא DT 22:15
קשיטא ויקום בבי **דינא** ויימר בלישן בית קודשא לא DT 25:8
הדין תעביד דתיהי פני מן **דינא** ויפקדינך ייי פיקודיא ותיכול EX 18:23
ואימה רשו מבֵי **דינא** ויפקון ית שושיפא בהדי DT 22:15
לה ספר תירוכין קדם בי **דינא** ויתן ברשותא וישיל יתה DT 24:1
דין קשוט: לא תצלון **דינא** ולא תיסבון אפין ולא תקבלון DT 16:19
זכאין בפומהון בשעת **דינא:** ולגייורא לא תעיקון ואתון EX 23:8
במנייתהון כסדר **דינא:** וצפיר בר עיזי חד למטרתא NU 29:18
ואימרי במניינהון כסדר **דינא:** וצפיר בר עיזי חד למטרתא NU 29:24
ואמרי במניינהון כסדר **דינא:** וצפירא דחטאתא חד NU 29:21
ואימרי במנייניהון כסדר **דינא:** וצפירא דחטאתא חד NU 29:27
ואמרי במניינהון כסדר **דינא:** וצפירא דחטאתא חד NU 29:30
ואימרי במניינהון כסדר **דינא:** וצפירא דחטאתא חד בר מן NU 29:37
ויחוון לכון ית הילכת **דינא:** ותעבדון על מימר הילכת DT 17:9
דיקטול אינשא יתקטיל: **דינא** חדא יהי לכון כגיורא כיציבא LV 24:22
ייי תדירא: ותיתן בחשן **דינא** ית אוריא דמנהרין מיליהון EX 28:30
יקטול תבע אדמא או בי **דינא** ית קטולא וסהיד חד לא יסהד NU 35:30
וסלקין עלוי ואחדין בי **דינא** יתיה ודיינין יתיה: ואתון בית DT 21:8
כדון לא איתפרש הדין **דינא** יתעבד ביה: ואמר ייי למשה NU 15:34
מן מאן דאית ליה עסק **דינא** יתקרב לוותכון: וסליק משה EX 24:14
שיבטא דדן: וכד נפק מבי **דינא** כד מחייב פריש וחריף בר LV 24:11
לא תעבדון שקר בסדר **דינא** לא תיסבון אפין למסכינא ולא LV 19:15
ישראל במיא עליהון הדר **דינא** לאיתדנא במיא: ונסיב יתרו EX 18:11
כן צרכית למשמע בבי **דינא** למן הינון סיטומתא וחוטיא GN 38:25
עד עלמא למעבד להון **דינא** מטול למקיימא ית כל פיתגמי DT 29:28
פום מימרא דלעיל מינהוק **דינא** ממונא ומנהון דיני נפשתא LV 24:12
קדם עתיר ושולטן ארום **דינא** מן קדם ייי הוא וחמי כל DT 1:17
ייי: ויעבד ייי פורענות **דינא** מנהון היכמה דעבד לסיחן DT 31:4
למימר הא בתר סגיאי **דינא** סטי: ומסכינא דאתחייב EX 23:2
שמהת בני ישראל בחשן **דינא** על ליביה בזמן מיעליה EX 28:29
ברם שתוקו ותזכון ית **דינא** עליכון ואחיכון כל בית LV 10:6
ותיסק יבימתיה לתרע בי **דינא** קדם חמשא חכימין ויהון DT 25:7
סעדך הוו זמינין לבי **דינא** קדם ייי אנת והינון ואהרן מחר: NU 16:16
איתבע ההוא בר נש לבי **דינא** קמי מלכא ואתקנס דין קטול DT 32:50
לאיתפרעא מיניה ליום **דינא** רבא ארום בדיוקנא אלקים GN 9:6
יתהום וישיזב יתי מן **דינא** רבא הדין וכיון דחמא יתהום GN 38:25
חושבן חובתיה ליום **דינא** רבא: והוון בני ישראל שריין NU 15:31
למתחייבא בהון ליום **דינא** רבא: וממרירו ליה ונצו ליה כל GN 49:22
על כל מה דעבדת ביום **דינא** רבא: וקרא אדם שום אינתתיה GN 3:19
עובדך בעלמא הדין ליום **דינא** רבא חטאך נטיר ועל תרעי GN 4:7
ארום לא מזכי ייי ביום **דינא** רבא ית כל מאן דמשתבע EX 20:7
ארום לא מזכי ייי ביום **דינא** רבא ית כל מאן דמשתבע DT 5:11
משה פולין לזמנא לבי **דינא** רבא לדתן ולאבירם בני NU 16:12
דאתי ודא יידכר לן ליום **דינא** רבא למכפרא על נפשתן קדם NU 31:50
דלא יתבעון גבה ביום **דינא** רבא לעלמא דאתי היכמא EX 15:12
מתחייב עימה ביום **דינא** רבא לעלמא דאתי: והוה GN 39:10
תייבין לא מזכי ביום **דינא** רבא מסער חובי אבהן על בנין EX 34:7
מתחשדא וסבי בי **דינא** רבא מפטרין ויסבון חכימי DT 21:3
מאן קטליה: ויפקון מבי **דינא** רבא תרי מן חכימייך ותלת מן DT 21:2
בני ישראל: וקריבו לבי **דינא** רישי אבהתא לגניסת בני NU 36:1
ישראל ארום קרא בית **דינא** שמיטתא קדם ייי: ית בר DT 15:2
יפיס פיתגמיה ברם בית **דינא** שרן ליה ואין לא שרו ליה ככל NU 30:3
בפום דיינייא בשעת **דינהון:** דין קשוט ודין שלם בקשוט DT 16:19
חושן דינא דביה מהודע **דינהון** דישראל דאיתכסי מן EX 28:15
ואימרי במנינהון כסדר **דינהון:** וצפירא דחטאתא חד NU 29:33
דעמא הדין על אתר בי **דינהון** ייתון בשלם: וקבל משה EX 18:23
ומנחתה וניסוכיהון כסדר **דינהון** לאתקבלא ברעוא קורבנא NU 29:6
בגין כן קריב משה ית **דינהין** קדם ייי: ואמר ייי עם משה NU 27:5
קדם ייי עבד וסדרי **דינוי** אליף לעמיה בית ישראל: DT 33:21
זכיי הוא ייי וקושטא היך **דינוי** וקושטא הינון פיתגמיה משה NU 16:34

ככל קיומוי וככל **דינוי** תעבדון יתיה:: ועבדו ית NU 9:3
דהוינא רחיצא דתעבד **דיני** דאנא שבקית ארעי ובית איבא GN 16:5
משה זריז מן בגלל דהוו **דיני** ממונא ובאיליין ובאילליין אמר NU 9:8
מימרא דקודשא מינהון **דיני** ממונא ומינהון דיני נפשתא NU 15:34
על דעתא דלעיל מנהון **דיני** ממונא ומינהון דיני נפשתא NU 27:5
פתגמיא דתעבדון ביני **דיני** ממונא לדיני נפשתא: ונטלנא DT 1:18
דינא ממונא ומנהון **דיני** נפשתא בדיני ממונא הוה משה LV 24:12
דיני ממונא ומינהון **דיני** נפשתא בדיני ממונא הוה משה NU 15:34
מנהון דיני ממונא ומינהון **דיני** נפשתא בדיני ממונא הוה משה NU 27:5
משה מתין מן בגלל דהוו **דיני** נפשתא ובצתהון הוה משה זריז NU 9:8
סאוב לאדם דכי וביני **דיני** נפשתא לדיני ממונא ביני DT 17:8
דעתידין למיקום בסדר **דיניא** דדרא דמבולא למובדא GN 6:3
עלוי: ואיליין הינון סידרי **דיניא** די תסדר קדמיהון: ארום EX 21:1
ובין תבע אדמא על סדר **דיניא** האילין: וישיזבון כנישתא ית NU 35:24
כל פיתגמיא דייי וית כל **דיניא** ואתיב כל עמא קלא חד EX 24:3
בעידנא ההיא ית סידרי **דיניא** למימר קבילו מן אחיכון דלא DT 1:16
ית קיימיי וית סידרי **דיניי** דאין יעבד יתהון אינשא וייחי LV 18:5
ית קיימיי וית סידרי **דיניי** ולא תעבדון חדא מכל LV 18:26
כל קיימיי וית כל סידרי **דיניי** ותעבדון יתהון אנא ייי: ומליל LV 19:37
כל קיימיי וית כל סידרי **דיניי** ותעבדון יתהון ולא תפלוט LV 20:22
היא מטול דהינון בסידרי **דיניי** קצו וית קיימי אורייתי LV 26:43
ית קיימיי וית סידרי **דיניי** תטרון ותעבדון יתהון LV 25:18
אורייתי תהכון וית סידרי **דיניי** תינטרון ותעבדון יתהון: ואיתן LV 26:3
לא תהכון: ית סידרי **דיניי** תעבדון וית קיימיי תיטרון LV 18:4
תקוצון ואין ית סדרי **דיניי** תרחיק נפשתיכון בדיל דלא LV 26:15
ישראל ית קימייא וית **דינייא** דאנא ממליל קדמיכון יומא DT 5:1
וית קיימייא וית **דינייא** דאנא מפקיד יתהון DT 7:11
ית כל קיימייא וית **דינייא** די אנא יהיב קדמיכון יומא DT 11:32
איליין פיקודייא וסידרי **דינייא** דפקיד ייי בידא דמשה לות NU 36:13
ויהי חולף די תקבלון ית **דינייא** האילין ותינטרון ותעבדון DT 7:12
ייי: אילין קימייא וסידרי **דינייא** וגזירת אורייתא דיהב ייי בין LV 26:46
ית קיימייא האילין וית **דינייא** ותיטרון ותעבדון יתהון בכל DT 26:16
עובדיהון ואוף סדר **דינייה** דעלמא אישתני עליהון: DT 32:5
אינון למלפא סידרי **דינייך** לדבית יעקב ואורייתא DT 33:10
ייי אנא דחיל וכדון חזרון **דינייך** למיהוי מדמיין לדינוי דפרעה: GN 44:18
בישא הדין לתרע בית **דיניכון** ית גברא או ית אינתתא DT 17:5
דין הוא חד מן ארבעה **דינין** די עלו קדם משה נביא ודן NU 15:34
אבונן: דין חד מן ארבעא **דינין** די עלו קדם משה נביא וסכם NU 27:5
דין הוא חד מן ארבעתי **דינין** דיעלו קדם משה נביא ודן LV 24:12
דין הוא חד מארבעה **דינין** דעלו קדם משה נביא ודן NU 9:8
ומני יתהון דיינין וידונון **דינין** דקטולין ית עמא דטעו בתר NU 25:4
גברא דידון ית עמיה **דינין** דקשוט כחדא ישתמעון ליה GN 49:16
עבד מימרא דייי **דינין** טעוות מתכא הוו מתרככין NU 33:4
מצראי אעבד ארבעתי **דינין** טעוות מתכא מתרככין EX 12:12
ובין מאן דמאגר מילי **דינין**: לא תשתמודעון אפין בדינא DT 1:16
אחוויתא לכון לגזירת **דינין** לדריכון בכל מותבניכון: כל NU 35:29
נתייעט עליהון בהלין **דינין** נזערא יתהון קדם עד לא יסגון EX 1:10
רחיק ודי נפק זכיי מבי **דינך** ואשכחו ליה חובתיה ודי נפק EX 23:7
מכל מני בייתך שוי כדון **דינך** קבל אחיי ואחך וידינון קשוט GN 31:37
מילי פלוגתא בבית **דינכון** ותקומון ותיסקון לאתרא DT 17:8
ליעקב בר: ואמרת רחל **דן** יתי ייי ברחמוי טביא ולחוד GN 30:6
ייי ית קליה דטליא ולא **דן** יתיה לפום עובדוי בישיא דעתיד GN 21:17
ית משכנא חשיב משה **ואידיין** בליביה ואמר טוורא דסיני LV 1:1
עבד ית אינשא בארעא **ואידיין** עליהון במימריה: ואמר ייי GN 6:6
ותקיף רוגזא דיעקב **ואידיין** עם לבן ואתיב יעקב ואמר GN 31:36
ממונא הוה משה זריז **ובדיני** נפשתא הוה משה מתין NU 15:34
ממונא הוה משה זריז **ובדיני** נפשתא הוה משה מתין NU 27:5
ממונא הוה משה זריז **ובדיני** נפשתא הוה מתון ובאיליין LV 24:12
יתכון בדרע מרמם **ובדינין** רברבין: ואקרב יתכון קדמיי EX 6:6
בינן והא איתעביד דיינא **ודאין** לכולנא וכדון נבאיש לך יתיר GN 19:9
הוא דמני יתך לגבר רב **ודיין** עלנא הלא למיקטלי אנת אמר EX 2:14
דשמעו בארגזותיה **ודייניא** ית ידיהון על רישיה LV 24:14
קדם ייי קדם כהניא **ודיינייא** דיהון ביומיא האינון: DT 19:17
ואחדין בי דינא יתיה **ודיינין** יתיה: ואתון בית ישראל DT 21:8
בעלי דבבינן סהדינן **ודיינן**: ארום עובדיהון דעמא האילין DT 32:31
להון דינא אתאן לוותי **ודייננא** בין גברא ובין חבריה EX 18:16
בשעת דינהון: דין קשוט **ודין** שלם בקשוט תהי רדיף מן DT 16:20
קדם ייי למעבד צדקתא **ודינא** בגין דייתיה עילוי אברהם ית GN 18:19
ייי: ית בר עממין תדחוק **ודינא** די יהוי לך עם אחוך תשמיט DT 15:3
קדם ייי: אורייתא חדא **ודינא** חד יהי לכון ולגיוריא די NU 15:16
קיימוי ופיקודוי **ודינוי** ולמקבלא למימריה: ומימרא DT 26:17
מטרת מימריה וקימוי **ודינוי** ופיקודוי כל יומיא: ותינדעון DT 11:1
דלא למינטר פיקודוי **ודינוי** וקיימוי דאנא מפקיד לכון DT 8:11
ולמנטר פיקודוי וקיימויי **ודינויי** ותיחון ותיסגון ויברכינכון DT 30:16

וקיים איקר אבא ואימא **ודיני** פידעא ומשקופי וקנסין EX 15:25
אילין סהידוותא וקיימיא **ודיניא** דמליל משה עם בני ישראל DT 4:45
תפקידתא קיימייא **ודינייא** דפקיד ייי אלקכון למילפא DT 6:1
מה סהידוותא וקיימייא **ודינייא** דפקיד ייי אלקנא יתכון: DT 6:20
יומא דין: אילין קימייא **ודינייא** דתינטרון למעבד בארעא DT 12:1
ית תפקדיא וקיימייא **ודינייא** דתלפון יתהון ויעבדון DT 5:31
דאליפית יתכון קיימין **ודינין** היכמא דפקדני ייי אלקי DT 4:5
למלפא יתכון קיימין **ודינין** למעבדכון יתהון בארעא DT 4:14
אומא רבא דליה קיימין **ודינין** תריצין ככל אורייתא הדא DT 4:8
דעלו קדם משה נביא **ודן** יתהון על מימרא דקודשא NU 9:8
דיעלו קדם משה נביא **ודן** יתהון על פום מימרא דלעיל LV 24:12
די עלו קדם משה נביא **ודן** יתהון על פום מימרא דקודשא NU 15:34
יתבע אולפן מן קדם ייי **וידון** יתי ובכן אשתמודע קנסא NU 15:32
במצרים יתגלי ייי עליכון **וידון** למימר פסק מיננא וניפלח ית EX 14:12
עמא ומני יתהון דיינין **וידונון** דינין דקטולין ית עמא דטעו NU 25:4
יהיב לכון לשבטיכון **וידונון** ית עמא דין קשוט: לא תצלון DT 16:18
ויתקרבון לות דינא **וידונון** יתהון ויכרעון לזכותא ית DT 25:1
חומשין רבני עישורייתא: **וידינון** ית עמא בכל עידן ויהי כל EX 18:22
ליה ולא תבע בישתיה: **וידינון** כנישתא בין מחיא ובין תבע NU 35:24
דינך קבל אחיי ואחך **וידינון** קשוט בין תרווינן: דנן עשרין GN 31:37
ישראל שמעו לקיימייא **ולדינייא** דאנא מליף יתכון למעבד DT 4:1
מיתעלין למתעקפא עלן **ולמדיינא** עלן ולמיקני יתן לעבדין GN 43:18
דיוסף ברי סליקת נפשך **ומדינא** דתמר תהי משזיב נייח ושרי GN 49:9
אפשר לכון דלא למדנהון **ותדונון** דינא בקשוט ופשרות DT 1:16
דיינייא: ואין מותא יהי בה **ותדינון** נפשא דקטולא חולף נפשא EX 21:23
לוותך וכל פתגם קליל **ידונון** הינון ויקילון מן מטול דעלך EX 18:22
דאברהם ואלקי דנחור **ידינון** בינן ביננא אלקיה דאבוהון GN 31:53
יומא תחות ידיה יתדנא **יתדן** דין קטילת סייפא: ברם אין EX 21:20
יומין קטיעין יתקיים לא **יתדן** מטול דכסף זביניה הוא: וארום EX 21:21
בההוא יומא תחות ידיה **יתדנא** יתדן דין קטילת סייפא: ברם EX 21:20
ואמר ייי במימריה לא **יתדנון** כל דריא בישא דעתידין GN 6:3
דיקרבון מינה קדם ייי **כדינא** באינשא כן דינא בבעירא NU 18:15
אין לבת ישראל ינגח **כדינא** הדין יתעביד ליה: ברם אין EX 21:31
במיא עליהון הדר דינא **לאיתדנא** במיא: ונסיב יתרו עלוון EX 18:11
דייי מישראל: ואמר משה **לדיינא** ישראל קטולו אינש גבר NU 25:5
חכימין ויהון תלתא **לדיינין** ותרין לסהדין ותימר בלישן DT 25:7
יתפרש מנכון פיתגמא **לדינא** ביני אדם סאוב לאדם דכי DT 17:8
ייי אלקים תלתיהון **לדינא** ואמר לחיויא ארום עבדת GN 3:14
עד דיקום קדם כנישתא **לדינא**: וקירווייא דתיתנון שית NU 35:12
דינייך למיהוי מדמיין **לדינוי** דפרעה: רבוני שאיל ית עבדוי GN 44:18
דכי וביני דיני נפשתא **לדיני** ממונא ביני מוכתש צורעא DT 17:8
מן בתריה דיהוון זריזין **לדיני** ממונא ומתונין לדיני נפשתא NU 27:5
לדיני ממונא ומתונין **לדיני** נפשתא ולא יבהתון למשיילא NU 27:5
דתעבדון ביני דיני ממונא **לדיני** נפשתא: ונטלנא מחורב DT 1:18
לית אפשר לכון דלא **למדנהון** ותדונון דינא בקשוט DT 1:16
ועל מימריה יהון עלין **למידון** דינא הוא וכל בני ישראל NU 27:21
דין אנת יתיב לבלחודך **למידון** וכל עמא קיימין קדמך מן EX 18:14
דנור וגומרין דאישתא **למידן** בהום לרשיעיא דמרדו GN 3:24
ייי עם אברם קיים דלא **למידן** ביה בנוי ולמפרוקינון GN 15:18
ומבעיר שביבין דנור **למידן** ביה רשיעיא והא עבר בין GN 15:17
כד הוינא שרן במדברא **למידן** ואליפת לנא עיסק דינא NU 10:31
דארשעו מצראי **למידן** ית ישראל במיא עליהון הדר EX 18:11
יומא דכיפורי ויתיב משה **למידן** ית עמא וקם עמא קדם משה EX 18:13
על ברתיי לית אינש **למידן** יתן חמי מימרא דייי סהיד GN 31:50
ויהב לי בר והיכדין עתיד **למידן** על יד שמשון בר מנוח דמן GN 30:6
ישראל: ימא וארעא הוון **מדיינין** דין עם דא כחדא ימא הוה EX 15:12
ועל מימר פמהון יהי **מיתדן** כל דין וכל מכתש צורעא DT 21:5
אפי רבא בקושטא **תדונון** חבריכון: לא תהוון אזלין בתר LV 19:15

דינר (1)

למשה בטוורא הי **כדינרא** דאישא והיכדין אמר ליה EX 30:13

דיצא (1)

יעלין ורימנין ותורי בר **ודיצין**: וכל בעירא דסדיקא טלפייא DT 14:5

דיר (8)

מגיו ומברא ועבד ליה **דיר** דדהב חזור חזור: ואתיך ליה EX 37:2
יתיה דהב דכי ועבד **דיר** דדהב חזור חזור: ועבד ליה גפוף EX 37:11
יתי דהב דכי ותעביד ליה **דיר** דדהב חזור חזור: ותעביד ליה EX 25:24
חזור וית קרנוי ועבד ליה **דיר** דדהב חזור חזור: ותרתין עיזקן EX 37:26
תחפיניה ותעביד עלוי **דיר** דדהב חזור חזור: ותתיך ליה EX 25:11
הי פושכא חזור ותעביד **דיר** דדהב לגפופיה חזור חזור: EX 25:25
פושכא חזור חזור ועבד **דיר** דדהב לגפופיה חזור חזור: ואתיך EX 37:12
דדהב עבד ליה מלרע **לדיריה** על תרין זווייתיה על תרין EX 37:27

דיתאה (3)

ואמר אלקים תרבי ארעא **דיתאי** עישבא דביזריה מזדרע GN 1:11
רוחי מיטרא דמנתבין על **דיתאין** בירח מרחשוון וכרסיסין DT 32:2

והוה כן: והנפקת ארעא **דיתאין** עיסבא דביזריה מזדרע GN 1:12

דכי (176)

מסאב עד רמשא: ואין **אידיכיית** מדובה ותמני לה שובעא LV 15:28
יעקב לבנוי ואמר להום **אידכו** מסואבותא ואיחוי לכון GN 49:1
ואיהוא ידע דמסאב ולא **אידכי** ויתחייב: או בר נש ארום יומי LV 5:3
ומן דהוה צבי הוה שחיק **בדוכיתא** ומבשלין ליה בלאפיסיא NU 11:8
כן מיכל מתנה איתן **בדכותא** ית כהונתכון וחילוניי NU 18:7
ית בני ישראל די טעמון **בדכותא** מיכלהון ויתפרשון LV 11:1
דכורא בכון ייכול ייתיה **בדכותא** קודשא יהי לך: ודין דזכיתי NU 18:10
קדישין טעמין חולין **בדכותא** תהון קדמיי ברם בשר EX 22:30
וארום אין יריק דובנא **בדכיא** יצבע לבושוי ויסחי LV 15:8
אורייתא דמצרעא ביומא **דדכותיה** ויתיתי לוות כהנא: ויפוק LV 14:2
קדם ייי דילך יהי כל **דדכי** בביתך ייכלוניה: כל דמגמר NU 18:13
דדהב דכי: קנטינר דדהב **דדכי** יעבד יתה כל מנייה דידה EX 25:39
עד זמן מישלם יומי **דכותה:** ואין ברת נוקבא תליד ותהי LV 12:4
ריש נזריה רישיה ביום **דכותיה** ביומא שביעאה יגלביניה: NU 6:9
דנתקא במשכא בתר **דכותיה:** ויחמיניה כהנא והא הליך LV 13:35
דמיפרשין הכא ליום **דכותיה:** ומליל ייי עם משה ועם LV 14:32
תיכלון באתר **דכי** אנת ובנך עימך ארום חולקך LV 10:14
כנישות מיין נבעין יהי **דכי** ברם די יקרב בנבילתהון בגו LV 11:36
יהי מסאב ובר נש **דכי** דיקרב ביה יהי מסאב עד NU 19:22
מסאב הוא לכון: כל ציפר **דכי** דלית דאית ליה זפק וקורקבניה DT 14:11
כוליה איתהפיך לחיוור **דכי** הוא: ברם ביומא דיתחמי ביה LV 13:13
שיער רישיה קרוח הוא **דכי** הוא: ואין מקבל אנפוי ייתר LV 13:40
די יזדרע בנוגביה **דכי** הוא: וארום אין מתיהיב מוי על LV 11:37
רישיה גלשלשן הוא **דכי** הוא: וארום יהי בקורחתא או LV 13:41
וידכי כהנא ית מכתשא **דכי** הוא: ובר נש ארום יהי ביה LV 13:17
צהר הוא סגי במשכא **דכי** הוא: וגבר ארום ייתר שיער LV 13:39
צמח ביה איתסי ניתקא **דכי** הוא וידכיניה כהנא: וגבר או LV 13:37
למשריתא לאתר **דכי:** ואישתא על מדבחא תהי LV 6:4
בעירא דכיא ומן כל עוף **דכי** ואסיק ארבע עלוון על ההוא GN 8:20
יתיה: וגברא דהוא **דכי** ובאורח עלמא לא אסתאב NU 9:13
ביני אדם סאוב לאדם **דכי** וביני דיני נפשתא לדיני ממונא DT 17:8
קיבול סובתא גבר כהין **דכי** וידי על משכנא ועל כל מניא NU 19:18
כלילא דקודשא דהב **דכי** וכתבו עלוי גליף חקיק ומפרש EX 39:30
רומיה: וחפא יתיה דהב **דכי** ועבד דיר דדהב חזור חזור: ועבד EX 37:11
כולא נגידא חדא דדהב **דכי:** ועבד ית בוצינהא שבעא EX 37:22
דמחפין בהון דדהב **דכי:** ועבד ית מנרתא דדהב דכי נגיד EX 37:16
עובד קליעא דדהב **דכי:** ועבדו תרתין מרמצן דדהב EX 39:15
ותעביד ציצא דדהב **דכי** ותיגלוף עלוי חקיק ומפרש EX 28:36
תרתין עיזקן דידהב **דכי** ותיתן ית תרתין עיזקתא על EX 28:23
כולה נגידה חדא דדהב **דכי:** ותעביד ית בוציניה שבעא EX 25:36
רומיה: ותחפי יתי דהב **דכי** ותעביד ליה דיר דדהב חזור EX 25:24
עובד קליעא דדהב **דכי:** ותעביד על חושנא תרתין EX 28:22
זקיפין: ותחפי יתיה דהב **דכי** ית איגריה וית כותלוי חזור EX 30:3
זקיפין: וחפא יתיה דהב **דכי** ית איגריה וית כותלוי חזור EX 37:26
רמשא: ויכנוש גבר כהין **דכי** ית קיטמא דתורתא בקלל NU 19:9
ואיתי בלא צבו מטול כן **דכי** יתיה באדם תורא וית מותר LV 8:15
למברא למשריתא לאתר **דכי** לאתר בית מישד קיטמא ויוקד LV 4:12
ארום יהי בך גבר דלא יהי **דכי** מקיריות הירהור ליליא ויפוק DT 23:11
ותרתין שישלן דדהב **דכי** מתחמן תעבד יתהון עובד EX 28:14
ועבד ית מנרתא דדהב **דכי** נגיד עבד ית מנרתא בסיס דידה EX 37:17
ועבד תרין כרובין דדהב **דכי** נגיד עבד יתהון מתרין סיטרי EX 37:7
תרין כרובין דדהב **דכי** נגיד תעביד יתהון מתרין ציטרי EX 25:18
ותעביד מנרתא דדהב **דכי** נגיד תתעבד מנרתא בסיס EX 25:31
דדהב דכי: קנטינר דדהב **דכי** עבד יתה וית כל מנהא: ועבד ית EX 37:24
וית קטורת בוסמיא **דכי** עובד בוסמנו: ועבד ית מדבחא EX 37:29
אי איזדמן שרכפא דציפר **דכי** קדמך באסרטא בכל אילן או DT 22:6
בוסם עובד ממזיג מערב **דכי** קודשא: ותיכתוש מינה ותדיק EX 30:35
ומחתייהא דדהב **דכי:** קנטינר דדהב דדכי יעבד יתה EX 25:38
ומחתייה דדהב **דכי:** קנטינר דדהב דכי עבד יתה וית EX 37:23
ויתרק בהון דדהב **דכי** תעבד יתהון: ותסדר על פתורא EX 25:29
לך: ותעבד כפורתא דדהב **דכי** תרתין אמין ופלגא אורכא EX 25:17
ועבד כפורתא דדהב **דכי** תרתין אמין ופלגא אורכא EX 37:6
ביני מסאבא וביני **דכיא** ביני חייתא דמיכשרא LV 11:47
מסאבא לבין בר נשא **דכיא** דא תהוי גזירת אחויית LV 14:57
ניתקא ביני מסאבא לביני **דכיא** הי ככל מה דילפון יתכון DT 24:8
מימרא דייי מיניה צידא **דכיא** ואשכח כלבא חדא וקטליה GN 27:31
חולא וביני מסאבא וביני **דכיא:** ולאלפא ית בני ישראל ית כל LV 10:10
נח ונסב מכל בעירא **דכיא** ומן כל עוף דכי ואסיק ארבע GN 8:20
ויסבון לך מישחא דזיתא **דכיא** כתישא לאנהורי לאדלקא EX 27:20
לאנהרותא וית אפרסמא **דכיא** למשח רבותא ולקטרת EX 35:28
קרבנא קדם ייי מן בעירא **דכיא** מן תורי ומן ענא ולא מן LV 1:2
ודופקא: וידי כהנא **דכיא** על גברא מסאבא ביומא NU 19:19

הינון לכון: כל גובא **דכיא** תיכלון: לא תיכלון כל DT 14:20
בדרא הדין: מכל בעירא **דכיא** תיסב לך שובעא שובעא דכר GN 7:2
מוי: ויסבון מיניה בנטלא **דכיה** ויקדשון בימוהי אהרן ובנוי ית EX 30:19
מוי מן כיורא בנטלא **דכיה** ויקדשון ידיהון וריגליהון ולא EX 30:21
ופלגא רומיה: וחפייה דהב **דכיה** מגיו ומברא ועבד ליה דיר EX 37:2
רומא: ותחפי יתיה דהב **דכיה** מגיו ומברא תחפיניה ותעביד EX 25:11
מוי דטובענא: מן בעירא **דכייא** ומן בעירא דליתא דכייא ומן GN 7:8
דכייא ומן בעירא דליתא **דכייא** ומן עופא וכל דרחיש על GN 7:8
ומן בעירא דליתא **דכייא** תרין דכר ונוקבא: ברם מן GN 7:2
בזימניה ובישריה ייכלון **דכיין** בגו בני ישראל: דין הוא חד NU 9:7
ליזנה זני דכיין וזני דלא **דכיין** בעירי וריחשי ובריית ארעא GN 1:24
רציפין תהי כל דמהא **דכיין** ברם בכל קודשיא לא תיקרב LV 12:4
רציפין תהי כל דמהא **דכיין:** ובמשלם יומי דכיתא לברא LV 12:5
עד ימא רבא ואתיין חיוון **דכיין** ובעירן ושתיין מיניה והוו בני EX 16:21
נפשת ברייתא ליזנה זני **דכיין** וזני דלא דכיין בעירי וריחשי GN 1:24
כל רחיש ארעא לזנה זני **דכיין** וזני דלא דכיין וחמא אלקים GN 1:25
דטייס בגדפין לזנוהי זני **דכיין** וזני דלא דכיין וחמי אלקים GN 1:21
ית חיות ארעא ליזנה זני **דכיין** וזני דלא דכיין וית בעירא GN 1:25
מיא צלילתא לזניהון זני **דכיין** וזני דלא דכיין וית כל עוף GN 1:21
לזנה זני דכיין וזני דלא **דכיין** וחמא אלקים ארום טב: ואמר GN 1:25
לזנוהי זני דכיין וזני דלא **דכיין** וחמי אלקים ארום טב:: והוה GN 1:21
ליזנה זני דכיין וזני דלא **דכיין** וית בעירא ליזנה וית כל GN 1:25
לזניהון זני דכיין וזני דלא **דכיין** וית כל עוף דטייס בגדפין GN 1:21
ארעא: ושדר ית יונתא **דכייתא** מלותיה למיחמיה אין GN 8:8
וית כל מנוי וית מנרתא **דכיתא** וית כל מנהא וית מדבחא EX 31:8
דכיין: ובמשלם יומי **דכיתא** לברא או לברתא תייתי LV 12:6
בוסמין בחירין ולבונתא **דכיתא** מתקל במתקל יהי: ותעביד EX 30:34
דמשח זיתא: ויוקים כהנא **דמדכי** ית גברא דמידכי וית LV 14:11
על גדירא מיצעא דאודנא **דמידכי** דימינא ועל פירקא מיצעא LV 14:14
כהנא על חסחוס דאודנא **דמידכי** דימינא ועל פירקא מיצעא LV 14:17
לא יכול עד זמן **דמידכי** ודיקרב בכל סואבת בר נש LV 22:4
ידא דכהנא יתן על רישא **דמידכי** ויכפר עלוי כהנא קדם ייי: LV 14:18
כהנא דמדכי ית גברא **דמידכי** וית אימריא קדם ייי בתרע LV 14:11
על גדירא מיצעא דאודנא **דמידכי** ימינא ועל פירקא מיצעא LV 14:25
על גדירא מיצעא דאודנא **דמידכי** ימינא ועל פירקא מיצעא LV 14:28
במיחמי מצורעא: ויצבע **דמידכי** ית לבושוי ויספר ית כל LV 14:8
ידא דכהנא יתן על רישא **דמידכי** לכפרא עלוי קדם ייי: ויעבד LV 14:29
מבוע: וידי על בית אפוהי **דמידכי** מן סגירותא שבעתי זימנין LV 14:7
קרבן חטאתא ויכפר על **דמידכי** מסואבותיה ובתר כן יכוס LV 14:19
מנחתא ויכפר כהנא על **דמידכי** קדם ייי: דא תהוי גזירת LV 14:31
וילדן בנין צדיקין בזמן **דמידכן** מן סואבות דימהון: ועבד ית EX 38:8
מבית טעוות שכם **ואידכו** מסואבות קטילייא GN 35:2
עבדו להון בני ישראל: **ואידכיאו** ליואי וחוורו לבושיהון NU 8:21
למקרב לקודשיא **ודדכי** למקרב לקודשיא כחדא DT 12:22
מן למקרב לקודשיא **ודדכי** למקרב לקודשיא כחדא הי DT 15:22
מן למקרב לקודשיא **ודדכין** למקרב לקודשיא כחדא DT 12:15
תרין ציפורין חיין **ודכיין** וקיסא דארזא וצבע זהורי LV 14:4
בתשמיש דעריס **ודכיתא** היא ותיפוק זכיא וזיוה NU 5:28
ויחוורון לבושיהון **וידכון** בארבעין סווין דמיא: ויסבון NU 8:7
חקלא ויכפר על ביתא **וידכי** ברם אין איטימוס בייתא LV 14:53
לבושוי ויסחי במיא **וידכי** ברמשא: וגבר דיסתאב ולא NU 19:19
ואסכלתא תעברון בנורא **וידכי** בתר כדין במיא דכשרין NU 31:23
מכתשא ויצטבע תניינות **וידכי:** דא אורייתא דמכתש סגירו LV 13:58
ויהי מסאב עד רמשא **וידכי:** ואין ארשע ולא יצבע LV 17:15
יתיה כהנא ויצבע לבושוי **וידכי:** ואין הלכא תהליך פיסיונתא LV 13:34
וביומא שביעאה **וידכי** ואין לא ידי עלוי ביומא NU 19:12
ויכפר עלוי כהנא **וידכי:** ואין מיסכן הוא ולית ידיה LV 14:20
הוא ויצבע לבושוי **וידכי:** ואם הלוכי הליך פיסיונא LV 13:6
ויסחי בישריה במי מבוע **וידכי:** וביומא תמינאה יסב ליה תרין LV 15:13
ויסחי ית בישריה במוי **וידכי:** וביומא תמינאה יסב תרין LV 14:9
ית כל שערי ויסחי במיא **וידכי** ובתר כן יעול למשריתא LV 14:8
לכל צרוך עד רמשא **וידכי:** ומאן דפחר דיפיל מנהון לגויה LV 11:32
וידי לביתא שבע זימנין: **וידכי** ית ביתא באדמא דציפרא LV 14:52
סגירותא ית כל בישריה **וידכי** ית מכתשא כוליה איתהפיך LV 13:13
למחוור יתיר מן משכא **וידכי** יתיה כהנא ויצבע לבושוי LV 13:34
בתר דאיתטש ית ביתא **וידכי** כהנא ית ביתא ארום איתסי LV 14:48
מכתשא למחוור **וידכי** כהנא ית מכתשא דכי הוא: LV 13:17
ויכפר עלוי כהנא קדם ייי **וידכי** מן דוויה: וגבר ארום אישתלי LV 15:15
וביומא שביעאה **וידכיניה** ביומא שביעאה ויצבע NU 19:19
סגירותא שבעתי זימנין **וידכיניה** ויפטור ית צפרא חייתא LV 14:7
ימינא שבע זימנין **וידכיניה** ויקדשיניה מסואבות בני LV 16:19
צולקת שיחנא היא **וידכיניה** כהנא: או בר נש ארום יהי LV 13:23
עמיא שומת כואה היא **וידכיניה** כהנא ארום צולקת כואה LV 13:28
איתסי ניתקא דכי הוא **וידכיניה** כהנא: וגבר או איתא ארום LV 13:37

דמכתשא במשכא **וידכיניה** כהנא קלופי מיטפלא הוא LV 13:6
לבניכון ולבני בניכון: **ותדכון** גרמיכון במעסקכון בה הי DT 4:10
בארבעין סווין דמוי **ותדכי:** וביומא שביעה תיסב לה LV 15:28
ית ליואי מגו בני ישראל **ותדכי** יתהון: וכדין תעבד להון NU 8:6
ית פולחן משכן זימנא **ותדכי** יתהון ותרים יתהון ארמא: NU 8:15
ליומא על כיפוריא **ותדכי** על מדבחא בכפרותך עלוי EX 29:36
ביומא שביעאה **ותידכון** ומן בתר כן תיעלון NU 31:24
ייי תודון סורחנותכון **ותידכון:** שבת שבתא הוא לכון כל LV 16:30
ויכפר עלה כהנא **ותידכי:** ומליל ייי עם משה למימר: LV 12:8
קדם ייי ויכפר עלה כהנא **ותידכי** מבוע תרין דמהא דא היא LV 12:7
מקהל עמא דייי: לא **ידכון** דכורי עמונאי ומואבאי DT 23:4
זהירין בסואבתהון וכד **ידכון** ייתון ית קרבנהון מטול LV 15:33
להון דר תליתאי **ידכון** למיסבא מעם קהלא דייי: DT 23:9
יגלי כנפא דגלי אבוי: לא **ידכי** דמסרס ודפסיק גידא למיסב DT 23:2
מקהל עמא דייי: לא **ידכי** דמתיליד מן זנו דביה מומא DT 23:3
עלוי וביומא שביעאה לא **ידכי:** כל דיקרב בשכיבא ובוולדא NU 19:12
דייי ברם דר עשיראי לא **ידכי** למיסב איתא מקהל עמא דייי DT 23:4
בהון ובפיסחא דאייר **יידכון** ויקרבון יתיה: וגברא דהוא NU 9:12
בתר כדין במיא דכשרין **לאידכאה** בהון דוותא יתדי וכל NU 31:23
איתסי מכתשא: ויסב **לדכאה** ית ביתא תרתין צפרין LV 14:49
ביומא הדין יכפר עליכון **לדכאה** יתכון מכל חוביכון ואתון LV 16:30
ייי וכפר עליהון אהרן **לדכאואיהון:** ומבתר כדין עלו ליואי NU 8:21
ערבא או כל מאן דיצלא **לדכאותיה** או לסאבותיה: ומליל ייי LV 13:59
יתהון: וכדין תעבד להון **לדכואיהון** ארי עליהון מיא NU 8:7
טיבוליה עד רמשא ותהי **לדכותא** לבני ישראל ולגייורייא NU 19:10
וימני ליה שובעא יומין **לדכותיה** ויצבע לבושוי ויסחי LV 15:13
בתר דאיתחמי לכהנא **לדכותיה** ויתחמי תניינות לכהנא: LV 13:7
יתהון ביומא תמינאה **לדכותיה** לות כהנא לתרע משכן LV 14:23
סגירא: ויפקד כהנא ויסב **לדמידכי** תרין ציפורין חיין ודכיין LV 14:4
עינוי דכהנא ומתכוונן בין **למדכייא** ובין לסאבא: ויחמי כהנא LV 13:12

דכר (115)

אדכור וארעא דישראל **אדכור** ברחמין: וארעא תתרטיש LV 26:42
עם אברהם ביני פסגיא **אדכור** וארעא דישראל אדכור LV 26:42
עימי בעראי: ברם אנא **אדכר** יתהון עראי בעלמא ואעיל LV 26:41
הילכתא מיני ואהרן אחי **אדכר** יתיה לי: ומליל ייי עם משה LV 10:20
ופרח באויר שמיא מן יד **אדכר** פנחס שמא רבא וקדישא NU 31:8
דמטו לפיתחא דמדברא **אדכרו** למטעי בתר פולחנא נוכראה GN 21:15
מינה ונסיב מיניה צריד **אדכרתא** ואסיק על מדבחא בר מן LV 9:17
כהנא מן מנחתא ית שבח **אדכרתא** ויסיק למדבחא קרבן LV 2:9
כהנא מן מנחתא ית צריד **אדכרתא** ויסק למדבחא ומבתר NU 5:26
מלי קומציה ית שבח **אדכרתא** ויסק למדבחא על LV 5:12
ויסיק כהנא ית שפר **אדכרתא** למדבחא קרבן דמתקבל LV 2:2
לאתקבלא ברעוא שבח **אדכרתא** קדם ייי: ומה דמשתיירא LV 6:8
היא: ויסיק כהנא ית שבח **אדכרתה** מן פירוכייה ומטוב LV 2:16
בבשר עביר בגין כן לא **אידכר** רב מזוגיא ית יוסף ואנשייה GN 40:23
ברא יתכון ושכליל יתכון: **אידכרו** מן יומת עלמא אתבוננו DT 32:7
מה דאישתאר מינהון עד **דאידיכר** חובא דעתיד למיהוי בדן GN 14:15
מיגו עלמא אילולי **דדכר** לכון זכוות אבהתכון צדיקייא DT 1:1
קדם ייי כל פתח וולדא **דוכרייא** וכל בוכרא דבריי אפרוק EX 13:15
ביומא דחגא דמטליא **דוכרן** טב לרביעא דמיטרא: וביומא NU 29:31
יהי לכון יומא טבא **דוכרן** יבבא מארע קדיש: כל LV 23:24
ארום מימחא אמחי ית **דוכרן** עמלק מתחות שמייא: ובנא EX 17:14
ואמר ייי למשה כתב דא **דוכרנא** בספר סבייא דמלקדמין EX 17:14
למירתה תמחון ית **דוכרנא** דעמלק מתחות שמיא DT 25:19
יתיה למשכן זימנא **דוכרנא** טבא לבני ישראל קדם ייי: NU 31:54
על כתפי אפודא אבני **דוכרנא** לבני ישראל היכמא דפקיד EX 39:7
תשמישתיה דמדבחא: **דוכרנא** לבני ישראל מן בגלל דלא NU 17:5
מנחת קנאתא היא מנחת **דוכרנא** מדכרת חובין: ויקרב יתה NU 5:15
ויתן על ידהא ית מנחת **דוכרנא** מנחת קינאיתא היא ובידא NU 5:18
ודינה במעהא דלאה: ועל **דוכרנהא** דרחל קדם ייי ושמיע GN 30:22
אבטל מספר ייחוס אנוש **דוכרנהון:** אילולפון רוגזא דסנאה DT 32:26
דין הוא שמי לעלם ודין **דוכרני** לכל דר ודר: איזיל ותיכנוש EX 3:15
מסוף תרתין שנין עאל **דוכרניה** דיוסף קדם מימרא דייי GN 41:1
הדין וימחי ייי ית שום **דוכרניה** מתחות שמיא: ויפרשיניה DT 29:19
לילוון כתיבין בספר **דוכרנייא** קדם ריבון עלמא ליליא EX 12:42
יומין יעול קדם פרעה **דוכרנך** וירים ית רישך ביקר GN 40:13
בחצוצרתא ויעול **דוכרנכון** לטבא קדם ייי אלקכון NU 10:9
ואימר בר שתיה מטול **דידכר** לכון זכותא דיצחק דכפתיה LV 9:3
והימין עמא ושמעו ארום **דכיר** ייי ית בני ישראל וארום גלי EX 4:31
פרוקין ויימרון לכון מדכר **דכיר** ייי יתכון ובעידן דאתון סלקין GN 50:25
למעבד לעמך: הוי **דכיר** לאברהם וליצחק ולישראל EX 32:13
אידא תקיפתא: הוי **דכיר** לעבדך לאברהם ליצחק DT 9:27
מאן יכלינגא בישראל: **דכירין** אנחנא ית נוניא דהוינא NU 11:5
נכסוי עמי בני ישראל הוו **דכירין** ארום דיירין הוויתון בארעא EX 22:20

כוותכון: ותהוון **דכירין** ארום משעבדין הוויתון DT 5:15
תיתנון ליה: ותהוון **דכירין** ארום משעבדין הויתון DT 15:15
שכינתיה תמן: ותהוון **דכירין** ארום משעבדין הויתון DT 16:12
משכונה לה: ותהוון **דכירין** ארום משעבדין הויתון DT 24:18
ולארמלא יהי: ותהוון **דכירין** ארום משעבדין הויתון DT 24:22
מגן: עמי בני ישראל הוון **דכירין** יומא דשבתא למקדשא EX 20:8
לא תידחלון מנהון הוון **דכירין** ית גבורן דעבד ייי לפרעה DT 7:18
שיקרא בפרקמטיא: הוו **דכירין** ית דעבדו לכון דבית עמלק DT 25:17
ואמר משה לעמא הוון **דכירין** ית יומא הדין די נפקתון EX 13:3
ניכסייא האילין: ותהוון **דכירין** ית ייי אלקכון ארום הוא DT 8:18
ייי לאבהתכון: ותהון **דכירין** ית כל אורחא דדברכון ייי DT 8:2
עם קשי קדל אתון: הוו **דכירין** לא תתנשון ית דארגזתון DT 9:7
חד בחבריה דלא ילקי הוו **דכירין** מה דעבד ייי אלקכון למרים DT 24:9
ויעקב למימר מידכר **דכירנא** יתכון וית עולבנא EX 3:16
שרה איתת אברהם: ויי **דכר** ית שרה היכמא דאמר ליה GN 21:1
רבא מן שירויא וכל מאן **דמדכר** ההוא שמא קדישא בשעת EX 28:30
דניסן: ווי להון לרשיעייא **דמדכרין** שמא קדישא בגידופין DT 32:3
טען בתריהון: מן בגלל **דתדכרון** ותעבדון ית כל פיקודיי NU 15:40
עדאן אית לן זכותא **דתידכר** לן סידרי קרבנינן תורא LV 22:27
מארעא דמצרים מן בגלל **דתידכרון** ית יום מיפקכון מארעא DT 16:3
משה רבהון דישראל אזל **ואדכר** שמא רבא ויקירא ואוקים DT 9:19
ותהכון קדמי בעראיי: **ואידכר** אוף אנא יתכון עראי LV 26:24
ותהלכון קדמיי בעראי: **ואידכר** אוף אנא יתכון עראי LV 26:28
ובכין ירעון ית חוביהון: **ואידכר** ברחמין ית קיימא דקיימית LV 26:42
בר אלעזר בר אהרן כהנא **ואידכר** הילכתא עני ואמר מאן NU 25:7
וההיא שעתא אית ליה: **ודכיר** יוסף ית חילמייא דחלם GN 42:9
ארעא מאה וחמשין יומין: **ודכיר** ייי במימריה ית נח וית כל GN 8:1
ייי ית קירוי מישרא **ודכיר** ייי ית זכותיה דאברהם ושלח GN 19:29
קדם ייי קבילתהון **ודכיר** קדם ייי ית קיימיה דקיים עם EX 2:24
דמצראי משעבדין יתהון **ודכירנא** ית קיימי: בכן אימר לבני EX 6:5
לא יטמע שימשא בעננא: **ודכירנא** ית קיימי דבין מימרי GN 9:15
ייי אלקהון ביומוי דגוג: **ודכירנא** להון קים דקיימית עם LV 26:45
ידא בגובהא דשמאלך **ולדוכרן** חקיק ומפורש על תפילת EX 13:9
ותעבד כדון עימי טיבו **ותידכר** עלי קדם פרעה GN 40:14
מתעטפין בהון בימא **ותידכרון** ית כל פיקודיי ותעבדון NU 15:39
לא יהי עליל מטול דלא **ידכר** חובת עיגלא דדהבא ובזמן LV 16:4
בני ישראל למימר מידכר **ידכר** ייי יתכון ותסקון ית גרמיי EX 13:19
הא אנא מיית וייי מידכר **ידכר** יתכון ויסק יתכון מן ארעא GN 50:24
נביא חלפיה מטול דלא **ידכר** להון חובת עיגלא ורבא דהוה NU 2:10
לעלתא תיסב מן בגלל די **ידכר** לך זכותא דיצחק דכפתיה LV 9:2
לעלמא דאתי ודא **יידכר** לן ליום דינא רבא למכפרא NU 31:50
דיצחק דכפתיה אבוי **כדיכרא** בטוור פולחנא תריהון יהון LV 9:2
בירתא ותהי ללחמא **לאדכרא** קורבנא קדם ייי: ביומא LV 24:7
זימנא ויהי לבני ישראל **לדוכרן** טב קדם ייי לכפרא על EX 30:16
בזמן מיעליה לקודשא **לדוכרן** טב קדם ייי תדירא: ותיתן EX 28:29
ויהי יומא הדין לכון **לדוכרנא** ותחגון יתיה חגא קדם ייי EX 12:14
ישראל על תרין כתפוי **לדוכרנא:** ותעביד מרמצן דדהב: EX 28:12
קודשיכון ויהיו לכון **לדוכרנא** טבא קדם אלקכון ברם NU 10:10
דכל אימת דזקיף פעור **למדכר** לישראל חובתהון מודיק DT 34:6
ושוי למדברא אנפוי **למדכר** עליהון עובדא דעיגלא NU 24:1
לא הוה איפשר ליה **למידכר** ית שמא קדישא עד דהוה DT 32:3
קשתא בעננא ואחמינה **למידכר** קים עלם בין מימרא GN 9:16
ותובדון ית שומהון **מדוכרנא** תחות כל שמיא לא DT 7:24
תרין פרוקין ויימרון לכון **מדכר** דכיר ייי יתכון ובעידן דאתון GN 50:25
איתבחר תיניין בגין **מדכר** זכות מדכר ישירא דאתעקד LV 22:27
תורא אתבחר קדמי בגין **מדכר** זכות סבא דאתא ממדינחא LV 22:27
איתבחר תחותוי בגין **מדכר** זכות שלימא דעבד גדיי בר LV 22:27
ופורען ומתפרע בקנאה **מדכר** חובי אבהן רשיען על בנין DT 5:9
ופורען ומתפרע בקינאה **מדכר** חובי אבהתן רשיען על בנין EX 20:5
למימר ית סורחניי אנא **מדכר** יומא דין: מן קדם ייי איסתקף GN 41:9
תיניין בגין מדכר זכות **מדכר** ישירא דאתעקד על גבי LV 22:27
קדם ייי יתן לכהנא בר **מדכר** כיפוריא די יכפר ביה עלוי: NU 5:8
ואריניה ארמא קדם ייי **מדכר** קורבניא אתפרש למשה הוה LV 8:29
כיתפי איפודא מרגליית **מדכרן** זכותא לבני ישראל ויטול EX 28:12
היא מנחת דוכרנא **מדכרת** חובין: ויקרב יתה כהנא NU 5:15
יצחק ויעקב למימר **מידכר** דכירנא יתכון וית עולבנא EX 3:16
ית בני ישראל למימר **מידכר** ידכר ייי יתכון ותסקון ית EX 13:19
לאחוי הא אנא מיית וייי **מידכר** ידכר יתכון ויסק יתכון מן GN 50:24
עליין לשעת אניקי תהוי **מידכר** להום ועני תהום ופריק GN 22:14
הי כעובד אבן ספירינון **מידכר** שיעבודא דשעבידו מצראי EX 24:10
ואמר לרב מזוגיא אלהן **תדכרינני** עימך כד ייטב לך ותעבד GN 40:14
ושום טעוות עממיא לא **תידכרון** ולא ישתמע על פומכון: EX 23:13

דכר (180)

וברם כהנא יכפר עלוי **בדיכרא** דאשמא וישתביק ליה: ואין LV 5:16

לאשמא: ויכפר עלוי כהנא **בדיכרא** דאשמא קדם ייי מטול LV 19:22
אהרן ובנוי ית בישרא **דדיכרא** וית לחמא דבסלא בתרע EX 29:32
חופאה למשכנא מושכי **דדיכרי** מסמקי וחופאה דמשכי EX 26:14
וית חופאה דמשכי **דדיכרי** מסמקי וית חופאה דמשכי EX 39:34
זהורי ובוץ ומעזי: ומשכי **דדיכרי** מסמקי ומושכי דססגונא EX 25:5
זהורי ובוץ מעזי: ומשכי **דדיכרי** מסמקי ומשכי דססגונא EX 35:7
חופאה למשכנא משכי **דדיכרי** מסמקי ומשכי דססגונא EX 36:19
זהורי ובוץ ומעזי ומושכי **דדיכרי** מסמקי ומשכי ססגונא EX 35:23
צלם דמו דכל טעו דמו **דדכר** או דנוקבא: דמו דכל בעירא DT 4:16
ייי למשה מני כל בוכריא **דוכריא** בבני ישראל מבר ירחא NU 3:40
ישראל: והוון כל בוכריא **דוכריא** בסכום מניין שמהן מבר NU 3:43
דאיתיליד בתורך ובענך **דוכריא** תקדש קדם ייי אלקך לא DT 15:19
ולא אחטי לחורנין ובנין **דוכרין** לא הוו ליה: למא יתמנע שום NU 27:3
וית תרביא מן תורא ומן **דיכרא** אליתא ודחפי בני גווא LV 9:19
תורא לרב בית אבא **דיכרא** דיכרין תריסר מטול NU 7:87
דמיבשלא שלימא מן **דיכרא** וגריצתא פטירתא חדא מן NU 6:19
על ריש דיכרא: ונכס ית **דיכרא** ודרק משה ית אדמה על LV 8:19
ית יד ימינהון על ריש **דיכרא:** ונכס ית דיכרא ודרק משה LV 8:18
ובנוי ית ידיהון על ריש **דיכרא:** ונכס ית דיכרא ונסיב משה LV 8:22
על ריש דיכרא: ונכס ית **דיכרא** ונסיב משה מן אדמיה ויהב LV 8:23
ובנוי ית ידיהון על ריש **דיכרא:** ותיכוס ית דיכרא ותיסב ית EX 29:15
ובנוי ית ידיהון על ריש **דיכרא:** ותיכוס ית דיכרא ותיסב מן EX 29:19
על ריש דיכרא: ותיכוס ית **דיכרא** ותיסב ית אדמיה ותדרוק EX 29:16
על ריש דיכרא: ותיכוס ית **דיכרא** ותיסב מן אדמיה ותיתן על EX 29:20
ית עינוי וחזא והא **דיכרא** חד דאיתברי ביני שימשתא GN 22:13
חטאתא היא: וית **דיכרא** חד תיסב ויסמכון אהרן EX 29:15
חטתיה וית עלתיה: וית **דיכרא** יעביד ניכסת קודשין קדם NU 6:17
לתרע משכן זימנא **דיכרא** לאשמא: ויכפר עלוי כהנא LV 19:21
ועל רישיה: ותסיק ית כל **דיכרא** למדבחא עלתא הוא קדם EX 29:18
במוי ואסיק משה ית **דיכרא** למדבחא עלתא היא LV 8:21
צפרא: ונכיס ית תורא וית **דיכרא** ניכסת קודשיא די לעמא LV 9:18
על מדבחא חזור חזור: וית **דיכרא** פסיג לפיסגוי ואסיק משה LV 8:20
ייי ית משה: וקריב ית **דיכרא** תניינא דכר אשלמותא LV 8:22
קדם ייי הוא: ותיסב ית **דיכרא** תניינא ויסמוך אהרן ובנוי ית EX 29:19
על מדבחא חזור חזור: וית **דיכרא** תפסיג לפסגוי ותחליל בני EX 29:17
בנוי עימיה: ותיסב מן **דיכרא** תרבא ואליתא וית תרבא EX 29:22
קודשיא תורין תרין **דיכרי** חמשא ברחי חמשא אימרין NU 7:23
קודשיא תורין תרין **דיכרי** חמשא ברחי חמשא אימרין NU 7:83
ועיזייך לא אתכלו ואגר **דיכרי** ענך לא אכלית: דתבירא מן GN 31:38
עשרין וארבע מטרתא **דיכרי** שיתין כל קבל שיתין שנין NU 7:88
וכל בעירך תקדיש מנהון **דיכריא** דתורי ואימרי: ובוכרא EX 34:19
מקרבין עם תוריא ועם **דיכריא** ואימריא במנייתהון כסדר NU 29:18
וית תורא וית תרין **דיכרין** וית סלא דפטיריא: וית כל LV 8:2
שובעא תורין ושובעא **דיכרין:** ועבד בלק היכמא דאמר NU 23:29
הכא שבעא תורין ושבעא **דיכרין:** ועבד בלק היכמא דמליל NU 23:1
לדיכרא חד לתרין **דיכרין:** ועשרונא עשרונא לאימר חד NU 29:14
קודשיא תורין תרין **דיכרין** חמשא ברחי חמשא אימרין NU 7:17
בסלא וית תורא וית תרין **דיכרין** יסוברון באסלא: וית אהרן EX 29:3
דמשגרא אימיה דיהון לך **דיכרין** תקדש קדם ייי: וכל פתח EX 13:12
יתהון תליסר מטרתא **דיכרין** תרין דמקרבין תרין מטרתא NU 29:13
תשעא לתשעת מטרתא **דיכרין** תרין לתרי מטרתא אימרא NU 29:26
תריסר לתריסר מטרתא **דיכרין** תרין לתרי מטרתא אימרין NU 29:17
חדסר לחדסר מטרתא **דיכרין** תרין לתרי מטרתא אימרין NU 29:20
עשרא לעשר מטרתא **דיכרין** תרין לתרי מטרתא אימרין NU 29:23
תמניא לתמני מטרתא **דיכרין** תרין לתרי מטרתא אימרין NU 29:29
שובעא לשבע מטרתא **דיכרין** תרין לתרי מטרתא אימרין NU 29:32
לרב בית אבא דיכרא **דיכרין** תריסר מטול דיהובדון NU 7:87
בנך בתרך מיגזר לכון כל **דכורא** אין לית ליה איבא למיגזריה: GN 17:10
וית כל זביני כספיה כל **דכורא** באינשא ביתא דאברהם וגזר GN 17:23
כחטאתא הי כאשמא: כל **דכורא** בבני אהרן ייכלינה קיים LV 6:11
דייי: וכדון קטולו כל **דכורא** בטפליא וכל איתתא דידעת NU 31:17
וישתטיף במוי: כל **דכורא** בכהניא ייכול יתה קודש LV 6:22
קדם ייי אשמא הוא: כל **דכורא** בכהניא ייכלונה באתר קדיש LV 7:6
קודשיא תיכלוניה כל **דכורא** בכון ייכול ייתיה בדכותא NU 18:10
לקים עלם: וערלאה **דכורא** דלא יגזר ית בישרא GN 17:14
לעם חד במיגזור לנא כל **דכורא** היכמא דאינון גזרין: גיתיהון GN 34:22
קדם ייי יגזור ליה כל **דכורא** ובכן יהי כשר למעבדיה ויהי EX 12:48
יתבא לרוחצן וקטלו כל **דכורא:** וית חמור וית שכם בריה GN 34:25
למעבד עימיה משכבי **דכורא** ומן יד אתגזר עלוי ויבישו GN 39:1
כוותנא למיגזור לכון כל **דכורא:** וניתן ית בנתנא לכון וית GN 34:15
ומאן דלא ידע משכבי **דכורא** יהון סמקן אפהא היך נורא NU 31:18
תרע קרתיה וגזרו כל **דכורא** כל נפקי תרע קרתיה: והוה GN 34:24
נשיא דלא ידעו תשמיש **דכורא** כל נפשתא תלתין ותרין NU 31:35
במניין שמהן כל **דכורא** לגולגלתהון: מבר עשרין שנין NU 1:2

יומין יגזר לכום כל **דכורא** לדריכון מרבייני בתיכון GN 17:12
עשרין ותלתא אלפין כל **דכורא** מבר ירחא ולעילא ארום לא NU 26:62
גרשון: סכומהון במניין כל **דכורא** מבר ירחא ולעילא סכומהון NU 3:22
דייי לגניסתהון כל **דכורא** מבר ירחא ולעילא עשרין NU 3:39
מררי: סכומהון במניין כל **דכורא** מבר ירחא ולעילא שיתא NU 3:34
גניסת קהת: במניין כל **דכורא** מבר ירחא ולעילא תמניא NU 3:28
אבהתהון לגניסתהון כל **דכורא** מבר ירחא ולעילא תמנינון: NU 3:15
שמהן לגולגלותהון כל **דכורא** מבר עשרין שנין ולעילא כל NU 1:20
במניין שמהן לגולגל כל **דכורא** מבר עשרין שנין ולעילא כל NU 1:22
שמהן לגולגלותן כל **דכורא** מבר עשרין שנין ולעילא כל NU 1:24
שמהן לגולגלותהון כל **דכורא** מבר עשרין שנין ולעילא כל NU 1:28
שמהן לגולגלותהון כל **דכורא** מבר עשרין שנין ולעילא כל NU 1:30
שמהן לגולגלות כל **דכורא** מבר עשרין שנין ולעילא כל NU 1:32
שמהן לגולגלותהון כל **דכורא** מבר עשרין שנין ולעילא כל NU 1:34
שמהן לגולגלותן כל **דכורא** מבר עשרין שנין ולעילה כל NU 1:26
דידעת גבר למשכבי **דכורא** קטולו: וכל טפלא בנשיא NU31:17
אבנין: וגבר די ישמש עם **דכורא** תשמישין דאיתא תועיבתא LV 20:13
ייי ית משה וקטלו כל **דכוראה:** וית מלכי מדינאי קטלו על NU31:7
בידכון ותימחי ית כל **דכורה** לפתגם דחרב: לחוד נשיא DT 20:13
שמא דאלקך אנא ייי: ועם **דכורי** לא תשכוב בתשמישיא LV 18:22
מקהל עמא דייי: לא ידכון **דכורי** עמונאי ומואבאי למיסב DT 23:4
בה שובעא יומין כל **דכוריא** בישראל ואפילו זעירי דלא LV 23:42
אימר לכהניא בני אהרן **דכוריא** דיתפרשון מן סאוב וכדנא LV 21:1
אקדש קדמי כל בוכרא **דכוריא** פתח כל וולדא בבני ישראל EX 13:2
הדין לקיים לך ולבנך **דכורייא** עד עלמא: ויהי ארום EX 12:24
זימנין בשתא יתחמון כל **דכוריכון** קדם ייי אלקכון באתרא DT 16:16
זימנין בשתא יתחמון כל **דכורך** קדם רבון עלמא ייי: עמי בני EX 23:17
בשתא יתחמיין כל **דכורך** קדם ריבון עלמיא ייי אלקא EX 34:23
לנכסת קודשיא קדם ייי **דכר** או נוקבא שלים יקרביניה: אין LV 3:6
ארום לית ליה ביר **דכר** אין לית אנן חשיבין כבר ואימן NU27:4
מן תורי הוא מקרב אין **דכר** אין נוקבא שלים יקרביניה: LV 3:1
וקריב ית דיכרא תניינא **דכר** אשלמותא דשלים בכולא LV 8:22
יוסף ית אחוהי **דכר** אתפרש מנהום הוה להום GN42:8
ית אימרא: אימר שלים **דכר** בר שתא יהי לכון מן אימריא EX 12:5
לרעוא לכון שלים **דכר** בתורי באימריא ובבני עזיא: כל LV 22:19
קדם בעלה ותתעבר בבר **דכר:** דא אחויית אוריית קינאתא NU 5:28
לכל עמיה למימר כל ביר **דכר** דאיתיליד ליהודאי בנהרא EX 1:22
עילוי מתברא אין ביר **דכר** הוא ותקטלון יתיה ואין ברתה EX 1:16
ארום אוף דין ליך בר **דכר:** והוה במיפק נפשא ארום מטת GN35:17
שנין ולעילא אין ביר **דכר** ויהי עילוייה חמיסר סילעין LV 27:7
חורן דלא סליק עלה **דכר** ולא אטרחא באבצן עיבידתא NU19:2
ומלי יתיה ביסרא ואדמא **דכר** ונוקבא בגוונהון ברא יתהון: GN 1:27
דליתא דכייא תרין **דכר** ונוקבא: ברם מן צפרי שמיא GN 7:2
בדיוקנא דייי עבידתיה: **דכר** ונוקבא ברנון ובריך יתהון GN 5:2
תרין עלו לנח לתיבותא **דכר** ונוקבא היכמא דפקיד ייי ית נח: GN 7:9
תיסב לך שובעא שובעא **דכר** ונוקבא ומן בעירא דליתא GN 7:2
דאיתברייו בגווני בני נשא **דכר** ונוקבא ועיינין פתיחן להון הוא EX 14:2
לתיבותא לקיימא עימך **דכר** ונוקבא יהון: מעופא ליזניה GN 6:19
שמיא שובעא שובעא **דכר** ונוקבא לקיימא מנהון זרעא על GN 7:3
דביה רוחא דחיי: ועליא **דכר** ונוקבא מן כל בישרא עלו GN 7:16
בריה למשה: וילידת ביר **דכר** וקרא שמיה גרשום ארום אמר EX 2:22
ארום תעדי ותיליד ביר **דכר** ותהי מסאבא שבעא יומין הי LV 12:2
קדם ייי תור בר תורי חד **דכר** חד אימרין בני שנא שובעא NU29:2
ברעוא תור חד בר תורי **דכר** חד אימרין בני שנא שובעא NU29:8
בר תורין בר תלת שנין **דכר** חד בר תרתין שנין אימר חד בר NU 7:21
בר תורין בר תלת שנין **דכר** חד בר תרתין שנין ואימר חד NU 7:15
תור חד קדם אלוק חד **דכר** חד לעמא יחידאיי אמרין בני NU29:36
שנין ויהי עלוייה דביר **דכר** חמש סילעין דכסף ודברתה LV 27:6
גבר ארום ימות וביר **דכר** לית ליה ותעברון ית אחסנתיה NU27:8
דעבדת בחורב וברם **דכר** לעלתא תיסב מן בגלל די ידכר LV 9:2
דייי: ויהי עילוייה דביר **דכר** מן בר עשרין שנין ועד בר שתין LV 27:3
ייי ית משה: וקרב ית **דכר** עלתא וסמכו אהרן ובנוי ית יד LV 8:18
שנין ויהי עלוייה דביר **דכר** עשרין סילעין ולנוקבא עשר LV 27:5
וית שקא דימינא ארום **דכר** קורבניא הוא: ועגול דלחים חד EX 29:22
לשמשא בקודשא: וית **דכר** קורבניא תיסב ותבשיל ית EX 29:31
קורבניה צפיר בר עיזי **דכר** שלים: ויסמוך בתוקפא יד LV 4:23
או מן בני עיזיא לעלתא **דכר** שלים יקרביניה: ויכוס יתיה LV 1:10
היא קרבניה מן תורי **דכר** שלים יקרביניה לתרע משכן LV 1:3
ויקביל חוביה: וייתי **דכר** שלים מן ענא בעילוייה LV 5:18
אשמיה ייתיה לקדם ייי **דכר** שלים מן ענא בעילוייה LV 5:25
קורבן אשמיה לקדם ייי **דכר** שלים מן ענא בעילוייה כסף הי LV 5:15
מה די תקרבון עם תורי **ודיכרי** ואימרי במניינהון כסדר דינא: NU29:24
מה דתקרבון עם תורי **ודיכרי** ואימרי במניינהון כסדר דינא: NU29:37
מה דתקרבון עם תורי **ודיכרי** ואימרי במנייניהון כסדר NU29:27

מה די תקרבון עם תורי **ודיכרי** ואימרי במנינהון כסדר NU 29:33
מה די תקרבון עם תורי **ודיכרי** ואמרי במניינהון כסדר דינא: NU 29:21
מה דתקרבון עם תורי **ודיכרי** ואמרי במניינהון כסדר דינא: NU 29:30
עשרין רחילי מאתן **ודיכרי** עשרין: גמלייא נוקבן עם GN 32:15
עם טוב פטימין **ודיכרין** בני דענין שמינין ממתנן DT 32:14
חד בר תורי דלא עירובין **ודיכרין** תרין שלמין: ולחם פטיר EX 29:1
תורי דלא עירובין תרין **ודכר** חד אימרין בני שנא שבעא NU 28:11
ייי תורין בני תורי תרין **ודכר** חד ושובעא אימרין בני שנא NU 28:19
עירובין לקרבן חטאתא **ודכר** חד לעלתא: ויקרב אהרן ית LV 16:5
ייי תורין בני תורין תרין **ודכר** חד שובעא אימרין בני שנא: NU 28:27
שתא שלמתא לחטאתא **ודכר** חד שלים לניכסת קודשיא: NU 6:14
עירובין לקרבן חטאתא **ודכר** לעלתא: כיתונא דבוץ מילת LV 16:3
ואסיק בלעם ובלק תור **ודכר** על אגורא: ואמר בלעם לבלק NU 23:2
שובעא אגורין ואסק תור **ודכר** על כל אגורא: ואמר לבלק NU 23:14
דאמר בלעם ואסיק תור **ודכר** על כל אגורא: וחמא בלעם NU 23:30
סדרית ואסיקית תור **ודכר** על כל אגורא: ושוי ייי פיתגמא NU 23:4
יתיה דהא שרה ילדה ביר **זכר** וחד אתא למשיזבא ית לוט GN 18:2
לתורא ותרין עשרונין **לדיכרא:** ועשרונא חד לאימרא חד NU 29:3
יהי לתורא ותלתות הינא **לדיכרא** ורבעות הינא לאימרא חמר NU 28:14
יתעבד לתורא חד או **לדיכרא** חד או לאימר בר אימרי או NU 15:11
פתיכא במשח זיתא **לדיכרא** חד: ועשרונא עשרונא NU 28:12
תורין תרין עשרונין **לדיכרא** חד לתרין דיכרין: ועשרונא NU 29:14
לתורא תרין עשרונין **לדיכרא** חד: עשרונא עישרונא NU 29:9
לתורא חד תרין עשרונין **לדיכרא** חד: עשרונא עשרונא NU 28:28
לתורא ותרין עשרונין **לדיכרא** תעבדון: עשרונא עשרונא NU 28:20
קודשא לאימר חד: או **לדיכרא** תעביד מנחתא תרין NU 15:6
ולדדייב ית דוביה **לדכר** או לנוקבא ולגבר די ישמש LV 15:33
היא אורייתא דילידתא **לידכר** או לנוקבא: ואין לא תשכח LV 12:7
דמסאב לטמי נפש דמית: **מדכורא** ועד נוקבא תפטרון למברא NU 5:3
קדם ייי: ותיסב ית חדיא **מדכר** קורבניא דלאהרן ותרים יתה EX 29:26
דאיתרם ודאיתפרש **מדכר** קורבניא מדי לאהרן ומידי EX 29:27

דכר (1)

שמעאן דארעא מתפלגא **לדוכרין** ורחיצו ברחמי מרי עלמא NU 27:1

דלג (1)

פרעה וקרא ית יוסף **ודלוגיה** מן בית אסירי וספר ושני GN 41:14

דלח (2)

שעבודא דמצראי ומן **דלוחי** גללי ימא דעברתון DT 25:18
דדלקא מוחיא ובחירהורי **דלוחי** צירחא דליבא ובשליפי DT 28:22

דלי (6)

דרעיא ולחוד מדול חד **דלה** לן ואשקי ית ענא: ואמר EX 2:19
ואתקנס דין קטול ולא **דלו** מיניה עד דחמי בחדוות בריה DT 32:50
דמדין שבע בנתא ואתא **ודלאה** ומלאה ית מורכיוותא EX 2:16
ועננ שמיא אזלין לפישון **ודליין** מתמן ית אבני בורלוות חלא EX 35:27
למכבא טוריא וגלימתא **ולמדלי** מישריא ובעמודא דאישתא NU 14:14
מן ידא דרעיא ולחוד **מדול** חד דלה לן ואשקי ית ענא: EX 2:19

דלק (18)

כל קבל אפי מנרתא **אדליק** בוצינהא היכמה דפקיד ייי NU 8:3
עם אהרן ותימר ליה בזמן **אדלקותך** ית בוציניא כל קבל NU 8:2
חקיל שלמא ישלים מאן **דאדליק** ית דליקתא: ארום יתן גבר EX 22:5
ובאישא דגרמיא **דדלקא** מוחיא ובחירהורי דלוחי DT 28:22
מיגו חשוכא וטוורא **דליק** באישא וקריבתון לוותי כל DT 5:23
בשיפולי טוורא וטוורא **דליק** באישתא ושלהוביה מטי עד DT 4:11
ונחתית מן טוורא וטוורא **דליק** באישתא ותרין לוחי קימא DT 9:15
ההוא דליקתא ארום **דליקת** בהון אישא מצלהבא מן NU 11:3
שמיה דאתרא ההוא **דליקתא** ארום דליקת בהון אישא NU 11:3
ישלים מאן דאדליק ית **דליקתא:** ארום יתן גבר לחבריה EX 22:5
יקידתא דתורתא ויסגי **דליקתא** לאפושי קיטמא: ויצבע NU 19:6
שידא דמשכנא דרומא: **ואדלק** בוציניא קדם ייי היכמא EX 40:25
ית בוציניא יקטירנה: **ובאדלקות** אהרן ית בוציניא ביני EX 30:8
ית בוציניה שבעא **ודליק** כהנא דמתמני ית בוצינהא EX 25:37
קדם ייי ותקיף רוגזיה **ודליקת** בהון אישא מצלהבא מן NU 11:1
חכמתא דמתילין לנהורי **ותדלק** ית בוצינהא שובעא כל קבל EX 40:4
דכיא כתישא לאנהורי **לאדלקא** בוציניא תדירא: במשכן EX 27:20
זיתא זכיך כתיש לאנהרא **לאדלקא** בוצינייא תדירא ביומא LV 24:2

דם (192)

ואמרת מה חביב הוא **אדם** גוזרתא הדין דשיזב ית חתנא EX 4:26
וחמוי עכיב עלוי וכדון **אדם** גוזרתא הדין יכפר על חתנא EX 4:25
בה אילהן בשדיות **אדם** דמן דשדייה: ולא תסאבון ית NU 35:33
תגרמון לאסתקפא חובת **אדם** דקטול בביתך דילמא יפול דין DT 22:8
וגילוי עריתא ושדיות **אדם** זכאי: ארום יהי בך גבר דלא יהי DT 23:10
תלת איליין: ולא אתשד **אדם** זכאי בארעכון דייי אלקכון DT 19:10
ייי ולא תשווי חובת **אדם** זכאי בגו עמך ישראל וגלי מן DT 21:8
למקטל בר נש למשדי **אדם** זכאי הוון עניין כולהון כחדא DT 27:25
ויטרינני משפיכות **אדם** זכאי ופולחנא נוכרא וגילויי GN 28:20

לית ליה חובת שפיכות **אדם** זכאיי: אין בריר פיתגמא EX 22:1
ההוא ותהי ליה כאילו **אדם** זכאיי אשד וישתצי בר נשא LV 17:4
להום ראובן לא תשדון **אדם** זכאיי טלוקו יתיה לגובא הדין GN 37:22
וקטליה חובת שפיכות **אדם** זכאיי עלוי ואין אישתיזיב מן EX 22:2
עירייתא ובשדיות **אדם** זכיא והוה בידיה לבטולתהון NU 35:25
גילוי עריין ושדיות **אדם** זכיי ושנוי נקיין מן חלבא דלא GN 49:12
ית עלתא: ויסב כהנא מן **אדם** חטאתא באדבעיה ויתן על LV 4:34
על קרנוי חדא בשתא מן **אדם** חטאתא דכיפוריא חדא זימנא EX 30:10
רישיה מן קדליה: וידי מן **אדם** חטאתא על כותל מדבחא LV 5:9
הוא ואמרית לבני ישראל **אדם** כל בישרא לא תיכלון ארום LV 17:14
מותבניכון כל תריב וכל **אדם** לא תיכלון ברם על גבי LV 3:17
כל בר נש דייכול כל **אדם** מן כל דחי וישתיצי בר נשא LV 7:27
סמוק בתרין חולקין דמוי **אדם** מסאב הוי דובא בבישרא LV 15:19
ושוי במזירקיא ופלגות **אדם** ניכסא דרק על מדבחא: ונסיב EX 24:6
על אדם נפשתיכון ארום **אדם** ניכסא הוא על חובי נפשא LV 17:11
תורין: ונסיב משה פלגות **אדם** ניכסא ושוי במזירקיא ופלגות EX 24:6
לכון לגזירתא דתיתינון **אדם** ניכסא על מדבחא מטול LV 17:11
מצראי ארום אנא ייי: ויהי **אדם** ניכסת פיסחא וגזירת EX 12:13
עד דחמיע בבתיכון **אדם** ניכסת פיסחי ולא יבית בר מן EX 23:18
קדם ייי לכהנא דזריק ית **אדם** ניכסת קודשיא דיליה יהי: LV 7:14
קודשיכון: מאן דמקרב ית **אדם** נכסת קודשיא וית תריב מן LV 7:33
מטול למכפרא על **אדם** נפשתיכון ארום אדם ניכסא LV 17:11
מנכון פיתגמא לדינא ביני **אדם** סאוב לאדם דכי וביני דיני DT 17:8
ובזי ית עריתא וית מבוע **אדם** סובתא בזי והיא בזיית ית LV 20:18
ארום תהי דייבא **אדם** סמוק ואוכם ומוריק הי כגון LV 15:19
עמיה בית ישראל ארום **אדם** עבדוי דאשתדי הוא פרע ונטר DT 32:43
דשוי ממלל פומא בפום **אדם** קדמאי או מאן שוי אילימא EX 4:11
בישיא: אירוי גירדי מן **אדם** קטיליהון וסייפי תגמר DT 32:42
קדמוי מסמק טווריא מן **אדם** קטיליהון לבושוי מעגעגין GN 49:11
וכד תתמלי נפשי מן **אדם** קטיליהון מן בתר כדין אשלוף EX 15:9
קדם ייי קדם משכנא דייי **אדם** קטל יתחשב לגברא ההוא LV 17:4
על עמא ואמר הא דין **אדם** קיימא דיגזר ייי עימכון על כל EX 24:8
אתר דיהב מן שירויא **אדם** קרבן אשמא: ומה דמשתייר מן LV 14:17
על אתר דיהב מן שירויא **אדם** קרבן אשמא: ומה דמשתייר מן LV 14:28
למסהד עלוי יקטול תבע **אדמא** או בי דינא ית קטולא וסהיד NU 35:30
מטול דלא למיכול **אדמא** ארום אדמא הוא קיוום DT 12:23
באדם תורא וית מותר **אדמא** אריק ליסודא דמדבחא LV 8:15
קרנת מדבחא וית שאר **אדמא** אריק ליסודא דמדבחא LV 9:9
דעלתא: ויסב כהנא מן **אדמא** באדבעיה ויתן על קרנת LV 4:30
ידי שבע זימנין מן **אדמא** באדבעיה ימינא: ויכוס ית LV 16:14
חזור חזור: וידי עלוי מן **אדמא** באדבעיה ימינא שבע זימנין LV 16:19
אדמא במניא וידרקון ית **אדמא** במיזרקיא על מדבחא חזור LV 1:5
בני אהרן כהנא ית **אדמא** במניא וידרקון ית אדמא LV 1:5
וייחי: דילמא ירדוף תבע **אדמא** בתר קטולא ארום ירתח DT 19:6
הוא: ויסב כהנא מן **אדמא** דאשמא ויתין כהנא על LV 14:14
דאשמא ויסב כהנא מן **אדמא** דאשמא ויתין על גדירא LV 14:25
קייום נפשא לא תיכלון **אדמא** דביה קייום נפשא עם DT 12:23
מלבר ולתרין סיפייא מן **אדמא** דבמן פחרא ואתון לא תפקון EX 12:22
הוא: ויסב כהנא מן **אדמא** דחטאתא באצבעיה ויתן על LV 4:25
קורבנכון על שפיכות **אדמא** די בידיכון ויתכפר לכון קדם EX 32:29
ית מצראי ויחמי ית **אדמא** דעל אסקופא ועל תרתין EX 12:23
ממשחא דרבותא ומן **אדמא** דעל מדבחא ואדי על אהרן LV 8:30
חזור חזור: ותיסב מן **אדמא** דעל מדבחא וממשחא EX 29:21
ממונא דעמא ויעיל ית **אדמא** דצפירא מלגיו לפרגודא LV 16:15
למיכוס פיסחא ולמיזרוק **אדמא** דקרבנא דייי על מדבחא NU 9:7
קדם ייי: ויסב מן **אדמא** דתורא וידי באדבעיה ימינא LV 16:14
ייי דבמשכן זימנא וית כל **אדמא** דתורא ישוד לישודא LV 4:7
ייי: ויעיל כהנא רבא מן **אדמא** דתורא למשכן זימנא: ויטמש LV 4:16
ופטרניה מן דשדא ית **אדמא** הדין ועיננא לא חמון: כהניא DT 21:7
איתקטל קטולא: תבע **אדמא** הוא יקטול ית קטולא כד NU 35:19
דלא למיכול אדמא ארום **אדמא** הוא קייום נפשא לא תיכלון DT 12:23
תמן ואחמי ית זכות **אדמא** ואיחוס עליכון ולא ישלוט EX 12:13
נשא ההוא די יכול כל **אדמא** ואשצי יתיה מגו עמיה: ארום LV 17:10
ביניהון די ייכול כל **אדמא** ואתן פנוייתא למעסוק בבר LV 17:10
בזימנא קמאה אטיפת **אדמא** ובזימנא תניינא נפקו מיין NU 20:11
למיתב ביניכון לא ייכלון **אדמא:** וגבר טלי או גבר סיב מבית LV 17:12
בר נשא מנכון לא ייכול **אדמא** וגייורייא דמתגיירין למיתב LV 17:12
ואקריבו בני אהרן ליה ית **אדמא** ודרקיה על מדבחא חזור LV 9:12
ית תורא ונסב משה ית **אדמא** ויהב על קרנת מדבחא חזור LV 8:15
ויטמש כהנא אצבעיה מן **אדמא** ויידי מיניה שבע זימנין קדם LV 4:17
ית קטולא מן יד תבע **אדמא** ויתיבון יתיה לקורייתא NU 35:25
ביני שימשתא: ויסבון מן **אדמא** ויתנון על תרין סיפייא EX 12:7
וימסרון יתיה ביד תבע **אדמא** ויתקטיל: ולא תיחוס עינכון DT 19:12
למיקלט קטולא מן תבע **אדמא** ולא ימות קטולא עד דיקום NU 35:12

דבוצא למכפרא על שידי **אדמא** זכאה ותעביד מצנפתא EX 28:39
פולחנא נוכראה שפך **אדמא** זכיא ועל על עולימתא GN 25:29
ואינתתא ארום ידוב דוב **אדמא** יומין תלתא בלא אשוני LV 15:25
ייי דבמשכן זימנא וית כל **אדמא** ישוד ליסודא דמדבח עלתא LV 4:18
מדבחא דעלתא וית כל **אדמא** ישוד ליסודא דמדבחא: וית LV 4:30
מדבחא דעלתא וית כל **אדמא** ישוד ליסודא דמדבחא: וית LV 4:34
דקלטיה ויקטול תבע **אדמא** ית קטולא לית ליה סידרין NU 35:27
קדם ייי קדם פרגודא: ומן **אדמא** יתן על קרנת מדבחא דקדם LV 4:18
וקריבו בני אהרן ית **אדמא** לוותיה וטבל אדבעיה באדם LV 9:9
ואקריבו בני אהרן ית **אדמא** ליה ודרקיה על מדבחא חזור LV 9:18
לתמן: וישכח יתיה תבע **אדמא** מברא לתחום קרתא NU 35:27
בני אהרן ויהב משה מן **אדמא** על גדירא מיצעא דאודניהון LV 8:24
ייי יתהון: ויזרוק כהנא ית **אדמא** על מדבחא דייי בתרע משכן LV 17:6
בני אהרן כהניא ית **אדמא** על מדבחא חזור חזור: ויקריב LV 3:2
ודרק משה ית כל מותר **אדמא** על מדבחא חזור חזור: ונסיב LV 8:24
בין מחיא ובין תבע **אדמא** על סדר דיניא האילין: NU 35:24
דקודשא: ויתן כהנא מן **אדמא** על קרנת מדבחא דקטרת LV 4:7
קטולא הוא תבע **אדמא** קטול ית קטולא כד אתחייב NU 35:21
אצבעיה באדמא ויידי מן **אדמא** שבע זימנין קדם ייי קבל LV 4:6
וכל חטאתא דאיתעל מן **אדמה** למשכן זימנא מטול לכפרא LV 6:23
בבשרה יתקדש ודיידי מן **אדמה** על לבושא דיידי עלה LV 6:20
ית דיכרא ודרק משה ית **אדמה** על מדבחא חזור חזור: וית LV 8:19
דימינא ותדרוק ית מותר **אדמה** על מדבחא חזור חזור: ותיסב EX 29:20
מושכה וית בישרה וית **אדמה** על ריעייה יוקד: ויסב כהין NU 19:5
בזי והיא בזיית ית מבוע **אדמהא** וישתיצון תרויהון במותנא LV 20:18
נס תריסיראי דאתקריש **אדמהון** ולא נפל עילוייה כיוון NU 25:8
דחטאתא דאיתעל מן **אדמהון** לכפרא בקודשא יתפקון LV 16:27
ייי: הא לא איתעל מן **אדמון** לות קודשא גוואה מיכל LV 10:18
ולא קבלתון מיני ואוף **אדמי** הא מתבעי מינן: ואינון לא הוו GN 42:22
ויסב אלעזר בכיהוניא מן **אדמיה** באדבע יד ימיניה ולא NU 19:4
בני אהרן כהניא ית **אדמיה** במזירקא על מדבחא חזור LV 1:11
למיכל וישוד ית **אדמיה** בניכסתא ואין לא LV 17:13
קיום נפש כל בישרא **אדמיה** בנפשיה הוא ואמרית לבני LV 17:14
קיום נפש כל בישרא **אדמיה** הוא כל מן דייכליניה LV 17:14
ית דיכרא ונסיב משה מן **אדמיה** ויהב על חסחוס אודנא LV 8:23
ית דיכרא ותיסב ית **אדמיה** ותדרוק על מדבחא חזור EX 29:16
ית דיכרא ותיסב מן **אדמיה** ותיתן על חסחוס אודנא EX 29:20
יכסון ית אשמא וית **אדמיה** ידרוק על מדבחא חזור חזור: LV 7:2
מדבחא דעלתא וית **אדמיה** ישוד ליסודא דמדבחא LV 4:25
כבשר טביא ואילא: לחוד **אדמיה** לא תיכלון על ארעא DT 15:23
ויסיק למדבחא ויתמציה **אדמיה** על כותל מדבחא: ויעדיה ית LV 1:15
וידרקון בני אהרן ית **אדמיה** על מדבחא חזור חזור: ויקרב LV 3:8
וידרקון בני אהרן ית **אדמיה** על מדבחא חזור חזור: ויקרב LV 3:13
מטול דקודשא הינון וית **אדמתהון** תדרוק על מדבחא וית NU 18:17
אסגא אסגי סיגופיך **באדם** בתולין ועידוייך בי צער GN 3:16
דצפירא היכמא דכפר **באדם** עיגלא דחטאתא דיליה LV 9:15
לוותיה וטבל אדבעיה **באדם** תורא ויהב על קרנת מדבחא LV 9:9
צבו מטול כן דכי יתיה **באדם** תורא וית מותר אדמא אריק LV 8:15
חייתא ויטמוש יתיה **באדמא** דציפורא נכיסתא ובמי LV 14:51
יתהון וית ציפרא חייתא **באדמא** דציפרא דנכיסא ובמי מבוע: LV 14:6
זימנין: וידכי ית ביתא **באדמא** דציפרא חייתא ובקיסא LV 14:52
קיום נפש כל בישרא **באדמא** הוא ואנא יהבתיה לכון LV 17:11
דטביא וכאילה: לחוד **באדמא** הוו זהירין דלא תיכלוניה DT 12:16
ויטמש כהנא ית אצבעיה **באדמא** ויידי מן אדמא שבע זימנין LV 4:6
לא אלקי ית מיא לא **באדמא** ולא בעורדענייא מן בגלל EX 8:2
כותל מדבחא ודאשתייר **באדמא** יתמצי ליסודא דמדבחא LV 5:9
לבושוי מעגעגין **באדמא** מדמי לעצור דעינבין: מה GN 49:11
היא: כהנא די מכפר **באדמה** ייכלינה באתר קדיש LV 6:19
די לעמא ונכסיה וכפר **באדמיה** דצפירא היכמא דכפר LV 9:15
נקטליניה דלא נתחייב **באדמיה**: ואמר להום ראובן לא GN 37:21
דבני ישראל בגין למיסחי **באדמיהון** ואתאנחו בני ישראל מן EX 2:23
איסרת איזובא ותטמשון **בדמא** דבמן פחרא ותדון לאסקופא EX 12:22
מבשר כל ניכסתא עד **דאדמא** קיים במזרקיא לא תהוון LV 19:26
לארנון: ושפכות נחליא **דאדמהון** הוה נגיד עד מותבות NU 21:15
בזמן דמידכן מן סואבות **דימהון**: ועבד ית דרתא לרוח עיבר EX 38:8
לא תיכלון: וברם ית **דימכון** לנפשתיכון אתבוע מן ידא GN 9:5
ולארעא לא מתכפר על **דם** זכאי דאישתדי בה אילהן NU 35:33
ארעא דאתון בה ארום **דם** זכאי דלא מתפרע הוא יטנף ית NU 35:33
עינכון עלוי ותפלון שדיי **דם** זכאי מישראל וייטב לכון: לא DT 19:13
בית ישראל תפלון משדי **דם** זכאיי מביניכון ארום תעבדון DT 21:9
מימיהון ויהון דמא ויהי **דמא** בכל ארע דמצרים ובמני אעא EX 7:19
מוי מן נהרא והות מחת **דמא** בכל ארעא דמצרים: ועבדו EX 7:21
מיד גבר דישוד ית **דמא** דאחוי אתבוע ית נפשא GN 9:5
ית נפשא דאינשא: דישוד **דמא** דאינשא בסהדין דיינייא GN 9:6
ונסיב משה ית פלגות **דמא** דבמזירקיא ודרק על מדבחא EX 24:8
כנישות מימיהון ויהון **דמא** ויהי דמא בכל ארע דמצרים EX 7:19
קטליה ויתכפר להון על **דמא** ומן יד נפקין נחיל דמורנין מיגו DT 21:8
מדבחא באדבעך וית כל **דמא** תשוד ליסודא דמדבחא: EX 29:12
כהנא ותידכי מבוע תרין **דמהא** דא היא אורייתא דילידתא LV 12:7
יומין רציפין תהי כל **דמהא** דכיין ברם בכל קודשיא לא LV 12:4
יומין רציפין תהי כל **דמהא** דכיין: ובמשלם יומי דכיתא LV 12:5
ית פומא וקבילת ית **דמי** דאחוך מן ידך: ארום תיפלח ית GN 4:11
אנא: ואמר מה עבדת קל **דמי** קטילת אחוך דאיתבלעו GN 4:10
ית אחונא ונכסי על **דמיה**: איתו ונזבניניה לערבאין וידנא GN 37:26
היכמא דיתבע מינה **דמיה** דהבל מן יד ארכינת יד ימינך EX 15:12
לכון: ודין לכון דמסאב **דמיה** ומשכיה ובישריה בריחשא LV 11:29
יפרקיניה ויוסיף חומש **דמיה** על עלוייה: וגבר ארום יקדש LV 27:13
על מדבחא דייי אלקך **ואדם** שאר נכסת קודשך ישתפיך DT 12:27
מושכא ומלי יתיה בישרא **ואדמא** דכר ונוקבא בגוונהון ברא GN 1:27
כהילכתא עלוותך בישרא **ואדמא** על מדבחא דייי אלקך DT 12:27
וקריבו דין לדין ומיתן **ואדמהון** הוה נגיד בנחליא סמיך NU 21:14
דיקרב בהון ובמושכיהון **ובאדמהון** יהי מסאב עד רמשא: וכל LV 11:31
בר תשעה ירחין בגושמיה **ובדמיה** דימות ולא ידי עלוי ית NU 19:13
בר ירחין לגושמיה **ובדמיה** יהי מסאב שובעא יומין: NU 19:11
ואמר ליה לבן ברם קריבי **ודמי** לי אנת ויתב עימיה ירח יומין: GN 29:14
ויסב מאדמא דתורא **ומאדמא** דצפירא כד הינון מערבין LV 16:18
לדינא ביני אדם סאוב **לאדם** דכי וביני דיני נפשתא לדיני DT 17:8
לאדמיה היכמא דעבד **לאדמא** דתורא וידי יתיה על LV 16:15
והפיכו מן מיא דגושן **לאדמא** ואיתקף יצרא דליבא EX 7:22
כל מוי דבנהרא **לאדמא**: ונוני די בנהרא מיתו וסרי EX 7:20
מוי די בנהרא ויתהפכון **לאדמא**: ונוני דיבנהרא ימותון ויסרי EX 7:17
מלגיו לפרגודא ויעביד **לאדמיה** היכמא דעבד לאדמא LV 16:15
מוי דתיסב מן נהרא ויהון **לדמא** ביבשתא: ואמר משה קדם ייי EX 4:9
באשתעות מיליא ויסב **מאדמא** דתורא ומאדמא דצפירא LV 16:18
משכן זימנא: ותיסב **מאדמא** דתורא ותיתן על קרנת EX 29:12
כל קבל אפי משכן זימנא **מאדמה** בטיבולא חדא שבע זימנין: NU 19:4
וחלזונא יאחדון ויצבעון **מאדמיה** תיכלא לחוטי גולייתהון DT 33:19
וסייפי תגמר בישריהון **מדם** קטילין ושיבין משירוי DT 32:42
רבא דמתרבי במשחא **מדמא** דתורא ויהנעל יתיה למשכן LV 4:5

דמי (97)

וקטרת בוסמין דתעבד **בדמוייה** לא תעבדון לכון קודשא EX 30:37
ואתכתש מלאכא עימיה **בדמות** גבר ואמר הלא אמרת GN 32:25
לשכם: ואשכחיה גבריאל **בדמות** גברא והא טעי בחקלא GN 37:15
והא תלתא מלאכין **בדמות** גוברין וקיימין קומוי GN 18:2
מה דמשלם ויזדבן ליה **בדמי** גניבותיה ועד שתא EX 22:2
ואין לא מתפרק ויזדבן **בדמי** עלוייה: ברם כל אפרשא די LV 27:27
מרי אומנוון ומן בתר כדין **בדמין** זולין כעבדין ואימהן עד DT 28:68
בשירויא לבעלי דבביכון **בדמין** יקירין היך מרי אומנוון ומן DT 28:68
ישלים וית חומשיא **דדמוי** יוסיף עלוי ויתין יתיה לכהנא LV 5:16
שנין ואולד ית שת **דדמי** לאיקוניה ולדמותיה ארום מן GN 5:3
בגין דתינדע ארום לית **דדמי** לי בכל ארעא: ארום כדון EX 9:14
נבייא מביניכון מן אחוכון **דדמי** לי ברוח קודשא יקים לכון ייי DT 18:15
אדם ובתר כן אוליד ית **דדמי** ליה וקרת ית שמיה שת: והוו GN 5:3
וילידת שרה לאברהם בר **דדמי** ליה לסיבתוי לזימנא דמליל GN 21:2
בזקתא וסול וסירתא וכל **דדמי** לנירא: ותיתנון יתה לאלעזר NU 19:2
מתמן תרין מלאכיא **דדמיין** לגובריא ואזלו לסדום GN 18:22
ארום לא חמיתון כל **דמו** ביומא דמליל ייי עימכון מיגו DT 4:15
לכון צלם וצורה וכל **דמו** דבשמיא מלעיל ודי בארעא EX 20:4
לא תעבדון לכון צלם וכל **דמו** דבשמיא מלעיל ודי בארעא DT 5:8
לכון צלם דמו דכל טעו **דמו** דדכר או דנוקבא: דמו דכל DT 4:16
דמו דדכר או דנוקבא: **דמו** דכל בעירא דבארעא דמו דכל DT 4:17
ותעבדון לכון צלם **דמו** דכל טעו דמו דדכר או דנוקבא: DT 4:16
דמו דכל ריחשא דבארע **דמו** דכל נוני דבמיא מלרע לארעא: DT 4:18
דמו דכל בעירא דבארעא **דמו** דכל ציפר גפא דפרחא באויר DT 4:17
באויר רקיע שמיא: **דמו** דכל ריחשא דבארע דמו דכל DT 4:18
לכון צלם וצורה וכל **דמו** וכדון עבדו לכון עיגל מתכו EX 32:8
לכון צלם וצורה וכל **דמו** ולסוף ארבעין יומין עבדו עיגל EX 32:19
יעבד צלם וצורה וכל **דמו** מה דמרחק קדם ייי עובד ידי DT 27:15
דיעבד צלם וצורה וכל **דמו** מה דמרחק קדם ייי עובד ידי DT 27:15
גבר ממעשריה חומש **דמוי** יוסיף עלוי: וכל מעשרא דתורי LV 27:31
חובתיה ברישיה וחומש **דמוי** יוסף עלוי ויתן קרנא וחומשא NU 5:7
יתיה ברישיה וחומש **דמוי** יוסף עלוי למריה דהוא דיליה LV 5:24
בעילוייה ויוסיף חומש **דמוי** עלוי ואין לא מתפרק ויזדבן LV 27:27
בשלו ויוסיף חומש **דמוי** עלוי ויתן לכהנא ית קודשא: LV 22:14
שמיא ומתרעמין דמנא **דמוייה** כזרע כוסבר חיור כד נחית NU 11:7
ותעבדון לכון צלם **דמות** כולא דפקדינכון ייי אלקכון DT 4:23
ותעבדון לכון צלם **דמות** כולא ותעבדון דביש קדם ייי DT 4:25
סטנא בגויה ונפק מיניה **דמות** עיגלא הדין: וחמא משה ית EX 32:24

דשכם דהוה צייר בהון **דמות** פיסליה וטמר יתהום יעקב GN 35:4
לא תעבדון למסגוד **דמות** שימשא וסיהרא וכוכביא EX 23:23
לאבוהא דעולימתא **דמי** בהתה חמשין סלעין דכסף DT 22:29
יגששינני אבא ואיהי **דמי** בעינוי הי כמגחך ביה ואייתי GN 27:12
דמי פודעא חולף פודעא **דמי** הלכשוש חולף הלכשוש: וארום EX 21:25
קביל מיני איתין כספא **דמי** חקלא סב מיני ואקבור ית GN 23:13
נישתי אנא ובעיריי ואיתן **דמי** טימהון לחוד לית פיתגם דביש NU 20:19
דמי שינא חולף שינא **דמי** ידא חולף ידא דמי ריגלא חולף EX 21:24
דמי שינא חולף שינא **דמי** ידא חולף ידא דמי ריגלא חולף DT 19:21
עלמא: נפתלי עזגד קליל **דמי** לאיילא דרהיט על שיני טוריא GN 49:21
ית קין דלא מיניה ולא **דמי** ליה והבל איתקטל על ידוי GN 5:3
ויפלגון ית דמיה ואוף ית **דמי** מותא יפלגון: אין אישתמודע EX 21:35
חולף נפשא דאיתתא: **דמי** עינא חולף עינא דמי שינא EX 21:24
דמי תברא חולף תברא **דמי** עינא חולף עינא דמי שינא LV 24:20
נפשא חלופי נפשא **דמי** עינא חולף עינא דמי שינא DT 19:21
ליה כהנא ית סכום **דמי** עלוייה עד שתא דיובלא ויתן LV 27:23
צער מחרוך חולף מחרוך **דמי** פודעא חולף פודעא דמי EX 21:25
דמי ריגלא חולף ריגלא: **דמי** צער מחרוך חולף מחרוך דמי EX 21:25
שינא דמי ידא חולף ידא **דמי** ריגלא חולף ריגלא: ארום DT 19:21
שינא דמי ידא חולף ידא **דמי** ריגלא חולף ריגלא: דמי צער EX 21:24
דמי עינא חולף עינא **דמי** שינא חולף שינא דמי ידא EX 21:24
דמי עיוא חולף עינא **דמי** שינא חולף שינא דמי ידא DT 19:21
דמי עינא חולף עינא **דמי** שינא חולף שינא היכמא דיתן LV 24:20
דעבד היכדין יתעביד ליה: **דמי** תברא חולף תברא דמי עינא LV 24:20
ישלם כסף יתיב למריה **דמי** תוריה וחמריה ונבילתא יהי EX 21:34
בליביה ואמר דילמא **דמיא** מסוקתא דא למסוקתא DT 32:49
ית תורא חייא ויפלגון ית **דמיה** ואוף ית דמי מותא יפלגון: אין EX 21:35
הי כקמצין והכדין הוינא **דמיין** באנפי נפשהון: וארימת כל NU 13:33
בגין רחל שב שנין והוו **דמיין** בעינוי כיומין קלילין מדרחים GN 29:20
בנוי ארום איקונין דיוסף **דמיין** לאיקונין דיליה ועבד ליה GN 37:3
עובדיהון דעמא האילין **דמיין** לעובדי עמא דסדום ועצתהון DT 32:32
נש אמר ומכדב ואוף לא **דמיין** עובדוי לעובדי בני ביסרא NU 23:19
דאינשא לא יתמרק **ובדמוייה** לא תעבדון כוותיה EX 30:32
מתגלינה ליה באסנא **ודמו** דבתר שכינתי חזי ומא דין לא NU 12:8
קל דבורא אתון שמעין **ודמו** לא חמיתון אלהן קל ממלל: DT 4:12
בגין כן חמית סבר אפך **ודמי** לי הי כמיחמי אפי מלאכא GN 33:10
קדמיהון ואינון יתבין **ודמי** ליה כאילו אכלין: ואמר ליה GN 18:8
ופטירי אפא להום **ודמי** ליה כאילו אכלין: עד דלא GN 19:3
דחלתהון על כתפיהון **ודמיין** קריבין להון והינון רחיקין DT 4:7
ית שת דדמי לאיקוניה **ולדמותיה** ארום מן קדמת דנא GN 5:3
מן ענא בעילוייה כסף הי **כדמי** הניית קודשא דאיתהני LV 5:15
ליהודה וכהונתא ללוי: **מדימנא** לך לגינא קלילא דעלון GN 49:4
למשאל בשלמך בני אבוך: **מדמי** אנא לך יהודה ברי לגור בר GN 49:9
דריבונתך ובעובדא דאחך **מדמי** אנא לך לגופן שתילא על GN 49:22
דייי ואמר שיבטא דדן **מדמי** לגור בר אריוון ארעיא שתיא DT 33:22
דיתבחר ויקום מדבית דן **מדמי** לחורמנא דרביע על פרשת GN 49:17
אכסניא באורחא דהוא **מדמי** לסמיא הוון עניין כולהון DT 27:18
לבושוי מעגעגין באדמא **מדמי** לעצור דעינבין: מה יאיין הינון GN 49:11
ייי סיגופיך: ואיהוא יהוי **מדמי** לערוד בבני נשא ידויי GN 16:12
יהי זכאי מדין קטול ואוף **מדמי** עבדא ואמהו: ואין תור נגשן EX 21:28
ליה אחוהי הלממלך אנת **מדמי** עלנא אין למישלט את סביר GN 37:8
באהילא כמיתא דהיא **מדמיא** לוולדא דאישלם במעי NU 12:12
וחמיה יהודה והוה **מדמיה** באנפוי כנפקת ברא ארום GN 38:15
אבהתן למימר אתון **מדמיין** לאילנין שתילין על NU 21:34
דהוה איקונין דיצחק **מדמיין** לאיקונין דאברהם הוון בני GN 25:19
מתמן מלאכייא דהוו **מדמיין** לגברייא דין דבשר ית שרה GN 18:16
וכדון חזרון דינייך למיהוי **מדמיין** לדינוי דפרעה: רבוני שאיל GN 44:18
פסג: ונחתו אומיא הינון **מדמיין** לעופא מסאבא למיבוז GN 15:11
אהרן מדבחא בקרנוי **מידמי** לעיגלא איסתפי למיקרב LV 9:7

דמיין (1)

מגניסת גיבריא והווינא **דמיין** באנפי נפשנא הי כקמצין NU 13:33

דמך (19)

תבאש עינא בבעיל **דדמיך** בעובה ובברתה: ובשפיר DT 28:56
ברך או ברתך או איתתך **דדמכא** בעבך או חברך דחביב עלך DT 13:7
עייניה באחוי ובאיתתא **דדמכא** בעוביה ובשייר בנוי דישייר: DT 28:54
לא תקין די יהי אדם **דמיך** בלחודיה אעביד ליה איתא GN 2:18
כאריא וכליתא דכד **דמיך** מאן יקמיניה מברכיהון יהון NU 24:9
בהון בקשייו: ואמר פרעה **דמך** הוה חמי בחילמיה והא כל EX 1:15
מגזתא במדברא אתר **דמכוון** על אנפי מואב ממדנח NU 21:11
בטור בית מוקדשך אתר **דמכוון** קביל כרסי יקרך מוזמן קבל EX 15:17
וכליתא מתנטלין לא **דמכין** הינון עד דיקטלון קטול רב NU 23:24
ויעלון בביתך ובקיטון בי **דמכך** ועילוי דרגשך ובבית עבדך EX 7:28
על בתיא דייכלון יתיה **ודדמכין** בהון: ויכלון ית בישרא EX 12:7
ואיתער פרעה מדמכיה: **ודמוך** וחמא חלמא תניינות והא GN 41:5

פרזלא מי מצותא אבל **ודמוכה** סמיך לגיניסר כרך NU 34:11
עמיקתא עילוי אדם **ודמך** ונסיב חדא מעילעוהי היא GN 2:21
דישראל בגו קיטוני **מדמיכיהון** איגרי בהון חרגת מותא DT 32:25
למבכי ועל לקיטונא דבי **מדמכא** ובכא תמן: ושזג אפוי מן GN 43:30
גבר ומתפרש מן ביה **מדמכיה** דאבוהי ודאימי ויתחבר GN 2:24
לך: ואיתער יעקב **מדמכיה** ואמר בקושטא אית יקר GN 28:16
ופטימתא ואיתער פרעה **מדמכיה**: ודמוך וחמא חלמא GN 41:4

דמם (1)

ושקעו במצולתיה דימא **אידמון** הי כאבניא: ימינך ייי מה EX 15:5

דמע (1)

ובכא תמן: ושזג אפוי מן **דמעין** ונפק ואזדרז ואמר שוו לחמא: GN 43:31

דמע (1)

דילמא תתחייב יקידתא **דימעת** זרעא דתזרעון ועללת DT 22:9

דן (1117)

מכל איליין ארום בכל **איליין** איסתאבו עממיא דאנא LV 18:24
ואמרין אמן פיתגמיא **איליין** איתאמרו בסיני ואתנייו DT 27:26
לא תסתאבון בחדא מכל **איליין** ארום בכל איליין איסתאבו LV 18:24
ית קרבן אלקכון מכל **איליין** ארום חיבולהון בהון מומא LV 22:25
אומיא ומלכיא ומגרי **איליין** באיליין: וציען יצטרחן במני NU 24:23
בגלל לשוואה אתוותיי **איליין** ביניהון: ומן בגלל דתתני EX 10:1
ארד לנעמן גניסת נעמן: **איליין** בנוי דבנימן לגניסתהון NU 26:41
אדמא וצבויים עד קלרהי: **איליין** בנוי דחם לזרעית יחוסיהון GN 10:20
ותרין אלפין וחמש מאה **איליין** בנוי דיוסף לגניסתהון: בנוי NU 26:37
היכמה דאיתפקד: והוון **איליין** בני לוי בשמהתהון גרשון NU 3:17
קהת למררי גניסת מררי: **איליין** גניסת ליוואי גניסת ליבני NU 26:58
משכני גובריא חייבייא **איליין** דאתחייבו קטול מן NU 16:26
ואמסור יתך ביד בני נשא **איליין** דהוו תבעין ית נפשך למיסב EX 10:28
עיגל מתכא ואמרו **איליין** דחלתך ישראל דהנפקוך EX 32:4
קטול בעלי דבבוי **איליין** דכפרין במריהון ופרגו איקר EX 32:5
פדהאל בר עמיהוד: **איליין** דפקד ייי לאחסנא ית בני NU 34:29
גניסת לבני וגניסת שמעי **איליין** הינון גניסת גרשון: סכומהון NU 3:21
דמחלי וגניסתא דמושי **איליין** הינון גניסת מררי: סכומהון NU 3:33
דחברון וגניסתא דעזיאל **איליין** הינון גניסת קהת: במניין כל NU 3:27
יתהון מארעי קדיש **איליין** הינון זמן סידורי מועדיי: LV 23:2
ייחוב בחדא מארבעתי **איליין** ובתר כן תהא ויודי חובתא LV 5:5
תב ואתחייב לחדא מן **איליין**: ויהי ארום ייחוב בחדא LV 5:4
שנייא טבתא דאתיין **איליין** ויצברון עיבורא תחות יד GN 41:35
תוב תלת קירוין על תלת **איליין**: ולא אתשד אדם זכאי DT 19:9
בה כל בני נשא ימותון **איליין** וסכמות כל אינשא יסתכם NU 16:29
פולחנא לא תעבדון: **איליין** זימני סידרי מועדייא דייי LV 23:37
עלמא אפשר דמטול **איליין** ימותון עשרין וארבע אלפין NU 25:8
פסוליא ומטעיא בזנו ית **איליין** לא יסב אילהן בתולתא LV 21:14
בני גללייא עניין ואמרין **איליין** לאיליין איתו ניתן כליל EX 15:18
וקרא לה נבח על שמיה: **איליין** מטלני בני ישראל די נפקו NU 33:1
נפתלי אחירע בר עינן: **איליין** מטלני בני ישראל לחיליהון NU 10:28
שיקצא הוא לכון: וית **איליין** מינייא תשקצון מן עופא LV 11:13
אלפין ושית מאה ותלתין: **איליין** מיניין סכומי גניסת בני NU 4:41
תזדהרון מן תועיבתא **איליין** מן בגלל דתירתון ית ארעהון LV 20:24
חזור חזור דנחשא: **איליין** מנייני מתקלוון וסכומין EX 38:21
נטלין לטיקסיהון: **איליין** סכום מנייני בני ישראל NU 2:32
אלפין וארבע מאה: **איליין** סכומי מניינייא דמנא משה NU 1:44
על שיבט גניסת אבוהן: **איליין** פיקודייא וסידרי דינייא NU 36:13
מגן ולית דמניש: **איליין** פיתגמי קיימא דפקיד ייי ית DT 28:69
משמשין ועם קדיש **איליין** פיתגמייא דתמליל עם בני EX 19:6
מצריתא לא תקרבון **איליין** קדם ייי וקורבנא לא תקרבון LV 22:22
לעלת תדירא תעבדון ית **איליין** קורבנייא: כאילין קורבני NU 28:23
איבה מקביל ית חובאה: **אילין** אחווית קימיא דפקיד ייי ית NU 30:17
לארע אחסנתיה: ויהוון **אילין** אחוויתא לכון לגזירת דינין NU 35:29
דיירהא היא זוער: כל **אילין** איתחברו למישר פרדיסיא GN 14:3
ומן בתר כל ניסיא **אילין** אנת קטל ית עמא הדין NU 14:15
ואבידע ואלדעה כל **אילין** בנהא דקטורא: ויהב אברהם GN 25:4
הוא אבא דאדומאי: **אילין** בנוי דגבל גנוסיא דמקדמת GN 36:20
אלפין ושית מאה: **אילין** בנוי דגד לגניסתהון לשוחם NU 26:42
גלעד לגלעד גניסת גלעד: **אילין** בנוי דגלעד איעזר גניסת NU 26:30
וית חווילא וית יובב כל **אילין** בנוי דיקטן: והוה בית GN 10:29
הוא אבוי דכנען: תלתא **אילין** בנוי דנח ומאילן איתבדרו GN 9:19
יעוש וית יעלם וית קרח **אילין** בנוי דעשו די איתילידו ליה GN 36:5
לספרוואי טור מדינחא: **אילין** בנוי דשם ליחוסיהון במותב GN 10:31
ותרין אלפין ושבע מאה: **אילין** בני אפרים לסכומהון NU 26:35
חמדן וישבן ויתרן וכרן: **אילין** בני אצר בלהן וזעון ועקן: GN 36:27
יחצאל וגוני ויצר ושלם: **אילין** בני בלהה דיהב לבן לרחל GN 46:25
דמדורהון בארעא דאדום **אילין** בני בשמת איתת עשו: ואילין GN 36:17
בני אצר בלהן וזעון ועקן: **אילין** בני דישן עוץ וארם: אילין GN 36:28
למצרים חבר ומלכיאל: **אילין** בני זלפה דיהב לבן ללאה GN 46:18

אמתא דלאה גד ואשר **אילין** בני יעקב דאיתילידו ליה GN 35:26
סרד ואלון ויחלאל: **אילין** בני לאה דילידת ליעקב בפדן GN 46:15
הוא אליפז חבריה דאיוב **אילין** בני עדה איתת עשו: ואילין GN 36:12
דמדורהון בארעא דאדום **אילין** בני עדה: ואילין בני רעואל בר GN 36:16
ברת ענה איתת עשו: **אילין** בני עשו ואילין רברבנהום GN 36:19
וארד דנחת למצרים: **אילין** בני רחל דאיתילידו ליעקב GN 46:22
דקטורה יתכנשן כל **אילין** ברכתא ויתעבדו כליל דרבו GN 49:26
שותלח לערן גניסת ערן: **אילין** גניסת בנוי דאפרים NU 26:37
דעד כדון יוסף קיים: **אילין** גניסת בנוי דאשר לסכומהון NU 26:47
לשוחם גניסת שוחם **אילין** גניסת דן לגניסתהון: כל NU 26:42
לשמרון גניסת שמרון: **אילין** גניסת יששכר לסכומהון NU 26:25
נעה חגלה מלכה ותרצה: **אילין** גניסת מנשה וסכומהון NU 26:34
יצר לשילם גניסת שילם: **אילין** גניסת נפתלי לסכומהון NU 26:50
ייי על אנפי כל ארעא: **אילין** גניסת שם שם בר מאה שנין GN 11:10
לאראלי גניסת אראלי: **אילין** גניסתא בני גד לסכומהון NU 26:18
לחמול גניסת חמול: **אילין** גניסתא דיהודה לסכומהון NU 26:22
חצרון לכרמי גניסת כרמי: **אילין** גניסתא דראובן והוו סכומהון NU 26:7
זרח לשאול גניסת שאול: **אילין** גניסתא דשמעון עשרין ותרין NU 26:14
ליחלאל גניסת יחלאל: **אילין** גניסתא זבולון לסכומהון NU 26:27
ולאן אנת מטייל ולמאן **אילין** דקדמך: ותימר לעבדך ליעקב GN 32:18
נחת וזרח שמה ומזה **אילין** הוון בני בשמת איתת עשו: GN 36:13
וימטון עליהון לווטייא **אילין** היך יכלון לסוברותהון DT 28:15
ותימא יטור נפיש וקדמה: **אילין** הינון בנוי דישמעאל ואילין GN 25:16
לגניסתהון מחלי ומושי **אילין** הינון גניסת ליואי לבית NU 3:20
הדין אלהין עימנא אנחנא **אילין** הכא יומא דין כולנא חיין DT 5:3
מן מאן איתילידו לך **אילין**: ואמר יוסף לאבוי בני הינון GN 48:8
ושבק ארבע קוריין **אילין** ויהב ליה ייי בגין כן אתרא GN 10:11
יתכנשן כולהון ברכתא **אילין** ויתעבדן כליל דרבו לרישיה DT 33:16
מרחק קדם ייי כל עביד **אילין** ומטול תועיבתא האילין ייי DT 18:12
יוון: וקריב קומוי ית כל **אילין** ופסג יתהון במציעא וסדר GN 15:10
לייי בכל אתר מותבניכון: **אילין** זמני סידורי מועדיא דייי LV 23:4
אבוי בארעא דכנען: **אילין** זרעית יעקב יוסף בר שביסרי GN 37:2
ישמש עם מסאבתה כל **אילין** יהוון זהירין בסואבתהון וכד LV 15:33
לגניסת עממהון: **אילין** יחוסי בנוי דנח ליחוסיהון GN 10:32
ובנוי דמררי מחלי ומושי **אילין** ייחוסין דלוי לגניסתהון: ונסב EX 6:19
אסיר ואלקנה ואביאסף **אילין** ייחוסין דקרח: ואלעזר בר EX 6:24
חנוך ופלוא חצרון וכרמי **אילין** ייחוסין דראובן: ובנוי דשמעון EX 6:14
לזנותא הי ככנענאי **אילין** ייחוסין דשמעון: ואילין EX 6:15
אוליד ית רבקה תמניא **אילין** ילידת מלכה לנחור אחוי GN 22:23
שובעין יומין אמרין **אילין** לאילין איתון ניבכי על יעקב GN 50:3
בתריהון ואמרו מצראי **אילין** לאילין נעירון מן עמא בני EX 14:25
לרחל ברתיה וילידת ית **אילין** ליעקב כל נפשתא שובעא: כל GN 46:25
ללאה ברתיה וילידת ית **אילין** ליעקב שיתיסר נפשן: בני רחל GN 46:18
וית ריביא ואמר מאן **אילין** לך ואמר בניי הינון GN 33:5
אמרכול אחירע בר עינן: **אילין** מזמני עם כנישתא רברבי NU 1:16
אתחמיתא ית פרישתא **אילין** מטול למינדע ארום ייי הוא DT 4:35
למשרג בהון על ארעא: ית **אילין** מינייא מנהון תיכלון ית LV 11:22
על תלתין ותשע **אילין** מלקות יתיר ויסתכן ולא DT 25:3
ושבע מאה וחמשין: **אילין** מניין סכומי גניסת קהת כל NU 4:37
תלת אלפין ומאתן: **אילין** מנייני סכומי גניסת בני מררי NU 4:45
דרדיף יתכון: ואין בתר **אילין** מרדוותא לא תצבון למשמע LV 26:18
ייי אלקכון כל דעביד **אילין** ניכלייא כל דעבד שיקרא DT 25:16
עממין יעבד הכדין ית **אילין** ניסוכייא לקרבא קורבנא NU 15:13
משה קדם בני ישראל: **אילין** סהידוותא וקיימיא ודיניא DT 4:45
אלפין ושבע מאה: **אילין** סכומי בני ישראל שית מאה NU 26:51
אחסנא בגו בני ישראל: **אילין** סכומי משה ואלעזר כהנא די NU 26:63
לכון: ותשוון ית פיתגמיי **אילין** על לבכון ועל נפשכון DT 11:18
יהי קודשא לא יתפריק: **אילין** פיקודיא די פקיד ייי ית משה LV 27:34
דמואב על יורדנא דיריחו: **אילין** פיתגמי אוכחותא די מליל DT 1:1
דבני ישראל ואמר להון **אילין** פיתגמיא דפקיד ייי למעבד EX 35:1
יהיב קדמיכון יומא דין: **אילין** קימייא ודינייא דתינטרון DT 12:1
להון לאלקא אנא ייי: **אילין** קימייא וסידרי דינייא וגזירת LV 26:46
מלכותא דעוג במתנן: כל **אילין** קירווי מקרא מקפן שורין DT 3:5
רומי חייבתא רבא עירם **אילין** רברבי אדום למותבניהון GN 36:43
רבא יעלם רבא קרח **אילין** רברבי אהליבמה ברת ענה GN 36:18
רבא געתם רבא עמלק **אילין** רברבי אליפז דמדורהון GN 36:16
יעוש וית יעלם וית קרח: **אילין** רברבי בני עשו בני אליפז GN 36:15
וענה: ודישון ואצר ודישן **אילין** רברבי גנוסיא בנוי דגבל GN 36:21
רבא אצר רבא דישן **אילין** רברבי גנוסייא לרברבניהום GN 36:30
אילין בני דישן עוץ וארם: **אילין** רברבי גנוסייא רבא לוטן רבא GN 36:29
זרח רבא שמה רבא מזה **אילין** רברבי רעואל דמדורהון GN 36:17
וילידת ליה ית פנחס **אילין** רישי אבהת ליואי ליחוסיהון: EX 6:25
ישראל מארעא דמצרים: **אילין** רישי בית אבהתהון בנוי EX 6:14
עמא ביומא ההוא למימר: **אילין** שבטיא יקומון לברכא ית DT 27:12

ואכלין גבר חולקיה: כל **אילין** שיבטייא דישראל תריסר GN 49:28
מדורהון בטוור גבלא: **אילין** שמהת בני עשו אליפז בר GN 36:10
ייי עם משה למימר: **אילין** שמהת גובריא דיחסנון לכון NU 34:17
דגד עזגד גאואל בר מכי: **אילין** שמהת גובריא דשדר משה NU 13:16
וקצוצא וסלמנדרא: **אילין** תמניא מיניא דמסאבין לכון LV 11:31
למנחתה וחמר ניסוכה: **אילין** תקרבון קדם ייי בזמן NU 29:39
ישראל: ויחתון כל עבדך **אליין** לותי ויבעון מטו מיני למימר EX 11:8
ולמעבד זנו בנשיא יעביד **באיליין** ובגו פיתגמא הדין נקום GN 33:2
ומלכיא ומגרי איליין **באיליין**: וציען יצטרחן במני זיינא NU 24:23
חמי ליה: ואין לא יתפרק **באיליין** שנייא ויפוק בר חורין LV 25:54
ויצדיין אורחתכון: ואין **באילין** מרדוותא לא תיתרדון קדמי LV 26:23
לנא גברא ריבוני ארעא **בדא** אנדע ארום מהימני אתון GN 42:33
בנתנא ניתן להום: ברם **בדא** יתפייסון לנא גובריא למיתב GN 34:22
גנותא היא לנא: ברם **בדא** נתפייס לכון אין תהוון כוותנא GN 34:15
עד כדון: כדנא אמר ייי **בדא** סימנא תינדע ארום אנא ייי EX 7:17
וטפלהון: ואמר משה **בדא** תינדעון ארום ייי שדרני NU 16:28
מיניה פתגם וישאיל ליה **בדין** אורייא קדם ייי על מימרא NU 27:21
הינון דיהב לי מימרא דייי **בדין** כתבא דעליה נסיבית ית GN 48:9
עלנא: ואמר משה **בדין** תידעון בדיזמן ייי לכון EX 16:8
לירחא הדין זימניה קביע **בהדא** זימנא ולא לדריא ויסבון להון EX 12:3
ליוסף אין מייתנא **בהדא** זימנא מתנחם אנא די GN 46:30
מתגליא על בית כפורי: **בהדא** מידה יהי עליל אהרן LV 16:3
למימר אלילי אתון: **בהדא** מיילא תתבחרון חיי דפרעה GN 42:15
מן קדמך ייי עני יתי **בהדא** שעת אננקי ואנהר עייני GN 38:25
ולא תשבעון: ואין **בהדא** תוכחתא לא תשמעון LV 26:27
ידיהון על דוכנא **בהדין** לישן יימרון להון: יברכינך ייי NU 6:23
דכנען ואמר להון סקו **בהדין** ציטרא בדרומא ותיסקון NU 13:17
כדון נתייעט עליהון **בהלין** דינין נזערא יתהון קדם עד EX 1:10
רמא ומנטלא חמי כל **דא** אבד חושבנכון עד דיסוף NU 21:30
עמא רבא הדין: ארום הי **דא** אומא רבא דאית ליה אלקא DT 4:7
קמיה ועביד בעותן: והי **דא** אומא רבא דליה קיימין ודינין DT 4:8
עם אהרן ועם בנוי למימר **דא** אורייתא דחטאתא באתרא LV 6:18
ויצטבע תניינות וידכי: **דא** אורייתא דמכתש סגירו לבוש LV 13:59
ית אהרן וית בנוי למימר **דא** אורייתא דעלתא דאתיא LV 6:2
ויטבול ברמשא שביעאה: **דא** אחוויית אורייתא גבר ארום NU 19:14
כדין ישתי נזירא חמרא: **דא** אחוויית אורייתא נזירא די ידר NU 6:21
דאתו מן סדרי קרבא **דא** אחווית גזירת אורייתא דפקיד NU 31:21
בעלה ותתעבר בבר דכר: **דא** אחויית אוריית קינאתא NU 5:29
ייי עם משה למימר: **דא** אחוייתא די לליואי דלא NU 8:24
ייי ליליא חורן כשעתא **דא** אנא מתגלי בגו מצראי: וימות EX 11:4
מן קדם ייי אתגזרת כל **דא**: ארום אומא מאבדא עיטין טבן DT 32:27
נפשיהון: ואוף על כל **דא** ארחים יתהון במימרי כד יהוון LV 26:44
ית בני ישראל למימר **דא** ארעא דתחסין יתה בעדבא NU 34:13
אתון עלין לארעא דכנען **דא** ארעא דתתפלג לכון באחסנא NU 34:2
לות אבוהון ואמרו **דא** אשכחנא אישתמודע כדון GN 37:32
ארעא: ואמר אלקים לנח **דא** את קים דקיימית בין מימרי GN 9:17
ארעא: ואמר אלקים **דא** את קימא דאנא מקיים בין GN 9:12
ארום מגבר איתניסיבת **דא**: בגין כן ישבוק גבר ומתפרש מן GN 2:23
דדא וניתן לך אוף ית **דא** בפולחנא דתיפלח עימי תוב שב GN 29:27
ואמר חס לי מלמעבד **דא** גברא דהישתכח כלידא בידיה GN 44:17
משה ועם אהרן למימר: **דא** גזירת אחויית אורייתא דפקיד NU 19:2
שכינתי שריא ביניהון: **דא** גזירת אחויית דובנא ומן דיפוק LV 15:32
ואמר ייי למשה כתב **דא** דוכרנא בספר סבייא דמלקדמין EX 17:14
למימרי: בשבועא אמירא **דא** דלא יחמון ית ארעא דקיימית NU 14:23
סגיאה דא היא יון נפלא **דא** היא אדום דעתידה למיפל ולית GN 15:12
ותידכי מבוע תרין דמהא **דא** היא אורייתא דילידתא לידכר LV 12:7
עלם מן בני ישראל: **דא** היא אורייתא לעלתא למנחתא LV 7:35
ית בנוי אימתא **דא** היא בבל קבלא דא היא מדיי GN 15:12
מידעם דרחיקית מנכון: **דא** היא בעירא דתיכלון תורין DT 14:4
קדישין ארום קדיש אנא: **דא** היא גזירת אורייתא דבעירא LV 11:46
ואמר ייי למשה ולאהרן **דא** היא גזירת פיסחא כל בר עממין EX 12:43
דא היא מדיי סגיאה **דא** היא יון נפלא דא היא אדום GN 15:12
דא היא בבל קבלא **דא** היא מדיי סגיאה דא היא יון GN 15:12
לפרוקא: ואמר ייי ליה **דא** היא ספא דמילתא בארעא ודא DT 34:4
במטרא ית כל מטולהון: **דא** היא פולחנת גניסת בני גרשון NU 4:28
כל מני מטרת מטולהון: **דא** היא פולחנת גניסת בני מררי NU 4:33
עיבידתא במשכן זימנא: **דא** היא פולחנת גניסת גרשון NU 4:24
יתיה הוות להון כל **דא** ואזל אבימלך לוותיה מגרר GN 26:26
ובזכאות ידיי עבדית **דא**: ואמר ליה מימרא דאלקים GN 20:5
ייי דישתביק לכון חובא **דא** ואתפרעו מן רשיעיא פלחי EX 32:27
אלף זימנין מטול ברכתי **דא** ויברך יתכון בלא סכומא הי DT 1:11
שופריך ויימרון אינתתיה **דא** ויקטלון יתי ויתיך יקיימון: GN 12:12
תיכלון יתיה בזימנא **דא** ולא לדריא חרציכון יהון מזרזין EX 12:11
בקשיטות ליבבך עבדת **דא** ומנעית אוף אנא יתך מלמחטי GN 20:6

עם בני ישראל למימר **דא** חייתא דמיכשרא למיכלכון מן LV 11:2
על שיתין ריבוון דישראל **דא** חנוכת רבות מדבחא ביומא NU 7:88
מניכסוי אחירע בר עינן: **דא** חנוכת רבותיה דמדבחא ביום NU 7:84
מבית תדייהן ובכל **דא** חס לן למיתלי עינינן ולא NU 31:50
הוון מדיינין דין עם **דא** כחדא ימא הוה אמר לארעא EX 15:12
בתריהון קיים עלם תהי **דא** להון לדריהון: ולהון תימר גבר LV 17:7
בתרך ותזדכי ממומתי **דא** לחוד ית ברי לא תתיב לתמן: GN 24:8
לחיויא ארום עבדת **דא** ליט את מכל בעירא זמכל חיות GN 3:14
דאודע ייי יתך ית כל **דא** לית סוכלתן וחכים כוותך: אנת GN 41:39
קיימיי: לחוד אנא אעביד **דא** לכון ואיגרי עליכון מחת LV 26:16
כן יעול למשריתא: ותהי **דא** לכון לקיים עלם בירחא LV 16:29
באשתעות מיליא: ותהי **דא** לכון לקיים עלם לכפרא על בני LV 16:34
דילמא דמיא מסוקתא **דא** למסוקתא דטוורא דסיני אמר DT 32:49
וכן אמר למשה אן מה **דא** למקרב לגבה ואין אמר אנת NU 25:6
גבר היכמא דאיתבריאת **דא** מיני גרמא מגרמיי ובישרא GN 2:23
ברך מחר למימר מה **דא** מצוותא דבוכרייא ותימר ליה EX 13:14
גבר לאחוי למימר מה **דא** עבד ייי ולא בחובא דילנא: ואתו GN 42:28
למימר מן בגלל מצוותא **דא** עבד מימרא דייי לי ניסין ופרישן EX 13:8
לביש על עמא ואמרו מה **דא** עבדנא ארום פטרנא ית ישראל EX 14:5
ייי אלקים לאיתתיה מה **דא** עבדת ואמרה איתתא חיויא GN 3:13
חמא כן אמר ללבן מה **דא** עבדת לי הלא בגין רחל פלחית GN 29:25
פרעה לאברם ואמר מה **דא** עבדת לי למא לא חוית לי ארום GN 12:18
בגינה: ואמר אבימלך מה **דא** עבדת לנא כזעיר פון שכיב GN 26:10
לממת במדברא מה **דא** עבדתא לנא להנפוקתנא EX 14:11
יוסף ביומא תליתאה **דא** עיבידו ואתקיימו מן קדם ייי GN 42:18
ביה יקרב לשימושיה: **דא** עיבידו סבו לכון מחתיין קרח NU 16:6
אבוהון אין כדין הוא **דא** עיבידו סבו ממא דמשתבח GN 43:11
אבך בגין כן אימר לאחך **דא** עיבידו סיבו לכון מארעא GN 45:19
הינא לאימרא חמר עינבי **דא** עלתא תהוי מתקרבא בכל ריש NU 28:14
מימרא דייי אתון גמלין **דא** עמא דהוון טפשין וקבילו DT 32:6
עיבידתא במשכן זימנא: **דא** פולחנת בני קהת במשכן זימנא NU 4:4
ממללן כתיבא הוות **דא** קדמי אלהין זכאן לאתאמרא NU 27:7
אנת ובנך בתרך לדריהון: **דא** קימי דתיטרון בין מימרי GN 17:10
לחטאתא ולאשמתא **דא** רבותא דאהרן ורבותא דבנוי על LV 7:35
כהנא על דמידכי קדם ייי: **דא** תהוי גזירת אחויית דביה LV 14:32
לבין בר נשא דכיא **דא** תהוי גזירת אחויית מכתש LV 14:57
ימא דמילחא מן מדינחא **דא** תהוי לכון ארעא דישראל NU 34:12
ייי עם משה למימר: **דא** תהי אורייתא דמצרעא ביומא LV 14:2
כהנא במיחמי מרי ביתא: **דא** תיהוי גזירת אחויית אורייתא LV 14:54
בנוי דעבר ברם סופהון **דאיליין** ואיליין למיפל ביד מלכא NU 24:24
ישראל ברם סופיהון **דאיליין** ודאיליין עד עלמא יהוי NU 24:20
דיינייא ואמרת גברא **דאילין** משכונייא דידיה מיניה אנא GN 38:25
ייזלון אחיהון וקריביהון **דאילין** קטיליא ויצטרפון בליגיונין GN 15:1
שובעתי יומי משתיא **דדא** וניתן לך אוף ית דא בפולחנא GN 29:27
לאחוי הא מרי חילמייא **דיכי** אתי: וכדון אתו וניקטליניה GN 37:19
גהינם ואמר מאן הוא **דיכי** דצד צידא ואעיל לי ואכלית GN 27:33
והוו מקלסין לקדמוי **דין** אבא דמלכא רב בחכמתא ורכיך GN 41:43
לכפרא על עמא ואמר הא **דין** אדם קיימא דיגזר ייי עימכון על EX 24:8
למיעבד לאיליין יומא **דין** או לבניהן דילידן: וכדון איתא GN 31:43
ואמר יצחק לבריה מה **דין** אוחיתא למשכחא ברי ואמר GN 27:20
אבוה דאבוהן ואמר מה **דין** אוחיתון למיתי יומא דין: ואמרא EX 2:18
מן קרבן חטאתא יומא **דין** אוף תרין בניי דאשתיירו הוה LV 10:19
אנא יהיב קדמיכון יומא **דין**: אילין קימייא ודינייא דתינטרון DT 11:32
במשח זיתא ארום יומא **דין** איקר שכינתא דייי מתגלי לכון: LV 9:4
ייי ליה למימר לא ירתינך **דין** אלהין בר דתוליד הוא ירתינך: GN 15:4
דאנת עביד לעמא מה **דין** אנת יתיב לבלחודך למידון וכל EX 18:14
אעיבר בכל ענך יומא **דין** אעדי מתמן כל אימר נמור GN 30:32
דעלו לוותך ליליא **דין** אפיקינון לוותן ונשמש עימהון: GN 19:5
מן מא די תיכלון יומא **דין** אצנעו יתיה ויהי נטיר עד צפרא: EX 16:23
דאנא מפקיד לכון יומא **דין**: ארום ייי אלקכון בירככון DT 15:5
גיברא: ותינדעון יומא **דין** ארום ייי אלקכון שכינת יקריה DT 9:3
כל יומיא: ותינדעון יומא **דין** ארום לא עם בניכון דלא ידעון DT 11:2
אסהדית עליכון יומא **דין** ארום מיבד תיבדון: הי כעמיא DT 8:19
ואמר משה אכלוהי יומא **דין** ארום שבתא יומא דין קדם ייי EX 16:25
ואמר יעקב לבנוי למה **דין** אתון דחלין למיחות למצרים: GN 42:1
שריא שכינתא דייי ומה **דין** אתון מתרברבין על קהלא דייי: NU 16:3
ולא יתאכל חמיע: יומא **דין** אתון נפקין פריקין מחמיסר EX 13:4
חבנא: ואמר משה מה **דין** אתון עברין על גזירת מימרא NU 14:41
ומשבח אתרא הדין לית **דין** אתר חול ארום אלהן בית GN 28:17
סהיד בינא ובינך יומא **דין** בגין כן קרא שמיה גלעד: GN 31:48
לא כדין אבא ארום **דין** בוכרא שוי יד ימינך על רישיה: GN 48:18
ייי: ואמר ליה ייי מה **דין** בידך ואמר חוטרא: ואמר טלוק EX 4:2
ובניכון דלא ידעין יומא **דין** בין טב לביש הינון יעלון לתמן DT 1:39
ולאייתאה עליכון יומא **דין** בירכתא: והוה ביומא חרי ואמר EX 32:29

דאנא סדר קדמיכון יומא **דין** בירכתא וחילופה: ית בירכתא DT 11:26
למימר יוסף ייי לי על **דין** בר אוחרן: והוה כדי ילידת רחל GN 30:24
כדון ואמושנך ברי האנת **דין** ברי עשו אין לא: וקריב יעקב GN 27:21
וברכיה: ואמר אנת הוא **דין** ברי עשו ואמר אנא: ואמר קריב GN 27:24
דאנן עבדין הכא יומא **דין** גבר כל דכשר בעינוי: ארום לא DT 12:8
פרעה ליה עד אימת יהי **דין** גברא לנא לתקלא פטור ית EX 10:7
ברם איהי אישתיזבת מן **דין** גמירא על דלא הוות בעיטתהון NU 21:15
דישראל מתערבין דין עם **דין** גניסא עם גניסא אוחרי למעבד EX 12:47
חמון שכבת זרעא דאטיל **דין** דאייתי ריבונכון לנא גבר עבראי GN 39:14
להון: ואמר ייי למשה **דין** דאמר והוה עלמא אמר והוה EX 3:14
מפרק יפרוק ית חקלא **דין** דאקדיש יתיה ויוסיף חומש LV 27:19
דהוו מדמיין לגברייא **דין** דבשר ית שרה סליק לשמיה GN 18:16
ליוסף מן שירויא מן **דין** דהדרת איקרא ושיבהורא דידיה DT 33:17
בגין כן אתיליד לנא ברנא **דין** דהוא סורהבן ומרוד ליתוי ציית DT 21:20
חולף טבתא: הלא **דין** דהוה שתי ריבוני ביה והוא GN 44:5
מן ימא רבא ושרא על **דין** דזעיר במשריתא כמהלך יומא NU 11:31
בביתך דילמא יפול **דין** דחמי למיפל מיניה: לא תזרעון DT 22:8
דאנא מפקיד לכון יומא **דין** דיוטב לכון ולבניכון בתריכון DT 4:40
דאנא מפקיד לכון יומא **דין**: דילמא תיכלון ותיסבעון ובתין DT 8:11
כהנא היכדין יקום: ואין **דין** דמקדיש יפרוק ית ביתיה LV 27:15
מה דאנא מפקיד לך יומא **דין** האנא מתריך מן קדמך ית EX 34:11
והוה מלאכא מכרז ואמר **דין** הוא אילנא דנציב אברהם EX 26:28
לאבהתהון ואמרין **דין** הוא אלקן דהוה מוניק לן EX 15:2
סילעין בסילעי קודשא **דין** הוא דהב ארמותא דארימו בני EX 38:24
דכיין בגו בני ישראל: **דין** הוא חד מארבעה דינין דעלו NU 9:8
אהרן ולות כל כנישתא: **דין** הוא חד מן ארבעה דינין די עלו NU 15:34
בת דיברי לשבטא דדן: **דין** הוא חד מן ארבעתי דינין דיעלו LV 24:12
טב די חלמתא ופושרניה **דין** הוא לך תלתי מצוגייא תלתא GN 40:12
ואמר ריבוניה דעלמא **דין** הוא עדבך ועל עיסק פיתגמייא GN 32:25
מן קדמוי עני ואמר **דין** הוא עוג רשיעא דהוה מחסיד NU 21:34
רישי: ואתיב יוסף ואמר **דין** הוא פושרניה תלתי סליא תלתי GN 40:18
ממצרים: הלא **דין** הוא פיתגמא דמלילנא עימך EX 14:12
דיעקב שדרני לוותכון **דין** הוא שמי לעלם ודין דוכרני לכל EX 3:15
יתכון והאיתיכון יומא **דין** הי ככוכבי שמיא לסגי: ייי אלקא DT 1:10
עני הבל ואמר לקין אית **דין** ואית דיין ואית עלם אחרן ואית GN 4:8
דין אוחיתון למיתי יומא **דין**: ואמרא גבר מצראי שיזבנהו מן EX 2:18
מן בני יהודאי הוא **דין**: ואמרת אחתיה לבת פרעה EX 2:6
אוף איתמלי אוף יומא **דין**: ואתו סרכי בני ישראל וצווחו EX 5:14
אנא ויהב לי אוף ית **דין** והכדין ישתמע קדמוי קלהון GN 29:33
דמואבאי עד יומא **דין**: וזעירתא אוף היא ילידת בר GN 19:37
זעירא עם אבונא יומא **דין** וחד נפק מלוותן ולית אנחנא GN 42:13
דאנא מפקיד לכון יומא **דין**: וחילופה אין לא תקבלון DT 11:27
ית פיתגמא הדין יומא **דין**: ויהי ארום יימר לך לא אפוק מן DT 15:15
לות עמא ותזמינינון יומא **דין** ויומחרא ויחוורון לבושיהון: EX 19:10
מלילת עם יוסף יומא **דין** ויומחרא ולא קביל מיניה GN 39:10
דאנא מפקיד לכון יומא **דין** וייתון עילויכון כולהון לווטייא DT 28:15
חמרא אוף בליליא **דין** וירוי ועולי שימושי עימיה GN 19:34
הא קניתי יתכון יומא **דין** וית ארעכון לפרעה הא לכון בר GN 47:23
למיפא מחר איפו יומא **דין** וית דאתון צריכין למבשלא EX 16:23
מחר בשילו יומא **דין** וית כל מה דמשתייר מן מא די EX 16:23
ייומי כד יימר ארום הוא **דין** וכד משתכחא גניבותא בתר כן EX 22:8
עני קין ואמר להבל לית **דין** ולית דיין ולית עלם אחרן ולית GN 4:8
קבורתא דרחל עד יומא **דין**: ונטל יעקב ופרס למשכניה מן GN 35:20
מואבאה עד זמן יומא **דין**: ונטל מתמן אברהם לארע GN 19:38
דאנא מפקיד לכון יומא **דין**: ופקיד משה ית עמא ביומא DT 27:10
ממליל קדמיכון יומא **דין** ותילפון יתהון ותינטרון DT 5:1
יומא הדין: ותינדעו יומא **דין** ותתיבון על ליבכון ארום ייי DT 4:39
לן אחסנא בגו אחי אבונן: **דין** חד מן ארבעא דינין די עלו קדם NU 27:5
קיימין כולכון יומא **דין**: חמון דאליפית יתכון קיימין DT 4:4
גרמידי וקרתא במיצעא **דין** יהוי לכון פרודלי קירוייא: וית NU 35:5
ספינתיה ואלגוותיה **דין** יהוי לכון תחום מערביא: ודין NU 34:6
עינוותא לבין דרמשק **דין** יהוי לכון תחום ציפונא: ותכוונון NU 34:9
לרבו ולבנך לקיים עלם: **דין** יהי לך מקודש קודשיא מה NU 18:9
כחלב וחליין כדבש: יומא **דין** ייי אלקכון מפקיד לכון למעבד DT 26:16
רב ובידא תקיפא: למא **דין** יימרון מצראי דמשתיירין EX 32:12
וקרא ית שמיה נח למימר **דין** ינחמיננא מפולחננא דלא GN 5:29
ישראל אתון עברין יומא **דין** ית יורדנא למיעול למירות DT 9:1
למימר: אתון עברין יומא **דין** ית תחום מואבאי ית לחיית: DT 2:18
אנחנא אילין הכא יומא **דין** כולנא חיין וקיימין: ממלל קבל DT 5:3
דייי די עבד לכון יומא **דין** כיתא דהוות אמרא נתוב EX 14:13
ומייתין אנחנא: ארום הי **דין** כל בר בישרא דשמע קל מימרא DT 5:26
דאנא מפקיד יתכון יומא **דין** כתיבין על לוח ליבכון: DT 6:6
פרעה למימר למה **דין** לא אשלימתון גזירתכון למירמי EX 5:14
דבתר שכינתי חזי ומא **דין** לא דחילתון לאשתעויי כהלין NU 12:8

דחמיתון ית מצראי יומא **דין** לא תוספון למיחמיהון תוב עד EX 14:13
יתה תיכלון: ברם ית **דין** לא תיכלון ממינא דמסקי LV 11:4
יתה תיכלון: ברם ית **דין** לא תיכלון ממסקי פישרא DT 14:7
יומא דין קדם ייי יומא **דין** לא תשכחוניה בחקלא: שיתא EX 16:25
הלא בלחודוי אתא **דין** לאיתותבא בינן והא איתעביד GN 19:9
דלא למיעיבר דין תחום **דין** לבישא: וחמת אתנא ית מלאכא NU 22:24
דסדום בישין בממונהון **דין** לדין וחייבין בגופיהון בגילוי GN 13:13
דמן לטווריא וקריבו **דין** לדין ומיתן ואדמהון הוה נגיד NU 21:14
דיימר חבריה והוו קטלין **דין** לדין ופסקו מלימיבני קרתא: GN 11:8
ארבע גניסן אמרו **דין** לדין מאן גרם לנא קטולא הדא DT 10:6
דליבהון שלים ברעות **דין** להון למידחל מן קדמי DT 5:29
דאנא סדר קמיכון יומא **דין**: לחוד אסתמרו לכון וטורו DT 4:8
הוא צערא דילידתא למה **דין** לי בנין ואזלת לבי מדרשא דשם GN 25:22
לא תידחלין ארום אוף **דין** ליך בר דכר: והוה במיפק נפשא GN 35:17
דשפר בעינוי ואמר ליה **דין** לך פושרניה תלתי סליא תלת GN 40:18
דאנא מפקיד יתכון יומא **דין** למטעי בתר טעוות עממיא DT 11:28
דאנא מפקדכון יומא **דין** למירחם ית ייי אלקכון ולמהך DT 19:9
דאנא מפקיד לכון יומא **דין** למעבד דכשר קדם ייי אלקכון: DT 13:19
ואמרין אבל תקיף **דין** למצרים בגין כן קרא שמה GN 50:11
דאנא מפקד יתכון יומא **דין** למרחם ית ייי אלקכון ולמפלח DT 11:13
אתון מתקרבין יומא **דין** לסידרי קרבא על בעלי דבביכון DT 20:3
ימותון באישא מצלהבא **דין** מטול בני קהת במשכן זימנא: NU 4:15
דאנא מפקדכון יומא **דין** מטול דיוטב לכון: הא דייי DT 10:13
מן חורנין אלהן יומא **דין** מינך: ודבר אברהם עאן ותורין GN 21:26
סבר אפיכון ביש יומא **דין** מכל יומיא דהויתון הכא: ואמר GN 40:7
דאנא מפקיד לכון יומא **דין** מן בגלל דתיתקפון ותיעלון DT 11:8
סורחניי אנא מדכר יומא **דין**: מן קדם ייי איסתקף דפרעה GN 41:9
עד כדון: ותדברון אוף ית **דין** מן קדמיי ויארעיניה מותא GN 44:29
דאנא בחיים ביניכון יומא **דין** מסרהבין הויתון קדם ייי ואוף DT 31:27
יתיה: הא טרדת יתי יומא **דין** מעל אנפי ארעא ומן קדמך GN 4:14
דיינייא ייעול דין תריהום **דין** מריה דביתא ודין גנבא ולמאן EX 22:8
דיטיילון קדמנא ארום **דין** משה גברא דאסקנא מארעא EX 32:1
דיטיילון קדמנא ארום **דין** משה גברא דאסקנא מארעא EX 32:23
וקרא שמיה מימרא דייי **דין** ניסא דילי דניסא דעבד אתרא EX 17:15
ידיה חוט זהורי למימר **דין** נפק בקדמיתא: והוה כד אתיב GN 38:28
אימרין בני שנה חמשא **דין** סדר קורבנא די קריב מנכסוי NU 7:17
אימרין בני שנה חמשא **דין** סדר קורבנא דקריב מניכסוי NU 7:23
אימרין בני שנה חמשא **דין** סדר קרבנא די קריב מניכסוי NU 7:83
בזימניה: ותימר להון **דין** סדר קרבניא די תקרבון קדם ייי NU 28:3
אסהדית בכון יומא **דין** סהדין קיימין ית שמיא וית DT 4:26
דפרעה: ואמר ליה יוסף **דין** סוף פושרנא דחלמא תלתי GN 40:12
בשום מימרא דייי: **דין** ספר ייחוס תולדת אדם ביומא GN 5:1
לחייתא ואמר להון למה **דין** עבדתון פיתגמא הדין וקיימתון EX 1:18
ואמר ליה ברי הא ליליא **דין** עילאי משבחין למרי עלמא GN 27:1
ומן בגלל דתינגדון יומא **דין** על ארעא דייי אלקכון יהיב DT 4:40
כיביהון: ואיתגליתי יומא **דין** עלך בגין דבמימרי לשיזבותך מן EX 3:8
בסופיה וקלילא יומא **דין** עם אבונא בארעא דכנען: ואמר GN 42:32
ימא וארעא הוון מדיינין **דין** עם דא כחדא ימא הוה אמר EX 15:12
דישראל מתערבין **דין** עם דין גניסא עם גניסא אוחרי EX 12:47
אודי קדם ייי דמן ברי **דין** עתיד למיפק מלכין ומיניה יפוק GN 29:35
לבני ישראל למימר **דין** פיתגמא דמליל ייי למימר: גבר NU 30:2
בני ישראל ותימר להון **דין** פיתגמא דפקיד ייי למימר: גבר LV 17:2
דבני ישראל למימר **דין** פיתגמא דפקיד ייי למימר: סבו EX 35:4
ואמר משה לכנישתא **דין** פיתגמא דפקיד ייי למעבד: LV 8:5
יהביה ייי לכון למיכל: **דין** פיתגמא דפקיד ייי לקוטו מיניה EX 16:16
קדם ייי: ואמר משה **דין** פיתגמא דתעבדון אעברו ית LV 9:6
דבני יוסף ממללין: **דין** פתגמא דפקיד ייי לא לדריא NU 36:6
בדבש: ואמר משה **דין** פתגמא דפקיד ייי לאצנעא מלי EX 16:32
ותימרון ליה אודינן יומא **דין** קדם ייי אלקך ארום עלינן DT 26:3
דין ארום שבתא יומא **דין** קדם ייי יומא דין לא תשכחוניה EX 16:25
משח רבות קודשא יהי **דין** קדמי לדריכון: על בישרא EX 30:31
אתקטלא יתקטלון **דין** קטול חייבין: וגבר די ישמש עם LV 20:16
תחות ידיה יתדנא יתדן **דין** קטילת סייפא: ברם אין יומא חד EX 21:20
ייי עם משה למימר: **דין** קרבנא דאהרן ודבנוי די יקרבון LV 6:13
אהרן עם משה הא יומא **דין** קריבו בני ישראל ית קרבן LV 10:19
דהא אישתרי מן יומא **דין** שיעבוד מצראי ואיתאמר להום GN 37:17
דמותא כד תימני יתהון: **דין** שיעורא איתחמי למשה EX 30:13
סדרי קרבא: יומא **דין** שריית למיתן זועתך ודחלתך DT 2:25
וקיימו דלא למיעיבר **דין** תחום דין לבישא: וחמת אתנא NU 22:24
דאנא מפקידכון יומא **דין** תיטרון למעבד מן בגלל דתיחון DT 8:1
מסאבין הינון לכון: ית **דין** תיכלון מכל די במיא כל דיליה LV 11:9
לא תקרבון: לחוד ית **דין** תיכלון מכל דקמיט כל דליה DT 14:9
דזיבורא יתאכל: ברם ית **דין** תיכלון מן כל ריחשא דעופא LV 11:21
כן אנא מפקיד לכון יומא **דין** תלת קירוין תפרשון לכון: ואין DT 19:7

גנבא קדם דיינייא ייעול **דין** תריהום דין מריה דביתא ודין EX 22:8
ארום מן קדמת **דנא** אולידת חוה ית קין דלא מיניה GN 5:3
דמדוריהום מן קדמת **דנא** בארעא דגבלא: ואילין מלכייא GN 36:30
השתא ולא יהוי בתר **דנא** בר נש או איתא או גניסא או DT 29:17
דגבל גנוסיא דמקדמת **דנא** הוון יתבי ארעא ההיא לוטן GN 36:20
צדיקיא מרי חושבנא **דנא** וזכוון חסינן הי כשלהוביתא NU 21:28
שמא דקרתא מן קדמת **דנא**: וקיים יעקב קיים למימר אין GN 28:19
חוי כדון שמך ואמר למה **דנן** אנת שאיל לשמי ובריך יתיה GN 32:30
על משה ואמרו למה **דנן** אסיקתנא ממצרים לקטלא EX 17:3
לא הליכן מייחפן **דנן** ארבעין שנין: ודינדעון עם DT 8:4
במדברא רבא הדין **דנן** ארבעין שנין מימרא דייי DT 2:7
דעימי ואמר למא **דנן** אשכח רחמין קדם ריבוני: GN 33:15
ואמר ייי לאברהם למה **דנן** גחכת שרה למימר הברם GN 18:13
דיורדנא טוורא טבתא **דנן** דביה מתבניא קרתא דירושלם DT 3:25
תוב בעלם אוחרן ולמה **דנן** לי בכירותא וחולקא בעלמא GN 25:32
ואיתפרדדת שינתא מיני: **דנן** לי עשרין שנין בביתך פלחתך GN 31:41
קדמוי למימר למא **דנן** נפקנא ממצרים: ואמר משה שית NU 11:20
ובמדברא ונסיאו קדמי **דנן** עשר זימנין ולא קבילו למימרי: NU 14:22
וידינון קשוט בין תרווינך: **דנן** עשרין שנין אנא גבך רחלייך GN 31:38
דבריה והאן הוא למא **דנן** שבקתין ית גברא קרין ליה EX 2:20
לעמא הדין ולמא **דנן** שלחתני: ומן שעתא דעלית לות EX 5:22
אתנא וסטת מן קדמי **דנן** תלת זימנין אילולפון לא סטת NU 22:33
מטול מה מחית ית אתנך **דנן** תלת זימנין הא אנא נפקית NU 22:32
עבדית לך ארום מחיתני **דנן** תלת זימנין: ואמר בלעם לאתנא NU 22:28
והא ברכא מברכת להון **דנן** תלת זימנין: וכדון ערוק לך NU 24:10
עם נשיכון דאתפרשתון **דנן** תלתא יומין: ואנת פרש מן DT 5:30
שהינא ארום כדון תבנא **דנן** תרתין זימנין: ואמר להום GN 43:10
שמיה יעקב ושקר בי **דנן** תרתין זימנין ית בכירותי נסיב GN 27:36
שדרני ייי קדמיכון: ארום **דנן** תרתין שנין כפנא בגו ארעא ועד GN 45:6
כתב לך ית פיתגמיא **האיליין** ארום על מימר פיתגמיא EX 34:27
יתהון: דברת בחסדך עמך **האיליין** די פרקת ואחסינת יתהון EX 15:13
עד זמן די יעברון עמך **האיליין** דקנית ית מגזתיה דיובקא: EX 15:16
ועל עיסק פיתגמיא **האיליין** הוו מתנציין על אנפי ברא GN 4:8
לממני זכוותא חסינייא **האיליין** וסכום עובדיא טביא דעים NU 23:10
יקרב בנבילתהון בגו מיא **האיליין** יהי מסאב: וארום אין יפיל LV 11:36
חדא מכל תועבתא **האיליין** יציביא וגיוריא דיתגיירון LV 18:26
ימנע לה: אין תלת מילייא **האיליין** לא יעבד לה למזמנא יתה EX 21:11
ומליל ייי ית כל דביריא **האיליין** למימר: דבירא קדמאה כד EX 20:1
ייי אלקכון ית עממיא **האיליין** מן קדמיכון קליל לא DT 7:22
ארום ית תועיבתא **האיליין** עבדו אינשי דקדמיכון LV 18:27
ומליל משה ית פיתגמייא **האיליין** עם כל בני ישראל NU 14:39
ארום ארגיזו גובריא **האיליין** קדם ייי: והוה כדי פסק NU 16:30
טבתא שבע שנייא **האילין** אינין מבשרן חילמא חד GN 41:26
ועל עיסק פיתגמייא **האילין** אישתהי מן האל לנחלא עד GN 32:25
למעבד ית כל עובדיא **האילין** ארום לא מן רעות ליבי: אין NU 16:28
למימר פיתגמי אוכחותא **האילין** אתריגישת ארעא ושמיא DT 28:15
יערעיניה מברא לקירוייא **האילין** בדינא הוא יקטליניה: ואין NU 35:19
והא עבר בין פסוגיא **האילין**: ביומא ההוא גזר ייי עם GN 15:17
עילויכון ית כל פיתגמיא **האילין** בירכן וחילופהון דסדרית DT 30:1
ויעלון מיא בדוקיא **האילין** במעייכי למנפחא כריסן NU 5:22
לכון כל פיתגמיא **האילין** בסוף יומיא ותתובון עד DT 4:30
ארום על מימר פיתגמיא **האילין** גזרית עמך קיים ועם EX 34:27
יורדנא תקימון ית אבניא **האילין** דאנא מפקיד יתכון בטוורא DT 27:4
ממונכון: ויהון פיתגמיא **האילין** דאנא מפקיד יתכון יומא DT 6:6
אלקכון: ארום עממיא **האילין** דאתון עתידין למירות DT 18:14
ית מחתיית חייבייא **האילין** דאתחייבו קטול בנפשתהון NU 17:3
משה ואהרן ית גובריא **האילין** דאתפרשו בשמהן: וית כל NU 1:17
ית רברבתא וית חסינתא **האילין** דחמיתון בעיניכון: בשובעין DT 10:21
לחוד מקירוי עממיא **האילין** דייי אלקכון יהיב לכון DT 20:16
ארום עובדיהון דעמא **האילין** דמיין לעובדי עמא דסדום DT 32:32
ייתי מן קרבנייא קליליא **האילין** דמיפרשין הכא ליום LV 14:32
חדא מכל פיקודיא **האילין** דמליל ייי עם משה: ית כל NU 15:22
ית כל פיתגמייא **האילין** דפקדיה ייי: ואתיבו כל עמא EX 19:7
אין יחמון גבר בגובריא **האילין** דרא בישא הדין ית ארעא DT 1:35
לאהרן ית כל פיתגמייא **האילין** דשלחיה וית כל אתייא EX 4:28
ארעא וכד אגחו מלכיא **האילין** הוה עוג עימהון אמר GN 14:13
מקרוי שבעתי עממיא **האילין** הינון: לחוד מקירוי עממיא DT 20:15
ייי אלקך לתרין מלכיא **האילין** הכדין יעביד ייי לכל DT 3:21
ליה על מימר פיתגמייא **האילין** המידע הוינא ידעין דיימר GN 43:7
ריעוונכון ית כל פיקודיא **האילין**: ואין בקיימי אורייתי LV 26:14
והוה בתר פיתגמייא **האילין** ואיתאמר ליוסף הא אבוך GN 48:1
למללא ית כל פיתגמייא **האילין** ואיתבזעת ארעא NU 16:31
וחוטיא וחוטרא **האילין**: ואכר יהודה ואמר זכיא היא GN 38:25
ללבן ית כל פיתגמיא **האילין**: ואמר ליה לבן ברם קריבי GN 29:13

עמהון ית כל פיתגמיא **האילין**: ואמרו ליה ל'מה ימלל GN 44:6
ודי גנבתא דעתהון דעמא **האילין** ואמרת לית הדא אתנא NU 22:30
במיצעי אירעוני בישתא **האילין**: ואנא מסלקא אסלק DT 31:17
ממיא מריריא בדוקיא **האילין**: ואנת ארום סטית בר מן NU 5:19
ית כל פיתגמייא **האילין** ואסהיד בהון ית שמיא וית DT 31:28
ולבנך אתן ית כל ארעתא **האילין** ואקיים ית קיימא דקיימית GN 26:3
והוה בתר פיתגמיא **האילין** ואתחוא למימר סרחו רב GN 40:1
עד דאיכנוס עבוריא **האילין**: והדר אמר אברהם להלין GN 18:3
והוה בתר פיתגמייא **האילין** וזקפת איתת ריבוניה ית GN 39:7
ליה ית כל יקר נכסייא **האילין**: וחמא יעקב ית סבר אפוי GN 31:1
יעבד יתה כל מנייה דידה **האילין**: וחמי ועיבד בציוריהון דאנת EX 25:39
וייתון עליכון כל בירכתא **האילין** וידבוקנכון ארום תקבלון DT 28:2
עילויכון כולהון לווטייא **האילין** וידבקונכון: ליטין אתון DT 28:15
לחדא מן קרויא מזמניא **האילין** וייחי: דילמא ירדוף תבע DT 19:5
דישמעון ית כל קיימיא **האילין** ויימרון לחוד עם חכים DT 4:6
עילויכון כל לווטייא **האילין** וירדפונכון ויאדבקונכון עד DT 28:45
ויעירוק לחדא מן קרויא **האילין**: וישדרון חכימי קרתיה DT 19:11
אדמא על סדר דיניא **האילין**: וישיזבון כנישתא ית NU 35:24
חדא מכל תועיבתא **האילין** וישתיציין נפשתא דיעבדן LV 18:29
לכון למעבד ית קיימייא **האילין** וית דינייא ותיטרון ותעבדון DT 26:16
שמייא: והפך ית קירווייא **האילין** וית כל מישרא וית כל יתבי GN 19:25
לבנך ית כל ארעתא **האילין** ויתברכון בגין בנך כל עממי GN 26:4
ישראל ית כל קירויא **האילין** ויתיב ישראל בכל קירוי NU 21:25
ויעירוק לחדא מקירווייא **האילין** ויתקיים: ית כותירין DT 4:42
אוף לתרין אתייא **האילין** ולא יקבלון מינך ותיסב מן EX 4:9
עימכון על כל פיתגמיא **האילין**: וסליק משה ואהרן נדב EX 24:8
ידן קנו לן ית ניכסייא **האילין**: ותהוון דכירין ית ייי אלקכון DT 8:17
די תקבלון ית דינייא **האילין** ותינטרון ותעבדון יתהון DT 7:12
הוא ישיצי ית עממיא **האילין** ותירתונון יהושע הוא יטייל DT 31:3
ותעבדון ית קימיא **האילין**: חגא דמטליא תעבדון לכון DT 16:12
ימלל ריבוניה כפיתגמייא **האילין** חס לעבדך מלמעבד GN 44:7
ארום בחובי עממיא **האילין** ייי אלקכון מתריך יתהון מן DT 9:5
אילין ומטול תועיבתא **האילין** ייי מתריכיהון מן קדמכון: DT 18:12
הדא ובחובי עממיא **האילין** ייי מתרכהון מן קדמיכון: לא DT 9:4
ויכתוב ית לווטייא **האילין** כהנא על מגילתא וימחוק NU 5:23
לבלעם ואמר מן גובריא **האילין** כען דבתו עמך: ואמר בלעם NU 22:9
קומיכון לחוד לגובריא **האילין** לא תעבדון מידעם ביש GN 19:8
הכדין פלחין עממיא **האילין** לטעוותהון ונעביד כדין אוף DT 12:30
למעבד ית כל קיימייא **האילין** למידחל מן קדם ייי אלקנא DT 6:24
ומלילת ליה כפיתגמייא **האילין** למימר על לותי עבדא GN 39:17
אורייתא הדא וית קימיא **האילין** למעבדהון: מטול דלא יגיס DT 17:19
מן סמידא ומישחא **האילין** לקדם ייי ויקרבינה גברא LV 2:8
יהווין שית קירווייא **האילין** לשיזבא למיעירוק לתמן כל NU 35:15
בליבך סגיאין עממיא **האילין** מיני היכדין אית לי יוכלא DT 7:17
על עלמא: ית פיתגמיא **האילין** מליל ייי עם קהלכון DT 5:22
דשבע: והוה בתר פתגמיא **האילין** מן בתר דיכפת אברהם ית GN 22:20
חולקהון: בתר פיתגמיא **האילין** מן דאתכנשו מלכיא ונפלו GN 15:1
והוה בתר פיתגמיא **האילין** מן דינצו יצחק וישמעאל GN 22:1
דייי ית כל עממיא **האילין** מן קדמיכון ותרתון עממין DT 11:23
עימיה למימר כפיתגמיא **האילין** עבד לי עבדך ותקיף רוגזיה: GN 39:19
ארום ית כל מרחקייא **האילין** עבדו ורחיק מימרי יתהון: LV 20:23
דייי אלקכון ית לווטייא **האילין** על בעלי דבביכון דאעיקו DT 30:7
ומליל ית פיתגמיא **האילין** עם כל ישראל: ואמר להון DT 31:1
מן למללא ית כל דביריא **האילין** עם כל ישראל: ואמר להון DT 32:45
יד אישתמעו פיתגמיא **האילין** קדם מרי עלמא ומן יד GN 22:1
עבדו ית כל תימהייא **האילין** קדם פרעה ותקיף ייי ית EX 11:10
ומליל ית כל פיתגמייא **האילין** קדמיהון ודחילו גובריא GN 20:8
בית קודשא תרין מאניא **האילין** קריב יתהון מליין סמידא NU 7:13
בית קודשא תרין מניא **האילין** קריב יתהון מליין סמידא NU 7:19
קרתיהון למימר: גובריא **האילין** שלימין אינון עימנא ויתבון GN 34:21
מה הינון שבע חורפן **האילן** דאקימתא בלחודיהון: ואמר GN 21:29
מאן גרם לנא קטולא **הדא** אלא על דאתרשלנא במספדא DT 10:6
קדמי: ארום בזימנא **הדא** אנא שלח מחתא לך מן שמייא EX 9:14
ותירתון ית ארעא טבתא **הדא**: אסתמרו לכון דילמא תתנשון DT 4:22
הדא ומסהיד ית מומתא **הדא**: ארום ית כל דרייא דקמון מן DT 29:13
דתהך ואתיבינך לארעא **הדא** ארום לא אשבקינך עד זמן די GN 28:15
ית כל פיתגמי אורייתא **הדא**: ארום לית פיתגם ריקם DT 32:46
האילין ואמרת לית **הדא** אתנא דידי שאילא היא בידי NU 22:30
ארום חפירית ית בירא **הדא**: בגין קרא לבירא ההוא בירא GN 21:30
ישראל ית שבח שירתא **הדא** בזמן דאתכסיית והדרת בירא NU 21:17
איתעבידת תועבתא **הדא** ביניכון: ותפקון ית גברא ההוא DT 17:4
איתעבידת תועיבתא **הדא** ביניכון: מימחא תימחון ית DT 13:15
ודבש ותפלח ית פולחנא **הדא** בירחא הדין: שובעא יומין EX 13:5
ית פיתגמי אורייתא **הדא** במעברכון מן בגלל דתיעלון DT 27:3

ית כל פיתגמי תושבחתא **הדא** במשמעהון דעמא הוא והושע DT 32:44
ככוכבי שמיא וכל ארעא **הדא** דאמרית לכון איתן לבנכון EX 32:13
ית כל תפקידתא **הדא** דאנא מפקיד יתכון למעבדה DT 11:22
למינטור ית כל תפקדתא **הדא** דאנא מפקיד לכון יומא דין: DT 15:5
תריצין ככל אורייתא **הדא** דאנא סדר קמיכון יומא דין: DT 4:8
נפשכון: ארום תפקידתא **הדא** דאנא פקד לכון יומנא לא DT 30:11
כל פיקודיא דאורייתא **הדא** דיכתיבין בסיפרא הדין DT 28:58
תחות טלל כשורא **הדא** דילי: ואמרו קריב להלא ואמרו GN 19:8
בחדווא ליתבי ארעא **הדא** דישמעו ארום אנת הוא ייי NU 14:14
ויהי ייי לי לאלקא: ואבנא **הדא** דשויתי קמא תהי מסדרא בבי GN 28:22
ותינטור ית קיימא **הדא** דתפילי לזמנא דחזי לה ביומי EX 13:10
למיתי בתריי לארעא **הדא** האתבה אתיב ית ברך לארעא GN 24:5
לבנך אתן ית ארעא **הדא** הוא יזמן מלאכיה לקמך GN 24:7
אעביד בישתא רבתא **הדא** ואיחוב קדם ייי: והוה כדי GN 39:9
לה כהנא ית כל אורייתא **הדא**: ואין זכאי גברא מחובין NU 5:30
איתפרשו מגו כנישתא **הדא** ואישיצי יתהון כשעא זעירא: NU 16:21
איתפרשו מיגו כנישתא **הדא** ואישצי יתהון כשעא זעירא NU 17:10
משה ית תושבחתא **הדא** ואלפא ית בני ישראל: ופקיד DT 31:22
לכון ית תושבחתא **הדא** ואלפא ית בני ישראל שווייה DT 31:19
קדם ייי אלהכון בארעא **הדא**: ואמר משה לא תקין למעבד EX 8:21
ייי למירת ית ארעא **הדא** ובחובי עממיא האילין ייי DT 9:4
לבנך אתין ית ארעא **הדא** ובנא תמן מדבחא קדם ייי GN 12:7
ית כל פיתגמי אורייתא **הדא**: ובניהון דלא ידעו ישמעון DT 31:12
שוי ליביה לחוד למחתא **הדא**: וחפרו מצראי חזרנות נהרא EX 7:23
לתמן ית פולחנא **הדא**: ויהי ארום יימרון לכון בניכון EX 12:25
ית כל פיתגמי אורייתא **הדא**: ויהי כד ייתון עילויכון ית כל DT 29:28
דאימר לך: דור בארעא **הדא** ויהי מימרי בסעדך ואבריכינך GN 26:3
לאברהם טרוד ית אמתא **הדא** וית ברא ארום לית אוושר GN 21:10
ית כל פתגמי אורייתא **הדא** וית קימיא האילין למעבדהון: DT 17:19
ית פתגמי מומתא **הדא** ויתייאש בליביה למימר DT 29:18
בנא ואעיל יתנא לארעא **הדא** ויתנינה לנא ארעא דהיא NU 14:8
יצרא דליביה אוף בזימנא **הדא** ולא פטר ית עמא: ואמר ייי EX 8:28
אנא גזר ית קיימא **הדא** ומסהיד ית מומתא הדא: ארום DT 29:13
וכתב משה ית אורייתא **הדא** ומסרה לכהנייא בני לוי דנטלין DT 31:9
ונסיבו גובריא ית דורונא **הדא** ועל חד תרין כספא נסיבו GN 43:15
כדון חובי לחוד זימנא **הדא** וצלו קדם ייי ויעדי מיני לחוד EX 10:17
כדון קום פוק מן ארעא **הדא** ותוב לארע ילדותך: ואתיבת GN 31:13
סבו ית סיפרא דאורייתא **הדא** ותשוון יתיה בקופסא מן צטר DT 31:26
תוב וילידת בר ואמרת **הדא** זימנא אודי קדם ייי דמן ברי GN 29:35
זימני למשבחא אלהין **הדא** זימנא ואמר לית אנא משדר GN 32:27
לות אדם: ואמר אדם **הדא** זימנא ולא תוב תתברי איתתא GN 2:23
תוב וילידת בר ואמרת **הדא** זימנא יתחבר עימי בעלי ארום GN 29:34
ואמר להון חבית בזימנא **הדא** ידעית דייי הוא אלקא זכאה EX 9:27
זבודין טבון מבנין זימנא **הדא** יהי מדוריה דבעלי עימי ארום GN 30:20
דגרמיה: וית ארעא **הדא** יריתנא בעידנא ההיא מערער DT 3:12
וית אישתא רבתא **הדא** לא נחמי תוב דלא נמות: ואמר DT 18:16
ית אוגר הדין וית קמא **הדא** לאבאשא: אלקיה דאברהם GN 31:52
למימר סב לי ית טליתא **הדא** לאינתו: ויעקב שמע ארום GN 34:4
ויסק יתכון מן ארעא **הדא** לארעא דקיים לאברהם GN 50:24
שיבטין ואיתין ית ארעא **הדא** לברך בתרך אחסנת עלם: וכדון GN 48:4
ארום אנא שכיב בארעא **הדא** לית אנא אעבר ית יורדנא DT 4:22
בזימנא ההוא מה פולחנא **הדא** לכון: ותימרון ניכסת חייסא EX 12:26
ייי ומישראל ותהי ארעא **הדא** לכון לאחסנא קדם ייי: ואין לא NU 32:22
ית פיתגמי אורייתא **הדא** למימר: ייי אלקן מליל עימן DT 1:5
ייי מעיל יתנא לארעא **הדא** למיפל בחרבא דכנענאי נשנא NU 14:3
למיתן לך ית ארעא **הדא** למירתא: ואמר ייי אלקים במא GN 15:7
יהיב לכון ית ארעא **הדא** למירתא מזיינין תעיברון קדם DT 3:18
לכון ית ארעא משבחא **הדא** למירתה ארום עם קשי קדל DT 9:6
ית כל תפקידתא **הדא** למעבדא דאנא מפקדכון יומא DT 19:9
יקים ית פיתגמי אורייתא **הדא** למעבדהון הוון עניין כלהון DT 27:26
יקים ית פיתגמי אורייתא **הדא** למעבדהון מלטטייא הפכין DT 27:26
רחמין קדמך תתיהב ארע **הדא** לעבדך אחסנא לא תעברינא NU 32:5
מה עבד ייי הכנא לארעא **הדא** מה הוה תקוף רוגזא רבא הדין: DT 29:23
לבנך אתן ית ארעא **הדא** מנילוס דמצרים עד נהרא רבא GN 15:18
ביש ויימר ית איתתא **הדא** נסיבית ושמשית עמה ולא DT 22:14
מדיאיתגזרת גזירתא **הדא** עד דאיתיליד יצחק ומן EX 12:41
ית פיתגמי שבחתא **הדא** עד די שלימו: והוה די מטה DT 31:30
ית פיתגמי אורייתא **הדא** על גוילא עד די אשלימינון: DT 31:24
סביא ית פרשגן אורייתא **הדא** על סיפרא מן קדם כהניא דמן DT 17:18
אוושר למירות בר אמתא **הדא** עם ברי ויגח קרבא עם יצחק: GN 21:10
בגין כן אתת לנא עקתא **הדא**: ענה יתהום ראובן ואמר הלא GN 42:21
תיקרון ית אורייתא **הדא** קבל כל ישראל במשמעהון: DT 31:11
ית כל תפקידתא **הדא** קדם ייי אלקנא הי כמא DT 6:25
ישראל ית שבח שירתא **הדא** קדם ייי ואמרין למימר נודה EX 15:1

ועקן ותסהיד תושבחתא **הדא** קדמיהון לסהדו ארום גלי DT 31:21
בדיל דתיהי תושבחתא **הדא** קדמיי לסהיד בבני ישראל: DT 31:19
הא כדון בבעו קרתא **הדא** קריבא מותבהא וחמי GN 19:20
עללתא: בשתא דיובלא **הדא** תתובון גבר לאחסנתיה: וארום LV 25:13
נפלין קומך בעלמא **הדין** אגר עובדך טביא נטיר ומתקן GN 15:1
ההוה היך פיתגמא רבא **הדין** או הישתמע דכוותיה: האיפשר DT 4:32
למלקי בצורעא בעלמא **הדין** אולפן סגי אית לה לעלמא NU 12:16
אחוי בר אימיה ואמר **הדין** אחוכון זעירא דאמרתון לי GN 43:29
במעיי ית כל עמא **הדין** אין בויי היונן דאמרת לי NU 11:12
תיכלינוא אישתא רבתא **הדין** אין מוספין אנחנא למישמע DT 5:25
אין תעבדון ית פיתגמא **הדין** אין תזדרזון קדם עמא דייי NU 32:20
כדון סורבניא המן כיפא **הדין** איפשר לן להנפקא לכון מיא: NU 20:10
יומין לירחא ביומא **הדין** איתבזעו כל מבועי תהומא GN 7:11
אין תעביד לי פיתגמא **הדין** איתוב ארעי ענך אטר: אעיבר GN 30:31
לכון לאיתרחא בטוורא **הדין**: איתפיניאו וטולו לכון לערד DT 1:6
גזר ייי ית קיימא **הדין** אלהין עימנא אנחנא אילין DT 5:3
עבדו: והוה בכרן יומא **הדין** אפיק ייי ית בני ישראל EX 12:51
הכדין אנא טרחית בעמא **הדין** אפיקית יתהון במימרך DT 32:50
לאהרן מה עבד לך עמא **הדין** ארום אתיתא עלוי חובא רבא: EX 32:21
נפש היכדין פיתגמא **הדין**: ארום באנפי ברא אשכחא DT 22:26
בישרא למיתן לכל עמא **הדין** ארום בכן עלי למימר הב לנא NU 11:13
חכים וסוכלתן עמא רבא **הדין**: ארום הי דא אומא רבא דאית DT 4:6
לכון למעבד ית פיתגמא **הדין**: ארום יהי תיגרא בין תרין DT 24:22
לא תעבדון בכרן יומא **הדין** ארום יומא דכיפוריא הוא LV 23:28
למיטען לכל עמא **הדין** ארום יקיר הוא מיני: ואין כדין NU 11:14
קומו פוקו מן אתרא **הדין** ארום מחבל ייי ית קרתא והוה GN 19:14
מן בית אסירי **הדין**: ארום מיגנב איתגניבית מן GN 40:14
כדון מן תבשילא סמוקא **הדין** ארום משלהי אנא בגין כן קרא GN 25:30
מחבלין אנחנא ית אתרא **הדין** ארום סגיאת קבילהון קדם ייי GN 19:13
דבעירא וחיותא עד יומא **הדין** ארום קריב מלאכא ואחד GN 32:33
לכון למעבד ית פיתגמא **הדין**: ארום תחצדון חצדכון DT 24:18
בבעו לוט בגני ית עמא **הדין** ארום תקיף הוא מיני לוואי NU 22:6
דכתיבין בספר אורייתא **הדין** ארום תתובון לדחלתא דייי DT 30:10
הדין ויהב לנא ית ארעא **הדין** ארע דפירהא שמינין כחלב DT 26:9
לכון דאקיפתון ית טורא **הדין** אתפנו לכון לציפונא: וית עמא DT 2:3
דאתי טב לי יקיד בעלמא **הדין** באישא טפייא ולא ניקד GN 38:25
דעורלתיה: בכרן יומא **הדין** בארבעת עשר גזר אברהם GN 17:26
יעביד ייי ית פיתגמא **הדין** בארעא: ועבד ייי ית פיתגמא EX 9:5
בשמיה עד זמן יומא **הדין**: בגין כן לא הוה לשיבט לוי DT 10:8
אפך אוף לפיתגמא **הדין** בדיל דלא איהפוך ית קרתא GN 19:21
מארעא דמצרים ביומא **הדין** בחד לירחא אתו למדברא EX 19:1
מימסר תימסר ית עמא **הדין** בידא ואיגמר ית קורייהון: NU 21:2
בארביסר יומא בירחא **הדין** בין שימשתא תעבדון יתיה NU 9:3
למעבד כפיתגמא בישא **הדין** ביניכון: ארום תשמעון בחדא DT 13:12
תוב כפיתגמא בישא **הדין** ביניכון: ולא תיחוס עיניכון DT 19:20
לקטלא ית כל קהלא **הדין** בכפנא: ואמר ייי למשה הא EX 16:3
קיים דלא אשלחיף עמא **הדין** בעם אוחרן ברם מינך יפקון EX 34:10
טעמין מיתותא בעלמא **הדין** ברם סופיהון לאתחדתא DT 32:1
דתיליד לך שרה בזימנא **הדין** בשתא אוחרנתא: ופסק GN 17:21
וגילויי עריתא באורחא **הדין** דאנא אזיל ויתן לי לחים GN 28:20
לעמיה ואמר מה פתגמא **הדין** דאנת עביד לעמא מה דין אנת EX 18:14
ואמר מן לך כל משרי **הדין** דארעית ואמר דורון הוא GN 33:8
זכאיי טלוקו יתיה לגובא **הדין** דבמדברא ויד דקטולון לא GN 37:22
דשכינתך שריא בגו עמא **הדין** דבעיניהון חמון שכינת יקרך NU 14:14
טב לי בהית בעלמא **הדין** דהוא עלם עביר ולא נבהית GN 38:25
מסתכל אנא בעמא **הדין** דהינון מדברין בזכות NU 23:9
ואמר ליה מה חילמא **הדין** דחלמתא המיתי ניתי אנא GN 37:10
ית בישרא בליליא **הדין** דחמיסר בניסן עד פלגותיה EX 12:8
להון שמעו כדון חילמא **הדין** די חלימית: והא אנחנא מפרכין GN 37:6
הון דכירין ית יומא **הדין** די נפקתון פריקין ממצרים EX 13:3
קרבא כלו קבל עמא **הדין** דילמא יעבדון לי היכמא NU 21:35
עד כדון לא איתפרש **הדין** דינא יתעבד ביה: ואמר ייי NU 15:34
מיא ונפשנא קנטת במנא **הדין** דמזוניה קליל: ברת קלא נפלת NU 21:5
קדמי ית כל פתגמי עמא **הדין** דמלילו עימך אוטיבו כל מה DT 5:28
למשה אוף ית פיתגמיא **הדין** דמלילתא אעבד ארום EX 33:17
במיהכך במדברא רבא **הדין** דנן ארבעין שנין מימרא דייי DT 2:7
להום יוסף מה עובדא **הדין** דעבדתון הלא ידעתון ארום GN 44:15
עימי ברם משכן זימנא **הדין** דריבוייה ריבוי לעלם LV 1:1
חביב הוא אדם גוזרתא **הדין** דשיזב ית חתנא מן ידוי EX 4:26
עד ארבסר יומא לירחא **הדין** דתינדעון דליתיכון מסתפיין EX 12:6
לא תעבדון ית פיתגמא **הדין** הא חבתון קדם ייי אלקכון NU 32:23
מלמעבד כפיתגמא **הדין**: הא כספא דאשכחנא בפום GN 44:7
מן טליותך עד זמן יומא **הדין** הא מתהנייתי מינך במשכבא NU 22:30
דטעמין מיתותא בעלמא **הדין** האנא מסהיד בהון סהדין דלא DT 32:1

ייי אמר לאסגאה ית עמא **הדין** הי ככוכבי שמיא NU 23:19
ית סדר קורבניא ביומא **הדין** היכדין פקיד ייי למעבד אתון LV 8:34
ונפיק בריש עמא בעמא **הדין** הכדין יהי עליל ונפיק בעלמא DT 33:21
דפטירי ארום בכרן יומא **הדין** הנפיקית ית חיליכון פריקין EX 12:17
כל עיבידא ביכרן יומא **הדין** ואוביד ית בר נשא ההוא LV 23:30
בה היא חייכון בעלמא **הדין** ואוגדות יומיכון בעלמא דאתי DT 30:20
פרעה אובילי ית ריביא **הדין** ואוניקתיה לי ואנא איתין ית EX 2:9
מן הוא דעבד ית פיתגמא **הדין** ואוף אנת לא תנית לי ואוף GN 21:26
לא איעבר לוותך ית אוגר **הדין** ואין אנת לא תעיבר לותי ית GN 31:52
עמא ית פיתגמא בישא **הדין** ואיתבלו ולא שוויו גבר ית EX 33:4
על ארעא עד יומא **הדין** ואיתפיני ונפק מלות פרעה: EX 10:6
ארום עבדת ית פיתגמא **הדין**: ואמר אברהם ארום אמרית GN 20:10
קדמך ארום עמך עמא **הדין**: ואמר אמתן עד דיהכון סבר EX 33:13
לממסריה בידך כיומא **הדין**: ואמר ייי לי חמי באורכות DT 2:30
לא עבדנא ית פיתגמא **הדין**: ואמר ייי ליעקב קום סוק GN 34:31
ית אורייתא על טוורא **הדין**: ואמר משה קדם ייי הא אנא EX 3:12
לה התיזילין עם גברא **הדין** ואמרת איזיל: ואלוויין ית רבקה GN 24:58
דייי שרי באתרא **הדין** ואנא לא הוית ידע: ודחיל GN 28:16
אמר לי סליק ית עמא **הדין** ואנת לא אודעתני ית מאן EX 33:12
הא שדרית ית גדיא **הדין** ואנת לא אשכחתיה: והוה בזמן GN 38:23
איקר שכינתיה בעיגלא **הדין**: ואקדימו מיומא חרא ואסיקו EX 32:5
איתוב לוותך בעידנא **הדין** ואתון קיימין ולשרה בר: GN 18:14
כדון לוט לותי ית עמא **הדין**: ואתיב בלעם ואמר לעבדי NU 22:17
דיקרב לביש בגברא **הדין** ובאינתתיה איתקטלא GN 26:11
דילכון יתרמון במדברא **הדין**: ובניכון יהון טעיין במדברא NU 14:32
ושמע פרעה ית פיתגמא **הדין** ובעא למקטול ית משה וערק EX 2:15
זמן מיתיכון עד אתרא **הדין**: ובפיתגמא הדין ליתיכון DT 1:31
ליה על עיסק פיתגמא **הדין**: ודבר עבדא עשרא גמלין מן GN 24:9
והוא מלך מלכין בעלמא **הדין** ודיליה היא מלכותא לעלמא EX 15:18
זמן מיתיכון עד אתרא **הדין**: ודעבד לדתן ולאבירם בני DT 11:5
ואבידינון ייי עד זמן יומא **הדין**: ודעבד לכון במדברא עד זמן DT 11:4
גלי קדמי סורחנות עמא **הדין** והא עם קשי קדל הוא: אנח DT 9:13
גלי קדמוי זדונהון דעמא **הדין** והא עם קשי קדל הוא: וכדון EX 32:9
לבן ליעקב הא אוגר **הדין** והא קמא דאקימית בינא GN 31:51
הוא יעיבר קדם עמא **הדין** והוא יחסין יתהון ית ארעא DT 3:28
ביר שבע עד יומא **הדין**: והוה עשו בר ארבעין שנין GN 26:33
אודניכון בזמן יומא **הדין**: והליכית יתכון ארבעין שנין DT 29:3
לקיימותנא כזמן יומא **הדין**: וזכו יהי נטיר לנא לעלמא DT 6:24
ונפק מיניה דמות עיגלא **הדין**: וחמא משה ית עמא ארום EX 32:24
ייי למשה סוק לטוורא **הדין** וחמי ית ארעא דיהבית לבני NU 27:12
דכתיבין בסיפרא **הדין**: וטלטילינון ייי מעילוי ארעהון DT 29:26
ואעיל יתנא לאתרא **הדין** ויהב לנא ית ארעא הדין ארע DT 26:9
לאבהתכון כזמן יומא **הדין**: ויהי אין מינשא תינשון ית DT 8:18
ויקומון רשיעי עמא **הדין** ויטעון בתר טעוות עממיא DT 31:16
מן טימהון וייתון עמא **הדין** וייכלון וישתון וירוון וישמשון NU 24:14
קיימא דכתיבין בסיפרא **הדין**: ויימרון דרייא בתראי בניכון די DT 29:20
מה הוה תקוף רוגזא רבא **הדין**: ויימרון מטול דשבקו ית DT 29:23
דכתיבין בסיפרא **הדין** וימחי ייי ית שום דוכרניה DT 29:19
דחלתא דאלקים באתרא **הדין** ויקטלונני על עיסק איתתי: GN 20:11
ולא יצום בכרן יומא **הדין** וישתיצי במותנא מגו עמיה: LV 23:29
לא תעיבר לותי ית אוגר **הדין** וית קמא הדא לאבאשא: GN 31:52
בלחוד עברית ית ירדנא **הדין** וכדון הוינא לתרתין משרוין: GN 32:11
וישיזב יתי מן דינא רבא **הדין** וכיון דחמא יתהום יהודה אכר GN 38:25
מסאבא איתא בעלמא **הדין** ולא אתיא לעלמא דאתי לא NU 22:30
ייחי ראובן בעלמא **הדין** ולא יימות במיתותא דמייתון DT 33:6
חולף דעבדת ית פיתגמא **הדין** ולא מנעת ית ברך ית יחידך: GN 22:16
אגר מצוותיי בעלמא **הדין** ולית לי חולק בעלמא דאתי GN 15:1
ייי למא אבאשתא לעמא **הדין** ולמא דנן שלחתני: ומן שעתא EX 5:22
כפרני יאיר עד יומא **הדין**: ולמכיר יהבית ית גלעד: DT 3:14
דריא מדרא דעלמא **הדין** ומדרא דמשיחא ומדרא EX 17:16
ית ברתי קדישית לגברא **הדין** ומן בתר דשמיש עימה סנא DT 22:16
ליה לעם אחסנא כיומא **הדין**: ומן קדם ייי הוה רגז עלי על DT 4:20
ית קבורתיה עד זמן יומא **הדין**: ומשה בר מאה ועשרין שנין כד DT 34:6
ויעדי מיני לחוד ית מותא **הדין**: ונפק מלות פרעה וצלי קדם ייי: EX 10:17
אלקכון: ואתיתון לאתרא **הדין** ונפק סיחון מלכא דחושבנא DT 29:6
בינא ובינך: סהיד אוגר **הדין** וסהידא קמא אין אנא לא GN 31:52
לעידן מחר יהי אתא **הדין**: ועבד ייי כן ואיתי עירבוב EX 8:19
יהון מרגזין קדמי עמא **הדין** ועד אימתי לא יהימנון במימרי NU 14:11
בשכינת יקרי בליליא **הדין** ועימי תשעין אלפין ריבוון EX 12:12
מן דשדא ית אדמא **הדין** ועיננא לא חמון: כהניא יימרון DT 21:7
דאתי: והוה ביומא **הדין** ועל לביתא למבחוש בפינקסי GN 39:11
לא תעיבר ית יורדנא **הדין**: ופקיד ית יהושע ותקיפהי DT 3:27
באולפן אורייתא בעלמא **הדין** וקיימו פיקודייא אתקין גהינם GN 3:24
למה דין עבדתון פיתגמא **הדין** וקיימתון ית בנייא: ואמרן EX 1:18

ותחבלון לכל עמא **הדין**: וקריבו לותיה ואמר דירין NU 32:15
באתריהון: עד זמן יומא **הדין**: ושאר פליטת כנענאי דהוו שרן DT 2:22
בשמך אתבאש לעמא **הדין** ושיזבא לא שזיבתא ית עמך: EX 5:23
בגלל דיוטב לך בעלמא **הדין** ותורך יומין בעלמא דאתי: DT 22:7
אחסנא כזמן יומא **הדין**: ותינדעו יומא דין ותתיבון על DT 4:38
אנפי ארעא כזמן יומא **הדין**: ותעדון ית טפשות ליבכון DT 10:15
למימר בעשרא לירחא **הדין** זימניה קביע בהדא זימנא ולא EX 12:3
יומין לירחא שביעאה **הדין** חגא דמטליא שובעא יומין LV 23:34
ובחמיסר יומין לירחא **הדין** חגא דפטיריא לשמא דייי LV 23:6
עשר יומא לירחא **הדין** חגא שובעא יומין פטירי NU 28:17
הי כנהורא וכדון חב עמא **הדין** חובא רבא ועבדו להון דחלן EX 32:31
כן ישכוב עמך בלילייא **הדין** חולף יברוחי דבריך: ועל יעקב GN 30:15
שמענא מגו אישתא יומא **הדין** חמינא ארום ממליל ייי עם בר DT 5:24
ממצרים: ויהי לך ניסא **הדין** חקיק ומפרש על תפילת ידא EX 13:9
דייי סוק לטוור עיבראי **הדין** טוורא דנבו חשב בליביה ואמר DT 32:49
לארע חורן כזמן יומא **הדין**: טמירתא גליין קדם ייי אלקנא DT 29:27
ליה ארום מטול פיתגמא **הדין** יברככון ייי אלקכון בכל DT 15:10
יתי מדאיתני עד יומא **הדין**: יהי רעוא קדמך דמלאכא GN 48:15
למעבד ית פיתגמא **הדין** יומא דין: ויהי ארום יימר לך DT 15:15
יומין לירחא שביעה **הדין** יומא דכיפוריא הוא מארע LV 23:27
לי לא תעיבר ית יורדנא **הדין**: ייי אלקכון ושכינתיה עביר DT 31:2
עלוי וכדון אדם גוזרתא **הדין** יכפר על חתנא דילי: ופסק EX 4:25
ביניכון: ארום ביומא **הדין** יכפר עליכון לדכאה יתכון LV 16:30
למרדא עלי במדברא **הדין** יסופון ותמן ימותון: וגובריא NU 14:35
כתיבין בספר אורייתא **הדין** יסקינון מימרא דייי עליכון עד DT 28:61
אישתיציאה בעלמא **הדין** ישתצי בר נשא ההוא בעלמא NU 15:31
האילין דרא בישא **הדין** ית ארעא טבתא דקיימתא DT 1:35
ית שמא יקירא ודחילא **הדין** ית ייי אלקכון: ויכסי מימרא DT 28:58
ברבותא דישראל בעידנא **הדין** יתאמר לבית יעקב ולבית NU 23:23
לבת ישראל ינגח כדינא **הדין** יתעביד ליה: ברם אין עבד EX 21:31
אעביד לכון: במדברא **הדין** יתרמון גושמיכון כל סכומכון NU 14:29
אילין אנת קטל ית עמא **הדין** כגברא חד ויימרון עממיא NU 14:15
דעורלתהון ביכרן יומא **הדין** כמא דמליל עימיה ייי: ואברהם GN 17:23
כדון לסורחנות עמא **הדין** כסגיאות טבוותך והיכמא NU 14:19
למהוי אמרין בטוורא **הדין** כפת אברהם ית יצחק בריה GN 22:14
יתן לאתרא בישא **הדין** לא אתר כשר לבית דרע ואוף NU 20:5
ואין קשוט הוה פיתגמא **הדין** לא הישתכחו סהידוון DT 22:20
כן לא תהנעלון ית קהלא **הדין** לארעא די אתין להון: הינון מי NU 20:12
קדם ייי לאעלא ית עמא **הדין** לארעא דקיים להון וקטלינון NU 14:16
מתמני למיעול עם עמא **הדין** לארעא דקיים מימרא דייי DT 31:7
ותיטרון ית יומא **הדין** לדריכון קיים עלם: בניסן EX 12:17
דמצרים או במדברא **הדין** לואי דמיתנא: ולמא ייי מעיל NU 14:2
תייטיב עובדך בעלמא **הדין** ליום דינא רבא חטאך נטיר GN 4:7
ועבד ייי ית פיתגמא **הדין** ליום חרן ומית כל בעירא EX 9:6
מה דחיל ומשבח אתרא **הדין** לית דין אתר חול ארום אלהן GN 28:17
אתרא הדין: ובפיתגמה **הדין** ליתיכון מיהימנין במימרא DT 1:32
דמצרים: ויהי יומא **הדין** לכון לדוכרנא ותחגון יתיה EX 12:14
דמצרים למימר: ירחא **הדין** לכון למקבעיה ריש ירחייא EX 12:2
האנא מחית בעידן **הדין** למחר מן אוצרי שמייא ברדא EX 9:18
הדא דיכתיבין בסיפרא **הדין** למידחל ית שמא יקירא DT 28:58
בירחא דאדר בכרן יומא **הדין** למימר: והוה כיוון דאמר ליה DT 32:48
הוא לך למעבד כפיתגמא **הדין** למיקטל זכאי עם חייב ויהי GN 18:25
ניכול למעבד ית פיתגמא **הדין** למיתן ית אחתן לגבר דלא GN 34:14
ית קהלא דייי למדברא **הדין** לממת תמן אנחנא ובעירנא: NU 20:4
הנפקתון יתן למדברא **הדין** לקטלא ית כל קהלא הדין EX 16:3
ותיטרון ית פיתגמא **הדין** לקיים לך ולבנך דכורייא עד EX 12:24
לן שיזבתא ביומא **הדין** לקיימא עם סגי מדבית יעקב: GN 50:20
יתכון: ואיתן ית עמא **הדין** לרחמין בעיני מצראי ויהי EX 3:21
לקשיות לב עמא **הדין** לרישעיהון ולסורחנותהון: DT 9:27
דעבדו ית פיתגמא בישא **הדין** לתרע בית דיניכון ית גברא או DT 17:5
אסיקתא בחילך ית עמא **הדין** מביניהון: ויימרון בחדווא NU 14:13
ואחמי ית חזוונא רבא **הדין** מדין לא טריב סנייא: וגלי קדם EX 3:3
בידי: ליתיה רב בביתא **הדין** מיני ולא מנע מיני מדעם GN 39:9
חמית זכאיי קדמי בדרא **הדין**: מכל בעירא דכיא תיסב לך GN 7:1
עובדיהון טביא בעלמא **הדין** מן בגלל למשציא יתהון DT 7:10
והיכמא דשיריתא לעמא **הדין** מן זמן דנפקו ממצרים ועד NU 14:19
עד מיתיכון עד אתרא **הדין** מסרבין הוויתון קדם ייי: DT 9:7
וקיימין הי כזמן כרן יומא **הדין** מערע קדיש יהי לכון כל LV 23:21
בית ישראל ית פיתגמא **הדין** מפום משה גחנו וסגידו: ואזלו EX 12:27
עד דהינון בחיין בעלמא **הדין** משלים להון גומליהון: DT 7:10
דמצרים הוא ליליא **הדין** נטיר ממלאכא מחבלא לכל EX 12:42
אלקא: יחידאה הוא עמא **הדין** נייח ושרי כאריא בגבורתא NU 23:24
מאה והוה בכרן יומא **הדין** נפקו כל חילייא דייי פריקין EX 12:41
באיליין ובגו פיתגמא **הדין** נקום ונגיח עימיה קרבא וית GN 33:2

ליתנא מסהיד בעמא **הדין** סהדין דטעמין מיתותא DT 32:1
גילעד: ואמר לבן אוגר **הדין** סהיד בינא ובינך יומא דין בגין GN 31:48
קדמי תוב בפתגמא **הדין**: סוק לריש רמתא וזקוף עינך DT 3:26
לא תיכלון עד כרן יומא **הדין** עד זמן איתוייכון ית קרבן LV 23:14
ברה למימר הא ליליא **הדין** עילאי משבחין למרי עלמא GN 27:6
יוסף לגזירא עד יומא **הדין** על ארעא דמצרים לפרעה GN 47:26
ובנוי וכל סביא דעמא **הדין** על אתר בי דינהון ייתון בשלם: EX 18:23
לילוון: בכרן יומא **הדין** על נח ושם וחם ויפת בני נח GN 7:13
ית טורחא דעמא **הדין** עלי: האנא עברית וחשחשית NU 11:11
אבוי וגששיה ואמר קלא **הדין** קליה דיעקב ברם מימש ידוי GN 27:22
ית פולחנא הדא בירחא **הדין**: שובעא יומין תיכול פטירי EX 13:5
ליה: כד דיירין בעלמא **הדין** שעא חדא אחין מן איבא DT 25:5
תוספון למתוב באורחא **הדין** תוב: ולא יסגון ליה נשין על DT 17:16
למימר מה אעבד לעמא **הדין** תוב קליל זעיר והינון רגמין EX 17:4
הוא חייכון ובפיתגמא **הדין** תורכון יומין על ארעא דאתון DT 32:47
מן קדם ייי: וית חוטרא **הדין** תיסב בידך דתעביד ביה ית EX 4:17
עדריא למימר כפיתגמא **הדין** תמללון עם עשו כד תשכחון GN 32:20
עימך: אין ית פיתגמא **הדין** תעביד דתיהי פני מן דינא EX 18:23
הקיימתון כל נוקבא: הנין **הנין** דהואה תוקלא לבני ישראל NU 31:16
הקיימתון כל נוקבא: **הנין** הנין דהואה תוקלא לבני NU 31:16
תיתחמי ערייתך עלוי: **ואיליין** הינון סידרי דיניא די תסדר EX 21:1
לזרעיתיה לבית אבהתוי: **ואיליין** ייחוסי אהרן ומשה NU 3:1
ברם סופהון דאיליין **ואיליין** למיפל ביד מלכא משיחא NU 24:24
על מימרא דייי **ואיליין** מטלניהון למפקנהון: ונטלו NU 33:2
ורחיצו ברחמי מרי עלמא **ואיליין** שמהן בנתוי מחלה נעה NU 27:1
בני בשמת איתת עשו: **ואילין** בני אהליבמה איתת עשו GN 36:18
דישון ואהליבמה בת ענה: **ואילין** בני דישן חמדן וישבן ויתרן GN 36:26
ית חמרייא לצבעון אבוי: **ואילין** בני ענה דישון ואהליבמה בת GN 36:25
ומנחת ועיבל שפו ואונם: **ואילין** בני צבעון ואיה וענה הוא GN 36:24
דאדום אילין בני עדה: **ואילין** בני רעואל בר עשו רבא נחת GN 36:17
אילין בני עדה איתת עשו: **ואילין** בני רעואל נחת וזרח שמה GN 36:13
ואחתיה דלוטן תמנע: **ואילין** בני שובל עלון ומנחת ועיבל GN 36:23
בכר לתחן גניסת תחן: **ואילין** בני שותלח לערן גניסת ערן: NU 26:36
אברם וית נחור וית הרן: **ואילין** גניסת תרח תרח אולד ית GN 11:27
בני בשמת איתת עשו: **ואילין** הוו בני אהליבמה ברת ענה GN 36:14
בכותלא וממלל עמהון **ואילין** הינון דהוה גחין להון אבוהא: GN 31:19
יתיה עשו ויעקב בנוי: **ואילין** ייחוסין דעשו הוא דמתקרי GN 36:1
עשו הוא רבא דאדומאי: **ואילין** ייחוסין דעשו רבא דאדומא GN 36:9
לשמשא קדמי: **ואילין** לבושיא דיעבדון חושנא EX 28:4
דנא בארעא דגבלא: **ואילין** מלכייא די מלכו בארעא GN 36:31
אשכחית לברתך סהידוון **ואילין** סהידוי ברתי ויפריסון DT 22:17
קידומא לארע מדינחא: **ואילין** סכום יומי חיי אברהם דחיא GN 25:7
איתת עשו: אילין בני עשו **ואילין** רברבנהום הוא אבא GN 36:19
הינון בנוי דישמעאל **ואילין** שומהון בכופרניהון GN 25:16
ויששכר ויוסף ובנימין: **ואילין** שיבטיא יקומון על לווטייא DT 27:13
לאחסנא ית ארעא: **ואילין** שמהן גובריא לשבטא דבית NU 34:19
אילין ייחוסין דשמעון: **ואילין** שמהת בנוי דלוי לייחוסיהון EX 6:16
עם משה בטוורא דסיני:: **ואילין** שמהת בני אהרן כהניא NU 3:3
גרשון וקהת ומררי: **ואילין** שמהת בני גרשון לגניסתהון NU 3:18
אמתא דשרה לאברהם: **ואילין** שמהת בני ישמעאל GN 25:13
אייתי עימיה למצרים: **ואילין** שמהת בני ישראל דעלו GN 46:8
יתיה בגוא נילוס דמצרים: **ואילין** שמהת בני ישראל דעלו EX 1:1
ריש לבית אבהתוי הוא: **ואילין** שמהת גוברייא דיקומון NU 1:5
כספא ומאן הוא דהבא: **ואילין** שמהת רברבי עשו GN 36:40
על בני ישראל הינון: **ואילין** שמהתן דתריסר גובריא NU 13:4
תריסר רברבין לאומתהון: **ואילין** שני חיי ישמעאל מאה GN 25:17
כל אחוי שרא באחסנתיה: **ואילין** תולדת יצחק בר אברהם ומן GN 25:19
וקיים דחמי ולא מתחמי: **ואילין** תולדת ישמעאל בר אברהם GN 25:12
בין סגיאי לזעירי: **ואלין** סכומי ליואי לגניסתהון NU 26:57
הוה מתון ובאיליין **ובאיליין** אמר משה לא שמעית מן LV 24:12
הוה משה מתין ובאיליין **ובאיליין** אמר משה לא שמעית מן NU 15:34
הוה משה מתין ובאיליין **ובאיליין** אמר משה לא שמעית מן NU 27:5
ובדיני נפשתא הוה מתון **ובאיליין** ובאיליין אמר משה לא LV 24:12
נפשתא הוה משה מתין **ובאיליין** ובאיליין אמר משה לא NU 15:34
נפשתא הוה משה מתין **ובאיליין** ובאיליין אמר משה לא NU 27:5
מן בגלל דהוו דיני ממונא **ובאיליין** ובאילליין אמר משה לא NU 9:8
דמואב על ירדנא דיריחו: **ובאילין** לא הוה גבר מן סכומי משה NU 26:64
דהוו דיני ממונא ובאיליין **ובאילליין** אמר משה לא שמעית מן NU 9:8
תיתאכל בנורא תיתוקד: **ודא** אורייתא דאשמא קודש LV 7:1
על מדבחא לא תיטפי: **ודא** אורייתא דמנחתא דיקרבון LV 6:7
בני אהרן תהי גבר כאחוי: **ודא** אורייתא דניכסת קודשיא די LV 7:11
ארום איסתאב ניזריה: **ודא** אחווית אורייתא ניזרא ביום NU 6:13
יומין בארעא דתירתון: **ודא** אחווית תפקידתא קיימייא DT 6:1
במתנן לשיבט מנשה: **ודא** אחווית אורייתא די סדר משה DT 4:44

תיסבון אפרשותי: **ודא** אפרשותא דסיתבון מנהון EX 25:3
ספא דמילתא בארעא **ודא** ארעא דקיימית לאברהם DT 34:4
חד ולישן חד לכולהום **ודא** אתחשדו למיעבד וכדון לא GN 11:6
דאחוי בית ישראל: **ודא** בירכתא לשיבטא דיהודה זווג DT 33:7
כולהון צדיקין כחדא **ודא** דמליל להון אבוהון ובריך GN 49:28
רשיעיא לעלמא דאתי **ודא** יידכר לן ליום דינא רבא NU 31:50
ית פולחן משכן זימנא: **ודא** מטרת מטולהון לכל פולחנהון: NU 4:31
דאנא יהיב לבני ישראל: **ודא** סדר ברכתא דבריך משה נביא DT 33:1
תלת זימני מסאב הוא: **ודא** תהי סאובתיה גוון חיוור LV 15:3
דגניסת קהת מגו ליוואי: **ודא** תקנתא עיבידו להון וייחון NU 4:19
ברם סופיהון דאיליין **ודאיליין** עד עלמא יהוי לאובדנא: NU 24:20
שנין תעבדון שמיטתא: **ודין** אחוית הילכת שמיטתא DT 15:2
עבדא חלב ודבש היא **ודין** איבה: לחוד ארום תקיף עמא NU 13:27
ביצחק יתקרון לך בנין **ודין** בר אמתא לא מתיחס בתרך: GN 21:12
תריהום דין מריה דביתא **ודין** גנבא ולמאן דמחייבין דיינייא EX 22:8
דין הוא שמי לעלם **ודין** דוכרני לכל דר ודר: איזיל EX 3:15
בדכותא קודשא יהי לך: **ודין** דזכיתי לך אפרשות מתנתהון NU 18:11
יתירא ולא דריס תיכלון: **ודין** דלא תיכלון מנהון נשרא ועוזא DT 14:12
למערוק לתמן קטולא: **ודין** הילכת קטולא דיערוק לתמן DT 19:4
יהוי לכון תחום מערביא: **ודין** יהוי לכון תחום ציפונא מן ימא NU 34:7
היכמא דמליל ליה: **ודין** יהי חולקא דחמי לכהניא מן DT 18:3
בית מקדש לשמיה דייי **ודין** כשר לצלן מכוון כל קבל תרע GN 28:17
ארום יהי מימרי בסעדך **ודין** לך סימנא דאנא שדרתך EX 3:12
רמשא מסאבין הינון לכון: **ודין** לכון דמסאב דמיה ומשכיה LV 11:29
דפקיד ייי ית משה: **ודין** עובד מנרתא מינא קשיא דדהב NU 8:4
עלם ליה ולבנוי בתרוי: **ודין** פתגמא דתעביד להון לקדשא EX 29:1
דנפיק מן קודשיא: **ודין** קורבנא דתעביד על מדבחא EX 29:38
קודשיא ביומא טבא: **וכדא** הילכתא תיכלון יתיה בזימנא EX 12:11
עברית ית ירדנא הדין **וכדין** הויגא לתרתין משרוין: שיזבני GN 32:11
למיכל חטוף ואנוסא **וכדין** יסמקון טוורוי ומעצרתיה מן GN 49:12
קדם ייי הא קשי ממלל **וכדין** יקביל מיני פרעה: ואמר ייי EX 6:30
בני ישראל ותדכי יתהון: **וכדין** תעבד להון לדכואיהון ארי NU 8:7
דיתפרשון מן סאוב **וכדנא** תימר להון על בר נש דמית LV 21:1
קדם מותיה למימר לך: **וכדנא** תימרון ליוסף במטו שבוק GN 50:17
ריגלין שיקצא הוא לכון: **ולאילין** תסתאבון כל דיקרב LV 11:24
חמית וסכיתי למיחמי **ולדא** לא סכיית דעד כדון יוסף ברי GN 45:28
דנח ליחוסיהון בעממיהון **ומאילין** איתפרשו עממיא בארעא GN 10:32
חדא מן מלייא קשייתא **כאילין** ארום ביומא דאת חמי סבר EX 10:28
קדם ייי וארע יתי סקול **כאילין** בתרין בניי הלא מעשרא LV 10:19
ית איליין קורבנייא: **כאילין** קורבני יומא קמאה תעבדון NU 28:24
רשיעתא מבנת חת **כאילין** מבנתהום דעמא דארעא GN 27:46
לא הות ביה מחתא **כדא** ודכוותיה ליליא לא תוסיף EX 11:6
לא תוסיף למיהוי מחתא **כדא**: ולכל בני ישראל לא יהנזק EX 11:6
ואמר יוסף לאבוי לא **כדין** אבא ארום דין בוכרא שוי יד GN 48:18
לטעוותהון ונעביד **כדין** אוף אנן: לא תעבדון פולחנא DT 12:30
ממלילנא עימהון: לא **כדין** אורחא דמשה עבדי בכל בית NU 12:7
בטובתא דישראל ומבתר **כדין** אימות: אתיב ליה מרי עלמא DT 32:50
וכל עמא דעימך ומבתר **כדין** איפוק ונפק מלות פרעה EX 11:8
וית אנטיוכי ובתר **כדין** איתבדרו זרעייתהון דכנענאי: GN 10:18
בכל קודשיא ומן בתר **כדין** איתגלי ליה ואיהוא ידע LV 5:3
משה עמהון: ומבתר **כדין** איתקריבו כל בני ישראל EX 34:32
וחד מילין ומן ברת **כדין** אמר ארום בשמא דייי אנא DT 32:3
אפין דרוגזא ומן בתר **כדין** אנוח לך: ואמר ליה אין לית EX 33:14
ארום יקיר הוא מיני: ואין **כדין** אנת עביד לי דתישבוק כל NU 11:15
אדם קטיליהון מן בתר **כדין** אשלוף חרבי ואישצי יתהון EX 15:9
כדין תעבירון ארום בגין **כדין** באשון שירותא אזדמנתון GN 18:5
בי: ואמר לבן לא מתעביד **כדין** באתרין למיתן זעירתא קדם GN 29:26
היך מרי אומנוון ומן בתר **כדין** בדמין זולין כעבדין ואימהן עד DT 28:68
רבתא: וכד חמא פרעה **כדין** בכין פקיד לכל עמיה למימר EX 1:22
תעברון בנורא וידכי בתר **כדין** במיא דכשרין לאידכאה בהון NU 31:23
ימא סגי ומסתגי במיא **כדין** ברך יוסף יתקפון לסגי בגו GN 48:16
פרעה לעבדוי הנשכח **כדין** גבר דרוח נבואה מן קדם ייי GN 41:38
להום ישראל אבוהון אין **כדין** הוא דא עיבידו סבו ממא GN 43:11
עבדי קרבא ואמרת אם **כדין** הוא צערא דילידתא למה דין GN 25:22
רשו לאבאשא עמי: אם **כדין** הוה אמיר קרוחין יהי אגרך GN 31:8
והוה היכמא דפשר לנא **כדין** הוה יתי אותיב במיליה על GN 41:13
הי כחיזו אישא עד צפרא: **כדין** הוי תדירא ענן יקרא: מעילוי NU 9:16
לריבוני לעבדין: ואמר אוף **כדין** הי כפיתגמיכון כן יהי דישתכח GN 44:10
שנין אוחרנין: ועבד יעקב **כדין** ואשלים שבעתי יומי משתיא GN 29:28
קיימא בעלמא כל דיעבד **כדין** וישתיצון במותנא וחמיין LV 20:17
לחכימיא ותתיב ותימר **כדין** חמי לאתעובדא לגברא דלא DT 25:9
וסביל יתהון על איברוי **כדין** טעינינון וסבלינון ואשרינון על DT 32:11
לברתיה דיעקב אלהין **כדין** יאי למיהוי מתאמר ערלאין GN 34:31
בבקעת דורא ואין יחמון **כדין** ידחלון ויתובון למצרים: ואחזר EX 13:17

יתקיים מה דאתבשרית **כדין** יהון בנך ונסגוד למרי עלמא GN 22:5
וייתי וירים ויחית ומבתר **כדין** יחתיניה קדם מדבחא דייי DT 26:4
ויכלו גושמהון ומבתר **כדין** ייחון כל מיתיא דישראל NU 11:26
שימשא ויתכשר ובתר **כדין** ייכול מן קודשיא ארום מזוניה LV 22:7
כל ענא קרוחין ואם **כדין** יימר מאן דשומא בריגליהון GN 31:8
כל דבביתא ומן בתר **כדין** ייעול כהנא למיחמי ית ביתא: LV 14:36
סווין דמוי ומן בתר **כדין** ייעול למשריתא ויהי מסאב NU 19:7
מיטל משרייתא ומן בתר **כדין** ייעלון בני קהת למסוברא ולא NU 4:15
קדמי ליואי: ומן בתר **כדין** ייעלון ליואי למפלח ית פולחן NU 8:15
שמיה זבולון: ומן בתר **כדין** ילידת ברת וקרת ית שמה GN 30:21
דאישא והיכדין אמר ליה **כדין** ינתנון כל מאן דעבר על EX 30:13
ויעול עלה ומבתר **כדין** יסנינה: וישוי בה ערד דמילין DT 22:13
מינן אוף לא חד ומן בהר **כדין** יסקון להון מן ארעא: ושוון EX 1:10
סווין דמוי ומן בתר **כדין** יעול למשריתא: וית תורא LV 16:26
עליהון מכולהון ומבתר **כדין** יפטור יתכון מיכא כמיפטריה EX 11:1
וחמשין מחן ומן בתר **כדין** יפקון לחירותא בניכסין GN 15:14
אטלות אבנין ובתר **כדין** יצלבון יתיה על קיסא: לא DT 21:22
ויסק למדבחא ומבתר **כדין** ישקי ית איתתא ית מיא: NU 5:26
שקא דאפרשותא ומבתר **כדין** ישתי נזירא חמרא: דא אחוויית NU 6:20
למיעבד גזירתך בחדווא **כדין** כד יהון בנוי דיצחק ברי עליין GN 22:14
אנן: לא תעבדון פולחנא **כדין** לייי אלקכון ארום כל דמרחק DT 12:31
פרעה למימר למה תעביד **כדין** לעבדך: תיבנא לא מיתיהב EX 5:15
עשרונא לאימרא חד **כדין** לשובעא אימרין: צפיר בר עיזי NU 28:29
ומרגלין ואזלו מבתר **כדין** מהלך תלתא יומין במדברא NU 33:8
ייי לנא: ואמר להון יהי **כדין** מימרא דייי בסעדכון כמא EX 10:10
לביני עממייא ומן בתר **כדין** מלילו אחוי עימיה: וקלא GN 45:15
באנפי ברא ומן בתר **כדין** מתפרקין על יד תלת רעיין ודי GN 40:12
דייי מן ידוי ומבתר **כדין** נחת למצרים ואיתותב תמן DT 26:5
מרים נביאתא ומן בתר **כדין** נטלו עמא מחצרות ושרון NU 12:16
וקרת שמיה פרץ: ובתר **כדין** נפק אחוי דעל ידי קטיר חוט GN 38:30
ודיקנא ושינין וככין: ובתר **כדין** נפק אחוי וידיה אחידא GN 25:26
וגחנו וסגידו: ובתר **כדין** עאלו משה ואהרן ואמר EX 5:1
אהרן לדכאואיהון: ומבתר **כדין** עלו ליואי למפלח ית פולחנהון NU 8:22
אנא ייי: ומליל משה **כדין** עם בני ישראל ולא קבילו מן EX 6:9
ולאבוי שדר דורון **כדין** עשרא חומרין טעינין חמרא GN 45:23
חמר וניסוך מוי ארום **כדין** עתידין בנוי למעבד בחגא GN 35:14
מנהון סגיאין ברם בתר **כדין** עתידין הינון דישלטון בעמך NU 24:14
עלי תרע קרתי: ומן בתר **כדין** קבר אברהם ית שרה אינתתיה GN 23:19
לאה ובנהא וגחנן ובתר **כדין** קריב יוסף ואתעבר קמי רחל GN 33:7
לחדא קודמוי לא הוה **כדין** קשיין גובא דכוותיה ובתרוי EX 10:14
ועל תסילוי מחופף **כדין** שכינתיה מעורד למשריתהון DT 32:11
ארבעין יומין ארום **כדין** שלמין יומי בסימיא ובכון יתי GN 50:3
לה שובעא יומין ובתר **כדין** תטבול בארבעין סווין דמוי LV 15:28
חדא או עשרהרחין ובתר **כדין** תיזיל: ואמר להום לא תעכבון GN 24:55
ופקיד יתהום למימר **כדין** תימרון לריבוני לעשו כדנן GN 32:5
אין היא מעברא ומן בתר **כדין** תיעול לוותה ותפרין יתה DT 21:13
בית מוקדשא ומבתר **כדין** תיתבון לרוחצן: ויהי אתרא DT 12:10
אולפן מן קדם ייי ומבתר **כדין** תמנון עליכון מלכא לית לכון DT 17:15
בסרהוביא: ארום אין **כדין** תעבדון לכון אגוריהון תסתרון DT 7:5
תיכול חיות ברא **כדין** תעביד לכרמך לזיתך: שיתא EX 23:11
לשום מימרא דייי ובתר **כדין** תעבירון ארום בגין כדין GN 18:5
קדם עמא דייי ומן בתר **כדין** תתובון ותהון זכאין מן קדם NU 32:22
עד זמן דתיתסי ומן בתר **כדין** תתכנש: ואיטרדת מרים מברא NU 12:14
מן מדינאי ומן בתר **כדין** תתכנש לעמך: ומליל משה עם NU 31:2
לות פרעה ותמליל עימיה **כדנא** אמר ייי אלקא דיהודאי פטור EX 9:1
קדם פרעה ותימר ליה **כדנא** אמר ייי אלקא דיהודאי פטור EX 9:13
לות פרעה ואמר ליה **כדנא** אמר ייי אלקא דישראל עד EX 10:3
משה ואהרן ואמר לפרעה **כדנא** אמר ייי אלקא דישראל פטור EX 5:1
והא לא קבילת עד כדון: **כדנא** אמר ייי בדא סימנא תינדע EX 7:17
ית עמא: ותימר לפרעה **כדנא** אמר ייי ברי בוכרי ישראל: EX 4:22
עמא: ואמר משה לפרעה **כדנא** אמר ייי לילייא חורן כשעתא EX 11:4
לות פרעה ותימר ליה **כדנא** אמר ייי פטור ית עמי ויפלחון EX 7:26
כאמגושתא ותימר ליה **כדנא** אמר ייי פטור ית עמי ויפלחון EX 8:16
עמא וסרכוי ואמר לעמא **כדנא** אמר פרעה לית אנא יהיב EX 5:10
עם אהרן ועם בנוי למימר **כדנא** תברכון ית בני ישראל NU 6:23
אמר והוה כולא ואמר **כדנא** תימר לבני ישראל אנא הוא EX 3:14
דייי: ואמר ייי למשה **כדנא** תימר לבני ישראל אתון EX 20:22
ליה ייי מן טוורא למימר **כדנא** תימר לנשייא דבית יעקב EX 19:3
לות מלכא דאדום למימר **כדנן** אמר אחוך ישראל אנת ידעת NU 20:14
לות בלעם ואמרו ליה **כדנן** אמר בלק בר צפר לא כדון NU 22:16
לות אבא ותימרון ליה **כדנן** אמר ברך יוסף שווייני ייי לרב GN 45:9
כל בנוי דלוי: ואמר להון **כדנן** אמר ייי אלקא דישראל כל EX 32:27
תימרון לריבוני לעשו **כדנן** אמר עבדך יעקב עם לבן GN 32:5
רבקה אחתיה למימר **כדנן** מליל עמי גברא ואתא לות GN 24:30

ואמר תוב ייי למשה **כדנן** תימר לבני ישראל אלקא EX 3:15
לא דחילתון לאשתעויי **כהלין** מלייא בעבדי במשה: NU 12:8
עניין ואמרין איליין **לאיליין** איתו ניתן כליל דרבו בריש EX 15:18
מה איכול למיעבד **לאיליין** יומא דין או לבניהן דילידן: GN 31:43
יומין אמרין אילין **לאילין** איתון ניבכי על יעקב GN 50:3
ואמרו מצראי אילין **לאילין** נעירון מן עמא בני ישראל EX 14:25
ייי עם משה למימר: **לאילין** שבטיא תתפלג ארעא NU 26:53
מגרמיי ובישרא מבישרי **לדא** חמי למיקרי איתא ארום מגבר GN 2:23
בישין בממונהון דין **לדין** וחייבין בגופיהון בגילוי GN 13:13
דמן לטווריא וקריבו דין **לדין** ומיתן ואדמהון הוה נגיד NU 21:14
חבריה והוו קטלין דין **לדין** ופסקו מלימיבני קרתא: בגין כן GN 11:8
ארבע גניסן אמרו דין **לדין** מאן גרם לנא קטולא הדא DT 10:6
והדר אמר אברהם **להלין** גובריא יתסב כדון זעיר מיא GN 18:4
חסינן הי כשלהוביתא **מאילין** דקריין ומשיחין באורייתא NU 21:28
רברבין סגיאין ויקירין **מאלין**: ואתו לות בלעם ואמרו ליה NU 22:15
חיליה: ואמר להון יצחק **מדין** אתיתון לותי דאצלי עליכון GN 26:27
דאישתיירו למימר: **מדין** לא אכלתון ית חטאתא באתר LV 10:17
ית חזוונא רבא הדין **מדין** לא טריב סנייא: וגלי קדם ייי EX 3:3
ביתא דריבוניה למימר **מדין** סבר אפיכון ביש יומא דין מכל GN 40:7
ומריה דתורא יהי זכאי **מדין** קטול ואוף מדמי עבדא ואמהו: EX 21:28
ויהי זכיי מחייא **מדין** קטול לחוד בוטלן עיבידיתיה EX 21:19

דנבא (1)

חיוא חייא ית אודניא וית **דנבייא** ואתא ותני לות אבוהון: GN 37:2

דנח (36)

מברא לקרתא ית ציטרא **דמדינחא** תרין אלפין גרמידי וית NU 35:5
ואיסתלק מתמן לטורא **דממדנח** לביתאל ופרסיה משכניה GN 12:8
לעמיה בית ישראל **ודנח** זיו איקר שכינתיה מגבלא DT 33:2
אפין ואישתיזבת נפשי: **ודנח** ליה שימשא קדם זימניה GN 32:32
ולציפונא ולדרומא **ולמדינחא** וחמי בעינך ארום לא DT 3:27
תמן לציפונא ולדרומא **ולמדינחא** ולמערבא: ארום ית כל GN 13:14
ותיתקף למערבא **ולמדינחא** ולציפונא ולדרומא GN 28:14
חמשין למערבא וחמשין **למדינחא** ורומא חמש אמין דבוץ EX 27:18
דיגלת הוא דמהלך **למדנח** אתור ונהרא רביעא הוא GN 2:14
מעלך לספרוואי טור **מדינחא**: אילין בנוי דשם ליחוסיהון GN 10:30
מלכא דמואבאי מן טוורי **מדינחא** איתא לוט בגיני דבית NU 23:7
מערבא ימא דמילחא מן **מדינחא** דא תהוי לכון ארעא NU 34:12
למיתב קידומא לארע **מדינחא**: ואילין סכום יומי חיי GN 25:6
לנא מעיברא דיורדנא **מדינחא**: ואמר להון משה אין NU 32:19
לטיילא ואזל לארע בני **מדינחא**: וחמא והא בירא בחקלא GN 29:1
מן סייפי ימא דמילחא **מדינחא**: ויקיף לכון תחומא מן NU 34:3
קרתא דארמניא בארע **מדינחא**: ומיא הוו אזלין וחסרין עד GN 8:4
מעיברא ליורדנא **מדינחא**: ומליל ייי עם משה למימר: NU 34:15
מישרא עיברא דיורדנא **מדינחא** ועד ימא דמישרא תחות DT 4:49
שפכות מיא מרמתא **מדינחא**: ופקידית יתכון שיבט DT 3:17
מערבא ותלת לקבל רוח **מדינחא** ושביעאה במציעאה: ועבד NU 8:2
דכסף: ולרוח קידומא **מדינחא** חמשין אמין: ווילוון EX 38:13
דדרתא לרוח קידומא **מדינחא** חמשין אמין: וחמיסירי EX 27:13
מילין ודישרן קידומא **מדינחא** טיקס משירית יהודה NU 2:3
ותכוונון לכון לתחום **מדינחא** מטירת עינוותא לאפמיאה: NU 34:10
ודישרן קדם משכן זימנא **מדינחא** משה אהרן ובנוי נטרין NU 3:38
סידרי קרבא עם כל בני **מדינחא** עם דבית ישראל ברם NU 24:20
מן אפמיאה לדפני מן **מדנח** לעיינוותא ויחות תחומא NU 34:11
קירוין בעיברא דיורדנא **מדנח** שימשא: למעירוק לתמן DT 4:41
דבעיברא דיורדנא **מדנח** שימשא: מערוער דעל גיף DT 4:47
שירויא: והוה במיטלהון **ממדינחא** ואשכחו בקעתא בארעא GN 11:2
כל מישר ירדנא ונטל לוט **ממדינחא** ואתפרשו אינש מעל GN 13:11
ביתאל מן מערבא ועי **ממדינחא** ובנא תמן מדבחא קדם GN 12:8
לתחום ימא דגיניסר **ממדינחא**: ויחות תחומא ליורדנא NU 34:11
מדכר זכות סבא דאתא **ממדינחא** פטיר בולי קריב לשמך LV 22:27
דמכוון על אנפי מואב **ממדנח** שמשא: מתמן נטלו ושרו NU 21:11

דעץ (2)

ואפסרא וקטרבא ולא **אידעצא** בזקתא וסול וסירתא וכל NU 19:2
מוי מן כיפא והוה **דעיץ** בגו גינוניתא ומן יד אושיט EX 2:21

דפן (1)

יומין:: במטללתא דתרי **דופנייהא** כהילכתהון ותליתייא עד LV 23:42

דפק (1)

דעמיה זעירין תזעיר **לדיפוק** ליה תמן עדבא דיליה יהי NU 33:54

דקיתא (1)

אליתא שלמתא כל קבל **דקיתא** יעבר יתיה וית פריסותא LV 3:9

דקלא (4)

לכל שיבטא ושובעין **דיקלין** כל קבל שובעין סבייא EX 15:27
לתריסר שיבטין ושובעין **דיקלין** כלו קבל שובעין חכימיא NU 33:9
דגלו מן קריית גלעד **דקליא** על ידי אחיהון בית ישראל DT 34:3
קיסין דזיתא ותאנתא **ודיקלא** דחזיין לעלתא וקם ואזל GN 22:3

דקן (8)

יהי ביה מכתשא בריש או **בדקן**: ויחמי כהנא ית מכתשא והא LV 13:29
הוא סגירות רישא או **דיקנא** הוא: וארום יחמי כהנא ית LV 13:30
כל שעריה ית רישיה וית **דיקניה** וית גביני עינוי וית כל LV 14:9
רושם ברישיהון ואומנא **דיקניהון** לא יספרון ובבישרהון לא LV 21:5
מנהום הוה להום רושם **דקן** ואינון לא אשתמודעוהי דלא GN 42:8
דלא הוה ליה רושם **דקן** וההיא שעתא אית ליה: ודכיר GN 42:8
ולא תגלבון ית שומת **דקניכון**: ושורטת חיבול על נפש LV 19:27
כוליה גמיר בשיער רישא **ודיקנא** ושינין וככין: ובתר כדין נפק GN 25:25

דקק (7)

בנורא ושף עד דהוה **דקיק** ודרי על אנפי מוי דנחלא EX 32:20
שער מצלהב כחיזו דהב **דקיק** ויסאב יתיה כהנא ניתקא הוא LV 13:30
מדברא דקיק מסרגל **דקיק** כגלידא דעל ארעא: וחמון בני EX 16:14
טבאות עד דהוה **דקיק** כעפרא וטלקית ית עפריה DT 9:21
לכון מלי חופניכון קטם **דקיק** מן אתונא וידריקיניה משה EX 9:8
והות על אנפי מדברא **דקיק** מסרגל דקיק כגלידא דעל EX 16:14
קודשא: ותיכתוש מינה **ותדיק** ותיתן מינה קדם סהדותא EX 30:36

דר (101)

ולישנין לבני נשא **בדרא** דפלגותא בי היא זימנא רמא DT 32:8
ותב נח ובנייה ואיתפכר **בדרא** דפלוגתא וסדר עילוי ית GN 22:9
יתך חמית זכאיי קדמי **בדרא** הדין: מכל בעירא דכיא תיסב GN 7:1
שלים בעובדין טבין הוה **בדרוהי** בדחלתא דייי הליך נח: GN 6:9
בבתיא וישתתפון **בדרתיהון** בגין למיתייא מידין לידין EX 16:5
למיקום בסדר דיניא **דדרא** דמבולא למובדא GN 6:3
מה יהוי בסופיהון ארום **דר** דהפכנין אינון בנין דלית בהון DT 32:20
לעלם ודין דוכרני לכל **דר** ודר: איזיל ותיכנוש ית סבי EX 3:15
דעתיה ואיתבונן בכל **דר** ודר והא לא קאים מן ההוא EX 2:12
אלפין גוברין וית עקת כל **דר** ודר ופורענות ארמלגוס רשיעא DT 34:3
גיברא עביד קרבינן בכל **דר** ודר מודע גבורתיה לעמיה בית EX 15:3
אתבוננו בשנהון דכל **דר** ודר קרון בספרי אורייתא ויתנון DT 32:7
מקהל עמא דייי ברם **דר** עשיראי לא ידכי למיסב איתא DT 23:4
על דר תליתאי ועל **דר** רביעאי לסנאי כד משלמין בניא DT 5:9
על דר תליתאי ועל **דר** רביעאי: שבוק כדון לסורחנות NU 14:18
על דר תליתאי ועל **דר** רביעיי לשנאיי: ונטיר חסד וטיבו EX 20:5
רשיען על בנין מרודין על **דר** תליתאי ועל דר רביעאי לסנאי DT 5:9
על בנין מרודין על **דר** תליתאי ועל דר רביעאי: שבוק NU 14:18
רשיען על בנין מרודין על **דר** תליתאי ועל דר רביעיי לשנאיי: EX 20:5
אבהן על בנין מרודין על **דר** תליתאי ועל רביעאי: ואוחי משה EX 34:7
בנין דמתילדין להון **דר** תליתאי ידכון למיסבא מעם DT 23:9
גבר בגובריא האילין **דרא** בישא הדין ית ארעא טבתא DT 1:35
ותמני שנין עד דסף כל **דרא** גברי מגיחי קרבא מיגו DT 2:14
דקיימית לאבהתהון ולא **דרא** דארגיזו קדמי לא יחמונה: NU 14:23
וקרת ית שמיה אנוש הוא **דרא** דביומוהו שריו למטעי ועבדו GN 4:26
ארבעין שנין עד דסף כל **דרא** דעבד דביש קדם ייי: והא NU 32:13
דלא בעא למיהוי בעיטת **דרא** דפלוגתא ושבק ארבע קוריין GN 10:11
ובתריה מיתו אחוי וכל **דרא** ההוא: ובנוי דישראל נפישו EX 1:6
קדם ייי: ואמרו רשיעי **דרא** למשה המן בגלל דלא הות לנא EX 14:11
אשתכח מומא בהון **דרא** עוקמנא דאשנייו עובדיהון DT 32:5
במימריה לא יתדנון כל **דריא** בישא דעתידין למיקום בסדר GN 6:3
יתהום ועתידין הינון כל **דריא** דקימון למהוי אמרין בטוורא GN 22:14
פסקא זכותהון דכל **דריא** זכותהון לא יפסוק וקיימא DT 28:15
וישיצי יתהון לתלתי **דריא** מדרא דעלמא הדין ומדרא EX 17:16
בבי מוקדשא דייי ויהון **דריא** פלחין עלה לשמא דייי וכל GN 28:22
למימר גבר מבנך לזרעיית **דריהון** דיהי ביה מומא לא יתכשר LV 21:17
בסיפרא הדין: ויימרון **דרייא** בתראי בניכון די יקומון מן DT 29:21
קדם ייי אלקנא וית כל **דרייא** דעתידין למיקום עד סוף כל DT 29:14
מומתא הדא: ארום ית כל **דרייא** דקמון מן יומת עלמא כולהון DT 29:14
לדריכון מן בגלל דיחמון **דרייא** מסרבייא ית לחמא דאוכלית EX 16:32
תמן: מן בגלל דידעון **דריכון** ארום במטלת ענני יקרא LV 23:43
ותב בתיובא עד שובעא **דרין** אתיליו ליה ולמך בר בריה דלא GN 4:24
ולנטרי פיקודוי לאלפין **דרין**: ומשלים לסנאוי אגר עובדיהון DT 7:9
כל דקטיל קין לשבעא **דרין** יתפרע מיניה ורשם ייי על אפי GN 4:15
ונטיר חסד וטיבו לאלפין **דרין** לרחמיי צדיקיא ולנטרי DT 5:10
ונטיר חסד וטיבו לאלפין **דרין** לרחמיי צדיקייא ולנטרי EX 20:6
נטיר חסד וטיבו לאלפין **דרין** שרי ושביק על חובין ואעבר EX 34:7
וחמא יוסף לאפרים בנין **דרין** תליתאין אוף בני מכיר בר GN 50:23
לעלם ודין דוכרני לכל דר **ודר**: איזיל ותיכנוש ית סבי ישראל EX 3:15
דעתיה ואיתבונן בכל דר **ודר** והא לא קאים מן ההוא מצראי EX 2:12
גוברין וית עקת כל דר **ודר** ופורענות ארמלגוס רשיעא DT 34:3
עביד קרבינן בכל דר **ודר** מודע גבורתיה לעמיה בית EX 15:3
אתבוננו בשנהון דכל דר **ודר** קרון בספרי אורייתא ויתנון DT 32:7
ותתקבר בסיבו טבא: **ודרא** רביעאה דבנך יתובון הכא GN 15:16
דריא מדרא דעלמא הדין **ומדרא** דמשיחא ומדרא דעלמא EX 17:16
הדין ומדרא דמשיחא **ומדרא** דעלמא דאתי: ושמע יתרו EX 17:16

לחלוטין לדיזבן יתיה **לדרוי** לא יפוק ביובלא: ובתי LV 25:30
כל נפשת חיתא דעימכון **לדרי** עלמא: ית קשתי יהבית בעננא GN 9:12
להון: ארום שייל כדון **לדריא** דמן יומי שירויא דהוו קדמך DT 4:32
דין פתגמא דפקיד ייי לא **לדריא** דעתידין למיקום בתר פילוג NU 36:6
ייי וקנו להין שום טב **לדריא** ובנא להין מימרא דייי בית EX 1:21
בריך הוא למחווייא **לדריא** ויחמי מן בניהון אוכלוסין NU 21:34
קביע בהדא זימנא ולא **לדריא** ויסבון להון אימר לבית EX 12:3
יתיה בזימנא דא ולא **לדריא** חרציכון יהון מזרזין מסניכון EX 12:11
תיטר אנת ובנך בתרך **לדריהון:** דא קימי דתיטרון בין GN 17:9
וכן למפרקהון מגלוותהון **לדריהון:** ואמר ייי למשה ולאהרן דא EX 12:42
ההוא ליליא לבכותא **לדריהון:** ואתרעמו על משה ועל NU 14:1
גוליהון דמתעטפין בהון **לדריהון** ויתנון על אנפא גוליתהון NU 15:38
קיים עלם תהי דא להון **לדריהון:** ולהון תימר גבר גבר טלי LV 17:7
קיים עלם ליה ולבנוי **לדריהון:** ומליל ייי עם משה למימר: EX 30:21
רבותהון לכהונת עלם **לדריהון:** ועבד משה הי ככל מה EX 40:15
וקנון להון שום ביש **לדריהון:** וקם משה בתרע סנהדרין EX 32:25
ובינך ובין בנך בתרך **לדריהון** לקים עלך למהוי לך GN 17:7
צפרא קדם ייי קיים עלם **לדריהון** מן בני ישראל: ואנת קריב EX 27:21
למעבד תפנוקי שבתא **לדריהון** קיים עלם: בין מימרי ובין EX 31:16
לא תעבדון קיים עלם **לדריכון** בכל אתר מותבניכון: שבא LV 23:31
קרבן אלקכון קיים עלם **לדריכון** בכל מותבניכון: ותימנון LV 23:14
לכון לגזירת דינין **לדריכון** בכל מותבניכון: כל דיקטול NU 35:29
תריב קדם ייי: קים עלם **לדריכון** בכל מותבניכון כל תריב LV 3:17
קדם ייי: עלת תדירא **לדריכון** בתרע משכן זימנא קדם ייי EX 29:42
יתיה קדם ייי למטרא **לדריכון:** היכמא דפקיד ייי ית משה EX 16:33
ויהון לכון לקים עלם **לדריכון:** וארום תיעולון למסדרא NU 10:8
תתנון אפרשותא קדם ייי **לדריכון:** וארום תשתלון ולא NU 15:21
בפולחנהון קיים עלם **לדריכון** ובגו בני ישראל לא יחסנון NU 18:23
עלם בכל מותבניכון **לדריכון:** ובזמן מחצדכון ית חצד LV 23:21
משכניה לכון גרמיכון או **לדריכון** וידחי למעבד פיסחא קדם NU 9:10
מן יומא דפקיד ייי ולהלא **לדריכון:** ויהי אין מן מחמי כנישתא NU 15:23
או מן דהוא כדון ביניכון **לדריכון** ויעבד קרבן דמתקבל NU 15:14
אישתא קים עלם **לדריכון:** ולאפרשא ביני קודשא LV 10:9
ייי תדירא קיים עלם **לדריכון::** ותיסב סמידא ותיפי יתה LV 24:3
די יתגיירון קיים עלם **לדריכון** כוותכון כגייורא יהי קדם NU 15:15
ייי: אימר להון אזדהרון **לדריכון** כל גבר דיקרב מכל בניכון LV 22:3
בוסמין תדירא קדם ייי **לדריכון:** לא תסקון עלוי קטרת EX 30:8
מלי עומרא מיני למטרא **לדריכון** מן בגלל דיחמון דרייא EX 16:32
אהרן ייכלינה קיים עלם **לדריכון** מקרבנייא דייי כל דיקרב LV 6:11
יומין יגזר לכום כל דכורא **לדריכון** מרביני בתיכון וזביני GN 17:12
קודשא יהי דין קדמי **לדריכון:** על בישרא דאינשא לא EX 30:31
יכפר עלוי ביומי דכיפורי **לדריכון** קודש קודשין הוא קדם ייי: EX 30:10
ותיטרון ית יומא הדין **לדריכון** קיים עלם: בניסן בארבסר EX 12:17
ותחגון יתיה חגא קדם ייי **לדריכון** קים עלם תחגוניה: שובעא EX 12:14
יתהון לתלתי דריא **מדרא** דעלמא הדין ומדרא EX 17:16

דרגש (6)

ורמת חלבונא דביעתא **בדרגשא** וקרת לאינשי ביתא GN 39:14
שבטי ישראל מקפין **דרגשא** דדהבא דרביע עלה ומן GN 49:1
מיכאל וגבריאל אצעון **דרגשא** דדהבא מקבעא בוורדין DT 34:6
ית בנוי וכנש ריגלוי לגו **דרגשא** ואיתנגיד ואיתכניש לעמיה: GN 49:33
ישראל ויתיב על **דרגשא:** ואמר יעקב ליוסף אל שדי GN 48:2
וסגיד ישראל על ריש **דרגשא:** והוה בתר פיתגמייא האילין GN 47:31

דרד (1)

ססגונא: ויתנון על קופא: **וידרדון** ית מדבחא ויפרסון עלוי NU 4:13

דרום (38)

להון סקו בהדין ציטרא **בדרומא** ותיסקון לטורא: ותיחמון NU 13:17
פרזלא ויהוון מפקנוי מן **דרום** לרקם גיעא ויפוק לטירת NU 34:4
ואין לא תנו לי ואיפני על **דרומא** או על ציפונא: ואתיב לבן GN 24:49
בתראה: וית מליך **דרומא** דמתחבר עם מליך ציפונא DT 34:3
על שידא דמשכנא **דרומא:** ואדלק בוציניא קדם ייי EX 40:24
עשרין לוחין לרוח עיבר **דרומא:** וארבעין חומרין דכסף EX 26:18
עשרין לוחין לרוח עיבר **דרומא:** וארבעין חומרין דכסף עבד EX 36:23
עמלק דהוה שרי בארע **דרומא** ואתא ואישתני ומלך בערד NU 21:1
וסליקו מן צטר **דרומא** ואתו עד חברון ותמן אחימן NU 13:22
דרת משכנא לרוח עיבר **דרומא** ווילוון לדרתא דבוץ שזיר EX 27:9
ית דרתא לרוח עיבר **דרומא** ווילוות דרתא דבוץ שזיר EX 38:9
עמלקאי יתבין בארע **דרומא** וחיתאי ויבוסאי ואמוראי NU 13:29
מתמן אברהם לארע **דרומא** ויתיב ביני ריקם וביני חגרא GN 20:1
תחותויי חושם מארע **דרומא:** ומית חושם ומלך תחותויי GN 36:34
והוא הוה יתיב בארע **דרומא:** ונפק יצחק לצלאה באנפי GN 24:62
ואזל למטלנוי מן **דרומא** ועד ביתאל ותב עד אתרא GN 13:3
פתורא על סטר משכנא **דרומא** ופתורא תסדר על סטר EX 26:35
ישרון על שידא דמשכנא **דרומא:** ורב בית אבא דהוה מתמני NU 3:29
לא: ואתא עמלק מארע **דרומא** ושוור בליליא ההוא אלף EX 17:8
דמילחא ריקם גיעא מן **דרומא** טוורוס אומניס מן ציפונא NU 34:12
ויטלון משירייתא דשרן **דרומא** יבבתא יתקעון למטלנהון: NU 10:6
טיקס משרית ראובן **דרומא** ישרון לחיליהון בארבעתי NU 2:10
ובית מותביה בארע **דרומא** כד אתו בני ישראל ואגיח NU 33:40
ויקיף לכון תחומא מן **דרומא** למסוקיתא דעקרבית NU 34:4
ית מנרתא בסטר **דרומא** מטול דמתמן שבילי שמשא EX 40:4
ויהוי לכון תחום **דרומא** מן מדברא דציני טור פרזלא NU 34:3
תחומי אדום ויהוי תחום **דרומא** מן סייפי ימא דמילחא NU 34:3
עד שבעא פושכי וחללא **דרומא** עשרא פושכי תיתבון בה LV 23:42
אלפין גרמידי וית רוח **דרומא** תרין אלפין גרמידי וית רוח NU 35:5
בטורא בשפילתא **ובדרומא** ובספר ימא אשקלון DT 1:7
ולמדינחא ולציפונא **ולדרומא** ויתברכון בגין זכוותך כל GN 28:14
עינך למערבא ולציפונא **ולדרומא** ולמדינחא וחמי בעינך DT 3:27
דאנת תמן לציפונא **ולדרומא** ולמדינחא ולמערבא: GN 13:14
אם אנת לציפונא ואנא **לדרומא** אם אנת לדרומא ואנא GN 13:9
דיליה ולוט עימיה למיזל **לדרומא:** ואברם תקיף לחדא בגיתי GN 13:1
ואנא לדרומא אם אנת **לדרומא** ואנא לציפונא: וזקף לוט ית GN 13:9
ונטל אברם אזיל ונטיל **לדרומא:** והוה כפנא בארעא ונחת GN 12:9
לציפונא וכמהלך יומא **לדרומא** וכרום תרתין אמין הוה NU 11:31

דרי (9)

דשריין בה: ויתכון **אדרי** ביני עממיא ואיגרי בתריכון LV 26:33
תדחדון ליה מן ענכון מן **אידיריכון** ומן מעצרתכון דבריכיכון DT 15:14
לכהנא כמא דמפרשין מן **אידרא** הכדין תפרשון יתה: מן שירוי NU 15:20
כאפרשות עיבורא מן גוא **אידרא** והי כאפרשות חמרא מיגו NU 18:30
הי כעיבורא מן **אידרא** והי כחמרא דמליתא מן NU 18:27
לחדא: ואתו עד בית **אידרי** דאטד די בעוברא דיירדנא GN 50:10
כנענאי ית איבלא בבית **אידרי** דאטד ושריין קמורי חרציהון GN 50:11
ושף עד דהוה דקיק **ודרי** על אנפי מוי דנחלא ואשקי ית EX 32:20
למיכנוש עללתא **מאידיריכון** וחמרא מן מעצרתיכון: DT 16:13

דרך (5)

יצלח בפירוי: ויארע לכון **דרכא** ית קטפא וקטפא יארע LV 26:5
תזממון פם תורא בשעת **דרכיה** ברם יבימתא דאיתרעת קמי DT 25:4
על אפי כל יתבי ארעא **דתדרכון** בה היכמא דמליל לכון: DT 11:25
מינכון: כל אתרא די **תדרוך** פרסת ריגליכון ביה דילכון DT 11:24
על פירקת צוורי מלכיהון **תדרכון:** וסליק משה מן מישרי DT 33:29

דרכון (3)

דרכמונא מתקליה קבל **דרכמונא** לגולגלתא דאיטימוסין GN 24:22
סילעין בסילעי קודשא: **דרכמונא** לגלגלתא פלגות סילעא EX 38:26
גברא קדשא דדהבא **דרכמונא** מתקליה קבל דרכמונא GN 24:22

דרס (2)

ותהון ברם טלימין **ודריסין** כל יומיא: ותהון משתוין DT 28:33
דלא נסיית פרסת ריגלה **למדרס** על ארעא מן פירנוקא ומן DT 28:56

דרע (3)

מפולחנהון ואפרוק יתכון **בדרע** מרמם ובדינין רברבין: ואקרב EX 6:6
בירא גלגל יתא כחדא מן **דרעוי** ניסא רביעאה דטפת בירא GN 28:10
דאפיקתך בחילך רבא **ובדרעך** מרממא: בעידנא ההיא אמר DT 9:29

דרע (11)

קודשיא: ויסב כהנא ית **אדרועא** דמיבשלא שלימא מן NU 6:19
מן צווריהן שיריא מן **אדרעיהן** עזקתא מן עצבעתהן NU 31:50
נס שביעאי זקפינון **בדרע** ימיניה למחמי כולהון קריבוי NU 25:8
רבא דהוא מיכאל יקום **בדרעא** לפרוקא: ואמר ייי ליה דא DT 34:3
וחולף דאחד רומחא **בדרעיה** ומחא למדייניתא לבית NU 25:13
עוד כל יומי ארעא **דרועא** בתקופת תשרי וחצדא GN 8:22
יזכון כהניא לתלת מתנן **דרועא** ולועא וקיבתה ותהי ליה NU 25:13
דימינא מן כתפא ועד **דרועא** תתנון אפרשותא אפרשותא LV 7:32
מתמן בידא תקיפא **ובדרע** מרמם בגין כן פקדך ייי DT 5:15
ממצרים בידא תקיפתא **ובדרע** מרממא ובחזונא רבא DT 26:8
וית ידיה תקיפתה **ודרעיה** מרמם: ית אתותיה וית DT 11:2

דרק (27)

דייי סאיב מי אדיותא לא **אזדריקו** עלוי מסאב הוא: ותהי לכון NU 19:20
ארום מוי אדיותא לא **אזדריקו** עלוי מסאב הוא תוב NU 19:13
אהרן כהניא ית אדמיה **במזירקא** על מדבחא חזור חזור: LV 1:11
פלגות אדם ניכסא ושוי **במזירקיא** ופלגות אדם ניכסא דרק EX 24:6
ניכסתא עד דאדמא קיים **במזרקיא** לא תהוון נטרי נחשין ולא LV 19:26
במניא וידרקון ית אדמא **במיזרקיא** על מדבחא חזור חזור LV 1:5
קדם ייי לכהנא **דזריק** ית אדם ניכסת קודשיא LV 7:14
ופלגות אדם ניכסא **דרק** על מדבחא: ונסיב סיפרא EX 24:6
וקמו לקדם פרעה **ודרק** יתיה משה לצית שמייא והוה EX 9:10
דיכרא: ונכס ית דיכרא **ודרק** משה ית אדמה על מדבחא LV 8:19
מיצעא דריגליהון דימינא **ודרק** משה ית כל מותר אדמא על LV 8:24
פלגות דמא דבמזירקיא **ודרק** על מדבחא לכפרא על עמא EX 24:8
בני אהרן ליה ית אדמא **ודרקיה** על מדבחא חזור חזור: וית LV 9:12
בני אהרן ית אדמא ליה **ודרקיה** על מדבחא חזור חזור: וית LV 9:18
קטם דקיק מן אתונא **וידריקיניה** משה לצית שמייא EX 9:8

טבחא קדם משכן זימנא **וידרקון** בני אהרן ית אדמיה על LV 3:8
טבחא קדם משכן זימנא **וידרקון** בני אהרן ית אדמיה על LV 3:13
בתרע משכן זימנא **וידרקון** בני אהרן כהניא ית אדמא LV 3:2
בסטר ציפונא קדם ייי **וידרקון** בני אהרן כהניא ית אדמיה LV 1:11
כהנא ית אדמא במניא **וידרקון** ית אדמא במיזרקיא על LV 1:5
קודשין קדם ייי יתהון: **ויזרוק** כהנא ית אדמא על מדבחא LV 17:6
בגין דלא למיכוס פיסחא **ולמיזרוק** אדמא דקרבנא דייי על NU 9:7
איליון ריגליהון דימינא **ותדרוק** ית מותר אדמה על מדבחא EX 29:20
דיכרא ותיסב ית אדמיה **ותדרוק** על מדבחא חזור חזור: וית EX 29:16
ית אשמא וית אדמיה **ידרוק** על מדבחא חזור חזור: וית כל LV 7:2
ברדא או גירין דאישא **ידריקון** ביה אין בעירא אין אינשא EX 19:13
הינון וית אדמתהון **תדרוק** על מדבחא וית תריבהון NU 18:17

דרש (19)

אוריתי תדירא מסתרא **במדרישיכון** מטול דתיתעסקון בה DT 29:5
ויתגיירון בנוי וישרון **במדרשא** דשם ויהי כנען עביד להון: GN 9:27
מן לעילא דתפילא **דרישא** היכמא דפקיד ייי ית משה: EX 39:31
כל קבל ענך בגובהא **דרישך** מן בגלל דתיהוי אורייתא EX 13:9
שריין לשיבטיהון בבתי **מדרישיהון** ולא הוון תרעיהון NU 24:2
חבורן חבורן בבית **מדרישיהון** זיו אפיהון ינהר כזיו NU 24:6
יששכר במשכני בתי **מדרישיכון**: אומין סגיעין לטור בית DT 33:18
ליה: כמא יאוון הינון בתי **מדרישיכון** במשכנא די שמיש בהון NU 24:5
יתיה אורייתא קבעו ליה **מדרשא** באתרא דיצבי בחדא מן DT 23:[illegible]
בעובדוי משמש בבי **מדרשא** דעבר תבע אולפן מן קדם GN 25:2[illegible]
ית יצחק ואובלוהי לבי **מדרשא** דשם רבא והוה תמן תלת GN 22:19
דין לי בנין ואזלת לבי **מדרשא** דשם רבא למבעי רחמין מן GN 25:22
תב: ויצחק הוה אתי מבי **מדרשא** דשם רבא מעלנא דבירא GN 24:62
הוה במיפיקיה מן בית **מדרשא** והוא טלה מתרבי עם בני GN 37:2
משכנא לות משה לבית **מדרשיה** דהוו תמן יתבין משה EX 39:33
דמצרים ובנו להון בתי **מדרשין** ופלטין בארעא דגשן GN 47:27
אתון במיעלכון לבתי **מדרשכון** ובריכן אתון במיפקכון DT 28:6
ירחי שתא ובנא ליה בי **מידרשא** ולגיתוי עבד מטלן בגין כן GN 33:17
קריב לכון פיתגמא בבית **מידרשכון** פתחו פמכון למהוי הגיין DT 30:14

דשא (5)

לוט לוותהון לביתה וית **דשא** אחדו: וית גובריא דבתרע GN 19:10
רשותא ויקרביניה לות **דשא** דלות מזוזתא ויחייט ריבוניה EX 21:6
לחדא וקריבו למיתבר **דשא**: ואושיטו גובריא ית ידיהון GN 19:9
עימהון בבתייא אחוין **דשין** בתריהון דלא יתגנבון: אזדהרון DT 29:16
לוותהום לוט לתרעא **ודשא** אחד בתרוי: ואמר בבעו לא GN 19:6

ה (82)

וקרו לרבקה ואמר לה **התיזילין** עם גברא הדין ואמרת GN 24:58
משה לבני גד ולבני ראובן **האחיכון** ייתון לקרבא ואתון NU 32:6
סגי לכון ואתהני לכון עד **האידנא** דקבילתון ביה אורייתא DT 1:6
רוחא לכל בישרא **האין** גברא חד יחוב ועל כל NU 16:22
הינון פירייה אין פתרנין **האית** בה אילנין דמיכל אין לא NU 13:20
ברת מאן את תני כדון לי **האית** בית אבויך אתר כשר לנא GN 24:23
שאיל ית עבדוי למימר **האית** לכון אבא או אחא: ואמרנא GN 44:19
העד כדון אבוכון קיים **האית** לכון אחא ותנינא ליה על GN 43:7
אימר ליה מן שמי **האנא** גזר ליה ית קיימי שלם NU 25:12
אברהם אברהם ואמר **האנא**: ואמר אל תושיט ידך לטלייא GN 22:11
ואמר יעקב יעקב ואמר **האנא**: ואמר אנא הוא אל אלקי GN 46:2
ליה אברהם ואמר ליה **האנא**: ואמר דבר כדון ית ברך ית GN 22:1
אבוי ואמר אבא ואמר **האנא** ואמר הא אישתא וקיסין GN 22:7
מתפתחין ביה ואמר ליה **האנא**: ואמר הא כדון סיבית לית GN 27:1
בחילמא יעקב ואמרתי **האנא**: ואמר זקוף כדון עינך וחמי כל GN 31:11
ואמר משה משה ואמר **האנא**: ואמר לא תקרב הלכא שלוף EX 3:4
לותהון ואמר ליה **האנא**: ואמר ליה איזל כדון חמי ית GN 37:13
מתיב יצחק ואמר **האנא** יומנא בר תלתין ושב שנין GN 22:1
אין ליתך מפטר ית עמי **האנא** מגרי בך ובעבדך ובעמך EX 8:17
בדיל דלא למיפטירינון: **האנא** מחית בעידן הדין למחר מן EX 9:18
ותליתאין תעבדינה: ואנא **האנא** מייתא ית טובענא מיא על GN 6:17
אבוי ואמר אבא ואמר **האנא** מן אנת ברי: ואמר יעקב GN 27:18
מיתותא בעלמא הדין **האנא** מסהיד בהון סהדין דלא DT 32:1
כדון יתי ית יקרך: ואמר **האנא** מעבר כל מכילת טובי קדמך EX 33:19
דכנען ובריך יתי: ואמר לי **האנא** מפיש לך ומסגי לך ואיתנינך GN 48:4
ייי יתיה אימליל: וכדון **האנא** מתפני ואזיל לעמי איתא NU 24:14
דאנא מפקיד לך יומא דין **האנא** מתריך מן קדמך ית אמוראי EX 34:11
טורחא דעמא הדין עלי: **האנא** עברית וחשחשית במעיי ית NU 11:12
לך מן קדם תרעמתהון: **האנא** קאים קדמך תמן באתרא EX 17:6
קריב כדון ואמושנך ברי **האנת** דין ברי עשו אין לא: וקריב GN 27:21
ית ארע כנענאי **האפשר** דאמר ולא יעבד ומה NU 23:19
ולא יעבד ומה דמליל **האפשר** דלא יקיימינה: הא ברכתא NU 23:19
דעלמא אישתני עליהון: **האפשר** דלשום מימרא דייי אתון DT 32:6
ייי מחסור כדון תחמי **היארעינך** פיתגמי אין לא: ונפק NU 11:23
חילמא הדין דחלמתא **המיתי** ניתי אנא ואימך ואחך GN 37:10
לגבה למסאבה ואמר ייי **הבר** עממין דלא חוב אוף חמי ליה GN 20:4
דנן גחכת שרה למימר **הברם** בקשוט אוליד ואנא סיבית: GN 18:13
לך למא לא אתיתא לותי **הברם** מן קושטין הוית אמר לית NU 22:37
למשכנא דייי מאית **הברם** ספנא למישתציא: ואמר ייי NU 17:28
שנין יהי וולד ואין שרה **הברת** תשעין שנין תוליד: ואמר GN 17:17
שמיא ועד סייפי שמייא **ההוה** היך פיתגמא רבא הדין או DT 4:32
ומא ארעא דהוא יתיב בה **הטבתא** היא אין בישתא ומא NU 13:19
מימר פיתגמייא האילין **המידע** הוינא ידעין דיימר אחיתו GN 43:7
הא אתיתי לותך כדון **המיכל** יכילנא למללא מידעם NU 22:38
ותמה ואמר בליביה **הלבר** מאה שנין יהי וולד ואין שרה GN 17:17
ואמרו ליה אחוהי **הלממלך** אנת מדמי עלנא אין GN 37:8
מתשמיש דעריס **הלא** אוף עימנא מליל ושמיע קדם NU 12:2
רשו לגבר דייכול מיניה **הלא** אישתא היא דאכלא יתיה NU 28:2
יקרא: ואמר בלעם לבלק **הלא** אם עזגדייך דשדרת לוותי NU 24:12
דידי שרי ברטיבא **הלא** אנא אתנך דרכבת עלי מן NU 22:30
ית עמך עני ואמר ליה **הלא** אנת הוא לבן ארמאה דבעית NU 31:8
אמר אנת דאסירא היא **הלא** אנת נסיבת ית מדייניתא ברת NU 25:6
דיורדנא ענה ואמר להון **הלא** במדברא בטוורא דסיני DT 1:1
וחולף דחסדותי למימר **הלא** בר פוטי מדינאה הוא הא אנא NU 25:13
אורייתא ולא חכימו **הלא** הוא אבוכון דיקנא יתכון הוא DT 32:6
אילו מנזף נזף באנפה **הלא** הות מיכספא ומיטרדא NU 12:14
לקבל טוורא דעיבל: **הלא** הינון יהיבין מלהלא ליורדנא DT 11:30
נשנא וטפלנא יהון למיבז **הלא** טב לנא דנתוב למצרים: ואמרו NU 14:3
מברכת להון: ואתיב ואמר **הלא** ית מאן דישוי ייי בפומי יתיה NU 23:12
ואתיב בלעם ואמר לבלק **הלא** מן שירויא מלילית עימך NU 23:26
סקול כאילין בתרין בניי **הלא** מעשרא תניינא איתפקד די LV 10:19
הכדין אינון אכזראין: **הלא** עובדיהון דהינון עבדין DT 32:34
ואמר בלק לבלעם **הלא** שדרא שדרית לותך למקרי לך NU 22:37
דכוש ורחיק מינה: ואמרו **הלחוד** ברם עם משה מליל ייי NU 12:2
יומין: ואמר לבן ליעקב **המדאחי** אנת חשיב ותיפלחינני מגן GN 29:15
נבואתא: ואמר ליה משה **המן** בגלל דאתנבו עלי דאנא NU 11:29
ואמרו רשיעי דרא למשה **המן** בגלל דלא הות לנא בית EX 14:11
משה שמעו כדון סורבניא **המן** כיפא הדין איפשר לן להנפקא NU 20:10
דנסייו קדם ייי למימר **המן** קושטא איקר שכינתא דייי EX 17:7
לאחוי אנא הוא יוסף **העוד** כדון אבא קיים ולא יכילו GN 45:3
אחסנת חקלין וכרמין **העיניהון** דגובריא האינון דבארעא NU 16:14
להון וייכלון ירח יומין: **הענא** דבערב ותורי דבנבט יתכנסון NU 11:22
לה ושתיק למינדע **האצלח** ייי אורחיה אין לה: והוה כדי GN 24:21
קרבא: ואמר להון משה **הקיימתון** כל נוקבא: הנין הנין NU 31:15
אלקים ואמר לאיתתא **הקושטא** דאמר ייי אלקים לא GN 3:1
אדמה וצבויים וזוער **הרוגזך** שציא ולא תשבוק לאתרא GN 18:24
ייי: וצלי אברהם ואמר **הרוגזך** שציא זכאי עם חייב: מאים GN 18:23
בחקרין: ומה שבח ארעא **השמינין** הינון פירייה אין פתרנין NU 13:20
בתריי לארעא הדא **האתבה** אתיב ית ברך לארעא די GN 24:5
היא וית עמא דיתיב עלה **התקיף** הוא אין חלש הזעיר הוא NU 13:18
האילין אישתהי מן **האל** לנחלא עד מיסק עמיד GN 32:25
אפריקי וגרמניא **והמדיי** ומקדינייא ויתיניא ואוסיא GN 10:2

הא (290)

ויסב מן פירי אילן חייא **דהא** אין אכיל הוא מיניה הוי חי GN 3:22
שמעית מבתר פרגודא **דהא** אישתרי מן יומא דין שיעבוד GN 37:17
נהיקיה דחמרא וידעת **דהא** יעקב אתא ונפקת לאה GN 30:16
ואשכחונהי בקריצתא **דהא** מית ואמר אחוהא ואימא GN 24:55
חד אתא למבשרא יתיה **דהא** שרה ילדה ביר זכר וחד אתא GN 18:2
האילין ואיתאמר ליוסף **הא** אבוך שכיב מרע ודבר ית תרין GN 48:1
די משמשין קומוי **הא** אדם הוה יחידיי בארעא היכמא GN 3:22
ובינך: ואמר לבן ליעקב **הא** אוגר הדין והא קמא דאקימית GN 31:51
וחכימיכון: ואמרתון **הא** אחמי יתן מימרא דייי אלקנא DT 5:24
אשכחית רחמין בעינך **הא** אטירית קוסמין וברכני ייי בגינך: GN 30:27
כחלב וחליין כדבש: וכדון **הא** אייתיתי ית שירוי ביכורי איבא DT 26:10
ונקרבא קדם ייי אילהן **הא** אין מקרבין אנן ית טעוותהון EX 8:22
ולא קריבית לותה וכדון **הא** אינתתך דבר ואיזל: ופקיד עילוי GN 12:19
ליצחק ואמר ברם **הא** אינתתך היא והיכדין אמרת GN 26:9
אבא ואמר האנא ואמר **הא** אישתא וקיסין והאן אימרא GN 22:7
מיניך פירי מעיא: ואמרת **הא** אמתי בלהה עול לוותה ותיליד GN 30:3
דנורא: ואמר אברם לשרי **הא** אמתיך ברשותיך עיבידי לה GN 16:6
הדין: ואמר משה קדם ייי **הא** אנא אזיל לות בני ישראל ואימר EX 3:13
בכירותא לי: ואמר עשו **הא** אנא אזיל לממת ולית אנא חיי GN 25:32
בגו ימא ביבשתא: ואנא **הא** אנא אתקיף ית יצרא דליבהון EX 14:17
בעם אוחרן: ואמר **הא** אנא גזר קיים דלא אשלחיף EX 34:10
זרעא על ארעא: ארום **הא** אנא יהיב להון ארכא שובעא GN 7:4
תינדע ארום אנא ייי **הא** אנא מחי בחוטרא דבידי על מוי EX 7:17
ואין מסרב אנת למפטור **הא** אנא מחי ית כל תחומך EX 7:27
בכפנא: ואמר ייי למשה **הא** אנא מחית לכון לחמא מן EX 16:4
ואמר ישראל ליוסף **הא** אנא מטא סופי ליממת ויהי GN 48:21

בר פוטי מדינאה הוא **הא** אנא מייחסיניה לכהונתא רבתא NU 25:13
אבא קיים עלי למימר **הא** אנא מיית בקיברי דחפירית לי GN 50:5
יוסף: ואמר יוסף לאחוי **הא** אנא מיית וייי מידכר ידכר GN 50:24
אנת למפטור ית עמי **הא** אנא מייתי מחר גובא בתחומך: EX 10:4
ולבנוי עימיה למימר: אנא **הא** אנא מקיים קיימי עמכון ועם GN 9:9
וקשא תריהון כחדא: **הא** אנא משגר מלאכא קדמך EX 23:20
למשה ביומא תליתאה **הא** אנא מתגלי עלך בעיבא דענן EX 19:9
צלו עלי: ואמר משה **הא** אנא נפיק מלותך ואיצלי קדם EX 8:25
ית אתנך דנן תלת זימנין **הא** אנא נפקית למישטן לך ואתנא NU 22:32
למימר חמי הוית בחילמי **הא** אנא קאי על כיף נהרא: והא מן GN 41:17
טבו עם ריבוני אברהם: **הא** אנא קאי על עינא דמיא GN 24:13
אורחי דאנא אזיל עלה: **הא** אנא קאי על עינא דמיא ותהי GN 24:43
ומסרב אנת למיפטריה **הא** אנא קטיל ית ברך בוכרך: והוה EX 4:23
איתבלעו בארעא ואובדו **הא** אנחנא חשיבין כאילו אבדנא NU 17:27
לריש טוורא למימר **הא** אנחנא סלקין לאתרא דאמר ייי NU 14:40
אשתכח חובא על עבדך **הא** אנחנא עבדין לריבוני אוף אנן GN 44:16
ואתרכינו קדמוי ואמרו **הא** אנן לך לעבדין: ואמר להום יוסף GN 50:18
דליליא ואמר ליה **הא** אנת מיית על עיסק אינתתא GN 20:3
מסגי: ואמר לה מלאכא **הא** אנת מעברא ותלדין בר ותקרין GN 16:11
מן לבר: ואמר ייי למשה **הא** אנת שכיב בעפרא עם אבהתך DT 31:16
קדם ייי אלקך ותימר **הא** אפרשנן קודשיא מן ביתא DT 26:13
אינתתיה: ואמר אבימלך **הא** ארעי קדמך ובדתקין בעינך תיב: GN 20:15
בני ישראל למימר לבנהון **הא** אתון משתעבדין במצרים ולא GN 50:25
יתך: ואמר בלעם לבלק **הא** אתיתי לותך כדון המיכל NU 22:38
אינשא ויתקיים: ואמר ייי **הא** אתר מתקן קדמי ותהי מעתד EX 33:21
ואתיב יצחק ואמר לעשו **הא** בטוב פירי ארעא יהי מותבך GN 27:39
איתותב כספי ואוף **הא** בטוני ונפק מנדע לבהון ותווהו GN 42:28
אומנוס ומית אהרן תמן **הא** בכין אתא ואגח קרבא בישראל NU 21:1
במחלוקתהון לזמרא **הא** בכין אתרכין יוסף על אנפי אבוי GN 50:1
בארע בעלי דבביהון **הא** בכין ייתבר ליבהון זדנא ובכין LV 26:41
יקטלינני: ואמר ליה ייי **הא** בכין כל דקטיל קין לשבעא GN 4:15
יד אושיט ידיה ונסביה **הא** בכין צבי משה למיתב עם גברא EX 2:21
יהיב לכון כל יומיא: **הא** בכן אפריש משה תלת קירוין DT 4:41
דיירי ארעהון דפלישתאי: **הא** בכן אתבהלון רברבני אדומאי EX 15:15
קדם ייי עובדין בישיא **הא** בכן נחתו עליהון כבריתא GN 19:24
ובנבואתיה דמשה עבדיה: **הא** בכן שבח משה ובני ישראל ית EX 15:1
וקורייכון יהויין צדיאן: **הא** בכן תרעי ארעא ית שני LV 26:34
משה קדם ייי למימר **הא** בני ישראל לא קבילו מיני EX 6:12
ישמעאל קבילית צלותך **הא** בריכית יתיה ואפיש יתיה GN 17:20
ותניאו ליעקב למימר **הא** ברך יוסף אתי לותך ואתתקף GN 48:2
האפשר דלא יקיימינה: **הא** ברכתא קבילית מן פום מימר NU 23:20
ולא מתחמי ארום אמרת **הא** ברם הכא איתגליאת יקר GN 16:13
על חבריה בדינא למימר **הא** בתר סגיאי דינא סטי: ומסכינא EX 23:2
עימיה ייי למימר: אנא **הא** גזר קימי עימך ותהי לאב סגי GN 17:4
דין מטול דיוטב לכון: **הא** דייי אלקכון שמיא ושמי שמיא DT 10:14
לכפרא על עמא ואמר **הא** דין אדם קיימא דיגזר ייי עימכון EX 24:8
עם אחוי ארום אמר **הא** הוא טליא ומסתפינא דילמא GN 42:4
מללא ימליל הוא ואוף **הא** הוא נפיק לקדמותך ויחמינך EX 4:14
האן שרה אינתתך ואמר **הא** היא במשכנא: ואמר חד מנהון GN 18:9
שיווייה שוויה דפרזלא **הא** היא יהיבא בבית ארכיון ברבת DT 3:11
במילחא בפרסומי עניא **הא** היא עבידא עמוד דימלח: GN 19:26
סילעין דכסף לאחוך **הא** הינון ליך תחמרא דעיינין חלף GN 20:16
תעבדון ית פיתגמא הדין **הא** חבתון קדם ייי אלקכון ודעו NU 32:23
ותני יתיה לאחוהי ואמר **הא** חלימית חילמא תוב והא GN 37:9
ואיתני לתמר למימר **הא** חמויך סליק לתמנת למיגז עניה: GN 38:13
קדמך למשבוק יתיה: **הא** טרדת יתי יומא דין מעל אנפי GN 4:14
תיב: ולות שרה אמר **הא** יהבית אלף סילעין דכסף GN 20:16
בני ישראל: ולבנוי דלוי **הא** יהבית ית כל מעשרא בישראל NU 18:21
והא אבאישו עובדיהון **הא** יהבית להון ארכא מאה ועשרין GN 6:3
לארעא דאבהתכון: ואנא **הא** יהבית לך ית קרתא דשכם GN 48:22
ארעא: ואמר אלקים **הא** יהיבת לכון ית כל עיסבא GN 1:29
ומליל אהרן עם משה **הא** יומא דין קריבו בני ישראל ית LV 10:19
ותניאו לאברהם למימר **הא** ילידת מילכה אף היא אתרווחת GN 22:20
חורנא וית בנימין ואנא **הא** כבר אתבשרית ברוח קודשא GN 43:14
ואמרת רבתא לזעירתא **הא** כבר שמישית רמשי עם איבא GN 19:34
לא כדון אחוי תבאשון: **הא** כדון אית לי תרתין בנן דלא GN 19:8
רחמין מן קדם ייי: **הא** כדון אשכח עבדך רחמין קדמך GN 19:19
תירעינני בישתא ואימות: **הא** כדון בבעו קרתא הדא קריבא GN 19:20
ית ארעא דישראל **הא** כדון היא מתמנעא מינן במטו NU 12:12
ייי: ואמרת שרי לאברם **הא** כדון מנעני ייי מן למילד עול GN 16:2
ואמר ליה האנא: ואמר **הא** כדון סיבית לית אנא ידע יום GN 27:2
ואמר בבעו ברחמין **הא** כדון שריתי למללא קדם ייי GN 18:27
ואמר בבעו ברחמין **הא** כדון שריתי למללא קדם ריבון GN 18:31
הינון הכא שעתא חדא **הא** כולנא מייתין: ונטל עמא ית EX 12:33

מלמעבד כפיתגמא הדין: **הא** כספא דאשכחנא בפום טוננא GN44:8
לחדא: אתגלי כדון ואחמי **הא** כקבילתא דריבא פליטית GN18:21
לכפרא עליכון קדם ייי: **הא** לא איתעל מן אדמון לות LV 10:18
ניכול בשתא שביעתא **הא** לא נזרע ולא נכנוש ית כתי LV 25:20
למירת יתי: ואמר אברם **הא** לי לא יהבת בר והא בר פרנסת GN15:3
בניסן ואמר ליה ברי **הא** ליליא דין עילאי משבחין למרי GN27:1
ליעקב ברה למימר **הא** ליליא הדין עילאי משבחין GN27:6
דין וית ארעכון לפרעה **הא** לכון בר זרעא ותזרעין ית ארעא: GN47:23
כדון אנת מתקיף בהון: **הא** מחת ידא דייי הויא כען כד לא EX 9:3
בני ישראל למשה למימר **הא** מינן אשתיציו בשלהובית NU17:27
עמא לאתר דמלילית לך **הא** מלאכי יטייל קדמך וביום EX 32:34
כחדא מתנביין ואמרין **הא** מלכא סליק מן ארעא דמגוג NU11:26
כל עיבידתא: ואנא **הא** מניית עימיה ית אהליאב בר EX 31:6
זניית תמר כלתך ואוף **הא** מעברא לזנו ואמר יהודה הלא GN38:24
אחין בעיטתא גבר לאחוי **הא** מרי חילמייא דיכי אתי: וכדון GN37:19
אלדד הוה מתנבי ואמר **הא** משה מתכניש מן עלמא ויהושע NU11:26
קבלתון מיני ואוף אדמי **הא** מתבעי מינך: ואינון לא הוו ידעין GN42:22
עד זמן יומא הדין **הא** מתהנייתי מינך במשכבא ולא NU22:30
ותתקיים נפשי: ואמר ליה **הא** נסיבית אפך אוף לפיתגמא הדין GN19:21
ותיתעתד קדם פרעה **הא** נפיק למינטר קוסמין עילוי מיא EX 8:16
איזל לות פרעה בצפרא **הא** נפיק למפטור קוסמין עילוי EX 7:15
לפולחנכון: ואמר פרעה **הא** סגין הינון כדון עמא דארעא EX 5:5
מידד הוה מתנבי ואמר **הא** סלוי סלקן מן ימא וחפיין כל NU11:26
יתיה: ותימרון אוף **הא** עבדך יעקב אתי בתרנא ארום GN32:21
וית קדלכון קשיא **הא** עד זמן דאנא בחיים ביניכון DT 31:27
אברם לשרי אינתתיה **הא** עד כדון לא איסתכלית GN12:11
אתיה עם ענא: ואמר **הא** עדן יומא סגי לא עידן למיכנוש GN29:7
דמתילו לגלימתא **הא** עמא בלחודיהון עתידין למחסן NU23:9
בנימוסוי: ואמר לעמיה **הא** עמא בני ישראל סגין ותקפין EX 1:9
דבנו בני נשא: ואמר ייי **הא** עמא חד ולישן חד לכולהום GN11:6
עמיה למיקרי ליה למימר **הא** עמא נפק ממצרים והא חפא ית NU22:5
שדר פולין לותי: **הא** עמא נפק ממצרים וחפא ית NU22:11
ברא זעירא ואמרת ליה **הא** עשו אחוך כמין לך כמן ומתיעט GN27:42
ילטיטיניה אבוי ואמר **הא** עשו אחי גבר שערן ואנא גבר GN27:11
בה פרקמטייא וארעא **הא** פתיית תחומין קדמיהון ית GN34:21
אנת קאי ומצלי קדמי **הא** צלותהון דעמי קדמת לדידך EX 14:15
וחוואי ויבוסאי: וכדון **הא** קבילת בני ישראל סליקת EX 3:9
ארעהון: ואמר יוסף לעמא **הא** קניתי יתכון יומא דין וית GN47:23
דהוה על בני ישראל: ואנא **הא** קריבית ית אחוכון ליואי מיגו NU18:6
ייי עם משה למימר: ואנא **הא** קריבית ית ליואי מגו בני NU 3:12
כתיב ואמר ייי למשה **הא** קריבן יומך לימות קרי ית DT 31:14
עימך: ואמר משה קדם ייי **הא** קשי ממלל וכדין יקביל מיני EX 6:30
למללא לך ביש או טב: **הא** רבקה קומך דבר ואיזיל ותהי GN24:51
ואמרת לאיתת ריבוניה **הא** ריבוני לא ידע עימי מדעם מה GN39:8
להון שירו עני ואמר להום **הא** שב שנין דאתא יעקב לגבן בירן GN29:22
למעבר אחמי ית פרעה: **הא** שבע שנייא אתיין שובעא רבא GN41:29
דילמא נהוי לגחוך **הא** שדרית ית גדיא הדין ואנת לא GN38:23
דאשתיציין בטובענא **הא** שיווייה שוויה דפרזלא הא היא DT 3:11
ואתיב יצחק ואמר לעשו **הא** שליט מיניתיה עלך וית כל GN27:37
למיחות למצרים: ואמר **הא** שמעית ארום אית עיבורא GN42:2
עמא רבא הדין: ארום **הי** דא אומא רבא דאית ליה אלקא DT 4:7
תוב ומייתין אנחנא: ארום **הי** דין כל בר בישרא דשמע קל DT 5:26
ותעביד ליה גפוף רומיה **הי** פושכא חזור ותעביד דיר דדהב EX 25:25
די יעבדון עובדין טבין **והא** אבאישו עובדיהון הא יהבית GN 6:3
עד זמן דנתוב לותכון **והא** אהרן וחור עימכון מן מאן EX 24:14
דמשתלחא לריבוני לעשו **והא** אוף הוא אתי בתרן: ופקיד אוף GN32:19
סבר אפך לא חשיבית **והא** אחמי יתי ייי אוף ית בנך: GN48:11
בצפרא וחמא יתהום **והא** אינון בניסין: ושאל ית רברבי GN40:6
ונחתו מנכסיהון **והא** אינון חשיבין כמיתיא כל EX 4:19
אמרת לעשרא כל דילך **והא** אית לך תריסר בנין וברתא GN32:25
לות כהנא: ויחמיניה כהנא **והא** איתהפיך מכתשא למחוור LV 13:17
די לעמא ותבעיה **והא** איתוקד ורתח על אלעזר ועל LV 10:16
וחמא ייי ית ארעא **והא** איתחבלת ארום חבילת כל GN 6:12
למיברא למשריתא ויחמי **והא** איתסי סגירותא מן סגירא: LV 14:3
אתא דין לאיתותבא בינן **והא** איתעביד דיינא ודאין לכולנא GN19:9
אפי מלאכא דידך **והא** איתריעיתא לי: קבל כדון ית GN33:10
מן עובדיהן בישיא **והא** אנא מחבלהון עם ארעא: עיבד GN 6:13
והנפקנא ממצרים **והא** אנחנא ברקם קרתא דמתבניא NU20:16
חילמא הדין די חלימית: **והא** אנחנא מפרכין פירוכין בגו GN37:7
אתרמיית על אברם **והא** ארבע מלכוון קיימין GN15:12
וכל בני ישראל ית משה **והא** אשתבהר זיו איקונין דאנפוי EX 34:30
בלחודא: ויחמי יתה כהנא **והא** אתהפיך שערא למחוור כסידא LV 13:25
דמכוור וית ארע גלעד **והא** אתרא אתר כשר לבית בעיר: NU32:1
לארע בני מדינחא: וחמא **והא** בירא בחקלא והא תמן תלתא GN29:2

בהקי חוורן: ויחמי כהנא **והא** במשך בישריהון בהקי עמיין LV 13:39
דאתיא ואתון קיימין **והא** בר לשרה אינתתך ושרה הוות GN 18:10
אברם הא לי לא יהבת בר **והא** בר פרנסת ביתי ירת יתי: והא GN 15:3
עניי וחמית בחילמא **והא** ברחייא דסלקין על ענא שומא GN 31:10
למילט סנאי דברתך **והא** ברכא מברכת להון דנן תלת NU 24:10
לי למילוט סנאי דברתך **והא** ברכא מברכת להון: ואתיב NU 23:11
דאדבקו בטעוות פעור: **והא** גבר מבני ישראל אתא ואחד NU 25:6
אינון מריקין דיסקיינון **והא** גבר קטר כספיה בידסקייה GN 42:35
ליה חמי הוית בחילמי **והא** גופנא קדמי: ובגופנא תלתי GN 40:9
רמשא וזקף עינוי וחמא **והא** גמלייא אתיין: וזקפת רבקה ית GN 24:63
אברהם ית עינוי וחזא **והא** דיכרא חד דאיתברי ביני GN 22:13
ביומא תיניינא ואודיק **והא** דתן ואבירם גוברין יהודאין נצן EX 2:13
וחמא ית כספיה **והא** הוא בפום טוניה: ואמר לאחוהי GN 42:27
דשמיש עימה סנא ליה: **והא** הוא שוי ערד דמילין למימר לא DT 22:17
ומלייתא ואיתער פרעה **והא** הוה חילמא: והוה בצפרא GN 41:7
דאיתגלי עלה חי וקיים **והא** היא יהיבא בין רקם ובין GN 16:14
צפרא ואיסתכל בה **והא** היא לאה דכולא ליליא הוה GN 29:25
על דלא הוות בעיטתהון **והא** היא לתחום מואב: ומתמן NU 21:15
אתו מארעא דכנען **והא** הינון בארעא דגשן: ומקצת GN 47:1
וייתי כהנא ויחמי **והא** הליך פיסיון מכתשא בביתא LV 14:44
ביומא שביעאה ויחמי **והא** הליך פיסיון מכתשא בכותלי LV 14:39
דכותיה: ויחמיניה כהנא **והא** הליך פיסיון ניתקא במשכא LV 13:36
לכהנא: ויחמי כהנא **והא** הליכת פיסיונא דקלופי LV 13:8
בידא ואפק לשוקא: **והא** ורמת חלבונא דביעתא GN 39:14
גברא חד בארעא דכנען **והא** זעירא עם אבונא יומא דין וחד GN 42:13
וכדון חזרו ואתרעמו עלוי **והא** חיויא דגזרית עלוי מן יומא NU 21:6
לות כהנא: ויחמי כהנא **והא** חיזווהא מכיך מן משכא LV 13:20
ויחמי כהנא ית מכתשא **והא** חיזויה עמיק למחוור יתיר מן LV 13:30
טמעא וחומטא הות **והא** חמא אברם גיהינם מסיק תננא GN 15:17
הא עמא נפק ממצרים **והא** חפא ית חזווא דארעא והוא NU 22:5
ואתפניו למשכן זימנא **והא** חפייה ענן איקר שכינתא NU 17:7
ובין לסאבא: ויחמי כהנא **והא** חפת סגירותא ית כל בישריה LV 13:13
וחזא אלקים ית כל דעבד **והא** טב לחדא והוה רמש והו צפר GN 1:31
ופתחת וחמת ית ריבא **והא** טלייא בכי וחסת עלוי ואמרת EX 2:6
גבריאל בדמות גברא **והא** טעי בחקלא ושאיליה גברא GN 37:15
יונתא לעידוני רמשא **והא** טרפא דזיתא לקיט תביר GN 8:11
ידיה בגו חוביה והנפקא **והא** ידיה סגירתא מחוורא היא EX 4:6
משה למשכנא דסהדותא **והא** ייעא חטר אהרן לבית לוי NU 17:23
ואיתפניו למדברא **והא** יקר שכינתא דייי אתגלי בענן EX 16:10
נחתין למסתכלא ביה: **והא** יקרא דייי מעתד עילוי ואמר GN 28:13
זימנין ית בכירותי נסיב **והא** כדון קביל בירכתי ואמר הלא GN 27:36
דמך הוה חמי בחילמיה **והא** כל ארעא דמצרים קיימא בכף EX 1:15
ופתחנא ית טוננא **והא** כסף גבר בפום טוניה כספנא GN 43:21
הוא: ואין יחמי כהנא **והא** לא הליך פיסיון מכתשא LV 13:53
מיעל ייעול כהנא וייחמי **והא** לא הליך פיסיון מכתשא LV 14:48
מכתשא ביומא שביעאה **והא** לא הליך פיסיון מכתשא ולא LV 13:32
ניתקא ביומא שביעאה **והא** לא הליך פיסיון ניתקא LV 13:34
מצראי: ואתיב משה ואמר **והא** לא יהימנון לי ולא יקבלון מיני EX 4:1
פרעה פולין למיחמי **והא** לא מית מבעירא דבני ישראל EX 9:7
ואיתבונן בכל דר ודר **והא** לא קאים מן ההוא מצראי גבר EX 2:12
ויפלחון קדמי במדברא **והא** לא קבילת עד כדון: כדנא אמר EX 7:16
בתר דחוורו ית מכתשא **והא** לא שנא מכתשא מן כד הוה LV 13:55
דמתושלח חמא ייי **והא** לא תהו בני נשא ומוי דטובענא GN 7:10
אפין וכיוון דתב וחמא **והא** לות יוסף בגובא ובזע ית GN 37:29
היא: ואין יחמינה כהנא **והא** לית בבהקי שער חיוור ומכיכא LV 13:26
סגיאת: ואין יחמינה כהנא **והא** לית בה שער חיוור ומכיכא לא LV 13:21
כהנא ית מכתש ניתקא **והא** לית חיזויה עמיק למחוור יתיר LV 13:31
חנוך בקושטא קדם ייי **והא** ליתוהי עם דיירי ארעא ארום GN 5:24
יעקב ית סבר אפוי דלבן **והא** ליתנון שפיין לקיבליה GN 31:2
אנא ית סבר אפי אבוכון **והא** ליתנון שפיין עימי היכדן GN 31:5
ואסתכל אהרן לות מרים **והא** לקת בצורעא: ואמר אהרן NU 12:10
ארעא ובגין זכוות בנך: **והא** מימרי בסעדך ואיטרינך בכל GN 28:15
ית ביתא: ויחמי כהנא **והא** מכתשא כתרין מן אבני ביתא LV 14:37
כהנא ביומא שביעאה **והא** מכתשא קם כד הוה לא הליך LV 13:5
אנא קאי על כיף נהרא: **והא** מן נהרא סליקן שבע תורתי GN 41:18
חלים והא קאי על נהרא: **והא** מן נהרא סלקן שבע תורתי GN 41:2
אמרית מייקרא איקרינך **והא** מנע ייי לבלעם מן יקרא: ואמר NU 24:11
תמליל: ותב לותיה **והא** מעתד על עלתיה הוא וכל NU 23:6
תמליל: ואתא לותיה **והא** מעתד על עלתיה ורברבי מואב NU 23:17
בני ישראל ית עיניהון **והא** מצראי נטלין בתריהון ודחילו EX 14:10
איסתלק מעילוי משכנא **והא** מרים לקת בצורעא ואסתכל NU 12:10
פורכתי ואוף איזדקפת **והא** מתחורן פורכתיהון וגחנן GN 37:7
כד אתיב וולדא ית ידיה **והא** נפק אחוי ואמרת מה תקוף סגי GN 38:29
דמזמין יתהון טבאות **והא** סהדו דשקר בפום סהדין DT 19:18

באתרא ההוא: וחלם **והא** סולמא קביע בארעא ורישי GN 28:12
וזקפו עיניהון וחמון **והא** סיעא דערבאין אתיא מגלעד GN 37:25
אנפי ארע מישרא וחמא **והא** סליק קוטרא דארעא היא GN 19:28
אישתא מגו סניא וחמא **והא** סנייא מטריב באישתא וסניא EX 3:2
על תרין ידיי: וחמית **והא** סרחתון קדם ייי אלקכון DT 9:16
משה ית כל פולחנא **והא** עבדו יתה היכמה דפקיד ייי EX 39:43
אמרין לנא עיבידו **והא** עבדך לקיין וחובתהון דעמך EX 5:16
דנור למידן ביה רשיעיא **והא** עבר בין פסוגיא האילין: ביומא GN 15:17
ואינש ביתך וכל דילך: **והא** עיניכון חמיין ועיני אחי בנימין GN 45:12
קדמי סורחנות עמא הדין **והא** עם קשי קדל הוא: אנח בעותך DT 9:13
זדונהון דעמא הדין **והא** עם קשי קדל הוא: וכדון אנח EX 32:9
בלבדיה: ואין חמא כהנא **והא** עמא מכתשא בתרו דחוורו LV 13:56
ביומא שביעאה תניינות **והא** עמא מכתשא לא הליך LV 13:6
וזקף יעקב ית ענוי וחמא **והא** עשו אתי ועימיה ארבע מאה GN 33:1
בר פרנסת ביתי ירת יתי: **והא** פיתגמא מן קדם ייי ליה למימר GN 15:4
דייי ופרעה הוה חלים **והא** קאי על נהרא: והא מן נהרא GN 41:1
גברא ואתא לות גברא **והא** קאי עלוי גמליא על עינא: GN 24:30
סהדיא ותשיילון טבאות **והא** קושטא כיוון פיתגמא DT 13:15
ית סהדיא טבאות **והא** קושטא כיון פיתגמא DT 17:4
לבן ליעקב הא אוגר הדין **והא** קמא דאקימית בינא ובינך: GN 31:51
פירוכין בגו חקלא **והא** קמת פורכתי ואוף איזדקפת GN 37:7
דרא דעבד דביש קדם ייי: **והא** קמתון בתר אבהתכון תלמידי NU 32:14
עד כדון לא פסק למללא **והא** רבקה נפקת דאיתילידא GN 24:15
למללא עם הרהורי לבי **והא** רבקה נפקת ולגינתא על GN 24:45
השלם ליה ואמרו שלם **והא** רחל ברתיה אתיה עם ענא: GN 29:6
וחמית בחילמי **והא** שבע שובלין סלקן בקנייא חד GN 41:22
ורעיין בגו גומייא: **והא** שבע תורתי חורניין סלקן GN 41:19
בישרא ורעיין בגו גומייא: **והא** שבע תורתי חורניין סלקן מן GN 41:3
בקנייא חד פטימן וטבן: **והא** שבעא תובלי לקיין ושקיפן GN 41:6
בקנייא חד מליין וטבן: **והא** שבעא תובלי נצן לקיין שקיפן GN 41:23
וחמא חלמא תניינות **והא** שבעא תובלי סלקן בקנייא חד GN 41:5
לות כהנא: ויחמי כהנא **והא** שומא זקיפא חוורא במשכא LV 13:10
ויחמי יתיה כהנא **והא** שומת מכתשא חוורא סמקא LV 13:43
הא חלימית חילמא תוב **והא** שימשא וסיהרא וחדסר GN 37:9
משה ורהט למצע קהלא **והא** שרי קצף מחבלא לחבלא NU 17:12
והוה בעידן מילדה **והא** תיומין במעהא: והוה במולדה GN 38:27
יומי עיבורהא למילד **והא** תיומין במעהא: ונפק קמאה GN 25:24
דיומא: וזקף עינוי וחמא **והא** תלתא מלאכין בדמות גוברין GN 18:2
אנא הוית חמי בחילמי **והא** תלתא סלין דצביתא נקיא על GN 40:16
וחמא והא בירא בחקלא **והא** תמן תלתא עדרין דעאן רביעין GN 29:2
מטי עד צית שמייא **והא** תרין מלאכיא דאזלו לסדום GN 28:12
קמיה ועביד בעותן: **והי** דא אומא רבא דליה קיימין DT 4:8

האן (8)

הגר אמתא דשרי מן **האן** אנת אתיא ולאן תיזלין ואמרת GN 16:8
וקרו ללוט ואמרו ליה **האן** גובריא דעלו לוותך ליליא דין GN 19:5
ושביקין: ויימר סנאה **האן** הוא דחלתהון דישראל תקיפא DT 32:37
ואמר מאן דיקטול וקטיל **האן** הינון אריוותא דשיבט יהודה NU 25:7
ית אינשי אתרא למימר **האן** מטעיתא דהיא בסכות עיינין GN 38:21
כאילו אכלין: ואמר ליה **האן** שרה אינתתך ואמר הא היא GN 18:9
ואמר הא אישתא וקיסין **והאן** אימרא לעלתא: ואמר אברהם GN 22:7
ענא: ואמר לבנתיה דבריה **והאן** הוא למא דנן שבקתין ית EX 2:20

הבהב (1)

מנחת ביכורין קדם ייי **מהבהב** קלי בנורא קמח קלי LV 2:14

הבל (1)

אלקא ארגיזו קדמוי **בהבליהון** ואנא אקנינון באומא DT 32:21

הגי (3)

ותגמרינון לבנך ותהוון **הגיין** בהון במותביכון בבתיכון בזמן DT 6:7
פתחו פמכון למהוי **הגיין** בהון ברירן ליבכון למעבד DT 30:14
עמא כמצטערין מכוונין **והגיאן** ביש קדם ייי ושמיע קדם ייי NU 11:1

הגן (4)

ייי דזמין קדמוי איתתא **מהגנא**: ואמר בריך שמא דייי אלקיה GN 24:26
אברהם זמין כען איתא **מהגנא** קומי יומנא ועיבד טבו עם GN 24:12
במשה פיתגמין דלא **מהגנין** על עיסק איתתא כושייתא NU 12:1
ית עמא ומילא לא **מהוגנא** לקובלי: וחמתני אתנא NU 22:32

הדיוט (2)

יהוי שליט ואתון תהוון **הדיוטין**: וייתון עילויכון כל לווטייא DT 28:44
דייי יתכון למלכין ולא **להדיוטין** ותהון לחוד מנטלין ולא DT 28:13

הדס (1)

משבח תרוגין ולולבין **והדסין** וערבין דמרביין על נחלין LV 23:40

הדף (2)

יקטליניה: ואין ביסנא **הדף** ואתכוון ודחייה או טלק עלוי NU 35:20
בשלו בלא נטר ליה בבו **הדפיה** או טלק עלוי כל מאן ולא NU 35:22

הדר (36)

מאה ותלתין שנין כד **אהדרה** לותיה ואיתעביד לה ניסא EX 2:1

מן שמיא ויבשת ובכן **אהדרו** יתה ליצחק ונבעת וקרא GN 26:20
ולא קבילו יתה הופע **בהדרת** איקר מטוורא דפארן DT 33:2
בית אולפנא והוי כל מאן **דהדר** בתתובא בלב שלים קדם ייי EX 33:7
ולא משרויין דלבן הינון **דהדרו** למירדוף בתריי אלהין GN 32:3
תמן מוי מטול חוביא **דהדרין** בתיובא ושדיין EX 40:7
ליוסף מן שירויא מן דין **דהדרת** איקרא ושיבהורא דידיה DT 33:17
כף ידך תיכול מזונא עד **דתיהדור** לעפרא דמינא איתבְרְאת GN 3:19
מרומא ייי מן כוותך **הדור** בקודשא דחיל בתושבחן EX 15:11
ואמרת לעבדא מן גברא **הדור** ויאי דמטייל בחקלא GN 24:65
ית ישראל במיא עליהון **הדר** דינא לאיתדנא במיא: ונסיב EX 18:11
ולא קבילו יתה **הדר** ואתגלי בקדושא על עמיה בית DT 33:2
ישראל דאישתמד ולא **הדר** לא ייכול ביה: וכל נוכראי EX 12:43
ומן דעתר וקנה נכסין **הדר** למהוי מתגאי בלבביה למימר GN 36:39
באורחא ובליליא **הדר** עמודא דעננא מבתריהון EX 13:21
ועל די ארגיזנן קדמוי ולא **הדרנן** לפולחניה אתעבידו בעלי DT 32:31
וקטלו ארבעה מלכין **ואהדר** תשע משירין חשב אברם GN 15:1
דקטל ית הבל בחיי אבוי **והדר** אבוי ואוליד ית שת ברם GN 27:41
דאיכנוס עבוריא האילין: **והדר** אמר אברהם להלין גובריא GN 18:4
מאה ותלתין ושבע שנין **והדר** בתייובא ואיתנגיד ואתכנש GN 25:17
באפקתהון יתהון לברא **והדר** חד מנהון לסדום לחבלותא GN 19:17
ואזל סטנא ואטעינון **והדר** ליבהון זהוהין ואמר ליה קום EX 32:1
ומלי מיא מן אוקינוס **והדר** סליק מן ארעא ואחית מיטרא GN 2:6
וקטלו מינהון תמני גניסן **והדרו** לאחוריהון אף מבני לוי DT 10:6
בני ישראל שריין ברקם **והדרו** לבתריהון מן ריקם עד NU 21:1
בעו למתוב למצרים **והדרי** שית מטלין רדפו בני לוי DT 10:6
הדא בזמן דאתכסיית **והדרת** בירא דאיתיהיבת להום NU 21:17
תליתאי דקשי הי כגירין: **והדרת** למתב לקדמותא תקוף GN 49:24
ואיתעביד לה ניסא **והדרת** לעלימותא כמה דהוות כד EX 2:1
תוב סובתיה ביה עד דידי **ויהדר** וידי ויטבול ברמשא שביעאה: NU 19:13
יתיה כהניא מעילוי קנקל **ומהדרין** יתיה על מדבחא: ותעביד EX 27:5
לכסאה מיניה אכריז עלה **ותהדרינה**: לא תחמון ית חמרא DT 22:3
עמודייא דארעא והינון **יהדרון** מזיינין בסופא בניכסין GN 49:19
ואזל ויתיב ביני טווריא **למהדור** לגובא לאסקותיה לאבוי GN 37:29
לא עבדו פירין ואמרנא **נהדריניה** לותנא ותתקיים כדון GN 26:28
ויפקון עלה טיב ביש כד **תהדרון** משכונה לה: ותהוון דכירין DT 24:17

הואיל (1)

רישין ותרתין שדראין **הואיל** ולית בזיניה חזי למתקימא DT 14:7

הובאי (1)

ושרו בצלמונה אתר **הובאי** ובור בארע אדומאי ותמן NU 33:41

הוי (2148)

וכדון איזל ואנא במימרי **אהא** עם ממלל פומך ואליף יתך מה EX 4:12
עמי לחוד כורסי מלכותא **אהא** רב מינך: ואמר פרעה ליוסף GN 41:40
האיפשר דאיטמר ואין **אהי** מטלטל וגלי בארעא כל זכיי GN 4:14
למימר אילו נצח נימרוד **אהי** מן סיעתיה ואילו נצח אברם GN 11:28
סיעתיה ואילו נצח אברם **אהי** מן סיעתיה וכד חמון כל GN 11:28
דעלמא בבעו מינך לא **אהי** מתיל כבר נש דהוה ליה ביר DT 32:50
מה הוה בסיפיה דמשה **ביהוא** זכותא הוון כל ישראל NU 12:16
סייפיה ועלו על קרתא **דהבא** יתבא לרוחצן וקטלו כל GN 34:25
ושלימן שבע שני שובעא **דהואה** בארעא דמצרים: ושריאן GN 41:53
כל נוקבא: הנין הנין **דהואה** תוקלא לבני ישראל NU 31:16
בר אברהם ומן בגלל **דהוה** איקונין דיצחק מדמיין GN 25:19
בגו פילגוס דימא רבא: **דהוה** אמר פרעה רשיעא סנאה EX 15:9
מלכא דפונטוס אריוך **דהוה** אריך בגינבריא מלכא GN 14:1
ויתנשי כל שובעא **דהוה** בארעא דמצרים וישיצי כפנא GN 41:30
ארעא: ולא יתידע שובעא **דהוה** בארעא מן כפנא ההוא דיהי GN 41:31
על שטותא וקלקולא **דהוה** בהון ושריאו עמא לאופסא NU 25:1
והות טייפא כל יומין **דהוה** בחרן ניסא חמישאה קפצת GN 28:10
דמישבטא דבית דן **דהוה** בידיהון פולחנא נוכראה והוה DT 25:18
דכנען בר מכפנא קדמאה **דהוה** ביומי אברהם ואזל יצחק לות GN 26:1
מאה מילין ומן בגלל בבו **דהוה** ביני עשו וביני יעקב אתא EX 17:8
נפשתא תרין ויוסף **דהוה** במצרים ויוכבד ברת לוי GN 46:27
ידעת ית די פלחתך וית **דהוה** בעירך נטיר עימי: ארום קליל GN 30:29
דאהרן ית כלילא קדישא **דהוה** ברישיהון והוה שמא רבא EX 32:25
עמהון ואילין הינון **דהוה** גחין להון אבוהא: וגנב יעקב GN 31:19
לי דאיסוק לותיה עד זמן **דהוה** דבורא מתמלל עימי ברם LV 1:1
בלא אשוניה מן בגלל **דהוה** דבירא מתחמד למללא GN 28:10
ברדא וימותון: איוב **דהוה** דחיל מפתגמא דייי מעבדוי EX 9:20
ואוקיד בנורא ושף עד **דהוה** דקיק ודרי על אנפי מוי EX 32:20
בשופינא טבאות עד **דהוה** דקיק כעפרא וטלקית ית DT 9:21
דכספא כל קבל שנין **דהוה** יוכבד כד ילידת ית משה NU 7:85
פיסחא ביומא ההוא **דהוה** יום שביעאה לסואבותהון NU 9:6
קדם מותיה: ועל **דהוה** יעקב דחיל חיטאה דחיל GN 27:11
כל קבל שיתין שנין **דהוה** יצחק כד יליד ית יעקב ברחי NU 7:88
לסיחון מלכא דאמוראי **דהוה** יתיב בחשבון: והוה כיוון NU 21:34

עמהון למסעוד כד זבנוהי **דהוה** יתיב בצומא על דבלבל מצע GN 37:29
גופיך דאילו יהבית ית כל **דהוה** לי לא הוינא כמיסת GN 20:16
לא אהי מתיל כבר נש **דהוה** ליה ביר יחידאי ואשתבי אזל DT 32:50
לות חוצא נס קדמאי **דהוה** ליה למפרש יתהון ולא פרש NU 25:8
זיו איקונין דאנפוי **דהוה** ליה מן זיו איקר שכינתא מייי EX 34:29
איתגנבא יתגניב מיניה **דהוה** ליה עימיה אגר נטיר ישלם EX 22:11
נטיר עימי: ארום קליל **דהוה** לך עאן קדמי ותקיף לסגי GN 30:30
ברת מטרד הוא גברא **דהוה** לעי במטרדא ובסרדיתא ומן GN 36:39
ואסתלק עמודא דעננא **דהוה** מדבר בזכותיה קדם עמא בית NU 21:1
והוה קטיל בכון כל **דהוה** מהרהר למסטי בתר מימרי DT 25:18
ואמרין דין הוא אלקן **דהוה** מוניק לן דובשא מן כיפא EX 15:2
ית שמא קדישא עד **דהוה** מחניך פומיה בריש שירתא DT 32:3
ואמר דין הוא עוג רשיעא **דהוה** מחסיד ית אברהם ושרה NU 21:34
בשמא דייי: ואוף ללוט **דהוה** מידבר בזכותיה דאברם הוו GN 13:5
עד אתר שכם עד מישר **דהוה** מיירי וכנענאי בכין הוו GN 12:6
צורת חיוי חורמן ורבא **דהוה** ממני על חילוות שבטוי דבני NU 2:25
להון חובת עיגלא ורבא **דהוה** ממני על חילוות שיבטא NU 2:10
שיבטא דיששכר ורבא **דהוה** ממני על חילוות שיבטא דבני NU 2:5
מאה: ושיבטא דגד ורבא **דהוה** ממני על חילוות שיבטא דבני NU 2:14
ליה שבטא דמנשה ורבה **דהוה** ממני על חילוות שיבטא דבני NU 2:20
צור:: ושבטא דבנימן ורבא **דהוה** ממני על חילוות שיבטא דבני NU 2:22
ליה שיבטא דאשר ורבא **דהוה** ממני על חילוות שיבטא דבני NU 2:27
ושיבטא דנפתלי ורבא **דהוה** ממני על חילוות שיבטא דבני NU 2:29
בני יהודה לחיליהון ורבא **דהוה** ממני על חילוות שיבטא דבני NU 10:14
נחשון בר עמינדב: ורבא **דהוה** ממני על חילוות שיבטא דבני NU 10:15
נתנאל בר צוער: ורבא **דהוה** ממני על חילוות שיבטא דבני NU 10:16
בר צורי שדי: ורבא **דהוה** ממני על חילוות שיבטא דבני NU 10:20
בר עמיהוד: ורבא **דהוה** ממני על חילוות שיבטא דבני NU 10:23
בר פדה צור: ורבא **דהוה** ממני על חילוות שיבטא דבני NU 10:24
בר עמי שדי: ורבא **דהוה** ממני על חילוות שיבטא דבני NU 10:26
פגעיאל בר עכרן: ורבא **דהוה** ממני על חילוות שיבטא דבני NU 10:27
ראובן לחיליהון ורבא **דהוה** ממני על חילוות שיבטיה NU 10:18
אפרים לחיליהון ורבא **דהוה** ממני על חילוות שיבטיה NU 10:22
לחיליהון ורבא **דהוה** ממני על חילוות שיבטיה NU 10:25
חקיק צורת ריבא ורבא **דהוה** ממניה על חילוות שיבטא NU 2:18
כליל דרבו בריש פרוקן **דהוה** מעבר ולא עבר דהוא מחליף EX 15:18
וקאים ולא הוה פריס עד **דהוה** משה קאי בצלו ומצלי ובעי NU 10:36
מפרנקתא וכל גבר **דהוה** משכח עליהן מנין דדהב הוי NU 31:50
עלי הוה לאשלמא ומה **דהוה** מתגניב בליליא מן חיות ברא GN 31:39
ית אליעזר בר נמרוד **דהוה** מתיל בגבורתא ככולהון תלת GN 14:14
ומאתן: ורב בית אבא **דהוה** מתמני על גניסת מררי NU 3:35
דרומא: ורב בית אבא **דהוה** מתמני על גניסתא קהת NU 3:30
מערבא: ורב בית אבא **דהוה** מתמני על תרתין גניסתא NU 3:24
ויתיב ישראל באתרא **דהוה** מתקרי שיטים על שטותא NU 25:1
בימַמא וית סיהרא **דהוה** נהורא זעירא למשלט בליליא GN 1:16
ומני ית שמשא **דהוה** נהורא רבה למישלט בימַמא GN 1:16
דלווט וברדא ומטרא **דהוה** נחית לא מטא על ארעא: EX 9:33
בארעא נוכראה ונעמן **דהוה** נעים ויקיר אחי דהוא אחוי GN 46:21
דמשה ונפלו מן עמא **דהוה** סימא באפיהון בקטילת EX 32:28
יומא דפיסחא אשכחיה **דהוה** עביד גריצן פטירן בכן חוי GN 14:13
ולא יהי תוב רוגזא **דהוה** על בני ישראל: ואנא הא NU 18:5
דישראל גניז והיכמא **דהוה** עליל ונפיק בריש עמא בעמא DT 33:21
כמיתיא ולא מן סוף **דהוה** עלך רחמין הוינא מצלי EX 10:29
משריתא דבית דן **דהוה** פיסלא עימהון: וצווח עמא על NU 11:1
וטחנין בריחותא ומן **דהוה** צבי הוה שחיק בדוכיתא NU 11:8
יכיל למיזקפהון בצלו ומן **דהוה** צבי לסגופי נפשי נסיבו אבנא EX 17:12
ארום עבדתינון: ונח **דהוה** צדיקא אשכח חינא קדם ייי: GN 6:8
דיתבי קרתא דשכם **דהוה** צייר בהון דמות פיסליה וטמר GN 35:4
מלכא דתליסר כדרלעמר **דהוה** קציר מתהפיך כעומרין מלכא GN 14:1
וצייתא לארעא מן בגלל **דהוה** קריב לארעא ורחיק מן DT 32:1
וצייתא לשמייא מן בגלל **דהוה** קריב לשמייא ורחיק מן DT 32:1
בני ישראל מן פולחנא **דהוה** קשיא עליהון וזעיקו וסליקת EX 2:23
דיוסף ולקדקדיה דגברא **דהוה** רב ושליט בארעא דמצרים DT 33:16
יוסף ולקדקדיה דגברא **דהוה** רב ושליט במצרים וזהיר GN 49:26
בגידופין ארום משה **דהוה** רבהון דישראל לא הוה DT 32:3
להון ארום משה **דהוה** רבהון דישראל צרך דיימר לא NU 9:8
להון ארום משה **דהוה** רבהון דישראל צרך דיימר לא NU 15:34
להון ארום משה **דהוה** רבהון דישראל צרך דיימר לא NU 27:5
ית משירייתא דישראל **דהוה** שיתא פרסי אמר ליה אנא NU 21:35
בכל משיריתא דישראל **דהוה** שיתא פרסי ולא ואשתלהי נס NU 25:8
דישראל: ושמע עמלק **דהוה** שרי בארע דרומא ואתא NU 21:1
חולף טבתא: הלא דין **דהוה** שתי ריבוני ביה והוא מטיירא GN 44:5
ואמרו שמעון ולוי **דהוו** אחין בעיטתא גבר לאחוי הא GN 37:19
דלא ייכלון גזלה עד **דהוו** אתיין לאתר מרעיהון ורעי GN 13:7

טעוות שכם וית קדשייא **דהוו** באודניהון דיתבי קרתא דשכם GN 35:4

עיבור שבע שני שובעא **דהוו** בארעא דמצרים ויהב עיבורא GN 41:48

נפשתא עם יוסף ובנוי **דהוו** במצרים: ומית יוסף ובתריה EX 1:5

הוה משה זריז מן בגלל **דהוו** דיני ממונא ובאיליין ובאילליין NU 9:8

הוה משה מתין מן בגלל **דהוו** דיני נפשתא ובצתהון הוה NU 9:8

מתמשכנין ביד פרעה ועל **דהוו** חדן בשעבודהון דישראל לקו EX 12:29

ניסא תליתאה אבנא **דהוו** כל עדריא מתכנשין ומגלגלין GN 28:10

קיימא עישרתי דביריא **דהוו** כתיבין על לוחיא קדמאי: והוה EX 34:28

וקמו מתמן מלאכייא **דהוו** מדמיין לגברייא דין דבשר ית GN 18:16

וסטא ישראל מלוותיה **דהוו** מיפקדין מן קדם מימרא NU 20:21

דייי וימרון הלא גיבריא **דהוו** מלקדמין מרדו במרי עלמא GN 14:13

שדרוני לריבוני: ואמר ועל **דהוו** ממללין ברמשא בתואל הוה GN 24:55

עשו ברא רבא מרגגן **דהוו** מן אדם קדמאי וההוא יומא GN 27:15

בני ישראל: והוו גובריא **דהוו** מסאבין לטמא נפש בר נש NU 9:6

על לוחיא ית פיתגמיא **דהוו** על לוחיא קדמאי דתברתא: EX 34:1

על לוחיא ית פיתגמיא **דהוו** על לוחיא קמאי דייתשר חילך DT 10:2

אפין לית בדינא ועל **דהוו** פירי עובדיי טבין מדידך GN 4:8

לדריא דמן יומי שירויא **דהוו** קדמך למן יומא דברא ייי אדם DT 4:32

ושאר פליטת כנענאי **דהוו** שרן בכופרנייא דרפיע עד עזה DT 2:23

כמיתיא כל גובריא **דהוו** תבעין ית נפשך למיסב יתה: EX 4:19

יתך ביד בני נשא איליין **דהוו** תבעין ית נפשך למיסב יתה: EX 10:28

וכד חמון כל עממיא **דהוו** תמן דלא שלטת נורא באברם GN 11:28

ועל כל מניא ועל בני נש **דהוו** תמן ועל דמקרב בגרמא NU 19:18

לות משה לבית מדרשיה **דהוו** תמן יתבין משה ואהרן ובנוי EX 39:33

ואמר טוורא דסיני **דהווה** ריבוייה ריבוי דשעתא LV 1:1

חמון כדון ארום אנא הוא **דהוויי** והוית ואנא הוא דעתיד DT 32:39

בראשית עם מיא קדמאי **דהוון** בגויה אבירוי ופרבירוי כרכוי NU 34:6

קרביא דייי את והב **דהוון** בעלעולא דסגירותא וטרידין NU 21:14

דייי אתון גמלין דא עמא **דהוון** טפשין וקבילו אורייתא ולא DT 32:6

ומתחקק על לוחי קיימא **דהוון** יהיבין בכף ידוי דמשה EX 20:2

וגנבת רחל ית צלמנייא **דהוון** נכסין גברא בוכרא וחזמין GN 31:19

בתיהון וית כל בירייתא **דהוון** עימהון בגו כל ישראל: ארום DT 11:6

כפנא מן ארעא דמצרים **דהוות** גזירתא למיהוי כפנא ארבעין GN 50:3

והדרת לעלימותא כמה **דהוות** כד היא זעירתא מיקריא EX 2:1

יחמונה: ועבדי כלב חולף **דהוות** רוח אוחרי עימיה ואשלים NU 14:24

אליצור בר שדיאור: ורבא **דהוי** ממני על חילוות שיבטא דבני NU 10:19

דייי ולא נטלין: ואית זמן **דהוי** ענן יקרא יומין דמניין הינון NU 9:20

דייי נטלין: ואית זמן **דהוי** ענן יקרא מן רמשא ועד צפרא NU 9:21

לקמא: ואמר יעקב לבנוי **דהוי** קרי להום אחוי לקוטו אבנין GN 31:46

דכירין אנחנא ית נוניא **דהוינא** אכלין במצרים מגן בלא NU 11:5

לבני ישראל אנא הוא **דהוינא** ועתיד למיכוי שדרני לותכון: EX 3:14

יאות מלילתא אנא עד **דהוינא** יתיב במדין יתאמר לי EX 10:29

לאברם כל עולבני מינך **דהוינא** רחיצא דתעבד דיני דאנא GN 16:5

בידיה כהילכתא קמאה **דהוית** מזוגיה: שבק יוסף ית GN 40:13

באומא קלילא חולף **דהויתון** הי ככוכבי שמיא לסוגי DT 28:62

ביש יומא דין מכל יומיא **דהויתון** הכא: ואמר ליה חילמא GN 40:7

יום ביומיה היכמא **דהויתון** עבדין כד הוה יהיב לכון EX 5:13

ונערבבה יתהון כיתא **דהות** אמרא ניחות לימא אמר להון EX 14:13

נצחנות קרביכון כיתא **דהות** אמרא נלבלבה לקובליהון EX 14:14

תוב עד עלמא: כיתא **דהות** אמרא נסדרא לקיבליהון EX 14:14

עבד לכון יומא דין כיתא **דהות** אמרא נתוב למצרים אמר EX 14:13

ותתקיים כדון מומתא **דהות** בינן ומבכין תהי בינן ובינך GN 26:28

ארעא דמצרים מן עידן **דהות** לאומא ומלכו: ומחא ברדא EX 9:24

ולא בעורדענייא מן בגלל **דהות** ליה בהון שיזבותא בזמן EX 8:2

הינא: עלת תדירא היכמא **דהות** מיקרבא על טוורא דסיני NU 28:6

דבלהה פילקתיה דאבוי **דהות** מסדרא כל קבל מצעא דלאה GN 35:22

בארע טלטול גלותיה **דהות** עבידא עילוהי מלקדמין GN 4:16

וטייל לארעא אוחרי **דהות** רמיא עלוי אימתיה דיעקב GN 36:6

על אחסנת שיבטיא **דיהוויין** להון ומאחסנת שיבטא NU 36:4

על אחסנת שיבטיא **דיהוויין** להון ומן עדב אחסנתנא NU 36:3

אתאמר עלי בנבואה **דיהוון** גרגירי חיטיהון היך כוליין DT 32:14

דעתידין למקום בתריה **דיהוון** זריזין בדיני ממונא ומתונין LV 24:12

סנדרי דעתידין למיקום **דיהוון** זריזין בדיני ממונא ומתונין NU 15:34

למקום מן בתריה **דיהוון** זריזין לדיני ממונא ומתונין NU 27:5

בעירי מעשר קודשיכון **דיהוון** לכון ונידריכון תיטלון DT 12:26

ייי קדם כהניא ודיינייא **דיהוון** ביומיא האינון: ויתבעון DT 19:17

אנת מקני לי רעינא פון **דיהון** כל עמא דייי נביין ארום יתן NU 11:29

בעירא דמשגרא אימיה **דיהון** לך דיכרין תקדש קדם ייי: וכל EX 13:12

ברם עבדיכון ואמהתיכון **דיהון** לכון מן אמהתיכון דמן LV 25:44

דין הוא מן קדם ייי **דיהון** מיני פלגות שיבטייא ברם מן GN 30:21

לא תדחל דאף על גב **דיהון** מצטרפין בלגיונין ואתיין עלך GN 15:1

למקום מן בתריהון **דיהון** מתינין בדיני נפשתא וזריזין NU 9:8

ייי אלקכון תור ואימר **דיהי** ביה מומא או כל מידעם ביש DT 17:1

גבר מבנך לזרעיית דריהון **דיהי** ביה מומא לא יתכשר לקרבא LV 21:17

או ית כל מאן דצלא **דיהי** ביה מכתשא ארום צורעא LV 13:52

דמשתימיט ירכיה: או גבר **דיהי** ביה תביר דרגיל או תביר דידא: LV 21:19

וטפליא ובעירא וכל **דיהי** בקרתא כל עדאה תיבזון לכון DT 20:14

ואמר יעקב קיים לי כיום **דיהי** וקיים ליה וזבין ית בכירותיה GN 25:33

כל מה דמלילו: לואי **דיהי** יצרא דליבהון שלים ברעות DT 5:29

ובתרוי לא עתיד **דיהי** כן: וחפא ית חזוונא דכל ארעא EX 10:14

דילי: ואמר לבן יאות לואי **דיהי** כפיתגמך: ואפריש ביומא ההוא GN 30:34

בצלו ברם קביל בעותי **דיהי** לי בר כאחתי אוף יהב לי תרין GN 30:8

ית בנוי ית ניכסין **דיהי** ליה לית ליה רשו למיתן חולק DT 21:16

יתיה: ואברהם עתיד **דיהי** לעם רב ותקיף ויתברכון GN 18:18

בארעא מן כפנא ההוא **דיהי** מן בתר כן ארום תקיף הוא GN 41:31

ולא תשוי ידך עם רשיעא **דיהי** סהיד שקר: עמי בני ישראל לא EX 23:1

תהוון אמרין לואי **דיהי** צפרא דעקן מארכן שעי DT 28:67

דמנשה ומני ית אפרים **דיהי** קדם מנשה: ואמר ישראל GN 48:20

מימר דייי לנטורהא **דיהי** קיים ומטייל בשבילי ארחא GN 3:24

בצפרא תהוון אמרין לואי **דיהי** רמשא דעקן מארכן שעי יומא DT 28:67

וכל דיקרב בכל מאן **דיהי** תחותוי יהי מסאב עד רמשא: LV 15:9

קידום הם הכי מבשרן **דייהויין** שבע שני כפנא: הוא פתגמא GN 41:27

וחמר ניסוכיהון מה **דיתהוון** מקרבין עם תוריא ועם NU 29:18

הי כרשיא לא תשוון עלוי **דליהוי** עלוי סהדין ומרי ערבנותא EX 22:24

תהוי על אגרי לקמך כל **דלתוהי** נמור וקרוח בעזיא ולחוש GN 30:33

לי ולעמך מן בגלל **דניהי** משניי מכל עממייא דעל אנפי EX 33:16

תקבל מן ידי מן בגלל **דתיהווי** לי לסהדו ארום חפירית ית GN 21:30

באפיכון מתווהות ליבכון **דתיהוון** תוון ומן מחמי עיניכון DT 28:67

בגובהא דרישך מן בגלל **דתיהוי** אורייתא דייי בפומך ארום EX 13:9

לכון יקרא דייי ומן בגלל **דתיהוי** דחלתיה על אפיכון בגין EX 20:20

מיניה בשבע שני כפנא **דתיהוין** בארעא דמצרים ולא GN 41:36

מותא דקשיטין לואי **דתיהי** סופי כזעיריא דבהון: ואמר NU 23:10

אעביד ליה איתא **דתיהי** סמיך בקיבליה: וברא ייי GN 2:18

ית פיתגמא הדין תעביד **דתיהי** פני מן דינא ויפקדינך ייי EX 18:23

שווייה בפומהון בדיל **דתיהי** תושבחתא הדא קדמיי DT 31:19

שמיא ועד סייפי שמייא **ההוה** היך פיתגמא רבא הדין או DT 4:32

אלעזר בר אהרן כהנא **הוא** הוה שׁאיל באורייא ותומיא NU 3:32

בני מנשה בר יוסף **הואה** לנשין והות אחסנתהן על NU 36:12

ריגלוי: כל קבל גפוף **הואה** עיזקתא אתרא לאריחייא EX 37:14

כען אתון למיסב עלאיי **הואה** צוקתא דכולהון: ואמר ראובן GN 42:36

בתרע משכן זימנא **הואן** קיימן על קרבן ארמותהין EX 38:8

ולא איתגליית שכינתא **הוה** אהרן מיבהית ואמר למשה LV 9:23

משה בארעא דמצרים **הוה** אהרן מצית אדניה ושמע מה EX 6:28

משריתא דישראל **הוה** אורכא תריסר מילין ופותיה NU 2:3

בתר דשלחה מלותיה כד **הוה** אזיל למצרים: וית תרין בנהא EX 18:2

קידוש דתלת יומין לא **הוה** איפשר לי דאיסוק לותיה עד LV 1:1

דהוה רבהון דישראל לא **הוה** איפשר ליה למידכר ית שמא DT 32:3

ממללין ברמשא בתואל **הוה** אכיל מההוא תבשילא GN 24:55

לאבאשא עמי: אם כדין **הוה** אמיר קרוחין יהי אגרך וילידן zGN31:8

על עיסק תיכלא משה **הוה** אמר אנא שמעית מן פום NU 16:2

שבטיא כל חד וחד **הוה** אמר ברכתא בכללא ולווטייא DT 27:26

דין עם דא כחדא ימא **הוה** אמר לארעא קבילי בנייכי EX 15:12

יצחק וישמעאל ישמעאל **הוה** אמר לי חמי למירות ית אבא GN 22:1

בריה בוכרייא ויצחק **הוה** אמר לי חמי למירות ית אבא GN 22:1

להום ית חילמיה ולא **הוה** אפשר לגבר די יפשר יתיה GN 41:8

דסכומהון תשעא: ולא **הוה** אפשר לה תוב לאטמרתיה EX 2:3

איתמלי ית משכנא: ולא **הוה** אפשר למשה למיעל למשכן EX 40:35

וביומא חד תב: ויצחק **הוה** אתי מבי מדרשא דשם רבא GN 24:62

מית במדברא והוא לא **הוה** בגו כנישתא דמתרעמין NU 27:3

ומגחנין קדמוי וסטנא **הוה** בגויה מטפז ומשוור קדם עמא EX 32:19

זכאי שלים בעובדין טבין **הוה** בדרוהי בדחלתא דייי הליך נח: GN 6:9

הליך פיסיון מכתשא ולא **הוה** ביה שער מצלהב כחיזו דהב LV 13:32

מברכין בישרא עד כדון **הוה** ביני ככיהון עד לא פסק ורוגזא NU 11:33

בר תמניא יומין אילו **הוה** בך מנדעא דילמא לא הוית GN 22:1

קדמך ייי גלי קדמך דלא **הוה** בלבבי עוקמא ובעית למיעבד GN 22:14

בבני ישראל דלא **הוה** בליביה למיתייא לעיבידתא LV 8:15

יוסף בר שביסרי שנין **הוה** במיפיקיה מן בית מדרשא GN 37:2

חד לית אנן ידעין מה **הוה** בסופיה וקלילא יומא דין עם GN 42:32

שעא זעירא למידוע מה **הוה** בסיפיה דמשה ביהוא זכותא NU 12:16

ודדחיל ליה יצחק **הוה** בסעדי ארום כדון ריקם GN 31:42

ארום אמר אלקא דאבא **הוה** בסעדי ושיזבני מחרבא דפרעה: EX 18:4

בידיה בגין דמימר דייי **הוה** בסעדיה ודהוא עביד ייי מצלח: GN 39:23

ריבוניה ארום מימר דייי **הוה** בסעדיה וכל דהוא עביד ייי GN 39:3

מן קדם שדי חמי וכד **הוה** בעי דיתגלי ליה הוה משתטח NU 24:16

קבל קטילניך לא ימא **הוה** בעי למטמע יתהון ולא ארעא EX 15:12

מן משריתא: והוה כד **הוה** בעי למיטל ארונא הוה עננא NU 10:35

ריגל לימקום קדמך: וכד **הוה** בעי למישרי ארונא הוה עננא NU 10:36

על מזגיה דאשתכח דלא **הוה** בעיטא ההיא ויהב כסא על GN 40:21

דבזמן דאתפרש מיניה **הוה** בר תמניסר שנין וחזא לכילת	GN 46:21
דתמן בני ישראל לא **הוה** ברדא: ושדר פרעה פולין	EX 9:26
יחוסין דגניסת נח נח **הוה** גבר זכאי שלים בעובדין טבין	GN 6:9
ירדנא דיריחו: ובאילין לא **הוה** גבר מן סכומי משה ואהרן	NU 26:64
והוה הבל רעי ענא וקין **הוה** גבר פלח בארעא: והוה מסוף	GN 4:2
הוה מתגלי ליה ועל דלא **הוה** גזיר נפיל על אנפוי עד זמן	NU 24:3
בגלל גרשום בריה דלא **הוה** גזיר על עיסק יתרו חמוי דלא	EX 4:24
למגזריה ברם אליעזר **הוה** גזר בתנאה דאתנייו תרוויהון:	EX 4:24
קדם ייי בארעא: הוא **הוה** גיבר מרודא קדם ייי בגין כן	GN 10:9
מבין תרין כרוביא ומתמן **הוה** דבירא מתמליל עימיה: ומליל	NU 7:89
משה לאנפוי ארום **הוה** דחיל מלימיסתכי בצית איקר	EX 3:6
ברדא תקיף לחדא דלא **הוה** דכותיה בכל ארעא דמצרים מן	EX 9:24
על אורחא ואמרו לא **הוה** הכא מטעיתא: ותב לות יהודה	GN 38:21
בידיכון דילמא בשלו **הוה**: וית אחוכון דברו וקומו תובו	GN 43:12
בריש ארעא דמצרים **הוה** וכד קרא למשה ולאהרן	EX 12:31
לא שנא מכתשא מן כד **הוה** ומכתשא לא הליך פיסיוניה	LV 13:55
לסקוף משכניה לא **הוה** ופסק מלמעבד קורבן פיסחא	NU 9:13
ההוא וכל ליליא צפרא **הוה** ורוח קידומא נטל ית גובא:	EX 10:13
יהושע בר נון הוה טלי לא **הוה** זייע בגו משכניה: ואמר משה	EX 33:11
ואיתער פרעה והא **הוה** חילמא: והוה בצפרא ומטרפא	GN 41:7
אמתינו ביקרהון: וחויא **הוה** חכים לביש מכל חיות ברא	GN 3:1
קדם מימרא דייי ופרעה **הוה** חלים והא קאי על נהרא: והא	GN 41:1
בקשייו: ואמר פרעה דמך **הוה** חמי בחילמיה והא כל ארעא	EX 1:15
דחזיו מן קדם אל שדי **הוה** חמי וכד בעי דמתגלי ליה הוה	NU 24:4
למלאכי מרומא יצחק **הוה** חמי יתהום ואברהם לא חמי	GN 22:10
וקריב ליה ואכל ולא **הוה** חמרא גביה ואזדמן ליה	GN 27:25
ייי אלקנא ייי חד וביה **הוה** חקיק צורת בר אילא והוה חמי	NU 2:10
דבבך מן קדמך וביה **הוה** חקיק צורת בר אריוון מטול	NU 2:3
אלפייא דישראל וביה **הוה** חקיק צורת חיוי חורמן ורבא	NU 2:25
מן משריתא וביה **הוה** חקיק צורת ריבא ורבא דהוה	NU 2:18
היא לאה דכולא ליליא **הוה** חשיב דרחל היא מן בגלל	GN 29:25
משומשניה יהושע בר נון **הוה** טלי לא הוה זייע בגו משכניה:	EX 33:11
ולא אשתמודעיה ארום **הוה** ידוי כידי עשו אחוי שערניין	GN 27:23
לשיבעין לישנין ולא **הוה** ידע חד מה דיימר חבריה והוו	GN 11:8
הות בביתיה דיהודה ולא **הוה** יהודה רחים יתה: וסטא לוותה	GN 38:15
היכמא דהויתון עבדין כד **הוה** יהיב לכון תיבנא: ולקו סרכי בני	EX 5:13
לא הוו ידעין ארום שמע **הוה** יוסף בלישן בית קודשא ארום	GN 42:23
משמשין קומוי הא אדם **הוה** יחידיי בארעא היכמא דאנא	GN 3:22
לפורקנא דישראל ולא **הוה** יכיל למיזקפהון בצלו ומן דהוה	EX 17:12
ועל דלא אברם גזיר לא **הוה** יכיל למיקם וגחן על אנפוי	GN 17:3
היכמא דפשר לנא כדין **הוה** יתי אותיב במיליה על סדר	GN 41:13
דחמי ולא מתחמי והוא **הוה** יתיב בארע דרומא: ונפק יצחק	GN 24:62
כד הפך ית קירווייא די **הוה** יתיב בהון לוט: וסליק לוט מן	GN 19:29
תקיף לחדא קודמוי לא **הוה** כדין קשיין גובא דכוותיה	EX 10:14
יומא דאיתברי עלמא לא **הוה** כנמרוד גיבר בצידא ומרודא	GN 10:9
שנין מן מצרים ולא **הוה** כפנא אלהין תרתין שנין	GN 50:3
דעלין למזבון ארום **הוה** כפנא בארעא דכנען: ויוסף הוא	GN 42:5
דבבהון: אמר יעקב ליט **הוה** כרכא דשכם כד עלון לגוה	GN 49:7
עם ברת יעקב וכן לא **הוה** כשר לאתעובדא: ומליל חמור	GN 34:7
והא מכתשא קם כד **הוה** לא הליך פיסיונא דמכתשא	LV 13:5
וגלי קדם ייי ארום לא **הוה** לאה רחימתא באנפי יעקב	GN 29:31
ביממא מבני נשא עלי **הוה** לאשלמא ומה דהוה מתגניב	GN 31:39
דכר אתפרש מנהום **הוה** להום רושם דקן ואינון לא	GN 42:8
אוף תרין בניי דאשתיירו **הוה** להון מן דינא דייתוקדון דלית	LV 10:19
קורבניא אתפרש למשה **הוה** לחולק היכמא דפקיד ייי ית	LV 8:29
ייי לא אשתמודענא מה **הוה** ליה בסיפיה: ואמר להון אהרן	EX 32:1
ייי ולא אשתמודענא מה **הוה** ליה בסיפיה: ואמרית להון	EX 32:23
לא אשתמודעוהי דלא **הוה** ליה רושם דקן וההיא שעתא	GN 42:8
קריצתא: וחמא ארי לא **הוה** ליה רשו למאבשא ליה וקריב	GN 32:26
וכאשון מיסק קריצא **הוה** למיסוק ודחיקו מלאכיא בלוט	GN 19:15
מן חיות ברא עלי **הוה** למשלמא: הויתי ביממא	GN 31:39
זמן יומא הדין: בגין כן לא **הוה** לשיבט לוי חולק ואחסנא עם	DT 10:9
וית קל שופרא היך **הוה** מאחי מיתיא וית טורא תנין	EX 20:18
לא בריך ית יצחק דאין **הוה** מבריך ליצחק ולא מבריך	GN 25:11
ואתיבשו מבועיא ולא **הוה** מוי למישתי עמא: ונצו רשיעי	EX 17:1
עלי לטבתא דאבא **הוה** מותיב לי ברישא ומן קדם	GN 50:20
שמיה ושם אבוי והוא **הוה** מזבן עיבורא לכל עמא דארעא	GN 42:6
לות אינתתיה דאחוי **הוה** מחבל עובדוי על ארעא דלא	GN 38:9
מן קדם שיחנא ארום **הוה** מחת שיחנא באיסטיגניניא	EX 9:11
היא בההוא זימנא ארום **הוה** מחתא דייי בענא דלבן ולא	GN 29:9
ריבוני ביה והוא מטיירא **הוה** מטייר ביה אבאשתון מה	GN 44:5
ארום ענן יקרא דייי **הוה** מטלל על משכנא בימּמא	EX 40:38
שית מאה שנין וטובענא **הוה** מיא על ארעא: ועל נח ובנוהי	GN 7:6
הליך ביומא ההוא והוא **הוה** מידבר קדם משריתא דישראל	NU 10:33

כדקדמוי ואלקא דאיבא **הוה** מימרא בסעדי: ואתון ידעתון	GN 31:5
מחמא חמינא ארום **הוה** מימרא דייי בסעדך דבזכותך	GN 26:28
הוו מוקמין ית משכנא **הוה** מיסגלגל הי כעכינא חזור חזור	EX 26:28
שבטייא דיעקב: והוא **הוה** מלכא בישראל באתכנשות	DT 33:5
מילין מרבען וטיקסיה **הוה** ממילת תלת גוונין כל קבל	NU 2:3
מילין מרבען וטיקסיה **הוה** ממילת תלת גוונין כל קבל	NU 2:10
מילין מרבען וטיקסיה **הוה** ממילת תלת גוונין כל קבל	NU 2:18
מילין מרבען וטיקסיה **הוה** ממילת תלת גוונין כל קבל	NU 2:25
אזיל ותקיף לחדא משה **הוה** ממלל ומן קדם ייי הוה מתעני	EX 19:19
ומלת לכל גמלוי: וגברא **הוה** ממתין לה ושתיק למינדע	GN 24:21
מרומא: מדוריה דאלקא **הוה** מן לקדמין ומן תחות אדרע	DT 33:27
בימּמא ועמודא דאישתא **הוה** מנהר בליליא וחמיין כל בני	EX 40:38
דבית ישראל וכד **הוה** מנח ידוי מן למצליא ומתגברין	EX 17:11
בלישן בית קודשא ארום **הוה** מנשה למתורגמן ביניהום: וחזר	GN 42:23
ארום מיית אבוהון ולא **הוה** מסתחר עמהון כחדא למיכול	GN 50:15
למתכנשא מיגו עלמא **הוה** מסתפי דילמא אית בבנוי	DT 6:4
אניקי דנפשיה כד **הוה** מפייס לנא ולא קבילנא מיניה	GN 42:21
למיכלא וית צפרא נכיסא **הוה** מקבר כהנא במיחמי מצורעא:	LV 14:7
וית ציפרא נכיסתא **הוה** מקבר כהנא במיחמי מרי ביתא:	LV 14:53
מימרא על אברהם כד **הוה** מרע מגיזרת מהולתא אליף	DT 34:6
דיני נפשתא בדיני ממונא **הוה** משה זריז ובדיני נפשתא הוה	LV 24:12
דיני נפשתא בדיני ממונא **הוה** משה זריז ובדיני נפשתא הוה	NU 15:34
דיני נפשתא בדיני ממונא **הוה** משה זריז ובדיני נפשתא הוה	NU 27:5
דיני נפשתא ובצתהון **הוה** משה זריז מן בגלל דהוו דיני	NU 9:8
משה זריז ובדיני נפשתא **הוה** משה מתין ובאיליין ובאיליין	NU 15:34
משה זריז ובדיני נפשתא **הוה** משה מתין ובאיליין ובאיליין	NU 27:5
דקודשא בקצת מנהון **הוה** משה מתין מן בגלל דהוו דיני	NU 9:8
דיהודה ביש קדם ייי דלא **הוה** משמש עם אינתתיה כאורח כל	GN 38:7
וחמר ובההיא זימנא **הוה** משמש קדם אלקא עילאה:	GN 14:18
וכד הוה בעי דיתגלי ליה **הוה** משתטח ונפיל על אפוי ורזיא	NU 24:16
חמי וכד בעי דמתגלי ליה **הוה** משתטח על אנפוי ורזיא	NU 24:4
מה דאתכסי מן נביא **הוה** מתגלי ליה: אימר דשמע מימר	NU 24:15
מה דאתכסי מן נבייא **הוה** מתגלי ליה ועל דלא הוה גזיר	NU 24:3
מה דאתכסי מן נביא **הוה** מתגלי ליה: חמי אנא ליה וליתי	NU 24:16
מה דאתכסי מן נבייא **הוה** מתגלי ליה: כמא יאוון הינון	NU 24:4
משה זריז ובדיני נפשתא **הוה** מתון ובאיליין ובאיליין אמר	LV 24:12
דאתי ישעיה נביא כד **הוה** מתנבי בכנישתהון דישראל	DT 32:1
ברם משה נביא כד **הוה** מתנבי בכנישתהון דישראל	DT 32:1
רוח נבואה אלדד **הוה** מתנבי ואמר הא משה מתכניש	NU 11:26
ומחסין יתה להון מידד **הוה** מתנבי ואמר הא סלוי סלקן מן	NU 11:26
הוה ממלל ומן קדם ייי **הוה** מתעני בקל נעים ומשבח	EX 19:19
מלגיו ללוחי משכנא וכד **הוה** מתפרק הוה פשיט הי כחוטרא:	EX 26:28
טבין מתקל עשר סילעין **הוה** מתקלא דבזיכא בסילעי בית	NU 7:86
בסלעי בית קודשא **הוה** מתקלא מזירקא חדא דכסף	NU 7:19
מבצר: רבא מגדיאל הוא **הוה** מתקרי מגדיאל על שום	GN 36:43
דין לדין ומיתן ואדמהון **הוה** נגיד בנחליא סמיך לארנון:	NU 21:14
ושפכות נחליא דאדמהון **הוה** נגיד עד מותבות לחיית ברם	NU 21:15
לאנהרא עלמא ומן יד **הוה** נהורא: וחמא אלקים ית נהורא	GN 1:3
יומין ובכל בני ישראל **הוה** נהורא למקבור רשיעיא	EX 10:23
על משריתא בליליא **הוה** נחית מנא עלוי: ושמע משה ית	NU 11:9
ית אדמתא: וענן יקרא **הוה** נחית מתחות כורסי יקרא ומלי	GN 2:6
עננא מקפל וקאים ולא **הוה** נטיל עד דמשה הוה קאי בצלו	NU 10:35
ולא מבריך לישמעאל **הוה** נטיר ליה דבו ובתר דמית	GN 25:11
דיעקב אחוי: ארום **הוה** ניכסיהון סגי מלמיתב כחדא	GN 36:7
בלב שלים קדם ייי **הוה** נפיק למשכן בית אולפנא	EX 33:7
למימר: דבירא קדמאה כד **הוה** נפיק מן פום קודשא יהי שמיה	EX 20:2
עבדיא: דבירא תיניינא כד **הוה** נפיק מן פום קודשא יהי שמיה	EX 20:3
ומשתבק ליה: והוה כד **הוה** נפיק משה מן משריתא ואזיל	EX 33:8
דיהב תמן מאנא דדהבא **הוה** סימא נפקא באנפוי: ואמר משה	EX 32:20
וכד אגחו מלכיא האילין **הוה** עוג עימהון אמר בליביה איזיל	GN 14:13
זהורי ובוץ שזיר: מרבע **הוה** עיף עבדו ית חושנא זרתא	EX 39:9
לכון תעבדון: וכפנא **הוה** על כל אנפי ארעא ופתח יוסף	GN 41:56
איקרון בנין והוה כד **הוה** עליל לות אינתתיה דאחוי הוה	GN 38:9
ברי דרבית ותקיפת וטוף **הוה** עלך למתקף דכבשת יצרך	GN 49:22
ראובן לגובא ארום לא **הוה** עמהון למסעוד כד זבנוהי דהוה	GN 37:29
גוברין מדבית דן דלא **הוה** עננא מקביל יתהון מן בגלל	EX 17:8
הוה בעי למיטל ארונא **הוה** עננא מקפל וקאים ולא הוה	NU 10:35
הוה בעי למישרי ארונא **הוה** עננא מקפל וקאים ולא הוה	NU 10:36
ממה דגזר עליה דאף הוא **הוה** עקר ואתרווח ואיתעברת	GN 25:21
בי שום שמיא ובכין **הוה** פיתגמא דייי עם אברם	GN 15:1
כל יומוי: ואין קשוט **הוה** פיתגמא הדין לא הישתכחו	DT 22:20
כתבא קדישא די בהון **הוה** פרח וטייס לאויר שמיא והוה	EX 32:19
וכרום תרתין אמין **הוה** פרח על אנפי ארעא והוו	NU 11:31
עננא מקפל וקאים ולא **הוה** פריס עד דהוה משה קאי בצלו	NU 10:36

עד ארעא דגשן מתחנן **הוה** פרעה בקל עציב וכן אמר קומו EX 12:31
משכנא וכד הוה מתפרק **הוה** פשיט הי כחוטרא: וית לוחיא EX 26:28
ואמרת דמן קדמי **הוה** פתגמא ואשתיזבו תריהום מן GN 38:26
לתלסירי שנין ואין **הוה** צבותי למעכבא לא הוינא מסר GN 22:1
בהון מן סטר לסטר ובכן **הוה** צווח ואמר עמי בית ישראל: לא EX 20:3
ולא הוה נטיל עד דמשה **הוה** קאי בצלו מצלי ובעי רחמין מן NU 10:35
דמשה קדם ייי ומשה **הוה** קאי ומשמש קדמיהון: והוה EX 18:12
מן דבית ישמעאל תמן **הוה** קאים אריה יהודה גיבריהון GN 50:1
וחמא בלעם ארום שפר **הוה** קדם ייי לברכא ית ישראל ולא NU 24:1
למיתב בחדא ארום **הוה** קיניינהון סגי ולא יכילו למיתב GN 13:6
דמסאב הוא: ואם כד **הוה** קם ניתקא ושער אוכם צמח LV 13:37
להון שמהן הי כשמהן די **הוה** קרי להון אבוי: וחפסו עבדי GN 26:18
כד נחית מן שמיא וכד **הוה** קריש חיזויה הי כחיזו בידלחא: NU 11:7
ושום אחוהי יובל הוא **הוה** רב בהום דכל דממנן לזמרא GN 4:21
וילידת עדה ית יבל הוא **הוה** רב בהום דכל יתבי משכנין GN 4:20
בזימנא ההיא: ועל אהרן **הוה** רגז מן קדם ייי לחדא DT 9:20
דחלתא דייי: אוף עלי **הוה** רגז מן קדם ייי מטולכון למימר DT 1:37
כיומא הדין: ומן קדם ייי **הוה** רגז עלי על פיתגמיכון DT 4:21
דינפקו מנהון כד **הוה** רעי ית חמרייא לצבעון אבוי: GN 36:24
ידעו אינש בחבריה: ומשה **הוה** רעי ית ענא דיתרו חמוי רבא EX 3:1
דלא פלח לטעותיה ולא **הוה** רשותא לנורא למוקדיה ובכין GN 11:28
בר אהרן כהנא הוא **הוה** שאיל באורייא ותומיא מתחות NU 3:32
סגיאין ואתא לחברון ולא **הוה** שביק ליוסף למקבור ית אבוי GN 50:13
בריחותא ומן דהוה צבי **הוה** שחיק בדוכיתא ומבשלין ליה NU 11:8
בארעא דכנען: ויוסף הוא **הוה** שליט על ארעא וידע דאחוי GN 42:6
ואמר ליה ייי עד כדון **הוה** שמך יעקב לא יתקרי שמך תוב GN 35:10
שנאב דאפילו לאיבוד **הוה** שני מלכא דאדמה ושמאבר GN 14:2
בחברון ובההוא יומא **הוה** שרוי גלותא דמצרים וקם GN 37:14
חוי לאברם עיברא והוא **הוה** שרי בחזוי ממרא אמוראה GN 14:13
צווחתא רבתא ארום לא **הוה** תמן ביתא דמצראי דלא הוה EX 12:30
תמן ביתא דמצראי דלא **הוה** תמן בכור מאית: ותחום ארעא EX 12:30
ייי הכנא לארעא הדא מה **הוה** תקוף רוגזא רבא הדין: ויימרון DT 29:23
בארע מדינחא: ומיא **הוו** אזלין וחסרין עד ירח עשיריי GN 8:5
סדרי קרבא בגין כן **הוו** אמרין נזיל לדותן ואזל יוסף GN 37:17
דהוה מיירי וכנענאי בכין **הוו** בארעא דעד כדון לא מטא GN 12:6
אילני חקלא עד כדו לא **הוו** בארעא וכל עיסבי חקלא עד GN 2:5
מוי ברם חיוין ועקרבין **הוו** ביה: וחזרו למיכול לחמא וזקפו GN 37:24
בשמת איתת עשו: ואילין **הוו** בני אהליבמה ברת ענה ברת GN 36:14
דמבתר דאיתיליד בנימין **הוו** בני יעקב תריסר: בני לאה בוכרא GN 35:22
עלמא דכד תבו אלליא **הוו** בני ישראל שריין ברקם והדרו NU 21:1
וכד הוו מקלסין קדמך **הוו** בנתהון דשלטוניא מהלכן על GN 49:22
לניסיון: ובנוי דקרח לא **הוו** בעיטתא דאבוהון ואזלו בתר NU 26:11
דפלשתאי וקטלונון הינון **הוו** גרמיא יבישיא דאחי יתהון EX 13:17
ליה נכסוי עמי בני ישראל **הוו** דכירין ארום דיירין הוויתון EX 22:20
שיקרא בפרקמטיא: **הוו** דכירין ית דעבדו לכון דבית DT 25:17
ארום עם קשי קדל אתון: **הוו** דכירין לא תתנשון ית דארגזתון DT 9:7
חד בחבריה דלא ילקי **הוו** דכירין מה דעבד ייי אלקכון DT 24:9
כבני חשיבין וענא מן עניי **הוו** וכל דאנת חמי מן דילי הוא GN 31:43
ארום גוברי מרי גיתי **הוו** וענהון ותוריהון וכל דילהון GN 46:32
דשבתא: עמי בני ישראל **הוו** זהירין גבר באיקרא דאבוי DT 5:16
יתיה: עמי בני ישראל **הוו** זהירין גבר ביקרא דאבוהי EX 20:12
תינטרון למעבד: **הוו** זהירין דלא למיחשד חד DT 24:9
וכאילה: לחוד באדמא **הוו** זהירין דלא תיכלוניה על ארעא DT 12:16
לאוטבא לך בסופך: **הוו** זהירין דלא תימרון בליבכון DT 8:17
ארעא: עמי בני ישראל **הוו** זהירין דלא תנסון ית ייי אלקכון DT 6:16
רעוא עמי בני ישראל **הוו** זהירין למקרבא יתיה NU 28:2
חזור חזור לטורא למימר **הוו** זהירין מלמיסק בהר ולמיקרב EX 19:12
אנת וכל כנישת סעדך **הוו** זמינין לבי דינא קדם ייי אנת NU 16:16
לבושיהון: ואמר לעמא **הוו** זמינין לתלתי יומין לא תקרבון EX 19:15
כל נשיא בתרא בתופייא **הוו** חיילין ובחינגייא מחנגין: וזמרת EX 15:20
ולית בהון סוכלתנן: אילו **הוו** חכימין הוון מסתכלין DT 32:29
הא מתבעי מינן: ואינון לא **הוו** ידעין ארום שמע הוה יוסף GN 42:23
שנין קלילין ובישין **הוו** יומי שני חיי דמן טלייותי GN 47:9
כולהון קריבוי ולא **הוו** יכלין להנזקותיה נס תמינאי NU 25:8
דבית עמלק: וידוי דמשה **הוו** יקרין מן בגלל דעכב קרבא EX 17:12
חיזוריהון וקניהון מינה **הוו** כולא נגידא חדא דדהב דכי: EX 37:22
מן תפיין ובנין לא **הוו** להון ושמש אלעזר ואיתמר על NU 3:4
יתי אבא לית בידי אלהין **הוו** לי כזעיר תורין וחמרין עאן GN 32:6
לחורנין ובנין דוכרין לא **הוו** ליה: למא יתמנע שום אבונא NU 27:3
מרעיהון ורעי דלוט **הוו** מבקרין ואזלין ואכלין בחקלי GN 13:7
ולמן דיהביה להון לא **הוו** מברכין בישרא עד כדון הוה NU 11:33
איתגניזת בירא ולא **הוו** מוי לכנישתא ואיתכנישו על NU 20:2
ופרישן מתעבדן ביה דכד **הוו** מוקמין ית משכנא הוה EX 26:28
דלוט דרעאי דאברם **הוו** מיפקדיו מיניה לא תכון GN 13:7

חדא בלישן קודשה **הוו** ממללין דאיתבריא ביה עלמא GN 11:1
כל חרשי מצראי וכד **הוו** מקלסין קדמך הוו בנתהון GN 49:22
ואחוי דענר והינון **הוו** מריה קיימיה דאברם: וכד שמע GN 14:13
עמא חמיין ית קליא היך **הוו** מתהפכין במשמעהון דכל חד EX 20:18
מרחשון דעד כדון לא **הוו** מתמנן ירחייא אלהן מתשרי GN 7:11
והוה ביומא תליתאה כד **הוו** מתמקמקין מן כיב גוזרתהום GN 34:25
עיסק פיתגמיא האיליין **הוו** מתנציין על אנפי ברא וקם קין GN 4:8
מכבשין כסף היכדין **הוו** מתעבדין כל עמודא דרתא: EX 38:17
דייי דינין טעוות מתכא **הוו** מתרככין טעוות אבנא מתגדעין NU 33:4
בני נשא ומוי דטובענא **הוו** נחתין רתיחין מן שמייא עילוי GN 7:10
על מגן: עמי בני ישראל **הוו** נטרין ית יומא דשבתא DT 5:12
מהימן על כנישתא: די **הוו** נפיק קדמיהון לסדרי קרבא ודי NU 27:17
דכל חד וחד והיך **הוו** נפקין מן גוא בעוריא וית קל EX 20:18
ישראל דידעתא דהינון **הוו** סבי עמא וסרכוי במצרים NU 11:16
מידבר בזכותיה דאברם **הוו** עאן ותורין ומשכנין: ולא סוברת GN 13:5
ואמרו לפרעה רעי ענא **הוו** עבדך אוף אנן אוף אבהתן: GN 47:3
נחנא מהימני אנחנא לא **הוו** עבדך אלילי: ואמר להון לא GN 42:11
ותימרון מרי גיתי **הוו** עבדך מטלייותנא ועד כדון בגין GN 46:34
ומן יד בשלו סגולייהא **הוו** עינבין: חמי הוית עד דיהבין GN 40:10
ית דינה ברתיה ובנוי **הוו** עם גיתוי בחקלא ושתיק יעקב GN 34:5
רישי בוסמנין תמן **הוו** קיימין גוברין מן דבית עשו GN 50:1
באטונין דבוין תמן **הוו** שדיין חמרין רתיחין ותמן GN 50:1
גמלייא נוקבן עם בניהון **הוו** תלתין תוריתא ארבעין ותורי GN 32:16
על ארבע זיווייתיה מיניה **הוואה** קרנוי זקיפן לעיל וחפא יתיה EX 38:2
ולית אנחנא ידעין מה **הווה** בסיפיה: ואמר להום יוסף הוא GN 42:13
בנתיה עימיה ארום **הווה** דחיל למיתב בזוער ויתיב GN 19:30
ערק יעקב דבזכותיה **הווה** טייפא עשרין שנין: ודבר ית GN 31:22
שבטא דזבולון ורבא **הווה** ממני על חילוות שבטוי דבני NU 2:7
מפיתגמי אורייתא לא **הווה** תמן מוי למישתי לעמא: ונטלו NU 33:14
ולא בעידנא חורנא דהכין **הווה** תנאה בינתיהון למיהוי מלכין NU 22:4
מלאכא למנדוע מה **הווי** בסוף בייתיה דאיבה דהיא GN 19:26
זכו לא תקטול ארום לא **הווינא** מזכי ליה אין הוא חייבא: EX 23:7
דכירין ארום משעבדין **הוויתון** בארעא דמצרים ופרק DT 5:15
נפש גייורא ארום דיירין **הוויתון** בארעא דמצרים: ושית שנין EX 23:9
הוו דכירין ארום דיירין **הוויתון** בארעא דמצרים: כל ארמלא EX 22:20
עד אתרא הדין מסרבין **הוויתון** קדם ייי: ובחורב ארגיזתון DT 9:7
ית שני שמיטיכון כד **הוויתון** שריין עלה: ודישתיירון בכון LV 26:35
גרשום ארום אמר דייר **הוויתי** בארע נוכראה דלא הידי היא: EX 18:3
חזרנות משריתא: רשיעיא **הוון** אכלין מביסרא ולמן דיהביה NU 11:33
ביה: דתריב נכסתהון **הוון** אכלין שתן חמר ניסוכיהון DT 32:38
קבל חד כל קבל כפורתא **הוון** אנפי כרוביא: ועבד ית פתורא EX 37:9
וזרח שמה ומזה אילין **הוון** בני בשמת איתת עשו: ואילין GN 36:13
לאיקונין דאברהם **הוון** בני נשא אמרין בקושטא GN 25:19
ישראל כנפינון לותיה כד **הוון** בעיברא דיורדנא ענה ואמר DT 1:1
חייבא דבית ישראל **הוון** גזרין עורלתהון וטמרין בעפרא NU 23:10
על מגן: עמי בני ישראל **הוון** דכירין יומא דשבתא למקדשא EX 20:8
לא תידחלון מנהון **הוון** דכירין ית גבורן דעבד ייי DT 7:18
הוא: ואמר משה לעמא **הוון** דכירין ית יומא הדין די נפקתון EX 13:3
ישוי בטומרא מלטטיא **הוון** הפכין אפיהון כל קבל טוורא DT 27:15
וליואי במציעא מברכיא **הוון** הפכין אפיהון כלו קבל טוורא DT 27:15
ולווטייא בכללא מברכיא **הוון** הפכין אפיהון לכל מילא ומילא DT 27:26
גברא חד לבית אבהתוי **הוון**: והוו כל סכומי מנייני בני NU 1:44
חזורייה ושושנהא מינה **הוון**: ושיתא קנין נפקין מסיטרהא EX 37:17
ייי עימכון מיגו אישתא: **הוון** זהירין דלא תחבלון עובדיכון DT 4:16
ארעא תישדוניה היך מיא: **הוון** זהירין למינטר זימני מועדיא DT 16:1
תריהון מערבון כחדא: **הוון** זהירין לעשרא פיריכון מן DT 14:22
בר בגו בני ישראל וכד **הוון** ישראל שריין במדברא בעא LV 24:10
גנוסיא דמקדמת דנא **הוון** יתבי ארעא ההיא לוטן ושובל GN 36:20
דמשה ביהוא זכותא **הוון** כל ישראל אשתין ריבוון דהינון NU 12:16
מיכא נגידין ואדיקין **הוון** כרוביא ולא מתפרשין מן EX 37:8
קדם ייי: ובעירי סגיא **הוון** לבני ראובן ולבני גד תקיף NU 32:1
חפר: וצלפחד בר חפר לא **הוון** ליה בנין אלהין בנן ושום בנת NU 26:33
בית ישראל: ימא וארעא **הוון** מדיינין דין עם דא כחדא ימא EX 15:12
דאתון אכלין ושבעין **הוון** מודין ומברכין קדם ייי אלקכון DT 8:10
מזווגין מלרע וכחדא **הוון** מזווגין ברישיהון בעיזקתא EX 36:29
סוקי בירא סוקי בירא **הוון** מזמרין לה והיא סלקא: בירא NU 21:17
אגר עובדיהון והינון **הוון** מן סביא דסליקו בפיטקיא NU 11:26
ניסוכה וצלוחיתא דמיא **הוון** מנסכין ביומא דחגא דמטליא NU 29:31
סוכלתנן: אילו הוו חכימין **הוון** מסתכלין באורייתא והינון DT 32:29
ברא ית כל פולחנהון **הוון** מפלחין בהון בקשייו: ואמר EX 1:14
צווחין דאילו הוון צווחין **הוון** משתיזבין נס תליתאי דכווין NU 25:8
ובעמך דמן קדמיי **הוון** משתלחין ולא מן חרשיותא EX 9:14
מילין מרבען במציעותא **הוון** נטלין הי כמא דשרן היכדין NU 2:17
דמעניין להון היכדין **הוון** סגן והכדין הוון תקפין EX 1:12

ארום עמא חד ומלכו חד **הוון** עד ההוא יומא כדון ישיצון NU 22:4
לבהון עימהן בחכמתא **הוון** עזלו ית מעזיא על גווייתהון EX 35:26
ידי אומן ושוי בטומרא **הוון** עניין כולהון כחדא ואמרין אמן: DT 27:15
דישני תחומא דחבריה **הוון** עניין כולהון כחדא ואמרין אמן: DT 27:17
דהוא מדמי לסמיא **הוון** עניין כולהון כחדא ואמרין אמן: DT 27:18
דין דייר ייתם וארמלא **הוון** עניין כולהון כחדא ואמרין אמן: DT 27:19
ארום גלי כנפא דגלי אבוי **הוון** עניין כולהון כחדא ואמרין אמן: DT 27:20
דמשמש עם כל בעירא **הוון** עניין כולהון כחדא ואמרין אמן: DT 27:21
ברת אבוי או ברת אימיה **הוון** עניין כולהון כחדא ואמרין אמן: DT 27:22
דמשמש עם חמותיה **הוון** עניין כולהון כחדא ואמרין אמן: DT 27:23
בלישן תליתאי בטומרא **הוון** עניין כולהון כחדא ואמרין אמן: DT 27:24
בר נש למשדי אדם זכאי **הוון** עניין כולהון כחדא ואמרין אמן: DT 27:25
אורייתא הדא למעבדהון **הוון** עניין כלהון כחדא ואמרין אמן DT 27:26
פרוק מן תדיי אימהון **הוון** עקיא מחוון באצבעתהון EX 15:2
וכד הינון יהיבין בבבל **הוון** פלחין לטעוותהון בגין כן DT 32:23
פומהון ולא צווחין דאילו **הוון** צווחין הוון משתיזבין נס NU 25:8
זעירתא רחל: ועיני לאה **הוון** צירנייתן דבכיא ובעיא מן קדם GN 29:17
עד טוורא דחרמון: צידנאי **הוון** קרן לחרמון טוורא דמסרי DT 3:9
אמין רומיה מיניה **הוון** קרנוי זקיפין: וחפא יתיה דהב EX 37:25
ית שבא וית דדן ובני דדן **הוון** תגרין ואמפורין ורישי אומין: GN 25:3
היכדין הוון סגן והכדין **הוון** תקפין ואיתיעקו מצראי EX 1:12
בבתי מדרישיהון ולא **הוון** תרעיהון מכוונין כלו קבל NU 24:2
תני לי מן יהי אגרך: וללבן **הוון** תרתין בנן שום רבתא לאה GN 29:16
דמדבח דמן שירויא **הוון** תשמישתיה דמדבחא: דוכרנא NU 17:4
וסרתא לקון ארום סרתא **הוות** בסירא וכיתנא עבד פוקלין: EX 9:31
מן דין גמירא על דלא **הוות** בעיטתהון והא היא לתחום NU 21:15
על אינתתיה ארום עקרא **הוות** גביה עשרין ותרתין שנין GN 25:21
צלפחד ממללן כתיבא **הוות** דא קדמי אלהין זכאן NU 27:7
מהלך ארבע מאה פרסי **הוות** וארעא דגשן דתמן משה ובני EX 12:31
במציעות ארעא דמצרים **הוות** ופלטרין דבית מלכותא EX 12:31
לבינתא לאבנא וטינא **הוות** להום לישיע: ואמרו הבו ניבני GN 11:3
דבגין דתריכו יתיה **הוות** להון כל דא ואזל אבימלך GN 26:26
דייי בסעדך דבזכותך **הוות** לן כל טבתא וכדו נפקתא מן GN 26:28
בייתיה דאיבה דהיא **הוות** מבנתהון דסדומאי ומטול GN 19:26
בדחייסא מן קדם ייי **הוות** עלווי ואפקוהי ואשריוהי GN 19:16
ארום עד ההיא שעתא **הוות** פולחנא בבוכריא דעד כדון EX 24:5
צפו וגעתם וקנז: ותמנע **הוות** פילקתא לאליפז בר עשו GN 36:12
כלילא דכהונתא דידיה **הוות** שבעתי יומי אשלמוותא DT 34:5
בר לשרה אינתתך ושרה **הוות** שמעא בתרע משכנא GN 18:10
שמייא וית ארעא: וארעא **הוות** תהייא ובהיא צריא מבני נש GN 1:2
ובקיברי תחמודא מרגיזין **הוותון** קדם ייי: ובזמן דשלח ייי DT 9:22
ויהי מימרא דייי בסעדך **הוי** אנת לעמא תבע אולפן מן קדם EX 18:19
חולקין דמוי אדם מסאב **הוי** דובא בבישרא שובעא יומין LV 15:19
ברדא תקיף לחדא דלא **הוי** דכוותא במצרים מן יומא EX 9:18
דמלילתא למעבד לעמך: **הוי** דכיר לאברהם וליצחק EX 32:13
בגבורת אידא תקיפתא: **הוי** דכיר לעבדך לאברהם ליצחק DT 9:27
דהא אין אכיל הוא מיניה **הוי** חי וקיים עד לעלמין: ותרכיה ייי GN 3:22
למימר בתר די סיבת **הוי** לי עדויין וריבוני אברהם סיב: GN 18:12
קריות הירהורי חמי **הוי** לך בכורותא ורבות כהונתא GN 49:3
ית משה ושובעין סילעין **הוי** מתקלא דמזירקא חד כל קבל NU 7:85
מאה ותלתין סילעין **הוי** מתקלא דפיילתא חדא דכספא NU 7:85
אלהא דיליה ואהרן אחוך **הוי** נביא דילך: אנת תמליל לאהרן EX 7:1
דסהדותא וברמשא **הוי** על משכנא הי כחיזו אישא עד NU 9:15
לסדרי קרבא ודי **הוי** עליל קדמיהון מן סדרי קרבא NU 27:17
בדיניה: מפתגם שיקרא **הוי** רחיק ודי נפק זכיי מבי דינך EX 23:7
משכח עליהן מנין דדהב **הוי** שרי קורייה מן רישיהון קדשיא NU 31:50
אישא עד צפרא: כדין **הוי** תדירא ענן יקרא: מעילוי NU 9:16
בהון: הא מחת ידא דייי **הויא** כען כד לא הות למהוי EX 9:3
קודשא עשרין מעין **הויא** סילעא: ברם בוכרא דיתפרש LV 27:25
על דדוותא דבישרא כד **הוינא** אכלין לחמא ושבעין ארום EX 16:3
ליה מהימני אנן לא **הוינא** אלילי: תריסר אנן אחין בני GN 42:31
נפשנא הי כקמצין והכדין **הוינא** דמיין באנפי נפשהון: וארימת NU 13:33
פיתגמייא האילין המידע **הוינא** ידעין דיימר אחיתו ית GN 43:7
נוכריתא וכדון בגין דלא **הוינא** ילדא חררית אמתי ויהבתא GN 16:5
דייי בארעא דמצרים כד **הוינא** יתבין על דדוותא דבישרא כד EX 16:3
יהבית ית כל דהוה לי לא **הוינא** כמיסת ואיתווכחן מילייא GN 20:16
ית ירדנא הדין וכדין **הוינא** לתרתין משרוין: שיזבני כדון GN 32:11
הוה צבותי למעכבא לא **הוינא** מסר נפשי לאתגזרא ואנת GN 22:1
מחשבן בישן דמה דלא **הוינא** מסתחר עימכון למיכל מן GN 50:20
מן סוף דהוה עלך רחמין **הוינא** מצלי ומחתא הות מתכליא EX 10:29
לי ברישא ומן קדם יקריה **הוינא** מקבל וכדון לית אנא מקבל GN 50:20
ארום בגין כן דידעתא כד **הוינא** שרן במדברא למידן ואליפת NU 10:31
כד מחתך הכדין כד **הוינן** בארעא דמצרים הות מרים NU 12:12
לבניכון משעבדין **הוינן** לפרעה במצרים ואפקנא DT 6:21

רבקה ואמר ליה עד כדון **הוית** אחתן וכדון את אזלא GN 24:60
לותי הברם מן קושטין **הוית** אמר לית אנא יכיל למייקרא NU 22:37
עם יוסף למימר חמי **הוית** בחילמי הא אנא קאי על כיף GN 41:17
ליוסף ואמר ליה חמי **הוית** בחילמי והא גופנא קדמי: GN 40:9
ואמר ליוסף אוף אנא **הוית** חמי בחילמי והא תלתא סלין GN 40:16
באתרא הדין ואנא לא **הוית** ידע: ודחיל ואמר מה דחיל GN 28:16
בך מנדעא דילמא לא **הוית** מסר נפשך לאתגזרא מתיב GN 22:1
סגולייהא הוו עינבין: חמי **הוית** עד דיהבין כסא דפרעה בידי GN 40:11
ייי אלקכון ליה: ואנא **הוית** קאי בטוורא בעי ומצלי הי DT 10:10
מיגו אישתא: אנא **הוית** קאים בין מימריה דייי DT 5:5
דאין אנא חטי בה מן ידי **הוית** תבע יתה מה דמתגניב בימּמא GN 31:39
תעביד ליה ארום דיירין **הויתון** בארעא דמצרים אנא הוא ייי LV 19:34
דכירין ארום משעבדין **הויתון** בארעא דמצרים בגין כן אנא DT 24:22
דכירין ארום משעבדין **הויתון** בארעא דמצרים ופרק יתכון DT 24:18
דכירין ארום משעבדין **הויתון** בארעא דמצרים ופרקכון ייי DT 15:15
ית גייורא ארום דיירין **הויתון** בארעא דמצרים: מן קדם ייי DT 10:19
לאתגיירא ארום דיירין **הויתון** בארעהון: בנין דמתילדין DT 23:8
דכירין ארום משעבדין **הויתון** במצרים ותיטרון ותעבדון DT 16:12
לעילא ואתון בית ישראל **הויתון** לעיין ומשלהיין מסוגי DT 25:18
יומא דין מסרהבין **הויתון** קדם ייי ואוף כל דכן בתר DT 31:27
למימריה: מסרבין **הויתון** קדם ייי מן יומא דחכימית DT 9:24
גרשום ארום אמר דייר **הויתי** בארעא נוכרייא דלא דידי: EX 2:22
ברא עלי הוה למשלמא: **הויתי** בימּמא בחקלא אכלני שרבא GN 31:40
הוא לכולי איבריי לא **הויתי** מעכב מן יד אישתמעו GN 22:1
אינתתיה חוה ארום היא **הות** אימא דכל בני נשא: ועבד ייי GN 3:20
קבילי בנייכי וארעא **הות** אמר לימא קבל קטילניך לא EX 15:12
מן שעתא דאתינן לותך **הות** אמר לן מן קדם ייי אנא דחיל GN 44:18
ית משריתא ובצפרא **הות** אנחות טלא מתקדשא EX 16:13
ית סדם וית עמרה **הות** ארעא ההיא משבחא באילניא GN 13:10
למבלע יתהון דחילא **הות** ארעא למקבלא יתהון מן בגלל EX 15:12
ברא ארום כעיסת אפין **הות** בביתיה דיהודה ולא הוה GN 38:15
דמשה ברם פולחן לואי **הות** בידא דאיתמר בר אהרן כהנא: EX 38:21
ולא סרי וריחשא לא **הות** ביה: ואמר משה אכלוהי יומא EX 16:24
למשה במילתא דלא **הות** ביה ולקת בצורעא ואתעכבת DT 24:9
דדכותיה ליליא לא **הות** ביה מחתא כדא ודכוותיה EX 11:6
למטמע יתהון ולא ארעא **הות** בעיא למבלע יתהון דחילא EX 15:12
עשר סילעין דכסף והיא **הות** דדהב טב קריב יתה מליא NU 7:14
אינשי אתרא אמרו לא **הות** הכא מטעיתא: ואמר יהודה GN 38:22
שמשא טמעא וחומטא **הות** והא חמא אברם גיהינם מסיק GN 15:17
באיקרא דאחוי: בכורותא **הות** חמיא לראובן ואתנטילת DT 33:17
לה לעשו רשיעא ורחל **הות** יאיא בריוא ושפירא בחיזוא: GN 29:17
למימר: מן בגלל דלא **הות** יוכלא מן קדם ייי לאעלא ית NU 14:16
מלאיתאה: ועיבידתא **הות** כמיסת לכל עיבידתא ועבדו EX 36:7
ואמרת לאה תושבחא **הות** לי ארום שבחו לי בנת ישראל GN 30:13
למילקי ארעא דבה **הות** לך שיזבותא כד קטלתא ית EX 8:12
ידא דייי הויא כען כד לא **הות** למהוי מתגריא לחוד בבעירך EX 9:3
למשה המן בגלל דלא **הות** לנא בית קבורתא במצרים EX 14:11
דכומרנייא בלחודהון לא **הות** לפרעה: ויתיב ישראל בארעא GN 47:26
מארסא ודעד כדון לא **הות** מיבעלא לגבר לה יסתאב: לא LV 21:3
מנזף נזף באנפה הלא **הות** מיכספא ומיטרדא שבעתי NU 12:14
כל ארעא דמצרים דלא **הות** מפקא בר זרעא וצוח עמא GN 41:55
כד הוינן בארעא דמצרים **הות** מרים אחתן חמיא יתן בגלותן NU 12:12
דתובל קין נעמא היא **הות** מרת קינין וזמרין: ואמר למך GN 4:22
הוינא מצלי ומחתא **הות** מתכליא מינך וכדון לא אוסיף EX 10:29
בסילעי בית קודשא **הות** מתקלא מזירקא חד דכסף NU 7:13
חכימת ליבא בידהא **הות** עזלא ואתיין כל עזיל ית EX 35:25
למיתן לה בגין ורחל **הות** עקרה: ואיתעברת לאה וילידת GN 29:31
ופלגא פותיה ברם סומכה **הות** פושכא: ועבד תרין כרובין EX 37:6
קירווי בעידנא ההיא לא **הות** קרתא דלא נסיבנא מנהון DT 3:4
נחלא עד גלעד לא **הות** קרתא דתקיפת מיננא ית DT 2:36
בני עמון ארום תקיף **הות** רבת תחום בני עמון ועד כדון NU 21:24
ארעא: וחמא פרעה ארום **הות** רווחתא לעקתיה ויקר ית EX 8:11
ית טינא עם גובריהון **הות** תמן ריבא מפנקתא מעברתא EX 24:10
דא היא יון נפלא דא **היא** אדום דעתידה למיפל ולית לה GN 15:12
מבוע תרין דמהא דא **היא** אורייתא דילידתא לידכר או LV 12:7
עלם מן בני ישראל: דא **היא** אורייתא לעלתא למנחתא LV 7:35
באולפן אורייתא טבתא **היא** אורייתא לפלחה מן פירי אילן GN 3:24
ותיתרעון באורחא דחיי **היא** אורייתא מן בגלל דתיחון בחיי DT 30:19
ארום בתי קירוי ליואי **היא** אחסנתהון בגו בני ישראל: LV 25:33
דהוא יתיב בה הטבתא **היא** אין בישתא ומא קירויא דהוא NU 13:19
כדון מפרגודא דברך **היא** אין לה: ואשתמודעה ואמר GN 37:32
שתי אוף לגמלך אמלי **היא** אינתתא דזמין ייי במזלא לבר GN 24:44
מן כח גבורת משה ואהרן **היא** אלהן מחא משתלחא מן קדם EX 8:15
לי דאחת היא והיא אוף **היא** אמרת אחי הוא בקשטות לבבי GN 20:5

ואמרו לא ניסוק: הזעירא **היא** ארום אסיקתנא ממצרים NU 16:13
קביל מינה דנביאתא **היא** ארום ביצחק יתקרון לך בנין GN 21:12
על אינתתיה ואמר אחתי **היא** ארום דחיל למימר לה אינתתי GN 26:7
בגלל דתינדע ארום דייי **היא** ארעא: ואנת ועבדך חכימית EX 9:29
זיינא שנינא למחטוף **היא** אשתמודעותהון: בעטתהון לא GN 49:5
הא ילידת מילכה אף **היא** אתרווחת בזכותא דאחתה GN 22:20
מתנסבא לגבר חילוניי **היא** באפרשות קודשייא לא תיכול: LV 22:12
ארעא דמצרים קדמך **היא** בבית שפר ארעא אותיב ית GN 47:6
בביתא סגירות מחלטא **היא** בביתא מסאב הוא: ויפכרון ית LV 14:44
ית בנוי אימתא דא **היא** בבל קבלא דא היא מדיי GN 15:12
דלאבוהא ארום רעיתא **היא** בההוא זימנא ארום הוה מחתא GN 29:9
ימינך ייי מה משבחא **היא** בחילא ימינך ייי תכרית בעל EX 15:6
הדא אתנא דידי שאילא **היא** בידי וסוסיא דידי שרי ברטיבא NU 22:30
איתיהיבת להון בירא **היא** בירא דאמר ייי למשה כנוש ית NU 21:16
רבתא היא קרתא דסיחן **היא** בירושא: ונחר בלק תורין ועאן NU 22:39
שוקהא מכבשן במרמירא **היא** בירישא: וית בית קבורתיה NU 32:37
ואתקברת באורח אפרת **היא** בית לחם: ואקים יעקב קמתא GN 35:19
תמן באורח אפרת **היא** בית לחם: וחמא ישראל ית בנוי GN 48:7
ללוז דבארעא דכנען **היא** ביתאל הוא וכל עמא דעימיה: GN 35:6
ארעא מקטלא יתבהא **היא** במרעין וכל עמה דגווה גברא NU 13:32
סגירותא עתיקתא **היא** במשך בישריה ויסאיביניה LV 13:11
בהקי חיוורתא כסידא **היא** במשך בישריה ועמיק לית LV 13:4
שרה אינתתך ואמר הא **היא** במשכנא: ואמר חד מנהון מיתב GN 18:9
ית איתא וית אימא זנו **היא** בנורא יוקדון יתיה ויתהין LV 20:14
או בכל מאן דיצלא סגיא **היא** בנורא תוקדיניה ית עיסקא LV 13:57
דרחיקית מנכון: דא **היא** בעירא דתיכלון תורין ואימרי DT 14:4
מטול דצורעא שקיעא **היא** ברדדיה או בלבדיה: ואין חמא LV 13:55
אחתי ברת אחא דאיבא **היא** ברם לא מגניסת אימא והות לי GN 20:12
לעלמין: אין שנינא **היא** ברק סייפי ותתקיף בדינא ידי DT 32:41
ישמעאל ונסיב ית מחלת **היא** בשמת בר ישמעאל בר אברהם GN 28:9
ארום קדיש אנא: דא **היא** גזירת אורייתא דבעירא ועופא LV 11:46
ייי למשה ולאהרן דא **היא** גזירת פיסחא כל בר עממין או EX 12:43
גיבריא מתחשבא לחוד **היא** גיברי יתיבו בה מן לקדמין DT 2:20
מיניה הלא אישתא **היא** דאכלא יתיה והוא מתקבל NU 28:2
לא כארעא דמצרים **היא** דנפקתון מתמן דתזרע ית זרעך DT 11:10
איתא ושמא קטורה **היא** הגר דקטירא ליה מן שירויא: GN 25:1
שום אינתתיה חוה ארום **היא** הות אימא דכל בני נשא: ועבד GN 3:20
דתובל קין נעמא **היא** הות מרת קינין וזמרין: ואמר GN 4:22
מקרבניי קודש קודשין **היא** הי כחטאתא הי כאשמא: כל LV 6:10
ביה דילמא תמותון: בי **היא** היא שעתא אמר חויא דלטור GN 3:4
ואין אמר אנת דאסירא **היא** הלא אנת נסיבת ית מדייניתא NU 25:6
יהודה הלא בת כהין **היא** הנפקוהא ותיתוקד: תמר GN 38:24
כהנא מכתש סגירותא **היא**: ואין יחמינה כהנא והא לית LV 13:25
עלה מישחא מנחתא **היא**: ואין מנחת מרתחא קרבנך LV 2:6
אשתמודעה דמעברה **היא** ואיתני ליהודה למימר זניית GN 38:24
משתלחא מן קדם ייי **היא** ואיתקף יצרא דליבא דפרעה EX 8:15
קריבת בישרה הינון זנו **היא**: ואיתתא בחיי אחתה לא תיסב LV 18:17
היא והיכדין אמרת אחתי **היא** ואמר ליה יצחק ארום אמרית GN 26:9
לא ידע ארום כלתיה **היא** ואמרת מה תתן לי ארום GN 38:16
דוכרנא מנחת קינאיתא **היא** ובידא דכהנא יהון מיא מריריא NU 5:18
דאיתא מרחקה **היא**: ובכל בעירא לא תיתן LV 18:22
כהנא ארום צולקת כואה **היא**: וגבר או איתא ארום יהי ביה LV 13:28
היא: למא אמרת אחתי **היא** ודברית יתה לי לאינתו ומן יד GN 12:19
ואוף עבדא חלב ודבש **היא** ודין איבה: לחוד ארום תקיף NU 13:27
דסיחון מלכא דאמוראה **היא** והוא אגיח קרבא במלכא NU 21:26
רבקה ארום שפירת חזו **היא**: והוה כד סגוליה תמן יומיא GN 26:7
לעלמא דאתי ודיליה **היא** והויא לעלמא עלמין: ארום עלו EX 15:18
הלא הוא אמר לי דאחתי **היא** והיא אוף היא אמרת אחי הוא GN 20:5
ואמר ברם הא אינתתך **היא** והיכדין אמרת אחתי היא GN 26:9
להון ארום שלותא **היא** והינון היתיאו ית קרבנהון NU 15:25
פיסיונא צולקת שיחנא **היא** וידכיניה כהנא: או בר נש ארום LV 13:23
והיא עמיא שומת כואה **היא** וידכיניה כהנא ארום צולקת LV 13:28
קודשא: ואין ברת נוקבא **היא** ויהי עלוייה תלתין סילעין: ואין LV 27:4
לבונתא ארום חטאתא **היא**: וייתיניה לות כהנא ויקמוץ LV 5:11
עלה לבונתא מנחתא **היא**: ויסיק כהנא ית שבח אדכרתה LV 2:15
ברם שיבוק חובת עיגלא **היא**: ויצבע כהנא דכניש ית קיטמא NU 19:9
למשריתא חטאתא **היא**: וית דיכרא חד תיסב ויסמכון EX 29:14
דכסף בינא ובינך מה **היא** וית מיתך קבר: וקביל אברהם GN 23:15
ותיחמון ית ארעא מה **היא** וית עמא דיתיב עלה התקיף NU 13:18
לאודועי דאמתא **היא** וית ריבא ופטרה בגיטא ואזלת GN 21:14
קדיש ארום קודשין **היא** ויתה יהב לכון למישרי על LV 10:17
ייכול יתה קודש קודשין **היא**: וכל חטאתא דאיתעל מן LV 6:22
עימה מטול דמסאבא **היא**: וכל משכבא דמייחד למשכוב LV 15:25
ארע כשר לבית בעיר **היא** ולעבדך אית בעיר: ואמרו אין NU 32:4

על קורבניא דייי חטאתא **היא**:: ומליל ייי עם משה למימר: בר LV 5:12
על שרה אינתתיה אחתי **היא** ושדר אבימלך מלכא דגרר GN 20:2
בארע נוכראה דלא הידי **היא**: ושום חד אליעזר ארום אמר EX 18:3
דשמא דחדא שפרא **היא** ושמא דתנייתא פועה היא EX 1:15
ארום קודש קודשין **היא**: ותיכלון יתה באתר קדיש LV 10:12
מרי אינתתא בת ישראל **היא** ותיפוק אינתתיה עימיה: אין EX 21:3
בתשמיש דעריס ודכיתא **היא** ותיפוק זכיא וזיוה מנהר NU 5:28
יתיה ואין ברתה נוקבא **היא** ותתקיים: ודחילא חייתא מן EX 1:16
כדון תמן הלא ציבחר **היא** ותתקיים נפשי: ואמר ליה הא GN 19:20
דקרתא דבלעת דיירהא **היא** זוער: כל אילין איתחברו GN 14:2
ייי לארגזא קדמוי: בי **היא** זימנא אישתלחון מן קדם ייי DT 9:19
עימהון למחמי קרתא ובי **היא** זימנא אקים תחומי אומיא DT 32:8
נשא בדרא דפלגותא בי **היא** זימנא רמא פיצתא עם שובעין DT 32:8
כמה דהוות כד **היא** זעירתא מיקריא ברת לוי: EX 2:1
שרה בקרית ארבע **היא** חברון בארעא דכנען ואתא GN 23:2
כפילתא דעל אנפי ממרא **היא** חברון בארעא דכנען: וקם GN 23:19
אבוי לממרא קרית ארבע **היא** חברון דדר תמן אברהם ויצחק: GN 35:27
דאתון עסיקין בה **היא** חייכון בעלמא הדין ואוגדות DT 30:20
ית אורייתא ארום **היא** חכמתכון וסוכלתנותכון DT 4:6
דמתכסי בה בלחודא **היא** חלוק תותביה דנפלא EX 22:26
דמתיליד לה כד **היא** טחנא אחורי ריחייא וכל EX 11:5
תתביניה ליה: ארום **היא** טלת דמתכסי בה בלחודא היא EX 22:26
אדם איתתא דיהבת גביי **היא** יהבת לי מן פירי אילנא GN 3:12
שוויה דפרזלא הא **היא** יהיבא בבית ארכיון ברבת בני DT 3:11
עלה חי וקיים והא **היא** יהיבא בין רקם ובין חלוצא: GN 16:14
דא היא מדיי סגיאה דא **היא** יון נפלא דא היא אדום GN 15:12
יומא דין: וזעירתא אוף **היא** ילידת בר וקרת ית שמיה בר GN 19:38
בכינרא ואבובא: וצלה אף **היא** ילידת ית תובל קין רב לכל GN 4:22
ושמה ראומה וילידת אוף **היא** ית טבח וית גחם וית תחש וית GN 22:24
גבר דשמיש עימה ולא **היא** ית קרבן אשמיה לתרע משכן LV 19:21
יתאכל קודש קודשין **היא**: כהילכת חטאתא היכדין LV 7:6
קדם ייי קדש קודשין **היא**: כהנא די מכפר באדמה ייכלינה LV 6:18
עלתא באתר קדיש ארום **היא** כחטאתא הכדין אשמא הוא LV 14:13
בישריה מדויה סאיבתיה **היא**: כל משכבא דמייחד למישכוב LV 15:3
סליק קוטרא דארעא **היא** כקוטרא דאתונא: והוה GN 19:28
ידיה סגירתא מחוורא **היא** כתלגא: ואמר אתיב ידך EX 4:6
היא מנכון ולא רחיקא **היא**: לא בשמיא היא למימר מן DT 30:11
ואמר פרגוד דברי **היא** לא חיות ברא אכלתיה ולא על GN 37:33
לא תבזי איתת ברך **היא** לא תבזי עריתה: עירית איתת LV 18:15
דילידת מן אבך אחתך **היא** לא תבזי עריתה: עירית אחת LV 18:11
ישמיש עם אימיה אימך **היא** לא תגלי עריתא: ערית איתת LV 18:7
צפרא ואיסתכל בה והא **היא** לאה דכולא ליליא הוה חשיב GN 29:25
דיכרא למדבחא עלתא **היא** לאתקבלא ברעוא קרבנא הוא LV 8:21
ית אינתתא ארום שפירא **היא** לחדא: וחמון יתה רברבי פרעה GN 12:14
לא תעבדון שבתא **היא** לייי בכל אתר מותבניכון: אילין LV 23:3
לאבוי הבירכתא חדא **היא** לך איבא בריכני אוף לי איבא GN 27:38
כען בני לוי: הזעירא **היא** לכון ארום אפריש אלקא NU 16:9
ית שבתא ארום קודשא **היא** לכון כל דיפסינה איתקטלא EX 31:14
ארום לתקלא בישא **היא** לכון לקביל אפיכון באורחכון EX 10:10
חוית לי ארום אינתתך **היא**: למא אמרת אחתי היא ודברית GN 12:18
רחיקא היא: לא בשמיא **היא** למימר מן יסוק בדילנא DT 30:12
מן האל לעיבר ימא רבא **היא** למימר מן יעיבר בדילנא לעיבר DT 30:13
עורלתא ארום גנותא **היא** לנא: ברם בדא נתפייס לכון אין GN 34:14
ובין בני ישראל את **היא** לעלם ארום בשיתא יומין ברא EX 31:17
דמיכלא קבל מיכלא **היא** לפום דאמרת ליעקב אבא אכר GN 38:25
דלא הוות בעיטתהון והא **היא** לתחום מואב: ומתמן NU 21:15
דא היא בבל קבלא דא **היא** מדיי סגיאה דא היא יון נפלא GN 15:12
יהוי בדינא למלקי **היא** מחייבא ולא הוא ברם סדר LV 19:20
מיכלא כל קבל מיכלא **היא** מטול דהינון בסידרי דיניי קצו LV 26:43
בעלמא הדין ודיליה **היא** מלכותא לעלמא דאתי ודיליה EX 15:18
ליליא הוה חשיב דרחל **היא** מן בגלל דמסרת לה רחל כל GN 29:25
ארום מנחת קנאתא **היא** מנחת דוכרנא מדכרת חובין: NU 5:15
לכון יומנא לא מכסיא **היא** מנכון ולא רחיקא היא: לא DT 30:11
תלת ירחין די תידע אין **היא** מעברא ומן בתר כדין תיעול DT 21:13
ארום חולקך וחולק בנך **היא** מקרבניא דייי ארום הכדין LV 10:13
ושמא דתנייתא פועה **היא** מרים ברתה: ואמר כד תהוויין EX 1:15
ארעא דישראל הא כדון **היא** מתמנעא מינן במטו מינך NU 12:12
עובד אומן בקרנסא **היא** מתעבדא הי כחיזו דאחזי ייי NU 8:4
לפרוקא: ואמר ייי ליה דא **היא** ספא דמילתא בארעא ודא DT 34:4
בפרסומי עניא הא **היא** עבידא עמוד דימלח: ואקדם GN 19:26
ונסיב חדא מעילעוהי **היא** עילעא תלסרית דמן סטר GN 2:21
ארום קריבת בשר אימך **היא**: עירית אחבוך לא תבזי ולות LV 18:13
תבזי קריבת בשר אבך **היא**: עירית אחת אמך לא תבזי LV 18:12
מטול דעריתא דאבך **היא**: עירית אחתך בת אבך או בת LV 18:8

ליה בנין עריית דאחוך **היא**: עירית איתא וברתא לא תבזי LV 18:16
ערסא איתת אחבוך **היא**: עירית כלתך לא תבזי איתת LV 18:14
אחוי בחייוי מרחקא **היא** עיריתא דאחוי בזי דלא וולד LV 20:21
על הירהורי ליבה **היא** עלתא דמתעבדא כעלתא LV 6:2
ית כל מטולהון: דא **היא** פולחנת גניסת בני גרשון NU 4:28
מני מטרת מטולהון: דא **היא** פולחנת גניסת בני מררי לכל NU 4:33
במשכן זימנא: דא **היא** פולחנת גניסת גרשון למפלח NU 4:24
ית כסא לידא דפרעה **היא** פיילא דרוגזא דעתיד פרעה GN 40:12
ובית מותביה בפדן **היא** פתור על שמיה פתיר חלמיא NU 22:5
ארום מרחקא **היא** קדם ייי ולא מרחקין בנהא DT 24:4
שמיטהא: ארום יובלא **היא** קודשא תהי לכון מן חקלא LV 25:12
אחתהון דאידברת כד **היא** קיימא לגינוניתא על דבשרת GN 46:17
קמתא על בית קבורתא **היא** קמת בית קבורתא דרחל עד GN 35:20
ית כולא למדבחא עלתא **היא** קרבן דמתקבל ברעוא קדם ייי: LV 1:9
ויסיק למדבחא עלתא **היא** קרבן דמתקבל ברעוא קדם ייי: LV 1:13
דעל אישתא עלתא **היא** קרבן דמתקבל ברעוא קדם ייי: LV 1:17
ית קורבנכון: אין עלתא **היא** קרבניה מן תורי דכר שלים LV 1:3
לפלטיוון קרתא רבתא **היא** קרתא דסיחן היא בירושא: NU 22:39
שום קרתיה מגדל תקיף **היא** רומי חייבתא רבא עירם אילין GN 36:43
על עינא דמי מצותא **היא** ריקם ומחו ית כל חקלי GN 14:7
במדברא ציני טוור פרזלא **היא** רקם: ונטלו מרקם ושרו NU 33:36
ליעקב דיוסף קיים **היא** שזיבת ליתבי אבל מן דין GN 46:17
לייחוסיה תתובון: יובלא **היא** שנת חמשין שנין תהי לכון לא LV 25:11
דילמא תמותון: בי היא **היא** שעתא אמר חויא דלטור על GN 3:4
ופום ממלל אתנא בי **היא** שעתא פתח מימרא דייי ית NU 22:28
עד דתיליד אלהין בי **היא** שעתא תקטלונון בשינוקא DT 22:22
דמלכה ואבוי דיסכה **היא** שרי: והות שרי עקרא לית לה GN 11:29
לכל יתבהא יובילא **היא** תהי לכון ותתובון גבר LV 25:10
ואכר יהודה ואמר זכיא **היא** תמר מיני אתעברת וברת קלא GN 38:26
שכינתי בגו בני ישראל **ואהוי** להון לאלקא: וידעון בני EX 29:45
ואקרב יתכון קדמיי לעם **ואהוי** לכון לאלקא ותידעון ארום EX 6:7
אדמתא תעביד לשמי **ודהי** דבח עלוי ית עלוותך וית EX 20:24
והא טב לחדא והוה רמש **והו** צפר יום שתיתיי: ושלימו ברייתי GN 1:31
לידוי מיכא חד ומיכא חד **והואה** ידוי פריסן בהימנותא בצלו EX 17:12
צלפחד אחונא לבנתיה: **והואה** לחד מבני שיבטיא דבני NU 36:3
וחמש מאה וחמשין: **והואה** מאה קנטינרין לכספא EX 38:27
הגר ית ישמעאל לאברם: **והוה** אברם בר תשעין ותשע שנין GN 17:1
ית שם וית חם וית יפת: **והוה** ארום שריאו בני נשא למסגי GN 6:1
אנא קטיל ית ברך בוכרך: **והוה** באורחא בבית אבתותא וארע EX 4:24
ואשריוהי מברא לקרתא: **והוה** באפקתהון יתהון לברא והדר GN 19:17
דין מותא על עמא דייי: **והוה** באתכנשות כנישתא על משה NU 17:7
דיוסף והוה גבר מצלח **והוה** בבית ריבוניה מצראי: וחמא GN 39:2
כתיבין על לוחיא קדמאי: **והוה** בזמן מיחת משה מן טוורא EX 34:29
הדין ואנת לא אשכחתיה: **והוה** בזמן תלת ירחין אשתמודעה GN 38:24
היא כקוטרא דאתונא: **והוה** בחבלות ייי ית קירוי מישרא GN 19:29
ובשדיות אדם זכיא **והוה** בידיה לבטולתהון בצלותיה NU 35:25
ואנא במימרי איברכינון: **והוה** ביום ריש ירחא דניסן פסק NU 7:1
עופא ית בישרך מינך: **והוה** ביום תליתאי יום גנוסא GN 40:20
קאי ומשמש קדמיהון: **והוה** ביומא דבתר יומא דכיפורי EX 18:13
משה נביא ואהרן כהנא: **והוה** ביומא דמליל ייי עם משה EX 6:28
מן מוי דנהרא שחילתיה: **והוה** ביומא האינון ורבא משה ונפק EX 2:11
דינא רבא לעלמא דאתי: **והוה** ביומא הדין ועל לביתא GN 39:11
ואזלו מלותיה בשלם: **והוה** ביומא ההוא ואתו עבדי יצחק GN 26:32
עליכון יומא דין בירכתא: **והוה** ביומא חרי ואמר משה לעמא EX 32:30
לא יהי ביה מנא נחית: **והוה** ביומא שביעאה נפקו מן EX 16:27
צדיין ואכלין יתהון: **והוה** ביומא שתיתיאה לקטו לחם EX 16:22
תקרבון לתשמיש דעריס: **והוה** ביומא תליתאה בשיתא EX 19:16
כל נפקי תרע קרתיה: **והוה** ביומא תליתאה כד הוו GN 34:25
דפקיד ייי בידא דמשה: **והוה** ביומא תמינאה לרבות אהרן LV 9:1
תמן מדבחא קדם ייי: **והוה** ביומי אמרפל הוא נמרוד GN 14:1
בארעא נוכרייא דלא דידי: **והוה** ביומייא סגיאייא האינון EX 2:23
ייי יתיה היכדין עבד: **והוה** בירחא קמאה הוא ירחא דניסן EX 40:17
בגין זכותיה דיוסף **והוה** בירכתא דייי בכל מה דאית GN 39:5
יובב כל אילין בנוי דיקטן: **והוה** בית מותבניהון מן מישא GN 10:30
וית אהרן היכדין עבדו: **והוה** בכרן יומא הדין אפיק ייי ית EX 12:51
ממצרים ארבע מאה **והוה** בכרן יומא הדין נפקו כל EX 12:41
מלכא דפלישתאי לגרר: **והוה** בלבביה דיצחק למיחות GN 26:2
והא תיומין במעהא: **והוה** במולדה ופשט וולדא ית ידיה GN 38:28
ביה עלמא מן שירויא: **והוה** במיטלהון ממדינחא ואשכחו GN 11:2
ארום אוף דין ליך בר דכר: **והוה** במיפק נפשא ארום מטת עלה GN 35:18
קודמוי ית תורעמותכון: **והוה** במללות אהרן עם כל כנישתא EX 16:10
ואעדיאת וילידת ית חנוך **והוה** בני קרתא וקרא שום קרתא GN 4:17
ית גיתא דאבוכן ויהב לי: **והוה** בעידן דאתיחמא ענא וזקפית GN 31:10
תוב למידעא במשכבא: **והוה** בעידן מילדה והא תיומין GN 38:27

אתתא מארעא דמצרים: **והוה** בעידנא ההיא ואמר אבימלך GN 21:22
דפרעה רב ספוקלטוריא: **והוה** בעידנא ההיא ונחת יהודה GN 38:1
היכדין אזדרזו ועבדו: **והוה** בפלגות ליליא דחמיסר EX 12:29
ארום שלי יתה בעלה **והוה** בפסקת כד ילידת יתיה: ונסיב GN 38:5
פרעה והא הוה חילמא: **והוה** בצפרא ומטרפא רוחיה ושדר GN 41:8
רחל וקשיית במילדה: **והוה** בקשיותא במילדה ואמרת לה GN 35:17
ברדא על ארעא דמצרים: **והוה** ברדא ואישתא מתקפצא בגו EX 9:24
יצחק לברכא ית יעקב **והוה** ברם מיפק נפק יעקב בתרתין GN 27:30
ליה לאה חולף רחל: **והוה** ברמשא ודברית לאה ברתיה GN 29:23
אנא הוא ייי אלקכון: **והוה** ברמשא וסליקו פיסיונין וחפו EX 16:13
עבדתא טיבו עם ריבוני: **והוה** בשעא קלילא הוא עד כדון לא GN 24:15
אנא הוא ייי אלקכון: **והוה** בשתא תנייתא בירחא תניינא NU 10:11
דמותנא על עיסק פעור: **והוה** בתר מותנא אתגוללו רחמי NU 25:19
ודהוא עביד ייי מצלח: **והוה** בתר פיתגמיא האילין GN 40:1
מימרא דייי אלקא עלמא: **והוה** בתר פיתגמיא האילין מן GN 22:1
ישראל על ריש דרגשא: **והוה** בתר פיתגמייא האילין GN 48:1
שפיר בריוא ויאי בחזוא: **והוה** בתר פיתגמייא האילין וזקפת GN 39:7
אברהם בבירא דשבע: **והוה** בתר פתגמיא האילין מן בתר GN 22:20
מימר דייי בסעדא דיוסף **והוה** גבר מצלח והוה בבית ריבוניה GN 39:2
ורכב עילוי תיבותא **והוה** גננא על רישיה והוה מתפרנס GN 14:13
הדא עד די שלימו: **והוה** די מטה קיציה דמשה נביא DT 32:1
לחנוכת רבותא מדבחא: **והוה** דמקרב ביומא קמאה ית NU 7:12
ולהנפקא מוי מן כיפא **והוה** דעיץ בגו גינוניתא ומן יד EX 2:21
ית תיומתיה וית הבל **והוה** הבל רעי ענא וקין הוה גבר GN 4:2
הי כפושרן חילמיה פשר: **והוה** היכמא דפשר לנא כדין הוה GN 41:13
ושליט בארעא דמצרים **והוה** זהיר באיקרא דאחוי: בכורותא DT 33:16
ית טוורא וזקפיה באוירא **והוה** זייג הי כאספקלריא ואתעתדו EX 19:17
הוה חקיק צורת בר אילא **והוה** חמי למהוי ביה צורת בר תורי NU 2:10
דקציצו מתמן בני ישראל **והוה** חמרא נטיף מיניה כנחלא: NU 13:24
ית ידיה על צית שמייא **והוה** חשוך דקביל בכל ארעא EX 10:22
תרעא דתיבותא באנפי: **והוה** טובענא ארבעין יממין על GN 7:17
ית אילנא וטלקוה לימא **והוה** טפי על אנפי מיא והוה EX 26:28
עובריא במעהון **והוה** יהיב יוסף במעהא דרחל ודינה GN 30:21
אינתתיה דשכיב גבה **והוה** יוסף שפיר בריוא ויאי בחזוא: GN 39:6
ורבא ויתיב במדברא **והוה** יליף רבי קשוותא: ויתיב GN 21:20
אברהם אוליד ית יצחק: **והוה** יצחק בר ארבעין שנין GN 25:20
מן חרכא וחמא **והוה** יצחק חאיך עם רבקה GN 26:8
ארעא תתגרון בפרגמטיא: **והוה** כד אינון מריקין דיסקיינון GN 42:35
מבית שעבוד עבדיא: **והוה** כד אקשי מימרא דייי ית ליבא EX 13:15
לאתבותיה לות אבוי: **והוה** כד אתא יוסף לות אחהי GN 37:23
דין נפק בקדמיתא: **והוה** כד אתיב וולדא ית ידיה והא GN 38:29
אימא והות לי לאינתו: **והוה** כד בעו לאטעאה יתי פלחי GN 20:13
וסגו עמא ותקיפו לחדא: **והוה** כד דחילא חייתא מן קדם ייי EX 1:21
במיטלהון מן משריתא: **והוה** כד הוה בעי למיטל ארונא הוה NU 10:35
ומצלי ומשתבק ליה: **והוה** כד הוה נפיק משה מן EX 33:8
לא על שמיה איקרון בנין **והוה** כד הוה עליל לות אינתתיה GN 38:9
בקדמיתא למזבן עיבורא: **והוה** כד מטינא לבית מבתותא GN 43:21
וניפוק תרוינן לברא **והוה** כד נפקו תרויהון לברא עני קין GN 4:8
ארום שפירת חזו היא: **והוה** כד סגוליה תמן יומיא למשרי GN 26:8
בישיא ליצחק ולרבקה: **והוה** כד סיב יצחק וכהיין ענויי GN 27:1
עד זמן מיעליה למשכנא: **והוה** כד עאיל משה למשכנא נחית EX 33:9
ידא הנפקנא ייי ממצרים: **והוה** כד פטר פרעה ית עמא ולא EX 13:17
וכפנא תקיף בארעא: **והוה** כד פסקו למיכול ית עיבורא GN 43:2
קדמהא אנא שמע: **והוה** כד קריב משה למשריתא EX 32:19
הרן והרן אולד ית לוט: **והוה** כד רמא נימרוד ית אברם GN 11:28
משיחא בסוף יומייא: **והוה** כד שרא ישראל בארעא ההיא GN 35:22
על שובעין גוברין סביא **והוה** כד שרת עליהון רוח נבואה NU 11:25
לנא למגחוך בי: **והוה** כדי ארימית קלי וקרית ושבק GN 39:18
שוי קדם רחל ברתיה: **והוה** כדי חמא יעקב ית רחל ברת GN 29:10
לות גברא לברא לעיינא: **והוה** כדי חמא ית קדשא וית GN 24:30
בידא ואפיק לשוקא: **והוה** כדי חמת ארום שבק ללבושיה GN 39:13
ייי לי על דין בר אוחרן: **והוה** כדי ילידת רחל ית יוסף ואמר GN 30:25
הדא ואיחוב קדם ייי: **והוה** כדי מלילת עם יוסף יומא דין GN 39:10
למיחמי סבר אפיי: **והוה** כדי סליקנא לעבדך אבא GN 44:24
ייי אורחיה אין לה: **והוה** כדי ספיקו גמליא למימלי GN 24:22
נפשי אמטולתיך: **והוה** כדי על אברם למצרים וחמון GN 12:14
גובריא האיליין קדם ייי: **והוה** כדי פסק למללא ית כל NU 16:31
להון ומימרי יהי בסעדך: **והוה** כדי פסק משה למכתוב ית DT 31:24
משריתא עד די פסקו: **והוה** כדי פסקו כל גברי מגיחי קרב DT 2:16
עימי וקרית בקלא רמא: **והוה** כדי שמע ארום ארימית קלי GN 39:15
ורהטת ותניאת לאבוהא: **והוה** כדי שמע לבן ית שמע GN 29:13
ריבונך כמא דמליל ייי: **והוה** כדי שמע עבדא דאברהם ית GN 24:52
לבשיה גבי ואפק לשוקא: **והוה** כדי שמע ריבוניה ית פיתגמי GN 39:19
נביא ספרהום דישראל: **והוה** כדי שצי יצחק לברכא ית GN 27:30

דאמר והוה עלמא אמר **והוה** כולא ואמר כדנא תימר לבני EX 3:14
בכרן יומא הדין למימר: **והוה** כיוון דאמר ליה מימרא דייי DT 32:49
לכון איקר שכינתא דייי: **והוה** כיוון דחמא אהרן מדבחא LV 9:7
אומיא לא מידברין: **והוה** כיוון דחמא בלעם חייבא NU 23:10
מתחות עניני יקרא: **והוה** כיוון דחמא בלעם יתהון NU 23:1
לאגחא קרבא לאדרעי: **והוה** כיוון דחמא משה ית עוג זע NU 21:34
דהוה יתיב בחשבון: **והוה** כיוון דחמא עוג רשיעא ית NU 21:35
כחלב וחליין כדבש: **והוה** כיוון דמטא זימניה דיעקב DT 6:4
לוחי מרמירין ויהבינון לי: **והוה** כיוון דשמעתון ית קל דבירא DT 5:23
בני ישראל בכל מטלניהון: **והוה** כיון דאשלים משה למיקמה LV 1:1
בר בעור קטלו בסייפא **והוה** כיון דחמא בלעם חייבא ית NU 31:8
בארעא בתר טובענא: **והוה** כל ארעא לישן חד וממלל חד GN 11:1
ארום תקיף כפנא בארעא: **והוה** כמא דקריב למיעל לתחום GN 12:11
דביזריה ביה על ארעא **והוה** כן: והנפקת ארעא דיתאין GN 1:11
ית כל ירוקי עיסבין **והוה** כן: וחזא אלקים ית כל דעבד GN 1:30
ובריית ארעא ליזנה **והוה** כן: ועבד אלקים ית חיות GN 1:24
למנהרא עילוי ארעא **והוה** כן: ועבד אלקים ית תרין GN 1:15
ארעא דתתחמי יבישתא **והוה** כן: וקרא אלקים לנגביתא GN 1:9
דלעיל בקובתא דרקיעא **והוה** כן: וקרא אלקים לרקיע שמייא GN 1:7
אזיל ונטיל לדרומא: **והוה** כפנא בארעא ונחת אברם GN 12:10
היכמא דאמר יוסף **והוה** כפנא בכל ארעתא ובכל ארעא GN 41:54
וחולק עלמא דאתי: **והוה** כפנא תקיף בארעא דכנען בר GN 26:1
ואייתיתיה לברת פרעה **והוה** לה חביב הי כביר וקרת שמיה EX 2:10
יורדנא דכדין אתרעון **והוה** להון ואיתקבלן אחסנתהון: GN 49:19
ית ענא דאבוהון בשכם: **והוה** לזמן יומין ואמר ישראל ליוסף GN 37:13
היכמא דפקיד ייי ית נח: **והוה** לזמן שובעא יומין מן בתר GN 7:10
ידיה ואתקיף ביה **והוה** לחוטרא בידיה: מן בגלל EX 4:4
לארעא וטלקיה לארעא **והוה** לחויא וערק משה מן קדמוי: EX 4:3
פרעה וקדם מיחמי עבדוי **והוה** לחורמנא: וקרא לחוד פרעה EX 7:10
איתחרתון ארבעין שנין: **והוה** לסוף ארבעין שנין בחדסר ירח DT 1:3
ללאה ברתיה לאמהו: **והוה** לעידוני צפרא ואיסתכל בה GN 29:25
ליה לאינתו: וחמיה יהודה **והוה** מדמיה באנפוי כנפקת ברא GN 38:15
בגו גינוניתא דרעואל **והוה** מודי ומצלי קדם ייי דעבד EX 2:21
חפא ענן יקרא ית משכנא **והוה** מטלל בימנא למשכנא NU 9:15
יוסף בגויה מן נילוס **והוה** מידבר עימיה ארום אומאה EX 13:19
ייי במשכנא דסהדותא: **והוה** מיומא חרן ועאל משה NU 17:23
אלא ידע במקימה: **והוה** מיומחרא ואמרת רבתא GN 19:34
חרכי שמיא איתפתחו: **והוה** מיטרא נחית על ארעא GN 7:12
ערבאי דאחתוהי לתמן: **והוה** מימר דייי בסעדא דיוסף והוה GN 39:2
והוה תמן בבי אסירי: **והוה** מימרא דייי בסטרא דיוסף GN 39:21
מיא ואשקיית ית טליא: **והוה** מימרא דייי בסעדיה דטליא GN 21:20
צלותי ביומא דעקתי **והוה** מימריה בסעדי באורחא GN 35:3
לעבוריא ולתאוביא **והוה** מכריז עליהון תמן אודו GN 21:33
והוה טפי על אנפי מיא **והוה** מלאכא מכרז ואמר דין הוא EX 26:28
ביום כנישת קהלא: **והוה** מסוף ארבעין יומין וארבעין DT 9:11
איתחמיו רישי טווריא: **והוה** מסוף ארבעין יומין ופתח נח GN 8:6
הוה גבר פלח בארעא: **והוה** מסוף יומיא בארבסר בניסן GN 4:3
עד יומא דנפקו ממצרים: **והוה** מסוף תלתין שנין EX 12:41
מן קדם ייי למתפרקא: **והוה** מסוף תרתין שנין עאל GN 41:1
כד נכית חיויא ית גברא **והוה** מסתכל בחויא דנחשא ומכוין NU 21:9
דאית ליה מסר בידיה: **והוה** מעידן דמנייה אפוטרופוס על GN 39:5
בגו עננא וסליק לטוורא **והוה** משה בטוורא אליף פיתגמי EX 24:18
חדא עם חדא בפורפיא **והוה** משכנא חד: ועבד יריען דמעזי EX 36:13
והוה גננא על רישיה **והוה** מתפרנס מן מזונוי דנח ולא GN 14:13
יתבין משה ואהרן ובנוי **והוה** מתרץ להון סדר כהונתא ותמן EX 39:33
ושובעין ושבע שנין ומית: **והוה** נח בר חמש מאה שנין ואולד GN 5:32
עם ישראל ברפידים **והוה** נסיב וקטיל גוברין מדבית דן EX 17:8
כהילכת זעירותיה **והוה** נקיט כסא דכספא בידיה GN 43:33
בכל עיבידת קודשא **והוה** סכום דהב ארמותא עשרין EX 38:24
מנהון כל מאן דעובדא: **והוה** סכום כל דהב אפרשותא NU 31:52
דן ונפתלי גד ואשר: **והוה** סכום כל נפשתא נפקי ירכא EX 1:5
ואמר ייי למשה דין דאמר **והוה** עלמא אמר והוה כולא ואמר EX 3:14
גידין ואבנין לישראל **והוה** עננא מקביל יתהון: ועאל בין EX 14:19
ובין משרייתא דמצראי **והוה** עננא פלגיה נהורא ופלגיה EX 14:20
בידיהון פולחנא נוכראה **והוה** עננא פליט יתהון ודבית DT 25:18
שם רבא ושמהא תמר: **והוה** ער בוכרא דיהודה ביש קדם GN 38:7
ביר שבע עד יומא הדין: **והוה** עשו בר ארבעין שנין ונסיב GN 26:34
יתהום: ורביאו טליא **והוה** עשו גבר נחשירכן למיצוד GN 25:27
ארום מחבל ייי ית קרתא **והוה** פתגמא כתימהא כגבר מגחיך GN 19:14
פרח וטייס לאויר שמיא **והוה** צווח ואמר חבל על עמא EX 32:19
ארום טב:: והוה רמש **והוה** צפר יום חמישאיי: ואמר GN 1:23
ארום טב: והוה רמש **והוה** צפר יום רביעיי: ואמר אלקים GN 1:19
ארום טב: והוה רמש **והוה** צפר יום תליתאי: ואמר אלקים GN 1:13
לרקיע שמייא והוה רמש **והוה** צפר יום תניין: ואמר אלקים GN 1:8

ביה ברייתא והווה רמש **והוה** צפר יומא חדא: ואמר אלקים GN 1:5
דארעו יתכון באורחא **והוה** קטיל בכון כל דהוה מהרהר DT 25:18
קל רב דלא פסיק **והוה** קל דבירא מתכתיב על תרין DT 5:22
וזע כל טוורא לחדא: **והוה** קל שופרא אזיל ותקיף לחדא EX 19:19
בירחא בעידוני צפרא **והוה** קלין דרעים וברקין ועננא EX 19:16
תרין אלפין אמין **והוה** קרי ליה משכן בית אולפנא EX 33:7
מחילין: וגלי קדם ייי **והוה** רגוז מן קדמוי מן דארגיזו DT 32:19
ובחורב ארגיזתון קדם ייי **והוה** רוגזא מן קדם ייי בכון DT 9:8
רישיה דעשו רשיעא **והוה** רישיה דעשו מתגלגל ואזיל GN 50:13
כל דעבד והא טב לחדא **והוה** רמש והו צפר יום שתיתיי: GN 1:31
וחמי אלקים ארום טב:: **והוה** רמש והוה צפר יום חמישאיי: GN 1:23
וחמא אלקים ארום טב: **והוה** רמש והוה צפר יום רביעיי: GN 1:19
וחמא אלקים ארום טב: **והוה** רמש והוה צפר יום תליתאי: GN 1:13
אלקים לרקיע שמייא **והוה** רמש והוה צפר יום תניין: ואמר GN 1:8
מבכירי ענא ומפטימהון **והוה** רעוא קדם ייי וסבר אפין GN 4:4
יתיה משה לצית שמייא **והוה** שחין שלבוקיין סגי באינשא EX 9:10
שחין שימשא עילוי **והוה** שייח ואתעבד מבועין דמיין EX 16:21
דנסית יתיה בניסתא **והוה** שלים בדקתיה במוי מצות DT 33:8
קדישא דהוה ברישיהון **והוה** שמא רבא ויקירא חקיק EX 32:25
חובא דאמוראה עד כדון: **והוה** שמשא טמעא וחומטא הות GN 15:17
דאברם מגנא עליהון: **והוה** שמשא קריבא למטמוע GN 15:12
לבנכון ויחסנון לעלם: **והוה** תהו מן קדם ייי על בישתא EX 32:14
ייי ביתאל: ונטלו מביתאל **והוה** תוב סוגעי אשוון עללתא GN 35:16
זרעייתהון דכנענאי: **והוה** תחום כנענאי מן בותנייס GN 10:19
דאסירי מלכא אסירין **והוה** תמן בבי אסירי: והוה מימרא GN 39:20
ואיתותב תמן בעם קליל **והוה** תמן לאומא רבא ותקיפא DT 26:5
עמך קיים ועם ישראל: **והוה** תמן קדם ייי ארבעין יממין EX 34:28
לבי מדרשא דשם רבא **והוה** תמן תלת שנין ובההוא יומא GN 22:19
הינון נפלן מן שמיא **והוו** בארעא ביומיא האינון ואוף GN 6:4
לחופם גניסת חופם: **והוו** בנוי דבלע ארד ונעמן לארד NU 26:40
בר בשמת איתת עשו: **והוו** בני אליפז תימן אומר צפו GN 36:11
חוביהון בארעא דכנען: **והוו** בני יהודה לגניסתהון לשלה NU 26:20
ובעירן ושתיין מיניה **והוו** בני ישראל צדיין ואכלין יתהון: EX 16:21
מן עלמין בארע אדומאי: **והוו** בני לוטן חרי והימם ואחתיה GN 36:22
כל ביסרא דעל ארעא: **והוו** בני נח דנפקו מן תיבותא שם GN 9:18
בנין בארעא דכנען **והוו** בני פרץ דנחתו למצרים הצרון GN 46:12
פרץ לזרח גניסת זרח: **והוו** בני פרץ לחצרון גניסת חצרון NU 26:21
ומננון במדברא דסיני: **והוו** בני ראובן בוכרא דישראל NU 1:20
הכדין עבדו בני ישראל: **והוו** גובריא דהווו מסאבין לטמא NU 9:6
ולא יכילו למיתב כחדא: **והוו** דיינין בין רעאי גיתיה דאברם GN 13:7
יעקב בגין רחל שב שנין **והוו** דמיין בעינוי כיומין קלילין GN 29:20
להום רשותא בארעא **והוו** זממין בעיריהון דלא ייכלון GN 13:7
גחם וית תחש וית מעכה:: **והוו** חיי שרה מאה ועשרין ושבע GN 23:1
ליה וקרת ית שמיה שת: **והוו** יומי אדם בתר דאוליד ית שת::: GN 5:4
דמצרים שבסרי שנין **והוו** יומי יעקב סכום יומי חייו מאה GN 47:28
דדר תמן אברהם ויצחק: **והוו** יומי יצחק מאה ותמנן שנין: GN 35:28
ואתו עד חרן ויתיבו תמן: **והוו** יומי תרח מאתן וחמש שנין GN 11:32
עימהון ושמש יתהום **והוו** יומין בבית מטרא: וחלמו GN 40:4
דסמיך לבירא דשבע: **והוו** כיוון דמטו לפיתחא דמדברא GN 21:15
שנין ואוליד בנין ובנן: **והוו** כל יומי אנוש תשע מאה וחמש GN 5:11
מאה שנין ואולד בנין ובנן: **והוו** כל יומי חנוך עם דיירי ארעא GN 5:23
מאה שנין ואולד בנין ובנן: **והוו** כל יומי ירד תשע מאה ושיתין GN 5:20
שנין ואולד בנין ובנן: **והוו** כל יומי למך שבע מאה GN 5:31
שנין ואולד בנין ובנן: **והוו** כל יומי מהללאל תמני מאה GN 5:17
שנין ואולד בנין ובנן: **והוו** כל יומי מתושלח תשע מאה GN 5:27
תלת מאה וחמשין שנין: **והוו** כל יומי נח תשע מאה וחמשין GN 9:29
שנין ואוליד בנין ובנן: **והוו** כל יומי קינן תשע מאה ועשר GN 5:14
שנין ואוליד בנין ובנן: **והוו** כל יומי שת תשע מאה ותרתי GN 5:8
חד לבית אבהתוי הוון: **והוו** כל סכומי מנייני בני ישראל NU 1:45
כל נפיק חילא בישראל: **והוו** כל סכומין שית מאה ותלתא NU 1:46
וטלקון אינש חוטריה **והוו** לחורמנין ומן יד איתהפיכו EX 7:12
ורבי עד די רבא לחדא: **והוו** ליה גיתי עאן וגיתין תורין GN 26:14
אוטב פרעה בגינה **והוו** ליה מדיליה עאן ותורין וחמרין GN 12:16
ותקיף גברא לחדא לחדא **והוו** ליה עאן סגיאן ואמהן ועבדין GN 30:43
ית מאתן וחמשין גוברין **והוו** לניסיון: ובנוי דקרח לא הוו NU 26:10
גלגילי רידוותיה דפרעה **והוו** מדברין יתהון בקשייו והוון EX 14:25
הוה פרח על אנפי ארעא **והוו** מהלכין בהון עד פרתהון מטול NU 11:31
מסטירין דמרי עלמא **והוו** מיטרדין ואזלין עד זמן דנפק GN 28:12
ברתיכא תנייתא דלפרעה **והוו** מקלסין לקדמוי דין אבא GN 41:43
חייא ואתכליית מותנא: **והוו** סכום דמיתו במותנא ארבסר NU 17:14
מותנא מעילוי בני ישראל: **והוו** סכום דמיתו במותנא עשרין NU 25:9
אילין גניסתא דראובן **והוו** סכומהון ארבעין ותלת אלפין NU 26:7
לפולחנא במשכן זימנא: **והוו** סכומהון לגניסתהון תלת NU 4:44
לפולחנא במשכן זימנא: **והוו** סכומהון לגניסתהון תרין NU 4:36

לפולחנא במשכן זימנא: **והוו** סכומהון לגניסתהון תרין NU 4:40
מן תפיין קדם ייי: **והוו** סכומהון עשרין ותלתא אלפין NU 26:62
מטול במשכן זימנא: **והוו** סכומהון תמניא אלפין וחמש NU 4:48
ידע חד מה דיימר חבריה **והוו** קטלין דין לדין ופסקו GN 11:8
ותורי וגיתי סגי לחדא: **והוו** קטעין מן לישא דאפיקו EX 12:39
דאיתיהיבו ליה בחורב **והוו** קיימין על את בבית אולפנא EX 40:20
מיניין אלפייא דישראל: **והוו** רשיעי עמא כמצטערין מכוונין NU 11:1
למשה סוק קדמי לטוורא **והוו** תמן ואיתן לך ית לוחי אבנא EX 24:12
לוחיא בארונא דעבדית **והוו** תמן צניעין היכמא דפקדני ייי: DT 10:5
תרוויהון לבישרא חד: **והוו** תרוויהון חכימין אדם GN 2:25
הכדין עבדו בנת צלפחד: **והוואה** מחלה תרצה וחגלה ומלכה NU 36:11
ישראל בטינא ובליבנין **והוואן** נשיא בטשן ית טינא עם EX 24:10
למינח ביה ברייתא **והווה** רמש והוה צפר יומא חדא: GN 1:5
ישימות עד טוור תלגא **והווין** זבנן זיני כיסנין בבציר מן NU 24:25
בני ענק מגניסת גיבריא **והווינא** דמיין באנפי נפשנא הי NU 13:33
דייי היכמה דאיתפקד: **והוון** איליין בני לוי בשמהתהון NU 3:17
נטלו עמא לחצרות **והוון** בחצרות: ואשתעיין מרים NU 11:35
כל מבועי תהומא רבא **והוון** בני גיבריא משוויין תמן GN 7:11
חובתיה ליום דינא רבא: **והוון** בני ישראל שריין במדברא NU 15:32
עישורייתא שית ריבוון: **והוון** דיינין ית עמא בכל עידן ית EX 18:26
ית איקר שכינתא דייי **והוון** הדן בקורבניהון דאתקבלו EX 24:11
טופרא דאיתבריאו ביה **והוון** חמיין בהתתהון וחטיטו להון GN 3:7
אישא אכלא אישא **והוון** חמן ותמהין בני ישראל: ואעל EX 24:17
כל בוכריא בבני ישראל: **והוון** כל בוכריא דוכריא בסכום NU 3:43
ית כרוביא מתרין סיטרוי: **והוון** כרוביא פריסין גדפיהון בהדי EX 37:9
וסרי ורגז עליהון משה: **והוון** לקטין יתיה מן עידן צפרא עד EX 16:21
ובלקושי ענא לא משוי **והוון** לקישיא ללבן ובכירייא GN 30:42
ברת אילון חיתאה: **והוון** מגחנן בפולחנא נוכראה GN 26:35
מדברין יתהון בקשייו **והוון** מהלכין ושריין מן בתריהון EX 14:25
בשבעא יומין באלול **והוון** מורני נפקן מן פרתהון ואזלין NU 14:37
לזוית משכנא בסופיהון: **והוון** מזווגין מלרע וכחדא הוון EX 36:29
בגין איקר דיעקב **והוון** מחוויין בידיהון ואמרין אבל GN 50:11
שווינון לקיבליהן דענא **והוון** מתיחמן כמיתהין למישתי: GN 30:38
ית תרין נהוריא רברביה **והוון** שווין באיקרהון עשרין וחד GN 1:16
ארעא: וחמון בני ישראל **והוון** תמהין ואמרין אינש לחבריה EX 16:15
לתריהון לתרתין זיווין: **והוון** תמניא לוחין וחומריהון דכסף EX 36:30
דלבן אחוהא דאימיה **והוות** טייפא עשרין שנין: ונשק GN 29:10
ואמר ליה כדון יהון בנך: **והוות** ליה הימנותא במימרא דייי GN 15:6
שרה ונסיב ית רבקה **והוות** ליה לאינתו וריחמא בגין GN 24:67
בנחירוהי נשמתא דחיי **והוות** נשמתא בגופא דאדם לרוח GN 2:7
עבדוי וכל שאר מצראי **והוות** צווחתא רבתא ארום לא הוה EX 12:30
מן טוורא מנוי בזיעין **והוי** בכי ואמר ווי לי עלך אהרן אחי NU 20:29
ערביבינון עם ענא דלבן: **והוי** בכל עידן דמיתיחמן ענא GN 30:41
לוחיא קדמאי דתברתא: **והוי** זמין לצפרא ותיסוק לצפרא EX 34:2
בישרא בחצרות **והוי** חמי לכון למישתיצא מיגו DT 1:1
ועבדין מיניה חררן **והוי** טעמיה כטעם ביזא די NU 11:8
וחור סליקו לריש רמתא: **והוי** כד זקיף משה ידוי בצלו EX 17:11
ושוי יתיה על אתר תלי **והוי** כד נכית חיויא ית גברא והוה NU 21:9
ליה משכן בית אולפנא **והוי** כל מאן דהדר בתתובא בלב EX 33:7
גינוניתא ומתמן מתפרש **והוי** לארבעת רישי נהרין: שום חד GN 2:10
דכנען לאחסנת עלם **והוי** להון לאלקא: ואמר ייי לאברהם GN 17:8
כתפי למלעי באורייתא **והוי** ליה אחוי מסקי דורונין: מדבית GN 49:15
אנא אל שדי פלח קדמי **והוי** שלים בבישרך: ואיתן קימי בין GN 17:1
דאתי ודיליה היא **והויא** לעלמא עלמין: ארום עלו EX 15:18
ובכל אינש ביתיה **והוינא** חמיין בעיננא: ויתנא אפיק DT 6:22
ית ארעהון וית מדינתהון **והוינן** עיילין לטריקליניהון וחמיין NU 31:50
ארום אנא הוא דהוויי **והוית** ואנא הוא דעתיד למהוי ולית DT 32:39
ואליפת לנא עיסק דינא **והוית** חביב עלן כבבת עיננא: ויהי NU 10:31
קביעא בכורסי יקרא **והויתון** מתחמדין למיחמי יתיה GN 28:12
וחמר ומרת לא שתיתון **והות** אוריתי תדירא מסתרא DT 29:5
בר יוסף הואה לנשין **והות** אחסנתהן על שיבט גניסת NU 36:12
ארום תקיף עליהון כפנא **והות** ארעא חליטא לפרעה: וית GN 47:20
רתיכוי ופרשוי לגו ימא: **והות** במטרת צפרא בעדנא דאתיין EX 14:24
מן קדם גזירתא דפרעה **והות** ברת מאה ותלתין שנין כד EX 2:1
למיתב לותיה תוב: **והות** בשית מאה וחדא שנין בתשרי GN 8:13
למיבוז נכסיהון דישראל **והות** זכותיה דאברם מגנא עליהון: GN 15:11
בירא וסליקו מיא לאנפוי **והות** טייפא כל יומין דהוה בחרן GN 28:10
כד איתגלי במצרים **והות** ידיה מקטלא כל בוכריה EX 12:42
בר בכף מודנא חדא **והות** כרעא כף מודנא דטלייא EX 1:15
וניוי יתהון באתונא **והות** להון לבינתא לאבנא וטינא GN 11:3
עלמיא ייי אמר במימריה **והות** לי אלקא פרוק מן תדיי EX 15:2
ברם לא מגניסת אימא **והות** לי לאינתו: והוה כד בעו GN 20:12
קדם ייי על עיסק פעור **והות** מותנא בכנישתא דייי: וכדון NU 31:16
למישתי מוי מן נהרא **והות** מחת דמא בכל ארעא EX 7:21

ומחא ית עפרא דארעא **והות** מחת קלמי בבישרא דאינשא EX 8:13
ית קלמין ולא יכילו **והות** מחת קלמי שלטא באינשא EX 8:14
אוף ארתכין אוף פרשין **והות** משריתא סגיאה לחדא: ואתו GN 50:9
דפקיד ייי ית משה: **והות** סכום דברתא שייור ביזתא NU 31:32
אלפין וחמש מאה: **והות** סכום נסיבא לשמא דייי מן NU 31:37
מן גובריא דנפקו לחילא: **והות** סכום פלגות כנישתא מן ענא NU 31:43
ולדרבריא דעימיה: **והות** עידוני בצפרא ודבר בלק ית NU 22:41
מנא עילוי אנחות טלא **והות** על אנפי מדברא דקיק מסרגל EX 16:14
תלתין ותרין אלפין: **והות** פלגותא חולק גובריא די נפקו NU 31:36
למימר דילנא מיא **והות** צבו מן שמיא ויבשת ובכן GN 26:20
פרעה טלק יתיה לגובא **והות** צפרה ברתיה דבריה מפרנסא EX 2:21
מודים ומצליין קדם ייי **והות** רתיתא מן קדם ייי על GN 35:5
בצידא ומרודא קדם ייי: **והות** שירוי מלכותיה בבל רבתי GN 10:10
ואבוי דיסכה היא שרי: **והות** שרי עקרא לית לה וולד: ודבר GN 11:30
וסגיאו לחדא על ארעא **והות** תיבותא מהלכא סחיא על GN 7:18
הוא אמר לי דאחת היא **והיא** אוף היא אמרת אחי הוא GN 20:5
עם איתא תשמיש זרעא **והיא** אמתא וחרתא מתארסא לגבר LV 19:20
ולא ביומי טליותה **והיא** בבית בעלה: ומליל ייי עם NU 30:17
מבוע אדם סובתא בזי **והיא** בזיית ית מבוע אדמהא LV 20:18
מתקלא עשרא סילעין **והיא** דדהב טב קריב יתה מליא NU 7:20
עשר סילעין דכסף **והיא** הות דדהב טב קריב יתה NU 7:14
חוורא במשכא כעמר נקי **והיא** הפכת שערא למחוור כקרם LV 13:10
ובגופנא תלתי מצוגיא **והיא** כדי אפרחת אפיקת GN 40:10
ויקני ית איתתיה **והיא** לא איסתאבת או עבר עלוי NU 5:14
ויקני ית איתתיה **והיא** לא איסתאבת: ומטול דלא NU 5:14
בריר לית דמסהיד בה **והיא** לא איתחדת: ויעיבר עלוי רוח NU 5:13
חמת ארום רבא שלה **והיא** לא איתיהבת ליה לאינתו: GN 38:14
עיסק אינתתא דאנסת **והיא** מיבעלא לגבר: ואבימלך לא GN 20:3
מעיני בעלה ומיטמרא **והיא** מסאבא וסהדו בריר לית NU 5:13
על שמיה פתיר חלמיא **והיא** מתבניא בארם דעל פרת ארע NU 22:5
בירא הוון מזמרין לה **והיא** סלקא: בירא דחפרו יתה NU 21:17
פיסיונתא במשכא **והיא** עמיא שומת כואה היא LV 13:28
וחמי למיערוק לתמן **והיא** ציבחר וקלילין חובהא GN 19:20
אימיה ויבזי ית עריתה **והיא** תבזי ית עריתיה גניי הוא LV 20:17
קטולא לארע אחסנתיה: **ויהוון** אילין אחוויתא לכון לגזירת NU 35:29
כתיבין על ידך דשמאלא **ויהוון** לתפילין על מוקרך כלו קבל DT 6:8
ויחות תחומא ליורדנא **ויהוון** מפקנוי לימא דמילחא ריקם NU 34:12
ויעיבר לציני טוור פרזלא **ויהוון** מפקנוי מן דרום לרקם גיעא NU 34:4
ביד מלכא משיחא **ויהוון** עד עלמא לאובדנא: וקם NU 24:24
קדמוי: ויהוון תריכין **ויהוון** תריכין בני דגבלא מן קדם NU 24:18
פיגריהון כולהון קדמוי: **ויהוון** תריכין ויהוון תריכין בני NU 24:18
יתהון קדם עד לא יסגון **ויהוי** ארום יארע יתן סדרי קרבא EX 1:10
במצוותא דאורייתא **ויהוי** בכון מסכינא מחד אחך בחדא DT 15:7
למערבא: ותחום מערבא **ויהוי** לכון ימא רבא אוקינוס NU 34:6
ארעא דכנען בתחומהא: **ויהוי** לכון תחום דרומא מן מדברא NU 34:3
כל משריתא דישראל **ויהוי** לעמא לתוקלא ברם תריהון NU 11:26
זרעא ויצטבע במוי **ויהוי** מסאב עד רמשא: ואיתתא LV 15:17
כל דנכות יתיה חיויא **ויהוי** מסתכל ביה וחאי אין מכוין NU 21:8
ארעא תוב מתקוף רוגזך **ויהוי** תוהו קדמך על בישתא EX 32:12
פרזלא על תחומי אדום **ויהוי** תחום דרומא מן סייפי ימא NU 34:3
ית אריחוי בעיזקתא **ויהון** אריחיא על תרין ציטרי EX 27:7
וקיימוי דפקיד יתכון: **ויהון** בכון לאתין ולתמהין ובבניכון DT 28:46
עלה לך אתנינה ולבנך: **ויהון** בנך סגיאין הי כעפרא דארעא GN 28:14
כל בית כנישות מימיהון **ויהון** דמא ויהי דמא בכל ארע EX 7:19
בבי מוקדשא דייי **ויהון** דריא פלחין עלה לשמא דייי GN 28:22
ויחוורון לבושיהון: **ויהון** זמינין לימא תליתאה ארום EX 19:11
עיינין ומפחת נפש: **ויהון** חייכון תליין לכון מקביל DT 28:66
כרובייא מתרין ציטרוי: **ויהון** כרוביא פריסו גדפיהון לעילא EX 25:20
קדם ייי ואתקדשו **ויהון** לאת לבני ישראל: ונסיב NU 17:3
ואסלק שכינתי מנהון **ויהון** לביזה ויארעו יתהון בישן DT 31:17
ויהון מוי דתיסב מן נהרא **ויהון** לדמא ביבשתא: ואמר משה EX 4:9
עובד אומן תעבד יתהון **ויהון** לך לערעא כנישתא ולאטלא NU 10:2
שבע שנין שבע זימנין **ויהון** לך סכום יומי שבע שמיטין LV 25:8
בארעכון ולא מן כנענאי **ויהון** לכון לאחסנא: ותחסנון יתהון LV 25:45
יתקעון בחצוצרתא **ויהון** לכון לקים עלם לדריכון: NU 10:8
דיקטול בר נש בשלו: **ויהון** לכון קירווייא למיקלט קטולא NU 35:12
קדם ייי מן בני ישראל **ויהון** למפלח ית פולחנא דייי: וליואי NU 8:11
ומולד סיהרא ומחזורין: **ויהון** לנהורין ברקיעא דשמייא GN 1:15
ביני יממא וביני ליליא **ויהון** לסימנין ולזמני מועדין ולממני GN 1:14
על רום ידכון שמאליתא **ויהון** לתפילין קבל מוקריכון בין DT 11:18
דבנהרא ותשוד ליבשתא **ויהון** מוי דתיסב מן נהרא ויהון EX 4:9
משכנא בסופיהון: **ויהון** מזווגין מלרע וכחדא יהון EX 26:24
מרי עובדין טבין **ויהון** מיטלטלין ושביקין: ויימר DT 32:36
דמתמני ית בוצינהא **ויהון** מנהרין כל קבל אפהא: EX 25:37

בארבעין סאווין דמוי **ויהון** מסאבין עד רמשא: ואינתתא LV 15:18
לותכון גוברין לחילא **ויהון** מסדרין סדרי קרבא על מדין NU 31:3
לכון מעלך לטבריא **ויהון** מפקנוי דתחומא מן תרין NU 34:8
זכותא ולגבתא דחטמנא **ויהון** מפקנוי לבירא דבית סכל NU 34:9
מקיסם לנילוס דמצראי **ויהון** מפקנוי למערבא: ותחום NU 34:5
רב ושליט תהי על אחך **ויהון** מקדמין למשאל בשלמך בני GN 27:29
כד יחזרון קדל קדמך **ויהון** מקדמין למשאל בשלמך בני GN 49:8
ליואי חלף בעיריהון **ויהון** משמשין קדמי ליואי אנא ייי: NU 3:45
פתח וולדא מבני ישראל **ויהון** משמשין קדמי ליואי: ארום NU 3:12
ית ליואי מגו בני ישראל **ויהון** משמשין קדמי ליואי: ומן בתר NU 8:14
ותחפי יתהון דהבה **ויהון** נטלין בהון ית פתורא: ותעביד EX 25:28
יתכון בחרבא דמותא **ויהון** נשיכון ארמלן ובניכון יתמין: EX 22:23
חרציהון ועד ירכיהון יהון: **ויהון** על אהרן ועל בנוי בזמן EX 28:43
וטמירן מיגליין ליה **ויהון** על ליבה דאהרן בזמן מיעליה EX 28:30
ית נפשכון ובכל ממונכון: **ויהון** פיתגמיא האילין דאנא מפקיד DT 6:6
ותתנטל סעיד מידיהון **ויהון** פסקין מהימניא מרי עובדין DT 32:36
ייי אלקך: ותחליל בכספא **ויהון** פריטי צרירין בידך ותהך DT 14:25
למשה למימר: קבל מנהון **ויהון** ציבי לצרוך סידורא ותורין NU 7:5
דאלקהון הינון מקרבין **ויהון** קדישין בגופיהון: איתתא LV 21:6
בסיסיה: ותקדש יתהון **ויהון** קודש קודשין כל דיקרב בהון EX 30:29
חזרנותהון תתנון לליואי: **ויהון** קירווייא להון למיתב NU 35:3
על שווייכון עד דתיבדון: **ויהון** שמיא דעילויכון הי כנהשא DT 28:23
דינא קדם חמשא חכימין **ויהון** תלתא לדיינין ותרין לסהדין DT 25:7
לתרין זיוויין יהון: **ויהון** תמנייא לוחין וחומריהון EX 26:25
ויתחבר באינתתיה **ויהון** תרוויהון לבישרא חד: והוו GN 2:24
וקרוח ונמור בעזיא **ויהי** אגרי: ותסהד בי זכוותי GN 30:32
מצראי ארום אנא ייי: **ויהי** אדם ניכסת פיסחא וגזירת EX 12:13
חייתא על אנפי חקלא **ויהי** אין איטימוס ההוא גברא LV 14:7
ית מיא: וישקינה ית מיא **ויהי** אין אסתאבת בתשמיש דעריס NU 5:27
זכאה ולחובא ית חייבא: **ויהי** אין אתחייב למלקי חייבא DT 25:2
בבישרא ושתאי בחמרא: **ויהי** אין דחיל ומקביל עלוי אולפנא DT 21:21
אינשא לאתחייב בהון: **ויהי** אין יחטי ויתחייב ויומי ויתיב LV 5:23
מצע ערסיה במה ישכוב **ויהי** אין יקבול קדמי ואיקביל EX 22:26
יסב גבר איתא ויעול עלה **ויהי** אין לא השכחת רחמין בעינוי DT 24:1
ברייא הי כבישריה:: **ויהי** אין לא יהימנון אוף לתרין EX 4:9
יתה ותיהווי לך לאינתו: **ויהי** אין לא תתרעי בה ותפטרינה DT 21:14
פולין למיקרי לה לשלם: **ויהי** אין מילין דשלם תתיב לכון DT 20:11
כזמן יומא הדין: **ויהי** אין מינשא תינשון ית דחלתא DT 8:19
דפקיד ייי ולהלא לדריכון: **ויהי** אין מן מחמי כנישתא. NU 15:24
וימרד באלקא שמיא: **ויהי** אין נייח הוא במצוותא DT 17:18
עלה תלתין ושית קיימין: **ויהי** אין קבלא תקבלון למימר דייי DT 28:1
דשתא ועד סופא דשתא: **ויהי** אין קבלא תקבלון לפיקודיי DT 11:13
ולאחוך תהי משתעבד **ויהי** אין תטעי ותחית ית בנוי GN 27:40
ואתחייב לחדא מן איליין: **ויהי** ארום ייחוב בחדא מארבעתי LV 5:5
פיתגמא הדין יומא דין: **ויהי** ארום יימר לך לא אפוק מן גבך DT 15:16
לתמן ית פולחנא הדא: **ויהי** ארום יימרון לכון בניכון EX 12:26
אינתתא שפירת חזו אנת: **ויהי** ארום יסתכלון ביך מצראי GN 12:12
עממיא דלא ידעתון: **ויהי** ארום יעיל יתכון ייי אלקכון DT 11:29
בניסן הוא ירחא דאביבא: **ויהי** ארום יעלינך ייי אלקך לארע EX 13:5
ובתרעך מימינא במיעלך: **ויהי** ארום יעלינך ייי אלקך לארע DT 6:10
ובימּמא ולא בליליא: **ויהי** ארום יעלינך ייי לארעא EX 13:11
קדמיי דישנון ית קיימי: **ויהי** ארום יערען יתהון בישן סגיען DT 31:21
וכל דילהון אייתיו: **ויהי** ארום יקרי לכון פרעה ויימר GN 46:33
בעבדך תיפרוק בכספא: **ויהי** ארום ישיילינך ברך מחר EX 13:14
לרחמין בעיני מצראי **ויהי** ארום תהכון מן תמן פריקין לא EX 3:21
חביב עלן כבבת עיננא: **ויהי** ארום תיזיל עימנא ויהי טבא NU 10:32
משיחא לא תתנשי: **ויהי** ארום תיעלון לארעא דייי DT 26:1
ולבנך דכורייא עד עלמא: **ויהי** ארום תיעלון לארעא דעתיד EX 12:25
כדין תיתבון לרוחצן: **ויהי** אתרא דיתרעי ביה מימרא דייי DT 12:11
זרעא ותזרעין ית ארעא: **ויהי** באשוניה במכנוש עללתא GN 47:24
במשכיה שיחנא ואיתסי: **ויהי** באתר שיחנא שומא זקיפא LV 13:19
ליה לאיתו וייבם יתה: **ויהי** בוכרא דיתליד יקום DT 25:6
פריקין מארעא דמצרים: **ויהי** בזמן דאתון קריבין לאגחא DT 20:2
אלקא דאבהתכון לכון: **ויהי** בזמן דתעברון ית יורדנא DT 27:4
ויהי ביר בוכרא לסניתא: **ויהי** ביום אחסנותיה ית בנוי ית DT 21:16
דאנא מפקיד לכון יומנא: **ויהי** ביומא דתעברון ית יורדנא DT 27:2
אינתתיה שובעא יומין: **ויהי** ביומא שביעאה יספר ית כל LV 14:9
דאורייתי אין לא: **ויהי** ביומא שתיתאיי ויזמנון מה EX 16:5
בנין רחימתא וסניתא **ויהי** ביר בוכרא לסניתא: ויהי ביום DT 21:15
ולא יקבול עלך קדם ייי **ויהי** בך חובא: לא יתקטלון אבהן DT 24:15
ויקבול עליכון קדם ייי **ויהי** בכון חובא: מיתן תיתנון ליה DT 15:9
דאנא מעיל יתכון לתמן: **ויהי** במיכלכון מלחמא דעללתא NU 15:19
ותהי מעתד על טינרא: **ויהי** במעיבר יקר שכינתי ואישוינך EX 33:22
זקיפא או קלופי או בהקי **ויהי** במשך בישריה למיכתש סגירו LV 13:2

מסר כאגדנא דמותא: **ויהי** במשמעיה ית פתגמי מומתא DT 29:18
ית ידך על צית שמייא **ויהי** ברדא בכל ארעא דמצרים על EX 9:22
דאיזמן מימרי לך תמן: **ויהי** גברא דאתרעי ביה לשמשא NU 17:20
בוסמין קדם ייי מחר **ויהי** גברא דיתרעי ביה ייי הוא NU 16:7
ית כל דאיפקדיניה: **ויהי** גברא דלא יקבל פיתגמי נבותי DT 18:19
חומש כסף עלויי עלוי **ויהי** דיליה: ואין מן חקיל אחסנתיה LV 27:15
מימיהון ויהון דמא **ויהי** דמא בכל ארע דמצרים ובמני EX 7:19
יפרג בעירא בבעירא **ויהי** הוא ופירוגיה יהי קודשא: ואין LV 27:10
ואין מפרוג יפריג יתיה **ויהי** הוא ופירוגיה יהי קודשא לא LV 27:33
וימלל הוא לך עם עמא **ויהי** הוא יהוי לך למתורגמן ואנת EX 4:16
למימרא דייי אלקכון: **ויהי** היכמא דחדי מימרא דייי DT 28:63
הי כמיסת דיתיב ליה **ויהי** זבינוי ביד מן דזבן יתיה עד LV 25:28
למיקטל זכאי עם חייב **ויהי** זכאי היך חייב חולין הוא לך GN 18:25
בשוקא על מורניתיה **ויהי** זכיי מחייא מדין קטול לחוד EX 21:19
ותלפיף ית משכנא **ויהי** חד: ושיפוע מותרא ביריעת EX 26:11
בני יוון מה דתספוק ידיה **ויהי** חד חטאתא וחד עלתא: ווייתי LV 14:22
כהנא ית תרבא למדבחא **ויהי** חדיא לאהרן ולבנוי: וית שקא LV 7:31
מפקיד יתהון למעבדהון: **ויהי** חולף די תקבלון ית דינייא DT 7:12
חורן לא יתפריק תוב: **ויהי** חקלא במיפקיה ביובלא LV 27:21
ית ידך על צית שמייא **ויהי** חשוכא על ארעא דמצרים EX 10:21
ויהי ארום תיזיל עימנא **ויהי** טבא ההוא דייוטב ייי עימנא NU 10:32
בארעא דמצרים: **ויהי** יומא הדין לכון לדוכרנא EX 12:14
בשלם לביתיה דאיבא **ויהי** ייי לי לאלקא: ואבנא הדא GN 28:21
בין מימרי וביני ארעא: **ויהי** כד אפרוס ענני יקרא עילוי GN 9:14
בנך ובין זרעית בנהא **ויהי** כד יהוון בנהא דאיתתא נטרין GN 3:15
כל פיתגמי אורייתא הדא: **ויהי** כד ייתון עילויכון ית כל DT 30:1
בית עמלק מן קדם ייי: **ויהי** כד יניח ייי אלקכון לכון מן כל DT 25:19
אלעזר כהנא ישמיש **ויהי** כד יתכסי מיניה פתגם וישאיל NU 27:21
ויתבר ליבהון היך ליביה: **ויהי** כד פסקין למללא עם עמא DT 20:9
ובכן יהי כשר למעבדיה **ויהי** כיציבא דארעא וכל ערלאי בר EX 12:48
ושוי יתיה על אתר תלי **ויהי** כל דנכות יתיה חיויא ויהוי NU 21:8
ותפתח לכון פילוותה **ויהי** כל עמא דמשתכח בה יהון DT 20:11
וידינון ית עמא בכל עידן **ויהי** כל פיתגם רב ייתון לוותך וכל EX 18:22
ארעא דאתון יתבין בה: **ויהי** כמא די חשילית למעבד להון NU 33:56
וישרון במדרשא דשם **ויהי** כנען עביד להון: וחיא נח בתר GN 9:27
ליה עד שתא דיובילא **ויהי** כסף זבינוי במניין שניא הי LV 25:50
שמייא למיחמי פרעה: **ויהי** לאבקא על כל ארעא דמצרים EX 9:9
מדי לאהרן ומידי לבנוי: **ויהי** לאהרן ולבנוי לקיים עלם מן EX 29:28
דברייי אפרוק בכספא: **ויהי** לאת חקיק ומפרש על יד EX 13:16
ית בישרא דעורלתכון **ויהי** לאת קים בין מימרי וביניכון: GN 17:11
תעביד על תרין ציטרוי **ויהי** לאתרא לאריחיא למיטל יתיה EX 30:4
על עיבידת משכן זימנא **ויהי** לבני ישראל לדוכרן טב קדם EX 30:16
ית אודניה ימינא במחטא **ויהי** ליה עבד פלח עד יובלא: וארום EX 21:6
לארמא ארמא קדם ייי **ויהי** לך ולבנך עימך לקיים עלם LV 10:15
לך מכל מיכל דמיתאכיל **ויהי** לך ולכון למיכל: ועבד נח ככל GN 6:21
יתה ארמא קדם ייי **ויהי** לך לחולק: ותקדש ית חדיא EX 29:26
ופרישן במיפיקי ממצרים: **ויהי** לך ניסא הדין חקיק ומפרש על EX 13:9
באודניה ובתרע בית דינא **ויהי** לך עבד פלח עד יובלא ואוף DT 15:17
בגין למיתייא מידין לידין **ויהי** לכון בכופלא על מה דמלקטין EX 16:5
גוליתהון שזיר דתיכלא: **ויהי** לכון למצוותא דציציית NU 15:39
ומן בני עזייא תסבון: **ויהי** לכון קטיר ונטיר עד ארבסר EX 12:6
דיחסנכון ייי אלקכון **ויהי** למערוק לתמן קטולא: ודין DT 19:3
וניגזר קיים אנא ואנת **ויהי** לסהיד בינא ובינך: ונסיב יעקב GN 31:44
ומחי ית עפרא דארעא **ויהי** לקלמי בכל ארעא דמצרים EX 8:12
מנוי ותקדש ית מדבחא **ויהי** מדבחא קדש קודשין מטול EX 40:10
מדבחא ותקדיש יתיה **ויהי** מדבחא קודש קודשין כל EX 29:37
יתבי ארעא מן קדמיכון **ויהי** מה די תשיירון מנהון לסכיין NU 33:55
כדון קביל מיני אימלכינך **ויהי** מימרא דייי בסעדך הוי אנת EX 18:19
אנא מטא סופי לימּמת **ויהי** מימרא דייי בסעדכון ויתיב GN 48:21
לך: דור בארעא הדא **ויהי** מימרי בסעדך ואבריכינך ארום GN 26:3
לארע אבהתך ולילדותך **ויהי** מימרי בסעדך: ושדר יעקב ית GN 31:3
איקר שכינתי ביניכון **ויהי** מימרי לכון לאלקא פרוק LV 26:12
עימה תשמיש דעריס **ויהי** מכסי מעיני בעלה ומיטמרא NU 5:13
או בכל עיבידת צלא: **ויהי** מכתשא ירוק או סמוק LV 13:49
כדין ייעול למשריתא **ויהי** מסאב כהנא ההוא קדם NU 19:7
סאוין דמוי ייתעל **ויהי** מסאב לכל צרוך עד רמשא LV 11:32
בארבעין סווין דמוי **ויהי** מסאב עד רמשא: ואין LV 15:27
בארבעין סווין דמוי **ויהי** מסאב עד רמשא: ואין על LV 15:22
בארבעין סאוין דמוי **ויהי** מסאב עד רמשא: וארום אין LV 15:7
בארבעין סאוין דמוי **ויהי** מסאב עד רמשא: ודי יתיב על LV 15:5
מנבילתה יצבע לבושוי **ויהי** מסאב עד רמשא ודיוסיט ית LV 11:40
בארבעין סאוין דמוי **ויהי** מסאב עד רמשא: ודיקרב בבשר LV 15:6
בארבעין סווין דמוי **ויהי** מסאב עד רמשא וידכי: ואין LV 17:15
בארבעין סווין דמוי **ויהי** מסאב עד רמשא: וכל דיקרב LV 15:21

בארבעין סאוין דמוי **ויהי** מסאב עד רמשא: וכל זוגא LV 15:8
סווין דמוי ית כל בישריה **ויהי** מסאב עד רמשא: וכל לבושא LV 15:16
בארבעין סווין דמוי **ויהי** מסאב עד רמשא: וכל מידעם LV 15:10
נבילתה יצבע ית לבושוי **ויהי** מסאב עד רמשא: וכל ריחשא LV 11:40
בארבעין סאווין דמוי **ויהי** מסאב עד רמשא: ומאן דפחר LV 15:11
נבילתהון יצבע לבושוי **ויהי** מסאב עד רמשא: לכל בעירא LV 11:25
נבילתהון יצבע לבושוי **ויהי** מסאב עד רמשא מסאבין הינון LV 11:28
בארבעין סווין דמוי **ויהי** מסאב קדם טיבוליה עד רמשא: NU 19:8
דתורתא ית לבושוי **ויהי** מסאב קדם טיבוליה עד רמשא NU 19:10
עימה ותהוי ריחוקא עלוי **ויהי** מסאב שובעא יומין וכל LV 15:24
רקיעא במציעות מייא **ויהי** מפרש ביני מוי עלאי לביני מוי GN 1:6
דחדא מנהין וימחיניה **ויהי** משרי דמשתאר לשיזבא: ואמר GN 32:9
ותכנשיניה לגו בייתך **ויהי** מתפרנס גבך עד זמן דיתבע DT 22:2
יומא דין אצנעו יתיה **ויהי** נטיר עד צפרא: ואצנעו יתיה עד EX 16:23
לוותיה לקדם חכימיא **ויהי** נעיל בריגלא ימינא דיבימה DT 25:9
ומחתא: צלו קדם ייי **ויהי** סגי קדמוי מלמהוי קלין דלווט EX 9:28
רשיעייא לעלמא דאתי **ויהי** עולימוי מתמניין עם עולימהון DT 33:6
סכומהון שובעין וחד: **ויהי** עטיף על אהרן לשמשא EX 28:35
עיבורא בקירויא וינטרון: **ויהי** עיבורא גניז במערתא בארעא GN 41:36
נפשתא לשמא דייי: **ויהי** עילוייה דביר דכר מן בר עשרין LV 27:3
שנין ולעילא אין ביר דכר **ויהי** עילוייה חמיסר סילעין LV 27:7
שנין ועד בר שתין שנין **ויהי** עילוייה חמשין סילעין דכסף LV 27:3
על כל ארעא דמצרים **ויהי** על אינשא ועל בעירא לשחין EX 9:9
למכפרא על חציפי אפיא **ויהי** על מצנפתא מעילוי תפילת EX 28:37
כל קבל אפי מצנפתא יהי: **ויהי** על פדחתא דבית אפוי דאהרן EX 28:38
קודשיהון דמשקרין בהון **ויהי** על פדחתא תדירא לרעוא להון EX 28:38
ירחא ועד בר חמש שנין **ויהי** עלוייה דביר דכר חמש סילעין LV 27:6
שנין ועד בר עשרין שנין **ויהי** עלוייה דביר דכר עשרין LV 27:5
יקדש גבר קדם ייי **ויהי** עלוייה כמיסת זרעיה אתר LV 27:16
ואין ברת נוקבא היא **ויהי** עלוייה תלתין סילעין: ואין מבר LV 27:4
יהיב לכון אחסנא **ויהי** עליכון חובת דין קטולא: וארום DT 19:10
שזיר חוטא דתיכלא: **ויהי** פום רישיה במיצעיה תורא EX 28:32
בבירנין דמפקן שור **ויהי** פורקניה עד משלם שתא LV 25:29
דמן שיבט לוי: ותהי גביה **ויהי** קרי ביה כל יומי חייו מן בגלל DT 17:19
די בחזרנות קטילא: **ויהי** קרתא דקריבא לקטילא DT 21:3
בארעתא דסנאיהון **ויהי** רדיף יתהון קל טרפא נתיר מן LV 26:36
איתיליד כאורח עלמא **ויהי** שבעתי יומין בתר אימיה מטול LV 22:27
יתקרי תוב שמך אברם **ויהי** שמך אברהם ארום לאב סגי GN 17:5
קיימא דייי אלקכון **ויהי** תמן בכון לסהיד: ארום גלי DT 31:26
ועל ניכסת קודשיכון **ויהיו** לכון לדוכרנא טבא קדם NU 10:10
ישתכחון תמן עשרא **ונהי** אנא ואינון ונבעי רחמין על כל GN 18:32
קני יתן וית אנן בלחם **ונהי** אנן וארען עבדין לפרעה והב GN 47:19
ניסב לנא וניתב עמכון **ונהי** לעמא חד: ואין לא תקבלון GN 34:16
נשכח רחמין בעיני ריבוני **ונהי** עבדין לפרעה: ושוי יוסף לגזירא GN 47:25
אתר דתיסרון סייפיכון **ותהווי** חפיר בה ותיפני תמן ותתוב DT 23:14
ובכל עובדי אידיכון **ותהוון** ברם חדיין באצלחותא: תלת DT 16:15
ואמהתכון כוותכון: **ותהוון** דכירין ארום משעבדין DT 5:15
ייי אלקכון תיתנון ליה: **ותהוון** דכירין ארום משעבדין DT 15:15
לאשראה שכינתיה תמן: **ותהוון** דכירין ארום משעבדין DT 16:12
כד תהדרון משכונה לה: **ותהוון** דכירין ארום משעבדין DT 24:18
ליתמא ולארמלא יהי:: **ותהוון** דכירין ארום משעבדין DT 24:22
קנו לן ית ניכסייא האילין: **ותהוון** דכירין ית ייי אלקכון ארום DT 8:18
ליבכון: ותגמרינון לבנך **ותהוון** הגיין בהון במותביכון DT 6:7
שאלין חסימן כנחשא: **ותהוון** זהירין בזמן דאתון אכלין DT 8:10
ארעא ועד סייפי ארעא **ותהוון** מסקי ארנונא לפלחי DT 28:64
חכימתון אתון ואבהתכון **ותהוון** מסקי ארנונין לפלחי טעוון DT 28:36
ייי אלקכון ותיתקדשון **ותהוון** קדישין ארום קדיש אנא LV 11:44
למיהוי לכון לאלקה **ותהוון** קדישין ארום קדיש אנא: דא LV 11:45
ותעבדון ית כל פיקודיי **ותהוון** קדישין הי כמלאכייא NU 15:40
לכון לסאוביהון: **ותהוון** קדמיי קדישין ארום קדיש LV 20:26
סריותא מנחיריכון **ותהוי** לכון לריחוק חולף דקצתון NU 11:20
שמשא ישמש גבר עימה **ותהוי** ריחוקא עלוי ויהי מסאב LV 15:24
יגמר עמא דלא חכימתון **ותהון** ברם טלימין ודריסין כל DT 28:33
תצלחון ית אורחתכון **ותהון** ברם עציין ואניסין כל יומיא DT 28:29
חייכון תליין לכון מקביל **ותהון** דחלין יימם ולילי ולא DT 28:66
דקיים ייי לאבהתכון: **ותהון** דכירין ית כל אורחא DT 8:2
ומן בתר כדין תתובון **ותהון** זכאין מן קדם ייי ומישראל NU 32:22
ובשיעממות ליבא: **ותהון** טביעין מילכא טבא לרווחי DT 28:29
למלכין ולא להדיוטין **ותהון** לחוד מנטלין ולא תהון DT 28:13
תהוון מפכין מן קדמיהון **ותהון** לריחוק לכל מלכוות ארעא: DT 28:25
טלימין ודריסין כל יומיא: **ותהון** משתוין מפורענותא ומן DT 28:34
מגו עמיה: ותתקדשון **ותהון** קדישין בגופיכון מטול LV 20:7
ותינטרון ית קימי **ותהון** קדמיי חביבין מכל עממייא EX 19:5
רבקה קומך דבר ואיזיל **ותהי** איתא לבר ריבונך כמא דמליל GN 24:51

כריסא ותיתמסי ירכה **ותהי** איתתא ללווטא בגו בני עמה NU 5:27
מן קדם ייי ומישראל **ותהי** ארעא הדא לכון לאחסנא NU 32:22
בתריכון עם שלופי חרב **ותהי** ארעכון צדיא וקורייכון יהויין LV 26:33
כהניא דמן שיבט לוי: **ותהי** גביה ויהי קרי ביה כל יומי DT 17:19
בתר כן יעול למשריתא: **ותהי** דא לכון לקיים עלם בירחא LV 16:29
יכפר באשתעות מיליא: **ותהי** דא לכון לקיים עלם לכפרא LV 16:34
יחוסי ואין לא ינתנון לך **ותהי** זכאי ממומתי: ואתית יומנא GN 24:41
ויסגינך לתריסר שיבטין **ותהי** זכי לכינשת דבני סנהדרין GN 28:3
אנא הא גזר קימי עימך **ותהי** לאב סגי עממין: ולא יתקרי GN 17:4
מן בני ישראל קיים עלם: **ותהי** לאהרן ולבנוי ויכלוניה מן בתר LV 24:9
מגניסת אבוי וירית יתה **ותהי** לבני ישראל לאחויית גזירת NU 27:11
ונפקת מבייתיה ותהך **ותהי** לגבר חורן: ואכריזו עלה מן DT 24:2
קדם טיבוליה עד רמשא **ותהי** לדכותא לבני ישראל NU 19:10
ותכבוש להון כובעין **ותהי** להון כהונתא לקיים עלם EX 29:9
ימותון באישא מצלהבא **ותהי** להון קיים עלם ליה ולבנוי EX 30:21
דרועא ולועא וקיבתה **ותהי** ליה ולבנוי בתרוי קיים רבות NU 25:13
יתחשב לגברא ההוא **ותהי** ליה כאילו אדם זכאיי אשד LV 17:4
אזדריקו עלוי מסאב הוא: **ותהי** לכון לקיים עלם ולחוד כהנא NU 19:21
לה בר לאברכיניה ביה **ותהי** לכינשין ומלכין שליטין GN 17:16
מפלג לכל מטרת ליואי **ותהי** לכנישתא דבני ישראל למוי NU 19:9
צריד לבונתא ברירתא **ותהי** ללחמא לאדכרא קורבנא LV 24:7
אבוהון וישמשון קדמי **ותהי** למהוי להון רבותהון לכהונת EX 40:15
ית קשתי יהבית בעננא **ותהי** לסימן קיים בין מימרי וביני GN 9:13
ואיבריכינך וארבי שמך **ותהי** מברך: ואבריך ית כהניא GN 12:2
עימכון לא מבטלא **ותהי** מגינא עליהון עני משה נביא DT 28:15
ואין ברת נוקבא תליד **ותהי** מסאבא ארבסרי יומין רציפין LV 12:5
תעדי ותיליד ביר דכר **ותהי** מסאבא שבעא יומין הי כיומי LV 12:2
ייי הא אתר מתקן קדמי **ותהי** מעתד על טינרא: ויהי במעיבר EX 33:21
רוח נבואה מעילוי אומיא **ותהי** מתמלל ברוח קודשא לי EX 33:16
לכל מלכוות ארעא: **ותהי** נבילתכון משגרא למיכל לכל DT 28:26
ונישוי חרבא בידיה **ותהי** עבדא לקובלא סידרי קרבא GN 11:4
וכל בוכרא דבעירא: **ותהי** צווחתא רבתא בכל ארעא EX 11:6
בתיכון וסביני כספיכון **ותהי** קימי בבשרכון לקים עלם: GN 17:13
ותיתב בארעא דגושן **ותהי** קריב לותי אנת ובנך ובני בנך GN 45:10
לחבלא כל בישרא⊥ך **ותהי** קשתא בעננא ואחמינה GN 9:16
יהי במשכיה כואה דנור **ותהי** רושם כואה בהקי חוורא LV 13:24
קרתא נפקו למימלי מוי: **ותהי** ריבא די אימר לה ארכיני כדון GN 24:14
אנא קאי על עינא דמיא **ותהי** ריבא דתיפוק למימלי ואימר GN 24:43
שמיטתא יהי לארעא: **ותהי** שמיטת ארעא לכון למיכל לך LV 25:6
גמיר קדם ייי אלקכון **ותהי** תל חרוב לעלם לא תתבני DT 13:17
דכהנא גמירא תסתדר **ותיהווי** לא תיתאכל: ומליל ייי עם LV 6:16
תיעול לוותה ותפרין יתה **ותיהווי** לך לאינתו: ויהי אין לא DT 21:13
ביומא דתיכלון מיניה **ותיהוון** כמלאכין רברבין דחכמין GN 3:5
סובבי מדבחא מלרע **ותיהי** מצדתא על פלגות מדבחא EX 27:5
יתחשב ליה לזכו פסיל **יהא** ואינש די יכול מיניה חוביה LV 7:17
בפומיה ומימרי **יהא** עם מימר פומך ועם מימר EX 4:15
יעקב ית פרעה ואמר **יהא** רעוא דיתמלון מוי דנילוס GN 47:7
ואפילת ית וולדהא ולא **יהו** בה מותא מתקנסא יתקנס EX 21:22
תרין עישרונין סמידא **יהויין** חמיר יתאפיין ביכורין LV 23:17
חיוותא קירוין קלטן **יהויין** לכון ויעירוק לתמן קטולא NU 35:11
ולתותביא דביניהון **יהויין** שית קירוייא האילין NU 35:15
תיכלון מנהון חמריכון **יהוון** אניסין מן קדמיכון ולא יתובון DT 28:31
מן כולהון עמיא לא **יהוון** בכון גוברין עקרין ונשין עקרן DT 7:14
ובין זרעית בנהא ויהי כד **יהוון** בנהא דאיתתא נטרין מצוותא GN 3:15
ית חיות ברא הכדין **יהוון** בנוי דיוסף שלטין בעממייא DT 33:17
מיקם תקימון עימיה: לא **יהוון** גוליין דציצית ותפילין דהינון DT 22:5
ארחים יתהון במימרי כד **יהוון** גליין בארע בעלי דבביהון לא LV 26:44
על טוורא דעיבל מברכיא **יהוון** הפכין אפיהון לקבל טוורא DT 11:29
טוורא דגריזים ומלטטיא **יהוון** הפכין אפיהון לקבל טוורא DT 11:29
עם מסאבתה כל אילין **יהוון** זהירין בסואבתהון וכד ידכון LV 15:33
פתגמיי עד דאימליל אין **יהוון** כל נביא דקמו מן יומת עלמא NU 12:6
להון למיתב ופרודלהון **יהוון** לבעיריהון ולקניינהון ולכל NU 35:3
תרתין כיתפין מלפפן **יהוון** ליה לתרין סיטרוי ויתלפף: EX 28:7
ומנחתיה תעבדון שלמין **יהוון** לכון וחמר ניסוכיהון: ובירחא NU 28:31
דבי מכתשא לבושוי **יהוון** מבזעין ורישי יהי מרבי פרוע LV 13:45
בנין ובנן תולדון ולא **יהוון** מהניין לכון ארום יזלון DT 28:41
בהון: בעיזקתא דארונא **יהוון** מחתן אריחיא לא יעדון מיניה: EX 25:15
נטרין מצוותא דאורייתא **יהוון** מכוונין ומחיין יתך על רישך GN 3:15
יהי שמיה מברך דציציית **יהוון** מן חיוור וחוטא חד דתיכלא NU 16:2
ובשבעא אורחין טעיין **יהוון** ערקין מן קדמיכון: יפקיד ייי DT 28:7
והכיומי טליותהון הכדין **יהוון** תקיפין בסיבותהון: לית אלקא DT 33:25
וידחלון: וארום אין **יהוי** בגבר חובת דין קטול ויתחייב DT 21:22
לא איתיהיב לה פישפוש **יהוי** בדינא למלקי היא מחייבא ולא LV 19:20
טבא לרוותי עקתכון ולא **יהוי** בכון מחוי קושטא היכמא DT 28:29

במצוותא דאורייתא לא **יהוי** בכון מסכינא ארום ברכא DT 15:4
רעותי מנהון נחמי מה **יהוי** בסופיהון ארום דר דהפכנין DT 32:20
ורכוביה בשמיא הוא **יהוי** בסעדכון ויתיב על כורסיה DT 33:26
אית בכון השתא ולא **יהוי** בתר דנא בר נש או איתא או DT 29:17
נפשא הוא ממשכן ולא **יהוי** גבר אסר חתנין וכלין בחרשין DT 24:6
דגריזים ואמרין בריך **יהוי** גברא די יקים ית פיתגמי DT 27:26
טוורא דעיבל ואמרין ליט **יהוי** גברא דיעבד צלם וצורה וכל DT 27:15
זכותין מגנא עליהון ולא **יהוי** גברא דיקום ויצלי אמטולהון DT 28:15
דגריזין ואמרין בריך **יהוי** גברא דלא יעבד צלם וצורה DT 27:15
טוורא דעיבל ואמרין ליט **יהוי** גברא דלא יקים ית פיתגמי DT 27:26
קדם ייי עולבני היכדין **יהוי** גלי קדמוי עולבנהון דבניי כד GN 29:32
ופרוקהון מנהון ובהון **יהוי** וזרעיית בנוי דיעקב ישלטון NU 24:7
אחסנתנא יתמנע: ואין **יהוי** יובילא לבני ישראל ותיתוסף NU 36:4
ית חזוונא דארעא ולא **יהוי** יכיל למיחמי ית ארעא וישיצי EX 10:5
דעבדיתיה צדיק ובגין כן **יהוי** כנען עביד ליה: ישפר אלקים GN 9:26
ודאיליין עד עלמא **יהוי** לאובדנא: וחמא ית יתרו NU 24:20
שבטיא וחולקא לא **יהוי** לך ביניהון אנא חלקך NU 18:20
הוא לך עם עמא ויהי הוא **יהוי** לך למתורגמן ואנת תהוי ליה EX 4:16
משריתא:: ואתר מזמן **יהוי** לך מברא למשריתא ותשוד DT 23:13
עממין תדחוק ודינא די **יהוי** לך עם אחוך תשמיט ידך: לחוד DT 15:3
עמי בני ישראל לא **יהוי** לכון אלק אוחרן בר מיני: לא DT 5:7
למהוי מזבין בהון: לא **יהוי** לכון בבתיכון מכלן רברבן DT 25:14
לא תחוסן עיניכון: לא **יהוי** לכון בנרתיקיכון מתקלין DT 25:13
לאומא ברירא והוא **יהוי** לכון לאלקא היכמא דמליל DT 29:12
ומסחאתא דקשוט **יהוי** לכון מכילן שלמן וקסטין DT 25:15
שלמן וקסטין דקשוט **יהוי** לכון מן בגלל דיסגון יומיכון DT 25:15
וקרתא במיצעא דין **יהוי** לכון פרודלי קירווייא: וית NU 35:5
ספינתיה ואלגוותיה דין **יהוי** לכון תחום מערביא: ודין יהוי NU 34:6
עינוותא לבין דרמשק דין **יהוי** לכון תחום ציפונא: ותכוונון NU 34:9
לכון תחום מערביא: ודין **יהוי** לכון תחום ציפונא מן ימא רבא NU 34:7
בעלי דבביהון דעמך ולא **יהוי** לסנאיהון ריגל לימקום קדמך: NU 10:35
תליתאה פסיל הוא לא **יהוי** לרעוא: ודייכליניה חוביה יקבל LV 19:7
קדם ייי סיגופיך: ואיהוא **יהוי** מדמי לערוד בבני נשא ידויי GN 16:12
מרבי פרוע ועל ספריא **יהוי** מהלך ועל שיפמיה יהי מעטף LV 13:45
יומא שירוי עלמא עפר **יהוי** מזוניה ולא אתרעם עלוי ועמי NU 21:6
ותיעלון לות כהנא די **יהוי** ממני לכהין רב ביומיא האינון DT 26:3
האינון ולא תנוחון ולא **יהוי** מנח לפרסת ריגליכון ויתן DT 28:65
ועיקרי סמנין ותחומי **יהוי** מפיק תפנוקי מלכין ומודי GN 49:20
ממלכן יהי אלים ורבא **יהוי** משתעבד לזעירא אם בנוי GN 25:23
דיצרא בישא ולוותך **יהוי** מתויה ואנת תהי שליט ביה GN 4:7
וכל לבושא וכל צלא די **יהוי** עלוי שכבת זרעא ויצטבע במוי LV 15:17
בגין ברתיה דיעקב ולא **יהוי** שכם בר חמור מלגלג במיליה GN 34:31
לא תוזפון לכון הוא **יהוי** שליט ואתון תהוון הדיוטין: DT 28:44
שית קירוין קלטן קטולא **יהויין** לכון: וית תלת קירווייא NU 35:13
הי כילדותהון: עובד אומן **יהויין** מרגלייתא גליף חקיק ומפרש EX 28:11
שבע שבוען שלמן **יהויין**: עד מבתר שבועתא שביעאה LV 23:15
ארעכון צדיא וקורייכון **יהויין** צדיאן: הא בכן תרעי ארעא LV 26:33
על ארבע זיווייתיה מיניה **יהויין** קרנוי זקיפן לעיל ותחפי EX 27:2
צמחין מלרע בריכין **יהויין** תדייא דינקת מנהין ומעייא GN 49:25
מאינשא ועד בעירא דילי **יהון** אנא ייי: ומליל ייי עם משה NU 3:13
קבל חד לקבל כפורתא **יהון** אפי כרוביא: ותיתן ית כפורתא EX 25:20
ובנימין משקען בדהב **יהון** באשלמותהון: ומרגלייתא EX 28:20
ייי כד תימני יתהון ולא **יהון** בהון ניזקא דמותא כד תימני EX 30:12
גזירתך בחדווא כדין כד **יהון** בנוי דיצחק ברי עליין לשעת GN 22:14
מינדע תינדע ארום דיירין **יהון** בנך בארעא דלא דילהון חלף GN 15:13
יתהון ואמר ליה כדון **יהון** בנך: והוות ליה הימנותא GN 15:5
מה דאתבשרית כדין **יהון** בנך ונסגוד למרי עלמא ונתוב GN 22:5
מאן יקמיניה מברכיהון **יהון** בריכין כמשה נביא ספריהון NU 24:9
כבלעם בר בעור ומברכך **יהון** בריכן כמשה נביא ספרהום GN 27:29
אנת ואהרן: ועימכון **יהון** גבר גבר לשיבטא גבר ריש NU 1:4
דאמרתון דלביזא **יהון** ואעיל יתהון וינדעון ית ארעא NU 14:31
וטפלכון דאמרתון לעדי **יהון** ובניכון דלא ידעין יומא דין בין DT 1:39
דיקרבון לכהנא דיליה **יהון**: וגבר ית מעשר קודשוי דיליה NU 5:9
חרציהון ועד ירכיהון **יהון**: ויהון על אהרן ועל בנוי בזמן EX 28:42
יהי לתריהון לתרין זיווייז **יהון**: ויהון תמנייא לוחין וחומריהון EX 26:24
ית מעשר קודשוי דיליה **יהון** ולא חסרן ניכסוי גבר מה דייתן NU 5:10
מנהון חד חד שלמין **יהון**: ומנחתהון סמידא דחנטיא NU 29:13
שליטין בעממיא מינה **יהון**: ונפל אברהם על אנפוי ותמה GN 17:16
חיזורייה ושושנייה מינה **יהון**: ושיתא קנין נפקין מציטרהא EX 25:31
דאחוי בזי דלא וולד **יהון**: ותיטרון אתון כנישתא LV 20:21
במדברא הדין: ובניכון **יהון** טעיין במדברא ארבעין שנין NU 14:33
בית מוקדשא בצפרא **יהון** כהנייא מקרבין אימר תדירא GN 49:27
חיזוריהון וקניהון מינה **יהון** כולה נגידה חדא דדהב דכי: EX 25:36
ולבושי קודשא דילאהרן **יהון** לבנוי בתרוי לרבאה בהון EX 29:29

בני אמך לייטך ברי **יהון** ליטין כבלעם בר בעור ומברכך GN 27:29
דישראל ומלטטיכון **יהון** ליטין כבלעם בר בעור: ותקף NU 24:9
ית טעוותהון ארום **יהון** לך לתוקלא: ולות משה אמר EX 23:33
ארום יגמריניה זחלא: זתין **יהון** לכון בכל תחומכון ומשח לא DT 28:40
פסילין הינון לא לרעוא **יהון** לכון: ומליל ייי עם משה למימר: LV 22:25
אימרין בני שנא שלמין **יהון** לכון: ומנחתהון סמידא NU 28:19
בני שנא שובעא שלמין **יהון** לכון: ומנחתהון סמידא NU 29:8
מסאבין הינון ומסאבין **יהון** לכון: לחוד עינוון וגובין בית LV 11:35
הינון לכון: ושיקצא **יהון** לכון ציריהון ורוטביהון LV 11:11
דכנענאי נשנא וטפלנא **יהון** למיבז הלא טב לנא דנתוב NU 14:3
סידורא ותורין ועגלן **יהון** למיפלח ית פולחן משכן זימנא NU 7:5
כל עמא דמשתכח בה **יהון** למסקי מיסין ויפלחונכון: ואין DT 20:11
על תרין אימרין קודשא **יהון** לשמא דייי: ותערעון חיין LV 23:20
דבדר ייי יתכון לתמן: אין **יהון** מבדריכון בסייפי שמיא מתמן DT 30:4
וכינשת נביאין וכהנין **יהון** מבינך דאולידתא ותרין מלכין GN 35:11
מזווגין מלרע וכחדא **יהון** מזווגין על רישיהון בעיזקתא EX 26:24
דא ולא לדריא חרציכון **יהון** מזרזין מסניכון בריגליכון EX 12:11
היא ובידא דכהנא **יהון** מיא מריריא בדוקיא: ויומי יתה NU 5:18
בוציניא כל קבל מנרתא **יהון** מנהרין שבעתי בוציניא תלת NU 8:2
עימך דכר ונוקבא **יהון**: מעופא ליזניה ומבעירא ליזניה GN 6:19
אימר תניין וברמשא **יהון** מפלגין מותר שאר קורבנייא GN 49:27
ייי למשה עד אימתי **יהון** מרגזין קדמי עמא הדין ועד NU 14:11
קדמוי עולבנהון דבניי כד **יהון** משתעבדין בארעא דמצראי: GN 29:32
קדמוי קלהון דבניי כד **יהון** משתעבדין במצרים וקרת GN 29:33
תליתאי: ואמר אלקים **יהון** נהורין ברקיעא דשמייא GN 1:14
ולא תחליניה: תוריכון **יהון** נכיסין ואתון חמיין ולא תיכלון DT 28:31
קדמיכון באורחא חד **יהון** נפקין לוותכון לסדרי קרבא DT 28:7
על מימרא דאלעזר כהנא **יהון** נפקין לסדרי קרבא ועל NU 27:21
יסגי יתיר מיניה ובנוי **יהון** סגיאין בעממיא: ובריכינון GN 48:19
דלא ידע משכבי דכורא **יהון** סמקן אפהא היך נורא NU 31:18
ואוורקסין דבוץ מילת **יהון** על בישריה ובקמורא דבוץ LV 16:4
די תוליד בתריהון דילך **יהון** על שום אחיהון יתקרון GN 48:6
לסדרי קרבא ועל מימריה **יהון** עלין למידון דינא הוא וכל בני NU 27:21
לא יחבלון חבול: קדישין **יהון** קדם אלההון ולא יפסון ית LV 21:6
אמין רומיה מיניה **יהון** קרנוי זקיפין: ותחפי יתיה דהב EX 30:2
בטוור פולחנא תריהון **יהון** שלמין וקריב קדם ייי: ועם בני LV 9:2
נשנא גיתנא וכל בעירנא **יהון** תמן בקוריי גלעד: ועבדך NU 32:26
מאן דשומא בריגליהון **יהי** אגרך וילידן כל ענא מאן GN 31:8
כדין הוה אמיר קרוחין **יהי** אגרך וילידן כל ענא קרוחין ואם GN 31:8
ותיפלחינני מגן תני לי מן **יהי** אגרך: וללבן הוון תרתין בנן שום GN 29:15
ייי אלקים לא תקין די **יהי** אדם דמיך בלחודיה אעביד ליה GN 2:18
יתפרשון ומלכן ממלכן **יהי** אלים ורבא יהוי משתעבד GN 25:23
בעיקביהון ברם להון **יהי** אסו ולך לא יהי אסו ועתידין GN 3:15
ברם להון יהי אסו ולך לא **יהי** אסו ועתידין הינון למיעבד GN 3:15
יהי לכון כגיורא כיציבא **יהי** ארום אנא הוא ייי אלקכון: LV 24:22
אייתי מחא לעידן מחר **יהי** אתא הדין: ועבד ייי כן ואיתי EX 8:19
עלוי כל מידעם ביש פני **יהי** בביתיה שתא חדא ויחד עם DT 24:5
על בני ישראל ולא **יהי** בבני ישראל מותא בזמן מיקרב NU 8:19
הוא: מכתש סגירו ארום **יהי** בבר נש ויתיתי לות כהנא: ויחמי LV 13:9
מימר דייניא: ואין מותא **יהי** בה ותדינון נפשא דקטולא EX 21:23
וגבר או איתתא ארום **יהי** בהון בידין או זכורו אתקטלא LV 20:27
דכי הוא: ובר נש ארום **יהי** ביה במשכיה שיחנא ואיתסי: LV 13:18
יהי לרעוא כל מומא לא **יהי** ביה: דסמי או דתביר גרמא או LV 22:21
ואינש בתיכון: וארום **יהי** ביה מומא חגיר או סמי כל DT 15:21
מותביה: ולבושא ארום **יהי** ביה מכתש סגירו בלבוש עמר LV 13:47
היא: וגבר או איתא ארום **יהי** ביה מכתשא בריש או בדקן: LV 13:29
דהוא שבתא לא **יהי** ביה מנא נחית: והוה ביומא EX 16:26
חיוור וחוטא חד דתיכלא **יהי** ביה קרח וחברוי עבדו גוליין NU 16:2
לוי ולות דיינא די **יהי** ביומיא האינון ותיתבעון מנהון DT 17:9
ושדיות אדם זכאי: ארום **יהי** בך גבר דלא יהי דכי מקיריות DT 23:11
מרי עלמא קאי אלא **יהי** בך חובת עיכוב נידרא: וארום DT 23:22
תתמנעון מלמידר לא **יהי** בכון חובא: מומתא דתיפוק מן DT 23:23
משה למימר: ברנש ארום **יהי** במשך בישריה שומא זקיפא או LV 13:2
וגבר או איתא ארום **יהי** במשך בישריהון בהקי בהקי LV 13:38
כהנא: או בר נש ארום **יהי** במשכיה כואה דנור ותהי רושם LV 13:24
סאובתהון: וכל אינש לא **יהי** במשכן זימנא בזמן מיעליה LV 16:17
ארעא: וכל עילווייה **יהי** בסילעי קודשא עשרין מעין LV 27:25
דקיימית להון ומימרי **יהי** בסעדך: והוה כדי פסק משה DT 31:23
מידברא קדמך ומימריה **יהי** בסעדך לא ישבקינך ולא DT 31:8
הוא דכי הוא: וארום **יהי** בקורחתא או בגלשולשתא LV 13:42
במנין יקרין ומן עפרא די **יהי** בשיפולי משכנא מטול דסוף כל NU 5:17
בוסמין קדם ייי ולא **יהי** גבר מתנטל למיפלוג על עיסק NU 17:5
חובת דין קטולא: וארום **יהי** גבר סני לחבריה ויכמון עליה DT 19:11
ליה שבטיא דישראל: **יהי** גברא דיתבחר ויקום מדבית דן GN 49:17

טלי או גבר סיב ארום **יהי** דאיב מבישריה דויה חמא תלת LV 15:2
דעלוי הי כעובדיה מיניה **יהי** דדהבא תיכלא וארגוונא וצבע EX 28:8
תורא ונבילתא ומושכא **יהי** דיליה: ארום יגנב גבר תור או EX 21:36
תוריה וחמריה ונבילתא **יהי** דיליה: וארום ינגוף תור דגבר ית EX 21:34
עבדי פרעה ליה עד אימת **יהי** דין גברא לנא לתקלא פטור ית EX 10:7
משח רבות קודשא **יהי** דין קדמי לדריכון: על בישרא EX 30:31
כדין הי כפיתגמיכון כן **יהי** דישתכח עימיה יהי לי עבדא GN 44:10
בית כנישות מיין נבעין **יהי** דכי ברם די יקרב בנבילתהון בגו LV 11:36
ארום יהי בך גבר דלא **יהי** דכי מקיריות הירהור ליליא DT 23:11
למיתב עלוי מסאב **יהי** הי כריחוק סאובתהא: וכל מאן LV 15:26
דיעלי כהנא היכדין **יהי**: ואין מפרוק יפרקיניה ויוסיף LV 27:12
ניכסת קודשיא דיליה **יהי**: ובשר ניכסת תודת קודשוי ביום LV 7:14
בליביה הלבר מאה שנין **יהי** וולד ואין שרה הברת תשעין GN 17:17
כל קבל אפי מצנפתא **יהי**: ויהי על פדחתא דבית אפוי EX 28:37
ולחים תדירא עלוי **יהי**: ויפרשון עלוי לבוש צבע זהורי NU 4:7
כהנא די יכפר ביה דיליה **יהי**: וכהנא דימקרב ית עלת גבר LV 7:7
דיקרב לכהנא דיליה **יהי**: וכל מנחתא דתיתאפי בתנורא LV 7:8
דמקרב יתה דיליה **יהי**: וכל מנחתא פתיכא במשח LV 7:9
מה דייתן לכהנא דיליה **יהי**: ומליל ייי עם משה למימר: מליל NU 5:10
לגיורא ליתמא ולארמלא **יהי**:: ותהוון דכירין ארום משעבדין DT 24:20
דכיתא מתקל במתקל **יהי**: ותעביד יתיה קטרת בוסמין EX 30:34
משח רבות קודשא **יהי**: ותרבי ביה ית משכן זימנא וית EX 30:25
ואמתא פותיה מרבע **יהי** ותרתין אמין רומיה מיניה יהון EX 30:2
ית בישריה ומריה דתורא **יהי** זכאי מדין קטול ואוף מדמי EX 21:28
מנהון ובקורבנא לא **יהי** חוב ופסולא דבהפתיק מרי DT 23:22
היכמא דמליל ליה: ודין **יהי** חולקא דחמי לכהניא מן עמא DT 18:3
דישתכח עימיה מעבדך **יהי** חייב קטול ואוף אנן נהי לריבוני GN 44:9
תורך וענך שובעא יומין **יהי** ייניק בתר אימיה וביומא EX 22:29
יקרי מביניכון ברם לא **יהי** יקרי שרי במדור משריתיכון EX 33:3
ואפילו הכי בריך **יהי**: כדי שמע עשו ית פיתגמי אבוי GN 27:33
קדם ייי לנא: ואמר להון **יהי** כדין מימרא דייי בסעדכון כמא EX 10:10
יתאכל: ובשתא רביעתא **יהי** כל אינביה קודשי תושבחן קדם LV 19:24
והי כשקא דימינא דילך **יהי**: כל אפרשות קודשיא די יקדשון NU 18:18
דיקרבון קדם ייי דילך **יהי** כל דדכי בביתך ייכלוניה: כל NU 18:13
על מימרא דאהרן ובנוי **יהי** כל פולחן בני גרשון לכל NU 4:27
כל דמגמר בישראל דילך **יהי**: כל פתח וולדא לכל בישרא NU 18:14
יגזור ליה כל דכורא ובכן **יהי** כשר למעבדיה ויהי כיציבא EX 12:48
ומה דמשתייר מן מנחתא **יהי** לאהרן ולבנוי קדש קודשין LV 2:10
ומה דמשתייר מן מנחתא **יהי** לאהרן ולבנוי קודש קודשין LV 2:3
רביעיי עביד משעבד **יהי** לאחוי: ואמר בריך ייי אלקא GN 9:25
נייח דשמיטיתא **יהי** לארעא די תשמיט קדם ייי LV 25:4
תקטפון שנת שמיטתא **יהי** לארעא: ותהי שמיטת ארעא LV 25:5
יהי מעטף והי כאבילא **יהי** לביש וכרוזא מכריז ואמר רחוקו LV 13:45
ליה חזיא בכירותא: ארום **יהי** לגבר ביר סורהבן ומרוד דליתוי DT 21:18
אולפן מן קדם ייי: ארום **יהי** להון דינא אתאן לוותי ודייננא EX 18:16
וטלוק יתיה קדם פרעה **יהי** לחוי חורמן ארום עתידין כל EX 7:9
בליביה למימר שלמא **יהי** לי ארום בתקוף יצרא בישא DT 29:18
כלידא בידיה הוא **יהי** לי עבדא ואתון סוקו לשלם GN 44:17
כן יהי דישתכח עימיה **יהי** לי עבדא ואתון תהון זכאין: GN 44:10
לכון דיזדבן מן יד פורקנא **יהי** ליה חד מן אחוי יפרקיניה: או LV 25:48
גרדא הי כפום שיריא **יהי** ליה לא יתבזע: ותעבד על EX 28:32
מיכא כמיפטריה גמירא **יהי** ליה מטרד יטרוד יתכון מכא: EX 11:1
זביני אחוי: וגבר ארום לא **יהי** ליה מן דחמי למפרוק זבינוי LV 25:26
ייתיה בדכותא קודשא **יהי** לך: ודין דזכיתי לך אפרשות NU 18:10
אלקך הוא מקריב קדיש **יהי** לך ולא תפסיניה ארום קדיש LV 21:8
קדם ייי: ובישריהון **יהי** לך למיכל הי כחדיא דארמותא NU 18:18
ולבנך לקיים עלם: דין **יהי** לך מקודש קודשיא מה NU 18:9
הוא ובנוי ביני ישראל: לא **יהי** לכהניא דמן שיבט לוי חולק DT 18:1
דיקשוט וקסטין דיקשוט **יהי** לכון אנא ייי אלקכון דהנפיקית LV 19:36
קודשא הוא קודשא **יהי** לכון: גבר די ימזג כוותיה ודיתן EX 30:32
קשין: כיציבא מנכון **יהי** לכון גיורא דמתגייר עמכון LV 19:34
תקרבון ארום לא לרעוא **יהי** לכון: וגבר ארום יקרב ניכסת LV 22:20
הכדין יעבד קיימא חדא **יהי** לכון ולגיורא וליציבא דארעא: NU 9:14
אורייתא חדא ודינא חד **יהי** לכון ולגיוריא די יתגיירון NU 15:16
ביניכון אורייתא חדא **יהי** לכון ולמן דיעבד בשלו: ובר נש NU 15:29
דתשרי מארע קדיש **יהי** לכון ותסגפון ית נפשתיכון מן NU 29:7
הוא מארע קדיש **יהי** לכון ותענון ית נפשתיכון LV 23:27
דהוא ירחא שביעאה **יהי** לכון יומא טבא דוכרן יבבא LV 23:24
יתקטיל: דינא חדא **יהי** לכון כגיורא כיציבא יהי ארום LV 24:22
דחגא מארע קדיש **יהי** לכון כל עיבידת פולחנא לא LV 23:7
יומא הדין מערע קדיש **יהי** לכון כל עיבידת פולחנא לא LV 23:21
שביעאה מארע קדיש **יהי** לכון כל עיבידת פולחנא לא NU 28:25
שבועיא מארע קדיש **יהי** לכון כל עיבידת פולחנא לא NU 28:26
בחד לירחא מארע קדיש **יהי** לכון כל עיבידת פולחנא לא NU 29:1

שביעאה מארע קדיש **יהי** לכון כל עיבידת פולחנא לא NU 29:12
שביעאה מארע קדיש **יהי** לכון כל עיבידתא לא יתעביד EX 12:16
לפרעה וארבע חולקין **יהי** לכון לבר זרעא דחקלא GN 47:24
לא תעבדון יום יבבא **יהי** לכון למערבבא סטנא דאתי NU 29:1
אימר שלים דכר בר שתא **יהי** לכון מן אימריא ומן בני עזייא EX 12:5
ית אינביה תלת שנין **יהי** לכון מרחק לאבדא לא יתאכל: LV 19:23
וביומא שביעאה **יהי** לכון קודשא שבתא נייחא קדם EX 35:2
אחסנתהון פורקן עלם **יהי** לליואי: ומאן דיפרוק מן ליואי LV 25:32
דביזריה מיזדרע לכון **יהי** למיכל: ולכל חיות ארעא ולכל GN 1:29
ריחשא דהוא חי דילכון **יהי** למיכל כירוק עיסבא יהבית GN 9:3
לאחהי מה הניית ממון **יהי** לן ארום ניקטול ית אחונא GN 37:26
דקיימין לקובליה ולא **יהי** לסנאוי דיוחנן כהנא רבא רגל DT 33:11
ואוף חכימנא דאוף הוא **יהי** לעם רב ואוף הוא יסגי וברם GN 48:19
תעביד יתיה ולנידרא לא **יהי** לרעוא: ודמעיך ודכתישן פחדוי LV 22:23
בתורי או בענא שלים **יהי** לרעוא כל מומא לא יהי ביה: LV 22:21
ליה תמן עדבא דיליה **יהי** לשיבטי אבהתכון תתחסנון: NU 33:54
עמהון פלגות הינא **יהי** לתורא ותלתות הינא לדיכרא NU 28:14
דאנת עליל עלה דילמא **יהי** לתקלא בינך: ארום ית איגוריהון EX 34:12
בעיזקתא חדא היכדין **יהי** לתריהון לתרין זיווייין יהון: ויהון EX 26:24
דייי ישרי לרוחצן עלוי **יהי** מגין עלוי כל יומיא ובגו DT 33:12
וחמש אמין פותיא מרבע **יהי** מדבחא ותלת אמין רומיה: EX 27:1
טבון מבנין זימנא הדא **יהי** מדוריה דבעלי עימי ארום GN 30:20
הא בטוב פירי ארעא **יהי** מותבך ומטלא דשמייא GN 27:39
לגיורא ליתמא ולארמלא **יהי** מטול די יברככון מימרא דייי DT 24:19
דנגדין מן מתנן ותחומי **יהי** מטי עד בותניי: ולשיבטא DT 33:22
יעקב קיים למימר אין **יהי** מימרא דייי בסעדי ויטרינני GN 28:20
פולחנא דייי בגין כן לא **יהי** מימרא דייי בסעדכון: ואזדרזו NU 14:43
ממצרים: ואמר ארום **יהי** מימרי בסעדך ודין לך סימנא EX 3:12
בשמיה ועל מימר פמהון **יהי** מיתדן כל דין וכל מכתש DT 21:5
ריגליכון ביה דילכון **יהי** מן מדברא וטוורי ליבנן הינון DT 11:24
וידוי לא שטף במיא **יהי** מסאב ואין גברא הוא יצבע LV 15:11
די מייחד למשכביה עלוי **יהי** מסאב: ואינתתא ארום ידוב דוב LV 15:24
בגו מיא האיליין **יהי** מסאב: וארום אין יפיל LV 11:36
מסאבא ולא בהיסיטא **יהי** מסאב ובר נש דכי דיקרב ביה NU 19:22
דמייחד למיתב עלוי **יהי** מסאב: וגבר די יקרב במשכביה LV 15:4
ביה בישריה חייא דביה **יהי** מסאב: ויחמי כהנא ית בישרא LV 13:14
וכל מאן דיקרב בהון **יהי** מסאב ויצבע לבושוי ויסחי LV 15:27
לגויה כל מאן די בגויה **יהי** מסאב ויתיה תתברון: מכל LV 11:33
דירכוב עלוי דובנא **יהי** מסאב וכל דיקרב בכל מאן דיהי LV 15:9
הינון לכון כל דיקרב בהון **יהי** מסאב: וכל דמטייל על ידוי בכל LV 11:26
למישכוב עלוי דובנא **יהי** מסאב וכל מאנא דמייחד LV 15:4
משקי דישתיתי בכל מן **יהי** מסאב: וכל מידעם דיפיל LV 11:34
עלוי בעידוני ריחוקה **יהי** מסאב וכל מידעם דמייחד LV 15:20
עלוי בעידוני ריחוקה **יהי** מסאב: וכל מן דיקרב במשכבה LV 15:20
די ייעלון עלוי מוי **יהי** מסאב וכל משקי דישתיתי בכל LV 11:34
דידהון דאתפשח מנהון **יהי** מסאב כל מאן דקיסא או לבוש LV 11:32
טלי או גבר סיב ארום **יהי** מסאב לטמי בר נש דמית או NU 9:10
כל יומין דמכתשא ביה **יהי** מסאב מטול דמסאב הוא LV 13:46
בזמן מיקרביה ביה **יהי** מסאב עד רמשא: ואין שמשא LV 15:23
ובר נש דכי דיקרב ביה **יהי** מסאב עד רמשא: ואתו בני NU 19:22
כל דיקרב בנבילתהון **יהי** מסאב עד רמשא: ודיוסיט ית LV 11:27
בכל מאן דיהי תחותוי **יהי** מסאב עד רמשא: ודיוסיט יתהון LV 15:9
למיכול דיקרב בנבילתא **יהי** מסאב עד רמשא: ודייכול LV 11:39
כל יומין דיסגר יתיה **יהי** מסאב עד רמשא: ודישכוב LV 14:46
כל דיקרב בנבילתהון **יהי** מסאב עד רמשא: וכל דיוסיט מן LV 11:24
ובמושכיהון ובאדמהון **יהי** מסאב עד רמשא: וכל מידעם LV 11:31
בריחוקא כל דיקרב בה **יהי** מסאב עד רמשא: וכל מידעם LV 15:19
ודיקרב במי אדיותא **יהי** מסאב עד רמשא: וכל מידעם NU 19:21
בר נש כהין דיקרב ביה **יהי** מסאב עד רמשא ולא ייכול מן LV 22:6
ירחין לגושמיה ובדמיה **יהי** מסאב שובעא יומין: הוא ידי NU 19:11
וגוללא ודופקא **יהי** מסאב שובעא יומין: ויסבון NU 19:16
ואבנוי וקיסוי ומנוי **יהי** מסאב שובעא יומין: וכל מאן NU 19:14
דיפיל מניבלתהון עלוי **יהי** מסאב תנורין ותפיין יסתרון LV 11:35
יהוי מהלך ועל שיפמיה **יהי** מעטף והי כאבילא יהי לביש LV 13:45
במיצעיה תורא בשיפמיה **יהי** מקף לפומיה חזור חזור עובד EX 28:32
בשני שמיטתא ותחומי **יהי** מרבי זיתין סגיעין עבדין משח DT 33:24
יהוון מבזעין ורישי **יהי** מרבי פרוע ועל ספריא יהוי LV 13:45
רוון מן חמרהון בגין כן **יהי** מריר כס דלווט דישתון ביום DT 32:33
הוא מבניא דיעקב אשר **יהי** מרעי לאחוי ומספק להון מזוני DT 33:24
באורך יריעתא דמשכנא **יהי** משפע על ציטרי משכנא מיכא EX 26:13
אנפי מיא: ואמר אלקים **יהי** נהורא לאנהרא עלמא ומן יד GN 1:3
כזמן יומא הדין: וזכו **יהי** נטיר לנא לעלמא דאתי ארום DT 6:25
מימימר אלקא דאבוך **יהי** סיועך ומן דמתקרי שדי יברכינך GN 49:25
למהוי בסופיהון: היכדין **יהי** סנאה חד רדיף אלף מנהון ותרין DT 32:30

עוד ממוי דטובעא ולא **יהי** עוד טובענא לחבלא ארעא: GN 9:11
שניא הי כיומי אגירא **יהי** עימיה: אין עד כדון אית סגוי LV 25:50
הי כאגיר שנא בשנא **יהי** עימיה לא ישעביד ביה בשקיין LV 25:53
הי כאגירא הי כתותבא **יהי** עימך עד שתא דיובלא יפלח LV 25:40
שזיר תעביד יתיה: מרבע **יהי** עיף זרתא אורכיה וזרתא פותיה: EX 28:16
ודחלתכון ואימתכון **יהי** על כל חיית ארעא ועל כל עופא GN 9:2
לחוד אנא ית ארעא דלא **יהי** עלה נייח רוחא ויצדון הכדין LV 26:32
יקומון כדון ויסעדונכון **יהי** עליכון מגין במימריה: כד יתגלי DT 32:38
בית כפורי: בהדא מידה **יהי** עליל אהרן לקודשא בתור בר LV 16:3
מליל עם אהרן אחוך ולא **יהי** עליל בכל עידן לקודשא מן לגיו LV 16:2
עמא בעמא הדין הכדין **יהי** עליל ונפיק בעלמא דאתי מטול DT 33:21
ברם בלבושי דהבא לא **יהי** עליל מטול דלא ידכר חובת LV 16:4
והינון מתבוננין מה **יהי** עתיד למהוי בסופיהון: היכדין DT 32:29
דזבינוי מן עידן לעידן **יהי** פורקניה: ואין לא יתפריק עד LV 25:29
ופלגא פותיה וסומכה **יהי** פושכה: ותעביד תרין כרובין EX 25:17
אכלתיה וניחמי מה **יהי** פשר חלמוי: ושמע ראובן GN 37:20
איסתמרו לכון דילמא **יהי** פתגם עם ליבכון דזדנותא DT 15:9
לדריכון כוותכון כגייורא **יהי** קדם ייי: אורייתא חדא ודינא חד NU 15:15
ויהי הוא ופירוגיה **יהי** קודשא: ואין כל בעירא מסאבא LV 27:10
כל דיתן מיניה קדם ייי **יהי** קודשא: לא ישלחפיניה ולא LV 27:9
יתיה ויהי הוא ופירוגיה **יהי** קודשא לא יתפריק: אילין LV 27:33
תחות שרביטא עשיראה **יהי** קודשא קדם ייי: לא יפשפיש בין LV 27:32
קדם ייי קמחא סמידא **יהי** קורבניה ויריק עלה משחא ויתן LV 2:1
לוות אדם למיחמי מה **יהי** קרי ליה שום וכל דקרי ליה GN 2:19
ועילוי כל כנישתא **יהי** רוגזא ברם שתוקו ותזכון ית LV 10:6
חד יחוב ועל כל כנישתא **יהי** רוגזא: ומליל ייי עם משה למימר: NU 16:22
למשכנא דסהדותא ולא **יהי** רוגזא על כנישתא דבני ישראל NU 1:53
נשקי ית אבונא חמר וכד **יהי** רוי נשמיש עימיה ונקיים GN 19:32
אזלא ומתנסבא לצדיקא **יהי** רעוא דמיניך יפקון אלפין GN 24:60
שלותא על זדונותא: לא **יהי** רעוא מן קדם ייי למשבק ליה DT 29:19
מדאיתני עד יומא הדין: **יהי** רעוא קדמך דמלאכא דזמינת לי GN 48:16
יומא חדא: ואמר אלקים **יהי** רקיעא במציעות מייא ויהי GN 1:6
בעליך תהי מתויך והוא **יהי** שליט ביך למיזכי ולמיחטי: GN 3:16
על ספרי ימא ישרי והוא **יהי** שליט במחוזין ומכבש הפרכי GN 49:13
כשמיה כן גבורתיה **יהי** שמי מברך לעלמי עלמין: EX 15:3
שמעית מן פום קודשא **יהי** שמיה מברך דציציית יהוון מן NU 16:2
הוה נפיק מן פום קודשא **יהי** שמיה מברך הי כזיקין והי EX 20:2
הוה נפיק מן פום קודשא **יהי** שמיה מברך הי כזיקין והי EX 20:3
אורייתא מן פום קודשא **יהי** שמיה משבח ארבעין יממין EX 24:18
דעבד להון קודשא **יהי** שמיה משבח על ימא דסוף EX 15:18
תוב יעקב אלהין ישראל **יהי** שמך וקרא ית שמיה ישראל: GN 35:10
בישתא דיגזר על עבדוי **יהי** תהן קדמוי ארום גלי קדמוי DT 32:36
חיתא בכל ביסרא ולא **יהי** תוב מיא לטובענא לחבלא כל GN 9:15
יתמנעון וברדא לא **יהי** תוב מן בגלל דתינדע ארום דייי EX 9:29
וית מטרת מדבחא ולא **יהי** תוב רוגזא דהוה על בני ישראל: NU 18:5
מי בראשית סטר מערבא **יהי** תחומכון: לא יתעתד בר נש DT 11:24
ית פיתגמא הדין: ארום **יהי** תיגרא בין תרין גובריא DT 25:1
לכל גוון דיפרש אינשא **לדהווה** ולדעתיד למיתי באומתא LV 5:4
דאישתיזב גביכון **למהווי** תחות טלל שכינתי דימטול DT 23:16
בשזיר חוטא דתיכלא **למהוי** אדיק על המיין אפודא ולא EX 28:28
הינון כל דריא דקימון **למהוי** אמרין בטוורא הדין כפת GN 22:14
משכנא דשילו דעתיד **למהוי** בחולקיה דיוסף ועתיד GN 45:14
צורת בר אילא והוה חמי **למהוי** ביה צורת בר תורי ברם משה NU 2:10
מתבוננין מה יהי עתיד **למהוי** בסופיהון: היכדין יהי סנאה DT 32:29
באימרייא גניבא הוא **למהוי** דילי: ואמר לבן יאות לואי GN 30:33
באינשא כן דינא בבעירא **למהוי** דילך ברם מפרק תיפרוק ית NU 18:15
מידרשכון פתחו פמכון **למהוי** הגיין בהון ברירן ליבכון DT 30:14
והוית ואנא הוא דעתיד **למהוי** ולית אלקא חורן בר מיני DT 32:39
בבתיכון מכלן רברבן **למהוי** זבין בהון ומכלן זעירין למהוי DT 25:14
דנכיל מתקלין רברבין **למהוי** זבין בהון ומתקילין זעירין DT 25:13
ללפפא ית משכנא **למהוי** חד: ועבד חופאה למשכנא EX 36:18
דבית יוסף עתידין **למהוי** כשלהוביתא לגמרא ית GN 30:25
דעבדית להון מטול **למהוי** להון לאלקא אנא ייי: אילין LV 26:45
וישמשון קדמי ותהי **למהוי** להון רבותהון לכהונת עלם EX 40:15
שירויה למתוב למסבה **למהוי** ליה לאינתו מן בתר DT 24:4
עם יחידאי בארע מטול **למהוי** ליה לעם חביב היכמא DT 26:18
אתרעי ייי אלקכון מטול **למהוי** ליה לעם חביב מן כולהון DT 7:6
בתרך לדריהון לקים עלך **למהוי** לך לאלקא ולבנך בתרך: ואתן GN 17:7
מארעא דמצרים מטול **למהוי** לכון לאלקא אנא הוא ייי NU 15:41
מארעא דמצרים מטול **למהוי** לכון לאלקא אנא ייי: ומליל LV 22:33
לכון ית ארעא דכנען **למהוי** לכון לאלקא: וארום יתמסכן LV 25:38
ייי אלקנא ייי חד מטול **למהוי** לכון לאלקא ולמהך באורחן DT 26:17
בהון ומתקילין זעירין **למהוי** מזבין בהון: לא יהוי לכון DT 25:13
זבין בהון ומכלן זעירין **למהוי** מזבין בהון: מתקלין שלמין DT 25:14

דעתיד בית מוקדשא **למהוי** מתבני בחולקיה דבנימין GN 45:14
דעתר וקנה נכסין הדר **למהוי** מתגאי בלבביה למימר מאן GN 36:39
דייי הויא כען כד לא הות **למהוי** מתגריא לחוד בבעירך EX 9:3
לא תפסון בנתיכון **למהוי** נפקת ברא ולא יתפס גברא DT 23:18
וילפון לחוד הינון **למהוי** עם גיורין ארום בחובי גיוריא DT 5:18
דיקר ולשיבהורא מטול **למהוי** עם קדיש קדם ייי אלקכון DT 26:19
ישראל יומנא אתבחרתון **למהוי** עמא קדם ייי אלקכון: DT 27:9
יתכון מן עממיא מטול **למהוי** פלחין קדמי: וגבר או איתתא LV 20:26
מן יעקב ומתמן זכא **למהוי** פרנסא ולאתחברא בגלוף GN 49:24
אבוי סגד ליה ואתחייב **למהוי** שנוי קטיען ותהא ואיתחמי GN 46:29
אפודא בשזיר תיכלא **למיהוי** אדיק על המיין אפודא ולא EX 39:21
דאידיכר חובא דעתיד **למיהוי** בדן דמציפונא לדרמשק: GN 14:15
ומלך באתור דלא בעא **למיהוי** בעיטת דרא דפלוגתא GN 10:11
ומן גו חוביה תבת **למיהוי** ברייא הי כבישריה:: ויהי אין EX 4:7
בכל ארעא: ושרי נח **למיהוי** גבר פלח בארעא ואשכח GN 9:20
אוליד ית נמרוד הוא שרי **למיהוי** גיבר בחיטאה ולמרדא קדם GN 10:8
ויתחבר משכנא **למיהוי** חד: ותעביד יריען דמעזי EX 26:6
ומן יד איתהפיכו **למיהוי** כמרן שירויא ובלע חוטרא EX 7:12
דמצרים דהוות גזירתא **למיהוי** כפנא ארבעין ותרתין שנין GN 50:3
מדורך: ארום אין יתגזר **למיהוי** לביזתא בנוי דשלמיא עד NU 24:22
ובכון אתרעי ייי אלקכון **למיהוי** לי לעם חביב מכל עממיא DT 14:2
פרזלא ממצרים מטול **למיהוי** ליה לעם אחסנא כיומא DT 4:20
מן ארעא דמצרים מטול **למיהוי** לכון לאלקה ותהוון קדישין LV 11:45
גובריא למיתב עימנא **למיהוי** לעם חד במיגזור לנא כל GN 34:22
דחיל וכדון חזרון דינייך **למיהוי** מדמיין לדינוי דפרעה: רבוני GN 44:18
ליליא לא תוסיף **למיהוי** מחתא כדא: ולכל בני EX 11:6
הווה תנאה בינתיהון **למיהוי** מלכין לפירקין מאילך NU 22:4
עניין שמעון ולוי לא יאי **למיהוי** מתאמר בכנישתהון דבני GN 34:31
דיעקב אלהין כדין יאי **למיהוי** מתאמר ערלאין איתקטילו GN 34:31
קביל מיניה למשכוב גבה **למיהוי** מתחייב עימה ביום דינא GN 39:10
לפרעה ביר חד עתיד **למיהוי** מתיליד בכנישתהון EX 1:15
וילפון לחוד הינון **למיהוי** עם גייורין ארום בחובי EX 20:14
וילפון לחוד הינון **למיהוי** עם גנבין ארום בחובי גנביא EX 20:15
וילפון לחוד הינון **למיהוי** עם חמודין ולא יחמיד חד EX 20:17
בתריכון וילפון להון הינון **למיהוי** עם חמודין ולא יירוג חד DT 5:21
וילפון לחוד הינון **למיהוי** עם מסהדין סהדי שיקרא EX 20:16
וילפון לחוד הינון **למיהוי** עם קטולין ארום בחובי EX 20:13
בתריכון וילפון להון הינון **למיהוי** עם קטולין ארום בחובי DT 5:17
ואשרייא בגינוניתא דעדן **למיהוי** פלח באורייתא ולמנטר GN 2:15
עפרא דארעא איתהפיך **למיהוי** קלמי בכל ארעא דמצרים: EX 8:13
ברוח קודשא דתמן עתיד **למיהוי** שיזבותא לבנוי ביומי יפתח GN 31:21
דעמי שרי עלה בדיל דלא **למיהוי** תמן עירבוב חיות ברא מן EX 8:18
בנין והיכדין עתידין בנוי **למיהויהון** מתחברין לשמשא קדם GN 29:34
אנא הוא דהוינא ועתיד **למיכוי** שדרני לותכון: ואמר תוב ייי EX 3:14
נשין לחמיכון בתנורא חד **מדהוא** זעיר ומרדיין ומפלגן לכון LV 26:26
ואבהת אבהתך מן יום **מהויהון** על ארעא עד יומא הדין EX 10:6
פריקין מן ארעא דמצרים **מלמהוי** להון משעבדין ותברית ניר LV 26:13
סבין עלו ביומין פסק **מלמהוי** לשרה אורח סובתא כנשיא: GN 18:11
קדם ייי ויהי סגי קדמוי **מלמהוי** קלין דלווט מן קדם ייי EX 9:28
לה משכונייא דילמא **נהוי** לגחוך הא שדרית ית גדיא הדין GN 38:23
יהי חייב קטול ואוף אנן **נהי** לריבוני לעבדין: ואמר אוף כדין GN 44:9
דשמשת עימה: ארום **תהווין** לגבר תרתין נשין חדא DT 21:15
למימר לדתקין בעיניהן **תהווין** לנשין לחוד לגניסת שיבט NU 36:6
לגניסת שיבט אבוהן **תהווין** לנשין: מטול דלא תיתקף NU 36:6
מרים ברתה: ואמר כד **תהווין** מולדן ית יהודייתא EX 1:16
לכל יריעתא: חמש יריען **תהווין** מלפפן חדא עם חדא וחמש EX 26:3
באשלמותהון: ומרגלייתא **תהווין** מתנסבן על שמהת בני EX 28:21
ריגלוי: כל קבל גפוף **תהווין** עיזקתא לאתרא לאריחייא EX 25:27
יומא באפיכון וברמשא **תהוון** אמרין לואי דיהי צפרא דעקן DT 28:67
תהימנון בחייכון: בצפרא **תהוון** אמרין לואי דיהי רמשא DT 28:67
מן קדמכון: שלמין **תהוון** בדחלתא דייי אלקכון: ארום DT 18:13
ביומא תמינאה כנישין **תהוון** בחדוא מן מטילכון לבתיכון NU 29:35
שקר: עמי בני ישראל לא **תהוון** בתר סגיאין למבאשא אלהין EX 23:2
עלמא: עמי בני ישראל לא **תהוון** גייורין לא חברין ולא שותפין EX 20:14
עלמא: עמי בני ישראל לא **תהוון** גייורין לא חברין ולא שותפין DT 5:18
עמי בני ישראל לא **תהוון** גנבין ולא תכפרון ולא LV 19:11
עלמא: עמי בני ישראל לא **תהוון** גנבין לא חברין ולא שותפין EX 20:15
עלמא: עמי בני ישראל לא **תהוון** גנבין לא חברין ולא שותפין DT 5:19
גבר מן אימיה ומן אבוי **תהוון** דחלין וית יומי שביא דילי LV 19:3
מן קדם ייי אלקכון **תהוון** דחלין וקדמוי תפלחון ובשום DT 6:13
הוא יהוי שליט ואתון **תהוון** הדיוטין: וייתון עילויכון כל DT 28:44
עלמא: עמי בני ישראל לא **תהוון** חמודין לא חברין ולא EX 20:17
עלמא: עמי בני ישראל לא **תהוון** חמודין לא חברין ולא DT 5:21
בדא נתפייס לכון אין **תהוון** כוותנא למיגזור לכון כל GN 34:15

זינין קטירין כחדא: לא **תהוון** לבשין ומשתחנין בכסו דשיע DT 22:11
למפלח לטעוותהון **תהוון** לשיעמום למתלין ולתינויין DT 28:37
לכון לאלקא פרוק ואתון **תהוון** לשמי לאומא קדישיא: אנא LV 26:12
דהיא צדיא מינכון ואתון **תהוון** מיטלטלין בארע בעלי LV 26:34
ועדרי עניכון: בריכין **תהוון** מן כולהון עמיא לא יהוון DT 7:14
עלמא: עמי בני ישראל לא **תהוון** מסהדין בחבריכון סהדי EX 20:16
עלמא: עמי בני ישראל לא **תהוון** מסהדין סהדו דשיקרא לא DT 5:20
ובשבעתי אורחן טעיין **תהוון** מפכין מן קדמיהון ותהון DT 28:25
קיים במזרקיא לא **תהוון** נטרי נחשין ולא אחורי LV 19:26
מטולתיה חובא: לא **תהוון** נקמין ולא נטרין דבבו לבני LV 19:18
ההוא ועד רמשא חורן **תהוון** ציימין צומיכון ושבתין LV 23:32
לכון: עמי בני ישראל לא **תהוון** קטולין לא חברין ולא EX 20:13
לכון: עמי בני ישראל לא **תהוון** קטולין לא חברין ולא DT 5:17
ועללת כרמא: לא **תהוון** רדיין בתורא ובחמרא ובכל DT 22:10
דאנא רחמן בשמיא כן **תהוון** רחמנין בארעא תורתא או LV 22:28
לבתיכון דלא **תהוון** שמיתין כוותהון שקצא DT 7:26
דמיחדין באחסנתא לא **תהוי** איתת שכיבא הפקירא DT 25:5
על דמידכי קדם ייי: דא **תהוי** גזירת אחויית דביה מכתש LV 14:32
לבין בר נשא דכיא דא **תהוי** גזירת אחויית מכתש צורעתא: LV 14:57
עם אבהתך ונשמתך **תהוי** גניזא בגניז חיי עלמא עם DT 31:16
בר מן רשותא דבעליך **תהוי** זכאה ממיא מריריא בדוקיא NU 5:19
וסעיד וסמיך מסנאוי **תהוי** ליה: ולשיבט לוי בריך משה DT 33:7
יהוי לך למתורגמן ואנת **תהוי** ליה לרב תבוע אולפן מן קדם EX 4:16
דמילחא מן מדינחא דא **תהוי** לכון ארעא דישראל למצרני NU 34:12
ויומא טבא ואירוע קדיש **תהוי** לכון כל עיבידת פולחנא לא NU 29:35
ברי עליין לשעת אניקי **תהוי** מידכר להום ועני תהום ופריק GN 22:14
נביא דייי ואמר בריכא **תהוי** מן קדם ייי ארעיא דיוסף DT 33:13
ודי סרחנא: בבעו מינך לא **תהוי** מרים אחתן מסאבא באהילא NU 12:12
מצוותא דאורייתא **תהוי** מתכווין ונכית יתהון GN 3:15
חמר עינבי דא עלתא **תהוי** מתקרבא בכל ריש ירח וירח NU 28:14
דביש מישראל: ארום **תהוי** עולימתא בתולתא מיקדשא DT 22:23
בי זכוותי ליומחרא ארום **תהוי** על אגרי לקמך כל דלתוהי GN 30:33
תמן מוי דריגלך: וסיכא **תהוי** קביעא לכון על מאני זיניכון DT 23:14
דכנען קירווין קלטן **תהויין:** לבני ישראל ולגיורא NU 35:14
גבר מרגליתיה על שמיה **תהויין** לתריסר שיבטין: ותעבד על EX 28:21
תיטרון ולבית מוקדשי **תהון** אזלין בדחלתא אנא ייי: אין LV 26:2
תיטרון ולבית מוקדשי **תהון** אזלין בדחלתא אנא ייי: לא LV 19:30
תדונון חבריכון: לא **תהון** אזלין בתר לישן תליתאיי LV 19:16
ותימר להון קדישין **תהון** ארום קדיש אנא ייי אלקכון: LV 19:2
עד לא תפטרון עמא **תהון** דחלין מן קדם ייי אלקים: EX 9:30
יהי לי עבדא ואתון **תהון** זכאין: ואוחיאו ואחיתו גבר GN 44:10
וביומא שביעאה ההוא **תהון** כנישין בתושבחא קדם ייי DT 16:8
ותהון לחוד מנטלין ולא **תהון** למאיסין ארום תקבלון DT 28:13
לשמא דייי כנישין **תהון** לצלאה קדם ייי על מיטרא כל LV 23:36
ושיתא יומין דאשתיירו **תהון** מרשן למיכול פטירי מעללתא DT 16:8
חוטי ציציית מן עמר **תהון** מרשן למעבד לכון על ארבע DT 22:12
יתגמרון בגין כן לא **תהון** פלחין אלהין לשמא דייי EX 22:19
דעל אפי ארעא: ואתון **תהון** קדמי מלכין קטרי כלילא EX 19:6
טעמין חולין בדכותא **תהון** קדמיי ברם בשר תלוש מן EX 22:30
חיוניא חורמניא בגין כן **תהון** תושלמתהון מתכלן וממרין DT 32:32
ייי עם משה למימר: דא **תהי** אורייתא דמצרעא ביומא LV 14:2
הי כחקיל אפרשא לכהנא **תהי** אחסנתיה: ואין ית חקיל זבינוי LV 27:21
וחכים כוותך: אנת **תהי** אפיטרופוס על ביתי ועל גזירת GN 41:40
תיכול: וברת כהין ארום **תהי** ארמלא או מיתרכא וולד לית LV 22:13
בשתא חדא דילמא **תהי** ארעא צדיא ויסגון עלך חיות EX 23:29
סנאיכון בידיכון בגין כן **תהי** אתר משרוייכון קדישא ולא DT 23:15
פירהא לך מטלטל וגלי **תהי** בארעא: ואמר קין קדם ייי סגי GN 4:12
סהיד חד: ידא דסהדיא **תהי** ביה בשירויא למיקטליה וידא DT 17:7
לערבאין וידנא לא **תהי** ביה למיקטליה ארום אחונא GN 37:27
חמי ומסהיד: מומתא דייי **תהי** בין תריהום יומי דלא אושיט EX 22:10
מומתא דהוות בינן ומבכין **תהי** בינן ובינך ונגזור קים עמך: אם GN 26:28
ומנגבה לכל בני אהרן **תהי** גבר כאחוי: ודא אורייתא LV 7:10
שבטיא תרי עשרונין **תהי** גריצתא חדא: ותסדר יתהון LV 24:5
טען בתריהון קיים עלם **תהי** דא להון לדריהון: ולהון תימר LV 17:7
רמשא: ואינתתא ארום **תהי** דייבא אדם סמוק ואוכם LV 15:19
בקלופקריה ויברכינך ולך **תהי** זכו דיסהיד עלך שימשא קדם DT 24:13
יעבד בהון שציו ולא **תהי** זכותין מגנא עליהון ולא יהוי DT 28:15
אבר לפמהון ולא **תהי** זנו ביניכון: וגבר דיתן LV 20:14
מיניה ארי ביומא דתיכול **תהי** חייב קטול: ואמר ייי אלקים GN 2:17
ברם אשתא דמדבחא **תהי** יוקדא ביה: וילבוש כהנא LV 6:2
דכי: ואישתא על מדבחא **תהי** יוקדא ביה לא תיטפי וילפי LV 6:5
קודשיא: אישתא תדירא **תהי** יוקדא על מדבחא לא תיטפי: LV 6:6
עם אישא מצלהבא **תהי** יקדא כל ארעא לא תתכשר DT 29:22
בבישרא שובעא יומין **תהי** יתבא בריחוקא כל דיקרב בה LV 15:19

ותלתא יומין רציפין **תהי** כל דמהא דכיין ברם בכל LV 12:4
ושיתא יומין רציפין **תהי** כל דמהא דכיין: ובמשלם יומי LV 12:5
ולחייתא די בארעך **תהי** כל עללתא למיכל: ותימני לך LV 25:7
לארעא דישראל ולא **תהי** כנישתא דייי בלא חכימין מן NU 27:17
כשרא דישראל וליה **תהי** לאינתו לית ליה רשו למיפטרה DT 22:19
חמשין סלעין דכסף וליה **תהי** לאיתו חולף דענייה לית ליה DT 22:29
לעמי ית ענייא דעימך לא **תהי** ליה הי כרשיא לא תשוון עלוי EX 22:24
ארעא יתחשבון פורקנא **תהי** לכון וביובלא יפקון: וקירוי LV 25:31
לך תמן קודש קודשין **תהי** לכון: וקטרת בוסמין דתעבד EX 30:36
לכל יתבהא יובילא היא **תהי** לכון ותתובון גבר לאחסנתיה LV 25:10
היא שנת חמשין שנין **תהי** לכון לא תזרעון ולא תחצדון LV 25:11
ארום יובלא היא קודשא **תהי** לכון מן חקלא תיכלון ית LV 25:12
לא תעבדון לכון קודשא **תהי** לכון קדם ייי: גבר דיעבד EX 30:37
חרבא ורדיף לא אית ולא **תהי** לכון תייקא למקום קדם בעלי LV 26:37
ייכול ביה: אורייתא חדא **תהי** לכל מצוותא לייציבא ולגייורא EX 12:49
בנין או בנן איתא ובנהא **תהי** לריבונה והוא יפוק בלחודוי: EX 21:4
ומכל חיות ברא על מעך **תהי** מטייל וריגלך יתקצצון ומשכך GN 3:14
כל יומי דוב סאובתא **תהי** מסאבא לדמשמש עימה מטול LV 15:25
ואבנא הדא דשויתי קמא **תהי** מסדרא בבי מוקדשא דייי GN 28:22
אברם ללוט לא כען **תהי** מצותא בינא ובינך ובין GN 13:8
נפשך ומדינא דתמר **תהי** משזיב נייח ושרי בתקוף הי GN 49:9
ומרכיך וחאי ולאחוך **תהי** משתעבד ויהי אין תטעי GN 27:40
תילדין בנין ולות בעליך **תהי** מתויך והוא יהי שליט ביך GN 3:16
בלחמיה: וברת כהין ארום **תהי** מתנסבא לגבר חילוניי היא LV 22:12
אין אסב מכל דילך ולא **תהי** מתרברב למימר אנא אעתרית GN 14:23
זימני מסאב הוא: ודא **תהי** סאובתיה גוון חיוור בדוויה LV 15:3
דיוסף מטוב שמייא **תהי** עבדא מגדין מטלא ומיטרא DT 33:13
בנהא דקטורה רב ושליט **תהי** על אחך ויהון מקדמין למשאל GN 27:29
פיקודי אורייתא בכין **תהי** פריק ניר שעבודיה מעל צוורך: GN 27:40
ועמנא תתיבון וארעא **תהי** קדמיכון בדניחא לכון תיבו GN 34:10
שרי אינתתך לא **תהי** קרי ית שמא שרי ארום שרה GN 17:15
קשוט ודין שלם בקשוט **תהי** רדיף מן בגלל דתיחון ותירתון DT 16:20
מלעילא: ועל סייפך **תהי** רחיק עלול לכל אתר ומרכיך GN 27:40
פתיכא במשח פטיר **תהי:** רסיק יתיה ריסוקין ותריק LV 2:5
לאתר חורן דילמא **תהי** רעוא מן קדם ייי ותלטטיה NU 23:27
ולוותך יהוי מתויה ואנת **תהי** שליט ביה בין למיזכי בין GN 4:7
תריב מן בני אהרן דיליה **תהי** שקא דימינא לחולק: ארום ית LV 7:33
מחת מרירתא מגווך: לא **תהי** תכלא ועקרא בארעך ית מניין EX 23:26
וריגלך יתקצצון ומשכך **תחי** משלח חדא לשב שנין GN 3:14
במיחמי מרי ביתא: דא **תיהוי** גזירת אחויית אורייתא לכל LV 14:54
תלתא יומין דילמא **תיהי** טייפא ולא טפת ובכין איתני GN 31:22
ואחסנת חקיל וכרם לא **תיהי** ליה ביני אחוי עשרין וארבע DT 18:2

היך (557)

סגיאין כעפרא דארעא **דהיכמא** דאית איפשר לגבר למימני GN 13:16
איקרא ושיבהורא דידיה **דהיכמא** דלית אפשר לבר נש DT 33:17
במצולתיה דימא אידמון **הי** כאבניא: ימינך ייי מה משבחא EX 15:5
אדרע גבורתך ישתתקון **הי** כאבנייא עד זמן די יעברון עמך EX 15:16
גירין דימא נחתו ושקעו **הי** כאברא מיא ממשבחיא: מן EX 15:10
שנוי יתיב ית פורקניה: **הי** כאגיר שנא בשנא יהי עימיה לא LV 25:53
כנימוסי פולחנות עבדיא: **הי** כאגירא הי כתותבא יהי עימך LV 25:40
מן קיסי שיטא קיימין **הי** כאורח נציבהון: עשר אמין EX 36:20
דקיסי שיטא קיימין **הי** כאורח נציביהון: עשר אמין EX 26:15
דילמא ימות אוף הוא **הי** כאחהי ואזלת תמר ויתיבת בית GN 38:11
דיצחק דכפתיה אבוי **הי** כאימרא תריהון שלמין לעלתא: LV 9:3
ארום מילין תקיפין **הי** כאישא נפקין מפמי צדיקיא מרי NU 21:28
דאתקבלו ברעוא **הי** כאכלין והי כשתיין: ואמר ייי EX 24:11
קוסמין עילוי מיא **הי** כאמגושא ותיתעתד לקדמותיה EX 7:15
קוסמין עילוי מיא **הי** כאמגושתא ותימר ליה כדנא EX 8:16
וזקפיה באוירא והוה זייג **הי** כאספקלריא ואתעתדו תחותי EX 19:17
וביה ויתחשב לליואי **הי** כאפרשות עיבורא מן גוא אידרא NU 18:30
משזיב נייח ושרי בתקוף **הי** כאריא והי כליתא דכד נח מן GN 49:9
עננא: וחיזו זיו יקרא דייי **הי** כאשא בערא וזיקוקי אישא EX 24:17
קודשין היא הי כחטאתא **הי** כאשמא: כל דכורא בבני אהרן LV 6:10
פרעה והוה לה חביב **הי** כביר וקרת שמיה משה ארום EX 2:10
תיכסון ותיכלון בישרא **הי** כבירכתא דייי אלקכון דיהב DT 12:15
הי כמיסת מוהבות ידיה **הי** כבירכתא דייי אלקכון דיהב DT 16:17
תבת למיהוי ברייא **הי** כבישריה:: ויהי אין לא יהימנון EX 4:7
ברתיי הינון ובנייא דילידן **הי** כבני חשיבין וענא מן עניי הוו GN 31:43
דכשר קדם ייי אלקכון: **הי** כבנין חביבין אתון קדם ייי DT 14:1
אבוהון ובריך יתהון אינש **הי** כברכתיה בריך יתהון: ופקיד GN 49:28
למקרב לקודשיא כחדא **הי** כבשר טביא ואילא: לחוד אדמיה DT 15:22
אדם סמוק ואוכם ומוריק **הי** כגון זעפרנא או הי כמוי LV 15:19
ואידחיקו בניא במעהא **הי** כגיברין עבדי קרבא ואמרת אם GN 25:22
בה עם רב וסגי וחסין **הי** כגינבריא: גיבריא דיתבין במישר DT 2:10

שמיא: עם חסין וגיוותן **הי** כגינבריא דאתון ידעתון ואתון DT 9:2
מתחשבן אוף הינון **הי** כגינבריא דאתמחיין בטובענא DT 2:11
זימתני: עמא רבא וחסינא **הי** כגינבריא ושיצינון מימרא דייי DT 2:21
ומשקיית ליה בגרמך **הי** כגינת ירקיא: וארעא דאתון DT 11:10
עלוי לישן תליתאי דקשי **הי** כגירין: והדרת למתב לקדמותא GN 49:23
גליף חקיק ומפרש **הי** כגלוף דעיזקא גבר מרגליתיה על EX 28:21
כתב גליף חקיק ומפרש **הי** כגלוף דעיזקא גבר מרגליתיה על EX 39:14
גליף חקיק ומפרש **הי** כגלוף דעיזקא תיגלוף ית תרתין EX 28:11
עלו למעהן ומחמהן ביש **הי** כדבקדמיתא ואיתערית: וחמית GN 41:21
תעביד ביני שמשתא **הי** כדורונא דצפרא והי כניסוכיה NU 28:8
איתחמי למשה בטוורא **הי** כדינרא דאישא והיכדין אמר ליה EX 30:13
מן ענא בעילוייה כסף **הי** כדמי הניית קודשא דאיתהני LV 5:15
עוף תניין יעבד עלתא **הי** כהלכת עופא דאיתבחר LV 5:10
קודשא יהי שמיה מברך **הי** כזיקין והי כברקין והי EX 20:2
קודשא יהי שמיה מברך **הי** כזיקין והי כברקין והי EX 20:3
עורמן קמו להון צרירין **הי** כזיקין מיא נזליא קפו עליהון EX 15:8
להון הי כחייבין ולחייבין **הי** כזכאין ותוב זכאין מטי להון הי EX 33:13
ותוב זכאין מטי להון **הי** כזכוותהון וחייבין מטי להון הי EX 33:13
ותערעון חיין וקיימין **הי** כזמן כרן יומא הדין מערע קדיש LV 23:21
ובישריהון יהי לך למיכל **הי** כחדיא דארמותא והי כשקא NU 18:18
וחייבין מטי להון **הי** כחוביהון מן בגלל דאשכח EX 33:13
הוה מתפרק הוה פשיט **הי** כחוטרא: וית לוחיא תחפי דהבא EX 26:28
קודש קודשין היא **הי** כחטאתא הי כאשמא: כל דכורא LV 6:10
וברמשא הוי על משכנא **הי** כחיזו אישא עד צפרא: כדין הוי NU 9:15
וכד הוה קריש חיזויה **הי** כחיזו בידלחא: חפסין רשיעי NU 11:7
בקרנסא היא מתעבדא **הי** כחיזו דאחזי ייי ית משה הכדין NU 8:4
או בגלשולשותיה **הי** כחיזוי סגירות משך בישרא: גבר LV 13:43
בני נשא זכאין מטי להון **הי** כחייבין ולחייבין הי כזכאין ותוב EX 33:13
ואישוי ית בנך סגיעין **הי** כחלא דימא דלא מתמני מסגי: GN 32:13
ביובלא קודשא קדם ייי **הי** כחקיל אפרשא לכהנא תהי LV 27:21
לישן תליתאיי דהוא קשי **הי** כחרבא דקטיל מן תרין חורפוי LV 19:16
להון שור מקף חזור חזור **הי** כטינדיסין דפריסן על חקל LV 25:31
גרמיכון במעסקכון בה **הי** כיומא דקמתון קדם ייי אלקכון DT 4:10
כסף זבינוי במניין שניא **הי** כיומי אגירא יהי עימיה: אין עד LV 25:50
איבהא דלא מנטרא ייבם **הי** כיומי טליותא ולא מעברא מן LV 22:13
מסאבא שבעא יומין **הי** כיומי ריחוק סאובתה היכדין LV 12:2
קאי בטוורא בעי ומצלי **הי** כיומיא קמאי ארבעין יממין DT 10:10
תנייתא מסדרין **הי** כילדותהון: עובד אומן יהויין EX 28:10
אבוך: ואסגי ית בנך **הי** ככוכבי שמיא ואיתן לבנך ית כל GN 26:4
להום אסגי ית בניכון **הי** ככוכבי שמיא וכל ארעא הדא EX 32:13
לאסגאה ית עמא הדין **הי** ככוכבי שמיא ולאחסנותהון ית NU 23:19
והאיתיכון יומא דין **הי** ככוכבי שמיא לסגי: ייי אלקא DT 1:10
קלילא חולף דהויתון **הי** ככוכבי שמיא לסוגי ארום לא DT 28:62
וכדון שוינכון ייי אלקכון **הי** ככוכבי שמיא לסוגי: ותרחמון ית DT 10:22
בשום מימרא דייי אלקיה **הי** ככל אחוי ליואי דמשמשין תמן DT 18:7
מכל שבטיא דישראל **הי** ככל לווטיה קיימא דכתיבין DT 29:20
ביני מסאבא לביני דכיא **הי** ככל מה דילפון יתכון כהניא דמן DT 24:8
מרמם ובחזוונין רברבין **הי** ככל מה דעבד לכון ייי אלקכון DT 4:34
וית לבושי בנוי לשמשא: **הי** ככל מה דפקד ייי ית משה הכדין EX 39:42
דבני ישראל לליואי **הי** ככל מה דפקד ייי ית משה על NU 8:20
עלם לדריהון: ועבד משה **הי** ככל מה דפקיד ייי יתיה היכדין EX 40:16
קטורת בוסמיא לקודשא **הי** ככל מה דפקידתך יעבדון: ואמר EX 31:11
דייי ועלויהון כתיב **הי** ככל פיתגמיא דמליל ייי עמכון DT 9:10
קדמיכון ותעבדון להון **הי** ככל תפקידתא דפקידית יתכון: DT 31:5
לגיורי ליתמא ולארמלא **הי** ככל תפקידתך דפקידתני לא DT 26:13
דאשאיל נפשיה לזנותא **הי** ככנענאי אילין ייחוסין דשמעון: EX 6:15
בידי: וכתב על לוחיא **הי** ככתבא קמא עשרתי דביריא DT 10:4
מלי עפרא תעביד יתיה **הי** כמא דאחמיתך בטוורא היכדין EX 27:8
ויברך יתכון בלא סכומא **הי** כמא דמליל לכון: היך אנא יכיל DT 1:11
ייי אלקכון ית תחומכון **הי** כמא דמליל לכון ותימר איכול DT 12:20
הדא קדם ייי אלקנא **הי** כמא דפקדנא: ארום יעילינך ייי DT 6:25
לקדם אהרן ולקדם בנוי **הי** כמא דפקיד ייי ית משה על NU 8:22
וסליק לטורא דסיני **הי** כמא דפקיד ייי יתיה ונסיב EX 34:4
דשבתא למקדשא יתיה **הי** כמא דפקיד יתכון ייי אלקכון: DT 5:12
בה דיפטיא ופלגוהא **הי** כמא דקיים ייי לאבהתכון DT 1:8
במציעותא הוון נטלין **הי** כמא דשרן היכדין נטלין גבר על NU 2:17
גזירתכון למירמי ליבנין **הי** כמאיתמלי והי כמדקדמוי אוף EX 5:14
לעמא למירמי לבניא **הי** כמאיתמלי והי כמילקדמוי הינון EX 5:7
אבא ואיהי דמי בעינוי **הי** כמגחך ביה ואייתי עלי לווטן GN 27:12
ומוריק הי כגון זעפרנא או **הי** כמוי דגרגישתא או הי כמזג חמר LV 15:19
על ארעא תישדוניה **הי** כמוי: ליתיכון רשאין למיכול DT 12:16
או הי כמוי דגרגישתא או **הי** כמזג חמר סמוק בתרין חולקין LV 15:19
ושדיין עקמומיתהון **הי** כמיא: ותשוי ית דרתא חזור חזור EX 40:7
על ארעא תישדוניה **הי** כמיא: לא תיכלוניה מן בגלל DT 12:24

חמית סבר אפך ודמי לי **הי** כמיחמי אפי מלאכא דידך והא GN 33:10
אפין בדינא מילי זעירא **הי** כמילי רבא תשמעון ולא DT 1:17
ואין לא תארע ידיה **הי** כמיסת דיתיב ליה ויהי זבינוי LV 25:28
ליה ומוזפא תוזפיניה **הי** כמיסת חוסרניה דייחסר ליה: DT 15:8
ואין לא תשכח ידה **הי** כמיסת למיתייא אימרא ותיסב LV 12:8
ריקנין מכל מצוותא: גבר **הי** כמיסת מוהבות ידיה הי DT 16:17
קדם ייי אלקכון **הי** כמיסת ניסבת ידכון היכמא DT 16:10
זבינוי ותארע ידיה וישכח **הי** כמיסת פורקניה: וידייק ית סכום LV 25:26
חמשין סילעין יתקניס **הי** כמיפרני בתולתא: עמי בני EX 22:16
ייי ויהב לי בנין ואין לא **הי** כמיתא אנא חשיבא: ותקיף GN 30:1
ויתני לכהנא למימר **הי** כמכתשא איתחמי לי בביתא: LV 14:35
פיקודיי ותהוון קדישין **הי** כמלאכייא דמשמשין קדם ייי NU 15:40
לקיים עלם ולא יתבטיל **הי** כמלחא דמבסים בשר קורבניא NU 18:19
ויתקלון גבר באחוי **הי** כמן קדם שלופי חרבא ורדיף לא LV 26:37
תעביד ביני שימשתא **הי** כמנחת צפרא והי כניסוכא EX 29:41
נתיר מן אילן ויערקון **הי** כמערוקי חרבא ויפלון ולית LV 26:36
מתכלן וממרין להון: **הי** כמרירתהון דתניניא כד הינון DT 32:33
עלוי כל יומי דובה **הי** כמשכבא דמייחד לריחוקה LV 15:26
עלמיא גלי קדמך חשוכא **הי** כנהורא וכדון חב עמא הדין EX 32:31
ויהון שמיא דעילויכון **הי** כנהשא דמזייע ולא מספקין לכון DT 28:23
תקוף רוגזך תגמר יתהון **הי** כנורא בערא שלטא בקשא: EX 15:7
וארעא דתחותיכון **הי** כנחשא דמזייע למובדא פירהא: LV 26:19
דמצרים לא יזדבנון **הי** כנימוסי זבין עבדיא: לא LV 25:42
ויזדבן לך לא תפלח ביה **הי** כנימוסי פולחנות עבדיא: הי LV 25:39
דמרי עלמא זיויה **הי** כעובד אבן טבא והי כתקוף שפר EX 24:10
דמייצע תחות כורסייה **הי** כעובד אבן ספירינון מידכר EX 24:10
ית חושנא עובד אומן **הי** כעובד איפודא דדהבא תיכלא EX 39:8
דעלוי מיניה הוא **הי** כעובדוי דהבא תיכלא וארגוונא EX 39:5
והמיין טיכוסיה דעלוי **הי** כעובדיה מיניה יהי דדהבא EX 28:8
דפרשין מן אוכלא ופרחין **הי** כעופא מסאבין הינון לכון: כל DT 14:19
לכון אפרשותכון **הי** כעיבורא מן אידרא והי כחמרא NU 18:27
ית משכנא הוה מיסגלגל **הי** כעכינא חזור חזור מלגיו ללוחי EX 26:28
וטענית יתכון על ענניו **הי** כעל גדפי נשרין מן פילוסין EX 19:4
דיובילא יקדיש חקליה **הי** כעלוייה יקום: ואין בתר יובילא LV 27:17
דין ארום מיבד תיבדון: **הי** כעמיא דייי מגלי מן קדמיכון DT 8:20
ולבנך: ויהון בנך סגיאין **הי** כעפרא דארעא ותיתקף GN 28:14
לא תבזי עריתהן ארום **הי** כעריתך הינין: עירית בת איתת LV 18:10
חזור חזור עובד גרדא **הי** כפום שיריא יהי ליה לא יתבזע: EX 28:32
מעילא כפיל במיצעיה **הי** כפום שיריא תורא בשיפמיה EX 39:23
לנא ית חילמנא גבר **הי** כפושרן חילמיה פשר: והוה GN 41:12
רבותא דייי עליכון ועבדו **הי** כפיתגמא דמשה: ומליל ייי עם LV 10:7
ית קריביה: ועבדו בני לוי **הי** כפיתגמא דמשה ונפלו מן עמא EX 32:28
לעבדין: ואמר אוף כדין **הי** כפיתגמיכון כן יהי דישתכח GN 44:10
דמתחשבין קומיהון **הי** כפלחי במסי טעוותא דנחלי NU 21:28
וארע דתחותיכון **הי** כפרזלא דלא מזייע דלא מרטבא DT 28:23
שמיא דעילויכון ברירן **הי** כפרזלא דלא מזייע מן דלא LV 26:19
חכימהא גזרין גזירן ברירן **הי** כפרזלא ותלמידהא שאילן DT 8:9
טלא מתקדשא מיתקנא **הי** כפתורין חזור חזור למשריתא: EX 16:13
פסל לך תרין לוחי אבנין **הי** כקדמאי ואכתוב על לוחיא ית EX 34:1
ופסל תרין לוחי אבנין **הי** כקדמאי ואקדם משה בצפרא EX 34:4
ביר אוחרי ולא נצו עלה **הי** כקדמאי וקרא שמא רווחתא GN 26:22
מצלהבא וסליק קוטריה **הי** כקוטרא דאתונא וזע כל טוורא EX 19:18
באורייתא וריחהון נדיף **הי** כקטרת בוסמיא ותשוי ית פרסא EX 40:5
דמיין באנפי נפשנא **הי** כקמצין והכדין הוינא דמיין NU 13:33
דילי אינון אפרים ומנשה **הי** כראובן ושמעון מתחשבין לי: GN 48:5
למיתב עלוי מסאב יהי **הי** כריחוק סאובתהא: וכל מאן LV 15:26
ארבסרי יומין רציפין **הי** כריחוקא ובחמיסר תישתרי LV 12:5
ענייא דעימך לא תהי ליה **הי** כרשיא לא תשוון עלוי דליהוי EX 22:24
דעתי ודברת ית בנתי **הי** כשבית חרבא: למא איטמרת GN 31:26
בגו ימא ומיא להון **הי** כשורין מימינהון ומשמאלהון: EX 14:29
ביבשתא ומיא קרשון **הי** כשורין רמין תלת מאה מילין EX 14:22
חושבנא דנא וזכוון חסינן **הי** כשלהוביתא מאילין דקריין NU 21:28
אברהם וקרא להון שמהן **הי** כשמהן די הוה קרי להון אבוי: GN 26:18
עבדיא: הי כאגירא **הי** כתותבא יהי עימך עד שתא LV 25:40
כל תרביה יסיק למדבחא **הי** כתרב ניכסת קודשיא ויכפר LV 4:26
על דיינייא עובד אומן **הי** עובד איפודא תעבדיניה דדהבא EX 28:15
ליה מימרא דייי לא כל **היאך** אילהין סוק וחמי ית ארעא DT 32:49
הרן למיחמי תרח אבוי **היך** איתוקד בארע ילדותיה באתון GN 11:28
הי כמא דמליל לכון: **היך** אנא יכיל בלחודיי למסבול DT 1:12
אורח טובך ואנדע רחמך **היך** אנת מדבר עם בני נשא זכאין EX 33:13
זכיי הוא ייי וקושטא **היך** דינוי וקושטא הינון פיתגמיה NU 16:34
בעוריא וית קל שופרא **היך** הוה מאחי מיתיא וית טורא EX 20:18
וכל עמא חמיין ית קליא **היך** הוו מתהפכין במשמעהון דכל EX 20:18
ויוונאי דנכתין בשיניהון **היך** חיוות ברא איגרי בהון DT 32:24

זכאי עם חייב ויהי זכאי **היך** חייב חולין הוא לך האיפשר GN 18:25
על מקבלי אולפנא **היך** טלא ממללי דילי כרביעות DT 32:2
עליהון לווטייא אילין **היך** יכלון לסוברותהון ודילמא DT 28:15
דיהוון גרגירי חיטיהון **היך** כוליין דתורי וחמר סומק מן DT 32:14
בחובוי ויתבר ליבהון **היך** ליביה: ויהי כד פסקין למללא DT 20:8
למיחשב ברעיונהון **היך** למעבד בדהבא ובכספא EX 31:4
על ארעא תישדוניה **היך** מיא: הוון זהירין למינטר זימני DT 15:23
פמי: ינקוף על מרודיא **היך** מיטרא סחפא אולפני ותתקבל DT 32:2
דבביכון בדמין יקירין **היך** מרי אומנוון ומן בתר כדין DT 28:68
דכורא יהון סמקן אפהא **היך** נורא ותקיימונין לכון: ואתון NU 31:18
היך פרזלא וחסימין **היך** נחשא ריגליהון לטיילא על DT 33:25
אתון ואתקיים: או **היך** ניסא דעבד ייי לאתגלאה DT 4:34
נטרא בבי דעייניה: **היך** נישרא דמעורר ומחיש DT 32:11
דיעקב בר אחתיה **היך** נסיב ית בכירותא וית סדר GN 29:13
ובי אנפוי לאיתחמאה **היך** נשא ארום מרחק קדם ייי DT 22:5
שקצא תשקיצינון **היך** סאוב שיקצא ורחקא תרחקינון DT 7:26
גבורת ידא תקיפתא **היך** סובר ית חוטרא דמתקליה DT 34:12
ועד סייפי שמייא ההוה **היך** פיתגמא רבא הדין או הישתמע DT 4:32
הינון שיבטא דאשר **היך** פרזלא וחסימין היך נחשא DT 33:25
ערקו מן דחיל קלהון **היך** צווחין ואמרין זכיי הוא ייי NU 16:34
דישמעון שמע זכוותך **היך** קמון שימשא וסיהרא DT 2:25
קהלא דייי: ושמע משה **היך** קנייו כל חד מנהון ית אינתתיה NU 16:4
תבשיליה עלת באנפוי **היך** ריחא דיקידת גהינם ואמר מאן GN 27:33
בה כל עיסבא תשתקע **היך** תהפכנותא דסדום ועמורא DT 29:22
ייי ית משה וית אהרן **היכדין** אזדרזו ועבדו: והוה בפלגות EX 12:28
ארעא דמצרים: ועבדו **היכדין** איסטיגניניא חרשיותא EX 8:14
יסק עם אחוהי: ארום **היכדין** איסק לות אבא וטלייא GN 44:34
ארעא דמצרים: ועבדו **היכדין** איצטיגנוני מצרים EX 7:22
עממיא האילין מיני **היכדין** אית לי יוכלא לתרכותהון: DT 7:17
דייי ולא תמותון ארום **היכדין** איתפקדית: ועבד אהרן ובנוי LV 8:35
במיזליה לפדן ארם **היכדין** איתקטעא ליה במיתביה GN 24:61
אימיה בנהרא: ועבדו **היכדין** אסטגניניא בלחשיהון EX 8:3
היכמא דמלילתון קדמי **היכדין** אעביד לכון: במדברא הדין NU 14:28
כסף והינון מכבשין כסף **היכדין** הוו מתעבדין כל עמודא EX 38:17
והיכמא דמעניין להון **היכדין** הוון סגן והכדין הוון תקפין EX 1:12
ואהרן לות פרעה ועבדו **היכדין** היכמא דפקד ייי וטלק אהרן EX 7:10
היא: כהילכת חטאתא **היכדין** הילכת אשמא אורייתא LV 7:7
מצראי וקבילתיה: ועבדו **היכדין** וארים אהרן ית ידיה EX 8:13
בלחשי קוסמיהון **היכדין**: וטלקון אינש חוטריה והוו EX 7:11
דאיתגלי קדם ייי עולבני **היכדין** יהוי גלי קדמוי עולבנהון GN 29:32
ביש היכמה דיעלי כהנא **היכדין** יהי: ואין מפרוק יפרקיניה LV 27:12
רישיהון בעיזקתא חדא **היכדין** יהי לתריהון לתרין זיוויין EX 26:24
עתיד למהוי בסופיהון: **היכדין** יהי סנאה חד רדיף אלף DT 32:30
לאייתאה מן די ידר **היכדין** יעבד על אוריית ניזריה: NU 6:21
כמא דאחמיתך בטוורא **היכדין** יעבדון: ותעבד ית דרת EX 27:8
דתדביק יד נודירא **היכדין** יעליניה כהנא: ואין בעירא LV 27:8
ביש היכמה דמעלן כהנא **היכדין** יקום: ואין דין דמקדיש LV 27:14
דיתן מומא באינשא **היכדין** יתיהב ביה: ומן דיקטול LV 24:20
בחבריה היכמא דעבד **היכדין** יתעביד ליה: דמי תברא LV 24:19
מתור ניכסת קודשיא **היכדין** יתפרשון מן אימרא ומן LV 4:10
ותעביד לאהרן ולבנוי **היכדין** ככל די פקידית יתך שובעא EX 29:35
דיירדנא: ועבדו בנוי ליה **היכדין** כמה דפקידינון: ונטלו יתיה GN 50:12
בקנייא חד חיזור ושושן **היכדין** לשיתא קנין דנפקין מן EX 25:33
אעא ובמני אבנא: ועבדו **היכדין** משה ואהרן היכמא דפקיד EX 7:20
וישתון עמא ועבד **היכדין** משה קדם סבי ישראל: וקרא EX 17:6
הוון נטלין הי כמא דשרן **היכדין** נטלין גבר על תחומיה NU 2:17
תימרון בריעייונכון **היכדין** נידע ית פיתגמא דלא DT 18:21
ככל מה דפקיד ייי יתיה **היכדין** עבד: והוָה בירחא קמאה הוא EX 40:16
ברישיהון בעיזקתא חדא **היכדין** עבד לתריהון לתרתין זיוויין: EX 36:29
דמליל ייי עם משה **היכדין** עבדו בני ישראל: ומליל ייי NU 5:4
דפקיד ייי ית משה **היכדין** עבדו: ואיתיו ית משכנא לות EX 39:32
יתה היכמה דפקיד ייי **היכדין** עבדו ובריך יתהון משה EX 39:43
ייי ית משה וית אהרן **היכדין** עבדו: והוה בכרן יומא הדין EX 12:50
היכמא דפקיד ייי יתהון **היכדין** עבדו: ומשה בר תמנן שנין EX 7:6
ייי ית משה על ליואי **היכדין** עבדו להון: ומליל ייי עם NU 8:22
חבריה ויקטליניה נפש **היכדין** פיתגמא הדין: ארום באנפי DT 22:26
סדר קורבניא ביומא הדין **היכדין** פקיד ייי למעבד אתון בתר LV 8:34
דייי מגלי מן קדמיכון **היכדין** תיבדון חולף דלא קבילתון DT 8:20
בישרא דטביא ואילא **היכדין** תיכלוניה דמסאב למקרב DT 12:22
הי כיומי ריחוק סאובתה **היכדין** תיסתאב: וביומא תמינאי LV 12:2
דברך תפריש קדמיי: **היכדין** תעביד לבוכרי תורך וענך EX 22:29
והא ליתנון שפיין עימי **היכדן** דאיתמלי והי כדקדמוי GN 31:5
למשריתא ויוקיד יתיה **היכמא** דאוקיד ית תורא קדמאה LV 4:21
במיגזור לנא כל דכורא **היכמא** דאינון גזרין: גיתיהון GN 34:22

דיסקיי גוברייא עיבורא **היכמא** דאינון יכלין לסוברא ושוי GN 44:1
תתברי איתתא מן גבר **היכמא** דאיתבריאת דא מיני גרמא GN 2:23
מתקטל והוא מטרד **היכמא** דאיתכלת חוה מן הבל GN 27:45
ותתכנש לעמך לחוד אנת **היכמא** דאיתכניש אהרן אחוך: NU 27:13
וית כל תרבא יעבר **היכמא** דאיתעדא תריב אימר LV 4:35
וית כל תרבה יעבר **היכמא** דאיתעדא תריב מעילוי LV 4:31
דיכרין: ועבד בלק **היכמא**·דאמר בלעם ואסיק תור NU 23:30
דטיהרא: ועבד גברא **היכמא** דאמר יוסף ואעיל גברא ית GN 43:17
שבע שני כופנא למיתי **היכמא** דאמר יוסף והוה כפנא בכל GN 41:54
אברהם: וייי דכר ית שרה **היכמא** דאמר ליה ועבד ייי ניסא GN 21:1
קדם ייי בידי: ועבד יהושע **היכמא** דאמר ליה משה לאגחא EX 17:10
אדם הוה יחידיי בארעא **היכמא** דאנא יחידי בשמי מרומא GN 3:22
ית ידיי בשמייא ואמרית **היכמא** דאנא קיים הכדין לא DT 32:40
דייי: עמי בני ישראל **היכמא** דאנא רחמן בשמיא כן LV 22:28
ליתיכון רשאין למעבד **היכמא** דאנן עבדין הכא יומא דין DT 12:8
תיכלון יתה בקודשא **היכמא** דאתפקדית: ומליל אהרן עם LV 10:18
הי כמִיסת ניסבת ידכון **היכמא** דבריכיכון ייי אלקכון: DT 16:10
פיתגם יום ביומיה **היכמא** דהויתון עבדין כד הוה יהיב EX 5:13
רבעות הינא: עלת תדירא **היכמא** דהות מיקרבא על טוורא NU 28:6
דייי אלקכון: ויהי **היכמא** דחדי מימרא דייי עליכון DT 28:63
אמטולכון לאוטבא לכון **היכמא** דחדי על אבהתכון: ארום DT 30:9
משה לא תתובון ארום **היכמא** דחמיתון ית מצראי יומא EX 14:13
באחוהון: ותעבדון להון **היכמא** דחשיבו למעבד לאחוהון DT 19:19
טעון טורחנהון בחילך **היכמא** דטעין פידגגא למינוקא עד NU 11:12
חגא קדם ייי אלקנא **היכמא** דיימר לנא: ואמר פרעה אנא EX 8:23
מיניה בגיטא ארום **היכמא** דיכמון גבר על חבריה DT 22:26
ואתיב יתכון פיתגמא **היכמא** דימליל ייי עימי ואסחרו NU 22:8
דילמא נפיק מיני פסולא **היכמא** דינפק מן אברהם ישמעאל GN 35:22
דינא רבא לעלמא דאתי **היכמא** דיתבע מינה דמיה דהבל מן EX 15:12
דמי שינא חולף שינא **היכמא** דיתן מומא באינשא היכדין LV 24:20
וכפר באדמיה דצפירא **היכמא** דכפר באדם עיגלא LV 9:15
צדיא מנכון תתנייח **היכמא** דלא אתנייחת ית שני LV 26:35
אם תעבד עימנא בישא **היכמא** דלא קריבנא בך לביש GN 26:29
דייי אלקכון יהיב לכון: **היכמא** דליתיכון רשאין למנצוב DT 16:21
קהלא ית כל חזרנותנא **היכמא** דמיבעי תורא ית עיסבא NU 22:4
ליה ועבד ייי ניסא לשרה **היכמא** דמליל אברהם בצלותיה על GN 21:1
ושבעא דיכרין: ועבד בלק **היכמא** דמליל בלעם ואסיק בלעם NU 23:2
קדיש קדם ייי אלקכון **היכמא** דמליל: ופקיד משה וסבי DT 26:19
דעתיד למיתן לכון ייי **היכמא** דמליל ותינטרון מזמן EX 12:25
דיוטב לך ותסגון לחדא **היכמא** דמליל ייי אלקא דאבהתך DT 6:3
כחלב ועבדין דבש **היכמא** דמליל ייי אלקא דאבהתכון DT 27:3
ליה ייי הינון אחסנתיה **היכמא** דמליל ייי אלקכון ליה: ואנא DT 10:9
ותובדינון בסרהוביא **היכמא** דמליל ייי אלקכון לכון: לא DT 9:3
כל בעלי דבבך מן קדמך **היכמא** דמליל ייי: ארום ישיילנך DT 6:19
ולא פטר ית בני ישראל **היכמא** דמליל ייי בידא דמשה: EX 9:35
ית ליביה ולא קביל מנהון **היכמא** דמליל ייי: ואמר ייי למשה EX 8:11
דפרעה ולא קבל מנהון **היכמא** דמליל ייי: ואמר ייי למשה EX 8:15
הוא יטייל קדמיכון **היכמא** דמליל ייי: ויעבד ייי פורענות DT 31:3
דפרעה ולא קביל מיניהון **היכמא** דמליל ייי: ועבד פרעה EX 7:22
דפרעה ולא קביל מינהון **היכמא** דמליל ייי עם משה: ואמר ייי EX 9:12
מן קדם ייי ולא עבדא **היכמא** דמליל להין מלכא דמצרים EX 1:17
ליה ייי הינון אחסנתיה **היכמא** דמליל ליה: ודין יהי חולקא DT 18:2
יתבי ארעא דתדרכון בה **היכמא** דמליל לכון: אמר משה נביא DT 11:25
והוא יהוי לכון לאלקא **היכמא** דמליל לכון והיכמא דקיים DT 29:12
למהוי ליה לעם חביב **היכמא** דמליל לכון ולמינטר כל DT 26:18
ארום ייי אלקכון בירככון **היכמא** דמליל לכון ותמשכנון DT 15:6
אלהין למלקי בסגירותא **היכמא** דמליל למשה שוי ידך NU 17:5
למברא למשריתא **היכמא** דמליל משה: ואמר משה LV 10:5
שרי לקטלא: ונסיב אהרן **היכמא** דמליל משה ורהט למצע NU 17:12
תוריכון דברו ומן דילי **היכמא** דמלילהון וזילו ולית אנא EX 12:32
ויתי תשוי לעם רב **היכמא** דמלילתא למימר: ייי אריך NU 14:17
קיים אנא אין לא **היכמא** דמלילתון קדמי היכדין NU 14:28
יהוי בכון מחוי קושטא **היכמא** דממשמש סמיא בקיבלא DT 28:29
עם רעייוני ליבכון ארום **היכמא** דמסקר גבר ית בריה ייי DT 8:5
מתקנסא יתקנס וולדא **היכמא** דמשוי עליה בעלה EX 21:22
עלמא מתמלל עימהון **היכמא** דמתמלל עם משה דמימרא NU 12:6
דלא תנסון ית ייי אלקכון **היכמא** דנסיתון בעישרתי ניסיונין: DT 6:16
ארום יתן מומא בחבריה **היכמא** דעבד היכדין יתעביד ליה: LV 24:19
ויתפרק ויתקרב קורבנכון: **היכמא** דעבד וסדר ית סדר LV 8:34
לפרגודא ויעביד לאדמיה **היכמא** דעבד לאדמא דתורא וידי LV 16:15
למדבחא: ויעביד לתורא **היכמא** דעבד לתורא דחטאתא LV 4:20
בליביה לית אנא עביד **היכמא** דעבד קין דקטל ית הבל GN 27:41
הדין דילמא יעבדון לי **היכמא** דעבדו לסיחן אזל ועקר NU 21:35
תוב למימחי ית כל דחי **היכמא** דעבדית: עוד כל יומי ארעא GN 8:21

וית ארעיה ותעביד ליה **היכמא** דעבדת לסיחן מלכא NU 21:34
לות פרעה ועבדו היכדין **היכמא** דפקד ייי וטלק אהרן ית EX 7:10
זימנא בשתא ועבד אהרן **היכמא** דפקד ייי ית משה: ומליל ייי LV 16:34
אתמניין בגו בני ישראל **היכמא** דפקד ייי ית משה: ועבדו בני NU 2:33
יתכון קיימין ודינין **היכמא** דפקדני ייי אלקי למעבד DT 4:5
דעבדית והוו תמן צניעין **היכמא** דפקדני ייי: ובני ישראל נטלו DT 10:5
וכדון טורו למעבד **היכמא** דפקיד ייי אלקכון יתכון לא DT 5:32
ועבדו היכדין משה ואהרן **היכמא** דפקיד ייי וארים בחוטרא EX 7:20
וימות תמן: ועבד משה **היכמא** דפקיד ייי וסליקו לטוורוס NU 20:27
קרבן עמא וכפר עליהון **היכמא** דפקיד ייי: וקריב אהרן LV 9:7
זימנא ועבדו בני ישראל **היכמא** דפקיד ייי ית משה היכדין EX 39:32
ידבקון בני ישראל::: **היכמא** דפקיד ייי ית משה הכדין NU 36:10
יתיה באבניא ומית **היכמא** דפקיד ייי ית משה: ואמר ייי NU 15:36
לאחויית גזירת דין **היכמא** דפקיד ייי ית משה: ואמר ייי NU 27:11
קדם ייי למטרא לדריכון: **היכמא** דפקיד ייי ית משה ואצנעיה EX 16:34
למדבחא מקדשין **היכמא** דפקיד ייי ית משה: ואקים EX 40:32
מבר עשרין שנין ולעילא **היכמא** דפקיד ייי ית משה ובני NU 26:4
ועבד משה ואלעזר כהנא **היכמא** דפקיד ייי ית משה: והות NU 31:31
על ארונא דסהדותא **היכמא** דפקיד ייי ית משה: ויהב ית EX 40:21
ואזלו ועבדו בני ישראל **היכמא** דפקיד ייי ית משה וית EX 12:28
ועבדו כל בני ישראל **היכמא** דפקיד ייי ית משה וית EX 12:50
חטאתא אסיק למדבחא **היכמא** דפקיד ייי ית משה: וית LV 9:10
ולמצלב ולמקבור **היכמא** דפקיד ייי ית משה: ומליל ייי LV 24:23
ית ידוי עלוי ופקדיה **היכמא** דפקיד ייי ית משה: ומליל ייי NU 27:23
דייי לאלעזר כהנא **היכמא** דפקיד ייי ית משה: ומפלגות NU 31:41
דדהבא כלילא דקודשא **היכמא** דפקיד ייי ית משה: ונסיב LV 8:9
למשה הוה לחולק **היכמא** דפקיד ייי ית משה: ונסיב LV 8:29
דמשכנא עלוי מן לעילא **היכמא** דפקיד ייי ית משה: ונסיב ית EX 40:19
קודשא די לאהרן כהנא **היכמא** דפקיד ייי ית משה: ועבד ית EX 39:1
אבני דוכרנא לבני ישראל **היכמא** דפקיד ייי ית משה: ועבד ית EX 39:7
חושנא מעילוי אפודא **היכמא** דפקיד ייי ית משה: ועבד ית EX 39:21
וצבע זהורי ובוץ שזיר **היכמא** דפקיד ייי ית משה: ועבדו ית EX 39:5
אהרן ארמא קדם ייי **היכמא** דפקיד ייי ית משה: ופרס LV 9:21
מתלת טריגונהא **היכמא** דפקיד ייי ית משה וקטלו NU 31:7
בנורא מברא למשריתא **היכמא** דפקיד ייי ית משה: וקרב ית LV 8:17
קרבנא הוא קדם ייי **היכמא** דפקיד ייי ית משה: וקריב ית LV 8:21
נטרי מטרת משכנא דייי **היכמא** דפקיד ייי ית משה: וקריבו NU 31:47
סידורין דלחים קדם ייי **היכמא** דפקיד ייי ית משה: ושוי ית EX 40:23
ואדלק בוציניא קדם ייי **היכמא** דפקיד ייי ית משה: ושוי ית EX 40:25
עלוי קטורת בוסמין **היכמא** דפקיד ייי ית משה: ושוי ית EX 40:27
ית עלתא וית מנחתא **היכמא** דפקיד ייי ית משה: ושוי ית EX 40:29
לעילא דתפילא דרישא **היכמא** דפקיד ייי ית משה: ושלימת EX 39:31
לתיבותא דכר ונוקבא **היכמא** דפקיד ייי ית נח: והוה לזמן GN 7:9
ועבד משה ואהרן **היכמא** דפקיד ייי יתהון היכדין EX 7:6
ולא ימותון: ועבד משה **היכמא** דפקיד ייי יתיה הכדין עבד: NU 17:26
וכל כנישתא: ועבד משה **היכמא** דפקיד ייי יתיה ודבר ית NU 27:22
ולבנך עימך לקיים עלם **היכמא** דפקיד ייי: תלתא צפיריא LV 10:15
ונוקבא מן כל בישרא עלו **היכמא** דפקיד יתיה ייי אלקים ואגן GN 7:16
ואצנעו יתיה עד צפרא **היכמא** דפקיד משה ולא סרי EX 16:24
דיהב ייי אלקכון לכון **היכמא** דפקידית יתכון ותיכלון DT 12:21
לחמא דבסל קורבניא **היכמא** דפקידית למימר אהרן ובנוי LV 8:31
דאבוי ובאיקרא דאימיה **היכמא** דפקידכון ייי אלקכון מן DT 5:16
ופריזאי וחיואי ויבוסאי **היכמא** דפקידכון ייי אלקכון: מן DT 20:17
כהניא דמן שיבט לוי **היכמא** דפקידתינון תינטרון DT 24:8
יומין תיכול פטירי **היכמא** דפקידתך לזמן ירחא EX 34:18
חילמיה פשר: והוה **היכמא** דפשר לנא כדין הוה יתי GN 41:13
קרבא מיגו משריתא **היכמא** דקיים ייי להון: ואוף מחא DT 2:14
וירחם עליכון ויסגינכון **היכמא** דקיים לאבהתכון: ארום DT 13:18
ייי אלקכון ית תחומכון **היכמא** דקיים לאבהתכון ויתן לכון DT 19:8
ייי לארעא דכנענאי **היכמא** דקיים לך ולאבהתך ויתנינה EX 13:11
פרעה סק וקבר ית אבוך **היכמא** דקיים עלך: וסליק יוסף GN 50:6
וית ארעא דיהבת לנא **היכמא** דקיימת לאבהתנא ארעא DT 26:15
ועבדת אימיה תבשילין **היכמא** דרחים אבוי: ונסיבת רבקה GN 27:14
צידא: ועיבד לי תבשילין **היכמא** דרחימית ותעיל לותי GN 27:4
קדם עמא דייי לקרבא **היכמא** דריבוני ממליל: ופקיד NU 32:27
דמצרים בתברותי יתהון **היכמא** דשמעו כל בירייתא ית קל EX 7:9
קיים דממלל מיגו אישא **היכמא** דשמעתון אתון ואתקיים: DT 4:33
מוהרא ומתנא ואיתן **היכמא** דתימרון לי והבו לי ית ריבא GN 34:12
דמתקבל ברעוא קדם ייי **היכמא** דתעבדון הכדין יעבד: קהלא NU 15:14
דפרעה ולא קביל מנהון **היכמא** ייי: ואמר ייי למשה איתקף EX 7:13
כיתונין: ותרבי יתהון **היכמא** ית אבוהון וישמשון קדמי EX 40:15
טלל שכינתי דימטול **היכמא** ערק מן פולחן טעותיה: DT 23:16
משה על פם מימרא דייי **היכמא** דאיתפקד: והוון איליין בני NU 3:16
וזילו פלחו קדם ייי **היכמה** דאמרתון: אוף ענכון אוף EX 12:31

לקדמותכון ורדפו יתכון **היכמה** דחררן וחיישן אורעייתא DT 1:44
יתהון תבשילין לאבוך **היכמה** די רחים: ותעיל לאבוך ויכול GN 27:9
יתה בין טב לבין ביש **היכמה** דיעלי כהנא היכדין יהי: ואין LV 27:12
ית ארעא סוקו ואחסינו **היכמה** דמליל ייי אלקכון לכון לא DT 1:21
למדברא אורח ימא דסוף **היכמה** דמליל ייי לי ואקיפנא ית DT 2:1
יתהון למיברא למשריתא **היכמה** דמליל ייי עם משה היכדין NU 5:4
זרעית ארעא: ואזל אברם **היכמה** דמליל ליה ייי ואזל עימיה GN 12:4
אנא עשו בוכרך עבדנא **היכמה** דמלילתא עמי קום כדון GN 27:19
בענני איקר שכינתיה **היכמה** דמסובר גבר ית בריה בכל DT 1:31
כהנא בין טב לבין ביש **היכמה** דמעלן כהנא היכדין יקום: LV 27:14
דעל כולייתא יעדינה: **היכמה** דמתפרש מתור ניכסת LV 4:10
אחתי יפקון תרין שיבטין **היכמה** דנפקו מן חדא מן אמהתה GN 30:21
קדמיהון ויתיבו באתרהון **היכמה** דעבד ישראל לארע DT 2:12
ייי פורענות דינא מנהון **היכמה** דעבד לסיחן ולעוג מלכי DT 31:4
מיעלכון למשכן זימנא **היכמה** דעבדו בנך דמיתו ביקידת LV 10:9
לחוד אעיבר בלחודיי: **היכמה** דעבדו לי בנוי דעשו דיתבין DT 2:29
וגמרנא ית קירויהון **היכמה** דעבדנא לסיחון מלכא DT 3:6
וית ארעיה ותעביד ליה **היכמה** דעבדת לסיחן מלכא DT 3:2
יתכון בסאוביכון יתה **היכמה** דפלטת ית עמא דקדמיכון: LV 18:28
על פום מימרא דייי **היכמה** דפקד ייי ית משה: ומליל ייי NU 3:51
חזור חזור לשמשא **היכמה** דפקד ייי ית משה: ועבדו ית EX 39:26
וצבע זהורי עובד ציור **היכמה** דפקד ייי ית משה: ועבדו ית EX 39:29
ארעא בארעא דפילוסין **היכמה** דפקד פרעה: וזן יוסף ית GN 47:11
ית חטר ניסיא מן קדם ייי **היכמה** דפקדיה: וכנישו משה ואהרן NU 20:9
אורח טוורא דאימוראה **היכמה** דפקיד ייי אלקנא יתנא DT 1:19
פולחנא והא עבדו יתה **היכמה** דפקיד ייי היכדין עבדו EX 39:43
משכן זימנא: ועבד משה **היכמה** דפקיד ייי ואיתכנישת LV 8:4
מנרתא אדליק בוצינהא **היכמה** דפקיד ייי ית משה: ודין NU 8:3
מיניה בני ישראל ועבדו **היכמה** דפקיד ייי ית משה: ולא קם DT 34:9
ועל מטוליה וסכומיה **היכמה** דפקיד ייי ית משה: ומליל ייי NU 4:49
שנין ולעילא לגולגלתהון: **היכמה** דפקיד ייי ית משה ומננון NU 1:19
קמורין וכבש להון כובעין **היכמה** דפקיד ייי ית משה: וקריב ית LV 8:13
דבני ישראל: ומנא משה **היכמה** דפקיד ייי יתיה ית כל NU 3:42
יומין תיכול פטירא **היכמה** דפקידתך לזמן ירחא EX 23:15
צלב דיעט למקטליה **היכמה** דפשר להום יוסף: ובגין GN 40:22
דייי קדמוי לעם קדיש **היכמה** דקיים לכון ארום תינטרון DT 28:9
ואתכנש לעמך אוף אנת **היכמה** דשכב אהרן אחוך בטוורוס DT 32:50
ית אוריתיה נטרינון **היכמה** דשכינה נטרא בבי דעייניה: DT 32:10
דפקדני ייי אלקי למעבד **היכנא** בגו ארעא דאתון עלין לתמן DT 4:5
די יהב ייי אלקכון לכון: **היכנא** תעבדון לכל קירויא דרחיקן DT 20:15
והיך רישי פיתוניא **הכדין** אינון אכזראין: הלא עובדיהון DT 32:33
היא מקרבניא דייי ארום **הכדין** איתפקדית: וית חדיא LV 10:13
עד דחמי בחדוות בריה **הכדין** אנא טרחית בעמא הדין DT 32:50
ארום היא כחטאתא **הכדין** אשמא הוא לכהנא קודש LV 14:13
לסיחון מלכא דחשבון **הכדין** גמרנא ית כל קירוויי גובריא DT 3:6
דקיים עלם הוא קדם ייי **הכדין** הוא לך ולבנך: ואמר ייי NU 18:19
ולא אתכוונית למעבד לך **הכדין** ואמר לא: וגלא ייי ית עינוי NU 22:30
ארום אנא הוא ייי ועבדו **הכדין**: ותנון אוקטריא דאזלו עם EX 14:4
בקרנוי ית חיות ברא **הכדין** יהוון בנוי דיוסף שלטין DT 33:17
כיפיא והכיומי טליותהון **הכדין** יהוון תקיפין בסיבותהון: לית DT 33:25
בריש עמא בעמא הדין **הכדין** יהי עליל ונפיק בעלמא דאתי DT 33:21
ולאסגאה יתכון **הכדין** יחדי מימרא דייי עליכון DT 28:63
ולקת ידיה בצורעא **הכדין** ימטי ליה: ואתרעמו כל NU 17:5
ייי אלקכון פריקין **הכדין** יעבד ייי אלקכון לכל עממיא DT 7:19
קדם ייי היכמא דתעבדון **הכדין** יעבד: קהלא כולא קיימא NU 15:14
גזירת פיסחא וכדחזי ליה **הכדין** יעבד קיימא חדא יהי לכון NU 9:14
לתרין מלכיא האילין **הכדין** יעביד ייי לכל מלכוותא DT 3:21
דחטאתא דכהנא רבא **הכדין** יעביד ליה ויכפר עליהון LV 4:20
מתפרקיד לאחוריה **הכדין** יקטיל שמשון בר מנוח ית GN 49:17
ולא בבר עממין יעבד **הכדין** ית אילין ניסוכייא לקרבא NU 15:13
דמתקבל ברעוא קדם ייי: **הכדין** יתעבד לתורא חד או NU 15:11
יתיה חייתא כד מחתך **הכדין** כד הוינן בארעא דמצרים NU 12:12
היכמא דאנא קיים **הכדין** לא אבטיל שבועתי לעלמין: DT 32:40
למפלוח בבוכרא דתוריה **הכדין** לית אפשר לבנוי דיוסף DT 33:17
לסטר מדבחא דייי אלקך **הכדין** ליתיכון רשאין למזווגא DT 16:21
רשאין למיקמא קמא **הכדין** ליתיכון רשאין למנאה DT 16:22
תעביד לאימר חד **הכדין** לשובעא אימרין: וצפירא NU 28:21
עישרונא לאימרא חד **הכדין** לשובעא אימרין: צפיר בר NU 29:10
ועשרונא חד לאימרא חד **הכדין** לשובעת אימרין: וצפיר בר NU 29:4
בקניא חד חיזור ושושן **הכדין** לשיתא קנין דנפקין מן EX 37:19
נפשתא דיעבדן **הכדין** מגו עממין: ותיטרון ית LV 18:29
בת נשא מחמש מאה **הכדין** מן תורי ומן חמרי ומן ענא: מן NU 31:28
ית כל דמליל ייי לעבדך **הכדין** נעביד: נחנא נעיבר מזרזין NU 32:31
כחיזו דאחזי ייי ית משה **הכדין** עבד בצלאל ית מנרתא: NU 8:4

היכמא דפקיד ייי יתיה **הכדין** עבד: ואמרו בני ישראל למשה NU 17:26
סטר חד בגו סטר חד **הכדין** עבד לכל לוחי משכנא: ועבד EX 36:22
לארעא דיהב להון ייי: **הכדין** עבדו אבהתכון כד שלחית NU 32:8
מה די פקיד ייי ית משה **הכדין** עבדו בני ישראל: והוו גובריא NU 9:5
מה דפקד ייי ית משה **הכדין** עבדו בני ישראל ית כל EX 39:42
דפקיד ייי ית משה **הכדין** עבדו בנת צלפחד: והוואה NU 36:10
ככל דפקד ייי ית משה **הכדין** עבדו: ומליל ייי עם משה ועם NU 1:54
ייי ית משה על ליואי **הכדין** עבדו להון בני ישראל: NU 8:20
יהי עלה נייח רוחא ויצדון **הכדין** עלה סנאיכון דשריין בה: LV 26:32
לטעוותהון למימר **הכדין** פלחין עממיא האילין DT 12:30
מה דפקד ייי ית משה **הכדין** שרן לטיקסיהון והכדין NU 2:34
וגדיי דתעבדון קרבנא **הכדין** תעבדון לכל חד וחד לפום NU 15:12
מכוונן ציטר חד בגו חד **הכדין** תעביד לכל לוחי משכנא: EX 26:17
מטרא ופולחנא לא יפלח **הכדין** תעביד לליואי עד תיעלון NU 8:26
כמא דמפרשין מן אידרא **הכדין** תפרשון יתה: מן שירוי NU 15:20
דמליתא מן מעצרתא: **הכדין** תפרשון לחוד אתון NU 18:28
בכל ריגוג נפשיכון: ברם **הכמא** דמתאכל בישרא דטביא DT 12:22
ועל שיפמיה יהי מעטף **והי** כאבילא יהי לביש וכרוזא מכריז LV 13:45
עיבורא מן גוא אידרא **והי** כאפרשות חמרא מיגו מעצרתא: NU 18:30
יהי שמיה מברך הי כזיקין **והי** כברקין והי כשלהוביין דינור EX 20:2
יהי שמיה מברך הי כזיקין **והי** כברקין והי כשלהוביין דנור EX 20:3
באולפן אורייתא **והי** כגנין שתילין על פרקטוני נהרין NU 24:6
עימי היכדן דאיתמלי **והי** כדקדמוי ואלקא דאיבא הוה GN 31:5
לקיבליה כדאיתמלי **והי** כדקדמוי: ואמר ייי ליעקב תוב GN 31:2
ית בנך ככוכבי שמיא **והי** כחלא דעל כיף ימא ויירתון בנך GN 22:17
הי כעיבורא מן אידרא **והי** כחמרא דמליתא מן מעצרתא: NU 18:27
ושרי בתקוף הי כאריא **והי** כליתא דכד נח מן יקימיניה: לא GN 49:9
ליבנין הי כמאיתמלי **והי** כמדקדמוי אוף איתמלי אוף EX 5:14
לבניא הי כמאיתמלי **והי** כמילקדמוי הינון יזלון ויגבבון EX 5:7
הי כמנחת צפרא **והי** כניסוכא תעבד לה לאתקבלא EX 29:41
הי כדורונא דצפרא **והי** כניסוכיה תעביד קרבן NU 28:8
בה לא תעבדון **והי** כעובדין בישין דעמא דארעא LV 18:3
הי כזיקין והי כברקין **והי** כשלהוביין דינור למפד דנור מן EX 20:2
הי כזיקין והי כברקין **והי** כשלהוביין דנור למפד דנור מן EX 20:3
הי כחדיא דארמותא **והי** כשקא דימינא דילך יהי: כל NU 18:18
ברעוא הי כאכלין **והי** כשתיין: ואמר ייי למשה סוק EX 24:11
זויה הי כעובד אבן טבא **והי** כתקוף שפר שמיא כד הינון EX 24:10
דסוף ובמרה וברפידים **והיך** אגח עמהון עמלק ושיזבינון ייי: EX 18:8
קדמיי חשוכא כנהורא **והיך** אנת סבר בליבך לאיטמרי מן GN 3:9
סדר ברכתא מן יד אחוי **והיך** אתגלי ליה ייי בביתאל והיך GN 29:13
במשמעהון דכל חד וחד **והיך** הוו נפקין מן גוא בעוריא וית EX 20:18
והיך נדרית אבנא **והיך** טפת בירא וסליקת לאנפוי GN 29:13
אתגלי ליה ייי בביתאל **והיך** נדרית אבנא והיך טפת בירא GN 29:13
דישתון ביום פורענותהון **והיך** רישי פיתוניא הכדין אינון DT 32:33
הי כדינרא דאישא **והיכדין** אמר ליה כדין ינתנון כל EX 30:13
ברם הא אינתתך היא **והיכדין** אמרת אחתי היא ואמר ליה GN 26:9
עמודיא וכיבושיהון כסף: **והיכדין** לרוח ציפונא באורכא EX 27:11
בקל צלותי ויהב לי בר **והיכדין** עתיד למידן על יד שמשון GN 30:6
ילידית ליה תלתא בנין **והיכדין** עתידין בנוי למיהויהון GN 29:34
דיהבית אמתי לבעלי **והיכדין** עתידין בנוי לקבלא אגר GN 30:18
משכנא וית צורת כל מנוי **והיכדין** תעבדון: ויעבדון ארונא EX 25:9
ית רבקה בהדיה וטייל **והיכמא** דאיתקטעא ליה אורחא GN 24:61
ספריהון דישראל גניז **והיכמא** דהוה עליל ונפיק בריש DT 33:21
לי למפרק יתי מכל בישא **והיכמא** דכוורי ימא סגי ומסתגי GN 48:16
ית טאנוס וית פילוסין: **והיכמא** דמעניין להון היכדין הוון EX 1:12
לאתעובדא לא תעבדון **והיכמא** דנדרתון תשלמון חטאתא DT 23:24
עליהון טול שכינתיה **והיכמא** דנישרא פריס גדפוי על בנוי DT 32:11
היכמא דמליל לכון **והיכמא** דקיים לאבהתכון לאברהם DT 29:12
ביני מלכוותא **והיכמא** דרימנא מנגח בקרנוי ית DT 33:17
הדין כסגיאות טבוותך **והיכמא** דשיריתא לעמא הדין מן NU 14:19
ארום כדון ירחמנני בעלי **והיכמה** דאיתגלי קדם ייי עולבני GN 29:32
לכון ית דתעבדון לכון: **והיכמה** דליתיכון רשאין למיקמא DT 16:22
דלא קריבנא בך לביש **והיכמה** דעבדנא עימך לחוד טב GN 26:29
להון היכדין הוון סגן **והכדין** הוון תקפין ואיתיעקו EX 1:12
באנפי נפשנא הי כקמצין **והכדין** הוינא דמיין באנפי נפשהון: NU 13:33
לכל חטאיהון **והכדין** יעביד למשכן זימנא דשרי LV 16:16
בני ישראל לא קבילו מיני **והכדין** יקביל מיני פרעה ואנא קשי EX 6:12
אנא ויהב לי אוף ית דין **והכדין** ישתמע קדמוי קלהון דבניי GN 29:33
ואנא להן אנא אתי **והכדין** נחמי סבר אפוי דאבא:: ושדרו GN 37:30
הכדין שרן לטיקסיהון **והכדין** נטלין גבר לזרעיתיה לבית NU 2:34
לך מארעא דכנען **והכדין** ניגנוב מבית ריבונך מנין GN 44:8
כנש ייי ית חיסודי **והכדין** עתיד יהושע בריה דיוסף GN 30:23
יתי ייי בארע סיגופי **והכדין** עתיד למתקוף בית אבא GN 41:52
כאחתי אוף יהב לי תרין **והכדין** עתידין בנוי לאתפרקא מן GN 30:8
ילידת ליה שיתא בנין **והכדין** עתידין בנוי לקבלא חולק GN 30:20
שבחו לי בנת ישראל **והכדין** עתידין בנוי לשבחא קדם ייי GN 30:13
ואמר תוב לות בלק **והכדין** תמליל: ואתא לותיה והא NU 23:16
ואמר תוב לות בלק **והכדין** תמליל: ותב לותיה והא NU 23:5
יתיה ותתיביניה ליה: **והכדין** תעבד לחמריה והכדין DT 22:3
והכדין תעבד לחמריה **והכדין** תעבד לכסותיה והכדין DT 22:3
והכדין תעבד לכסותיה **והכדין** תעביד לכל אבידתא דאחוך DT 22:3
לטיילא על שיני כיפיא **והכיומי** טליותהון הכדין יהוון DT 33:25

הילולא (2)

ואותיב בכילתא וגנונא **דהלולא** ית יוכבד אינתתיה דתריך EX 2:1
שנין וחזא לכילת **הילולא** וארד דנחת למצרים: אילין GN 46:21

הינא (14)

פתיך במשח זיתא פלגות **הינא:** וחמר עינבא לניסוכא פלגות NU 15:9
במשח זיתא תלתות **הינא:** וחמר עינבא תלתות הינא NU 15:6
וניסוכי חמר עינבי רבעות **הינא:** ולחים וקלי ופירוכיין חדתין LV 23:13
זיתא כתישא רבעות **הינא** וניסוכא רבעות הינא לאימרא EX 29:40
דמתקרב עמהון פלגות **הינא** יהי לתורא ותלתות הינא NU 28:14
קדם ייי: וניסוכיה רבעות **הינא** לאימר חד במני בית קודשא NU 28:7
הינא וניסוכא רבעות **הינא** לאימרא חד: וית אימרא EX 29:40
הינא לדיכרא ורבעות **הינא** לאימרא חמר עינבי דא עלתא NU 28:14
הינא יהי לתורא ותלתות **הינא** לדיכרא ורבעות הינא לאימרא NU 28:14
עשרונא פתיכא ברבעות **הינא** משח זיתא: וחמר עינבא NU 15:4
זיתא כתישא רבעות **הינא:** עלת תדירא היכמא דהות NU 28:5
עינבא לניסוכא פלגות **הינא** קורבן דמתקבל ברעוא קדם NU 15:10
עינבא לניסוכא רבעות **הינא** תעבד על עלתא או לניכסת NU 15:5
וחמר עינבא תלתות **הינא** תקריב בסיפלי לניסוכא מטול NU 15:7

הכא (30)

רבתא: וכדון אסחרו בבעו **הכא** אוף אתון בלילייא ואנדע מה NU 22:19
קיים לי במימרא דייי **הכא** אין תשקר בי ובברי ובביר בירי GN 21:23
ארום אמרת הא ברם **הכא** איתגליאת יקר שכינתא דייי GN 16:13
בלק: ואמר להון ביתו **הכא** בליליא ואתיב יתכון פיתגמא NU 22:8
עתיד למתקוף בית אבא **הכא** בסיגופיהום: ושלימן שבע שני GN 41:52
דין מכל יומיא דהויתון **הכא:** ואמר ליה חילמא חלימנא GN 40:7
עלתך ואנא אתארע עד **הכא:** וארע מימר מן קדם ייי בבלעם NU 23:15
נחתית לאיתותבא **הכא** ולא אדביקו יומיי יומי שני חיי GN 47:9
לקרבא ואתון תיתבון **הכא:** ולמא תבטלון רעות בני NU 32:6
דירין דעאן נבני לבעירנא **הכא** וקרוין לטפלנא: ואנחנא נזדרז NU 32:16
לך בקרתא קריב או אחא **הכא** חתנך בנך ובנתך הנפק מן GN 19:12
היכמא דאנן עבדין **הכא** יומא דין גבר כל דכשר בעינוי: DT 12:8
עימנא אנחנא אילין **הכא** יומא דין כולנא חיין וקיימין: DT 5:3
וכן אמר משה נביא **הכא** יפתח ייי לכון ית אוצריה טב DT 28:12
מן ארעא דעיבראי ואוף **הכא** לא עבדית מדעם ביש ארום GN 40:15
האילין דמיפרשין **הכא** ליום דכותיה: ומליל ייי עם LV 14:32
רביעאה דבנך יתובון **הכא** למירתא ארום לא שלום חובא GN 15:16
אתרא אמרו לא הות **הכא** מטעיתא: ואמר יהודה תיסב GN 38:22
על אורחא ואמרו לא הוה **הכא** מטעיתא: ותב לות יהודה GN 38:21
אמר אמתינו לנא **הכא** עד זמן דנתוב לותכון והא EX 24:14
כולהון הינון קיימין **הכא** עימן יומנא: ארום אתון ידעתון DT 29:14
כולהון הינון דקיימין **הכא** עימנא יומנא קדם ייי אלקנא DT 29:14
ואמר לבלק אתעתד **הכא** על עלתך ואנא אתארע עד NU 23:15
לעולימוי אוריכן לכון **הכא** עם חמרא ואנא ועולימא GN 22:5
בדייתי אחוכון קלילא **הכא:** פטרו מנכון חד וידבר ית GN 42:15
ואמר בלעם לבלק בני לי **הכא** שבעא אגורין ועתד לי הכא NU 23:29
שובעא אגורין ועתד לי **הכא** שבעא תורין ושבעא דיכרין: NU 23:1
ואמר לבלק בני לי **הכא** שובעא אגורין ועתד לי הכא NU 23:1
שבעא אגורין ועתד לי **הכא** שובעא תורין ושובעא דיכרין: NU 23:29
אמרין אין שהיין הינון **הכא** שעתא חדא הא כולנא מייתין: EX 12:33

הכי (3)

עלת ובריכתיה ואפילו **הכי** בריך יהי: כדי שמע עשו ית GN 27:33
וסתמין יתהון ובתר **הכי** חרכי שמיא איתפתחו: והוה GN 7:11
שקיפן קידום הם **הכי** מבשרן דייהויין שבע שני כפנא: GN 41:27

הלא (39)

לנא ונעבדינה: ולא מן **האל** לעיבר ימא רבא היא למימר DT 30:13
רוגזא דייי במשה ואמר **הלא** אהרן אחוך לוואי גלי קדמי EX 4:14
יומין ואמר ישראל ליוסף **הלא** אחך רעו בשכם ודחיל אנא GN 37:13
איקונין דאנפך: **הלא** אם תייטיב עובדך ישתביק לך GN 4:7
ענה יתהום ראובן ואמר **הלא** אמרית יתכון למימר לא GN 42:22
עימיה בדמות גבר ואמר **הלא** אמרת לעשרא כל דילך והא GN 32:25
או פתיחא או סמיא **הלא** אנא ייי: וכדון איזל ואנא EX 4:11
בליבך לאיטמרי מן קדמי **הלא** אתר דאנת דאת מיטמר ביה GN 3:9
ללבן מה דא עבדת לי **הלא** בגין רחל פלחית עימך ולמא GN 29:25
ואמרו קריב להלא ואמרו **הלא** בלחודוי אתא דין לאיתותבא GN 19:9
מעברא לזנו ואמר יהודה **הלא** בת כהין היא הנפקוהא GN 38:24
גבורתא דייי וימרון **הלא** גיבריא דהוו מלקדמין מרדו GN 14:13

בישתא חולף טבתא: **הלא** דין דהוה שתי ריבוני ביה והוא GN 44:5
לנא להנפוקתנא ממצרים: **הלא** דין הוא פיתגמא דמלילנא EX 14:12
וניכסיהון וכל בעיריהום **הלא** דלנא הינון ברם נתפייס להום GN 34:23
למזכי בדינא אתקטיל: **הלא** הוא אמר לי דאחת היא והיא GN 20:5
חייבין ואם עבדין תתובא **הלא** הינון קדמיי זכאין כמא דלא GN 18:21
באברם אמר בליבהון **הלא** הרן אחוי דאברם מלא קוסמין GN 11:28
מה עובדא הדין דעבדתון **הלא** ידעתון ארום מטיירא יטייר GN 44:15
ולמישתציה מגו עלמא **הלא** יהבית רוח קדשי בהום מן GN 6:3
ארום גוברין אחין אנחנא: **הלא** כל ארעא קדמך אתפרש כדון GN 13:9
אלקים לאדם ואמר ליה **הלא** כל עלמא דבריתי גלי קדמיי GN 3:9
מן דידי ית אברם: **הלא** לית לי רשו בכולא עדאה דבר GN 14:24
יתך לגבר רב ודיין עלנא **הלא** למיקטלי אנת אמר כמה EX 2:14
לית ליה ואמר להון יוסף **הלא** מן קדם ייי פושרן חילמיא GN 40:8
ואחסנא בבית אבונא: **הלא** נוכריתא איתחשבנא ליה GN 31:15
אישתזיב כדון תמן **הלא** ציבחר היא ותתקיים נפשי: GN 19:20
כדון קביל בירכתי ואמר **הלא** שבקתא לי בירכתא: ואתיב GN 27:36
מיכליה ומן ארבע שעין **ולהאל** שחין שימשא עילוי והוה EX 16:21
עימהון מעיברא ליורדנא **ולהלא** ארום מטת אחסנתנא לנא NU 32:19
דמשה מן יומא דפקיד ייי **ולהלא** לדריכון: ויהי אין מן מחמי NU 15:23
נפיל ומיומא תמינאה **ולהלאה** יתרעי לקרבא קרבנא LV 22:27
יקידיא וית אישתא בדרי **להאל** ארום אתקדשא: ית מחתיית NU 17:2
ומתמן נטלו ושרו מן **להאל** לארנון במעברא דבמדברא NU 21:13
בקרסוליה ונפל ומית מן **להאל** למשריתא דישראל דהכין NU 21:35
הדא דילי: ואמרו קריב **להלא** ואמרו הלא בלחודוי אתא GN 19:9
יעקב ופרס למשכניה מן **להלא** למוגדלא דעדר אתרא GN 35:21
סגיאין וישרון בשליותא **להלאן** עיבר יורדנא דכדין אתרעון GN 49:19
דעיבל: הלא הינון יהיבין **מלהלא** ליורדנא אחורי אורח DT 11:30

הלך (147)

ייי בידיה: ואמר ייי למשה **במהכך** למתוב למצרים חמי כל EX 4:21
ידיכון סופיק צורכיכון **במיהכך** במדברא רבא הדין דנן DT 2:7
בוכרא דאימיה ואשבל **דהליך** בשיביתא גרא דאיתגר GN 46:21
דאתנטרו כד חיין עד זמן **דהליך** יתהון בכל משירייתא מן NU 25:8
מן גובריא האינון **דהליכו** לאללא ית ארעא: ומליל NU 14:38
דשקרו במימרי ואוף **דהליכו** עימי בעראי: ברם אנא אדכר LV 26:40
ית נחל טרווייא: ויומיא **דהליכנא** מן רקם גיעא עד דעברנא DT 2:14
גבר ית בריה בכל אורחא **דהליכתון** עד זמן מיתיכון עד DT 1:31
אעביד פרישן להון בזמן **דיהכון** בשבייתא על נהרוות בבל EX 34:10
הדין: ואמר אמתן עד **דיהכון** סבר אפין דרוגזא ומן בתר EX 33:14
עימי לכל אתרא **דינהך** לתמן אימרי עלי דאחי הוא: GN 20:13
מתמן לחוד משיריתא **דמהלך** בקצתיה תחמיה וכולהון NU 23:13
תליתאה דיגלת הוא **דמהלך** למדנח אתור ונהרא רביעא GN 2:14
וכל ריחשא דעופא **דמהלך** על ארבע זני דיבבי וזני LV 11:20
מן כל ריחשא דעופא **דמהלך** על ארבע כל דאית ליה LV 11:21
וכל דמהלך על מעוי וכל **דמהלך** על ארבע מן חיויא ועד נדל LV 11:42
הוא לא יתאכיל: וכל **דמהלך** על מעוי וכל דמהלך על LV 11:42
על ידוי בכל חייתא **דמהלכא** על ארבע מסאבין הינון LV 11:27
ית סבר אפוי בדורונא **דמהלכא** קדמי ומבתר כן נחמי GN 32:21
וחמא מתמן משיריין דן **דמהלכין** בקצת עמא דאתפרסמו NU 22:41
ואיטרינך בכל אתר **דתהך** ואתיבינך לארעא הדא ארום GN 28:15
לאנהרותכון באורחא **דתהכון** בה ועמודא דעננא בימּמא: DT 1:33
ויארעיניה מותא באורחא **דתהכון** בה ותחתון ית סיבתי בדווי GN 42:38
לקביל אפיכון באורחכון **דתהלכון** עד זמן די תמטון לבית EX 10:10
דינא: ותעבדון על מימר **הילכת** אורייתא דיחוון לכון מן DT 17:10
כהילכת חטאתא היכדין **הילכת** אשמא אורייתא חדא להון LV 7:7
וסדר קדמיהון כאורח **הילכת** ברייית עלמא והוא משמש GN 18:8
אורייתא דילפונכון ועל **הילכת** דינא דיימרון לכון תעבדון DT 17:11
מנהון ויחוון לכון ית **הילכת** דינא: ותעבדון על מימר DT 17:9
לתמן קטולא: ודין **הילכת** קטולא דיערוק לתמן וייחי DT 19:4
שמיטתא: ודין אחוית **הילכת** שמיטתא אשמיטו כל בר DT 15:2
וקמו בחוצפא ואורו **הילכתא** באנפי דמשה על עיסק NU 16:2
אנא הוא דאתעלמת **הילכתא** מיני ואהרן אחי אדכר LV 10:20
בר אהרן כהנא ואידכר **הילכתא** עני ואמר מאן דיקטול NU 25:7
ביומא טבא: וכדא **הילכתא** תיכלון יתיה בזימנא דא EX 12:11
ויצבע לבושוי וידכי: ואם **הלוכי** הליך פיסיונא דקלופי LV 13:7
תלתין ושית מילין **הליך** ביומא ההוא והוא הוה מידבר NU 10:33
דלא חכים ית יוסף ולא **הליך** בנימוסוי: ואמר לעמיה הא EX 1:8
ייי לברכא ית ישראל ולא **הליך** זמן בתר זמן לקדמות קוסמיא NU 24:1
בדרוהי בדחלתא דייי **הליך** נח: ואולד נח תלתא בנין ית GN 6:9
וייתי כהנא ויחמי והא **הליך** פיסיון מכתשא בביתא LV 14:44
כהנא וייחמי והא לא **הליך** פיסיון מכתשא בביתא בתר LV 14:48
שביעאה ויחמי והא **הליך** פיסיון מכתשא בכותלי ביתא: LV 14:39
ביומא שביעאה ארום **הליך** פיסיון מכתשא בלבושא או LV 13:51
ואין יחמי כהנא והא לא **הליך** פיסיון מכתשא בלבושא או LV 13:53
ביומא שביעאה והא לא **הליך** פיסיון מכתשא ולא הוה ביה LV 13:32
ביומא שביעאה והא לא **הליך** פיסיון ניתקא במשכא וחיזויה LV 13:34
ויחמיניה כהנא והא **הליך** פיסיון ניתקא במשכא לא LV 13:36
מכתשא קם כד הוה לא **הליך** פיסיונא דמכתשא במשכא LV 13:5
והא עמא מכתשא לא **הליך** פיסיונא דמכתשא במשכא LV 13:6
לבושוי וידכי: ואם הלוכי **הליך** פיסיונא דקלופי דמיטפלא LV 13:7
מן כד הוה ומכתשא לא **הליך** פיסיוניה מסאב הוא בנורא LV 13:55
בהון עד חד: ובני ישראל **הליכו** ביבשתא בגו ימא ומיא להון EX 14:29
ית מוי דימא ובני ישראל **הליכו** ביבשתא בגו ימא ותמן EX 15:19
גושמיכון וריגליכון לא **הליכן** מייחפן דנן ארבעין שנין: DT 8:4
לכהנא: ויחמי כהנא והא **הליכת** פיסיונא דקלופי מיטפלא LV 13:8
באתרא קמת בהקי לא **הליכת** פיסיונא צולקת שיחנא היא LV 13:23
באתרא קמת בהקי לא **הליכת** פיסיונתא במשכא והיא LV 13:28
כהנא שובעא יומין: ואין **הלכא** תהליך פיסיונא במשכא LV 13:22
כהנא ביומא שביעאה אין **הלכא** תהליך פיסיונא במשכה LV 13:27
ויצבע לבושוי וידכי: ואין **הלכא** תהליך פיסיונתא דנתקא LV 13:35
לבלק איתעתד על עלתך **ואיהך** דילמא יזדמן מימרא דייי NU 23:3
ואמר ללבן שלחני **ואיהך** לאתהי ולארעי: הב לי ית GN 30:25
מיעסוקכון בחיתונכון **ובמהכיהון** באורחכון ובפניא סמיך DT 6:7
בבתיכון עם חיתונכון **ובמהככון** באורחא ובפניא סמיך DT 11:19
אורחא דיפקדון למריעין **ודיהכון** למקבור מיתייא ולמיגמול EX 18:20
אודניכון בזמן יומא הדין: **והליכית** יתכון ארבעין שנין DT 29:4
נפשתא: ונטלנא מחורב **והליכנא** ית כל מדברא רבא DT 1:19
יתכון מביניהון בני חרי **והלכית** יתכון בקומא זקיפא: ואין LV 26:13
כמהלך יומא לציפונא **וכמהלך** יומא לדרומא וכרום תרתין NU 11:31
למהוי לכון לאלקא **ולמהך** באורחן דתקנן קדמוי DT 26:17
למירחם ית ייי אלקכון **ולמהך** באורחן דתקנן קדמוי כל DT 19:9
למירחם ית ייי אלקכון **ולמהך** באורחן דתקנן קודמוי DT 30:16
למרע: אין יקום ממרעיה **ומהליך** בשוקא על מורניתיה ויהי EX 21:19
שפירן הינון וכסלן ופקסן **ומהלכן** בגילוי בישרא והרהירו ליזנו GN 6:2
ביה וקבל: ואמר נטייל **ונהך** ואזיל לקיבלך עד דתימטי לבי GN 33:12
מביתיה: ונפקת מבייתיה **ותהך** ותהי לגבר חורן: ואכריזו עלה DT 24:2
ויהון פריטי צרירין בידך **ותהך** לאתרא דיתרעי ייי אלקכון DT 14:25
ותתפני בצפר מיפק חגא **ותהך** לקרווך: ביומא קמא תקרבון DT 16:7
ית פיקודי דייי אלקכון **ותהכון** באורחן דתקנן קדמוי: DT 28:9
ית דחלתא דייי אלקכון **ותהכון** בתר טעוות עממיא DT 8:19
ושזוגו ריגליכון ותקדמון **ותהכון** לאורחתכון ואמר לא ארי GN 19:2
יהיב לכון ותשוון בסלא **ותהכון** לארעא דיתרעי ייי אלקכון DT 26:2
לא תיתרדון קדמי **ותהכון** קדמי בעראיי: ואידכר אוף LV 26:23
תשמעון לאולפן אורייתי **ותהלכון** קדמיי בעראי: ואידכר אוף LV 26:27
מחוביה וליביה תביר **יהך** ויתוב לבייתיה דילמא יתקבלון DT 20:8
ביה מזוזתא לשכללותיה **יהך** ויתוב לביתיה דילמא יגרום DT 20:5
פרקיה מן כהנא ואחליה **יהך** ויתוב לביתיה דילמא יגרום DT 20:6
איתתא ולא נסבה **יהך** ויתוב לביתיה דילמא יגרום DT 20:7
ואין לציד בריה זמין יתה **כהילכת** בנתא דישראל יעבד לה: EX 21:9
כהילכת ריבונתיה וזעירא **כהילכת** זעירותיה והוה נקיט כסא GN 43:33
בשירויא לחטאתא ולא **כהילכת** חטאתא דתורא ודאימר LV 5:10
קודש קודשין היא: **כהילכת** חטאתא היכדין הילכת LV 7:7
וקריב ית עלתא ועבדא **כהילכת** עלתא דקריב אמטולתיה: LV 9:16
אכלין: ואחזרו קדמוי רבא **כהילכת** ריבונתיה וזעירא כהילכת GN 43:33
דהבא: ותקים ית משכנא **כהילכתא** דאיתחמיתא בטוורא: EX 26:30
דחמיין יתיה ויכסון יתיה **כהילכתא** כל קהל כנישתא EX 12:6
דיתרעי ייי: ותעבד **כהילכתא** עלוותך בישרא ואדמא DT 12:27
ותיתן כסא דפרעה בידיה **כהילכתא** קמאה דהוית מזוגיה: GN 40:13
דתרי דופנייהא **כהילכתהון** ותליתייא עד פושכא LV 23:42
עוף תניין יעבד עלתא הי **כהלכת** עופא דאיתבחר בשירויא LV 5:10
קרבן חובת עמא דלא **כהלכתיה** ויקרב בגין חובתיה תור LV 4:3
על דין דזעיר במשריתא **כמהלך** יומא לציפונא וכמהלך יומא NU 11:31
וית קיימיי תיטרון **להלכא** בהון אנא ייי אלקכון: LV 18:4
ית פיקודיא דייי אלקכון **למהך** באורחן דתקנן קדמוי DT 8:6
מן קדם ייי אלקכון **למהך** בכל אורחן דתקנן קדמוי DT 10:12
למרחם ית ייי אלקכון **למהך** בכל אורחן דתקנן קדמוי DT 11:22
יומנא לימינא ולשמאלא **למהך** בתר טעוות עממיא DT 28:14
גבר די מזמן מן אשתקד **למהך** למדברא דצוק דהוא בית LV 16:21
דפקידכון ייי אלקכון **למהלכא** בה ותפלון עבדי בישתא DT 13:6
מרבייני ביתיה ולא צבו **למהלכא** עמיה ובחר מינהון ית GN 14:14
ותחום ארעא דמצרים **מהלך** ארבע מאה פרסי הוות EX 12:31
פרוע ועל ספריא יהוי **מהלך** ועל שיפמיה יהי מעטף והי LV 13:45
על חובת עיגל דהבא: **מהלך** חדיסר יומין מחורב מאורח DT 1:2
במציעות גינוניתא רומיה **מהלך** חמש מאה שנין ואילן GN 2:9
ונטלו מטוורוס אומנוס **מהלך** ימא דסוף לאחזרא ית ארעא NU 21:4
עימיה ורדף בתרוי **מהלך** שובעא יומין וארע יתיה GN 31:23
ויהב בידא דבנוי: ושוי **מהלך** תלתא יומין ביני עניה וביני GN 30:36
ומרגלין ואזלו מבתר כדין **מהלך** תלתא יומין במדברא דאיתם NU 33:8
עלנא וכדון נזיל כדון **מהלך** תלתא יומין במדברא ונדבח EX 3:18

שמיה עלנא נטייל כדון **מהלך** תלתא יומין במדברא ונדבח EX 5:3
עלוי איקר שכינתא דייי **מהלך** תלתא יומין וארון קיימא NU 10:33
קדם משריתא דישראל **מהלך** תלתא יומין לאתקנא להון NU 10:33
הוא לאטלא יתן באבנין: **מהלך** תלתא יומין נטייל במדברא EX 8:23
ייי אלקכון שכינתיה **מהלכא** בימצע משירייתכון DT 23:15
קרב ארום לית שכינתי **מהלכא** ביניכון ולא תיתברון קדם DT 1:42
ואמר ליה אין לית אפין **מהלכא** מינגא לא תסליקיננא מיכא EX 33:15
על ארעא והות תיבותא **מהלכא** סחיא על אנפי מיא: ומיא GN 7:18
פרח על אנפי ארעא והוו **מהלכין** בהון עד פרתהון מטול דלא NU 11:31
יתהון בקשייו והוון **מהלכין** ושריין מן בתריהון ואמרו EX 14:25
הוו בנתהון דשלטוניא **מהלכן** על שורייא ושדיין לקמך GN 49:22
דמליל עימכון למימר **נהך** בתר טעות עממיא דלא DT 13:3
עלך כנפשך ברז למימר **נהך** וניפלח לטעוות עממיא דלא DT 13:7
ית יתבי קרתיכון למימר **נהך** וניפלח לטעוות עממיא דלא DT 13:14
אשכחית רחמין קדמך ייי **תהך** כדון שכינת יקרך ייי בינגא EX 34:9
לתמן למיתב בה: ולא **תהכון** בנימוסי עממיא דאנא מגלי LV 20:23
בקשוט תומון: לא **תהכון** בתר טעוות עממייא מנחלת DT 6:14
ייי: אין בקיימי אורייתי **תהכון** וית סידרי דיניי תינטרון LV 26:3
בתר פולחנא דייי אלקכון **תהכון** ויתיה תידחלון וית פיקודוי DT 13:5
תעבדון ובנימוסיהון לא **תהכון**: ית סידרי דיניי תעבדון וית LV 18:3
דפקיד ייי אלקכון יתכון **תהכון** מן בגלל דתיחון ויוטב לכון DT 5:33
בעיני מצראי ויהי ארום **תהכון** מן תמן פריקין לא תהכון EX 3:21
ברא יקלח פירוי: ואין **תהכון** עימי בעראי ולא תצבון LV 26:21
תהכון מן תמן פריקין לא **תהכון** ריקנין: ותישאל איתתא מן EX 3:21
שובעא יומין: ואין הלכא **תהליך** פיסיונא במשכא ויסאב LV 13:22
שביעאה אין הלכא **תהליך** פיסיונא במשכה ויסאיב LV 13:27
לבושוי וידכי: ואין הלכא **תהליך** פיסיונתא דנתקא במשכא LV 13:35

הלכא (6)
לא אתון שדרתון יתי **הלכא** אלהין מן קדם ייי איסתקף GN 45:8
ארום זבינתון יתי **הלכא** ארום לקיימא יתכון שדרני GN 45:5
דחמיתון ותוחון ית אבא **הלכא**: ואתרכין על פריקת צוורי GN 45:13
ככיה ושיניה פמיה **הלכא** והלכא אזל משה ונסב נרגא NU 21:35
האנא: ואמר לא תקרב **הלכא** שלוף סינך מעל ריגלך ארום EX 3:5
ככיה ושיניה פמיה הלכא **והלכא** אזל משה ונסב נרגא ברת NU 21:35

הלכשוש (2)
דמי הלכשוש חולף **הלכשוש**: וארום ימחי גבר ית עינא EX 21:25
פודעא חולף פודעא דמי **הלכשוש** חולף הלכשוש: וארום EX 21:25

המיין (8)
ית איפודא וזריז יתיה **בהמיין** איפודא ואתקין ליה ביה: LV 8:7
וית חושנא ותטכס יתיה **בהמיין** אפודא: ותשוי מצנפתא על EX 29:5
דתיכלא למהוי אדיק על **המיין** אפודא ולא יתפרק חושנא EX 28:28
תיכלא למיהוי אדיק על **המיין** אפודא ולא יתפרק חושנא EX 39:21
לתרין סיטרוי ויתלפף: **והמיין** טיכוסיה דעלוי הי כעובדיה EX 28:8
על תרין ציטרוי יתלפף: **והמיין** טיכוסיה דעלוי מיניה הוא EX 39:5
כל קבל בית לופי מעילוי **להמיין** איפודא: ויטכסון ית חושנא EX 28:27
כל קבל בית לופי מעילוי **להמיין** אפודא: וטכיסו ית חושנא EX 39:20

הני (23)
וכיוון דחמיתא דלא **אהניין** עובדך ולא קביל מימרא דייי NU 31:8
לתנאה לריבוני דלא **אהניית** לי בירכתא ההיא לאשכחא GN 32:6
דישראל דטרח ולא **אתהני** ואתרבי בארבעת כלילן טבן DT 34:5
לסגי ובריך ייי יתך בריגלי **דאהניית** לך מדעלית בביתך וכדון GN 30:30
הי כדמי הניית קודשא **דאיתהני** סילעין בסילעי קודשא LV 5:15
אינש ביתך ארום טב ליה **דמיתהני** עימך: ותיסב ית מחטא DT 15:16
קדמך למיתן לי ברם מה **הנייה** אית לי דאנא עביר מן עלמא GN 15:2
מיכלא ומן מישתיא ומן **הניית** בי בני ותמרוקא ומסנא LV 16:29
ואמר יהודה לאחהי מה **הניית** ממון יהי לן ארום ניקטול ית GN 37:26
בעילוייה כסף הי כדמי **הניית** קודשא דאיתהני סילעין LV 5:15
לקרבן אשמא: וית **הניית** קודשא דחב מן קודשא LV 5:16
ניבלתהון תשקצון ומן **הנייתהון** תתרחקון: כל דלית ליה LV 11:11
בחובר למימר סגי לכון **ואתהני** לכון עד האידנא דקבילתון DT 1:6
ממיכלא ומשיתיא **והניית** בי בני ותמרוקין ותשמיש LV 23:27
ודבש וייכלון וישבעון **וידהנון** ויתפנון לטעוות עממיא DT 31:20
ישקר שקר ויחוב בשלו **ויתהני** מן קודשיא דייי וייתי ית LV 5:15
ייי אלקך ולאינש בתיכון **ותהנון** ותיכלון אתון וליואי וגיורי DT 26:11
ידיה עימך ותתקיף ביה **ותתהנייה** יהודה ויתותב ויתפרנס LV 25:35
לא תקום קדם בעירא **לאתהנייא** מינה תבלא הוא: לא LV 18:23
די תקרב לציד כל בעירא **למתהניא** מינה ותקטלון ית LV 20:16
אבדתון עמא דכמיש **מדהנית** פיתגמי אורייתא לית להון NU 21:29
ובנן תולדון ולא יהוון **מהניין** לכון ארום יזלון בשיבייותא: DT 28:41
עד זמן יומא הדין הא **מתהנייתי** מינך במשכבא ולא NU 22:30

הפך (39)
לפיתגמא הדין בדיל דלא **איהפוך** ית קרתא מלילתא GN 19:21
מן משכא למחוור ושערה **איתהפוך** למחוור ויסאיביניה כהנא LV 13:20
וידכי ית מכתשא כוליה **איתהפיך** לחיוור דכי הוא: ברם LV 13:13
בישרא ושערא במכתשא **איתהפיך** לחיוור וחיזיו דמכתשא LV 13:3
כל עפרא דארעא **איתהפיך** למיהוי קלמי בכל ארעא EX 8:13
כהנא: ויחמיניה כהנא והא **איתהפיך** מכתשא למחוור וידכי LV 13:17
והוו לחורמנין ומן יד **איתהפיכו** למיהוי כמרן שידויא EX 7:12
דמרדנא ביה ובני ישראל **אפכו** כדי שמעו ארום אמרו דילמא NU 16:34
מן משכא ושערה לא **אתהפיך** לחיור כסידא ויסגר כהנא LV 13:4
ויחמי יתה כהנא והא **אתהפיך** שערא למחוור כסידא LV 13:25
וברם חוטרא דאהרן **דאיתהפיך** לחיוי תיסב לידך: ותימר EX 7:15
ועמורא אדמה וצבויים **דהפך** מימרא דייי ברוגזיה DT 29:22
יהוי בסופיהון ארום דר **דהפכנן** אינון בנין דלית בהון DT 32:20
ושלח ית לוט מגו **הפיכתא** כד הפך ית קירווייא די GN 19:29
ית לוט מגו הפיכתא כד **הפך** ית קירווייא די הוה יתיב בהון GN 19:29
בטומרא מלטטיא הוון **הפכין** אפיהון כל קבל טוורא דעיבל DT 27:15
במציעא מברכיא הוון **הפכין** אפיהון כלו קבל טוורא DT 27:15
למעבדהון מלטטייא **הפכין** אפיהון כלו קבל טוורא DT 27:26
בכללא מברכיא הוון **הפכין** אפיהון לכל מילא ומילא כלו DT 27:26
דעיבל מברכיא יהוון **הפכין** אפיהון לקבל טוורא דגריזים DT 11:29
דגריזים ומלטטיא יהוון **הפכין** אפיהון לקבל טוורא דעיבל: DT 11:29
במשכא כעמר נקי והיא **הפכת** שערא למחוור כקרם ביעתא LV 13:10
ישראל ארום עריק עמא **ואיתהפיך** לבא דפרעה ועבדוי EX 14:5
פרעה ולאחמי עבדוי **ואיתהפיכו** כל מוי דבנהרא לאדמא: EX 7:20
גביה עשרין ותרתין שנין **ואתהפיך** בגיניה דעתיה ממה דגזר GN 25:21
מצרים בלחשיהון **והפיכו** מן מיא דגושן לאדמא EX 7:22
נס עשיראי אתא מלאכא **והפך** איתתא מלרע וגברא מלעיל NU 25:8
אלקכון לקבלא מן בלעם **והפך** ייי אלקכון בפומיה מטולכון DT 23:6
מלות פרעה וצלי קדם ייי: **והפך** ייי ית רוחא ממערבא תקיף EX 10:19
אתר דכפתיה אבוי **והפך** יצחק בצלותיה דעתיה ממה GN 25:21
מימרא דייי מן שמייא: **והפך** ית קירווייא האילין וית כל GN 19:25
ארום יתוב בישרא חייא **ויתהפיך** לחיוור ויתי לות כהנא: LV 13:16
דבידי על מוי די בנהרא **ויתהפכון** לאדמא: ונוני דיבנהרא EX 7:17
יהיבן בכף ידוי דמשה **ומתהפיך** בהון מן סטר לסטר ובכן EX 20:2
על לוחי קיימא **ומתהפך** בהון מן סטר לסטר ובכן EX 20:3
ית לוט וחד אתא **למיהפך** ית סדום וית עמורה וכד GN 18:2
כדרלעמר דהוה קציר **מתהפיך** כעומרין מלכא דעילם GN 14:1
חמיין ית קליא היך הוו **מתהפכין** במשמעהון דכל חד וחד EX 20:18
כל עיסבא תשתקע היך **תהפכנותא** דסדום ועמורא אדמה DT 29:22

הפרכא (1)
שליט במחוזין ומכבש **הפרכי** ימא בספינתא ותחומי ימטי GN 49:13

הרדפני (2)
ואחוי ליה ייי אילן מריר **דארדפני** וכתב עלוי שמא רבא EX 15:25
חטר דפרח לבן ודילוז **וארדפני** וקליף בהון קליפין חיוורין GN 30:37

הרהר (13)
דלא יהי דכי מקירויות **הירהור** ליליא ויפוק למיברא DT 23:11
שימושי ושירוי קריות **הירהורי** חמי הוי לך בכורותא GN 49:3
דאתיא למכפרא על **הירהורי** ליבה היא עלתא LV 6:2
משה ואמרו חבנא ארום **הירהירנא** ואישתעינא ביקר NU 21:7
ולא תסטון למטעי בתר **הרהור** ליבכון ובתר חיזיו עיניכון NU 15:39
ואתברכו דרעוי מן **הרהורא** זרעא וכבש יצריה מן GN 49:24
לא פסקית למללא עם **הרהורי** לבי והא רבקה נפקת GN 24:45
ומהלכן בגילוי בישרא **והרהירו** ליזנו ונסיבו להון נשין מכל GN 6:2
נפשא דעמא באורחא: **והרהרו** עמא בלבבהון ואישתעיאו NU 21:5
לתמן למירתה: ואין **יהרהר** ליבכון ולא תקבלון ותיטעון DT 30:17
טעוון דקיסין ואבנין: ואין **יהרהר** ליבכון למפלח לטעוותהון DT 28:37
והוה קטיל בכון כל דהוה **מהרהר** למסטי בתר מימרי הינון DT 25:18
בכון טעו דשריש דליביה **מהרהר** עלוי בתר חיטאיה דשרוי DT 29:17

הרמנא (1)
דשמיה קצף מן קדם ייי **בהרמנא** שרי לקטלא: ונסיב אהרן NU 17:11

השך (1)
לבישו: ואכלן תורתי **השיכתא** ובישתא ית שבע תורתי GN 41:20

השתא (2)
אזדהרון דילמא אית בכון **השתא** ולא יהוי בתר דנא בר נש או DT 29:17
ולאדם לא אשכח עד **השתא** סמיך ביקיבליה: ורמא ייי GN 2:20

ו (16495)

וו (14)
ישראל ובאיש ליה ואמר **ווי** דילמא נפיק מיני פסולא היכמא GN 35:22
וחומריהון עשרין דנחשא **ווי** עמודיא וכיבושיהון דכסף: ולדרות EX 38:11
וחומריהון עשרין דנחשא **ווי** עמודיא וכיבושיהון כסף: והיכדין EX 27:10
לעמודיא דנחשא **ווי** עמודיא וכיבושיהון כסף וחיפוי EX 38:17
עמודיהון עשרין דנחשא **ווי** עמודיא וכיבושיהון כסף: ולדרות EX 38:10
וחומריהון עשרין דנחשא **ווי** עמודיא וכיבושיהון כסף: ופותיא EX 27:11
עשרא וחומריהון עשרא **ווי** עמודיהון וכיבושיהון דכסף: EX 38:12
קיסי שיטא וחפנון דהבא **וויהון** דהבא ואתך להון ארבעא EX 36:36
ותחפי יתהון דהבא **וויהון** דהבא ותתיך להון חמשא EX 26:37
שיטא מחפין דהבא **וויהון** דהבא על ארבעא חומרין EX 26:32

וית עמודוי חמשא וית **וויהון** חמשא וחפי רישיהון EX 36:38
חזור חזור מכבשין כסף **וויהון** כסף וחומריהון דנחשא: EX 27:17
ארבעה דנחשא **וויהון** כסף וחיפוי רישיהון וכיבושין EX 38:19
וחמש סילעין עבד **ווין** לעמודיא וחפא רישיהון וכבש EX 38:28

ווי (8)

מותא וקרת שמיה בר **דווי** ואבוי קרא ליה בנימין: ומיתת GN 35:18
חשב אברם בליביה ואמר **ווי** כען לי דילמא איתקבלת אגר GN 15:1
ארעא בירחא דניסן: **ווי** להון לרשיעייא דמדכרין שמא DT 32:3
מנוי בזיעין והוי בכי ואמר **ווי** לי עלך אהרן אחי עמוד צלותהון NU 20:29
ואמרת אתנא לבלעם **ווי** לך בלעם חסיר דעתא אנא דאנא NU 22:30
בעיטפיכון למימר **ווי** לכון סגיפין מחר אתון מתקטלין DT 1:27
ונטל מתל נבותיה ואמר **ווי** מאן יתקיים בזמן דיתגלי NU 24:23
טעוותא דנחלי ארנונא: **ייא** לכון סנאי צדיקיא אבדתון NU 21:29

וילון (15)

מדינחא חמשין אמין: **ווילוון** חמיסרי אמין לעיברא EX 38:14
מיכא ומיכא לתרע דרתא **ווילוון** חמיסרי אמין עמודיהון EX 38:15
ופותיא לרוח מערבא **ווילוון** חמשין אמין עמודיהון EX 27:12
לרוח עיבר דרומא **ווילוון** לדרתא דבוץ שזיר מאה EX 27:9
אמין: וחמיסירי אמין **ווילוון** לעיברא עמודיהון תלתא EX 27:14
לרוח ציפונא באורכא **ווילוון** מאה אורכא ועמודיהון EX 27:11
דרתא לרוח עיבר דרומא **ווילוות** דרתא דבוץ שזיר מאה EX 38:9
ית כיורא וית בסיסיה: ית **ווילוות** דרתא וית עמודהא וית EX 39:40
דבתרע משכן זימנא: **ווילוות** דרתא וית פרסא דבתרע NU 3:26
דתרע משכן זימנא: וית **ווילוות** דרתא וית פרסא דמעלנא NU 4:26
חמש אמין כל קבל **ווילוות** דרתא: ועמודיהון ארבעה EX 38:18
וחומריהון תלתא: כל **ווילוות** דרתא חזור חזור דבוץ שזיר: EX 38:16
ית כיורא וית בסיסיה: ית **ווילוות** דרתא ית עמודוי וית EX 35:17
חומרין דכסף: ועבד **ווילון** פריס לתרע משכנא דתיכלא EX 36:37
דכסף: ולרוח מערבא **וולוון** חמשין אמין עמודיהון עשרא EX 38:12

וסת (1)

מן נשיהון סמיך **לווסתהון** ולא יסתקף עליהון LV 15:31

זאזא (1)

ואילניא לא טלטיל **זאזיהון** עניין אבהת עלמא ואמרין DT 28:15

זבד (2)

ליעקב: ואמרת לאה **זבד** יתי ייי זבודין טבון מבנין זימנא GN 30:20
ואמרת לאה זבד יתי ייי **זבודין** טבון מבנין זימנא הדא יהי GN 30:20

זבן (113)

ריש בבית אבוי מופים **דאזדבן** במוף חופים דבזמן GN 46:21
לא ייכול ביה: וכל נוכראי **דאיזדבן** לעבד לגברא בר ישראל EX 12:44
ויתיב ית מותרא לגבר **דזבין** ליה ויתוב לאחסנתיה: ואין LV 25:27
דאיסתלקת מיניה בעידן **דזבינו** ית יוסף ותבת עילוי יעקב GN 45:27
פורקניה עד משלם שתא **דזבינוי** מן עידן לעידן יהי פורקניה: LV 25:29
אפי ממרא בארעא דכנען **דזבן** אברהם ית חקלא מן עפרון GN 49:30
ליה ויהי זבינוי ביד מן **דזבן** יתיה עד שתא דיובילא ויפוק LV 25:28
דיובלא יתוב חקלא למן **דזבניה** מיניה למן דיליה אחסנת LV 27:24
איזילו אובלו עיבורא **דזבנתון** לכפיני בתיכון: וית אחוכון GN 42:19
במערת חקל כפילתא **דיזבן** אברהם ית חקלא לאחסנת GN 50:13
דעל אנפי ממרא: חקלא **דיזבן** אברהם מן בני חיתאה תמן GN 25:10
עם ערלאה זבניה משתא **דיזדבן** ליה עד שתא דיובילא ויהי LV 25:50
בתר דישתמודע לכון **דיזדבן** מן יד פורקנא יהי ליה חד מן LV 25:48
מזדבן למצרים חותו תמן **וזבונו** לנא מן תמן וניחי ולא נמות: GN 42:2
לי כיום דיהי וקיים ליה **וזבין** ית בכירותיה ליעקב: ויעקב GN 25:33
כל אוצרין דבהון עיבורא **וזבין** למצראי ותקף כפנא בארעא GN 41:56
ואסיקו ית יוסף מן גובא **וזבינו** ית יוסף לערבאין בעשרין GN 37:28
ביתיה מריביני ביתא **וזביני** כספא מן בר עממין אתגזרו GN 17:27
לדריכון מרבייני בתיכון **וזביני** כספיכון מן כל בר עממין GN 17:12
דארם ושרא לקבל קרתא: **וזבן** ית אחסנת חקיל דפרס תמן GN 33:19
לבלחודה בגיטה **וזבנא** לא תזבנינה בכספא לא DT 21:14
בעשרין מעין דכסף **וזבנו** מנהון סנדלין ואייתיו ית יוסף GN 37:28
ויוסף איתחת למצרים **וזבניה** פוטיפר על דחמייה שפיר GN 39:1
עלי קדם עפרן בר צחר: **ויזבון** לי ית מערת כפילתא דיליה GN 23:9
וארום אין יתמסכן אחוך **ויזבון** מאחסנתיה וייתי פריקיה LV 25:25
ית תורא דחבריה וימות **ויזבנון** ית תורא חייא ויפלגון ית EX 21:35
ודיגנוב נפש מבני ישראל **ויזבניניה** וישתכח ברשותיה EX 21:16
ויעביד ביה פרקמטיא **ויזבניניה** ויתקטל גברא ההוא DT 24:7
עלוי ואין לא מתפרק **ויזדבן** בדמי עלוייה: ברם כל LV 27:27
אין לית ליה מה דמשלם **ויזדבן** ליה בדמי גניבותיה ועד EX 22:2
יתמסכן אחוך עימך **ויזדבן** לך לא תפלח ביה הי כנימוסי LV 25:39
ויתמסכן אחוך עימיה **ויזדבן** לערל תותב לעימך או LV 25:47
ונכסי על דמיה: איתו **ונזבניניה** לערבאין וידנא לא תהי GN 37:27
ית אחונא עימנא ניחות **וניזבון** לך עיבורא: ואם ליתך משדר GN 43:4
גזיר יגזר מרבייני בתיכון **וסביני** כספיכון ותהי קימי בבשרכון GN 17:13
תוספון תוב למיחמי יתה **ותזדבנון** תמן בשירויא לבעלי DT 28:68
שמיה אדום: ואמר יעקב **זבון** יומנא כיום דאנת עתיד למחסן GN 25:31
ותותב אנא עמכון בבעו **זבונו** לי אחסנת קבורתא עימכון GN 23:4
ריבוני: ואמר אבונא תובו **זבונו** לנא קליל עיבורא: ואמרנא GN 44:25
ואמר להון אבוהון תובו **זבונן** לנא קליל עיבורא: ואמר ליה GN 43:2
מכלן רברבן למהוי **זבין** בהון ומכלן זעירין למהוי מזבין DT 25:14
מתקלין רברבין למהוי **זבין** בהון ומתקילין זעירין למהוי DT 25:13
בכל פרקמטיא: וקם **זבין** חקלא עפרון די בכפילתא GN 23:17
לא יפרוק ית חקלא ואין **זבין** ית חקלא לגבר חורן לא LV 27:20
לעבד לגברא בר ישראל **זבין** כספא ותיגזור יתיה EX 12:44
לא יזדבנון הי כנימוסי **זבין** עבדיא: לא תשעבדון ביה LV 25:42
להון פרעה בגין כן לא **זבינו** ית ארעהון: ואמר יוסף לעמא GN 47:22
ברם יצחק אבוי: ומדנאי **זבינו** יתיה למצרים לפוטיפר רבא GN 37:36
דמצראי לפרעה ארום **זבינו** מצראי גבר חקליה ארום GN 47:20
זעירות שניא תזעיר **זבינוי** ארום מניין כנישות עללתא LV 25:16
כמיסת דיתיב ליה ויהי **זבינוי** ביד מן דזבן יתיה עד שתא LV 25:28
שתא דיובילא ויהי כסף **זבינוי** במניין שניא הי כיומי אגירא LV 25:50
אחסנתיה: ואין ית חקיל **זבינוי** דלא מן חקיל אחסנתיה LV 27:22
יתיב פורקניה מכסף **זבינוי**: ואין קליל לאשתוירון בשניא LV 25:51
וידייק ית סכום שני **זבינוי** ויתיב ית מותרא לגבר דזבין LV 25:27
סכום סוגי שניא תסגי **זבינוי** ולפום סכום זעירות שניא LV 25:16
טונא דזעירא וית כסף **זבינוי** ועבד כפיתגמא דיוסף דמליל: GN 44:2
יהי ליה מן דחמי למפרוק **זבינוי** ותארע ידיה וישכח הי LV 25:26
הקריב ליה ויפרוק ית **זביני** אחוי: וגבר ארום לא יהי ליה מן LV 25:25
דיפרוק מן ליואי ויפוק **זביני** ביתא וקירוי אחסנתהון LV 25:33
ותמן קברית ית לאה: **זביני** חקלא ומערתא דביה מן בני GN 49:32
מרבייני בייתיה וית כל **זביני** כספיה כל דכורא באינשא GN 17:23
לאחסנתיה: וארום תזבנון **זביני** לחבריכון או תיזבנון עיסקא LV 25:14
לא יתדן מטול דכסף **זביניה** הוא: וארום ינצון גוברין EX 21:21
יתקוף בעיניכון ארום **זבינתון** יתי הלכא ארום לקיימא GN 45:5
אנא יוסף אחוכון די **זבינתון** יתי למצרים: וכדון לא GN 45:4
לא תתנצון על עיסק **זבינתי** דילמא ירגזון בכון עברי GN 45:24
ארעא דכומרניא לא **זבן** מן בגלל דחמון ליה זכותא בזמן GN 47:22
הוה עמהון למסעוד כד **זבנוהי** דהוה יתיב בצומא על GN 37:29
תור או אימר ויכסיניה או **זבניה** חמשא תורא ישלם חולף תור EX 21:37
וידייק עם ערלאה **זבניה** משתא דיזדבן ליה עד שתא LV 25:50
דכנען בעיבורא דהינון **זבנין** ואיתי יוסף ית כספא בבית GN 47:14
יעקב ארום עללייא **זבנין** ומייתן עיבורא ממצרים ואמר GN 42:1
עמי בני ישראל אין אתון **זבנין** חקיל או כרמא כמניין סכום LV 25:15
עד טוור תלגא והווין **זבנן** זיני כיסנין בבציר מן טימהון NU 24:25
בהון נשיא מטעייתא **זבנן** מיכלא ומישתייא בבציר מן NU 24:14
איתחשבנא ליה ארום **זבננא** ואכל אוף מיכל ית כספנא: GN 31:15
לאחסנתיה: וגבר ארום **יזבון** בית מותבא בבירנין דמפקן LV 25:29
פלח עד יובלא: וארום **יזבון** גבר בר ישראל ית ברתיה EX 21:7
חקיל פרוילי קירויהון לא **יזבנון** ארום אחסנת עלם הוא להון: LV 25:34
שנייא דכנישות עללתא **יזבנון** לכון: לפום סכום סוגי שניא LV 25:15
ומחקיל אחסנתיה לא **יזדבן** ולא יתפרק כל אפרשא קדש LV 27:28
ולמסכיני ארעכון: ארום **יזדבן** לכון אחוכון בר ישראל או בת DT 15:12
מארעא דמצרים לא **יזדבנון** הי כנימוסי זבין עבדיא: לא LV 25:42
דליה שורין לחלוטין **לדיזבן** יתיה לדרוי לא יפוק ביובלא: LV 25:30
לגבר אוחרן לית ליה רשו **לזבונא** חלף דמני מרה רשותיה עלה: EX 21:8
חזור חזור: לאברהם **לזבינוי** באנפי בני חיתאה לכל עלי GN 23:18
למזבון ביני כנענאי דעלין **למזבון** ארום הוה כפנא בארעא GN 42:5
בישא כד ייעלון כחדא **למזבון** ביני כנענאי דעלין למזבון GN 42:5
ארעא וידע דאחוי עלין **למזבון** מני נטורין בתרעי קרתא GN 42:6
ליה לא ריבוני ועבדך אתו **למזבון** עיבורא: כולנא בני גברא חד GN 42:10
חורנא אחיתנא בידנא **למזבון** עיבורא לא ידענא מן שוי GN 43:22
ונחתו אחי יוסף עשרה **למזבון** עיבורא ממצרים: וית בנימין GN 42:3
דיירי ארעא עלו למצרים **למזבון** עיבורא מן יוסף ארום תקיף GN 41:57
מיחת נחיתנא בקדמיתא **למזבן** עיבורא: והוה כד מטינא GN 43:20
ואמרו מארעא דכנען **למיזבן** עיבורא: ואשתמודע יוסף ית GN 42:7
ומתקילין זעירין למהוי **מזבין** בהון: לא יהוי לכון בבתיכון DT 25:13
בהון ומכלן זעירין למהוי **מזבין** בהון: מתקלין שלמין DT 25:14
כנישות עללתא הוא **מזבן** לך: ולא תונון גבר ית חבריה LV 25:16
ושם אבוי והוא הוה **מזבן** עיבורא לכל עמא דארעא GN 42:6
ארום אית עיבורא **מזדבן** למצרים חותו תמן וזבונו GN 42:2
עיבור כד חי בכספא **תזבין** לי ואיכול ומוי בכספא תיתן DT 2:28
דדיירין עימכון מנהון **תזבנון** ומן ייחוסיהון דעימכון LV 25:45
גבר לאחסנתיה: וארום **תזבנון** זביני לחבריכון או תיזבנון LV 25:14
תיתנונה וייכלונה או **תזבנון** לבר עממין ארום עם קדיש DT 14:21
דעבד לאבוי: עיבורא **תזבנון** מינהון כד חי בכספא DT 2:6
סכום שנייא בתר יובלא **תזבנון** מן חבריכון כמניין שנייא LV 25:15
ותיכלון ואוף מיא **תזבנון** מנהון בכספא ותישתון: DT 2:6
די בחזרנותכון מנהון **תזבנון** עבדין ואמהן: ואוף מבני LV 25:44
בגיטה וזבנא לא **תזבנינה** בכספא לא תיתגר בה בתר DT 21:14
די תסדר קדמיהון: ארום **תיזבון** בגניבותיה לעבדא לבר EX 21:2

תזבנון זביני לחבריכון או **תיזבנון** עיסקא דמיטלטלא מן יד LV 25:14
וארעא דישראל לא **תיזדבן** לחלוטין ארום דילי ארעא LV 25:23

זגוגיתא (1)

מפקין אספקלרין ומני **זגוגיתא** ארום גניזיא דתחומיא DT 33:19

זהה (1)

ואטעינון והדר ליבהון **זהוהין** ואמר ליה קום עיבד לנא EX 32:1

זהר (70)

בתריהון דלא יתגנבון: **אזדהרון** דילמא אית בכון השתא DT 29:17
כן אמרית לבני ישראל **אזדהרון** דכל בר נשא מנכון לא LV 17:12
מנהון בכספא ותישתון: **אזדהרון** דלא תנוסון להון ארום ייי DT 2:7
קדמי אנא ייי: אימר להון **אזדהרון** לדריכון כל גבר דיקרב LV 22:3
אין סגפא תסגיף יתיה **אזדהרון** לכון ארום אין יקום ויצווח EX 22:22
ליה פרעה איזל מעילוויי **איזדהר** לך לא תוסיף למיחמי סבר EX 10:28
לאתר שכינתי דאתקינית: **איזדהר** מן קדמוי וקביל למימריה EX 23:21
ואיזובא וצבע דאישתני **בזהורי** ויטלוק לגו יקידתא NU 19:6
למימר להון לבני אהרן **דיזהרון** ית בני ישראל די טעמון LV 11:1
ייי עם משה ועם אהרן **ואזהרינון** על בני ישראל ושלחינון EX 6:13
דהוה רב ושליט במצרים **וזהיר** ביקרא דאחוי: בנימין שיבט GN 49:26
בקיימא דייי אלקכון **ולאזדהרותכון** במומתיה דייי DT 29:11
פיתגמיא דילהון קדם ייי: **ותזהר** יתהון ית קיימייא וית EX 18:20
דמצרים כל יומי חייכון: **ותיזדהרון** מקמי פיסחא דלא DT 16:4
וקיסא דארזא וצבע **זהורי** ואיזובא: ויכוס טבחא ית LV 14:49
וקיסא דארזא וצבע **זהורי** ואיזובא: ויפקד כהנא לטבחא LV 14:4
ובארגוונא וביצבע **זהורי** ובבוצא וגרדי עבדי כל EX 35:35
ובארגוונא ובצבע **זהורי** ובבוצא: כל דהבא דאיתעביד EX 38:23
וארגוונא ובגו צבע **זהורי** ובגו בוצא עובד אומן: כתפין EX 39:3
תיכלא וארגוונא וצבע **זהורי** ובוץ ומעזי ומושכי דדיכרי EX 35:23
ותיכלא וארגוונא וצבע **זהורי** ובוץ ומעזי: ומשכי דדיכרי EX 25:4
ותיכלא וארגוונא וצבע **זהורי** ובוץ מעזי: ומשכי דדיכרי EX 35:6
תיכלא וארגוונא וצבע **זהורי** ובוץ שזיר היכמא דפקיד ייי EX 39:5
דתיכלא וארגוונא וצבע **זהורי** ובוץ שזיר ועשרין אמין EX 38:18
תיכלא וארגוונא וצבע **זהורי** ובוץ שזיר: ורדידו ית טסי EX 39:2
תיכלא וארגוונא וצבע **זהורי** ובוץ שזיר: ותיסב ית תרתין EX 28:8
תיכלא וארגוונא וצבע **זהורי** ובוץ שזיר: מרבע הוה עיף EX 39:8
דתיכלא וארגוונא וצבע **זהורי** ובוץ שזיר עובד אומן יעביד EX 26:31
דתיכלא וארגוונא וצבע **זהורי** ובוץ שזיר עובד אומן עבד EX 36:35
תיכלא וארגוונא וצבע **זהורי** ובוץ שזיר עובד אומן: תרתין EX 28:6
דתיכלא וארגוונא וצבע **זהורי** ובוץ שזיר עובד צייור: וית EX 36:37
תיכלא וארגוונא וצבע **זהורי** ובוץ שזיר עובד צייור מחטא: EX 26:36
דתיכלא וארגוונא וצבע **זהורי** ובוץ שזיר עובד צייור מחטא EX 27:16
תיכלא וארגוונא וצבע **זהורי** ובוץ שזיר תעביד יתיה: מרבע EX 28:15
ויפרשון עלוי לבוש צבע **זהורי** ויכסון יתיה בחופאה דמשך NU 4:8
דארזא ובאיזובא ובצבע **זהורי**: ויפטור ית צפורא חייתא LV 14:52
קיסא דארזא וית צבע **זהורי** וית איזובא ויטמש יתהון וית LV 14:6
וית ארגוונא וית צבע **זהורי** וית בוצא: ויעבדון ית אפודא EX 28:5
וית ארגיוונא וית צבע **זהורי** וית בוצא: וכל נשיא דאיתרעי EX 35:25
וית איזובא וית צבע **זהורי** וית צפרא חייתא ויטמוש LV 14:51
אחוי דעל ידי קטיר חוט **זהורי** וקרת שמיה זרח: ויוסף GN 38:30
ורומנא דתכלתא ודצבע **זהורי** חיזורא דדהבא ורומנא EX 28:34
וקטרת על ידיה חוט **זהורי** למימר דין נפק בקדמיתא: GN 38:28
תיכלא וארגוונא וצבע **זהורי** עבדו לבושי שימושא EX 39:1
ותיכלא וארגוונא וצבע **זהורי** עובד ציור היכמה דפקד ייי EX 39:29
דתיכלא וארגוונא וצבע **זהורי** על שיפולוי חזור חזור EX 28:33
ורומנא דתכלתא וצבע **זהורי** על שיפולי מנטר מעילא חזור EX 28:34
ותיכלא וארגוונא וצבע **זהורי** צורת כרובין עובד אומן עבד EX 36:8
ותיכלא וארגוונא וצבע **זהורי** צייור כרובין: אורכא דיריעתא EX 26:1
דתיכלא וארגוונא וצבע **זהורי** שזיר: ועבדו חיזוריין דדהב EX 39:24
בארעא דמצרים והוה **זהיר** באיקרא דאחוי: בכורותא הות DT 33:16
חסימן כנחשא: ותהוון **זהירין** בזמן דאתון אכלין ושבעין DT 8:10
מסאבתה כל אילין יהוון **זהירין** בסואבתהון וכד ידכון ייתון LV 15:33
עמי בני ישראל הוו **זהירין** גבר באיקרא דאבוי ובאיקרא DT 5:16
יתיה: עמי בני ישראל הוו **זהירין** גבר ביקרא דאבוהי וביקרא EX 20:12
תינטרון למעבד: הוו **זהירין** דלא למיחשד חד בחבריה DT 24:9
עימכון מיגו אישתא: הוון **זהירין** דלא תחבלון עובדיכון DT 4:16
וכאילה: לחוד באדמא הוו **זהירין** דלא תיכלוניה על ארעא DT 12:16
לאוטבא לך בסופך: הוו **זהירין** דלא תימרון בליבכון חילן DT 8:17
ארעא: עמי בני ישראל הוו **זהירין** דלא תנסון ית ייי אלקכון DT 6:16
תישדוניה היך מיא: הוון **זהירין** למינטר זימני מועדיא DT 16:1
רעוא עמי בני ישראל הוו **זהירין** למקרבא יתיה מאפרשות NU 28:2
מערבון כחדא: הוון **זהירין** לעשרא פיריכון מן דאתון DT 14:22
חזור לטורא למימר הוו **זהירין** מלמיסק בהר ולמיקרב EX 19:12
ותיטרון ית מטרת מימרי **למזדהרא** מטול דלא למעבד LV 18:30
חובי קדשיא אין לא **מזדהרין** באסקותהון ואנת ובנך NU 18:1
ית חובי כהונתכון אין לא **מזדהרין** באפרשותהון: ואוף ית אחך NU 18:1
מקדש משכנא דאין לא **מזדהרין** בעיבידת קורבניא LV 10:3
ית חוביהון אין לא **מזדהרין** בפולחנהון קיים עלם NU 18:23
יתהון: ואמרית להון אתון **תזדהרון** מן תועיבתא איליין מן LV 20:24

זוג (14)

יתקטול בסייפא: ודי לא **איזדווג** ליה ומן קדם ייי ארע EX 21:13
בחילתא בכיין על חובינן **דאזדוונן** לפלחי טעוות פעור: וכדון DT 3:29
למברזגא חתנין וכלן מן **דזוויג** חוה לות אדם אליף יתן DT 34:6
לשיבטא דיהודה **וזווג** בחולקיה ובבירכתיה לשמעון DT 33:7
ויהי מסאב עד רמשא: וכל **זוגא** ומרכבא דירכוב עלוי דובנא LV 15:9
רברבייא ית לויתן ובר **זוגיה** דמתעתדין ליום נחמתא וית GN 1:21
מגופנין מקילופין ועד **זוגין** גוואין דענבא לא ייכול: כל יומי NU 6:4
איזל אימר להון שרי לכון **לאזדווגא** עם נשיכון דאתפרשתון DT 5:30
הכדין ליתיכון רשאין **למזווגא** בדינא גברא טפשא עם DT 16:21
מזווגין מלרע וכחדא הוון **מזווגין** ברישיהון בעיזקתא חדא EX 36:29
משכנא בסופיהון: והוון **מזווגין** מלרע וכחדא הוון מזווגין EX 36:29
משכנא בסופיהון: ויהון **מזווגין** מלרע וכחדא יהון מזווגין EX 26:24
מזווגין מלרע וכחדא יהון **מזווגין** על רישיהון בעיזקתא חדא EX 26:24
בוסמין בוסם עובד **ממזיג** מערב דכי קודשא: ותיכתוש EX 30:35

זוד (3)

אתנין טעינן עיבור ולחם **וזוודין** לאבוי לאורחא: ושדר ית GN 45:23
לגו דישקיה ולמיתן להון **זוודיין** לאורחא ועבד להום כן: GN 42:25
על מימר פרעה ויהב להון **זוודין** לאורחא: לכולהון יהב לגברא GN 45:21

זוז (1)

קימא דייי ומשה לא **זזו** מגוא משריתא: ונחת עמלקאה NU 14:44

זוח (2)

ימותון באישא מצלהבא **ויזוחון** עיניהון מן בית קודש NU 4:19
על בעלי דבביכון לא **יזוח** ליבכון לא תידחלון ולא DT 20:3

זוית (12)

ית עיזקתא על ארבעה **זיוויין** די לארבע ריגלוי: כל קבל EX 25:26
עבד לתריהון לתרתין **זיוויין**: והוון תמניא לוחין וחומריהון EX 36:29
יהי לתריהון לתרין **זיוויין** יהון: ויהון תמנייא לוחין EX 26:24
ארבע עיזקן בארבע **זיווייתיה** לקנקל דנחשא אתרא EX 38:5
אפיפורין דמרי עלמא **זיויה** הי כעובד אבן טבא והי EX 24:10
ויהב ית עזקתא על ארבע **זיוייתא** דלארבע ריגלוי: כל קבל EX 37:13
ועבד קרנוי על ארבע **זיווייתיה** מיניה הוואה קרנוי זקיפן EX 38:2
ותעביד קרנוי על ארבע **זיווייתיה** מיניה יהויין קרנוי זקיפן EX 27:2
מלרע לדיריה על תרין **זיווייתיה** על תרין סיטרוי לאתרא EX 37:27
מלרע לזיריה על תרין **זיויתיה** תעביד על תרין ציטרוי ויהי EX 30:4
לוחין: ותרין לוחין תעביד **לזיוויית** משכנא בסופיהון: ויהון EX 26:23
לוחין: ותרין לוחין עבד **לזיוית** משכנא בסופיהון: והוון EX 36:28

זולא (1)

ומן בתר כדין בדמין **זולין** כעבדין ואימהן עד DT 28:68

זון (47)

וכדון לא תידחלון אנא **איזון** יתכון וית טפלכון ונחים GN 50:21
קדמוי אברהם ויצחק ייי **דאיזן** יתי מדאיתני עד יומא הדין: GN 48:15
ונפשנא קנטת במנא הדין **דמזוניה** קליל: ברת קלא נפלת מן NU 21:5
בנך וענך ותורך וכל דילך: **ואיזון** יתך תמן ארום עד כדון חמש GN 45:11
דחייתא ודקיבריא **ודמזוני** ודמיטרא וכן אמר משה DT 28:12
אברם ארום אשתבי אחוי **וזיין** ית עולמויי דחניך לקרבא GN 14:14
היכמה דפקד פרעה: **וזן** יוסף ית אבוי וית אחוי וית כל GN 47:12
ענא ובגיתי תורי ובחמרא **וזנינין** בלחמא בכל גיתיהון בשתא GN 47:17
ביצריהון איתו ונחשב **זיינא** דעובדא טבא כלו קבל אגרא NU 21:27
וציען יצטרחן במני **זיינא** ויפקון באוכלוסין סגיאין מן NU 24:24
ולא תצטרכון למיטול **זיינא** עולו ואחסינו ית ארעא וקבעו DT 1:8
ולוי אחין תלאמין מאני **זיינא** שנינא למחטוף היא GN 49:5
עובדא בישא כלו קבל **זיינה** יתבני וישתכלל דמיתער NU 21:27
ירעים גבר ידיה למיסור **זייני** וית ריגליה למרכוב על סוסיא GN 41:44
ואסרתון גבר ית מאני **זייניה** ושריתון למיסוק לטורא: DT 1:41
בתריסין ורומחין ומני **זיינין** ונחתו לגת למיבוז גיתי EX 13:17
עד טוור תלגא והווין זבנן **זיני** כיסנין בבציר מן טימהון NU 24:25
ולא שוויו גבר ית תיקון **זיניה** דאיתיהב להון בסיני דביה EX 33:4
בני ישראל מן תיקון **זיניהון** דשמא רבא מפרש כתיב EX 33:6
קביעא לכון על מאני **זיניכון** אתר דתיסרון סייפיכון DT 23:14
מותי: וכדון סב כדון מאני **זינך** בית גירך וקשתך ופוק לחקלא GN 27:3
וכדון אעדי תיקון **זינך** מינך דאתגלי קדמי מאן אעבד EX 33:5
לחבלא בריביא ולמעבד **זנו** בנשיא יעביד באיליין ובגו GN 33:2
ועל גזירת מימר פומך **יתזנון** כל עמי לחוד כורסי מלכותא GN 41:40
גניז במערתא בארעא **למזן** מיניה בשבע שני כפנא GN 41:36
הבו גיתיכון ואתן לכון **מזון** בגיתיכון אין פסק כספא: GN 47:16
גיורייא למיתן ליה **מזון** ואסטוליא: ותרחמון ית גייורא DT 10:18
צורכי דבהון מתעבד **מזון** לכל נפשא הוא ממשכן ולא DT 24:6
ונלעי בליעות ידיי וניכול **מזון** מן מזונא דארעא ובכן GN 3:18
ידיי וניכול מזון מן **מזונא** דארעא ובכן יתאפרש כען GN 3:18
במיצעא לאצנעא בהון **מזונא** וחמש אפוטניותא בימינא GN 6:14

לכון חוטר כל סעדי **מזונא** ויאפיין עשר נשין לחמיכון LV 26:26
בליעות כף ידך תיכול **מזונא** עד דתיהדור לעפרא דמינא GN 3:19
בת ישראל יסב ליה עליה **מזונה** ותכשיטהא ומעיילה לא EX 21:10
ית עמא די אתרעמו על **מזונהון** בכן גרי מימרא דייי בעמא NU 21:6
דסדום ועמורה וית כל **מזונהון** ואזלו: ושבו ית לוט וית GN 14:11
חיוייא דלא אתרעמו על **מזונהון** וינכתון ית עמא די אתרעמו NU 21:6
עלוי ועמי אתרעמו על **מזונהון** וכדון ייתון חיווייא דלא NU 21:6
רישיה והוה מתפרנס מן **מזוני** דנח ולא בזכותיה אישתזב GN 14:13
מרעי לאחוי ומספק להון **מזוני** בשני שמיטתא ותחומי יהי DT 33:24
קדם ייי אלקכון ויברך ית **מזוני** מיכלך ומישתייך ואעדי מחת EX 23:25
טליותא ולא מעברא מן **מזוניה** דאיבהא תיכול וכל חילוניי LV 22:13
ייכול מן קודשיא ארום **מזוניה** הוא: נבילא וקטולא לא ייכול LV 22:7
שירוי עלמא עפר יהוי **מזוניה** ולא אתרעם עלוי ועמי NU 21:6
דארעא והינון יהדרון **מזיינין** בסופא בניכסין סגיאין GN 49:19
עלמין: שיבטא גד יעברון **מזיינין** עם שאר שבטיא ית נחלא GN 49:19
ית ארעא הדא למירתא **מזיינין** תעיברון קדם אחוכון בני DT 3:18

זוע (17)

דעילויכון הי כנהשא **דמזייע** ולא מספקין לכון טלין DT 28:23
דתחותיכון הי כנחשא **דמזייע** למובדא פירהא: ויסוף LV 26:19
אנא עשו ברך בוכרך: **ואזדעזע** יצחק זעזוע סגי כדי שמע GN 27:33
הי כקוטרא דאתונא **וזע** כל טוורא לחדא: והוה קל EX 19:18
וקל שופרא תקיף לחדא **וזע** כל עמא די במשריתא: ואנפיק EX 19:16
ליה וקריב בפתי ירכיה **וזעזע** פתי ירכא דיעקב GN 32:26
עד דאגחת קרבא בסיחון **ויזעון** וירתתון מן קדמך: ושדרית DT 2:25
עיסקך ויטרינך מן לילי **ומזייעי** ובני טיהררי ובני צפרירי NU 6:24
יומא דין שריית למיתן **זועתך** ודחלתך על אנפי כל עממייא DT 2:25
בר נון הוה טלי לא הוה **זייע** בגו משכניה: ואמר משה קדם EX 33:11
יקרא ומשכנא ובירא לא **זייעין** ולא נטלין עד זמן דאיתסיית NU 12:16
כיוון דחמא משה ית עוג **זע** וארתית מן קדמוי עני ואמר דין NU 21:34
אתריגישת ארעא ושמיא **זעו** שימשא וזיהרא קדרון וכוכביא DT 28:15
בוכרך: ואזדעזע יצחק **זעזוע** סגי כדי שמע ית קליה דעשו GN 27:33
הי כפרזלא דלא **מזייע** דלא מרטבא אילני DT 28:23
ברירן הי כפרזלא דלא **מזייע** מן דלא למחתא לכון טלין LV 26:19
מיחמי עיניכון דתיחמון **תזועון**: ימחינכון מימרא דייי DT 28:34

זור (3)

נבית: ופייס בהום לחדא **וזרו** לוותיה ועלו לביתיה ועבד GN 19:3
ואמר בבעו כדון רבוניי **זורו** כדון מיכא ועולו לבית עבדכון GN 19:2
ומליל לכנישתא למימר **זורו** כדון מעילוי משכני גובריא NU 16:26

זחלא (3)

מן יד זמין מימרא דייי **זחלא** ופכר טוורא ונקריה וטמע NU 21:35
למכנוש ארום יגמריניה **זחלא**: זתין יהון לכון בכל תחומכון DT 28:39
אריסין כחיוין חורמניא **זחלוי** דעפרא: עמא דגלו מברא DT 32:24

זיבורא (3)

הוא לכון ברם דובשא **דזיבורא** יתאכל: ברם ית דין תיכלון LV 11:20
ליזנה ונגר טורא וערפדא: **וזיבורי** וזיזי דטלופחי ופולי דפרשין DT 14:19
זני דיבבי וזני אורעיה וזני **זיבורי** שיקצא הוא לכון ברם LV 11:20

זיג (1)

וזקפיה באוירא והוה **זייג** הי כאספקלריא ואתעתדו EX 19:17

זיד (16)

רמין הוא מתנטל על די **אזיד** פרעה רשיעא ורדף בתר עמא EX 15:21
פרע מיניה על די **אזיד** פרעה רשיעא קדם ייי EX 15:1
בשלו: ובר נש דיעבד **בזדנא** מן יציביא או מן גייורייא ולא NU 15:30
ושמאלא: וגברא דיעבד **בזדנותא** בדיל דלא למיצת מן DT 17:12
פיתגמא דלא מלליה ייי **בזדנותא** מלליה נבי שיקרא לא DT 18:22
נבי שיקרא או מרי חלמא **דזדנותא** ויתן לכון את או תימהא: DT 13:2
יהי פתגם עם ליבכון **דזדנותא** למימר קריבת שתא DT 15:9
יומין לירחא דאייר מטול **דזוודין** לא עבדו להון: ויומייא EX 12:39
דמתפרש דשמע בסיני **ואזיד** וארגיז ושום אימיה שלומית LV 24:11
ייי למשה גלי קדמוי **זדונהון** דעמא הדין והא עם קשי EX 32:9
למוספא חובי שלותא על **זדונותא**: לא יהי רעוא מן קדם ייי DT 29:18
הא בכין ייתבר ליבהון **זדנא** ובכין ירעון ית חוביהון: ואידכר LV 26:41
למנאה לפרנסא גברא **זידנא** דרחקיה ייי אלקכון: לא DT 16:22
ההוא או חלים חילמא **זידנא** ההוא יתקטל בסייפא ארום DT 13:6
תמן למימר: נפקו גוברין **זידנין** מאולפנא דחכימיא דביניכון DT 13:14
משתעבדין במצרים ולא **תזידון** למיסוק ממצרים עד זמן GN 50:25

זיו (11)

ודכיתא היא ותיפוק זכיא **וזיוה** מנהר ותשכח רחמין קדם NU 5:28
לא חכים ארום אשתבהר **זיו** איקונין דאנפוי דהוה ליה מן זיו EX 34:29
ית משה והא אשתבהר **זיו** איקונין דאנפוי ודחילון מן EX 34:30
דמשה ארום אשתבהר **זיו** איקונין דאנפי משה ותאיב משה EX 34:35
דאנפוי דהוה ליה מן **זיו** איקר שכינתא מייי בזמן EX 34:29
לעמיה בית ישראל ודנח **זיו** איקר שכינתיה מגבלא למיתנה DT 33:2
חבורן בבית מדרישיהון **זיו** אפיהון ינהר כזיו רקיעין דיברא NU 24:6
שביעאה מיגו עננא: וחיזו **זיו** יקרא דייי הי כאשא בערא EX 24:17
קדרון וכוכביא כנשו **זיווהון** אבהת עלמא צווחין מבית DT 28:15
זיו אפיהון ינהר **כזיו** רקיעין דיברא ייי ביום תניין NU 24:6
יתיה למיחמיהון: ותיתן **מזיו** יקרך עלוי מן בגלל די יקבלון NU 27:20

זיז (1)

טורא וערפדא: וזיבורי **וזיזי** דטלופחי ופולי דפרשין מן DT 14:19

זיפות (1)

דטונס וחפתא בחימרא **וזיפתא** ושוויית בגוה ית טלייא EX 2:3

זיק (6)

דייי הי כאשא בערא **וזיקוקי** אישא אכלא אישא והוון EX 24:17
דבית הדורי וידחיניה רוח **זיקא** מן קדם ייי וימות: ויעול אהרן LV 16:22
סיטרין אתקין בגוה **זיקוקין** דנור וגומרין דאישתא GN 3:24
יהי שמיה מברך הי **כזיקין** והי כברקין והי כשלהוביין EX 20:2
יהי שמיה מברך הי **כזיקין** והי כברקין והי כשלהוביין EX 20:3
קמו להון צרירין הי **כזיקין** מיא נזליא קפו עליהון EX 15:8

זיקא (2)

ובני טיהררי ובני צפרירי **ומזיקי** וטלני: ינהר ייי סבר אפוי לך NU 6:24
ארעא וכתב לוחי קימא **ומזיקי** ופום ממלל אתנא בי היא NU 22:28

זיר (2)

וית קרנוי ותעביד ליה **זיר** דדהב חזור חזור: ותרתין עיזקן EX 30:3
דדהב תעביד ליה מלרע **לזיריה** על תרין זיויתיה תעביד על EX 30:4

זיתא (49)

ישראל ויסבון לך מישחא **דזיתא** דכיא כתישא לאנהורי EX 27:20
יצחק בריה וקטע קיסין **דזיתא** ותאנתא ודיקלא דחזיין GN 22:3
בחירא וית משחא **דזיתא** לאנהרותא וית אפרסמא EX 35:28
רמשא והא טרפא **דזיתא** לקיט תביר ומחית בפומא GN 8:11
לעית למיפסל כרמין **וזיתין** דלא טרחת למנצב ותיכול DT 6:11
תינין ורומנין ארע דמן **זייתהא** עבדין משח ומן תומרייהא DT 8:8
ידיכון: ארום תשבטון **זייתיכון** לא תבקרונון מן בתריכון DT 24:20
ומנחתא פתיכא במשח **זיתא** ארום יומא דין איקר שכינתא LV 9:4
ברבעות הינא משח **זיתא**: וחמר עינבא לניסוכא רבעות NU 15:4
זיתא ולוגא חדא דמשח **זיתא**: ויוקים כהנא דמדכי ית גברא LV 14:10
ייכול ייתיה: כל טוב משח **זיתא** וכל טוב חמר עינבא ועיבור NU 18:12
למנחתא פתיכא במשח **זיתא** ולוגא חדא דמשח זיתא: LV 14:10
פטירין דמשיחין במשחא **זיתא** ומנחתהון וניסכיהון: ויקריב NU 6:15
למנחתא פתיכא במשח **זיתא** וניסוכא: עלת שבתא תתעבד NU 28:9
פטירין דפתיכין במשח **זיתא** ועירוכין דלחם פטיר EX 29:2
סמידא גריצן במשח **זיתא** וערוכין פטירין דמשיחין NU 6:15
פטירן פתיכן במשח **זיתא** וערוכין פטירין משיחין LV 7:12
פטירין משיחין במשח **זיתא** וקמחא מטגנא פתיכא במשח LV 7:12
ואריק עלה משח **זיתא**: וקרא יעקב ית שמיה דאתרא GN 35:14
סולתא פתיכא במשח **זיתא** ותור תיניין בר תורי תיסב NU 8:8
למנחתא ולוגא דמשח **זיתא**: ותרין שפנינין רברבין או תרין LV 14:21
ביכורך: ותיתן עלה משח **זיתא** ותשוי עלה לבונתא מנחתא LV 2:15
ויסבון מן דילך משח **זיתא** זכיך כתיש לאנהרא לאדלקא LV 24:2
סמידא פתיך במשח **זיתא** כתישא רבעות הינא וניסוכא EX 29:40
דחינטיא פתיכא במשח **זיתא** כתישא רבעות הינא: עלת NU 28:5
למנחתא פתיכא במשח **זיתא** לאימרא חד עלתא NU 28:13
וקיסין דשיטין: ומשח **זיתא** לאנהרא ובוסמיא לפיטומא EX 25:6
דמנחתא פתיכא במשח **זיתא** לדיכרא חד: ועשרונא עשרונא NU 28:12
אפרשותא פתיכא במשח **זיתא** למנחתא: בזיכא חדא מתקלא NU 7:13
אפרשותא פתיכא במשח **זיתא** למנחתא: בזיכא חדא מתקלא NU 7:19
סמידא חד פתיך במשח **זיתא** למנחתא ולוגא דמשח זיתא: LV 14:21
למנחתא פתיכא במשח **זיתא** לתורא חד ותרין עשרונין NU 28:12
בסילעי קודשא ומשח **זיתא** מלי קסטא דסכומיה תריסר EX 30:24
פטיר דמשיחין במשח **זיתא** מן סמידא דחינטין תעביד EX 29:2
מטגנא פתיכא במשח **זיתא**: על גריצתא דלחים חמיע LV 7:12
עשרונין פתיך במשח **זיתא** פלגות הינא: וחמר עינבא NU 15:9
על מסריתא במשח **זיתא** פתיכא תתעבד מטגנא תעיל LV 6:14
סמידא פתיכא במשח **זיתא** קורבנא לשמא דייי מטול LV 23:13
דחנטיא פתיכא במשח **זיתא** תלתא עשרונין לתורא ותרין NU 28:20
דחנטיא פתיכא במשח **זיתא** תלתא עשרונין לתורא ותרין NU 29:3
דחינטיא פתיכא במשח **זיתא** תלתא עשרונין לתורא חד NU 28:28
דחנטיא פתיכא במשח **זיתא** תלתא עשרונין לתורא חד NU 29:14
דחנטיא פתיכא במשח **זיתא** תלתא עשרונין לתורא תרין NU 29:9
סמידא פתיכא במשח **זיתא** תלתות הינא: וחמר עינבא NU 15:6
לא תטושון ארום ינתרון **זיתיכון**: בנין ובנן תולדון ולא יהוון DT 28:40
ותחומי יהי מרבי **זיתין** סגיעין עבדין משח מספקין DT 33:24
ארום יגמריניה זחלא: **זתין** יהון לכון בכל תחומכון ומשח DT 28:40
ברא כדין תעביד לכרמך **לזיתך**: שיתא יומין תעבד עובדך EX 23:11
על כיפין ומשח **מזיתהא** דמלבלבין מטינרין תקיפין: DT 32:13

זכורו (3)

ארום יהי בהון בידין או **זכורו** אתקטלא יתקטלון באבנא LV 20:27
בתר שאלי בידין ומסקי **זכורו** ותבעי גרם ידוע ולא תיתבעון LV 19:31
בתר שאלי בידין ומסקי **זכורו** ותבעי גרם ידוע למטעי LV 20:6

זכות (2)
ואתקברת תמן: ולפום **דבזכותא** דמרים איתיהיבת בירא NU 20:2
דאברהם יצחק ויעקב **דבזכותהון** אתברי עלמא ואנת NU 22:30

זכי (148)
אנא קאים בצומא מעתד **בזכוות** אבהתא רישי עמא וזכוות EX 17:9
הדין דהינון מדברין **בזכות** אבהתהון צדיקיא דמתילין NU 23:9
מילכה אף היא אתרווחת **בזכותא** דאחתה למילד בנין לנחור GN 22:20
ליה חם בריה דהוא קליל **בזכותא** דגרם ליה דלא יוליד בר GN 9:24
בירא דאיתיהיבת להום **בזכותא** דמרים סוקי בירא סוקי NU 21:17
דמנהרין לעלמא **בזכותהון**: ותיתן ית מדבחא דדהבא EX 40:4
יתהון מן קדמיכון למימר **בזכותי** אעלני ייי למירת ית ארעא DT 9:4
מן מזונוי דנח ולא **בזכותיה** אישתזב אלהין דייחמון GN 14:13
וקושטיה מן ריבוני אנא **בזכותיה** באורח תקנא דברני ייי GN 24:27
ואוף ללוט דהוה מידבר **בזכותיה** דאברם הוו עאן ותורין GN 13:5
הישתכחו אכלין ית מנא **בזכותיה** דמשה בתר דשכיב תלתין DT 34:8
ותקיף ויתברכון בדיליה **בזכותיה** כל עממי ארעא: ארום גלי GN 18:18
דעננא דהוה מדבר **בזכותיה** קדם עמא בית ישראל NU 21:1
מטול צדיקיא דחפין **בזכותיהון** על עמא בית ישראל: EX 40:5
ותינדעון ארום לא **בזכותכון** ייי אלקכון יהיב לכון ית DT 9:6
לית אנא מקבל בגין **דאיזכי** למתעבדא לן שיזבתא GN 50:20
דבריכינון יעקב אבוהון **דבזכותיה** אחסין יתהון ארעא DT 33:28
וידע ארום ערק יעקב **דבזכותיה** הווה טייפא עשרין שנין: GN 31:22
ניבכי על יעקב חסידא **דבזכותיה** עדת כפנא מן ארעא GN 50:3
הוה מימרא דייי בסעדך **דבזכותך** הוות לן כל טבתא וכדו GN 26:28
בעלמא דאתי מטול **דזכוון** קדם ייי עבד וסדרי דינוי DT 33:21
קדמוי עוולא לא נפיק **דזכיי** וקשיט הוא: חבילו עובדיהון DT 32:4
קודשא יהי לך: ודין **דזכיתי** לך אפרשות מתנתהון לכל NU 18:11
אחי הוא בקשטות לבבי **ובזכאות** ידיי עבדית דא: ואמר ליה GN 20:5
דמתילין לטווריא **ובזכות** אימהתהון דמתילו NU 23:9
ארבעין ותרתין שנין **ובזכותיה** דיעקב אתמנען ארבעין GN 50:3
רשיעיא דיבניהון דמיתו **וזכאיא** למעסוק במצותא EX 10:23
דאתעקד על גבי מדבחא **וזכה** ואזדמן ליה אימרא תחותוי LV 22:27
תבשילין ואייביל לאבוי **וזכה** למקבלא סדר ברכתא בגין כן LV 22:27
כזמן יומא הדין: **וזכו** יהי נטיר לנא לעלמא דאתי DT 6:25
צדיקיא מרי חושבנא דנא **וזכוון** חסינן הי כשלהוביתא מאילין NU 21:28
אבהתא רישי עמא **וזכוות** אימהתא דמתילן לגלימתא EX 17:9
איתתא למיתי בתרך **ותזדכי** ממומתי דא לחוד ית ברי GN 24:8
יהי רוגזא ברם שתוקו **ותזכון** ית דינא עליכון ואחיכון כל LV 10:6
דקביל מן יעקב ומתמן **זכא** למהוי פרנסא ולאתחברא GN 49:24
ידעית דייי הוא אלקא **זכאה** וברם אני ועמי חייבין בכל EX 9:27
יתהון ויכרעון לזכותא ית **זכאה** ולחובא ית חייבא: ויהי אין DT 25:1
למכפרא על שידי אדמא **זכאה** ותעביד מצנפתא דבוצא EX 28:39
מן רשותא דבעליך תהוי **זכאה** ממיא מריריא בדוקיא האילין: NU 5:19
עריתא ושדיות אדם **זכאי**: ארום יהי בך גבר דלא יהי דכי DT 23:10
איליין: ולא אתשד אדם **זכאי** בארעכון דייי אלקכון יהיב DT 19:10
ייי ולא תשווי חובת אדם **זכאי** בגו עמך ישראל וגלי מן DT 21:8
ית כל אורייתא הדא: ואין **זכאי** גברא מחובין איתתא ההיא NU 5:31
לא מתכפר על דם **זכאי** דאישתדי בה אילהן בשדיות NU 35:33
דאתון בה ארום דם **זכאי** דלא מתפרע הוא יטנף ית NU 35:33
בר נש למשדי אדם **זכאי** הוון עניין כולהון כחדא DT 27:25
זכאי עם חייב ויהי **זכאי** היך חייב חולין הוא לך GN 18:25
ויטריני משפיכות אדם **זכאי** ופולחנא נוכרא וגילויי עריתא GN 28:20
עני ישמעאל ואמר אנא **זכאי** יתיר מינך דאנא איתגזרית GN 22:1
בישריה ומריה דתורא יהי **זכאי** מדין קטול ואוף מדמי עבדא EX 21:28
עלוי ותפלון שדיי דם **זכאי** מישראל וייטב לכון: לא תשנון DT 19:13
ואין לא ינתנון לך ותהי **זכאי** ממומתי: ואתית יומנא לעינא GN 24:41
כפיתגמא הדין למיקטל **זכאי** עם חייב ויהי זכאי היך חייב GN 18:25
ואמר הרוגזך שציא **זכאי** עם חייב: מאים אית חמשין GN 18:23
דגניסת נח נח הוה גבר **זכאי** שלים בעובדין טבין הוה GN 6:9
ליה חובת שפיכות אדם **זכאיי**: אין בריר פיתגמא כשימשא EX 22:1
ותהי ליה כאילו אדם **זכאיי** אשד וישתצי בר נשא ההוא LV 17:4
ראובן לא תשדון אדם **זכאיי** טלוקו יתיה לגובא הדין GN 37:22
ישראל תפלון משדי דם **זכאיי** מביניכון ארום תעבדון דכשר DT 21:9
חובת שפיכות אדם **זכאיי** עלוי ואין אישתיזיב מן ידוי EX 22:2
ארום יתך חמית **זכאיי** קדמי בדרא הדין: מכל בעירא GN 7:1
אין אשכח בסדום חמשין **זכאין** בגו קרתא דיצלון קדמי GN 18:26
חייב: מאים אית חמשין **זכאין** בגו קרתא דיצלון קדמך GN 18:24
טיפשותא ומערבב מילין **זכאין** בפום דיינייא בשעת דינהון: DT 16:19
באורייתא ומערבב מילי **זכאין** בפומהון בשעת דינא: EX 23:8
בגין זכוות חמשין **זכאין** דבגווה: חולין הוא לך למעבד GN 18:24
יהי לי עבדא ואתון תהון **זכאין**: ואוחיאו ואחיתו גבר טוניה GN 44:10
מאין חסרין מן חמשין **זכאין** חמשא התחבל בגין חמשא GN 18:28
תתובא הלא הינון קדמיי **זכאין** כמא דלא ידעית ולא GN 18:21
ולחייבין הי כזכאין ותוב **זכאין** מטי להון הי כזכוותהון EX 33:13
אנת מדבר עם בני נשא **זכאין** מטי להון הי כחייבין ולחייבין EX 33:13
בתר כדין תתובון ותהון **זכאין** מן קדם ייי ומישראל ותהי NU 32:22
לשמי שובעין גוברין **זכאין** מסבי ישראל דידעתא דהינון NU 11:16
הוות דא קדמי אלהין **זכאן** לאתאמרא על ידיהן מיתן NU 27:7
לבר עמך לא תימנע **זכו** דחברך למסהדא עלוי בדינא LV 19:16
ויברכינך ולך תהי **זכו** דיסהיד עלך שימשא קדם ייי DT 24:13
נפק חייב ואשכחו ליה **זכו** לא תקטול ארום לא הווינא EX 23:7
יתמנע חד מנכון למלפא **זכו** על חבריה בדינא למימר הא EX 23:2
ההוא הישתכח עימי אגר **זכוון** קלילן ונפלו קדמיי ובזימנא GN 15:1
דרתא חזור חזור מטול **זכוות** אבהת עלמא דמחזרן חזור EX 40:8
עלמא אילולי דדכר לכון **זכוות** אבהתכון צדיקייא ומשכן DT 1:1
פרסא דתרע דרתא מטול **זכוות** אימהת עלמא דפריס בתרע EX 40:8
לא אעביד גמירא בגין **זכוות** ארבעין: ואמר לא כדון יתקוף GN 18:29
כל ייחוסי ארעא ובגין **זכוות** בנך: והא מימרי בסעדך GN 28:14
שנאיהון: ויתברכון בגין **זכוות** בנך כל עממי ארעא חולף GN 22:18
ולא תשבוק לאתרא בגין **זכוות** חמשין זכאין דבגווה: חולין GN 18:24
ואמר לא אחביל בגין **זכוות** עשרא: ואיסתלק איקר GN 18:32
ואמר לא איחבל בגין **זכוות** עשרין: ואמר בבעו ברחמין מן GN 18:31
ואסגי ית בנך בגין **זכוותא** דאברהם עבדי: ובנא תמן GN 26:24
אמר מן ייכול לממני **זכוותא** חסינייא האיליין וסכום NU 23:10
ויהי אגרי: ותסהד בי **זכוותי** ליומחרא ארום תהוי על GN 30:33
כל שמיא דישמעון שמע **זכוותך** היך קמון שימשא וסיהרא DT 2:25
ולדרומא ויתברכון בגין **זכוותך** כל ייחוסי ארעא ובגין זכוות GN 28:14
מן קדמיכון: לא מטול **זכוותכון** ובתריצות ליבכון אתון DT 9:5
עריתא ושדייות אדם **זכוי** ופלחן פולחנא נכראה ומרדין GN 13:13
שריין תמן ואחמי ית **זכות** אדמא ואיחוס עליכון ולא EX 12:13
תיניין בגין מדכר **זכות** מדכר ישירא דאתעקד על גבי LV 22:27
אתבחר קדמי בגין מדכר **זכות** סבא דאתא ממדינחא פטיר LV 22:27
תחותוי בגין מדכר **זכות** שלימא דעבד גדיי בר עיזי LV 22:27
זבן מן בגלל דחמון ליה **זכותא** בזמן דבעא ריבוניה GN 47:22
מן בגלל די ידכר לך **זכותא** דיצחק דכפתיה אבוי LV 9:2
שתיה מטול דידכר לכון **זכותא** דיצחק דכפתיה אבוי הי LV 9:3
לעלמא אילולי **זכותא** דמשה ואהרן ונתב בימא NU 11:31
למימר: עדאן אית לן **זכותא** דתידכר לן סידרי קרבנינן LV 22:27
בסיפיה דמשה ביהוא **זכותא** הוון כל ישראל אשתין NU 12:16
ויפוק תחומא לקרן **זכותא** ולגבתא דחטמנא ויהון NU 34:9
איפודא מרגליית מדכרן **זכותא** לבני ישראל ויטול אהרן ית EX 28:12
צלי כען עלה ולא נובדא **זכותה** מיגו קהלא: וצלי משה ובעא NU 12:12
עלמא דאפילו פסקא **זכותהון** דכל דריא זכותהון לא DT 28:15
פסקא זכותהון דכל דריא **זכותהון** לא יפסוק וקיימא DT 28:15
ייי ית קליה דטליא בגין **זכותיה** דאברהם וקרא מלאכא דייי GN 21:17
מישרא ודכיר ייי ית **זכותיה** דאברהם ושלח ית לוט מגו GN 19:29
למיעבד אלהין בגין **זכותיה** דאברהם חס עילוי באתר GN 21:17
ארום לבנוי דלוט מטול **זכותיה** דאברהם יהבתה ירותה: DT 2:19
נכסיהון דישראל והות **זכותיה** דאברם מגנא עליהון: והוה GN 15:11
ייי ית בית מצראי בגין **זכותיה** דיוסף והוה בירכתא דייי GN 39:5
יעבד בהון שציו ולא תהי **זכותין** מגנא עליהון ולא יהוי גברא DT 28:15
ואנא מעכב בגין **זכותך** ענני יקרי ומשכנא וארונא NU 12:14
יתקיימון ולית איבהא **זכי** בה תוב לבטלותהון: ואין NU 30:12
לתריסר שיבטין ותהי **זכי** לכינשת דבני סנהדרין GN 28:3
האילין: ואכר יהודה ואמר **זכיא** היא תמר מיני אתעברת וברת GN 38:26
עירייתא ובשדיות אדם **זכיא** והוה בידיה לבטולתהון NU 35:25
ודכיתא היא ותיפוק **זכיא** וזיוה מנהר ותשכח רחמין NU 5:28
נוכראה שפך אדמא **זכיא** ועל על עולימתא מארשה GN 25:29
מטלטל וגלי בארעא כל **זכיי** דישכחינני יקטלינני: ואמר ליה GN 4:14
קלהון היך צווחין ואמרין **זכיי** הוא ייי וקושטא היך דינוי NU 16:34
גילוי עריין ושדיות אדם **זכיי** ושנוי נקיין מן חלבא דלא GN 49:12
שיקרא הוי רחיק ודי נפק **זכיי** מבי דינך ואשכחו ליה חובתיה EX 23:7
בשוקא על מורניתיה ויהי **זכיי** מחייא מדין קטול לחוד בוטלן EX 21:19
מן דילך משח זיתא **זכיך** כתיש לאנהרא לאדלקא LV 24:2
דמלכא משיחא כחמרא **זכיכא** מן למחמי גילוי עריין GN 49:12
על עמא בית ישראל **יזכון** כהניא לתלת מתנן דרועא NU 25:13
הי כחייבין ולחייבין הי **כזכאין** ותוב זכאין מטי להון הי EX 33:13
ותוב זכאין מטי להון הי **כזכוותהון** וחייבין מטי להון הי EX 33:13
במימרא דייי וחשבה ליה **לזכו** דלא אטח לקמיה במילין: GN 15:6
יתיה לא יתחשב ליה **לזכו** פסיל יהא ואינש די יכול מיניה LV 7:17
וידונון יתהון ויכרעון **לזכותא** ית זכאה ולחובא ית חייבא: DT 25:1
דלא חוב אוף חמי ליה **למזכי** בדינא אתקטיל: הלא הוא GN 20:4
ואנת תהי שליט ביה בין **למיזכי** בין למיחטי: ואמר קין לות GN 4:7
והוא יהי שליט ביך **למיזכי** ולמיחטי: ולאדם אמר ארום GN 3:16
ולדלא תייבין לא **מזכי** ביום דינא רבא מסער חובי EX 34:7
אלקכון על מגן ארום לא **מזכי** ייי ביום דינא רבא ית כל מאן EX 20:7
אלקכון על מגן ארום לא **מזכי** ייי ביום דינא רבא ית כל מאן DT 5:11
ומכפר על סורחנין **מזכי** לדתייבין לאורייתא ולדלא NU 14:18

תקטול ארום לא הווינא **מזכי** ליה אין הוא חייבא: ושוחדא EX 23:7
ולדלא תייבין לא **מזכי** מסער חובי אבהן רשיעין על NU 14:18
על כספא בתראה ומה **נזדכי** על אוגבין מן קדם ייי GN 44:16
ומגניסת בית איבא: בכין **תזדכי** ממומתי אין תיעול לבית GN 24:41

זלוקפא (2)

ציבעא יתירא ודלית ליה **זרוקפא** ודקורקבניה ליתוי מקליף LV 11:13
כותל מדבחא: ויעדיה ית **זרוקפיה** בלקטיה ויטלק יתיה LV 1:16

זלל (3)

כחדא ואמרין אמן: ליט **דמזלזל** איקרא דאבוי ודאימיה DT 27:16
זולין כעבדין ואימהן עד **דתיזדלזלון** למשתעבדא מגן ולית DT 28:68
וחמת ארום עדיעת **וזללת** איקר ריבונתא בעינהא: GN 16:4

זלף (1)

סדר מציטרא חדא ובנהא **דזלפה** מציטרא חדא ובנה דבלהה GN 43:33

זמם (4)

ועל גברא לביתא ושרי **זממי** גמלייא ויהב לבן תיבנא GN 24:32
רשותא בארעא והוו **זממין** בעיריהון דלא ייכלון גזלה עד GN 13:7
אחוך ואנת חמי ליה: לא **תזממון** פם תורא בשעת דרכיה DT 25:4
לקי שיחנא ודלי חמי לא **תזממונה** ליה: כד דיירין בעלמא DT 25:4

זמן (436)

עולימתא דמיקדשא ולא **אזדמן** פריק לה: ארום ישכח גבר DT 22:27
בלחודך: ולות עמא תימר **אזדמנו** למחר ותיכלון בישרא ארום NU 11:18
ית יומא דשבתא כדון **אזדמנו** על מימרא דייי בגין כן חזי NU 16:26
בגין כדין באשון שירותא **אזדמנתון** ועברתון על עבדכון בדיל GN 18:5
קדם ייי אלקכון הוא: אי **איזדמן** שרכפא דציפר דכי קדמך DT 22:6
ואמר משה בדין תידעון **בדיזמן** ייי לכון ברמשא בישרא EX 16:8
הילכתא תיכלון יתיה **בזימנא** דא ולא לדריא חרציכון יהון EX 12:11
עמי ויפלחון קדמי: ארום **בזימנא** הדא אנא שלח מחתא לך EX 9:14
ית יצרא דליביה אוף **בזימנא** הדא ולא פטר ית עמא: EX 8:28
ולאהרן ואמר להון חבית **בזימנא** הדא ידעית דייי הוא אלקא EX 9:27
יצחק דתיליד לך שרה **בזימנא** הדין בשתא אוחרנתא: GN 17:21
וייתון עליי או דילמא **בזימנא** ההוא הישתכח עימי אגר GN 15:1
ארום יימרון לכון בניכון **בזימנא** ההוא מה פולחנא הדא לכון: EX 12:26
וקביל ייי צלותי אוף **בזימנא** ההיא: ועל אהרן הוה רגז מן DT 9:19
וקביל ייי צלותי אוף **בזימנא** ההיא לא צבה ייי לחבלותך: DT 10:10
בחטריה תרתין זמנין **בזימנא** קמאה אטיפת אדמא NU 20:11
לשבט תקיף ידע בעני **בזימניא** והוא מרבע ביני תחומי GN 49:14
פיסחא ביני שימשתא **בזימניה**: בארביסר יומא בירחא הדין NU 9:2
למיתן מטר ארעכון **בזימניה** בכיר במרחשוון ולקיש DT 28:12
דקרבנא דייי על מדבחא **בזימניה** ובישריה ייכלון דכיין בגו NU 9:7
לשבתא קרבן קדמי **בזימניה**: ותימר להון דין סדר NU 28:2
קורבנא דייי לא קריב **בזימניה** חוביה יקבל גברא ההוא: NU 9:13
שימשתא תעבדון יתיה **בזימניה** ככל קיומוי וככל דינוי NU 9:3
קדיש די יתרעון יתהון **בזימניהון**: בירחא דניסן בארביסר LV 23:4
עם אהרן ותימר ליה **בזמן** אדלקותך ית בוציניא כל קבל NU 8:2
ולא תקבלון עלוי חובא **בזמן** אפרשותכון ית שפר טוביה NU 18:32
בכל ריש ירח וירח **בזמן** אתחדתות כל רישי ירחי NU 28:14
חמיר מתקרב ותמרי **בזמן** ביכורי איבא עם דובשיה LV 2:12
דשבועיא תעביד לך **בזמן** ביכורי חצד חינטין וחגא EX 34:22
קדם ייי אלקכון בחורב **בזמן** דאמר ייי לי כנוש קדמי ית DT 4:10
כנחשא: ותהוון זהירין **בזמן** דאתון אכלין ושבעין הוון DT 8:10
דציציית ותחמון יתיה **בזמן** דאתון מתעטפין בהון בימָמא NU 15:39
מארעא דמצרים: ויהי **בזמן** דאתון קריבין לאגחא קרבא DT 20:2
אהרן בכנישתא דקרח **בזמן** דאתכנשו ופליגו על ייי: NU 26:9
ית שבח שירתא הדא **בזמן** דאתכסיית והדרת בירא NU 21:17
דתליש מן חיותא חיא **בזמן** דבנפשיה ביה או דתליש מן GN 9:4
בגלל דחמון ליה זכותא **בזמן** דבעא ריבוניה למיקטליה GN 47:22
אותיבית ית בני ישראל **בזמן** דהנפיקית יתהון פריקין LV 23:43
דהוות ליה בהון שיזבותא **בזמן** דטלקת יתיה אימיה בנהרא: EX 8:2
וברם חטאת קהלא הוא: **בזמן** די רבא בעמיה יחוב ויעבד חד LV 4:22
עמך אעביד פרישן להון **בזמן** דיהכון בשבייתא על נהרוות EX 34:10
כנישתא כגיורא כיציבא **בזמן** דיחרף שמא דמייחד יתקטיל: LV 24:16
מן בנוי ולא מן ליואי **בזמן** דיעולו למשכן זימנא לשמשא EX 29:30
ואיתאכיל פלגות בישריה **בזמן** דיתבא אימיה על מתברא NU 12:12
ואמר ווי מאן יתקיים **בזמן** דיתגלי מימרא דייי למיתן NU 24:23
וילדן בנין צדיקין **בזמן** דמידכן מן סואבות דימהון: EX 38:8
יד נהרת בוצינא דטפת **בזמן** דמיתת שרה ונסיב ית רבקה GN 24:67
דבני ישראל דיהבו **בזמן** דמננון משה גבר פורקן נפשיה EX 38:25
פרעה דיהבא לה לאמהו **בזמן** דנסבא ואיתכתש במימר מן GN 16:1
ניסין איתעבידו ליעקב **בזמן** דנפק מן בירא דשבע ניסא GN 28:10
ניסין איתעבידו לפנחס **בזמן** דעל בתר גברא בר ישראל לות NU 25:8
ליה יוכבד ברת לוי **בזמן** דפטרה עמרם גברה NU 11:26
עם אבהתהון קדמי **בזמן** דפרקית ואפיקית יתהון LV 26:45
דחיל רב דעבד משה **בזמן** דקבל תרין לוחי אבן ספירינון DT 34:12
ריתחי מעל בני ישראל **בזמן** דקני ית קנאתי וקטל חייבא NU 25:11

דאבהתכון לכון: ויהי **בזמן** דתעברון ית יורדנא תקימון DT 27:4
ואזל ראובן ביומי סיון **בזמן** חצד חינטין ואשכח יברוחין GN 30:14
וטמטמתון אודניכון **בזמן** יומא הדין: והליכית יתכון DT 29:3
אילין תקרבון קדם ייי **בזמן** מועדיכון בר מנדריכון NU 29:39
נדרא או בניסבתא או **בזמן** מועדיכון למעבד רעותא דמרי NU 15:3
על לוחיא קדמאי: והוה **בזמן** מיחת משה מן טוורא ותרין EX 34:29
וית כל מאני קודשא **בזמן** מיטל משרייתא ומן בתר כדין NU 4:15
ועליל אהרן ובנוי **בזמן** מיטל משריתא ויפרקון ית NU 4:5
יומא לירחא שביעאה **בזמן** מיכנשכון ית עללתא דארעא LV 23:39
יחמיד אינש ית ארעך **בזמן** מיסקך לאתחמאה קדם ייי EX 34:24
ית אידיהון וית ריגליהון: **בזמן** מיעלהון למשכן זימנא EX 30:20
ית ידיהון וית ריגליהון: **בזמן** מיעלהון למשכן זימנא EX 40:32
ויהון על אהרן ועל בנוי **בזמן** מיעלהון למשכן זימנא או EX 28:43
לא יהי במשכן זימנא **בזמן** מיעליה לכפרא בקודשא על LV 16:17
בוצא דמילת דילבש **בזמן** מיעליה לקודשא ויצניעינון LV 16:23
בחשן דינא על ליביה **בזמן** מיעליה לקודשא לדוכרן טב EX 28:29
לשמשא וישתמע קליה **בזמן** מיעליה לקודשא קדם ייי EX 28:35
ליה ויהון על ליבה דאהרן **בזמן** מיעליה קדם ייי ויטול אהרן EX 28:30
בהון במותביכון בבתיכון **בזמן** מיעסוקכון בחיתונכון DT 6:7
יהי בבני ישראל מותא **בזמן** מיקרב בני ישראל לקודשא: NU 8:19
מן בית קודש קודשיא **בזמן** מיקרבהון לתמן אהרן ובנוי NU 4:19
דהיא יתבא על קצתיה **בזמן** מיקרביה ביה יהי מסאב עד LV 15:23
פרתהון מטול דלא ילעון **בזמן** מכנשהון יתהון: וקמו מחסרי NU 11:31
מן זיו איקר שכינתא מייי **בזמן** מללותיה עימיה: וחמא אהרן EX 34:29
משה עם בני ישראל **בזמן** מפקהון ממצרים: ותננון משה DT 4:45
באישא מצלהבא או **בזמן** מקרבהון למדבחא לשמשא EX 30:20
מפרנסא יתיה בסיתרא **בזמן** עישרתי שנין ולסוף עישרתי EX 2:21
דאהרן כהניא רברביא **בזמן** קרוביהון אישא בריא קדם ייי LV 16:1
ייי באישתא מצלהבא **בזמן** קרוביהון אישתא נוכריתא מן NU 3:4
חייהא: ולציד איתתא **בזמן** ריחוק סאובתא לא תיקרב LV 18:19
ואנת לא אשכחתיה: והוה **בזמן** תלת ירחין אשתמודעה GN 38:24
לא תשתי אנת ובנך עימך **ביזמן** מיעלכון למשכן זימנא LV 10:9
לכל כנישתא בישתא **דאזדמנו** למרדא עלי במדברא הדין NU 14:35
כן אנת וכל כנישת סעדך **דאזדמנתון** על מימרא דייי ואהרן NU 16:11
בלילייא ההוא ונסיב מן **דאיזדמן** בידיה דורון לעשו אחוי: GN 32:14
זימנא קדם סהדותא **דאיזמן** מימרי לך תמן: ויהי גברא NU 17:19
כפורתא דעל סהדותא **דאיזמן** מימרי לך תמן: ויקטר עלוי EX 30:6
סהדותא במשכן זימנא **דאיזמן** מימרי לך תמן קודש EX 30:36
משכן זימנא קדם ייי **דאיזמן** מימרי לכון תמן למללא EX 29:42
דאזדבן במוף חופים **דבזמן** דאתפרש מיניה הוה בר GN 46:21
אמלי היא אינתתא **דזמין** ייי במזלא לבר ריבוני: אנא עד GN 24:44
חינא קדם ריבונהא **דזמין** יתיה ויפרוק יתה אבוהא EX 21:8
וגחן גברא וסגיד קדם ייי **דזמין** קדמוי איתתא מהגנא: ואמר GN 24:26
יהי רעוא קדמך דמלאכא **דזמינת** לי למפרק יתי מכל בישא GN 48:16
למללא מידעם פיתגמא **דיזמן** ייי בפמי יתיה אמליל: ואזל NU 22:38
ויתבעון דיינייא לסהדין **דמזמין** יתהון טבאות והא סהדו DT 19:18
דלא ידעונון דחלן חדתן **דמזמן** קריב אתעבידא ולא DT 32:17
מימרא דייי ית פומה **ואזדמן** לה ממלל ואמרת לבלעם NU 22:28
על גבי מדבחא וזכה **ואזדמן** ליה אימרא תחותוי לעלתא LV 22:27
ולא הוה חמרא גביה **ואזדמן** ליה מלאכא ואייתי מן GN 27:25
ייי ארע עיקתיה לידוי **ואזמן** לך אתר דיערוק לתמן: וארום EX 21:13
לוחי סהדותא דאיתן לך: **ואיזמן** מימרי לך תמן ואימליל EX 25:22
תמן למללא עימך תמן: **ואיזמן** מימרי תמן לבני ישראל EX 29:43
למימר לבנך איתנינה: **ואיזמן** קדמך מלאכא ואיתרך על EX 33:2
זכוון קלילן ונפלו קדמיי **ובזימנא** תניינא לא משתכח עימי GN 15:1
קמאה אטיפת אדמא **ובזימנא** תניינא נפקו מיין סגיאין NU 20:11
בני ישראל ולא נטלין **ובזמן** אסתלקותיה נטלין: על פום NU 9:22
מרגיזין הוותון קדם ייי: **ובזמן** דשלח ייי יתכון מרקם געא DT 9:23
בכל מותבניכון לדריכון: **ובזמן** מחצדכון ית חצד ארעכון לא LV 23:22
בר נשא ההוא מגו עמיה: **ובזמן** מחצדכון ית חצדא דארעכון LV 19:9
יתקעון למטלנהון: **ובזמן** מיכנש ית קהלא תתקעון NU 10:7
חובת עיגלא דדהבא **ובזמן** מיעליה יסחי ית בישריה LV 16:4
מיעליה לקודשא קדם ייי **ובזמן** מיפיקיה ולא ימות באישא EX 28:35
בגו כנישתא דמתרעמין **ודאיזדמנו** למרדא על ייי בכנישתא NU 27:3
תשרון למימני חגיא **וזימניא** ותקופתא קדמאי הוא לכון EX 12:2
עשרין ולווקדין עשרא: **וזמין** ביד עבדוי עדרא עדרא GN 32:17
ביומא ההוא לות עמא **וזמין** ית עמא וחוורו לבושיהון: EX 19:14
למשכחא ברי ואמר ארום **וזמן** ייי אלקך קדמיי: ואמר יצחק GN 27:20
יעקב ניכסתא בטוורא **וזמן** לקריבויי דאתו עם לבן GN 31:54
משירייתא: ויתקעון בהון **ויזדמנון** לוותך כל כנישתא לתרע NU 10:3
אוף הינון אוף אתון: **ויזדמנון** לוותך מלבר ויטרון ית NU 18:4
זימנא: ואין בחדא יתקעון **ויזדמנון** לוותך רברבייא רישי NU 10:4
ית גברא וילקון יתיה: **ויזמון** יתיה מאה סילעין דכסף DT 22:19
וידבחון לטעוותהון **ויזמנון** לך ותיכול מן דיבחי EX 34:15

לא: ויהי ביומא שתיתאיי **ויזמנון** מה דייתון לקמיהון למיכל EX 16:5
ית ערדיא עם אתני **ולזמן** אשכח ית בודנייתא דינפקו GN 36:24
ליליא ויהון לסימנין **ולזמני** מועדין ולממני בהון חושבן GN 1:14
רביעאה איזל לות עמא **ותזמינינון** יומא דין ויומחרא EX 19:10
ית יורדנא לארעא דכנען: **ותזמנון** לכון קוריין בשוקין ובתי NU 35:11
וכל כנישתא לתרע משכן **זימנא:** אבונא מית במדברא והוא לא NU 27:2
בזמן מיעלהון למשכן **זימנא** או במקרבהון למדבחא EX 28:43
וילידת בר ואמרת הדא **זימנא** אודי קדם ייי דמן ברי דין GN 29:35
ייי לארגזא קדמוי: בי היא **זימנא** אישתלחון מן קדם ייי DT 9:19
למחמי קרתא ובי היא **זימנא** אקים תחומי אומיא כסכום DT 32:8
ארום רעיתא היא בההוא **זימנא** ארום הוה מחתא דייי בענא GN 29:9
למשה למיעל למשכן **זימנא** ארום שרא עלוי ענן יקרא EX 40:35
וכל אינש לא יהי במשכן **זימנא** בזמן מיעליה לכפרא LV 16:17
במדברא דסיני במשכן **זימנא** בחד לירחא דאייר הוא ירחא NU 1:1
לכל פולחנהון במשכן **זימנא** בידא דאיתמר בר אהרן כהנא: NU 4:33
מכל חוביהון חדא **זימנא** בשתא ועבד אהרן היכמא LV 16:34
חטאתא דכיפוריא חדא **זימנא** בשתא יכפר עלוי ביומי EX 30:10
למעבד עיבידתא במשכן **זימנא:** דא היא פולחנת גניסת גרשון NU 4:23
למעבד עיבידתא במשכן **זימנא:** דא פולחנת בני קהת במשכן NU 4:3
קדם סהדותא במשכן **זימנא** דאיזמן מימרי לך תמן קודש EX 30:36
דעד כדון לא מטא **זימנא** דבני ישראל למירתא: GN 12:6
ואייתיאו יתיה למשכן **זימנא** דוכרנא טבא לבני ישראל NU 31:54
קהת כל דפלח במשכן **זימנא** די מנא משה ואהרן על פום NU 4:37
גרשון כל דיפלח במשכן **זימנא** די מנא משה ואהרן על פום NU 4:41
אשמיה לתרע משכן **זימנא** דיכרא לאשמא: ויכפר עלוי LV 19:21
וכמה יאי הוא משכן **זימנא** דמייצע ביניכון ומשכניכון NU 24:5
על אהרן כד חמון דעבר **זימנא** דקבע להון ואזל סטנא EX 32:1
והכדין יעביד למשכן **זימנא** דשרי עמהון בגו סאובתהון: LV 16:16
שבוק כדון חובי לחוד **זימנא** הדא וצלו קדם ייי ויעדי מיני EX 10:17
יתי ייי זבודין טבון מבנין **זימנא** הדא יהי מדוריה דבעלי עימי GN 30:20
מתמלל עימי ברם משכן **זימנא** הדין דריבוייה ריבוי לעלם LV 1:1
לצלאה בתרע משכן **זימנא** הואן קיימן על קרבן EX 38:8
ליה לחים וחמר ובההיא **זימנא** הוה משמש קדם אלקא GN 14:18
ביזמן מיעלכון למשכן **זימנא** היכמה דעבדו בנך דמיתו LV 10:9
כל כנישתא לתרע משכן **זימנא:** ואין בחדא יתקעון ויזדמנון NU 10:3
ותתעתדון במשכן **זימנא** ואיפקדיניה ואזל משה DT 31:14
וחפא ענן יקרא ית משכן **זימנא** ואיקר שכינתא דייי איתמלי EX 40:34
ויהושע ואתעתדו במשכן **זימנא:** ואיתגלי איקר שכינתא דייי DT 31:14
בסיני ואתנייו במשכן **זימנא** ואיתלתון במישרי מואב DT 27:26
קהלא לתרע משכן **זימנא** ואיתרכינו על אפיהון NU 20:6
בענני יקרא במשכנא **זימנא:** ואמר ייי למשה עד אימתי NU 14:10
למשבחא אלהין הדא **זימנא** ואמר לית אנא משדר יתך GN 32:27
דאדר לתרע משכן **זימנא:** ואמר משה לכנישתא דין LV 8:4
למפלח ית פולחן משכן **זימנא:** ואנת ובנך עימך תינטרון ית NU 18:6
צדיקייא ומשכן **זימנא** וארון קיימא ומני קודשא DT 1:1
כל כנישתא לתרע משכן **זימנא** ואתנטיל בעותריה דאשכח NU 16:19
ותסדר יתיה בין משכן **זימנא** ובין מדבחא ותיתן תמן מוי: EX 30:18
על בסיסיה ביני משכן **זימנא** וביני מדבחא ויהב תמן מיין EX 40:30
ית כיורא ביני משכן **זימנא** וביני מדבחא ותיתן תמן מוי EX 40:7
בזמן מיעלהון למשכן **זימנא** ובמיקרבהון למדבחא EX 40:32
למפלח ית פולחן משכן **זימנא:** ודא מטרת מטולהון לכל NU 4:30
מטול בני קהת במשכן **זימנא:** ודמסיר לאלעזר בר אהרן NU 4:15
ואתפניו למשכן **זימנא** והא חפייה ענן איקר שכינתא NU 17:7
לחילא לפולחנא במשכן **זימנא:** והוו סכומהון לגניסתהון NU 4:35
לחילא לפולחנא במשכן **זימנא:** והוו סכומהון לגניסתהון NU 4:39
לחילא לפולחנא במשכן **זימנא:** והוו סכומהון לגניסתהון NU 4:43
ופולחן מטול במשכן **זימנא:** והוו סכומהון תמניא אלפין NU 4:47
הינון ית פולחן משכן **זימנא** והינון יקבלון ית חוביהון אין NU 18:23
ופרסא דבתרע משכן **זימנא:** ווילוות דרתא וית פרסא NU 3:25
וקיימין בתרע משכן **זימנא:** וחמא כן פנחס בר אלעזר בר NU 25:6
יתיה טבחא קדם משכן **זימנא** וידרקון בני אהרן ית אדמיה LV 3:8
יתיה טבחא קדם משכן **זימנא** וידרקון בני אהרן ית אדמיה LV 3:13
טבחא בתרע משכן **זימנא** וידרקון בני אהרן כהניא ית LV 3:2
יתיה על עיבידת משכן **זימנא** ויהי לבני ישראל לדוכרן טב EX 30:16
מן אדמא דתורא למשכן **זימנא:** ויטמש כהנא אצבעיה מן LV 4:16
ויהנעל יתיה למשכן **זימנא:** ויטמש כהנא ית אצבעיה LV 4:5
דבסלא בתרע משכן **זימנא:** וייכלון יתהון דאתכפר בהון EX 29:32
קודשיא בתרע משכן **זימנא** ויסב ית שיער ריש ניזריה NU 6:18
קדם ייי בתרע משכן **זימנא:** ויסב כהנא ית אימרא חד LV 14:11
מדבחא דייי בתרע משכן **זימנא** ויסיק תרבא לאתקבלא LV 17:6
ית תורא קדם משכנא **זימנא** ויסמוך אהרן ובנוי ית ידיהון EX 29:10
וייתון יתיה לקדם משכן **זימנא:** ויסמכון תריסר סבי כנישתא LV 4:14
לוות כהנא לתרע משכן **זימנא:** ויעבד כהנא חד חטאתא וחד NU 6:10
לות כהנא לתרע משכן **זימנא:** ויעבד כהנא ית חד חטאתא LV 15:29

ית גרמי לתרע משכן **זימנא:** ויקריב ית קרבניה קדם ייי NU 6:13
ויעול אהרן ובנוי למשכן **זימנא** וישלח ית לבושי בוצא LV 16:23
חזור חזור דבתרע משכן **זימנא:** וישלח ית משכא מן עלתא LV 1:5
יהי: ותרבי ביה ית משכן **זימנא** וית ארונא דסהדותא: וית EX 30:26
מה דאפקדתך: ית משכן **זימנא** וית ארונא דסהדותא וית EX 31:7
וית פרסא דתרע משכן **זימנא:** וית ווילוות דרתא וית פרסא NU 4:25
דקדם ייי דבמשכן **זימנא** וית כל אדמא דתורא ישוד LV 4:7
דקדם ייי דבמשכן **זימנא** וית כל אדמא ישוד ליסודא LV 4:18
עלתא דבתרע משכן **זימנא:** וית כל תרביה יפריש מיניה LV 4:18
דעלתא דבתרע משכן **זימנא:** וית כל תריב תורא דחטאתא LV 4:7
בה ית חומרי תרע משכן **זימנא** וית מדבחא דנחשא וית EX 38:30
יקרי: ואיקדש ית משכן **זימנא** וית מדבחא וית אהרן וית EX 29:44
ויטרון ית כל מאני משכן **זימנא** וית מטרת בני ישראל NU 3:8
קדם ייי בתרע משכן **זימנא:** ויתן אהרן על תרין צפירין LV 16:7
לקדם ייי לתרע משכן **זימנא** ויתנינון לכהנא: ויעבד כהנא LV 15:14
ותידבר יתהון למשכנא **זימנא** ויתעתדון תמן עימך: ואתגלי NU 11:16
פלחין ית פולחן משכן **זימנא:** ולא יקרבון תוב בני ישראל NU 18:21
הדין זימניה קביע בהדא **זימנא** ולא לדריא ויסבון להון אימר EX 12:3
לות אדם: ואמר אדם הדא **זימנא** ולא תוב תתברי איתתא מן GN 2:23
חלופי פולחנכון במשכן **זימנא:** ולא תקבלון עלוי חובא בזמן NU 18:31
לקדם ייי לעיבידת משכן **זימנא** ולכל פולחניה וללבושי EX 35:21
בני ישראל במשכנא **זימנא** ולכפרא על בני ישראל ולא NU 8:19
חילא בפולחן משכן **זימנא:** ומבר חמשין שנין ייתוב NU 8:24
לות משה לתרע משכנא **זימנא** ומותנא איתכליית: ומליל ייי NU 17:15
גניסת בני גרשון במשכן **זימנא** ומטרתהון ביד איתמר בר NU 4:28
קדם קהלא לתרע משכן **זימנא:** ומליל ייי עם משה למימר: NU 17:8
שיבט לוי לפולחן משכן **זימנא** ומתפרשין מן משכניהון DT 33:9
פוקו תלתיכון למשכן **זימנא** ונפקו תלתיהון: ואיתגלי NU 12:4
שריא בישראל במשכן **זימנא** וסדר יתיה אהרן מרמשא ועד LV 24:3
כנוש לתרע משכן **זימנא:** ועבד משה היכמה דפקיד ייי LV 8:3
כל עיבידת משכנא משכן **זימנא** ועבדו בני ישראל היכמא EX 39:32
כדון לא איתעביד משכן **זימנא** ועד כדון לא איתייהבת EX 24:5
על קודשא ועל משכן **זימנא** ועל מדבחא באשתעות LV 16:20
מקדש קודשא ועל משכן **זימנא** ועל מדבחא ועל כהניא ועל LV 16:33
עלו משה ואהרן למשכנא **זימנא** וצלו עמא בית ישראל ונפקו LV 9:23
והייתיו לקדם משכן **זימנא** וקריבו כל כנישתא וקמון LV 9:5
למפלח ית פולחן משכן **זימנא** ותדכי יתהון ותרים יתהון NU 8:15
בנוי תקריב לתרע משכן **זימנא** ותטבול יתהון בארבעין EX 29:4
ית ליואי לקדם משכן **זימנא** ותיכנוש ית כל כנישתא דבני NU 8:9
קדם ייי לתרע משכן **זימנא:** ותיסב מאדמא דתורא ותיתן EX 29:11
למיפלח ית פולחן משכן **זימנא** ותיתן יתהון לליוואי גבר NU 7:5
בדודוותא בתרע משכן **זימנא** ותמן תיכלון יתיה וית לחמא LV 8:31
וית בנוי לתרע משכן **זימנא** ותסחי יתהון במיא: ותלבש EX 40:12
תקים ית משכנא משכן **זימנא:** ותשוי תמן ית ארונא EX 40:2
יריעת משכנא וית משכן **זימנא** חופאיה וחופאה דססגונא NU 4:25
באתר קדיש בדרת משכן **זימנא** ייכלונא: לא תתאפי חמיע LV 6:9
בזמן מיעלהון למשכן **זימנא** יקדשון מוי ולא ימותון EX 30:20
יקרביניה לתרע משכן **זימנא** יקריב יתיה לרעוא עלוי קדם LV 1:3
פולחן משכנא למשכן **זימנא:** ית לבושי שמשא לשמשא EX 39:40
וילידת בר ואמרת הדא **זימנא** יתחבר עימי בעלי ארום GN 29:34
תתאכל בדרת משכן **זימנא:** כל דימקרב בבשרה יתקדש LV 6:19
ושוי ית מנרתא במשכן **זימנא** כל קבל פתורא על שידא EX 40:24
למשריתא: וליתרע משכן **זימנא** לא אייתיה לקרבא קרבנא LV 17:4
קודשיא: ולתרע משכן **זימנא** לא ייתיניה למעבד יתיה LV 17:9
דאוקד ייי: ומתרע משכן **זימנא** לא תיפקון דילמא תמותון LV 10:7
קדם ייי לתרע משכן **זימנא** לות כהנא ויכסון ניכסת LV 17:5
לחטאתא לתרע משכן **זימנא** לות כהנא: ויקרביניה קדם ייי LV 12:6
ויטרון ית מטרת משכנא **זימנא** לכל פולחן משכנא וחילוניי NU 18:4
וישמש עם אחוי במשכן **זימנא** למיטר מטרא ופולחנא לא NU 8:26
ישראל מידעם: וקבע ייי **זימנא** למימר מחר יעביד ייי ית EX 9:5
דייי עימיה מן משכן **זימנא** למימר: מליל עם בני ישראל LV 1:1
משכנא לשמך וכד מטא **זימנא** למיעבר ית יורדנא למירות DT 32:50
ובשיעבודן וכדו מטת **זימנא** למיפק ולמירות ית ארעא NU 12:12
וכד עליל משה למשכן **זימנא** למללא עימיה ושמע ית קל NU 7:89
כל כנישתא לקדם משכן **זימנא** למפלח ית פולחן משכנא: NU 3:7
קרבא דעד כדון לא מטא **זימנא** למתיהבא נקמתא באדום NU 20:21
תוב בני ישראל למשכן **זימנא** לקבלא חובא לימות: NU 18:22
ית פולחנהון במשכן **זימנא** לקדם אהרן ולקדם בנוי הי NU 8:22
ית תורא לתרע משכן **זימנא** לקדם ייי ויסמוך יד ימיניה LV 4:4
בזמן דיעולו למשכן **זימנא** לשמשא בקודשא: וית דכר EX 29:30
כל קבל אפי משכן **זימנא** מאדמה בטיבולא חדא שבע NU 19:4
עלמיא ייי ואמליל ברם **זימנא** מאים ישתכחון תמן עשרא GN 18:32
בוציניא תדירא: במשכן **זימנא** מברא לפרגודא דעל EX 27:21
ודישרן קדם משכן **זימנא** מדינחא משה אהרן ובנוי NU 3:38

מן אדמה למשכן **זימנא** מטול לכפרא בקודשא לא LV 6:23
דעלתא קדם תרע משכן **זימנא** מטול עתיריא דמסדרין EX 40:6
בוסמין וקמו בתרע משכן **זימנא** מציטרא חד ומשה ואהרן NU 16:18
נטלין: ויטול משכן **זימנא** משירית ליואי בגו משידייתא NU 2:17
ומטרת בני גרשון במשכן **זימנא** משכנא ופרסא חופאיה NU 3:25
ליוסף אין מייתנא בהדא **זימנא** מתנחם אנא די במיתותא GN 46:30
יקרא ושריין מהדיא **זימנא** עיינויי למכהי וקרא ית עשו GN 27:1
ויהב ית פתורא במשכן **זימנא** על שידא דמשכנא ציפונא EX 40:22
לדריכון בתרע משכן **זימנא** קדם ייי דאיזמן מימרי לכון EX 29:42
לות כהנא לתרע משכן **זימנא** קדם ייי: ויסב כהנא ית LV 14:23
ותצנעינון במשכן **זימנא** קדם סהדותא דאיזמן מימרי NU 17:19
מדבחא דדהבא במשכן **זימנא** קדם פרגודא: ואסיק עלוי EX 40:26
פולחנת בני קהת במשכן **זימנא** קודש קודשיא: ועליל אהרן NU 4:4
בדרא דפלגותא בי היא **זימנא** רמא פיצתא עם שובעין DT 32:8
עליכון: ובתרע משכן **זימנא** תיתבון יומם ולילי שובעא LV 8:35
דאיתברי עלמא לא מטא **זימני** למשבחא אלהין הדא זימנא GN 32:27
מיא: הוון זהירין למינטר **זימני** מועדיא לעבורי שתא למינטר DT 16:1
מבישריה דויה חמא תלת **זימני** מסאב הוא: ודא תהי סאובתיה LV 15:2
לא תעבדון: איליין **זימני** סידרי מועדייא דייי דתערעון LV 23:37
זימניה דטמע בגיניה קדם **זימניה** במיפקיה מבירא דשבע כד GN 32:32
ודנח ליה שימשא קדם **זימניה** דטמע בגיניה קדם זימניה GN 32:32
איסתקף מן בגלל דימטא **זימניה** דיוסף למיפק מן בית אסירי: GN 41:8
כדבש: והוה כיוון דמטא **זימניה** דיעקב אבונן למתכנשא DT 6:4
על אנפי מריה תלתי **זימניה** ולא נטריה ומבתר כן קטל EX 21:29
צילמי טעותך ימות בלא **זימניה** כל קבל אחנא אשתמודע לך GN 31:32
בעשרא לירחא הדין **זימניה** קביע בהדא זימנא ולא EX 12:3
וסטת מן קדמי דנן תלת **זימנין** אילולפון לא סטת מן קדמי NU 22:33
חילמא לפרעה תרתין **זימנין** ארום תקין פתגמא מן קדם GN 41:32
חדיין באצלחותא: תלת **זימנין** בשתא יתחמון כל דכוריכון DT 16:16
עובדך מן חקלא: תלתי **זימנין** בשתא יתחמון כל דכורך EX 23:17
במיפקא דשתא: תלת **זימנין** בשתא יתחמיון כל דכורך EX 34:23
קדם ייי אלקך תלת **זימנין** בשתא: לא תכסון קדם עד EX 34:24
מחית ית אתנך דנן תלת **זימנין** הא אנא נפקית למישטן לך NU 22:32
ארום מחיתני דנן תלת **זימנין**: ואמר בלעם לאתנא ארום NU 22:28
כדון תבנא דנן תרתין **זימנין**: ואמר להום ישראל אבוהון GN 43:10
ועתיד למחרוב תרתין **זימנין** ובנימין בכא על פריקת GN 45:14
מבוע וידי לביתא שבע **זימנין**: וידכי ית ביתא באדמא LV 14:51
מן סגירותא שבעתי **זימנין** וידכיניה ויפטור ית צפרא LV 14:7
באדבעיה ימינא שבע **זימנין** וידכיניה ויקדשיניה LV 16:19
דשנין שבע שנין שבע **זימנין** ויהון לך סכום יומי שבע LV 25:8
בטיבולא חדא שבע **זימנין**: ויפקון מגו סידורא ויוקד כהן NU 19:4
מברכת להון דנן תלת **זימנין**: וכדון ערוק לך לאתרך NU 24:10
ונסיאו קדמי דנן עשר **זימנין** ולא קבילו למימרי: בשבועא NU 14:22
באדבעיה שבעתא **זימנין**: וממה דמשתייר ממישחא LV 14:16
מיניה על מדבחא שבע **זימנין** ורבי ית מדבחא וית כל מנוי LV 8:11
יעקב ושקר בי דנן תרתין **זימנין** ית בכירותי נסיב והא כדון GN 27:36
יוסיף עליכון כותכון אלף **זימנין** מטול ברכתי דא ויברך יתכון DT 1:11
ולקדם כפורתא ידי שבע **זימנין** מן אדמא באדבעיה ימינא: LV 16:14
ייי וגחן על ארעא שבע **זימנין** עד מיקרביה עד אחוי: ורהט GN 33:3
ידיה דשמאלא שבעת **זימנין** קדם ייי: ויתן כהנא ממשחא LV 14:27
ויידי מן אדמא שבע **זימנין** קדם ייי קבל פרגודא LV 4:6
אדמא ויידי מיניה שבע **זימנין** קדם ייי קדם פרגודא: ומן LV 4:17
על פומכון: תלתא **זימנין** תחגון קדמיי בשתא: ית חגא EX 23:14
עלה: ואין לציד בריה **זמין** יתה כהילכת בנתא דישראל EX 21:9
אלקיה דריבוני אברהם **זמין** כען איתא מהגנא קומי יומנא GN 24:12
וקטר ליה גננא בגויה **זמין** ליה שושביני אפא פיתיה נכס DT 32:50
קדמאי דתברתא: והוי **זמין** לצפרא ותיסוק לצפרא לטורא EX 34:2
למיטלוק עליהון מן יד **זמין** מימרא דייי זחלא ופכר טוורא NU 21:35
איתא אימלכינך איזל **זמין** פונדקין ומני בהון נשיא NU 24:14
עד עלמא: על עיסק דלא **זמינו** לכון בלחמא ובמוי באורחא DT 23:5
וכל כנישת סעדך הוו **זמינין** לבי דינא קדם ייי אנת והינון NU 16:16
ויחוורון לבושיהון: ויהון **זמינין** לימא תליתאה ארום ביומא EX 19:11
ואמר לעמא הוו **זמינין** לתלתי יומין לא תקרבון EX 19:15
עמלקאי וכנעגאי תמן **זמינין** קדמיכון ותתרמון קטילין NU 14:43
ואוף גמלייך אשקי יתי **זמינתא** במזלא לעבדך ליצחק ובה GN 24:14
עד כרן יומא הדין עד **זמן** איתוייכון ית קרבן אלקכון LV 23:14
ית ישראל ולא הליך **זמן** בתר זמן לקדמות קוסמיא ושוי NU 24:1
ואגין במימרי עלך עד **זמן** דאיעיבר: ואעבר ית כיתי EX 33:22
דיתבין בלחיית עד **זמן** דאיעיבר ית יורדנא לארעא דייי DT 2:29
ולרגל אולפן טלייא עד **זמן** דאיתי לות ריבוני לגבלא: ואמר GN 33:14
לא זייעין ולא נטלין עד **זמן** דאיתסיית מרים נביאתא ומן NU 12:16
וית קדלכון קשיא הא עד **זמן** דאנא בחיים ביניכון יומא דין DT 31:27
יומין ועמא לא נטל עד **זמן** דאתסיית מרים: ולפום NU 12:15
לי דאיסוק לותיה עד **זמן** דהוה דבורא מתמלל עימי ברם LV 1:1

דייי ולא נטלין: ואית **זמן** דהוי ענן יקרא יומין דמניין NU 9:20
מימרא דייי נטלין: ואית **זמן** דהוי ענן יקרא מן רמשא ועד NU 9:21
דאתנטרו כד חיין עד **זמן** דהליך יתהון בכל משירייתא מן NU 25:8
ארום לא אשבקינך עד **זמן** די אעביד ית דמלילית לך: GN 28:15
תוריכון ועדרי עניכון עד **זמן** די יהובדון יתכון: ויעיקון לכון DT 28:51
לכון בכל קירויכון עד **זמן** די יחתון אבוליכון רמיא DT 28:52
אורייתא מזרעיה עד **זמן** די ייתי מלכא משיחא זעיר בנוי GN 49:10
ייי ית נחלי ארנונא עד **זמן** די יעברון עמך האיליין דקנית EX 15:16
ישתתקון הי כאבנייא עד **זמן** די יעברון עמך ייי ית נחלי EX 15:16
הוא דלא איעול לגויה עד **זמן** די יתמלל עמי מן קדם ייי ובכין LV 1:1
ית יוסף ואנשייה עד **זמן** די מטא קיצא מן קדם ייי GN 40:23
באורחכון דתהלכון עד **זמן** די תמטון לבית אתר משרוייכון: EX 10:10
למיסוק ממצרים עד **זמן** דייתון תרין פרוקין ויימרון לכון GN 50:25
למיתב בארעא עד **זמן** דימות כהנא: ולא תטנפון ית NU 35:32
דאפך לתמן ויתיב בה עד **זמן** דימות כהנא רבא דרבי יתיה NU 35:25
שת ברם מתעכב אנא עד **זמן** דימטון יומי אבלא דמיתת אבא GN 27:41
פידגגא למינוקא עד **זמן** דימטון לארעא דקיימתא NU 11:12
די יהבית לכון: עד **זמן** דיניח ייי לאחוכון כוותכון DT 3:20
ויקבלון ית חוביכון עד **זמן** דיסופון פיגריכון במדברא: NU 14:33
פרזלא על צווריכון עד **זמן** דישיצי יתכון: יטייס מימרא DT 28:48
ויהי מתפרנס גבך עד **זמן** דיתבע אחוך יתיה ותתיביניה DT 22:2
יתיה בבית מיטרא עד **זמן** דיתפרש להון על גזירת מימרא LV 24:12
בקודשייא לא יכול עד **זמן** דמידכי ודיקרב בכל סואבת בר LV 22:4
והוו מיטרדין ואזלין עד **זמן** דנפק יעקב מבית אבוי והינון GN 28:12
דשיריתא לעמא הדין מן **זמן** דנפקו ממצרים ועד כדון: ואמר NU 14:19
אמתינו לנא הכא עד **זמן** דנתוב לותכון והא אהרן וחור EX 24:14
גזיר נפיל על אנפוי עד **זמן** דשרי מלאכא לקובליה: אימר NU 24:3
וארונא וכל ישראל עד **זמן** דתיתסי ומן בתר כדין תתכנש: NU 12:14
דעמא מואבאה עד **זמן** יומא דין: ונטל מתמן אברהם GN 19:38
ולברכה בשמיה עד **זמן** יומא הדין: בגין כן לא הוה DT 10:8
עלי מן טליותך עד **זמן** יומא הדין הא מתהנייתי מינך NU 22:30
בתריהון ואבידינון ייי עד **זמן** יומא הדין: ודעבד לכון במדברא DT 11:4
בר נש ית קבורתיה עד **זמן** יומא הדין: ומשה בר מאה DT 34:6
ויתיבו באתריהון: עד **זמן** יומא הדין: ושאר פליטת כנענאי DT 2:22
אמרכלי כנישתא מערעי **זמן** למיטל ולמשרי מפרשין בשמהן: NU 16:2
ולא הליך זמן בתר **זמן** לקדמות קוסמיא ושוי למדברא NU 24:1
עד שתא תשיעתא עד **זמן** מיעל עללתא תיכלון עתיקתא: LV 25:22
סודרי על בית אפוי עד **זמן** מיעליה למללא עימיה: וכנש EX 34:35
בישא אחורי משה עד **זמן** מיעליה למשכנא: והוה כד עאיל EX 33:8
על חוביהון דישראל עד **זמן** מיפקיה ויכפר עלוי ועל אינש LV 16:17
מקדשא לא תיעול עד **זמן** מישלם יומי דכותה: ואין ברת LV 12:4
לא יעיבר על רישיה עד **זמן** מישלם יומיא דיפרש לשמא NU 6:5
ואין לא יתפריק עד **זמן** מישלם ליה שתא שלמתא LV 25:30
אורחא דהליכתון עד **זמן** מיתיכון עד אתרא הדין: DT 1:31
ודעבד לכון במדברא עד **זמן** מיתיכון עד אתרא הדין: ודעבד DT 11:5
לירחא בינו שימשתא **זמן** ניכסת פיסחא לשמא דייי: LV 23:5
בני ישראל ותימר להון **זמן** סידורי מועדיא דייי דתארעון LV 23:2
אלקכון: ומליל משה ית **זמן** סידורי מועדיא דייי ואליפינון LV 23:44
מארעי קדיש איליין הינון **זמן** סידורי מועדיי: שיתא יומין LV 23:2
עד פלגות ליליא **זמן** שריות פורקנכון ממצרים: DT 16:6
סילעא לאפוקי תרי: **זמנו** לכון גוברין חכימין וסוכלתנין DT 1:13
אתר מותבניכון: אילין **זמני** סידורי מועדיא דייי מארעי LV 23:4
חמר נעווך לא תשהי על **זמניהון** מן לאסקותהון לאתר EX 22:28
ית כיפא בחטריה תרתין **זמנין** בזימנא קמאה אטיפת אדמא NU 20:11
על עלתך ואיהך דילמא **יזדמן** מימרא דייי לקדמותי ופיתגם NU 23:3
ובעיא מן קדם ייי דלא **יזמן** לה לעשו רשיעא ורחל הות GN 29:17
אתן ית ארעא הדא הוא **יזמן** מלאכיה לקמך ותיסב איתא GN 24:7
לי ייי דיפלחת קומוי **יזמן** מלאכיה עימך ויצלח אורחך GN 24:40
כל יומיא לקיימותנא **כזמן** יומא הדין: וזכו יהי נטיר לנא DT 6:24
קיימיה דקיים לאבהתכון **כזמן** יומא הדין: ויהי אין מינשא DT 8:18
לכון ית ארעהון אחסנא **כזמן** יומא הדין: ותינדעו יומא דין DT 4:38
עממיא דעל אנפי ארעא **כזמן** יומא הדין: ותעדון ית טפשות DT 10:15
בגלותא לארע חורן **כזמן** יומא הדין: טמירתא גליין קדם DT 29:27
ותערעון חיין וקיימין הי **כזמן** כרן יומא הדין מערע קדיש LV 23:21
בר דדמי ליה לסיבתוי **לזימנא** דמליל יתיה ייי: וקרא GN 21:2
מן קדם ייי מדעם **לזמן** חגא איתוב לוותך בעידנא GN 18:14
ענא דאבוהון בשכם: והוה **לזמן** יומין ואמר ישראל ליוסף הלא GN 37:13
להון ואין לא יתובון **לזמן** יומין תוב שובעא אנא מחית GN 7:4
פטירא היכמה דפקידתך **לזמן** ירחא דאביבא ארום ביה EX 23:15
פטירי היכמא דפקידתך **לזמן** ירחא דאביבא ארום בירחא EX 34:18
דסיני בשתא תיניינא **לזמן** מיפקהון מארעא דמצרים NU 9:1
דפקיד ייי ית נח: והוה **לזמן** שובעא יומין מן בתר דשלים GN 7:10
ית קיימא הדא דתפילי **לזמנא** דחזי לה ביומי עובדא ולא EX 13:10
עלי: ושדר משה פולין **לזמנא** לבי דינא רבא לדתן NU 16:12

דמן שתא תנייתא **ליזמן** מיפקהון מארעא דמצרים NU 1:1
האיליין לא יעבד לה **למזמנא** יתה ליה או לבריה או EX 21:11
דמכוון קביל כרסי יקרך **מוזמן** קבל בית שכינת קדשך EX 15:17
לכון קודשא בריך הוא **מזמן** דעברתון על גיף ימא דסוף DT 1:1
היכמא דמליל ותינטרון **מזמן** דתמטון לתמן ית פולחנא EX 12:25
ארום שמא דייי חקיק **מזמן** דתפילין דעלך וידחלון מינך: DT 28:10
שבועין תימנון לכון **מזמן** דתשרון למשלח מגלא DT 16:9
למצוע משריתא:: ואתר **מזמן** יהוי לך מברא למשריתא DT 23:13
צפירא ויפטור ביד גבר די **מזמן** מן אשתקד למהך למדברא LV 16:21
אחידע בר עינן: אילין **מזמני** עם כנישתא רברבי שבטיא NU 1:16
יעירוק לחדא מן קרויא **מזמניא** האילין וייחי: דילמא ירדוף DT 19:5

זמר (5)

היא הות מרת קינין **וזמרין**: ואמר למך לנשוי עדה וצלה GN 4:22
חיילין ובחינגייא מחנגין: **וזמרת** להון מרים נודי ונשבחא EX 15:21
הוה רב בהום דכל דממנן **לזמרא** בכינרא ואבובא: וצלה אף GN 4:21
ליואי במחלוקתהון **לזמרא** הא בכין אתרכין יוסף על GN 50:1
בירא סוקי בירא הוון **מזמרין** לה והיא סלקא: בירא דחפרו NU 21:17

זמרגד (3)

מרגלייתא דבחושנא **אזמורד** ושבזיז וסבלהום וביה NU 2:10
ולוי: ושום סידרא תנייינא **איזמורד** וספירינון וכדכודין EX 28:18
ולוי: ושום סידרא תנייינא **איזמורד** וספירינון וכדכודין EX 39:11

זן (45)

שדראין הואיל ולית **בזיניה** חזי למתקימא ית גמלא וית DT 14:7
על ארבע זני דיבבי **וזני** אורעיה וזני זיבורי שיקצא הוא LV 11:20
ברייתא ליזנה זני דכיין **וזני** דלא דכיין בעירי וריחשי ובריית GN 1:24
ארעא לזנה זני דכיין **וזני** דלא דכיין וחמא אלקים ארום GN 1:25
בגדפין לזנוהי זני דכיין **וזני** דלא דכיין וחמי אלקים ארום GN 1:21
ארעא ליזנה זני דכיין **וזני** דלא דכיין וית בעירא ליזנה וית GN 1:25
צלילתא לזניהון זני דכיין **וזני** דלא דכיין וית כל עוף דטייס GN 1:21
זני דיבבי וזני אורעיה **וזני** זיבורי שיקצא הוא לכון ברם LV 11:20
לטולא לשום חגא מן **זינין** דמרביין מן ארעא ותלישין LV 23:42
ובכל ברייתא בתרין **זינין** קטירין כחדא: לא תהוון לבשין DT 22:10
דעופא דמהלך על ארבע **זני** דיבבי וזני אורעיה וזני זיבורי LV 11:20
נפשת ברייתא ליזנה **זני** דכיין וזני דלא דכיין בעירי GN 1:24
וית כל רחיש ארעא לזנה **זני** דכיין וזני דלא דכיין וחמא GN 1:25
עוף דטייס בגדפין לזנוהי **זני** דכיין וזני דלא דכיין וחמי GN 1:21
ית חיות ארעא ליזנה **זני** דכיין וזני דלא דכיין וית בעירא GN 1:25
מיא צלילתא לזניהון **זני** דכיין וזני דלא דכיין וית כל עוף GN 1:21
דהיא איבו ודייתא **לזנה**: וית כל בני עורבא לזניהון: וית DT 14:13
ליזנה וית כל רחיש ארעא **לזנה** זני דכיין וזני דלא דכיין וחמא GN 1:25
וית כל עוף דטייס בגדפין **לזנוהי** זני דכיין וזני דלא דכיין וחמי GN 1:21
ציפר שחפא וית בר נצצא **לזנוי**: וית קפופא וית שלי נונא מן DT 14:15
וסמוקא וחיורא וחרדונא **לזנוי**: ומינקת חיויא וכחא LV 11:29
רשונא לזניה וית נפולא **לזניה** וית כרזבא דהיא נדונא לזניה: LV 11:22
גובאי ליזניה וית רשונא **לזניה** וית נפולא לזניה וית כרזבא LV 11:22
וית כרזבא דהיא נדונא **לזניה**: וכל ריחשא דעופא דליה LV 11:22
לזנה: וית כל בני עורבא **לזניהון**: וית ברת נעמיתא וית DT 14:14
דארחישו מיא צלילתא **לזניהון** זני דכיין וזני דלא דכיין וית GN 1:21
וריחשי ובריית ארעא **ליזנה** והוה כן: ועבד אלקים ית חיות GN 1:24
דייתא דהיא טריפתא **ליזנה**: וית כל עורבא ליזניה: וית בת LV 11:14
וזני דלא דכיין וית בעירא **ליזנה** וית כל רחיש ארעא לזנה זני GN 1:25
דייתא חיוורתא ואכמתא **ליזנה** וית נגר טורא וית ערפדא: וכל LV 11:19
חיורתא ואוכמתא **ליזנה** ונגר טורא וערפדא: וזיבורי DT 14:18
דארעא נפשת ברייתא **ליזנה** זני דכיין וזני דלא דכיין בעירי GN 1:24
אלקים ית חיות ארעא **ליזנה** זני דכיין וזני דלא דכיין וית GN 1:25
הינון וכל חיתא **ליזנהא** וכל בעירא ליזנהא וכל GN 7:14
חיתא ליזנהא וכל בעירא **ליזנהא** וכל ריחשא דרחיש על GN 7:14
ואילן פירי עביד פירי **ליזניה** דביזריה ביה על ארעא והוה GN 1:11
ואילן פירי עביד פירי **ליזניה** וחמא אלקים ארום טב: והוה GN 1:12
ליזנה: וית כל עורבא **ליזניה**: וית בת נעמיתא וית LV 11:15
ציפר שחפא וית בר נצצא **ליזניה**: וית ציידא וית שלי נונא מן LV 11:16
מנהון תיכלון ית גובאי **ליזניה** וית רשונא לזניה וית נפולא LV 11:22
דכר ונוקבא יהון: מעופא **ליזניה** ומבעירא ליזניה ומכל GN 6:20
מעופא ליזניה ומבעירא **ליזניה** ומכל ריחשא דארעא ליזניה GN 6:20
ריחשא דרחיש על ארעא **ליזניה** כל עופא ליזניה כל ציפר כל GN 7:14
על ארעא ליזניה כל עופא **ליזניה** כל ציפר כל דפרח: ועלו לות GN 7:14
ומכל ריחשא דארעא **ליזניה** תרין מכולא ייעלון לוותך על GN 6:20

זני (19)

לפירקיהן דלא יטעיין **בזנו** בתר עממי ארעא ותיתמלי LV 19:29
בגופיהון: איתתא מטעיא **בזנו** דאיתלידא מן פסוליא לא LV 21:7
מן פסוליא ומטעיא **בזנו** ית איליין לא יסב אילהן LV 21:14
בר ישראל ית גרמיה **בזנו**: לא תעלון אגר מוהבות DT 23:18
ארום תפיס גרמה למטעי **בזני** עד דהיא עם בית אבוהא וזניית LV 21:9
בישראל למפקא שום **דזנו** על בית אבוהא ותפלון עביד DT 22:21
עד דהיא עם בית אבוהא **וזניית** בנורא תיתוקד: וכהנא רבא LV 21:9
אבר לפמהון ולא תהי **זנו** ביניכון: וגבר דיתן תשמישיה LV 20:14
דייי: לא ידכי דמתיליד מן **זנו** דביה מומא בישא ואתיהיב DT 23:3
דיסב ית איתא וית אימא **זנו** היא בנורא יוקדון יתיה ויתהין LV 20:14
קריבת בישרה הינון **זנו** היא: ואיתתא בחייו אחתה לא LV 18:17
ארעא ותיתמלי ארעא **זנו**: ית יומי שביא דילי תיטרון LV 19:29
ואיתני ליהודה למימר **זניית** תמר כלתך ואוף הא מעברא GN 38:24
כלתך ואוף הא מעברא **לזנו** ואמר יהודה הלא בת כהין היא GN 38:24
וזקף לוט ית עינוי **לזנו** וחמא ית כל מישר ירדנא ארום GN 13:10
בנתיכון למסבא יתהון **לזנו** ולא תשהון למסבא בנתיכון LV 19:29
הוא זמרי דאשאיל נפשיה **לזנותא** הי ככנענאי אילין ייחוסין EX 6:15
בגילוי בישרא והרהירו **ליזנו** ונסיבו להון נשין מכל GN 6:2
ושמאבר דמחבל איבריה **ליזניה** מלכא דצבויים ומלכא GN 14:2

זעפרן (1)

ואוכם ומוריק הי כגון **זעפרנא** או הי כמוי דגרגישתא או LV 15:19

זעק (1)

דהוה קשיא עליהון **וזעיקו** וסליקת קבילתהון לשמי EX 2:23

זער (66)

מנא מאן דאסגי ומאן **דאזער**: ואכילו בעומרא לא EX 16:17
מן ימא רבא ושרא על דין **דזעיר** במשריתא כמהלך יומא NU 11:31
דכספא שוי בפום טונא **דזעירא** וית כסף זבינוי ועבד GN 44:2
לזעירא אם בנוי **דזעירא** נטרין פיקודייא דאורייתא: GN 25:23
התקיף הוא אין חלש **הזעיר** הוא אין סגי: ומא ארעא דהוא NU 13:18
יברוחי דבריך: ואמרת לה **הזעיר** הוא דנסיבת ית בעלי ואנת GN 30:15
אליאב ואמרו לא ניסוק: **הזעירא** היא ארום אסיקתנא NU 16:13
קבילו כען בני לוי: **הזעירא** היא לכון ארום אפריש NU 16:9
שימשא לישן תליתאיי **ואיזדערת** ומני ית שמשא דהוה GN 1:16
מאן דאסגי למילקט **ודאזער** למילקט לא חסר מן EX 16:18
עימך: לית אנא כמיסת **וזעיר** אנא מכל טבוון ומן כל GN 32:11
זרע סגי תפקון לחקלא **וזעיר** תכנשון ארום יקרסם יתיה DT 28:38
רבא כהילכת ריבונתיה **וזעירא** כהילכת זעירותיה והוה GN 43:33
דמואבאי עד יומא דין: **וזעירתא** אוף היא ילידת בר וקרת GN 19:38
ית בעיריכון מברא **ותזער** יתכון מלגיו ויצדיין LV 26:22
די ייתי מלכא משיחא **זעיר** בנוי ובדיליה יתימסון עממייא: GN 49:10
לעמא הדין תוב קליל **זעיר** והינון רגמין יתי: ואמר ייי EX 17:4
בתנורא חד מדהוא **זעיר** ומרדיין ומפלגן לכון כד מינפל LV 26:26
בגיני דבית יעקב ואיתא **זעיר** לי ישראל: מה אני לאיט NU 23:7
להלין גובריא יתסב כדון **זעיר** מיא ושזיגן ריגליכון GN 18:4
ולשיבטא דעמיה **זעיר** תזער אחסנתהון גבר לפום NU 26:54
תסגון ומן שיבטא דעמיה **זעיר** תזערון גבר אגב אחסנתיה NU 35:8
אימיה ואמר הדין אחוכון **זעירא** דאמרתון לי ואמר מן קדם GN 43:29
אפין בדינא מילי **זעירא** הי כמילי רבא תשמעון ולא DT 1:17
וקראת ליעקב ברא **זעירא** ואמרת ליה הא עשו אחוך GN 27:42
ואישיצי יתהון כשעא **זעירא**: ואתרכינו בצלו על אפיהון NU 16:21
ואישצי יתהון כשעא **זעירא** ואתרכינו בצלו על אפיהון: NU 17:10
ואלבשת ית יעקב ברא **זעירא**: וית משכי דגדיי בני עיזי GN 27:15
על רישא דאפרים והוא **זעירא** וית שמאליה על רישא GN 48:14
סבר אפי גברא ואחונא **זעירא** ליתוי עימנא: ואמר עבדך GN 44:26
מרים נביאתא שעא **זעירא** למידוע מה הוה בסיפיה NU 12:16
וית סיהרא דהוה נהורא **זעירא** למשלט בליליא וית כוכביי: GN 1:16
מינך אמתין לי שעא **זעירא** עד דנתבוע רחמין מן קדם GN 19:18
סבר אפיי בדלית אחוכון **זעירא** עימכון: אין איתך משדר ית GN 43:3
אין לא ייחות אחוכון **זעירא** עימכון לא תוספון למיחמי GN 44:23
לנא למיחות אין אחונא **זעירא** עימנא וניחות ארום לית GN 44:26
חד בארעא דכנען והא **זעירא** עם אבונא יומא דין וחד נפק GN 42:13
תסגי זבינוי ולפום סכום **זעירות** שניא תזעיר זבינוי ארום LV 25:16
ריבונתיה וזעירא כהילכת **זעירותיה** והוה נקיט כסא דכספא GN 43:33
דכוריא בישראל ואפילו **זעירי** דלא צריכין לאימהון יתבון LV 23:42
יסבון אימרא לביתא: ואין **זעירין** אינשי ביתא ממניין עשרא EX 12:4
זבין בהון ומתקילין **זעירין** למהוי מזבין בהון: לא יהוי DT 25:13
למהוי זבין בהון ומכלן **זעירין** למהוי מזבין בהון: מתקלין DT 25:14
תסגי ולשיבט דעמיה **זעירין** תזעיר לדיפוק ליה תמן NU 33:54
אלקי למעבד מילתא **זעירתא** או רבתא: וכדון אסחרו NU 22:18
שב שנין בגין רחל ברתך **זעירתא**: ואמר לבן ברמיו טב דאיתן GN 29:18
ית אבוהן חמר ורוי וקמת **זעירתא** ושמישת עימיה ולא ידע GN 19:35
גבר בר ישראל ית ברתיה **זעירתא** לאמהן לא תיפוק EX 21:7
כמה דהוות כד היא **זעירתא** מיקריא ברת לוי: EX 2:1
כדין באתרין למיתן **זעירתא** קדם רבתא: אשלים כדון GN 29:26
בנן שום רבתא לאה ושום **זעירתא** רחל: ועיני לאה הוון GN 29:16
לא יסגי ודמיסכן לא **יזער** מפלגות סילעא למיתן ית EX 30:15
מה דא עבדת לנא **כזעיר** פון שכיב מלכא דמיחד GN 26:10
לית בידי אלהין הוו לי **כזעיר** תורין וחמרין עאן ועבדין GN 32:6
לואי דתיהי סופי **כזעיריא** דבהון: ואמר בלק לבלעם NU 23:10
הוא מיני לוואי איכול **לאזעוריה** ואתירכיניה מן ארעא NU 22:6

ורבא יהוי משתעבד **לזעירא** אם בנוי דזעירא נטרין GN 25:23
אחסנתהון בין סגיאי **לזעירי:** ואלין סכומי ליואי NU 26:56
בנתיה: ואמרת רבתא **לזעירתא** אבונא סיב וגבר לית GN 19:31
מיומחרא ואמרת רבתא **לזעירתא** הא כבר שמישית רמשי GN 19:34
מבריך יתהון ומן אנא **מזעיר** ומימרא דייי מסגי יתהון: NU 23:8
עליהון בהלין דינין **נזערא** יתהון קדם עד לא יסגון ויהוי EX 1:10
ולפום סכום זעירות שניא **תזעיר** זבינוי ארום מניין כנישות LV 25:16
ולשיבט דעמיה זעירין **תזעיר** לדיפוק ליה תמן עדבא NU 33:54
ולשיבטא דעמיה זעיר **תזער** אחסנתהון גבר לפום NU 26:54
ומן שיבטא דעמיה זעיר **תזערון** גבר אגב אחסנתיה דיחסנון NU 35:8

זפק (1)

ציפר דכי דלית דאית ליה **זפק** וקורקבניה קליף ואית ליה DT 14:11

זקף (40)

חמישאי כד סובר יתהון **אזדקף** שיקפא עיל מיניה עד דנפק NU 25:8
ויתיבו באתריהון: **אזדקפו** טולו ועיברו ית נחלי DT 2:24
עילוי באתר דהוא תמן: **אזדקפי** טולי ית טליא ואתקיפי ית GN 21:18
והא קמת פורכתי ואוף **איזדקפת** והא מתחורן פורכתיהון GN 37:7
בית פעור דכל אימת **דזקיף** פעור למדכר לישראל DT 34:6
יהודאין נצן וכד חמא **דיזקף** דתן ידיה על אבירם EX 2:13
הדין: סוק לריש רמתא **וזקוף** עינך למערבא ולציפונא DT 3:27
ית בדך ית יחידך מיני: **וזקף** אברהם ית עינוי וחזא והא GN 22:13
ליה ייי: ביומא תליתאה **וזקף** אברהם ית עינוי וחמא ענן GN 22:4
דעיגלא דעבדו תמן: **וזקף** בלעם ית עינוי וחמא ית NU 24:2
דיעקב באתר גדיא נשיא: **וזקף** יעקב ית ענוי וחמא והא עשו GN 33:1
הוא קיים וגחנו וסגידו: **וזקף** ית עינוי וחמא ית בנימין אחוי GN 43:29
בכא על צערא דצווריה: **וזקף** ית ענוי וחמא ית נשיא וית GN 33:5
לדרומא ואנא לציפונא: **וזקף** לוט ית עינוי לזנו וחמא ית כל GN 13:10
לן להנפקא לכון מיא: **וזקף** משה ית ידיה ומחא ית כיפא NU 20:11
ברא לעידוני רמשא **וזקף** עינוי וחמא והא גמלייא אתיין: GN 24:63
משכנא לתוקפא דיומא: **וזקף** עינוי וחמא והא תלתא GN 18:2
ובינך: ונסיב יעקב אבנא **וזקפא** לקמא: ואמר יעקב לבנוי GN 31:45
וקריב קדמוי קרבנין **וזקפו** בני ישראל ית עיניהון והא EX 14:10
ושובעין מסבי ישראל: **וזקפו** נדב ואביהוא ית עיניהון EX 24:10
ביה: וחזרו למיכול לחמא **וזקפו** עיניהון וחמון והא סיעא GN 37:25
מרי עלמא ית טוורא **וזקפיה** באוירא והוה זייג הי EX 19:17
בעידן דאתיחמא ענא **וזקפית** עניי וחמית בחילמא והא GN 31:10
בתר פיתגמייא האילין **וזקפת** איתת ריבוניה ית עינה GN 39:7
וחמא והא גמלייא אתיין: **וזקפת** רבקה ית עינהא וחמת ית GN 24:64
ואמרתי האנא: ואמר **זקוף** כדון עינך וחמי כל ברחיא GN 31:12
דאיתפרש לוט מיניה **זקוף** כדון עינך ותיחמי מן אתרא GN 13:14
לריש רמתא: והוי כד **זקיף** משה ידוי בצלו ומתגברין EX 17:11
יהי במשך בישריה שומא **זקיפא** או קלופי או בהקי ויהי LV 13:2
והלכית יתכון בקומא **זקיפא:** ואין לא תיצבון למשמע LV 26:13
דעתידה למיפל ולית לה **זקיפא** ומתמן עתידין למיסק עמא GN 15:12
ויהי באתר שיחנא שומא **זקיפא** חוורא או בהקי מיטפלא LV 13:19
ויחמי כהנא והא שומא **זקיפא** חוורא במשכא כעמר נקי LV 13:10
רומיה מיניה הוון קרנוי **זקיפין:** וחפא יתיה דהב דכי ית EX 37:25
רומיה מיניה יהון קרנוי **זקיפין:** ותחפי יתיה דהב דכי ית EX 30:2
מיניה הוואה קרנוי **זקיפן** לעיל וחפא יתיה נחשא: ועבד EX 38:2
מיניה יהוין קרנוי **זקיפן** לעיל ותחפי יתיה נחשא: EX 27:2
ואשתלהי נס שביעאי **זקפינון** בדרע ימיניה למחמי כולהון NU 25:8
סדרי קרבא עמהון: ארום **זקפית** בשבועא ית ידיי בשמייא DT 32:40
דישראל ולא הוה יכיל **למיזקפהון** בצלו ומן דהוה צבי EX 17:12

זקק (1)

אוף אנא עיבידתא ואנא **זקיק** לפרנסא אינשי בייתי: ואמר GN 30:30

זקת (1)

וקטרבא ולא אידעצא **בזקתא** וסול וסירתא וכל דדמי NU 19:2

זרז (33)

דעד כדון יוסף קיים והוא **אזדרז** ואזל למצרים ואייתי אוניתא GN 49:21
ית משה וית אהרן היכדין **אזדרזו** ועבדו: והוה בפלגות ליליא EX 12:28
משה עם עמא למימר **אזדרזו** לותכון גוברין לחילא ויהון NU 31:3
דעכב קרבא למחר ולא **איזדרז** ביומא ההוא לפורקנא EX 17:12
ייי: וקריב אהרן למדבחא **בזריזותא** ונכיס ית עיגלא LV 9:8
גלעד: ועבדך יעיברון כל **דמזרז** חילא קדם עמא דייי לקרבא NU 32:27
קרבא: ויעיבר לכון כל **דמזרז** ית יורדנא קדם עמא דייי NU 32:21
עימכון ית יורדנא כל **דמזרז** לקרבא עמא דייי ותתכבש NU 32:29
ושזג אפוי מן דמעין ונפק **ואזדרז** ואמר שוו לחמא: ושויו ליה GN 43:31
יהי מימרא דייי בסעדכון: **ואזדרזו** בחשוכא קדם קריצתא NU 14:44
שכינתא דייי מתגלי לכון: **ואזדרזון** אהרן ובנוי וכל בני ישראל LV 9:5
וקם בלעם בצפרא **וזריז** ית אתניה ואזל עם רברבי NU 22:21
ואקדים אברהם בצפרא **וזריז** ית חמריה ודבר ית תרין GN 22:3
בנוי ואלבישינון כיתונין **וזריז** יתהון קמורין וכבש להון LV 8:13
ויהב עלוי ית איפודא **וזריז** יתיה בהמיין איפודא ואתקין LV 8:7
וסדר עלוי ית כיתונא **וזריז** יתיה בקמורא ואלביש יתיה LV 8:7

מתינין בדיני נפשתא **וזריזין** בדיני ממונא ולא יבהתון NU 9:8
בדיני ממונא הוה משה **זריז** ובדיני נפשתא הוה משה מתין NU 15:34
בדיני ממונא הוה משה **זריז** ובדיני נפשתא הוה משה מתין NU 27:5
בדיני ממונא הוה משה **זריז** ובדיני נפשתא הוה מתון LV 24:12
ובצתהון הוה משה **זריז** מן בגלל דהוו דיני ממונא NU 9:8
למקום בתריה דיהוון **זריזין** בדיני ממונא ומתונין בדיני LV 24:12
דעתידין למיקום דיהוון **זריזין** בדיני ממונא ומתונין בדיני NU 15:34
נפשתא ארבסרי: ובנוי דדן **זריזין** ואמפורין ולית סכום GN 46:23
למקום מן בתריה דיהוון **זריזין** לדיני ממונא ומתונין לדיני NU 27:5
יהודייתא ארום **זריזן** וחכימן בדעתיהן הינין קדם EX 1:19
לשיבטא תריסר אלפין **מזרזי** חילא: ושדר יתהון משה NU 31:5
אחוכון בני ישראל כל **מזרזי** חילא: לחוד נשיכון טפליכון DT 3:18
ולא לדריא חרציכון יהון **מזרזין** מסניכון בריגליכון וחוטריכון EX 12:11
לאחסנא: ואין לא יעיברון **מזרזין** עמכון ויחסנון ביניכון NU 32:30
הכדין נעביד: נחנא נעיבר **מזרזין** קדם עמא דייי לארעא דכנען NU 32:32
וקרוין לטפלנא: ואנחנא **נזדרז** מבעין בגו בני ישראל עד NU 32:17
ית פיתגמא הדין אין **תזדרזון** קדם עמא דייי לאגחא NU 32:20

זרי (5)

פירי עביד פירי ליזניה **דביזריה** ביה על ארעא והוה כן: GN 1:11
יהיבת לכון ית כל עיסבא **דביזריה** מזדרע דעילוי אנפי כל GN 1:29
ארעא דיתאי עישבא **דביזריה** מזדרע ואילן פירי עביד GN 1:11
ארעא דיתאין עיסבא **דביזריה** מזדרע ואילן פירי עביד GN 1:12
ודביה פירי אילנא **דביזריה** מיזדרע לכון יהי למיכל: GN 1:29

זרע (78)

למשמשא לה ולפלחהא **דמזרעית** גיורא: בתר דישתמודע LV 25:47
כמיסת זרעיה אתר **דמיזדרע** ביה כור סעורין בחמשין LV 27:16
הדין לא אתר כשר לבית **דרע** ואוף לא למינצב תינין וגופנין NU 20:5
היא דנפקתון מתמן **דתזרע** ית זרעך ומשקיית ליה DT 11:10
יקידתא דימעת זרעא **דתזרעון** ועללת כרמא: לא תהוון DT 22:9
דחצדא ביכורי עובדך **דתיזרע** בחקלא וחגא דכנשא EX 23:16
איתקטלא יתקטל: **וזרע** יצחק לצדקתא בארעא ההיא GN 26:12
מנהון ובהון יהוי **וזרעיית** בנוי דיעקב ישלטון NU 24:7
לפרעה הא לכון בר זרעא **ותזרעין** ית ארעא: ויהי באשוניה GN 47:23
עיינין ומסייפא נפש **ותידרעון** לריקנו זרעכון דלא יצמח LV 26:16
דתיספוק לתלת שנין: **ותיזרעון** ית שתא תמינתא ותיכלון LV 25:22
ארעא לא תתכשר לבר **זרע** ולא תרבי צימחין ולא יסק בה DT 29:22
יפיל מנבילתהון על כל **זרע** זרעונין באורחא די יזדרע LV 11:37
ית שמיה מנא והוא כבר **זרע** כוסבר חיור וטעמיה כאשישיין EX 16:31
דיבדר יתכון ייי לתמן: בר **זרע** סגי תפקון לחקלא וזעיר DT 28:38
גבר דתיפוק מיניה שכבת **זרעא:** או גבר דיקרב בכל ריחשא LV 22:4
ואמרת חמון שכבת **זרעא** דאטיל דין דאייתי ריבונכון GN 39:14
ולא חס על ישראל **זרעא** דבני בנתיה ובית מותביה NU 22:5
חולקין יהי לכון לבר **זרעא** דחקלא ולמיכליכון ולפרנוס GN 47:24
תתחייב יקידתא דימעת **זרעא** דתזרעון ועללת כרמא: לא DT 22:9
ישכוב עם איתא תשמיש **זרעא** והיא אמתא וחרתא LV 19:20
ישמש גבר עימה שכבת **זרעא** ויסחון בארבעין סאווין דמוי LV 15:18
ויפוק מיניה שכבת **זרעא** ויסחי בארבעין סווין דמוי ית LV 15:16
אין מתיהיב מוי על בר **זרעא** ויפיל מנבילתהון עלוי LV 11:38
צלא די יהוי עלוי שכבת **זרעא** ויצטבע במוי ויהוי מסאב עד LV 15:17
ואתברכו ידוי מן הרהורא **זרעא** וכבש יצריה מן אולפן תקיף GN 49:24
עבדין לפרעה והב בר **זרעא** וניחי ולא נמות וארעא לא GN 47:19
דלא הות מפקא בר **זרעא** וצוח עמא קדם פרעה בגין GN 41:55
לפרעה הא לכון בר **זרעא** ותזרעין ית ארעא: ויהי GN 47:23
וקטפא יארע אפקות בר **זרעא** ותיכלון לחמיכון ותשבעון LV 26:5
ומן דיפוק מיניה שיכבת **זרעא** לאיסתאבה בה: LV 15:32
ונוקבא לקיימא מנהון **זרעא** על ארעא: ארום הא אנא יהיב GN 7:3
אחוך ויבם יתה ואקם **זרעא** על שמא דאחוך: וידע אונן GN 38:8
מנבילתהון על כל זרע **זרעונין** באורחא די יזדרע בנוגביה LV 11:37
חבילית דבגיניה יהובדון **זרעי:** ארום קין דהב ותב בתיובא עד GN 4:23
בנתיה ובנת בנוי וכל **זרעיה** אייתי עימיה למצרים: ואילין GN 46:7
ייי ויהי עלוייה כמיסת **זרעיה** אתר דמיזדרע ביה כור LV 27:16
יסב איתא: ולא יפיס **זרעיה** בעמיה ארום אנא ייי LV 21:15
למצרים בגין למובדא **זרעיה** ומן בתר דנפקו ממצרים NU 31:8
ובתר כדין איתבדרו **זרעייתהון** דכנענאי: והוה תחום GN 10:18
תיניינא ואיתייחסו על **זרעייתהון** לבית אבהתכון במניין NU 1:18
דחרב ויתברכון בך כל **זרעית** ארעא: ואזל אברם היכמה GN 12:3
בין זרעית בנך ובין **זרעית** בנהא ויהי כד יהוון בנהא GN 3:15
בינך ובין איתתא בין **זרעית** בנך ובין זרעית בנהא ויהי כד GN 3:15
אבוי בארעא דכנען: אילין **זרעית** יעקב יוסף בר שביסרי שנין GN 37:2
איטרד ולא איתייחסו **זרעיתיה** בספר יחוס אדם ובתר כן GN 5:3
יד שמשון בר מנוח דמן **זרעיתיה** ולמימסר בידיה ית עמא GN 30:6
מתמן דתזרע ית **זרעך** ומשקיית ליה בגרמך הי כגינת DT 11:10
לאיסתאבא בה: ומן **זרעך** לא תיתן בתשמישתה לציד LV 18:21
נפש ותידרעון לריקנו **זרעכון** דלא יצמח וכתייא יכלון LV 26:16

זרע זרעונין באורחא די **יזדרע** בנוגביה דכי הוא: וארום אין LV 11:37
ביה פולחן ארעא ולא **יזדרע** וינפקון תמן ית עגלתא DT 21:4
ומתרעמין דמנא דמוייה **כזרע** כוסבר חיור כד נחית מן שמיא NU 11:7
לא תיתן תשמישתך **לזרעא** לאיסתאבא בה: ומן זרעך לא LV 18:20
אהרן למימר גבר מבנך **לזרעיית** דריהון דיהי ביה מומא לא LV 21:17
עופא דרחיש על ארעא **לזרעייתהון** נפקו מן תיבותא: ובנא GN 8:19
קלרהי: איליין בנוי דחם **לזרעית** יחוסיהון ללישנהום במותב GN 10:20
והכדין נטלין גבר **לזרעיתיה** לבית אבהתוי: ואיליין NU 2:34
ואיתי קין מאיבא דארעא **מדרע** כיתנא קרבן ביכוריא קדם ייי: GN 4:3
ית כל עיסבא דביזריה **מזדרע** דעילוי אנפי כל ארעא וית GN 1:29
דיתאי עישבא דביזריה **מזדרע** ואילן פירי עביד פירי ליזניה GN 1:11
דיתאין עיסבא דביזריה **מזדרע** ואילן פירי עביד פירי ליזניה GN 1:12
ייי: גבר טלי או גבר סיב **מזרעא** דאהרן והוא מצרעא או דייב LV 22:4
כל גבר כהין דביה מומא **מזרעא** דאהרן כהנא לא יתכשר LV 21:21
וכל מעשרא דארעא **מזרעא** דארעא ומפירי אילנא דייי LV 27:30
יתיה מגו עמיה ארום **מזרעיה** יהב לפולחנא נוכראה מן LV 20:3
גניסת בני ישראל דיעבר **מזרעיה** למולך למיתוקדא בנורא LV 20:2
מן גברא ההוא בדיתן **מזרעיה** לפולחנא נוכראה מטול LV 20:4
וספרין מאלפי אורייתא **מזרעיה** עד זמן די ייתי מלכא GN 49:10
או מקריב בישריה **מזרעתיה** יפרקיניה או תארע ידיה LV 25:49
פירי אילנא דביזריה **מיזדרע** לכון יהי למיכל: ולכל חיות GN 1:29
בשתא שביעתא הא לא **נזרע** ולא נכנוש ית כתי עללתנא: LV 25:20
דמצרים: ושית שנין **תדרע** ית ארעך ותכנוש ית עללתנא: EX 23:10
עירבובין חקלך לא **תזרע** עירבובין ולבוש עירבובין LV 19:19
קדם ייי חקליכון לא **תזרעון** וכרמיכון לא תגזרון: ית כתי LV 25:4
חמשין שנין תהי לכון לא **תזרעון** ולא תחצדון ית כאוותהא LV 25:11
קדם ייי: שית שנין **תזרעון** חקליכון ושית שנין תגזרון LV 25:3
דחמי למיפל מיניה: לא **תזרעון** כרמיכון עירובין דילמא DT 22:9

זרת (4)

יהי עיף זרתא אורכיה **וזרתא** פותיה: ותשלים ביה EX 28:16
ית חושנא זרתא אורכיה **וזרתיה** פותיה עיף: ואשלימו ביה EX 39:9
יתיה: מרבע יהי עיף **זרתא** אורכיה וזרתא פותיה: EX 28:16
הוה עיף עבדו ית חושנא **זרתא** אורכיה וזרתיה פותיה עיף: EX 39:9

חבב (16)

דדמכא בעבך או חברך **דחביב** עלך כנפשך ברז למימר נהך DT 13:7
שבחת צפורה ואמרת מה **חביב** הוא אדם גוזרתא הדין דשיזב EX 4:26
לברת פרעה והוה לה **חביב** הי כביר וקרת שמיה משה EX 2:10
מטול למהוי ליה לעם **חביב** היכמא דמליל לכון ולמינטר DT 26:18
אלקכון למיהוי לי לעם **חביב** מכל עממיא דעל אפי ארעא: DT 14:2
מטול למהוי ליה לעם **חביב** מן כולהון עממיא דעל אנפי DT 7:6
לנא עיסק דינא והוית **חביב** עלן כבבת עיננא: ויהי ארום NU 10:31
בנוי דעוזיאל ליואי **חביבא** דאהרן ואמר להון קריבו LV 10:4
מן דארגיזו קדמוי בניא **חביביא** דאתקרון על שמיה בנין DT 32:19
בריך משה נביא ואמר **חביביה** דייי ישרי לרוחצן עלוי יהי DT 33:12
ונעה בנת צלפחד לבני **חביביהן** לנשין: מגניסת בני מנשה NU 36:11
עובדיהון טביא בניא **חביבייא** אשתכח מומא בהון דרא DT 32:5
קדם ייי אלקכון: הי כבנין **חביבין** אתון קדם ייי אלקכון לא DT 14:1
ית קימי ותהון קדמיי **חביבין** מכל עממייא דעל אפי EX 19:5
ונסב עמרם ית יוכבד **חביבתיה** ליה לאינתו וילידת ליה EX 6:20
דאודעה לעממיא מטול **למחבבא** עמיה בית ישראל כולהון DT 33:3

חבט (1)

דאוביל יתהון במשריתא **חבט** שדנהי ומיתו עני ואמר קדם NU 25:8

חביונה (4)

ובנימין פסק וישתכח **אוגבין** בטונא דבנימין: ובזעו GN 44:12
בפום טוניה: וית אוגביני **אוגבין** דכספא שוי בפום טונא GN 44:2
בתראה ומה נזדכי על **אוגבין** מן קדם ייי אשתכח חובא GN 44:16
כסף גבר בפום טוניה: וית **אוגביני** אוגבין דכספא שוי בפום GN 44:2

חבל (61)

ותשבוק להום ואמר לא **אחביל** בגין זכוות עשרא: ואיסתלק GN 18:32
ית כל קרתא ואמר לא **איחביל** אין אשכח תמן ארבעין GN 18:28
בגין רחמך ואמר לא **איחבל** בגין זכוות עשרין: ואמר GN 18:31
וחמא ייי ית ארעא והא **איתחבלת** ארום חבילת כל בישרא GN 6:12
ובכל ארעא דמצרים **אתחבלו** יתבי ארעא מן קדם EX 8:20
כקוטרא דאתונא: והוה **בחבלות** ייי ית קירוי מישרא ודכיר GN 19:29
בתי בני ישראל במצרים **בחבלותיה** ית מצראי וית בתנא EX 12:27
דנפשי ונדחי לגובא **דחבלא** וישתכח פסולא בקרבנך GN 22:10
מלכא דאדמה ושמאבר **דמחבל** איבריה ליזניה מלכא GN 14:2
מן חמשין זכאין חמשא **התחבל** בגין חמשא דחסרין לזוער GN 18:28
ית שם ית חם וית יפת: **ואיתחבלת** ארעא בגין דיירהא GN 6:11
ותקטלוניה בסייפא: **ודחביל** באבוי ובאימיה אתקטלא EX 21:15
אסער עליהון חוביהון: **וחבל** מימרא דייי ית עמא על דגחנו EX 32:35
תורין מן ביזת מלכיהון **וחבלא** מבכירי עאן מן עדי DT 32:14
לאוחרותהון במדברא **ותחבלון** לכל עמא הדין: וקריבו NU 32:15
בנין ותתעתקון בארעא **ותחבלון** עובדיכון ותעבדון לכון DT 4:25

אבהת עלמא ואמרין **חבול** על בנינן כד יחובון וימטון DT 28:15
ובבישרהון לא יחבלון **חבול**: קדישין יהון קדם אלההון ולא LV 21:5
בית שקייא קדם עד לא **חביל** ייי ברגזיה ית סדם וית עמרה GN 13:10
דמודיק מגיסא מידיא: **חביל** על עמא דמיכלהון לחם NU 11:7
ייי לי קום חות ארום **חבילו** אורחתהון עמא דאתקריון DT 9:12
נפיק דזכיי וקשיט הוא: **חבילו** עובדיהון טביא בניא DT 32:5
אלהין בגין ישראל וכדון **חבילו** עובדיהון עמך דאסיקת EX 32:7
ואוף לא עולימא **חבילית** דבגיניה יהובדון זרעי: ארום GN 4:23
והא איתחבלת ארום **חבילת** כל בישרא כל חד וחד ית GN 6:12
שמיא והוה צווח ואמר **חבל** על עמא דשמעו בסיני מן פום EX 32:19
ית חתנא מן ידוי דמלאך **חבלא**: ואמר ייי לאהרן איזל EX 4:26
מהולתא לריגלוי דמלאך **חבלא** ואמרת חתנא בעא למגזור EX 4:25
חתנא דילי: ופסק מלאך **חבלא** מיניה בכן שבחת צפורה EX 4:26
דמן בתר דאימות ארום **חבלא** תחבלון עובדיכון ותטעון מן DT 31:29
שומת דקניכון: ושורטת **חיבול** על נפש דמית לא תיתנון LV 19:28
אלקכון מכל איליין ארום **חיבולהון** בהון מומא בהון פסילין LV 22:25
לא יספרון ובבישרהון לא **יחבלון** חבול: קדישין יהון קדם LV 21:5
לא ישביקנכון ולא **יחבלכון** ולא יתנשי ית קימא DT 4:31
ולא יהי עוד טובענא **לחבלא** ארעא: ואמר אלקים דא את GN 9:11
והא שרי קצף מחבלא **לחבלא** בעמא ויהב ית קטורת NU 17:12
ארום אמר אילו אתי עשו **לחבלא** בריביא ולמעבד זנו בנשיא GN 33:2
מלאכיא מחבליא **לחבלא** ית ישראל אף וחימה וקצף DT 9:19
עם מליך ציפונא **לחבלא** יתבי ארעא ועמונאי DT 34:3
טובענא מיא על ארעא **לחבלא** כל בישרא דביה רוחא דחיי GN 6:17
יהי תוב מיא לטובענא **לחבלא** כל בישרא: ותהי קשתא GN 9:15
והדר חד מנהון לסדום **לחבלותא** וחד אשתאר עם לוט GN 19:17
קדם ייי ושדרנא ייי **לחבלותה**: ונפק לוט ומליל עם GN 19:13
בזימנא ההיא לא צבה ייי **לחבלותך**: ואמר ייי לי קום איזיל DT 10:10
דאתיהב ליה רשותא **למחבלא** במיקטלי בארעא EX 12:13
דעתיד למיפק מנהון הוא **מחבל**: ארום ישתכח בר נש גניב DT 24:6
מן אתרא הדין ארום **מחבל** ייי ית קרתא והוה פתגמא GN 19:14
לות אינתתיה דאחוי הוה **מחבל** עובדוי על ארעא דלא GN 38:9
אמטולהון ארום נפק **מחבלא** דאתכלי בחורב דשמיה NU 17:11
קהלא והא שרי קצף **מחבלא** לחבלא בעמא ויהב ית NU 17:12
הדין נטיר ממלאכא **מחבלא** לכל בני ישראל דבמצרים EX 12:42
ולא ישבוק מלאכא **מחבלא** למיעול לבתיכון למימחי: EX 12:23
עובדיהן בישיא והא אנא **מחבלהון** עם ארעא: עיבד לך GN 6:13
קדם ייי חמשתי מלאכיא **מחבליא** לחבלא ית ישראל אף DT 9:19
הנפק מן אתרא: ארום **מחבלין** אנחנא ית אתרא הדין GN 19:13
אלפין ריבוון מלאכין **מחבלין** ואקטול כל בוכרא בארעא EX 12:12
מן קדמך ייי אלקים לא **תחבל** עמך ואחסנתך די פרקת DT 9:26
פירי מיכל הוא יתיה **תחבלון** ותיקטעון ותיבנון קרקומין DT 20:20
למכבשא בשבתא לא **תחבלון** ית אילנייהא למישדיא DT 20:19
דאימות ארום חבלא **תחבלון** עובדיכון ותטעון מן DT 31:29
אישתא: הוון זהירין דלא **תחבלון** עובדיכון ותעבדון לכון DT 4:16

חבר (109)

היא זוער: כל אילין **איתחברו** למישר פרדיסיא הוא GN 14:3
נוכראה לא ייכול ביה: **בחבורא** חדא יתאכל לא תפקון מן EX 12:46
לשום מימריה דייי ויכפור **בחבריה** בפיקדונא דאפקיד גביה או LV 5:21
פיתגמי מומתא או ידע **בחבריה** דבטיל שבועא ולווט אין LV 5:1
זהירין דלא למיחשד חד **בחבריה** דלא ילקי הוו דכירין מה DT 24:9
וגבר ארום יתן מומא **בחבריה** היכמא דעבד היכדין LV 24:19
בטימרא דלא ידעו אינש **בחבריה**: ומשה הוה רעי ית ענא EX 2:25
ותמהו גובריא אינש **בחבריה**: ונטל חולקין מעל פתוריה GN 43:33
ובאחיכון בני ישראל גבר **בחבריה** לא תשעבדון בהון בקשיו: LV 25:46
בר נש מרי מוזפתא דיזוף **בחבריה** לית ליה רשו למדחקא DT 15:2
לית ליה רשו למדחקא **בחבריה** למתבוע אוזפותיה ולא מן DT 15:2
ולא תשקרון אינש **בחבריה**: עמי בני ישראל לא ישתבע LV 19:11
מגברא דיכול קורצין **בחבריה** קדמך ולא תשוי ידך עם EX 23:1
מצרים: ארום תוזפון **בחבריכון** מוזפו דמידעם לא תיעול DT 24:10
ישראל לא תהוון מסהדין **בחבריכון** סהדי שיקרא לא חברין EX 20:16
ולגייורי תשבוק יתהון **בחיבורהון** אנא הוא ייי אלקכון: עמי LV 19:10
אמן: ליט דישני תחומא **דחבריה** הוון עניין כולהון כחדא DT 27:17
ינגוף תור דגבר ית תורא **דחבריה** וימות ויזבנון ית תורא EX 21:35
אושיט ידיה בעיסקא **דחבריה** ויקבל מריה מיניה מומתא EX 22:10
יירוג חד מנכון ית ביתיה **דחבריה** ולא חקליה ולא עבדיה DT 5:21
יחמיד חד מנכון ית ביתא **דחבריה** ולא יחמיד חד מנכון ית EX 20:17
חד מינכון ית אינתתיה **דחבריה** ולא יירוג חד מנכון ית DT 5:21
חד מנכון ית אינתתיה **דחבריה** ולא לעבדיה ולא לאמתיה EX 20:17
דהוא חמא פושרן חלמא **דחבריה** ושרי למללא בלישן רוגזא GN 40:16
חילמיה ופושרן חילמא **דחבריה** חלימנא: ותמן עימנא GN 41:11
חילמיה ופושרן חילמיא **דחבריה** מזוגא ונחתומא די למלכא GN 40:5
אושיט ידיה בעיסקא **דחבריה**: על כל מידעם דאיתביד EX 22:7
לא תרים על קמתא **דחברך**: ארום יסב גבר איתא ויעול DT 23:26

אגרא כפעל בכרמא **דחברך** ותיכול כרעוות נפשך עד DT 23:25
אגרא כפעל בקמתא **דחברך** ותיקטוף פירוכיין בידך DT 23:26
לבר עמך לא תימנע זכו **דחברך** למסהדא עלוי בדינא אנא LV 19:16
ממשכנא תמשכן כסותא **דחברך** עד לא יטמוע שימשא EX 22:25
בתראה: וית מליך דרומא **דמתחבר** עם מליך ציפונא לחבלא DT 34:3
אימת לכנישתא בישתא **דמתחברין** עלי ית תורעמות בני NU 14:27
אלף סרכין מדבית נפתלי **דמתחברין** עם בלק וית מלכיא DT 34:2
ושמע עמלק חייבא **ואתחבר** בכנעניי ומלך בערד ובית NU 33:40
וסגדון לטעוותהון: **ואתחברו** עמא בית ישראל בבעלא NU 25:3
חד דתיכלא יהי ביה קרח **וחברוי** עבדו גוליין וציצייתהון NU 16:2
בני נשא כחדא גבר **וחבריה** ותיתקרב איתת חד מנהון DT 25:11
מדמכיה דאבוהי ודאימי **ויתחבר** באינתתיה ויהון תרוויהון GN 2:24
חדא עם חדא בפורפייא **ויתחבר** משכנא למיהוי חד: ותעביד EX 26:6
דעמרם אבך קריב לוותך **ויתחברון** לוותך וישמשונך ואנת NU 18:2
ומתמן זכא למהוי פרנסא **ולאתחברא** בגלוף שמהן על אבניא GN 49:24
נטורי נחשין ולא חרשין: **ומחברין** ואסרין חיווין ועקרבין וכל DT 18:11
הינון תלמידיהון חבורן **חבורן** בבית מדרישיהון זיו אפיהון NU 24:6
עלוי במימריה ועימיה **חבורן** דמלאכי שיריתא מיכאל DT 34:6
נהרין כן הינון תלמידיהון **חבורן** חבורן בבית מדרישיהון זיו NU 24:6
או בגזילא או דיטלום ית **חבריה**: או אשכח אבידתא ויכפור LV 5:21
ובנך ארום ניטמר גבר מן **חבריה**: אין תסגיף ית ברתיי למעבד GN 31:49
חד מנכון למלפא זכו על **חבריה** בדינא למימר הא בתר סגיאי EX 23:2
ומאן דעליל עם **חבריה** בחורשא למקטע קיסין DT 19:5
ואמרין אמן: ליט דימחי **חבריה** בלישן תליתאי בטומרא DT 27:24
מזבן לך: ולא תונון גבר ית **חבריה** במילין קשין ותידחל LV 25:17
ית עמלק הוא אליפז **חבריה** דאיוב אילין בני עדה איתת GN 36:12
גבר ית אחוי וגבר ית **חבריה** ואינש ית קריביה: ועבדו בני EX 32:27
דלא ישמעון אינש לישן **חבריה**: ואיתגליאת מימרא דייי GN 11:7
הוה ידע חד מה דיימר **חבריה** והוו קטלין דין לדין ופסקו GN 11:8
פרזלא מן קתא וישכח ית **חבריה** וימות הוא יעירוק לחדא מן DT 19:5
היכמא דיכמון גבר על **חבריה** ויקטליניה נפש היכדין DT 22:26
וסדר פסגא דחד כל קבל **חבריה** וית עופא לא פסג: ונחתו GN 15:10
ישאל גבר מידעם מן **חבריה** ויתבר מנא או מית בעירא EX 22:13
קטולא דתיקטול ית **חבריה** ולא אתכוון והוא לא סני DT 4:42
ודייננא בין גברא ובין **חבריה** ומהודענא להון ית קיימייא EX 18:16
עם משה ממליל קבל עם **חבריה** ומן בתר דאיסתלק קל EX 33:11
בגלל דשמיש עם איתת **חבריה** ותפלון עביד דביש מביניכון: DT 22:24
בלחודיה משמעון **חבריה** ית שקיה למיתן אספסתא GN 42:27
וארום ירשע גבר על **חבריה** למיקטליה בנכילו אפילו EX 21:14
או די יגור ית איתת **חבריה** מיבעלא איתקטלא יתקטל LV 20:10
אתון רשאין לאוניא ית **חבריה**: עמי בני ישראל אין אתון LV 25:14
מכוונין כלו קבל תרעי **חבריהון** ושרת עלוי רוח נבואה מן NU 24:2
אוכחא תוכחון ית **חבריכון** ברם אין מיבהית לא LV 19:17
לכון: לא תשנון תחום **חבריכון** דאתחימו קמאי DT 19:14
ייי אלקך: לא תטלומון **חבריכון** ולא תשגון סוטריה DT 24:14
בתר יובלא תזבנון מן **חבריכון** כמניין שנייא דכנישות LV 25:15
אפי רבא בקושטא תדונון **חבריכון**: לא תהון אזלין בתר לישן LV 19:15
עיסקא דמיטלטלא מן יד **חבריכון** לית אתון רשאין לאוניא LV 25:14
לא תהוון גיורין לא **חברין** ולא שותפין עם גייורין ולא EX 20:14
לא תהוון גייורין לא **חברין** ולא שותפין עם גייורין ולא DT 5:18
לא תהוון גנבין לא **חברין** ולא שותפין עם גנבין ולא EX 20:15
לא תהוון גנבין לא **חברין** ולא שותפין עם גנבין ולא DT 5:19
לא תהוון חמודין לא **חברין** ולא שותפין עם חמודין ולא EX 20:17
לא תהוון חמודין לא **חברין** ולא שותפין עם חמודין ולא DT 5:21
סהדו דשיקרא לא **חברין** ולא שותפין עם מסהדי סהדן DT 5:20
סהדי שיקרא לא **חברין** ולא שותפין עם מסהדין EX 20:16
לא תהוון קטולין לא **חברין** ולא שותפין עם קטולין ולא EX 20:13
לא תהוון קטולין לא **חברין** ולא שותפין עם קטולין ולא DT 5:17
איתתך דדמכא בעבך או **חברך** דחביב עלך כנפשך ברז DT 13:7
אנא ייי: לא תטלום ית **חברך** ולא תניס ולא תבית סוטרא LV 19:13
עריתה: ולציד איתת **חברך** לא תיתן תשמישתך לזרעא LV 18:20
בר ואמרת הדא זימנא **יתחבר** עימי בעלי ארום ילידית ליה GN 29:34
חמריה ולא כל מאן דאית **לחבריה** ארום בחובי חמודיא DT 5:21
ולא לכל מאן דאית **לחבריה** ארום בחוביא חמודיא EX 20:17
ישלם גנבא על חד תרין **לחבריה**: ארום יתן גבר לחבריה חמר EX 22:8
ינצון גוברין וימחון חד **לחבריה** באבנא או במרתוקא ולא EX 21:18
ויתיבו תמן: ואמרו גבר **לחבריה** הבו נירמי ליבנין וניזי GN 11:3
ולא למשדרא דורונין גבר **לחבריה** וגרמא לא תתברון ביה EX 12:46
וארום יהי גבר סני **לחבריה** ויכמון עליה בטומרא DT 19:11
דעבדו אין ממונא אנס **לחבריה** ויתיב ית חובתיה ברישיה NU 5:7
לחבריה: ארום יתן גבר **לחבריה** חמר או תור או אימר וכל EX 22:9
דליקתא: ארום יתן גבר **לחבריה** כסף או מנין למינטר בלא EX 22:6
ליה וגייריה ושיילו גבר **לחבריה** לשלם ואתו למשכן בית EX 18:7
והוון תמהין ואמרין אינש **לחבריה** מאן הוא ארום לא ידעון EX 16:15
וארום תזבנון זביני **לחבריכון** או תיזבנון עיסקא LV 25:14
דבבו לבני עמך ותרחמיה **לחברך** דמן אנת סני לך לא תעביד LV 19:18
אמר ליה למה אנת מחי **לחברך**: ואמר ליה דתן מאן הוא EX 2:13
תרוויהון: לא תרבי מדילך **לחברך** על מזפו דאוזפך לא על מזפו DT 23:20
מן ביתא מן בישרא בר **מחבורתא** ולא למשדרא דורונין EX 12:46
פתיח דלית מגופתא **מחברא** ביה מקף על פמיה דיפריש NU 19:15
עתידין בנוי למיהויהון **מתחברין** לשמשא קדם ייי בגין כן GN 29:34

חגג (62)

שתא דשמיטיתא **בחגא** דמטליא: במיתי כל ישראל DT 31:10
כדין עתידין בנוי למעבר **בחגא** דמטלייא ואריק עלה משח GN 35:14
אלקכון באתרא דיתרעי **בחגא** דפטיריא ובחגא דשבועיא DT 16:16
בר מנדריכון דנדרתון **בחגא** דתייתון בחגא ונסיבתכון NU 29:39
דנדרתון בחגא דתייתון **בחגא** ונסיבתכון לעלוותכון NU 29:39
דמיא הוון מנסכין ביומא **דחגא** דמטליא דוכרן טב לרביעא NU 29:31
ניסוכה: וביומא רביעאה **דחגא** דמטליא תורי עשרא לעשר NU 29:23
ניסוכה: וביומא שתיתאה **דחגא** דמטליא תורין תמניא לתמני NU 29:29
ניסוכה: וביומא חמישאה **דחגא** דמטליא תורין תשעא NU 29:26
וביומא שביעאה **דחגא** דמטליא תקרבון תורין NU 29:32
ניסוכא: וביומא תניינא **דחגא** דמטליא תקרבון תורין בני NU 29:17
וביומא תליתאה **דחגא** דמטליא תקרבון תורין חדסר NU 29:20
תיכלון: ביומא קדמאה **דחגא** מארע קדיש יהי לכון כל LV 23:7
יומין ביומא שביעתא **דחגא** מארע קדיש כל עיבידת LV 23:8
דייי: ביומא קדמאה **דחגא** מארע קדיש כל עיבידת LV 23:35
יתאכל: ביומא קמאה **דחגא** מארע קדיש כל עיבידת NU 28:18
מן דילכון ביומא קמאה **דחגא** פירי אילן משבח תרוגין LV 23:40
כל יומא שובעא יומין **דחגא** קרבן דמתקבל ברעוא קדם NU 28:24
מישראל מיומא קדמאה **דחגה** ועד יומא שביעאה: וביומא EX 12:15
ובחגא דשבועיא **ובחגא** דמטליא וליתיכון רשאין DT 16:16
דיתרעי בחגא דפטיריא **ובחגא** דשבועיא ובחגא דמטליא DT 16:16
יתחמון קדמיי ריקנין: **וחגא** דחצדא ביכורי עובדך דתיזרע EX 23:16
עובדך דתיזרע בחקלא **וחגא** דכנשא במיפיקא דשתא EX 23:16
בזמן ביכורי חצד חינטין **וחגא** דכנשא במיפקא דשתא: תלת EX 34:22
ברידיא ובחצדא תנוח: **וחגא** דשבועיא תעביד לך בזמן EX 34:22
פולחנא לא תעבדון **ותחגון** חגא דמטליא קדם ייי NU 29:12
יומא הדין לכון לדוכרנא **ותחגון** יתיה חגא קדם ייי לדריכון EX 12:14
מן קדם ייי מדעם לזמן **חגא** איתוב לוותך בעידנא הדין GN 18:14
למחר בכרן יומא לחדות **חגא** באתרא דיתרעי ייי לאשראה DT 16:2
פטור ית עמי ויעבדון לי **חגא** במדברא: ואמר פרעה שמא EX 5:1
עללתא דארעא תחגון ית **חגא** דייי שובעא יומין ביומא LV 23:39
לא תעבדון ותחגון **חגא** דמטליא קדם ייי שובעא יומין: NU 29:12
לירחא שביעאה הדין **חגא** דמטליא שובעא יומין לשמא LV 23:34
ית קימיא האילין: **חגא** דמטליא תעבדון לכון שובעא DT 16:13
יומין לירחא הדין **חגא** דפטיריא לשמא דייי שבעתי LV 23:6
תחגון קדמיי בשתא: ית **חגא** דפטיריא תינטור שובעא יומין EX 23:15
לא תעבדון לכון: ית **חגא** דפטיריא תינטרון שובעא EX 34:18
שבועין: ותעבדון חדוות **חגא** דשבועיא קדם ייי אלקכון הי DT 16:10
פיסחא וחד לשום קרבן **חגא** ואעביד יתהון תבשילין לאבוך GN 27:9
ביה ותתפני בצפר מיפק **חגא** ותהך לקרווך: ביומא קמא DT 16:7
מתעבדא לטולא לשום **חגא** מן זינין דמרביין מן ארעא LV 23:42
למימר ניזיל נדבח ניכסת **חגא** קדם אלהנא: תיתקף פולחנא EX 5:8
אמרין נזיל נדבח נכסת **חגא** קדם אלקנא: וכדון איזילו פלחו EX 5:17
ואמר איזילו פלחו נכסת **חגא** קדם ייי אלהכון בארעא הדא: EX 8:21
במדברא ונדבח ניכסת **חגא** קדם ייי אלהן דילמא יארע יתן EX 5:3
אלקכון: ותיחדון בחדוות **חגא** קדם ייי אלקכון אתון ובניכון DT 16:11
במדברא ונדבח נכסת **חגא** קדם ייי אלקנא היכמא דיימר EX 8:23
ית עמא וידבחון נכסת **חגא** קדם ייי: ואמר משה לפרעה EX 8:4
ית עמא למדבחא ניכסת **חגא** קדם ייי: ונפק משה מלות EX 8:25
לדוכרנא ותחגון יתיה **חגא** קדם ייי לדריכון קים עלם EX 12:14
ובתורנא ניזיל ארום **חגא** קדם ייי לנא: ואמר להון יהי EX 10:9
אהרן בקל עציב ואמר **חגא** קדם ייי מחר מניכסת קטול EX 32:5
פטירי וביומא שביעאה **חגא** קדם ייי: פטירי יתאכל ית EX 13:6
עשר יומא לירחא הדין **חגא** שובעא יומין פטירי יתאכל: NU 28:17
מפלגות יומא דמקמי **חגא** תבטלון חמיר מבתיכון ארום EX 12:15
ומיניה תשרון למימני **חגיא** וזימניא ותקופתא קדמאי EX 12:2
ותיחדון בחדות **חגיכון** בשאובתא וחלילא אתון DT 16:14
תוחרון לשלמותיה תלת **חגין** ארום מתבע יתבעיניה ייי DT 23:22
ית עללתא דארעא **תחגון** ית חגא דייי שובעא יומין LV 23:39
די בקרויכון: שובעא יומין **תחגון** קדם ייי אלקכון באתרא DT 16:15
על פומכון: תלתא זימנין **תחגון** קדמיי בשתא: ית חגא EX 23:14
ייי לדריכון קים עלם **תחגוניה**: שובעא יומין פטירא EX 12:14

חגר (4)

לא יקרב גבר דסמי או **דחגיר** או דלקי בחוטמיה או LV 21:18
וכנשו ית סלוי דקטיע **ודחגיר** כנש עשרא כרוויין ושטחו NU 11:32
וארום יהי ביה מומא **חגיר** או סמי כל מידעם ביש לא DT 15:21

עם עבדך ארום **חגר** פום וקשי ממלל אנא: ואמר ייי EX 4:10

חד (675)

ירח הוא ירחא דשבט **בחד** בירחא מליל משה עם בני DT 1:3
וית כל כנישתא כנשו **בחד** יומא לירחא דאייר הוא ירחא NU 1:18
עשיריי ירח תמוז בתמוז **בחד** לירחא איתחמיו רישי טוורא: GN 8:5
דניסן בשתא תניינא **בחד** לירחא איתקם משכנא: ואקים EX 40:17
דמצרים ביומא הדין **בחד** לירחא אתו למדברא דסיני: EX 19:1
מאה וחדא שנין בתשרי **בחד** לירחא בריש שתא נגובו מיא GN 8:13
אסתלקו ענגא יקרא **בחד** לירחא דאב וחמון כל כנישתא NU 20:29
דסיני במשכן זימנא **בחד** לירחא דאייר הוא ירחא NU 1:1
בירחא חמישאה **בחד** לירחא: ואהרן בר מאה ועשרין NU 33:38
הוא ירחא דתשרי **בחד** לירחא מארע קדיש יהי לכון NU 29:1
קמאה הוא ירחא דניסן **בחד** לירחא תקים ית משכנא משכן EX 40:2
חקיק ומפרש מתקרי **בחד** לישן ומיתרגם בשיבעין DT 27:8
וניקטליניה ונירמיניה **בחד** מן גובייא ונימר חיתא בישתא GN 37:20
יתהום ארעא למיתב **בחדא** ארום הוה קיניינהון סגי ולא GN 13:6
לתרע משכן זימנא: ואין **בחדא** יתקעון ויזדמנון לוותך NU 10:4
איליין: ויהי ארום ייחוב **בחדא** מארבעתי איליין ובתר כן LV 5:5
תבלא הוא: לא תסתאבון **בחדא** מכל איליין ארום בכל איליין LV 18:24
יעקב וגלגיל ית אבנא **בחדא** מן אדרעוי מעילוי פם בירא GN 29:10
הוא: ארום ישתכח ביניכון **בחדא** מן קורייכון דייי אלקכון DT 17:2
ביניכון: ארום תשמעון **בחדא** מן קרויכון דייי אלקכון יהיב DT 13:13
רשו למכוס ית פיסחא **בחדא** מן קרויכון דייי אלקכון יהיב DT 16:5
מדרשא באתרא דיצבי **בחדא** מן קרויכון מתעסקו עימיה DT 23:17
בכון מסכינא מחד אחך **בחדא** מן קרוך דייי אלקך יהיב לך DT 15:7
בהן ולא תליתא עינך **בחדא** מנהון למתחייבא בהון ליום GN 49:22
מנהן דלא למתחייבא **בחדא** מנהין ולא נמות במיתותא NU 31:50
עינינן ולא אסתכלנן **בחדא** מנהן דלא למתחייבא בחדא NU 31:50
והוה לסוף ארבעין שנין **בחדסר** ירח הוא ירחא דשבט בחד DT 1:3
גוברין במשריתא שמיה **דחד** אלדד ושמיה דתניין מידד בנוי NU 11:26
לא יתקיים סהדן **דחד** בגבר לכל סורחן נפש ולכל DT 19:15
לדורון דידהון דלא חמרא **דחד** מנהון שחרית ולא אבאישית NU 16:15
אין ייתי עשו למשרי **דחדא** מנהין וימחיניה ויהי משרי GN 32:9
לחייתא יהודייתא דשמא **דחדא** שפרא היא ושמא דתנייתא EX 1:15
כזעיר פון שכיב מלכא **דמיחד** בעמא עם אינתתך GN 26:10
בזמן דיחרף שמא **דמייחד** יתקטיל: וגבר ארום יקטיל LV 24:16
עד רמשא: וכל מידעם **דמייחד** למישכוב עלוי בעידוני LV 15:20
היא: כל משכבא **דמייחד** למישכוב עלוי דובנא יהי LV 15:4
יהי מסאב וכל מידעם **דמייחד** למיתב עלוי בעידוני LV 15:20
רמשא: ודי יתיב על מנא **דמייחד** למיתב עלוי דובנא יצבע LV 15:6
יהי מסאב וכל מאנא **דמייחד** למיתב עלוי יהי מסאב: LV 15:4
וכל דיקרב בכל מנא **דמייחד** למיתב עלוי יצבע לבושוי LV 15:22
יתחשב לה וכל מנא **דמייחד** למיתב עלוי מסאב יהי הי LV 15:26
היא: וכל משכבא **דמייחד** למשכוב עלוי כל יומי דובה LV 15:26
יומי דובה הי כמשכבא **דמייחד** לריחוקה יתחשב לה וכל LV 15:26
ראובן מאה וחמשין **וחד** אלפין וארבע מאה וחמשין NU 2:16
לשיבטא דאשר ארבעין **וחד** אלפין וחמש מאה: בנוי דנפתלי NU 1:41
דשיבטיא ארבעין **וחד** אלפין וחמש מאה: ושיבטא NU 2:28
אלפין: וחמרי שיתין **וחד** אלפין: ונפשת אינשא מן נשיא NU 31:34
בני ישראל שית מאה **וחד** אלפין שבע מאה ותלתין: NU 26:51
מנהון לסדום לחבלותא **וחד** אשתאר עם לוט ואמר לה חוס GN 19:17
אתא למשיזבא ית לוט **וחד** אתא למיהפך ית סדום וית GN 18:2
דהא שרה ילדה ביר זכר **וחד** אתא למשיזבא ית לוט וחד GN 18:2
ומשקיא יתהון כל חד **וחד** בתרע משכניה: ומטווריא NU 21:19
תרתיסרי שבטיא כל חד **וחד** הוה אמר ברכתא בכללא DT 27:26
במשמעהון דכל חד **וחד** והיך הוו נפקין מן גוא בעוריא EX 20:18
חזור סכומהון שובעין **וחד**: ויהי עטיף על אהרן לשמשא EX 28:34
חבילת כל בישרא כל חד **וחד** ית אורחיה על ארעה: ואמר ייי GN 6:12
גוזלין בני יוון חד לעלתא **וחד** לחטאתא ויכפר עלה כהנא LV 12:8
פטירי עד יומא דעשרין **וחד** לירחא ברמשא דעשרין ותרין EX 12:18
שומעין עממיא וכל חד **וחד** לישן עממיה ורושם כתביה GN 11:8
קדם ייי חד לחטאתא **וחד** לעלתא: וייתי יתהון לוות כהנא LV 5:7
ויעבד כהנא חד חטאתא **וחד** לעלתא ויכפר עלוי ממן דחב NU 6:11
הכדין תעבדון לכל חד **וחד** לפום סכומהון: כל יציביא NU 15:12
שמינין חד לשום פיסחא **וחד** לשום קרבן חגא ואעביד יתהון GN 27:9
כובין ולא חיוין ועקרבין **וחד** מטייל קודמיהון לאשואה EX 12:37
נגיד מינה חד מיכא **וחד** מיכא: וית פתורא וית כל מנוי EX 39:35
אתין דהינון עשרין **וחד** מילין ומן ברת כדין אמר ארום DT 32:3
יתחרכון בשרבי שימשא **וחד** מלרע להון דלא יהנזקון להון EX 12:37
למכפרא על חובי יממא: **וחד** מן עשרא בתלת סווין סמידא NU 28:5
ליומי אבהתהון וכל חד **וחד** מני פרנסא ביומוי יעקב אבונן DT 31:14
ארבעא מארבע ציטריהון **וחד** מעילויהון דלא יחות עליהון EX 12:37
דלא ימליל חד כל מילוי **וחד** מקטע מילוי ומדשמעתון DT 1:16
דאית בעלמא חד נכיס **וחד** מתנכיס דנכיס לא מעכב GN 22:10
עם אבונא יומא דין **וחד** נפק מלוותן ולית אנחנא ידעין GN 42:13
ידיה ויהי חד חטאתא **וחד** עלתא: וייתי יתהון ביומא LV 14:22
כהנא חד קרבן חטאתא **וחד** קרבן עלתא ויכפר עלוי כהנא LV 15:15
שווין באיקרהון עשרין **וחד** שעין בציר מנהון שית מאה GN 1:16
וחד תחות ציציתיה **וחד** תחות גונביה יתיה תיכלון: וכל DT 14:9
חד תחות ליסתיה **וחד** תחות ציציתיה וחד תחות DT 14:9
חדא אמרא ניחות לימא **וחדא** אמרא ניתוב למצרים וחדא EX 14:13
לקובליהון סידרי קרבא **וחדא** אמרא נלבלבה לקובליהון EX 14:13
אמרא ניתוב למצרים **וחדא** אמרא נסדרא לקובליהון EX 14:13
חולקין חדא יהיב בחייל **וחדא** בטוור מישחא וחדא מפלג NU 19:9
וחדא בטוור מישחא **וחדא** מפלג לכל מטרת ליואי ותהי NU 19:9
נשין חדא רחימתא ליה **וחדא** סניתא ליה וילידן ליה בנין DT 21:15
תוב: והות בשית מאה **וחדא** שנין בתשרי בחד לירחא GN 8:13
תוב והא שימשא וסיהרא **וחדסר** כוכבייא גחנן לי: ואישתעי GN 37:9
והוון מזווגין מלרע **וכחדא** הוון מזווגין ברישיהון EX 36:29
ויהון מזווגין מלרע **וכחדא** יהון מזווגין על רישיהון EX 26:24
לתורא חד או לדיכרא **חד** או לאימר בר אימרי או בני NU 15:11
ייי: הכדין יתעבד לתורא **חד** או לדיכרא חד או לאימר בר NU 15:11
לניכסת קודשא לאימר **חד**: או לדיכרא תעביד מנחתא תרין NU 15:5
ליה במיתביה דביומא **חד** אזיל וביומא חד תב: ויצחק הוה GN 24:61
דלא עירובין תרין ודכר **חד** אימרין בני שנא שבעא שלמין: NU 28:11
ייי תור בר תורי חד דכר **חד** אימרין בני שנא שובעא שלמין: NU 29:2
תור חד בר תורי דכר **חד** אימרין בני שנא שובעא שלמין NU 29:8
דלא הידי היא: ושום **חד** אליעזר ארום אמר אלקא דאבא EX 18:4
בר נון: ונשיאי ואמרכל **חד** אמרכל חד מן שיבטא תידברון NU 34:18
וחלמנא חילמא בליליא **חד** אנא והוא גבר חילמיה ופושרן GN 41:11
ייי למשה תוב מכתש **חד** אנא מייתי עלוי פרעה ועילוי EX 11:1
על מצראי ומסיטריה **חד** אנהר על ישראל כל ליליא ולא EX 14:20
חד קרדוניא ושום טוורא **חד** ארמניא ותמן מתבניא קרתא GN 8:4
ידיה מספקא ויסב אימר **חד** אשמא לארמא מטול למכפרא LV 14:21
ליתיר מן מילא חד **חד** אתא למבשרא יתיה דהא שרה GN 18:2
אחין אנחנא בני גברא **חד** בארעא דכנען והא זעירא עם GN 42:13
ללוחא חד מכוונן ציטר **חד** בגו חד הכדין תעביד לכל לוחי EX 26:17
ללוחא חד מכוונן סטר **חד** בגו סטר חד הכדין עבד לכל EX 36:22
הוו זהירין דלא למיחשד **חד** בחבריה דלא ילקי הוו דכירין DT 24:9
אחסנת בני יהודה וחולק **חד** ביני שאר שבטיא ביעקב ואבדר GN 49:7
דסוף לא אישתייר גובא **חד** בכל תחום מצרים ואפילו מה EX 10:19
עימנא למיהוי לעם **חד** במיגזור לנא כל דכורא היכמא GN 34:22
רבעות הינא לאימר **חד** במני בית קודשא יתנסך ניסוך NU 28:7
דחטאתא חד למטרתא **חד** בר מן עלת תדירא וסמידא NU 29:22
דינא: וצפירא דחטאתא **חד** בר מן עלת תדירא וסמידא NU 29:38
חטאתא דמקרב מטרתא **חד** בר מעלת תדירא וסמידא NU 29:16
חד בר תרתין שנין אימר **חד** בר שתיה קריב רב שיבטא NU 7:21
חד בר תרתין שנין ואימר **חד** בר שתיה תלתיהון קרב רב NU 7:15
ייי לאתקבלא ברעוא תור **חד** בר תורי דכר חד אימרין בני שנא NU 29:8
לשמשא קדמוי סב תור **חד** בר תורי דלא עירובין ודיכרין EX 29:1
טבין מן אפרשותא: תור **חד** בר תורין בר תלת שנין דכר חד NU 7:15
טבין מן אפרשותא: תור **חד** בר תורין בר תלת שנין דכר חד NU 7:21
חדא מתקלא וגומר: תור **חד** בר תורין וגומר: צפיר בר עיזין NU 7:45
חדא מתקלא וגומר: תור **חד** בר תורין וגומר: צפיר בר עיזין NU 7:51
חדא מתקלא וגומר: תור **חד** בר תורין וגומר: צפיר בר עיזין NU 7:57
חדא מתקלא וגומר: תור **חד** בר תורין וגומר: צפיר בר עיזין NU 7:63
תורין בר תלת שנין דכר **חד** בר תרתין שנין אימר חד בר NU 7:21
תורין בר תלת שנין דכר **חד** בר תרתין שנין ואימר חד בר NU 7:15
מישרא ישרי לה יומא **חד** בתר דשמע לא סגיא לה NU 30:16
ואתו בני ישראל כל **חד** בתרעא חד דלא ישלוט בהון GN 42:5
גבר חילמיה בליליא **חד** גבר חילמיה ופושרן חילמיא GN 40:5
יהיב לבני ישראל גברא **חד** גברא חד לשבטא דאבהתוי NU 13:2
וית תרין בנהא דשום **חד** גרשום ארום אמר דייר הוויתי EX 18:3
ית עינוי וחזא והא דיכרא **חד** דאיתברי ביני שימשתא GN 22:13
שבקינכון על דיינא **חד** דאנא לא יכילנא בלחודיי DT 1:9
אתכל אוף תרויכון יומא **חד** דאנת מתקטל והוא מטרד GN 27:45
הות מתקלא מזירקא **חד** דכסף דגילדה קליש שובעין NU 7:13
קדם ייי תור בר תורי **חד** דכר חד אימרין בני שנא שובעא NU 29:2
תור חד קדם אלוק **חד** דכר חד לעמא יחידאיי אמרין NU 29:36
ישראל כל חד בתרעא **חד** דלא ישלוט בהון עיינא בישא GN 42:5
ידא דרעיא ולחוד מדול **חד** דלה לן ואשקי ית ענא: ואמר EX 2:19
דבני ישראל תיסב **חד** דמיתחד מן חמשין מן בת נשא NU 31:30
יהוון מן חיוור וחוטא **חד** דתיכלא יהי ביה קרח וחברוי NU 16:2
אינין מבשרן חילמא **חד** הוא: ושבע תורתי כחישתא GN 41:26
לפרעה חילמא דפרעה **חד** הוא מה דייי עתיד למעבד תני GN 41:25
ארום עמא חד ומלכו **חד** הוון עד ההוא יומא כדון ישיצון NU 22:4
עשרונא תעביד לאימר **חד** הכדין לשובעא אימרין: וצפירא NU 28:21
עישרונא לאימרא **חד** הכדין לשובעא אימרין: צפיר בר NU 29:10

ועשרונא חד לאימרא **חד** הכדין לשובעת אימרין: וצפיר NU 29:4
מכוונן סטר חד בגו סטר **חד** הכדין עבד לכל לוחי משכנא: EX 36:22
חד מכוונן ציטר חד בגו **חד** הכדין תעביד לכל לוחי משכנא: EX 26:17
וניתב עמכון ונהי לעמא **חד**: ואין לא תקבלון מיננא למיגזור GN 34:16
מבעירא דבני ישראל עד **חד** ואיתייקר יצרא דליבא דפרעה EX 9:7
ואתיב כל עמא קלא **חד** ואמרו כל דמליל ייי נעביד: וכתב EX 24:3
ברה לא תיכסון ביומא **חד**: וארום תיכסון ניכסת נסיבא LV 22:28
תרין עומרין לבר נש **חד** ואתו כל רברבני כנישתא ותנו EX 16:22
ישראל ייי אלקנא ייי **חד** וביה הוה חקיק צורת בר אילא NU 2:10
לא אישתייר בהון עד **חד**: ובני ישראל הליכו ביבשתא בגו EX 14:28
חדא מתקלא וגומר: תורא **חד** וגומר: צפיר בר עיזין וגומר: NU 7:27
חדא מתקלא וגומר: תור **חד** וגומר: צפיר בר עיזין וגומר: NU 7:33
חדא מתקלא וגומר: תור **חד** וגומר: צפיר בר עיזין וגומר: NU 7:39
הוא: ועגול דלחים **חד** וגריץ דלחם פתיך במשח חד EX 29:23
לידוי מיכא חד ומיכא **חד** והואה ידוי פריסן בהימנותא EX 17:12
ויהון תרוויהון לבישרא **חד**: והוו תרוויהון חכימין אדם GN 2:24
ומשקיא יתהון כל **חד** וחד בתרע משכניה: ומטוורייא NU 21:19
ליט תרתיסרי שבטיא כל **חד** וחד הוה אמר ברכתא בכללא DT 27:26
במשמעהון דכל **חד** וחד והיך הוו נפקין מן גוא EX 20:18
חבילת כל בישרא כל **חד** וחד ית אורחיה על ארעה: ואמר GN 6:12
קבל שומעין עממיא וכל **חד** וחד לישן עממיה ורושם כתביה GN 11:8
הכדין תעבדון לכל **חד** וחד לפום סכומהון: כל יציביא NU 15:12
מטו ליומי אבהתהון וכל **חד** וחד מני פרנסא ביומוי יעקב DT 31:14
ללוחי סטר משכנא **חד**: וחמשא נגרין ללוחא סטר EX 36:31
ללוחי צטר משכנא **חד**: וחמשא נגרין ללוחי צטר EX 26:26
ואזלת ויתיבת לה ליסטר **חד** וטלקת ית פולחנא נוכראה GN 21:16
קלילא הכא: פטרו מנכון **חד** וידבר ית אחוכון ואתון GN 42:16
ית עמא הדין כגברא **חד** ויימרון עממיא דישמעו ית NU 14:15
ואין דחיקניא להום יום **חד** וימותון כל ענא: יעיבר בבעו GN 33:13
ומעמיה לא אישתאר **חד**: ויקר פרעה ית יצרא דליביה אוף EX 8:27
ויסב כהנא ית אימרא **חד** ויקריב יתיה לקרבן אשמא וית LV 14:12
רבעות הינא לאימרא **חד**: וית אימרא תיניינא תעביד ביני EX 29:40
חדא מן סלא ועריך פטיר **חד** ויתן על ידי נזירא בתר דיגלב ית NU 6:19
חד ומשה ואהרן מציטרא **חד**: וכנש עליהון קרח ית כל NU 16:18
כולהון חשיבין כסוסיא **חד** וכרתיכא חד קדם ייי אלקכון DT 20:1
נשא: ואמר ייי הא עמא **חד** ולישן חד לכולהום ודא GN 11:6
חומרין תחות לוחא **חד**: ולסייפי משכנא מערבא עבד EX 36:26
חומרין תחות לוחא **חד**: ולסייפי משכנא מערבאה EX 26:21
וחור מסעדין לידוי מיכא **חד** ומיכא חד והואה ידוי פריסן EX 17:12
לסבי מדינאי ארום עמא **חד** ומלכו חד הוון עד ההוא יומא NU 22:4
והוה כל ארעא לישן **חד** וממלל חד ועיטא חדא בלישן GN 11:1
ולא ישיירון מינן אוף לא **חד** ומן בתר כדין יסקון להון מן EX 1:10
תרי תרי ושית מנהון חד **חד**: ומנחתהון סמידא דחינטיא NU 29:20
תרי תרי וארבע מנהון חד **חד**: ומנחתהון סמידא דחנטיא NU 29:17
תרי תרי תריסר מנהון חד **חד**: ומנחתהון סמידא דחנטיא NU 29:26
תרי ותריסר מנהון חד **חד**: ומנחתהון סמידא דחנטיא NU 29:29
משכן זימנא מציטרא **חד** ומשה ואהרן מציטרא חד: וכנש NU 16:18
עוברתא ואיתכל דעינבין **חד** וסוברוהי באסלא בכתיף תרין NU 13:23
ללפפא ית משכנא למהוי **חד**: ועבד חופאה למשכנא משכי EX 36:18
בפורפיא והוה משכנא **חד**: ועבד יריען דמעזי לפרסא על EX 36:13
תרין חומרין תחות לוחא **חד**: ועבד נגרין דקיסי שיטא חמשא EX 36:30
ארעא לישן חד וממלל **חד** ועיטא חדא בלישן קודשה הוו GN 11:1
ירקתא וברקתא סדרא **חד** ועליהון חקיק ומפרש שמהת EX 28:17
ירוקתא וברקתא סידרא **חד** ועליהון חקיק ומפרש שמהת EX 39:10
וגריץ דלחם פתיך במשח **חד** ועריך חד מסלא דפטירא קדם EX 29:23
במשח זיתא לדיכרא **חד**: ועשרונא עשרונא סמידא NU 28:12
מן ענבא חד מפקין כור **חד**: ועתרו בית ישראל ופחזו אצלחו DT 32:14
דבני ישראל לא מית **חד**: ושדר פרעה פולין למיחמי והא EX 9:6
תורין בני תורי תרין ודכר **חד** ושובעא אימרין בני שנא שלמין NU 28:19
פתיך במשח חדא ועריך **חד** ושוי על תרביא ועל שקא LV 8:26
ותלפיף ית משכנא ויהי **חד**: ושיפוע מותרא ביריעת משכנא EX 26:11
קני מנרתא מסיטרא **חד** ותלתא קני מנרתא מסיטרא EX 37:18
קני מנרתא מציטרה **חד** ותלתא קני מנרתא מציטרא EX 25:32
במשריתא: ורהט טליא **חד** ותני למשה ואמר אלדד ומידד NU 11:27
ענובייא חדא כל קבל **חד**: ותעביד חמשין פורפין דדהב EX 26:5
ויתחבר משכנא למיהוי **חד**: ותעביד יריען דמעזי למפרס על EX 26:6
חומרין תחות לוחא **חד**: ותעביד נגרין דקיסי שיטא EX 26:25
ותיתן יתהון על סלא **חד** ותקריב יתהון בסלא וית תורא EX 29:3
תרין חומרין תחות לוחא **חד** ותרין חומרין תחות לוחא חד: EX 26:21
תרין לוחין תחות לוחא **חד** ותרין חומרין תחות לוחא חד: EX 26:25
תרין חומרין תחות לוחא **חד** ותרין חומרין תחות לוחא חד: EX 36:26
במשח זיתא לתורא **חד** ותרין עשרונין סמידא דמנחתא NU 28:12
ותרתין עיזקן על סיטריה **חד** ותרתי עיזקן על סיטרי תיניין: EX 37:3
ותרתין עיזקן על ציטריה **חד** ותרתין עיזקן על ציטריה EX 25:12

מן לרע לשמייא לדוכתא **חד** ותתנגב ארעא דתתחמי GN 1:9
ליתיר מן מילא **חד** חד אתא למבשרא יתיה דהא GN 18:2
תרי תרי ושית מנהון **חד** חד: ומנחתהון סמידא דחינטיא NU 29:20
תרי תרי וארבע מנהון **חד** חד: ומנחתהון סמידא דחנטיא NU 29:17
תרי תרי תריסר מנהון **חד** חד: ומנחתהון סמידא דחנטיא NU 29:26
תרי ותריסר מנהון **חד** חד: ומנחתהון סמידא דחנטיא NU 29:29
תרין ותמני מנהון מקרבין **חד** חד: מנחתהון סמידא דחנטיא NU 29:23
תרי תרי ותרין מנהון **חד** חד שלמין יהון: ומנחתהון NU 29:13
חמשא חולקין חולק **חד** חולקיה וחולק חד מן דיליה GN 43:34
בצייוריהון בקניא **חד** חזור ושושן ותלתא כלידין EX 37:19
בר עיזי חד למטרתא **חד** חטאתא בר מן עלת תדירא NU 29:25
בר עיזי חד למטרתא **חד** חטאתא בר מעלת תדירא NU 29:19
אימרין: צפיר בר עיזי **חד** חטאתא בר מקרבן חטאת NU 29:11
אימרין: וצפיר בר עיזי **חד** חטאתא דמקרב מטרתא חד בר NU 29:16
משכן זימנא: ויעבד כהנא **חד** חטאתא וחד לעלתא ויכפר NU 6:11
מה דתספוק ידיה ויהי **חד** חטאתא וחד עלתא: וייתי יתהון LV 14:22
זימנא: ויעבד כהנא ית **חד** חטאתא וית חד עלתא ויכפר LV 15:30
ידיה למייתייא ייתי ית **חד** חטאתא וית חד עלתא על קרבן LV 14:31
על ריש תורי ועיבד ית **חד** חטאתא וית חד עלתא קדם ייי NU 8:12
חטר לאמרכול **חד** חטר לאמרכול חד לבית NU 17:21
בציוריהון בקנייא **חד** חיזור ושושן היכדין לשיתא EX 25:33
בצייוריהון בקניא **חד** חיזור ושושן הכדין לשיתא קנין EX 37:19
בציוריהון בקנייא **חד** חיזור ושושן ותלתא כלידין EX 25:33
יתקטל על מימר סהיד **חד**: ידא דסו?דיא תהי ביה בשירויא DT 17:6
תבירין קדמיכון באורחא **חד** יהון נפקין לוותכון לסדרי קרבא DT 28:7
ייי: אורייתא חדא ודינא **חד** יהי לכון ולגיוריא די יתגיירון NU 15:16
טומריא על מימר סהיד **חד** יומי למיכפור ית מה דמסהיד DT 19:15
בשלותא: ואין בר נשא **חד** יחוב בשלו ויקרב גדיתא בר NU 15:27
וישתביק ליה: ואין בר נש **חד** יחוב בשלו מן עמא דארעא LV 4:27
לכל בישרא האין גברא **חד** יחוב ועל כל כנישתא יהי רוגזא: NU 16:22
ארבעין יצליף וחסיר **חד** ילקיניה לא ישלים דילמא יוסיף DT 25:3
לתרין חולקין חולק **חד** יפוק ליה מגו אחסנת בני יהודה GN 49:7
אם מהמנין אתון אחוכון **חד** יתאסר בבי מערתכון ואתון GN 42:19
עשרונא עשרונא לאימרא **חד** כדין לשובעא אימרין: צפיר בר NU 28:29
מן אחיכון דלא ימליל **חד** כל מילוי וחד מקטע מילוי DT 1:16
על כפורתא ואפיהון **חד** כל קבל חד כל קבל כפורתא EX 37:9
על כפורתא ואפיהון **חד** כל קבל חד לקבל כפורתא יהון EX 25:20
ואפיהון חד כל קבל **חד** כל קבל כפורתא הוון אנפי EX 37:9
הוי מתקלא דמזירקא **חד** כל קבל שובעין סבי סנהדרין NU 7:85
בי דינא ית קטולא וסהיד **חד** לא יסהד בבר נש לממת: לא NU 35:30
לדיכרא: ועשרונא **חד** לאימרא חד הכדין לשובעת NU 29:4
ועשרונא עשרונא לאימר **חד** לארביסר אימרין: וצפיר בר עיזי NU 29:15
חד חטר לאמרכול **חד** לבית אבהתהון תריסר חטרין NU 17:21
תריסר גוברין גברא **חד** לבית אבהתוי הוון: והוו כל NU 1:44
וארום ינצון גוברין וימחון **חד** לחבריה באבנא או במרתוקא EX 21:18
גוזלין בני יוניא קדם ייי **חד** לחטאתא וחד לעלתא: וייתי LV 5:7
בר עיזין דלא עירובין **חד** לחטאתא: ויכפר כהנא על כל NU 15:24
בר תורין דלא עירובין **חד** לחטאתא ותרין אימרין בני שנה LV 23:18
בר עיזי דלא עירובין **חד** לחטאתא ותרין אימרין בני שנה LV 23:19
אימרין: וצפיר בר עיזי **חד** לחטאתא למכפרא עליכון: בר NU 29:5
ירחי שתא: וצפיר בר עיזי **חד** לחטאתא קדם ייי על חוסרן NU 28:15
ואמר ייי למשה אמרכול **חד** ליומא אמרכול חד ליומא NU 7:11
חד ליומא אמרכול **חד** ליומא יקרבון ית קורבנהון NU 7:11
תריסר אנן אחין בני אבא **חד** לית אנן ידעין מה הוה בסופיה GN 42:32
ייי הא עמא חד ולישן **חד** לכולהום ודא אתחשדו למיעבד GN 11:6
אימרין: צפיר בר עיזי **חד** לכפרא עליכון: בר מן עלת NU 28:30
אימרין: וצפירא דחטאתא **חד** לכפרא עליכון: בר מעלת צפרא NU 28:22
גנוסי נגוות עממיא כל **חד** ללישניה ליחוסיהום בעממיהום: GN 10:5
דינא: וצפירא דחטאתא **חד** למטרתא חד בר מן עלת תדירא NU 29:22
כסדר דינא: וצפיר בר עיזי **חד** למטרתא חד חטאתא בר NU 29:19
כסדר דינא: וצפיר בר עיזי **חד** למטרתא חד חטאתא בר מן NU 29:25
דינא: וצפירא דחטאתא **חד** למטרתא חדא בר מן עלת NU 29:28
דינא: וצפירא דחטאתא **חד** למטרתא חדא בר מן עלת NU 29:31
דינהון: וצפירא דחטאתא **חד** למטרתא חדא בר מן עלת NU 29:34
ית קרתא דשכם חולק **חד** למתנא יתיר על אחך דינסיבית GN 48:22
חד לשמא דייי ועדבא **חד** לעזאזל ויטריף בקילפי LV 16:8
ייי אימר בר שתיה שלים **חד** לעלתא ואימרתא חדא ברת NU 6:14
או תרין גוזלין בני יוון **חד** לעלתא וחד לחטאתא ויכפר LV 12:8
לקרבן חטאתא ודכר **חד** לעלתא: ויקרב אהרן ית תורא LV 16:5
כל כנישתא תור בר תורי **חד** לעלתא לאתקבלא ברעוא קדם NU 15:24
חד קדם אלוק חד דכר **חד** לעמא יחידאיי אמרין בני שנא NU 29:36
ואפיהון חד כל קבל **חד** לקבל כפורתא יהון אפי כרוביא: EX 25:20
דלוי ארום חוטרא **חד** לריש בית אבהתהון: ותצנעינון NU 17:18
ישראל גברא חד גברא **חד** לשבטא דאבהתוי תשלחון מן NU 13:2

תרי גדיי עזין שמינין **חד** לשום פיסחא וחד לשום קרבן GN 27:9
גוברין ברירין גוברא **חד** לשיבטא: ואתפניו וסליקו DT 1:23
צפירין עדבין שוין עדבא **חד** לשמא דייי ועדבא חד לעזאזל LV 16:8
תלתא עשרונין לתורא **חד** לתליסר תורין תרין עשרונין NU 29:14
תרין עשרונין לדיכרא **חד** לתרין דיכרין: ועשרונא עשרונא NU 29:14
חומרין תחות לוחא **חד** לתרין צירוי: וליסטר משכנא EX 26:19
חומרין תחות לוחא **חד** לתרין צירוי: ולסטר משכנא EX 36:24
תרין חומרין תחות לוחא **חד** לתרין צירוי ותרין חומרין תחות EX 26:19
תרין חומרין תחות לוחא **חד** לתרין צירוי ותרין חומרין תחות EX 36:24
ואשכח בשתא ההיא על **חד** מאה בדשערוי וברכיה ייי: ורבא GN 26:12
בגו בני ישראל: דין הוא **חד** מארבעה דינין דעלו קדם משה NU 9:8
לות אהרן כהנא או לות **חד** מבנוי כהנא: ויחמי כהנא ית LV 13:2
נשין לחמיכון בתנורא **חד** מדהוא זעיר ומרדיין ומפלגן LV 26:26
לישנין ולא הוה ידע **חד** מה דיימר חבריה והוו קטלין דין GN 11:8
ופלגיה חשוכא מסיטריה **חד** מחשך על מצראי ומסיטריה חד EX 14:20
ישראל ייי אלקנא ייי **חד** מטול למהוי לכון לאלקא DT 26:17
וכרוביא דנפקין נגיד מינה **חד** מיכא וחד מיכא: וית פתורא וית EX 39:35
עם חמודין ולא יירוג **חד** מינכון ית אינתתיה דחבריה DT 5:21
חד: תרין צירין ללוחא **חד** מכוונן סטר חד בגו סטר חד EX 36:22
חד: תרתין צירין ללוחא **חד** מכוונן ציטר חד בגו חד הכדין EX 26:17
ילידת לי אנתתי: ונפק **חד** מלותי ואמרית ברם מקטל GN 44:28
שובלין סלקן בקנייא **חד** מליין וטבן: והא שבעא תובלי GN 41:22
ייי וקביל צלותנא ושדר **חד** ממלאכי שירותא והנפקנא NU 20:16
מן יד פורקנא יהי ליה **חד** מן אחוי יפרקיניה: או אחבוי או LV 25:48
יד טלקת ית ריבא תחות **חד** מן אילנייא: ואזלת ויתיבת לה GN 21:15
חד מן דיליה וחולק **חד** מן אינתתיה ותרין חולקין מן GN 43:34
אחסנא בגו אחי אבונן: דין **חד** מן ארבעא דינין די עלו קדם NU 27:5
ולות כל כנישתא: דין הוא **חד** מן ארבעה דינין די עלו קדם NU 15:34
לשבטא דדן: דין הוא **חד** מן ארבעתי דינין דיעלו קדם LV 24:12
וארבע ענא חולף אימר **חד** מן בגלל דאקטיה בגניבותיה EX 21:37
תורא ישלם חולף תור **חד** מן בגלל דבטליה מן רידיה EX 21:37
חד מן דיליה וחולק **חד** מן דיליה וחולק חד מן GN 43:34
חולק חד תולקיה וחולק **חד** מן דיליה וחולק חד מן דיליה GN 43:34
על ארעא ויפקון **חד** מן חמשא מן כל עיבורא GN 41:34
בני ישראל ית דמיתחד **חד** מן חמשין מן בנת נשא ומן NU 31:47
ואסיקהי תמן לעלתא על **חד** מן טוורייא דאימר לך: ואקדים GN 22:2
רבא בעמיה יחוב ויעבד **חד** מן כל פיקודיא דייי אלקיה דלא LV 4:22
קהלא ויעבדון בשלו מן **חד** מן כל פיקודיא דייי דלא כשרין LV 4:13
קודשוי: ויקרב מיניה **חד** מן כל קרבנא אפרשותא קדם LV 7:14
למרי עלמא ואנא **חד** מן מלאכיא משבחייא ומיומא GN 32:27
לשמא דייי וכל דתיתן לי **חד** מן עשרא אפרישיניה קדמך: GN 28:22
וייתי ית קורבניה דחב **חד** מן עשרא בתלת סאין סמידא LV 5:11
למחסן כהונתא רבתא **חד** מן עשרא בתלת סאין סמידא LV 6:13
דקייץ עלה מדילה **חד** מן עשרא בתלת סאין קמחא NU 5:15
ארעא דכנען: ועומרא **חד** מן עשרא לתלת סאין הוא: EX 16:36
דמקבל מחתא ויהב ליה **חד** מן עשרא מכל מה דאתיב: ואמר GN 14:20
שירוי עצוותכון חלתא **חד** מן עשרין וארבעא תפרשון NU 15:20
עמא דארעא במעבדיה **חד** מן פיקודיא דייי דלא כשרין LV 4:27
דיתרעי ייי באחסנת **חד** מן שבטיכון תמן תסקון DT 12:14
ואמרכל חד אמרכל **חד** מן שיבטא תידברון לאחסנא ית NU 34:18
עלוי קדם ייי: ויעבד ית **חד** מן שפניניא רברביא או מן גוזלין LV 14:30
לאתעבדא ויעבד מן **חד** מנהון: אין כהנא רבא דמתרבי LV 4:2
ושמע משה היך קנייו כל **חד** מנהון ית אינתתיה NU 16:4
יתהון לברא והדר **חד** מנהון לסדום לחבלותא וחד GN 19:17
וחבריה ותיתקרב איתת **חד** מנהון לשיזבא ית בעלה מיד DT 25:11
הא היא במשכנא: ואמר **חד** מנהון מיתב איתוב לוותך GN 18:10
ותמני מנהון מקרבין חד **חד**: מנחתהון סמידא דחנטיא וחמר NU 29:23
בני ישראל לא ישתבע **חד** מנכון בשום מימריה דייי EX 20:7
בני ישראל לא ישתבע **חד** מנכון בשום מימריה דייי DT 5:11
בני ישראל לא ישתבע **חד** מנכון בשמי לשקרא לאפסא ית LV 19:12
ביתא דחבריה ולא יחמיד **חד** מנכון ית אינתתיה דחבריה ולא EX 20:17
עם חמודין ולא יחמיד **חד** מנכון ית ביתא דחבריה ולא EX 20:17
דחבריה ולא יירוג **חד** מנכון ית ביתיה דחבריה ולא DT 5:21
גיורא ויתמא ולא ימשכן **חד** מנכון כסו דארמלתא דלא DT 24:17
למטייבא ולא יתמנע **חד** מנכון למלפא זכו על חבריה EX 23:2
סיטרי כפורתא: כרובא **חד** מסיטרא מיכא וכרובא חד EX 37:8
מסיטרא מיכא וכרובא **חד** מסיטרא מיכא נגידין ואדיקין EX 37:8
פתיך במשח חד ועריך **חד** מסלא דפטירא קדם ייי: ותשוי EX 29:23
סייפא: ברם אין יומא **חד** מעידן לעידן או תרין יומין EX 21:21
ואיהוא סהיד או חמא **חד** מעלמא דעבר על פיתגמי LV 5:1
וחמר סומק מן ענבא **חד** מפקין כור חד: ועתרו בית DT 32:14
כפורתא: ועיבד כרובא **חד** מציטרא מיכא וכרובא חד EX 25:19
מציטרא מיכא וכרובא **חד** מציטרא מיכא מן כפורתא EX 25:19
עיבורא: כולנא בני גברא **חד** נחנא מהימני אנחנא לא הוו GN 42:11

יחידאין דאית בעלמא **חד** נכיס וחד מתנכיס דנכיס לא GN 22:10
כהנא ית חד חטאתא וית **חד** עלתא ויכפר עלה כהנא קדם ייי LV 15:30
במשח זיתא לאימרא **חד** עלתא לאתקבלא ברעוא NU 28:13
ייתי ית חד חטאתא וית **חד** עלתא על קרבן מנחתא ויכפר LV 14:31
ית חד חטאתא וית **חד** עלתא קדם ייי לכפרא על ליואי: NU 8:12
מדברא דימא דסוף וכל **חד** עם חמשא טפלין סליקו בני EX 13:18
אבונן ייי אלקנא ייי **חד** עני יעקב ואמר בריך שום יקריה DT 6:4
תרין עשרונין לדיכרא **חד**: עשרונא עישרונא לאימרא חד NU 29:9
חד תרין עשרונין לדיכרא **חד**: עשרונא עשרונא לאימרא חד NU 28:28
ואמרין לפרעה ביר **חד** עתיד למיהוי מתיליד EX 1:15
תובלי סלקן בקנייא **חד** פטימן וטבן: והא שבעא תובלי GN 41:5
לארבעת רישי נהרין: שום **חד** פישון הוא דמקיף ית כל ארע GN 2:11
איתילידו תרין בנין שום **חד** פלג ארום ביומוי איתפליגת GN 10:25
עלוי ועשרונא סמידא **חד** פתיך במשח זיתא למנחתא LV 14:21
ייי קורבנין קלילין תור **חד** קדם אלוק חד דכר חד לעמא NU 29:36
כסוסיא חד וכרתיכא **חד** קדם ייי אלקכון דמימריה DT 20:1
לכהנא: ויעבד כהנא **חד** קרבן חטאתא וחד קרבן עלתא LV 15:15
טוורי דקרדון שום טוורא **חד** קרדוניא ושום טוורא חד GN 8:4
לעלתא: צפיר בר עיזין **חד** קריב לחטאתא: ולניכסת NU 7:22
לעלתא: צפיר בר עיזין **חד** קריב לחטאתא: ולנכסת NU 7:16
היכדין יהי סנאה **חד** רדיף אלף מנהון ותרין יעירקון DT 32:30
מהימני אתון אחוכון **חד** שבוקו עמי וית דצריך לכפיני GN 42:33
בני תורין תרין ודכר **חד** שובעא אימרין בני שנא: NU 28:27
שלמתא לחטאתא ודכר **חד** שלים לניכסת קודשיא: וסלא NU 6:14
תרי תרי ותרין מנהון חד **חד** שלמין יהון: ומנחתהון סמידא NU 29:13
דביומא חד אזיל וביומא **חד** תב: ויצחק הוה אתי מבי GN 24:61
ואין נתרון ואשתייר **חד** תחות ליסתיה וחד תחות DT 14:9
ביסרא ותיכלון: לא יומא **חד** תיכלון ולא תרין יומין ולא NU 11:19
חטאתא היא: וית דיכרא **חד** תיסב ויסמכון אהרן ובנוי ית EX 29:15
בעלי דבביכון באורחא **חד** תיפקון לקדמותהון לסידרי DT 28:25
עלתא תדירא: ית אימר **חד** תעבד בצפרא למכפרא על חובי NU 28:4
ליומא תדירא: ית אימרא **חד** תעביד בצפרא וית אימרא EX 29:39
גנבא איהו משלם על **חד** תרין: אין לא משתכח גנבא EX 22:6
אימר כד הינון קיימין על **חד** תרין ישלם: ארום יפקר גבר EX 22:3
ית דורונא הדא ועל **חד** תרין כספא נסיבו בידיהון ודברו GN 43:15
דיינייא ישלם גנבא על **חד** תרין לחבריה: ארום יתן גבר EX 22:8
ומשח דלוזין: וכספא על **חד** תרין סיבו בידיכון וית כספא GN 43:12
תלתא עשרונין לתורא **חד** תרין עשרונין לדיכרא חד: NU 28:28
דאמתא פותיא דלוחא **חד**: תרין צירין ללוחא חד מכוונן EX 36:21
דאמתא פותיה דלוחא **חד**: תרתין צירין ללוחא חד מכוונן EX 26:16
חיקליה ומשייר אמנא **חדא** אבטל מספר ייחוס אנוש DT 32:26
ריבא עימנא יומי שתא **חדא** או עשרהרחין ובתר כדין GN 24:55
דיירין בעלמא הדין שעא **חדא** אחין מן איבא דמיחדין DT 25:5
ישראל על גיף ימא דסוף **חדא** אמרא ניחות לימא וחדא EX 14:13
תשתייר מנהון פרסתא **חדא** ארום מינהון ניסב למפלח EX 10:26
חד וממלל חד ועיטא **חדא** בלישן קודשה הוו ממללין GN 11:1
ית ייי חטבתון חטיבא **חדא** בעלמא יומנא דהכין כתיב DT 26:17
דייי חטיב יתכון חטיבא **חדא** בעלמא יומנא דהכין כתיב DT 26:18
ית יריעתא חדא עם **חדא** בפורפיא והוה משכנא חד: EX 36:13
ית יריעתא חדא עם **חדא** בפורפייא ויתחבר משכנא EX 26:6
דחטאתא חד למטרתא **חדא** בר מן עלת תדירא וסמידא NU 29:28
דחטאתא חד למטרתא **חדא** בר מן עלת תדירא וסמידא NU 29:31
דחטאתא חד למטרתא **חדא** בר מן עלת תדירא וסמידא NU 29:34
אמרין שלמין ואימרתא **חדא** בר שתה שלמתא ותלתא LV 14:10
חד לעלתא ואימרתא **חדא** ברת שתא שלמתא לחטאתא NU 6:14
ויכפר אהרן על קרנוי **חדא** בשתא מן אדם חטאתא EX 30:10
קרבא די נפקו לחילא **חדא** בת נשא מחמש מאה הכדין מן NU 31:28
דמקריב פיילי דכסף **חדא** גילדא סמיך מאה ותלתין NU 7:13
פום קודשא פיילי דכסף **חדא** גילדה סמיך מאה ותלתין NU 7:19
דקריב פיילי דכסף **חדא** גילדה סמיך מאה ותלתין NU 7:25
לא תסייפון אומנא **חדא** דאית בחקלך בחצדך ולקטא LV 23:22
לא תסייפון אומנא **חדא** דאית בחקלך למחצוד ולקטא LV 19:9
מינה הוו כולא נגידא **חדא** דדהב דכי: ועבד ית בוצינהא EX 37:22
מינה יהון כולה נגידה **חדא** דדהב דכי: ותעביד ית בוציניה EX 25:36
מן קדמך בשתא **חדא** דילמא תהי ארעא צדיא EX 23:29
הוה מתקלא מזירקא **חדא** דכסף דגילדה קליש שובעין NU 7:19
הוי מתקלא דפיילתא **חדא** דכספא כל קבל שנין דהוה NU 7:85
במשח זיתא ולוגא **חדא** דמשח זיתא: ויוקים כהנא LV 14:10
שהיין הינון הכא שעתא **חדא** הא כולנא מייתין: ונטל עמא EX 12:33
עשו לאבוי הבירכתא **חדא** היא לך איבא בריכני אוף לי GN 27:38
על רישיהון בעיזקתא **חדא** היכדין יהי לתריהון לתרין EX 26:24
ברישיהון בעיזקתא **חדא** היכדין עבד לתריהון לתרתין EX 36:29
רמש והוה צפר יומא **חדא**: ואמר אלקים יהי רקיעא GN 1:5
ובנהא דזלפה מציטרא **חדא** ובנה דבלהה מציטרא חדא GN 43:33

דלאה סדר מציטרא **חדא** ובנהא דזלפה מציטרא חדא GN 43:33
ובנה דבלהה מציטרא **חדא** ובנימין בר רחל סדר לציטריה GN 43:33
ייי נסב גריצתא פטירתא **חדא** וגריצתא דלחים פתיך במשח LV 8:26
יהי קדם ייי: אורייתא **חדא** ודינא חד יהי לכון ולגיוריא די NU 15:16
לאהרן סב צלוחית דפחר **חדא** והב תמן מלי עומרא מנא EX 16:33
וטליא בר בכף מודנא **חדא** והות כרעא כף מודנא דטלייא EX 1:15
מן בעליך ליליא **חדא** וחמית ית גופיך דאילו יהבית GN 20:16
תהווין מלפפן חדא עם **חדא** וחמש יריען חורניין מלפפן EX 26:3
ית חמש יריען חדא עם **חדא** וחמש יריען לפיף חדא עם EX 36:10
ענובין עבד בירעתא **חדא** וחמשין ענובין עבד בסיטרא EX 36:12
ענובין תעביד בירעתא **חדא** וחמשין ענובין תעביד EX 26:5
קיימא בכף מודנא **חדא** וטליא בר בכף מודנא חדא EX 1:15
פני יהי בביתיה שתא **חדא** ויחד עם אינתתיה דנסיב: לא DT 24:5
תלתא קילחין באיסרא **חדא** ויטמוש במיא האינון בעידן NU 19:18
שמהתהון על מרגלייא **חדא** וית שמהת שיתא דמשתיירין EX 28:10
לך תריסר בנין וברתא **חדא** ולא עשרתנון מן יד אפרש GN 32:25
מכוונן ענוביא חדא לקבל **חדא**: ועבד חמשין פורפין דדהב EX 36:12
יריען לפיף חדא עם **חדא**: ועבד ענובין דתיכלא על EX 36:10
מאה אמין אורכא לרוח **חדא**: ועמודוי עשרין וחומריהון EX 27:9
דלחים פתיך במשח **חדא** ועריך חד ושוי על תרביא ועל LV 8:26
צידא דכיא ואשכח כלבא **חדא** וקטליה ועבד אף הוא מיניה GN 27:31
סידורין שית בסידרא **חדא** ושית בסידרא חדא על פתורא LV 24:6
עשרונין תהי גריצתא **חדא**: ותסדר יתהון תרתין סידורין LV 24:5
חורניין מלפפן חדא עם **חדא**: ותעבד ענובין דתיכלא על EX 26:3
בני ישראל מכל חוביהון **חדא** זימנא בשתא ועבד אהרן LV 16:34
אדם חטאתא דכיפוריא **חדא** זימנא בשתא יכפר עלוי ביומי EX 30:10
ית תרתין ידוי בסידרא **חדא** יד ימיניה על שמאליה על ריש LV 16:21
ליה הכדין יעבד קיימא **חדא** יהי לכון ולגיורא וליציבא NU 9:14
ביניכון אורייתא **חדא** יהי לכון ולמן דיעבד בשלו: ובר NU 15:29
אינשא יתקטיל: דינא **חדא** יהי לכון כגיורא כיציבא יהי LV 24:22
ית קיטמא לתלת חולקין **חדא** יהיב בחייל וחדא בטוור NU 19:9
לא ייכול ביה: בחבורא **חדא** יתאכל לא תפקון מן ביתא מן EX 12:46
תיניינה מכוונן ענובייא **חדא** כל קבל חד: ותעביד חמשין EX 26:5
ית כל פיתגמי אורייתא **חדא** כתב חקיק ומפרש מתקרי DT 27:8
דחמריה ויהב פסגא **חדא** להום לסהדו וצלי עליהום GN 26:31
הילכת אשמא אורייתא **חדא** להון כהנא די יכפר ביה דיליה LV 7:7
דיריעתא חדא משחתא **חדא** לחדיסרי יריען: ולפיף ית חמש EX 36:15
דיריעתא חדא משחתא **חדא** לחדסרי יריען: ותלפיף ית EX 26:8
יעבד: קהלא כולא קיימא **חדא** לכון ולגייורא די יתגיירון קיים NU 15:15
דיריעתא חדא משחתא **חדא** לכל יריעתא: ולפיף ית חמש EX 36:9
דיריעתא חדא משחתא **חדא** לכל יריעתא: חמש יריען EX 26:2
לטבחא ויכוס ית ציפורא **חדא** למאן דחסף על מי מבוע: ית LV 14:5
ויכוס טבחא ית ציפורא **חדא** למנא דפחר על מי מבוע: ויסב LV 14:50
ובני ראובן באסכמותא **חדא** למשה למימר עבדך יעבדון כל NU 32:25
תניינא מכוונן ענוביא **חדא** לקבל חדא: ועבד חמשין EX 36:12
ומשכך תחי משלח **חדא** לשב שנין ואיריסא דמותא GN 3:14
ואישתבע על שיקרא על **חדא** מכל דיעביד אינשא לאתחייב LV 5:22
קדם ייי וישתביק ליה על **חדא** מכל דיעביד לאתחייבא בה: LV 5:26
בר נש ארום יחוב ויעבד **חדא** מכל פיקודיא דייי דלא כשרין LV 5:17
תשתלון ולא תעבדון **חדא** מכל פיקודיא האילין דמליל NU 15:22
סידרי דיניי ולא תעבדון **חדא** מכל תועבתא האיליין יציביא LV 18:26
ארום כל מן דיעבד **חדא** מכל תועיבתא האילין LV 18:29
שיבטין היכמה דנפקו מן **חדא** מן אמהתה ושמיע קדם ייי GN 30:21
עובדיא טביא דעים **חדא** מן ארבעתי משירייתא NU 23:10
עם אבוהא אתא ולמיסב **חדא** מן ברתוי ענת רחל ואמרת GN 29:12
סבר אפיי למללא קדמיי **חדא** מן מלייא קשייתא כאילין EX 10:28
דיכרא וגריצתא פטירתא **חדא** מן סלא ועריך פטיר חד ויתן NU 6:19
דפקידתני לא עברית **חדא** מן פיקודייך ולא אנשיית: לא DT 26:13
על אימרה דיריעתא **חדא** מן ציטרה בבית ליפופה וכן EX 26:4
שלמין לתליסר מטרתא **חדא** מנהון מקרבא תרי ותריסר NU 29:29
על שיפתא דיריעתא **חדא** מסיטרא בית לופי כן עבד EX 36:11
עילוי אדם ודמך ונסיב **חדא** מעילעוהי היא עילעא GN 2:21
על אימרת דיריעתא **חדא** מציטרא בבית ליפופה EX 26:10
אמין פותיא דיריעתא **חדא** משחתא חדא לחדיסרי יריען: EX 36:15
ארבע אמין דיריעתא **חדא** משחתא חדא לחדסרי יריען: EX 26:8
ותמני אמין דיריעתא **חדא** משחתא חדא לכל יריעתא: EX 26:2
אמין סכום דיריעתא **חדא** משחתא חדא לכל יריעתא: EX 36:9
דקריב פיילי וגומר: בזיכא **חדא** מתקלא וגומר: תור בר תורין NU 7:68
דקריב פיילי וגומר: בזיכא **חדא** מתקלא וגומר: תור בר תורין NU 7:74
דקריב פיילי וגומר: בזיכא **חדא** מתקלא וגומר: תור בר תורין NU 7:80
דקריב פיילי וגומר: בזיכא **חדא** מתקלא וגומר: תור חד בר NU 7:44
דקריב פיילי וגומר: בזיכא **חדא** מתקלא וגומר: תור חד בר NU 7:50
דקריב פיילי וגומר: בזיכא **חדא** מתקלא וגומר: תור חד בר NU 7:56
דקריב פיילי וגומר: בזיכא **חדא** מתקלא וגומר: תור חד בר NU 7:62

דקריב פיילי וגומר: בזיכא **חדא** מתקלא וגומר: תור חד וגומר: NU 7:32
דקריב פיילי וגומר: בזיכא **חדא** מתקלא וגומר: תור חד וגומר: NU 7:38
בסילעי וגומר: בזיכא **חדא** מתקלא וגומר: תורא חד וגומר: NU 7:26
זיתא למנחתא: בזיכא **חדא** מתקלא עשר סילעין דכסף NU 7:14
זיתא למנחתא: בזיכא **חדא** מתקלא עשרא סילעין והיא NU 7:20
יתהון בצפרא לאבנא **חדא** ניסא תליתאה אבנא דהוו כל GN 28:10
ליה למך תרתין נשין שום **חדא** עדה ושום תנייתא צלה: GN 4:19
חדא ושית בסידרא **חדא** על פתורא בטהריה דמסדר LV 24:6
דדהב ולפיף ית יריעתא **חדא** עם חדא בפורפיא והוה EX 36:13
דדהב ותלפיף ית יריעתא **חדא** עם חדא בפורפייא ויתחבר EX 26:6
יריען תהווין מלפפן **חדא** עם חדא וחמש יריען חורניין EX 26:3
ולפיף ית חמש יריען **חדא** עם חדא וחמש יריען לפיף EX 36:10
חדא וחמש יריען לפיף **חדא** עם חדא: ועבד ענובין דתיכלא EX 36:10
יריען חורניין מלפפן **חדא** עם חדא: ותעבד ענובין EX 26:3
כרובין: אורכא דיריעתא **חדא** עשרין ותמני אמין דיריעתא EX 26:2
יתהון: אורכא דיריעתא **חדא** עשרין ותמני אמין ופותיא EX 36:9
אתון עם קשי קדל שעא **חדא** קלילא איסליק איקר שכינתי EX 33:5
תהווין לגבר תרתין נשין **חדא** רחימתא ליה וחדא סניתא DT 21:15
זימנא מאדמה בטיבולא **חדא** שבע זימנין: ויפקון מגו סידורא NU 19:4
לא ייכול ביה: אורייתא **חדא** תהי לכל מצוותא לייציבא EX 12:49
יתהון: אורכא דיריעתא **חדא** תלתין אמין וארבע אמין EX 36:15
יתהין: אורכא דיריעתא **חדא** תלתין אמין ופותיא ארבע EX 26:8
ישראל ית חיסודהון נס **חדיסיראי** דאתנטרו כד חיין עד זמן NU 25:8
דמעזי לפרסא על משכנא **חדיסירי** יריען עבד יתהון: אורכא EX 36:14
דמעזי למפרס על משכנא **חדיסירי** יריען תעביד יתהין: אורכא EX 26:7
חובת עיגל דהבא: מהלך **חדיסר** יומין מחורב מאורח טוורא DT 1:2
דמטליא תקרבון תורין **חדסר** לחדסר מטרתא דיכרין תרין NU 29:20
תורין וגומר: ביומא **חדסר** קריב רב בית אבא לבני אשר NU 7:72
וית תרתין לחינתוי וית **חדסרי** ריבוי ועבר ית מגזת יובקא: GN 32:23
דיוסף שלטין בעממייא **כחדא** בכל סייפי ארעא והינון DT 33:17
שריין ואתקוטטו **כחדא** במשריתא ואזלו לבי דינא בר LV 24:10
וניז עמר וכיתן מערבין **כחדא**: ברם לאיצטולי כיתן חוטי DT 22:11
ארום מתגריין בני נשא **כחדא** גבר וחבריה ותיתקרב איתת DT 25:11
וחלב תריהון מערבין **כחדא** דלא יתקוף רוגזי בכון EX 34:26
בשר וחלב מערבין **כחדא** דלא יתקף רוגזי ואיבשיל EX 23:19
דגנא וקשא תריהון **כחדא**: הא אנא משגר מלאכא קדמך EX 23:19
וחלב תריהון מערבון **כחדא**: הוון זהירין לעשרא פירינכון DT 14:21
ודדכי למקרב לקודשיא **כחדא** הי כבשר טביא ואילא: לחוד DT 15:22
בליבלוביהון וטרפיהון **כחדא**: ואמר ייי למשה כתב לך ית EX 34:26
סכינא ואזלו תרוויהום **כחדא**: ואמר יצחק לאברהם אבוי GN 22:6
ייי: ואתיבו כל עמא **כחדא** ואמרו כל דמליל ייי נעביד EX 19:8
עקמנותא אתיבו כולהון **כחדא** ואמרו ליה שמע ישראל DT 6:4
דחבריה הוון עניין כולהון **כחדא** ואמרין אמן: ליט די יטעי DT 27:17
חמותיה הוון עניין כולהון **כחדא** ואמרין אמן: ליט דימחי DT 27:23
לסמיא הוון עניין כולהון **כחדא** ואמרין אמן: ליט דיצלי דין DT 27:18
ודאימיה עניין כולהון **כחדא** ואמרין אמן: ליט דישני DT 27:16
הוון עניין כולהון **כחדא** ואמרין אמן: ליט דמזלזל DT 27:15
הוון עניין כולהון **כחדא** ואמרין אמן: ליט דמקבל DT 27:24
הוון עניין כולהון **כחדא** ואמרין אמן: ליט דמשמש עם DT 27:19
אבוי הוון עניין כולהון **כחדא** ואמרין אמן: ליט דמשמש עם DT 27:20
בעירא הוון עניין כולהון **כחדא** ואמרין אמן: ליט דמשמש עם DT 27:21
אימיה הוון עניין כולהון **כחדא** ואמרין אמן: ליט דמשמש עם DT 27:22
זכאי הוון עניין כולהון **כחדא** ואמרין אמן: ליט תרתיסרי DT 27:25
הוון עניין כלהון **כחדא** ואמרין אמן פיתגמיא איליין DT 27:26
תרויהום בלב שלים **כחדא**: ואתו לאתרא דאמר ליה ייי GN 22:8
תריסר כולהון צדיקין **כחדא** ודא דמליל להון אבוהון GN 49:28
סגי ולא יכילו למיתב **כחדא**: והוו דיינין בין רעאי גיתיה GN 13:6
ניכסיהון סגי מלמיתב **כחדא** ולא כהילת ארעא GN 36:7
ודדכין למקרב לקודשיא **כחדא** ייכלון יתיה כבישריה דטביא DT 12:15
ודדכי למקרב לקודשיא **כחדא** יכלוניה: לחוד איתוקפון DT 12:22
הוון מדיינין דין עם דא **כחדא** ימא הוה אמר לארעא קבילי EX 15:12
ית עמיה דינין דקשוט **כחדא** ישתמעון ליה שבטיא GN 49:16
דכווין ברומחא וברזינון **כחדא** ית גברא בר ישראל בבית NU 25:8
בתרין זינין קטירין **כחדא**: לא תהוון לבשין ומשתחנין DT 22:10
לות עולימוי וקמו ואזלו **כחדא** לבירא דשבע ויתיב אברהם GN 22:19
אין שריין הינון תריהון **כחדא** לית מליך ושולטן דיקום GN 49:7
עיינא בישא כד ייעלון **כחדא** למזבון ביני כנענאי דעלין GN 42:5
ולא הוה מסתחר עמהון **כחדא** למיכול לחדא ואמר מה GN 50:15
פם בירא גלגל יתא **כחדא** מן דרעוי ניסא רביעאה GN 28:10
באתכנשות רישי עמא **כחדא** משתמעין ליה שבטייא DT 33:5
ושלויתא דעדן מה הוא **כחדא** מתכנשין תריסר שבטי GN 49:1
לתוקלא ברם תריהון **כחדא** מתנביין ואמרין הא מלכא NU 11:26
ביני תרין אמרכלין ותורא **לחד** ולא צבא משה למיסב מנהון NU 7:3
אחונא לבנתיה: והואה **לחד** מבני שיבטיא דבני ישראל NU 36:3

שחרית ולא אבאישית **לחד** מנהון: ואמר משה לקרח אנת NU 16:15
בנוי דישייה: מן לא למיתן **לחד** מנהון מבשר בנוי די ייכול מן DT 28:55
יתה טבא ארעא לחדא **לחדא**: אין רעוא דייי אית בנא NU 14:7
מואבאי מן קדם עמא **לחדא** ארום סגי הוא ואתיעקו NU 22:3
גובריא ותקיף להום **לחדא** ארום קלנא עבד שכם GN 34:7
וחובתהון ארום תקיפת **לחדא**: אתגלי כדון ואחמי הא GN 18:20
אוף גברא משה רב **לחדא** בארעא דמצרים קדם עבדי EX 11:3
לדרומא: ואברם תקיף **לחדא** בגיתי בכספא ובדהבא: ואזל GN 13:2
עם יצחק: ובאיש פיתגמא **לחדא** בעיני אברהם על עיסק GN 21:11
וריבא שפירא למיחמי **לחדא** בתולתא וגבר לא ידעה GN 24:16
לכון וטורו נפשתיכון **לחדא** דילמא תתנשון ית פיתגמיא DT 4:9
בגו ברדא תקיף **לחדא** דלא הוה דכותיה בכל ארעא EX 9:24
שמייא ברדא תקיף **לחדא** דלא הוי דכוותא במצרים מן EX 9:18
קירויא דרחיקן מינכון **לחדא** דלא מקרוי שבעתי עממיא DT 20:15
מטול דיוטב לך ותסגון **לחדא** היכמא דמליל ייי אלקא DT 6:3
כריכן חניין רברבן **לחדא** ואוף מרבנייני דענק גיברא NU 13:28
תקיפתא מיננא בניכסין **לחדא**: ואזל מתמן יצחק ושרא GN 26:16
ארעא ארום תקיף כפנא **לחדא** ואישתלהון דיירי ארעא GN 47:13
אסבר אפין ותקיף לקין **לחדא** ואיתכבישו איקונין דאפוהי: GN 4:5
ואיתילדו וסגו ואתקפו **לחדא** ואיתמליאת ארעא מנהון: EX 1:7
מניתך: ואפיש יתך לחדא **לחדא** ואיתנינך לכינשין ומלכין GN 17:6
קדמי לעלמא דאתי סגי **לחדא**: ואמר אברם ייי אלקים סגין GN 15:1
רבתא ומרירתא עד **לחדא** ואמר לאבוי בריכני אוף לי GN 27:34
עמהון כחדא למיכול **לחדא** ואמר מה דילמא נטר לנא GN 50:15
לתמן: ותקיף למשה **לחדא** ואמר קדם ייי בבעו מינך לא NU 16:15
ישראל ואתאבלו עמא **לחדא**: ואקדימו בצפרא וסליקו NU 14:39
והות משריתא סגיאה **לחדא**: ואתו עד בית אידרי דאטד די GN 50:9
ותקיף רוגזא דייי **לחדא** ובעיני משה ביש: ואמר משה NU 11:10
בר מקירוי פצחיא סגי **לחדא**: וגמרנא ית קירויהון היכמה DT 3:5
וסגו עמא ותקיפו **לחדא**: והוה כד דחילא חייתא מן EX 1:20
דאתנוא וזע כל טוורא **לחדא**: והוה קל שופרא אזיל ותקיף EX 19:18
ית כל דעבד והא טב **לחדא** והוה רמש והוה צפר יום GN 1:31
אזיל ורבי עד די רבא **לחדא**: והוו ליה גיתי עאן וגיתין GN 26:13
ותקיף גברא לחדא **לחדא** והוו ליה עאן סגיאן ואמהן GN 30:43
ועאן ותורי וגיתי סגי **לחדא**: והוו קטעין מן לישא דאפיקו EX 12:38
טוורא וקל שופרא תקיף **לחדא** וזע כל עמא די במשריתא: EX 19:16
בשוקא נבית: ופייס בהום **לחדא** וזרו לוותיה ועלו לביתיה GN 19:3
וכרמין ונפישו וסגיאו **לחדא**: וחייא יעקב בארעא דמצרים GN 47:27
ראובן ולבני גד תקיף **לחדא** וחמון ית ארעא דמכוור וית NU 32:1
ארום שפירא היא **לחדא**: וחמון יתה רברבי פרעה GN 12:14
חשיכן ובישן למיחמי **לחדא** וחסיין בבישריהון לא חמית GN 41:19
נכראה ומרדין לשמא דייי **לחדא**: וייי אמר לאברם בתר GN 13:13
ליה דלא יתרורם ליביה **לחדא** וימרד באלקא שמיא: ויהי DT 17:17
בתורי ובענא מותא תקיף **לחדא**: ויעבד ייי פלאין בין גיתי EX 9:3
ארום מיקרא איקרינך **לחדא** וכל דתימר לי אעבד ואיתא NU 22:17
בהקי אלהין למינטור **לחדא** ולמעבד ביני מכתש צורעתא DT 24:8
בתר כן ארום תקיף הוא **לחדא**: ומן בגלל דאיתני חילמא GN 41:31
ית רוחא ממערבא תקיף **לחדא** ונטל ית גובא וטלקיה לימא EX 10:19
תמן מספד רב ותקיף **לחדא** ועבד לאבוי איבלא שובעא GN 50:10
ובינך ואסגי יתך לחדא **לחדא**: ועל דלא אברם גזיר לא הוה GN 17:2
נטלין בתריהון ודחילו **לחדא** וצלו בני ישראל קדם ייי: EX 14:10
קדמיהון ודחילו גובריא **לחדא**: וקרא אבימלך לאברהם GN 20:8
ייי בעמא קטול סגי **לחדא**: וקרא ית שום אתרא ההוא NU 11:33
ואתקיפו בגברא בלוט **לחדא** וקריבו למיתבר דשא: GN 19:9
אנא: וייי בריך ית ריבוני **לחדא** ורבא ויהב ליה עאן ותורין GN 24:35
וידחלון מנכון ותסתמרון **לחדא**: לא תיתגרון בהון ארום לא DT 2:4
לאללא יתה טבא ארעא לחדא **לחדא**: אין רעוא דייי אית NU 14:7
עממין מניתך: ואפיש יתך **לחדא** לחדא ואיתנינך לכינשין GN 17:6
ליעקב: ותקיף גברא **לחדא** לחדא והוו ליה עאן סגיאן GN 30:43
מימרי ובינך ואסגי יתך **לחדא** לחדא: ועל דלא אברם גזיר GN 17:2
ואפיש יתיה ואסגי יתיה **לחדא** לחדא תריסר רברבין יוליד GN 17:20
למירתא: ותסתמרון **לחדא** לנפשתיכון ארום לא חמיתון DT 4:15
אהרן הוה רגז מן קדם ייי **לחדא** לשצייותיה וצליתי אוף על DT 9:20
לי אתין: אסגו עלי **לחדא** מוהרא ומתנא ואיתן היכמא GN 34:12
דשקר ולא תב ואתחייב **לחדא** מן אילין: ויהי ארום ייחוב LV 5:4
משה ענוותן בדעתיה **לחדא** מן כל בני נשא דעל אנפי NU 12:3
נפש וימות ויעירוק **לחדא** מן קרויא האילין: וישדרון DT 19:11
חבריה וימות הוא יעירוק **לחדא** מן קרויא מזמניא האילין DT 19:5
ומדיקדמוי ויעירוק **לחדא** מקירווייא האילין ויתקיים: DT 4:42
קל שופרא אזיל ותקיף **לחדא** משה הוה ממלל ומן קדם ייי EX 19:19
על אנפי מיא: ומיא תקפו **לחדא** על ארעא ואיתחפיאו כל GN 7:19
ארעא: ותקפו מיא וסגיאו **לחדא** על ארעא והות תיבותא GN 7:18
עימיה: ודחיל יעקב **לחדא** על דלא עסק עשרין שנין GN 32:8
בכל תחום מצרים תקיף **לחדא** קודמוי לא הוה כדין קשיין EX 10:14

דמחטי בכון ודימפרנק **לחדא** תבאש עייניה באחוי DT 28:54
יתיה ואסגי יתיה לחדא **לחדא** תריסר רברבין יוליד GN 17:20
חדא משחתא חדא **לחדיסרי** יריען: ולפיף ית חמש EX 36:15
תקרבון תורין חדסר **לחדסר** מטרתא דיכרין תרין לתרי NU 29:20
בני שנא ארביסר שלמין **לחדסר** מטרתא תלת מנהון NU 29:23
חדא משחתא חדא **לחדסרי** יריען: ותלפיף ית חמש EX 26:8
ייי ית משה ולית אפשר **לחדתא** בהון מידעם ופקידינון LV 27:34
ויהוי בכון מסכינא **מחד** אחך בחדא מן קרוך דייי DT 15:7
יומיא: וארום ייתי ליואה **מחדא** מן קרויכון מן כל ישראל DT 18:6
ושרא תמן ישראל בלב **מייחד** כל קבל טוורא: ומשה סליק EX 19:2
יומין וכל משכבא די **מייחד** למשכביה עלוי יהי מסאב: LV 15:24

חדי (37)

ומליל ייי עם אהרן ואנא **בחדוא** יהבית לך ית מטרת NU 18:8
ונחת מן מדבחא **בחדוא** מן דפסק למעבד חטאתא LV 9:22
תמינאה כנישין תהוון **בחדוא** מן מטילכון לבתיכון כנישת NU 29:35
ית קל עמא כד מיבבין **בחדוא** קדם עיגלא ואמר למשה קל EX 32:17
פלחתון קדם ייי אלקכון **בחדווא** ובשפירות ליבא מסוגעי כל DT 28:47
תניתא לי שלחתך פון **בחדווא** ובתושבחן בתופין ובכינרין: GN 31:27
ובעית למיעבד גזירתך **בחדווא** כדין כד יהון בנוי דיצחק GN 22:14
הדין מביניהון: ויימרון **בחדווא** ליתבי ארעא הדא דישמעו NU 14:14
ולא דלו מיניה עד דחמי **בחדוות** בריה הכדין אנא טרחית DT 32:50
ייי אלקכון: ותיחדון **בחדוות** חגא קדם ייי אלקכון אתון DT 16:11
מן מעצרתיכון: ותיחדון **בחדות** חגיכון בשאובתא וחלילא DT 16:14
דייי אלקכון: ויהי היכמא **חדי** מימרא דייי עליכון DT 28:63
לאוטבא לכון היכמא **חדי** על אבהתכון: ארום תקבלון DT 30:9
יהי בביתיה שתא חדא **ויחד** עם אינתתיה דנסיב: לא ימשכן DT 24:5
נפיק לקדמותך ויחמינך **ויחדי** בליביה: ותמליל עימיה ותשוי EX 4:14
תמן קדם ייי אלקכון **ותחדון** אתון ואינש בתיכון: וליואה DT 14:26
תמן קדם ייי אלקכון **ותחדון** בכל אושטות ידכון DT 12:7
ותסגוד קדם ייי אלקך: **ותחדי** בכל טבתא דיהב לך ייי DT 26:11
דבריכיכון ייי אלקכון: **ותיחדון** בחדוות חגא קדם ייי DT 16:11
וחמרא מן מעצרתיכון: **ותיחדון** בחדות חגיכון בשאובתא DT 16:14
נידריכון דתידרון קדם ייי: **ותיחדון** קדם ייי אלקכון אתון DT 12:12
וליואי דבקירויכון **ותיחדון** קדם ייי אלקכון בכל DT 12:18
קודשין ותוכלון תמן **ותיחדון** קדם ייי אלקכון: ותיכתובון DT 27:7
וערבין דמרביין על נחלין **ותיחדון** קדם ייי אלקכון שבעתי LV 23:40
דפולחנא נוכראה ביניהון **חדא** בליביה ואמר לבלק בני לי NU 23:1
מטילכון לבתיכון כנישת **חדוא** ויומא טבא ואירוע קדיש NU 29:35
שובעא שבועין: ותעבדון **חדוות** חגא דשבועיא קדם ייי DT 16:10
מבעלי דבביכון: וביום **חדוותכון** ומועדכון ובירישי ירחכון NU 10:10
משה נביא דייי ואמר **חדון** דבית זבולן במפקכון DT 33:18
יגרום ליה חובא דלא **חדי** באינתתיה ויתקטל בקרבא DT 20:7
אידיכון ותהוון ברם **חדיין** באצלחותא: תלת זימנין DT 16:15
ביד פרעה ועל דהוו **חדן** בשעבודהון דישראל לקו אוף EX 12:29
ולאסגאה יתכון הכדין **יחדי** מימרא דייי עליכון עממין DT 28:63
בני שנא שבעא שלמין **לחדוות** שבעא יומין: מנחתהון NU 29:36
ותורי למחר בכרן יומא **לחדות** חגא באתרא דיתרעי ייי DT 16:2
מזג חמריה כיוון דמטא **למחדי** בריה עם אינתתיה ובעו DT 32:50
ארום יתוב מימרא דייי **למיחדי** אמטולכון לאוטבא לכון DT 30:9

חדיא (13)

ישראל: שקא דאפרשותא **וחדיא** דארמותא על קורבני תרביא LV 10:15
ושוייו ית תרביא על **חדוותא** ואסיק תרביא למדבחא: LV 9:20
תרביא למדבחא: וית **חדוותא** וית שקא דימינא ארים LV 9:21
לך לחולק: ותקדש ית **חדיא** דארמותא וית שקא EX 29:27
דימינא לחולק: ארום ית **חדיא** דארמותא וית שקא LV 7:34
הכדין איתפקדית: וית **חדיא** דארמותא וית שקא LV 10:14
קודשא הוא לכהנא על **חדיא** דארמותא ועל שקא NU 6:20
קדם ייי: ונסיב משה ית **חדיא** וארימיה ארמא קדם ייי LV 8:29
תרבא שומנוניתא דעל **חדיא** וית חדיא כד מחתך בתרין LV 7:30
דעל חדיא וית **חדיא** כד מחתך בתרין עילעין LV 7:30
ית תרבא למדבחא ויהי **חדיא** לאהרן ולבנוי: וית שקא LV 7:31
הוא קדם ייי: ותיסב ית **חדיא** מדכר קורבניא דלאהרן EX 29:26
יהי לך למיכל הי **כחדיא** דארמותא והי כשקא NU 18:18

חדר (1)

ורדפו יתכון היכמה **דחררן** וחיישן אורעייתא ומחו DT 1:44

חדת (16)

בכל ריש ירח וירח בזמן **אתחדתות** כל רישי ירחי שתא: NU 28:14
ועתיק יפרש חלא דחמר **חדת** וחלא דחמר עתיק לא ישתי NU 6:3
בתורי ובענא ובחמר **חדת** ועתיק ובכל דתשיילינך נפשך DT 14:26
לשמא דייי: מן חמר **חדת** ועתיק יפרש חלא דחמר חדת NU 6:3
ארעא מנהון: וקם מליך **חדת** כמין שירויא על מצרים דלא EX 1:8
ותקרבון מנחתא דלחים **חדת** לשמיה דייי: מאתר מותבניכון LV 23:16
ביומא דשבתא יסדריניה **חדת** קדם ייי תדירא מן בני ישראל LV 24:8
ארום יסב גבר איתא **חדתא** בתולתא לא יפוק בחילא DT 24:5

למיכול פטירי מעללתא **חדתא** וביומא שביעאה ההוא תהון DT 16:8
מן גברא דיבנא ביתא **חדתא** ולא קבע ביה מזוזתא DT 20:5
דאתי: ארום תיבני ביתא **חדתא** ותעבד תיאק גיפופין DT 22:8
דורונא מן עללתא **חדתא** קדם ייי בעצרתיכון כד NU 28:26
עתיקא מן קדם עיבורא **חדתא** תפנון מן אוצרכון: ואיתן LV 26:10
ולחים וקלי ופירוכיין **חדתין** לא תיכלון עד כרן יומא הדין LV 23:14
טעוון דלא ידעונון דחלן **חדתן** דמזמן קריב אתעבידא ולא DT 32:17
הדין ברם סופיהון **לאתחדתא** לעלמא דאתי ישעיה DT 32:1

חוב (286)

קטול ית קטולא כד **אתחייב** ליה: ואין בשלו בלא נטר NU 35:21
ית חייבא: ויהי אין **אתחייב** למלקי חייבא וירבעיניה DT 25:2
מה דא עבד ייי ולא **בחובא** דילנא: ואתו לות יעקב GN 42:28
דילמא יתקבלון אחוי **בחובוי** ויתבר ליבהון היך ליביה: DT 20:8
לא בסהדות ולא **בחובי** אבהן איש בחובי על סהדין DT 24:16
בארעתא דסנאיהון ואוף **בחובי** אבהתהון בישיא דאחידין LV 26:39
אבהן לא בסהדות ולא **בחובי** בנין ובנין לא יתקטלון לא DT 24:16
למהוי עם גיורין ארום **בחובי** גיוריא מותא נפיק על עלמא: DT 5:18
למיהוי עם גייורין ארום **בחובי** גייורא מותא נפיק על עלמא: EX 20:14
למיהוי עם גנבין ארום **בחובי** גנביא כפנא נפיק על עלמא: EX 20:15
דישראל עם גנבין ארום **בחובי** גנביא כפנא נפיק על עלמא: DT 5:19
מאן דאית לחבריה ארום **בחובי** חמודיא מלכותא מתגריא DT 5:21
גבך דילמא תישתיצי **בחובי** יתבי קרתא: ואישתהי GN 19:15
סהדי שיקרא ארום **בחובי** סהדי שיקרא ענגין סלקין EX 20:16
סהדן דשיקרא ארום **בחובי** סהדי שיקרא ענגין סלקין DT 5:20
ולא בחובי אבהן איש **בחובי** על סהדין כשרין יתקטלון: DT 24:16
למירות ית ארעהון ארום **בחובי** עממיא האילין ייי אלקכון DT 9:5
למיהוי עם קטולין ארום **בחובי** קטוליא חרבא נפיק על EX 20:13
למיהוי עם קטולין ארום **בחובי** קטוליא חרבא נפיק על DT 5:17
מאן דאית לחבריה ארום **בחוביא** חמודיא מלכותא מתגריא EX 20:17
ייי בכנישתא דקרח ארום **בחוביה** מית ולא אחטי לחורנין NU 27:3
ודמשתייר מנכון יתימסון **בחוביהון** בארעתא דסנאיהון ואוף LV 26:39
ליה תוב אעיל כדון ידך **בחובך** ואעל ידיה בגו חוביה EX 4:6
סגיאי דינא סטי: ומסכינא **דאתחייב** בדיניה לא תיסב ליה EX 23:3
ויתן קרנא וחומשא למן **דאתחייב** ליה: ואין לית אית לגבר NU 5:7
ליה: קורבן אשמא הוא כל **דאתחייב** לקרבן אשמא ייתי קרבן LV 5:19
מחתיית חייבייא האילין **דאתחייבו** קטול בנפשתהון ויעבדון NU 17:3
גובריא חייבייא איליין **דאתחייבו** קטול מן טליותהון NU 16:26
ותישתמודע להון חובתא **דאתחייבון** עלה ויקרבון קהלא תור LV 4:14
דאתסיית מרים: ולפום **דאתחייבת** מרים נביאתא למלקי NU 12:16
יהובדון זרעי: ארום קין **דהב** ותב בתיובא עד שובעא דרין GN 4:24
וישתביק ליה מחובתיה **דחב:** וארום תיעלון לארעא LV 19:22
אישתמודע ליה חובתיה **דחב** וייתי ית קורבני צפירתא דעיזי LV 4:28
אישתמודע ליה חובתיה **דחב** וייתי קורבניה צפיר בר עיזי LV 4:23
שלמתא מטול חובתיה **דחב:** ויסמוך ית יד ימניה על ריש LV 4:28
עלוי כהנא מחובתיה **דחב** וישתביק ליה: ואין לא תארע LV 5:10
עלוי כהנא על חובתיה **דחב** וישתביק ליה: ובר נש ארום LV 4:35
קדם ייי מטול חובתיה **דחב** וישתביק ליה מחובתיה דחב: LV 19:22
לשמיה דייי על חובתיה **דחב:** ומליל ייי עם משה למימר: בר LV 5:19
יוניא וייתי ית קורבניה **דחב** חד מן עשרא בתלת סאין LV 5:11
אשמא: וית הניית קודשא **דחב** מן קודשא ישלים וית חומשיא LV 5:16
לקדם ייי מטול חובתיה **דחב** נוקבא מן ענא אימרתא או LV 5:6
לעלתא ויכפר עלוי ממן **דחב** על דאיסתאב למיתא ויקדש NU 6:11
כן תהא ויודי חובתא **דחב** עלה: וייתי ית קרבן אשמיה LV 5:5
למימחי שמך אלהין מאן **דחב** קדמי אמחיניה מסיפרי: וכדון EX 32:33
וייתי ית קרבן אשמיה **דחב** תרין שפנינין רברבין או תרין LV 5:7
מטול כל חוביכון **דחבתון** למעבד דביש קדם ייי DT 9:18
לארבעת קוריין וזוער **דחובהא** קלילין שבוק לה בגין GN 18:29
ולא תטנפון בנבילתהון **דחייביא** ית ארעכון דייי אלקכון DT 21:23
ארום גלי קדמוי דבעידן **דיחובון** ותיתקף עליהון מחת DT 32:36
דביתא ודין גנבא ולמאן **דמחייבין** דיינייא ישלם גנבא על EX 22:8
או תלתא סהדין יתקטל **דמתחייב** קטול לא יתקטל על DT 17:6
בישתא רבתא הדא **ואיחוב** קדם ייי: והוה כדי מלילת GN 39:9
לאתעובדא ולא ידע **ואתחייב** ויקביל חוביה: וייתי דכר LV 5:17
ואיהו ידע דשקר ולא תב **ואתחייב** לחדא מן איליין: ויהי LV 5:4
אבוי סגד ליה **ואתחייב** למהוי שנוי קטיען ותהא GN 46:29
ייי למירת ית ארעא הדא **ובחובי** עממיא האילין ייי מתרכהון DT 9:4
דאשתלי והוא לא ידע **וחב** וישתביק ליה: קורבן אשמא LV 5:18
ייקד בנורא ארום סגיאת **וחובתהון** ארום תקיפת לחדא: GN 18:20
עיבידו והא עבדך לקיין **וחובתהון** דעמך תקפא וסלקא: EX 5:16
בישין בממונהון דין לדין **וחייבין** בגופיהון בגילוי עריתא GN 13:13
מטי להון הי כזכוותהון **וחייבין** מטי להון הי כחוביהון מן EX 33:13
בר נש ארום ישקר שקר **ויחוב** בשלו ויתהני מן קודשיא דייי LV 5:15
מפתגמי אורייתא **ויחובון** חובת גלותא למצרים וייי DT 17:16
בארעך דילמא יטעינך **ויחייבון** יתך קדמוי ארום תפלח ית EX 23:33

כשרין לאתעבדא בשלו **ויתחייב:** או אישתמודע ליה LV 4:22
דלא כשרין לאיתעובדא **ויתחייב:** או אישתמודע ליה LV 4:27
ויקרב בכל קודשיא **ויתחייב:** או ארום יקרב בסואבות LV 5:2
ידע דמסאב ולא אידכי **ויתחייב:** או בר נש ארום יומי LV 5:3
יהוי בגבר חובת דין קטול **ויתחייב** אטלות אבנין ובתר כדין DT 21:22
למשקרא שקר קדם ייי **ויתחייב** בר נש ההוא: ויודון ית NU 5:6
בהון: ויהי אין יחטי **ויתחייב** ויומי ויתיב ית גזילא דגזל LV 5:23
דלא כשרין לאתעובדא **ויתחייבון:** ותישתמודע להון LV 4:13
ויכרעון לזכותא ית זכאה **ולחובא** ית חייבא: ויהי אין אתחייב DT 25:1
מטי להון הי כחייבין **ולחייבין** הי כזכאין ותוב זכאין מטי EX 33:13
אין לא אייתיני לוותך **ונתחייב** קדם אבנא כל יומייא: וכדון GN 44:32
לוותך ואקימיניה לקמך **ונתחייב** קמך כל יומייא: ארום GN 43:9
דעבדו לטעוותהון **ותחובון** קדם ייי אלקכון: ארום DT 20:18
ליה ולמך בר בריה דלא **חב** דינא הוא דייתלי ליה עד GN 4:24
חשוכא הי כנהורא וכדון **חב** עמא הדין חובא רבא ועבדו EX 32:31
בלעם למלאכא דייי **חבית** ארום לא ידעית ארום אנת NU 22:34
למשה ולאהרן ואמר להון **חבית** בזימנא הדא ידעית דייי הוא EX 9:27
ואמר מה עבדת לנא ומה **חבית** לך ארום אייתיתא עלי ועל GN 20:9
למשה ולאהרן ואמר **חבית** קדם ייי אלקכון ולכון: וכדון EX 10:16
עמא לות משה ואמרו **חבנא** ארום הירהירנא ואישתעינא NU 21:7
לאתרא דאמר ייי ארום **חבנא:** ואמר משה מה דין אתון NU 14:40
ואתיבתון ואמרתון לי **חבנא** קדם ייי אנחנא ניסק ונגיח DT 1:41
ואמר משה לעמא אתון **חבתון** חובא רבא וכדון איסק EX 32:30
ית פיתגמא הדין הא **חבתון** קדם ייי אלקכון ודעו NU 32:23
ואמר ייי הבר עממין דלא **חוב** אוף חמי ליה למזכי בדינא GN 20:4
מנהון ובקורבנא לא יהי **חוב** ופסולא דבהפתיק מרי עלמא DT 23:22
לכל סורחן נפש ולכל **חוב** ממון ולכל חטא דיחטי ברם DT 19:15
בקודשא ולא יקבלון **חובא** באישא מצלהבא קיים עלם EX 28:43
זימנא: ולא תקבלון עלוי **חובא** בזמן אפרשותכון ית שפר NU 18:32
קדם ייי דישתביק לכון **חובא** דא ואתפרעו מן רשיעיא EX 32:27
ריבוני לא תשוי עלנא **חובא** דאיטפשנא ודי סרחנא: בבעו NU 12:11
למירתא ארום לא שלום **חובא** דאמוראה עד כדון: והוה GN 15:16
לביתיה דילמא יגרום ליה **חובא** דלא חדי באינתתיה ויתקטל DT 20:7
לביתיה דילמא יגרום ליה **חובא** דלא פרקיה ויתקטל בקרבא DT 20:6
מינהון עד דאידיכר **חובא** דעתיד למיהוי בדן דמציפונא GN 14:15
לביתיה דילמא יגרום ליה **חובא** ויתקטל בקרבא וגבר חורן DT 20:5
מימרי ולא יקבלון עלוי **חובא** ולא ימותון ביה באישא LV 22:9
ואייתיתא עלינא **חובא:** ופקיד אבימלך ית כל עמא GN 26:10
עלך קדם ייי ויהי בך **חובא:** לא יתקטלון אבהן לא DT 24:15
לא תקבלון מטולתיה **חובא:** לא תהוון נקמין ולא נטרין LV 19:17
למשכן זימנא לקבלא **חובא** לימטת: ויפלחון ליואי הינון NU 18:22
מלמידר לא יהי בכון **חובא:** מומתא דתיפוק מן שפוותכון DT 23:23
עליכון קדם ייי ויהי בכון **חובא:** מיתן תיתנון ליה ולא יבאש DT 15:9
מן קדם ייי אשתכח **חובא** על עבדך הא אנחנא עבדין GN 44:16
הדין ארום אתיתא עלוי **חובא** רבא: ואמר אהרן לא יתקף EX 32:21
משה לעמא אתון חבתון **חובא** רבא וכדון איסק ואיצלי קדם EX 32:30
וכדון חב עמא הדין **חובא** רבא ועבדו להון דחלן דדהב: EX 32:31
עלי ועל מלכותי **חובא** רבא עובדין דלא כשרין GN 20:9
בעלה או איבה מקביל ית **חובאה:** אילין אחווית קימיא דפקיד NU 30:16
ארעא ואסערית **חובאה** עלה ופלטת ארעא ית LV 18:25
והיא ציבחר וקלילין **חובהא** אישתזיב כדון תמן הלא GN 19:20
איתתא ההיא תקבל ית **חובהא:** ומליל ייי עם משה למימר: NU 5:31
למצלוב גבר אלהן **חובוי** גרמו ליה ומן בגלל דבדיוקנא DT 21:23
ביום דינא רבא מסער **חובי** אבהן על בנין מרודין על דר EX 34:7
תייבין לא מזכי מסער **חובי** אבהן רשיעין על בנין מרודין NU 14:18
ומתפרע בקנאה מדכר **חובי** אבהן רשיען על בנין מרודין DT 5:9
אניקהון ית חוביהון וית **חובי** אבהתהון בשיקריהון דשקרו LV 26:40
ומתפרע בקינאה מדכר **חובי** אבהתן רשיען על בנין מרודין EX 20:5
או איתא די יעבדון מכל **חובי** אינשא למשקרא שקר קדם NU 5:6
והוא במימריה יכפר על **חובי** ארעיה ועמיה: ואתא משה מן DT 32:43
דייי: ויארעון יתהון **חובי** אשמתהון במיכלהון בסאובא LV 22:16
תוב ית ארעא בגין **חובי** בני אינשא ארום יצרא דליבא GN 8:21
מן ארעא דלטא ייי בגין **חובי** בני אינשא: וחיא למך בתר GN 5:29
שימשתא למכפרא על **חובי** יממא: וחד מן עשרא בתלת NU 28:4
ובנך עימך תקבלון ית **חובי** כהונתכון אין לא מזדהרין NU 18:1
ולכון: וכדון שבוק כדון **חובי** לחוד זימנא הדא וצלו קדם ייי EX 10:17
בצפרא למכפרא על **חובי** ליליא וית אימר תיניין תעבד NU 28:4
ארום אדם ניכסא הוא על **חובי** נפשא יכפר: בגין כן אמרית LV 17:11
ובית אבך עימך תקבלון **חובי** קדשיא אין לא מזדהרין NU 18:1
אזיל מן בגלל למוספא **חובי** שלותא על זדונותא: לא יהי DT 29:18
מטול לכפרא על **חובי** תריסר שבטיא: וכל תורי NU 7:87
ותיתן תמן מוי מטול **חוביא** דהדרין בתיובא ושדיין EX 40:7
נביא כמה קשיין הינון **חוביא** די גרמו לאבהתא למיכול LV 26:29
ולווט אין לא יחווי יקביל **חוביה:** או בר נש די יקרב בכל LV 5:1

שום כינויי אלקיה ויקבל **חוביה:** ברם מאן דמפרש ומחרף LV 24:15
ידך בחובך ואעל ידיה בגו **חוביה** והנפקא והא ידיה סגירתא EX 4:6
ולא ידע ואתחייב ויקביל **חוביה:** וייתי דכר שלים מן ענא LV 5:17
ובישריה לא יסחי ויקבל **חוביה:** ומליל ייי עם משה למימר: LV 17:16
מודי על חוביה ומצלי על **חוביה** ומשתבק ליה: והוה כד EX 33:7
למשריתא מודי על **חוביה** ומצלי על חוביה ומצלי EX 33:7
יהוי לרעוא: ודייכלוניה **חוביה** יקבל ארום ית קודשא דייי LV 19:8
דייי לא קריב בזימניה **חוביה** יקבל גברא ההוא: וארום אין NU 9:13
יהא ואינש די יכול מיניה **חוביה** יקבל: ובשר קודשיא די יקרב LV 7:17
מטול דעריית אחתיה בזי **חוביה** יקבל: וגבר די ישמש עם LV 20:17
לחוביה והנפקה ומן גו **חוביה** תבת למיהוי ברייה הי EX 4:7
זימנא והינון יקבלון ית **חוביהון** אין לא מזדהרין בפולחנהון NU 18:23
וענון ומיתו ער ועונן על **חוביהון** בארעא דכנען: והוו בני NU 26:19
לכפרא בקודשא על **חוביהון** דישראל עד זמן מיפקיה LV 16:17
בר נש ההוא: ויודון ית **חוביהון** דעבדו אין ממונא אנס NU 5:7
זדנא ובכין ירעון ית **חוביהון:** ואידכר ברחמין ית קיימא LV 26:41
להון דילמא תילקון בכל **חוביהון:** ואיסתלקו מעילוי משכנא NU 16:26
אסערותי אסער עליהון **חוביהון:** וחבל מימרא דייי ית עמא EX 32:34
ויוודון בשעת אניקהון ית **חוביהון** וית חובי אבהתהון LV 26:40
על בני ישראל מכל **חוביהון** חדא זימנא בשתא ועבד LV 16:34
ית קריביה בישריה בזי **חוביהון** יקבלון במותנא יסופון: LV 20:19
אחבוי ערית אחבוי בזי **חוביהון** יקבלון במותנא יסופון LV 20:20
מסכיניא ומשתביק להון **חוביהון** כאילו מקרבין עלתא על EX 40:6
ויסובר צפירא עלוי ית כל **חוביהון** לאתר צדיא ויפטור גברא LV 16:22
מנכון והינון ירעון ית **חוביהון** לווטין חלף בירכן ימטון LV 26:43
ויקבלון פורענות **חוביהון** על כל בישתא דעבדו ארום DT 31:18
יומא לשתא תקבלון ית **חוביכון** ארבעין שנין ותינדעון ית NU 14:34
מילוי ארום לא אשבוק **חוביכון** ארום בשמי מימריה: ארום EX 23:21
לא אשתיית מטול כל **חוביכון** דחבתון למעבד דביש קדם DT 9:18
לדכאה יתכון מכל **חוביכון** ואתון קדם ייי תודון LV 16:30
וישרי וישבוק על **חוביכון** ומן יד איתגלי איקר LV 9:23
קדם ייי הלואי איכפר על **חוביכון:** ותב משה וצלי קדם ייי EX 32:30
ארבעין שנין ויקבלון ית **חוביכון** עד זמן דיסופון פיגריכון NU 14:33
רבא מטול דשיבוק **חובין** דישראל ביה וברם חטאת LV 4:21
דרין שרי ושביק על **חובין** ואעבר על מרודין ומכפר על EX 34:7
מנחת דוכרנא מדכרת **חובין:** ויקרב יתה כהנא ויקימינה NU 5:15
ושרינן בחילתא בכיין על **חובינן** דאזדווגן לפלחי טעוות פעור: DT 3:29
בגין דלא חויאת לך **חובך** בעמל תיכלינא כל יומי חייך: GN 3:17
עובדך ישתביק לך **חובך** ואין לא תייטיב עובדך GN 4:7
לא תגרמון לאסתקפא **חובת** אדם דקטול בביתך דילמא DT 22:8
דפרקת ייי ולא תשווי **חובת** אדם זכאי בגו עמך ישראל DT 21:8
מפתגמי אורייתא ויחובון **חובת** גלותא למצרים וייי אמר לכון DT 17:16
נפש וליה לא אית **חובת** דין דקטול ארום לא סני הוא DT 19:6
וארום אין יהוי בגבר **חובת** דין קטול ויתחייב אטלות DT 21:22
לכון אחסנא ויהי עליכון **חובת** דין קטולא: וארום יהי גבר סני DT 19:10
דתיליד מיניה ולא תחייב **חובת** מותנא ית ארעא דייי אלקכון DT 24:4
סנינא וכפר לכון על **חובת** עיגל דהבא: מהלך חדיסר DT 1:1
יהי עליל מטול דלא ידכר **חובת** עיגלא דדהבא ובזמן מיעליה LV 16:4
למוי אדיותא ברם שיבוק **חובת** עיגלא היא: ויצבע כהנא NU 19:9
מטול דלא ידכר להון **חובת** עיגלא ורבא דהוה ממני על NU 2:10
עלמא קאי אלא יהי בך **חובת** עיכוב נידרא: וארום תתמנעון DT 23:22
יחוב במיקרביה קרבן **חובת** עמא דלא כהלכתיה ויקרב LV 4:3
ויתמחי וימות לית ליה **חובת** שפיכות אדם זכאי: אין בריר EX 22:1
נפש עאל וקטליה **חובת** שפיכות אדם זכאי עלוי ואין EX 22:2
דסנאך דאנת שני ליה על **חובתא** דאנת ידע ביה בלחודך EX 23:5
דסנאך דאת סני ליה על **חובתא** דאנת ידע ביה בלחודך או EX 23:4
ותישתמודע להון **חובתא** דאתחייבון עלה ויקרבון LV 4:14
ובתר כן תהא ויודי **חובתא** דחב עלה: וייתי ית קרבן LV 5:5
לאתבא חובתא ליה **חובתא** דמייתב קדם ייי יתן לכהנא NU 5:8
אית לגבר פריק לאתבא **חובתא** ליה חובתא דמייתב קדם NU 5:8
פעור למדכר לישראל **חובתהון** מודיק בבית קבורתיה DT 34:6
יעקב ואמר ללבן מה **חובתי** ומה סורחני ארום למיתי GN 31:36
אנס לחבריה ויתיב ית **חובתיה** ברישיה וחומש דמוי יוסף NU 5:7
או אישתמודע ליה **חובתיה** דחב ויתי ית קורבני LV 4:28
או אישתמודע ליה **חובתיה** דחב וייתי קורבניה צפיר LV 4:23
דעיזי שלמתא מטול **חובתיה** דחב: ויסמוך ית יד ימניה LV 4:28
דאשמא קדם ייי מטול **חובתיה** דחב וישתביק ליה LV 19:22
דייי ויכפר עלוי כהנא על **חובתיה** דחב וישתביק ליה: ובר נש LV 4:35
לאשמא לשמיה דייי על **חובתיה** דחב: ומליל ייי עם משה LV 5:19
אשמיה לקדם ייי מטול **חובתיה** דחב נוקבא מן ענא LV 5:6
ויכפר עלוי כהנא מן **חובתיה:** ואין לא תארע ידיה LV 5:6
מבי דינך ואשכחו ליה **חובתיה** ודי נפק חייב ואשכחו ליה EX 23:7
יתניניה ביומא דתהא על **חובתיה:** וית קרבן אשמיה ייתיה LV 5:24
דעתיד למיתן חושבן **חובתיה** ליום דינא רבא: והוון בני NU 15:31

כהלכתיה ויקרב בגין **חובתיה** תור בר תורי שלים קדם ייי LV 4:3
קדם ייי אלקכון ודעו **חובתכון** דתארע יתכון: בנו לכון NU 32:23
ליה חובתיה ודי נפק **חייב** ואשכחו ליה זכו לא תקטול EX 23:7
דאבוי ואימיה לט קטלא **חייב:** וגבר די יגור ית איתת גבר LV 20:9
הדין למיקטל זכאי עם **חייב** ויהי זכאי היך חייב חולין הוא GN 18:25
עם חייב ויהי זכאי היך **חייב** חולין הוא לך האיפשר מאן GN 18:25
בר נש קטולא דהוא **חייב** ליממת ארום איתקטלא NU 35:31
הרוגזך שציא זכאי עם **חייב:** מאים אית חמשין זכאין בגו GN 18:23
עימיה מעבדך יהי **חייב** קטול ואוף אנן נהי לריבוני GN 44:9
ארי ביומא דתיכול תהי **חייב** קטול: ואמר ייי אלקים לא GN 2:17
דקני ית קנאתי וקטל **חייבא** דביניהון ואמטוליה לא NU 25:11
והוה כיוון דחמא בלעם **חייבא** דבית ישראל הוון גזרין NU 23:10
אומנים: ושמע עמלק **חייבא** ואתחבר בכנענאי ומלך NU 33:40
ית זכאה ולחובא ית **חייבא:** ויהי אין אתחייב למלקי DT 25:1
ויהי אין אתחייב למלקי **חייבא** וירבעיניה דיינא וילקיניה DT 25:2
הווינא מזכי ליה אין הוא **חייבא:** ושוחדא לא תקבל ארום EX 23:7
והוה כיון דחמא בלעם **חייבא** ית פנחס כהנא רדיף מן NU 31:8
דייי קיים עלם: גברא **חייבא** מרוד באלק שמיא נפק LV 24:10
מעילוי משכני גוברייא **חייבייא** איליין דאתחייבו קטול מן NU 16:26
אתקדשא: ית מחתיית **חייבייא** האילין דאתחייבו קטול NU 17:3
אבהתכון תלמידי גובריא **חייבייא** למוספא תוב על תקוף NU 32:14
דתן ואבירם גובריא **חייבייא** מיניה עד צפרא וארחש EX 16:20
גבר לאחוי בקושטא **חייבין** אנחנא על אחונא דחמינא GN 42:21
סדר קטולין לית הינון **חייבין** ארום לא איתחרת כולה: LV 19:20
יתקטלון תריהון קטלא **חייבין** באטלות אבנין: וגבר די LV 20:11
תבלא עבדו קטלא **חייבין** באטלות אבנין: וגבר די LV 20:12
זכאה וברם אני ועמי **חייבין** בכל מחתא ומחתא: צלו EX 9:27
קומוי עבדו גמירא הינון **חייבין** ואם עבדין תתובא הלא GN 18:21
יאטלון יתהון קטלא **חייבין:** ואמר ייי למשה אימר LV 20:27
יתקטלון דין קטול **חייבין:** וגבר די ישמש עם אחתיה LV 20:16
מגדל תקיף היא רומי **חייבתא** רבא עירם אילין רברבי GN 36:43
וילקיניה קדמוי כמיסת **חייוביה** בדיניה: ארבעין יצליף DT 25:2
רבא דמתרבי במישחא **יחוב** במיקרביה קרבן חובת עמא LV 4:3
בשלותא: ואין בר נשא חד **יחוב** בשלו ויקרב גדיתא בר שתא NU 15:27
למימר בר נש ארום **יחוב** בשלו מכל פיקודיא דייי דלא LV 4:2
ליה: ואין בר נש חד **יחוב** בשלו מן עמא דארעא LV 4:27
הוא: בזמן די רבא בעמיה **יחוב** ויעבד חד מן כל פיקודיא דייי LV 4:22
ליה: ואין בר נש ארום **יחוב** ויעבד חדא מכל פיקודיא דייי LV 5:17
ליה: ובר נש ארום **יחוב** וישמע קל אומאה דלווט LV 5:1
משה למימר: בר נש ארום **יחוב** וישקר שיקרין לשום מימריה LV 5:21
בישרא האין גברא חד **יחוב** ועל כל כנישתא יהי רוגזא: NU 16:22
ואמרין חבול על בנינן כד **יחובון** וימטון עליהון לווטייא DT 28:15
תקיפהון דישראל כד **יחובון** מייתי עליהון פורענותא וכד DT 32:31
עמא בית ישראל **ייחייבון** יתיה אטלות אבנין: ואנא LV 20:2
מן איליין: ויהי ארום **ייחוב** בחדא מארבעתי איליין ובתר LV 5:5
וחייבין מטי להון הי **כחוביהון** מן בגלל דאשכח רחמין EX 33:13
נשא זכאין מטי להון הי **כחייבין** ולחייבין הי כזכאין ותוב EX 33:13
חדא מכל דיעביד אינשא **לאתחייבא** בהון: ויהי אין יחטי LV 5:22
ליה על חדא מכל דיעביד **לאתחייבא** בה: ומליל ייי עם משה LV 5:26
קשי קדל הוא ותשבוק **לחובאנא** ולחטאנא ותחסניננא ית EX 34:9
ליוסף במטו שבוק כדון **לחובי** אחך ולחטיאיהון ארום GN 50:17
יתך וכדון שבוק בבעו **לחובי** עבדי אלקא דאבך ובכא GN 50:17
ידך לעיטפך ואתיב ידיה **לחוביה** והנפקה ומן גו חוביה תבת EX 4:7
דדהב: וכדון אין תשבוק **לחוביהון** שבוק ואין לא מחיני כדון EX 32:32
רוח וקריב רחמין שרי **לחובין** ומכפר על סורחנין מזכי NU 14:18
תליתא איבד בחדא מנהון **למתחייבא** בהון ליום דינא רבא: GN 49:22
בחדא מנהן דלא **למתחייבא** בחדא מנהין ולא נמות NU 31:50
מאן הוא גברא דדחיל **מחוביה** וליביה תביר יהך ויתוב DT 20:8
הדא: ואין זכאי גברא **מחובין** איתתא ההיא תקבל ית NU 5:31
דחב וישתביק ליה **מחובתיה** דחב: וארום תיעלון LV 19:22
בר עיזי ויכפר עלוי כהנא **מחובתיה** דחב וישתביק ליה: ואין LV 5:10
קודשיא ויכפר עלוי כהנא **מחובתיה** וישתביק ליה: ואין בר נש LV 4:26
דדן: וכד נפק מבי דינא כד **מחייב** פריש וחריף בר איתתא בת LV 24:11
יהוי בדינא למלקי היא **מחייבא** ולא הוא ברם סדר קטולין LV 19:20
וקנסין דמקנסין **מחייבייא** ותמן נסייא בניסיונא EX 15:25
דאינשא בסהדין דיינייא **מחייבין** ליה קטול ודישוד בלא GN 9:6
קדם ייי מטול דדין קטול **מתחייב:** וכל מעשרא דארעא LV 27:29
למשכוב גבה למיהוי **מתחייב** עימה ביום דינא רבא GN 39:10
ואמר לא נקטליניה דלא **נתחייב** באדמיה: ואמר להום ראובן GN 37:21
על אפיכון בגין דלא **תחובון:** וקם עמא תריסר מילין EX 20:20
מרי תתובא דכד **תחובון** ותתובון מטיא תיובתכון DT 30:2
בנהא דתיליד מיניה ולא **תחייב** חובת מותנא ית ארעא דייי DT 24:4
כרמיכון עירובין דילמא **תתחייב** יקידתא דימעת זרעא DT 22:9

חודיתא (1)
עד ארנון: על כן יימרון **בחודתא** מתולייא אמרין צדיקיא NU 21:27
חוט (17)
ריבוניה ית אודניה ימינא **במחטא** ויהי ליה עבד פלח עד EX 21:6
סנדלא דליה עקיבא **דחייט** בשנצי ובפום סנדלא שנצי DT 25:9
דציציית יהוון מן חיוור **וחוטא** חד דתיכלא יהי ביה קרח NU 16:2
דינא למן הינון סיטומתא **וחוטיא** וחוטרא האילין: ואכר GN 38:25
לך ואמרת סיטומתך **וחוטייך** וחוטרך דבידך ויהב לה ועל GN 38:18
והוון חמיין בהתתהון **וחטיטו** להון מטרפי תינין ועבדו GN 3:7
לות דשא דלות מזוזתא **ויחייט** ריבוניה ית אודניה ימינא EX 21:6
נפק אחוי דעל ידי קטיר **חוט** זהורי וקרת שמיה זרח: ויוסף GN 38:30
חייתא וקטרת על ידיה **חוט** זהורי למימר דין נפק GN 38:28
מעילא דאיפודא שזיר **חוטא** דתיכלא: ויהי פום רישיה EX 28:31
לעיזקת איפודא בשזיר **חוטא** דתיכלא למהוי אדיק על EX 28:28
ותסדר יתיה על שזיר **חוטא** דתכלתא למכפרא על חציפי EX 28:37
לייי: וסדרו עלוי שזיר **חוטא** דתכלתא מטול למיתן על EX 39:31
שמיא וארעא: אין מן **חוטא** ועד סנדלית רצועה אין אסב GN 14:23
יעבדונון ויפסקון רישי **חוטיהון** ויתלון בחמשת קיטרין NU 15:38
ואיתפליגת לארבעתי **חוטין** ואעלת בגוא אפיהון LV 10:2
דמיתהני עימך: ותיסב ית **מחטא** ותינעוץ באודניה ובתרע DT 15:17
חוט (2)
ברם לאיצטולי כיתן **חוטי** ציציית מן עמר תהון מרשן DT 22:12
ויצבעון מאדמיה תיכלא **לחוטי** גולייתהון ומן חלא מפקין DT 33:19
חוטר (54)
אנא ייי הא אנא מחי **בחוטרא** דבידי על מוי די בנהרא EX 7:17
מחי אנת לחודך ביה **בחוטרא** דבידך ותהנפק להון מיא NU 20:8
היכמא דפקיד ייי וארים **בחוטרא** ומחא ית מוי דבנהרא EX 7:20
משה ית ידיה על ימא **בחוטרא** רבא ויקירא דאיתברי מן EX 14:21
די עבדת עם עבדך ארום **בחוטרי** בלחוד עברית ית ירדנא GN 32:11

דישראל משחו יתיה **בחוטריהון** וממדברא איתיהבת NU 21:18
ייי למשה ארים ית ידך **בחוטרך** על נהריא על ביציא ועל EX 8:1
ית ידיה ומחא ית כיפא **בחטריה** תרתין זמנין בזימנא קמאה NU 20:11
דמתילן לגלימתא **וחוטרא** דאיתעבידו ביה ניסין מן EX 17:9
ביני שימשתא מנא ובירא **וחוטרא** דמשה ושמירא וקשתא NU 22:28
הינון סיטומתא וחוטיא **וחוטרא** האילין: ואכר יהודה ואמר GN 38:25
מזרזין מסניכון בריגליכון **וחוטריכון** בידיכון ותיכלון יתיה EX 12:11
סיטומתך וחוטייך **וחוטרך** דבידך ויהב לה ועל לותה GN 38:18
ודבר עמך מסבי ישראל **וחוטרך** דמחית ביה ית נהרא דבר EX 17:5
אבהתהון תריסר חטרין **וחטר** אהרן במציעות חטריהון: NU 17:21
סנאיכון: כד איתבור לכון **חוטר** כל סעדי מזונא ויאפיין עשר LV 26:26
על גיף נהרא וברם **חוטרא** דאהרן דאיתהפיך לחיוי EX 7:15
כמרן שירויא ובלע **חוטרא** דאהרן ית חוטריהון: EX 7:12
ואמר ייי למשה אתיב ית **חוטרא** דאהרן קדם סהדותא NU 17:25
ניסין וגבורן ואיסתכי ית **חוטרא** דאיתבריאת ביני שימשתא EX 2:21
שמא דאהרן תכתוב על **חוטרא** דלוי ארום חוטרא חד לריש NU 17:18
תקיפתא היך סובר ית **חוטרא** דמתקליה ארבעין סאוין DT 34:12
דמצרים ונסיב משה ית **חוטרא** דנסב מן גינוניתא דחמוי EX 4:20
אולפן מן קדם ייי: וית **חוטרא** הדין תיסב בידך דתעביד EX 4:17
ליה ייי מה דין בידך ואמר **חוטרא:** ואמר טלוק יתיה לארעא EX 4:2
על חוטרא דלוי ארום **חוטרא** חד לריש בית אבהתהון: NU 17:18
בני ישראל וסב מינהון **חוטרא** חוטרא לבית אבא מלות כל NU 17:17
וסב מינהון חוטרא **חוטרא** לבית אבא מלות כל NU 17:17
חטריהון: ואצנע משה ית **חוטריא** קדם ייי במשכנא NU 17:22
ואשתמודעו ונסיבו גבר **חוטריה:** ואמר ייי למשה אתיב ית NU 17:24
היכדין: וטלקון אינש **חוטריה** והוו לחורמנין ומן יד EX 7:12
גבר ית שמיה תכתוב על **חוטריה:** וית שמא דאהרן תכתוב NU 17:17
ביה לשמשא קדמי **חוטריה** ינעי ואישדיך מיני ית NU 17:20
ברדא: וארים משה ית **חוטריה** על ארעא דמצרים וייי דבר EX 10:13
דמצרים: וארים משה ית **חוטריה** על צית שמייא וייי יהב EX 9:23
דפקד ייי וטלק אהרן ית **חוטריה** קדם מיחמי פרעה וקדם EX 7:10
ובלע חוטרא דאהרן ית **חוטריהון:** ואיתקף יצרא דלבא EX 7:12
לבית אבהתהון תריסר **חוטרין** גבר ית שמיה תכתוב על NU 17:17
למשה אימר לאהרן סב **חוטרך** וארים ידך על מוי דמצראי EX 7:19
ויטלון: ואנת ארים ית **חוטרך** וארכין ית ידך ביה על ימא EX 14:16
ותימר לאהרן סב ית **חוטרך** וטלוק יתיה קדם פרעה יהי EX 7:9
בחורב ותימחי ביה בטינר **חוטרך** ויפקון מיניה מוי למישתי EX 17:6
אימר לאהרן ארים ית **חוטרך** ומחי ית עפרא דארעא ויהי EX 8:12
דסהדותא והא ייעא **חטר** אהרן לבית לוי ואפיק NU 17:23
ויהבו ליה כל אמרכלהון **חטר** לאמרכול חד חטר לאמרכול NU 17:21
חטר לאמרכול חד **חטר** לאמרכול חד לבית אבהתהון NU 17:21
עם משה למימר: סב ית **חטר** ניסיא וכנוש ית כנישתא אנת NU 20:8
בעיריהון: ודבר משה ית **חטר** ניסיא מן קדם ייי היכמה NU 20:9
לוזין: והנפק משה ית כל **חטריא** מן קדם ייי לכל בני ישראל NU 17:24

וחטר אהרן במציעות **חטריהון:** ואצנע משה ית חוטריא NU 17:21
לבית אבהתהון תריסר **חטרין** וחטר אהרן במציעות NU 17:21
מתפרק הוה פשיט הי **כחוטרא:** וית לוחיא תחפי דהבא EX 26:28
ידיה ואתקיף ביה והוה **לחוטרא** בידיה: מן בגלל דיהמנון EX 4:4
חוי (43)
ברמשא שביעאה: דא **אחוויית** אורייתא גבר ארום ימות NU 19:14
ישתי נזירא חמרא: דא **אחוויית** אורייתא נזירא די ידר NU 6:21
איסתאב ניזריה: ודא **אחוויית** אורייתא ניזרא ביום NU 6:13
בארעא דתירתון: ודא **אחוויית** תפקידתא קיימייא DT 6:1
במתנן לשיבט מנשה: ודא **אחווית** אורייתא די סדר משה קדם DT 4:44
דאתו מן סדרי קרבא דא **אחווית** גזירת אורייתא דפקיד ייי NU 31:21
מקביל ית חובאה: אילין **אחווית** קימיא דפקיד ייי ית משה NU 30:17
אחסנתיה: ויהוון אילין **אחוויתא** לכון לגזירת דינין לדריכון NU 35:29
ותתעבר בבר דכר: דא **אחויית** אוריית קינאתא דתיסטי NU 5:29
אהרן למימר: דא גזירת **אחויית** אורייתא דפקיד ייי למימר NU 19:2
ביתא: דא תיהוי גזירת **אחויית** אורייתא לכל מכתש LV 14:54
לא יתברון ביה ככל **אחויית** גזירת פיסחא דניסן יעבדון NU 9:12
קדם ייי: דא תהוי גזירת **אחויית** דביה מכתש צורעתא אין LV 14:32
שריא ביניהון: דא גזירת **אחויית** דובנא ומן דיפוק מיניה LV 15:32
נשא דכיא דא תהוי גזירת **אחויית** מכתש צורעתא: ומליל ייי LV 14:57
ייי עם משה למימר: דא **אחוייתא** די לליואי דלא מופסלין NU 8:24
תעבדון שמיטתא: ודין **אחווית** הילכת שמיטתא אשמיטו DT 15:2
לא תיסטון מן פיתגמא **דיחוון** לכון ימינא ושמאלא: וגברא DT 17:11
מימר הילכת אורייתא **דיחוון** לכון מן אתרא ההוא דיתרעי DT 17:10
לקדמותי ופיתגם מה **דיחוי** לי ואיתני לך ואזל גחין כחויא: NU 23:3
רמתא דעל אפי יריחו **ואחוויי** ליה מימרא דייי ית כל DT 34:1
אמר בליביה איזיל **ואחוי** לאברם על עיסק לוט GN 14:13
מה נישתי: וצלי קדם ייי **ואחוי** ליה ייי אילן מריר דארדפני EX 15:25
ותמן יתבין סבי ישראל **ואחויאו** ליה ית משכנא וית כל מנוי EX 39:33
5GN,
חילי שמייא דלא פקידית: **ואתחוא** לכון ותשמעון ותיתבעון DT 17:4
בתר פיתגמיא האילין **ואתחוא** למימר סרחו רב מזוגייא GN 40:1
משתכח קטול וירית: **ואתחווא** לרבקה ברוח קודשא ית GN 27:42
האינון ותיתבעון מנהון **ויחוון** לכון ית הילכת דינא: ותעבדון DT 17:9
ואמר ית אחיי אנא בעי **חוי** כדון לי איכן אינון רען: ואמר GN 37:16
להום: ושאיל יעקב ואמר **חוי** כדון שמך ואמר למה דנן אנת GN 32:30
עביד גריצן פטירן בכן **חוי** לאברם עיברא והוא הוה שרי GN 14:13
דלבן ארמאה על דלא **חוי** ליה ארום אזיל הוא: ואזל הוא GN 31:20
מן כיסופא: ואמר מאן **חוי** לך ארום ערטילאי אנת דילמא GN 3:11
ליטא ארעא בגין דלא **חויאת** לך חובך בעמל תיכלינא כל GN 3:17
מה דא עבדת לי למא לא **חוית** לי ארום אינתתך היא: למא GN 12:18
שבועא ולווט אין לא **יחווי** יקביל חוביה: או בר נש די LV 5:1
ויעבד פיסחא קדם ייי **כאוויית** גזירת פיסחא וכדחזי ליה NU 9:14
מידעם ופקידינון מטול **לאחוואותהון** לות בני ישראל LV 27:34
יתה ותהי לבני ישראל **לאחויית** גזירת דין היכמא דפקיד NU 27:11
למא אבאשתון לי **לחוואה** לגברא דעד כדון אית לכון GN 43:6
שדר קדמוי לות יוסף **למחווייא** קדמוי אורחא ולמכבשא GN 46:28
עקתכון ולא יהוי בכון **מחוי** קושטא היכמא דממשמש DT 28:29
חוך (1)
חרכא וחמא והוה יצחק **חאיך** עם רבקה אינתתיה: וקרא GN 26:8
חול (6)
משריתא דישראל: **ואתחיילון** על מדין אקפוהא מתלת NU 31:7
וחימתיה בבר נשא ההוא **ותחול** ביה כל פיתגמי לווטתא DT 29:19
אתרא הדין לית דין אתר **חול** ארום אלהן בית מקדש לשמיה GN 28:17
ביני קודשא וביני **חולא** וביני מסאבא וביני דכיא: LV 10:10
מטול דלא יבשלון ביה **חולי** ואין במנא דנחשא תיתבשל LV 6:21
ואיתעביד בעיניהום **כחילונאי** ומליל עמהון מילין קשיין GN 42:7
חום (1)
וקורא בתקופת טבת **וחומא** בתקופת תמוז וקיטא GN 8:22
חומרא (50)
לוחוי נגרוי ועמודוי **וחומרוי:** וית חופאה דמשכי דדיכרי EX 39:33
משכנא ונגרוי ועמודוי **וחומרוי** וכל פולחניה: ועמודי NU 3:36
חזור חזור דבוץ שזיר: **וחומריא** לעמודיא דנחשא ווי EX 38:17
מחטא עמודיהון ארבעא **וחומריהון** ארבעא: כל עמודי דרתא EX 27:16
דרתא: ועמודיהון ארבעה **וחומריהון** ארבעה דנחשא וויהון EX 38:19
יהון: ויהון תמנייא לוחין **וחומריהון** דכסף שיתיסרי חומרין EX 26:25
זיוויין: והוון תמניא לוחין **וחומריהון** דכסף שיתסר חומרין EX 36:30
מכבשין כסף וויהון כסף **וחומריהון** דנחשא: ארכא דדרתא EX 27:17
חמש אמין דבוץ שזיר **וחומריהון** דנחשא: לכל מני משכנא EX 27:18
ועמודי דדרתא חזור חזור **וחומריהון** וסיכיהון ומתחיהון: NU 3:37
וכיבושיהון דהבא **וחומריהון** חמשא דנחשא: ועבד EX 36:38
אמין עמודיהון עשרא **וחומריהון** עשרא ווי עמודיהון EX 38:12
אמין עמודיהון עשרה **וחומריהון** עשרה: ופותיא דדרתא EX 27:12
חדא: ועמודוי עשרין **וחומריהון** עשרין דנחשא ווי EX 27:10

אורכא ועמודיהון עשרין **וחומריהון** עשרין דנחשא ווי EX 27:11
אמין עמודיהן עשרים **וחומריהון** עשרין דנחשא ווי EX 38:11
לעיברא עמודיהון תלתא **וחומריהון** תלתא: ולעיברא תיניינא EX 38:14
לעיברא עמודיהון תלתא **וחומריהון** תלתא:: ולתרע דרתא EX 27:14
אמין עמודיהון תלתא **וחומריהון** תלתא: כל ווילוות דרתא EX 38:15
דרתא וית עמודהא וית **חומרהא** וית פרסא לתרע דרתא EX 39:40
משה ית משכנא ויהב ית **חומרוי** ושוי ית לוחוי ויהב ית נגרוי EX 40:18
וית נגרוי וית עמודוי וית **חומרוי**: ית ארונא וית אירוחוי וית EX 35:11
וית כל מני מדבחא: וית **חומרי** דרתא חזור חזור וית כל EX 38:31
מתחי תרע דרתא וית כל **חומרי** דרתא חזור חזור: ומן תיכלא EX 38:31
ית חומרי קודשא וית **חומרי** פרגודא מאה חומרין כל קבל EX 38:27
לכספא לאתכא ית **חומרי** קודשא וית חומרי פרגודא EX 38:27
מאה סילעין: ועבד בה ית **חומרי** תרע משכן זימנא וית EX 38:30
עשרין לוחין: וארבעין **חומריהון** דכסף תרין חומרין תחות EX 26:21
עשרין לוחין: וארבעין **חומריהון** דכסף תרין חומרין תחות EX 36:26
דהבא ואתך להון ארבעא **חומרין** דכסף: ועבד ווילון פריס EX 36:36
וויהון דהבא על ארבעא **חומרין** דכסף: ותיתן ית פרגודא EX 26:32
עיבר דרומא: וארבעין **חומרין** דכסף עבד תחות עשרין EX 36:24
עיבר דרומא: וארבעין **חומרין** דכסף תעבד תחות עשרין EX 26:19
דהבא ותתיר להון חמשא **חומרין** דנחשא: ותעביד ית מדבחא EX 26:37
וית חומרי פרגודא מאה **חומרין** כל קבל מאה קנטינרין EX 38:27
תחות לוחא חד ותרין **חומרין** תחות לוחא חד: ולסייפי EX 26:21
תחות לוחא חד ותרין **חומרין** תחות לוחא חד: ולסייפי EX 36:26
חומרין תרין חומרין תרין **חומרין** תחות לוחא חד: ועבד נגרין EX 36:30
תחות לוחא חד ותרין **חומרין** תחות לוחא חד: ותעביד EX 26:25
חומריהון דכסף תרין **חומרין** תחות לוחא חד ותרין EX 26:21
חומריהון דכסף תרין **חומרין** תחות לוחא חד ותרין EX 36:26
תחות עשרין לוחין תרין **חומרין** תחות לוחא חד לתרין צירוי EX 26:19
חד לתרין צירוי ותרין **חומרין** תחות לוחא חד לתרין צירוי: EX 26:19
תחות עשרין לוחיא תרין **חומרין** תחות לוחא חד לתרין צירוי EX 36:24
חד לתרין צירוי ותרין **חומרין** תחות לוחא חד לתרין צירוי: EX 36:24
שיתסר חומרין תרין **חומרין** תרין חומרין תחות לוחא EX 36:30
וחומריהון דכסף שיתסר **חומרין** תרין חומרין תרין חומרין EX 36:30
דכסף שיתיסרי **חומרין** תרין לוחין תחות לוחא חד EX 26:25
דרתא ית עמודוי וית **חומרנהא** וית פרסא דתרע דרתא: EX 35:17
מאה קנטינרין קנטינר **לחומרא**: וית אלפא ושבע מאה EX 38:27

חוס (17)

ובידא דתרתין ברתוי **בדחייסא** מן קדם ייי הוות עלווי GN 19:16
לך ארום איתיהב לי **במיחוס** מן קדם ייי וארום אית לי GN 33:11
בניי הינון דאיתיהיבו לי **במיחוס** מן קדם על עבדך: וקריבן GN 33:5
דשכינת מרי עלמא מטול **דחייסא** מן קדם ייי לכון הוא: EX 12:11
חייסא הוא קדם ייי **דחס** במימריה על בתי בני ישראל EX 12:27
בשום מימריה דייי קדמך **ואיחוס** על מאן דחמי ליה למיחוס EX 33:19
ואחמי ית זכות אדמא **ואיחוס** עליכון ולא ישלוט בכון EX 12:13
עם לוט ואמר לה **חוס** על נפשך לא אסתתכל GN 19:17
לסבא ועל עולים לא **חייס**: ויגמרון וולדא דבעיריכון ופירי DT 28:50
הדא לכון: ותימרון ניכסת **חייסא** הוא קדם ייי דחס במימריה EX 12:27
כלידא בידיה: ואמר **חס** לי מלמעבד דא גברא GN 44:17
מבית תדייהן ובכל דא **חס** לן למיתלי עינינן ולא אסתכלנן NU 31:50
כפיתגמייא האילין **חס** לעבדך מלמעבד כפיתגמא הדין: GN 44:7
בגין זכותיה דאברהם **חס** עילוי באתר דהוא תמן: אזדקפי GN 21:17
מסוגעי חכמתי ולא **חס** על ישראל זרעא דבני בנתיה NU 22:5
על מאן דחמי ליה **למיחוס** ואירחים על מאן דחמי ליה EX 33:19
ית פיסת ידה לא **תחוסן** עיניכון: לא יהוי לכון DT 25:12

חוץ (3)

בתר גברא בר ישראל לות **חוצא** נס קדמאי דהוה ליה למפרש NU 25:8
אהרן בצלו במצע ועבד **מחיצותא** במחתייתא ביני מיתיא NU 17:13
לסדום ואיטרדו מן **מחיצתהון** מן בגלל דגליין מסטירין GN 28:12

חוק (2)

הוא ייי ואפיק יתכון מגו **דחוק** פולחן מצראי ואישיזיב יתכון EX 6:6
דאנפיק יתכון מגו **דחוק** פולחן מצראי: ואעיל יתכון EX 6:7

חור (62)

ויחמי כהנא בתר **דחוורו** ית מכתשא והא לא שנא LV 13:55
והא עמא מכתשא בתרו **דחוורו** יתה ויבזע יתיה מן לבושיה LV 13:56
ערבא או כל מאן דיצלא **דתחוור** ויעדי מיניה מכתשא LV 13:58
לות עמא וזמין ית עמא **וחוורו** לבושיהון: ואמר לעמא הוו EX 19:14
ישראל: ואידכיאו ליואי **וחוורו** לבושיהון וארים אהרן יתהון NU 8:21
עלמא ובריה סומק שחים **וחיור** ונפח בנחירוהי נשמתא דחיי GN 2:7
ועכברא אוכמא וסמוקא **וחיורא** וחרדונא לזנוי: ומינקת חיויא LV 11:29
מאן דיצלא: ויפקד כהנא **ויחוורון** ית עיסקא דביה מכתשא LV 13:54
על כל שער בישריהון **ויחוורון** לבושיהון וידכון בארבעין NU 8:7
יומא דין ויומחרא **ויחוורון** לבושיהון: ויהון זמינין לימא EX 19:10
בארבעין סווין דמוי: **ותחוורון** לבושיכון ביומא שביעאה NU 31:24
שיחנא שומא זקיפא **חוורא** או בהקי מיטפלא חוורא LV 13:19
חוורא סמקא מערבין או **חוורא** בלחודא: ויחמי יתה כהנא LV 13:24
כהנא והא שומא זקיפא **חוורא** במשכא כעמר נקי והיא LV 13:10
ותהי רושם כואה בהקי **חוורא** סמקא מערבין או חוורא LV 13:24
חוורא או בהקי מיטפלא **חוורא** סמקא מערבין ויתחמי לות LV 13:19
והא שומת מכתשא **חוורא** סמקא מערבן בקורחתיה או LV 13:43
בישריהון בהקי בהקי **חוורן**: ויחמי כהנא והא במשך LV 13:38
בישריהון בהקי עמיין **חוורן** צהר הוא סגי במשכא דכי LV 13:39
בה מומא ושומא משער **חורן** דלא סליק עלה דכר ולא NU 19:2
ודא תהי סאובתיה גוון **חיוור** בדוויה חריר בישריה ית דוויה LV 15:3
מברך דציציית יהוון מן **חיוור** וחוטא חד דתיכלא יהי ביה NU 16:2
כהנא והא לית בה שער **חיוור** ומכיכא לא איתא למחוור LV 13:21
והא לית בבהקי שער **חיוור** ומכיכא לא איתה למחוור LV 13:26
על מנא דאחית לכון **חיוור** מן שמיא ושיילתון בישרא DT 1:1
או בגלשולשתא מכתש **חיוור** סמוקרי מערב סגירות סגיא LV 13:42
דחלזון בעיינויי דמערב **חיוורא** באוכמא או דמלי חרסין LV 21:20
או דעינויי לקיין דמערב **חיוורא** באוכמא או דמלי חרסין LV 22:22
וקרוחתא כל די שומא **חיוורא** ביה וכל דילחוש באימרייא GN 30:35
קליפין חיוורין לגלאה **חיוורא** דעל חטרייא: ונעץ ית GN 30:37
וקרוחין וגביהון **חיוורין** ארום גלי קדמי ית כל GN 31:12
וקרוחין וגביהון **חיוורין**: ואמר לי מלאכא דייי GN 31:10
וקרוחין וגביהון **חיוורין**: וטלייא אפריש יעקב ויהב GN 30:39
וקליף בהון קליפין **חיוורין** לגלאה חיוורא דעל חטרייא: GN 30:37
דארגוון ואוצטילין **חיוורין** מיטטרון ויופיאל ואוריאל DT 34:6
וית שרקרקא: וית דייתא **חיוורתא** ואכמתא ליזנה וית נגר LV 11:19
ויסאיב יתיה: ואם בהקי **חיוורתא** כסידא היא במשך LV 13:4
מנא והוא כבר זרע כוסבר **חיור** וטעמיה כאשישיין בדבש: EX 16:31
דמוייה כזרע כוסבר **חיור** כד נחית מן שמיא וכד הוה NU 11:7
ועוזא ובר ניזא: ודייתא **חיורא** ואוכמתא דהיא איבו ודייתא DT 14:13
מן ימא וית צדיא: וקקא **חיורתא** ואוכמתא ושרקרקא DT 14:17
ואותיא: ודייתא **חיורתא** ואוכמתא ליזנה ונגר טורא DT 14:18
מן חמרא וגילמתוי **יחוורן** מן טללתא ומן דירון דעאן: GN 49:12
מכתשא כוליה איתהפיך **לחיוור** דכי הוא: ברם ביומא LV 13:13
במכתשא איתהפיך **לחיוור** וחיזיו דמכתשא עמיק LV 13:3
בישרא חייא ויתהפיך **לחיוור** וייתי לות כהנא: ויחמיניה LV 13:16
ושערה לא אתהפיך **לחיור** כסידא ויסגר כהנא ית LV 13:4
והא איתהפיך מכתשא **למחוור** וידכי כהנא ית מכתשא דכי LV 13:17
למחוור ושערה איתהפוך **למחוור** ויסאיביניה כהנא מטול LV 13:20
חיזווהא מכיך מן משכא **למחוור** ושערה איתהפוך למחוור LV 13:20
והא חיזויה עמיק **למחוור** יתיר מן משכא וביה שער LV 13:30
וחיזויה ליתוי עמיק **למחוור** יתיר מן משכא וידכי יתיה LV 13:34
והא לית חיזויה עמיק **למחוור** יתיר מן משכא ושער אוכם LV 13:31
חיוור ומכיכא לא איתא **למחוור** יתיר מן משכא מטול דהיא LV 13:21
חיוור ומכיכא לא איתה **למחוור** יתיר מן משכא מטול דהיא LV 13:26
והא אתהפיך שערא **למחוור** כסידא וחיזויה עמיק LV 13:25
נקי והיא הפכת שערא **למחוור** כקרם ביעתא ורושם LV 13:10
וחיזיו דמכתשא עמיק **למחוור** כתלגא יתיר ממשך LV 13:3
ועמיק לית חיזויה **למחוור** כתלגא יתיר מן משכא LV 13:4
כסידא וחיזויה עמיק **למחוור** כתלגא יתיר מן משכא LV 13:25
והא ידיה סגירתא **מחוורא** היא כתלגא: ואמר אתיב EX 4:6
על לבושא דיידי עלה **תתחוור** באתר קדיש: וכל מאן LV 6:20

חור (4)

וית בניי לא איפוק לבר **חורין**: ויקרביניה ריבוניה לקדם EX 21:5
כנעניתא וסמינה לבר **חורין** יפטירינייה חולף עיניה: ואין EX 21:26
כנעניתא יפיל לבר **חורין** יפטירינייה חולף שיניה: וארום EX 21:27
שביעיתא יפוק לבר **חורין** מגן: אין בלחודוי ייעול EX 21:2

חורוור (1)

דבתרע ביתא מחו **בחוורווריא** מטלייא ועד סבא GN 19:11

חורמן (9)

יתיה קדם פרעה יהי לחוי **חורמן** ארום עתידין כל דיירי ארעא EX 7:9
ייי למשה עיבד לך חיווי **חורמן** דנחש ושוי יתיה על אתר NU 21:8
הוה חקיק צורת חיוי **חורמן** ורבא דהוה ממני על חילוות NU 2:25
בישין כרישי חיוניא **חורמניא** בגין כן תהון תושלמתהון DT 32:32
דמליין אריסין כחיוין **חורמניא** זחלוי דעפרא: עמא דגלו DT 32:24
דייי בעמא ית חיוון **חורמנין** ונכיתו ית עמא ומיתו NU 21:6
ויקום מדבית דן מדמי **לחורמנא** דרביע על פרשת אורחא GN 49:17
וקדם מיחמי עבדוי והוה **לחורמנא**: וקרא לחוד פרעה EX 7:10
אינש חוטריה והוו **לחורמנין** ומן יד איתהפיכו למיהוי EX 7:12

חורשא (1)

ומואב וגבלא במישרא **דחורשא** בטורא בשפילתא DT 1:7

חוש (4)

יתכון היכמה דחררן **וחיישן** אורעייתא ומחו יתכון DT 1:44
הדין עלי: האנא עברית **וחשחשית** במעיי ית כל עמא הדין NU 11:12
היך נישרא דמעורר **ומחיש** לשרכפיה ועל תסילוי DT 32:11
נשא דעל אנפי ארעא ולא **חש** למיליהון: ואמר ייי למשה NU 12:3

חושן (29)
עלוי ית חושנא וסדר **בחושנא** ית אוריא וית תומיא: ושוי LV 8:8
טב קדם ייי תדירא: ותיתן **בחשן** דינא ית אוריא דמנהרין EX 28:30
ית שמהת בני ישראל **בחשן** דינא על ליביה בזמן מיעליה EX 28:29
כל קבל תלת מרגלייתא **דבחושנא** אזמורד ושבזיז וסבלהום NU 2:10
כל קבל תלת מרגלייתא **דבחושנא** כרום ימא ובירלוות חלא NU 2:25
כל קבל תלת מרגלייתא **דבחושנא** סמוקא וירוקא וברוקא NU 2:3
כל קבל תלת מרגלייתא **דבחושנא** קנכירין טרקין ועינעיגל NU 2:18
ולמקבעא באפודא **ובחושנא**: ויעבדון לשמי מוקדשא EX 25:7
למשקעא באפודא **ובחושנא**: וכל חכימי ליבא דיבכון EX 35:9
לשקעא באפודא **ובחושנא** ומחתן יתהון באנפי EX 35:27
על מרמצתא: ותעבד **חושן** דינא דביה מהודע דינהון EX 28:15
ואילין לבושיא דיעבדון **חושנא** ואפודא ומעילא וכיתונין EX 28:4
עיזיקתא על תרין ציטרי **חושנא**: ויהבו תרתין קליען דדהב EX 39:16
עיזקיתא על ציטרי **חושנא**: וית תרתין קליען דמסדרן EX 39:17
תרתין עיזקתא בסיטרי **חושנא**: וית תרתין קליען דעל תרין EX 28:24
ליה ביה: ושוי עלוי ית **חושנא** וסדר בחושנא ית אוריא וית LV 8:8
אפודא וית אפודא וית **חושנא** ותטכס יתיה בהמיין אפודא: EX 29:5
עיזקתא על תרין סיטרי **חושנא**: ותיתן ית תרתין קליען EX 28:23
מרבע הוה עיף עבדו ית **חושנא** זרתא אורכיה וזרתיה פותיה EX 39:9
להמיין אפודא: וטכיסו ית **חושנא** מעיזקתא לעיזקת אפודא EX 39:21
איפודא: ויטכסון ית **חושנא** מעיזקתיה לעיזקת איפודא EX 28:28
המיין אפודא ולא יתפרק **חושנא** מעילוי איפודא: ויטול אהרן EX 28:28
המיין אפודא ולא יתפרק **חושנא** מעילוי אפודא היכמא EX 39:21
ייי ית משה: ועבד ית **חושנא** עובד אומן הי כעובד EX 39:8
יתהון על תרין סיטרי **חושנא** על שיפמיה דלעברא EX 28:26
ושויאו על תרתין ציטרי **חושנא** על שיפמיה דלעברא EX 39:19
שיבטין: ותעבד על **חושנא** שישלן מתחמן עובד קליעא EX 28:22
שבטיא: ועבדו על **חושנא** שישלן מתחמן עובד קליעא EX 39:15
דדהב דכי: ותעביד על **חושנא** תרתין עיזקן דידהב דכי EX 28:23

חזור (23)
חיזורייהא ושושנייהא: **וחיזור** תחות תרין קנין דמינה EX 25:35
תחות תרין קנין דמינה **וחיזור** תחות תרין קנין דמינה EX 25:35
תחות תרין קנין דמינה **וחיזור** תחות תרין קנין דמינה EX 25:35
חיזורהא ושושנהא: **וחיזור** תחות תרין קנין דמינה EX 37:21
תחות תרין קנין דמינה **וחיזור** תחות תרין קנין דמינה EX 37:21
תחות תרין קנין דמינה **וחיזור** תחות תרין קנין דמינה EX 37:21
על שיפולוי חזור חזור **וחיזוריין** דדהבא במציעיהון חזור EX 28:33
בצייוריהון בקניא חד **חזור** ושושן ותלתא כלידין משקעין EX 37:19
דידה וקנהא כלידהא **חזורייה** ושושנהא מינה הוון: ושיתא EX 37:17
בציוריהון בקנייא חד **חיזור** ושושן היכדין לשיתא קנין EX 25:33
בצייוריהון בקניא חד **חיזור** ושושן הכדין לשיתא קנין EX 37:19
בציוריהון בקנייא חד **חיזור** ושושן ותלתא כלידין EX 25:33
במציעיהון חזור חזור: **חיזורא** דדהבא ורומנא דתכלתא EX 28:34
דתכלתא ודצבע זהורי **חיזורא** דדהבא ורומנא דתכלתא EX 28:34
חזור במציעות רומניא: **חיזורא** ורומנא חיזורא ורומנא EX 39:26
רומניא: חיזורא ורומנא **חיזורא** ורומנא כולהון שבעין על EX 39:26
משקעין בצייוריהון **חיזורהא** ושושנהא: וחיזור תחות EX 37:20
חיזוריין דדהב ויהבו ית **חיזוריא** במציעות רומנייא על EX 39:25
לשיתא קנין דנפקין מינה: **חיזוריהון** וקניהון מינה הוו כולא EX 37:22
קנין דנפקין מן מנרתא: **חיזוריהון** וקניהון מינה יהון כולה EX 25:36
בסיס דידא וקנהא **חיזורייה** ושושנייה מינה יהון: EX 25:31
משקעין בצייוריהון **חיזורייהא** ושושנייהא: וחיזור תחות EX 25:34
וצבע זהורי שזיר: ועבדו **חיזוריין** דדהב ויהבו ית חיזוריא EX 39:25

חזזיתא (2)
חרסין יבשין או דמלי **חזזיתא** מצריתא או דפחדוי נפיחן LV 21:20
או דמלי חרסין יבישין או **חזזיתא** מצריתא לא תקרבון איליין LV 22:22

חזי (58)
יוסף שפיר בריוא ויאי **בחזוא**: והוה בתר פיתגמייא האילין GN 39:6
מריעין מן דאתגלי **בחזוי** מימרא על אברהם כד הוה DT 34:6
עיברא והוא הוה שרי **בחזוי** ממרא אמוראה אחוי דאשכל GN 14:13
עם משה דמימרא דייי **בחזיו** לוותהון מתגלי בחלמא NU 12:6
הות יאיא בריוא ושפירא **בחיזוא**: ורחם יעקב ית רחל ואמר GN 29:17
תיכן אימור ואתא ויתיב **בחיזוי** ממרא די בחברון ובנא תמן GN 13:18
ואתגלי עלוהי יקרא דייי **בחיזוי** ממרא והוא מרע מכיבא GN 18:1
פיתגמא דייי עם אברם **בחיזונא** למימר לא תדחל דאף על GN 15:1
היא מתעבדא הי כחיזו **דאחזי** ייי ית משה הכדין עבד NU 8:4
מבית אבוך זיל לארעא **דאחזינך**: ואעבדינך לעם רב GN 12:1
הדא דתפילי לזמנא **דחזי** לה ביומי עובדא ולא בשביה EX 13:10
מן קדם אלקא חייא **דחזיו** מן קדם אל שדי הוה חמי וכד NU 24:4
דזיתא ותאנתא ודיקלא **דחזיין** לעלתא וקם ואזל לאתרא GN 22:3
דרתח בה אלקא עילאה **דחיזו** מן קדם שדי חמי וכד הוה NU 24:16
קרבין ובאדרע מרמם **ובחזוונין** רברבין הי ככל מה דעבד DT 4:34
תקיפתא ובדרע מרממא **ובחזונא** רבא ובאתין ובתימהין: DT 26:8
כל ירוקי עיסבין והוה כן: **וחזא** אלקים ית כל דעבד והא טב GN 1:31
וזקף אברהם ית עינוי **וחזא** והא דיכרא חד דאיתברי ביני GN 22:13
הוה בר תמניסר שנין **וחזא** לכילת הילולא וארד דנחת GN 46:21
מתשמיש דעריס **וחזיו** ולא בטומרא מתגלינה ליה NU 12:8
שביעאה מיגו עננא: **וחיזו** זיו יקרא דייי הי כאשא בערא EX 24:17
שער מצלהב כחיזו דהב **וחיזוי** ניתקא לית עמיק יתיר מן LV 13:32
פיסיון ניתקא במשכא **וחיזויה** ליתוי עמיק למחוור יתיר LV 13:34
שערא למחוור כסידא **וחיזויה** עמיק למחוור כתלגא יתיר LV 13:25
איתהפיך לחיוור **וחיזיו** דמכתשא עמיק למחוור LV 13:3
משקען יורקן או סומקן **וחיזיוהן** מכיך יתיר מן כותלא: ויפוק LV 14:37
ייי כאוויית גזירת פיסחא **וכדחזי** ליה הכדין יעבד קיימא חדא NU 9:14
ארום אינתתא שפירת **חזו** אנת: ויהי ארום יסתכלון ביך GN 12:11
רבקה ארום שפירת **חזו** היא: והוה כד סגוליה תמן יומיא GN 26:7
שכינתא דייי חזוא בתר **חזוא**: בגין כן קרא לבירא בירא GN 16:13
יקר שכינתא דייי **חזוא** בתר חזוא: בגין כן קרא לבירא GN 16:13
ממצרים והא חפא ית **חזווא** דארעא והוא שרי מן קובלי: NU 22:5
נפק ממצרים וחפא ית **חזווא** דארעא וכדון איתא לוט NU 22:11
גובא בתחומך: ויחפי ית **חזוונא** דארעא ולא יהוי יכיל EX 10:5
עתיד דיהי כן: וחפא ית **חזוונא** דכל ארעא עד די חשוכת EX 10:15
איתפני כדון ואחמי ית **חזוונא** רבא הדין מדין לא טריב EX 3:3
כלו קבל גלגלא בסיטרי **חזוי** ממרא: ארום אתון עברין ית DT 11:30
ובטחוריא דמסמיין **חזותא** ובגרבא ובחיכוכא דלא DT 28:27
ודמו דבתר שכינתי **חזי** ומא דין לא דחילתון לאשתעויי NU 12:8
הואיל ולית בזיניה **חזי** למתקימא ית גמלא וית ארנבא DT 14:7
על מימרא דייי בגין כן **חזי** לנדווייהון ולגמרא ית כל NU 16:26
הוא שירוי תוקפיה ליה **חזיא** בכירותא: ארום יהי לגבר ביר DT 21:17
וימות מן בעירא דהיא **חזיא** לכון למיכול דיקרב בנבילתא LV 11:39
כהנא: ויחמי כהנא והא **חיזוהא** מכיך מן משכא למחוור LV 13:20
מן שמיא וכד הוה קריש **חיזויה** הי כחיזו בידלחא: חפסין NU 11:7
בישריה ועמיק לית **חיזויה** למחוור כתלגא יתיר מן LV 13:4
כהנא ית מכתשא והא **חיזויה** עמיק למחוור יתיר מן LV 13:30
מכתש ניתקא והא לית **חיזויה** עמיק למחוור יתיר מן LV 13:31
מרישיה ועד ריגלוי לכל **חיזיו** דחמיין עינוי דכהנא ומתכוונן LV 13:12
בתר הרהור ליבכון ובתר **חיזיו** עיניכון דאתון טען בתריהון: NU 15:39
הוי על משכנא הי **כחיזו** אישא עד צפרא: כדין הוי NU 9:15
וכד הוה קריש חיזויה הי **כחיזו** בידלחא: חפסין רשיעי עמא NU 11:7
היא מתעבדא הי **כחיזו** דאחזי ייי ית משה הכדין עבד NU 8:4
משכא וביה שער מצלהב **כחיזו** דהב דקיק ויסאב יתיה כהנא LV 13:30
הוה ביה שער מצלהב **כחיזו** דהב וחיזוי ניתקא לית עמיק LV 13:32
או בגלשולשותיה הי **כחיזוי** סגירות משך בישרא: גבר LV 13:43
ייי אלקים אנת שריתא **לאתחזאה** ית עבדך ית רבותך וית DT 3:24
לך קיימתך אלא מן בגלל **למחזייך** ית חילי ומן בגלל דתתני EX 9:16

חזירא (2)
מסאב הוא לכון: וית **חזירא** ארום סדיק פרסתא הוא LV 11:7
מסאבין הינון לכון: וית **חזירא** ארום סדיק פרסתא הוא DT 14:8

חזם (3)
דהוון נכסין גברא בוכרא **וחזמין** רישיה ומלחין ליה במילחא GN 31:19
ויקרביניה כהנא למדבחא **ויחזום** ית רישיה ויסיק למדבחא LV 1:15
לחטאתא בשירויא **ויחזום** ית רישיה לקבל קודליה ולא LV 5:8

חזק (4)
ייי: וארום אין איתגייר **ואיתחזק** עימכון גיורא בארעכון LV 19:33
טב מקבעא אבנין טבן **ומחזקא** באטונין דבוין תמן הוו GN 50:1
דמיכל אין לא ותעבדון **חזקתא** ותיסבון מאיבא דארעא NU 13:20
טייל בארעא ועיבד בה **חזקתא** לארכא ולפתיא ארום לך GN 13:17

חזר (161)
סייפי ותתקיף בדינא ידי **אחזור** פורענותא למעיקי עמי DT 32:41
דבקרתא אינשי סדום **אחזרו** על ביתא מטליא ועד סבא GN 19:4
טריגונין ית קירויא די **בחזרנות** קטילא: ויהי קרתא DT 21:2
אמהתיכון דמן עממיא די **בחזרנותכון** מנהון תזבנון עבדין LV 25:44
מגו קהלא: וכל ישראל די **בחזרנתהון** ערקו מן דחיל קלהון NU 16:34
עיבור חקלי קרתא **דבחוזרנהא** כנש בגוה:: וליוסף GN 41:48
מטעוות שבעתי עממיא **דבחוזרנותכון** דקריבין לכון או מן DT 13:8
עלן מלכא ככל עממיא **דבחזרנותיי**: תתבעון אולפן מן קדם DT 17:14
עממייא מנחלת עממיא **דבחזרניכון**: ארום אלק קנאן ופורען DT 6:14
ביניכון ומשכניכון **דחזור** חזור ליה בית ישראל: כנחלין NU 24:5
משכא: ויספר ית שערא **דחזרנות** ניתקא ברם אתר ניתקא LV 13:33
מטול זכוות אבהת עלמא **דמחזרן** חזור חזור לעמא בית EX 40:8
ידחלון ויתובון למצרים: **ואחזר** ייי ית עמא אורח מדברא EX 13:18
דחלין ליה יהודאי אכלין: **ואחזרו** קדמוי רבא כהילכת GN 43:33
כל מנוי והינון ישמשוניה **וחזור** חזור למשכנא ישרון: ובמיטל NU 1:50
פרח וטייס באויר שמייא **וחזר** ומתחמי על משירייתהון EX 20:2
על משירייתהון דישראל **וחזר** ומתחקיק על לוחי קיימא EX 20:3
על משירייתהון דישראל **וחזר** ומתחקק על לוחי קיימא EX 20:2
ברתיכוי ופרשוי בימא **וחזר** ייי עליהון ית מוי דימא ובני EX 15:19

מנשה למתורגמן ביניהום: **וחזר** מלוותהון ובכא ותב לוותהון GN 42:24
חיוין ועקרבין הוו ביה: **וחזרו** למיכול לחמא וזקפו עיניהון GN 37:25
שמשא ומולד סיהרא **ומחזורין**: ויהון לנהורין ברקיעא GN 1:14
ייי על עממייא דבקוריי **חוזרניהום** ולא רדפו בתר בני יעקב: GN 35:5
על קרנת מדבחא חזור **חזור** באדבעיה ורבי ית מדבחא מן LV 8:15
כל בעלי דבביכון מן חזור **חזור** בארעא דייי אלקכון יהיב לכון DT 25:19
מנטר מעילא חזור **חזור** במציעות רומניא: חיזורא EX 39:25
כל ווילוות דרתא חזור **חזור** דבוץ שזיר: וחומריא לעמודיא EX 38:16
על מדבחא חזור **חזור** דבתרע משכן זימנא: וישלח ית LV 1:5
למשכנא ולדרתא חזור **חזור** דנחשא: איליין מנייני מתקלוון EX 38:20
וכל מתחי דרתא חזור **חזור** דנחשא: ואנת תפקד ית בני EX 27:19
דלית להון שור מקף חזור **חזור** הי כטינדיסין דפריסן על חקל LV 25:31
ועבד ליה דיר דדהב חזור **חזור**: ואתיך ליה ארבע עיזקן דדהב EX 37:2
דיר דדהב לגפופיה חזור **חזור**: ואתיך ליה ארבע עיזקן דדהב EX 37:12
קוריי ארעא חזור **חזור**: ובנו בני גד ית מדבשתא וית NU 32:33
דתן ואבירם מן חזור **חזור** ודתן ואבירם נפקו במילי NU 16:27
ועמודי דדרתא חזור **חזור** וחומריהון וסיכיהון ומתחיהון: NU 3:37
זהורי על שיפולוי חזור **חזור** וחיזוריין דדהבא במציעיהון EX 28:33
על קרנת מדבחא חזור **חזור**: וידי עלוי מן אדמא באדבעיה LV 16:18
ביתא יקלפון מגויה חזור **חזור** ויטלקון ית עפרא דקליפו LV 14:41
על מדבחא חזור **חזור**: ויפסיג יתיה לפסגוי ית רישיה LV 1:11
אדמיה על מדבחא חזור **חזור**: ויקרב מיניה קורבנא קורבנא LV 3:13
אדמיה על מדבחא חזור **חזור**: ויקרב מנכסת קודשיא קרבנא LV 3:8
אדמא על מדבחא חזור **חזור**: ויקריב מנכסת קודשיא LV 3:2
משכנא ועל מדבחא חזור **חזור** וית אטונוי לכל פולחניה: NU 3:26
דרתא דעל משכנא חזור **חזור** וית אטוניהון וית כל מאני NU 4:26
אדמה על מדבחא חזור **חזור**: וית דיכרא פסיג לפיסגוי LV 8:19
ותדרוק על מדבחא חזור **חזור**: וית דיכרא תפסיג לפסגוי EX 29:16
וית חומרי דרתא חזור **חזור** וית כל מתחי תרע דרתא וית EX 38:31
ידרוק על מדבחא חזור **חזור**: וית כל תרביה יקרב מינה ית LV 7:2
ודרקיה על מדבחא חזור **חזור**: וית עלתא אקריבו יתה LV 9:12
איגריה וית כותלוי חזור **חזור** וית קרנוי ועבד ליה דיר דדהב EX 37:26
איגריה וית כותלוי חזור **חזור** וית קרנוי ותעביד ליה זיר EX 30:3
ודרקיה על מדבחא חזור **חזור**: וית תרביא מן תורא ומן LV 9:18
וית כל חומרי דרתא חזור **חזור**: ומן תיכלא וארגוונא וצבע EX 38:31
אדמא על מדבחא חזור **חזור**: ונסיב ית תרבא וית אליתא LV 8:24
גפוף רומיה פושכא חזור **חזור** ועבד דיר דדהב לגפופיה חזור EX 37:12
דכי ועבד דיר דדהב חזור **חזור**: ועבד ליה גפוף רומיה פושכא EX 37:11
למצרני תחומהא חזור **חזור**: ופקיד משה ית בני ישראל NU 34:12
בעלי דבביכון מן חזור **חזור** ותיבנון בית מוקדשא ומבתר DT 12:10
אדמה על מדבחא חזור **חזור**: ותיסב מן אדמא דעל מדבחא EX 29:20
ולבר אלפא גרמידי חזור **חזור**: ותמשחון מברא לקרתא ית NU 35:4
גפוף רומיה הי פושכא **חזור** ותעביד דיר דדהב לגפופיה EX 25:25
דיר דדהב לגפופיה חזור **חזור**: ותעביד ליה ארבע עיזקן EX 25:25
ליה דיר דדהב חזור **חזור**: ותעביד ליה גפוף רומיה הי EX 25:24
ועבד ליה דיר דדהב חזור **חזור**: ותרתין עיזקן דדהב עבד ליה EX 37:26
ליה זיר דדהב חזור **חזור**: ותרתין עיזקן דדהב תעביד EX 30:3
עלוי דיר דדהב חזור **חזור**: ותתיך ליה ארבע עיזקין דדהב EX 25:11
ויהב על קרנת מדבחא **חזור** חזור באדבעיה ורבי ית LV 8:15
מן כל בעלי דבביכון מן **חזור** חזור בארעא דייי אלקכון יהיב DT 25:19
על שיפולי מנטר מעילא **חזור** חזור במציעות רומניא: חיזורא EX 39:25
תלתא: כל ווילוות דרתא **חזור** חזור דבוץ שזיר: וחומריא EX 38:16
במיזרקיא על מדבחא **חזור** חזור דבתרע משכן זימנא: LV 1:5
למשכנא ולדרתא **חזור** חזור דנחשא: איליין מנייני EX 38:20
מתחוי וכל מתחי דרתא **חזור** חזור דנחשא: ואנת תפקד ית EX 27:19
דלית להון שור מקף **חזור** חזור הי כטינדיסין דפריסן על LV 25:31
ועבד ליה דיר דדהב **חזור** חזור: ואתיך ליה ארבע עיזקן EX 37:2
ועבד דיר דדהב לגפופיה **חזור** חזור: ואתיך ליה ארבע עיזקן EX 37:12
בתחומי קוריי ארעא **חזור** חזור: ובנו בני גד ית מדבשתא NU 32:33
דקרח דתן ואבירם מן **חזור** חזור ודתן ואבירם נפקו במילי NU 16:27
פולחניה: ועמודי דדרתא **חזור** חזור וחומריהון וסיכיהון NU 3:37
וצבע זהורי על שיפולוי **חזור** חזור וחיזוריין דדהבא EX 28:33
ויתן על קרנת מדבחא **חזור** חזור: וידי עלוי מן אדמא LV 16:18
וית ביתא יקלפון מגויה **חזור** חזור ויטלקון ית עפרא LV 14:41
במזירקא על מדבחא **חזור** חזור: ויפסיג יתיה לפסגוי ית LV 1:11
ית אדמיה על מדבחא **חזור** חזור: ויקרב מיניה קורבנא LV 3:13
ית אדמיה על מדבחא **חזור** חזור: ויקרב מנכסת קודשיא LV 3:8
ית אדמא על מדבחא **חזור** חזור: ויקריב מנכסת קודשיא LV 3:2
דעל משכנא ועל מדבחא **חזור** חזור וית אטונוי לכל פולחניה: NU 3:26
דתרע דרתא דעל משכנא **חזור** חזור וית אטוניהון וית כל NU 4:26
ית אדמה על מדבחא **חזור** חזור: וית דיכרא פסיג לפיסגוי LV 8:19
ותדרוק על מדבחא **חזור** חזור: וית דיכרא תפסיג לפסגוי EX 29:16
מדבחא: וית חומרי דרתא **חזור** חזור וית כל מתחי תרע דרתא EX 38:31
אדמיה ידרוק על מדבחא **חזור** חזור: וית כל תרביה יקרב מינה LV 7:2

ודרקיה על מדבחא **חזור** חזור: וית עלתא אקריבו יתה LV 9:12
ית איגריה וית כותלוי **חזור** חזור וית קרנוי ועבד ליה דיר EX 37:26
ית איגריה וית כותלוי **חזור** חזור וית קרנוי ותעביד ליה זיר EX 30:3
ליה ודרקיה על מדבחא **חזור** חזור: וית תרביא מן תורא ומן LV 9:18
וית כל חומרי דרתא **חזור** חזור: ומן תיכלא וארגוונא EX 38:31
מותר אדמא על מדבחא **חזור** חזור: ונסיב ית תרבא וית LV 8:24
ליה גפוף רומיה פושכא **חזור** חזור ועבד דיר דדהב לגפופיה EX 37:12
דהב דכי ועבד דיר דדהב **חזור** חזור: ועבד ליה גפוף רומיה EX 37:11
למצרני תחומהא **חזור** חזור: ופקיד משה ית בני NU 34:12
מכל בעלי דבביכון מן **חזור** חזור ותיבנון בית מוקדשא DT 12:10
מותר אדמה על מדבחא **חזור** חזור: ותיסב מן אדמא דעל EX 29:20
ולבר אלפא גרמידי **חזור** חזור: ותמשחון מברא לקרתא NU 35:4
דיר דדהב לגפופיה **חזור** חזור: ותעביד ליה ארבע עיזקן EX 25:25
ותעביד ליה דיר דדהב **חזור** חזור: ותעביד ליה גפוף רומיה EX 25:24
ותעביד ליה זיר דדהב **חזור** חזור: ותרתין עיזקן דדהב EX 30:3
קרנוי ועבד ליה דיר דדהב **חזור** חזור: ותרתין עיזקן דדהב עבד EX 37:26
ותעביד עלוי דיר דדהב **חזור** חזור: ותתיך ליה ארבע עיזקין EX 25:11
דדהבא במציעיהון **חזור** חזור: חיזורא דדהבא ורומנא EX 28:33
דבחקלא דבכל תחומי **חזור** חזור: לאברהם לזבינוי באנפי GN 23:17
למשריתא ויסדר **חזור** חזור לה סידורי קיסין דתיניא NU 19:3
ותתחים ית עמא ויקומון **חזור** חזור לטורא למימר הוו זהירין EX 19:12
לחיליהון: וליואי ישרון **חזור** חזור למשכנא דסהדותא ולא NU 1:53
להון למימר איסתלקו מן **חזור** חזור למשכנא דקרח דתן NU 16:24
ישראל ואקים יתהון **חזור** חזור למשכנא: ואיתגלי ייי NU 11:24
ית משה: ואקים ית דרתא **חזור** חזור למשכנא ולמדבחא ויהב EX 40:33
מיתקנא הי כפתורין **חזור** חזור למשריתא: וסליקו ענניא EX 16:13
אבהת עלמא דמחזרן **חזור** חזור לעמא בית ישראל ותיתן EX 40:8
על שיפולי מנטר מעילא **חזור** חזור לשמשא היכמה דפקד ייי EX 39:26
בשיפמיה מקף לפומיה **חזור** חזור מטול דלא יתבזע: ועבדו EX 39:23
הי כמיא: ותשוי ית דרתא **חזור** חזור מטול זכוות אבהת עלמא EX 40:8
ארבעא: כל עמודי דרתא **חזור** חזור מכבשין כסף וויהון כסף EX 27:17
הוה מיסגלגל הי כעכינא **חזור** חזור מלגיו ללוחי משכנא וכד EX 26:28
על שיפולי מנטר מעילא **חזור** חזור סכומהון שובעין וחד: ויהי EX 28:34
יהי מקף לפומיה **חזור** חזור עובד גרדא הי כפום EX 28:32
דדהבא במציעיהון חזור **חזור**: חיזורא דדהבא ורומנא EX 28:33
דבכל תחומי חזור **חזור**: לאברהם לזבינוי באנפי בני GN 23:17
למשריתא ויסדר חזור **חזור** לה סידורי קיסין דתיניא NU 19:3
ית עמא ויקומון חזור **חזור** לטורא למימר הוו זהירין EX 19:12
ביניכון ומשכניכון דחזור **חזור** ליה בית ישראל: כנחלין דמיין NU 24:5
וליואי ישרון חזור **חזור** למשכנא דסהדותא ולא יהי NU 1:53
למימר איסתלקו מן חזור **חזור** למשכנא דקרח דתן ואבירם: NU 16:24
ואקים יתהון חזור **חזור** למשכנא: ואיתגלי ייי בענן NU 11:24
ואקים ית דרתא חזור **חזור** למשכנא ולמדבחא ויהב ית EX 40:33
והינון ישמשוניה וחזור **חזור** למשכנא ישרון: ובמיטל NU 1:50
מיתקנא הי כפתורין חזור **חזור** למשריתא: וסליקו ענניא EX 16:13
עלמא דמחזרן חזור **חזור** לעמא בית ישראל ותיתן ית EX 40:8
מנטר מעילא חזור **חזור** לשמשא היכמה דפקד ייי ית EX 39:26
מקף לפומיה חזור **חזור** מטול דלא יתבזע: ועבדו על EX 39:23
ותשוי ית דרתא חזור **חזור** מטול זכוות אבהת עלמא EX 40:8
כל עמודי דרתא חזור **חזור** מכבשין כסף וויהון כסף EX 27:17
מיסגלגל הי כעכינא חזור **חזור** מלגיו ללוחי משכנא וכד הוה EX 26:28
מנטר מעילא חזור **חזור** סכומהון שובעין וחד: ויהי EX 28:34
יהי מקף לפומיה חזור **חזור** עובד גרדא הי כפום שיריא יהי EX 28:32
פרח וטייס באויר שמיא **חזר** ומתחמי על משירייתהון EX 20:3
להון מנא מן שמיא וכדון **חזרו** ואתרעמו עלוי והא חיויא NU 21:6
קדם ייי אנא דחיל וכדון **חזרון** דינייך למיהוי מדמיין לדינוי GN 44:18
ושטחו להון משטיחין **חזרנות** משריתא: רשיעיא הוון NU 11:32
הדא: וחפרו מצראי **חזרנות** נהרא מוי למישתי ולא EX 7:24
למיתב ופרוילין לקרויא **חזרנותהון** תתנון לליואי: ויהון NU 35:2
כדון ישיצון קהלא ית כל **חזרנותנא** היכמא דמיבעי תורא ית NU 22:4
דאתיהבת להון למתנא **חזרת** למיסוק עימהון לטווריא NU 21:19
ונטר וניקמא דפורענותא **יחזר** על בעלי דבבוי והוא במימריה DT 32:43
למפתק גירין להון כד **יחזרון** קדל קדמך ויהון מקדמין GN 49:8
אומנוס מהלך ימא דסוף **לאחזרא** ית ארעא דאדום וקנטת NU 21:4
על כתף תרוויהון ואזלו **מאחזריין** וכסיו ית עריתא GN 9:23
דאבוהון ואפיהום **מאחזרין** ועריתא דאבוהון לא GN 9:23
נחתא עימהון לגלימתא **מחזרא** לכל משיריתא דישראל NU 21:19
ית כל בעלי דבבך קדמך **מחזרי** קדל: ואשדר ית אורעיתא EX 23:27

חטב (4)

ובכל נפשכון: ית ייי **חטבתון** חטיבא חדא בעלמא DT 26:17
למימריה: ומימרא דייי **חטיב** יתכון חטיבא חדא בעלמא DT 26:18
נפשכון: ית ייי חטבתון **חטיבא** חדא בעלמא יומנא דהכין DT 26:17
ומימרא דייי חטיב יתכון **חטיבא** חדא בעלמא יומנא דהכין DT 26:18

חטי (7)
לכון סנאיכון: גברא **דמחטי** בכון ודימפרנק לחדא DT 28:54
סנאיכון בכל קרויכון: **דמחטייתא** בכון ודמפרנקא דלא DT 28:56
על ארעא מן פירנוקא ומן **חיטוייא** תבאש עינא בבעיל דדמיך DT 28:56
דתרע דרתא עובד צייור **מחטא** דתיכלא וארגוונא וצבע EX 38:18
ובוץ שזיר עובד צייור **מחטא:** ותעבד לפרסא חמשא EX 26:36
ובוץ שזיר עובד צייור **מחטא** עמודיהון ארבעא וחומריהון EX 27:16
דא ומנעית אוף אנא יתך **מלמחטי** קדמיי בגין כל לא GN 20:6

חטי (125)
ארום בחוביה מית ולא **אחטי** לחורנין ובנין דוכרין לא הוו NU 27:3
הוא שרי למיהוי גיבר **בחיטאה** ולמרדא קדם ייי בארעא: GN 10:8
הוא: ויסב כהנא מן אדמא **דחטאתא** באצבעיה ויתן על קרנת LV 4:25
בנוי למימר דא אורייתא **דחטאתא** באתרא דתיתנכס עלתא LV 6:18
דחטאתא וית צפירא **דחטאתא** דאיתעל מן אדמהון LV 16:27
ויקרב אהרן ית תורא **דחטאתא** דהוא מן ממוניה ויכפר LV 16:6
עמא ונסב ית צפירא **דחטאתא** די לעמא ונכסיה וכפר LV 9:15
משה ותבע ית צפירא **דחטאתא** די לעמא ותבעיה והא LV 10:16
בזריזותא ונכיס ית עיגלא **דחטאתא** דידיה: וקריבו בני אהרן LV 9:8
ימיני על ריש תורא **דחטאתא** דילהון: ונכס משה ית LV 8:14
דכפר באדם עיגלא **דחטאתא** דיליה דקריב בשירויא: LV 9:15
בייתיה ויכוס ית תורא **דחטאתא** דיליה: ויסב מלי LV 16:11
היכמא דעבד לתורא **דחטאתא** דכהנא רבא הכדין יעביד LV 4:20
דריש ירחא וצפירא **דחטאתא** דלעמא וצפירא LV 10:16
ימינא: ויכוס ית צפירא **דחטאתא** דמן ממונא דעמא ויעיל LV 16:15
דלעמא וצפירא **דחטאתא** דקריב נחשון בר עמינדב LV 10:16
ארי עליהון מיא **דחטאתא** ויעברון גלב על כל שער NU 8:7
למשריתא: וית תורא **דחטאתא** וית צפירא דחטאתא LV 16:27
ית משה: וקריב ית תורא **דחטאתא** וסמך אהרן ובנוי ית LV 8:14
כסדר דינא: וצפירא **דחטאתא** חד בר מן עלת תדירא NU 29:38
לשובעא אימרין: וצפירא **דחטאתא** חד לכפרא עליכון: בר NU 28:22
כסדר דינא: וצפירא **דחטאתא** חד למטרתא חד בר מן NU 29:22
כסדר דינא: וצפירא **דחטאתא** חד למטרתא חדא בר מן NU 29:28
כסדר דינא: וצפירא **דחטאתא** חד למטרתא חדא בר מן NU 29:31
כסדר דינהון: וצפירא **דחטאתא** חד למטרתא חדא בר מן NU 29:34
עלוי ועל עמיה: וית תרבא **דחטאתא** יסיק למדבחא: ודיפטור LV 16:25
זימנא: וית כל תריב תורא **דחטאתא** יפריש מיניה ית LV 4:8
תקרב קרבנהון: ותורא **דחטאתא** תעביד ליומא על EX 29:36
דסדומאי ומטול **דחטת** במילחא בפרסומי עניא הא GN 19:26
חוב ממון ולכל חטא **דיחטי** ברם על מימרא דייי הוא DT 19:15
הוא ותשבוק לחובאנא **ולחטאנא** ותחסנינגא ית ארעא EX 34:9
שבוק כדון לחובי אחך **ולחטיאיהון** ארום בישא גמלו יתך GN 50:17
יהי שליט ביך למיזכי **ולמיחטי:** ולאדם אמר ארום קבילת GN 3:16
נפש ולכל חוב ממון ולכל **חטא** דיחטי ברם על מימרא דייי DT 19:15
נטיר ועל תרעי ליבך **חטאה** רביע ובידך מסרית רשותיה GN 4:7
ישראל וממרודיהון לכל **חטאיהון** והכדין יעביד למשכן LV 16:16
וית כל מרודיהון לכל **חטאיהון** ויתן יתהון בשבועה LV 16:21
על מרודין ומכפר על **חטאין** סלח לתייבין לאורייתא EX 34:7
הדין ליום דינא רבא **חטאך** נטיר ועל תרעי ליבך חטאה GN 4:7
חד חטאתא בר מקרבן **חטאת** כיפוריא ועלת תדירא NU 29:11
חובין דישראל ביה וברם **חטאת** קהלא הוא: בזמן די רבא LV 4:21
וית חצרא מן כבדא מן **חטאתא** אסיק למדבחא היכמא LV 9:10
ויסב כהנא מן אדם **חטאתא** באדבעיה ויתן על קרנת LV 4:34
מדין לא אכלתון ית **חטאתא** באתר קדיש ארום קודשין LV 10:17
ויכוס יתה מטול קורבן **חטאתא** באתרא דיכוס ית עלתא: LV 4:33
ריש חטאתא ויכוס ית **חטאתא** באתרא דעלתא: ויסב LV 4:29
בר עיזי חד למטרתא חד **חטאתא** בר מן עלת תדירא NU 29:25
בר עיזי חד למטרתא חד **חטאתא** בר מעלת תדירא וסמידא NU 29:19
אימרין: צפיר בר עיזי חד **חטאתא** בר מקרבן חטאת כיפוריא NU 29:11
קודש קודשין היא: וכל **חטאתא** דאיתעל מן אדמה למשכן LV 6:23
חדא בשתא מן אדם **חטאתא** דכיפוריא חדא זימנא EX 30:10
אימרין: וצפיר בר עיזי חד **חטאתא** דמקרב מטרתא חד בר NU 29:16
לחטאתא ולא כהילכת **חטאתא** דתורא ודאימר בר עיזי LV 5:10
דיכוס ית עלתא קדם ייי **חטאתא** הוא: ויסב כהנא מן אדמא LV 4:24
יתמצי ליסודא דמדבחא **חטאתא** הוא: וית עוף תניין יעבד LV 5:9
יתן עלה לבונתא ארום **חטאתא** היא: וייתיניה לות כהנא LV 5:11
בנורא מברא למשריתא **חטאתא** היא: וית דיכרא חד תיסב EX 29:14
על קורבניא דייי **חטאתא** היא:: ומליל ייי עם משה LV 5:12
קודשין היא: כהילכת **חטאתא** היכדין הילכת אשמא LV 7:7
דנדרתון תשלמון **חטאתא** ואשמא עלוון ונכסת DT 23:24
עיזי דלא עירובין לקרבן **חטאתא** ודכר חד לעלתא: ויקרב LV 16:5
תורי דלא עירובין לקרבן **חטאתא** ודכר לעלתא: כיתונא דבוץ LV 16:3
זימנא: ויעבד כהנא חד **חטאתא** וחד לעלתא ויכפר עלוי NU 6:11
דתספוק ידיה ויהי חד **חטאתא** וחד עלתא: וייתי יתהון LV 14:22
ויעבד כהנא חד קרבן **חטאתא** וחד קרבן עלתא ויכפר LV 15:15

ית יד ימניה על ריש **חטאתא** ויכוס ית חטאתא באתרא LV 4:29
ויסמוך יד ימיניה על ריש **חטאתא** ויכוס יתה מטול קורבן LV 4:33
ייי: ויעבד כהנא ית קרבן **חטאתא** ויכפר על דמידכי LV 14:19
זימנא: ויעבד כהנא ית חד **חטאתא** וית חד עלתא ויכפר עלה LV 15:30
למייתייא ייתי ית חד **חטאתא** וית חד עלתא על קרבן LV 14:31
ריש תורי ועיבד ית חד **חטאתא** וית חד עלתא קדם ייי NU 8:12
אימרא באתרא דיכוס ית **חטאתא** וית עלתא באתר קדיש LV 14:13
אביל מיניה כל דכן קרבן **חטאתא** ומה אילו אשתליית LV 10:19
בחדוא מן דפסק למעבד **חטאתא** ועלתא ונכסת קודשיא: LV 9:22
דייי ויעבדיניה קרבן **חטאתא:** וצפירא דסליק עלוי עדבא LV 16:9
ואכלית מן קרבן **חטאתא** יומא דין אוף תרין בניי LV 10:19
מן קדליה: וידי מן אדם **חטאתא** על כותל מדבחא LV 5:9
דתיתנכס עלתא תיתנכס **חטאתא** קדם ייי קדש קודשין היא: LV 6:18
בני ישראל ית קרבן **חטאתהון** ועלוותהון קדם ייי וארע LV 10:19
ולא תיסתפי ועיבד ית **חטאתך** וית עלתך וכפר אמטולתך LV 9:7
לכל מנחתהון לכל **חטוותהון** ולכל אשמהון די יתיבון NU 18:9
אייתי לוותך דאין אנא **חטי** בה מן ידי הוית תבע יתה מה GN 31:39
ריבוני ידע ארום טלייא **חטיין** וענא ותורי דמיינקן עלי ואין GN 33:13
וחמיין בנתיהון ייאתא **חטייתא** מפרנקתא וכל גבר דהוה NU 31:50
כהונתא ומלכותא ועל די **חטית** ברי איתיהבת בכירותא GN 49:3
חטית לא תוסיף ועל די **חטית** ישתבק לך ארום איתחשב GN 49:4
כן איתרעת ראובן ברי די **חטית** לא תוסיף ועל די חטית GN 49:4
מחא על שבע עבירן די **חטיתון** קדמי: ואיגרי בכון רשות LV 26:21
על שבע עבירן די **חטיתון** קדמי: ואיתבר ית איקר LV 26:18
מחן על שבע עבירן די **חטיתון** קדמי: ותיכלון בשר בניכון LV 26:28
מחן על שבע עבירן די **חטיתון** קדמיי: ואיתי עליכון עם LV 26:24
לדמסאב מן עפר יקידת **חטתא** ויתן עלוי מי מבוע לגו מאן NU 19:17
כהנא קדם ייי ויעביד ית **חטתיה** וית עלתיה: וית דיכרא NU 6:16
ועל דהוה יעקב דחיל **חיטאה** דחיל דילמא ילטיטיניה GN 27:11
עלוי בתר חיטאיה דשרוי **חיטאה** חלי וסופיה מסר כאגדנא DT 29:17
דליביה מהרהר עלוי בתר **חיטאיה** דשרוי חיטאה חלי וסופיה DT 29:17
לאתחייב בהון: ויהי אין **יחטי** ויתחייב ויומי ויתיב ית גזילא LV 5:23
קודש קודשין היא הי **כחטאתא** הי כאשמא: כל דכורא LV 6:10
באתר קדיש ארום היא **כחטאתא** הכדין אשמא הוא לכהנא LV 14:13
ויקרב ית מן דאתבחר **לחטאתא** בשירויא ויחזום ית LV 5:8
חדא ברת שתא שלמתא **לחטאתא** ודכר חד שלים לניכסת NU 6:14
בני יוניא קדם ייי חד **לחטאתא** וחד לעלתא: וייתי יתהון LV 5:7
קהלא תור בר תורי **לחטאתא** וייתון יתיה לקדם משכן LV 4:14
בר שתא דלא עירובין **לחטאתא:** ויכפר כהנא על בר נשא NU 15:27
בר עיזין דלא עירובין חד **לחטאתא:** ויכפר כהנא על כל NU 15:24
בני יוון חד לעלתא וחד **לחטאתא** ויכפר עלה כהנא ותידכי: LV 12:8
או צפירתא דעיזי **לחטאתא** ויכפר עלוי כהנא מן LV 5:6
בר תורי שלים קדם ייי **לחטאתא:** ויעול ית תורא לתרע LV 4:3
עופא דאיתבחר בשירויא **לחטאתא** ולא כהילכת חטאתא LV 5:10
לעלתא למנחתא **לחטאתא** ולאשמתא דא רבותא LV 7:35
צפיר בר עיזין חד קריב **לחטאתא:** ולניכסת קודשיא תורין NU 7:22
צפיר בר עיזין חד קריב **לחטאתא:** ולנכסת קודשיא תורין NU 7:16
ורמייו יתיה ועיבד יתיה **לחטאתא** ועיגלא מטול LV 9:3
תיניין בר תורי תיסב **לחטאתא:** ותקריב ית ליואי לקדם NU 8:8
בר תורין דלא עירובין חד **לחטאתא** ותרין אימרין בני שנה LV 23:18
בר עיזי דלא עירובין חד **לחטאתא** ותרין אימרין בני שנה LV 23:19
בתלת סאין סמידא **לחטאתא** לא ישווי עלה מישחא LV 5:11
אימרין: וצפיר בר עיזי חד **לחטאתא** למכפרא עליכון: בר מן NU 29:5
וגוזל בר יוון או שפנינא **לחטאתא** לתרע משכן זימנא לות LV 12:6
סב לך עיגל בר תורי **לחטאתא** מטול דלא ישתעי עלך LV 9:2
וצפירי עיזין תריסר **לחטאתא** מטול לכפרא על חובי NU 7:87
ואין אימר ייתי קורבניה **לחטאתא** נוקבא שלמתא ייתינה: LV 4:32
שתא: וצפיר בר עיזי חד **לחטאתא** קדם ייי על חוסרן NU 28:15
שליט ביה בין למיזכי בין **למיחטי:** ואמר קין לות הבל אחוהי GN 4:7
דלווט פסקו ואוסיף **למיחטי** ויקריא ליצרא דליביה הוא EX 9:34

חטי (1)
אמרית יתכון למימר לא **תיחטון** בטלייא ולא קבלתון מיני GN 42:22

חטם (1)
דסמי או דחגיר או דלקי **בחוטמיה** או דמשתימיט ירכיה: או LV 21:18

חטף (8)
ומשתכח גבר דבני ביתא **בחטופין** ואיתן מכתש סגירו בבית LV 14:34
מדבחא מן כל ספק אנוס **וחטופין** מטול דחשיב משה LV 8:15
מן חלבא דלא למיכל **חטוף** ואנוסא וכדין יסמקון טוורוי GN 49:12
ייי ואיתמליאת ארעא **חטופין:** וחמא ייי ית ארעא והא GN 6:11
ארום איתמליאת ארעא **חטופין** מן עובדיהן בישיא והא אנא GN 6:13
וית בת נעמיתא וית **חטפיתא** וית ציפר שחפא וית בר LV 11:16
וית ברת נעמיתא וית **חטפיתא** וית ציפר שחפא וית בר DT 14:15
מאני זיינא שנינא **למחטוף** היא אשתמודעותהון: GN 49:5

חטר (6)

ונסיב ליה יעקב **חטר** דפרח לבן ודילוז וארדפני GN 30:37
דעל חטרייא: ונעץ ית **חטריא** די קליף במורכייתא GN 30:38
ואתחימו ענא לקבל **חטריא** וילידן ענא רגולין דסימנא GN 30:39
ליחמותהין קבל **חטרייא**: ובלקושי ענא לא משוי GN 30:41
לגלאה חיוורא דעל **חטרייא**: ונעץ ית חטריא די קליף GN 30:37
מבכרתא ומשוי יעקב ית **חטרייא** לעיני ענא במורכייתא GN 30:41

חיוא (58)

ארעא בעופא ובבעירא **ובחיתא** ובכל ריחשא דרחיש על GN 7:21
נחשירכן למיצוד עופן **וחיוון** גבר נפיק חקל קטיל נפשן GN 25:27
דעל פתי ירכא דבעירא **וחיותא** עד יומא הדין ארום קריב GN 32:33
נטיר וימות או איתביר מן **חיוא** או אישתבי ולית סהיד חמי EX 22:9
לכל עיבדתא ברם תריב **חיוא** דמיכשרא יתסק על מדבחא LV 7:24
ועיזא לא תיכלון: ותריב **חיוא** דמיקלקלא בשעת ניכסתא LV 7:24
אכלין בישרא דתליש מן **חיוא** חייא ית אודניא וית דנבייא GN 37:2
דמסאב או בניבלת **חיוא** מסאבתא או בניבלת בעירא LV 5:2
במותנא ותריב **חיוא** תבירא אפשר דיתעבד לכל LV 7:24
עד ימא רבא ואתיין **חיוון** דכיין ובעירן ושתיין מיניה EX 16:21
גרי מימרא דייי בעמא ית **חיוון** חורמנין ונכיתו ית עמא ומיתו NU 21:6
אתר דגרי ייי בהון ית **חיוון** קלן וסליקת קבילתהון עד NU 33:42
רבא ודחילא אתר מלי **חיוון** קלן ועקרבין עקצין ובית DT 8:15
מאתר דגרי ייי בהון ית **חיוון** קלן ושרו באובות: ונטלו NU 33:43
דנכתין בשיניהון היך **חיוות** ברא איגרי בהון ואטלטילינון DT 32:24
ברם בשר תלוש מן **חיוותא** חייא לא תיכלון לכלבא EX 22:30
לכון קוריין בשוקין ובתי **חיוותא** קירוין קלטן יהווין לכון NU 35:11
לכון יהי למיכל: ולכל **חיות** ארעא ולכל עופא דשמייא GN 1:30
והוה כן: ועבד אלקים ית **חיות** ארעא ליזנה זני דכיין וזני דלא GN 1:25
ואמר פרגוד דברי היא לא **חיות** ברא אכלתיה ולא על יד בני GN 37:33
הוה חכים לביש מכל **חיות** ברא דעבד ייי אלקים ואמר GN 3:1
דרימנא מנגח בקרנוי ית **חיות** ברא הכדין יהוון בנוי דיוסף DT 33:17
בתי מצראי עירבות **חיות** ברא ואוף ית ארעא דהינון EX 8:17
ייי אלקים מן אדמתא כל **חיות** ברא וית כל עופא דשמייא GN 2:19
ובעמך ובביתך ית עירבוב **חיות** ברא ויתמלון בתי מצראי EX 8:17
ולכל עופא דשמייא ולכל **חיות** ברא ולאדם לא אשכח עד GN 2:20
דארעא דישראל ויתון כל **חיות** ברא וציפורי שמיא ויכלו NU 11:26
ארעא מן קדם עירבוב **חיות** ברא: וקרא פרעה למשה EX 8:20
קדמי: ואיגרי בכון רשות **חיות** ברא ותתכל יתכון ותשיצי ית LV 26:22
ארעא צדיא ויסגון עלך **חיות** ברא כד ייתון למיכול EX 23:29
דילמא יסגי עליכון **חיות** ברא כד ייתון למיכול DT 7:22
עמך ושייוריהון תיכול **חיות** ברא כדין תעביד לכרמך EX 23:11
לא אכלית: דתבירא מן **חיות** ברא לא אייתי לוותך דאין GN 31:39
אין איתברא יתבר מן **חיות** ברא מייתי ליה סהדין או EX 22:12
דמניט ואיבטיל רשות **חיות** ברא מן ארעא דישראל LV 26:6
דלא למיהוי תמן עירבוב **חיות** ברא מן בגלל דתינדע ארום EX 8:18
קדם ייי ויעדי עירבוב **חיות** ברא מן פרעה ומן עבדוי ומן EX 8:25
דמשה ואעדי עירבוב **חיות** ברא מפרעה ומעבדוי ומעמיה EX 8:27
את מכל בעירא ומכל **חיות** ברא על מעך תהי מטייל GN 3:14
דהוה מתגניב בליליא מן **חיות** ברא עלי הוה למשלמא: הויתי GN 31:39
ועבד ייי כן ואיתי עירבוב **חיות** ברא תקיף לבית פרעה ולבית EX 8:20
אתכלתון יוסף אמרתון **חיותא** בישתא אכלתיה ושמעון GN 42:36
ברם בישרא דתליש מן **חיותא** חיא בזמן דבנפשיה ביה או GN 9:4
ביה או דתליש מן **חיותא** נכיסתא ועד דלא נפקא GN 9:4
ואימתכון יהי על כל **חיית** ארעא ועל כל עופא דשמייא GN 9:2
בעופא ובבעירא ובכל **חית** ארעא דעימכון מכל נפקי GN 9:10
מכל נפקי תיבותא לכל **חית** ארעא: ואקיים ית קימי עימכון GN 9:10
בחד מן גובייא ונימר **חיתא** בישתא אכלתיה וניחמי מה GN 37:20
דאלקים ובין כל נפשת **חיתא** בכל ביסרא דעל ארעא: ואמר GN 9:16
וביניכון ובין כל נפשת **חיתא** בכל ביסרא ולא יהי תוב מיא GN 9:15
ובנך ונשי בנך עימך: כל **חיתא** דעימך מכל בישרא בעופא GN 8:17
בתריכון: ועם כל נפשת **חיתא** דעימכון בעופא ובבעירא GN 9:10
וביניכון ובין כל נפשת **חיתא** דעימכון לדרי עלמא: ית GN 9:12
אתבוע מן ידא דכל **חיתא** דקטלא לבר נשא GN 9:5
במימריה ית נח וית כל **חיתא** וית כל בעירא דעימיה GN 8:1
ונשי בנוי עימיה: כל **חיתא** כל ריחשא וכל עופא דרחיש GN 8:19
לתיבותא: הינון וכל **חיתא** ליזנהא וכל בעירא ליזנהא GN 7:14
מן תורי ומן ענא ולא מן **חיתא** תקרבון ית קורבנכון: אין LV 1:2

חיוי (30)

ית גברא והוה מסתכל **בחויא** דנחשא ומכוין ליביה לשום NU 21:9
ולא אמתינו ביקרהון: **וחויא** הוה חכים לביש מכל חיות GN 3:1
ובמדברא דחמיתא **חווייא** קלן מליין אירס דקטול DT 1:31
לבושין דיקר מן משך **חויא** דאשלח מיניה על משך GN 3:21
בי היא היא שעתא אמר **חויא** דלטור על ברייה ואמר GN 3:4
ואמר ייי למשה עיבד לך **חיווי** חורמן דנחש ושוי יתיה על NU 21:8
חרשין: ומחברין ואסרין **חיווין** ועקרבין וכל מיני רחשין DT 18:11
וביה הוה חקיק צורת **חיוי** חורמן ורבא דהוה ממני על NU 2:25
דא עבדת ואמרה איתתא **חיויא** אשייני בחוכמתיה ואטעייני GN 3:13
חזרו ואתרעמו עלוי והא **חיויא** דגזרית עלוי מן יומא שירוי NU 21:6
מימרא דייי: ועבד משה **חיויא** דנחשא ושוי יתיה על אתר NU 21:9
תלי ויהי כל דנכות יתיה **חיויא** ויהוי מסתכל ביה וחאי אין NU 21:8
וחרדונא לזנוי: ומינקת **חיויא** וכחא ושממיתא וקצוצא LV 11:30
וכל דמהלך על ארבע מן **חיויא** ועד נדל דמסגי ריגלין בכל LV 11:42
ייי ויעדי מיננא ית מחת **חיויא** וצלי משה על עמא: ואמר ייי NU 21:7
אתר תלי והוי כד נכית **חיויא** ית גברא והוה מסתכל בחויא NU 21:9
בירייתא ית קל ציווחת **חיויא** כד איתערטל מן שירויא: EX 7:9
על פרשת אורחא ולרישי **חיויו** דכמין על שבילא דנכית GN 49:17
על מזונהון וכדון ייתון **חיוייא** דלא אתרעמו על מזונהון NU 21:6
סריק לית ביה מוי ברם **חיוין** ועקרבין הוו ביה: וחזרו למיכול GN 37:24
יהנזקון להון כובין ולא **חיוין** ועקרבין וחד מטייל קודמיהון EX 12:37
ודחילא ההוא דחמיתון **חיוין** ככשורין ועקרבין כקשתין DT 1:19
מחשבתהון בישין כרישי **חיוניא** חורמניא בגין כן תהון DT 32:32
לי ואיתני לך ואזל גחין **כחויא**: וארע מימרא מן קדם ייי NU 23:3
אדומאי דמליין אריסין **כחיוין** חורמניא זחלוי דעפרא: עמא DT 32:24
יתיה קדם פרעה יהי **לחוי** חורמן ארום עתידין כל דיירי EX 7:9
וטלקיה לארעא והוה **לחויא** וערק משה מן קדמוי: ואמר EX 4:3
חוטרא דאהרן דאיתהפיך **לחיוי** תיסב לידך: ותימר ליה ייי EX 7:15
תלתיהון לדינא ואמר **לחיויא** ארום עבדת דא ליט את GN 3:14
גינוניתא: ואמרת איתתא **לחיויא** משאר פירי אילן גינוניתא GN 3:2

חיטא (6)

במשח זיתא מן סמידא **דחינטין** תעביד יתהון: ותיתן יתהון EX 29:2
וכיתנא עבד פוקלין: **וחיטייא** וכונתיא לא לקון ארום EX 9:32
עלי בנבואה דיהוון גרגירי **חיטיהון** היך כוליין דתורי וחמר DT 32:14
ביומי סיון בזמן חצד **חינטין** ואשכח יברוחין בחקלא GN 30:14
לך בזמן ביכורי חצד **חינטין** וחגא דכנשא במיפקא EX 34:22
ובטוורין: ארעא דמרביא **חינטין** ושערין ומלבלבא גופנין DT 8:8

חיי (169)

דעבד קין דקטל ית הבל **בחיי** אבוי והדר אבוי ואוליד ית שת GN 27:41
איתת אחוך לא תבזי **בחיי** אחוך ובתר מותיה אין אית LV 18:16
הינון זנו היא: ואיתתא **בחיי** אחתה לא תיסב לאעקה לה LV 18:18
עיבידו להון וייחון **בחיי** דצדיקי ולא ימותון באישא NU 4:19
יצחק בריה עד דהוא **בחיי** ואזלו למיתב קידומא לארע GN 25:6
רבקה ליצחק איתיעקית **בחיי** מן קדם רגוז בנת חת אין נסיב GN 27:46
אורייתא מן בגלל דתיחון **בחיי** עלמא דאתי אתון ובניכון: DT 30:19
עולימתא מארשה וכפר **בחיי** עלמא דאתי ובזה ית בכירותא: GN 25:29
יתהון אינשא וייחי בהון **בחיי** עלמא וחולקיה עם צדיקייא LV 18:5
ואיתעלת לגינתא דעדן **בחייהא** מן בגלל דבשרת ית יעקב NU 26:46
פירי אילנא על די פלחו **בחייהון** באולפן אורייתא בעלמא GN 3:24
בהום לרשיעיא דמרדו **בחייהון** באולפן אורייתא טבתא GN 3:24
תקפין ואיתיעקו מצראי **בחייהון** מן קדם בני ישראל: EX 1:12
הוא ואתיעקו מואבאי **בחייהון** מן קדם בני ישראל: ואמרו NU 22:3
ית מנא ארבעין שנין **בחייוהי** דמשה עד מיתיהון לארעא EX 16:35
ליה ולכל סובתיה **בחייוי**: בר נש כהין דיקרב ביה יהי LV 22:5
די יסב ית איתת אחוי **בחייוי** מרחקא היא עיריתא דאחוי LV 20:21
יימם ולילי ולא תהימנון **בחייכון**: בצפרא תהוון אמרין לואי DT 28:66
קשיא הא עד זמן דאנא **בחיים** ביניכון יומא דין מסרהבין DT 31:27
לסנאוי אלא עד דהינון **בחיין** בעלמא דאתי ולא משהי DT 7:10
לסנאוי אלא עד דהינון **בחיין** בעלמא הדין משלים להון DT 7:10
עדבא לעזאזל יתוקם **בחיין** קדם ייי לכפרא על סורחנות LV 16:10
הינון הוו גרמיא יבישיא **דאחי** יתהון מימרא דייי על ידא EX 13:17
תוב למימחי ית כל **דחי** היכמא דעבדית: עוד כל יומי GN 8:21
נש דייכול כל אדם מן כל **דחי** וישתיצי בר נשא ההוא מעמיה: LV 7:27
ונשי בנך עמך: ומן כל **דחי** מכל בישרא תרין מכולא תעיל GN 6:19
סכום יומי חיי אברהם **דחיא** מאה ושובעין וחמש שנין: GN 25:7
יומנא ית אורחא **דחיי** דביה משתלם אגר טב DT 30:15
ותיתרעון באורחא **דחיי** היא אורייתא מן בגלל דתיחון DT 30:19
ונפח בנחירוהי נשמתא **דחיי** והוות נשמתא בגופא דאדם GN 2:7
מכל בישרא דביה רוחא **דחיי**: ועליא דכר ונוקבא מן כל GN 7:15
ומטייל בשבילי ארחא **דחיי** לעלמא דאתי: ואדם ידע ית GN 3:24
כל בישרא דביה רוחא **דחיי** מן תחות שמיא כל דבארע GN 6:17
ועשרין כל קבל שניא **דחייא** בהון משה נביא: כל תורי NU 7:86
תמן ועל דמקרב בגרמא **דחייא** דפרש מיניה ונפל או בקטיל NU 19:18
בני נשא: כל דנשמת רוחא **דחיין** באנפוי מכל דיבישתא מיתו: GN 7:22
בידא דטיפסרא מפתחא **דחייתא** ודקיבריא ודמזוני DT 28:12
היא אורייתא מן בגלל **דתיחון** בחיי עלמא דאתי אתון DT 30:19
יתכון תהכון מן בגלל **דתיחון** ויוטב לכון ותורכון יומין DT 5:33
תיטרון למעבד מן בגלל **דתיחון** ותיסגון ותיעלון ותירתון DT 8:1
יתכון למעבד מן בגלל **דתיחון** ותיעלון ותירתון ית ארעא DT 4:1
תהי רדיף מן בגלל **דתיחון** ותירתון ית ארעא דייי DT 16:20
ואין ביסנא הדף ואתכוון **ודחייה** או טלק עלוי כלונסן NU 35:20

חיויא ויהוי מסתכל ביה **וחאי** אין מכוין ליביה לשום מימרא NU 21:8
עלול לכל אתר ומרכיך **וחאי** ולאחוך תהי משתעבד ויהי GN 27:40
ליביה לשום מימרא דייי **וחאי:** ונטלו מתמן בני ישראל ושרו NU 21:9
אדם ביומא דאיתברייו: **וחיא** אדם מאה ותלתין שנין ואולד GN 5:3
שנין ואוליד ית קינן: **וחיא** אנוש בתר דאוליד ית קינן GN 5:10
ותרתי סירי שנין ומית: **וחיא** אנוש תשעין שנין ואוליד ית GN 5:9
שנין ואוליד ית שלח: **וחיא** ארפכשד בתר דאוליד ית GN 11:13
ושיתין ותרתין שנין ומית: **וחיא** חנוך שתין וחמש שנין ואולד GN 5:21
במצרים הוא ובית אבוי **וחיא** יוסף מאה ועשרים שנין: וחמא GN 50:22
שנין ואוליד ית חנוך: **וחיא** ירד בתר דאוליד ית חנוך GN 5:19
וחמש שנין ומית: **וחיא** ירד מאה ושיתין ותרתי שנין GN 5:18
ייי בגין חובי בני אינשא: **וחיא** למך בתר דאולד ית נח חמש GN 5:30
ושיתין ותשע שנין ומית: **וחיא** למך מאה ותמנן ותרתין שנין GN 5:28
וחמש שנין ואולד ית ירד: **וחיא** מהללאל בתר דאוליד ית ירד GN 5:16
מאה ועשר שנין ומית: **וחיא** מהללאל שיתין וחמש שנין GN 5:15
ושבע שנין ואולד ית למך: **וחיא** מתושלח בתר דאולד ית למך GN 5:26
מיטטרון ספרא רבא: **וחיא** מתושלח מאה ותמנן ושבע GN 5:25
דשם ויהי כנען עביד להון: **וחיא** נח בתר טובענא תלת מאה GN 9:28
שנין ואולד ית תרח: **וחיא** נחור בתר דאולד ית תרח GN 11:25
שנין ואולד בנין ובנן: **וחיא** נחור עשרין ותשע שנין ואולד GN 11:24
שנין ואוליד ית פלג: **וחיא** עבר בתר דאוליד ית פלג GN 11:17
שנין ואוליד בנין ובנן: **וחיא** עבר תלתין וארבע שנין GN 11:16
תלתין שנין ואולד ית רעו: **וחיא** פלג בתר דאוליד ית רעו GN 11:19
שנין ואוליד בנין ובנן: **וחיא** פלג תלתין שנין ואולד ית רעו: GN 11:18
שנין ואוליד ית מהללאל: **וחיא** קינן בתר דאוליד ית מהללאל GN 5:13
מאה וחמש שנין ומית: **וחיא** קינן שובעין שנין ואוליד ית GN 5:12
שנין ואולד ית שרוג: **וחיא** רעו בתר דאוליד ית שרוג GN 11:21
שנין ואולד בנין ובנן: **וחיא** רעו תלתין ותרתין שנין ואולד GN 11:20
שנין ואוליד ית עבר: **וחיא** שלח בתר דאוליד ית עבר GN 11:15
תרתין שנין בתר טובענא: **וחיא** שם בתר דאוליד ית ארפכשד GN 11:11
שנין ואולד ית נחור: **וחיא** שרוג בתר דאולד ית נחור GN 11:23
שנין ואולד בנין ובנן: **וחיא** שרוג תלתין שנין ואולד ית GN 11:22
שְׁנין ואולד בנין ובנן: **וחיא** תרח שובעין שנין ואולד ית GN 11:26
ונפישו וסגיאו לחדא: **וחייא** יעקב בארעא דמצרים GN 47:28
ואעבדיניה מלאך קיים **ויחי** לעלם למבשרא גאולתא בסוף NU 25:12
ודא תקנתא עיבידו להון **וייחון** בחיי דצדיקי ולא ימותון NU 4:19
דאין יעבד יתהון אינשא **וייחי** בהון בחיי עלמא וחולקיה עם LV 18:5
מן קרויא מזמניא האילין **וייחי:** דילמא ירדוף תבע אדמא בתר DT 19:5
קטולא דיערוק לתמן **וייחי** דיקטול ית אחיה בלא מתכוין DT 19:4
מיני אנא במימרי ממית **ומחי** מחיתי ית עמא בית ישראל DT 32:39
טליא עמי נקום וניזיל **וניחי** ולא נמות אוף אנן אוף אנת GN 43:8
לפרעה והב בר זרעא **וניחי** ולא נמות וארעא לא GN 47:19
תמן וזבונו לנא מן תמן **וניחי** ולא נמות: ונחתו אחי יוסף GN 42:2
פיקודוי וקיימויי ודינויי **ותיחון** ותיסגון ויברכינכון ייי DT 30:16
נביא הוא ויצלי עלך **ותיחי** ואין ליתך מתיב דע ארי GN 20:7
עיבורא תזבנון מינהון כד **חי** בכספא ותיכלון ואוף מיא DT 2:6
ולשמאלא: עיבור כד **חי** בכספא תזבין לי ואיכול ומוי DT 2:28
כל ריחשא דהוא **חי** דילכון יהי למיכל כירוק עיסבא GN 9:3
לא תיכלון מיניה כד **חי** ולא כד בשלא בחמרא ומישחא EX 12:9
לה וכן אמרת אנת הוא **חי** וקיים דחמי ולא מתחמי ארום GN 16:13
לבירא דאתגלי עלוי יקר **חי** וקיים דחמי ולא מתחמי: ואילין GN 25:11
בירא דאיתגלי עלה **חי** וקיים והא היא יהיבא בין רקם GN 16:14
פקידתיה אית הוא **חי** וקיים כאילן חייא עד לעלמין GN 3:22
אין אכיל הוא מיניה הוי **חי** וקיים עד לעלמין: ותרכיה ייי GN 3:22
כמילי בר נש מימר אלוק **חי** וקיים ריבון כל עלמיא ייי דבר NU 23:19
דבירא דאיתגלי עלוי **חי** וקים דחמי ולא מתחמי והוא GN 24:62
בישרא דתליש מן חיותא **חיא** בזמן דבנפשיה ביה או דתליש GN 9:4
בנין ובנן: וארפכשד **חיא** תלתין וחמש שנין ואוליד ית GN 11:12
ואוליד בנין ובנן: ושלח **חיא** תלתין שנין ואוליד ית עבר: GN 11:14
אדביקו יומיי יומי שני **חיי** אבהתיי ביומי תותבותהון: GN 47:9
ואילין סכום יומי **חיי** אברהם דחיא מאה ושובעין GN 25:7
לא על לחמא בלחודוי **חיי** בר נשא ארום על כל מה DT 8:3
דאתברי על מימרא דייי **חיי** בר נשא: כסותכון לא בלת DT 8:3
ובישין הוו יומי שני **חיי** דמן טלייותי ערקית מן קדם GN 47:9
בהדא מיילא תתבחרון **חיי** דפרעה אין תפקון מיכא אלהין GN 42:15
קושטא עימכון ואין לא **חיי** דפרעה ארום אלילי אתון: וכנש GN 42:16
אילהין שמיא וארעא **חיי** ומותא סדרית קומיכון ברכתא DT 30:19
לאומתהון: ואילין שני **חיי** ישמעאל מאה ותלתין ושבע GN 25:17
ונשמתך תהוי גניזא בגניז **חיי** עלמא עם אבהתך ויקומון DT 31:16
וית תחש וית מעכה:: והוו **חיי** שרה מאה ועשרין ושבע שנין GN 23:1
אזיל לממת ולית אנא **חיי** תוב בעלם אוחרן ולמה דנן לי GN 25:32
וטב למיכל ואילן **חייא** במציעות גינוניתא רומיה GN 2:9
ביעתא ורושם בישרא **חייא** בשומא: סגירותא עתיקתא LV 13:10
לפלחה מן פירי אילן **חייא** דאתקנהא מימר דייי GN 3:24
דיתחמי ביה בישריה **חייא** דביה יהי מסאב: ויחמי כהנא LV 13:14
מטול דבישרא **חייא** דביה מסאב הוא סגירותא LV 13:15
ידיה ויסב מן פירי אילן **חייא** דהא אין אכיל הוא מיניה הוי GN 3:22
מימר מן קדם אלקא **חייא** דחזיו מן קדם אל שדי הוה NU 24:4
או בגרמא דאינשא **חייא** דפרש מיניה או בקבורתא NU 19:16
ביני מיתיא וביני **חייא** ואתכליית מותנא: והוו סכום NU 17:13
שמאליה על ריש צפירא **חייא** ויודי עלוי ית כל עוויית בני LV 16:21
ויחמי כהנא ית בישרא **חייא** ויסאיביניה מטול דבישרא LV 13:15
מיליא ויקרב ית צפירא **חייא:** ויסמוך אהרן ית תרתין ידוי LV 16:20
וימות ויזבנון ית תורא **חייא** ויפלגון ית דמיה ואוף ית דמי EX 21:35
או ארום יתוב בישרא **חייא** ויתהפיך לחיוור וייתי לות LV 13:16
בישרא דתליש מן חיוא **חייא** ית אודניא וית דנבייא ואתא GN 37:2
בשר תלוש מן חיוותא **חייא** לא תיכלון לכלבא תרמון EX 22:30
מאה ותלתין ושבע שנין **חייא** עד דחמא ית בני רחביה בר EX 6:20
מאה ותלתין ושבע שנין **חייא** עד דחמא ית משה וית אהרן EX 6:16
מאה ותלתין ותלת שנין **חייא** עד דחמא ית פנחס הוא EX 6:18
אית הוא חי וקיים כאילן **חייא** עד לעלמין וכדון על דלא נטר GN 3:22
ועשרין ושבע שנין שני **חייהא** דשרה: ומיתת שרה בקרית GN 23:1
עריתה עלה כל יומי **חייהא:** ולציד איתתא בזמן ריחוק LV 18:18
בקשייו: ואמרירו ית **חייהון** בְּפולחנא קשייא בטינא EX 1:14
מן אפי אדם וחוה כל יומי **חייהון** דאדם וחוה: ואמרת רבקה GN 27:45
והוו יומי יעקב סכום יומי **חייו** מאה וארבעין ושבע שנין: GN 47:28
ויהי קרי ביה כל יומי **חייו** מן בגלל דיליף למידחל מן DT 17:19
גרשון וקהת ומררי ושני **חייוי** דלוי מאה ותלתין ושבע שנין EX 6:16
ית אהרן וית משה ושני **חייוי** דעמרם חסידא מאה ותלתין EX 6:20
וחברון ועזיאל ושני **חייוי** דקהת חסידא מאה ותלתין EX 6:18
בארעך ית מניין יומי **חייך** אשלם מיומא ליומא: ית EX 23:26
כמה אינון יומי שני **חייך:** ואמר יעקב לפרעה יומי שני GN 47:8
ועפרא תיכול כל יומי **חייך:** ודבבו אישוי בינך ובין איתתא GN 3:14
בעמל תיכלינא כל יומי **חייך:** וכובין ואטטין תצמח ותרבי GN 3:17
וברך ובר ברך כל יומי **חייך** ומן בגלל דיורכון יומך: ותקבל DT 6:2
דאתון עסיקין בה היא **חייכון** בעלמא הדין ואוגדות DT 30:20
לדעברין עלה ארום הוא **חייכון** ובפיתגמא הדין תורכון יומין DT 32:47
מארעא דמצרים כל יומי **חייכון:** ותיזדהרון מקמי פיסחא DT 16:3
יעידון מן ליבכון כל יומי **חייכון** ותלופונון לבניכון ולבני DT 4:9
נפשכון מן בגלל דיוגדון **חייכון** עד עלמין: ויגרי מימרא דייי DT 30:6
עיינין ומפחת נפש: ויהון **חייכון** תליין לכון מקביל ותהון DT 28:66
לדמידכי תרין ציפורין **חיין** ודכיין וקיסא דארזא וצבע LV 14:4
ומנפסן יתהין כד הינין **חיין:** ועגני שמיא אזלין לפישון EX 35:26
יהון לשמא דייי: ותערעון **חיין** וקיימין הי כזמן כרן יומא הדין LV 23:21
הכא יומא דין כולנא **חיין** וקיימין: ממלל קבל ממלל DT 5:3
דעמא דארעא למה לי **חיין:** וקרא יצחק ליעקב ובריך יתיה GN 27:46
בארבעין סאוין דמיין **חיין:** ותיסב ית לבושיא ותלבש ית EX 29:4
מדבחא ויהב תמן מיין **חיין** לקידוש ולא פסקין ולא סריין EX 40:30
הינון וכל דילהון כד **חיין** לשייול וחפת עליהון ארעא NU 16:33
וית כל דילהון וייחתון כד **חיין** לשייול ותינדעון ארום ארגיזו NU 16:30
חדיסיראי דאתנטרו כד **חיין** עד זמן דהליך יתהון בכל NU 25:8
גושמהון ומבתר כדין **ייחון** כל מיתיא דישראל ויתפנקון NU 11:26
ליה שבטייא דישראל: **ייחי** ראובן בעלמא הדין ולא ייִמות DT 33:6
בשנת שית מאה שנין **לחיי** נח בירחא תניינא הוא ירח GN 7:11
ליה קודשא בריך הוא **למחווייא** לדריא ויחמי מן בניהון NU 21:34
וית קל שופרא היך הוה **מאחי** מיתיא וית טורא תנין וחמון EX 20:18

חייתא (30)

דדיירין עימך: ולבעירך **ולחייתא** די בארעך תהי כל עללתא LV 25:7
ביניכון די יצוד צידא **חייתא** או עופא דמיכשרין למיכל LV 17:13
ויטמש יתהון וית ציפרא **חייתא** באדמא דציפרא דנכיסא LV 14:6
לאיתאכלא וביני **חייתא** דלא מיכשרא לאתאכלא: LV 11:47
וכל דמטייל על ידוי בכל **חייתא** דמהלכא על ארבע מסאבין LV 11:27
מסאבא וביני דכיא ביני **חייתא** דמיכשרא לאיתאכלא וביני LV 11:47
עם בני ישראל למימר דא **חייתא** דמיכשרא למיכלכון מן כל LV 11:2
נחמתא וית כל נפשא **חייתא** דרחשא דארחישו מיא GN 1:21
דשמייא ובכל ריחשא **חייתא** דרחשא עילוי ארעא: ואמר GN 1:28
דבעירא ועופא וכל נפשת **חייתא** דרחשא על ארעא: לאפרשא LV 11:46
וכל דקרי ליה אדם נפשא **חייתא** הוא שמיה: וקרא אדם שמהן GN 2:19
עד לא תיתי לוותהון **חייתא** הינין תליין עיניהן בצלו EX 1:19
בבעירא דריסת **חייתא** ובעופא דריס בר נצצא ובכל LV 20:25
ביתא באדמא דציפרא **חייתא** ובקיסא דארזא ובאיזובא LV 14:52
וית צבע זהורי וית צפרא **חייתא** ויטמוש יתיה באדמא LV 14:51
רקקי מוי רחיש נפשא **חייתא** ועופא דטייס ושרכפיה על GN 1:20
וולדא ית ידיה ונסבת **חייתא** וקטרת על ידיה חוט זהורי GN 38:28
על מי מבוע: ית ציפורא **חייתא** יסב יתה וית קיסא דארזא LV 14:6
על ארעא דביה נפשא **חייתא** ית כל ירוקי עיסבין והוה כן: GN 1:30
וולדא ומפקא יתיה **חייתא** כד מחתך הכדין כד הוינן NU 12:12
במילדה ואמרת לה **חייתא** לא תידחלין ארום אוף דין GN 35:17

בצורעא תייבא צפרא **חייתא** לבייתיה ביומא ההוא LV 14:7
זהורי: ויפטור ית צפורא **חייתא** למיברא לקרתא על אנפי LV 14:53
וקיימתון ית בנייא: ואמרן **חייתא** לפרעה ארום לא כנשייא EX 1:19
היא ותתקיים: ודחילא **חייתא** מן קדם ייי ולא עבדא EX 1:17
לחדא: והוה כד דחילא **חייתא** מן קדם ייי וקנו להין שום EX 1:21
וידכיניה ויפטור ית צפרא **חייתא** על אנפי חקלא ויהי אין LV 14:7
וקרא מלכא דמצרים **לחייתא** ואמר להון למה דין EX 1:18
ופרקן בשלם: ואוטיב ייי **לחייתא** וסגו עמא ותקיפו לחדא: EX 1:20
פרעה מלכא דמצרים **לחייתא** יהודייתא דשמא דחדא EX 1:15

חיל (132)

לתלת חולקין חדא יהיב **בחייל** וחדא בטוור מישחא וחדא NU 19:9
ונפק אדומאה לקדמותיה **בחיל** רב ובידא תקיפתא: וסרב NU 20:20
חדתא בתולתא לא יפוק **בחילא** דלא יארע עלוי כל מידעם DT 24:5
ואפיקינכון באפי רעותיה **בחיליה** רב ממצרים: לתרכא עממין DT 4:37
במצרים טעון טורחנהון **בחילך** היכמא דטעין פידגגא NU 11:12
בימא ארום אסיקתא **בחילך** ית עמא הדין מביניהון: NU 14:13
עמך ואחסנתך דאפיקתך **בחילך** רבא ובדרעך מרממא: DT 9:29
דכל ישראל איתוקף **ואתחייל** ארום אנת מתמני למיעול DT 31:7
בר נון ואמר אתוקף **ואתחייל** ארום אנת תעיל ית בני DT 31:23
דפקידית יתכון: איתוקפו **ואתחיילו** לא תידחלון ולא תתרעון DT 31:6
עלמין: ארתכוי דפרעה **וחילוותיה** שדא בימא שיפר עולימי EX 15:4
יתהון לשמשא קדמי **וחילוני** לא ייכול ארום קודשא EX 29:33
דבני גד אליסף בר רעואל: **וחיליה** וסכומהון דשבטיה ארבעין NU 2:15
אלישמע בר עמיהוד: **וחיליה** וסכומהון דשבטיה ארבעין NU 2:19
אשר פגעיאל בר עכרן: **וחיליה** וסכומהון דשיבטיא ארבעין NU 2:28
יהודה נחשון בר עמינדב: **וחיליה** וסכומהון דשיבטיא שובעין NU 2:4
זבולון אליאב בר חילון: **וחיליה** וסכומהון דשיבטיה חמשין NU 2:8
אליצור בר שדיאור: **וחיליה** וסכומהון דשיבטיה:: חמשין NU 2:11
נפתלי אחירע בר עינן: **וחיליה** וסכומהון דשיבטיה חמשין NU 2:30
דן אחיעזר בר עמי שדי: **וחיליה** וסכומהון דשיבטיה שיתין NU 2:26
בנימן אבידן בר גדעוני: **וחיליה** וסכומהון דשיבטיה תלתין NU 2:23
ישראל נתנאל בר צוער: **וחיליה** וסכומהון חמשין וארבעא NU 2:6
צפרא בעדנא דאתיין **חיילי** מרומא לשבחא ואודיק ייי EX 14:24
ואתון ידעתון ארום בכל **חיילי** פלחית ית אבוכן: ואבוכן שקר GN 31:6
נשיא בתרא בתופייא הוו **חיילין** ובחינגייא מחנגין: וזמרת EX 15:20
בידנא מסירין הינון תש **חיל** גבורתהון מעליהון ומימרא דייי NU 14:9
ארעא לא תוסף למיתן **חיל** פירהא לך מטלטל וגלי תהי GN 4:12
ראובן בוכרי אנת ריש **חיל** שימושי ושירוי קריות הירהורי GN 49:3
שנין ולעילא כל נפיק **חילא** בישראל: והוו כל סכומין שית NU 1:45
שנין ולעילא כל נפיק **חילא** בישראל: ומליל משה ואלעזר NU 26:2
שנין ולעילא כל נפיק **חילא** בישראל תימנון יתהון NU 1:3
ולעילא ייתי לחיילא **חילא** בפולחן משכן זימנא: ומבר NU 8:24
אלעזר כהנא לגוברי **חילא** דאתו מן סדרי קרבא דא NU 31:21
ברור מכל עמא גיברי **חילא** דחליא דייי גוברין דקשוט EX 18:21
תריסר אלפין מזרזי **חילא**: ושדר יתהון משה אלפא NU 31:5
בני ישראל כל מזרזי **חילא**: לחוד נשיכון טפליכון DT 3:18
יתהון כל דאתי לחיילא **חילא** למעבד עיבידתא במשכן NU 4:23
דאמר: ובחר משה גיברי **חילא** מכל ישראל ומני יתהון רישין EX 18:25
מתמן מדאיתתיש **חילא** מן קדם ייי לאעלותהון DT 9:28
מאתן אלפין גוברין בני **חילא** משיבטא דאפרים מאחדין EX 13:17
שנין ולעילא כל נפיק **חילא**: סכומהון לשבטא דבנימין NU 1:36
שנין ולעילא כל נפיק **חילא**: סכומהון לשבטא דדן שיתין NU 1:38
שנין ולעילא כל נפיק **חילא**: סכומהון לשבטא דמנשה NU 1:34
שנין ולעילא כל נפיק **חילא**: סכומהון לשבטא דראובן NU 1:20
שנין ולעילא כל נפיק **חילא**: סכומהון לשיבטא דאפרים NU 1:32
שנין ולעילא כל נפיק **חילא**: סכומהון לשיבטא דאשר NU 1:40
שנין ולעילא כל נפיק **חילא**: סכומהון לשיבטא דגד NU 1:24
שנין ולעילא כל נפיק **חילא**: סכומהון לשיבטא דזבולון NU 1:30
שנין ולעילה כל נפיק **חילא**: סכומהון לשיבטא דיהודה NU 1:26
שנין ולעילא כל נפיק **חילא**: סכומהון לשיבטא דיששכר NU 1:28
שנין ולעילא כל נפיק **חילא**: סכומהון לשיבטא דנפתלי NU 1:42
שנין ולעילא כל נפיק **חילא**: סכומהון לשיבטא דשמעון NU 1:22
ועבדך יעיברון כל דמזרז **חילא** קדם עמא דייי לקרבא NU 32:27
במדברא: וכדון יסגי כדון **חילא** קדמך ייי ותתמלי רחמין NU 14:17
איסטרטיגין דממנן על **חילא** רבני אלפין ורבני מאוותא NU 31:14
דממנן על אלפי **חילא** רבני אלפין ורבני מאוותא: NU 31:48
ורבא דהוה ממני על **חילוות** שבטוי דבני דן אחיעזר בר NU 2:25
ורבא הווה ממני על **חילוות** שבטוי דבני זבולון אליאב NU 2:7
ורבא דהוה ממניה על **חילוות** שיבטא דבני אפרים NU 2:18
ורבא דהוה ממני על **חילוות** שיבטא דבני אשר פגעיאל NU 2:27
שדי: ורבא דהוה ממני על **חילוות** שיבטא דבני אשר פגעיאל NU 10:26
צור: ורבא דהוה ממני על **חילוות** שיבטא דבני בנימין אבידן NU 10:24
ורבא דהוה ממני על **חילוות** שיבטא דבני בנימן אבידן NU 2:22
דגד ורבא דהוה ממני על **חילוות** שיבטא דבני גד אליסף בר NU 2:14
שדי: ורבא דהוה ממני על **חילוות** שיבטא דבני גד אליסף בר NU 10:20
צוער: ורבא דהוה ממני על **חילוות** שיבטא דבני זבולון אליאב NU 10:16
ורבא דהוה ממני על **חילוות** שיבטא דבני יהודה נחשון NU 10:14
ורבא דהוה ממני על **חילוות** שיבטא דבני ישראל נתנאל NU 2:5
ורבא דהוה ממני על **חילוות** שיבטא דבני יששכר נתנאל NU 10:15
ורבה דהוה ממני על **חילוות** שיבטא דבני מנשה גמליאל NU 2:20
ורבא דהוה ממני על **חילוות** שיבטא דבני מנשה גמליאל NU 10:23
ורבא דהוה ממני על **חילוות** שיבטא דבני נפתלי אחירע NU 2:29
עכרן: ורבא דהוה ממני על **חילוות** שיבטא דבני נפתלי אחירע NU 10:27
ורבא דהוי ממני על **חילוות** שיבטא דבני שמעון NU 10:19
ורבא דהוה ממני על **חילוות** שיבטא דראובן אליצור בר NU 2:10
ורבא דהוה ממני על **חילוות** שיבטיה אחיעזר בר עמי NU 10:25
ורבא דהוה ממני על **חילוות** שיבטיה אליצור בר שדיאור: NU 10:18
ורבא דהוה ממני על **חילוות** שיבטיה אלישמע בר NU 10:22
שמייא וארעא וכל **חילוותהון**: ושלים אלקים ביומא GN 2:1
כוותיה ודיתן מיניה על **חילוניי** דלא מבנוי דאהרן וישתיצי EX 30:33
אלא מן בגלל למחזייך ית **חילי** ומן בגלל דתתני שמי קדישא EX 9:16
וית רישי כוכביא כל **חילי** שמיא ותטעון ותסגדון להון DT 4:19
או לסיהרא או לכל **חילי** שמייא דלא פקידית: ואתחוא DT 17:3
למיזל עימיה ופיכל רב **חיליה**: ואמר להון יצחק מדין GN 26:26
וקם אבימלך ופיכל רב **חיליה** ותבו לארע פלישתאי: GN 21:32
ואמר אבימלך ופיכל רב **חיליה** לאברהם למימר מימרא דייי GN 21:22
מארעא דמצרים על **חיליהון**: הינון דממללין עם פרעה EX 6:26
משירית דן לציפונא **חיליהון** ובית משרוייהון בארבעתי NU 2:25
מארעא דמצרים על **חיליהון**: ומליל ייי עם משה למימר: EX 12:51
בכרן יומא הדין נפקו כל **חילייא** דייי פריקין מארעא EX 12:41
פירהא: ויסוף לריקנו **חיליכון** ולא תיתן ארעכון ית מה LV 26:20
יומא הדין הנפיקית ית **חיליכון** פריקין מארעא דמצרים EX 12:17
עם עמא וימנון רברבני **חילין** בריש עמא: ארום תקרבון DT 20:9
על לוחיא קמאי דייתשר **חילך** דתברתנון ותשוינון בארונא: DT 10:2
דלא תימרון בליבכון **חילן** ותקוף ידן קנו לן ית ניכסייא DT 8:17
נעים ומשבח ונעימתא **חלייא**: ואיתגלי ייי על טוורא דסיני EX 19:19
וחמש שנין ולעילא ייתי **לחיילא** חילא בפולחן משכן זימנא: NU 8:24
תמני יתהון כל דאתי **לחיילא** חילא למעבד עיבידתא NU 4:23
פנחס בר אלעזר כהנא **לחילא** ואוריא ותומיא דקודשא NU 31:6
דישראל תשדרון **לחילא**: ואתבחרו גוברין צדיקין NU 31:4
באגחות קרבא דנפקו **לחילא** ובין כל כנישתא: ותפרש NU 31:27
משה מן גובריא דנפקו **לחילא**: והות סכום פלגות כנישתא NU 31:42
אזדרזו לותכון גוברין **לחילא** ויהון מסדרין סדרי קרבא NU 31:3
מגיחי קרבא די נפקו **לחילא** חדא בת נשא מחמש מאה NU 31:28
משה אלפא לשיבטא **לחילא** יתהון וית פנחס בר אלעזר NU 31:6
בר חמשין שנין כל דאתי **לחילא** למעבד עיבידתא במשכן NU 4:3
שנין תמנינון כל דאתי **לחילא** למפלח ית פולחן משכן NU 4:30
בר חמשין שנין כל דאתי **לחילא** למפלח פולחן מטרתא NU 4:47
בר חמשין שנין כל דאתי **לחילא** לפולחנא במשכן זימנא: והוו NU 4:35
בר חמשין שנין כל דאתי **לחילא** לפולחנא במשכן זימנא: והוו NU 4:39
בר חמשין שנין כל דאתי **לחילא** לפולחנא במשכן זימנא: והוו NU 4:43
ביזתא דבזו עמא דנפקו **לחילא** מניין ענא שית מאה NU 31:32
חולק גובריא די נפקו **לחילא** סכום ענא תלת מאה NU 31:36
ותמנן אלפין וארבע מאה **לחילוותהון** בקדמיתא נטלין: טיקס NU 2:9
די נפקו מארעא דמצרים **לחילוותהון** כד איתעבידו להון NU 33:1
בישראל תימנון יתהון **לחיליהון** אנת ואהרן: ועימכון יהון NU 1:3
טיקס משירית יהודה **לחיליהון** בארבעתי מילין מרבען NU 2:3
ראובן דדרומא ישרון **לחיליהון** בארבעתי מילין מרבען NU 2:10
ותמנין אלפין ומאה **לחיליהון** בתליתיתא נטלין: טיקס NU 2:24
וארבע מאה וחמשין **לחיליהון** בתנייתא נטלין: ויטול NU 2:16
איליין מטלני בני ישראל **לחיליהון** ואיסתלק ענן יקרא NU 10:28
משרוי וגבר על טקסיה **לחיליהון**: וליואי ישרון חזור חזור NU 1:52
משיריית בני יהודה **לחיליהון** ורבא דהוה ממני על NU 10:14
טיקס משיריית ראובן **לחיליהון** ורבא דהוה ממני על NU 10:18
משיריית בני אפרים **לחיליהון** ורבא דהוה ממני על NU 10:22
דן מכניש לכל משירייתא **לחיליהון** ורבא דהוה ממני על NU 10:25
טיקס משרית אפרים **לחיליהון** מערבא ישרון NU 2:18
כל מנייני משירייתא **לחיליהון** שית מאה ותלתא אלפין NU 2:32
ורבני מאוותא דאתו **מחיל** סדרי קרבא: ואמר להון משה NU 31:14
ומבר חמשין שנין ייתוב **מחיל** פולחנא ולא יפלח תוב: NU 8:25
דעבד יתכון מחילין **מחילין**: וגלי קדם ייי והוה רגוז מן DT 32:18
אלקא דעבד יתכון **מחילין** מחילין: וגלי קדם ייי והוה DT 32:18

חילונאה (13)

יקימון יתיה ליואי **וחילוני** דיקרב יתקטל באישא NU 1:51
תמני ויטרון ית כהונתהון **וחילוניי** דיקרב יתקטל באישא NU 3:10
למטרת בני ישראל **וחילוניי** דיקרב יתקטל באישא NU 3:38
בדכותא ית כהונתכון **וחילוניי** דיקרב יתקטל: ומליל ייי NU 18:7
זימנא לכל פולחן משכנא **וחילוניי** לא יקרב לוותכון: ותיטרון NU 18:4

בישא ואתיהיב בעמיא **חולונאי** למיסב איתא כשרא מקהל DT 23:3
ובנתיכון מסירין לעם **חילונאי** ועיניכון חמיין וחשכן DT 28:32
הפקירא בשוקא לגבר **חילונאי** יבמה יעול עלה ויסבינה DT 25:5
רשו למנאה עליכון גבר **חילוניי** דלא מן אחוכון הוא: לחוד DT 17:15
מן בגלל דלא יקרב גבר **חילוניי** דלא מן בני אהרן לאסקא NU 17:5
ארום תהי מתנסבא לגבר **חילוניי** היא באפרשות קודשייא לא LV 22:12
דאיבהא תיכול וכל **חילוניי** לא ייכול ביה: וגבר ישראל LV 22:13
אנא ייי מקדישיהון: וכל **חילוניי** לא ייכול קודשא בר ישראל LV 22:10

חילפא (1)

נטלו ושרו בנחלא דמרבי **חלפי** גולי וסיגלי: ומתמן נטלו ושרו NU 21:12

חילתא (3)

משה בעיברא דיורדנא **בחילתא** בארע סיחן מלכא DT 4:46
ארעא דאנת חמי: ושרינן **בחילתא** בכיין על חובינן דאזדוונן DT 3:29
מילין וקבר יתיה **בחילתא** כלו קבל בית פעור דכל DT 34:6

חימרא (3)

יתה מן גיו ומברא **בחימרא**:: איזל לפישון וסב מתמן GN 6:14
תיבותא דטונס וחפתא **בחימרא** וזיפתא ושויית בגוה ית EX 2:3
פרדסיא בירין בירין מליין **חימרא** וערקו מלכא דסדום GN 14:10

חינגא (2)

בתופייא הוו חיילין **ובחינגייא** מחנגין: וזמרת להון מרים EX 15:20
וחמא ית עיגלא **וחינגין** בידיהון דרשיעיא מחנגין EX 32:19

חכך (1)

דמסמיין חזותא ובגרבא **ובחיכוכא** דלא תיכלון לאיתסאה: DT 28:27

חכם (95)

ית שכם וית חמור אבוי **בחוכמא** ומלילו בגין דסאיב ית GN 34:13
רוח נבואה מן קדם ייי **בחוכמתא** בסוכלתנו ובמנדעא EX 35:31
איתתא חיויא אשייני **בחוכמתיה** ואטעייני ברשיעותיה GN 3:13
מאחוי: ואיסתכל משה **בחכמת** דעתיה ואיתבונן בכל דר EX 2:12
מן כפורתא ארום **בחכמת** רוח נבואה עבד ית כרוביא EX 37:8
דאיתרעי לבהון עימהן **בחכמתא** הוון עזלו ית מעזיא על EX 35:26
רוח קודשא מן קדם ייי **בחכמתא** ובסכולתנו ובמנדעא EX 31:3
לי אבא: ואמר עאל אחוך **בחכמתא** וקבל מיני בירכתך: ואמר GN 27:35
דין אבא דמלכא רב **בחכמתא** ורכיך בשנייא ומני יתיה GN 41:43
סרקא כן כבשת יוסף ברי **בחכמתך** ובעובדך טבייא כל חרשי GN 49:22
גוברין זידנין מאולפנא **דחכימיא** דביניכון ואטעין ית יתבי DT 13:14
הויתון קדם ייי מן יומא **דחכימית** יתכון: ואשטתחית בצלו DT 9:24
ותיהוון כמלאכין רברבין **דחכמין** למינדע בין טב לביש: וחמת GN 3:5
דאשלימית עמהון רוחא **דחכמתא** ויעבדון ית לבושי אהרן EX 28:3
יחמי פרעה גבר סוכלתן **וחכים** וימניניה על ארעא דמצרים: GN 41:33
אמר לא יעקב אנא רמאי **וחכים** יתיר מיניה ולית ליה רשו GN 29:12
ית כל דא לית סוכלתן **וחכים** כוותך: אנת תהי אפיטרופוס GN 41:39
לוותי כל רישי שיבטיכון **וחכימיכון**: ואמרתון הא אחמי יתן DT 5:23
יהודייתא ארום זריזן **וחכימן** בדעתיהן הינין קדם עד לא EX 1:19
עלוי יקר שכינתא דייי: **ולחכימיא** אמר אמתינו לנא הכא EX 24:14
גבר חכים ליבא דיהב ייי **חוכמתא** וסוכלתנותא בהון למידע EX 36:1
מן טוורא ומשה לא **חכים** ארום אשתבהר זיו איקונין EX 34:29
דמשה ומתכביש ולא **חכים** בר נש ית קבורתיה עד זמן DT 34:6
האילין ויימרון לחוד עם **חכים** וסוכלתן עמא רבא הדין: DT 4:6
שירויא על מצרים דלא **חכים** ית יוסף ולא הליך בנימוסוי: EX 1:8
בישראל כמשה ארום **חכים** יתיה מימרא דייי ממלל כלו DT 34:10
ביקרהון: וחויא הוה **חכים** לביש מכל חיות ברא דעבד GN 3:1
בצלאל ואהליאב וכל גבר **חכים** ליבא דיהב ייי חוכמתא EX 36:1
ולאהליאב ולכל גבר **חכים** ליבא דיהב ייי חכמתא EX 36:2
ליה וייכול לחמא: וכד **חכים** רעואל דערק משה מן קדם EX 2:21
תקומון ותיקר אפי **חכימא** ותידחל מאלקך אנא ייי: LV 19:32
גברא טפשא עם דיינא **חכימא** למלפא לכון ית דתעבדון DT 16:21
כל מידעם בה ארעא די **חכימהא** גזירן גזירן בירירן הי DT 8:9
כל חרשי מצרים וית כל **חכימהא** ואישתעי פרעה להום ית GN 41:8
וקבילו אורייתא ולא **חכימו** הלא הוא אבוכון דיקנא DT 32:6
דדן: אשלים עמהון **חכימות** ליבא למעבד כל עיבידת EX 35:35
ית ארון קיימא דייי ולכל **חכימי** ישראל: ופקיד משה יתהון DT 31:9
דדן ובליבא דכל **חכימי** ליבא אוסיפית רוח חכמתא EX 31:6
באפודא ובחושנא: וכל **חכימי** ליבא דיבכון ייתון ויעבדון EX 35:10
וברם שיירו: ועבדו כל **חכימי** ליבא ית משכנא עשר יריען EX 36:8
דינא רבא מפטרין ויסבון **חכימי** סבי קרתא ההיא עיגלת ברת DT 21:3
למסגר ולמחלט: וכל **חכימי** קרתא ההיא דקריבין DT 21:6
קדם חכימי קרתא: ויסבון **חכימי** קרתא ההיא ית גברא וילקון DT 22:18
בה ולא נגדת בניר: ויחתון **חכימי** קרתא ההיא ית עגלתא DT 21:4
ויפריסון שושיפא קדם **חכימי** קרתא: ויסבון חכימי קרתא DT 22:17
ויפקון יתיה לקדם **חכימי** קרתא לתרע בי דינא DT 21:19
סהידוון דעולימתא לוות **חכימי** קרתא לתרע בי דינא: ויימר DT 22:15
מן קרויא האילין: וישדרון **חכימי** קרתיה וידברון יתיה מתמן DT 19:12
צבי ליבמותי: ויקרון ליה **חכימי** קרתיה וימללון עימיה DT 25:8
כנושו לוותי ית כל **חכימי** שיבטיכון וסרכיכון ואימליל DT 31:28
ארום שוחדא מסמי עיני **חכימיא** דנסבין ליה דגרים להון DT 16:19
מן ממונהון: ואתו כל **חכימיא** דעבדין ית כל עיבידת EX 36:4
ארונא דסהדותא מטול **חכימיא** דעסיקין באורייתא EX 40:5
יבימתיה לוותיה לקדם **חכימיא** ויהי נעיל בריגלא ימינא DT 25:9
דיקלין כלו קבל שובעין **חכימיא** ושרון תמן על מיא: ונטלו NU 33:9
ענוי נסבוהי ומטלטל **חכימיא** ממותבנהון ומקלקל EX 23:8
ואנת תמליל עם כל **חכימיה** ליביה דאשלימית עמהון EX 28:3
מבי דינא רבא תרי מן **חכימייך** ותלת מן דיינך וימשחון DT 21:2
חד: והוו תרוויהון **חכימין** אדם ואינתתיה ולא אמתינו GN 2:25
בהון סוכלתנן: אילו הוו **חכימין** הוון מסתכלין באורייתא DT 32:29
בי דינא קדם חמשא **חכימין** ויהון תלתא לדיינין ותרין DT 25:7
וחמול: ובנוי דיששכר **חכימין** ומרי חושבנא ושומהון GN 46:13
ואורכתנון במליא גוברין **חכימין** ומרי מנדעא וסוכלתנין DT 1:15
תרי: זמנו לכון גוברין **חכימין** וסוכלתנין מרעיונהון ומרי DT 1:13
תהי כנישתא דייי בלא **חכימין** מן בגלל דלא יטעון ביני NU 27:17
עם שילטונין וקטולוי **חכימין** מן כל קטולייא דמגרר DT 33:20
היא ארעא: ואנת ועבדך **חכימית** ארום עד לא תפטרון עמא EX 9:30
ייי אלקקון העד כדון לא **חכימית** ארום על ידוי עתידה EX 10:7
מרוות מצראי: כדון **חכימית** ארום תקיף הוא ייי על כל EX 18:11
שמיא וית ארעא: ארום **חכימית** דמן בתר דאימות ארום DT 31:29
ברי דהוא בוכרא ואוף **חכימנא** דאוף הוא יהי לעם רב ואוף GN 48:19
יתבון בארעא דגשן ואין **חכימת** דאית בהום גוברין דחילא GN 47:6
פולחנא היתיו: וכל איתא **חכימת** ליבא בידהא הות עזלא EX 35:25
לטעוות עממיא דלא **חכימתא** אנת ואבהתך: מטעוות DT 13:7
עליכון לאומא דלא **חכימתון** אתון ואבהתכון ותהוון DT 28:36
ליעותכון יגמר עמא דלא **חכימתון** ותהון ברם טלימין DT 28:33
לטעוות עממיא דלא **חכימתון**: ותתבעון ותבדקון ית DT 13:14
לא תעיקון ואתון **חכימתון** ית אניק נפש גיורא ארום EX 23:9
דעתא דאחוך עמך או לא **חכימתיה** ותכנשיניה לגו בייתך DT 22:2
בתר טעוות עממיא דלא **חכימתנון** וניפלוח קדמיהון: לא DT 13:3
ומאילן דאכלין פירוהי **חכמין** למידע בין טב לביש לא GN 2:17
ואוריאל ויפהפיה רבני **חכמתא** ארבעון יתיה עלה DT 34:6
בר נון אתמלי רוח **חכמתא** ארום סמך משה ית ידוי DT 34:9
משה אמר מיכאל סרכן **חכמתא** ביומא שביעאה בירחא סק EX 24:1
גבר חכים ליבא דיהב ייי **חכמתא** בליביה כל מאן דאיתרעי EX 36:2
דנהורי ותמן גניזי **חכמתא** דמתילין לנהורי ותדלק ית EX 40:4
פרקיה בממון סגי אלפיה **חכמתא** ואמנותא קדיש ליה איתא DT 32:50
ליבא אוסיפית רוח **חכמתא** ויעבדון ית כל מה EX 31:6
בעור דאיטפש מסוגעי **חכמתי** ולא חס על ישראל זרעא NU 22:5
ית אורייתא ארום היא **חכמתכון** וסוכלתנותכון למיחמי DT 4:6
מרים אחתיה מרחיק **לאתחכמא** מה יתעבד ליה: וגרי EX 2:4
בי דינא דבאתריה: ויימרון **לחכימי** קרתא עברינן על גזירת DT 21:20
רוקא נפישא דמתחמי **לחכימיא** ותתיב ותימר כדין חמי DT 25:9
ויימר אבוהא דעולימתא **לחכימיא** ית ברתי קדישית לגברא DT 22:16
וקרא לחוד פרעה **לחכימייא** ולחרשייא ועבדו לחוד EX 7:11

חלא (10)

יפרש חלא דחמר חדת **וחלא** דחמר עתיק לא ישתי וכל NU 6:3
חמר חדת ועתיק יפרש **חלא** דחמר חדת וחלא דחמר עתיק NU 6:3
כרום ימא ובירלוות **חלא** ואפנטור וביה חקיק ומפרש NU 2:25
מתמן ית אבני בורלוות **חלא** וית אבני אשלמותא לשקעא EX 35:27
כרום ימא רבא ובירליוות **חלא** ומרגניית אפנטורין ועליהון EX 28:20
כרום ימא רבא ובורלת **חלא** ומרגנית אפנטורין ועליהון EX 39:13
לחוטי גולייתהון ומן **חלא** מפקין אספקלרין ומני DT 33:19
ית מרגלוון דבורלתא **חלא** משקען מרמצן גליפן כתב EX 39:6
ואישוי ית בנך סגיעין הי **כחלא** דימא דלא מתמני מסגי: ובת GN 32:13
ית בנך ככוכבי שמיא והי **כחלא** דעל כיף ימא ויירתון בנך ית GN 22:17

חלב (21)

תבשילין: ונסיב לווי שמין **וחלב** ובר תורי דעבד עולימא GN 18:8
ולא בעירך עקירן מעמר **וחלב** וטליי: ויעדי ייי מינך כל מרעין DT 7:14
ולא למיכול בשר **וחלב** מערבין כחדא דלא יתקף EX 23:19
כל דכן למיכול בשר **וחלב** תריהון מערבון כחדא: הוון DT 14:21
ולא למיכול בשר **וחלב** תריהון מערבין כחדא דלא EX 34:26
למירת יתה ארע עבדא **חלב** ודבש אנא הוא ייי אלקכון LV 20:24
ברם לא לארעא עבדא **חלב** ודבש אעילתנא ויהבת לנא NU 16:14
ויבוסאי: לארע עבדא **חלב** ודבש ארום לית איפשר EX 33:3
לנא ארעא דהיא עבדא **חלב** ודבש: ברם בפיקודיא דייי לא NU 14:8
דשדרתנא ואוף עבדא **חלב** ודבש היא ודין איבה: לחוד NU 13:27
לאבהתהון עבדא **חלב** ודבש וייכלון וישבעון וידהנון DT 31:20
ויבוסאי לארע עבדא **חלב** ודבש: ויקבלון מינך ותיעול EX 3:17
למיתן לך ארע עבדא **חלב** ודבש ותפלח ית פולחנא הדא EX 13:5
בתחומין לארע עבדא **חלב** ודבש לאתר דדיירין תמן EX 3:8
ממצרים ארעא דעבדא **חלב** ודבש לקטלותנא במדברא NU 16:13
אדם זכיי ושנוי נקיין מן **חלבא** דלא למיכל חטוף ואנוסא GN 49:12
ארעא דפירהא שמינין **כחלב** וחליין כדבש: ארום ארעא DT 11:9

לך ארע דפירהא שמינין **כחלב** וחליין כדבש: והוה כיוון DT 6:3
הדין ארע דפירהא שמינין **כחלב** וחליין כדבש: וכדון הא DT 26:9
ארעא דפירהא שמינין **כחלב** וחליין כדבש: יומא דין ייי DT 26:15
ארעא דפירהא שמינין **כחלב** ועבדין דבש היכמא דמליל DT 27:3

חלבון (2)

יוסף מן כומרניא דבדקו **דחלבונא** הוא ולא קטל יתיה ויהבי GN 39:20
ואפק לשוקא: והא ורמת **חלבונא** דביעתא בדרגשא וקרת GN 39:14

חלבנא (1)

לך בושמיא קטף וכשת **וחלבניא** בוסמין בחירין ולבונתא EX 30:34

חלדותא (1)

משה: ברם לחודהון בלא **חלדותהון** ית דהבא וית כספא וית NU 31:22

חלה (4)

בריך סלי ביכוריכון **וחלת** שירוי עצוותכון: ובריכין אתון DT 28:5
ליט סלי ביכוריכון **וחלת** שירוי עצוותכון: ליטין וולדי DT 28:17
לך ית מטרת אפרשותיי **חלתא** וביכורייא וכל קודשיא דבני NU 18:8
קדם ייי: שירוי עצוותכון **חלתא** חד מן עשרין וארבעא NU 15:20

חלזון (3)

או לית שיער בגבינוי או **דחלזון** בעיינויי דמערב חיוורא LV 21:20
ויתפרנקון מן טריתא **וחלזונא** יאחדון ויצבעון מאדמיה DT 33:19
ופירי ארעכון ישיצי **חלנונא:** ערלאה דדייר ביניכון יסוק DT 28:42

חלט (8)

בישריה ויסאיביניה **ויחלטיניה** כהנא לא יסגירניה ארום LV 13:11
מכתש צורעא למסגר **ולמחלט:** וכל חכימי קרתא ההיא DT 21:5
עליהון כפנא והות ארעא **חליטא** לפרעה: וית עמא דמדינתא GN 47:20
דישראל לא תיזדבן **לחלוטין** ארום דילי ארעא ארום LV 25:23
דבקרתא דליה שורין **לחלוטין** לדיזבן יתיה לדרוי לא LV 25:30
מכתשא בביתא סגירות **מחלטא** היא בביתא מסאב הוא: LV 14:44
מכתשא ארום צורעא **מחלטא** מכתשא מסאב הוא: ואין LV 13:52
צלא לעיבידתא צורעא **מחלטא** מכתשא מסאב הוא: ויוקד LV 13:51

חלי (4)

ויקירא וטלק לגו מיא **ואיתחלון** מיא תמן שוי ליה מימרא EX 15:25
ואינשין קדישין טעמין **חולין** בדכותא תהון קדמיי ברם EX 22:30
חייב ויהי זכאי היך חייב **חולין** הוא לך האיפשר מאן דדאין GN 18:25
חמשין זכאין דבגווה: **חולין** הוא לך למעבד כפיתגמא GN 18:25

חלי (7)

דפירהא שמינין כחלב **וחליין** כדבש: ארום ארעא דאנת DT 11:9
דפירהא שמינין כחלב **וחליין** כדבש: והוה כיוון דמטא DT 6:3
דפירהא שמינין כחלב **וחליין** כדבש: וכדון הא אייתיתי ית DT 26:9
דפירהא שמינין כחלב **וחליין** כדבש: יומא דין ייי אלקכון DT 26:15
גופנין דמנהון נפיק חמר **חל** וחריף ומרביא תינין ורומנין DT 8:8
חיטאיה דשרוי חיטאה **חלי** וסופיה מסר כאגדנא דמותא: DT 29:17
צלילין מבועי עינוון **חליין** ותהומין דלא מייבשין נפקין DT 8:7

חלילא (1)

בחדות חגיכון בשאובתא **וחלילא** אתון ובניכון ובנתיכון DT 16:14

חלל (15)

ולא פרקיה מן כהנא **ואחליה** יהך ויתוב לביתיה דילמא DT 20:6
ואעבד יתך לעם סגי: **ואתחלחל** משה מן רתיתא ושרי EX 32:11
רישא ואסיק על מדבחא: **וחליל** ית בני גווא וית ריגלייא LV 9:14
עד שבעא פושכי **וחללא** דרומא עשרא פושכי LV 23:42
לא משתכח עימי אגרא **ויתחל** בי שום שמיא ובכין הוה GN 15:1
ארום יברכינך ייי אלקך: **ותחליל** בכספא ויהון פריטי צרירין DT 14:25
וית דיכרא תפסיג לפסגוי **ותחליל** בני גווייה וכרעוי ותסדר EX 29:17
וית בני גווא וית ריגלאה **חליל** במוי ואסיק משה ית דיכרא LV 8:21
למיטל יתיה בהון **חליל** לוחין מלי עפרא עבד יתיה: EX 38:7
מדבחא במיטל מדבחא: **חליל** לוחין מלי עפרא תעביד יתיה EX 27:8
מדבחא: וכריסא וריגלוי **יחליל** במיא ויסק כהנא ית כולא LV 1:9
מדבחא: וכריסא וריגלוי **יחליל** במיא ויקרב כהנא ית כולא LV 1:13
בקרבא וגבר חורן **יחליניה:** ומן גברא דקדיש איתתא DT 20:6
דהינון עבדין עובדי עמיה **יתחל** עליהון: לא ירשמון בין LV 21:4
ביה כרמא תנצוב ולא **תחליניה:** תוריכון יהון נכיסין ואתון DT 28:30

חלם (67)

ליה מימרא דאלקים **בחילמא** אוף קדמיי גלי ארום GN 20:6
אלקים לות אבימלך **בחילמא** דליליא ואמר ליה הא GN 20:3
חרבא על לבן רמאה **בחילמא** דליליא ואמר ליה טור לך GN 31:24
ענא וזקפית עניי וחמית **בחילמא** והא ברחייא דסלקין על GN 31:10
ואמר לי מלאכא דייי **בחילמא** יעקב ואמרתי האנא: ואמר GN 31:11
יוסף למימר חמי הוית **בחילמי** הא אנא קאי על כיף נהרא: GN 41:17
ואמר ליה חמי הוית **בחילמי** והא גופנא קדמי: ובגופנא GN 40:9
ואיתערית: וחמית **בחילמי** והא שבע שובלין סלקן GN 41:22
ליוסף אוף אנא הוית חמי **בחילמי** והא תלתא סלין דצביתא GN 40:16
ואמר פרעה דמך הוה חמי **בחילמיה** והא כל ארעא דמצרים EX 1:15
בחזיו לוותהון מתגלי **בחלמא** ממלילנא עימהון: לא כדין NU 12:6
ודכיר יוסף ית חילמייא **דחלם** עליהום ואמר להום אלילי GN 42:9
ליה יוסף דין סוף פושרנא **דחלמא** תלתי מצוגייא תלתי GN 40:12

ליה מה חילמא הדין **דחלמתא** המיתי ניתי אנא ואימך GN 37:10
אגר ביש על חלמך ביש **דחלמתא** ופשר ליה יוסף ית מה GN 40:18
ושכיב באתרא ההוא: **וחלם** והא סולמא קביע בארעא GN 28:12
צבן למללא עימיה שלם: **וחלם** יוסף חילמא ותני לאחוהי GN 37:5
על חלמוי ועל פיתגמוי: **וחלם** תוב חילמא חורנא ותני יתיה GN 37:9
והוו יומין בבית מטרא: **וחלמו** חילמא תריהון גבר חילמיה GN 40:5
יתיה וית רב נחתומיא: **וחלמנא** חילמא בליליא חד אנא GN 41:11
למימר אין אנת שמע **חילמא** אנת פשר ליה: ואתיב יוסף GN 41:15
וית רב נחתומיא: וחלמנא **חילמא** בליליא חד אנא והוא גבר GN 41:11
והוא גבר חילמיה ופושרן **חילמא** דחבריה חלימנא: ותמן GN 41:11
לי: ואמר יוסף לפרעה **חילמא** דפרעה חד הוא מה דייי GN 41:25
ביה אבוי ואמר ליה מה **חילמא** הדין דחלמתא המיתי ניתי GN 37:10
ואמר להון שמעו כדון **חילמא** הדין די חלימית: והא אנחנא GN 37:6
שיקרא ההוא או מן חלים **חילמא** ההוא ארום מנסי ייי DT 13:4
ואיתער פרעה והא הוה **חילמא:** והוה בצפרא ומטרפא GN 41:7
עימיה שלם: וחלם יוסף **חילמא** ותני לאחוהי ואוסיפו תוב GN 37:5
שיקרא ההוא או חלים **חילמא** זידנא ההוא יתקטל בסייפא DT 13:6
האילין אינין מבשרן **חילמא** חד הוא: ושבע תורתי GN 41:26
ועל פיתגמוי: וחלם תוב **חילמא** חורנא ותני יתיה לאחוהי GN 37:9
פרעה: ואמר פרעה ליוסף **חילמא** חלימית ומפשר לית יתיה GN 41:15
דהויתון הכא: ואמר ליה **חילמא** חלימנא ופשר לית ליה GN 40:8
לחדא: ומן בגלל דאיתני **חילמא** לפרעה תרתין זימנין ארום GN 41:32
ואמר הא חלימית **חילמא** תוב והא שימשא וסיהרא GN 37:9
יומין בבית מטרא: וחלמו **חילמא** תריהון גבר חילמיה GN 40:5
הלא מן קדם ייי פושרן **חילמיא** אישתעו כדון לי: ואישתעי GN 40:8
חד גבר חילמיה ופושרן **חילמיא** דחבריה מזוגא ונחתומא די GN 40:5
חילמא תריהון גבר **חילמיה** בליליא חד גבר חילמיה GN 40:5
ואישתעי פרעה להום ית **חילמיה** ולא הוה אפשר לגבר די GN 41:8
חד אנא והוא גבר **חילמיה** ופושרן חילמא דחבריה GN 41:11
חילמיה בליליא חד גבר **חילמיה** ופושרן חילמיא דחבריה GN 40:5
מצרים ותני להון ית **חילמיה** מן יד פתחון פוהון יניס EX 1:15
חילמנא גבר הי כפושרן **חילמיה** פשר: והוה היכמא דפשר GN 41:12
אית ליה: ודכיר יוסף ית **חילמייא** דחלם עליהום ואמר להום GN 42:9
גבר לאחוי הא מרי **חילמייא** דיכי אתי: וכדון אתו GN 37:19
מיני לא אית גבר דפשר **חילמין** ברם מן קדם ייי יתותב GN 41:16
ליה ופשר לנא ית **חילמנא** גבר הי כפושרן חילמיה GN 41:12
מימרא דייי ופרעה הוה **חלים** והא קאי על נהרא: והא מן GN 41:1
נבי שיקרא ההוא או מן **חלים** חילמא ההוא ארום מנסי ייי DT 13:4
ונבי שיקרא ההוא או **חלים** חילמא זידנא ההוא יתקטל DT 13:6
כדון חילמא הדין די **חלימית:** והא אנחנא מפרכין פירוכין GN 37:6
פרעה ליוסף חילמא **חלימית** ומפשר לית יתיה ואנא GN 41:15
יתיה לאחוהי ואמר הא **חלימית** חילמא תוב והא שימשא GN 37:9
הכא: ואמר ליה חילמא **חלימנא** ופשר לית ליה ואמר להון GN 40:8
ופושרן חילמא דחבריה **חלימנא:** ותמן עימנא טלייא עבראי GN 41:11
נבי שיקרא או מרי **חלמא** דזדנותא ויתן לכון את או DT 13:2
פשר דהוא חמא פושרן **חלמא** דחבריה ושרי למללא בלישן GN 40:16
חמריה וידע באשתעות **חלמא** ית דעבד ליה חם בריה דהוא GN 9:24
מדמכיה: ודמוך וחמא **חלמא** תניינות והא שבעא תובלי GN 41:5
תוב למנטר ליה בבו על **חלמוי** ועל פיתגמוי: וחלם תוב GN 37:8
וניחמי מה יהי פשר **חלמוי:** ושמע ראובן ושיזביה מן GN 37:20
ואישתעי רב מזוגיא ית **חלמיא** ליוסף ואמר ליה חמי הוית GN 40:9
תקבל אגר ביש על **חלמך** ביש דחלמתא ופשר ליה GN 40:18
תקבל אגר טב על **חלמך** טב די חלמתא ופושרניה דין GN 40:12
אגר טב על חלמך טב די **חלמתא** ופושרניה דין הוא לך תלתי GN 40:12

חלף (68)

מעשרא דתורי ועני כל **דחלפין** תחות שרביטא עשיראה LV 27:32
קדם ייי צלותא דלאה **ואתחלפו** עובריא במעהון והוה GN 30:21
לכהונתא רבתא **וחולף** דאחד רומחא בדרעיה ומחא NU 25:13
גאולתא בסוף יומיא: **וחולף** דחסדותי למימר הלא בר NU 25:13
שמעתון מיגו אישתא: **וחולף** דרחים ית אבהתכון אברהם DT 4:37
מפקיד לכון יומא דין: **וחילופה** אין לא תקבלון לפיקודיא DT 11:28
סדרית קומיכון ברכתא **וחילופה** ותיתרעון באורחא דחיי DT 30:19
יומא דין בירכתא **וחילופה:** ית בירכתא אין תקבלון DT 11:26
פיתגמיא האילין בירכן **וחילופהון** דסדרית קדמכון DT 30:1
מן רידיה וארבע ענא **חולף** אימר חד מן בגלל דאקטיה EX 21:37
יתיה ואסיקהי לעלתא **חולף** בריה: ואודי וצלי אברהם תמן GN 22:13
דחברון דטייל בה ולבנוי **חולף** דאשלים בתר דחלתא דייי: DT 1:36
לא יחמונה: ועבדי כלב **חולף** דהוות רוח אוחרי עימיה NU 14:24
באומא קלילא **חולף** דהויתון הי ככוכבי שמיא DT 28:62
בגין בנך כל עממי ארעא: **חולף** די קבל אברהם במימרי ונטר GN 26:5
יתהון למעבדהון: ויהי **חולף** די תקבלון ית דינייא האילין DT 7:12
למשה ולאהרן בשבועתא **חולף** דלא הימנתון במימרי NU 20:12
ובניכון עד עלמא: **חולף** דלא פלחתון קדם ייי אלקכון DT 28:47
קדמיכון היכדין תיבדון **חולף** דלא קבילתון למימרא דייי DT 8:20

במימרי קיימית אמר ייי **חולף** דעבדת ית פיתגמא הדין ולא GN 22:16
דכסף וליה תהי לאיתו **חולף** דענייה לית ליה רשו DT 22:29
בנך כל עממי ארעא **חולף** דקבילתא במימרי: ודברו GN 22:18
בתרוי קיים רבות עלם **חולף** דקני לאלקיה וכפר על בני NU 25:13
ותהוי לכון לריחוק **חולף** דקצתון במימרא דייי דאיקר NU 11:20
פודעא דמי הלכשוש **חולף** הלכשוש: וארום ימחי גבר ית EX 21:25
למה שלימתון בישתא **חולף** טבתא: הלא דין דהוה שתי GN 44:4
וכדון יתיב בבעו עבדך **חולף** טלייא עבדא לריבוני וטלייא GN 44:33
ישכוב עמך בלילייא הדין **חולף** יברוחי דבריך: ועל יעקב מן GN 30:15
חולף שינא דמי ידא **חולף** ידא דמי ריגלא חולף ריגלא: EX 21:24
חולף שינא דמי ידא **חולף** ידא דמי ריגלא חולף ריגלא: DT 19:21
קדמי: וקריבית ית ליואי **חולף** כל בוכרא בבני ישראל: NU 8:18
ריגלא: דמי צער מחרוך **חולף** מחרוך דמי פודעא חולף EX 21:25
ותדינון נפשא דקטולא **חולף** נפשא דאיתתא: דמי עינא EX 21:23
נפשא דאיתתא: דמי עינא **חולף** עינא דמי שינא חולף שינא EX 21:24
חולף תברא דמי עינא **חולף** עינא דמי שינא חולף שינא LV 24:20
חלופי נפשא דמי עינא **חולף** עינא דמי שינא חולף שינא DT 19:21
לבר חורין יפטירניה **חולף** עיניה: ואין שינא דעבדיה EX 21:26
חולף מחרוך דמי פודעא **חולף** פודעא דמי הלכשוש חולף EX 21:25
בישראל באחסנא **חולף** פולחנהון דהינון פלחין ית NU 18:21
קדמי מגו בני ישראל **חולף** פתח כל וולדא בוכריא כולהון NU 8:16
דרמיו לאסאבא ליה לאה **חולף** רחל: והוה ברמשא ודברית GN 29:22
ידא חולף ידא דמי ריגלא **חולף** ריגלא: ארום תיפקון לסדרי DT 19:21
ידא חולף ידא דמי ריגלא **חולף** ריגלא: דמי צער מחרוך חולף EX 21:24
חולף עינא דמי שינא **חולף** שינא דמי ידא חולף ידא דמי EX 21:24
חולף עינא דמי שינא **חולף** שינא דמי ידא חולף ידא דמי DT 19:21
חולף עינא דמי שינא **חולף** שינא היכמא דיתן מומא LV 24:20
יפיל לבר חורין יפטירניה **חולף** שיניה: וארום ינגש תור ית גבר EX 21:27
יתעביד ליה: דמי תברא **חולף** תברא דמי עינא חולף עינא LV 24:20
זבניה חמשא תורא ישלם **חולף** תור חד מן בגלל דבטליה מן EX 21:37
מריה שלמא ישלם תורא **חולף** תורא ונבילתא ומושכא יהי EX 21:36
ולא תיחוס עיניכון נפשא **חלופי** נפשא דמי עינא חולף עינא DT 19:21
ארום אגרא הוא לכון **חלופי** פולחנכון במשכן זימנא: ולא NU 18:31
עבר דהוא מחליף ולא **חליף** דדיליה הוא כליל מלכותא EX 15:18
ירעון ית חוביהון לווטין **חלף** בירכן ימטון עליהון מיכלא כל LV 26:43
ישראל וית בעירת ליואי **חלף** בעיריהון ויהון משמשין קדמי NU 3:45
הינון ליך תחמרא דעיינין **חלף** דאתכסית מן בעליך ליליא GN 20:16
בנך בארעא דלא דילהון **חלף** דלא הימנת וישעבדון בהון GN 15:13
לית ליה רשו לזבונא **חלף** דמני מרה רשותיה עלה: ואין EX 21:8
קדמיי מן ארעא: וכען **חלף** דקטלתיה ליט את מן ארעא GN 4:11
יהב לי ייי בר אוחרן **חלף** הבל דקטליה קין: ולשת אף GN 4:25
מיניה על משך בישריהון **חלף** טופריהון דאישתלחו GN 3:21
למימר: קריב ית ליואי **חלף** כל בוכרא בבני ישראל וית NU 3:45
וית בעירא דליואי **חלף** כל בוכרא בבעירא דבני NU 3:41
ית ליואי קדמי אנא ייי **חלף** כל בוכריא בבני ישראל וית NU 3:41
ית ליואי מגו בני ישראל **חלף** כל בוכריא פתח וולדא מבני NU 3:12
בעירא ישלמינה נפשא **חלף** נפשא: וגבר ארום יתן מומא LV 24:18
בר תורי ברם משה נביא **חלפיה** מטול דלא ידכר להון חובת NU 2:10
מעבר ולא עבר דהוא **מחליף** ולא חליף דדיליה הוא כליל EX 15:18

חלץ (1)

מותר בנוי דיעקב עלו **לחלצא** קטילייא ובזו ית קרתא GN 34:27

חלק (68)

מוקדשא למהוי מתבני **בחולקיה** דבנימין ועתיד למחרוב GN 45:14
דשילו דעתיד למהוי **בחולקיה** דיוסף ועתיד למחרוב: GN 45:14
לשיבטא דיהודה וזווג **בחולקיה** ובבירכתיה לשמעון אחוי DT 33:7
קורבנין ומיניה ליואי **במחלוקתהון** לזמרא הא בכין GN 50:1
תיסב אימן חולק אבונן **וחולק** אחא דאבונן ואין אנן NU 27:4
ובנך עימך ארום חולקך **וחולק** בנך איתיהיבו מניכסת LV 10:14
קדיש ארום חולקך **וחולק** בנך היא מקרבניא דייי ארום LV 10:13
דבר מיני אכלו עולימיא **וחולק** גובריא דאזלו עימי ענר GN 14:24
מגו אחסנת בני יהודה **וחולק** חד ביני שאר שבטיא ביעקב GN 49:7
וחולק חד מן דיליה **וחולק** חד מן אינתתיה ותרין GN 43:34
חולקין חולק חד חולקיה **וחולק** חד מן דיליה וחולק חד מן GN 43:34
וחולק חד מן דיליה **וחולק** חד מן דיליה וחולק חד מן GN 43:34
ושט עשו ית בכירותא **וחולק** עלמא דאתי: והוה כפנא GN 25:34
ולמה דנן לי בכירותא **וחולקא** בעלמא דאת אמר: ואמר GN 25:32
דעלמא דאתי ארום טב **וחולקא** דארעא דישראל ארום GN 49:15
אחסנא כמשאר שבטיא **וחולקא** לא יהוי לך ביניהון אנא NU 18:20
וייחי בהון בחיי עלמא **וחולקיה** עם צדיקייא אנא ייי: גבר LV 18:5
כנטרא ייבם תיסב אימן **חולק** אבונן וחולק אחא דאבונן NU 27:4
ליה לית ליה רשו למיתן **חולק** בכורותא לבר רחימתא על DT 21:16
בעלמא הדין ולית לי **חולק** בעלמא דאתי או דילמא GN 15:1
קדם ייי: חולק כל קבל **חולק** בשוה ייכלון בר ממותרי DT 18:8
ענא: מן פלגותהון דהוא **חולק** גברי מגיחי קרבא תיסבון NU 31:29
אלפין: והות פלגותא **חולק** גובריא די נפקו לחילא סכום NU 31:36
דעד כדון אית לנא **חולק** ואחסנא בבית אבונא: הלא GN 31:14
ארום לית ליה **חולק** ואחסנא עימכון: אסתמרון DT 12:12
ליואה ארום לית ליה **חולק** ואחסנא עימכון וגיורא ויתמי DT 14:29
תשבקוניה ארום לית ליה **חולק** ואחסנא עימכון: מסוף תלת DT 14:27
כן לא הוה לשיבט לוי **חולק** ואחסנא עם אחוהי מתנן DT 10:9
לכהניא דמן שיבט לוי **חולק** ואחסנא עם אחוי קורבניא DT 18:1
כולהון חמשא חולקין **חולק** חד חולקיה וחולק חד מן GN 43:34
דשמעון לתרין חולקין **חולק** חד יפוק ליה מגו אחסנת בני GN 49:7
לך ית קרתא דשכם **חולק** חד למתנא יתיר על אחך GN 48:22
מיכאל פמיה ואומר ארום **חולק** טב דשום מימרא דייי עמיה DT 32:9
עתידין בנוי לקבלא **חולק** טב וקרת שמיה זבולן: ומן GN 30:20
דמשמשין תמן קדם ייי: **חולק** כל קבל חולק בשוה ייכלון DT 18:8
כבר מבשרנא דלית לי **חולק** לעלמא דאתי ברם אין NU 23:10
מן דין קטול וברם ארום **חולקא** אמר למתיהבא להום מלות GN 47:22
קדמוי לקדמיהון וסגת **חולקא** דבנימין מן חולקי כולהון GN 43:34
דמליל ליה: ודין יהי **חולקא** דחמי לכהניא מן עמא DT 18:3
כפילתא דלית בה לֵעשו **חולקא** וכד הוא פתח פומיה GN 49:21
וממרא אף הינון יסבון **חולקהון**: בתר פיתגמיא האילין מן GN 14:24
ייכלונא: לא תתאפי חמיע **חולקהון** מן מותרי מנחתא דיהבית LV 6:10
וסגת חולקא דבנימין מן **חולקי** כולהון חמשא חולקין חולק GN 43:34
שית מאה ותרין ושובעין **חולקי** שעתא ומן בתר כן GN 1:16
ארעא טבתא וקביל **חולקיה** בשירויא ארום תמן אתר DT 33:21
חמשא חולקין חולק חד **חולקיה** וחולק חד מן דיליה וחולק GN 43:34
קורבנייא ואכלין גבר **חולקיה**: כל אילין שיבטייא GN 49:27
ית אגרי עישרתי **חולקין**: אילוליפון לאלקיה דאיבא GN 31:41
בוכרא למיתן ליה תרין **חולקין** בכל מה דמשתכח גביה DT 21:17
כמזג חמר סמוק בתרין **חולקין** דמוי אדם מסאב הוי דובא LV 15:19
ויתפלגון לעשרין וארבע **חולקין** ויטרון ית מטרתיה וית NU 3:7
בי ושלחיף ית אגרי עשר **חולקין** ולא יהב ליה ייי רשו GN 31:7
ויפלג ית קיטמא לתלת **חולקין** חדא יהיב בחייל וחדא NU 19:9
מן חולקי כולהון חמשא **חולקין** חולק חד חולקיה וחולק חד GN 43:34
בנוי דשמעון לתרין **חולקין** חולק חד יפוק ליה מגו GN 49:7
חומשא לפרעה וארבע **חולקין** יהי לכון לבר זרעא דחקלא GN 47:24
חד מן אינתתיה ותרין **חולקין** מן תרין בנוי ושתיו ורוויו GN 43:34
אינש בחבריה: ונטל **חולקין** מעל פתוריה ושדרינון מן GN 43:34
ייי מרבע יומא לארבעא **חולקין** תלת שעין עסיק באורייתא DT 32:4
דכי אנת ובנך עימך ארום **חולקך** וחולק בנך איתיהיבו LV 10:14
יתה באתר קדיש ארום **חולקך** וחולק בנך היא מקרבניא LV 10:13
מלות פרעה ואכלין ית **חילקהון** דיהב להון פרעה בגין כן GN 47:22
דמתכסי בה בלחודא היא **חלוק** תותביה דנפלא למושכיה EX 22:26
לא יהוי לך ביניהון אנא **חלקך** ואחסנתך בגו בני ישראל: NU 18:20
דיליה תהי שקא דימינא **לחולק**: ארום ית חדיא דארמותא LV 7:33
אתפרש למשה הוה **לחולק** היכמא דפקיד ייי ית משה: LV 8:29
ארמא קדם ייי ויהי לך **לחולק**: ותקדש ית חדיא דארמותא EX 29:26
ויתכון נסיב מימרא דייי **לחולקיה** ואנפיק יתכון מניר פרזלא DT 4:20

חלש (2)

עלה התקיף הוא אין **חלש** הזעיר הוא אין סגי: ומא ארעא NU 13:18
בסידרי קרבא ולא קל **חלשין** דמתנצחין מן בעלי דבביהון EX 32:18

חם (19)

חוטרא דנסב מן גינוניתא **דחמוי** והוא מספיר כורסי יקרא EX 4:20
חתנא בעא למגזור **וחמוי** עכיב עלוי וכדון אדם גוזרתא EX 4:25
הוה גזיר על עיסק יתרו **חמוי** דלא שבקיה למגזריה ברם EX 4:24
דפרעה: ואתא יתרו **חמוי** דמשה ובנוי דמשה ואינתתיה EX 18:5
צפרא עד רמשא: וחמא **חמוי** דמשה ית כל דהוא טרח EX 18:14
ושמע יתרו אונוס מדין **חמוי** דמשה ית כל מאן דעבד ייי EX 18:1
ממצרים: ודבר יתרו **חמוי** דמשה ית צפורה אינתתיה EX 18:2
דייי וית אורייתיה: ואמר **חמוי** דמשה ליה לא תקין פיתגמא EX 18:17
לחובב בר רעואל מדינאה **חמוי** דמשה נטלין אנחנא מיכא NU 10:29
למיכול לחמא עם **חמוי** דמשה קדם ייי ומשה הוה EX 18:12
דיינון הינון: ופטר משה ית **חמוי** ואזל ליה לגיירא כל בני ארעא: EX 18:27
ואזל משה ותב לות יתרו **חמוי** ואמר ליה איזיל כדון ואיתוב EX 4:18
ענני יקרא לקדמות **חמוי** וסגיד ונשיק ליה וגייריה EX 18:7
בשלם: וקבל משה למימר **חמוי** ועבד כל דאמר: ובחר משה EX 18:24
הוה רעי ית ענא דיתרו **חמוי** רבא דמדין ודבר ית ענא EX 3:1
ואיתני לתמר למימר הא **חמויך** סליק לתמנת למיגז עניה: GN 38:13
שירויא: ואמר למשה אנא **חמוך** יתרו אתי לוותך לאתגיירא EX 18:6
עד רמשא: ואמר משה **לחמוי** ארום אתיין לוותי עמא EX 18:15
בית אולפנא: ותני משה **לחמוי** ית כל מה דעבד ייי לפרעה EX 18:8

חמד (20)

אבהתיי אברהם ויצחק **דחמידו** להין רברבני עלמא GN 49:26
לחבריה ארום בחוביא **חמודיא** מלכותא מתגריא EX 20:17
לחבריה ארום בחובי **חמודיא** מלכותא מתגריא DT 5:21
בכנישתהון דישראל עם **חמודין** דלא יקומון בניכון מן EX 20:17

בכנישתהון דישראל עם **חמודין** דלא יקומון בניכון מן DT 5:21
לחוד הינון למיהוי עם **חמודין** ולא יחמיד חד מנכון ית EX 20:17
להון הינון למיהוי עם **חמודין** ולא יירוג חד מינכון ית DT 5:21
חברין ולא שותפין עם **חמודין** ולא יתחמון בכנישתהון EX 20:17
חברין ולא שותפין עם **חמודין** ולא יתחמי בכנישתהון DT 5:21
עמי בני ישראל לא תהוון **חמודין** לא חברין ולא שותפין עם EX 20:17
עמי בני ישראל לא תהוון **חמודין** לא חברין ולא שותפין עם DT 5:21
אזילתיה ארום מתחמדא **חמידתא** לבייתיה דאבוך למה גנבת GN 31:30
ואפתי ית תחומך ולא **יחמיד** אינש ית ארעך בזמן מיסקך EX 34:24
ית ביתא דחבריה ולא **יחמיד** חד מנכון ית אינתתיה EX 20:17
למיהוי עם חמודין ולא **יחמיד** חד מנכון ית ביתא דחבריה EX 20:17
מן בגלל דהוה דבירא **מתחמד** למללא עימיה ניסא GN 28:10
מיזל אזילתיה ארום **מתחמדא** חמידתא לבייתיה דאבוך GN 31:30
בכורסי יקרא והויתון **מתחמדין** למיחמי יתיה בכין שאר GN 28:12
תוקדון בנורא לא **תחמדון** כספא ודהבא דעליהון DT 7:25
ובניסיתא ובקיברי **תחמודא** מרגיזין הוותון קדם ייי: DT 9:22

חמה (2)

ואישתיירון תרין אף **וחימה** בעא משה רחמין ואתכליאו DT 9:19
לחבלא ית ישראל אף **וחימה** וקצף ומשחית וחרון כיון DT 9:19

חמור (40)

קדם ייי: וכל פתח וולדא **בחמרא** תיפרוק באימרא ואין לא EX 13:13
דבחקלא בסוסוותא **בחמרי** בגמלי בתורי ובענא מותא EX 9:3
ושמעת לאה קל נהיקיה **דחמרא** וידעת דהא יעקב אתא GN 30:16
דתורי ואימרי: ובוכרא **דחמרא** תיפרוק באימרא ואין לא EX 34:20
לא תהוון רדיין בתורא **ובחמרא** ובכל ברייתא בתרין זינין DT 22:10
ובגיתי ענא ובגיתי תורי **ובחמרא** וזנינין בלחמא בכל GN 47:17
שובעין ותרין אלפין: **וחמרי** שיתין וחד אלפין: ונפשת NU 31:34
לשמא דייי שובעין ותרין: **וחמרי** תלתין אלפין וחמש מאה NU 31:39
יתיב למריה דמי תוריה **וחמריה** ונבילתא יהי דיליה: וארום EX 21:34
וגברייא איתפטרו הינון **וחמריהון:** הינון נפקו מן קרתא לא GN 44:3
ואמהתכון ותוריכון **וחמריכון** וכל בעיריכון וגייוריכון די DT 5:14
ועבדין ואמהן וגמלין **וחמרין:** וילידת שרה איתת ריבוני GN 24:35
ליה מדיליה עאן ותורין **וחמרין** ועבדין ואמהן ואתנין וגמלין: GN 12:16
ואמהן ועבדין וגמלין **וחמרין:** ושמע ית פיתגמי בני לבן GN 30:43
אלהין הוו לי כזעיר תורין **וחמרין** עאן ועבדין ואמהן ושדרית GN 32:6
מן בגלל דינוחון תורך **וחמרך** וישקוט בר אמתך ערלאה EX 23:12
ארום יתן גבר לחבריה **חמר** או תור או אימר וכל בעירא EX 22:9
גניבותא מן תור עד **חמר** עד אימר כד הינון קיימין על EX 22:3
בכוסיא על תור על **חמר** על אימר על כסו ועל כל EX 22:8
ותהדרינה: לא תחמון ית **חמרא** דאחוכון או תוריה רמאן DT 22:4
לדורון דידהון דלא **חמרא** דחד מנהון שחרית ולא NU 16:15
ידע ביה בלחודך או **חמרא** דטעי מן אורחא אתבא EX 23:4
תתביניה ליה: אין תחמי **חמרא** דסנאך דאנת שני ליה על EX 23:5
וית בנוי וארכיבינון על **חמרא** ותב לארעא דמצרים ונסיב EX 4:20
ונפיל תמן תורא או **חמרא:** מריה דגובא ישלם כסף יתיב EX 21:33
מן בת נשא ומן תורי ומן **חמרי** ומן כל בעירא ותיתן יתהון NU 31:30
מאה הכדין מן תורי ומן **חמרי** ומן ענא: מן פלגותהון דהוא NU 31:28
ושית אלפין: וסכום **חמרי** תלתין אלפין וחמש מאה: NU 31:45
אברהם בצפרא וזריז ית **חמריה** ודבר ית תרין טלייוי ית GN 22:3
כח גבורתא וטענו גבר על **חמריה** ותבו לקרתא: ועל יהודה GN 44:13
ענהום וית תוריהום וית **חמריהום** וית דבקרתא וית GN 34:28
כן: ונטלו ית עיבוריהון על **חמריהון** ואזלו מתמן: ופתח לוי GN 42:26
מנהון כד הוה רעי ית **חמרייא** לצבעון אבוי: ואילין בני GN 36:24
חמיין ולא תיכלון מנהון **חמריכון** יהוון אניסין מן קדמיכון DT 28:31
דבוין תמן הוו שדיין **חמרין** רתיחין ותמן מוקדין רישי GN 50:1
יתן לעבדין ולמיסב ית **חמרנא:** וקריבו לות גברא דיממנא GN 43:18
שקיה למיתן אספסתא **לחמריה** בבי מבתותא וחמא ית GN 42:27
ליה: והכדין תעבד **לחמריה** והכדין תעבד לכסותיה DT 22:3
ולא לתוריה ולא **לחמריה** ולא לכל מאן דאית EX 20:17
ריגליהון ויהב אספסתא **לחמריהון:** ואתקינו ית דורונא עד GN 43:24

חמות (1)

אמן: ליט דמשמש עם **חמותיה** הוון עניין כולהון כחדא DT 27:23

חמט (2)

בישא על רכוביא מטול **דחמיטתון** לפיתגם עבירתא ועל DT 28:35
כדון: והוה שמשא טמעא **וחומטא** הות והא חמא אברם GN 15:17

חמי (502)

רחמין קדמך ולא **אחמי** בבישותי: ואמר ייי למשה NU 11:15
ליתוי עימי דילמא **אחמי** בבישתא דתיברז ית אבא: GN 44:34
מה דייי עתיד למעבר **אחמי** ית פרעה: הא שבע שנייא GN 41:28
אפך לא חשיבית והא **אחמי** יתי ייי אוף ית בנך: ואפיק GN 48:11
וחכימיכון: ואמרתון הא **אחמי** יתן מימרא דייי אלקנא ית DT 5:24
יתך בשום טב: ואמר **אחמי** כדון יתי ית יקרך: ואמר האנא EX 33:18
למימר לבניכון אתנינא **אחמיית** יתה בעיינך ותמן לא DT 34:4
באולפניה ועילוי ארעא **אחמינכון** ית אישתיה רבתא DT 4:36

למימר הי כמכתשא **איתחמי** לי בביתא: ויפקד כהנא LV 14:35
תימני יתהון: דין שיעורא **איתחמי** למשה בטוורא הי כדינרא EX 30:13
תמוז בתמוז בחד לירחא **איתחמיו** רישי טווריא: והוה מסוף GN 8:5
ועיניכון חמיין: אתון **אתחמיתא** ית פרישתא אילין DT 4:35
ייי דילמא יתהון עמא **במחמיהון** אחוהון דמיתו בקרבא EX 13:17
נכיסא הוה מקבר כהנא **במיחמי** מצורעא: ויצבע דמידכי ית LV 14:7
נכיסתא הוה מקבר כהנא **במיחמי** מרי ביתא: דא תיהוי גזירת LV 14:53
תעביד יתיה הי כמא **דאחמיתך** בטוורא היכדין יעבדון: EX 27:8
דמיטפלא במשכא בתר **דאיתחמי** לכהנא לדכותיה ויתחמי LV 13:7
ית משכנא כהילכתא **דאיתחמיתא** בטוורא: ותעביד EX 26:30
שכינתא דייי: והוה כיוון **דחמא** אהרן מדבחא בקרנוי מידמי LV 9:7
לא מידברין: והוה כיוון **דחמא** בלעם חייבא דבית ישראל NU 23:10
קטלו בסייפא והוה כיון **דחמא** בלעם חייבא ית פנחס כהנא NU 31:8
עניני יקרא: והוה כיוון **דחמא** בלעם יתהון דפולחנא NU 23:1
לכל אחוי ובכא עליהון **דחמא** דמשתעבדון לביני עממייא GN 45:15
צוורי בנימין אחוי ובכא **דחמא** דעתיד בית מוקדשא למהוי GN 45:14
ושבע שנין חייא עד **דחמא** ית בני רחביה בר גרשום בר EX 6:20
ושבע שנין חייא עד **דחמא** ית משה וית אהרן פריקייא EX 6:16
ותלת שנין חייא עד **דחמא** ית פנחס הוא אליהו כהנא EX 6:18
מן דינא רבא הדין וכיון **דחמא** יתהום יהודה אכר יתהום GN 38:25
קרבא לאדרעי: והוה כיוון **דחמא** משה ית עוג זע וארתית מן NU 21:34
על פריקת צווריה דיוסף **דחמא** משכנא דשילו דעתיד למהוי GN 45:14
ליה לאינתו וריחמא בגין **דחמא** עובדהא דתקנן כעובדיה GN 24:67
יתיב בחשבון: והוה כיוון **דחמא** עוג רשיעא ית משירייתא NU 21:35
לא זבן מן בגלל **דחמון** ליה זכותא בזמן דבעא GN 47:22
קטול ולא דלו מיניה עד **דחמי** בחדוות בריה הכדין אנא DT 32:50
אמרת אנת הוא חי וקיים **דחמי** ולא מתחמי ארום אמרת הא GN 16:13
עלוי יקר חי וקיים **דחמי** ולא מתחמי: ואילין תולדת GN 25:11
דאיתגלי עלוי חי וקים **דחמי** ולא מתחמי והוא הוה יתיב GN 24:62
קדמך ואיחוס על מאן **דחמי** ליה למיחוס ואירחים על מאן EX 33:19
למיחוס ואירחים על מאן **דחמי** ליה למתרחמא: ואמר לית EX 33:19
ליה: ודין יהי חולקא **דחמי** לכהניא מן עמא מלות דבחי DT 18:3
בביתך דילמא יפול דין **דחמי** למיפל מיניה: לא תזרעון DT 22:8
וגבר ארום לא יהי ליה מן **דחמי** למפרוק זבינוי ותארע ידיה LV 25:26
שליחותך ביד פינחס **דחמי** למשתלחא בסוף יומיא: EX 4:13
וזבניה פוטיפר על **דחמייה** שפיר בגין למעבד עימיה GN 39:1
מסתפיין ממצראי **דחמיין** יתיה ויכסון יתיה כהילכתא EX 12:6
בר נשא על מימר סהדין **דחמיין** למסהד עלוי יקטול תבע NU 35:30
ועד ריגלוי לכל חיזיו **דחמיין** עינוי דכהנא ומתכוונן בין LV 13:12
חייבין אנחנא על אחונא **דחמינא** אניקי דנפשיה כד הוה GN 42:21
צדיקייא אנא מיית בתר **דחמית** סבר אפך ארום עד כדון GN 46:30
למילוט יתהון וכיוון **דחמיתא** דלא אהניין עובדך ולא NU 31:8
למחמיכון: ובמדברא **דחמיתא** חווייא קלן מליין אירס DT 1:31
תתנשון ית פיתגמיא **דחמיתון** בסיני בעיניכון ודילמא DT 4:9
מצראי: ניסין רבריבין **דחמיתון** בעיניכון אתיא ותימהיא DT 7:19
יתבי ארעיה: ניסין רברבן **דחמיתון** בעיניכון אתיא ותימהיא DT 29:2
וית חסינתא האילין **דחמיתון** בעיניכון: בשובעין נפשתא DT 10:21
לי במצרים וית כל רבותי **דחמיתון** ותוחון ית אבא הלכא: GN 45:13
רבא ודחילא ההוא **דחמיתון** חיוין ככשורין ועקרבין DT 1:19
לא תתובון ארום היכמא **דחמיתון** ית מצראי יומא דין לא EX 14:13
יוסף ית טיפיהון ביש **דחמנון** אכלין בישרא דתליש מן GN 37:2
דייי: ואמר יעקב כיון **דחמנון** לא משרויין דעשו הינון GN 32:3
דשיבט יהודה כיוון **דחמנון** שתקין קם מיגו סנדרי NU 25:7
וגייורייא דבקירויכון **דיחמון** איקר אורייתא וידחלון DT 31:12
למטרא לדריכון מן בגלל **דיחמון** דרייא מסרבייא ית לחמא EX 16:32
מלרע וגברא מלעיל **דיחמון** כל בית ישראל ית NU 25:8
בזכותיה אישתזב אלהין **דייחמון** דיירי עלמא גבורתא דייי GN 14:13
דכי הוא: ברם ביומא **דיתחמי** ביה בישריה חייא דביה יהי LV 13:14
קדמוי רוקא נפישא **דמתחמי** לחכימיא ותתיב ותימר DT 25:9
משירייתוי לית אפשר **דתחמי** ותלוטיה לי מתמן: ודבר NU 23:13
כדון עימי לאתר חורן **דתחמיניה** מתמן לחוד משיריתא NU 23:13
ומן מיחמי עיניכון **דתיחמון** תזועון: ימחינכון מימרא DT 28:34
קאים קדמך תמן באתרא **דתיחמי** רושם ריגלא על טינרא EX 17:6
חד ותתנגב ארעא **דתתחמי** יבישתא והוה כן: וקרא GN 1:9
מיני דאעבור ית יורדנא **ואחמי** בטובתא דישראל ומבתר DT 32:50
לחדא: אתגלי כדון **ואחמי** הא כקבילתא דריבא GN 18:21
וכגבורתך: אעיבר כדון **ואחמי** ית ארעא טבתא דבעיברא DT 3:25
בתיא דאתון שריין תמן **ואחמי** ית זכות אדמא ואיחוס EX 12:13
ואמר משה איתפני כדון **ואחמי** ית חזוונא רבא הדין מדין לא EX 3:3
ותהי קשתא בעננא **ואחמינה** למידכר קים עלם בין GN 9:16
יוסף ברי קיים איזיל כדון **ואחמיניה** קדם דאמות: ונטל GN 45:28
לות אחיי דבמצרים **ואיחמי** העד כדון אינון קיימין EX 4:18
ניחות עימך למצרים **ואיחמי** סיגוופיהון דבנך וממרי GN 46:4
למהוי שנוי קטיען ותהא **ואיתחמי** ליה ורכן על פריקת GN 46:29

בזמן מללותיה עימיה: **וחמא** אהרן וכל בני ישראל ית משה EX 34:30
מארעא דמצרים: **וחמא** אהרן ית חור נכיס קדמוי EX 32:5
כנישות מיין קרא יממי **וחמא** אלקים ארום טב: ואמר GN 1:10
זני דכיין וזני דלא דכיין **וחמא** אלקים ארום טב: ואמר GN 1:25
פירי עביד פירי ליזניה **וחמא** אלקים ארום טב: והוה רמש GN 1:12
דימּמא ובין חשוך ליליא **וחמא** אלקים ארום טב: והוה רמש GN 1:18
עלמא ומן יד הוה נהורא: **וחמא** אלקים ית נהורא ארום טב GN 1:4
עד מיסק עמיד קריצתא: **וחמא** ארי לא הוה ליה רשו GN 32:26
אדרעא עם קודקדא: **וחמא** ארעא טבתא וקביל חולקיה DT 33:21
משה ונפק לות אחהי **וחמא** באניק נפשיהון ובסוגי EX 2:11
תור ודכר על כל אגורא: **וחמא** בלעם ארום שפר הוה קדם NU 24:1
מעיברא לירדנא דיריחו: **וחמא** בלק בר צפור ית כל מה NU 22:2
נפשיהון ובסוגי פולחנהון **וחמא** גבר מצראי מחי גבר יהודאי EX 2:11
ואזל לארע בני מדינחא: **וחמא** והא בירא בחקלא והא תמן GN 29:2
לעידוני רמשא וזקף עינוי **וחמא** והא גמלייא אתיין: וזקפת GN 24:63
יסב ליה אפין וכיוון דתב **וחמא** והא לות יוסף בגובא ובזע ית GN 37:29
ועל כל אנפי ארע מישרא **וחמא** והא סליק קוטרא דארעא GN 19:28
בלהבי אישתא מגו סניא **וחמא** והא סנייא מטריב באישתא EX 3:2
נשיא: וזקף יעקב ית ענוי **וחמא** והא עשו אתי ועימיה ארבע GN 33:1
דיומא: וזקף עינוי **וחמא** והא תלתא מלאכין בדמות GN 18:2
דפלישתאי מן חרכא **וחמא** והוה יצחק חאיך עם רבקה GN 26:8
פרעה מדמכיה: ודמוך **וחמא** חלמא תניינות והא שבעא GN 41:5
ואיתערטל בגו משכניה: **וחמא** חם אבוי דכנען ית עריתא GN 9:22
משה מן צפרא עד רמשא: **וחמא** חמוי דמשה ית כל דהוא EX 18:14
יתקפון לסגי בגו ארעא: **וחמא** יוסף ארום משוי אבוה ית יד GN 48:17
על אפיהום על ארעא: **וחמא** יוסף ית אחוהי GN 42:7
יוסף מאה ועשרים שנין: **וחמא** יוסף לאפרים בנין דרין GN 50:23
ואתעתדו קדם יוסף: **וחמא** יוסף עמהון ית בנימין ואמר GN 43:16
דמעלמא אינשי שמהן: **וחמא** ייי ארום סגיאת בישת GN 6:5
ארעא חטופין: **וחמא** ייי ית ארעא והא איתחבלת GN 6:12
תקיף כפנא בכל ארעא: **וחמא** יעקב ארום עללייא זבנין GN 42:1
ית כל יקר נכסייא האילין: **וחמא** יעקב ית סבר אפוי דלבן והא GN 31:2
אפרת היא בית לחם: **וחמא** ישראל ית בנוי דיוסף ואמר GN 48:8
וסגידו: וזקף ית עינוי **וחמא** ית בנימין אחוי בר אימיה GN 43:29
תקיף קירוי עממיא: **וחמא** ית דבית עמלק ונטל מתל NU 24:20
תמן: וזקף בלעם ית עינוי **וחמא** ית ישראל שריין לשיבטיהון NU 24:2
עד עלמא יהוי לאובדנא: **וחמא** ית יתרו דמתגייר ונטל מתל NU 24:21
וזקף לוט ית עינוי לזנו **וחמא** ית כל מישר ירדנא ארום GN 13:10
לחמריה בבי מבתותא **וחמא** ית כספיה והא הוא בפום GN 42:27
וגלא ייי ית עינוי דבלעם **וחמא** ית מלאכא דייי מעתד NU 22:31
דצווריה: וזקף ית ענוי **וחמא** ית נשיא וית ריביא ואמר GN 33:5
יוסף דמליל עמהון **וחמא** ית סדנייא דשדר יוסף GN 45:27
כד קריב משה למשריתא **וחמא** ית עיגלא וחינגין בידיהון EX 32:19
בנימוס בנת עמי ארעא: **וחמא** יתא שכם בר חמור חיואה GN 34:2
איבלא שובעא יומין: **וחמא** יתבי ארעא כנענאי ית GN 50:11
לותהון יוסף בצפרא **וחמא** יתהום והא אינון בניסין: GN 40:6
בתרע משכן זימנא: **וחמא** כן פנחס בר אלעזר בר אהרן NU 25:7
יתיב בתרעא דסדום **וחמא** לוט וקם לקדמותהון מתרע GN 19:1
בני ישראל ית כל פולחנא: **וחמא** משה ית כל פולחנא והא EX 39:43
מיניה דמות עיגלא הדין: **וחמא** משה ית עמא ארום פריעין EX 32:25
לרמת דחלתא דפעור **וחמא** מתמן משיריין דן דמהלכין NU 22:41
נח ית חופאה דתיבותא **וחמא** נגובו אנפי ארעא: ובירח GN 8:13
מרבע ביני תחומי אחוי: **וחמא** נייחא דעלמא דאתי ארום GN 49:15
כתיבין באדבעא דייי: **וחמא** עמא ארום אשתהי משה מן EX 32:1
וזקף אברהם ית עינוי **וחמא** ענן איקרא קטיר על טוורא GN 22:4
אימיה ואזל לפדן דארם: **וחמא** עשו ארום בישן בנתהון GN 28:8
אימא דיעקב ועשו: **וחמא** עשו ארום בריך יצחק ית GN 28:6
נחית לא מטא על ארעא: **וחמא** פרעה ארום איתמנע מיטרא EX 9:34
כירוויין וסריית ארעא: **וחמא** פרעה ארום הות רווחתא EX 8:11
שויאו יתי בבית אסירי: **וחמא** רב נחתומי ארום יאות פשר GN 40:16
בבית ריבוניה מצראי: **וחמא** ריבוניה ארום מימר דייי הוה GN 39:3
עדולמאה ושמיה חירה: **וחמא** תמן יהודה ברת גבר תגר GN 38:2
ועבד ליה פרגוד מצוייר: **וחמון** אחוי ארום יתיה רחים GN 37:4
אבוי בתר דקבר ית אבוי: **וחמון** אחי יוסף ארום מיית אבוהון GN 50:15
דקיק כגלידא דעל ארעא: **וחמון** בני ישראל והוון תמהין EX 16:15
שפירתא איתילידו להון: **וחמון** בני רברביא ית בנת אינשא GN 6:2
אתון כל עללי עלמא **וחמון** בצערי דמשה רבהון דישראל DT 34:5
לאחוי קריבו בבעו לותי **וחמון** גזירת מהולתי וקריבו ואמר GN 45:4
לחמא וזקפו עיניהון **וחמון** והא סיעא דערבאין אתיא GN 37:25
מיתין רמאין על גיף ימא: **וחמון** ישראל ית גבורת ידא EX 14:31
מן ידיהון דמצראי **וחמון** ישראל ית מצראי מיתין ולא EX 14:30
נדב ואביהוא ית עיניהון **וחמון** ית איקר אלקא דישראל EX 24:10
לאסערא עליהון **וחמון** ית איקר שכינתא דייי והוון EX 24:11
ולבני גד תקיף לחדא **וחמון** ית ארעא דמכוור וית ארע NU 32:1
עד נחלא דאתכלא **וחמון** ית ארעא ובטילו רעות ליבא NU 32:9
לא תידחלון איתעתדו **וחמון** ית פורקנא דייי די עבד לכון EX 14:13
קטר כספיה בידסקייה **וחמון** ית קיטרי כספיהון הינון GN 42:35
ארום שפירא היא לחדא: **וחמון** יתה רברבי פרעה ושבחו יתה GN 12:15
אחהי ואשכחינון בדותן: **וחמון** יתיה מרחיק ועד לא קריב GN 37:18
יקרא בחד לירחא דאב **וחמון** כל כנישתא משה נחית מן NU 20:29
ית עליא וית תרביא **וחמון** כל עמא ואודון ואתרכינו LV 9:24
מיתיא וית טורא תנין **וחמון** כל עמא ורתען וקמו תריסר EX 20:18
כדי על אברם למצרים **וחמון** מצראי ית אינתתא ארום GN 12:14
וסכום ליבנייא תתנון: **וחמון** סרכי בני ישראל יתהון בביש EX 5:19
זני דכיין וזני דלא דכיין **וחמי** אלקים ארום טב:: והוה רמש GN 1:21
ולדרומא ולמדינחא **וחמי** בעינך ארום לא תעיבר ית DT 3:27
כל מנייה דידה האילין: **וחמי** ועיבד בציוריהון דאנת EX 25:40
למשה סוק לטוורא הדין **וחמי** ית ארעא דיהבית לבני ישראל: NU 27:12
לא כל היאך אילהין סוק **וחמי** ית ארעא דכנען דאנא יהיב DT 32:49
ואמר זקוף כדון עינך **וחמי** כל ברחיא דסלקין על ענא GN 31:12
דינא מן קדם ייי הוא **וחמי** כל טומריא ופיתגמא דיקשי DT 1:17
הדא קריבא מותבהא **וחמי** למיעירוק לתמן והיא ציבחר GN 19:20
פתגמא ולות כל כנישתא **וחמיאונון** ית איבא דארעא: NU 13:26
לא איתיהבת ליה לאינתו: **וחמיה** יהודה והוה מדמיה באנפוי GN 38:15
כדין וישתיצון במותנא **וחמיין** בבישתהון בני עמהון מטול LV 20:17
ישראל ית מה דאיתפקד: **וחמיין** בני ישראל ית איקונין EX 34:35
עיילין לטריקליניהון **וחמיין** בנתיהון ייאתא חטייתא NU 31:50
הוה מנהר בליליא **וחמיין** כל בני ישראל בכל EX 40:38
פריקין מארעא דמצרים **וחמיין** כל עממיא ית כל גבורתא LV 26:45
ענא וזקפית עניי **וחמית** בחילמא והא ברחייא GN 31:10
כדבקדמיתא ואיתערית: **וחמית** בחילמי והא שבע שובלין GN 41:22
לוחי קימא על תרין ידיי: **וחמית** והא סרחתון קדם ייי DT 9:16
מן בעליך ליליא חדא **וחמית** ית גופיך דאילו יהבית ית כל GN 20:16
ביני עממייא דעברתון: **וחמיתון** ית מרחקתהון וית טעוון DT 29:16
מימרא דייי עם משה: **וחמן** כל עמא ית עמודא דעננא EX 33:10
למינדע בין טב לביש: **וחמת** איתתא ית סמאל מלאך GN 3:6
למשכוב בעיטפך **וחמת** ארום עברת ויתבזי איקרי GN 16:5
ועול לות הגר ועדיאת **וחמת** ארום עדיעת וזללת איקר GN 16:4
דין תחום דין לבישא: **וחמת** אתנא ית מלאכא דייי NU 22:25
לימינא ולשמאלא: **וחמת** אתנא ית מלאכא דייי ורבעת NU 22:27
יניס וימריס עימיה: **וחמת** אתנא ית מלאכא דייי מעתד NU 22:23
וזקפת רבקה ית עינהא **וחמת** ית יצחק ואיתרכינת מעל GN 24:64
ומן טריבא: ופתחת **וחמת** ית ריבא והא טלייא בכי EX 2:6
אזלן על גיף נהרא **וחמת** ית תיבותא בגו גומייא EX 2:5
ביר בסוף שיתא ירחין **וחמת** יתיה ארום בר קיימי הוא EX 2:2
ייי וקרת שמיה נפתלי: **וחמת** לאה ארום קמת מלמילד GN 30:9
יהודה וקמת מלמילד: **וחמת** רחל ארום לא ילידת ליעקב GN 30:1
ביומא דאחסין ית יצחק: **וחמת** שרה ית ברה דהגר מצריתא GN 21:9
לא מהוגנא לקובלי: **וחמתני** אתנא וסטת מן קדמי דנן NU 22:33
דייתי מארע רחיקא **ויחמון** ית מחוותא דארעא ההיא DT 29:21
יסתכלון ביך מצראי **ויחמון** ית שופריך ויימרון אינתתיה GN 12:12
קיסין ביומא דשבתא **ויחמון** יתי סהדיא ויתנון למשה NU 15:32
דיירי ארעא ובכל עממיא **ויחמון** כל עמא דאנת שרי ביניהון EX 34:10
באורחן דתקנן קדמוי: **ויחמון** כל עממי ארעא ארום שמא DT 28:10
כהנא למיברא למשריתא **ויחמי** והא איתסי סגירותא מן LV 14:3
כהנא ביומא שביעאה **ויחמי** והא הליך פיסיון מכתשא LV 14:39
דאיתטש: וייתי כהנא **ויחמי** והא הליך פיסיון מכתשא LV 14:44
דייי למימחי ית מצראי **ויחמי** ית אדמא דעל אסקופא ועל EX 12:23
ית מכתשא שובעא יומין: **ויחמי** ית מכתשא ביומא שביעאה LV 13:51
או חוורא בלחודא: **ויחמי** יתה כהנא והא אתהפיך LV 13:25
או בגלשלשותיה: **ויחמי** יתיה כהנא והא שומת LV 13:43
שובעא יומין תיניינות: **ויחמי** כהנא בתר דחוורו ית LV 13:55
בהקי בהקי חוורן: **ויחמי** כהנא והא במשך בישריהון LV 13:39
ויתחמי תניינות לכהנא: **ויחמי** כהנא והא הליכת פיסיונא LV 13:8
ויתחמי לות כהנא: **ויחמי** כהנא והא חיזווהא מכיך מן LV 13:20
בין למדכייא ובין לסאבא: **ויחמי** כהנא והא חפת סגירותא ית LV 13:13
כהנא למיחמי ית ביתא: **ויחמי** כהנא והא מכתשא כתרין מן LV 14:37
בבר נש ויתיתי לות כהנא: **ויחמי** כהנא והא שומא זקיפא LV 13:10
חייא דביה יהי מסאב: **ויחמי** כהנא ית בישרא חייא LV 13:15
ניתקא שובעא יומין: **ויחמי** כהנא ית מכתשא ביומא LV 13:32
או לות חד מבנוי כהנא: **ויחמי** כהנא ית מכתשא במשך LV 13:3
מכתשא בריש או בדקן: **ויחמי** כהנא ית מכתשא והא חיזויה LV 13:30
הוא ויתחמי לכהנא: **ויחמי** כהנא ית מכתשא ויסגר ית LV 13:50
ית ניתקא שובעא יומין: **ויחמי** כהנא ית ניתקא ביומא LV 13:34
שבעא יומין תניינות: **ויחמי** כהנא יתיה ביומא שביעאה LV 13:6
הוא למחווייא לדריא **ויחמי** מן בניהון אוכלוסין סגיאין NU 21:34
כהנא שובעא יומין: **ויחמיניה** כהנא ביומא שביעאה אין LV 13:27
ית מכתשא שבעא יומין: **ויחמיניה** כהנא ביומא שביעאה והא LV 13:5

לחיוור וייתי לות כהנא: **ויחמיניה** כהנא והא איתהפיך LV 13:17
במשכא בתר דכותיה: **ויחמיניה** כהנא והא הליך פיסיון LV 13:36
מכתש סגירותא הוא **ויחמיניה** כהנא ויסאיב יתיה: ואם LV 13:3
הא הוא נפיק לקדמותך **ויחמינך** ויחדי בליביה: ותמליל EX 4:14
ואין מיעל ייעול כהנא **וייחמי** והא לא הליך פיסיון LV 14:48
חוורא סמקא מערבין **ויתחמי** לות כהנא: ויחמי כהנא והא LV 13:19
מכתש סגירותא הוא **ויתחמי** לכהנא: ויחמי כהנא ית LV 13:49
לכהנא לדכותיה **ויתחמי** תניינות לכהנא: ויחמי כהנא LV 13:7
דבנהרא לאחמי פרעה **ולאחמי** עבדוי ואיתהפיכו כל מוי EX 7:20
לות אחוי למחמי משה **ולמחמי** כל כנישתא דבני ישראל NU 25:6
ארום עלו למעהן **ומחמהן** ביש הי כדבקדמיתא GN 41:21
וטייס באויר שמייא וחזר **ומתחמי** על משירייתהון דישראל EX 20:2
וטייס באויר שמיא חזר **ומתחמי** על משירייתהון דישראל EX 20:3
חיתא בישתא אכלתיה **וניחמי** מה יהי פשר חלמוי: ושמע GN 37:20
עיניכון לצית שמיא **ותחמון** ית שימשא וית זיהרא וית DT 4:19
לכון למצוותא דציציית **ותחמון** יתיה בזמן דאתון מתעטפין NU 15:39
דקימין ומשמשין קדמי **ותחמי** ית קטר דבידא דתפילי EX 33:23
דיהבית לבני ישראל: **ותחמי** יתה ותתכנש לעמך לחוד NU 27:13
ותישבי שיבייתא מנהון: **ותיחמון** בשבייתא איתא שפירת DT 21:11
בדרומא ותיסקון לטורא: **ותיחמון** ית ארעא מה היא וית NU 13:18
קרבא על בעלי דבביכון **ותיחמון** סוסוון ואירתכין עמין DT 20:1
לוט מיניה זקוף כדון עינך **ותיחמי** מן אתרא דאנת תמן GN 13:14
ענני יקרא עילוי ארעא **ותתחמי** קשתא בימא עד לא GN 9:14
טמעא וחומטא הות והא **חמא** אברם גיהינם מסיק תננא GN 15:17
לטוורא דגלעד ארום **חמא** ברוח קודשא דתמן עתיד GN 31:21
גוברין יהודאין נצן וכד **חמא** דיזקף דתן ידיה על אבירם EX 2:13
דלווט ואיהוא סהיד או **חמא** חד מעלמא דעבר על פיתגמי LV 5:1
דקדם טעות צפון: ופרעה **חמא** טעות צפון משתיזב וקריב EX 14:10
איבליה דמתושלח **חמא** ייי והא לא תהו בני נשא ומוי GN 7:10
רחל ברתיה: והוה כדי **חמא** יעקב ית רחל ברת לבן GN 29:10
לאחורא: אמר יעקב כד **חמא** ית גדעון בר יואש וית שמשון GN 49:18
לברא לעיינא: והוה כדי **חמא** ית קדשא וית שירייא על ידי GN 24:30
ברדדיה או בלבדיה: ואין **חמא** כהנא והא עמא מכתשא בתרו LV 13:56
מליא דמסר לה יעקב וכד **חמא** כן אמר ללבן מה דא עבדת לי GN 29:25
לאללא ית ארעא וכדי **חמא** משה עינוותנותיה קרא NU 13:16
ארום יאות פשר דהוא **חמא** פושרן חלמא דחבריה ושרי GN 40:16
ובית כהונתא רבתא: וכד **חמא** פרעה כדין בכין פקיד לכל EX 1:22
יהי דאיב מבישריה דויה **חמא** תלת זימני מסאב הוא: ודא LV 15:2
ובתי כל מצראי דלא **חמון** אבהתך ואבהת אבהתך מן EX 10:6
למנטור פיקודיי ואורייתי: **חמון** ארום ייי יהב לכון ית שבתא EX 16:29
יתכון וית טפלכון **חמון** ארום לתקלא בישא היא לכון EX 10:10
דמצרים תלתא יומין: לא **חמון** גבר ית אחוי ולא קמון אינש EX 10:23
קיימין כולכון יומא דין: **חמון** דאליפית יתכון קיימין ודינין DT 4:5
לכון: אמר משה נביא **חמון** דאנא סדר קדמיכון יומא דין DT 11:26
ועיברו ית נחלי ארנונא **חמון** די מסרית בידיכון ית סיחון DT 2:24
ליבכון למעבד יתהון: **חמון** די סדרית קודמיכון יומנא ית DT 30:15
דייי אלקנא יהיב לנא: **חמון** דיהב ייי אלקכון לכון ית DT 1:21
ואמר משה לבני ישראל **חמון** דמני ייי בשום טב בצלאל בר EX 35:30
עד נהרא רבא נהרא פרת: **חמון** דמסרית קדמיכון ית דיירא DT 1:8
עמא על אהרן כד **חמון** דעבר זימנא דקבע להון ואזל EX 32:1
וערייתא דאבוהון לא **חמון**: ואיתער נח מן חמריה וידע GN 9:23
עניין ואמרין איתון **חמון** יעקב חסידא דאיקונין דיליה GN 28:12
עם בניכון דלא ידעון ולא **חמון** ית אולפן אורייתא דייי DT 11:2
ארעא: ארום כל גובריא די **חמון** ית יקרי וית אתוותיי דעבדית NU 14:22
עמיה יימר לכל עממייא **חמון** כדון ארום אנא הוא דהוויי DT 32:39
ית אדמא הדין ועיננא לא **חמון**: כהניא יימרון כפר לעמך DT 21:7
מרומא וכן אמרת איתון **חמון** כל בני נשא כל טבוון דעבדית NU 21:6
אהי מן סיעתיה וכד **חמון** כל עממיא דהוו תמן דלא GN 11:28
אידייך שכלילו יתיה: כד **חמון** עמא בני ישראל ית ניסיא וית EX 15:18
דלבושוי וברכיה ואמר **חמון** ריחא דברי כריחא דקטורת GN 27:27
לאינשי ביתא ואמרת **חמון** שכבת זרעא דאטיל דין GN 39:14
בגו עמא הדין דבעיניהון **חמון** שכינת יקרך ייי על טוורא NU 14:14
מלאכי מרומא איתון **חמון** תרין יחידאין דאית בעלמא GN 22:10
כהן אוחרן ית תורתא כד **חמי** אלעזר ית מושכה וית בישרה NU 19:5
בני נשא איתקטל אלא **חמי** אנא ברוח קודשא דאיתא GN 37:33
לות עניה: ואמר להין **חמי** אנא ית סבר אפי אבוכון והא GN 31:5
מן נביא הוה מתגלי ליה: **חמי** אנא ליה וליתי כדון מסתכל NU 24:17
כיומא הדין: ואמר ייי לי **חמי** באורכות שימשא וסיהרא DT 2:31
ליוסף אוף אנא הוית **חמי** בחילמי והא תלתא סלין GN 40:16
ואמר פרעה דמך הוה **חמי** בחילמיה והא כל ארעא EX 1:15
למשה למא אנת מסתפי **חמי** דכבר שוית יתך דחילא לפרעה EX 7:1
מינך: ואמר פרעה ליוסף **חמי** דמנית יתך סרכן על כל ארעא GN 41:41
ושירוי קריות הירהורי **חמי** הוי לך בכורותא ורבות GN 49:3
פרעה עם יוסף למימר **חמי** הוית בחילמי הא אנא קאי על GN 41:17
חלמיא ליוסף ואמר ליה **חמי** הוית בחילמי והא גופנא קדמי: GN 40:9
סגולייהא הוו עינבין: **חמי** הוית עד דיהבין כסא דפרעה GN 40:11
דאת מיטמר ביה אנא **חמי** ואין אינון פיקודייא דפקדיתו: GN 3:9
מן קדם אל שדי הוה **חמי** וכד בעי דמתגלי ליה הוה NU 24:4
דחיזו מן קדם שדי **חמי** וכד הוה בעי דיתגלי ליה הוה NU 24:16
או אישתבי ולית סהיד **חמי** ומסהיד: מומתא דייי תהי בין EX 22:9
ייי ומנחתיה וניסוכיה כד **חמי** וצפיר בר עיזין דלא עירובין חד NU 15:24
יתהון ית ארעא דאנת **חמי**: ושרינן בחילתא בכיין על DT 3:28
כל אסיריא ארום לא **חמי** ית כל סורחן בידיה בגין דמימר GN 39:23
ואמר ליה איזל כדון **חמי** ית שלם אחך וית שלם ענא GN 37:14
מרומא יצחק הוה **חמי** יתהום ואברהם לא חמי יתהום GN 22:10
חמי יתהום ואברהם לא **חמי** יתהום עניין מלאכי מרומא GN 22:10
לית רמא ומנטלא **חמי** כל דא אבד חושבנכון עד NU 21:30
במהכך למתוב למצרים **חמי** כל תמהיא דשויתי בידך EX 4:21
קמי לקי שיחנא ודלי **חמי** לא תזממונה ליה: כד דיירין DT 25:4
ותתיב ותימר כדין **חמי** לאתעובדא לגברא דלא יבני DT 25:9
ביה בשקיין ואנת **חמי** ליה: ואין לא יתפרק באיליין LV 25:53
ולא יתבזי אחוך ואנת **חמי** ליה: לא תזממון פם תורא DT 25:3
הבר עממין דלא חוב אוף **חמי** ליה למזכי בדינא אתקטיל: GN 20:4
ארום ית כל ארעא דאנת **חמי** לך איתנינא וליבנך עד עלמא: GN 13:15
בישרא בחצרות והוי **חמי** לכון למישתיצא מיגו עלמא DT 1:1
צורת בר אילא והוה **חמי** למהוי ביה צורת בר תורי ברם NU 2:10
בגויה: ואמר ייי למשה לא **חמי** למימחי שמך אלהין מאן דחב EX 32:33
ובישרא מבישרי לדא **חמי** למיקרי איתא ארום מגבר GN 2:23
ויצחק הוה אמר לי **חמי** למירות ית אבא דאנא בר שרה GN 22:1
ישמעאל הוה אמר לי **חמי** למירות ית אבא דאנא בריה GN 22:1
ואמר משה קדם ייי **חמי** מה דאנת אמר לי סליק ית EX 33:12
לית אינש למידן יתן **חמי** מימרא דייי סהיד בינא ובינך: GN 31:50
מן עניי הוו וכל דאנת **חמי** מן דילי הוא ולברתיי מה GN 31:43
ייי עם משה למימר: **חמי** משה דקריית בשום טב EX 31:2
כאילין ארום ביומא דאת **חמי** סבר אפיי יתקוף רוגזי בך EX 10:28
דמצרים הות מרים אחתן **חמיא** יתן בגלותן ובטילטולן NU 12:12
יתה ליה לאיתו: אין לא **חמיא** ליה או דלא יצבי אבוהא EX 22:16
דאחוי: בכורותא הות **חמיא** לראובן ואתנטילת מיניה DT 33:17
בכל אתרא דאתון **חמיין**: אלהן לאתרא דיתרעי ייי DT 12:13
אלקכון במצרים ועיניכון **חמיין**: אתון אתחמיתא ית פרישתא DT 4:34
דאיתבריאו ביה והוון **חמיין** בהתתהון וחטיטו להון GN 3:7
ובכל אינש ביתיה והוינא **חמיין** בעיננא: ויתנא אפיק פריקין DT 6:22
לעם חילונאי ועיניכון **חמיין** וחשכן עליהון כל יומא ולית DT 28:32
רבא ומפרשא כד הינון **חמיין** ויתן מוהי ואין יסרב לאפוקי NU 20:8
מן קיסא ואבנא דלא **חמיין** ולא שמעין ולא אכלין ולא DT 4:28
יהון נכיסין ואתון **חמיין** ולא תיכלון מנהון חמריכון DT 28:31
וכל דילך: והא עיניכון **חמיין** ועיני אחי בנימין ארום פומי GN 45:12
ההיא למימר עינך **חמיין** ית כל דעבד ייי אלקך לתרין DT 3:21
ארום בעיניכון אתון **חמיין** ית כל עובדא דייי רבא דעבד: DT 11:7
על עלמא: וכל עמא **חמיין** ית קליא היך הוו מתהפכין EX 20:18
ידיי ותברתינון ואתון **חמיין** כד לוחיא מיתברין ואתוותא DT 9:17
גבר או איתתא ארום **חמיין** סטיתא בקילקולה ויפריש NU 6:2
ומן מחמי עיניכון דאתון **חמיין** פורענותא ודחלין: ויגלינכון DT 28:67
מלוותכון: ואמרו מחמא **חמינא** ארום הוה מימרא דייי GN 26:28
מגו אישתא יומא הדין **חמינא** ארום ממליל ייי עם בר נש DT 5:24
מרי מיכלן בישן: ותמן **חמינא** ית גיבריא בני ענק מגניסת NU 13:33
ואוף בני עפרון גיברא **חמינא** תמן: ואמרית לכון לא DT 1:28
מרבנייני דענק גיברא **חמינא** תמן: עמלקאי יתבין בארע NU 13:28
וחסיין בבישריהון לא **חמית** דכוותהן בכל ארעא דמצרים GN 41:19
בתראיי וסגין ניחמן **חמית** וסכיתי למיחמי ולדא לא GN 45:28
לתיבותא ארום יתך **חמית** זכאיי קדמי בדרא הדין: מכל GN 7:1
מן ידי ארום בגין כן **חמית** סבר אפך ודמי לי הי כמיחמי GN 33:10
סליקית לטוורא דסיני **חמית** רבון כל עלמיא ייי מרבע DT 32:4
אבימלך לאברהם מה **חמיתא** ארום עבדת ית פיתגמא GN 20:10
אתון שמעין ודמו לא **חמיתון** אלהן קל ממלל: ותני לכון DT 4:12
תימר לבני ישראל אתון **חמיתון** ארום מן שמיא מלילית EX 20:22
מפקיד יתכון: בעיניכון **חמיתון** ית דעבד מימרא דייי DT 4:3
משה ואמר להון אתון **חמיתון** ית כל מחוותא דעבד DT 29:1
לנפשתיכון ארום לא **חמיתון** כל דמו ביומא דמליל ייי DT 4:15
ותתני לבית ישראל: אתון **חמיתון** מה די עבדית למצראי EX 19:4
דאתרא פניאל ארום אמר **חמיתי** מלאכייא דייי אפין כל קבל GN 32:31
ברם מקטל קטיל ולא **חמיתיה** עד כדון: ותדברון אוף ית GN 44:28
לאבוהון ולאימהתהון לא **חמיתינון** וית אחוהון דלא בני DT 33:9
וארען: למא נמות ועינך **חמן** אוף אנן אוף ארען קני יתן וית GN 47:19
אישא אכלא אישא והוון **חמן** ותמהין בני ישראל: ואעל משה EX 24:17
לטוורוס אומנוס כד **חמן** כל כנישתא: ואשלח משה ית NU 20:27
ית סדום וית עמורה וכד **חמנון** רהט לקדמותהון מתרע GN 18:2
שבילא דתמנת ארום **חמת** ארום רבא שלה והיא לא GN 38:14

ואפיק לשוקא: והוה כדי **חמת** ארום שבק ללבושיה בידא GN 39:13
לך ואתנא דחילת **חמת** סטת מן אורחא וגלי קדמי NU 22:32
ורגז וקיים למימר: אין **יחמון** גבר בגובריא האילין דרא DT 1:35
ההוא וקיים למימר: אין **יחמון** גובריא דסליקו ממצרים NU 32:11
בשבועא אמירא דא דלא **יחמון** ית ארעא דקיימית NU 14:23
נביא בבקעת דורא ואין **יחמון** כדין ידחלון ויתובון למצרים: EX 13:17
דרא דארגיזו קדמי לא **יחמונה**: ועבדי כלב חולף דהוות רוח NU 14:23
משרוייכון קדישא ולא **יחמי** בכון קלנא דמידעם דלא DT 23:15
מכתשא מסאב הוא: ואין **יחמי** כהנא והא לא הליך פיסיון LV 13:53
או דיקנא הוא: וארום **יחמי** כהנא ית מכתש ניתקא והא LV 13:31
ומוחי ייי למעבדיה: וכדון **יחמי** פרעה גבר סוכלתן וחכים GN 41:33
אלהין כלב בר יפונה הוא **יחמינה** וליה איתן ית ארעא דחברון DT 1:36
מכתש סגירותא היא: ואין **יחמינה** כהנא והא לית בבהקי שער LV 13:26
הוא בשיחנא סגיאת: ואין **יחמינה** כהנא והא לית בה שער LV 13:21
ית סבר אפיי ארום לא **יחמינני** אינשא ויתקיים: ואמר ייי EX 33:20
שותפין עם חמודין ולא **יתחמון** בכנישתהון דישראל עם EX 20:17
תלת זימנין בשתא **יתחמון** כל דכוריכון קדם ייי DT 16:16
תלתי זימנין בשתא **יתחמון** כל דכורך קדם רבון עלמא EX 23:17
ביה נפקת ממצרים ולא **יתחמון** קדמיי ריקנין: וחגא דחצדא EX 23:15
יסק עמך ואוף אינש לא **יתחמי** בכל טוורא אוף ענא ותורא EX 34:3
שותפין עם גייורין ולא **יתחמי** בכנישתהון דישראל עם EX 20:14
ולא שותפין עם גנבין ולא **יתחמי** בכנישתהון דישראל עם EX 20:15
סהדי שיקרא ולא **יתחמי** בכנישתהון דישראל עם EX 20:16
שותפין עם קטולין ולא **יתחמי** בכנישתהון דישראל עם DT 5:17
שותפין עם גייורין ולא **יתחמי** בכנישתהון דישראל עם DT 5:18
ולא שותפין עם גנבין ולא **יתחמי** בכנישתהון דישראל עם DT 5:19
סהדין דשיקרא ולא **יתחמי** בכנישתהון דישראל עם DT 5:20
שותפין עם חמודין ולא **יתחמי** בכנישתהון דישראל עם DT 5:21
שותפין עם קטולין ולא **יתחמי** בכנישתיהון דישראל עם EX 20:13
ית שבעא יומין ולא **יתחמי** לך חמיע ולא יתחמי לך EX 13:7
ולא יתחמי לך חמיע ולא **יתחמי** לך חמיר בכל תחומך: ותתני EX 13:7
מקמי פיסחא דלא **יתחמי** לכון חמיר בכל תחומכון DT 16:4
תלת זימנין בשתא **יתחמיין** כל דכורך קדם ריבון EX 34:23
בוכרא דברך תיפרוק ולא **יתחמיין** קדמי ריקנין: שיתא יומין EX 34:20
סבר אפך ודמי לי הי **כמיחמי** אפי מלאכא דידך והא GN 33:10
ומחא ית מוי דבנהרא **לאחמי** פרעה ולאחמי עבדוי EX 7:20
ועריתיה ובי אנפוי **לאיתחמאה** היך נשא ארום מרחק DT 22:5
במיתי כל ישראל **לאיתחמאה** קדם ייי אלקכון DT 31:11
ית ארעך בזמן מיסקך **לאתחמאה** קדם ייי אלקך תלת EX 34:24
משיחא כחמרא זכיכא מן **למחמי** גילוי עריין ושדיות אדם GN 49:12
סלקן שבע תורתי שפירן **למחמי** ופטימן בישרא ורעיין בגו GN 41:2
זקפינון בדרע ימיניה **למחמי** כולהון קריבוי ולא הוו יכלין NU 25:8
וקריב יתיה לות אחוי **למחמי** משה ולמחמי כל כנישתא NU 25:6
עממין דאתגלי עימהון **למחמי** קרתא ובי היא זימנא אקים DT 32:8
נפקו בני ישראל בריש גלי **למחמיהון** דכל מיצראי: ומצראי NU 33:3
כנישתא לקדשותי במיא **למחמיהון** הינון מוי מצות ריקם NU 27:14
מה דעבד לכון במצרים **למחמיכון**: ובמדברא דחמיתא DT 1:30
מן גוא עמא ואמר ליה **למיחמהון** דכל ישראל איתוקף DT 31:7
בין יומא קבילא דלא **למיחמי** ביה מכתשא לבין יומא LV 14:57
אמרת לית אנא יכלא **למיחמי** במותא דטליא ויתיבת GN 21:16
לאה די ילידת ליעקב **למיחמי** בנימוס בנת עמי ארעא: GN 34:1
לסנאי כד משלמין בניא **למיחמי** בתר אבהתהון: ונטיר חסד DT 5:9
ועיינין למרמוא אלהין **למיחמי** ואודנין לטמטמא אלהין DT 29:3
שכינתי לית אפשר לך **למיחמי**: ואמר ייי למשה פסל לך EX 33:23
דארעא אתיתון **למיחמי**: ואמרו ליה לא ריבוני GN 42:9
מטעיית ארעא אתיתון **למיחמי**: ואמרו תריסר עבדך אחין GN 42:12
חד: ושדר פרעה פולין **למיחמי** והא לא מית מבעירא דבני EX 9:7
סלקן מן נהרא בישן **למיחמי** וחסיין בבישריהון וקמן GN 41:3
ואכלא תורתי דבישן **למיחמי** וחסירן בבישריהון ית שבע GN 41:4
אדמתא כל אילן דמרגג **למיחמי** וטב למיכל ואילן חייא GN 2:9
ניחמן חמית וסכיתי **למיחמי** ולדא לא סכיית דעד כדון GN 45:28
ית שבע תורתי דשפירן **למיחמי** ופטימתא ואיתער פרעה GN 41:4
קדם ייי ארום איתפני **למיחמי** וקרא ליה ייי מגו סניא EX 3:4
יקרן מן סיבו ולא יכיל **למיחמי** וקריב יתהון לוותיה ונשיק GN 48:10
פטימן בשר ושפירן **למיחמי** ורעיין בגו גומייא: והא שבע GN 41:18
דארעא ולא יהוי יכיל **למיחמי** ית ארעא וישיצי ית שאר EX 10:5
יתהון מריקם גיעא **למיחמי** ית ארעא: וסליקו עד נחלא NU 32:8
ומן בתר כדין ייעול כהנא **למיחמי** ית ביתא: ויחמי כהנא והא LV 14:36
ביתא עד לא ייעול כהנא **למיחמי** ית ביתא מטול דלא LV 14:36
ואמר לית אפשר לך **למיחמי** ית סבר אפיי ארום לא EX 33:20
ואמר להום אלילי אתון **למיחמי** ית עירית מטעייתא GN 42:9
לכון לא תוספון תוב **למיחמי** יתה ותזדבנון תמן DT 28:68
יקרא והויתון מתחמדין **למיחמי** יתיה בכין שאר מלאכיא GN 28:12
על כיתפה: וריבא שפירא **למיחמי** לחדא בתולתא וגבר לא GN 24:16

בתריהון חשיכן ובישן **למיחמי** לחדא וחסיין בבישריהון GN 41:19
דלית לעדי אורחא **למיחמי** למכוונותהון באורחא ולא DT 28:29
דשמייא ואיתי לוות אדם **למיחמי** מה יהי קרי ליה שום וכל GN 2:19
ארום לית אפשר לנא **למיחמי** סבר אפי גברא ואחונא GN 44:26
זעירא עימכון לא תוספון **למיחמי** סבר אפיי: והוה כדי GN 44:23
איזדהר לך לא תוסיף **למיחמי** סבר אפיי למללא קדמיי EX 10:28
מינך וכדון לא אוסיף תוב **למיחמי** סבר אפך: ואמר ייי למשה EX 10:29
חכמתכון וסוכלתנותכון **למיחמי** עממיא דישמעון ית כל DT 4:6
משה לצית שמייא **למיחמי** פרעה: ויהי לאבקא על כל EX 9:8
וגמרתיה ומית הרן **למיחמי** תרח אבוי היך איתוקד GN 11:28
יונתא דכייתא מלותיה **למיחמיה** אין איתקוללו מיא GN 8:8
במימרי לקדשותי **למיחמיהון** דבני ישראל בגין כן לא NU 20:12
וסוברינון בתרתין ידוי **למיחמיהון** דכולהון ישראל DT 34:12
כנישתא ותפקיד יתיה **למיחמיהון**: ותיתן מזיו יקרך עלוי NU 27:19
יומא דין לא תוספון **למיחמיהון** תוב עד עלמא: כיתא EX 14:13
דמטליא וליתיכון רשאין **למתחמיא** קדם ייי אלקכון ריקנין DT 16:16
ומטוליה: ולא ייעלון **למתחמייא** כד ייעלון כהניא NU 4:20
על רישיהון ומתאפי להון **מחומתא** דשמשא חרירן פטירן EX 12:39
מלוותכון: ואמרו **מחמא** חמינא ארום הוה מימרא GN 26:28
למקבר ית מיתי מן **מחמי** אפיי קבילו מיני ובעו עלי GN 23:8
ולמבכייה: וקם אברהם מן **מחמי** אפין על מיתיה ומליל עם בני GN 23:3
ביניהון: ככל מה דאנא **מחמי** יתך ית צורת משכנא וית EX 25:9
לדריכון: ויהי אין מן **מחמי** כנישתא איתעבידת NU 15:24
להון: ואמר ישראל ליוסף **מחמי** סבר אפך לא חשיבית והא GN 48:11
ליבכון דתיהוון תוון ומן **מחמי** עיניכון דאתון חמיין DT 28:67
ויתכסי פיתגם מן **מחמי** קהלא ויעבדון בשלו מן חד LV 4:13
מן קדמוי מטול דעל **מיחמי** כל עמא איתיקר ושמע LV 10:3
קדם מיחמי פרעה וקדם **מיחמי** עבדוי והוה לחורמנא: וקרא EX 7:10
משתוין מפורענותא ומן **מיחמי** עיניכון דתיחמון תזועון: DT 28:34
אהרן ית חוטריה קדם **מיחמי** פרעה וקדם מיחמי עבדוי EX 7:10
כד סיב יצחק וכהיין ענווי **מלמחמיה** דכד כפתיה אבוי GN 27:1
הוא חי וקיים דחמי ולא **מתחמי** ארום אמרת הא ברם הכא GN 16:13
ועיבד בציוריהון דאנת **מתחמי** בטוורא: וית משכנא תעביד EX 25:40
יקר חי וקיים דחמי ולא **מתחמי**: ואילין תולדת ישמעאל בר GN 25:11
עלוי חי וקים דחמי ולא **מתחמי** והוא הוה יתיב בארע GN 24:62
דמהלכא קדמוי ומבתר כן **נחמי** אנפוי הלואי יסבר לי אפין: GN 32:21
איפליג אפי רעותי מנהון **נחמי** מה יהוי בסופיהון ארום דר DT 32:20
להן אנא אתי והכדין **נחמי** סבר אפוי דאבא: ושדרו ביד GN 37:30
אישתא רבתא הדא לא **נחמי** תוב דלא נמות: ואמר ייי לי DT 18:16
אכריז עלה ותהדרינה: לא **תחמון** ית חמרא דאחוכון או תוריה DT 22:4
אלקכון יהיב לכון: לא **תחמון** ית תורא דאחוכון או ית DT 22:1
קדם ייי מחסור כדון **תחמי** היארעינך פיתגמי אין לא: NU 11:23
אתבא תתביניה ליה: אין **תחמי** חמרא דסנאך דאנת שני ליה EX 23:5
בני ישראל: ארום מקבל **תחמי** ית ארעא ותמן לא תיעול DT 32:52
עמך: ואמר ייי למשה כדון **תחמי** מה אעביד לפרעה ארום EX 6:1
דמהלך בקצתיה **תחמיה** וכולהון משיריתיהו לית NU 23:13
בנא גברא למימר לא **תיחמון** סבר אפיי בדלית אחוכון GN 43:3
ארום גברא אמר לנא לא **תיחמון** סבר אפיי בדלית אחוכון GN 43:5
אלהין בגישריא דלא **תיתחמי** עריתך עלוי: ואיליין הינון EX 20:26
שיתיא או מן ערבא: ואין **תתחמי** תוב בלבושא או בשיתיא LV 13:57

חמיר (8)

ימטי עד צידון: יששכר **חמיר** באורייא לשבט תקיף ידע GN 49:14
לך חמיע ולא יתחמי לך **חמיר** בכל תחומך: ותתני לברך EX 13:7
פיסחא דלא יתחמי לכון **חמיר** בכל תחומכון שובעא יומין DT 16:4
תתעבד חמיע ארום כל **חמיר** וכל דבש לא תקרבון מיניה LV 2:11
עישרונין סמידא יהווין **חמיר** יתאפיין ביכורין לשמא דייי: LV 23:17
חמיע: שובעא יומין **חמיר** לא ישתכח בבתיכון ארום כל EX 12:19
דמקמי חגא תבטלון **חמיר** מבתיכון ארום כל דייכול EX 12:15
קדם ייי דלחם ביכוריא **חמיר** מתקרב ותמרי בזמן ביכורי LV 2:12

חמל (1)

דנחתו למצרים הצרון **וחמול**: ובנוי דיששכר חכימין ומרי GN 46:12

חמם (3)

דחלית מן קדם רוגזא **וחימתא** דירגז ייי עליכון למשציא DT 9:19
ברוגזיהון דתקיף **וחימתהון** על יוסף ארום קשיא GN 49:7
בכין יתקוף רוגזא דייי **וחימתיה** בבר נשא ההוא ותחול DT 29:19

חמע (14)

עילוי רישיהון עד דלא **אחמע** ומן דמשתייר להון מן פטירי EX 12:34
בני ישראל לא תיכסון עד **דחמיע** בבתיכון אדם ניכסת פיסחי EX 23:18
דארעא: כל עירבובין **דמחמע** לא תיכלון בכל אתר EX 12:20
קדם ייי לא תתעבד **חמיע** ארום כל חמיר וכל דבש לא LV 2:11
מבתיכון ארום כל דייכול **חמיע** וישתיצי אינשא ההוא EX 12:15
יומין ולא יתחמי לך **חמיע** ולא יתחמי לך חמיר בכל EX 13:7
ייכלונא: לא תתאפי **חמיע** חולקהון מן מותרי מנחתא LV 6:10
יתכון מיכא ולא יתאכל **חמיע**: יומא דין אתון נפקין פריקין EX 13:3

זיתא: על גריצתא דלחים **חמיע** יקריב קורבניה על ניכסת LV 7:13
קדם עד לא תבטלון **חמיע** ניכסת פיסחי ולא יביתון EX 34:25
דעשרין ותרין תיכלון **חמיע:** שובעא יומין חמיר לא EX 12:18
לא תיכלון על פיסחא **חמיע** שובעא יומין תיכלון לשמיה DT 16:3
חרירן פטירן ארום לא **חמע** ארום איתריכו ממצרים ולא EX 12:39
ארום כל מאן דייכול **מחמעא** וישתיצי בר נשא ההוא EX 12:19

חמר (4)

גבר לאחוי ופסג מתגא **דחמריה** ויהב פסגא חדא להום GN 26:31
שדר דורון כדין עשרא **חומרין** טעינין חמרא ומטובא GN 45:23
אוריכן לכון הכא עם **חמרא** ואנא ועולימא נתמטי עד כא GN 22:5
אמתיה ולא תוריה ולא **חמריה** ולא כל מאן דאית לחבריה DT 5:21

חמר (72)

גרגרן בבישרא ושתאי **בחמרא:** ויהי אין דחיל ומקביל עלוי DT 21:20
כד חי ולא כד בשלא **בחמרא** ומישחא ושקייני ולא EX 12:9
חדת ועתיק יפרש חלא **דחמר** חדת וחלא דחמר עתיק לא NU 6:3
חלא דחמר חדת וחלא **דחמר** עתיק לא ישתי וכל שיקייני NU 6:3
מכל דמתעבד מגופנא **דחמרא** מגופנין מקילופין ועד זוגין NU 6:4
נפשך בתורי ובענא **ובחמר** חדת ועתיק ובכל DT 14:26
ישיירון לכון עיבור משח **וחמר** בקרי תוריכון ועדרי עניכון DT 28:51
אברם ואפיק ליה לחים **וחמר** ובההיא זימנא הוה משמש GN 14:18
דעיבורא לא אכלתון **וחמר** ומרת לא שתיתון והות DT 29:5
מלרע וסוגעי עיבור **וחמר:** ישתעבדון לך אומיא כל בנוי GN 27:28
טבתא דעבדא עיבור **וחמר** לחוד שמיא דעילויהון רסיין DT 33:28
דחנטיא למנחתה **וחמר** ניסוכא: וביומא תניינא דחגא NU 29:16
תדירא וסמידא למנחתה **וחמר** ניסוכה: אילין תקרבון קדם ייי NU 29:38
דחנטיא למנחתה **וחמר** ניסוכה: ביומא תמינאה NU 29:34
דחנטיא למנחתה **וחמר** ניסוכה: וביומא חמישאה NU 29:25
דחנטיא למנחתה **וחמר** ניסוכה: וביומא רביעאה דחגא NU 29:22
דחינטתא למנחתא **וחמר** ניסוכה: וביומא שתיתאה NU 29:28
דחנטתא למנחתא **וחמר** ניסוכה וצלוחיתא דמיא הוון NU 29:31
ועלת תדירא ומנחתהון **וחמר** ניסוכיהון: ובחמיסר יומא NU 29:11
דחנטיא למנחתהון **וחמר** ניסוכיהון: וביומא תליתאה NU 29:19
תעבדון שלמין יהוון לכון **וחמר** ניסוכיהון: ובירחא שבעיאה NU 28:31
סמידא דחינטיא **וחמר** ניסוכיהון מה די תקרבון עם NU 29:21
מנחתהון סמידא דחנטיא **וחמר** ניסוכיהון מה די תקרבון עם NU 29:24
סמידא דחנטתא **וחמר** ניסוכיהון מה די תקרבון עם NU 29:33
סמידא דחנטיא **וחמר** ניסוכיהון מה דיתהוון NU 29:18
דחנטיא למנחתהון **וחמר** ניסוכיהון מה דתקרבון עם NU 29:27
סמידא דחנטיא **וחמר** ניסוכיהון מה דתקרבון עם NU 29:30
סמידא דחנטתא **וחמר** ניסוכיהון מה דתקרבון עם NU 29:37
היך כוליין דתורי **וחמר** סומק מן ענבא חד מפקין כור DT 32:14
במשח זיתא פלגות הינא: **וחמר** עינבא לניסוכא פלגות הינא NU 15:10
ברבעות הינא משח זיתא: **וחמר** עינבא לניסוכא רבעות הינא NU 15:5
זיתא תלתות הינא: **וחמר** עינבא תלתות הינא תקריב NU 15:7
כרמין תנצבון ותפלחון **וחמרא** לא תשתון ולא תעצרון DT 28:39
עללתא מאידיריכון **וחמרא** מן מעצרתיכון: ותיחדון DT 16:13
בנין: ואשקיאן ית אבוהון **חמר** בלילייא ההוא ורוא וקמת GN 19:33
דאיהי אשקיית לגיורא **חמר** בסים במנין יקרין ומן עפרא די NU 5:17
משכח חמר עתיק מייתי **חמר** בר ארבעין יומין למנסכא קדם NU 28:7
איתא נשקי ית אבונא **חמר** וכד יהי רוי נשמיש עימיה GN 19:32
ייי עם אהרן למימר: **חמר** וכל מידעם מרוי לא תשתי LV 10:9
דאבנא ונסיך עלה ניסוך **חמר** וניסוך מוי ארום כדין עתידין GN 35:14
בלילייא ההוא ית אבוהן **חמר** ורוי וקמת זעירתא ושמישת GN 19:35
למפרש לשמא דייי: מן **חמר** חדת ועתיק יפרש חלא דחמר NU 6:3
גופנין דמנהון נפיק **חמר** חל וחריף ומרביא תינין DT 8:8
נכסתהון הוון אכלין שתן **חמר** ניסוכיהון יקומון כדון DT 32:38
ביכורי פירך וביכורי **חמר** נעווך לא תשהי על זמניהון מן EX 22:28
דגרגישתא או הי כמזג **חמר** סמוק בתרין חולקין דמוי אדם LV 15:19
טוב משח זיתא וכל טוב **חמר** עינבא ועיבור שירויהון דיתנון NU 18:12
ורבעות הינא לאימרא **חמר** עינבי דא עלתא תהוי NU 28:14
ברעוא וניסוכי **חמר** עינבי רבעות הינא: ולחים וקלי LV 23:13
בית קודשא יתנסך ניסוך **חמר** עתיק ואין לא משכח חמר NU 28:7
עתיק ואין לא משכח **חמר** עתיק מייתי חמר בר ארבעין NU 28:7
בקילקולה ויפריש מן **חמרא** או על שום מידעם ידר נדר NU 6:2
רמשי עם איבא נשקיניה **חמרא** אוף בלילייא דין וירוי ועולי GN 19:34
וקריב ליה ואכל ולא הוה **חמרא** גביה ואזדמן ליה מלאכא GN 27:25
ומבתר כדין ישתי נזירא **חמרא:** דא אחוויית אורייתא נזירא NU 6:20
ליה מלאכא ואייתי מן **חמרא** דאיצטנע בעינבויי מן יומי GN 27:25
טוורוי ומעצרתיה מן **חמרא** וגילמתוי יחוורן מן טללתא GN 49:12
עשרא חומרין טעינין **חמרא** ומטובא דמצרים ועשר GN 45:23
עינבין ועצרינון: ושתי מן **חמרא** ורבי ואיתערטל בגו משכניה: GN 9:21
דאתפרשו מיניה לא שתו **חמרא** לא הוא ולא הינון עד יומא GN 43:34
גוא אידרא והי כאפרשות **חמרא** מיגו מעצרתא: ותיכלון יתיה NU 18:30
מתמן בני ישראל והוה **חמרא** נטיף מיניה כנחלא: ותבו NU 13:24

דתניניא כד הינון רוון מן **חמרהון** בגין כן יהי מריר כס דלווט DT 32:33
לא חמון: ואיתער נח מן **חמריה** וידע באשתעות חלמא ית GN 9:24
פיתיה נכס ניכסיה מזג **חמריה** כיוון דמטא למחדי בריה DT 32:50
בניסן ותכנשון עיבורכם **חמריכון** ומישחכון: ואיתן עיסבא DT 11:14
ופירי ארעכון עיבורכון **חמרכון** ומישחיכון בקרת תוריכון DT 7:13
מעשרי עיבורכון **חמרכון** ומישחכון ביכורי תוריכון DT 12:17
תמן מעשר עיבורכון **חמרכון** ומישחכון וכן ביכורי DT 14:23
וקיבתא: שירוי עיבורכון **חמרכון** ומישחכון ושירוי גיזת DT 18:4
כעיבורא מן אידרא והי **כחמרא** דמליתא מן מעצרתא: NU 18:27
עינוי דמלכא משיחא **כחמרא** זכיכא מן למחמי גילוי GN 49:12

חמש (228)

מן שעתא דמליל עמיה **בחמיסר** בניסן ביני פסוגייא עד EX 12:40
דתיתנון קדם ייי: ברם **בחמיסר** יומא לירחא שביעאה LV 23:39
דבין אילים ובין סיני **בחמיסר** יומין לירחא דאייר הוא EX 16:1
עם בני ישראל למימר **בחמיסר** יומין לירחא שביעאה הדין LV 23:34
ית בוכרא דאינשא **בחמשא** סילעין וית בוכרא דבעירא NU 18:15
דמיזדרע ביה כור סעורין **בחמשין** סילעין דכסף: אין משתא LV 27:16
רישי חוטיהון ויתלון **בחמשת** קיטרין ארבעא בגו תלתא NU 15:38
ית בישרא בלילייא הדין **דחמיסר** בניסן עד פלגותיה EX 12:8
והוה בפלגות ליליא **דחמיסר** ומימרא דייי קטל כל EX 12:29
ית פיסחא וברמשא **דחמסר** תיכלון פטירי עד יומא EX 12:18
וחמר ניסוכיהון: **ובחמיסר** יומא לירחא שביעאה NU 29:12
פיסחא לשמא דייי: **ובחמיסר** יומין לירחא הדין חגא LV 23:6
יומין רציפין הי כריחוקא **ובחמיסר** תישתרי ושיתין ושיתא LV 12:5
ניכסת פיסחא קדם ייי: **ובחמישת** עשר יומא לירחא הדין NU 28:17
ית חובתיה ברישיה **וחומש** דמוי יוסף עלוי ויתן קרנא NU 5:7
וישלים יתיה ברישיה **וחומש** דמוי יוסף עלוי למריה דהוא LV 5:24
יוסף עלוי ויתן קרנא **וחומשא** למן דאתחייב ליה: ואין NU 5:7
מדינחא חמשין אמין: **וחמיסירי** אמין ווילוון לעיברא EX 27:14
ית קינן תמני מאה **וחמיסר** שנין ואוליד בנין ובנן: והוו GN 5:10
תלת מאה סילעין דכסף **וחמש** איסטולי דלבושין: ולאבוי GN 45:22
שיטא חמש אמין אורכא **וחמש** אמין פותיא מרבע יהי EX 27:1
שיטא חמש אמין אורכיה **וחמש** אמין פותיה מרבע ותלת EX 38:1
לאצנעא בהון מזונא **וחמש** אפוטניותא בימינא וחמש GN 6:14
אפוטניותא בימינא **וחמש** בשמאלה ותישוע יתה מן גיו GN 6:14
מלפפן חדא עם חדא **וחמש** יריען חורניין מלפפן חדא עם EX 26:3
חמש יריען חדא עם חדא **וחמש** יריען לפיף חדא עם חדא: EX 36:10
עשרין ותרין אלפין **וחמש** מאה איליין בנוי דיוסף NU 26:37
לסכומהון ארבעין אלפין **וחמש** מאה: בנוי דיהודה ער ועונן NU 26:18
לסכומהון שיתין אלפין **וחמש** מאה: בנוי דיוסף מנשה NU 26:27
שובעין ושיתא אלפין **וחמש** מאה: בנוי דישׂשכר NU 26:22
דאשר ארבעין וחד אלפין **וחמש** מאה: בנוי דנפתלי ייחוסיהון NU 1:41
חמרי תלתין אלפין **וחמש** מאה: ובנת נשא שתסר אלפין: NU 31:45
דשבטיה ארבעין אלפין **וחמש** מאה: ודיסמכין ליה שבטא NU 2:19
ותלתין ושובעא אלפין **וחמש** מאה: והות סכום נסיבא NU 31:36
מאה ותלתא אלפין **וחמש** מאה וחמשין: והואה מאה EX 38:26
שית מאה ותלתא אלפין **וחמש** מאה וחמשין: וליואי NU 1:46
שית מאה ותלתא אלפין **וחמש** מאה וחמשין: וליואי לא NU 2:32
וחמרי תלתין אלפין **וחמש** מאה וסכום נסיבתהון לשמא NU 31:39
ותלתין ושובעא אלפין **וחמש** מאה: וסכום תורי תלתין NU 31:43
ארבעין וחד אלפין **וחמש** מאה: ושיבטא דנפתלי ורבא NU 2:28
סכומהון תמניא אלפין **וחמש** מאה ותמנן: על פום מימרא NU 4:48
ארבעין ושית אלפין **וחמש** מאה: לבנוי דשמעון NU 1:21
סכומהון שבעתי אלפין **וחמש** מאה: תרתין גניסתא די נפקו NU 3:22
ושבע מאה ושובעין **וחמש** סילעין בסילעי קודשא: EX 38:25
אלף ותלת מאה ושיתין **וחמש** סילעין בסילעי קודשא: ויהב NU 3:50
אלפא ושבע מאה ושבעין **וחמש** סילעין עבד ווין לעמודיא EX 38:28
לוט ואברם בר שובעין **וחמש** שנין במיפיקיה מחרן: ודבר GN 12:4
ית נח חמש מאה ותשעין **וחמש** שנין ואולד בנין ובנן: והוו כל GN 5:30
וחיא מהללאל שיתין **וחמש** שנין ואולד ית ירד: וחיא GN 5:15
ומית: וחיא חנוך שתין **וחמש** שנין ואולד ית מתושלח: GN 5:21
וארפכשד חיא תלתין **וחמש** שנין ואוליד ית שלח: וחיא GN 11:12
דחיא מאה ושובעין **וחמש** שנין: ואתנגיד ומית אברהם GN 25:7
במומהון ברם מבר עשרין **וחמש** שנין ולעילא ייתי לחיילא NU 8:24
תמני מאה ותשעים **וחמש** שנין ומית: וחיא ירד מאה GN 5:17
כל יומי אנוש תשע מאה **וחמש** שנין ומית: וחיא קינן שובעין GN 5:11
תמן: והוו יומי תרח מאתן **וחמש** שנין ומית תרח בחרן: ואמר GN 11:32
ארעא תלת מאה ושיתין **וחמש** שנין: ופלח חנוך בקושטא GN 5:23
דשיבטיה תלתין **וחמשא** אלפין וארבע מאה: כל NU 2:23
דישׂשכר ארבעין **וחמשא** אלפין וארבע מאה: לבנוי NU 1:29
לשבטא דבנימין תלתין **וחמשא** אלפין וארבע מאה: לבנוי NU 1:37
נפתלי לסכומהון ארבעין **וחמשא** אלפין ושבע מאה: אילין NU 26:50
וסכומהון ארבעין **וחמשא** אלפין ושית מאה: אילין NU 26:41
דשבטיה ארבעין **וחמשא** אלפין ושית מאה: כל סכום NU 2:15

ענא שית מאה ושובעין **וחמשא** אלפין: ותורי שובעין ותרין NU 31:32
בשית מאה ושיתין **וחמשא** גידין וקרם עילוי מושכא GN 1:27
אין אשכח תמן ארבעין **וחמשא:** ואוסיף תוב למללא קודמוי GN 18:28
מן ענא שית מאה שובעין **וחמשא:** וסכום תורי תלתין ושיתא NU 31:37
דאפרים ארבעין אלפין **וחמשא** מאה: לבנוי דמנשה NU 1:33
ללוחי סטר משכנא חד: **וחמשא** נגרין ללוחא סטר משכנא EX 36:32
סטר משכנא תניינא **וחמשא** נגרין ללוחי סטר משכנא EX 36:32
ללוחי צטר משכנא חד: **וחמשא** נגרין ללוחי צטר משכנא EX 26:27
צטר משכנא תניינא **וחמשא** נגרין ללוחי צטר משכנא EX 26:27
לשיבטא דגד ארבעין **וחמשה** אלפין ושית מאה וחמשין: NU 1:25
תרין אלפין ושבע מאה **וחמשין:** אילין מניין סכומי גניסת NU 4:36
מבני ישראל מאתן **וחמשין** אמרכלי כנישתא מערעי NU 16:2
בריש שירתא בתמניין **וחמשין** אתין דהינון עשרין וחד DT 32:3
אכלת אישתא ית מאתן **וחמשין** גוברין והוו לניסיון: ובנוי NU 26:10
קדם ייי ואכלת ית מאתן **וחמשין** גוברין מסקי קטורת NU 16:35
אלפין וחמש מאה **וחמשין:** והואה מאה קנטינרין EX 38:26
למשריית ראובן מאה **וחמשין** וחד אלפין וארבע מאה NU 2:16
אלפין וחמש מאה **וחמשין:** וליואי לא אתמניין בגו בני NU 2:32
אלפין וחמש מאה **וחמשין:** וליואי לשיבטא דאבהתהון NU 1:46
למשריית דן מאה **וחמשין** ושובעא אלפין ושית מאה NU 2:31
מיא על ארעא מאה **וחמשין** יומין: ודכיר ייי במימריה ית GN 7:24
וחסרו מיא מסוף מאה **וחמשין** יומין: ונחת תיבותא בירחא GN 8:3
וחמשה אלפין ושית מאה **וחמשין:** לבנוי דיהודה ייחוסיהון NU 1:25
וחד אלפין וארבע מאה **וחמשין** לחיליהון בתנייתא נטלין: NU 2:16
ופותיא חמשין למערבא **וחמשין** למדינחא ורומא חמש אמין EX 27:18
להום דיין אנא במאתן **וחמשין** מחן ומן בתר כדין יפקון GN 15:14
ייי גבר מחתיתיה מאתן **וחמשין** מחתיין ואנת ואהרן גבר NU 16:17
פלגותיה מתקל מאתן **וחמשין** מנין וקנה בושמא מתקל EX 30:23
בושמא מתקל מאתן **וחמשין** מנין: וקציעיתא מתקל EX 30:23
אלפין ושבע מאה **וחמשין** סילעין מן רבני אלפין ומן NU 31:52
עבד בירויעתא חדא **וחמשין** ענובין עבד בסיטרא EX 36:12
בציטרא בית לופי **וחמשין** ענובין עבד על סיפתא EX 36:17
מציטרא בבית ליפופה **וחמשין** ענובין על אימרא דיריעתא EX 26:10
תעביד בירויעתא חדא **וחמשין** ענובין תעביד בציטרא EX 26:5
דקיסין קדרונין מאה **וחמשין** קולין תעביד לתיבותא GN 6:14
בתר טובענא תלת מאה **וחמשין** שנין: והוו כל יומי נח תשע GN 9:28
כל יומי נח תשע מאה **וחמשין** שנין ומית: ואילן תולדת GN 9:29
יפרוק גבר ממעשריה **חומש** דמוי יוסיף עלוי: וכל מעשרא LV 27:31
ויפרוק בעילוייה ויוסיף **חומש** דמוי עלוי ואין לא מתפרק LV 27:27
קודשא בשלו ויוסיף **חומש** דמוי עלוי ויתן לכהנא ית LV 22:14
מפרוק יפרקיניה ויוסיף **חומש** דמיה על עלוייה: וגבר ארום LV 27:13
יפרוק ית ביתיה ויוסיף **חומש** כסף עלוי עלוי ויהי דיליה: LV 27:15
דין דאקדיש יתיה ויוסיף **חומש** כספא עלוייה עלוי ויקום LV 27:19
במכנוש עללתא ותיתנון **חומשא** לפרעה וארבע חולקין יהי GN 47:24
דמצרים לפרעה למיסב **חומשא** מן עללתא לחוד ארעא GN 47:26
מן קודשא ישלים וית **חומשיא** דדמוי יוסיף עלוי ויתין LV 5:16
אלפין רבני מאוותא רבני **חומשין** רבני עישורייתא: וידינון ית EX 18:21
מאוותא שית אלפין רבני **חומשין** תריסר אלפין ורבני EX 18:25
רמיא דתחות כל שמיא: **חמיסירי** גרמידין מלעיל תקפו מיא GN 7:20
וספיקה להון למיכל עד **חמיסר** יומין לירחא דאייר מטול EX 12:39
אין ביר דכר ויהי עילוייה **חמיסר** סילעין ולברתה נוקבא עשר LV 27:7
חמשין אמין: ווילוון **חמיסרי** אמין לעיברא עמודיהון EX 38:14
לתרע דרתא ווילוון **חמיסרי** אמין עמודיהון תלתא EX 38:15
ישראל ממצרים בירחא **חמישאה** בחד לירחא: ואהרן בר NU 33:38
וחמר ניסוכה: וביומא **חמישאה** דחגא דמטליא תורין NU 29:26
כל יומין דהוה בחרן ניסא **חמישאה** קפצת ארעא קומוי GN 28:10
קודשיא וגומר: ביומא **חמישאה** קריב רב בית אבא לבית NU 7:36
וילידת ליעקב בר **חמישאי:** ואמרת לאה יהב ייי אגרי GN 30:17
בירוזא ולא אשתמיט נס **חמישאי** כד סובר יתהון אזדקף NU 25:8
והוה רמש והוה צפר יום **חמישאי:** ואמר אלקים תהנפק GN 1:23
מתפרק מן כהנא: ובשתא **חמישיתא** תיכלון ית אינביה מטול LV 19:25
ית מדבחא דקיסי שיטא **חמש** אמין אורכא וחמש אמין EX 27:1
דעלתא דקיסי שיטא **חמש** אמין אורכיה וחמש אמין EX 38:1
וחמשין למדינחא ורומא **חמש** אמין דבוץ שזיר וחומריהון EX 27:18
אורכא ורומיה כפותיה **חמש** אמין כל קבל ווילוות דרתא: EX 38:18
לכל יריעתא: ולפיף ית **חמש** יריען חדא עם חדא וחמש EX 36:10
לחדסרי יריען: ותלפיף ית **חמש** יריען לחוד כל קבל חמשא EX 26:9
לחדיסרי יריען: ולפיף ית **חמש** יריען לחוד כל קבל חמשא EX 36:16
חדא לכל יריעתא: **חמש** יריען תהווין מלפפן חדא עם EX 26:3
למך בתר דאולד ית נח **חמש** מאה ותשעין וחמש שנין GN 5:30
בשירויא מור בהיר מתקל **חמש** מאה מנין וקנמון בושם EX 30:23
מנין: וקציעיתא מתקל **חמש** מאה מנין סילעין בסילעי EX 30:24
שנין ומית: והוה נח בר **חמש** מאה שנין ואולד נח ית שם GN 5:32
בתר דאוליד ית ארפכשד **חמש** מאה שנין ואוליד בנין ובנן: GN 11:11

גינוניתא רומיה מהלך **חמש** מאה שנין ואילן דאכלין GN 2:9
ויהי עלוייה דביר דכר **חמש** סילעין דכסף ודברתה נוקבא LV 27:6
ברא והוא משלהי ארום **חמש** עבירן עבר בההוא יומא פלח GN 25:29
שנין כפנא בגו ארעא ועד **חמש** שנין דלא רדיין ולא חצדין: GN 45:6
ואין מבר ירחא ועד בר **חמש** שנין ויהי עלוייה דביר דכר LV 27:6
תלתין סילעין: ואין מבר **חמש** שנין ועד בר עשרין שנין ויהי LV 27:5
יתך תמן ארום עד כדון **חמש** שנין כפנא דילמא תיתמסכן GN 45:11
תרין דיכרין חמשא ברחי **חמשא** אימרין בני שנה חמשא דין NU 7:17
תרין דיכרי חמשא ברחי **חמשא** אימרין בני שנה חמשא דין NU 7:23
תרין דיכרי חמשא ברחי **חמשא** אימרין בני שנה חמשא דין NU 7:83
תורין תרין דיכרין **חמשא** ברחי חמשא אימרין בני NU 7:17
תורין תרין דיכרי **חמשא** ברחי חמשא אימרין בני NU 7:23
תורין תרין דיכרי **חמשא** ברחי חמשא אימרין בני NU 7:83
דגשן: ומקצת אחוי דבר **חמשא** גוברין זבולון דן ונפתלי גד GN 47:2
חמשא התחבל בגין **חמשא** דחסרין לזוער ית כל קרתא GN 18:28
חמשא אימרין בני שנה **חמשא** דין סדר קורבנא די קריב NU 7:17
חמשא אימרין בני שנה **חמשא** דין סדר קורבנא דקריב NU 7:23
חמשא אימרין בני שנה **חמשא** דין סדר קרבנא די קריב NU 7:83
דהבא וחומריהון **חמשא** דנחשא: ועבד בצלאל ית EX 36:38
חסרין מן חמשין זכאין **חמשא** התחבל בגין חמשא דחסרין GN 18:28
עמודוי חמשא וית וויהון **חמשא** וחפי רישיהון וכיבושיהון EX 36:38
עובד צייור: וית עמודוי **חמשא** וית וויהון חמשא וחפי EX 36:38
מלכין סדרו קרבא לקביל **חמשא:** ומישר פרדסיא בירין בירין GN 14:9
דבנימין מן חולקי כולהון **חמשא** חולקין חולק חד חולקיה GN 43:34
וויהון דהבא ותתיך להון **חמשא** חומרין דנחשא: ותעביד ית EX 26:37
לתרע בי דינא קדם **חמשא** חכימין ויהון תלתא לדיינין DT 25:7
על סוסוון בר מטפלא **חמשא** חמשא לכל גברא: ואוף EX 12:37
דבני ישראל: ותיסב **חמשא** חמשא סילעין לגולגלתא NU 3:47
דימא דסוף וכל חד עם **חמשא** טפלין סליקו בני ישראל EX 13:18
ולא תרין יומין ולא **חמשא** יומין ולא עשרא יומין ולא NU 11:19
בר מטפלא חמשא **חמשא** לכל גברא: ואוף נוכראין EX 12:37
ועבד נגרין דקיסי שיטא **חמשא** ללוחי סטר משכנא חד: EX 36:31
נגרין דקיסי שיטא **חמשא** ללוחי צטר משכנא חד: EX 26:26
תבירי חרב: וירדפון מנכון **חמשא** למאתא ומאתא מינכון LV 26:8
על ארעא ויפקון חד מן **חמשא** מן כל עיבורא דארעא GN 41:34
שלמין לתשעת מטרתא **חמשא** מנהון מקרבין תרי תרי NU 29:17
על נשוי ליה לאינתו: **חמשא** ניסין איתעבידו ליעקב בזמן GN 28:10
בסכום עילוייך כסף **חמשא** סילעין בסילעי בית קודשא NU 18:16
ישראל: ותיסב חמשא **חמשא** סילעין לגולגלתא בסילעי NU 3:47
חמש יריען לחוד כל קבל **חמשא** סיפרי אורייתא וית שית EX 26:9
חמש יריען לחוד כל קבל **חמשא** סיפרי אורייתא וית שית EX 36:16
מחטא: ותעבד לפרסא **חמשא** עמודי שיטא ותחפי יתהון EX 26:37
לכל קרווא כל קבל **חמשא** קוריין סדום ועמורא אדמה GN 18:24
אימר ויכסיניה או זבניה **חמשא** תורא ישלם חולף תור חד EX 21:37
לשיבטא דשמעון **חמשים** ותשעה אלפין ותלת מאה: NU 1:23
ולרוח קידומא מדינחא **חמשין** אמין: ווילוון חמיסרי אמין EX 38:13
לרוח קידומא מדינחא **חמשין** אמין: וחמיסירי אמין ווילוון EX 27:13
ולרוח מערבא וולוון **חמשין** אמין עמודיהון עשרא EX 38:12
לרוח מערבא ווילוון **חמשין** אמין עמודיהון עשרה EX 27:12
צוער: וחיליה וסכומהון **חמשין** וארבעא אלפין וארבע מאה: NU 2:6
לשיבטא דזבולון **חמשין** ושבעא אלפין וארבעה מאה: NU 1:31
וסכומהון דשיבטיה **חמשין** ושובעא אלפין וארבע מאה: NU 2:8
בנוי דאשר לסכומהון **חמשין** ותלת אלפין וארבע מאה: NU 26:47
וסכומהון דשיבטיה **חמשין** ותלת אלפין וארבע מאה: כל NU 2:30
לשיבטא דנפתלי **חמשין** ותלתא אלפין וארבע מאה: NU 1:43
ותעביד פורפין דנחש **חמשין** ותעיל ית פורפייא בענוביא EX 26:11
גניסת מנשה וסכומהון **חמשין** ותרין אלפין ושבע מאה: NU 26:34
וסכומהון דשיבטיה: **חמשין** ותשעה אלפין ותלת מאה: NU 2:13
זכאי עם חייב: מאים אית **חמשין** זכאין בגו קרתא דיצלון GN 18:24
ייי אין אשכח בסדום **חמשין** זכאין בגו קרתא דיצלון GN 18:26
לאתרא בגין זכוות **חמשין** זכאין דבגווה: חולין הוא לך GN 18:24
וקטם: מאין חסרין מן **חמשין** זכאין חמשא התחבל בגין GN 18:28
שביעאה תימנון **חמשין** יומין ותקרבון מנחתא LV 23:16
ועבד פורפין דנחשא **חמשין** ללפפא ית משכנא למהוי EX 36:18
מאה אמין ופותיא **חמשין** למערבא וחמשין למדינחא EX 27:18
ית דמיתחד חד מן **חמשין** מן בנת נשא ומן בעירא ויהב NU 31:47
תיסב חד דמיתחד מן **חמשין** מן בת נשא ומן תורי ומן NU 31:30
שתין שנין ויהי עילוייה **חמשין** סילעין דכסף בסילעי LV 27:3
אבוהא למיתנא ליה כסף **חמשין** סילעין יתקניס הי כמיפרני EX 22:16
דעולימתא דמי בהתה **חמשין** סלעין דכסף וליה תהי DT 22:29
מתנייתא: ועבד ענובין **חמשין** על סיפתא דיריעתא EX 36:17
בית לופי תניינא: **חמשין** ענובין עבד בירויעתא חדא EX 36:12
קבל אפי משכנא: ותעביד **חמשין** ענובין על אימרת דיריעתא EX 26:10
בבית ליפופה תניין: **חמשין** ענובין תעביד בירויעתא EX 26:5

חדא לקבל חדא: ועבד **חמשין** פורפין דדהב ולפיף ית EX 36:13
חדא כל קבל חד: ותעביד **חמשין** פורפין דדהב ותלפיף ית EX 26:6
ארעכון: ותקדשון ית שנת **חמשין** שנין ותכרזון חירותא LV 25:10
משכן זימנא: ומבר **חמשין** שנין ייתוב מחיל פולחנא NU 8:25
שנין ולעילא ועד בר **חמשין** שנין כל דאתי לחילא NU 4:3
שנין ולעילא ועד בר **חמשין** שנין כל דאתי לחילא NU 4:35
שנין ולעילא ועד בר **חמשין** שנין כל דאתי לחילא NU 4:39
שנין ולעילא ועד בר **חמשין** שנין כל דאתי לחילא NU 4:43
שנין ולעילא ועד בר **חמשין** שנין כל דאתי לחילא NU 4:47
תתובון: יובלא היא שנת **חמשין** שנין תהי לכון לא תזרעון LV 25:11
שנין ולעילא ועד בר **חמשין** שנין תמני יתהון כל דאתי NU 4:23
שנין ולעילא ועד בר **חמשין** שנין תמנינון כל דאתי NU 4:30
אלפין רבני מאוותא רבני **חמשין** תריסר אלפין רבני DT 1:15
בלק וית חור וית רבע **חמשת** מלכי מדין וית בלעם בר NU 31:8
אישתלחון מן קדם ייי **חמשתי** מלאכיא מחבליא לחבלא DT 9:19
דין אתון נפקין פריקין **מחמיסר** בניסן הוא ירחא דאביבא: EX 13:4
לחילא חדא בת נשא **מחמש** מאה הכדין מן תורי ומן NU 31:28

חנג (2)
הוו חיילין ובחינגייא **מחנגין**: וזמרת להון מרים נודי EX 15:20
וחיגגין בידיהון דרשיעיא **מחנגין** ומגחנין קדמוי וסטנא הוה EX 32:19

חנט (20)
חד חד: ומנחתהון סמידא **דחינטיא** וחמר ניסוכיהון מה די NU 29:21
בתלת סווין סמידא **דחינטיא** פתיכא במשח זיתא NU 28:5
שנא: ומנחתהון סמידא **דחינטיא** פתיכא במשח זיתא NU 28:28
מן עלת תדירא וסמידא **דחינטתא** למנחתא וחמר ניסוכה: NU 29:28
חד חד: ומנחתהון סמידא **דחנטיא** וחמר ניסוכיהון מה NU 29:18
חד חד: ומנחתהון סמידא **דחנטיא** וחמר ניסוכיהון מה NU 29:30
חד חד: מנחתהון סמידא **דחנטיא** וחמר ניסוכיהון מה די NU 29:24
בר מעלת תדירא וסמידא **דחנטיא** למנחתה וחמר ניסוכא: NU 29:16
מן עלת תדירא וסמידא **דחנטיא** למנחתה וחמר ניסוכה: NU 29:22
מן עלת תדירא וסמידא **דחנטיא** למנחתה וחמר ניסוכה: NU 29:25
מן עלת תדירא וסמידא **דחנטיא** למנחתה וחמר ניסוכה: NU 29:34
בר מעלת תדירא וסמידא **דחנטיא** למנחתהון וחמר ניסוכיהון: NU 29:19
חד חד: ומנחתהון סמידא **דחנטיא** למנחתהון וחמר ניסוכיהון NU 29:27
לכון: ומנחתהון סמידא **דחנטיא** פתיכא במשח זיתא תלתא NU 28:20
שלמין: ומנחתהון סמידא **דחנטיא** פתיכא במשח זיתא תלתא NU 29:3
לכון: ומנחתהון סמידא **דחנטיא** פתיכא במשח זיתא תלתא NU 29:9
יהון: ומנחתהון סמידא **דחנטיא** פתיכא במשח זיתא תלתא NU 29:14
יומין: מנחתהון סמידא **דחנטתא** וחמר ניסוכיהון מה NU 29:37
לווטיא: ומנחתהון סמידא **דחנטתא** וחמר ניסוכיהון מה די NU 29:33
מן עלת תדירא וסמידא **דחנטתא** למנחתא וחמר ניסוכה NU 29:31

חני (2)
יתיב בהון הכרכין פציחי **חניין** אין בחקרין: ומה שבח ארעא NU 13:19
בארעא וקירויא כריכן **חניין** רברבן לחדא ואוף מרבנייני NU 13:28

חנך (7)
אחוי וזיין ית עולמוי **דחניך** לקרבא מרביני ביתיה ולא GN 14:14
שיתין ריבוון דישראל דא **חנוכת** רבות מדבחא ביומא דרביו NU 7:88
נטלין: וקריבו רברביא ית **חנוכת** רבות מדבחא ביומא NU 7:10
אחירע בר עינן: דא **חנוכת** רבותיה דמדבחא ביום דרביו NU 7:84
דקריב נחשון בר עמינדב **לחנוכת** מדבחא אזל אהרן ובנוי LV 10:16
יקרבון ית קורבנהון **לחנוכת** רבותא מדבחא: והוה NU 7:11
שמא קדישא עד דהוה **מחניך** פומיה בריש שירתא בתמניין DT 32:3

חנן (8)
ייי ייי אלקא רחמנא **וחננא** אריך רוח וקריב רחמין מסגי EX 34:6
ונח דהוה צדיקא אשכח **חינא** קדם ייי: אילין יחוסין דגניסת GN 6:8
כספא: אין לא השכחת **חינא** קדם ריבונהא דזמין יתיה EX 21:8
ייי אין כדון אשכחת **חינא** קומך לא כדון תסלק איקר GN 18:3
צלותיה ארום אלקא **חננא** אנא: עמי בני ישראל דייניכון EX 22:26
דדהב: וייי יהב ית עמא **לחן** וחסד קדם מצראי ושיילינון EX 12:36
קליה עד ארעא דגשן **מתחנן** הוה פרעה בקל עציב וכן EX 12:31
פתח פומיה במילי **תחנונין** ואמר לפנחס אין תקיים ית NU 31:8

חסד (24)
אבוי והינון לוון יתיה **בחיסדא** עד ביתאל ובההוא יומא GN 28:12
פומה ובלעת יתהון: דברת **בחסדך** עמך האיליין די פרקת EX 15:13
וייי יהב ית עמא לחן **וחסד** קדם מצראי ושיילינון ורוקינו EX 12:36
לבן ית שמע גבורתיה **וחסידותיה** דיעקב בר אחתיה היך GN 29:13
בסטרא דיוסף ונגד עליה **חיסדא** ויהב רחמותיה בעיני רב GN 39:21
מיתייא ולמיגמול בה **חיסדא** וית עובדא דשורת דינא EX 18:20
בריה דיוסף למכנוש ית **חיסודא** דמצרים מעל בני ישראל GN 30:23
כל בית ישראל ית **חיסודהון** נס חדיסיראי דאתנטרו NU 25:8
בר ואמרת כנש ייי ית **חיסודי** והכדין עתיד יהושע בריה GN 30:23
דר רביעיי לשנאיי: ונטיר **חסד** וטיבו לאלפין דרין לרחמיי EX 20:6
בתר אבהתהון: ונטיר **חסד** וטיבו לאלפין דרין לרחמיי DT 5:10
למעבד חסד וקשוט: נטיר **חסד** וטיבו לאלפין דרין שרי ושביק EX 34:7
רחמין מסגי למעבד **חסד** וקשוט: נטיר חסד וטיבו EX 34:6
לכון ית קיימייא וית **חסדא** די קיים לאבהתכון: DT 7:12
יוסף: ובגין דשבק יוסף **חסדא** דלעיל ואתרחץ ברב מזוגייא GN 40:23
ית עריתיה גניי הוא ארום **חסדא** עבדית עם קדמאי מן בגלל LV 20:17
לאהרן גבר דהישתכח **חסיד** קדמך דנסית יתיה בניסתא DT 33:8
ואמרין איתון חמון יעקב **חסידא** דאיקונין דיליה קביעא GN 28:12
איתון ניבכי על יעקב **חסידא** דבזכותיה עדת כפנא מן GN 50:3
במספדא דאהרן **חסידא** וקבעו תמן מספדא כל בני DT 10:6
משה ושני חייוי דעמרם **חסידא** מאה ותלתין ושבע שנין EX 6:20
ועזיאל ושני חייוי דקהת **חסידא** מאה ותלתין ותלת שנין EX 6:18
ארעא: ארום גלי קדמיי **חסידותיה** בגין דיפקד ית בנוי וית GN 18:19
דין הוא עוג רשיעא דהוה **מחסיד** ית אברהם ושרה אבהתן NU 21:34

חסד (1)
בסוף יומיא: וחולף **דחסדותי** למימר הלא בר פוטי NU 25:13

חסחוס (4)
משה מן אדמיה ויהב על **חסחוס** אודנא דאהרן דהוא גדירא LV 8:23
מן אדמיה ותיתן על **חסחוס** אודנא דאהרן דימינא ועל EX 29:20
אודנא דאהרן דימינא ועל **חסחוס** אודנא דבנוי דימינא ועל EX 29:20
דעל ידיה יתן כהנא על **חסחוס** דאודנא דמידכי דימינא ועל LV 14:17

חסי (3)
מן נהרא בישן למיחמי **וחסיין** בבישריהון וקמן לקובליהום GN 41:3
ובישן למיחמי לחדא **וחסיין** בבישריהון לא חמית GN 41:19
ית ריבא והא טלייא בכי **וחסת** עלוי ואמרת מן בני יהודאי EX 2:6

חסל (1)
ביר לאישון: ורבא טליא **ואתחסין** ועבד אברהם משתיא GN 21:8

חסם (2)
שיבטא דאשר היך פרזלא **וחסימין** היך נחשא ריגליהון DT 33:25
ותלמידהא שאילין שאלין **חסימן** כנחשא: ותהוון זהירין בזמן DT 8:9

חסן (161)
יעקב אבוהון דבזכותיה **אחסין** יתהון ארעא טבתא דעבדא DT 33:28
כלילא דמלכותא **אחסינו** יתה מן שמייא לא חרבא DT 34:5
בני ישראל לא יחסנון **אחסנא**: ארום ית מעשרא דבני NU 18:23
אבוי וית אחוי ויהב להון **אחסנא** בארעא דמצרים בבית שפר GN 47:11
אנן חשיבין כביר הב לן **אחסנא** בגו אחי אבונן: דין חד מן NU 27:4
ארום לא איתיהיבת להון **אחסנא** בגו בני ישראל: אילין סכומי NU 26:62
דייי אלקכון יהיב לכון **אחסנא** ויהי עליכון חובת דין DT 19:10
בני ישראל לא יחסנון **אחסנא**: ומליל ייי עם משה למימר: NU 18:24
דייי אלקכון יהיב לכון **אחסנא** ותירתונה ותיתבון בה: DT 26:1
למיתן לכון ית ארעהון **אחסנא** כזמן יומא הדין: ותינדעו DT 4:38
מטול למיהוי ליה לעם **אחסנא** כיומא הדין: ומן קדם ייי DT 4:20
בארעהון לא תקבל **אחסנא** כמשאר שבטיא וחולקא NU 18:20
תתיהב ארע הדא לעבדך **אחסנא** לא תעבריננא ית יורדנא: NU 32:5
דייי אלקכון יהיב לכון **אחסנא** לא תקיימון כל נישמא לא DT 20:16
לנשין: מטול דלא תיתקף **אחסנא** לבני ישראל משיבטא NU 36:7
דייי אלקכון יהיב לכון **אחסנא**: לחוד אין קבלא תקבלון DT 15:4
דייי אלקכון יהיב לכון **אחסנא** למירתה תמחון ית דוכרנא DT 25:19
לבניהון בתריכון לירותת **אחסנא** לעלם בהון תפלחון LV 25:46
ית ארעהון ויהבנא **אחסנא** לשיבט ראובן ולשיבט גד DT 29:7
כרך מלכותהון דאדומאי **אחסנות** שיבט ראובן וגד ופלגות NU 34:11
בוכרא לסניתא: ויהי ביום **אחסנותיה** ית בנוי ית ניכסין דיהי DT 21:16
בגו אחי אבוהון ותעבר ית **אחסנת** אבוהן להן: ועם בני ישראל NU 27:7
דייי אלקכון יהיב לכון **אחסנת**: ארום יסב גבר איתא חדתא DT 24:4
דזבניה מיניה למן דיליה **אחסנת** ארעא: וכל עילוייה יהי LV 27:24
דיקום קדמיהון אפליג **אחסנת** בנוי דשמעון לתרין חולקין GN 49:7
חולק חד יפוק ליה מגו **אחסנת** בני יהודה וחולק חד ביני GN 49:7
וקוריין דתיתנון מן **אחסנת** בני ישראל מן שבטא NU 35:8
לקבל קרתא: וזבן ית **אחסנת** חקיל דפרס תמן משכניה GN 33:19
אעילתנא ויהבת לנא **אחסנת** חקלין וכרמין העיניהון NU 16:14
בארעא דגשן ואחסינו בה **אחסנת** חקלין וכרמין ונפישו GN 47:27
קירויהון לא יזבנון ארום **אחסנת** עלם הוא להון: וארום LV 25:34
ארעא הדא לברך בתרך **אחסנת** עלם: וכדון תרין בנך GN 48:4
מן קדם ייי למיתן ית **אחסנת** צלפחד אחונא לבנתיה: NU 36:2
אנא עמכון בעו זבונו לי **אחסנת** קבורתא עימכון ואיקבר ית GN 23:4
ותיתוסף אחסנתהון על **אחסנת** שיבטיא דיהוויין להון NU 36:4
אבהתנא ותיתוסף על **אחסנת** שיבטיא דיהוויין להון ומן NU 36:3
בתי קירוי ליואי היא **אחסנתהון** בגו בני ישראל: וברם LV 25:33
ויפוק זביני ביתא וקירוי **אחסנתהון** ביובלא ארום בתי קירוי LV 25:33
על פום עדבין תתפלג **אחסנתהון** בין סגיאי לזעיר: ואלין NU 26:56
ברם בנוי עתידין למירות **אחסנתהון** בקדמיתא מעברא GN 30:11
דעמיה זעיר תזער **אחסנתהון** גבר לפום סכומהון NU 26:54
אדום למותבניהון בארע **אחסנתהון** הוא עשו אבוהון GN 36:43
דעמיה סגי תסגון **אחסנתהון** ולשיבטא דעמיה זעיר NU 26:54
והוה להון ואיתקבלן **אחסנתהון**: טובוי דאשר מן שמינין GN 49:19
ישראל לנשין ותתמנע **אחסנתהון** מאחסנת אבהתהא NU 36:3

ופלגות שיבטא קבילו **אחסנתהון** מעיברא ליורדנא NU 34:15
לבני ישראל ותיתוסף **אחסנתהון** על אחסנת שיבטיא NU 36:4
וקירוי ליואי בתי קירוי **אחסנתהון** פורקן עלם יהי לליואי: LV 25:32
שיבטא דמנשה קבילו **אחסנתהון:** תרין שיבטין ופלגות NU 34:14
שיבטא דאבהתנא יתמנע **אחסנתהין:** ופקיד משה ית בני NU 36:4
יוסף הואה לנשין והות **אחסנתהן** על שיבט גניסת אבוהן: NU 36:12
דיחסנון בני ישראל גבר **אחסנתיה:** ארום לא נחסין עימהון NU 32:18
ואמר דבית יעקב עדב **אחסנתיה:** ארע יתהון שריין DT 32:9
גבר לפום סכומהון יתיהב **אחסנתיה:** ברם בעדבין תתפלג NU 26:54
זעיר תזערון גבר אגב **אחסנתיה** דיחסנון יתן מקירווי NU 35:8
מתנן דיהב ליה ייי הינון **אחסנתיה** היכמא דמליל ייי DT 10:9
דיהב ליה ייי הינון **אחסנתיה** היכמא דמליל ליה: ודין DT 18:2
אפרשא לכהנא תהי **אחסנתיה:** ואין ית חקיל זבינוי דלא LV 27:21
רבא יתוב קטולא לארע **אחסנתיה:** ויהוון אילין אחוויתא NU 35:28
זבינוי דלא מן חקיל **אחסנתיה** יקדיש קדם ייי: וידייק LV 27:22
ויהי דיליה: ואין מן חקיל **אחסנתיה** יקדש גבר קדם ייי ויהי LV 27:16
מאינשא ובעירא ומחקיל **אחסנתיה** לא יזדבן ולא יתפרק כל LV 27:28
לית ברתא ותיתנון ית **אחסנתיה** לאחוי מן אבוי: ואין לית NU 27:9
אחין מן אבוי ותיתנון ית **אחסנתיה** לאחי אבוי: ואין לית NU 27:10
דכר לית ליה ותעברון ית **אחסנתיה** לברתיה: ואין לית ברתא NU 27:8
אחין לאבוי ותיתנון ית **אחסנתיה** לקריביה דקריב ליה NU 27:11
אתון עימי: ובכל ארע **אחסנתיכון** פורקנא תיתנון לארעא: LV 25:24
מכתש סגירו בבית ארע **אחסנתכון:** וייתי דדיליה ביתא LV 14:34
דיהוויין להון ומן עדב **אחסנתנא** יתמנע: ואין יהוי יובילא NU 36:3
ולהלא ארום מטת **אחסנתנא** לנא מעיברא דיורדנא NU 32:19
דכנען ועימנא אחידת **אחסנתנא** מעיברא ליורדנא: ויהב NU 32:32
דא ארעא דתתפלג לכון **באחסנא** ארעא דכנען בתחומהא: NU 34:2
שבטיא תתפלג ארעא **באחסנא** במניין שמהן: לשיבטא NU 26:53
ית כל מעשרא בישראל **באחסנא** חולף פולחנהון דהינון NU 18:21
נבייא ויימרון לכון: **באחסנות** עילאה עלמא לעממייא DT 32:8
אלהן לאתרא דיתרעי ייי **באחסנת** חד מן שבטיכון תמן DT 12:14
חורנא ארום גבר **באחסנת** שיבטא דאבהתוי ידבקון NU 36:7
פקיד ייי למיתן ית ארעא **באחסנתא** בעדבא לבני ישראל NU 36:2
אחין מן איבא דמיחדין **באחסנתא** לא תהוי איתת שכיבא DT 25:5
ויהי בוכרא דיתליד יקום **באחסנתא** על שום אחוי שכיבא DT 25:6
על שום אחיהון יתקרון **באחסנתהון:** ואנא דבעיתי מינך GN 48:6
ית מעשרא דיהבית להון **באחסנתהון** ותפרשון מיניה NU 18:26
עם אחוי קורבניא דייי **באחסנתהון** יכלון: ואחסנת חקיל DT 18:1
על אנפי כל אחוי שרא **באחסנתיה:** ואילין תולדת יצחק בר GN 25:18
חבריכון דאתחימו קמאי **באחסנתכון** דתחסנון בארעא דייי DT 19:14
משתיא רבא ביומא **דאחסין** ית יצחק: וחמת שרה ית GN 21:8
דלא מפסקן עללייא **דאחסינו** ליה ברכתא אימהתא דמן DT 33:15
לא נתוב לבתנא עד **דיחסנון** בני ישראל גבר אחסנתיה: NU 32:18
גבר אגב אחסנתיה **דיחסנון** יתן מקירווי לליוואי: ומליל NU 35:8
אילין שמהת גובריא **דיחסנון** לכון ית ארעא אלעזר NU 34:17
ית תחום ארעכון **דיחסנכון** ייי אלקכון ויהי למערוק DT 19:3
ישראל למימר דא ארעא **דתחסין** יתה בעדבא דפקיד ייי NU 34:13
קמאי באחסנתכון **דתחסנון** בארעא דייי אלקכון יהיב DT 19:14
ופלטין בארעא דגשן **ואחסינו** בה אחסנת חקלין וכרמין GN 47:27
ועיבידו בה פרקמטייא **ואחסינו** בה: ואמר שכם לאבוהא GN 34:10
לכון ית ארעא סוקו **ואחסינו** היכמה דמליל ייי אלקכון DT 1:21
מרקם געא למימר סוקו **ואחסינו** ית ארעא די יהבית לכון DT 9:23
למיטול זיינא עולו **ואחסינו** ית ארעא וקבעו בה DT 1:8
עמך האיליין די פרקת **ואחסינת** יתהון טור בית מוקדשך EX 15:13
דעד כדון אית לנא חולק **ואחסנא** בבית אבונא: הלא נוכריתא GN 31:14
מיתן תיתן להון ירתו **ואחסנא** בגו אחי אבוהן ותעבר ית NU 27:7
ארום לית ליה חולק **ואחסנא** עימכון: אסתמרון לכון DT 12:12
ארום לית ליה חולק **ואחסנא** עימכון וגיורא ויתמי DT 14:29
ארום לית ליה חולק **ואחסנא** עימכון: מסוף תלת שנין DT 14:27
לא הוה לשיבט לוי חולק **ואחסנא** עם אחוהי מתנן דיהב ליה DT 10:9
דמן שיבט לוי חולק **ואחסנא** עם אחוי קורבניא דייי DT 18:1
דייי באחסנתהון יכלון: **ואחסנת** חקיל וכרם לא תיהי ליה DT 18:2
לך ביניהון אנא חלקך **ואחסנתך** בגו בני ישראל: ולבנוי NU 18:20
במדברא: והינון עמך **ואחסנתך** דאפיקתך בחילך רבא DT 9:29
ייי אלקים לא תחבל עמך **ואחסנתך** די פרקת בתוקפך די DT 9:26
תשרי שכינת מרי עלמא **ובאחסנתיה** יתבני בית מוקדשא GN 49:27
יתיבו בה עם רב וסגי **וחסין** הי כגינבריא: גיבריא דיתבין DT 2:10
להון זימתני: עמא רבא **וחסינא** הי כגינבריא ושיצינון DT 2:21
לא יעיברון מזרזין עמכון **ויחסנון** ביניכון בארעא דכנען: NU 32:30
לכון איתן לבנכון **ויחסנון** לעלם: והוה תהו מן קדם ייי EX 32:13
הדין הי ככוכבי שמיא **ולאחסנותהון** ית ארע כנענאי NU 23:19
עימך ויתוב לגניסתיה **ולאחסנת** אבהתוי יתוב: ארום עבדי LV 25:41
דהוא בית נייחא **ולאחסנת** ארעא דייי אלקכון יהיב DT 12:9
שיבטיא דיהוויין להון **ומאחסנת** שיבטא דאבהתנא NU 36:4
יתהון לארע כנענאי **ומחסין** יתה להון מידד הוה מתנבי NU 11:26
מן קדמך עד די תיסגי **ותחסין** ית ארעא: ואישוי ית תחומך EX 23:30
ית ארעא למירות יתה: **ותחסנון** ית ארעא בעדבין NU 33:54
ויהון לכון לאחסנא: **ותחסנון** יתהון לבניהון בתריכון LV 25:46
לחובאנא ולחטאנא **ותחסנינגא** ית ארעא דקיימת EX 34:9
וכריכן עד צית שמיא: עם **חסין** וגיוותן הי כגינבריא דאתון DT 9:2
מן ייכול למימני זכוותא **חסינייא** האיליין וסכום עובדיא NU 23:10
מרי חושבנא דנא וזכוון **חסינן** הי כשלהוביתא מאילין NU 21:28
עימכון ית רברבתא וית **חסינתא** האילין דחמיתון בעיניכון: DT 10:21
קדם עמא הדין והוא **יחסין** יתהון ית ארעא דאנת חמי: DT 3:28
יתיה תקיף ארום הוא **יחסיננה** ית ישראל: וטפלכון DT 1:38
ובגו בני ישראל לא **יחסנון** אחסנא: ארום ית מעשרא NU 18:23
להון דבגו בני ישראל לא **יחסנון** אחסנא: ומליל ייי עם משה NU 18:24
שיבטא דאבהתהון **יחסנון:** על פום עדבין תתפלג NU 26:55
אפרשותא יהבית לליואי **לאחסנא** בגין כן אמרית להון דבגו NU 18:24
להון ית ארע גלעד **לאחסנא:** ואין לא יעיברון מזרזין NU 32:29
דכנען דאנא יהיב לכון **לאחסנא** ומשתכח גבר דבני ביתא LV 14:34
דאנא יהיב לבני ישראל **לאחסנא:** ושכוב בטוורא דאנת DT 32:49
ולא מן כנענאי ויהון לכון **לאחסנא:** ותחסנון יתהון לבניהון LV 25:45
חד מן שיבטא תידברון **לאחסנא** ית ארעא: ואילין שמהן NU 34:18
עמיהוד: איליין דפקד ייי **לאחסנא** ית בני ישראל בארעא NU 34:29
ותהי ארעא הדא לכון **לאחסנא** קדם ייי: ואין לא תעבדון NU 32:22
ית כל ארעא דכנען **לאחסנת** עלם והוי להון לאלקא: GN 17:8
שלים יתנינה לי ביניכון **לאחסנת** קבורתא: ועפרן יתיב בגו GN 23:9
ומערתא דביה לאברהם **לאחסנת** קבורתא מן בני חיתאה: GN 23:20
דיזבן אברהם ית חקלא **לאחסנת** קבורתא מן עפרון חיתאה GN 50:13
חקלא מן עפרון חיתאה **לאחסנת** קבורתא: תמן קברו ית GN 49:30
לגבר דזבין ליה ויתוב **לאחסנתיה:** ואין לא תארע ידיה הי LV 25:27
דיובלא הדא תתובון גבר **לאחסנתיה:** וארום תזבנון זביני LV 25:13
ויפוק בלא כסף ויתוב **לאחסנתיה:** וגבר ארום יזבון בית LV 25:28
תהי לכון ותתובון גבר **לאחסנתיה** וגבר לייחוסיה תתובון: LV 25:10
יומנא כיום דאנת עתיד **למחסן** ית בכירותא לי: ואמר עשו GN 25:31
ייי ביומא דירבון יתיה **למחסן** כהונתא רבתא חד מן LV 6:13
למיתקוף דאנת עתיד **למחסן** מלכותא וקרת שמיה פרץ: GN 38:29
עמא בלחודיהון עתידין **למחסן** עלמא מטול דבנימוסי NU 23:9
ותתמנע אחסנתהון **מאחסנת** אבהתנא ותיתוסף על NU 36:3
בני ישראל ויתנון ליואי **מאחסנת** אחודתהון קירוין למיתב NU 35:2
אין יתמסכן אחוך ויזבון **מאחסנתיה** וייתי פריקיה הקריב LV 25:25
בארעא דייי אלקכון **מחסן** יתכון ויניח לכון מכל בעלי DT 12:10
מדינאה הוא הא אנא **מייחסיניה** לכהונתא רבתא וחולף NU 25:13
גבר אחסנתיה: ארום לא **נחסין** עימהון מעיברא ליורדנא NU 32:19
יהי לשיבטי אבהתכון **תתחסנון:** ואין לא תתרכון ית כל NU 33:54

חסף (2)

בנטלא ויתנינון במן **דחסף** מטול דאיהי אשקיית NU 5:17
ית ציפורא חדא למאן **דחסף** על מי מבוע: ית ציפורא LV 14:5

חסר (23)

דתוליד ארום תיכלינון **בחוסרן** כל מידעם בטומרא בצערו DT 28:57
עבדין דבש: ארעא דלא **בחוסרנא** תיכלון בה לחמא ולא DT 8:9
ואימר יתיר כוליא או **דחסיר** כוליא נסיבא תעביד יתיה LV 22:23
התחבל בגין חמשא **דחסרין** לזוער ית כל קרתא ואמר GN 18:28
הי כמיסת חוסרניה **דייחסר** ליה: איסתמרו לכון דילמא DT 15:8
ובצהותא ובערטליותא **ובחוסרן** כל טבתא וישוון נירי DT 28:48
בדיניה: ארבעין יצליף **וחסיר** חד ילקיניה לא ישלים DT 25:3
תורתי דבישן למיחמי **וחסירן** בבישריהון ית שבע תורתי GN 41:4
ארעא אזלין ותייבין **וחסרו** מיא מסוף מאה וחמשין GN 8:3
תילתיסר אזלין כל יומא **וחסרין** סכומהון שובעין על שובעין NU 29:13
מדינחא: ומיא הוו אזלין **וחסרין** עד ירח עשיריי ירח תמוז GN 8:5
חד לחטאתא קדם ייי על **חוסרן** סיהרא על עלת תדירא NU 28:15
תוזפיניה הי כמיסת **חוסרניה** דייחסר ליה: איסתמרו DT 15:8
לבלעם ווי לך בלעם **חסיר** דעתא אנא דאנא בעירא NU 22:30
נבואה דעלוי ומשה לא **חסיר** מידעם ויהב על שובעין NU 11:25
ודאזער למילקט לא **חסר** מן מכילתא גבר לפום מיכליה EX 16:18
יעקב לגבן בירן לא **חסרו** ובית שקיותן סגו וכדון איתן GN 29:22
מתיל לעפר וקטם: מאין **חסרין** מן חמשין זכאין חמשא GN 18:28
קודשוי דיליה יהון ולא **חסרן** ניכסוי גבר מה דייתן לכהנא NU 5:10
דייי אלקכון בסעדכון לא **חסרתון** מידעם: ועברנא מלות DT 2:7
האיפשר דאית קדם ייי **מחסור** כדון תחמי היארעינך NU 11:23
מכנשהון יתהון: וקמו **מחסרי** הימנותא די בעמא כל יומא NU 11:32
תיכלון בה לחמא ולא **תחסר** כל מידעם בה ארעא די DT 8:9

חפי (83)

מאה ותלתין מילין תמן **איתחפיאו** שבעת ענני יקרא EX 12:37
ושרו בסוכות אתרא **דאתחפיאו** שבעת ענני יקרא: ונטלו NU 33:5
ונטלו מסוכות אתר **דאתחפיו** בענני יקרא ושרו באיתם EX 13:20
וארון קיימא ומני קודשא **דחמיתון** דהבא סנינא וכפר לכון על DT 1:1

ותיסב ית כל תרבא **דחפא** על בני גווא וית דמשתאר על	EX 29:13
תרבא ואליתא וית תרבא **דחפי** ית בני גווא וית דמשתאר על	EX 29:22
ית אליתא וית תרבי **דחפי** ית בני גווא: וית תרתין כוליין	LV 7:3
ייי ית פריסותא דתרבא **דחפי** ית כריסא וית כל תרבא דעל	LV 3:3
וית פריסותא דתרבא **דחפי** ית כריסא וית כל תרבא דעל	LV 3:9
ייי ית פריסותא דתרבא **דחפי** ית כריסא וית כל תרבא דעל	LV 3:14
ית פריסותא דתרבא **דחפי** ית כריסא וית כל תרבא דעל	LV 4:8
למשכנא מטול צדיקיא **דחפין** בזכותיהון על עמא בית	EX 40:5
בגברא ההוא ובגיניסתיה **דמחפיין** עלוי לאתרדאה בייסורי	LV 20:5
מכילתיה וית קסוותא **דמחפין** בהון דדהב דכי: ועבד ית	EX 37:16
מלעיל תקפו מיא **ואיתחפיאו** טווריא: ואיתמסי כל	GN 7:20
תקפו לחדא על ארעא **ואיתחפיאו** כל טווריא רמיא	GN 7:19
תורא ומן דיכרא אליתא **ודחפי** בני גווא וכולייתא וחצר	LV 9:19
מושכי דדיכרי מסמקי **וחופאה** דמשכי ססגונא מלעילא:	EX 26:14
וית משכן זימנא חופאיה **וחופאה** דססגונא דעלוי מלעילא	NU 4:25
דנחשא וויהון כסף **וחיפוי** רישיהון וכיבושין כסף: וכל	EX 38:19
עמודיא וכיבושיהון כסף **וחיפוי** רישיהון כסף והינון מכבשין	EX 38:17
הא עמא נפק ממצרים **וחפא** ית חזווא דארעא וכדון איתא	NU 22:11
ובתרוי לא עתיד דיהי כן: **וחפא** ית חזוונא דכל ארעא עד די	EX 10:15
עבד דהבא אתרא לנגרין **וחפא** ית נגרין דהבא: ועבד ית	EX 36:34
ועבד אריחי דקיסי שיטא **וחפא** יתהון דהבא: ואעיל ית	EX 37:4
ית אריחיא דקיסי שיטא **וחפא** יתהון דהבא: ועבד ית מישחא	EX 37:28
ית אריחיא דקיסי שיטא **וחפא** יתהון דהבא למיטל ית	EX 37:15
ית אריחיא דקיסי שיטא **וחפא** יתהון נחשא: והנעל ית	EX 38:6
ואמתא ופלגא רומיה: **וחפא** יתיה דהב דכי ועבד דיר	EX 37:11
מיניה הוון קרנוי זקיפין: **וחפא** יתיה דהב דכי ית איגריה וית	EX 37:26
הוואה קרנוי זקיפן לעיל **וחפא** יתיה נחשא: ועבד ית כל	EX 38:2
למשריתהון דישראל **וחפא** עליהון טול שכינתיה והיכמא	DT 32:11
וסליק משה לטורא **וחפא** ענן יקרא ית טורא: ושרא	EX 24:15
וגמר משה ית עיבידתא: **וחפא** ענן יקרא ית משכן זימנא	EX 40:34
סילעין עבד ווין לעמודיא **וחפא** רישיהון וכבש יתהון: ונחשא	EX 38:28
דייי על טורא דסיני **וחפהי** ענן יקרא שיתא יומין וקרא	EX 24:16
ברמשא וסליקו פיסיונין **וחפו** ית משריתא ובצפרא הות	EX 16:13
להון: ותבו גללי ימא **וחפון** ית רתיכיא וית פרשיא לכל	EX 14:28
חמשא וית וויהון חמשא **וחפי** רישיהון וכיבושיהון דהבא	EX 36:38
ואמתא ופלגא רומיה: **וחפייה** דהב דכיה מגיו ומברא ועבד	EX 37:2
הא סלוי סלקן מן ימא **וחפיין** כל משריתא דישראל ויהוי	NU 11:26
עמודי קיסי שיטא **וחפנון** דהבא וויהון דהבא ואתך	EX 36:36
וסליקת מחת עורדענייא **וחפת** ית ארעא דמצרים ברם משה	EX 8:2
דילהון כד חיין לשייול **וחפת** עליהון ארעא ואובדו מגו	NU 16:33
ליה תיבותא דטונס **וחפתא** בחימרא חיפתא ושוויית	EX 2:3
מייתי מחר גובא בתחומך: **ויחפי** ית חזוונא דארעא ולא יהוי	EX 10:5
על אישתא קדם ייי **ויחפי** ענן תנן קטורתא ית כפורתא	LV 16:13
דהבא אתרא לנגרין **ותחפי** ית נגריא דהבא: ותקים ית	EX 26:29
חמשא עמודי שיטא **ותחפי** יתהון דהבא וויהון דהבא	EX 26:37
אריחי דקיסי שיטא **ותחפי** יתהון דהבא: ותהנעל ית	EX 25:13
ית אריחיא דקיסי שיטא **ותחפי** יתהון דהבא: ותיתן יתיה	EX 30:5
ית אריחיא דקיסי שיטא **ותחפי** יתהון דהבה ויהון נטלין	EX 25:28
אריחין דקיסי שיטא **ותחפי** יתהון נחשא: ויהנעל ית	EX 27:6
ואמתא ופלגא רומיה: **ותחפי** יתי דהב דכי ותעביד ליה	EX 25:24
מיניה יהון קרנוי זקיפין: **ותחפי** יתיה דהב דכי ית איגריה וית	EX 30:3
ואמתא ופלגא רומא: **ותחפי** יתיה דהב דכיה מגיו ומברא	EX 25:11
יהוין קרנוי זקיפן לעיל **ותחפי** יתיה נחשא: ותעביד	EX 27:2
תיסגי סגירותא במשכא **ותחפי** סגירותא ית כל משך	LV 13:12
משכנא וית פרסיה וית **חופאה** דיליה ית פורפוי וית לוחוי	EX 35:11
דסהדותא: ויתנון עלוי **חופאה** דמשך ססגונא ויפרשון	NU 4:6
מני מדבחא ויפרשון עלוי **חופאה** דמשך ססגונא וישוון	NU 4:14
נגרוי ועמודוי וחומרוי: וית **חופאה** דמשכי דדיכרי מסמקי וית	EX 39:34
דדיכרי מסמקי וית **חופאה** דמשכי ססגונא וית פרגודא	EX 39:34
פרסא על משכנא ושוי ית **חופאה** דמשכנא עלוי מן לעילא	EX 40:19
מעל ארעא ואעדי נח ית **חופאה** דתיבותא וחמא נגובו אנפי	GN 8:13
ומיכא לכסיותיה: ותעביד **חופאה** למשכנא מושכי דדיכרי	EX 26:14
משכנא למהוי חד: ועבד **חופאה** למשכנא משכי דדיכרי	EX 36:19
משכנא וית משכן זימנא **חופאיה** וחופאה דססגונא דעלוי	NU 4:25
זימנא משכנא ופרסא **חופאיה** ופרסא דבתרע משכן זימנא:	NU 3:25
אלקא עלמא: וית לוחיא **חפא** דהבא וית עיזקיתהון עבד	EX 36:34
עמא נפק ממצרים והא **חפא** ית חזווא דארעא והוא שרי מן	NU 22:5
דאתקם ית משכנא **חפא** ענן יקרא ית משכנא והוה	NU 9:15
דקריבו יקידיא ורדידינון **חפיי** לגופה דמדבח דמן שירויא	NU 17:4
מנהון רדידי טסין **חפיי** למדבחא ארום קריבינון קדם	NU 17:3
למשכן זימנא והא **חפייה** ענן איקר שכינתא ואיתגלי	NU 17:7
דידא: או דגבינוי שכבן **חפיין** עינוי או לית שיער בגבינוי או	LV 21:20
לסאבא: ויחמי כהנא והא **חפת** סגירותא ית כל בישריה וידכי	LV 13:13
ויתנון יתה וית כל מנהא **לחופאה** דמשך ססגונא ויתנון על	NU 4:10
ית אבוי בערס דשנדפין **מחפייא** דהב טב מקבעא אבנין טבן	GN50:1
על ארבעה עמודי שיטא **מחפין** דהבא וויהון דהבא על	EX 26:32
קדם ייי שית עגלן כד **מחפן** ומטקסן ותריסר תורין	NU 7:3
הי כחוטרא: וית לוחיא **תחפי** דהבא וית עיזקתהון תעביד	EX 26:29
דהב דכיה מגיו ומברא **תחפיניה** ותעביד עלוי דיר דדהב	EX 25:11

חפן (2)

מדבחא מן קדם ייי ומלי **חופנוי** קטורת בוסמין כתישין	LV 16:12
ולאהרן סיבו לכון מלי **חופניכון** קטם דקיק מן אתונא	EX 9:8

חפס (11)

ותנו ליה על עיסק בירא **דחפסו** ואמרו ליה אשכחנא מוי:	GN26:32
יתיה פלישתאי: וכל בירין **דחפסו** עבדי אבוי ביומי אברהם	GN26:15
סטנא: ואיסתלק מתמן **וחפס** ביר אוחרי ולא נצו עלה הי	GN26:22
ויתיב תמן: ותב יצחק **וחפס** ית בירן דמוי די חפסו עבדי	GN26:18
אתעסקו עלה עימיה: **וחפסו** ביר אוחרי נצו אוף עלה	GN26:21
די הוה קרי להון אבוי: **וחפסו** עבדי יצחק ביספר נחלא	GN26:19
דייי ופרס תמן משכניה **וחפסו** תמן עבדי יצחק בירא: וכד	GN26:25
דרבניא דמלקדמין **חפסו** יתה רישי עמא משה ואהרן	NU21:18
וחפס ית בירן דמוי די **חפסו** עבדי אבוי ביומי אברהם אבוי	GN26:18
חיזויה הי כחיזו בידלחא: **חפסין** רשיעי עמא ומלקטין וטחנין	NU11:8
יפתח אינש גוב או ארום **יחפס** אינש גוב בשוקא ולא	EX 21:33

חפף (3)

צבע זהורי ויכסון יתיה **בחופאה** דמשך ססגונא וישוון ית	NU 4:8
לבוש תיכלא ויכסון יתיה **בחופאה** דמשך ססגונא: ויתנון על	NU 4:11
לשרכפיה ועל תסילוי **מחופף** כדין שכינתיה מעורר	DT 32:11

חפר (5)

הא אנא מיית בקיברי **דחפירית** לי בארעא דכנען תמן	GN50:5
לה והיא סלקא: בירא **דחפרו** יתה אבהת עלמא אברהם	NU21:18
ליביה לחוד למחתא הדא: **וחפרו** מצראי חזרנות נהרא מוי	EX 7:24
דתיסרון סייפיכון ותהווי **חפיר** בה ותיפני תמן ותתוב ותכסי	DT 23:14
דתיהווי לי לסהדו ארום **חפירית** ית בירא הדא: בגין קרא	GN21:30

חצב (1)

לשמי לא תבני יתהן **חציבן** דאין ארימת פרזלא דמיניה	EX 20:25

חצד (24)

חדא דאית בחקלך **בחצדך** ולקטא דחצדך לא תלקיט	LV 23:22
קדמיי ריקנין: וחגא **דחצדא** ביכורי עובדך דתיזרע	EX 23:16
בחקלך למחצוד ולקטא **דחצדך** לא תלקיט: וכרמיכון לא	LV 19:9
בחקלך בחצדך ולקטא **דחצדך** לא תלקיט לענייי ולגייורי	LV 23:22
אשייר בהון קליל כגבר **דחציד** חיקליה ומשייר אמנא חדא	DT 32:26
שבעיאה תנוח ברידיא **ובחצדא** תנוח: וחגא דשבועיא	EX 34:21
דרועא בתקופת תשרי **וחצדא** בתקופת ניסן וקורא	GN 8:22
לארעא דאנא יהיב לכון **ותחצדון** ית חצדא ותייתון ית	LV 23:10
ובזמן מחצדכון ית **חצד** ארעכון לא תסייפון אומנא	LV 23:22
ראובן ביומי סיון בזמן **חצד** חינטין ואשכח יברוחין	GN30:14
תעביד לך בזמן ביכורי **חצד** חינטין וחגא דכנשא במיפקא	EX 34:22
עמיה: ובזמן מחצדכון ית **חצדא** דארעכון לא תסייפון אומנא	LV 19:9
יהיב לכון ותחצדון ית **חצדא** ותייתון ית עומרא שירוי	LV 23:10
לא תגזרון: ית כתי שביק **חצדיכון** לא תחצדון וית עינבי	LV 25:5
חמש שנין דלא דדיין ולא **חצדין**: ושדרני ייי קדמיכון לשואה	GN45:6
הדין: ארום תחצדון **חצדכון** בחקליכון ותתנשון עומרא	DT 24:19
ותייתון ית עומרא שירוי **חצדכון** לות כהנא: וירים ית עומרא	LV 23:10
דתשרון למשלח מגלא **למחצוד** בחקלא בתר חצר עומרא	DT 16:9
חדא דאית בחקלך **למחצוד** ולקטא דחצדך לא תלקיט:	LV 19:9
מותבניכון לדריכון: ובזמן **מחצדכון** ית חצד ארעכון לא	LV 23:22
ההוא מגו עמיה: ובזמן **מחצדכון** ית חצדא דארעכון לא	LV 19:9
כתי שביק חצדיכון לא **תחצדון** וית עינבי דרופיכון לא	LV 25:5
ית פיתגמא הדין: ארום **תחצדון** חצדכון בחקליכון	DT 24:19
תהי לכון לא תזרעון ולא **תחצדון** ית כאוותהא ולא תקטפון	LV 25:11

חצוצרת (5)

כהניא שלימיא יתקעון **בחצוצרתא** ויהון לכון לקים עלם	NU10:8
דמעיקין לכון ותייבבון **בחצוצרתא** ויעול דוכרנכון לטבא	NU10:9
ובריש ירחכון ותתקעון **בחצוצרתא** על עלוותכון ועל	NU10:10
דקודשא למשיילא בהון **וחצצרת** יבבא בידיה למכנש	NU31:6
עיבד לך מדילך תרתין **חצוצרן** דכסף ממינא קשיא עובד	NU10:2

חצף (3)

בר פלת בני ראובן: וקמו **בחוצפא** ואורו הילכתא באנפי	NU16:2
דתכלתא למכפרא על **חציפי** אפיא ויהי על מצנפתא	EX 28:37
תישמע לישניה: אומא **חציפי** אפין דלא נסיב אפין לסבא	DT 28:50

חצר (12)

ודחפי בני גווא וכולייתא **וחצר** כבדא: ושוייו ית תרביא על	LV 9:19
בני גווא וית דמשתאר על **חצר** כבדא וית תרתין כוליין וית	EX 29:13
בני גווא וית דמשתאר על **חצר** כבדא וית תרתין כוליין וית	EX 29:22
תרבא דעל בני גווא וית **חצר** כבדא וית תרתין כוליין וית	LV 8:16
תרבא דעל בני גווא וית **חצר** כבדא וית תרתין כוליין וית	LV 8:25
למחצוד בחקלא בתר **חצר** עומרא תישרון למימני שובעא	DT 16:9

דעליהון דעל כפלי וית **חצרא** דעל כבדא דעל כולייתא LV 3:4
דעליהן דעל כפלי וית **חצרא** דעל כבדא דעל כולייתא LV 3:15
דעליהון דעל כפלי וית **חצרא** דעל כבדא דעל כולייתא LV 4:9
דעליהון דעל כפלי וית **חצרא** דעל כבדא דעל כולייתא LV 7:4
דעליהן דעל כפלי וית **חצרא** דעל כבדא על כולייתא LV 3:10
וית תריב וית כוליין וית **חצרא** מן כבדא מן חטאתא אסיק LV 9:10

חקי (3)

ית דוחקא דמצראי **דחקין** יתהון: וכדון איתא ואשדרינך EX 3:9
גולי לתיבנא: ושולטונייא **דחקין** למימר אשלימו עיבידתכון EX 5:13
ביני שימשתא **וחקיין** ומפרש עלה שמא רבא EX 2:21

חקל (108)

וישלח ית בעיריה וייכול **בחקל** גבר אוחרן שפר חקליה ושפר EX 22:4
חיתאה: במערתא די **בחקל** כפילתא דעל אפי ממרא GN 49:30
וגופיה קברו בנוי דעשו **בחקל** כפילתא ובתר כן קברו יתיה GN 50:13
לות אבהתיי למערתא די **בחקל** עפרון חיתאה: במערתא די GN 49:29
למשלמא: הויתי בימא **בחקלא** אכלני שרבא וקרושא GN 31:40
בקרתא ובריכין אתון **בחקלא**: בריכין וולדי מעיכון ופירי DT 28:3
למשלח מגלא למחצוד **בחקלא** בתר חצר עומרא תישרון DT 16:9
חינטין ואשכח יברוחין **בחקלא** ואיתי יתהום ללאה אימיה GN 30:14
ושבק ית עבדוי וית גיתוי **בחקלא**: ואמר ייי למשה ארים ית EX 9:21
מדינתא: וחמא והא בירא **בחקלא** והא תמן תלתא עדרין GN 29:2
ביכורי עובדך דתיזרע **בחקלא** וחגא דכנשא במיפיקא EX 23:16
על עגלתא דנקיפא **בחקלא**: ויתיבון ויימרון גלי קדם ייי DT 21:6
רמי ולא צלוב בקיסא **בחקלא** ולא טאיף על אנפי מיא לא DT 21:1
אינשא ובעירא דאשתכח **בחקלא** ולא יתכניש לביתא ויחות EX 9:19
אתנא מן אורחא ואזלת **בחקלא** ומחא בלעם ית אתנא NU 22:23
בדמות גברא והא טעי **בחקלא** ושאיליה גברא למימר מה GN 37:15
ברתיה ובנוי הוו עם גיתוי **בחקלא** ושתיק יעקב עד מיתיהון: GN 34:5
ית גיתך וית כל דילך **בחקלא** כל אינשא ובעירא EX 9:19
ותתנשון עומרא **בחקלא** לא תתובון למיסביה DT 24:19
בקרתא וליטין אתון **בחקלא**: ליט סלי ביכוריכון וחלת DT 28:16
גברא הדור ויאי דמטייל **בחקלא** לקדמותנא ואמר עבדא GN 24:65
יומא דין לא תשכחוניה **בחקלא**: שיתא יומין תלקוטניה EX 16:25
מבקרין ואזלין ואכלין **בחקלי** כנענאי ופריזאי דעד כדון GN 13:7
בסדרותיה עמהון קרבא **בחקלי** מואב ושום קרתא דבית GN 36:35
ארום תחצדון חצדכון **בחקליכון** ותתנשון עומרא בחקלא DT 24:19
אומנא חדא דאית **בחקלך** בחצדך ולקטא דחצדך לא LV 23:22
ומישחכון: ואיתן עיסבא **בחקלך** לבעירך ותיכול ותיסבע: DT 11:15
אומנא חדא דאית **בחקלך** למחצוד ולקטא דחצדך לא LV 19:9
וית דבקרתא וית **דבחקלא** בזו: וית כל נכסיהון וית כל GN 34:28
מתגריא לחוד בבעירך **דבחקלא** בסוסוותא בחמרי בגמלי EX 9:3
ומערתה דביה וכל אילנא **דבחקלא** דבכל תחומי חזור חזור: GN 23:17
ארעא דמצרים ית כל **דבחקלא** מאינשא ועד בעירא וית EX 9:25
למצרים ואייתי אוניתא **דחקיל** כפילתא דלית בה לעשו GN 49:21
בעירא ועל כל עיסבא **דחקלא** בארעא דמצרים: וארים EX 9:22
ירוק באילנא ובעיסבא **דחקלא** בכל ארעא דמצרים: ואוחי EX 10:15
דמיבעי תורא ית עיסבא **דחקלא** ובלק בר צפור מדינאה NU 22:4
יהי לכון לבר זרעא **דחקלא** ולמיכליכון ולפרנוס GN 47:24
בעירא וית כל עיסבא **דחקלא** מחא ברדא וית כל אילנא EX 9:25
מחא ברדא וית כל אילנא **דחקלא** תבר ושריש: לחוד בארעא EX 9:25
מה דאית ליה בביתא **ובחקלא**: ושבק כל דאית ליה בידא GN 39:5
ליה מאינשא ובעירא **ומחקיל** אחסנתיה לא יזדבן ולא LV 27:28
בהון קליל כגבר דחציד **חיקליה** ומשייר אמנא חדא אבטל DT 32:26
ועפרא עילוי עישבי **חיקליכון** מן שמיא יחות פורענו DT 28:24
ישלם: ארום יפקר גבר **חקיל** או כרמא וישלח ית בעיריה EX 22:4
בני ישראל אין אתון זבנין **חקיל** או כרמא כמניין סכום שנייא LV 25:15
ית חקיל זבינוי דלא מן **חקיל** אחסנתיה יקדיש קדם ייי: LV 27:22
עלוי ויהי דיליה: ואין מן **חקיל** אחסנתיה יקדש גבר קדם ייי LV 27:16
בי מוקדשא דאיתקרי **חקיל** דבריך יתיה ייי ואתרעי GN 27:27
קרתא: וזבן ית אחסנת **חקיל** דפרס תמן משכניה מן יד בני GN 33:19
יכלון: ואחסנת **חקיל** וכרם לא תיהי ליה ביני אחוי DT 18:2
תהי אחסנתיה: ואין ית **חקיל** זבינוי דלא מן חקיל LV 27:22
שרה אינתתיה למערת **חקיל** כפילתא דעל אנפי ממרא GN 23:19
בגו בני ישראל: וברם **חקיל** פרוילי קירויהון לא יזבנון LV 25:34
גדיש או מידעם דקאי או **חקיל** שלמא ישלים מאן דאדליק EX 22:5
הי כטינדיסין דפריסן על **חקל** ארעא יתחשבון פורקנא תהי LV 25:31
יתיה בנוי ליעקב במערת **חקל** כפילתא דיזבן אברהם ית GN 50:13
עופן וחיוון גבר נפיק **חקל** קטיל נפשן דהוא קטל ית GN 25:27
חורן לא יתפריק תוב: ויהי **חקלא** במיפקיה ביובלא קודשא LV 27:21
דבריך: ועל יעקב מן **חקלא** ברמשא ושמעת לאה קל GN 30:16
חיתאה דעל אנפי ממרא: **חקלא** דיזבן אברהם מן בני חיתאה GN 25:10
ואין מפרק יפרוק ית **חקלא** דין דאקדיש יתיה ויוסיף LV 27:19
ליה: ואין לא יפרוק ית **חקלא** ואין זבין ית חקלא לגבר LV 27:20
מפרכין פירוכין בגו **חקלא** והא קמת פורכתי ואוף GN 37:7

ית צפרא חייתא על אנפי **חקלא** ויהי אין איטימוס ההוא LV 14:7
דהינון דבחין על אנפי **חקלא** וייתונון קדם ייי לתרע משכן LV 17:5
למיברא לקרתא על אנפי **חקלא** ויכפר על ביתא וידכי ברם LV 14:53
בקופיץ מבתרהא במצע **חקלא**: ויקרבון כהניא ביני לוי ארום DT 21:4
כל אילנא דיצמח לכון מן **חקלא**: ויתמלון בתך ובתי כל עבדך EX 10:5
חברון בארעא דכנען: וקם **חקלא** ומערתא דביה לאברהם GN 23:20
קברית ית לאה: זביני **חקלא** ומערתא דביה מן בני GN 49:32
בכפילתא דקדם מימרא **חקלא** ומערתה דביה וכל אילנא GN 23:17
בבעו ריבוני קבל מיני **חקלא** יהבית לך ומערתא דביה לך GN 23:11
ובנוי דיעקב עלו מן **חקלא** כדי שמעו ואיתנסיסו GN 34:7
דאתון מפקין וכנשין מן **חקלא** כל שתא ושתא ולא פירי DT 14:22
כפילתא דיזבן אברהם ית **חקלא** לאחסנת קבורתא מן עפרון GN 50:13
ית חקלא ואין זבין ית **חקלא** לגבר חורן לא יתפריק תוב: LV 27:20
ייי: בשתא דיובלא יתוב **חקלא** למן דזבניה מיניה למן דיליה LV 27:24
דכנען דזבן אברהם ית **חקלא** מן עפרון חיתאה לאחסנת GN 49:30
מיני איתין כספא דמי **חקלא** סב מיני ואקבור ית מיתי GN 23:13
ארעא ושמייא: וכל אילני **חקלא** עד כדו לא הוו בארעא וכל GN 2:5
הוו בארעא וכל עיסבי **חקלא** עד כדו לא צמח ארום לא GN 2:5
בכל פרקמטיא: וקם זבין **חקלא** עפרון די בכפילתא דקדם GN 23:17
היא קודשא תהי לכון מן **חקלא** תיכלון ית עללתא: בשתא LV 25:12
במכנשך ית עובדך מן **חקלא**: תלתי זימנין בשתא יתחמון EX 23:16
יתהון תפנוקי עללת **חקלהא** ואוניק יתהון דובשא DT 32:13
היא ריקם ומחו ית כל **חקלי** עמלקאי ואוף ית אמוראי GN 14:7
עיבורא בקירווייא עיבור **חקלי** קרתא דבחוזרנהא כנש בגוה:: GN 41:48
מן בתיא ומן דרתא ומן **חקליא**: וכנשו יתהון כירוויין EX 8:9
ארום זבינו מצראי גבר **חקליה** ארום תקיף עליהון כפנא GN 47:20
דיליה דמתבניא בסטר **חקליה** בכסף שלים יתנינה לי GN 23:9
משתא דיובילא יקדיש **חקליה** הי כעלוייה יקום: ואין בתר LV 27:17
ואין בתר יובילא יקדיש **חקליה** וידייק ליה כהנא ית סכום LV 27:18
ית ביתיה דחבריה ולא **חקליה** ולא עבדיה ולא אמתיה ולא DT 5:21
בחקל גבר אוחרן שפר **חקליה** ושפר כרמיה ישלים: ארום EX 22:4
קדם ייי: שית שנין תזרעון **חקליכון** ושית שנין תגזרון כרמיכון LV 25:3
די תשמיט קדם ייי **חקליכון** לא תזרעון וכרמיכון לא LV 25:4
ויהבת לנא אחסנת **חקלין** וכרמין העיניהון דגובריא NU 16:14
דגשן ואחסינו בה אחסנת **חקלין** וכרמין ונפישו וסגיאו לחדא: GN 47:27
לא תרבעיניה עירבובין **חקלך** לא תזרע עירבובין ולבוש LV 19:19
קודשא קדם ייי הי **כחקיל** אפרשא לכהנא תהי LV 27:21
קרתא ההיא ית עגלתא **לחקיל** בייר דלא יתעביד ביה DT 21:4
בנוי למערת כפילתא **לחקיל** עפרון בר צחר חיתאה דעל GN 25:9
ותלוטיה לי מתמן: ודבר **לחקל** סכותא לריש רמתא ובנא NU 23:14
לתמן: בר זרע סגי תפקון **לחקלא** וזעיר תכנשון ארום יקרסם DT 28:38
בית גירך וקשתך ופוק **לחקלא** וצוד לי צידא: ועיבד לי GN 27:3
וקרא לרחל וללאה ועלן **לחקלא** לות עניה: ואמר להין חמי GN 31:4
עם עשו בריה ואזל עשו **לחקלא** למיצד צידא לאיתיאה: GN 27:5
עשו אחוי לארעא דגבלא **לחקלי** אדומאי: ופקיד יתהום GN 32:4

חקק (40)

מאה ועישרתי עלמיא **וחקיק** ומפרש באבן שתייה דבה EX 28:30
דישראל וחזור **ומתחקיק** על לוחי קיימא ומתהפך EX 20:3
דישראל וחזור **ומתחקק** על לוחי קיימא דהוון EX 20:2
למגחן עלה ברם סטיו **חקיק** בציורין ודיוקנין תשוון LV 26:1
דשמאלך ולדוכרן **חקיק** ומפורש על תפילת רישא EX 13:9
והוה שמא רבא ויקירא **חקיק** ומפרש ביה ונפק טיבהון ביש EX 32:25
יהויין מרגלייתא גליף **חקיק** ומפרש הי כגלוף דעיזקא EX 28:11
על שמהתהון גליף **חקיק** ומפרש הי כגלוף דעיזקא גבר EX 28:21
על שמהתהון כתב גליף **חקיק** ומפרש הי כגלוף דעיזקא גבר EX 39:14
אשר ובמציעותיה **חקיק** ומפרש ובמישרוי יימר תוב NU 2:25
אורייתא חדא כתב **חקיק** ומפרש מתקרי בחד לישן DT 27:8
אפרוק בכספא: ויהי לאת **חקיק** ומפרש על יד שמאלך EX 13:16
וכתבא כתבא דייי הוא **חקיק** ומפרש על לוחיא: ושמע EX 32:16
ויהי לך ניסא הדין **חקיק** ומפרש על תפילת ידא EX 13:9
דביה שמא רבא וקדישא **חקיק** ומפרש עלוי: ואמר ייי למשה EX 33:4
דדהב דכי ותיגלוף עלוי **חקיק** ומפרש קדש לייי: ותסדר EX 28:36
דהב דכי וכתבו עלוי גליף **חקיק** ומפרש קודש לייי: וסדרו עלוי EX 39:30
ארבעין סאין ועילוי **חקיק** ומפרש שמא רבא ויקירא EX 4:20
דאיתברי מן שירויא וביה **חקיק** ומפרש שמא רבא ויקירא EX 14:21
מן קדם ייי בהון דבהון **חקיק** ומפרש שמא רבא וקדישא EX 28:30
סדרא חד ועליהון **חקיק** ומפרש שמהת שבטיא ראובן EX 28:17
וירוקא וברוקא וביה **חקיק** ומפרש שמהת תלת שבטיא NU 2:3
ושבזיז וסבלהום וביה **חקיק** ומפרש שמהת תלת שבטיא NU 2:10
טרקין ועינעיגל וביה **חקיק** ומפרש שמהת תלת שבטיא NU 2:18
חלא ואפנטור וביה **חקיק** ומפרש שמהת תלת שבטיא NU 2:25
סידרא חד ועליהון **חקיק** ומפרש שמהת תלת שיבטיא EX 39:10
וכדכודין ועליהון **חקיק** ומפרש שמהת תלת שיבטיא EX 39:11
וטרקין ועין עיגל ועליהון **חקיק** ומפרש שמהת תלת שיבטיא EX 39:12

אפנטורין ועליהון **חקיק** ומפרש שמהת תלת שיבטיא EX 39:13
וכדכודין ועליהון **חקיק** ומפרש שמהת תלתא EX 28:18
וטרקין ועין עיגל ועליהון **חקיק** ומפרש שמהת תלתא EX 28:19
אפנטורין ועליהון **חקיק** ומפרש שמהת תלתא EX 28:20
תיתנון ביבשרכון וכתב **חקיק** לרשם חרית ציורא לא תתנון LV 19:28
ארעא ארום שמא דייי **חקיק** מזמן דתפילין דעלך וידחלון DT 28:10
מרמצן גליפן כתב **חקיק** מפרש על שמהת בני ישראל: EX 39:6
אלקנא ייי חד וביה הוה **חקיק** צורת בר אילא והוה חמי NU 2:10
דבבך מן קדמך וביה הוה **חקיק** צורת בר אריוון מטול דרבא NU 2:3
דישראל וביה הוה **חקיק** צורת חיוי חורמן ורבא דהוה NU 2:25
מן משריתא וביה הוה **חקיק** צורת ריבא ורבא דהוה NU 2:18
ותיתן ית כלילא דביה **חקיק** שמא דקודשא על מצנפתא: EX 29:6

חקר (4)

הכרכין פציחי חניין אין **בחקרין**: ומה שבח ארעא השמינין NU 13:19
נימרין וית בית הרן קוריי **חקרא** ודירין דעאן: ובני ראובן בנו NU 32:36
ויתבון טפלנא בקירוי **חקרא** מן קדם יתבי ארעא: לא נתוב NU 32:17
במתנן: כל אילין קירווי **מקרא** מקפן שורין רמין אחידן DT 3:5

חרב (39)

ותתרמון קטילין **בחרבא** ארום מן בגלל דתבתון מן NU 14:43
יתנא לארעא הדא למיפל **בחרבא** דכנענאי נשנא וטפלנא יהון NU 14:3
רוגזי ואקטול יתכון **בחרבא** דמותא ויהון נשיכון ארמלן EX 22:23
יתבי קרתא ההיא לפתגם **דחרב** גמרה יתה וית כל דבה וית DT 13:16
שכם בריה קטלו לפתגם **דחרב** ודברו ית דינה מבית שכם GN 34:26
דייי דקטלא כפיתגם **דחרב** וירית ית ארעיה מארנונא עד NU 21:24
דבה וית בעירה לפתגם **דחרב**: וית כל עדאה תכנשון במצע DT 13:16
ויקטלוניה לפיתגם **דחרב** ויתברכון בך כל זרעית ארעא: GN 12:3
ית כל דכורה לפתגם **דחרב**: לחוד נשיא וטפליא ובעירא DT 20:13
דייי מעתד באיסרטא **וחרביה** שליפא בידיה וסטת אתנא NU 22:23
בתחומי דילמא בשליפי **חרב** אפוק לקדמותך: ואמרו ליה בני NU 20:18
דבביכון קדמיכון תבירי **חרב**: ואיתפני מן אגר עממייא LV 26:8
ויפלון קדמיכון תבירי **חרב**: וירדפון מנכון חמשא למאתא LV 26:7
בתריכון עם שלופי **חרב** ותהי ארעכון צדיא וקורייכון LV 26:33
ארעא דישראל ושלופי **חרב** לא יעידון בארעכון: ותירדפון LV 26:6
ואיתי עליכון עם שלופי **חרב** למתפרע מנכון על דבטלתון LV 26:25
מיניה ונפל או בקטיל **חרבא** או בשכיבא במותנא או בבית NU 19:18
לנא סגדו ברישיה ונישוי **חרבא** בידיה ותהי עבדא לקובלא GN 11:4
צירחא דליבא ובשליפי **חרבא** ובשידפונא ובירקונא DT 28:22
תתכיל יתהון מחת **חרבא** ודמשתיירין בארעא דישראל DT 32:25
אילן ויערקון הי כמערוקי **חרבא** ויפלון ולית דרדיף: ויתקלון LV 26:36
הי כמן קדם שלופי **חרבא** ורדיף לא אית ולא תהי לכון LV 26:37
מתרחקין בשבית **חרבא** כל קבל מתמלכין במולכנא NU 21:29
ית בנתי הי כשבית **חרבא**: למא איטמרת למיזל וגנבת GN 31:26
ארום בחובי קטוליא **חרבא** נפיק על עלמא: עמי בני EX 20:13
ארום בחובי קטוליא **חרבא** נפיק על עלמא: עמי בני DT 5:17
במימר מן קדם ייי ושלף **חרבא** על לבן רמאה בחילמא GN 31:24
יתה מן שמייא לא **חרבא** שלף ולא סוסא אסר ולא DT 34:5
מן בתר כדין אשלוף **חרבי** ואישצי יתהון ביד ימיני: EX 15:9
והוא תריס סעודכון ודי **חרביה** תקוף גיוותנותכון ויתכדבון DT 33:29
קדם ייי אלקכון ותהי תל **חרוב** לעלם לא תתבני תוב: ולא DT 13:17
תליתאיי דהוא קשי הי **כחרבא** דקטיל מן תרין חורפוי LV 19:16
גהינם לרשיעיא דמתילא **לחריבא** שנינא אכלה מתרין GN 3:24
דישראל דעל ידוי עתידא **למחרבא** כל ארעא דמצרים ובגין EX 1:15
נפשי ובמכנשהון לשכם **למחרבא** לא איתיחד יקרי ארום GN 49:6
דשכם כד עלון לגוה **למחרבה** ברוגזיהון דתקיף GN 49:7
בחולקיה דיוסף ועתיד **למחרוב**: ונשיק לכל אחוי ובכא GN 45:14
בחולקיה דבנימין ועתיד **למחרוב** תרתין זימנין ובנימין בכא GN 45:14
הוה בסעדי ושיזבני **מחרבא** דפרעה: ואתא יתרו חמוי EX 18:4

חרגא (1)

מדמיכיהון איגרי בהון **חרגת** מותא אילך ואילך ישתיצון DT 32:25

חרדון (1)

אוכמא וסמוקא וחיורא **וחרדונא** לזנוי: ומינקת חיויא וכחא LV 11:29

חרורא (2)

לא קסומי קוסמין ולא **חדודי** עינין ולא נטורי נחשין ולא DT 18:10
עתידין למירות יתהון **לחדודי** עינא ולקסומי קוסמיא DT 18:14

חרחורא (1)

דגרמיא דדלקא מוחיא **ובחירהורי** דלוחי צירחא דליבא DT 28:22

חרי (1)

אף וחימה וקצף ומשחית **וחרון** כיון דישמע משה רבהון DT 9:19

חרך (7)

נשמתהון ברם גופיהון לא **איתחרכו** ומיתו קדם ייי: ואמר משה LV 10:2
ולית בה עיבידתא: אין **בחרכא** דכותלא משתכח גנבא EX 22:1
כל מיא מן קרווהא **ואתחריך** ואיתקליש ביסריה GN 21:15
ואיסתגרו מבועי תהומא **וחרכי** שמיא ואיתמנע מיטרא GN 8:2
מלכא דפלישתאי מן **חרכא** וחמא והוה יצחק חאיך עם GN 26:8
וסתמין יתהון ובתר הכי **חרכי** שמיא איתפתחו: והוה מיטרא GN 7:11
מיטרא וברדא ולא **יתחרכון** בשרבי שימשא וחד מלרע EX 12:37

חרס (2)

חיוורא באוכמא או דמלי **חרסין** יבישין או חזזיתא מצריתא LV 22:22
חיוורא באוכמא או דמלי **חרסין** יבשין או דמלי חזזיתא LV 21:20

חרספיתין (5)

די במיא כל דיליה ציצין **וחרספיתין** ביממיא ובנחליא יתהון LV 11:9
וכל דלית ליה ציצין **וחרספיתין** ביממיא ובנחליא מן כל LV 11:10
כל דלית ליה ציצין **וחרספיתין** במיא שיקצא הוא לכון: LV 11:12
וכל דלית ליה ציצין **וחרספיתין** לא תיכלון מסאב הוא DT 14:10
כל דליה ציצין למפרח **וחרספיתין** על מושכיה ואין נתרון DT 14:9

חרף (15)

כגיורא כיציבא בזמן **דיחרף** שמא דמייחד יתקטיל: וגבר LV 24:16
מבי דינא כד מחייב פריש **וחריף** בר איתתא בת ישראל ית LV 24:11
דמנהון נפיק חמר חל **וחריף** ומרביא תינין ורומנין ארע DT 8:8
גבר טלי או גבר סיב דירגז **ויחרף** שום כינויי אלקיה ויקבל LV 24:15
חוביה: ברם מאן דמפרש **ומחרף** שמא דייי אתקטלא LV 24:16
כחרבא דקטיל מן תרין **חורפוי** למיכול קורצין למעקא לבר LV 19:16
לבירא ההוא בירא דשבע **חורפן** ארום תמן קיימי תריהון: GN 21:31
ואקם אברהם ית שבע **חורפן** בלחודיהן ואפרישינון מן GN 21:28
לאברהם מה הינון שבע **חורפן** האילן דאקימתא בלחודיהון: GN 21:29
פרדיסא בבירא דשבע **חורפן** ואתקין בגויה מיכלא GN 21:33
וגזרו קיים בבירא דשבע **חורפן** וקם אבימלך ופיכל רב חיליה GN 21:32
ואמר ארום ית שבע **חורפן** תקבל מן ידי מן בגלל GN 21:30
ודתן ואבירם נפקו במילי **חירופין** וקמו וארגיזו למשה תרע NU 16:27
מימרא דייי כולהון גוברין **חריפין** דמתמנן רישין על בני NU 13:3
למימר: שלח לך גוברין **חריפין** ויאללון ית ארעא דכנען NU 13:2

חרץ (1)

יעקב לבושוי ואסר שקא **בחרצוי** ואתאבל על בריה יומין GN 37:34

חרצא (8)

תקבל ברעוא תביר **חרצא** דאחאב סנאיה ופורקת נביי DT 33:11
קדם ייי ויאסור על **חרצה** אשלא מעילוי תדייהא מטול NU 5:18
מטול דאיהי אסרת **חרצהא** בצלצוליין ויפרע ית רישא NU 5:18
מדבית יהודה אסר **חרצוי** ונחית ומסדר סדרי קרבא עם GN 49:11
דאטד ושריין קמורי **חרציהון** בגין איקר דיעקב והוון GN 50:11
בשר עיריא מן אסר קמור **חרציהון** ועד ירכיהון יהון: ויהון על EX 28:42
ואנא מקימא לך מן **חרציי** תלתא קדישייא דמקדשין GN 38:25
בזימנא דא ולא לדריא **חרציכון** יהון מזרזין מסניכון EX 12:11

חרר (17)

הינון חייבין ארום לא **איתחרת** כולה: וייתי גבר דשמיש LV 19:20
עול כדון לות אמתי **ואחררינה** מאים אתבני מינה וקביל GN 16:2
אברם בארעא דכנען **וחררתה** ויהבת יתה לאברם בעלה GN 16:3
זרעא והיא אמתא **וחרתא** מתארסא לגבר חרי LV 19:20
שביעיתא תפטרוניה לבר **חורי** מגביכון: וארום אין תפטרוניה DT 15:12
וארום אין תפטרוניה בר **חורי** מגביכון לא תיפטרוניה ריקנא: DT 15:13
באיליין שנייא ויפוק בר **חורין** בשתא דיובילא הוא ובנוי LV 25:54
בעינך במפטרך יתיה לבר **חורין** מן גבך ארום בכופלא על אגר DT 15:18
יפלח עימך: ויפוק לבר **חורין** מעימך הוא ובנוי עימך ויתוב LV 25:41
ואוף לאמתך תיכתוב גט **חירו** ותיתן לה: לא יקשי בעינך DT 15:17
שנת חמשין שנין ותכרזון **חירותא** בארעא דישראל לכל LV 25:10
תעברון קל שופר **חירותא** בכל ארעכון: ותקדשון ית LV 25:9
יתכון מביניהון בני **חרי** והלכית יתכון בקומא זקיפא: LV 26:13
וחרתא מתארסא לגבר **חרי** ומתפרקא כולה עד כדון לא LV 19:20
בגין דלא הוינא ילדא **חרירית** אמתי ויהבתא למשכוב GN 16:5
מחן ומן בתר כדין יפקון **לחירותא** בניכסין סגיאין: ואת GN 15:14
בכספא או שטר **שיחרורה** לא איתיהיב לה פישפוש LV 19:20

חרר (4)

במפקנות עבדייא כנענאי **דמשתחררין** בשינא ועינא אלהין EX 21:7
לאה ארום קמת מלמילד **ושחררת** ית זלפה אמתא ויהבת GN 30:9
ואיתבני אוף אנא מיניה: **ושחררת** ליה ית בלהה אמתה GN 30:4
דלא חמרא דחד מנהון **שחרית** ולא אבאישית לחד מנהון: NU 16:15

חרר (1)

גוון חיוור בדוויה **חריר** בישריה ית דוויה או LV 15:3

חרר (1)

ואוף איזדקפת והא **מתחורן** פורכתיהון וגחנן לפורכתי: GN 37:7

חררא (2)

להון מחומתא דשמשא **חרירן** פטירן ארום לא חמע ארום EX 12:39
בלאפיסיא ועבדין מיניה **חררן** והוי טעמיה כטעם ביזא די NU 11:8

חרש (3)

ומאן דעליל עם חבריה **בחורשא** למקטע קיסין ותידחף DT 19:5
יהוי גבר אסר חתנין וכלין **בחרשין** ארום נפשא דעתיד למיפק DT 24:6
או מאן שוי אילימא או **חרשא** או פתיחא או סמיא הלא EX 4:11

חרשא (13)

דאברם מלא קוסמין **וחרשין** ואיהו לחש עילוי אישתא GN 11:28

לחוד פרעה לחכימייא **ולחרשייא** ועבדו לחוד הינון יניס EX 7:11
וממרירו ליה ונצו ליה כל **חרשי** מצראי ואוף אכלו קורצוי GN 49:23
ובעובדך טבייא כל **חרשי** מצראי וכד הוו מקלסין GN 49:22
רוחיה ושדר וקרא ית כל **חרשי** מצרים וית כל חכימהא GN 41:8
מן יד שדר וקרא לכל **חרשי** מצרים ותני להון ית חילמיה EX 1:15
היכדין איסטיגניניא **חרשיותא** בלחשיהון לאנפקא ית EX 8:14
הוון משתלחין ולא מן **חרשיותא** דבני נשא בגין דתינדע EX 9:14
עמי בני ישראל כל עביד **חרשיותא** לא תקיימון באטלות EX 22:17
פוהון יניס וימברס רישי **חרשייא** ואמרין לפרעה ביר חד EX 1:15
לחוד הינון יניס וימבריס **חרשין** דבמצרים בלחשי קוסמיהון EX 7:11
ולא נטורי נחשין ולא **חרשין**: ומחברין ואסרין חיווין DT 18:10
תובלייא טבתא ואמרית **לחרשייא** ולית דמתני לי: ואמר GN 41:24

חרת (1)

וכתב חקיק לרשם **חרית** ציורא לא תתנון בכון אנא ייי: LV 19:28

חשב (62)

חטית ישתבק לך ארום **איתחשב** לך כאילו עלתא לאיתא GN 49:4
אבונא: הלא נוכריתא **איתחשבנא** ליה ארום זבננא ואכל GN 31:15
ית פיתגמי עשו ברא רבא **דחשיב** בליביה למקטול ליעקב GN 27:42
מן קדם ייי על בישתא **דחשיב** למעבד לעמיה: ואתפני EX 32:14
ספק אנוס וחטופין מטול **דחשיב** משה בלבביה דילמא נסיבו LV 8:15
וכדון לא יתמנע מנהון כל **דחשיבו** למיעבד: אמר ייי לשבעין GN 11:6
ותעבדון להון היכמא **דחשיבו** למעבד לאחוהון ותפלון DT 19:19
אינשא בארעא וכל יצרא **דמחשבת** ליביה לחוד ביש כל יומא: GN 6:5
לסנאה ולבעיל דבבא **דמתחשבין** קומיהון הי כפלחי NU 21:28
קבל מצעא דלאה אימיה **ואיתחשיב** עילוי כאילו שמיש GN 35:22
ייי מעשרא מיגו מעשרא: **ואתחשב** לכון אפרשותכון הי NU 18:27
למיקום למיתן דינא **וחושבנא** על כל מה דעבדת ביום GN 3:19
הימנותא במימרא דייי **וחשבה** ליה לזכו דלא אטח לקמיה GN 15:6
קאי עלוי גמליא על עינא: **וחשיב** לבן דהוא אברהם ואמר עול GN 24:31
בשניא עד שתא דיובלא **ויחשיב** ליה כפום סכום שנוי יתיב LV 25:52
שפר טוביה מיניה וביה **ויתחשב** לליואי הי כאפרשות NU 18:30
דשלטין ביצריהון איתו **ונחשב** זיינא דעובדא טבא כלו קבל NU 21:27
עם משה למימר: קביל ית **חושבון** בני גרשון אף הינון לבית NU 4:22
למימר: ארום תקביל ית **חושבין** בני ישראל למניינהון ויתנון EX 30:12
משה למימר: קבילו ית **חושבן** בני קהת מגו בני לוי NU 4:2
דאתי דעתיד למיתן **חושבן** חובתיה ליום דינא רבא: NU 15:31
מועדין ולממני בהון **חושבן** יומין ולמקדשא רישי ירחין GN 1:14
דמצרים למימר: קבילו ית **חושבן** כל כנישתא דבני ישראל NU 1:2
למימר: קבילו ית סכום **חושבן** כל כנישתא דבני ישראל NU 26:2
ביזת שבייתא ותקבל **חושבנא** אנת ואלעזר כהנא ורישי NU 31:26
נפקין מפמי צדיקיא מרי **חושבנא** דנא וזכוון חסינן הי NU 21:28
דיששכר חכימין ומרי **חושבנא** ושומהון תולע ופוה ויוב GN 46:13
דלוי לא תימני וית **חושבנהון** לא תקבל בגו בני ישראל: NU 1:49
לביתא למבחוש בפינקסי **חושבניה** ולית אינש מאינשי ביתא GN 39:11
כל סכומכון לכל **חושבנכון** מבר עשרין שנין ולעילא NU 14:29
ומנטלא חמי כל דא אבד **חושבנכון** עד דיסוף בדבונא NU 21:30
ואהדר תשע משירין **חשב** אברם בליביה ואמר ווי כען לי GN 15:1
עיבראי הדין טוורא דנבו **חשב** בליביה ואמר דילמא דמיא DT 32:49
בבו הוא ומימרא דייי **חשבה** עלי לטבתא דאבא הוה GN 50:20
מן קדם ייי אנא: ואתון **חשבתון** עלי מחשבן בישן דמה GN 50:20
למימר לה אינתתי ארום **חשיב** בליביה דילמא יקטלונני GN 26:7
לאה דכולא ליליא הוה **חשיב** דרחל היא מן בגלל דמסרת GN 29:25
לבן ליעקב המדאחי אנת **חשיב** ותיפלחינני מגן תני לי מן יהי GN 29:15
משה למיקמה ית משכנא **חשיב** משה ואידיין בליביה ואמר LV 1:1
ואין לא הי כמיתא אנא **חשיבא**: ותקיף רוגזא דיעקב ברחל GN 30:1
קדם ייי ואנחנא מא אנן **חשיבין** ארום אתרעמתון עלנא: EX 16:7
ובנייא דילידן הי כבני **חשיבין** וענא מן עניי הוו וכל דאנת GN 31:43
ואובדו הא אנחנא **חשיבין** כאילו אבדנא כולנא: כל NU 17:27
אחא דאבונן ואין אנן **חשיבין** כביר הב לן אחסנא בגו אחי NU 27:4
ליה ביר דכר אין לית אנן **חשיבין** כבר ואימן כנטרא ייבם NU 27:4
נחתו מניכסהון והינון **חשיבין** כמיתיא ולא מן סוף דהוה EX 10:29
מנכסיהון והא אינון **חשיבין** כמיתיא כל גוברייא דהוו EX 4:19
מנהון ארום כולהון **חשיבין** כסוסיא חד וכרתיכא חד DT 20:1
עלוי ואנחנא מה אנן **חשיבין** לא עלנא תורעמותכון EX 16:8
מחמי סבר אפך לא **חשיבית** והא אחמי יתי ייי אוף ית GN 48:11
משכנא דייי אדם קטל **יתחשב** לגברא ההוא ותהי ליה LV 17:4
דמייחד לריחוקה **יתחשב** לה וכל מנא דמייחד למיתב LV 15:26
מן דמקרב יתיה לא **יתחשב** ליה לזכו פסיל יהא ואינש LV 7:17
דפריסן על חקל ארעא **יתחשבון** פורקנא תהי לכון LV 25:31
בר אימרי או בני גדייא: **כחושבן** תורי ואימרי וגדיי NU 15:12
ובמנדעא ובכל עיבידתא: **למיחשב** ברעיונהון היך למעבד EX 31:4
אנא: ואתון חשבתון עלי **מחשבן** בישן דמה דלא הוינא GN 50:20
כעיצתהון דעם עמורא **מחשבתהון** בישן כרישי חיוניא DT 32:32
ירותה: ארע גיבריא **מתחשבא** לחוד היא גיברי יתיבו DT 2:20
הי כראובן ושמעון **מתחשבין** לי: ובנך די תוליד GN 48:5
דיתבין במישר גינברי **מתחשבן** אוף הינון הי כגינבריא DT 2:11
ברחמין מן קדמך ייי דלא **נתחשב** קדמך כבעירא דניכול GN 3:18

חשד (4)

ולישן חד לכולהום ודא **אתחשדו** למיעבד וכדון לא יתמנע GN 11:6
דעבד ייי אלקכון למרים **דחשדת** למשה במילתא דלא הות DT 24:9
למעבד: הוו זהירין דלא **למיחשד** חד בחבריה דלא ילקי הוו DT 24:9
קרתא דקריבא לקטילא **מתחשדא** וסבי בי דינא רבא DT 21:3

חשך (19)

דייי בסעדכון: ואזדרזו **בחשוכא** קדם קריצתא למיסוק NU 14:44
נש וריקנייא מן כל בעיר **וחשוכא** על אנפי תהומא ורוח GN 1:2
חילונאי ועיניכון חמיין **וחשכן** עליהון כל יומא ולית DT 28:32
לכון תמן ליבא דחלא **וחשכת** עיינין ומפחת נפש: ויהון DT 28:65
למפלח ביה דיירי עלמא **ולחשוכא** קרא ליליא ועבדיה GN 1:5
ידיה על צית שמייא והוה **חשוך** דקביל בכל ארעא דמצרים EX 10:22
ויעדי בקדמיתא **חשוך** ליליא: וארים משה ית ידיה EX 10:21
בין נהורא דיממא ובין **חשוך** ליליא וחמא אלקים ארום GN 1:18
כל עלמיא גלי קדמך **חשוכא** הי כנהורא וכדון חב עמא EX 32:31
ית קל דבירא מיגו **חשוכא** וטוורא דליק באישא DT 5:23
אלקים בין נהורא ובין **חשוכא**: וקרא אלקים לנהורא יממא GN 1:4
עלמא דבריתי גלי קדמיי **חשוכא** כנהורא והיך אנת סבר GN 3:9
עננא פלגיה נהורא ופלגיה **חשוכא** מסיטריה חד מחשך על EX 14:20
ידך על צית שמייא ויהי **חשוכא** על ארעא דמצרים EX 10:21
מטי עד צית שמיא **חשׂוכא** עננא ואמיטתא: ומליל ייי DT 4:11
חזוונא דכל ארעא עד די **חשוכת** ארעא ושיצי ית כל עיסבא EX 10:15
חורניין סלקן בתריהון **חשיכן** ובישן למיחמי לחדא וחסיין GN 41:19
עמודא דעננא מבתריהון **למיחשך** למרדפין מן בתריהון EX 13:21
חשוכא מסיטריה חד **מחשך** על מצראי ומסיטריה חד EX 14:20

חשל (2)

טרחות אפקרסותכון **ודמחשלין** עלי בישתא ומילי DT 1:12
יתבין בה: ויהי כמא די **חשילית** למעבד להון אעביד לכון: NU 33:56

חשר (1)

טליא והוה עשו גבר **נחשירכן** למיצוד עופן וחיוון גבר GN 25:27

חתך (2)

דעל חדיא וית חדיא כד **מחתך** בתרין עילעין מיכא ותרין LV 7:30
ומפקא יתיה חייתא כד **מחתך** הכדין כד הוינן בארעא NU 12:12

חתם (4)

חריר בישריה ית דוויה או **דאיתחתם** בישריה מדויה LV 15:3
קדמיי כולהון גליין **חתימין** ומתקנין באפותיקיי: קדמי DT 32:34
וסבי מדין וגדין דקיסמין **חתימן** בידיהון ואתו לות בלעם NU 22:7
ומפרש באבן שתייה דבה **חתם** מריה עלמא פום תהומא רבא EX 28:30

חתן (17)

ליה לאינתו: ותיתערבון **בחיתונא** עימנא בנתיכון תתנון לנא GN 34:9
בבתיכון בזמן מיעסוקכון **בחיתונכון** ובמהכיהון באורחכון DT 6:7
תסבון לבניכון דכל מאן **דמתחתן** בהון כמתחתן בטעוותהון: DT 7:3
באפודא ובחושנא **ומחתן** יתהון באנפי מדברא אזלין EX 35:27
במיתביכון בבתיכון עם **חיתונכון** ובמהככון באורחא ובפניא DT 11:19
דמלאך חבלא ואמרת **חתנא** בעא למגזור וחמוי עכיב עלוי EX 4:25
גוזרתא הדין יכפר על **חתנא** דילי: ופסק מלאך חבלא EX 4:25
גוזרתא הדין דשיזב ית **חתנא** מן ידוי דמלאך חבלא: ואמר EX 4:26
כגבר מגחיך בעיני **חתנוי**: וכאשון מיסק קריצא הוה GN 19:14
ונפק לוט ומליל עם **חתנויי** דנסיבו ברתויי ואמר קומו GN 19:14
דמלכייא בנא ליה בית **חתנותא** אתקין ליה פוריינא וקטר DT 32:50
ולא יהוי גבר אסר **חתנין** וכלין בחרשין ארום נפשא DT 24:6
וחווה אליף יתן למברזגא **חתנין** וכלן מן דזוויג חווה לות אדם DT 34:6
קריב או אחא הכא **חתנך** בנך ובנתך הנפק מן אתרא: GN 19:12
דכל מאן דמתחתן בהון **כמתחתן** בטעוותהון: ארום יטעיין DT 7:3
בעיזקתא דארונא יהוון **מחתן** אריחיא לא יעדון מיניה: EX 25:15
ולא תרחמון עליהון: לא **תתחתנון** בהון בנתיכון לא תתנון DT 7:3

טאב (228)

ואנת אבטחתני אוטבא **אוטב** עימך ואישוי ית בנך סגיעין GN 32:13
מלכותא דפרעה: ולאברם **אוטב** פרעה בגינה והוו ליה מדיליה GN 12:16
על בנייא: ואנת אבטחתני **אוטבא** אוטב עימך ואישוי ית בנך GN 32:13
עמא הדין דמלילו עימך **אוטיבו** כל מה דמלילו: לואי דיהי DT 5:28
קרויכון מתעסקו עימיה **בדיוטב** ליה לא תונוניה במילין: לא DT 23:17
יצחק ואמר לעשו הא **בטוב** פירי ארעא יהי מותבך GN 27:39
ית יורדנא ואחמי **בטובתא** דישראל ומבתר כדין DT 32:50
כל יומיא מן בגלל **דיוטב** להון ולבניהון לעלם: איזל DT 5:29
בניא תיסב לך מן בגלל **דיוטב** לך בעלמא הדין ותורך יומין DT 22:7
ותינטר למעבד מטול **דיוטב** לך ותסגון לחדא היכמא DT 6:3
מפקדכון יומא דין מטול **דיוטב** לכון: הא דייי אלקכון שמיא DT 10:13
מפקיד לכון יומא דין **דיוטב** לכון ולבניכון בתריכון ומן DT 4:40
עימנא ויהי טבא ההוא **דייוטב** ייי עימנא ונוטיב לך בפילוג NU 10:32
בבעו דאחתי אנת בגין **דייטב** לי בגיניך ותתקיים נפשי GN 12:13

לא תיכלוניה מן בגלל **דייטב** לכון ולבניכון בתריכון ארום DT 12:25
מפקיד לכון מן בגלל **דייטב** לכון ולבניכון בתריכון עד DT 12:28
ודכשר קדם ייי מן בגלל **דייטב** לכון ותיעלון ותירתון ית DT 6:18
דיורכון יומיכון ומן בגלל **דייטב** לכון על ארעא דייי אלקכון DT 5:16
ומא ארעא דהוא יתיב בה **הטבתא** היא אין בישתא ומא NU 13:19
וילדן ופרקן בשלם: **ואוטיב** ייי לחייתא וסגו עמא EX 1:20
לי תוב לארעך ולילדותך **ואוטיב** עימך: לית אנא כמיסת GN 32:10
כל אילן דמרגג למיחמי **וטב** למיכל ואילן חייא במציעות GN 2:9
לא תיתבעון שלמהון **וטבהון** כל יומיכון דאפילו מתגיירין DT 23:7
למיתן לך קירוין רברבן **וטבן** דלא אשתלהית למיבני: ובתין DT 6:10
סלקן בקנייא חד פטימן **וטבן**: והא שבעא תובלי לקיין GN 41:5
סלקן בקנייא חד מליין **וטבן**: והא שבעא תובלי נצן לקיין GN 41:22
לשנאיי: ונטיר חסד **וטיבו** לאלפין דרין לרחמיי EX 20:6
אבהתהון: ונטיר חסד **וטיבו** לאלפין דרין לרחמיי צדיקיא DT 5:10
חסד וקשוט: נטיר חסד **וטיבו** לאלפין דרין שרי ושביק על EX 34:7
ומהימנא נטיר קיימא **וטיבו** לרחמוי צדיקייא ולנטרי DT 7:9
לארעא דיריתו אבהתכון **ויוטב** לכון ויסגינכון יתיר מן DT 30:5
תהכון מן בגלל דתיחון **ויוטב** לכון ותורכון יומין בארעא DT 5:33
שדיי דם זכאי מישראל **וייטב** לכון: לא תשנון תחום DT 19:13
מטלא דשמייא מלעילא **ומטוב** ברכן מבועי תהומא דסלקן GN 49:25
טלין דנחתין מן שמיא **ומטוב** מבועין דסלקין ומרביין GN 27:28
ומרוין צימחיא מלרע: **ומטוב** מגדין ועללין דמבשלא DT 33:14
אדכרתה מן פירוכייה **ומטוב** מישחא על כל לבונתא LV 2:16
ארעיה בכל ריש ירח וירח: **ומטוב** רישי טוורייא בכירתא DT 33:15
דמתילין לגלימתא: **ומטוב** שבח פירי ארעא ומלייה רעי DT 33:16
חומרין טעינין חמרא **ומטובא** דמצרים ועשר אתנין GN 45:23
איתן לכון איתא עימנא **ונוטיב** לך ארום ייי מליל לאוטבא NU 10:29
ההוא דייוטב ייי עימנא **ונוטיב** לך בפילוג ארעא: ונטלו NU 10:32
ודחילת וידעת ארום **טב** אילנא למיכל וארום אסו הוא GN 3:6
חמי משה דקריית בשום **טב** בצלאל בר אורי בר חור EX 31:2
חמון דמני ייי בשום **טב** בצלאל בר אורי בר חור לשבטא EX 35:30
זעירתא: ואמר לבן ברמיו **טב** דאיתן יתה לך מן דאיתן יתה GN 29:19
תקבל אגר טב על חלמך **טב** די חלמתא ופושרניה דין הוא GN 40:12
יפתח ייי לכון ית אוצריה **טב** דעימיה בשמיא למיתן מטר DT 28:12
פמיה ואומר ארום חולק **טב** דשום מימרא דייי עמיה פתח DT 32:9
ניכול למללא לך ביש או **טב**: הא רבקה קומך דבר ואיזיל GN 24:50
אמרת מניית יתך בשום **טב** ואוף אשכחת רחמין קדמי: EX 33:12
קדמי ומנית יתך בשום **טב**: ואמר אחמי כדון יתי ית יקרך: EX 33:17
דכיין וחמא אלקים ארום **טב**: ואמר אלקים למלאכייא GN 1:25
יממי וחמא אלקים ארום **טב**: ואמר אלקים תרבי ארעא GN 1:10
אלקים ית נהורא ארום **טב** ואפרש אלקים בין נהורא ובין GN 1:4
וחמא אלקים ארום **טב**: והוה רמש והוה צפר יום GN 1:12
דכיין וחמי אלקים ארום **טב**:: והוה רמש והוה צפר יום GN 1:21
וחמא אלקים ארום **טב**: והוה רמש והוה צפר יום רביעיי: GN 1:18
דעלמא דאתי ארום **טב** וחולקא דארעא דישראל ארום GN 49:15
דגדגד ושרו ביטבת אתר **טב** ונייח: ונטלו מאתר טב ונייח NU 33:33
טב ונייח: ונטלו מאתר **טב** ונייח ושרו במגזתא: ונטלו NU 33:34
תמליל עם יעקב מן **טב** ועד ביש: ואדבק לבן ית יעקב GN 31:24
בנוי לקבלא חולק **טב** וקרת שמיה זבולן: ומן בתר כדין GN 30:20
דעבדנא עימך לחוד **טב** ושלחנך פון בשלם אנת כדון GN 26:29
כהנא: ויעלי כהנא יתה בין **טב** לבין ביש היכמה דיעלי כהנא LV 27:12
ייי ויעליניה כהנא בין **טב** לבין ביש היכמה דמעלן כהנא LV 27:14
דידעין למפרשא בין **טב** לביש אילו נטר מצוותא GN 3:22
דלא ידעין יומא דין בין **טב** לביש הינון יעלון לתמן ולהון DT 1:39
דחכמין למינדע בין **טב** לביש: וחמת איתתא ית סמאל GN 3:5
קדם ייי: לא יפשפיש בין **טב** לביש ולא יפרגוניה ואין מפרוג LV 27:33
דאכלין פירוהי ידעין בין **טב** לביש: ונהרא נפיק מעדן GN 2:9
פירוהי חכמין למידע בין **טב** לביש לא תיכול מיניה ארי GN 2:17
מן קדם ייי וקנו להין שום **טב** לדריא ובנא להין מימרא דייי EX 1:21
אלקים ית כל דעבד והא **טב** לחדא והוה רמש והו צפר יום GN 1:31
יתהום בכן אמר בליביה **טב** לי בהית בעלמא הדין דהוא GN 38:25
צדיקייא בעלמא דאתי **טב** לי יקיד בעלמא הדין באישא GN 38:25
וית אינש ביתך ארום **טב** ליה דמיתהני עימך: ותיסב ית DT 15:16
מן יספיננא בישרא ארום **טב** לנא במצרים ויתן ייי לכון NU 11:18
וניפלח ית מצראי ארום **טב** לנא דניפלח ית מצראי מדנמות EX 14:12
וטפלנא יהון למיבז הלא **טב** לנא דנתוב למצרים: ואמרו גבר NU 14:3
יתהון אנא ייי דיהב אגר **טב** לנטרי פיקודי אורייתי: ולא LV 22:31
אחרן ואית למיתן אגר **טב** לצדיקיא ואית למיתפרעא מן GN 4:8
אחרן ולית למיתתן אגר **טב** לצדיקיא ולית למתפרעא מן GN 4:8
דחיי דביה משתלם אגר **טב** לצדיקייא וית אורחא דמותא DT 30:15
מימרא דייי למיתן אגר **טב** לצדיקייא ולמתפרעא מן NU 24:23
דחגא דמטליא דוכרן **טב** לרביעא דמיטרא: וביומא NU 29:31
דשנדפין מחפייא דהב **טב** מקבעא אבנין טבן ומחזקא GN 50:1
ארבע מאה סילעין דכסף **טב** עברין בכל פתור ומתקבלין בכל GN 23:16

עתידין בנוי לקבלא אגר **טב** על דאינון עסיקין באורייתא GN 30:18
רב מזוגייא תקבל אגר **טב** על חלמך טב די חלמתא GN 40:12
אהרן ושתיק וקבל אגר **טב** על משתוקיה: וקרא משה LV 10:3
בנוי לשבחא קדם ייי על **טב** פירי ארעהום וקרת ית שמיה GN 30:13
ויהי לבני ישראל לדוכרן **טב** קדם ייי לכפרא על נפשתיכון: EX 30:16
מיעליה לקודשא לדוכרן **טב** קדם ייי תדירא: ותיתן בחשן EX 28:29
דכסף והיא הות דדהב **טב** קריב יתה מליא קטורת NU 7:14
עשרא סילעין והיא דדהב **טב** קריב יתה מליא קטורת NU 7:20
ואמרו כלב ויהושע **טבא** ארעא דייי אלקנא יהיב לנא: DT 1:25
דעברנא בה לאללא יתה **טבא** ארעא לחדא לחדא: אין רעוא NU 14:7
ואמרת לאה אתא מזלא **טבא** ברם בנוי עתידין למירות GN 30:11
שביעאה יהי לכון יומא **טבא** דוכרן יבבא מארע קדיש: כל LV 23:24
מן עלמא ויברי יצרא **טבא** די ימליכינכון למירחם ית ייי DT 30:6
ארום תיזיל עימנא ויהי **טבא** ההוא דייוטב ייי עימנא ונוטיב NU 10:32
כנישת חדוא ויומא **טבא** ואירוע קדיש תהוי לכון כל NU 29:35
נפשך ותתקבר בסיבו **טבא**: ודרא רביעאה דבנך יתובון GN 15:15
זיויה הי כעובד אבן **טבא** והי כתקוף שפר שמיא כד EX 24:10
נכסת קודשיא ביומא **טבא**: וכדא הילכתא תיכלון יתיה EX 12:10
ונחשב זיינא דעובדא **טבא** כלו קבל אגרא ואגר עובדא NU 21:27
למשכן זימנא דוכרנא **טבא** לבני ישראל קדם ייי: ובעירי NU 31:54
ותהון טביעין מילכא **טבא** לרווחי עקתכון ולא יהוי בכון DT 28:29
ומית אברהם בשיבו **טבא** סיב ושבע כל טובא ברם GN 25:8
ויהיו לכון לדוכרנא **טבא** קדם אלקכון ברם סטנא NU 10:10
לרעוא לכון מבתר יומא **טבא** קמאה דפיסחא ירימיניה LV 23:11
ותימנון לכון מבתר יומא **טבא** קמאה דפיסחא מן יום LV 23:15
ארגיש כלילא דשמא **טבא** קנא בעובדין טבין DT 34:5
לסהדין דמזמין יתהון **טבאות** והא סהדו דשקר בפום DT 19:18
ית סהדיא ותשיילון **טבאות** והא קושטא כיוון פיתגמא DT 13:15
ותיתבעון ית סהדיא **טבאות** והא קושטא כיון פיתגמא DT 17:4
ושפיית יתיה בשופינא **טבאות** עד דהוה דקיק כעפרא DT 9:21
ביה אשלמות דמרגליין **טבאן** ארבעא סידרין דמרגליין EX 28:17
ארבעא סידרין דמרגליין **טבאן** כל קבל ארבעא טריגונין EX 28:17
מהגנא קומי יומנא ועיבד **טבו** עם ריבוני אברהם: הא אנא קאי GN 24:12
אם אנת צבי למעבד לי **טבו** קביל מיני איתין כספא דמי GN 23:13
חמון כל בני נשא כל **טבוון** דעבדית לעמא אסיקית NU 21:6
כמיסת וזעיר אנא מכל **טבוון** ומן כל קושטא די עבדת עם GN 32:11
אבוהון: ואמר ישראל סגין **טבוון** עבד עמי ייי שיזבני מן ידוי GN 45:28
עמא הדין כסגיאות **טבוותך** והיכמא דשיריתא לעמא NU 14:19
לאה זבד יתי ייי זבודין **טבון** מבנין זימנא הדא יהי מדוריה GN 30:20
הוא: חבילו עובדיהון **טביא** בניא חביבייא אשתכח מומא DT 32:5
לסנאוי אגר עובדיהון **טביא** בעלמא הדין מן בגלל DT 7:10
האיליין וסכום עובדיא **טביא** דעים חדא מן ארבעתי NU 23:10
לכון אגר עובדיכון **טביא** ואיתקוף יתכון ואסגי יתכון LV 26:9
כדון מימרא דייי ברחמך **טביא** ודבר ית עמא ישראל ואשרי NU 10:36
רחל דן יתי ייי ברחמוי **טביא** ולחוד שמע בקל צלותי ויהב GN 30:6
בעלמא הדין אגר עובדך **טביא** נטיר ומתקן קדמי לעלמא GN 15:1
ברי בחכמתך ובעובדך **טבייא** כל חרשי מצראי וכד הוו GN 49:22
תמן בידלחא ואבנין **טבין** דבורלין: ושום נהרא תניינא GN 2:12
ית ברכתי לכון מן אוצריי **טבין** דבשמי שכינתי בשתא LV 25:21
אבל לא כפירי עובדין **טבין** הוא מידבר ומסב אפין אית GN 4:8
עלמא וכפירי עובדין **טבין** הוא מידבר ומסב אפין לית GN 4:8
גבר זכאי שלים בעובדין **טבין** הוה בדרוהי בדחלתא דייי GN 6:9
דשמא טבא קנא בעובדין **טבין** ובענוותנותיה בכן אתכנש DT 34:5
מן בגלל די יעבדון עובדין **טבין** והא אבאישו עובדיהון הא GN 6:3
מהימניא מרי עובדין **טבין** ויהון מיטלטלין ושביקין: DT 32:36
תמן אתר מקבע אבנין **טבין** ומרגליין דביה משה ספריהון DT 33:21
ועל דהוו פירי עובדיי **טבין** מדידך וקדמין לדידך אתקבל GN 4:8
מליא קטורת בושמנין **טבין** מן אפרשותא: תור חד בר NU 7:14
מליא קטורת בוסמנין **טבין** מן אפרשותא: תור חד בר NU 7:20
מליין קטורת בוסמין **טבין** מתקל עשר סילעין הוה NU 7:86
כנשין מרגליין ואבנין **טבן** דדבר פישון מגינוניתא דעדן EX 14:9
שיני טוריא מבשר בשורן **טבן** הוא בשר דעד כדון יוסף קיים GN 49:21
אומא מאבדא עיטין **טבן** הינון ולית בהון סוכלתנן: אילו DT 32:28
דהב טב מקבעא אבנין **טבן** ומחזקא באטונין דבוין תמן GN 50:1
ארבעא סידרין מרגליין **טבן** כל קבל ארבעת טריגונין EX 39:10
ואתרבי בארבעת כלילן **טבן** כלילא דאורייתא דידיה דשבא DT 34:5
גזירת מימרא דייי למעבד **טבתא** או בישתא מן רעותי מה NU 24:13
לכון בישתא אלהין **טבתא** ארום דחיל ומיתבר מן קדם GN 50:19
ית כל עיבור שנייא **טבתא** דאתיין איליין ויצברון GN 41:35
כדון ואחמי ית ארעא **טבתא** דבעיברא דיורדנא טוורא DT 3:25
ייי אלקך: ותחדי בכל **טבתא** דיהב לך ייי אלקך ולאינש DT 26:11
דייתיה עילוי אברהם ית **טבתא** דמליל עלוי: ואמר ייי GN 18:19
דבעיברא דיורדנא טוורא **טבתא** דנן דביה מתבניא קרתא DT 3:25
ייי: ובדח יתרו על כל **טבתא** דעבד ייי לישראל דיהב להון EX 18:9

אחסין יתהון ארעא **טבתא** דעבדא עיבור וחמר לחוד DT 33:28
ותירתון ית ארעא **טבתא** דקיים ייי לאבהתכון: DT 6:18
דרא בישא הדין ית ארעא **טבתא** דקיימתא למיתן לאבהתכון: DT 1:35
עברין ותירתון ית ארעא **טבתא** הדא: אסתמרו לכון דילמא DT 4:22
בחייהון באולפן אורייתא **טבתא** היא אורייתא לפלחה מן GN 3:24
שלימתון בישתא חולף **טבתא:** הלא דין דהוה שתי ריבוני GN 44:4
ית שבע תובלייא **טבתא** ואמרית לחרשייא ולית GN 41:24
ובערטליותא ובחוסרן כל **טבתא** וישוון נירי פרזלא על DT 28:48
דבזכותך הוות לן כל **טבתא** וכדו נפקתא מן ארען יבישו GN 26:28
מסאבתא ההיא לארע **טבתא** ופתייא בתחומין לארע EX 3:8
עם קודקדא: וחמא ארעא **טבתא** וקביל חולקיה בשירויא DT 33:21
ובאגלפות מרגליתא **טבתא** לאשלמות בהון ית EX 35:33
מבשרן ושבע שובלייא **טבתא** שבע שנייא האילין אינין GN 41:26
תני לפרעה: שבע תורתן **טבתן** שבע שנייא אינין מבשרן GN 41:26
מן יבול שימשא ומן **טוב** בוכרי פירי אילניא דמבכרא DT 33:14
כל טוב משח זיתא וכל **טוב** חמר עינבא ועיבור שירויהון NU 18:12
דנחתין מן לעיל ומן **טוב** מבועי תחומא דסלקין ונגדין DT 33:13
מן קמחא סמידא ומן **טוב** מישחא על כל לבונתא ויסיק LV 2:2
בביתך ייכול ייתיה: כל **טוב** משח זיתא וכל טוב חמר NU 18:12
מן עדי שלטוניהון עם **טוב** פטימין ודיכרין בני דענין DT 32:14
דמתילין לטוורייא ומן **טוב** רמתא דלא מפסקן עללייא DT 33:15
קודשיא קרבנא קדם ייי **טוב** שומניה אליתא שלמתא כל LV 3:9
טבא סיב ושבע כל **טובא** ברם ישמעאל עבד תתובא GN 25:8
דישראל ויתפנקון מן **טובא** דאיצטנע להון מן שירויא NU 11:26
למיבני: ובתין דמליין כל **טובא** דלא עסקת למימלי ובירין DT 6:11
ליבא מסוגעי כל **טובא:** ותיפלחון ית בעלי דבביכון DT 28:47
מן סמידא דמנחתא ומן **טובה** על כל לבונתא דעל מנחתא LV 6:8
ואיתקבלן אחסנתהון: **טובוי** דאשר מן שמינין הינון בירוי GN 49:20
האנא מעבר כל מכילת **טובי** קדמך ואיקרי בשום מימריה EX 33:19
באפרשותכון ית שפר **טוביה** מיניה וביה ויתחשב לליואי NU 18:30
בזמן אפרשותכון ית שפר **טוביה** מיניה וביה לאוכלי מיניה NU 18:32
דאגלי יתכון ייי לתמן: **טוביכון** דצדיקיא מרי תתובא דכד DT 30:2
דבירכתא ומטרין דרעוא: **טוביכון** ישראל מן כוותכון בכל DT 33:29
יומא ולית בידיכון עבדין **טובין** דתיתוקפן ידיכון בצלו קדם DT 28:32
אודעני כדון ית אורח **טובך** ואנדע רחמך היך אנת מדבר EX 33:13
בה ערר דמילין ויפק עלה **טיב** ביש ויימר ית איתתא הדא DT 22:14
שיבבן בישן ויפקון עלה **טיב** ביש כד תהדרון משכונה לה: DT 24:17
ומיתו גובריא דאפיקו **טיב** ביש על ארעא בשבעא יומין NU 14:37
תקיף הוא מיננא: ואפיקו **טיב** ביש על ארעא דאלילו יתה NU 13:32
ית כל כנשיתא לאפקא **טיב** ביש על ארעא: ומיתו גובריא NU 14:36
דעולימתא ארום אפיק **טיב** ביש על בתולתא כשרא DT 22:19
וכדון אין איתיכון עבדין **טיבו** וקשוט עם ריבוני תנו לי ואין GN 24:49
לך ותעבד כדון עימי **טיבו** ותידכר עלי קדם פרעה GN 40:14
ובה אינדע ארום עבדתא **טיבו** עם ריבוני: והוה בשעא קלילא GN 24:14
אברהם די לא מנע **טיבותיה** וקושטיה מן ריבוני אנא GN 24:27
מבית איבא ואמרית ליה **טיבותיך** דתעבדין עימי לכל אתרא GN 20:13
רחמין קדמך ואסגיתא **טיבותך** העבדתא עמי לקיימא ית GN 19:19
ותעבד כדון עימי **טיבן** וקשוט לא כדון תקברינני GN 47:29
אלהן תדכרינני עימך כד **ייטב** לך ותעבד כדון עימי טיבו GN 40:14
בי ובברי ובביר בירי **כטיבותא** דיעבדית עימך תעביד GN 21:23
ונוטיב לך ארום ייי מליל **לאוטבא** לגיוריא על ישראל: ואמר NU 10:29
ומן בגלל לנסיותך **לאוטבא** לך בסופך: הוו זהירין דלא DT 8:16
דייי למיחדי אמטולכון **לאוטבא** לכון היכמא דחדי על DT 30:9
אלקך תבע יתה במימריה **לאוטבותא** תדירא עיני ייי אלקך DT 11:12
דחדי מימרא דייי עליכון **לאוטבותכון** ולאסגאה יתכון הכדין DT 28:63
בשיפוון לאבאשא או **לאיטבא** לכל גוון דיפרש אינשא LV 5:4
דמעכון ובפירי ארעכון **לטבא** ארום יתוב מימרא דייי DT 30:9
וישיירינכון מימרא דייי **לטבא** בוולדא דמעכון ובוולדא DT 28:11
וישיירינכון ייי אלקכון **לטבא** דתצלחון בכל עובדי ידיכון DT 30:9
ויעול דוכרנכון **לטבא** קדם ייי אלקכון ותתפרקון NU 10:9
ומימרא דייי חשבה עלי **לטבתא** דאבא הוה מותיב לי GN 50:20
לותי ואשוי עינוי **לטבתא** עלוי: ואמרנא לריבוני לית GN 44:21
סגיאין למבאשא אלהין **למטייבא** ולא יתמנע חד מנכון EX 23:2
לך מלמללא עם יעקב **מטב** עד ביש: וכדון מיזל אזילתיה GN 31:29
תמן: ויתן לך מימרא דייי **מטוב** טלין דנחתין מן שמיא ומטוב GN 27:28
מן קדם ייי ארעיא דיוסף **מטוב** שמייא תהי עבדא מגדין DT 33:13

טבח (13)

ריש צפירא ויכוס יתיה **טבחא** באתר דיכוס ית עלתא קדם LV 4:24
ליה לכפרא עלוי: ויכוס **טבחא** בבית מטבחיא ית בר תורי LV 1:5
על ריש קורבניה ויכסיניה **טבחא** בתרע משכן זימנא וידרקון LV 3:2
ארמא קדם ייי: ויכוס **טבחא** ית אימרא באתרא דיכוס ית LV 14:13
ארמא קדם ייי: ויכוס **טבחא** ית אימרא דאשמא ויסב LV 14:25
זהורי ואיזובא: ויכוס **טבחא** ית ציפורא חדא למנא דפחר LV 14:50
על ריש תורא ויכוס **טבחא** ית תורא קדם ייי: ויסב כהנא LV 4:4
על ריש תורא ויכוס **טבחא** ית תורא קדם ייי: ויעיל LV 4:15
יקרביניה: ויכוס יתיה **טבחא** על שיפולי מדבחא בסטר LV 1:11
ריש קורבניה ויכוס יתיה **טבחא** קדם משכן זימנא וידרקון LV 3:8
על רישיה ויכוס יתיה **טבחא** קדם משכן זימנא וידרקון LV 3:13
ואיזובא: ויפקד כהנא **לטבחא** ויכוס ית ציפורא חדא LV 14:5
עלוי: ויכוס טבחא בבית **מטבחיא** ית בר תורי קדם ייי LV 1:5

טביא (4)

הכמא דמתאכל בישרא **דטביא** ואילא היכדין תיכלוניה DT 12:22
ייכלון יתיה כבישריה **דטביא** וכאילה: לחוד באדמא הוו DT 12:15
ולא עירובי טמיין: אילין **וטביין** ויחמורין יעלין ורימנין ותורי DT 14:5
כחדא הי כבשר **טביא** ואילא: לחוד אדמיה לא DT 15:22

טבל (11)

אפי משכן זימנא מאדמה **בטיבולא** חדא שבע זימנין: ויפקון NU 19:4
אהרן ית אדמא לוותיה **וטבל** אדבעיה באדם תורא ויהב על LV 9:9
ביה עד דידי ויהדר וידי **ויטבול** ברמשא שביעאה: דא NU 19:13
לתרע משכן זימנא **ותטבול** יתהון בארבעין סאוין EX 29:4
ית כסות שבייתא מינה **ותטבלינה** ותגיירינה בביתך ותיבכי DT 21:13
זבין כספא ותיגזור יתיה **ותיטבליניה** בכן ייכול ביה: דייור EX 12:44
דמוי ויהי מסאב קדם **טיבוליה** עד רמשא: ויכנוש גבר כהין NU 19:8
מסאב כהנא ההוא קדם **טיבוליה** עד רמשא: וכהנא NU 19:7
לבושוי ויהי מסאב קדם **טיבוליה** עד רמשא ותהי לדכותא NU 19:10
עבדין משח מספקין **למטבול** ביה ריגלוי: ברירין הינון DT 33:24
שובעא יומין ובתר כדין **תטבול** בארבעין סווין דמוי ותדכי: LV 15:28

טבע (3)

פלגות סילעא בסילעא **דטיבעא** דקודשא עשרין מעין EX 30:13
וקם קין על הבל אחוהי **וטבע** אבנא במיצחיה וקטליה: GN 4:8
ובשיעממות ליבא: ותהון **טביעין** מילכא טבא לרווחי DT 28:29

טהר (1)

בסידרא חדא על פתורא **בטהריה** דמסדר קדם ייי: ותיתן על LV 24:6

טוב (4)

קדם ייי מן כל שפר **טוביה** וביה: ותימר להון לכהניא NU 18:29
בקושטא לא מן בגלל די **נטייבא** לך קיימתך אלא מן בגלל EX 9:16
ישתביק לך חובך ואין לא **תייטיב** עובדך בעלמא הדין ליום GN 4:7
איקונין דאנפך: הלא אם **תייטיב** עובדך ישתביק לך חובך GN 4:7

טובלא (1)

ויהי לך עבד פלח עד **יובלא** ואוף לאמתך תיכתוב גט DT 15:17

טובענא (17)

גיבריא דאשתיציין **בטובענא** הא שיווייה שוויה DT 3:11
הי כגינבריא דאתמחייו **בטובענא** ומואבאי קרן להון אמתני: DT 2:11
מן גנבריא דמיתו **בטובענא** ורכב עילוי תיבותא והוה GN 14:13
כל ביסרא עוד ממוי **דטובעא** ולא יהי עוד טובענא GN 9:11
ית קרבנהון וכד נחתו מוי **דטובענא** איתצד ובנייה נח ונסב GN 8:20
והא לא תהו בני נשא ומוי **דטובענא** הוו נחתין רתיחין מן GN 7:10
דבנא אדם ואיתפכר במוי **דטובענא** ותב נח ובנייה ואיתפכר GN 22:9
לתיבותא מן קדם מוי **דטובענא:** מן בעירא דכייא ומן GN 7:7
ייי: ונח בר שית מאה שנין **וטובענא** הוה מיא על ארעא: ועל נח GN 7:6
דתיבותא באנפי: והוה **טובענא** ארבעין יממין על ארעא GN 7:17
להום בנין בתר **טובענא:** בנוי דיפת גמר ומגוג ומדי GN 10:1
עממיא בארעא בתר **טובענא:** והוה כל ארעא לישן חד GN 10:32
תרתין שנין בתר **טובענא:** וחיא שם בתר דאוליד ית GN 11:10
דטובעא ולא יהי עוד **טובענא** לחבלא ארעא: ואמר GN 9:11
ואנא האנא מייתא ית **טובענא** מיא על ארעא לחבלא כל GN 6:17
עביד להון: וחיא נח בתר **טובענא** תלת מאה וחמשין שנין: GN 9:28
ביסרא ולא יהי תוב מיא **לטובענא** לחבלא כל בישרא: ותהי GN 9:15

טוח (1)

וחשבה ליה לזכו דלא **אטח** לקמיה במילין: ואמר ליה אנא GN 15:6

טוטלוותא (1)

וכרמיכון לא תבערון **טוטלוותהון** ונותרא דכרמך לא LV 19:10

טוי (3)

שריות פורקנכון ממצרים: **ותטוון** ותיכלון באתרא דיתרעי ייי DT 16:7
עד פלגותיה דליליא **טוי** נור ופטיר על תמכה ועולשין EX 12:8
ולא מבשל במיא אלהין **טוי** נור עם רישיה עם ריגלוי ועם EX 12:9

טול (3)

איתן ית ארעא דחברון **דטייל** בה ולבנוי חולף דאשלים DT 1:36
ליה קום עיבד לנא דחלן **דיטיילון** קדמנא ארום דין משה EX 32:1
ואמרו לי עיבד לנא דחלן **דיטיילון** קדמנא ארום דין משה EX 32:23

טונא (15)

פסק וישתכח אוגבין **בטונא** דבנימין: ובזעו לבושיהון GN 44:12
איתותב כספי ואוף הא **בטוני** ונפק מנדע לבהון ותווהו גבר GN 42:28
דאבוכון יהב לכון סימא **בטוניכון** כספיכון אתא לותי ואפיק GN 43:23
לא ידענא מן שוי כספנא **בטוננאי:** ואמר שלם לכון מן ריבוני GN 43:22
אוגבין דכספא שוי בפום **טונא** דזעירא וית כסף זבינוי ועבד GN 44:2
ית כספיה והא הוא בפום **טוניה:** ואמר לאחוהי איתותב כספי GN 42:27
ושוי כסף גבר בפום **טוניה:** וית אוגביני אוגבין דכספא GN 44:1

טוניה לארעא ופתחו גבר **טוניה:** ופשפש בראובן שרי ובנימין GN 44:11
ביה בלחודך רביע תחות **טוניה** ותמנוע לנפשך מלמקרוב ליה EX 23:5
טוננא והא כסף גבר בפום **טוניה** כספנא במתקליה ואתיבנא GN 43:21
ואוחיאו ואחיתו גבר **טוניה** לארעא ופתחו גבר טוניה: GN 44:11
כספא האיתותב בפום **טוניכון** תתובון בידיכון דילמא GN 43:12
כספא דאשכחנא בפום **טוננא** אתיבניה לך מארעא דכנען GN 44:8
מבתותא ופתחנא ית **טוננא** והא כסף גבר בפום טוניה GN 43:21
על עיסק כספא דתב **לטוננא** בקדמיתא אנן מיתעלין GN 43:18

טונס (1)

עלה ונסיבת ליה תיבותא **דטונס** וחפתא בחימרא וזיפתא EX 2:3

טוס (8)

דלא דכיין וית כל עוף **דטייס** בגדפין לזנוהי זני דכיין וזני GN 1:21
נפשא חייתא ועופא **דטייס** ושרכפיה על ארעא ושביל GN 1:20
סייפי ארעא קלילין כמא **דטייס** נישרא אומא דלא תישמע DT 28:49
דאישא מן שמאליה פרח **וטייס** באויר שמיא חזר ומתחמי על EX 20:3
דאישא מן שמאליה פרח **וטייס** באויר שמייא וחזר ומתחמי EX 20:2
קדישא די בהון הוה פרח **וטייס** לאויר שמיא והוה צווח ואמר EX 32:19
על ארעא ושביל **טייסיה** על אויר רקיע שמייא: וברא GN 1:20
עד זמן דישיצי יתכון: **יטייס** מימרא דייי עליכון אומא מן DT 28:49

טוף (11)

ולארתיכיהון די **אטיף** ית מוי דימא דסוף על אפיהון DT 11:4
ומן יד נהרת בוצינא **דטפת** בזמן דמיתת שרה ונסיב ית GN 24:67
מן דרעוי ניסא רביעאה **דטפת** בירא וסליקו מיא לאנפוי GN 28:10
אדרעוי מעילוי פם בירא **וטפת** בירא וסליקו מיא לאנפוי GN 29:10
צלוב בקיסא בחקלא ולא **טאיף** על אנפי מיא לא אשתמודע DT 21:1
תלתא יומין דילמא תיהי **טייפא** ולא טפת ובכין איתני ללבן GN 31:22
וסליקו מיא לאנפוי והות **טייפא** כל יומין דהוה בחרן ניסא GN 28:10
יעקב דבזכותיה הווה **טייפא** עשרין שנין: ודבר ית קריבוי GN 31:22
אחוהא דאימיה והוות **טייפא** עשרין שנין: ונשק יעקב GN 29:10
והיך נדרית אבנא והיך **טפת** בירא וסליקת לאנפוי ורהט GN 29:13
דילמא תיהי טייפא ולא **טפת** ובכין איתני ללבן ביומא GN 31:22

טופס (2)

בנת מואבאי דמפקן ית **טופסיה** דפעור מתותי פסיקייהון: NU 25:1
ולמפער גרמיהון **לטופסא** דפעור ולמטעיא בתר בנת NU 25:1

טופרא (4)

בשושיפא ורמא יתיה **בטופרא** ועבדיה עיגל מתכא ואמרו EX 32:4
דאיתערטלו מן לבוש **טופרא** דאיתבריאו ביה והוון חמיין GN 3:7
על משך בישריהון חלף **טופריהון** דאישתלחו ואלבישינון: GN 3:21
מזייא דרישא ותיצמי ית **טופרייהא:** ותשני ית כסות שבייתא DT 21:12

טור (4)

ידעתון ארום מטיירא **יטייר** גבר דכוותי: ואמר יהודה מה GN 44:15
ביה והוא מטיירא הוה **מטייר** ביה אבאשתון מה דעבדתון: GN 44:5
שתי ריבוני ביה והוא **מטיירא** הוה מטייר ביה אבאשתון GN 44:5
הלא ידעתון ארום **מטיירא** יטייר גבר דכוותי: ואמר GN 44:15

טור (222)

הוו זהירין מלמיסק **בהר** ולמיקרב בסייפיה כל דיקרב EX 19:12
דעתידא מתקרבא **בטוור** בי מוקדשא דאיתקרי חקיל GN 27:27
דאדומא דבית מדורהון **בטוור** גבלא: אילין שמהת בני עשו GN 36:9
קדם גיתיהום: ויתיב עשו **בטוור** גבלא עשו הוא רבא GN 36:8
יומין וארע יתיה דשרי **בטוור** גלעד אודי ומצלי קדם GN 31:23
דקיימית עם יצחק **בטוור** מוריה ואוף ית קיימא LV 26:42
חדא יהיב בחייל וחדא **בטוור** מישחא וחדא מפלג לכל NU 19:9
דכפתיה אבוי כדיכרא **בטוור** פולחנא תריהון יהון שלמין LV 9:2
בסייפיה כל דיקרב **בטוורא** איתקטלא איתקטל: לא EX 19:12
וסליק לטוורא והוה משה **בטוורא** אליף פיתגמי אורייתא מן EX 24:18
דגזר ייי עמכון ושהיית **בטוורא** ארבעין יממין וארבעין DT 9:9
דמצרים אשתלהב **בטוורא** באישא מצלהבא מן קדם EX 32:1
דמצרים אישתלהב **בטוורא** באישא מצלהבא מן קדם EX 32:23
ליה: ואנא הוית קאי **בטוורא** בעי ומצלי הי כיומיא קמאי DT 10:10
למדברא ואזל וארעיה **בטוורא** דאיתגלי עלוי יקרא דייי EX 4:27
ישראל לאחסנא: ושכוב **בטוורא** דאנת סליק לתמן ואתכנש DT 32:50
ואמר להון הלא במדברא **בטוורא** דסיני איתיהבת לכון DT 1:1
ייי::: דפקד ייי ית משה **בטוורא** דסיני ביומא דפקיד ית בני LV 7:38
דמליל ייי עם משה **בטוורא** דסיני:: ואילין שמהת בני NU 3:1
לות בני ישראל **בטוורא** דסיני: ומליל ייי עם משה LV 27:34
כל מה דמליל ייי עימיה **בטוורא** דסיני: ופסק משה מן EX 34:32
משה: ומליל ייי עם משה **בטוורא** דסיני למימר: מליל עם בני LV 25:1
מימריה ובין בני ישראל **בטוורא** דסיני על ידא דמשה: ומליל LV 26:46
כד פסק למללא עימיה **בטוורא** דסיני תרין לוחי סהדותא EX 31:18
דאנא מפקיד יתכון **בטוורא** דעיבל ותשועון יתהון DT 27:4
יקומון על לווטייא **בטוורא** דעיבל ראובן גד ואשר DT 27:13
ונטלו מקהלת ושרו **בטוורא** דשפירין פירוי: ונטלו NU 33:23
ביש לכון לאיתרחא **בטוורא** הדין: איתפיניאו וטולו לכון DT 1:6
דקימון למהוי אמרין **בטוורא** הדין כפת אברהם ית יצחק GN 22:14
עמלקאה וכנענאה דיתיב **בטוורא** ההוא וקטלו יתהון NU 14:45
ונפק אמוראה דיתיב **בטוורא** ההוא לקדמותכון ורדפו DT 1:44
שיעורא איתחמי למשה **בטוורא** הי כדינרא דאישא והיכדין EX 30:13
יתיה הי כמא דאחמיתך **בטוורא** היכדין יעבדון: ותעבד ית EX 27:8
לחמא וסעדו לחמא ובתו **בטוורא:** ואקדים לבן בצפרא ונשיק GN 31:54
יצחק: ונכס יעקב ניכסתא **בטוורא** וזמן לקריבויי דאתו עם GN 31:54
בציוריהון דאנת מתחמי **בטוורא:** וית משכנא תעביד עשר EX 25:40
ויבוסאי ואמוראי יתבין **בטוורא** וכנענאי יתבין על ימא ועל NU 13:29
ויעקב פרס ית משכניה **בטוורא** ולבן אשרי ית אחוי בההוא GN 31:25
הינון מרשן למיסק **בטוורא:** ונחת משה ביומא ההוא EX 19:13
כהילכתא דאיתחמיתא **בטוורא:** ותעביד פרגודא דתיכלא EX 26:30
וסליק לוט מן זוער ויתיב **בטוורא** ותרתין בנתיה עימיה ארום GN 19:30
דאליהו כהנא דמקרב **בטוורא** כרמלא תקבל ברעוא תביר DT 33:11
ממלל מליל ייי עמכון **בטוורא** מיגו אישתא: אנא הוית DT 5:4
דמליל ייי עמכון **בטוורא** מיגו אישתא ביום כנישת DT 9:10
דביריא דמליל ייי עימכון **בטוורא** מיגו אישתא ביומא DT 10:4
מליל ייי עם קהלכון **בטוורא** מיגו אישתא עננא DT 5:22
מעלמון דבלתים ושרו **בטוורא** עבראי קדם בית קבורתיה NU 33:47
רקם: ונטלו מרקם ושרו **בטוורוס** אומנוס בסייפי ארעא NU 33:37
היכמה דשכב אהרן אחוך **בטוורוס** אומנוס ואתכנש לעמיה DT 32:50
אומנוס: ואמר ייי למשה **בטוורוס** אומנוס על תחום ארעא NU 20:23
ותלת שנין כד מית **בטווריס** אומניס: ושמע עמלק NU 33:39
יתהון ותנצוב יתהון **בטור** בית מוקדשך אתר דמכוון EX 15:17
וגבלא במישרא דחורשא **בטורא** בשפילתא ובדרומא ובספר DT 1:7
אישתא ולא סליקתון **בטורא** כד אמר: עמי בני ישראל אנא DT 5:5
ומליל ייי עימכון **בטורא** מיגו אישתא קל דבורא DT 4:12
מגינתא דעדן ואזל ויתיב **בטורי** מוריה למפלח ית אדמתא GN 3:23
קריתים: וית חוראי **דבטווריא** רמיא דגבליא עד מישר GN 14:6
מסוקתא דא למסוקתא **דטוורא** דסיני אמר איזיל ואיקדיש DT 32:49
דמתעבדא כעלתא **דטוורא** דסיני וקיימא על אתר בית LV 6:2
מייבשין נפקין בביקען **ובטוורין:** ארעא דמרביא חינטין DT 8:7
מתבניא קרתא דירושלם **וטוור** ליבנן דביה עתיד למישרי DT 3:25
קל דבירא מיגו חשוכא **וטוורא** דליק באישא וקריבתון DT 5:23
וקמתון בשיפולי טוורא **וטוורא** דליק באישתא ושלהוביה DT 4:11
וכוונית ונחתית מן טוורא **וטוורא** דליק באישתא ותרין לוחי DT 9:15
ואתעתדו תחותי טוורא: **וטוורא** דסיני תנין כוליה מן בגלל EX 19:18
ביה דילכון יהי מן מדברא **וטוורי** ליבנן הינון טוורי בי מקדשא DT 11:24
עימהון לטוורייא רמייא **ומטווריא** רמייא נחתא עימהון NU 21:19
חד וחד בתרע משכניה: **ומטווריא** רמייא נחתא עימהון NU 21:20
דאתיהבו להון למתנה מן **טוור** חורב: ומשה נסיבינון וטמירינון EX 33:6
בפומא דנסבתיה מן **טוור** מישחא וידע נח ארום GN 8:11
ייי אלקים ית אדם מן **טוור** פולחנא אתר דאיתבריא GN 2:15
דכנען ואתא אברהם מן **טוור** פולחנא ואשכחה דמיתת GN 23:2
ושרו במדברא ציני **טוור** פרזלא היא רקם: ונטלו מרקם NU 33:36
דעקרבית ויעיבר לציני **טוור** פרזלא ויהוון מפקנוי מן דרום NU 34:4
פירוי ואימוראי קרן ליה **טוור** תלגא דלא פסיק מיניה תלגא DT 3:9
בקולין מבית ישימות עד **טוור** תלגא והווין זבנן זיני כיסנין NU 24:25
ועד טוורא דסיאון הוא **טוור** תלגא: וכל מישרא עיברא DT 4:48
אינש לא יתחמי בכל **טוורא** אוף ענא ותורא לא ירעון כל EX 34:3
דעבדו לסיחן אזל ועקר **טוורא** בר שיתא פרסי ואחתיה על NU 21:35
קריצתא למיסוק לריש **טוורא** ברם ארונא דביה קימא דייי NU 14:44
ותבר יתהון בשיפולי **טוורא** ברם כתבא קדישא די בהון EX 32:19
רמיין לקובליכון אורח **טוורא** דאימוראה היכמה דפקיד ייי DT 1:19
ואמרית לכון אתיתון עד **טוורא** דאמוראה דייי אלקנא יהיב DT 1:20
ירותא לעשו יהבית ית **טוורא** דגבלא מטול איקרא דעבד DT 2:5
יומין מחורב מאורח **טוורא** דגבלא עם ריקם גיעא ועל DT 1:2
ועד כיף נחלא ופלגות **טוורא** דגלעד וקירווי יהבית DT 3:12
לברכא ית עמא על **טוורא** דגריזים במעברכון ית DT 27:12
מילא ומילא כלו קבל **טוורא** דגריזים ואמרין בריך יהוי DT 27:26
יהוון הפכין אפיהון לקבל **טוורא** דגריזים ומלטטיא יהוון DT 11:29
ותיתנון שית שיבטין על **טוורא** דגריזים ושית שיבטין על DT 11:29
שיתא שיבטין קמו על **טוורא** דגריזים ושיתא על טוורא DT 27:15
הפכין אפיהון כלו קבל **טוורא** דגריזין ואמרין בריך יהוי DT 27:15
מנחלי ארנונא עד **טוורא** דחרמון: צידנאי הוון קרן DT 3:8
צידנאי הוון קרן לחרמון **טוורא** דמסרי פירוי ואימוראי קרן DT 3:9
סוק לטוור עיבראי הדין **טוורא** דנבו חשב בליביה ואמר DT 32:49
דעל גיף נחלי ארנון ועד **טוורא** דסיאון הוא טוור תלגא: וכל DT 4:48
ואידיין בליביה ואמר **טוורא** דסיני דהווה ריבוייה ריבוי LV 1:1
חמון שכינת יקרך ייי על **טוורא** דסיני וקבילו תמן אורייתך NU 14:14
היכמא דהות מיקרבא על **טוורא** דסיני מטול לאתקבלא NU 28:6
חלייא: ואיתגלי ייי על **טוורא** דסיני על ריש טוורא וקרא EX 19:20
יהוון הפכין אפיהון לקבל **טוורא** דעיבל: הלא הינון יהיבין DT 11:29
הפכין אפיהון כל קבל **טוורא** דעיבל ואמרין ליט יהוי DT 27:15
הפכין אפיהון כלו קבל **טוורא** דעיבל ואמרין ליט יהוי DT 27:26

דגריזים ושיתא על **טוורא** דעיבל וארונא וכהניא וליואי DT 27:15
דגריזים ושית שיבטין על **טוורא** דעיבל מברכיא יהוון הפכין DT 11:29
דתקבלון ית אורייתא על **טוורא** הדין: ואמר משה קדם ייי הא EX 3:12
ותורא לא ירעון כל קבל **טוורא** ההוא: ופסל תרין לוחי אבנין EX 34:3
קדמי תמן על ריש **טוורא:** ואינש לא יסק עמך ואוף EX 34:2
משה מן למיחות מן **טוורא** ואיתכנש עמא על אהרן כד EX 32:1
ענן איקרא קטיר על **טוורא** ואשתמודעיה מן רחיק: ואמר GN 22:4
עפריה לנחלא דנחית מן **טוורא:** ובבית יקידתא ובניסיתא DT 9:21
יד תלש מרי עלמא ית **טוורא** וזקפיה באוירא והוה זייג הי EX 19:17
וקמתון בשיפולי **טוורא** וטוורא דליק באישתא DT 4:11
מנהון: וכוונית ונחתית מן **טוורא** וטוורא דליק באישתא ותרין DT 9:15
ואתעתדו תחותי **טוורא:** וטוורא דסיני תנין כוליה מן EX 19:17
ונחת משה ואלעזר מן **טוורא:** וכיוון דנח נפשיה דאהרן NU 20:28
בידא דמשה במיחתי מן **טוורא** ומשה לא חכים ארום EX 34:29
בלב מייחד כל קבל **טוורא:** ומשה סליק ביומא תניינא EX 19:2
ומית אהרן תמן בריש **טוורא** ונחת משה ואלעזר מן טוורא: NU 20:28
מימרא דייי זחלא ופכר **טוורא** ונקריה וטמע רישיה בגויה NU 21:35
וקרא ייי למשה לריש **טוורא** וסליק משה: ואמר ייי למשה EX 19:20
בנא למימר תחים ית **טוורא** וקדשהי: ואמר ליה ייי איזל EX 19:23
ועננא תקיף קטיר על **טוורא** וקל שופרא תקיף לחדא וזע EX 19:16
על טוורא דסיני על ריש **טוורא** וקרא ייי למשה לריש טוורא EX 19:20
ביומא תניינא לריש **טוורא** וקרא ליה ייי מן טוורא EX 19:3
ייי לי: וכוונית ונחתית מן **טוורא** ושוויית ית לוחיא בארונא DT 10:5
ואתפני ונחת משה מן **טוורא** ותרין לוחי סהדותא בידיה EX 32:15
והוה בזמן מיחת משה מן **טוורא** ותרין לוחיא דסהדותא EX 34:29
טוורא חד קרדוניא ושום **טוורא** חד ארמניא ותמן מתבניא GN 8:4
על טוורי דקרדון שום **טוורא** חד קרדוניא ושום טוורא חד GN 8:4
טבתא דבעיברא דיורדנא **טוורא** טבתא דנן דביה מתבניא DT 3:25
אתר נחלי יובקא וקרווי **טוורא** ככל מה דפקיד ייי אלקנא: DT 2:37
בהון: ונחת משה מן **טוורא** לות עמא ואמר להון קרובו EX 19:25
כקוטרא דאתונא וזע כל **טוורא** לחדא: והוה קל שופרא אזיל EX 19:18
בצפרא וסליקו לריש **טוורא** למימר הא אנחנא סלקין NU 14:40
טוורא וקרא ליה ייי מן **טוורא** למימר כדנא תימר לנשייא EX 19:3
כנישתא משה נחית מן **טוורא** מנוי בזיעין והוי בכי ואמר ווי NU 20:29
ואנוסא וכדין יסמקון **טוורוי** ומעצרתיה מן חמרא GN 49:12
ריקם גיעא מן דרומא **טוורוס** אומניס מן ציפונא ימא רבא NU 34:12
מדברא וטוורי ליבנן הינון **טוורי** בי מקדשא מן נהרא רבא DT 11:24
עד קלרהי וליבנן אתר **טוורי** בית מקדשא עד נהרא רבא DT 1:7
בשבסרי יומין לירחא על **טוורי** דקרדון שום טוורא חד GN 8:4
בלק מלכא דמואבאי מן **טוורי** מדינחא איתא לוט בגיני NU 23:7
יקרא ונפלין פיגריהון על **טוורייא** דארעא דישראל ויתון כל NU 11:26
תקפו מיא ואיתחפיאו **טווריא:** ואיתמסי כל ביסרא דרחיש GN 7:20
לירחא איתחמיו רישי **טווריא:** והוה מסוף ארבעין יומין GN 8:5
אבוי ואזל ויתיב ביני **טווריא** למהדור לגובא לאסקותיה GN 37:29
ומואב איטמרו ביני **טווריא** למיכמן ולשיצאה עמא בית NU 21:14
דיקום קדמוי מסמק **טווריא** מן אדם קטיליהון לבושוי GN 49:11
על ארעא ואיתחפיאו כל **טווריא** רמיא דתחות כל שמיא: GN 7:19
ירח וירח: ומטוב רישי **טוורייא** בכירתא דאוריתו ליה DT 33:15
תמן לעלתא על חד מן **טוורייא** דאימר לך: ואקדים אברהם GN 22:2
דצוק ויסוק צפירא על **טוורייא** דבית הדורי וידחיניה רוח LV 16:22
ועללתה ושלהבת יסודי **טוורייא:** וכד הינון יהיבין בבבל הוון DT 32:22
יתהון וית טעוותהון על **טוורייא** רמייא ועל גלימתא ותחות DT 12:2
לקטלא יתהון ביני **טוורייא** תבור וחרמון ושריון וסיני EX 32:12
לתמן למירתה ארע **טוורין** וביקען מן מיטרא דנחית מן DT 11:11
די פרקת ואחסינת יתהון **טור** בית מוקדשך מדור בית שכינת EX 15:13
הוא דאנא עביד עימך: **טור** לך ית מה דאנא מפקיד לך EX 34:11
מישא מעלך לספרוואי **טור** מדינחא: אילין בנוי דשם GN 10:30
וייתי למדברא דציני **טור** פרזלא מי מצותא אבל ודמוכה NU 34:11
דרומא מן מדברא דציני **טור** פרזלא על תחומי אדום ויהוי NU 34:3
לעשו רשיעא ונטל מן **טורא** דגבלא בליגיונין סגיאין GN 50:13
דמליל ייי לי ואקיפנא ית **טורא** דגבלא יומין סגיעין: ואמר ייי DT 2:1
אשרי ית אחוי בההוא **טורא** דגלעד: ואמר לבן ליעקב מה GN 31:25
איקר שכינתא דייי על **טורא** דסיני וחפהי ענן יקרא שיתא EX 24:16
ייי לעיני כל עמא על **טורא** דסיני: ותתחים ית עמא EX 19:11
סגי לכון דאקיפתון ית **טורא** הדין אתפנו לכון לציפונא: וית DT 2:3
ואכמתא ליזנה וית נגר **טורא** וית ערפדא: וכל ריחשא LV 11:19
ואוכמתא ליזנה ונגר **טורא** וערפדא: וזיבורי וזיזי DT 14:18
וחפא ענן יקרא ית **טורא:** ושרא איקר שכינתא דייי על EX 24:15
ובנא מדבחא בשיפולי **טורא** ותריסירי קמן לתריסירי EX 24:4
הוה מאחי מיתיא וית **טורא** תנין וחמון כל עמא ורתען EX 20:18
בימַמא מטול למככא **טוריא** וגלימתא ולמדלי מישריא NU 14:14
לאיילא דרהיט על שיני **טוריא** מבשר בשורן טבן הוא בשר GN 49:21
עומקיא ולמימך **טורייא** לאתקנא להון בית משרוי EX 12:37
ליה מימרא דייי סוק **לטוור** עיבראי הדין טוורא דנבו DT 32:49
ליה לאינתו: ואזל יצחק **לטוור** פולחנא אתר דכפתיה אבוי GN 25:21
ולא תקום בכל מישרא **לטוורא** אישתיזב דילמא תישתיצי: GN 19:17
דאחורי מדברא ואתא **לטוורא** דאיתגלי עלוי יקרא דייי EX 3:1
דהוא שרי תמן סמיך **לטוורא** דאיתגלי עלוי יקרא דייי EX 18:5
ושוי ית אנפוי למיסוק **לטוורא** דגלעד ארום חמא ברוח GN 31:21
לא יכילנא לאישתיזבא **לטוורא** דילמא תירעינני בישתא GN 19:19
משה מן מישרי מואב **לטוורא** דנבו ריש רמתא דעל אפי DT 34:1
ייי לא יכלון עמא למיסק **לטוורא** דסיני ארום אנת אסהידת EX 19:23
משה נביא כד סליקית **לטוורא** דסיני חמית רבון כל DT 32:4
ואמר ייי למשה סוק **לטוורא** הדין וחמי ית ארעא NU 27:12
לשיבטא: ואתפניו וסליקו **לטוורא** ואתו עד נחלא דאתכלא DT 1:24
משה בגו עננא וסליק **לטוורא** והוה משה בטוורא אליף EX 24:18
ייי למשה סוק קדמי **לטוורא** והוו תמן ואיתן לך ית לוחי EX 24:12
דייי וארשעתון וסליקתון **לטוורא:** ונפק אמוראה דיתיב DT 1:43
דקמאי וסוק לקדמי **לטוורא** ועיבד לך ארונא דקיסא: DT 10:1
כצורת קמאי וסלקית **לטוורא** ותרין לוחיא בידי: וכתב על DT 10:3
יתכון: כד סליקית **לטוורא** למיסב לוחי מרמירא לוחי DT 9:9
בני ישראל כל כנישתא **לטוורוס** אומנוס: ואמר ייי למשה NU 20:22
בריה ואסיק יתהון **לטוורוס** אומנוס: ואשלח ית אהרן NU 20:25
אורח מאללייא ואתו **לטוורוס** אומנוס ומית אהרן תמן NU 21:1
היכמא דפקיד ייי וסליקו **לטוורוס** אומנוס כד חמן כל NU 20:27
דאדום: וסליק אהרן כהנא **לטוורוס** אומנוס על מימרא דייי NU 33:38
צדיקיא דמתילין **לטווריא** ובזכות אימהתהון דמתילו NU 23:9
ישראל ומרי עלמא דמן **לטווריא** וקריבו דין לדין ומיתן NU 21:14
ונפלו תמן ודישתארו **לטווריא** ערקו: ונסיבו ית כל קניינא GN 14:10
דמן שירויא דמתילין **לטוורייא** ומן טוב רמתא דלא DT 33:15
חזרת למיסוק עימהון **לטוורייא** רמייא ומטוורייא רמייא NU 21:19
מן ימא רבא תכוונון לכון **לטווריס** אומניס: מטוורוס אומניס NU 34:7
מדרישיכון: אומין סגיעין **לטור** בית מקדשא יצלון תמן DT 33:19
פניאס יחות תחומא **לטור** תלגא ומטור תלגא יחות NU 34:11
משומשניה וסליק משה **לטורא** דאיתגלי עלוי יקר שכינתא EX 24:13
לכון לערד וחורמה ועולו **לטורא** דאמוראה ולות כל דיירוי DT 1:7
ליה: ואיסתלק מתמן **לטורא** דממדנח לביתאל ופרסיה GN 12:8
משה בצפרא וסליק **לטורא** דסיני הי כמא דפקיד ייי EX 34:4
לצפרא ותיסוק לצפרא **לטורא** דסיני ותתעתד קדמי תמן EX 34:2
זייניה ושריתון למיסוק **לטורא:** ואמר ייי לי אימר להון לא DT 1:41
לוותכון: וסליק משה **לטורא** וחפא ענן יקרא ית טורא: EX 24:15
ציטרא בדרומא ותיסקון **לטורא:** ותיחמון ית ארעא מה היא NU 13:17
עמא ויקומון חזור חזור **לטורא** למימר הוו זהירין מלמיסק EX 19:12
יתה הופע בהדרת איקר **מטוורא** דפארן למיתנה לבנוי DT 33:2
דשפירין פירוי: ונטלו **מטוורא** דשפירין פירוי ושרו בחרדה NU 33:24
דאתרא חרמה: ונטלו **מטוורוס** אומנוס מהלך ימא דסוף NU 21:4
לכון לטווריס אומניס: **מטוורוס** אומניס תכוונון לכון NU 34:8
יתהון וית קירויהון: ונטלו **מטווריס** אומניס ושרו בצלמונה NU 33:41
קבורתיה דמשה: ונטלו **מטרי** עבראי ושרו במשריא דמואב NU 33:48

טוש (4)

ית ביתא ומן בתר **דאיתטש:** וייתי כהנא ויחמי והא LV 14:43
מכתשא בביתא בתר **דאיתטש** ית ביתא וידכי כהנא ית LV 14:48
אבניא ועפרא חורן יסב **ויתטש** ית ביתא: ואין יתוב מכתשא LV 14:42
בכל תחומכון ומשח לא **תטושון** ארום ינתרון זיתיכון: בנין DT 28:40

טחן (2)

רשיעי עמא ומלקטין **וטחנין** בריחותא ומן דהוה צבי הוה NU 11:8
דמתיליד לה כד היא **טחנא** אחורי ריחייא וכל בוכרא EX 11:5

טחר (1)

דילקו בהון מצראי **ובטחוריא** דמסמיין חזותא ובגרבא DT 28:27

טיב (2)

חקיק ומפרש ביה ונפק **טיבהון** ביש בעממי ארעא וקנון EX 32:25
עכרתון יתי למפקא **טיבי** ביש ביתבי ארעא בכנענאי GN 34:30

טיב (1)

דאבוי ואייתי יוסף ית **טיפיהון** ביש דחמנון אכלין בישרא GN 37:2

טיגן (2)

במשח זיתא וקמחא **מטגנא** פתיכא במשח זיתא: על LV 7:12
זיתא פתיכא תתעבד **מטגנא** תעיל יתה מרסקא מנחת LV 6:14

טיהרא (2)

עד מיעל יוסף בשירותא **דטיהרא** ארום שמעו מיניה ארום GN 43:25
גובריא באנטון שירותא **דטיהרא:** ועבד גברא היכמא דאמר GN 43:16

טיהררי (2)

מן לילי ומזייעי ובני **טיהררי** ובני צפרירי ומזיקי וטלני: NU 6:24
ולמזיקי אכילי עוף ולבני **טיהררי** כתישי רוחין בישין ולילין DT 32:24

טימי (4)

ריבוני קביל מיני ארע **דטימין** דידה ארבע מאה סילעין GN 23:15
זבנן זיני כיסנין בבציר מן **טימהון** במילכת בלעם רשיעא NU 24:25
ומישתייא בבציר מן **טימהון** וייתון עמא הדין וייכלון NU 24:14
אנא ובעיריי ואיתן דמי **טימהון** לחוד לית פיתגם דביש NU 20:19

טין (6)
למשתעבדא למצרים **בטינא** ובליבנא ובכל פולחנהא GN 40:12
חייהון בפולחנא קשייא **בטינא** ובליבנין ובכל פולחנא באנפי EX 1:14
מצראי ית בני ישראל **בטינא** ובליבנין והוואן נשיא בטשן EX 24:10
להון לבינתא לאבנא **וטינא** הוות להום לישיע: ואמרו הבו GN 11:3
ית עוברא ואתבטש עם **טינא** נחת גבריאל ועבד מיניה EX 24:10
והוואן נשיא בטשן ית **טינא** עם גובריהון הות תמן ריבא EX 24:10

טינר (8)
ואישוינך באספלידא **דטינרא** ואגין במימרי עלך עד זמן EX 33:22
די שוית בניקריא **דטינריא** מדורך: ארום אין יתגזר NU 24:21
מן כיפא ומשח מן שמיר **טינרא** בעידן דאימן נפקן לאנפי EX 15:2
דאפיק לך מוי משמיר **טינרא**: דאוכלך מנא במדברא דלא DT 8:15
תרוויהון: ונסיבת צפורה **טינרא** וגזרת ית ערלת גרשום ברה EX 4:25
קדמי ותהי מעתד על **טינרא**: ויהי במעיבר יקר שכינתי EX 33:21
שור מקף חזור חזור הי **כטינדיסין** דפריסן על חקל ארעא LV 25:31
מזיתהא דמלבלבין **מטינרין** תקיפין: יהב להון לוואי DT 32:13

טיקסא (18)
בארבעתי מילין מרבען **וטיקסיה** הוה ממילת תלת גוונין NU 2:3
בארבעתי מילין מרבען **וטיקסיה** הוה ממילת תלת גוונין NU 2:10
בארבעתי מילין מרבען **וטיקסיה** הוה ממילת תלת גוונין NU 2:18
בארבעתי מילין מרבען **וטיקסיה** הוה ממילת תלת גוונין NU 2:25
עד מיתיהון: ונטיל **טיקס** משיריית בני אפרים NU 10:22
אבידן בר גדעוני: ונטיל **טיקס** משיריית בני דן מכניש לכל NU 10:25
דייי בידא דמשה: ונטיל **טיקס** משיריית בני יהודה לחיליהון NU 10:14
מררי נטלי משכנא: ונטל **טיקס** משיריית ראובן לחיליהון NU 10:18
בתליתיתא נטלין: **טיקס** משירית דן לציפונא חיליהון NU 2:25
ודישרן קידומא מדינחא **טיקס** משירית יהודה לחיליהון NU 2:3
על תחומיה לטיקסיהון: **טיקס** משרית אפרים לחיליהון NU 2:18
בקדמיתא נטלין: **טיקס** משרית ראובן דרומא ישרון NU 2:10
ועם אהרן למימר: גבר על **טיקסיה** באתוון דמסתמנין על NU 2:2
באתוון דמסתמנין על **טיקסיהון** לבית אבהתן ישרון בני NU 2:2
על בית משרוי וגבר על **טקסיה** לחיליהון: וליואי ישרון חזור NU 1:52
מאה בבתריתא נטלין **לטיקסיהון**: איליין סכום מנייני בני NU 2:31
ייי ית משה הכדין שרן **לטיקסיהון** והכדין נטלין גבר NU 2:34
נטלין גבר על תחומיה **לטיקסיהון**: טיקס משרית אפרים NU 2:17

טיר (3)
רבתא דממצעא בין **טירת** עינוותא לבין דרמשק דין NU 34:9
דרום לרקם גיעא ויפוק **לטירת** אדריא ויעיבר לקיסם: ויקיף NU 34:4
לכון לתחום מדינחא **מטירת** עינוותא לאפמיאה: ויחות NU 34:10

טירונא (2)
ואירתכין עמין גיותנין **וטירונין** אלימין מינכון לא תידחלון DT 20:1
בזו: וית כל קורייהון ובתי **טירונייהון** וית במסי בית סיגדיהון NU 31:10

טכס (10)
דדן ולא שבקוה מן בגלל **דטיכסין** דישראל גבר על טיכסיה LV 24:10
בית ישראל ית מאניהון **וטכיסו** ית בעיריהון ועברו ית DT 34:8
מעילוי להמיין אפודא: **וטכיסו** ית חושנא מעיזקתא EX 39:21
מעילוי להמיין איפודא: **ויטכסון** ית חושנא מעיזקתיה EX 28:28
ותלבישינון כיתונין: **ותטכס** יתהון בקמורין לאהרן ובנוי EX 29:9
וית אפודא וית חושנא **ותטכס** יתיה בהמיין אפודא: ותשוי EX 29:5
סיטרוי ויתלפף: והמיין **טיכוסיה** דעלוי הי כעובדיה מיניה EX 28:8
ציטרוי יתלפף: והמיין **טיכוסיה** דעלוי מיניה הוא הי EX 39:5
דטיכסין דישראל גבר על **טיכסיה** באתוון לייחוס אבהתהון LV 24:10
יצר ומצינפא דבוץ מילת **יטכס** ברישיה לבושי קודשא הינון LV 16:4

טל (10)
פירי ארעא יהי מותבך **ומטלא** דשמייא מלעילא: ועל GN 27:39
ואחיתו מנא עילוי אנחות **טלא** והות על אנפי מדברא דקיק EX 16:14
על מקבלי אולפנא היך **טלא** ממללי דילי כרביעות רוחי DT 32:2
ובצפרא הות אנחות **טלא** מתקדשא מיתקנא הי EX 16:13
בשומנא: וכד נחית **טלא** על משריתא בליליא הוה NU 11:9
דעילויהון רסיין להון **טלין** דבירכתא ומטרין דרעוא: DT 33:28
דמזייע ולא מספקין לכון **טלין** ומיטרין וארע דתחותיכון הי DT 28:23
מן דלא למחתא לכון **טלין** ומיטרין וארעא דתחותיכון הי LV 26:19
שדי יברכינך ברכן דנחתן **מטלא** דשמייא מלעילא ומטוב GN 49:25
שמייא תהי עבדא מגדין **מטלא** ומיטרא דנחתין מן לעיל ומן DT 33:13

טלופחא (3)
בשיל יעקב תבשילי **דטלופחי** ואזל לנחמא לאבוי ואתא GN 25:29
יהב לעשו לחם ותבשיל **דטלופחי** ואכל ושתי וקם ואזל GN 25:34
וערפדא: וזיבורי וזיזי **דטלופחי** ופולי דפרשין מן אוכלא DT 14:19

טלח (1)
פנואל ושרי לטיילא והוא **מטלח** על ירכיה: בגין כן לא אכלין GN 32:32

טלטל (13)
או תיזבנון עיסקא **דמיטלטלא** מן יד חבריכון לית LV 25:14
חיוות ברא איגרי בהון **ואטלטילינון** ביד אדומאי דמליין DT 32:24
רוגזא דייי בישראל **וטלטילינון** במדברא ארבעין שנין NU 32:13
דכתיבין בסיפרא הדין: **וטלטילינון** ייי מעילוי ארעהון DT 29:27
מסמי ענוי נסבוהי **ומטלטל** חכימיא ממותבנהון EX 23:8
מן קדם ייי ויתיב בארע **טלטול** גלותיה דהות עבידא GN 4:16
שתקין ואילניא לא **טלטיל** זאזיהון עניין אבהת עלמא DT 28:15
יתקרון גלוולאי בגין כן **טלטילינון** מסיפי תחום מצרים ועד GN 47:21
דאיטמר ואין אהי **מטלטל** וגלי בארעא כל זכיי GN 4:14
למיתן חיל פירהא לך **מטלטל** וגלי תהי בארעא: ואמר קין GN 4:12
צדיא מינכון ואתון תהוון **מיטלטלין** בארע בעלי דבביכון LV 26:34
מרי עובדין טבין ויהון **מיטלטלין** ושביקין: ויימר סנאה DT 32:36
יהב אברהם ניכסין **מיטלטלין** למתנן ותריכינון מעילוי GN 25:6

טלי (62)
יתכון למימר לא תיחטון **בטלייא** ולא קבלתון מיני ואוף GN 42:22
ארום עבדך מערב **בטלייא** מן אבא למימר אין לא GN 44:32
מן ומן הינון דאזלין: ואמר **בטליינא** ובסבנא ניזיל בברנא EX 10:9
באסלין על ידיהון **דטלא** דכהנא כהנא ויסובורונון LV 16:27
ושמיע קדם ייי ית קליה **דטליא** בגין זכותיה דאברהם וקרא GN 21:17
יכלא למיחמי במותא **דטליא** ויתיבת מקביל ברה וארימת GN 21:16
שמיע קדם ייי ית קליה **דטליא** ולא דן יתיה לפום עובדוי GN 21:17
והוה מימרא דייי בסעדיה **דטליא** ורבא ויתיב במדברא והוה GN 21:20
והות כרעא כף מודנא **דטלייא** בגויה מן יד שדר וקרא לכל EX 1:15
קיימא בכף מודנא חדא **וטליא** בר בכף מודנא חדא והות EX 1:15
בעירך עקירן מעמר וחלב **וטלי**: ויעדי ייי מינך כל מרעין וכל DT 7:14
וקרוחין וגביהון חיוורין: **וטלייא** אפריש יעקב ויהב בריש GN 30:40
טלייא עבדא לריבוני **וטלייא** יסק עם אחוהי: ארום GN 44:33
היכדין איסק לות אבא **וטלייא** ליתוי עימי דילמא אחמי GN 44:34
מן בית מדרשא והוא **טלה** מתרבי עם בני בלהה ועם בני GN 37:2
ישראל ותימרון להון גבר **טלי** או גבר סיב ארום יהי דאיב LV 15:2
בני ישראל למימר גבר **טלי** או גבר סיב ארום יהי מסאב NU 9:10
תמליל למימר גבר **טלי** או גבר סיב דירגז ויחרף שום LV 24:15
לא ייכלון אדמא: וגבר **טלי** או גבר סיב מבית גניסת LV 17:13
ישראל ותימר להון גבר **טלי** או גבר סיב מבית גניסת LV 22:18
במותנא אנא ייי: גבר **טלי** או גבר סיב מזרעא דאהרן והוא LV 22:4
בני ישראל תמליל גבר **טלי** או גבר סיב מן גניסת בני LV 20:2
דפקיד ייי למימר: גבר **טלי** או סיב מבית גניסת ישראל די LV 17:3
ייי מקדישכון: ארום גבר **טלי** וגבר סיב דיילוט ית אבוי וית LV 20:9
עם צדיקייא אנא ייי: גבר **טלי** וגבר סיב לכל קריבת בישריה LV 18:6
ולהון תימר גבר גבר **טלי** וגבר סיב מבית גניסת ישראל LV 17:8
נשא ההוא מעמיה: וגבר **טלי** וגבר סיב מבית גניסת ישראל LV 17:10
יהושע בר נון הוה **טלי** לא הוה זייע בגו משכניה: ואמר EX 33:11
ליה ביר לאישון: ורבא **טליא** ואתחסין ועבד אברהם GN 21:8
תמן: אזדקפי טולי ית **טליא** ואתקיפי ית אידיך ביה ארום GN 21:18
קרווה מיא ואשקיית ית **טליא**: והוה מימרא דייי בסעדיה GN 21:19
כד ילידת יתהום: ורביאו **טליא** והוה עשו גבר נחשירכן GN 25:27
אחוי ארום אמר הא הוא **טליא** ומסתפינא דילמא יארעיניה GN 42:4
במשריתא: ורהט **טליא** חד ותני למשה ואמר אלדד NU 11:27
ותב לות אחוי ואמר **טליא** ליתוהי ואנא להן אנא אתי GN 37:30
יהודה לישראל אבוי שדר **טליא** עמי נקום וניזיל וניחי ולא GN 43:8
מנטרא ייבם הי כיומי **טליותא** ולא מעברא מן מזוניה LV 22:13
בין איבא לברתיה ביומי **טליותא** עד דהיא בבית איבהא ולא NU 30:17
בבית איבהא ולא ביומי **טליותה** והיא בבית בעלה: ומליל ייי NU 30:17
דאתחייבו קטול מן **טליותהון** במצרים פרסימו NU 16:26
על שיני כיפיא והכיומי **טליותהון** הכדין יהוון תקיפין DT 33:25
אנא אתנך דרכבת עלי מן **טליותך** עד זמן יומא הדין הא NU 22:30
וחמת ית ריבא והא **טלייא** בכי וחסת עלוי ואמרת מן EX 2:6
לא יבאיש בעינך על **טלייא** דינפק מתרבותך ועל אמתך GN 21:12
וזיפתא ושויית בגוה ית **טלייא** ושויתיה בגו גומייא על גיף EX 2:3
ליה ריבוני ידע ארום **טלייא** חטיין וענא ותורי דמיינקן GN 33:13
יתיב בבעו עבדך חולף **טלייא** עבדא לריבוני וטלייא יסק GN 44:33
חלימנא: ותמן עימנא **טלייא** עבראי עבדא לרב GN 41:12
דאית קדמיי ולרגל אולפן **טלייא** עד זמן דאיתי לות ריבוני GN 33:14
ית חמריה ודבר ית תרין **טלייוי** ית אליעזר וית ישמעאל GN 22:3
הוו יומי שני חיי דמן **טלייותי** ערקית מן קדם עשו אחי GN 47:9
לך מימרא דייי מטוב **טלין** דנחתין מן שמיא ומטוב GN 27:28
למרי עלמא ואוצרי **טלין** מתפתחין ביה ואמר ליה GN 27:1
למרי עלמא ואוצרי **טלין** מתפתחין ביה ושמעית ית GN 27:6
אבוי למימר סב לי ית **טליתא** הדא לאינתו: ויעקב שמע GN 34:4
ברת פרעה איזילי ואזלת **טליתא** וקרת לאימיה דרביא: EX 2:8
ואמר אל תושיט ידך **לטלייא** ולא תעביד ליה מידעם GN 22:12
לריבוני לית אפשר **לטלייא** למשבוק ית אבוי דאין GN 44:22
סדום אחזרו על ביתא **מטליא** ועד סבא כל עמא מסיפא: GN 19:4
דליבא דאינשא ביש **מטליותיה** ולא אוסיף תוב למימחי GN 8:21
ביתא מחו בחוורווריא **מטלייא** ועד סבא ואשתלהיין GN 19:11
מרי גיתי הוו עבדך **מטלייותנא** ועד כדון בגין דתיתיבון GN 46:34

טלית (1)
תתביניה ליה: ארום היא **טלת** דמתכסי בה בלחודא היא EX 22:26

טלל (17)
עתידין בנוי למעבר בחגא **דמטלייא** ואריק עלה משח זיתא: GN 35:14
ושוי ית פרגודא דפרסא **וטלליה** על ארונא דסהדותא EX 40:21
תמן ית ארונא דסהדותא **ותטליל** על ארונא ית פרוכתא: EX 40:3
באתר דהוא תמן: אזדקפי **טולי** ית טליא ואתקיפי ית אידיך GN 21:18
למיבת ואיטמרו תחות **טלל** כשורא הדא דילי: ואמרו קריב GN 19:8
גביכון למהווי תחות **טלל** שכינתי דימטול היכמא ערק DT 23:16
וגילמתוי יחוורן מן **טללתא** ומן דירון דעאן: זבולון על GN 49:12
סגי משימשה מתעבדא **לטולא** לשום חגא מן זינין דמרביין LV 23:42
מסמקי ומשכי דססגונא **לטללא** מלעילא: ועבד ית לוחיא EX 36:19
תמן אורייתך ועננך **מטליל** עילויהון דלא יהנזקון NU 14:14
ענן יקרא ית משכנא והוה **מטלל** בימּמא למשכנא דסהדותא NU 9:15
וענן איקר שכינתא דייי **מטלל** עילויהון בימּמא במיטלהון NU 10:34
ארום ענן יקרא דייי הוה **מטלל** על משכנא בימּמא ועמודא EX 40:38
לעילא כל קבל רישיהום **מטללין** בגדפיהון על כפורתא EX 25:20
בהדי רישיהון לעילא **מטללין** בגדפיהון על כפורתא EX 37:9
בי מידרשא ולגיתוי עבד **מטלן** בגין כן קרא שמא דאתרא GN 33:17
צית שמייא ברם ענפוי **מטלן** על כל דיירי ארעא ושירשוי GN 50:1

טלם (4)
ידא או בגזילא או **דיטלום** ית חבריה: או אשכח LV 5:21
דלא חכימתון ותהון ברם **טלימין** ודריסין כל יומיא: ותהון DT 28:33
שמא דאלקך אנא ייי: לא **תטלום** ית חברך ולא תניס ולא LV 19:13
קדם ייי אלקך: לא **תטלומון** חבריכון ולא תשגון DT 24:14

טלני (1)
ובני צפרירי ומזיקי **וטלני**: ינהר ייי סבר אפוי לך NU 6:24

טלע (1)
גושמיכון וסנדליכון לא **איטלעו** מעילוי ריגליכון: לחמא DT 29:4

טלף (7)
דהיא סדיקא פרסתא **וטילפין** ליתהא מטלפא ופישרא LV 11:26
כל דסדיקא פרסתא **ומטילפן** טילפין פרסתא ודאית לה LV 11:3
ארום סדיק פרסתא הוא **ומטלף** טילפין פרסתא והוא LV 11:7
פרסתא ומטילפן **טילפין** פרסתא ודאית לה קרנין LV 11:3
פרסתא הוא ומטלף **טילפין** פרסתא והוא פישרא לא LV 11:7
וכל בעירא דסדיקא **טלפייא** ולה קרנין וסדיק סידקא DT 14:6
פרסתא וטילפין ליתהא **מטלפא** ופישרא ליתהא מסקא LV 11:26

טלק (32)
ברת פרעה בר נימרוד **דטלקך** לאתונא דנורא: ואמר אברם GN 16:5
ליה בהון שיזבותא בזמן **דטלקת** יתיה אימיה בנהרא: ועבדו EX 8:2
וכל בר נש דייכול בישרא **דמטלק** בקילקול ניכסתא ובשר LV 17:15
לאהרן סב ית חוטרך **וטלוק** יתיה קדם פרעה יהי לחוי EX 7:9
היכדין היכמא דפקד ייי **וטלק** אהרן ית חוטריה קדם מיחמי EX 7:10
עלוי שמא רבא ויקירא **וטלק** לגו מיא ואיתחלון מיא תמן EX 15:25
תקף רתח רוגזיה דמשה **וטלק** מן ידוי ית לוחיא ותבר יתהון EX 32:19
דימות בלא מתכוון **וטלק** עלוי מדעם וקטליה והוא לא NU 35:23
מצייר דעלוי: ונסבוהי **וטלקו** יתיה לגובא וגובא סריק לית GN 37:24
מלאכייא ית אילנא **וטלקוה** לימא והוה טפי על אנפי EX 26:28
בלחשי קוסמיהון היכדין: **וטלקון** אינש חוטריה והוו EX 7:12
ואמר טלוק יתיה לארעא **וטלקיה** לארעא והוה לחויא וערק EX 4:3
לחדא ונטל ית גובא **וטלקיה** לימא דסוף לא אישתייר EX 10:19
ברגוז ובכלו ובתקוף רב **וטלקינון** בגלותא לארע חורן כזמן DT 29:27
עד דהוה דקיק כעפרא **וטלקית** ית עפריה לנחלא דנחית DT 9:21
ויתיבת לה ליסטר חד **וטלקת** ית פולחנא נוכראה GN 21:16
ונסיבת יתהון **וטלקת** יתהון קמי רגלי דייניא GN 38:25
אית דהב פריקו ויהבו לי **וטלקתיה** בנורא ועאל סטנא בגויה EX 32:24
ואחדית בתרין לוחיא **וטלקתינון** מעילוי תרתין ידיי DT 9:17
וצבע דאישתני בזהורי **ויטלוק** לגו יקידתא דתורתא ויסגי NU 19:6
ית זרוקפיה בלקטיה **ויטלק** יתיה לסטר מדבחא קידומא LV 1:16
יקלפון מגויה חזור חזור **ויטלקון** ית עפרא דקליפו מברא LV 14:41
אבניא דיבהון מכתשא **ויטלקון** יתהין למברא לקרתא LV 14:40
ויטריף בקילפק וינפיקינון **ויטלקינון** על צפיריא: ויקריב אהרן LV 16:8
בידך ואמר חוטרא: ואמר **טלוק** יתיה לארעא וטלקיה לארעא EX 4:3
לא תשדון אדם זכאיי **טלוקו** יתיה לגובא הדין דבמדברא GN 37:22
משה מן קדם פרעה **טלק** יתיה לגובא והות צפרה EX 2:21
נטר ליה בבו הדפיה או **טלק** עלוי כל מאן ולא אתכוון NU 35:22
הדף ואתכוון ודחייה או **טלק** עלוי כלונסן ושרוותא וגלגיל NU 35:20
ולא ענה יתה ומן יד **טלקת** ית ריבא תחות חד מן GN 21:15
פרסי ואחתיה על רישיה **למיטלוק** עליהון מן יד זמין מימרא NU 21:35
ליהודאי בנהרא **תטלוקוניה** וכל ברתא תקיימון: EX 1:22

טמא (3)
גובריא דהוו מסאבין **לטמא** נפש בר נש דמית עליהון NU 9:6
גבר סיב ארום יהי מסאב **לטמי** בר נש דמית או דייב או סגיר NU 9:10
וכל דדאיב וכל דמסאב **לטמי** נפש דמית: מדכורא ועד NU 5:2

טמי (1)
וגדיי בני עיזין ולא עירובי **טמיין**: אילין וטביין ויחמורין יעלין DT 14:4

טמיא (1)
מיני רחשין ושאלין אובא **טמיא** וגרם ידוע ותבע מן מיתיא: DT 18:11

טמם (2)
דליבכון ורמזתון בעיינכון **וטמטמתון** אודניכון בזמן יומא DT 29:3
אלהין למיחמי ואודנין **לטמטמא** אלהין לציתא ואתון DT 29:3

טמן (2)
אבוי ביומי אברהם אבוי **וטמונינון** פלישתאי בתר דמית GN 26:18
אבוי ביומי אברהם אבוי **טמונינון** פלישתאי ומלונון עפרא: GN 26:15

טמע (21)
ליה שימשא קדם זימניה **דטמע** בגיניה קדם זימניה במיפקיה GN 32:32
סוסוותיה ורתיכוי רמא **וטמע** יתהון בימא דסוף: ואטיל EX 15:21
שיפר עולימי גיברוי רמא **וטמע** יתהון בימא דסוף: תהומייא EX 15:4
סוסוון ורוכביהון רמא **וטמע** יתהון בימא דסוף: תוקפן ורב EX 15:1
זחלא ופכר טוורא ונקריה **וטמע** רישיה בגויה בעא למשלפיה NU 21:35
איתקצרו שעוי דיומא **וטמע** שימשא בלא אשוניה מן GN 28:10
בארבעין סווין דמוי: **ויטמוע** שימשא ויתכשר ובתר כדין LV 22:7
קטילא בארעא דלא **טמיע** באוגרא בארעא דייי אלקכון DT 21:1
מוקדשא ובת תמן ארום **טמע** שימשא ונסיב ארבעה מאבני GN 28:11
עד כדון: והוה שמשא **טמעא** וחומטא הות והא חמא GN 15:17
ולא לקו ביקידתא ולא **טמעו** בבליעת ארעא: בנוי דשמעון NU 26:11
כסותא דחברך עד לא **יטמוע** שימשא תתביניה ליה: ארום EX 22:25
קשתא בימּמא עד לא **יטמע** שימשא בעננא: ודכירנא ית GN 9:14
והוה שמשא קריבא **למטמוע** ושינתא עמיקתא GN 15:12
קטילניך לא ימא הוה בעי **למטמע** יתהון ולא ארעא הות EX 15:12
אתעבד תקברוניה עם **מטמוע** שימשא דלא יקילון DT 21:23
תתיב ליה ית משכונא כד **מטמוע** שימשא ויגני בקלופקריה DT 24:13
בצלו וצומא עד **מטמוע** שימשא: ותבר יהושע ית EX 17:12
שמשא בקריצתא ועם **מטמוע** שימשא תחית יתהון NU 25:4
ליורדנא אחורי אורח **מטמעא** דשמשא בארע כנענאה DT 11:30
תפרע ליה סוטריה ולא **תטמוע** עלוי שימשא מטול דעניא DT 24:15

טמר (37)
ית ישראל דאדום ומואב **איטמרו** ביני טווריא למיכמן NU 21:14
הי כשבית חרבא: למא **איטמרת** למיזל וגנבת דעתי ולא GN 31:27
אמר משה נביא לא **בטומרא** אנא מסהיד בכון אילהין DT 29:9
בחוסרן כל מידעם **בטומרא** בצערו ובעקא די יעיקון DT 28:57
ייי עובד ידי אומן ושוי **בטומרא** הוון עניין כולהון כחדא DT 27:15
חבריה בלישן תליתאי **בטומרא** הוון עניין כולהון כחדא DT 27:24
סני לחבריה ויכמון עליה **בטומרא** ויקום עלוי ויקטליניה נפש DT 19:11
עובד ידי אומן ולא ישוי **בטומרא** מלטטיא הוון הפכין DT 27:15
דעריס וחזיו ולא **בטומרא** מתגלינה ליה באסנא ודמו NU 12:8
ולא תרחמון ולא תכסון **בטומרא** עלוי: ארום מקטל DT 13:9
עובדיהון דהינון עבדין **בטומרא** קדמיי כולהון גליין DT 32:34
קדמוי ית תיובתא דעבדו **בטימרא** דלא ידעו אינש בחבריה: EX 2:25
ארעא ומן קדמך האיפשר **דאיטמר** ואין אהי מטלטל וגלי GN 4:14
ולא נפקן למשכנא **דאיטמרו** למערוק מן רבנותא NU 11:26
פרעה שמיה דיוסף גברא **דטמירן** מפרסם ויהב ליה ית אסנת GN 41:45
מה דמשתותרין ומה **דמיטמרין** מן קדמיכון: לא תיתברון DT 7:20
ארום בר קיימי הוא **ואטמרתיה** תלת ירחין דסכומהון EX 2:2
בגינוניתא למנח יומא **ואיטמר** אדם ואינתתיה מן קדם ייי GN 3:8
ארום בגין כן עלו למיבת **ואיטמרו** תחות טלל כשורא הדא GN 19:8
דפקידתני אעברית מיני **ואיטמרית** מן כיסופא: ואמר מאן GN 3:10
טוור חורב: ומשה נסיבינון **וטמירינון** במשכן אולפן אורייתא EX 33:7
בשעת אניקי מישתיזב **וטמירן** מיגליין ליה ויהון על ליבה EX 28:30
צייר בהון דמות פיסליה **וטמר** יתהום יעקב תחות בוטמא GN 35:4
עלמא ומחאי ית מצראי **וטמריה** בחלא: ונפק ביומא תיניינא EX 2:12
הוון גזרין עורלתהון **וטמרין** בעפרא דמדברא אמר מן NU 23:10
שייר בארעא דמואב **וטמרינון** בשבועת שמא רבא DT 9:19
ויהי מכסי מעיני בעלה **ומיטמרא** והיא מסאבא וסהדו בריר NU 5:13
מן קדם ייי הוא וחמי כל **טומריא** ופיתגמא דיקשי מנכון DT 1:17
דייי הוא למתפרעא על **טומריא** על מימר סהיד חד יומי DT 19:15
מיליהון ומפרסמין **טמירן** דבית ישראל וית תומיא EX 28:30
באורייתא ויגלי לך **טמירן** ויחוס עלך: יסבר ייי סבר NU 6:25
חורן כזמן יומא הדין: **טמירתא** גליין קדם ייי אלקנא והוא DT 29:28
ולא הוה אפשר לה תוב **לאטמרתיה** דמצראי מרגשין עלה EX 2:3
והיך אנת סבר בליבך **לאיטמרי** מן קדמי הלא אתר דאנת GN 3:9
כבר נש אילן דאנפי ברא **למטמרא** מקמיכון בציירא: לחוד DT 20:19
הלא אתר דאנת דאת **מיטמר** ביה אנא חמי ואין אינון GN 3:9
יסתכי ייי בנא ובנך ארום **ניטמר** גבר מן חבריה: אין תסגיף ית GN 31:49

טמש (7)
קילחין באיסרא חדא **ויטמוש** במיא האינון בעידן קיבול NU 19:18
זהורי וית צפרא חייתא **ויטמוש** יתיה באדמא דציפורא LV 14:51
צבע זהורי וית איזובא **ויטמש** יתהון וית ציפרא חייתא LV 14:6

דתורא למשכן זימנא: **ויטמש** כהנא אצבעיה מן אדמא LV 4:17
יתיה למשכן זימנא: **ויטמש** כהנא ית אצבעיה באדמא LV 4:6
על ידה דכהנא דשמאלא: **ויטמש** כהנא ית אצבעיה ימינא מן LV 14:16
ותיסבון איסרת איזובא **ותטמשון** בדמא דבמן פחרא ותדון EX 12:22

טניס (1)
קדם עד לא תתבני **טאניס** דמצרים: ואתו עד נחלא NU 13:22

טנף (4)
לבתולתא ופלחי צילמין **טניפו** לברתיה דיעקב אלהין כדין GN 34:31
זכאי דלא מתפרע הוא **יטנף** ית ארעא ולארעא לא מתכפר NU 35:33
יקילון ברייתא ביה ולא **תטנפון** בנבילתהון דחייביא ית DT 21:23
עד זמן דימות כהנא: ולא **תטנפון** ית ארעא דאתון בה ארום NU 35:33

טנר (2)
בחורב ותימחי ביה **בטינר** חוטרך ויפקון מיניה מוי EX 17:6
דתיחמי רושם ריגלא על **טינרא** בחורב ותימחי ביה בטינר EX 17:6

טס (2)
ובוץ שזיר: ורדידו ית **טסי** דדהבא וקטעו יתהון שזרין EX 39:3
ויעבדון מנהון רדידי **טסין** חפיי למדבחא ארום קריבינון NU 17:3

טסקא (1)
והא גבר קטר כספיה **בידסקייה** וחמון ית קיטרי כספיהון GN 42:35

טעי (166)
גבר שיבטיה דאדבקו **בטעוות** פעור: והא גבר מבני ישראל NU 25:5
דמתחתן בהון כמתחתן **בטעוותהון:** ארום יטעיין בנתיהון DT 7:3
ברם יצרא בישא הוא **דאטעינון:** ואמרו לי עיבד לנא דחלן EX 32:22
פעור ארום כל בר נש **דטעא** בתר טעוות פעור שיציה ייי DT 4:3
דינין דקטולין ית עמא **דטעו** בתר פעור ותצלוב יתהון NU 25:4
ביה בלחודך או חמרא **דטעי** מן אורחא אתבא תתביניה EX 23:4
טורחנהון בחילך היכמא **דטעין** פידגגא למינוקא עד זמן NU 11:12
ויתיה אישצי וית כל **דטען** בתרוי למטעי בתר פולחנא LV 20:5
יטעון ביני עממיא כענא **דטען** ולית להון רעי: ואמר ייי NU 27:17
חיויא אשייני בחוכמתיה **ואטעייני** ברשיעותיה ואכלית: GN 3:13
דחכימיא דביניכון **ואטעין** ית יתבי קרתיכון למימר DT 13:14
דקבע להון ואזל סטנא **ואטעינון** והדר ליבהון זהוהין ואמר EX 32:1
דקטל ייי בהון כל בוכרא **ובטעוותהון** עבד מימרא דייי דינין NU 33:4
ופטרה בגיטא ואזלת **וטכנת** מן ארחא למדברא דסמיך GN 21:14
ואבנא דרמיין באושקקי **וטעוון** דכסף ודהב דיהיבין עימהון DT 29:16
ויקומון רשיעי עמא הדין **ויטעון** בתר טעוות עממיא דהינון DT 31:16
תיגזר קיים ליתיב ארעא **ויטעון** בתר טעוותהון וידבחון EX 34:15
מן קדמך: לא תיגזרון להון **ולטעוותהון** קיים: לא תעביד להון EX 23:32
גרמיהון לטופסא דפעור **ולמטעיא** בתר בנת מואבאי דמפקן NU 25:1
ודאיתילידא מן פסוליא **ומטעיא** בזנו ית איליין לא יסב LV 21:14
כוכביא כל חילי שמיא **ותטעון** ותסגדון להון ותפלחונון DT 4:19
לפיקודיא דייי אלקכון **ותטעון** מן אורחא דאנא מפקיד DT 11:28
חבלא תחבלון עובדיכון **ותטעון** מן אורחא דפקידית יתכון DT 31:29
סנא דבלבך עלוי ותפרוק **ותטעון** עימיה: עמי בני ישראל לא EX 23:5
ליבכון ולא תקבלון **ותיטעון** ותיסגדון לטעוות עממייא DT 30:17
לכון צלם דמו דכל **טעו** דמו דדכר או דנוקבא: דמו דכל DT 4:16
האינון דילמא אית בכון **טעו** דשריש דליביה מהרהר עלוי DT 29:17
ית מרחקתהון וית **טעוון** דילהון דמן קיסא ואבנא DT 29:16
דלית בהון מידעם דצרוך **טעוון** דלא ידעונון דחלן חדתן DT 32:17
צפון דמשתייר מכל **טעוון** דמצרים בגין דיימרון מצראי EX 14:2
פחרא מתעבדין בקיקין **טעוון** דעא מתעבדין קטם ודבעירי NU 33:4
מסקי ארנונין לפלחי **טעוון** דקיסין ואבנין: ואין יהרהר DT 28:36
לא תסטון לפולחן **טעוון** ודחלן דמתכן לא תעבדון LV 19:4
שריו למטעי ועבדו להון **טעוון** ומכנין לטעוותהון בשום GN 4:26
אלקכון: לא תעבדון לכון **טעוון** וצילמין וקמתין מטול LV 26:1
טעוות מתכא מתרככין **טעוות** אבנא מתגדעין טעוות EX 12:12
מתכא הוו מתרככין **טעוות** אבנא מתגדעין טעוות NU 33:4
פחרא מתעבדין בקיקין **טעוות** אעא מתעבדין קטם EX 12:12
בביתך ותיבכי על **טעוות** בית איבה ואימה ותשהי DT 21:13
עבד מימרא דייי דינין **טעוות** מתכא הוו מתרככין טעוות NU 33:4
אעבד ארבעתי דינין **טעוות** מתכא מתרככין טעוות EX 12:12
עמא הדין ויטעון בתר **טעוות** עממיא דהינון עללין תמן DT 31:16
עימכון למימר נהך בתר **טעוות** עממיא דלא חכימתנון DT 13:3
יומא דין למטעי בתר **טעוות** עממיא דלא ידעתון: ויהי DT 11:28
למללא ודי ימלל בשום **טעוות** עממיא ויתקטל נביא ההוא DT 18:20
דייי אלקכון ותהכון בתר **טעוות** עממיא ותפלחונון ותסגדון DT 8:19
לכון תיסתמרון ושום **טעוות** עממיא לא תידכרון ולא EX 23:13
ולשמאלא למהך בתר **טעוות** עממיא למפלחהון: כד פתח DT 28:14
ומסרו ביד יעקב ית כל **טעוות** עממייא דבידיהון דדברו מן GN 35:4
ולכל דעימיה עטרון ית **טעוות** עממייא דביניכון דדברתון GN 35:2
דייי אלקנא למיפלח ית **טעוות** עממייא האינון דילמא אית DT 29:17
ארום אתפניין בתר **טעוות** עממייא: וכדון כתובו לכון DT 31:18
תומון: לא תהכון בתר **טעוות** עממייא מנחלת עממיא DT 6:14
טעוות אבנא מתגדעין **טעוות** פחרא מתעבדין בקיקין EX 12:12
טעוות אבנא מתגדעין **טעוות** פחרא מתעבדין בקיקין NU 33:4
דעבד מימרא דייי בפלחי **טעוות** פעור ארום כל בר נש דטעא DT 4:3
חובינן דאזדוונן לפלחי **טעוות** פעור: וכדון ישראל שמעו DT 3:29
כל בר נש דטעא בתר **טעוות** פעור שיצייה ייי אלקך DT 4:3
בארעא טרד עליהון **טעוות** צפון נגהוי דמדברא: ואיתקף EX 14:3
דביניכון דדברתון מבית **טעוות** שכם ואידכו מסואבות GN 35:2
דבידיהון דדברו מן בית **טעוות** שכם וית קדשייא דהוו GN 35:4
לית אנא מסתכל פלחי **טעוותא** בדבית יעקב ולא NU 23:21
בחיר הוא בעל צפון מכל **טעוותא** דאשתייר ולא לקא וייתון EX 14:2
מסקי ארנונא לפלחי **טעוותא** דלא ידעתון דמן קיסין DT 28:64
קומיהון הי כפלחי במסי **טעוותא** דנחלי ארנונא: ייא לכון NU 21:28
בעו לאטעאה יתי פלחי **טעוותא** ונפקית מבית איבא GN 20:13
הוא: ולא תיעלון ריחוקי **טעוותא** ותשמישהא לבתיכון דלא DT 7:26
למפלח תמן לפלחי **טעוותא** עובד אידיהון דבני נשא מן DT 4:28
ולא מן משעמדיא פלחי **טעוותא** קרבנא קדם ייי מן בעירא LV 1:2
קדמוי ארום תפלח ית **טעוותהון** ארום יהון לך לתוקלא: EX 23:33
עליהון ולא תפלח ית **טעוותהון** ארום לתוקלא הינון לך: DT 7:16
כן ארום אימריא דהינון **טעוותהון** דמצראי מינהון ניסב EX 8:22
הא אין מקרבין אנן ית **טעוותהון** דמצראי קדמיהון הוא מן EX 8:22
עני ומשיזיב יתהון אבל **טעוותהון** דעממיא לית בהון צרוך DT 32:31
לא כתקיפהון דישראל **טעוותהון** דעממייא ארום תקיפהון· DT 32:31
וקראה לעמא לדיבחי **טעוותהון** ואכלון עמא במרזיחיהון NU 25:2
ליתיב ארעא ויטעון בתר **טעוותהון** וידבחון לטעוותהון EX 34:15
לך ותיכול מן דיבחי **טעוותהון:** ותיסב מבנתהון לבנך וכך EX 34:15
דילמא תיתוקלון בתר **טעוותהון** מן בתר דישתיצון מן DT 12:30
דאתון ירתין יתהון וית **טעוותהון** על טוורייא רמייא ועל DT 12:2
ויתבין ביה כומרניא פלחי **טעוותהון:** על כן יתאמר בספר NU 21:13
תקציצון וצילמי **טעוותהון** תוקדון בנורא: ארום עמא DT 7:5
דיתשיצי יתהון: צילמי **טעוותהון** תוקדון בנורא לא DT 7:25
תוקדון בנורא וצילמי **טעוותהון** תקצצון ותשיצון ית DT 12:3
מטעיין אוף ית בנך בתר **טעוותהין:** דחלן דמתכא לא EX 34:16
וכך טעיין בנתהון בתר **טעוותהין** מטעיין אוף ית בנך בתר EX 34:16
פיגריכון רמאין על פיגרי **טעוותיכון** ותירחק מימרי יתכון: LV 26:30
מאינשא ועד בעירא ובכל **טעוות** מצראי אעבד ארבעתי דינין EX 12:12
קרתא דבלק דפגרו מתמן **טעוות** פעור במדור בית במסיא וית NU 32:38
מגדול וביני ימא קדם **טעוות** צפון דמשתייר מכל טעוון EX 14:2
על פומי חירתא דקדם **טעוות** צפון: ופרעה חמא טעוות צפון EX 14:9
חירתא מרבעתא דקדם **טעוות** צפון ושרו קדם מגדל: ונטלו NU 33:7
טעוות צפון: ופרעה חמא **טעוות** צפון משתיזב וקריב קדמוי EX 14:10
למה גנבת ית צילמי **טעותי:** ואתיב יעקב ואמר ללבן GN 31:30
ערלאה ביד פלחי **טעותיה** דאישתיזב גביכון למהווי DT 23:16
היכמא ערק מן פולחן **טעותיה:** עמכון יתיב וינטור DT 23:16
מאן דתשכח ית צילמי **טעותך** ימות בלא זימניה כל קבל GN 31:32
גבריאל בדמות גברא והא **טעי** בחקלא ושאיליה גברא למימר GN 37:15
הדין: ובניכון יהון **טעיין** במדברא ארבעין שנין NU 14:33
ותיסב מבנתהון לבנך וכך **טעיין** בנתהון בתר טעוותהין EX 34:16
דאחוכון או ית אימריה **טעיין** ותפלגון דעתכון מנהון DT 22:1
קרבא ובשבעא אורחין **טעיין** יהוון ערקין מן קדמיכון: DT 28:7
קרבא ובשבעתי אורחן **טעיין** תהוון מפכין מן קדמיהון DT 28:25
אמר לאחך די עיבידו **טעינו** ית בעיריכון וטיילו אובילו GN 45:17
דורון כדין עשרא חומרין **טעינין** חמרא ומטובא דמצרים GN 45:23
אתיא מגלעד וגמליהון **טעינין** שעוה ושרף קטף ולטום GN 37:25
דמצרים ועשר אתנין **טעינן** עיבור ולחם וזוודין לאבוי GN 45:23
חכימין מן בגלל דלא **יטעון** ביני עממיא כענא דטען ולית NU 27:17
ואמרין אמן: ליט די **יטעי** אכסניא באורחא דהוא מדמי DT 27:18
איסתמרו לכון דילמא **יטעי** יצרא דליבכון ותיסטון DT 11:16
סמיך לפירקיהן דלא **יטעיין** בזנו בתר עממי ארעא LV 19:29
בטעוותהון: ארום **יטעיין** בנתיהון ית בניכון מן בתר DT 7:4
נשין על תימנסרי דלא **יטעיין** ליביה וכספא ודהבא לא DT 17:17
שכונן בארעך דילמא **יטעינך** ויחייבון יתך קדמוי ארום EX 23:33
בישתא מביניכון: ארום **יטעינך** מילכא בישא אחוך בר DT 13:7
לי לאינתו: והוה כד בעו **לאטעאה** יתי פלחי טעוותא GN 20:13
מבית שעבוד עבדיא **לאטעיותכון** מן אורחא דפקידכון DT 13:6
באבנא וימות ארום בעא **לאטעייותכון** מדחלתא דייי אלקך DT 13:11
ארגיזו קדמוי: ידבחון **לטעוון** דמתילין לשדין דלית בהון DT 32:17
ידבחון תוב ית דיבחיהון **לטעוון** דמתילין לשידי דהינון טען LV 17:7
ברז למימר נהך וניפלח **לטעוות** עממיא דלא חכימתא אנת DT 13:7
למימר נהך וניפלח **לטעוות** עממיא דלא חכימתון: DT 13:14
בתר יצרא בישא ופלחו **לטעוות** עממיא דתלק דלא ידעונין DT 29:25
וישבעון וידהנון ויתפנון **לטעוות** עממיא ויפלחונון וירגזון DT 31:20
מן בתר פולחני ויפלחון **לטעוות** עממיא ויתקוף רוגזא דייי DT 7:4
בתר יצרא בישא ופלח **לטעוות** עממיא וסגיד להון DT 17:3
ותיסטון ותפלחון **לטעוות** עממיא ותסגדון להון: DT 11:16
יתקטלון:: כל מאן דדבח **לטעוות** עממיא יתקטיל בסייפא EX 22:19

דישראל כל מאן דדבח **לטעוות** עממיא יתקטל בסייפא EX 32:27
ותיטעון ותיסגדון **לטעוות** עממייא ותיפלחוננון: תניתי DT 30:17
דמרחק ייי דסני עבדין **לטעוותהון** ארום אוף ית בניהון וית DT 12:31
יהיבין בבבל הוון פלחין **לטעוותהון** בגין כן אמרית במימרי DT 32:23
ועבדו להון טעוון ומכנין **לטעוותהון** בשום מימרא דייי: דין GN 4:26
יתפלג דעתכון למפלח **לטעוותהון** ואיגרי בבו ביניכון וביני DT 28:65
עמא במרזיחיהון וסגדון **לטעוותהון**: ואתחברו עמא בית NU 25:2
בתר טעוותהון וידבחון **לטעוותהון** ויזמנון לך ותיכול מן EX 34:15
ואישיצינון: לא תסגדון **לטעוותהון** ולא תפלחינון ולא EX 23:24
פלחין עממיא האילין **לטעוותהון** ונעביד כדין אוף אנן: לא DT 12:30
ככל מרחקתהון דעבדו **לטעוותהון** ותחובון קדם ייי DT 20:18
כפתין ומוקדין בנורא **לטעוותהון**: ית כל פיתגמא דאנא DT 12:31
או דילמא תיתבעון **לטעוותהון** למימר הכדין פלחין DT 12:30
יהרהר ליבכון למפלח **לטעוותהון** תהוון לשיעמום DT 28:37
לאתונא דנורא דלא פלח **לטעותיה** ולא הוה רשותא לנורא GN 11:28
ארום תפיס גרמה **למטעי** בזני עד דהיא עם בית LV 21:9
יתהון ולא תסטון **למטעי** בתר הרהור ליבכון ובתר NU 15:39
מפקיד יתכון יומא דין **למטעי** בתר טעוות עממיא דלא DT 11:28
לפיתחא דמדברא אדכרו **למטעי** בתר פולחנא נוכראה ולקה GN 21:15
וית כל דטען בתרוי **למטעי** בתר פולחנא נוכראה מגו LV 20:5
זכורו ותבעי גרם ידוע **למטעי** בתריהון ואיתן פנויתא LV 20:6
הוא דרא דביומוהו שריו **למטעי** ועבדו להון טעוון ומכנין GN 4:26
בנתיה בפרשת אורחתיה **למטעיא** יתהון ונפלו בגין כן מנהון NU 31:8
או שיבטא דליביה מתפני **למיטעי** יומנא מדחלתא דייי DT 29:17
ואמר להון נגודו ידיהון **מטעוות** מצראי וסבו לכון מן בני EX 12:21
חכימתא אנת ואבהתך: **מטעוות** שבעתי עממיא DT 13:8
קדישין בגופיהון: איתתא **מטעיא** בזנו דאיתלידא מן פסוליא LV 21:7
במיליה עלנא וכאיתא **מטעייא** נפקת ברא דלית לה תבוע GN 34:31
בנתהון בתר טעוותהין **מטעיין** אוף ית בנך בתר טעוותהין: EX 34:16
להון לא אלהין עירית **מטעיית** ארעא אתיתון למיחמי: GN 42:12
אתון למיחמי ית עירית **מטעייתא** דארעא אתיתון למיחמי: GN 42:9
פונדקין ומני בהון נשיא **מטעייתא** זבנן מיכלא ומישתייא NU 24:14
אינשי אתרא למימר האן **מטעיתא** דהיא בסכות עיינין על GN 38:21
אמרו לא הות הכא **מטעיתא**: ואמר יהודה תיסב לה GN 38:22
לא תעלון אגר מוהבות **מטעיתא** ופירוג דכלב לקרבא בבי DT 23:19
ואמרו לא הוה הכא **מטעיתא**: ותב לות יהודה ואמר לא GN 38:21
תהי משתעבד ויהי אין **תטעי** ותחית ית בנוי מלמיטר GN 27:40
עמך בטורחא דעמא ולא **תיטעון** אנת בלחודך: ולות עמא NU 11:17

טעם (10)

עבדא לקדמותהא ואמר **אטעימיני** כדון קליל מוי מן GN 24:17
לכהנא ומטול דאיהי **אטעימית** לגיורא תפנוקין איסתקף NU 5:15
ואמר עשו ליעקב **אטעם** יתי כדון מן תבשילא GN 25:30
בעמא הדין סהדין **דטעמין** מיתותא בעלמא הדין DT 32:1
כבר זרע כוסבר חיור **וטעמיה** כאשישיין בדבש: ואמר EX 16:31
דיזהרון ית בני ישראל די **טעמון** בדכותא מיכלהון ויתפרשון LV 11:1
ועבדין מיניה חררן והוי **טעמיה** כטעם ביזא די מסרבלא NU 11:8
קדמיי: ואינשין קדישין **טעמין** חולין בדכותא תהון קדמיי EX 22:30
מסהיד בהון סהדין דלא **טעמין** מיתותא בעלמא הדין ברם DT 32:1
מיניה חררן והוי טעמיה **כטעם** ביזא די מסרבלא בשומנא: NU 11:8

טען (9)

פריס גדפוי על בנוי **וטעין** יתהון וסביל יתהון על DT 32:11
ואתיהב להון כח גבורתא **וטענו** גבר על חמריה ותבו לקרתא: GN 44:13
מה די עבדית למצראי **וטענית** יתכון על עננין הי כעל גדפי EX 19:4
דעלך ואשוי עליהון **ויטענון** עמך בטורחא דעמא ולא NU 11:17
הינון דאמרת לי במצרים **טעון** טורחנהון בחילך היכמא NU 11:12
ובתר חיזיו עיניכון דאתון **טען** בתריהון: מן בגלל דתדכרון NU 15:39
דמתילין לשידי דהינון **טען** בתריהון קיים עלם תהי דא LV 17:7
יתהון על איברוי כדין **טעינון** וסבלינון ואשרינון על תקוף DT 32:11
לית אנא יכיל בלחודי **למיטען** לכל עמא הדין ארום יקיר NU 11:14

טעק (1)

ייי יתכון תמן בגלותא: **ותיטעוקון** למפלח תמן לפלחי DT 4:28

טפז (2)

נרגא ברת עישרתי אמין **וטפז** עישרתי אמין ומחייה NU 21:35
קדמוי וסטנא הוה בגויה **מטפז** ומשוור קדם עמא ומן יד EX 32:19

טפזא (2)

מסאב הוא לכון: וית **טווזא** ארום מסיק פישרא הוא LV 11:5
ית גמלא וית ארנבא וית **טפזא** ארום מסקי פישרא הינון DT 14:7

טפח (1)

רוגזא דבלק בבלעם **וטפח** ית ידוי ואמר בלק לבלעם NU 24:10

טפי (4)

וטלקוה לימא והוה **טפי** על אנפי מיא והוה מלאכא EX 26:28
בעלמא הדין באישא **טפייא** ולא ניקד בעלמא דאתי GN 38:25
יוקדא על מדבחא לא **תיטפי**: ודא אורייתא דמנחתא LV 6:6
תהי יוקדא ביה לא **תיטפי** וילפי עלה כהנא אעין בצפר LV 6:5

טפל (6)

הליך פיסיונא דקלופי **דמיטפלא** במשכא בתר דאיתחמי LV 13:7
על מימרא אללייא **וטפלתון** עלוי מילי שיקרא DT 1:1
ולא רכיבין על סוסוון בר **מטפלא** חמשא חמשא לכל גברא: EX 12:37
הליכת פיסיונא דקלופי **מיטפלא** במשכא ויסאיביניה כהנא LV 13:8
וידכיניה כהנא קלופי **מיטפלא** הוא ויצבע לבושוי וידכי: LV 13:6
זקיפא חוורא או בהקי **מיטפלא** חוורא סמקא מערבין LV 13:19

טפלא (28)

וכדון קטולו כל דכורא **בטפליא** וכל איתתא דידעת גבר NU 31:17
קירוויי גובריא ונשייא **וטפלא**: וכל בעירי ועדיי קרווייא DT 3:6
קירווייא גובריא ונשיא **וטפלא** לא אשארנא משיזיב: לחוד DT 2:34
משכניהון ונשיהון ובניהון **וטפלהון**: ואמר משה בדא תינדעון NU 16:27
לפתגם דחרב: לחוד נשיא **וטפליא** ובעירא וכל דיהי בקרתא DT 20:14
ונשייא למישמע אולפנא **וטפליא** לקבולי עליהון אגרא DT 31:12
בר יפונה ויהושע בר נון: **וטפליכון** דאמרתון דלביזא יהון NU 14:31
הוא יחסיננה ית ישראל: **וטפלכון** דאמרתון לעדי יהון DT 1:39
בחרבא דכנענאי נשנא **וטפלנא** יהון למיבז הלא טב לנא NU 14:3
דכורא קטולו: וכל **טפלא** בנשיא אוקימו כלו קבל NU 31:18
ית נשיהון דמדינאי וית **טפלהון** וית כל בעיריהון וית כל NU 31:9
ית יעקב אבוהון וית **טפלהון** וית נשיהון בסדני דשדר GN 46:5
ואחוי ובית אבוי לחוד **טפלהון** ועניהון ותוריהון שבקו GN 50:8
וית כל נכסיהון וית כל **טפליהון** שבו ובזו וית כל דבביתא: GN 34:29
מזרזי חילא: לחוד נשיכון **טפליכון** ובעיריכון ידענא ארום DT 3:19
כל אינשי ישראל: **טפליכון** ונשיכון וגיוריכון דיבגו DT 29:10
דסוף וכל חד עם חמשא **טפלין** סליקו בני ישראל מארעא EX 13:18
בתורתי לסוברא בהון ית **טפלכון** וית נשיכון ותיטלון ית GN 45:19
אנא איזון יתכון וית **טפלכון** ונחים יתהון ומליל GN 50:21
כמא דאפטור יתכון וית **טפלכון** חמון ארום לתקלא בישא EX 10:10
ותוריכון יקום גביי אוף **טפלכון** יזיל עמכון: ואמר אוף אנת EX 10:24
אוף אנן אוף אנת אוף **טפלנא**: אנא מערבנא ביה מן ידא GN 43:8
לאתרהון ויתבון **טפלנא** בקירוי חקרא מן קדם יתבי NU 32:17
יעבדון כל דריבוני מפקיד: **טפלנא** נשנא גיתנא וכל בעירנא NU 32:26
לחמא לפום למצטריך **לטפלייא**: ולחמא לית בכל ארעא GN 47:12
ולפרנוס בתיכון ולמיכול **לטפליכון**: ואמרו קיימתנא נשכח GN 47:24
יתכון: בנו לכון קוריין **לטפלכון** ודירין לענכון ודנפיק NU 32:24
נבני לבעירנא הכא וקרוין **לטפלנא**: ואנחנא נזדרז מבעין בגו NU 32:16

טפסרא (1)

עלמא דלא מסרינון בידא **דטיפסרא** מפתחא דחייתא DT 28:12

טפש (9)

בית ישראל בר בעור **דאיטפש** מסוגעי חכמתי ולא חס NU 22:5
לא תשוי עלנא חובא **דאיטפשנא** ודי סרחנא: בבעו מינך NU 12:11
מימרא דייי בשווייותא **דמטפשא** מוקרא ובסמיותא DT 28:28
דלא אומא בבבלאי עמא **טפשא** נרגוז יתהון: ארום קידום DT 32:21
למזווגא בדינא גברא **טפשא** עם דיינא חכימא למלפא DT 16:21
ויעדי ייי אלקכון ית **טפשות** לבכון וית טפשות ליבא DT 30:6
ית טפשות לבכון וית **טפשות** ליבא דבניכון ארום יבטל DT 30:6
יומא הדין: ותעדון ית **טפשות** ליבכון וקדלכון לא תקשון DT 10:16
גמלין דא עמא דהוון **טפשין** וקבילו אורייתא ולא חכימו DT 32:6

טפשותא (1)

דנסבין ליה דגרים להון **טיפשותא** ומערבב מילין זכאין DT 16:19

טקס (2)

ואתו לארעא דגושן: **וטקיס** יוסף ארתכיה וסליק GN 46:29
ייי שית עגלן כד מחפן **ומטקסן** ותריסר תורין עגלתא ביני NU 7:3

טרד (22)

על ידוי דקין וקין **איטרד** ולא איתייחסו זרעיתיה GN 5:3
הוא גברא דהוה לעי **במטרדא** ובסרדיתא ומן דעתר GN 36:39
מדבחא דבנא אדם בעידן **דאיטרד** מן גינתא דעדן ואקריב GN 8:20
יומין אילהין מסתיא **דתיטרד** שבעתי יומין מברא NU 12:14
מלאכיא דאזלו לסדום **ואיטרדו** מן מחיצתהון מן בגלל GN 28:12
חוה מן הבל דקטליה קין **ואיטרדו** תרוויהון מן אפי אדם GN 27:45
ומן בתר כדין תתכנש: **ואיטרדת** מרים מברא למשריתא NU 12:15
אדמתא דאתברי מתמן: **וטרד** ית אדם מן דאשרי יקר GN 3:24
ענא דאבוהן: ואתון רעיא **וטרדינון** וקם משה בכח גבורתיה EX 2:17
וקטלו יתהון ושיציאונון **וטרודונון** עד שציין: ומליל ייי NU 14:45
בעלעולא דסגירותא **וטרידין** בסוף משריתא הינון בסרו NU 21:14
הלא הות מיכספא **ומיטרדא** שבעתי יומין וכדון NU 12:14
דפקידתא נגזור עלוהי **וניטרדיה** מן גינתא דעדן קדם עד GN 3:22
קומוי לעבדין ואיזיל **ותיטרד** מיני דמה אעביד לך ברי: GN 27:37
עמא בית ישראל בארעא **טרד** עליהון טעוות צפון נגהוי EX 14:3
קדמך למשבוק יתיה: הא **טרדת** יתי יומא דין מעל אנפי GN 4:14
לייי: ואמרת לאברהם **טרוד** ית אמתא הדא וית ברא ארום GN 21:10
גמירא יהי ליה מטרד **יטרוד** יתכון מכא: מליל כדון EX 11:1
מליין כסף ודהב ובעא **למיטרד** בההוא עותרא ית משה NU 16:19
חד דאנת מתקטל והוא **מטרד** היכמא דאיתכלת חוה מן GN 27:45

כמיפטריה גמירא יהי ליה **מטרד** יטרוד יתכון מכא: מליל כדון EX 11:1
דמרי עלמא והוו **מיטרדין** ואזלין עד זמן דנפק יעקב GN 28:12

טרח (10)

דלא סליק עלה דכר ולא **אטרחא** באבצן עיבידתא ואפסרא NU 19:2
עליהון ויטענון עמך **בטורחא** דעמא ולא תיטעון אנת NU 11:17
דמשה רבהון דישראל **דטרח** ולא אתהני ואתרבי בארבעת DT 34:5
רחמין קדמך לשוואה ית **טורחא** דעמא הדין עלי: האנא NU 11:11
דאמרת לי במצרים טעון **טורחנהון** בחילך היכמא דטעין NU 11:12
עביד לי דתישבוק כל **טירחנהון** עליי קטולני כדון NU 11:15
חמוי דמשה ית כל דהוא **טרח** ועביד לעמיה ואמר מה EX 18:14
יכיל בלחודיי למסבול **טרחות** אפקרסותכון ודמחשלין DT 1:12
בחדוות בריה הכדין אנא **טרחית** בעמא הדין אפיקית יתהון DT 32:50
כרמין וזיתין דלא **טרחת** למנצב ותיכול ותיסבוע: DT 6:11

טריבא (4)

דייי צולקא דשחינא **וטריב** בישרא בארעא דמצרים EX 2:5
חזוונא רבא הדין מדין לא **טריב** סנייא: וגלי קדם ייי ארום EX 3:3
איתסיית מן שיחנא ומן **טריבא**: ופתחת וחמת ית ריבא והא EX 2:5
סניא וחמא והא סנייא **מטריב** באישתא וסניא ליהוי יקיד EX 3:2

טריגון (4)

על מדין אקפוהא מתלת **טריגונהא** היכמא דפקיד ייי ית NU 31:7
טבן כל קבל ארבעת **טריגונין** דעלמא סדרא קמייתא EX 39:10
טבאן כל קבל ארבעא **טריגונין** דעלמא סידרא קדמיא EX 28:17
מן דיינך ומשחון מארבע **טריגונין** ית קירויא די בחזרנות DT 21:2

טריקלין (1)

מדינתהון והוינן עיילין **לטריקליניהון** וחמיין בנתיהון NU 31:50

טריתא (1)

רבא שרן ויתפרנקון מן **טריתא** וחלזונא יאחדון ויצבעון DT 33:19

טרף (11)

עם בוסרא בליבלוביהון **וטרפיהון** כחדא: ואמר ייי למשה EX 34:26
דייי ועדבא חד לעזאזל **ויטריף** בקילפי וינפיקינון ויטלקינון LV 16:8
הוה חילמא: והוה בצפרא **ומטרפא** רוחיה ושדר וקרא ית כל GN 41:8
ויבדיקנה בתמניסרי **טריפן**: ויסב אלעזר בכיהוניא מן NU 19:3
מסואבות תמניסירי **טריפן**: מלילו עם בני ישראל למימר LV 11:1
בר גזא: וית דייתא דהיא **טריפתא** ליזנה: וית כל עורבא LV 11:14
לעידוני רמשא והא **טרפא** דזיתא לקיט תביר ומחית GN 8:11
ויהי רדיף יתהון קל **טרפא** נתיר מן אילן ויערקון הי LV 26:36
שיבט תקיף כדיבא **טרפיה** בארעיה תשרי שכינת מרי GN 49:27
בהתתהון וחטיטו להון **מטרפי** תינין ועבדו להון קמורין: GN 3:7
דמשתיירין במצרים **מיטרפין** הינון עמא בית ישראל EX 14:3

טרק (4)

תליתאה קנכירינון **וטרקין** ועין עיגל ועליהון חקיק EX 28:19
סידרא תליתאה קנכירין **וטרקין** ועין עיגל ועליהון חקיק EX 39:12
ית מחת אורעייתא **טריקיא** יגרי ייי אלקכון בהון עד DT 7:20
דבחושנא קנכירין **טרקין** ועינעיגל וביה חקיק ומפרש NU 2:18

יאי (17)

והוה יוסף שפיר בריוא **ויאי** בחזווא: והוה בתר פיתגמייא GN 39:6
לעבדא מן גברא הדור **ויאי** דמטייל בחקלא לקדמותנא GN 24:65
הוה מתגלי ליה: כמא **יאוון** הינון בתי מדרישיכון במשכנא NU 24:5
ואמר ייי עם משה למימר: **יאות** בנת צלפחד ממללן כתיבא NU 27:7
יצחק לאבוי כפת יתי **יאות** דלא נפרכס מן צערא דנפשי GN 22:10
למהוי דיליה: ואמר לבן **יאות** לואי דיהי כפיתגמך: ואפריש GN 30:34
למיסב יתה: ואמר משה **יאות** מלילתא אנא עד דהוינא יתיב EX 10:29
בדיל למסעוד ואמרו **יאות** מלילתא עביד כפיתגמך: GN 18:5
וחמא רב נחתומי ארום **יאות** פשר דהוא חמא פושרן חלמא GN 40:16
ישראל על מימרא דייי **יאות** שיבטא דבני יוסף ממללין: דין NU 36:5
בהון יעקב אבוכון וכמה **יאי** הוא משכן זימנא דמייצע NU 24:5
ביתי: עניין שמעון ולוי לא **יאי** למיהוי מתאמר בכנישתהון GN 34:31
דיעקב אלהין כדין **יאי** למיהוי מתאמר ערלאין GN 34:31
יתימסון עממייא: מה **יאי** מלכא משיחא דעתיד למקום GN 49:11
לעשו רשיעא ורחל הות **יאיא** בריוא ושפירא בחיזווא: ורחם GN 29:17
מדמי לעצור דעינבין: מה **יאיין** הינון עינוי דמלכא משיחא GN 49:12
וחמיין בנתיהון **ייאתא** חטייתא מפרנקתא וכל גבר NU 31:50

יאש (1)

ית פתגמי מומתא הדא **ויתייאש** בליביה למימר שלמא יהי DT 29:18

יבב (14)

דייי אלקהון בסעדהון **ויבבות** מלכא משיחא מיבבא NU 23:21
על מעיקי דמעיקין לכון **ותייבבון** בחצוצרתא ויעול NU 10:9
למשיילא בהון וחצצרת **יבבא** בידיה למכנש ולמישרי NU 31:6
שנין: ותעבר קל שופר **יבבא** בירחא שביעאה בעשרא LV 25:9
פולחנא לא תעבדון יום **יבבא** יהי לכון למערבבא סטנא NU 29:1
יהי לכון יומא טבא דוכרן **יבבא** מארע קדיש: כל עיבידת LV 23:24
ברם סטנא מתערבב לקל **יבבותכון** אנא הוא ייי אלקכון: והוה NU 10:10
למקטרגא לכון בקל **יבבותכון**: ותעבדון עלתא NU 29:1
דישראל: ותיתקעון **יבבתא** ויטלון משירייתא דשרן NU 10:5

משירייתא דשרן דרומא **יבבתא** יתקעון למטלנהון: ובזמן NU 10:6
דשרן קידומא: ותתקעון **יבבתא** תניינות ויטלון משירייתא NU 10:6
ויבבות מלכא משיחא **מיבבא** ביניהון: אלקא דיפרק ואפיק NU 23:21
יהושע ית קל עמא כד **מיבבין** בחדוא קדם עיגלא ואמר EX 32:17
ית קהלא תתקעון ולא **תיבבון**: ובני אהרן כהניא שלימיא NU 10:7

יבול (1)

דמבשלא ארעיה מן **יבול** שימשא ומן טוב בוכרי פירי DT 33:14

יבל (9)

טעינו ית בעיריכון וטיילו **אובילו** לארעא דכנען: ודברי ית GN 45:17
ואמרת לה ברת פרעה **אובילי** ית ריבייא הדין ואוניקתיה EX 2:9
מערתכון ואתון איזילו **אובלו** עיבורא דזבנתון לכפיני GN 42:19
ולא נפל עילוייה כיוון **דאוביל** יתהון במשריתא חבט NU 25:8
בוסמין על אישתא **ואוביל** בפריע לות כנישתא וכפר NU 17:11
גדפי נשרין מן פילוסין **ואובילית** יתכון לאתר בית EX 19:4
מלאכי מרומא ית יצחק **ואובלוהי** לבי מדרשא דשם רבא GN 22:19
גדיי בר עיזי תבשילין **ואייביל** לאבוי וזכה למקבלא סדר LV 22:27
ית סלא דביכוריא מן ידך **ויוביל** וייתי וירים ויחית ומבתר DT 26:4

יבם (13)

ויהי נעיל בריגלא ימינא **דיבימה** סנדלא דליה עקיבא דחייט DT 25:9
עול לות איתת אחוך **ויבם** יתה ואקם זרעא על שמא GN 38:8
עלה ויסבינה ליה לאיתו **וייבם** יתה: ויהי בוכרא דיתליד יקום DT 25:5
תורא בשעת דרכיה ברם **יבימתא** דאיתרעת קמי לקי שיחנא DT 25:4
לא יצבי גברא למיסב ית **יבימתיה** ותיסק יבימתיה לתרע בי DT 25:7
רעינא למיסבא: ותתקרב **יבימתיה** לוותיה לקדם חכימיא DT 25:9
ית יבימתיה ותיסק **יבימתיה** לתרע בי דינא קדם DT 25:7
בשוקא לגבר חילונאי **יבמה** יעול עלה ויסבינה ליה לאיתו DT 25:5
בין מגברא בין מן **יבמה** לא יסבון ארום קדיש הוא LV 21:7
קודשא קדמיהון מסרב **יבמי** למיקמא לאחוי שמא בישראל DT 25:7
איבהא דלא מנטרא **ייבם** הי כיומי טליותא ולא מעברא LV 22:13
כבר ואימן כנטרא **ייבם** תיסב אימן חולק אבונן וחולק NU 27:4
שמא בישראל לא צבי **ליבמותי**: ויקרון ליה חכימי קרתיה DT 25:7

יברוח (5)

תיעול ארום מיגר אגרתך **ביברוחי** דברי מן רחל אחתי ושכיב GN 30:16
בעיא למיסב אוף ית **יברוחי** דברי ואמרת רחל בגין כן GN 30:15
ללאה הבי כדון לי מן **יברוחי** דבריך: ואמרת לה הזעיר הוא GN 30:14
עמך בליליא הדין חולף **יברוחי** דבריך: ועל יעקב מן חקלא GN 30:15
בזמן חצד חינטין ואשכח **יברוחין** בחקלא ואיתי יתהום GN 30:14

יבש (20)

ושובעא יומין לירחא **איתבשת** ארעא: ומליל ייי עם נח GN 8:14
בירא: וכד נפק יצחק מגרר **איתיבשן** ביריהון ואילניהון לא GN 26:26
עד חד: ובני ישראל הליכו **ביבשתא** בגו ימא ומיא להון הי EX 14:29
דימא ובני ישראל הליכו **ביבשתא** בגו ימא ותמן סלקון EX 15:19
מן נהרא ויהון לדמא **ביבשתא**: ואמר משה קדם ייי בבעו EX 4:9
בני ישראל בגו ימא **ביבשתא**: ואנא הא אנא אתקיף ית EX 14:16
ועלו בני ישראל בגו ימא **ביבשתא** ומיא קרשון הי כשורין EX 14:22
ונפק מיפוך ותאיב עד **דיביאישו** מיא מעילוי ארעא: ושדר GN 8:7
רוחא דחיין באנפוי מכל **דיבישתא** מיתו: ושיצי ית כל גווית GN 7:22
ממצוותא דאורייתא **ואתיבשו** מבועיא ולא הוה מוי EX 17:1
דכורא ומן יד אתגזר עלוי **ויבישו** שעבזוי ואיסתרס והוא רבא GN 39:1
מיא והות צבו מן שמיא **ויבשת** ובכן אהדרו יתה ליצחק GN 26:20
ביר אוחרי נצו אוף עלה **ויבשת** ותו לא נבעת וקרא שמא GN 26:21
וכדו נפקתא מן ארען **יבישו** בירן ואילננא לא עבדו פירין GN 26:28
וקטלונון הינון הוו גרמיא **יבישיא** דאחי יתהון מימרא דייי על EX 13:17
באוכמא או דמלי חרסין **יבישין** או חזזיתא מצריתא לא LV 22:22
ותתגגב ארעא דתתחמי **יבישתא** והוה כן: וקרא אלקים GN 1:9
באוכמא או דמלי חרסין **יבשין** או דמלי חזזיתא מצריתא או LV 21:20
מן מוי דבנהרא ותשוד **ליבשתא** ויהון מוי דתיסב מן נהרא EX 4:9
עינוון חליין ותהומין דלא **מייבשין** נפקין בביקען ובטוורין: DT 8:7

יד (490)

אפיקת ממצרים בגבורת **אידא** תקיפתא: הוי דכיר לעבדך DT 9:26
למקטע קיסין ותידחף **אידיה** בסיקוריא למקטע קיסא DT 19:5
לפלחי טעוותא עובד **אידיהון** דבני נשא מן קיסא ואבנא DT 4:28
ושמע ראובן ושיזביה מן **אידיהון** ואמר לא נקטליניה דלא GN 37:21
בימוהי אהרן ובנוי ית **אידיהון** וית ריגליהון: בזמן מיעלהון EX 30:19
ברפידים אתרא דבטילו **אידיהון** ממצוותא דאורייתא EX 17:1
ייי בית מקדשך ייי תרתין **אידייך** שכלילו יתיה: כד חמון עמא EX 15:17
ית טליא ואתקיפי ית **אידיך** ביה ארום לעם רב אשויניה: GN 21:18
עללתכון ובכל עובדי **אידיכון** ותהוון ברם חדיין DT 16:15
רחמין קדמך שוי כדון **אידך** בגזירת מהולתי ותעבד כדון GN 47:29
אלא מיפתח תיפתח ית **אידך** ליה ומוזפא תוזפיניה הי DT 15:8
ית לבבך ולא תימנע ית **אידך** מאחוך מסכינא: אלא מיפתח DT 15:7
איגרי בהון ואטלטילינון **ביד** אדומאי דמליין אריסין כחיוין DT 32:24
במשכן זימנא ומטרתהון **ביד** איתמר בר אהרן כהנא: בני מררי NU 4:28
סבר אפוי דאבא:: ושדרו **ביד** בני זלפה ובני בלהה ית פרגוד GN 37:32

רוגזי בך ואמסור יתך **ביד** בני נשא איליין דהוו תבעין ית EX 10:28
על ריש צפירא ויפטור **ביד** גבר די מזמן מן אשתקד למהך LV 16:21
גניבותא בתר כן **ביד** גנבא קדם דיינייא ייעול דין EX 22:8
אסירי: ומני רב בית אסירי **ביד** יוסף ית כל אסירייא דבבית GN 39:22
חרבי ואישצי יתהון **ביד** ימיני: אשבת ברוח מן קדמך ייי EX 15:9
ומן משחא יריק כהנא **ביד** ימיניה על ידא דכהנא LV 14:26
וית לחמא די עבדת **ביד** יעקב ברה: ועל לות אבוי ואמר GN 27:17
יומי שירוי עלמא ויהביה **ביד** יעקב ויעקב אמטי ליה לאבוי GN 27:25
באורחא דאזלית: ומסרו **ביד** יעקב ית כל טעוות עממייא GN 35:4
דאיליין ואיליין למיפל **ביד** מלכא משיחא ויהוון עד עלמא NU 24:24
דיתיב ליה ויהי זבינוי **ביד** מן דזבן יתיה עד שתא דיובילא LV 25:28
ותתמסרון כד מיתין **ביד** סנאיכון: כד איתבור לכון חוטר LV 26:25
ולווקדין עשרא: וזמין **ביד** עבדוי עדרא עדרא בלחודוי GN 32:17
ייי שלח כדון שליחותך **ביד** פינחס דחמי למשתלחא בסוף EX 4:13
לא תימסור ערלאה **ביד** פלחי טעותיה דאישתיזב DT 23:16
והינון בי גובא מתמשכנין **ביד** פרעה ועל דהוו חדן בשעבודהון EX 12:29
יהודה ית גדי בר עיזי **ביד** רחמיה עדולמאה למיסב GN 38:20
יתיה מתמן וימסרון יתיה **ביד** תבע אדמא ויתקטיל: ולא DT 19:12
ברם פולחן לואי הות **בידא** דאיתמר בר אהרן כהנא: EX 38:21
מררי כמיסת פולחנהון **בידא** דאיתמר בר אהרן כהנא: ולבני NU 7:8
פולחנהון במשכן זימנא **בידא** דאיתמר בר אהרן כהנא: ומנא NU 4:33
דמצרים למימס יתנא **בידא** דאמוראה לשציותנא: לאן DT 1:27
דילחוש באימרייא ויהב **בידא** דבנוי: ושוי מהלך תלתא יומין GN 30:35
דמרי עלמא דלא מסרינון **בידא** דטיפסרא מפתחא דחייתא DT 28:12
ושבק כל דאית ליה **בידא** דיוסף ולא ידע עימיה מדעם GN 39:6
ותרין לוחיא דסהדותא **בידא** דמשה במיחתי מן טוורא EX 34:29
מימרא דייי מנא יתהון **בידא** דמשה גבר גבר על פולחניה NU 4:49
דפקיד ייי למעבד **בידא** דמשה היתיו בני ישראל EX 35:29
ישראל היכמא דמליל ייי **בידא** דמשה: ואמר ייי למשה עול EX 9:35
כל פיתגמיא דפקיד ייי **בידא** דמשה: והוה ביומא תמינאה LV 8:36
נטרין על פום מימרא דייי **בידא** דמשה: ומליל ייי עם משה NU 9:23
קיימייא דמליל ייי להון **בידא** דמשה: ומליל משה עם אהרן LV 10:11
על פום מימרא דייי **בידא** דמשה: ומניין סכומי בני גרשון NU 4:37
על פום מימרא דייי **בידא** דמשה: ונטיל טיקס משיריית NU 10:13
על פום מימרא דייי **בידא** דמשה: כל סכום מניינייא NU 4:45
וסידרי דינייא דפקיד ייי **בידא** דמשה לות בני ישראל NU 36:13
כל מה דפקיד ייי לוותכון **בידא** דמשה מן יומא דפקיד ייי NU 15:23
קדם קיצא איתמסרו **בידא** דפלשתאי וקטלונון הינון הוו EX 13:17
תימסר ית עמא הדין **בידא** ואיגמר ית קורייהון: וקביל ייי NU 21:2
עימי ושבקיה ללבושיה **בידא** ואפיק לשוקא: והוה כדי חמת GN 39:12
ארום שבק ללבושיה **בידא** ואפק לשוקא: והא ורמת GN 39:13
אחתיה דאהרן ית תופא **בידא** ונפקן כל נשיא בתרא EX 15:20
ישראל ובני ישראל נפקין **בידא** מרממא מתגברין על מצראי: EX 14:8
ייי אלקכון יתכון מתמן **בידא** תקיפא ובדרע מרמם בגין כן DT 5:15
והנפקנא ייי ממצרים **בידא** תקיפתא ובדרע מרממא DT 26:8
מימרא דייי ממצרים **בידא** תקיפתא: וגרי מימרא דייי DT 6:21
מה אעביד לפרעה ארום **בידא** תקיפתא ופטורינון ובידא EX 6:1
אפיק יתכון פריקין **בידא** תקיפתא ופרקכון מבית DT 7:8
וכל איתא חכימת ליבא **בידהא** הות עזלא ואתיין כל עזיל EX 35:25
נקמתא באדום **בידהון**: ונטלו מרקם ואתו בני NU 20:21
מה דבריך יתי אבא לית **בידי** אלהין הוו לי כזעיר תורין GN 32:6
שקרת בי אילו אית סיפא **בידי** ארום כדון קטלתיך:.ואמרת NU 22:29
ארבעא מפתחי **בידי** דמרי עלמא דלא מסרינון DT 28:12
לטוורא ותרין לוחיא **בידי**: וכתב על לוחיא הי ככתבא DT 10:3
עד דיהבין כסא דפרעה **בידי** ונסיבית ית עינביא ועצירית GN 40:11
אתנא דידי שאילא היא **בידי** וסוסיא דידי שרי ברטיבא NU 22:30
ביה ניסין מן קדם ייי **בידי**: ועבד יהושע היכמא דאמר ליה EX 17:9
או נטר ליה בבו ומחהי **בידי** וקטליה קטולא הוא NU 35:21
וכל דאית ליה מסר **בידי**: ליתיה רב בביתא הדין מיני GN 39:8
מה דעבדת: אית ספיקא **בידי** למעבד עימכון בישא ואלקא GN 31:29
לא חמי ית כל סורחן **בידיה** בגין דמימר דייי הוה בסעדיה GN 39:23
ההוא ונסיב מן דאיזדמן **בידיה** דורון לעשו אחוי: עזי מאתן GN 32:14
גברא דהישתכח כלידא **בידיה** הוא יהי לי עבדא ואתון סוקו GN 44:17
מאן דהישתיכח כלידא **בידיה**: ואמר חס לי מלמעבד דא GN 44:16
ניסין מן קדם ייי **בידיה**: ואמר ייי למשה במהכך EX 4:20
עממיה ורושם כתביה **בידיה** ובדרינון מתמן על אנפי כל GN 11:8
ואתקיפו גובריא **בידיה** ובידא דאינתתיה ובידא GN 19:16
וסייפיה שליפא **בידיה** וגחן וסגיד על אנפוי: ואמר NU 22:31
וכל דאית ליה מסר **בידיה**: והוה מעידן דמנייה GN 39:4
והוה נקיט כסא דכספא **בידיה** ומקשקיש כמנחיש בנהא GN 43:33
וכל דהוא עביד ייי מצלח **בידיה**: ומשכח יוסף רחמין בעינוי GN 39:3
וחרביה שליפא **בידיה** וסטת אתנא מן אורחא NU 22:23
שפר אפותיקי דריבוניה **בידיה** וקם ואזל לארם דעל פרת GN 24:10
ברישיה ונישוי חרבא **בידיה** ותהי עבדא לקובלא סידרי GN 11:4

דימינא: ויסב כהנא **בידיה** ימינא מלוגא דמשחא ויריק LV 14:15
עילוי יצחק בריה ונסיב **בידיה** ית אישתא וית סכינא ואזלו GN 22:6
דמן זרעיתיה ולמימסר **בידיה** ית עמא דפלשתאי בגין כן GN 30:6
ותיתן כסא דפרעה **בידיה** כהילכתא קמאה דהוית GN 40:13
ובשדיות אדם זכיא והוה **בידיה** לבטולתהון בצלותיה ולא NU 35:25
ותרין לוחי סהדותא **בידיה** לוחין כתיבין מתרין EX 32:15
בהון וחצצרת יבבא **בידיה** למכנש ולמישרי ולמיטל NU 31:6
ביה והוה לחוטרא **בידיה**: מן בגלל דיהמנון ארום EX 4:4
דפקיד ייי יתיה ונסיב **בידיה** תרין לוחי אבניא: ואתגלי ייי EX 34:4
דיליה ונסיב רומחא **בידיה**: תריסירי ניסין איתעבידו NU 25:7
סגיאין לאתמסרא **בידיהון** בכן אמר ייי למשה לא NU 21:34
וחמא ית עיגלא וחינגין **בידיהון** דרשיעיא מחנגין ומגחנין EX 32:19
דיעקב והוון מחוויין **בידיהון** ואמרין אבל תקיף דין GN 50:11
וגדין דקיסמין חתימן **בידיהון** ואתו לות בלעם ומלילו NU 22:7
ועל חד תרין כספא נסיבו **בידיהון** ודברו ית בנימין וקמו GN 43:15
דגרמהון למיתן סייפא **בידיהון** למיקטלנא: ותב משה EX 5:21
ותרגינו יתה: ונסיבו **בידיהון** מן איבא דארעא ואחיתו DT 1:25
ידיהון דמלכיא ויתמסר **בידיהון** עאל אתא במעלי יומא GN 14:13
בישיא דאחידין **בידיהון** עמהון יתימסון: ויוודון LV 26:39
דמישבטא דבית דן דהוה **בידיהון** פולחנא נוכראה והוה עננא DT 25:18
ולמימסר סנאיכון **בידיכון** בגין כן תהי אתר משרוייכון DT 23:15
בפום טוניכון תתובון **בידיכון** דילמא בשלו הוה: וית GN 43:12
וכספא על חד תרין סיבו **בידיכון** וית כספא האיתותב בפום GN 43:12
על שפיכות אדמא די **בידיכון** ויתכפר לכון קדם ייי ארום EX 32:29
בריגליכון וחוטריכון **בידיכון** ותיכלון יתיה בבהילו EX 12:11
ארנונא חמון די מסרית **בידיכון** ית סיחון מלכא דחשבון DT 2:24
תתבני תוב: ולא תידבק **בידיכון** מדעם מן שמתא מן בגלל DT 13:18
עליהון כל יומא ולית **בידיכון** עבדין טובין דתיתוקפן DT 28:32
או איתתא ארום יהי בהון **בידין** או זכורו אתקטלא יתקטלון LV 20:27
ייי: לא תסטון בתר שאלי **בידין** ומסקי זכורו ותבעי גרם ידוע LV 19:31
ובר נש דיסטי בתר שאלי **בידין** ומסקי זכורו ותבעי גרם ידוע LV 20:6
כיון דמסר ייי ית מדינאי **בידינן** וכבשנן ית ארעהון וית NU 31:50
באלקהון ויתמסרון **בידך** בשעא קלילא ויפלון מנהון NU 24:14
ייי: וית חוטרא הדין תיסב **בידך** דתעביד ביה ית אתייא: ואזל EX 4:17
דמחית ביה ית נהרא דבר **בידך** ואיזל לך מן קדם תרעמתהון: EX 17:5
ייי: ואמר ליה ייי מה דין **בידך** ואמר חוטרא: ואמר טלוק EX 4:2
דחברך ותיקטוף פירוכיין **בידך** ומגלא לא תרים על קמתא DT 23:26
ויהון פריטי צרירין **בידך** ותהך לאתרא דיתרעי ייי DT 14:25
חמי כל תמהיא דשויתי **בידך** ותעבידינון קדם פרעה ואנא EX 4:21
וסיהרא דשריית למימסר **בידך** ית סיחן וית ארעיה שרי DT 2:31
מן בגלל לממסריה **בידך** כיומא הדין: ואמר ייי לי חמי DT 2:30
לא תידחל מיניה ארום **בידך** מסרית יתיה וית כל עמיה וית NU 21:34
לי לא תידחל מיניה ארום **בידך** מסרית יתיה וית כל עמיה וית DT 3:2
וימסור מלכיכון **בידכון** ותובדון ית שומהון DT 7:24
וימסרינה ייי אלקכון **בידכון** ותימחי ית כל דכורה DT 20:13
וימסרינון ייי אלקכון **בידכון** ותישבי שיבייתא מנהון: DT 21:10
ועד פרת ארום אמסור **בידכון** ית כל יתבי ארעא ואנת EX 23:31
ארעא ובכל נוני ימא **בידכם** יתמסרון: כל ריחשא דהוא GN 9:2
בחשבון: ומסר ייי אלקנא **בידנא** אוף ית עוג מלכא דמתנן וית DT 3:3
במתקליה ואתיבנא יתיה **בידנא**: וכספא חורנא אחיתנא GN 43:21
וכספא חורנא אחיתנא **בידנא** למזבון עיבורא לא ידענא מן GN 43:22
מן עמא דארעא ארום **בידנא** מסירין הינון תש חיל NU 14:9
ואמר אוף אנת תיתן **בידנא** נכסת קודשין ועלוון ונעבד EX 10:25
קדמי ותחמי ית קטר **דבידא** דתפילי איקר שכינתי ואפי EX 33:23
ייי הא אנא מחי בחוטרא **דבידי** על מוי די בנהרא ויתהפכון EX 7:17
ית כל טעוות עממייא **דבידיהון** דדברו מן בית טעוות GN 35:4
מן בגלל פולחנא נוכראה **דבידיהון**: ואמר משה ליהושע בחר EX 17:8
וחוטייך וחוטרך **דבידך** ויהב לה ועל לותה GN 38:18
אנת לחודך ביה בחוטרא **דבידך** ותהנפק להון מיא מן כיפא NU 20:8
ומפולחנא נוכראה קשיא **דיבידיהון**: ומליל ייי עם משה EX 6:9
ואעילו ליה ית דורונא **דיבידיהון** לביתא וסגידו ליה על GN 43:26
ביה תביר דרגיל או תביר **דידא**: או דגבינוי שכבן חפיין עינוי LV 21:19
ועל פירקא מיצעא **דידיה** דימינא ועל פירקא מיצעא LV 14:14
ועל פירקא מיצעא **דידיה** ימינא ועל פירקא מיצעא LV 14:17
ימינא ועל פירקא מיצעא **דידיה** ימינא ועל פירקא מיצעא LV 14:25
ימינא ועל פירקא מיצעא **דידיה** ימינא ועל פירקא מיצעא LV 14:28
ואתקיפו גובריא בידיה **ובידא** דאינתתיה ובידא דתרתין GN 19:16
מנחת קינאיתא היא **ובידא** דכהנא יהון מיא מרידיא NU 5:18
בידיה ובידא דאינתתיה **ובידא** דתרתין ברתוי בדחייסא מן GN 19:16
מארעא דמצרים בחיל רב **ובידא** תקיפא: למא דין יימרון EX 32:11
לקדמותיה בחיל רב **ובידא** תקיפתא: וסרב אדומאה NU 20:20
בידא תקיפתא ופטורינון **ובידא** תקיפתא יתריכינון מן EX 6:1
תרעי ליבך חטאה רביע **ובידך** מסרית רשותיה דיצרא בישא GN 4:7
לגובא הדין דבמדברא **ויד** דקטולון לא תושטון ביה בגין GN 37:22

ביה בשירויא למיקטליה **וידא** דכל עמא בבתריתא ותפלון DT 17:7
ומתגברין דבית עמלק: **וידוי** דמשה הוו יקרין מן בגלל EX 17:12
מידעם דיקרב ביה דובנא **וידוי** לא שטף במיא יהי מסאב ואין LV 15:11
יתפרעון מבעלי דבבוי **וידי** דבעלי יתושטון לאבאשא ביה GN 16:12
ולא יקבליניה במנא **וידי** לסידורא דקיסי תיניא מן לגין NU 19:4
ובתר כדין נפק אחוי **וידיה** אחידא בעקיבא דעשו וקרא GN 25:26
ביה בשירויא למיקטליה **וידיהון** דכל עמא בסופא: ותאטלון DT 13:10
איתו ונזבניניה לערבאין **וידנא** לא תהי ביה למיקטליה ארום GN 37:27
לאיתקטלא עליה **ומידא** דאינשא מיד גבר דישוד ית GN 9:5
קורבניא מדי לאהרן **ומידי** לבנוי: ויהי לאהרן ולבנוי EX 29:27
ופרח באויר שמיא מן **יד** אדכר פנחס שמא רבא וקדישא NU 31:8
דעיץ בגו גינוניתא ומן **יד** אושיט ידיה ונסביה הא בכין צבי EX 2:21
אבוי במערת כפילתא מן **יד** אזל נפתלי ורהט ונחת למצרים GN 50:13
וית סדר ברכתא מן **יד** אחוי והיך אתגלי ליה ייי GN 29:13
משרוין: שיזבני כדון מן **יד** אחי רבא מן יד עשו ארום GN 32:12
לא הויתי מעכב מן **יד** אישתמעו פיתגמיא האילין קדם GN 22:1
וישבוק על חוביכון ומן **יד** איתגלי איקר שכינתא דייי לכל LV 9:23
בישא מן ליבכון ומן **יד** איתגלי לכון איקר שכינתא דייי: LV 9:6
קיים לי וקיים ליה ומן **יד** איתגלי עלוי יקר שכינתא דייי GN 47:31
יתה לי לאינתו ומן **יד** איתגריאת בי מכתשא ולא GN 12:19
והוו לחורמנין ומן **יד** איתהפיכו למיהוי כמרן שירויא EX 7:12
ית גרמידא ונסיבתא ומן **יד** איתסיית מן שיחנא ומן טריבא: EX 2:5
ויצברון עיבורא תחות **יד** אפיטרופין דפרעה וישוון עיבורא GN 41:35
חדא ולא עשרתנון מן **יד** אפרש ארבעה בוכרין לארבע GN 32:25
מינה דמיה דהבל מן **יד** ארכינת יד ימינך ייי בשבועה על EX 15:12
אלפין מישראל ומן **יד** אתגוללו רחמי שמיא ואתכליית NU 25:8
עימיה משכבי דכורא ומן **יד** אתגזר עלוי ויבישו שעבזוי GN 39:1
בצלותא קדם ייי ומן **יד** אתכליאו תלת מנהון DT 9:19
דפרס תמן משכניה מן **יד** בני חמור אבוי דשכם במאה GN 33:19
ברא אכלתיה ולא על **יד** בני נשא איתקטל אלא חמי אנא GN 37:33
בנוי לאתפרקא מן **יד** בעלי דבביהום בדחקותהון בצלו GN 30:8
קרבא ודיפיק יתהון מן **יד** בעלי דבביהון ודיעיל יתהון NU 27:17
לא תסרסון: ומן **יד** בר עממין לא תקרבון ית קרבן LV 22:25
אפיקת ליבלובהא ומן **יד** בשלו סגולייהא הוו עינבין: חמי GN 40:10
שיבטוי דיעקב ומן **יד** דבר ייי ית ימא ברוח קידומא EX 14:21
נהורא לאנהרא עלמא ומן **יד** הוה נהורא: וחמא אלקים ית GN 1:3
שמע בקל צלותהן ומן **יד** הינין מתעניין וילדן ופרקן בשלם: EX 1:19
למיטלוק עליהון מן **יד** זמין מימרא דייי זחלא ופכר NU 21:35
עיסקא דמיטלטלא מן **יד** חבריכון לית אתון רשאין LV 25:14
דאיבה ולא ענה יתה ומן **יד** טלקת ית ריבא תחות חד מן GN 21:15
וסמכו אהרן ובנוי ית **יד** ימינהון על ריש דיכרא: ונכס ית LV 8:18
שלים יקרביניה: ויסמוך **יד** ימיניה בתוקפא על ריש קורבניה LV 3:2
מן אדמיה באדבע **יד** ימיניה ולא יקבליניה במנא וידי NU 19:4
שלמתא ייתינה: ויסמוך **יד** ימיניה על ריש חטאתא ויכוס LV 4:33
קדם ייי: ויסמוך בתוקפא **יד** ימיניה על ריש עלתא מטול LV 1:4
שלים: ויסמוך בתוקפא **יד** ימיניה על ריש צפירא ויכוס LV 4:24
קדם ייי: ויסמוך בתוקפא **יד** ימיניה על ריש קורבניה ויכוס LV 3:8
זימנא לקדם ייי ויסמוך **יד** ימיניה על ריש תורא ויכוס LV 4:4
יוסף ארום משוי אבוה ית **יד** ימיניה על רישא דאפרים ובאיש GN 48:17
קדם ייי: ויסמוך **יד** ימיניה על רישיה ויכוס יתיה LV 3:13
תרתין ידוי בסידרא חדא **יד** ימיניה על שמאליה על ריש LV 16:21
דהבל מן יד ארכינת **יד** ימינך ייי בשבועה על ארעא דלא EX 15:12
אבא ארום דין בוכרא שוי **יד** ימינך על רישיה: וסרב אבוי ואמר GN 48:18
חובתיה דחב: ויסמוך ית **יד** ימניה על ריש חטאתא ויכוס ית LV 4:29
קדם מרי עלמא ומן **יד** מימרא דייי נסי ית אברהם ואמר GN 22:1
מכולא ייעלון לוותך על **יד** מלאכא כאחד ומעל יתהון לך GN 6:20
איתעבידו להון ניסין על **יד** משה ואהרן: וכתב משה ית NU 33:1
דשרה אימיה ומן **יד** נהרת בוצינא דטפת בזמן GN 24:67
כהנא כמיסת דתדביק **יד** נודירא היכדין יעליניה כהנא: ואין LV 27:8
דלא למיקד ית אחוי מן **יד** נפלת אישתא מן שמי מרומא GN 11:28
ויתכפר להון על דמא ומן **יד** נפקין נחיל דמורנין מיגו פרתה DT 21:8
בהון בקשיו: וארום תארע **יד** ערל ותותב דעימך ויתמסכן LV 25:47
כדון מן יד אחי רבא מן **יד** עשו ארום מסתפי אנא מיניה GN 32:12
לכון דיזדבן מן **יד** פורקנא יהי ליה חד מן אחוי LV 25:48
לגובריהון ומן **יד** פריקו כל עמא ית קדשי דדהבא EX 32:3
ואתכנש לעמיה מן **יד** פתח משה פמיה בצלותא וכן DT 32:50
ותני להון ית חילמיה מן **יד** פתחון פוהון יניס וימברס רישי EX 1:15
קאי בתרע משכנא ומן **יד** קיימין כל עמא וסגדין כל קבל EX 33:10
מערת כפילתא ומן **יד** רמז יוסף לחושים בן דן ונטל GN 50:13
מודנא דטלייא בגויה מן **יד** שדר וקרא לכל חרשי מצרים EX 1:15
למקיימא ית נפשך ומן **יד** שלף סייפיה מן תיקה וקטליה: NU 31:8
לאת חקיק ומפרש על **יד** שמאלך ולתפילין בין ריסי עינך EX 13:16
והיכדין עתיד למידן על **יד** שמשון בר מנוח דמן זרעיתיה GN 30:6
כנישתא ית קטולא מן **יד** תבע אדמא ויתיבון יתיה NU 35:25

דייי מן משריתא ומן **יד** תלש מרי עלמא ית טוורא EX 19:17
בתר כדין מתפרקין על **יד** תלת רעיין ודי אמרת נסיבית ית GN 40:12
ומשוור קדם עמא ומן **יד** תקף רתח רוגזיה דמשה וטלק EX 32:19
גביה או בשותפות **ידא** או בגזילא או דיטלום ית LV 5:21
ארום בתקוף גבורת **ידא** אפיק ייי יתכון מיכא ולא EX 13:3
ותימר ליה בתקוף גבורת **ידא** אפקנא ייי ממצרים פריקין EX 13:14
איתקטל: לא תיקרב ביה **ידא** ארום יתרגמא יתרגם באבנא EX 19:13
חקיק ומפרש על תפילת **ידא** בגובהא דשמאלך ולדוכרן EX 13:9
קטולא: ואין באבנא מלוא **ידא** די כמיסת דימות בה מחהי NU 35:17
או במנא דקיסי מלא **ידא** די כמיסת דימות בה מחהי NU 35:18
יתהון מימרא דייי על **ידא** דיחזקאל נביא בבקעת דורא EX 13:17
מתקיף בהון: הא מחת **ידא** דייי הויא כען כד לא הות EX 9:3
יריק כהנא ביד ימיניה על **ידא** דכהנא דשמאלא: וידי כהנא LV 14:26
מן מישחא דעל **ידא** דכהנא יתן על רישא דמידכי LV 14:18
דמשתייר מן משחא דעל **ידא** דכהנא יתן על רישא דמידכי LV 14:29
לנפשתיכון אתבוע מן **ידא** דכל חיתא דקטלא לבר נשא GN 9:5
שינא דמי ידא חולף **ידא** דמי ריגלא חולף ריגלא: ארום DT 19:21
שינא דמי ידא חולף **ידא** דמי ריגלא חולף ריגלא: דמי EX 21:24
ובירא ודי שיזבינון מן **ידא** דמצראי: ואמר יתרו בריך שמא EX 18:9
דבמימרי לשיזבותך מן **ידא** דמצראי ולאסקותהון מן EX 3:8
דייי דשיזיב יתכון מן **ידא** דמצראי ומן ידא דפרעה EX 18:10
ישראל בטוורא דסיני על **ידא** דמשה: ומליל ייי עם משה LV 26:46
על מימר סהיד חד: **ידא** דסהדיא תהי ביה בשירויא DT 17:7
מן ידא דמצראי ומן **ידא** דפרעה דשיזיב ית עמא EX 18:10
ויהבית ית כסא על **ידא** דפרעה: ואמר ליה יוסף דין סוף GN 40:11
ההיא ויהב כסא על **ידא** דפרעה: וית רב נחתומי צלב GN 40:21
מבית שעבוד עבדיא מן **ידא** דפרעה מלכא דמצרים: ותנדעון DT 7:8
או תארע ידיה או **ידא** דציבורא ויתפריק: וידייק עם LV 25:49
גבר מצראי שיזבנהו מן **ידא** דרעיא ולחוד מדול חד דלה לן EX 2:19
עינך ארום בתקוף גבורת **ידא** הנפקנא ייי ממצרים: והוה כד EX 13:16
שינא חולף שינא דמי **ידא** חולף ידא דמי ריגלא חולף EX 21:24
שינא חולף שינא דמי **ידא** חולף ידא דמי ריגלא חולף DT 19:21
אנא מערבנא ביה מן **ידא** תיבעיניה אין לא אייתיניה GN 43:9
וחמון ישראל ית גבורת **ידא** תקיפתא די עבד ייי בה ניסין EX 14:31
עם ארעיה: ולכל גבורת **ידא** תקיפתא היך סובר ית חוטרא DT 34:12
דייי בפומך ארום בחיל **ידא** תקיפתא הנפקך ייי ממצרים: EX 13:9
אתיא ותימהיא וגבורת **ידא** תקיפתא וניצחנות אדרע DT 7:19
מלוגא דמשחא ויריק על **ידה** דכהנא דשמאלא: ויטמש כהנא LV 14:15
לנוקבא: ואין לא תשכח **ידה** הי כמיסת למיתייא אימרא LV 12:8
ואחיתת לגינתה על **ידה** ואשקיתיה: ופסקת GN 24:18
בעלה מיד מחהו ותושיט **ידה** ותתקיף בבית בהתתיה: DT 25:11
ותקטעון ית פיסת **ידה** לא תחוסן עיניכון: לא יהוי לכון DT 25:12
על אפהא ושירייא על **ידהא**: וגחנית וסגידית קדם ייי GN 24:47
סער רישה ויתן על **ידהא** ית מנחת דוכרנא מנחת NU 5:18
ותרין שירין יהב על **ידהא** מתקל עשר סילעין דדהבא GN 24:22
בר פרנסת ביתי דעל **ידוי** איתעבידו לי ניסין בדרמשק GN 15:2
על רישא דמנשה פרג ית **ידוי** ארום מנשה בוכרא: ובריך ית GN 48:14
מסאב: וכל דמטייל על **ידוי** בכל חייתא דמהלכא על ארבע LV 11:27
ויסמוך אהרן ית תרתין **ידוי** בסידרא חדא יד ימיניה על LV 16:21
רמתא: והוי כד זקיף משה **ידוי** בצלו ומתגברין דבית ישראל EX 17:11
פרעה סמיך לקרתא ופרס **ידוי** בצלו קדם ייי ואתמנעו קלין EX 9:33
הינון ארום פריעו על **ידוי** דאהרן ית כלילא קדישא דהוה EX 32:25
מן מעשרא וקרבן **ידוי** דאליהו כהנא דמקרב בטוורא DT 33:11
יתכון מימרא דייי על **ידוי** דאליהו כהנא רבא ומתמן יקרב DT 30:4
דעשו ומן ידוי דלבן ומן **ידוי** דכנענאי דרדפו בתראיי וסגין GN 45:28
שיזבני מן ידוי דעשו ומן **ידוי** דלבן ומן ידוי דכנענאי דרדפו GN 45:28
הדין דשיזב ית חתנא מן **ידוי** דמלאך חבלא: ואמר ייי לאהרן EX 4:26
קיימא דהוון יהיבין בכף **ידוי** דמשה ומתהפיך בהון מן סטר EX 20:2
ברם מימש ידוי כמימש **ידוי** דעשו: ולא אשתמודעיה ארום GN 27:22
עבד עמי ייי שיזבני מן **ידוי** דעשו ומן ידוי דלבן ומן ידוי GN 45:28
ליה והבל איתקטל על **ידוי** דקין וקין איטרד ולא GN 5:3
דבלק בבלעם וטפח ית **ידוי** ואמר בלק לבלעם למילט סנאי NU 24:10
ותעביד כל דאמליל על **ידוי** ואסני ית סנאך ואעיק EX 23:22
ושיזבי מימרא דייי מן **ידוי** ומבתר כדין נחת למצרים DT 26:5
בני עיזי אלבישת על **ידוי** ועל שעיעות צואריה: וסדרת GN 27:16
ייי מן ניכסת קודשוי: **ידוי** ייתיין ית קורבניא דייי די יפרש LV 7:30
מלאכא ואיתרך על **ידוי** ית כנענאי אמוראי חיתאי EX 33:2
רוגזיה דמשה וטלק מן **ידוי** ית לוחיא ותבר יתהון בשיפולי EX 32:19
מסדרי קרבא בשלם **ידוי** יתפרען ליה מן בעלי דבבוי DT 33:7
אשתמודעיה ארום הוה **ידוי** כידי עשו אחוי שערניין וברכיה: GN 27:23
קליה דיעקב ברם מימש **ידוי** כמימש ידוי דעשו: ולא GN 27:22
סאוין וסוברינון בתרתין **ידוי** למיחמיהון דכולהון ישראל DT 34:12
ית משה: ופרס אהרן ית **ידוי** לקבל עמא ובריכינון ונחת מן LV 9:22
באורייא ותומיא מתחות **ידוי** ממנן נטרי מטרת קודשא: NU 3:32

עם ריבונתיה ואתברכו **ידוי** מן הרהורא זרעא וכבש יצריה GN 49:24
ישראל וכד הוה מנח **ידוי** מן למצליא ומתגברין דבית EX 17:11
כל כנישתא: וסמך ית **ידוי** עלוי ופקדיה היכמא דפקיד ייי NU 27:23
ארום סמך משה ית **ידוי** עלוי וקבילו אולפן מיניה בני DT 34:9
בכנישתהון דישראל דעל **ידוי** עתידא למחרבא כל ארעא EX 1:15
דסנהדרין דעמיה דעל **ידוי** עתידה ארעא דישראל EX 40:11
לא חכימית ארום על **ידוי** עתידה למובדא ארעא דמצרים: EX 10:7
אפרים דנפיק מיניה דעל **ידוי** עתידין בית ישראל למנצחא EX 40:11
חד ומיכא חד והואה **ידוי** פריסן בהימנותא בצלו וצומא EX 17:12
עלוי ואין אישתיזיב מן **ידוי** שלמא ישלם אין לית ליה מה EX 22:2
ומתמן יקרב יתכון על **ידויי** דמלכא משיחא: ויעילינכון DT 30:4
מדמי לערוד בבני נשא **ידויי** יתפרעון מבעלי דבבוי וידי GN 16:12
אין לא ספיקת בין **ידויי** למייתייא מן קרבנייא LV 14:32
קדם ייי: ותשוי כולא על **ידי** אהרן ועל בנוי ותרים יתהון EX 29:24
דימינא: וסדר ית כולא על **ידי** אהרן ועל ידי בנוי וארים יתהון LV 8:27
מה דמרחק קדם ייי עובד **ידי** אומן ולא ישוי בטומרא DT 27:15
מה דמרחק קדם ייי עובד **ידי** אומן ושוי בטומרא הוון עניין DT 27:15
סייפי ותתקיף בדינא **ידי** אחזור פורענותא למעיקי עמי DT 32:41
קריית גלעד דקליא על **ידי** אחיהון בית ישראל מאתן DT 34:3
ית קדשא וית שירייא על **ידי** אחתא וכד שמע ית פתגמי GN 24:30
בעינך ותקבל דורוני מן **ידי** ארום בגין כן חמית סבר אפך GN 33:10
ואיתין מחת גבורת **ידי** במצרים ואפיק ית עמי בני EX 7:4
ית כולא על ידי אהרן ועל **ידי** בנוי וארים יתהון ארמא קדם ייי: LV 8:27
למלכא דסדום ארימית **ידי** בשבועה קדם ייי אלקא עילאה GN 14:22
יומיא ולית דמשיזיב מן **ידי** גוג ומשיריתיה דאתן למסדרא DT 32:39
מעל ידיה ויהב יתה על **ידי** דיוסף ואלביש יתיה לבושין GN 41:42
דאין אנא חטי בה מן **ידי** הוית תבע יתה מה דמתגניב GN 31:39
ית שבע חורפן תקבל מן **ידי** מן בגלל דתיהווי לי לסהדו GN 21:30
ועריך פטיר חד ויתן על **ידי** נזירא בתר דיגלב ית ניזריה: NU 6:19
ובתר כדין נפק אחוי דעל **ידי** קטיר חוט זהורי וקרת שמיה GN 38:30
יפרקיניה או תארע **ידיה** או ידא דציבורא ויתפריק: LV 25:49
בגלל דהוא בריה לא שוי **ידיה** אלהין אמר אנא אעביד GN 47:30
כדון ידך בחובך ואעל **ידיה** בגו חוביה והנפקא והא ידיה EX 4:6
לתמן: ושוי עבדא ית **ידיה** בגזירת מהולתא דאברהם GN 24:9
היכדין וארים אהרן ית **ידיה** בחוטריה ומחא ית עפרא EX 8:13
על ימא דסוף וגבורת **ידיה** בני גללייא עניין ואמרין איליין EX 15:18
תריהום יומי דלא אושיט **ידיה** בעיסקא דחבריה ויקבל מריה EX 22:10
דיינייא ויומי דלא אושיט **ידיה** בעיסקא דחבריה: על כל EX 22:7
שוי ידך בעיטפך ולקת **ידיה** בצורעא הכדין ימטי ליה: NU 17:5
דימינא ממישחא דעל **ידיה** דשמאלא שבעת זימנין קדם LV 14:27
גבר הי כמיסת מוהבות **ידיה** הי כבירכתא דייי אלקכון DT 16:17
ואין לא תארע **ידיה** הי כמיסת דיתיב ליה ויהי LV 25:28
ואיחוד בקוטניה ואושיט **ידיה** ואתקיף ביה והוה לחוטרא EX 4:4
והוה כד אתיב וולדא ית **ידיה** והא נפק אחוי ואמרת מה GN 38:29
פרעה ית עיזקתיה מעל **ידיה** ויהב יתה על ידי דיוסף GN 41:42
בני יוון מה דתספוק **ידיה** ויהי חד חטאתא וחד עלתא: LV 14:22
דעדן קדם עד לא יפשט **ידיה** ויסב מן פירי אילן חייא דהא GN 3:22
למפרוק זבינוי ותארע **ידיה** וישכח הי כמיסת פורקניה: LV 25:26
לכון מיא: וזקף משה ית **ידיה** ומחא ית כיפא בחטריה NU 20:11
אנפי כל ארעא ואושיט **ידיה** ונסבהא ואעיל יתה לותיה GN 8:9
גינוניתא ומן יד אושיט **ידיה** ונסביה הא בכין צבי משה EX 2:21
במולדה ופשט וולדא ית **ידיה** ונסבת חייתא וקטרת על ידיה GN 38:28
קיסין: ופשט אברהם ית **ידיה** ונסיבת סכינא למיכס ית בריה GN 22:10
ונסבת חייתא וקטרת על **ידיה** חוט זהורי למימר דין נפק GN 38:28
בני יוון מן מה דמספקא **ידיה**: ית מה דמספקא ידיה LV 14:30
וימות בההוא יומא תחות **ידיה** יתדנא יתדן דין קטילת סייפא: EX 21:20
דמשתייר צמישחא דעל **ידיה** יתן כהנא על חסחוס דאודנא LV 14:17
חובתיה: ואין לא תארע **ידיה** כמיסת למייתייא אימרא LV 5:7
ליה: ואין לא תארע **ידיה** כמיסת למייתייא תרין LV 5:11
ניזריה בר מן מה דתדביק **ידיה** כמיסת נידריה לאייתאה מן די NU 6:21
אתיב ידך לעיטפך ואתיב **ידיה** לחוביה והנפקה ומן גו חוביה EX 4:7
ידיה: ית מה דמספקא **ידיה** למייתייא ייתי ית חד חטאתא LV 14:31
ובר מימרך לא ירעים גבר **ידיה** למיסור זייני וית ריגליה GN 41:44
וקריב ית מנחתא ומלא **ידיה** מינה ונסיב מיניה צריד LV 9:17
ואין מיסכן הוא ולית **ידיה** מספקא ויסב אימר חד אשמא LV 14:21
כד איתגלי במצרים והות **ידיה** מקטלא כל בֻּכריה מצרים EX 12:42
בגו חוביה והנפקא והא **ידיה** סגירתא מחוורא היא כתלגא: EX 4:6
ונסיב ית כל ארעיה מן **ידיה** עד ארנון: על כן יימרון NU 21:26
יתמסכן אחוך ותמוט **ידיה** עימך ותתקיף ביה ותתנייה LV 25:35
נצן וכד חמא דיזקף דתן **ידיה** על אבירם למימחייה אמר ליה EX 2:13
ויתן כהנא ממשחא דעל **ידיה** על גדירא מיצעא דאודנא LV 14:28
ליליא: וארכין משה ית **ידיה** על ימא בחוטרא רבא ויקירא EX 14:21
פרשיהון: וארכן משה ית **ידיה** על ימא ותב ימא לעידוני EX 14:27
דמצרים: וארים אהרן ית **ידיה** על מיא דמצרים וסליקת EX 8:2

מתמן וברם יוסף ישוי **ידיה** על עיניך: וקם יעקב מבירא GN 46:4
ליליא: וארים משה ית **ידיה** על צית שמייא והוה חשוך EX 10:22
ימינא מן משחא דעל **ידיה** שמאלא וידי משחא באדבעיה LV 14:16
אלקכון ית רבותיה וית **ידיה** תקיפתה ודרעיה מרמם: ית DT 11:2
ואבריך ית כהניא דפרסין **ידיהון** בצלו ומברכין ית בנך ובלעם GN 12:3
פורענותא וכד פרסין **ידיהון** בצלו עני ומשזיב יתהון אבל DT 32:31
יתפקון באסלין על **ידיהון** דטלא דכהנא כהנא LV 16:27
דבנוי דימינא ועל אליון **ידיהון** דימינא ועל איליון ריגליהון EX 29:20
ויתי לשיזבותיה מן **ידיהון** דמלכיא ויתמסר בידיהון GN 14:13
ההוא ית ישראל מן **ידיהון** דמצראי וחמון ישראל ית EX 14:30
ונסיב משה יתהון מעל **ידיהון** ואסיק על מדבחא על עלתא LV 8:28
ואושיטו גובריא ית **ידיהון** והנעילו ית לוט לוותהון GN 19:10
ומקדשין מיניה ית **ידיהון** וית ריגליהון: בזמן מיעלהון EX 40:31
ובני ישראל עבדו למסמך **ידיהון** ולמדחף ולמצלב ולמקבור LV 24:23
בנטלא דכיה ויקדשון **ידיהון** וריגליהון ולא ימותון באישא EX 30:21
וסמך אהרן ובנוי ית **ידיהון** ימיני על ריש תורא LV 8:14
ישראל ואמר להון נגודו **ידיהון** מטעוות מצראי וסבו לכון EX 12:21
ברפידים ומטול דרפון **ידיהון** מפיתגמי אורייתא לא הווה NU 33:14
בני ישראל במיפרסהון **ידיהון** על דוכנא בהדין לישן יימרון NU 6:23
ייי ויסמכון בני ישראל ית **ידיהון** על ליואי: וירים אהרן ית NU 8:10
לקטילא ישזגון ית **ידיהון** על עגלתא דנקיפא בחקלא: DT 21:6
וסמכו אהרן ובנוי ית **ידיהון** על ריש דיכרא: ונכס ית LV 8:22
ויסמכון אהרן ובנוי ית **ידיהון** על ריש דיכרא: ותיכוס ית EX 29:15
ויסמוך אהרן ובנוי ית **ידיהון** על ריש דיכרא: ותיכוס ית EX 29:19
תריסר שיבטיא בתוקפא **ידיהון** על ריש תורא ויכוס טבחא LV 4:15
ויסמוך אהרן ובנוי ית **ידיהון** על ריש תורא: ותיכוס ית EX 29:10
דייי: וליואי יסמכון ית **ידיהון** על ריש תורי ועיבד ית חד NU 8:12
בארגזותיה ודייניא ית **ידיהון** על רישיה ויאטלון יתיה LV 24:14
זכאן לאתאמרא על **ידיהן** מיתן תיתן להון ירתו NU 27:7
מימרא דייי בעובדי **ידיי** בכן עלו משה ואהרן למשכנא LV 9:23
סמיך לקרתא אפרוס ית **ידיי** בצלו קדם ייי קלייא יתמנעון EX 9:29
ארום זקפית בשבועא ית **ידיי** בשמייא ואמרית היכמא דאנא DT 32:40
ית סיגופי וית ליאות **ידיי** גלי קדם ייי בגין כן אוכח GN 31:42
לוותך הב יתיה על **ידיי** ואנא אתיביניה לך: ואמר לא GN 42:37
לוחי קימא על תרין **ידיי**: וחמית והא סרחתון קדם ייי DT 9:15
נקום כען ונלעי בליעות **ידיי** וניכול מזון מן מזונא דארעא GN 3:18
וטלקתינון מעילוי תרתין **ידיי** ותברתינון ואתון חמיין כד DT 9:17
בקשטות לבבי ובזכאות **ידיי** עבדית דא: ואמר ליה מימרא GN 20:5
וניסבתיכון ואפרשות **ידיכון**: אילהן קדם ייי אלקכון DT 12:17
עובדיכון ובכל אושטות **ידיכון**: ארום מטול דלא נייחין בית DT 15:10
דייי אלקכון בכל עובדי **ידיכון**: ארום תשבטון זייתיכון לא DT 24:19
דתצלחון בכל עובדי **ידיכון** בוולדא דמעכון ובפירי DT 30:9
עבדין טובין דתיתוקפן **ידיכון** בצלו קדם אבוכון דבשמיא DT 28:32
ייי אלקכון בכל עובדי **ידיכון** דתעבדון: מסוף שבעתי שנין DT 14:29
מזופיתא בכל אושטות **ידיכון** דתעבדון עד דתישתצון ועד DT 28:20
באוצריכון ובכל אושטות **ידיכון** ויבריכנכון בארעא דייי DT 28:8
מעשרכון ואפרשות **ידיכון** וכל שפר נידריכון דתידרון DT 12:11
שכינתא דייי בעובדי **ידיכון**: ומליל ייי עם משה למימר: EX 39:43
מעשרתכון וית אפרשות **ידיכון** ונדריכון וניסבתיכון ובכורי DT 12:6
ולברכא ית כל עובדי **ידיכון** ותוזפון לעממין סגיאין DT 28:12
ארום מקטל תקטליניה **ידיכון** יתושטן ביה בשירויא DT 13:10
מיפתח תיפתחון ית **ידיכון** לקריביכון ולעניי שיבבותכון DT 15:11
בריך יתכון בכל עובדי **ידיכון** סופיק צורכיכון במיהכך DT 2:7
מעיקיהון דילמא יימרון **ידינן** אתפרעון לן מבעלי דבבינן DT 32:27
ית דמי דאחוך מן **ידך**: ארום תיפלח ית ארעא לא GN 4:11
אפותיקי דליה שוי כדון **ידך** בגזירת מהולתי: ואומינך בשום GN 24:2
ייי ליה תוב אעיל כדון **ידך** בחובך ואעל ידיה בגו חוביה EX 4:6
ואמר ייי למשה ארים ית **ידך** בחוטרך על נהריא על ביציא EX 8:1
ית חוטרך וארכין ית **ידך** ביה על ימא ובזעהו ויעלון בני EX 14:16
היכמא דמליל למשה שוי **ידך** בעיטפך ולקת ידיה בצורעא NU 17:5
לאתין כתיבין על **ידך** דשמאלא ויהוון לתפילין על DT 6:8
ואמר ייי למשה אושיט **ידך** ואיחוד בקוטניה ואושיט ידיה EX 4:4
ית סלא דביכוריא מן **ידך** ויוביל וייתי וירים ויחית ומבתר DT 26:4
ויתקרון יהודאין על שמך **ידך** יתפרען לך מבעלי דבבך GN 49:8
יהוי לך עם אחוך תשמיט **ידך**: לחוד אין אתון עסיקין DT 15:3
האנא: ואמר אל תושיט **ידך** לטלייא ולא תעביד ליה מידעם GN 22:12
ארעא דמצרים ברם על **ידך** לית אפשר למילקי ארעא דבה EX 8:12
היא כתלגא: ואמר אתיב **ידך** לעיטפך ואתיב ידיה לחוביה EX 4:7
ייי אלקך בכל אושטות **ידך** על ארעא דאנת עליל לתמן DT 23:21
ואמר ייי למשה ארים את **ידך** על ארעא דמצרים בדיל גובא EX 10:12
ואמר ייי למשה ארכן ית **ידך** על ימא ויתובון מאין על EX 14:26
לאהרן סב חוטרך וארים **ידך** על מוי דמצראי על נהריהון על EX 7:19
ואמר ייי למשה ארים ית **ידך** על צית שמייא ויהי ברדא בכל EX 9:22
ואמר ייי למשה ארים ית **ידך** על צית שמייא ויהי חשוכא על EX 10:21

ייי שריא עלוי ותסמוך ית **ידך** עלוי: ותקים יתיה קדם אלעזר NU 27:18
בחבריה קדמך ולא תשוי **ידך** עם רשיעא דיהי סהיד שקר: EX 23:1
בני בעירא: בליעות כף **ידך** תיכול מזונא עד דתיהדור GN 3:19
ית רבותך וית גבורת **ידך** תקיפתא דאת הוא אלקא ולא DT 3:24
ייי אלקכון בכל אושטות **ידכון:** אסתמרו לכון דילמא DT 12:18
ותחדון בכל אושטות **ידכון** דבריכיכון ייי אלקכון: ליתיכון DT 12:7
אלקכון הי כמיסת ניסבת **ידכון** היכמא דבריכיכון ייי אלקכון: DT 16:10
על תפילא לאת על רום **ידכון** שמאליתא ויהון לתפילין DT 11:18
בליבכון חילן ותקוף **ידן** קנו לן ית ניכסייא האילין: DT 8:17
דלא מצלחא ומליעות **ידנא** מן ארעא דלטא ייי בגין חובי GN 5:29
ארום הוה ידוי **כידי** עשו אחוי שערניין וברכיה: GN 27:23
או לבריה או למיפרקא **ליד** אבוהא ותיפוק מגן דלא כסף EX 21:11
ובאיש קדמוי וסעדא **לידא** דאבוי לאעדאה יתה מעל GN 48:17
דפרעה ויהבית ית כסא **לידא** דפרעה היא פיילא דרוגזא GN 40:12
ומן קדם ייי ארע עיקתיה **לידוי** ואזמן לך אתר דיערוק לתמן: EX 21:13
עלה ואהרן וחור מסעדין **לידוי** מיכא חד ומיכא חד והואה EX 17:12
בגין למיתייא מידין **לידין** ויהי לכון בכופלא על מה EX 16:5
גלי קדם ייי דלא אתא **לידינן** ופטרניה מן דשדא ית אדמא DT 21:7
דאיתהפיך לחיוי תיסב **לידך:** ותימר ליה ייי אלקא דיהודאי EX 7:15
מדכר קורבניא **מדי** לאהרן ומידי לבנוי: ויהי לאהרן EX 29:27
עליה ומידא דאינשא **מיד** גבר דישוד ית דמא דאחוי GN 9:5
מנהון לשיזבא ית בעלה **מיד** מחהו ותושיט ידה ותתקיף DT 25:11
למיסב משכונא **מידא** דאיתתא ולא אשכחא: ושאיל GN 38:20
בדוקיא ללוט: ויסב כהנא **מידא** דאיתתא ית מנחתא NU 5:25
קדם ייי: ותיסב יתהון **מידהון** ותסדר במדבחא על עלתא EX 29:25
ביה בגין לשיזבא יתיה **מידהון** לאתבותיה לות אבוי: והוה GN 37:22
כמסכן דמודיק מגיסא **מידיא:** חביל על עמא דמיכלהון NU 11:6
יתיר על אחך דינסיבית **מידיהון** דאמוראי בעידן די עלתון GN 48:22
סנאה ותתנטל סעיד **מידיהון** ויהון פסקין מהימניא מרי DT 32:36
ואייתיו לאהרן: ונסיב **מידיהון** וצר יתיה בשושיפא ורמא EX 32:4
בדרתיהון בגין למיתייא **מידין** לידין ויהי לכון בכופלא על EX 16:5

ידי (34)

והוה מכריז עליהון תמן **אודו** והימינו בשם מימרא דייי GN 21:33
יתיה דשרי בטוור גלעד **אודי** ומצלי קדם אלקיה: ואתא GN 31:23
בר ואמרת הדא זימנא **אודי** קדם ייי דמן ברי דין עתיד GN 29:35
האינון ותימרון ליה **אודינן** יומא דין קדם ייי אלקך DT 26:3
דישראל: יהודה אנת **אודיתא** על עובדא דתמר בגין כן GN 49:8
איקר שכינתא דייי והוון **הדן** בקורבניהון דאתקבלו ברעוא EX 24:11
דלחים וסעידו ליבכון **ואודו** לשום מימרא דייי ובתר כדין GN 18:5
תרביא וחמון כל עמא **ואודון** ואתרכינו בצלו על אנפיהון: LV 9:24
לעלתא חולף בריה: **ואודי** וצלי אברהם תמן באתרא GN 22:14
כל אחוי יתערבב וישרי: **ואודיאת** קדם ייי דמימריה מתמלל GN 16:13
ייי ויתחייב בר נש ההוא: **ויודון** ית חוביהון דעבדו אין ממונא NU 5:7
איליין ובתר כן תהא **ויודי** חובתא דחב עלה: וייתי ית LV 5:5
על ריש צפירא חייא **ויודי** עלוי ית כל עוויית בני ישראל LV 16:21
בידיהון עמהון יתימסון: **ויוודון** בשעת אניקהון ית חוביהון LV 26:40
כהנא אצבעיה מן אדמא **ויידי** מיניה שבע זימנין קדם ייי LV 4:17
ית אצבעיה באדמא **ויידי** מן אדמא שבע זימנין קדם ייי LV 4:6
יהוי מפיק תפנוקי מלכין **ומודי** ומשבח עליהון קדם מרי GN 49:20
קרבן ארמותהין ומשבחן **ומודן** ותייבן לגובריהון וילדן בנין EX 38:8
עובדא דתמר בגין כן לך **יהודון** אחך ויתקרון יהודאין על GN 49:8
יפוק דוד מלכא דעתיד **לאודויי** קדם ייי בגין כן קרת שמיה GN 29:35
גינוניתא דרעואל והוה **מודי** ומצלי קדם ייי דעבד עימיה EX 2:21
דמברא למשריתא **מודי** על חוביה ומצלי על חוביה EX 33:7
דשכם: ונטלו מתמן **מודים** ומצליין קדם ייי והות GN 35:5
דאתון אכלין ושבעין הוון **מודין** ומברכין קדם ייי אלקכון על DT 8:10
חדא והות כרעא כף **מודנא** דטלייא בגויה מן יד שדר EX 1:15
חדא וטליא בר בכף **מודנא** חדא והות כרעא כף מודנא EX 1:15
דמצרים קיימא בכף **מודנא** חדא וטליא בר בכף מודנא EX 1:15
קדם ייי ואמרין למימר **נודה** ונשבחא קדם ייי רמא EX 15:1
מחנגין: וזמרת להון מרים **נודי** ונשבחא קדם ייי ארום תוקפא EX 15:21
חוביכון ואתון קדם ייי **תודון** סורחנותכון ותידכון: שבת LV 16:30
דיליה יהי: ובשר ניכסת **תודת** קודשוי ביום קרבניה יתאכל LV 7:15
יקריב קורבניה על ניכסת **תודת** קודשוי: ויקרב מיניה חד מן LV 7:13
ויקרב על ניכסת **תודתא** גריצן פטירן פתיכן במשח LV 7:12
די יקרב קדם ייי: אין על **תודתא** יקרביניה ויקרב על ניכסת LV 7:12

ידע (207)

אשכחית רחמין קודמך **אודעני** כדון ית אורח טובך ואנדע EX 33:13
ית עמא הדין ואנת לא **אודעתני** ית מאן דאנת שלח עימי EX 33:12
ואמר ייי אלקים במא **אינדע** ארום אירתינה: ואמר ליה סב GN 15:8
לעבדך ליצחק ובה **אינדע** ארום עבדתא טיבו עם GN 24:14
ועלא למעהן ולא **אישתמודע** ארום עלו למעהן GN 41:21
ית דמי מותא יפלגון: אין **אישתמודע** ארום תור נגחן הוא EX 21:36
ולא קם אינש עימיה כד **אישתמודע** יוסף לאחוי: ואריס ית GN 45:1
ואמרו דא אשכחנא **אישתמודע** כדון מפרגודא דברך GN 37:32
בשלו ויתחייב: או **אישתמודע** ליה חובתיה דחב וייתי LV 4:23
לאיתעובדא ויתחייב: או **אישתמודע** ליה חובתיה דחב וייתי LV 4:28
ייי ברם באפי שכינתי לא **איתידעת** להון: ולחוד אקימית ית EX 6:3
גברא ריבוני ארעא בדא **אנדע** ארום מהימני אתון אחוכון GN 42:33
במדברא גזירת שבתא **אשתמודע** להון ברם קנסא דשבתא NU 15:32
ברם קנסא דשבתא לא **אשתמודע** להון קם גברא מדבית NU 15:32
זימניה כל קבל אחנא **אשתמודע** לך מאן דעימי מן דיליך GN 31:32
טאיף על אנפי מיא לא **אשתמודע** מאן קטליה: ויפקון מבי DT 21:1
מן קדם ייי וידון יתי ובכן **אשתמודע** קנסא לכל בית ישראל NU 15:32
והוה בזמן תלת ירחין **אשתמודעה** דמעברה היא ואיתני GN 38:24
רושם דקן ואינון לא **אשתמודעוהי** דלא הוה ליה רושם GN 42:8
דלא בני תלתין שנין לא **אשתמודעון** יתהון וית בניהון לא DT 33:9
זיינא שנינא למחטוף היא **אשתמודעותהון:** בעטתהון לא GN 49:5
כמימש ידוי דעשו: ולא **אשתמודעיה** ארום הוה ידוי כידי GN 27:23
מצלהבא מן קדם ייי לא **אשתמודענא** מה הוה ליה בסיפיה: EX 32:1
מצלהבא מן קדם ייי ולא **אשתמודענא** מה הוה ליה בסיפיה: EX 32:23
ייי: וגברא משה ענוותן **בדעתיה** לחדא מן כל בני נשא דעל NU 12:3
ארום זריזן וחכימן **בדעתיהן** הינין קדם עד לא תיתי EX 1:19
ואמר פרעה ליוסף בתר **דאודע** ייי יתך ית כל דא לית GN 41:39
יהב להון: אוף כל מה **דאודעה** לעממיא מטול למחבבא DT 33:3
ישראל אבוי לגשן וקדם **דאשתמדעיה** אבוי סגד ליה GN 46:29
תובל קין רב לכל אומן **דידע** בעיבידת נחשא ופרזלא GN 4:22
דעיילין תמן: מן בגלל **דידעון** דריכון ארום במטלת ענני LV 23:43
ועתידין למיקום מיניה **דידעין** למפרשא בין טב לביש אילו GN 3:22
בטפליא וכל איתתא **דידעת** גבר למשכבי דכורא קטולו: NU 31:17
דגרי ייי על מצרים בישיא **דידעת** לא ישוינון בכון ויגרינון בכל DT 7:15
זכאין מסבי ישראל **דידעתא** דהינון הוו סבי עמא NU 11:16
יתנא ארום בגין כן **דידעתא** כד הוינא שרן במדברא NU 10:31
אעא מתעבדין קטם **דינדעון** מצראי ארום אנא ייי: ויהי EX 12:12
יומין בתר אימיה מטול **דישתמודע** דלא נפיל ומיומא LV 22:27
דמזדעית גיורא: בתר **דישתמודע** לכון דיזדבן מן יד LV 25:48
דינא הוא דלא נעביד עד **דנודע** יתיה: ואברהם עתיד דיהי GN 18:17
ותיחי ואין ליתך מתיב **דע** ארי מיממת תמות אנת וכל GN 20:7
ווי לך בלעם חסיר **דעתא** אנא דאנא בעירא מסאבא NU 22:30
ליה: ואין לא קריבא **דעתא** דאחוך עמך או לא חכימתיה DT 22:2
נביא וסכם יתהון על **דעתא** דלעיל מנהון דיני ממונא NU 27:5
דפליג ייי אלקכון בהון **דעתהון** דכל עממיא דתחות כל DT 4:19
למילט יתהון ודי גנבתא **דעתהון** דעמא האילין ואמרת לית NU 22:30
ליעקב מה עבדת וגנבת **דעתי** ודברת ית בנתי הי כשבית GN 31:26
איטמרת למיזל וגנבת **דעתי** ולא תנית לי דאילו תניתא לי GN 31:27
אבוהא: וגנב יעקב ית **דעתיה** דלבן ארמאה על דלא חוי GN 31:20
ואיסתכל משה בחכמת **דעתיה** ואיתבונן בכל דר ודר והא EX 2:12
והפך יצחק בצלותיה **דעתיה** ממה דגזר על אינתתיה GN 25:21
שנין ואתהפיך בגיניה **דעתיה** ממה דגזר עליה דאף הוא GN 25:21
קיסין ואבנין: ואין יתפלג **דעתכון** למפלח לטעוותהון ואיגרי DT 28:65
אימריה טעיין ותפלגון **דעתכון** מנהון אתבא תתיבונון ליה: DT 22:1
חיות ברא מן בגלל **דתינדע** ארום אנא ייי שליט בגו EX 8:18
לא יהי תוב מן בגלל **דתינדע** ארום דייי היא ארעא: ואנת EX 9:29
חרשיותא דבני נשא בגין **דתינדע** ארום לית דדמי לי בכל EX 9:14
ואמר כפתגמך מן בגלל **דתינדע** ארום לית כייי אלקנא: EX 8:6
בציירא: לחוד אילן **דתינדעון** ארום לא אילן עביד פירי DT 20:20
ועד בעירא מן בגלל **דתינדעון** דיפריש ייי בין מצראי EX 11:7
ארבסר יומא לירחא הדין **דתינדעון** דליתיכון מסתפיין EX 12:6
מחרן אנחנא: ואמר להום **הידעתון** ית לבן בר נחור ואמרו GN 29:5
מימר פיתגמייא האילין **המידע** הוינא ידעין דיימר אחיתו GN 43:7
ותבת לוותיה לתיבותא **ואודעת** ארום מוי על אנפי כל GN 8:9
ית אחוכון קלילא לותי **ואנדע** ארום לא אלילי אתון אלא GN 42:34
הכא אוף אתון בלילייא **ואנדע** מה יוסף מימרא דייי למללא NU 22:19
כדון ית אורח טובך **ואנדע** רחמך היך אנת מדבר עם בני EX 33:13
דכנען למיזבן עיבורא: **ואשתמודע** יוסף ית אחוהי דכר GN 42:8
דברך היא אין לה: **ואשתמודעה** ואמר פרגוד דברי היא GN 37:33
קדם ייי לכל בני ישראל **ואשתמודעו** ונסיבו גבר חוטריה: NU 17:24
איקרא קטיר על טוורא **ואשתמודעיה** מן רחיק: ואמר GN 22:4
וחמא יוסף ית אחוהי **ואשתמודעינון** ואיתעביד בעיניהום GN 42:7
ייי בחוכמתא בסוכלתנו **ובמנדעא** ובכל עיבידתא: ולאלפא EX 35:31
ייי בחכמתא ובסכולתנו **ובמנדעא** ובכל עיבידתא: למיחשב EX 31:3
מייחפן דנן ארבעין שנין: **ודינדעון** עם רעייוני ליבכון ארום DT 8:5
חבתון קדם ייי אלקכון **ודעו** חובתכון דתארע יתכון: בנו NU 32:23
ואיתווכחן מילייא **וידע** אברהם ארום לא קריב GN 20:16
ליה עד שובעין ושבעא: **וידע** אדם תוב ית אינתתיה לסוף GN 4:25
זרעא על שמא דאחוך: **וידע** אונן ארום לא על שמיה GN 38:9
ללבן ביומא תליתאה **וידע** ארום ערק יעקב דבזכותיה GN 31:22
ואיתער נח מן חמריה **וידע** באשתעות חלמא ית דעבד GN 9:24

הוא הוה שליט על ארעא **וידע** דאחוי עלין למזבון מני נטורין GN 42:6
מן טוור מישחא **וידע** נח ארום איתקוללו מיא GN 8:11
מלקדמין בגינוניתא דעדן: **וידע** קין ית אינתתיה ואעדיאת GN 4:17
מימר מן קדם אלקא **וידע** שעתא דרתח בה אלקא NU 24:16
ואתנהרן עיני תרויהון **וידעו** ארום ערטילאין אינון GN 3:7
ואהוי להון לאלקא: **וידעון** בני ישראל ארום אנא ייי EX 29:46
ברתיכוי ובפרשוי: **וידעון** מצראי ארום אנא הוא ייי EX 14:18
מלאך מותא ודחילת **וידעת** ארום טב אילנא למיכל GN 3:6
לאה קל נהיקיה דחמרא **וידעת** דהא יעקב אתא ונפקת לאה GN 30:16
סעדוי למימר צפרא **ויהודע** ייי ית דכשר ליה וית דקדיש NU 16:5
דלביזא יהון ואעיל יתהון **וינדעון** ית ארעא דקצתון בה: NU 14:31
דמצרים בדינין רברבין: **וינדעון** מצראי ארום אנא הוא ייי EX 7:5
בפרעה ובכל משיריתי **וינדעון** מצראי ארום אנא הוא ייי EX 14:4
בין גברא ובין חבריה **ומהודענא** להון ית קיימייא דייי וית EX 18:16
ית קיימייא וית אורייתא **ותהודע** להון ית צלותא דיצלון EX 18:20
לעם ואהוי לכון לאלקא **ותידעון** ארום אנא ייי אלהכון EX 6:7
אחסנא כזמן יומא הדין: **ותינדעו** יומא דין ותתיבון על DT 4:39
ובצפרא תיכלון לחמא **ותינדעון** ארום אנא הוא ייי אלקכון: EX 16:12
מטול דתיתעסקון בה **ותינדעון** ארום אנא הוא ייי אלקכון: DT 29:5
אתוותיי דשויתי בהון **ותינדעון** ארום אנא הוא ייי: ועאל EX 10:2
וייחתון כד חיין לשייול **ותינדעון** ארום ארגיזו גובריא NU 16:30
לכל בני ישראל ברמשא **ותינדעון** ארום ייי אפיק יתכון EX 16:6
לאברהם ליצחק וליעקב: **ותינדעון** ארום לא בזכותכון ייי DT 9:6
קדם בנוי דעפרון גיברא: **ותינדעון** יומא דין ארום ייי אלקכון DT 9:3
ודינוי ופיקודוי כל יומיא: **ותינדעון** יומא דין ארום לא עם DT 11:2
ית חוביכון ארבעין שנין **ותינדעון** ית דאיתרעמיתון עלי: NU 14:34
לאתעובדא ויתחייבון: **ותישתמודע** להון חובתא LV 4:14
דפרעה מלכא דמצרים: **ותנדעון** ארום ייי אלקכון הוא DT 7:9
משרוייך: ואמר ליה ריבוני **ידע** ארום טלייא חטיין וענא ותורי GN 33:13
איעול לותיך ארום לא **ידע** ארום כלתיה היא ואמרת מה GN 38:16
על פיתגמי מומתא או **ידע** בחבריה דבטיל שבועא ולווט LV 5:1
סני ליה על חובתא דאנת **ידע** ביה בלחודך או חמרא דטעי מן EX 23:4
שני ליה על חובתא דאנת **ידע** ביה בלחודך רביע תחות טוניה EX 23:5
ושמישת עם אבוהא ולא **ידע** במישכבה אלא ידע במקימה: GN 19:33
ולא ידע במישכבה אלא **ידע** במקימה: והוה מיומחרא GN 19:33
ושמישת עימיה ולא **ידע** במשכבה ולא בימקימה: GN 19:35
באורייא לשבט תקיף **ידע** בעני בזימניא והוא מרבע ביני GN 49:14
כדין איתגלי ליה ואיהוא **ידע** דמסאב ולא אידכי ויתחייב: או LV 5:3
דעבד איתגלי ליה ואיהו **ידע** דשקר ולא תב ואתחייב לחדא LV 5:4
כשרין לאתעובדא ולא **ידע** ואתחייב ויקביל חוביה: וייתי LV 5:17
הדין ואנא לא הוית **ידע:** ודחיל ואמר מה דחיל ומשבח GN 28:16
דאשתלי והוא לא **ידע** וחב וישתביק ליה: קורבן LV 5:18
לשיבעין לישנין ולא הוה **ידע** חד מה דיימר חבריה והוו GN 11:8
הא כדון סיבית לית אנא **ידע** יום מותי: וכדון סב כדון מאני GN 27:2
מן דיליך וסב לך ולא **ידע** יעקב ארום רחל גנבתנון: ועל GN 31:32
דחיי לעלמא דאתי: ואדם **ידע** ית חוה איתתיה דהיא GN 4:1
אפהא מוריקן ומאן דלא **ידע** משכבי דכורא יהון סמקן NU 31:18
ריבוניה הא ריבוני לא **ידע** עימי מדעם מה בביתא וכל GN 39:8
ליה בידא דיוסף ולא **ידע** עימיה מדעם אלהין אינתתיה GN 39:6
לחדא בתולתא וגבר לא **ידעה** במשכבה ונחתת לעיינה GN 24:16
דעבדו בטימרא דלא **ידעו** אינש בחבריה: ומשה הוה רעי EX 2:25
הדא: ובניהון דלא **ידעו** ישמעון וילפון למידחל מן DT 31:13
אינשא מן נשיא דלא **ידעו** תשמיש דכורא כל נפשתא NU 31:35
ית מנא דלא ידעתון ולא **ידעון** אבהתך מן בגלל להודעותך DT 8:3
מנא במדברא דלא **ידעון** אבהתך מן בגלל לסגפותך DT 8:16
ארום לא עם בניכון דלא **ידעון** ולא חמון ית אולפן אורייתא DT 11:2
מאן הוא ארום לא **ידעון** מה הוא ואמר משה להון הוא EX 16:15
מידעם דצרוך טעוון דלא **ידעונון** דחלן חדתן דמזמן קריב DT 32:17
עממיא דתלק דלא **ידעונין** ולא איתפלגון להון: ותקיף DT 29:25
מתבעי מינן: ואינון לא הוו **ידעין** ארום שמע הוה יוסף בלישן GN 42:23
ואילן דאכלין פירוהי **ידעין** בין טב לביש: ונהרא נפיק GN 2:9
האילין המידע הוינא **ידעין** דיימר אחיתו ית אחוכון: GN 43:7
לעדי יהון ובניכון דלא **ידעין** יומא דין בין טב לביש הינון DT 1:39
בני אבא חד לית אנן **ידעין** מה הוה בסופיה וקלילא יומא GN 42:32
נפק מלוותן ולית אנחנא **ידעין** מה הווה בסיפיה: ואמר להום GN 42:13
יתהון וית בניהון לא **ידעין** מטול דקיימין עשרין שנין DT 33:9
אין נשביקינון לית אנן **ידעין** ממא נפלח קדם ייי עד מיתנא EX 10:26
בבישריך וכדון **ידעית** ארום אינתתא שפירת חזו GN 12:11
דייי חבית ארום לא **ידעית** ארום אנת מעתד לקדמותי NU 22:34
להון חבית בזימנא הדא **ידעית** דייי הוא אלקא זכאה וברם EX 9:27
קדמיי זכאין כמא דלא **ידעית** ולא איתפרע: ואתפניאו GN 18:21
מן ארעא ארום **ידעית** ית די תברך מברך ודי תלוט NU 22:6
טפליכון ובעיריכון **ידענא** ארום בעיר סגי לכון יתבון DT 3:19
רישיה: וסרב אבוי ואמר **ידענא** ברי דהוא בוכרא ואוף GN 48:19

אן הבל אחוך ואמר לא **ידענא** דילמא נטיר אחי אנא: ואמר GN 4:9
ית לבן בר נחור ואמרו **ידענא:** ואמר השלם ליה ואמרו שלם GN 29:5
ואמר אבימלך לא **ידענא** מן הוא דעבד ית פיתגמא GN 21:26
בידנא למזבון עיבורא לא **ידענא** מן שוי כספנא בטוננאי: ואמר GN 43:22
מימרא דייי בסעדי וכדי **ידעת** ארום בר רבקה הוא ורהטת GN 29:12
ואין בעלה בטילינון ולא **ידעת** ועברת מן קדם ייי ישתביק NU 30:13
עלי ואיתן: ואמר ליה אנת **ידעת** ית די פלחתך וית דהוה GN 30:29
אמר אחוך ישראל אנת **ידעת** ית כל אניקי דאשכחתנא: NU 20:14
יתקף רוגזא דריבוני אנת **ידעת** ית עמא ארום בני צדיקיא EX 32:22
בגינהון ואזיל ארום אנת **ידעת** ית פולחני די פלחתך: ואמר GN 30:26
הוה מימרא בסעדי: ואתון **ידעתון** ארום בכל חיילי פלחית ית GN 31:6
הדין דעבדתון הלא **ידעתון** ארום מטיירא יטייר גבר GN 44:15
עבדך אבא לנא אתון **ידעתון** ארום תרין בנין ילידת לי GN 44:27
לפלחי טעוותא דלא **ידעתון** דמן קיסין ואבנין: ואין DT 28:64
הי כגינבריא דאתון **ידעתון** ואתון שמעתון מן ייכול DT 9:2
בתר טעוות עממיא דלא **ידעתון:** ויהי ארום יעיל יתכון ייי DT 11:28
ואוכלך ית מנא דלא **ידעתון** ולא ידעון אבהתך מן בגלל DT 8:3
עימן יומנא: ארום אתון **ידעתון** סכום שנייא דיתיבנא DT 29:15
ית בוכרא ביר סניתא **יהודע** לכולא דהוא בוכרא למיתן DT 21:17
בסבר אפין דרוגזא: ובמה **יתידע** כדון ארום אשכחית רחמין EX 33:16
כפנא ית דיירי ארעא: ולא **יתידע** שובעא דהוה בארעא מן GN 41:31
וקשר לה במותנהא **לאודועי** דאמתא היא וית ריבא GN 21:14
ידעון אבהתך מן בגלל **להודעותך** ארום לא על לחמא DT 8:3
הוא בין מימרי וביניכון **למידוע** ארום אנא הוא ייי EX 31:13
נביאתא שעא זעירא **למידוע** מה הוה בסיפיה דמשה NU 12:16
דאכלין פירוהי חכמין **למידע** בין טב לביש לא תיכול GN 2:17
וסוכלתנותא בהון **למידע** ולמיעבד ית כל עיבידת EX 36:1
לכון ליבא למינשי אלהין **למידע** ועיינין למרמזא אלהין DT 29:3
יתי כדון ולא אוסף תוב **למידעא** במשכבא: והוה בעידן GN 38:26
מנסי ייי אלקכון יתכון **למינדוע** האיתיכון רחמין ית ייי DT 13:4
ית פרישתא אילין מטול **למינדע** ארום ייי הוא אלקא לית DT 4:35
כמלאכין רברבין דחכמין **למינדע** בין טב לביש: וחמת איתתא GN 3:5
הוה ממתין לה ושתיק **למינדע** האצלח ייי אורחיה אין לה: GN 24:21
ומן בגלל לנסייוכון **למנדוע** הנטרין אתון פיקודוי אין DT 8:2
אינתתיה מבתר מלאכא **למנדוע** מה הווי בסוף בייתיה GN 19:26
ותעבד חושן דינא דביה **מהודע** דינהון דישראל דאיתכסי מן EX 28:15
עביד קרבינן בכל דר ודר **מודע** גבורתיה לעמיה בית ישראל EX 15:3
ארום לא יכילנא למיעבד **מידעה** עד מיעלך לתמן בגין כן GN 19:22
בית ישראל: ואמר לאברם **מינדע** תינדע ארום דיירין יהון בנך GN 15:13
ואוף הא בטוני ונפק **מנדע** לבהון ותווהו גבר לאחוי GN 42:28
למשאר אומניא יהב **מנדעא** בליביה הוא ואהליאב בר EX 35:34
תמניא יומין אילו הוה בך **מנדעא** דילמא לא הוית מסר נפשך GN 22:1
גוברין חכימין ומרי **מנדעא** וסוכלתנין מריעיוניהון לא DT 1:15
מרעיונהון ומרי **מנדעא** לשיבטיכון ואימנינון רישין DT 1:13
בכין אמר ליה משה אגיס **מנדעך** וקריב למדבחא ולא LV 9:7
בריעייונכון היכדין **נידע** ית פיתגמא דלא מלליה ייי: מה DT 18:21
ותשהי תלת ירחין די **תידע** אין היא מעברא ומן בתר כדין DT 21:13
עלנא: ואמר משה בדין **תידעון** בדיזמן ייי לכון ברמשא EX 16:8
כדנא אמר ייי בדא סימנא **תינדע** ארום אנא ייי הא אנא מחי EX 7:17
ואמר לאברם מינדע **תינדע** ארום דיירין יהון בנך בארעא GN 15:13
וטפלהון: ואמר משה בדא **תינדעון** ארום ייי שדרני למעבד ית NU 16:28
דמאגר מילי דינין: לא **תשתמודעון** אפין בדינא מילי DT 1:17

יהב (332)

דורון דאיתתיא לך ארום **איתיהב** לי במיחוס מן קדם ייי GN 33:11
ועל די חטית ברי **איתיהבת** בכירותא ליוסף GN 49:3
בחוטריהון וממדברא **איתיהבת** להון למתנה: ומן NU 21:18
ארום רבא שלה והיא לא **איתיהבת** ליה לאינתו: וחמיה יהודה GN 38:14
במדברא בטוורא דסיני **איתיהבת** לכון אורייתא ובמישריא DT 1:1
או שטר שיחרורה לא **איתיהיב** לה פישפוש יהוי בדינא LV 19:20
ארום חולקך וחולק בנך **איתיהיבו** מניכסת קודשיא דבני LV 10:14
ולפום דבזכותא דמרים **איתיהיבת** בירא כד שכיבת NU 20:2
בגו בני ישראל ארום לא **איתיהיבת** להון אחסנא בגו בני NU 26:62
היא לתחום מואב: ומתמן **איתיהיבת** להון בירא היא בירא NU 21:16
ייי נפק פיתגמא דרבקה **איתיהיבת** ליצחק אנן לא ניכול GN 24:50
משכן זימנא ועד כדון לא **איתייהבת** כהונתא לאהרן ואסיקו EX 24:5
עלמא מנהון עד לא **אתיהב** קיימא בעלמא ומן LV 20:17
בהון במשה ואהרן כד **אתיהבת** להום: ושדר משה אזגדין NU 20:13
שוויו גבר ית תיקון זיניה **דאיתיהב** להון בסיני דביה שמא EX 33:4
קיימא בעלמא ומן **דאיתיהיב** קיימא בעלמא כל LV 20:17
אילין לך ואמר בניי הינון **דאיתיהיבו** לי במיחוס מן קדם על GN 33:5
לוחי אבניא לוחי קימא **דאיתיהיבו** ליה בחורב והוו קיימין EX 40:20
דאתכסיית והדרת בירא **דאיתיהיבת** להום בזכותא דמרים NU 21:17
ישלוט בכון מלאך מותא **דאתיהב** ליה רשותא למחבלא EX 12:13
רבא מפרש כתיב בהון **דאתיהבו** להון למתנה מן טוור EX 33:6

להון למתנה: ומן **דאתיהבת** להון למתנא חזרת NU 21:19
ותעבדון יתהון אנא ייי **דיהב** אגר טב לנטרי פיקודי LV 22:31
דתינטרון למעבד בארעא **דיהב** ייי אלקא דאבהתכון לכון DT 12:1
בשר בניכון ובנתיכון **דיהב** ייי אלקכון לכון בצערו DT 28:53
מן תוריכון ומן עניכון **דיהב** ייי אלקכון לכון היכמא DT 12:21
קירויכון בכל ארעכון **דיהב** ייי אלקכון לכון: ויגמרון וולדי DT 28:52
אלקנא יהיב לנא: חמון **דיהב** ייי אלקכון לכון ית ארעא DT 1:21
דינייא וגזירת אורייתא **דיהב** ייי בין מימריה ובין בני ישראל LV 26:46
וכל גבר חכים ליבא **דיהב** ייי חוכמתא וסוכלתנותא EX 36:1
ולכל גבר חכים ליבא **דיהב** ייי חכמתא בליביה כל מאן EX 36:2
ישראל לארע ירותתיה **דיהב** ייי להון: כדון קומו ועיברו DT 2:12
ומלכיאל: אילין בני זלפה **דיהב** לבן ללאה ברתיה וילידת ית GN 46:18
ושלם: אילין בני בלהה **דיהב** לבן לרחל ברתיה וילידת ית GN 46:25
ישראל מלמעיבר לארעא **דיהב** להון ייי: הכדין עבדו אבהתכון NU 32:7
בגין דלא למיעל לארעא **דיהב** להון ייי: ותקיף רוגזא דייי NU 32:9
טבתא דעבד ייי לישראל **דיהב** להון מנא ובירא ודי שיזבינון EX 18:9
פרעה ואכלין ית חילקהון **דיהב** להון פרעה בגין כן לא זבינו ית GN 47:22
יוסף לאבוי בני הינון **דיהב** לי מימרא דייי בדין כתבא GN 48:9
ואחסנא עם אחוהי מתנן **דיהב** ליה ייי הינון אחסנתיה DT 10:9
מוהבותא דכהונתא **דיהב** ליה ייי הינון אחסנתיה DT 18:2
אלקך: ותחדי בכל טבתא **דיהב** לך ייי אלקך ולאינש בתיכון DT 26:11
כל פירי ארעא משבחא **דיהב** לכון: איסתמרון לכון דילמא DT 8:10
הי כבירכתא דייי אלקכון **דיהב** לכון בכל קירויכון דמסאבין DT 12:15
הי כבירכתא דייי אלקכון **דיהב** לכון: דיינין קשיטין וסרכין DT 16:17
ימינא עילוי אתר **דיהב** מן שירויא אדם קרבן אשמא: LV 14:17
דריגליה ימינא על אתר **דיהב** מן שירויא אדם קרבן אשמא: LV 14:28
ית בני ישראל וכל מאן **דיהב** תמן מאנא דדהבא הוה סימא EX 32:20
ושמא הגר ברת פרעה **דיהבא** לה לאמהו בזמן דנסבא GN 16:1
וכסף מינייני דבני ישראל **דיהבו** בזמן דמננון משה גבר פורקן EX 38:25
הוון אכלין מביסרא ולמן **דיהביה** להון לא הוו מברכין בישרא NU 11:33
הוו עינבין: חמי הוית עד **דיהבין** כסא דפרעה בידי ונסיבית GN 40:11
בריך ייי ניכסוי דבית לוי **דיהבין** מעשרא מן מעשרא וקרבן DT 33:11
ואמרת לאה יהב ייי אגרי **דיהבית** אמתי לבעלי והיכדין GN 30:18
מינך יפקון: וית ארעא **דיהבית** לאברהם וליצחק לך GN 35:12
הדין וחמי ית ארעא **דיהבית** לבני ישראל: ותחמי יתה NU 27:12
ארום לא ייעול לארעא **דיהבית** לבני ישראל מטול NU 20:24
מן בני ישראל ית מעשרא **דיהבית** להון באחסנתהון ותפרשון NU 18:26
מן מותרי מנחתא **דיהבית** להון מקרבניי קודש LV 6:10
ותתובון גבר לירותתיה **דיהבית** לכון: וית יהושע פקידית DT 3:20
ואמר אדם איתתא **דיהבת** גביי היא יהבת לי מן פירי GN 3:12
ביכורי איבא דארעא **דיהבת** לי ייי ותחתיניה קדם ייי DT 26:10
ית ישראל וית ארעא **דיהבת** לנא היכמא דקיימת DT 26:15
ית ייי אלקכון ארום הוא **דיהיב** לכון מילכא למיקני ניכסין DT 8:18
מסכינין וגזרין דכל **דיהיב** פיתא לעניא ייקד בנורא GN 18:20
וטעוון דכסף ודהב **דיהיבין** עימהון בבתייא אחוין דשין DT 29:16
יתה: ואמר יעקב ללבן **הב** ית אינתתי ארום אשלימו יומי GN 29:21
אין לא אייתיניה לוותך **הב** יתיה על ידיי ואנא אתיביניה לך: GN 42:37
ואיהך לאתהי ולארעי: **הב** לי ית נשיי וית בניי דפלחית יתך GN 30:26
מלכא דסדום לאברם **הב** לי נפשת אינשא דעימי GN 14:21
ואין אנן חשיבין כביר **הב** לן אחסנא בגו אחי אבונן: דין חד NU 27:4
עמא עם משה ואמרו **הב** לן מוי ונישתי ואמר להון משה EX 17:2
ארום בכן עלי למימר **הב** לנא בישרא וניכול: לית אנא יכיל NU 11:13
מצראי לות יוסף למימר **הב** לנא לחמא ולמה נמות כל קבלך GN 47:15
ואתון עמא בית ישראל **הבו** איקר ורבותא קדם אלקנא: DT 32:3
רעיית נפשיה בברתכון **הבו** בבעו יתה ליה לאינתו: GN 34:8
כל כספא: ואמר יוסף **הבו** גיתיכון ואתן לכון מזון GN 47:16
ימלל עמכון פרעה למימר **הבו** לכון תימהא ותימר לאהרן סב EX 7:9
הוות להום לישיע: ואמרו **הבו** ניבני לנא קרתא ומוגדלא ורישי GN 11:4
תמן: ואמרו גבר לחבריה **הבו** נירמי ליבנין וניוי יתהון GN 11:3
לוותה לאורחא ואמר **הבי** כדון איעול לותיך ארום לא GN 38:16
אימיה ואמרת רחל ללאה **הבי** כדון לי מן יברוחי דבריך: GN 30:14
לראובן ואתנטילת מיניה **ואיתיהיבת** ליוסף מן שירויא מן דין DT 33:17
דבנימין: ובזעו לבושיהון **ואתיהב** להון כח גבורתא וטענו גבר GN 44:13
מן זנו דביה מומא בישא **ואתיהיב** בעמיא חולונאי למיסב DT 23:3
אנן וארען עבדין לפרעה **והב** בר זרעא וניחי ולא נמות וארעא GN 47:19
לאהרן סב ית מחתיא **והב** עלה אישתא מעילוי מדבחא NU 17:11
סב צלוחית דפחר חדא **והב** תמן מלי עומרא מנא ואצנע EX 16:33
קרח וכל כנישת סעדוי: **והבו** בהון אישתא ושוו עליהון NU 16:7
ממא דמשתבח בארעא **והבו** במניכון ואחיתו לגברא דורונא GN 43:11
אמר להון משה שתוקו **והבו** יקרא ותושבחתא ורוממו EX 14:14
ואיתן היכמא דתימרון לי **והבו** לי ית ריבא לאינתו: ואתיבו בני GN 34:12
כל אילין בנהא דקטורא: **ויהב** אברהם במתנה ית כל דליה GN 25:5
ויהב מוי ושזיגו ריגליהון **ויהב** אספסתא לחמריהון: ואתקינו GN 43:24
וכל דילחוש באימרייא **ויהב** בידא דבנוי: ושוי מהלך תלתא GN 30:35

וטלייא אפריש יעקב **ויהב** בריש ענא משכוכיתא כל ית GN 30:40
בתשמיש דעריס **ויהב** גבר ביך ית תשמישיה בר מן NU 5:20
מאנין דכסף ומנין דדהב: **ויהב** ייי ית עמא לרחמין קדם EX 11:3
אכלית ומיא לא אשתיתי: **ויהב** ייי לי ית תרין לוחי מרמירא DT 9:10
ואקים משה ית משכנא **ויהב** ית חומרוי ושוי ית לוחוי ויהב EX 40:18
ית אריחיא על ארונא **ויהב** ית כפורתא בהדי כרוביא EX 40:20
ית חומרוי ושוי ית לוחוי **ויהב** ית נגרוי ואקים ית עמודוי: EX 40:18
ליה ארבע עיזקן דדהב **ויהב** ית עזקתא על ארבע זיווייתא EX 37:13
חזור למשכנא ולמדבחא **ויהב** ית פרסא דבתרע משכנא וגמר EX 40:33
דפקיד ייי ית משה: **ויהב** ית פתורא במשכן זימנא על EX 40:22
משה למיתב עם גברא **ויהב** ית ציפורה ברת בריה למשה: EX 2:21
מחבלא לחבלא בעמא **ויהב** ית קטורת בוסמין וכפר על NU 17:12
ית עיזקתיה מעל ידיה **ויהב** יתה על ידי דיוסף ואלביש GN 41:42
רב שקי ועל רב נחתומי: **ויהב** יתהום במטרא בי רב GN 40:3
מן בנת נשא ומן בעירא **ויהב** יתהון לליוואי נטרי מטרת NU 31:47
דפרעה רגיז על עבדוי **ויהב** יתיה דמטרא בי רב GN 41:10
דלא הוה בעיטא ההיא **ויהב** כסא על ידא דפרעה: וית רב GN 40:21
ודבר אברהם עאן ותורין **ויהב** לאבימלך וגזרו תריהום קים: GN 21:27
עאן ותורין ואמהין **ויהב** לאברהם ואתיב ליה ית שרה GN 20:14
יתה לותיה ועל לותה: **ויהב** לבן ליה ית זלפה ברתיה GN 29:24
ית רחל ברתיה לאינתו: **ויהב** לבן לרחל ברתיה ית בלהה GN 29:29
ושרי זממי גמלייא **ויהב** לבן תיבנא ואספסתא לגמליא GN 24:32
וחוטייך וחוטרך דבידך **ויהב** לה ועל לותה ואיתעברת ליה: GN 38:18
לחמא וקרווא דמיא **ויהב** להגר שוי על כיתפה וקשר לה GN 21:14
הוא: ועבדו כן בני ישראל **ויהב** להום יוסף סדני על מימר GN 45:21
יוסף ית אבוי וית אחוי **ויהב** להון אחסנא בארעא דמצרים GN 47:11
יוסף סדני על מימר פרעה **ויהב** להון זוודין לאורחא: לכולהון GN 45:21
ואייתיו ית גיתיהון ליוסף **ויהב** להון יוסף לחמא בסוסון GN 47:17
מעיברא ליורדנא: **ויהב** להון משה לבני גד ולבני ראובן NU 32:33
ייי ארום שניתא אנא **ויהב** לי אוף ית דין והכדין ישתמע GN 29:33
ליעקב צלי קדם ייי **ויהב** לי בנין ואין לא הי כמיתא אנא GN 30:1
ולחוד שמע בקל צלותי **ויהב** לי בר והיכדין עתיד למידן על GN 30:6
ורוקן ייי ית גיתא דאבוכן **ויהב** לי: והוה בעידן דאתיחמא ענא GN 31:9
כתריסא דמקבל מחתא **ויהב** ליה חד מן עשרא מכל מה GN 14:20
ושבק ארבע קוריין אילין **ויהב** ליה ייי בגין כן אתרא ובנא GN 10:11
גברא דטמירן מפרסם **ויהב** ליה ית אסנת דילידת דינה GN 41:45
בר לריבוני בתר דסיבת **ויהב** ליה ית כל דיליה: ואומי יתי GN 24:36
יומי משתיא דלאה **ויהב** ליה ית רחל ברתיה לאינתו: GN 29:28
ית ריבוני לחדא ורבא **ויהב** ליה עאן ותורין וכספא ודהבא GN 24:35
משה ית עגלתא וית תורי **ויהב** לליוואי: ית תרתין עגלתא וית NU 7:6
שביעאה שבת ונח: **ויהב** למשה כד פסק למללא עימיה EX 31:18
ואעיל יתנא לאתרא הדין **ויהב** לנא ית ארעא הדין ארע DT 26:9
בר תורי רכיך ושמין **ויהב** לעולימא ואוחי למעבדי GN 18:7
ומנין דדהב ולבושין **ויהב** לרבקה ודורונין יהב לאחוהא GN 24:53
ית גובריא לבית יוסף **ויהב** מוי ושזיגו ריגליהון ויהב GN 43:24
ותריכו ית אמוראי דבה: **ויהב** משה ית גלעד למכיר בר NU 32:40
סילעין בסילעי קודשא: **ויהב** משה ית כסף פרקונא לאהרן NU 3:51
דייי תלתין ותרין נפשן: **ויהב** משה ית סכום נסיבת NU 31:41
ימינא: וקריב ית בני אהרן **ויהב** משה מן אדמא על גדירא LV 8:24
דהוו בארעא דמצרים **ויהב** עיבורא בקירווייא עיבור חקלי GN 41:48
משה מן למללא עמהון **ויהב** על איקונין דבית אנפוי סודרא: EX 34:33
ונסיב משה מן אדמיה **ויהב** על חסחוס אודנא דאהרן LV 8:23
אדבעיה באדם תורא **ויהב** על קרנת מדבחא וית שאר LV 9:9
ונסב משה ית אדמא **ויהב** על קרנת מדבחא חזור חזור LV 8:15
ומשה לא חסיר מידעם **ויהב** על שובעין גוברין סביא והוה NU 11:25
יתיה ית מנטר מעילא **ויהב** עלוי ית איפודא וזריז יתיה LV 8:7
ופסג מתגא דחמריה **ויהב** פסגא חדא להום לסהדו וצלי GN 26:31
דיוסף ונגד עליה חיסדא **ויהב** רחמותיה בעיני רב בית אסירי: GN 39:21
זימנא וביני מדבחא **ויהב** תמן מיין חיין לקידוש ולא EX 40:30
ואביהוא גבר מחתיתיה **ויהבו** בהון אישתא ושויאו עלה LV 10:1
ונסיבו גבר מחתיתיה **ויהבו** בהון אישתא ושויאו עליהון NU 16:18
ועבדו חיזוריין דדהב **ויהבו** ית חיזוריא במציעות רומנייא EX 39:25
וארימת כל כנישתא **ויהבו** ית קלהון ובכו עמא בליליא NU 14:1
ותרתין עיזקן דדהב **ויהבו** ית תרתין עיזיקתא על תרין EX 39:16
למאן אית דהב פריקו **ויהבו** לי וטלקתיה בנורא ועאל EX 32:24
משה עם בני ישראל **ויהבו** ליה כל אמרכלהון חטר NU 17:21
לנא מצראי וצערו יתנא **ויהבו** עלנא פולחנא קשיא: וצלינא DT 26:6
על תרין ציטרי חושנא: **ויהבו** תרתין קליען דדהב על EX 39:17
יהבו על תרתין מרמצתא **ויהבונון** על כתפי אפודא כל קבל EX 39:18
הוא ולא קטל יתיה **ויהבי** בבי אסירי אתר דאסירי GN 39:20
מן יומי שירוי עלמא **ויהביה** ביד יעקב ויעקב אמטי ליה GN 27:25
קוסמין בציצא דדהבא **ויהבין** תחות לישניה ומקימין ליה GN 31:19
ביומא דאתכנשו קהלא **ויהבינון** ייי לי: וכוונית ונחתית מן DT 10:4
על תרין לוחי מרמירין **ויהבינון** לי: והוה כיוון דשמעתון ית DT 5:22

יתהום לכסא דפרעה **ויהבית** ית כסא לידא דפרעה היא GN 40:12
יתהון לכסא דפרעה **ויהבית** ית כסא על ידא דפרעה: GN 40:11
כל בוכרא בבני ישראל: **ויהבית** ית ליואי יהיבין לאהרן NU 8:19
מן ניכסת קודשיכון **ויהבית** יתהון לאהרן כהנא ולבנוי LV 7:34
וכבשנן ית ארעהון **ויהבנא** אחסנא לשיבט ראובן DT 29:7
ונסיבת מאיביה ואכלת **ויהבת** אף לבעלה עימה ואכל: GN 3:6
בארעא דכנען וחררתה **ויהבת** יתה לאברם בעלה ליה GN 16:3
ושחררת ית זלפה אמתא **ויהבת** יתה ליעקב לאינתו: וילידת GN 30:9
חלב ודבש אעילתנא **ויהבת** לנא אחסנת חקלין וכרמין NU 16:14
הוינא ילדא חרדית אמתי **ויהבתא** למשכוב בעיטפך וחמת GN 16:5
משרויין למוהבות לאה **ולמוהבות** רחל: ואמר אין ייתי עשו GN 32:8
בדיני נפשתא ולא **יבהתון** למישאלא דינא דמתקשי LV 24:12
וזריזין בדיני ממונא ולא **יבהתון** למשיילא דינא דמתקשי NU 9:8
בדיני נפשתא ולא **יבהתון** למשיילא דינא דמתקשי NU 15:34
לדיני נפשתא ולא **יבהתון** למשיילא דינא דמתקשי NU 27:5
דפלקתין דלאברהם **יהב** אברהם ניכסין מיטלטלין GN 25:6
בר חמישאי: ואמרת לאה **יהב** ייי אגרי דיהבית אמתי לבעלי GN 30:18
ית עדי סנאיכון די **יהב** ייי אלקכון לכון: היכנא תעבדון DT 20:14
ית ארע תותבותך די **יהב** ייי לאברהם: ושדר יצחק ית GN 28:4
יומין וארבעין לילוון **יהב** ייי לי ית תרין לוחי מרמירא DT 9:11
דכסף ומנין דדהב: וייי **יהב** ית עמא לחן וחסד קדם מצראי EX 12:36
ויהב לרבקה ודורונין **יהב** לאחוהא ולאימא: ואכלו ושתו GN 24:53
עגלתא וית ארבעת תורי **יהב** לבני גרשון כמיסת פולחנהון: NU 7:7
עגלן וית תמנן תורי **יהב** לבני מררי כמיסת פולחנהון NU 7:8
זוודין לאורחא: לכולהון **יהב** לגברא אסטולי ולבוש ולבנימין GN 45:22
אישתא פיקודיא **יהב** להון: אוף כל מה דאודעה DT 33:2
מטינרין תקיפין: **יהב** להון לוואי שמיני תורין מן DT 32:14
שמיה שת ארום אמרת **יהב** לי ייי בר אוחרן חלף הבל GN 4:25
דיהי לי בר כאחתי אוף **יהב** לי תרין והכדין עתידין בנוי GN 30:8
ית אגרי עשר חולקין ולא **יהב** ליה ייי רשו לאבאשא עמי: אם GN 31:7
ותומיא ונביא תריציא **יהב** לכון ייי אלקכון: נבייא מביניכון DT 18:14
ואורייתי: חמון ארום ייי **יהב** לכון ית שבתא בגין כן הוא EX 16:29
ארום קודשין היא ויתה **יהב** לכון למישרי על סורחנות LV 10:17
אלקכון ואלקא דאבוכון **יהב** לכון סימא בטוניכון כספיכון GN 43:23
על ארעא דייי אלקכון **יהב** לכון: עמי בני ישראל לא תהוון EX 20:12
בכירותיה ליעקב: ויעקב **יהב** לעשו לחם ותבשיל דטלופחי GN 25:34
מגו עמיה ארום מזרעיה **יהב** לפולחנא נוכראה מן בגלל LV 20:3
רברביא האינון: ולא **יהב** מימרא דייי לכון ליבא למינשי DT 29:3
למשאר אומניא **יהב** מנדעא בליביה הוא ואהליאב EX 35:34
ואקם תמן מדבחא ותמן **יהב** מעשריא דאפריש מן כל דיליה GN 33:20
כהנא: ולבני קהת לא **יהב** עגלן ותורין ארום פולחן NU 7:9
משכנא ותרין שירין **יהב** על ידהא מתקל עשר סילעין GN 24:22
על צית שמייא וייי **יהב** קלין וברדין ומצלהבא אישתא EX 9:23
בכנישתהון דישראל **יהב** שמיעא לארעא וצייתא DT 32:1
בכנישתהון דישראל **יהב** שמיעא לשמייא וצייתא DT 32:1
אסטולי ולבוש ולבנימין **יהב** תלת מאה סילעין דכסף וחמש GN 45:22
אורייתא פקיד לנא משה **יהבא** ירתו לקהל שבטייא דיעקב: DT 33:4
דמסדרן על תרין ציטרוי **יהבו** על תרתין מרמצתא ויהבונון EX 39:18
בשמי מרומא וכדון **יהביה** ייי לכון למיכל: דין פיתגמא EX 16:15
תיב: ולות שרה אמר הא **יהבית** אלף סילעין דכסף לאחוך GN 20:16
לדרי עלמא: ית קשתי **יהבית** בעננא ותהי לסימן קיים בין GN 9:13
ותיתבון בה ארום לכון **יהבית** ית ארעא למירות יתה: NU 33:53
עד יומא הדין: ולמכיר **יהבית** ית גלעד: ולשיבט ראובן DT 3:15
ריגלא ארום ירותא לעשו **יהבית** ית טוורא דגבלא מטול DT 2:5
וחמית ית גופיך דאילו **יהבית** ית כל דהוה לי לא הוינא GN 20:16
ישראל: ולבנוי דלוי הא **יהבית** ית כל מעשרא בישראל NU 18:21
ירותא ארום לבנוי דלוט **יהבית** ית לחיית ירותא: אימתניא DT 2:9
אבאישו עובדיהון הא **יהבית** להון ארכא מאה ועשרין GN 6:3
בני ישראל קדם ייי **יהבית** לך ולבנך ולבנתך עימך NU 18:19
ריבוני קבל מיני חקלא **יהבית** לך ומערתא דביה לך יהבתה GN 23:11
ייי עם אהרן ואנא בחדוא **יהבית** לך ית מטרת אפרשותיי NU 18:8
דאבהתכון: ואנא הא **יהבית** לך ית קרתא דשכם חולק GN 48:22
ואחסינו ית ארעא די **יהבית** לכון וסריבתון על מימרא DT 9:23
יהי למיכל כירוק עיסבא **יהבית** לכון ית כולא: ברם בישרא GN 9:3
לכון יתבון בקירויכון די **יהבית** לכון: עד זמן דיניח ייי DT 3:19
קדם ייי אפרשותא **יהבית** לליואי לאחסנא בגין כן NU 18:24
וכל מתנן מלכותיה דעוג **יהבית** לשיבט מנשה כל תחום בית DT 3:13
טוורא דגלעד וקירווי **יהבית** לשיבט ראובן ולשיבט גד: DT 3:12
מיניה במסאב ולא **יהבית** מיניה תכריכין לנפש דמית DT 26:14
ראובן ולשיבט גד **יהבית** מן גלעד ועד נחלי ארנונא DT 3:16
מגו עלמא הלא **יהבית** רוח קדשי בהום מן בגלל די GN 6:3
קודשיא מן ביתא ולחוד **יהבנן** מעשרא קמאה לליואי DT 26:13
ואמר אברם הא לי לא **יהבת** בר והא בר פרנסת ביתי ירת GN 15:3
אברם ייי אלקים סגין **יהבת** לי וסגין אית קדמך למיתן לי GN 15:2

איתתא דיהבת גביי היא **יהבת** לי מן פירי אילנא ואכלית: GN 3:12
מן דינא ואמר בגין דלא **יהבתא** לשלה ברי אירע יתי כדון GN 38:26
מטול זכותיה דאברהם **יהבתה** ירותה: ארע גיבריא DT 2:19
למתנא באנפי בני עמי **יהבתה** לך איזל קבר מיתך: וגחן ליה GN 23:11
לך ומערתא דביה לך **יהבתה** למתנא באנפי בני עמי GN 23:11
בישרא באדמא הוא ואנא **יהבתיה** לכון לגזירתא דתיתינון LV 17:11
דיתנון קדם ייי לך **יהבתינון**: ביכורים דכל פירי אילני NU 18:12
ארמות בני ישראל לך **יהבתינון** ולבנך ולבנתך עימך לקיים NU 18:11
קודשיא דבני ישראל לך **יהבתינון** לרבו ולבנך לקיים עלם: NU 18:8
לתלת חולקין חדא **יהיב** בחייל וחדא בטוור מישחא NU 19:9
עובריא במעהון והוה **יהיב** יוסף במעהא דרחל ודינה GN 30:21
ית ארעא דכנען דאנא **יהיב** לבני ישראל גברא חד גברא NU 13:2
לא תיעול לארעא דאנא **יהיב** לבני ישראל: ודא סדר ברכתא DT 32:52
ית ארעא דכנען דאנא **יהיב** לבני ישראל לאחסנא: ושכוב DT 32:49
כסף ברם גט פיטורין **יהיב** לה: דימחי לבר ישראל או לבת EX 21:11
על ארעא: ארום הא אנא **יהיב** להון ארכא שובעא יומין אין GN 7:4
ויעבדון בארעא דאנא **יהיב** להון למירתה: וכדון טורו DT 5:31
ית כל עממיא דייי אלקך **יהיב** לך לא תיחוס עינך עליהון ולא DT 7:16
בחדא מן קרוך דייי אלקך **יהיב** לך לא תתקף ית לבבך ולא DT 15:7
בארעכון דייי אלקכון **יהיב** לכון אחסנא ויהי עליכון חובת DT 19:10
לארעא דייי אלקכון **יהיב** לכון אחסנא ותירתונה DT 26:1
האילין דייי אלקכון **יהיב** לכון אחסנא לא תקיימון כל DT 20:16
ייי בארעא דייי אלקכון **יהיב** לכון אחסנא: לחוד אין קבלא DT 15:4
חזור בארעא דייי אלקכון **יהיב** לכון אחסנא למירתה תמחון DT 25:19
ית ארעא דייי אלקכון **יהיב** לכון אחסנת: ארום יסב גבר DT 24:4
מן קרויכון דייי אלקכון **יהיב** לכון: אילהין באתרא דיתרעי DT 16:5
לארעא דייי אלקכון **יהיב** לכון: ארום אנא שכיב בארעא DT 4:21
על ארעא דייי אלקכון **יהיב** לכון: ארום מרחק קדם ייי DT 25:15
לארעא דייי אלקכון **יהיב** לכון ארעא דפירהא שמינין DT 27:3
ית שבתא בגין כן הוא **יהיב** לכון ביום שתיתאה לחים EX 16:29
מן קורייכון דייי אלקכון **יהיב** לכון גבר או איתא דיעבד DT 17:2
ית ארעא דייי אלקכון **יהיב** לכון: היכמא דליתיכון רשאין DT 16:20
תיעלון לארעא דאנא **יהיב** לכון ותחצדון ית חצדא LV 23:10
ית ארעא דייי אלקכון **יהיב** לכון ותירתון יתה ותיתבון בה: DT 11:31
לארעא דייי אלקכון **יהיב** לכון ותירתון יתה ותיתבון בה DT 17:14
לארע מותבניכון דאנא **יהיב** לכון: ותעבדון על מדבחא NU 15:2
ארעא דייי אלקכון **יהיב** לכון: ותעברון ית יורדנא DT 12:9
לארעא דייי אלקכון **יהיב** לכון ותקימין לכון אבנין DT 27:2
דארעא דייי אלקכון **יהיב** לכון ותשוון בסלא ותהכון DT 26:2
ארעא משבחא דייי **יהיב** לכון: ותשוון ית פיתגמיי אילין DT 11:17
תיעלון לארעא דאנא **יהיב** לכון ותשמיט ארעא שמיטתא LV 25:2
ית ארעא דייי אלקכון **יהיב** לכון ותתובון גבר לירותתיה DT 3:20
בארעא דייי אלקכון **יהיב** לכון: יקים יתכון מימרא דייי DT 28:8
ההיא למימר ייי אלקכון **יהיב** לכון ית ארעא הדא למירתא DT 3:18
לא בזכותכון ייי אלקכון **יהיב** לכון ית ארעא משבחא הדא DT 9:6
ית עממיא דייי אלקכון **יהיב** לכון ית ארעהון ותירתונון DT 19:1
על ארעא דייי אלקכון **יהיב** לכון כל יומיא: הא בכן אפריש DT 4:40
ית ארעכון דייי אלקכון **יהיב** לכון: לא תחמון ית תורא DT 21:23
לארעא דייי אלקכון **יהיב** לכון לא תילפון למעבד DT 18:9
לארעא דכנען דאנא **יהיב** לכון לאחסנא ומשתכח גבר LV 14:34
דייי אלקא דאבהתכון **יהיב** לכון: ליתכון רשאין למוספא DT 4:1
בארעא דייי אלקכון **יהיב** לכון למירתה: לא יתקיים DT 19:14
בארעא דייי אלקכון **יהיב** לכון למירתה רמי ולא צלוב DT 21:1
בגו ארעכון דייי אלקכון **יהיב** לכון למירתה: תכוונון לכון DT 19:2
מן קרויכון דייי אלקכון **יהיב** לכון למיתב תמן למימר: נפקו DT 13:13
קירויכון דייי אלקכון **יהיב** לכון לשבטיכון וידונון ית DT 16:18
על ארעא דייי אלקכון **יהיב** לכון: עמי בני ישראל לא תהוון DT 5:16
אמר פרעה לית אנא **יהיב** לכון תיבנא: אתון איזילו סבו EX 5:10
דהויתון עבדין כד הוה **יהיב** לכון תיבנא: ולקו סרכי בני EX 5:13
לארעא דייי אלקנא **יהיב** לנא: ולא צבא סיחן מלכא DT 2:29
טבא ארעא דייי אלקנא **יהיב** לנא: ולא צביתון למיסוק DT 1:25
דאמוראה דייי אלקנא **יהיב** לנא: חמון דיהב ייי אלקכון DT 1:20
וית דינייא די אנא **יהיב** קדמיכון יומא דין: אילין DT 11:32
שוויה דפרזלא הא היא **יהיבא** בבית ארכיון ברבת בני עמון DT 3:11
עלה חי וקיים והא היא **יהיבא** בין רקם ובין חלוצא: וילידת GN 16:14
יסודי טוורייא: וכד הינון **יהיבין** בבבל הוון פלחין לטעוותהון DT 32:23
על לוחי קיימא דהוון **יהיבין** בכף ידוי דמשה ומתהפיך EX 20:2
לאהרן ולבנוי מתנה הינון **יהיבין** ומסירין ליה מלות בני NU 3:9
ישראל: ויהבית ית ליואי **יהיבין** לאהרן ולבנוי מגו בני ישראל NU 8:19
טוורא דעיבל: הלא הינון **יהיבין** מלהלא ליורדנא אחורי אורח DT 11:30
בני ישראל לכון מתנא **יהיבין** קדם ייי למפלח ית פולחן NU 18:6
חות מן רבות יקרך דלא **יהיבת** לך רבותא אלהין בגין EX 32:7
ארעא: ואמר אלקים הא **יהיבת** לכון ית כל עיסבא דביזריה GN 1:29
גבר לפום סכומהון **יתיהב** אחסנתיה: ברם בעדבין NU 26:54

מומא באינשא היכדין **יתיהב** ביה: ומן דיקטול בעירא LV 24:20
איזילו פלחו ותיבנא לא **יתיהב** לכון וסכום ליבנייא תתנון: EX 5:18
וגמלייא לתרין משרויין **למוהבות** לאה ולמוהבות רחל: GN 32:8
וברם ארום חולקא אמר **למתיהבא** להום מלות פרעה GN 47:22
דעד כדון לא מטא זימנא **למתיהבא** נקמתא באדום בידהון: NU 20:21
מצוותא: גבר הי כמיסת **מוהבות** ידיה הי כבירכתא דייי DT 16:17
גרמיה בזנו: לא תעלון אגר **מוהבות** מטעיתא ופירוג דכלב DT 23:19
ביני אחוי עשרין וארבע **מוהבותא** דכהונתא דיהב ליה ייי DT 18:2
מטול דעשרין וארבע **מוהבתא** דכהניא איתגזרו בקיים LV 2:13
כדין לעבדך: תיבנא לא **מיתיהב** לעבדך וליבניא אמרין לנא EX 5:16
ציפונא מטול דמתמן **מתיהב** עותרא ומתמן קלחן רסיסי EX 40:4
בנשמת בר נש ומיניה **מתיהב** רוח נשמתא לכל בישרא NU 27:16
בגופי בני נשא ומיניה **מתיהבא** רוחא לכל בישרא האין NU 16:22
דכי הוא: וארום אין **מתיהיב** מוי על בר זרעא ויפיל LV 11:38
אשכחנא רחמין קדמך **תתיהב** ארע הדא לעבדך אחסנא NU 32:5

יובלא (22)

ביתא וקירוי אחסנתהון **ביובלא** ארום בתי קירוי ליואי היא LV 25:33
יתיה לדרוי לא יפוק **ביובלא:** ובתי כופרניא דלית להון LV 25:30
תוב: ויהי חקלא במיפקיה **ביובלא** קודשא קדם ייי הי כחקיל LV 27:21
ויפוק בר חורין בשתא **דיובילא** הוא ובנוי עימיה: ארום LV 25:54
דיזדבן ליה עד שתא **דיובילא** ויהי כסף זבינוי במניין LV 25:50
מן דזבן יתיה עד שתא **דיובילא** ויפוק בלא כסף ויתוב LV 25:28
סילעין דכסף: אין משתא **דיובילא** יקדיש חקליה הי כעלוייה LV 27:17
ית עללתא: בשתא **דיובלא** הדא תתובון גבר LV 25:13
בשניא עד שתא **דיובלא** ויחשיב ליה כפום סכום LV 25:52
דמי עלוייה עד שתא **דיובלא** ויתן ית עלוייה ביומא LV 27:23
דמשתיירן עד שתא **דיובלא** ומנכי ליה מן עלוייה: ואין LV 27:18
יהי עימך עד שתא **דיובלא** יפלח עימך: ויפוק לבר חורין LV 25:40
קודשא קדם ייי: בשתא **דיובלא** יתוב חקלא למן דזבניה LV 27:24
דשמטתא ובסימניא **וביובלא** ובמותת ריבונהא ופורקן EX 21:7
פורקנא תהי לכון **וביובלא** יפקון: וקירוי ליואי בתי LV 25:31
דישראל לכל יתבהא **יובילא** היא תהי לכון ותתובון גבר LV 25:10
כעלוייה יקום: ואין בתר **יובילא** יקדיש חקליה וידייק ליה LV 27:18
יתמנע: ואין יהוי **יובילא** לבני ישראל ותיתוסף NU 36:4
ית עינבי שמיטהא: ארום **יובלא** היא קודשא תהי לכון מן LV 25:12
וגבר לייחוסיה תתובון: **יובלא** היא שנת חמשין שנין תהי LV 25:11
ויהי ליה עבד פלח עד **יובלא:** וארום יזבון גבר בר ישראל EX 21:6
כמניין סכום שנייא בתר **יובלא** תזבנון מן חבריכון כמניין LV 25:15

יוהרא (2)

דרגשא דדהבא מקבעא **בוורדין** וסנדלכין ובורלין מיתקנא DT 34:6
איזל לפישון וסב מתמן **יורדא** ותשויניה בתיבותא לאנהרא GN 6:16

יום (839)

ביר בוכרא לסניתא: ויהי **ביום** אחסנותיה ית בנוי ית ניכסין DT 21:16
ירימיניה כהנא: ותעבדון **ביום** ארמותכון ית עומרא אימר LV 23:12
על כל מה דעבדת **ביום** דינא רבא: וקרא אדם שום GN 3:19
על מגן ארום לא מזכי ייי **ביום** דינא רבא ית כל מאן EX 20:7
על מגן ארום לא מזכי ייי **ביום** דינא רבא ית כל מאן DT 5:11
מן בגלל דלא יתבעון גבה **ביום** דינא רבא לעלמא דאתי EX 15:12
למיהוי מתחייב עימה **ביום** דינא רבא לעלמא דאתי: והוה GN 39:10
ולדלא תייבין לא מזכי **ביום** דינא רבא מסער חובי אבהן EX 34:7
ויסאב ריש נזריה רישיה **ביום** דכותיה ביומא שביעאה NU 6:9
חנוכת רבותיה דמדבחא **ביום** דרביו יתיה מנכסי רברבי NU 7:84
בטוורא מיגו אישתא **ביום** כנישת קהלא: והוה מסוף DT 9:10
אחוויית אורייתא ניזרא **ביום** מישלם יומי אפרשותיה ימטי NU 6:13
מריר כס דלווט דישתון **ביום** פורענותהון והיך רישי DT 32:33
ניכסת תודת קודשוי **ביום** קרבניה יתאכל לית אפשר LV 7:15
מחתיא וייכלון מותנא **ביום** רוגזך וקרבן גמיר לרעוא על DT 33:10
במימרי איברכינון: והוה **ביום** ריש ירחא דניסן פסק משה NU 7:1
בגין כן הוא יהיב לכון **ביום** שתיתאה לחים לתרין יומין EX 16:29
ית בישרך מינך: והוה **ביום** תליתאי יום גנוסא דפרעה GN 40:20
כזיו רקיעין דיברא ייי **ביום** תניין לבריאת עלמא ומתחינון NU 24:6
קומוי דאיתבריין **ביום** תניין לבריית עלמא נעבד GN 1:26
קודשיא תורין וגומר: **ביום** תריסר יומא קריב רב בית NU 7:78
דעדן ונצביה לכרמא וביה **ביומא** אנייצת ובשילת עינבין GN 9:20
דייתון לקמיהון למיכל **ביומא** בשבתא ויערבון בבתיא EX 16:5
אברהם משתיא רבא **ביומא** דאחסין ית יצחק: וחמת GN 21:8
וקרא ית שומהון אדם **ביומא** דאיתבריין: וחיא אדם מאה GN 5:2
קשייתא כאילין ארום **ביומא** דאת חמי סבר אפיי יתקוף EX 10:28
בטוורא מיגו אישתא **ביומא** דאתכנשו קהלא ויהבינון ייי DT 10:4
קדם ייי אלקכון בחורב **ביומא** דאתכנשו שבטיא למקבלא DT 18:16
ואתקריין על שמיה **ביומא** דאתרבייו מטול דאתקרב NU 3:3
ספר ייחוס תולדת אדם **ביומא** דברא ייי אדם בדיוקנא דייי GN 5:1
ומשמש קדמיהון: והוה **ביומא** דבתר יומא דכיפורי ויתיב EX 18:13
תהי אורייתא דמצרעא **ביומא** דדכותיה ויתיתי לוות כהנא: LV 14:2

דמיא הוון מנסכין **ביומא** דחגא דמטליא דוכרן טב NU 29:31
דיכלון מקורבניא דייי **ביומא** די יקרבון יתהון לשמשא LV 7:35
נסיבתא נכסת קורבניה **ביומא** דיקרב ית ניכסתיה יתאכל LV 7:16
ודבנוי די יקרבון קדם ייי **ביומא** דירבון יתיה למחסן כהונתא LV 6:13
ייי עם משה למימר: **ביומא** דירחא קמאה הוא ירחא EX 40:2
לחיוור דכי הוא: ברם **ביומא** דיתחמי ביה בישריה חייא LV 13:14
ייי לרעוא לכון תיכסוניה: **ביומא** דיתנכס יתאכל וביומא חרן LV 19:6
רבותא ומטול דלא צלי **ביומא** דכיפורי בקודש קודשיא על NU 35:25
שביעאה בעשרא לירחא **ביומא** דכיפורייא תעברון קל שופר LV 25:9
בית ישראל ית ינוקא **ביומא** דמהולתא למימר ישוינך ייי GN 48:20
אחתהון דאיתקטילת **ביומא** דמותנא על עיסק פעור: והוה NU 25:18
ארום לא חמיתון כל דמו **ביומא** דמליל ייי עימכון מיגו DT 4:15
נביא ואהרן כהנא: והוה **ביומא** דמליל ייי עם משה בארעא EX 6:28
אהרן ומשה דאתיחסו **ביומא** דמליל ייי עם משה בטוורא NU 3:1
וארעא כד אתברייו **ביומא** דעבד ייי אלקים ארעא GN 2:4
לאלקא דקבל צלותי **ביומא** דעקתי והוה מימריה בסעדי GN 35:3
ית משה בטוורא דסיני **ביומא** דפקיד ית בני ישראל לקרבא LV 7:38
בוכרא בארעא דמצרים **ביומא** דקטלית כל בוכרא בארעא NU 3:13
ישראל באינשא ובבעירא **ביומא** דקטלית כל בוכרא בארעא NU 8:17
דא חנוכת רבות מדבחא **ביומא** דרביו יתיה: וכד עליל משה NU 7:88
חנוכת רבותא דמדבחא **ביומא** דרביו יתיה וקריבו רברביא NU 7:10
מאן די עביד עיבידתא **ביומא** דשבתא אתקטלא יתקטל EX 31:15
ייי כל דיעבד עיבידתא **ביומא** דשבתא אתקטלא יתקטל EX 35:2
לאדכרא קורבנא קדם ייי: **ביומא** דשבתא ביומא דשבתא LV 24:8
בכל אתר מותבניכון **ביומא** דשבתא: ואמר משה לכל EX 35:3
בוצינייא תדירא **ביומא** דשבתא וביומא דעובדא: LV 24:2
אזיל ואתלוש קיסין **ביומא** דשבתא ויחמון יתי סהדיא NU 15:32
כד תליש ועקר קיסין **ביומא** דשבתא: וקריבו יתיה בתר NU 15:32
קדם ייי: ביומא דשבתא **ביומא** דשבתא יסדריניה חדת קדם LV 24:8
ואין יבטל איבהא יתה **ביומא** דשמע או לא אתכוון NU 30:6
על נפשה יתקיימון: ואין **ביומא** דשמע בעלה בטיל לה וישרי NU 30:9
לה ואתכוון ולא שרינון **ביומא** דשמע: ואין מישרא ישרי לה NU 30:15
מישרא ישרי יתהון בעלה **ביומא** דשמע כל אפקות סיפמהא NU 30:13
דהוא דיליה יתנינה **ביומא** דתהא על חובתיה: וית קרבן LV 5:24
לא תיכול מיניה ארי **ביומא** דתיכול תהי חייב קטול: GN 2:17
ארום גלי קדם ייי ארום **ביומא** דתיכלון מיניה ותיהוון GN 3:5
מפקיד לכון יומנא: ויהי **ביומא** דתעברון ית יורדנא לארעא DT 27:2
דנהרא שחילתיה: והוה **ביומא** האינון ורבא משה ונפק לות EX 2:11
בשבסרי יומין לירחא **ביומא** הדין איתבזעו כל מבועי GN 7:11
ישראל מארעא דמצרים **ביומא** הדין בחד לירחא אתו EX 19:1
וסדר ית סדר קורבניא **ביומא** הדין היכדין פקיד ייי למעבד LV 8:34
רבא לעלמא דאתי: והוה **ביומא** הדין ועל לביתא למבחוש GN 39:11
דיתגייר ביניכון: ארום **ביומא** הדין יכפר עליכון לדכאה LV 16:30
למתעבדא לן שיזבתא **ביומא** הדין לקיימא עם סגי מדבית GN 50:20
ארום מקבר תקברוניה **ביומא** ההוא ארום קילותא קדם DT 21:23
עבר בין פסוגיא האילין: **ביומא** ההוא גזר ייי עם אברם קיים GN 15:18
ולא יכילו למעבד פיסחא **ביומא** ההוא דהוה יום שביעאה NU 9:6
עימהון: ויתקוף רוגזי בהון **ביומא** ההוא ואירחיקינון ואסלק DT 31:17
לקדם משה וקדם אהרן **ביומא** ההוא: ואמרו גובריא האינון NU 9:6
מלותיה בשלם: והוה **ביומא** ההוא ואתו עבדי יצחק ותנו GN 26:32
תלתין ושית מילין הליך **ביומא** ההוא והוא הוה מידבר קדם NU 10:33
למיתא ויקדש ית רישיה **ביומא** ההוא: ויפריש קדם ייי ית NU 6:11
תייבא ציפורא תמן **ביומא** ההוא ומיתכשרא למיכלא LV 14:53
צפרא חייתא לבייתיה **ביומא** ההוא ומתכשרא למיכלא LV 14:7
להון ייי: ותקיף רוגזא דייי **ביומא** ההוא וקיים למימר: אין NU 32:10
בני ישראל: ואתא משה **ביומא** ההוא וקרא לסבי עמא וסדר EX 19:7
דיהי כפיתגמך: ואפריש **ביומא** ההוא ית ברחיא דסימנא GN 30:35
ופרק ושיזיב ייי **ביומא** ההוא ית ישראל מן ידיהון EX 14:30
עמא דאנת שרי ביניהון **ביומא** ההוא ית עובדא דייי ארום EX 34:10
מפולחנהון: ופקיד פרעה **ביומא** ההוא ית שולטנייא דעמא EX 5:6
דייי לרעוא לכון תיכסון: **ביומא** ההוא יתאכל לא תשיירון LV 22:30
באפיהון בקטילת סייפא **ביומא** ההוא כמניין תלתא אלפין EX 32:28
בטוורא: ונחת משה **ביומא** ההוא לות עמא וזמין ית EX 19:14
דין: ופקיד משה ית עמא **ביומא** ההוא למימר: אילין שבטיא DT 27:11
סגיאין בעממיא: ובריכינון **ביומא** ההוא למימר בך יוסף ברי GN 48:20
בכל תחומך: ותתני לברך **ביומא** ההוא למימר מן בגלל EX 13:8
קרבא למחר ולא איזדרז **ביומא** ההוא לפורקנא דישראל ולא EX 17:12
דהינון עלה: ואעבד פלאין **ביומא** ההוא עם ארעא דגושן דעמי EX 8:18
ניסא ליעקב ותב **ביומא** ההוא עשו לאורחיה לגבלא: GN 33:16
תלתא צפיריא איתקריבו **ביומא** ההוא צפירא דריש ירחא LV 10:16
דיובלא ויתן ית עלוייה **ביומא** ההוא קודשא קדם ייי: LV 27:23
למכתוב כל דעליל **ביומא** ההוא שמיה ושם אבוי והוא GN 42:6
יתה וית ברה לא תיכסון **ביומא** חד: וארום תיכסון ניכסת LV 22:28
קודשיא תורין וגומר: **ביומא** חדסר קריב רב בית אבא NU 7:72

ולניכסת קודשיא וגומר: **ביומא** חמישאה קריב רב בית אבא NU 7:36
יומא דין בירכתא: והוה **ביומא** חרי ואמר משה לעמא אתון EX 32:30
כל כנישתא דבני ישראל **ביומא** חרן על משה ועל אהרן NU 17:6
מותר נכסת קודשיא **ביומא** טבא: וכדא הילכתא תיכלון EX 12:10
קודשיא תורין וגומר: **ביומא** עשיראה קריב רב בית אבא NU 7:66
יומין פטירי תיכלון: **ביומא** קדמאה דחגא מארע קדיש LV 23:7
שובעא יומין לשמא דייי: **ביומא** קדמאה דחגא מארע קדיש LV 23:35
מיפק חגא ותהך לקרווך: **ביומא** קמא תקרבון ית עומרא DT 16:8
יומין פטירי יתאכל: **ביומא** קמאה דחגא מארע קדיש NU 28:18
נייחא: ותיסבון מן דילכון **ביומא** קמאה דחגא פירי אילן LV 23:40
מדבחא: והוה דמקרב **ביומא** קמאה ית קורבניהן נחשון NU 7:12
בישרא דתיכסון ברמשא **ביומא** קמאה לצפרא: לית לכון רשו DT 16:4
ית חגא דייי שובעא יומין **ביומא** קמאה נייחא וביומא LV 23:39
קדם ייי: ואמר ייי למשה **ביומא** רביעאה איזל לות עמא EX 19:10
ולניכסת קודשיא וגומר: **ביומא** רביעאה קריב רב בית אבא NU 7:30
חילוותהון: ושלים אלקים **ביומא** שביעא עיבידתיה דעבד GN 2:2
יומין: ויחמיניה כהנא **ביומא** שביעאה אין הלכא תהליך LV 13:27
יומין: ויחמי ית מכתשא **ביומא** שביעאה ארום הליך פיסיון LV 13:51
כל מא דאית בהון ונח **ביומא** שביעאה בגין כן בריך ייי ית EX 20:11
מיכאל סרכן חכמתא **ביומא** שביעאה בירחא סק לקדם EX 24:1
ויחמי כהנא ית מכתשא **ביומא** שביעאה והא לא הליך LV 13:32
ויחמי כהנא ית ניתקא **ביומא** שביעאה והא לא הליך LV 13:34
יומין: ויחמיניה כהנא **ביומא** שביעאה והא מכתשא קם LV 13:5
שובעא יומין: ויתוב כהנא **ביומא** שביעאה ויחמי והא הליך LV 14:39
וביומא שביעאה וידכיניה **ביומא** שביעאה ויצבע לבושוי NU 19:19
לבר מתרין אלפין גרמידי **ביומא** שביעאה: ונחו עמא ביומא EX 16:29
שביעאה: ונחו עמא **ביומא** שביעאה: וקרון בית ישראל EX 16:30
דמוי: ותחוורון לבושיכון **ביומא** שביעאה ותידכון ומן בתר כן NU 31:24
רישיה ביום דכותיה **ביומא** שביעאה יגלבניניה: וביומא NU 6:9
שובעא יומין: ויהי **ביומא** שביעאה יספר ית כל שעריה LV 14:9
שיתא יומין וקרא למשה **ביומא** שביעאה מיגו עננא: וחיזו זיו EX 24:16
דברא ביני שימשתא ונח **ביומא** שביעאה מכל עיבידתיה GN 2:2
יהי ביה מנא נחית: והוה **ביומא** שביעאה נפקו מן רשיעי EX 16:27
ולניכסת קודשיא וגומר: **ביומא** שביעאה קריב רב בית אבא NU 7:48
תניינות: ויחמי כהנא יתיה **ביומא** שביעאה תניינות והא עמא LV 13:6
לשמא דייי שבעתי יומין **ביומא** שביעתא דחגא מארע קדיש LV 23:8
ולניכסת קודשיא וגומר: **ביומא** שתיתאה קריב רב בית אבא NU 7:42
דאורייתי אין לא: ויהי **ביומא** שתיתאיי ויזמנון מה דייתון EX 16:5
צדיין ואכלין יתהון: והוה **ביומא** שתיתיאה לקטו לחם EX 16:22
וטמריה בחלא: ונפק **ביומא** תיניינא ואודיק והא דתן EX 2:13
לתשמיש דעריס: והוה **ביומא** תליתאה בשיתא בירחא EX 19:16
יומין: ואמר להום יוסף **ביומא** תליתאה דא עיבידו GN 42:18
קדם ייי: ואמר ייי למשה **ביומא** תליתאה הא אנא מתגלי EX 19:9
ידי עלוי מי קיטמא ההוא **ביומא** תליתאה וביומא שביעאה NU 19:12
דכיא על גברא מסאבא **ביומא** תליתאה וביומא שביעאה NU 19:19
בקטילא תדון עלוי **ביומא** תליתאה וביומא שביעאה NU 31:19
לאתרא דאמר ליה ייי: **ביומא** תליתאה וזקף אברהם ית GN 22:4
טפת ובכין איתני ללבן **ביומא** תליתאה וידע ארום ערק GN 31:22
וידכי ואין לא ידי עלוי **ביומא** תליתאה יעכב עלוי וביומא NU 19:12
לימא תליתאה ארום **ביומא** תליתאה יתגלי ייי לעיני כל EX 19:11
נפקי תרע קרתיה: והוה **ביומא** תליתאה כד הוו מתמקמקין GN 34:25
מבשר ניכסת קודשיא **ביומא** תליתאה לא יתרעי מן LV 7:17
ואין אתאכלא יתאכל **ביומא** תליתאה פסיל הוא לא יהוי LV 19:7
מניכסוי.נתנאל בר צוער: **ביומא** תליתאה קריב רב בית אבא NU 7:24
למנחתה וחמר ניסוכה: **ביומא** תמינאה כנישין תהוון NU 29:35
וחד עלתא: וייתי יתהון **ביומא** תמינאה לדכותיה לות כהנא LV 14:23
ייי בידא דמשה: והוה **ביומא** תמינאה לרבות אהרן ובנוי LV 9:1
קודשיא תורין וגומר: **ביומא** תמינאה קריב רב בית אבא NU 7:54
קבל טוורא: ומשה סליק **ביומא** תניינא לריש טוורא וקרא EX 19:3
מנכסוי נחשון בר עמינדב: **ביומא** תניינא קריב ית קורבניה NU 7:18
תורין תרין וגומר: **ביומא** תשיעאה קריב רב בית אבא NU 7:60
בנין שום חד פלג ארום **ביומוי** איתפליגת ארעא ושום אחוי GN 10:25
אנא הוא ייי אלקהון **ביומוי** דגוג: ודכירנא להון קים LV 26:44
ישמעאל עבד תתובא **ביומוי** ובתר כן אתכנש לעמיה: GN 25:8
וכל חד וחד מני פרנסא **ביומוי** יעקב אבונן ודוד מלכא DT 31:14
ולא אנשיית: לא אכלית **ביומי** אבלי מיניה ולא אפרשית DT 26:14
דמוי די חפסו עבדי אבוי **ביומי** אברהם אבוי וטמונינון GN 26:18
בירין דחפסו עבדי אבוי **ביומי** אברהם אבוי טמונינון GN 26:15
בר מכפנא קדמאה דהוה **ביומי** אברהם ואזל יצחק לות GN 26:1
מדבחא קדם ייי: והוה **ביומי** אמרפל הוא נמרוד דאמר GN 14:1
זימנא בשתא יכפר עלוי **ביומי** דכיפורי לדריכון קודש EX 30:10
בין איבא לברתיה **ביומי** טליותא עד דהיא בבית NU 30:17
דהיא בבית איבהא ולא **ביומי** טליותה והיא בבית בעלה: NU 30:17
ליתבי אבל מן דין קטול **ביומי** יואב ובנוי דבריעה דנחתו GN 46:17

למיהוי שיזבותא לבנוי **ביומי** יפתח דמן גלעד: ובתר דאזל GN 31:21
שפיותא בעיקבא **ביומי** מלכא משיחא: לאינתתא GN 3:15
דבית עמלק וסופיהון **ביומי** מלכא משיחא למסדרא NU 24:20
שמיה אשר: ואזל ראובן **ביומי** סיון בזמן חצד חינטין GN 30:14
דתפילי לזמנא דחזי לה **ביומי** עובדא ולא בשביה ומועדייא EX 13:10
יומי שני חיי אבהתיי **ביומי** תותבותהון: ובריך יעקב ית GN 47:9
מן שמיא והוו בארעא **ביומיא** האינון ואוף בתר כן דעלון GN 6:4
כהניא ודיינייא דיהון **ביומיא** האינון: ויתבעון דיינייא DT 19:17
די יהוי ממני לכהין רב **ביומיא** האינון ותימרון ליה אודינן DT 26:3
לוי ולות דיינא די יהי **ביומיא** האינון ותיתבעון מנהון DT 17:9
וניסוכין פיתגם יום **ביומיה:** בר מן יומי שביא דייי בר LV 23:37
עיבידתכון פיתגם יום **ביומיה** היכמא דהויתון עבדין כד EX 5:13
מן ליבניכון דפתגם יום **ביומיה:** וארעו ית משה וית אהרן EX 5:19
עמא וילקטון פיתגם יום **ביומיה** מן בגלל לנסוייהון אין נטרין EX 16:4
בארעכון בקרויכון: **ביומיה** תפרע ליה סוטריה ולא DT 24:15
נוכרייא דלא דידי: והוה **ביומייא** סגיאייא האינון ואיתכתש EX 2:23
חיתאה: ואברהם סיב על **ביומין** ומימרא דייי בריך ית אברהם GN 24:1
ואברהם ושרה סבין עלו **ביומין** פסק מלמהוי לשרה אורח GN 18:11
ויעדי כפנא מן עלמא **ביומך:** ואמר פרעה ליעקב כמה GN 47:7
גולייתכון דתתעטפון בה **בימַמא:** ארום יסב אינש איתא DT 22:12
עלי הוה למשלמא: הויתי **בימַמא** בחקלא אכלני שרבא GN 31:40
דייי מטלל עילויהון **בימַמא** במיטלהון מן משריתא: NU 10:34
כתיב ועננא דייי עליהון **בימַמא** במיטלהון מן משריתא וביה NU 2:18
דייי מידבר קדמיהון **בימַמא** בעמודא דעננא לדברותהון EX 13:21
בשיטריהון ברקיעא **בימַמא** ובליליא וית מישחא EX 39:37
על ארעא: ולמישמשא **בימַמא** ובלילייא ולמפרשא בין GN 1:18
לאנהרא קדמיהון למיזל **בימַמא** ובלילייא: לא עדי עמודא EX 13:21
נהורא רבה למישלט **בימַמא** וית סיהרא דהוה נהורא GN 1:16
לא עדי עמודא דעננא **בימַמא** ועמודא דאישתא בלילייא EX 13:22
הוה מטלל על משכנא **בימַמא** ועמודא דאישתא הוה מנהר EX 40:38
בה ועמודא דעננא **בימַמא:** ושמיע קדם ייי ית קל DT 1:33
דאתון מתעטפין בהון **בימַמא** ותידכרון ית כל פיקודיי NU 15:39
ית משכנא והוה מטלל **בימַמא** למשכנא דסהדותא NU 9:15
תבע יתה מה דמתגניב **בימַמא** מבני נשא עלי הוה GN 31:39
אנת מדבר קדמיהון **בימַמא** מטול למכבא טוריא NU 14:14
ארעא ותתחמי קשתא **בימַמא** עד לא יטמע שימשא GN 9:14
איתקטעא ליה במיתביה **דביומא** חד אזיל וביומא חד תב: GN 24:61
ית שמיה אנוש הוא דרא **דביומוהו** שריו למטעי ועבדו להון GN 4:26
צפרא עד ארבע שעין **דיומא** אינש לפום מיכליה ומן EX 16:21
תרע משכנא לתוקפא **דיומא:** וזקף עינוי וחמא והא תלתא GN 18:1
קמאה איתקצרו שעוי **דיומא** וטמע שימשא בלא אשוניה GN 28:10
בצפר עד ארבע שעין **דיומא** ויסדר עלה עלתא ויסיק LV 6:5
ולמפרשא בין נהורא **דימַמא** ובין חשוך ליליא וחמא GN 1:18
הא מלאכי יטייל קדמך **וביום** אסערותי אסער עליהון EX 32:34
מבעלי דבביכון: **וביום** חדוותכון ומועדכון וברישי NU 10:10
ולגיורא וליציבא דארעא: **וביומא** דאתקם ית משכנא חפא NU 9:15
פולחנא לא תעבדון: **וביומא** דביכוריא בקרוביכון דורונא NU 28:26
תדירא ביומא דשבתא **וביומא** דעובדא: מברא לפרגודא LV 24:2
דמתקבל ברעוא קדם ייי: **וביומא** דשבתא תרין אימרין בני NU 28:9
נדרת וישמע בעלה **וביומא** דשמע יתכווין לקיימותהון NU 30:8
דביומא חד אזיל **וביומא** חד תב: ויצחק הוה אתי מבי GN 24:61
למנחתה וחמר ניסוכה: **וביומא** חמישאה דחגא דמטליא NU 29:26
ביומא דיתנכס יתאכל **וביומא** חרן ומה דמשתייר עד יומא LV 19:6
דחגה ועד יומא שביעאה: **וביומא** קדמאה מארע קדיש EX 12:16
למנחתה וחמר ניסוכה: **וביומא** רביעאה דחגא דמטליא NU 29:23
עלוי ביומא תליתאה **וביומא** שביעאה אתון ושביכון: וכל NU 31:19
שיתא יומין תלקוטניה **וביומא** שביעאה דהוא שבתא לא EX 16:26
טב לרביעא דמיטרא: **וביומא** שביעאה דחגא דמטליא NU 29:32
פטירי מעללתא חדתא **וביומא** שביעאה ההוא תהון כנישין DT 16:8
ההוא ביומא תליתאה **וביומא** שביעאה וידכי ואין לא ידי NU 19:12
מסאבא ביומא תליתאה **וביומא** שביעאה וידכיניה ביומא NU 19:19
יומין תיכול פטירי **וביומא** שביעאה חגא קדם ייי: EX 13:6
יומין תתעבד עיבידתא **וביומא** שביעאה יהי לכון קודשא EX 35:2
תליתאה יעכב עלוי **וביומא** שביעאה לא ידכי: כל דיקרב NU 19:12
קדמאה מארע קדיש **וביומא** שביעאה מארע קדיש יהי EX 12:16
תדירא יתעביד וניסוכיה: **וביומא** שביעאה מארע קדיש יהי NU 28:25
יומין תתעבד עיבידא **וביומא** שביעאה שבא ונייחא LV 23:3
ית שמיא וית ארעא **וביומא** שביעאה שבת ונח: ויהב EX 31:17
יומין יתעביד עיבידתא **וביומא** שביעאה שבת שבתא EX 31:15
שיתא יומין תעבד עובדך **וביומא** שביעאה תנוח מן בגלל EX 23:12
סווין דמוי ותדכי: **וביומא** שביעה תיסב לה תרין LV 15:29
שיתא יומין תיפלח **וביומא** שבעיאה תנוח ברידיא EX 34:21
למנחתא וחמר ניסוכה: **וביומא** שתיתאה דחגא דמטליא NU 29:29
וחמר ניסוכיהון: **וביומא** תליתאה דחגא דמטליא NU 29:20

ביומא שביעאה יגלביניה: **וביומא** תמינאה ייתי תרין שפנינין NU 6:10
בישריה במי מבוע וידכי: **וביומא** תמינאה יסב ליה תרין LV 15:14
ית ביסריה במוי וידכי: **וביומא** תמינאה יסב תרין אמרין LV 14:10
יומין ביומא קמאה נייחא **וביומא** תמינאה נייחא: ותיסבון מן LV 23:39
יהי ייניק בתר אימיה **וביומא** תמינאה תפרישיניה קדמיי: EX 22:29
היכדין תיסתאב: **וביומא** תמינאי תשתרי וברא יתגזר LV 12:3
למנחתה וחמר ניסוכא: **וביומא** תניינא דחגא דמטליא NU 29:17
ולא בשביה ומועדייא **ובימּמא** ולא בליליא: ויהי ארום EX 13:10
לרבות אהרן ובנוי **ויום** תמינאה לאשלמוותא הוא LV 9:1
על מה דמלקטין יומא **ויומא**: ואמר משה ואהרן לכל בני EX 16:5
לבתיכון כנישת חדוא **ויומא** טבא ואירוע קדיש תהוי לכון NU 29:35
ותעבדון כל עבידתכון: **ויומא** שביעאה שבא ונייח קדם ייי EX 20:10
ותעבדון כל עיבידתכון: **ויומא** שביעאה שבי ונייח קדם ייי DT 5:14
ועברנא ית נחל טרווייא: **ויומיא** דהליכנא מן רקם גיעא עד DT 2:14
ותיסבון מאיבא דארעא **ויומיא** די אזלו בעשרין ותשעה NU 13:20
אימר בר שתיה לאשמא **ויומיא** קדמאי יבטלון ארום NU 6:12
דזוודין לא עבדו להון: **ויומייא** דיתיבו בני ישראל במצרים EX 12:40
תמוז וקיטא וסיתוא **ויממי** ולילי לא יתבטלון: ובריך GN 8:22
מן מלאכיא משבחייא **ומיומא** דאיתברי עלמא לא מטא GN 32:27
דישתמודע דלא נפיל **ומיומא** תמינאה ולהלאה יתרעי LV 22:27
ענן יקרא ולא נטלין עד **יום** איסתלקותיה: ארום ענן יקרא EX 40:37
טבא קמאה דפיסחא מן **יום** איתוייכון ית עומרא דארמותא LV 23:15
קודשין וניסוכין פיתגם **יום** ביומיה: בר מן יומי שביא דייי בר LV 23:37
עיבידתכון פיתגם **יום** ביומיה היכמא דהויתון עבדין EX 5:13
מן ליבניכון דפתגם **יום** ביומיה: וארעו ית משה וית EX 5:19
עמא וילקטון פיתגם **יום** ביומיה מן בגלל לנסוייהון אין EX 16:4
מינך: והוה ביום תליתאי **יום** גנוסא דפרעה ועבד שורו לכל GN 40:20
עלי ואין דחיקניא להום **יום** חד וימותון כל ענא: יעיבר בבעו GN 33:13
טב:: והוה רמש והוה צפר **יום** חמישאיי: ואמר אלקים תהנפק GN 1:23
פולחנא לא תעבדון **יום** יבבא יהי לכון למערבבא סטנא NU 29:1
ואבהת אבהתך מן **יום** מהויהון על ארעא עד יומא EX 10:6
כדון סיבית לית אנא ידע **יום** מותי: וכדון סב כדון מאני זינך GN 27:2
מן בגלל דתידכרון ית **יום** מיפקכון מארעא דמצרים כל DT 16:3
תפקון שובעא יומין עד **יום** מישלם יומי אשלמוּתכון ארום LV 8:33
טב: והוה רמש והוה צפר **יום** רביעיי: ואמר אלקים ירחשון GN 1:19
ביומא ההוא דהוה **יום** שביעאה לסואבותהון וקריבו NU 9:6
לחדא והוה רמש והו צפר **יום** שתיתיי: ושלימו ברייתי שמייא GN 1:31
ארום קריב למיתי **יום** תברהון ומבעא בישתא DT 32:35
טב: והוה רמש והוה צפר **יום** תליתאי: ואמר אלקים יהון GN 1:13
והוה רמש והוה צפר **יום** תניין: ואמר אלקים יתכנשון GN 1:8
רמשא דעקן מארכן שעי **יומא** באפיכון וברמשא תהוון DT 28:67
ירחא דאייר בארביסר **יומא** ביני שימשתא יעבדון יתיה NU 9:11
בזימניה: בארביסר **יומא** בירחא הדין בין שימשתא NU 9:3
ייי בגין כן יתאמר מן **יומא** דאיתברי עלמא לא הוה GN 10:9
הוי דכוותא במצרים מן **יומא** דאשתכללו אושהא ועד כדון: EX 9:18
ושתיו ורוויו עימיה דמן **יומא** דאתפרשו מיניה לא שתו GN 43:34
שירויא דהוו קדמך למן **יומא** דברא ייי אדם על ארעא DT 4:32
ההוא וכל ליליא וכל **יומא** דבתרוי וכנשו ית סלוי דקטיע NU 11:32
הויתון קדם ייי מן **יומא** דחכימית יתכון: ואשטתחית DT 9:24
איכול למיעבד לאיליין **יומא** דין או לבניהן דילידן: וכדון GN 31:43
מן קרבן חטאתא **יומא** דין אוף תרין בניי דאשתיירו LV 10:19
די אנא יהיב קדמיכון **יומא** דין: אילין קימייא ודינייא DT 11:32
במשח זיתא ארום **יומא** דין איקר שכינתא דייי מתגלי LV 9:4
ענך אטר: אעיבר בכל ענך **יומא** דין אעדי מתמן כל אימר נמור GN 30:32
מן מא די תיכלון **יומא** דין אצנעו יתיה ויהי נטיר עד EX 16:23
הדא דאנא מפקיד לכון **יומא** דין: ארום ייי אלקכון בירככון DT 15:5
דעפרון גיברא: ותינדעון **יומא** דין ארום ייי אלקכון שכינת DT 9:3
כל יומיא: ותינדעון **יומא** דין ארום לא עם בניכון דלא DT 11:2
להון אסהדית עליכון **יומא** דין ארום מיבד תיבדון: הי DT 8:19
ביה: ואמר משה אכלוהי **יומא** דין ארום שבתא יומא דין EX 16:25
מיכא ולא יתאכל חמיע: **יומא** דין אתון נפקין פריקין EX 13:4
הדין סהיד בינא ובינך **יומא** דין בגין כן קרא שמיה גלעד: GN 31:48
יהון ובניכון דלא ידעין **יומא** דין בין טב לביש הינון יעלון DT 1:39
ובאחוי ולאייתאה עליכון **יומא** דין בירכתא: והוה ביומא חרי EX 32:29
חמון דאנא סדר קדמיכון **יומא** דין בירכתא וחילופה: ית DT 11:26
היכמא דאנן עבדין הכא **יומא** דין גבר כל דכשר בעינוי: ארום DT 12:8
דאנא מפקיד לכון **יומא** דין דיוטב לכון ולבניכון DT 4:40
דאנא מפקיד לכון **יומא** דין: דילמא תיכלון ותיסבעון DT 8:11
ית מה דאנא מפקיד לך **יומא** דין האנא מתריך מן קדמך ית EX 34:11
אסגי יתכון והאיתיכון **יומא** דין הי ככוכבי שמיא לסגי: ייי DT 1:10
מה דין אוחיתון למיתי **יומא** דין: ואמרא גבר מצראי EX 2:18
אוף איתמלי אוף **יומא** דין: ואתו סרכי בני ישראל EX 5:14
אבוהום דמואבאי עד **יומא** דין: וזעירתא אוף היא ילידת GN 19:37
והא זעירא עם אבונא **יומא** דין וחד נפק מלוותן ולית GN 42:13

דאנא מפקיד לכון **יומא** דין: וחילופה אין לא תקבלון DT 11:27
למעבד ית פיתגמא הדין **יומא** דין: ויהי ארום יימר לך לא DT 15:15
איזל לות עמא ותזמינינון **יומא** דין ויומחרא ויחוורון EX 19:10
והוה כדי מלילת עם יוסף **יומא** דין ויומחרא ולא קביל מיניה GN 39:10
דאנא מפקיד לכון **יומא** דין וייתון עילויכון כולהון DT 28:15
לעמא הא קניתי יתכון **יומא** דין וית ארעכון לפרעה הא GN 47:23
צריכין למיפא מחר איפו **יומא** דין וית דאתון צריכין EX 16:23
למבשלא מחר בשילו **יומא** דין וית כל מה דמשתייר מן EX 16:23
בית קבורתא דרחל עד **יומא** דין: ונטל יעקב ופרס למשכניה GN 35:20
דעמא מואבאה עד זמן **יומא** דין: ונטל מתמן אברהם לארע GN 19:38
קימוי דאנא מפקיד לכון **יומא** דין: ופקיד משה ית עמא DT 27:10
דאנא ממליל קדמיכון **יומא** דין ותילפון יתהון ותינטרון DT 5:1
כזמן יומא הדין: ותינדעו **יומא** דין ותתיבון על ליבכון ארום DT 4:39
אלקכון קיימין כולכון **יומא** דין: חמון דאליפית יתכון DT 4:4
כחלב וחליין כדבש: **יומא** דין ייי אלקכון מפקיד לכון DT 26:16
שמעו ישראל אתון עברין **יומא** דין ית יורדנא למיעול למירות DT 9:1
עמי למימר: אתון עברין **יומא** דין ית תחום מואבאי ית DT 2:18
עימנא אנחנא אילין הכא **יומא** דין כולנא חיין וקיימין: ממלל DT 5:3
פורקנא דייי די עבד לכון **יומא** דין כיתא דהוות אמרא נתוב EX 14:13
דאנא מפקיד יתכון **יומא** דין כתיבין על לוח ליבכון: DT 6:6
דחמיתון ית מצראי **יומא** דין לא תוספון למיחמיהון EX 14:13
שבתא יומא דין קדם ייי **יומא** דין לא תשכחוניה בחקלא: EX 16:25
הדא דאנא סדר קמיכון **יומא** דין: לחוד אסתמרו לכון וטורו DT 4:8
דאנא מפקיד יתכון **יומא** דין למטעי בתר טעוות DT 11:28
למעבדא דאנא מפקדכון **יומא** דין למירחם ית ייי אלקכון DT 19:9
דאנא מפקיד לכון **יומא** דין למעבד דכשר קדם ייי DT 13:19
דאנא מפקד יתכון **יומא** דין למרחם ית ייי אלקכון DT 11:13
ישראל אתון מתקרבין **יומא** דין לסידרי קרבא על בעלי DT 20:3
פיקודוי דאנא מפקדכון **יומא** דין מטול דיוטב לכון: הא דייי DT 10:13
שמענא מן חורנין אלהן **יומא** דין מינך: ודבר אברהם עאן GN 21:26
מדין סבר אפיכון ביש **יומא** דין מכל יומיא דהויתון הכא: GN 40:7
דאנא מפקיד לכון **יומא** דין מן בגלל דתיתקפון DT 11:8
ית סורחניי אנא מדכר **יומא** דין: מן קדם ייי איסתקף GN 41:9
זמן דאנא בחיים ביניכון **יומא** דין מסרהבין הויתון קדם ייי DT 31:27
יתיה: הא טרדת יתי **יומא** דין מעל אנפי ארעא ומן GN 4:14
קדמוי: אסהדית בכון **יומא** דין סהדין קיימין ית שמיא DT 4:26
ומן בגלל דתינגדון **יומא** דין על ארעא דייי אלקכון DT 4:40
ית כיביהון: ואיתגליתי **יומא** דין עלך בגין דבמימרי EX 3:8
מה הוה בסופיה וקלילא **יומא** דין עם אבונא בארעא דכנען: GN 42:32
ותימרון ליה אודינן **יומא** דין קדם ייי אלקך ארום עלינן DT 26:3
יומא דין ארום שבתא **יומא** דין קדם ייי יומא דין לא EX 16:25
ומליל אהרן עם משה הא **יומא** דין קריבו בני ישראל ית קרבן LV 10:19
פרגודא דהא אישתרי מן **יומא** דין שיעבוד מצראי ואיתאמר GN 37:17
לקובליה סדרי קרבא: **יומא** דין שריית למיתן זועתך DT 2:25
דאנא מפקידכון **יומא** דין תיטרון למעבד מן בגלל DT 8:1
בגין כן אנא מפקיד לכון **יומא** דין תלת קירוין תפרשון לכון: DT 19:7
והוה ביומא דבתר **יומא** דכיפורי ויתיב משה למידן ית EX 18:13
בכרן יומא הדין ארום **יומא** דכיפוריא הוא לכפרא עליכון LV 23:28
יומין לירחא שביעה הדין **יומא** דכיפוריא הוא מארע קדיש LV 23:27
רחימת ית יעקב: ובההוא **יומא** דמית אברהם בשיל יעקב GN 25:29
תיכלון ברם מפלגות **יומא** דמקמי חגא תבטלון חמיר EX 12:15
ארעא קומוי ובההוא **יומא** דנפק אזל לחרן: וצלי באתר GN 28:10
בניסן ביני פסוגייא עד **יומא** דנפקו ממצרים: והוה מסוף EX 12:40
ייי אלקכון במדברא למן **יומא** דנפקתון מארעא דמצרים עד DT 9:7
דחמסר תיכלון פטירי עד **יומא** דעשרין וחד לירחא ברמשא EX 12:18
עאל אתא במעלי **יומא** דפיסחא אשכחיה דהוה עביד GN 14:13
לוותכון בידא דמשה מן **יומא** דפקיד ייי ולהלא לדריכון: ויהי NU 15:23
בגין כן בריך ייי ית **יומא** דשבתא וקדיש יתיה: עמי בני EX 20:11
קדם ייי באלוש אפיסו ית **יומא** דשבתא כדון אזדמנו על NU 16:26
בני ישראל הוון דכירין **יומא** דשבתא למקדשא יתיה: EX 20:8
בני ישראל הוו נטרין ית **יומא** דשבתא למקדשא יתיה הי DT 5:12
ייי אלקך למעבד ית **יומא** דשבתא: עמי בני ישראל הוו DT 5:15
היכדין עבדו: והוה בכרן **יומא** הדין אפיק ייי ית בני ישראל EX 12:51
לא תעבדון בכרן **יומא** הדין ארום יומא דכיפוריא LV 23:28
ירכא דבעירא וחיותא עד **יומא** הדין ארום קריב מלאכא GN 32:33
בישרא דעורלתיה: בכרן **יומא** הדין בארבעת עשר גזר GN 17:26
ולברכה בשמיה עד זמן **יומא** הדין: בגין כן לא הוה לשיבט DT 10:8
לעמא הוון דכירין ית **יומא** הדין די נפקתון פריקין EX 13:3
עלי מן טליותך עד זמן **יומא** הדין הא מתהנייתי מינך NU 22:30
דפטירי ארום בכרן **יומא** הדין הנפיקית ית חיליכון EX 12:17
דיעבד כל עיבידא ביכרן **יומא** הדין ואוביד ית בר נשא ההוא LV 23:30
יום מהויהון על ארעא עד **יומא** הדין ואיתפיני ונפק מלות EX 10:6
ואבידינון ייי עד זמן **יומא** הדין: ודעבד לכון במדברא עד DT 11:4
דקרתא ביר שבע עד **יומא** הדין: והוה עשו בר ארבעין GN 26:33

וטמטמתון אודניכון בזמן **יומא** הדין: והליכית יתכון ארבעין DT 29:3
יומיא לקיימותנא כזמן **יומא** הדין: וזכו יהי נטיר לנא DT 6:24
דקיים לאבהתכון כזמן **יומא** הדין: ויהי אין מינשא תינשון DT 8:18
לציימא ולא יצום בכרן **יומא** הדין וישתיצי במותנא מגו LV 23:29
על שמיה כפרני יאיר עד **יומא** הדין: ולמכיר יהבית ית גלעד: DT 3:14
נש ית קבורתיה עד זמן **יומא** הדין: ומשה בר מאה ועשרין DT 34:6
ויתיבו באתריהון: עד זמן **יומא** הדין: ושאר פליטת כנענאי DT 2:22
ית ארעהון אחסנא כזמן **יומא** הדין: ותינדעון יומא דין DT 4:38
דעל אנפי ארעא כזמן **יומא** הדין: ותעדון ית טפשות DT 10:15
שמענא מגו אישתא **יומא** הדין חמינא ארום ממליל ייי DT 5:24
בגלותא לארע חורן כזמן **יומא** הדין: טמירתא גליין קדם ייי DT 29:27
ייי דאיזן יתי מדאיתני עד **יומא** הדין: יהי רעווא קדמך דמלאכא GN 48:15
בישרא דעורלתהון ביכרן **יומא** הדין כמא דמליל עימיה ייי: GN 17:23
דמצרים ותיטרון ית **יומא** הדין לדריכון קיים עלם: בניסן EX 12:17
בארעא דמצרים: ויהי **יומא** הדין לכון לדוכרנא ותחגון EX 12:14
בירחא דאדר בכרן **יומא** הדין למימר: והוה כיוון דאמר DT 32:48
חיין וקיימין הי כזמן כרן **יומא** הדין מערע קדיש יהי לכון כל LV 23:21
ארבע מאה והוה בכרן **יומא** הדין נפקו כל חילייא דייי EX 12:41
חדתין לא תיכלון עד כרן **יומא** הדין עד זמן איתוייכון ית LV 23:14
ושוי יוסף לגזירא עד **יומא** הדין על ארעא דמצרים GN 47:26
וארבעין לילוון: בכרן **יומא** הדין על נח ושם וחם ויפת בני GN 7:13
הימנותא די בעמא כל **יומא** ההוא וכל ליליא וכל יומא NU 11:32
רוח קידומא בארעא כל **יומא** ההוא וכל ליליא צפרא הוה EX 10:13
לא הוא ולא הינון עד **יומא** ההוא: ופקיד ית מנשה דממנה GN 43:34
אברהם בחברון ובההוא **יומא** הוה שרוי גלותא דמצרים וקם GN 37:14
מטייל בגינוניתא למנח **יומא** ואיטמר אדם ואינתתיה מן GN 3:8
למצרים ואתא בההוא **יומא** ואייתי אוניתא דכתב עשו GN 50:13
תורי תילתיסר אזלין כל **יומא** וחסרין סכומהון שובעין על NU 29:13
בכופלא על מה דמלקטין **יומא** ויומא: ואמר משה ואהרן לכל EX 16:5
חמיין וחשכן עליהון כל **יומא** ולית בידיכון עבדין טובין DT 28:32
למימר שירתא כמיסת **יומא** ופלגא וקמו במדורהון עד DT 2:25
ליביה לחוד ביש כל **יומא**: ותב ייי במימריה ארום עבד GN 6:5
ואין מישרא ישרי לה **יומא** חד בתר דשמע לא סגיא לה NU 30:16
למה אתכל אוף תרויכון **יומא** חד דאנת מתקטל והוא מטרד GN 27:45
קטילת סייפא: ברם אין **יומא** חד מעידן לעידן או תרין יומין EX 21:21
לכון ביסרא ותיכלון: לא **יומא** חד תיכלון ולא תרין יומין ולא NU 11:19
והווה רמש והוה צפר **יומא** חדא: ואמר אלקים יהי רקיעא GN 1:5
ירחא שביעאה יהי לכון **יומא** טבא דוכרן יבבא מארע קדיש: LV 23:24
ייי לרעוא לכון מבתר **יומא** טבא קמאה דפיסחא ירימיניה LV 23:11
ותימנון לכון מבתר **יומא** טבא קמאה דפיסחא מן יום LV 23:15
ומלכו חד הוון עד ההוא **יומא** כדון ישיצון קהלא ית כל NU 22:4
מן אדם קדמאי וההוא **יומא** לא אלבשינון עשו ואישתארו GN 27:15
רבון כל עלמיא ייי מרבע **יומא** לארבעא חולקין תלת שעין DT 32:4
יומא לציפונא וכמהלך **יומא** לדרומא וכרום תרתין אמין NU 11:31
ועאן ותורי למחר בכרן **יומא** לחדות חגא באתרא דיתרעי DT 16:2
כל כנישתא כנשו בחד **יומא** לירחא דאייר הוא ירחא NU 1:18
קטיר ונטיר עד ארבסר **יומא** לירחא הדין דתינדעון EX 12:6
קדם ייי: ובחמישת עשר **יומא** לירחא הדין חגא שובעא יומין NU 28:17
קדם ייי: ברם בחמיסר **יומא** לירחא שביעאה בזמן LV 23:39
וחמר ניסוכיהון: ובחמיסר **יומא** לירחא שביעאה מארע קדיש NU 29:12
דזעיר במשריתא כמהלך **יומא** לציפונא וכמהלך יומא NU 11:31
ית ארעא ארבעין יומין **יומא** לשתא יומא לשתא תקבלון NU 14:34
יומין יומא לשתא **יומא** לשתא תקבלון ית חוביכון NU 14:34
ביה מכתשא לבין **יומא** נהירא ובין בר נשא מסאבא LV 14:57
עם ענא: ואמר הא עדן **יומא** סגי לא עידן למיכנוש בעיר GN 29:7
עד ביתאל ובההוא **יומא** סלקון לשמי מרומא עניין GN 28:12
חמש עבירן עבר בההוא **יומא** פלח פולחנא נוכראה שפך GN 25:29
מארעא דמצרים: ובההוא **יומא** פסק להון לישא דאפיקו EX 16:2
לאלפא כהנא לעמא בין **יומא** קבילא דלא למיחמי ביה LV 14:57
לאשלמוותא הוא **יומא** קדמאה לירחא דניסן אקים LV 9:1
קורבנייא: כאילין קורבני **יומא** קמאה תעבדון כל יומא NU 28:24
תורין וגומר: ביום תריסר **יומא** קריב רב בית אבא לבני נפתלי NU 7:78
מיומא קדמאה דחגה ועד **יומא** שביעאה: וביומא קדמאה EX 12:15
דעבד: ובריך אלקים ית **יומא** שביעאה מן כולהון יומי GN 2:3
יומא קמאה תעבדון כל **יומא** שובעא יומין דחגא קרבן NU 28:24
חיויא דגזירת עלוי מן **יומא** שירוי עלמא עפר יהוי מזוניה NU 21:6
תמן תלת שנין ובההוא **יומא** תב אברהם לות עולימוי וקמו GN 22:19
בשרביטא וימות בההוא **יומא** תחות ידיה יתדנא יתדן דין EX 21:20
חרן ומה דמשתייר עד **יומא** תליתייא בנורא יתוקד: ואין LV 19:6
ליה רשו למיפטרה כל **יומוי**: ואין קשוט הוה פיתגמא הדין DT 22:19
מה דעבד וקטע אוף ית **יומוי**: ואמר יהודה לתמר כלתיה GN 38:10
רשו למיפטרה בגיטה כל **יומוי**: לא יסב גבר ית איתתא דאניס DT 22:29
אנא עד זמן דימטון **יומי** אבלא דמיתת אבא ובכן אנא GN 27:41
וקרת ית שמיה שת: והוו **יומי** אדם בתר דאוליד ית שת::: תמני GN 5:4
ואוליד בנין ובנן: והוו כל **יומי** אנוש תשע מאה וחמש שנין GN 5:11
ניזרא ביום מישלם **יומי** אפרשותיה ימטי ית גרמי NU 6:13
היכמא דעבדית: עוד כל **יומי** ארעא דרועא בתקופת תשרי GN 8:22
דידיה הוות שבעתי **יומי** אשלמוותא כלילא דמלכותא DT 34:5
ייי למעבד אתון בתר **יומי** אשלמוותא למכפרא עליכון: LV 8:34
יומין עד יום מישלם **יומי** אשלמוותכון ארום שובעא LV 8:33
תלתין יומין ושלימו **יומי** בכותא דאיבליה דמשה DT 34:8
שנין בלחודיהן: ועברו **יומי** בכיתיה ומליל יוסף עם רבני GN 50:4
יומין ארום כדין שלמין **יומי** בסימיא ובכון יתי מצראי GN 50:3
בתר יומי ריחוקה כל **יומי** דוב סאובתא תהי מסאבא LV 15:25
דמייחד למשכוב עלוי כל **יומי** דובה הי כמשכבא דמייחד LV 15:26
לא תיעול עד זמן מישלם **יומי** דכותה: ואין ברת נוקבא תליד LV 12:4
כל דמהא דכיין: ובמשלם **יומי** דכיתא לברא או לברתא תייתי LV 12:6
ותשעה לירחא דסיון **יומי** דמן ביכורי עינבין: וסליקו NU 13:20
מדינחא: ואילין סכום **יומי** חיי אברהם דחיא מאה GN 25:7
לבזאה עריתה עלה כל **יומי** חייהא: ולציד איתתא בזמן LV 18:18
מן אפי אדם וחוה כל **יומי** חייהון דאדם וחוה: ואמרת GN 27:45
והוו יומי יעקב סכום **יומי** חייו מאה וארבעין ושבע שנין: GN 47:28
גביה ויהי קרי ביה כל **יומי** חייו מן בגלל דיליף למידחל מן DT 17:19
ועקרא בארעך ית מניין **יומי** חייך אשלם מיומא ליומא: ית EX 23:26
בפמך ועפרא תיכול כל **יומי** חייך: ודבבו אישוי בינך ובין GN 3:14
חובך בעמל תיכלינא כל **יומי** חייך: וכובין ואטטין תצמח GN 3:17
לך אנת וברך ובר ברך כל **יומי** חייך ומן בגלל דיורכון יומך: DT 6:2
מארעא דמצרים כל **יומי** חייכון: ותיזדהרון מקמי פיסחא DT 16:3
יעידון מן ליבכון כל **יומי** חייכון ותלופונון לבניכון ולבני DT 4:9
ואולד בנין ובנן: והוו כל **יומי** חנוך עם דיירי ארעא תלת GN 5:23
דמצרים שבסרי שנין והוו **יומי** יעקב סכום יומי חייו מאה GN 47:28
תמן אברהם ויצחק: והוו **יומי** יצחק מאה ותמנן שנין: GN 35:28
ואולד בנין ובנן: והוו כל **יומי** ירד תשע מאה ושיתין ותרתין GN 5:20
ושבע שנין: וקריבו **יומי** ישראל לממת וקרא לבריה GN 47:29
על מימר סהיד חד **יומי** למיכפור ית מה דמסהיד עלוי DT 19:15
ואולד בנין ובנן: והוו כל **יומי** למך שבע מאה ושובעין ושבע GN 5:31
ואולד בנין ובנן: והוו כל **יומי** מהללאל תמני מאה ותשעים GN 5:17
אשלים כדון שובעתי **יומי** משתיא דדא וניתן לך אוף ית GN 29:27
כדין ואשלים שבעתי **יומי** משתיא דלאה ויהב ליה ית GN 29:28
ואוליד בנין ובנן: והוו כל **יומי** מתושלח תשע מאה ושיתין GN 5:27
דענבא לא ייכול: כל **יומי** נדר ניזריה גלב לא יעיבר על NU 6:5
ההוא: ויפריש קדם ייי ית **יומי** נזריה וייתי אימר בר שתיה NU 6:12
וצמיקין לא ייכול: כל **יומי** נזריה מכל דמתעבד מגופנא NU 6:4
דאלקיה על רישיה: כל **יומי** נזריה קדיש הוא קדם ייי: NU 6:8
וחמשין שנין: והוו כל **יומי** נח תשע מאה וחמשין שנין GN 9:29
ושלימו מאתן ובעין שנין **יומי** עיבורהא למילד והא תיומין GN 25:24
אינתתי ארום אשלימו **יומי** פולחני ואיעול לותה: וכנש לבן GN 29:21
ואוליד בנין ובנן: והוו כל **יומי** קינן תשע מאה ועשר שנין GN 5:14
או ארום תידוב בתר **יומי** ריחוקה כל יומי דוב סאובתא LV 15:25
פיתגם יום ביומיה: בר מן **יומי** שביא דייי בר ממתנתיכון ובר LV 23:38
ותיתמלי ארעא זנו: ית **יומי** שביא דילי תיטרון ולבית LV 19:30
ארום אנא ייי אלקכון: ית **יומי** שביא דילי תיטרון ולבית LV 26:2
ומן אבוי תהוון דחלין וית **יומי** שביא דילי תינטרון אנא ייי LV 19:3
ישראל למימר ברם ית **יומי** שביא דילי תינטרון ארום את EX 31:13
זימנין ויהון לך סכום **יומי** שבע שמיטין דשנין ארבעין LV 25:8
יומא שביעאה מן כולהון **יומי** שבעתא וקדיש יתיה ארום GN 2:3
תקפון על קרתא כל **יומי** שבעתא לאגחא קרבא עלה DT 20:19
יומין דמניין הינון שבעתי **יומי** שבעתא על משכנא על פום NU 9:20
דאיצטנע בעינבוי מן **יומי** שירוי עלמא ויהביה ביד יעקב GN 27:25
שייל כדון לדריא דמן **יומי** שירויא דהוו קדמך למן יומא DT 4:32
הכא ולא אדביקו יומיי **יומי** שני חיי אבהתיי ביומי GN 47:9
שנין קלילין ובישין הוו **יומי** שני חיי דמן טלייותי ערקית GN 47:9
פרעה ליעקב כמה אינון **יומי** שני חייך: ואמר יעקב לפרעה GN 47:8
חייך: ואמר יעקב לפרעה **יומי** שני תותבותיי מאה ותלתין GN 47:9
ואוליד בנין ובנן: והוו כל **יומי** שת תשע מאה ותרתי סירי GN 5:8
תיתב ריבא עימנא **יומי** שתא חדא או עשרהרחין ובתר GN 24:55
עד חרן ויתיבו תמן: והוו **יומי** תרח מאתן וחמש שנין ומית GN 11:32
מה דיארע יתכון בסוף **יומיא**: אתכנשו ושמעו בני יעקב GN 49:1
פלח בארעא: והוה מסוף **יומיא** בארבסר בניסן ואיתי קין GN 4:3
פיגריכון במדברא: במניין **יומיא** דאלילתון ית ארעא ארבעין NU 14:34
לכון למירתה כל **יומיא** דאתון קיימין על ארעא: DT 12:1
מן קדם ייי אלקכון כל **יומיא** דאתון קיימין על ארעא DT 31:13
ביש יומא דין מכל **יומיא** דהויתון הכא: ואמר ליה GN 40:7
למידחל מן קדמי כל **יומיא** דהינון קיימין על ארעא וית DT 4:10
על רישיה עד זמן מישלם **יומיא** דיפרש לשמא דייי: כל יומין NU 6:5
דייי אלקכון יהיב לכון כל **יומיא**: הא בכן אפריש משה תלת DT 4:40
בשמא דייי הוא ובנוי כל **יומיא**: וארום ייתי ליואה מחדא מן DT 18:5
מן קדם ייי אלקכון כל **יומיא**: וארום יסגי מינכון אורחא DT 14:23

עלוי יהי מגין עלוי כל **יומיא** ובגו תחומיה שכינתא שריא: DT 33:12
למבשרא גאולתא בסוף **יומיא**: וחולף דחסדותי למימר הלא NU 25:12
ואני אסי יתהון בסוף **יומיא** ולית דמשזיב מן ידי גוג DT 32:39
ברם עציין ואניסין כל **יומיא** ולית דפריק: איתא תקדש DT 28:29
ויתיבת בית אבוהא: וסגו **יומיא** ומיתת ברת שוע איתת GN 38:12
מן ארעא דמגוג בסוף **יומיא** ומכנש מלכין קטרי תגין NU 11:26
בעמך בסוף עקב **יומיא**: ונטל מתל נבותיה ואמר NU 24:14
ולא פסקין ולא סריין כל **יומיא**: ונסבין משה ואהרן מיניה EX 40:30
ברם טלימין ודריסין כל **יומיא**: ותהון משתוין מפורענותא DT 28:33
באורחן דתקנן קדמוי כל **יומיא** ותוספון לכון תוב תלת DT 19:9
וקימוי ודינוי ופיקודוי כל **יומיא**: ותינדעון יומא דין ארום לא DT 11:1
דחמי למשתלחא בסוף **יומיא**: ותקיף רוגזא דייי במשה EX 4:13
לגוג ולסיעתיה בסוף **יומיא**: ותקרב ית אהרן וית בנוי EX 40:11
למיפרק ית ישראל בסוף **יומיא**: ותרבי ית מדבחא דעלתא EX 40:9
פיתגמיא האילין בסוף **יומיא** ותתובון עד דחלתא דייי DT 4:30
היא: והוה כד סגוליה תמן **יומיא** למשרי ואודיק אבימלך GN 26:8
מן קדם ייי אלקנא כל **יומיא** לקיימותנא כזמן יומא הדין: DT 6:24
ולמינטור כל פיקודיי כל **יומיא** מן בגלל דיוטב להון ולבניהון DT 5:29
הכא ולא אדביקו **יומיי** יומי שני חיי אבהתיי ביומי GN 47:9
לקמך ונתחייב קמך כל **יומייא**: ארום אלולפון שהינא ארום GN 43:9
יתכון בישתא בסוף **יומייא** ארום תעבדון דביש קדם ייי DT 31:29
לגלוותא דישראל בסוף **יומייא**: ובנוי דמררי מחלי ומושי EX 6:18
מלכא משיחא בסוף **יומייא**: והוה כד שרא ישראל GN 35:21
ונתחייב קדם אבנא כל **יומייא**: וכדון יתיב בבעו עבדך חולף GN 44:32
בעלמא הדין ואוגדות **יומיכון** בעלמא דאתי ותתכנשון DT 30:20
שלמהון וטבהון כל **יומיכון** דאפילו מתגיירין סנא נטיר DT 23:7
תימעלון על ליואי כל **יומיכון** דאתון שרן על ארעכון: DT 12:19
אלקכון מן בגלל דיורכון **יומיכון** ומן בגלל דייטב לכון על DT 5:16
דאימיה מן בגלל דיסגון **יומיכון** על ארעא דייי אלקכון יהב EX 20:12
יהוי לכון מן בגלל דיסגון **יומיכון** על ארעא דייי אלקכון יהיב DT 25:15
למירתה: ומן בגלל דִיסגון **יומיכון** על ארעא דקיים ייי DT 11:9
מן בגלל דיסגון **יומיכון** על ארעא דקיים ייי DT 11:21
עננא ונטלין: או תרין **יומין** או ירחא או שתא שלמתא NU 9:22
מן דינא דתכסוף ארבסר **יומין** אילהין מסתיא דתיטרד NU 12:14
ואנת אתגזרת בר תמניא **יומין** אילו הוה בך מנדעא דילמא GN 22:1
יהיב להון ארכא שובעא **יומין** אין יתובון ישתביק להון ואין GN 7:4
ובכון יתי מצראי שובעין **יומין** אמרין אילין לאילין איתון GN 50:3
ליה מן דאתבסם ארבעין **יומין** ארום כדין שלמין יומי GN 50:3
ביש על ארעא בשבעא **יומין** באלול והוון מורני נפקן מן NU 14:37
ויוטב לכון ותורכון **יומין** בארעא דתירתון: ודא אחוויית DT 5:33
ושמש יתהום והוו **יומין** בבית מטרא: וחלמו חילמא GN 40:4
ית חגא דייי שובעא **יומין** ביומא קמאה נייחא וביומא LV 23:39
לשמא דייי שבעתי **יומין** ביומא שביעתא דחגא מארע LV 23:8
דבנוי: ושוי מהלך תלתא **יומין** ביני עניה וביני יעקב ויעקב GN 30:36
ית ארעא בתמניא **יומין** בירחא דאב מסוף ארבעין NU 13:25
דחלוצא וטיילו תלתא **יומין** במדברא בטילין מן פיקודייא EX 15:22
מבתר כדין מהלך תלתא **יומין** במדברא דאיתם ושרו במרה: NU 33:8
נטייל כדון מהלך תלתא **יומין** במדברא ונדבח ניכסת חגא EX 5:3
נזיל כדון מהלך תלתא **יומין** במדברא ונדבח קדם ייי EX 3:18
קדם ייי אלקכון שבעתי **יומין**:: במטללתא דתרי דופנייהא LV 23:40
תעבדון לכון שובעא **יומין** במישלמכון למיכנוש עללתא DT 16:13
לך בעלמא הדין ותורך **יומין** בעלמא דאתי: ארום תיבני DT 22:7
היא לעלם ארום בשיתא **יומין** ברא ייי ושכליל ית שמיא וית EX 31:17
בקירויכון: ארום בשיתא **יומין** ברא ייי ית שמיא וית ארעא EX 20:11
עלמא ויהי שבעתי **יומין** בתר אימיה מטול דישתמודע LV 22:27
ית מנא אכלו ארבעין **יומין** בתר מותיה עד דעברו יורדנא EX 16:35
בכון ית אהרן תלתין **יומין** גוברייא ונשיא דישראל: ושמע NU 20:29
נפשי משתבענא לך דכל **יומין** דאנא קיים לית אנא מלטיט NU 31:8
עתיקתא ושיתא **יומין** דאשתיירו תהון מרשן למיכול DT 16:8
לאנפוי והות טייפא כל **יומין** דהוה בחרן ניסא חמישאה GN 28:10
ית שני שמיטהא כל **יומין** דהיא צדיא מינכון ואתון LV 26:34
ית שני שמיטהא כל **יומין** דהיא צדיא מנכון והינון ירעון LV 26:43
ית שני שמיטהא: כל **יומין** דהיא צדיא מנכון תתנייח LV 26:35
תעבדון כל יומא שובעא **יומין** דחגא קרבן דמתקבל ברעוא NU 28:24
מיא ואמתינו תלתא **יומין** דילמא תיהי טייפא ולא טפת GN 31:22
ומאן דייעול לביתא כל **יומין** דיסגר יתיה יהי מסאב עד LV 14:46
דיפרש לשמא דייי: כל **יומין** דיפרש לשמא דייי על בר נש NU 6:6
רחוקו מן מסאבא: כל **יומין** דמכתשא ביה יהי מסאב LV 13:46
ואית זמן דהוי ענן יקרא **יומין** דמניין הינון שבעתי יומי NU 9:20
למיתנה להון כסכום **יומין** דקיימין שמיא על ארעא: ארי DT 11:21
פום מימרא דייי שרן כל **יומין** דשרי ענן יקרא על משכנא NU 9:18
יהי מסאב שובעא **יומין**: הוא ידי עלוי מי קיטמא ההוא NU 19:11
דכר ותהי מסאבא שבעא **יומין** הי כיומי ריחוק סאובתה LV 12:2
לך תלתי מצוגייא תלתא **יומין** הינון לפורקנך: בסוף תלתי GN 40:12

תלתי סליא תלת **יומין** הינון לקטלך: בסוף תלתא GN 40:18
איתן להון וייכלון ירח **יומין**: הענא דבערב ותורי דבנבט NU 11:21
ואוריך תוב שובעא **יומין** ואוסיף לשדרא ית יונתא מן GN 8:10
דאב מסוף ארבעין **יומין**: ואזלו ואתו לות משה ולות NU 13:25
ויסגירניה כהנא שובעא **יומין**: ואין הלכא תהליך פיסיונא LV 13:21
בשכם: והוה לזמן **יומין** ואמר ישראל ליוסף הלא אחך GN 37:13
לי אנת ויתב עימיה ירח **יומין**: ואמר לבן ליעקב המדאחי GN 29:14
לבית מטרא תלתא **יומין**: ואמר להום יוסף ביומא GN 42:17
דאתפרשתון דנן תלתא **יומין**: ואנת פרש מן אינתתך מטול DT 5:30
קהלא: והוה מסוף ארבעין **יומין** וארבעין לילוון יהב ייי לי ית DT 9:11
דייי מהלך תלתא **יומין** וארון קיימא דייי מטייל NU 10:33
בתרוי מהלך שובעא **יומין** וארע יתיה דשרי בטוור גלעד GN 31:23
אינש מאתריה תלתא **יומין** ובכל בני ישראל הוה נהורא EX 10:23
מדובה ותמני לה שובעא **יומין** ובתר כדין תטבול בארבעין LV 15:28
על ארעא מאה וחמשין **יומין**: ודכיר ייי במימריה ית נח וית GN 7:24
לאבוי איבלא שובעא **יומין**: וחמא יתבי ארעא כנענאי ית GN 50:10
דשכיב תלתין ושובעא **יומין**: ויהושע בר נון אתמלי רוח DT 34:8
לציד אינתתיה שובעא **יומין**: ויהי ביומא שביעאה יספר ית LV 14:8
ויסגר ית מכתשא שובעא **יומין**: ויחמי ית מכתשא ביומא LV 13:50
ית מכתש ניתקא שובעא **יומין**: ויחמי כהנא ית מכתשא LV 13:31
כהנא ית ניתקא שובעא **יומין**: ויחמי כהנא ית ניתקא ביומא LV 13:33
כהנא ית מכתשא שבעא **יומין**: ויחמיניה כהנא ביומא LV 13:4
ויסגריניה כהנא שובעא **יומין**: ויחמיניה כהנא ביומא LV 13:26
יהי מסאב שובעא **יומין**: ויסבון לדמסאב מן עפר NU 19:16
ויסגר ית ביתא שובעא **יומין**: ויתוב כהנא ביומא שביעאה LV 14:38
ומיטרדא שבעתי **יומין** וכדון דנזפית בה מן דינא NU 12:14
ומנוי יהי מסאב שובעא **יומין**: וכל מאן דפחר פתיח דלית NU 19:14
עלוי ויהי מסאב שובעא **יומין** וכל משכבא די מייחד LV 15:24
חד תיכלון ולא תרין **יומין** ולא חמשא יומין ולא עשרא NU 11:19
בכל תחומכון שובעא **יומין** ולא יבית בר מן בישרא DT 16:4
פטירי יתאכל ית שבעא **יומין** ולא יתחמי לך חמיע ולא EX 13:7
תרין יומין ולא חמשא **יומין** ולא עשרא יומין ולא עשרין NU 11:19
חמשא יומין ולא עשרא **יומין** ולא עשרין יומין: עד ירח יומין NU 11:19
ולממני בהון חושבן **יומין** ולמקדשא רישי ירחין ורישי GN 1:14
מיא מסוף מאה וחמשין **יומין**: ונחת תיבותא בירחא GN 8:3
מברא למשריתא שבעתי **יומין** ועמא לא נטל עד זמן NU 12:15
והוה מסוף ארבעין **יומין** ופתח נח ית כוות תיבותא GN 8:6
לעמיה סיב ושבע **יומין** וקברו יתיה עשו ויעקב בנוי: GN 35:29
וחפהי ענן יקרא שיתא **יומין** וקרא למשה ביומא שביעאה EX 24:16
במישריא דמואב תלתין **יומין** ושלימו יומי בכותא דאיבליה DT 34:8
יומם ולילי שובעא **יומין** ותיטרון ית מיטרת מימרא LV 8:35
שביעאה תימנון חמשין **יומין** ותקרבון מנחתא דלחים חדת LV 23:16
דמטליא קדם ייי שובעא **יומין**: ותקרבון עלתא קרבן NU 29:12
ואוריך תוב שובעא **יומין** חורנין ושדר ית יונתא ולא GN 8:12
תיכלון חמיע: שובעא **יומין** חמיר לא ישתכח בבתיכון EX 12:19
וביניכון: ובר תמניא **יומין** יגזר לכום כל דכורא לדריכון GN 17:12
לבוכרי תורך וענך שובעא **יומין** יהי ייניק בתר אימיה וביומא EX 22:29
ית ארעא ארבעין **יומין** יומא לשתא יומא לשתא NU 14:34
בהון ית קורבנהון: שובעא **יומין** ילבשינון כהנא דיקום בתרוי EX 29:30
לקטלך: בסוף תלתא **יומין** יעדי פרעה בסיפא ית רישך GN 40:19
לפורקנך: בסוף תלתי **יומין** יעול קדם פרעה דוכרנך וירים GN 40:13
ארום שובעא **יומין** יתוקם משכנא ויתפרק LV 8:33
נשא ההוא מעמיה: שיתא **יומין** יתעביד עיבידתא וביומא EX 31:15
תיתבון בה שובעא **יומין** כל דכוריא בישראל ואפילו LV 23:42
למשריתא שובעא **יומין** כל דקטיל בר נשא וכל דיקרב NU 31:19
יצחק בריה בר תמנייא **יומין** כמה דפקיד יתיה ייי: ואברהם GN 21:4
וקידושיה קידוש דתלת **יומין** לא הוה איפשר לי דאיסוק LV 1:1
ארעא דמצרים תלתא **יומין**: לא חמון גבר ית אחוי ולא EX 10:22
לעמא הוו זמינין לתלתי **יומין** לא תקרבון לתשמיש דעריס: EX 19:15
דישראל מהלך תלתא **יומין** לאתקנא להון אתר בית NU 10:33
דוויה וימני ליה שובעא **יומין** לדכותיה ויצבע לבושוי ויסחי LV 15:13
מרחשון בעשרין ושובעא **יומין** לירחא איתבשת ארעא: ומליל GN 8:14
לשכלול עלמא בשבסרי **יומין** לירחא ביומא הדין איתבזעו GN 7:11
ית פיסחא בארביסר **יומין** לירחא ביני שימשתא NU 9:5
ותשרון לציימא בתשעא **יומין** לירחא בעידוני רמשא מן LV 23:32
ותמן לא תעיבר: בשבעא **יומין** לירחא דאדר איתליד משה DT 34:5
רבהון דישראל ובשבעא **יומין** לירחא דאדר אתכניש מגו DT 34:5
כנישתא בעשרין ותלתא **יומין** לירחא דאדר לתרע משכן LV 8:4
אילים ובין סיני בחמיסר **יומין** לירחא דאייר הוא ירחא EX 16:1
להון למיכל עד חמיסר **יומין** לירחא דאייר מטול דזוודין EX 12:39
למדברא דצין בעשרא **יומין** לירחא דניסן ומיתת תמן NU 20:1
לשמא דייי: ובחמיסר **יומין** לירחא הדין חגא דפטיריא LV 23:6
ובירחא דניסן בארביסר **יומין** לירחא ניכסת פיסחא קדם ייי: NU 28:16
הוא ירחא דניסן בשבסרי **יומין** לירחא על טוורי דקרדון שום GN 8:4

ישראל למימר בחמיסר **יומין** לירחא שביעאה הדין חגא LV 23:34
קורבנא קדם ייי: ובעשרא **יומין** לירחא שביעאה הוא ירחא NU 29:7
משה למימר: ברם בעשרא **יומין** לירחא שביעה הדין יומא LV 23:27
קיים עלם: בניסן בארבסר **יומין** לירחא תיכסון ית פיסחא EX 12:18
הוא ירח תשרי בעשרא **יומין** לירחא תענון ית נפשתיכון מן LV 16:29
מייתי חמר בר ארבעין **יומין** למנסכא קדם ייי: וית אימר NU 28:7
חגא דמטליא שובעא **יומין** לשמא דייי: ביומא קדמאה LV 23:34
מסתיא דתיטרד שבעתי **יומין** מברא למשריתא ואנא מעכב NU 12:14
עיגל דהבא: מהלך חדיסר **יומין** מחורב מאורח טוורא דגבלא DT 1:2
דבנהרא: ושלימו שובעא **יומין** מן בתר די מחא ייי ית נהרא EX 7:25
ית נח: והוה לזמן שובעא **יומין** מן בתר דשלים איבליה GN 7:10
שלמין לחדוות שבעא **יומין:** מנחתהון סמידא דחנטתא NU 29:36
יתן באבנין: מהלך תלתא **יומין** נטייל במדברא ונדבח נכסת EX 8:23
ויתיבנא במצרים **יומין** סגיאין ואבאישו לנא מצראי NU 20:15
עננא על משכנא **יומין** סגיאין וינטרון בני ישראל ית NU 9:19
ואתאבל על בריה **יומין** סגיאין: וקמו כל בנוי וכל נשי GN 37:34
ואקיפנא ית טורא דגבלא **יומין** סגיעין: ואמר ייי לי למימר: סגי DT 2:1
למיליכון: ויתיבתון ברקם **יומין** סגיעין כיומיא דיתיבתון: DT 1:46
וכל דמו ולסוף ארבעין **יומין** עבדו עיגל מתכא דלית בה EX 32:19
ולא עשרין יומין: עד ירח **יומין** עד דתיפוק סריותא NU 11:20
משכן לא תפקון שובעא **יומין** עד יום מישלם יומי LV 8:33
עשרא יומין ולא עשרין **יומין:** עד ירח יומין עד דתיפוק NU 11:19
מיבד תיבדון ולא תיגדון **יומין** על ארעא דאתון עברין ית DT 30:18
ובפיתגמא הדין תורכון **יומין** על ארעא דאתון עברין ית DT 32:47
מן בגלל דינגוד **יומין** על מלכותיה הוא ובנוי ביני DT 17:20
תמן למירתה לא תורכון **יומין** עלה ארום משתיציא DT 4:26
עלם תחגוניה: שובעא **יומין** פטירא תיכלון ברם מפלגות EX 12:15
לירחא הדין חגא שובעא **יומין** פטירי יתאכל: ביומא קמאה NU 28:17
לשמא דייי שבעתי **יומין** פטירי תיכלון: ביומא קדמאה LV 23:6
חד מעידן לעידן או תרין **יומין** קטיעין יתקיים לא יתדן EX 21:21
אחי לחרן: ותיתב עימיה **יומין** קלילין עד די תישדוך ריתחא GN 27:44
במותבנהון: ובסוף תלתא **יומין** קרא פרעה למשה ואמר זילו EX 10:24
ותהי מסאבא ארבסרי **יומין** רציפין הי כריחוקא ובחמיסר LV 12:5
ערלתיה: ותלתין ותלתא **יומין** רציפין תהי כל דמהא דכיין LV 12:4
תישתרי ושיתין ושיתא **יומין** רציפין תהי כל דמהא דכיין: LV 12:5
שתיתאה לחים לתרין **יומין** שרון גבר באתריה ולא EX 16:29
דובא בבישרא שובעא **יומין** תהי יתבא בריחוקא כל LV 15:19
להון ואין לא יתובון לזמן **יומין** תוב שובעא אנא מחית GN 7:4
די בקרויכון: שובעא **יומין** תחגון קדם ייי אלקכון DT 16:15
דפטירייא תינטור שובעא **יומין** תיכול פטירא היכמה EX 23:15
תינטרון שובעא **יומין** תיכול פטירי היכמא EX 34:18
הדא בירחא הדין: שובעא **יומין** תיכול פטירי וביומא שביעאה EX 13:6
על פיסחא חמיע שובעא **יומין** תיכלון לשמיה פטיר לחמא DT 16:3
ויסגירניה שובעא **יומין** תיניינות: ויחמי כהנא בתר LV 13:54
קדמי ריקנין: שיתא **יומין** תיפלח וביומא שבעיאה תנוח EX 34:21
למקדשא יתיה: שיתא **יומין** תיפלחון ותעבדון כל EX 20:9
יתיה לקדשותיה: שובעא **יומין** תכפר על מדבחא ותקדיש EX 29:37
בחקלא: שיתא **יומין** תלקוטניה וביומא שביעאה EX 16:26
ארום ידוב דוב אדמא **יומין** תלתא בלא אשוני ריחוקה או LV 15:25
ויסגיריניה כהנא שבעא **יומין** תניינות: ויחמי כהנא יתיה LV 13:5
לכרמך לזיתך: שיתא **יומין** תעבד עובדך וביומא שביעאה EX 23:12
יתכון ייי אלקכון: שיתא **יומין** תפלחון ותעבדון כל DT 5:13
די פקידית יתך שובעא **יומין** תקרב קרבנהון: ותורא EX 29:35
לא תעבדון: שבעתי **יומין** תקרבון קורבנא לשמא דייי LV 23:36
זמן סידורי מועדיי: שיתא **יומין** תתעבד עיבידא וביומא LV 23:3
ייי למעבד יתהון: שיתא **יומין** תתעבד עיבידתא וביומא EX 35:2
חייך ומן בגלל דיורכון **יומך:** ותקבל ישראל ותינטר למעבד DT 6:2
ייי למשה הא קריבן **יומך** לימות קרי ית יהושע DT 31:14
משכן זימנא תיתבון **יומם** ולילי שובעא יומין ותיטרון LV 8:35
עלמא אנא מסהיד בכון **יומנא** אילהין שמיא וארעא חיי DT 30:19
הינון קיימין הכא עימן **יומנא:** ארום אתון ידעתון סכום DT 29:14
ותיפלחונון: תניתי לכון **יומנא** ארום מיבד תיבדון ולא DT 30:18
ציתו ושמעו ישראל **יומנא** אתבחרתון למהוי עמא קדם DT 27:9
ככל מה דאנא מפקד לכון **יומנא** אתון ובניכון בכל ליבכון DT 30:2
מתיב יצחק ואמר האנא **יומנא** בר תלתין ושב שנין ואילו GN 22:1
חטיבא חדא בעלמא **יומנא** דהכין כתיב מאן כוות עמך DT 26:18
חטיבא חדא בעלמא **יומנא** דהכין כתיב שמע ישראל ייי DT 26:17
דאנא מסהיד בכון **יומנא** דתפקדונון ית בניכון מטול DT 32:46
דאנא מפקיד לכון **יומנא:** ויהי ביומא דתעברון ית DT 27:1
פיקודוי דאנא מפקד לכון **יומנא:** וישיירינכון ייי אלקכון לטבא DT 30:8
דאנא מפקיד לכון **יומנא** ויתנינכון ייי אלקכון רמין DT 28:1
כען איתא מהגנא קומי **יומנא** ועיבד טבו עם ריבוני אברהם: GN 24:12
חמון די סדרית קודמיכון **יומנא** ית אורחא דחיי דביה DT 30:15
אילהין כד אתון מעתדין **יומנא** כוליכון קדם ייי אלקכון רישי DT 29:9

אדום: ואמר יעקב זבון **יומנא** כיום דאנת עתיד למחסן ית GN 25:31
הדא דאנא פקד לכון **יומנא** לא מכסיא היא מנכון ולא DT 30:11
מן בגלל לקיימא יתכון **יומנא** לאומא ברירא והוא יהוי לכון DT 29:12
דאנא מפקיד לכון **יומנא** לימינא ולשמאלא למהך DT 28:14
בר מאה ועשרין שנין אנא **יומנא** לית אנא יכיל תוב למיפק DT 31:2
דאנא מפקיד לכון **יומנא** למינטר ולמעבד: ולא תיסטון DT 28:13
דאנא מפקיד לכון **יומנא** למירחם ית ייי אלקכון DT 30:16
זכאי ממומתי: ואתית **יומנא** לעינא ואמרית ייי אלקיה GN 24:42
דליביה מתפני למיטעי **יומנא** מדחלתא דייי אלקנא DT 29:17
דייי אלקכון גזר עימכון **יומנא:** מן בגלל לקיימא יתכון יומנא DT 29:11
בישא דהינון עבדין **יומנא** עד לא אעילינון לארעא DT 31:21
הינון דקיימין הכא עימנא **יומנא** קדם ייי אלקנא וית כל דרייא DT 29:14
ושכליל יתכון: אידכרו מן **יומת** עלמא אתבוננו בשנהון דכל DT 32:7
ית כל דרייא דקמון מן **יומת** עלמא כולהון הינון דקיימין DT 29:14
יהוון כל נביא דקמו מן **יומת** עלמא מתמלל עימהון היכמא NU 12:6
לכון מקביל ותהון דחלין **יימם** ולילי ולא תהימנון בחייכון: DT 28:66
יקרא בצפרא ונטלין או **יימם** ולילי ומסתלק עננא ונטלין: או NU 9:21
דשמייא לאפרשא ביני **יממא** וביני ליליא ויהון לסימנין GN 1:14
למכפרא על חובי **יממא:** וחד מן עשרא בתלת סווין NU 28:4
וקרא אלקים לנהורא **יממא** ועבדיה למפלח ביה דיירי GN 1:5
ולבית כנישות מיין קרא **יממי** וחמא אלקים ארום טב: ואמר GN 1:10
נחית על ארעא ארבעין **יממין** וארבעין לילוון: בכרן יומא GN 7:12
יהי שמיה משבח ארבעין **יממין** וארבעין לילוון: ומליל ייי עם EX 24:18
הי כיומיא קמאי ארבעין **יממין** וארבעין לילוון וקביל ייי DT 10:10
תמן קדם ייי ארבעין **יממין** וארבעין לילוון לחמא לא EX 34:28
ושהיית בטוורא ארבעין **יממין** וארבעין לילוון לחמא לא DT 9:9
ייי כד בקדמיתא ארבעין **יממין** וארבעין לילוון לחמא לא DT 9:18
מיטרא על ארעא ארבעין **יממין** וארבעין ליליון ואישצי ית GN 7:4
בצלו קדם ייי ית ארבעין **יממין** וית ארבעין לילוון DT 9:25
והוה טובענא ארבעין **יממין** על ארעא וסגיאו מיא ונטלו GN 7:17
ואמר יעקב זבון יומנא **כיום** דאנת עתיד למחסן ית GN 25:31
אמר: ואמר יעקב קיים לי **כיום** דיהי וקיים ליה וזבין ית GN 25:33
גרמיכון במעסקכון בה הי **כיומא** דקמתון קדם ייי אלקכון DT 4:10
מן בגלל לממסריה בידך **כיומא** הדין: ואמר ייי לי חמי DT 2:30
למיהוי ליה לעם אחסנא **כיומא** הדין: ומן קדם ייי הוה רגז DT 4:20
זבינוי במניין שניא הי **כיומי** אגירא יהי עימיה: אין עד כדון LV 25:50
דלא מנטרא ייבם הי **כיומי** טליותא ולא מעברא מן LV 22:13
מסאבא שבעא יומין הי **כיומי** ריחוק סאובתה היכדין LV 12:2
ברקם יומין סגיעין **כיומיא** דיתיבתון: ואתפנינא ונטלנא DT 1:46
בטוורא בעי ומצלי הי **כיומיא** קמאי ארבעין יממין DT 10:10
שנין והוו דמיין בעינוי **כיומין** קלילין מדרחים יתה: ואמר GN 29:20
עתיד לאיתפרעא מיניה **ליום** דינא רבא ארום בדיוקנא GN 9:6
למיתן חושבן חובתיה **ליום** דינא רבא: והוון בני ישראל NU 15:31
מנהון למתחייבא בהון **ליום** דינא רבא: וממרירו ליה ונצו GN 49:22
עובדך בעלמא הדין **ליום** דינא רבא חטאך נטיר ועל GN 4:7
דאתי ודא יידכר לן **ליום** דינא רבא למכפרא על נפשתן NU 31:50
האילין דמיפרשין הכא **ליום** דכותיה: ומליל ייי עם משה LV 14:32
ועבד ייי ית פיתגמא הדין **ליום** חרן ומית כל בעירא דמצראי EX 9:6
ובר זוגיה דמתעתדין **ליום** נחמתא וית כל נפשא חייתא GN 1:21
ברם איתנטרא להון **ליום** תמיניי לאשלמותא לאסערא EX 24:11
ייי למשה אמרכול חד **ליומא** אמרכול חד ליומא יקרבון NU 7:11
לה בעלה מיומא דשמע **ליומא** חרן ויתקיימון כל נדרהא או NU 30:15
חד ליומא אמרכול חד **ליומא** יקרבון ית קורבנהון לחנוכת NU 7:11
יומי חייך אשלם מיומא **ליומא:** ית אימתי אשדר קדמך EX 23:26
ותורא דחטאתא תעביד **ליומא** על כיפוריא ותדכי על EX 29:36
בני שנה שלמין תרין **ליומא** עלתא תדירא: ית אימר חד NU 28:3
אימרין בני שנה תרין **ליומא** תדירא: ית אימרא חד תעביד EX 29:38
אגרי: ותסהד בי זכוותי **ליומחרא** ארום תהוי על אגרי GN 30:33
מטול דלא מטו **ליומי** אבהתהון וכל חד וחד מני DT 31:14
מתחות שמיא ואפילו **ליומי** מלכא משיחא לא תתנשי: DT 25:19
ישתוק ומתכוין לה בעלה **מיומא** דשמע ליומא חרן ויתקיימון NU 30:15
בעיגלא הדין: ואקדימו **מיומא** חרא ואסיקו עלוון וקריבו EX 32:6
במשכנא דסהדותא: והוה **מיומא** חרן ועאל משה למשכנא NU 17:23
ית מניין יומי חייך אשלם **מיומא** ליומא: ית אימתי אשדר EX 23:26
אינשא ההוא מישראל **מיומא** קדמאה דחגה ועד יומא EX 12:15
אלא ידע במקימה: והוה **מיומחרא** ואמרת רבתא לזעירתא GN 19:34
ארום בריכין הינון מיני **מיומי** אבהתהון: וקם בלעם בצפרא NU 22:12

יומחרא (3)

ית ניכסתיה יתאכל **וביומחרן** ומה דמשתייר מיניה LV 7:16
עמא ותזמינינון יומא דין **ויומחרא** ויחוורון לבושיהון: ויהון EX 19:10
מלילת עם יוסף יומא דין **ויומחרא** ולא קביל מיניה למשכוב GN 39:10

יונה (17)

שתיה לעלתא וגוזל בר **יוון** או שפנינא לחטאתא לתרע LV 12:6
רבבין או תרין גוזלין בני **יוון** וייתי יתהון לקדם ייי לתרע LV 15:14

שנין ושפנינא ותסילא בר **יוון**: וקריב קומוי ית כל אילין ופסג GN 15:9
רברבין או תרין גוזלין בני **יוון** ותייתי יתהון לות כהנא לתרע LV 15:29
שפנינין או תרין גוזלין בני **יוון** חד לעלתא וחד לחטאתא LV 12:8
שפנינין או תרין גוזלין בני **יוון** לוות כהנא לתרע משכן זימנא: NU 6:10
רברבין או תרין גוזלין בני **יוון** מה דתספוק ידיה ויהי חד LV 14:22
רברביא או מן גוזלין בני **יוון** מן מה דמספקא ידיה: ית מה LV 14:30
רברבין או תרין גוזלין בני **יוניא** וייתי ית קורבניה דחב חד מן LV 5:11
מן שפנינייא או מן בני **יוניא** ית קורבניה ברם שפניניא LV 1:14
יקריב מן רברבין ובני **יוניא** מן גוזלין: ויקרביניה כהנא LV 1:14
רברבין או תרין גוזלין בני **יוניא** קדם ייי חד לחטאתא וחד LV 5:7
מעילוי ארעא: ושדר ית **יונתא** דכייתא מלותיה למיחמיה GN 8:8
יומין חורנין ושדר ית **יונתא** ולא אוסיפת למיתב לותיה GN 8:12
מן תיבותא: ואתת לותיה **יונתא** לעידוני רמשא והא טרפא GN 8:11
יומין ואוסיף לשדרא ית **יונתא** מן תיבותא: ואתת לותיה GN 8:10
אנפי ארעא: ולא השכחת **יונתא** נייחא לפרסת ריגלא ותבת GN 8:9

יזף (20)

בחבריה למתבוע **אוזפותיה** ולא מן אחוי בר ישראל DT 15:2
מדילך לחברך על מזפו **דאוזפך** לא על מזפו דכסף ומיזפו DT 23:20
כל בר נש מרי מוזפתא **דיזוף** בחבריה לית ליה רשו DT 15:2
תיפתח ית אידך ליה **ומוזפא** תוזפיניה הי כמיסת DT 15:8
לא על מזפו דכסף **ומיזפו** דמיכלא ולא על מזפו דכל DT 23:20
ית כל עובדי ידיכון **ותוזפון** לעממין סגיאין ואתון לא DT 28:12
מחותין מן מחותין: הוא **יוזפינכון** ואתון לא תוזפון לכון הוא DT 28:44
ואתון לא תצטרכון **למזוף**: וימני מימרא דייי יתכון DT 28:12
תקום וגברא דאנת **מוזיף** ביה יפיק לך ית משכונא DT 24:11
ארום תוזפון בחבריכון **מוזפו** דמידעם לא תיעול לביתיה DT 24:10
אשמיטו כל בר נש מרי **מוזפתא** דיזוף בחבריה לית ליה DT 15:2
תרבי מדילך לחברך על **מזפו** דאוזפך לא על מזפו דכסף DT 23:20
ומיזפו דמיכלא ולא על **מזפו** דכל מידעם דמיתרבי: לבר DT 23:20
על מזפו דאוזפך לא על **מזפו** דכסף ומיזפו דמיכלא ולא על DT 23:20
ובניכון יתמין: אין כספא **תוזיף** לעמי ית ענייא דעימך לא EX 22:24
במיפקכון מצרים: ארום **תוזפון** בחבריכון מוזפו דמידעם לא DT 24:10
הוא יוזפינכון ואתון לא **תוזפון** לכון הוא יהוי שליט ואתון DT 28:44
ית אידך ליה ומוזפא **תוזפיניה** הי כמיסת חוסרניה DT 15:8
דמיתרבי: לבר עממין **תזוף** מיניה בריביתא ולאחוך לא DT 23:21
בריביתא ולאחוך לא **תזוף** מיניה בריביתא מן בגלל DT 23:21

יחד (3)

לשכם למחרבא לא **איתיחד** יקרי ארום ברוגזהון קטלו GN 49:6
דעבד להון אלקא: **יחידאה** הוא עמא הדין נייח ושרי NU 23:24
אלוק חד דכר חד לעמא **יחידאי** אמרין בני שנא שבעא NU 29:36

יחוס (42)

ויגלי לך טמירן **ויחוס** עלך: יסבר ייי סבר אפוי לך NU 6:25
אלהין לבית איבא תיזיל **ולייחוסי** ותיסב איתא לברי: GN 24:38
מישאל שאיל גברא לנא **ולייחוסנא** למימר העד כדון אבוכון GN 43:7
איתייחסו זרעיתיה בספר **יחוס** אדם ובתר כן אוליד ית דדמי GN 5:3
לגניסת עממהון: אילין **יחוסי** בנוי דנח ליחוסיהון GN 10:32
ממומתי אין תיעול לבית **יחוסי** ואין לא ינתנון לך ותהי זכאי GN 24:41
ותיסב איתא לברי מן **יחוסי** ומגניסת בית איבא: בכין GN 24:40
איליין בנוי דחם לזרעית **יחוסיהון** ללישנהום במותב GN 10:20
חינא קדם ייי: אילן **יחוסין** דגניסת נח נח הוה גבר זכאי GN 6:9
אמנא חדא אבטל מספר **ייחוס** אנוש דוכרנהון: אילולפון DT 32:26
מימרא דייי: דין ספר **ייחוס** תולדת אדם ביומא דברא ייי GN 5:1
לבית אבהתוי: ואיליין **ייחוסי** אהרן ומשה דאתיחסו NU 3:1
ויתברכון בגין זכוותך כל **ייחוסי** ארעא ובגין זכוות בנך: והא GN 28:14
עימכון מנהון תזבנון ומן **ייחוסיהון** דעימכון דאיתילידו LV 25:45
בני ראובן בוכרא דישראל **ייחוסיהון** לגניסתהון לבית NU 1:20
מאה: לבנוי דשמעון **ייחוסיהון** לגניסתהון לבית NU 1:22
ותלת מאה: לבנוי דגד **ייחוסיהון** לגניסתהון לבית NU 1:24
וחמשין: לבנוי דיהודה **ייחוסיהון** לגניסתהון לבית NU 1:26
מאה: לבנוי דישׂשכר **ייחוסיהון** לגניסתהון לבית NU 1:28
וארבע מאה: לבנוי דזבולן **ייחוסיהון** לגניסתהון לבית NU 1:30
דיוסף לבנוי דאפרים **ייחוסיהון** לגניסתהון לבית NU 1:32
מאה: לבנוי דמנשה **ייחוסיהון** לגניסתהון לבית NU 1:34
ומאתן: לבנוי דבנימין **ייחוסיהון** לגניסתהון לבית NU 1:36
וארבע מאה: לבנוי דדן **ייחוסיהון** לגניסתהון לבית NU 1:38
ושבע מאה: לבנוי דאשר **ייחוסיהון** לגניסתהון לבית NU 1:40
וחמש מאה: בנוי דנפתלי **ייחוסיהון** לגניסתהון לבית NU 1:42
דמררי מחלי ומושי אילין **ייחוסין** דלוי לגניסתהון: ונסב עמרם EX 6:19
עשו ויעקב בנוי: ואילין **ייחוסין** דעשו הוא דמתקרי אדום: GN 36:1
רבא דאדומאי: ואילין **ייחוסין** דעשו רבא דאדומא דבית GN 36:9
ואלקנה ואביאסף אילין **ייחוסין** דקרח: ואלעזר בר אהרן EX 6:24
ופלוא חצרון וכרמי אילין **ייחוסין** דראובן: ובנוי דשמעון EX 6:14
לזנותא הי ככנענאי אילין **ייחוסין** דשמעון: ואילין שמהת בנוי EX 6:15
עממיא כל חד ללישניה **ליחוסיהום** בעממיהום: ובנוי דחם GN 10:5
אילין רישי אבהת ליואי **ליחוסיהון**: איהו אהרן ומשה דאמר EX 6:25
מדינחא: אילין בנוי דשם **ליחוסיהון** במותב ארעייתהון GN 10:31
אילין יחוסי בנוי דנח **ליחוסיהון** בעממיהון ומאילין GN 10:32
גבר על טיכסיה באתוון **לייחוס** אבהתהון שריין ואתקוטטו LV 24:10
גבר לאחסנתיה וגבר **לייחוסיה** תתובון: יובלא היא שנת LV 25:10
ואילין שמהת בנוי דלוי **לייחוסיהון** גרשון וקהת ומררי ושני EX 6:16
בנוי דגרשום לבני ושמעי **לייחוסיהון**: ובנוי דקהת עמרם EX 6:17
ואילין שמהת רברבי עשו **לייחוסיהון** לאתר מדוריהון GN 36:40
וסבו לכון מן בני ענא **לייחוסיכון** וכוסו אימר פיסחא: EX 12:21

יחי (17)

למשכנא לות שרה ואמר **אוחא** תלת סאין סמידא דסולתא GN 18:6
בכל ארעא דמצרים: **אוחו** וסקו לות אבא ותימרון ליה GN 45:9
מלילתא לאישתיזבא בה: **אוחי** אישתיזב לתמן ארום לא GN 19:22
יצחק לבריה מה דין **אוחיתא** למשכחא ברי ואמר ארום GN 27:20
דאבוהן ואמר מה דין **אוחיתון** למיתי יומא דין: ואמרא EX 2:18
מלילתא עביד כפיתגמך: **ואוחי** אברהם למשכנא לות שרה GN 18:6
קדם ייי יתרחם עלך ברי: **ואוחי** יוסף ארום רחשו רחמוי על GN 43:30
ושמין ויהב לעולימא **ואוחי** למעבדי תבשילין: ונסיב לווי GN 18:7
דר תליתאי ועל רביעאי: **ואוחי** משה וגחן על ארעא וסגיד: EX 34:8
בכל ארעא דמצרים: **ואוחי** פרעה ושדר פולין למיקרי EX 10:16
עבדא ואתון תהון זכאין: **ואוחיאו** ואחיתו גבר טוניה לארעא GN 44:11
ואמרית לה אשקיני כדון: **ואוחיאת** ואחיתת לגינתא מינה GN 24:46
ואמרת שתי ריבוני **ואוחיאת** ואחיתת לגינתה על ידה GN 24:18
עד דיספקון למשתי: **ואוחיאת** ורוקינת לגינתא GN 24:20
וית כל רבותי דחמיתון **ותוחון** ית אבא הלכא: ואתרכין על GN 45:13
על עמא בית ישראל **לאוחאה** למופטורינון מן ארעא EX 12:33
קלילא דעלון לגווה נחלין **מוחין** מתגברין ולא יכילת GN 49:4

יחיד (8)

כוות עמך ישראל עם **יחידאי** בארע מטול למהוי ליה DT 26:18
כבר נש דהוה ליה ביר **יחידאי** ואשתבי אזל פרקיה בממון DT 32:50
מרומא איתון חמון תרין **יחידאין** דאית בעלמא חד נכיס וחד GN 22:10
בארעא היכמא דאנא **יחידי** בשמי מרומא ועתידין GN 3:22
קומוי הא אדם הוה **יחידיי** בארעא היכמא דאנא יחידי GN 3:22
ולא מנעת ית ברך ית **יחידך**: ארום ברכא אברכינך ואסגא GN 22:16
דבר כדון ית ברך ית **יחידך** דאת רחים ית יצחק ואיזל GN 22:2
ולא עכיבתא ית ברך ית **יחידך** מיני: וזקף אברהם ית עינוי GN 22:12

יחם (5)

ויהב לי: והוה בעידן **דאתיחמא** ענא וזקפית עניי וחמית GN 31:10
ענא דלבן: והוי בכל עידן **דמיתיחמן** ענא מבכרתא ומשוי GN 30:41
כמיתהין למישתי: **ואתחימו** ענא לקבל חטריא וילידן GN 30:39
לעיני ענא במורכייתא **ליחמותהין** קבל חטרייא: ובלקושי GN 30:41
לקיבליהן דענא והוון **מתיחמן** כמיתהין למישתי: GN 30:38

יחמור (1)

טמיין: אילין וטביין **ויחמורין** יעלין ורימנין ותורי בר DT 14:5

יחס (10)

דקין וקין איטרד ולא **איתייחסו** זרעיתיה בספר יחוס GN 5:3
ייחוסי אהרן ומשה **דאתיחסו** ביומא דמליל ייי עם NU 3:1
על אגג מלכהון ובגין **דיחוס** עלוי יתנטיל מיניה מלכותיה: NU 24:7
דאייר הוא ירחא תיניינא **ואיתייחסו** על זרעייתהון לבית NU 1:18
לך בנין ודין בר אמתא לא **מתיחס** בתרך: ואוף ית בר אמתא GN 21:12
בישא הדין ביניכון: ולא **תיחוס** עיניכון נפשא חלופי נפשא DT 19:21
ולא תקבלון מיניה ולא **תיחוס** עיניכון עלוי ולא תרחמון DT 13:9
דייי אלקך יהיב לך לא **תיחוס** עינך עליהון ולא תפלח ית DT 7:16
אדמא ויתקטיל: ולא **תיחוס** עינכון עלוי ותפלון שדיי דם DT 19:13
ותיתון: ועיניכון לא **תיחוס** על מניכון ארום שפר ארג GN 45:20

יחף (1)

וריגליכון לא הליכן **מייחפן** דנן ארבעין שנין: ודינדעון DT 8:4

יכח (12)

ידיי גלי קדם ייי בגין כן **אוכח** ברמשא: ואתיב לבן ואמר GN 31:42
ית אחוכון בליבכון **אוכחא** תוכחון ית חבריכון ברם אין LV 19:17
דיריחו: אילין פיתגמי **אוכחותא** די מליל משה עם כל DT 1:1
נביא למימר פיתגמי **אוכחותא** האילין אתריגישת ארעא DT 28:15
לי לא הוינא כמיסת **ואיתווכחן** מילייא וידע אברהם GN 20:16
ואמר אברהם אנא אקיים: **ואתווכח** אברהם עם אבימלך על GN 21:25
ואבירם: וקם משה ואזל **לאוכחא** לדתן ולאבירם ואזלו NU 16:25
אלהין בגין דממריה **לאוכחותיה** במכתשין בישין: EX 3:19
ואמר אף על גב דאנא **מוכח** יתהון על תנאה מתווכחין DT 28:15
מוכח יתהון על תנאה **מתווכחין** למימר דאין לא תקבלון DT 28:15
אחוכון בליבכון אוכחא **תוכחון** ית חבריכון ברם אין LV 19:17
ולא תשבעון: ואין בהדא **תוכחתא** לא תשמעון לאולפן LV 26:27

יכל (1)

הא אתיתי לותך כדון **המיכל** יכילנא למללא מידעם NU 22:38

ילד (280)

ואילין גניסת תרח תרח **אולד** ית אברם וית נחור וית הרן GN 11:27

וית נחור וית הרן והרן **אולד** ית לוט: והוה כד רמא נימרוד GN 11:27
למימר הברם בקשוט **אוליד** ואנא סיבית: האפשר דיתכסי GN 18:13
ושום אחוי יקטן: ויקטן **אוליד** ית אלמודד דמשח ית ארעא GN 10:26
שם שם בר מאה שנין כד **אוליד** ית ארפכשד תרתין שנין בתר GN 11:10
למכיר גניסת מכיר ומכיר **אוליד** ית גלעד לגלעד גניסת גלעד: NU 26:29
בספר יחוס אדם ובתר כן **אוליד** ית דדמי ליה וקרת ית שמיה GN 5:3
אמרין בקושטא אברהם **אוליד** ית יצחק: והוה יצחק בר GN 25:19
ית מתושאל ומתושאל **אוליד** ית למך: ונסיב ליה למך GN 4:18
לחנוך ית עירד ועירד **אוליד** ית מחוייאל ומחוייאל אוליד GN 4:18
ית מחוייאל ומחוייאל **אוליד** ית מתושאל ומתושאל GN 4:18
קרתא רבתי: ומצרים **אוליד** ית ניווטאי וית מריוטאי וית GN 10:13
זמרגד ומזג: וכוש **אוליד** ית נמרוד הוא שרי למיהוי GN 10:8
אוליד ית שלח ושלח **אוליד** ית עבר: ולעבר איתילידו GN 10:24
מושי גניסת קרח וקהת **אוליד** ית עמרם: ושום איתת עמרם NU 26:58
וית קפודאי: וכנען **אוליד** ית צידון בוכריה וית חת: וית GN 10:15
ידלף וית בתואל: ובתואל **אוליד** ית רבקה תמניא אילין ילידת GN 22:23
וית ישבק וית שוח: ויקשן **אוליד** ית שבא וית דדן ובני דדן GN 25:3
ולוד וארם:: וארפכשד **אוליד** ית שלח ושלח אוליד ית עבר: GN 10:24
דכנען ושלה וזרח לא **אולידו** בנין בארעא דכנען והוו בני GN 46:12
ארום מן קדמת דנא **אולידת** חוה ית קין דלא מיניה ולא GN 5:3
בגניסת עממיהון: ולשם **איתיליד** אף הוא בר הוא אבוהון GN 10:21
קין: ולשת אף הוא **איתיליד** בר וקרת ית שמיה אנוש GN 4:26
או אימר או גדיא ארום **איתיליד** כאורח עלמא ויהי שבעתי LV 22:27
ואברהם בר מאה שנין כד **איתיליד** ליה ית יצחק בריה: ואמרת GN 21:5
בני מכיר בר מנשה כד **איתילידו** גזרינון יוסף: ואמר יוסף GN 50:23
ארעא ובנתא שפירתא **איתילידו** להון: וחמון בני רברביא GN 6:1
קרח אילין בנוי דעשו די **איתילידו** ליה בארעא דכנען: ודבר GN 36:5
בנוי דיוסף ואמר מן מאן **איתילידו** לך אילין: ואמר יוסף GN 48:8
כנש בגוה:: וליוסף **איתילידו** תרין בנין עד לא עלת GN 41:50
אוליד ית עבר: ולעבר **איתילידו** תרין בנין שום חד פלג GN 10:25
יומין לירחא דאדר **איתליד** משה רבהון דישראל DT 34:5
אינשא: ואתון פושו וסגו **אתילדו** בארעא וסגו בה: ואמר GN 9:7
גזירת מימרא דייי בגין כן **אתיליד** לנא ברנא דין דהוא סורהבן DT 21:20
מימרא דייי לטבא **בוולדא** דמעכון ובוולדא דבעיריכון DT 28:11
בכל עובדי ידיכון **בוולדא** דמעכון ובפירי ארעכון DT 30:9
והא תיומין במעהא: והוה **במולדה** ופשט וולדא ית ידיה GN 38:28
במילדה: והוה בקשיותא **במילדה** ואמרת לה חייתא לא GN 35:17
וילידת רחל וקשיית **במילדה:** והוה בקשיותא במילדה GN 35:16
למך: וחיא מתושלח בתר **דאולד** ית למך שבע מאה ותמנן GN 5:26
בקשוט קדם ייי בתר **דאולד** ית מתושלח תלת מאה שנין GN 5:22
אינשא: וחיא למך בתר **דאולד** ית נח חמש מאה ותשעין GN 5:30
ית נחור: וחיא שרוג בתר **דאולד** ית נחור מאתן שנין ואולד GN 11:23
ית תרח: וחיא נחור בתר **דאולד** ית תרח מאה ושתסרי שנין GN 11:25
טובענא: וחיא שם בתר **דאוליד** ית ארפכשד חמש מאה GN 11:11
ית חנוך: וחיא ירד בתר **דאוליד** ית חנוך תמני מאה שנין GN 5:19
ירד: וחיא מהללאל בתר **דאוליד** ית ירד תמני מאה ותלתין GN 5:16
מהללאל: וחיא קינן בתר **דאוליד** ית מהללאל תמני מאה GN 5:13
ית עבר: וחיא שלח בתר **דאוליד** ית עבר ארבע מאה ותלת GN 11:15
ית פלג: וחיא עבר בתר **דאוליד** ית פלג ארבע מאה ותלתין GN 11:17
ית קינן: וחיא אנוש בתר **דאוליד** ית קינן תמני מאה וחמיסר GN 5:10
ית רעו: וחיא פלג בתר **דאוליד** ית רעו מאתן ותשע שנין GN 11:19
שלח: וחיא ארפכשד בתר **דאוליד** ית שלח ארבע מאה GN 11:13
ית שרוג: וחיא רעו בתר **דאוליד** ית שרוג מאתן ושבע שנין GN 11:21
שת: והוו יומי אדם בתר **דאוליד** ית שת::: תמני מאה ושבע GN 5:4
נביאין וכהנין יהון מבינך **דאולידתא** ותרין מלכין תוב מינך GN 35:11
ולית בהון פסולא דמבתר **דאיתיליד** בנימין הוו בני יעקב GN 35:22
מה דתעבד: כל בוכרא **דאיתיליד** בתורך ובענך דוכריא DT 15:19
גזירתא הדא עד **דאיתיליד** יצחק ומן דאיתיליד EX 12:41
עד דאיתיליד יצחק ומן **דאיתיליד** יצחק עד דנפקן פריקין EX 12:41
עמיה למימר כל ביר דכר **דאיתיליד** ליהודאי בנהרא EX 1:22
פישרא וסדיקי פרסתא **דאיתיליד** ממסאבתא ברם ית LV 11:4
למללא והא רבקה נפקת **דאיתילידא** לבתואל בר מלכה GN 24:15
ומן ייחוסיהון דעימכון **דאיתילידו** בארעכון ולא מן כנענאי LV 25:45
שיתין ושית: ובנוי דיוסף **דאיתילידו** ליה במצרים נפשתא GN 46:27
גד ואשר אילין בני יעקב **דאיתילידו** ליה בפדן דארם: ואתא GN 35:26
למצרים: אילין בני רחל **דאיתילידו** ליעקב כל נפשתא GN 46:22
עלם: וכדון תרין בנך **דאיתילידו** לך בארעא דמצרים עד GN 48:5
במצרים ויוכבד ברת לוי **דאיתילידת** במעלהון למצרים ביני GN 46:27
איתתא מטעיא בזנו **דאיתלידא** מן פסוליא לא יסבון LV 21:7
וקרו שמיה עשו מן בגלל **דאתיליד** כוליה גמיר בשיער רישא GN 25:25
בת אבך או בת אימך מה **דיוליד** אבך מן איתא אוחרי או מן LV 18:9
לנשין ברתיי הינון ובנייא **דילידן** הי כבני חשיבין וענא מן עניי GN 31:43
יומא דין או לבניהן **דילידן:** וכדון איתא וניגזר קיים אנא GN 31:43
אוחרי או מן אימך או מה **דילידת** אמך מן אבך או מן גבר LV 18:9

ויהב ליה ית אסנת **דילידת** דינה לשכם ורביתה איתת GN41:45
בר וקרא אברם שום בריה **דילידת** הגר ישמעאל: ואברם בר GN16:15
ישמעאל בר אברהם **דילידת** הגר מצריתא אמתא דשרה GN25:12
ית ברה דהגר מצריתא **דילידת** לאברהם מגחך לפולחנא GN21:9
בנין בארעא דמצרים **דילידת** ליה אסנת בת דינה ורבת GN46:20
עד לא עלת שתא דכפנא **דילידת** ליה אסנת דרבת בבית GN41:50
בנוי דאליצפן בר פרנך **דילידת** ליה יוכבד ברת לוי בזמן NU11:26
עמרם יוכבד ברת לוי **דילידת** ליה ללוי במיעלהון NU26:59
ברת בתואל בר נחור **דילידת** ליה מלכה ושוית קדשא על GN24:47
ברתיה ית בלהה ברתיה **דילידת** ליה פילקתיה ומסרה לה GN29:29
לבן ליה ית זלפה ברתיה **דילידת** ליה פילקתיה ומסרה ללאה GN29:24
ית שום בריה דיתליד לי **דילידת** ליה שרה יצחק: וגזר אברהם GN21:3
ויחלאל: אילין בני לאה **דילידת** ליעקב בפדן דארם וית GN46:15
בתואל אנא בת מלכה **דילידת** לנחור: ותנת למימר ליה GN24:24
עירית בת איתת אבוך **דילידת** מן אבך אחתך היא לא LV 18:11
דמהא דא היא אורייתא **דילידתא** לידכר או לנוקבא: ואין לא LV 12:7
אם כדין הוא צערא **דילידתא** למה דין לי בנין ואזלת GN25:22
וייבם יתה: ויהי בוכרא **דיתליד** יקום באחסנתא על שום DT 25:6
אברהם ית שום בריה **דיתליד** לי דילידת ליה שרה יצחק: GN21:3
הויתון בארעהון: בנין **דמתילדין** להון דר תליתאי ידכון DT 23:9
בצירתא דבמצרים **דמתיליד** לה כד היא טחנא אחורי EX 11:5
מקהל עמא דייי: לא ידכי **דמתיליד** מן זנו דביה מומא בישא DT 23:3
בעידן מילדה ובבנה **דתוליד** ארום תיכלינון בחוסרן כל DT 28:57
לא ירתינך דין אלהין בר **דתוליד** הוא ירתינך: ואפיק יתיה GN15:4
מעברא לא תשהוניה עד **דתיליד** אלהין בי היא שעתא DT 22:22
קיימי אקיים עם יצחק **דתיליד** לך שרה בזימנא הדין GN17:21
ייי ולא מרחקין בנהא **דתיליד** מיניה ולא תחייב חובת DT 24:4
תמני מאה ותלתין שנין **ואולד** בנין ובנן: והוו כל יומי GN 5:16
מאה ותמנן ותרתין שנין **ואולד** בנין ובנן: והוו כל יומי GN 5:26
מתושלח תלת מאה שנין **ואולד** בנין ובנן: והוו כל יומי חנוך GN 5:22
ית חנוך תמני מאה שנין **ואולד** בנין ובנן: והוו כל יומי ירד GN 5:19
מאה ותשעין וחמש שנין **ואולד** בנין ובנן: והוו כל יומי למך GN 5:30
ית נחור מאתן שנין **ואולד** בנין ובנן: וחיא נחור עשרין GN11:23
ית רעו מאתן ותשע שנין **ואולד** בנין ובנן: וחיא רעו תלתין GN11:19
שרוג מאתן ושבע שנין **ואולד** בנין ובנן: וחיא שרוג תלתין GN11:21
תרח מאה ושתסרי שנין **ואולד** בנין ובנן: וחיא תרח שובעין GN11:25
מאה ותמנן ותרתין שנין **ואולד** בר: וקרא ית שמיה נח למימר GN 5:28
וחיא תרח שובעין שנין **ואולד** ית אברם וית נחור וית הרן: GN11:26
שיתין וחמש שנין **ואולד** ית ירד: וחיא מהללאל בתר GN 5:15
מאה ותמנן ושבע שנין **ואולד** ית למך: וחיא מתושלח בתר GN 5:25
חנוך שתין וחמש שנין **ואולד** ית מתושלח: ופלח חנוך GN 5:21
וחיא שרוג תלתין שנין **ואולד** ית נחור: וחיא שרוג בתר GN11:22
וחיא פלג תלתין שנין **ואולד** ית רעו: וחיא פלג בתר GN11:18
רעו תלתין ותרתין שנין **ואולד** ית שרוג: וחיא רעו בתר GN11:20
אדם מאה ותלתין שנין **ואולד** ית שת דדמי לאיקוניה GN 5:3
נחור עשרין ותשע שנין **ואולד** ית תרח: וחיא נחור בתר GN11:24
נח בר חמש מאה שנין **ואולד** נח ית שם וית חם וית יפת: GN 5:32
בדחלתא דייי הליך נח: **ואולד** נח תלתא בנין ית שם ית חם GN 6:10
ארפכשד חמש מאה שנין **ואוליד** בנין ובנן: וארפכשד חיא GN11:11
תמני מאה וחמיסר שנין **ואוליד** בנין ובנן: והוו כל יומי אנוש GN 5:10
תמני מאה וארבעין שנין **ואוליד** בנין ובנן: והוו כל יומי קינן GN 5:13
תמני מאה ושבע שנין **ואוליד** בנין ובנן: והוו כל יומי שת GN 5:7
ארבע מאה ותלת שנין **ואוליד** בנין ובנן: וחיא עבר תלתין GN11:15
ארבע מאה ותלתין שנין **ואוליד** בנין ובנן: וחיא פלג תלתין GN11:17
ארבע מאה ותלתין שנין **ואוליד** בנין ובנן: ושלח חיא תלתין GN11:13
מאה ושיתין ותרתי שנין **ואוליד** ית חנוך: וחיא ירד בתר GN 5:18
וחיא קינן שובעין שנין **ואוליד** ית מהללאל: וחיא קינן בתר GN 5:12
ושלח חיא תלתין שנין **ואוליד** ית עבר: וחיא שלח בתר GN11:14
עבר תלתין וארבע שנין **ואוליד** ית פלג: וחיא עבר בתר GN11:16
וחיא אנוש תשעין שנין **ואוליד** ית קינן: וחיא אנוש בתר GN 5:9
חיא תלתין וחמש שנין **ואוליד** ית שלח: וחיא ארפכשד בתר GN11:12
הבל בחיי אבוי והדר אבוי **ואוליד** ית שת ברם מתעכב אנא עד GN27:41
ואילן תולדת בנוי דנח **ואיתיילדו** להום בנין בתר טובענא: GN10:1
קרתא כשום בריה חנוך: **ואיתייליד** לחנוך ית עירד ועירד GN 4:18
ובנוי דישראל נפישו **ואיתילדו** וסגו ואתקפו לחדא EX 1:7
משה וית מרים אחתהון: **ואיתיליד** לאהרן ית נדב וית NU26:60
איתת יעקב יוסף ובנימין: **ואיתיליד** ליוסף בנין בארעא GN46:20
ידכי: כל דיקרב בשכיבא **ובוולדא** בר תשעה ירחין בגושמיה NU19:13
לטבא בוולדא דמעכון **ובוולדא** דבעיריכון ובאיבא DT 28:11
יסב: ארמלא ומיפטרא **ודאיתילידא** מן פסוליא ומטעיא LV 21:14
הלבר מאה שנין יהי **וולד** ואין שרה הברת תשעין שנין GN17:17
והות שרי עקרא לית לה **וולד:** ודבר תרת ית אברם בריה וית GN11:30
עיריתא דאחוי בזי דלא **וולד** יהון: ותיטרון אתון כנישתא LV 20:21
במותנא יסופון דלא **וולד** ימותון: וגבר די יסב ית·איתת LV 20:20

תהי ארמלא או מיתרכא **וולד** לית לה מיניה ותבת לבית LV 22:13
ית שמיה ער ארום בלא **וולד** עתיד לממת: ואיתעברת תוב GN 38:3
בוכרא דכוריא פתח כל **וולדא** בבני ישראל באינשא EX 13:2
בני ישראל חולף פתח כל **וולדא** בוכריא כולהון דמבני ישראל NU 8:16
תקדש קדם ייי: וכל פתח **וולדא** בחמרא תיפרוק באימרא EX 13:13
וולדא קדם ייי וכל פתח **וולדא** בעירא דמשגרא אימיה דיהון EX 13:12
עולים לא חייס: ויגמרון **וולדא** דבעיריכון ופירי ארעכון עד DT 28:51
דבח קדם ייי כל פתח **וולדא** דוכרייא וכל בוכרא דבריי EX 13:15
פריקין ממצרים: כל פתח **וולדא** דילי הוא וכל בעירך תקדיש EX 34:19
מותא מתקנסא יתקנס **וולדא** היכמא דמשוי עליה בעלה EX 21:22
אימיה על מתברא וימות **וולדא** ומפקא יתיה חייתא כד NU 12:12
בקדמיתא: והוה כד אתיב **וולדא** ית ידיה והא נפק אחוי GN 38:29
והוה במולדה ופשט **וולדא** ית ידיה ונסבת חייתא GN 38:28
דילך יהי: כל פתח **וולדא** לכל בישרא בבעירא דיקרבון NU 18:15
דייי באנפי כל ציריה בית **וולדא** לנשיא דבבית אבימלך על GN 20:18
חלף כל בוכריא פתח **וולדא** מבני ישראל ויהון משמשין NU 3:12
לך: ותפרש כל פתח **וולדא** קדם ייי וכל פתח וולדא EX 13:12
מעברא ואפילת ית **וולדהא** ולא יהו בה מותא מתקנסא EX 21:22
ייי אלקכון לכון: ויגמרון **וולדי** מעיכון דתיכלונון בכפנא בשר DT 28:53
ויסגינכון ויברך **וולדי** מעיכון ופירי ארעכון DT 7:13
אתון בחקלא: בריכין **וולדי** מעיכון ופירי ארעכון בקרי DT 28:4
שירוי עצוותכון: ליטין **וולדי** מעיכון ופירי ארעכון בקרי DT 28:18
ומודן ותייבן לגובריהון **וילדן** בנין צדיקין בזמן דמידכן מן EX 38:8
ומן יד הינין מתעניין **וילדן** ופרקן בשלם: ואוטיב ייי EX 1:19
דאימן נפקן לאנפי ברא **וילדן** ושבקן יתן תמן ומשדר EX 15:2
בריגליהון יהי אגרך **וילידן** כל ענא מאן דשומא GN 31:8
אמיר קרוחין יהי אגרך **וילידן** כל ענא קרוחין ואם כדין GN 31:8
רברביא לות בנת אינשא **וילידן** להון והינון מתקריין גיברין GN 6:4
ליה וחדא סניתא ליה **וילידן** ליה בנין רחימתא וסניתא DT 21:15
ענא לקבל חטריא **וילידן** ענא רגולין דסימנא GN 30:39
ותפלקתיה ושמה ראומה **וילידת** אוף היא ית טבח וית גחם GN 22:24
לוי: ואיתעברת איתתא **וילידת** ביר בסוף שיתא ירחין EX 2:2
ציפורה ברת בריה למשה: **וילידת** ביר דכר וקרא שמיה גרשום EX 2:22
שמיה דן: ואיתעברת תוב **וילידת** בלהה אמתא דרחל בר תניין GN 30:7
על אינתתיה ואתעברת **וילידת** בר בגו בני ישראל וכד הוון LV 24:10
דמצראי: ואתעברת תוב **וילידת** בר ואמרת ארום שמיע קדם GN 29:33
שמעון: ואתעברת תוב **וילידת** בר ואמרת הדא זימנא GN 29:34
לוי: ואיתעברת תוב **וילידת** בר ואמרת הדא זימנא אודי GN 29:35
למתן לה בנין: ואתעברת **וילידת** בר ואמרת כנש ייי ית GN 30:23
ועל לותה: ואתעברת **וילידת** בר וקראת ית שמיה ער GN 38:3
לממת: ואיתעברת תוב **וילידת** בר וקרת ית שמיה אונן GN 38:4
עקרה: ואיתעברת לאה **וילידת** בר וקרת ית שמיה ראובן GN 29:32
לאתאבלא: ואוסיפת תוב **וילידת** בר וקרת ית שמיה שלה GN 38:5
שנין דאיתקטיל הבל **וילידת** בר וקרת ית שמיה שת GN 4:25
ואתעברת תוב לאה **וילידת** בר שתיתאי ליעקב: ואמרת GN 30:19
בין רקם ובין חלוצא: **וילידת** הגר לאברם בר וקרא אברם GN 16:15
לירדנא וקרת שמיה גד: **וילידת** זלפה אמתה דלאה בר תניין GN 30:12
יתה ליעקב לאינתו: **וילידת** זלפה אמתה דלאה ליעקב GN 30:10
דיהב לבן לרחל ברתיה **וילידת** ית אילין ליעקב כל נפשתא GN 46:25
דיהב לבן ללאה ברתיה **וילידת** ית אילין ליעקב שיתיסר GN 46:18
ית אינתתיה ואעדיאת **וילידת** ית חנוך והוה בני קרתא GN 4:17
פילקתא לאליפז בר עשו **וילידת** לאליפז ית עמלק הוא GN 36:12
חביבתיה ליה לאינתו **וילידת** ליה ית אהרן וית משה ושני EX 6:20
דקטירא ליה מן שירויא: **וילידת** ליה ית זמרן וית יקשן וית GN 25:2
דנחשון ליה לאינתו **וילידת** ליה ית נדב וית אביהוא ית EX 6:23
הוא פוטיאל ליה לאינתו **וילידת** ליה ית פנחס אילין רישי EX 6:25
יעקב: ואעדיאת בלהה **וילידת** ליעקב בר: ואמרת רחל דן GN 30:5
צלותא דלאה ואיתעברת **וילידת** ליעקב בר חמישאי: ואמרת GN 30:17
במצרים ביני שוריא **וילידת** לעמרם ית אהרן וית משה NU 26:59
ברת צבעון איתת עשו **וילידת** לעשו ית יעוש וית יעלם GN 36:14
עדה ושום תנייתא צלה: **וילידת** עדה ית יבל הוא הוה רב GN 4:20
דאסיבא ליה נביות אחה: **וילידת** עדה לעשו ית אליפז GN 36:4
תרתין בנת לוט מאבוהן: **וילידת** רבתא בר וקרת שמיה מואב GN 19:37
דארעא במיתיה לאפרת **וילידת** רחל וקשיית במילדה: והוה GN 35:16
ואמהן וגמלין וחמרין: **וילידת** שרה איתת ריבוני בר GN 24:36
על אבימלך: ואתעברת **וילידת** שרה לאברהם בר דדמי ליה GN 21:2
על ארעא הנפק עימך **ויתילדון** בארעא ויפשון ויסגון על GN 8:17
לא איזיל אלהין לארעי **ולילדותי** אזיל: ואמר לא כדון NU 10:30
ביניהון: אלהין לארעי **ולילדותי** ולבית גניסתי תיזיל GN 24:4
ייי דאמר לי תוב לארעך **ולילדותך** ואוטיב עימך: לית אנא GN 32:10
תוב לארע אבהתך **ולילדותך** ויהי מימרי בסעדך: ושדר GN 31:3
שנין ותקופות שמשא **ומולד** סיהרא ומחזורין: ויהון GN 1:14
איתתא ארום תעדי **ותיליד** ביר דכר ותהי מסאבא LV 12:2
אמתי בלהה עול לוותה **ותיליד** ואנא אירבי ואיתבני אוף GN 30:3
יתן ליה איתא אמתא **ותיליד** ליה בנין או בנן איתא ובנהא EX 21:4
מלאכא הא אנת מעברא **ותלדין** בר ותקרין ית שמיה GN 16:11
בזכותא דגרם ליה דלא **יוליד** בר רביעיי: ואמר ליט כנען GN 9:24
לחדא תריסר רברבין **יוליד** ואיתנינניה לעם סגי: וית GN 17:20
וכדון בגין דלא הוינא **ילדא** חררית אמתי ויהבתא GN 16:5
למבשרא יתיה דהא שרה **ילדה** ביר זכר וחד אתא למשיזבא GN 18:2
מן בית אבא ומן ארע **ילדותי** ודמליל לי ותקיים עלי GN 24:7
אבוי היך איתוקד בארע **ילדותיה** באתון נורא דעבדו כשדאי GN 11:28
ארעא הדא ותוב לארע **ילדותך**: ואתיבת רחל באסכמותא GN 31:13
לך מארעך אתפרש מן **ילדותך** פוק מבית אבוך זיל לארעא GN 12:1
שנין דהוה יצחק כד **יליד** ית יעקב ברחי שיתין כל קבל NU 7:88
יתחבר עימי בעלי ארום **ילידית** ליה תלתא בנין והיכדין GN 29:34
דין: וזעירתא אוף היא **ילידת** בר וקרת ית שמיה בר עימיה GN 19:38
שמיה זבולן: ומן בתר כדין **ילידת** ברת וקרת ית שמה דינה GN 30:21
בר תמנן ושית שנין כד **ילידת** הגר ית ישמעאל לאברם: GN 16:16
ית רעואל: ואהליבמה **ילידת** ית יעוש וית יעלם וית קרח GN 36:5
קבל שנין דהוה יוכבד כד **ילידת** ית משה ושובעין סילעין הוי NU 7:85
ואיתניסיבת ליה עד דלא **ילידת** ית משה ושרת עילויהון רוח NU 11:26
לעשו ית אליפז ובשמת **ילידת** ית רעואל: ואהליבמה ילידת GN 36:4
ואבובא: וצלה אף היא **ילידת** ית תובל קין רב לכל אומן GN 4:22
ויצחק בר שיתין שנין כד **ילידת** יתהום: ורביאו טליא והוה GN 25:26
בעלה והוה בפסקת כד **ילידת** יתיה: ונסיב יהודה איתא לער GN 38:5
ידעתון ארום תרין בנין **ילידת** לי אנתתי: ונפק חד מלותי GN 44:27
דתוניק בנין שרה ארום **ילידת** ליה ביר לאישון: ורבא טליא GN 21:7
ושרי איתת אברם לא **ילידת** ליה ולה אמתא מצריתא GN 16:1
דבעלי עימי ארום **ילידת** ליה שיתא בנין והכדין GN 30:20
וחמת רחל ארום לא **ילידת** ליעקב וקניאת רחל באחתא GN 30:1
ונפקת דינה ברת לאה די **ילידת** ליעקב למיחמי בנימוס בנת GN 34:1
לאברהם למימר הא **ילידת** מילכה אף היא אתרווחת GN 22:20
ית רבקה תמניא אילין **ילידת** מלכה לנחור אחוי דאברהם: GN 22:23
דין בר אוחרן: והוה כדי **ילידת** רחל ית יוסף ואמר יעקב GN 30:25
תנייתא מסדרין הי **כילדותהון**: עובד אומן יהויין EX 28:10
לכל בר נשא ואפילו **לוולדא** בר ירחין לגושמיה ובדמיה NU 19:11
כמיתא דהיא מדמיא **לוולדא** דאישלם במעי אימיה NU 12:12
בזכותא דאחתה **למילד** בנין לנחור אחוך: ית עוץ GN 22:20
ושובעין יומי עיבורהא **למילד** והא תיומין במעהא: ונפק GN 25:24
מלאכא דייי: ואוסיפת **למילד** מן בעלה אדם ית תיומתיה GN 4:2
הא כדון מנעני ייי מן **למילד** עול כדון לות אמתי GN 16:2
בני ישמעאל בשומהון **לתולדתהון** בוכרא דישמעאל נבט GN 25:13
ברתה: ואמר כד תהוויין **מולדן** ית יהודייתא ותיסתכין EX 1:16
מבית תורפה בעידן **מילדה** ובבנה דתוליד ארום DT 28:57
במשכבא: והוה בעידן **מילדה** והא תיומין במעהא: והוה GN 38:27
קרת שמיה יהודה וקמת **מלמילד**: וחמת רחל ארום לא GN 29:35
וחמת לאה ארום קמת **מלמילד** ושחררת ית זלפה אמתא GN 30:9
ביר חד עתיד למיהוי **מתיליד** בכנישתהון דישראל דעל EX 1:15
ינתרון זיתיכון: בנין ובנן **תולדון** ולא יהוון מהניין לכון ארום DT 28:41
דייי: דין ספר ייחוס **תולדת** אדם ביומא דברא ייי אדם GN 5:1
וחמשין שנין ומית: ואילן **תולדת** בנוי דנח ואיתיילדו להום GN 10:1
שרא באחסנתיה: ואילין **תולדת** יצחק בר אברהם ומן בגלל GN 25:19
דחמי ולא מתחמי: ואילין **תולדת** ישמעאל בר אברהם GN 25:12
ועתיד למיעבד: אילן **תולדת** שמייא וארעא כד אתברייו GN 2:4
מתחשבין לי: ובנך די **תוליד** בתריהון דילך יהון על שום GN 48:6
שרה הברת תשעין שנין **תוליד**: ואמר אברהם קדם ייי הלואי GN 17:17
ומתפרע בקינאה: ארום **תילדון** בנין ובני בנין ותתעתקון DT 4:25
בתולין ועידוייך בי צער **תילדין** בנין ולות בעליך תהי מתויך GN 3:16
דכותה: ואין ברת נוקבא **תליד** ותהי מסאבא ארבסרי יומין LV 12:5
בקושטא שרה אינתתך **תליד** לך בר ותיקרי ית שמיה יצחק GN 17:19

ילל (1)

במדברא בצדייות אתר **דמייללין** שידין ווירודין ובית DT 32:10

ים (106)

דמצראי דאישתנקו **בימא** ארום אסיקתא בחילך ית NU 14:13
ורתיכוי רמא וטמע יתהון **בימא** דסוף: ואטיל משה ישראל מן EX 15:21
גיברוי רמא וטמע יתהון **בימא** דסוף: תהומייא כסון עליהון EX 15:4
רמא וטמע יתהון **בימא** דסוף: תוקפן ורב תושבחתן EX 15:1
פרעה ברתיכוי ופרשוי **בימא** וחזר ייי עליהון ית מוי דימא EX 15:19
פרעה דעלו בתריהון **בימא** לא אישתייר בהון עד חד: ובני EX 14:28
זכותא דמשה ואהרן ונתב **בימא** רבא ואפרח שלוי מן ימא רבא NU 11:31
דפרעה וחילוותיה שדא **בימא** שיפר עולימי גיברוי רמא EX 15:4
דיליה ציצין וחרספיתין **בימייא** ובנחליא יתהון תיכלון: וכל LV 11:9
ליה ציצין וחרספיתין **בימייא** ובנחליא מן כל ריחשא LV 11:10
נחתו ושקעו במצולתיה **דימא** אידמון הי כאבניא: ימינך ייי EX 15:5
ית בנך סגיעין הי כחלא **דימא** דלא מתמני מסגי: ובת תמן GN 32:13
ייי ית עמא אורח מדברא **דימא** דסוף וכל חד עם חמשא EX 13:18
די אטיף ית מוי **דימא** דסוף על אפיהון כד רדפו DT 11:4

וחזר ייי עליהון ית מוי **דימא** ובני ישראל הליכו ביבשתא EX 15:19
ייי כסון עליהון גירין **דימא** נחתו ושקעו הי כאברא מיא EX 15:10
תהומיא בגו פילגוס **דימא** רבא: דהוה אמר פרעה רשיעא EX 15:8
דברינון לימא דסוף **וימא** דסוף רמא יתהון על גיפיה כל EX 14:9
יתן ייי יתיך ללוט **ולממומי** בגו בני עמיך בדיתן ייי ית NU 5:21
כד קטלית ית מצראה על **ימא** ארגיזו קדם ייי באלוש אפיסו NU 16:26
ובדרומא ובספר **ימא** אשקלון וקיסרין ארע כנענאה DT 1:7
וארכין משה ית ידיה על **ימא** בחוטרא רבא ויקירא דאיתברי EX 14:21
ויעלון בני ישראל בגו **ימא** ביבשתא: ואנא הא אנא אתקיף EX 14:16
ועלו בני ישראל בגו **ימא** ביבשתא ומיא קרשון הי EX 14:22
דתרחיש ארעא ובכל נוני **ימא** בידכם יתמסרון: כל ריחשא GN 9:2
במחוזין ומכבש הפרכי **ימא** בספינתא ותחומי ימטי עד GN 49:13
דיעקב ומן יד דבר ייי ית **ימא** ברוח קידומא תקיף כל ליליא EX 14:21
נהרא רבא נהרא פרת עד **ימא** דאוקינוס הינון מי בראשית DT 11:24
תחומא ויקיף לתחום **ימא** דגיניסר ממדינחא: ויחות NU 34:11
ועלים ייי ית מצראי בגו **ימא** דלא ימותון במיצעיה מן בגלל EX 14:27
תחום דרומא מן סייפי **ימא** דמילחא מדינחא: ויקיף לכון NU 34:3
ימא רבא מן מערבא **ימא** דמילחא מן מדינחא דא תהוי NU 34:12
ותחום מגניסר ועד **ימא** דמישרא וקרתא טבריה DT 3:17
דיורדנא מדינחא ועד **ימא** דמישרא תחות משפך מרמתא: DT 4:49
למצרים באילפיא בגו **ימא** דסוף באורחא דעברתון DT 28:68
מזמן דעברתון על גיף **ימא** דסוף דעבד לכון אסטרט לכל DT 1:1
ונטלנא למדברא אורח **ימא** דסוף היכמה דמליל ייי לי DT 2:1
דאשכחתנון באורחא על **ימא** דסוף ובמרה וברפידים והיך EX 18:8
יהי שמיה משבח על **ימא** דסוף וגבורת ידיה בני גללייא EX 15:18
וביה עתיד למבזע ית **ימא** דסוף ולהנפקא מוי מן כיפא EX 2:21
לכון למדברא אורח **ימא** דסוף: ומליל ייי עם משה ועם NU 14:25
מאילים ושרו על גיף **ימא** דסוף: ונטלו מגיף ימא דסוף NU 33:10
ואטיל משה ישראל מן **ימא** דסוף ונפקו למדברא דחלוצא EX 15:22
גיף ימא דסוף: ונטלו מגיף **ימא** דסוף ושרו במדברא דסין: NU 33:11
בני ישראל על גיף **ימא** דסוף חדא אמרא ניחות לימא EX 14:13
מטוורוס אומנוס מהלך **ימא** דסוף לאחזרא ית ארעא NU 21:4
ואישוי ית תחומך מן **ימא** דסוף עד ימא דפלישתאה ומן EX 23:31
דמצראי ומן דלוחי גללי **ימא** דעברתון במצעיהון ולא דחלו DT 25:18
תחומך מן ימא דסוף עד **ימא** דפלישתאה ומן מדברא ועד EX 23:31
מדיינין דין עם דא כחדא **ימא** הוה אמר לארעא קבילי בנייכי EX 15:12
לימא קבל קטילניך לא **ימא** הוה בעי למטמע יתהון ולא EX 15:12
ועברו בגו ימא ונפקו מן **ימא** ואזלו על כיף ימא כנישין NU 33:8
לעמיה בית ישראל: **ימא** וארעא הוון מדיינין דין עם דא EX 15:12
וארכין ית ידך ביה על **ימא** ובזעהו ויעלון בני ישראל בגו EX 14:16
דבחושנא כרום **ימא** ובירלוות חלא ואפנטור וביה NU 2:25
כדייוקננא וישלטון בנוני **ימא** ובעופא דבאויר שמייא GN 1:26
בניכסין ושלוטו בכוורי **ימא** ובעופא דשמייא ובכל ריחשא GN 1:28
פרעה רתיכוי ופרשוי לגו **ימא**: והוות במטרת צפרא בעדנא EX 14:23
ולא מיתין רמאין על גיף **ימא**: וחמון ישראל ית גבורת ידא EX 14:30
להון: ותבו גללי **ימא** וחפון ית רתיכיא וית פרשיא EX 14:28
ואמר הא סלוי סלקן מן **ימא** וחפיין כל משריתא דישראל NU 11:26
שמיא והי כחלא דעל כיף **ימא** ויירתון בנך ית קוריי שנאיהון: GN 22:17
שרן לקבליה על גיף **ימא**: וימר פרעה לדתן ולאבירם בני EX 14:2
ית שמיא וית ארעא וית **ימא** וית כל מא דאית בהון ונח EX 20:11
קפופא וית שלי נונא מן **ימא** וית צדיא: וקקא חיורתא DT 14:16
ציידא וית שלי נונא מן **ימא** וית קיפופא: וית אותיא וית LV 11:17
למשה ארכן ית ידך על **ימא** ויתובון מאין על מצראי על EX 14:26
ארבעין סאוין ובזע ית **ימא** ומחא ית כיפא ולכל דחיל רב DT 34:12
הליכו ביבשתא בגו **ימא** ומיא להון הי כשורין מימינהון EX 14:29
ונרע יתהון שריין על גיף **ימא** ונסדרא לקובליהון סידרי EX 15:9
וירקי ומיגדי בארעית **ימא**: ונסיבת מרים נביאתא אחתיה EX 15:19
זוער: שימשא עברית **ימא** ונפק על ארעא בסוף תלת GN 19:23
חירתא ועברו בגו **ימא** ונפקו מן ימא ואזלו על כיף NU 33:8
וכנענאי יתבין על **ימא** ועל תחום יורדנא: ושתיק כלב NU 13:29
וארכן משה ית ידיה על **ימא** ותב ימא לעידוני צפרא EX 14:27
הליכו ביבשתא בגו **ימא** ותמן סלקון עיניוון בסימן EX 15:19
דעאן: זבולון על ספרי **ימא** ישרי והוא יהי שליט במחוזין GN 49:13
מן ימא ואזלו על כיף **ימא** כנישין אונכין ומרגלין ואזלו NU 33:8
יתהון כד שרן על **ימא** כנשין מרגליין ואבנין טבן EX 14:9
ית ידיה על ימא ותב **ימא** לעידוני צפרא לתוקפיה EX 14:27
תקיף כל ליליא ושוי ית **ימא** נגיבא ואתבזעו מיא לתריסר EX 14:21
בישא והיכמא דכוורי **ימא** סגי ומסתגי במיא כדין ברך GN 48:16
דטניס דביני מגדול וביני **ימא** קדם טעות צפון דמשתייר EX 14:2
וכד עברו ישראל ית **ימא** קטעו מלאכייא ית אילנא EX 26:28
ותחום מערבא ויהוי לכון **ימא** רבא אוקינוס ותחומיה הינון NU 34:6
ולא מן האל לעיבר **ימא** רבא היא למימר מן יעיבר DT 30:13
מבועין דמיין ונגרין עד **ימא** רבא ואתיין חיוון דכיין ובעירן EX 16:21
סידרא רביעאה כרום **ימא** רבא ובורלת חלא ומרגנית EX 39:13
סידרא רביעאה כרום **ימא** רבא ובירליוות חלא ומרגניית EX 28:20
מן יעיבר בדילנא לעיבר **ימא** רבא ויסבינה לנא וישמע יתה DT 30:13
רבא ואפרח שלוי מן **ימא** רבא ושרא על דין דזעיר NU 11:31
להון אין ית כל נוני **ימא** רבא יתכנשון להון ויספקון NU 11:22
אומניס מן ציפונא **ימא** רבא מן מערבא ימא דמילחא NU 34:12
דקשוט ארום על ספר **ימא** רבא שרן ויתפרנקון מן טריתא DT 33:19
לכון תחום ציפונא מן **ימא** רבא תכוונון לכון לטוורים NU 34:7
וטולו למדברא אורח **ימה** דסוף: ואתיבתון ואמרתון לי DT 1:40
כיתא דהות אמרא ניחות **לימא** אמר להון משה לא תידחלון EX 14:13
ליורדנא ויהוון מפקנוי **לימא** דמילחא ריקם גיעא מן NU 34:12
וקרתא טבריה דסמיכה **לימא** דמילחא תחות שפכות מיא DT 3:17
דמיין ושדי להון **לימא** דמילחא: תרתיסירי שנין GN 14:3
לגוא גיחון וגיחון דברינון **לימא** דסוף וימא דסוף רמא יתהון EX 14:9
ונטל ית גובא וטלקיה **לימא** דסוף לא אישתייר גובא חד EX 10:19
ית אילנא וטלקוה **לימא** והוה טפי על אנפי מיא והוה EX 26:28
דסוף חדא אמרא ניחות **לימא** וחדא אמרא ניתוב למצרים EX 14:13
בנייכי וארעא הות אמר **לימא** קבל קטילניך לא ימא הוה EX 15:12
לבושיהון: ויהון זמינין **לימא** תליתאה ארום ביומא EX 19:11

ימי (28)

והוה מידבר עימיה ארום **אומאה** אומי ית בני ישראל למימר EX 13:19
נש ארום יחוב וישמע קל **אומאה** דלווט ואיהוא סהיד או LV 5:1
עימיה ארום אומאה **אומי** ית בני ישראל למימר מידכר EX 13:19
לדהווה ולדעתיד למיתי **באומתא** ומשקר בה ויתכסי מיניה LV 5:4
אלקכון ולאזדהרותכון **במומתיה** דייי אלקכון גזר עימכון DT 29:11
לאברהם ליצחק וליעקב: **ואומי** יוסף ית בני ישראל למימר GN 50:25
ויהב ליה ית כל דיליה: **ואומי** יתי ריבוני למימר לא תיסב GN 24:37
כדון ידך בגזירת מהולתי: **ואומינך** בשום מימרא דייי אלקא GN 24:3
ביתא לקדם דיינייא **ויומי** דלא אושיט ידיה בעיסקא EX 22:7
ויהי אין יחטי ויתחייב **ויומי** ויתיב ית גזילא דגזל או ית LV 5:23
יהון מיא מרירא בדוקיא: **ויומי** יתה כהנא בשבועת שמא רבא NU 5:19
בר מן רשותיה דבעליך: **ויומי** כהנא ית איתתא בקיום NU 5:21
אנת ואהרן אחוך **ותומון** תריכון ית כיפא בשמא רבא NU 20:8
דייי תהי בין תריהום **יומי** דלא אושיט ידיה בעיסקא EX 22:10
ויתחייב: או בר נש ארום **יומי** לפרשא בשיפוון לאבאשא או LV 5:4
על כסו ועל כל אבידתא **ייומי** כד יימר ארום הוא דין וכד EX 22:8
מעלמא דעבר על פיתגמי **מומתא** או ידע בחבריה דבטיל LV 5:1
לותנא ותתקיים כדון **מומתא** דהות בינן ומבכין תהי בינן GN 26:28
ולית סהיד חמי ומסהיד: **מומתא** דייי תהי בין תריהום יומי EX 22:10
לא יהי בכון חובא: **מומתא** דתיפוק מן שפוותכון DT 23:24
קיימא הדא ומסהיד ית **מומתא** הדא: ארום ית כל דרייא DT 29:13
ויהי במשמעיה ית פתגמי **מומתא** הדא ויתייאש בליביה DT 29:18
ויקבל מריה מיניה **מומתא** ולא ישלם: ואין איתגנבא EX 22:10
בית איבא: בכין תזדכי **ממומתי** אין תיעול לבית יחוסי GN 24:41
למיתי בתרך ותזדכי **ממומתי** דא לחוד ית ברי לא תתיב GN 24:8
לא ינתנון לך ותהי זכאי **ממומתי**: ואתית יומנא לעינא GN 24:41
תתקרבון ובשמיה **תומון**: הוא תושבחתכון והוא DT 10:20
ובשום מימריה בקשוט **תומון**: לא תהכון בתר טעוות DT 6:13

ימין (77)

מזונא וחמש אפוטניותא **בימינא** וחמש בשמאלה ותישוע GN 6:14
תרבא דעליהון וית שקא **דימינא** ארום דכר קורבניא הוא: EX 29:22
וית חדוותא וית שקא **דימינא** ארים אהרן ארמא קדם ייי LV 9:21
דארמותא והי כשקא **דימינא** דילך יהי: כל אפרשות NU 18:18
פירקא מיצעא דריגליהון **דימינא** ודרק משה ית כל מותר LV 8:24
פירקא מיצעא דריגליה **דימינא**: ויסב כהנא בידיה ימינא LV 14:14
ויתנון לכהנא אדרעא **דימינא** ולוחא ארעיא וליחיא DT 18:3
וית תרבהון וית שקא **דימינא**: ומסלא דפטיריא דקדם ייי LV 8:25
ושוי על תרביא ועל שקא **דימינא**: וסדר ית כולא על ידי אהרן LV 8:26
דימינא ועל אליון ידיהון **דימינא** ועל איליון ריגליהון דימינא EX 29:20
ועל חסחוס אודנא דבנוי **דימינא** ועל אליון ידיהון דימינא EX 29:20
על חסחוס אודנא דאהרן **דימינא** ועל חסחוס אודנא דבנוי EX 29:20
מיצעא דאודנא דמידכי **דימינא** ועל פירקא מיצעא דידיה LV 14:14
חסחוס דאודנא דמידכי **דימינא** ועל פירקא מיצעא דידיה LV 14:17
ועל פירקא מיצעא דידיה **דימינא** ועל פירקא מיצעא דריגליה LV 14:14
ועל איליון ריגליהון **דימינא** ותדרוק ית מותר אדמה על EX 29:20
אהרן דיליה תהי שקא **דימינא** לחולק: ארום ית חדיא LV 7:33
וידי כהנא באדבעיה **דימינא** ממישחא דעל ידיה LV 14:27
לאהרן ולבנוי: וית שקא **דימינא** מן כתפא ועד דרועא תתנון LV 7:32
כל בוכריה מצרים **וימיניה** משיזבא בכוריהון דישראל EX 12:42
ויחייט ריבוניה ית אודניה **ימינא** במחטא ויהי ליה עבד פלח EX 21:6
יתיה בקופסא מן צטר **ימינא** דארון קיימא דייי אלקכון DT 31:26
ויהי נעיל בריגלא **ימינא** דיבימה סנדלא דליה עקיבא DT 25:9
מלאכא ואחד בפתי ירכא **ימינא** דיעקב באתר גדיא נשיא: GN 32:33
מן צטר שמאליה דהוא **ימינא** דישראל וקריב לוותיה: GN 48:13
תלסרית דמן סטר **ימינא** ואחד בבישרא אתא: ובנא ייי GN 2:21

מן אדמא באדבעיה **ימינא:** ויכוס ית צפירא דחטאתא LV 16:14
פירקא מיצעא דריגליה **ימינא:** ומן משחא יריק כהנא ביד LV 14:25
מיצעא דאודנא דמידכי **ימינא** ועל פירקא מיצעא דידיה LV 14:25
מיצעא דאודנא דמידכי **ימינא** ועל פירקא מיצעא דידיה LV 14:28
גדירא מיצעא דאודניהון **ימינא** ועל פירקא מיצעא דידיהון LV 8:24
ועל פירקא מיצעא דידיה **ימינא** ועל פירקא מיצעא דריגליה LV 14:17
ועל פירקא מיצעא דידיה **ימינא** ועל פירקא מיצעא דריגליה LV 14:25
ועל פירקא מיצעא דידיה **ימינא** ועל פירקא מיצעא דריגליה LV 14:28
פירקא מיצעא דידיהון **ימינא** ועל פירקא מיצעא דריגליהון LV 8:24
פירקא מיצעא דריגליה **ימינא:** וקריב ית בני אהרן ויהב משה LV 8:23
מן פיתגמא דיחוון לכון **ימינא** ושמאלא: וגברא דיעבד DT 17:11
דימינא: ויסב כהנא בידיה **ימינא** מלוגא דמשחא ויריק על ידה LV 14:15
ויטמש כהנא ית אצבעיה **ימינא** מן משחא דעל ידיה שמאלא LV 14:16
פירקא מיצעא דריגליה **ימינא** עילוי אתר דיהב מן שירויא LV 14:17
דתורא וידי באדבעיה **ימינא** על אפי כפורתא לרוח LV 16:14
פירקא מיצעא דריגליה **ימינא** על אתר דיהב מן שירויא LV 14:28
עלוי מן אדמא באדבעיה **ימינא** שבע זימנין וידכיניה LV 16:19
וסמכו אהרן ובנוי ית יד **ימינהון** על ריש דיכרא: ונכס ית LV 8:18
חרבי ואישצי יתהון ביד **ימיני:** אשבת ברוח מן קדמך ייי כסון EX 15:9
אהרן ובנוי ית ידיהון **ימיני** על ריש תורא דחטאתא LV 8:14
יקרביניה: ויסמוך יד **ימיניה** בתוקפא על ריש קורבניה LV 3:2
ית אפרים מן צטר **ימיניה** דהוא שמאליה דישראל וית GN 48:13
מלאכין קדישין כתב **ימיניה** ואוריתיה מיגוא שלהובית DT 33:2
מן אדמיה באדבע יד **ימיניה** ולא יקבליניה במנא וידי NU 19:4
דינור למפד דנור מן **ימיניה** ולמפד דאישא מן שמאליה EX 20:2
דנור למפד דנור מן **ימיניה** ולמפד דאישא מן שמאליה EX 20:3
גדירא מציעאה דאודן **ימיניה** ועל פירקא מיצעא דריגליה LV 8:23
ואושיט ישראל ית **ימיניה** ושוי על רישא דאפרים והוא GN 48:14
נס שביעאי זקפינון בדרע **ימיניה** למחמי כולהון קריבוי ולא NU 25:8
משחא יריק כהנא ביד **ימיניה** על ידא דכהנא דשמאלא: LV 14:26
ייתינה: ויסמוך יד **ימיניה** על ריש חטאתא ויכוס יתה LV 4:33
ייי: ויסמוך בתוקפא יד **ימיניה** על ריש עלתא מטול דיתרעי LV 1:4
שלים: ויסמוך בתוקפא יד **ימיניה** על ריש צפירא ויכוס יתיה LV 4:24
ייי: ויסמוך בתוקפא יד **ימיניה** על ריש קורבניה ויכוס יתיה LV 3:8
לקדם ייי ויסמוך יד **ימיניה** על ריש תורא ויכוס טבחא LV 4:4
ארום משוי אבוה ית יד **ימיניה** על רישא דאפרים ובאיש GN 48:17
קדם ייי: ויסמוך יד **ימיניה** על רישיה ויכוס יתיה טבחא LV 3:13
ידוי בסידרא חדא יד **ימיניה** על שמאליה על ריש צפירא LV 16:21
דהבל מן יד ארכינת יד **ימינך** ייי בשבועה על ארעא דלא EX 15:12
דימא אידמון הי כאבניא: **ימינך** ייי מה משבחא היא בחילא EX 15:6
מה משבחא היא בחילא **ימינך** ייי תכרית בעל דבבהון דעמך EX 15:6
ארום דין בוכרא שוי יד **ימינך** על רישיה: וסרב אבוי ואמר GN 48:18
יתכון לא תיסטון **לימינא** ולשמאלא: בכל אורחא DT 5:32
דלית אורח למיסטי **לימינא** ולשמאלא: וחמת אתנא ית NU 22:26
דבשמיא נזיל לא נסטי **לימינא** ולשמאלא להנזקא בשבילי NU 20:17
דאנא מפקיד לכון יומנא **לימינא** ולשמאלא למהך בתר DT 28:14
דלא יסטי מן תפקדתא **לימינא** ולשמאלא מן בגלל דינגוד DT 17:20
לא אסטי להנזקותך **לימינא** ולשמאלא: עיבור כד חי DT 2:27
על סיפי ביתך ובתרעך **מימינא** במיעלך: ויהי ארום יעלינך DT 6:9
ימא ומיא להון הי כשורין **מימינהון** ומשמאלהון: ופרק ושיזיב EX 14:29
רמין תלת מאה מילין **מימנהון** ומשמלהון: ורדפו מצראי EX 14:22

ימס (3)

דבביכון: ודמשתייר מנכון **יתימסון** בחוביהון בארעתא LV 26:39
דאחידין בידיהון עמהון **יתימסון:** ויוודון בשעת אניקהון ית LV 26:39
זעיר בנוי ובדיליה **יתימסון** עממייא: מה יאי מלכא GN 49:10

יני (4)

חבריכון לית אתון רשאין **לאוניא** ית חבריה: עמי בני ישראל LV 25:14
עללתא הוא מזבן לך: ולא **תונון** גבר ית חבריה במילין קשין LV 25:17
גיורא בארעכון לא **תונון** יתיה במילין קשין: כיציבא LV 19:33
עימיה בדיוטב ליה לא **תונוניה** במילין: לא תפסון בנתיכון DT 23:17

ינק (15)

בריכין יהויין תדייא **דינקת** מנהין ומעייא דרבעת בהון: GN 49:25
טלייא חטיין וענא ותורי **דמיינקן** עלי ואין דחיקניא להום GN 33:13
לאברהם ואמר עתידה **דתוניק** בנין שרה ארום ילידת ליה GN 21:7
תפנוקי עללת חקלהא **ואוניק** יתהון דובשא מפירהא DT 32:13
ונסיבת איתתא ית רבייא **ואוניקתיה:** ורבא רבייא ואייתיתיה EX 2:9
אובילי ית ריבייא הדין **ואוניקתיה** לי ואנא איתין ית EX 2:9
וחיורא וחרדונא לזנוי: **ומינקת** חיויא וכחא ושממיתא LV 11:30
מיניקתא מן יהודייתא **ותניק** ליך ית רבייא: ואמרת לה ברת EX 2:7
וענך שובעא יומין יהי **ייניק** בתר אימיה וביומא תמינאה EX 22:29
יברכון בית ישראל ית **ינוקא** ביומא דמהולתא למימר GN 48:20
ולחוד בתולתהון **ינקיתהון** עם גובריהון וסביהון: DT 32:25
היכמא דטעין פידגגא **למינוקא** עד זמן דימטון לארעא NU 11:12
דין הוא אלקן דהוה **מוניק** לן דובשא מן כיפא ומשח מן EX 15:2

האיזיל ואיקרי ליך איתא **מיניקתא** מן יהודייתא ותניק ליך EX 2:7
מן תדיי אימהון הוון **עקיא** מחוון באצבעתהון EX 15:2

יסד (10)

ארעא ועללתה ושלהבת **יסודי** טוורייא: וכד הינון יהיבין DT 32:22
זימנא וית כל אדמא ישוד **ליסודא** דמדבח עלתא דבתרע LV 4:18
דעלתא וית אדמיה ישוד **ליסודא** דמדבחא דעלתא: וית כל LV 4:25
וית כל אדמא ישוד **ליסודא** דמדבחא: וית כל תרבא LV 4:34
וית כל אדמא ישוד **ליסודא** דמדבחא: וית כל תרבה LV 4:30
וית מותר אדמא אריק **ליסודא** דמדבחא וקדשיה לכפרא LV 8:15
וית שאר אדמא אריק **ליסודא** דמדבחא וקדשיה למכפרא LV 9:9
וית כל דמא תשוד **ליסודא** דמדבחא: ותיסב ית כל EX 29:12
באדמא יתמצי **ליסודא** דמדבחא חטאתא הוא: וית LV 5:9
כל אדמא דתורא ישוד **לישודא** דמדבחא דעלתא דבתרע LV 4:7

יסף (63)

ואמר ייי במימריה לא **אוסיף** למילט תוב ית ארעא בגין GN 8:21
למינגד ולמירדוף בבהילו **אוסיף** על כל רתיכא ורתיכא: EX 14:7
מתכליא מינך וכדון לא **אוסיף** תוב למיחמי סבר אפך: ואמר EX 10:29
ביש מטליותיה ולא **אוסיף** תוב למימחי ית כל דחי GN 8:21
ובליבא דכל חכימי ליבא **אוסיפית** רוח חכמתא ויעבדון ית EX 31:6
ושדר ית יונתא ולא **אוסיפת** למיתב לותיה תוב: והות GN 8:12
ברי אירע יתי כדון ולא **אוסף** תוב למידעא במשכבא: והוה GN 38:26
תיכלון ית אינביה מטול **דיוספון** לכון מן שמיא עללתא אנא LV 19:25
בתר דמיתת אימיא: **ואוסיף** אברהם ונסיב איתא ושמא GN 25:1
למשמע לאולפן אורייתי **ואוסיף** לאייתאה עליכון שביעיתא LV 26:21
וקלייא דלווט פסקו **ואוסיף** למיחטי ויקריא ליצרא EX 9:34
ית ריגל בלעם לסייגא **ואוסיף** למימחא ומלאכא אתכסי NU 22:25
למשמע לאולפן אורייתי **ואוסיף** למירדי יתכון שבע LV 26:18
ואוריך תוב שובעא יומין **ואוסיף** לשדרא ית יונתא מן GN 8:10
ומלאכא אתכסי מינה: **ואוסיף** מלאכא דייי למעיבר וקם NU 22:26
תמן ארבעין וחמשא: **ואוסיף** תוב למללא קודמוי ואמר GN 18:29
חילמא ותני לאחוהי **ואוסיפו** תוב למינטר ליה בבו: ואמר GN 37:5
למישלט את סביר עלנא **ואוסיפו** תוב למנטר ליה בבו על GN 37:8
מן סמאל מלאכא דייי: **ואוסיפת** למילד מן בעלה אדם ית GN 4:2
עתיד אבוי לאתאבלא: **ואוסיפת** תוב וילידת בר וקרת ית GN 38:5
בלעם למיתי עימנא: **ואוסף** תוב בלק למשדרא רברבין NU 22:15
מסאבא ויפרוק בעילוייה **ויוסיף** חומש דמוי עלוי ואין לא LV 27:27
ארום ייכול קודשא בשלו **ויוסיף** חומש דמוי עלוי ויתן לכהנא LV 22:14
יהי: ואין מפרוק יפרקיניה **ויוסיף** חומש דמיה על עלוייה: וגבר LV 27:13
דמקדיש יפרוק ית ביתיה **ויוסיף** חומש כסף עלויי עלוי ויהי LV 27:15
חקלא דין דאקדיש יתיה **ויוסיף** חומש כספא עלוייה עלוי LV 27:19
תתובון מבתר דחלתיה **ויוסף** תוב לאוחרותהון במדברא NU 32:15
בקרבא וגבר חורן יסבינה: **ויוספון** סרכיא למללא עם עמא DT 20:8
יארע יתן סדרי קרבא **ויתוספון** לחוד הינון על סנאינן EX 1:10
שבתא תתעבד בשבתא **ומיתוספא** על עלת תדירא וניסוכה: NU 28:10
דתקנן קדמוי כל יומיא **ותוספון** לכון תוב תלת קירוין על DT 19:9
יהוי יובילא לבני ישראל **ותיתוסף** אחסנתהון על אחסנת NU 36:4
מאחסנת אבהתנא **ותיתוסף** על אחסנת שיבטיא NU 36:3
לא ישלים דילמא **יוסיף** למילקייה על תלתין ותשע DT 25:3
וית חומשיא דדמוי **יוסיף** עלוי ויתין יתיה לכהנא וברם LV 5:16
ממעשריה חומש דמוי **יוסיף** עלוי: וכל מעשרא דתורי ועני LV 27:31
ייי אלקא דאבהתכון **יוסיף** עליכון כותכון אלף זימנין DT 1:11
ומן עמיה למחר לחוד לא **יוסיף** פרעה למשקרא בדיל דלא EX 8:25
ית שמיה יוסף למימר **יוסף** ייי לי על דין בר אוחרן: והוה GN 30:24
לירדנא: וקרת ית שמיה **יוסף** למימר יוסף ייי לי על דין בר GN 30:24
אתון בלילייא ואנדע מה **יוסף** מימרא דייי למללא עימי: NU 22:19
ברישיה וחומש דמוי **יוסף** עלוי ויתן קרנא וחומשא למן NU 5:7
ברישיה וחומש דמוי **יוסף** עלוי למריה דהוא דיליה LV 5:24
ישמעון וידחלון ולא **יוספון** למעבד כפיתגמא בישא DT 13:12
ישמעון וידחלון ולא **יוספון** למעבד תוב כפיתגמא בישא DT 19:20
בהון: ברכתא דאבוך **יתוספן** על ברכתא דבריכו יתי GN 49:26
דליבי אזיל מן בגלל **למוספא** חובי שלותא על זדונותא: DT 29:18
יהיב לכון: ליתכון רשאין **למוספא** על פיתגמא דאנא מפקיד DT 4:2
תלמידי גובריא חייבייא **למוספא** תוב על תקוף רוגזא דייי NU 32:14
אישתא רבתא הדין אין **מוספין** אנחנא למישמע ית קל DT 5:25
אורייתא למימר לא **נוסיף** למשמע ית קל דיבורא מן DT 18:16
ראובן ברי די חטית לא **תוסיף** ועל די חטית ישתבק לך GN 49:4
כדא ודכוותיה ליליא לא **תוסיף** למיהוי מחתא כדא: ולכל בני EX 11:6
מעילוויי איזדהר לך לא **תוסיף** למיחמי סבר אפיי למללא EX 10:28
ואמר ייי לי סגי לך לא **תוסיף** למללא קדמי תוב בפתגמא DT 3:26
תיפלח ית ארעא לא **תוסף** למיתן חיל פירהא לך GN 4:12
וברדין ואפטור יתכון ולא **תוספון** לאתעכבא: ואמר ליה משה EX 9:28
אחוכון זעירא עימכון לא **תוספון** למיחמי סבר אפיי: והוה כדי GN 44:23
ית מצראי יומא דין לא **תוספון** למיחמיהון תוב עד עלמא: EX 14:13
וית סרכוי למימר: לא **תוספון** למיתן תיבנא לעמא EX 5:7

וייי אמר לכון לא **תוספון** למתוב באורחא הדין תוב: DT 17:16
יתיה תיטרון למעבד לא **תוספון** עלוי ולא תבצרון מיניה: DT 13:1
ואמרית לכון לא **תוספון** תוב למיחמי יתה ותזדבנון DT 28:68

יסר (2)
דמחפיין עלוי לאתרדאה **בייסורי** ויתיה אישצי ית כל דטען LV 20:5
לא ירעים גבר ידיה **למיסור** זייני וית ריגליה למרכוב על GN 41:44

יעא (2)
למשכנא דסהדותא והא **ייעא** חטר אהרן לבית לוי ואפיק NU 17:23
לשמשא קדמי חוטריה **ינעי** ואישדיך מיני ית תורעמות בני NU 17:20

יעד (12)
פיקודי אורייתא לפום **דאיתיעדת** מרים נביאתא שעא NU 12:16
ביומי עובדא ולא בשביה **ומועדייא** וביממא ולא בליליא: EX 13:10
דבביכון: וביום חדוותכון **ומועדכון** ובירישי ירחכון ותתקעון NU 10:10
ותימר להון זמן סידורי **מועדיא** דייי דתארעון יתהון LV 23:2
משה ית זמן סידורי **מועדיא** דייי ואליפינון לבני ישראל: LV 23:44
אילין זמני סידורי **מועדיא** דייי מארעי קדיש די LV 23:4
הוון זהירין למינטר זימני **מועדיא** לעבורי שתא למינטר DT 16:1
איליין הינון זמן סידורי **מועדיי**: שיתא יומין תתעבד LV 23:2
איליין זימני סידרי **מועדייא** דייי דתערעון יתהון LV 23:37
תקרבון קדם ייי בזמן **מועדיכון** בר מנדריכון דנדרתון NU 29:39
או בניסבתא או בזמן **מועדיכון** למעבד רעותא דמרי NU 15:3
ויהון לסימנין ולזמני **מועדין** ולממני בהון חושבן יומין GN 1:14

יעט (24)
כל ארעא דמצרים ובגין **איתיעט** ואמר פרעה מלכא EX 1:15
היא אשתמודעותהון: **בעטתהון** לא אתרעיית נפשי GN 49:6
מוגיה דאשתכח דלא הוה **בעיטא** ההיא ויהב כסא על ידא GN 40:21
באתור דלא בעא למיהוי **בעיטת** דרא דפלוגתא ושבק ארבע GN 10:11
ארום עייקין הינון לכון **בעיטת** רמיותהון דרמיין לכון על NU 25:18
שמעון ולוי דהוו אחין **בעיטתא** גבר לאחוי הא מרי GN 37:19
ובנוי דקרח לא הוו **בעיטתא** דאבוהון ואזלו בתר NU 26:11
דין גמירא על דלא הוות **בעיטתהון** והא היא לתחום מואב: NU 21:15
תוקלא לבני ישראל **בעיצתא** דבלעם למשקרא שקר NU 31:16
וית רב נחתומי צלב **דיעט** למקטליה היכמה דפשר GN 40:22
ודבר מלותהון ית שמעון **דיעט** למקטליה וכפת יתיה קמיהון: GN 42:24
דמצרים ורב נחתומיא **ואיתיעטו** למירמי סמא דמותא GN 40:1
ועד לא קריב לותהום **ואיתיעטו** עלוי למיקטליה: ואמרו GN 37:18
עשו אחוך כמין לך כמן **ומתיעט** עלך למיקטלך: וכדון ברי GN 27:42
לישן חד וממלל חד **ועיטא** חדא בלישן קודשא הוו GN 11:1
לעובדי עמא דסדום **ועצתהון** בישן כעיצתהון דעם DT 32:32
דסדום ועצתהון בישן **כעיצתהון** דעם עמורא מחשבתהון DT 32:32
יתיר מינן: איתון כדון **נתייעט** עליהון בהלין דינין נזערא EX 1:10
שקיותן סגו וכדון איתן **נתיעט** עליה עיטא דרמיו דיימתן GN 29:22
וכדון איתן נתיעט עליה **עיטא** דרמיו דיימתן לבגן ועבדו GN 29:22
דיימתן לבגן ועבדו ליה **עיטא** דרמיו לאסאבא ליה לאה GN 29:22
ושדריה על עיסק **עיטא** עמיקתא דיתמלל עם GN 37:14
דא: ארום אומא מאבדא **עיטין** טבן הינון ולית בהון סוכלתנו: DT 32:28
עבדך ותקיף רוגזיה: ונסיב **עיטתא** ריבוני יוסף מן כומריא GN 39:20

יעלא (1)
אילין וטביין ויחמורין **יעלין** ורימנין ותורי בר ודיצין: וכל DT 14:5

יעק (3)
ואמרת רבקה ליצחק **איתיעקית** בחיי מן קדם רגוו בנת GN 27:46
סגן והכדין הוון תקפין **ואיתיעקו** מצראי בחייהון מן קדם EX 1:12
לחדא ארום סגי הוא **ואתיעקו** מואבאי בחייהון מן קדם NU 22:3

יפע (1)
דעשו ולא קבילו יתה **הופע** בהדרת איקר מטוורא דפארן DT 33:2

יצב (3)
דישראל בדיורי **ובייציבי** דארעא: כל עירבובין EX 12:19
חדא תהי לכל מצוותא **לייציבא** ולגיורא די מתגייר ביניהון: EX 12:49
בקומא זקיפא: ואין לא **תיצבון** למשמע לאולפן מאלפי LV 26:14

יצבע (1)
וצייר בתיכלא ובארגוונא **וביצבע** זהורי ובבוצא וגרדי עבדי EX 35:35

יציב (11)
ניכסתא ובשר תבירא **ביציבא** ובגיוריא ויצבע לבושוי LV 17:15
חדא יהי לכון ולגיורא **וליציבא** דארעא: וביומא דאתקם NU 9:14
לכפרא עלוי וישתרי ליה: **יציבא** בבני ישראל ולגייורי NU 15:29
וכל עיבידתא לא תעבדון **יציבא** וגיורא דיתגייר ביניכון: ארום LV 16:29
ובר נש דיעבד בזדנא מן **יציביא** או מן גייורייא ולא תאיב מן NU 15:30
וחד לפום סכומהון: כל **יציביא** בישראל ולא בבר עממין NU 15:13
מכל תועבתא האיליין **יציביא** וגיוריא דיתגיירון ביניכון: LV 18:26
אבנין כל כנישתא כגיורא **כיציבא** בזמן דיחרף שמא דמייחד LV 24:16
יהי כשר למעבדיה ויהי **כיציבא** דארעא וכל ערלאי בר EX 12:48
חדא יהי לכון כגיורא **כיציבא** יהי ארום אנא הוא ייי LV 24:22
תונון יתיה במילין קשין: **כיציבא** מנכון יהי לכון גיורא LV 19:34

יצע (3)
שיריתא מיכאל וגבריאל **אצעון** דרגשא דדהבא מקבעא DT 34:6
יאי הוא משכן זימנא **דמייצע** ביניכון ומשכניכון דחזור NU 24:5
ותחות אפיפורין דריגלוי **דמייצע** תחות כורסייה הי כעובד EX 24:10

יצר (40)
אמרין צדיקיא דשלטין **ביצריהון** איתו ונחשב זיינא NU 21:27
יכלוניה: לחוד איתוקפון **ביצריכון** מטול דלא למיכול אדמא DT 12:23
לית להון תקנתא עד **דייצרכון** ביניהכון למגלי לאתר NU 21:29
ובידך מסרית רשותיה **דיצרא** בישא ולוותך יהוי מתויה GN 4:7
אנא יקרית יצרא דליביה **ויצרא** דלבהון דעבדוי מן בגלל EX 10:1
יהי לי ארום בתקוף **יצרא** בישא דליבי אזיל מן בגלל DT 29:18
בני צדיקיא אינון ברם **יצרא** בישא הוא דאטעינון: ואמרו EX 32:22
על קיימיה: ואזיל בתר **יצרא** בישא ופלח לטעוות עממיא DT 17:3
דמצרים: ואזלו בתר **יצרא** בישא ופלחו לטעוות עממיא DT 29:25
דתעבדון אעברו ית **יצרא** בישא מן ליבכון ומן יד LV 9:6
ליבא דבניכון ארום יבטל **יצרא** בישא מן עלמא ויברי יצרא DT 30:6
דמדברא: ואיתקף ית **יצרא** דלבא דפרעה וירדוף בתריהון EX 14:4
קדם פרעה ותקיף ייי ית **יצרא** דלבא דפרעה ולא פטר ית בני EX 11:10
לתמן: ותקיף ייי ית **יצרא** דלבא דפרעה ולא צבא EX 10:27
ית חוטריהון: ואיתקף **יצרא** דלבא דפרעה ולא קביל מנהון EX 7:13
ורתיכא: ותקיף ייי ית **יצרא** דלבא דפרעה מלכא דמצרים EX 14:8
מצראי: ותקיף ייי ית **יצרא** דלבה דפרעה ולא קביל EX 9:12
ואמר ייי למשה איתקף **יצרא** דלבה דפרעה מסרב למפטור EX 7:14
חובי בני אינשא ארום **יצרא** דליבא דאינשא ביש GN 8:21
מארעיה: ואנא אקשי ית **יצרא** דליבא דפרעה ואסגי ית EX 7:3
ישראל עד חד ואיתייקר **יצרא** דליבא דפרעה ולא פטר ית EX 9:7
דגושן לאדמא ואיתקף **יצרא** דליבא דפרעה ולא קביל EX 7:22
מן קדם ייי היא ואיתקף **יצרא** דליבא דפרעה ולא קבל מנהון EX 8:15
ואנא הא אנא אתקיף ית **יצרא** דליבהון דמצראי ויעלון EX 14:17
כל מה דמלילו: לואי דיהי **יצרא** דליבהון שלים ברעות דין DT 5:29
חד: ויקר פרעה ית **יצרא** דליביה אוף בזימנא הדא ולא EX 8:28
פרעה ארום אנא יקרית **יצרא** דליביה ויצרא דלבהון דעבדוי EX 10:1
פרעה ואנא אתקיף ית **יצרא** דליביה ולא יפטור ית עמא: EX 4:21
לכון דילמא יטעי **יצרא** דליבכון ותיסטון ותפלחון DT 11:16
בישת אינשא בארעא וכל **יצרא** דמחשבת ליביה לחוד ביש GN 6:5
ארום אקשי ייי אלקך ית **יצרא** דרוחיה ואיתקף ית ליבביה DT 2:30
הוא ועבדוי: ואיתקף **יצרא** ולבא דפרעה ולא פטר ית בני EX 9:35
ואזלו: ותקיף ייי ית **יצרא** ולבא דפרעה ולא פטר ית בני EX 10:20
בישא מן עלמא ויברי **יצרא** טבא די ימלכינכון למירחם DT 30:6
בניהון ארום גלי קדמי ית **יצרהון** בישא דהינון עבדין יומנא DT 31:21
ית ייי אלקכון בתרי **יצרי** ליבכון ואפילו נסיב ית נפשכון DT 6:5
מן רהרהורא זרעא וכבש **יצריה** מן אולפן תקיף דקביל מן GN 49:24
ייי אלקים ית אדם בתרין **יצרין** ודבר עפרא מאתר בית GN 2:7
הוה עלך למתקף דכבשת **יצרך** בעובדא דריבונתך ובעובדא GN 49:22
ואוסיף למיחטי ויקריא **ליצרא** דליביה הוא ועבדוי: ואיתקף EX 9:34

יקד (73)
וית בישריה וית רעייה **אוקד** בנורא מברא למשריתא LV 8:17
וית בשרא וית מושכיה **אוקיד** בנורא מברא למשריתא: ונכס LV 9:11
וית במסי בית סיגדיהון **אוקידו** בנורא: ושבו ית כל עדיתא NU 31:10
בעיבידת קורבניא **אוקידינון** בשלהובית אשתא מן LV 10:3
למיחמי תרח אבוי היך **איתוקד** בארע ילדותיה באתון נורא GN 11:28
די לעמא ותבעיה והא **איתוקד** ורתח על אלעזר ועל LV 10:16
דקרח וכנישתיה **ביקידת** אישא ובליעת ארעא NU 17:5
לא תבזעון ולא תמותון **ביקידת** אישתא ועילוי כל כנישתא LV 10:6
היכמה דעבדו בנך דמיתו **ביקידת** אישתא קים עלם לדריכון: LV 10:9
אניקין ומקטל כולהון **ביקידת** נשמתא בשלהובית NU 11:26
מיתו במותנא ולא לקו **ביקידתא** ולא טמעו בבליעת ארעא: NU 26:11
רמשא: וכהנא דמתעסק **ביקידתא** יצבע לבושוי בארבעין NU 19:8
ישראל יבכון ית יקידתא **דאוקיד** ייי: ומתרע משכן זימנא לא LV 10:6
ויוקיד יתיה היכמא **דאוקיד** ית תורא קדמאה דכהנא LV 4:21
הוה להון מן דינא **דייתוקדון** דלית אפשר דישפר קדם LV 10:19
עלת באנפוי היך ריחא **דיקידת** גהינם ואמר מאן הוא דיכי GN 27:33
מדבחא קידומא באתר **דמוקדין** קיטמא: ויתלע יתיה LV 1:16
ונסיב ית עיגלא דעבדו **ואוקיד** בנורא ושף עד דהוה דקיק EX 32:20
מדבחא אזל אהרן ובנוי **ואוקידו** תלתיהון אתא משה ותבע LV 10:16
ית עיגלא נסיבית **ואוקידית** יתיה בנורא ושפיית יתיה DT 9:21
ואעלת בגוא אפיהון **ואוקידת** ית נשמתהון ברם גופיהון LV 10:2
ובערת בתקוף רוגזי **ואייקידת** עד שיול ארעיא וסייפת DT 32:22
וית בישריהון וית רעייהון: **ודמוקיד** יתהון יצבע לבושוי ויסחי LV 16:28
מכתשא מסאב הוא: **ויוקד** ית לבושא או ית שיתיא או LV 13:52
לאתר בית מישד קיטמא **ויוקד** יתיה על קיסין בנורא על LV 4:12
זמינין: ויפקון מגו סידורא **ויוקד** כהן אוחרן ית תורתא כד חמי NU 19:5
למיברא למשריתא **ויוקדון** בנורא ית משכיהון וית LV 16:27
תורא למברא למשריתא **ויוקיד** יתיה היכמא דאוקיד ית LV 4:21

בניהון וית בנתיהון כפתין **ומוקדין** בנורא לטעוותהון: ית כל DT 12:31
תכנשון במצע פלטיתא **ותוקדון** בנורא ית קרתא וית כל DT 13:17
ומן לחמא עד צפרא **ותוקיד** ית דמשתייר בנורא לא EX 29:34
בת כהין היא הנפקוהא **ותיתוקד**: תמר מיתאפקא GN 38:24
וית אדמה על ריעייה **יוקד**: ויסב כהין אוחרן בקעתא NU 19:5
אשתא דמדבחא תהי **יוקדא** ביה: וילבוש כהנא לבושין LV 6:2
ואישתא על מדבחא תהי **יוקדא** ביה לא תיטפי וילפי עלה LV 6:5
אישתא תדירא תהי **יוקדא** על מדבחא לא תיטפי: ודא LV 6:6
וית אימא זנו היא בנורא **יוקדון** יתיה ויתהין באתכות אבר LV 20:14
דכל דיהיב פיתא לעניא **ייקד** בנורא ארום סגיאת וחובתהון GN 18:20
עם אישא מצלהבא תהי **יקדא** כל ארעא לא תתכשר לבר DT 29:22
מעברא ואף על גב דאנא **יקדא** לית אנא מפרסמא ליה ברם GN 38:25
בעלמא דאתי טב לי **יקיד** בעלמא הדין באישא טפייא GN 38:25
באישתא וסניא ליהוי **יקיד** ומתאכיל בנורא: ואמר משה EX 3:2
ויפרש ית מחתיא מן בני **יקידיא** וית אישתא בדרי להאל NU 17:2
מחתיית נחשא דקריבו **יקידיא** ורדידינון חפיי לגופה NU 17:4
ויסבון לדמסאב מן עפר **יקידת** חטתא ויתן עלוי מי מבוע NU 19:17
כל בית ישראל יבכון ית **יקידתא** דאוקד ייי: ומתרע משכן LV 10:6
עירובין דילמא תתחייב **יקידתא** דימעת זרעא דתזרעון DT 22:9
בזהורי ויטלוק לגו **יקידתא** דתורתא ויסגי דליקתא NU 19:6
דנחית מן טוורא: ובבית **יקידתא** ובניסיתא ובקיברי DT 9:22
בנוי דאישתיירו מן **יקידתא** סיבו ית מנחתא LV 10:12
וקיימא על אתר בית **יקידתא** על מדבח כל ליליא עד LV 6:2
יתקדש ומשאר שיבטיא **יתוקד** באישא מצלהבא קדם ייי: EX 30:29
עד יומא תליתייא בנורא **יתוקד**: ואין אתאכלא יתאכל ביומא LV 19:6
אתר בית מישד קיטמא **יתוקד**: ואין כל כנישתא דישראל LV 4:12
איפשר דמיתאכל בנורא **יתוקד** ובשר קודשיא כל דידכי LV 7:19
להון למיקרב דילמא **יתוקדון** באישא מצלהבא דנפיק מן EX 29:37
ותיתוקד: תמר מיתאפקא **לאיתוקדא** ובעת תלת משכוניא GN 38:25
ולא הוה רשותא לנורא **למוקדיה** ובכין איתפליג ליביה GN 11:28
לחש עילוי אישתא דלא **למיקד** ית אחוי מן יד נפלת אישתא GN 11:28
דיעבר מזרעיה למולך **למיתוקדא** בנורא איתקטלא LV 20:2
תוקדון דלית אפשר **למיתוקדא** מותר נכסת קודשיא EX 12:10
חמרין רתיחין ותמן **מוקדין** רישי בוסמנין תמן הוו GN 50:1
הדין באישא טפייא ולא **ניקד** בעלמא דאתי באישא אכלא GN 38:25
וצילמי טעוותהון **תוקדון** בנורא: ארום עמא קדישא DT 7:5
ית קמיתהון ומרחקתהון **תוקדון** בנורא וצילמי טעוותהון DT 12:3
יתהון: צילמי טעוותהון **תוקדון** בנורא לא תחמדון כספא DT 7:25
דשיתיסר בנורא **תוקדון** דלית אפשר למיתוקדא EX 12:10
בבישרא ובלחמא בנורא **תוקדון**: ומתרע משכן לא תפקון LV 8:32
דיצלא סגיא היא בנורא **תוקדיניה** ית עיסקא דביה מכתשא: LV 13:57
מסאב הוא בנורא **תוקדיניה** מטול דצורעא שקיעא LV 13:55
וית מושכיה וית ריעייה **תוקיד** בנורא מברא למשריתא EX 29:14
לא תיתאכל בנורא **תיתוקד**: ודא אורייתא דאשמא LV 6:23
בית אבוהא וזניית בנורא **תיתוקד**: וכהנא רבא דמתרברב על LV 21:9

יקר (204)

דייי גזירת שבתא וקיים **איקר** אבא ואימא ודיני פידעא EX 15:25
דבקירויכון דיחמון **איקר** אורייתא וידחלון כולהון מן DT 31:12
ית עיניהון וחמון ית **איקר** אלקא דישראל ותחות EX 24:10
ותתנון לאבא ית כל **איקר** דאית לי במצרים וית כל GN 45:13
קמורי חרציהון בגין **איקר** דיעקב והוון מחוויין בידיהון GN 50:11
עמא בית ישראל הבו **איקר** ורבותא קדם אלקנא: אמר DT 32:3
משה ית אהרן ית לבושוי **איקר** כהונתא ואלביש ית אלעזר NU 20:28
קבילו יתה הופע בהדרת **איקר** מטוורא דפארן למיתנה לבנוי DT 33:2
ארום עדיעת וזללת **איקר** ריבונתא בעינהא: ואמרת שרי GN 16:4
דייי מנהון ואזיל: וענן **איקר** שכינתא דייי איסתלק NU 12:10
במשכן זימנא: ואיתגלי **איקר** שכינתא דייי במשכנא DT 31:15
מרומא ואתגלי עלוי **איקר** שכינתא דייי בתרין אלפין DT 34:5
דחיל מלימיסתכי בצית **איקר** שכינתא דייי: ואמר מגלא גלי EX 3:6
ומן יד איתגלי לכון **איקר** שכינתא דייי: והוה כיוון LV 9:6
עליהון וחמון ית **איקר** שכינתא דייי והוון הדן EX 24:11
זכוות עשרא: ואיסתלק **איקר** שכינתא דייי כד פסק למללא GN 18:33
על אפיהון ואיתגלי **איקר** שכינתא דייי להון: ומליל ייי NU 20:6
חוביכון ומן יד איתגלי **איקר** שכינתא דייי לכל עמא: LV 9:23
מטורא דאתגלי עלוי **איקר** שכינתא דייי מהלך תלתא NU 10:33
אתר בית מישרוי: וענן **איקר** שכינתא דייי מטלל עילויהון NU 10:34
בעבדי במשה: ואסתלק **איקר** שכינתא דייי מנהון ואזיל: וענן NU 12:9
זיתא ארום יומא דין **איקר** שכינתא דייי מתגלי לכון: LV 9:4
ענן יקרא ית טורא: ושרא **איקר** שכינתא דייי על טורא דסיני EX 24:16
דרביע עלה ומן דאיתגלי **איקר** שכינתא דייי קיצא דעתיד GN 49:1
ייי למימר המן קושטא **איקר** שכינתא דייי שריא ביננא אין EX 17:7
זימנא והא חפייה ענן **איקר** שכינתא ואיתגלי תמן איקרא NU 17:7
ואיתגלי ייי בענן **איקר** שכינתא ומליל עימיה ורבי מן NU 11:25
דאנפוי דהוה ליה מן זיו **איקר** שכינתא מייי בזמן מללותיה EX 34:29

ירחק מימרי יתכון: ואשרי **איקר** שכינתי ביניכון ויהי מימרי LV 26:12
ית קטר דבידא דתפילי **איקר** שכינתי ואפי איקר שכינתי EX 33:23
איקר שכינתי ואפי **איקר** שכינתי לית אפשר לך EX 33:23
חדא קלילא איסליק **איקר** שכינתי מבינך ואישיצינך EX 33:5
ית משכני דתמן **איקר** שכינתי שריא ביניהון: דא LV 15:31
דכפרין במריהון ופרגו **איקר** שכינתיה בעיגלא הדין: EX 32:5
וסוברך ייי אלקך בענני **איקר** שכינתיה היכמה דמסובר גבר DT 1:31
אבניא: ואתגלי ייי בענני **איקר** שכינתיה ואיתעתד משה EX 34:5
בית ישראל ודנח זיו **איקר** שכינתיה מגבלא למיתנה DT 33:2
ית עמא ישראל ואשרי **איקר** שכינתך ביניהון ורחים ית NU 10:36
קומך לא כדון תסלק **איקר** שכינתך מעילוי עבדך עד GN 18:3
חטיתון קדמי: ואיתבר ית **איקר** תקוף מקדשיכון ואיתן ית LV 26:19
ואמרין אמן: ליט דמזלזל **איקרא** דאבוי ודאימיה עניין כולהון DT 27:16
שכינתא ואיתגלי תמן **איקרא** דייי: ועל משה ואהרן מן NU 17:7
עלמא אילולי דאיתגלי **איקרא** דייי לכל כנישתא: ומליל ייי NU 16:19
ית טוורא דגבלא מטול **איקרא** דעבד לאבוי: עיבורא תזבנון DT 2:5
מן שירויא מן דין דהדרת **איקרא** ושיבהורא דידיה דהיכמא DT 33:17
ית עינוי וחמא ענן **איקרא** קטיר על טוורא GN 22:4
וחמת ארום עברת ויתבזי **איקרי** באנפהא וכדון אתגלי קדם GN 16:5
כפורתא ארום בענני **איקרי** שכינתיה מתגליא על בית LV 16:2
אגין עליהון שבעתי ענני **איקריה** אליפינון ית אוריתיה DT 32:10
לאתרך אמרית מייקרא **איקרינך** והא מנע ייי לבלעם מן NU 24:11
לותי: ארום מיקרא **איקרינך** לחדא וכל דתימר לי אעבד NU 22:17
דעל מיחמי כל עמא **איתיקר** ושמע אהרן ושתיק וקבל LV 10:3
תמן עימך: ואתגלי **באיקר** שכינתי ואימלל עימך תמן NU 11:17
רעי ליה אלא דאיתגלי **באיקר** שכינתיה על משה בסנייא DT 33:16
אנא מיניה דהוא עסק **באיקרא** דאבוי דילמא ייתי GN 32:12
בני ישראל הוו זהירין גבר **באיקרא** דאבוי ובאיקרא דאימיה DT 5:16
דמצרים והוה זהיר **באיקרא** דאחוי: בכורותא הות DT 33:16
רברביה והוון שווין **באיקרהון** עשרין וחד שעין בציר GN 1:16
מצראי ארום אנא הוא ייי **באיתיקרותי** בפרעה ברתיכוי EX 14:18
דוכרנך וירים ית רישך **ביקר** ויתיבינך על שימושך ותיתן GN 40:13
הירהירנא ואישתעינא **ביקר** שכינתא דייי ועימך נצינא צלי NU 21:7
בני ישראל הוו זהירין גבר **ביקרא** דאבוהי וביקרא דאימיה מן EX 20:12
על דלא עסק עשרין שנין **ביקרא** דאבוי יעקת ליה ופליג ית GN 32:8
רב ושליט במצרים וזהיר **ביקרא** דאחוי: בנימין שיבט תקיף GN 49:26
ואינתתיה ולא אמתינו **ביקרהון**: וחויא הוה חכים לביש GN 2:25
ייתי ייי שרי **ביקרך** בגו ריבוות אלפייא דישראל NU 2:25
דארעא: ואנת יוסף מפקד **דאיקר** אבך בגין כן אימר לאחך דא GN 45:19
דקצתון במימרא דייי **דאיקר** שכינתיה שריא ביניכון NU 11:20
בר בעור ואימר גברא **דיקיר** מן אבוי דרזיא סתימיא מה NU 24:3
בר בעור ואימר גברא **דיקיר** מן אבוי דרזיא סתימיא מה NU 24:15
כל עממיא לרבו ולשום **דיקר** ולשיבהורא מטול למהוי עם DT 26:19
ולאינתתיה לבושין **דיקר** מן משך חויא דאשלח מיניה GN 3:21
לאטלא יתהון באבנין **ואיקר** שכינתא דייי איתגלי בענני NU 14:10
ענן יקרא ית משכן זימנא **ואיקר** שכינתא דייי איתמלי ית EX 40:34
ארום שרא עלוי ענן יקרא **ואיקר** שכינתא דייי איתמלי ית EX 40:35
באיתם דביסטר מדברא: **ואיקר** שכינתא דייי מידבר EX 13:21
דבני ישראל עד חד **ואיתייקר** יצרא דליבא דפרעה ולא EX 9:7
דמצראי ויעלון בתריהון **ואיתיקר** בפרעה ובכל משירייתיה EX 14:17
דפרעה וירדוף בתריהון **ואיתיקר** בפרעה ובכל משיריתי EX 14:4
גבר באיקרא דאבוי **ובאיקרא** דאימיה היכמא דפקידכון DT 5:16
גבר ביקרא דאבוהי **וביקרא** דאימיה מן בגלל דיסגון EX 20:12
נוכראה ונעמן דהוה נעים **ויקיר** אחי דהוא אחוי בר אימיה GN 46:21
דקין אתא מן שמא רבא **ויקירא** בגין דלא למיקטול יתיה כל GN 4:15
על ימא בחוטרא רבא **ויקירא** דאיתברי מן שירויא וביה EX 14:21
ומפרש עלה שמא רבא **ויקירא** דביה עתיד למיעבד ית EX 2:21
בת ישראל ית שמא רבא **ויקירא** דמתפרש דשמע בסיני LV 24:11
אזל ואדכר שמא רבא **ויקירא** ואוקים מקיבריהון אברהם DT 9:19
חקיק ומפרש שמא רבא **ויקירא** וביה איתעבידו ניסין מן EX 4:20
וכתב עלוי שמא רבא **ויקירא** וטלק לגו מיא ואיתחלון EX 15:25
כהנא בשבועת שמא רבא **ויקירא** ויימר כהנא לאיתתא אין NU 5:19
חקיק ומפרש שמא רבא **ויקירא** ועישרתי אהוותא די מחא EX 14:21
ברישיהון והוה שמא רבא **ויקירא** חקיק ומפרש ביה ונפק EX 32:25
ומפרשא בשמא רבא **ויקירא** על ריש צפירא ויפטור ביד LV 16:21
למשדרא רברבין סגיאין **ויקירין** מאלין: ואתו לות בלעם NU 22:15
הות רווחתא לעקתיה **ויקר** ית ליביה ולא קביל מנהון EX 8:11
ומעמיה לא אישתאר חד: **ויקר** פרעה ית יצרא דליביה אוף EX 8:28
פסקו ואוסיף למיחטי **ויקריא** ליצרא דליביה הוא ועבדוי: EX 9:34
באורייתא תקומון **ותיקר** אפי חכימא ותידחל מאלקך LV 19:32
לכל עמא הדין ארום **יקיר** הוא מיני: ואין כדין אנת עביד NU 11:14
ובנוי וסביא דעימך ארום **יקיר** מינך פיתגמא לא תיכול EX 18:18
צבי בברת יעקב והוא **יקיר** מכל ביתא דאבוי: ואתא חמור GN 34:19
הדין למידחל ית שמא **יקירא** ודחילא הדין ית ייי אלקכון: DT 28:58

לבעלי דבביכון בדמין **יקירין** היך מרי אומנוון ומן בתר DT 28:68
לבירא דאתגלי עלוי **יקר** חי וקיים דחמי ולא מתחמי: GN 25:11
ית אהרן ית לבושוי **יקר** כהונתא ותלבישינון ית אלעזר NU 20:26
לאבונא עבד ליה ית כל **יקר** נכסייא האילין: וחמא יעקב ית GN 31:1
ואיתפניו למדברא והא **יקר** שכינתא דייי אתגלי בענן יקרא: EX 16:10
ארעא: ואיסתלק מעילווי **יקר** שכינתא דייי באתרא דמליל GN 35:13
לצית אמיטתא דתמן **יקר** שכינתא דייי: ואמר ייי למשה EX 20:21
לטורא דאיתגלי עלוי **יקר** שכינתא דייי: ולחכימיא אמר EX 24:13
ליה ומן יד איתגלי עלוי **יקר** שכינתא דייי וסגיד ישראל על GN 47:31
הא ברם הכא איתגליאת **יקר** שכינתא דייי חזוא בתר חזוא: GN 16:13
ואמר בקושטא אית **יקר** שכינתא דייי שרי באתרא הדין GN 28:16
על טינרא: ויהי במעיבר **יקר** שכינתי ואישוינך באספלידא EX 33:22
ובצפרא יתגלי עליכון **יקר** שכינתיה דייי כד שמיען קדמוי EX 16:7
וטרד ית אדם מן דאשרי **יקר** שכינתיה מן לקדמין בין תרין GN 3:24
דריכון ארום במטלת ענני **יקרא** אותיבית ית בני ישראל בזמן LV 23:43
איתחפיאו שבעת ענני **יקרא** ארבעא מארבע ציטריהון וחד EX 12:37
ויתיב על כורסיה **יקרא** בגיוותנותיה בשמי שחקי DT 33:26
דאהרן אסתלקו עננא **יקרא** בחד לירחא דאב וחמון כל NU 20:29
ממדברא דסיני ושרא ענן **יקרא** במדברא דפארן: ונטלו NU 10:12
דייי איתגלי בענני **יקרא** במשכנא זימנא: ואמר ייי NU 14:10
ועד צפרא ומסתלק ענן **יקרא** בצפרא ונטלין או יימם ולילי NU 9:21
תיובתכון עד כורסי **יקרא** דייי אלקכון אין תקבלון DT 30:2
עימיה: ואתגלי עלוהי **יקרא** דייי בחיזוי ממרא והוא מרע GN 18:1
ונפקו תלתיהון: ואיתגלי **יקרא** דייי בעמודא דענן יקרא וקם NU 12:5
איסתלקותיה: ארום ענן **יקרא** דייי הוה מטלל על משכנא EX 40:38
מיגו עננא: וחיזו זיו **יקרא** דייי הי כאשא בערא וזיקוקי EX 24:17
לנסייוכתן איתגלי לכון **יקרא** דייי ומן בגלל דתיהוי EX 20:20
בטוורא דאיתגלי עלוי **יקרא** דייי ונשיק ליה: ותני משה EX 4:27
קיים אנא ומליא **יקרא** דייי ית כל ארעא: ארום כל NU 14:21
לטוורא דאיתגלי עלוי **יקרא** דייי לחורב: ואיתגלי זגנזגאל EX 3:1
ביתיה עד צפרא: ויתגלי **יקרא** דייי למימחי ית מצראי ויחמי EX 12:23
לטוורא דאיתגלי עלוי **יקרא** דייי למשה מן שירויא: ואמר EX 18:5
עימיה ואיסתלק **יקרא** דייי מעילוי אברהם: ודבר GN 17:22
למסתכלא ביה: והא **יקרא** דייי מעתד עילוי ואמר ליה GN 28:13
למיפלח ית אדמתא: וענן **יקרא** הוה נחית מתחות כורסי GN 2:6
ארום שרא עלוי ענן **יקרא** ואיקר שכינתא דייי איתמלי EX 40:35
והא מנע ייי לבלעם מן **יקרא**: ואמר בלעם לבלק הלא אם NU 24:11
משכלל תחות כורסי **יקרא**: ואקדים יעקב בצפרא ונסיב GN 28:17
דאתפרסמו מתחות עניני **יקרא**: והוה כיוון דחמא בלעם יתהון NU 22:41
דיליה קביעא בכורסי **יקרא** והויתון מתחמדין למיחמי GN 28:12
ואין לא מסתלק ענן **יקרא** ולא נטלין עד יום EX 40:37
אהרן ואסתלקו ענני **יקרא** ומדעקת על ישראל על קרבא DT 10:6
הוה נחית מתחות כורסי **יקרא** ומלי מיא מן אוקינוס והדר GN 2:6
שכינתא דייי אתגלי בענן **יקרא**: ומליל ייי עם משה למימר: EX 16:10
סכום תמניין לגיונין וענני **יקרא** ומשכנא ובירא לא זייעין ולא NU 12:16
דאתחפיאו שבעת ענני **יקרא**: ונטלו מסוכות ושרו באיתם NU 33:5
דנפקא מתחות כורסי **יקרא** ונפלין פיגריהון על טווריא NU 11:26
קרבא ופוק מתחות ענני **יקרא** וסדר סדרי קרבא לקבל EX 17:9
ושמירא וקשתא וענני **יקרא** ופום ארעא וכתב לוחי קימא NU 22:28
נחית עמודא דענן **יקרא** וקאי בתרע משכנא ומתמלל EX 33:9
יקרא דייי בעמודא דענן **יקרא** וקם בתרע משכנא וקרא NU 12:5
אתר דאתחפיו בענני **יקרא** ושרו באיתם דביסטר מדברא: EX 13:20
אבוי אסתכל בקורסיה **יקרא** ושריין מההיא זימנא עיינויי GN 27:1
להון משה שתוקו והבו **יקרא** ותושבחתא ורוממו EX 14:14
נטלין: ואית זמן דהוי ענן **יקרא** יומין דמניין הינון שבעתי NU 9:20
משה לטורא וחפא ענן **יקרא** ית טורא: ושרא איקר שכינתא EX 24:15
ית עיבידתא: וחפא ענן **יקרא** ית משכן זימנא ואיקר EX 40:34
ית משכנא חפא ענן **יקרא** ית משכנא והוה מטלל NU 9:15
וארונא ומשכנא וענני **יקרא** ליתיהון מטיילין עימכון ולא NU 14:42
ונפק משה מתחות ענני **יקרא** לקדמות חמוי וסגיד ונשיק EX 18:7
מתגלי עלך בעיבא דענן **יקרא** מן בגלל דישמעון עמא EX 19:9
נטלין: ואית זמן דהוי ענן **יקרא** מן רמשא ועד צפרא ומסתלק NU 9:21
ובאשון איסתלקות ענן **יקרא** מעילוי משכן נטלין בני EX 40:36
לירחא איסתלק ענן **יקרא** מעילוי משכנא דסהדותא: NU 10:11
כדין הוי תדירא ענן **יקרא**: מעילוי משכנא ובתר כן נטלין NU 9:16
לחיליהון ואיסתלק ענן **יקרא** מעילוי משכנא ונטלו: ואמר NU 10:28
דאבן ספירינון מכורסי **יקרא** מתקלהון ארבעין סאין EX 31:18
דחמוי והוא מספיר כורסי **יקרא** מתקליה ארבעין סאין ועילוי EX 4:20
ויהי כד אפרוס ענני **יקרא** עילוי ארעא ותתחמי קשתא GN 9:14
שרן כל יומין דשרי ענן **יקרא** על משכנא ברם הינון שרן: NU 9:18
שלמתא באורכות ענן **יקרא** על משכנא למישרי עלוי שרן NU 9:22
על טורא דסיני וחפהי ענן **יקרא** שיתא יומין וקרא למשה EX 24:16
למחרבא לא איתיחד **יקרי** ארום ברוגזהון קטלו מלכא GN 49:6
מן אוצרכון: ואיתן שכינת **יקרי** ביניכון ולא ירחק מימרי יתכון: LV 26:11
בארעא דמצרים בשכינת **יקרי** בליליא הדין ועימי תשעין EX 12:12
ואיקדש ברבניכון בגין **יקרי**: ואיקדש ית משכן זימנא וית EX 29:43
כל גובריא די חמון ית **יקרי** וית אתוותיי דעבדית במצרים NU 14:22
מעכב בגין זכותך ענני **יקרי** ומשכנא וארונא וכל ישראל NU 12:14
איפשר דאיסלק שכינת **יקרי** מביניכון ברם לא יהי יקרי שרי EX 33:3
מביניכון ברם לא יהי **יקרי** שרי במדור משריתיכון ארום EX 33:3
מימרא דייי בכורסיה **יקריה** דהוא במימריה יגיח קרבא EX 17:16
דייי אלקנא ית שכינת **יקריה** וית רבות תושבחתיה וית קל DT 5:24
לשמיה לאתקטלא בגין **יקריה** למסוברא ית ארון קימא דייי DT 10:8
עני יעקב ואמר בריך שום **יקריה** לעלמי עלמין: אמר משה DT 6:4
ארום ייי אלקכון שכינת **יקריה** מטיילא קדמיכון מימריה DT 9:3
לגייורא חמר בסים במנין **יקרין** ומן עפרא די יהי בשיפולי NU 5:17
עמלק: וידוי דמשה הוו **יקרין** מן בגלל דעכב קרבא למחר EX 17:12
משה איזל חות מן רבות **יקרך** דלא יהיבת לך רבותא אלהין EX 32:7
ואמר אחמי כדון יתי ית **יקרך**: ואמר האנא מעבר כל מכילת EX 33:18
ייי תהך כדון שכינת **יקרך** ייי בינגא ארום עם קשי קדל EX 34:9
דבעיניהון חמון שכינת **יקרך** ייי על טוורא דסיני וקבילו NU 14:14
אתר דמכוון קביל כרסי **יקרך** מוזמן קבל בית שכינת קדשך EX 15:17
מדברין לרגיל ענני **יקרך** נייחין ושריין כמן פס דבר: DT 33:3
למיחמיהון: ותיתן מזיו **יקרך** עלוי מן בגלל די יקבלון מיניה NU 27:20
ואיברכינון: ועיני ישראל **יקרן** מן סיבו ולא יכיל למיחמי GN 48:10
קודשא לאהרן אחוך **ליקר** ולתושבחא: ואנת תמליל עם EX 28:2
וכובעין תעבד להון **ליקר** ולתושבחא: ותלבש יתהון ית EX 28:40
לבריאת עלמא ומתחינון **ליקר** שכינתא רמין ומנטלין על כל NU 24:6
הוית אמר לית אנא יכיל **למייקרא** יתך: ואמר בלעם לבלק NU 22:37
ערוק לך לאתרך אמרית **מייקרא** איקרינך והא מנע ייי NU 24:11
מלמיתי לותי: ארום **מיקרא** איקרינך לחדא וכל דתימר NU 22:17
אפין למסכינא ולא **תייקרון** אפי רבא בקושטא תדונון LV 19:15

ירוד (1)

אתר דמייללין שידין **ווירודין** ובית צחותא אגין עליהון DT 32:10

ירוק (5)

דבחושנא סמוקא **וירוקא** וברוקא וביה חקיק ומפרש NU 2:3
צלא: ויהי מכתשא **ירוק** או סמוק בלבושא או בצלא או LV 13:49
ברדא ולא אישתייר כל **ירוק** באילנא ובעיסבא דחקלא בכל EX 10:15
דביה נפשא חייתא ית כל **ירוקי** עיסבין והוה כן: וחזא אלקים GN 1:30
חי דילכון יהי למיכל **כירוק** עיסבא יהבית לכון ית כולא: GN 9:3

ירח (125)

שית מאה שנין לחיי נח **ביירחא** תניינא הוא ירח מרחשון GN 7:11
דמנתבין על דיתאין **בירח** מרחשוון וכרסיסין לקושין DT 32:2
ביומא תליתאה בשיתא **בירחא** בעידוני צפרא והוה קלין EX 19:16
ית ארעא בתמניא יומין **בירחא** דאב מסוף ארבעין יומין: NU 13:25
קדם ייי אלקכון ארום **בירחא** דאביבא אפיק יתכון ייי DT 16:1
שתא למינטר תקופתא **בירחא** דאביבא למעבד ביה פיסחא DT 16:1
לזמן ירחא דאביבא ארום **בירחא** דאביבא נפקתון פריקין EX 34:18
ייי עם משה בשבעה **בירחא** דאדר בכרן יומא הדין DT 32:48
יתרעון יתהון בזימניהון: **בירחא** דניסן בארביסר לירחא בינו LV 23:5
דמרווין צימחוני ארעא **בירחא** דניסן: ווי להון לרשיעייא DT 32:2
ונטלו מן פילוסין **בירחא** דניסן מבתר דאכלו ניכסת NU 33:3
בזימניה: בארביסר יומא **בירחא** הדין בין שימשתא תעבדון NU 9:3
ותפלח ית פולחנא הדא **בירחא** הדין: שובעא יומין תיכול EX 13:5
בני ישראל ממצרים **בירחא** חמישאה בחד לירחא: ואהרן NU 33:38
הוא ירחא דשבט בחד **בירחא** מליל משה עם בני ישראל DT 1:3
חכמתא ביומא שביעאה **בירחא** סק לקדם ייי אנת ואהרן EX 24:1
מארעא דמצרים **בירחא** קדמאה למימר: ויעבדון בני NU 9:1
ייי יתיה היכדין עבד: והוה **בירחא** קמאה הוא ירחא דניסן EX 40:17
ותעבר קל שופר יבבא **בירחא** שביעאה בעשרא לירחא LV 25:9
ותהי דא לכון לקיים עלם **בירחא** שביעאה הוא ירח תשרי LV 16:29
יומין: ונחת תיבותא **בירחא** שביעאה הוא ירחא דניסן GN 8:4
למעבד פיסחא קדם ייי: **בירחא** תיניינא הוא ירחא דאייר NU 9:11
ליה לגיירא כל בני ארעא: **בירחא** תליתאה לאפקות בני EX 19:1
והוה בשתא תנייתא **בירחא** תניינא הוא ירחא דאייר NU 10:11
עם משה למימר: ביומא **דירחא** קמאה הוא ירחא דניסן בחד EX 40:2
וחמא נגובו אנפי ארעא: **ובירח** מרחשון בעשרין ושובעא GN 8:14
תדירא יתעביד וניסוכיה: **ובירחא** דניסן בארביסר יומין NU 28:16
לכון וחמר ניסוכיהון: **ובירחא** שביעאה הוא ירחא דתשרי NU 29:1
מתקרבא בכל ריש ירח **וירח** בזמן אתחדתות כל רישי ירחי NU 28:14
ארעיה בכל ריש ירח **וירח**: ומטוב רישי טווריא בכירתא DT 33:14
ארבעין שנין בחדסר **ירח** הוא ירחא דשבט בחד בירחא DT 1:3
תהוי מתקרבא בכל ריש **ירח** וירח בזמן אתחדתות כל רישי NU 28:14
דמבכרא ארעיה בכל ריש **ירח** וירח: ומטוב רישי טווריא DT 33:14
ביסרא איתן להון וייכלון **ירח** יומין: הענא דבערב ותורי NU 11:21
ודמי לי אנת ויתב עימיה **ירח** יומין: ואמר לבן ליעקב GN 29:14
יומין ולא עשרין יומין: עד **ירח** יומין עד דתיפוק סריותא NU 11:20
נח ביירחא תניינא הוא **ירח** מרחשון דעד כדון לא הוו GN 7:11

הוו אזלין וחסרין עד **ירח** עשיריי ירח תמוז בתמוז בחד GN 8:5
וחסרין עד ירח עשיריי **ירח** תמוז בתמוז בחד לירחא GN 8:5
בירחא שביעאה הוא **ירח** תשרי בעשרא יומין לירחא LV 16:29
ונטלין: או תרין יומין או **ירחא** או שתא שלמתא באורכות NU 9:22
היכמה דפקידתך לזמן **ירחא** דאביבא ארום ביה נפקת EX 23:15
היכמא דפקידתך לזמן **ירחא** דאביבא ארום בירחא EX 34:18
מחמיסר בניסן הוא **ירחא** דאביבא: ויהי ארום יעלינך ייי EX 13:4
ייי: בירחא תיניינא הוא **ירחא** דאייר בארביסר יומא ביני NU 9:11
בירחא תניינא הוא **ירחא** דאייר בעשרין לירחא NU 10:11
ביומא דירחא קמאה הוא **ירחא** דניסן בחד לירחא תקים ית EX 40:2
בירחא שביעאה הוא **ירחא** דניסן בשבסרי יומין לירחא GN 8:4
והוה בירחא קמאה הוא **ירחא** דניסן בשתא תניינא בחד EX 40:17
איברכינון: והוה ביום ריש **ירחא** דניסן פסק משה למיקמא ית NU 7:1
שנין בחדסר ירח הוא **ירחא** דשבט בחד בירחא מליל DT 1:3
ובירחא שביעאה הוא **ירחא** דתשרי בחד לירחא מארע NU 29:1
לירחא שביעאה הוא **ירחא** דתשרי מארע קדיש יהי לכון NU 29:7
בארעא דמצרים למימר: **ירחא** הדין לכון למקבעיה ריש EX 12:2
אלפין כל דכורא מבר **ירחא** ולעילא ארום לא אתמניו בגו NU 26:62
דוכריא בבני ישראל מבר **ירחא** ולעילא וקביל ית סכום מניין NU 3:40
בסכום מניין שמהן מבר **ירחא** ולעילא לסכום מניינהון NU 3:43
במניין כל דכורא מבר **ירחא** ולעילא סכומהון שבעתי NU 3:22
כל דכורא מבר **ירחא** ולעילא עשרין ותרין אלפין: NU 3:39
במניין כל דכורא מבר **ירחא** ולעילא שיתא אלפין ומאתן: NU 3:34
במניין כל דכורא מבר **ירחא** ולעילא תמניא אלפין ושית NU 3:28
כל דכורא מבר **ירחא** ולעילא תמנינון: ומנא יתהון NU 3:15
עליכון: בר מן עלת ריש **ירחא** ומנחתה ועלת תדירא NU 29:6
עשר סילעין: ואין מבר **ירחא** ועד בר חמש שנין ויהי עלוייה LV 27:6
ביומא ההוא צפירא דריש **ירחא** וצפירא דחטאתא דלעמא LV 10:16
למימר בתשרי דהוא **ירחא** שביעאה יהי לכון יומא טבא LV 23:24
בחד לירחא דאייר הוא **ירחא** תיניינא דמן שתא תנייתא NU 1:1
יומא לירחא דאייר הוא **ירחא** תיניינא ואיתייחסו על NU 1:18
יומין לירחא דאייר הוא **ירחא** תיניינא למיפיקהון מארעא EX 16:1
ופרקוניה דבר נש מבר **ירחא** תיפרוק בסכום עילוייך כסף NU 18:16
ואיתעכב תמן תריסר **ירחי** שתא ובנא ליה בי מידרשא GN 33:17
בזמן אתחדתות כל רישי **ירחי** שתא: וצפיר בר עיזי חד NU 28:14
קדמאי הוא לכון למניין **ירחי** שתא: מלילו עם כל כנישתא EX 12:2
דעד כדון לא הוו מתמנן **ירחייא** אלהן מתשרי דהוא ריש GN 7:11
הדין לכון למקבעיה ריש **ירחייא** ומיניה תשרון למימני חגיא EX 12:2
והוה בזמן תלת **ירחין** אשתמודעה דמעברה היא GN 38:24
ובוולדא בר תשעה **ירחין** בגושמיה ובדמיה דימות ולא NU 19:13
איבה ואימה ותשהי תלת **ירחין** די תידע אין היא מעברא ומן DT 21:13
הוא ואטמרתיה תלת **ירחין** דסכומהון תשעא: ולא הוה EX 2:2
וילידת ביר בסוף שיתא **ירחין** וחמת יתיה ארום בר קיימי EX 2:2
במעי אימיה תשעה **ירחין** וכיוון דימטא קיצא למיפוק NU 12:12
ירחין ורישי שנין עיבורי **ירחין** ועיבורי שנין ותקופות שמשא GN 1:14
יומין ולמקדשא רישי **ירחין** ורישי שנין עיבורי ירחין GN 1:14
נשא ואפילו לוולדא בר **ירחין** לגושמיה ובדמיה יהי מסאב NU 19:11
ומועדכון וברישי **ירחכון** ותתקעון בחצוצרתא על NU 10:10
תדירא וניסוכה: וברישי **ירחכון** תקרבון עלתא קדם ייי NU 28:11
הוא ירחא דאייר בעשרין **לירחא** איסתלק ענן יקרא מעילוי NU 10:11
בעשרין ושובעא יומין **לירחא** איתבשת ארעא: ומליל ייי GN 8:14
ירח תמוז בתמוז בחד **לירחא** איתחמיו רישי טווריא: והוה GN 8:5
דניסן בשתא תניינא בחד **לירחא** איתקם משכנא: ואקים משה EX 40:17
דמצרים ביומא הדין בחד **לירחא** אתו למדברא דסיני: ונטלו EX 19:1
בירחא שביעאה בעשרא **לירחא** ביומא דכיפורייא תעברון LV 25:9
עלמא בשבסרי יומין **לירחא** ביומא הדין איתבזעו כל GN 7:11
בירחא דניסן בארביסר **לירחא** בינו שימשתא זמן ניכסת LV 23:5
פיסחא בארביסר יומין **לירחא** ביני שימשתא במדברא NU 9:5
לציימא בתשעא יומין **לירחא** בעידוני רמשא מן רמשא LV 23:32
וחדא שנין בתשרי בחד **לירחא** בריש שתא נגובו מיא מעל GN 8:13
עד יומא דעשרין וחד **לירחא** ברמשא דעשרין ותרין EX 12:18
אסתלקו עננא יקרא בחד **לירחא** דאב וחמון כל כנישתא NU 20:29
לא תעיבר: בשבעא יומין **לירחא** דאדר איתליד משה רבהון DT 34:5
דישראל ובשבעא יומין **לירחא** דאדר אתכניש מגו עלמא DT 34:5
בעשרין ותלתא יומין **לירחא** דאדר לתרע משכן זימנא: LV 8:4
ובין סיני בחמיסר יומין **לירחא** דאייר הוא ירחא תיניינא EX 16:1
דסיני במשכן זימנא בחד **לירחא** דאייר הוא ירחא תיניינא NU 1:1
כנישתא כנשו בחד יומא **לירחא** דאייר הוא ירחא תיניינא NU 1:18
למיכל עד חמיסר יומין **לירחא** דאייר מטול דזוודין לא EX 12:39
הוא יומא קדמאה **לירחא** דניסן אקים משה ית LV 9:1
דצין בעשרא יומין **לירחא** דניסן ומיתת תמן מרים NU 20:1
די אזלו בעשרין ותשעה **לירחא** דסיון יומי דמן ביכורי עינבין: NU 13:20
ונטיר עד ארבסר יומא **לירחא** הדין דתינדעון דליתיכון EX 12:6
דישראל למימר בעשרא **לירחא** הדין זימניה קביע בהדא EX 12:3

דייי: ובחמיסר יומין **לירחא** הדין חגא דפטיריא לשמא LV 23:6
ייי: ובחמישת עשר יומא **לירחא** הדין חגא שובעא יומין NU 28:17
בירחא חמישאה בחד **לירחא**: ואהרן בר מאה ועשרין NU 33:38
הוא ירחא דתשרי בחד **לירחא** מארע קדיש יהי לכון כל NU 29:1
דניסן בארביסר יומין **לירחא** ניכסת פיסחא קדם ייי: NU 28:16
דניסן בשבסרי יומין **לירחא** על טוורי דקרדון שום GN 8:4
ייי: ברם בחמיסר יומא **לירחא** שביעאה בזמן מיכנשכון ית LV 23:39
למימר בחמיסר יומין **לירחא** שביעאה הדין חגא דמטליא LV 23:34
קדם ייי: ובעשרא יומין **לירחא** שביעאה הוא ירחא דתשרי NU 29:7
ניסוכיהון: ובחמיסר יומא **לירחא** שביעאה מארע קדיש יהי NU 29:12
למימר: ברם בעשרא יומין **לירחא** שביעה הדין יומא דכיפוריא LV 23:27
עלם: בניסן בארבסר יומין **לירחא** תיכסון ית פיסחא וברמשא EX 12:18
ירח תשרי בעשרא יומין **לירחא** תענון ית נפשתיכון מן LV 16:29
הוא ירחא דניסן בחד **לירחא** תקים ית משכנא משכן EX 40:2

ירי (142)

ותיתן בחשן דינא ית **אוריא** דמנהרין מיליהון ומפרסמין EX 28:30
די ידר היכדין יעבד על **אוריית** ניזריה: ומליל ייי עם משה NU 6:21
בבר דכר: דא אחויית **אוריית** קינאתא דתיסטי איתתא NU 5:29
ותינטרון ותעבדון ית **אורייתא** ארום היא חכמתכון DT 4:6
עד לא ברא עלמא ברא **אורייתא** אתקין גינתא דעדן GN 3:24
ית בנוי מלמיטר פיקודי **אורייתא** בכין תהי פריק ניר GN 27:40
די פלחו בחייהון באולפן **אורייתא** בעלמא הדין וקיימו GN 3:24
שביעאה: דא אחוויית **אורייתא** גבר ארום ימות תחות NU 19:14
בנורא תיתוקד: ודא **אורייתא** דאשמא קודש קודשין LV 7:1
ולמקרב לדחלתיה ארום **אורייתא** דאתון עסיקין בה היא DT 30:20
בירא על דשבקו פתגמי **אורייתא** דבסימין כדבלתא: ונטלו NU 33:46
קדיש אנא: דא היא גזירת **אורייתא** דבעירא ועופא וכל נפשת LV 11:46
אהרן ועם בנוי למימר דא **אורייתא** דחטאתא באתרא LV 6:18
מנשה: ודא אחווית **אורייתא** די סדר משה קדם בני DT 4:44
וסידרי דינייא וגזירת **אורייתא** דיהב ייי בין מימריה ובין LV 26:46
ותעבדון על מימר הילכת **אורייתא** דיחוון לכון מן אתרא DT 17:10
ידעון ולא חמון ית אולפן **אורייתא** דייי אלקכון ית רבותיה DT 11:2
דרישך מן בגלל דתיהוי **אורייתא** דייי בפומך ארום בחיל EX 13:9
מבוע תרין דמהא דא היא **אורייתא** דילידתא לידכר או LV 12:7
וטמירינון במשכן אולפן **אורייתא** דיליה ברם ית משכנא נסב EX 33:7
ככל דילפונכון: על מימר **אורייתא** דילפונכון ועל הילכת DT 17:11
לצייתא ואתון נשיתון **אורייתא** דליבכון ורמזתון בעיינכון DT 29:3
ויצטבע תניינות וידכי: דא **אורייתא** דמכתש סגירו לבוש עמר LV 13:59
מדבחא לא תיטפי: ודא **אורייתא** דמנחתא דיקרבון יתה בני LV 6:7
עם משה למימר: דא תהי **אורייתא** דמצרעא ביומא דדכותיה LV 14:2
אהרן תהי גבר כאחוי: ודא **אורייתא** דניכסת קודשיא די יקרב LV 7:11
אהרן וית בנוי למימר דא **אורייתא** דעלתא דאתיא למכפרא LV 6:2
קרבא דא אחווית גזירת **אורייתא** דפקיד ייי ית משה: ברם NU 31:21
למימר: דא גזירת אחויית **אורייתא** דפקיד ייי למימר מליל NU 19:2
על כן יתאמר בספר **אורייתא** דתמן כתיבין קרביא דייי NU 21:14
ולמיעבד ית כל פיתגמי **אורייתא** הדא: ארום לית פיתגם DT 32:46
עליהון ית פיתגמי **אורייתא** הדא במעברכון מן בגלל DT 27:3
קיימין ודינין תריצין ככל **אורייתא** הדא דאנא סדר קמיכון DT 4:8
ייי ויעבד לה כהנא ית כל **אורייתא** הדא: ואין זכאי גברא NU 5:30
למעבד ית כל פיתגמי **אורייתא** הדא: ובניהון דלא ידעו DT 31:12
למקיימא ית כל פיתגמי **אורייתא** הדא: ויהי כד ייתון DT 29:28
למינטר ית כל פתגמי **אורייתא** הדא וית קימיא האילין DT 17:19
תתירע: וכתב משה ית **אורייתא** הדא ומסרה לכהנייא בני DT 31:9
משה למלפא ית פיתגמי **אורייתא** הדא למימר: ייי אלקן DT 1:5
דלא יקים ית פיתגמי **אורייתא** הדא למעבדהון הוון עניין DT 27:26
גברא די יקים ית פיתגמי **אורייתא** הדא למעבדהון מלטטייא DT 27:26
משה למכתוב ית פיתגמי **אורייתא** הדא על גוילא עד די DT 31:24
ליה סביא ית פרשגן **אורייתא** הדא על סיפרא מן קדם DT 17:18
דיתרעי תיקרון ית **אורייתא** הדא קבל כל ישראל DT 31:11
וקיימויי דכתיבין בספר **אורייתא** הדין ארום תתובון DT 30:10
מחא דלא כתיבין בספר **אורייתא** הדין יסקינון מימרא דייי DT 28:61
דסיני איתיהבת לכון **אורייתא** ובמישריא דמואב DT 1:1
למגלי לאתר דילפון **אורייתא** ובנתיהון מתרחקין NU 21:29
עדרין מתגברין באולפן **אורייתא** והי כגנין שתילין על NU 24:6
דבקירויכון דיחמון איקר **אורייתא** וידחלון כולהון מן קדם DT 31:12
ויתבטלון מפתגמי **אורייתא** ויחובון חובת גלותא DT 17:16
כל קבל חמשא סיפרי **אורייתא** וית שית יריען לחוד כל EX 26:9
כל קבל חמשא סיפרי **אורייתא** וית שית יריען לחוד כל EX 36:16
דכל דר ודר קרון בספרי **אורייתא** ויתנון לכון ובסיפרי נבייא DT 32:7
עמא דהוון טפשין וקבילו **אורייתא** ולא חכימו הלא הוא DT 32:6
למבטלא פיתגמי **אורייתא** וליטין אתון במיפקכון DT 28:19
ואין תעברון על פיתגמי **אורייתא** ומשתלחין עלך אין EX 15:26
האידנא דקבילתון ביה **אורייתא** ועבדתון ביה משכנא ומנוי DT 1:6
מטול דבטילו פתגמי **אורייתא**: ושדר ישראל עזגדין לות NU 21:20

דבהון רמיז שאר פיתגמי **אורייתא** ושית מאה ותליסירי EX 24:12
יתהון ית קיימייא וית **אורייתא** ותהודע להון ית צלותא EX 18:20
כגיורא יהי קדם ייי: **אורייתא** חדא ודינא חד יהי לכון NU 15:16
דמתגיירין ביניכון **אורייתא** חדא יהי לכון ולמן דיעבד NU 15:29
על אבניא ית כל פיתגמי **אורייתא** חדא כתב חקיק ומפרש DT 27:8
היכדין הילכת אשמא **אורייתא** חדא להון כהנא די יכפר LV 7:7
בר ישראל לא ייכול ביה: **אורייתא** חדא תהי לכל מצוותא EX 12:49
דמרדו בחייהון באולפן **אורייתא** טבתא היא אורייתא GN 3:24
דרפון ידיהון מפיתגמי **אורייתא** לא הווה תמן מוי למישתי NU 33:14
דכמיש מדהינת פיתגמי **אורייתא** לית להון תקנתא עד NU 21:29
דא תיהוי גזירת אחויית **אורייתא** לכל מכתש סגירותא LV 14:54
שבטיא למקבלא **אורייתא** למימר לא נוסיף למשמע DT 18:16
ועלוי אנת עתיד לקבלא **אורייתא** למלפא יתה לבני ישראל: EX 3:5
מן בני ישראל: דא היא **אורייתא** לעלתא למנחתא LV 7:35
ייי מן סיני אתגלי למיתן **אורייתא** לעמיה בית ישראל ודנח DT 33:2
לצדיקיא ולנטרי פיקודי **אורייתא** לפום דאיתיעדת מרים NU 12:16
אורייתא טבתא היא **אורייתא** לפלחה מן פירי אילן חייא GN 3:24
יהודה וספרין מאלפי **אורייתא** מזרעיה עד זמן די ייתי GN 49:10
באורחא דחיי היא **אורייתא** מן בגלל דתיחון בחיי DT 30:19
בטוורא אליף פיתגמי **אורייתא** מן פום קודשא יהי שמיה EX 24:18
נזירא חמרא: דא אחוויית **אורייתא** נזירא די ידר קרבניה קדם NU 6:21
ניזריה: ודא אחוויית **אורייתא** ניזרא ביום מישלם יומי NU 6:13
קדם ייי דתקבלון ית **אורייתא** על טוורא הדין: ואמר EX 3:12
ואמר להון קרובו קבילו **אורייתא** עם עשרתי דביריא: ומליל EX 19:25
פס דבר: אמרין בני ישראל **אורייתא** פקיד לנא משה יהבא DT 33:4
ביניכון אליפו יתיה **אורייתא** קבעו ליה מדרשא באתרא DT 23:17
תצבון למשמע לאולפן **אורייתי** ואוסיף לאייתאה עליכון LV 26:21
תצבון למשמע לאולפן **אורייתי** ואוסיף למירדי יתכון שבע LV 26:18
קריבית יתכון לאולפן **אורייתי:** וכדון אין קבלא תקבלון EX 19:4
למשמע לאולפן מאלפי **אורייתי** ולא תעבדון מן ריעוונכון LV 26:14
אגר טב לנטרי פיקודי **אורייתי:** ולא תפסון ית שמא LV 22:31
לא תשמעון לאולפן **אורייתי** ותהלכון קדמיי בעראי: LV 26:27
דיניי קצו וית קיימי **אורייתי** רחיקת נפשיהון: ואוף על LV 26:43
אנא ייי: אין בקיימי **אורייתי** תהכון וית סידרי דיניי LV 26:3
האילין: ואין בקיימי **אורייתי** תקוצון ואין ית סדרי דיניי LV 26:15
להון ית קיימייא דייי וית **אורייתיה:** ואמר חמוי דמשה ליה EX 18:16
ממצרים אליפית יתהון **אורייתך** בניתי להון משכנא לשמך DT 32:50
טוורא דסיני וקבילו תמן **אורייתך** ועננך מטליל עילויהון NU 14:14
ומרת לא שתיתון והות **אוריתי** תדירא מסתרא DT 29:5
ענני איקריה אליפינון ית **אוריתיה** נטרינון היכמה דשכינה DT 32:10
עד צידון: יששכר חמיר **באורייא** לשבט תקיף ידע בעני GN 49:14
ארום לית פיתגם ריקם **באורייתא** אילהין לדעברין עלה DT 32:47
מאילין דקריין ומשיחין **באורייתא** אכלת אישתהון לסנאה NU 21:28
אמוראין ומשיחין **באורייתא:** אמירין רשיעיא לית NU 21:29
דמיתער ומשיח **באורייתא:** ארום מילין תקיפין הי NU 21:27
כן ארכין כתפי למלעי **באורייתא** והוי ליה אחוי מסקי GN 49:15
הוו חכימין הוון מסתכלין **באורייתא** והינון מתבוננין מה יהי DT 32:29
ייי סבר אפוי לך במעסקך **באורייתא** ויגלי לך טמירן ויחוס NU 6:25
דעדן למיהוי פלח **באורייתא** ולמנטר פקדוה: ופקד ייי GN 2:15
תריצין דמיכתבין **באורייתא** ומערבב מילי זכאין EX 23:8
טב על דאינון עסיקין **באורייתא** וקראת ית שמיה יששכר: GN 30:18
מטול חכימיא דעסיקין **באורייתא** וריחהון נדיף הי כקטרת EX 40:5
חולקין תלת שעין עסיק **באורייתא** ותלת עסיק בדינא ותלת DT 32:4
מן קדם סבין דסברין **באורייתא** תקומון ותיקר אפי LV 19:32
קבל מתמלכין במולכנא **דאורייתא** אמוראין ומשיחין NU 21:29
בית ישראל מצוותא **דאורייתא** אתאמר עלי בנבואה DT 32:14
כלילן טבן כלילא **דאורייתא** דידיה דשבא יתה DT 34:5
למעבד ית כל פיקודיא **דאורייתא** הדא דיכתיבין בסיפרא DT 28:58
למימר: סבו ית סיפרא **דאורייתא** הדא ותשוון יתיה DT 31:26
על דלא נטרו מצוותא **דאורייתא:** ואישיצי ית במוסיכון LV 26:29
אידיהון ממצוותא **דאורייתא** ואתיבשו מבועיא ולא EX 17:1
עסיקין במצוותא **דאורייתא** ויהוי בכון מסכינא מחד DT 15:7
ונסיב סיפרא דקיימא **דאורייתא** וקרא קדם עמא ואמרו EX 24:7
דזעירא נטרין פיקודייא **דאורייתא:** ושלימו מאתן ושובעין GN 25:23
דאיתתא נטרין מצוותא **דאורייתא** יהוון מכוונין ומחיין יתך GN 3:15
אין נייח הוא במצוותא **דאורייתא** יתיב לרוחצן על כורסי DT 17:18
אתון עסיקין במצוותא **דאורייתא** לא יהוי בכון מסכינא DT 15:4
בית ישראל במצוותא **דאורייתא** לא פסקין מסכינין מיגו DT 15:11
וכד הינון נטרין מצוותא **דאורייתא** מדברין לרגיל ענני יקרך DT 33:3
רישך וכד שבקין מצוותא **דאורייתא** תהוי מתכווין ונכית GN 3:15
אין נטרין מצוותא **דאורייתי** אין לא: ויהי ביומא EX 16:4
בני ראובן: וקמו בחוצפא **ואורו** הילכתא באנפי דמשה על NU 16:2
דינייך לדבית יעקב **ואורייתא** לדבית ישראל ישוון DT 33:10
מסרבין למנטור פיקודיי **ואורייתי:** חמון ארום ייי יהב לכון ית EX 16:28
צדיקייא ולנטרי פיקודיי **ואורייתי:** עמי בני ישראל לא EX 20:6
צדיקיא ולנטרי פיקודיי **ואורייתי:** עמי בני ישראל לא DT 5:10
מימרי פיקודיי קיימיי **ואורייתי:** ויתיב יצחק בגרר: ושאילו GN 26:5
קדישין כתב ימיניה **ואוריתיה** מיגוא שלהובית אישתא DT 33:2
על חטאין סלח לתייבין **לאורייתא** ולדלא תייבין לא מזכי EX 34:7
סורחנין מזכי לדתייבין **לאורייתא** ולדלא תייבין לא מזכי NU 14:18
לה ואין לא תתובון **לאורייתא** לא תיכלון לאיתסאה DT 28:35
בני ישראל משתעבדין **לאורייתי** עבדי הינון דאפיקית LV 25:55
שכם עד מישר דהוה **מיירי** וכנענאי בכין הוו בארעא דעד GN 12:6

ירִיעה (45)

ויהי חד: ושיפוע מותרא **ביריעת** משכנא פלגות יריעתא EX 26:12
חמשין ענובין תעביד **ביריעתא** חדא וחמשין ענובין EX 26:5
חמשין ענובין עבד **ביריעתא** חדא וחמשין ענובין עבד EX 36:12
וכן תעביד באימרה **דיריעתא** בבית ליפופה תניין: EX 26:4
וחמשין ענובין על אימרא **דיריעתא** בבית ליפופה תניינא: EX 26:10
לופי כן עבד בשיפתא **דיריעתא** בית לופי תניינא: חמשין EX 36:11
ענובין חמשין על סיפתא **דיריעתא** בציטרא בית לופי EX 36:17
ענובין תעביד בציטרא **דיריעתא** דבבית ליפופה תיניינה EX 26:5
ענובין עבד על סיפתא **דיריעתא** דבית לופי תניינא: ועבד EX 36:17
ענובין עבד בסיטרא **דיריעתא** דבית לופי תניינא מכוונן EX 36:12
דתיכלא על אימרה **דיריעתא** חדא מן ציטרה בבית EX 26:4
דתיכלא על שיפתא **דיריעתא** חדא מסיטרא בית לופי EX 36:11
חמשין ענובין על אימרת **דיריעתא** חדא מציטרא בבית EX 26:10
אמין ופותיא ארבע אמין **דיריעתא** חדא משחתא חדא EX 26:8
אמין וארבע אמין פותיא **דיריעתא** חדא משחתא חדא EX 36:15
חדא עשרין ותמני אמין **דיריעתא** חדא משחתא חדא לכל EX 26:2
ופותיא ארבע אמין סכום **דיריעתא** חדא משחתא חדא לכל EX 36:9
זהורי צייור כרובין: אורכא **דיריעתא** חדא עשרין ותמני אמין EX 26:2
אומן עבד יתהון: אורכא **דיריעתא** חדא עשרין ותמני אמין EX 36:9
יריען עבד יתהון: אורכא **דיריעתא** חדא תלתין אמין וארבע EX 36:15
תעביד יתהין: אורכא **דיריעתא** חדא תלתין אמין ופותיא EX 26:8
וית משכנא תעביד עשר **יריען** דבוץ שזיר ותיכלא וארגוונא EX 26:1
ליבא ית משכנא עשר **יריען** דבוץ שזיר ותיכלא וארגוונא EX 36:8
למיהוי חד: ותעביד **יריען** דמעזי למפרס על משכנא EX 26:7
והוה משכנא חד: ועבד **יריען** דמעזי לפרסא על משכנא EX 36:14
משחתא חדא לחדיסרי **יריען:** ולפיף ית חמש יריען לחוד כל EX 36:15
משחתא חדא לחדסרי **יריען:** ותלפיף ית חמש יריען לחוד EX 26:8
יריעתא: ולפיף ית חמש **יריען** חדא עם חדא וחמש יריען EX 36:10
חדא עם חדא וחמש **יריען** חורניין מלפפן חדא עם חדא: EX 26:3
יריען: ותלפיף ית חמש **יריען** לחוד כל קבל חמשא סיפרי EX 26:9
יריען: ולפיף ית חמש **יריען** לחוד כל קבל חמשא סיפרי EX 36:16
סיפרי אורייתא וית שית **יריען** לחוד כל קבל שית סדרי EX 26:9
סיפרי אורייתא וית שית **יריען** לחוד כל קבל שיתא סידרי EX 36:16
חדא עם חדא וחמש **יריען** לפיף חדא עם חדא: ועבד EX 36:10
על משכנא חדיסירי **יריען** עבד יתהון: אורכא דיריעתא EX 36:14
חדא לכל יריעתא: חמש **יריען** תהוויין מלפפן חדא עם חדא EX 26:3
על משכנא חדיסירי **יריען** תעביד יתהין: אורכא EX 26:7
ולמטול: ויטלון ית **יריעת** משכנא וית משכן זימנא NU 4:25
בירִיעת משכנא פלגות **יריעתא** דיתירא תשפע על אחורי EX 26:12
מיכא בדיתיר באורך **יריעתא** דמשכנא יהי משפע על EX 26:13
חדא משחתא חדא לכל **יריעתא:** ולפיף ית חמש יריען חדא EX 36:9
פורפין דדהב ולפיף ית **יריעתא** חדא עם חדא בפורפיא EX 36:13
פורפין דדהב ותלפיף ית **יריעתא** חדא עם חדא בפורפייא EX 26:6
חדא משחתא חדא לכל **יריעתא:** חמש יריען תהוויין מלפפן EX 26:2
סדרי מתניתא ותיעוף ית **יריעתא** שתיתיתא כל קבל אפי EX 26:9

ירך (12)

ית גידא נשיא דעל פתי **ירכא** דבעירא וחיותא עד יומא GN 32:33
בפתי ירכיה וזעזע פתי **ירכא** דיעקב באתכתשותיה עימיה: GN 32:26
סכום כל נפשתא נפקי **ירכא** דיעקב שובעין נפשתא עם EX 1:5
קריב מלאכא ואחד בפתי **ירכא** ימינא דיעקב באתר גדיא GN 32:33
ותנפח כריסא ותיתמסי **ירכה** ותהי איתתא ללווטא בגו בני NU 5:27
בגו בני עמיך בדיתן ייי ית **ירכוניך** מתמסיין וית כריסיך NU 5:21
למנפחא כריסן ולמסייא **ירכונין** ותענה איתתא ותימר אמן NU 5:22
בחוטמיה או דמשתימיט **ירכיה:** או גבר דיהי ביה תביר דרגיל LV 21:18
לטיילא והוא מטלח על **ירכיה:** בגין כן לא אכלין בני ישראל GN 32:32
עם יעקב למצרים נפקי **ירכיה** בר מנשיהון דבני יעקב כל GN 46:26
ליה וקריב בפתי **ירכיה** וזעזע פתי ירכא דיעקב GN 32:26
אסר קמור חרציהון ועד **ירכיהון** יהון: ויהון על אהרן ועל בנוי EX 28:42

ירק (4)

דייבא אדם סמוק ואוכם **ומוריק** הי כגון זעפרנא או הי כמוי LV 15:19
סדרא קמייתא סמוקתא **ירוקתא** וברקתא סידרא חד EX 39:10
קריבא מותבהא וחמי **למיעירוק** לתמן והיא ציבחר GN 19:20
לגבר יתעבדון אפהא **מוריקן** ומאן דלא ידע משכבי NU 31:18

ירקא (3)
אילני ואיספרמקי ומיגדי **וירקי:** וגרי ייי בתר מיטרין דנחתין DT 28:23
אילני ואיספרמקי ומיגדי **וירקי:** וגרי ייי בתר מיטרין דנחתין DT 28:23
בסימן ואילני מיכלא **וירקי** ומיגדי בארעית ימא: ונסיבת EX 15:19
ליה בגרמך הי כגינת **ירקיא:** וארעא דאתון עברין לתמן DT 11:10
ירקונא (2)
חרבא ובשידפונא **ובירקונא** דמקדוניא וירדפונכון על DT 28:22
ארבע כותלין משקען **יורקן** או סומקן וחיזיוהן מכיך יתיר LV 14:37
ירקן (1)
סידרא קדמיא סמוקתא **ירקתא** וברקתא סדרא חד ועליהון EX 28:17
ירת (92)
אלקים במא אינדע ארום **אירתינה:** ואמר ליה סב לי GN 15:8
קורבניא דיכלון כהניא **דאוריתו** להון אלעזר ואיתמר DT 18:8
רישי טוורייא בכירתא **דאוריתו** ליה ברכתא אבהתא דמן DT 33:15
דייי אלקכון לארעא **דיריתו** אבהתכון ויוטב לכון DT 30:5
ותורכון יומין בארעא **דתירתון:** ודא אחוויית תפקידתא DT 5:33
תועיבתא איליין מן בגלל **דתירתון** ית ארעהון ואנא איתנינה LV 20:24
ייי לאחוכון כוותכון **ויירתון** אוף הינון ית ארעא דייי DT 3:20
והי כחלא דעל כיף ימא **ויירתון** בנך ית קוריי שנאיהון: GN 22:17
אחי ואנא משתכח קטול **וירית:** ואתחווא לרבקה ברוח GN 27:41
דקטלא כפיתגם דחרב **וירית** ית ארעיה מארנונא עד יובקא NU 21:24
דקריב ליה מגניסת אבוי **וירית** יתה ותהי לבני ישראל NU 27:11
במיפקהון ממצרים: **ויריתו** ית ארעיה וית ארע עוג DT 4:47
די לא שיירו ליה משיזיב **ויריתו** ית ארעיה: ונטלו בני ישראל NU 21:35
יפקון אלפין דריבוון **וירתון** בנייכי ית קוריי סנאיהום: GN 24:60
לתייר קדם עמא ויעלון **וירתון** ית ארעא דקיימית DT 10:11
וישראל יתקפון בניכסין **וירתונון:** ויקום שליט מדבית יעקב NU 24:18
וכדו מטת זימנא למיפק **ולמירות** ית ארעא דישראל הא NU 12:12
משה ואמר מיסק ניסק **ונירת** יתה ארום מיכל ניכול לה: NU 13:30
לתרכותהון מן קדמיכון **ותירת** יתכון ותיתב בארעהון: DT 12:29
בגלל דתיתקפון ותיעלון **ותירתון** ית ארעא דאתון עברין DT 11:8
מן בגלל דתיחון ותיעלון **ותירתון** ית ארעא דייי אלקא DT 4:1
רדיף מן בגלל דתיחון **ותירתון** ית ארעא דייי אלקכון יהיב DT 16:20
דתיחון ותיסגון ותיעלון **ותירתון** ית ארעא דקיים ייי DT 8:1
בגלל דייטב לכון ותיעלון **ותירתון** ית ארעא טבתא דקיים ייי DT 6:18
ית יורדנא ואתון עברין **ותירתון** ית ארעא טבתא הדא: DT 4:22
דייי אלקכון יהיב לכון **ותירתון** יתה ותיתבון בה: ותיטרון DT 11:31
דייי אלקכון יהיב לכון **ותירתון** יתה ותיתבון בה ותימרון DT 17:14
יהיב לכון אחסנא **ותירתונה** ותיתבון בה: ותיסבון מן DT 26:1
יהיב לכון ית ארעהון **ותירתונון** ויתיבון בקירויהון DT 19:1
ישיצי ית עממיא האילין **ותירתונון** יהושע הוא יטייל DT 31:3
האילין מן קדמיכון **ותרתון** עממין רברבין ותקיפין DT 11:23
ולהון אתנינה והינון **יירתונה:** ואתון אתפינייו לכון וטולו DT 1:39
דלוט יהבית ית לחיית **ירותא:** אימתניא מן לקדמין יתיבו DT 2:9
וליעקב ואיתן יתה לכון **ירותא** אנא ייי: ומליל משה כדין עם EX 6:8
לא איתן לכון מארעהון **ירותא** ארום לבנוי דלוט יהבית ית DT 2:9
אתן לכון מארע בני עמון **ירותא** ארום לבנוי דלוט מטול DT 2:19
פרסת ריגלא ארום **ירותא** לעשו יהבית ית טוורא DT 2:5
זכותיה דאברהם יהבתה **ירותה:** ארע גיבריא מתחשבא לחוד DT 2:19
דעבד ישראל לארע **ירותתיה** דיהב ייי להון: כדון קומו DT 2:12
דגרמיה: וית ארעא הדא **יריתנא** בעידנא ההיא מערער ועד DT 3:12
בר והא בר פרנסת ביתי **ירת** יתי: והא פיתגמא מן קדם ייי GN 15:3
על ידיהן מיתן תיתן להון **ירתו** ואחסנא בגו אחי אבוהן NU 27:7
פקיד לנא משה יהבא **ירתו** לקהל שבטייא דיעקב: והוא DT 33:4
דבביהון וביזת קטיליא **ירתון:** ואמר בלק לבלעם אוף NU 23:24
לארעא דעל לתמן ובנוי **ירתונה:** ועמלקאי וכנענאי יתיב NU 14:24
פלחו תמן עממיא דאתון **ירתין** יתהון וית טעוותהון על DT 12:2
קדם ייי ליה למימר לא **ירתינך** דין אלהין בר דתוליד הוא GN 15:4
אלהין בר דתוליד הוא **ירתינך:** ואפיק יתיה לברא ואמר GN 15:4
יתהון לבניהון בתריכון **לירותת** אחסנא לעלם בהון LV 25:46
יהיב לכון ותתובון גבר **לירותתיה** דיהבית לכון: וית יהושע DT 3:20
טבא ברם בנוי עתידין **למירות** אחסנתהון בקדמיתא GN 30:11
ברא ארום לית אוושר **למירות** בר אמתא הדא עם ברי GN 21:10
ויצחק הוה אמר לי חמי **למירות** ית אבא דאנא בר שרה GN 22:1
הוה אמר לי חמי **למירות** ית אבא דאנא בריה GN 22:1
זימנא למיעבר ית יורדנא **למירות** ית ארעא אנא מתקנס DT 32:50
עברין ית יורדנא למיעל **למירות** ית ארעא דייי אלקכון יהיב DT 11:31
ליבכון אתון עללין **למירות** ית ארעהון ארום בחובי DT 9:5
ארעיה שרי לתרכותיה **למירות** ית ארעיה: ונפק סיחן DT 2:31
לכון יהבית ית ארעא **למירות** יתה: ותחסנון ית ארעא NU 33:53
האילין דאתון עתידין **למירות** יתהון לחדודי עינא DT 18:14
דין ית יורדנא למיעול **למירות** עממין רברבין ותקיפין DT 9:1
למימר בזכותי אעלני ייי **למירת** ית ארעא הדא ובחובי DT 9:4
ואנא איתנינה לכון **למירת** יתה ארע עבדא חלב ודבש LV 20:24
לי ניסין בדרמשק מסכי **למירת** יתי: ואמר אברם הא לי לא GN 15:2

דבנך יתובון הכא **למירתא** ארום לא שלום חובא GN 15:16
מטא זימנא דבני ישראל **למירתא:** ואיתגלי ייי לאברם ואמר GN 12:6
מטא זימנא דבני ישראל **למירתא:** ואיתגלי ייי לאברם ואמר GN 12:6
למיתן לך ית ארעא הדא **למירתא:** ואמר ייי אלקים במא GN 15:7
דאתון עברין לתמן **למירתא:** ותסתמרון לחדא DT 4:14
יהיב לכון ית ארעא הדא **למירתא** מזיינין תעיברון קדם DT 3:18
ית ארעא משבחא הדא **למירתה** ארום עם קשי קדל אתון: DT 9:6
ארעא דאנת עליל לתמן **למירתה:** ארום תידרון נידרא קדם DT 23:21
דאתון עברין לתמן **למירתה** ארע טוורין וביקען מן DT 11:11
דאתון עללין לתמן **למירתה:** ואין יהרהר ליבכון ולא DT 30:16
דאתון עללין לתמן **למירתה:** ויבדרכון ייי ביני כל DT 28:63
לארעה דאת עליל לתמן **למירתה** ויגלי עממין סגיאין מן DT 7:1
בארעא דאנא יהיב להון **למירתה:** וכדון טורו למעבד היכמא DT 5:31
עברין ית יורדנא תמן **למירתה:** ומליל ייי עם משה בשבעה DT 32:47
דאתון עברין לתמן **למירתה:** ומן בגלל דיסגון יומיכון DT 11:8
ארעא דאתון עלין לתמן **למירתה:** ותינטרון ותעבדון ית DT 4:5
דאתון עללין לתמן **למירתה** ותיתנון שית שיבטין על DT 11:29
ארעא דאתון עללין תמן **למירתה:** ימחי יתכון מימרא דייי DT 28:21
אלקא דאבהתכון לכון **למירתה** כל יומיא דאתון קיימין על DT 12:1
דייי אלקכון יהיב לכון **למירתה:** לא יתקיים סהדן דחד DT 19:14
ארעא דאנת עליל תמן **למירתה** לא כארעא דמצרים היא DT 11:10
ית יורדנא למיעל לתמן **למירתה:** לא סהדין דעברין מן DT 30:18
עברין ית יורדנא תמן **למירתה** לא תורכון יומין עלה DT 4:26
דאתון עברין לתמן **למירתה:** מן בגלל דתידחל קדם ייי DT 6:1
דייי אלקכון יהיב לכון **למירתה** רמי ולא צלוב בקיסא DT 21:1
דייי אלקכון יהיב לכון **למירתה:** תכוונון לכון אורחא DT 19:2
עברין ית יורדנא תמן **למירתה:** תלתא צדיקי אתאמרת DT 31:13
יהיב לכון אחסנא **למירתה** תמחון ית דוכרנא דעמלק DT 25:19
לך ולבנך עימך ויתיבינך **למירתך** ית ארע תותבותך די יהב GN 28:4
ישט (20)
בכל עובדיכון ובכל **אושטות** ידיכון: ארום מטול דלא DT 15:10
וית מזופיתא בכל **אושטות** ידיכון דתעבדון עד DT 28:20
בירכתא באוצריכון ובכל **אושטות** ידיכון ויבריכנכון בארעא DT 28:8
דיברכינך ייי אלקך בכל **אושטות** ידך על ארעא דאנת עליל DT 23:21
קדם ייי אלקכון בכל **אושטות** ידכון: אסתמרו לכון DT 12:18
ייי אלקכון ותחדון בכל **אושטות** ידכון דבריכיכון ייי DT 12:7
בין תריהום יומי דלא **אושיט** ידיה בעיסקא דחבריה EX 22:10
לקדם דיינייא ויומי דלא **אושיט** ידיה בעיסקא דחבריה: על EX 22:7
דעיץ בגו גינוניתא ומן יד **אושיט** ידיה ונסביה הא בכין צבי EX 2:21
מן קדמוי: ואמר ייי למשה **אושיט** ידך ואיחוד בקוטניה EX 4:4
ידך ואיחוד בקוטניה **ואושיט** ידיה ואתקיף ביה והוה EX 4:4
מוי על אנפי כל ארעא **ואושיט** ידיה ונסבהא ואעיל יתה GN 8:9
דישראל וקריב לוותיה: **ואושיט** ישראל ית ימיניה ושוי על GN 48:14
וקריבו למיתבר דשא: **ואושיטו** גובריא ית ידיהון והנעילו GN 19:10
ית תיבותא בגו גומייא **ואושיטת** ית גרמידא ונסיבתא ומן EX 2:5
ית בעלה מיד מחהו **ותושיט** ידה ותתקיף בבית DT 25:11
מבעלי דבבוי וידי דבעלי **יתושטון** לאבאשא ביה ועל אנפי GN 16:12
מקטל תקטליניה ידיכון **יתושטן** ביה בשירויא למיקטליה DT 13:10
ויד דקטולון לא **תושטון** ביה בגין לשיזבא יתיה GN 37:22
ואמר האנא: ואמר אל **תושיט** ידך לטלייא ולא תעביד ליה GN 22:12
ישר (4)
וייי אמר במימריה לית **אוושר** לי למכסיא מן אברהם מה GN 18:17
הדא וית ברא ארום לית **אוושר** למירות בר אמתא הדא עם GN 21:10
תלת מיליא ארום לית **אוושר** למלאכא דשיריתא GN 18:2
בגין מדכר זכות מדכר **ישירא** דאתעקד על גבי מדבחא LV 22:27
ית (4387)
יתב (261)
היא בבית שפר ארעא **אותיב** ית אבך וית אחך יתבון GN 47:6
ארום במטלת ענני יקרא **אותיבית** ית בני ישראל בזמן LV 23:43
אמר עבדך יעקב עם לבן **איתותבית** ואשתהיית עד כדון: GN 32:5
יתי למפקא טיבי ביש **ביתבי** ארעא בכנענאי ובפריזאי GN 34:30
בנוי דשם ליחוסיהון **במותב** ארעייתהון לגניסת עממהון: GN 10:31
יחוסיהון ללישנהום **במותב** ארעתהון בגניסת עממיהון: GN 10:20
לבנך ותהוון הגיין בהון **במותביכון** בבתיכון בזמן DT 6:7
למעסוק במצותא **במותבנהון:** ובסוף תלתא יומין קרא EX 10:23
ית בניכון למגרסא בהון **במיתביכון** בבתיכון עם חיתונכון DT 11:19
ית ארע תותבותהון **דאיתותבו** בה: ולחוד קימי ית אניק EX 6:4
בוכרא דפרעה דעתיד **דייתיב** על כורסיי מלכותיה עד EX 11:5
פלגות בישריה בזמן **דיתבא** אימיה על מתברא וימות NU 12:12
קדשייא דהוו באודניהון **דיתבי** קרתא דשכם דהוה צייר GN 35:4
בתהום אחוכון בנוי דעשו **דיתבין** בגבלא וידחלון מנכון DT 2:4
דעבדו לי בנוי דעשו **דיתבין** בגבלא ומואבאי דיתבין DT 2:29
מלות אחנא בני עשו **דיתבין** בגבלא מאילת ומכרך DT 2:8
דיתבין בגבלא ומואבאי **דיתבין** בלחיית עד זמן דאיעיבר ית DT 2:29
הי כגינבריא: גיבריא **דיתבין** במישר גינברי מתחשבן אוף DT 2:11

לחוד ארום תקיף עמא **דיתיב** בארעא וקירויא כריכן חניין NU 13:28
ית סיחן מלכא דאמוראה **דיתיב** בחשבון וית עוג מלכא DT 1:4
לסיחן מלכא דאמוראה **דיתיב** בחשבון: ומסר ייי אלקנא DT 3:2
סיחן מלכא דאמוראי **דיתיב** בחשבונא דמחא משה ובני DT 4:46
ונחת עמלקאה וכנענאה **דיתיב** בטוורא ההוא וקטלו יתהון NU 14:45
לטוורא: ונפק אמוראה **דיתיב** בטוורא ההוא לקדמותכון DT 1:44
עמלקאי ואוף ית אמוראי **דיתיב** בעין גדי: ונפק מלכא דסדום GN 14:7
וית עוג מלכא דמתנן **דיתיב** בעשתרוותא באדרעת: DT 1:4
תארע ידיה הי כמיסת **דיתיב** ליה ויהי זבינוי ביד מן דזבן LV 25:28
ארעא מה היא וית עמא **דיתיב** עלה התקיף הוא אין חלש NU 13:18
לא עבדו להון: ויומייא **דיתיבו** בני ישראל במצרים תלתין EX 12:40
אתון ידעתון סכום שנייא **דיתיבנא** בארעא דמצרים וגבורן DT 29:15
יומין סגיעין כיומיא **דיתיבתון**: ואתפנינא ונטלנא DT 1:46
דעמא דארעא דמצרים **דיתיתיבתון** בה לא תעבדון והי LV 18:3
ית ברי לתמן: ייי אלקא **דמותביה** בשמי מרומא דדברני מן GN 24:7
בשום מימרא דייי אלקא **דמותביה** בשמי מרומא הוא אלקא GN 24:3
מטלייותנא ועד כדון בגין **דתיתיבון** בארעא דגשן ארום GN 46:34
עמרם גברא דמשבט לוי **ואותיב** בכילתא וגנונא דהלולא ית EX 2:1
פרעה ונפק מן קדם פרעה: **ואותיב** יוסף ית אבוי וית אחוי ויהב GN 47:11
ביני ריקם וביני חגרא **ואיתותב** בגרר: ואמר אברהם על GN 20:1
ומבתר כדין נחת למצרים **ואיתותב** תמן בעם קליל והוה תמן DT 26:5
ערקית מן קדם עשו אחי **ואיתותיבית** בארעא דלא דידי GN 47:9
עשו אבוהון דאדומאי: **ויתב** יעקב בשליותא בארע GN 37:1
ברם קריבי ודמי לי אנת **ויתב** עימיה ירח יומין: ואמר לבן GN 29:14
שלימין אינון עימנא **ויתבון** בארעא ויעבדון בה GN 34:21
עד דנעילינון לאתרהון **ויתבון** טפלנא בקירוי חקרא מן NU 32:17
הינון ברם נתפייס להום **ויתבון** עימנא: וקבילו מן חמור ומן GN 34:23
בין מואב ובין אמוראה **ויתבין** ביה כומרניא פלחי NU 21:13
ביה ותהנייה ידור **ויתותב** ויתפרנס עימך: עמי בית LV 25:35
כחדא לבירא דשבע **ויתיב** אברהם בבירא דשבע: והוה GN 22:19
ביה: ונפק קין מן קדם ייי **ויתיב** בארע טלטול גלותיה דהוות GN 4:16
וערק משה מן קדם פרעה **ויתיב** בארעא דמדין ויתיב עילוי EX 2:15
ית גלעד למכיר בר מנשה **ויתיב** בה: ויאיר בר מנשה אזל וכבש NU 32:40
דקלטיה דאפך לתמן **ויתיב** בה עד זמן דימות כהנא רבא NU 35:25
תיכן אימור ואתא **ויתיב** בחיזוי ממרא די בחברון ובנא GN 13:18
לוט: וסליק לוט מן זוער **ויתיב** בטוורא ותרתין בנתיה עימיה GN 19:30
מגינתא דעדן ואזל **ויתיב** בטורי מוריה למפלח ית GN 3:23
דבלבל מצע אבוי ואזל **ויתיב** ביני טווריא למהדור לגובא GN 37:29
אברהם לארע דרומא **ויתיב** ביני ריקם וביני חגרא GN 20:1
והוה יליף רבי קשוותא: **ויתיב** במדברא דפארן ונסיב איתא GN 21:21
בסעדיה דטליא ורבא **ויתיב** במדברא והוה יליף רבי GN 21:20
הווה דחיל למיתב בזוער **ויתיב** במערתא הוא ותרתין בנתיה: GN 19:30
ומליל תנחומין על לבהון: **ויתיב** יוסף במצרים הוא ובית אבוי GN 50:22
פיקודיי קיימיי ואורייתיי: **ויתיב** יצחק בגרר: ושאילו אינשי GN 26:6
בריך ייי ית יצחק בריה **ויתיב** יצחק סמיך לבירא דאתגלי GN 25:11
לא הות לפרעה: **ויתיב** ישראל בארעא דמצרים ובנו GN 47:27
רשיעא בפרשת אורחתא: **ויתיב** ישראל באתרא דהוה מתקרי NU 25:1
ית כל קירויא האילין **ויתיב** ישראל בכל קירוי אמוראי NU 21:25
פולחנא ואשכחה דמיתת **ויתיב** למיספד לשרה ולמבכייה: GN 23:2
ובתר כן יעול למשריתא **ויתיב** מברא למשכן בית מותביה LV 14:8
דבתר יומא דכיפורי **ויתיב** משה למידן ית עמא וקם EX 18:13
ויתיב בארעא דמדין **ויתיב** עילוי בירא: ולאוניס דמדין EX 2:15
לותך ואתתקף ישראל **ויתיב** על דרגשא: ואמר יעקב ליוסף GN 48:2
הוא יהוי בסעדכון **ויתיב** על כורסיה יקרא DT 33:26
אבנא ושוויו תחותוי **ויתיב** עלה ואהרן וחור מסעדין EX 17:12
יתהום מן קדם גיתיהום: **ויתיב** עשו בטוור גבלא עשו הוא GN 36:8
יצחק ושרא בנחלא דגרר **ויתיב** תמן: ותב יצחק וחפס ית בירן GN 26:17
ושיציאונון מן קדמיהון **ויתיבו** באתרהון היכמה דעבד DT 2:12
מן קפודקיא שיציאונון **ויתיבו** באתריהון: אזדקפו טולו DT 2:23
מן קדמיהון ותריכונון **ויתיבו** באתריהון: עד זמן יומא הדין: DT 2:21
דסמיך עד מידבא: **ויתיבו** ישראל בתר דקטילו ית NU 21:31
בקעתא בארעא דבבל **ויתיבו** תמן: ואמרו גבר לחבריה הבו GN 11:2
דכנען ואתו עד חרן **ויתיבו** תמן: והוו יומי תרח מאתן GN 11:31
ית ארעהון ותירתונון **ויתיבון** בקירויהון ובבתיהון: תלת DT 19:1
ונחתו אבהתן למצרים **ויתיבנא** במצרים יומין סגיאין NU 20:15
הי כאחהי ואזלת תמר **ויתיבת** בית אבוהא: וסגו יומיא GN 38:11
וכסיית ברדידא ואעטפת **ויתיבת** בפרשת אורחין דכל עיינין GN 38:14
חד מן אילנייא: ואזלת **ויתיבת** לה ליסטר חד וטלקת ית GN 21:16
למיחמי במותא דטליא **ויתיבת** מקביל ברה וארימת ית GN 21:16
ושותינון בעביטא דגמלא **ויתיבת** עלויהום ופשפיש ית כל GN 31:34
ולא אצית למיליכון: **ויתיבתון** ברקם יומין סגיעין DT 1:46
לבני ישראל ולגיורא **ולתותביא** דביניהון יהווין שית NU 35:15
ולעבדך ולאמתך ולאגירך **ולתותבך** דדיירין עימך: ולבעירך LV 25:6
וית בנתיכון ניסב לנא **וניתב** עמכון ונהי לעמא חד: ואין לא GN 34:16

בני חיתאה למימר: דייר **ותותב** אנא עמכון בבעו זבונו לי GN 23:4
וארום תארע יד ערל **ותותב** דעימך ויתמסכן אחוך LV 25:47
דילי ארעא ארום דיירין **ותותבין** אתון עימי: ובכל ארע LV 25:23
ליעקב קום סוק לביתאל **ותיב** תמן ועיבד תמן מדבחא GN 35:1
חות לותי לא תתעכב: **ותיתב** בארעא דגושן ותהי קריב GN 45:10
מן קדמיכון ותירת יתכון **ותיתב** בארעהון: אסתמרו לכון DT 12:29
ואיזל לות לבן אחי לחרן: **ותיתב** עימיה יומין קלילין עד די GN 27:44
לכון: ותעברון ית יורדנא **ותיתבון** בארעא דייי אלקכון מחסן DT 12:10
ותתרכון ית יתבי ארעא **ותיתבון** בה ארום לכון יהבית ית NU 33:53
יהיב לכון ותירתון יתה **ותיתבון** בה: ותיטרון למעבד ית כל DT 11:31
יהיב לכון ותירתון יתה **ותיתבון** בה ותימרון נמני עלן DT 17:14
לכון אחסנא ותירתונה **ותיתבון** בה: ותיסבון מן שירוי DT 26:1
ובתין שפירין תיבנון **ותיתבון**: ותוריכון ועניכון יסגון DT 8:12
לחמיכון ותשבעון **ותיתבון** לרוחצן בארעכון: ואיתן LV 26:5
ותתכנשון בסוף גלוותא **ותיתבון** על ארעא דקיים ייי DT 30:20
תטרון ותעבדון יתהון **ותיתבון** על ארעא לרוחצן:: וארום LV 25:18
הדין: ותינדעו יומא דין **ותתיבון** על ליבכון ארום ייי הוא DT 4:39
שובעא יומין תהי **יתבא** בריחוקא כל דיקרב בה יהי LV 15:19
ועלו על קרתא דהבא **יתבא** לרוחצן וקטלו כל דכורא: וית GN 34:25
דגופיה או על מנא דהיא **יתבא** על קצתיה בזמן מיקרביה LV 15:23
יתה ארעא מקטלא **יתבהא** היא במרעין וכל עמה דגווה NU 13:32
בארעא דישראל לכל **יתבהא** יובילא היא תהי לכון LV 25:10
ארעא דכבש ייי ומחא **יתבהא** קדם כנישתא דישראל ארע NU 32:4
אותיב ית אבך וית אחך **יתבון** בארעא דגשן ואין חכימת GN 47:6
דלא צריכין לאימהון **יתבון** במטליא מברכין לברייהון כל LV 23:42
ארום בעיר סגי לכון **יתבון** בקירויכון די יהבית לכון: עד DT 3:19
כפנא בארעא דכנען וכדון **יתבון** כען עבדך בארעא דגשן: ואמר GN 47:4
ייי אלקכון על אפי כל **יתבי** ארעא דתדרכון בה היכמא DT 11:25
דמקדמת דנא הוון **יתבי** ארעא ההיא לוטן ושובל GN 36:20
אמסור בידכון ית כל **יתבי** ארעא ואנת תתריכינון מן EX 23:31
מלכא דמצרים ולכל **יתבי** ארעא: ודעבד למשריית DT 11:3
עם מליך ציפונא לחבלא **יתבי** ארעא ועמונאי ומואבאי יתבי DT 34:3
תשיצון: ותתרכון ית **יתבי** ארעא ותיתבון בה ארום לכון NU 33:53
שובעא יומין: וחמא **יתבי** ארעא כנענאי ית איבלא בבית GN 50:11
בקירוי חקרא מן קדם **יתבי** ארעא: לא נתוב לבתנא עד NU 32:17
ארעא דמצרים אתחבלו **יתבי** ארעא מן קדם עירבוב חיות EX 8:20
ואין לא תתרכון ית כל **יתבי** ארעא מן קדמיכון ויהי מה די NU 33:55
דכנען: ותתרכון ית כל **יתבי** ארעא מן קדמיכון ותספון ית NU 33:52
לפרעה ולכל עבדוי ולכל **יתבי** ארעיה: ניסין רברבן דחמיתון DT 29:1
ארעא ועמונאי ומואבאי **יתבי** מישרא דמעיקין להון DT 34:3
הוא הוה רב בהום דכל **יתבי** משכנין ומרי בעיר: ושום GN 4:20
וית כל מישרא וית כל **יתבי** קירווייא וצימחא דארעא: GN 19:25
ית חמור וית שכם וית **יתבי** קרתא איתא כדון ואשלחינך GN 37:13
מימחא תימחון ית **יתבי** קרתא ההיא לפתגם דחרב DT 13:16
דילמא תישתיצי בחובי **יתבי** קרתא: ואישתהי ואתקיפו GN 19:15
דביניכון ואטעין ית **יתבי** קרתיכון למימר נהך וניפלח DT 13:14
חמינא תמן: עמלקאי **יתבין** בארע דרומא וחיתאי NU 13:29
כנענאי ופריזאי דעד כדון **יתבין** בארעא: ואמר אברם ללוט לא GN 13:7
יתכון על ארעא דאתון **יתבין** בה: ויהי כמא די חשילית NU 33:55
וחיתאי ויבוסאי ואמוראי **יתבין** בטוורא וכנענאי יתבין על NU 13:29
משמש קדמיהון ואינון **יתבין** ודמי ליה כאילו אכלין: ואמר GN 18:8
לבית מדרשיה דהוו תמן **יתבין** משה ואהרן ובנוי והוה מתרץ EX 39:33
להון סדר כהונתא ותמן **יתבין** סבי ישראל ואחויאו ליה ית EX 39:33
כן הינון בית ישראל **יתבין** עדרין עדרין מתגברין באולפן NU 24:6
דמצרים כד הוינא **יתבין** על דדוותא דביסרא כד הוינא EX 16:3
יתבין בטוורא וכנענאי **יתבין** על ימא ועל תחום יורדנא: NU 13:29
ולא מתחמי והוא הוה **יתיב** בארע דרומא: ונפק יצחק GN 24:62
אינש מעל אחוי: אברם **יתיב** בארעא דכנען ולוט יתיב GN 13:12
לברי מבנת כנענאי דאנא **יתיב** בארעהון: אלהין לבית איבא GN 24:37
אבנא כל יומייא: וכדון **יתיב** בבעו עבדך חולף טלייא GN 44:33
לאחסנת קבורתא: ועפרן **יתיב** בגו בני חיתאה ואתיב עפרן GN 23:10
אין סגי: ומא ארעא דהוא **יתיב** בה הטבתא היא אין בישתא NU 13:19
ומא קירויא דהוא **יתיב** בהון הכרכין פציחי חניין אין NU 13:19
הפך ית קירווייא די הוה **יתיב** בהון לוט: וסליק לוט מן זוער GN 19:29
מלכא דאמוראי דהוה **יתיב** בחשבון: והוה כיוון דחמא עוג NU 21:34
מבנתהון דכנענאי די אנא **יתיב** ביניהון: אלהין לארעי GN 24:3
מלילתא אנא עד דהוינא **יתיב** במדין יתאמר לי במימר מן EX 10:29
ירתונה: ועמלקאי וכנענאי **יתיב** במישרא מחר איתפנו וטולו NU 14:25
אחוי דאברם ואזלו והוא **יתיב** בסדום: ואתא עוג דאישתזיב GN 14:12
למסעוד כד זבנוהי דהוה **יתיב** בצומא על דבלבל מצע אבוי GN 37:29
יתיב בארעא דכנען ולוט **יתיב** בקוריי מישרא ופרס למשכניה GN 13:12
לסדום ברמשא ולוט **יתיב** בתרעא דסדום וחמא לוט GN 19:1
מן פולחן טעותיה: עמכון **יתיב** וינטור מצוותא ביניכון אליפו DT 23:17
דמסאב הוא בלחודוי **יתיב** ולציד אינתתיה לא יתקרב LV 13:46

עביד לעמא מה דין אנת **יתיב** לבלחודך למידון וכל עמא EX 18:14
הוא במצוותא דאורייתא **יתיב** לרוחצן על כורסי מלכותיה DT 17:18
ארום בקירייתא דקלטיה **יתיב** עד דימות כהנא רבא ומן בתר NU 35:28
ברם מימרא דייי **יתיב** על כורסיה רם ומנטל ושמע DT 4:7
ויהי מסאב עד רמשא: ודי **יתיב** על מנא דמייחד למיתב עלוי LV 15:6
מרע מכיבא דמהולתא **יתיב** תרע משכנא לתוקפא דיומא: GN 18:1
לחוד היא גיברי **יתיבו** בה מן לקדמין ועמונאי קרן DT 2:20
אימתניא מן לקדמין **יתיבו** בה עם רב וסגי וחסין הי DT 2:10
קרן להון אמתני: ובגבלא **יתיבו** גנוסייא מן לקדמין ובני עשו DT 2:12
עבדיא: הי כאגירא הי **כתותבא** יהי עימך עד שתא דיובלא LV 25:40
אבהתן: ואמרו לפרעה **לאיתותבא** בארעא אתינא ארום GN 47:4
הלא בלחודוי אתא דין **לאיתותבא** בינן והא איתעביד GN 19:9
בעידן סיבתי נחתית **לאיתותבא** הכא ולא אדביקו יומיי GN 47:9
ארעא דמצרים: ופקיד **לאיתותבא** ית משה וית אהרן לות EX 10:8
ותני יעקב לרחל ארום **לאיתותבא** עם אבוהא אתא GN 29:12
ונחת אברם למצרים **לאיתותבא** תמן ארום תקיף כפנא GN 12:10
דיוסף קיים היא שזיבת **ליתבי** אבל מן דין קטול ביומי יואב GN 46:17
מביניהון: ויימרון בחדווא **ליתבי** ארעא הדא דישמעו ארום NU 14:14
לך דילמא תגזור קיים **ליתיב** ארעא דאנת עליל עלה EX 34:12
הוא: דילמא תיגזר קיים **ליתיב** ארעא ויטעון בתר טעוותהון EX 34:15
עירם אילין רברבי אדום **למותבניהון** בארע אחסנתהון הוא GN 36:43
אמתא מסוף עשר שנין **למיתב** אברם בארעא דכנען GN 16:3
דקלטיה למתוב **למיתב** בארעא עד זמן דימות כהנא: NU 35:32
דאנא מעיל יתכון לתמן **למיתב** בה: ולא תהכון בנימוסי LV 20:22
עימיה ארום הווה דחיל **למיתב** בזוער ויתיב במערתא הוא GN 19:30
ולא סוברת יתהום ארעא **למיתב** בחדא ארום הוה קיניינהון GN 13:6
ומן גייורייא דמתגיירין **למיתב** ביניהון די ייכול כל אדמא LV 17:10
ומן גייורייא דיתגיירון **למיתב** ביניכון די יסיק עלתא או LV 17:8
ומן גייורייא דיתגיירון **למיתב** ביניכון די יצוד צידא חייתא LV 17:13
וגייורייא דמתגיירין **למיתב** ביניכון לא ייכלון אדמא: LV 17:12
דנח ומאילן איתבדרו **למיתב** בכל ארעא: ושרי נח למיהוי GN 9:19
ויהון קירוייא להון **למיתב** ופרודלהון יהוון לבעיריהון NU 35:3
אחודתהון קירוין **למיתב** ופרוילין לקרויא חזרנותהון NU 35:2
קיניינהון סגי ולא יכילו **למיתב** כחדא: והוו דיינין בין רעאי GN 13:6
מריחין: ותתבעון מתמן **למיתב** לדחלתא דייי אלקכון DT 4:29
ואמרת לית איפשר לך **למיתב** עימיה ארום גבר רמאי הוא GN 29:12
יתפייסון לנא גובריא **למיתב** עימנא למיהוי לעם חד GN 34:22
בוכריה דפרעה דעתיד **למיתב** על כורסיה מלכותיה עד EX 12:29
וכל מידעם דמייחד **למיתב** עלוי בעידוני ריחוקה יהי LV 15:20
ודי יתיב על מנא דמייחד **למיתב** עלוי דובנא יצבע לבושוי LV 15:6
מסאב וכל מאנא דמייחד **למיתב** עלוי יהי מסאב: וגבר די LV 15:4
דיקרב בכל מנא דמייחד **למיתב** עלוי יצבע לבושוי ויסחי LV 15:22
לה וכל מנא דמייחד **למיתב** עלוי מסאב יהי הי כריחוק LV 15:26
הא בכין צבי משה **למיתב** עם גברא ויהב ית ציפורה EX 2:21
עד דהוא בחיי ואזלו **למיתב** קידומא לארע מדינחא: GN 25:6
דייי אלקכון יהיב לכון **למיתב** תמן למימר: נפקו גוברין DT 13:13
דקשי הי כגירין: והדרת **למתב** לקדמותא תקוף איבריה GN 49:24
וגבר ארום יזבון בית **מותבא** בבירנין דמפקן שור ויהי LV 25:29
בבעו קרתא הדא קריבא **מותבהא** וחמי למיעירוק לתמן GN 19:20
דאדמהון הוה נגיד עד **מותבות** לחיית ברם איהי NU 21:15
בכנענאי ומלך בערד ובית **מותביה** בארע דרומא כד אתו בני NU 33:40
זרעא דבני בנתיה ובית **מותביה** בפדן היא פתור על שמיה NU 22:5
אומא דמואב במדין בית **מותביה** הוא: ומליל ייי עם משה NU 25:15
ויתיב מברא למשכן בית **מותביה** ולא יקרב לציד אינתתיה LV 14:8
יתקרב מברא למשריתא **מותביה**: ולבושא ארום יהי ביה LV 13:46
הא בטוב פירי ארעא יהי **מותבך** ומטלא דשמייא מלעילא: GN 27:39
בנוי דיקטן: והוה בית **מותבניהון** מן מישא מעלך GN 10:30
היא לייי בכל אתר **מותבניכון**: אילין זמני סידורי LV 23:3
תבערון אשתא בכל אתר **מותבניכון** ביומא דשבתא: ואמר EX 35:3
להון ארום תיעלון לארע **מותבניכון** דאנא יהיב לכון: ותעבדון NU 15:2
קיים עלם לדריכון בכל **מותבניכון**: ותימנון לכון מבתר יומא LV 23:14
לגזירת דינין לדריכון בכל **מותבניכון**: כל דיקטול בר נשא על NU 35:29
ייי: קים עלם לדריכון בכל **מותבניכון** כל תריב וכל אדם לא LV 3:17
תעבדון קיים עלם בכל **מותבניכון** לדריכון: ובזמן מחצדכון LV 23:21
עלם לדריכון בכל אתר **מותבניכון**: שבא ונייחא הוא לכון LV 23:31
חדת לשמיה דייי: מאתר **מותבניכון** תייתון לחים ארמותא LV 23:17
לא תיכלון בכל אתר **מותבניכון** תיכלון פטירי: וקרא EX 12:20
עלי לטבתא דאבא הוה **מותיב** לי ברישא ומן קדם יקריה GN 50:20
עד מיתיהון לארעא **מיתבא** ית מנא אכלו ארבעין יומין EX 16:35
ארום הוה ניכסיהון סגי **מלמיתב** כחדא ולא כהילת ארעא GN 36:7
נסבוהי ומטלטל חכימיא **ממותבנהון** ומקלקל פיתגמין EX 23:8
ויומא שביעאה **שבי** ונייח קדם ייי אלקכון לא DT 5:14
בכן ייכול ביה: דייור **תותב** ואגירא נוכראה לא ייכול ביה: EX 12:45
אחוך עימיה ויזדבן לערל **תותב** לעימך או לשריש פולחנא LV 25:47
קודשא בר ישראל דהווא **תותבא** דכהנא ואגירא לא ייכול LV 22:10
יעקב בשליותא בארע **תותבות** אבוי בארעא דכנען: אילין GN 37:1
ית ארעא דכנען ית ארע **תותבותהון** דאיתותבו בה: ולחוד EX 6:4
שני חיי אבהתיי ביומי **תותבותהון**: ובריך יעקב ית פרעה GN 47:9
יעקב לפרעה יומי שני **תותבותיי** מאה ותלתין שנין GN 47:9
ויתיבינך למירתך ית ארע **תותבותך** די יהב ייי לאברהם: ושדר GN 28:4
לך ולבנך בתרך ית ארעא **תותבותך** ית כל ארעא דכנען GN 17:8
עבדין ואמהן: ואוף מבני **תותביא** ערליא דדיירין עימכון LV 25:45
בה בלחודא היא חלוק **תותביה** דנפלא למושכיה ואין EX 22:26
כחדא ולא כהילת ארעא **תותבתהון** לסוברא יתהום מן קדם GN 36:7
קדמך ובדתקין בעינך **תיב**: ולות שרה אמר הא יהבית אלף GN 20:15
דאיתן יתה לגבר אוחרן **תיב** עימי: ופלח יעקב בגין רחל שב GN 29:19
קדמיכון בדניחא לכון **תיבו** ועיבידו בה פרקמטייא GN 34:10
יהודה לתמר כלתיה **תיבי** ארמלא בית אבוייך עד דירבי GN 38:11
מית ואמר אחוהא ואימא **תיתב** ריבא עימנא יומי שתא חדא GN 24:55
דרומא עשרא פושכי **תיתבון** בה שובעא יומין כל דכוריא LV 23:42
ייתון לקרבא ואתון **תיתבון** הכא: ולמא תבטלון רעות NU 32:6
ובתרע משכן זימנא **תיתבון** יומם ולילי שובעא יומין LV 8:35
מוקדשא ומבתר כדין **תיתבון** לרוחצן: ויהי אתרא דיתרעי DT 12:10
עימה ביתא תיבנון ולא **תיתיב** ביה כרמא תנצוב ולא DT 28:30
תיסבון לכון: ועמנא **תתיבון** וארעא תהי קדמיכון GN 34:10

יתם (12)

דמצרים: כל ארמלא **ויתם** לא תסגפון: אין סגפא תסגיף EX 22:21
ואמהתכון וליואה וגיורא **ויתמא** וארמלתא די בקרויכון: DT 16:14
וליואי דיבקרויכון וגיורא **ויתמא** וארמלתא דיביניכון באתרא DT 16:11
לא תצלון דין גיורא **ויתמא** ולא ימשכן חד מנכון כסו DT 24:17
ואחסנא עימכון וגיורא **ויתמי** וארמלתא דבקירוויכון ויכלון DT 14:29
אמן: ליט דיצלי דין דייר **ייתם** וארמלא הוון עניין כולהון DT 27:19
לקבלא שוחדא: עבד דין **ייתם** וארמלא ורחים גייורייא DT 10:18
נשיכון ארמלן ובניכון **יתמין**: אין כספא תוזיף לעמי ית EX 22:23
מעשרא תיניינא לגיורי **ליתמא** ולארמלא הי ככל DT 26:13
מן בתריכון לגיורא **ליתמא** ולארמלא יהי:: ותהוון דכירין DT 24:20
תתובון למיסביה לגיורא **ליתמא** ולארמלא יהי מטול די DT 24:19
מעשר מסכיניא לגיוריא **ליתמא** ולארמלתא וייכלון בקרווך DT 26:12

יתר (45)

מיכא ואמתא מיכא **בדיתיר** באורך יריעתא דמשכנא EX 26:13
לא ישתי וכל שיקייני **דאיתרו** ביה עינבי לא ישתי ועינבין NU 6:3
למיסר איסרא ממידעם **דהיתירא** על נפשיה לא יפיס NU 30:3
משכנא פלגות יריעתא **דיתירא** תשפע על אחורי משכנא: EX 26:12
משה ית פורקנהון מן מה **דמייתרין** על פרקוני ליואי: מלוות NU 3:49
בהון עד דיהובדון מה **דמשתותרין** ומה דמיטמרין מן DT 7:20
לא תבערון טוטלוותהון **ונותרא** דכרמך לא תלקט לעניי LV 19:10
ייי יתכון ביני עממיא **ותשתותרון** בעם קליל ביני עממיא DT 4:27
דכי הוא: ואין מקבל אנפוי **ייתר** שיער רישיה גלשלשן הוא דכי LV 13:41
דכי הוא: וגבר ארום **ייתר** שיער רישיה קרוח הוא דכי LV 13:40
ותשע אילין מלקות **יתיר** ויסתכן ולא יתבזי אחוך ואנת DT 25:3
לשמא דייי: ותור ואימר **יתיר** כוליא או דחסיר כוליא נסיבא LV 22:23
לכולנא וכדון נבאיש לך **יתיר** מידלהון ואתקיפו בגברא GN 19:9
וברם אחוי קלילא יסגי **יתיר** מיניה ובנוי יהון סגיאין GN 48:19
יעקב אנא רמאי וחכים **יתיר** מיניה ולית ליה רשו לאבאשא GN 29:12
ישמעאל ואמר אנא זכאי **יתיר** מינך דאנא איתגזרית GN 22:1
בני ישראל סגין ותקפין **יתיר** מינן: איתון כדון נתייעט EX 1:9
עמיק למחוור כתלגא **יתיר** ממשך בישריה מכתש LV 13:3
ויוטב לכון ויסגינכון **יתיר** מן אבהתכון: ויעדי ייי אלקכון DT 30:5
מטול דלא יגיס ליביה **יתיר** מן אחוי ומטול דלא יסטי מן DT 17:20
או סומקן וחיזיוהן מכיך **יתיר** מן כותלא: ויפוק כהנא מן LV 14:37
והא חיזויה עמיק למחוור **יתיר** מן משכא וביה שער מצלהב LV 13:30
ליתוי עמיק למחוור **יתיר** מן משכא וידכי יתיה כהנא LV 13:34
וחיזוי ניתקא לית עמיק **יתיר** מן משכא: ויספר ית שערא LV 13:32
לית חיזויה עמיק למחוור **יתיר** מן משכא ושער אוכם לית LV 13:31
חיזויה למחוור כתלגא **יתיר** מן משכא ושערה לא אתהפיך LV 13:4
לא איתה למחוור **יתיר** מן משכא מטול דהיא עמיא LV 13:26
לא איתא למחוור **יתיר** מן משכא מטול דהיא עמיה LV 13:21
עמיק למחוור כתלגא **יתיר** מן משכא סגירותא הוא LV 13:25
דשכם חולק חד למתנא **יתיר** על אחך דינסיבית מידיהון GN 48:22
עופא דלית להון ציבעא **יתירא** ודלית ליה זרוקפא LV 11:13
קליף ואית ליה ציבעא **יתירא** ולא דריס תיכלון: ודין דלא DT 14:11
דשיריתא לאשתלחה **ליתיר** מן מילא חד חד אתא GN 18:2
יתיה באדם תורא וית **מותר** אדמא אריק ליסודא LV 8:15
דימינא ודרק משה ית כל **מותר** אדמא על מדבחא חזור חזור: LV 8:24
דימינא ותדרוק ית **מותר** אדמה על מדבחא חזור חזור: EX 29:20
ית דינה מבית שכם ונפקו: **מותר** בנוי דיעקב עלו לחלצא GN 34:27
דלית אפשר למיתוקדא **מותר** נכסת קודשיא ביומא טבא: EX 12:10
וברמשא יהון מפלגין **מותר** שאר קורבנייא ואכלין גבר GN 49:27

משכנא ויהי חד: ושיפוע **מותרא** בירִיעת משכנא פלגות EX 26:12
סכום שני זבינוי ויתיב ית **מותרא** לגבר דזבין ליה ויתוב LV 25:27
חמיע חולקהון מן **מותרי** מנחתא דיהבית להון LV 6:10
לא יתכשר לקרבא: ברם **מותרי** קורבנייא דאלקים מה LV 21:22
מלכא דמתנן אישתייר **ממותר** גיבריא דאשתיציין DT 3:11
חולק בשוה ייכלון בר **ממותרי** קורבניא דיכלון כהניא DT 18:8

כ (661)

כא (31)

מתרין ציטריהון מיכא **ומיכא** אינון כתיבין: ולוחיא עובדא EX 32:15
מסעדין לידוי מיכא חד **ומיכא** חד והואה ידוי פריסן EX 17:12
על ציטרי משכנא מיכא **ומיכא** לכסיותיה: ותעביד חופאה EX 26:13
ולעיברא תיניינא מיכא **ומיכא** לתרע דרתא ווילוון חמיסרי EX 38:15
ואנא ועולימא נתמטי עד **כא** לבחוני אין יתקיים מה GN 22:5
חיי דפרעה אין תפקון **מיכא** אלהין בדייתי אחוכון קלילא GN 42:15
ואמתא מיכא ואמתא **מיכא** בדיתיר באורך יריעתא EX 26:13
מיננא לא תסליקיננה **מיכא** בסבר אפין דרוגזא: ובמה EX 33:15
עם משה איזל איסתלק **מיכא** דילמא יתקף רתח רוגזי EX 33:1
אחורי משכנא: ואמתא **מיכא** ואמתא מיכא בדיתיר באורך EX 26:13
דנפקין נגיד מינה חד **מיכא** וחד מיכא: וית פתורא וית כל EX 39:35
נגיד מינה חד מיכא וחד **מיכא:** וית פתורא וית כל מנוי וית EX 39:35
כרובא חד מסיטרא **מיכא** וכרובא חד מסיטרא מיכא EX 37:8
כרובא חד מציטרא **מיכא** וכרובא חד מציטרא מיכא מן EX 25:19
ידא אפיק ייי יתכון **מיכא** ולא יתאכל חמיע: יומא דין EX 13:3
כתיבין מתרין ציטריהון **מיכא** ומיכא אינון כתיבין: ולוחיא EX 32:15
משפע על ציטרי משכנא **מיכא** ומיכא לכסיותיה: ותעביד EX 26:13
תלתא: ולעיברא תיניינא **מיכא** ומיכא לתרע דרתא ווילוון EX 38:15
סלקין תסקון ית גרמיי **מיכא:** ומית יוסף בר מאה ועשר GN 50:25
ולבן אוגר וקמא מציטרא **מיכא** וסכותא מציטרא מיכא NU 22:24
כדון רבוניי זורו כדון **מיכא** ועולו לבית עבדכון וביתו GN 19:2
מיכא וסכותא מציטרא **מיכא** וקיימו דלא למיעיבר דין NU 22:24
כד מחתך בתרין עילעין **מיכא** ותרין עילעין מיכא לוקבל LV 7:30
ואהרן וחור מסעדין לידוי **מיכא** חד ומיכא חד והואה ידוי EX 17:12
ומבתר כדין יפטור יתכון **מיכא** כמיפטריה גמירא יהי ליה EX 11:1
חמוי דמשה נטלין אנחנא **מיכא** לאתרא דאמר ייי יתיה איתן NU 10:29
מיכא ותרין עילעין **מיכא** לוקבל אפקותא ייתיניה LV 7:30
וכרובא חד מציטרא **מיכא** מן כפורתא תעביד ית EX 25:19
וכרובא חד מסיטרא **מיכא** נגידין ואדיקין הוון כרוביא EX 37:8
יתכון ותסקון ית גרמיי **מיכא** עמכון: ונטלו מסוכות אתר EX 13:19
ליה מטרד יטרוד יתכון **מכא:** מליל כדון במשמעהון דעמא EX 11:1

כאב (3)

כד הוו מתמקמקין מן **כיב** גוזרתהום ונסיבו תרין מבנוי GN 34:25
ארום גלי קדמיי ית **כיביהון:** ואיתגליתי יומא דין עלך EX 3:7
בחיזוי ממרא והוא מרע **מכיבא** דמהולתא יתיב תרע GN 18:1

כבד (11)

דעל כפלי וית חצרא דעל **כבדא** דעל כולייתא יעדינה: LV 3:15
דעל כפלי וית חצרא דעל **כבדא** דעל כולייתא יעדינה: היכמה LV 4:9
דעל כפלי וית חצרא דעל **כבדא** דעל כולייתא יעדינה: ויסיק LV 7:4
דעל כפלי וית חצרא דעל **כבדא** דעל כולייתא יעדינה: ויסקון LV 3:4
וית דמשתאר על חצר **כבדא** וית תרתין כוליין וית תרבא EX 29:13
וית דמשתאר על חצר **כבדא** וית תרתין כוליין וית תרבא EX 29:22
דעל בני גווא וית חצר **כבדא** וית תרתין כוליין וית תרבהון LV 8:25
דעל בני גווא וית חצר **כבדא** וית תרתין כוליין וית תרבהן LV 8:16
בני גווא וכולייתא וחצר **כבדא:** ושוייו ית תרביא על חדוותא LV 9:19
וית כוליין וית חצרא מן **כבדא** מן חטאתא אסיק למדבחא LV 9:10
דעל כפלי וית חצרא דעל **כבדא** על כולייתא יעדינה: ויסקיניה LV 3:10

כבר (4)

למא אנת מסתפי חמי **דכבר** שוית יתך דחילא לפרעה EX 7:1
וית בנימין ואנא הא **כבר** אתבשרית ברוח קודשא ארום GN 43:14
יתי בית ישראל בסייפא **כבר** מבשרנא דלית לי חולק NU 23:10
רבתא לזעירתא הא **כבר** שמישית רמשי עם איבא GN 19:34

כבריתא (2)

הא בכן נחתו עליהון **כבריתא** ואישא מן קדם מימרא GN 19:24
וית מרעאהא דגרי ייי בה: **כובריתא** ומילחא עם אישא DT 29:22

כבש (35)

לקין למה תקיף לך ולמה **איתכבישו** איקונין דאנפך: הלא אם GN 4:6
דמשה ובעון: ארעא **דכבש** ייי ומחא יתבהא קדם NU 32:4
בזנא לנא ועדי קירווייא **דכבשנא:** מערוער דעל גיף נחלא DT 2:35
וטוף הוה עלך למתקף **דכבשת** יצרך בעובדא דריבונתך GN 49:22
דעבדא עימכון קרבא עד **דתיכבשונה:** ארום ישתכח קטילא DT 20:20
אפין ותקיף לקין לחדא **ואיתכבישו** איקונין דאפוהי: ואמר GN 4:5
ידוי מן הרהורא זרעא **וכבש** יצריה מן אולפן תקיף דקביל GN 49:24
בה: ויאיר בר מנשה אזל **וכבש** ית כופרניהון וקרא יתהון NU 32:41
כופרתי יאיר: ונבח אזל **וכבש** ית קנת וית כופרנהא וקרא NU 32:42
וזריז יתהון קמורין **וכבש** להון כובעין היכמה דפקיד ייי LV 8:13
פנחס לאללא ית מכבר **וכבשו** כופרנהא ושיצון ית אימוראי NU 21:32
בני מכיר בר מנשה לגלעד **וכבשוה** ותריכו ית אמוראי דבה: NU 32:39
דיצחק ואלקיה דיעקב **וכבשינון** משה לאנפוי ארום הוה EX 3:6
וית בנוי וית כל עמיה: **וכבשנה** ית כל קירווי בעידנה ההיא DT 2:34
לסדרי קרבא ומחונון: **וכבשנן** ית ארעהון ויהבנא אחסנא DT 29:7
ייי ית מדינאי בידינן **וכבשנן** ית ארעהון וית מדינתהון NU 31:50
דלא אשתייר ליה משיזיב: **וכבשנן** ית כל קירווי בעידנא ההיא DT 3:4
למחווייא קדמוי אורחא **ולמכבשא** ית עמודיא דארעא GN 46:28
והוא יהי שליט במחוזין **ומכבש** הפרכי ימא בספינתא GN 49:13
בבית קבורתיה דמשה **ומתכביש** ולא חכים בר נש ית DT 34:6
בקמורין לאהרן ובנוי **ותכבוש** להון כובעין ותהי להון EX 29:9
או תוריה רמאן באורחא **ותכבשון** עיניכון מנהון מיקם DT 22:4
ית בעלי דבבוי מן קדמוי: **ותתכבש** ארעא קדם עמא דייי ומן NU 32:22
דמזרז לקרבא עמא דייי **ותתכבש** ארעא קדמיכון ותיתנון NU 32:29
שמא דקודשי: ואין מכבש **יכבשון** עמא בית ישראל ית עיניהון LV 20:4
ית נחלא ארנונא והינון **יכבשון** קדמיהון ית עמודייא GN 49:19
באורחא דהיא אורח **כבישא** איזיל לא אסטי להנזקותך DT 2:27
כבשת כל אולני סרקא כן **כבשת** יוסף ברי בחכמתך ובעובדך GN 49:22
שיני כיפיא ובעובדתה **כבשת** כל אולני סרקא כן כבשת GN 49:22
לאגחא קרבא עלה **למכבשא** בשבתא לא תחבלון ית DT 20:19
מרגליין דאשלמותא **למכבשא** ולמקבעא באפודא EX 25:7
ית שמא דקודשי: ואין **מכבש** יכבשון עמא בית ישראל ית LV 20:4
רישיהון כסף והינון **מכבשין** כסף היכדין הוו מתעבדין EX 38:17
עמודי דרתא חזור חזור **מכבשין** כסף וויהון כסף וחומריהון EX 27:17
וית קרתא דתרין שוקהא **מכבשן** במרמירא היא בירישא: וית NU 32:37

כד (505)

ושריין כאריא וכליתא **דכד** דמיך מאן יקמיניה מברכיהון NU 24:9
ופרישן מתעבדן ביה **דכד** הוו מוקמין ית משכנא הוה EX 26:28
וכהיין ענויי מלמחמיה **דכד** כפתיה אבוי אסתכל בקורסיה GN 27:1
הי כאריא והי כליתא **דכד** נח מן יקימיניה: לא פסקין GN 49:9
אתר דמרדו במרי עלמא **דכד** תבו אלליא הוו בני ישראל NU 21:1
דצדיקיא מרי תתובא **דכד** תחובון ותתובון מטיא DT 30:2
להלאן עיבר יורדנא **דכדין** אתרעון והוה להון ואיתקבלן GN 49:19
ושיציאונון מן ארעא **וכד** אגחו מלכיא האילין הוה עוג GN 14:13
מן קדם אל שדי הוה חמי **וכד** בעי דמתגלי ליה הוה משתטח NU 24:4
דלית בה לעשו חולקא **וכד** הוא פתח פומיה בכנישתא GN 49:21
דחיזו מן קדם שדי חמי **וכד** הוה בעי דיתגלי ליה הוה NU 24:16
ריגל לימקום קדמך: **וכד** הוה בעי למישרי ארונא הוה NU 10:36
ומתגברין דבית ישראל **וכד** הוה מנח ידוי מן למצליא EX 17:11
חזור מלגיו ללוחי משכנא **וכד** הוה מתפרק הוה פשיט הי EX 26:28
חיור כד נחית מן שמיא **וכד** הוה קריש חיזויה הי כחיזו NU 11:7
טבייא כל חרשי מצראי **וכד** הוו מקלסין קדמך הוו בנתהון GN 49:22
וילידת בר בגו בני ישראל **וכד** הוון ישראל שריין במדברא LV 24:10
ושלהבת יסודי טורייא: **וכד** הינון יהיבין בבבל הוון פלחין DT 32:23
באתר בית שכינתיה **וכד** הינון נטרין מצוותא דאורייתא DT 33:3
קרין ליה וייכול לחמא: **וכד** חכים רעואל דערק משה מן EX 2:21
גוברין יהודאין נצן **וכד** חמא דיזקף דתן ידיה על EX 2:13
כל מליא דמסר לה יעקב **וכד** חמא כן אמר ללבן מה דא GN 29:25
ובית כהונתא רבתא: **וכד** חמא פרעה כדין בכין פקיד לכל EX 1:22
אברם אהי מן סיעתיה **וכד** חמון כל עממיא דהוו תמן דלא GN 11:28
ית סדום וית עמורה **וכד** חמנון רהט לקדמותהון מתרע GN 18:2
יהוון זהירין בסואבתהון **וכד** ידכון ייתון ית קרבנהון מטול LV 15:33
נשקי ית אבונא חמר **וכד** יהי רוי נשמיש עימיה ונקיים GN 19:32
בניתי להון משכנא לשמך **וכד** מטא זימנא למיעבר ית יורדנא DT 32:50
כד יימר ארום הוא דין **וכד** משתכחא גניבותא בתר כן ביד EX 22:8
די מסרבלא בשומנא: **וכד** נחית טלא על משריתא בליליא NU 11:9
קין והבל ית קרבנהון **וכד** נחתו מוי דטובענא איתצד GN 8:20
דגד נייח כאריא למישרי **וכד** נפיק לסידרי קרבא קבל בעלי DT 33:20
תמן עבדי יצחק בירא: **וכד** נפק יצחק מגרר איתיבשן GN 26:26
ישראל דמן שיבטא דדן: **וכד** נפק מבי דינא כד מחייב פריש LV 24:11
אברהם בבירא דשבע **וכד** עברו ישראל ית ימא קטעו EX 26:28
ביומא דרביו יתיה: **וכד** עליל משה למשכן זימנא NU 7:89
דבית אנפוי סודרא: **וכד** עליל משה לקדם ייי למללא EX 34:34
מייתי עליהון פורענותא **וכד** פרסין ידיהון בצלו עני ומשזיב DT 32:31
בריש ארעא דמצרים הוה **וכד** קרא למשה ולאהרן בלילייא EX 12:31
ומחיין יתך על רישך **וכד** שבקין מצוותא דאורייתא GN 3:15
הוו מריה קיימיה דאברם: **וכד** שמע אברם ארום אשתבי אחוי GN 14:14
שירייא על ידי אחתא **וכד** שמע ית פתגמי רבקה אחתיה GN 24:30
מצראי וית בתנא שיזיב **וכד** שמעו בית ישראל ית פיתגמא EX 12:27
דתצלו עלי דלא אמות: **וכד** שמעו משה ואהרן ובני ישראל EX 12:33
ביזהון לעמי עבדי קרבי **וכד** תתמלי נפשי מן אדם קטיליהון EX 15:9
ובטילטולן ובשיעבודן **וכדו** מטת זימנא למיפק ולמירות NU 12:12
הוות לן כל טבתא **וכדו** נפקתא מן ארען יבישו בירן GN 26:28
למגזור וחמוי עכיב עלוי **וכדון** אדם גוזרתא הדין יכפר על EX 4:25

נכסת חגא קדם אלקנא: **וכדון** איזילו פלחו ותיבנא לא EX 5:18
קדמי אמחיניה מסיפרי: **וכדון** איזל דבר ית עמא לאתר EX 32:34
או סמיא הלא אנא ייי: **וכדון** איזל ואנא במימרי אהא עם EX 4:12
לך מדעלית בביתך **וכדון** אימת אעביד אוף אנא GN 30:30
ברת אחוי דריבוני לברי: **וכדון** אין איתיכון עבדין טיבו GN 24:49
אשכחת רחמין קדמי: **וכדון** אין בבעו אשכחית רחמין EX 33:13
מעתד לקדמותי באורחא **וכדון** אין ביש קדמך איתוב לי: NU 22:34
יתכון לאולפן אורייתי: **וכדון** אין קבלא תקבלון למימרי EX 19:5
ועבדו להון דחלן דדהב: **וכדון** אין תשבוק לחוביהון שבוק EX 32:32
דכנען תמן תקבירינני **וכדון** איסוק כדון ואיקבור ית אבא GN 50:5
אתון חבתון חובא רבא **וכדון** איסק ואיצלי קדם ייי הלואי EX 32:30
והוא שרי מן קובלי: **וכדון** איתא בבעו לוט בגני ית עמא NU 22:6
דמצראי דחקין יתהון: **וכדון** איתא ואשדרינך לות פרעה EX 3:10
דין או לבניהן דילידן: **וכדון** איתא וניגזר קיים אנא ואנת GN 31:44
וחפא ית חזווא דארעא **וכדון** איתא לוט בגיני יתיה לואי NU 22:11
בהון עמלק רשיעא **וכדון** איתגרתא איתגרא למילוט NU 31:8
חסרו ובית שקיותן סגו **וכדון** איתן נתיעט עליה עיטא GN 29:22
והא עם קשי קדל הוא: **וכדון** אנח בעותך ולא תפגין עליהון EX 32:10
מילתא זעירתא או רבתא: **וכדון** אסחרו בבעו הכא אוף אתון NU 22:19
שכינתי מבינך ואישיצינך **וכדון** אעדי תיקון זינך מינך דאתגלי EX 33:5
ליה עד כדון הוית אחתן **וכדון** את אזלא ומתנסבא לצדיקא GN 24:60
ויתבזי איקרי באנפהא **וכדון** אתגלי קדם ייי עולבני ויפרוש GN 16:5
מרי חילמייא דיכי אתי: **וכדון** אתו וניקטליניה ונירמיניה GN 37:20
וית כל אחך בני לוי עימך **וכדון** אתון תבעין אוף כהונתא NU 16:10
לא שבקתך למקרב לגבה: **וכדון** אתיב איתת גבר ארום נביא GN 20:7
עימך לארע נוכריתא **וכדון** בגין דלא הוינא ילדא חררית GN 16:5
בארעא דלא דידי **וכדון** בעידן סיבתי נחתית GN 47:9
קדם ייי קדם דאימות: **וכדון** ברי קבל מיני למה דאנא GN 27:8
ומתיעט עלך למיקטלך: **וכדון** ברי קבל מיני קום ערוק לך GN 27:43
ומיטרדא שבעתי יומין **וכדון** דנזפית בה מן דינא דתכסוף NU 12:14
כחלב וחליין כדבש: **וכדון** הא אייתיתי ית שירוי ביכורי DT 26:10
ולא קריבית לותה **וכדון** הא אינתתך דבר ואיזל: ופקיד GN 12:19
ופריזאי וחוואי ויבוסאי: **וכדון** הא קבילת בני ישראל סליקת EX 3:9
דימליל ייי יתיה אימליל: **וכדון** האנא מתפני ואזיל לעמי NU 24:14
קדמך חשוכא הי כנהורא **וכדון** חב עמא הדין חובא רבא EX 32:31
אלהין בגין ישראל **וכדון** חבילו עובדיהון עמך EX 32:7
להון מנא מן שמיא **וכדון** חזרו ואתרעמו עלוי והא NU 21:6
לן מן קדם ייי אנא דחיל **וכדון** חזרון דינייך למיהוי מדמיין GN 44:18
דאנא יהיב להון למירתה: **וכדון** טורו למעבד היכמא דפקיד DT 5:32
לא איסתכלית בבישריך **וכדון** ידעית ארום אינתתא שפירת GN 12:11
מן שירויא בשמי מרומא **וכדון** יהביה ייי לכון למיכל: דין EX 16:15
ייי ומוחי ייי למעבדיה: **וכדון** יחמי פרעה גבר סוכלתן GN 41:33
ועמי אתרעמו על מזונהון **וכדון** ייתון חיוייא דלא אתרעמו על NU 21:6
להון וקטלינון במדברא: **וכדון** יסגי כדון חילא קדמך ייי NU 14:17
לאבהתהון למיתן להון: **וכדון** ישראל מה ייי אלקכון בעי DT 10:12
לפלחי טעוות פעור: **וכדון** ישראל שמעו לקיימייא DT 4:1
כפנא בארעא דכנען **וכדון** יתבון כען עבדך בארעא דגשן: GN 47:4
קדם אבנא כל יומייא: **וכדון** יתיב בבעו עבדך חולף טלייא GN 44:33
די לנא הוא ודי בננא **וכדון** כל דאמר ייי לך עיביד: וקם GN 31:16
בתר טעוות עממייא: **וכדון** כתובו לכון ית תושבחתא DT 31:19
הות מתכליא מינך **וכדון** לא אוסיף תוב למיחמי סבר EX 10:29
לכון לשיזבא רבא: **וכדון** לא אתון שדרתון יתי הלכא GN 45:8
ודא אתחשדו למיעבד **וכדון** לא יתמנע מנהון כל דחשיבו GN 11:6
עם סגי מדבית יעקב: **וכדון** לא תידחלון אנא איזון יתכון GN 50:21
די זבינתון יתי למצרים: **וכדון** לא תתנססון ולא יתקוף GN 45:5
קדם יקריה הוינא מקבל **וכדון** לית אנא מקבל בגין דאיזכי GN 50:20
קודשא ביה ומתקיים: **וכדון** למא נמות ארום תיכלינגא DT 5:25
עם יעקב מטב עד ביש: **וכדון** מיזל אזילתיה ארום GN 31:30
דיינא ודאין לכולנא **וכדון** נבאיש לך יתיר מידלהון GN 19:9
דיהודאי איתקרי עלנא **וכדון** נזיל כדון מהלך תלתא יומין EX 3:18
וית בצליא וית תומיא: **וכדון** נפשנא מנגבא לית כל מידעם NU 11:6
ומסחי יתן ומלפף יתן **וכדון** נשבחיניה אלקא דאבהתן EX 15:2
לית אנא ידע יום מותי: **וכדון** סב כדון מאני זינך בית גירך GN 27:3
לכון צלם וצורה וכל דמו **וכדון** עבדו לכון עיגל מתכו וסגידו EX 32:8
עממיא יתקטל בסייפא **וכדון** עיברו ותובו מתרע סנדרי EX 32:27
כאילן חייא עד לעלמין **וכדון** על דלא נטר מה דפקידתא GN 3:22
להון דנן תלת זימנין: **וכדון** ערוק לך לאתרך אמרית NU 24:11
מותנא בכנישתא דייי: **וכדון** קטולו כל דכורא בטפליא וכל NU 31:17
בכל מה דאנת עביד: **וכדון** קיים לי במימרא דייי הכא GN 21:23
ארום בישא גמלו יתך **וכדון** שבוק בבעו לחובי עבדי GN 50:17
קדם ייי אלקכון ולכון: **וכדון** שבוק כדון חובי לחוד זימנא EX 10:17
אושהא ועד כדון: **וכדון** שדר כנוש ית גיתך וית כל EX 9:19
נחתו אבהתכון למצרים **וכדון** שוינכון ייי אלקכון הי ככוכבי DT 10:22
לברך בתרך אחסנת עלם: **וכדון** תרין בנך דאיתילידו לך GN 48:5

משה לאללא ית ארעא **וכדי** חמא משה עינוותנותיה קרא NU 13:16
ארום מימרא דייי בסעדי **וכדי** ידעת ארום בר רבקה הוא GN 29:12
ית מדייניתא ברת יתרו **וכדי** שמע משה רתח ואישתלי NU 25:6
צווחין קדמיי מן ארעא: **וכען** חלף דקטלתיה ליט את מן GN 4:11
ארום איחות לות ברי **כד** אבילנא לבי קבורתא ובכה יתיה GN 37:35
ברת מאה ותלתין שנין **כד** אהדרה לותיה ואיתעביד לה EX 2:1
שם שם בר מאה שנין **כד** אוליד ית ארפכשד תרתין שנין GN 11:10
תתגרון בפרגמטיא: והוה **כד** אינון מריקין דיסקיינון והא גבר GN 42:35
ולא קם אינש עימיה **כד** אישתמודע יוסף לאחוי: וארים GN 45:1
כד מיתין ביד סנאיכון: **כד** איתבור לכון חוטר כל סעדי LV 26:26
על אברהם תליתאה **כד** איתגלי במצרים והות ידיה EX 12:42
עלמא ליליא קדמאה **כד** איתגלי למיברי עלמא תיניינא EX 12:42
דישראל רביעאה **כד** איתגלי למפרוק ית עמא בית EX 12:42
למיברי עלמא תיניינא **כד** איתגלי על אברהם תליתאה כד EX 12:42
ייי: ואברהם בר מאה שנין **כד** איתיליד ליה ית יצחק בריה: GN 21:5
אוף בני מכיר בר מנשה **כד** איתילידו גזרינון יוסף: ואמר GN 50:23
דמצרים לחילוותהון **כד** איתעבידו להון ניסין על יד NU 33:1
ית קל ציווחת חיויא **כד** איתערטל מן שירויא: ואעל EX 7:9
כד מיתו כנישת רשיעיא **כד** אכלת אישתא ית מאתן NU 26:10
ולא סליקתון בטורא **כד** אמר: עמי בני ישראל אנא הוא DT 5:5
וניצחנות אדרע מרממא **כד** אפקכון ייי אלקכון פריקין DT 7:19
מימרי וביני ארעא: ויהי **כד** אפרוס ענני יקרא עילוי ארעא GN 9:14
שעבוד עבדיא: והוה **כד** אקשי מימרא דייי ית ליבא EX 13:15
מצראי ארום אנא הוא ייי **כד** ארים ית מחת גבורתי על EX 7:5
לות אבוי: והוה **כד** אתא יוסף לות אחהי ואשלחו GN 37:23
תולדת שמייא וארעא **כד** אתברייו ביומא דעבד ייי אלקים GN 2:4
מותביה בארע דרומא **כד** אתו בני ישראל ואגיח בהון NU 33:40
אנא מסהיד בכון אילהין **כד** אתון מעתדין יומנא כוליכון DT 29:9
אדמא קטול ית קטולא **כד** אתחייב ליה: ואין בשלו בלא NU 35:21
דין נפק בקדמיתא: והוה **כד** אתיב וולדא ית ידיה והא נפק GN 38:29
בהון במשה ואהרן **כד** אתיהבת להום: ושדר משה NU 20:13
והות לי לאינתו: והוה **כד** בעו לאטעאה יתי פלחי GN 20:13
ובעית רחמין מן קדם ייי **כד** בקדמיתא ארבעין יממין DT 9:18
עלם ואשרי תמן ית אדם **כד** ברייה: ורבי ייי אלקים מן GN 2:8
למיסב ליה מתמן איתא **כד** בריך יתיה ופקיד עילוי למימר GN 28:6
תיכלון מיניה כד חי ולא **כד** בשלא בחמרא ומישחא ושקייני EX 12:9
בר תשעין ותשע שנין **כד** גזר ית בישרא דעורלתיה: GN 17:24
בריה בר תלתיסרי שנין **כד** גזר ית בישרא דעורלתיה: בכרן GN 17:25
עמא ותקיפו לחדא: והוה **כד** דחילא חייתא מן קדם ייי וקנו EX 1:21
חמי לא תזממונה ליה: **כד** דיירין בעלמא הדין שעא חדא DT 25:5
בתר דשלחה מלותיה **כד** הוה אזיל למצרים: וית תרין EX 18:2
מן משריתא: והוה **כד** הוה בעי למיטל ארונא הוה עננא NU 10:35
והא לא שנא מכתשא מן **כד** הוה ומכתשא לא הליך פיסיוניה LV 13:55
היכמא דהויתון עבדין **כד** הוה יהיב לכון תיבנא: ולקו סרכי EX 5:13
והא מכתשא קם **כד** הוה לא הליך פיסיונא דמכתשא LV 13:5
דחמינא אניקי דנפשיה **כד** הוה מפייס לנא ולא קבילנא GN 42:21
בחזוי מימרא על אברהם **כד** הוה מרע מגיזרת מהולתא אליף DT 34:6
דאתי ישעיה נביא **כד** הוה מתנבי בכנישתהון דישראל DT 32:1
שמייא ברם משה נביא **כד** הוה מתנבי בכנישתהון דישראל DT 32:1
למימר: דבירא קדמאה **כד** הוה נפיק מן פום קודשא יהי EX 20:2
עבדיא: דבירא תיניינא **כד** הוה נפיק מן פום קודשא יהי EX 20:3
ומצלי ומשתבק ליה: והוה **כד** הוה נפיק משה מן משריתא EX 33:8
שמיה איקרון בנין והוה **כד** הוה עליל לות אינתתיה דאחוי GN 38:9
מטול דמסאב הוא: ואם **כד** הוה קם ניתקא ושער אוכם LV 13:37
בודנייתא דינפקו מנהון **כד** הוה רעי ית חמרייא לצבעון GN 36:24
והוה ביומא תליתאה **כד** הוו מתמקמקין מן כיב GN 34:25
ית שני שמיטיכון **כד** הוויתון שריין עלה: ודישתיירון LV 26:35
כל ישראל כנפינון לותיה **כד** הוון בעיברא דיורדנא ענה ואמר DT 1:1
על דדוותא דבישרא **כד** הוינא אכלין לחמא ושבעין EX 16:3
דייי בארעא דמצרים **כד** הוינא יתבין על דדוותא דבישרא EX 16:3
ארום בגין כן דידעתא **כד** הוינא שרן במדברא למידן NU 10:31
חייתא כד מחתך הכדין **כד** הוינן בארעא דמצרים הות מרים NU 12:12
לעלימותא כמה דהוות **כד** היא זעירתא מיקריא ברת לוי: EX 2:1
דבמצרים דמתיליד לה **כד** היא טחנא אחורי ריחייא וכל EX 11:5
ושרח אחתהון דאידברת **כד** היא קיימא לגינוניתא על GN 46:17
והי כתקוף שפר שמיא **כד** הינון ברירין מן ענניא: ולות נדב EX 24:10
בשמא רבא ומפרשא **כד** הינון חמיין ויתן מוהי ואין יסרב NU 20:8
נפשכון ותקטרונון יתהון **כד** הינון כתיבין על תפילא לאת על DT 11:18
דתורא ומאדמא דצפירא **כד** הינון מערבין ויתן על קרנת LV 16:18
מן תור עד חמר עד אימר **כד** הינון קיימין על חד תרין ישלם: EX 22:3
הי כמרירתהון דתניניא **כד** הינון רוון מן חמרהון בגין כן יהי DT 32:33
גווייתהון ומנפסן יתהין **כד** הינין חיין: ועננ' שמיא אזלין EX 35:26
ית לוט מגו הפיכתא **כד** הפך ית קירווייא די הוה יתיב GN 19:29
לא הוה עמהון למסעוד **כד** זבנוהי דהוה יתיב בצומא על GN 37:29

סליקו לריש רמתא: והוי **כד** זקיף משה ידוי בצלו ומתגברין EX 17:11
עיבורא תזבנון מינהון **כד** חי בכספא ותיכלון ואוף מיא DT 2:6
לימינא ולשמאלא: עיבור **כד** חי בכספא תזבין לי ואיכול ומוי DT 2:28
לא תיכלון מיניה **כד** חי ולא כד בשלא בחמרא EX 12:9
ונחתו הינון וכל דילהון **כד** חיין לשייול וחפת עליהון ארעא NU 16:33
וית כל דילהון וייחתון **כד** חיין לשייול ותינדעון ארום NU 16:30
נס חדיסיראי דאתנטרו **כד** חיין עד זמן דהליך יתהון בכל NU 25:8
לאחורא: אמר יעקב **כד** חמא ית גדעון בר יואש וית GN 49:18
ואיתכנש עמא על אהרן **כד** חמון דעבר זימנא דקבע להון EX 32:1
אידייך שכלילו יתיה: **כד** חמון עמא בני ישראל ית ניסיא EX 15:18
כהן אוחרן ית תורתא **כד** חמי אלעזר ית מושכה וית NU 19:5
ייי ומנחתיה וניסוכיה **כד** חמי וצפיר בר עיזין דלא עירובין NU 15:24
וסליקו לטוורוס אומנוס **כד** חמן כל כנישתא: ואשלח משה NU 20:27
לכון: לא תימרון בליבכון **כד** ידחי ייי אלקכון יתהון מן DT 9:4
בנך ובין זרעית בנהא ויהי **כד** יהוון בנהא דאיתתא נטרין GN 3:15
דא ארחים יתהון במימרי **כד** יהוון גליין בארע בעלי דבביהון LV 26:44
גזירתך בחדווא כדין **כד** יהון בנוי דיצחק ברי עליין GN 22:14
גלי קדמוי עולבנהון דבניי **כד** יהון משתעבדין בארעא GN 29:32
קדמוי קלהון דבניי **כד** יהון משתעבדין במצרים וקרת GN 29:33
ואמרין חבול על בנינן **כד** יחובון וימטון עליהון לווטייא DT 28:15
ארום תקיפהון דישראל **כד** יחובון מייתי עליהון פורענותא DT 32:31
דבבך למפתק גירין להון **כד** יחזרון קדל קדמך ויהון מקדמין GN 49:8
אלהן תדכרינני עימך **כד** ייטב לך ותעבד כדון עימי טיבו GN 40:14
ועל כל אבידתא ייומי **כד** יימר ארום הוא דין וכד EX 22:8
ולא ייעלון למתחמייא **כד** ייעלון כהניא לשיקוע מאני NU 4:20
ישלוט בהון עיינא בישא **כד** ייעלון כחדא למזבון ביני כנענאי GN 42:5
יסגי עליכון חיות ברא **כד** ייתון למיכול גושמיהון: DT 7:22
ויסגון עלך חיות ברא **כד** ייתון למיכול פיגריהון וינזקון בך: EX 23:29
דייי מינכון רוח קודשא **כד** ייתון מחתין עליכון ומחתין על DT 28:59
אורייתא הדא: ויהי **כד** ייתון עילויכון ית כל פיתגמיא DT 30:1
שיתין שנין דהוה יצחק **כד** יליד ית יעקב ברחי שיתין כל NU 7:88
בר תמנן ושית שנין **כד** ילידת הגר ית ישמעאל לאברם: GN 16:16
כל קבל שנין דהוה יוכבד **כד** ילידת ית משה ושובעין סילעין NU 7:85
ויצחק בר שיתין שנין **כד** ילידת יתהום: ורביאו טליא והוה GN 25:26
יתה בעלה והוה בפסקת **כד** ילידת יתיה: ונסיב יהודה איתא GN 38:5
אנא ביה וליתיה מקריב **כד** ימלוך מליך תקיף מדבית יעקב NU 24:17
עמלק מן קדם ייי: ויהי **כד** יניח ייי אלקכון לכון מן כל בעלי DT 25:19
הוא יקטול ית קטולא **כד** יערעיניה מברא לקירווייא NU 35:19
יהי עליכון מגין במימריה: **כד** יתגלי מימרא דייי למפרוק ית DT 32:39
אלעזר כהנא ישמיש ויהי **כד** יתכסי מיניה פתגם וישאיל ליה NU 27:21
קדם ייי בעצרתיכון **כד** יתמלון שבעתי שבועיא מארע NU 28:26
בעלא לאיתתיה אלהין **כד** כשרא ליה ברם לקריבוי דהינון LV 21:4
מחת ידא דייי הויא כען **כד** לא הות למהוי מתגריא לחוד EX 9:3
ותברתינון ואתון חמיין **כד** לוחיא מיתברין ואתוותא פרחין: DT 9:17
אמן אין איסתאבית **כד** מארסא אמן אין אסתאבית כד NU 5:22
דדן: וכד נפק מבי דינא **כד** מחייב פריש וחריף בר איתתא LV 24:11
קדם ייי שית עגלן **כד** מחפן ומטקסן ותריסר תורין NU 7:3
דעל חדיא וית חדיא **כד** מחתך בתרין עילעין מיכא LV 7:30
ומפקא יתיה חייתא **כד** מחתך הכדין כד הוינן בארעא NU 12:12
למזבן עיבורא: והוה **כד** מטינא לבית מבתותא ופתחנא GN 43:21
תתיב ליה ית משכונא **כד** מטמוע שימשא ויגני DT 24:13
ושמע יהושע ית קל עמא **כד** מיבבין בחדוא קדם עיגלא ואמר EX 32:17
זעיר ומרדיין ומפלגן לכון **כד** מינפל במתקלא ותיכלון ולא LV 26:26
מאה ועשרין ותלת שנין **כד** מית בטוורים אומניס: ושמע NU 33:39
למימר הלואי דמיתנא **כד** מיתו אחנא קדם ייי: ולמא NU 20:3
ובלעת יתהון וית קרח **כד** מיתו כנישת רשיעיא כד אכלת NU 26:10
מותנא ביניכון ותתמסרון **כד** מיתין ביד סנאיכון: כד איתבור LV 26:25
שמעת ברוח קודשא **כד** מליל יצחק עם עשו בריה ואזל GN 27:5
תמן אגח עימהון עמלק **כד** מלך בערד דשמע דמית אהרן DT 10:6
ועל דר רביעאי לסנאי **כד** משלמין בניא למיחמי בתר DT 5:9
רוחא דמתמלל עימיה **כד** נחית מן שמי שמיא עילוי NU 7:89
דמוייה כזרע כוסבר חיור **כד** נחית מן שמיא וכד הוה קריש NU 11:7
יתיה על אתר תלי והוי **כד** נכית חיויא ית גברא והוה NU 21:9
אמן אין אסתאבית **כד** נסיבתא: ויכתוב ית לווטייא NU 5:22
וניפוק תרוינן לברא והוה **כד** נפקו תרויהון לברא עני קין GN 4:8
שפירת חזו היא: והוה **כד** סגוליה תמן יומיא למשרי GN 26:8
אשתמיט נס חמישאי **כד** סובר יתהון אזדקף שיקפא עיל NU 25:8
ליצחק ולרבקה: והוה **כד** סיב יצחק וכהיין ענויי GN 27:1
אלקנא: אמר משה נביא **כד** סליקית לטוורא דסיני חמית DT 32:4
ייי בכון למשצייא יתכון: **כד** סליקית לטוורא למיסב לוחי DT 9:9
על בר נשא דאשתלי **כד** סרח בשלו קדם ייי לכפרא עלוי NU 15:28
מיעליה למשכנא: והוה **כד** עאיל משה למשכנא נחית EX 33:9
במיפקיה מבירא דשבע **כד** עבר ית פנואל ושרי לטיילא GN 32:32
ליט הוה כרכא דשכם **כד** עלון לגוה למחרבה ברוגזיהון GN 49:7

הנפקנא ייי ממצרים: והוה **כד** פטר פרעה ית עמא ולא דברינון EX 13:17
שבת ונח: ויהב למשה **כד** פסק למללא עימיה בטוורא EX 31:18
איקר שכינתא דייי **כד** פסק למללא עם אברהם GN 18:33
וכפנא תקיף בארעא: והוה **כד** פסקו למיכול ית עיבורא GN 43:2
ליבהון היך ליביה: ויהי **כד** פסקין למללא עם עמא וימנון DT 20:9
עממיא למפלחהון: **כד** פתח משה נביא למימר פיתגמי DT 28:15
פרסימו מיסיטירין דילי **כד** קטלית ית מצראה על ימא NU 16:26
דבה הות לך שיזבותא **כד** קטלתא ית מצראי וקבילתיה: EX 8:12
ויוסף בר תלתין שנין **כד** קם קדם פרעה מלכא דמצרים GN 41:46
קדמהא אנא שמע: והוה **כד** קריב משה למשריתא וחמא ית EX 32:19
דימא דסוף על אפיהון **כד** רדפו בתריהון ואבידינון ייי עד DT 11:4
והרן אולד ית לוט: והוה **כד** רמא נימרוד ית אברם לאתונא GN 11:28
בר מאה ועשרין שנין **כד** שכיב לא כהיין גלגילי עינוי ולא DT 34:7
דמרים איתיהיבת בירא **כד** שכיבת איתגניזת בירא ולא הוו NU 20:2
ייי: הכדין עבדו אבהתכון **כד** שלחית יתהון מריקם גיעא NU 32:8
עליכון יקר שכינתיה דייי **כד** שמיען קדמוי ית תורעמתכון EX 16:7
בסוף יומייא: והוה **כד** שרא ישראל בארעא ההיא ואזל GN 35:22
בתריהון ואדביקו יתהון **כד** שרן על ימא כנשין מרגליין EX 14:9
שובעין גוברין סביא והוה **כד** שרת עליהון רוח נבואה ואתנבון NU 11:25
ויפקון עלה טיב ביש **כד** תהדרון משכונה לה: ותהוון DT 24:17
היא מרים ברתה: ואמר **כד** תהוויין מולדן ית יהודייתא EX 1:16
יהון בהון ניזקא דמותא **כד** תימני יתהון: דין שיעורא EX 30:12
גבר פורקן נפשיה קדם ייי **כד** תימני יתהון ולא יהון בהון EX 30:12
בכל לבבכון ובכל נפשכון: **כד** תיעוק לכון ויארעון לכון כל DT 4:30
ואשכחו סהדיא ית גברא **כד** תליש ועקר קיסין ביומא NU 15:32
הדין תמללון עם עשו **כד** תשכחון יתיה: ותימרון אוף הא GN 32:20
וכל אילני חקלא עד **כדו** לא הוו בארעא וכל עיסבי GN 2:5
וכל עיסבי חקלא עד **כדו** לא צמח ארום לא אמטר ייי GN 2:5
אנא הוא יוסף העוד **כדון** אבא קיים ולא יכילו אחוי GN 45:3
ולייחוסנא למימר העד **כדון** אבוכון קיים האית לכון אחא GN 43:7
אפיסו ית יומא דשבתא **כדון** אזדמנו על מימרא דייי בגין כן NU 16:26
בתרוי: ואמר בבעו לא **כדון** אחוי תבאשון: הא כדון אית לי GN 19:7
ואמר בלק לבלעם איתא **כדון** אידברינך לאתר חורן דילמא NU 23:27
רחמין קדמך שוי **כדון** אידך בגזירת מהולתי ותעבד GN 47:29
דבמצרים ואיחמי העד **כדון** אינון קיימין ואמר יתרו למשה EX 4:18
לוותה לאורחא ואמר הבי **כדון** איעול לותיך ארום לא ידע GN 38:16
בכנענאי ובפריזאי דעד **כדון** אית להום רשותא בארעא והוו GN 13:7
רבת תחום בני עמון ועד **כדון** אית להון ארכא: ונסב ישראל NU 21:24
כדון אחוי תבאשון: הא **כדון** אית לי תרתין בנן דלא שמישו GN 19:8
לי לחוואה לגברא דעד **כדון** אית לכון אחא: ואמרו מישאל GN 43:6
ואמרן ליה האיפשר דעד **כדון** אית לנא חולק ואחסנא בבית GN 31:14
אגירא יהי עימיה: אין עד **כדון** אית סגוי בשנייא לפום LV 25:51
מסריב אנת למפטור ועד **כדון** אנת מתקיף בהון: הא מחת EX 9:2
סבר אפך ארום עד **כדון** אנת קיים: ואמר יוסף לאחוי GN 46:30
לבני ברתיי ולברתיי **כדון** אסכלתא מה דעבדת: אית GN 31:28
דמלילתא עמי קום **כדון** אסתחר ותיכול מצידי בגין GN 27:19
רווחתא ואמר ארום **כדון** ארווח ייי לנא ויפישיננא GN 26:22
יימר לכל עממייא חמון **כדון** ארום אנא הוא דהוויי והוית DT 32:39
אפין דרוגזא: ובמה יתידע **כדון** ארום אשכחית רחמין קדמך EX 33:16
רחמין מן קדם ייי: הא **כדון** אשכח עבדך רחמין קדמך GN 19:19
ואמר ליה לבן אין **כדון** אשכחית רחמין בעינך הא GN 30:27
לא תימא כן בבעו אין **כדון** אשכחית רחמין בעינך ותקבל GN 33:10
ליוסף ואמר ליה אין **כדון** אשכחית רחמין קדמך שוי GN 47:29
ברחמין מן קדמך ייי אין **כדון** אשכחת חינא קומך לא כדון GN 18:3
בסטר תחומך: נעיבר **כדון** בארעך לא נשרגגה בתולן ולא NU 20:17
בישתא ואימות: הא **כדון** בבעו קרתא הדא קריבא GN 19:20
עבדך מטלייותנא ועד **כדון** בגין דתיתיבון בארעא דגשן GN 46:34
גייורא או מן דהוא **כדון** ביניכון לדריכון ויעבד קרבן NU 15:14
טירחנהון עליי קטולני **כדון** במיתותא דנייחין בה צדיקייא NU 11:15
יטרוד יתכון מכא: מליל **כדון** במשמעהון דעמא וישיילון EX 11:2
רחמין בעיניכון מלילו **כדון** במשמעיה דפרעה למימר: אבא GN 50:4
ואזלו לסדום ואברהם עד **כדון** בעי רחמין על לוט ומשמש GN 18:22
ושלחנך פון בשלם אנת **כדון** בריכא דייי: ואקדימו בצפרא GN 26:29
סברין אלהין איזילו **כדון** גובריא ופלחו קדם ייי ארום EX 10:11
ליה מידעם ביש ארום **כדון** גלי קדמי ארום דחלא דייי GN 22:12
מה מכל מני בייתך שוי **כדון** דינך קבל אחיי ואחך וידינון GN 31:37
הוו מברכין בישרא עד **כדון** הוה ביני ככיהון עד לא פסק NU 11:33
אימיה: ואמר ליה ייי עד **כדון** הוה שמך יעקב לא יתקרי GN 35:10
ית רבקה ואמר ליה עד **כדון** הוית אחתן וכדון את אזלא GN 24:60
ית ארעא דישראל הא **כדון** היא מתמנעא מינן במטו מינך NU 12:12
לבלק הא אתיתי לותך **כדון** המיכל יכילנא למללא מידעם NU 22:38
ואמרית לה אשקיני **כדון**: ואוחיאת ואחיתת לגינתא GN 24:45
תקיפת לחדא: אתגלי **כדון** ואחמי הא כקבילתא דריבא GN 18:21
כעובדך וכגבורתך: אעיבר **כדון** ואחמי ית ארעא טבתא DT 3:25

בנורא: ואמר משה איתפני **כדון** ואחמי ית חזוונא רבא הדין EX 3:3
כדון יוסף ברי קיים איזיל **כדון** ואחמיניה קדם דאמות: ונטל GN 45:28
ימות עלמא תתברי להון **כדון** ואין לא איתברי פום לארעא NU 16:30
תקבירינני וכדון איסוק **כדון** ואיקבור ית אבא ואיתוב: ואמר GN 50:5
חמוי ואמר ליה איזיל **כדון** ואיתוב לות אחיי דבמצרים EX 4:18
ואמר יצחק ליעקב קריב **כדון** ואמושנך ברי האנת דין ברי GN 27:21
זמן דנפקו ממצרים ועד **כדון**: ואמר ייי שבקית להון NU 14:19
וית יתבי קרתא איתא **כדון** ואשלחינך לותהון ואמר ליה GN 37:13
חובא דאמוראה עד **כדון**: והוה שמשא טמעא וחומטא GN 15:16
חמר ניסוכיהון יקומון **כדון** ויסעדונכון יהי עליכון מגין DT 32:38
דאשתכללו אושהא ועד **כדון**: וכדון שדר כנוש ית גיתך וית EX 9:18
לשלה ברי אירע יתי **כדון** ולא אוסף תוב למידעא GN 38:26
ואשתהיית עד **כדון**: ומכל מה דבריך יתי אבא לית GN 32:5
דקימין קומוי איתון **כדון** וניחות ונערבבא תמן לישנהום GN 11:7
ליה יצחק אבוי קריב **כדון** ושק לי ברי: וקריב ונשיק ליה GN 27:26
קטיל ולא חמיתיה עד **כדון**: ותדברון אוף ית דין מן קדמיי GN 44:28
מן שירויא איתברי לה **כדון** ותפתוח ארעא ית פומא NU 16:30
להלין גובריא יתסב **כדון** זעיר מיא ושזיגן ריגליכון GN 18:4
ולכון: וכדון שבוק **כדון** חובי לחוד זימנא הדא וצלו EX 10:17
במדברא: וכדון יסגי **כדון** חילא קדמך ייי ותתמלי רחמין NU 14:17
ליה בבו: ואמר להון שמעו **כדון** חילמא הדין די חלימית: והא GN 37:6
מתחות מרוות מצראי: **כדון** חכימית ארום תקיף הוא ייי EX 18:11
ליה האנא: ואמר ליה איזל **כדון** חמי ית שלם אחך וית שלם GN 37:14
ואיזון יתך תמן ארום עד **כדון** חמש שנין כפנא דילמא GN 45:11
בכל אפותיקי דליה שוי **כדון** ידך בגזירת מהולתי: ואומינך GN 24:2
ואמר ייי ליה תוב אעיל **כדון** ידך בחובך ואעל ידיה בגו EX 4:6
למימני יתהון ואמר ליה **כדון** יהון בנך: והוות ליה הימנותא GN 15:5
ולדא לא סכיית דעד **כדון** יוסף ברי קיים איזיל כדון GN 45:28
דבשרת ית יעקב דעד **כדון** יוסף קיים: אילין גניסת בנוי NU 26:46
אבוהון: ותניאו למימר עד **כדון** יוסף קיים וארום הוא שליט GN 45:26
בשורן טבן הוא בשר דעד **כדון** יוסף קיים והוא אזדרז ואזל GN 49:21
גלי קדם ייי עולבני ארום **כדון** ירחמנני בעלי והיכמה GN 29:32
חד הוון עד ההוא יומא **כדון** ישיצון קהלא ית כל חזרנותנא NU 22:4
רחמין קודמך אודעני **כדון** ית אורח טובך ואנדע רחמך EX 33:13
ליה האנא: ואמר דבר **כדון** ית ברך ית יחידך דאת רחים GN 22:2
והא איתריעיתא לי: קבל **כדון** ית דורון דאיתתיא לך ארום GN 33:11
כנענאי ופריזאי דעד **כדון** יתבין בארעא: ואמר אברם GN 13:7
שמישו עם גבר אנפיק **כדון** יתהין לוותכון ועיבידו להין GN 19:8
בשום טב: ואמר אחמי **כדון** יתי ית יקרך: ואמר האנא מעבר EX 33:18
זכוות ארבעין: ואמר לא **כדון** יתקוף רוגזא דרבון כל עלמיא GN 18:30
ברחמין מן קדמך לא **כדון** יתקוף רוגזא דרבון כל עלמיא GN 18:32
והא לא קבילת עד **כדון**: כדנא אמר ייי בדא סימנא EX 7:16
לשרי אינתתיה הא עד **כדון** לא איסתכלית בבישריך וכדון GN 12:11
משכן זימנא ועד **כדון** לא איתייהבת כהונתא לאהרן EX 24:5
פולחנא בבוכריא דעד **כדון** לא איתעביד משכן זימנא ועד EX 24:5
חרי ומתפרקא כולה עד **כדון** לא איתפיריקאת בכספא או LV 19:20
בבית אסירי ארום עד **כדון** לא איתפרש הדין דינא יתעבד NU 15:34
הוא ירח מרחשון דעד **כדון** לא הוו מתמנן ירחייא אלהן GN 7:11
ליה ולא מארסא ודעד **כדון** לא הות מיבעלא לגבר לה LV 21:3
קדם ייי אלקקון העד **כדון** לא חכימית ארום על ידוי EX 10:7
בכין הוו בארעא דעד **כדון** לא מטא זימנא דבני ישראל GN 12:6
עמהון סידרי קרבא דעד **כדון** לא מטא זימנא למתיהבא NU 20:21
בשעא קלילא הוא עד **כדון** לא פסק למללא והא רבקה GN 24:15
ארום לא אתיתון עד **כדון** לבי מוקדשא דהוא בית נייחא DT 12:9
דאנא מפקדת יתך: איזל **כדון** לבית עינא וסב לי מתמן תרי GN 27:9
ריבא די אימר לה ארכיני **כדון** לגיניך ואישתי ותימר שתי GN 24:14
דקיים להון: ארום שייל **כדון** לדריא דמן יומי שירויא דהוו DT 4:32
דתימר לי אעבד ואיתא **כדון** לוט לותי ית עמא הדין: ואתיב NU 22:17
מנעני ייי מן למילד עול **כדון** לות אמתי ואחררינה מאים GN 16:2
לאינתו ואמר קריבינון **כדון** לותי ואיברכינון: ועיני ישראל GN 48:9
ליוסף במטו שבוק **כדון** לחובי אחך ולחטיאיהון ארום GN 50:17
ית אחיי אנא בעי חוי **כדון** לי איכן אינון רען: ואמר גברא GN 37:16
ואמר ברת מאן את תני **כדון** לי האית בית אבויך אתר כשר GN 24:23
פושרן חילמיא אישתעו **כדון** לי: ואישתעי רב מזוגיא ית GN 40:8
ואמרת רחל ללאה הבי **כדון** לי מן יברוחי דבריך: ואמרת לה GN 30:14
ועל דר רביעאי: שבוק **כדון** לסורחנות עמא הדין כסגיאות NU 14:19
לברא ואמר איסתכל **כדון** לשמייא ומני כוכביא אין GN 15:5
ידע יום מותי: וכדון סב **כדון** מאני זינך בית גירך וקשתך GN 27:3
איתקרי עלנא וכדון נזיל **כדון** מהלך תלתא יומין במדברא EX 3:18
שמיה עלנא נטייל **כדון** מהלך תלתא יומין במדברא EX 5:3
לותנא ותתקיים **כדון** מומתא דהות בינן ומבכין תהי GN 26:28
בבעו כדון רבוניי זורו **כדון** מיכא ועולו לבית עבדכון GN 19:2
מן קדם ייי וכן אמר תוב **כדון** מימרא דייי ברחמך טביא ודבר NU 10:36
קדם ייי וכן אמר אתגלי **כדון** מימרא דייי בתקוף רוגזך NU 10:35

כל ארעא קדמך אתפרש **כדון** מיני אם אנת לציפונא ואנא GN 13:9
צלותכון על כנישתא **כדון** מליל להון למימר איסתלקו NU 16:24
לתרתין משרוין: שיזבני **כדון** מן יד אחי רבא מן יד עשו GN 32:12
שבוק ואין לא מחיני **כדון** מן ספר צדיקיא דכתבתא שמי EX 32:32
עשו ליעקב אטעם יתי **כדון** מן תבשילא סמוקא הדין GN 25:30
ואמרת שרי לאברם הא **כדון** מנעני ייי מן למילד עול כדון GN 16:2
ליה: חמי אנא ליה וליתי **כדון** מסתכל אנא ביה וליתיה NU 24:17
לכנישתא למימר זורו **כדון** מעילוי משכני גוברייא NU 16:26
דא אשכחנא אישתמודע **כדון** מפרגודא דברך היא אין לה: GN 37:32
דריבוני אברהם אין איתך **כדון** מצלח אורחי דאנא אזיל עלה: GN 24:42
קדישא בכל ארעא: עד **כדון** מתרברב בעמי בדיל דלא EX 9:17
ותקפין יתיר מינן: איתון **כדון** נתייעט עליהון בהלין דינין EX 1:10
ואמר להון משה שמעו **כדון** סורבניא המן כיפא הדין NU 20:10
ואמר ליה האנא: ואמר הא **כדון** סיבית לית אנא ידע יום מותי: GN 27:2
עימך כד ייטב לך ותעבד **כדון** עימי טיבו ותידכר עלי קדם GN 40:14
בגזירת מהולתי ותעבד **כדון** עימי טיבן וקשוט לא כדון GN 47:29
ואמר ליה בלק איתא **כדון** עימי לאתר חורן דתחמיניה NU 23:13
ואמרתי האנא: ואמר זקוף **כדון** עינך וחמי כל ברחיא דסלקין GN 31:12
לוט מיניה זקוף **כדון** עינך ותיחמי מן אתרא דאנת GN 13:14
ואמר פרעה הא סגין הינון **כדון** עמא דארעא דאתון מבטלין EX 5:5
לגבלא: ואמר עשו אשבוק **כדון** עמך מן פולומוסין דעימי GN 33:15
דאמרת ליעקב אבא אכר **כדון** פרגודא דברך לופום כן צרכית GN 38:25
ית בכירותי נסיב והא **כדון** קביל בירכתי ואמר הלא GN 27:36
תיכול למעבדיה בלחודך: **כדון** קביל מיני אימלכינך ויהי EX 18:19
דקיימת קדמי תמן קיים **כדון** קום פוק מן ארעא הדא ותוב GN 31:13
ירותתיה דיהב ייי להון: **כדון** קומו ועיברו לכון ית נחל DT 2:13
אית סיפא בידי ארום **כדון** קטלתיך: ואמרת אתנא לבלעם NU 22:29
ואמר אטעימיני **כדון** קליל מוי מן לגיניתיך: ואמרת GN 24:17
ואימר לה אשקיני **כדון** קליל מוי מן לגיניתיך: ותימר GN 24:43
על ארעא: ואמר בבעו **כדון** רבוניי זורו כדון מיכא ועולו GN 19:2
יצחק הוה בסעדי ארום **כדון** ריקם שלחתני ית סיגופי וית GN 31:42
דדמי לי בכל ארעא: ארום **כדון** שדרית ית מחת גבורתי מן EX 9:15
קדם רבתא: אשלים **כדון** שובעתי יומי משתיא דדא GN 29:27
רחמין קדמך ייי תהך **כדון** שכינת יקרך ייי ביננא ארום EX 34:9
מן קדמך ייי שלח **כדון** שליחותך ביד פינחס דחמי EX 4:13
ושאיל יעקב ואמר חוי **כדון** שמך ואמר למה דנן אנת שאיל GN 32:30
ואמר בבעו ברחמין הא **כדון** שריתי למללא קדם ייי ואנא GN 18:27
ואמר בבעו ברחמין הא **כדון** שריתי למללא קדם ריבון כל GN 18:31
אלולפון שהינא ארום **כדון** תבנא דנן תרתין זימנין: ואמר GN 43:10
דאית קדם ייי מחסור **כדון** תחמי היארעינך פיתגמי אין NU 11:23
ית עמך: ואמר ייי למשה **כדון** תחמי מה אעביד לפרעה ארום EX 6:1
מעילוי ריגליה ומן בתר **כדון** תירוק קדמוי רוקא נפישא DT 25:9
אמר בלק בר צפר לא **כדון** תיתמנע מלמיתי לותי: ארום NU 22:16
וקלילין חובהא אישתזיב **כדון** תמן הלא ציבחר היא GN 19:20
לבית יוסף והוא עוד **כדון** תמן ונפלו קדמוי על ארעא: GN 44:14
אשכחת חינא קומך לא **כדון** תסלק איקר שכינתך מעילוי GN 18:3
עימי טיבן וקשוט לא **כדון** תקברינני במצרים: ואשכוב עם GN 47:29
ולילדותי אזיל: ואמר לא **כדון** תשבוק יתנא ארום בגין כן NU 10:31
תלתי מצוגיא והיא **כדי** אפרחת אפיקת ליבלובהא ומן GN 40:10
לנא למגחוך בי: והוה **כדי** ארימית קלי וקרית ושבק GN 39:18
קדם רחל ברתיה: והוה **כדי** חמא יעקב ית רחל ברת לבן GN 29:10
גברא לברא לעיינא: והוה **כדי** חמא ית קדשא וית שירייא על GN 24:30
בידא ואפיק לשוקא: והוה **כדי** חמת ארום שבק ללבושיה GN 39:13
לביזתא בנוי דשלמיא עד **כדי** ייתי סנחריב מלכא דאתור NU 24:22
לי על דין בר אוחרן: והוה **כדי** ילידת רחל ית יוסף ואמר יעקב GN 30:25
ואיחוב קדם ייי: והוה **כדי** מלילת עם יוסף יומא דין GN 39:10
למיחמי סבר אפיי: והוה **כדי** סליקנא לעבדך אבא ותנינא GN 44:24
ייי אורחיה אין לה: והוה **כדי** ספיקו גמליא למימלי ונסיב GN 24:22
נפשי אמטולתיך: והוה **כדי** על אברם למצרים וחמון GN 12:14
האיליין קדם ייי: והוה **כדי** פסק למללא ית כל פיתגמייא NU 16:31
ומימרי יהי בסעדך: והוה **כדי** פסק משה למכתוב ית פיתגמי DT 31:24
עד די פסקו: והוה **כדי** פסקו כל גברי מגיחי קרב עבדי DT 2:16
וקרית בקלא רמא: והוה **כדי** שמע ארום ארימית קלי וקרית GN 39:15
ואזדעזע יצחק זעזוע סגי **כדי** שמע ית קליה דעשו וריח GN 27:33
ותניאת לאבוהא: והוה **כדי** שמע לבן ית שמע גבורתיה GN 29:13
כמא דמליל ייי: והוה **כדי** שמע עבדא דאברהם ית GN 24:52
דמצרים: ובנס פרעה **כדי** שמע על תרין רברבנוי על רב GN 40:2
ואפילו הכי בריך יהי: **כדי** שמע עשו ית פיתגמי אבוי GN 27:34
גבי ואפק לשוקא: והוה **כדי** שמע ריבוניה ית פיתגמי GN 39:19
לגניסת מנשה בר יוסף **כדי** שמעאן דארעא מתפלגא NU 27:1
ביה ובני ישראל אפכו **כדי** שמעו ארום אמרו דילמא NU 16:34
דיעקב עלו מן חקלא **כדי** שמעו ואיתנסיסו גובריא GN 34:7
ספרהום דישראל: והוה **כדי** שצי יצחק לברכא ית יעקב GN 27:30
לא סטת מן קדמי ארום **כען** אוף יתך קטילית ויתה קיימית: NU 22:33

דריבוני אברהם זמין **כען** איתא מהגנא קומי יומנא ועיבד GN 24:12
כפתיה וית בנימין **כען** אתון למיסב עלאיי הואה GN 42:36
לקרח ולגניסתיה קבילו **כען** בני לוי: הזעירא היא לכון ארום NU 16:8
ואמר מן גובריא האילין **כען** דבתו עמך: ואמר בלעם קדם ייי NU 22:9
עיסבא דאפי ברא נקום **כען** ונלעי בליעות ידיי וניכול מזון GN 3:18
הא מחת ידא דייי הויא **כען** כד לא הות למהוי מתגריא EX 9:3
אברם בליביה ואמר ווי **כען** לי דילמא איתקבלת אגר GN 15:1
לבר נש דמית עלנא למא **כען** נתמנע בגין דלא למיכוס NU 9:7
דכנען וכדון יתבון **כען** עבדך בארעא דגשן: ואמר פרעה GN 47:4
במטו מינך ריבוני צלי **כען** עלה ולא נובדא זכותה מיגו NU 12:12
דארעא ובכן יתאפרש **כען** קדמך בין בני אינשא ובין בני GN 3:18
ואמר אברם ללוט לא **כען** תהי מצותא בינא ובינך ובין GN 13:8
ית דבית עשו אמר **מכדון** לית אנא מסתפי מן עשו GN 30:25

כדב (2)

חרביה תקוף גיוותנותכון **ויתכדבון** סנאיכון לקובליכון מן DT 33:29
עלמיא ייי דבר נש אמר **ומכדב** ואוף לא דמיין עובדוי NU 23:19

כדכדון (2)

איזמורד וספירינון **וכדכודין** ועליהון חקיק ומפרש EX 28:18
איזמורד וספירינון **וכדכודין** ועליהון חקיק ומפרש EX 39:11

כהי (3)

והוה כד סיב יצחק **וכהיין** ענויי מלמחמיה דכד כפתיה GN 27:1
ועשרין שנין כד שכיב לא **כהיין** גלגילי עינוי ולא נתרון ניבי DT 34:7
מהיא זימנא עיינויי **למכהי** וקרא ית עשו בריה רבא GN 27:1

כהל (62)

תקיף הוא מיני לוואי **איכול** לאזעוריה ואתירכיניה מן NU 22:6
מן דילי הוא ולברתיי מה **איכול** למיעבד לאיליין יומא דין או GN 31:43
לוט בגיני יתיה לואי **איכול** למסדרא סידרי קרב ביה NU 22:11
דייי ועם גובריא **ויכילת** להום: ושאיל יעקב ואמר GN 32:29
וזיתין דלא טרחת למנצב **ותיכול** ותיסבוע: אסתמרו לכון DT 6:11
עיסבא בחקלך לבעירך **ותיכול** ותיסבע: איסתמרו לכון DT 11:15
כפעל בכרמא דחברך **ותיכול** כרעוות נפשך עד דתיסבע DT 23:25
ויפקדינך ייי פיקודיא **ותיכול** למיקום למישמעהון ואוף EX 18:23
ומעשר תליתאי תיסק **ותיכול** קדם ייי אלקך ותימר הא DT 26:13
מיני היכדין אית לי **יוכלא** לתרכותהון: לא תידחלון DT 7:17
למימר: מן בגלל דלא הות **יוכלא** מן קדם ייי לאעלא ית עמא NU 14:16
מרודי מלמסובלא ברם **יוכלא** קדמך למשבוק יתיה: הא GN 4:13
ואתון שמעתון מן **ייכול** למיקם קדם בנוי דעפרון DT 9:2
בעפרא דמדברא אמר מן **ייכול** לממני זכוותא חסינייא NU 23:10
בישרא וניכול: לית אנא **יכיל** בלחודי למיטען לכל עמא NU 11:14
דמליל לכון: היך אנא **יכיל** בלחודיי למסבול טרחות DT 1:12
דתיברז ית אבא: ולא **יכיל** יוסף למסוברא דלא למבכי מן GN 45:1
דישראל ולא הוה **יכיל** למיזקפהון בצלו ומן דהוה צבי EX 17:12
ישראל יקרן מן סיבו ולא **יכיל** למיחמי וקריב יתהון לוותיה GN 48:10
חזוונא דארעא ולא יהוי **יכיל** למיחמי ית ארעא וישיצי ית EX 10:5
הוית אמר לית אנא **יכיל** למייקרא יתך: ואמר בלעם NU 22:37
דלא אברם גזיר לא הוה **יכיל** למיקם וגחן על אנפוי ומליל GN 17:3
למשלפיה מן רישיה ולא **יכיל** מן בגלל דמשכי ככיה ושיניה NU 21:35
שנין אנא יומנא לית אנא **יכיל** תוב למיפק ולמיעל ומימרא DT 31:2
העוד כדון אבא קיים ולא **יכילו** אחוי לאתבא ליה פתגם ארום GN 45:3
באינשא ובבעירא: ולא **יכילו** איסטיגניניא למיקם קדם EX 9:11
לאנפקא ית קלמין ולא **יכילו** והות מחת קלמי שלטא EX 8:14
איתריכו ממצרים ולא **יכילו** למישהי וספיקא להון למיכל EX 12:39
מיא: ואתו למרה ולא **יכילו** למישתי מוי ממרה ארום EX 15:23
הוה קיניינהון סגי ולא **יכילו** למיתב כחדא: והוו דיינין בין GN 13:6
רמיא עליהון ולא **יכילו** למעבד פיסחא ביומא ההוא NU 9:6
אשכחו צלילן ארום לא **יכילו** למשתי מן מוי דבנהרא: EX 7:24
מיתו וסרי נהרא ולא **יכילו** מצראי למישתי מוי מן נהרא EX 7:21
על דיינא חד דאנא לא **יכילנא** בלחודיי למסוברא יתכון: DT 1:9
ית נפשי ואנא לא **יכילנא** לאישתיזבא לטוורא דילמא GN 19:19
אישתיזב לתמן ארום לא **יכילנא** למיעבד מידעה עד מיעלך GN 19:22
אתיתי לותך כדון המיכל **יכילנא** למללא מידעם פיתגמא NU 22:38
אתיא לעלמא דאתי לא **יכילת** למילוט יתי כל דכן בנוי NU 22:30
נחלין מוחין מתגברין ולא **יכילת** למסובלא יתהון GN 49:4
למיעול לאפרת ולא **יכילת** לסוברותה למקברה במערת GN 48:7
ארום אמרת לית אנא **יכלא** למיחמי במותא דטליא GN 21:16
דלא יצמח וכתייא **יכלון** יתהון בעלי דבביכון: ואיתן LV 26:16
לווטייא אילין היך **יכלון** לסוברותהון ודילמא יעבד DT 28:15
ואמר משה קדם ייי לא **יכלון** עמא למיסק לטוורא דסיני EX 19:23
כולהון קריבוי ולא הוו **יכלין** להנזקותיה נס תמינאי NU 25:8
עיבורא היכמא דאינון **יכלין** לסוברא ושוי כסף גבר בפום GN 44:1
סגי מלמיתב כחדא ולא **כהילת** ארעא תותבתהון לסוברא GN 36:7
ניסק ונירת יתה ארום **מיכל** ניכול לה: וגובריא דסליקו NU 13:30
ונירת יתה ארום מיכל **ניכול** לה: וגובריא דסליקו עימיה NU 13:30
דסליקו עימיה אמרו לא **ניכול** למיסוק לות עמא ארום NU 13:31
ליצחק אנן לא **ניכול** למללא לך ביש או טב: הא GN 24:50
אחתהון: ואמרו להום לא **ניכול** למעבד ית פיתגמא הדין GN 34:14
ואיזילו רעו: ואמרו לא **ניכול** עד די יתכנשון כל עדריא GN 29:8
בישרא בכל ריגגת נפשך **תיכול** בישרא: ארום יתרחק מנכון DT 12:20
באפרשות קודשייא לא **תיכול**: וברת כהין ארום תהי LV 22:12
מן מזוניה דאיבהא **תיכול** וכל חילוניי לא ייכול ביה: LV 22:13
לשמייא ומני כוכביא אין **תיכול** למימני יתהון ואמר ליה כדון GN 15:5
מינכון אורחא ארום לא **תיכול** למסוברא ית מעשרא ארום DT 14:24
יקיר מינך פיתגמא לא **תיכול** למעבדיה בלחודך: כדון קביל EX 18:18
מן קדמיכון קליל לא **תיכול** לשיציותהון בפריע דילמא DT 7:22
לא תתובון לאורייתא לא **תיכלון** לאיתסאה אלהין תילקון DT 28:35
ובגרבא ובחיכוכא דלא **תיכלון** לאיתסאה: ימחינכון מימרא DT 28:27

כהן (364)

וישתטיף במוי: כל דכורא **בכהניא** ייכול יתה קודש קודשין LV 6:22
ייי אשמא הוא: כל דכורא **בכהניא** ייכלונה באתר קדיש LV 7:6
טריפן: ויסב אלעזר **בכיהוניא** מן אדמיה באדבע יד NU 19:4
קודשין מטול כלילא **דכהונתא** דאהרן ובנוי ואליהו כהנא EX 40:10
ארתכין דנור כלילא **דכהונתא** דידיה הוות שבעתי יומי DT 34:5
עשרין וארבע מוהבותא **דכהונתא** דיהב ליה ייי הינון DT 18:2
ותיתסק: וכל מנחתא **דכהנא** גמירא תסתדר ותיהווי לא LV 6:16
כהנא ביד ימיניה על ידא **דכהנא** דשמאלא: וידי כהנא LV 14:26
דמשחא ויריק על ידה **דכהנא** דשמאלא: ויטמש כהנא ית LV 14:15
בר ישראל דהוא תותבא **דכהנא** ואגירא לא ייכול קודשא: LV 22:10
לכל חיזיו דחמיין עינוי **דכהנא** ומתכוונן בין למדכייא ובין LV 13:12
קינאיתא היא ובידא **דכהנא** יהון מיא מריריא בדוקיא: NU 5:18
מן משחא דעל ידא **דכהנא** יתן על רישא דמידכי LV 14:29
מן מישחא דעל ידא **דכהנא** יתן על רישא דמידכי ויכפר LV 14:18
באסלין על ידיהון דטלא **דכהנא** כהנא ויסובורונון למיברא LV 16:27
דעבד לתורא דחטאתא **דכהנא** רבא הכדין יעביד ליה ויכפר LV 4:20
דאוקיד ית תורא קדמאה **דכהנא** רבא מטול דשיבוק חובין LV 4:21
יפוק קטולא כל אימת **דכהנא** רבא קיים מן תחום קרתא NU 35:26
דעשרין וארבע מוהבתא **דכהניא** איתגזרו בקיים מילחא בגין LV 2:13
ליוסף ומלכותא ליהודה **וכהונתא** ללוי: מדימנא לך לגינא GN 49:3
לה סידורי קיסין דתיניא **וכהנא** אוחרן יכוס יתה קדמוי NU 19:3
ואגירא לא ייכול קודשא: **וכהנא** ארום יקני בר נש נוכראה LV 22:11
די יכפר ביה דיליה יהי: **וכהנא** דימקרב ית עלת גבר אוחרן LV 7:8
קדם טיבוליה עד רמשא: **וכהנא** דמתעסק ביקידתא יצבע NU 19:8
דמייתי יתה לות כהנא **וכהנא** ימטינה למדבחא: ויפרש LV 2:8
אתקבלא ברעוא קדם ייי: **וכהנא** רבא דמתרבי במשחא וברם LV 6:15
וזניית בנורא תיתוקד: **וכהנא** רבא דמתרברב על אחוי די LV 21:10
לישנין: ומליל משה **וכהניא** בני לוי עם כל עמא למימר DT 27:9
על טוורא דעיבל וארונא **וכהניא** וליואי במציעא מברכיא DT 27:15
למיקום מלכין ושליטין **וכהנייא** בפלוגתהון לקרבא קורבנין GN 50:1
ותיסק אנת ואהרן עימך **וכהנייא** ועמא לא יכוונון למיסוק EX 19:24
עם קדיש וכינשת נביאין **וכהנין** יהון מבינך דאולידתא ותרין GN 35:11
קדמי מלכין קטרי כלילא **וכהנין** משמשין ועם קדיש איליין EX 19:6
ית אהרן ית לבושוי איקר **כהונתא** ואלביש ית אלעזר בריה NU 20:28
הוי לך בכורותא ורבות **כהונתא** ומלכותא ועל די חטית ברי GN 49:3
ית אהרן ית לבושוי יקר **כהונתא** ותלבישינון ית אלעזר NU 20:26
והוה מתרץ להון סדר **כהונתא** ותמן יתבין סבי ישראל EX 39:33
למיפלוג על עיסק **כהונתא** כקרח וככנישת סעדוי NU 17:5
ועד כדון לא איתייהבת **כהונתא** לאהרן ואסיקו עלוון EX 24:5
להון כובעין ותהי להון **כהונתא** לקיים עלם ותקרב קורבנא EX 29:9
וכדון אתון תבעין אוף **כהונתא** רבתא: בגין כן אנת וכל NU 16:10
דייי בית מלכותא ובית **כהונתא** רבתא: וכד חמא פרעה כדין EX 1:21
דירבון יתיה למחסן **כהונתא** רבתא חד מן עשרא בתלת LV 6:13
וית בנוי תמני ויטרון ית **כהונתהון** וחילוניי דיקרב יתקטל NU 3:10
עימך תקבלון ית חובי **כהונתכון** אין לא מזדהרין NU 18:1
מתנה איתן בדכותא ית **כהונתכון** וחילוניי דיקרב יתקטל: NU 18:7
ובנך עימך תינטרון ית **כהונתכון** לכל פיתגם מדבחא NU 18:7
על ריעייה יוקד: ויסב **כהין** אוחרן בקעתא דקיסא NU 19:6
קודשייא לא תיכול: וברת **כהין** ארום תהי ארמלא או מיתרכא LV 22:13
ייכלון בלחמיה: וברת **כהין** ארום תהי מתנסבא לגבר LV 22:12
נפיחן וקליטן: כל גבר **כהין** דביה מומא מזרעא דאהרן LV 21:21
סובתיה בחייוי: בר נש **כהין** דיקרב ביה יהי מסאב עד LV 22:6
בעידן קיבול סובתא גבר **כהין** דכי וידי על משכנא ועל כל NU 19:18
עד רמשא: ויכנוש גבר **כהין** דכי ית קיטמא דתורתא בקלל NU 19:9
לזנו ואמר יהודה הלא בת **כהין** היא הנפקוהא ותיתוקד: תמר GN 38:24
ייי מקדישכון: וברת גבר **כהין** מארסא ארום תפיס גרמה LV 21:9
ויפקון מגו סידורא ויוקד **כהן** אוחרן ית תורתא כד חמי NU 19:5
שיחנא היא וידכיניה **כהנא**: או בר נש ארום יהי במשכיה LV 13:23
סגירו ויתיתיה לות אהרן **כהנא** או לות חד מבנוי כהנא: ויחמי LV 13:2
לפסגהא: וינתנון בני אהרן **כהנא** אישתא על מדבחא ויסדרון LV 1:7
ביה לא תיטפי וילפי עלה **כהנא** אעין בצפר בצפר עד ארבע LV 6:5

תיסבון ותיתנון לאלעזר **כהנא** אפרשותא לשמא דייי: NU 31:29
למשכן זימנא: ויטמש **כהנא** אצבעיה מן אדמא ויידי מיניה LV 4:17
כואה היא וידכיניה **כהנא** ארום צולקת כואה היא: וגבר LV 13:28
ית ניזריה: וירים יתהון **כהנא** ארמא קודשא הוא לכהנא על NU 6:20
קנאה בר אלעזר בר אהרן **כהנא** אתיב ית ריתחי מעל בני NU 25:11
דכהנא דשמאלא: וידי **כהנא** באדבעיה דימינא ממישחא LV 14:27
מן בגלל דלא יסתאב **כהנא** באוהלא דמיתא נס NU 25:8
לאשמא: ויכפר עלוי **כהנא** בדיכרא דאשמא קדם ייי LV 19:22
ימינא: ומן משחא יריק **כהנא** ביד ימיניה על ידא דכהנא LV 14:26
דריגליה דימינא: ויסב **כהנא** בידיה ימינא מלוגא דמשחא LV 14:15
שובעא יומין: ויחמיניה **כהנא** ביומא שביעאה אין הלכא LV 13:27
שבעא יומין: ויחמיניה **כהנא** ביומא שביעאה והא מכתשא LV 13:5
ביתא שובעא יומין: ויתוב **כהנא** ביומא שביעאה ויחמי והא LV 14:39
קודשא קדם ייי ויעליניה **כהנא** בין טב לבין ביש היכמה LV 27:14
צפרא נכיסא הוה מקבר **כהנא** במיחמי מצורעא: ויצבע LV 14:7
נכיסתא הוה מקבר **כהנא** במיחמי מרי ביתא: דא תיהוי LV 14:53
ביד איתמר בר אהרן **כהנא:** בני מררי לגניסתהון לבית NU 4:28
בדוקיא: ויומי יתה **כהנא** בשבועת שמא רבא ויקירא NU 5:19
יומין תיניינות: ויחמי **כהנא** בתר דחוורו ית מכתשא והא LV 13:55
ופיפיירא ותיעלון לות **כהנא** די יהוי ממני לכהין רב ביומיא DT 26:3
אורייתא חדא להון **כהנא** די יכפר ביה דיליה יהי: וכהנא LV 7:7
ייי קדש קודשין היא: **כהנא** די מכפר באדמה ייכלינה LV 6:19
סכומי משה ואלעזר **כהנא** די סכמון ית בני ישראל NU 26:63
מן סכומי משה ואהרן **כהנא** די סכמון ית בני ישראל NU 26:64
קיים עלם: ויכפר **כהנא** די רבי יתיה ודיקרב קורבניה LV 16:32
קיטמא: ויצבע לבושוי **כהנא** דינכס ית תורתא ויסחי NU 19:7
שובעא יומין ילבשינון **כהנא** דיקום בתרוי מן בנוי ולא מן EX 29:30
וגוללא ודופקא: וידי **כהנא** דכיא על גברא מסאבא NU 19:19
חובת עיגלא היא: ויצבע **כהנא** דכניש ית קיטמא דתורתא NU 19:10
לכון לקיים עלם ולחוד **כהנא** דמדי מי אדיותא יצבע NU 19:21
חדא דמשח זיתא: ויוקים **כהנא** דמדכי ית גברא דמידכי וית LV 14:11
וקרבן ידוי דאליהו **כהנא** דמקרב בטוורא כרמלא DT 33:11
ית בוציניה שבעא ודליק **כהנא** דמתמני ית בוצינהא ויהון EX 25:37
בדיל דלא למיצת מן **כהנא** דקאים לשמשא תמן קדם ייי DT 17:12
למשריתא ויהי מסאב **כהנא** ההוא קדם טיבוליה עד NU 19:7
ליואי אלעזר בר אהרן **כהנא** הוא הוה שאיל באורייא NU 3:32
למיקטליה בנכילו אפילו **כהנא** הוא ומשמש על גבי מדבחי EX 21:14
לבין ביש היכמה דיעלי **כהנא** היכדין יהי: ואין מפרוק LV 27:12
לבין ביש היכמה דמעלן **כהנא** היכדין יקום: ואין דין LV 27:14
לבושי קודשא די לאהרן **כהנא** היכמא דפקיד ייי ית משה: EX 39:1
דייי: ועבד משה ואלעזר **כהנא** היכמא דפקיד ייי ית משה: NU 31:31
אפרשותא דייי לאלעזר **כהנא** היכמא דפקיד ייי ית משה: NU 31:41
כרמא ולא פרקיה מן **כהנא** ואחליה יהך ויתוב לביתיה DT 20:6
פנחס בר אלעזר בר אהרן **כהנא** ואידכר הילכתא עני ואמר NU 25:7
יד נודירא היכדין יעליניה **כהנא:** ואין בעירא דיקרבון מינה LV 27:8
בידא דאיתמר בר אהרן **כהנא:** ובצלאל בר אורי בר חור EX 38:21
קדם ייי מתפרק מן **כהנא:** ובשתא חמישיתא תיכלון ית LV 19:24
ניתקא דכי הוא וידכיניה **כהנא:** וגבר או איתא ארום יהי LV 13:37
וייתי לות כהנא: ויחמיניה **כהנא** והא איתהפיך מכתשא LV 13:17
בלחודא: ויחמי יתה **כהנא** והא אתהפיך שערא למחוור LV 13:25
בהקי בהקי חוורן: ויחמי **כהנא** והא במשך בישריהון בהקי LV 13:39
בתר דכותיה: ויחמיניה **כהנא** והא הליך פיסיון ניתקא LV 13:36
תניינות לכהנא: ויחמי **כהנא** והא הליכת פיסיונא דקלופי LV 13:8
ויתחמי לות כהנא: ויחמי **כהנא** והא חיזווהא מכיך מן משכא LV 13:20
ובין לסאבא: ויחמי **כהנא** והא חפת סגירותא ית כל LV 13:13
מסאב הוא: ואין יחמי **כהנא** והא לא הליך פיסיון מכתשא LV 13:53
היא: ואין יחמינה **כהנא** והא לית בבהקי שער חיוור LV 13:26
סגיאת: ואין יחמינה **כהנא** והא לית בה שער חיוור LV 13:21
למיחמי ית ביתא: ויחמי **כהנא** והא מכתשא כתרין מן אבני LV 14:37
או בלבדיה: ואין חמא **כהנא** והא עמא מכתשא בתרו LV 13:56
ויתיתי לות כהנא: ויחמי **כהנא** והא שומא זקיפא חוורא LV 13:10
ויחמי יתיה **כהנא** והא שומת מכתשא חוורא LV 13:43
הוא משה נביא ואהרן **כהנא:** והוה ביומא דמליל ייי עם EX 6:27
למדבחא ויכפר עלוי **כהנא** וידכי: ואין מיסכן הוא ולית LV 14:20
לכון ית ארעא אלעזר **כהנא** ויהושע בר נון: ונשיאי ואמרכל NU 34:17
בכל מאן דיצלא: ויפקד **כהנא** ויחוורון ית עיסקא דביה LV 13:54
ומן בתר דאיתטש: ויתי **כהנא** ויחמי והא הליך פיסיון LV 14:44
מערבין ויתחמי לות **כהנא:** ויחמי כהנא והא חיזווהא LV 13:19
יהי בבר נש ויתיתי לות **כהנא:** ויחמי כהנא והא שומא זקיפא LV 13:9
כהנא או לות חד מבנוי **כהנא:** ויחמי כהנא ית מכתשא LV 13:2
לחיוור וייתי לות **כהנא:** ויחמיניה כהנא והא איתהפיך LV 13:16
לבושוי: ואין מיעל ייעול **כהנא** וייחמי והא לא הליך פיסיון LV 14:48
לתרע משכן זימנא לות **כהנא** ויכסון ניכסת קודשין קדם ייי LV 17:5
בעילוייה לאשמא לות **כהנא** ויכפר עלוי כהנא על שלותיה LV 5:18

בעילוייה לאשמא לות **כהנא:** ויכפר עלוי כהנא קדם ייי LV 5:25
לאגחא קרבא ויתקרב **כהנא** וימלל עם עמא: ויימר להון DT 20:2
סגירותא הוא ויחמיניה **כהנא** ויסאיב יתיה: ואם בהקי LV 13:3
סגירותא מן סגירא: ויפקד **כהנא** ויסב לדמידכי תרין ציפורין LV 14:4
על ידיהון דטלא דכהנא **כהנא** ויסובורונון למיברא LV 16:27
ייי ויקם ית בעירא קדם **כהנא:** ויעלי כהנא יתה בין טב לבין LV 27:11
עילוייה ויוקימיניה קדם **כהנא** ויעליניה כהנא כמיסת LV 27:8
דדכותיה ויתיתי לוות **כהנא:** ויפוק כהנא למיברא LV 14:2
איתחמי לי בביתא: ויפקד **כהנא** ויפנון ית ביתא עד לא ייעול LV 14:36
אמר לאלעזר בר אהרן **כהנא** ויפרש ית מחתיא מן בני NU 17:2
מן משכא וידכי יתיה **כהנא** ויצבע לבושוי וידכי: ואין LV 13:34
מדכרת חובין: ויקרב יתה **כהנא** ויקימינה קדם ייי: ויסב כהנא NU 5:16
היא: וייתיניה לות **כהנא** ויקמוץ כהנא מינה מלי LV 5:12
לעלתא: וייתי יתהון לוות **כהנא** ויקרב ית מן דאתבחר LV 5:8
לתרע משכן זימנא לות **כהנא:** ויקרביניה קדם ייי ויכפר עלה LV 12:6
שירוי חצדכון לות **כהנא:** וירים ית עומרא קדם ייי LV 23:10
בכותלי ביתא: ויפקד **כהנא** וישמטון ית אבניא דיבהון LV 14:40
ותקים יתיה קדם אהרן **כהנא** וישמשון יתיה: ויתפלגון NU 3:6
יעביד ליה ויכפר עליהון **כהנא** וישתביק להון: ויפיק ית תורא LV 4:20
קדם ייי ויכפר עלוי **כהנא** וישתביק ליה: ואין אימר ייתי LV 4:31
לבושי קודשא דלאהרן **כהנא** וית לבושי בנוי לשמשא: EX 35:19
וית לבושי קודשא לאהרן **כהנא** וית לבושי בנוי לשמשא: הי EX 39:41
וית לבושי קודשא לאהרן **כהנא** וית לבושי בנוי לשמשא: וית EX 31:10
עליהון משה ית אלעזר **כהנא** וית רישי אבהת שיבטיא לבני NU 32:28
כל בישרא לעפרא יסב **כהנא** ויתן למיא: ויוקם כהנא ית NU 5:17
גברא דמייתי יתה לות **כהנא** וכהנא ימטינה למדבחא: LV 2:8
ונפקו משה ואלעזר **כהנא** וכל אמרכלי כנישתא NU 31:13
בארעא עד זמן דימות **כהנא:** ולא תטנפון ית ארעא דאתון NU 35:32
ויהבית יתהון לאהרן **כהנא** ולבנוי לקיים עלם מן בני LV 7:34
בידא דאיתמר בר אהרן **כהנא:** ולבני קהת לא יהב עגלן NU 7:8
לות משה ולות אלעזר **כהנא** ולות כל כנישתא דבני ישראל NU 31:12
ואמרו למשה ולאלעזר **כהנא** ולרברבי כנישתא למימר: NU 32:2
בידא דאיתמר בר אהרן **כהנא:** ומנא משה ואהרן ית בני קהת NU 4:33
ואקימיה קדם אלעזר **כהנא** וקדם כל כנישתא: וסמך ית NU 27:22
ותקים יתיה קדם אלעזר **כהנא** וקדם כל כנישתא ותפקיד NU 27:19
בתר דקמא קדם אלעזר **כהנא** וקדם רברביא וכל כנישתא NU 27:2
חושבנא אנת ואלעזר **כהנא** ורישי אבהת כנישתא: ותפליג NU 31:26
וחד לחטאתא ויכפר עלה **כהנא** ותידכי: ומליל ייי עם משה LV 12:8
קדם ייי ויכפר עלה **כהנא** ותידכי מבוע תרין דמהא דא LV 12:7
קמאה דפיסחא ירימיניה **כהנא:** ותעבדון ביום ארמותכון ית LV 23:11
לתרע משכן זימנא: ויעבד **כהנא** חד חטאתא וחד לעלתא NU 6:11
ויתנינון לכהנא: ויעבד **כהנא** חד קרבן חטאתא וחד קרבן LV 15:15
ייי על מימרא דאלעזר **כהנא** יהון נפקין לסדרי קרבא ועל NU 27:21
ויתין יתיה לכהנא וברם **כהנא** יכפר עלוי בדיכרא דאשמא LV 5:16
דבני ישראל: וקדם אלעזר **כהנא** ישמיש ויהי כד יתכסי מיניה NU 27:21
קדם ייי ויקרבון בני אהרן **כהנא** ית אדמא במניא וידרקון ית LV 1:5
קדם ייי יתהון: ויזרוק **כהנא** ית אדמא על מדבחא דייי LV 17:6
דנכסת קודשיא: ויסב **כהנא** ית אדרועא דמיבשלא NU 6:19
זימנא קדם ייי: ויסב **כהנא** ית אימרא דאשמא וית לוגא LV 14:24
בתרע משכן זימנא: ויסב **כהנא** ית אימרא חד ויקריב יתיה LV 14:12
מן רשותיה דבעליך: ויומי **כהנא** ית איתתא בקיום קינומתא NU 5:21
כהנא ויתן למיא: ויוקם **כהנא** ית איתתא קדם ייי ויאסור NU 5:18
למשכן זימנא: ויטמש **כהנא** ית אצבעיה באדמא ויידי מן LV 4:6
דכהנא דשמאלא: ויטמש **כהנא** ית אצבעיה ימינא מן משחא LV 14:16
דביה יהי מסאב: ויחמי **כהנא** ית בישרא חייא ויסאיביניה LV 13:15
דאיתטש ית ביתא וידכי **כהנא** ית ביתא ארום איתסי LV 14:48
ונסב משה ואלעזר **כהנא** ית דהבא מן רבני אלפין NU 31:54
ייי: ונסיב משה ואלעזר **כהנא** ית דהבא מנהון כל מאן NU 31:51
לתרע משכן זימנא: ויעבד **כהנא** ית חד חטאתא וית חד עלתא LV 15:30
יחליל במיא ויקרב **כהנא** ית כולא ויסיק למדבחא LV 1:13
וריגלוי יחליל במיא ויסק **כהנא** ית כולא למדבחא עלתא היא LV 1:9
קדם ייי ויעבד לה **כהנא** ית כל אורייתא הדא: ואין NU 5:30
לבני ישראל: ונסיב אלעזר **כהנא** ית מחתיית נחשא דקריבו NU 17:4
דיקנא הוא: וארום יחמי **כהנא** ית מכתש ניתקא והא לית LV 13:31
אוכם לית ביה ויסגר **כהנא** ית מכתש ניתקא שובעא LV 13:31
שובעא יומין: ויחמי **כהנא** ית מכתשא ביומא שביעאה LV 13:32
חד מבנוי כהנא: ויחמי **כהנא** ית מכתשא במשך בישרא LV 13:3
מכתשא למחוור וידכי **כהנא** ית מכתשא דכי הוא: ובר נש LV 13:17
בריש או בדקן: ויחמי **כהנא** ית מכתשא והא חיזויה עמיק LV 13:30
ויתחמי לכהנא: ויחמי **כהנא** ית מכתשא ויסגר ית מכתשא LV 13:50
לחיור כסידא ויסגר **כהנא** ית מכתשא שבעא יומין: LV 13:4
על סלא דפטיריא ויעביד **כהנא** ית מנחתיה וית ניסוכיה: ויגלב NU 6:17
שובעא יומין: ויחמי **כהנא** ית ניתקא ביומא שביעאה LV 13:34
ניתקא לא יספר ויסגר **כהנא** ית ניתקא שובעא יומין: ויחמי LV 13:33

קדם ייי: וידייק ליה **כהנא** ית סכום דמי עלוייה עד LV 27:23
יקדיש חקליה וידייק ליה **כהנא** ית סכום כספא כמיסת שניא LV 27:18
לאבהתן למיתן לנא: ויסב **כהנא** ית סלא דביכוריא מן ידך DT 26:4
כן יכוס ית עלתא: ויסיק **כהנא** ית עלתא וית מנחתא LV 14:20
עלוי כהנא קדם ייי: ויעבד **כהנא** ית קרבן חטאתא ויכפר על LV 14:19
מנחתא היא: ויסיק **כהנא** ית שבח אדכרתה מן LV 2:16
על כל לבונתא ויסיק **כהנא** ית שפר אדכרתא למדבחא LV 2:2
יתיה ארמא קדם ייי: ויסק **כהנא** ית תרבא למדבחא ויהי חדיא LV 7:31
בעירא קדם כהנא: ויעלי **כהנא** יתה בין טב לבין ביש היכמה LV 27:12
לנכסת קודשיא: וירים **כהנא** יתהון על לחמא דביכוריא LV 23:20
רישיה וית גופיה ויסדר **כהנא** יתהון על קיסין דעל אישתא LV 1:12
יומין תניינות: ויחמי **כהנא** יתיה ביומא שביעאה תניינות LV 13:6
פיסיונא במשכה ויסאיב **כהנא** יתיה מטול דמכתש סגירותא LV 13:27
פיסיונא במשכא ויסאב **כהנא** יתיה מכתשא הוא: ואין LV 13:22
קדם כהנא ויעלינֵיה **כהנא** כמיסת דתדביק יד נודירא LV 27:8
ויסאיביניה ויחלטיניה **כהנא** לא יסגירניה ארום מסאב הוא: LV 13:11
מומא מזרעא דאהרן **כהנא** לא יתכשר לקרבא קרבניא LV 21:21
שמא רבא ויקירא ויימר **כהנא** לאיתתא אין לא סטית NU 5:19
בקיום קינומתא ויימר **כהנא** לאיתתא יתן ייי יתיך ללוט NU 5:21
תהי יוקדא ביה: וילבוש **כהנא** לבושין דבוץ ואוורקסין דבוץ LV 6:3
תדון עלוי: ואמר אלעזר **כהנא** לגוברי חילא דאתו מן סדרי NU 31:21
וית פנחס בר אלעזר **כהנא** לחילא ואוריא ותומיא NU 31:6
זהורי ואיזובא: ויפקד **כהנא** לטבחא ויכוס ית ציפורא LV 14:5
דאדום: וסליק אהרן **כהנא** לטוורוס אומנוס על מימרא NU 33:38
יוניא מן גוזלין: ויקרביניה **כהנא** למדבחא ויחזום ית רישיה LV 1:15
ניכסת קודשיא ויסק **כהנא** למדבחא לאיתקבלא ברעוא LV 4:31
כולייתא יעדינה: ויסקינון **כהנא** למדבחא לחים קורבנא LV 3:16
יעדינה: ויסקיניה **כהנא** למדבחא לחים קורבנה קדם LV 3:11
גדפוי מיניה ויסיק יתיה **כהנא** למדבחא על קיסין דעל LV 1:17
קודשיא ויסיק יתהון **כהנא** למדבחא על קרבניא דייי LV 4:35
יעדינה: ויסיק יתהון **כהנא** למדבחא קרבנא קדם ייי LV 7:5
ויתיתי לוות כהנא: ויפוק **כהנא** למיברא למשריתא ויחמי LV 14:3
ומן בתר כדין ייעול **כהנא** למיחמי ית ביתא: ויחמי כהנא LV 14:36
ית ביתא עד לא ייעול **כהנא** למיחמי ית ביתא מטול דלא LV 14:36
למשה ולאלעזר בר אהרן **כהנא** למימר: קבילו ית סכום חושבן NU 26:1
ולקלופי ולבהקי: לאלפא **כהנא** לעמא בין יומא קבילא דלא LV 14:57
במשכא לא יפשפש **כהנא** לשער מצלהב מטול דמסאב LV 13:36
בני יוון ותייתי יתהון לות **כהנא** לתרע משכן זימנא: ויעבד LV 15:29
תרין גוזלין בני יוון לוות **כהנא** לתרע משכן זימנא: ויעבד NU 6:10
תמינאה לדכותיה לות **כהנא** לתרע משכן זימנא קדם ייי: LV 14:23
בר עיזי ויכפר עלוי **כהנא** מחובתיה דחב וישתביק ליה: LV 5:10
קודשיא ויכפר עלוי **כהנא** מחובתיה וישתביק ליה: ואין LV 4:26
הוא סאבא יסאיביניה **כהנא** מטול דברישיה מכתשיה: LV 13:44
למחוור ויסאיביניה **כהנא** מטול דמכתש סגירותא הוא LV 13:20
במשכא ויסאיביניה **כהנא** מטול דסגירותא הוא: מכתש LV 13:8
מיא בדוקיא ללוט: ויסב **כהנא** מידא דאיתתא ית מנחתא NU 5:25
ויקימינה קדם ייי: ויסב **כהנא** מיין קדישין מן כיורא בנטלא NU 5:17
לות כהנא ויקמוץ **כהנא** מינה מלי קומציה ית שבח LV 5:12
ודמסיר לאלעזר בר אהרן **כהנא** מישחא דאנהרותא וקטורת NU 4:16
קדם ייי לאהרן **כהנא:** מכל מתנתיכון תפרשון ית NU 18:28
סגיאת ויסאב יתיה **כהנא** מכתש סגירותא היא: ואין LV 13:25
זימנין קדם ייי: ויתן **כהנא** ממשחא דעל ידיה על גדירא LV 14:28
דיכוס ית עלתא: ויסב **כהנא** מן אדם חטאתא באדבעיה LV 4:34
באתרא דעלתא: ויסב **כהנא** מן אדמא באדבעיה ויתן על LV 4:30
קודש קודשין הוא: ויסב **כהנא** מן אדמא דאשמא ויתין כהנא LV 14:14
ית אימהא דאשמא ויסב **כהנא** מן אדמא דאשמא ויתין על LV 14:25
ייי חטאתא הוא: ויסב **כהנא** מן אדמא דחטאתא LV 4:25
פרגודא דקודשא: ויתן **כהנא** מן אדמא על קרנת מדבחא LV 4:7
יתיר מן כותלא: ויפוק **כהנא** מן ביתא לתרע ביתא מלבר LV 14:38
לחטאתא ויכפר עלוי **כהנא** מן חובתיה: ואין לא תארע LV 5:6
על גבי מדבחא: ויקמוץ **כהנא** מן מנחתא ית צריד אדכרתא NU 5:26
ימטינה למדבחא: ויפרש **כהנא** מן מנחתא ית שבח אדכרתא LV 2:9
דהב דקיק ויסאב יתיה **כהנא** ניתקא הוא סגירות רישא או LV 13:30
עירובין לחטאתא: ויכפר **כהנא** על בר נשא דאשתלי כד סרח NU 15:28
מן אדמא דאשמא ויתין **כהנא** על גדירא מיצעא דאודנא LV 14:14
על קרבן מנחתא ויכפר **כהנא** על דמידכי קדם ייי: דא תהוי LV 14:31
קרבניא דייי ויכפר עלוי **כהנא** על חובתיה דחב וישתביק LV 4:35
ממישחא דעל ידיה יתן **כהנא** על חסחוס דאודנא דמידכי LV 14:17
חד לחטאתא: ויכפר **כהנא** על כל כנישתא דבני ישראל NU 15:25
ית לווטייא האילין **כהנא** על מגילתא וימחוק למיא NU 5:23
אימרא ומן עיזא ויסקינון **כהנא** על מדבחא דעלתא: וית כל LV 4:10
לות כהנא ויכפר עלוי **כהנא** על שלותיה דאשתלי והוא LV 5:18
ומליל משה ואלעזר **כהנא** עם אמרכליא ואמר למימני NU 26:3
קרבן עלתא ויכפר עלוי **כהנא** קדם ייי וידכי מן דוויה: וגבר LV 15:15

רישא דמידכי ויכפר עלוי **כהנא** קדם ייי: ויעבד כהנא ית קרבן LV 14:18
וניסכיהון: ויקריב **כהנא** קדם ייי ויעביד ית חטתיה NU 6:16
לות כהנא: ויכפר עלוי **כהנא** קדם ייי וישתביק ליה על LV 5:26
דיקרבון יתה בני אהרן **כהנא** קדם ייי לקדם מדבחא: LV 6:7
וית חד עלתא ויכפר עלה **כהנא** קדם ייי מדוב סאובתא: LV 15:30
במשכא וידכיניה **כהנא** קלופי מיטפלא הוא ויצבע LV 13:6
ויעבד מן חד מנהון: אין **כהנא** רבא דמתרבי במישחא יחוב LV 4:3
ית תורא קדם ייי: ויסב **כהנא** רבא דמתרבי במשחא מדמא LV 4:5
ית פנחס הוא אליהו **כהנא** רבא דעתיד למשתלחא EX 6:18
דאהרן ובנוי ואליהו **כהנא** רבא דעתיד למשתלחא בסוף EX 40:10
ויתיב בה עד זמן דימות **כהנא** רבא דרבי יתיה סגנא במשח NU 35:25
דקלטיה יתיב עד דימות **כהנא** רבא ומן בתר דימות כהנא NU 35:28
דייי על ידוי דאליהו **כהנא** רבא ומתמן יקרב יתכון על DT 30:4
רבא ומן בתר דימות **כהנא** רבא יתוב קטולא לארע NU 35:28
ית תורא קדם ייי: ויעיל **כהנא** רבא מן אדמא דתורא למשכן LV 4:16
ולא יהי לסנאוי דיוחנן **כהנא** רבא רגל למקום: לשיבטא DT 33:11
בלעם חייבא ית פנחס **כהנא** רדיף מן בתרוי עבד מילתא NU 31:8
במשכא ויסגירניה **כהנא** שבעא יומין תניינות: ויחמי LV 13:5
דהיא עמיה ויסגירניה **כהנא** שובעא יומין: ואין הלכא LV 13:21
דהיא עמיא ויסגרניה **כהנא** שובעא יומין: ויחמיניה כהנא LV 13:26
קבל שיתין אתין דברכת **כהניא** אימרין בני שתא שנין NU 7:88
במצע חקלא: ויקרבון **כהניא** ביני לוי ארום בהון אתרעי DT 21:5
ותיכלון יתיה אתון **כהניא** בכל אתר אתון ואינש NU 18:31
ממותרי קורבניא דיכלון **כהניא** דאוריתו להון אלעזר DT 18:8
הי ככל מה דילפון יתכון **כהניא** דמן שיבט לוי היכמא DT 24:8
הדא על סיפרא מן קדם **כהניא** דמן שיבט לוי: ותהי גביה DT 17:18
אלקכון ביה: ותיתון לות **כהניא** דמשיבט לוי ולות דיינא די DT 17:9
ותהי מברך: ואבריך ית **כהניא** דפרסין ידיהון בצלו ומברכין GN 12:3
אפיסתא יתה: ואתון **כהניא** דקיימין למשמשא קדמי לא EX 20:26
מנהון רב דבהון: ואוף **כהניא** דקריבין לשמשא ייי EX 19:22
תיגרא קדם ייי קדם **כהניא** ודיינייא דיהון ביומיא האינון: DT 19:17
ותיתנון יתה לאלעזר סגן **כהניא** ויהנפק יתה לחודה למיברא NU 19:3
וייתינא לות אהרן **כהניא** ויקמוץ מתמן מלי קומציה LV 2:2
לחים סידור פתורי ייכלון **כהניא** ומה דאתון מקרבין על גב NU 28:2
זימנא ועל מדבחא ועל **כהניא** ועל כל עמא דקהלא יכפר LV 16:33
הדין ועיננא לא חמון: **כהניא** יימרון כפר לעמך ישראל DT 21:8
זימנא וידרקון בני אהרן **כהניא** ית אדמא על מדבחא חזור LV 3:2
קדם ייי וידרקון בני אהרן **כהניא** ית אדמיה במזירקא על LV 1:11
אישתא: ויסדרון בני אהרן **כהניא** ית פסגייא וית רישא וית LV 1:8
כל דיקרב בהון מן **כהניא** יתקדש ומשאר שיבטיא EX 30:29
למתחמייא כד ייעלון **כהניא** לשיקוע מאני קודשא דלא NU 4:20
עמא בית ישראל יזכון **כהניא** לתלת מתנן דרועא ולועא NU 25:13
לארעא ונסבין יתיה **כהניא** מעילוי קנקל ומהדרין יתיה EX 27:5
ישראל ישוון אחוהון **כהניא** קטרת בוסמין על מחתיא DT 33:10
דמיתו תרין בנוי דאהרן **כהניא** רברביא בזמן קרוביהון LV 16:1
ולא תיבבון: ובני אהרן **כהניא** שלימיא יתקעון בחצוצרתא NU 10:8
ואילין שמהת בני אהרן **כהניא** תלמידיא דמשה רבהון NU 3:3
מתקרב ויכלון יתהון **כהנייא** ברם למדבחא לא יתסקון LV 2:12
מוקדשא בצפרא יהון **כהנייא** מקרבין אימר תדירא עד GN 49:27
ואתון לא כוותהון אלהין **כהנייא** שיילי אורייא ותומיא ונביא DT 18:14
למהוי להון רבותהון **לכהונת** עלם לדריהון: ועבד משה הי EX 40:15
הוא הא אנא מייחסיניה **לכהונתא** רבתא וחולף דאחד NU 25:13
לות כהנא די יהוי ממני **לכהין** רב ביומיא האינון ותימרון DT 26:3
אין תור אימר ויתנון **לכהנא** אדרעא דימינא ולוחא DT 18:3
קדם אלקיה: ותקדישיניה **לכהנא** ארום ית קרבן אלקך הוא LV 21:8
דמייתב קדם ייי יתן **לכהנא** בר מדכר כיפוריא די יכפר NU 5:8
אפרשותא קדם ייי **לכהנא** דזריק ית אדם ניכסת LV 7:14
דבני ישראל דיקרבון **לכהנא** דיליה יהון: וגבר ית מעשר NU 5:9
אוחרן משך עלתא דיקרב **לכהנא** דיליה יהי: וכל מנחתא LV 7:8
ניכסוי גבר מה דייתן **לכהנא** דיליה יהי: ומליל ייי עם NU 5:10
במרתחא ועל מסריתא **לכהנא** דמקרב יתה דיליה יהי: וכל LV 7:9
יוסיף עלוי ויתין יתיה **לכהנא** וברם כהנא יכפר עלוי LV 5:16
לדכותיה ויתחמי תניינות **לכהנא:** ויחמי כהנא והא הליכת LV 13:7
סגירותא הוא ויתחמי **לכהנא:** ויחמי כהנא ית מכתשא LV 13:49
משכן זימנא ויתנינון **לכהנא:** ויעבד כהנא חד קרבן LV 15:14
עלוי דייתי ית אינתתיה **לכהנא** ומטול דאיהי אטעימית NU 5:15
חומש דמוי עלוי ויתן **לכהנא** ית קודשא: ולא יפסון ית LV 22:14
תפרשון אפרשותא **לכהנא** כמא דמפרשין מן אידרא NU 15:20
במשכא בתר דאיתחמי **לכהנא** לדכותיה ויתחמי תניינות LV 13:7
וייתי דדיליה ביתא ויתני **לכהנא** למימר הי כמכתשא LV 14:35
אפרשותא אפרשותא **לכהנא** מניכסת קודשיכון: מאן LV 7:32
כהנא ארמא קודשא הוא **לכהנא** על חדיא דארמותא ועל NU 6:20
הכדין אשמא הוא **לכהנא** קודש קודשין הוא: ויסב LV 14:13
דמשלימין בעובדיהון **לכהנא** רבא דתבע אולפן מן קדם EX 28:30

ייי הי כחקיל אפרשא **לכהנא** תהי אחסנתיה: ואין ית LV 27:21
טוביה וביה: ותימר להון **לכהניא** באפרשותכון ית שפר NU 18:30
ואמר ייי למשה אימר **לכהניא** בני אהרן דכוריא דיתפרשון LV 21:1
ובנוי ביני ישראל: לא יהי **לכהניא** דמן שיבט לוי חולק DT 18:1
ודין יהי חולקא דחמי **לכהניא** מן עמא מלות דבחי דיבחין DT 18:3
ית אוריתא הדא ומסרה **לכהנייא** בני לוי דנטלין ית ארון DT 31:9
תחותוי מבנוי יקומון **לכהנין** איהוא יעבד יתה קיים עלם LV 6:15

כוב (3)

תיכלינא כל יומי חייך: **וכובין** ואטטין תצמח ותרבי בדילך GN 3:18
להון דלא יהנזקון להון **כובין** ולא חיוין ועקרבין וחד מטייל EX 12:37
ארום תיתפק נור ותשכח **כובין** ותגמר גדיש או מידעם דקאי EX 22:5

כובע (4)

ותעביד להון קמורין **וכובעין** תעבד להון ליקר EX 28:40
דבוצא וית ברצוץ **כובעיא** דבוצא וית אוורקסי בוצא EX 39:28
יתהון קמורין וכבש להון **כובעין** היכמה דפקיד ייי ית משה: LV 8:13
ובנוי ותכבוש להון **כובעין** ותהי להון כהונתא לקיים EX 29:9

כודנא (1)

עם אתני ולזמן אשכח ית **כודנייתא** דינפקו מנהון כד הוה רעי GN 36:24

כווא (1)

ארבעין יומין ופתח נח ית **כוות** תיבותא דעבד: ושדר ית GN 8:6

כוון (9)

דייי ודין כשר לצלן **מכוון** כל קבל תרע שמייא משכלל GN 28:17
רשיעי עמא כמצטערדין **מכוונין** והגיאן ביש קדם ייי ושמיע NU 11:1
מצוותא דאורייתא יהוון **מכוונין** ומחיין יתך על רישך וכד GN 3:15
ולא הוון תרעיהון **מכוונין** כלו קבל תרעי חבריהון NU 24:2
דתחומא מן תרין ציטרוי **מכוונין** לכרכוי דבר זעמה ולכרכוי NU 34:8
חד: תרין צירין ללוחא חד **מכוונן** סטר חד בגו סטר חד הכדין EX 36:22
דבית לופי תניינא **מכוונן** ענוביא חדא לקבל חדא: EX 36:12
דבבית ליפופה תיניינה **מכוונן** ענובייא חדא כל קבל חד: EX 26:5
תרתין צירין ללוחא חד **מכוונן** ציטר חד בגו חד הכדין EX 26:17

כוור (1)

יתי מכל בישא והיכמא **דכוורי** ימא סגי ומסתגי במיא כדין GN 48:16

כוי (5)

מן משכא סגירותא הוא **בכוואה** סגיאת ויסאב יתיה כהנא LV 13:25
כוואה דנור ותהי רושם **כואה** בהקי חוורא סמקא מערבין LV 13:24
בר נש ארום יהי במשכיה **כואה** דנור ותהי רושם כואה בהקי LV 13:24
כהנא ארום צולקת **כואה** היא: וגבר או איתא ארום יהי LV 13:28
והיא עמיא שומת **כואה** היא וידכיניה כהנא ארום LV 13:28

כוכב (15)

דמות שימשא וסיהרא **וכוכביא** ומזליא ומלאכיא EX 23:23
שימשא וזיהרא קדרון **וכוכביא** כנשו זיווהון אבהת עלמא DT 28:15
כדון לשמייא ומני **כוכביא** אין תיכול למימני יתהון GN 15:5
שובעא כל קבל שבעתי **כוכביא** דמתילין לצדיקיא דמנהרין EX 40:4
דמסדרין כל קבל שבעתי **כוכביא** דנהיגין בשיטריהון ברקיעא EX 39:37
וית זיהרא וית רישי **כוכביא** כל חילי שמיא ותטעון DT 4:19
למשלט בליליא וית **כוכביי**: וסדר יתהון אלקים על GN 1:16
שימשא וסיהרא וחדסר **כוכבייא** גחנן לי: ואישתעי לאבוי GN 37:9
אבון: ואסגי ית בנך הי **כוכבי** שמיא ואיתן לבנך ית כל GN 26:4
ואסגא אסגי ית בנך **ככוכבי** שמיא והי כחלא דעל כיף GN 22:17
להום אסגי ית בניכון הי **כוכבי** שמיא וכל ארעא הדא EX 32:13
לאסגאה ית עמא הדין הי **כוכבי** שמיא ולאחסנותהון ית NU 23:19
והאיתיכון יומא דין הי **כוכבי** שמיא לסגי: ייי אלקא DT 1:10
קלילא חולף דהויתון הי **כוכבי** שמיא לסוגי ארום לא DT 28:62
שוינכון ייי אלקכון הי **כוכבי** שמיא לסוגי: ותרחמון ית ייי DT 10:22

כול (1895)

דכר אשלמותא דשלים **בכולא** וסמכו אהרן ובנוי ית ידיהון LV 8:22
הינון דשלימון **בכולא** מטול לאתקבלא ברעוא LV 8:28
אברם: הלא לית לי רשו **בכולא** עדאה דבר מיני אכלו GN 14:24
ולא אתכוון למקטליה: או **בכל** אבנא דהיא כמיסת דימות NU 35:23
דמסובר גבר ית בריה **בכל** אורחא דהליכתון עד זמן DT 1:31
לימינא ולשמאלא: **בכל** אורחא דפקיד ייי אלקכון DT 5:33
מן קדם ייי אלקכון למהך **בכל** אורחן דתקנן קדמוי ולמרחם DT 10:12
ית ייי אלקכון למהך **בכל** אורחן דתקנן קדמוי ומטול DT 11:22
שלמכון וית מזופיתא **בכל** אושטות ידיכון דתעבדון עד DT 28:20
בגלל דיברכינך ייי אלקך **בכל** אושטות ידך על ארעא דאנת DT 23:21
ותיחדון קדם ייי אלקכון **בכל** אושטות ידכון: אסתמרו לכון DT 12:18
קדם ייי אלקכון ותחדון **בכל** אושטות ידכון דבריכיכון ייי DT 12:7
דמתבשלין מן שירויא **בכל** איבא דארעא דייי אלקכון DT 26:2
בחדא מכל איליין ארום **בכל** איליין איסתאבו עממיא דאנא LV 18:24
דכי קדמך באסרטא **בכל** אילן או על ארעא גוזלין או DT 22:6
סבא דביתיה דשליט **בכל** אפותיקי דליה שוי כדון ידך GN 24:2
ויהון דמא ויהי דמא **בכל** ארע דמצרים ובמני אעא ובמני EX 7:19
ארום לית דדמי לי **בכל** ארעא: ארום כדון שדרית ית EX 9:14
לטפלייא: ולחמא לית **בכל** ארעא ארום תקיף כפנא לחדא GN 47:13
על כל ביתיה ושליט **בכל** ארעא דמצרים: אוחו וסקו לות GN45:8
דארעא ויהי לקלמי **בכל** ארעא דמצרים ברם על ידך EX 8:12
ותהי צווחתא רבתא **בכל** ארעא דמצרים דדכותיה EX 11:6
ובעיסבא דחקלא **בכל** ארעא דמצרים: ואוחי פרעה EX 10:15
פרעה ועבר רב ושליט **בכל** ארעא דמצרים: ואצלחת ארעא GN41:46
שנייא אתיין שובעא רבא **בכל** ארעא דמצרים: ויקומון שבע GN41:29
לשחין סגי שלופוקיין **בכל** ארעא דמצרים: ונסיבו ית EX 9:9
מן נהרא והות מחת דמא **בכל** ארעא דמצרים: ועבדו היכדין EX 7:21
איתהפיך למיהוי קלמי **בכל** ארעא דמצרים: ועבדו היכדין EX 8:13
קיים וארום הוא שליט **בכל** ארעא דמצרים ופליג ליביה GN45:26
למרכוב על סוסיא **בכל** ארעא דמצרים: וקרא פרעה GN41:44
ומלכו: ומחא ברדא **בכל** ארעא דמצרים ית כל דבחקלא EX 9:25
לא חמית כוותהן **בכל** ארעא דמצרים לבישו: ואכלן GN41:19
מידעם: ואיתבדר עמא **בכל** ארעא דמצרים לגבבא גולי EX 5:12
לחדא דלא הוה דכותיה **בכל** ארעא דמצרים מן עידן דהות EX 9:24
צית שמייא ויהי ברדא **בכל** ארעא דמצרים על אינשא ועל EX 9:22
שמייא והוה חשוך דקביל **בכל** ארעא דמצרים תלתא יומין: EX 10:22
יוסף ארום תקיף כפנא **בכל** ארעא: וחמא יעקב ארום GN41:57
ומאילן איתבדרו למיתב **בכל** ארעא: ושרי נח למיהוי גבר GN 9:19
בגלל דתתני שמי קדישא **בכל** ארעא: עד כדון מתרברב בעמי EX 9:16
לכון בכל קירויכון **בכל** ארעכון דיהב ייי אלקכון לכון: DT 28:52
בהון לאישתיזבא בכון **בכל** ארעכון ויעיקון לכון בכל DT 28:52
קל שופר חירותא **בכל** ארעכון: ותקדשון ית שנת LV 25:9
דאמר יוסף והוה כפנא **בכל** ארעתא ובכל ארעא דמצרים GN41:54
יתיה אתון כהניא **בכל** אתר אתון ואינש בתיכון ארום NU18:31
מימרי בסעדך ואיטרינך **בכל** אתר דתהך ואתיבינך לארעא GN28:15
תעבדון שבתא היא לייי **בכל** אתר מותבניכון: אילין זמני LV 23:3
לא תבערון אשתא **בכל** אתר מותבניכון ביומא EX 35:3
קיים עלם לדריכון **בכל** אתר מותבניכון: שבא ונייחא LV 23:31
דמחמע לא תיכלון **בכל** אתר מותבניכון תיכלון פטירי: EX 12:20
קודשך מן ענך ומן תורך **בכל** אתרא דאשרי שכינתי ואנת EX 20:24
דילמא תסקון עלוותכון **בכל** אתרא דאתון חמיין: אלהן DT 12:13
מיא בדוקיא האינון **בכל** אתרא דהוא תמן: ואין לא NU 5:27
ובין כל נפשת חיתא **בכל** ביסרא דעל ארעא: ואמר GN 9:16
ובין כל נפשת חיתא **בכל** ביסרא ולא יהי תוב מיא GN 9:15
כדין אורחא דמשה עבדי **בכל** בית ישראל עמי מהימן הוא: NU12:7
ובחמרא וזנינין בלחמא **בכל** גיתיהון בשתא ההיא: ושלימת GN47:17
ליבכון למיתב לפולחני **בכל** גלוות עממייא דאגלי יתכון ייי DT 30:1
פרישן לא אתברייו **בכל** דיירי ארעא ובכל עממייא EX 34:10
אלקכון ביה: ותיתן כספא **בכל** דיתרעי נפשך בתורי ובענא DT 14:26
סוכות: ואתא יעקב שלים **בכל** דליה לקרתא דשכם דבארעא GN33:18
בחכמת דעתיה ואיתבונן **בכל** דר ודר והא לא קאים מן ההוא EX 2:12
ייי גיברא עביד קרבינן **בכל** דר ודר מודע גבורתיה לעמיה EX 15:3
ועל כל עופא דשמייא **בכל** דתרחיש ארעא ובכל נוני ימא GN 9:2
להון דילמא תילקון **בכל** חוביהון: ואיסתלקו מעילוי NU16:26
ואתון ידעתון ארום **בכל** חיילי פלחית ית אבוכן: ואבוכן GN31:6
וכל דמטייל על ידוי **בכל** חייתא דמהלכא על ארבע LV 11:27
קדם ייי אלקך: ותחדי **בכל** טבתא דיהב לך ייי אלקך DT 26:11
ואוף אינש לא יתחמי **בכל** טוורא אוף ענא ותורא לא EX 34:3
דהוא דייר תמן וייתי **בכל** כרוך דרעיא נפשיה לאתרא DT 18:6
רחמין ית ייי אלקכון **בכל** לבבכון ובכל נפשכון: בתר DT 13:4
ארום תבעון מן קדמוי **בכל** לבכון ובכל נפשכון: כד תיעוק DT 4:29
ולמפלח קדם ייי אלקכון **בכל** ליבכון ובכל נפשיכון: למנטור DT 10:12
לדחלתא דייי אלקכון **בכל** ליבכון ובכל נפשכון: ארום DT 30:10
אלקכון ולמפלח קודמוי **בכל** ליבכון ובכל נפשכון: ואיתן DT 11:13
לכון יומנא אתון ובניכון **בכל** ליבכון ובכל נפשכון: ויקבל DT 30:2
ותיטרון ותעבדון יתהון **בכל** ליבכון ובכל נפשכון: ית ייי DT 26:16
למירחם ית ייי אלקכון **בכל** ליבכון ובכל נפשכון מן בגלל DT 30:6
יהי מסאב וכל דיקרב **בכל** מאן דיהי תחותוי יהי מסאב LV 15:9
או בשיתיא או בערבא או **בכל** מאן דיצלא: ויפקד כהנא LV 13:53
או בשיתיא או בערבא או **בכל** מאן דיצלא סגיא היא בנורא LV 13:57
או בשתיא או בערבא או **בכל** מאן דצלא מכתש סגירותא LV 13:49
כל ניכסיהון ולא תיקרבון **בכל** מה דאית להון דילמא תילקון NU16:26
דיוסף והוה בירכתא דייי **בכל** מה דאית ליה בביתא ובחקלא: GN39:5
מימרא דייי בסעדך **בכל** מה דאנת עביד: וכדון קיים לי GN21:22
למיתן ליה תרין חולקין **בכל** מה דמשתכח גביה ארום הוא DT 21:17
וברכך מטוליה ייי אלקך **בכל** מה דתעבד: כל בוכרא DT 15:18
קיים עלם לדריכון **בכל** מותבניכון: ותימנון לכון מבתר LV 23:14
לגזירת דינין לדריכון **בכל** מותבניכון: כל דיקטול בר נשא NU35:29
ייי: קים עלם לדריכון **בכל** מותבניכון כל תריב וכל אדם LV 3:17
לא תעבדון קיים עלם **בכל** מותבניכון לדריכון: ובזמן LV 23:21
וברם אני ועמי חייבין **בכל** מחתא ומחתא: צלו קדם ייי EX 9:27
משכן נטלין בני ישראל **בכל** מטלניהון: ואין לא מסתלק ענן EX 40:36
וחמיין כל בני ישראל **בכל** מטלניהון: והוה כיון דאשלים EX 40:38

חוביה: או בר נש די יקרב **בכל** מידעם דמסאב או בניבלת LV 5:2
דייי בריך ית אברהם **בכל** מיני ברכתא: ואמר אברהם GN 24:1
לאחורך ולא תקום **בכל** מישרא לטוורא אישתיזב GN 19:17
וכל משקי דישתיתי **בכל** מן יהי מסאב: וכל מידעם LV 11:34
עד רמשא: וכל דיקרב **בכל** מנא דמייחד למיתב עלוי יצבע LV 15:22
ובר נש ארום יקריב **בכל** מסאב בסואבות אינשא או LV 7:21
ובשר קודשיא די יקרב **בכל** מסאב לית איפשר דמיתאכל LV 7:19
חיין עד זמן דהליך יתהון **בכל** משירייתא מן בגלל דלא NU 25:8
נס שתיתאי סובר יתהון **בכל** משיריתא דישראל דהוה NU 25:8
עד זמן דמידכי ודיקרב **בכל** סואבת בר נש או גבר דתיפוק LV 22:4
שלטין בעממייא כחדא **בכל** סייפי ארעא והינון ריבוותא DT 33:17
לא ישוינון בכון ויגרינון **בכל** סנאיכון: ותגמר ית כל עממיא DT 7:15
מימרא דייי אלקכון **בכל** עובדי ידיכון: ארום תשבטון DT 24:19
אלקכון לטבא דתצלחון **בכל** עובדי ידיכון בוולדא דמעכון DT 30:9
דיברככון ייי אלקכון **בכל** עובדי ידיכון דתעבדון: מסוף DT 14:29
ייי אלקכון בריך יתכון **בכל** עובדי ידיכון סופיק צורכיכון DT 2:7
הדין יברככון ייי אלקכון **בכל** עובדיכון ובכל אושטות ידיכון: DT 15:10
ובנגרות קיסא למיעבד **בכל** עיבידת אומנוון: ולמילף EX 35:33
ולעמרא או בצלא או **בכל** עיבידת צלא: ויהי מכתשא LV 13:48
דאיתעביד לעיבידתא **בכל** עיבידת קודשא והוה סכום EX 38:24
רם ומנטל ושמע צלותנא **בכל** עידן דאנן מצליין קמיה ועביד DT 4:7
עם ענא דלבן: והוי **בכל** עידן דמיתיחמן ענא מבכרתא GN 30:41
וידינון ית עמא **בכל** עידן ויהי כל פיתגם רב ייתון EX 18:22
והוון דיינין ית עמא **בכל** עידן ית פתגם קשי מייתן לוות EX 18:26
אהרן אחוך ולא יהי עליל **בכל** עידן לקודשא מן לגיו לפרגודא LV 16:2
יימרון להון: יברכינך ייי **בכל** עיסקך ויטרינך מן לילי ומזייעי NU 6:24
יבריככון ייי אלקכון **בכל** עללתכון ובכל עובדי אידיכון DT 16:15
ישראל מן כוותכון **בכל** עממיא עמא דמתפרקין בשום DT 33:29
ארעי ענך אטר: אעיבר **בכל** ענך יומא דין אעדי מתמן כל GN 30:32
דנחשא: לכל מני משכנא **בכל** פולחניה וכל מתחוי וכל מתחי EX 27:19
ואימחי ית מצראי **בכל** פרישוותיי דאעבד ביניהון EX 3:20
בכל פתור ומתקבלין **בכל** פרקמטיא: וקם זבין חקלא GN 23:16
סילעין דכסף טב עברין **בכל** פתור ומתקבלין בכל GN 23:16
מיניה והוא מסאב ויקרב **בכל** קודשיא ויתחייב: או ארום LV 5:2
בה ויתכסי מיניה ויקרב **בכל** קודשיא ומן בתר כדין איתגלי LV 5:3
תהי כל דמהא דכיין ברם **בכל** קודשיא לא תיקרב ולבי LV 12:4
האילין ויתיב ישראל **בכל** קירוי אמוראי בחשבון ובכל NU 21:25
בכל ארעכון ויעיקון לכון **בכל** קירויכון בכל ארעכון דיהב ייי DT 28:52
אלימין תמנון לכון **בכל** קירויכון דייי אלקכון יהיב DT 16:18
דייי אלקכון דיהב לכון **בכל** קירויכון דמסאבין מן למקרב DT 12:15
יתכון: ויעיקון לכון **בכל** קירויכון עד זמן די יחתון DT 28:52
די יעיקון לכון סנאיכון **בכל** קרויכון: דמחטייתא בכון DT 28:55
נפשך למיכול בישרא **בכל** ריגגת נפשך תיכול בישרא: DT 12:20
יתכון ותיכלון בקירויכון **בכל** ריגוג נפשיכון: ברם הכמא DT 12:21
זרעא: או גבר דיקרב **בכל** ריחשא דיסתאב ליה או LV 22:5
תסאבון ית נפשתיכון **בכל** ריחשא דרחיש על ארעא: ארום LV 11:44
ועד נדל דמסגי ריגלין **בכל** ריחשא דרחיש על ארעא לא LV 11:42
תשקצון ית נפשתיכון **בכל** ריחשא דרחש ולא תיסתאבון LV 11:43
מיניא דמסאבין לכון **בכל** ריחשא כל דיקרב בהון LV 11:31
דא עלתא תהוי מתקרבא **בכל** ריש ירח וירח בזמן אתחדתות NU 28:14
אילניא דמבכרא ארעיה **בכל** ריש ירח וירח: ומטוב רישי DT 33:14
דאנא מפקיד לכון: לחוד **בכל** רעות נפשיכון תיכסון ותיכלון DT 12:15
או בבעירא מסאבא או **בכל** שיקוץ מסאב ויכול מבשר LV 7:21
לא אישתייר גובא חד **בכל** תחום מצרים ואפילו מה EX 10:19
כל ארעא דמצרים ושרא **בכל** תחום מצרים תקיף לחדא EX 10:14
בצלותך וישוי עלך שלם **בכל** תחומך: וישוון ית בירכת שמי NU 6:26
ולא יתחמי לך חמיר **בכל** תחומך: ותתני לברך ביומא EX 13:7
זחלא: זתין יהון לכון **בכל** תחומכון ומשח לא תטושון DT 28:40
דלא יתחמי לכון חמיר **בכל** תחומכון שובעא יומין ולא DT 16:4
חד וחד הוה אמר ברכתא **בכללא** ולווטייא בכללא מברכיא DT 27:26
ברכתא בכללא ולווטייא **בכללא** מברכיא הוון הפכין אפיהון DT 27:26
וכל אילנא דבחקלא **דבכל** תחומי חזור חזור: לאברהם GN 23:17
בה והא היא לאה **דכולא** ליליא הוה חשיב דרחל היא GN 29:25
אלקכון: ונסיב גולייתיה **דכולא** תיכלא קרח בר יצהר בר NU 16:1
עלאיי הואה צוקתא **דכולהון:** ואמר ראובן לאבוי למימר GN 42:36
בתרתין ידוי למיחמיהון **דכולהון** ישראל DT 34:12
וכן אמר ליה לא תידחל **דכולהון** צדיקין ולית בהון פסולא GN 35:22
מטרתא סכומהון **דכל** אימריא תמני ותשעין למכפרא NU 29:32
כלו קבל בית פעור **דכל** אימת דזקיף פעור למדכר DT 34:6
דיהי כן: וחפא ית חזוונא **דכל** ארעא עד די חשוכת ארעא EX 10:15
ארעה: ואמר ייי לנח סופא **דכל** בישרא מטא מן קדמי ארום GN 6:13
חוה ארום היא הות אימא **דכל** בני נשא: ועבד ייי אלקים לאדם GN 3:20
אף הוא בר הוא אבוהון **דכל** בני עיבראי אחוי דיפת רבא GN 10:21
דמו דדכר או דנוקבא: דמו **דכל** בעירא דבארעא דמו דכל ציפר DT 4:17

לבני ישראל אזדהרון **דכל** בר נשא מנכון לא ייכול אדמא LV 17:12
דאניסין מסכינין וגזרין **דכל** דיהיב פיתא לעניא ייקד בנורא GN 18:20
יובל הוא הוה רב בהום **דכל** דממנן לזמרא בכינרא ואבובא: GN 4:21
עלמא אתבוננו בשנהון **דכל** דר ודר קרון בספרי אורייתא DT 32:7
דאפילו פסקא זכותהון **דכל** דריא זכותהון לא יפסוק DT 28:15
הוו מתהפכין במשמעהון **דכל** חד וחד והיך הוו נפקין מן גוא EX 20:18
אתבוע מן ידא **דכל** חיתא דקטלא לבר נשא GN 9:5
לשיבטא דדן ובליבא **דכל** חכימי ליבא אוסיפית רוח EX 31:6
ותעבדון לכון צלם דמו **דכל** טעו דמו דדכר או דנוקבא: דמו DT 4:16
ית נפשי משתבענא לך **דכל** יומין דאנא קיים לית אנא NU 31:8
ואמר ליה למיחמהון **דכל** ישראל איתוקף ואתחייל DT 31:7
ית יבל הוא הוה רב בהום **דכל** יתבי משכנין ומרי בעיר: ושום GN 4:20
לא תסבון לבניכון **דכל** מאן דמתחתן בהון כמתחתן DT 7:3
דמיכלא ולא על מזפו **דכל** מידעם דמיתרבי: לבר עממין DT 23:20
בריש גלי למחמיהון **דכל** מיצראי: ומצראי מקרבין ית NU 33:3
דכל ריחשא דבארע דמו **דכל** נוני דבמיא מלרע לארעא: DT 4:18
ויתיבת בפרשת אורחין **דכל** עיינין מסתכלין תמן דעל GN 38:14
בשירויא למיקטליה וידא **דכל** עמא בבתריתא ותפלון עביד DT 17:7
למיקטליה וידיהון **דכל** עמא בסופא: ותאטלון יתיה DT 13:10
ייי אלקכון בהון דעתהון **דכל** עממיא דתחות כל שמיא: DT 4:19
ייי לך יהבתינון: ביכורים **דכל** פירי אילני ארעהון דיקרבון NU 18:13
דכל בעירא דבארעא דמו **דכל** ציפר גפא דפרחא באויר רקיע DT 4:17
באויר רקיע שמיא: דמו **דכל** ריחשא דבארע דמו דכל נוני DT 4:18
דמצרים: ואצלחת ארעא **דכל** שובל עבד מלי תרי קומצין GN 41:47
מאן דאסגי ומאן דאזער: **ואכילו** בעומרא לא אישתייר מן EX 16:18
ייי אלקכון בכל עובדיכון **ובכל** אושטות ידיכון: ארום מטול DT 15:10
ית בירכתא באוצריכון **ובכל** אושטות ידיכון ויבריכנכון DT 28:8
בישין במצרים ובפרעה **ובכל** אינש ביתיה והוינא חמיין DT 6:22
ותותבין אתון עימי: **ובכל** ארע אחסנתיכון פורקנא LV 25:24
לבית פרעה ולבית עבדוי **ובכל** ארעא דמצרים אתחבלו יתבי EX 8:20
והוה כפנא בכל ארעתא **ובכל** ארעא דמצרים הוא לחמא: GN 41:54
דבאויר שמייא ובבעירא **ובכל** ארעא ובכל ריחשא דרחיש GN 1:26
מאתריה תלתא יומין **ובכל** בני ישראל הוה נהורא EX 10:23
דאיתא מרחקה היא: **ובכל** בעירא לא תיתן תשמישתך LV 18:23
רדיין בתורא ובחמרא **ובכל** ברייתא בתרין זינין קטירין DT 22:10
מחוכייא מבית תדייהן **ובכל** דא חס לן למיתלי עינינן ולא NU 31:50
ובחמר חדת ועתיק **ובכל** דתשיילינך נפשך ותיכלון תמן DT 14:26
דעימכון בעופא ובבעירא **ובכל** חית ארעא דעימכון מכל נפקי GN 9:10
מאינשא ועד בעירא **ובכל** טעות מצראי אעבד ארבעתי EX 12:12
קירוי אמוראי בחשבון **ובכל** כפרנהא: ארום חשבון קרתא NU 21:25
ואפילו נסיב ית נפשכון **ובכל** ממונכון: ויהון פיתגמיא DT 6:5
ובעופא דריס בר נצצא **ובכל** מן דתרחש ארעא דאפרשית LV 20:25
שיחנא באיסטיגנינייא **ובכל** מצראי: ותקיף ייי ית יצרא EX 9:11
בתריהון ואיתיקר בפרעה **ובכל** משירייתיה ברתיכוי ובפרשוי: EX 14:17
בתריהון ואיתיקר בפרעה **ובכל** משיריתי וינדעון מצראי ארום EX 14:4
בכל דתרחיש ארעא **ובכל** נוני ימא בידכם יתמסרון: כל GN 9:2
ייי אלקכון בכל ליבכון **ובכל** נפשיכון: למנטור ית פיקודוי DT 10:12
דייי אלקכון בכל ליבכון **ובכל** נפשכון: ארום תפקידתא הדא DT 30:10
ייי אלקכון בכל לבבכון **ובכל** נפשכון: בתר פולחנא דייי DT 13:4
קודמוי בכל ליבכון **ובכל** נפשכון: ואיתן מיטרא DT 11:13
אתון ובניכון בכל ליבכון **ובכל** נפשכון: ויקבל מימריה ברעוא DT 30:2
יתהון בכל ליבכון **ובכל** נפשכון: ית ייי חטבתון חטיבא DT 26:16
מן קדמוי בכל לבכון **ובכל** נפשכון: כד תיעוק לכון DT 4:29
ייי אלקכון בכל ליבכון **ובכל** נפשכון מן בגלל דיוגדון DT 30:6
ובגופך ובגופי עמך **ובכל** עבדך ישלטון עורדעניא: ואמר EX 7:29
ייי אלקכון בכל עללתכון **ובכל** עובדי אידיכון ותהוון ברם DT 16:15
בסוכלתנו ובמנדעא **ובכל** עיבידתא: ולאלפא אומנוון EX 35:31
ובסכולתנו ובמנדעא **ובכל** עיבידתא: למיחשב ברעיונהון EX 31:3
אתברייו בכל דיירי ארעא **ובכל** עממיא ויחמון כל עמא דאנת EX 34:10
קשייא בטינא ובליבנין **ובכל** פולחנא באנפי ברא ית כל EX 1:14
למצרים בטינא ובליבנא **ובכל** פולחנהא באנפי ברא ומן בתר GN 40:12
בר אמתך ערלאה וגיורא: **ובכל** פיקודיא דאמרית לכון EX 23:13
ובבעירא ובכל ארעא **ובכל** ריחשא דרחיש עילוי ארעא: GN 1:26
בישרא בעופא ובבעירא **ובכל** ריחשא דרחיש על ארעא GN 8:17
בעופא ובבעירא ובחיתא **ובכל** ריחשא דרחיש על ארעא וכל GN 7:21
ימא ובעופא דשמייא **ובכל** ריחשא חייתא דרחשא עילוי GN 1:28
דמהלך בקצתיה תחמיה **וכולהון** משירייתוי לית אפשר NU 23:13
בית ישראל מביני עמיא **וכולהון** קרא לילי נטיר בגין כן EX 12:42
בזימניה ככל קיימוי **וככל** דינוי תעבדון יתיה:: ועבדו ית NU 9:3
בכל מותבניכון כל תריב **וכל** אדם לא תיכלון ברם על גבי LV 3:17
חקלא ומערתה דביה **וכל** אילנא דבחקלא דבכל תחומי GN 23:17
ייי אלקים ארעא ושמייא: **וכל** אילני חקלא עד כדו לא הוו GN 2:5
כל אימר נמור וקרוח **וכל** אימר לחוש באימריא וקרוח GN 30:32
וכל סבי ארעא דמצרים: **וכל** אינש ביתא דיוסף ואחוי ובית GN 50:8

ייי: ואמר ייי לנח עול אנת **וכל** אינש ביתך לתיבותא ארום יתך GN 7:1
עמהון בגו סאובתהון: **וכל** אינש לא יהי במשכן זימנא LV 16:17
אברהם וישמעאל בריה: **וכל** אינשי ביתיה מריביני ביתא GN 17:27
ויתקיימון כל נדרהא **וכל** איסרהא דאסרת על נפשה NU 30:5
ויתקיימון כל נדרהא **וכל** איסרי דאסרת על נפשה NU 30:12
עיבידת פולחנא היתיו: **וכל** איתא חכימת ליבא בידהא הות EX 35:25
כל דכורא בטפליא **וכל** איתתא דידעת גבר למשכבי NU 31:17
ונפקו משה ואלעזר כהנא **וכל** אמרכלי כנישתא לקדמותהון NU 31:13
די יכפר ביה עלוי: **וכל** אפרשות לכל קודשיא דבני NU 5:9
בניכון הי ככוכבי שמיא **וכל** ארעא הדא דאמרית לכון איתן EX 32:13
לא תפרוק תינקוף יתיה **וכל** בוכרא דאינשא בברך ולא EX 13:13
היא טחנא אחורי ריחייא **וכל** בוכרא דבעירא: ותהי צווחתא EX 11:5
כל פתח וולדא דוכרייא **וכל** בוכרא דבריי אפרוק בכספא: EX 13:15
ותינקפיה בקופיץ **וכל** בוכרא דברך תיפרוק ולא EX 34:20
דישראל לקו אוף הינון **וכל** בוכריה בעירא מיתו דמצראי EX 12:29
צווחין מבית קבורתהון **וכל** בירייתא שתקין ואילניא לא DT 28:15
וקניאו יתיה פלישתאי: **וכל** בירין דחפסו עבדי אבוי ביומי GN 26:15
עלמא ישמעאל ועשו **וכל** בנהא דקטורה יתכנשן כל GN 49:26
ואתו למצרים יעקב **וכל** בנוי עימיה: בנוי ובנוי בנוי GN 46:6
לכון: ואזדרזון אהרן ובנוי **וכל** בני ישראל ונסיבו ית מה דפקיד LV 9:5
עימיה: וחמא אהרן **וכל** בני ישראל ית משה והא EX 34:30
עלין למידון דינא הוא **וכל** בני ישראל עימיה וכל כנישתא: NU 27:21
ריחשא דרחיש על ארעא **וכל** בני נשא: כל דנשמת רוחא דחיין GN 7:21
ורימנין ותורי בר ודיצין: **וכל** בעירא דסדיקא טלפייא ולה DT 14:6
הינון וכל חיתא ליזנהא **וכל** בעירא ליזנהא וכל ריחשא GN 7:14
חמר או תור או אימר **וכל** בעירא למינטור בלא אגר נטיר EX 22:9
גוברייא ונשייא וטפלא: **וכל** בעירי ועדיי קרווייא בזנא לנא: DT 3:7
גזרין: גיתיהון וניכסיהון **וכל** בעיריהום הלא דלנא הינון ברם GN 34:23
ותוריכון וחמריכון **וכל** בעיריכון וגייוריכון די DT 5:14
כל פתח וולדא דילי הוא **וכל** בעירך תקדיש מנהון דיכריא EX 34:19
טפלנא נשנא גיתנא **וכל** בעירנא יהון תמן בקוריי גלעד: NU 32:26
כל מן דייכליניה ישתיצי: **וכל** בר נש דייכול בישרא דמטלק LV 17:15
במותנא מגו עמיה: **וכל** בר נש דיעבד כל עיבידא ביכרן LV 23:30
בנהרא תטלוקוניה **וכל** ברתא תקיימון: ואזל עמרם EX 1:22
חטייתא מפרנקתא **וכל** גבר דהוה משכח עליהן מנין NU 31:50
ארמות דהבא קדם ייי: **וכל** גבר דהישתכח עימיה תיכלא EX 35:23
ויעבד בצלאל ואהליאב **וכל** גבר חכים ליבא דיהב ייי EX 36:1
בסתווא: כל קרוי מישרא **וכל** גלעד וכל מתנן עד סלווקיא DT 3:10
למשמשין קדמוי ארעא **וכל** דאית בה: לחוד באבהתכון צבא DT 10:14
עימי מדעם מה בביתא **וכל** דאית ליה מסר בידי: ליתיה רב GN 39:8
אפוטרופוס על בייתיה **וכל** דאית ליה מסר בידיה: והוה GN 39:4
חשיבין וענא מן עניי הוו **וכל** דאנת חמי מן דילי הוא GN 31:43
כל גבר דאיתרעי ליביה **וכל** דאשלימת רוחיה בנבואתה EX 35:21
מסרת כל משכנא **וכל** דביה בקודשא ובמנוי: ומליל ייי NU 4:16
צדדיה כדפתיח תרעיה **וכל** דבמשכנא ואפילו קרקעיתיה NU 19:14
חמיע ארום כל חמיר **וכל** דבש לא תקרבון מיניה קרבנא LV 2:11
מן משריתא כל דימצרע **וכל** דדאיב וכל דמסאב לטמי נפש NU 5:2
בזקתא וסול וסירתא **וכל** דדמי לנירא: ותיתנון יתה NU 19:2
מימר דייי הוה בסעדיה **וכל** דהוא עביר ייי מצלח בידיה: GN 39:3
נשיא וטפליא ובעירא **וכל** דיהי בקרתא כל עדאה תיבזון DT 20:14
יהי מסאב עד רמשא: **וכל** דיוסיט מן נבילתהון יצבע LV 11:25
כפנא בארעא דמצרים: **וכל** דיירי ארעא עלו למצרים GN 41:57
גיתי הוו ועניהון ותוריהון **וכל** דילהון אייתיו: ויהי ארום יקרי GN 46:32
ואחיי ועניהון ותוריהון **וכל** דילהון אתו מארעא דכנען והא GN 47:1
כל ניכסיא: ונחתו הינון **וכל** דילהון כד חיין לשייול וחפת NU 16:33
כל די שומא חיוורא ביה **וכל** דילחוש באימרייא ויהב בידא GN 30:35
משכוכיתא כל ית דרגול **וכל** דילחוש בענא דלבן ושוי ליה GN 30:40
קדם דאמות: ונטל ישראל **וכל** דיליה ואתא לבאר שבע ודבח GN 46:1
ממצרים הוא ואינתתיה **וכל** דיליה ולוט עימיה למיזל GN 13:1
ובנך ובני בנך וענך ותורך **וכל** דילך: ואיזון יתך תמן ארום עד GN 45:10
ארי מימממת תמות אנת **וכל** דילך: ואקדים אבימלך בצפרא GN 20:7
אנת ואינש ביתך **וכל** דילך: והא עיניכון חמיין ועיני GN 45:11
וכספא ודהבא יסגי לכון **וכל** דילכון יסגי: ויתרם ליבכון DT 8:13
עלוי דובנא יהי מסאב **וכל** דיקרב בכל מאן דיהי תחותוי LV 15:9
ויהי מסאב עד רמשא: **וכל** דיקרב בכל מנא דמייחד LV 15:22
יומין כל דקטיל בר נשא **וכל** דיקרב בקטילא תדון עלוי NU 31:19
בהון דוותא יתדי **וכל** דלא מיתעל בנורא כרנבתא NU 31:23
ובנחליא יתהון תיכלון: **וכל** דלית ליה ציצין וחרספיתין LV 11:10
גונביה יתיה תיכלון: **וכל** דלית ליה ציצין וחרספיתין לא DT 14:10
וכל דמהלך על מעוי **וכל** דמהלך על ארבע מן חיויא ועד LV 11:42
שיקצא הוא לא יתאכיל: **וכל** דמהלך על מעוי וכל דמהלך על LV 11:42
תעבדון לכון צלם וצורה **וכל** דמו דבשמיא מלעיל ודי EX 20:4
לא תעבדון לכון צלם **וכל** דמו דבשמיא מלעיל ודי DT 5:8
תעבדון לכון צלם וצורה **וכל** דמו וכדון עבדו לכון עיגל EX 32:8
תעבדון לכון צלם וצורה **וכל** דמו ולסוף ארבעין יומין עבדו EX 32:19
דלא יעבד צלם וצורה **וכל** דמו מה דמרחק קדם ייי עובד DT 27:15
גברא דיעבד צלם וצורה **וכל** דמו מה דמרחק קדם ייי עובד DT 27:15
כל דיקרב בהון יהי מסאב: **וכל** דמטייל על ידוי בכל חייתא LV 11:27
כל דימצרע וכל דדאיב **וכל** דמסאב לטמי נפש דמית: NU 5:2
יוסף למצרים הוא ואחהי **וכל** דסליקו עימיה למיקבור ית GN 50:14
דלא יבני ית ביתא דאחוי: **וכל** דקיימין תמן יכרזון עלוי ויקרון DT 25:10
מה יהי קרי ליה שום **וכל** דקרי ליה אדם נפשא חייתא GN 2:19
יוסף ובתריה מיתו אחוי **וכל** דרא ההוא: ובנוי דישראל נפישו EX 1:6
דליתא דכייא ומן עופא **וכל** דרחיש על ארעא: תרין תרין GN 7:8
מיקרא איקרינך לחדא **וכל** דתימר לי אעבד ואיתא כדון NU 22:17
פלחין עלה לשמא דייי **וכל** דתיתן לי חד מן עשרא GN 28:22
דתיתאפי בתנורא **וכל** דתיתעבד במרתחא ועל LV 7:9
ויהי מסאב עד רמשא: **וכל** זוגא ומרכבא דירכוב עלוי LV 15:9
עימיה בנתיה ובנת בנוי **וכל** זרעיה אייתי עימיה למצרים: GN 46:7
כל קבל שומעין עממיא **וכל** חד וחד לישן עממיה ורושם GN 11:8
דלא מטו ליומי אבהתהון **וכל** חד וחד מני פרנסא ביומוי יעקב DT 31:14
אורח מדברא דימא דסוף **וכל** חד עם חמשא טפלין סליקו בני EX 13:18
יתה קודש קודשין היא: **וכל** חטאתא דאיתעל מן אדמה LV 6:23
ברייתי שמייא וארעא **וכל** חילוותהון: ושלים אלקים GN 2:1
מן מזוניה דאיבהא תיכול **וכל** חילוניי לא ייכול ביה: וגבר LV 22:13
אנא ייי מקדישיהון: **וכל** חילוניי לא ייכול קודשא בר LV 22:10
עימיה לתיבותא: הינון **וכל** חיתא ליזנהא וכל בעירא GN 7:14
באפודא ובחושנא: **וכל** חכימי ליבא דיבכון ייתון EX 35:10
צורעא למסגר ולמחלט: **וכל** חכימי קרתא ההיא דקריבין DT 21:6
ייתיה: כל טוב משח זיתא **וכל** טוב חמר עינבא ועיבור NU 18:12
למשכבי דכורא קטולו: **וכל** טפלא בנשיא אוקימו כלו קבל NU 31:18
כל יומא ההוא וכל ליליא **וכל** יומא דבתרוי וכנשו ית סלוי NU 11:32
בישת אינשא בארעא **וכל** יצרא דמחשבת ליביה לחוד GN 6:5
ארעא ואובדו מגו קהלא: **וכל** ישראל די בחזרנתהון ערקו מן NU 16:34
עביד דביש מביניכון **וכל** ישראל ישמעון וידחלון: וארום DT 21:21
מבית שעבוד עבדיא: **וכל** ישראל ישמעון וידחלון ולא DT 13:12
ענני יקרי ומשכנא וארונא **וכל** ישראל עד זמן דתיתסי ומן NU 12:14
סבו לכון מחתיין קרח **וכל** כנישת סעדוי: והבו בהון NU 16:6
רבתא: בגין כן אנת **וכל** כנישת סעדך דאזדמנתון על NU 16:11
ואמר משה לקרח אנת **וכל** כנישת סעדך הוו זמינין לבי NU 16:16
ועבד משה ואהרן **וכל** כנישתא דבני ישראל לליואי הי NU 8:20
וכל בני ישראל עימיה **וכל** כנישתא: ועבד משה היכמא NU 27:21
כהנא וקדם רברביא **וכל** כנישתא לתרע משכן זימנא: NU 27:2
שביעאה אתון ושביכון: **וכל** לבוש וכל מנא דצלא וכל עובד NU 31:20
ויהי מסאב עד רמשא: **וכל** לבושא וכל צלא די יהוי עלוי LV 15:17
די בעמא כל יומא ההוא **וכל** ליליא וכל יומא דבתרוי וכנשו NU 11:32
בארעא כל יומא ההוא **וכל** ליליא צפרא הוה ורוח קידומא EX 10:13
דיפרוק יתכון: פרי ארעכון **וכל** ליעותכון יגמר עמא דלא DT 28:33
ית אפרשותא קדם ייי **וכל** מאן דהישתיכח עימיה קיסין EX 35:24
ואשקי ית בני ישראל **וכל** מאן דיהב תמן מאנא דדהבא EX 32:20
יהי הי כריחוק סאובתהא: **וכל** מאן דיקרב בהון יהי מסאב LV 15:27
תהומא רבא מן שירויא **וכל** מאן דמדכר ההוא שמא קדישא EX 28:30
ומגויה ולא מגביה: **וכל** מאן דמקרב על אנפי ברא ולא NU 19:16
תתחוור באתר קדיש: **וכל** מאן דפחר דתיתבשל בה יתבר LV 6:21
יהי מסאב שובעא יומין: **וכל** מאן דפחר פתיח דלית מגופתא NU 19:15
בגוויה דובנא יתבר **וכל** מאן דקיסא ישתטיף במיא: LV 15:12
עובד מעזי קרנא וגרמא **וכל** מאן דקיסא תדון עלוי: ואמר NU 31:20
עלוי דובנא יהי מסאב **וכל** מאנא דמייחד למיתב עלוי יהי LV 15:4
בכון: לחוד כל מרע **וכל** מחא דלא כתיבין בספר DT 28:61
יהי מסאב עד רמשא: **וכל** מידעם דיפול עלוי מנהון LV 11:32
בכל מן יהי מסאב: **וכל** מידעם דיפיל מניבלתהון עלוי LV 11:35
ויהי מסאב עד רמשא: **וכל** מידעם דיקרב ביה דובנא וידוי LV 15:11
יהי מסאב עד רמשא: **וכל** מידעם דיקרב ביה מסאבא ולא NU 19:22
בה יהי מסאב עד רמשא: **וכל** מידעם דמייחד למישכוב עלוי LV 15:20
ריחוקה יהי מסאב **וכל** מידעם דמייחד למיתב עלוי LV 15:20
ייי עם אהרן למימר: חמר **וכל** מידעם מרוי לא תשתי אנת LV 10:9
ואסרין חיווין ועקרבין **וכל** מיני רחשין ושאלין אובא DT 18:11
דסיאון הוא טוור תלגא: **וכל** מישרא עיברא דיורדנא DT 4:49
פמהון יהי מיתדן כל דין **וכל** מכתש צורעא למסגר ולמחלט: DT 21:5
ויעדי ייי מינך כל מרעין **וכל** מכתשיא דגרי ייי על מצרים DT 7:15
ריחוקה יהי מסאב: **וכל** מן דיקרב במשכבה יצבע LV 15:21
לריחוקה יתחשב לה **וכל** מנא דמייחד למיתב עלוי LV 15:26
אתון ושביכון: וכל לבוש **וכל** מנא דצלא וכל עובד מעזי NU 31:20
גמירה תסתדר ותיתסק: **וכל** מנחתא דכהנא גמירא תסתדר LV 6:16
דיקרב לכהנא דיליה יהי: **וכל** מנחתא דתיתאפי בתנורא וכל LV 7:9
דמקרב יתה דיליה יהי: **וכל** מנחתא פתיכא במשח ומנגבה LV 7:10
מטול דדין קטול מתחייב: **וכל** מעשרא דארעא מזרעא דארעא LV 27:30
חומש דמוי יוסיף עלוי: **וכל** מעשרא דתורי ועני כל דחלפין LV 27:32

עד דאזל הוא וכל עבדוי **וכל** מצראי ותקיפו על עמא בית EX 12:33
ויהי מסאב שובעא יומין **וכל** משכבא די מייחד למשכביה LV 15:24
מטול דמסאבא היא: **וכל** משכבא דמייחד למשכוב עלוי LV 15:26
עלוי מוי יהי מסאב **וכל** משקי דישתיתי בכל מן יהי LV 11:34
מני משכנא בכל פולחניה **וכל** מתחוי וכל מתחי דרתא חזור EX 27:19
בכל פולחניה וכל מתחוי **וכל** מתחי דרתא חזור חזור דנחשא: EX 27:19
רישיהון וכיבושין כסף: **וכל** מתחיא למשכנא ולדרתא חזור EX 38:20
תחום בית פלך טרגונא **וכל** מתנן ההוא מתקרי ארע גיבריא: DT 3:13
ולשיבט גד: ושאר גלעד **וכל** מתנן מלכותיה דעוג יהבית DT 3:13
קרוי מישרא וכל גלעד **וכל** מתנן עד סלווקיא ואדרעת DT 3:10
ביכורי תוריכון וענכון **וכל** נדריכון דתידרון וניסבתיכון DT 12:17
ולא הדר לא ייכול ביה: **וכל** נוכראי דאיזדבן לעבד לגברא EX 12:44
אורייתא דבעירא ועופא **וכל** נפשת חייתא דרחשא על LV 11:46
יומין סגיאין: וקמו כל בנוי **וכל** נשי בנוי ואזלו למנחמא ליה GN 37:35
וית צבע זהורי וית בוצא: **וכל** נשיא דאיתרעי לבהון עימהן EX 35:26
דפרעה סבי בייתיה **וכל** סבי ארעא דמצרים: וכל אינש GN 50:7
משה למשריתא הוא **וכל** סבי ישראל: ורוחא דעל עולא NU 11:30
קדם ייי ואתא אהרן **וכל** סבי ישראל למיכול לחמא עם EX 18:12
ואוף אהרן ובנוי **וכל** סביא דעמא הדין על אתר בי EX 18:23
לא אשגחו עד דאזל הוא **וכל** עבדוי וכל מצראי ותקיפו על EX 12:33
וכל לבוש וכל מנא דצלא **וכל** עובד מעזי קרנא וגרמא וכל NU 31:20
כל חיתא כל ריחשא **וכל** עופא דרחיש על ארעא GN 8:19
ותקרבון קורבנא קדם ייי: **וכל** עיבידתא לא תעבדון בכרן LV 23:28
ומסנא ותשמיש ערסא **וכל** עיבידתא לא תעבדון יציבא LV 16:29
למן דיליה אחסנת ארעא: **וכל** עילוייה יהי בסילעי קודשא LV 27:25
עד כדו לא הוו בארעא **וכל** עיסבי חקלא עד כדו לא צמח GN 2:5
דכנען היא ביתאל הוא **וכל** עמא דעימיה: ובנא תמן מדבחא GN 35:6
מטו מיני למימר פוק אנת **וכל** עמא דעימך ומבתר כדין איפוק EX 11:8
דגלותא אתיא על עלמא: **וכל** עמא חמיין ית קליא היך הוו EX 20:18
עביד דביש מישראל: **וכל** עמא ישמעון וידחלון ולא DT 17:13
יתיב לבלחודך למידון **וכל** עמא קיימין קדמך מן צפרא עד EX 18:14
יתבהא היא במרעין **וכל** עמה דגווה גברא מרי מיכלן NU 13:32
דמותנן לקדמותנא הוא **וכל** עמיה לאגחא קרבא לאדרעי: NU 21:33
דמתנן לקדמותנא הוא **וכל** עמיה לאגחא קרבא לאדרעת: DT 3:1
סיחן לקדמותנא הוא **וכל** עמיה לאגחא קרבא ליהץ: ומסר DT 2:32
ואיפרכין לבשי שיריונין **וכל** עממיא ישתמעון ליה ומסדרין NU 11:26
ויהי כיציבא דארעא **וכל** ערלאי בר ישראל לא ייכול ביה: EX 12:48
דישמשון בהון ופרסא **וכל** פולחניה: ואמרכול דיממני על NU 3:31
ונגרוי ועמודוי וחומרוי **וכל** פולחניה: ועמודי דדרתא חזור NU 3:36
קשי מייתן לוות משה **וכל** פתגם קליל דיינון הינון: ופטר EX 18:26
כל פיתגם רב ייתון לוותך **וכל** פתגם קליל ידונון הינון ויקילון EX 18:22
לך דיכרין תקדש קדם ייי: **וכל** פתח וולדא בחמרא תיפרוק EX 13:13
כל פתח וולדא קדם ייי **וכל** פתח וולדא בעירא דמשגרא EX 13:12
עד רמשא: וכל לבושא **וכל** צלא די יהוי עלוי שכבת זרעא LV 15:17
חלתא וביכורייא **וכל** קודשיא דבני ישראל לך NU 18:8
ייי ישתביק לה: כל נידרא **וכל** קיום איסרא לסגפא נפש NU 30:14
לאתקבלא ברעוא: **וכל** קרבן מנחתך במלחא תמלח LV 2:13
מעתד על עלתיה הוא **וכל** רברבי מואב: ונטל מתל נבותיה NU 23:6
משה ותבו לותיה אהרן **וכל** רברביא דאתמנון נגודין EX 34:31
כרזבא דהיא נדונא לזניה: **וכל** ריחשא דעופא דליה ארבע LV 11:23
וית נגר טורא וית ערפדא: **וכל** ריחשא דעופא דמהלך על LV 11:20
וכל בעירא ליזנהא **וכל** ריחשא דרחיש על ארעא GN 7:14
ויהי מסאב עד רמשא: **וכל** ריחשא דרחיש על ארעא LV 11:41
שית מאה רתיכין בחירין **וכל** רתיכי מצראי עבדוי דחילו EX 14:7
הוא וכל שאר עבדוי **וכל** שאר מצראי והוות צווחתא EX 12:30
וקם פרעה בליליא הוא **וכל** שאר עבדוי וכל שאר מצראי EX 12:30
דחמר עתיק לא ישתי **וכל** שיקייני דאיתרו ביה עינבי לא NU 6:3
ואפרשות ידיכון **וכל** שפר נידריכון דתידרון קדם ייי: DT 12:11
על חובי תריסר שבטיא: **וכל** תורי לניכסת קודשיא עשרין NU 7:88
ושיווין עיזקן ומחוכין **וכל** תכשיט דדהב כל גבר דארים EX 35:22
מנחתהון לכל חטוותהון **ולכל** אשמהון די יתיבון קדמי NU 18:9
למיהוי מחתא כדא: **ולכל** בני ישראל לא יהנזק כלבא EX 11:7
עבדוי ולכל עם ארעיה: **ולכל** גבורת ידא תקיפתא היך סובר DT 34:12
משה לבצלאל ולאהליאב **ולכל** גבר חכים ליבא דיהב ייי EX 36:2
ית ימא ומחא ית כיפא **ולכל** דחיל רב דעבד משה בזמן DT 34:12
יעקב לאינשי בייתיה **ולכל** דעימיה עטרון ית טעוות GN 35:2
ולכל עופא דשמייא **ולכל** דרחיש על ארעא דביה נפשא GN 1:30
בגבר לכל סורחן נפש **ולכל** חוב ממון ולכל חטא דיחטי DT 19:15
נפש ולכל חוב ממון **ולכל** חטא דיחטי ברם על מימרא DT 19:15
מיזדרע לכון יהי למיכל: **ולכל** חיות ארעא ולכל עופא GN 1:30
ולכל עופא דשמייא **ולכל** חיות ברא ולאדם לא אשכח GN 2:20
ית ארון קיימא דייי **ולכל** חכימי ישראל: ופקיד משה DT 31:9
לפרעה מלכא דמצרים **ולכל** יתבי ארעא: ודעבד למשריית DT 11:3
לפרעה ולכל עבדוי **ולכל** יתבי ארעיה: ניסין רברבן DT 29:1

ית גבורן דעבד ייי לפרעה **ולכל** מצראי: ניסין רברבין דחמיתון DT 7:18
קרבניה לכל נדריהון **ולכל** נסיבתהון דיקרבון קדם ייי LV 22:18
דמית דיסתאב ליה **ולכל** סובתיה בחייוי: בר נש כהין LV 22:5
בארעא דמצרים לפרעה **ולכל** עבדוי ולכל יתבי ארעיה: ניסין DT 29:1
בארעא דמצרים לפרעה **ולכל** עבדוי ולכל עם ארעיה: ולכל DT 34:11
למיכל: ולכל חיות ארעא **ולכל** עופא דשמייא ולכל דרחיש GN 1:30
אדם שמהן לכל בעירא **ולכל** עופא דשמייא ולכל חיות ברא GN 2:20
לפרעה ולכל עבדוי **ולכל** עם ארעיה: ולכל גבורת ידא DT 34:11
בני גרשון לכל מטולהון **ולכל** פולחנהון ותמנון עליהון NU 4:27
ייי לעיבידת משכן זימנא **ולכל** פולחניה וללבושי קודשא: EX 35:21
לבעיריהון ולקניינהון **ולכל** צורכיהון: ופרודולי קרווייא NU 35:3
דא ליט את מכל בעירא **ומכל** חיות ברא על מעך תהי GN 3:14
ואשתהיית עד כדון: **ומכל** מה דבריך יתי אבא לית בידי GN 32:6
ליזניה ומבעירא ליזניה **ומכל** ריחשא דארעא ליזניה תרין GN 6:20
עיסבא יהבית לכון ית **כולא:** ברם בישרא דתליש מן GN 9:3
ותעבדון לכון צלם דמות **כולא** דפקדינכון ייי אלקכון דלא DT 4:23
והוה עלמא אמר והוה **כולא** ואמר כדנא תימר לבני ישראל EX 3:14
במיא ויקרב כהנא ית **כולא** ויסיק למדבחא עלתא היא LV 1:13
ותעבדון לכון צלם דמות **כולא** ותעבדון דביש קדם ייי DT 4:25
במיא ויסק כהנא ית **כולא** למדבחא עלתא היא קרבן LV 1:9
וקניהון מינה הוו **כולא** נגידא חדא דדהב דכי: ועבד EX 37:22
נכיסתא ועד דלא נפקא **כולא** נשמתא לא תיכלון: וברם ית GN 9:4
דפטירא קדם ייי: ותשוי **כולא** על ידי אהרן ועל בנוי ותרים EX 29:24
שקא דימינא: וסדר ית **כולא** על ידי אהרן ועל ידי בנוי LV 8:27
הכדין יעבד: קהלא **כולא** קיימא חדא לכון ולגייורא די NU 15:15
ית כל מישר ירדנא ארום **כולה** בית שקייא קדם עד לא חביל GN 13:10
חייבין ארום לא איתחרת **כולה:** וייתי גבר דשמיש עימה ולא LV 19:20
וקניהון מינה יהון **כולה** נגידה חדא דדהב דכי: ותעביד EX 25:36
לגבר חרי ומתפרקא **כולה** עד כדון לא איתפיריקאת LV 19:20
בגלל דאתון גיוותנין מן **כולהון** אומיא צבי ייי בכון ואתרעי DT 7:7
בשעת אניקין ומקטל **כולהון** ביקידת נשמתא בשלהובית NU 11:26
על משה בסנייא יתכנשן **כולהון** ברכתא אילין ויתעבדן כליל DT 33:16
על פום מימרא דייי **כולהון** גוברין חריפין דמתמנן רישין NU 13:3
עבדין בטומרא קדמיי **כולהון** גליין חתימין ומתקנין DT 32:34
פתח כל וולדא בוכריא **כולהון** דמבני ישראל קריבית יתהון NU 8:16
עבדו גוליין וציצייתהון **כולהון** דתיכלא מה דלא פקיד ייי NU 16:2
דקמון מן יומת עלמא **כולהון** הינון דקיימין הכא עימנא DT 29:14
עד סוף כל עלמא **כולהון** הינון קיימין הכא עימן DT 29:14
חולקא דבנימין מן חולקי **כולהון** חמשא חולקין חולק חד GN 43:34
לא תידחלון מנהון ארום **כולהון** חשיבין כסוסיא חד DT 20:1
ית יומא שביעאה מן **כולהון** יומי שבעתא וקדיש יתיה GN 2:3
עקמנותא אתיבו **כולהון** כחדא ואמרו ליה שמע DT 6:4
ושוי בטומרא הוון עניין **כולהון** כחדא ואמרין אמן: ליט DT 27:15
דאבוי ודאימיה עניין **כולהון** כחדא ואמרין אמן: ליט DT 27:16
מדמי לסמיא הוון עניין **כולהון** כחדא ואמרין אמן: ליט DT 27:18
ייתם וארמלא הוון עניין **כולהון** כחדא ואמרין אמן: ליט DT 27:19
כנפא דגלי אבוי הוון עניין **כולהון** כחדא ואמרין אמן: ליט DT 27:20
עם כל בעירא הוון עניין **כולהון** כחדא ואמרין אמן: ליט DT 27:21
או ברת אימיה הוון עניין **כולהון** כחדא ואמרין אמן: ליט DT 27:22
עם חמותיה הוון עניין **כולהון** כחדא ואמרין אמן: ליט DT 27:23
בטומרא הוון עניין **כולהון** כחדא ואמרין אמן: ליט DT 27:24
אדם זכאי הוון עניין **כולהון** כחדא ואמרין אמן: ליט DT 27:25
דחבריה הוון עניין **כולהון** כחדא ואמרין אמן: ליט די DT 27:17
יומא דין וייתון עילויכון **כולהון** לווטייא האילין וידבקונכון: DT 28:15
איקר אורייתא וידחלון **כולהון** מן קדם מימרא דייי אלקכון DT 31:12
קרתא דתקיפת מיננא ית **כולהון** מסר ייי אלקנא קדמנא: DT 2:36
עניכון: בריכין תהוון מן **כולהון** עמיא לא יהוון בכון גוברין DT 7:14
למהוי ליה לעם חביב מן **כולהון** עממיא דעל אנפי ארעא: לא DT 7:6
שיבטייא דישראל תריסר **כולהון** צדיקין כחדא ודא דמליל GN 49:28
ארום כל כנישתא **כולהון** קדישין וביניהון שריא NU 16:3
בישראל ויפלון פיגריהון **כולהון** קדמוי: ויהוון תריכין ויהוון NU 24:17
עמיה בית ישראל **כולהון** קרא להון קדישין למקום DT 33:3
בדרע ימיניה למחמי **כולהון** קריבוי ולא הוו יכלין NU 25:8
ורומנא חיזורא ורומנא **כולהון** שבעין על שיפולי מנטר EX 39:26
דייי: ותור ואימר יתיר **כוליא** או דחסיר כוליא נסיבא LV 22:23
יתיר כוליא או דחסיר **כוליא** נסיבא תעביד יתיה ולנידרא LV 22:23
וידכי ית מכתשא **כוליה** איתהפיך לחיוור דכי הוא: LV 13:13
עשו מן בגלל דאתיליד **כוליה** גמיר בשיער רישא ודיקנא GN 25:25
ונפק קמאה סמוקריי **כוליה** ככלן דשער וקרו שמיה עשו GN 25:25
טוורא: וטוורא דסיני תנין **כוליה** מן בגלל דארכין ליה ייי EX 19:18
כד אתון מעתדין יומנא **כוליכון** קדם ייי אלקכון רישי DT 29:9
לותי בעירבוביא **כולכון** ואמרתון נשדר גוברין DT 1:22
דייי אלקכון קיימין **כולכון** יומא דין: חמון דאליפית DT 4:4
אתו למזבון עיבורא: **כולנא** בני גברא חד נחנא מהימני GN 42:11

כול

אילין הכא יומא דין **כולנא** חיין וקיימין: ממלל קבל DT 5:3
חשיבין כאילו אבדנא **כולנא**: כל דקריב מיקרב למשכנא NU 17:27
הכא שעתא חדא הא **כולנא** מייתין: ונטל עמא ית EX 12:33
דהוה מתיל בגבורתא **ככולהון** תלת מאה ותמניסר ורדף GN 14:14
קיימין ודינין תריצין **ככל** אורייתא הדא דאנא סדר DT 4:8
מימרא דייי אלקיה הי **ככל** אחוי ליואי דמשמשין תמן DT 18:7
וגרמא לא יתברון ביה **ככל** אחויית גזירת פיסחא דניסן NU 9:12
לאהרן ולבנוי היכדין **ככל** די פקידית יתך שובעא יומין EX 29:35
ייי ותיטרון למעבד **ככל** דילפונכון: על מימר אורייתא DT 17:10
ועבדו בני ישראל **ככל** דפקד ייי ית משה הכדין עבדו: NU 1:54
לך ולכון למיכל: ועבד נח **ככל** דפקדיה ייי: ואמר ייי לנח עול GN 6:22
ובעיר ארעא: ועבד נח **ככל** דפקדיה ייי: ונח בר שית מאה GN 7:5
אנחנא ניסק ונגיח קרב **ככל** דפקדנא ייי אלקנא ואסרתון DT 1:41
משה עם בני ישראל **ככל** דפקיד ייי יתיה לוותהון: מן DT 1:3
ייי אלקכון מיניה תקבלון: **ככל** דשיילתון מן קדם ייי אלקכון DT 18:16
מכל שבטיא דישראל הי **ככל** לווטיה קיימא דכתיבין DT 29:20
ואשרי שכינתי ביניהון: **ככל** מה דאנא מחמי יתך ית צורת EX 25:9
אין תקבלון למימריה **ככל** מה דאנא מפקד לכון יומנא DT 30:2
שימשתא במדברא דסיני **ככל** מה די פקיד ייי ית משה הכדין NU 9:5
מסאבא לביני דכיא הי **ככל** מה דילפון יתכון כהניא דמן DT 24:8
שרן ליה ואין לא שרו ליה **ככל** מה דיפוק מפמיה יעביד: NU 30:3
עלוי ויתן פורקן נפשיה **ככל** מה דישוון עלוי סנהדרין EX 21:30
קדמיכון הוא יגיח לכון **ככל** מה דעבד לכון במצרים DT 1:30
ובחזוונין רברבין הי **ככל** מה דעבד לכון ייי אלקכון DT 4:34
לבושי בנוי לשמשא: הי **ככל** מה דפקד ייי ית משה הכדין EX 39:42
משה: ועבדו בני ישראל **ככל** מה דפקד ייי ית משה הכדין NU 2:34
דבני ישראל לליואי הי **ככל** מה דפקד ייי ית משה על ליואי NU 8:20
נחלי יובקא וקרווי טוורא **ככל** מה דפקיד ייי אלקנא: DT 2:37
ואמר משה לבני ישראל **ככל** מה דפקיד ייי ית משה: ומליל NU 30:1
לדריהון: ועבד משה הי **ככל** מה דפקיד ייי יתיה היכדין עבד: EX 40:16
בוסמיא לקודשא הי **ככל** מה דפקידתך יעבדון: ואמר ייי EX 31:11
דלא ילפון יתכון למעבד **ככל** מרחקתהון דעבדו לטעוותהון DT 20:18
ותימרון נמני עלן מלכא **ככל** עממיא דבחזרנותיי: תתבעון DT 17:14
דייי ועלויהון כתיב הי **ככל** פיתגמיא דמליל ייי עמכון DT 9:10
תעבדון יתיה בזימניה **ככל** קייומוי וככל דינוי תעבדון NU 9:3
ותעבדון להון הי **ככל** תפקידתא דפקידית יתכון: DT 31:5
ליתמא ולארמלא הי **ככל** תפקידתך דפקידתני לא DT 26:13
על אימר על כסו ועל **כל** אבידתא ייומי כד יימר ארום EX 22:8
ואסק תור ודכר על **כל** אגורא: ואמר לבלק אתעתד הכא NU 23:14
ואסיק תור ודכר על **כל** אגורא: וחמא בלעם ארום שפר NU 23:30
ואסיקית תור ודכר על **כל** אגורא: ושוי ייי פיתגמא בפמיה NU 23:4
מעמיה:: כל בר נש דייכול **כל** אדם מן כל דחי וישתיצי בר LV 7:27
ייי דבמשכן זימנא וית **כל** אדמא דתורא ישוד לישודא LV 4:7
בבר נשא ההוא די יכול **כל** אדמא ואשצי יתיה מגו עמיה: LV 17:10
למיתב ביניהון די ייכול **כל** אדמא ואתן פנוייתא למעסוק LV 17:10
ייי דבמשכן זימנא וית **כל** אדמא ישוד ליסודא דמדבח LV 4:18
מדבחא דעלתא וית **כל** אדמא ישוד ליסודא דמדבחא: LV 4:30
מדבחא דעלתא וית **כל** אדמא ישוד ליסודא דמדבחא: LV 4:34
כיפיא ובעובדתה כבשת **כל** אולני סרקא כן כבשת יוסף ברי GN 49:22
רמין ומנטלין על **כל** אומיא כארזיא דליבנוס NU 24:6
לא ממת תמותון ברם **כל** אומנא סני בר אומנותיה: ארום GN 3:4
ארום גלי קדמי ית **כל** אונסא דלבן עביד לך: אנא הוא GN 31:12
שני שובעא עד דימלון **כל** אוצרייא: וכנש ית כל עיבור שבע GN 41:47
ארעא ופתח יוסף ית **כל** אוצרין דבהון עיבורא וזבין GN 41:56
ותהון דכירין ית **כל** אורחא דדברכון ייי אלקכון מן DT 8:2
דשלמין עובדוי ארום **כל** אורחתוי דינא אלקא מהימנא DT 32:4
ייי ויעבד לה כהנא ית **כל** אורייתא הדא: ואין זכאי גברא NU 5:30
דאהרן ורבותא דבנוי על **כל** אחוהון ליואי דיכלון מקורבניא LV 7:35
לאבאשא ביה ועל אנפי **כל** אחוי יתערבב וישרי: ואודיאת GN 16:12
שליט מיניתיה עלך וית **כל** אחוי שוית קומוי לעבדין ואיזיל GN 27:37
מעלך לאתור על אנפי **כל** אחוי שרא באחסנתיה: ואילין GN 25:18
וקרב יתך וית **כל** אחך בני לוי עימך וכדון אתון NU 16:10
דבלעת דיירהא היא זוער: **כל** אילין איתחברו למישר GN 14:3
וחנוך ואבידע ואלדעה **כל** אילין בנהא דקטורא: ויהב GN 25:4
וית חווילא וית יובב **כל** אילין בנוי דיקטן: והוה בית GN 10:29
בנהא דקטורה יתכנשן **כל** אילין ברכתא ויתעבדו כליל GN 49:26
בר יוון: וקריב קומוי ית **כל** אילין ופסג יתהון במציעא וסדר GN 15:10
די ישמש עם מסאבתה **כל** אילין יהוון זהירין בסואבתהון LV 15:33
מלכותא דעוג במתנן: **כל** אילין קירווי מקרא מקפן שורין DT 3:5
ואכלין גבר חולקיה: **כל** אילין שיבטייא דישראל תריסר GN 49:28
תיעלון לארעא ותינצבון **כל** אילן דמיכלא ותגזרון גזרא ית LV 19:23
ייי אלקים מן אדמתא **כל** אילן דמרגג למיחמי וטב למיכל GN 2:9
ועל גלימתא ותחות **כל** אילן דריויה שפיר: ותסתרון ית DT 12:2
דחקלא מחא ברדא וית **כל** אילנא דחקלא תבר ושריש: EX 9:25
לכון מן ברדא וישיצי ית **כל** אילנא דיצמח לכון מן חקלא: EX 10:5
אנפי כל ארעא וית **כל** אילני סרקא לצרוך ביניינא GN 1:29
ארום יזלון בשיבייותא: **כל** אילניכון ופירי ארעכון ישיצי DT 28:42
ענך יומא דין אעדי מתמן **כל** אימר נמור וקרוח וכל אימר GN 30:32
ואין מיפק יפוק קטולא **כל** אימת דכהנא רבא קיים מן NU 35:26
מברכין לברייהון **כל** אימת דעיילין תמן: מן בגלל LV 23:42
ובשתא רביעתא יהי **כל** אינביה קודשי תושבחן קדם ייי LV 19:24
קודמוי ואמר הנפיקו **כל** אינש מן קדמיי ולא קם אינש GN 45:1
וית אינש בתיהון וית **כל** אינשא דלקרח וית כל ניכסיא: NU 16:32
וית כל דילך בחקלא **כל** אינשא ובעירא דאשתכח EX 9:19
ימותון איליין וסכמות **כל** אינשא יסתכם עליהון לא ייי NU 16:29
לותה: וכנש לבן ית **כל** אינשי אתרא ועבד להון שירו GN 29:22
סביכון וסרכיכון **כל** אינשי ישראל: טפליכון ונשיכון DT 29:9
תאיב ומריד יאטלוניה **כל** אינשי קרתיה באבניא וימות DT 21:21
כל נדרהא או ית **כל** איסרהא דעלה ובמשתוקיה NU 30:15
עימכון: ותתנון לאבא ית **כל** איקר דאית לי במצרים וית כל GN 45:13
ארום תקיף הוא ייי על **כל** אלקיא ארום בפיתגמא דארשעו EX 18:11
תשלחון מן קדם **כל** אמרכול דבהון: ושדר יתהון NU 13:2
עם בני ישראל ויהבו ליה **כל** אמרכלהון חטר לאמרכול חד NU 17:21
חוטרא לבית אבא מלות **כל** אמרכלהון לבית אבהתהון NU 17:17
ישראל אנת ידעת ית **כל** אניקי דאשכחתנא: ונחתו NU 20:14
אנפי סדום ועמורה ועל **כל** אנפי ארע מישרא וחמא והא GN 19:28
תעבדון: וכפנא הוה על **כל** אנפי ארעא ופתח יוסף ית כל GN 41:56
למנטר ית יוסף כאורח **כל** אסיריא ארום לא חמי ית כל GN 39:23
בית אסירי ביד יוסף ית **כל** אסירייא דבבית אסירי וית כל GN 39:22
ואחית מיטרא ומשקי ית **כל** אפי אדמתא: וברא ייי אלקים ית GN 2:6
בעלה ביומא דשמע **כל** אפקות סיפמהא לנדרהא NU 30:13
ויזדבן בדמי עלוייה: ברם **כל** אפרשא די יפרש גבר קדם ייי מן LV 27:28
קודשין הוא קדם ייי: **כל** אפרשא דיתפרש מן אינשא לא LV 27:29
לא יזדבן ולא יתפרק **כל** אפרשא קדש קודשין הוא קדם LV 27:28
כשקא דימינא דילך יהי: **כל** אפרשות קודשיא די יקדשון בני NU 18:19
ונסיבו מן קדם משה ית **כל** אפרשותא דאייתיו בני ישראל EX 36:3
הוויתון בארעא דמצרים: **כל** ארמלא ויתם לא תסגפון: אין EX 22:21
חד פישון הוא דמקיף ית **כל** ארע הינדיקי דתמן דהבא: GN 2:11
בדרינון ייי על אנפי **כל** ארעא: אילין גניסת שם שם בר GN 11:9
למיעל עלנא כאורח **כל** ארעא: איתא נשקי ית אבונא GN 19:31
אנא ומליא יקרא דייי ית **כל** ארעא: ארום כל גובריא די חמון NU 14:21
ולמערבא: ארום ית **כל** ארעא דאנת חמי לך איתנינא GN 13:15
גיחון הוא דמקיף ית **כל** ארעא דכוש: ושום נהרא GN 2:13
ית ארעא תותבותך ית **כל** ארעא דכנען לאחסנת עלם והוי GN 17:8
תשתומם: וקנא יוסף ית **כל** ארעא דמצראי לפרעה ארום GN 47:20
על מניכון ארום שפר ארג **כל** ארעא דמצרים דילכון הוא: GN 45:20
הוא לחמא: וכפנת **כל** ארעא דמצרים דלא הות מפקא GN 41:55
ומני יתיה סרכן על **כל** ארעא דמצרים: ואמר פרעה GN 41:43
חמי דמנית יתך סרכן על **כל** ארעא דמצרים: ואעדי פרעה ית GN 41:41
ידוי עתידא למחרבא **כל** ארעא דמצרים ובגין איתיעט EX 1:15
פרעה: ויהי לאבקא על **כל** ארעא דמצרים ויהי על אינשא EX 9:9
ית גובא: וסליק גובא על **כל** ארעא דמצרים ושרא בכל תחום EX 10:14
הוה חמי בחילמיה והא **כל** ארעא דמצרים קיימא בכף EX 1:15
לאבהתכון ויתן לכון ית **כל** ארעא דקיים לאבהתכון: ארום DT 19:8
ארום מוי על אנפי **כל** ארעא ואושיט ידיה ונסבהא GN 8:9
מזדרע דעילוי אנפי **כל** ארעא וית כל אילני סרקא GN 1:29
עם אינתתיה כאורח **כל** ארעא ותקף רוגזא דייי עליה GN 38:7
לך האיפשר מאן דדאין **כל** ארעא לא יעביד דינא: ואמר ייי GN 18:25
מצלהבא תהי יקדא **כל** ארעא לא תתכשר לבר זרע ולא DT 29:22
בתר טובענא: והוה **כל** ארעא לישן חד וממלל חד GN 11:1
ובדרינון מתמן על אנפי **כל** ארעא לשיבעין לישנין ולא הוה GN 11:8
גוברין אחין אנחנא: הלא **כל** ארעא קדמך אתפרש כדון מיני GN 13:9
דמואב קדמאה ונסיב ית **כל** ארעיה מן ידיה עד ארנון: על כן NU 21:26
ארום לך ולבנך אתן ית **כל** ארעתא האילין ואקיים ית GN 26:3
שמיא ואיתן לבנך ית **כל** ארעתא האילין ויתברכון בגין GN 26:4
האילין דשלחיה וית **כל** אתייא דפקדיה למעבד: ואזל EX 4:28
בני עמון לא קריבתא **כל** אתר נחלי יובקא וקרווי טוורא DT 2:37
רברבין ותקיפין מינכון: **כל** אתרא די תדרוך פרסת ריגליכון DT 11:24
ואינון ונבעי רחמין על **כל** אתרא ותשבוק להום ואמר לא GN 18:32
ארעא: אבדא תאבדון ית **כל** אתריא די פלחו תמן עממיא DT 12:2
דמצרים ביומא דקטלית **כל** בוכרא בארעא דמצרים NU 3:13
ובבעירא ביומא דקטלית **כל** בוכרא בארעא דמצרים NU 8:17
קדמי ליואי: ארום דילי **כל** בוכרא בארעא דמצרים ביומא NU 3:13
מלאכין מחבלין ואקטול **כל** בוכרא בארעא דמצרים מאינשא EX 12:12
מתגלי בגו מצראי: וימות **כל** בוכרא בארעא דמצרים מביר EX 11:5
ומימרא דייי קטל **כל** בוכרא בארעא דמצרים מביר EX 12:29
למפטרנא וקטל ייי **כל** בוכרא בארעא דמצרים מן EX 13:15
יתהון קדמי: ארום דילי **כל** בוכרא בבני ישראל באינשא NU 8:17

וקריבית ית ליואי חולף **כל** בוכרא בבני ישראל: ויהבית ית NU 8:18
קריב ית ליואי חלף **כל** בוכרא בבני ישראל וית בעירת NU 3:45
וית בעירא דליואי חלף **כל** בוכרא בבעירא דבני ישראל: NU 3:41
דמצרים אקדישית קדמי **כל** בוכרא בישראל מאינשא ועד NU 3:13
ייי אלקך בכל מה דתעבד: **כל** בוכרא דאיתיליד בתורך ובענך DT 15:19
למימר: אקדש קדמי **כל** בוכרא דכוריא פתח כל וולדא EX 13:2
ית דקטל ייי בהון **כל** בוכרא ובטעותהון עבד מימרא NU 33:4
דפקיד ייי יתיה ית **כל** בוכריא בבני ישראל: והוון כל NU 3:42
ליואי קדמי אנא ייי חלף **כל** בוכריא בבני ישראל וית בעירא NU 3:41
ואמר ייי למשה מני **כל** בוכריא דוכריא בבני ישראל NU 3:40
בוכריא בבני ישראל: והוון **כל** בוכריא דוכריא בסכום מניין NU 3:43
מגו בני ישראל חלף **כל** בוכריא פתח וולדא מבני ישראל NU 3:12
והות ידיה מקטלא **כל** בוכריה מצרים וימיניה משיזבא EX 12:42
בין מימרי ובין מימר **כל** ביסרא דעל ארעא: והוו בני נח GN 9:17
טווריא: ואיתמסי **כל** ביסרא דרחיש על ארעא בעופא GN 7:21
קימי עימכון ולא ישתיצי **כל** ביסרא עוד ממוי דטובעא ולא GN 9:11
פקיד לכל עמיה למימר **כל** ביר דכר דאיתיליד ליהודאי EX 1:22
וית אינש בתיהון וית **כל** בירייתא דהוון עימהון בגו כל DT 11:6
יתהון היכמא דשמעו **כל** בירייתא ית קל ציווחת חיויא EX 7:9
ארעא: וייתון עליכון **כל** בירכתא האילין וידבוקנכון DT 28:2
יוסף ואתבא יתיב לנא ית **כל** בישא דיגמלנא יתיה: ופקידו ית GN 50:15
בעפרא: ארום קיום נפש **כל** בישרא אדמיה בנפשיה הוא LV 17:14
תיכלון ארום קיום נפש **כל** בישרא אדמיה הוא כל מן LV 17:14
אלקא דשליט בנישמת **כל** בישרא אסי בבעו לה: ואמר ייי NU 12:13
עמיה: ארום קיום נפש **כל** בישרא באדמא הוא ואנא LV 17:11
מיא על ארעא לחבלא **כל** בישרא דביה רוחא דחיי מן GN 6:17
מיא לטובענא לחבלא **כל** בישרא: ותהי קשתא בעננא GN 9:15
איתחבלת ארום חבילת **כל** בישרא כל חד וחד ית אורחיה GN 6:12
לבני ישראל אדם **כל** בישרא לא תיכלון ארום קיום LV 17:14
משכנא מטול דסוף **כל** בישרא לעפרא יסב כהנא ויתן NU 5:17
ועליא דכר ונוקבא מן **כל** בישרא עלו היכמא דפקיד יתיה GN 7:16
והא חפת סגירותא ית **כל** בישריה וידכי ית מכתשא כוליה LV 13:13
בארבעין סווין דמוי ית **כל** בישריה ויהי מסאב עד רמשא: LV 15:16
פורענות חוביהון על **כל** בישתא דעבדו ארום אתפניין DT 31:18
יתי ייי ית כל ליאותי וית **כל** בית אבא: וית שום תניין קרא GN 41:51
ית אבוי וית אחוי וית **כל** בית אבוי לחמא לפום למצטריך GN 47:12
ית דינא עליכון ואחיכון **כל** בית ישראל יבכון ית יקידתא LV 10:6
וגברא מלעיל דיחמון **כל** בית ישראל ית חיסודהון נס NU 25:8
ביציהון על שיקייאון ועל **כל** בית כנישות מימיהון ויהון דמא EX 7:19
מן קדמיכון ותספון ית **כל** בית סיגדיהון וית כל צילמי NU 33:52
לרב לפרעה ולרב על **כל** ביתיה ושליט בכל ארעא GN 45:8
מתכוותהון תסייפון וית **כל** במסיהון תשיצון: ותתרכון ית NU 33:52
ויגחנון קומך מלכוותא **כל** בנהא דקטורה רב ושליט תהי GN 27:29
לותי ואתכנשו לוותיה **כל** בנוי דלוי: ואמר להון כדנן אמר EX 32:26
לאתוראי וישעבדון **כל** בנוי דעבר ברם סופהון דאיליין NU 24:24
ישתעבדון לך אומיא **כל** בנוי דעשו ויגחנון קומך GN 27:29
רברבני מואבאי וירוקן **כל** בנוי דשת משיריתיה דגוג NU 24:17
בריה יומין סגיאין: וקמו **כל** בנוי וכל נשי בנוי ואזלו למנחמא GN 37:35
ית חמוי ואזל ליה לגיירא **כל** בני ארעא: בירחא תליתאה EX 18:27
הוה מנהר בליליא וחמיין **כל** בני ישראל בכל מטלניהון: והוה EX 40:38
די מתגייר ביניהון: ועבדו **כל** בני ישראל היכמא דפקיד ייי ית EX 12:50
על משה ועל אהרן **כל** בני ישראל ואמרו להון כל NU 14:2
ית פיתגמייא האיליין עם **כל** בני ישראל ואתאבלו עמא NU 14:39
עם אהרן ועם בנוי ועם **כל** בני ישראל: ומליל ייי עם משה LV 21:24
ומבתר כדין איתקריבו **כל** בני ישראל ופקידינון ית כל מה EX 34:32
עם אהרן ועם בנוי ועם **כל** בני ישראל ותימר להון גבר טלי LV 22:18
וקבעו תמן מספדא **כל** בני ישראל כאילו תמן מית DT 10:6
ממצרים ואתרעמון **כל** בני ישראל על משה ועל אהרן EX 16:2
סידרי קרבא עם **כל** בני מדינחא עם דבית ישראל NU 24:20
ענוותן בדעתיה לחדא מן **כל** בני נשא דעל אנפי ארעא ולא NU 12:3
כמיתותא דמייתין בה **כל** בני נשא ימותון איליין וסכמות NU 16:29
וכן אמרת איתון חמון **כל** בני נשא כל טבוון דעבדית NU 21:6
איבו ודייתא לזנה: וית **כל** בני עורבא לזניהון: וית ברת DT 14:14
מבני נש וריקנייא מן **כל** בעיר וחשוכא על אנפי תהומא GN 1:2
הדין ליום חרן ומית **כל** בעירא דמצראי ומבעירא דבני EX 9:6
ית נח וית כל חיתא וית **כל** בעירא דעימיה בתיבותא ואעבר GN 8:1
דמיכשרא למיכלכון מן **כל** בעירא דעל ארעא: כל דסדיקא LV 11:2
אמן: ליט דמשמש עם **כל** בעירא הוון עניין כולהון כחדא DT 27:21
נשוי על גמלייא: ודבר ית **כל** בעירא וית כל נכסוי די קנה GN 31:18
ומן תורי ומן חמרי ומן **כל** בעירא ותיתן יתהון לליואי נטרי NU 31:30
ואיתתא די תקרב לציד **כל** בעירא למתהניא מינה ותקטלון LV 20:16
ופירוגיה יהי קודשא: ואין **כל** בעירא מסאבא דלא יקרבון LV 27:11
דמדינאי וית טפלהון וית **כל** בעיריהון וית כל גיתיהון וית כל NU 31:9
יניח ייי אלקכון לכון מן **כל** בעלי דבביכון מן חזור חזור DT 25:19
ייי לאבהתכון: למידחי ית **כל** בעלי דבבך מן קדמך היכמא DT 6:19
סדרי קרבא ואיתן ית **כל** בעלי דבבך קדמך מחזרי קדל: EX 23:27
אנחנא: ארום הי דין **כל** בר בישרא דשמע קל מימרא DT 5:26
בפלחי טעוות פעור ארום **כל** בר נש דטעא בתר טעוות פעור DT 4:3
קדם ייי אלקכון: ארום **כל** בר נש די יכול לציימא ולא יצום LV 23:29
דייכול ית תרבא מעמיה:: **כל** בר נש דייכול כל אדם מן כל דחי LV 7:27
יבזע בשעת אניקי: ולות **כל** בר נש דמית לא יעול לאבוי LV 21:11
שמיטתא אשמיטו **כל** בר נש מרי מוזפתא דיזוף DT 15:2
דא היא גזירת פיסחא **כל** בר עממין או בר ישראל EX 12:43
בתיכון וזביני כספיכון מן **כל** בר עממין דלא מבינך הוא: מן GN 17:12
זקוף כדון עינך וחמי **כל** ברחיא דסלקין על ענא שומא GN 31:12
ומאיך ותלת מפרנס **כל** ברייתא דהכין כתיב תקיף DT 32:4
וחמיין כל עממיא ית **כל** גבורתא דעבדית להון מטול LV 26:45
רבותא ולקטרת בוסמיא: **כל** גבר בר ישראל ואיתתא בת EX 35:29
מן קדם משה: ואתו **כל** גבר דאיתרעי ליביה וכל EX 35:21
דארימו בני ישראל **כל** גבר דאיתרעי ליביה לאפרשא: EX 38:24
וכל תכשיט דדהב **כל** גבר דארים ארמות דהבא קדם EX 35:22
קרבן אלקיה: ארום **כל** גבר דביה מומא לא יקרב גבר LV 21:18
להון אזדהרון לדריכון **כל** גבר דיקרב מכל בניכון לקודשיא LV 22:3
או דפחדוי נפיחן וקליטן: **כל** גבר כהין דביה מומא מזרעא LV 21:21
די פסקו: והוה כדי פסקו **כל** גברי מגיחי קרב עבדי בימתא DT 2:16
מסאבין הינון לכון: **כל** גובא דכיא תיכלון: לא תיכלון DT 14:20
דייי ית כל ארעא: ארום **כל** גובריא די חמון ית יקרי וית NU 14:22
אינון חשיבין כמיתיא **כל** גובריא דהוו תבעין ית נפשך EX 4:19
ליליוון ואישצי ית **כל** גווית אינש ובעיר ארעא: ועבד GN 7:4
דיבישתא מיתו: ושיצי ית **כל** גווית אינש ובעיר דעל אנפי GN 7:23
שמשון בר מנוח ית **כל** גיברי פלישתאי לפרשיא GN 49:17
וית כל בעיריהון וית **כל** גיתיהון וית כל ניכסיהון בזו: וית NU 31:9
גניסת דן לגניסתהון: **כל** גניסת שוחם לגניסתהון שיתין NU 26:43
לית רמא ומנטלא חמי **כל** דא אבד חושבנכון עד דיסוף NU 21:30
ולא מן קדם ייי אתגזרת **כל** דא: ארום אומא מאבדא עיטין DT 32:27
רחיקת נפשיהון: ואוף על **כל** דא ארחים יתהון במימרי כד LV 26:44
דתריכו יתיה הוות להון **כל** דא ואזל אבימלך לוותיה מגרר GN 26:26
בתר דאודע ייי יתך ית **כל** דא לית סוכלתן וחכים כוותך: GN 41:39
אוף ית תלתאיי אוף ית **כל** דאזלין בתר עדריא למימר GN 32:20
בפמי וימלל עמהון ית **כל** דאיפקדיניה: ויהי גברא דלא DT 18:18
אנת תמליל לאהרן ית **כל** דאיפקדינך ואהרן אחוך ימליל EX 7:2
בביתא ובחקלא: ושבק **כל** דאית ליה בידא דיוסף ולא ידע GN 39:6
על בייתיה ועל **כל** דאית ליה ובריך ייי ית בית GN 39:5
די יפרש גבר קדם ייי מן **כל** דאית ליה מאינשא ובעירא LV 27:28
דעופא דמהלך על ארבע **כל** דאית ליה קרסולין מלעיל LV 11:21
תקביל למימריה ותעביד **כל** דאמליל על ידוי ואסני ית סנאך EX 23:22
משה למימר חמוי ועבד **כל** דאמר: ובחר משה גיברי חילא EX 18:24
לנא הוא ודי בננא וכדון **כל** דאמר ייי לך עיביד: וקם יעקב GN 31:16
פרעה מלכא דמצרים ית **כל** דאנא ממליל עימך: ואמר משה EX 6:29
ונדרא דארמלא ומיתרכא **כל** דאסרת על נפשה קום עלה: ואין NU 30:10
ומשכי ססגונא היתיו: **כל** דארים ארמות כספא ונחשא EX 35:24
דכנען ותניאו ליה ית **כל** דארע יתהום למימר: מליל גברא GN 42:29
ליה: קורבן אשמא הוא **כל** דאתחייב לקרבן אשמא ייתי LV 5:19
חמשין שנין תמני יתהון **כל** דאתי לחיילא חילא למעבד NU 4:23
ועד בר חמשין שנין **כל** דאתי לחילא למעבד עיבידתא NU 4:3
בר חמשין שנין תמנינון **כל** דאתי לחילא למפלח ית פולחן NU 4:30
ועד בר חמשין שנין **כל** דאתי לחילא למפלח פולחן NU 4:47
ועד בר חמשין שנין **כל** דאתי לחילא לפולחנא במשכן NU 4:35
ועד בר חמשין שנין **כל** דאתי לחילא לפולחנא במשכן NU 4:39
ועד בר חמשין שנין **כל** דאתי לחילא לפולחנא במשכן NU 4:43
דחיי מן תחות שמיא **כל** דבארע יתנגד: ואקים ית קימי GN 6:17
כל טפליהון שבו ובזו וית **כל** דבביתא: ואמר יעקב לשמעון GN 34:29
ביתא מטול דלא יסתאב **כל** דבביתא ומן בתר כדין ייעול LV 14:36
דחרב גמרה יתה וית **כל** דבה וית בעירה לפתגם דחרב: DT 13:16
בכל ארעא דמצרים ית **כל** דבחקלא מאינשא ועד בעירא EX 9:25
ותרבי ית משכנא וית **כל** דביה ותקדש יתיה מטול כליל EX 40:9
באימריא ובבני עזיא: **כל** דביה מומא לא תקרבון ארום LV 22:20
דביריא: ומליל ייי ית **כל** דביריא האיליין למימר: דבירא EX 20:1
ופסק משה מן למללא ית **כל** דביריא האילין עם כל ישראל: DT 32:45
ושבו ית כל עדיתא וית **כל** דברתא באינשא ובבעירא: NU 31:11
דיקרבון קדם ייי דילך יהי **כל** דדכי בביתך ייכלוניה: כל דמגמר NU 18:13
מאן דעובדא: והוה סכום **כל** דהב אפרשותא דאפרשו לשמא NU 31:52
כל קבל עשירתא דביריא **כל** דהב בזיכיא מאה ועשרין כל NU 7:86
ובצבע זהורי ובבוצא: **כל** דהבא דאיתעביד לעיבידתא EX 38:24
וחמא חמוי דמשה ית **כל** דהוא טרח ועביד לעמיה ואמר EX 18:14
ית גופיך דאילו יהבית ית **כל** דהוה לי לא הוינא כמיסת GN 20:16
באורחא והוה קטיל בכון **כל** דהוה מהרהר למסטי בתר DT 25:18
אוסיף תוב למימחי ית **כל** דחי היכמא דעבדית: עוד כל GN 8:21

בר נש דייכול כל אדם מן **כל** דחי וישתיצי בר נשא ההוא LV 7:27
ונשי בנך עמך: ומן **כל** דחי מכל בישרא תרין מכולא GN 6:19
וכל מעשרא דתורי ועני **כל** דחלפין תחות שרביטא LV 27:32
וכדון לא יתמנע מנהון **כל** דחשיבו למיעבד: אמר ייי GN 11:6
בייסורי ויתיה אישצי וית **כל** דטען בתרוי למטעי בתר LV 20:5
דאמרין נסיב יעקב ית **כל** די לאבונא ומן די לאבונא עבד GN 31:1
עיזייא נמורתא וקרוחתא **כל** די שומא חיוורא ביה וכל GN 30:35
ולבנתך עימך לקיים עלם **כל** דידכי בביתך ייכול ייתיה: כל NU 18:11
יתוקד ובשר קודשיא **כל** דידכי לקודשא יכול בשר LV 7:19
חמיר מבתיכון ארום **כל** דייכול חמיע וישתיצי אינשא EX 12:15
ומיכל לא תיכלוניה: ארום **כל** דייכול תריב מן בעירא LV 7:25
לטורא דאמוראה ולות **כל** דיירוי עמון ומואב וגבלא DT 1:7
תמן ערביב ייי לישן **כל** דיירי ארעא ומתמן בדרינון ייי GN 11:9
ברם ענפוי מטלן על **כל** דיירי ארעא ושירשוי מטיין עד GN 50:1
לחוי חורמן ארום עתידין **כל** דיירי ארעא למשמע קל EX 7:9
ועל רישיה: ותסיק ית **כל** דיכרא למדבחא עלתא הוא EX 29:18
פומא ותבלוע יתהון וית **כל** דילהון וייחתון כד חיין לשייול NU 16:30
בתר דסיבת ויהב ליה ית **כל** דיליה: ואומי יתי ריבוני למימר GN 24:36
יתיה וית אינתתיה וית **כל** דיליה: וסליק אברם ממצרים GN 12:20
אזיל הוא: ואזל הוא עם **כל** דיליה וקם ועבר ית פרת ושוי ית GN 31:21
דין תיכלון מכל די במיא **כל** דיליה ציצין וחרספיתין ביממיא LV 11:9
יהב מעשריא דאפריש מן **כל** דיליה קדם אל אלקא דישראל: GN 33:20
שדר כנוש ית גיתך וית **כל** דילך בחקלא כל אינשא ובעירא EX 9:19
הלא אמרת לעשרא **כל** דילך והא אית לך תריסר בנין GN 32:25
ואנת תמליל עימנא ית **כל** דימליל ייי אלקנא לך ונקבל DT 5:27
מלילית עימך למימר **כל** דימלל ייי יתיה אעבד: ואמר NU 23:26
ויפטרון מן משריתא **כל** דימצרע וכל דדאיב וכל דמסאב NU 5:2
בדרת משכן זימנא: **כל** דימקרב בבשרה יתקדש ודיידי LV 6:20
מימר פמהון יהי מיתדן **כל** דין וכל מכתש צורעא למסגר DT 21:5
ית כל פיתגמיא דייי וית **כל** דיניא ואתיב כל עמא קלא חד EX 24:3
דאיתיהיב קיימא בעלמא **כל** דיעבד כדין וישתיצון במותנא LV 20:17
שבתא נייחא קדם ייי **כל** דיעבד עיבידתא ביומא דשבתא EX 35:2
סכומי גניסת בני גרשון **כל** דיפלח במשכן זימנא די מנא NU 4:41
ארום קודשא היא לכון **כל** דיפסינה איתקטלא איתקטל EX 31:14
לשיזבא למיעירוק לתמן **כל** דיקטול בר נש בשלו: ואין במנא NU 35:15
לדריכון בכל מותבניכון: **כל** דיקטול בר נשא על מימר סהדין NU 35:30
תהי יתבא בריחוקא **כל** דיקרב בה יהי מסאב עד רמשא: LV 15:19
לכון בכל ריחשא **כל** דיקרב בהון ובמושכיהון LV 11:31
מסקא מסאבין הינון לכון **כל** דיקרב בהון יהי מסאב: וכל LV 11:26
לדריכון מקרבנייא דייי **כל** דיקרב בהון יתקדש: ומליל ייי LV 6:11
יתהון ויהון קודש קודשין **כל** דיקרב בהון מן כהניא יתקדש EX 30:29
בהר ולמיקרב בסייפיה **כל** דיקרב בטוורא איתקטלא EX 19:12
מדבחא קודש קודשין **כל** דיקרב במדבחא יתקדש מן בני EX 29:37
לכון: ולאילין תסתאבון **כל** דיקרב בנבילתהון יהי מסאב עד LV 11:24
ארבע מסאבין הינון לכון **כל** דיקרב בנבילתהון יהי מסאב עד LV 11:27
וביומא שביעאה לא ידכי: **כל** דיקרב בשכיבא ובוולדא בר NU 19:13
בגין דלא למיקטול יתיה **כל** דישכחוניה באיסתכלותיה ביה: GN 4:15
מינה קורבנא קדם ייי **כל** דיתן מיניה קדם ייי יהי קודשא: LV 27:9
קדמי אפרשותא מן **כל** דיתרעי ליביה ולא באלמותא EX 25:2
ובין בנך בתרך מיגזר לכון **כל** דכורא אין לית ליה איבא GN 17:10
וית כל זביני כספיה **כל** דכורא באינשא ביתא דאברהם GN 17:23
הי כחטאתא הי כאשמא: **כל** דכורא בבני אהרן ייכלינה קיים LV 6:11
דייי: וכדון קטולו **כל** דכורא בטפליא וכל איתתא NU 31:17
וישתטיף במוי: **כל** דכורא בכהניא ייכול יתה קודש LV 6:22
קדם ייי אשמא הוא: **כל** דכורא בכהניא ייכלונה באתר LV 7:6
קודשיא תיכלוניה **כל** דכורא בכון ייכול ייתיה NU 18:10
לעם חד במיגזור לנא **כל** דכורא היכמא דאינון גזרין: GN 34:22
פיסחא קדם ייי יגזור ליה **כל** דכורא ובכן יהי כשר למעבדיה EX 12:48
יתבא לרוחצן וקטלו **כל** דכורא: וית חמור וית שכם בריה GN 34:25
כוותנא למיגזור לכון **כל** דכורא: וניתן ית בנתנא לכון וית GN 34:15
נפקי תרע קרתיה וגזרו **כל** דכורא כל נפקי תרע קרתיה: GN 34:24
אבהתהון במניין שמהן **כל** דכורא לגולגלתהון: מבר עשרין NU 1:2
תמניא יומין יגזר לכום **כל** דכורא לדריכון מרבייני בתיכון GN 17:12
אבהתהון לגניסתהון **כל** דכורא מבר ירחא ולעילא NU 3:15
גרשון: סכומהון במניין **כל** דכורא מבר ירחא ולעילא NU 3:22
הינון גניסת קהת: במניין **כל** דכורא מבר ירחא ולעילא NU 3:28
עשרין ותלתא אלפין **כל** דכורא מבר ירחא ולעילא ארום NU 26:62
מימרא דייי לגניסתהון **כל** דכורא מבר ירחא ולעילא עשרין NU 3:39
מררי: סכומהון במניין **כל** דכורא מבר ירחא ולעילא שיתא NU 3:34
שמהן לגולגלותהון **כל** דכורא מבר עשרין שנין ולעילא NU 1:20
במניין שמהן לגולגל **כל** דכורא מבר עשרין שנין ולעילא NU 1:22
במניין שמהן לגולגלותן **כל** דכורא מבר עשרין שנין ולעילא NU 1:24
שמהן לגולגלותהון **כל** דכורא מבר עשרין שנין ולעילא NU 1:28
שמהן לגולגלותהון **כל** דכורא מבר עשרין שנין ולעילא NU 1:30

במניין שמהן לגולגלות **כל** דכורא מבר עשרין שנין ולעילא NU 1:32
שמהן לגולגלותהון **כל** דכורא מבר עשרין שנין ולעילא NU 1:34
במניין שמהן לגולגלותן **כל** דכורא מבר עשרין שנין ולעילה NU 1:26
דפקיד ייי ית משה וקטלו **כל** דכוראה: וית מלכי מדינאי קטלו NU 31:7
בידכון ותימחי ית **כל** דכורה לפתגם דחרב: לחוד נשיא DT 20:13
תיתבון בה שובעא יומין **כל** דכוריא בישראל ואפילו זעירי LV 23:42
זמנין בשתא יתחמון **כל** דכוריכון קדם ייי אלקכון DT 16:16
זמנין בשתא יתחמון **כל** דכורך קדם רבון עלמא ייי: עמי EX 23:17
זמנין בשתא יתחמיון **כל** דכורך קדם ריבון עלמיא ייי EX 34:23
דאניס או דשרגיג אבוי **כל** דכן איתת אבוי ולא יגלי כנפא DT 23:1
לא יכילת למילוט יתי **כל** דכן בנוי דאברהם יצחק ויעקב NU 22:30
בישא אחוך בר אימך **כל** דכן בר איבך או ברך או ברתך או DT 13:7
הויתון קדם ייי ואוף **כל** דכן בתר דאימות: כנושו לוותי DT 31:27
לית אתון רשאין למבשל **כל** דכן למיכול בשר וחלב תריהון DT 14:21
דייי אלקכון לכל נדרא **כל** דכן לשאר קורבניא ארום מרחק DT 23:19
לא למיכול אביל מיניה **כל** דכן קרבן חטאתא ומה אילו LV 10:19
עבדין הכא יומא דין גבר **כל** דכשר בעינוי: ארום לא אתיתון DT 12:8
ועל כל מנוי ועל **כל** דליה הינון יטלון ית משכנא וית NU 1:50
ויהב אברהם במתנה ית **כל** דליה ליצחק: ולבניהום דפלקתין GN 25:5
דין תיכלון מכל דקמיט **כל** דליה ציצין למפרח וחרספיתין DT 14:9
ומן הנייתהון תתרחקון: **כל** דלית ליה ציצין וחרספיתין LV 11:12
תהוי על אגרי לקמך **כל** דלתוהי נמור וקרוח בעזיא GN 30:33
מדבחא באדבעך וית **כל** דמא תשוד ליסודא דמדבחא: EX 29:12
כל דדכי בביתך ייכלוניה: **כל** דמגמר בישראל דילך יהי: כל NU 18:14
ותלתא יומין רציפין תהי **כל** דמהא דכיין ברם בכל קודשיא LV 12:4
ושיתא יומין רציפין תהי **כל** דמהא דכיין: ובמשלם יומי LV 12:5
ארום לא חמיתון **כל** דמו ביומא דמליל ייי עימכון DT 4:15
גלעד: ועבדך יעיברון **כל** דמזרז חילא קדם עמא דייי NU 32:27
קרבא: ויעיבר לכון **כל** דמזרז ית יורדנא קדם עמא דייי NU 32:21
ראובן עימכון ית יורדנא **כל** דמזרז לקרבא עמא דייי NU 32:29
דכיא תיכלון: לא תיכלון **כל** דמיקלקלא בניכסא לגיור ערל DT 14:21
גד ובני ראובן ואמרו ית **כל** דמליל ייי לעבדך הכדין נעביד: NU 32:31
כל עמא כחדא ואמרו **כל** דמליל ייי נעביד ואתיב משה ית EX 19:8
כל עמא קלא חד ואמרו **כל** דמליל ייי נעביד: וכתב משה ית EX 24:3
כדין לייי אלקכון ארום **כל** דמרחק ייי דסני עבדין DT 12:31
יתיה על אתר תלי ויהי **כל** דנכות יתיה חיויא ויהוי מסתכל NU 21:8
על ארעא וכל בני נשא: **כל** דנשמת רוחא דחיין באנפוי מכל GN 7:22
מן כל בעירא דעל ארעא: **כל** דסדיקא פרסתא ומטילפן LV 11:3
והוה כן: וחזא אלקים ית **כל** דעבד והא טב לחדא והוה רמש GN 1:31
למימר עינך חמיין ית **כל** דעבד ייי אלקך לתרין מלכיא DT 3:21
כל דעביד אילין ניכלייא **כל** דעבד שיקרא בפרקמטיא: הוו DT 25:16
דבבית אסירי וית **כל** דעבדין תמן הוא מפקד למעבד: GN 39:22
מרחק קדם ייי אלקכון **כל** דעביד אילין ניכלייא כל דעבד DT 25:16
בתרעי קרתא למכתוב **כל** דעליל ביומא ההוא שמיה ושם GN 42:6
מניין סכומי גניסת קהת **כל** דפלח במשכן זימנא די מנא NU 4:37
דיבכון ייתון ויעבדון ית **כל** דפקד ייי: ית משכנא וית פרסיה EX 35:10
לשיבטא דיהודה עבד ית **כל** דפקיד ייי ית משה: ועימיה EX 38:22
כל עופא ליזניה כל ציפר **כל** דפרח: ועלו לות נח לתיבותא GN 7:14
למשריתא שובעא יומין **כל** דקטיל בר נשא וכל דיקרב NU 31:19
ואמר ליה ייי הא בכין **כל** דקטיל קין לשבעא דרין יתפרע GN 4:15
כאילו אבדנא כולנא: **כל** דקריב מיקרב למשכנא דייי NU 17:28
אלפין גוברין וית עקת **כל** דר ודר ופורענות ארמלגוס DT 34:3
ותמני שנין עד דסף **כל** דרא גברי מגיחי קרבא מיגו DT 2:14
ארבעין שנין עד דסף **כל** דרא דעבד דביש קדם ייי: והא NU 32:13
ייי במימריה לא יתדנון **כל** דריא בישא דעתידין למיקום GN 6:3
יתהום ועתידין הינון **כל** דריא דקימון למהוי אמרין GN 22:14
למימר עבדך יעבדון **כל** דריבוני מפקיד: טפלנא נשנא NU 32:25
קדם ייי אלקנא וית **כל** דרייא דעתידין למיקום עד סוף DT 29:14
ית מומתא הדא: ארום ית **כל** דרייא דקמון מן יומת עלמא DT 29:14
שרה תימהא עבד לי ייי **כל** דשמע יתמה עלי: ואמרת מה GN 21:6
ועל אמתך דאת מתרך **כל** דתימר לך שרה קביל מינה GN 21:12
מן בגלל דתצלחון ית **כל** דתעבדון: אמר משה נביא לא DT 29:8
אמר ליה מימרא דייי לא **כל** היאך אילהין סוק וחמי ית DT 32:49
תלתא וחומריהון תלתא: **כל** ווילוות דרתא חזור חזור דבוץ EX 38:16
כל בוכרא דכוריא פתח **כל** וולדא בבני ישראל באינשא EX 13:2
בני ישראל חולף פתח **כל** וולדא בוכריא כולהון דמבני NU 8:16
כל מרבייני בייתיה וית **כל** זביני כספיה כל דכורא באינשא GN 17:23
אהי מטלטל וגלי בארעא **כל** זכיי דישכחינני יקטלינני: ואמר GN 4:14
אין יפיל מנבילתהון על **כל** זרע זרעונין באורחא די יזדרע LV 11:37
דחרב ויתברכון בך **כל** זרעית ארעא: ואזל אברם היכמה GN 12:3
מותא: ואתו בני ישראל **כל** חד בתרעא חד דלא ישלוט בהון GN 42:5
דישראל ומשקיא יתהון **כל** חד וחד בתרע משכניה: NU 21:19
ליט תרתיסרי שבטיא **כל** חד וחד הוה אמר ברכתא DT 27:26
ארום חבילת כל בישרא **כל** חד וחד ית אורחיה על ארעה: GN 6:12

גנוסי נגוות עממיא **כל** חד ללישניה ליחוסיהום GN 10:5
ושמע משה היך קנייו **כל** חד מנהון ית אינתתיה NU 16:4
ויסובר צפירא עלוי ית **כל** חוביהון לאתר צדיא ויפטור LV 16:22
ומוי לא אשתיית מטול **כל** חוביכון דחבתון למעבד דביש DT 9:18
כל מתחי תרע דרתא וית **כל** חומרי דרתא חזור חזור: ומן EX 38:31
כדון ישיצון קהלא ית **כל** חזרנותנא היכמא דמיבעי תורא NU 22:4
לוחין: והנפק משה ית **כל** חטריא מן קדם ייי לכל בני NU 17:24
ייי אלקים מן אדמתא **כל** חיות ברא וית כל עופא דשמייא GN 2:19
דארעא דישראל ויתון **כל** חיות ברא וציפורי שמיא ויכלו NU 11:26
ואימתכון יהי על **כל** חיית ארעא ועל כל עופא GN 9:2
זיהרא וית רישי כוכביא **כל** חילי שמיא ותטעון ותסגדון DT 4:19
בכרן יומא הדין נפקו **כל** חילייא דייי פריקין מארעא EX 12:41
ובנך ונשי בנך עימך: **כל** חיתא דעימך מכל בישרא GN 8:17
ייי במימריה ית נח וית **כל** חיתא וית כל בעירא דעימיה GN 8:1
ונשי בנוי עימיה: **כל** חיתא כל ריחשא וכל עופא GN 8:19
ית כל חרשי מצרים וית **כל** חכימהא ואישתעי פרעה להום GN 41:8
יתה וברם שיירו: ועבדו **כל** חכימי ליבא ית משכנא עשר EX 36:8
דאימות: כנושו לוותי ית **כל** חכימי שיבטיכון וסרכיכון DT 31:28
בצפר מן ממונהון: ואתו **כל** חכימיא דעבדין ית כל עיבידת EX 36:4
ואנת תמליל עם **כל** חכימיה ליביה דאשלימית EX 28:3
לא תתעבד חמיע ארום **כל** חמיר וכל דבש לא תקרבון LV 2:11
היא ריקם ומחו ית **כל** חקלי עמלקאי ואוף ית אמוראי GN 14:7
וממרירו ליה ונצו ליה **כל** חרשי מצראי ואוף אכלו קורצוי GN 49:23
בחכמתך ובעובדך טבייא **כל** חרשי מצראי וכד הוו מקלסין GN 49:22
רוחיה ושדר וקרא ית **כל** חרשי מצרים וית כל חכימהא GN 41:8
איתון חמון כל בני נשא **כל** טבוון דעבדית לעמא אסיקית NU 21:6
ייי: ובדח יתרו על **כל** טבתא דעבד ייי לישראל דיהב EX 18:9
ובערטליותא ובחוסרן **כל** טבתא וישוון נירי פרזלא על DT 28:48
בסעדך דבזכותך הוות לן **כל** טבתא וכדו נפקתא מן ארען GN 26:28
דידכי בביתך ייכול יתיה: **כל** טוב משח זיתא וכל טוב חמר NU 18:12
בשיבו טבא סיב ושבע **כל** טובא ברם ישמעאל עבד GN 25:8
למיבני: ובתין דמליין **כל** טובא דלא עסקת למימלי DT 6:11
ובשפירות ליבא מסוגעי **כל** טובא: ותיפלחון ית בעלי DT 28:47
הי קוטרא דאתונא וזע **כל** טוורא לחדא: והוה קל שופרא EX 19:18
על ארעא ואיתחפיאו **כל** טוורייא רמיא דתחות כל שמיא: GN 7:19
מן קדם ייי הוא וחמי **כל** טומריא ופיתגמא דיקשי מנכון DT 1:17
אנת עביד לי דתישבוק **כל** טירחנהון עליי קטולני כדון NU 11:15
ומסרו ביד יעקב ית **כל** טעוות עממייא דבידיהון דדברו GN 35:4
בזו: וית כל נכסיהון וית **כל** טפליהון שבו ובזו וית כל GN 34:29
הימנותא די בעמא **כל** יומא ההוא וכל ליליא וכל יומא NU 11:32
דבר רוח קידומא בארעא **כל** יומא ההוא וכל לילייא צפרא EX 10:13
בני תורי תילתיסר אזלין **כל** יומא וחסרין סכומהון שובעין NU 29:13
חמיין וחשכן עליהון **כל** יומא ולית בידיכון עבדין טובין DT 28:32
ליביה לחוד ביש **כל** יומא: ותב ייי במימריה ארום GN 6:5
יומא קמאה תעבדון **כל** יומא שובעא יומין דהגא קרבן NU 28:24
לית ליה רשו למיפטרה **כל** יומוי: ואין קשוט הוה פיתגמא DT 22:19
רשו למיפטרה בגיטה **כל** יומוי: לא יסב גבר ית איתתא DT 22:29
שנין ואוליד בנין ובנן: והוו **כל** יומי אנוש תשע מאה וחמש GN 5:11
דחי היכמא דעבדית: עוד **כל** יומי ארעא דרועא בתקופת GN 8:22
תידוב בתר יומי ריחוקה **כל** יומי דוב סאובתא תהי מסאבא LV 15:25
דמייחד למשכוב עלוי **כל** יומי דובה הי כמשכבא דמייחד LV 15:26
לה לבזאה עריתה עלה **כל** יומי חייהא: ולציד איתתא בזמן LV 18:18
מן אפי אדם וחוה **כל** יומי חייהון דאדם וחוה: ואמרת GN 27:45
ותהי גביה ויהי קרי ביה **כל** יומי חייוי מן בגלל דיליף DT 17:19
בפמך ועפרא תיכול **כל** יומי חייך: ודבבו אישוי בינך ובין GN 3:14
לך חובך בעמל תיכלינא **כל** יומי חייך: וכובין ואטטין תצמח GN 3:17
לך אנת וברך ובר ברך **כל** יומי חייך ומן בגלל דיוורכון יומך: DT 6:2
מארעא דמצרים **כל** יומי חייכון: ותיזדהרון מקמי DT 16:3
ודילמא יעידון מן ליבכון **כל** יומי חייכון ותלופונון לבניכון DT 4:9
שנין ואולד בנין ובנן: והוו **כל** יומי חנוך עם דיירי ארעא תלת GN 5:23
שנין ואולד בנין ובנן: והוו **כל** יומי ירד תשע מאה ושיתין GN 5:20
שנין ואולד בנין ובנן: והוו **כל** יומי למך שבע מאה ושובעין GN 5:31
שנין ואולד בנין ובנן: והוו **כל** יומי מהללאל תמני מאה GN 5:17
שנין ואולד בנין ובנן: והוו **כל** יומי מתושלח תשע מאה GN 5:27
גוואין דענבא לא ייכול: **כל** יומי נדר ניזריה גלב לא יעיבר על NU 6:5
רטיבין וצמיקין לא ייכול: **כל** יומי נזריה מכל דמתעבד מגופנא NU 6:4
דאלקיה על רישיה: **כל** יומי נזריה קדיש הוא קדם ייי: NU 6:8
מאה וחמשין שנין: והוו **כל** יומי נח תשע מאה וחמשין שנין GN 9:29
שנין ואוליד בנין ובנן: והוו **כל** יומי קינן תשע מאה ועשר שנין GN 5:14
ארום תקפון על קרתא **כל** יומי שבעתא לאגחא קרבא עלה DT 20:19
שנין ואוליד בנין ובנן: והוו **כל** יומי שת תשע מאה ותרתי סירי GN 5:8
דאבהתכון לכון למירתה **כל** יומיא דאתון קיימין על ארעא: DT 12:1
מן קדם ייי אלקכון **כל** יומיא דאתון קיימין על ארעא DT 31:13
דילפון למידחל מן קדמי **כל** יומיא דהינון קיימין על ארעא DT 4:10

דייי אלקכון יהיב לכון **כל** יומיא: הא בכן אפריש משה תלת DT 4:40
בשמא דייי הוא ובנוי **כל** יומיא: וארום ייתי ליואה מחדא DT 18:5
מן קדם ייי אלקכון **כל** יומיא: וארום יסגי מינכון אורחא DT 14:23
עלוי יהי מגין עלוי **כל** יומיא ובגו תחומיה שכינתא DT 33:12
ותהון ברם עציין ואניסין **כל** יומיא ולית דפריק: איתא תקדש DT 28:29
ולא פסקין ולא סריין **כל** יומיא: ונסבין משה ואהרן מיניה EX 40:30
ברם טלימין ודריסין **כל** יומיא: ותהון משתווין DT 28:33
באורחן דתקנן קדמוי **כל** יומיא ותוספון לכון תוב תלת DT 19:9
וקימוי ודינוי ופיקודוי **כל** יומיא: ותינדעון יומא דין ארום DT 11:1
מן קדם ייי אלקנא **כל** יומיא לקיימותנא כזמן יומא DT 6:24
ולמינטור כל פיקודיי **כל** יומיא מן בגלל דיוטב להון DT 5:29
לקמך ונתחייב קמך **כל** יומייא: ארום אלולפון שהינא GN 43:9
ונתחייב קדם אבונא **כל** יומייא: וכדון יתיב בבעו עבדך GN 44:32
תיתבעון שלמהון וטבהון **כל** יומיכון דאפילו מתגיירין סנא DT 23:7
תימעלון על ליואי **כל** יומיכון דאתון שרן על ארעכון: DT 12:19
מיא לאנפוי והות טייפא **כל** יומין דהוה בחרן ניסא חמישאה GN 28:10
ארעא ית שני שמיטהא **כל** יומין דהיא צדיא מינכון ואתון LV 26:34
ותירעי ית שני שמיטהא **כל** יומין דהיא צדיא מנכון והינון LV 26:43
ותרעי ית שני שמיטהא: **כל** יומין דהיא צדיא מנכון תתנייח LV 26:35
ומאן דייעול לביתא **כל** יומין דיסגר יתיה יהי מסאב עד LV 14:46
יומיא דיפרש לשמא דייי: **כל** יומין דיפרש לשמא דייי על בר NU 6:6
רחוקו רחוקו מן מסאבא: **כל** יומין דמכתשא ביה יהי מסאב LV 13:46
ועל פום מימרא דייי שרן **כל** יומין דשרי ענן יקרא על משכנא NU 9:18
ויתברכון בגין זכוותך **כל** ייחוסי ארעא ובגין זכוות בנך: GN 28:14
חד וחד לפום סכומהון: **כל** יציביא בישראל ולא בבר עממין NU 15:13
די לאבונא עבד ליה ית **כל** יקר נכסייא האילין: וחמא יעקב GN 31:1
שייר ברדא ולא אישתייר **כל** ירוק באילנא ובעיסבא דחקלא EX 10:15
דביה נפשא חייתא ית **כל** ירוקי עיסבין והוה כן: וחזא GN 1:30
דהוון עימהון בגו **כל** ישראל: ארום בעיניכון אתון DT 11:6
דמשה ביהוא זכותא הוון **כל** ישראל אשתין ריבוון דהינון NU 12:16
ית אורייתא הדא קבל **כל** ישראל במשמעהון: כנושו ית DT 31:11
מחדא מן קרויכון מן **כל** ישראל דהוא דייר תמן וייתי DT 18:6
ית פיתגמיא האילין עם **כל** ישראל: ואמר להון בר מאה DT 31:1
ית כל דביריא האילין עם **כל** ישראל: ואמר להון שוון לבכון DT 32:45
די מליל משה עם **כל** ישראל כנפינון לותיה כד הוון DT 1:1
בחגא דמטליא: במיתי **כל** ישראל לאיתחמאה קדם ייי DT 31:11
בריש ענא משכוכיתא **כל** ית דרגול וכל דילחוש בענא GN 30:40
יתן ייי אלקכון על אפי **כל** יתבי ארעא דתדרכון בה היכמא DT 11:25
ארום אמסור בידכון ית **כל** יתבי ארעא ואנת תתריכינון מן EX 23:31
ואין לא תתרכון ית **כל** יתבי ארעא מן קדמיכון ויהי מה NU 33:55
דכנען: ותתרכון ית **כל** יתבי ארעא מן קדמיכון ותספון NU 33:52
וית כל מישרא וית **כל** יתבי קירווייא וצימחא דארעא: GN 19:25
ימטי ליה: ואתרעמו **כל** כנישתא דבני ישראל ביומא חרן NU 17:6
עימיה: וכנש משה ית **כל** כנישתא דבני ישראל ואמר להון EX 35:1
ואהרן על אפיהון קדם **כל** כנישתא דבני ישראל: ויהושע בר NU 14:5
לחטאתא: ויכפר כהנא על **כל** כנישתא דבני ישראל וישתרי NU 15:25
מן בגלל די יקבלון מיניה **כל** כנישתא דבני ישראל: וקדם NU 27:20
משה למימר: מליל עם **כל** כנישתא דבני ישראל ותימר LV 19:2
משכן זימנא ותיכנוש ית **כל** כנישתא דבני ישראל: ותקריב ית NU 8:9
ולות אלעזר כהנא ולות **כל** כנישתא דבני ישראל ית NU 31:12
למימר: קבילו ית חושבן **כל** כנישתא דבני ישראל לגניסתהון NU 1:2
משה ולות אהרן ולות **כל** כנישתא דבני ישראל למדברא NU 13:26
קבילו ית סכום חושבן **כל** כנישתא דבני ישראל מבר NU 26:2
לתלת סאין הוא: ונטלו **כל** כנישתא דבני ישראל ממדברא EX 17:1
בנוי לשמשא: ונפקו **כל** כנישתא דבני ישראל מן קדם EX 35:20
למחמי משה ולמחמי **כל** כנישתא דבני ישראל עני וכן NU 25:6
משה ולות אהרן ולות **כל** כנישתא: דין הוא חד מן ארבעה NU 15:33
והוה במללות אהרן עם **כל** כנישתא דישראל ואיתפניו EX 16:10
קיטמא יתוקד: ואין **כל** כנישתא דישראל ישתלון LV 4:13
מייא: ונטלו מאלים ואתון **כל** כנישתא דישראל למדברא דסין EX 16:1
ירחי שתא: מלילו עם **כל** כנישתא דישראל למימר EX 12:3
בדיל למיכול מה דבגויה: **כל** כנישתא דישראל מתערבין דין EX 12:47
לטוורוס אומנוס כד חמן **כל** כנישתא: ואשלח משה ית אהרן NU 20:27
להון פתגמא ולות **כל** כנישתא וחמיאונון ית איבא NU 13:26
באנפי נפשהון: וארימת **כל** כנישתא ויהבו ית קלהון ובכו NU 14:1
קדם אלעזר כהנא וקדם **כל** כנישתא: וסמך ית ידוי עלוי NU 27:22
ויאטלון יתיה באבנין **כל** כנישתא: ועם בני ישראל תמליל LV 24:14
משכן זימנא וקריבו **כל** כנישתא וקמון בלב שלים קדם LV 9:5
קדם אלעזר כהנא וקדם **כל** כנישתא ותפקיד יתיה NU 27:19
קרבא דנפקו לחילא ובין **כל** כנישתא: ותפרש נסיבא לשמא NU 31:27
ביקידת אישתא ועילוי **כל** כנישתא יהי רוגזא ברם שתוקו LV 10:6
האין גברא חד יחוב ועל **כל** כנישתא יהי רוגזא: ומליל ייי עם NU 16:22
יאטלון יתיה אבנין **כל** כנישתא כגיורא כיציבא בזמן LV 24:16
סגי לכון רבנותא ארום **כל** כנישתא כולהון קדישין וביניהון NU 16:3

וית סלא דפטיריא: וית **כל** כנישתא כנוש לתרע משכן LV 8:3
דאתפרשו בשמהן: וית **כל** כנישתא כנשו בחד יומא לירחא NU 1:18
לא תידחלון מנהון: ואמרו **כל** כנישתא לאטלא יתהון באבנין NU 14:10
בני ישראל ואמרו להון **כל** כנישתא לואי דמיתנא בארעא NU 14:2
מרקם ואתו בני ישראל **כל** כנישתא לטוורוס אומנוס: ואמר NU 20:22
רמשא: ואתו בני ישראל **כל** כנישתא למדברא דצין בעשרא NU 20:1
ית מטרתיה וית מטרת **כל** כנישתא לקדם משכן זימנא NU 3:7
דייי ולמקום קדם **כל** כנישתא לשמשותהון: וקרב יתך NU 16:9
חד: וכנש עליהון קרח ית **כל** כנישתא לתרע משכן זימנא NU 16:19
בהון ויזדמנון לוותך **כל** כנישתא לתרע משכן זימנא: ואין NU 10:3
גברא אטלו יתיה באבנא **כל** כנישתא מברא למשריתא: NU 15:35
למשריתא: והנפיקו יתיה **כל** כנישתא מברא למשריתא NU 15:36
בחד לירחא דאב וחמון **כל** כנישתא משה נחית מן טוורא NU 20:29
סורחנותא בשלו ויעבדון **כל** כנישתא תור בר תורי חד NU 15:24
ותבו וארעימו עלוהי ית **כל** כנישתא לאפקא טיב ביש על NU 14:36
שובעין סבי סנהדרין רבא **כל** כסף מניא תרין אלפין וארבע NU 7:85
כפנא: ולקיט יוסף ית **כל** כספא דהישתיכח בארעא GN 47:14
כל קבלך ארום שלים **כל** כספא: ואמר יוסף הבו גיתיכון GN 47:15
יתך מלמחטי קדמיי בגין **כל** לא שבקתך למקרב לגבה: וכדון GN 20:6
דמנחתא ומן טובה על **כל** לבונתא דעל מנחתא ויסיק LV 6:8
ומן טוב מישחא על **כל** לבונתא ויסיק כהנא ית שפר LV 2:2
ומטוב מישחא על **כל** לבונתא קורבנא קדם ייי: ואין LV 2:16
ההיא לאיתיא עלה ית **כל** לווטייא דכתיבין בסיפרא הדין: DT 29:26
הדיוטין: וייתון עליכון **כל** לווטייא האילין וירדפונכון DT 28:45
אמר אנשי יתי ייי ית **כל** ליאותי וית כל בית אבא: וית GN 41:51
למסדרא סדרי קרבא **כל** ליליא: וארכין משה ית ידיה על EX 14:20
חד אנהר על ישראל **כל** ליליא ולא קרבא משרי כל קבל EX 14:20
ימא ברוח קידומא תקיף **כל** ליליא ושוי ית ימא נגיבא EX 14:21
בית יקידתא על מדבח **כל** ליליא עד צפרא ברם אשתא LV 6:2
וית ארעא וית ימא וית **כל** מא דאית בהון ונח ביומא EX 20:11
תוריה ולא חמריה ולא **כל** מאן דאית לחבריה ארום בחובי DT 5:21
מנכון אפרשותא קדם ייי **כל** מאן דאיתרעי ליביה ייתי ית EX 35:5
דיהב ייי חכמתא בליביה **כל** מאן דאיתרעי ליביה למיקרב EX 36:2
באטלות אבנין יתקטלון: **כל** מאן דדבח לטעוות עממיא EX 22:19
אמר ייי אלקא דישראל **כל** מאן דדבח לטעוות עממיא EX 32:27
משכן בית אולפנא והוי **כל** מאן דהדר בתתובא בלב שלים EX 33:7
דפחר דיפיל מנהון לגויה **כל** מאן די בגויה יהי מסאב ויתיה LV 11:33
שבתא קודשא קדם ייי **כל** מאן די עביד עיבידתא ביומא EX 31:15
ואתו גובריא עם נשיא **כל** מאן דיאיתרעי ליביה היתיו EX 35:22
ישתכח בבתיכון ארום **כל** מאן דייכול מחמעא וישתיצי בר EX 12:19
איתקטל ארום **כל** מאן דיעבד בה עיבידתא EX 31:14
או שיתיא או ערבא או **כל** מאן דיצלא דתחוור ויעדי מיניה LV 13:58
או שיתיא או ערבא או **כל** מאן דיצלא לדכאותיה או LV 13:59
עם בני ישראל למימר **כל** מאן דמקרב ית ניכסת קודשוי LV 7:29
ייי ביום דינא רבא ית **כל** מאן דמשתבע בשמיה על מגן: EX 20:7
ייי ביום דינא רבא ית **כל** מאן דמשתבע בשמיה על מגן: DT 5:11
ומתנטל על מנטליא **כל** מאן דמתגאי קדמוי הוא EX 15:1
מדין חמוי דמשה ית **כל** מאן דעבד ייי למשה ולישראל EX 18:1
אמר ליה כדין יתנון **כל** מאן דעבר על מיניינייא פלגות EX 30:13
אפרשותא קדם ייי: **כל** מאן דעבר על מניינייא מבר EX 30:14
כהנא ית דהבא מנהון **כל** מאן דעובדא: והוה סכום כל דהב NU 31:51
בעמרא או בכיתנא או ית **כל** מאן דצלא דיהי ביה מכתשא LV 13:52
מנהון יהי מסאב **כל** מאן דקיסא או לבוש או צלא או LV 11:32
או לבוש או צלא או שק **כל** מאן דתיתעבד בהון עיבידתא LV 11:32
תנוס ית בנתך מיני: עם **כל** מאן דתשכח ית צילמי טעותך GN 31:32
בבו הדפיה או טלק עלוי **כל** מאן ולא אתכוון למקטליה: או NU 35:22
פולחן משכנא: ויטרון ית **כל** מאני משכן זימנא וית מטרת בני NU 3:8
חזור וית אטוניהון וית **כל** מאני פולחנהון וית כל מה NU 4:26
לכסאה ית קודשא וית **כל** מאני קודשא בזמן מיטל NU 4:15
יתיה נחשא: ועבד ית **כל** מאניה מדבחא ית דודוותיה וית EX 38:3
ביומא הדין איתבזעו **כל** מבועי תהומא רבא והוון בני GN 7:11
מחורב והליכנא ית **כל** מדברא רבא ודחילא ההוא DT 1:19
פיקודיא יהב להון: אוף **כל** מה דאודעא לעממיא מטול DT 33:3
ותמן תעבדון ית **כל** מה דאנא מפקיד לכון: לחוד בכל DT 12:14
דעל ארונא דסהדותא ית **כל** מה דאפקד יתך לות בני ישראל: EX 25:22
רוח חכמתא ויעבדון ית **כל** מה דאפקדתך: ית משכן זימנא EX 31:6
חיי בר נשא ארום על **כל** מה דאתברי על מימרא דייי חיי DT 8:3
ית כל עיסבא דארעא ית **כל** מה די שייר ברדא: וארים משה EX 10:12
קריב את ותשמע ית **כל** מה דיימר ייי אלקנא ואנת DT 5:27
כל מאני פולחנהון וית **כל** מה דיתמסר להון ויפלחון: על NU 4:26
בני ישראל ופקידינון ית **כל** מה דמליל ייי עימיה בטוורא EX 34:32
דמלילו עימך אוטיבו **כל** מה דמלילו: לואי דיהי יצרא DT 5:28
מחר בשילו יומא דין וית **כל** מה דמשתייר מן מא די תיכלון EX 16:23
ותני משה לחמוי ית **כל** מה דעבד ייי לפרעה ולמצראי EX 18:8

וחמא בלק בר צפור ית **כל** מה דעבד ישראל לאמוראי: NU 22:2
למיתן דינא וחושבנא על **כל** מה דעבדת ביום דינא רבא: וקרא GN 3:19
דמליל ייי עם משה: ית **כל** מה דפקיד ייי לוותכון בידא NU 15:23
מימרא דייי אלקי עבדית **כל** מה דפקידתני: אודיק ממדור DT 26:14
עבדוי ואיתהפיכו **כל** מוי דבנהרא לאדמא: ונוני די EX 7:20
בענא שלים יהי לרעוא **כל** מומא לא יהי ביה: דסמי או LV 22:21
דימינא ודרק משה ית **כל** מותר אדמא על מדבחא חזור LV 8:24
דסדום ועמורה וית **כל** מזונהון ואזלו: ושבו ית לוט וית GN 14:11
קדם אחוכון בני ישראל **כל** מזרזי חילא: לחוד נשיכון DT 3:18
להון אתון חמיתון ית **כל** מחוותא דעבד מימרא דייי DT 29:1
לך מן שמייא ותתיב **כל** מחתיי דמחיתך לליבך ובעבדך EX 9:14
עליהון במטרא ית **כל** מטולהון: דא היא פולחנת גניסת NU 4:27
כל מיא עד דישלימו **כל** מיא מן קרווהא ואתחריך GN 21:15
באישא צמירתא ושתי **כל** מיא עד דישלימו כל מיא מן GN 21:15
וכדון נפשנא מנגבא לית **כל** מידעם אלהין למנא אנן NU 11:6
בה לחמא ולא תחסר **כל** מידעם בה ארעא די חכימהא DT 8:9
ארום תיכלינון בחוסרן **כל** מידעם בטומרא בצערו ובעקא DT 28:57
ואימר דיהי ביה מומא או **כל** מידעם ביש דגזיל ואניס ארום DT 17:1
ביה מומא חגיר או סמי **כל** מידעם ביש לא תיכסוניה קדם DT 15:21
בחילא דלא יארע עלוי **כל** מידעם ביש פני יהי בביתיה DT 24:5
לא גולמיא ולא פשוטיא: **כל** מידעם דאורחיה למיתעלא NU 31:23
בעיסקא דחבריה: על **כל** מידעם דאיתביד בכוסיא על EX 22:8
אפי ארעא: לא תיכלון **כל** מידעם דרחיקית מנכון: דא היא DT 14:3
מן אחיכון דלא ימליל חד **כל** מילוי וחד מקטע מילוי DT 1:16
ית עינוי לזנו וחמא ית **כל** מישר ירדנא ארום כולה בית GN 13:10
לזוער: ובחר ליה לוט ית **כל** מישר ירדנא ונטל לוט ממדינחא GN 13:11
ית קירווייא האילין וית **כל** מישרא וית כל יתבי קירווייא GN 19:25
ומבתר כדין ייחון **כל** מיתיא דישראל ויתפנקון מן NU 11:26
יקרך: ואמר האנא מעבר **כל** מכילת טובי קדמך ואיקרי EX 33:19
מן בגלל דמסרת לה רחל **כל** מליא דמסר לה יעקב וכד חמא GN 29:25
דמן שבט מנשה וית **כל** מלכיא דישראל ומלכותא דבית DT 34:2
כל בישרא אדמיה הוא **כל** מן דייכליניה ישתיצי: וכל בר נש LV 17:14
ית עמא דקדמיכון: ארום **כל** מן דיעבד חדא מכל תועיבתא LV 18:29
ימות תחות גננא דפריס **כל** מן דעליל למשכנא אורח תרעא NU 19:14
דלא למבכי מן בגלל **כל** מן דקיימין קודמוי ואמר הנפיקו GN 45:1
ארום פשפשתא ית **כל** מנאיי מה מכל מני בייתך שוי GN 31:37
וית מנרתא דכיתא וית **כל** מנהא וית מדבחא דקטרת EX 31:8
דדהב דכי עבד יתה וית **כל** מנהא: ועבד ית מדבחא דקטרת EX 37:24
לה בהון: ויתנון יתה וית **כל** מנהא לחופאה דמשך ססגונא NU 4:10
ארגוון: ויתנון עלוי ית **כל** מנוי דישמשון עלוי בהון ית NU 4:14
צורת משכנא וית צורת **כל** מנוי והיכדין תעבדון: ויעבדון EX 25:9
יטלון ית משכנא וית **כל** מנוי והינון ישמשוניה וחזור חזור NU 1:50
וית מדבחא דעלתא וית **כל** מנוי וית כיורא וית בסיסיה: EX 30:28
ורבי ית מדבחא וית **כל** מנוי וית כיורא וית בסיסיה LV 8:11
וית מדבחא דעלתא וית **כל** מנוי וית כיורא וית בסיסיה: וית EX 31:9
וחד מיכא: וית פתורא וית **כל** מנוי וית לחם אפיא: וית מנרתא EX 39:36
פתורא וית אריחוי וית **כל** מנוי וית לחם דאפיא: וית EX 35:13
יתיה וקדיש יתיה וית **כל** מנוי וית מדבחא וית כל מנוי NU 7:1
משכנא: וית פתורא וית **כל** מנוי וית מנרתא דכיתא וית כל EX 31:8
וית פתורא וית **כל** מנוי וית מנרתא וית מנהא וית EX 30:27
משכנא דסהדותא ועל **כל** מנוי ועל כל דליה הינון יטלון ית NU 1:50
כל מנוי וית מדבחא וית **כל** מנוי ורבינון וקדש יתהון: וקריבו NU 7:1
ית מדבחא דעלתא וית **כל** מנוי ותקדש ית מדבחא ויהי EX 40:10
דיליה ית אריחוי וית **כל** מנוי ית כיורא וית בסיסיה: ית EX 39:39
ליה ית משכנא וית **כל** מנוי פורפוי לוחוי נגרוי ועמודוי EX 39:33
ומשילייתיה ומחתייתיה **כל** מנוי תעביד נחשא: ותעביד ליה EX 27:3
קודשין מקרבניא דייי: **כל** מנחתא די תקרבון קדם ייי לא LV 2:11
מגרופייתא וית מזירקייא **כל** מני מדבחא ויפרשון עלוי NU 4:14
קנקלי דנחשא דיליה וית **כל** מני מדבחא: וית חומרי דרתא EX 38:30
ובשמהן תימנון ית **כל** מני מטרת מטולהון: דא היא NU 4:32
וית כפורתא דעלוי וית **כל** מני משכנא: וית פתורא וית כל EX 31:7
וית אטונוי ומתחהא וית **כל** מני פולחן משכנא למשכן זימנא: EX 39:40
וית מחתיתא וית **כל** מני שימושא דישמשון לה בהון: NU 4:9
דכי וידי על משכנא ועל **כל** מניא ועל בני נש דהוו תמן ועל NU 19:18
דדהב דכי יעבד יתה **כל** מנייה דידה האילין: וחמי ועיבד EX 25:39
ישראל לבית אבהתהון **כל** מנייני משירייתא לחיליהון שית NU 2:32
אלפין וארבע מאה: **כל** מניינייא למשרית יהודה מאה NU 2:9
ארום תשיצון לעשרא ית **כל** מעשר עללתך בשתא תליתיתא DT 26:12
תלת שנין תפקון ית **כל** מעשר עללתכון בשתא ההיא DT 14:28
ולבנוי דלוי הא יהבית ית **כל** מעשרא בישראל באחסנא חולף NU 18:21
בתך ובתי כל עבדך ובתי **כל** מצראי דלא חמון אבהתך EX 10:6
שתא ההיא ואתו **כל** מצראי לוותיה בשתא תינייתא GN 47:18
ית ישמעאל בריה וית **כל** מרביני בייתיה וית כל זביני GN 17:23
כל עוויית בני ישראל וית **כל** מרודיהון לכל חטאיהון ויתן LV 16:21

מן קדמיכון ארום ית **כל** מרחקייא האילין עבדו ורחיק LV 20:23
ויתאדקון בכון: לחוד **כל** מרע וכל מחא דלא כתיבין DT 28:61
גושמיכון: ויתיב בכון ית **כל** מרעיא דאתגיירו במצראי DT 28:60
ותינטור כל קיימויי **כל** מרעין בישין דשויתי על מצראי EX 15:26
וחלב וטליי: ויעדי ייי מינך **כל** מרעין וכל מכתשיא דגרי ייי על DT 7:15
ותחפי סגירותא ית **כל** משך בישריה מרישיה ועד LV 13:12
על מדבחא דעלתא: וית **כל** משך תורא וית בישריה על LV 4:11
מדויה סאיבתיה היא: **כל** משכבא דמייחד למישכוב עלוי LV 15:4
ויטרון מטרתך ומטרת **כל** משכנא ברם למני קודשא NU 18:3
ומישחא דרבותא מסרת **כל** משכנא וכל דביה בקודשא NU 4:16
עלויהום ופשפיש ית **כל** משכנא ולא אשכח: ואמרת לא GN 31:34
וגחנן: ואמר מן לך **כל** משרי הדין דארעית ואמר דורון GN 33:8
סלוי סלקן מן ימא וחפיין **כל** משריתא דישראל ויהוי לעמא NU 11:26
דרתא חזור חזור וית **כל** מתחי תרע דרתא וית כל חומרי EX 38:31
עד דאימליל אין יהוון **כל** נביא דקמו מן יומת עלמא NU 12:6
ליומא חרן ויתקיימון **כל** נדרהא או ית כל איסרהא דעלה NU 30:15
ובטיל בתר דישמע **כל** נדרהא ואיסרא דאסרת על NU 30:6
לה איבהא ויתקיימון **כל** נדרהא וכל איסרהא דאסרת על NU 30:5
עד דלא בגרת ויתקיימון **כל** נדרהא וכל איסרי דאסרת על NU 30:12
להון ויספקון להון אין ית **כל** נוני ימא רבא יתכנשון להון NU 11:22
להון משה הקיימתון **כל** נוקבא: הנין הנין דהואה תוקלא NU 31:15
מן קדם ייי ישתביק לה: **כל** נידרא וכל קיום איסרא לסגפא NU 30:14
וית גיתוי וית בעירויי וית **כל** ניכסוי דיקנה בארעא דכנען GN 36:6
כל אינשא דלקרח וית **כל** ניכסיא: ונחתו הינון וכל דילהון NU 16:32
וית כל גיתיהון וית **כל** ניכסיהון בזו: וית כל קורייהון NU 31:9
חזי לנדוייהון ולגמרא ית **כל** ניכסיהון ולא תיקרבון בכל מה NU 16:26
לא תיכלון מבשר **כל** ניכסתא עד דאדמא קיים LV 19:26
בליליא: ומן בתר **כל** ניסיא אילין אנת קטל ית עמא NU 14:15
לכון אחסנא לא תקיימון **כל** נישמא לא לעבדין ולא לאמהן: DT 20:16
ודבר ית כל בעירא וית **כל** נכסוי די קנה גיתוי ונכסוי די GN 31:18
וית דבחקלא בזו: וית **כל** נכסיהון וית כל טפליהון שבו GN 34:29
מבר עשרין שנין ולעילא **כל** נפיק חילא בישראל: והוו כל NU 1:45
מבר עשרין שנין ולעילא **כל** נפיק חילא בישראל: ומליל משה NU 26:2
מבר עשרין שנין ולעילא **כל** נפיק חילא בישראל תימנון NU 1:3
מבר עשרין שנין ולעילא **כל** נפיק חילא: סכומהון לשבטא NU 1:20
מבר עשרין שנין ולעילא **כל** נפיק חילא: סכומהון לשבטא NU 1:34
מבר עשרין שנין ולעילא **כל** נפיק חילא: סכומהון לשבטא NU 1:36
מבר עשרין שנין ולעילא **כל** נפיק חילא: סכומהון לשבטא NU 1:38
מבר עשרין שנין ולעילא **כל** נפיק חילא: סכומהון לשיבטא NU 1:22
מבר עשרין שנין ולעילא **כל** נפיק חילא: סכומהון לשיבטא NU 1:24
מבר עשרין שנין ולעילה **כל** נפיק חילא: סכומהון לשיבטא NU 1:26
מבר עשרין שנין ולעילא **כל** נפיק חילא: סכומהון לשיבטא NU 1:28
מבר עשרין שנין ולעילא **כל** נפיק חילא: סכומהון לשיבטא NU 1:30
מבר עשרין שנין ולעילא **כל** נפיק חילא: סכומהון לשיבטא NU 1:32
מבר עשרין שנין ולעילא **כל** נפיק חילא: סכומהון לשיבטא NU 1:40
מבר עשרין שנין ולעילא **כל** נפיק חילא: סכומהון לשיבטא NU 1:42
מן חמור ומן שכם בריה **כל** נפקי תרע קרתיה וגזרו כל GN 34:24
קרתיה וגזרו כל דכורא **כל** נפקי תרע קרתיה: והוה ביומא GN 34:24
לחוד מן דיתעביד למיכל **כל** נפש איהו בלחודוי יתעביד לכון: EX 12:16
ליום נחמתא וית **כל** נפשא חייתא דרחשא דארחישו GN 1:21
וית בנוי וית בנתוי וית **כל** נפשת ביתיה וית גיתוי וית GN 36:6
דארם וית דינה ברתיה **כל** נפשת בנוי וברתיה תלתין ותלת: GN 46:15
בין מימרא דאלקים ובין **כל** נפשת חיתא בכל ביסרא דעל GN 9:16
דבין מימרי וביניכון ובין **כל** נפשת חיתא בכל ביסרא ולא GN 9:15
ועם בניכון בתריכון: ועם **כל** נפשת חיתא דעימכון בעופא GN 9:10
בין מימרי וביניכון ובין **כל** נפשת חיתא דעימכון לדרי GN 9:12
רחל דאיתילידו ליעקב **כל** נפשתא ארבסרי: ובנוי דדן זריזין GN 46:22
כל נפשתא שובעא: **כל** נפשתא דעלא עם יעקב GN 46:26
ביני שוריא סכום **כל** נפשתא לבית יעקב דעלא GN 46:27
גד ואשר: והוה סכום **כל** נפשתא נפקי ירכא דיעקב EX 1:5
וילידת ית אילין ליעקב **כל** נפשתא שובעא: כל נפשתא GN 46:25
בר מנשיהון דבני יעקב **כל** נפשתא שיתין ושית: ובנוי דיוסף GN 46:26
דלא ידעו תשמיש דכורא **כל** נפשתא תלתין ותרין אלפין: NU 31:35
וגבר ארום יקטיל **כל** נפשתיה דבר נשא מבני ישראל LV 24:17
ית תופא בידא ונפקן **כל** נשיא בתרא בתופייא הוו חיילין EX 15:20
משה ואהרן וכנשו ית **כל** סבי בני ישראל: ומליל אהרן ית EX 4:29
למשריתא ויסמכון **כל** סהדייא דשמעו בארגזותיה LV 24:14
רמא יתהון על גיפיה **כל** סוסות ארתכי פרעה ופרשוי EX 14:9
מצראי ועלו מן בתריהון **כל** סוסות פרעה רתיכוי ופרשוי לגו EX 14:23
אסיריא ארום לא חמי ית **כל** סורחן בידיה בגין דמימר דייי GN 39:23
ית כל קיימיי וית **כל** סידרי דיניי ותעבדון יתהון אנא LV 19:37
ית כל קיימיי וית **כל** סידרי דיניי ותעבדון יתהון ולא LV 20:22
מימרא דייי בידא דמשה: **כל** סכום מניינייא דמנא משה NU 4:46
אלפין וארבע מאה: **כל** סכום מניינייא למשירית אפרים NU 2:24

ותלת אלפין וארבע מאה: **כל** סכום מניינייא למשריית דן NU 2:31
אלפין ושית מאה: **כל** סכום מניינייא למשריית ראובן NU 2:16
לבית אבהתוי הוון: והוו **כל** סכומי מנייני בני ישראל לבית NU 1:45
מצלהבא מן קדם ייי: **כל** סכומי מנייני ליואי די מנא משה NU 3:39
נפיק חילא בישראל: והוו **כל** סכומין שית מאה ותלתא אלפין NU 1:46
הדין יתרמון גושמיכון **כל** סכומכון לכל חושבנכון מבר NU 14:29
כד איתבור לכון חוטר **כל** סעדי מזונא ויאפיין עשר נשין LV 26:26
ורבי ית מדבחא מן **כל** ספק אנוס וחטופין מטול LV 8:15
ית אבוי וסליקו עימיה **כל** עבדוי דפרעה סבי בייתיה וכל GN 50:7
קדם פרעה וקדם **כל** עבדוי: ואמר פרעה לעבדוי GN 41:37
וביני ישראל: ויחתון **כל** עבדך אליין לותי ויבעון מטו EX 11:8
חקלא: ויתמלון בתך ובתי **כל** עבדך ובתי כל מצראי דלא חמון EX 10:6
ארום מרחק קדם ייי **כל** עביד אילין ומטול תועיבתא DT 18:12
בתולתא: עמי בני ישראל **כל** עביד חרשיותא לא תקיימון EX 22:17
ייי אלקכון לא תעבדון **כל** עבידתא אתון ובניכון ובנתיכון EX 20:10
יומין תיפלחון ותעבדון **כל** עבידתכון: ויומא שביעאה שבא EX 20:9
בנורא ית קרתא וית **כל** עדאה גמיר קדם ייי אלקכון DT 13:17
ובעירא וכל דיהי בקרתא **כל** עדאה תיבזון לכון ותיכלון ית DT 20:14
בעירה לפתגם דחרב: וית **כל** עדאה תכנשון במצע פלטיתא DT 13:17
אוקידו בנורא: ושבו ית **כל** עדיתא וית כל דברתא באינשא NU 31:11
לא ניכול עד די יתכנשון **כל** עדריא ויגלגלון ית אבנא מעל GN 29:8
פם בירא: ומתכנשין תמן **כל** עדריא ומגלגלין ית אבנא מעל GN 29:3
תליתאה אבנא דהוו **כל** עדריא מתכנשין ומגלגלין לה GN 28:10
בעיניכון אתון חמיין ית **כל** עובדא דייי רבא דעבד: ותינטרון DT 11:7
ולקיש בניסן ולברכא ית **כל** עובדי ידיכון ותוזפון לעממין DT 28:12
ייי שדרני למעבד ית **כל** עובדיא האילין ארום לא מן NU 16:28
חייא ויודי עלוי ית **כל** עוויית בני ישראל וית כל LV 16:21
ואמרת שרי לאברם **כל** עולבני מינך דהוינא רחיצא GN 16:5
דכיין וזני דלא דכיין וית **כל** עוף דטייס בגדפין לזנוהי זני GN 1:21
מכל בעירא דכיא ומן **כל** עוף דכי ואסיק ארבע עלוון על GN 8:20
על כל חיית ארעא ועל **כל** עופא דשמייא בכל דתרחיש GN 9:2
כל חיות ברא וית **כל** עופא דשמייא ואיתי לוות אדם GN 2:19
דרחיש על ארעא ליזניה **כל** עופא ליזניה כל ציפר כל דפרח: GN 7:14
דהיא טריפתא ליזנה: וית **כל** עורבא ליזניה: וית בת נעמיתא LV 11:15
מיכל ית כספנא: ארום **כל** עותרא דרוקן ייי מן אבונא די GN 31:16
בידהא הות עזלא ואתיין **כל** עזיל ית תיכלא וית ארגיוונא EX 35:25
כל אוצרייא: וכנש ית **כל** עיבור שבע שני שובעא דהוו GN 41:48
שני שובעא: ויכנשון ית **כל** עיבור שנייא טבתא דאתיין GN 41:35
ויפקון חד מן חמשא מן **כל** עיבורא דארעא דמצרים בשבע GN 41:34
עמיה: וכל בר נש דיעבד **כל** עיבידא ביכרן יומא הדין ואוביד LV 23:30
שבא ונייחא מארע קדיש **כל** עיבידא לא תעבדון שבתא היא LV 23:3
ייי ית משה: ושלימת **כל** עיבידת משכנא משכן זימנא EX 39:32
חכימות ליבא למעבד **כל** עיבידת נגר ואומן וצייר בתיכלא EX 35:35
בהון למידע ולמיעבד ית **כל** עיבידת פולחן קודשא לכל מה EX 36:1
שבת שבתא הוא לכון **כל** עיבידת פולחנא לא תעבדון LV 16:31
מארע קדיש יהי לכון **כל** עיבידת פולחנא לא תעבדון: LV 23:7
דחגא מארע קדיש **כל** עיבידת פולחנא לא תעבדון: LV 23:8
מערע קדיש יהי לכון **כל** עיבידת פולחנא לא תעבדון LV 23:21
דוכרן יבבא מארע קדיש: **כל** עיבידת פולחנא לא תעבדון LV 23:25
ההוא במותנא מגו עמיה: **כל** עיבידת פולחנא לא תעבדון LV 23:31
דחגא מארע קדיש **כל** עיבידת פולחנא לא תעבדון: LV 23:35
קדם ייי על מיטרא **כל** עיבידת פולחנא לא תעבדון: LV 23:36
דחגא מארע קדיש **כל** עיבידת פולחנא לא תעבדון: NU 28:18
מארע קדיש יהי לכון **כל** עיבידת פולחנא לא תעבדון: NU 28:25
מארע קדיש יהי לכון **כל** עיבידת פולחנא לא תעבדון: NU 28:26
מסנדלא ותשמיש דעריס **כל** עיבידת פולחנא לא תעבדון: NU 29:7
מארע קדיש יהי לכון **כל** עיבידת פולחנא לא תעבדון NU 29:12
ואירוע קדיש תהוי לכון **כל** עיבידת פולחנא לא תעבדון: NU 29:35
מארע קדיש יהי לכון **כל** עיבידת פולחנא לא תעבדון יום NU 29:1
כל חכימיא דעבדין ית **כל** עיבידת קודשא גבר גבר EX 36:4
ייי אלקכון לא תעבדון **כל** עיבידתא אתון ובניכון ובנתיכון DT 5:14
ובנגרות קיסא למעבד **כל** עיבידתא: ואנא הא מניית עימיה EX 31:5
זהורי ובבוצא וגרדי עבדי **כל** עיבידתא ומלפי אומנוון: ויעבד EX 35:35
מארע קדיש יהי לכון **כל** עיבידתא לא יתעביד בהון לחוד EX 12:16
יומין תפלחון ותעבדון **כל** עיבידתכון: ויומא שביעאה שבי DT 5:13
בריגלהון וקרוחיא וית **כל** עיזייא נמורתא וקרוחתא כל די GN 30:35
חשוכת ארעא ושיצי ית **כל** עיסבא דארעא וית כל פירי EX 10:15
ארע דמצרים וישיצי ית **כל** עיסבא דארעא ית כל מה די EX 10:12
הא יהיבת לכון ית **כל** עיסבא דביזריה מזדרע דעילוי GN 1:29
אינשא ועל בעירא ועל **כל** עיסבא דחקלא בארעא דמצרים: EX 9:22
מאינשא ועד בעירא וית **כל** עיסבא דחקלא מחא ברדא וית EX 9:25
צימחין ולא יסק בה **כל** עיסבא תשתקע היך תהפכנותא DT 29:22
בדיורי ובייציבי דארעא: **כל** עירבובין דמחמע לא תיכלון EX 12:20
שמייא וכן אמרת אתון **כל** עללי עלמא וחמון בצערי דמשה DT 34:5

ולחייתא די בארעך תהי **כל** עללתא למיכל: ותימני לך שבע LV 25:7
לאדם ואמר ליה הלא **כל** עלמא דבריתי גלי קדמיי GN 3:9
ממה דגזרין ברם רבון **כל** עלמא ייי אמר לאסגאה ית עמא NU 23:19
דעתידין למיקום עד סוף **כל** עלמא כולהון הינון קיימין הכא DT 29:14
ייי ואמר במטו מינך ריבון **כל** עלמיא גלי קדמך חשוכא הי EX 32:31
ורב תושבחתן דחיל על **כל** עלמיא ייי אמר במימריה והות EX 15:2
אלוק חי וקיים ריבון **כל** עלמיא ייי דבר נש אמר ומכדב NU 23:19
כדון יתקוף רוגזא דרבון **כל** עלמיא ייי ואמליל ברם זימנא GN 18:32
כדון יתקוף רוגזא דרבון **כל** עלמיא ייי ואמליל מאים GN 18:30
שריתי למללא קדם ריבון **כל** עלמיא ייי מאים ישתכחון GN 18:31
לטוורא דסיני חמית רבון **כל** עלמיא ייי מרבע יומא לארבעא DT 32:4
קדמוי מטול דעל מיחמי **כל** עמא איתיקר ושמע אהרן LV 10:3
ובכל עממיא ויחמון **כל** עמא דאנת שרי ביניהון ביומא EX 34:10
שופרא תקיף לחדא וזע **כל** עמא די במשריתא: ואנפיק משה EX 19:16
מקני לי רעינא פון דיהון **כל** עמא דייי נביין ארום יתן ייי ית NU 11:29
לכון פילוותה ויהי **כל** עמא דמשתכח בה יהון למסקי DT 20:11
מדבחא ועל כהניא ועל **כל** עמא דקהלא יכפר באשתעות LV 16:33
וחשחשית במעיי ית **כל** עמא הדין אין בניי הינון דאמרת NU 11:12
עליא וית תרביא וחמון **כל** עמא ואודון ואתרכינו בצלו על LV 9:24
משכנא ומן יד קיימין **כל** עמא וסגדין כל קבל משכנא EX 33:10
וית טורא תנין וחמון **כל** עמא ורתען וקמו תריסר מילין EX 20:18
דייי עם משה: וחמן **כל** עמא ית עמודא דעננא קאי EX 33:10
לגובריהון ומן יד פריקו **כל** עמא ית קדשי דדהבא די EX 32:3
דפקדיה ייי: ואתיבו **כל** עמא כחדא ואמרו כל דמליל ייי EX 19:8
חובא: ופקיד אבימלך ית **כל** עמא למימר דיקרב לביש בגברא GN 26:11
משה וכהניא בני לוי עם **כל** עמא למימר ציתו ושמעו DT 27:9
ביתא מטליא ועד סבא **כל** עמא מסיפא: וקרו ללוט ואמרו GN 19:4
תליתאה יתגלי ייי לעיני **כל** עמא על טורא דסיני: ותתחים EX 19:11
דייי וית כל דיניא ואתיב **כל** עמא קלא חד ואמרו כל דמליל EX 24:3
כסף היכדין הוו מתעבדין **כל** עמודא דרתא: ופרסא דתרע EX 38:17
אתמסי לבהון בגווהון **כל** עמודי דיירי ארעהון דכנענאי: EX 15:15
דחילא אחזת יתהון **כל** עמודי דיירי ארעהון דפלישתאי: EX 15:14
וחומריהון ארבעא: **כל** עמודי דרתא חזור חזור מכבשין EX 27:17
גזירת מימר פומך יתזנון **כל** עמי לחוד כורסי מלכותא אהא GN 41:40
אשדר קדמך ואשגש ית **כל** עמיא דאת אתי לסדרא בכון EX 23:27
בידך מסרית יתיה וית **כל** עמיה וית ארעיה ותעביד ליה NU 21:34
בידך מסרית יתיה וית **כל** עמיה וית ארעיה ותעביד ליה DT 3:2
ומחינא יתיה וית בנוי וית **כל** עמיה: וכבשנה ית כל קירווי DT 2:33
ית עוג מלכא דמתנן וית **כל** עמיה ומחינוהי עד דלא אשתייר DT 3:3
בתחומיה וכנש סיחון ית **כל** עמיה ונפק לקדמות ישראל NU 21:23
ומחו יתיה וית בנוי וית **כל** עמיה עד די לא שיירו ליה NU 21:35
אוכלוסין דצדיקין קבל **כל** עמך אעביד פרישן להון בזמן EX 34:10
בדיליה בזכותיה **כל** עממי ארעא: ארום גלי קדמיי GN 18:18
דתקנן קדמוי: ויחמון **כל** עממי ארעא ארום שמא דייי DT 28:10
אלקכון רמין וגיותנין על **כל** עממי ארעא: וייתון עליכון כל DT 28:1
האילין ויתברכון בגין בנך **כל** עממי ארעא: חולף די קבל GN 26:4
ויתברכון בגין זכוות בנך **כל** עממי ארעא חולף דקבילתא GN 22:18
אהי מן סיעתיה וכד חמון **כל** עממיא דהוו תמן דלא שלטת GN 11:28
בכל סנאיכון: ותגמר ית **כל** עממיא דייי אלקך יהיב לך לא DT 7:16
ויתרך מימרא דייי ית **כל** עממיא האילין מן קדמיכון DT 11:23
מארעא דמצרים וחמיין **כל** עממיא ית כל גבורתא דעבדית LV 26:45
יתכון רמין וגיותנין על **כל** עממיא לרבו ולשום דיקר DT 26:19
ובכליתיה: ויימרון **כל** עממיא מטול מה עבד ייי הכנא DT 29:23
למירתה: ויבדרכון ייי ביני **כל** עממיא מסייפי ארעא ועד סייפי DT 28:64
זועתך ודחלתך על אנפי **כל** עממייא דתחות כל שמיא DT 2:25
להום יום חד וימותון **כל** ענא: יעיבר בבעו ריבוני ויטייל GN 33:13
יהי אגרך וילידן **כל** ענא מאן דשומא בריגליהון: GN 31:8
קרוחין יהי אגרך וילידן **כל** ענא קרוחין ואם כדין יימר מאן GN 31:8
דאינשא ודבעירא **כל** עפרא דארעא איתהפיך למיהוי EX 8:13
ית אבנוי וית קיסוי וית **כל** עפרא דביתא וינפק למברא LV 14:45
על עיסק ישראל ית **כל** עקתא דאשכחתנון באורחא על EX 18:8
יתכון בעידנא ההיא ית **כל** עשרא פתגמיא דתעבדון ביני DT 1:18
מימרא דאהרן ובנוי יהי **כל** פולחן בני גרשון לכל מטולהון NU 4:27
פולחנא: וחמא משה ית **כל** פולחנא והא עבדו יתה היכמה EX 39:43
עבדו בני ישראל ית **כל** פולחנא: וחמא משה ית כל EX 39:42
פולחנא באנפי ברא ית **כל** פולחנהון הוון מפלחין בהון EX 1:14
מילתא לכל שיבטא ועל **כל** פיקודא ופיקודא אתגזר עלה DT 27:26
למימרא דייי ותעבדון ית **כל** פיקודוי דאנא מפקד לכון יומנא: DT 30:8
למינטר ולמעבד ית **כל** פיקודוי דאנא מפקיד לכון DT 28:1
דייי אלקכון למנטור ית **כל** פיקודוי דאנא מפקיד לכון יומא DT 13:19
דמליל לכון ולמינטר **כל** פיקודוי: ולמנאה יתכון רמין DT 26:18
לא תינטרון למעבד ית **כל** פיקודיא דאורייתא הדא DT 28:58
בעמיה יחוב ויעבד חד מן **כל** פיקודיא דייי אלקיה דלא כשרין LV 4:22
ויעבדון בשלו מן חד מן **כל** פיקודיא דייי דלא כשרין LV 4:13

תעבדון מן ריעוונכון ית **כל** פיקודיא האילין: ואין בקיימי LV 26:14
בדיל דלא למעבד ית **כל** פיקודיי וסופכון למבטלא ית LV 26:15
דלא למיטור למעבד ית **כל** פיקודיי וקיימיי דאנא מפקיד DT 28:15
דתדכרון ותעבדון ית **כל** פיקודיי ותהוון קדישין הי NU 15:40
בהון ביממא ותידכרון ית **כל** פיקודיי ותעבדון יתהון ולא NU 15:39
מן קדמי ולמינטור **כל** פיקודיי כל יומיא מן בגלל DT 5:29
ית כל עיסבא דארעא וית **כל** פירי אילנא די שייר ברדא ולא EX 10:15
קדם ייי אלקכון על **כל** פירי ארעא משבחא דיהב לכון: DT 8:10
ית עמא בכל עידן ויהי **כל** פיתגם רב ייתון לוותך וכל EX 18:22
בנורא לטעוותהון: ית **כל** פיתגמא דאנא מפקיד יתכון DT 13:1
למינטור ולמיעבד ית **כל** פיתגמי אורייתא הדא: ארום לית DT 32:46
ויטרון למעבד ית **כל** פיתגמי אורייתא הדא: ובניהון DT 31:12
דינא מטול למקיימא ית **כל** פיתגמי אורייתא הדא: ויהי כד DT 29:28
ותיכתובון על אבניא ית **כל** פיתגמי אורייתא חדא כתב DT 27:8
להום: ומלילו עימיה ית **כל** פיתגמי יוסף דמליל עמהון GN 45:27
נשא ההוא ותחול ביה **כל** פיתגמי לווטתא דכתיבין DT 29:19
בית אולפנא ומליל ית **כל** פיתגמי תושבחתא הדא DT 32:44
למיכול: טורו וקבילו ית **כל** פיתגמיא דאנא מפקיד לכון מן DT 12:28
משה ואישתעי לעמא ית **כל** פיתגמיא דייי וית כל דיניא EX 24:3
וקרא קדם עמא ואמרו **כל** פיתגמיא דמליל ייי נעביד EX 24:7
ועבד אהרן ובנוי ית **כל** פיתגמיא דפקיד ייי בידא דמשה: LV 8:36
ויהי כד ייתון עילויכון ית **כל** פיתגמיא האילין בירכן DT 30:1
תיעוק לכון ויארעון לכון **כל** פיתגמיא האילין בסוף יומיא DT 4:30
לביתיה ותני ללבן ית **כל** פיתגמיא האילין: ואמר ליה לבן GN 29:13
ומליל עמהון ית **כל** פיתגמיא האילין: ואמרו ליה GN 44:6
דיגזר ייי עימכון על **כל** פיתגמיא האילין: וסליק משה EX 24:8
ישראל: ומליל אהרן ית **כל** פיתגמייא דמליל ייי עם משה EX 4:30
ותני עבדא ליצחק ית **כל** פיתגמייא דעבד: ואעלה יצחק GN 24:66
עמא וסדר קדמיהון ית **כל** פיתגמייא האילין דפקדיה ייי: EX 19:7
ליה: ותני משה לאהרן ית **כל** פיתגמייא האילין דשלחיה וית EX 4:28
והוה כדי פסק למללא ית **כל** פיתגמייא האילין ואיתבזעת NU 16:31
ואימליל במשמעהון ית **כל** פיתגמייא האילין ואסהיד בהון DT 31:28
לכל עבדוי ומליל ית **כל** פיתגמייא האילין קדמיהון GN 20:8
ייי אלקיה למינטר ית **כל** פתגמי אורייתא הדא וית קימיא DT 17:19
ייי לי שמיע קדמי ית **כל** פתגמי עמא הדין דמלילו עימך DT 5:28
בגין כן אנא דבח קדם ייי **כל** פתח וולדא דוכרייא וכל בוכרא EX 13:15
נפקתון פריקין ממצרים: **כל** פתח וולדא דילי הוא וכל בעירך EX 34:19
דמגמר בישראל דילך יהי: **כל** פתח וולדא לכל בישרא בבעירא NU 18:15
ויתנינה לך: ותפרש **כל** פתח וולדא קדם ייי וכל פתח EX 13:12
ית כל בית סיגדיהון וית **כל** צילמי מתכוותהון תסייפון וית NU 33:52
תיכלון מסאב הוא לכון: **כל** ציפר דכי דלית דאית ליה זפק DT 14:11
ליזניה כל עופא ליזניה **כל** ציפר כל דפרח: ועלו לות נח GN 7:14
אחד מימרא דייי באנפי **כל** ציריה בית וולדא לנשיא דבבית GN 20:18
טעותך ימות בלא זימניה **כל** קבל אחנא אשתמודע לך מאן GN 31:32
ויהבונון על כתפי אפודא **כל** קבל אנפוי: ועבדו תרתין עיזקן EX 39:18
ותיתן על כתפי אפודא **כל** קבל אנפוי: ותעביד תרתין עיזקן EX 28:25
רישיה ושוי על מצנפתא **כל** קבל אנפוי ית ציצא דדהבא LV 8:9
ית בוצינהא ויהון מנהרין **כל** קבל אפהא: ומלקטייהא EX 25:37
במציעאה: ועבד כן אהרן **כל** קבל אפי מנרתא אדליק NU 8:3
מעילוי תפילת רישא **כל** קבל אפי מצנפתא יהי: ויהי על EX 28:37
לגין מן ציטרא דממצע **כל** קבל אפי משכן זימנא מאדמה NU 19:4
ית יריעתא שתיתיתא **כל** קבל אפי משכנא: ותעביד EX 26:9
מלאכייא דייי אפין **כל** קבל אפין ואישתיזבת נפשי: GN 32:31
סידרין דמרגליין טבאן **כל** קבל ארבעא טריגונין דעלמא EX 28:17
סידרין מרגליין טבן **כל** קבל ארבעת טריגונין דעלמא EX 39:10
ריש רמתא דמדיקא **כל** קבל בית ישימון מטול דבטילו NU 21:20
אפודא מלרע מקבל אפוי **כל** קבל בית לופי מעילוי להמיין EX 28:27
מלרע מלקבל אנפוי **כל** קבל בית לופי מעילוי להמיין EX 39:20
לתוקפיה ומצראי ערקין **כל** קבל גללוי ועלים ייי ית מצראי EX 14:27
זיוייתא דלארבע ריגלוי: **כל** קבל גפוף הואה עיזקתא אתרא EX 37:14
זיווין די לארבע ריגלוי: **כל** קבל גפוף תהוויין עיזקתא EX 25:27
שומניה אליתא שלמתא **כל** קבל דקיתא יעבר יתיה וית LV 3:9
כפותיה חמש אמין **כל** קבל ווילוות דרתא: ועמודיהון EX 38:18
במציעא וסדר פסגא דחד **כל** קבל חבריה וית עופא לא פסג: GN 15:10
מכוונן ענובייא חדא **כל** קבל חד: ותעביד חמשין פורפין EX 26:5
על כפורתא ואפיהון חד **כל** קבל חד כל קבל כפורתא הוון EX 37:9
על כפורתא ואפיהון חד **כל** קבל חד לקבל כפורתא יהון אפי EX 25:20
תמן קדם ייי: חולק **כל** קבל חולק בשוה ייכלון בר DT 18:8
ית חמש ידיען לחוד **כל** קבל חמשא סיפרי אורייתא וית EX 26:9
ית חמש יריען לחוד **כל** קבל חמשא סיפרי אורייתא וית EX 36:16
קדמך עשרא לכל קרווא **כל** קבל חמשא קוריין סדום GN 18:24
הוון הפכין אפיהון **כל** קבל טוורא דעיבל ואמרין ליט DT 27:15
אוף ענא ותורא לא ירעון **כל** קבל טוורא ההוא: ופסל תרין EX 34:3
תמן ישראל בלב מייחד **כל** קבל טוורא: ומשה סליק ביומא EX 19:2

ואפיהון חד כל קבל חד **כל** קבל כפורתא הוון אנפי כרוביא: EX 37:9
פרגודא מאה חומרין **כל** קבל מאה קנטינרין קנטינר EX 38:27
ימטון עליהון מיכלא **כל** קבל מיכלא היא מטול דהינון LV 26:43
אדלקותך ית בוציניא **כל** קבל מנרתא יהון מנהרין שבעתי NU 8:2
דאבוי דהות מסדרא **כל** קבל מצעא דלאה אימיה GN 35:22
יד קיימין כל עמא וסגדין **כל** קבל משכנא כדקיימין גבר EX 33:10
ליליא ולא קרבא משרי **כל** קבל משרי למסדרא סדרי קרבא EX 14:20
מתרתקין בשבית חרבא **כל** קבל מתמלכין במולכנא NU 21:29
מזירקי דכסף תריסר **כל** קבל נשיא דבני ישראל בזיכי NU 7:84
על תפילת רישא קביעא **כל** קבל ענך בגובהא דרישך מן EX 13:9
בסילעי בית קודשא **כל** קבל עשירתא דבירייא כל דהב NU 7:86
עשרין וארבעא תורין **כל** קבל עשרין וארבע מטרתא NU 7:88
לפרגודא וית מנרתא **כל** קבל פתורא על סטר משכנא EX 26:35
ית מנרתא במשכן זימנא **כל** קבל פתורא על שידא דמשכנא EX 40:24
בזיכי דדהבא תריסירי **כל** קבל רברבי ישראל מליין NU 7:86
פריסו גדפיהון לעילא **כל** קבל רישיהום מטללין בגדפיהון EX 25:20
ית בוצינהא שובעא **כל** קבל שבעתי כוכביא דמתילין EX 40:4
בוציני סידורא דמסדרין **כל** קבל שבעתי כוכביא דנהיגין EX 39:37
הוי מתקלא דמזירקא חד **כל** קבל שובעין סבי סנהדרין רבא NU 7:85
שיבטא ושובעין דיקלין **כל** קבל שובעין סבייא דישראל EX 15:27
ועימיה שובעין מלאכיא **כל** קבל שומעין עממיא וכל חד GN 11:8
מאה שית עגולין בסידרא **כל** קבל שיבטוי דיעקב ותהנעיל ית EX 40:4
וית שית יריען לחוד **כל** קבל שית סדרי מתניתא ותיעוף EX 26:9
וית שית יריען לחוד **כל** קבל שיתא סידרי מתנייתא: EX 36:16
ית יעקב ברחי שיתין **כל** קבל שיתין אתין דברכת כהניא NU 7:88
מטרתא דיכרי שיתין **כל** קבל שיתין שנין דהוה יצחק כד NU 7:88
דהב בזיכיא מאה ועשרין **כל** קבל שניא דחייא בהון משה NU 7:86
דפיילתא חדא דכספא **כל** קבל שנין דהוה יוכבד כד ילידת NU 7:85
הוה ממילת תלת גוונין **כל** קבל תלת מרגלייתא דבחושנא NU 2:3
הוה ממילת תלת גוונין **כל** קבל תלת מרגלייתא דבחושנא NU 2:10
הוה ממילת תלת גוונין **כל** קבל תלת מרגלייתא דבחושנא NU 2:18
הוה ממילת תלת גוונין **כל** קבל תלת מרגלייתא דבחושנא NU 2:25
בזיכי דדהבא תריסר **כל** קבל תריסר מזלייא: מאה NU 7:84
מיא לתריסר בזיען **כל** קבל תריסר שיבטוי דיעקב: ועלו EX 14:21
פיילי דכסף תרתיסרי **כל** קבל תריסר שיבטיא מזירקי NU 7:84
דייי ודין כשר לצלן מכוון **כל** קבל תרע שמייא משכלל תחות GN 28:17
לנא לחמא ולמה נמות **כל** קבלך ארום שלים כל כספא: GN 47:15
ויכסון יתיה כהילכתא **כל** קהל כנישתא דישראל ביני EX 12:6
ועל אינש ביתיה ועל **כל** קהלא דישראל: ויצדד ויפוק מן LV 16:17
ומליל משה במשמע **כל** קהלא דישראל ית פיתגמי DT 31:30
למדברא הדין לקטלא ית **כל** קהלא הדין בכפנא: ואמר ייי EX 16:3
תמן לתמן תייתון ית **כל** קורבנייא וביכוריא ומעשריא DT 12:11
וית כל ניכסיהון בזו: וית **כל** קורייהון ובתי טירונייהון וית NU 31:10
וזעיר אנא מכל טבוון ומן **כל** קושטא די עבדת עם עבדך GN 32:11
וקטולוי חכימין מן **כל** קטולייא דמגרר אדרעא עם DT 33:20
ייי אלקך למינטור ית **כל** קיימוי ופיקודוי דאנא מפקיד לך DT 6:2
ותצית לפיקודוי ותינטור **כל** קיימוי כל מרעין בישין דשויתי EX 15:26
עממיא דישמעון ית **כל** קימיא האילין ויימרון לחוד עם DT 4:6
דמצרים: ותיטרון ית **כל** קיימיי וית כל סידרי דיניי LV 19:37
כנישתא דישראל ית **כל** קיימיי וית כל סידרי דיניי LV 20:22
ית בני ישראל ית **כל** קיימייא דמליל ייי להון בידא LV 10:11
עלנא ייי למעבד ית **כל** קיימייא האילין למידחל מן DT 6:24
בה: ותיטרון למעבד ית **כל** קיימייא וית דינייא די אנא יהיב DT 11:32
ארום ניטר למעבד ית **כל** קיימייא ית כל תפקידתא הדא DT 6:25
וית לוט בר אחוי וית **כל** קניינהום דיקנו וית נפשתא GN 12:5
ליה משיזיב: וכבשנן ית **כל** קירווי בעידנא ההיא לא הות DT 3:4
וית כל עמיה: וכבשנה ית **כל** קירווי בעידנה ההיא וגמרנא ית DT 2:34
דחשבון הכדין גמרנא ית **כל** קירווי גובריא ונשייא וטפלא: DT 3:6
בעידנה ההיא וגמרנא ית **כל** קירווייא גובריא ונשיא וטפלא DT 2:34
ארבעין ותמני קורין: **כל** קירווייא דתיתנון לליוואי NU 35:7
ארכא: ונסב ישראל ית **כל** קירוייא האילין ויתיב ישראל NU 21:25
לטווריא ערקו: ונסיבו ית **כל** קניינא דסדום ועמורה וית כל GN 14:11
לדרמשק: ואתיב ית **כל** קניינא ואוף ית לוט אחוי GN 14:16
ויקרב מיניה חד מן **כל** קרבנא אפרשותא קדם ייי LV 7:14
מעלתא דענא מן אישתא **כל** קרבנהון לכל מנחתהון לכל NU 18:9
בקיים מילחא בגין כן על **כל** קרבנך תקריב מילחא: ואין LV 2:13
לא בקייטא ולא בסתווא: **כל** קרוי מישרא וכל גלעד וכל מתנן DT 3:10
חמשא דחסרין לזוער ית **כל** קרתא ואמר לא איחביל אין GN 18:28
דאית לי במצרים וית **כל** רבותי דחמיתון ותוחון ית אבא GN 45:13
עומרין לבר נש חד ואתו **כל** רברבני כנישתא ותנו למשה: EX 16:22
וית בעירא ליזנה וית **כל** רחיש ארעא לזנה זני דכיין וזני GN 1:25
ביממיא ובנחליא מן **כל** ריחשא דבמיא שיקצא הינון LV 11:10
נוני ימא בידכם יתמסרון: **כל** ריחשא דהוא חי דילכון יהי GN 9:3
ברם ית דין תיכלון מן **כל** ריחשא דעופא דמהלך על ארבע LV 11:21

ונשי בנוי עימיה: כל חיתא **כל** ריחשא וכל עופא דרחיש על GN 8:19
ירח וירח בזמן אתחדתות **כל** רישי ירחי שתא: וצפיר בר עיזי NU 28:14
ואמר ייי למשה סב ית **כל** רישי עמא ומני יתהון דיינין NU 25:4
באישא וקריבתון לוותי **כל** רישי שיבטיכון וחכימיכון: DT 5:23
ארום מרחקין מצראי **כל** רעי ענא: ואתא יוסף ותני לפרעה GN 46:34
ואזיל למשכנא קיימין **כל** רשיעי עמא ומתעתדין גבר EX 33:8
בבהילו אוסיף על **כל** רתיכא ורתיכא: ותקיף ייי ית EX 14:7
כופנא מן בתריהון ויתנשי **כל** שובעא דהוה בארעא דמצרים GN 41:30
מימרא דייי אלקכון מן **כל** שיבטיכון לאשרהא שכינתיה DT 12:5
אנפי כל עממייא דתחות **כל** שמיא דישמעון שמע זכוותך DT 2:25
דכל עממייא דתחות **כל** שמיא: ויתכון נסיב מימרא דייי DT 4:19
כל טווריא רמיא דתחות **כל** שמיא: חמיסירי גרמידין מלעיל GN 7:19
שומהון מדוכרנא תחות **כל** שמיא לא יתעתד אינש קומיכון DT 7:24
ויעברון גלב על **כל** שער בישריהון ויחוורון NU 8:7
ית לבושוי ויספר ית **כל** שערי ויסחי במיא וידכי ובתר כן LV 14:8
וית גביני עינוי וית **כל** שעריה יספר ויצבע ית לבושוי LV 14:9
ביומא שביעאה יספר ית **כל** שעריה ית רישיה וית דיקניה LV 14:9
מן גמליה ריבוניה ואזל **כל** שפר אפותיקי דריבוניה בידיה GN 24:10
ית אפרשותא קדם ייי מן **כל** שפר טוביה וביה: ותימר להון NU 18:29
מפקין וכנשין מן חקלא **כל** שתא ושתא ולא פירי שתא על DT 14:22
בני גוויה ורעייה: ויפיק ית **כל** תורא למברא למשריתא לאתר LV 4:12
דחייא בהון משה נביא: **כל** תורי לעלתא תריסר תורא לרב NU 7:87
יהבית לשיבט מנשה **כל** תחום בית פלך טרגונא וכל DT 3:13
מנהון שיתין קירוין **כל** תחום פלך טרגונא מלכותא DT 3:4
ויאיר בר מנשה נסיב ית **כל** תחום פלך טרגונא עד תחום DT 3:14
למפטור הא אנא מחי ית **כל** תחומך בעורדענייא: וירבי נהרא EX 7:27
ומשה ואהרן עבדו ית **כל** תימהייא האילין קדם פרעה EX 11:10
למתוב למצרים חמי **כל** תמהיא דשויתי בידך EX 4:21
דייי אלקכון למינטור ית **כל** תפקדתא הדא דאנא מפקיד DT 15:5
רבא דעבד: ותינטרון ית **כל** תפקידתא דאנא מפקיד לכון DT 11:8
ית עמא למימר טורו ית **כל** תפקידתא דאנא מפקיד לכון DT 27:1
מטול דשמיתין הינון: **כל** תפקידתא דאנא מפקידכון DT 8:1
אין מינטר תינטרון ית **כל** תפקידתא הדא דאנא מפקיד DT 11:22
ארום תינטרון ית **כל** תפקידתא הדא למעבדא דאנא DT 19:9
ית כל קיימייא ית **כל** תפקידתא הדא קדם ייי אלקנא DT 6:25
ליה מימרא דייי ית **כל** תקיפי ארעא ית גבורן דעתיד DT 34:1
דמדבחא: ותיסב ית **כל** תרבא דחפא על בני גווא וית EX 29:13
לכפרא עלוי: ונסיב ית **כל** תרבא דעל בני גווא וית חצר LV 8:16
ית תרבא וית אליתא וית **כל** תרבא דעל בני גווא וית חצר LV 8:25
דחפי ית כריסא וית **כל** תרבא דעל כריסא: וית תרתין LV 3:3
דחפי ית כריסא וית **כל** תרבא דעל כריסא: וית תרתין LV 3:9
דחפי ית כריסא וית **כל** תרבא דעל כריסא: וית תרתין LV 3:14
דחפי ית כריסא וית **כל** תרבא דעל כריסא: וית תרתין LV 4:8
ליסודא דמדבחא: וית **כל** תרבא יעבר היכמא דאיתעדא LV 4:35
ליסודא דמדבחא: וית **כל** תרבה יעבר היכמא דאיתעדא LV 4:31
דמדבחא דעלתא: וית **כל** תרביה יסיק למדבחא הי כתרב LV 4:26
דבתרע משכן זימנא: וית **כל** תרביה יפריש מיניה ויסיק LV 4:19
על מדבחא חזור חזור: וית **כל** תרביה יקרב מינה ית אליתא LV 7:3
לדריכון בכל מותבניכון **כל** תריב וכל אדם לא תיכלון ברם LV 3:17
לאתקבלא ברעוא **כל** תריב קדם ייי: קים עלם לדריכון LV 3:16
עם בני ישראל למימר **כל** תריב תור ואימר ועיזא לא LV 7:23
דבתרע משכן זימנא: וית **כל** תריב תורא דחטאתא יפריש LV 4:8
הדא למעבדהון הוון עניין **כלהון** כחדא ואמרין אמן פיתגמיא DT 27:26
ואבדר שיבטא דלוי בגו **כלהון** שבטיא דישראל: יהודה אנת GN 49:7
זיינא דעובדא טבא **כלו** קבל אגרא ואגר עובדא בישא NU 21:27
וקבר יתיה בחילתא **כלו** קבל בית פעור דכל אימת DT 34:6
כנענאה דשרי במישרא **כלו** קבל גלגלא בסיטרי חזוי ממרא: DT 11:30
אגרא ואגר עובדא בישא **כלו** קבל זיינה יתבני וישתכלל NU 21:27
אפיהון לכל מילא ומילא **כלו** קבל טוורא דגריזים ואמרין DT 27:26
הוון הפכין אפיהון **כלו** קבל טוורא דגריזין ואמרין בריך DT 27:15
מלטטייא הפכין אפיהון **כלו** קבל טוורא דעיבל ואמרין ליט DT 27:26
יתיה מימרא דייי ממלל **כלו** קבל ממלל: לכולהון אתיא DT 34:10
ויהוון לתפילין על מוקדך **כלו** קבל על עינך: ותכתובינון על DT 6:8
אנא מסדר סידרי קרבא **כלו** קבל עמא הדין דילמא יעבדון NU 21:35
וכל טפלא בנשיא אוקימו **כלו** קבל ציצא כלילא דקודשא NU 31:18
שיבטין ושובעין דיקלין **כלו** קבל שובעין חכימיא ושרון NU 33:9
ולא הוון תרעיהון מכוונין **כלו** קבל תרעי חבריהון ושרת עלוי NU 24:2
בוכרא ביר סניתא יהודע **לכולא** דהוא בוכרא למיתן ליה DT 21:17
ייי הא עמא חד ולישן חד **לכולהום** ודא אתחשדו למיעבד GN 11:6
ממלל כלו קבל ממלל: **לכולהון** אתיא ותימהי פרישתא די DT 34:11
ויהב להון זוודין לאורחא: **לכולהון** יהב לגברא אסטולי ולבוש GN 45:22
בעי קודשא בריך הוא **לכולי** איבריי לא הוויתי מעכב מן יד GN 22:1
איתעביד דיינא ודאין **לכולנא** וכדון נבאיש לך יתיר GN 19:9
לכסותיה והכדין תעביד **לכל** אבידתא דאחוך די מתבדא DT 22:3

ילידת ית תובל קין רב **לכל** אומן דידע בעיבידת נחשא GN 4:22
ועתיד למחרוב: ונשיק **לכל** אחוי ובכא עליהון דחמא GN 45:15
ויכרזון ליואי ויימרון **לכל** אינש ישראל בקלא רמא: DT 27:14
לך אפרשות מתנתהון **לכל** ארמות בני ישראל לך יהבתינון NU 18:11
לא יהימנון במימרי **לכל** אתוותא דעבדית ביניהון: NU 14:11
סייפך תהי רחיץ עלול **לכל** אתר ומרכיך וחאי ולאחוך תהי GN 27:40
דיצלון קדמי ואשבוק **לכל** אתרא בגינהום: ואתיב אברהם GN 18:26
טיבותיך דתעבדין עימי **לכל** אתרא דינהך לתמן אימרי עלי GN 20:13
דילך יהי: כל פתח וולדא **לכל** בישרא בבעירא דיקרבון מינה NU 18:15
מתיהב רוח נשמתא **לכל** בישרא גבר מהימן על כנישתא: NU 27:16
ומיניה מתיהבא רוחא **לכל** בישרא האין גברא חד יחוב NU 16:22
ובכן אשתמודע קנסא **לכל** בית ישראל ואשכחו סהדיא NU 15:32
פתיכא במשח ומנגבה **לכל** בני אהרן תהי גבר כאחוי: ודא LV 7:10
ויומא: ואמר משה ואהרן **לכל** בני ישראל ברמשא ותינדעון EX 16:6
נטיר ממלאכא מחבלא **לכל** בני ישראל דבמצרים וכן EX 12:42
ית כל חטריא מן קדם ייי **לכל** בני ישראל ואשתמודעו ונסיבו NU 17:24
ויהי מסאב עד רמשא: **לכל** בעירא דהיא סדיקא פרסתא LV 11:26
שמיה: וקרא אדם שמהן **לכל** בעירא ולכל עופא דשמייא GN 2:20
עלם: דיקרב בישכיבא **לכל** בר נשא ואפילו לוולדא בר NU 19:11
מטפלא חמשא חמשא **לכל** גברא: ואוף נוכראין סגיאין EX 12:37
לאבאשא או לאיטבא **לכל** גוון דיפרש אינשא לדהווה LV 5:4
תוב לבירא למימלי ומלת **לכל** גמלוי: וגברא הוה ממתין לה GN 24:20
או בערבא או בצלא **לכל** דיתעבד צלא לעיבידתא LV 13:51
שמי לעלם ודין דוכרני **לכל** דר ודר: איזיל ותיכנוש ית סבי EX 3:15
קרבנא הכדין תעבדון **לכל** חד וחד לפום סכומהון: כל NU 15:12
גושמיכון כל סכומכון **לכל** חושבנכון מבר עשרין שנין NU 14:29
בני ישראל וממרודיהון **לכל** חטאיהון והכדין יעביד למשכן LV 16:16
ישראל וית כל מרודיהון **לכל** חטאיהון ויתן יתהון בשבועה LV 16:21
קרבנהון לכל מנחתהון **לכל** חטוותהון ולכל אשמהון די NU 18:9
מרישיה ועד ריגלוי **לכל** חיזיו דחמיין עינוי דכהנא LV 13:12
ולשימשא או לסיהרא או **לכל** חילי שמייא דלא פקידית: DT 17:3
מכל נפקי תיבותא **לכל** חית ארעא: ואקיים ית קימי GN 9:10
בגויה מן יד שדר וקרא **לכל** חרשי מצרים ותני להון ית EX 1:15
חדא משחתא חדא **לכל** יריעתא: ולפיף ית חמש ירִיען EX 36:9
חדא משחתא חדא **לכל** יריעתא: חמש ירִיען תהווין EX 26:2
מרמתא: וקרא משה **לכל** ישראל ואמר להון שמעו DT 5:1
חירותא בארעא דישראל **לכל** יתבהא יובילא היא תהי לכון LV 25:10
אין לא גזרית במימרי **לכל** כנישתא בישתא דאזדמנו NU 14:35
וישתרי מן קדם ייי **לכל** כנישתא דבני ישראל ולגייוריא NU 15:26
דשבתא: ואמר משה **לכל** כנישתא דבני ישראל למימר EX 35:4
ואמר משה לאהרן אימר **לכל** כנישתא דבני ישראל קריבו EX 16:9
דאיתגלי איקרא דייי **לכל** כנישתא: ומליל ייי עם משה NU 16:19
בזעו לבושיהון: ואמרו **לכל** כנישתא למימר ארעא דעברנא NU 14:7
בגו סטר חד הכדין עבד **לכל** לוחי משכנא: ועבד ית לוחייא EX 36:22
חד בגו חד הכדין תעביד **לכל** לוחי משכנא: ותעביד ית לוחיא EX 26:17
לתוריה ולא לחמריה ולא **לכל** מאן דאית לחבריה ארום EX 20:17
סילעא בסילעי קודשא **לכל** מאן דעבר על מניינא מבר EX 38:26
עיבידת פולחן קודשא **לכל** מה דפקיד ייי: וקרא משה EX 36:1
יהי כל פולחן בני גרשון **לכל** מטולהון ולכל פולחנהון NU 4:27
מישחא וחדא מפלג **לכל** מטרת ליואי ותהי לכנישתא NU 19:9
הוון הפכין אפיהון **לכל** מילא ומילא כלו קבל טוורא DT 27:26
גזירת אחויית אורייתא **לכל** מכתש סגירותא ולניתקא: LV 14:54
קדמיהון ותהון לריחוק **לכל** מלכוות ארעא: ותהי נבילתכון DT 28:25
האילין הכדין יעביד ייי **לכל** מלכוותא דאנת עבר לתמן: לא DT 3:21
וית מחתייתא **לכל** מנוי עבד נחשא: ועבד למדבחא EX 38:3
מן אישתא כל קרבנהון **לכל** מנחתהון לכל חטוותהון ולכל NU 18:9
שזיר וחומריהון דנחשא: **לכל** מני משכנא בכל פולחניה וכל EX 27:19
ביה: אורייתא חדא תהי **לכל** מצוותא לייציבא ולגייורא די EX 12:49
בגין לחמא ואמר פרעה **לכל** מצראי איזילו לות יוסף דיימר GN 41:55
ברך יוסף שווייני ייי לרב **לכל** מצראי חות לותי לא תתעכב: GN 45:9
ית רתיכיא וית פרשיא **לכל** משיריית פרעה דעלו בתריהון EX 14:28
משיריית בני דן מכניש **לכל** משירייתא לחיליהון ורבא NU 10:25
עימהון לגלימתא מחזרא **לכל** משיריתא דישראל ומשקיא NU 21:19
דיקדשון בני ישראל **לכל** מתנת קודשיהון דמשקרין EX 28:38
מוקדשא דייי אלקכון **לכל** נדרא כל דכן לשאר קורבניא DT 23:19
דבישראל דיקרב קרבניה **לכל** נדריהון ולכל נסיבתהון LV 22:18
צורכי דבהון מתעבד מזון **לכל** נפשא הוא ממשכן ולא יהוי DT 24:6
תיכלון פטירי: וקרא משה **לכל** סבי ישראל ואמר להון נגודו EX 12:21
יקרב בסואבות אינשא **לכל** סובתיה דמסתאב בה ויתכסי LV 5:3
יתקיים סהדן דחד בגבר **לכל** סורחן נפש ולכל חוב ממון DT 19:15
אבימלך בצפרא וקרא **לכל** עבדוי ומליל ית כל פיתגמייא GN 20:8
גנוסא דפרעה ועבד שורו **לכל** עבדוי ורומם ית ריש רב GN 40:20
נבילתכון משגרא למיכל **לכל** עופא דשמיא ולבעירא דארעא DT 28:26
תבירא אפשר דיתעבד **לכל** עיבידתא ברם תריב חיוא LV 7:24

עימיה קיסין דשיטא **לכל** עיבידת פולחנא היתיו: וכל EX 35:24
לבהון עימהון לאיתתא **לכל** עיבידתא דפקיד ייי למעבד EX 35:29
ועיבידתא הות כמיסת **לכל** עיבידתא ועבדו יתה וברם EX 36:7
לזבינוי באנפי בני חיתאה **לכל** עלי תרע קרתי: ומן בתר כדין GN 23:18
באנפי בני חיתאה **לכל** עלי תרע קרתיה למימר: בבעו GN 23:10
והוא הוה מזבן עיבורא **לכל** עמא דארעא ואתו אחי יוסף GN 42:6
מינן לי בישרא למיתן **לכל** עמא הדין ארום בכן עלי NU 11:13
יכיל בלחודי למיטען **לכל** עמא הדין ארום יקיר הוא מיני: NU 11:14
במדברא ותחבלון **לכל** עמא הדין: וקריבו לותיה ואמר NU 32:15
איקר שכינתא דייי **לכל** עמא: ונפקת אישתא מן קדם LV 9:23
פרעה כדין בכין פקיד **לכל** עמיה למימר כל ביר דכר EX 1:22
הכדין יעבד ייי אלקכון **לכל** עממיא דאנת דחיל מן DT 7:19
למפרוק ית עמיה יימר **לכל** עממייא חמון כדון ארום אנא DT 32:39
ית מטרת משכנא זימנא **לכל** פולחן משכנא וחילוניי לא NU 18:4
פולחנת גניסת בני מררי **לכל** פולחנהון במשכן זימנא בידא NU 4:33
ודא מטרת מטולהון **לכל** פולחנהון: ובשמהן תימנון ית NU 4:31
חזור חזור וית אטונוי **לכל** פולחניה: ולקהת גניסתא NU 3:26
תינטרון ית כהונתכון **לכל** פיתגם מדבחא ולמגיו NU 18:7
ואמר להון שוון לבכון **לכל** פיתגמיא דאנא מסהיד בכון DT 32:46
דמוי ייתעל ויהי מסאב **לכל** צרוך עד רמשא וידכי: ומאן LV 11:32
ביה עלוי: וכל אפרשות **לכל** קודשיא דבני ישראל דיקרבון NU 5:9
לכון: היכנא תעבדון **לכל** קירויא דרחיקן מינכון לחדא DT 20:15
דיצלון קדמך עשרא **לכל** קרווא כל קבל חמשא קוריין GN 18:24
אנא ייי: גבר טלי וגבר סיב **לכל** קריבת בישריה לא תקרבון LV 18:6
ארבעין עשרא עשרא **לכל** קרתא לארבעת קוריין וזוער GN 18:29
דיצלון עשרא עשרא **לכל** קרתא לתלת קוריין וצבויים GN 18:30
מילין מן מילתא **לכל** שיבטא ועל כל פיקודא DT 27:26
עינוון דמיין עינא **לכל** שיבטא ושובעין דיקלין כל EX 15:27
דסוף דעבד לכון אסטרט **לכל** שיבטא ושיבטא ואתון DT 1:1
תריסר לוגין לוגא **לכל** שיבטא לתריסר שיבטין: EX 30:24
לשיבטא אלפא לשיבטא **לכל** שיבטיא דישראל תשדרון NU 31:4
דארעא ליזניה תרין **מכולא** ייעלון לוותך על יד מלאכא GN 6:20
כל דחי מכל בישרא תרין **מכולא** תעיל לתיבותא לקיימא GN 6:19
מצראי דקשי עליהון **מכולהון** ומבתר כדין יפטור יתכון EX 11:1
ארום יתיה רחים אבוהון **מכל** אחוי ונטרו ליה בבו ולא צבן GN 37:4
הוא: לא תסתאבון בחדא **מכל** איליין ארום בכל איליין LV 18:24
תקרבון ית קרבן אלקכון **מכל** איליין ארום חיבולהון בהון LV 22:25
ייי אלקים לא תיכלון **מכל** אילן גינוניתא: ואמרת איתתא GN 3:1
אלקים על אדם לאומר **מכל** אילן גינוניתא מיכל תיכול: GN 2:16
דזמינת לי למפרק יתי **מכל** בישא והיכמא דכוורי ימא סגי GN 48:16
עימך: כל חיתא דעימך **מכל** בישרא בעופא ובבעירא ובכל GN 8:17
נח לתיבותא תרין תרין **מכל** בישרא דביה רוחא דחיי: ועליא GN 7:15
ונשי בנך עמך: ומן כל דחי **מכל** בישרא תרין מכולא תעיל GN 6:19
בברת יעקב והוא יקיר **מכל** ביתא דאבוי: ואתא חמור GN 34:19
וישראל רחים ית יוסף **מכל** בנוי ארום איקונין דיוסף דמיין GN 37:3
לדריכון כל גבר דיקרב **מכל** בניכון לקודשיא די יקדשון בני LV 22:3
איתצד ובנייה נח ונסב **מכל** בעירא דכיא ומן כל עוף דכי GN 8:20
זכאיי קדמי בדרא הדין: **מכל** בעירא דכיא תיסב לך שובעא GN 7:2
ארום עבדת דא ליט את **מכל** בעירא ומכל חיות ברא על GN 3:14
מחסן יתכון ויניח לכון **מכל** בעלי דבביכון מן חזור חזור DT 12:10
צידא ואעיל לי ואכלית **מכל** דאייתי עד דלא עלת GN 27:33
ליזנו ונסיבו להון נשין **מכל** דאיתרעיו: ואמר ייי במימריה GN 6:2
הינון לכון: ית דין תיכלון **מכל** די במיא כל דיליה ציצין LV 11:9
רוחא דחיין באנפוי **מכל** דיבישתא מיתו: ושיצי ית כל GN 7:22
סנדלית רצועה אין אסב **מכל** דילך ולא תהי מתרברב למימר GN 14:23
על שיקרא על חדא **מכל** דיעביד אינשא לאתחייב בהון: LV 5:22
ייי וישתביק ליה על חדא **מכל** דיעביד לאתחייבא בה: ומליל LV 5:26
לא ייכול: כל יומי נזריה **מכל** דמתעבד מגופנא דחמרא NU 6:4
לחוד ית דין תיכלון **מכל** דקמיט כל דליה ציצין למפרח DT 14:9
גבר או איתא די יעבדון **מכל** חובי אינשא למשקרא שקר NU 5:6
לכפרא על בני ישראל **מכל** חוביהון חדא זימנא בשתא LV 16:34
עליכון לדכאה יתכון **מכל** חוביכון ואתון קדם ייי תודון LV 16:30
וחויא הוה חכים לביש **מכל** חיות ברא דעבד ייי אלקים GN 3:1
אנא כמיסת וזעיר אנא **מכל** טבוון ומן כל קושטא די עבדת GN 32:11
טעות צפון דמשתייר **מכל** טעוון דמצרים בגין דיימרון EX 14:2
בחיר הוא בעל צפון **מכל** טעוותא דאשתייר ולא לקא EX 14:2
סבר אפיכון ביש יומא דין **מכל** יומיא דהויתון הכא: ואמר ליה GN 40:7
ובחר משה גיברי חילא **מכל** ישראל ומני יתהון רישין על EX 18:25
גיתי דמצראי ולא ימות **מכל** לבני ישראל מידעם: וקבע ייי EX 9:4
דישראל למשבחא מבחר **מכל** לישניא: ברי דרבית יוסף ברי GN 49:21
ית אבידתא דאשכח: או **מכל** מדעם דאישתבע עלוי LV 5:24
ויהב ליה חד מן עשרא **מכל** מה דאתיב: ואמר מלכא דסדום GN 14:20
לך לקיימא: ואנת סב לך **מכל** מיכל דמיתאכיל ויהי לך ולכון GN 6:21
יהי מסאב ויתיה תתברון: **מכל** מיכלא דמיתאכל די ייעלון LV 11:34

רוחי עלמא ופתכא **מכל** מימי עלמא ובריה סומק GN 2:7
ית כל מנאיי מה **מכל** מני בייתך שוי כדון דינך קבל GN 31:37
אתון אפרשותא קדם ייי **מכל** מעשריכון דתיסבון מן בני NU 18:28
קדם ייי אלקכון ריקנין **מכל** מצוותא: גבר הי כמיסת DT 16:16
קדם ייי לאהרן כהנא: **מכל** מתנתיכון תפרשון ית NU 18:29
ובר מנידריכון ובר **מכל** נסיבתכון דתיתנון קדם ייי: LV 23:38
ובכל חית ארעא דעימכון **מכל** נפקי תיבותא לכל חית ארעא: GN 9:10
וקדיש יתיה ארום ביה נח **מכל** עיבידתיה דברא אלקים GN 2:3
ונח ביומא שביעאה **מכל** עיבידתיה דעבד: ובריך אלקים GN 2:2
לרשיעין: ואנת ברור **מכל** עמא גיברי חילא דחליא דייי EX 18:21
מכיכי רוחא ועינוותנין **מכל** עממיא: ארום מן בגלל דרחים DT 7:7
ויתוב ויכנוש יתכון **מכל** עממיא דבדר ייי יתכון לתמן: DT 30:3
בבניהון בתריהון כוותכון **מכל** עממיא דעל אנפי ארעא כזמן DT 10:15
למיהוי לי לעם חביב **מכל** עממיא דעל אפי ארעא: לא DT 14:2
מן בגלל דניהי משניי **מכל** עממייא דעל אנפי ארעא: ואמר EX 33:16
ותהון קדמיי חביבין **מכל** עממייא דעל אפי ארעא: ואתון EX 19:5
בר נש ארום יחוב בשלו **מכל** פיקודיא דייי דלא כשרין LV 4:2
ארום יחוב ויעבד חדא **מכל** פיקודיא דייי דלא כשרין LV 5:17
ולא תעבדון חדא **מכל** פיקודיא האילין דמליל ייי עם NU 15:22
בעלי דבביכון ותסתמרון **מכל** פיתגם דביש מפולחנא נוכריא DT 23:10
ולמעבד: ולא תיסטון **מכל** פיתגמיא דאנא מפקיד לכון DT 28:14
ויפרשיניה ייי לבישא **מכל** שבטיא דישראל הי ככל DT 29:20
דביה איתרעי ייי אלקכון **מכל** שיבטיכון למקום לשמשא DT 18:5
דיניי ולא תעבדון חדא **מכל** תועבתא האיליין יציביא LV 18:26
ארום כל מן דיעבד חדא **מכל** תועיבתא האילין וישתיציין LV 18:29
על רישי: ובסלא עילאה **מכל** תפנוקי מיכל פרעה עובד GN 40:17

כוליא (17)

אליתא ודחפי בני גווא **וכולייתא** וחצר כבדא: ושוייו ית LV 9:19
גרגירי חיטיהון היך **כוליין** דתורי וחמר סומק מן ענבא DT 32:14
עלוי: וית תריב וית **כוליין** וית חצרא מן כבדא מן LV 9:10
דעל כריסא: וית תרתין **כוליין** וית תרבא דעליהון דעל LV 3:4
דעל כריסא: וית תרתין **כוליין** וית תרבא דעליהון דעל LV 4:9
ית בני גווא: וית תרתין **כוליין** וית תרבא דעליהון דעל LV 7:4
על חצר כבדא וית תרתין **כוליין** וית תרבא דעליהון וית שקא EX 29:22
דעל כריסא: וית תרתין **כוליין** וית תרבא דעליהן דעל כפלי LV 3:10
דעל כריסא: וית תרתין **כוליין** וית תרבא דעליהן דעל כפלי LV 3:15
על חצר כבדא וית תרתין **כוליין** וית תרבא דעליהן ותסדר על EX 29:13
חצר כבדא וית תרתין **כוליין** וית תרבהון וית שקא דימינא: LV 8:25
חצר כבדא וית תרתין **כוליין** וית תרבהן ואסיק משה LV 8:16
חצרא דעל כבדא דעל **כולייתא** יעדינה: היכמה דמתפרש LV 4:9
חצרא דעל כבדא דעל **כולייתא** יעדינה: ויסיק יתהון כהנא LV 7:4
חצרא דעל כבדא דעל **כולייתא** יעדינה: ויסקון יתיה בני LV 3:4
חצרא דעל כבדא דעל **כולייתא** יעדינה: ויסקינון כהנא LV 3:15
וית חצרא דעל כבדא על **כולייתא** יעדינה: ויסקיניה כהנא LV 3:10

כומרא (2)

עיטתא ריבוני יוסף מן **כומרניא** דבדקו דחלבונא הוא ולא GN 39:20
ובין אמוראה ויתבין ביה **כומרניא** פלחי טעוותהון: על כן NU 21:13

כון (31)

דתיקטול ית חבריה ולא **אתכוון** והוא לא סני ליה מאיתמלי DT 4:42
או טלק עלוי כל מאן ולא **אתכוון** למקטליה: או בכל אבנא NU 35:22
יתה ביומא דשמע או לא **אתכוון** לקיימא ובטיל בתר דישמע NU 30:6
מינך במשכבא ולא **אתכוונית** למעבד לך הכדין ואמר NU 22:30
וגלגיל עלוי כיפין **בכוונות** ליבא וקטליה: או נטר ליה NU 35:20
לשבט תקיף ידע **בעני** בזימניא והוא מרבע ביני GN 49:14
משתיזבין נס תליתאי **דכווין** ברומחא וברזינון כחדא ית NU 25:8
ואין ביסנא הדף **ואתכוון** ודחייה או טלק עלוי NU 35:20
יתהון ארום שתיק לה **ואתכוון** ולא שרינון ביומא דשמע: NU 30:15
דאסרת על נפשהא **ויתכווין** וישתוק לה איבהא NU 30:5
לעם תקיף וסגי מנהון: **וכוונית** ונחתית מן טוורא וטוורא DT 9:15
קהלא ויהבינון ייי לי: **וכוונית** ונחתית מן טוורא ושוויית DT 10:5
מסתכל בחויא דנחשא **ומכוין** ליביה לשום מימרא דייי NU 21:9
חיזיו דחמיין עינוי דכהנא **ומתכוונן** בין למדכייא ובין לסאבא: LV 13:12
מגחנן בפולחנא נוכראה **ומתכוונן** לאמרדא בעובדיהון GN 26:35
ואין משתק ישתוק **ומתכוין** לה בעלה מיומא דשמע NU 30:15
יהוי לכון תחום ציפונא: **ותכוונון** לכון לתחום מדינחא NU 34:10
עימך וכהנייא ועמא לא **יכוונון** למיסוק למסתכלא קדם ייי EX 19:24
אסהיד בעמא דילמא **יכוונון** קדם ייי לאיסתכלא ויפיל EX 19:21
בעלה וביומא דשמע **יתכווין** לקיימותהון וישתוק לה NU 30:8
ומחא בלעם ית אתנא **למכוונא** יתה לאיסרטא: וקם NU 22:23
לעדי אורחא למיחמי **למכווונתהון** באורחא ולא תצלחון DT 28:29
מסתכל ביה וחאי אין **מכוין** ליביה לשום מימרא דייי: NU 21:8
מצוותא דאורייתא תהוי **מתכווין** ונכית יתהון בעיקביהון GN 3:15
דהיא כמיסת דימות בלא **מתכוון** וטלק עלוי מדעם וקטליה NU 35:23
דיקטול ית אחיה בלא **מתכוין** ליה והוא לא נטר ליה סנא DT 19:4
ופרס אברם למשכניה **תיכן** אימור ואתא ויתיב בחיזוי GN 13:18
יהיב לכון למירתה: **תכוונון** לכון אורחא ותתלתון ית DT 19:3
ציפונא מן ימא רבא **תכוונון** לכון לטוורים אומניס: NU 34:7
אומניס: מטוורוס אומניס **תכוונון** לכון מעלך לטבריא ויהון NU 34:8
הוו מיפקדיו מיניה לא **תכון** בכנענאי ובפריזאי דעד כדון GN 13:7

כונתא (1)

עבד פוקלין: וחיטייא **וכונתיא** לא לקון ארום לקישן הינין: EX 9:32

כוסבר (2)

שמיה מנא והוא כבר זרע **כוסבר** חיור וטעמיה כאשישיין EX 16:31
דמנא דמוייה כזרע **כוסבר** חיור כד נחית מן שמיא וכד NU 11:7

כור (3)

סומק מן ענבא חד מפקין **כור** חד: ועתרו בית ישראל ופחזו DT 32:14
זרעיה אתר דמיזדרע ביה **כור** סעורין בחמשין סילעין דכסף: LV 27:16
ודחגיר כנש עשרא **כרוויין** ושטחו להון משטיחין NU 11:32

כורסיא (17)

דאיקונין דיליה קביעא **בכורסי** יקרא והויתון מתחמדין GN 28:12
ארום קיים מימרא דייי **בכורסיה** יקריה דהוא במימריה EX 17:16
דכד כפתיה אבוי אסתכל **בקורסיה** יקרא ושריין מההיא GN 27:1
מטיא תיובתכון עד **כורסי** יקרא דייי אלקכון אין DT 30:2
שמייא משכלל תחות **כורסי** יקרא: ואקדים יעקב בצפרא GN 28:17
יקרא הוה נחית מתחות **כורסי** יקרא ומלי מיא מן אוקינוס GN 2:6
אישתא דנפקא מתחות **כורסי** יקרא ונפלין פיגריהון על NU 11:26
דחמוי והוא מספיר **כורסי** יקרא מתקליה ארבעין סאין EX 4:20
פומך יתזנון כל עמי לחוד **כורסי** מלכותא אהא רב מינך: ואמר GN 41:40
יתיב לרוחצן על **כורסי** מלכותיה ויכתבון ליה סביא DT 17:18
יהוי בסעדכון ויתיב על **כורסיה** יקרא בגיוותנותיה בשמי DT 33:26
דפרעה דעתיד למיתב על **כורסיה** מלכותיה עד בוכריא בני EX 12:29
ברם מימרא דייי יתיב על **כורסיה** רם ומנטל ושמע צלותנא DT 4:7
דפרעה דעתיד דייתיב על **כורסיי** מלכותיה עד בוכרא EX 11:5
דריגלוי דמייצע תחות **כורסייה** הי כעובד אבן ספירינון EX 24:10
אתר דמכוון קביל **כרסי** יקרך מוזמן קבל בית שכינת EX 15:17
לוחי דאבן ספירינון **מכורסי** יקרא מתקלהון ארבעין EX 31:18

כות (28)

בכל ארעא דמצרים **דדכותיה** ליליא לא הות ביה EX 11:6
תקיף לחדא דלא הוי **דכוותא** במצרים מן יומא EX 9:18
בבישריהון לא חמית **דכוותהן** בכל ארעא דמצרים לבישו: GN 41:19
ארום מטיירא יטייר גבר **דכוותי**: ואמר יהודה מה נימר GN 44:15
רבא הדין או הישתמע **דכוותיה**: האיפשר דשמע עמא קל DT 4:32
לא הוה כדין קשיין גובא **דכוותיה** ובתרוי לא עתיד דיהי כן: EX 10:14
לכון קדם ייי: גבר דיעבד **דכוותיה** לארחא בה וישתיצי EX 30:38
תקיף לחדא דלא הוה **דכותיה** בכל ארעא דמצרים מן EX 9:24
לא הות ביה מחתא כדא **ודכוותיה** ליליא לא תוסיף למיהוי EX 11:6
יומנא דהכין כתיב מאן **כוות** עמך ישראל עם יחידאי בארע DT 26:18
קוסמיא צייתין ואתון לא **כוותהון** אלהין כהנייא שיילי DT 18:14
בני ישׂשכר ממקבלין אגר **כוותהון** ושומהון סרד ואלון GN 46:14
דלא תהוון שמיתין **כוותהון** שקצא תשקיצינון היך DT 7:26
יהי לכון: גבר די ימזג **כוותיה** ודיתן מיניה על חילוניי דלא EX 30:33
ובדמוייה לא תעבדון **כוותיה** קודשא הוא קודשא יהי EX 30:32
דא לית סוכלתן וחכים **כוותך**: אנת תהי אפיטרופוס על GN 41:39
מיא ממשבחיא: מן **כוותך** באילי מרומא ייי מן כוותך EX 15:11
עמכון ותרחם ליה **כוותך** דמה את שני לך לא תעביד LV 19:34
באילי מרומא ייי מן **כוותך** הדור בקודשא דחיל EX 15:11
אחוהון דרוח קודשא ביה **כוותך** ואיתן פיתגמי נבואתי בפמי DT 18:18
טוביכון ישראל מן **כוותכון** בכל עממיא עמא DT 33:29
עד זמן דיניח ייי לאחוכון **כוותכון** ויירתון אוף הינון ית ארעא DT 3:20
ינוחון עבדיכון ואמהתכון **כוותכון**: ותהוון דכירין ארום DT 5:14
קיים עלם לדריכון **כוותכון** כגייורא יהי קדם ייי: NU 15:15
ואתרעי בבניהון בתריהון **כוותכון** מכל עממיא דעל אנפי DT 10:15
קיים ממלל מיגו אישתא **כוותנא** ואתקיים: קריב את ותשמע DT 5:26
נתפייס לכון אין תהוון **כוותנא** למיגזור לכון כל דכורא: GN 34:15
דאבהתכון יוסיף עליכון **כותכון** אלף זימנין מטול ברכתי דא DT 1:11

כותלא (10)

לישניה ומקימין ליה **בכותלא** וממלל עמהון ואילין הינון GN 31:19
והא הליך פיסיון מכתשא **בכותלי** ביתא: ויפקד כהנא וישמטון LV 14:39
בה עיבידתא: אין בחרכא **דכותלא** משתכח גנבא ויתמחי EX 22:1
וידי מן אדם חטאתא על **כותל** מדבחא ודאשתייר באדמא LV 5:9
ויתמציה אדמיה על **כותל** מדבחא: ויעדיה ית זרוקפיה LV 1:15
וחיזיוהן מכיך יתיר מן **כותלא**: ויפוק כהנא מן ביתא לתרע LV 14:37
דהב דכי ית איגריה וית **כותלוי** חזור חזור וית קרנוי ועבד EX 37:26
דהב דכי ית איגריה וית **כותלוי** חזור חזור וית קרנוי ותעביד EX 30:3
מן שיבבתא ומן קריבת **כותליה** ביתא מנין דכסף ומנין EX 3:22
אבני ביתא דליה ארבע **כותלין** משקען יורקן או סומקן LV 14:37

כח (3)

רעיא וטרדינון וקם משה **בכח** גבורתיה ופרקינין ואשקי ית EX 2:17

איסטגניני פרעה ולא מן **כח** גבורת משה ואהרן היא אלהן EX 8:15
לבושיהון ואתיהב להון **כח** גבורתא וטענו גבר על חמריה GN 44:13

כחא (1)
לזנוי: ומינקת חיויא **וכחא** ושממיתא וקצוצא LV 11:30

כחיש (1)
חד הוא: ושבע תורתי **כחישתא** ובישתא דסלקן בתריהן GN 41:27

כיבוש (9)
לעמודיא וחפא רישיהון **וכבש** יתהון: ונחשא דארמותא EX 38:28
חמשא וחפי רישיהון **וכיבושיהון** דהבא וחומריהון EX 36:38
דנחשא ווי עמודיא **וכיבושיהון** דכסף: ולרוח מערבא EX 38:11
עשרא ווי עמודיהון **וכיבושיהון** דכסף: ולרוח קידומא EX 38:12
דנחשא ווי עמודיא **וכיבושיהון** כסף: והיכדין לרוח EX 27:10
דנחשא ווי עמודיא **וכיבושיהון** כסף וחיפוי רישיהון EX 38:17
דנחשא ווי עמודיא **וכיבושיהון** כסף: ולרוח ציפונא מאה EX 38:10
דנחשא ווי עמודיא **וכיבושיהון** כסף: ופותיא לרוח EX 27:11
כסף וחיפוי רישיהון **וכיבושין** כסף: וכל מתחיא למשכנא EX 38:19

כיון (26)
ועלתא ונכסת קודשיא: **וכיוון** דאיתעבידו קורבניא ולא LV 9:23
איתגרא למילוט יתהון **וכיוון** דחמיתא דלא אהניין עובדך NU 31:8
אימיה תשעה ירחין **וכיוון** דימטא קיצא למיפוק NU 12:12
משה ואלעזר מן טוורא: **וכיוון** דנח נפשיה דאהרן אסתלקו NU 20:29
דישראל דנחתו למצרים: **וכיוון** דנפל עמא קדישא בפיצתיה DT 32:9
מאים יסב ליה אפין **וכיוון** דתב וחמא והא לות יוסף GN 37:29
יתי מן דינא רבא הדין **וכיון** דחמא יתהום יהודה אכר GN 38:25
אדמהון ולא נפל עילוייה **כיוון** דאוביל יתהון במשריתא חבט NU 25:8
יומא הדין למימר: והוה **כיוון** דאמר ליה מימרא דייי סוק DT 32:49
איקר שכינתא דייי: והוה **כיוון** דחמא אהרן מדבחא בקרנוי LV 9:7
אומיא לא מידברין: והוה **כיוון** דחמא בלעם חייבא דבית NU 23:10
מתחות עניני יקרא: והוה **כיוון** דחמא בלעם יתהון דפולחנא NU 23:1
קרבא לאדרעי: והוה **כיוון** דחמא משה ית עוג זע NU 21:34
דהוה יתיב בחשבון: והוה **כיוון** דחמא עוג רשיעא ית NU 21:35
אריוותא דשיבט יהודה **כיוון** דחמנון שתקין קם מיגו סנדרי NU 25:7
כחלב וחליין כדבש: והוה **כיוון** דמטא זימניה דיעקב אבונן DT 6:4
נכס ניכסיה מזג חמריה **כיוון** דמטא למחדי בריה עם DT 32:50
דסמיך לבירא דשבע: והוו **כיוון** דמטו לפיתחא דמדברא GN 21:15
מרמידין ויהבינון לי: והוה **כיוון** דשמעתון ית קל דבירא מיגו DT 5:23
טבאות והא קושטא **כיוון** פיתגמא איתעבידת תועיבתא DT 13:15
בכל מטלניהון: והוה **כיון** דאשלים משה למיקמה ית LV 1:1
בעור קטלו בסייפא והוה **כיון** דחמא בלעם חייבא ית פנחס NU 31:8
דייי: ואמר יעקב **כיון** דחמנון לא משרויין דעשו הינון GN 32:3
וקצף ומשחית וחרון **כיון** דישמע משה רבהון דישראל DT 9:19
דורונא לשמא דייי **כיון** דמסר ייי ית מדינאי בידינן NU 31:50
טבאות והא קושטא **כיון** פיתגמא איתעבידת תועבתא DT 17:4

כיור (12)
על מדבחא: ותיתן ית **כיורא** ביני משכן זימנא וביני EX 40:7
קדם ייי: ויסבון מוי מן **כיורא** בנטלא דכיה ויקדשון ידיהון EX 30:21
כהנא מיין קדישין מן **כיורא** בנטלא ויתנינון במן דחסף NU 5:17
עם משה למימר: ותעביד **כיורא** דנחשא ובסיסיה דנחשא EX 30:18
עפרא עבד יתיה: ועבד ית **כיורא** דנחשא וית בסיסיה דנחשא EX 38:8
דעלתא וית כל מנוי וית **כיורא** וית בסיסיה: וית לבושי EX 31:9
דעלתא וית כל מנוי וית **כיורא** וית בסיסיה: ותקדש יתהון EX 30:28
בסוף גלוותא: ותרבי ית **כיורא** וית בסיסיה ותקדש יתיה EX 40:11
ית אריחוי וית מנוי ית **כיורא** וית בסיסיה: ית ווילוות EX 35:16
ית אריחוי וית כל מנוי ית **כיורא** וית בסיסיה: ית ווילוות EX 39:39
מדבחא וית כל מנוי וית **כיורא** וית בסיסיה לקדשותהון: LV 8:11
ייי ית משה: ושוי ית **כיורא** על בסיסיה ביני משכן זימנא EX 40:30

כילה (2)
קמאה סמוקריי כוליה **ככלן** דשער וקרו שמיה עשו מן GN 25:25
בר תמניסר שנין וחזא **לכילת** הילולא וארד דנחת למצרים: GN 46:21

כינוי (1)
גבר סיב דירגז ויחרף שום **כינויי** אלקיה ויקבל חוביה: ברם LV 24:15

כיסופא (2)
מיני ואיטמרית מן **כיסופא:** ואמר מאן חוי לך ארום GN 3:10
משה ונפל על אנפוי מן **כיסופא:** ומליל עם קרח ועם כנישת NU 16:4

כיף (17)
שמיא והיבכחלא דעל **כיף** ימא ויירתון בנך ית קוריי GN 22:17
ונפקו מן ימא ואזלו על **כיף** ימא כנישין אונכין ומרגלין NU 33:8
לקובליהום דתורתי על **כיף** נהרא: ואכלא תורתי דבישן GN 41:3
בחילמי הא אנא קאי על **כיף** נהרא: והא מן נהרא סליקן שבע GN 41:17
ההיא מערער ועד **כיף** נחלא ופלגות טוורא דגלעד DT 3:12
משה ית ידיה ומחא ית **כיפא** בחטריה תרתין זמנין בזימנא NU 20:11
אחוך ותומון תריכון ית **כיפא** בשמא רבא ומפרשא כד הינון NU 20:8
שמעו כדון סורבניא המן **כיפא** הדין איפשר לן להנפקא לכון NU 20:10
ואהרן ית קהלא לקדם **כיפא** ואמר להון משה שמעו כדון NU 20:10
דסוף ולהנפקא מוי מן **כיפא** והוה דעיץ בגו גינוניתא ומן יד EX 2:21
ובזע ית ימא ומחא ית **כיפא** ולכל דחיל רב דעבד משה DT 34:12
דהוה מוניק לן דובשא מן **כיפא** ומשח מן שמיר טינרא בעידן EX 15:2
ותהנפק להון מיא מן **כיפא** ותשקי ית כנישתא וית NU 20:8
שורשהא ופכרת שיני **כיפיא** ובעובדתה כבשת כל אולני GN 49:22
ריגליהון לטיילא על שיני **כיפיא** והכיומי טליותהון הכדין DT 33:25
ושרוותא וגלגיל עלוי **כיפין** בכוונות ליבא וקטליה: או נטר NU 35:20
מפירהא דמתרביין על **כיפין** ומשח מזיתהא דמלבלבין DT 32:13

כיתא (7)
שמיא ושמי שמיא **וכיתי** מלאכיא דבהון למשמשין DT 10:14
ונערבבה יתהון **כיתא** דהות אמרא ניחות לימא EX 14:13
לכון נצחנות קרביכון **כיתא** דהות אמרא נלבלבה EX 14:14
תוב עד עלמא: **כיתא** דהות אמרא נסדרא EX 14:14
דייי די עבד לכון יומא דין **כיתא** דהות אמרא נתוב למצרים EX 14:13
זמן דאיעיבר: ואעבר ית **כיתי** מלאכיא דקימין ומשמשין EX 33:23
מדנמות במדברא: ארבע **כיתין** איתעבידו בני ישראל על גיף EX 14:13

כיתונא (12)
באונקלוון דפרזלא **בכיתונהון** וקברונון למברא LV 10:5
או ית ערבא בעמרא או **בכיתנא** או ית כל מאן דצלא דיהי LV 13:52
חושנא ואפודא ומעילא **וכיתונין** מרמצן מצינפן וקמורין EX 28:4
חטאתא ודכר לעלתא: **כיתונא** דבוץ מילת קודשא ילבש LV 16:4
להון קדם ייי: ותרמיץ **כיתונא** דבוצא למכפרא על שידי EX 28:39
יתהון במוי: וסדר עלוי ית **כיתונא** וזריז יתיה בקמורא ואלביש LV 8:7
ותלבש ית אהרן ית **כיתונא** וית מנטר מעיל אפודא וית EX 29:5
ייי ית משה: ועבדו ית **כיתונין** דבוץ עובד גרדי לאהרן EX 39:27
אהרן וית בנוי ואלבישינון **כיתונין** וזריז יתהון קמורין וכבש LV 8:13
בנוי תקריב ותלבישינון **כיתונין:** ותטכס יתהון בקמורין EX 29:8
ציור: ולבני אהרן תעביד **כיתונין** ותעביד להון קמורין EX 28:40
בנוי תקריב ותלבישינון **כיתונין:** ותרבי יתהון היכמא ית EX 40:14

כיתן (9)
סגירו לבוש עמר או **דכיתן** או שיתיא או ערבא או כל LV 13:59
עירבובין כלאי עמר **וכיתן** לא יסוק עלך: וגבר ארום LV 19:19
דשיע ועזיל וניז עמר **וכיתן** מערבין כחדא: ברם DT 22:11
ארום סרתא הוות בסירא **וכיתנא** עבד פוקלין: וחיטייא EX 9:31
דחלין מן קדם ייי אלקים: **וכתנא** וסרתא לקון ארום סרתא EX 9:31
בלבוש עמר או בלבוש **כיתן:** או בשיתיא או בערבא LV 13:47
כחדא: ברם לאיצטולי **כיתן** חוטי ציציית מן עמר תהון DT 22:12
קין מאיבא דארעא מדרע **כיתנא** קרבן ביכוריא קדם ייי: והבל GN 4:3
או בשיתיא או בערבא **לכיתנא** ולעמרא או בצלא או בכל LV 13:48

כך (1)
ותיסב מבנתהון לבנך **וכך** טעיין בנתהון בתר טעוותהין EX 34:16

ככא (3)
רישא ודיקנא ושינין **וככין:** ובתר כדין נפק אחוי וידיה GN 25:25
ולא יכיל מן בגלל דמשכי **ככיה** ושיניה פמיה הלכא והלכא NU 21:35
בישרא עד כדון הוה ביני **ככיהון** עד לא פסק ורוגזא דייי NU 11:33

כלב (4)
מוהבות מטעיתא ופירוג **דכלב** לקרבא בבי מוקדשא דייי DT 23:19
בני ישראל לא יהנזק **כלבא** בלישניה למנבח למאינשא EX 11:7
מיניה צידא דכיא ואשכח **כלבא** חדא וקטליה ועבד אף הוא GN 27:31
חיוותא חייא לא תיכלון **לכלבא** תרמון יתיה בסוטריה: עמי EX 22:30

כלה (3)
גברא דמשבט לוי ואותיב **בכילתא** וגנונא דהלולא ית יוכבד EX 2:1
ולא יהוי גבר אסר חתנין **וכלין** בחרשין ארום נפשא דעתיד DT 24:6
אליף יתן למברזגא חתנין **וכלן** מן דזוויג חוה לות אדם אליף DT 34:6

כלו (2)
ייי מעילוי ארעהון ברגוז **ובכלו** ובתקוף רב וטלקינון בגלותא DT 29:27
מימרא דייי ברוגזיה **ובכליתיה:** ויימרון כל עממיא מטול DT 29:22

כלונס (1)
ודחייה או טלק עלוי **כלונסן** ושרוותא וגלגיל עלוי כיפין NU 35:20

כלי (14)
משכנא זימנא ומותנא **איתכליית:** ומליל ייי עם משה NU 17:15
בצלותא קדם ייי ומן יד **אתכליאו** תלת מנהון ואישתיירון DT 9:19
וקצו מתמן עוברתא **ואיתכל** דעינבין חד וסוברוהי NU 13:23
דלוט הוו מבקרין ואזלין **ואכלין** בחקלי כנענאי ופריזאי דעד GN 13:7
וחימה בעא משה רחמין **ואתכליאו** אוף תריהון וחפר שייר DT 9:19
ביני מיתיא וביני חייא **ואתכליית** מותנא: והוו סכום דמיתו NU 17:13
יד אתגוללו רחמי שמיא **ואתכליית** מותנא מעילוי בני NU 25:8
בוסמין על מחתיא **וייכלון** מותנא ביום רוגזך וקרבן DT 33:10
בעי רחמין מן קדם ייי **וכלי** מנהון רוח נבואתא: ואמר ליה NU 11:28
והוו זממין בעיריהון דלא **ייכלון** גזלה עד דהוו אתיין לאתר GN 13:7
עירבובין ולבוש עירבובין **כלאי** עמר וכיתן לא יסוק עלך: וגבר LV 19:19
וסביהון: אמרית במימרי **למיכלי** מנהון רוח קודשי אשייר DT 32:26
שחפותא וית קדחותא **מכליא** עיינין ומסייפא נפש LV 26:16
הוינא מצלי ומחתא הות **מתכליא** מינך וכדון לא אוסיף תוב EX 10:29

כליד (9)
דא גברא דהישתכח **כלידא** בידיה הוא יהי לי עבדא GN 44:17
אנן אוף מאן דהישתיכח **כלידא** בידיה: ואמר חס לי מלמעבד GN 44:16
בסיס דידה וקנהא **כלידהא** חזורייה ושושנהא מינה EX 37:17
מציטרא תניינא: תלתא **כלידין** משקעין בציוריהון בקנייא EX 25:33
חד חיזור ושושן ותלתא **כלידין** משקעין בציוריהון בקנייא EX 25:33
מנרתא: ובמנרתא ארבעה **כלידין** משקעין בצייוריהון EX 25:34
מנרתא: ובמנרתא ארבעא **כלידין** משקעין בצייוריהון EX 37:20
מסיטרא תניינא: תלתא **כלידין** משקעין בצייוריהון בקניא EX 37:19
חד חזור ושושן ותלתא **כלידין** משקעין בצייוריהון בקניא EX 37:19

כליל (19)
בישריכון ולא תשוון **כליל** דיסער על בית אפיכון על נפש DT 14:1
דביה ותקדש יתיה מטול **כליל** דמלכותא דבית יהודה ומלכא EX 40:9
איליין לאיליין איתו ניתן **כליל** דרבו בריש פרוקן דהוה מעבר EX 15:18
אילין ברכתא ויתעבדו **כליל** דרבו לריש יוסף ולקדקדיה GN 49:26
ברכתא אילין ויתעבדן **כליל** דרבו לרישיה דיוסף DT 33:16
ולא חליף דדיליה הוא **כליל** מלכותא והוא מלך מלכין EX 15:18
בארבעת כלילן טבן **כלילא** דאורייתא דידיה דשבא יתה DT 34:5
להון במותהון ארום **כלילא** דאלקיה על רישיה: כל יומי NU 6:7
על רישיה ותיתן ית **כלילא** דביה חקיק שמא דקודשא EX 29:6
קדש קודשין מטול **כלילא** דכהונתא דאהרן ובנוי EX 40:10
אלפין ארתכין דנור **כלילא** דכהונתא דידיה הוות DT 34:5
שבעתי יומי אשלמוותא **כלילא** דמלכותא אחסינו יתה מן DT 34:5
ית משה: ועבדו ית ציצת **כלילא** דקודשא דהב דכי וכתבו EX 39:30
אנפוי ית ציצא דדהבא **כלילא** דקודשא היכמא דפקיד ייי LV 8:9
אוקימו כלו קבל ציצא **כלילא** דקודשא ויסתכלו ביה ומאן NU 31:18
אסר ולא משיריין ארגיש **כלילא** דשמא טבא קנא בעובדין DT 34:5
תהון קדמי מלכין קטרי **כלילא** וכהנין משמשין ועם קדיש EX 19:6
פריעו על ידוי דאהרן ית **כלילא** קדישא דהוה ברישיהון והוה EX 32:25
אתהני ואתרבי בארבעת **כלילן** טבן כלילא דאורייתא דידיה DT 34:5

כלל (10)
דכוותא במצרים מן יומא **דאשתכללו** אושהא ועד כדון: וכדון EX 9:18
כלו קבל זיינה יתבני **וישתכלל** דמיתער ומשיח NU 21:27
בשיתא יומין ברא ייי **ושכליל** ית שמיא וית ארעא EX 31:17
יתכון הוא ברא יתכון **ושכליל** יתכון: אידכרו מן יומת DT 32:6
בקרבא וגבר חורן **ישכלליניה:** ומן גברא דינצב כרמא DT 20:5
מתשרי דהוא ריש שתא **לשכלול** עלמא בשבסרי יומין GN 7:11
ולא קבע ביה מזוזתא **לשכללותיה** יהך ויתוב לביתיה DT 20:5
כל קבל תרע שמייא **משכלל** תחות כורסי יקרא: ואקדים GN 28:17
פתגמין אתברייו בתר **שיכלול** עלמא במעלי שבתא ביני NU 22:28
מקדשך ייי תרתין אידייך **שכלילו** יתיה: כד חמון עמא בני EX 15:17

כלמתא (5)
ית עפרא דארעא ויהי **לקלמי** בכל ארעא דמצרים ברם על EX 8:12
עפרא דארעא והות מחת **קלמי** בבישרא דאינשא ודבעירא EX 8:13
דארעא איתהפיך למיהוי **קלמי** בכל ארעא דמצרים: ועבדו EX 8:13
ולא יכילו והות מחת **קלמי** שלטא באינשא ובבעירא: EX 8:14
בלחשיהון לאנפקא ית **קלמין** ולא יכילו והות מחת קלמי EX 8:14

כלתא (6)
בר הרן בר בריה וית שרי **כלתיה** איתת אברם בריה ונפקו GN 11:31
אבנין: וגבר די ישמיש עם **כלתיה** אתקטלא יתקטלון תריהון LV 20:12
ארום לא ידע ארום **כלתיה** היא ואמרת מה תתן לי GN 38:16
יומוי: ואמר יהודה לתמר **כלתיה** תיבי ארמלא בית אבוייך עד GN 38:11
למימר זניית תמר **כלתך** ואוף הא מעברא לזנו ואמר GN 38:24
איתת אחבוך היא: עירית **כלתך** לא תבזי איתת ברך היא לא LV 18:15

כמן (8)
בגיטא ארום היכמא **דיכמון** גבר על חבריה ויקטליניה DT 22:26
אורחא ולרישי חיויו **דכמין** על שבילא דנכית סוסייא GN 49:17
יהי גבר סני לחבריה **ויכמון** עליה בטומרא ויקום עלוי DT 19:11
ליה הא עשו אחוך **כמין** לך כמן ומתיעט עלך GN 27:42
הא עשו אחוך כמין לך **כמן** ומתיעט עלך למיקטלך: וכדון GN 27:42
ענני יקרך נייחין ושריין **כמן** פס דבר: אמרין בני ישראל DT 33:3
ויתקלון גבר באחוי הי **כמן** קדם שלופי חרבא ורדיף לא LV 26:37
איטמרו ביני טווריא **למיכמן** ולשיצאה עמא בית ישראל NU 21:14

כמר (3)
ועד סופיה: לחוד ארעא **דכומרניא** לא זבן מן בגלל דחמון GN 47:22
מן עללתא לחוד ארעא **דכומרנייא** בלחודהון לא הות GN 47:26
דיתוב ייי מתקוף רוגזיה **ויכמור** עליכון רחמין וירחם עליכון DT 13:18

כן (202)
איסתפי למיקרב לגביה **בכין** אמר ליה משה אגיס מנדעך LV 9:7
ומית אהרן תמן הא **בכין** אתא ואגח קרבא בישראל NU 21:1
במחלוקתהון לזמרא הא **בכין** אתרכין יוסף על אנפי אבוי GN 50:1
דהוה מיירי וכנענאי **בכין** הוו בארעא דעד כדון לא מטא GN 12:6
בארע בעלי דבביהון הא **בכין** ייתבר ליבהון זדנא ובכין ירעון LV 26:41
ייי למשבק ליה ארום **בכין** יתקוף רוגזא דייי וחימתיה DT 29:19
ואמר ליה ייי הא **בכין** כל דקטיל קין לשבעא דרין GN 4:15
וכד חמא פרעה כדין **בכין** פקיד לכל עמיה למימר כל ביר EX 1:22
אושיט ידיה ונסביה הא **בכין** צבי משה למיתב עם גברא EX 2:21
מתחמדין למיחמי יתיה **בכין** שאר מלאכיא קדישיא דייי GN 28:12
מלמיטר פיקודי אורייתא **בכין** תהי פריק ניר שעבודיה מעל GN 27:40
יחוסי ומגניסת בית איבא: **בכין** תזדכי ממומתי אין תיעול GN 24:41
בארע בעלי דבביכון **בכין** תתנייח ארעא ותרעי ית שני LV 26:34
יתהון ודכירנא ית קיימי: **בכן** אימר לבני ישראל אנא הוא ייי EX 6:6
יתהום יהודה אכר יתהום **בכן** אמר בליביה טב לי בהית GN 38:25
לאתמסרא בידיהון **בכן** אמר ייי למשה לא תידחל NU 21:34
יהיב לכון כל יומיא: הא **בכן** אפריש משה תלת קירוין DT 4:41
ארעהון דפלישתאי: הא **בכן** אתבהלון רברבני אדומאי EX 15:15
טבין ובענוותנותיה **בכן** אתכנש תמן משה עבד דייי DT 34:5
די אתרעמו על מזונהון **בכן** גרי מימרא דייי בעמא ית חיוון NU 21:6
דהוה עביד גריצן פטירן **בכן** חוי לאברם עיברא והוא הוה GN 14:13
ותיגזור יתיה ותיטבליניה **בכן** ייכול ביה: דייור תותב ואגירא EX 12:44
ית עמא ואיתן להון מוי: **בכן** ישבח ישראל ית שבח שירתא NU 21:17
ייי עובדין בישיא הא **בכן** נחתו עליהון כבריתא ואישא GN 19:24
עלוי: ושמע משה ית עמא **בכן** על קריבתא דמתאסרן להון NU 11:10
מימרא דייי בעובדי ידיי **בכן** עלו משה ואהרן למשכנא LV 9:23
לכל עמא הדין ארום **בכן** עלי למימר הב לנא בישרא NU 11:13
תוב על גבי מדבחא **בכן** קרא משה לאהרן ולבנוי ולסבי LV 9:1
דמשה עבדיה: הא **בכן** שבח משה ובני ישראל ית שבח EX 15:1
ופסק מלאך חבלא מיניה **בכן** שבחת צפורה ואמרת מה חביב EX 4:26
יהויין צדיאן: הא **בכן** תרעי ארעא ית שני שמיטהא LV 26:34
ההיא ולא בעידנא חורנא **דהכין** הווה תנאה בינתיהון למיהוי NU 22:4
לשמייא ורחיק מן ארעא **דהכין** כתיב אציתו שמייא ואימליל DT 32:1
שמא רבא ודחילא **דהכין** כתיב ארום דחלית מן קדם DT 9:19
ודוד מלכא ומשה נביא **דהכין** כתיב ואמר ייי למשה הא DT 31:14
למשריתא דישראל **דהכין** כתיב ומחו יתיה וית בנוי וית NU 21:35
חדא בעלמא יומנא **דהכין** כתיב מאן כוות עמך ישראל DT 26:18
חדא בעלמא יומנא **דהכין** כתיב שמע ישראל ייי DT 26:17
ותלת מפרנס כל ברייתא **דהכין** כתיב תקיף דשלמין עובדוי DT 32:4
או דשרגיג אבוי כל **דכן** איתת אבוי ולא יגלי כנפא דגלי DT 23:1
לא יכילת למילוט יתי כל **דכן** בנוי דאברהם יצחק ויעקב NU 22:30
בישא אחוך בר אימך כל **דכן** בר איבך או ברך או ברתך או DT 13:7
הויתון קדם ייי ואוף כל **דכן** בתר דאימות: כנושו לוותי ית DT 31:27
אתון רשאין למבשל כל **דכן** למיכול בשר וחלב תריהון DT 14:21
אלקכון לכל נדרא כל **דכן** לשאר קורבניא ארום מרחק DT 23:19
למיכול אביל מיניה כל **דכן** קרבן חטאתא ומה אילו LV 10:19
אלדד ומידד מתנביין **הכין** במשריתא: ואתיב יהושע בר NU 11:27
עממיא מטול מה עבד ייי **הכנא** לארעא הדא מה הוה תקוף DT 29:23
תיהי טייפא ולא טפת **ובכין** איתני ללבן ביומא תליתאה GN 31:22
רשותא לנורא למוקדיה **ובכין** איתפליג ליביה דהרן למימר GN 11:28
למיתי איתכסי מיניה **ובכין** אמר איתו ואיתני לכון מה GN 49:1
ויתחל בי שום שמיא **ובכין** הוה פיתגמא דייי עם אברם GN 15:1
בכין ייתבר ליבהון זדנא **ובכין** ירעון ית חוביהון: ואידכר LV 26:41
יתמלל עמי מן קדם ייי **ובכין** קרא דבורא דייי למשה ומליל LV 1:1
צבו מן שמיא ויבשת **ובכן** אהדרו יתה ליצחק ונבעת GN 26:20
יומי אבלא דמיתת אבא **ובכן** אנא קטיל ית יעקב אחי ואנא GN 27:41
מן קדם ייי וידון יתי **ובכן** אשתמודע קנסא לכל בית NU 15:32
בהון מן סטר לסטר **ובכן** הוה צווח ואמר עמי בית EX 20:3
ייי יגזור ליה כל דכורא **ובכן** יהי כשר למעבדיה ויהי EX 12:48
מזון מן מזונא דארעא **ובכן** יתאפרש כען קדמך בין בני GN 3:18
בהון מן סטר לסטר **ובכן** צווח ואמר עמי בני ישראל EX 20:2
מית אהרן ואתקבר תמן **ובכן** שמיש אלעזר בריה באתרוי: DT 10:6
ובעי רחמין מן קדם ייי **וכן** אמר אתגלי כדון מימרא דייי NU 10:35
מתיבא רוחא דקודשא **וכן** אמר ליה לא תידחל דכולהון GN 35:22
כנישתא דבני ישראל עני **וכן** אמר למשה אן מה דא למקרב NU 25:6
אתיב ליה מרי עלמא **וכן** אמר מן בגלל דשקרתון במימרי DT 32:51
ודמזוני ודמיטרא **וכן** אמר משה נביא הכא יפתח ייי DT 28:12
ובבירכתיה לשמעון אחוי **וכן** אמר קביל ייי צלותיה דיהודה DT 33:7
הוה פרעה בקל עציב **וכן** אמר קומו פוקו מגו עמי אוף EX 12:31
פתח משה פמיה בצלותא **וכן** אמר ריבוניה דעלמא בבעו מינך DT 32:50
ובעי רחמין מן קדם ייי **וכן** אמר תוב כדון מימרא דייי NU 10:36
נפלת מן שמי מרומא **וכן** אמרת איתון חמון כל בני נשא NU 21:6
ייי דמימריה מתמלל לה **וכן** אמרת אנת הוא חי וקיים דחמי GN 16:13
קלא נפלת מן שמייא **וכן** אמרת אתון כל עללי עלמא DT 34:5
עיינהא לשמי מרומא **וכן** אמרת בבעו ברחמין מן קדמך GN 38:25
נפלת מן שמי מרומא **וכן** אמרת לא תידחלון אבהת DT 28:15
חמרכון ומישחכון **וכן** ביכורי תוריכון ועניכון מן בגלל DT 14:23
למשכוב עם ברת יעקב **וכן** לא הוה כשר לאתעובדא: ומליל GN 34:7
לכל בני ישראל דבמצרים **וכן** למפרקהון מגלוותהון לדריהון: EX 12:42
בכתיף תרין מנהון **וכן** מן רומניא וכן מן תיניא: לאתרא NU 13:23

תרין מנהון וכן מן רומניא **וכן** מן תיניא: לאתרא ההוא קרו NU 13:23
מן ציטרה בבית ליפופה **וכן** תעביד באימרה דיריעתא בבית EX 26:4
במציעאה: ועבד **כן** אהרן כל קבל אפי מנרתא NU 8:3
ידיי גלי קדם ייי בגין **כן** אוכח ברמשא: ואתיב לבן ואמר GN 31:42
בספר יחוס אדם ובתר **כן** אוליד ית דדמי ליה וקרת ית GN 5:3
מפקד דאיקר אבך בגין **כן** אימר לאחך דא עיבידו סיבו לכון GN 45:19
חולקי שעתא ומן בתר **כן** אישתעיית סיהרא עילוי GN 1:16
יתהון ואיסתחיפת **כן** איתרעת ראובן ברי די חטית לא GN 49:4
דיימר לא שמעית בגין **כן** אמר להון משה אוריכו עד NU 9:8
דמסר לה יעקב וכד חמא **כן** אמר ללבן מה דא עבדת לי הלא GN 29:25
פלחין לטעוותהון בגין **כן** אמרית במימרי למכנשא עליהון DT 32:23
על חובי נפשא יכפר: בגין **כן** אמרית לבני ישראל אזדהרון LV 17:12
לליואי לאחסנא בגין **כן** אמרית להון דבגו בני ישראל לא NU 18:24
לית הינון עבדין בגין **כן** אמתין ליה קודשא בריך הוא NU 21:34
ועד בוכרא דבעירא בגין **כן** אנא דבח קדם ייי כל פתח וולדא EX 13:15
ייי אלקכון מטול **כן** אנא מפקדכון למעבד ית DT 15:15
מאתמלי ומדקדמוי: בגין **כן** אנא מפקיד לכון יומא דין תלת DT 19:7
דייי אלקכון מתמן בגין **כן** אנא מפקיד לכון למעבד ית DT 24:18
בארעא דמצרים בגין **כן** אנא מפקיד לכון למעבד ית DT 24:22
מסכינין מיגו ארעא בגין **כן** אנא מפקידכון למימר מיפתח DT 15:11
אוף כהונתא רבתא: בגין **כן** אנת וכל כנישת סעדך NU 16:11
מחא ייי ית נהרא ומבתר **כן** אסי מימרא דייי ית נהרא: ואמר EX 7:25
דיימר לא שמעית בגין **כן** אצנעו יתיה בבית מיטרא עד זמן LV 24:12
דיימר לא שמעית בגין **כן** אצנעוהי בבית אסירי ארום עד NU 15:34
משה לא תקין למעבד **כן** ארום אימריא דהינון טעוותהון EX 8:22
כפנא ההוא דיהי מן בתר **כן** ארום תקיף הוא לחדא: ומן בגלל GN 41:31
ארום בסימא הוא בגין **כן** ארכין כתפי למלעי באורייתא GN 49:15
בטלנין אתון בטלנין בגין **כן** אתון אמרין נזיל נדבח נכסת EX 5:17
גזירת מימרא דייי בגין **כן** אתיליד לנא ברנא דין דהוא DT 21:20
עבד תתובא ביומוי ובתר **כן** אתכנש לעמיה: וקברו יתיה GN 25:8
בצלותיה ולא צלי מטול **כן** אתקנס לִממת בשתא ההיא: NU 35:25
אילין ויהב ליה ייי בגין **כן** אתרא ובנא ארבע קוריין GN 10:11
ולא קבילנא מיניה בגין **כן** אתת לנא עקתא הדא: ענה GN 42:21
לך: ואמר יעקב לא תימא **כן** בבעו אין כדון אשכחית רחמין GN 33:10
משתכחא גניבותא בתר **כן** ביד גנבא קדם דיינייא ייעול דין EX 22:8
דילכון הוא: ועבדו **כן** בני ישראל ויהב להום יוסף סדני GN 45:21
משכניה תסבון: ועבדו **כן** בני ישראל ולקיטו מנא מאן EX 16:17
שריא ביניהון: ועבדו **כן** בני ישראל ופטרו יתהון למיברא NU 5:4
ית עפרא דארעא אף **כן** בנך אפשר דיתמנון: קום טייל GN 13:16
ונח ביומא שביעאה בגין **כן** בריך ייי ית יומא דשבתא וקדיש EX 20:11
ישראל ייי שמיה כשמיה **כן** גבורתיה יהי שמי מברך לעלמי EX 15:3
תשבוק יתנא ארום בגין **כן** דידעתא כד הוינא שרן במדברא NU 10:31
קדם ייי כדינא באינשא **כן** דינא בבעירא למהוי דילך ברם NU 18:15
ואיתי בלא צבו מטול **כן** דכי יתיה באדם תורא וית מותר LV 8:15
ביומיא האינון ואוף בתר **כן** דעלון בני רברביא לות בנת GN 6:4
יהב לכון ית שבתא בגין **כן** הוא יהיב לכון ביום שתיתאה EX 16:29
עמהון סדרי קרבא בגין **כן** הוו אמרין נזיל לדותן ואזל יוסף GN 37:17
כנחלין דמיין דמתגברין **כן** הינון בית ישראל יתבין עדרין NU 24:6
ארום בטלנין הינון בגין **כן** הינון צווחין למימר ניזיל נדבח EX 5:8
על פרקטוני נהרין **כן** הינון תלמידיהון חבורן חבורן NU 24:6
יהי אתא הדין: ועבד ייי **כן** ואיתי עירבוב חיות ברא תקיף EX 8:20
ולא תמותון ועבדו **כן**: ואמרו גבר לאחוי בקושטא GN 42:20
ביה על ארעא והוה **כן**: והנפקת ארעא דיתאין עיסבא GN 1:11
ית כל ירוקי עיסבין והוה **כן**: וחזא אלקים ית כל דעבד והא GN 1:30
ובתרוי לא עתיד דיהי **כן**: וחפא ית חזוונא דכל ארעא עד EX 10:14
לאורחא ועבד להום **כן**: ונטלו ית עיבוריהון על חמריהון GN 42:25
ובריית ארעא ליזנה והוה **כן**: ועבד אלקים ית חיות ארעא GN 1:24
עילוי ארעא והוה **כן**: ועבד אלקים ית תרין נהוריא GN 1:15
דתתחמי יבישתא והוה **כן**: וקרא אלקים לנגביתא ארעא GN 1:9
בקובתא דרקיעא והוה **כן**: וקרא אלקים לרקיע שמייא והוה GN 1:7
על מימרא דייי בגין **כן** חזי לנדוייהון ולגמרא ית כל NU 16:26
דורוני מן ידי ארום בגין **כן** חמית סבר אפך ודמי לי הי GN 33:10
בעמא ואישיצינון בגין **כן** טייל אנת ועמא דאסיקתא EX 33:1
דלא יתקרון גלוולאי בגין **כן** טלטילינון מסיפי תחום מצרים GN 47:21
דעבדיתיה צדיק ובגין **כן** יהוי כנען עביד ליה: ישפר אלקים GN 9:26
אוף כדין הי כפיתגמיכון **כן** יהי דישתכח עימיה יהי לי עבדא GN 44:10
הינון רוון מן חמרהון בגין **כן** יהי מריר כס דלווט דישתון ביום DT 32:33
מן ידיה עד ארנון: על **כן** יימרון בחודתא מתולייא אמרין NU 21:27
מסואבותיה ובתר **כן** יכוס ית עלתא: ויסיק כהנא ית LV 14:19
ויסחי במיא וידכי ובתר **כן** יעול למשריתא ויתיב מברא LV 14:8
סווין דמוי ומן בתר **כן** יעול למשריתא: ותהי דא לכון LV 16:28
דאעבד ביניהון ומבתר **כן** יפטור יתכון: ואיתן ית עמא הדין EX 3:20
מגבר איתניסיבת דא: בגין **כן** ישבוק גבר ומתפרש מן ביה GN 2:24
דברי ואמרת רחל בגין **כן** ישכוב עמך בליליא הדין חולף GN 30:15

פלחי טעוותהון: על **כן** יתאמר בספר אורייתא דתמן NU 21:14
גיבר מרודא קדם ייי בגין **כן** יתאמר מן יומא דאיתברי עלמא GN 10:9
כבשת כל אולני סרקא **כן** כבשת יוסף ברי בחכמתך GN 49:22
מזוגייא בבשר עביר בגין **כן** לא אידכר רב מזוגיא ית יוסף GN 40:23
מטלח על ירכיה: בגין **כן** לא אכלין בני ישראל ית גידא GN 32:33
לברכא ית ישמעאל בגין **כן** לא בריך ית יצחק דאין הוה GN 25:11
עד זמן יומא הדין: בגין **כן** לא הוה לשיבט לוי חולק DT 10:9
דיהב להון פרעה בגין **כן** לא זבינו ית ארעהון: ואמר יוסף GN 47:22
מן בתר פולחנא דייי בגין **כן** לא יהי מימרא דייי בסעדכון: NU 14:43
וניכסוי יתגמרון בגין **כן** לא תהון פלחין אלהין לשמא EX 22:19
דבני ישראל בגין **כן** לא תהנעלון ית קהלא הדין NU 20:12
וארבעא אלפין בגין **כן** לית אפשר תוב למקיימא ית NU 31:8
על עובדא דתמר בגין **כן** לך יהודון אחך ויתקרון יהודאין GN 49:8
לפום עדביא כפולחנא **כן** מיכל מתנה איתן בדכותא ית NU 18:7
למטעיא יתהון ונפלו בגין **כן** מנהון עשרין וארבעא אלפין בגין NU 31:8
דמהלכא קדמי ומבתר **כן** נחמי אנפוי הלואי יסבר לי אפין: GN 32:21
מעילוי משכנא ובתר **כן** נטלין בני ישראל: ועל פום NU 9:17
חדא מסיטרא בית לופי **כן** עבד בשיפתא דיריעתא בית EX 36:11
בקיים מילחא בגין **כן** על כל קרבנך תקריב מילחא: ואין LV 2:13
מידעם ביש ארום בגין **כן** עלו למיבת ואיטמרו תחות טלל GN 19:8
בתרע משכן זימנא: וחמא **כן** פנחס בר אלעזר בר אהרן כהנא NU 25:7
תקיפא ובדרע מרמם בגין **כן** פקדך ייי אלקך למעבד ית יומא DT 5:15
קרא לילי נטיר בגין **כן** פריש משה ואמר ליל נטיר EX 12:42
סדר ברכתא בגין **כן** פריש משה נביא ואמר עמי בני LV 22:27
כדון פרגודא דברך לופום **כן** צרכית למשמע בבי דינא למן GN 38:25
בחקל כפילתא ובתר **כן** קברו יתיה בנוי ליעקב במערת GN 50:13
זימניה ולא נטריה ומבתר **כן** קטל גברא או איתא תורא EX 21:29
דייי חזוא בתר חזוא: בגין **כן** קרא לבירא בירא דאיתגלי עלה GN 16:14
ולגיתוי עבד מטלן בגין **כן** קרא שמא דאתרא סוכות: ואתא GN 33:17
עד מיעלך לתמן בגין **כן** קרא שמא דקרתא זוער: שימשא GN 19:22
מלימיבני קרתא: בגין **כן** קרא שמה בבל ארום תמן ערביב GN 11:9
תקיף דין למצרים בגין **כן** קרא שמה דאתר אבל מצרים די GN 50:11
ארום משלהי אנא בגין **כן** קרא שמיה אדום: ואמר יעקב GN 25:30
בינא ובינך יומא דין בגין **כן** קרא שמיה גלעד: וסכותא GN 31:48
מן קדם ייי הינון בגין **כן** קרא שמיה דאתרא ההוא בלישן GN 32:3
לשמשא קדם ייי בגין **כן** קרא שמיה לוי: ואיתעברת תוב GN 29:34
ארום מרירין הינון בגין **כן** קרא שמיה מרה: ואתרעמו עמא EX 15:23
דיימר לא שמעית בגין **כן** קריב משה ית דינהין קדם ייי: NU 27:5
ית עמא דפלשתאי בגין **כן** קרת שמיה דן: ואיתעברת תוב GN 30:6
לאודויי קדם ייי בגין **כן** קרת שמיה יהודה וקמת GN 29:35
מן אימיה ואבוי בגין **כן** רחים ליה: ואמרת לעבדך GN 44:20
מוי: וקרא יתה שבעה בגין **כן** שמא דקרתא ביר שבע עד יומא GN 26:33
מארבעתי איליין ובתר **כן** תהא ויודי חובתא דחב עלה: LV 5:5
דאנא רחמן בשמיא **כן** תהוון רחמנין בארעא תורתא או LV 22:28
חיוניא חורמניא בגין **כן** תהון תושלמתהון מתכלן DT 32:32
סנאיכון בידיכון בגין **כן** תהי אתר משרוייכון קדישא ולא DT 23:15
ותידכון ומן בתר **כן** תיעלון למשריתא: ואמר ייי עם NU 31:24
רען: ואמר גברא נטלו **מיכן** ארום שמעית מבתר פרגודא GN 37:17

כנורא (2)

בהום דכל דממנן לזמרא **בכינרא** ואבובא: וצלה אף היא GN 4:21
ובתושבחן בתופין **ובכינרין**: ולא אמתנתני לנשקא לבני GN 31:27

כני (1)

למטעי ועבדו להון טעוון **ומכנין** לטעוותהון בשום מימרא GN 4:26

כנס (3)

שכינתך מעילוי עבדך עד **דאיכנוס** עבוריא האילין: והדר אמר GN 18:3
למברא למשריתא: **וכנס** משה על איסטרטיגין דממנן NU 31:14
עלוי מן שמיא: ברם אין **כנסא** דממונא יתשוי עלוי ויתן EX 21:30

כנע (1)

עד אימת מסרב אנת מן **למתכנעא** מן קדמיי פטור ית עמי EX 10:3

כנף (2)

ושרו במקהלות אתר **כינופיא**: ונטלו ממקהלות ושרו NU 33:25
מליל משה עם כל ישראל **כנפינון** לותיה כד הוון בעיברא DT 1:1

כנף (3)

עם איתת אבוי ארום גלי **כנפא** דגלי אבוי הוון עניין כולהון DT 27:20
דכן איתת אבוי ולא יגלי **כנפא** דגלי אבוי: לא ידכי דמסרס DT 23:1
למעבד לכון על ארבע **כנפי** גולייתכון דתתעטפון בה DT 22:12

כנש (250)

יומין לירחא דאדר **אתכניש** מגו עלמא ברא קלא נפלת DT 34:5
תתובא ביומוי ובתר כן **אתכנש** לעמיה: וקברו יתיה יצחק GN 25:8
טבין ובענוותנותיה בכן **אתכנש** תמן משה עבד דייי בארעא DT 34:5
דיארע יתכון בסוף יומיא: **אתכנשו** ושמעו בני יעקב וקבילו GN 49:2
מותא על עמא דייי: והוה **באתכנשות** כנישתא על משה ועל NU 17:7
והוא הוה מלכא בישראל **באתכנשות** רישי עמא כחדא DT 33:5
עיסק פעור והות מותנא **בכנישתא** דייי: וכדון קטולו כל NU 31:16

וכד הוא פתח פומיה **בכנישתא** דישראל למשבחא מבחר GN 49:21
ודאיזדמנו למרדא על ייי **בכנישתא** דקרח ארום בחוביה מית NU 27:3
ופליגו על משה ועל אהרן **בכנישתא** דקרח בזמן דאתכנשו NU 26:9
רברביא דאתמנון נגודין **בכנישתא** ומליל משה עמהון: EX 34:31
לא יאי למיהוי מתאמר **בכנישתהון** דבני ישראל ערלאין GN 34:31
חד עתיד למיהוי מתיליד **בכנישתהון** דישראל דעל ידוי EX 1:15
נביא כד הוה מתנבי **בכנישתהון** דישראל יהב שמיעא DT 32:1
משה נביא כד הוה מתנבי **בכנישתהון** דישראל יהב שמיעא DT 32:1
עם גייורין ולא יתחמי **בכנישתהון** דישראל עם גייורין EX 20:14
עם גייורין ולא יתחמי **בכנישתהון** דישראל עם גייורין DT 5:18
עם גנבין ולא יתחמי **בכנישתהון** דישראל עם גנבין ארום DT 5:19
עם גנבין ולא יתחמי **בכנישתהון** דישראל עם גנבין דלא EX 20:15
עם חמודין ולא יתחמון **בכנישתהון** דישראל עם חמודין EX 20:17
עם חמודין ולא יתחמי **בכנישתהון** דישראל עם חמודין DT 5:21
סהדי שיקרא ולא יתחמי **בכנישתהון** דישראל עם מסהדין EX 20:16
דשיקרא ולא יתחמי **בכנישתהון** דישראל עם מסהדין DT 5:20
עם קטולין ולא יתחמי **בכנישתהון** דישראל עם קטולין DT 5:17
עם קטולין ולא יתחמי **בכנישתיהון** דישראל עם קטולין EX 20:13
ית ארעא: ויהי באשוניה **במכנוש** עללתא ותיתנון חומשא GN 47:24
דכנשא במיפיקא דשתא **במכנשך** ית עובדך מן חקלא: תלתי EX 23:16
לעמך לחוד אנת היכמא **דאיתכניש** אהרן אחוך: מטול NU 27:13
מן קדם ייי: וגיורייא **דאתכנשו** ביניהון שאילו שאילתא NU 11:4
בכנישתא דקרח בזמן **דאתכנשו** ופליגו על ייי: ופתחת NU 26:9
ואבירם מערעי כנישתא **דאתכנשו** ופליגו על משה ועל אהרן NU 26:9
בתר פיתגמיא האילין מן **דאתכנשו** מלכיא ונפלו קומי אברם GN 15:1
מיגו אישתא ביומא **דאתכנשו** קהלא ויהבינון ייי לי: DT 10:4
ושרו בקהלת אתר **דאתכנשו** קרח וסיעתיה על משה NU 33:22
ייי אלקכון בחורב ביומא **דאתכנשו** שבטיא למקבלא DT 18:16
עיגלא היא: ויצבע כהנא **דכניש** ית קיטמא דתורתא ית NU 19:10
מן חבריכון כמניין שנייא **דכנישות** עללתא יזבנון לכון: לפום LV 25:15
דתיזרע בחקלא וחגא **דכנשא** במיפיקא דשתא במכנשך EX 23:16
ביכורי חצד חינטין וחגא **דכנשא** במפקא דשתא: תלת זימנין EX 34:22
למשתעבדא מגן ולית **דמניש**: אילייו פיתגמי קיימא DT 28:68
לגו דרגשא ואיתנגיד **ואיתכניש** לעמיה: וארבע יוסף ית GN 49:33
ולא הוו מוי לכנישתא **ואיתכנישו** על משה ועל אהרן: ונצא NU 20:2
משה היכמה דפקיד ייי **ואיתכנישת** כנישתא בעשרין LV 8:4
מן למיחות מן טוורא **ואיתכנש** עמא על אהרן כד חמון EX 32:1
והדר בתיובא ואיתנגיד **ואתכנש** לעמיה: ושרו מן הנדקי עד GN 25:17
אחוך בטוורוס אומנוס **ואתכנש** לעמיה מן יד פתח משה DT 32:50
ואיתנגיד יצחק ומית **ואתכנש** לעמיה סיב ושבע יומין GN 35:29
דאנת סליק לתמן **ואתכנש** לעמך אוף אנת היכמה DT 32:50
ייי ית רוח נבותיה עליהון: **ואתכנש** משה למשריתא הוא וכל NU 11:30
דחליא דייי ייתון לותי **ואתכנשו** לוותיה כל בנוי דלוי: ואמר EX 32:26
ולמשרי מפרשין בשמהן: **ואתכנשו** על משה ועל אהרן ואמרו NU 16:3
לא אתרעיית נפשי **ובמכנשהון** לשכם למחרבא לא GN 49:6
קדם טיבוליה עד רמשא: **ויכנוש** גבר כהין דכי ית קיטמא NU 19:9
וירחם עליכון ויתוב **ויכנוש** יתכון מכל עממיא דבדר ייי DT 30:3
בשבע שני שובעא: **ויכנשון** ית כל עיבור שנייא טבתא GN 41:35
ובפריזאי ואנא עם דמניין **ויתכנשון** עלי וימחונני ואישתיצי GN 34:30
שדי פוש וסגי עם קדיש **וכינוש** נביאין וכהנין יהון מבינך GN 35:11
על עיסק כהונתא כקרח **וככנישת** סעדוי וסופיה להובדא NU 17:5
ולא כמיתותא דקרח **וככנישתיה** ביקידת אישא ובליעת NU 17:5
למימר: סב ית חטר ניסיא **וכנוש** ית כנישתא אנת ואהרן אחוך NU 20:8
קדם ייי היכמה דפקדיה: **וכנישו** משה ואהרן ית קהלא לקדם NU 20:10
דפרעה ארום אלילי אתון: **וכנש** ייתהום לבית מטרא תלתא GN 42:17
עד דימלון כל אוצרייא: **וכנש** ית כל עיבור שבע שני שובעא GN 41:48
יומי פולחני ואיעול לותה: **וכנש** לבן ית כל אינשי אתרא ועבד GN 29:22
מיעליה למללא עימיה: **וכנש** משה ית כל כנישתא דבני EX 35:1
למעיבר בתחומיה **וכנש** סיחון ית כל עמיה ונפק NU 21:23
ומשה ואהרן מציטרא חד: **וכנש** עליהון קרח ית כל כנישתא NU 16:19
יעקב לפקדא ית בנוי **וכנש** ריגלוי לגו דרגשא ואיתנגיד GN 49:33
עמא ית פיתגמיא דייי **וכנש** שובעין גוברין מסבי ישראל NU 11:24
למעבד: ואזל משה ואהרן **וכנשו** ית כל סבי בני ישראל: ומליל EX 4:29
ליליא וכל יומא דבתרוי **וכנשו** ית סלוי דקטיע ודחגיר כנש NU 11:32
ומן דרתא ומן חקליא: **וכנשו** יתהון כירוויין כירוויין EX 8:10
פיריכון מן דאתון מפקין **וכנשין** מן חקלא כל שתא ושתא DT 14:22
ארעא דמגוג בסוף יומיא **ומכנש** מלכין קטרי תגין ואיפרכין NU 11:26
מחתא על פם בירא: **ומתכנשין** תמן כל עדריא ומגלגלין GN 29:3
ליואי לקדם משכן זימנא **ותיכנוש** ית כל כנישתא דבני NU 8:9
דוכרני לכל דר ודר: איזיל **ותיכנוש** ית סבי ישראל ותימר להון EX 3:16
שנין תדרע ית ארעך **ותכנוש** ית עללתא: ושביעיתא EX 23:10
שנין תגזרון כרמיכון **ותכנשון** ית עללתא: ובשתא LV 25:3
במרחשוון ולקיש בניסן **ותכנשון** עיבורכם חמריכון DT 11:14
עמך או לא חכימתיה **ותכנשיניה** לגו בייתך ויהי מתפרנס DT 22:2

לבני ישראל: ותחמי יתה **ותתכנש** לעמך לחוד אנת היכמא NU 27:13
יומיכון בעלמא דאתי **ותתכנשון** בסוף גלוותא ותיתבון DT 30:20
על דבטלתון ית קיימיי **ותתכנשון** מן ציירא לקורייכון LV 26:25
בסייפי שמיא מתמן **יכנוש** יתכון מימרא דייי על ידוי DT 30:4
דאשתכח בחקלא ולא **יתכניש** לביתא ויחות עילויהון EX 9:19
ארעא דאדום למימר: **יתכנש** אהרן לעמיה ארום לא ייעול NU 20:24
ית אלעזר בריה ואהרן **יתכנש** וימות תמן: ועבד משה NU 20:26
ואמרו לא ניכול עד די **יתכנשון** כל עדריא ויגלגלון ית GN 29:8
אין ית כל נוני ימא רבא **יתכנשון** להון ויספקון להון: ואמר NU 11:22
יום תניין: ואמר אלקים **יתכנשון** מיין תחאין דאישתארו מן GN 1:9
על משה בסנייא **יתכנשן** כולהון ברכתא אילין DT 33:16
ועשו וכל בנהא דקטורה **יתכנשן** כל אילין ברכתא ויתעבדו GN 49:26
ועד כדון: וכדון שדר **כנוש** ית גיתך וית כל דילך בחקלא EX 9:19
בירא דאמר ייי למשה **כנוש** ית עמא ואיתן להון מוי: בכן NU 21:16
בבישותי: ואמר ייי למשה **כנוש** לשמי שובעין גוברין זכאין NU 11:16
דפטיריא: וית כל כנישתא **כנוש** לתרע משכן זימנא: ועבד משה LV 8:3
בחורב בזמן דאמר ייי לי **כנוש** קדמי ית עמא ואשמועינון ית DT 4:10
כל ישראל במשמעהון: **כנושו** ית עמא גובריא למילף DT 31:12
כל דכן בתר דאימות: **כנושו** לוותי ית כל חכימי שיבטיכון DT 31:28
לחוד עינוון וגובין בית **כנישות** מיין נבעין יהי דכי ברם די LV 11:36
לנגביתא ארעא ולבית **כנישות** מיין קרא יממי וחמא GN 1:10
על שיקייאון ועל כל בית **כנישות** מימיהון ויהון דמא ויהי EX 7:19
תזעיר זבינוי ארום מניין **כנישות** עללתא הוא מזבן לך: ולא LV 25:16
מן ימא ואזלו על כיף ימא **כנישין** אונכין ומרגלין ואזלו מבתר NU 33:8
שביעאה ההוא תהון **כנישין** בתושבחא קדם ייי אלקכון DT 16:8
ניסוכה: ביומא תמינאה **כנישין** תהוון בחדוא מן מטילכון NU 29:35
קורבנא לשמא דייי **כנישין** תהון לצלאה קדם ייי על LV 23:36
מן מטילכון לבתיכון **כנישת** חדוא ויומא טבא ואירוע NU 29:35
לכון מחתיין קרח וכל **כנישת** סעדוי: והבו בהון אישתא NU 16:6
ומליל עם קרח ועם **כנישת** סעדוי למימר צפרא ויהודע NU 16:5
רבתא: בגין כן אנת וכל **כנישת** סעדך דאזדמנתון על NU 16:11
משה לקרח אנת וכל **כנישת** סעדך הוו זמינין לבי דינא NU 16:16
מיגו אישתא ביום **כנישת** קהלא: והוה מסוף ארבעין DT 9:10
יתהון וית קרח כד מיתו **כנישת** רשיעיא כד אכלת אישתא NU 26:10
ויהי אין מן מחמי **כנישתא** איתעבידת סורחנותא NU 15:24
ית חטר ניסיא וכנוש ית **כנישתא** אנת ואהרן אחוך ותומון NU 20:8
ולא תבע בישתיה: וידינון **כנישתא** בין מחיא ובין תבע אדמא NU 35:24
לא גזרית במימרי לכל **כנישתא** בישתא דאזדמנו למרדא NU 14:35
דפקיד ייי ואיתכנישת **כנישתא** בעשרין ותלתא יומין LV 8:4
הוא דתן ואבירם מערעי **כנישתא** דאתכנשו ופליגו על משה NU 26:9
ימטי ליה: ואתרעמו כל **כנישתא** דבני ישראל ביומא חרן על NU 17:6
עימיה: וכנש משה ית כל **כנישתא** דבני ישראל ואמר להון EX 35:1
על אפיהון קדם כל **כנישתא** דבני ישראל: ויהושע בר נון NU 14:5
ולא יהי רוגזא על **כנישתא** דבני ישראל ויטרון ליואי NU 1:53
ויכפר כהנא על כל **כנישתא** דבני ישראל וישתרי להון NU 15:25
וישתרי מן קדם ייי לכל **כנישתא** דבני ישראל ולגיוריא NU 15:26
בגלל די יקבלון מיניה כל **כנישתא** דבני ישראל: וקדם אלעזר NU 27:20
משה למימר: מליל עם כל **כנישתא** דבני ישראל ותימר להון LV 19:2
זימנא ותיכנוש ית כל **כנישתא** דבני ישראל: ותקריב ית NU 8:9
סווין דמוי ולבישינון: ומן **כנישתא** דבני ישראל יסב תרין LV 16:5
אלעזר כהנא ולות כל **כנישתא** דבני ישראל ית שיבייתא NU 31:12
קבילו ית חושבן כל **כנישתא** דבני ישראל לגניסתהון NU 1:2
ועבד משה ואהרן וכל **כנישתא** דבני ישראל לליואי הי NU 8:20
משה ולות אהרן ולות כל **כנישתא** דבני ישראל למדברא NU 13:26
דשבתא: ואמר משה לכל **כנישתא** דבני ישראל למימר דין EX 35:4
ית סכום חושבן כל **כנישתא** דבני ישראל מבר עשרין NU 26:2
סאין הוא: ונטלו כל **כנישתא** דבני ישראל ממדברא דסין EX 17:1
בנוי לשמשא: ונפקו כל **כנישתא** דבני ישראל מן קדם משה: EX 35:20
למחמי משה ולמחמי כל **כנישתא** דבני ישראל עני וכן אמר NU 25:6
משה לאהרן אימר לכל **כנישתא** דבני ישראל קריבו קדם ייי EX 16:9
בישרא גבר מהימן על **כנישתא**: די הוו נפיק קדמיהון NU 27:16
לארעא דישראל ולא תהי **כנישתא** דייי בלא חכימין מן בגלל NU 27:17
משה ולות אהרן ולות כל **כנישתא**: דין הוא חד מן ארבעה NU 15:33
ייי ומחא יתבהא קדם **כנישתא** דישראל ארע כשר לבית NU 32:4
יתיה כהילכתא כל קהל **כנישתא** דישראל ביני שימשתא: EX 12:6
במללות אהרן עם כל **כנישתא** דישראל ואיתפניו EX 16:10
קיטמא יתוקד: ואין כל **כנישתא** דישראל ישתלון ויתכסי LV 4:13
וולד יהון: ותיטרון אתון **כנישתא** דישראל ית כל קיימיי וית LV 20:22
ית דיירהא: ותיטרון אתון **כנישתא** דישראל ית קיימיי וית LV 18:26
ונטלו מאלים ואתון כל **כנישתא** דישראל למדברא דסין EX 16:1
ירחי שתא: מלילו עם כל **כנישתא** דישראל למימר בעשרא EX 12:3
למיכול מה דבגויה: כל **כנישתא** דישראל מתערבין דין עם EX 12:47
ויסמכון תריסר סבי **כנישתא** דמתמנן אמרכולין על LV 4:15
והוא לא הוה בגו **כנישתא** דמתרעמין ודאיזדמנו NU 27:3

למימר: איתפרשו מגו **כנישתא** הדא ואישיצי יתהון NU 16:21
למימר: איתפרשו מיגו **כנישתא** הדא ואישצי יתהון כשעא NU 17:10
אומנוס כד חמן כל **כנישתא:** ואשלח משה ית אהרן ית NU 20:27
מיין סגיאין ואשתיאת **כנישתא** ובעיריהון: ואמר ייי למשה NU 20:11
להון פתגמא ולות כל **כנישתא** וחמיאונון ית איבא NU 13:26
נפשהון: וארימת כל **כנישתא** ויהבו ית קלהון ובכו עמא NU 14:1
מיא מן כיפא ותשקי ית **כנישתא** וית בעיריהון: ודבר משה NU 20:8
ואוביל בפריע לות **כנישתא** וכפר אמטולהון ארום נפק NU 17:11
יתהון ויהון לך לערעא **כנישתא** ולאטלא ית משירייתא: NU 10:2
דאיתגלי איקרא דייי לכל **כנישתא:** ומליל ייי עם משה ועם NU 16:19
אלעזר כהנא וקדם כל **כנישתא:** וסמך ית ידוי עלוי ופקדיה NU 27:22
בני ישראל עימיה וכל **כנישתא:** ועבד משה היכמא דפקיד NU 27:21
ויאטלון יתיה באבנין כל **כנישתא:** ועם בני ישראל תמליל LV 24:14
משכן זימנא וקריבו כל **כנישתא** וקמון בלב שלים קדם ייי: LV 9:5
נש חד ואתו כל רברבני **כנישתא** ותנו למשה: ואמר להון EX 16:22
כהנא ורישי אבהת **כנישתא:** ותפליג ית דברתא בין NU 31:26
אלעזר כהנא וקדם כל **כנישתא** ותפקיד יתיה למיחמיהון: NU 27:19
דנפקו לחילא ובין כל **כנישתא:** ותפרש נסיבא לשמא דייי NU 31:27
אישתא ועילוי כל **כנישתא** יהי רוגזא ברם שתוקו LV 10:6
גברא חד יחוב ועל כל **כנישתא** יהי רוגזא: ומליל ייי עם NU 16:22
דיניא האילין: וישיזבון **כנישתא** ית קטולא מן יד תבע NU 35:25
יאטלון יתיה אבנין כל **כנישתא** כגיורא כיציבא בזמן LV 24:16
קבילית צלותכון על **כנישתא** כדון מליל להון למימר NU 16:24
לכון רבנותא ארום כל **כנישתא** כולהון קדישין וביניהון NU 16:3
סלא דפטיריא: וית כל **כנישתא** כנוש לתרע משכן זימנא: LV 8:3
דאתפרשו בשמהן: וית כל **כנישתא** כנשו בחד יומא לירחא NU 1:18
תידחלון מנהון: ואמרו כל **כנישתא** לאטלא יתהון באבנין NU 14:10
קטולא עד דיקום קדם **כנישתא** לדינא: וקירוייא דתיתנון NU 35:12
ישראל ואמרו להון כל **כנישתא** לואי דמיתנא בארעא NU 14:2
ואתו בני ישראל כל **כנישתא** לטוורוס אומנוס: ואמר ייי NU 20:22
למישרי על סורחנות **כנישתא** לכפרא עליכון קדם ייי: הא LV 10:17
ואתו בני ישראל כל **כנישתא** למדברא דצין בעשרא NU 20:1
לבושיהון: ואמרו לכל **כנישתא** למימר ארעא דעברנא בה NU 14:7
ולאלעזר כהנא ולרברבי **כנישתא** למימר: מכללתא NU 32:2
מטרתיה וית מטרת כל **כנישתא** לקדם משכן זימנא למפלח NU 3:7
כהנא וכל אמרכלי **כנישתא** לקדמותהון למברא NU 31:13
במדברא דצין במוי מצות **כנישתא** לקדשותי במיא למחמיהון NU 27:14
אלקא דישראל יתכון מן **כנישתא** לקרבא יתכון לשימושיה NU 16:9
דייי ולמקום קדם כל **כנישתא** לשמשותהון: וקרב יתך וית NU 16:9
וכנש עליהון קרח ית כל **כנישתא** לתרע משכן זימנא NU 16:19
כהנא וקדם רברביא וכל **כנישתא** לתרע משכן זימנא: אבונא NU 27:2
בהון ויזדמנון לוותך כל **כנישתא** לתרע משכן זימנא: ואין NU 10:3
והנפיקו יתיה כל **כנישתא** מברא למשריתא ואטלו NU 15:36
אטלו יתיה באבנא כל **כנישתא** מברא למשריתא: והנפיקו NU 15:35
לחילא: והות סכום פלגות **כנישתא** מן ענא תלת מאה ותלתין NU 31:43
מאתן וחמשין אמרכלי **כנישתא** מערעי זמן למיטל ולמשרי NU 16:2
לירחא דאב וחמון כל **כנישתא** משה נחית מן טוורא מנוי NU 20:29
דייי: והוה באתכנשות **כנישתא** על משה ועל אהרן NU 17:7
בר עינן: אילין מזמני עם **כנישתא** רברבי שבטיא דאבהתהון NU 1:16
בשלו ויעבדון כל **כנישתא** תור בר תורי חד לעלתא NU 15:24
ית צלותא דיצלון בבית **כנישתהון** וית אורחא דיפקדון EX 18:20
חקלי קרתא דבחזורנהא **כנש** בגוה: וליוסף איתילידו תרין GN 41:48
וילידת בר ואמרת **כנש** ייי ית חיסודי והכדין עתיד GN 30:23
דייי מעבדוי דפרעה **כנש** ית עבדוי וית גיתוי לגו ביתא: EX 9:20
ית סלוי דקטיע ודהגיר **כנש** עשרא כרוויין ושטחו להון NU 11:32
בשמהן: וית כל כנישתא **כנשו** בחד יומא לירחא דאייר הוא NU 1:18
וזיהרא קדרון וכוכביא **כנשו** זיווהון אבהת עלמא צווחין DT 28:15
לשרה אורח סובתא **כנשיא:** ותמהת שרה בליבבה למימר GN 18:11
חייתא לפרעה ארום לא **כנשייא** מצרייתא יהודייתא ארום EX 1:19
יתהון כד שרן על ימא **כנשין** מרגליין ואבנין טבן דדבר EX 14:9
וארעימו עלוהי ית **כנשיתא** לאפקא טיב ביש על NU 14:36
לחדא לחדא ואיתנינך **לכינשין** ומלכין שליטין בעממיא GN 17:6
בר לאברכיניה ביה ותהי **לכינשין** ומלכין שליטין בעממיא GN 17:16
לתריסר שיבטין ותהי זכי **לכינשת** דבני סנהדרין דסכומהון GN 28:3
לך ומסגי לך ואיתנינך **לכינשת** שיבטין ואיתין ית ארעא GN 48:4
אהרן למימר: עד אימת **לכנישתא** בישתא דמתחברין עלי NU 14:27
לכל מטרת ליואי ותהי **לכנישתא** דבני ישראל למוי NU 19:9
משכן זימנא: ואמר משה **לכנישתא** דין פיתגמא דפקיד ייי LV 8:5
בירא ולא הוו מוי **לכנישתא** ואיתכנישו על משה ועל NU 20:2
בתרוי סבי ישראל: ומליל **לכנישתא** למימר זורו כדון מעילוי NU 16:26
ומתני פיתגמיא **לכנישתהון** דישראל ברם EX 33:11
עדן יומא סגי לא עידן **למיכנוש** בעיר אשקו ענא ואיזילו GN 29:7
שובעא יומין במישלמכון **למיכנוש** עללתא מאידיריכון DT 16:13
לא תשתון ולא תעצרון **למכנוש** ארום יגמריניה זחלא: זתין DT 28:39
עתיד יהושע בריה דיוסף **למכנוש** ית חיסודא דמצרים מעל GN 30:23
וחצצרת יבבא בידיה **למכנש** ולמישרי ולמיטל משריתא NU 31:6
בגין כן אמרית במימרי **למכנשא** עליהון בישתא גירי מחת DT 32:23
מטה קיציה דמשה נביא **למתכנשא** מיגו עלמא אמר בליביה DT 32:1
זימניה דיעקב אבונן **למתכנשא** מיגו עלמא הוה מסתפי DT 6:4
יתקעון למטלנהון: ובזמן **מיכנש** ית קהלא תתקעון ולא NU 10:7
לירחא שביעאה בזמן **מיכנשכון** ית עללתא דארעא תחגון LV 23:39
טיקס משיריית בני דן **מכניש** לכל משירייתא לחיליהון NU 10:25
וישתיצי בר נשא ההוא **מכנישתא** דישראל בדיורי EX 12:19
מטול דלא ילעון בזמן **מכנשהון** יתהון: וקמו מחסרי NU 11:31
מתנבי ואמר הא משה **מתכניש** מן עלמא ויהושע בר נון NU 11:26
יתהון ואמר להון אנא **מתכנש** לעמי קברו יתי לות GN 49:29
בגלל דאתנבו עלי דאנא **מתכנש** מן עלמא ואנת משמש מן NU 11:29
אבנא דהוו כל עדריא **מתכנשין** ומגלגלין לה מעילוי פם GN 28:10
דעדן מה הוא כחדא **מתכנשין** תריסר שבטי ישראל GN 49:1
הא לא נזרע ולא **נכנוש** ית כתי עללתנא: ואפקיד ית LV 25:20
סגי תפקון לחקלא וזעיר **תכנשון** ארום יקרסם יתיה גובאי: DT 28:38
דחרב: וית כל עדאה **תכנשון** במצע פלטיתא ותוקדון DT 13:17
דתיתסי ומן בתר כדין **תתכנש:** ואיטרדת מרים מברא NU 12:14
בניכסין סגיאין: ואת **תתכנש** לות אבהתך בשלם תנוח GN 15:15
מן מדינאי ומן בתר כדין **תתכנש** לעמך: ומליל משה עם עמא NU 31:2

כסא (9)

חמרהון בגין כן יהי מריר **כס** דלווט דישתון ביום פורענותהון DT 32:33
זעירותיה והוה נקיט **כסא** דכספא בידיה ומקשקיש GN 43:33
חמי הוית עד דיהבין **כסא** דפרעה בידי ונסיבית ית GN 40:11
על שימושך ותיתן **כסא** דפרעה בידיה כהילכתא GN 40:13
לכסא דפרעה ויהבית ית **כסא** לידא דפרעה היא פיילא GN 40:12
לכסא דפרעה ויהבית ית **כסא** על ידא דפרעה: ואמר ליה יוסף GN 40:11
הוה בעיטא ההיא ויהב **כסא** על ידא דפרעה: וית רב נחתומי GN 40:21
עינביא ועצרית יתהום **לכסא** דפרעה ויהבית ית כסא לידא GN 40:12
עינביא ועצירית יתהון **לכסא** דפרעה ויהבית ית כסא על GN 40:11

כסי (50)

מלכא משיחא למיתי **איתכסי** מיניה ובכין אמר איתו GN 49:1
למימחא ומלאכא **אתכסי** מינה: ואוסיף מלאכא דייי NU 22:25
דבלתימה אוף תמן **אתכסיית** מנהון בירא על דשבקו NU 33:46
על כל מידעם דאיתביד **בכוסיא** על תור על חמר על אימר EX 22:8
תהוון לבשין ומשתחנין **בכסו** דשיע ועזיל וניז עמר וכיתן DT 22:11
מהודע דינהון דישראל **דאיתכסי** מן דיינייא וסידרי נצחן EX 28:15
אבוי דרזיא סתימיא מה **דאתכסי** מן נביא הוה מתגלי ליה: NU 24:15
אפוי ורזיא סתימיא מה **דאתכסי** מן נביא הוה מתגלי ליה: NU 24:16
אבוי דרזיא סתימיא מה **דאתכסי** מן נבייא הוה מתגלי ליה NU 24:3
אנפוי ורזיא סתימיא מה **דאתכסי** מן נבייא הוה מתגלי ליה: NU 24:4
שבח שירתא הדא בזמן **דאתכסיית** והדרת בירא NU 21:17
ליך תחמרא דעיינין חלף **דאתכסית** מן בעליך ליליא חדא GN 20:16
ואנא סיבית: האפשר **דיתכסי** מן קדם ייי מדעם לזמן GN 18:14
ליה: ארום היא טלת **דמתכסי** בה בלחודא היא חלוק EX 22:26
הדין ית ייי אלקכון: **ויכסי** מימרא דייי מינכון רוח DT 28:59
או בניבלת רחיש מסאב **ויתכסי** מיניה והוא מסאב ויקרב LV 5:2
סובתיה דמסתאב בה **ויתכסי** מיניה ויקרב בכל קודשיא LV 5:3
באומתא ומשקר בה **ויתכסי** מיניה ומבתר דעבד איתגלי LV 5:4
כנישתא דישראל ישתלון **ויתכסי** פיתגם מן מחמי קהלא LV 4:13
אזיל ויתן לי לחים למיכל **וכסו** למילבוש: ואיתוב בשלם GN 28:20
תרוויהון ואזלו מאחזריין **וכסיו** ית עריית דאבוהון ואפיהום GN 9:23
יוסף ואתעבר קמי רחל **וכסייה** בקומתיה וגחנן: ואמר מן לך GN 33:7
לבושי ארמלותא מינה **וכסיית** ברדידא ואעטפת ויתיבת GN 38:14
בה ותיפני תמן ותתוב **ותכסי** ית רעייך: ארום ייי אלקכון DT 23:14
כהנא ישמיש ויהי כד **יתכסי** מיניה פתגם וישאיל ליה NU 27:21
ולא ימשכן חד מנכון **כסו** דארמלתא דלא יקומו שיבבן DT 24:17
תור על חמר על אימר על **כסו** ועל כל אבידתא יזומי כד יימר EX 22:8
אשבת ברוח מן קדמך ייי **כסון** עליהון גירין דימא נחתו EX 15:10
בימא דסוף: תהומייא **כסון** עליהון נחתו ושקעו EX 15:5
ית טופרייהא: ותשני ית **כסות** שבייתא מינה ותטבלינה DT 21:13
אין ממשכנא תמשכון **כסותא** דחברך עד לא יטמוע EX 22:25
מן בית אסירי וספר ושני **כסותיה** ועל לות פרעה: ואמר פרעה GN 41:14
שנין במדברא לא בלמו **כסותיכון** מעילוי גושמיכון DT 29:4
דקרבתון בהון ושנו **כסותכון:** ונקום וניסק לביתאל GN 35:2
מימרא דייי חיי בר נשא: **כסותכון** לא בלת מעילוי גושמיכון DT 8:4
מיתעל בנורא כרנבתא **כסיא** קיתוניא קומקמוסיא תעברון NU 31:23
להון אוורקסין דבוץ **לכסאה** בשר עיריא מן אסר קמור EX 28:42
ויפסוק אהרן ובנוי **לכסאה** ית קודשא וית כל מאני NU 4:15
ותשכחה לית לך רשו **לכסאה** מיניה אכריז עלה ותהדרינה: DT 22:3
לחמריה והכדין תעבד **לכסותיה** והכדין תעביד לכל DT 22:3
משכנא מיכא ומיכא **לכסיותיה:** ותעביד חופאה למשכנא EX 26:13
ית ידיה ונסיבת סכינא **למיכס** ית בריה עני ואמר יצחק GN 22:10

במימריה לית אוושר לי **למכסיא** מן אברהם מה דאנא עביד GN 18:17
תשמיש דעריס ויהי **מכסי** מעיני בעלה ומיטמרא והיא NU 5:13
דאנא פקד לכון יומנא לא **מכסיא** היא מנכון ולא רחיקא היא: DT 30:11
גבר לפום מיסת מיכליה **תיכסון** ית אימרא: אימר שלים דכר EX 12:4
בארבסר יומין לירחא **תיכסון** ית פיסחא וברמשא דחמסר EX 12:18
ייי: עמי בני ישראל לא **תיכסון** עד דחמיע בבתיכון אדם EX 23:18
עלוי ולא תרחמון ולא **תכסון** בטומרא עלוי: ארום מקטל DT 13:9
תלת זימנין בשתא: לא **תכסון** קדם עד לא תבטלון חמיע EX 34:25

כסל (1)

אינשא ארום שפירן הינון **וכסלן** ופקסן ומהלכן בגילוי בישרא GN 6:2

כסן (2)

דאבוי ולמימרא דאימיה **ויכסנון** יתיה ולא מקבל אולפן DT 21:18
ית קל מימריה **למכסנא** יתכון באולפניה ועילוי DT 4:36

כסס (1)

טוור תלגא והווין זבנן זיני **כיסנין** בבציר מן טימהון במילכת NU 24:25

כסף (136)

דמתבניא בסטר חקליה **בכסף** שלים יתנינה לי ביניכון GN 23:9
כדון לא איתפיריקאת **בכספא** או שטר שיחרורה לא LV 19:20
מן אינשא לא יתפרק **בכספא** אלהין בעלוון ובנכסת LV 27:29
תקיף לחדא בגיתי **בכספא** ובדהבא: ואזל למטלנוי מן GN 13:2
ייי אלקך: ותחליל **בכספא** ויהון פריטי צרירין בידך DT 14:25
בברך ולא בעבדך תיפרוק **בכספא:** ויהי ארום ישיילינך ברך EX 13:13
וכל בוכרא דבריי אפרוק **בכספא:** ויהי לאת חקיק ומפרש על EX 13:15
תזבנון מינהון כד חי **בכספא** ותיכלון ואוף מיא תזבנון DT 2:6
ואוף מיא תזבנון מנהון **בכספא** ותישתון: אזדהרון דלא DT 2:6
בגיטה וזבנא לא תזבנינה **בכספא** לא תיתגר בה בתר DT 21:14
ולשמאלא: עיבור כד חי **בכספא** תזבין לי ואיכול ומוי DT 2:28
תזבין לי ואיכול ומוי **בכספא** תיתן לי ואישתי לחוד DT 2:28
ניגנוב מבית ריבונך מנין **דכסף** או מנין דדהב: דישתכח GN 44:8
סעורין בחמשין סילעין **דכסף:** אין משתא דיובילא יקדיש LV 27:16
דידה ארבע מאה סילעין **דכסף** בינא ובינך מה היא וית מיתך GN 23:15
עילוייה חמשין סילעין **דכסף** בסילעי קודשא: ואין ברת LV 27:3
הות מתקלא מזירקא חד **דכסף** דגילדה קליש שובעין סילעין NU 7:13
מתקלא מזירקא חדא **דכסף** דגילדה קליש שובעין סילעין NU 7:19
עילוייה תלתא סילעין **דכסף:** ואין מבר שתין שנין ולעילא LV 27:6
דביר דכר חמש סילעין **דכסף** ודברתה נוקבא עילוייה LV 27:6
דרמיין באושקקי וטעוון **דכסף** ודהב דיהיבין עימהון בבתייא DT 29:16
דמשמשין קדמיי דחלן **דכסף** ודחלן דדהב לא תעבדון לכון: EX 23:23
מתקלא עשר סילעין **דכסף** והיא הות דדהב טב קריב NU 7:14
לערבאין בעשרין מעין **דכסף** וזבנו מנהון סנדלין ואייתיו GN 37:28
יהב תלת מאה סילעין **דכסף** וחמש איסטולי דלבושין: GN 45:22
ויזמון יתיה מאה סילעין **דכסף** ויתנון לאבוהא דעולימתא DT 22:19
דמי בהתה חמשין סלעין **דכסף** וליה תהי לאיתו חולף DT 22:29
ווי עמודיא וכיבושיהון **דכסף:** ולרוח מערבא וולוון חמשין EX 38:11
ווי עמודיהון וכיבושיהון **דכסף:** ולרוח קידומא מדינחא EX 38:12
מזפו דאוזפך לא על מזפו **דכסף** ומיזפו דמיכלא ולא על מזפו DT 23:20
מן רחמה מצריתא מאנין **דכסף** ומנין דדהב: ויהב ייי ית עמא EX 11:2
ושיילו מן מצראי מנין **דכסף** ומנין דדהב: ויייי יהב ית עמא EX 12:35
ייי: והנפק עבדא מנין **דכסף** ומנין דדהב ולבושין ויהב GN 24:53
כותליה ביתא מנין **דכסף** ומנין דדהב ולבושין ותעטרון EX 3:22
להון ארבעא חומרין **דכסף:** ועבד ווילון פריס לתרע EX 36:36
דהבא על ארבעא חומרין **דכסף:** ותיתן ית פרגודא תחות EX 26:32
יתקיים לא יתדן מטול **דכסף** זביניה הוא: וארום ינצון EX 21:21
וקרבניה דמקריב פיילי **דכסף** חדא גילדא סמיך מאה NU 7:13
על פום קודשא פיילי **דכסף** חדא גילדה סמיך מאה NU 7:19
קרבניה דקריב פיילי **דכסף** חדא גילדה סמיך מאה NU 7:25
ארבע מאה סילעין **דכסף** טב עברין בכל פתור GN 23:16
הא יהבית אלף סילעין **דכסף** לאחוך הא הינון ליך תחמרא GN 20:16
לך מדילך תרתין חצוצרן **דכסף** ממינא קשיא עובד אומן NU 10:2
דרומא: וארבעין חומרין **דכסף** עבד תחות עשרין לוחיא EX 36:24
תמנייא לוחין וחומריהון **דכסף** שיתיסרי חומרין תרין לוחין EX 26:25
תמניא לוחין וחומריהון **דכסף** שיתסר חומרין תרין חומרין EX 36:30
דרומא: וארבעין חומרין **דכסף** תעבד תחות עשרין לוחין EX 26:19
לוחין: וארבעין חומריהון **דכסף** תרין חומרין תחות לוחא חד EX 26:21
לוחין: וארבעין חומריהון **דכסף** תרין חומרין תחות לוחא חד EX 36:26
תריסר שיבטיא מזירקי **דכסף** תריסר כל קבל נשיא דבני NU 7:84
רברבי ישראל פיילי **דכסף** תרתיסרי כל קבל תריסר NU 7:84
זעירותיה והוה נקיט כסא **דכספא** בידיה ומקשקיש כמנחיש GN 43:33
מתקלא דפיילתא חדא **דכספא** כל קבל שנין דהוה יוכבד NU 7:85
טוניה: וית אוגביני אוגבין **דכספא** שוי בפום טונא דזעירא וית GN 44:2
היך למעבד בדהבא **ובכספא** ובנחשא: ובאגלפות EX 31:4
אומנוון למעבד בדהבא **ובכספא** ובנחשא: ובאגלפות EX 35:32
דאיתרעי ליביה לאפרשא: **וכסף** מינייני דבני ישראל דיהבו EX 38:25
ויהב ליה עאן ותורין **וכספא** ודהבא ועבדין ואמהן וגמלין GN 24:35
ותוריכון ועניכון יסגון **וכספא** ודהבא יסגי לכון וכל דילכון DT 8:13
דלא יטעיין ליביה **וכספא** ודהבא לא יסגי ליה דלא DT 17:17
דסיתבון מנהון דהבא **וכספא** ונחשא: ותיכלא וארגוונא EX 25:3
ית אפרשותא דייי דהבא **וכספא** ונחשא: ותיכלא וארגוונא EX 35:5
ואתיבנא יתיה בידנא: **וכספא** חורנא אחיתנא בידנא GN 43:22
דבוטנין ומשח דלוזין: **וכספא** על חד תרין סיבו בידיכון GN 43:12
ארום יתן גבר לחבריה **כסף** או מנין למינטר בלא אגר נטיר EX 22:6
אבוהא ותיפוק מגן דלא **כסף** ברם גט פיטורין יהיב לה: EX 21:11
יכלין לסוברא ושוי **כסף** גבר בפום טוניה: וית אוגביני GN 44:1
ופתחנא ית טוננא והא **כסף** גבר בפום טוניה כספנא GN 43:21
שלים מן ענא בעילוייה **כסף** הי כדמי הניית קודשא LV 5:15
כסף והינון מכבשין **כסף** היכדין הוו מתעבדין כל EX 38:17
מן אוצרוי דיוסף מליין **כסף** ודהב ובעא למיטרד בההוא NU 16:19
בלק מלי קורטור דיליה **כסף** ודהב לית לי רשו למעיבר על NU 22:18
בלק מלא קורטור דיליה **כסף** ודהב לית לי רשו למעיבר על NU 24:13
ווי עמודיא וכיבושיהון **כסף:** והיכדין לרוח ציפונא באורכא EX 27:10
כסף וחיפוי רישיהון **כסף** והינון מכבשין כסף היכדין הוו EX 38:17
דרתא חזור חזור מכבשין **כסף** וויהון כסף וחומריהון דנחשא: EX 27:17
חזור מכבשין כסף וויהון **כסף** וחומריהון דנחשא: ארכא EX 27:17
ארבעה דנחשא וויהון **כסף** וחיפוי רישיהון וכיבושין כסף: EX 38:19
ווי עמודיא וכיבושיהון **כסף** וחיפוי רישיהון כסף והינון EX 38:17
שתא דיובילא ויפוק בלא **כסף** ויתוב לאחסנתיה: וגבר ארום LV 25:28
וחיפוי רישיהון וכיבושין **כסף:** וכל מתחיא למשכנא ולדרתא EX 38:19
ווי עמודיא וכיבושיהון **כסף:** ולרוח ציפונא מאה אמין EX 38:10
ווי עמודיא וכיבושיהון **כסף:** ופותיא לרוח מערבא ווילוון EX 27:11
עד שתא דיובילא ויהי **כסף** זבינוי במניין שניא הי כיומי LV 25:50
בפום טונא דזעירא וית **כסף** זבינוי ועבד כפיתגמא דיוסף GN 44:2
תיפרוק בסכום עילוייך **כסף** חמשא סילעין בסילעי בית NU 18:16
יצבי אבוהא למיתנא ליה **כסף** חמשין סילעין יתקניס הי EX 22:16
חמרא: מריה דגובא ישלם **כסף** יתיב למריה דמי תוריה EX 21:34
סבי סנהדרין רבא כל **כסף** מניא תרין אלפין וארבע מאה NU 7:85
ית ביתיה ויוסיף חומש **כסף** עלויי עלוי ויהי דיליה: ואין מן LV 27:15
קודשא: ויהב משה ית **כסף** פרקונא לאהרן ולבנוי על פום NU 3:51
תורא או אמתא כנעניתא **כסף** תלתין סילעין יתן למריה EX 21:32
ובמותת ריבונהא ופורקן **כספא:** אין לא השכחת חינא קדם EX 21:7
דבני ישראל נסיב ית **כספא** אלף ותלת מאה ושיתין NU 3:50
זבנין ואיתי יוסף ית **כספא** בבית היפתיקא דפרעה: GN 47:14
ייי אלקכון ביה: ותיתן **כספא** בכל דיתרעי נפשך בתורי DT 14:26
קדמאה ומה נמליל על **כספא** בתראה ומה נזדכי על אוגבין GN 44:16
כפיתגמא הדין: הא **כספא** דאשכחנא בפום טוננא GN 44:8
כפנא: ולקיט יוסף ית כל **כספא** דהישתיכח בארעא דמצרים GN 47:14
על נפשתיכון: ותיסב ית **כספא** דכיפוריא מן בני ישראל EX 30:16
לי טבו קביל מיני איתין **כספא** דמי חקלא סב מיני ואקבור GN 23:13
ותקל אברהם לעפרון ית **כספא** דמליל באנפי בני חיתאה GN 23:16
יוסף ואמרו על עיסק **כספא** דתב לטוננא בקדמיתא אנן GN 43:18
חד תרין סיבו בידיכון וית **כספא** האיתותב בפום טוניכון GN 43:12
מזון בגיתיכון אין פסק **כספא:** ואייתיו ית גיתיהון ליוסף GN 47:16
כל קבלך ארום שלים כל **כספא:** ואמר יוסף הבו גיתיכון ואתן GN 47:15
מן ריבוני ארום אין שלים **כספא** וגיתי בעירא לריבוני לא GN 47:18
בנורא לא תחמדון **כספא** ודהבא דעליהון ותיסבון DT 7:25
חלדותהון ית דהבא וית **כספא** וית נחשא וית פרזלא וית NU 31:22
בלבביה למימר מאן הוא **כספא** ומאן הוא דהבא: ואילין GN 36:39
היתיו: כל דארים ארמות **כספא** ונחשא היתיו ית אפרשותא EX 35:24
לגברא בר ישראל זבין **כספא** ותיגזור יתיה ותיטבליניה EX 12:44
ליה כהנא ית סכום **כספא** כמיסת שניא דמשתיירן עד LV 27:18
מעין סילעא: ותיתן **כספא** לאהרן ולבנוי פרקוני מה NU 3:48
היפתיקא דפרעה: ושלים **כספא** מארעא דמצרים ומארעא GN 47:15
מריביני ביתא וזביני **כספא** מן בר עממין אתגזרו עימיה: GN 17:27
דורונא הדא ועל חד תרין **כספא** נסיבו בידיהון ודברו ית GN 43:15
יתיה ויוסיף חומש **כספא** עלוייה עלוי ויקום ליה: ואין LV 27:19
מה נימר לריבוני על **כספא** קדמאה ומה נמליל על כספא GN 44:16
ארמלן ובניכון יתמין: אין **כספא** תוזיף לעמי ית ענייא דעימך EX 22:24
ואמר לאחוהי איתותב **כספי** ואוף הא בטוני ונפק מנדע GN 42:28
דיסקיינון והא גבר קטר **כספיה** בידסקייה וחמון ית קיטרי GN 42:35
יקני בר נש נוכראה קניין **כספיה** הוא ייכול ביה ומרביייני LV 22:11
בבי מבתותא וחמא ית **כספיה** והא הוא בפום טוניה: ואמר GN 42:27
בייתיה וית כל זביני **כספיה** כל דכורא באינשא ביתא GN 17:23
מניהון עיבורא ולאתבא **כספיהון** דגבר לגו דישקיה ולמיתן GN 42:25
וחמון ית קיטרי **כספיהון** הינון ואבוהון ודחילו על GN 42:35
יהב לכון סימא בטוניכון **כספיכון** אתא לותי ואפיק לותהון GN 43:23
מרבייני בתיכון וסביני **כספיכון** ותהי קימי בבשרכון לקים GN 17:13
עימך: עמי בני ישראל ית **כספיכון** לא תיתנון ליה בשערין LV 25:37
מרבייני בתיכון וזביני **כספיכון** מן כל בר עממין דלא GN 17:12
זבננא ואכל אוף מיכל ית **כספנא:** ארום כל עותרא דרוקן ייי GN 31:15

עיבורא לא ידענא מן שוי **כספנא** בטונננאי: ואמר שלם לכון מן GN 43:22
והא כסף גבר בפום טוניה **כספנא** במתקליה ואתיבנא יתיה GN 43:21
והואה מאה קנטינרין **לכספא** לאתכא ית חומרי קודשא EX 38:27
סכומהון יתיב פורקניה **מכסף** זבינוי: ואין קליל לאשתוירון LV 25:51

כסף (2)

וכדון דנזפית בה מן דינא **דתכסוף** ארבסר יומין אילהין NU 12:14
מנזף נזף באנפה הלא הות **מיכספא** ומיטרדא שבעתי יומין NU 12:14

כען (1)

ואקימיתון רבנין עליכון **ומכען** ביש לכון לאיתרחא בטוורא DT 1:6

כעס (1)

באנפוי כנפקת ברא ארום **כעיסת** אפין הות בביתיה דיהודה GN 38:15

כף (5)

לוחי קיימא דהוון יהיבין **בכף** ידוי דמשה ומתהפיך בהון מן EX 20:2
מודנא חדא וטליא בר **בכף** מודנא חדא והות כרעא כף EX 1:15
כל ארעא דמצרים קיימא **בכף** מודנא חדא וטליא בר בכף EX 1:15
ובין בני בעירא: בליעות **כף** ידך תיכול מזונא עד דתיהדור GN 3:19
מודנא חדא והות כרעא **כף** מודנא דטלייא בגויה מן יד שדר EX 1:15

כפות (1)

אמין אורכא ורומיה **כפותיה** חמש אמין כל קבל ווילוות EX 38:18

כפל (20)

לבר חורין מן גבך ארום **בכופלא** על אגר אגירא פלחך שית DT 15:18
מידין לידין ויהי לכון **בכופלא** על מה דמלקטין יומא EX 16:5
וקם זבין חקלא עפרון די **בכפילתא** דקדם מימרא חקלא GN 23:17
שתיתיאה לקטו לחם **בכפלא** תרין עומרין לבר נש חד EX 16:22
ופום מנטר מעילא **כפיל** במיצעיה הי כפום שיריא EX 39:23
בנוי ליעקב במערת חקל **כפילתא** דיזבן אברהם ית חקלא GN 50:13
צחר: ויזבון לי ית מערת **כפילתא** דיליה דמתבניא בסטר GN 23:9
ואייתי אוניתא דחקיל **כפילתא** דלית בה לעשו חולקא GN 49:21
אינתתיה למערת חקיל **כפילתא** דעל אנפי ממרא היא GN 23:19
במערתא די בחקל **כפילתא** דעל אפי ממרא בארעא GN 49:30
קברו בנוי דעשו בחקל **כפילתא** ובתר כן קברו יתיה בנוי GN 50:13
אחוי על פלגות מערת **כפילתא** ומן יד רמז יוסף לחושים GN 50:13
למקברה במערת **כפילתא** וקברתה תמן באורח GN 48:7
וישמעאל בנוי למערת **כפילתא** לחקיל עפרון בר צחר GN 25:9
למקבור ית אבוי במערת **כפילתא** מן יד אזל נפתלי ורהט GN 50:13
וית תרבא דעליהון דעל **כפלי** וית חצרא דעל כבדא דעל LV 3:4
וית תרבא דעליהן דעל **כפלי** וית חצרא דעל כבדא דעל LV 3:15
וית תרבא דעליהון דעל **כפלי** וית חצרא דעל כבדא דעל LV 4:9
וית תרבא דעליהון דעל **כפלי** וית חצרא דעל כבדא דעל LV 7:4
וית תרבא דעליהן דעל **כפלי** וית חצרא דעל כבדא על LV 3:10

כפן (39)

וולדי מעיכון דתיכלונון **בכפנא** בשר בניכון ובנתיכון דיהב DT 28:53
ית כל קהלא הדין **בכפנא:** ואמר ייי למשה הא אנא EX 16:3
דיגרינון מימרא דייי בכון **בכפנא** ובצהותא ובערטליותא DT 28:48
ולא ישתיצי עמא דארעא **בכפנא:** ושפר פיתגמא קדם פרעה GN 41:36
בנין עד לא עלת שתא **דכפנא** דילידת ליה אסנת דרבת GN 41:50
פיקודוי אין לא: ועני‍יך **ואכפנך** ואוכלך ית מנא דלא ידעתון DT 8:3
יוסף דיימר לכון תעבדון: **וכפנא** הוה על כל אנפי ארעא ופתח GN 41:56
סיבתי בדווי לבי קבורתא: **וכפנא** תקיף בארעא: והוה כד פסקו GN 43:1
דמצרים הוא לחמא: **וכפנת** כל ארעא דמצרים דלא הות GN 41:55
ושריאן שבע שני **כופנא** למיתי היכמא דאמר יוסף GN 41:54
ויקומון שבע שני **כופנא** מן בתריהן ויתנשי כל GN 41:30
די מתילין לשידין מנפחי **כפן** ולמזיקי אכילי עוף ולבני DT 32:24
שנין מן מצרים ולא הוה **כפנא** אלהין תרתין שנין בלחודיהן: GN 50:3
דהוות גזירתא למיהוי **כפנא** ארבעין ותרתין שנין GN 50:3
דעלין למזבון ארום הוה **כפנא** בארעא דכנען: ויוסף הוא הוה GN 42:5
דלעבדך ארום תקיף **כפנא** בארעא דכנען וכדון יתבון GN 47:4
וזבין למצראי ותקף **כפנא** בארעא דמצרים: וכל דיירי GN 41:56
תמן ארום תקיף **כפנא** בארעא: והוה כמא דקריב GN 12:10
אזיל ונטיל לדרומא: והוה **כפנא** בארעא ונחת אברם למצרים GN 12:10
ארום דנן תרתין שנין **כפנא** בגו ארעא ועד חמש שנין דלא GN 45:6
מן יוסף ארום תקיף **כפנא** בכל ארעא: וחמא יעקב ארום GN 41:57
היכמא דאמר יוסף והוה **כפנא** בכל ארעתא ובכל ארעא GN 41:54
ארום עד כדון חמש שנין **כפנא** דילמא תיתמסכן אנת ואינש GN 45:11
למזן מיניה בשבע שני **כפנא** דתיהוין בארעא דמצרים ולא GN 41:36
שובעא דהוה בארעא מן **כפנא** ההוא דיהי מן בתר כן ארום GN 41:31
מבשרן דייהויין שבע שני **כפנא:** הוא פתגמא דמלילית עם GN 41:27
ארום תקיף עליהון **כפנא** והות ארעא חליטא לפרעה: GN 47:20
ארעא דכנען מן קדם **כפנא:** ולקיט יוסף ית כל כספא GN 47:13
בארעא דמצרים וישיצי **כפנא** ית דיירי ארעא: ולא יתידע GN 41:30
בכל ארעא ארום תקיף **כפנא** לחדא ואישתלהון דיירי GN 47:13
חסידא דבזכותיה עדת **כפנא** מן ארעא דמצרים דהוות GN 50:3
מוי דנילוס ויעדי **כפנא** מן עלמא ביומך: ואמר פרעה GN 47:7
ומנחתהון מטול דיעדי **כפנא** מן עלמא וצפירי עיזין תריסר NU 7:87
גנבין ארום בחובי גנביא **כפנא** נפיק על עלמא: עמי בני EX 20:15
גנבין ארום בחובי גנביא **כפנא** נפיק על עלמא: עמי בני DT 5:19
וחולק עלמא דאתי: והוה **כפנא** תקיף בארעא דכנען בר GN 26:1
אובלו עיבורא דזבנתון **לכפיני** בתיכון: וית אחוכון קלילא GN 42:19
חד שבוקו עמי וית דצריך **לכפיני** בתיכון סיבו וטיילו: GN 42:33
תקיף בארעא דכנען בר **מכפנא** קדמאה דהוה ביומי אברהם GN 26:1

כפר (151)

ואיצלי קדם ייי הלואי **איכפר** על חוביכון: ותב משה וצלי EX 32:30
דישמעאל ואילין שומהון **בכופרניהון** ובקסטרוותהון תריסר GN 25:16
פליטת כנענאי דהוו שרן **בכופרנייא** דרפיע עד עזה קפודקאי DT 2:23
ותדכי על מדבחא **בכפרותך** עלוי ותרבי יתיה EX 29:36
זימנא: וייכלון יתהון **דאתכפר** בהון לקרבא ית קרבנהון EX 29:33
ומטול דלא צלי ביומא **דכיפורי** בקודש קודשיא על תלת NU 35:25
והוה ביומא דבתר יומא **דכיפורי** ויתיב משה למידן ית עמא EX 18:13
בשתא יכפר עלוי ביומי **דכיפורי** לדריכון קודש קודשין הוא EX 30:10
יומא הדין ארום יומא **דכיפוריא** הוא לכפרא עליכון קדם LV 23:28
לירחא שביעה הדין יומא **דכיפוריא** הוא מארע קדיש יהי לכון LV 23:27
בשתא מן אדם חטאתא **דכיפוריא** חדא זימנא בשתא יכפר EX 30:10
ותיסב ית כספא **דכיפוריא** מן בני ישראל ותיתן EX 30:16
בעשרא לירחא ביומא **דכיפורייא** תעברון קל שופר LV 25:9
באדמיה דצפירא היכמא **דכפר** באדם עיגלא דחטאתא LV 9:15
קטול בעלי דבבוי איליין **דכפרין** במריהון ופרגו איקר EX 32:5
או אשכח אבידתא **ויכפור** בה ואישתבע על שיקרא על LV 5:22
לשום מימריה דייי **ויכפור** בחבריה בפיקדונא דאפקיד LV 5:21
וניסוכין לא תנסכון עלוי: **ויכפר** אהרן על קרנוי חדא בשתא EX 30:10
אהרן ית תורא דיליה **ויכפר** באישתעות מיליא עלוי ועל LV 16:11
דהוא מן ממוניה **ויכפר** באשתעות מיליא עלוי ועל LV 16:6
ית נפשתיכון קיים עלם: **ויכפר** כהנא די רבי יתיה ודיקרב LV 16:32
דלא עירובין לחטאתא: **ויכפר** כהנא על בר נשא דאשתלי NU 15:28
עלתא על קרבן מנחתא **ויכפר** כהנא על דמידכי קדם ייי: דא LV 14:31
עירובין חד לחטאתא: **ויכפר** כהנא על כל כנישתא דבני NU 15:25
לקרתא על אנפי חקלא **ויכפר** על ביתא וידכי ברם אין LV 14:53
כהנא ית קרבן חטאתא **ויכפר** על דמידכי מסואבותיה ובתר LV 14:19
מילת לבושי קודשא: **ויכפר** על מקדש קודשא ועל משכן LV 16:33
כפורתא ולקדם כפורתא: **ויכפר** על קודשא באישתעות LV 16:16
לעלתא וחד לחטאתא **ויכפר** עלה כהנא ותידכי: ומליל ייי LV 12:8
כהנא: ויקרביניה קדם ייי **ויכפר** עלה כהנא ותידכי מבוע תרין LV 12:7
חטאתא וית חד עלתא **ויכפר** עלה כהנא קדם ייי מדוב LV 15:30
למדבחא דקדם ייי **ויכפר** עלוי באשתעות מיליא ויסב LV 16:18
דישראל עד זמן מיפקיה **ויכפר** עלוי ועל אינש ביתיה ועל כל LV 16:17
ית עלתיה וית עלת עמיה **ויכפר** עלוי ועל עמיה: וית תרבא LV 16:24
זימנא דיכרא לאשמא: **ויכפר** עלוי כהנא בדיכרא דאשמא LV 19:22
וית מנחתא למדבחא **ויכפר** עלוי כהנא וידכי: ואין מיסכן LV 14:20
ברעוא קדם ייי **ויכפר** עלוי כהנא וישתביק ליה: ואין LV 4:31
הי כתרב ניכסת קודשיא **ויכפר** עלוי כהנא מחובתיה LV 4:26
דתורא ודאימר בר עיזי **ויכפר** עלוי כהנא מחובתיה דחב LV 5:10
צפירתא דעיזי לחטאתא **ויכפר** עלוי כהנא מן חובתיה: ואין LV 5:6
למדבחא על קרבניא דייי **ויכפר** עלוי כהנא על חובתיה דחב LV 4:35
לאשמא לות כהנא **ויכפר** עלוי כהנא על שלותיה LV 5:18
חטאתא וחד קרבן עלתא **ויכפר** עלוי כהנא קדם ייי וידכי מן LV 15:15
יתן על רישא דמידכי **ויכפר** עלוי כהנא קדם ייי: ויעבד LV 14:18
לאשמא לות כהנא: **ויכפר** עלוי כהנא קדם ייי וישתביק LV 5:26
חד חטאתא וחד לעלתא **ויכפר** עלוי ממן דחב על דאיסתאב NU 6:11
רבא הכדין יעביד ליה **ויכפר** עליהון כהנא וישתביק להון: LV 4:20
וירוון וישמשון עמהון **ויכפרון** באלקהון ויתמסרון בידך NU 24:14
ישראל וגלי מן קטליה **ויתכפר** להון על דמא ומן יד נפקין DT 21:8
אדמא די בידיכון **ויתכפר** לכון קדם ייי ארום נגעתון EX 32:29
בפריע לות כנישתא **וכפר** אמטולהון ארום נפק מחבלא NU 17:11
ית חטאתך וית עלתך **וכפר** אמטולתך ואמטול עמא LV 9:7
די לעמא ונכסיה **וכפר** באדמיה דצפירא היכמא LV 9:15
על עולימתא מארשה **וכפר** בחיי עלמא דאתי ובזה ית GN 25:29
דחמיתון דהבא סנינא **וכפר** לכון על חובת עיגל דהבא: DT 1:1
עלם חולף דקני לאלקיה **וכפר** על בני ישראל: ושום גברא בר NU 25:13
ויהב ית קטורת בוסמין **וכפר** על עמא: וקם ליה אהרן בצלו NU 17:12
יתהון ארמא קדם ייי **וכפר** עליהון אהרן לדכאואיהון: NU 8:21
עמא ועיבד ית קרבן עמא **וכפר** עליהון היכמא דפקיד ייי: LV 9:7
ואתון קיימין ולשרה בר: **וכפרת** שרה למימר לא תמהית GN 18:15
ישראל במשכנא זימנא **ולכפרא** על בני ישראל ולא יהי בבני NU 8:19
וסידרי נצחן קרביהון **ולמכפרא** על דיינייא עובד אומן הי EX 28:15
חובין ואעבר על מרודין **ומכפר** על חטאין סלח לתייבין EX 34:7
וקריב רחמין שרי לחובין **ומכפר** על סורחנין מזכי לדתייבין NU 14:18
ועל כל עמא דקהלא **יכפר** באשתעות מיליא: ותהי דא LV 16:33
הוא על חובי נפשא **יכפר:** בגין כן אמרית לבני ישראל LV 17:11
חדא להון כהנא די **יכפר** ביה דיליה יהי: וכהנא דימקרב LV 7:7

בר מדכר כיפוריא די **יכפר** ביה עלוי: וכל אפרשות לכל NU 5:8
דבבוי והוא במימריה **יכפר** על חובי ארעיה ועמיה: ואתא DT 32:43
וכדון אדם גוזרתא הדין **יכפר** על חתנא דילי: ופסק מלאך EX 4:25
יתיה לכהנא וברם כהנא **יכפר** עלוי בדיכרא דאשמא LV 5:16
חדא זימנא בשתא **יכפר** עלוי ביומי דכיפורי לדריכון EX 30:10
ביניכון: ארום ביומא הדין **יכפר** עליכון לדכאה יתכון מכל LV 16:30
אזל וכבש ית קנת וית **כופרנהא** וקרא לה נבח על שמיה: NU 32:42
לאללא ית מכבר וכבשו **כופרנהא** ושיצון ית אימוראי דתמן: NU 21:32
ייי: ובני ישראל נטלו מן **כופרני** בירי בני יעקן למוסרה תמן DT 10:6
לא יפוק ביובלא: ובתי **כופרניא** דלית להון שור מקף חזור LV 25:31
בר מנשה אזל וכבש ית **כופרניהון** וקרא יתהון כופרתי יאיר: NU 32:41
ית כופרניהון וקרא יתהון **כופרתי** יאיר: ונבח אזל וכבש ית NU 32:41
ייי יתן לכהנא בר מדכר **כיפוריא** די יכפר ביה עלוי: וכל NU 5:8
בר מקרבן חטאת **כיפוריא** ועלת תדירא ומנחתהון NU 29:11
תעביד ליומא על **כיפוריא** ותדכי על מדבחא EX 29:36
מתגליא על בית **כפורי:** בהדא מידה יהי עליל אהרן LV 16:2
כרוביא ולא מתפרשין מן **כפורתא** ארום בחכמת רוח נבואה EX 37:8
מן לגיו לפרגודא לקדם **כפורתא** ארום בענני איקרי LV 16:2
קודש קודשיא: ותיתן ית **כפורתא** בהדי כרוביא דנפקין נגיד EX 26:34
על ארונא ויהב ית **כפורתא** בהדי כרוביא דנפקין נגיד EX 40:20
דאיתן לך: ותעבד **כפורתא** דדהב דכי תרתין אמין EX 25:17
למיטל ית ארונא: ועבד **כפורתא** דדהב דכי תרתין אמין EX 37:6
מן שמי שמיא עילוי **כפורתא** דעל ארונא דסהדותא NU 7:89
ארונא דסהדותא קדם **כפורתא** דעל סהדותא דאיזמן EX 30:6
ענן תנן קטורתא ית **כפורתא** דעל סהדותא ולא ימות LV 16:13
וית ארונא דסהדותא וית **כפורתא** דעלוי וית כל מני משכנא: EX 31:7
חד כל קבל חד כל קבל **כפורתא** הוון אנפי כרוביא: ועבד ית EX 37:9
מטללין בגדפיהון על **כפורתא** ואפיהון חד כל קבל חד EX 25:20
מטללין בגדפיהון על **כפורתא** ואפיהון חד כל קבל חד כל EX 37:9
יתיה על כפורתא ולקדם **כפורתא:** ויכפר על קודשא LV 16:15
ארונא וית אירוחוי וית **כפורתא** וית פרגודא דפרסא: ית EX 35:12
וית אריחוי וית **כפורתא** וכרוביא דנפקין נגיד מינה EX 39:35
דתורא וידי יתיה על **כפורתא** ולקדם כפורתא: ויכפר על LV 16:15
יתהון מתרין ציטרי **כפורתא:** ועיבד כרובא חד מציטרא EX 25:18
לרוח קידומא ולקדם **כפורתא** ידי שבע זימנין מן אדמא LV 16:14
חד כל קבל חד לקבל **כפורתא** יהון אפי כרוביא: ותיתן ית EX 25:20
עבד יתהון מתרין סיטרי **כפורתא:** כרובא חד מסיטרא מיכא EX 37:7
באדבעיה ימינא על אפי **כפורתא** לרוח קידומא ולקדם LV 16:14
ואימליל עימך מעילוי **כפורתא** מבין תרין כרוביא דעל EX 25:22
אפי כרוביא: ותיתן ית **כפורתא** על ארונא מלעילא ובגו EX 25:21
חד מציטרא מיכא מן **כפורתא** תעביד ית כרובייא מתרין EX 25:19
לא חמון: כהניא יימרון **כפר** לעמך ישראל דפרקת ייי ולא DT 21:8
אמוראי בחשבון ובכל **כפרנהא:** ארום חשבון קרתא דסיחון NU 21:25
וקרא יתהון על שמיה **כפרני** יאיר עד יומא הדין: ולמכיר DT 3:14
דאיתעל מן אדמהון **לכפרא** בקודשא יתפקון באסלין LV 16:27
למשכן זימנא מטול **לכפרא** בקודשא לא תיתאכל LV 6:23
זימנא בזמן מיעליה **לכפרא** בקודשא על חוביהון LV 16:17
ותהי דא לכון לקיים עלם **לכפרא** על בני ישראל מכל חוביהון LV 16:34
תריסר לחטאתא מטול **לכפרא** על חובי תריסר שבטיא: וכל NU 7:87
וית חד עלתא קדם ייי **לכפרא** על ליואי: ותקים ית ליואי NU 8:12
לדוכרן טב קדם ייי **לכפרא** על נפשתיכון: ומליל עם EX 30:16
ית אפרשותא קדם ייי **לכפרא** על נפשתיכון: ותיסב ית EX 30:15
יתוקם בחיין קדם ייי **לכפרא** על סורחנות עמא בית LV 16:10
ודרק על מדבחא **לכפרא** על עמא ואמר הא דין אדם EX 24:8
אימרין בני שתא שנין **לכפרא** על שיתין ריבוון דישראל NU 7:88
עלתא מטול דיתרעי ליה **לכפרא** עלוי: ויכוס טבחא בבית LV 1:4
כד סרח בשלו קדם ייי **לכפרא** עלוי וישתרי ליה: יציבא NU 15:28
דמדבחא וקדשיה **לכפרא** עלוי: ונסיב ית כל תרבא LV 8:15
יתן על רישא דמידכי **לכפרא** עלוי קדם ייי: ויעבד ית חד LV 14:29
אימרין: צפיר בר עיזי חד **לכפרא** עליכון: בר מן עלת תדירא NU 28:30
וצפירא דחטאתא חד **לכפרא** עליכון: בר מעלת צפרא די NU 28:22
ארום יומא דכיפוריא הוא **לכפרא** עליכון קדם ייי אלקכון: LV 23:28
על סורחנות כנישתא **לכפרא** עליכון קדם ייי: הא לא LV 10:17
על מימר סהיד חד יומי **למיכפור** ית מה דמסהיד עלוי ועל DT 19:15
ניכסא על מדבחא מטול **למכפרא** על אדם נפשתיכון ארום LV 17:11
אורייתא דעלתא דאתיא **למכפרא** על הירהורי ליבה היא LV 6:2
תעבד ביני שימשתא **למכפרא** על חובי יממא: וחד מן NU 28:4
אימר חד תעבד בצפרא **למכפרא** על חובי ליליא וית אימר NU 28:4
על שזיר חוטא דתכלתא **למכפרא** על חציפי אפיא ויהי על EX 28:37
ותעביד מצנפתא דבוצא **למכפרא** על מגיסי רעיוניהון וקמור EX 28:39
יידכר לן ליום דינא רבא **למכפרא** על נפשתן קדם ייי: ונסיב NU 31:50
בני ישראל: ויפסוק מן **למכפרא** על קודשא ועל משכן LV 16:20
ותרמיץ כיתונא דבוצא **למכפרא** על שידי אדמא זכאה EX 28:39
אימריא תמני ותשעין **למכפרא** על תמני ותשעין לווטיא: NU 29:32
דמדבחא וקדשיה **למכפרא** עלוי: וית תריב וית כוליין LV 9:9
חד אשמא לארמא מטול **למכפרא** עלוי ועשרונא סמידא חד LV 14:21
ייתון ית קרבנהון מטול **למכפרא** עליהון: ומליל ייי עם משה LV 15:33
בר עיזי חד לחטאתא **למכפרא** עליכון: בר מן עלת ריש NU 29:5
בתר יומי אשלמוותא **למכפרא** עליכון: ובתרע משכן LV 8:34
קודשין היא: כהנא די **מכפר** באדמה ייכלינה באתר קדיש LV 6:19
ית ארעא ולארעא לא **מתכפר** על דם זכאי דאישתדי בה NU 35:33
ותטליל על ארונא ית **פרוכתא:** והנעל ית פתורא בסטר EX 40:3
לקדשותיה: שובעא יומין **תכפר** על מדבחא ותקדיש יתיה EX 29:37
לא תהוון גנבין ולא **תכפרון** ולא תשקרון אינש בחבריה: LV 19:11

כפת (11)

פתגמיא האילין מן בתר **דיכפת** אברהם ית יצחק ואזל GN 22:20
לכון זכותא דיצחק **דכפתיה** אבוי הי כאימרא תריהון LV 9:3
לטוור פולחנא אתר **דכפתיה** אבוי והפך יצחק בצלותיה GN 25:21
די ידכר לך זכותא דיצחק **דכפתיה** אבוי כדיכרא בטוור LV 9:2
וסדר עילוי ית קיסיא **וכפת** ית יצחק בריה ושוי יתיה על GN 22:9
שמעון דיעט למקטליה **וכפת** יתיה קמיהון: ופקיד יוסף GN 42:24
אמרין בטוורא הדין **כפת** אברהם ית יצחק בריה ותמן GN 22:14
עני ואמר יצחק לאבוי **כפת** יתי יאות דלא נפרכס מן צערא GN 22:10
ענויי מלמחמיה דכד **כפתיה** אבוי אסתכל בקורסיה GN 27:1
אמרתון מלכא דארעא **כפתיה** וית בנימין כען אתון למיסב GN 42:36
ית בניהון וית בנתיהון **כפתין** ומוקדין בנורא לטעוותהון: DT 12:31

כרוב (23)

כרובא חד מסיטרא מיכא **וכרובא** חד מסיטרא מיכא נגידין EX 37:8
כרובא חד מציטרא מיכא **וכרובא** חד מציטרא מיכא מן EX 25:19
וית אריחוי וית כפורתא **וכרוביא** דנפקין נגיד מינה חד מיכא EX 39:35
מתרין סיטרי כפורתא: **כרובא** חד מסיטרא מיכא וכרובא EX 37:8
ציטרי כפורתא: ועיבד **כרובא** חד מציטרא מיכא וכרובא EX 25:19
ותיתן ית כפורתא בהדי **כרוביא** דנפקין נגיד מינה בקודש EX 26:34
ויהב ית כפורתא בהדי **כרוביא** דנפקין נגיד מינה על ארונא EX 40:20
כפורתא מבין תרין **כרוביא** דעל ארונא דסהדותא ית EX 25:22
מיכא נגידין ואדיקין הוון **כרוביא** ולא מתפרשין מן כפורתא EX 37:8
דסהדותא מבין תרין **כרוביא** ומתמן הוה דבירא מתמליל NU 7:89
קבל כפורתא הוון אנפי **כרוביא:** ועבד ית פתורא דקיסי EX 37:9
לקבל כפורתא יהון אפי **כרוביא:** ותיתן ית כפורתא על EX 25:20
רוח נבואה עבד ית **כרוביא** מתרין סיטרוי: והוון כרוביא EX 37:8
מתרין ציטרוי: ויהון **כרוביא** פריסו גדפיהון לעילא כל EX 25:20
מתרין סיטרוי: והוון **כרוביא** פריסין גדפיהון בהדי EX 37:9
מן לקדמין בין תרין **כרוביא** קדם עד לא ברא עלמא GN 3:24
מן כפורתא תעביד ית **כרובייא** מתרין ציטרוי: ויהון EX 25:19
וצבע זהורי צייור **כרובין:** אורכא דיריעתא חדא עשרין EX 26:1
הות פושכא: ועבד תרין **כרובין** דדהב דכי נגיד עבד יתהון EX 37:7
יהי פושכה: ותעביד תרין **כרובין** דדהב דכי נגיד תעביד יתהון EX 25:18
אומן יעביד יתה ציורין **כרובין:** ותסדר יתה על ארבעה EX 26:31
וצבע זהורי צורת **כרובין** עובד אומן עבד יתהון: EX 36:8
שזיר עובד אומן עבד יתה **כרובין** צייורין: ועבד לה ארבעא EX 36:35

כרוך (1)

דהוא דייר תמן וייתי בכל **כרוך** דרעיא נפשיה לאתרא דיתרעי DT 18:6

כרום (4)

וכמהלך יומא לדרומא **וכרום** תרתין אמין הוה פרח על NU 11:31
מרגלייתא דבחושנא **כרום** ימא ובירלוות חלא ואפנטור NU 2:25
ושום סידרא רביעאה **כרום** ימא רבא ובורלת חלא EX 39:13
ושום סידרא רביעאה **כרום** ימא רבא ובירליוות חלא EX 28:20

כרז (14)

לך רשו לכסאה מיניה **אכריז** עלה ותהדרינה: לא תחמון ית DT 22:3
ויישיל יתה מבייתיה או **אכריזו** עלוי דימות גברא בתראה DT 24:3
ותהך ותהי לגבר חורן: **ואכריזו** עלה מן שמייא דיסנינה DT 24:3
וסגידו ליה ודבחו ליה **ואכריזו** קודמוי אילן דחלתך EX 32:8
גד ואשר וזבולן דן ונפתלי: **ויכרזון** ליואי ויימרון לכל אינש DT 27:14
והי כאבילא יהי לביש **וכרוזא** מכריז ואמר רחוקו רחוקו מן LV 13:45
ית שנת חמשין שנין **ותכרזון** חירותא בארעא דישראל LV 25:10
דאחוי: וכל דקיימין תמן **יכרזון** עלוי ויקרון שמיה בישראל DT 25:10
ושפר קודמוי ואפיק **כרוזא** במשריתא למימר אנא הוא LV 10:20
יתה: ופקיד משה ואעברו **כרוזא** במשריתא למימר גבר EX 36:6
לעיבידתא ושמע קל **כרוזא** ואיסתפי ואיתי בלא צבו LV 8:15
אנפי מיא והוה מלאכא **מכרז** ואמר דין הוא אילנא דנציב EX 26:28
כאבילא יהי לביש וכרוזא **מכריז** ואמר רחוקו רחוקו מן LV 13:45
לעבוריא ולתאוביא והוה **מכריז** עליהון תמן אודו והימינו GN 21:33

כרזבא (1)

וית נפולא לזניה וית **כרזבא** דהיא נדונא לזניה: וכל LV 11:22

כרי (2)

וכנשו יתהון כירוויין **כירוויין** וסריית ארעא: וחמא פרעה EX 8:10
ומן חקליא: וכנשו יתהון **כירוויין** כירוויין וסריית ארעא: EX 8:10

כרך (17)
ונטלו מדפקה ושרו **בכרך** תקיף: ונטלו מאתר תקיף NU 33:13
ונטלו ממגזתא ושרו **בכרך** תרנגולא: ונטלו מכּרך NU 33:35
קירויא דהוא יתיב בהון **הכרכין** פציחי חניין אין בחקרין: NU 13:19
מיננא קירוין רברבן **וכריכן** עד צית שמיא ואוף בני DT 1:28
מנכון קירוין רברבן **וכריכן** עד צית שמיא: עם חסין DT 9:1
מכוונין לכרכוי דבר זעמה **ולכרכוי** דבר סניגורא ודיווקינוס NU 34:8
דיתבין בגבלא מאילת **ומכרך** תרנגולא ואתפנינא ועברנא DT 2:8
דיתיב בארעא וקירויא **כריכן** חניין רברבן לחדא ואוף NU 13:28
ודמוכה סמיך לגיניסר **כרך** מלכותהון דאדומאי אחסנות NU 34:11
אמר יעקב ליט הוה **כרכא** דשכם כד עלון לגוה למחרבה GN 49:7
וית מכוור ורמתא: וית **כרכא** תקיפא בבית נימרין וית בית NU 32:36
בגויה אבירוי ופרבירוי **כרכוי** ומדינתיה ניסוי ומחוזוי NU 34:6
נוכראה: אשרינון על **כרכי** ארע דישראל ואייכל יתהון DT 32:13
ואשרינון על תקוף **כרכי** ארעא דישראל: מימרא דייי DT 32:11
מן תרין ציטרוי מכוונין **לכרכוי** דבר זעמה ולכרכוי דבר NU 34:8
אינתתיה ובעו שושביני **למכרך** ריפתא איתבע ההוא בר נש DT 32:50
בכרך תרנגולא: ונטלו **מכרך** תרנגולא ושרו במדברא ציני NU 33:36

כרכומא (1)
ותיקטעון ותיבנון **קרקומין** על קרתא מרדא דעבדא DT 20:20

כרכושתא (1)
דרחיש על ארעא **כרכושתא** ועכברא אוכמא וסמוקא LV 11:29

כרכמישא (1)
פרזלא וית קסטירא וית **כרכימישא** מניהון לא גולמיא ולא NU 31:22

כרם (20)
למיסב אגרא כפעל **בכרמא** דחברך ותיכול כרעוות DT 23:25
טוטלוותהון ונותרא **דכרמך** לא תלקט לעניי ולגייורי LV 19:10
יכלון: ואחסנת חקיל **וכרם** לא תיהי ליה ביני אחוי עשרין DT 18:2
דחצדך לא תלקיט: **וכרמיכון** לא תבערון טוטלוותהון LV 19:10
ייי חקליכון לא תזרעון **וכרמיכון** לא תגזרון: ית כתי שביק LV 25:4
לנא אחסנת חקלין **וכרמין** העיניהון דגובריא האינון NU 16:14
בה אחסנת חקלין **וכרמין** ונפישו וסגיאו לחדא: וחייא GN 47:27
ארום יפקר גבר חקיל או **כרמא** וישלח ית בעיריה וייכול EX 22:4
ומן גברא דינצב **כרמא** ולא פרקיה מן כהנא ואחליה DT 20:6
אין אתון זבנין חקיל או **כרמא** כמניין סכום שנייא בתר LV 25:15
זרעא דתזרעון ועללת **כרמא**: לא תהוון רדיין בתורא DT 22:9
תיבנון ולא תיתיב ביה **כרמא** תנצוב ולא תחליניה: תוריכון DT 28:30
דייי בדוחקא דמיצע ביני **כרמיא** אתר דאקים יעקב ולבן NU 22:24
אוחרן שפר חקליה ושפר **כרמיה** ישלים: ארום תיתפק נור EX 22:4
ושית שנין תגזרון **כרמיכון** ותכנשון ית עללתא: LV 25:3
למיפל מיניה: לא תזרעון **כרמיכון** עירובין דילמא תתחייב DT 22:9
דלא לעית למיפסל **כרמין** וזיתין דלא טרחת למנצב DT 6:11
ארום יקרסם יתיה גובאי: **כרמין** תנצבון ותפלחון וחמרא לא DT 28:39
מן גינוניתא דעדן ונצביה **לכרמא** וביה ביומא אנייצת GN 9:20
חיות ברא כדין תעביד **לכרמך** לזיתך: שיתא יומין תעבד EX 23:11

כרן (13)
בר נש דיעבד כל עיבידא **ביכרן** יומא הדין ואוביד ית בר נשא LV 23:30
ית בישרא דעורלתהון **ביכרן** יומא הדין כמא דמליל עימיה GN 17:23
אהרן היכדין עבדו: והוה **בכרן** יומא הדין אפיק ייי ית בני EX 12:51
וכל עיבידתא לא תעבדון **בכרן** יומא הדין ארום יומא LV 23:28
גזר ית בישרא דעורלתיה: **בכרן** יומא הדין בארבעת עשר גזר GN 17:26
ית לישתא דפטירי ארום **בכרן** יומא הדין הנפיקית ית EX 12:17
די יכול לציימא ולא יצום **בכרן** יומא הדין וישתיצי במותנא LV 23:29
בשבעה בירחא דאדר **בכרן** יומא הדין למימר: והוה כיוון DT 32:48
ממצרים ארבע מאה והוה **בכרן** יומא הדין נפקו כל חילייא EX 12:41
יממין וארבעין לילוון: **בכרן** יומא הדין על נח ושם וחם GN 7:13
ועאן ותורי למחר **בכרן** יומא לחדות חגא באתרא DT 16:2
חיין וקיימין הי כזמן **כרן** יומא הדין מערע קדיש יהי לכון LV 23:21
חדתין לא תיכלון עד **כרן** יומא הדין עד זמן איתוייכון ית LV 23:14

כרניבאות (1)
וכל דלא מיתעל בנורא **כרנבתא** כסיא קיתוניא NU 31:23

כרס (14)
על אנפי ברא ולא במיתא **דבכריסא** דאימיה בקטיל סייפא או NU 19:16
אישתא דעל מדבחא: **וכריסא** וריגלוי יחליל במיא ויסק LV 1:9
אישתא דעל מדבחא: **וכריסא** וריגלוי יחליל במיא ויקרב LV 1:13
דתרבא דחפי ית **כריסא** וית כל תרבא דעל כריסא: LV 3:3
דתרבא דחפי ית **כריסא** וית כל תרבא דעל כריסא: LV 3:9
דתרבא דחפי ית **כריסא** וית כל תרבא דעל כריסא: LV 3:14
דתרבא דחפי ית **כריסא** וית כל תרבא דעל כריסא: LV 4:8
כריסא וית כל תרבא דעל **כריסא**: וית תרתין כוליין וית תרבא LV 3:3
כריסא וית כל תרבא דעל **כריסא**: וית תרתין כוליין וית תרבא LV 3:9
כריסא וית כל תרבא דעל **כריסא**: וית תרתין כוליין וית תרבא LV 3:14
כריסא וית כל תרבא דעל **כריסא**: וית תרתין כוליין וית תרבא LV 4:8
מיא בדוקיא ללוט ותנפח **כריסא** ותיתמסי ירכה ותהי NU 5:27
ית ירכוניך מתמסיין וית **כריסיך** מנפחא: ויעלון מיא בדוקיא NU 5:21
האילין במעייכי למנפחא **כריסן** ולמסייא ירכונין ותענה NU 5:22

כרע (3)
לות דינא וידונון יתהון **ויכרעון** לזכותא ית זכאה ולחובא DT 25:1
לפסגוי ותחליל בני גווייה **וכרעוי** ותסדר אל איברוי ועל EX 29:17
בר בכף מודנא חדא והות **כרעא** כף מודנא דטלייא בגויה מן EX 1:15

כרת (1)
היא בחילא ימינך ייי **תכרית** בעל דבבהון דעמך דקיימין EX 15:6

כשר (50)
דייי אלקך ובישרא **אתכשר** למיכול: טורו וקבילו ית כל DT 12:27
הכא יומא דין גבר כל **דכשר** בעינוי: ארום לא אתיתון עד DT 12:8
צפרא ויהודע ייי ית **דכשר** ליה וית דקדיש ויקרב NU 16:5
עד עלמא ארום תעבדון **דכשר** קדם ייי אלקכון: ארום ישיצי DT 12:28
לכון יומא דין למעבד **דכשר** קדם ייי אלקכון: הי כבנין DT 13:19
מביניכון ארום תעבדון **דכשר** קדם ייי: ארום תיפקון לסדרי DT 21:9
בתריכון ארום תעבדון **דכשר** קדם ייי: לחוד בעירי מעשר DT 12:25
וידכי בתר כדין במיא **דכשרין** לאידכאה בהון דוותא יתדי NU 31:23
תקימון מצוותא **דכשרין** לאתעובדא תעבדון ודלא DT 23:24
עיבדתא ברם תריב חיוא **דמיכשרא** יתסק על מדבחא ומיכל LV 7:24
וביני דכיא ביני חייתא **דמיכשרא** לאיתאכלא וביני חייתא LV 11:47
ישראל למימר דא חייתא **דמיכשרא** למיכלכון מן כל בעירא LV 11:2
צידא חייתא או עופא **דמיכשרין** למיכל וישוד ית אדמיה LV 17:13
ותפרשון מן בעירא **דמתכשרא** למיכל לדמיפסלא LV 20:25
דייכול תריב מן בעירא **דמתכשרא** למקרב מינה קרבנא LV 7:25
לכון: ותעביד דתקין **ודכשר** קדם ייי מן בגלל דייטב לכון DT 6:18
תקביל למימר דייי אלקך **ודכשר** קדמוי תעביד ותצית EX 15:26
דמוי: ויטמוע שימשא **ויתכשר** ובתר כדין ייכול מן LV 22:7
ציפורא תמן ביומא ההוא **ומיתכשרא** למיכלא וית ציפרא LV 14:53
לבייתיה ביומא ההוא **ומתכשרא** למיכלא וית צפרא LV 14:7
ביה ית קרבן אלקיה לא **יתכשר** לקרבא: ברם מותרי LV 21:21
דיהי ביה מומא לא **יתכשר** לקרבא קרבן אלקיה: ארום LV 21:17
מזרעא דאהרן כהנא לא **יתכשר** לקרבא קרבניא דייי מומא LV 21:21
ההוא דחמיתון חיוין **ככשורין** ועקרבין כקשתין סריין DT 1:19
ואיטמרו תחות טלל **כשורא** הדא דילי: ואמרו קריב GN 19:8
ברת יעקב וכן לא הוה **כשר** לאתעובדא: ומליל חמור GN 34:7
כנישתא דישראל ארע **כשר** לבית בעיר היא ולעבדך אית NU 32:4
גלעד והא אתרא אתר **כשר** לבית בעיר: ואתו בני גד ובני NU 32:1
בישא הדין לא אתר **כשר** לבית דרע ואוף לא למינצב NU 20:5
סגי עימנא אוף אתר **כשר** למבת: וגחן גברא וסגיד קדם GN 24:25
ליה כל דכורא ובכן יהי **כשר** למעבדיה ויהי כיציבא דארעא EX 12:48
לי האית בית אבויך אתר **כשר** לנא לימבת: ואמרת ליה ברת GN 24:23
מקדש לשמיה דייי ודין **כשר** לצלן מכוון כל קבל תרע GN 28:17
טיב ביש על בתולתא **כשרא** דישראל וליה תהי לאינתו DT 22:19
לאיתתיה אלהין כד **כשרא** ליה ברם לקריבוי דהינון LV 21:4
חולונאי למיסב איתא **כשרא** מקהל עמא דייי: לא ידכון DT 23:3
פולחן קודשך נטרין: **כשרין** אינון למלפא סידרי דינייך DT 33:10
איש בחובי על סהדין **כשרין** יתקטלון: לא תצלון דין DT 24:16
חובא רבא עובדין דלא **כשרין** לאיתעבדא עבדת עימי: GN 20:9
חד מן פיקודיא דייי דלא **כשרין** לאיתעובדא ויתחייב: או LV 4:27
פיקודיא דייי אלקיה דלא **כשרין** לאתעבדא בשלו ויתחייב: או LV 4:22
מכל פיקודיא דייי דלא **כשרין** לאתעבדא ויעבד מן חד LV 4:2
מן כל פיקודיא דייי דלא **כשרין** לאתעובדא ויתחייבון: LV 4:13
מכל פיקודיא דייי דלא **כשרין** לאתעובדא ולא ידע LV 5:17
תעבדון ודלא **כשרין** לאתעובדא לא תעבדון DT 23:24
בלחודיהון ארום לא **כשרין** מצראי למיכול עם יהודאי GN 43:32
עופא דמיפסל למיכל **לדמיכשר** למיכל ולא תשקצון ית LV 20:25
וביני חייתא דלא **מיכשרא** לאתאכלא: ומליל ייי עם LV 11:47
לא יסב אילהן בתולתא **מיכשרא** מבנת עמיה יסב איתא: LV 21:14
תהי יקדא כל ארעא לא **תתכשר** לבר זרע ולא תרבי צימחין DT 29:22

כשת (1)
סב לך בושמיא קטף **וכשת** וחלבניא בוסמין בחירין EX 30:34

כתא (4)
לריקנו זרעכון דלא יצמח **וכתייא** יכלון יתהון בעלי דבביכון: LV 26:16
תזרעון ולא תחצדון ית **כאוותהא** ולא תקטפון ית עינבי LV 25:11
לא נזרע ולא נכנוש ית **כתי** עללתנא: ואפקיד ית ברכתי LV 25:20
וכרמיכון לא תגזרון: ית **כתי** שביק חצדיכון לא תחצדון וית LV 25:5

כתב (79)
פיקודיא דאורייתא הדא **דיכתיבין** בסיפרא הדין למידחל ית DT 28:58
יומא ואייתי אוניתא **דכתב** עשו ליעקב אחוי על פלגות GN 50:13
מאה ותליסירי פיקודיא **דכתבית** לאלופיהון: וקם משה EX 24:12
כדון מן ספר צדיקיא **דכתבתא** שמי בגויה: ואמר ייי EX 32:32
קבל תרין לוחיא **דכתיבין** בהון עשירתי דביריא: GN 24:22
עלה ית כל לווטייא **דכתיבין** בסיפרא הדין: וטלטילינון DT 29:26
הי ככל לווטיה קיימא **דכתיבין** בסיפרא הדין: ויימרון DT 29:20

ביה כל פיתגמי לווטתא **דכתיבין** בסיפרא הדין וימחי ייי ית DT 29:19
פיקודויי וקיימויי **דכתיבין** בספר אורייתא הדין ארום DT 30:10
ומקלקל פיתגמין תריצין **דמיכתבין** באורייתא ומערבב מילי EX 23:8
לוחי אבנין הי כקדמאי **ואכתוב** על לוחיא ית פיתגמיא EX 34:1
ועיבד לך ארונא דקיסא: **ואכתוב** על לוחיא ית פיתגמיא DT 10:2
על כורסי מלכותיה **ויכתבון** ליה סביא ית פרשגן DT 17:18
אסתאבית כד נסיבתא: **ויכתוב** ית לווטייא האילין כהנא NU 5:23
דיסנינה גברא בתראה **ויכתוב** לה ספר תירוכין ויתן DT 24:3
אשכח בה עבירת פיתגם **ויכתוב** לה ספר תירוכין קדם בי DT 24:1
לא תיתנון ביבשרכון **וכתב** חקיק לרשם חרית ציורא לא LV 19:28
ועננֵי יקרא ופום ארעא **וכתב** לוחי קימא ומזיקי ופום NU 22:28
לא תידחל ולא תתירע: **וכתב** משה ית אורייתא הדא DT 31:9
ניסין על יד משה ואהרן: **וכתב** משה ית מפקנהון למטלניהון NU 33:2
כל דמליל ייי נעביד: **וכתב** משה ית פיתגמיא דייי EX 24:4
לארעא דקיימית: **וכתב** משה ית תושבחתא הדא DT 31:22
ותרין לוחיא בידי: **וכתב** על לוחיא הי ככתבא קמא DT 10:4
לא אכל ומוי לא אישתי **וכתב** על לוחיא חורנייתא ית EX 34:28
ייי אילן מריר דארדפני **וכתב** עלוי שמא רבא ויקירא וטלק EX 15:25
ולוחיא עובדא דייי הינון **וכתבא** כתבא דייי הוא חקיק EX 32:16
כלילא דקודשא דהב דכי **וכתבו** עלוי גליף חקיק ומפרש EX 39:30
ליה במילחא ובוסמנין **וכתבין** קוסמין בציצא דדהבא GN 31:19
למעבד עישרתי דבוריא **וכתבינון** על לוחי סמפירינון: ויתי DT 4:13
ותשועון יתהון בגירא: **ותיכתוב** עליהון ית פיתגמי DT 27:3
ותיחדון קדם ייי אלקכון: **ותיכתובון** על אבניא ית כל פיתגמי DT 27:8
ובצפרא סמיך למיקמיכון: **ותכתובונון** במגילתא על מזוזיין DT 11:20
מוקרך כלו קבל על עינך: **ותכתובינון** על מזוזיין ותקבעינון DT 6:9
בידי: וכתב על לוחיא הי **ככתבא** קמא עשרתי דבידיא DT 10:4
תריסידי על שמהתהון **כתב** גליף חקיק ומפרש הי כגלוף EX 39:14
סייפא: ואמר ייי למשה **כתב** דא דוכרנא בספר סבייא EX 17:14
כל פיתגמי אורייתא חדא **כתב** חקיק ומפרש מתקרי בחד DT 27:8
משקען מרמצן גליפן **כתב** חקיק מפרש על שמהת בני EX 39:6
ריבוון מלאכין קדישין **כתב** ימיניה ואוריתיה מיגוא DT 33:2
כחדא: ואמר ייי למשה **כתב** לך ית פיתגמיא האיליין ארום EX 34:27
ליתיכון רשאין למחקא **כתב** שמא דייי אלקכון: אלהין DT 12:4
עובדא דייי הינון וכתבא **כתבא** דייי הוא חקיק ומפרש על EX 32:16
דיהב לי מימרא דייי בדין **כתבא** דעליה נסיבית ית אסנת GN 48:9
בשיפולי טוורא ברם **כתבא** קדישא די בהון הוה פרח EX 32:19
וחד לישן עממיה ורושם **כתביה** בידיה ובדרינון מתמן על GN 11:8
טעוות עממייא: וכדון **כתובו** לכון ית תושבחתא הדא DT 31:19
ורחיק מן ארעא דהכין **כתיב** אציתו שמייא ואימליל DT 32:1
שמא רבא ודחילא דהכין **כתיב** ארום דחלית מן קדם רוגזא DT 9:19
זיניהון דשמא רבא מפרש **כתיב** בהון דאתיהבו להון למתנה EX 33:6
באצבעא דייי ועלויהון **כתיב** הי ככל פיתגמיא דמליל ייי DT 9:10
מלכא ומשה נביא דהכין **כתיב** ואמר ייי למשה הא קריבן DT 31:14
דישראל דהכין **כתיב** ומחו יתיה וית בנוי וית כל NU 21:35
ובנימן ובמציעותיה **כתיב** ועננא דייי עליהון ביממא NU 2:18
וזבולון ובמציעותיה **כתיב** יקום ייי ויתבדרון סנאך NU 2:3
אשכחית בספר מלאכייא **כתיב** ית שמא דייי מיניה לית אנא EX 5:2
בעלמא יומנא דהכין **כתיב** מאן כוות עמך ישראל עם DT 26:18
שמעון גד ובמציעותיה **כתיב** שמע ישראל ייי אלקנא ייי NU 2:10
בעלמא יומנא דהכין **כתיב** שמע ישראל ייי אלקנא ייי DT 26:17
מפרנס כל ברייתא דהכין **כתיב** תקיף דשלמין עובדוי ארום DT 32:4
יאות בנת צלפחד ממללן **כתיבא** הוות דא קדמי אלהין זכאן NU 27:7
סביא דסליקו בפיטקיא **כתיביא** ולא נפקן למשכנא NU 11:26
מתקלהון ארבעין סאין **כתיבין** באדבעא דייי: וחמא עמא EX 31:18
לי ית תרין לוחי מרמירא **כתיבין** באצבעא דייי ועלויהון DT 9:10
כל מרע וכל מחא דלא **כתיבין** בספר אורייתא הדין יסקינון DT 28:61
דמצרים: ארבעה לילוון **כתיבין** בספר דוכרנייא קדם ריבון EX 12:42
מיכא ומיכא אינון **כתיבין**: ולוחיא עובדא דייי הינון EX 32:15
סהדותא בידיה לוחין **כתיבין** מתרין ציטריהון מיכא EX 32:15
ותקטורינון לאתין **כתיבין** על ידך דשמאלא ויהוון DT 6:8
מפקיד יתכון יומא דין **כתיבין** על לוח ליבכון: ותגמרינון DT 6:6
עישרתי דביריא דהוו **כתיבין** על לוחיא קדמאי: והוה בזמן EX 34:28
יתהון כד הינון **כתיבין** על תפילא לאת על רום DT 11:18
בספר אורייתא דתמן **כתיבין** קרביא דייי את והב דהוון NU 21:14
והוה כדי פסק משה **למכתוב** ית פיתגמי אורייתא הדא DT 31:24
מני נטורין בתרעי קרתא **למכתוב** כל דעליל ביומא ההוא GN 42:6
מבנוי דנח באפרשותיה **מכתבין** ולישנין לבני נשא בדרא DT 32:8
פסיק והוה קל דבירא **מתכתיב** על תרין לוחי מרמירין DT 5:22
עד יובלא ואוף לאמתך **תיכתוב** גט חירו ותיתן לה: לא DT 15:17
חוטריה: וית שמא דאהרן **תכתוב** על חוטרא דלוי ארום NU 17:18
חוטרין גבר ית שמיה **תכתוב** על חוטריה: וית שמא NU 17:17

כתף (19)

חד וסוברוהי באסלא **בכתיף** תרין מנהון וכן מן רומניא NU 13:23
קודשא רמיא עליהון **בכתפא** נטלין: וקריבו רברביא ית NU 7:9
רבקה נפקת ולגינתא על **כיתפא** ונחתת לעיינא ומלת GN 24:45
דמיא ויהב להגר שוי על **כיתפה** וקשר לה במותנהא לאודועי GN 21:14
אחוי דאברם ולגינתה על **כיתפה**: וריבא שפירא למיחמי GN 24:15
ית תרתין מרגלייתא על **כיתפי** איפודא מרגליית מדכרן EX 28:12
צריר בלבושיהון על **כיתפיהון**: ובנוי ישראל עבדו EX 12:34
שזיר עובד אומן: תרתין **כיתפין** מלפפן יהוון ליה לתרין EX 28:7
ית אסכטלא ושויו על **כתף** תרוויהון ואזלו מאחזריין GN 9:23
וית שקא דימינא מן **כתפא** ועד דרועא תתנון אפרשותא LV 7:32
בני ישראל על תרין **כתפוי** לדוכרנא: ותעביד מרמצן EX 28:12
בני ישראל: ושוי יתהון על **כתפי** אפודא אבני דוכרנא לבני EX 39:7
מרמצתא ויהבונון על **כתפי** אפודא כל קבל אנפוי: ועבדו EX 39:18
מרמצתא ותיתן על **כתפי** אפודא כל קבל אנפוי: ותעביד EX 28:25
דדהב וסדרינון על תרין **כתפי** אפודא מלרע מלקבל אנפוי EX 39:20
ותיתן יתהון על תרין **כתפי** אפודא מלרע מקבל אפוי כל EX 28:27
בסימא הוא בגין כן ארכין **כתפי** למלעי באורייתא והוי ליה GN 49:15
נטלין דחלתהון על **כתפיהון** ודמיין קריבין להון והינון DT 4:7
ובגו בוצא עובד אומן: **כתפין** עבדו ליה מלפפן על תרין EX 39:4

כתש (84)

וזעזע פתי ירכא דיעקב **באתכתשותיה** עימיה: ואמר שדרני GN 32:26
במשך בישרא ושערא **במכתשא** איתהפיך לחיוור וחיזיו LV 13:3
בגין דממריה לאוכחותיה **במכתשין** בישין: ותתעכבון תמן עד EX 3:19
וידכי: דא אורייתא **דמכתש** סגירו לבוש עמר או דכיתן LV 13:59
ויסאיביניה כהנא מטול **דמכתש** סגירותא הוא בשיחנא LV 13:20
ויסאיב כהנא יתיה מטול **דמכתש** סגירותא הוא: ואין באתרא LV 13:27
מן מסאבא: כל יומין **דמכתשא** ביה יהי מסאב מטול LV 13:46
לא הליך פיסיונא **דמכתשא** במשכא וידכיניה כהנא LV 13:6
כד הוה לא הליך פיסיונא **דמכתשא** במשכא ויסגירניה כהנא LV 13:5
איתהפיך לחיוור וחיזיו **דמכתשא** עמיק למחוור כתלגא LV 13:3
לה לאמהו בזמן דנסבא **ואיתכתש** במימר מן קדם ייי: GN 16:1
ביומייא סגיאייא האינון **ואיתכתש** מלכא דמצרים ופקיד EX 2:23
בלחודוי מעיברא ליבוקא **ואתכתש** מלאכא עימיה בדמות GN 32:25
לא יהי לרעוא: ודמעיך **ודכתישן** פחדוי ודשחית ודמסרס LV 22:24
שנא מכתשא מן כד הוה **ומכתשא** לא הליך פיסיוניה מסאב LV 13:55
אתין ותימהין רברבין **ומכתשין** בישין במצרים ובפרעה DT 6:22
ממזיג מערב דכי קודשא: **ותיכתוש** מינה ותדיק ותיתן מינה EX 30:36
ויתני לכהנא למימר הי **כמכתשא** איתחמי לי בביתא: ויפקד LV 14:35
מן דילך משח זיתא זכיך **כתיש** לאנהרא לאדלקא בוצינייא LV 24:2
לך מישחא דזיתא דכיא **כתישא** לאנהורי לאדלקא בוציניא EX 27:20
פתיך במשח זיתא **כתישא** רבעות הינא וניסוכא EX 29:40
פתיכא במשח זיתא **כתישא** רבעות הינא: עלת תדירא NU 28:5
אכילי עוף ולבני טיהררי **כתישי** רוחין בישין ולילין ומרווחי DT 32:24
חופנוי קטורת בוסמין **כתישין** ויעיל מן לגיו לפרגודא: ויתן LV 16:12
בהקי ויהי במשך בישריה **למיכתש** סגירו ויתיתיה לות אהרן LV 13:2
ביני מכתש צורעתא **למכתש** ניתקא ביני מסאבא לביני DT 24:8
ביני מוכתש צורעא **למכתש** ניתקא מילי פלוגתא בבית DT 17:8
נפשתא לדיני ממונא ביני **מוכתש** צורעא למכתש ניתקא DT 17:8
אפך: ואמר ייי למשה תוב **מכתש** חד אנא מייתי עלוי פרעה EX 11:1
או בגלשולשתא **מכתש** חיוור סמוקרי מערב סגירות LV 13:42
הוא: וארום יחמי כהנא ית **מכתש** ניתקא והא לית חיזויה LV 13:31
לית ביה ויסגר כהנא ית **מכתש** ניתקא שובעא יומין: ויחמי LV 13:31
מטול דסגירותא הוא: **מכתש** סגירו ארום יהי בבר נש LV 13:9
ביתא בחטופין ואיתן **מכתש** סגירו בבית ארע אחסנתכון: LV 14:34
ולבושא ארום יהי ביה **מכתש** סגירו בלבוש עמר או בלבוש LV 13:47
יתיר ממשך בישריה **מכתש** סגירותא הוא ויחמיניה LV 13:3
או בכל מאן דצלא **מכתש** סגירותא הוא ויתחמי LV 13:49
סגיאת ויסאב יתיה כהנא **מכתש** סגירותא היא: ואין יחמינה LV 13:25
אחויית אורייתא לכל **מכתש** סגירותא ולניתקא: ולצורעא LV 14:54
יהי מיתדן כל דין וכל **מכתש** צורעא למסגר ולמחלט: וכל DT 21:5
תהוי גזירת אחויית דביה **מכתש** צורעתא אין לא ספיקת בין LV 14:32
דא תהוי גזירת אחויית **מכתש** צורעתא: ומליל ייי עם משה LV 14:57
לחדא ולמעבד ביני **מכתש** צורעתא למכתש ניתקא DT 24:8
כל מאן דצלא דיהי ביה **מכתשא** ארום צורעא מחלטא LV 13:52
והא לא הליך פיסיון **מכתשא** בביתא בתר דאיתטש ית LV 14:48
ויחמי והא הליך פיסיון **מכתשא** בביתא סגירות מחלטא LV 14:44
שובעא יומין: ויחמי ית **מכתשא** ביומא שביעאה ארום LV 13:51
יומין: ויחמי כהנא ית **מכתשא** ביומא שביעאה והא לא LV 13:32
ויחמי והא הליך פיסיון **מכתשא** בכותלי ביתא: ויפקד כהנא LV 14:39
ארום הליך פיסיון **מכתשא** בלבושא או בשיתיא או LV 13:51
והא לא הליך פיסיון **מכתשא** בלבושא או בשיתיא או LV 13:53
כהנא: ויחמי כהנא ית **מכתשא** במשך בישרא ושערא LV 13:3
או איתא ארום יהי ביה **מכתשא** בריש או בדקן: ויחמי כהנא LV 13:29
ואין חמא כהנא והא עמא **מכתשא** בתרו דחוורו יתה ויבזע LV 13:56
למחוור וידכי כהנא ית **מכתשא** דכי הוא: ובר נש ארום יהי LV 13:17

ויסאב כהנא יתיה **מכתשא** הוא: ואין באתרא קמת LV 13:22
או בדקן: ויחמי כהנא ית **מכתשא** והא חיזויה עמיק למחוור LV 13:30
כהנא בתר דחוורו ית **מכתשא** והא לא שנא מכתשא מן LV 13:55
ית אבניא דיבהון **מכתשא** ויטלקון יתהין למברא LV 14:40
ית ביתא ארום איתסי **מכתשא**: ויסב לדכאה ית ביתא LV 14:48
ית ביתא: ואין יתוב **מכתשא** ויסגי בביתא מן בתר LV 14:43
ויחוורון ית עיסקא דביה **מכתשא** ויסגירניה שובעא יומין LV 13:54
לכהנא: ויחמי כהנא ית **מכתשא** ויסגר ית מכתשא שובעא LV 13:50
דתחוור ויעדי מיניה **מכתשא** ויצטבע תניינות וידכי: דא LV 13:58
והא לא הליך פיסיון **מכתשא** ולא הוה ביה שער מצלהב LV 13:32
ומן יד איתגריאת בי **מכתשא** ולא קריבית לותה וכדון GN 12:19
ית עיסקא דביה **מכתשא**: ולבושא או שיתיא או LV 13:57
יתיה כהנא והא שומת **מכתשא** חוורא סמקא מערבן LV 13:43
או בכל עיבידת צלא: ויהי **מכתשא** ירוק או סמוק בלבושא או LV 13:49
ית כל בישריה וידכי ית **מכתשא** כוליה איתהפיך לחיוור LV 13:13
ביתא: ויחמי כהנא והא **מכתשא** כתרין מן אבני ביתא דליה LV 14:37
תניינות והא עמא **מכתשא** לא הליך פיסיונא LV 13:6
מכתשיה: ומצורעא דבי **מכתשא** לבושוי יהוון מבזעין ורישי LV 13:45
קבילא דלא למיחמי ביה **מכתשא** לבין יומא נהירא ובין בר LV 14:57
כהנא והא איתהפיך **מכתשא** למחוור וידכי כהנא ית LV 13:17
ית מכתשא והא לא שנא **מכתשא** מן כד הוה ומכתשא לא LV 13:55
ארום צורעא מחלטא **מכתשא** מסאב הוא: ואין יחמי LV 13:52
צורעא מחלטא **מכתשא** מסאב הוא: ויוקד ית LV 13:51
ביומא שביעאה והא **מכתשא** קם כד הוה לא הליך LV 13:5
כסידא ויסגר כהנא ית **מכתשא** שבעא יומין: ויחמיניה LV 13:4
ית מכתשא ויסגר ית **מכתשא** שובעא יומין: ויחמי ית LV 13:50
ייי מינך כל מרעין וכל **מכתשיא** דגרי ייי על מצרים בישיא DT 7:15
כהנא מטול דברישיה **מכתשיה**: ומצורעא דבי מכתשא LV 13:44
וגרי מימר דייי בפרעה **מכתשין** רברבין וית אינש ביתיה GN 12:17

כתת (1)

ולמתפרעא מן רשיעיא **ומכתת** אומיא ומלכיא ומגרי NU 24:23

ל (8515)

לא (2011)

הינון אקנון קדמוי **בדלא** אלקא ארגיזו קדמוי DT 32:21
וכל בעירא למינטור **בלא** אגר נטיר וימות או איתביר מן EX 22:9
כסף או מנין למינטר **בלא** אגר נטיר ומתגנבין מבית גבר EX 22:6
דוב אדמא יומין תלתא **בלא** אשוני ריחוקה או ארום תידוב LV 15:25
דיומא וטמע שימשא **בלא** אשוניה מן בגלל דהוה דבירא GN 28:10
ית שמיה ער ארום **בלא** וולד עתיד לממת: ואיתעברת GN 38:3
ית צילמי טעותך ימות **בלא** זימניה כל קבל אחנא GN 31:32
ולא תהי כנישתא דייי **בלא** חכימין מן בגלל דלא יטעון NU 27:17
ייי ית משה: ברם לחודהון **בלא** חלדותהון ית דהבא וית כספא NU 31:22
עד שתא דיובילא ויפוק **בלא** כסף ויתוב לאחסנתיה: וגבר LV 25:28
דהיא כמיסת דימות **בלא** מתכוון וטלק עלוי מדעם NU 35:23
וייחי דיקטול ית אחיה **בלא** מתכוין ליה והוא לא נטר ליה DT 19:4
אתחייב ליה: ואין בשלו **בלא** נטר ליה בבו הדפיה או טלק NU 35:22
ליה קטול ודישוד **בלא** סהדין מרי עלמא עתיד GN 9:6
ברכתי דא ויברך יתכון **בלא** סכומא הי כמא דמליל לכון: DT 1:11
קל כרוזא ואיסתפי ואיתי **בלא** צבו מטול כן דכי יתיה באדם LV 8:15
בקיסא דלא מתפרש **בלא** קיסמא ותקיף רוגזא דייי NU 25:3
אכלין במצרים מגן **בלא** תפקדתא ית קטייא וית NU 11:5
דשולטניה על ארעא **דילא** תיסב איתא לברי מבנתהון GN 24:3
ושרה אינתתיה: ומן בגלל **דלא** אברהם צבי לברכא ית GN 25:11
יתך לחדא לחדא: ועל **דלא** אברם גזיר לא הוה יכיל GN 17:3
יתהון וכיוון דחמיתא **דלא** אהניין עובדך ולא קביל NU 31:8
ושדרית לתנאה לריבוני **דלא** אהניית לי בירכתא ההיא GN 32:6
ואנא אקנינון באומא **דלא** אומא בבבלאי עמא טפשא DT 32:21
ביתא לקדם דיינייא ויומי **דלא** אושיט ידיה בעיסקא דחבריה: EX 22:7
דייי תהי בין תריהום יומי **דלא** אושיט ידיה בעיסקא דחבריה EX 22:10
עילוי רישיהון עד **דלא** אחמע ומן דמשתייר להון מן EX 12:34
דייי וחשבה ליה לזכו **דלא** אטח לקמיה במילין: ואמר ליה GN 15:6
אוף לפיתגמא הדין בדיל **דלא** איהפוך ית קרתא מלילתא GN 19:21
לא איסתאבת: ומטול **דלא** אייתי גברא ההוא אפרשותא NU 5:15
לעלם מן דינא הוא **דלא** איעול לגויה עד זמן די יתמלל LV 1:1
מבשר בנוי די ייכול מן **דלא** אישתייר ליה מידעם בצערו DT 28:55
מנכון אלהן דתצלו עלי **דלא** אמות: וכד שמעו משה ואהרן EX 12:32
על מיא וקיים **דלא** אעיבר ית יורדנא ודלא איעול DT 4:21
ואמר הא אנא גזר קיים **דלא** אשלחיף עמא הדין בעם EX 34:10
כל עמיה ומחינוהי עד **דלא** אשתייר ליה משיזיב: וכבשנן DT 3:3
לך קירוין רברבן וטבן **דלא** אשתלהית למיבני: ובתין DT 6:10
ויימרון גלי קדם ייי **דלא** אתא לידינן ופטרניה מן דשדא DT 21:7
מנכון תתנייח היכמא **דלא** אתנייחת ית שני שמיטיכון כד LV 26:35
דלא עירובין ברת שתא **דלא** אתפלח בה ולא נגדת בניר: DT 21:3
וכדון ייתון חיוייא **דלא** אתרעמו על מזונהון וינכתון NU 21:6

ולא בטיל יתה ומית עד **דלא** בגרת ויתקיימון כל נדרהא וכל NU 30:12
עבדין דבש: ארעא **דלא** בחוסרנא תיכלון בה לחמא DT 8:9
לא חמיתינון וית אחוהון **דלא** בני תלתין שנין לא DT 33:9
לי דאנא עביר מן עלמא **דלא** בנין ואליעזר בר פרנסת ביתי GN 15:2
נפק נמרוד ומלך באתור **דלא** בעא למיהוי בעיטת דרא GN 10:11
הויתי בארעא נוכרייא **דלא** דידי: והוה ביומייא סגיאייא EX 2:22
אחי ואיתותיבית בארעא **דלא** דידי וכדון בעידן סיבתי GN 47:9
דיירין יהון בנך בארעא **דלא** דילהון חלף דלא הימנת GN 15:13
ליזנה זני דכיין וזני **דלא** דכיין בעירי וריחשי ובריית GN 1:24
ארעא לזנה זני דכיין וזני **דלא** דכיין וחמא אלקים ארום טב: GN 1:25
לזנוהי זני דכיין וזני **דלא** דכיין וחמי אלקים ארום טב:: GN 1:21
ארעא ליזנה זני דכיין וזני **דלא** דכיין וית בעירא ליזנה וית כל GN 1:25
לזניהון זני דכיין וזני **דלא** דכיין וית כל עוף דטייס GN 1:21
מן קדמך ייי גלי קדמך **דלא** הוה בלבבי עוקמא ובעית GN 22:14
הישתיכח בבני ישראל **דלא** הוה בליביה למיתייא LV 8:15
על מזגיה דאשתכח **דלא** הוה בעיטא ההיא ויהב כסא GN 40:21
הוה מתגלי ליה ועל **דלא** הוה גזיר נפיל על אנפוי עד זמן NU 24:3
מן בגלל גרשום בריה **דלא** הוה גזיר על עיסק יתרו חמוי EX 4:24
בגו ברדא תקיף לחדא **דלא** הוה דכותיה בכל ארעא EX 9:24
ואינון לא אשתמודעוהי **דלא** הוה ליה רושם דקן וההיא GN 42:8
דיהודה ביש קדם ייי **דלא** הוה משמש עם אינתתיה GN 38:7
וקטיל גוברין מדבית דן **דלא** הוה עננא מקביל יתהון מן EX 17:8
הוה תמן ביתא דמצראי **דלא** הוה תמן בכור מאית: ותחום EX 12:30
מן דין גמירא על **דלא** הוות בעיטתהון והא היא NU 21:15
ברדא תקיף לחדא **דלא** הוי דכוותא במצרים מן יומא EX 9:18
לארע נוכריתא וכדון בגין **דלא** הוינא ילדא חררית אמתי GN 16:5
עלי מחשבן בישן דמה **דלא** הוינא מסתחר עימכון למיכל GN 50:20
דחשדת למשה במילתא **דלא** הות ביה ולקת בצורעא DT 24:9
גבורתך למימר: מן בגלל **דלא** הות יוכלא מן קדם ייי לאעלא NU 14:16
דרא למשה המן בגלל **דלא** הות לנא בית קבורתא EX 14:11
וכפנת כל ארעא דמצרים **דלא** הות מפקא בר זרעא וצוח עמא GN 41:55
הוויתי בארע נוכראה **דלא** הידי היא: ושום חד אליעזר EX 18:3
בארעא דלא דילהון חלף **דלא** הימנת וישעבדון בהון ויסגפון GN 15:13
ולאהרן בשבועתא חולף **דלא** הימנתון במימרי לקדשותי NU 20:12
היא עיריתא דאחוי בזי **דלא** וולד יהון: ותיטרון אתון LV 20:21
יקבלון במותנא יסופון **דלא** וולד ימותון: וגבר די יסב ית LV 20:20
דייי עד עלמא: על עיסק **דלא** זמינו לכון בלחמא ובמוי DT 23:5
ליה ולמך בר בריה **דלא** חב דינא הוא דייתלי ליה עד GN 4:24
דילמא יגרום ליה חובא **דלא** חדי באינתתיה ויתקטל DT 20:7
ואמר ייי הבר עממין **דלא** חוב אוף חמי ליה למזכי בדינא GN 20:4
דעתיה דלבן ארמאה על **דלא** חוי ליה ארום אזיל הוא: ואזל GN 31:20
מיניה ליטא ארעא בגין **דלא** חויאת לך חובך בעמל GN 3:17
כמין שירויא על מצרים **דלא** חכים ית יוסף ולא הליך EX 1:8
וניפלח לטעוות עממיא **דלא** חכימתא אנת ואבהתך: DT 13:7
דתמנון עליכון לאומא **דלא** חכימתון אתון ואבהתכון DT 28:36
וכל ליעותכון יגמר עמא **דלא** חכימתון ותהון ברם טלימין DT 28:33
וניפלח לטעוות עממיא **דלא** חכימתון: ותתבעון ותבדקון DT 13:14
נהך בתר טעוות עממיא **דלא** חכימתנון וניפלוח קדמיהון: DT 13:3
כל עבדך ובתי כל מצראי **דלא** חמון אבהתך ואבהת אבהתך EX 10:6
נשא מן קיסא ואבנא **דלא** חמיין ולא שמעין ולא אכלין DT 4:28
תיסתכל לדורון דידהון **דלא** חמרא דחד מנהון שחרית ולא NU 16:15
ישתכח קטילא בארעא **דלא** טמיע באוגרא בארעא דייי DT 21:1
האנא מסהיד בהון סהדין **דלא** טעמין מיתותא בעלמא הדין DT 32:1
למיפסל כרמין וזיתין **דלא** טרחת למנצב ותיכול ותיסבוע: DT 6:11
בתולתא לא יפוק בחילא **דלא** יארע עלוי כל מידעם ביש פני DT 24:5
חמי לאתעובדא לגברא **דלא** יבני ית ביתא דאחוי: וכל DT 25:9
בה יתבר מטול **דלא** יבשלון ביה חולי ואין במנא LV 6:21
עלם: וערלאה דכורא **דלא** יגזר ית בישרא דעורלתיה אין GN 17:14
האילין למעבדהון: מטול **דלא** יגיס ליביה יתיר מן אחוי DT 17:20
דהבא לא יהי עליל מטול **דלא** ידכר חובת עיגלא דדהבא LV 16:4
משה נביא חלפיה מטול **דלא** ידכר להון חובת עיגלא ורבא NU 2:10
אפהא מוריקן ומאן **דלא** ידע משכבי דכורא יהון סמקן NU 31:18
תיובתא דעבדו בטימרא **דלא** ידעו אינש בחבריה: ומשה הוה EX 2:25
אורייתא הדא: ובניהון **דלא** ידעו ישמעון וילפון למידחל DT 31:13
ונפשת אינשא מן נשיא **דלא** ידעו תשמיש דכורא כל NU 31:35
דאוכלך מנא במדברא **דלא** ידעון אבהתך מן בגלל DT 8:16
דין ארום לא עם בניכון **דלא** ידעון ולא חמון ית אולפן DT 11:2
בהון מידעם דצרוך טעוון **דלא** ידעונון דחלן חדתן דמזמן DT 32:17
לטעוות עממיא דתלק **דלא** ידעונין ולא איתפלגון להון: DT 29:25
לעדי יהון ובניכון **דלא** ידעין יומא דין בין טב לביש DT 1:39
הינון קדמיי זכאין כמא **דלא** ידעית ולא איתפרע: ואתפניאו GN 18:21
ארנונא לפלחי טעוותא **דלא** ידעתון דמן קיסין ואבנין: ואין DT 28:64
בתר טעוות עממיא **דלא** ידעתון: ויהי ארום יעיל יתכון DT 11:28
ואכפנך ואוכלך ית מנא **דלא** ידעתון ולא ידעון אבהתך מן DT 8:3

מן דינא ואמר בגין **דלא** יהבתא לשלה ברי אירע יתי GN 38:26
זכאי: ארום יהי גבר **דלא** יהי דכי מקירוית הירהור DT 23:11
לחוד אנא ית ארעא **דלא** יהי עלה נייח רוחא ויצדון LV 26:32
איזל חות מן רבות יקרך **דלא** יהיבת לך רבותא אלהין בגין EX 32:7
שימשא וחד מלרע להון **דלא** יהנזקון להון כובין ולא חיוין EX 12:37
ועננך מטליל עילויהון **דלא** יהנזקון משרבא ומטרא NU 14:14
קליל בזכותא דגרם ליה **דלא** יוליד בר רביעיי: ואמר ליט GN 9:24
דבכיא ובעיא מן קדם ייי **דלא** יזמן לה לעשו רשיעא ורחל GN 29:17
ציטריהון וחד מעילויהון **דלא** יחות עליהון מיטרא וברדא EX 12:37
בשבועא אמירא דא **דלא** יחמון ית ארעא דקיימית NU 14:23
דייי בלא חכימין מן בגלל **דלא** יטעון ביני עממיא כענא דטען NU 27:17
לגוברין סמיך לפירקיהן **דלא** יטעיין בזנו בתר עממי ארעא LV 19:29
ליה נשין על תימנסרי **דלא** יטעיין ליביה וכספא ודהבא DT 17:17
והוו זממין בעיריהון **דלא** ייכלון גזלה עד דהוו אתיין GN 13:7
ואיתניסיבת ליה עד **דלא** ילידת ית משה ושרת עילויהון NU 11:26
בהון עד פרתהון מטול **דלא** ילעון בזמן מכנשהון יתהון: NU 11:31
ייי אלקכון: מן בגלל **דלא** ילפון יתכון למעבד ככל DT 20:18
למיחשד חד בחבריה **דלא** ילקי הוו דכירין מה דעבד ייי DT 24:9
לשיקוע מאני קודשא **דלא** ימותון באישא מצלהבא: NU 4:20
ולא יקרבון לקודשא **דלא** ימותון באישא מצלהבא דין NU 4:15
ייי ית מצראי בגו ימא **דלא** ימותון במיצעיה מן בגלל EX 14:27
למימר קבילו מן אחיכון **דלא** ימליל חד כל מילוי וחד מקטע DT 1:16
יתיר מן אחוי ומטול **דלא** יסטי מן תפקדתא לימינא DT 17:20
יחמי בכון קלנא דמידעם **דלא** יסליק שכינתיה מביניכון: לא DT 23:15
בכל משיריתא מן בגלל **דלא** יסתאב כהנא באוהלא דמיתא NU 25:8
למיחמי ית ביתא מטול **דלא** יסתאב כל דבביתא ומן בתר LV 14:36
ואמרין בריך יהוי גברא **דלא** יעבד צלם וצורה וכל דמו מה DT 27:15
בתרע גהינם מן בגלל **דלא** יעלון תמן נפשת דרדקי עמא EX 40:8
אין לא חמיא ליה או **דלא** יצבי אבוהא למיתנא ליה כסף EX 22:16
ותידרעון לריקנו זרעכון **דלא** יצמח וכתייא יכלון יתהון LV 26:16
דאיפקדיניה: ויהי גברא **דלא** יקבל פיתגמי נבותי דימלל DT 18:19
חד מנכון כסו דארמלתא **דלא** יקומו שיבבן בישן ויפקון עלה DT 24:17
דישראל עם גייורין **דלא** יקומון אוף בניכון מבתריכון DT 5:18
עם מסהדין סהדי שיקרא **דלא** יקומון בניכון בתריכון וילפון EX 20:16
דישראל עם גייורין **דלא** יקומון בניכון מן בתריכון EX 20:14
דישראל עם גנבין **דלא** יקומון בניכון מן בתריכון EX 20:15
דישראל עם חמודין **דלא** יקומון בניכון מן בתריכון EX 20:17
דישראל עם קטולין **דלא** יקומון בניכון מן בתריכון DT 5:17
דישראל עם חמודין **דלא** יקומון בניכון מן בתריכון DT 5:21
יעבד ומה דמליל האפשר **דלא** יקיימינה: הא ברכתא קבילית NU 23:19
עם מטמוע שימשא **דלא** יקילון ברייתא ביה ולא DT 21:23
ואמרין ליט יהוי גברא **דלא** יקים ית פיתגמי אורייתא הדא DT 27:26
לבני ישראל מן בגלל **דלא** יקרב גבר חילוניי דלא מן בני NU 17:5
ואין כל בעירא מסאבא **דלא** יקרבון מינה קרבנא קדם ייי LV 27:11
ארעכון עד דתישתצון **דלא** ישיירון לכון עיבור משח וחמר DT 28:51
כל חד בתרעא חד **דלא** ישלוט בהון עיינא בישא כד GN 42:5
ונערבבא תמן לישנהום **דלא** ישמעון איניש לישן חבריה: GN 11:7
מימתיל ביה מטול **דלא** ישתעי עליכון לישן תליתאיי LV 9:3
בר תורי לחטאתא מטול **דלא** ישתעי עלך סטנא לישן LV 9:2
לפומיה חזור חזור מטול **דלא** יתבזע: ועבדו על שיפולי מנטר EX 39:23
למקבלא יתהון מן בגלל **דלא** יתבעון גבה ביום דינא רבא EX 15:12
ייי בשבועה על ארעא **דלא** יתבעון מינה לעלמי דאתי EX 15:12
אחוין דשין בתריהון **דלא** יתגובון: אזדהרון דילמא אית DT 29:16
ותיזדהרון מקמי פיסחא **דלא** יתחמי לכון חמיר בכל DT 16:4
ית עגלתא לחקיל בייר **דלא** יתעביד ביה פולחן ארעא ולא DT 21:4
תריהון מערבין כחדא **דלא** יתקוף רוגזי בכון וארשין פירי EX 34:26
על תלת עבירן קשיין **דלא** יתקלון עמא בית ישראל NU 35:25
בשר וחלב מערבין כחדא **דלא** יתקף רוגזי ואיבשיל עיבוריכון EX 23:19
מן בגלל אחוי דיוסף **דלא** יתקרון גלולאי בגין כן GN 47:21
ודהבא לא יסגי ליה **דלא** יתרורם ליביה לחדא ומירד DT 17:17
קרבן חובת עמא **דלא** כהלכתיה ויקרב בגין חובתיה LV 4:3
ליד אבוהא ותיפוק מגן **דלא** כסף ברם גט פיטורין יהיב לה: EX 21:11
חובא רבא עובדין **דלא** כשרין לאיתעבדא עבדת עימי: GN 20:9
חד מן פיקודיא דייי **דלא** כשרין לאיתעובדא ויתחייב: LV 4:27
כל פיקודיא דייי אלקיה **דלא** כשרין לאתעבדא בשלו LV 4:22
בשלו מכל פיקודיא דייי **דלא** כשרין לאתעבדא ויעבד מן חד LV 4:2
חד מן כל פיקודיא דייי **דלא** כשרין לאתעובדא ויתחייבון: LV 4:13
חדא מכל פיקודיא דייי **דלא** כשרין לאתעובדא ולא ידע LV 5:17
לחוד כל מרע וכל מחא **דלא** כתיבין בספר אורייתא הדין DT 28:61
ולא יכיל יוסף למסוברא **דלא** למבכי מן בגלל כל מן דקיימין GN 45:1
מיליהון לית אפשר לכון **דלא** למדנהון ותדונון דינא בקשוט DT 1:16
הי כפרולא דלא מזייע מן **דלא** למחתא לכון טלין ומיטרין LV 26:19
גזר ייי עם אברם קיים **דלא** למידן ביה בנוי ולמפרוקינון GN 15:18
דעמי שרי עלה בדיל **דלא** למיהוי תמן עירבוב חיות ברא EX 8:18

לעמא בין יומא קבילא **דלא** למיחמי ביה מכתשא לבין LV 14:57
למעבד: הוו זהירין **דלא** למיחשד חד בחבריה דלא DT 24:9
למימרא דייי אלקכון **דלא** למיטור למעבד ית כל פיקודיי DT 28:15
איתוקפון ביצריכון מטול **דלא** למיכול אדמא ארום אדמא DT 12:23
למא כען נתמנע בגין **דלא** למיכוס פיסחא ולמיזרוק NU 9:7
זכיי ושנוי נקיין מן חלבא **דלא** למיכל חטוף ואנוסא וכדין GN 49:12
מן פירי אילנא דפקידתך **דלא** למיכל מיניה אכלת: ואמר אדם GN 3:11
דייי אלקכון מן בגלל **דלא** למינטר פיקודוי ודינוי וקיימוי DT 8:11
מציטרא מיכא וקיימו **דלא** למיעיבר דין תחום דין לבישא: NU 22:24
רעות ליבא דישראל בגין **דלא** למיעל לארעא דיהב להון ייי: NU 32:9
כדון מתרברב בעמי בדיל **דלא** למיפטירינון: האנא מחית EX 9:17
דיעבד בזדנותא בדיל **דלא** למיצת מן כהנא דקאים DT 17:12
לא ימנע מינך בגין **דלא** למיקבר מיתך: וקם אברהם GN 23:6
ואיהו לחש עילוי אישתא **דלא** למיקד ית אחוי מן יד נפלת GN 11:28
לפולחנא נוכראה מטול **דלא** למיקטול יתיה: ואישוי אנא LV 20:4
מן שמא רבא ויקירא בגין **דלא** למיקטול יתיה כל דישכחוניה GN 4:15
מן קדם מימרא דשמיא **דלא** למסדרא עמהון סידרי קרבא NU 20:21
דפקדינכון ייי אלקכון **דלא** למעבד: ארום ייי אלקכון DT 4:23
תרחיק נפשתיכון בדיל **דלא** למעבד ית כל פיקודיי וסופכון LV 26:15
מימרי למזדהרא מטול **דלא** למעבד מנימוסי תועיבתא LV 18:30
פרעה למשקרא בדיל **דלא** למפטור ית עמא למדבחא EX 8:25
דביש מבינך: אסתמרו **דלא** למקטוע בישרא דביה בהקי DT 24:8
בריר פיתגמא כשימשא **דלא** למקטל נפש עאל וקטליה EX 22:2
מחבל עובדוי על ארעא **דלא** למקמה בנין על שמיה דאחוי: GN 38:9
מחן רברבן ומיהמנן **דלא** למשבקכון ומרעין בישין DT 28:59
לקדמותה תקוף איבריה **דלא** למשמשא עם ריבונתיה GN 49:24
אסתכלנן בחדא מנהון **דלא** למתחייבא בחדא מנהון ולא NU 31:50
למימלי ובירין פסילין **דלא** לעית למיפסל כרמין וזיתין DT 6:11
ישרגיג גבר בתולתא **דלא** מארסא וישמש עמה מפרנא EX 22:15
כספיכון מן כל בר עממין **דלא** מבינך הוא: מן דהוא גזיר יגזר GN 17:12
ודיתן מיניה על חילוניי **דלא** מבנוי דאהרן וישתיצי מעמיה: EX 30:33
ואהרן במשה פיתגמין **דלא** מהגנין על עיסק איתתא NU 12:1
דא אחוייתא די לליואי **דלא** מופסלין במומהון ברם מבר NU 8:24
דתחותיכון הי כפרזלא **דלא** מזייע דלא מרטבא אילני DT 28:23
ברירן הי כפרזלא **דלא** מזייע מן דלא למחתא לכון LV 26:19
במיתתהון מטול **דלא** מטו ליומי אבהתהון וכל חד DT 31:14
עינוון חליין ותהומין **דלא** מייבשין נפקין בביקען DT 8:7
לאיתאכלא וביני חייתא **דלא** מיכשרא לאתאכלא: ומליל ייי LV 11:47
דנא אולידת חוה ית קין **דלא** מיניה ולא דמי ליה והבל GN 5:3
גבר עולימתא בתולתא **דלא** מיקדשא ויחוד בה ומשמש DT 22:28
דחילו מפתגמא דייי **דלא** מיתו במותנא ולא בברדא EX 14:7
בהון דוותא יתדי וכל **דלא** מיתעל בנורא כרנבתא כסיא NU 31:23
ולא יתקיים הוא פיתגמא **דלא** מלליה ייי בזדנותא מלליה נבי DT 18:22
היכדין נידע ית פיתגמא **דלא** מלליה ייי: מה דימלל נבי DT 18:21
עליכון גבר חילוניי **דלא** מן אחוכון הוא: לחוד לא יסגון DT 17:15
דלא יקרב גבר חילוניי **דלא** מן בני אהרן לאסקא קטורת NU 17:5
ואין ית חקיל זבינוי **דלא** מן חקיל אחסנתיה יקדיש LV 27:22
מיניה ותבת לבית איבהא **דלא** מנטרא ייבם הי כיומי טליותא LV 22:13
מפתחי בידי דמרי עלמא **דלא** מסרינון בידא דטיפסרא DT 28:12
לטוורייא ומן טוב רמתא **דלא** מפסקן עללייא דאחסינו ליה DT 33:15
דין ינחמיננא מפולחננא **דלא** מצלחא ומליעות ידנא מן GN 5:29
דרחיקן מינכון לחדא **דלא** מקרוי שבעתי עממיא האילין DT 20:15
הי כפרזלא דלא מזייע **דלא** מרטבא אילני ואיספרמקי DT 28:23
סגיעין הי כחלא דימא **דלא** מתמני מסגי: ובת תמן בליליא GN 32:13
דאתון בה ארום דם זכאי **דלא** מתפרע הוא יטנף ית ארעא NU 35:33
פעור כמסמרא בקיסא **דלא** מתפרש בלא קיסמא ותקיף NU 25:3
עד לעלמין וכדון על **דלא** נטר מה דפקידתא נגזור עלוהי GN 3:22
בשר בניהון ובנתיהון על **דלא** נטרו מצוותא דאורייתא: LV 26:29
ידיכון: ארום מטול **דלא** נייחין בית ישראל במצוותא DT 15:11
רבתא הדה לא נחמי תוב **דלא** נמות: ואמר ייי לי אתקינו מה DT 18:16
אומא חציפי אפין **דלא** נסיב אפין לסבא ועל עולים DT 28:50
ההיא לא הות קרתא **דלא** נסיבנא מנהון שיתין קירווין DT 3:4
בכון ודמפרנקא **דלא** נסיית פרסת ריגלה למדרס על DT 28:56
דאנא עביד ומן דינא הוא **דלא** נעביד עד דנודע יתיה: ואברהם GN 18:17
אימיה מטול דישתמודע **דלא** נפיל ומיומא תמינאה ולהלאה LV 22:27
מן חיותא נכיסתא ועד **דלא** נפקא כולא נשמתא לא GN 9:4
לאבוי כפת יתי יאות **דלא** נפרכס מן צערא דנפשי ונדחי GN 22:10
ואמר לא נקטליניה **דלא** נתחייב באדמיה: ואמר להום GN 37:21
ברחמין מן קדמך ייי **דלא** נתחשב קדמך כבעירא דניכול GN 3:18
מומא ושומא משער חורן **דלא** סליק עלה דכר ולא אטרחא NU 19:2
מפמיה יעביד: ואתתא **דלא** עברת תריסר שנין ארום תידר NU 30:4
למיתן ית אחתן לגבר **דלא** עורלתא ארום גנותא היא לנא: GN 34:14
ההיא עיגלת ברת תורין **דלא** עירובין ברת שתא דלא DT 21:3
סב תור חד בר תורי **דלא** עירובין ודיכרין תרין שלמין: EX 29:1

כד חמי וצפיר בר עיזין **דלא** עירובין חד לחטאתא: ויכפר NU 15:24
בני שנה ותור בר תורין **דלא** עירובין חד לחטאתא ותרין LV 23:18
ותעבדון צפיר בר עיזי **דלא** עירובין חד לחטאתא ותרין LV 23:19
ויקרב גדיתא בר שתא **דלא** עירובין לחטאתא: ויכפר כהנא NU 15:27
לקודשא בתור בר תורי **דלא** עירובין לקרבן חטאתא ודכר LV 16:3
יסב תרין צפירי בני עיזי **דלא** עירובין לקרבן חטאתא ודכר LV 16:5
קדם ייי תורין בני תורי **דלא** עירובין תרין ודכר חד אימרין NU 28:11
ואכלית מכל דאייתי עד **דלא** עלת ובריכתיה ואפילו הכי GN 27:33
ודחיל יעקב לחדא על **דלא** עסק עשרין שנין ביקרא דאבוי GN 32:8
ובתין דמליין כל טובא **דלא** עסקת למימלי ובירין פסילין DT 6:11
ית עולימתה מן בגלל **דלא** פגנת בקרתא וית גברא מן DT 22:24
ית אברם לאתונא דנורא **דלא** פלח לטעותיה ולא הוה GN 11:28
ובבניכון עד עלמא: חולף **דלא** פלחתון קדם ייי אלקכון DT 28:47
עננא ואמיטתא קל רב **דלא** פסיק והוה קל דבירא מתכתיב DT 5:22
קרן ליה טוור תלגא **דלא** פסיק מיניה תלגא לא בקייטא DT 3:9
כולהון דתיכלא מה **דלא** פקיד ייי ומסעדין להון NU 16:2
נוכרתא מן תפיין מה **דלא** פקיד יתהון: ונפקת שלהובית LV 10:1
או לכל חילי שמייא **דלא** פקידית: ואתחוא לכון DT 17:3
פיתגמא בשמי ית **דלא** פקידתיה למללא ודי ימלל DT 18:20
דילמא יגרום ליה חובא **דלא** פרקיה ויתקטל בקרבא וגבר DT 20:6
למיקמא ית משכנא **דלא** פרקיה תוב ורבי יתיה וקדיש NU 7:1
במשח רבותא ומטול **דלא** צלי ביומא דכיפורי בקודש NU 35:25
בישראל ואפילו זעירי **דלא** צריכין לאימהון יתבון LV 23:42
היכדין תיבדון חולף **דלא** קבילתון למימרא דייי אלקכון: DT 8:20
רקם מדברא דצין מטול **דלא** קדישתון יתי במצע בני DT 32:51
עימנא בישא היכמא **דלא** קריבנא בך לביש והיכמה GN 26:29
בגו ארעא ועד חמש שנין **דלא** רדיין ולא חצדין: ושדרני ייי GN 45:6
גזיר על עיסק יתרו חמוי **דלא** שבקיה למגזריה ברם אליעזר EX 4:24
גיתוי לגו ביתא: ובלעם **דלא** שוי ליביה לפתגמא דייי ושבק EX 9:21
ליה כאילו אכלין: עד **דלא** שכיבו ואינשין רשיעין GN 19:4
כל עממיא דְהוו תמן **דלא** שלטת נורא באברם אמר GN 11:28
להון והינון רחיקין מטול **דלא** שמיעין באודניהון ברם מימרא DT 4:7
כדון אית לי תרתין בנן **דלא** שמישו עם גבר אנפיק כדון GN 19:8
עד צפרא: לא תלוטון מן **דלא** שמע וקדם סמיא לא תשוון LV 19:14
ותשמישהא לבתיכון **דלא** תהוון שמיתין כוותהון שקצא DT 7:26
מיגו אישתא: הוון זהירין **דלא** תחבלון עובדיכון ותעבדון DT 4:16
דחלתיה על אפיכון בגין **דלא** תחובון: וקם עמא תריסר מילין EX 20:20
חזותא ובגרבא ובחיכוכא **דלא** תיכלון לאיתסאה: ימחינכון DT 28:27
ולא דריס תיכלון: ודין **דלא** תיכלון מנהון נשרא ועוזא ובר DT 14:12
לחוד באדמא הוו זהירין **דלא** תיכלוניה על ארעא תישדוניה DT 12:16
לך בסופך: הוו זהירין **דלא** תימרון בליבכון חילן ותקוף DT 8:17
לאשכחא רחמין בעינך **דלא** תינטר לי בבו עלה: ותבו GN 32:6
כמא דטייס נישרא אומא **דלא** תישמע לישניה: אומא חציפי DT 28:49
מדבחי אלהין בגישריא **דלא** תיתחמי ערייתך עלוי: ואיליין EX 20:26
תהוויין לנשין: מטול **דלא** תיתקף אחסנא לבני ישראל NU 36:7
דבני ישראל לא יתפסון **דלא** תמותון: ומליל ייי עם משה NU 18:32
ותישתון: אזדהרון **דלא** תנוסון להון ארום ייי אלקכון DT 2:7
עמי בני ישראל הוו זהירין **דלא** תנסון ית ייי אלקכון היכמא DT 6:16
ארעא דקיימת לאבהתנא **דלא** תשלחפיננא בעם אוחרן: ואמר EX 34:9
לסהדו ארום גלי קדמי **דלא** תתנשי מפום בניהון ארום גלי DT 31:21
לממת אי ניחא לקמך **דלי** מיני דאעבור ית יורדנא ואחמי DT 32:50
תהוי על אגרי לקמך כל **דלתוהי** נמור וקרוח בעזיא ולחוש GN 30:33
מתשמיש דעריס **הלא** אוף עימנא מליל ושמיע קדם NU 12:2
רשו לגבר דייכול מיניה **הלא** אישתא היא דאכלא יתיה NU 28:2
יקרא: ואמר בלעם לבלק **הלא** אם עזגדייך דשדרת לוותי NU 24:12
דידי שרי ברטיבא **הלא** אנא אתנך דרכבת עלי מן NU 22:30
ית עמך עני ואמר ליה **הלא** אנת הוא לבן ארמאה דבעית NU 31:8
אמר אנת דאסירא היא **הלא** אנת נסיבת ית מדייניתא ברת NU 25:6
דיורדנא ענה ואמר להון **הלא** במדברא בטוורא דסיני DT 1:1
וחולף דחסדותי למימר **הלא** בר פוטי מדינאה הוא הא אנא NU 25:13
אורייתא ולא חכימו **הלא** הוא אבוכון דיקנא יתכון הוא DT 32:6
אילו מנזף נזף באנפה **הלא** הות מיכספא ומיטרדא NU 12:14
לקבל טוורא דעיבל: **הלא** הינון יהיבין מלהלא ליורדנא DT 11:30
נשנא וטפלנא יהון למיבז **הלא** טב לנא דנתוב למצרים: ואמרו NU 14:3
מברכת להון: ואתיב ואמר **הלא** ית מאן דישוי ייי בפומי יתיה NU 23:12
ואתיב בלעם ואמר לבלק **הלא** מן שירויא מלילית עימך NU 23:26
סקול כאילין בתרין בניי **הלא** מעשרא תניינא איתפקד די LV 10:19
הכדין אינון אכזראין: **הלא** עובדיהון דהינון עבדין DT 32:34
ואמר בלק לבלעם **הלא** שדרא שדרית לותך למקרי לך NU 22:37
דלא אעיבר ית יורדנא **ודלא** איעול לארעא דייי אלקכון DT 4:21
לאתעובדא תעבדון **ודלא** כשרין לאתעובדא לא DT 23:24
קמי לקי שיחנא **ודלי** חמי לא תזממונה ליה: כד DT 25:4
חמרא דחד מנהון שחרית **ולא** אבאישית לחד מנהון: ואמר NU 16:15
נחתית לאיתותבא הכא **ולא** אדביקו יומיי יומי שני חיי GN 47:9

דאינשא ביש מטליותיה **ולא** אוסיף תוב למימחי ית כל דחי GN 8:21
חורנין ושדר ית יונתא **ולא** אוסיפת למיתב לותיה תוב: GN 8:12
לשלה ברי אירע יתי כדון **ולא** אוסף תוב למידעא במשכבא: GN 38:26
עולימתא דמיקדשא **ולא** אזדמן פריק לה: ארום ישכח DT 22:27
לא תהוון נטרי נחשין **ולא** אחורי סנהדרין עיינין: לא LV 19:26
דקרח ארום בחוביה מית **ולא** אחטי לחורנין ובנין דוכרין לא NU 27:3
אשכחית רחמין קדמך **ולא** אחמי בבישותי: ואמר ייי למשה NU 11:15
חורן דלא סליק עלה דכר **ולא** אטרחא באבצן עיבידתא NU 19:2
ליה ואיהוא ידע דמסאב **ולא** אידכי ויתחייב: או בר נש ארום LV 5:3
ואפסרא וקטרבא **ולא** אידעצא בזקתא וסול וסירתא NU 19:2
בגלל דעכב קרבא למחר **ולא** איזדרז ביומא ההוא לפורקנא EX 17:12
פירי אילנא די שייר ברדא **ולא** אישתייר כל ירוק באילנא EX 10:15
ממת ימותון במדברא **ולא** אישתייר להון איניש אילהין NU 26:65
ופטימתא: ועלא למעהן **ולא** אישתמודע ארום עלו למעהן GN 41:21
דאת הוא אלקא **ולא** אית בר מינך דשכינתך שריא DT 3:24
דאתעשן אע רומחא **ולא** איתבר מן מטולא נס תשיעאי NU 25:8
דאיתעבידו קורבניא **ולא** איתגליית שכינתא הוה אהרן LV 9:23
על ידוי דקין וקין איטרד **ולא** איתייחסו זרעיתיה בספר יחוס GN 5:3
ובעיני שכם בר חמור: **ולא** איתעכב רבייא למעבד GN 34:19
דמזמן קריב אתעבידא **ולא** איתעסקו בהון אבהתכון: DT 32:17
דתלק דלא ידעונין **ולא** איתפלגון להון: ותקיף רוגזא DT 29:25
זכאין כמא דלא ידעית **ולא** איתפרע: ואתפניאו מתמן תרין GN 18:21
דלא חמיין ולא שמעין **ולא** אכלין ולא מריחין: ותתבעון DT 4:28
ולא חקליה ולא עבדיה **ולא** אמתיה ולא תוריה ולא חמריה DT 5:21
חכימין אדם ואינתתיה **ולא** אמתינו ביקרהון: וחויא הוה GN 2:25
בתופין ובכינרין: **ולא** אמתנתני לנשקא לבני ברתיי GN 31:28
ייי אלקן מליל עימן **ולא** אנא באנפי נפשי בחורב למימר DT 1:6
עברית חדא מן פיקודייך **ולא** אנשיית: לא אכלית ביומי אבלי DT 26:13
דא חס לן למיתלי עינינן **ולא** אסתכלנן בחדא מנהן דלא NU 31:50
אכלית ביומי אבלי מיניה **ולא** אפרשית מיניה במסאב ולא DT 26:14
ייי ולא קביל ייי צלותכון **ולא** אצית למיליכון: ויתיבתון DT 1:45
ואשעמם ית מוקדשיכון **ולא** אקבל ברעוא ריח קורבניכון: LV 26:31
הוה בעי למטמע יתהון **ולא** ארעא הות בעיא למבלע יתהון EX 15:12
ופשפיש ית כל משכנא **ולא** אשכח: ואמרת לא יתקוף בעיני GN 31:34
דתרתין לחינתא **ולא** אשכח ונפק ממשכנא דלאה GN 31:33
אורח נשין לי ופשפש **ולא** אשכח צילמנייא: ותקיף רוגזא GN 31:35
משכונא מידא דאיתתא **ולא** אשכחא: ושאיל ית אינשי GN 38:20
עמא למלקוט מנא **ולא** אשכחו: ואמר ייי למשה עד EX 16:27
קמו רעייא על בירא **ולא** אשכחו מיא ואמתינו תלתא GN 31:22
בטילין מן פיקודייא **ולא** אשכחו מיא: ואתו למרה ולא EX 15:22
נהרא מוי למישתי **ולא** אשכחו צלילן ארום לא יכילו EX 7:24
ובבתי פונדקתא **ולא** אשכחוהו ועלו לבייתי וסגידו GN 42:6
נסיבית ושמשית עמה **ולא** אשכחית לה סהידוון: ויסבון DT 22:14
ובעת תלת משכוניא **ולא** אשכחתנון תלת עיינהא לשמי GN 38:25
מחתא דייי בענא דלבן **ולא** אשתיירו מינהון אלהין קלילין GN 29:9
פרזלא כשיעור תרויהון **ולא** אשתליפו מיניה נס עשיראי NU 25:8
ידוי כמימש ידוי דעשו: **ולא** אשתמודעיה ארום הוה ידוי GN 27:23
מצלהבא מן קדם ייי **ולא** אשתמודענא מה הוה ליה EX 32:23
רומחא באתר בירוזא **ולא** אשתמיט נס חמישאי כד סובר NU 25:8
רבהון דישראל דטרח **ולא** אתהני ואתרבי בארבעת כלילן DT 34:5
איתא בעלמא הדין **ולא** אתיא לעלמא דאתי לא יכילת NU 22:30
דתיקטול ית חבריה **ולא** אתכוון והוא לא סני ליה DT 4:42
או טלק עלוי כל מאן **ולא** אתכוון למקטליה: או בכל NU 35:22
מתהנייתי מינך במשכבא **ולא** אתכוונית למעבד לך הכדין NU 22:30
עלמא עפר יהוי מזוניה **ולא** אתרעם עלוי ועמי אתרעמו על NU 21:6
קירוין על תלת איליין: **ולא** אתשד אדם זכאי בארעכון דייי DT 19:10
מן כל דיתרעי ליביה **ולא** באלמותא תיסבון אפרשותי: EX 25:2
כל יציביא בישראל **ולא** בבר עממין יעבד הכדין ית NU 15:13
דייי דלא מיתו במותנא **ולא** בברדא ומולתא תליתיתא EX 14:7
עד דהיא בבית בעלה **ולא** בגרת נדרת או אסרת איסרא NU 30:11
דיקרב ביה מסאבא **ולא** בהיסיטא יהי מסאב ובר נש NU 19:22
מתפרנס מן מזוני דנח **ולא** בזכותיה אישתזב אלהין GN 14:13
למימר מה דא עבד ייי **ולא** בחובא דילנא: ואתו לות יעקב GN 42:28
לא יתקטלון לא בסהדות **ולא** בחובי אבהן איש בחובי על DT 24:16
אבהן לא בסהדות **ולא** בחובי בנין ובנין לא יתקטלון DT 24:16
מתשמיש דעריס וחזיו **ולא** בטומרא מתגלינה ליה באסנא NU 12:8
על נפשה בבית איבה **ולא** בטיל איבה עד לא אתניסבת NU 30:7
וישמע בעלה וישתוק לה **ולא** בטיל יתה ומית עד דלא בגרת NU 30:12
עד דהיא בבית איבהא **ולא** ביומי טליותה והיא בבית NU 30:17
עימיה ולא ידע במשכבה **ולא** בימקימה: ואתעברן תרתין בנת GN 19:35
ביה ואייתי עלי לווטן **ולא** בירכן: ואמרת ליה אימיה אין GN 27:12
ומועדייא ובימם **ולא** בליליא: ויהי ארום יעלינך ייי EX 13:10
מאן דמקרב על אנפי ברא **ולא** במיתא דבכריסא דאימיה NU 19:16
תורין ואימרי בני רחילין **ולא** בני מסאבין וגדיי בני עיזין ולא DT 14:4

מיניה תלגא לא בקייטא **ולא** בסתווא: כל קרוי מישרא וכל DT 3:9
וכל בוכרא דאינשא בברך **ולא** בעבדך תיפרוק בכספא: ויהי EX 13:13
אלקי ית מיא לא באדמא **ולא** בעורדענייא מן בגלל דהוות ליה EX 8:2
למואב בעידנא ההיא **ולא** בעידנא חורנא דהכין הווה NU 22:4
גוברין עקרין ונשין עקרן **ולא** בעירך עקירן מעמר וחלב DT 7:14
דחזי לה ביומי עובדא **ולא** בשביה ומועדייא ובימֹמא ולא EX 13:10
כד פטר פרעה ית עמא **ולא** דברינון ייי אורח ארע EX 13:17
ימא דעברתון במצעיהון **ולא** דחלו בית עמלק מן קדם ייי: DT 25:18
מלכא ואתקנס דין קטול **ולא** דלו מיניה עד דחמי בחדוות DT 32:50
חוה ית קין דלא מיניה **ולא** דמי ליה והבל איתקטל על ידוי GN 5:3
קדם ייי ית קליה דטליא **ולא** דן יתיה לפום עובדוי בישיא GN 21:17
מן ההוא מצראי גבר גיור **ולא** דעביד תתובא מן בני בנוי עד EX 2:12
דקיימית לאבהתהון **ולא** דרא דארגיזו קדמי לא יחמונה: NU 14:23
ואית ליה ציבעא יתירא **ולא** דריס תיכלון: ודין דלא תיכלון DT 14:11
או בר ישראל דאישתמד **ולא** הדר לא ייכול ביה: וכל נוכראי EX 12:43
ועל די ארגיזנן קדמוי **ולא** הדרנן לפולחניה אתעבידו DT 32:31
למלקי היא מחייבא **ולא** הוא ברם סדר קטולין לית LV 19:20
פרעה להום ית חילמיה **ולא** הוה אפשר לגבר די יפשר יתיה GN 41:8
ירחין דסכומהון תשעא: **ולא** הוה אפשר לה תוב לאטמרתיה EX 2:3
דייי איתמלי ית משכנא: **ולא** הוה אפשר למשה למיעל EX 40:35
לא הליך פיסיון מכתשא **ולא** הוה ביה שער מצלהב כחיזו LV 13:32
נפשי וקריב ליה ואכל **ולא** הוה חמרא גביה ואזדמן ליה GN 27:25
ארעא לשיבעין לישנין **ולא** הוה ידע חד מה דיימר חבריה GN 11:8
הות בביתיה דיהודה **ולא** הוה יהודה רחים יתה: וסטא GN 38:15
ההוא לפורקנא דישראל **ולא** הוה יכיל למיזקפהון בצלו ומן EX 17:12
ארבעין שנין מן מצרים **ולא** הוה כפנא אלהין תרתין שנין GN 50:3
ואתיבשו מבועיא **ולא** הוה מוי למישתי עמא: ונצו EX 17:1
יוסף ארום מיית אבוהון **ולא** הוה מסתחר עמהון כחדא GN 50:15
הוה עננא מקפל וקאים **ולא** הוה נטיל עד דמשה הוה קאי NU 10:35
הוה עננא מקפל וקאים **ולא** הוה פריס עד דהוה משה קאי NU 10:36
דלא פלח לטעותיה **ולא** הוה רשותא לנורא למוקדיה GN 11:28
סגיאין ואתא לחברון **ולא** הוה שביק ליוסף למקבור ית GN 50:13
למחמי כולהון קריבוי **ולא** הוו יכלין להנזקותיה נס NU 25:8
שכיבת איתגניזת בירא **ולא** הוו מוי לכנישתא ואיתכנישו NU 20:2
בבתי מדרישיהון **ולא** הוון תרעיהון מכוונין כלו קבל NU 24:2
וייתי גבר דשמיש עימה **ולא** היא ית קרבן אשמיה לתרע LV 19:21
על מימרא דייי אלקכון **ולא** הימנתון ליה ולא קבילתון DT 9:23
לא שתו חמרא לא הוא **ולא** הינון עד יומא ההוא: ופקיד ית GN 43:34
דלא חכים ית יוסף **ולא** הליך בנימוסוי: ואמר לעמיה EX 1:8
ייי לברכא ית ישראל **ולא** הליך זמן בתר זמן לקדמות NU 24:1
מיא מעילוי אנפי ארעא: **ולא** השכחת יונתא נייחא לפרסת GN 8:9
דהוה שיתא פרסי **ולא** ואשתלהי נס שביעאי זקפינון NU 25:8
בנורא לא קסומי קוסמין **ולא** חדודי עינין ולא נטורי נחשין DT 18:10
דלא יהנזקון להון כובין **ולא** חיוין ועקרבין וחד מטייל EX 12:37
דמשה ומתכביש **ולא** חכים בר נש ית קבורתיה עד DT 34:6
טפשין וקבילו אורייתא **ולא** חכימו הלא הוא אבוכון דיקנא DT 32:6
ולא עבר דהוא מחליף **ולא** חליף דדיליה הוא כליל EX 15:18
לא עם בניכון דלא ידעון **ולא** חמון ית אולפן אורייתא דייי DT 11:2
ברם מקטל קטיל **ולא** חמיתיה עד כדון: ותדברון אוף GN 44:28
ולא אמתיה ולא תוריה **ולא** חמריה ולא כל מאן דאית DT 5:21
תיכלון ולא תרין יומין **ולא** חמשא יומין ולא עשרא יומין NU 11:19
דאיטפש מסוגעי חכמתי **ולא** חס על ישראל זרעא דבני NU 22:5
מעשר קודשוי דיליה יהון **ולא** חסרן ניכסוי גבר מה דייתן NU 5:10
ועד חמש שנין דלא רדיין **ולא** חצדין: ושדרני ייי קדמיכון GN 45:6
מנכון ית ביתיה דחבריה **ולא** חקליה ולא עבדיה ולא אמתיה DT 5:21
עינין ולא נטורי נחשין **ולא** חרשין: ומחברין ואסרין חיווין DT 18:10
בני נשא דעל אנפי ארעא **ולא** חש למיליהון: ואמר ייי למשה NU 12:3
ולא צלוב בקיסא בחקלא **ולא** טאיף על אנפי מיא לא DT 21:1
ולא לקו ביקידתא **ולא** טמעו בבליעת ארעא: בנוי NU 26:11
יומין דילמא תיהי טייפא **ולא** טפת ובכין איתני ללבן ביומא GN 31:22
חובא: מיתן תיתנון ליה **ולא** יבאש ליבכון במיתנכון ליה DT 15:10
ומתונין בדיני נפשתא **ולא** יבהתון למישאלא דינא LV 24:12
וזריזין בדיני ממונא **ולא** יבהתון למשיילא דינא NU 9:8
ומתונין בדיני נפשתא **ולא** יבהתון למשיילא דינא NU 15:34
ומתונין לדיני נפשתא **ולא** יבהתון למשיילא דינא NU 27:5
תחומכון שובעא יומין **ולא** יבית בר מן בישרא דתיכסון DT 16:4
אדם ניכסת פיסחי **ולא** יבית בר מן מדבחא תרבי EX 23:18
חמיע ניכסת פיסחי **ולא** יביתון לצפרא בר ממדבחא EX 34:25
אבוי כל דכן איתת אבוי **ולא** יגלי כנפא דגלי אבוי: לא ידכי DT 23:1
ברעוא קדם ייי: **ולא** ידבחון תוב ית דיבחיהון LV 17:7
ברמשא: וגבר דיסתאב **ולא** ידי עלוי וישתיצי בר נשא NU 19:20
בגושמיה ובדמיה דימות **ולא** ידי עלוי ית משכנא דייי סאיב NU 19:13
ושמישת עם אבוהא **ולא** ידע במישכבה אלא ידע GN 19:33
זעירתא ושמישת עימיה **ולא** ידע במשכבה ולא בימקימה: GN 19:35

דלא כשרין לאתעובדא **ולא** ידע ואתחייב ויקביל חוביה: LV 5:17
דעימי מן דיליך וסב לך **ולא** ידע יעקב ארום רחל גנבתנון: GN 31:32
דאית ליה בידא דיוסף **ולא** ידע עימיה מדעם אלהין GN 39:6
ית מנא דלא ידעתון **ולא** ידעון אבהתך מן בגלל DT 8:3
ואין בעלה בטילינון **ולא** ידעת ועברת מן קדם ייי NU 30:13
ית אגרי עשר חולקין **ולא** יהב ליה ייי רשו לאבאשא עמי: GN 31:7
ותימהיא רברביא האינון: **ולא** יהב מימרא דייי לכון ליבא DT 29:3
אפרשית מיניה במסאב **ולא** יהבית מיניה תכריכין לנפש DT 26:14
ואפילת ית וולדהא **ולא** יהו בה מותא מתקנסא יתקנס EX 21:22
זיתיכון: בנין ובנן תולדון **ולא** יהוון מהניין לכון ארום יזלון DT 28:41
טבא לרווחי עקתכון **ולא** יהוי בכון מחוי קושטא היכמא DT 28:29
דילמא אית בכון השתא **ולא** יהוי בתר דנא בר נש או איתא DT 29:17
לכל נפשא הוא ממשכן **ולא** יהוי גבר אסר חתנין וכלין DT 24:6
תהי זכותין מגנא עליהון **ולא** יהוי גברא דיקום ויצלי DT 28:15
ויחפי ית חזוונא דארעא **ולא** יהוי יכיל למיחמי ית ארעא EX 10:5
בעלי דבביהון דעמך **ולא** יהוי לסנאיהון ריגל לימקום NU 10:35
האינון ולא תנוחון **ולא** יהוי מנח לפרסת ריגליכון ויתן DT 28:65
בגין ברתיה דיעקב **ולא** יהוי שכם בר חמור מלגלג GN 34:31
קדם ייי כד תימני יתהון **ולא** יהון בהון ניזקא דמותא כד EX 30:12
ולכפרא על בני ישראל **ולא** יהי בבני ישראל מותא בזמן NU 8:19
קטורת בוסמין קדם ייי **ולא** יהי גבר מתנטל למיפלוג על NU 17:5
שיקרא דקיימין לקובליה **ולא** יהי לסנאוי דיוחנן כהנא רבא DT 33:11
עוד ממוי דטובעא **ולא** יהי עוד טובענא לחבלא ארעא: GN 9:11
מליל עם אהרן אחוך **ולא** יהי עליל בכל עידן לקודשא מן LV 16:2
חזור למשכנא דסהדותא **ולא** יהי רוגזא על כנישתא דבני NU 1:53
נפשת חיתא בכל ביסרא **ולא** יהי תוב מיא לטובענא לחבלא GN 9:15
וית מטרת מדבחא **ולא** יהי תוב רוגזא דהוה על בני NU 18:5
ישראל ישמעון וידחלון **ולא** יוספון למעבד כפיתגמא בישא DT 13:12
ישמעון וידחלון **ולא** יוספון למעבד תוב כפיתגמא DT 19:20
יתעביד ביה פולחן ארעא **ולא** יזדרע וינפקון תמן ית עגלתא DT 21:4
ייי אלקכון לא ישביקנכון **ולא** יחבלכון ולא יתנשי ית קימא DT 4:31
אתר משרוייכון קדישא **ולא** יחמי בכון קלנא דמידעם דלא DT 23:15
קדמך ואפתי ית תחומך **ולא** יחמיד אינש ית ארעך בזמן EX 34:24
מנכון ית ביתא דחבריה **ולא** יחמיד חד מנכון ית אינתתיה EX 20:17
הינון למיהוי עם חמודין **ולא** יחמיד חד מנכון ית ביתא EX 20:17
בכון ויחוד ית ענני שמיא **ולא** יחתון מיטרא וארעא לא תיתן DT 11:17
ביה יהי מסאב עד רמשא **ולא** ייכול מן קודשייא אלהין אין LV 22:6
ייחי ראובן בעלמא הדין **ולא** יימות במיתותא דמייתון בה DT 33:6
גבר על פולחניה ומטוליה: **ולא** ייעלון למתחמייא כד ייעלון NU 4:20
הינון למיהוי עם חמודין **ולא** יירוג חד מינכון ית אינתתיה DT 5:21
ית אינתתיה דחבריה **ולא** יירוג חד מנכון ית ביתיה DT 5:21
נבי שיקרא בשמא דייי **ולא** ייתי פיתגמא ולא יתקיים הוא DT 18:22
בבישתא דתיברז ית אבא: **ולא** יכיל יוסף למסוברא דלא GN 45:1
ישראל יקרן מן סיבו **ולא** יכיל למיחמי וקריב יתהון GN 48:10
בעא למשלפיה מן רישיה **ולא** יכיל מן בגלל דמשכי ככיה NU 21:35
העוד כדון אבא קיים **ולא** יכילו אחוי לאתבא ליה פתגם GN 45:3
סגי באינשא ובבעירא: **ולא** יכילו איסטיגניניא למיקם EX 9:11
לאנפקא ית קלמין **ולא** יכילו והות מחת קלמי שלטא EX 8:14
ארום איתריכו ממצרים **ולא** יכילו למישהי וספיקא להון EX 12:39
אשכחו מיא: ואתו למרה **ולא** יכילו למישתי מוי ממרה ארום EX 15:23
ארום הוה קיניינהון סגי **ולא** יכילו למיתב כחדא: והוו דיינין GN 13:6
דפוקדניה רמיא עליהון **ולא** יכילו למעבד פיסחא ביומא NU 9:6
בנהרא מיתו וסרי נהרא **ולא** יכילו מצראי למישתי מוי מן EX 7:21
נחלין מוחין מתגברין **ולא** יכילת למסובלא יתהון GN 49:4
ארעא למיעול לאפרת **ולא** יכילת לסוברותה למקברה GN 48:7
יחפס אינש גוב בשוקא **ולא** יכסיניה ונפיל תמן תורא או EX 21:33
קדם ייי ובזמן מיפיקיה **ולא** ימות באישא מצלהבא: ותעביד EX 28:35
כפורתא דעל סהדותא **ולא** ימות באישא מצלהבא קדם ייי: LV 16:13
באבנא או במרתוקא **ולא** ימות ויפול למרע: אין יקום EX 21:18
ובין גיתי דמצראי **ולא** ימות מכל לבני ישראל מידעם: EX 9:4
קטולא מן תבע אדמא **ולא** ימות קטולא עד דיקום קדם NU 35:12
ולמדבחא לא יקרבון **ולא** ימותון אוף הינון אוף אתון: NU 18:3
להון וייחון בחיי דצדיקי **ולא** ימותון באישא מצלהבא NU 4:19
למשכן זימנא יקדשון מוי **ולא** ימותון באישא מצלהבא או EX 30:20
ויקדשון ידיהון וריגליהון **ולא** ימותון באישא מצלהבא ותהי EX 30:21
ולא יקבלון עלוי חובא **ולא** ימותון ביה באישא מצלהבא LV 22:9
תורעמותהון מן קדמי **ולא** ימותון: ועבד משה היכמא NU 17:25
תצלון דין גיורא ויתמא **ולא** ימשכן חד מנכון כסו DT 24:17
למשריתא תפטורונון **ולא** יסאבון ית משירייתהון NU 5:3
באורחא הדין תוב: **ולא** יסגון ליה נשין על תימנסרי DT 17:17
תיקוני גבר על איתא **ולא** יספר גבר שיחייה ועריתיה ובי DT 22:5
זרע ולא תרבי צימחין **ולא** יסק בה כל עיסבא תשתקע DT 29:22
נשיהון סמיך לווסתהון **ולא** יסתקף עליהון דימותון מטול LV 15:31
כנענאי האפשר דאמר **ולא** יעבד ומה דמליל האפשר דלא NU 23:19

בר מארבעה גרמידי **ולא** יפוק אינש מאתריה לטיילא EX 16:29
אתקיף ית יצרא דליביה **ולא** יפטור ית עמא: ותימר לפרעה EX 4:21
מבנת עמיה יסב איתא: **ולא** יפיס זרעיה בעמיה ארום אנא LV 21:15
ומן מקדשא לא יפוק **ולא** יפיס ית מקדשא דאלקיה LV 21:12
לא יקרב ארום מומא ביה **ולא** יפיס ית מקדשי ארום אנא ייי LV 21:23
שנין ייתוב מחיל פולחנא **ולא** יפלח תוב: וישמש עם אחוי NU 8:25
ויתן לכהנא ית קודשא: **ולא** יפסון ית קודשיא דבני ישראל LV 22:15
קדישין יהון קדם אלההון **ולא** יפסון ית שמא דאלההון ארום LV 21:6
מקודשיא דבני ישראל **ולא** יפסון ית שמא דקודשי דהינון LV 22:2
קודשא: לא ישלחפיניה **ולא** יפרג יתיה שלים בדביה מומא LV 27:10
לא יפשפיש בין טב לביש **ולא** יפרגוניה ואין מפרוג יפריג יתיה LV 27:33
ויתלע יתיה בגדפוי **ולא** יפריש גדפוי מיניה ויסיק יתיה LV 1:17
ית רישיה לקבל קודליה **ולא** יפריש רישיה מן קדליה: וידי מן LV 5:8
רמשא וידכי: ואין ארשע **ולא** יצבע ובישריה לא יסחי ויקבל LV 17:16
כל בר נש די יכול לציימא **ולא** יצום בכרן יומא הדין וישתיצי LV 23:29
סבר לקיימה ית נפשיה **ולא** יקבול עלך קדם ייי ויהי בך DT 24:15
לשמשא בקודשא **ולא** יקבלון חובא באישא מצלהבא EX 28:43
ואמר והא לא יהימנון לי **ולא** יקבלון מיני ארום יימרון לא EX 4:1
אוף לתרין אתייא האילין **ולא** יקבלון מינך ותיסב מן מוי EX 4:9
ויטרון ית מטרת מימרי **ולא** יקבלון עלוי חובא ולא ימותון LV 22:9
אדמיה באדבע יד ימיניה **ולא** יקבליניה במנא וידי לסידורא NU 19:4
דישראל עם קטולין **ולא** יקומון בניכון מן בתריכון EX 20:13
למשכן בית מותביה **ולא** יקרב לציד אינתתיה שובעא LV 14:8
בני קהת למסוברא **ולא** יקרבון לקודשא דלא ימותון NU 4:15
ית פולחן משכן זימנא: **ולא** יקרבון תוב בני ישראל למשכן NU 18:22
במלכותא דבבל **ולא** ירחק מימרי יתהון במלכותא LV 26:44
שכינת יקרי ביניכון **ולא** ירחק מימרי יתכון: ואשרי איקר LV 26:11
יהי בסעדך לא ישבקינך **ולא** ירחקינך לא תידחל ולא DT 31:8
קדמכון לא ישבקינכון **ולא** ירחקינכון: וקרא משה ליהושע DT 31:6
וכל עמא ישמעון וידחלון **ולא** ירשעון תוב: ארום תיעלון DT 17:13
מימרא דייי על תרעא **ולא** ישבוק מלאכא מחבלא למיעול EX 12:23
קדם ייי עובד ידי אומן **ולא** ישוי בטומרא מלטטיא הוון DT 27:15
על סנאינן וישיצון יתן **ולא** ישיירון מינן אוף לא חד ומן EX 1:10
אדמא ואיחוס עליכון **ולא** ישלוט בכון מלאך מותא EX 12:13
מריה מיניה מומתא **ולא** ישלם: ואין איתגנבא יתגניב EX 22:10
ואקיים ית קימי עימכון **ולא** ישתיצי כל בישרא עוד ממוי GN 9:11
דתיהוין בארעא דמצרים **ולא** ישתיצי עמא דארעא בכפנא: GN 41:36
עממיא לא תידכרון **ולא** ישתמע על פומכון: תלתא EX 23:13
ידא אפיק ייי יתכון מיכא **ולא** יתאכל חמיע: יומא דין אתון EX 13:3
מלקות יתיר ויסתכן **ולא** יתבזי אחוך ואנת חמי ליה: לא DT 25:3
ולבנתך עימך לקיים עלם **ולא** יתבטיל הי כמלחא דמבסים NU 18:19
יהוון אניסין מן קדמיכון **ולא** יתובון לכון ענכון מסירין DT 28:31
ולא שותפין עם חמודין **ולא** יתחמון בכנישתהון דישראל EX 20:17
ארום ביה נפקת ממצרים **ולא** יתחמון קדמיי ריקנין: וחגא EX 23:15
ולא שותפין עם גייורין **ולא** יתחמי בכנישתהון דישראל עם EX 20:14
ולא שותפין עם גנבין **ולא** יתחמי בכנישתהון דישראל עם EX 20:15
עם מסהדין סהדי שיקרא **ולא** יתחמי בכנישתהון דישראל עם EX 20:16
ולא שותפין עם קטולין **ולא** יתחמי בכנישתהון דישראל עם DT 5:17
ולא שותפין עם גייורין **ולא** יתחמי בכנישתהון דישראל עם DT 5:18
ולא שותפין עם גנבין **ולא** יתחמי בכנישתהון דישראל עם DT 5:19
מסהדי סהדן דשיקרא **ולא** יתחמי בכנישתהון דישראל עם DT 5:20
ולא שותפין עם חמודין **ולא** יתחמי בכנישתהון דישראל עם DT 5:21
ולא שותפין עם קטולין **ולא** יתחמי בכנישתיהון דישראל EX 20:13
יתאכל ית שבעא יומין **ולא** יתחמי לך חמיע ולא יתחמי לך EX 13:7
ולא יתחמי לך חמיע **ולא** יתחמי לך חמיר בכל תחומך: EX 13:7
וכל בוכרא דברך תיפרוק **ולא** יתחמיין קדמי ריקנין: שיתא EX 34:20
עליהון מיטרא וברדא **ולא** יתחרכון בשרבי שימשא וחד EX 12:37
כפנא ית דיירי ארעא: **ולא** יתידע שובעא דהוה בארעא מן GN 41:31
דאשתכח בחקלא **ולא** יתכניש לביתא ויחות עילויהון EX 9:19
על שום אחוי שכיבא **ולא** יתמחי שמיה מישראל: ואין לא DT 25:6
מדבחא נפיל עילוי קנקל **ולא** יתמטי לארעא ונסבין יתיה EX 27:5
מליל אנת עימנא ונקביל **ולא** יתמליל עימנא תוב מן קדם ייי EX 20:19
אסגאה אסגי ית בנייכי **ולא** יתמנון מסגי: ואמר לה מלאכא GN 16:10
אלהין למטייבא **ולא** יתמנע חד מנכון למלפא זכו על EX 23:2
לא ישווי עלה מישחא **ולא** יתן עלה לבונתא ארום LV 5:11
לא יריק עלה מישחא **ולא** יתן עלה לבונתא ארום מנחת NU 5:15
יתרגמא יתרגם תורא **ולא** יתנכס למיכול ית בישריה EX 21:28
ישביקנכון ולא יחבלכון **ולא** יתנשי ית קימא דאבהתכון DT 4:31
למהוי נפקת ברא **ולא** יתפס גברא בר ישראל ית DT 23:18
אדיק על המיין אפודא **ולא** יתפרק חושנא מעילוי איפודא: EX 28:28
אדיק על המיין אפודא **ולא** יתפרק חושנא מעילוי אפודא EX 39:21
אחסנתיה לא יזדבן **ולא** יתפרק כל אפרשא קדש LV 27:28
וכדון לא תתנססון **ולא** יתקוף בעיניכון ארום זבינתון GN 45:5
במשמעיה דריבוני **ולא** יתקוף רוגזך בעבדך ארום מן GN 44:18

דייי ולא ייתי פיתגמא **ולא** יתקיים הוא פיתגמא דלא DT 18:22
ותהי לאב סגי עממין: **ולא** יתקרי תוב שמך אברם ויהי GN 17:5
גובריא ויתעסקון בה **ולא** יתרחצון על מילי שקרא: ונפקו EX 5:9
לא תיכלון מיניה כד חי **ולא** כד בשלא בחמרא ומישחא EX 12:9
בשירויא לחטאתא **ולא** כהילכת חטאתא דתורא LV 5:10
סגי מלמיתב כחדא **ולא** כהילת ארעא תותבתהון GN 36:7
ולא תוריה ולא חמריה **ולא** כל מאן דאית לחבריה ארום DT 5:21
סעדוי וסופיה להובדא **ולא** כמיתותא דקרח וככנישתיה NU 17:5
כל נישמא לא לעבדין **ולא** לאמהן: ארום גמרא תגמרינון DT 20:16
דחבריה ולא לעבדיה **ולא** לאמתיה ולא לתוריה ולא EX 20:17
זימניה קביע בהדא זימנא **ולא** לדריא ויסבון להון אימר לבית EX 12:3
תיכלון יתיה בזימנא דא **ולא** לדריא חרציכון יהון מזרזין EX 12:11
דייי יתכון למלכין **ולא** להדיוטין ותהון לחוד מנטלין DT 28:13
לאמתיה ולא לתוריה **ולא** לחמריה ולא לכל מאן דאית EX 20:17
ולא לתוריה ולא לחמריה **ולא** לכל מאן דאית לחבריה ארום EX 20:17
רשאין לא למבשלא **ולא** למיכול בשר וחלב מערבין EX 23:19
אתון רשאין למבשלא **ולא** למיכול בשר וחלב תריהון EX 34:26
בארעית מקדשיכון **ולא** למסגוד לה ארום אנא ייי LV 26:1
מן בישרא בר מחבורתא **ולא** למשדרא דורונין גבר לחבריה EX 12:46
ית אינתתיה דחבריה **ולא** לעבדיה ולא לאמתיה ולא EX 20:17
דגדעון אנא מסכי **ולא** לפורקניה דשמשון אנא מודיק GN 49:18
מכל טעוותא דאשתייר **ולא** לקא וייתון למסגוד ליה EX 14:2
נביא לא מיתו במותנא **ולא** לקו ביקידתא ולא טמעו NU 26:11
לעבדיה ולא לאמתיה **ולא** לתוריה ולא לחמריה ולא לכל EX 20:17
בתולתא דקריבא ליה **ולא** מארסא ודעד כדון לא הות LV 21:3
דאין הוה מבריך ליצחק **ולא** מבריך לישמעאל הוה נטיר ליה GN 25:11
בחמרא ומישחא ושקייני **ולא** מבשל במיא אלהין טוי נור עם EX 12:9
דסובתא דמפמיה ומגויה **ולא** מגביה: וכל מאן דמקרב על NU 19:15
ישראל ית מצראי מיתין **ולא** מיתין רמאין על גיף ימא: וחמון EX 14:30
דעללתא דארעא **ולא** מן אוריזא ודוחינא וקיטני NU 15:19
למתבוע אוזפותיה **ולא** מן אחוי בר ישראל ארום קרא DT 15:2
ניכסת פיסחי עד צפרא **ולא** מן בישרא דתיכלון ברמשא: EX 23:18
מן נימיא ולא מן סיסיא **ולא** מן גרדיא אלהין לשומהון NU 15:38
מלכא דמצרים למיזל **ולא** מן דחיליה תקיף אלהין בגין EX 3:19
וישמע יתה לנא ונעבדינה: **ולא** מן האל לעיבר ימא רבא היא DT 30:13
דכיא מן תורי ומן ענא **ולא** מן חיתא תקרבון ית קורבנכון: LV 1:2
קדמיי הוון משתלחין **ולא** מן חרשיותא דבני נשא בגין EX 9:14
ואמרו איסטגניני פרעה **ולא** מן כח גבורת משה ואהרן היא EX 8:15
דאיתילידו בארעכון **ולא** מן כנענאי ויהון לכון לאחסנא: LV 25:45
דיקום בתרוי מן בנוי **ולא** מן ליואי בזמן דיעולו למשכן EX 29:30
אינש די יקרב מנכון **ולא** מן משעמדיא פלחי טעוותא LV 1:2
והינון חשיבין כמיתיא **ולא** מן סוף דהוה עלך רחמין הוינא EX 10:29
ציצייתא לא מן נימיא **ולא** מן סיסיא ולא מן גרדיא אלהין NU 15:38
למשכנא אורח תרעא **ולא** מן צדדיה כדפתיח תרעיה וכל NU 19:14
לן מבעלי דבבינן **ולא** מן קדם ייי אתגזרת כל דא: DT 32:27
רב בביתא הדין מיני **ולא** מנע מיני מדעם אלהין יתיך מן GN 39:9
דעבדת ית פיתגמא הדין **ולא** מנעת ית ברך ית יחידך: ארום GN 22:16
הי כנהשא דמזייע **ולא** מספקין לכון טלין ומיטרין DT 28:23
ייבם הי כיומי טליותא **ולא** מעברא מן מזוניה דאיבהא LV 22:13
דאימיה ויכסנון יתיה **ולא** מקבל אולפן מנהון: ויחדון ביה DT 21:18
מרחקא היא קדם ייי **ולא** מרחקין בנהא דתיליד מיניה DT 24:4
ולא שמעין ולא אכלין **ולא** מריחין: ותתבעון מתמן למיתב DT 4:28
יתהון לעלמא דאתי **ולא** משהי לסנאוי אלא עד דהינון DT 7:10
בחיין בעלמא דאתי **ולא** משהי לסנאוי אלא עד דהינון DT 7:10
שלף ולא סוסא אסר **ולא** משיריין ארגיש כלילא דשמא DT 34:5
הינון דאתיין לקדמותי **ולא** משרויין דלבן הינון דהדרו GN 32:3
ישרינון בארעהון **ולא** משרי ביניהון פלחי פולחנא DT 32:12
אנת הוא חי וקיים דחמי **ולא** מתחמי ארום אמרת הא ברם GN 16:13
עלוי יקר חי וקיים דחמי **ולא** מתחמי: ואילין תולדת GN 25:11
עלוי חי וקים דחמי **ולא** מתחמי והוא הוה יתיב בארע GN 24:62
ואדיקין הוון כרוביא **ולא** מתפרשין מן כפורתא ארום EX 37:8
טעוותא בדבית יעקב **ולא** מתקיימין עבדי ליעות שקר NU 23:21
בארעך לא נשרגגה בתולן **ולא** נאנוס אריסן ולא נבעול נשי NU 20:17
הדין דהוא עלם עביר **ולא** נבהית באנפי אבהתיי צדיקייא GN 38:25
אריסן ולא נשרגג בתולן **ולא** נבעול נשי גוברין אורח מלכא NU 21:22
בתולן ולא נאנוס אריסן **ולא** נבעול נשי גוברין באורח מלכא NU 20:17
שתא דלא אתפלח בה **ולא** נגדת בניר: ויחתון חכימי קרתא DT 21:3
מינך ריבוני צלי כען עלה **ולא** נובדא זכותה מיגו קהלא: וצלי NU 12:12
קוסמין ולא חדודי עינין **ולא** נטורי נחשין ולא חרשין: DT 18:10
ית מטרת מימרא דייי **ולא** נטלין: ואית זמן דהוי ענן יקרא NU 9:19
עלוי שרן בני ישראל **ולא** נטלין ובזמן אסתלקותיה NU 9:22
ומשכנא ובירא לא זייעין **ולא** נטלין עד זמן דאיתסיית מרים NU 12:16
לא מסתלק ענן יקרא **ולא** נטלין עד יום איסתלקותיה: EX 40:37
אנפי מריה תלתי זימניה **ולא** נטריה ומבתר כן קטל גברא או EX 21:29

מאיתמלי ומידקדמוי **ולא** נטריה מריה שלמא ישלם	EX 21:36
חובא: לא תהוון נקמין **ולא** נטרין דבבו לבני עמך ותרחמיה	LV 19:18
תסנוור ותנצח יתהון **ולא** ניסוק לתמן: ותקיף למשה	NU 16:14
הדין באישא טפייא **ולא** ניקד בעלמא דאתי באישא	GN 38:25
שביעתא הא לא נזרע **ולא** נכנוש ית כתי עללתנא: ואפקיד	LV 25:20
עמי נקום וניזיל וניחי **ולא** נמות אוף אנן אוף אנת אוף	GN 43:8
למתחייבא בחדא מנהין **ולא** נמות במיתותא דמייתין בה	NU 31:50
והב בר זרעא וניחי **ולא** נמות וארעא לא תשתומם:	GN 47:19
וזבונו לנא מן תמן וניחי **ולא** נמות: ונחתו אחי יוסף עשרה	GN 42:2
ומן גברא דקדיש איתתא **ולא** נסבה יהך ויתוב לביתיה	DT 20:7
דאתקריש אדמהון **ולא** נפל עילוייה כיוון דאוביל	NU 25:8
בפיטקיא כתיביא **ולא** נפקן למשכנא דאיטמרו	NU 11:26
מתמן וחפס ביר אוחרי **ולא** נצו עלה הי כקדמאי וקרא	GN 26:22
ובינך ותתמלי ארעא מינן **ולא** נצטרך לבנהא דהגר ברת פרעה	GN 16:5
בארעך לא נאנוס אריסן **ולא** נשרגג בתולן ולא נבעול נשי	NU 21:22
לא כהיין גלגילי עינוי **ולא** נתרון ניבי ליסתיה: ובכון בני	DT 34:7
הוו עאן ותורין ומשכנין: **ולא** סוברת יתהום ארעא למיתב	GN 13:6
מן שמייא לא חרבא שלף **ולא** סוסא אסר ולא משיריין ארגיש	DT 34:5
דמישתמע מיגו אישתא **ולא** סליקתון בטורא כד אמר: עמי	DT 5:5
היכמא דפקיד משה **ולא** סרי וריחשא לא הות ביה: ואמר	EX 16:24
חיין לקידוש ולא פסקין **ולא** סריין כל יומיא: ונסבין משה	EX 40:30
חייתא מן קדם ייי **ולא** עבדא היכמא דמליל להין	EX 1:17
על מנת דיעבדון תתובא **ולא** עבדו ארום אמרו לא גלי קדם	GN 19:24
מן בגלל דיעבדון תתובא **ולא** עבדו: שמחזאי ועזאל הינון נפלן	GN 6:3
דחבריה ולא חקליה **ולא** עבדיה ולא אמתיה ולא תוריה	DT 5:21
בריש פרוקן דהוה מעבר **ולא** עבר דהוא מחליף ולא חליף	EX 15:18
מסאבין וגדיי בני עיזין **ולא** עירובי טמיין: אילין וטביין	DT 14:4
ארום דחלא דייי אנת **ולא** עכיבתא ית ברך ית יחידך מיני:	GN 22:12
לא חיות ברא אכלתיה **ולא** על יד בני נשא איתקטל אלא	GN 37:33
דכסף ומיזפו דמיכלא **ולא** על מזפו דכל מידעם דמיתרבי:	DT 23:20
לאברהם ליצחק וליעקב: **ולא** עמכון בלחודיכון אנא גזר ית	DT 29:13
וקרא לדחלתא דאיבה **ולא** ענה יתה ומן יד טלקת ית ריבא	GN 21:15
ושוי ליה עדרין בלחנדוי **ולא** ערביבינון עם ענא דלבן: והוי	GN 30:40
יומין ולא חמשא יומין **ולא** עשרא יומין ולא עשרין יומין:	NU 11:19
יומין ולא עשרא יומין **ולא** עשרין יומין: עד ירח יומין עד	NU 11:19
תריסר בנין וברתא חדא **ולא** עשרתנון מן יד אפרש ארבעה	GN 32:25
יצרא ולבא דפרעה **ולא** פטר ית בני ישראל היכמא	EX 9:35
ייי ית יצרא ולבא דפרעה **ולא** פטר ית בני ישראל: ואמר ייי	EX 10:20
ייי ית יצרא דלבא דפרעה **ולא** פטר ית בני ישראל מארעיה:	EX 11:10
דליביה אוף בזימנא הדא **ולא** פטר ית עמא: ואמר ייי למשה	EX 8:28
יצרא דליבא דפרעה **ולא** פטר ית עמא: ואמר ייי למשה	EX 9:7
מן חקלא כל שתא ושתא **ולא** פירי שתא על פירי שתא אוחרי:	DT 14:22
רוח נבואה ואתנבון **ולא** פסקין: וישתיירון תרין גוברין	NU 11:25
תמן מיין חיין לקידוש **ולא** פסקין ולא סריין כל יומיא:	EX 40:30
אקים משה ית משכנא **ולא** פרקיה ולא שמיש תוב על גבי	LV 9:1
ומן גברא דינצב כרמא **ולא** פרקיה מן כהנא ואחליה יהך	DT 20:6
דהוה ליה למפרש יתהון **ולא** פרש נס תניין דאסתתם פומהון	NU 25:8
מניהון לא גולמיא **ולא** פשוטיא: כל מידעם דאורחיה	NU 31:22
ולית כנפיק ביה דסדיק **ולא** פשר מסאב הוא לכון	DT 14:8
ייי ית יצרא דלבא דפרעה **ולא** צבא למפטרינון: ואמר ליה	EX 10:27
אמרכלין ותורא לחד **ולא** צבא משה למיסב מנהון וקריבו	NU 7:3
דייי אלקנא יהיב לנא: **ולא** צבא סיחן מלכא דחשבון	DT 2:30
לקרבא מרבייני ביתיה **ולא** צבו למהלכא עמיה ובחר	GN 14:14
דעל פרת למילט יתכון: **ולא** צבי ייי אלקכון לקבלא מן	DT 23:6
דייי אלקנא יהיב לנא: **ולא** צביתון למיסוק והימנתון	DT 1:26
מכל אחוי ונטרו ליה בבו **ולא** צבן למללא עימיה שלם: וחלם	GN 37:4
תניין דאסתתם פומהון **ולא** צווחין דאילו הוון צווחין הוון	NU 25:8
יהיב לכון למירתה רמי **ולא** צלוב בקיסא בחקלא ולא	DT 21:1
לבטולתהון בצלותיה **ולא** צלי מטול כן אתקנס לימטת	NU 35:25
ותבתון ובכיתון קדם ייי **ולא** קביל ייי צלותכון ולא אצית	DT 1:45
דלא אהניין עובדך **ולא** קביל מימרא דייי מינך	NU 31:8
ייי ית יצרא דלבה דפרעה **ולא** קביל מינהון היכמא דמליל ייי	EX 9:12
יוסף יומא דין ויומחרא **ולא** קביל מיניה למשכוב גבה	GN 39:10
יצרא דליבא דפרעה **ולא** קביל מיניהון היכמא דמליל ייי:	EX 7:22
לעקתיה ויקר ית ליביה **ולא** קביל מנהון היכמא דמליל ייי:	EX 8:11
יצרא דלבא דפרעה **ולא** קביל מנהון היכמא ייי: ואמר ייי	EX 7:13
ורגיז ייי עלי בגללכון **ולא** קביל צלותי ואמר ייי לי סגי לך	DT 3:26
למיתנה לבנוי דישמעאל **ולא** קבילו יתה הדר ואתגלי	DT 33:2
למיתנה לבנוי דעשו **ולא** קבילו יתה הופע בהדרת איקר	DT 33:2
קדמי דנן עשר זימנין **ולא** קבילו למימרי: בשבועא אמירא	NU 14:22
לא ישייר מיניה עד צפרא: **ולא** קבילו מן משה ושיירו דתן	EX 16:20
משה כדין עם בני ישראל **ולא** קבילו מן משה מקפידות רוחא	EX 6:9
כד הוה מפייס לנא **ולא** קבילנא מיניה בגין כן אתת	GN 42:21
אלקכון ולא הימנתון ליה **ולא** קבילתון למימריה: מסרבין	DT 9:23
יצרא דליבא דפרעה **ולא** קבל מנהון היכמא דמליל ייי:	EX 8:15
דבביכון: ומלילית לכון **ולא** קבלתון וסרבתון על מימרא	DT 1:43
לא תיחטון בטלייא **ולא** קבלתון מיני ואוף אדמי הא	GN 42:22
גברא דיבנא ביתא חדתא **ולא** קבע ביה מזוזתא לשכללותיה	DT 20:5
דבדקו דחלבונא הוא **ולא** קטל יתיה ויהבי בבי אסירי	GN 39:20
דנצחין בסידרי קרבא **ולא** קל חלשין דמתנצחין מן בעלי	EX 32:18
כל אינש מן קדמיי **ולא** קם אינש עימיה כד	GN 45:1
דפקיד ייי ית משה: **ולא** קם נביא תוב בישראל כמשה	DT 34:10
לא חמון גבר ית אחוי **ולא** קמון אינש מאתריה תלתא	EX 10:23
נטורי נחשין בדבית יעקב **ולא** קסומי קוסמין ברבותא	NU 23:23
על ישראל כל ליליא **ולא** קרבא משרי כל קבל משרי	EX 14:20
יד איתגריאת בי מכתשא **ולא** קריבית לותה וכדון הא	GN 12:19
דבקוריי חוזרניהום **ולא** רדפו בתר בני יעקב: ואתא	GN 35:5
לא ירשמון בין עיניהון **ולא** רושם ברישיהון ואומנא	LV 21:5
לא מכסיא היא מנכון **ולא** רחיקא היא: לא בשמיא היא	DT 30:11
ערבנותא לא על שערין **ולא** ריביין: אין ממשכנא תמשכן	EX 22:24
לא תיסבון לא שערין **ולא** ריביין ותידחל מאלקך	LV 25:36
ומטיילין על ריגליהון **ולא** רכיבין על סוסוון בר מטפלא	EX 12:37
נזיל עד דניעיבר תחומך: **ולא** שבק סיחון ית ישראל למעיבר	NU 21:23
בגו שיבטא בני דדן **ולא** שבקוה מן בגלל דטיכסין	LV 24:10
בישא הדין ואיתבלו **ולא** שוויו גבר ית תיקון זיניה	EX 33:4
צורכיה ועאל לביתיה **ולא** שוי ליביה לחוד למחתא הדא:	EX 7:23
תהוון גייורין לא חברין **ולא** שותפין עם גייורין ולא יתחמי	EX 20:14
תהוון גייורין לא חברין **ולא** שותפין עם גייורין ולא יתחמי	DT 5:18
לא תהוון גנבין לא חברין **ולא** שותפין עם גנבין ולא יתחמי	EX 20:15
לא תהוון גנבין לא חברין **ולא** שותפין עם גנבין ולא יתחמי	DT 5:19
תהוון חמודין לא חברין **ולא** שותפין עם חמודין ולא	EX 20:17
תהוון חמודין לא חברין **ולא** שותפין עם חמודין ולא יתחמי	DT 5:21
סהדו דשיקרא לא חברין **ולא** שותפין עם מסהדי סהדן	DT 5:20
סהדי שיקרא לא חברין **ולא** שותפין עם מסהדין סהדי	EX 20:16
תהוון קטולין לא חברין **ולא** שותפין עם קטולין ולא יתחמי	EX 20:13
תהוון קטולין לא חברין **ולא** שותפין עם קטולין ולא יתחמי	DT 5:17
ית משכנא ולא פרקיה **ולא** שמיש תוב על גבי מדבחא בכן	LV 9:1
קיסא ואבנא דלא חמיין **ולא** שמעין ולא אכלין ולא מריחין:	DT 4:28
ארום שתיק לה ואתכוון **ולא** שרינון ביומא דשמע: ואין	NU 30:15
מן יציביא או מן גייורייא **ולא** תאיב מן סורחנותיה קדם ייי	NU 15:30
ליה ואיהו ידע דשקר **ולא** תב ואתחייב לחדא מן איליין:	LV 5:4
מנחתך במלחא תמלח **ולא** תבטל מלח קיים אלקך מעילוי	LV 2:13
ית חברך ולא תניס **ולא** תבית סוטרא דאגירא למעכבא	LV 19:13
וקטליה והוא לא סני ליה **ולא** תבע בישתיה: וידינון כנישתא	NU 35:23
למעבד לא תוספון עלוי **ולא** תבצרון מיניה: ארום יקום	DT 13:1
דאנא מפקיד יתכון **ולא** תבצרון מיניה מן לא למינטור	DT 4:2
לא תפקון צדדי רישיכון **ולא** תגלבון ית שומת דקניכון:	LV 19:27
ותהון לחוד מנטלין **ולא** תהון למאיסין ארום תקבלון	DT 28:13
ודילמא יעבד בהון שציו **ולא** תהי זכותין מגנא עליהון ולא	DT 28:15
באתכות אבר לפמהון **ולא** תהי זנו ביניכון: וגבר דיתן	LV 20:14
יתהון לארעא דישראל **ולא** תהי כנישתא דייי בלא חכימין	NU 27:17
חרבא ורדיף לא אית **ולא** תהי לכון תייקא למקום קדם	LV 26:37
אין אסב מכל דילך **ולא** תהי מתרברב למימר אנא	GN 14:23
ותהון דחלין יימם ולילי **ולא** תהימנון בחייכון: בצפרא תהוון	DT 28:66
יתכון לתמן למיתב בה: **ולא** תהכון בנימוסי עממיא דאנא	LV 20:23
ואמר אדם הדא זימנא **ולא** תוב תתברי איתתא מן גבר	GN 2:23
עללתא הוא מזבן לך: **ולא** תונון גבר ית חבריה במילין	LV 25:17
ייי וברדין ואפטור יתכון **ולא** תוספון לאתעכבא: ואמר ליה	EX 9:28
ולא עבדיה ולא אמתיה **ולא** תוריה ולא חמריה ולא כל מאן	DT 5:21
משתעבדין במצרים **ולא** תזידון למיסוק ממצרים עד	GN 50:25
בנהא דתיליד מיניה **ולא** תחייב חובת מותנא ית ארעא	DT 24:4
תיתיב ביה כרמא תנצוב **ולא** תחלליניה: תוריכון יהון נכיסין	DT 28:30
תיכלון בה לחמא **ולא** תחסר כל מידעם בה ארעא די	DT 8:9
שנין תהי לכון לא תזרעון **ולא** תחצדון ית כאוותהא ולא	LV 25:11
יומין שרון גבר באתריה **ולא** תטלטלון מידעם מרשותא	EX 16:29
תפרע ליה סוטריה **ולא** תטמוע עלוי שימשא מטול	DT 24:15
דלא יקילון ברייתא ביה **ולא** תטנפון בנבילתהון דחייביא ית	DT 21:23
עד זמן דימות כהנא: **ולא** תטנפון ית ארעא דאתון בה	NU 35:33
מיכנש ית קהלא תתקעון **ולא** תיבבון: ובני אהרן כהניא	NU 10:7
יומנא ארום מיבד תיבדון **ולא** תיגדון יומין על ארעא דאתון	DT 30:18
תפלוח בבכורי תוריכון **ולא** תיגוז בכורי עניכון: קדם ייי	DT 15:19
לעלם לא תתבני תוב: **ולא** תידבק בידיכון מדעם מן	DT 13:18
הי כמילי רבא תשמעון **ולא** תידחלון מן קדם עתיר ושולטן	DT 1:17
לכון לא תיתברון **ולא** תידחלון מנהון: מימרא דייי	DT 1:29
בישא הדין ביניכון: **ולא** תיחוס עיניכון נפשא חלופי	DT 19:21
להון ולא תקבלון מיניה **ולא** תיחוס עיניכון עלוי ולא	DT 13:9
ביד תבע אדמא ויתקטיל: **ולא** תיחוס עינכון עלוי ותפלון	DT 19:13
עמך בטורחא דעמא **ולא** תיטעון אנת בלחודך: ולות	NU 11:17

תיסבון אפין למסכינא **ולא** תייקרון אפי רבא בקושטא LV 19:15
יהון נכיסין ואתון חמיין **ולא** תיכלון מנהון חמריכון יהוון DT 28:31
לך לא תתקף ית לבבך **ולא** תימנע ית אידך מאחוך DT 15:7
דין קשוט: לא תצלון דינא **ולא** תיסבון אפין ולא תקבלון DT 16:19
יומנא למינטר ולמעבד: **ולא** תיסטון מכל פיתגמיא דאנא DT 28:14
בכל ריחשא דרחש **ולא** תיסתאבון בהון דילמא LV 11:43
מנדעך וקריב למדבחא **ולא** תיסתפי ועיבד ית חטאתך וית LV 9:7
קדם ייי אלקכון הוא: **ולא** תיעלון ריחוקי טעוותא DT 7:26
ולגמרא ית כל ניכסיהון **ולא** תיקרבון בכל מה דאית להון NU 16:26
יזוח ליבכון לא תידחלון **ולא** תירתתון ולא תתירעון מן DT 20:3
זכורו ותבעי גרם ידוע **ולא** תיתבעון לאיסתאבא בהון אנא LV 19:31
אלקכון לכון לא תידחלון **ולא** תיתברון: וקריבתון לותי DT 1:21
ליתיהון מטיילין עימכון **ולא** תיתברון קדם בעלי דבביכון: NU 14:42
שכינתי מהלכא ביניכון **ולא** תיתברון קדם בעלי דבביכון: DT 1:42
עימה ביתא תיבנון **ולא** תיתיב ביה כרמא תנצוב ולא DT 28:30
ויסוף לריקנו חיליכון **ולא** תיתן ארעכון ית מה דאתון LV 26:20
עיניכון באחוכון מסכינא **ולא** תיתנון ליה ויקבול עליכון קדם DT 15:9
עיניכון עלוי ולא תרחמון **ולא** תכסון בטומרא עלוי: ארום DT 13:9
ישראל לא תהוון גנבין **ולא** תכפרון ולא תשקרון אינש LV 19:11
לבלעם לא תיזיל עמהון **ולא** תלוט ית עמא ארום בריכין NU 22:12
בגלל דתיתלי עינך בהון **ולא** תליתא עינך בחדא מנהון GN 49:22
ית מיטרת מימרא דייי **ולא** תמותון ארום היכדין LV 8:35
ולבושיכון לא תבזעון **ולא** תמותון ביקידת אישתא ועילוי LV 10:6
ויתיהימונון פיתגמיכון **ולא** תמותון ועבדו כן: ואמרו גבר GN 42:20
וביני עממיא האינון **ולא** תנוחון ולא יהוי מנח לפרסת DT 28:65
ייי: לא תטלום ית חברך **ולא** תניס ולא תבית סוטרא LV 19:13
למיזל וגנבת דעתי **ולא** תנית לי דאילו תניתא לי GN 31:27
אדם דמן דשדייה: **ולא** תסאבון ית ארעא דאתון בה NU 35:34
קדישין ארום קדיש אנא **ולא** תסאבון ית נפשתיכון בכל LV 11:44
לי לא תעיק ית מואבאי **ולא** תסדר לקיבליהון סידרי קרבא DT 2:9
לי אימר להון לא תיסקון **ולא** תסדרון סידרי קרב ארום לית DT 1:42
פיקודייי ותעבדון יתהון **ולא** תסטון למטעי בתר הרהור NU 15:39
ותיכלון עתיקא דמעתק **ולא** תסלמנטון וברם עתיקא מן LV 26:10
בארעא קודמיכון **ולא** תסתאבון בהון אנא הוא ייי LV 18:30
לאברהם ליצחק וליעקב **ולא** תסתכל לקשיות לב עמא הדין DT 9:27
לדריכון: וארום תשתלון **ולא** תעבדון חדא מכל פיקודיא NU 15:22
ית קיימיי וית סידרי דיניי **ולא** תעבדון חדא מכל תועבתא LV 18:26
ולא תפלחינון **ולא** תעבדון כעובדיהון בישיא EX 23:24
לאולפן מאלפי אורייתי **ולא** תעבדון מן ריעוונכון ית כל LV 26:14
אל תושיט ידך לטלייא **ולא** תעביד ליה מידעם ביש ארום GN 22:12
לא תקנטון במילין **ולא** תעיקון למיסב ליה נכסוי עמי EX 22:20
וחמרא לא תשתון **ולא** תעצרון למכנוש ארום DT 28:39
הוא: וכדון אנח בעותך **ולא** תפגין עליהון קדמי וארתח רגז EX 32:10
לפולחנא נוכראה **ולא** תפיס ית שמא דאלקך אנא ייי: LV 18:21
ואסתאבת ארעא: **ולא** תפלוט ארעא יתכון בסאוביכון LV 18:28
דיניי ותעבדון יתהון **ולא** תפלוט יתכון ארעא דאנא LV 20:22
לא תיחוס עינך עליהון **ולא** תפלח ית טעוותהון ארום DT 7:16
לארעא: לא תסגדון להון **ולא** תפלחון קדמיהון ארום אנא DT 5:9
לארעא: לא תסגדון להון **ולא** תפלחון קדמיהון ארום אנא ייי EX 20:5
לא תסגדון לטעוותהון **ולא** תפלחינון ולא תעבדון EX 23:24
לנטרי פיקודי אורייתי: **ולא** תפסון ית שמא דקודשי LV 22:32
הוא מקריב קדיש יהי לך **ולא** תפסיניה ארום קדיש אנא ייי LV 21:8
ואין תהכון עימי בעראי **ולא** תצבון למשמע לאולפן LV 26:21
קדמיכון ית דיירא ארעא **ולא** תצטרכון למיטול זיינא עולו DT 1:8
למכוונותהון באורחא **ולא** תצלחון ית אורחתכון ותהון DT 28:29
ואין יהרהר ליבכון **ולא** תקבלון ותיטעון ותיסגדון DT 30:17
ארעא: לא תצבון להון **ולא** תקבלון מיניה ולא תיחוס DT 13:9
פולחנכון במשכן זימנא: **ולא** תקבלון עלוי חובא בזמן NU 18:32
ארום איתקטלא יתקטל: **ולא** תקבלון פורקן לדערק NU 35:32
דינא ולא תיסבון אפין **ולא** תקבלון שוחדא ארום שוחדא DT 16:19
לא אסתתכל לאחורך **ולא** תקום בכל מישרא לטוורא GN 19:17
תחצדון ית כאוותהא **ולא** תקטפון ית עינבי שמיטהא: LV 25:11
אמר ייי לא תיכלון מיניה **ולא** תקרבון ביה דילמא תמותון: בי GN 3:3
לא תתכשר לבר זרע **ולא** תרבי צימחין ולא יסק בה כל DT 29:22
ולא תיחוס עיניכון עלוי **ולא** תרחמון ולא תכסון בטומרא DT 13:9
דייי לא תגזרון להון קיים **ולא** תרחמון עליהון: לא תתחתנון DT 7:2
לא יומא חד תיכלון **ולא** תרין יומין ולא חמשא יומין NU 11:19
וזוער הרוגזך שציא **ולא** תשבוק לאתרא בגין זכוות GN 18:24
מינפל במתקלא ותיכלון **ולא** תשבעון: ואין בהדא תוכחתא LV 26:26
לא תטלומון חבריכון **ולא** תשגון סוטריה דאגירא עניא DT 24:14
למסבא יתהון לזנו **ולא** תשהון למסבא בנתיכון LV 19:29
לעמך ישראל דפרקת ייי **ולא** תשווי חובת אדם זכאי בגו DT 21:8
לא תגודון בישריכון **ולא** תשוון כליל דיסער על בית DT 14:1
קורצין בחבריה קדמך **ולא** תשוי ידך עם רשיעא דיהי EX 23:1

עם ריגלוי ועם בני גויה: **ולא** תשיירון מיניה עד צפרא EX 12:10
למיכל לדמיכשר למיכל **ולא** תשקצון ית נפשתיכון בבעירא LV 20:25
תהוון גנבין ולא תכפרון **ולא** תשקרון אינש בחבריה: עמי בני LV 19:11
בני עמון לא תצור עליהון **ולא** תתגרי בהון לסדרי קרב ארום DT 2:19
ולא ירחקינך לא תידחל **ולא** תתירע: וכתב משה ית אורייתא DT 31:8
תידחלון ולא תירתתון **ולא** תתירעון מן קדמיהון: ארום ייי DT 20:3
ואתחיילו לא תידחלון **ולא** תתרעון מן קדמיהון ארום ייי DT 31:6
סלח לתייבין לאורייתא **ולדלא** תייבין לא מזכי ביום דינא EX 34:7
מזכי לדתייבין לאורייתא **ולדלא** תייבין לא מזכי מסער חובי NU 14:18
היכמא דאנא קיים הכדין **לא** אבטיל שבועתי לעלמין: אין DT 32:40
דעלמא בבעו מינך **לא** אהי מתיל כבר נש דהוה ליה ביר DT 32:50
סליק ית עמא הדין ואנת **לא** אודעתני ית מאן דאנת שלח EX 33:12
דארעא דכנען ושלה וזרח **לא** אולידו בנין בארעא דכנען והוו GN 46:12
ואמר ייי במימריה **לא** אוסיף למילט תוב ית ארעא GN 8:21
הות מתכליא מינך וכדון **לא** אוסיף תוב למיחמי סבר אפך: EX 10:29
דייי סאיב מי אדיותא **לא** אזדריקו עלוי מסאב הוא: ותהי NU 19:20
ארום מוי אדיותא **לא** אזדריקו עלוי מסאב הוא תוב NU 19:13
ותשבוק להום ואמר **לא** אחביל בגין זכוות עשרא: GN 18:32
בבשר עביר בגין כן **לא** אידכר רב מזוגיא ית יוסף GN 40:23
יתקטול בסייפא: ודי **לא** איזדווג ליה ומן קדם ייי ארע EX 21:13
על ישראל: ואמר ליה **לא** איזיל אלהין לארעי ולילדותי NU 10:30
לזוער ית כל קרתא ואמר **לא** איחביל אין אשכח תמן ארבעין GN 18:28
להום בגין רחמך ואמר **לא** איחבל בגין זכוות עשרין: ואמר GN 18:31
גושמיכון וסנדליכון **לא** איטלעו מעילוי ריגליכון: לחמא DT 29:4
דתבירא מן חיות ברא **לא** אייתי לוותך דאין אנא חטי בה GN 31:39
וליתרע משכן זימנא **לא** אייתיה לקרבא קרבנא קדם ייי LV 17:4
מן אבא למימר אין **לא** אייתיני לוותך ונתחייב קדם GN 44:32
בנוי תקטל בשמתא אין **לא** אייתיניה לוותך הב יתיה על GN 42:37
ביה מן ידא תיבעיניה אין **לא** אייתיניה לוותך ואקימיניה GN 43:9
דקטול וארגיש ביה ואמר **לא** איכול עד דאמליל פיתגמיי GN 24:33
אילן דתינדעון ארום **לא** אילן עביד פירי מיכל הוא יתיה DT 20:20
בגין דתברכינך נפשי עד **לא** אימות: ורבקה שמעת ברוח GN 27:4
ויקני ית איתתיה והיא **לא** איסתאבת או עבר עלוי רוח NU 5:14
ויקני ית איתתיה והיא **לא** איסתאבת: ומטול דלא אייתי NU 5:14
אינתתיה הא עד כדון **לא** איסתכלית בבישריך וכדון GN 12:11
וסהידא קמא אין אנא **לא** איעבר לוותך ית אוגר הדין ואין GN 31:52
ית אינתתי וית בניי **לא** איפוק לבר חורין: ויקרביניה EX 21:5
דחיל ואוף ית ישראל **לא** איפטור: ואמרו אלקיה דיהודאי EX 5:2
בישין דשויתי על מצראי **לא** אישוינון עלך ואין תעברון על EX 15:26
מפרעה ומעבדוי ומעמיה **לא** אישתאר חד: ויקר פרעה ית EX 8:27
לחמא לא אכל ומוי **לא** אישתי וכתב על לוחיא EX 34:28
דעלו בתריהון בימא **לא** אישתייר בהון עד חד: ובני EX 14:28
גובא וטלקיה לימא דסוף **לא** אישתייר גובא חד בכל תחום EX 10:19
וגיתי בעירא לריבוני **לא** אישתייר לנא קדם ריבוני אלהין GN 47:18
דאזער: ואכילו בעומרא **לא** אישתייר מן מכילתא מאן EX 16:18
ית פרעה למימר בר מיני **לא** אית גבר דפשר חילמין ברם מן GN 41:16
קדם שלופי חרבא ורדיף **לא** אית ולא תהי לכון תייקא LV 26:37
ויקטליניה נפש וליה **לא** אית חובת דין דקטול ארום לא DT 19:6
אלקים על ארעא ואינש **לא** אית למיפלח ית אדמתא: וענן GN 2:5
בה שער חיוור ומכיכא **לא** איתא למחוור יתיר מן משכא LV 13:21
תתברי להון כדון ואין **לא** איתברי פום לארעא מן שירויא NU 16:30
עליהון לא ייי שדרני: ואין **לא** איתבריית מיתותא להון מן NU 16:30
ואמר פרעה שמא דייי **לא** איתגלי דאיתקביל במימריה EX 5:2
יקבלון מיני ארום יימרון **לא** איתגלי ייי: ואמר ליה ייי מה דין EX 4:1
שער חיוור ומכיכא **לא** איתה למחוור יתיר מן משכא LV 13:26
לית דמסהיד בה והיא **לא** איתחדת: ויעיבר עלוי רוח NU 5:13
ית נשמתהון ברם גופיהון **לא** איתחרכו ומיתו קדם ייי: ואמר LV 10:2
לית הינון חייבין ארום **לא** איתחרת כולה: וייתי גבר LV 19:20
ייי ברם באפי שכינתי **לא** איתידעת להון: ולחוד אקימית EX 6:3
ארום רבא שלה והיא **לא** איתיהבת ליה לאינתו: וחמיה GN 38:14
או שטר שיחרורה **לא** איתיהיב לה פישפוש יהוי LV 19:20
בגו בני ישראל ארום **לא** איתיהיבת להון אחסנא בגו בני NU 26:62
לשכם למחרבא **לא** איתיחד יקרי ארום ברוגזהון GN 49:6
משכן זימנא ועד כדון **לא** איתייהבת כהונתא לאהרן EX 24:5
סידרי קרבא ארום **לא** איתן לכון מארעהון ירותא DT 2:9
בבוכריא דעד כדון **לא** איתעביד משכן זימנא ועד כדון EX 24:5
עליכון קדם ייי: הא **לא** איתעל מן אדמון לות קודשא LV 10:18
ומתפרקא כולה עד כדון **לא** איתפיריקאת בכספא או שטר LV 19:20
אסירי ארום עד כדון **לא** איתפרש הדין דינא יתעבד ביה: NU 15:34
קרבנך ברעוא וקרבני מני **לא** איתקבל ברעוא עני הבל ואמר GN 4:8
ואמר למשה דילמא **לא** איתרעי מימרא דייי בעובדי ידיי LV 9:23
וארבעין לילוון לחמא **לא** אכל ומוי לא אישתי וכתב על EX 34:28
מטלח על ירכיה: בגין כן **לא** אכלין בני ישראל ית גידא נשיא GN 32:33
מן פיקודייך ולא אנשיית: **לא** אכלית ביומי אבלי מיניה ולא DT 26:14

אתכלו ואגר דיכרי ענך **לא** אכלית: דתבירא מן חיות ברא GN 31:38
וארבעין לילוון לחמא **לא** אכלית ומוי לא אשתיית מטול DT 9:18
וארבעין לילוון לחמא **לא** אכלית ומיא לא אשתיתי: ויהב DT 9:9
ריגליכון: לחמא דעיבורא **לא** אכלתון וחמר ומרת לא שתיתון DT 29:5
דאישתיירו למימר: מדין **לא** אכלתון ית חטאתא באתר LV 10:17
אדם קדמאי וההוא יומא **לא** אלבשינון עשו ואישתארו גבה GN 27:15
עבדך אלילי: ואמר להון **לא** אלהין עירית מטעיית ארעא GN 42:12
קלילא לותי ואנדע ארום **לא** אלילי אתון אלא מהימהי אתון GN 42:34
ארעא דמצרים ברם משה **לא** אלקי ית מיא לא באדמא ולא EX 8:2
גליין בארע בעלי דבביהון **לא** אמאסינון במלכותא דבבל ולא LV 26:44
עד כדו לא צמח ארום **לא** אמטר ייי אלקים על ארעא GN 2:5
מן פום מימר קודשא **לא** אמנע סדר ברכתהון מנהון: אמר NU 23:20
ולקין ולקורבניה **לא** אסבר אפין ותקיף לקין לחדא GN 4:5
דהיא אורח כבישא איזיל **לא** אסטי להנזקותך לימינא DT 2:27
דהוא דכי ובאורח עלמא **לא** אסתאב ומברא לסקוף משכניה NU 9:13
אתרא דהוא תמן: ואין **לא** אסתאבת אינתתא בתשמיש NU 5:28
ואמר לה חוס על נפשך **לא** אסתתכל לאחורך ולא תקום GN 19:17
להום בגין רחמך ואמר **לא** אעביד גמירא אין אשכח תמן GN 18:30
לה בגין רחמך ואמר **לא** אעביד גמירא בגין זכוות GN 18:29
דהינון עבדין יומנא עד **לא** אעילינון לארעא דקיימית: וכתב DT 31:21
דין: ויהי ארום יימר לך **לא** אפוק מן גבך ארום ריחמך וית DT 15:16
הינון נפקו מן קרתא **לא** ארחיקו ויוסף אמר למנשה די GN 44:4
ותהכון לאורחתכון ואמר **לא** ארי בשוקא נבית: ופייס בהום GN 19:2
גובריא ונשיא וטפלא **לא** אשארנא משיזיב: לחוד בעירי DT 2:34
תסריב על מילוי ארום **לא** אשבוק חוביכון ארום בשמי EX 23:21
לארעא הדא ארום **לא** אשבקינך עד זמן די אעביד ית GN 28:15
קל בכותא דפרעה **לא** אשגחו עד דאזל הוא וכל עבדוי EX 12:33
ולכל חיות ברא ולאדם **לא** אשכח עד השתא סמיך GN 2:20
למיפטור ית ישראל **לא** אשכחית בספר מלאכייא כתיב EX 5:2
שוי ערד דמילין למימר **לא** אשכחית לברתך סהידוון ואילין DT 22:17
אבאשתא לעבדך ולמא **לא** אשכחית רחמין קדמך לשוואה NU 11:11
ותב לות יהודה ואמר **לא** אשכחתא ואוף אינשי אתרא GN 38:22
ית גדיא הדין ואנת **לא** אשכחתיה: והוה בזמן תלת GN 38:23
פרעה למימר למה דין **לא** אשלימתון גזירתכון למירמי EX 5:14
לחמא לא אכלית ומוי **לא** אשתיית מטול כל חוביכון DT 9:18
לחמא לא אכלית ומיא **לא** אשתיתי: ויהב ייי לי ית תרין DT 9:9
להון ברם קנסא דשבתא **לא** אשתמודע להון קם גברא NU 15:32
ולא טאיף על אנפי מיא **לא** אשתמודע מאן קטליה: ויפקון DT 21:1
להום רושם דקן ואינון **לא** אשתמודעוהי דלא הוה ליה GN 42:8
דלא בני תלתין שנין **לא** אשתמודעון יתהון וית בניהון DT 33:9
מצלהבא מן קדם ייי **לא** אשתמודענא מה הוה ליה EX 32:1
סמבטיון ובהינון פרישן **לא** אתברייו בכל דיירי ארעא ובכל EX 34:10
יתיר מן משכא ושערה **לא** אתהפיך לחיור כסידא ויסגר LV 13:4
לכון לשיזבא רבא: וכדון **לא** אתון שדרתון יתי הלכא אלהין GN 45:8
לא נחית ובצורתא **לא** אתי על עלמא: עמי בני ישראל DT 5:20
דיתמלי עלמא מנהון עד **לא** אתיהב קיימא בעלמא ומן LV 20:17
לותך למקרי לך למא **לא** אתיתא לותי הברם מן קושטין NU 22:37
כל דכשר בעינוי: ארום **לא** אתיתון עד כדון לבי מוקדשא DT 12:9
יתה ביומא דשמע או **לא** אתכוון לקיימא ובטיל בתר NU 30:6
אנא גבך רחלייך ועיזייך **לא** אתכלו ואגר דיכרי ענך לא GN 31:38
מבר ירחא ולעילא ארום **לא** אתמניו בגו בני ישראל ארום לא NU 26:62
מאה וחמשין: וליואי **לא** אתמניין בגו בני ישראל היכמא NU 2:33
לשיבטא דאבהתהון **לא** אתמנין ביניהון: ומליל ייי עם NU 1:47
בהון לסדרי קרב ארום **לא** אתן לכון מארע בני עמון ירותא DT 2:19
לא תיתגרון בהון ארום **לא** אתן לכון מארעתהון עד כמיסת DT 2:5
איבה ולא בטיל איבה עד **לא** אתניסבת ומדאיתניסיבת לגבר NU 30:7
יתן לאתרא בישא הדין **לא** אתר כשר לבית דרע ואוף לא NU 20:5
וית חיתאי מן קדמך: **לא** אתריכינון מן קדמך בשתא EX 23:29
בעטתהון **לא** אתרעיית נפשי ובמכנשהון GN 49:6
משה לא אלקי ית מיא **לא** באדמא ולא בעורדענייא מן EX 8:2
וליעקב: ותינדעון ארום **לא** בזכותכון ייי אלקכון יהיב לכון DT 9:6
דתעבדון: אמר משה נביא **לא** בטומרא אנא מסהיד בכון DT 29:9
ארבעין שנין במדברא **לא** בלמו כסותיכון מעילוי DT 29:4
דייי חיי בר נשא: כסותכון **לא** בלת מעילוי גושמיכון וריגליכון DT 8:4
בנין ובנין לא יתקטלון **לא** בסהדות ולא בחובי אבהן איש DT 24:16
חובא: לא יתקטלון אבהן **לא** בסהדות ולא בחובי בנין ובנין DT 24:16
דלא פסיק מיניה תלגא **לא** בקייטא ולא בסתווא: כל קרוי DT 3:9
בין תרין כרוביא קדם עד **לא** ברא עלמא ברא אורייתא GN 3:24
ית ישמעאל בגין כן **לא** בריך ית יצחק דאין הוה מבריך GN 25:11
מנכון ולא רחיקא היא: **לא** בשמיא היא למימר מן יסוק DT 30:12
משה קדם ייי בבעו ייי **לא** גבר דברן אנא אוף מאיתמלי EX 4:10
למך אציתן למימרי ארום **לא** גברא קטילית דנתקטלא GN 4:23
וית כרכימישא מניהון **לא** גולמיא ולא פשוטיא: כל מידעם NU 31:22
אנא ייי גזרית במימרי אין **לא** גזרית במימרי לכל כנישתא NU 14:35

ולא עבדו ארום אמרו **לא** גלי קדם ייי עובדין בישיא הא GN 19:24
שכינתי חזי ומא דין **לא** דחילתון לאשתעויי כהלין NU 12:8
דבר נש אמר ומכדב ואוף **לא** דמיין עובדוי לעובדי בני ביסרא NU 23:19
וכליתא מתנטלין **לא** דמכין הינון עד דיקטלון קטול NU 23:24
מיניה לא שתו חמרא **לא** הוא ולא הינון עד יומא ההוא: GN 43:34
קידוש דתלת יומין **לא** הוה איפשר לי דאיסוק לותיה LV 1:1
דהוה רבהון דישראל **לא** הוה איפשר ליה למידכר ית DT 32:3
מית במדברא והוא **לא** הוה בגו כנישתא דמתרעמין NU 27:3
דגשן דתמן בני ישראל **לא** הוה ברדא: ושדר פרעה פולין EX 9:26
על ירדנא דיריחו: ובאילין **לא** הוה גבר מן סכומי משה ואהרן NU 26:64
עיינין על אורחא ואמרו **לא** הוה הכא מטעיתא: ותב לות GN 38:21
ומברא לסקוף משכניה **לא** הוה ופסק מלמעבד קורבן NU 9:13
יהושע בר נון הוה טלי **לא** הוה זייע בגו משכניה: ואמר EX 33:11
ועל דלא אברם גזיר **לא** הוה יכיל למיקם וגחן על אנפוי GN 17:3
תקיף לחדא קודמוי **לא** הוה כדין קשיין גובא דכוותיה EX 10:14
מן יומא דאיתברי עלמא **לא** הוה כנמרוד גיבר בצידא ומרודא GN 10:9
עם ברת יעקב וכן **לא** הוה כשר לאתעובדא: ומליל GN 34:7
וגלי קדם ייי ארום **לא** הוה לאה רחימתא באנפי יעקב GN 29:31
עמיד קריצתא: וחמא ארי **לא** הוה ליה רשו למאבשא ליה GN 32:26
עד זמן יומא הדין: בגין כן **לא** הוה לשיבט לוי חולק ואחסנא DT 10:9
ותב ראובן לגובא ארום **לא** הוה עמהון למסעוד כד זבנוהי GN 37:29
צווחתא רבתא ארום **לא** הוה תמן ביתא דמצראי דלא EX 12:30
וכל אילני חקלא עד כדו **לא** הוו בארעא וכל עיסבי חקלא GN 2:5
והוו לניסיון: ובנוי דקרח **לא** הוו בעיטתא דאבוהון ואזלו NU 26:11
הא מתבעי מינך: ואינון **לא** הוו ידעין ארום שמע הוה יוסף GN 42:23
נוכריתא מן תפיין ובנין **לא** הוו להון ושמש אלעזר ואיתמר NU 3:4
לחורנין ובנין דוכרין **לא** הוו ליה: למא יתמנע שום אבונא NU 27:3
ולמן דיהביה להון **לא** הוו מברכין בישרא עד כדון הוה NU 11:33
ירח מרחשון דעד כדון **לא** הוו מתמנן ירחייא אלהן מתשרי GN 7:11
חד נחנא מהימני אנחנא **לא** הוו עבדך אלילי: ואמר להון לא GN 42:11
ידיהון מפיתגמי אורייתא **לא** הווה תמן מוי למישתי לעמא: NU 33:14
ליה זכו לא תקטול ארום **לא** הווינא מזכי ליה אין הוא חייבא: EX 23:7
חפר: וצלפחד בר חפר **לא** הוון ליה בנין אלהין בנן ושום NU 26:33
ואמרנא ליה מהימני אנן **לא** הוינא אלילי: תריסר אנן אחין GN 42:31
יהבית ית כל דהוה לי **לא** הוינא כמיסת ואיתווכחן GN 20:16
ואין הוה צבותי למעכבא **לא** הוינא מסר נפשי לאתגזרא ואנת GN 22:1
שרי באתרא הדין ואנא **לא** הוית ידע: ודחיל ואמר מה דחיל GN 28:16
הוה בך מנדעא דילמא **לא** הוית מסר נפשך לאתגזרא GN 22:1
בריך הוא לכולי איבריי **לא** הויתי מעכב מן יד אישתמעו GN 22:1
משה ולא סרי וריחשא **לא** הות ביה: ואמר משה אכלוהי EX 16:24
דמצרים דדכותיה ליליא **לא** הות ביה מחתא כדא ודכוותיה EX 11:6
ואוף אינשי אתרא אמרו **לא** הות הכא מטעיתא: ואמר יהודה GN 38:22
ידא דייי הויא כען כד **לא** הות למהוי מתגריא לחוד EX 9:3
דכומרנייא בלחודהון **לא** הות לפרעה: ויתיב ישראל GN 47:26
ולא מארסא ודעד כדון **לא** הות מיבעלא לגבר לה יסתאב: LV 21:3
כל קירווי בעידנא ההיא **לא** הות קרתא דלא נסיבנא מנהון DT 3:4
במציעות נחלא עד גלעד **לא** הות קרתא דתקיפת מיננא ית DT 2:36
קדם ייי ויהב לי בנין ואין **לא** הי כמיתא אנא חשיבא: ותקיף GN 30:1
בשבועא קיים אנא אין **לא** היכמא דמלילתון קדמי היכדין NU 14:28
ופליג ליביה ארום **לא** הימין להום: ומלילו עימיה ית GN 45:26
קשוט הוה פיתגמא הדין **לא** הישתכחו סהידוון לעולימתה: DT 22:20
ייעול כהנא וייחמי והא **לא** הליך פיסיון מכתשא בביתא LV 14:48
הוא: ואין יחמי כהנא והא **לא** הליך פיסיון מכתשא בלבושא LV 13:53
ביומא שביעאה והא **לא** הליך פיסיון מכתשא ולא הוה LV 13:32
ביומא שביעאה והא **לא** הליך פיסיון ניתקא במשכא LV 13:34
והא מכתשא קם כד הוה **לא** הליך פיסיונא דמכתשא LV 13:5
והא עמא מכתשא **לא** הליך פיסיונא דמכתשא LV 13:6
מן כד הוה ומכתשא **לא** הליך פיסיוניה מסאב הוא בנורא LV 13:55
גושמיכון וריגליכון **לא** הליכן מייחפן דנן ארבעין שנין: DT 8:4
ואין באתרא קמת בהקי **לא** הליכת פיסיונא צולקת שיחנא LV 13:23
ואין באתרא קמת בהקי **לא** הליכת פיסיונתא במשכא והיא LV 13:28
וסוכלתנין מריעיוניהון **לא** השכחית ומניתינון רישי עליכון DT 1:15
ופורקן כספא: אין **לא** השכחת חינא קדם ריבונהא EX 21:8
איתא ויעול עלה ויהי אין **לא** השכחת רחמין בעינוי ארום DT 24:1
דייי שריא ביננא אין **לא**: ואתא עמלק מארע דרומא EX 17:7
למעבד לך הכדין ואמר **לא**: וגלא ייי ית עינוי דבלעם וחמא NU 22:30
מצוותא דאורייתי אין **לא**: ויהי ביומא שתיתאיי ויזמנון מה EX 16:4
היארעינך פיתגמי אין **לא**: ונפק משה ממשכן בית שכינתא NU 11:23
הנטרין אתון פיקודוי אין **לא**: ועניין ואכפנך ואוכלך ית מנא DT 8:2
האנת דין ברי עשו אין **לא**: וקריב יעקב לות יצחק אבוי GN 27:21
בה אילנין דמיכל אין **לא** ותעבדון חזקתא ותיסבון NU 13:20
דיהב להון פרעה בגין כן **לא** זבינו ית ארעהון: ואמר יוסף GN 47:22
לחוד ארעא דכומרניא **לא** זבן מן בגלל דחמון ליה זכותא GN 47:22
דביה קימא דייי ומשה **לא** זזו מגוא משריתא: ונחת NU 14:44

יקרא ומשכנא ובירא **לא** זייעין ולא נטלין עד זמן NU 12:16
בית שקייא קדם עד **לא** חביל ייי ברגזיה ית סדם וית GN 13:10
ישראל לא תהוון גייורין **לא** חברין ולא שותפין עם גייורין EX 20:14
ישראל לא תהוון גייורין **לא** חברין ולא שותפין עם גייורין DT 5:18
ישראל לא תהוון גנבין **לא** חברין ולא שותפין עם גנבין ולא EX 20:15
ישראל לא תהוון גנבין **לא** חברין ולא שותפין עם גנבין ולא DT 5:19
ישראל לא תהוון חמודין **לא** חברין ולא שותפין עם חמודין EX 20:17
ישראל לא תהוון חמודין **לא** חברין ולא שותפין עם חמודין DT 5:21
מסהדין סהדו דשיקרא **לא** חברין ולא שותפין עם מסהדי DT 5:20
בחבריכון סהדי שיקרא **לא** חברין ולא שותפין עם מסהדין EX 20:16
ישראל לא תהוון קטולין **לא** חברין ולא שותפין עם קטולין EX 20:13
ישראל לא תהוון קטולין **לא** חברין ולא שותפין עם קטולין DT 5:17
יתן ולא ישיירון מינן אוף **לא** חד ומן בתר כדין יסקון להון מן EX 1:10
מה דא עבדת לי למא **לא** חוית לי ארום אינתתך היא: GN 12:18
ואמר פרגוד דברי היא **לא** חיות ברא אכלתיה ולא על יד GN 37:33
אין קושטא עימכון ואין **לא** חיי דפרעה ארום אלילי אתון: GN 42:16
אפין לסבא ועל עולים **לא** חייס: ויגמרון וולדא דבעיריכון DT 28:50
במיחתי מן טוורא ומשה **לא** חכים ארום אשתבהר זיו EX 34:29
ייי אלקקון העד כדון **לא** חכימית ארום על ידוי עתידה EX 10:7
דעתא דאחוך עמך או **לא** חכימתיה ותכנשיניה לגו בייתך DT 22:2
דמצרים תלתא יומין: **לא** חמון גבר ית אחוי ולא קמון EX 10:23
ועריתא דאבוהון **לא** חמון: ואיתער נח מן חמריה וידע GN 9:23
ית אדמא הדין ועיננא **לא** חמון: כהניא יימרון כפר לעמך DT 21:7
כאורח כל אסיריא ארום **לא** חמי ית כל סורחן בידיה בגין GN 39:23
הוה חמי יתהום ואברהם **לא** חמי יתהום עניין מלאכי מרומא GN 22:10
בגויה: ואמר ייי למשה **לא** חמי למימחי שמך אלהין מאן EX 32:33
יפרין יתה ליה לאיתו: אין **לא** חמיא ליה או דלא יצבי אבוהא EX 22:16
לחדא וחסיין בבישריהון **לא** חמית דכוותהן בכל ארעא GN 41:19
דבורא אתון שמעין ודמו **לא** חמיתון אלהן קל ממלל: ותני DT 4:12
לחדא לנפשתיכון ארום **לא** חמיתון כל דמו ביומא דמליל DT 4:15
לאבוהון ולאימהתהון **לא** חמיתינון וית אחוהון דלא בני DT 33:9
חרירן פטירן ארום **לא** חמע ארום איתריכו ממצרים EX 12:39
רוח נבואה דעלוי ומשה **לא** חסיר מידעם ויהב על שובעין NU 11:25
ודאזער למילקט **לא** חסר מן מכילתא גבר לפום EX 16:18
דאתא יעקב לגבן בירן **לא** חסרו ובית שקיותן סגו וכדון GN 29:22
דייי אלקכון בסעדכון **לא** חסרתון מידעם: ועברנא מלות DT 2:7
אחסינו יתה מן שמייא **לא** חרבא שלף ולא סוסא אסר ולא DT 34:5
ליוסף מחמי סבר אפך **לא** חשיבית והא אחמי יתי ייי אוף GN 48:11
בירייתא שתקין ואילניא **לא** טלטיל זאזיהון עניין אבהת DT 28:15
ית חזוונא רבא הדין מדין **לא** טריב סנייא: וגלי קדם ייי ארום EX 3:3
ביתי: עניין שמעון ולוי **לא** יאי למיהוי מתאמר בכנישתהון GN 34:31
ואמר ייי לאברהם **לא** יבאיש בעינך על טלייא דינפק GN 21:12
לא ירבי פירוע ולבושוי **לא** יבזע בשעת אניקי: ולות כל בר LV 21:10
שביעאה וידכי ואין **לא** ידי עלוי ביומא תליתאה יעכב NU 19:12
כשרא מקהל עמא דייי: **לא** ידכון דכורי עמונאי ומואבאי DT 23:4
ולא יגלי כנפא דגלי אבוי: **לא** ידכי דמסרס ודפסיק גידא DT 23:2
איתא מקהל עמא דייי: **לא** ידכי דמתיליד מן זנו דביה DT 23:3
עלוי וביומא שביעאה **לא** ידכי: כל דיקרב בשכיבא NU 19:12
דייי ברם דר עשיראי **לא** ידכי למיסב איתא מקהל עמא DT 23:4
כדון איעול לותיך ארום **לא** ידע ארום כלתיה היא ואמרת GN 38:16
שלותיה דאשתלי והוא **לא** ידע וחב וישתביק ליה: קורבן LV 5:18
ריבוניה הא ריבוני **לא** ידע עימי מדעם מה בביתא וכל GN 39:8
לחדא בתולתא וגבר **לא** ידעה במשכבה ונחתת לעיינה GN 24:16
לחבריה מאן הוא ארום **לא** ידעון מה הוא ואמר משה להון EX 16:15
יתהון וית בניהון **לא** ידעין מטול דקיימין עשרין שנין DT 33:9
דייי חבית ארום **לא** ידעית ארום אנת מעתד NU 22:34
לקין אן הבל אחוך ואמר **לא** ידענא דילמא נטיר אחי אנא: GN 4:9
אבימלך: ואמר אבימלך **לא** ידענא מן הוא דעבד ית פיתגמא GN 21:26
בידנא למזבון עיבורא **לא** ידענא מן שוי כספנא בטוננאי: GN 43:22
אהרן כהנא: ולבני קהת **לא** יהב עגלן ותורין ארום פולחן NU 7:9
יתי: ואמר אברם הא לי **לא** יהבת בר והא בר פרנסת ביתי GN 15:3
תהוון מן כולהון עמיא **לא** יהוון בכון גוברין עקרין ונשין DT 7:14
מיקם תקימון עימיה: **לא** יהוון גוליין דציצית ותפילין DT 22:5
במצוותא דאורייתא **לא** יהוי בכון מסכינא ארום ברכא DT 15:4
כמשאר שבטיא וחולקא **לא** יהוי לך ביניהון אנא חלקך NU 18:20
עבדיא: עמי בני ישראל **לא** יהוי לכון אלק אוחרן בר מיני: DT 5:7
זעירין למהוי מזבין בהון: **לא** יהוי לכון בבתיכון מכלן רברבן DT 25:14
ידה לא תחוסן עיניכון: **לא** יהוי לכון בנרתיקיכון מתקלין DT 25:13
תליתאה פסיל הוא **לא** יהוי לרעוא: ודייכלינה חוביה LV 19:7
ברם להון יהי אסו ולך **לא** יהי אסו ועתידין הינון למיעבד GN 3:15
יהי לרעוא כל מומא **לא** יהי ביה: דסמי או דתביר גרמא LV 22:21
שביעאה דהוא שבתא **לא** יהי ביה מנא נחית: והוה ביומא EX 16:26
וארום תתמנעון מלמידר **לא** יהי בכון חובא: מומתא דתיפוק DT 23:23
בגו סאובתהון: וכל אינש **לא** יהי במשכן זימנא בזמן מיעליה LV 16:17

אלקכון מנהון ובקורבנא **לא** יהי חוב ופסולא דבהפתיק מרי DT 23:22
יקרי מביניכון ברם **לא** יהי יקרי שרי במדור משריתיכון EX 33:3
ית זביני אחוי: וגבר ארום **לא** יהי ליה מן דחמי למפרוק זבינוי LV 25:26
הוא ובנוי ביני ישראל: **לא** יהי לכהניא דמן שיבט לוי חולק DT 18:1
תעביד יתיה ולנידרא **לא** יהי לרעוא: ודמעיך ודכתישן LV 22:23
בתר פולחנא דייי בגין כן **לא** יהי מימרא דייי בסעדכון: NU 14:43
הינון ברם בלבושי דהבא **לא** יהי עליל מטול דלא ידכר חובת LV 16:4
חובי שלותא על זדונותא: **לא** יהי רעוא מן קדם ייי למשבק DT 29:19
ייי קלייא יתמנעון וברדא **לא** יהי תוב מן בגלל דתינדע ארום EX 9:29
הי כבישריה:: ויהי אין **לא** יהימנון אוף לתרין אתייא EX 4:9
עמא הדין ועד אימתי **לא** יהימנון במימרי לכל אתוותא NU 14:11
ואתיב משה ואמר והא **לא** יהימנון לי ולא יקבלון מיני EX 4:1
כדא: ולכל בני ישראל **לא** יהנזק כלבא בלישניה למנבח EX 11:7
ייי לכון בישרא ותיכלון: **לא** יומא חד תיכלון ולא תרין יומין NU 11:19
ומן עמיה למחר לחוד **לא** יוסיף פרעה למשקרא בדיל EX 8:25
חקיל פרוילי קירויהון **לא** יזבנון ארום אחסנת עלם הוא LV 25:34
ומחקיל אחסנתיה **לא** יזדבן ולא יתפרק כל אפרשא LV 27:28
פריקין מארעא דמצרים **לא** יזדבנון הי כנימוסי זבין עבדיא: LV 25:42
קרבא על בעלי דבביכון **לא** יזוח ליבכון לא תידחלון ולא DT 20:3
דעתיר לא יסגי ודמיסכן **לא** יזער מפלגות סילעא למיתן ית EX 30:15
לא יספרון ובבישרהון **לא** יחבלון חבול: קדישין יהון קדם LV 21:5
דבטיל שבועא ולווט אין **לא** יחווי יקביל חוביה: או בר נש די LV 5:1
ואנא אתיביניה לך: ואמר **לא** יחות ברי עמכון ארום אחוי מית GN 42:38
ולא דרא דארגיזו קדמי **לא** יחמונה: ועבדי כלב חולף דהוות NU 14:23
ית סבר אפיי ארום **לא** יחמינני אינשא ויתקיים: ואמר EX 33:20
לדריכון ובגו בני ישראל **לא** יחסנון אחסנא: ארום ית NU 18:23
להון דבגו בני ישראל **לא** יחסנון אחסנא: ומליל ייי עם NU 18:24
כסותא דחברך עד **לא** יטמוע שימשא תתביניה ליה: EX 22:25
קשתא בימַמא עד **לא** יטמע שימשא בעננא: ודכירנא GN 9:14
הוא: ואמרת לעבדך אין **לא** ייחות אחוכון זעירא עימכון לא GN 44:23
כל אינשא יסתכם עליהון **לא** ייי שדרני: ואין לא איתברית NU 16:29
דכל בר נשא מנכון **לא** ייכול אדמא וגייורייא LV 17:12
לשמשא קדמי וחילוני **לא** ייכול ארום קודשא הינון: ואין EX 29:33
וכל ערלאי בר ישראל **לא** ייכול ביה: אורייתא חדא תהי EX 12:48
תותב ואגירא נוכראה **לא** ייכול ביה: בחבורא חדא יתאכל EX 12:45
תיכול וכל חילוניי **לא** ייכול ביה: וגבר ישראל ארום LV 22:13
דאישתמד ולא הדר **לא** ייכול ביה: וכל נוכראי דאיזדבן EX 12:43
ועד זוגין גוואין דענבא **לא** ייכול: כל יומי נדר ניזריה גלב לא NU 6:4
ועינבין רטיבין וצמיקין **לא** ייכול: כל יומי נזריה מכל NU 6:3
הוא: נבילא וקטולא **לא** ייכול לאסתאבא בה אנא ייי: LV 22:8
מקדישיהון: וכל חילוניי **לא** ייכול קודשא בר ישראל דהוא LV 22:10
תותבא דכהנא ואגירא **לא** ייכול קודשא: וכהנא ארום יקני LV 22:10
דמתגיירין למיתב ביניכון **לא** ייכלון אדמא: וגבר טלי או גבר LV 17:12
כהנא ויפנון ית ביתא עד **לא** ייעול כהנא למיחמי ית ביתא LV 14:36
אהרן לעמיה ארום **לא** ייעול לארעא דיהבית לבני NU 20:24
ולתרע משכן זימנא **לא** ייתיניה למעבד יתיה קרבנא LV 17:9
עימך וכהנייא ועמא **לא** יכוונון למיסוק למסתכלא קדם EX 19:24
או דייב בקודשייא **לא** יכול עד זמן דמידכי ודיקרב LV 22:4
ולא אשכחו צלילן ארום **לא** יכילו למשתי מן מוי דבנהרא: EX 7:24
על דיינא חד דאנא **לא** יכילנא בלחודיי למסוברא DT 1:9
לקיימא ית נפשי ואנא **לא** יכילנא לאישתיזבא לטוורא GN 19:19
אישתיזב לתמן ארום **לא** יכילנא למיעבד מידעה עד GN 19:22
ולא אתיא לעלמא דאתי **לא** יכילת למילוט יתי כל דכן בנוי NU 22:30
ייי: ואמר משה קדם ייי **לא** יכלון עמא למיסק לטוורא EX 19:23
ושרי איתת אברם **לא** ילידת ליה ולה אמתא מצריתא GN 16:1
מלמילד: וחמת רחל ארום **לא** ילידת ליעקב וקניאת רחל GN 30:1
אמר לימא קבל קטילניך **לא** ימא הוה בעי למטמע יתהון ולא EX 15:12
ותכשיטהא ומעיילה **לא** ימנע לה: אין תלת מילייא EX 21:10
אינש מיננא ית קבורתיה **לא** ימנע מינך בגין דלא למיקבר GN 23:6
ויחד עם אינתתיה דנסיב: **לא** ימשכן גבר ריחיא וריכבא ארום DT 24:6
תיעול לבית יחוסי ואין **לא** ינתנון לך ותהי זכאי ממומתי: GN 24:41
ומטעיא בזנו ית איליין **לא** יסב אילהן בתולתא מיכשרא LV 21:14
בגיטה כל יומוי: **לא** יסב גבר ית איתתא דאניס או DT 23:1
בין מגברא בין מן יבמה **לא** יסבון ארום קדיש הוא קדם LV 21:7
דאיתלידא מן פסוליא **לא** יסבון ואיתתא דמיפטרא בין LV 21:7
נזערא יתהון קדם עד **לא** יסגון ויהוי ארום יארע יתן סדרי EX 1:10
דלא מן אחוכון הוא: לחוד **לא** יסגון ליה על תרין סוסוון DT 17:16
קדם ייי: דעתיר **לא** יסגי ודמיסכן לא יזער מפלגות EX 30:15
ליביה וכספא ודהבא **לא** יסגי ליה דלא יתרורם ליביה DT 17:17
ויחלטיניה כהנא **לא** יסגירניה ארום מסאב הוא: ואין LV 13:11
ית קטולא וסהיד חד **לא** יסהד בבר נש לממת: לא NU 35:30
כלאי עמר וכיתן **לא** יסוק עלך: וגבר ארום ישכוב עם LV 19:19
ולא יצבע ובישריה **לא** יסחי ויקבל חוביה: ומליל ייי עם LV 17:16
ניתקא ברם אתר ניתקא **לא** יספר ויסגר כהנא ית ניתקא LV 13:33

ואומנא דיקניהון **לא** יספרון ובבישרהון לא יחבלון LV 21:5
על ריש טוורא: ואינש **לא** יסק עמך ואוף אינש לא יתחמי EX 34:3
והינון לא יתקרבון ועמא **לא** יסקון עימיה: ואתא משה EX 24:2
מיבעלא לגבר לה יסתאב: **לא** יסתאב בעלא לאיתתיה אלהין LV 21:4
להון על בר נש דמית **לא** יסתאב בעמיה: אלהין לאינתתא LV 21:1
לא יעול לאבוי ולאימיה **לא** יסתאב: ומן מקדשא לא יפוק LV 21:11
לאחוי ולאחתיה **לא** יסתאב להון במותהון ארום NU 6:7
אין תלת מילייא האיליין **לא** יעבד לה למזמנא יתה ליה או EX 21:11
פטירי וקורבן פיסחא **לא** יעבדון מטול דסואבותהון בהון NU 9:12
למימר גבר ואיתתא **לא** יעבדון תוב עיבידתא לאפרשות EX 36:6
מאן דדאין כל ארעא **לא** יעביד דינא: ואמר ייי אין אשכח GN 18:25
יהוון מחתן אריחיא **לא** יעדון מיניה: ותיתן בגו ארונא ית EX 25:15
יתפרנס: לחוד לפרגודא **לא** יעול ולמדבחא לא יקרב ארום LV 21:23
ולות כל בר נש דמית **לא** יעול לאבוי ולאימיה לא יסתאב: LV 21:11
דייי על בר נש דמית **לא** יעול: לאבוי ולאימיה לאחוי NU 6:6
ויפוק למיברא למשריתא **לא** יעול למצוע משריתא:: ואתר DT 23:11
כל יומי נדר ניזריה גלב **לא** יעיבר על רישיה עד זמן מישלם NU 6:5
ארע גלעד לאחסנא: ואין **לא** יעיברון מזרזין עמכון ויחסנון NU 32:30
דישראל ושלופי חרב **לא** יעידון בארעכון: ותירדפון ית LV 26:6
ואמר ליה יעקב: ואמר **לא** יעקב איתאמר עוד שמך אילהין GN 32:29
ארום גבר רמאי הוא אמר **לא** יעקב אנא רמאי וחכים יתיר GN 29:12
איתא חדתא בתולתא **לא** יפוק בחילא דלא יארע עלוי כל DT 24:5
לדיזבן יתיה לדרוי **לא** יפוק ביובלא: ובתי כופרניא LV 25:30
לא יסתאב: ומן מקדשא **לא** יפוק ולא יפיס ית מקדשא LV 21:12
דהיתירא על נפשיה **לא** יפיס פיתגמיה ברם בית דינא NU 30:3
למיטר מטרא ופולחנא **לא** יפלח הכדין תעביד לליואי עד NU 8:26
דכל דריא זכותהון **לא** יפסוק וקיימא דקיימית עימכון DT 28:15
עלוי ויקום ליה: ואין **לא** יפרוק ית חקלא ואין זבין ית LV 27:20
מן גינתא דעדן קדם עד **לא** יפשט ידיה ויסב מן פירי אילן GN 3:22
יהי קודשא קדם ייי: **לא** יפשפיש בין טב לביש ולא LV 27:33
פיסיון ניתקא במשכא **לא** יפשפש כהנא לשער מצלהב LV 13:36
שמיה מישראל: ואין **לא** יצבי גברא למיסב ית יבימתיה DT 25:7
רגז: ואמר ייי למשה **לא** יקביל מנכון פרעה מן בגלל EX 11:9
לא יעול ולמדבחא **לא** יקרב ארום מומא ביה ולא יפיס LV 21:23
ארום כל גבר דביה מומא **לא** יקרב גבר דסמי או דחגיר או LV 21:18
פולחן משכנא וחילוניי **לא** יקרב לוותכון: ותיטרון ית NU 18:4
למני קודשא ולמדבחא **לא** יקרבון ולא ימותון אוף הינון NU 18:3
גט חירו ותיתן לה: **לא** יקשי בעינך במפטרך יתיה לבר DT 15:18
ית לבושיא ית רישיה **לא** ירבי פירוע ולבושוי לא יבזע LV 21:10
דהינון מיכלא דבעירי **לא** יריק עלה מישחא ולא יתן עלה NU 5:15
טוורא אוף ענא ותורא **לא** ירעון כל קבל טוורא ההוא: EX 34:3
אלקפטא ובר מימרך **לא** ירעים גבר ידיה למיסור זייני וית GN 41:44
עמיה יתחל עליהון: **לא** ירשמון בין עיניהון ולא רושם LV 21:5
מן קדם ייי ליה למימר **לא** ירתינך דין אלהין בר דתוליד GN 15:4
ואנא קדמיי גלי ארום **לא** ישבוק יתכון מלכא דמצרים EX 3:19
אלקא רחמנא ייי אלקכון **לא** ישביקנכון ולא יחבלכון ולא DT 4:31
ומימריה יהי בסעדך **לא** ישבקינך ולא ירחקינך לא DT 31:8
מידברא קדמכון **לא** ישבקינכון ולא ירחקינכון: וקרא DT 31:6
סאין סמידא לחטאתא **לא** ישווי עלה מישחא ולא יתן עלה LV 5:11
על מצרים בישיא דידעת **לא** ישוינון בכון ויגרינון בכל DT 7:15
ואמר משה להון גבר **לא** ישייר מיניה עד צפרא: ולא EX 16:19
על פטיר ומררין ייכלוניה: **לא** ישיירון מיניה עד צפרא וגרמא NU 9:12
קדם ייי יהי קודשא: **לא** ישלחפיניה ולא יפרג יתיה LV 27:10
בעממין סגיעין ובכון **לא** ישלטון: ואין ליתיכון עסיקין DT 15:6
יצליף וחסיר חד ילקיניה **לא** ישלים דילמא יוסיף למילקייה DT 25:3
ימטיניה עד גופת דתביר **לא** ישלים: וארום ישאל גבר מידעם EX 22:12
ישלם: אם מריה עימיה **לא** ישלם אין אגירא הוא עאל EX 22:14
תשמש עם אבהא וגבר **לא** ישמיש עם אימיה אימך היא לא LV 18:7
שנא בשנא יהי עימיה **לא** ישעביד ביה בשקיין ואנת חמי LV 25:53
ואורייתי: עמי בני ישראל **לא** ישתבע חד מנכון בשום מימריה EX 20:7
ואורייתי: עמי בני ישראל **לא** ישתבע חד מנכון בשום מימריה DT 5:11
בחבריה: עמי בני ישראל **לא** ישתבע חד מנכון בשמי לשקרא LV 19:12
חדת וחלא דחמר עתיק **לא** ישתי וכל שיקייני דאיתרו ביה NU 6:3
דאיתרו ביה עינבי **לא** ישתי ועינבין רטיבין וצמיקין NU 6:3
חמיע: שובעא יומין חמיר **לא** ישתכח בבתיכון ארום כל מאן EX 12:19
כריחוקי עממיא האינון: **לא** ישתכח בכון מעברין בניהון DT 18:10
על ארעא שיקצא הוא **לא** יתאכיל: וכל דמהלך על מעוי LV 11:41
ית דמשתייר בנורא **לא** יתאכל ארום קודשא הוא: EX 29:34
יהי לכון מרחק לאבדא **לא** יתאכל: ובשתא רביעתא יהי כל LV 19:23
ליתוי מקליף **לא** יתאכלון שיקצא הינון ית LV 11:13
הי כפום שיריא יהי ליה **לא** יתבזע: ותעבד על שיפולוי EX 28:32
וסיתוא ויממי ולילי **לא** יתבטלון: ובריך אלקים ית נח GN 8:22
מיניה עד צפרא וגרמא **לא** יתברון ביה ככל אחויית גזירת NU 9:12
יומין קטיעין יתקיים **לא** יתדן מטול דכסף זביניה הוא: EX 21:21

ואמר ייי במימריה **לא** יתדנון כל דריא בישא דעתידין GN 6:3
יתובון ישתביק להון ואין **לא** יתובון לזמן יומין תוב שובעא GN 7:4
לא יסק עמך ואוף אינש **לא** יתחמי בכל טוורא אוף ענא EX 34:3
יתרעי מן דמקרב יתיה **לא** יתחשב ליה לזכו פסיל יהא LV 7:17
איזילו פלחו ותיבנא **לא** יתיהב לכון וסכום ליבנייא EX 5:18
ביה ית קרבן אלקיה **לא** יתכשר לקרבא: ברם מותרי LV 21:21
דריהון דיהי ביה מומא **לא** יתכשר לקרבא קרבן אלקיה: LV 21:17
מזרעא דאהרן כהנא **לא** יתכשר לקרבא קרבניא דייי LV 21:21
אתחשדו למיעבד וכדון **לא** יתמנע מנהון כל דחשיבו GN 11:6
על בישרא דאינשא **לא** יתמרק ובדמוייה לא תעבדון EX 30:32
כהנייא ברם למדבחא **לא** יתסקון לאתקבלא ברעוא: וכל LV 2:12
יהי לכון כל עיבידתא **לא** יתעביד בהון לחוד מן דיתעביד EX 12:16
מדוכרנא תחות כל שמיא **לא** יתעתד אינש קומיכון עד DT 7:24
מערבא יהי תחומכון: **לא** יתעתד בר נש באפיכון DT 11:25
וית קודשיא דבני ישראל **לא** יתפסון דלא תמותון: ומליל ייי NU 18:32
הוא ופירוגיה יהי קודשא **לא** יתפריק: אילין פיקודיא די פקיד LV 27:33
לעידן יהי פורקניה: ואין **לא** יתפריק עד זמן מישלם ליה LV 25:30
זבין ית חקלא לגבר חורן **לא** יתפריק תוב: ויהי חקלא LV 27:20
ואנת חמי ליה: ואין **לא** יתפרק באיליין שנייא ויפוק בר LV 25:54
דיתפרש מן אינשא **לא** יתפרק בכספא אלהין בעלוון LV 27:29
ולא אשכח: ואמרת **לא** יתקוף בעיני ריבוני ארום לית GN 31:35
יתקטל דמתחייב קטול **לא** יתקטל על מימר סהיד חד: ידא DT 17:6
קדם ייי ויהי בך חובא: **לא** יתקטלון אבהן לא בסהדות ולא DT 24:16
ולא בחובי בנין ובנין **לא** יתקטלון לא בסהדות ולא DT 24:16
אין בעירא אין אינשא **לא** יתקיים ברם במיגד קל שופרא EX 19:13
יהיב לכון למירתה: **לא** יתקיים סהדן דחד בגבר לכל DT 19:15
לנדרהא ולאיסרי נפשהא **לא** יתקיימון ואין בעלה בטילינון NU 30:13
דאסרת על נפשה **לא** יתקיימון ומן קדם ייי ישתרי NU 30:6
חובא רבא: ואמר אהרן **לא** יתקף רוגזא דריבוני אנת ידעת EX 32:22
יתיב ולציד אינתתיה **לא** יתקרב מברא למשריתא LV 13:46
בלחודוי קדם ייי והינון **לא** יתקרבון ועמא לא יסקון עימיה: EX 24:2
עד כדון הוה שמך יעקב **לא** יתקרי שמך תוב יעקב אלהין GN 35:10
קודשיא ביומא תליתאה **לא** יתרעי מן דמקרב יתיה לא LV 7:17
דאנת עליל תמן למירתה **לא** כארעא דמצרים היא דנפקתון DT 11:10
ויתיה לא תקוצון ארום **לא** כבר נש אילן דאנפי ברא DT 20:19
אחד בתרוי: ואמר בבעו **לא** כדון אחוי תבאשון: הא כדון GN 19:7
בגין זכוות ארבעין: ואמר **לא** כדון יתקוף רוגזא דרבון כל GN 18:30
בבעו ברחמין מן קדמך **לא** כדון יתקוף רוגזא דרבון כל GN 18:32
כדנן אמר בלק בר צפר **לא** כדון תיתמנע מלמיתי לותי: NU 22:16
כדון אשכחת חינא קומך **לא** כדון תסלק איקר שכינתך GN 18:3
כדון עימי טיבן וקשוט **לא** כדון תקברינני במצרים: ואשכוב GN 47:29
ולילדותי אזיל: ואמר **לא** כדון תשבוק יתנא ארום בגין כן NU 10:31
דמנשה: ואמר יוסף לאבוי **לא** כדין אבא ארום דין בוכרא שוי GN 48:18
בחלמא ממלילנא עימהון: **לא** כדין אורחא דמשה עבדי בכל NU 12:7
ועשרין שנין כד שכיב **לא** כהיין גלגילי עינוי ולא נתרון DT 34:7
קוסמיא צייתין ואתון **לא** כוותהון אלהין כהנייא שיילי DT 18:14
אמר ליה מימרא דייי **לא** כל היאך אילהין סוק וחמי ית DT 32:49
לבית אתר משרוייכון: **לא** כמא דאתון סברין אלהין איזילו EX 10:11
אצית מיליי בריה דצפור: **לא** כמילי בר נש מימר אלוק חי NU 23:19
חייתא לפרעה ארום **לא** כנשייא מצרייתא יהודייתא EX 1:19
ואמר אברם ללוט **לא** כען תהי מצותא בינא ובינך ובין GN 13:8
אתברי עלמא אבל **לא** כפירי עובדין טבין הוא מידבר GN 4:8
עימיה בלחודיהון ארום **לא** כשרין מצראי למיכול עם GN 43:32
ווייי אשלימינון: ארום **לא** כתקיפהון דישראל טעוותהון DT 32:31
עלנא אוף אתרברבא: ברם **לא** לארעא עבדא חלב ודבש NU 16:14
דין פתגמא דפקיד ייי **לא** לדריא דעתידין למיקום בתר NU 36:6
ישראל לית אתון רשאין **לא** למבשלא ולא למיכול בשר EX 23:19
תניינא איתפקד די **לא** למיכול אביל מיניה כל דכן LV 10:19
ולא תבצרון מיניה מן **לא** למינטור ית פיקודייא דייי DT 4:2
כשר לבית דרע ואוף **לא** למינצב תינין וגופנין ורומנין NU 20:5
ובשייר בנוי דישייר: מן **לא** למיתן לחד מנהון מבשר בנוי די DT 28:55
לא תקיימון כל נישמא **לא** לעבדין ולא לאמהן: ארום גמרא DT 20:16
בר מנוח דקיימין לפרוקין **לא** לפורקניה דגדעון אנא מסכי GN 49:18
קדמוי מיסב אפין ואוף **לא** לקבלא שוחדא: עבד דין ייתם DT 10:17
פוקלין: וחיטייא וכונתיא **לא** לקון ארום לקישן הינין: ונפק EX 9:32
מומא בהון פסילין הינון **לא** לרעוא יהון לכון: ומליל ייי עם LV 22:25
מומא לא תקרבון ארום **לא** לרעוא יהי לכון: וגבר ארום יקרב LV 22:20
וקיימא דקיימית עימכון **לא** מבטלא ותהי מגינא עליהון עני DT 28:15
אחא דאיבא היא ברם **לא** מגניסת אימא והות לי לאינתו: GN 20:12
למילוט ית עמא ומילא **לא** מהוגנא לקובלי: וחמתני אתנא NU 22:32
תקבלון חובי קדשיא אין **לא** מזדהרין באסקותהון ואנת ובנך NU 18:1
ית חובי כהונתכון אין **לא** מזדהרין באפרשותהון: ואוף ית NU 18:1
אנא מקדש משכנא דאין **לא** מזדהרין בעיבידת קורבניא LV 10:3
יקבלון ית חוביהון אין **לא** מזדהרין בפולחנהון קיים עלם NU 18:23

לאורייתא ולדלא תייבין **לא** מזכי ביום דינא רבא מסער חובי EX 34:7
דייי אלקכון על מגן ארום **לא** מזכי ייי ביום דינא רבא ית כל EX 20:7
דייי אלקכון על מגן ארום **לא** מזכי ייי ביום דינא רבא ית כל DT 5:11
לאורייתא ולדלא תייבין **לא** מזכי מסער חובי אבהן רשיעין NU 14:18
לחוביהון שבוק ואין **לא** מחיני כדון מן ספר צדיקיא EX 32:32
הוו בארעא דעד כדון **לא** מטא זימנא דבני ישראל GN 12:6
סידרי קרבא דעד כדון **לא** מטא זימנא למתיהבא נקמתא NU 20:21
ומיומא דאיתברי עלמא **לא** מטא זימני למשבחא אלהין GN 32:27
ומטרא דהוה נחית **לא** מטא על ארעא: וחמא פרעה EX 9:33
ייי מתרכהון מן קדמיכון: **לא** מטול זכוותכון ובתריצות DT 9:5
מטול דבנימוסי אומיא **לא** מידברין: והוה כיוון דחמא בלעם NU 23:9
ומבעירא דבני ישראל **לא** מית חד: ושדר פרעה פולין EX 9:6
פרעה פולין למיחמי והא **לא** מית מבעירא דבני ישראל עד EX 9:7
בתר אולפנא דמשה נביא **לא** מיתו במותנא ולא לקו NU 26:11
כדין לעבדך: תיבנא **לא** מיתיהב לעבדך וליבניא אמרין EX 5:16
מן אתר דתשכחון ארום **לא** מיתמנע מפולחנכון מידעם: EX 5:11
דאנא פקד לכון יומנא **לא** מכסיא היא מנכון ולא רחיקא DT 30:11
בארעא דאדום קדם עד **לא** מלך מלכא לבני ישראל: ומלך GN 36:31
על ברייה ואמר לאיתתא **לא** ממת תמותון ברם כל אומנא GN 3:4
עממיא דעל אנפי ארעא: **לא** מן בגלל דאתון גיוותנין מן DT 7:7
מן ארעא: וברם בקושטא **לא** מן בגלל די נטייבא לך קיימתך EX 9:16
ויעבדון להון ציצייתא **לא** מן נימיא ולא מן סיסיא ולא מן NU 15:38
כל עובדיא האילין ארום **לא** מן רעות ליבי: אין כמיתותא NU 16:28
דריבוני אברהם די **לא** מנע טיבותיה וקושטיה מן GN 24:27
בכל מטלניהון: ואין **לא** מסתלק ענן יקרא ולא נטלין עד EX 40:37
נכיס וחד מתנכיס דנכיס **לא** מעכב ודמתנכיס פשיט צווריה: GN 22:10
חטרייא: ובלקושי ענא **לא** משוי והוון לקישיא ללבן GN 30:42
ניסוך חמר עתיק ואין **לא** משכח חמר עתיק מייתי חמר NU 28:7
ואמר יעקב כיון דחמנון **לא** משרויין דעשו הינון דאתיין GN 32:3
משלם על חד תרין: אין **לא** משתכח גנבא ויתקרב מריה EX 22:7
קדמיי ובזימנא תניינא **לא** משתכח עימי אגרא ויתחל בי GN 15:1
לך בנין ודין בר אמתא **לא** מתיחס בתרך: ואוף ית בר GN 21:12
יטנף ית ארעא ולארעא **לא** מתכפר על דם זכאי דאישתדי NU 35:33
ולמא שקרת בי: ואמר לבן **לא** מתעביד כדין באתרין למיתן GN 29:26
חומש דמוי עלוי ואין **לא** מתפרק ויזדבן בדמי עלוייה: LV 27:27
ית אדמיה בניכסתא ואין **לא** מתקלקלא ניכסתיה יכסיניה LV 17:13
למימר: אעיבר בארעך **לא** נאנוס אריסן ולא נשרגג בתולן NU 21:22
נצו אוף עלה ויבשת ותו **לא** נבעת וקרא שמא סטנא: GN 26:21
אורייתא למימר **לא** נוסיף למשמע ית קל דיבורא מן DT 18:16
בשתא שביעתא הא **לא** נזרע ולא נכנוש ית כתי עללתנא: LV 25:20
ענגין סלקין ומיטרא **לא** נחית ובצורתא אתיא על עלמא: EX 20:16
ענגין סלקין ומיטרא **לא** נחית ובצורתא לא אתי על DT 5:20
וית אישתא רבתא הדא **לא** נחמי תוב דלא נמות: ואמר ייי לי DT 18:16
גבר אחסנתיה: ארום **לא** נחסין עימהון מעיברא ליורדנא NU 32:19
שבעתי יומין ועמא **לא** נטל עד זמן דאתסיית מרים: NU 12:15
בלא מתכוין ליה והוא **לא** נטר ליה סנא מאיתמלי DT 19:4
יוסף לא תידחלון ארום **לא** ניגמול לכון בישתא אלהין GN 50:19
עיבורא: ואם ליתך משדר **לא** ניחות ארום גברא אמר לנא לא GN 43:5
דסליקו עימיה אמרו **לא** ניכול למיסוק לות עמא ארום NU 13:31
איתיהיבת ליצחק אנן **לא** ניכול למללא לך ביש או טב: הא GN 24:50
אחתהון: ואמרו להום **לא** ניכול למעבד ית פיתגמא הדין GN 34:14
ענא ואיזילו רעו: ואמרו **לא** ניכול עד די יתכנשון כל עדריא GN 29:8
בני אליאב ואמרו **לא** ניסוק: הזעירא היא ארום NU 16:12
סידרי קרבא קדם עד **לא** ניתבדר מעילוי אנפי ארעא: GN 11:4
תינייתא ואמרו ליה **לא** נכסי מן ריבוני ארום אין שלים GN 47:18
מלכא דבשמיא נזיל **לא** נסטי לימינא ולשמאלא NU 20:17
דמן קדמוי עוולא **לא** נפיק דזכיי וקשיט הוא: חבילו DT 32:4
ושיזביה מן אידיהון ואמר **לא** נקטליניה דלא נתחייב באדמיה: GN 37:21
נעיבר כדון בארעך **לא** נשרגגה בתולן ולא נאנוס אריסן NU 20:17
מן קדם יתבי ארעא: **לא** נתוב לבתנא עד דיחסנון בני NU 32:18
לה יומא חד בתר דשמע **לא** סגיא לה בשרותא ואין מפסא NU 30:16
פישרא הוא ופרסתיה **לא** סדיקא מסאב הוא לכון: וית LV 11:4
פישרא הוא ופרסתיה **לא** סדיקא מסאב הוא לכון: וית LV 11:5
פישרא הוא ופרסתא **לא** סדיקא מסאב הוא לכון: וית LV 11:6
פישרא הינון ופרסתהון **לא** סדיקין מסאבין הינון לכון: וית DT 14:7
למיעל לתמן למירתה: **לא** סהדין דעברין מן עלמא אנא DT 30:19
ויימר כהנא לאיתתא אין **לא** סטית לאיסתאבא בתשמיש NU 5:19
דנן תלת זימנין אילולפון **לא** סטת מן קדמי ארום כען אוף NU 22:33
וסכיתי למיחמי ולדא **לא** סכיית דעד כדון יוסף ברי קיים GN 45:28
חובת דין דקטול ארום **לא** סני הוא ליה מאתמלי DT 19:6
עלוי מדעם וקטליה והוא **לא** סני ליה ולא תבע בישתיה: NU 35:23
חבריה ולא אתכוון והוא **לא** סני ליה מאיתמלי ומדיקדמוי DT 4:42
דביה מכתש צורעתא אין **לא** ספיקת בין ידויי למייתייא מן LV 14:32
דאייר מטול דזוודין **לא** עבדו להון: ויומייא דיתיבו בני EX 12:39

ארען יבישו בירן ואילננא **לא** עבדו פירין ואמרנא נהדריניה GN 26:28
ביריהון ואילניהון **לא** עבדו פירין וארגישו דבגין GN 26:26
דעיבראי ואוף הכא **לא** עבדית מדעם ביש ארום שויאו GN 40:15
תבוע יעביד ית אחתן אין **לא** עבדנא ית פיתגמא הדין: ואמר GN 34:31
ככל תפקידתך דפקידתני **לא** עברית חדא מן פיקודייך ולא DT 26:13
למיזל ביממא ובליליא: **לא** עדי עמודא דעננא ביממא EX 13:22
דנתקטלא תחותוהי ואוף **לא** עולימא חבילית דבגיניה GN 4:23
ואמר הא עדן יומא סגי **לא** עידן למיכנוש בעיר אשקו ענא GN 29:7
מן בגלל להודעותך ארום **לא** על לחמא בלחודוי חיי בר נשא DT 8:3
לחברך על מזפו דאוזפך **לא** על מזפו דכסף ומיזפו דמיכלא DT 23:20
דאחוך: וידע אונן ארום **לא** על שמיה איקרון בנין והוה כד GN 38:9
סהדין ומרי ערבנותא **לא** על שערין ולא ריביין: אין EX 22:24
ואנחנא מה אנן חשיבין **לא** עלנא תורעמותכון אילהן על EX 16:8
איתילידו תרין בנין עד **לא** עלת שתא דכפנא דילידת ליה GN 41:50
גזר עימנא קיים בחורב: **לא** עם אבהתנא גזר ייי ית קיימא DT 5:3
ותינדעון יומא דין ארום **לא** עם בניכון דלא נדעון ולא חמון DT 11:2
גובא דכוותיה ובתרוי **לא** עתיד דיהי כן: וחפא ית חזוונא EX 10:14
כל קבל חבריה וית עופא **לא** פסג: ונחתו אומיא הינון מדמיין GN 15:10
כדון הוה ביני ככיהון עד **לא** פסק ורוגזא דייי תקיף ברשיעי NU 11:33
קלילא הוא עד כדון **לא** פסק למללא והא רבקה נפקת GN 24:15
דכד נח מן יקימיניה: **לא** פסקין מלכין ושליטין מדבית GN 49:10
במצוותא דאורייתא **לא** פסקין מסכינין מיגו ארעא בגין DT 15:11
לבר ריבוני: אנא עד **לא** פסקית למללא עם הרהורי לבי GN 24:45
פרסתא והוא פישרא **לא** פשר מסאב הוא לכון: LV 11:7
צלותי אוף בזימנא ההיא **לא** צבה ייי לחבלותך; ואמר ייי לי DT 10:10
לאחוי שמא בישראל **לא** צבי ליבמותי: ויקרון ליה חכימי DT 25:7
וכל עיסבי חקלא עד כדו **לא** צמח ארום לא אמטר ייי אלקים GN 2:5
ואיתבונן בכל דר ודר והא **לא** קאים מן ההוא מצראי גבר גיור EX 2:12
דידיה הוא: ארום **לא** קאים נטורי נחשין בדבית יעקב NU 23:23
ייי למימר הא בני ישראל **לא** קבילו מיני והכדין יקביל מיני EX 6:12
קדמי במדברא והא **לא** קבילת עד כדון: כדנא אמר ייי EX 7:16
עד דתישתיצון ארום **לא** קבילתון למימרא דייי אלקכון DT 28:45
שמיא לסוגי ארום **לא** קבילתון למימרא דייי אלקכון: DT 28:62
קרבא במשריתא: ואמר **לא** קל גיברין דנצחין בסידרי קרבא EX 32:18
בניהון ובנתיהון בנורא **לא** קסומי קוסמין ולא חדודי עינין DT 18:10
וידע אברהם ארום **לא** קריב אבימלך לגבי שרה GN 20:16
ארום קורבנא דייי **לא** קריב בזימניה חוביה יקבל גברא NU 9:13
מיבעלא לגבר: ואבימלך **לא** קריב לגבה למסאבה ואמר ייי GN 20:4
וחמון יתיה מרחיק ועד **לא** קריב לותהום ואיתיעטו עלוי GN 37:18
אתבא תתיבונון ליה: ואין **לא** קריבא דעתא דאחוך עמך או DT 22:2
לחוד לארע בני עמון **לא** קריבתא כל אתר נחלי יובקא DT 2:37
למיחמי: ואמרו ליה **לא** ריבוני ועבדך אתו למזבון GN 42:10
ויימר בלישן בית קודשא **לא** רעינא למיסבא: ותתקרב DT 25:8
מלמחטי קדמיי בגין כל **לא** שבקתך למקרב לגבה: וכדון GN 20:6
מגיחי קרבא די עימנא **לא** שגא מיננא אינש: וקריבנא NU 31:49
וית בנימין אחוי דיוסף **לא** שדר יעקב עם אחוי ארום אמר GN 42:4
עולימיא שפיריא **לא** שדר מחתיה בההיא שעתא EX 24:11
ומן בגלל דהוא בריה **לא** שוי ידיה אלהין אמר אנא GN 47:30
לעמא הדין ושיזבא **לא** שזיבתא ית עמך: ואמר ייי EX 5:23
דיקרב ביה דובנא וידוי **לא** שטף במיא יהי מסאב ואין LV 15:11
בנוי וית כל עמיה עד די **לא** שיירו ליה משיזיב ויריתו ית NU 21:35
דביניהון ואמטוליה **לא** שיציית ית בני ישראל בקינאתי: NU 25:11
הכא למירתא ארום **לא** שלום חובא דאמוראה עד כדון: GN 15:16
ליצחק וליעקב ארום **לא** שלימו בתר דחלתי: אילהן כלב NU 32:11
דישראל צרך דיימר **לא** שמעית בגין כן אמר להון משה NU 9:8
דישראל צרך דיימר **לא** שמעית בגין כן אצנעו יתיה LV 24:12
דישראל צרך דיימר **לא** שמעית בגין כן אצנעוהי בבית NU 15:34
דישראל צרך דיימר **לא** שמעית בגין כן קריב משה ית NU 27:5
ובאילליין אמר משה **לא** שמעית מן בגלל למלפא לרישי NU 9:8
ובאיליין אמר משה **לא** שמעית מן בגלל למלפא רישי LV 24:12
ובאיליין אמר משה **לא** שמעית מן בגלל למלפא רישי NU 15:34
ובאיליין אמר משה **לא** שמעית מן בגלל למלפא רישי NU 27:5
לא תנית לי ואוף אנא **לא** שמענא מן חורנין אלהן יומא GN 21:26
דחוורו ית מכתשא והא **לא** שנא מכתשא מן כד הוה LV 13:55
בית ישראל לא תיסבון **לא** שערין ולא ריביין ותידחל LV 25:36
בית דינא שרן ליה ואין **לא** שרו ליה ככל מה דיפוק מפמיה NU 30:3
יומא דאתפרשו מיניה **לא** שתו חמרא לא הוא ולא הינון GN 43:34
לא אכלתון וחמר ומרת **לא** שתיתון והות אוריתי תדירא DT 29:5
ויתוב לאחסנתיה: ואין **לא** תארע ידיה הי כמיסת דיתיב LV 25:28
כהנא מן חובתיה: ואין **לא** תארע ידיה כמיסת למייתייא LV 5:7
דחב וישתביק ליה: ואין **לא** תארע ידיה כמיסת למייתייא LV 5:11
אחבוך היא: עירית כלתך **לא** תבזי איתת ברך היא לא תבזי LV 18:15
אחת אמך ואחת אבך **לא** תבזי ארום ית קריביה בישריה LV 20:19
היא: עירית אחת אמך **לא** תבזי ארום קריבת בשר אימך LV 18:13

עירית איתת אחוך **לא** תבזי בחיי אחוך ובתר מותיה LV 18:16
אימך היא: עירית אחבוך **לא** תבזי ולות אינתתיה לא תקרב LV 18:14
היא: עירית איתא וברתא **לא** תבזי ית ברת ברה וית ברת LV 18:17
עריתא: עריתא איתת אבוך **לא** תבזי מטול דעריתא דאבך היא: LV 18:8
לא תבזי איתת ברך היא **לא** תבזי עריתה: עירית איתת LV 18:15
מן אבך אחתך היא **לא** תבזי עריתה: עירית אחת אבך LV 18:11
ברת בנך או ברת ברתך **לא** תבזי עריתהן ארום הי כעריתך LV 18:10
מן אבך או מן גבר חורן **לא** תבזי עריתהן: עירית ברת בנך או LV 18:9
עריתה: עירית אחת אבך **לא** תבזי קריבת בשר אבך היא: LV 18:12
תרבון פרוע ולבושיכון **לא** תבזעון ולא תמותון ביקידת LV 10:6
לא תכסון קדם עד **לא** תבטלון חמיע ניכסת פיסחי EX 34:25
ודבש: ברם בפיקודיא דייי **לא** תבטשון ואתון לא תידחלון מן NU 14:9
ואין גבר מסכין הוא **לא** תבית ומשכוניה גבך: אתבא DT 24:12
יצלבון יתיה על קיסא: **לא** תבית ניבלת גושמיה על קיסא DT 21:23
אבנין תעביד לשמי **לא** תבני יתהן חציבן דאין ארימת EX 20:25
אבנין: עמי בני ישראל **לא** תבערון אשתא בכל אתר EX 35:3
לא תלקיט: וכרמיכון **לא** תבערון טוטלוותהון ונותרא LV 19:10
ארום תשבטון זייתיכון **לא** תבקרונון מן בתריכון לגיורא DT 24:20
לא תלוטינון אוף ברכא **לא** תבריכינון: ואתיב בלעם ואמר NU 23:25
אתון קדם ייי אלקכון **לא** תגודון בישריכון ולא תשוון DT 14:1
לא תזרעון וכרמיכון **לא** תגזרון: ית כתי שביק חצדיכון LV 25:4
יתהון בשמתא דייי **לא** תגזרון להון קיים ולא תרחמון DT 7:2
קרבא אמר להון משה **לא** תגיחון דמן קדם ייי מתעביד EX 14:14
עם אימיה אימך היא **לא** תגלי עריתא: עריתא איתת אבוך LV 18:7
תיאק גיפופין לאיגרך **לא** תגרמון לאסתקפא חובת אדם DT 22:8
עם אברם בחיזונא למימר **לא** תדחל דאף על גב דיהון GN 15:1
דמתושלח חמא ייי והא **לא** תהו בני נשא ומוי דטובענא הוו GN 7:10
שקר: עמי בני ישראל **לא** תהוון בתר סגיאין למבאשא EX 23:2
על עלמא: עמי בני ישראל **לא** תהוון גייורין לא חברין ולא EX 20:14
על עלמא: עמי בני ישראל **לא** תהוון גייורין לא חברין ולא DT 5:18
אלקכון: עמי בני ישראל **לא** תהוון גנבין ולא תכפרון ולא LV 19:11
על עלמא: עמי בני ישראל **לא** תהוון גנבין לא חברין ולא EX 20:15
על עלמא: עמי בני ישראל **לא** תהוון גנבין לא חברין ולא DT 5:19
על עלמא: עמי בני ישראל **לא** תהוון חמודין לא חברין ולא EX 20:17
על עלמא: עמי בני ישראל **לא** תהוון חמודין לא חברין ולא DT 5:21
בתרין זינין קטירין כחדא: **לא** תהוון לבשין ומשתחנין בכסו DT 22:11
על עלמא: עמי בני ישראל **לא** תהוון מסהדין בחבריכון סהדי EX 20:16
על עלמא: עמי בני ישראל **לא** תהוון מסהדין סהדו דשיקרא DT 5:20
דאדמא קיים במזרקיא **לא** תהוון נטרי נחשין ולא אחורי LV 19:26
תקבלון מטולתיה חובא: **לא** תהוון נקמין ולא נטרין דבבו LV 19:18
יהב לכון: עמי בני ישראל **לא** תהוון קטולין לא חברין ולא EX 20:13
יהיב לכון: עמי בני ישראל **לא** תהוון קטולין לא חברין ולא DT 5:17
דתזרעון ועללת כרמא: **לא** תהוון רדיין בתורא ובחמרא DT 22:10
דמיחדין באחסנתא **לא** תהוי איתת שכיבא הפקירא DT 25:5
ודי סרחנא: בבעו מינך **לא** תהוי מרים אחתן מסאבא NU 12:12
בקושטא תדונון חבריכון: **לא** תהון אזלין בתר לישן תליתאיי LV 19:16
וניכסוי יתגמרון בגין כן **לא** תהון פלחין אלהין לשמא דייי EX 22:19
ונזבניניה לערבאין וידנא **לא** תהי ביה למיקטליה ארום GN 37:27
לעמי ית ענייא דעימך **לא** תהי ליה הי כרשיא לא תשוון EX 22:24
ייי לאברהם שרי אינתתך **לא** תהי קרי ית שמא שרי ארום GN 17:15
מחת מרירתא מגווך: **לא** תהי תכלא ועקרא בארעך ית EX 23:26
מימריה בקשוט תומון: **לא** תהכון בתר טעוות עממייא DT 6:14
לא תעבדון ובנימוסיהון **לא** תהכון: ית סידרי דיניי תעבדון LV 18:3
תהכון מן תמן פריקין **לא** תהכון ריקנין: ותישאל איתתא EX 3:21
דבני ישראל בגין כן **לא** תהנעלון ית קהלא הדין לארעא NU 20:12
הוא יוזפינכון ואתון **לא** תוזפון לכון הוא יהוי שליט DT 28:44
נידרא קדם ייי אלקכון **לא** תוחרון לשלמותיה תלת חגין DT 23:22
עימכון גיורא בארעכון **לא** תונון יתיה במילין קשין: כיציבא LV 19:33
עימיה בדיוטב ליה **לא** תונוניה במילין: לא תפסון DT 23:17
ראובן ברי די חטית **לא** תוסיף ועל די חטית ישתבק לך GN 49:4
כדא ודכוותיה ליליא **לא** תוסיף למיהוי מחתא כדא: ולכל EX 11:6
איזל מעילוויי איזדהר לך **לא** תוסיף למיחמי סבר אפיי EX 10:28
צלותי ואמר ייי לי סגי לך **לא** תוסיף למללא קדמי תוב DT 3:26
ארום תיפלח ית ארעא **לא** תוסף למיתן חיל פירהא לך GN 4:12
אחוכון זעירא עימכון **לא** תוספון למיחמי סבר אפיי: והוה GN 44:23
ית מצראי יומא דין **לא** תוספון למיחמיהון תוב עד EX 14:13
דעמא וית סרכוי למימר: **לא** תוספון למיתן תיבנא לעמא EX 5:7
למצרים וייי אמר לכון **לא** תוספון למתוב באורחא הדין DT 17:16
יתיה תיטרון למעבד **לא** תוספון עלוי ולא תבצרון מיניה: DT 13:1
דעברתון ואמרית לכון **לא** תוספון תוב למיחמי יתה DT 28:68
ית יורדנא תמן למירתה **לא** תורכון יומין עלה ארום DT 4:26
דבמדברא ויד דקטולון **לא** תושטון ביה בגין לשיזבא יתיה GN 37:22
לבלחודה בגיטה וזבנא **לא** תזבנינה בכספא לא תיתגר בה DT 21:14
מיניה בריביתא ולאחוך **לא** תזוף מיניה בריביתא מן בגלל DT 23:21

אחוך ואנת חמי ליה: **לא** תזממון פם תורא בשעת דרכיה DT 25:4
לקי שיחנא ודלי חמי **לא** תזממונה ליה: כד דיירין בעלמא DT 25:4
עירבובין חקלך **לא** תזרע עירבובין ולבוש עירבובין LV 19:19
תשמיט קדם ייי חקליכון **לא** תזרעון וכרמיכון לא תגזרון: ית LV 25:4
חמשין שנין תהי לכון **לא** תזרעון ולא תחצדון ית LV 25:11
דין דחמי למיפל מיניה: **לא** תזרעון כרמיכון עירובין דילמא DT 22:9
מן קדמך ייי אלקים **לא** תחבל עמך ואחסנתך די פרקת DT 9:26
עלה למכבשא בשבתא **לא** תחבלון ית אילנייהא למישדיא DT 20:19
ותקטעון ית פיסת ידה **לא** תחוסן עיניכון: לא יהוי לכון DT 25:12
טעוותהון תוקדון בנורא **לא** תחמדון כספא ודהבא דעליהון DT 7:25
אכריז עלה ותהדרינה: **לא** תחמון ית חמרא דאחוכון או DT 22:4
דייי אלקכון יהיב לכון: **לא** תחמון ית תורא דאחוכון או ית DT 22:1
ית כתי שביק חצדיכון **לא** תחצדון וית עינבי רדופיכון לא LV 25:5
לכון בכל תחומכון ומשח **לא** תטושון ארום ינתרון זיתיכון: DT 28:40
ית שמא דאלקך אנא ייי: **לא** תטלום ית חברך ולא תניס ולא LV 19:13
שימשא קדם ייי אלקך: **לא** תטלומון חבריכון ולא תשגון DT 24:14
עריית אבוך ועריית אמך **לא** תיבזי איתא לא תשמש עם LV 18:7
ואנת תתריכינון מן קדמך: **לא** תיגזרון להון ולטעוותהון קיים: EX 23:32
אלקיה דאברהם אבוך **לא** תידחל ארום בסעדך מימרי GN 26:24
דקודשא וכן אמר ליה **לא** תידחל דכולהון צדיקין ולית GN 35:22
לא ישבקינך ולא ירחקינך **לא** תידחל ולא תתירע: וכתב משה DT 31:8
בכן אמר ייי למשה **לא** תידחל מיניה ארום בידך NU 21:34
לאדרעת: ואמר ייי לי **לא** תידחל מיניה ארום בידך DT 3:2
אנא הוא אל אלקי דאבוך **לא** תידחל מן למיחות למצרים על GN 46:3
מן שמי מרומא וכן אמרת **לא** תידחלון אבהת עלמא דאפילו DT 28:15
לימא אמר להון משה **לא** תידחלון איתעתדו וחמון ית EX 14:13
ואמר שלם לכון מן ריבוני **לא** תידחלון אלקכון ואלקא GN 43:23
סגי מדבית יעקב: וכדון **לא** תידחלון אנא איזון יתכון וית GN 50:21
לעבדין: ואמר להום יוסף **לא** תידחלון ארום לא ניגמול לכון GN 50:19
נמות: ואמר משה לעמא **לא** תידחלון ארום מן בגלל EX 20:20
דבביכון לא יזוח ליבכון **לא** תידחלון ולא תירתתון ולא DT 20:3
דמליל ייי אלקכון לכון **לא** תידחלון ולא תיתברון: DT 1:21
יתכון: איתוקפו ואתחיילו **לא** תידחלון ולא תתרעון מן DT 31:6
מלליה נבי שיקרא **לא** תידחלון מיניה: ארום ישיצי ייי DT 18:22
דייי לא תבטשון ואתון **לא** תידחלון מן עמא דארעא ארום NU 14:9
וטירונין אלימין מינכון **לא** תידחלון מנהון ארום כולהון DT 20:1
דאנת עבר לתמן: **לא** תידחלון מנהון ארום מימרא DT 3:22
לי יוכלא לתרכותהון: **לא** תידחלון מנהון הוון דכירין ית DT 7:18
ומימרא דייי בסעדנא **לא** תידחלון מנהון: ואמרו כל NU 14:9
ואמרת לה חייתא **לא** תידחלין ארום אוף דין ליך בר GN 35:17
דחילית ואמר מלאכא **לא** תידחלין ארום בקושטא גחכת: GN 18:15
ושום טעוות עממיא **לא** תידכרון ולא ישתמע על פומכון: EX 23:13
ואחסנת חקיל וכרם **לא** תיהי ליה ביני אחוי עשרין DT 18:2
וארעא דישראל **לא** תיזדבן לחלוטין ארום דילי LV 25:23
ואמר ייי לבלעם **לא** תיזיל עמהון ולא תלוט ית עמא NU 22:12
דייי אלקך יהיב לך **לא** תיחוס עינך עליהון ולא תפלח DT 7:16
אבוכון ותיתון: ועיניכון **לא** תיחוס על מניכון ארום שפר GN 45:20
ואתגלי ליה ייי ואמר **לא** תיחות למצרים שרי בארעא GN 26:2
אמרית יתכון למימר **לא** תיחטון בטלייא ולא קבלתון GN 42:22
אסהיד בנא גברא למימר **לא** תיחמון סבר אפיי בדלית GN 43:3
ארום גברא אמר לנא **לא** תיחמון סבר אפיי בדלית GN 43:5
תהי יוקדא על מדבחא **לא** תיטפי: ודא אורייתא דמנחתא LV 6:6
מדבחא תהי יוקדא ביה **לא** תיטפי וילפי עלה כהנא אעין LV 6:5
ישתביק לך חובך ואין **לא** תייטיב עובדך בעלמא הדין GN 4:7
היא באפרשות קודשייא **לא** תיכול: וברת כהין ארום תהי LV 22:12
יסגי מינכון אורחא ארום **לא** תיכול למסוברא ית מעשרא DT 14:24
ארום יקיר מינך פיתגמא **לא** תיכול למעבדיה בלחודך: כדון EX 18:18
מן קדמיכון קליל קליל **לא** תיכול לשיציותהון בפריע DT 7:22
למידע בין טב לביש **לא** תיכול מיניה ארי ביומא דתיכול GN 2:17
אילנא דפקידתך למימר **לא** תיכול מיניה ליטא ארעא בגין GN 3:17
אדמא הוא קיום נפשא **לא** תיכלון אדמא דביה קיום DT 12:23
ישראל אדם כל בישרא **לא** תיכלון ארום קיום נפש כל LV 17:14
כל עירבובין דמחמע **לא** תיכלון בכל אתר מותבניכון EX 12:20
כל תריב וכל אדם **לא** תיכלון ברם על גבי מדבחא LV 3:17
הוא לכון: מבישריהון **לא** תיכלון ובניבלתהון לא תקרבון LV 11:8
הוא לכון מביסריהון **לא** תיכלון ובניבלתהון לא תקרבון: DT 14:8
דלא נפקא כולא נשמתא **לא** תיכלון: וברם ית דימכון GN 9:4
ורוטביהון ומיבישריהון **לא** תיכלון וית ניבלתהון תשקצון LV 11:11
תריב תור ואימר ועיזא **לא** תיכלון: ותריב חיוא דמיקלקלא LV 7:23
כל גובא דכיא תיכלון: **לא** תיכלון כל דמיקלקלא בניכסא DT 14:21
עממיא דעל אפי ארעא: **לא** תיכלון כל מידעם דרחיקית DT 14:3
לא תתובון לאורייתא **לא** תיכלון לאיתסאה אלהין DT 28:35
תלוש מן חיוותא חייא **לא** תיכלון לכלבא תרמון יתיה EX 22:30
עללתא אנא הוא אלקכון: **לא** תיכלון מבשר כל ניכסתא עד LV 19:26

מציעות גינוניתא אמר ייי **לא** תיכלון מיניה ולא תקרבון ביה GN 3:3
תמכה ועולשין ייכלוניה: **לא** תיכלון מיניה כד חי ולא כד EX 12:9
דאמר ייי אלקים **לא** תיכלון מכל אילן גינוניתא: GN 3:1
יתה תיכלון: ברם ית דין **לא** תיכלון ממינא דמסקי פישרא LV 11:4
יתה תיכלון: ברם ית דין **לא** תיכלון ממסקי פישרא ומסדיקי DT 14:7
ליה ציצין וחרספיתין **לא** תיכלון מסאב הוא לכון: כל DT 14:10
וקלי ופירוכיין חדתין **לא** תיכלון עד כרן יומא הדין עד LV 23:14
ואילא: לחוד אדמיה **לא** תיכלון על ארעא תישדוניה היך DT 15:23
לאשראה שכינתיה תמן: **לא** תיכלון על פיסחא חמיע DT 16:3
ריחשא דרחיש על ארעא **לא** תיכלונון ארום שיקצא הינון: לא LV 11:42
יתסק על מדבחא ומיכל **לא** תיכלוניה: ארום כל דייכול תריב LV 7:24
ארעא תישדוניה הי כמיא: **לא** תיכלוניה מן בגלל דייטב לכון DT 12:25
קייום נפשא עם בישרא: **לא** תיכלוניה על ארעא תישדוניה DT 12:24
או רחלא יתה וית ברה **לא** תיכסון ביומא חד: וארום LV 22:28
עלמא ייי: עמי בני ישראל **לא** תיכסון עד דחמיע בבתיכון EX 23:18
דרחקיה ייי אלקכון: **לא** תיכסון קדם ייי אלקכון תור DT 17:1
או סמי כל מידעם ביש **לא** תיכסוניה קדם ייי אלקכון: DT 15:21
דייי אלקכון יהיב לכון **לא** תילפון למעבד כריחוקי עממיא DT 18:9
מאן דאית לך: ואמר יעקב **לא** תימא כן בבעו אין כדון GN 33:10
ברם ית שיבטא דלוי **לא** תימני וית חושבנהון לא תקבל NU 1:49
קורצין למעקא לבר עמך **לא** תימנע זכו דחברך למסהדא LV 19:16
ומדקדמוי תמנון עליהון **לא** תימנעון מיניה ארום בטלנין EX 5:8
יתהון בביש למימר **לא** תימנעון מן ליבניכון דפתגם יום EX 5:19
יסליק שכינתיה מביניכון: **לא** תימסור ערלאה ביד פלחי DT 23:16
דמליל ייי אלקכון לכון: **לא** תימרון בליבכון כד ידחי ייי DT 9:4
סנאיכון בקרויכון: אין **לא** תינטרון למעבד ית כל פיקודיא DT 28:58
גוזלין או עילוי בעיין **לא** תיסב אימא מעל בניא: מפטר DT 22:6
ואומי יתי ריבוני למימר **לא** תיסב איתא לברי מבנת כנענאי GN 24:37
יתיה ופקדיה ואמר ליה **לא** תיסב איתא מבנתהום דכנענאי: GN 28:1
יתיה ופקיד עילוי למימר **לא** תיסב איתא מבנתהון דכנענאי: GN 28:6
היא: ואיתתא בחיי אחתה **לא** תיסב לאעקה לה לבזאה עריתה LV 18:18
ברת ברה וית ברת ברתה **לא** תיסב לבזאה עריתה קריבת LV 18:17
דאתחייב בדיניה **לא** תיסב ליה אפין למרחמא עלוי EX 23:3
תעבדון שקר בסדר דינא **לא** תיסבון אפין למסכינא ולא LV 19:15
עימך: עמי בית ישראל **לא** תיסבון לא שערין ולא ריביין LV 25:36
דפקיד ייי אלקכון יתכון **לא** תיסטון לימינא ולשמאלא: בכל DT 5:32
דיימרון לכון תעבדון **לא** תיסטון מן פיתגמא דיחוון לכון DT 17:11
דייי ואיהי לא תצלח לכון: **לא** תיסקון ארום לית שכינתא דייי NU 14:42
ואמר ייי לי אימר להון **לא** תיסקון ולא תסדרון סידרי קרב DT 1:42
ואמר קדם ייי בבעו מינך **לא** תיסתכל לדורון דידהון דלא NU 16:15
ואמר לה מה ליך הגר **לא** תיסתפין ארום שמיע קדם ייי GN 21:17
תחמי ית ארעא ותמן **לא** תיעול לארעא דאנא יהיב לבני DT 32:52
בחבריכון מוזפו דמידעם **לא** תיעול לביתיה למשכוניה DT 24:10
מטולכון למימר אוף אנת **לא** תיעול לתמן: יהושע בר נון DT 1:37
לא תיקרב ולבי מקדשא **לא** תיעול עד זמן מישלם יומי LV 12:4
בשבועא אמירא דאתון **לא** תיעלון לארעא דקיימית NU 14:30
ברתיה זעירתא לאמהן **לא** תיפוק במפקנות עבדייא EX 21:7
בר חורי מגביכון **לא** תיפטרוניה ריקנא: מדחדא DT 15:13
ייי: ומתרע משכן זימנא **לא** תיפקון דילמא תמותון ארום LV 10:7
תיפרוק באימרא ואין **לא** תיפרוק ותינקפיה בקופיץ וכל EX 34:20
יתכון בקומא זקיפא: ואין **לא** תיצבון למשמע לאולפן מאלפי LV 26:14
איתקטלא איתקטל: **לא** תיקרב ביה ידא ארום יתרגמא EX 19:13
דכיין ברם בכל קודשיא **לא** תיקרב ולבי מקדשא לא תיעול LV 12:4
בזמן ריחוק סאובתא **לא** תיקרב לבזאה עריתה: ולציד LV 18:19
מטול לכפרא בקודשא **לא** תיתאכל בנורא תיתוקד: ודא LV 6:23
גמירא תסתדר ותיהווי **לא** תיתאכל: ומליל ייי עם משה LV 6:16
רחמינכון ייי אלקכון: **לא** תיתבעון שלמהון וטבהון כל DT 23:7
חמינא תמן: ואמרית לכון **לא** תיתברון ולא תידחלון מנהון: DT 1:29
דמיטמרין מן קדמיכון: **לא** תיתברון מן קדמיהון ארום DT 7:21
לא תזבנינה בכספא **לא** תיתגר בה בתר דשמשת עימה: DT 21:14
מנכון ותסתמרון לחדא: **לא** תיתגרון בהון ארום לא אתן DT 2:5
ואמרית לריבוני מאים **לא** תיתי איתתא בתריי: ואמר לי ייי GN 24:39
בדעתיהן הינין קדם עד **לא** תיתי לוותהון חייתא הינין EX 1:19
לאיסתאבא בה: ומן זרעך **לא** תיתן בתשמישתה לציד בת LV 18:21
מה איתן לך ואמר יעקב **לא** תיתן לי מדעם אוחרן אין GN 30:31
ולא יחתון מיטרא וארעא **לא** תיתן עללתא ותיבדון DT 11:17
מרחקה היא: ובכל בעירא **לא** תיתן תשמישתך לאיסתאבא LV 18:23
ולציד איתת חברך **לא** תיתן תשמישתך לזרעא LV 18:20
חיבול על נפש דמית **לא** תיתנון ביבשרכון וכתב חקיק LV 19:28
בני ישראל ית כספיכון **לא** תיתנון ליה בשערין ובריביין לא LV 25:37
ליה בשערין ובריביין **לא** תיתנון עיבוריכון: אנא הוא ייי LV 25:37
ואין באילין מרדוותא **לא** תיתרדון קדמי ותהכון קדמי LV 26:23
הוו מיפקדיו מיניה **לא** תכון בכנענאי ובפריזאי דעד GN 13:7
אלקך תלת זימנין בשתא: **לא** תכסון קדם עד לא תבטלון EX 34:25

דמתמנין נגודין בעמך **לא** תלוטון: ביכורי פירך וביכורי EX 22:27
למעכבא גבך עד צפרא: **לא** תלוטון מן דלא שמע וקדם LV 19:14
בלק לבלעם אוף לטטא **לא** תלוטינון אוף ברכא לא NU 23:25
ונותרא דכרמך **לא** תלקט לעניי ולגייורי תשבוק LV 19:10
למחצוד ולקטא דחצדך **לא** תלקיט: וכרמיכון לא תבערון LV 19:9
בחצדך ולקטא דחצדך **לא** תלקיט לעניי ולגייורי תשבוק LV 23:22
בר: וכפרת שרה למימר **לא** תמהית ארום דחילית ואמר GN 18:15
עלוי בדינא אנא ייי: **לא** תמללון שעיעא בפומכון LV 19:17
עם ריבוני תנו לי ואין **לא** תנו לי ואיפני על דרומא או על GN 24:49
פיתגמא הדין ואוף אנת **לא** תנית לי ואוף אנא לא שמענא GN 21:26
ועלתא ומנחתא וניסוכין **לא** תנסכון עלוי: ויכפר אהרן על EX 30:9
תתנון לבניהון ובנתיהון **לא** תסבון לבניכון דכל מאן DT 7:3
ודי במיא מלרע לארעא: **לא** תסגדון להון ולא תפלחון EX 20:5
ודי במיא מלרע לארעא: **לא** תסגדון להון ולא תפלחון DT 5:9
ויבוסאי ואישיצינון: **לא** תסגדון לטעוותהון ולא EX 23:24
דמצרים: כל ארמלא ויתם **לא** תסגפון: אין סגפא תסגיף יתיה EX 22:21
אזלין בדחלתא אנא ייי: **לא** תסטון בתר שאלי בידין ומסקי LV 19:31
תינטרון אנא ייי אלקכון: **לא** תסטון לפולחן טעוון ודחלן LV 19:4
ית חצדא דארעכון **לא** תסייפון אומנא חדא דאית LV 19:9
מחצדכון ית חצד ארעכון **לא** תסייפון אומנא חדא דאית LV 23:22
לית אפין מהלכא מיננא **לא** תסליקיננה מיכא בסבר אפין EX 33:15
דקיימין למשמשא קדמי **לא** תסקון במסוקיין על מדבחי EX 20:26
תדירא קדם ייי לדריכון: **לא** תסקון עלוי קטרת בוסמין EX 30:9
קדמוי וקביל למימריה **לא** תסריב על מילוי ארום לא EX 23:21
לשמא דייי ובארעכון **לא** תסרסון: ומן יד בר עממין לא LV 22:24
מינה תבלא הוא: **לא** תסתאבון בחדא מכל איליין LV 18:24
ייי עם משה למימר: **לא** תסתפקון לשיצאה ית שיבטא NU 4:18
כל עיבידת פולחנא **לא** תעבדון: איליין זימני סידרי LV 23:36
קדם ייי: וכל עיבידתא **לא** תעבדון בכרן יומא הדין ארום LV 23:28
לכון כל עיבידת פולחנא **לא** תעבדון: וביומא דביכוריא NU 28:25
דאנא מעיל יתכון לתמן **לא** תעבדון ובנימוסיהון לא תהכון: LV 18:3
דמצרים דיתיתיבתון בה **לא** תעבדון והי כעובדין בישין LV 18:3
ודלא כשרין לאתעובדא **לא** תעבדון והיכמא דנדרתון DT 23:24
כל עיבידת פולחנא **לא** תעבדון: ומליל ייי עם משה LV 23:8
לכון כל עיבידת פולחנא **לא** תעבדון ותחגון חגא דמטליא NU 29:12
לכון כל עיבידת פולחנא **לא** תעבדון ותענון ית נפשתיכון LV 16:31
לכון כל עיבידת פולחנא **לא** תעבדון: ותקרבון עלתא NU 28:26
כל עיבידת פולחנא **לא** תעבדון: ותקרבון עלתא קדם ייי NU 29:7
לכון כל עיבידת פולחנא **לא** תעבדון: ותקרבון עלתא קרבן NU 29:35
כל עיבידת פולחנא **לא** תעבדון ותקרבון קורבנא לשמא LV 23:25
לכון כל עיבידת פולחנא **לא** תעבדון: ותקרבון קרבנא לשמא LV 23:7
כל עיבידת פולחנא **לא** תעבדון: ותקרבון קרבנא עלתא NU 28:18
לכון כל עיבידת פולחנא **לא** תעבדון יום יבבא יהי לכון NU 29:1
ערסא וכל עיבידתא **לא** תעבדון יציבא וגיורא דיתגייר LV 16:29
לאחסנא קדם ייי: ואין **לא** תעבדון ית פיתגמא הדין הא NU 32:23
לא יתמרק ובדמוייה **לא** תעבדון כוותיה קודשא הוא EX 30:32
ונייח קדם ייי אלקכון **לא** תעבדון כל עבידתא אתון EX 20:10
ונייח קדם ייי אלקכון **לא** תעבדון כל עיבידתא אתון DT 5:14
טעוון ודחלן דמתכן **לא** תעבדון לכון אנא ייי אלקכון: LV 19:4
אנא הוא ייי אלקכון: **לא** תעבדון לכון טעוון וצילמין LV 26:1
טעוותהין: דחלן דמתכא **לא** תעבדון לכון: ית חגא דפטיריא EX 34:17
דחלן דכסף ודחלן דדהב **לא** תעבדון לכון: מדבח אדמתא EX 23:23
לכון אלק אוחרן בר מיני: **לא** תעבדון לכון צלם וכל דמו DT 5:8
ואמר עמי בית ישראל: **לא** תעבדון לכון צלם וצורה וכל EX 20:4
אורחא דפקידתינון בסיני **לא** תעבדון לכון צלם וצורה וכל EX 32:8
בסיני מן פום קודשא **לא** תעבדון לכון צלם וצורה וכל EX 32:19
בוסמין דתעבד בדמוייה **לא** תעבדון לכון קודשא תהי לכון EX 30:37
עימכון: עמי בני ישראל **לא** תעבדון למסגוד דמות שימשא EX 23:23
לחוד לגובריא האילין **לא** תעבדון מידעם ביש ארום בגין GN 19:8
בלחודוי: ולעולימתא **לא** תעבדון מידעם ביש לית DT 22:26
קדם ייי אלקכון **לא** תעבדון עיבידתא: שובעא DT 16:8
ונעביד כדין אוף אנן: **לא** תעבדון פולחנא כדין לייי DT 12:31
לכון כל עיבידת פולחנא **לא** תעבדון קיים עלם בכל LV 23:21
עמיה: כל עיבידת פולחנא **לא** תעבדון קיים עלם לדריכון בכל LV 23:31
כל עיבידת פולחנא **לא** תעבדון: שבעתי יומין תקרבון LV 23:35
מארע קדיש כל עיבידא **לא** תעבדון שבתא היא לייי בכל LV 23:3
אנא הוא ייי אלקכון: **לא** תעבדון שיקרא בסידרי דינא LV 19:35
ותדחל מאלקך אנא ייי: **לא** תעבדון שקר בסדר דינא לא LV 19:15
להון ולטעוותהון קיים: **לא** תעביד להון שכונן בארעך EX 23:33
לחברך דמן אנת סני לך **לא** תעביד ליה אנא ייי: ית קיימיי LV 19:18
כוותך דמה את שני לך **לא** תעביד ליה ארום דיירין הויתון LV 19:34
ארע הדא לעבדך אחסנא **לא** תעברינּנא ית יורדנא: ואמר משה NU 32:5
יתה בעיינך ותמן **לא** תעיבר: בשבעא יומין לירחא DT 34:4
ואמר ליה אדומאה **לא** תעיבר בתחומי דילמא בשליפי NU 20:18

בלחודי אעיבר: ואמר **לא** תעיבר ונפק אדומאה NU 20:20
וחמי בעינך ארום **לא** תעיבר ית יורדנא הדין: ופקיד ית DT 3:27
ומימרא דייי אמר לי **לא** תעיבר ית יורדנא הדין: ייי DT 31:2
ית אוגר הדין ואין אנת **לא** תעיבר לותי ית אוגר הדין וית GN 31:52
דמואב: ואמר ייי לי **לא** תעיק ית מואבאי ולא תסדר DT 2:9
בשעת דינא: ולגייורא **לא** תעיקון ואתון חכימתון ית אניק EX 23:9
כדין תיזיל: ואמר להום **לא** תעכבון יתי וייי אצלח אורחי GN 24:56
בר ישראל ית גרמיה בזנו: **לא** תעלון אגר מוהבות מטעיתא DT 23:19
ועבדך חכימית ארום עד **לא** תפטרון עמא תהון דחלין מן EX 9:30
תקדש קדם ייי אלקך **לא** תפלוח בבכורי תוריכון ולא DT 15:19
אחוך עימך ויזדבן לך **לא** תפלח ביה הי כנימוסי פולחנות LV 25:39
ליה לא תונוניה במילין: **לא** תפסון בנתיכון למהוי נפקת DT 23:18
לא תתנון בכון אנא ייי: **לא** תפסון ית בנתיכון למסבא LV 19:29
אדמא דבמן פחרא ואתון **לא** תפקון אינש מן תרע ביתיה עד EX 12:22
ביה: בחבורא חדא יתאכל **לא** תפקון מן ביתא מן בישרא בר EX 12:46
אחורי סנהדרין עיינין: **לא** תפקון צדדי רישיכון ולא LV 19:27
תוקדון: ומתרע משכן **לא** תפקון שובעא יומין עד יום LV 8:33
דאימרי או בוכרא דעיזי **לא** תפרוק מטול דקודשא הינון וית NU 18:17
תיפרוק באימרא ואין **לא** תפרוק תינקוף יתיה וכל בוכרא EX 13:13
ארעא ועד סייפי ארעא: **לא** תצבון להון ולא תקבלון מיניה DT 13:9
ואין בתר אילין מרדוותא **לא** תצבון למשמע לאולפן אורייתי LV 26:18
לקביל בני עמון **לא** תצור עליהון ולא תתגרי בהון DT 2:19
לעממין סגיאין ואתון **לא** תצטרכון למזוף: וימני מימרא DT 28:12
סהדין כשרין יתקטלון: **לא** תצלון דין גיורא ויתמא ולא DT 24:17
עימיה: עמי בני ישראל **לא** תצלון דין ממסכינא בדיניה: EX 23:6
וידונון ית עמא דין קשוט: **לא** תצלון דינא ולא תיסבון אפין DT 16:19
גזירת מימרא דייי ואיהי **לא** תצלח לכון: לא תיסקון ארום NU 14:41
לוותך לאתגיירא ואין **לא** תקביל יתי בגיני קביל בגין EX 18:6
ואמר ייי לאהרן בארעהון **לא** תקבל אחסנא כמשאר שבטיא NU 18:20
אין הוא חייבא: ושוחדא **לא** תקבל ארום שוחדא מסמי ענוי EX 23:8
לא תימני וית חושבנהון **לא** תקבל בגו בני ישראל: ואנת מני NU 1:49
מתווכחין למימר דאין **לא** תקבלון למימרא דייי אלקכון DT 28:15
יומא דין: וחילופה אין **לא** תקבלון לפיקודיא דייי אלקכון DT 11:28
וניפלוח קדמיהון: **לא** תקבלון לפיתגמי נבי שיקרא DT 13:4
חבריכון ברם אין מיבהית **לא** תקבלון מטולתיה חובא: לא LV 19:17
בסוטריה: עמי בני ישראל **לא** תקבלון מילי שיקרא מגברא EX 23:1
ונהי לעמא חד: ואין **לא** תקבלון מיננא למיגזור וניסב GN 34:17
לא יסהד בבר נש לממת: **לא** תקבלון פורקן לשיזבא בר נש NU 35:31
לאיסתאבא בה ואיתתא **לא** תקום קדם בעירא לאתהניא LV 18:23
מפירוי תיכלון ויתיה **לא** תקוצון ארום לא כבר נש אילן DT 20:19
חייב ואשכחו ליה זכו **לא** תקטול ארום לא הווינא מזכי EX 23:7
וית עינבי רדופיכון **לא** תקטפון שנת שמיטתא יהי LV 25:5
כל עביד חרשיותא **לא** תקיימון באטלות אבנין EX 22:17
יהיב לכון אחסנא **לא** תקיימון כל נישמא לא לעבדין DT 20:16
עמי בני ישראל דייניכון **לא** תקילון ורבנין דמתמנין נגודין EX 22:27
וקמתין מטול סגותא **לא** תקימון לכון ואבן מציירא לא LV 26:1
קטול: ואמר ייי אלקים **לא** תקין די יהי אדם דמיך בלחודיה GN 2:18
בארעא הדא: ואמר משה **לא** תקין למעבד כן ארום אימריא EX 8:22
ואמר חמוי דמשה ליה **לא** תקין פיתגמא דאנת עביד: מיתר EX 18:17
דייי בלחודוי: וגייורא **לא** תקנטון במילין ולא תעיקון EX 22:20
לא תבזי ולות אינתתיה **לא** תקרב בתשמיש ערסא איתת LV 18:14
משה ואמר האנא: ואמר **לא** תקרב הלכא שלוף סינך מעל EX 3:5
או חזיתא מצריתא **לא** תקרבון איליין קדם ייי וקורבנא LV 22:22
עזיא: כל דביה מומא **לא** תקרבון ארום לא לרעוא יהי LV 22:20
תסרסון: ומן יד בר עממין **לא** תקרבון ית קרבן אלקכון מכל LV 22:25
סיב לכל קריבת בישריה **לא** תקרבון לבזאה עריתא LV 18:6
לא תיכלון ובניבלתהון **לא** תקרבון: לחוד ית דין תיכלון DT 14:8
ודשחית ודמסרס גידוי **לא** תקרבון לשמא דייי ובארעכון LV 22:24
הוו זמינין לתלתי יומין **לא** תקרבון לתשמיש דעריס: והוה EX 19:15
ארום כל חמיר וכל דבש **לא** תקרבון מיניה קרבנא קדם ייי: LV 2:11
איליין קדם ייי וקורבנא **לא** תקרבון מנהון על מדבחא LV 22:22
לא תיכלון ובניבלתהון **לא** תקרבון מסאבין הינון לכון: ית LV 11:8
טפשות ליבכון וקדלכון **לא** תקשון תוב: ארום ייי אלקכון DT 10:16
ולאיתמר בנוי רישיכון **לא** תרבון פרוע ולבושיכון לא LV 10:6
ייי אלקכון אוף תרוויהון: **לא** תרבי מדילך לחברך על מזפו DT 23:20
ית קיימיי תיטרון בעירך **לא** תרבעיניה עירבובין חקלך לא LV 19:19
נטיר בליבהון עד עלמא: **לא** תרחקון אדומאה דאתי DT 23:8
במדברא לחוד ארחקא **לא** תרחקון לטיילא צלו עלי: ואמר EX 8:24
ארום אחוכון הוא **לא** תרחקון מצראה דאתי DT 23:8
פירוכיין בידך ומגלא **לא** תרים על קמתא דחברך: ארום DT 23:26
ייי אלקכון מדבח אבנין **לא** תרים עליהון פרזלא: אבנין DT 27:5
וליואה דבקירויכון **לא** תשבקוניה ארום לית ליה חולק DT 14:27
ואמר להום ראובן **לא** תשדון אדם זכאיי טלוקו יתיה GN 37:22
ואפילו אין מעברא **לא** תשהוניה עד דתיליד אלהין בי DT 22:22
פירך וביכורי חמר נעווך **לא** תשהי על זמניהון מן EX 22:28
לא תהי ליה הי כרשיא **לא** תשוון עלוי דליהוי עלוי סהדין EX 22:24
מן דלא שמע וקדם סמיא **לא** תשוון תוקלא ותדחל מאלקך LV 19:14
למשה במטו מינך ריבוני **לא** תשוי עלנא חובא דאיטפשנא NU 12:11
ביומא ההוא יתאכל **לא** תשיירון מיניה עד צפרא אנא ייי: LV 22:30
אנא ייי: ועם דכורי **לא** תשכוב בתשמישיא דאיתא LV 18:22
לידכר או לנוקבא: ואין **לא** תשכח ידה הי כמיסת למיתייא LV 12:8
דין קדם ייי יומא דין **לא** תשכחוניה בחקלא: שיתא יומין EX 16:25
מיסין ויפלחונכון: ואין **לא** תשלים עימכון ותעביד עימכון DT 20:12
ואין בהדא תוכחתא **לא** תשמעון לאולפן אורייתי LV 26:27
אמך לא תיבזי איתא **לא** תשמש עם אבהא וגבר לא LV 18:7
זכאי מישראל וייטב לכון: **לא** תשנון תחום חבריכון דאתחימו DT 19:14
בני ישראל גבר בחבריה **לא** תשעבדון בהון בקשיו: וארום LV 25:46
הי כנימוסי זבין עבדיא: **לא** תשעבדון ביה בקשיו ותידחל LV 25:43
ארום שיקצא הינון: **לא** תשקצון ית נפשתיכון בכל LV 11:43
וניחי ולא נמות וארעא **לא** תשתומם: וקנא יוסף ית כל GN 47:19
תנצבון ותפלחון וחמרא **לא** תשתון ולא תעצרון למכנוש DT 28:39
חמר וכל מידעם מרוי **לא** תשתי אנת ובנך עימך ביזמן LV 10:9
ואוף גיתנא יזיל עימנא **לא** תשתייר מנהון פרסתא חדא EX 10:26
מאן דמאגר מילי דינין: **לא** תשתמודעון אפין בדינא מילי DT 1:17
משכן זימנא ייכלונא: **לא** תתאפי חמיע חולקהון מן LV 6:10
שנין אתבניית קדם עד **לא** תתבני טאניס דמצרים: ואתו עד NU 13:22
ותהי תל חרוב לעלם **לא** תתבני תוב: ולא תידבק בידיכון DT 13:17
גבר לחבריה וגרמא **לא** תתברון ביה בדיל למיכול מה EX 12:46
למצרים אמר להון משה **לא** תתובון ארום היכמא דחמיתון EX 14:13
שקייא דרהטו לה ואין **לא** תתובון לאורייתא לא תיכלון DT 28:35
ותתנשון עומרא בחקלא **לא** תתובון למיסביה לגיורא DT 24:19
קיים ולא תרחמון עליהון: **לא** תתחתנון בהון בנתיכון לא DT 7:3
ממומתי דא לחוד ית ברי **לא** תתיב לתמן: ושוי עבדא ית ידיה GN 24:8
תהי יקדא כל ארעא **לא** תתכשר לבר זרע ולא תרבי DT 29:22
עממין סגיעין ואתון **לא** תתמשכנון ותשלטון בעממין DT 15:6
עד דתיסבע ולות צנך **לא** תתן: ארום תיעול למיסב אגרא DT 23:25
לכון ואבן מציירא **לא** תתנון בארעכון למגחן עלה LV 26:1
חקיק לרשם חרית ציורא **לא** תתנון בכון אנא ייי: לא תפסון LV 19:28
תתחתנון בהון בנתיכון **לא** תתנון לבניהון ובנתיהון לא DT 7:3
יתי למצרים: וכדון **לא** תתנססון ולא יתקוף בעיניכון GN 45:5
אחוי יטיילו ואמר להום **לא** תתנצון על עיסק זבינתי דילמא GN 45:24
קדל אתון: הוו דכירין **לא** תתנשון ית דארגזתון קדם ייי DT 9:7
ליומי מלכא משיחא **לא** תתנשי: ויהי ארום תיעלון DT 25:19
די תקרבון קדם ייי **לא** תתעבד חמיע ארום כל חמיר LV 2:11
לכל מצראי חות לותי **לא** תתעכב: ותיתב בארעא דגושן GN 45:9
קרוך דייי אלקך יהיב לך **לא** תתקף ית לבבך ולא תימנע ית DT 15:7
אבהתכון תתחסנון: ואין **לא** תתרכון ית כל יתבי ארעא מן NU 33:55
לך לאינתו: ויהי אין **לא** תתרעי בה ותפטרינה לבלחודה DT 21:14
מפרגודא דברך היא אין **לה:** ואשתמודעה ואמר פרגוד דברי GN 37:32
האצלח ייי אורחיה אין **לה:** והוה כדי ספיקו גמליא למימלי GN 24:21

לב (160)

ושרא תמן ישראל **בלב** מייחד כל קבל טוורא: ומשה EX 19:2
ברי ואזלו תרויהום **בלב** שלים כחדא: ואתו לאתרא GN 22:8
כל מאן דהדר בתתובא **בלב** שלים קדם ייי הוה נפיק EX 33:7
וקריבו כל כנישתא וקמון **בלב** שלים קדם ייי: ואמר משה דין LV 9:5
באורחא: והרהרו עמא **בלבבהון** ואישתעיאו על מימרא NU 21:5
ליה יצחק ארום אמרית **בלבבי** דילמא אתקטל בגינה: ואמר GN 26:9
אברהם ארום אמרית **בלבבי** לחוד לית דחלתא דאלקים GN 20:11
ייי גלי קדמך דלא הוה **בלבבי** עוקמא ובעית למיעבד GN 22:14
ליה ברם מרי עלמא יתין **בלבביה** דיכיר יתהום וישיזב יתי מן GN 38:25
מטול דחשיב משה **בלבביה** דילמא נסיבו סרכיא דבני LV 8:15
דפלישתאי לגרר: והוה **בלבביה** דיצחק למיחות למצרים GN 26:2
רשיעא קדם ייי ואיתנטל **בלבביה** ורדף בתר עמא בני ישראל EX 15:1
נכסין הדר למהוי מתגאי **בלבביה** למימר מאן הוא כספא GN 36:39
כנשיא: ותמהת שרה **בליבבה** למימר בתר די סיבת הוי לי GN 18:12
בכון ואעיל תברא **בליבהון** בארעתא דסנאיהון ויהי LV 26:36
שלטת נורא באברם אמר **בליבהון** הלא הרן אחוי דאברם GN 11:28
מתגיירין סנא נטיר **בליבהון** עד עלמא: לא תרחקון DT 23:7
ושיילינון דילמא אית **בליבהון** עקמנותא אתיבו כולהון DT 6:4
הוה עוג עימהון אמר **בליביה** איזיל ואחוי לאברם על GN 14:13
לה אינתתי ארום חשיב **בליביה** דילמא יקטלונני אינשא GN 26:7
אומניא יהב מנדעא **בליביה** הוא ואהליאב בר אחיסמך EX 35:34
על אנפוי ותמה ואמר **בליביה** הלבר מאה שנין יהי וולד GN 17:17
הדין טוורא דנבו חשב **בליביה** ואמר דילמא דמיא DT 32:49
תשע משירין חשב אברם **בליביה** ואמר ווי כען לי דילמא GN 15:1
חשיב משה ואידיין **בליביה** ואמר טוורא דסיני דהווה LV 1:1
נוכראה ביניהון חדא **בליביה** ואמר לבלק בני לי הכא NU 23:1
לקדמותך ויחמינך ויחדי **בליביה:** ותמליל עימיה ותשוי ית EX 4:14

אכר יתהום בכן אמר **בליביה** טב לי בהית בעלמא הדין GN 38:25
ביה אחוהי ואבוי נטר **בליביה** ית פיתגמא: ואזלו אחהי GN 37:11
ליבא דיהב יי חכמתא **בליביה** כל מאן דאיתרעי ליביה EX 36:2
דיברכיה אבוי ואמר עשו **בליביה** לית אנא עביד היכמא GN 27:41
מיגו עלמא אמר **בליביה** ליתנא מסהיד בעמא הדין DT 32:1
מומתא הדא ויתייאש **בליביה** למימר שלמא יהי לי ארום DT 29:18
בבני ישראל דלא הוה **בליביה** למיתייא לעיבידתא ושמע LV 8:15
עשו ברא רבא דחשיב **בליביה** למקטול ליעקב ושדרת GN 27:42
צוורך: ונטר עשו שנא **בליביה** על יעקב אחוי על סדר GN 27:41
כנהורא והיך אנת סבר **בליבך** לאיטמרי מן קדמי הלא אתר GN 3:9
הינון לך: דילמא תימר **בליבך** סגיאין עממיא האילין מיני DT 7:17
למיסני ית אחוכון **בליבכון** אוכחא תוכחון ית חבריכון LV 19:17
הוו זהירין דלא תימרון **בליבכון** חילן ותקוף ידן קנו לן ית DT 8:17
אלקכון לכון: לא תימרון **בליבכון** כד ידחי יי אלקכון יתהון DT 9:4
בההיא שעתא ית סנא **דבלבך** עלוי ותפרוק ותטעון עימיה: EX 23:5
ואיתקף ית יצרא **דלבא** דפרעה וירדוף בתריהון EX 14:4
פרעה ותקיף יי ית יצרא **דלבא** דפרעה ולא פטר ית בני EX 11:10
לתמן: ותקיף יי ית יצרא **דלבא** דפרעה ולא צבא למפטרינון: EX 10:27
חוטריהון: ואיתקף יצרא **דלבא** דפרעה ולא קביל מנהון EX 7:13
ותקיף יי ית יצרא **דלבא** דפרעה מלכא דמצרים ורדף EX 14:8
ותקיף יי ית יצרא **דלבה** דפרעה ולא קביל מינהון EX 9:12
יי למשה איתקף יצרא **דלבה** דפרעה מסרב למפטור ית EX 7:14
יצרא דליביה ויצרא **דלבהון** דעבדוי מן בגלל לשוואה EX 10:1
בני אינשא ארום יצרא **דליבא** דאינשא ביש מטליותיה ולא GN 8:21
ואנא אקשי ית יצרא **דליבא** דפרעה ואסגי ית אתוותיי EX 7:3
עד חד ואיתייקר יצרא **דליבא** דפרעה ולא פטר ית עמא: EX 9:7
לאדמא ואיתקף יצרא **דליבא** דפרעה ולא קביל מיניהון EX 7:22
יי היא ואיתקף יצרא **דליבא** דפרעה ולא קבל מנהון EX 8:15
ובחירהורי דלוחי צירחא **דליבא** ובשליפי חרבא ובשידפונא DT 28:22
הא אנא אתקיף ית יצרא **דליבהון** דמצראי ויעלון בתריהון EX 14:17
דמלילו: לואי דיהי יצרא **דליבהון** שלים ברעות דין להון DT 5:29
ארום בתקוף יצרא בישא **דליבי** אזיל מן בגלל למוספא חובי DT 29:18
חד: ויקר פרעה ית יצרא **דליביה** אוף בזימנא הדא ולא פטר EX 8:28
למיחטי ויקריא ליצרא **דליביה** הוא ועבדוי: ואיתקף יצרא EX 9:34
ארום אנא יקרית יצרא **דליביה** ויצרא דלבהון דעבדוי מן EX 10:1
ואנא אתקיף ית יצרא **דליביה** ולא יפטור ית עמא: ותימר EX 4:21
אית בכון טעו דשריש **דליביה** מהרהר עלוי בתר חיטאיה DT 29:17
או גניסא או שיבטא **דליביה** מתפני למיטעי יומנא DT 29:17
ואתון נשיתון אורייתא **דליבכון** ורמזתון בעיינכון DT 29:3
לכון דילמא יטעי יצרא **דליבכון** ותיסטון ותפלחון לטעוות DT 11:16
בר אחיסמך לשיבטא דדן **ובליבא** דכל חכימי ליבא אוסיפית EX 31:6
ועבדוי: ואיתקף יצרא **ולבא** דפרעה ולא פטר ית בני EX 9:35
ואזלו: ותקיף יי ית יצרא **ולבא** דפרעה ולא פטר ית בני EX 10:20
הוא גברא דדחיל מחוביה **וליביה** תביר יהך ויתוב לבייתיה DT 20:8
ולא תסתכל לקשיות **לב** עמא הדין לרישעיהון DT 9:27
עריק עמא ואיתהפיך **לבא** דפרעה ועבדוי לביש על עמא EX 14:5
אמרת אחי הוא בקשטות **לבבי** ובזכאות ידיי עבדית דא: ואמר GN 20:5
יהיב לך לא תתקף ית **לבבך** ולא תימנע ית אידך מאחוך DT 15:7
רחמין ית יי אלקכון בכל **לבבכון** ובכל נפשכון: בתר פולחנא DT 13:4
יתהון רתיתא אתמסי **לבהון** בגווהון כל עמודי דיירי EX 15:15
יתהון ומליל תנחומין על **לבהון**: ויתיב יוסף במצרים הוא GN 50:21
הא בטוני ונפק מנדע **לבהון** ותווהו גבר לאחוי למימר מה GN 42:28
בוצא: וכל נשיא דאיתרעי **לבהון** עימהן בחכמתא הוון עזלו ית EX 35:26
בת ישראל דאיתרעי **לבהון** עימהן לאיתתא לכל EX 35:29
למללא עם הרהורי **לבי** והא רבקה נפקת ולגינתא על GN 24:45
תבעון מן קדמוי בכל **לבכון** ובכל נפשכון: כד תיעוק לכון DT 4:29
יי אלקכון ית טפשות **לבכון** וית טפשות ליבא דבניכון DT 30:6
ית פיתגמיי אילין על **לבכון** ועל נפשכון ותקטרונון יתהון DT 11:18
ישראל: ואמר להון שוון **לבכון** לכל פיתגמיא דאנא מסהיד DT 32:46
דדן ובליבא דכל חכימי **ליבא** אוסיפית רוח חכמתא EX 31:6
היתיו: וכל איתא חכימת **ליבא** בידהא הות עזלא ואתיין כל EX 35:25
לבכון וית טפשות **ליבא** דבניכון ארום יבטל יצרא DT 30:6
מימרא דיי לכון תמן **ליבא** דחלא וחשכת עיינין ומפחת DT 28:65
ובחושנא: וכל חכימי **ליבא** דיבכון ייתון ויעבדון ית כל EX 35:10
ואהליאב וכל גבר חכים **ליבא** דיהב יי חוכמתא EX 36:1
ולכל גבר חכים **ליבא** דיהב יי חכמתא בליביה כל EX 36:2
ית ארעא ובטילו רעות **ליבא** דישראל בגין דלא למיעל NU 32:9
כד אקשי מימרא דיי ית **ליבא** דפרעה למפטרנא וקטל יי EX 13:15
עלוי כיפין בכוונות **ליבא** וקטליה: או נטר ליה בבו NU 35:20
ובסמיותא ובשיעממות **ליבא**: ותהון טביעין מילכא טבא DT 28:28
שיירו: ועבדו כל חכימי **ליבא** ית משכנא עשר ירייען דבוץ EX 36:8
ולא יהב מימרא דיי לכון **ליבא** למינשי אלהין למידע ועיינין DT 29:3
אשלים עמהון חכימות **ליבא** למעבד כל עיבידת נגר ואומן EX 35:35
בחדווא ובשפירות **ליבא** מסוגעי כל טובא: ותיפלחון DT 28:47

יצרא דרוחיה ואיתקף ית **ליבביה** מן בגלל לממסריה בידך DT 2:30
גלי ארום בקשיטות **ליבבך** עבדת דא ומנעית אוף אנא GN 20:6
מיגליין ליה ויהון על **ליבה** דאהרן בזמן מיעליה קדם יי EX 28:30
ריבא ומליל פייוסין על **ליבה** דריבה: ואמר שכם לחמור GN 34:3
למכפרא על הירהורי **ליבה** היא עלתא דמתעבדא LV 6:2
אחוי בחובוי ויתבר **ליבהון** היך ליביה: ויהי כד פסקין DT 20:8
דבביהון הא בכין ייתבר **ליבהון** זדנא ובכין ירעון ית חוביהון: LV 26:41
סטנא ואטעינון והדר **ליבהון** זהוהין ואמר ליה קום עיבד EX 32:1
האילין ארום לא מן רעות **ליבי**: אין כמיתותא דמייתין בה כל NU 16:28
בכל ארעא דמצרים ופליג **ליביה** ארום לא הימין להום: ומלילו GN 45:26
ישראל בחשן דינא על **ליביה** בזמן מיעליה לקודשא EX 28:29
קטולא ארום ירתח עלוי **ליביה** בעקתיה וידבקיה ארום DT 19:6
תמליל עם כל חכימיה **ליביה** דאשלימית עמהון רוחא EX 28:3
למוקדיה ובכין איתפליג **ליביה** דהרן למימר אילו נצח GN 11:28
נשיא כל מאן דיאיתרעי **ליביה** היתיו שירין ושיווין עיזקן EX 35:22
בחובוי ויתבר ליבהון היך **ליביה**: ויהי כד פסקין למללא עם DT 20:8
ואתו כל גבר דאיתרעי **ליביה** וכל דאשלימת רוחיה EX 35:21
על תימנסרי דלא יטעיין **ליביה** וכספא ודהבא לא יסגי ליה DT 17:17
אפרשותא מן כל דיתרעי **ליביה** ולא באלמותא תיסבון EX 25:2
רווחתא לעקתיה ויקר ית **ליביה** ולא קביל מנהון היכמא EX 8:11
קדם יי כל מאן דאיתרעי **ליביה** ייתי ית אפרשותא דיי EX 35:5
מטול דלא יגיס **ליביה** יתיר מן אחוי ומטול דלא DT 17:20
ישראל כל גבר דאיתרעי **ליביה** לאפרשא: וכסף מינייני דבני EX 38:24
לא יסגי ליה דלא יתרורם **ליביה** לחדא וימרד באלקא שמיא: DT 17:17
וכל יצרא דמחשבת **ליביה** לחוד ביש כל יומא: ותב יי GN 6:5
ועאל לביתיה ולא שוי **ליביה** לחוד למחתא הדא: וחפרו EX 7:23
בליביה כל מאן דאיתרעי **ליביה** למיקרב לעיבידתא למעבד EX 36:2
ביתא: ובלעם דלא שוי **ליביה** לפתגמא דיי ושבק ית עבדוי EX 9:21
בחויא דנחשא ומכוין **ליביה** לשום מימרא דיי וחאי: NU 21:9
ביה וחאי אין מכוין **ליביה** לשום מימרא דיי: ועבד משה NU 21:8
ית דין בני ישראל על **ליביה** קדם יי תדירא: ותעבד ית EX 28:30
חטאך נטיר ועל תרעי **ליבך** חטאה רביע ובידך מסרית GN 4:7
שניך: ודינדעון עם רעייוני **ליבכון** ארום היכמא דמסקר גבר ית DT 8:5
יומא דין ותתיבון על **ליבכון** ארום יי הוא אלקים DT 4:39
זכוותכון ובתריצות **ליבכון** אתון עללין למירות ית DT 9:5
תיתנון ליה ולא יבאש **ליבכון** במיתנכון ליה ארום מטול DT 15:10
דילמא יהי פתגם עם **ליבכון** דזדנותא למימר קריבת DT 15:9
ליליא באפיכון מתווהות **ליבכון** דתיהוון תוון ומן מחמי DT 28:67
סעיד דלחים וסעידו **ליבכון** ואודו לשום מימרא דיי GN 18:5
ית יי אלקכון בתרי יצרי **ליבכון** ואפילו נסיב ית נפשכון ובכל DT 6:5
קדם יי אלקכון בכל **ליבכון** ובכל נפשיכון: למנטור ית DT 10:12
דיי אלקכון בכל **ליבכון** ובכל נפשכון: ארום DT 30:10
ולמפלח קודמוי בכל **ליבכון** ובכל נפשכון: ואיתן מיטרא DT 11:13
יומנא אתון ובניכון בכל **ליבכון** ובכל נפשכון: ויקבל מימריה DT 30:2
ותעבדון יתהון בכל **ליבכון** ובכל נפשכון: ית יי חטבתון DT 26:16
ית יי אלקכון בכל **ליבכון** ובכל נפשכון מן בגלל DT 30:6
למטעי בתר הרהור **ליבכון** ובתר חיזיו עיניכון דאתון NU 15:39
למירתה: ואין יהרהר **ליבכון** ולא תקבלון ותיטעון DT 30:17
אעברו ית יצרא בישא מן **ליבכון** ומן יד איתגלי לכון איקר LV 9:6
הדין: ותעדון ית טפשות **ליבכון** וקדלכון לא תקשון תוב: DT 10:16
יומא דין כתיבין על לוח **ליבכון**: ותגמרינון לבנך ותהוון הגיין DT 6:6
וכל דילכון יסגי: ויתרם **ליבכון** ותתנשון ית דחלתא דיי DT 8:14
ודילמא יעידון מן **ליבכון** כל יומי חייכון ותלופונון DT 4:9
על בעלי דבביכון לא יזוח **ליבכון** לא תידחלון ולא תירתתון DT 20:3
קדמכון ותתיבון על **ליבכון** למיתב לפולחני בכל גלוות DT 30:1
למהוי הגיין בהון ברירן **ליבכון** למעבד יתהון: חמון די DT 30:14
ואבנין: ואין יהרהר **ליבכון** למפלח לטעוותהון תהוון DT 28:37
סלקין אחנא מסמיסן ית **ליבנא** למימר עם רב ותקיף מיננא DT 1:28
ית כל מחתיי דמחיתך **לליבך** ובעבדך ובעמך דמן קדמיי EX 9:14

לבד (1)

שקיעא היא ברדדיה או **בלבדיה**: ואין חמא כהנא והא עמא LV 13:55

לבדקין (1)

ותורי עשרא אתני עשרין **ולווקדין** עשרא: וזמין ביד עבדוי GN 32:16

לבונה (9)

וחלבניא בוסמין בחירין **ולבונתא** דכיתא מתקל במתקל יהי: EX 30:34
מישחא ולא יתן עלה **לבונתא** ארום חטאתא היא: LV 5:11
מישחא ולא יתן עלה **לבונתא** ארום מנחת קנאתא היא NU 5:15
ותיתן על סידורייא צריד **לבונתא** ברירתא ותהי ללחמא LV 24:7
ומן טובה על כל **לבונתא** דעל מנחתא ויסיק LV 6:8
עלה משחא ויתן עלה **לבונתא**: וייתינא לות אהרן כהניא LV 2:1
ומן טוב מישחא על כל **לבונתא** ויסיק כהנא ית שפר LV 2:2
משח זיתא ותשוי עלה **לבונתא** מנחתא היא: ויסיק כהנא LV 2:15
ומטוב מישחא על כל **לבונתא** קורבנא קדם יי: ואין LV 2:16

לבינתא (13)

למצרים בטינא **ובליבנא** ובכל פולחנהא באנפי ברא GN 40:12
בפולחנא קשייא בטינא **ובליבנין** ובכל פולחנא באנפי ברא EX 1:14
ית בני ישראל בטינא **ובליבנין** והוואן נשיא בטשן ית EX 24:10
לא מיתיהב לעבדך **וליבניא** אמרין לנא עיבידו והא EX 5:16
נחת גבריאל ועבד מיניה **לבינתא** ואסקיה לשמי מרומא EX 24:10
יתהון באתונא והות להון **לבינתא** לאבנא וטינא הוות להום GN 11:3
תיבנא לעמא למירמי **לבניא** הי כמאיתמלי והי EX 5:7
להון תיבנא: וית סכום **ליבנייא** דהינון עבדין מאיתמלי EX 5:8
לא יתיהב לכון וסכום **ליבנייא** תתנון: וחמון סרכי בני EX 5:18
למימר לא תימנעון מן **ליבניכון** דפתגם יום ביומיה: וארעו EX 5:19
גזירתכון למירמי **ליבנין** הי כמאיתמלי והי כמדקדמוי EX 5:14
גבר לחבריה הבו נירמי **ליבנין** ניוי יתהון באתונא והות GN 11:3
בלבנה אתר דתחומין לה **מלבינתא** בניין: ונטלו מלבנה ושרו NU 33:20

לבלב (7)

פירי אילניכון עם בוסרא **בליבלוביהון** וטרפיהון כחדא: ואמר EX 34:26
על כיפין ומשח מזיתהא **דמלבלבין** מטינרין תקיפין: יהב DT 32:13
דמרביא חינטין ושערין **ומלבלבא** גופנין דמנהון נפיק חמר DT 8:8
והיא כדי אפרחת אפיקת **ליבלובהא** ומן יד בשלו סגולייהא GN 40:10
אהרן לבית לוי ואפיק **ליבלובין** ואניץ נצין ביה בליליא NU 17:23
כיתא דהות אמרא **נלבלבה** לקובליהון אמר להון משה EX 14:14
סידרי קרבא וחדא אמרא **נלבלבה** לקובליהון ונערבבה יתהון EX 14:13

לבן (1)

ליה יעקב חטר דפרח **לבן** ודילוז וארדפני וקליף בהון GN 30:37

לבש (153)

וית משכי דגדיי בני עיזי **אלבישת** על ידוי ועל שעיעות GN 27:16
ואמר תומיא ואורייא **אלבישתא** לאהרן גבר דהישתכח DT 33:8
קדמאי וההוא יומא לא **אלבשינון** עשו ואישתארו גבה GN 27:15
סגירו בלבוש עמר או **בלבוש** כיתן: או בשיתיא או בערבא LV 13:47
יהי ביה מכתש סגירו **בלבוש** עמר או בלבוש כיתן: או LV 13:47
מכתשא ירוק או סמוק **בלבושא** או בצלא או בשתיא או LV 13:49
הליך פיסיון מכתשא **בלבושא** או בשיתיא או בערבא או LV 13:51
לא הליך פיסיון מכתשא **בלבושא** או בשיתיא או בערבא או LV 13:53
ערבא: ואין תתחמי תוב **בלבושא** או בשיתיא או בערבא או LV 13:57
לבושי קודשא הינון ברם **בלבושי** דהבא לא יהי עליל מטול LV 16:4
תמן בביתא: ואחדתיה **בלבושיה** למימר שכוב עימי GN 39:12
פטירי ומרירי סוברו צריר **בלבושיהון** על כיתפיהון: ובנוי EX 12:34
יתן למלביש ערטלאין מן **דאלביש** אדם וחוה אליף יתן DT 34:6
ריש אהרן ורבי יתיה בתר **דאלבשיה** מטול לקדשותיה: וקריב LV 8:12
ית לבושי בוצא דמילת **דילבש** בזמן מיעליה לקודשא LV 16:23
ולניתקא: ולצורעא **דלבושא** ולביתא: ולשומא ולקלופי LV 14:55
ונשיק ליה וארח ית ריחא **דלבושוי** וברכיה ואמר חמון ריחא GN 27:27
דכסף וחמש איסטולי **דלבושין**: ולאבוי שדר דורון כדין GN 45:22
ית לבושוי איקר כהונתא **ואלביש** ית אלעזר בריה ומית אהרן NU 20:28
וזריז יתיה בקמורא **ואלביש** יתיה ית מנטר מעילא ויהב LV 8:7
ויהב יתה על ידי דיוסף **ואלביש** יתיה לבושין דבוץ ושוי GN 41:42
טופריהון דאישתלחו **ואלבישינון**: ואמר ייי אלקים GN 3:21
משה ית אהרן וית בנוי **ואלבישינון** כיתונין וזריז יתהון LV 8:13
ואישתארו גבה בביתא **ואלבשת** ית יעקב ברא זעירא: וית GN 27:15
דמדבחא תהי יוקדא ביה: **וילבוש** כהנא לבושין דבוץ LV 6:3
בארבעין סווין דמוי **וילבישינון**: ומן כנישתא דבני LV 16:4
לשמשא תחות אבוי **וילבש** ית לבושוי דבוץ מילת LV 16:32
במוי באתר קדיש **וילבש** ית לבושוי ויצדד ויפוק LV 16:24
וישלח ית לבושוי **וילבש** לבושין חורנין ויהנפק ית LV 6:4
יהב לגברא אסטולי **ולבוש** ולבנימין יהב תלת מאה GN 45:22
חקלך לא תזרע עירבובין **ולבוש** עירבובין כלאי עמר וכיתן LV 19:19
ית עיסקא דביה מכתשא: **ולבושא** או שיתיא או ערבא או כל LV 13:58
מברא למשריתא מותביה: **ולבושא** ארום יהי ביה מכתש סגירו LV 13:47
ית רישיה לא ירבי פירוע **ולבושוי** לא יבזע בשעת אניקי: ולות LV 21:10
אפרושותהון קדם ייי: **ולבושי** קודשא דילאהרן יהון לבנוי EX 29:29
רישיכון לא תרבון פרוע **ולבושיכון** לא תבזעון ולא תמותון LV 10:6
מנין דכסף ומנין דדהב **ולבושין** ויהב לרבקה ודורונין יהב GN 24:53
מנין דכסף ומנין דדהב **ולבושין** ותעטרון על בניכון ועל EX 3:22
ואזלת ועדת רדידה מינה **ולבישת** לבישי ארמלותא: ושדר GN 38:19
זימנא ולכל פולחניה **וללבושי** קודשא: ואתו גובריא עם EX 35:21
ית לבושי יקר כהונתא **ותלבישינון** ית אלעזר בריה ואהרן NU 20:26
יתיה: וית בנוי תקריב **ותלבישינון** כיתונין: ותטכס יתהון EX 29:8
קדמי: וית בנוי תקריב **ותלבישינון** כיתונין: ותרבי יתהון EX 40:14
חיין: ותיסב ית לבושיא **ותלבש** ית אהרן ית כיתונא וית EX 29:5
זימנא ותסחי יתהון במיא: **ותלבש** ית אהרן ית לבושי קודשא EX 40:13
להון ליקר ולתושבחא: **ותלבש** יתהון ית אהרן אחוך וית EX 28:41
דבוץ ואוורקסין דבוץ **ילבוש** על בישריה ויפרוש ית LV 6:3
דבוץ מילת קודשא **ילבש** ואוורקסין דבוץ מילת יהון LV 16:4
קורבנהון: שובעא יומין **ילבשינון** כהנא דיקום בתרוי מן בנוי EX 29:30

מסאב כל מאן דקיסא או **לבוש** או צלא או שק כל מאן LV 11:32
ית מדבחא ויפרסון עלוי **לבוש** ארגוון: ויתנון עלוי ית כל מנוי NU 4:13
וישוון ית אריחוי: ויסבון **לבוש** דתיכלא ויכסון ית מנרתא NU 4:9
פתור לחם אפייא יפרסון **לבוש** דתיכלא ויתנון עלוי ית NU 4:7
אתון ושביכון: וכל **לבוש** וכל מנא דצלא וכל עובד NU 31:20
אינון דאיתערטלו מן **לבוש** טופרא דאיתבריאו ביה והוון GN 3:7
אורייתא דמכתש סגירו **לבוש** עמר או דכיתן או שיתיא או LV 13:59
עלוי יהי: ויפרשון עלוי **לבוש** צבע זהורי ויכסון יתיה NU 4:8
דמשך ססגונא ויפרשון **לבוש** שזיר תיכלא מלעיל וישוון NU 4:6
מדבחא דדהבא יפרסון **לבוש** תיכלא ויכסון יתיה בחופאה NU 4:11
מסאב הוא: ויוקד ית **לבושא** או ית שיתיא או ית ערבא LV 13:52
ודיידי מן אדמה על **לבושא** דיידי עלה תתחוור באתר LV 6:20
ויהי מסאב עד רמשא: וכל **לבושא** וכל צלא די יהוי עלוי LV 15:17
ואשלח משה ית אהרן ית **לבושוי** איקר כהונתא ואלביש ית NU 20:28
דמתעסק ביקידתא יצבע **לבושוי** בארבעין סווין דמוי ויסחי NU 19:8
ועל לבושוי ועל בנוי ועל **לבושוי** בנוי עימיה וקדיש ית אהרן LV 8:30
תחות אבוי וילבש ית **לבושוי** דבוץ מילת לבושי קודשא: LV 16:32
ודיכול בביתא יצבע ית **לבושוי**: ואין מיעל ייעול כהנא LV 14:47
לקובליה: ובזע יעקב **לבושוי** ואסר שקא בחרצוי GN 37:34
ודישכוב בביתא יצבע ית **לבושוי** ודיכול בביתא יצבע ית LV 14:47
דמדי מי אדיותא יצבע **לבושוי** ודיקרב במי אדיותא יהי NU 19:21
וידכי יתיה כהנא ויצבע **לבושוי** וידכי: ואין הלכא תהליך LV 13:34
מיטפלא הוא ויצבע **לבושוי** וידכי: ואם הלוכי הליך LV 13:6
ית נבילתהון יצבע **לבושוי** ויהי מסאב עד רמשא LV 11:28
ודייכול מנבילתה יצבע **לבושוי** ויהי מסאב עד רמשא LV 11:40
ית נבילתה יצבע ית **לבושוי** ויהי מסאב עד רמשא: וכל LV 11:40
מן נבילתהון יצבע **לבושוי** ויהי מסאב עד רמשא: לכל LV 11:25
ית קיטמא דתורתא ית **לבושוי** ויהי מסאב קדם טיבוליה NU 19:10
בצטר מדבחיה: וישלח ית **לבושוי** וילבש לבושין חורנין LV 6:4
ואין גברא הוא יצבע **לבושוי** ויסחי בארבעין סאווין דמוי LV 15:11
די יקרב במשכביה יצבע **לבושוי** ויסחי בארבעין סאוין דמוי LV 15:5
למיתב עלוי דובנא יצבע **לבושוי** ויסחי בארבעין סאוין דמוי LV 15:6
בבשר דובנא יצבע **לבושוי** ויסחי בארבעין סאוין דמוי LV 15:7
יריק דובנא בדכיא יצבע **לבושוי** ויסחי בארבעין סאוין דמוי LV 15:8
ודיוסיט יתהון יצבע **לבושוי** ויסחי בארבעין סווין דמוי LV 15:10
מן דיקרב במשכבה יצבע **לבושוי** ויסחי בארבעין סווין דמוי LV 15:21
למיתב עלוי יצבע **לבושוי** ויסחי בארבעין סווין דמוי LV 15:22
בהון יהי מסאב ויצבע **לבושוי** ויסחי בארבעין סווין דמוי LV 15:27
ביציבא ובגיוריא ויצבע **לבושוי** ויסחי בארבעין סווין דמוי LV 17:15
יומין לדכותיה ויצבע **לבושוי** ויסחי בישריה במי מבוע LV 15:13
ביומא שביעאה ויצבע **לבושוי** ויסחי במיא וידכי ברמשא: NU 19:19
שעריה יספר ויצבע ית **לבושוי** ויסחי ית ביסריה במוי וידכי: LV 14:9
צפירא לעזאזל יצבע ית **לבושוי** ויסחי ית בישריה בארבעין LV 16:26
ודמוקיד יתהון יצבע **לבושוי** ויסחי ית בישריהון LV 16:28
ויצבע דמידכי ית **לבושוי** ויספר ית כל שערי ויסחי LV 14:8
באתר קדיש וילבש ית **לבושוי** ויצדד ויפוק ויעביד ית LV 16:24
וקדיש ית אהרן וית **לבושוי** וית בנוי וית לבושי בנוי LV 8:30
ואדי על אהרן ועל **לבושוי** ועל בנוי ועל לבושוי בנוי LV 8:30
ותדי על אהרן ועל **לבושוי** ועל בנוי ועל לבושי בנוי EX 29:21
לות יוסף בגובא ובזע ית **לבושוי**: ותב לות אחוי ואמר טליא GN 37:29
ומצורעא דבי מכתשא **לבושוי** יהוון מבזעין ורישי יהי מרבי LV 13:45
ואשלח ית אהרן ית **לבושוי** יקר כהונתא ותלבישינון ית NU 20:26
לאפושי קיטמא: ויצבע **לבושוי** כהנא דינכס ית תורתא NU 19:7
מן אדם קטיליהון **לבושוי** מעגעגין באדמא מדמי GN 49:11
דחכמתא ויעבדון ית **לבושי** אהרן לקדשותיה לשמשא EX 28:3
למיגז עניה: ואעדת **לבושי** ארמלותא מינה וכסיית GN 38:14
למשכן זימנא וישלח ית **לבושי** בוצא דמילת דילבש בזמן LV 16:23
קודשא לאהרן כהנא וית **לבושי** בנוי לשמשא: הי ככל מה EX 39:41
קודשא לאהרן כהנא וית **לבושי** בנוי לשמשא: וית משח EX 31:10
דלאהרן כהנא וית **לבושי** בנוי לשמשא: ונפקו כל EX 35:19
וית לבושוי וית בנוי וית **לבושי** בנוי עימיה: ואמר משה LV 8:30
ועל לבושוי ועל בנוי ועל **לבושי** בנוי עימיה: ותיסב מן דיכרא EX 29:21
אבוי: ונסיבת רבקה ית **לבושי** עשו ברא רבא מרגגן דהוו מן GN 27:15
בקודשא ועבדו ית **לבושי** קודשא די לאהרן כהנא EX 39:1
לשמשא בקודשא וית **לבושי** קודשא דלאהרן כהנא וית EX 35:19
מילת יטכס ברישיה **לבושי** קודשא הינון ברם בלבושי LV 16:4
ית לבושוי דבוץ מילת **לבושי** קודשא: ויכפר על מקדש LV 16:32
במיא: ותלבש ית אהרן ית **לבושי** קודשא ותרבי יתיה ותקדש EX 40:13
בנוי דאהרן: ותעביד **לבושי** קודשא לאהרן אחוך ליקר EX 28:2
וית לבושי שמושא וית **לבושי** קודשא לאהרן כהנא וית EX 31:10
לשמשא בקודשא וית **לבושי** קודשא לאהרן כהנא וית EX 39:41
דרתא וית אטוניהון: ית **לבושי** שימושא לשמשא בקודשא EX 35:19
וצבע זהורי עבדו **לבושי** שימושא לשמשא בקודשא EX 39:1
כיורא וית בסיסיה: וית **לבושי** שמושא וית לבושי קודשא EX 31:10

משכנא למשכן זימנא: ית **לבושי** שמשא לשמשא בקודשא EX 39:41
לשמשא קדמי: ואילין **לבושיא** דיעבדון חושנא ואפודא EX 28:4
עובדא דעיגלא וטול ית **לבושיא** דפקידתך וית מישחא LV 8:2
דמיין חיין: ותיסב ית **לבושיא** ותלבש ית אהרן ית EX 29:5
ית קורבניה למלבוש ית **לבושיא** ית רישיה לא ירבי פירוע LV 21:10
יתה ויבזע יתיה מן **לבושיה** או מן צלא או מן שיתיא או LV 13:56
מצינפן וקמורין ויעבדון **לבושיה** קודשא לאהרן אחוך ולבנוי EX 28:4
וזמין ית עמא וחוורו **לבושיהון**: ואמר לעמא הוו זמינין EX 19:14
מן מאללי ית ארעא בזעו **לבושיהון**: ואמרו לכל כנישתא NU 14:6
ואידכיאו ליואי וחוורו **לבושיהון** וארים אהרן יתהון ארמא NU 8:21
בטונא דבנימין: ובזעו **לבושיהון** ואתיהב להון כח גבורתא GN 44:13
שער בישריהון ויחוורון **לבושיהון** וידכון בארבעין סווין NU 8:7
דין ויומחרא ויחוורון **לבושיהון**: ויהון זמינין לימא EX 19:10
סווין דמוי: ותחוורון **לבושיכון** ביומא שביעאה ותידכון NU 31:24
יוקדא ביה: וילבוש כהנא **לבושין** דבוץ ואוורקסין דבוץ LV 6:3
ידי דיוסף ואלביש יתיה **לבושין** דבוץ ושוי מניכא דדהבא GN 41:42
לאדם ולאינתתיה **לבושין** דיקר מן משך חויא דאשלח GN 3:21
וישלח ית לבושוי וילבש **לבושין** חורנין ויהנפק ית קיטמא LV 6:4
מעטף והי כאבילא יהי **לביש** וכרוזא מכריז ואמר רחוקו LV 13:45
רדידה מינה ולבישת **לבישי** ארמלותא: ושדר יהודה ית GN 38:19
ואפק לשוקא: ואנחת **לבשא** גבה עד דעל ריבוניה GN 39:16
קטרי תגין ואיפרכין **לבשי** שיריונין וכל עממיא NU 11:26
קלי וקרית ושבק **לבשיה** גבי ואפק לשוקא: והוה כדי GN 39:18
קטירין כחדא: לא תהוון **לבשין** ומשתחנין בכסו דשיע ועזיל DT 22:11
שכוב עימי ושבקיה **ללבושיה** בידא ואפיק לשוקא: והוה GN 39:12
כדי חמת ארום שבק **ללבושיה** בידא ואפק לשוקא: והא GN 39:13
קלי וקרית ושבקית **ללבשיה** לותי ואפק לשוקא: ואנחת GN 39:15
ויתן לי לחים למיכל וכסו **למילבוש**: ואיתוב בשלם לביתיה GN 28:20
ודיקרב ית קורבניה **למלבוש** ית לבושיא ית רישיה לא LV 21:10
תקניה אליף יתן **למלביש** ערטלאין מן דאלביש אדם DT 34:6

לגיון (6)

על גב דיהון מצטרפין **בלגיונין** ואתיין עלך מימרי תריס GN 15:1
איטלייא ויצטרפון **בליגיונין** דיפקון מן רומי NU 24:24
דאילין קטיליא ויצטרפון **בליגיונין** וייתון עליי או דילמא GN 15:1
ונטל מן טורא דגבלא **בליגיונין** סגיאין ואתא לחברון ולא GN 50:13
לית אנא מסתפי מן עשו **וליגיונוי** ואמר ללבן שלחני ואיהך GN 30:25
דהינון סכום תמניין **לגיונין** ועננא יקרא ומשכנא ובירא NU 12:16

לגין (11)

לבי והא רבקה נפקת **ולגינתא** על כיתפא ונחתת לעיינא GN 24:45
דנחור אחוי דאברם **ולגינתה** על כיתפה: וריבא שפירא GN 24:15
לסידורא דקיסי תיניא מן **לגין** מן ציטרא דממצע כל קבל אפי NU 19:4
די אימר לה ארכיני כדון **לגיניך** ואישתי ותימר שתי ואוף GN 24:14
כדון קליל מוי מן **לגיניתיך**: ואמרת שתי ריבוני GN 24:17
אשקיני כדון קליל מוי מן **לגיניתיך**: ותימר לי אוף אנת שתי GN 24:43
ריבוון מלאכין ואיתעלת **לגינתא** דעדן בחייהא מן בגלל NU 26:46
ונחתת לעיינה ומלת **לגינתא** וסליקת: ורהט עבדא GN 24:16
ואוחיאת ורוקינת **לגינתא** למורכיוות בית שקתי GN 24:20
כדון: ואוחיאת ואחיתת **לגינתא** מינה ואמרת שתי ואוף GN 24:46
ריבוני ואוחיאת ואחיתת **לגינתה** על ידה ואשקיתיה: ופסקת GN 24:18

לגלג (1)

ולא יהוי שכם בר חמור **מלגלג** במיליה עלנא וכאיתא GN 34:31

להב (14)

מארעא דמצרים **אישתלהב** בטוורא באישא EX 32:23
מארעא דמצרים **אשתלהב** בטוורא באישא מצלהבא EX 32:1
זגנזגאל מלאכא דייי ליה **בלהבי** אישתא מגו סניא וחמא והא EX 3:2
כולהון ביקידת נשמתא **בשלהובית** אישתא דנפקא מתחות NU 11:26
למימר הא מינן אשתיציו **בשלהובית** אישתא ומינן איתבלעו NU 17:27
קורבניא אוקידינון **בשלהובית** אשתא מן קדמוי מטול LV 10:3
וסייפת ארעא ועללתה **ושלהבת** יסודי טווריא: וכד הינון DT 32:22
וטוורא דליק באישתא **ושלהוביה** מטי עד צית שמיא DT 4:11
הי כזיקין והי כברקין והי **כשלהוביין** דינור למפד דנור מן EX 20:2
הי כזיקין והי כברקין והי **כשלהוביין** דנור למפד דנור מן EX 20:3
דבית יוסף עתידין למהוי **כשלהוביתא** לגמרא ית דבית עשו GN 30:25
דנא וזכוון חסינן הי **כשלהוביתא** מאילין דקריין NU 21:28
דלא פקיד יתהון: ונפקת **שלהובית** אישתא מן קדם ייי ברגז LV 10:2
ימיניה ואוריתיה מיגוא **שלהובית** אישתא פיקודיא יהב DT 33:2

לוגא (7)

במשח זיתא למנחתא **ולוגא** דמשח זיתא: ותרין שפנינין LV 14:21
פתיכא במשח זיתא **ולוגא** חדא דמשח זיתא: ויוקים LV 14:10
יתיה לקרבן אשמא וית **לוגא** דמשחא וירים יתהון ארמא LV 14:12
ית אימרא דאשמא וית **לוגא** דמשחא וירים יתהון ארמא LV 14:24
דסכומיה תריסר לוגין **לוגא** לכל שיבטא לתריסר שיבטין: EX 30:24
קסטא דסכומיה תריסר **לוגין** לוגא לכל שיבטא לתריסר EX 30:24
ויסב כהנא בידיה ימינא **מלוגא** דמשחא ויריק על ידה LV 14:15

לוואי (4)

ארום תקיף הוא מיני **לוואי** איכול לאזעוריה ואתירכיניה NU 22:6
ואמר הלא אהרן אחוך **לוואי** גלי קדמי ארום מללא ימליל EX 4:14
מטינרין תקיפין: יהב להון **לוואי** שמיני תורין מן ביזת מלכיהון DT 32:14
למעבדי תבשילין: ונסיב **לווי** שמין וחלב ובר תורי דעבד GN 18:8

לוז (3)

משח דבוטנין ומשח **דלוזין**: וכספא על חד תרין סיבו GN 43:11
ליה יעקב חטר דפרח לבן **ודילוז** וארדפני וקליף בהון קליפין GN 30:37
ביה בליליא גמר ועבד **לוזין**: והנפק משה ית כל חטריא מן NU 17:23

לוח (99)

עשר אמין אורכא **דלוחא** ואמתא ופלגא דאמתא EX 26:16
עשר אמין אורכא **דלוחא** ואמתא ופלגא דאמתא EX 36:21
ופלגא דאמתא פותיא **דלוחא** חד: תרין צירין ללוחא חד EX 36:21
ופלגא דאמתא פותיה **דלוחא** חד: תרתין צירין ללוחא חד EX 26:16
לכהנא אדרעא דימינא **ולוחא** ארעיא וליחיא דדקיתא DT 18:3
מיכא ומיכא אינון כתיבין: **ולוחיא** עובדא דייי הינון וכתבא EX 32:16
יומא דין כתיבין על **לוח** ליבכון: ותגמרינון לבנך ותהוון DT 6:6
חד ותרין חומרין תחות **לוחא** חד: ולסייפי משכנא מערבא EX 36:26
חד ותרין חומרין תחות **לוחא** חד: ולסייפי משכנא מערבאה EX 26:21
תרין חומרין תחות **לוחא** חד: ועבד נגרין דקיסי שיטא EX 36:30
חד ותרין חומרין תחות **לוחא** חד: ותעביד נגרין דקיסי EX 26:25
דכסף תרין חומרין תחות **לוחא** חד ותרין חומרין תחות לוחא EX 26:21
חומרין תרין לוחין תחות **לוחא** חד ותרין חומרין תחות לוחא EX 26:25
דכסף תרין חומרין תחות **לוחא** חד ותרין חומרין תחות לוחא EX 36:26
צירוי ותרין חומרין תחות **לוחא** חד לתרין צירוי: וליסטר EX 26:19
צירוי ותרין חומרין תחות **לוחא** חד לתרין צירוי: ולסטר EX 36:24
לוחין תרין חומרין תחות **לוחא** חד לתרין צירוי ותרין חומרין EX 26:19
תרין חומרין תחות **לוחא** חד לתרין צירוי ותרין חומרין EX 36:24
ויהב ית חומרוי ושוי ית **לוחוי** ויהב ית נגרוי ואקים ית EX 40:18
דיליה ית פורפוי וית **לוחוי** וית נגרוי וית עמודוי וית EX 35:11
וית כל מנוי פורפוי **לוחוי** נגרוי ועמודוי וחומרוי: וית EX 39:33
משה בזמן דקבל תרין **לוחי** אבן ספירינון ומתקלהון DT 34:12
והוו תמן ואיתן לך ית **לוחי** אבנא דבהון רמיז שאר פיתגמי EX 24:12
יתיה ונסיב בידיה תרין **לוחי** אבניא: ואתגלי ייי בענני איקר EX 34:4
ית משה: ונסיב ית תרין **לוחי** אבניא לוחי קימא דאיתיהיבו EX 40:20
ייי למשה פסל לך תרין **לוחי** אבנין הי כקדמאי ואכתוב על EX 34:1
טוורא ההוא: ופסל תרין **לוחי** אבנין הי כקדמאי ואקדם EX 34:4
דסיני תרין לוחי סהדותא **לוחי** דאבן ספירינון מכורסי יקרא EX 31:18
שיטא ופסלית תרי **לוחי** מרמירא כצורת קמאי DT 10:3
אמר ייי לי פסל לך תרי **לוחי** מרמירא כצורתהון דקמאי DT 10:1
ויהב ייי לי ית תרין **לוחי** מרמירא כתיבין באצבעא דייי DT 9:10
סליקית לטוורא למיסב **לוחי** מרמירא לוחי קיימא דגזר ייי DT 9:9
לילוון יהב ייי לי ית תרין **לוחי** מרמירא לוחי קיימא: ואמר ייי DT 9:11
דבירא מתכתיב על תרין **לוחי** מרמירין ויהבינון לי: והוה כיוון DT 5:22
ודמסיר למינטר בני מררי **לוחי** משכנא ונגרוי ועמודוי וחומרוי NU 3:36
סטר חד הכדין עבד לכל **לוחי** משכנא: ועבד ית לוחייא EX 36:22
בגו חד הכדין תעביד לכל **לוחי** משכנא: ותעביד ית לוחיא EX 26:17
משה מן טוורא ותרין **לוחי** סהדותא בידיה לוחין כתיבין EX 32:15
ובגו ארונא תיתן ית **לוחי** סהדותא דאיתן לך: ואיזמן EX 25:21
ותיתן בגו ארונא ית **לוחי** סהדותא דאיתן לך: ותעבד EX 25:16
את בבית אולפנא הינון **לוחי** סהדותא ותברי לוחיא בארונא EX 40:20
בטוורא דסיני תרין **לוחי** סהדותא לוחי דאבן ספירינון EX 31:18
דבוריא וכתבינון על **לוחי** סמפירינון: ויתי פקיד ייי DT 4:13
למיסב לוחי מרמירא **לוחי** קיימא דגזר ייי עמכון ושהיית DT 9:9
וחזר ומתחקק על **לוחי** קיימא דהוון יהיבין בכף ידוי EX 20:2
לי ית תרין לוחי מרמירא **לוחי** קיימא: ואמר ייי לי קום חות DT 9:11
וחזר ומתחקיק על **לוחי** קיימא ומתהפך בהון מן סטר EX 20:3
ית תרין לוחי אבניא **לוחי** קימא דאיתיהיבו ליה בחורב EX 40:20
יקרא ופום ארעא וכתב **לוחי** קימא ומזיקי ופום ממלל NU 22:28
דליק באישתא ותרין **לוחי** קימא על תרין ידיי: וחמית DT 9:15
מן טוורא ושוויית ית **לוחיא** בארונא דעבדית והוו תמן DT 10:5
לוחי סהדותא ותברי **לוחיא** בארונא ושוי ית אריחיא על EX 40:20
וסלקית לטוורא ותרין **לוחיא** בידי: וכתב על לוחיא הי DT 10:3
מתקלהון קבל תרין **לוחיא** דכתיבין בהון עשירתי GN 24:22
משה מן טוורא ותרין **לוחיא** דסהדותא בידא דמשה EX 34:29
לוחיא בידי: וכתב על **לוחיא** הי ככתבא קמא עשרתי DT 10:4
ייי יתכון: ואחדית בתרין **לוחיא** וטלקתינון מעילוי תרתין DT 9:17
הוא חקיק ומפרש על **לוחיא**: ושמע יהושע ית קל עמא כד EX 32:16
דמשה וטלק מן ידוי ית **לוחיא** ותבר יתהון בשיפולי טוורא EX 32:19
ומוי לא אישתי וכתב על **לוחיא** חורנייתא ית פיתגמי קיימא EX 34:28
דייי אלקא עלמא: וית **לוחיא** חפא דהבא וית עיזקיתהון EX 36:34
הי כקדמאי ואכתוב על **לוחיא** ית פיתגמיא דהוו על לוחיא EX 34:1
דקיסא: ואכתוב על **לוחיא** ית פיתגמיא דהוו על לוחיא DT 10:2
מלעילא: ותעביד ית **לוחיא** למשכנא דקיסי שיטא EX 26:15

לטללא מלעילא: ועבד ית **לוחיא** למשכנא מן קיסי שיטא EX 36:20
לוחי משכנא: ותעביד ית **לוחיא** למשכנא עשרין לוחין לרוח EX 26:18
ואתון חמיין כד **לוחיא** מיתברין ואתוותא פרחין: DT 9:17
מציעאה לשלבשא בגו **לוחיא** מן סייפי לסייפי מן אילנא EX 36:33
ית פיתגמיא דהוו על **לוחיא** קדמאי דתברתא: והוי זמין EX 34:1
דביריא דהוו כתיבין על **לוחיא** קדמאי: והוה בזמן מיחת EX 34:28
ית פיתגמיא דהוו על **לוחיא** קמאי דייתשר חילך DT 10:2
פשיט הי כחוטרא: וית **לוחיא** תחפי דהבא וית עיזקתהון EX 26:29
דכסף עבד תחות עשרין **לוחיא** תרין חומרין תחות לוחא חד EX 36:24
לוחי משכנא: ועבד ית **לוחייא** למשכנא עשרין לוחין לרוח EX 36:23
ונגרא מציעאה בגו **לוחייא** משלביש מן סייפי לסייפי EX 26:28
לרוח ציפונא עשרין **לוחין:** וארבעין חומריהון דכסף EX 26:20
לרוח ציפונא עבד עשרין **לוחין:** וארבעין חומריהון דכסף EX 36:25
זיווין יהון: ויהון תמנייא **לוחין** וחומריהון דכסף שיתיסרי EX 26:25
זיווין: והוון תמניא **לוחין** וחומריהון דכסף שיתסר EX 36:30
מערבא עבד שיתא **לוחין:** ותרין לוחין עבד לזיוית EX 36:27
מערבאה תעביד שיתא **לוחין:** ותרין לוחין תעביד לזיוויית EX 26:22
לוחי סהדותא בידיה **לוחין** כתיבין מתרין ציטריהון EX 32:15
לוחיא למשכנא עשרין **לוחין** לרוח עיבר דרומא: וארבעין EX 26:18
לוחייא למשכנא עשרין **לוחין** לרוח עיבר דרומא: וארבעין EX 36:23
למיטל יתיה בהון חליל **לוחין** מלי עפרא עבד יתיה: ועבד ית EX 38:7
במיטל מדבחא: חליל **לוחין** מלי עפרא תעביד יתיה הי EX 27:8
עבד שיתא לוחין: ותרין **לוחין** עבד לזיוית משכנא בסופיהון: EX 36:28
שיתיסרי חומרין תרין **לוחין** תחות לוחא חד ותרין חומרין EX 26:25
שיתא לוחין: ותרין **לוחין** תעביד לזיוויית משכנא EX 26:23
תעבד תחות עשרין **לוחין** תרין חומרין תחות לוחא חד EX 26:19
דלוחא חד: תרין צירין **ללוחא** חד מכוונן סטר חד בגו סטר EX 36:22
דלוחא חד: תרתין צירין **ללוחא** חד מכוונן ציטר חד בגו חד EX 26:17
משכנא חד: וחמשא נגרין **ללוחא** סטר משכנא תניינא וחמשא EX 36:32
כעכינא חזור חזור מלגיו **ללוחי** משכנא וכד הוה מתפרק הוה EX 26:28
דקיסי שיטא חמשא **ללוחי** סטר משכנא חד: וחמשא EX 36:31
תניינא וחמשא נגרין **ללוחי** סטר משכנא לסופיהון EX 36:32
דקיסי שיטא חמשא **ללוחי** צטר משכנא חד: וחמשא EX 26:26
תניינא וחמשא נגרין **ללוחי** צטר משכנא לסופיהון EX 26:27
משכנא חד: וחמשא נגרין **ללוחי** צטר משכנא תניינא וחמשא EX 26:27

לוט (90)

ובלעם דמלטט יתהום **אילוט** ויקטלוניה לפיתגם דחרב GN 12:3
ארום גבר טלי וגבר סיב **דיילוט** ית אבוי וית אימיה בשמא LV 20:9
בגין כן יהי מריר כס **דלווט** דישתון ביום פורענותהון DT 32:33
יחוב וישמע קל אומאה **דלווט** ואיהוא סהיד או חמא חד LV 5:1
קדם ייי ואתמנעו קלין **דלווט** וברדא ומטרא דהוה נחית EX 9:33
סגי קדמוי מלמהוי קלין **דלווט** מן קדם ייי וברדין ואפטור EX 9:28
מיטרא וברדא וקלייא **דלווט** פסקו ואוסיף למיחטי EX 9:34
ומליעות ידנא מן ארעא **דלטא** ייי בגין חובי בני אינשא: וחיא GN 5:29
ומברכין ית בנך ובלעם **דמלטט** יתהום אילוט ויקטלוניה GN 12:3
בשינוקא דסודרא: **ודילוט** לאבוי ולאימיה בשמא EX 21:17
בחבריה דבטיל שבועא **ולווט** אין לא יחווי יקביל חוביה: או LV 5:1
הוה אמר ברכתא בכללא **ולווטייא** בכללא מברכיא הוון DT 27:26
ליטין אתון בקרתא **וליטין** אתון בחקלא: ליט סלי DT 28:16
פיתגמי אורייתא **וליטין** אתון במיפקכון DT 28:19
לקבל טוורא דגריזים **ומלטטיא** יהוון הפכין אפיהון לקבל DT 11:29
נביא ספריהון דישראל **ומלטטיכון** יהון ליטין כבלעם בר NU 24:9
לית אפשר דתחמי **ותלוטיה** לי מתמן: ודבר לחקל NU 23:13
תהי רעוא מן קדם ייי **ותלטטיה** בגיני מתמן: ודבר בלק ית NU 23:27
עלך ועל בנך ואין לווטן **ילטטינך** ייתון עלי ועל נפשי ברם GN 27:13
חיטאה דחיל דילמא **ילטיטיניה** אבוי ואמר הא עשו אחי GN 27:11
זעיר לי ישראל: מה אני **לאיט** ומימרא דייי מבריך יתהון ומן NU 23:8
על תמני ותשעין **לווטיא:** ומנחתהון סמידא דחנטתא NU 29:32
שבטיא דישראל הי ככל **לווטיה** קיימא דכתיבין בסיפרא DT 29:20
כד יחובון וימטון עליהון **לווטייא** אילין היך יכלון DT 28:15
שיבטיא יקומון על **לווטייא** בטוורא דעיבל ראובן גד DT 27:13
לאיתיא עלה ית כל **לווטייא** דכתיבין בסיפרא הדין: DT 29:26
וייתון עילויכון כולהון **לווטייא** האילין וידבקונכון: ליטין DT 28:15
וייתון עילויכון כל **לווטייא** האילין וירדפונכון DT 28:45
כד נסיבתא: ויכתוב ית **לווטייא** האילין כהנא על מגילתא NU 5:23
מימרא דייי אלקכון ית **לווטייא** האילין על בעלי דבביכון DT 30:7
והינון ירעון ית חוביהון **לווטין** חלף בירכן ימטון עליהון LV 26:43
בפומיה מטולכון ית **לווטין** לבירכן ארום רחמינכון ייי DT 23:6
כמגחך ביה ואייתי עלי **לווטן** ולא בירכן: ואמרת ליה אימיה GN 27:12
ייתון עלך ועל בנך ואין **לווטן** ילטטינך ייתון עלי ועל נפשי GN 27:13
ותחול ביה כל פיתגמי **לווטתא** דכתיבין בסיפרא הדין DT 29:19
יגרי מימרא דייי בכון ית **לווטתא** ללטטא ממונכון וית DT 28:20
מן טוורי מדינחא איתא **לוט** בגיני דבית יעקב ואיתא זעיר NU 23:7
דארעא וכדון איתא **לוט** בגיני יתיה לואי איכול NU 22:11
קובלי: וכדון איתא בבעו **לוט** בגני ית עמא הדין ארום תקיף NU 22:6
לי אעבד ואיתא כדון **לוט** לותי ית עמא הדין: ואתיב NU 22:17
מטול דאבוי ואימיה **לט** קטלא חייב: וגבר די יגור ית LV 20:9
ואמר בלק לבלעם אוף **לטטא** לא תלוטינון אוף ברכא לא NU 23:25
לחיויא ארום עבדת דא **ליט** את מכל בעירא ומכל חיות GN 3:14
וכען חלף דקטלתיה **ליט** את מן ארעא דפתחת ית פומא GN 4:11
כחדא ואמרין אמן: **ליט** די יטעי אכסניא באורחא דהוא DT 27:18
כחדא ואמרין אמן: **ליט** דימחי חבריה בלישן תליתאי DT 27:24
כחדא ואמרין אמן: **ליט** דיצלי דין דייר ייתם וארמלא DT 27:19
כחדא ואמרין אמן: **ליט** דישני תחומא דחבריה הוון DT 27:17
כחדא ואמרין אמן: **ליט** דמזלזל איקרא דאבוי ודאימיה DT 27:16
כחדא ואמרין אמן: **ליט** דמקבל שוחדא למקטל בר נש DT 27:25
כחדא ואמרין אמן: **ליט** דמשמש עם אחתיה ברת אבוי DT 27:22
כחדא ואמרין אמן: **ליט** דמשמש עם איתת אבוי ארום DT 27:20
כחדא ואמרין אמן: **ליט** דמשמש עם חמותיה הוון עניין DT 27:23
כחדא ואמרין אמן: **ליט** דמשמש עם כל בעירא הוון DT 27:21
בעלי דבבהון: אמר יעקב **ליט** הוה כרכא דשכם כד עלון לגוה GN 49:7
טוורא דעיבל ואמרין **ליט** יהוי גברא דיעבד צלם וצורה DT 27:15
טוורא דעיבל ואמרין **ליט** יהוי גברא דלא יקים ית DT 27:26
יוליד בר רביעיי: ואמר **ליט** כנען דהוא בריה רביעיי עביד GN 9:25
וליטין אתון בחקלא: **ליט** סלי ביכוריכון וחלת שירוי DT 28:17
כחדא ואמרין אמן: **ליט** תרתיסרי שבטיא כל חד וחד DT 27:26
למימר לא תיכול מיניה **ליטא** ארעא בגין דלא חויאת לך GN 3:17
תוריכון ועדרי עניכון: **ליטין** אתון במעלכון לבתי DT 28:19
האילין וידבקונכון: **ליטין** אתון בקרתא וליטין אתון DT 28:16
וחלת שירוי עצוותכון: **ליטין** וולדי מעיכון ופירי ארעכון DT 28:18
בני אמך לייטך ברי יהון **ליטין** כבלעם בר בעור ומברכך יהון GN 27:29
דישראל ומלטטיכון יהון **ליטין** כבלעם בר בעור: ותקף רוגזא NU 24:9
די תברך מברך ודי תלוט **לייט:** ואזלו סבי מואב וסבי מדין NU 22:6
למשאל בשלמך בני אמך **לייטך** ברי יהון ליטין כבלעם בר GN 27:29
ירכה ותהי איתתא **ללווטא** בגו בני עמה ברם לגיורא NU 5:27
ויעלון בה מיא בדוקיא **ללוט:** ויסב כהנא מידא דאיתתא ית NU 5:24
לאיתתא יתן ייי יתיך **ללוט** ולממומי בגו בני עמיך בדיתן NU 5:21
ויעלון בה מיא בדוקיא **ללוט** ותנפח כריסא ותיתמסי ירכה NU 5:27
דייי ארום אזיל הוא **ללטוטינון** ואתעתד מלאכא דייי NU 22:22
דייי בכון ית לווטתא **ללטטא** ממונכון וית ערבובא DT 28:20
קדמי דאנת בעי למיזל **למילוט** ית עמא ומילא לא מהוגנא NU 22:32
וכדון איתגרתא איתגרא **למילוט** יתהון וכיוון דחמיתא דלא NU 31:8
לעלמא דאתי לא יכילת **למילוט** יתי כל דכן בנוי דאברהם NU 22:30
בלק לבלעם מה עבדת לי **למילוט** סנאי דברתך והא ברכא NU 23:11
אתברי עלמא ואנת אזיל **למילט** יתהון ודי גנבתא דעתהון NU 22:30
בארע ארם דעל פרת **למילט** יתכון: ולא צבי ייי אלקכון DT 23:5
ידוי ואמר בלק לבלעם **למילט** סנאי דברתך והא ברכא NU 24:10
ייי במימריה לא אוסיף **למילט** תוב ית ארעא בגין חובי בני GN 8:21
אומן ולא ישוי בטומרא **מלטטיא** הוון הפכין אפיהון כל DT 27:15
אורייתא הדא למעבדהון **מלטטייא** הפכין אפיהון כלו קבל DT 27:26
דאנא קיים לית אנא **מלטיט** ית עמך עני ואמר ליה הלא NU 31:8
לא תיזיל עמהון ולא **תלוט** ית עמא ארום בריכין הינון NU 22:12
ית די תברך מברך ודי **תלוט** לייט: ואזלו סבי מואב וסבי NU 22:6
דמתמנין נגודין בעמך לא **תלוטון:** ביכורי פירך וביכורי חמר EX 22:27
גבך עד צפרא: לא **תלוטון** מן דלא שמע וקדם סמיא LV 19:14
לבלעם אוף לטטא לא **תלוטינון** אוף ברכא לא תבריכינון: NU 23:25

לוי (8)

יתי וייי אצלח אורחי **אלווייוני** ואיזיל לריבוני: ואמרו GN 24:56
ופקיד עילוי פרעה גוברין **ואלויאו** יתיה וית אינתתיה וית כל GN 12:20
גברא הדין ואמרת איזיל: **ואלוייו** ית רבקה אחתהום וית GN 24:59
עליהום יצחק ואתרווחו **ואלוינון** יצחק ואזלו מלותיה בשלם: GN 26:31
ואברהם אזיל עמהון **לאלוואיהון:** וייי אמר במימריה לית GN 18:16
אוטיבו כל מה דמלילו: **לואי** דיהי יצרא דליבהון שלים DT 5:29
דילי: ואמר לבן יאות **לואי** דיהי כפיתגמך: ואפריש ביומא GN 30:34
יעקב מבית אבוי והינון **לוון** יתיה בחיסדא עד ביתאל GN 28:12

לולבא (1)

פירי אילן משבח תרוגין **ולולבין** והדסין וערבין דמרביין על LV 23:40

לוע (1)

לתלת מתנן דרועא **ולועא** וקיבתה ותהי ליה ולבנוי NU 25:13

לות (287)

ויקרביניה לות דשא **דלות** מזוזתא ויחייט ריבוניה ית EX 21:6
במפקיה לסדרי קרבא **ולוות** עמיה תעיליניה מסדרי קרבא DT 33:7
רשותיה דיצרא בישא **ולוותך** יהוי מתויה ואנת תהי שליט GN 4:7
ואזלו ואתו לות משה **ולות** אהרן ולות כל כנישתא דבני NU 13:26
תליש קיסין לות משה **ולות** אהרן ולות כל כנישתא: דין NU 15:33
עירית אחבוך לא תבזי **ולות** אינתתיה לא תקרב בתשמיש LV 18:14
ואייתיאו לות משה **ולות** אלעזר כהנא ולות כל כנישתא NU 31:12
בי צער תילדין בנין **ולות** בעליך תהי מתויך והוא יהי GN 3:16

לות כהניא דמשיבט לוי **ולות** דיינא די יהי ביומיא האינון	DT 17:9
לא יבזע בשעת אניקי: **ולות** כל בר נש דמית לא יעול	LV 21:11
ועולו לטורא דאמוראה **ולות** כל דיירוי עמון ומואב וגבלא	DT 1:7
לות משה ולות אהרן **ולות** כל כנישתא דבני ישראל	NU 13:26
משה ולות אלעזר כהנא **ולות** כל כנישתא דבני ישראל ית	NU 31:12
לות משה ולות אהרן **ולות** כל כנישתא: דין הוא חד מן	NU 15:33
ואתיבו להון פתגמא **ולות** כל כנישתא וחמיאונון ית	NU 13:26
ארום יהון לך לתוקלא: **ולות** משה אמר מיכאל סרכן	EX 24:1
כד הינון ברירין מן ענניא: **ולות** נדב ואביהוא עולימיא	EX 24:11
ולא תיטעון אנת בלחודך: **ולות** עמא תימר אזדמנו למחר	NU 11:18
נפשך עד דתיסבע **ולות** צנך לא תתן: ארום תיעול	DT 23:25
ובדתקין בעינך תיב: **ולות** שרה אמר הא יהבית אלף	GN 20:16
כל עופא דשמייא ואיתי **לוות** אדם למיחמי מה יהי קרי ליה	GN 2:19
בהדי סהידוון דעולימתא **לוות** חכימי קרתא לתרע בי דינא:	DT 22:15
ביומא דדכותיה ויתיתי **לוות** כהנא: ויפוק כהנא למיברא	LV 14:2
וחד לעלתא: וייתי יתהון **לוות** כהנא ויקרב ית מן דאתבחר	LV 5:8
או תרין גוזלין בני יוון **לוות** כהנא לתרע משכן זימנא:	NU 6:10
עידן ית פתגם קשי מייתן **לוות** משה וכל פתגם קליל דיינון	EX 18:26
הא אמתי בלהה עול **לוותה** ותיליד ואנא אירבי ואיתבני	GN 30:3
ומן בתר כדין תיעול **לוותה** ותפרין יתה ותיהווי לך	DT 21:13
ומסרה ליה לאינתו ועל **לוותה** יעקב: ואעדיאת בלהה	GN 30:4
יהודה רחים יתה: וסטא **לוותה** לאורחא ואמר הבי כדון	GN 38:16
סדרי קרבא ותשדרון **לוותה** פולין למיקרי לה לשלם: ויהי	DT 20:10
ונשמש עימהון: ונפק **לוותהום** לוט לתרעא ודשא אחד	GN 19:6
וחזר מלוותהון ובכא ותב **לוותהון** ומליל עמהון ודבר	GN 42:24
הינין קדם עד לא תיתי **לוותהון** חייתא הינין תליין עיניהן	EX 1:19
ית ידיהון והנעילו ית לוט **לוותהון** לביתה וית דשא אחדו: וית	GN 19:10
ככל דפקיד ייי יתיה **לוותהון**: מן בתר דמחא ית סיחן	DT 1:3
משה דמימרא דייי בחזיו **לוותהון** מתגלי בחלמא ממלילנא	NU 12:6
אבא דבארעא דכנען אתו **לוותי**: וגובריא רעיין רעאן ארום	GN 46:31
יהי להון דינא אתאן **לוותי** ודייננא בין גברא ובין חבריה	EX 18:16
בניכון ובנתיכון ואייתו **לוותי**: וסריבו נשיא למיתן	EX 32:2
דכן בתר דאימות: כנושו **לוותי** ית כל חכימי שיבטיכון	DT 31:28
דליק באישא וקריבתון **לוותי** כל רישי שיבטיכון וחכימיכון:	DT 5:23
הלא אם עזגדייך דשדרת **לוותי** מלילית למימר: אם יתן לי	NU 24:12
משה לחמוי ארום אתיין **לוותי** עמא למתבוע אולפן מן קדם	EX 18:15
תישתיצי: ואמר לוט **לוותיה** בבעו מינך אמתין לי שעא	GN 19:18
דאית ליה אלקא קריב **לוותיה** בשום מימרא דייי אלקן	DT 4:7
ההיא ואתו כל מצראי **לוותיה** בשתא תנייתא ואמרו ליה	GN 47:18
ימינא דישראל וקריב **לוותיה**: ואושיט ישראל ית ימיניה	GN 48:13
בני אהרן ית אדמא **לוותיה** וטבל אדבעיה באדם תורא	LV 9:9
למיחמי וקריב יתהון **לוותיה** ונשיק להון וגפיף להון:	GN 48:10
ופייס בהום לחדא וזרו **לוותיה** ועלו לביתיה ועבד להום	GN 19:3
דייי ייתון לותי ואתכנשו **לוותיה** כל בנוי דלוי: ואמר להון	EX 32:26
ותתקרב יבימתיה **לוותיה** לקדם חכימיא ויהי נעיל	DT 25:9
לפרסת ריגלא ותבת **לוותיה** לתיבותא ואודעת ארום מוי	GN 8:9
להון כל דא ואזל אבימלך **לוותיה** מגרר ואתקיף ברחמוי	GN 26:26
מדעם לזמן חגא איתוב **לוותך** בעידנא הדין ואתון קיימין	GN 18:14
מן חיות ברא לא אייתי **לוותך** דאין אנא חטי בה מן ידי	GN 31:39
בשמתא אין לא אייתיניה **לוותך** הב יתיה על ידיי ואנא	GN 42:37
אין לא אייתיניה **לוותך** ואקימיניה לקמך ונתחייב	GN 43:9
קריב לוותך ויתחברון **לוותך** וישמשונך ואנת ובנך עימך	NU 18:2
שמא דעמרם אבך קריב **לוותך** ויתחברון לוותך וישמשונך	NU 18:2
ויהי כל פיתגם רב ייתון **לוותך** וכל פתגם קליל ידונון הינון	EX 18:22
למימר אין לא אייתיני **לוותך** ונתחייב קדם אבנא כל	GN 44:32
מן בני ישראל: ואנת קריב **לוותך** ית אהרן אחוך וית בנוי	EX 28:1
קמא אין אנא לא איעבר **לוותך** ית אוגר הדין ואין אנת לא	GN 31:52
ויתקעון בהון ויזדמנון **לוותך** כל כנישתא לתרע משכן	NU 10:3
אנא חמוך יתרו אתי **לוותך** לאתגיירא ואין לא תקביל	EX 18:6
ליה האן גובריא דעלו **לוותך** ליליא דין אפיקינון לוותן	GN 19:5
ייי אלקא דיהודאי שדרני **לוותך** למימר פטור ית עמי ויפלחון	EX 7:16
חד מנהון מיתב איתוב **לוותך** לשתא דאתיא ואתון קיימין	GN 18:10
הינון אוף אתון: ויזדמנון **לוותך** מלבר ויטרון ית מטרת	NU 18:4
תרין מכולא ייעלון **לוותך** על יד מלאכא כאחד ומעל	GN 6:20
בחדא יתקעון ויזדמנון **לוותך** רברבייא רישי אלפיא	NU 10:4
משה: ית כל מה דפקיד ייי **לוותכון** בידא דמשה מן יומא	NU 15:23
ואלקיה דיעקב שדרני **לוותכון** דין הוא שמי לעלם ודין	EX 3:15
אלקא דאבהתכון שדרני **לוותכון** ויימרון לי מה שמיה מה	EX 3:13
ונסגוד למרי עלמא ונתוב **לוותכון**: ונסיב אברהם ית קיסי	GN 22:5
ליה עסק דינא יתקרב **לוותכון**: וסליק משה לטורא וחפא	EX 24:14
עם גבר אנפיק כדון יתהין **לוותכון** ועיבידו להין כדתקין	GN 19:8
משכנא וחילוניי לא יקרב **לוותכון**: ותיטרון ית מטרת קודשא	NU 18:4
באורחא חד יהון נפקין **לוותכון** לסדרי קרבא ובשבעא	DT 28:7
ליליא דין אפיקינון **לוותן** ונשמש עימהון: ונפק לוותהום	GN 19:5
מן איבא דארעא ואחיתו **לוותנא** ואתיבו יתנא פיתגמא	DT 1:25
ארום היכדין איסק **לות** אבא וטלייא ליתוי עימי	GN 44:34
דמצרים: אוחו וסקו **לות** אבא ותימרון ליה כדנן אמר	GN 45:9
מתכנש לעמי קברו יתי **לות** אבהתיי למערתא די בחקל	GN 49:29
סגיאין: ואת תתכנש **לות** אבהתך בשלם תנוח נפשך	GN 15:15
פרגוד מצייר ואייתייוהי **לות** אבוהון ואמרו דא אשכחנא	GN 37:32
וית דנבייא ואתא ותני **לות** אבוהון: וישראל רחים ית יוסף	GN 37:2
עבדת ביד יעקב ברה: ועל **לות** אבוי ואמר אבא ואמר האנא מן	GN 27:18
יתיה מידהון לאתבותיה **לות** אבוי: והוה כד אתא יוסף לות	GN 37:22
עבדא ואתון סוקו לשלם **לות** אבוכון: וקריב לותיה יהודה	GN 44:17
מימר מן קדם אלקים **לות** אבימלך בחילמא דליליא	GN 20:3
ביומי אברהם ואזל יצחק **לות** אבימלך מלכא דפלישתאי	GN 26:1
חתנין וכלן מן דזוויג חוה **לות** אדם אליף יתן למבקרא	DT 34:6
מן אדם לאיתתא ואתיה **לות** אדם: ואמר אדם הדא זימנא	GN 2:22
למיכתש סגירו ויתיתיה **לות** אהרן כהנא או לות חד מבנוי	LV 13:2
עלה לבונתא: וייתינא **לות** אהרן כהניא ויקמוץ מתמן מלי	LV 2:2
אבוי: והוה כד אתא יוסף **לות** אחהי ואשלחו ית יוסף ית	GN 37:23
האינון ורבא משה ונפק **לות** אחהי וחמא באניק נפשיהון	EX 2:11
ובזע ית לבושוי: ותב **לות** אחוי ואמר טליא ליתוהי ואנא	GN 37:30
דמדינתא וקריב יתיה **לות** אחוי למחמי משה ולמחמי כל	NU 25:6
לות יעקב למימר אתינא **לות** אחוך לעשו ואוף אתי	GN 32:7
ליה איזיל כדון ואיתוב **לות** אחיי דבמצרים ואיחמי העד	EX 4:18
בנין והוה כד הוה עליל **לות** אינתתיה דאחוי הוה מחבל	GN 38:9
ייי: ואמר יהודה לאונן עול **לות** איתת אחוך ויבם יתה ואקם	GN 38:8
מלאכי קדמך ויעילינך **לות** אמוראי ופריזאי וכנענאי חיואי	EX 23:23
ייי מן למילד עול כדון **לות** אמתי ואחרדינה מאים אתבני	GN 16:2
ויקירין מאלין: ואתו **לות** בלעם ואמרו ליה כדנן אמר	NU 22:16
חתימן בידיהון ואתו **לות** בלעם ומלילו עימיה פיתגמי	NU 22:7
וקמו רברבי מואב ואתו **לות** בלק ואמר מסרב בלעם למיתי	NU 22:14
פתגמא בפמיה ואמר תוב **לות** בלק והכדין תמליל: ואתא	NU 23:16
בפמיה דבלעם ואמר תוב **לות** בלק והכדין תמליל: ותב לותיה	NU 23:5
מטול לאחוואותהון **לות** בני ישראל בטוורא דסיני:	LV 27:34
דפקיד ייי בידא דמשה **לות** בני ישראל במישריא דמואב	NU 36:13
קדם ייי הא אנא אזיל **לות** בני ישראל ואימר להון ייי	EX 3:13
ית כל מה דאפקד יתך **לות** בני ישראל: ותעביד פתורא	EX 25:22
על ארעא דאלילו יתה **לות** בני ישראל למימר ארעא	NU 13:32
בתר כן דעלון בני רברביא **לות** בנת אינשא וילידן להון והינון	GN 6:4
ואמר ארום איחות **לות** ברי כד אבילנא לבי קבורתא	GN 37:35
ית חמרנא: וקריבו **לות** גברא דיממנא אפיטרופוס על	GN 43:19
אחוכון דברו וקומו תובו **לות** גברא: ואל שדי יתן לכון רחמין	GN 43:13
מליל עמי גברא ואתא **לות** גברא והא קאי עלוי גמליא על	GN 24:30
ושמיה לבן ורהט לבן **לות** גברא לברא לעיינא: והוה כדי	GN 24:29
ואתפרש מן אחוהי וסטא **לות** גברא עדולמאה ושמיה חירה:	GN 38:1
תרין גובריא ויתקרבון **לות** דינא וידונון יתהון ויכרעון	DT 25:1
מנהון רשותא ויקרביניה **לות** דשא דלות מזוזתא ויחייט	EX 21:6
בין למיחטי: ואמר קין **לות** הבל אחוהי איתא וניפוק	GN 4:8
בעלה ליה לאינתו: ועול **לות** הגר ועדיאת וחמת ארום	GN 16:4
לות אהרן כהנא או **לות** חד מבנוי כהנא: ויחמי כהנא ית	LV 13:2
בתר גברא בר ישראל **לות** חוצא נס קדמאי דהוה ליה	NU 25:8
הוה הכא מטעיתא: ותב **לות** יהודה ואמר לא אשכחתא	GN 38:22
פרעה לכל מצראי איזילו **לות** יוסף דיימר לכון תעבדון: וכפנא	GN 41:55
וית יהודה שדר קדמוי **לות** יוסף למחווייא קדמוי אורחא	GN 46:28
דכנען ואתו מצראי **לות** יוסף למימר הב לנא לחמא	GN 47:15
ואתו לארעא דכנען **לות** יעקב אבוהון: ותניאו למימר עד	GN 45:25
ולא בחובא דילנא: ואתו **לות** יעקב אבוהון לארעא דכנען	GN 42:29
לי בבו עלה: ותבו עזגדיא **לות** יעקב למימר אתינא לות אחוך	GN 32:7
ונפק חמור אבוי דשכם **לות** יעקב למללא עימיה: ובנוי	GN 34:6
עשו אין לא: וקריב יעקב **לות** יצחק אבוי וגששיה ואמר קלא	GN 27:22
קנה בפדן דארם למיתי **לות** יצחק אבוי לארעא דכנען: ולבן	GN 31:18
בפדן דארם: ואתא יעקב **לות** יצחק אבוי לממרא קרית	GN 35:27
יצחק אבוי: ואזל עשו **לות** ישמעאל ונסיב ית מחלת היא	GN 28:9
ית אתייא: ואזל משה ותב **לות** יתרו חמוי ואמר ליה איזיל	EX 4:18
וצניא ופיפייריא ותיעלון **לות** כהנא די יהוי ממני לכהין רב	DT 26:3
סמקא מערבין ויתחמי **לות** כהנא: ויחמי כהנא והא חיזווהא	LV 13:19
ארום יהי בבר נש ויתיתי **לות** כהנא: ויחמי כהנא והא שומא	LV 13:9
ויתהפיך לחיוור וייתי **לות** כהנא: ויחמיניה כהנא והא	LV 13:16
ייי לתרע משכן זימנא **לות** כהנא ויכסון ניכסת קודשין	LV 17:5
מן ענא בעילוייה לאשמא **לות** כהנא ויכפר עלוי כהנא על	LV 5:18
מן ענא בעילוייה לאשמא **לות** כהנא: ויכפר עלוי כהנא קדם ייי	LV 5:25
חטאתא היא: וייתיניה **לות** כהנא ויקמוץ כהנא מינה מלי	LV 5:12
לתרע משכן זימנא **לות** כהנא: ויקרביניה קדם ייי ויכפר	LV 12:6
ית עומרא שירוי חצדכון **לות** כהנא: וירים ית עומרא קדם ייי	LV 23:10
גברא דמייתי יתה **לות** כהנא וכהנא ימטינה למדבחא:	LV 2:8
בני יוון ותייתי יתהון **לות** כהנא לתרע משכן זימנא: ויעבד	LV 15:29

ביומא תמינאה לדכותיה **לות** כהנא לתרע משכן זימנא קדם LV 14:23
ייי אלקכון ביה: ותיתון **לות** כהניא דמשיבט לוי ולות דיינא DT 17:9
אישתא ואוביל בפריע **לות** כנישתא וכפר אמטולהון ארום NU 17:11
ערוק לך לנפשך ואיזל **לות** לבן אחי לחרן: ותיתב עימיה GN 27:43
ואילך: ושדר עיזגדין **לות** לבן ארמאה הוא בלעם דבעא NU 22:5
יעקב ואזל לפדן דארם **לות** לבן בר בתואל ארמאה אחוהא GN 28:5
ושדר משה אזגדין מרקם **לות** מלכא דאדום למימר כדנן אמר NU 20:14
ותיעול אנת וסבי ישראל **לות** מלכא דמצרים ותימרון ליה ייי EX 3:18
בצורעא ואסתכל אהרן **לות** מרים והא לקת בצורעא: ואמר NU 12:10
ייי ית משה: וקריבו **לות** משה איסטריטיגין דממנן על NU 31:48
כלב ית עמא ואציתינון **לות** משה ואמר מיסק ניסק ונירת NU 13:30
מישראל: ואתו עמא **לות** משה ואמרו חבנא ארום NU 21:7
ארבעין יומין: ואזלו ואתו **לות** משה ולות אהרן ולות כל NU 13:26
יתיה תליש קיסין **לות** משה ולות אהרן ולות כל NU 15:33
ובבעירא: ואייתיאו **לות** משה ולות אלעזר כהנא ולות NU 31:12
עבדו: ואיתיו ית משכנא **לות** משה לבית מדרשיה דהוו תמן EX 39:33
ובנוי דמשה ואינתתיה **לות** משה למדברא דהוא שרי תמן EX 18:5
פלוגתא דקרח: ותב אהרן **לות** משה לתרע משכנא זימנא NU 17:15
כל ציפר כל דפרח: ועלו **לות** נח לתיבותא תרין תרין מכל GN 7:15
ושדר ישראל עזגדין **לות** סיחון מלכא דאמוראה למימר: NU 21:21
דסמיך למדבר קדמות **לות** סיחון מלכא דאמוראי פתגמי DT 2:26
ובההוא יומא תב אברהם **לות** עולימוי וקמו ואזלו כחדא GN 22:19
אמרו לא ניכול למיסוק **לות** עמא ארום תקיף הוא מיננא: NU 13:31
ונחת משה מן טוורא **לות** עמא ואמר להון קרובו קבילו EX 19:25
ונחת משה ביומא ההוא **לות** עמא וזמין ית עמא וחוורו EX 19:14
ביומא רביעאה איזל **לות** עמא ותזמינינון יומא דין EX 19:10
וללאה ועלן לחקלא **לות** עניה: ואמר להין חמי אנא ית GN 31:4
ושדר יעקב אזגדין קומוי **לות** עשו אחוי לארעא דגבלא GN 32:4
ואמר ייי למשה עול **לות** פרעה ארום אנא יקרית יצרא EX 10:1
למפטור ית עמא: איזל **לות** פרעה בצפרא הא נפיק למפטור EX 7:15
ית משה וית אהרן **לות** פרעה ואמר להום איזילו פלחו EX 10:8
הוא ייי: ועאל משה ואהרן **לות** פרעה ואמר ליה כדנא אמר ייי EX 10:3
וספר ושני כסותיה ועל **לות** פרעה: ואמר פרעה ליוסף GN 41:14
וכדון איתא ואשדרינך **לות** פרעה ואפיק ית עמי בני EX 3:10
ייי מאן אנא ארום איזל **לות** פרעה וארום אפיק ית בני EX 3:11
שידויא: ואעל משה ואהרן **לות** פרעה ועבדו היכדין היכמא EX 7:10
נהרא: ואמר ייי למשה עול **לות** פרעה ותימר ליה כדנא אמר ייי EX 7:26
עמא: ואמר ייי למשה עול **לות** פרעה ותמליל עימיה כדנא EX 9:1
ומן שעתא דעלית **לות** פרעה למללא בשמך אתבאש EX 5:23
על בני ישראל ושלחינון **לות** פרעה מלכא דמצרים לאפקא EX 6:13
הא לא איתעל מן אדמון **לות** קודשא גוואה מיכל תיכלון LV 10:18
לה לאמהו: ועל אוף **לות** רחל ורחים אוף ית רחל מלאה GN 29:30
טלייא עד זמן דאיתי **לות** ריבוני לגבלא: ואמר עשו GN 33:14
ואשקי ית ענהין: ואתאה **לות** רעואל אבוה דאבוהן ואמר מה EX 2:18
ית יצחק ואזל סטנא ותני **לות** שרה דאברהם נכס ית יצחק GN 22:20
ואוחי אברהם למשכנא **לות** שרה ואמר אוחא תלת סאין GN 18:6
דבידך ויהב לה ועל **לותה** ואיתעברת ליה: וקמת ואזלת GN 38:18
ושמיה שוע וגיירה ועל **לותה:** ואתעברת וילידת בר וקראת GN 38:2
ואעיל יתה לותיה ועל **לותה:** ויהב לבן ליה ית זלפה ברתיה GN 29:23
בי מכתשא ולא קריבית **לותה** וכדון הא אינתתך דבר ואיזל: GN 12:19
יומי פולחני ואיעול **לותה:** וכנש לבן ית כל אינשי אתרא GN 29:21
מרחיק ועד לא קריב **לותהום** ואיתיעטו עלוי למיקטליה: GN 37:18
איתא כדון ואשלחינך **לותהון** ואמר ליה האנא: ואמר ליה GN 37:13
בה וית קירויא דניעול **לותהון:** ושפר בעיניי פיתגמא DT 1:22
בבית אסירי: ואתא **לותהון** יוסף בצפרא וחמא יתהום GN 40:6
אתא לותי ואפיק **לותהון** ית שמעון: ואעיל גברא ית GN 43:23
בארעא דגושן ותהי קריב **לותי** אנת ובנך ובני בנך וענך ותורך GN 45:10
כדון תיתמנע מלמיתי **לותי:** ארום מיקרא איקרינך לחדא NU 22:16
ולא תיתברון: וקריבתון **לותי** בעירבוביא כולכון ואמרתון DT 1:22
להון יצחק מדין אתיתון **לותי** דאצלי עליכון ואתון סניתון GN 26:27
דמואבאי שדר פולין **לותי:** הא עמא נפק ממצרים וחפא NU 22:10
לך למא לא אתיתא **לותי** הברם מן קושטין הוית אמר NU 22:37
ואמר קריבינון כדון **לותי** ואיברכינון: ועיני ישראל יקרן GN 48:9
היכמא דרחימית ותעיל **לותי** ואיכול בגין דתברכינך נפשי GN 27:4
וית אינש בתיכון ואיתו **לותי** ואיתן לכון ית שפר ארג ארעא GN 45:18
מה תתן לי ארום תיעול **לותי:** ואמר אנא אשדר גידי בר עיזי GN 38:16
ית אחוכון קלילא **לותי** ואנדע ארום לא אלילי אתון GN 42:34
בטוניכון כספיכון אתא **לותי** ואפיק לותהון ית שמעון: GN 43:23
וקרית ושבקית ללבשיה **לותי** ואפק לשוקא: ואנחת לבשא GN 39:15
ואמרת לעבדך אחתוהי **לותי** ואשוי עינוי לטבתא עלוי: GN 44:21
דיקשי מנכון תקרבון **לותי** ואשמעיניה: ופקידית יתכון DT 1:17
הוא דחליא דייי ייתון **לותי** ואתכנשו לוותיה כל בנוי דלוי: EX 32:26
יוסף לאחוי קריבו בבעו **לותי** וחמון גזירת מהולתי וקריבו GN 45:4
ויחתון כל עבדך אליין **לותי** ויבעון מטו מיני למימר פוק EX 11:8

אחוכון קלילא תייתון **לותי** ויתיהימונון פיתגמיכון ולא GN 42:20
הדין ואין אנת לא תעיבר **לותי** ית אוגר הדין וית קמא הדא GN 31:52
לי אעבד ואיתא כדון לוט **לותי** ית עמא הדין: ואתיב בלעם NU 22:17
ייי לרב לכל מצראי חות **לותי** לא תתעכב: ותיתב בארעא GN 45:9
עבראי למגחוך בנא על **לותי** למשכוב עימי וקרית בקלא GN 39:14
האילין למימר על **לותי** עבדא עבראי דאייתיתא לנא GN 39:17
לאה לקדמותיה ואמרת **לותי** תיעול ארום מיגר אגרתך GN 30:16
וקרא להון משה ותבו **לותיה** אהרן וכל רברביא דאתמנון EX 34:31
ותלתין שנין כד אהדרה **לותיה** ואיתעביד לה ניסא והדרת EX 2:1
לכל עמא הדין: וקריבו **לותיה** ואמר דירין דעאן נבני NU 32:16
והכדין תמליל: ואתא **לותיה** והא מעתד על עלתיה NU 23:17
בלק והכדין תמליל: ותב **לותיה** והא מעתד על עלתיה הוא NU 23:6
לאה ברתיה ואעיל יתה **לותיה** ועל לותה: ויהב לבן ליה ית GN 29:23
ודחילון מן לקרבא **לותיה:** וקרא להון משה ותבו לותיה EX 34:30
לשלם לות אבוכון: וקריב **לותיה** יהודה ואמר במטו ריבוני GN 44:18
יונתא מן תיבותא: ואתת **לותיה** יונתא לעידוני רמשא והא GN 8:11
עם כל ישראל כנפינון **לותיה** כד הוון בעיברא דיורדנא DT 1:1
ידיה ונסבהא ואעיל יתה **לותיה** לתיבותא: ואוריך תוב GN 8:9
הוה איפשר לי דאיסוק **לותיה** עד זמן דהוה דבורא מתמלל LV 1:1
ולא אוסיפת למיתב **לותיה** תוב: והות בשית מאה וחדא GN 8:12
ואמר הבי כדון איעול **לותיך** ארום לא ידע ארום כלתיה GN 38:16
למימר אבוך ואחך אתו **לותך:** ארעא דמצרים קדמך היא GN 47:5
ארום מן שעתא דאתינן **לותך** הות אמר לן מן קדם ייי אנא GN 44:18
למימר הא ברך יוסף אתי **לותך** ואתתקף ישראל ויתיב על GN 48:2
בלעם לבלק הא אתיתי **לותך** כדון המיכל יכילנא למללא NU 22:38
דמצרים עד דאתית **לותך** למצרים דילי אינון אפרים GN 48:5
הלא שדרא שדרית **לותך** למקרי לך למא לא אתיתא NU 22:37
עם עמא למימר אזדרזו **לותכון** גוברין לחילא ויהון מסדרין NU 31:3
ועתיד למיכוי שדרני **לותכון:** ואמר תוב ייי למשה כדנן EX 3:14
לנא הכא עד זמן דנתוב **לותכון** והא אהרן וחור עימכון מן EX 24:14
פירין ואמרנא נהדריניה **לותנא** ותתקיים כדון מומתא דהות GN 26:28
על פרקוני ליואי: **מלוות** בוכרייא דבני ישראל נסיב NU 3:50
למתורגמן ביניהום: וחזר **מלוותהון** ובכא ותב לוותהון ומליל GN 42:24
בתחומיה וסטא ישראל **מלוותיה** דהוו מיפקדין מן קדם NU 20:21
סניתון יתי ותרכתוני **מלוותכון:** ואמרו מחמא חמינא GN 26:27
אבונא יומא דין וחד נפק **מלוותן** ולית אנחנא ידעין מה הווה GN 42:13
חסרתון מידעם: ועברנא **מלות** אחנא בני עשו דיתבין בגבלא DT 2:8
יעקב בתרתין טיפוזין **מלות** אנפי יצחק אבוי ועשו אחוי GN 27:30
אתון בעאן ותריך יתהון **מלות** אפי פרעה: ואמר ייי למשה EX 10:11
הינון יהיבין ומסירין ליה **מלות** בני ישראל: וית אהרן וית בנוי NU 3:9
דחמי לכהניא מן עמא **מלות** דבחי דיבחין אין תור אימר DT 18:3
חוטרא לבית אבא **מלות** כל אמרכלהון לבית NU 17:17
ומבתר כדין איפוק ונפק **מלות** פרעה בתקוף רגז: ואמר ייי EX 11:8
אמר למתיהבא להום **מלות** פרעה ואכלין ית חילקהון GN 47:22
יומא הדין ואיתפיני ונפק **מלות** פרעה: ואמרו עבדי פרעה ליה EX 10:6
מלכא דמצרים ונפק יוסף **מלות** פרעה ועבר רב ושליט בכל GN 41:46
ונפק משה ואהרן **מלות** פרעה וצלי משה קדם ייי על EX 8:8
לחוד ית מותא הדין: ונפק **מלות** פרעה וצלי קדם ייי: והפך ייי EX 10:18
חגא קדם ייי: ונפק משה **מלות** פרעה וצלי קדם ייי: ועבד ייי EX 8:26
לקישן הינין: ונפק משה **מלות** פרעה סמיך לקרתא ופרס EX 9:33
ית בנך: ואפיק יוסף יתהון **מלות** רכובוי וסגד על אפוי על GN 48:12
ומליל עמהון ודבר **מלותהון** ית שמעון דיעט GN 42:24
ילידת לי אנתתי: ונפק חד **מלותי** ואמרית ברם מקטל קטיל GN 44:28
ואלוינון יצחק ואזלו **מלותיה** בשלם: והוה ביומא ההוא GN 26:31
דמשה בתר דשלחה **מלותיה** כד הוה אזיל למצרים: וית EX 18:2
ושדר ית יונתא דכייתא **מלותיה** למיחמיה אין איתקוללו GN 8:8
ואמר משה הא אנא נפיק **מלותך** ואיצלי קדם ייי ויעדי EX 8:25

לחוד (129)

עם עבדך ארום בחוטרי **בלחוד** עברית ית ירדנא הדין וכדין GN 32:11
היא טלת דמתכסי בה **בלחודא** היא חלוק תותביה דנפלא EX 22:26
סמקא מערבין או חוורא **בלחודא:** ויחמי יתה כהנא והא LV 13:24
לחוד ארעא דכומרנייא **בלחודהון** לא הות לפרעה: ויתיב GN 47:26
ארום אחוי מית והוא **בלחודוי** אישתייר מן אימיה GN 42:38
קריב להלא ואמרו הלא **בלחודוי** אתא דין לאיתותבא בינן GN 19:9
תהי לריבונה והוא יפוק **בלחודוי:** ואין יתני ויימר עבדא EX 21:4
ביד עבדוי עדרא עדרא **בלחודוי** ואמר לעבדוי עברו קדמי GN 32:17
פלחין אלהין לשמא דייי **בלחודוי:** וגייורא לא תקנטון במילין EX 22:19
דלבן ושוי ליה עדרין **בלחודוי** ולא ערביבינון עם ענא GN 30:40
שוו לחמא: ושויו ליה **בלחודוי** ולהון בלחודיהון ולמצראי GN 43:32
גברא דשמש עימה **בלחודוי:** ולעולימתא לא תעבדון DT 22:25
ארום לא על לחמא **בלחודוי** חיי בר נשא ארום על כל DT 8:3
יפוק לבר חורין מגן: אין **בלחודוי** ייעול בלחודוי יפוק ואין EX 21:3
מגן: אין בלחודוי ייעול **בלחודוי** יפוק ואין מרי אינתתא בת EX 21:3
מסאב מטול דמסאב הוא **בלחודוי** יתיב ולציד אינתתיה לא LV 13:46

למיכל כל נפש איהו **בלחודוי** יתעביד לכון: ותיטרון ית EX 12:16
מית ואישתאר הוא **בלחודוי** מן אימיה ואבוי בגין כן GN 44:20
ית דיליה: ואישתאר יעקב **בלחודוי** מעיברא ליבוקא ואתכתש GN 32:25
מרחיק: ויתקרב משה **בלחודוי** קדם ייי והינון לא יתקרבון EX 24:2
לחוד לית פיתגם דביש **בלחודוי** אעיבר: ואמר לא תעיבר NU 20:19
וניכול: לית אנא יכיל **בלחודי** למיטען לכל עמא הדין NU 11:14
תקין די יהי אדם דמיך **בלחודיה** אעביד ליה איתא דתיהי GN 2:18
ופתח לוי דאישתאר **בלחודיה** משמעון חבריה ית שקיה GN 42:27
ולמצראי דאכלין עימיה **בלחודיהון** ארום לא כשרין מצראי GN 43:32
חורפן האילן דאקימתא **בלחודיהון**: ואמר ארום ית שבע GN 21:29
ושויו ליה בלחודוי ולהון **בלחודיהון** ולמצראי דאכלין עימיה GN 43:32
דישראל: מימרא דייי **בלחודיהון** ישרינון בארעהון ולא DT 32:12
לגלימתא הא עמא **בלחודיהון** עתידין למחסן עלמא NU 23:9
אברהם ית שבע חורפן **בלחודיהן** ואפרישינון מן תורי: ואמר GN 21:28
כפנא אלהין תרתין שנין **בלחודיהן**: ועברו יומי בכיתיה ומליל GN 50:3
לי ואישתי לחוד אעיבר **בלחודיי**: היכמה דעבדו לי בנוי DT 2:28
דמליל לכון: היך אנא יכיל **בלחודיי** למסבול טרחות DT 1:12
חד דאנא לא יכילנא **בלחודיי** למסוברא יתכון: מימרא DT 1:9
וליעקב: ולא עמכון **בלחודיכון** אנא גזר ית קיימא הדא DT 29:13
על חובתא דאנת ידע ביה **בלחודך** או חמרא דטעי מן אורחא EX 23:4
דעמא ולא תיטעון אנת **בלחודך**: ולות עמא תימר אזדמנו NU 11:17
לא תיכול למעבדיה **בלחודך**: כדון קביל מיני אימלכינך EX 18:18
על חובתא דאנת ידע ביה **בלחודך** רביע תחות טוניה ותמנוע EX 23:5
דכוש ורחיק מינה: ואמרו **הלחוד** ברם עם משה מליל ייי NU 12:2
לא איתידעת להון: **ולחוד** אקימית ית קיימי עמהון EX 6:4
בלעם ואזל ותב לאתריה **ולחוד** בלק אזל לאורחיה ואקים ית NU 24:25
ישתיצון לחוד עולימיהון **ולחוד** בתולתהון ינקיתהון עם DT 32:25
ישראל סליקת לקדמיי **ולחוד** גלי קדמיי ית דוחקא EX 3:9
קודשיא מן ביתא **ולחוד** יהבנן מעשרא קמאה לליואי DT 26:13
דאנת דחיל מן קדמיהון: **ולחוד** ית מחת אורעייתא טריקיא DT 7:20
יתגלי קדם ייי עולבננא **ולחוד** יתפרע מינכון דאסרחתון ית EX 5:21
ותהי לכון לקיים עלם **ולחוד** כהנא דמדי מי אדיותא יצבע NU 19:21
שיזבנהו מן ידא דרעיא **ולחוד** מדול חד דלה לן ואשקי ית EX 2:19
גובריא קום טייל עמהון **ולחוד** פיתגמא דאימליל עימך NU 22:20
דאיתותבו בה: **ולחוד** קימי ית אניק בני ישראל EX 6:5
דן יתי ייי ברחמוי טביא **ולחוד** שמע בקל צלותי ויהב לי בר GN 30:6
לא תתרעי בה ותפטרינה **לבלחודה** בגיטה וזבנא לא תזבנינה DT 21:14
ואנא אידבר בנייחא **לבלחודיי** לרגל עיבידתא דאית GN 33:14
לעמא מה דין אנת יתיב **לבלחודך** למידון וכל עמא קיימין EX 18:14
הי כבשר טביא ואילא: **לחוד** אדמיה לא תיכלון על ארעא DT 15:23
מקמיכון בציירא: **לחוד** אילן דתינדעון ארום לא אילן DT 20:20
לך עם אחוך תשמיט ידך: **לחוד** אין אתון עסיקין במצוותא DT 15:4
יהיב לכון אחסנא: **לחוד** אין קבלא תקבלון למימרא DT 15:5
לקודשיא כחדא יכלוניה: **לחוד** איתוקפון ביצריכון מטול DT 12:23
למבטלא ית קיימיי: **לחוד** אנא אעביד דא לכון ואיגרי LV 26:16
ריח קורבניכון: ואצדי **לחוד** אנא ית ארעא דלא יהי עלה LV 26:32
בעלמא ואמחי יתכון **לחוד** אנא שבע מחן על שבע עבירן LV 26:24
בעלמא וארדי יתכון **לחוד** אנא שבע מחן על שבע עבירן LV 26:28
יתה ותתכנש לעמך **לחוד** אנת היכמא דאיתכניש אהרן NU 27:13
סדר קמיכון יומא דין: **לחוד** אסתמרו לכון וטורו DT 4:9
בכספא תיתן לי ואישתי **לחוד** אעיבר בלחודיי: היכמה דעבדו DT 2:28
חלב ודבש היא ודין איבה: **לחוד** ארום תקיף עמא דיתיב NU 13:28
קדם ייי אלקכון במדברא **לחוד** ארחקא לא תרחקון לטיילא EX 8:24
תחום מצרים ועד סופיה: **לחוד** ארעא דכומרניא לא זבן מן GN 47:22
חומשא מן עללתא **לחוד** ארעא דכומרנייא בלחודהון GN 47:26
מעצרתא: הכדין תפרשון **לחוד** אתון אפרשותא קדם ייי מכל NU 18:28
ארעא וכל דאית בה: **לחוד** באבהתכון צבא ייי מטול DT 10:15
כבישריה דטביא וכאילה: **לחוד** באדמא הוו זהירין דלא DT 12:16
דחקלא תבר ושריש: **לחוד** בארעא דגשן דתמן בני EX 9:26
לא הות למהוי מתגריא **לחוד** בבעירך דבחקלא בסוסוותא EX 9:3
זכיי מחייא מדין קטול **לחוד** בוטלן עיבידיתיה וצעריה EX 21:19
יצרא דמחשבת ליביה **לחוד** ביש כל יומא: ותב ייי GN 6:5
כל מה דאנא מפקיד לכון: **לחוד** בכל רעות נפשיכון תיכסון DT 12:15
לא אשארנא משיזיב: **לחוד** בעירי בזנא לנא ועדי קירווייא DT 2:35
תעבדון דכשר קדם ייי: **לחוד** בעירי מעשר קודשיכון דיהוון DT 12:26
ארע גיבריא מתחשבא **לחוד** היא גיברי יתיבו בה מן DT 2:20
ולחרשייא ועבדו **לחוד** הינון יניס וימבריס חרשין EX 7:11
בניכון מבתריכון וילפון **לחוד** הינון למהוי עם גיורין ארום DT 5:18
בניכון מן בתריכון וילפון **לחוד** הינון למיהוי עם גייורין ארום EX 20:14
בניכון מן בתריכון וילפון **לחוד** הינון למיהוי עם גנבין ארום EX 20:15
בניכון מן בתריכון וילפון **לחוד** הינון למיהוי עם חמודין ולא EX 20:17
בניכון בתריכון וילפון **לחוד** הינון למיהוי עם מסהדין EX 20:16
בניכון מן בתריכון וילפון **לחוד** הינון למיהוי עם קטולין ארום EX 20:13
יתן סדרי קרבא ויתוספון **לחוד** הינון על סנאינן וישיצון יתן EX 1:10

וכדון שבוק כדון חובי **לחוד** זימנא הדא וצלו קדם ייי EX 10:17
והיכמה דעבדנא עימך **לחוד** טב ושלחנך פון בשלם אנת GN 26:29
דיוסף ואחוי ובית אבוי **לחוד** טפלהון וענהון ותוריהון GN 50:8
ותזדכי ממומתי דא **לחוד** ית ברי לא תתיב לתמן: ושוי GN 24:8
ובניבלתהון לא תקרבון: **לחוד** ית דין תיכלון מכל דקמיט כל DT 14:9
וצלו קדם ייי ויעדי מיני **לחוד** ית מותא הדין: ונפק מלות EX 10:17
מימר פומך יתזנון כל עמי **לחוד** כורסי מלכותא אהא רב מינך: GN 41:40
במצראי ויתאדקון בכון: **לחוד** כל מרע וכל מחא דלא כתיבין DT 28:61
ותלפיף ית חמש יריען **לחוד** כל קבל חמשא סיפרי EX 26:9
ולפיף ית חמש יריען **לחוד** כל קבל חמשא סיפרי EX 36:16
אורייתא וית שית יריען **לחוד** כל קבל שית סדרי מתניתא EX 26:9
אורייתא וית שית יריען **לחוד** כל קבל שיתא סידרי EX 36:16
עבדוי ומן עמיה למחר **לחוד** לא יוסיף פרעה למשקרא EX 8:25
דלא מן אחוכון הוא: **לחוד** לא יסגון ליה על תרין סוסוון DT 17:16
מסר ייי אלקנא קדמנא: **לחוד** לארע בני עמון לא קריבתא DT 2:37
להין כדתקין קומיכון **לחוד** לגובריא האילין לא תעבדון GN 19:8
בעיניהן תהוויין לנשין **לחוד** לגניסת שיבט אבוהן תהוויין NU 36:6
ארום אמרית בלבבי **לחוד** לית דחלתא דאלקים באתרא GN 20:11
ואיתן דמי טימהון **לחוד** לית פיתגם דביש בלחודי NU 20:19
לביתיה ולא שוי ליביה **לחוד** למחתא הדא: וחפרו מצראי EX 7:23
ומן קודשיא יתפרנס: **לחוד** לפרגודא לא יעול ולמדבחא LV 21:23
עורדענייא מינך ומבתך **לחוד** מה דבנהרא ישתיירון: ואמר EX 8:5
ומן עבדך ומן עמך **לחוד** מה דבנהרא ישתיירון: ונפק EX 8:7
לא יתעביד בהון **לחוד** מן דיתעביד למיכל כל נפש EX 12:16
ולא להדיוטין ותהון **לחוד** מנטלין ולא תהון למאיסין DT 28:13
עממיא האילין הינון: **לחוד** מקירוי עממיא האילין דייי DT 20:16
חורן דתחמיניה מתמן **לחוד** משיריתא דמהלך בקצתיה NU 23:13
כל דכורה לפתגם דחרב: **לחוד** נשיא וטפליא ובעירא וכל DT 20:14
ישראל כל מזרזי חילא: **לחוד** נשיכון טפליכון ובעיריכון DT 3:19
דעוג במתנן: ארום **לחוד** עוג מלכא דמתנן אישתייר DT 3:11
אילך ואילך ישתיצון **לחוד** עולימיהון ולחוד בתולתהון DT 32:25
הינון ומסאבין יהון לכון: **לחוד** עינוון וגובין בית כנישות מיין LV 11:36
קיימיא האילין ויימרון **לחוד** עם חכים וסוכלתן עמא רבא DT 4:6
ואמר זילו פלחו קדם ייי **לחוד** ענכון ותוריכון יקום גביי אוף EX 10:24
והוה לחורמנא: וקרא **לחוד** פרעה לחכימייא ולחרשייא EX 7:11
דעבדא עיבור וחמר **לחוד** שמיא דעילויהון רסיין להון DT 33:28
סגן כהניא ויהנפק יתה **לחודה** למיברא למשריתא ויסדר NU 19:3
דפקיד ייי ית משה: ברם **לחודהון** בלא חלדותהון ית דהבא NU 31:22
יסרב לאפוקי מחי אנת **לחודך** ביה בחוטרא דבידך ותהנפק NU 20:8

לחי (2)

דימינא ולוחא ארעיא **וליחיא** דרקיתא וקיבתא: שירוי DT 18:3
בוכרא וחזמין רישיה **ומלחין** ליה במילחא ובוסמנין GN 31:19

לחינתא (6)

ית אבימלך וית אינתתיה **ולחינתוי** ואיתרווחו: ארום מיחד GN 20:17
תרתין לחינתא: ושוי ית **לחינתא** הינין ובניהן בקדמייתא GN 33:2
מן קדם על עבדך: וקריבן **לחינתא** הינין ובניהן וגחינן: וקריבת GN 33:6
ובמשכניהון דתרתין **לחינתא** ולא אשכח ונפק ממשכנא GN 31:33
לאה ועל רחל ועל תרתין **לחינתא**: ושוי ית לחינתא הינין GN 33:1
תרתין נשוי וית תרתין **לחינתוי** וית חדסרי ריבוי ועבר ית GN 32:23

לחם (74)

אוף ארען קני יתן וית אנן **בלחם** ונהי אנן וארען עבדין לפרעה GN 47:19
תורי ובחמרא וזנינין **בלחמא** בכל גיתיהון בשתא ההיא: GN 47:17
על עיסק דלא זמינו לכון **בלחמא** ובמוי באורחא דמיפקכון DT 23:5
בייתיה הינון ייכלון **בלחמיה**: וברת כהין ארום תהי LV 22:11
תחות אילנא: ואסב סעיד **דלחים** וסעידו ליבכון ואודו לשום GN 18:5
דכר קורבניא הוא: ועגול **דלחים** חד וגריץ דלחם פתיך EX 29:23
יומין ותקרבון מנחתא **דלחים** חדת לשמיה דייי: מאתר LV 23:16
במשח זיתא: על גריצתא **דלחים** חמיע יקריב קורבניה על LV 7:13
פטירתא חדא וגריצתא **דלחים** פתיך במשח חדא ועריך חד LV 8:26
וסדר עלוי סידורין **דלחים** קדם ייי היכמא דפקיד ייי EX 40:23
תקרבון יתהון קדם ייי **דלחם** ביכוריא חמיר מתקרב LV 2:12
במשח זיתא ועירוכין **דלחם** פטיר דמשיחין במשח זיתא EX 29:2
ועגול דלחים חד וגריץ **דלחם** פתיך במשח חד ועריך חד EX 29:23
ומה דמשתייר בבישרא **ובלחמא** בנורא תוקדון: ומתרע LV 8:32
חמר עינבי רבעות הינא: **ולחים** וקלי ופירוכיין חדתין לא LV 23:14
וית קסוות ניסוכא **ולחים** תדירא עלוי יהי: ויפרשון NU 4:7
ועשר אתנין טעינן עיבור **ולחם** וזוודין לאבוי לאורחא: ושדר GN 45:23
ודיכרין תרין שלמין: **ולחם** פטיר וגריצן פטירין דפתיכין EX 29:2
ברמשא בישרא למיכול **ולחמא** בצפרא למיסבוע בדשימיע EX 16:8
לפום למצטריך לטפלייא: **ולחמא** לית בכל ארעא ארום תקיף GN 47:13
מאתר מותבניכון תייתון **לחים** ארמותא תרתין גריצן תרין LV 23:17
אברם ואפיק ליה **לחים** וחמר ובההיא זימנא הוה GN 14:18
הדין דאנא אזיל ויתן לי **לחים** למיכל וכסו למילבוש: ואיתוב GN 28:20
יהיב לכון ביום שתיתאה **לחים** לתרין יומין שרון גבר EX 16:29

ותימר להון ית קרבני **לחים** סידור פתורי ייכלון כהניא NU 28:2
ויסקינון כהנא למדבחא **לחים** קורבנא לאתקבלא ברעוא כל LV 3:16
ויסקיניה כהנא למדבחא **לחים** קורבנה קדם ייי: ואין מן בני LV 3:11
פתורא וית כל מנוי וית **לחם** אפיא: וית מנרתא וית בוצינהא EX 39:36
וישוון אריחוי: ועל פתור **לחם** אפייא יפרסון לבוש דתיכלא NU 4:7
ביומא שתיתיאה לקטו **לחם** בכפלא תרין עומרין לבר נש EX 16:22
אריחוי וית כל מנוי וית **לחם** דאפיא: וית מנרתא דאנהורי EX 35:13
באורח אפרת היא בית **לחם**: וחמא ישראל ית בנוי דיוסף GN 48:7
ליעקב: ויעקב יהב לעשו **לחם** ותבשיל דטלופחי ואכל ושתי GN 25:34
חביל על עמא דמיכלהון **לחם** שמיא ומתרעמין דמנא NU 11:7
למיכול עם יהודאי **לחמא** ארום בפירא דמיצראי דחלין GN 43:32
להודעותך ארום לא על **לחמא** בלחודוי חיי בר נשא ארום DT 8:3
ליוסף ויהב להון יוסף **לחמא** בסוסון ובגיתי ענא ובגיתי GN 47:17
יתהון: ותסדר על פתורא **לחמא** גוואה קדמי תדירא: ותעביד EX 25:30
דרייא מסרבייא ית **לחמא** דאוכלית יתכון במדברא EX 16:32
הוא ואמר משה להון הוא **לחמא** דאיצטנע לכון מן שירויא EX 16:15
וירים כהנא יתהון על **לחמא** דביכוריא ארמא קדם ייי על LV 23:20
ותמן תיכלון יתיה וית **לחמא** דבסל קורבניא היכמא LV 8:31
ית בישרא דדיכרא וית **לחמא** דבסלא בתרע משכן זימנא: EX 29:32
וסדרת ית תבשיליא וית **לחמא** די עבדת ביד יעקב ברה: ועל GN 27:17
איטלעו מעילוי ריגליכון: **לחמא** דעיבורא לא אכלתון וחמר DT 29:5
לשמא דייי: ותקרבון על **לחמא** ההוא שיבעא אימרין שלמין LV 23:18
עמא קדם פרעה בגין **לחמא** ואמר פרעה לכל מצראי GN 41:55
למסעוד לחמא וסעדו **לחמא** ובתו בטוורא: ואקדים לבן GN 31:54
הוו ביה: וחזרו למיכול **לחמא** וזקפו עיניהון וחמון והא GN 37:25
ית גברא קרין ליה וייכול **לחמא**: וכד חכים רעואל דערק משה EX 2:20
ובכל ארעא דמצרים הוא **לחמא**: וכפנת כל ארעא דמצרים GN 41:54
דלא בחוסרנא תיכלון בה **לחמא** ולא תחסר כל מידעם בה DT 8:9
במדברא ארום לית **לחמא** ולית מיא ונפשנא קנטת NU 21:5
לות יוסף למימר הב לנא **לחמא** ולמה נמות כל קבלך ארום GN 47:15
דאתו עם לבן למסעוד **לחמא** וסעדו לחמא ובתו בטוורא: GN 31:54
מיניה ארום תמן יסעדון **לחמא**: ועל יוסף לביתא ואעילו ליה GN 43:25
אברהם בצפרא ונסיב **לחמא** וקרווא דמיא ויהב להגר שוי GN 21:14
דביסרא כד הוינא אכלין **לחמא** ושבעין ארום הנפקתון יתן EX 16:3
ונפק ואזדרז ואמר שוו **לחמא**: ושויו ליה בלחודוי ולהון GN 43:31
בישרא ובצפרא תיכלון **לחמא** ותינדעון ארום אנא הוא ייי EX 16:12
יממין וארבעין לילוון **לחמא** לא אכל ומוי לא אישתי EX 34:28
יממין וארבעין לילוון **לחמא** לא אכלית ומוי לא אשתיית DT 9:18
יממין וארבעין לילוון **לחמא** לא אכלית ומיא לא DT 9:9
אחוי וית כל בית אבוי **לחמא** לפום למצטריך לטפלייא: GN 47:12
ית סדרוי תרין סדרי **לחמא** מאה שית עגולין בסידרא כל EX 40:4
מן דאחית לבני ישראל **לחמא** מן שמיא אליף יתן למקבור DT 34:6
הא אנא מחית לכון **לחמא** מן שמייא דאיצטנע לכון מן EX 16:4
מבשר קורבניא ומן **לחמא** עד צפרא ותוקיד ית EX 29:34
וכל סבי ישראל למיכול **לחמא** עם המוי דמשה קדם ייי EX 18:12
תיכלון לשמיה פטיר **לחמא** ענייא ארום בבהילו נפקתון DT 16:3
מזונא ויאפיין עשר נשין **לחמיכון** בתנורא חד מדהוא זעיר LV 26:26
אפקות בר זרעא ותיכלון **לחמיכון** ותשבעון ותיתבון לרוחצן LV 26:5
לבונתא ברירתא ותהי **ללחמא** לאדכרא קורבנא קדם ייי: LV 24:7
לתמן: ויהי במיכלכון **מלחמא** דעללתא דארעא ולא מן NU 15:19

לחש (10)

חרשין דבמצרים **בלחשי** קוסמיהון היכדין: וטלקון EX 7:11
ועבדו היכדין אסטגניניא **בלחשיהון** ואסיקו ית עורדענייא EX 8:3
איצטיגנוני מצרים **בלחשיהון** והפיכו מן מיא דגושן EX 7:22
איסטיגניניא חרשיותא **בלחשיהון** לאנפקא ית קלמין ולא EX 8:14
די שומא חיוורא ביה וכל **דילחוש** באימרייא ויהב בידא דבנוי: GN 30:35
כל ית דרגול וכל **דילחוש** בענא דלבן ושוי ליה עדרין GN 30:40
נמור וקרוח בעזיא **ולחוש** באימרייא גניבא הוא למהוי GN 30:33
נמור וקרוח וכל אימר **לחוש** באימריא וקרוח ונמור בעזיא GN 30:32
קוסמין וחרשין ואיהו **לחש** עילוי אישתא דלא למיקד ית GN 11:28
מלי מחתיתא גומרין **לחשן** דאישא מעילוי מדבחא מן LV 16:12

לטום (2)

טעינין שעוה ושרף קטף **ולטום** מטיילין לאחתא למצרים: GN 37:25
קטף וקליל דבש שעוה **ולטום** משח דבוטנין ומשח דלוזין: GN 43:11

לילא (84)

ית קלהון ובכו עמא **בליליא** ההוא ואתקבעת להון NU 14:1
נחית טלא על משריתא **בליליא** הוה נחית מנא עלוי: ושמע NU 11:9
ואמר להון ביתו הכא **בליליא** ואתיב יתכון פיתגמא NU 22:8
דאישתא הוה מנהר **בליליא** וחמיין כל בני ישראל בכל EX 40:38
נהורא זעירא למשלט **בליליא** וית כוכביי: וסדר יתהון GN 1:16
ממצרים ותיכלון יתיה **בליליא**: ותיכסון פיסחא קדם ייי DT 16:1
ליבלובין ואניץ נצין ביה **בלילייא** גמר ועבד לוזין: והנפק NU 17:23
נשקיניה חמרא אוף **בלילייא** דין וירוי ועולי שימושי GN 19:34
וכד קרא למשה ולאהרן **בלילייא** דפסחא אשתמע קליה עד EX 12:31
בהון: ויכלון ית בישרא **בלילייא** הדין דחמיסר בניסן עד EX 12:8
דמצרים בשכינת יקרי **בלילייא** הדין ועימי תשעין אלפין EX 12:12
רחל בגין כן ישכוב עמך **בלילייא** הדין חולף יברוחי דבריך: GN 30:15
מארע דרומא ושוור **בלילייא** ההוא אלף ושית מאה EX 17:8
דורונא קמי והוא בת **בלילייא** ההוא במשריתא: וקם GN 32:22
דשבע: ואיתגלי ליה ייי **בלילייא** ההוא ואמר אנא אלקיה GN 26:24
ההוא במשריתא: וקם **בלילייא** ההוא ודבר ית תרתין נשוי GN 32:23
מתמני מסגי: ובת תמן **בלילייא** ההוא ונסיב מן דאיזדמן GN 32:14
רחל אחתי ושכיב עימה **בלילייא** ההוא: וקבל ייי צלותא GN 30:16
ואשקיאן ית אבוהון חמר **בלילייא** ההוא ורוא וקמת רבתא GN 19:33
בנין: ואשקיאן אוף **בלילייא** ההוא ית אבוהן חמר ורוי GN 19:35
פלחין להון: וקם פרעה **בלילייא** הוא וכל שאר עבדוי וכל EX 12:30
אכלני שרבא וקרושא **בלילייא** ואיתפרדדת שינתא מיני: GN 31:40
בבעו הכא אוף אתון **בלילייא** ואנדע מה יוסף מימרא NU 22:19
ומועדייא ובימממא ולא **בלילייא**: ויהי ארום יעלינך ייי EX 13:10
דאישתא לאנהרא **בלילייא**: ומן בתר כל ניסיא אילין NU 14:14
נחתומיא: וחלמנא חילמא **בלילייא** חד אנא והוא גבר חילמיה GN 41:11
תריהון גבר חילמיה **בלילייא** חד גבר חילמיה ופושרן GN 40:5
בעמודא דאישא **בלילייא** לאנהרותכון באורחא DT 1:33
בימממא ועמודא דאישתא **בלילייא** למידברא קדם עמא: ומליל EX 13:22
ומה דהוה מתגניב **בלילייא** מן חיות ברא עלי הוה GN 31:39
ואמר ייי לישראל בנבואה **דלילייא** ואמר יעקב יעקב ואמר GN 46:2
לות אבימלך בחילמא **דלילייא** ואמר ליה הא אנת מיית GN 20:3
על לבן רמאה בחילמא **דלילייא** ואמר ליה טור לך דילמא GN 31:24
בניסן עד פלגותיה **דלילייא** טוי נור ופטיר על תמכה EX 12:8
ברקיעא בימממא **ובליליא** וית מישחא דאנהורותא: EX 39:37
לדברותהון באורחא **ובלילייא** הדר עמודא דעננא EX 13:21
ולמישמשא בימממא **ובלילייא** ולמפרשא בין נהורא GN 1:18
קדמיהון למיזל בימממא **ובלילייא**: לא עדי עמודא דעננא EX 13:21
מקביל ותהון דחלין יימם **ולילי** ולא תהימנון בחייכון: בצפרא DT 28:66
בצפרא ונטלין או יימם **ולילי** ומסתלק עננא ונטלין: או תרין NU 9:21
וקיטא וסיתוא ויממי **ולילי** לא יתבטלון: ובריך אלקים ית GN 8:22
זימנא תיתבון יומם **ולילי** שובעא יומין ותיטרון ית LV 8:35
בגין כן פריש משה ואמר **ליל** נטיר לפורקן הוא מן קדם ייי EX 12:42
ארבעין יממין וארבעין **לילוון**: בכרן יומא הדין על נח ושם GN 7:12
יממין וית ארבעין **לילוון** דאשתטחית בצלו ארום DT 9:25
ארבעין יממין וארבעין **לילוון**: ומליל ייי עם משה למימר: EX 24:18
ארבעין יממין וארבעין **לילוון** וקביל ייי צלותי אוף בזימנא DT 10:10
ארבעין יומין וארבעין **לילוון** יהב ייי לי ית תרין לוחי DT 9:11
מארעא דמצרים: ארבעה **לילוון** כתיבין בספר דוכרנייא קדם EX 12:42
ארבעין יממין וארבעין **לילוון** לחמא לא אכל ומוי לא EX 34:28
ארבעין יממין וארבעין **לילוון** לחמא לא אכלית ומוי לא DT 9:18
ארבעין יממין וארבעין **לילוון** לחמא לא אכלית ומיא לא DT 9:9
בכל עיסקך ויטרינך מן **לילי** ומזייעי ובני טיהררי ובני NU 6:24
מביני עמיא וכולהון קרא **לילי** נטיר בגין כן פריש משה ואמר EX 12:42
ורדף עד דן: ואתפלג להום **ליליא** באורחא פלגותא אגחן עם GN 14:15
האן גובריא דעלו לוותך **ליליא** דין אפיקינון לוותן ונשמש GN 19:5
בניסן ואמר ליה ברי הא **ליליא** דין עילאי משבחין למרי GN 27:1
בצפרא למכפרא על חובי **ליליא** וית אימר תיניין תעבד ביני NU 28:4
בעמא כל יומא ההוא וכל **ליליא** וכל יומא דבתרוי וכנשו ית NU 11:32
תיכלוניה עד פלגות **ליליא** זמן שריות פורקנכון ממצרים: DT 16:6
ואתקבעת להון ההוא **ליליא** לבכותא לדריהון: ואתרעמו NU 14:1
ארבעין יממין וארבעין **ליליון** ואישצי ית כל גווית אינש GN 7:4
תמן פיסחא ובההוא **לילייא** אתיבית יתכון לפילוסין EX 19:4
צפרא דעקן מארכן שעי **לילייא** באפיכון מתווהות ליבכון DT 28:67
ועבדו: והוה בפלגות **לילייא** דחמיסר ומימרא דייי קטל EX 12:29
מארעא דמצרים הוא **לילייא** הדין נטיר ממלאכא מחבלא EX 12:42
ליעקב ברה למימר הא **לילייא** הדין עילאי משבחין למרי GN 27:6
בה והא היא לאה דכולא **לילייא** הוה חשיב דרחל היא מן GN 29:25
ויעדי בקדמיתא חשוך **לילייא**: וארים משה ית ידיה על צית EX 10:21
למסדרא סדרי קרבא כל **לילייא**: וארכין משה ית ידיה על EX 14:20
באורח עלמא בקריות **לילייא** והוא בר מן סקוף משכניה NU 9:10
נהורא דימממא ובין חשוך **לילייא** וחמא אלקים ארום טב: GN 1:18
לאפרשא ביני יממא וביני **לילייא** ויהון לסימנין ולזמני מועדין GN 1:14
יהי דכי מקיריות הירהור **לילייא** ויפוק למיברא למשריתא DT 23:11
חד אנהר על ישראל כל **לילייא** ולא קרבא משרי כל קבל EX 14:20
עלמא ולחשוכא קרא **לילייא** ועבדיה למינח ביה ברייתא GN 1:5
ברוח קידומא תקיף כל **לילייא** ושוי ית ימא נגיבא ואתבזעו EX 14:21
חלף דאתכסית מן בעליך **לילייא** חדא וחמית ית גופיך דאילו GN 20:16
לפרעה כדנא אמר ייי **לילייא** חורן כשעתא דא אנא EX 11:4
ארעא דמצרים דדכותיה **לילייא** לא הות ביה מחתא כדא EX 11:6
מחתא כדא ודכוותיה **לילייא** לא תוסיף למיהוי מחתא EX 11:6
יקידתא על מדבח כל **לילייא** עד צפרא ברם אשתא LV 6:2
כל יומא ההוא וכל **לילייא** צפרא הוה ורוח קידומא EX 10:13

קדם ריבון עלמא **ליליא** קדמאה כד איתגלי למיברי EX 12:42

ליסטיס (1)

ואוף ית בר אמתא לעם **ליסטיס** אשויניה ארום ברך הוא: GN 21:13

ליש (7)

נייחין ושריין כאריא **וכליתא** דכד דמיך מאן יקמיניה NU 24:9
ושרי כאריא בגבורתא **וכליתא** מתנטלין לא דמכין הינון NU 23:24
בתקוף הי כאריא והי **כליתא** דכד נח מן יקימיניה: לא GN 49:9
ובההוא יומא פסק להון **לישא** דאפיקו ממצרים ואתרעמון EX 16:2
סגי לחדא: והוו קטעין מן **לישא** דאפיקו ממצרים וסדרין על EX 12:39
מייתין: ונטל עמא ית **לישיהון** עילוי רישיהון עד דלא EX 12:34
יתעביד לכון: ותיטרון ית **לישתא** דפטירי ארום בכרן יומא EX 12:17

לישן (33)

ארום שמע הוה יוסף **בלישן** בית קודשא ארום הוה מנשה GN 42:23
סהיד ויעקב קרא ליה **בלישן** בית קודשא גילעד: ואמר לבן GN 31:47
ויקום בבי דינא ויימר **בלישן** בית קודשא לא רעינא DT 25:8
קרא שמיה דאתרא ההוא **בלישן** בית קודשא מחנים: ושדר GN 32:3
אחי בנימין ארום פומי **בלישן** בית קודשא ממליל עימכון: GN 45:12
ותרין לסהדין ותימר **בלישן** בית קודשא קדמיהון מסרב DT 25:7
וממלל חד ועיטא חדא **בלישן** קודשה הוו ממללין GN 11:1
דחבריה ושרי למללא **בלישן** רוגזא ואמר ליוסף אוף אנא GN 40:16
אמן: ליט דימחי חבריה **בלישן** תליתאי בטומרא הוון עניין DT 27:24
ישראל לא יהנזק כלבא **בלישניה** למנבח למאינשא ועד EX 11:7
ואמר ייי הא עמא חד **ולישן** חד לכולהום ודא אתחשדו GN 11:6
דנח באפרשותיה מכתבין **ולישנין** לבני נשא בדרא דפלגותא DT 32:8
ומפרש מתקרי בחד **לישן** ומיתרגם בשיבעין לישנין: DT 27:8
דלא ישמעון אינש **לישן** חבריה: ואיתגליאת מימרא GN 11:7
טובענא: והוה כל ארעא **לישן** חד וממלל חד ועיטא חדא GN 11:1
ידיהון על דוכנא בהדין **לישן** יימרון להון: יברכינך ייי בכל NU 6:23
בבל ארום תמן ערביב ייי **לישן** כל דיירי ארעא ומתמן בדרינון GN 11:9
עממיא וכל חד וחד **לישן** עממיה ורושם כתביה בידיה GN 11:8
מן יקריה אמרין עלוי **לישן** תליתאי דקשי הי כגירין: GN 49:23
דלא ישתעי עלך סטנא **לישן** תליתאי על עיסק עיגלא LV 9:2
לא תהון אזלין בתר **לישן** תליתאיי דהוא קשי הי LV 19:16
סיהרא עילוי שימשא **לישן** תליתאיי ואיזדערת ומני ית GN 1:16
מטול דלא ישתעי עליכון **לישן** תליתאיי על עיסק צפיר בר LV 9:3
וניחות ונערבבא תמן **לישנהום** דלא ישמעון אינש לישן GN 11:7
מן פרתהון ואזלין עד בית **לישנהון** ואכלין לישנהון עם NU 14:37
עד בית לישנהון ואכלין **לישנהון** עם מוריגיהון ואתקברו NU 14:37
למשבחא מבחר מכל **לישניא**: ברי דרבית יוסף ברי דרבית GN 49:21
אומא דלא תישמע **לישניה**: אומא חציפי אפין דלא DT 28:49
דדהבא ויהבין תחות **לישניה** ומקימין ליה בכותלא GN 31:19
אנפי כל ארעא לשיבעין **לישנין** ולא הוה ידע חד מה דיימר GN 11:8
לישן ומיתרגם בשיבעין **לישנין**: ומליל משה וכהניא בני לוי DT 27:8
דחם לזרעית יחוסיהון **ללישנהום** במותב ארעתהון GN 10:20
נגוות עממיא כל חד **ללישניה** ליחוסיהום בעממיהום: GN 10:5

לית (219)

לא תיחמון סבר אפיי **בדלית** אחוכון זעירא עימכון: אין GN 43:3
לא תיחמון סבר אפיי **בדלית** אחוכון עימכון: ואמר ישראל GN 43:5
למעיבר וקם באתר דחיק **דלית** אורח למיסטי לימינא NU 22:26
להון מן דינא דייתוקדון **דלית** אפשר דישפר קדם ייי: ושמע LV 10:19
דידיה דהיכמא **דלית** אפשר לבר נש למפלוח DT 33:17
דשיתיסר בנורא תוקדון **דלית** אפשר למיתוקדא מותר EX 12:10
אוניתא דחקיל כפילתא **דלית** בה לעשו חולקא וכד הוא GN 49:21
ברת תרתין שנין **דלית** בה מומא ושומא משער חורן NU 19:2
יומין עבדו עיגל מתכא **דלית** בה משׁשא: ונסיב ית עיגלא EX 32:19
דר דהפכנין אינון בנין **דלית** בהון הימנותא: הינון אקנון DT 32:20
לטעוון דמתילין לשדין **דלית** בהון מידעם דצרוך טעוון DT 32:17
הוא לכון: כל ציפר דכי **דלית** דאית ליה זפק וקורקבניה DT 14:11
מטעייא נפקת ברא **דלית** לה תבוע יעביד ית אחתן אין GN 34:31
מינייא תשקצון מן עופא **דלית** להון ציבעא יתירא ודלית LV 11:13
ביובלא: ובתי כופרניא **דלית** להון שור מקף חזור חזור הי LV 25:31
בסייפא כבר מבשרנא **דלית** לי חולק לעלמא דאתי ברם NU 23:10
יתהון תיכלון: וכל **דלית** ליה ציצין וחרספיתין LV 11:10
הנייתהון תתרחקון: כל **דלית** ליה ציצין וחרספיתין במיא LV 11:12
גונביה יתיה תיכלון: וכל **דלית** ליה ציצין וחרספיתין לא DT 14:10
דממשמש סמיא בקיבלא **דלית** לעדי אורחא למיחמי DT 28:29
וכל מאן דפחר פתיח **דלית** מגופתא מחברא ביה מקף על NU 19:15
עקצין ובית צהוונא אתר **דלית** מוי דאפיק לך מוי משמיר DT 8:15
רבא גיברא ודחילא **דלית** קדמוי מיסב אפין ואוף לא DT 10:17
ההיא בשבועה מטול **דלית** שכינת אלקי שריא במיצעי DT 31:17
בעירא דכייא ומן בעירא **דליתא** דכייא ומן עופא וכל דרחיש GN 7:8
דכר ונוקבא ומן בעירא **דליתא** דכייא תרין דכר ונוקבא: GN 7:2
לגבר ביר סורהבן ומרוד **דליתוי** מקבל למימר דאבוי DT 21:18
לירחא הדין דתינדעון **דליתיכון** מסתפיין ממצראי דחמיין EX 12:6
ית דתעבדון לכון: והיכמה **דליתיכון** רשאין למיקמא קמא DT 16:22
אלקכון יהיב לכון: היכמא **דליתיכון** רשאין למנצוב אשירתא DT 16:21
דלית להון ציבעא יתירא **ודלית** ליה זרוקפא ודקורקבניה LV 11:13
על נפשה יתקיימון **ולית** איבהא זכי בה תוב NU 30:12
בפינקסי חושבניה **ולית** אינש מאינשי ביתא תמן GN 39:11
ואנא הוא דעתיד למהוי **ולית** אלקא חורן בר מיני אנא DT 32:39
היכמא דמלילהון וזילו **ולית** אנא בעי מנכון אלהן דתצלו EX 12:32
עשו הא אנא אזיל לממת **ולית** אנא חיי תוב בעלם אוחרן GN 25:32
יומא דין וחד נפק מלוותן **ולית** אנחנא ידעין מה הווה בסיפיה: GN 42:13
די פקיד ייי ית משה **ולית** אפשר לחדתא בהון מידעם LV 27:34
בגלל דאקטיה בגניבותיה **ולית** בה עיבידתא: אין בחרכא EX 21:37
מאבדא עיטין טבן הינון **ולית** בהון סוכלתנן: אילו הוו DT 32:28
תידחל דכולהון צדיקין **ולית** בהון פסולא דמבתר GN 35:22
ותרתין שדראין הואיל **ולית** בזיניה חזי למתקימא ית DT 14:7
וחשכן עליהון כל יומא **ולית** בידיכון עבדין טובין DT 28:32
קין ואמר להבל לית דין **ולית** דיין ולית עלם אחרן ולית GN 4:8
בארעא דישראל ותשרון **ולית** דמניט ואיבטיל רשות חיות LV 26:6
דשמיא ולבעירא דארעא **ולית** דמניט יתהון מעילוי נבילתכון: DT 28:26
למשתעבדא מגן **ולית** דמניש: איליין פיתגמי קיימא DT 28:68
אסי יתהון בסוף יומיא **ולית** דמשזיב מן ידי גוג ומשיריתיה DT 32:39
טבתא ואמרית לחרשייא **ולית** דמתני לי: ואמר יוסף לפרעה GN 41:24
עציין ואניסין כל יומיא **ולית** דפריק: איתא תקדש וגבר חורן DT 28:29
הי כמערוקי חרבא ויפלון **ולית** דרדיף: ויתקלון גבר באחוי הי LV 26:36
בכון סנאיכון יתעירקון **ולית** דרדיף יתכון: ואין בתר איליין LV 26:17
וידכי: ואין מיסכן הוא **ולית** ידיה מספקא ויסב אימר חד LV 14:21
ארום סדיק פרסתא הוא **ולית** כנפיק ביה דסדיק ולא פשר DT 14:8
אדום דעתידה למיפל **ולית** לה זקיפא ומתמן עתידין GN 15:12
ביני עממיא כענא דטען **ולית** להון רעי: ואמר ייי למשה דבר NU 27:17
מצוותיי בעלמא הדין **ולית** לי חולק בעלמא דאתי או GN 15:1
רמאי וחכים יתיר מיניה **ולית** ליה רשו לאבאשא לי ארום GN 29:12
מסירין לבעלי דבביכון **ולית** לכון פריק: בניכון ובנתיכון DT 28:31
דיין ולית עלם אחרן **ולית** למיתתן אגר טב לצדיקיא GN 4:8
אגר טב לצדיקיא **ולית** למתפרעא מן רשיעיא עני GN 4:8
ארום לית לחמא **ולית** מיא ונפשנא קנטת במנא הדין NU 21:5
מלכין עם שולטניהון **ולית** מליך ושולטן דיקום קדמוי GN 49:11
מן חיוא או אישתבי **ולית** סהיד חמי ומסהיד: מומתא EX 22:9
ובנוי דדן זריזין ואמפורין **ולית** סכום למנייניהום: ובנוי GN 46:23
להבל לית דין ולית דיין **ולית** עלם אחרן ולית למיתתן אגר GN 4:8
מתגלי ליה: חמי אנא ליה **וליתי** כדון מסתכל אנא ביה וליתיה NU 24:17
כדון מסתכל אנא ביה **וליתיה** מקריב כד ימלוך מליך NU 24:17
ובחגא דמטליא **וליתיכון** רשאין למתחמיא קדם ייי DT 16:16
וכיוון דתב וחמא והא **לות** יוסף בגובא ובזע ית לבושוי: GN 37:29
מטריב באישתא וסניא **ליהוי** יקיד ומתאכיל בנורא: ואמר EX 3:2
וייי אמר במימריה **לית** אוושר לי למכסיא מן אברהם GN 18:17
הדא וית ברא ארום **לית** אוושר למירות בר אמתא הדא GN 21:10
לצרוך תלת מיליא ארום **לית** אוושר למלאכא דשירותא GN 18:2
לאחי אבוי: ואין **לית** אחין לאבוי ותיתנון ית NU 27:11
לאחוי מן אבוי: ואין **לית** אחין מן אבוי ותיתנון ית NU 27:10
ואם תיסב על ברתיי **לית** אינש למידן יתן חמי מימרא GN 31:50
עבדא חלב ודבש ארום **לית** איפשר דאיסלק שכינת יקרי EX 33:3
די יקרב בכל מסאב **לית** איפשר דמיתאכל בנורא יתוקד LV 7:19
ברתוי ענת רחל ואמרת **לית** איפשר לך למיתב עימיה ארום GN 29:12
יתקוף בעיני ריבוני ארום **לית** איפשר למיקום מן קמך ארום GN 31:35
למן דאתחייב ליה: ואין **לית** אית לגבר פריק לאתבא NU 5:8
יהוון תקיפין בסיבותהון: **לית** אלקא כאלקא ישראל דאשרי DT 33:26
אנא שכיב בארעא הדא **לית** אנא אעבר ית יורדנא ואתון DT 4:22
כתיב ית שמא דייי מיניה **לית** אנא דחיל ואוף ית ישראל לא EX 5:2
ואמר הא כדון סיבית **לית** אנא ידע יום מותי: וכדון סב GN 27:2
לעמא כדנא אמר פרעה **לית** אנא יהיב לכון תיבנא: אתון EX 5:10
הב לנא בישרא וניכול: **לית** אנא יכיל בלחודי למיטען לכל NU 11:14
מן קושטין הוית אמר **לית** אנא יכיל למייקרא יתך: ואמר NU 22:37
ועשרין שנין אנא יומנא **לית** אנא יכיל תוב למיפק ולמיעל DT 31:2
בקשתא ארום אמרת **לית** אנא יכלא למיחמי במותא GN 21:16
ולילדותך ואוטיב עימך: **לית** אנא כמיסת וזעיר אנא מכל GN 32:11
לך דכל יומין דאנא קיים **לית** אנא מלטיט ית עמך עני ואמר NU 31:8
מנהון: אמר בלעם רשיעא **לית** אנא מסתכל פלחי טעוותא NU 23:21
ית דבית עשו אמר מכדון **לית** אנא מסתפי מן עשו וליגיונוי GN 30:25
ואף על גב דאנא יקדא **לית** אנא מפרסמא ליה ברם מרי GN 38:25
יקריה הוינא מקבל וכדון **לית** אנא מקבל בגין דאיזכי GN 50:20
אלהין הדא זימנא ואמר **לית** אנא משדר יתך אלהין בירכת GN 32:27
אבוי ואמר עשו בליביה **לית** אנא עביד היכמא דעבד קין GN 27:41
לית ליה ביר דכר אין **לית** אנן חשיבין כבר ואימן כנטרא NU 27:4
אנן אחין בני אבא חד **לית** אנן ידעין מה הוה בסופיה GN 42:32
ואנחנא אין נשביקינון **לית** אנן ידעין ממא נפלח קדם ייי EX 10:26

אנוח לך: ואמר ליה אין **לית** אפין מהלכא מיננא לא EX 33:15
לשמא דייי בבעירא **לית** אפשר דקדיש גבר יתיה אין LV 27:26
וכולהון משירייתיה **לית** אפשר דתחמי ותלוטיה לי NU 23:13
ביום קרבניה יתאכל **לית** אפשר לאיצטנעא מיניה עד LV 7:15
בבוכרא דתוריה הכדין **לית** אפשר לבנוי דיוסף DT 33:17
אהרן ברם משאר עמא **לית** אפשר להון למיקרב דילמא EX 29:37
עלוי: ואמרנא לריבוני **לית** אפשר לטלייא למשבוק ית GN 44:22
ואפי איקר שכינתי **לית** אפשר לך למיחמי: ואמר ייי EX 33:23
ליה למתרחמא: ואמר **לית** אפשר לך למיחמי ית סבר אפיי EX 33:20
ומדשמעתון מיליהון **לית** אפשר לכון דלא למדנהון DT 1:16
דמצרים ברם על ידך **לית** אפשר למילקי ארעא דבה הות EX 8:12
קליל עיבורא: ואמרנא **לית** אפשר לנא למיחות אין אחונא GN 44:26
עימנא וניחות ארום **לית** אפשר לנא למיחמי סבר אפי GN 44:26
וארבעא אלפין בגין כן **לית** אפשר תוב למקיימא ית נפשך NU 31:8
אלקך עמי בית ישראל **לית** אתון רשאין לא למבשלא ולא EX 23:19
מן יד חבריכון **לית** אתון רשאין לאוניא ית חבריה: LV 25:14
אתון קדם ייי אלקכון **לית** אתון רשאין למבשל כל דכן DT 14:21
מוקדשא דייי אלקכון **לית** אתון רשאין למבשלא ולא EX 34:26
בארעא אתינא ארום **לית** אתר בית רעיא לענא דלעבדך GN 47:4
לזעירתא אבונא סיב וגבר **לית** בארעא למיעל עלנא כאורח GN 19:31
ואין יחמינה כהנא והא **לית** בבהקי שער חיוור ומכיכא לא LV 13:26
הוא מידבר ומסב אפין **לית** בדינא ועל דהוו פירי עובדיי GN 4:8
ואין יחמינה כהנא והא **לית** בה שער חיוור ומכיכא לא LV 13:21
אבל טעוותהון דעממיא **לית** בהון צרוך ועל די ארגיזנן DT 32:31
ומכל מה דבריך יתי אבא **לית** בידי אלהין הוו לי כזעיר תורין GN 32:6
מן משכא ושער אוכם **לית** ביה ויסגר כהנא ית מכתש LV 13:31
יתיה לגובא וגובא סריק **לית** ביה מוי ברם חיוין ועקרבין הוו GN 37:24
לטפלייא: ולחמא **לית** בכל ארעא ארום תקיף כפנא GN 47:13
אחסנתיה לברתיה: ואין **לית** ברתא ותיתנון ית אחסנתיה NU 27:9
נשא בגין דתינדע ארום **לית** דדמי לי בכל ארעא: ארום כדון EX 9:14
אמרית בלבבי לחוד **לית** דחלתא דאלקים באתרא הדין GN 20:11
דחיל ומשבח אתרא הדין **לית** דין אתר חול ארום אלהן בית GN 28:17
עני קין ואמר להבל **לית** דין ולית דיין ולית עלם אחרן GN 4:8
מלעילא ושליט בארעא **לית** דיעביד כעובדך וכגבורתך: DT 3:24
והיא מסאבא וסהדו בריר **לית** דמסהיד בה והיא לא איתחדת: NU 5:13
דעמא האילין ואמרת **לית** הדא אתנא דידי שאילא היא NU 22:30
הוא ברם סדר קטולין **לית** הינון חייבין ארום לא איתחרת LV 19:20
דמיין ברם פירין **לית** הינון עבדין בגין כן אמתין ליה NU 21:34
ושליט על ארעא מלרע **לית** חורן בר מיניה: ותינטרון ית DT 4:39
במשך בישריה ועמיק **לית** חיזויה למחוור כתלגא יתיר מן LV 13:4
ית מכתש ניתקא והא **לית** חיזויה עמיק למחוור יתיר מן LV 13:31
חילמא חלימית ומפשר **לית** יתיה ואנא שמעית עלך למימר GN 41:15
מן בגלל דתינדע ארום **לית** כייי אלקנא: ויעדון עורדענייא EX 8:6
וכדון נפשנא מנגבא **לית** כל מידעם אלהין למנא אנן NU 11:6
היא שרי: והות שרי עקרא **לית** לה וולד: ודבר תרח ית אברם GN 11:30
ארמלא או מיתרכא וולד **לית** לה מיניה ותבת לבית איבהא LV 22:13
מדהינת פיתגמי אוריתא **לית** להון תקנתא עד דייצרכון NU 21:29
לממת במדברא ארום **לית** לחמא ולית מיא ונפשנא קנטת NU 21:5
מן דידי ית אברם: הלא **לית** לי רשו בכולא עדאה דבר מיני GN 14:24
קורטור דיליה כסף ודהב **לית** לי רשו למעיבר על גזירת NU 22:18
קורטור דיליה כסף ודהב **לית** לי רשו למעיבר על גזירת NU 24:13
מיגזר לכון כל דכורא אין **לית** ליה איבא למיגזריה: ותיגזרון GN 17:10
מיגו גניסתיה ארום **לית** ליה ביר דכר אין לית אנן NU 27:4
חילמא חלימנא ופשר **לית** ליה ואמר להון יוסף הלא מן GN 40:8
גבר ארום ימות וביר דכר **לית** ליה ותעברון ית אחסנתיה NU 27:8
גנבא ויתמחי וימות **לית** ליה חובת שפיכות אדם זכאיי: EX 22:1
ולליואה דבקירויכון ארום **לית** ליה חולק ואחסנא עימכון: DT 12:12
לא תשבקוניה ארום **לית** ליה חולק ואחסנא עימכון: DT 14:27
וייתי ליואה ארום **לית** ליה חולק ואחסנא עימכון DT 14:29
מן ידוי שלמא ישלם אין **לית** ליה מה דמשלם ויזדבן ליה EX 22:2
ית בישרא דעורלתיה אין **לית** ליה מן דיגזר וישתצי בר נשא GN 17:14
תבע אדמא ית קטולא **לית** ליה סידרין דקטולין: ארום NU 35:27
דנסבה ליה לאיתו: **לית** ליה רשו לבעלה קמאה דפטרה DT 24:4
יתה אבוהא לגבר אוחרן **לית** ליה רשו לזבונא חלף דמני מרה EX 21:8
מוזפתא דיזוף בחבריה **לית** ליה רשו למדחקא בחבריה DT 15:2
תהי לאיתו חולף דעניה **לית** ליה רשו למיפטרה בגיטה כל DT 22:29
וליה תהי לאינתו **לית** ליה רשו למיפטרה כל יומוי: DT 22:19
בנוי ית ניכסין דיהי ליה **לית** ליה רשו למיתן חולק בכורותא DT 21:16
מתבדא מיניה ותשכחה **לית** לך רשו לכסאה מיניה אכריז DT 22:3
אשיריהון תקצצון: ארום **לית** לכון רשו למיסגוד לאלק EX 34:14
ביומא קמאה לצפרא: **לית** לכון רשו למכוס ית פיסחא DT 16:5
כדין תמנון עליכון מלכא **לית** לכון רשו למנאה עליכון גבר DT 17:15
תינין וגופנין ורומנין ומוי **לית** למישתי: ועאל משה ואהרן מן NU 20:5
לא תעבדון מידעם ביש **לית** לעולימתא דין קטול אילהין DT 22:26
אפין למרחמא עלוי ארום **לית** מיסב אפין בדינא: אין תארע EX 23:3
שריין הינון תריהון כחדא **לית** מליך ושולטן דיקום קדמיהון GN 49:7
דאודע ייי יתך ית כל דא **לית** סוכלתן וחכים כוותך: אנת תהי GN 41:39
מנא או מית בעירא מריה **לית** עימיה שלמא ישלם: אם מריה EX 22:13
כחיזו דהב וחיזוי ניתקא **לית** עמיק יתיר מן משכא: ויספר ית LV 13:32
ואיתן דמי טימהון לחוד **לית** פיתגם דביש בלחודי איעבר: NU 20:19
אורייתא הדא: ארום **לית** פיתגם ריקם באורייתא אילהין DT 32:47
ואמר ליה עבדא מאים **לית** צבות איתתא למיתי בתריי GN 24:5
איתא לברי מתמן: ואם **לית** צבות איתתא למיתי בתרך GN 24:8
תמן הוא מפקד למעבד: **לית** צרוך לרב בית אסירי למנטר GN 39:23
אמירין רשיעיא **לית** רמא ומנטלא חמי כל דא אבד NU 21:30
איזילו לארעכון ארום **לית** רעוא קדם ייי למשבקי למיזל NU 22:13
מקרבין על גב מדבחא **לית** רשו לגבר דייכול מיניה הלא NU 28:2
שכבן חפיין עינוי או **לית** שיער בגבינוי או דחלזון LV 21:20
לכון: לא תיסקון ארום **לית** שכינתא דייי שריא ביניכון NU 14:42
תסדרון סידרי קרב ארום **לית** שכינתי מהלכא ביניכון ולא DT 1:42
ארום ייי הוא אלקא **לית** תוב בר מיניה: משמי מרומא DT 4:35
סדיקא פרסתא וטילפין **ליתהא** מטלפא ופישרא ליתהא LV 11:26
ליתהא מטלפא ופישרא **ליתהא** מסקא מסאבין הינון לכון LV 11:26
לות אחוי ואמר טליא **ליתוהי** ואנא להן אנא אתי והכדין GN 37:30
בקושטא קדם ייי והא **ליתוהי** עם דיירי ארעא ארום GN 5:24
ליה זרוקפא ודקורקבניה **ליתוי** מקליף לא תיתאכלון שיקצא LV 11:13
איסק לות אבא וטלייא **ליתוי** עימי דילמא אחמי בבישתא GN 44:34
אפי גברא ואחונא זעירא **ליתוי** עימנא: ואמר עבדך אבא לנא GN 44:26
ניתקא במשכא וחיזויה **ליתוי** עמיק למחוור יתיר מן משכא LV 13:34
דין דהוא סורהבן ומרוד **ליתוי** צייית למימרנא גרגרן בישרא DT 21:20
וכל דאית ליה מסר בידי: **ליתיה** רב בביתא הדין מיני ולא GN 39:9
ומשכנא ועננא יקרא **ליתיהון** מטיילין עימכון ולא NU 14:42
הדין: ובפיתגמא הדין **ליתיכון** מיהימנין במימרא דייי DT 1:32
ובכון לא ישלטון: ואין **ליתיכון** עסיקין במצוותא DT 15:7
מדבחא דייי אלקך הכדין **ליתיכון** רשאין למזווגא בדינא DT 16:21
שומהון מן אתרא ההוא: **ליתיכון** רשאין למחקא כתב שמא DT 12:4
ארעא תישדוניה הי כמוי: **ליתיכון** רשאין למיכול בקורייכון DT 12:17
למיקמא קמא הכדין **ליתיכון** רשאין למנאה לפרנסא DT 16:22
דבריכיכון ייי אלקכון: **ליתיכון** רשאין למעבד היכמא דאנן DT 12:8
ויפלחון קדמי: ארום אין **ליתך** מפטר ית עמי האנא מגרי בך EX 8:17
וניזבון לך עיבורא: ואם **ליתך** משדר לא ניחות ארום גברא GN 43:5
ויצלי עלך ותיחי ואין **ליתך** מתיב דע ארי מימת תמות GN 20:7
דאהבתכון יהיב לכון: **ליתכון** רשאין למוספא על פיתגמא DT 4:2
מיגו עלמא אמר בליביה **ליתנא** מסהיד בעמא הדין סהדין DT 32:1
לכון בעידנא ההיא **ליתנא** שבקינכון על דיינא חד DT 1:9
ית סבר אפוי דלבן והא **ליתנון** שפיין לקיבליה כדאיתמלי GN 31:2
ית סבר אפי אבוכון והא **ליתנון** שפיין עימי היכדין דאיתמלי GN 31:5

למד (6)

גזירן ברירן הי כפרזלא **ותלמידהא** שאילן שאלין חסימן DT 8:9
להון לישראל וית גלוות **תלמידי** אליהו דגלו מן קעקתא DT 34:3
דיריחו וית גלוות **תלמידי** אלישע דגלו מן קריית DT 34:3
קמתון בתר אבהתכון **תלמידי** גובריא חייבייא לאוספא NU 32:14
שמהת בני אהרן כהניא **תלמידיא** דמשה רבהון דישראל NU 3:3
פרקטוני נהרין כן הינון **תלמידיהון** חבורן חבורן בבית NU 24:6

למפד (4)

למפד דנור מן ימיניה **ולמפד** דאישא מן שמאליה פרח EX 20:2
דנור למפד דנור מן ימיניה **ולמפד** דאישא מן שמאליה פרח EX 20:3
והי כשלהוביין דינור **למפד** דנור מן ימיניה ולמפד EX 20:2
והי כשלהוביין דנור **למפד** דנור מן ימיניה ולמפד EX 20:3

לסת (2)

עינוי ולא נתרון ניבי **ליסתיה:** ובכון בני ישראל ית משה DT 34:7
נתרון ואשתייר חד תחות **ליסתיה** וחד תחות ציציתיה וחד DT 14:9

לעי (14)

ברא נקום כען ונלעי **בליעות** ידיי וניכול מזון מן מזונא GN 3:18
אינשא ובין בני בעירא: **בליעות** כף ידך תיכול מזונא עד GN 3:19
צלותנא וגלי קדמוי צערן **וליעותן** ודחקן: והנפקנא ייי DT 26:7
מפולחננא דלא מצלחא **ומליעות** ידנא מן ארעא דלטא ייי GN 5:29
דאפי ברא נקום כען **ונלעי** בליעות ידיי וניכול מזון מן GN 3:18
עד פרתהון מטול דלא **ילעון** בזמן מכנשהון יתהון: וקמו NU 11:31
שלחתני ית סיגופי וית **ליאות** ידיי גלי קדם ייי בגין כן GN 31:42
אמר אנשי יתי ייי ית כל **ליאותי** וית כל בית אבא: וית שום GN 41:51
ולא מתקיימין עבדי **ליעות** שקר בדבית ישראל מימרא NU 23:21
יתכון: פרי ארעכון וכל **ליעותכון** יגמר עמא דלא חכימתון DT 28:33
הוא בגין כן ארכין כתפי **למלעי** באורייתא והוי ליה אחוי GN 49:15
מטרד הוא גברא דהוה **לעי** במטרדא ובסרדיתא ומן דעתר GN 36:39
ואתון בית ישראל הויתון **לעיין** ומשלהיין מסוגי שעבודא DT 25:18
ובירין פסילין דלא **לעית** למיפסל כרמין וזיתין דלא DT 6:11

לפי (1)

יוקדא ביה לא תיטפי **וילפי** עלה כהנא אעין בצפר בצפר LV 6:5

לפף (29)

יהוון ליה לתרין סיטרוי **ויתלפף**: והמיין טיכוסיה דעלוי הי EX 28:7
חדא לכל יריעתא: **ולפיף** ית חמש יריען חדא עם חדא EX 36:10
חדא לחדיסרי יריען: **ולפיף** ית חמש יריען לחוד כל קבל EX 36:16
חמשין פורפין דדהב **ולפיף** ית יריעתא חדא עם חדא EX 36:13
וגרדי עבדי כל עיבידתא **ומלפי** אומנוון: ויעבד בצלאל EX 35:35
מלאכא ומסחי יתן **ומלפף** יתן וכדון נשבחיניה אלקא EX 15:2
חדא לחדסרי יריען: **ותלפיף** ית חמש יריען לחוד כל EX 26:9
חמשין פורפין דדהב **ותלפיף** ית יריעתא חדא עם חדא EX 26:6
ית פורפייא בענוביא **ותלפיף** ית משכנא ויהי חד: ושיפוע EX 26:11
מלפפן על תרין ציטרוי **יתלפף**: והמיין טיכוסיה דעלוי EX 39:4
דיריעתא בציטרא בית **לופי** וחמשין ענובין עבד על סיפתא EX 36:17
חדא מסיטרא בית **לופי** כן עבד בשיפתא דיריעתא EX 36:11
מקבל אפוי כל קבל בית **לופי** מעילוי להמיין איפודא: EX 28:27
אנפוי כל קבל בית **לופי** מעילוי להמיין אפודא: וטכיסו EX 39:20
סיפתא דיריעתא דבית **לופי** תניינא: ועבד פורפין דנחשא EX 36:17
בשיפתא דיריעתא בית **לופי** תניינא: חמשין ענובין עבד EX 36:11
בסיטרא דיריעתא דבית **לופי** תניינא מכוונן ענוביא חדא EX 36:12
חדא מציטרא בבית **ליפופה** וחמשין ענובין על אימרא EX 26:10
חדא מן ציטרה בבית **ליפופה** וכן תעביד באימרה EX 26:4
בציטרא דיריעתא דבבית **ליפופה** תיניינה מכוונן ענובייא EX 26:5
באימרה דיריעתא בבית **ליפופה** תניין: חמשין ענובין תעביד EX 26:4
אימרא דיריעתא בבית **ליפופה** תניינא: ותעביד פורפין EX 26:10
פורפין דנחשא חמשין **ללפפא** ית משכנא למהוי חד: ועבד EX 36:18
עם חדא וחמש יריען **לפיף** חדא עם חדא: ועבד ענובין EX 36:10
תפקדתא ית קטייא וית **מלפפוניא** וית קפלוטיא וית בצליא NU 11:5
חמש יריען תהווין **מלפפן** חדא עם חדא וחמש יריען EX 26:3
חדא וחמש יריען חורניין **מלפפן** חדא עם חדא: ותעבד ענובין EX 26:3
עובד אומן: תרתין כיתפין **מלפפן** יהוון ליה לתרין סיטרוי EX 28:7
אומן: כתפין עבדו ליה **מלפפן** על תרין ציטרוי יתלפף: EX 39:4

לקט (25)

ויעדיה ית זרוקפיה **בלקטיה** ויטלק יתיה לסטר LV 1:16
ויהי לכון בכופלא על מה **דמלקטין** יומא ויומא: ואמר משה EX 16:5
מן שירויא ויפקון עמא **וילקטון** פיתגם יום ביומיה מן בגלל EX 16:4
להום אחוי לקוטו אבנין **ולקוטו** אבנין ועבדו אוגר ואכלו GN 31:46
דאית בחקלך למחצוד **ולקטא** דחצדך לא תלקיט: LV 19:9
דאית בחקלך בחצדך **ולקטא** דחצדך לא תלקיט לעניי LV 23:22
דכנען מן קדם כפנא: **ולקיט** יוסף ית כל כספא GN 47:14
ועבדו כן בני ישראל **ולקיטו** מנא מאן דאסגי ומאן EX 16:17
ועבד ית בוצינהא שבעא **ומלקטייהא** ומחתייה דדהב דכי: EX 37:23
מנהרין כל קבל אפהא: **ומלקטייהא** ומחתייהא דדהב דכי: EX 25:38
חפסין רשיעי עמא **ומלקטין** וטחנין בריחותא ומן NU 11:8
מן מכילתא מאן דאסגי **למילקט** ודאזער למילקט לא חסר EX 16:18
דאסגי למילקט ודאזער **למילקט** לא חסר מן מכילתא גבר EX 16:18
נפקו מן רשיעי עמא **למלקוט** מנא ולא אשכחו: ואמר ייי EX 16:27
דהוי קרי להום אחוי **לקוטו** אבנין ולקוטו אבנין ועבדו GN 31:46
דין פיתגמא דפקיד ייי **לקוטו** מיניה גבר לפום מיכליה EX 16:16
והוה ביומא שתיתיאה **לקטו** לחם בכפלא תרין עומרין EX 16:22
ורגז עליהון משה: והוון **לקטין** יתיה מן עידן צפרא עד EX 16:21
רמשא והא טרפא דזיתא **לקיט** תביר ומחית בפומא GN 8:11
גבר לפום מיכליה **לקיטו**: ואמר משה להון גבר לא EX 16:18
דאנהורי וית בוצינהא וית **מילקטיא** וית מחתיתא וית כל מני NU 4:9
בחקלא: שיתא יומין **תלקוטניה** וביומא שביעאה דהוא EX 16:26
ונותרא דכרמך לא **תלקט** לעניי ולגייורי תשבוק יתהון LV 19:10
ולקטא דחצדך לא **תלקיט**: וכרמיכון לא תבערון LV 19:9
ולקטא דחצדך לא **תלקיט** לעניי ולגייורי תשבוק LV 23:22

לקי (37)

דמצרים ברם משה לא **אלקי** ית מיא לא באדמא ולא EX 8:2
מימרא דייי בשיחני **דילקו** בהון מצראי ובטחוריא DT 28:27
גבר דסמי או דחגיר או **דלקי** בחוטמיה או דמשתימיט LV 21:18
קרתא ההיא ית גברא **וילקון** יתיה: ויזמון יתיה מאה DT 22:18
חייבא וירבעיניה דיינא **וילקיניה** קדמוי כמיסת חיוביה DT 25:2
בתר פולחנא נוכראה **ולקה** ישמעאל באישא צמירתא GN 21:15
כד הוה יהיב לכון תיבנא: **ולקו** סרכי בני ישראל דמנו עליהון EX 5:14
במילתא דלא הות ביה **ולקת** בצורעא ואתעכבת באורחא DT 24:9
למשה שוי ידך בעיטפך **ולקת** ידיה בצורעא הכדין ימטי NU 17:5
חד בחבריה דלא **ילקי** הוו דכירין מה דעבד ייי DT 24:9
ארבעין יצליף וחסיר חד **ילקיניה** לא ישלים דילמא יוסיף DT 25:3
ברם על ידך לית אפשר **למילקי** ארעא דבה הות לך EX 8:12
ברם אין איטימוס בייתא **למילקי** תוב בצורעא תייבא LV 14:53
אין איטימוס ההוא גברא **למילקי** תוב בצורעא תייבא צפרא LV 14:7
לא ישלים דילמא יוסיף **למילקייה** על תלתין ותשע אילין DT 25:3
ובליעת ארעא אלהין **למלקי** בסגירותא היכמא דמליל NU 17:5
מרים נביאתא **למלקי** בצורעא בעלמא הדין אולפן NU 12:16
לה פישפוש יהוי בדינא **למלקי** היא מחייבא ולא הוא ברם LV 19:20
חייבא: ויהי אין אתחייב **למלקי** חייבא וירבעיניה דיינא DT 25:2
טעוותא דאשתייר ולא **לקא** וייתון למסגוד ליה וישכחון EX 14:2
חדן בשעבודהון דישראל **לקו** אוף הינון וכל בוכריה בעירא EX 12:29
לא מיתו במותנא ולא **לקו** ביקידתא ולא טמעו בבליעת NU 26:11
וחיטייא וכונתיא לא **לקון** ארום לקישן הינין: ונפק משה EX 9:32
ייי אלקים: וכתנא וסרתא **לקון** ארום סרתא הוות בסירא EX 9:31
יבימתא דאיתרעת קמי **לקי** שיחנא ודלי חמי לא תזמונה DT 25:4
דתביר גרמא או דריסוי **לקיין** או דעינויי לקיין דמערב LV 22:22
דריסוי לקיין או דעינויי **לקיין** דמערב חיוורא באוכמא או LV 22:22
לנא עיבידו והא עבדך **לקיין** וחובתהון דעמך תקפא EX 5:16
וטבן: והא שבעא תובלי **לקיין** ושקיפן קידום צמחן בתריהן: GN41:6
והא שבעא תובלי נצן **לקיין** שקיפן קידום צמחן בתריהן: GN41:23
בתריהן: ובלען תובלייא **לקייתא** ית שבע תובלייא טבתא GN41:24
בתריהן: ובלען תובלייא **לקייתא** ית שבע תובלייא פטימתא GN41:7
מבשרן ושבע שובלייא **לקייתא** שקיפן קידום הם הכי GN41:27
אהרן לות מרים והא **לקת** בצורעא: ואמר אהרן למשה NU 12:10
מעילוי משכנא והא מרים **לקת** בצורעא ואסתכל אהרן לות NU 12:10
תיכלון לאיתסאה אלהין **תילקון** ביה מפרסת ריגליכון ועד DT 28:35
מה דאית להון דילמא **תילקון** בכל חוביהון: ואיסתלקו NU 16:26

לקש (8)

ליחמותהין קבל חטרייא: **ובלקושי** ענא לא משוי והוון GN30:42
בזימניה בכיר במרחשוון **ולקיש** בניסן ולברכא ית כל עובדי DT 28:12
בעידניה בכיר במרחשוון **ולקיש** בניסן ותכנשון עיבורכם DT 11:14
דארעכון בעידנהון בכיר **ולקיש** ותיתן ארעא פירי עללתא LV 26:4
בירח מרחשוון וכרסיסין **לקושין** דמרווין צימחוני ארעא DT 32:2
ענא לא משוי והוון **לקישיא** ללבן ובכירייא ליעקב: GN30:42
וכונתיא לא לקון ארום **לקישן** הינין: ונפק משה מלות פרעה EX 9:32
ומתמן קלחן רסיסי **מלקושין** על עיסבין למתפרנסא EX 40:4

לרע (23)

ואפריש ביני מייא **דמלרע** לרקיעא וביני מייא דלעיל GN 1:7
דרבקה ואתקברת מן **לרע** לביתאל בשיפולי מישרא וברם GN35:8
תתאין דאישתארו מן **לרע** לשמייא לדוכתא חד ותתנגב GN 1:9
מסוקיין ואתון תחותון **לרע** מיניה מחותין מן מחותין: הוא DT 28:43
דסלקן ומרביין צמחין **מלרע** בריכין יהויין תדייא דינקת GN49:25
מלאכא והפך איתתא **מלרע** וגברא מלעיל דיחמון כל בית NU25:8
מלעיל ודי בארעא **מלרע** ודי במיא מלרע לארעא: לא EX 20:4
מלעיל ודי בארעא **מלרע** ודי במיא מלרע לארעא: לא DT 5:8
בסופיהון: והוון מזווגין **מלרע** וכחדא הוון מזווגין ברישיהון EX 36:29
בסופיהון: ויהון מזווגין **מלרע** וכחדא יהון מזווגין על EX 26:24
ונגדין ומרוין צימחיא **מלרע**: ומטוב מגדין ועללין DT 33:13
ומרביין צימחי ארעא **מלרע** וסוגעי עיבור וחמר: GN27:28
תחות סובבי מדבחא **מלרע** ותיהי מצדתא על פלגות EX 27:5
דמו דכל נוני דבמיא **מלרע** לארעא: ודילמא תיתלון DT 4:18
בארעא מלרע ודי במיא **מלרע** לארעא: לא תסגדון להון ולא EX 20:4
בארעא מלרע ודי במיא **מלרע** לארעא: לא תסגדון להון ולא DT 5:8
עיזקן דדהב עבד ליה **מלרע** לדיריה על תרין זיוייתיה על EX 37:27
בשרבי שימשא וחד **מלרע** להון דלא יהנזקון להון כובין EX 12:37
עיזקן דדהב תעביד ליה **מלרע** לזיריה על תרין זיויתיה EX 30:4
ושליט על ארעא **מלרע** לית חורן בר מיניה: ותינטרון DT 4:39
על תרין כתפי אפודא **מלרע** מלקבל אנפוי כל קבל בית EX 39:20
על תרין כתפי אפודא **מלרע** מקבל אפוי כל קבל בית לופי EX 28:27
דנחשא תחות סובביה **מלרע** עד פלגיה מטול לקבלא EX 38:4

לשכתא (1)

ויסבון לך מאפרשות **לישכתא** תורתא סומקתא ברת NU 19:2

מ (1407)

מא (73)

שמיש בהון יעקב אבוכון **וכמה** יאי הוא משכן זימנא דמייצע NU24:5
תמן אנחנא ובעירנא: **ולמא** אסיקתונא ממצרים לאיתאה NU20:5
כד מיתו אחנא קדם ייי: **ולמא** אתיתון ית קהלא דייי NU20:4
אבאשתא לעמא הדין **ולמא** דנן שלחתני: ומן שעתא EX 5:22
הדין לואי דמיתנא: **ולמא** ייי מעיל יתנא לארעא הדא NU 14:3
למא אבאשתא לעבדך **ולמא** לא אשכחית רחמין קדמך NU 11:11
בגין רחל פלחית עימך **ולמא** שקרת בי: ואמר לבן לא GN29:25
ואתון תיתבון הכא: **ולמא** תבטלון רעות בני ישראל NU32:7
חלש הזעיר הוא אין סגי: **ומא** ארעא דהוא יתיב בה הטבתא NU 13:19
ודמו דבתר שכינתי חזי **ומא** דין לא דחילתון לאשתעויי NU 12:8
הטבתא היא אין בישתא **ומא** קירויא דהוא יתיב בהון NU 13:19
עפרא תעביד יתיה הי **כמא** דאחמיתך בטוורא היכדין EX 27:8
מימרא דייי בסעדכון **כמא** דאפטור יתכון וית טפלכון EX 10:10
עד דיפח נפשהון ויצדון **כמא** דאצדי קרוי אמוראי ופלטירי NU21:30
לבית אתר משרוייכון: לא **כמא** דאתון סברין אלהין איזילו EX 10:11

מן סייפי ארעא קלילין **כמא** דטייס נישרא אומא דלא DT 28:49
דאתון יתבין בה: ויהי **כמא** די חשילית למעבד להון NU 33:56
הלא הינון קדמיי זכאין **כמא** דלא ידעית ולא איתפרע: GN 18:21
ותהי איתא לבר ריבונך **כמא** דמליל ייי: והוה כדי שמע GN 24:51
יתכון בלא סכומא הי **כמא** דמליל לכון: היך אנא יכיל DT 1:11
אלקכון ית תחומכון הי **כמא** דמליל לכון ותימר איכול DT 12:20
ביכרן יומא הדין **כמא** דמליל עימיה ייי: ואברהם בר GN 17:23
אפרשותא לכהנא **כמא** דמפרשין מן אידרא הכדין NU 15:20
הדא קדם ייי אלקנא הי **כמא** דפקדנא: ארום יעילינך ייי DT 6:25
אהרן ולקדם בנוי הי **כמא** דפקיד ייי ית משה על ליואי NU 8:22
וסליק לטורא דסיני הי **כמא** דפקיד ייי יתיה ונסיב בידיה EX 34:4
למקדשא יתיה הי **כמא** דפקיד יתכון ייי אלקכון: DT 5:12
למיכול תבשילא דביה **כמא** דקטול וארגיש ביה ואמר לא GN 24:33
בה דיפטיא ופלגוהא הי **כמא** דקיים ייי לאבהתכון לאברהם DT 1:8
תקיף כפנא בארעא: והוה **כמא** דקריב למיעל לתחום מצרים GN 12:11
במציעותא הוון נטלין הי **כמא** דשרן היכדין נטלין גבר על NU 2:17
מן נבייא הוה מתגלי ליה: **כמא** יאוון הינון בתי מדרישיכון NU 24:5
ביומך: ואמר פרעה ליעקב **כמה** אינון יומי שני חייך: ואמר GN 47:8
ניסא והדרת לעלימותא **כמה** דהוות כד היא זעירתא EX 2:1
בריה בר תמנייא יומין **כמה** דפקיד יתיה ייי: ואברהם בר GN 21:4
ועבדו בנוי ליה היכדין **כמה** דפקידינון: ונטלו יתיה בנוי GN 50:12
הלא למיקטלי אנת אמר **כמה** דקטלת ית מצראי ודחיל EX 2:14
דמואב איתפרשת לכון **כמה** ניסין ופרישן עבד לכון קודשא DT 1:1
בנתיכון אמר משה נביא **כמה** קשיין הינון חוביא די גרמו LV 26:29
ביש: ואמר משה קדם ייי **למא** אבאשתא לעבדך ולמא לא NU 11:11
משה לקדם ייי ואמר ייי **למא** אבאשתא לעמא הדין ולמא EX 5:22
עימכון: ואמר ישראל **למא** אבאשתון לי לחוואה לגברא GN 43:6
ית בנתי הי כשבית חרבא: **למא** איטמרת למיזל וגנבת דעתי GN 31:27
לי ארום אינתתך היא: **למא** אמרת אחתי היא ודברית יתה GN 12:19
פרעה: ואמר ייי למשה **למא** אנת מסתפי חמי דכבר שוית EX 7:1
ואמר עול בריכא דייי **למא** אנת קאי בברא ואנא פניית GN 24:31
ואמר ייי למשה **למא** אנת קאי ומצלי קדמי הא EX 14:15
מימרא דייי ובמשה נצו **למא** אסקתונא ממצרים לממת NU 21:5
בחיל רב ובידא תקיפא: **למא** דין יימרון מצראי דמשתיירין EX 32:12
פולומוסין דעימי ואמר **למא** דנן אשכח רחמין קדם ריבוני: GN 33:15
ובכיתון קדמוי למימר **למא** דנן נפקנא ממצרים: ואמר NU 11:20
לבנתיה דבריה והאן הוא **למא** דנן שבקתין ית גברא קרין ליה EX 2:20
קדם ייי אלקיה ואמר **למא** ייי יתקוף רוגזך בעמך EX 32:11
ובנין דוכרין לא הוו ליה: **למא** יתמנע שום אבונא מיגו NU 27:4
לבר נש דמית עלנא **למא** כען נתמנע בגין דלא למיכוס NU 9:7
שדרית לותך למקרי לך **למא** לא אתיתא לותי הברם מן NU 22:37
ואמר מה דא עבדת לי **למא** לא חוית לי ארום אינתתך GN 12:18
ביה ומתקיים: וכדון **למא** נמות ארום תיכלינא אישתא DT 5:25
ריבוני אלהין גופינן וארען: **למא** נמות ועינך חמן אוף אנן אוף GN 47:19
קדם ייי ואנחנא **מא** אנן חשיבין ארום אתרעמתון EX 16:7
ארעא וית ימא וית כל **מא** דאית בהון ונח ביומא שביעאה EX 20:11
שציא זכאי עם חייב: **מאים** אית חמשין זכאין בגו קרתא GN 18:24
לות אמתי ואחרדינה **מאים** אתבני מינה וקביל אברם GN 16:2
שערן ואנא גבר שעיע: **מאים** יגששינני אבא ואיהי דמי GN 27:12
לגובא לאסקותיה לאבוי **מאים** יסב ליה אפין וכיוון דתב GN 37:29
קדם ריבון כל עלמיא ייי **מאים** ישתכחון עשרים דיצלון GN 18:31
למללא קודמוי ואמר **מאים** ישתכחון תמן ארבעין עשרא GN 18:29
ייי ואמליל ברם זימנא **מאים** ישתכחון תמן עשרא ונהי GN 18:32
כל עלמיא ייי ואמליל **מאים** ישתכחון תמן תלתין דיצלון GN 18:30
לברי: ואמרית לריבוני **מאים** לא תיתי איתתא בתריי: GN 24:39
ליצחק: ואמר ליה עבדא **מאים** לית צבות איתתא למיתי GN 24:5
ואנא מתיל לעפר וקטם: **מאין** חסרין מן חמשין זכאין חמשא GN 18:28
נשביקינון לית אנן ידעין **ממא** נפלח קדם ייי עד מיתנא EX 10:26

מאה (199)

יד בני חמור אבוי דשכם **במאה** מרגליין: ואקם תמן מדבחא GN 33:19
אלקים ברא יתיה **במאתן** וארבעין ותמני איברין GN 1:27
דיפלחון להום דיין אנא **במאתן** וחמשין מחן ומן בתר כדין GN 15:14
מאתן ותמנין אלפין **ומאה** לחיליהון בתליתיתא נטלין: NU 2:24
ית דהבא מן רבני אלפין **ומאוותא** ואייתיאו יתיה למשכן NU 31:54
מנכון חמשא למאתא **ומאתא** מינכון לריבבותא יעריקון LV 26:8
לגניסתהון תלת אלפין **ומאתן:** אילין מנייני סכומי גניסת NU 4:44
עשרין ותרין אלפין **ומאתן:** בנוי דגד לגניסתהון לצפון NU 26:14
ולעילא שיתא אלפין **ומאתן:** ורב בית אבא דהוה מתמני NU 3:34
תלתין ותרין אלפין **ומאתן:** לבנוי דבנימין ייחוסיהון NU 1:35
וירדפון מנכון חמשא **למאתא** ומאתא מינכון לריבבותא LV 26:8
ציפונא באורכא ווילוון **מאה** אורכא ועמודיהון עשרין EX 27:11
ותרין אלפין וחמש **מאה** איליין בנוי דיוסף לגניסתהון: NU 26:37
ותלתא אלפין וארבע **מאה:** איליין סכומי מניינייא דמנא NU 1:43
וחמשא אלפין ושית **מאה:** אילין בנוי דגד לגניסתהון NU 26:41
ותרין אלפין ושבע **מאה:** אילין בני אפרים לסכומהון NU 26:34
וחמשא אלפין ושבע **מאה:** אילין סכומי בני ישראל שית NU 26:50
ממצרים: ואמר משה שית **מאה** אלפין גברין ריגליין עמא NU 11:21
בית משרוי והינון כשית **מאה** אלפין גובריא ומטיילין על EX 12:37
ווילוון לדרתא דבוץ שזיר **מאה** אמין אורכא לרוח חדא: EX 27:9
דנחשא: ארכא דדרתא **מאה** אמין ופותיא חמשין למערבא EX 27:18
ווילוות דרתא דבוץ שזיר **מאה** אמין: עמודיהון עשרין דנחשא EX 38:9
כסף: ולרוח ציפונא **מאה** אמין עמודיהן עשרים EX 38:11
ושובעא אלפין ושית **מאה** בבתריתא נטלין לטיקסיהון: NU 2:31
בשתא ההיא על חד **מאה** בדשערוי וברכיה ייי: ורבא GN 26:12
וארבעא אלפין וארבע **מאה:** בנוי דאשר לגניסתהון לימנה NU 26:43
וארבעא אלפין ותלת **מאה:** בנוי דזבולן לסרד גניסת סרד NU 26:25
ארבעין אלפין וחמש **מאה:** בנוי דיהודה ער ועונן ומיתו ער NU 26:18
שיתין אלפין וחמש **מאה:** בנוי דיוסף מנשה ואפרים: בנוי NU 26:27
ושיתא אלפין וחמש **מאה:** בנוי דיששכר לגניסתהון תולע NU 26:22
ארבעין וחד אלפין וחמש **מאה:** בנוי דנפתלי ייחוסיהון NU 1:41
ותלת אלפין וארבע **מאה:** בנוי דנפתלי לגניסתהון NU 26:47
ארבסר אלפין ושבע **מאה** בר מדמיתו על פלוגתא דקרח: NU 17:14
עשו אתי ועימיה ארבע **מאה** גוברין פולומרכין ופליג ית GN 33:1
אתי לקדמותך וארבע **מאה** גוברין פולומרכין עימיה: GN 32:7
חדא בת נשא מחמש **מאה** הכדין מן תורי ומן חמרי ומן NU 31:28
יומי יעקב סכום יומי חייו **מאה** וארבעין ושבע שנין: וקריבו GN 47:28
ית מהללאל תמני **מאה** וארבעין שנין ואוליד בנין ובנן: GN 5:13
תלתין אלפין וחמש **מאה:** ובנת נשא שתסר אלפין: ונסיב NU 31:45
ארבעין אלפין וחמש **מאה:** ודיסמכין ליה שבטא דמנשה NU 2:19
וארבעא אלפין ושית **מאה:** ודישרו סמיכין ליה שיבטא NU 2:4
שיתין ותרין אלפין ושבע **מאה:** ודישרן סמיכין ליה שיבטא NU 2:26
פריקין ממצרים ארבע **מאה** והוה בכרן יומא הדין נפקו כל EX 12:41
ושובעא אלפין וחמש **מאה:** והות סכום נסיבא לשמא דייי NU 31:36
סכומי בני ישראל שית **מאה** וחד אלפין שבע מאה ותלתין: NU 26:51
לותיה תוב: והות בשית **מאה** וחדא שנין בתשרי בחד GN 8:13
דאוליד ית קינן תמני **מאה** וחמיסר שנין ואוליד בנין ובנן: GN 5:10
והוו כל יומי אנוש תשע **מאה** וחמש שנין ומית: וחיא קינן GN 5:11
תרין אלפין ושבע **מאה** וחמשין: אילין מניין סכומי NU 4:36
ותלתא אלפין וחמש **מאה** וחמשין: והואה מאה קנטינרין EX 38:26
מניינייא למשריית ראובן **מאה** וחמשין וחד אלפין וארבע NU 2:16
ותלתא אלפין וחמש **מאה** וחמשין: וליואי לא אתמניין NU 2:32
ותלתא אלפין וחמש **מאה** וחמשין: וליואי לשיבטא NU 1:46
מניינייא למשריית דן **מאה** וחמשין ושובעא אלפין ושית NU 2:31
ותקפו מיא על ארעא **מאה** וחמשין יומין: ודכיר ייי GN 7:24
ותייבין וחסרו מיא מסוף **מאה** וחמשין יומין: ונחת תיבותא GN 8:3
וחמשה אלפין ושית **מאה** וחמשין: לבנוי דיהודה NU 1:25
וחד אלפין וארבע **מאה** וחמשין לחיליהון בתנייתא NU 2:16
דייי שיתסר אלפין ושבע **מאה** וחמשין סילעין מן רבני אלפין NU 31:52
תיבותא דקיסין קדרונין **מאה** וחמשין קולין תעביד GN 6:14
נח בתר טובענא תלת **מאה** וחמשין שנין: והוו כל יומי נח GN 9:28
והוו כל יומי נח תשע **מאה** וחמשין שנין ומית: ואילן GN 9:29
תלתין אלפין וחמש **מאה** וסכום נסיבתהון לשמא דייי NU 31:39
ושובעא אלפין וחמש **מאה:** וסכום תורי תלתין ושית NU 31:43
דביה אתבריין תלת **מאה** ועישרתי עלמיא וחקיק EX 28:30
מיכא: ומית יוסף בר **מאה** ועשר שנין ובסימו יתיה GN 50:26
והוו כל יומי קינן תשע **מאה** ועשר שנין ומית: וחיא GN 5:14
הוא ובית אבוי וחיא יוסף **מאה** ועשרים שנין: וחמא יוסף GN 50:22
וית מעכה:: והוו חיי שרה **מאה** ועשרין ושבע שנין שני חייהא GN 23:1
בחד לירחא: ואהרן בר **מאה** ועשרין ותלת שנין כד מית NU 33:39
דביריא כל דהב בזיכיא **מאה** ועשרין כל קבל שניא דחייא NU 7:86
כל ישראל: ואמר להון בר **מאה** ועשרין שנין אנא יומנא לית DT 31:2
זמן יומא הדין: ומשה בר **מאה** ועשרין שנין כד שכיב לא DT 34:7
הא יהבית להון ארכא **מאה** ועשרין שנין מן בגלל דיעבדון GN 6:3
בתר דאוליד ית שת::: תמני **מאה** ושבע שנין ואוליד בנין ובנן: GN 5:7
לחומרא: וית אלפא ושבע **מאה** ושבעין וחמש סילעין עבד ווין EX 38:28
קינטנרין ואלפא ושבע **מאה** ושובעין וחמש סילעין EX 38:25
יומי חיי אברהם דחיא **מאה** ושובעין וחמש שנין: ואתנגיד GN 25:7
לחילא מניין ענא שית **מאה** ושובעין וחמשא אלפין: ותורי NU 31:32
והוו כל יומי למך שבע **מאה** ושובעין ושבע שנין ומית: והוה GN 5:31
ותשעה אלפין ותלת **מאה:** ושיבטא דגד ורבא דהוה ממני NU 2:13
ארבעין וחד אלפין וחמש **מאה:** ושיבטא דנפתלי ורבא דהוה NU 2:28
ית כספא אלף ותלת **מאה** ושיתין וחמש סילעין בסילעי NU 3:50
עם דיירי ארעא תלת **מאה** ושיתין וחמש שנין: ופלח חנוך GN 5:23
ותמני איברין בשית **מאה** ושיתין וחמשא גידין וקרם GN 1:27
שנין ומית: וחיא ירד **מאה** ושיתין ותרתי שנין ואוליד ית GN 5:18
והוו כל יומי ירד תשע **מאה** ושיתין ותרתין שנין ומית: GN 5:20
כל יומי מתושלח תשע **מאה** ושיתין ותשע שנין ומית: וחיא GN 5:27
נחור בתר דאוליד ית תרח **מאה** ושתסרי שנין ואולד בנין ובנן: GN 11:25

פיתגמי אורייתא ושית **מאה** ותליסירי פיקודיא דכתבית EX 24:12
דאוליד ית עבר ארבע **מאה** ותלת שנין ואוליד בנין ובנן: GN 11:15
שנין ולעילא לשית **מאה** ותלתא אלפין וחמש מאה EX 38:26
והוו כל סכומין שית **מאה** ותלתא אלפין וחמש מאה NU 1:46
לחיליהון שית **מאה** ותלתא אלפין וחמש מאה NU 2:32
תרין אלפין ושית **מאה** ותלתין: איליין מיניין סכומי NU 4:40
ותלת אלפין ושבע **מאה** ותלתין:: ובני אהליאב נמואל NU 26:7
מאה וחד אלפין שבע **מאה** ותלתין: ומליל ייי עם משה NU 26:51
ואילין שני חיי ישמעאל **מאה** ותלתין ושבע שנין והדר GN 25:17
ומררי ושני חייוי דלוי **מאה** ותלתין ושבע שנין חייא עד EX 6:16
חייוי דעמרם חסידא **מאה** ותלתין ושבע שנין חייא עד EX 6:20
לחילא סכום ענא תלת **מאה** ותלתין ושובעא אלפין וחמש NU 31:36
כנישתא מן ענא תלת **מאה** ותלתין ושובעא אלפין וחמש NU 31:43
ושני חייוי דקהת חסידא **מאה** ותלתין ותלת שנין חייא עד EX 6:18
מן פילוסין לסוכות **מאה** ותלתין מילין תמן איתחפיאו EX 12:37
ותשע קנטירין ושבע **מאה** ותלתין סילעין בסילעי EX 38:24
דכסף חדא גילדא סמיך **מאה** ותלתין סילעין בסילעי בית NU 7:13
דכסף חדא גילדה סמיך **מאה** ותלתין סילעין בסילעי וגומר: NU 7:25
דכסף חדא גילדה סמיך **מאה** ותלתין סילעין בסלעי בית NU 7:19
כל קבל תריסר מזלייא: **מאה** ותלתין סילעין הוי מתקלא NU 7:85
תוב ית אינתתיה לסוף **מאה** ותלתין שנין דאיתקטיל הבל GN 4:25
בתר דאוליד ית ירד תמני **מאה** ותלתין שנין ואולד בנין ובנן: GN 5:16
דאיתברייה: וחיא אדם **מאה** ותלתין שנין ואולד.ית שת GN 5:3
דאוליד ית שלח ארבע **מאה** ותלתין שנין ואוליד בנין ובנן: GN 11:13
דאוליד ית פלג ארבע **מאה** ותלתין שנין ואוליד בנין ובנן: GN 11:17
גזירתא דפרעה והות ברת **מאה** ותלתין שנין כד אהדרה EX 2:1
ועשר·שנין ומניין ארבע **מאה** ותלתין שנין מן דמליל ייי EX 12:40
יומי שני תותבותיי **מאה** ותלתין שנין קלילין ובישין GN 47:9
בגבורתא ככולהון תלת **מאה** ותמניסר ורדף עד דן: ואתפלג GN 14:14
מניינייא למשרית יהודה **מאה** ותמנן אלפין וארבע מאה NU 2:9
רבא: וחיא מתושלח **מאה** ותמנן ושבע שנין ואולד ית GN 5:25
בתר דאולד ית למך שבע **מאה** ותמנן ותרתין שנין ואולד בנין GN 5:26
שנין ומית: וחיא למך **מאה** ותמנן ותרתין שנין ואולד בר: GN 5:28
תמניא אלפין וחמש **מאה** ותמנן: על פום מימרא דייי NU 4:48
ויצחק: והוו יומי יצחק **מאה** ותמנן שנין: ואיתנגיד יצחק GN 35:28
שעין בציר מנהון שית **מאה** ותרין ושובעין חולקי שעתא GN 1:16
והוו כל יומי שת תשע **מאה** ותרתי סירי שנין ומית: וחיא GN 5:8
כל יומי מהללאל תמני **מאה** ותשעים וחמש שנין ומית: GN 5:17
בתר דאולד ית נח חמש **מאה** ותשעין וחמש שנין ואולד בנין GN 5:30
וית חומרי פרגודא **מאה** חומרין כל קבל מאה קנטינרין EX 38:27
ושובעא אלפין וארבע **מאה**: כל מניינייא למשרית יהודה NU 2:8
וחמשא אלפין וארבע **מאה**: כל סכום מניינייא למשירית NU 2:23
וחמשא אלפין ושית **מאה**: כל סכום מניינייא למשריית NU 2:15
ותלת אלפין וארבע **מאה**: כל סכום מניינייא למשריית NU 2:30
שיתין ותרין אלפין ושבע **מאה**: לבנוי דאשר ייחוסיהון NU 1:39
ותשעה אלפין ותלת **מאה**: לבנוי דגד ייחוסיהון NU 1:23
וחמשא אלפין וארבע **מאה**: לבנוי דדן ייחוסיהון NU 1:37
וחמשא אלפין וארבע **מאה**: לבנוי דזבולן ייחוסיהון NU 1:29
ושבעא אלפין וארבעה **מאה**: לבנוי דיוסף לבנוי דאפרים NU 1:31
ושבעא אלפין ושית **מאה**: לבנוי דיששכר ייחוסיהון NU 1:27
ארבעין אלפין וחמשא **מאה**: לבנוי דמנשה ייחוסיהון NU 1:33
ושית אלפין וחמש **מאה**: לבנוי דשמעון ייחוסיהון NU 1:21
מאה ותמנן אלפין וארבע **מאה** לחילוותהון בקדמיתא נטלין: NU 2:9
בליליא ההוא אלף ושית **מאה** מילין ומן בגלל בבו דהוה ביני EX 17:8
הי כשורין רמין תלת **מאה** מילין מימנהון ומשמלהון: EX 14:22
מור בהיר מתקל חמש **מאה** מנין וקנמון בושם פלגותיה EX 30:23
וקציעיתא מתקל חמש **מאה** מנין סילעין בסילעי קודשא EX 30:24
תמניא אלפין ושית **מאה** נטרי מטרתא דקודשא: NU 3:28
מניא תרין אלפין וארבע **מאה** סילעין בסילעי בית קודשא: NU 7:85
ארע דטימין דידה ארבע **מאה** סילעין דכסף בינא ובינך מה GN 23:15
ולבוש ולבנימין יהב תלת **מאה** סילעין דכסף וחמש איסטולי GN 45:22
וילקון יתיה: ויזמון יתיה **מאה** סילעין דכסף ויתנון לאבוהא DT 22:19
באנפי בני חיתאה ארבע **מאה** סילעין דכסף טב עברין בכל GN 23:16
ותרין אלפין וארבע **מאה** סילעין: ועבד בה ית חומרי EX 38:29
דמצרים מהלך ארבע **מאה** פרסי הוות וארעא דגשן דתמן EX 12:31
משה גבר פורקן נפשיה **מאה** קינטנרין ואלפא ושבע מאה EX 38:25
מאה וחמשין: והואה **מאה** קנטינרין לכספא לאתכא ית EX 38:27
מאה חומרין כל קבל **מאה** קנטינרין קנטינר לחומרא: וית EX 38:27
על עמא רבני אלפין שית **מאה** רבני מאוותא שית אלפין רבני EX 18:25
מפולחננא:: ודבר שית **מאה** רתיכין בחירין וכל רתיכי EX 14:7
וארבעא אלפין וארבע **מאה**: שבטא דזבולון ורבא הווה NU 2:6
לשמא דייי מן ענא שית **מאה** שובעין וחמשא: וסכום תורי NU 31:37
דאוליד ית חנוך תמני **מאה** שנין ואולד בנין ובנן: והוו כל GN 5:19
דאולד ית מתושלח תלת **מאה** שנין ואולד בנין ובנן: והוו כל GN 5:22

ומית: והוה נח בר חמש **מאה** שנין ואולד נח ית שם וית חם GN 5:32
ית ארפכשד חמש **מאה** שנין ואוליד בנין ובנן: GN 11:11
ויסגפון יתהום ארבע **מאה** שנין: ואוף ית עמא דיפלחון GN 15:13
רומיה מהלך חמש **מאה** שנין ואילן דאכלין פירוהי GN 2:9
דפקדיה ייי: ונח בר שית **מאה** שנין וטובענא הוה מיא על GN 7:6
ואמר בליביה הלבר **מאה** שנין יהי וולד ואין שרה הברת GN 17:17
אילין גניסת שם שם בר **מאה** שנין כד אוליד ית ארפכשד GN 11:10
יתיה ייי: ואברהם בר **מאה** שנין כד איתיליד ליה ית GN 21:5
עילוי ארעא: בשנת שית **מאה** שנין לחיי נח בירחא תניינא GN 7:11
שבעתי אלפין וחמש **מאה**: תרתין גניסתא די נפקו NU 3:22
מן רבני אלפין ומן רבני **מאוותא**: גוברין דחילא בזזו גבר NU 31:52
חילא רבני אלפין ורבני **מאוותא** דאתו מחיל סדרי קרבא: NU 31:14
חילא רבני אלפין ורבני **מאוותא**: ואמרו למשה עבדך קבילו NU 31:48
עליהון רבני אלפין רבני **מאוותא** רבני חומשין רבני EX 18:21
עליכון רבני אלפין רבני **מאוותא** רבני חמשין תריסר אלפין DT 1:15
אלפין שית מאה רבני **מאוותא** שית אלפין רבני חומשין EX 18:25
אחוהון דמיתו בקרבא **מאתן** אלפין גוברין בני חילא EX 13:17
ידי אחיהון בית ישראל **מאתן** אלפין גוברין וית עקת כל דר DT 34:3
נוכראין סגיאין מנהון **מאתן** וארבעין רבוון סליקו עמהון EX 12:38
דורון לעשו אחוי: עזי **מאתן** וברחי עשרין רחילי מאתן GN 32:15
וברחי עשרין רחילי **מאתן** ודיכרי עשרין: גמלייא נוקבן GN 32:15
תמן: והוו יומי תרח **מאתן** וחמש שנין ומית תרח בחרן: GN 11:32
גובריא מבני ישראל **מאתן** וחמשין אמרכלי כנישתא NU 16:2
כד אכלת אישתא ית **מאתן** וחמשין גוברין והוו לניסיון: NU 26:10
מן קדם ייי ואכלת ית **מאתן** וחמשין גוברין מסקי קטורת NU 16:35
קדם ייי גבר מחתיתיה **מאתן** וחמשין מחתיין ואנת ואהרן NU 16:17
בושם פלגותיה מתקל **מאתן** וחמשין מנין וקנה בושמא EX 30:23
מנין וקנה בושמא מתקל **מאתן** וחמשין מנין: זקציעיתא EX 30:23
שמיטין דשנין דסכומהון **מאתן** ועשר שנין ומניין ארבע מאה EX 12:40
רעו בתר דאוליד ית שרוג **מאתן** ושבע שנין ואולד בנין ובנן: GN 11:21
עשרין ותרין אלפין **מאתן** ושובעין ותלתא: ומליל ייי NU 3:43
ליואי אנא ייי: וית פרקוני **מאתן** ושובעין ותלתא מה NU 3:46
דאורייתא: ושלימו **מאתן** ושובעין יומי עיבורהא GN 25:24
למשירית אפרים **מאתן** ותמנין אלפין ומאה NU 2:24
פלג בתר דאוליד ית רעו **מאתן** ותשע שנין ואולד בנין ובנן: GN 11:19
שרוג בתר דאולד ית נחור **מאתן** שנין ואולד בנין ובנן: וחיא GN 11:23

מאך (1)

גבר לאיתא וגזר למרומם **ומאיך** ותלת מפרנס כל ברייתא DT 32:4

מאן (98)

אחי ויבעי מינך למימר **דמאן** אנת ולאן אנת מטייל ולמאן GN 32:18
אנת ולאן אנת מטייל **ולמאן** אילין דקדמך: ותימר לעבדך GN 32:18
מריה דביתא ודין גנבא **ולמאן** דמחייבין דיינייא ישלם גנבא EX 22:8
הוון אכלין מבישרא **ולמן** דיהביה להון לא הוו מברכין NU 11:33
אורייתא חדא יהי לכון **ולמן** דיעבד בשלו: ובר נש דיעבד NU 15:29
ולקיטו מנא מאן דאסגי **ומאן** דאזער: ואכילו בעומרא לא EX 16:17
דקודשא ויסתכלו ביה **ומאן** דהיא מיבעלא לגבר יתעבדון NU 31:18
לקרתא לאתר מסאב: **ומאן** דייעול לביתא כל יומין דיסגר LV 14:46
פורקן עלם יהי לליואי: **ומאן** דיפרוק מן ליואי ויפוק זביני LV 25:33
יתעבדון אפהא מוריקן **ומאן** דלא ידע משכבי דכורא יהון NU 31:18
סנא מאיתמלי ומדקדמוי: **ומאן** דעליל עם חבריה בחורשא DT 19:5
למימר מאן הוא כספא **ומאן** הוא דהבא: ואילין שמהת GN 36:39
ומימרא דייי מבריך יתהון **ומן** אנא מזעיר ומימרא דייי מסגי NU 23:8
וגבר חורן יחליניה: **ומן** גברא דקדיש איתתא ולא נסבה DT 20:7
וטחנין בריחותא **ומן** דהוה צבי הוה שחיק בדוכיתא NU 11:8
ליה בסיפיה: ואמרית להון **למאן** אית דהב פריקו ויהבו לי EX 32:24
עלוי ויתן קרנא וחומשא **למן** דאתחייב ליה: ואין לית אית NU 5:7
דיובלא יתוב חקלא **למן** דזבניה מיניה למן דיליה LV 27:24
חקלא למן דזבניה מיניה **למן** דיליה אחסנת ארעא: וכל LV 27:24
צרכית למשמע בבי דינא **למן** הינון סיטומתא וחוטיא GN 38:25
ית נשיא וית ריביא ואמר **מאן** אילין לך ואמר בניי הינון GN 33:5
ואמרו גובריא ללוט תוב **מאן** אית לך בקרתא קריב או אחא GN 19:12
ית בנוי דיוסף ואמר מן **מאן** איתילידו לך אילין: ואמר יוסף GN 48:8
ואמר משה קדם ייי **מאן** אנא ארום אזיל לות פרעה EX 3:11
ליה יצחק אבוי ואמר ליה **מאן** אנת ואמר אנא עשו ברך בוכרך: GN 27:32
יתה ואמרית ברת **מאן** אנת ואמרת ברת בתואל בר GN 24:47
זינך מינך דאתגלי קדמי **מאן** אעבד לך: ואתרוקנו בני ישראל EX 33:5
דביריא: ואמר ברת **מאן** את תני כדון לי האית בית GN 24:23
גניסן אמרו דין לדין **מאן** גרם לנא קטולא הדא אלא על DT 10:6
או חקיל שלמא ישלים **מאן** דאדליק ית דליקתא: ארום יתן EX 22:5
ולא לחמריה ולא לכל **מאן** דאית לחבריה ארום בחוביא EX 20:17
והא אהרן וחור עימכון מן **מאן** דאית ליה עסק דינא יתקרב EX 24:14
סגיאין אחי יתקיים לך **מאן** דאית לך: ואמר יעקב לא תימא GN 33:9
אפרשותא קדם ייי כל **מאן** דאיתרעי ליביה ייתי ית EX 35:5
ייי חכמתא בליביה כל **מאן** דאיתרעי ליביה למיקרב EX 36:2

ואנת לא אודעתני ית **מאן** דאנת שלח עימי ואנת במימרך EX 33:12
בני ישראל ולקיטו מנא **מאן** דאסגי ומאן דאזער: ואכילו EX 16:17
לא אישתייר מן מכילתא **מאן** דאסגי למילקט ודאזער EX 16:18
חולין הוא לך האיפשר **מאן** דדאין כל ארעא לא יעביד GN 18:25
אבנין יתקטלון:: כל **מאן** דדבח לטעוות עממיא EX 22:19
ייי אלקא דישראל כל **מאן** דדבח לטעוות עממיא יתקטל EX 32:27
בית אולפנא והוי כל **מאן** דהדר בתתובא בלב שלים EX 33:7
לריבוני אוף אנן אוף **מאן** דהישתיכח כלידא בידיה: ואמר GN 44:16
אפרשותא קדם ייי וכל **מאן** דהישתיכח עימיה קיסין EX 35:24
חמי למימחי שמך אלהין **מאן** דחב קדמי אמחיניה מסיפרי: EX 32:33
דייי קדמך ואיחוס על **מאן** דחמי ליה למיחוס ואירחים על EX 33:19
ליה למיחוס ואירחים על **מאן** דחמי ליה למתרחמא: ואמר EX 33:19
קודשא קדם ייי כל **מאן** די עביד עיבידתא ביומא EX 31:15
ואתו גובריא עם נשיא כל **מאן** דיאיתרעי ליביה היתיו שירין EX 35:22
ואשקי ית בני ישראל וכל **מאן** דיהב תמן מאנא דדהבא הוה EX 32:20
בבתיכון ארום כל **מאן** דייכול מחמעא וישתיצי בר EX 12:19
איתקטל ארום כל **מאן** דיעבד בה עיבידתא וישתיצי EX 31:14
הילכתא עני ואמר **מאן** דיקטול וקטיל האן הינון NU 25:7
כריחוק סאובתהא: וכל **מאן** דיקרב בהון יהי מסאב ויצבע LV 15:27
ואתיב ואמר הלא ית **מאן** דישוי ייי בפומי יתיה אנטר NU 23:12
בין גברא לאחוי ובין **מאן** דמאגר מילי דינין: לא DT 1:16
רבא מן שירויא וכל **מאן** דמדכר ההוא שמא קדישא EX 28:30
אלקיה ויקבל חוביה: ברם **מאן** דמפרש ומחרף שמא דייי LV 24:16
מניכסת קודשיכון: **מאן** דמקרב ית אדם נכסת קודשיא LV 7:33
עם בני ישראל למימר כל **מאן** דמקרב ית ניכסת קודשוי קדם LV 7:29
ומגויה ולא מגביה: וכל **מאן** דמקרב על אנפי ברא ולא NU 19:16
ייי ביום דינא רבא ית כל **מאן** דמשתבע בשמיה על מגן: עמי EX 20:7
ייי ביום דינא רבא ית כל **מאן** דמשתבע בשמיה על מגן: עמי DT 5:11
ומתנטל על מנטליא כל **מאן** דמתגאי קדמוי הוא במימריה EX 15:1
לא תסבון לבניכון דכל **מאן** דמתחתן בהון כמתחתן DT 7:3
מדין חמוי דמשה ית כל **מאן** דעבד ייי למשה ולישראל EX 18:1
אמר ליה כדין ינתנון כל **מאן** דעבר על מינייניא פלגות EX 30:13
בסילעי קודשא לכל **מאן** דעבר על מניינא מבר עשרין EX 38:26
אפרשותא קדם ייי: כל **מאן** דעבר על מניינייא מבר עשרין EX 30:14
קבל אחנא אשתמודע לך **מאן** דעימי מן דיליך וסב לך ולא GN 31:32
יהי אגרך וילידן כל ענא **מאן** דשומא בריגליהון: ורוקן ייי ית GN 31:8
קרוחין ואם כדין יימר **מאן** דשומא בריגליהון יהי אגרך GN 31:8
ית בנתך מיני: עם כל **מאן** דתשכח ית צילמי טעותך GN 31:32
ואמרין אינש לחבריה **מאן** הוא ארום לא ידעון מה הוא EX 16:15
למללא עם עמא ויימרון **מאן** הוא גברא דדחיל מחוביה DT 20:8
סנהדרין דמשריתא ואמר **מאן** הוא דחליא דייי ייתון לותי EX 32:26
דיקידת גהינם ואמר **מאן** הוא דיכי דצד צידא ואעיל לי GN 27:33
לחברך: ואמר ליה דתן **מאן** הוא דמני יתך לגבר רב ודיין EX 2:14
ממלל אנא: ואמר ייי ליה **מאן** הוא דשוי ממלל פומא בפום EX 4:11
מתגאי בלבביה למימר **מאן** הוא כספא ומאן הוא דהבא: GN 36:39
הדפיה או טלק עלוי כל **מאן** ולא אתכוון למקטליה: או בכל NU 35:22
מן כיסופא: ואמר **מאן** חוי לך ארום ערטילאי אנת GN 3:11
אף בני ישראל ואמרו **מאן** יכלינא בישרא: דכירין אנחנא NU 11:4
כאריא וכליתא דכד דמיך **מאן** יקמיניה מברכיהון יהון בריכין NU 24:9
מתל נבותיה ואמר ווי **מאן** יתקיים בזמן דיתגלי מימרא NU 24:23
יומנא דהכין כתיב **מאן** כוות עמך ישראל עם יחידאי DT 26:18
אנפי מיא לא אשתמודע **מאן** קטליה: ויפקון מבי דינא רבא DT 21:1
בפום אדם קדמאי או **מאן** שוי אילימא או חרשא או EX 4:11
סרכיא עם עמא למימר **מן** גברא דיבנא ביתא חדתא ולא DT 20:5
מן קדם ייי לבלעם ואמר **מן** גובריא האילין כען דבתו עמך: NU 22:9
ריחוקה יהי מסאב: וכל **מן** דיקרב במשכבה יצבע לבושוי LV 15:21
נבי שיקרא ההוא או **מן** חלים חילמא ההוא ארום מנסי DT 13:4
ידעתון ואתון שמעתון **מן** ייכול למיקם קדם בנוי דעפרון DT 9:2
בעפרא דמדברא אמר **מן** ייכול לממני זכוותא חסינייא NU 23:10
לא בשמיא היא למימר **מן** יסוק בדילנא בשמיא ויסיבנה DT 30:12
בכיתון קדם ייי למימר **מן** יספיננא בישרא ארום טב לנא NU 11:18
ימא רבא היא למימר **מן** יעיבר בדילנא לעיבר ימא רבא DT 30:13
דינצב כרמא ולא פרקיה **מן** כהנא ואחליה יהך ויתוב לביתיה DT 20:6

מאן (124)

מן כיורא בנטלא ויתנינון **במן** דחסף מטול דאיהי אשקיית NU 5:17
יבשלון ביה חולי ואין **במנא** דנחשא תיתבשל ויסתפן LV 6:21
דיקטול בר נש בשלו: ואין **במנא** דפרזלא במשהו מחהי NU 35:16
יתקטל קטולא: או **במנא** דקיסי מלא ידא די כמיסת NU 35:18
יד ימיניה ולא יקבליניה **במנא** וידי לסידורא דקיסי תיניא NU 19:4
רבעות הינא לאימר חד **במני** בית קודשא יתנסך ניסוך חמר NU 28:7
באיליין: וציען יצטרחן **במני** זיינא ויפקון באוכלוסין סגיאין NU 24:24
בני אהרן כהנא ית אדמא **במניא** וידרקון ית אדמא במיזרקיא LV 1:5
ואפילו מה דימלחון **במנייא** לצרוך מיכלהון נשא הימון EX 10:19
דמשתבח בארעא והבו **במניכון** ואחיתו לגברא דורונא GN 43:11
לגיורא חמר בסים **במנין** יקרין ומן עפרא די יהי NU 5:17
ולתרין סיפייא מן אדמא **דבמן** פחרא ואתון לא תפקון אינש EX 12:22
איזובא ותטמשון בדמא **דבמן** פחרא ותדון לאסקופא EX 12:22
לית ליה רשו לזבונא חלף **דמני** מרה רשותיה עלה: ואין לציד EX 21:8
וכל דביה בקודשא **ובמנוי:** ומליל ייי עם משה למימר: NU 4:16
ארע דמצרים ובמני אעא **ובמני** אבנא: ועבדו היכדין משה EX 7:19
דמא בכל ארע דמצרים **ובמני** אעא ובמני אבנא: ועבדו EX 7:19
צרוך עד רמשא וידכי: **ומאן** דפחר דיפיל מנהון לגויה כל LV 11:33
ויהי מסאב עד רמשא: **ומאן** דפחר דיקרב בגוויה דובנא LV 15:12
ועבדתון ביה משכנא **ומנוי** ואקימיתון רבנין עליכון DT 1:6
קרקעיתיה ואבנוי וקיסוי **ומנוי** יהי מסאב שובעא יומין: וכל NU 19:14
חלא מפקין אספקלרין **ומני** זגוגיתא ארום גניזיא דתחומיא DT 33:19
מאחדין בתריסין ורומחין **ומני** זיינין ונחתו לגת למיבוז גיתי EX 13:17
גיברי חילא מכל ישראל **ומני** יתהון רישין על עמא רבני EX 18:25
בחכמתא ורכיך בשנייא **ומני** יתיה סרכן על כל ארעא GN 41:43
זימנא וארון קיימא **ומני** קודשא דחמיתון דהבא סנינא DT 1:1
ומנרתא ומתבחיא **ומני** קודשא דישמשון בהון ופרסא NU 3:31
מצריתא מאנין דכסף **ומנין** דדהב: ויהב ייי ית עמא EX 11:2
מן מצראי מנין דכסף **ומנין** דדהב: ויייי יהב ית עמא לחן EX 12:35
והנפק עבדא מנין דכסף **ומנין** דדהב ולבושין ויהב לרבקה GN 24:53
כותליה ביתא מנין דכסף **ומנין** דדהב ולבושין ותעטרון על EX 3:22
ויכוס ית ציפורא חדא **למאן** דחסף על מי מבוע: ית ציפורא LV 14:5
טבחא ית ציפורא חדא **למנא** דפחר על מי מבוע: ויסב ית LV 14:50
ומטרת כל משכנא ברם **למני** קודשא ולמדבחא לא יקרבון NU 18:3
ולא חמריה ולא כל **מאן** דאית לחבריה ארום בחובי DT 5:21
דיפיל מנהון לגויה כל **מאן** די בגויה יהי מסאב ויתיה LV 11:33
מסאב וכל דיקרב בכל **מאן** דיהי תחותוי יהי מסאב עד LV 15:9
שיתיא או ערבא או כל **מאן** דיצלא דתחוור ויעדי מיניה LV 13:58
או בערבא או בכל **מאן** דיצלא: ויפקד כהנא ויחוורון ית LV 13:53
שיתיא או ערבא או כל **מאן** דיצלא לדכאותיה או LV 13:59
או בערבא או בכל **מאן** דיצלא סגיא היא בנורא LV 13:57
כהנא ית דהבא מנהון כל **מאן** דעובדא: והוה סכום כל דהב NU 31:51
תתחוור באתר קדיש: וכל **מאן** דפחר דתיתבשל בה יתבר LV 6:21
ויתן עלוי מי מבוע לגו **מאן** דפחר: ויסב איזובא תלתא NU 19:17
מסאב שובעא יומין: וכל **מאן** דפחר פתיח דלית מגופתא NU 19:15
או בכיתנא או ית כל **מאן** דצלא דיהי ביה מכתשא ארום LV 13:52
או בערבא או בכל **מאן** דצלא מכתש סגירותא הוא LV 13:49
מנהון יהי מסאב כל **מאן** דקיסא או לבוש או צלא או LV 11:32
בגוויה דובנא יתבר וכל **מאן** דקיסא ישתטיף במיא: וארום LV 15:12
מעזי קרנא וגרמא וכל **מאן** דקיסא תדון עלוי: ואמר אלעזר NU 31:20
לבוש או צלא או שק כל **מאן** דתיתעבד בהון עיבידתא LV 11:32
וכל מאן דיהב תמן **מאנא** דדהבא הוה סימא נפקא EX 32:20
דובנא יהי מסאב וכל **מאנא** דמייחד למיתב עלוי יהי LV 15:4
שמעון ולוי אחין תלאמין **מאני** זיינא שנינא למחטוף היא GN 49:5
אלקנא ואסרתון גבר ית **מאני** זייניה ושריתון למיסוק DT 1:41
תהוי קביעא לכון על **מאני** זיניכון אתר דתיסרון סייפיכון DT 23:14
יום מותי: וכדון סב כדון **מאני** זינך בית גירך וקשתך ופוק GN 27:3
משכנא: ויטרון ית כל **מאני** משכן זימנא וית מטרת בני NU 3:8
חזור וית אטוניהון וית כל **מאני** פולחנהון וית כל מה דיתמסר NU 4:26
ית קודשא וית כל **מאני** קודשא בזמן מיטל משרייתא NU 4:15
כד ייעלון כהניא לשיקוע **מאני** קודשא דלא ימותון באישא NU 4:20
בסילעי בית קודשא תרין **מאניא** האילין קריב יתהון מליין NU 7:13
יתיה נחשא: ועבד ית כל **מאניה** מדבחא ית דודוותיה וית EX 38:3
עמא בית ישראל ית **מאניהון** וטכיסו ית בעיריהון ועברו DT 34:8
מן רחמה מצריתא **מאנין** דכסף ומנין דדהב: ויהב ייי ית EX 11:2
וכל משקי דישתיתי בכל **מן** יהי מסאב: וכל מידעם דיפיל LV 11:34
מידעם מן חבריה ויתבר **מנא** או מית בעירא מריה לית EX 22:13
הוא ברובא דגופיה או על **מנא** דהיא יתבא על קצתיה בזמן LV 15:23
עד רמשא: ודי יתיב על **מנא** דמייחד למיתב עלוי דובנא LV 15:6
רמשא: וכל דיקרב בכל **מנא** דמייחד למיתב עלוי יצבע LV 15:22
לריחוקה יתחשב לה וכל **מנא** דמייחד למיתב עלוי מסאב יהי LV 15:26
ושביכון: וכל לבוש וכל **מנא** דצלא וכל עובד מעזי קרנא NU 31:20
ארום פשפשתא ית כל **מנאיי** מה מכל מני בייתך שוי כדון GN 31:37
וית מנרתא דאנהורי וית **מנהא** וית בוצינהא וית משחא: EX 35:14
כל מנוי וית מנרתא וית **מנהא** וית מדבחא דקטרת בוסמיא: EX 30:27
מנרתא דכיתא וית כל **מנהא** וית מדבחא דקטרת בושמיא: EX 31:8
דכי עבד יתה וית כל **מנהא:** ועבד ית מדבחא דקטרת EX 37:24
בהון: ויתנון יתה וית כל **מנהא** לחופאה דמשך ססגונא NU 4:10
משה נחית מן טוורא **מנוי** בזיעין והוי בכי ואמר ווי לי NU 20:29
ארגוון: ויתנון עלוי ית כל **מנוי** דישמשון עלוי בהון ית NU 4:14
משכנא וית צורת כל **מנוי** והיכדין תעבדון: ויעבדון ארונא EX 25:9
יטלון ית משכנא וית כל **מנוי** והינון ישמשוניה וחזור חזור NU 1:50
ורבי ית מדבחא וית כל **מנוי** וית כיורא וית בסיסיה LV 8:11
מדבחא דעלתא וית כל **מנוי** וית כיורא וית בסיסיה: וית EX 31:9

מדבחא דעלתא וית כל **מנוי** וית כיורא וית בסיסיה: ותקדש EX 30:28
מיכא: וית פתורא וית כל **מנוי** וית לחם אפיא: וית מנרתא וית EX 39:36
וית אריחוי וית כל **מנוי** וית לחם דאפיא: וית מנרתא EX 35:13
יתיה וקדיש יתיה וית כל **מנוי** וית מדבחא וית כל מנוי ורבינון NU 7:1
וית פתורא וית כל **מנוי** וית מנרתא דכיתא וית כל EX 31:8
וית פתורא וית כל **מנוי** וית מנרתא וית מנהא וית EX 30:27
דסהדותא ועל כל **מנוי** ועל כל דליה הינון יטלון ית NU 1:50
מנוי וית מדבחא וית כל **מנוי** ורבינון וקדש יתהון: וקריבו NU 7:1
מדבחא דעלתא וית כל **מנוי** ותקדש ית מדבחא ויהי EX 40:10
דיליה ית אריחוי וית **מנוי** ית כיורא וית בסיסיה: ית EX 35:16
דיליה ית אריחוי וית כל **מנוי** ית כיורא וית בסיסיה: ית EX 39:39
וית מחתייתא לכל **מנוי** עבד נחשא: ועבד למדבחא EX 38:3
ליה ית משכנא וית כל **מנוי** פורפוי לוחוי נגרוי ועמודוי EX 39:33
ומחתייתיה כל **מנוי** תעביד נחשא: ותעביד ליה EX 27:3
ית כל מנאיי מה מכל **מני** בייתך שוי כדון דינך קבל אחיי GN 31:37
וית מזירקייא כל **מני** מדבחא ויפרשון עלוי חופאה NU 4:14
דנחשא דיליה וית כל **מני** מדבחא: וית חומרי דרתא חזור EX 38:30
ובשמהן תימנון ית כל **מני** מטרת מטולהון: דא היא NU 4:32
וחומריהון דנחשא: לכל **מני** משכנא בכל פולחניה וכל EX 27:19
כפורתא דעלוי וית כל **מני** משכנא: וית פתורא וית כל מנוי EX 31:7
אטונוי ומתחהא וית כל **מני** פולחן משכנא למשכן זימנא: ית EX 39:40
וית מחתיתא וית כל **מני** שימושא דישמשון לה בהון: NU 4:9
ית פתורא: ועבד ית **מניא** דעל פתורא ית פיילוותיה וית EX 37:16
בסילעי בית קודשא תרין **מניא** האילין קריב יתהון מליין NU 7:19
וידי על משכנא ועל כל **מניא** ועל בני נש דהוו תמן ועל NU 19:18
סנהדרין רבא כל כסף **מניא** תרין אלפין וארבע מאה NU 7:85
קסטירא וית כרכימישא **מניהון** לא גולמיא ולא פשוטיא: כל NU 31:22
יוסף לעבדוי ומלן ית **מניהון** עיבורא ולאתבא כספיהון GN 42:25
דדהב דדכי יעבד יתה כל **מנייה** דידה האילין: וחמי ועיבד EX 25:39
ריבונך מנין דכסף או **מנין** דדהב: דישתכח עימיה מעבדך GN 44:8
גבר דהוה משכח עליהן **מנין** דדהב הוי שרי קורייה מן NU 31:50
ניגנוב מבית ריבונך **מנין** דכסף או מנין דדהב: דישתכח GN 44:8
דמשה ושיילו מן מצראי **מנין** דכסף ומנין דדהב: וייי יהב ית EX 12:35
קדם ייי: והנפק עבדא **מנין** דכסף ומנין דדהב ולבושין GN 24:53
ומן קריבת כותליה ביתא **מנין** דכסף ומנין דדהב ולבושין EX 3:22
מתקל מאתן וחמשין **מנין** וקנה בושמא מתקל מאתן EX 30:23
בהיר מתקל חמש מאה **מנין** וקנמון בושם פלגותיה מתקל EX 30:23
מתקל מאתן וחמשין **מנין**: וקציעיתא מתקל חמש מאה EX 30:23
יתן גבר לחבריה כסף או **מנין** למינטר בלא אגר נטיר EX 22:6
מתקל חמש מאה **מנין** סילעין בסילעי קודשא ומשח EX 30:24

מאס (2)

בארע בעלי דבביהון לא **אמאסינון** במלכותא דבבל ולא LV 26:44
לחוד מנטלין ולא תהון **למאיסין** ארום תקבלון לפיקודיא DT 28:13

מבול (1)

בסדר דיניא דדרא **דמבולא** למובדא ולמישתציה מגו GN 6:3

מבוע (19)

ובזי ית ערייתא וית **מבוע** אדם סובתא בזי והיא בזיית LV 20:18
בזי והיא בזיית ית **מבוע** אדמהא וישתיצון תרויהון LV 20:18
דציפורא נכיסתא ובמי **מבוע** וידי לביתא שבע זימנין: וידכי LV 14:51
דציפרא דנכיסא ובמי **מבוע**: וידי על בית אפוהי דמידכי מן LV 14:6
ויסחי בישריה במי **מבוע** וידכי: וביומא תמינאה יסב LV 15:13
חדא למנא דפחר על מי **מבוע**: ויסב ית קיסא דארזא וית LV 14:50
חדא למאן דחסף על מי **מבוע**: ית ציפורא חייתא יסב יתה LV 14:5
חטתא ויתן עלוי מי **מבוע** לגו מאן דפחר: ויסב איזובא NU 19:17
ויכפר עלה כהנא ותידכי **מבוע** תרין דמהא דא היא אורייתא LV 12:7
דליבנוס דשתילין על **מבועי** מיין: יקום מנהון מלכהון NU 24:6
נחלין דמיין צלילין **מבועי** עינוון חליין ותהומין דלא DT 8:7
מלעילא ומטוב ברכן **מבועי** תהומא דסלקן ומרביין GN 49:25
ואשתדכו מיא: ואיסתגרו **מבועי** תהומא וחרכי שמיא GN 8:2
ביומא הדין איתבזעו כל **מבועי** תהומא רבא והוון בני GN 7:11
דנחתין מן לעיל ומן טוב **מבועי** תחומא דסלקין ונגדין ומרוין DT 33:13
דאורייתא ואתיבשו **מבועיא** ולא הוה מוי למישתי עמא: EX 17:1
אנא לך לגופן שתילא על **מבועין** דמיין דשלחת שורשהא GN 49:22
עילוי והוה שייח ואתעבד **מבועין** דמיין ונגרין עד ימא רבא EX 16:21
דנחתין מן שמיא ומטוב **מבועין** דסלקין ומרביין צימחי GN 27:28

מגדא (5)

סבי מואב וסבי מדין **וגדין** דקיסמין חתימן בידיהון ואתו NU 22:7
ואילני מיכלא וירקי **ומיגדי** בארעית ימא: ונסיבת מרים EX 15:19
אילני ואיספרמקי **ומיגדי** וירקי: וגרי ייי בתר מיטרין DT 28:23
צימחיא מלרע: ומטוב **מגדין** ועללין דמבשלא ארעיה מן DT 33:14
מטוב שמייא תהי עבדא **מגדין** מטלא ומיטרא דנחתין מן DT 33:13

מגדל (5)

מנהון על עובד קרתא **ומוגדלא** דבנו בני נשא: ואמר ייי הא GN 11:5
הבו ניבני לנא קרתא **ומוגדלא** ורישי מטי עד צית שמיא GN 11:4
ופרס למשכניה מן להלא **למוגדלא** דעדר אתרא דהתמן GN 35:21
טעות צפון ושרו קדם **מגדל**: ונטלו מפירוקי חירתא ועברו NU 33:7
מגדיאל על שום קרתיה **מגדל** תקיף היא רומי חייבתא רבא GN 36:43

מגופתא (2)

בקלל דפחר מקף **מגופת** שייע ויפלג ית קיטמא NU 19:9
מאן דפחר פתיח דלית **מגופתא** מחברא ביה מקף על פמיה NU 19:15

מגזתא (2)

וית חדסרי ריבוי ועבר ית **מגזת** יובקא: ודברינון ועברינון ית GN 32:23
עמך האיליין דקנית ית **מגזתיה** דיובקא: תעיל יתהון EX 15:16

מגין (14)

ויסעדונכון יהי עליכון **מגין** במימריה: כד יתגלי מימרא דייי DT 32:38
ישרי לרוחצן עלוי יהי **מגין** עלוי כל יומיא ובגו תחומיה DT 33:12
עימכון לא מבטלא ותהי **מגינא** עליהון עני משה נביא ואמר DT 28:15
יפוק לבר חורין **מגן**: אין בלחודוי ייעול בלחודוי EX 21:2
מימריה דייי אלקכון על **מגן** ארום לא מזכי ייי ביום דינא EX 20:7
מימריה דייי אלקכון על **מגן** ארום לא מזכי ייי ביום דינא DT 5:11
דהוינא אכלין במצרים **מגן** בלא תפקדתא ית קטייא וית NU 11:5
ליד אבוהא ותיפוק **מגן** דלא כסף ברם גט פיטורין יהיב EX 21:11
דתיזדלזלון למשתעבדא **מגן** ולית דמניש: איליין פיתגמי DT 28:68
דמשתבע בשמיה על **מגן**: עמי בני ישראל הוו נטרין ית DT 5:11
דמשתבע בשמיה על **מגן**: עמי בני ישראל הוון דכירין EX 20:7
אנת חשיב ותיפלחינני **מגן** תני לי מן יהי אגרך: וללבן הוון GN 29:15
והות זכותיה דאברם **מגנא** עליהון: והוה שמשא קריבא GN 15:11
שציו ולא תהי זכותין **מגנא** עליהון ולא יהוי גברא דיקום DT 28:15

מגלא (2)

ותיקטוף פירוכיין בידך **ומגלא** לא תרים על קמתא דחברך: DT 23:26
מזמן דתשרון למשלח **מגלא** למחצוד בחקלא בתר חצר DT 16:9

מגלה (2)

למיקמיכון: ותכתובונון **במגילתא** על מזוזיין ותקבעינון DT 11:20
לווטייא האילין כהנא על **מגילתא** וימחוק למיא בדוקיא: NU 5:23

מגר (1)

ויעקר סוסותהון **וממגר** דבביהון לאחורא: אמר יעקב GN 49:17

מגרופיתא (1)

מדבחא ית דודוותיה וית **מגרופיתא** וית מזירקייא וית EX 38:3

מגרף (1)

דודוותיה למרדדא יתיה **ומגרפתיה** ומזירקוי ומשילייתיה EX 27:3

מדה (1)

על בית כפורי: בהדא **מידה** יהי עליל אהרן לקודשא בתור LV 16:3

מדינה (4)

חליטא לפרעה: וית עמא **דמדינתא** אעבר יתהון לקוריתא GN 47:21
אבירוי ופרבירוי כרכוי **ומדינתיה** ניסוי ומחוזוי ספינתיה NU 34:6
ועמא דקוריתא אעבר **למדיניתא** מן בגלל אחוי דיוסף GN 47:21
וכבשנן ית ארעהון וית **מדינתהון** והוינן עיילין NU 31:50

מדעם (45)

ולא יחמי בכון קלנא **דמידעם** דלא יסליק שכינתיה DT 23:15
תוזפון בחבריכון מוזפו **דמידעם** לא תיעול לביתיה DT 24:10
ואמר יעקב לא תיתן לי **מדעם** אוחרן אין תעביד לי GN 30:31
דיוסף ולא ידע עימיה **מדעם** אלהין אינתתיה דשכיב גבה GN 39:6
הדין מיני ולא מנע מיני **מדעם** אלהין יתיך מן בגלל דאנת GN 39:9
ואוף הכא לא עבדית **מדעם** ביש ארום שויאו יתי בבית GN 40:15
אבידתא דאשכח: או מכל **מדעם** דאישתבע עלוי לשיקרא LV 5:24
בלא מתכוון וטלק עלוי **מדעם** וקטליה והוא לא סני ליה NU 35:23
דיתכסי מן קדם ייי **מדעם** לזמן חגא איתוב לוותך GN 18:14
הא ריבוני לא ידע עימי **מדעם** מה בביתא וכל דאית ליה GN 39:8
תוב: ולא תידבק בידיכון **מדעם** מן שמתא מן בגלל דיתוב ייי DT 13:18
נפשנא מנגבא לית כל **מידעם** אלהין למנא אנן מסתכיין NU 11:6
בה לחמא ולא תחסר כל **מידעם** בה ארעא די חכימהא גזרין DT 8:9
תיכלינון בחוסרן כל **מידעם** בטומרא בצערו ובעקא די DT 28:57
האילין לא תעבדון **מידעם** ביש ארום בגין כן עלו GN 19:8
לטלייא ולא תעביד ליה **מידעם** ביש ארום כדון גלי קדמי GN 22:12
דיהי ביה מומא או כל **מידעם** ביש דגזיל ואניס ארום DT 17:1
מומא חגיר או סמי כל **מידעם** ביש לא תיכסוניה קדם ייי DT 15:21
ולעולימתא לא תעבדון **מידעם** ביש לית לעולימתא דין DT 22:26
דלא יארע עלוי כל **מידעם** ביש פני יהי בביתיה שתא DT 24:5
מן דלא אישתייר ליה **מידעם** בצערו ובעקא די יעיקון DT 28:55
גולמיא ולא פשוטיא: כל **מידעם** דאורחיה למיתעלא בנורא NU 31:23
בעיסקא דחבריה: על כל **מידעם** דאיתביד בכוסיא על תור EX 22:8
יהי מסאב עד רמשא: וכל **מידעם** דיפול עלוי מנהון במותהון LV 11:32
בכל מן יהי מסאב: וכל **מידעם** דיפיל מניבלתהון עלוי יהי LV 11:35
ויהי מסאב עד רמשא: וכל **מידעם** דיקרב ביה דובנא וידוי לא LV 15:11
יהי מסאב עד רמשא: וכל **מידעם** דיקרב ביה מסאבא ולא NU 19:22
יהי מסאב עד רמשא: וכל **מידעם** דמייחד למישכוב עלוי LV 15:20
ריחוקה יהי מסאב וכל **מידעם** דמייחד למיתב עלוי LV 15:20
ולא על מזפו דכל **מידעם** דמיתרבי: לבר עממין תזוף DT 23:20

או בר נש די יקרב בכל **מידעם** דמסאב או בניבלת חיוא LV 5:2
לשדין דלית בהון **מידעם** דצרוך טעוון דלא ידעונון DT 32:17
כובין ותגמר גדיש או **מידעם** דקאי או חקיל שלמא EX 22:5
אפי ארעא: לא תיכלון כל **מידעם** דרחיקית מנכון: דא היא DT 14:3
לא מיתמנע מפולחנכון **מידעם**: ואיתבדר עמא בכל ארעא EX 5:11
דעלוי ומשה לא חסיר **מידעם** ויהב על שובעין גוברין NU 11:25
בסעדכון לא חסרתון **מידעם**: ועברנא מלות אחנא בני DT 2:7
ולית אפשר לחדתא בהון **מידעם** ופקידינון מטול LV 27:34
ימות מכל לבני ישראל **מידעם**: וקבע ייי זימנא למימר מחר EX 9:4
מן חמרא או על שום **מידעם** ידר נדר נזירו למפרש לשמא NU 6:2
ישלים: וארום ישאל גבר **מידעם** מן חבריה ויתבר מנא או EX 22:13
עם אהרן למימר: חמר וכל **מידעם** מרוי לא תשתי אנת ובנך LV 10:9
באתריה ולא תטלטלון **מידעם** מרשותא לרשותא בר EX 16:29
המיכל יכילנא למללא **מידעם** פיתגמא דיזמן ייי בפמי NU 22:38
קיים למיסר איסרא **ממידעם** דהיתירא על נפשיה לא NU 30:3

מה (245)

למירתא: ואמר ייי אלקים **במא** אינדע ארום אירתינה: ואמר GN 15:8
ואין תיסב מצע ערסיה **במה** ישכוב ויהי אין יקבול קדמי EX 22:26
ואיזיל ותיטרד מיני **דמה** אעביד לך ברי: ואמר עשו GN 27:37
עמכון ותרחם ליה כוותך **דמה** את שני לך לא תעביד ליה LV 19:34
עלי מחשבן בישן **דמה** דלא הוינא מסתחר עימכון GN 50:20
מיכא בסבר אפין דרוגזא: **ובמה** יתידע כדון ארום אשכחית EX 33:16
ייי לקין למה תקיף לך **ולמה** איתכבישו איקונין דאנפך: GN 4:6
חיי תוב בעלם אוחרן **ולמה** דנן לי בכירותא וחולקא GN 25:32
למימר הב לנא לחמא **ולמה** נמות כל קבלך ארום שלים GN 47:15
כל דכן קרבן חטאתא **ומה** אילו אשתליית ואכלית מן LV 10:19
ותריך רעיא דיליה **ומה** דאשתארו שוי קדם רחל GN 29:9
פתורי ייכלון כהניא **ומה** דאתון מקרבין על גב מדבחא NU 28:2
נשא עלי הוה לאשלמא **ומה** דהוה מתגניב בליליא מן חיות GN 31:39
שריא שכינתא דייי **ומה** דין אתון מתרברבין על קהלא NU 16:3
דיהובדון מה דמשתותרין **ומה** דמיטמרין מן קדמיכון: לא DT 7:20
האפשר דאמר ולא יעבד **ומה** דמליל האפשר דלא יקיימינה: NU 23:19
אהרן ובנוי ייכלוניה: **ומה** דמשתייר בבישרא ובלחמא LV 8:32
מיניה יתאכל בפניא: **ומה** דמשתייר מבשר ניכסת LV 7:17
יתאכל וביומחרן **ומה** דמשתייר מיניה יתאכל בפניא: LV 7:16
אדם קרבן אשמא: **ומה** דמשתייר מן מישחא דעל ידא LV 14:18
דמתקבל ברעוא קדם ייי: **ומה** דמשתייר מן מנחתא יהי LV 2:3
דמתקבל ברעוא קדם ייי: **ומה** דמשתייר מן מנחתא יהי LV 2:10
אדם קרבן אשמא: **ומה** דמשתייר מן משחא דעל ידא LV 14:29
יתאכל וביומא חרן **ומה** דמשתייר עד יומא תליתייא LV 19:6
שבח אדכרתא קדם ייי: **ומה** דמשתיירא מינה ייכלון אהרן LV 6:9
ואמר מה עבדת לנא **ומה** חבית לך ארום אייתיתא עלי GN 20:9
משה מה נצן אתון עימי **ומה** מנסון אתון קדם ייי: וצחי תמן EX 17:2
נמליל על כספא בתראה **ומה** נזדכי על אוגבין מן קדם ייי GN 44:16
על כספא קדמאה **ומה** נמליל על כספא בתראה ומה GN 44:16
ואמר ללבן מה חובתי **ומה** סורחני ארום למיתי בתריי: GN 31:36
פציחי חניין אין בחקרין: **ומה** שבח ארעא השמינין הינון NU 13:20
באדבעיה שבעתא זימנין: **וממה** דמשתייר ממישחא דעל ידיה LV 14:17
למימחייה אמר ליה **למה** אנת מחי לחברך: ואמר ליה EX 2:13
ואשדר ואידברינך מתמן **למה** אתכל אוף תרויכון יומא חד GN 27:45
חמידתא לבייתיה דאבוך **למה** גנבת ית צילמי טעותי: ואתיב GN 31:30
וכדון ברי קבל מיני **למה** דאנא מפקדת יתך: איזל כדון GN 27:8
ואמר יעקב לבנוי **למה** דין אתון דחלין למיחות GN 42:1
שולטני פרעה למימר **למה** דין לא אשלימתון גזירתכון EX 5:14
כדין הוא צערא דילידתא **למה** דין לי בנין ואזלת לבי מדרשא GN 25:22
לחייתא ואמר להון **למה** דין עבדתון פיתגמא הדין EX 1:18
ואמר חוי כדון שמך ואמר **למה** דנן אנת שאיל לשמי ובריך GN 32:30
עמא על משה ואמרו **למה** דנן אסיקתנא ממצרים EX 17:3
סיב: ואמר ייי לאברהם **למה** דנן גחכת שרה למימר הברם GN 18:13
האילין: ואמרו ליה **למה** ימלל ריבוניה כפיתגמייא GN 44:7
מבנתהום דעמא דארעא **למה** לי חיין: וקרא יצחק ליעקב GN 27:46
להון מלכא דמצרים **למה** משה ואהרן תבטלון ית עמא EX 5:4
ותדבקינון ותימר להום **למה** שלימתון בישתא חולף טבתא: GN 44:4
וצווחו קדם פרעה למימר **למה** תעביד כדין לעבדך: תיבנא לא EX 5:15
דאפוהי: ואמר ייי לקין **למה** תקיף לך ולמה איתכבישו GN 4:6
וית כל מה דמשתייר מן **מא** די תיכלון יומא דין אצנעו יתיה EX 16:23
חמי מן דילי הוא ולברתיי **מה** איכול למיעבד לאיליין יומא GN 31:43
ויימרון לי מה שמיה **מה** אימר להון: ואמר ייי למשה דין EX 3:13
אינשי בייתי: ואמר **מה** איתן לך ואמר יעקב לא תיתן GN 30:31
ואיתא זעיר לי ישראל: **מה** אני לאיט ומימרא דייי מבריך NU 23:8
מתרעמין עלוי ואנחנא **מה** אנן חשיבין לא עלנא EX 16:8
ושאיליה גברא למימר **מה** אנת בעי: ואמר ית אחיי אנא GN 37:15
משה קדם ייי למימר **מה** אעבד לעמא הדין תוב קליל EX 17:4
ייי למשה כדון תחמי **מה** אעביד לפרעה ארום בידא EX 6:1

אפין אית בדינא מן בגלל **מה** אתקבל קרבנך ברעוא וקרבני GN 4:8
לא ידע עימי מדעם **מה** בביתא וכל דאית ליה מסר בידי: GN 39:8
עני וכן אמר למשה אן **מה** דא למקרב לגבה ואין אמר אנת NU 25:6
ישיילינך ברך מחר למימר **מה** דא מצוותא דבוכרייא ותימר EX 13:14
ותווהו גבר לאחוי למימר **מה** דא עבד ייי ולא בחובא דילנא: GN 42:28
לביש על עמא ואמרו **מה** דא עבדנא ארום פטרנא ית EX 14:5
ייי אלקים לאיתתיה **מה** דא עבדת ואמרה איתתא חיויא GN 3:13
וכד חמא כן אמר ללבן **מה** דא עבדת לי הלא בגין רחל GN 29:25
וקרא פרעה לאברם ואמר **מה** דא עבדת לי למא לא חוית לי GN 12:18
בגינה: ואמר אבימלך **מה** דא עבדת לנא כזעיר פון שכיב GN 26:10
דברתנא לממת במדברא **מה** דא עבדתא לנא להנפוקתנא EX 14:11
יהב להון: אוף כל **מה** דאודעה לעממיא מטול DT 33:3
ועבדוי ומחינון ורדפינון **מה** דאישתאר מינהון עד דאידיכר GN 14:15
ולא תיקרבון בכל **מה** דאית להון דילמא תילקון בכל NU 16:26
והוה בירכתא דייי בכל **מה** דאית ליה בביתא ובחקלא: GN 39:5
עם בני ישראל ית **מה** דאיתפקד: וחמיין בני ישראל ית EX 34:34
קאי בתריה וציית **מה** דאמר מלאכא: ואברהם ושרה GN 18:10
תיתנון ולענייי צדקתא **מה** דאמרתון בפומכון: ארום תיעול DT 23:24
שכינתי ביניהון: ככל **מה** דאנא מחמי יתך ית צורת EX 25:9
תקבלון למימריה ככל **מה** דאנא מפקד לכון יומנא אתון DT 30:2
עביד עימך: טור לך ית **מה** דאנא מפקיד לך יומא דין האנא EX 34:11
ותמן תעבדון ית כל **מה** דאנא מפקיד לכון: לחוד בכל DT 12:14
לי למכסיא מן אברהם **מה** דאנא עביד ומן דינא הוא דלא GN 18:17
ואמר משה קדם ייי חמי **מה** דאנת אמר לי סליק ית עמא EX 33:12
מימרא דייי בסעדך בכל **מה** דאנת עביד: וכדון קיים לי GN 21:22
ארונא דסהדותא ית כל **מה** דאפקד יתך לות בני ישראל: EX 25:22
חכמתא ויעבדון ית כל **מה** דאפקדתך: ית משכן זימנא וית EX 31:6
מאתן ושובעין ותלתא **מה** דאשתיירו על ליואי מבוכריא NU 3:46
חייבר נשא ארום על כל **מה** דאתברי על מימרא דייי חיי בר DT 8:3
כא לבחוני אין יתקיים **מה** דאתבשרית כדין יהון בנך GN 22:5
ולא תיתן ארעכון ית **מה** דאתון מעלין לגווה ואילן דאנפי LV 26:20
ליה חד מן עשרא מכל **מה** דאתיב: ואמר מלכא דסדום GN 14:20
מן אבוי דרזיא סתימיא **מה** דאתכסי מן נביא הוה מתגלי NU 24:15
על אפוי ורזיא סתימיא **מה** דאתכסי מן נביא הוה מתגלי NU 24:16
מן אבוי דרזיא סתימיא **מה** דאתכסי מן נבייא הוה מתגלי NU 24:3
על אנפוי ורזיא סתימיא **מה** דאתכסי מן נבייא הוה מתגלי NU 24:4
משה אוריכו עד דאשמע **מה** דאתפקד מן קדם ייי על דילכון: NU 9:8
ביה בדיל למיכול **מה** דבגויה: כל כנישתא דישראל EX 12:46
מינך ומבתך לחוד **מה** דבנהרא ישתיירון: ואמר למחר EX 8:5
ומן עבדך ומן עמך לחוד **מה** דבנהרא ישתיירון: ונפק משה EX 8:7
ואשתהיית עד כדון: ומכל **מה** דבריך יתי אבא לית בידי אלהין GN 32:6
ניקרי לריבא ונשמע **מה** דהיא אמרה: וקרו לרבקה ואמר GN 24:57
לא הוית ידע: ודחיל ואמר **מה** דחיל ומשבח אתרא הדין לית GN 28:17
ישראל: אתון חמיתון **מה** די עבדית למצראי וטענית EX 19:4
במדברא דסיני ככל **מה** די פקיד ייי ית משה הכדין עבדו NU 9:5
כל עיסבא דארעא ית כל **מה** די שייר ברדא: וארים משה ית EX 10:12
דחינטיא וחמר ניסוכיהון **מה** די תקרבון עם תורי ודיכרי NU 29:21
דחנטיא וחמר ניסוכיהון **מה** די תקרבון עם תורי ודיכרי NU 29:24
דחנטתא וחמר ניסוכיהון **מה** די תקרבון עם תורי ודיכרי NU 29:33
ארעא מן קדמיכון ויהי **מה** די תשיירון מנהון לסכ־ין בעינא NU 33:55
אמר איתו ואיתני לכון **מה** דיארע יתכון בסוף יומיא: GN 49:1
בת אבך או בת אימך **מה** דיוליד אבך מן איתא אוחרי או LV 18:9
דייי לקדמותי ופיתגם **מה** דיחוי לי ואיתני לך ואזל גחין NU 23:3
חילמא דפרעה חד הוא **מה** דייי עתיד למעבד תני לפרעה: GN 41:25
דמלילית עם פרעה **מה** דייי עתיד למעבר אחמי ית GN 41:28
לישנין ולא הוה ידע חד **מה** דיימר חבריה והוו קטלין דין GN 11:8
קריב את ותשמע ית כל **מה** דיימר ייי אלקנא ואנת תמליל DT 5:27
ביומא שתיתאיי ויזמנון **מה** דייתון לקמיהון למיכל ביומא EX 16:5
יהון ולא חסרן ניכסוי גבר **מה** דייתן לכהנא דיליה יהי: ומליל NU 5:10
אוחרי או מן אימך או **מה** דילידת אמך מן אבך או מן גבר LV 18:9
למיכול לחדא ואמר **מה** דילמא נטר לנא סנא יוסף GN 50:15
לביני דכיא הי ככל **מה** דילפון יתכון כהניא דמן שיבט DT 24:8
בכל תחום מצרים ואפילו **מה** דימלחון במנייא לצרוך מיכלהון EX 10:19
או בישתא מן רעותי **מה** דימליל ייי יתיה אימליל: וכדון NU 24:13
פיתגמא דלא מלליה ייי: **מה** דימלל נבי שיקרא בשמא דייי DT 18:22
נפשך: ואמר יצחק לבריה **מה** דין אוחיתא למשכחא ברי GN 27:20
אבוה דאבוהן ואמר **מה** דין אוחיתון למיתי יומא דין: EX 2:18
הדין דאנת עביד לעמא **מה** דין אנת יתיב לבלחודך למידון EX 18:14
ארום חבנא: ואמר משה **מה** דין אתון עברין על גזירת NU 14:41
איתגלי ייי: ואמר ליה ייי **מה** דין בידך ואמר חוטרא: ואמר EX 4:2
ליה ואין לא שרו ליה ככל **מה** דיפוק מפמיה יעביד: ואתתא NU 30:3
ויתן פורקן נפשיה ככל **מה** דישוון עלוי סנהדרין דישראל: EX 21:30
דחנטיא וחמר ניסוכיהון **מה** דיתהוון מקרבין עם תוריא ועם NU 29:18
כל מאני פולחנהון וית כל **מה** דיתמסר להון ויפלחון: על NU 4:26

כולהון דתיכלא **מה** דלא פקיד ייי ומסעדין להון NU 16:2
אישתא נוכרתא מן תפיין **מה** דלא פקיד יתהון: ונפקת LV 10:1
משה ית פורקנהון מן **מה** דמייתרין על פרקוני ליואי: NU 3:49
ישראל ופקידינון ית כל **מה** דמליל ייי עימיה בטוורא דסיני: EX 34:32
אהרן מצית אדניה ושמע **מה** דמליל עמיה: ומליל ייי עם משה EX 6:28
דמלילו עימך אוטיבו כל **מה** דמלילו: לואי דיהי יצרא DT 5:28
נמות: ואמר ייי לי אתקינו **מה** דמלילו: נביא אקים להון מביני DT 18:17
ויהי לכון בכופלא על **מה** דמלקטין יומא ויומא: ואמר EX 16:5
חד יומי למיכפור ית **מה** דמסהיד עלוי ועל מימר תרין DT 19:15
או מן גוזלין בני יוון מן **מה** דמספקא ידיה: ית מה דמספקא LV 14:30
מן מה דמספקא ידיה: ית **מה** דמספקא ידיה למייתייא ייתי LV 14:31
יעבד צלם וצורה וכל דמו **מה** דמרחק קדם ייי עובד ידי אומן DT 27:15
צלם וצורה וכל דמו **מה** דמרחק קדם ייי עובד ידי אומן DT 27:15
ישלם אין לית ליה **מה** דמשלם ויזדבן ליה בדמי EX 22:2
בהון עד דיהובדון **מה** דמשתותרין ומה דמיטמרין מן DT 7:20
בשילו יומא דין וית כל **מה** דמשתייר מן מא די תיכלון EX 16:23
מותרי קורבנייא דאלקים **מה** דמשתייר מן קודשי קודשיא LV 21:22
יהי לך מקודש קודשיא **מה** דמשתייר מעלתא דענא מן NU 18:9
לאהרן ולבנוי פרקוני **מה** דמשתיירין בהון: ונסיב משה ית NU 3:48
ליה תרין חולקין בכל **מה** דמשתכח גביה ארום הוא שירוי DT 21:17
בה מן ידי הוית תבע יתה **מה** דמתגניב בימּמא מבני נשא עלי GN 31:39
דאחוי: ובאש קדם ייי **מה** דעבד וקטע אוף ית יומוי: ואמר GN 38:10
דלא ילקי הוו דכירין **מה** דעבד ייי אלקכון למרים DT 24:9
ותני משה לחמוי ית כל **מה** דעבד ייי לפרעה ולמצראי על EX 18:8
בלק בר צפור ית כל **מה** דעבד ישראל לאמוראי: ודחילו NU 22:2
הוא יגיח לכון ככל **מה** דעבד לכון במצרים למחמיכון: DT 1:30
ובחזוונין רברבין הי ככל **מה** דעבד לכון ייי אלקכון במצרים DT 4:34
ולברתיי כדון אסכלתא **מה** דעבדת: אית ספיקא בידי GN 31:28
דינא וחושבנא על כל **מה** דעבדת ביום דינא רבא: וקרא GN 3:19
דאחוך מנך ויתנשי ית **מה** דעבדתא ליה ואשדר ואידברינך GN 27:45
מטייר ביה אבאשתון **מה** דעבדתון: ואדביקינון ומליל GN 44:5
בנוי לשמשא: הי ככל **מה** דפקד ייי ית משה הכדין עבדו EX 39:42
ועבדו בני ישראל ככל **מה** דפקד ייי ית משה הכדין שרן NU 2:34
ישראל לליואי הי ככל **מה** דפקד ייי ית משה על ליואי NU 8:20
יובקא וקרווי טוורא ככל **מה** דפקיד ייי אלקנא: ואתפנינא DT 2:37
פולחן קודשא לכל **מה** דפקיד ייי: וקרא משה לבצלאל EX 36:1
משה לבני ישראל ככל **מה** דפקיד ייי ית משה: ומליל משה NU 30:1
ועבד משה הי ככל **מה** דפקיד ייי יתיה היכדין עבד: EX 40:16
דמליל ייי עם משה: ית כל **מה** דפקיד ייי לוותכון בידא דמשה NU 15:23
וכל בני ישראל ונסיבו ית **מה** דפקיד משה והייתיו לקדם LV 9:5
וכדון על דלא נטר **מה** דפקידתא נגזור עלוהי וניטרדיה GN 3:22
בוסמיא לקודשא הי ככל **מה** דפקידתך יעבדון: ואמר ייי EX 31:11
דייי אלקי עבדית כל **מה** דפקידתני: אודיק ממדור בית DT 26:14
ופשר ליה יוסף ית **מה** דשפר בעינוי ואמר ליה דין לך GN 40:18
קדם ייי על ניזריה בר מן **מה** דתדביק ידיה כמיסת נידריה NU 6:21
ממלל פומך ואליף יתך **מה** דתמליל: ואמר בבעו ברחמין מן EX 4:12
או תרין גוזלין בני יוון **מה** דתספוק ידיה ויהי חד חטאתא LV 14:22
מטוליה ייי אלקך בכל **מה** דתעבד: כל בוכרא דאיתיליד DT 15:18
פומיה ואליף יתכון ית **מה** דתעבדון: וימלל הוא לך עם EX 4:15
וחמר ניסוכיהון **מה** דתקרבון עם תורי ודיכרי NU 29:27
דחנטתא וחמר ניסוכיהון **מה** דתקרבון עם תורי ודיכרי NU 29:37
דחנטיא וחמר ניסוכיהון **מה** דתקרבון עם תורי ודיכרי ואמרי NU 29:30
על מימרא דייי ואהרן **מה** הוא ארום מתרעמין אתון עלי: NU 16:11
מאן הוא ארום לא ידעון **מה** הוא ואמר משה להון הוא EX 16:15
ושלויתא דעדן **מה** הוא כחדא מתכנשין תריסר GN 49:1
אבא חד לית אנן ידעין **מה** הוה בסופיה וקלילא יומא דין GN 42:32
שעא זעירא למידוע **מה** הוה בסיפיה דמשה ביהוא NU 12:16
קדם ייי לא אשתמודענא **מה** הוה ליה בסיפיה: ואמר להון EX 32:1
ייי ולא אשתמודענא **מה** הוה ליה בסיפיה: ואמרית להון EX 32:23
ייי הכנא לארעא הדא **מה** הוה תקוף רוגזא רבא הדין: DT 29:23
ולית אנחנא ידעין **מה** הווה בסיפיה: ואמר להום יוסף GN 42:13
מבתר מלאכא למנדוע **מה** הווי בסוף בייתיה דאיבה דהיא GN 19:26
סילעין דכסף בינא ובינך **מה** היא וית מיתך קבר: וקביל GN 23:15
ותיחמון ית ארעא **מה** היא וית עמא דיתיב עלה NU 13:18
ואמר אבימלך לאברהם **מה** הינון שבע חורפן האילן GN 21:29
אית קדמך למיתן לי ברם **מה** הנייה אית לי דאנא עביר מן GN 15:2
ואמר יהודא לאחהי **מה** הניית ממון יהי לן ארום ניקטול GN 37:26
שבחת צפורה ואמרת **מה** חביב הוא אדם גוזרתא הדין EX 4:26
ואתיב יעקב ואמר ללבן **מה** חובתי ומה סורחני ארום למיתי GN 31:36
ונזף ביה אבוי ואמר ליה **מה** חילמא הדין דחלמתא המיתי GN 37:10
ואמר אבימלך לאברהם **מה** חמיתא ארום עבדת ית GN 20:10
יתימסון עממייא: **מה** יאי מלכא משיחא דעתיד GN 49:11
מדמי לעצור דעינבין: **מה** יאיין הינון עינוי דמלכא משיחא GN 49:12
אפי רעותי מנהון נחמי **מה** יהוי בסופיהון ארום דר דהפכנין DT 32:20

והינון מתבוננין **מה** יהי עתיד למהוי בסופיהון: DT 32:29
בישתא אכלתיה וניחמי **מה** יהי פשר חלמוי: ושמע ראובן GN 37:20
ואיתי לוות אדם למיחמי **מה** יהי קרי ליה שום וכל דקרי ליה GN 2:19
אוף אתון בליליא ואנדע **מה** יוסף מימרא דייי למללא עימי: NU 22:19
למיתן להון: וכדון ישראל **מה** ייי אלקכון בעי מינכון אלהן DT 10:12
מרחיק לאתחכמא **מה** יתעבד ליה: וגרי מימר דייי EX 2:4
להגר מן שמייא ואמר לה **מה** ליך הגר לא תיסתפין ארום GN 21:17
ליה מלאכא דייי מטול **מה** מחית ית אתנך דנן תלת זימנין NU 22:32
דשמע יתמה עלי: ואמרת **מה** מיהמין מבשרא דבשר לאברהם GN 21:7
פשפשתא ית כל מנאיי **מה** מכל מני בייתך שוי כדון דינך GN 31:37
עימיה ואמר ליה בלק **מה** מליל ייי: ונטל מתל נבותיה NU 23:17
הי כאבניא: ימינך ייי **מה** משבחא היא בחילא ימינך ייי EX 15:6
יעקב ולבית ישראל **מה** משבחין הינון ניסיא ופרישתא NU 23:23
עד דתשדר: ואמר **מה** משכונא דאתן לך ואמרת GN 38:18
וארום אין תימרון **מה** ניכול בשתא שביעתא הא לא LV 25:20
גבר דכוותי: ואמר יהודה **מה** נימר לריבוני על כספא קדמאה GN 44:16
עמא על משה למימר **מה** נישתי: וצלי קדם ייי ואחוי ליה EX 15:24
ונישתי ואמר להון משה **מה** נצן אתון עימי ומה מנסון אתון EX 17:2
ישיילנך ברך מחר למימר **מה** סהידוותא וקיימייא ודינייא DT 6:20
ויימרון כל עממיא מטול **מה** עבד ייי הכנא לארעא הדא מה DT 29:23
ואמר משה לאהרן **מה** עבד לך עמא הדין ארום EX 32:21
לה ממלל ואמרת לבלעם **מה** עבדית לך ארום מחיתני דנן NU 22:28
דגלעד: ואמר לבן ליעקב **מה** עבדת וגנבת דעתי ודברת ית GN 31:26
דבהון: ואמר בלק לבלעם **מה** עבדת לי למילוט סנאי דברתך NU 23:11
אבימלך לאברהם ואמר **מה** עבדת לנא ומה חבית לך ארום GN 20:9
נטיר אחי אנא: ואמר **מה** עבדת קל דמי קטילת אחוך GN 4:10
ארעא: ואמר להום יוסף **מה** עובדא הדין דעבדתון הלא GN 44:15
ואמר פרעה לאחוי דיוסף **מה** עובדיכון ואמרו לפרעה רעי ענא GN 47:3
לכון בניכון בזימנא ההוא **מה** פולחנא הדא לכון: ותימרון EX 12:26
טרח ועביד לעמיה ואמר **מה** פתגמא הדין דאנת עביד לעמא EX 18:14
שדרני לוותכון ויימרון לי **מה** שמיה מה אימר להון: ואמר ייי EX 3:13
בירכת יתי: ואמר ליה **מה** שמך ואמר ליה יעקב: ואמר לא GN 32:28
והא נפק אחוי ואמרת **מה** תקוף סגי תקיפתא ועלך אית GN 38:29
ונטל מתל נבותיה ואמר **מה** תקיף הוא משרוייך די שוית NU 24:21
ארום כלתיה היא ואמרת **מה** תתן לי ארום תיעול לותי: ואמר GN 38:16
כדין הוא דא עיבידו סבו **ממא** דמשתבח בארעא והבו GN 43:11
יצחק בצלותיה דעתיה **ממה** דגזר על אינתתיה ארום עקרא GN 25:21
ואתהפיך בגיניה דעתיה **ממה** דגזר עליה דאף הוא הוה עקר GN 25:21
דמתמלכין ותייבין **ממה** דגזרין ברם רבון כל עלמא ייי NU 23:19

מהל (10)

ממרא והוא מרע מכיבא **דמהולתא** יתיב תרע משכנא GN 18:1
ישראל ית ינוקא ביומא **דמהולתא** למימר ישוינך ייי GN 48:20
כד הוה מרע מגיזרת **מהולתא** אליף יתן למנחמא אבילין DT 34:6
בסיני בסר וית תפקידת **מהולתא** בטיל אישתיציאה NU 15:31
עבדא ית ידיה בגזירת **מהולתא** דאברהם ריבוניה וקיים GN 24:9
ברה ואקריבת ית גזירת **מהולתא** לריגלוי דמלאך חבלא EX 4:25
ניכסת פיסחא וגזירת **מהולתא** מערב לכון למעבד מיניה EX 12:13
שוי כדון ידך בגזירת **מהולתי**: ואומינך בשום מימרא דייי GN 24:2
בבעו לותי וחמון גזירת **מהולתי** וקריבו ואמר אנא יוסף GN 45:4
שוי כדון אידך בגזירת **מהולתי** ותעבד כדון עימי טיבן GN 47:29

מודנא (1)

בגדישותא ובמחקא: **מודנוון** דיקשוט מתקלין דיקשוט LV 19:36

מוהר (1)

לי אתין: אסגו עלי לחדא **מוהרא** ומתנא ואיתן היכמא GN 34:12

מוח (1)

ובאישא דגרמיא דדלקא **מוחיא** ובחירהורי דלוחי צירחא DT 28:22

מוט (2)

ואנא אשלים לעידן **דתמוט** ריגליהון לגלותא ארום DT 32:35
וארום יתמסכן אחוך **ותמוט** ידיה עימך ותתקיף ביה LV 25:35

מולתא (1)

במותנא ולא בברדא **ומולתא** תליתיתא למינגד EX 14:7

מום (18)

די לליואי דלא מופסלין **במומהון** ברם מבר עשרין וחמש NU 8:24
תור ואימר דיהי ביה **מומא** או כל מידעם ביש דגזיל DT 17:1
חולף שינא היכמא דיתן **מומא** באינשא היכדין יתיהב ביה: LV 24:20
בניא חביבייא אשתכח **מומא** בהון דרא עוקמנא דאשניין DT 32:5
ארום חיבולהון בהון **מומא** בהון פסילין הינון לא לרעוא LV 22:25
נפשא: וגבר ארום יתן **מומא** בחבריה היכמא דעבד היכדין LV 24:19
ולמדבחא לא יקרב ארום **מומא** ביה ולא יפיס ית מקדשי LV 21:23
לקרבא קרבניא דייי **מומא** ביה ית קרבן אלקיה לא LV 21:21
דמתיליד מן זנו דביה **מומא** בישא ואתיהיב בעמיא DT 23:3
בדביה מומא ודביה **מומא** בשלים ואין מפרוג יפרג LV 27:10
יפרג יתיה שלים בדביה **מומא** ודביה מומא בשלים ואין LV 27:10
תרתין שנין דלית בה **מומא** ושומא משער חורן דלא NU 19:2

בתיכון: וארום יהי ביה **מומא** חגיר או סמי כל מידעם ביש DT 15:21
שלים יהי לרעוא כל **מומא** לא יהי ביה: דסמי או דתביר LV 22:21
ארום כל גבר דביה **מומא** לא יקרב גבר דסמי או דחגיר LV 21:18
לזרעיית דריהון דיהי ביה **מומא** לא יתכשר לקרבא קרבן LV 21:17
ובבני עזיא: כל דביה **מומא** לא תקרבון ארום לא לרעוא LV 22:20
וקליטן: כל גבר כהין דביה **מומא** מזרעא דאהרן כהנא לא LV 21:21

מוקרא (4)

ביה מפרסת ריגליכון ועד **מוקרא** דרישיכון: יגלי ייי יתכון וית DT 28:35
בשווייותא דמטפשא **מוקרא** ובסמיותא ובשיעממות DT 28:28
ויהון לתפילין קבל **מוקריכון** בין עיניכון: ותלפון יתהון DT 11:18
ויהוון לתפילין על **מוקרך** כלו קבל על עינך: DT 6:8

מור (1)

סב לך בושמין בשירויא **מור** בהיר מתקל חמש מאה מנין EX 30:23

מוריג (1)

ואכלין לישנהון עם **מוריגיהון** ואתקברו במותנא מן NU 14:37

מורכיוותא (4)

ונעץ ית חטריא די קליף **במורכייתא** בשקייתא דמייא אתר GN 30:38
ית חטרייא לעיני ענא **במורכייתא** ליחמותהין קבל GN 30:41
ורוקינת לגינתא **למורכיוות** בית שקתי ורהטת תוב GN 24:20
ואתא ודלאה ומלאה ית **מורכיוותא** לאשקאה ענא דאבוהן: EX 2:16

מורנא (2)

דמא ומן יד נפקין נחיל **דמורנין** מיגו פרתה דעגלתא נגדין DT 21:8
יומין באלול והוון **מורני** נפקן מן פרתהון ואזלין עד NU 14:37

מורניתא (2)

מיניה עד צפרא וארחש **מורנין** וסרי ורגז עליהון משה: והוון EX 16:20
ומהליך בשוקא על **מורניתיה** ויהי זכיי מחייא מדין EX 21:19

מוש (2)

דיעקב ברם מימש ידוי **כמימש** ידוי דעשו: ולא GN 27:22
הדין קליה דיעקב ברם **מימש** ידוי כמימש ידוי דעשו: ולא GN 27:22

מות (321)

דישראל ומבתר כדין **אימות:** אתיב ליה מרי עלמא וכן DT 32:50
דתברכינך נפשי עד לא **אימות:** ורבקה שמעת ברוח קודשא GN 27:4
דאנא בעירא מסאבא **איתא** בעלמא הדין ולא אתיא NU 22:30
אלהן דתצלו עלי דלא **אמות:** וכד שמעו משה ואהרן ובני EX 12:32
אלהן דילמא יארע יתן **במותא** או בקטלא: ואמר להון EX 5:3
לית אנא יכלא למיחמי **במותא** דטליא ויתיבת מקביל ברה GN 21:16
דמחיתי יתך וית עמך **במותא** ואישתיצית מן ארעא: וברם EX 9:15
לא יסתאב להון **במותהון** ארום כלילא דאלקיה על NU 6:7
מידעם דיפול עלוי מנהון **במותהון** דאיבריא דידהון LV 11:32
חרבא או בשכיבא **במותנא** או בבית קבורתא וגוללא NU 19:18
ההוא במותנא מן קדמי **במותנא** אנא ייי: גבר טלי או גבר LV 22:3
מותנא: והוו סכום דמיתו **במותנא** ארבסר אלפין ושבע מאה NU 17:14
ביני עממיא ותגמר יתכון **במותנא** ארע בעלי דבביכון: LV 26:38
כל דיעבד כדין וישתיצון **במותנא** וחמיין בבישתהון בני LV 20:17
מפתגמא דייי דלא מיתו **במותנא** ולא בברדא ומולתא EX 14:7
דמשה נביא לא מיתו **במותנא** ולא לקו ביקידתא ולא NU 26:11
ניכסתא ודימתנבלא **במותנא** ותריב חיוא תבירא אפשר LV 7:24
בזי חוביהון יקבלון **במותנא** יסופון דלא וולד ימותון: LV 20:20
בזי חוביהון יקבלון **במותנא** יסופון: וגבר די ישמש עם LV 20:19
וישתיצון תרויהון **במותנא** מגו עמהן: וערית אחת אמך LV 20:18
בכרן יומא הדין וישתיצי **במותנא** מגו עמיה: וכל בר נש LV 23:29
נשא ההוא ואישצי יתיה **במותנא** מגו עמיה: ותתקדשון LV 20:6
ואוביד ית בר נשא ההוא **במותנא** מגו עמיה: כל עיבידת LV 23:30
עם מוריגיהון ואתקברו **במותנא** מן קדם ייי: ויהושע בר נון NU 14:37
וישתיצי בר נשא ההוא **במותנא** מן קדמי במותנא אנא ייי: LV 22:3
ישראל: והוו סכום דמיתו **במותנא** עשרין וארבע אלפין: ומליל NU 25:9
שוי על כיתפה וקשר לה **במותנהא** לאודועי דאמתא היא GN 21:14
דמקרב על אנפי ברא ולא **במיתא** דבכריסא דאימיה בקטיל NU 19:16
בעלמא הדין ולא יימות **במיתותא** דמייתון בה רשיעייא DT 33:6
זימנא מתנחם אנא די **במיתותא** דמייתין בה צדיקייא GN 46:30
בחדא מנהין ולא נמות **במיתותא** דמייתין בה רשיעיא NU 31:50
יתרגם ואוף מריה יתקטל **במיתותא** דמשתלחא עלוי מן EX 21:29
עליי קטולני כדון **במיתותא** דנייחין בה צדיקייא אין NU 11:15
אתאמרת קריבותא **במיתתהון** מטול דלא מטו ליומי DT 31:14
ארום חכימית דמן בתר **דאימות** ארום חבלא תחבלון DT 31:29
ואברכינך קדם ייי קדם **דאימות:** וכדון ברי קבל מיני למה GN 27:7
קדם ייי ואוף כל דכן בתר **דאימות:** כנושו לוותי ית כל חכימי DT 31:27
כדון ואחמיניה קדם **דאמות:** ונטל ישראל וכל דיליה GN 45:28
מלוא ידא די כמיסת **דימות** בה מחהי וקטליה קטולא NU 35:17
מלא ידא די כמיסת **דימות** בה מחהי וקטליה קטולא NU 35:18
בכל אבנא דהיא כמיסת **דימות** בלא מתכוון וטלק עלוי NU 35:23
מבייתיה או אכריזו עלוי **דימות** גברא בתראה דנסבה ליה DT 24:3
דייי ית בני ישראל קדם **דימות:** ואמר ייי מן סיני אתגלי DT 33:1
ירחין בגושמיה ובדמיה **דימות** ולא ידי עלוי ית משכנא דייי NU 19:13

למיתב בארעא עד זמן **דימות** כהנא: ולא תטנפון ית ארעא NU 35:32
לתמן ויתיב בה עד זמן **דימות** כהנא רבא דרבי יתיה סגנא NU 35:25
דקלטיה יתיב עד **דימות** כהנא רבא ומן בתר דימות NU 35:28
כהנא רבא ומן בתר **דימות** כהנא רבא יתוב קטולא NU 35:28
ולא יסתקף עליהון **דימותון** מטול סואבתהון LV 15:31
ואיתיעטו למירמי סמא **דמותא** במיכליה ובמשקייה GN 40:1
חדא לשב שנין ואיריסא **דמותא** בפמך ועפרא תיכול כל יומי GN 3:14
טב לצדיקייא וית אורחא **דמותא** דביה משתלם אגר ביש DT 30:15
אמחי יתהון במחתא **דמותא** ואישצי יתהון ואמני יתך NU 14:12
תפיל עליהון אימתא **דמותא** ודחלתא בתקוף אדרע EX 15:16
ואקטול יתכון בחרבא **דמותא** ויהון נשיכון ארמלן ובניכון EX 22:23
חלי וסופיה מסר כאגדנא **דמותא:** ויהי במשמעיה ית פתגמי DT 29:17
ולא יהון בהון ניזקא **דמותא** כד תימני יתהון: דין שיעורא EX 30:12
אתר דתווהו על בישתא **דמותנא:** ונטלו מחרדה ושרו NU 33:24
דאיתקטילת ביומא **דמותנא** על עיסק פעור: והוה בתר NU 25:18
רעות ליבי: אין כמיתותא **דמייתין** בה כל בני נשא ימותון NU 16:29
מתנחם אנא די במיתותא **דמייתין** בה צדיקייא אנא מיית GN 46:30
ולא נמות במיתותא **דמייתין** בה רשיעיא לעלמא דאתי NU 31:50
הוה נטיר ליה דבו ובתר **דמית** אברהם בריך ייי ית יצחק GN 25:11
ית יעקב: ובההוא יומא **דמית** אברהם בשיל יעקב תבשילי GN 25:29
וטמונינון פלישתאי בתר **דמית** אברהם וקרא להון שמהן הי GN 26:18
כד מלך בערד דשמע **דמית** אהרן ואסתלקו ענני יקרא DT 10:6
יהי מסאב לטמי בר נש **דמית** או דייב או סגיר דמרחק NU 9:10
על בית אפיכון על נפש **דמית:** ארום עם קדיש אתון קדם ייי DT 14:1
דיסתאב ליה או באינשא **דמית** דיסתאב ליה ולכל סובתיה LV 22:5
תימר להון על בר נש **דמית** לא יסתאב בעמיה: אלהין LV 21:1
לשמא דייי על בר נש **דמית** לא יעול: לאבוי ולאימיה NU 6:6
אניקי: ולות כל בר נש **דמית** לא יעול לאבוי ולאימיה לא LV 21:11
ושורטת חיבול על נפש **דמית** לא תיתנון ביבשרכון וכתב LV 19:28
וכל דמסאב לטמי נפש **דמית:** מדכורא ועד נוקבא תפטרון NU 5:2
לטמא נפש בר נש **דמית** עליהון בתכוף דפוקדניה NU 9:6
אסתאבנא לבר נש **דמית** עלנא למא כען נתמנע בגין NU 9:7
מיניה תכריכין לנפש **דמית** שמענן בקל מימרא דייי DT 26:14
יסתאב כהנא באוהלא **דמיתא** נס תריסיראי דאתקריש NU 25:8
עוג דאישתזיב מן גנבריא **דמיתו** בטובענא ורכב עילוי GN 14:13
זימנא היכמה דעבדו בנך **דמיתו** ביקידת אישתא קים עלם LV 10:9
מותנא: והוו סכום **דמיתו** במותנא ארבסר אלפין ושבע NU 17:14
בני ישראל: והוו סכום **דמיתו** במותנא עשרין וארבע NU 25:9
עמא במחמיהון אחוהון **דמיתו** בקרבא מאתן אלפין גוברין EX 13:17
רשיעיא דיבניהון **דמיתו** וזכאיא למעסוק במצותא EX 10:23
ייי עם משה מן בתר **דמיתו** תרין בנוי דאהרן כהניא LV 16:1
להון כל כנישתא לואי **דמיתנא** בארעא דמצרים או NU 14:2
להון בני ישראל הלואי **דמיתנא** במימרא דייי בארעא EX 16:3
או במדברא הדין לואי **דמיתנא:** ולמא ייי מעיל יתנא NU 14:2
ואמרו למימר הלואי **דמיתנא** כד מיתו אחנא קדם ייי: NU 20:3
זמן דימטון יומי אבלא **דמיתת** אבא ובכן אנא קטיל ית GN 27:41
ואתנחם יצחק בתר **דמיתת** אימיא: ואוסיף אברהם GN 24:67
תוב במתוי מפדן באתר **דמיתת** אימיה אליף יתן למפרנסא DT 34:6
ייי בשום מימריה בתר **דמיתת** אימיה: ואמר ליה ייי עד GN 35:9
מן טוור פולחנא ואשכחה **דמיתת** ויתיב למיספד לשרה GN 23:2
נהרת בוצינא דטפת בזמן **דמיתת** שרה ונסיב ית רבקה והוות GN 24:67
דילמא תירעינני בישתא **ואימות:** הא כדון בבעו קרתא הדא GN 19:19
ובסימניא וביובלא **ובמותת** ריבונהא ופורקן כספא: אין EX 21:7
למינטור בלא אגר נטיר **וימות** או איתביר מן חיוא או EX 22:9
ותאטלון יתיה באבנא **וימות** ארום בעא לאטעייותכון DT 13:11
כנעניתא בשרביטא **וימות** בההוא יומא תחות ידיה EX 21:20
קתא וישכח ית חבריה **וימות** הוא יעירוק לחדא מן קרויא DT 19:5
אימיה על מתברא **וימות** וולדא ומפקא יתיה חייתא NU 12:12
דגבר ית תורא דחבריה **וימות** ויזבנון ית תורא חייא ויפלגון EX 21:35
רוח זיקא מן קדם ייי **וימות:** ויעול אהרן ובנוי למשכן LV 16:22
עלוי ויקטליניה נפש **וימות** ויעירוק לחדא מן קרויא DT 19:11
כל אינשי קרתיה באבניא **וימות** ותפלון עביד דביש מביניכון DT 21:21
תור ית גבר או ית איתא **וימות** יתרגמא יתרגם תורא ולא EX 21:28
אנא מתגלי בגו מצראי: **וימות** כל בוכרא בארעא דמצרים EX 11:5
משתכח גנבא ויתמחי **וימות** לית ליה חובת שפיכות אדם EX 22:1
וארום אין יתפשח איברא **וימות** מן בעירא דהיא חזיא לכון LV 11:39
בריה ואהרן יתכנש **וימות** תמן: ועבד משה היכמא NU 20:26
ויחות עילויהון ברדא **וימותון:** איוב דהוה דחיל מפתגמא EX 9:19
ותאטלון יתהון באבניא **וימותון** ית עולימתה מן בגלל דלא DT 22:24
דחיקניא להום יום חד **וימותון** כל ענא: יעיבר בבעו ריבוני GN 33:13
ותאטלונון באבניא **וימותון:** על מימר תרין סהדין או DT 17:5
אילהין שמיא וארעא חיי **ומותא** סדרית קומיכון ברכתא DT 30:19
לתרע משכנא זימנא **ומותנא** איתכליית: ומליל ייי עם NU 17:15
מימרא דייי אלקנא תוב **ומייתין** אנחנא: ארום הי דין כל בר DT 5:25

וחמש שנין: ואתנגיד **ומית** אברהם בשיבו טבא סיב GN 25:8
ואלביש ית אלעזר בריה **ומית** אהרן תמן בריש טוורא ונחת NU 20:28
ואתו לטוורוס אומנוס **ומית** אהרן תמן הא בכין אתא ואגח NU 21:1
דבית מלכותיה דנהבא: **ומית** בלע ומלך תחותויי יובב בר GN 36:33
בעל חנן בר עכבור: **ומית** בעל חנן בר עכבור ומלך GN 36:39
דבית מלכותיה עוית: **ומית** הדד ומלך תחותיה שמלה GN 36:36
ואטלו יתיה באבניא **ומית** היכמא דפקיד ייי ית משה: NU 15:36
מן שמי מרומא וגמרתיה **ומית** הרן למיחמי תרח אבוי היך GN 11:28
תשע מאה וחמשין שנין **ומית:** ואילן תולדת בנוי דנח GN 9:29
שנין: ואיתנגיד יצחק **ומית** ואתכנש לעמיה סיב ושבע GN 35:29
מאה ושובעין ושבע שנין **ומית:** והוה נח בר חמש מאה שנין GN 5:31
מאה ותרתי סירי שנין **ומית:** וחיא אנוש תשעין שנין GN 5:8
מאה ושיתין ותרתין שנין **ומית:** וחיא חנוך שתין וחמש שנין GN 5:20
מאה ותשעים וחמש שנין **ומית:** וחיא ירד מאה ושיתין ותרתי GN 5:17
מאה ושיתין ותשע שנין **ומית:** וחיא למך מאה ותמנן ותרתין GN 5:27
תשע מאה ועשר שנין **ומית:** וחיא מהללאל שיתין וחמש GN 5:14
תשע מאה וחמש שנין **ומית:** וחיא קינן שובעין שנין ואוליד GN 5:11
חושם מארע דרומא: **ומית** חושם ומלך תחותויי הדד בר GN 36:35
יובב בר זרח מבצרה: **ומית** יובב ומלך תחותויי חושם GN 36:34
תסקון ית גרמיי מיכא: **ומית** יוסף בר מאה ועשר שנין GN 50:26
יוסף ובנוי דהוו במצרים: **ומית** יוסף ובתריה מיתו אחוי וכל EX 1:6
פיתגמא הדין ליום חרן **ומית** כל בעירא דמצראי ומבעירא EX 9:6
ומחייה בקרסוליה ונפל **ומית** מן להאל למשריתא דישראל NU 21:35
ית אלעזר וית איתמר: **ומית** נדב ואביהוא בקרוביהון NU 26:61
קרבנהון לשמשא: **ומית** נדב ואביהוא קדם ייי NU 3:4
לה ולא בטיל יתה **ומית** עד דלא בגרת ויתקיימון כל NU 30:12
ער ואונן ושלה ופרץ וזרח **ומית** ער ואונן על עובדיהון בישייא GN 46:12
דמן רחובות דעל פרת: **ומית** שאול ומלך תחותוי בעל חנן GN 36:38
שמלה ממשרקה: **ומית** שמלה ומלך תחותוי שאול GN 36:37
אומנוס על מימרא דייי **ומית** תמן בשנת ארבעין למיפק בני NU 33:38
תרח מאתן וחמש שנין **ומית** תרח בחרן: ואמר ייי לאברם GN 11:32
חורמנין ונכיתו ית עמא **ומיתו** אוכלוסין סגיאין מישראל: NU 21:6
אישא בריא קדם ייי **ומיתו** באישא מצלהבא: ואמר ייי LV 16:1
טיב ביש על ארעא: **ומיתו** גובריא דאפיקו טיב ביש על NU 14:37
ועבד ייי כפתגמא דמשה **ומיתו** עורדעניא מן בתיא ומן EX 8:9
במשריתא חבט שדנהי **ומיתו** עני ואמר קדם ריבון עלמא NU 25:8
בנוי דיהודה ער ועונן **ומיתו** ער ועונן על חוביהון בארעא NU 26:19
ברם גופיהון לא איתחרכו **ומיתו** קדם ייי: ואמר משה הוא LV 10:2
לטוורייא וקריבו דין לדין **ומיתן** ואדמהון הוה נגיד בנחליא NU 21:14
בית אבוהא: וסגו יומיא **ומיתת** ברת שוע איתת יהודה GN 38:12
מן קדם עשו אחוי: **ומיתת** דבורה פידגוגתא דרבקה GN 35:8
שרה ופגנת ואשתנקת **ומיתת** מן אניקא ואתא אברהם GN 22:20
ואבוי קרא ליה בנימין: **ומיתת** רחל ואתקברת באורח GN 35:19
שנין שני חייהא דשרה: **ומיתת** שרה בקרית ארבע היא GN 23:2
יומין לירחא דניסן **ומיתת** תמן מרים ואתקברת תמן: NU 20:1
אינשי קרתא באבניא **ותמות** ארום עבדת קלנא בישראל DT 22:21
ראובן בעלמא הדין ולא **ייִמות** במיתותא דמייתון בה DT 33:6
ברי ארום אמר דילמא **ימות** אוף הוא הי כאחהי ואזלת GN 38:11
ייי ובזמן מיפיקיה ולא **ימות** באישא מצלהבא: ותעביד EX 28:35
דעל סהדותא ולא **ימות** באישא מצלהבא קדם ייי: LV 16:13
ית צילמי טעותך **ימות** בלא זימניה כל קבל אחנא GN 31:32
תמליל למימר גבר ארום **ימות** וביר דכר לית ליה ותעברון ית NU 27:8
באבנא או במרתוקא ולא **ימות** ויפול למרע: אין יקום ממרעיה EX 21:18
קדיש הוא קדם ייי: וארום **ימות** מיתה עלוי בתכוף שלו ויסאב NU 6:9
ובין גיתי דמצראי ולא **ימות** מכל לבני ישראל מידעם: EX 9:4
מיתותא להון מן **ימות** עלמא תתברי להון כדון ואין NU 16:30
מן תבע אדמא ולא **ימות** קטולא עד דיקום קדם NU 35:12
אורייתא גבר ארום **ימות** תחות גננא דפריס כל מן NU 19:14
ולמדבחא לא יקרבון ולא **ימותון** אוף הינון אוף אתון: ויזדמנון NU 18:3
דמייתין בה כל בני נשא **ימותון** איליין וסכמות כל אינשא NU 16:29
זימנא יקדשון מוי ולא **ימותון** באישא מצלהבא או בזמן EX 30:20
ולא יקרבון לקודשא דלא **ימותון** באישא מצלהבא דין מטול NU 4:15
וייחון בחיי דצדיקי ולא **ימותון** באישא מצלהבא ויזוחון NU 4:19
מאני קודשא דלא **ימותון** באישא מצלהבא: ומליל ייי NU 4:20
ידיהון וריגליהון ולא **ימותון** באישא מצלהבא ותהי להון EX 30:21
יקבלון עלוי חובא ולא **ימותון** ביה באישא מצלהבא ארום LV 22:9
ארום אמר ייי להון ממת **ימותון** במדברא ולא אישתייר להון NU 26:65
ית מצראי בגו ימא דלא **ימותון** במיצעיה מן בגלל דיקבלון EX 14:27
במותנא יסופון דלא וולד **ימותון:** וגבר די יסב ית איתת אחוי LV 20:20
הדין יסופון ותמן **ימותון:** וגובריא די שדר משה NU 14:35
לאדמא: ונוני דיבנהרא **ימותון** ויסרי נהרא וישתלהון EX 7:18
מן קדמי ולא **ימותון:** ועבד משה היכמא דפקיד NU 17:25
אפשר דמטול איליין **ימותון** עשרין וארבע אלפין NU 25:8
ויהב לי בנין ואין לא הי **כמיתא** אנא חשיבא: ותקיף רוגזא GN 30:1

אחתן מסאבא באהילא **כמיתא** דהיא מדמיא לוולדא NU 12:12
לא מן רעות ליבי: אין **כמיתותא** דמייתין בה כל בני נשא NU 16:29
וסופיה להובדא ולא **כמיתותא** דקרח וככנישתיה NU 17:5
מניכסהון והינון חשיבין **כמיתיא** ולא מן סוף דהוה עלך EX 10:29
והא אינון חשיבין **כמיתיא** כל גובריא דהוו תבעין ית EX 4:19
בר נש קטולא דהוא חייב **לימְמת** ארום איתקטלא יתקטל: NU 35:31
בית ישראל לשדרא יתיה **לימְמת** באתר תקיף וקשי LV 16:10
ולא צלי מטול כן אתקנס **לימְמת** בשתא ההיא: ואין מיפק NU 35:25
ליוסף הא אנא מטא סופי **לימְמת** ויהי מימרא דייי בסעדכון GN 48:21
זימנא לקבלא חובא **לימְמת:** ויפלחון ליואי הינון ית NU 18:22
ייי למשה הא קריבן יומך **לימְמת** קרי ית יהושע ותתעתדון DT 31:14
ממן דחב על דאיסתאב **למיתא** ויקדש ית רישיה ביומא NU 6:11
ית ארעא אנא מתקנס **לממת** אי ניחא לקמך דלי מיני DT 32:50
למא אסקתונא ממצרים **לממת** במדברא ארום לית לחמא NU 21:5
במצרים דברתנא **לממת** במדברא מה דא עבדתא לנא EX 14:11
ער ארום בלא וולד עתיד **לממת:** ואיתעברת תוב וילידת בר GN 38:3
ואמר עשו הא אנא אזיל **לממת** ולית אנא חיי תוב בעלם GN 25:32
שנין: וקריבו יומי ישראל **לממת** וקרא לבריה ליוסף ואמר GN 47:29
חד לא יסהד בבר נש **לממת:** לא תקבלון פורקן לשיזבא NU 35:30
מגיחי קרב עבדי בימתא **לממת** מיגו משריתא: ומליל ייי עמי DT 2:16
קהלא דייי למדברא הדין **לממת** תמן אנחנא ובעירנא: ולמא NU 20:4
מיקרב למשכנא דייי **מאית** הברם ספנא למישתציא: NU 17:28
דלא הוה תמן בכור **מאית:** ותחום ארעא דמצרים מהלך EX 12:30
אלפין ושבע מאה בר **מדמיתו** על פלוגתא דקרח: ותב NU 17:14
לנא דניפלח ית מצראי **מדנמות** במדברא: ארבע כיתין EX 14:12
איגרי בהון חרגת **מותא** אילך ואילך ישתיצון לחוד DT 32:25
מן אימיה ויארעיניה **מותא** באורחא דתהכון בה ותחתון GN 42:38
ולא יהי בבני ישראל **מותא** בזמן מיקרב בני ישראל NU 8:19
ולא ישלוט בכון מלאך **מותא** דאתיהב ליה רשותא EX 12:13
דאתי ברם אין מייתנא **מותא** דקשיטין לואי דתיהי סופי NU 23:10
ייי ויעדי מיני לחוד ית **מותא** הדין: ונפק מלות פרעה וצלי EX 10:17
דילמא יארעיניה **מותא:** ואתו בני ישראל כל חד GN 42:4
איתתא ית סמאל מלאך **מותא** ודחילת וידעת ארום טב GN 3:6
נפשא ארום מטת עלה **מותא** וקרת שמיה בר דווי ואבוי GN 35:18
דין מן קדמיי ויארעיניה **מותא** ותחתון ית סיבתי בדווי לבי GN 44:29
על מימר דייניא: ואין **מותא** יהי בה ותדינון נפשא EX 21:23
ית דמיה ואוף ית דמי **מותא** יפלגון: אין אישתמודע ארום EX 21:35
ית וולדהא ולא יהו בה **מותא** מתקנסא יתקנס וולדא EX 21:22
ארום בחובי גייורא **מותא** נפיק על עלמא: עמי בני EX 20:14
גיורין ארום בחובי גיוריא **מותא** נפיק על עלמא: עמי בני DT 5:18
מימרא דייי בכון ית **מותא** עד דישיצי יתכון מעילוי DT 28:21
למימר אתון גרמתון דין **מותא** על עמא דייי: והוה NU 17:6
בגמלי בתורי ובענא **מותא** תקיף לחדא: ויעבד ייי פלאין EX 9:3
סיבית לית אנא ידע יום **מותי:** וכדון סב כדון מאני זינך בית GN 27:2
לא תבזי בחיי אחוך ובתר **מותיה** אין אית ליה בנין עריית LV 18:16
ויכול בגין דיברכינך קדם **מותיה:** ועל דהוה יעקב דחיל GN 27:10
ליוסף אבוך פקיד קדם **מותיה** למימר לך: וכדנא תימרון GN 50:16
אכלו ארבעין יומין בתר **מותיה** עד דעברו יורדנא ועלו EX 16:35
על עיסק פעור: והוה בתר **מותנא** אתגוללו רחמי שמיא NU 25:19
על מחתיא וייכלון **מותנא** ביום רוגזך וקרבן גמיר DT 33:10
ציירא לקורייכון ואיגרי **מותנא** ביניכון ותתמסרון כד מיתין LV 26:25
ייי על עיסק פעור והות **מותנא** בכנישתא דייי: וכדון קטולו NU 31:16
וביני חייא ואתכליית **מותנא:** והוו סכום דמיתו במותנא NU 17:13
מיניה ולא תחייב חובת **מותנא** ית ארעא דייי אלקכון יהיב DT 24:4
רחמי שמיא ואתכליית **מותנא** מעילוי בני ישראל: והוו NU 25:8
לכון ואיגרי עליכון מחת **מותנתא** ית שחפותא וית קדחותא LV 26:16
וחמון אחי יוסף ארום **מיית** אבוהון ולא הוה מסתחר GN 50:15
קיים עלי למימר הא אנא **מיית** בקיברי דחפירית לי בארעא GN 50:5
דמייתין בה צדיקייא אנא **מיית** בתר דחמית סבר אפך ארום GN 46:30
דאין שביק הוא ית אבוי **מיית** הוא: ואמרת לעבדך אין לא GN 44:22
יוסף לאחוי הא אנא **מיית** וייי מידכר ידכר יתכון ויסק GN 50:24
ואמר ליה הא אנת **מיית** על עיסק אינתתא דאנסת GN 20:3
שעתא חדא הא כולנא **מייתין:** ונטל עמא ית לישיהון עילוי EX 12:33
מתעבדין קטם ודבעירי **מייתין:** ונטלו בני ישראל מן פילוסין NU 33:4
ואמר ישראל ליוסף אין **מייתנא** בהדא זימנא מתנחם אנא GN 46:30
לעלמא דאתי ברם אין **מייתנא** מותא דקשיטין לואי NU 23:10
ואין ליתך מתיב דע ארי **מימְמת** תמות אנת וכל דילך: GN 20:7
כל בני ישראל כאילו תמן **מית** אהרן ואתקבר תמן ובכן DT 10:6
ועשרין ותלת שנין כד **מית** בטוורים אומנים: ושמע עמלק NU 33:39
לתרע משכן זימנא: אבונא **מית** במדברא והוא לא הוה בגו NU 27:3
מן חבריה ויתבר מנא או **מית** בעירא מריה לית עימיה EX 22:13
ובר סיבתין קליל ואחוי **מית** ואישתאר הוא בלחודוי מן GN 44:20
בקריצתא דהא **מית** ואמר אחוהא ואימא תיתב GN 24:55
ברי עמכון ארום אחוי **מית** והוא בלחודוי אישתייר מן GN 42:38

דקרח ארום בחוביה **מית** ולא אחטי לחורנין ובנין דוכרין NU 27:3
ומבעירא דבני ישראל לא **מית** חד: ושדר פרעה פולין למיחמי EX 9:6
פולין למיחמי והא לא **מית** מבעירא דבני ישראל עד חד EX 9:7
הוא קדם ייי: וארום ימות **מיתה** עלוי בתכוף שלו ויסאב ריש NU 6:9
ומית יוסף ובתריה **מיתו** אחוי וכל דרא ההוא: ובנוי EX 1:6
למימר הלואי דמיתנא כד **מיתו** אחנא קדם ייי: ולמא אתיתון NU 20:3
דחילו מפתגמא דייי דלא **מיתו** במותנא ולא בברדא ומולתא EX 14:7
אולפנא דמשה נביא לא **מיתו** במותנא ולא לקו ביקידתא NU 26:11
הינון וכל בוכריה בעירא **מיתו** דמצראי פלחין להון: וקם EX 12:29
לאדמא: ונוני די בנהרא **מיתו** וסרי נהרא ולא יכילו מצראי EX 7:21
באנפוי מכל דיבישתא **מיתו**: ושיצי ית כל גווית אינש GN 7:22
יתהון וית קרח כד **מיתו** כנישת רשיעיא כד אכלת NU 26:10
בהון סהדין דלא טעמין **מיתותא** בעלמא הדין ברם סופיהון DT 32:1
הדין סהדין דטעמין **מיתותא** בעלמא הדין האנא מסהיד DT 32:1
שדרני: ואין לא איתברײת **מיתותא** להון מן ימות עלמא NU 16:30
עם נפשכון למקבר ית **מיתי** מן מחמי אפיי קבילו מיני GN 23:8
סב מיני ואקבור ית **מיתי** תמן: ואתיב עפרון ית אברהם GN 23:13
עימכון ואיקבר ית **מיתי** תמן: ואתיבו בני חיתאה ית GN 23:4
טמיא וגרם ידוע ותבע מן **מיתיא**: ארום מרחק קדם ייי כל DT 18:11
ומבתר כדין ייחון כל **מיתיא** דישראל ויתפנקון מן טובא NU 11:26
במחתייתא ביני **מיתיא** וביני חייא ואתכליית NU 17:13
קל שופרא היך הוה מאחי **מיתיא** וית טורא תנין וחמון כל EX 20:18
שמיא אליף יתן למקבור **מיתיא** מן משה דאתגלי עלוי DT 34:6
אברהם מן מחמי אפין על **מיתיה** ומליל עם בני חיתאה GN 23:3
למריעין ודיהכון למקבור **מיתייא** ולמיגמול בה חיסדא וית EX 18:20
ביניכון ותתמסרון כד **מיתין** ביד סנאיכון: כד איתבור לכון LV 26:25
וחמון ישראל ית מצראי **מיתין** ולא מיתין רמאין על גיף ימא: EX 14:30
ית מצראי מיתין ולא **מיתין** רמאין על גיף ימא: וחמון EX 14:30
בשפר קיברנא קבר ית **מיתך** אינש מיננא ית קבורתיה לא GN 23:6
עמי יהבתה לך איזל קבר **מיתך**: וגחן ליה אברהם באנפי בני GN 23:11
מינך בגין דלא למיקבר **מיתך**: וקם אברהם וגחן לעמא GN 23:6
בינא ובינך מה היא וית **מיתך** קבר: וקביל אברהם מן עפרון GN 23:15
מינך למקברי עם אבהתיי **מיתת** עלי רחל בתכיף בארעא GN 48:7
תמן אתבשר יעקב על **מיתת** רבקה אימיה וקרא שמיה GN 35:8
חורן בר מיני אנא במימרי **ממית** ומחי מחיתי ית עמא בית DT 32:39
דסיני: ארום אמר ייי להון **ממת** ימותון במדברא ולא אישתייר NU 26:65
ברייה ואמר לאיתתא לא **ממת** תמותון ברם כל אומנא סני בר GN 3:4
לכל גמלוי: וגברא הוה **ממתין** לה ושתיק למינדע האצלח GN 24:21
עמי נקום וניזיל וניחי ולא **נמות** אוף אנן אוף אנת אוף טפלנא: GN 43:8
ביה ומתקיים: וכדון למא **נמות** ארום תיכליננא אישתא DT 5:25
בחדא מנהין ולא **נמות** במיתותא דמייתין בה NU 31:50
הדא לא נחמי תוב דלא **נמות**: ואמר ייי לי אתקינו מה DT 18:16
תוב מן קדם ייי דילמא **נמות**: ואמר משה לעמא לא EX 20:19
והב בר זרעא וניחי ולא **נמות** וארעא לא תשתומם: וקנא GN 47:19
לנא מן תמן וניחי ולא **נמות**: ונחתו אחי יוסף עשרה למזבון GN 42:2
אלהין גופינן וארען: למא **נמות** ועינך חמן אוף אנן אוף ארען GN 47:19
הב לנא לחמא ולמה **נמות** כל קבלך ארום שלים כל GN 47:15
מתיב דע ארי מימממת **תמות** אנת וכל דילך: ואקדים GN 20:7
מיטרת מימרא דייי ולא **תמותון** ארום היכדין איתפקדית: LV 8:35
זימנא לא תיפקון דילמא **תמותון** ארום משח רבותא דייי LV 10:7
ולא תקרבון ביה דילמא **תמותון**: בי היא היא שעתא אמר GN 3:3
לא תבזעון ולא **תמותון** ביקידת אישתא ועילוי כל LV 10:6
ואמר לאיתתא לא ממת **תמותון** ברם כל אומנא סני בר GN 3:4
ישראל לא יתפסון דלא **תמותון**: ומליל ייי עם משה ועם NU 18:32
פיתגמיכון ולא **תמותון** ועבדו כן: ואמרו גבר לאחוי GN 42:20

מזג (16)

קודשא יהי לכון: גבר די **ימזג** כוותיה ודיתן מיניה על חילוניי EX 30:33
הי כמוי דגרגישתא או הי **כמזג** חמר סמוק בתרין חולקין LV 15:19
אפא פיתיה נכס ניכסיה **מזג** חמריה כיוון דמטא למחדי DT 32:50
ואתיב ית רב מזוגייא על **מזגיה** דאשתכח דלא הוה בעיטא GN 40:21
ופושרן חילמיא דחבריה **מזוגא** ונחתומא די למלכא דמצרים GN 40:5
דבר נש ואמר לרב **מזוגיא** אלהן תדכרינני עימך כד GN 40:14
כדון לי: ואישתעי רב **מזוגיא** ית חלמיא ליוסף ואמר ליה GN 40:9
בגין כן לא אידכר רב **מזוגיא** ית יוסף ואנשייה עד זמן די GN 40:23
כהילכתא קמאה דהוית **מזוגיה**: שבק יוסף ית רוחצניה GN 40:13
דלעיל ואתרחץ ברב **מזוגייא** בבשר עביר בגין כן לא GN 40:23
ואתחוא למימר סרחו רב **מזוגייא** דמלכא דמצרים ורב GN 40:1
עבדוי ורומם ית ריש רב **מזוגייא** וית ריש רב נחתומייא בגו GN 40:20
בגו עבדוי: ואתיב ית רב **מזוגייא** על מזגיה דאשתכח דלא GN 40:21
מן בית אסירי: ומליל רב **מזוגייא** קדם פרעה למימר ית GN 41:9
שתי בעיקבא ואת רב **מזוגייא** תקבל אגר טב על חלמך GN 40:12
מתבשם עובד בשמא **ממזית** משח רבות קודשא יהי: EX 30:25

מזוזתא (4)

על עינך: ותכתובינון על **מזוזיין** ותקבעינון בתולתא לקבל DT 6:9
ותכתובונון במגילתא על **מזוזיין** ותקבעינון בתולתא קבל DT 11:20
לות דשא דלות **מזוזתא** ויחייט ריבוניה ית אודניה EX 21:6
חדתא ולא קבע ביה **מזוזתא** לשכללותיה יהך ויתוב DT 20:5

מזופיתא (1)

לערבבא שלמכון וית **מזופיתא** בכל אושטות ידיכון DT 28:20

מזיא (1)

לגו ביתך ותספר ית **מזייא** דרישא ותיצמי ית טופרייהא: DT 21:12

מזל (5)

שימשא וסיהרא וכוכביא **ומזליא** ומלאכיא דמשמשין קדמיי EX 23:23
ושרו בדיבון בית **מזלא**: ונטלו מדיבון בית מזלא ושרו NU 33:45
מזלא: ונטלו מדיבון בית **מזלא** ושרו בעלמון דבלתימה אוף NU 33:46
בר: ואמרת לאה אתא **מזלא** טבא ברם בנוי עתידין GN 30:11
תריסר כל קבל תריסר **מזלייא**: מאה ותלתין סילעין הוי NU 7:84

מזמז (1)

בכא על צערא דשינוי **דאתמזמיזו** ויעקב בכא על צערא GN 33:4

מזרק (8)

משה ית פלגות דמא **דבמזירקיא** ודרק על מדבחא EX 24:8
סילעין הוי מתקלא **דמזירקא** חד כל קבל שובעין סבי NU 7:85
למרדדא יתיה ומגרפתיה **ומזירקוי** ומשילייתיה ומחתייתיה EX 27:3
בית קודשא הות מתקלא **מזירקא** חד דכסף דגילדה קליש NU 7:13
בית קודשא הוה מתקלא **מזירקא** חדא דכסף דגילדה קליש NU 7:19
כל קבל תריסר שיבטיא **מזירקי** דכסף תריסר כל קבל נשיא NU 7:84
וית מגרופיתא וית **מזירקייא** וית משילייתא וית EX 38:3
וית מגרופייתא וית **מזירקייא** כל מני מדבחא ויפרשון NU 4:14

מחוז (2)

ימא ישרי והוא יהי שליט **במחוזין** ומכבש הפרכי ימא GN 49:13
כרכוי ומדינתיה ניסוי **ומחוזוי** ספינתיה ואלגוותיה דין NU 34:6

מחוך (2)

שירין ושיווין עיזקן **ומחוכין** וכל תכשיט דדהב כל גבר EX 35:22
עזקתא מן עצבעתהן **מחוכייא** מבית תדייהן ובכל דא חס NU 31:50

מחי (136)

דיהושע ארום מימחא **אמחי** ית דוכרן עמלק מתחות EX 17:14
אתוותא דעבדית ביניהון: **אמחי** יתהון במחתא דמותא NU 14:12
אלהין מאן דחב קדמי **אמחיניה** מסיפרי: וכדון איזל דבר EX 32:33
ביניהון: אמחי יתהון **במחתא** דמותא ואישצי יתהון NU 14:12
במצע ועבד מחיצותא **במחתייתא** ביני מיתיא וביני חייא NU 17:13
אוף הינון הי כגינבריא **דאתמחייו** בטובענא ומואבאי קרן DT 2:11
כחדא ואמרין אמן: ליט **דימחי** חבריה בלישן תליתאי DT 27:24
ברם גט פיטורין יהיב לה: **דימחי** לבר ישראל או לבת ישראל EX 21:12
ייי יתיה לוותהון: מן בתר **דמחא** ית סיחן מלכא דאמוראה DT 1:4
דיתיב בחשבונא **דמחא** משה ובני ישראל במיפקהון DT 4:46
מסבי ישראל וחוטרך **דמחית** ביה ית נהרא דבר בידך EX 17:5
מחת גבורתי מן דינא הוא **דמחיתי** יתך וית עמך במותא EX 9:15
ותתיב ית כל מחתיי **דמחיתך** לליבך ובעבדך ובעמך דמן EX 9:14
דאישדר ית מחת גבורתי **ואימחי** ית מצראי בכל פרישוותיי EX 3:20
מן קדמי ואשיצינון **ואמחי** ית שומהון מתהות שמיא DT 9:14
אנא יתכון עראי בעלמא **ואמחי** יתכון לחוד אנא שבע מחן LV 26:24
הוא: וארום ינצון גוברין **וימחון** איתתא מעברא ואפילת ית EX 21:22
אבנין: וארום ינצון גוברין **וימחון** חד לחבריה באבנא או EX 21:18
אנא דילמא ייתון חיואי **וימחונון** על עיסק די מחו ית חמור GN 37:13
עם דמניין ויתכנשון עלי **וימחונני** ואישתיצי אנא ואינש ביתי: GN 34:30
דכתיבין בסיפרא הדין **וימחי** ייי ית שום דוכרניה מתחות DT 29:19
עשו למשרי דחדא מנהין **וימחיניה** ויהי משרי דמשתאר GN 32:9
דאבוי דילמא ייתי **וימחינני** אימא על בנייא: ואנת GN 32:12
דכותלא משתכח גנבא **ויתמחי** וימות לית ליה חובת EX 22:1
תקין פתגמא מן קדם ייי **ומוחי** ייי למעבדיה: וכדון יחמי GN 41:32
מן אורחא ואזלת בחקלא **ומחא** בלעם ית אתנא למכוונא יתה NU 22:23
עידן דהות לאומא ומלכו: **ומחא** ברדא בכל ארעא דמצרים ית EX 9:25
ותקיף רוגזא דבלעם **ומחא** ית אתנא בשוטא: עשרתי NU 22:27
מיא: וזקף משה ית ידיה **ומחא** ית כיפא בחטריה תרתין NU 20:11
סאוין ובזע ית ימא **ומחא** ית כיפא ולכל דחיל רב דעבד DT 34:12
דפקיד ייי וארים בחוטרא **ומחא** ית מוי דבנהרא לאחמי פרעה EX 7:20
אהרן ית ידיה בחוטריה **ומחא** ית עפרא דארעא והות מחת EX 8:13
ובעון: ארעא דכבש ייי **ומחא** יתבהא קדם כנישתא NU 32:4
דאחד רומחא בדרעיה **ומחא** למדייניתא לבית בהתת NU 25:13
מן בני בנוי עד עלמא **ומחאי** ית מצראי וטמריה בחלא: EX 2:12
וקטליה: או נטר ליה בבו **ומחהי** בידי וקטליה קטולא הוא NU 35:21
ואגח קרבא בישראל: **ומחהי** ישראל בשמתא דייי NU 21:24
ומלכיא דעימיה **ומחו** ית גובריא דבעשתרות קרנים GN 14:5
דמי מצותא היא ריקם **ומחו** ית כל חקלי עמלקאי ואוף ית GN 14:7
דישראל דהכין כתיב **ומחו** יתיה וית בנוי וית כל עמיה עד NU 21:35
דחררן וחיישן אורעייתא **ומחו** יתכון בגבלא עד חרמה: DT 1:44
לקדמותנא לסדרי קרבא **ומחונון**: וכבשנן ית ארעהון ויהבנא DT 29:6
לאהרן ארים ית חוטרך **ומחי** ית עפרא דארעא ויהי לקלמי EX 8:12

אמין וטפז עישרתי אמין **ומחייה** בקרסוליה ונפל ומית מן NU 21:35
דאורייתא יהוון מכוונין **ומחיין** יתך על רישך וכד שבקין GN 3:15
יתיה ייי אלקנא קדמנא **ומחינא** יתיה וית בנוי וית כל עמיה: DT 2:33
דמתנן וית כל עמיה **ומחינוהי** עד דלא אשתייר ליה DT 3:3
וקם איהו ועבדוי **ומחינון** ורדפינון מה דאישתאר GN 14:15
עלך רחמין הוינא מצלי **ומחתא** הות מתכליא מינך וכדון EX 10:29
ועמי חייבין בכל מחתא **ומחתא:** צלו קדם ייי ויהי סגי קדמוי EX 9:27
כד ייתון מחתין עליכון **ומחתין** על בניכון מחן רברבן DT 28:59
ריגלא על טינרא בחורב **ותימחי** ביה בטינר חוטרך ויפקון EX 17:6
ייי אלקכון בידכון **ותימחי** ית כל דכורה לפתגם דחרב: DT 20:13
ייי אלקכון קדמיכון **ותמחינון** גמרא תגמרון יתהון DT 7:2
ישלם עד דמיתסי: וארום **ימחי** גבר ית עבדיה כנענאה או ית EX 21:20
חולף הלכשוש: וארום **ימחי** גבר ית עינא דעבדיה כנענאי EX 21:26
עללין תמן למירתה: **ימחי** יתכון מימרא דייי בשחפותא DT 28:22
דלא תיכלון לאיתסאה: **ימחינכון** מימרא דייי בשווייותא DT 28:28
עיניכון דתיחמון תזוען: **ימחינכון** מימרא דייי בשיחנא DT 28:35
יתהון מעילוי נבילתכון: **ימחינכון** מימרא דייי בשיחני דילקו DT 28:27
על שום אחוי שכיבא ולא **יתמחי** שמיה מישראל: ואין לא DT 25:6
ולא שוי ליביה לחוד **למחתא** הדא: וחפרו מצראי חזרנות EX 7:23
בלעם לסייגא ואוסיף **למימחא** ומלאכא אתכסי מינה: NU 22:25
ופלגותא אצטנעא **למימחי** בוכריא במצרים וקם איהו GN 14:15
מְחבלא למיעול לבתיכון **למימחי:** ותיטרון ית פיתגמא הדין EX 12:23
ולא אוסיף תוב **למימחי** ית כל דחי היכמא דעבדית: GN 8:21
צפרא: ויתגלי יקרא דייי **למימחי** ית מצראי ויחמי ית אדמא EX 12:23
ואמר ייי למשה לא חמי **למימחי** שמך אלהין מאן דחב EX 32:33
דתן ידיה על אבירם **למימחייה** אמר ליה למה אנת מחי EX 2:13
למירדי יתכון שבע **מאחאתא** על שבע עבירן די LV 26:18
וית כל עיסבא דחקלא **מחא** ברדא וית כל אילנא דחקלא EX 9:25
בכון: לחוד כל מרע וכל **מחא** דלא כתיבין בספר אורייתא DT 28:61
שובעא יומין מן בתר די **מחא** ייי ית נהרא ומבתר כן אסי EX 7:25
ועישרתי אהוותא די **מחא** ית מצראי ותלת אבהת עלמא EX 14:21
לעמי ועל עמך אייתי **מחא** לעידן מחר יהי אתא הדין: EX 8:19
דקיים ייי להון: ואוף **מחא** מן קדם ייי אתגריית להון DT 2:15
משה ואהרן היא אלהן **מחא** משתלחא מן קדם ייי היא EX 8:15
עליכון שביעיתא **מחא** על שבע עבירן די חטיתון LV 26:21
לשיזבא ית בעלה מיד **מחהו** ותושיט ידה ותתקיף בבית DT 25:11
במנא דפרזלא במשהו **מחהי** וקטליה קטולא הוא NU 35:16
ידא די כמיסת דימות בה **מחהי** וקטליה קטולא הוא NU 35:17
ידא די כמיסת דימות בה **מחהי** וקטליה קטולא הוא NU 35:18
גובריא דבתרע ביתא **מחו** בחוורווריא מטלייא ועד סבא GN 19:11
וימחונון על עיסק די **מחו** ית חמור וית שכם וית יתבי GN 37:13
בגין איקר דיעקב והוון **מחוויין** בידיהון ואמרין אבל תקיף GN 50:11
תדיי אימהון הוון עקיא **מחוון** באצבעתהון לאבהתהון EX 15:2
ותוקפהון יתבר וגירי **מחוות** פורענותיה יגרי בהון NU 24:8
מארע רחיקא ויחמון ית **מחוותא** דארעא ההיא וית DT 29:21
להון אתון חמיתון ית כל **מחוותא** דעבד מימרא דייי לעיניכון DT 29:1
מוהי ואין יסרב לאפוקי **מחי** אנת לחודך ביה בחוטרא NU 20:8
ארום אנא ייי הא אנא **מחי** בחוטרא דבידי על מוי די EX 7:17
וחמא גבר מצראי **מחי** גבר יהודאי מאחוי: ואיסתכל EX 2:11
אנת למפטור הא אנא **מחי** ית כל תחומך בעורדענייא: EX 7:27
אמר ליה למה אנת **מחי** לחברך: ואמר ליה דתן מאן הוא EX 2:13
וידינון כנישתא בין **מחיא** ובין תבע אדמא על סדר NU 35:24
על מורניתיה ויהי זכיי **מחייא** מדין קטול לחוד בוטלן EX 21:19
לחוביהון שבוק ואין לא **מחיני** כדון מן ספר צדיקיא EX 32:32
מלאכא דייי מטול מה **מחית** ית אתנך דנן תלת זימנין הא NU 22:32
אנא במימרי ממית ומחי **מחיתי** ית עמא בית ישראל ואני DT 32:39
מה עבדית לך ארום **מחיתני** דנן תלת זימנין: ואמר בלעם NU 22:28
דיין אנא במאתן וחמשין **מחן** ומן בתר כדין יפקון לחירותא GN 15:14
יתכון לחוד אנא שבע **מחן** על שבע עבירן די חטיתון LV 26:24
יתכון לחוד אנא שבע **מחן** על שבע עבירן די חטיתון LV 26:28
עליכון ומחתין על בניכון **מחן** רברבן ומיהמנן דלא DT 28:59
מן קדמיהון: ולחוד ית **מחת** אורעייתא טריקיא יגרי ייי DT 7:20
בהון גירין דקטול ואיתין **מחת** גבורת ידי במצרים ואפיק ית EX 7:4
תמן עד דאישדר ית **מחת** גבורתי ואימחי ית מצראי EX 3:20
ארום כדון שדרית ית **מחת** גבורתי מן דינא הוא דמחיתי EX 9:15
אנא הוא ייי כד ארים ית **מחת** גבורתי על מצרים ואנפיק ית EX 7:5
מוי מן נהרא והות **מחת** דמא בכל ארעא דמצרים: EX 7:21
קדם ייי ויעדי מיננא ית **מחת** חיויא וצלי משה על עמא: NU 21:7
דישראל תתכיל יתהון **מחת** חרבא ודמשתיירין בארעא DT 32:25
אנת מתקיף בהון: הא **מחת** ידא דייי הויא כען כד לא הות EX 9:3
דא לכון ואיגרי עליכון **מחת** מותנתא ית שחפותא וית LV 26:16
מיכלך ומישתייך ואעדי **מחת** מרירתא מגווך: לא תהי תכלא EX 23:25
דיחובון ותיתקף עליהון **מחת** סנאה ותתנטל סעיד מידיהון DT 32:36
על מיא דמצרים וסליקת **מחת** עורדעניא וחפת ית ארעא EX 8:2

עליהון בישתא גירי **מחת** פורענותי אישיצי בהון: אגלי DT 32:23
ית עפרא דארעא והות **מחת** קלמי בבישרא דאינשא EX 8:13
ית קלמין ולא יכילו והות **מחת** קלמי שלטא באינשא EX 8:14
מן קדם שיחנא ארום הוה **מחת** שיחנא באיסטיגינייא ובכל EX 9:11
בההוא זימנא ארום הוה **מחתא** דייי בענא דלבן ולא GN 29:9
סנאך כתריסא דמקבל **מחתא** ויהב ליה חד מן עשרא מכל GN 14:20
אני ועמי חייבין בכל **מחתא** ומחתא: צלו קדם ייי ויהי EX 9:27
ליליא לא הות ביה **מחתא** כדא ודכוותיה ליליא לא EX 11:6
ליליא לא תוסיף למיהוי **מחתא** כדא: ולכל בני ישראל לא EX 11:6
בזימנא הדא אנא שלח **מחתא** לך מן שמייא ותתיב ית כל EX 9:14
עדריא ואבנא רבתא **מחתא** על פם בירא: ומתכנשין תמן GN 29:2
שפיריא לא שדר **מחתיה** בההיא שעתא ברם EX 24:11
מן שמייא ותתיב ית כל **מחתיי** דמחיתך לליבך ובעבדך EX 9:14
רוח קודשא כד ייתון **מחתין** עליכון ומחתין על בניכון DT 28:59
במשמעיה דיהושע ארום **מימחא** אמחי ית דוכרן עמלק EX 17:14
תועיבתא הדא ביניכון: **מימחא** תימחון ית יתבי קרתא DT 13:16
לקדמותיה בתר דתב **מלימחי** ית כדרלעמר וית מלכיא GN 14:17
הדא ביניכון: מימחא **תימחון** ית יתבי קרתא ההיא DT 13:16
לכון אחסנא למירתה **תמחון** ית דוכרנא דעמלק מתחות DT 25:19

מחק (3)

ובמכילתא בגדישותא **ובמחקא:** מודנוון דיקשוט מתקלין LV 19:35
האילין כהנא על מגילתא **וימחוק** למיא בדוקיא: וישקי ית NU 5:23
ההוא: ליתיכון רשאין **למחקא** כתב שמא דייי אלקכון: DT 12:4

מחר (20)

שימשתא ועאן ותורי **למחר** בכרן יומא לחדות חגא DT 16:2
דבנהרא ישתיירון: ואמר **למחר** ואמר כפתגמך מן בגלל EX 8:6
מן בגלל דעכב קרבא **למחר** ולא איזדרז ביומא ההוא EX 17:12
ולות עמא תימר אזדמנו **למחר** ותיכלון בישרא ארום בכיתון NU 11:18
שבת קודשא קדם ייי **למחר** ית דאתון צריכין למיפא EX 16:23
ומן עבדוי ומן עמיה **למחר** לחוד לא יוסיף פרעה EX 8:25
האנא מחית בעידן הדין **למחר** מן אוצרי שמייא ברדא תקיף EX 9:18
ית דאתון צריכין למיפא **מחר** איפו יומא דין וית דאתון EX 16:23
וכנענאי יתיב במישרא **מחר** איתפנו וטולו לכון למדברא NU 14:25
לקבל משיריית עמלק **מחר** אנא קאים בצומא מעתד EX 17:9
למימר ווי לכון סגיפין **מחר** אתון מתקטלין מטול דסני ייי DT 1:27
דאתון צריכין למבשלא **מחר** בשילו יומא דין וית כל מה EX 16:23
ית עמי הא אנא מייתי **מחר** גובא בתחומך: ויחפי ית חזוונא EX 10:4
קטרת בוסמין קדם ייי **מחר** ויהי גברא דיתרעי ביה ייי הוא NU 16:7
קדם ייי אנת והינון ואהרן **מחר:** וסבו גבר מחתיתיה ותיתנון NU 16:16
עמך אייתי מחא לעידן **מחר** יהי אתא הדין: ועבד ייי כן EX 8:19
וקבע ייי זימנא למימר **מחר** יעביד ייי ית פיתגמא הדין EX 9:5
ויהי ארום ישיילינך ברך **מחר** למימר מה דא מצוותא EX 13:14
ייי: ארום ישיילנך ברך **מחר** למימר מה סהידוותא DT 6:20
עציב ואמר חגא קדם ייי **מחר** מניכסת קטול בעלי דבבוי EX 32:5

מחרוך (2)

דמי צער מחרוך חולף **מחרוך** דמי פודעא חולף פודעא EX 21:25
חולף ריגלא: דמי צער **מחרוך** חולף מחרוך דמי פודעא EX 21:25

מחתה (19)

שבעא ומלקטייהא **ומחתייה** דדהב דכי: קנטינר דדהב EX 37:23
קבל אפהא: ומלקטייהא **ומחתייהא** דדהב דכי: קנטינר דדהב EX 25:38
ומזירקוי ומשילייתיה **ומחתייתיה** כל מנוי תעביד נחשא: EX 27:3
ואמר משה לאהרן סב ית **מחתיא** והב עלה אישתא מעילוי NU 17:11
כהניא קטרת בוסמין על **מחתיא** וייכלון מותנא ביום רוגזך DT 33:10
בר אהרן כהנא ויפרש ית **מחתיא** מן בני יקידיא וית אישתא NU 17:2
מחתיתיה מאתן וחמשין **מחתיין** ואנת ואהרן גבר מחתיתיה: NU 16:17
דא עיבידו סבו לכון **מחתיין** קרח וכל כנישת סעדוי: NU 16:6
ארום אתקדשא: ית **מחתיית** חייבייא האילין דאתחייבו NU 17:3
ונסיב אלעזר כהנא ית **מחתיית** נחשא דקריבו יקידיא NU 17:4
וית משילייתא וית **מחתייתא** לכל מנוי עבד נחשא: EX 38:3
דיליה: ויסב מלי **מחתיתא** גומרין לחשן דאישא LV 16:12
וית מילקטיא וית **מחתיתא** וית כל מני שימושא NU 4:9
דישמשון עלוי בהון ית **מחתיתא** וית משילייתא וית NU 4:14
אהרן נדב ואביהוא גבר **מחתיתיה** ויהבו בהון אישתא LV 10:1
גבר מחתיתיה: ונסיבו גבר **מחתיתיה** ויהבו בהון אישתא NU 16:18
מחתיין ואנת ואהרן גבר **מחתיתיה:** ונסיבו גבר מחתיתיה NU 16:17
ואהרן מחר: וסבו גבר **מחתיתיה** ותיתנון עליהון קטורת NU 16:17
ותקרבון קדם ייי גבר **מחתיתיה** מאתן וחמשין מחתיין NU 16:17

מטו (7)

משה וצלי קדם ייי ואמר **במטו** מינך ריבון כל עלמיא גלי EX 32:31
ואמר אהרן למשה **במטו** מינך ריבוני לא תשוי עלנא NU 12:11
בתרע ביתיה: ואמרו **במטו** מינך ריבוני מיחת נחיתנא GN 43:20
כדון היא מתמנעא מינן **במטו** מינך ריבוני צלי כען עלה ולא NU 12:12
ואמר במטו ריבוני ימליל **במטו** עבדך פיתגמא במשמעיה GN 44:18
וקריב לותיה יהודה ואמר **במטו** ריבוני ימליל במטו עבדך GN 44:18

לך: וכדנא תימרון ליוסף **במטו** שבוק כדון לחובי אחך GN 50:17

מטול (164)

בפריע לות כנישתא וכפר **אמטולהון** ארום נפק מחבלא NU 17:11
יהוי גברא דיקום ויצלי **אמטולהון** ברת קלא נפלת מן שמי DT 28:15
יתוב מימרא דייי למיחדי **אמטולכון** לאוטבא לכון היכמא DT 30:9
כהילכת עלתא דקריב **אמטולתיה:** וקריב ית מנחתא ומלא LV 9:16
לי בגיניך ותתקיים נפשי **אמטולתיך:** והוה כדי על אברם GN 12:13
חטאתך וית עלתך וכפר **אמטולתך** ואמטול עמא ועיבד ית LV 9:7
קמון שימשא וסיהרא **אמטולתך** ופסקון מן למימר DT 2:25
תחות טלל שכינתי **דימטול** היכמא ערק מן פולחן DT 23:16
קדם ריבון עלמא אפשר **דמטול** איליין ימותון עשרין וארבע NU 25:8
עלתך וכפר אמטולתך **ואמטול** עמא ועיבד ית קרבן עמא LV 9:7
וקטל חייבא דביניהון **ואמטוליה** לא שיציית ית בני NU 25:11
ית אינתתיה לכהנא **ומטול** דאיהי אטעימית לגיורא NU 5:15
הוות מבנתהון דסדומאי **ומטול** דחטת במילחא בפרסומי GN 19:26
והיא לא איסתאבת: **ומטול** דלא אייתי גברא ההוא NU 5:15
יגיס ליביה יתיר מן אחוי **ומטול** דלא יסטי מן תפקדתא DT 17:20
יתיה סגנא במשח רבותא **ומטול** דלא צלי ביומא דכיפורי NU 35:25
תקיף ושרון ברפידים **ומטול** דרפון ידיהון מפיתגמי NU 33:14
בכל אורחן דתקנן קדמוי **ומטול** לאתקרבא לדחלתיה: ויתרך DT 11:22
קדם ייי כל עביד אילין **ומטול** תועיבתא האילין ייי DT 18:12
שימשא מטול דעניא הוא **ומטולתיה** הוא סבר לקיימה ית DT 24:15
יהבית ית טוורא דגבלא **מטול** איקרא דעבד לאבוי: עיבורא DT 2:5
פולחן מטרתא ופולחן **מטול** במשכן זימנא: והוו סכומהון NU 4:47
באישא מצלהבא דין **מטול** בני קהת במשכן זימנא: NU 4:15
כותכון אלף זימנין **מטול** ברכתי דא ויברך יתכון בלא DT 1:11
יתקטל באטלות אבנין **מטול** דאבוי ואימיה לט קטלא LV 20:9
אשלא מעילוי תדייהא **מטול** דאיהי אסרת חרצהא NU 5:18
ויתנינון במן דחסף **מטול** דאיהי אשקיית לגיורא חמר NU 5:17
ויפרע ית רישא דאיתתא **מטול** דאיהי קלעת סער רישה ויתן NU 5:18
ותהון קדישין בגופיכון **מטול** דאקבל ברעוא צלותכון אנא LV 20:7
יתיה לחטאתא ועיגלא **מטול** דאשתעבדתון לעיגלא ואימר LV 9:3
שמיה ביומא דאתרביו **מטול** דאתקרב קרבנהון לשמשא: NU 3:3
כל קבל בית ישימון **מטול** דבטילו פתגמי אורייתא: NU 21:20
קמורא תיתנון ליה: **מטול** דביה איתרעי ייי אלקכון DT 18:5
בישרא חייא ויסאיביניה **מטול** דבישרא חייא דביה מסאב LV 13:15
עתידין למחסן עלמא **מטול** דבנימוסי אומיא לא מידברין: NU 23:9
ואנת פרש מן אינתתך **מטול** דבסנדרי דלעיל אנת קאי DT 5:31
סאבא יסאיביניה כהנא **מטול** דברישיה מכתשיה: ומצורעא LV 13:44
ובמבעי רחמין קדם ייי **מטול** דדין קטול מתחייב: וכל LV 27:29
למחוור יתיר מן משכא **מטול** דהיא עמיא ויסגריניה כהנא LV 13:26
למחוור יתיר מן משכא **מטול** דהיא עמיה ויסגירינה כהנא LV 13:21
כל קבל מיכלא היא **מטול** דהינון בסידרי דיניי קצו וית LV 26:43
יומין לירחא דאייר **מטול** דזוודין לא עבדו להון: ויומייא EX 12:39
עליל ונפיק בעלמא דאתי **מטול** דזכוון קדם ייי עבד וסדרי DT 33:21
דשכינת מרי עלמא **מטול** דחייסא מן קדם ייי לכון הוא: EX 12:11
בישא על רכוביא **מטול** דחמיטתון לפיתגם עבירתא DT 28:35
מן כל ספק אנוס וחטופין **מטול** דחשיב משה בלבביה דילמא LV 8:15
ליתמא ולארמלא יהי **מטול** די יברככון מימרא דייי DT 24:19
לעיגלא ואימר בר שתיה **מטול** דידכר לכון זכותא דיצחק LV 9:3
דיכרא דיכרין תריסר **מטול** דיהובדון תריסר רברבי NU 7:87
אימרין בני שנה תריסר **מטול** דיהובדון תריסר רברבי עשו NU 7:87
ישראל ותינטר למעבד **מטול** דיוטב לך ותסגון לחדא DT 6:3
דאנא מפקדכון יומא דין **מטול** דיוטב לכון: הא דייי אלקכון DT 10:13
תיכלון ית אינביה **מטול** דיוספון לכון מן שמיא LV 19:25
רברבי עשו ומנחתהון **מטול** דיעדי כפנא מן עלמא וצפירי NU 7:87
שבעתי יומין בתר אימיה **מטול** דישתמודע דלא נפיל ומיומא LV 22:27
יד ימיניה על ריש עלתא **מטול** דיתרעי ליה לכפרא עלוי: LV 1:4
קטיעין יתקיים לא יתדן **מטול** דכסף זביניה הוא: וארום ינצון EX 21:21
דתיתבשל בה יתבר **מטול** דלא יבשלון ביה חולי ואין LV 6:21
קימיא האילין למעבדהון: **מטול** דלא יגיס ליביה יתיר מן אחוי DT 17:20
דהבא לא יהי עליל **מטול** דלא ידכר חובת עיגלא LV 16:4
ברם משה נביא חלפיה **מטול** דלא ידכר להון חובת עיגלא NU 2:10
מהלכין בהון עד פרתהון **מטול** דלא ילעון בזמן מכנשהון NU 11:31
כהנא למיחמי ית ביתא **מטול** דלא יסתאב כל דבביתא ומן LV 14:36
דסטנא מימתיל ביה **מטול** דלא ישתעי עליכון לישן LV 9:3
עיגל בר תורי לחטאתא **מטול** דלא ישתעי עלך סטנא לישן LV 9:2
מקף לפומיה חזור חזור **מטול** דלא יתבזע: ועבדו על שיפולי EX 39:23
לחוד איתוקפון ביצריכון **מטול** דלא למיכול אדמא ארום DT 12:23
מזרעיה לפולחנא נוכראה **מטול** דלא למיקטול יתיה: ואישוי LV 20:4
מטרת מימרי למזדהרא **מטול** דלא למעבד מנימוסי LV 18:30
קריבותא במיתתהון **מטול** דלא מטו ליומי אבהתהון וכל DT 31:14
אושטות ידיכון: ארום **מטול** דלא נייחין בית ישראל DT 15:11
מצות רקם מדברא דצין **מטול** דלא קדישתון יתי במצע בני DT 32:51

להון והינון רחיקין **מטול** דלא שמיעין באודניהון ברם DT 4:7
אבוהן תהווין לנשין: **מטול** דלא תיתקף אחסנא לבני NU 36:7
בעידנא ההיא בשבועה **מטול** דלית שכינת אלקי שריא DT 31:17
למחוור ויסאיביניה כהנא **מטול** דמכתש סגירותא הוא LV 13:20
ויסאיב כהנא יתיה **מטול** דמכתש סגירותא הוא: ואין LV 13:27
דמכתשא ביה יהי מסאב **מטול** דמסאב הוא בלחודוי יתיב LV 13:46
כהנא לשער מצלהב **מטול** דמסאב הוא: ואם כד הוה קם LV 13:36
מסאבא לדמשמש עימה **מטול** דמסאבא היא: וכל משכבא LV 15:25
ית פתורא בסטר ציפונא **מטול** דמתמן מתיהב עותרא EX 40:4
ית מנרתא בסטר דרומא **מטול** דמתמן שבילי שמשא EX 40:4
ויסאיביניה כהנא **מטול** דסגירותא הוא: מכתש סגירו LV 13:8
וקורבן פיסחא לא יעבדון **מטול** דסואבותהון בהון ובפיסחא NU 9:12
די יהי בשיפולי משכנא **מטול** דסוף כל בישרא לעפרא יסב NU 5:17
ברם אתון צפיר בר עיזי **מטול** דסטנא מימתיל ביה מטול LV 9:3
מחר אתון מתקטלין **מטול** דסני ייי יתנא אפקנא מן DT 1:27
דאיתכניש אהרן אחוך: **מטול** דסרבתון על מימרי במדברא NU 27:14
דיהבית לבני ישראל **מטול** דסריבתון על מימרי במי NU 20:24
אשתא מן קדמוי **מטול** דעל מיחמי כל עמא איתיקר LV 10:3
ידונון הינון ויקילון מן **מטול** דעלך ויסובורון עימך: אין ית EX 18:22
תטמוע עלוי שימשא **מטול** דעניא הוא ומטולתיה הוא DT 24:15
בבישתהון בני עמהון **מטול** דעריית אחתי בזי חוביה LV 20:17
איתת אבוך לא תבזי **מטול** דעריתא דאבך היא: עירית LV 18:8
אלקך מעילוי מנחתך **מטול** דעשרין וארבע מוהבתא LV 2:13
הוא בנורא תוקדיניה **מטול** דצורעא שקיעא היא ברדדיה LV 13:55
בוכרא דעיזי לא תפרוק **מטול** דקודשא הינון וית אדמתהון NU 18:17
וית בניהון לא ידעין **מטול** דקיימין עשרין שנין DT 33:9
ייי ית שיבטא דלוי **מטול** דקניאו לשמיה לאתקטלא DT 10:8
חקיק צורת בר אריוון **מטול** דרבא לבני יהודה נחשון בר NU 2:3
רוגזא רבא הדין: ויימרון **מטול** דשבקו ית קיימא דייי אלקא DT 29:24
קדמאה דכהנא רבא **מטול** דשיבוק חובין דישראל ביה LV 4:21
שיקצא ורחקא תרחקינון **מטול** דשמיתין הינון: כל תפקידתא DT 7:26
מסתרא במדרישיכון **מטול** דתיתעסקון בה ותינדעון DT 29:5
לריבותא מנהון אלהין **מטול** דתקיפהון מסרינון ווייי DT 32:30
ית דרתא חזור חזור **מטול** זכוות אבהת עלמא דמחזרן EX 40:8
ית פרסא דתרע דרתא **מטול** זכוות אימהת עלמא דפריס EX 40:8
מתרכהון מן קדמיכון: לא **מטול** זכוותכון ובתריצות ליבכון DT 9:5
ירותא ארום לבנוי דלוט **מטול** זכותיה דאברהם יהבתה DT 2:19
מדבחא ותיתן תמן מוי **מטול** חוביא דהדרין בתיובא EX 40:7
צפירתא דעיזי שלמתא **מטול** חובתיה דחב: ויסמוך ית יד LV 4:28
בדיכרא דאשמא קדם ייי **מטול** חובתיה דחב וישתביק ליה LV 19:22
קרבן אשמיה לקדם ייי **מטול** חובתיה דחב נוקבא מן ענא LV 5:6
קדם ארונא דסהדותא **מטול** חכימיא דעסיקין באורייתא EX 40:5
וית בסיסיה ותקדש יתיה **מטול** יהושע משומשנך רבא EX 40:11
אכלית ומוי לא אשתיית **מטול** כל חוביכון דחבתון למעבד DT 9:18
כל דביה ותקדש יתיה **מטול** כליל דמלכותא דבית יהודה EX 40:9
מדבחא קדש קודשין **מטול** כלילא דכהונתא דאהרן ובנוי EX 40:10
ופרקכון ייי אלקכון **מטול** כן אנא מפקדכון למעבד ית DT 15:15
בצלותיה ולא צלי **מטול** כן אתקנס לימות בשתא NU 35:25
ואיסתפי ואיתי בלא צבו **מטול** כן דכי יתיה באדם תורא וית LV 8:15
בהון מידעם ופקידינון **מטול** לאחוואותהון לות בני ישראל LV 27:34
זיתא קורבנא לשמא דייי **מטול** לאתקבלא ברעוא וניסוכי LV 23:13
הינון דשלימון בכולא **מטול** לאתקבלא ברעוא קדם ייי: LV 8:28
תקריב בסיפלי לניסוכא **מטול** לאתקבלא ברעוא קדם ייי: NU 15:7
מיקרבא על טוורא דסיני **מטול** לאתקבלא ברעוא קרבנא NU 28:6
מן אדמה למשכן זימנא **מטול** לכפרא בקודשא לא תיתאכל LV 6:23
עיזין תריסר לחטאתא **מטול** לכפרא על חובי תריסר NU 7:87
כל גבורתא דעבדית להון **מטול** למהוי להון לאלקא אנא ייי: LV 26:45
ישראל עם יחידאי בארע **מטול** למהוי ליה לעם חביב היכמא DT 26:18
ובכון אתרעי ייי אלקכון **מטול** למהוי ליה לעם חביב מן DT 7:6
פריקין מארעא דמצרים **מטול** למהוי לכון לאלקא אנא הוא NU 15:41
פריקין מארעא דמצרים **מטול** למהוי לכון לאלקא אנא ייי: LV 22:33
ישראל ייי אלקנא ייי חד **מטול** למהוי לכון לאלקא ולמהך DT 26:17
ולשום דיקר ולשיבהורא **מטול** למהוי עם קדיש קדם ייי DT 26:19
יתכון מן עממיא **מטול** למהוי פלחין קדמי: וגבר או LV 20:26
כל מה דאודעה לעממיא **מטול** למחבבא עמיה בית ישראל DT 33:3
מניר פרזלא ממצרים **מטול** למיהוי ליה לעם אחסנא DT 4:20
פריקין מן ארעא דמצרים **מטול** למיהוי לכון לאלקה ותהוון LV 11:45
ית פרישתא אילין **מטול** למינדע ארום ייי הוא אלקא DT 4:35
דתפקדונון ית בניכון **מטול** למינטור ולמיעבד ית כל DT 32:46
פריקין מן ארעא דמצרים **מטול** למיתן לכון ית ארעא דכנען LV 25:38
שזיר חוטא דתכלתא **מטול** למיתן על מצנפתא מן EX 39:31
מדבר קדמיהון ביממא **מטול** למכבא טוריא וגלימתא NU 14:14
אדם ניכסא על מדבחא **מטול** למכפרא על אדם נפשתיכון LV 17:11
אימר חד אשמא לארמא **מטול** למכפרא עלוי ועשרונא LV 14:21

ידכון ייתון ית קרבנהון **מטול** למכפרא עליהון: ומליל ייי עם LV 15:33
עלמא למעבד להון דינא **מטול** למקיימא ית כל פיתגמי DT 29:28
לחוד באבהתכון צבא ייי **מטול** למרחם יתכון ואתרעי DT 10:15
סובביה מלרע עד פלגיה **מטול** לקבלא גומריא וגרמיא EX 38:4
ורבי יתיה בתר דאלבשיה **מטול** לקדשותיה: וקריב משה ית LV 8:12
ואמר ליה מלאכא דייי **מטול** מה מחית ית אתנך דנן תלת NU 22:32
ויימרון כל עממיא **מטול** מה עבד ייי הכנא לארעא DT 29:23
מיא בדוקיא **מטול** משה ונפל על אנפוי מן NU 16:4
טעוון וצילמין וקמתין **מטול** סגותא לא תקימון לכון ואבן LV 26:1
יסתקף עליהון דימותון **מטול** סואבתהון בסאוביהון ית LV 15:31
קדם תרע משכן זימנא **מטול** עתידיא דמסדרין פתורא EX 40:6
במיתנכון ליה ארום **מטול** פיתגמא הדין יברככון ייי DT 15:10
פרסא דתרעא למשכנא **מטול** צדיקיא דחפין בזכותיהון על EX 40:5
ריש חטאתא ויכוס יתה **מטול** קורבן חטאתא באתרא LV 4:33
והפך ייי אלקכון בפומיה **מטולכון** ית לווטין לבירכן ארום DT 23:6
עלי הוה רגז מן קדם ייי **מטולכון** למימר אוף אנת לא תיעול DT 1:37
מידברא קדמיכון לאגחא **מטולכון** עם בעלי דבביכון למפרוק DT 20:4
אין מיבהית לא תקבלון **מטולתיה** חובא: לא תהוון נקמין LV 19:17

מטי (49)

ויהביה ביד יעקב ויעקב **אמטי** ליה לאבוי ושתי: ואמר ליה GN 27:25
ייי איסתקף מן בגלל **דימטא** זימניה דיוסף למיפק מן GN 41:8
תשעה ירחין וכיוון **דימטא** קיצא למיפוק לעלמא NU 12:12
ברם מתעכב אנא עד זמן **דימטון** יומי אבלא דמיתת אבא GN 27:41
פידגגא למינוקא עד זמן **דימטון** לארעא דקיימתא NU 11:12
וחליין כדבש: והוה כיוון **דמטא** זימניה דיעקב אבונן DT 6:4
ניכסיה מזג חמריה כיוון **דמטא** למחדי בריה עם אינתתיה DT 32:50
לבירא דשבע: והוו כיוון **דמטו** לפיתחא דמדברא אדכרו GN 21:15
ונהך ואזיל לקיבלך עד **דתימטי** לבי משרויך: ואמר ליה GN 33:12
דמליל ותינטרון מזמן **דתמטון** לתמן ית פולחנא הדא: ויהי EX 12:25
חבול על בנינן כד יחובון **וימטון** עליהון לווטייא אילין היך DT 28:15
סלק עמוד קריצתא **ומטא** שעתא דמלאכי מרומא GN 32:27
למיעל לתחום מצרים **ומטו** לנהרא וגליאו בשריהון GN 12:11
לווטין חלף בירכן **ימטון** עליהון מיכלא כל קבל LV 26:43
מישלם יומי אפרשותיה **ימטי** ית גרמי לתרע משכן זימנא: NU 6:13
ידיה בצורעא הכדין **ימטי** ליה: ואתרעמו כל כנישתא NU 17:5
ימא בספינתא ותחומי **ימטי** עד צידון: ישׂשכר חמיר GN 49:13
יתה לות כהנא וכהנא **ימטינה** למדבחא: ויפרש כהנא מן LV 2:8
ברא מייתי ליה סהדין או **ימטיניה** עד גופת דתביר לא ישלים: EX 22:12
מן צידעא לצידעא **יתמטי** ויטול אהרן ית עוויית EX 28:38
נפיל עילוי קנקל ולא **יתמטי** לארעא ונסבין יתיה כהניא EX 27:5
הוו בארעא דעד כדון לא **מטא** זימנא דבני ישראל למירתא: GN 12:6
להון משכנא לשמך וכד **מטא** זימנא למיעבר ית יורדנא DT 32:50
קרבא דעד כדון לא **מטא** זימנא למתיהבא נקמתא NU 20:21
דאיתברי עלמא לא **מטא** זימני למשבחא אלהין הדא GN 32:27
ייי לנח סופא דכל בישרא **מטא** מן קדמי ארום איתמליאת GN 6:13
ישראל ליוסף הא אנא **מטא** סופי לימּמת ויהי מימרא דייי GN 48:21
ומטרא דהוה נחית לא **מטא** על ארעא: וחמא פרעה ארום EX 9:33
יוסף ואנשייה עד זמן די **מטא** קיצא מן קדם ייי למתפרקא: GN 40:23
עד די שלימו: והוה די **מטה** קיציה דמשה נביא למתכנשא DT 32:1
במיתתהון מטול דלא **מטו** ליומי אבהתהון וכל חד וחד DT 31:14
עבדך אליין לותי ויבעון **מטו** מיני למימר פוק אנת וכל עמא EX 11:8
הי כזכאין ותוב זכאין **מטי** להון הי כזכוותהון וחייבין מטי EX 33:13
הי כזכוותהון וחייבין **מטי** להון הי כחוביהון מן בגלל EX 33:13
מדבר עם בני נשא זכאין **מטי** להון הי כחייבין ולחייבין הי EX 33:13
מן מתנן ותחומי יהי **מטי** עד בותניי: ולשיבטא דנפתלי DT 33:22
קרתא ומוגדלא ורישי **מטי** עד צית שמיא ונעביד לנא GN 11:4
באישתא ושלהוביה **מטי** עד צית שמיא חשוכא עננא DT 4:11
אבונן ארזא רמא דרישי **מטי** עד צית שמייא ברם ענפוי GN 50:1
קביע בארעא ורישי **מטי** עד צית שמייא והא תרין GN 28:12
דכד תחובון ותתובון **מטיא** תיובתכון עד כורסי יקרא DT 30:2
דזבולון תגרין מרי פרק **מטייא** מפרנסין ית אחיהון בני GN 46:14
כל דיירי ארעא ושירשוי **מטיין** עד ארעית תהומא מיניה GN 50:1
למזבן עיבורא: והוה כד **מטינא** לבית מבתותא ופתחנא ית GN 43:21
ליורדנא ולהלא ארום **מטת** אחסנתנא לנא מעיברא NU 32:19
ובשיעבודן וכדו **מטת** זימנא למיפק ולמירות ית NU 12:12
והוה במיפק נפשא ארום **מטת** עלה מותא וקרת שמיה בר GN 35:18
עם חמרא ואנא ועולימא **נתמטי** עד כא לבחוני אין יתקיים GN 22:5
דתהלכון עד זמן די **תמטון** לבית אתר משרויכון: לא EX 10:10

מטלא (16)

צריכין לאימהון יתבון **במטליא** מברכין לברייהון כל אימת LV 23:42
ייי אלקכון שבעתי יומין:: **במטללתא** דתרי דופנייהא LV 23:42
בגלל דידעון דריכון ארום **במטלת** ענני יקרא אותיבית ית בני LV 23:43
שתא דשמיטיתא בחגא **דמטליא**: במיתי כל ישראל DT 31:10
הוון מנסכין ביומא דחגא **דמטליא** דוכרן טב לרביעא NU 29:31
ובחגא דשבועיא ובחגא **דמטליא** וליתיכון רשאין DT 16:16
לא תעבדון ותחגון חגא **דמטליא** קדם ייי שובעא יומין: NU 29:12
שביעאה הדין חגא **דמטליא** שובעא יומין לשמא דייי: LV 23:34
וביומא רביעאה דחגא **דמטליא** תורי עשרא לעשר NU 29:23
וביומא שתיתאה דחגא **דמטליא** תורין תמניא לתמני NU 29:29
וביומא חמישאה דחגא **דמטליא** תורין תשעא לתשעת NU 29:26
ית קימיא האילין: חגא **דמטליא** תעבדון לכון שובעא יומין DT 16:13
וביומא תניינא דחגא **דמטליא** תקרבון תורין בני תורי NU 29:17
וביומא תליתאה דחגא **דמטליא** תקרבון תורין חדסר NU 29:20
וביומא שביעאה דחגא **דמטליא** תקרבון תורין שובעא NU 29:32
כנישין תהוון בחדוא מן **מטילכון** לבתיכון כנישת חדוא NU 29:35

מטר (2)

עד כדו לא צמח ארום לא **אמטר** ייי אלקים על ארעא ואינש GN 2:5
אין תטעי ותחית ית בנוי **מלמיטר** פיקודי אורייתא בכין תהי GN 27:40

מטרא (26)

דוכרן טב לרביעא **דמיטרא**: וביומא שביעאה דחגא NU 29:31
ודקיבריא ודמזוני **ודמיטרא** וכן אמר משה נביא הכא DT 28:12
קלין דלווט וברדא **ומטרא** דהוה נחית לא מטא על EX 9:33
דלא יהנזקון משרבא **ומטרא** ובעמודא דעננא אנת מדבר NU 14:14
להון טלין דבירכתא **ומטרין** דרעוא: טוביכון ישראל מן DT 33:28
תהי עבדא מגדין מטלא **ומיטרא** דנחתין מן לעיל ומן טוב DT 33:13
סהדי שיקרא ענגין סלקין **ומיטרא** לא נחית ובצורתא אתיא EX 20:16
סהדי שיקרא ענגין סלקין **ומיטרא** לא נחית ובצורתא לא אתי DT 5:20
ולא מספקין לכון טלין **ומיטרין** וארע דתחותיכון הי DT 28:23
דלא למחתא לכון טלין **ומיטרין** וארעא דתחותיכון הי LV 26:19
דעימיה בשמיא למיתן **מטר** ארעכון בזימניה בכיר DT 28:12
ובכל נפשכון: ואיתן **מיטרא** דארעכון בעידניה בכיר DT 11:14
דילי כרביעות רוחי **מיטרא** דמנתבין על דיתאין בירח DT 32:2
ארע טוורין וביקען מן **מיטרא** דנחית מן שמיא שתיא מוי: DT 11:11
ית ענני שמיא ולא יחתון **מיטרא** וארעא לא תיתן עללתא DT 11:17
דלא יחות עליהון **מיטרא** וברדא ולא יתחרכון בשרבי EX 12:37
פרעה ארום איתמנע **מיטרא** וברדא וקלייא דלווט פסקו EX 9:34
סלי מן ארעא ואחית **מיטרא** ומשקי ית כל אפי אדמתא: GN 2:6
תהון לצלאה קדם ייי על **מיטרא** כל עיבידת פולחנא לא LV 23:36
וחרכי שמיא ואיתמנע **מיטרא** מלימיחת מן שמיא: ותאיבו GN 8:2
שמיא איתפתחו: והוה **מיטרא** נחית על ארעא ארבעין GN 7:12
ינקוף על מרודיא היך **מיטרא** סחפא אולפני ותתקבל DT 32:2
תוב שובעא אנא מחית **מיטרא** על ארעא ארבעין יממין GN 7:4
ותעבדון יתהון: ואיתן **מיטריא** דארעכון בעידנהון בכיר LV 26:4
ומיגדי וירקי: וגרי ייי בתר **מיטרין** דנחתין על ארעכון רוחא DT 28:24
לזוער: ומימרא דייי אחית **מיטרין** דרעווא על סדום ועל GN 19:24

מיגד (1)

מן ברה כשיעור **מיגד** בקשתא ארום אמרת לית GN 21:16

מיין (244)

בנטלא דכיה ויקדשון **בימוהי** אהרן ובנוי ית אידיהון וית EX 30:19
תמן: ויסחי ית בישריה **במוי** באתר קדיש וילבש ית לבושוי LV 16:24
דבנא אדם ואיתפכר **במוי** דטובענא ותב נח ובנייה GN 22:9
גווא וית ריגלאה חליל **במוי** ואסיק משה ית דיכרא LV 8:21
לבושוי ויסחי ית ביסריה **במוי** וידכי: וביומא תמינאה יסב LV 14:9
שכבת זרעא ויצטבע **במוי** ויהוי מסאב עד רמשא: LV 15:17
וית בנוי ואסחו יתהון **במוי**: וסדר עלוי ית כיתונא וזריז LV 8:6
בגרגישתא וישתטיף **במוי**: כל דכורא בכהניא ייכול יתה LV 6:21
על מימרי במדברא דצין **במוי** מצות כנישתא לקדשותי NU 27:14
והוה שלים בדקתיה **במוי** מצות רקם ואישתכח מהימן: DT 33:8
במימרי במצע בני ישראל **במוי** מצות רקם מדברא דצין מטול DT 32:51
יצבע לבושוי ודיקרב **במי** אדיותא יהי מסאב עד רמשא: NU 19:21
לבושוי ויסחי בישריה **במי** מבוע וידכי: וביומא תמינאה LV 15:13
דסריבתון על מימרי **במי** מצותא: דבר ית אהרן וית NU 20:24
ושקייני ולא מבשל **במיא** אלהין טוי נור עם רישיה עם EX 12:9
בנורא וידכי בתר כדין **במיא** דכשרין לאידכאה בהון NU 31:23
באיסרא חדא ויטמוש **במיא** האינון בעידן קיבול סובתא NU 19:18
וכל מאן דקיסא ישתטיף **במיא**: וארום אין פסק מדובנא דוויה LV 15:12
ויצבע לבושוי ויסחי **במיא** וידכי ברמשא: וגבר דיסתאב NU 19:19
ויספר ית כל שערי ויסחי **במיא** וידכי ובתר כן יעול LV 14:8
וכריסא וריגלוי יחליל **במיא** ויסק כהנא ית כולא למדבחא LV 1:9
וכריסא וריגלוי יחליל **במיא** ויקרב כהנא ית כולא ויסיק LV 1:13
הדר דינא לאיתדנא **במיא**: ונסיב יתרו עלוון ונכסת EX 18:11
זימנא ותסחי יתהון **במיא**: ותלבש ית אהרן ית לבושי EX 40:12
ביה דובנא וידוי לא שטף **במיא** יהי מסאב ואין גברא הוא LV 15:11
דכוורי ימא סגי ומסתגי **במיא** כדין ברך יוסף יתקפון לסגי GN 48:16
ית דין תיכלון מכל די **במיא** כל דיליה ציצין וחרספיתין LV 11:9
מצות כנישתא לקדשותי **במיא** למחמיהון הינון מוי מצות NU 27:14
ודי בארעא מלרע ודי **במיא** מלרע לארעא: לא תסגדון EX 20:4
ודי בארעא מלרע ודי **במיא** מלרע לארעא: לא תסגדון DT 5:8

מצראי למידן ית ישראל **במיא** עליהון הדר דינא לאיתדנא EX 18:11
ליה ציצין וחרספיתין **במיא** שיקצא הוא לכון: וית איליין LV 11:12
דבארע דמו דכל נוני **דבמיא** מלרע לארעא: ודילמא DT 4:18
ובנחליא מן כל ריחשא **דבמיא** שיקצא הינון לכון: ושיקצא LV 11:10
חמר סמוק בתרין חולקין **דמוי** אדם מסאב הוי דובא בבישרא LV 15:19
ותב יצחק וחפס ית בירן **דמוי** די חפסו עבדי אבוי ביומי GN 26:18
ויסחון בארבעין סאווין **דמוי** ויהון מסאבין עד רמשא: LV 15:18
ויסחי בארבעין סווין **דמוי** ויהי מסאב עד רמשא: ואין LV 15:27
ויסחי בארבעין סווין **דמוי** ויהי מסאב עד רמשא: ואין על LV 15:22
ויסחי בארבעין סאוין **דמוי** ויהי מסאב עד רמשא: וארום LV 15:7
ויסחי בארבעין סאוין **דמוי** ויהי מסאב עד רמשא: ודי יתיב LV 15:5
ויסחי בארבעין סאוין **דמוי** ויהי מסאב עד רמשא: ודיקרב LV 15:6
ויסחי בארבעין סווין **דמוי** ויהי מסאב עד רמשא וידכי: LV 17:15
ויסחי בארבעין סווין **דמוי** ויהי מסאב עד רמשא: וכל LV 15:10
ויסחי בארבעין סווין **דמוי** ויהי מסאב עד רמשא: וכל LV 15:21
ויסחי בארבעין סאוין **דמוי** ויהי מסאב עד רמשא: וכל זוגא LV 15:8
ויסחי בארבעין סאווין **דמוי** ויהי מסאב עד רמשא: ומאן LV 15:11
בישריה בארבעין סווין **דמוי** ויהי מסאב קדם טיבוליה עד NU 19:8
בישריה בארבעין סווין **דמוי**: ויטמוע שימשא ויתכשר ובתר LV 22:6
בישריה בארבעין סווין **דמוי** וילבישינון: ומן כנישתא דבני LV 16:4
לבושוי בארבעין סווין **דמוי** ויסחי בישריה בארבעין סווין NU 19:8
בישריה בארבעין סווין **דמוי** ומן בתר כדין ייעול למשריתא NU 19:7
בישריה בארבעין סווין **דמוי** ומן בתר כדין יעול למשריתא: LV 16:26
בישריהון בארבעין סווין **דמוי** ומן בתר כן יעול למשריתא: LV 16:28
תטבול בארבעין סווין **דמוי** ותדכי: וביומא שביעה תיסב LV 15:28
תעברון בארבעין סווין **דמוי**: ותחוורון לבושיכון ביומא NU 31:23
עיבידתא בארבעין סאוין **דמוי** ייתעל ויהי מסאב לכל צרוך LV 11:32
ויסחי בארבעין סווין **דמוי** ית כל בישריה ויהי מסאב עד LV 15:16
דמשה נביא על עינא **דמי** מצותא היא ריקם ומחו ית כל GN 14:7
מלאכא דייי על עינא **דמיא** במדברא על עינא דבאורח GN 16:7
אבימלך על עיסק בירא **דמיא** דאנסו ליה עבדי אבימלך: GN 21:25
וחמר ניסוכה וצלוחיתא **דמיא** הוון מנסכין ביומא דחגא NU 29:31
עינהא ואיתגלי לה בירא **דמיא** ואזלת ומלת ית קרווה מיא GN 21:19
הא אנא קאי על עינא **דמיא** ובנתהון דאינשי קרתא נפקו GN 24:13
ונסיב לחמא וקרווא **דמיא** ויהב להגר שוי על כיתפה GN 21:14
וידכון בארבעין סווין **דמיא**: ויסבון תור בר תוריה NU 8:7
הא אנא קאי על עינא **דמיא** ותהי ריבא דתיפוק למימלי GN 24:43
מברא לקרתא לבירא **דמיא** לעידן רמשא לעידן דנפקן GN 24:11
במורכייתא בשקייתא **דמייא** אתר דאתיין ענא למישתי GN 30:38
ליטבת ארע נגדא נחלין **דמיין**: בעידנא ההיא אפריש ייי ית DT 10:7
שתילין על פרקטונין **דמיין** ברם פירין לית הינון עבדין NU 21:34
ליה בית ישראל: כנחלין **דמיין** דמתגברין כן הינון בית NU 24:6
לגופן שתילא על מבועין **דמיין** דשלחת שורשהא ופכרת GN 49:22
שייח ואתעבד מבועין **דמיין** ונגרין עד ימא רבא ואתיין EX 16:21
אתר דמסיק פרקטונין **דמיין** ושדי להון לימא דמילחא: GN 14:3
יתהון בארבעין סאוין **דמיין** חיין: ותיסב ית לבושיא EX 29:4
ובאילים תרתיסרי עינוון **דמיין** לתריסר שיבטין ושובעין NU 33:9
ובאילים תרתיסירי עינוון **דמיין** עינא לכל שיבטא ושובעין EX 15:27
ארעא דנגדא נחלין **דמיין** צלילין מבועי עינוון חליין DT 8:7
לחוד ית דין תיכלון מכל **דקמיט** כל דליה ציצין למפרח DT 14:9
דלא זמינו לכון בלחמא **ובמוי** באורחא דמיפקכון ממצרים DT 23:5
דציפורא נכיסתא **ובמי** מבוע וידי לביתא שבע זימנין: LV 14:51
באדמא דציפרא דנכיסא **ובמי** מבוע: וידי על בית אפוהי LV 14:6
בכספא תזבין לי ואיכול **ומוי** בכספא תיתן לי ואישתי לחוד DT 2:28
ייי והא לא תהו בני נשא **ומוי** דטובענא הוו נחתין רתיחין מן GN 7:10
לילוון לחמא לא אכל **ומוי** לא אישתי וכתב על לוחיא EX 34:28
לילוון לחמא לא אכלית **ומוי** לא אשתיית מטול כל חוביכון DT 9:18
תינין וגופנין ורומנין **ומוי** לית למישתי: ועאל משה NU 20:5
ואספסתא לגמליא **ומוי** למשזוג ריגלוי וריגליה גובריא GN 24:32
דארמניא בארע מדינחא: **ומיא** הוו אזלין וחסרין עד ירח GN 8:5
לילוון לחמא לא אכלית **ומיא** לא אשתיתי: ויהב ייי לי ית DT 9:9
הליכו ביבשתא בגו ימא **ומיא** להון הי כשורין מימינהון EX 14:29
ישראל בגו ימא ביבשתא **ומיא** קרשון הי כשורין רמין תלת EX 14:22
סחיא על אנפי מיא: **ומיא** תקפו לחדא על ארעא GN 7:19
הי כגון זעפרנא או הי **כמוי** דגרגישתא או הי כמזג חמר LV 15:19
על ארעא תישדוניה הי **כמוי**: ליתיכון רשאין למיכול DT 12:16
ושדיין עקמומיתהון הי **כמיא**: ותשוי ית דרתא חזור חזור EX 40:7
על ארעא תישדוניה הי **כמיא**: לא תיכלוניה מן בגלל דייטב DT 12:24
לכנישתא דבני ישראל **למוי** אדיותא ברם שיבוק חובת NU 19:9
ביני סיטרי שמייא **למוי** דאוקינוס ואפריש ביני מייא GN 1:7
קדם ייי: וצחי תמן עמא **למוי** ואתרעם עמא על משה ואמרו EX 17:3
על מגילתא וימחוק **למיא** בדוקיא: וישקי ית איתתא ית NU 5:23
לעפרא יסב כהנא ויתן **למיא**: ויוקם כהנא ית איתתא קדם NU 5:17
ית ידך על ימא ויתובון **מאין** על מצראי על רתיכיהון ועל EX 14:26

כד הינון חמיין ויתן **מוהי** ואין יסרב לאפוקי מחי אנת NU 20:8
במתקה אתר דבסימין **מוהי**: ונטלו מאתר דבסימין מוהי NU 33:28
ונטלו מאתר דבסימין **מוהי** ושרו בחשמונה: ונטלו NU 33:29
ההוא מישראל ארום **מוי** אדיותא לא אזדריקו עלוי NU 19:13
עלה ניסוך חמר וניסוך **מוי** ארום כדין עתידין בנוי למעבר GN 35:14
דנחית מן שמיא שתיא **מוי**: ארעא דייי אלקך תבע יתה DT 11:11
כנוש ית עמא ואיתן להון **מוי**: בכן ישבח ישראל ית שבח NU 21:16
וגובא סריק לית ביה **מוי** ברם חיוין ועקרבין הוו ביה: GN 37:24
ובית צהוונא אתר דלית **מוי** דאפיק לך מוי משמיר טינרא: DT 8:15
לא יכילו למשתי מן **מוי** דבנהרא: ושלימו שובעא יומין EX 7:24
יקבלון מינך ותיסב מן **מוי** דבנהרא ותשוד ליבשתא ויהון EX 4:9
עבדוי ואיתהפיכו כל **מוי** דבנהרא לאדמא: ונוני די בנהרא EX 7:20
וארים בחוטרא ומחא ית **מוי** דבנהרא לאחמי פרעה ולאחמי EX 7:20
ית קרבנהון וכד נחתו **מוי** דטובענא איתצד ובנייה נח GN 8:20
עימיה לתיבותא מן קדם **מוי** דטובענא: מן בעירא דכייא ומן GN 7:7
מחי בחוטרא דבידי על **מוי** די בנהרא ויתהפכון לאדמא: EX 7:17
ולארתיכיהון די אטיף ית **מוי** דימא דסוף על אפיהון כד רדפו DT 11:4
בימא וחזר ייי עליהון ית **מוי** דימא ובני ישראל הליכו EX 15:19
סב חוטרך וארים ידך על **מוי** דמצראי על נהריהון על ביציהון EX 7:19
משה ארום אמרת מן **מוי** דנהרא שחילתיה: והוה ביומא EX 2:10
באשלוון וית שלף דישלף **מוי** דנהרוותא וית חצרמות וית ירח: GN 10:26
דהוה דקיק ודרי על אנפי **מוי** דנחלא ואשקי ית בני ישראל EX 32:20
ואמר יהא רעוא דיתמלון **מוי** דנילוס ויעדי כפנא מן עלמא GN 47:7
למשריתא ותשוד תמן **מוי** דריגלך: וסיכא תהוי קביעא DT 23:13
ותשוד ליבשתא ויהון **מוי** דתיסב מן נהרא ויהון לדמא EX 4:9
ובין מדבחא ותיתן תמן **מוי**: ויסבון מיניה בנטלא דכיה EX 30:18
למשכן זימנא יקדשון **מוי** ולא ימותון באישא מצלהבא או EX 30:20
עם משה ואמרו הב לן **מוי** ונישתי ואמר להון משה מה נצן EX 17:2
ואמרו ליה אשכחנא **מוי**: וקרא יתה שבעה בגין כן שמא GN 26:32
גובריא לבית יוסף ויהב **מוי** ושזיגו ריגליהון ויהב אספסתא GN 43:24
קרתא נפקו למימלי **מוי**: ותהי ריבא די אימר לה ארכיני GN 24:13
דמיתאכל די ייעלון עלוי **מוי** יהי מסאב וכל משקי דישתיתי LV 11:34
איתגניזת בירא ולא הוו **מוי** לכנישתא ואיתכנישו על משה NU 20:2
חוטרך ויפקון מיניה **מוי** למישתי וישתון עמא ועבד EX 17:6
מצראי חזרנות נהרא **מוי** למישתי ולא אשכחו צלילן EX 7:24
אורייתא לא הווה תמן **מוי** למישתי לעמא: ונטלו מרפידים NU 33:14
מבועיא ולא הוה **מוי** למישתי עמא: ונצו רשיעי עמא EX 17:1
וביני מדבחא ותיתן תמן **מוי** מטול חוביא דהדרין בתיובא EX 40:7
למרה ולא יכילו למישתי **מוי** ממרה ארום מרירין הינון בגין כן EX 15:23
קורבנא קדם ייי: ויסבון **מוי** מן כיורא בנטלא דכיה ויקדשון EX 30:21
ית ימא דסוף ולהנפקא **מוי** מן כיפא והוה דעיץ בגו EX 2:21
אטעימיני כדון קליל **מוי** מן לגיניתיך: ואמרת שתי ריבוני GN 24:17
לה אשקיני כדון קליל **מוי** מן לגיניתיך: ותימר לי אוף אנת GN 24:43
מצראי למישתי **מוי** מן נהרא: ואמר ייי למשה אימר EX 7:18
יכילו מצראי למישתי **מוי** מן נהרא והוות מחת דמא בכל EX 7:21
במיא למחמיהון הינון **מוי** מצות ריקם במדברא דצין: NU 27:14
אתר דלית מוי דאפיק לך **מוי** משמיר טינרא: דאוכלך מנא DT 8:15
נחלא ואשכחו תמן ביר **מוי** נבעין: ונצו רעוותא דיגרר עם GN 26:19
לתיבותא ואודעת ארום **מוי** על אנפי כל ארעא ואושיט ידיה GN 8:9
הוא: וארום אין מתיהיב **מוי** על בר זרעא ויפיל מנבילתהון LV 11:38
מייא ויהי מפרש ביני **מוי** עלאי לביני מוי תתאי: ועבד GN 1:6
אלקים: ירחשון רקקי **מוי** רחיש נפשא חייתא ועופא GN 1:20
ביני מוי עלאי לביני **מוי** תתאי: ועבד אלקים ית רקיעא GN 1:6
עלם ולחוד כהנא דמדי **מי** אדיותא יצבע לבושוי ודיקרב NU 19:21
ית מקדשא דייי סאיב **מי** אדיותא לא אזדריקו עלוי מסאב NU 19:20
עד ימא דאוקינוס הינון **מי** בראשית סטר מערבא יהי DT 11:24
אוקינוס ותחומיה הינון **מי** בראשית עם מיא קדמאי דהוון NU 34:6
חדא למנא דפחר על **מי** מבוע: ויסב ית קיסא דארזא וית LV 14:50
חדא למאן דחסף על **מי** מבוע: ית ציפורא חייתא יסב LV 14:5
יקידת חטתא ויתן עלוי **מי** מבוע לגו מאן דפחר: ויסב NU 19:17
דציני טור פרזלא **מי** מצותא אבל ודמוכה סמיך NU 34:11
די אתין להון: הינון **מי** מצותא דנצו בני ישראל קדם ייי NU 20:13
יומין: הוא ידי עלוי **מי** קיטמא ההוא ביומא תליתאה NU 19:12
כריסיך מנפחא: ויעלון **מיא** בדוקיא האילין במעייכי NU 5:22
עמה ברם לגיורא בדקין **מיא** בדוקיא האינון בכל אתרא NU 5:27
בדוקיא ויעלון בה **מיא** בדוקיא ללוט: ויסב כהנא מידא NU 5:24
בבעלה וייעלון ויעלון בה **מיא** בדוקיא ללוט ותנפח כריסא NU 5:27
אינתתיה לאשקייותהן **מיא** בדוקיא מטול משה ונפל על NU 16:4
בלחשיהון והפיכו מן **מיא** דגושן לאדמא ואיתקף יצרא EX 7:22
לדכואיהון ארי עליהון **מיא** דחטאתא ויעברון גלב על כל NU 8:7
וארים אהרן ית ידיה על **מיא** דמצרים וסליקת מחת EX 8:2
די יקרב בנבילתהון בגו **מיא** האיליין יהי מסאב: וארום אין LV 11:36
על ארעא תישדוניה היך **מיא**: הוון זהירין למינטר זימני DT 15:23
למפטור קוסמין עילוי **מיא** הי כאמגושא ותיתעתד EX 7:15

למינטר קוסמין עילוי **מיא** הי כאמגושתא ותימר ליה EX 8:16
על ארעא ואשתדכו **מיא:** ואיסתגרו מבועי תהומא וחרכי GN 8:1
רבא ויקירא וטלק לגו **מיא** ואיתחלון מיא תמן שוי ליה EX 15:25
גרמידין מלעיל תקפו **מיא** ואיתחפיאו טווריא: ואיתמסי GN 7:20
אלקים מנתבא על אנפי **מיא:** ואמר אלקים יהי נהורא GN 1:2
על בירא ולא אשכחו **מיא** ואמתינו תלתא יומין דילמא GN 31:22
ואזלת ומלת ית קרווה **מיא** ואשקיית ית טליא: והוה GN 21:19
מן פיקודייא ולא אשכחו **מיא:** ואתו למרה ולא יכילו למישתי EX 15:22
לימא והוה טפי על אנפי **מיא** והוה מלאכא מכרז ואמר דין EX 26:28
דיצחק למימר דילנא **מיא** והות צבו מן שמיא ויבשת GN 26:20
איפשר לן להנפקא לכון **מיא:** וזקף משה ית ידיה ומחא ית NU 20:10
ית מיא: וישקינה ית **מיא** ויהי אין אסתאבת בתשמיש NU 5:27
כדין ישקי ית איתתא ית **מיא:** וישקינה ית מיא ויהי אין NU 5:26
מהלכא סחיא על אנפי **מיא:** ומיא תקפו לחדא על ארעא GN 7:18
יממין על ארעא וסגיאו **מיא** ונטלו ית תיבותא ואיתרמת GN 7:17
חכימיא ושרון תמן על **מיא:** ונטלו מאילים ושרו על גיף NU 33:9
ארום לית לחמא ולית **מיא** ונפשנא קנטת במנא הדין NU 21:5
מעל ארעא: ותקפו **מיא** וסגיאו לחדא על ארעא והות GN 7:18
דאתרעמתון על **מיא** וקיים דלא איעבר ית יורדנא DT 4:21
גובריא יתסב כדון זעיר **מיא** ושזיגן ריגליכון ואסתמיכו GN 18:4
ולא טאיף על אנפי **מיא** לא אשתמודע מאן קטליה: DT 21:1
ברם משה לא אלקי ית **מיא** לא באדמא ולא בעורדענייא EX 8:2
בירא וטפת בירא וסליקו **מיא** לאנפוי ואשקי ית ענא דלבן GN 29:10
דטפת בירא וסליקו **מיא** לאנפוי והות טייפא כל יומין GN 28:10
בכל ביסרא ולא יהי תוב **מיא** לטובענא לחבלא כל בישרא: GN 9:15
ית ימא נגיבא ואתבזעו **מיא** לתריסר בזיען כל קבל תריסר EX 14:21
נחתו ושקעו הי כאברא **מיא** ממשבחיא: מן כוותך באילי EX 15:10
מתחות כורסי יקרא ומלי **מיא** מן אוקינוס והדר סליק מן GN 2:6
דבידך ותהנפק להון **מיא** מן כיפא ותשקי ית כנישתא NU 20:8
כל מיא עד דישלימו כל **מיא** מן קרווהא ואתחריך GN 21:15
אזלין ותייבין וחסרו **מיא** מסוף מאה וחמשין יומין: ונחת GN 8:3
למיחמיה אין איתקוללו **מיא** מעילוי אנפי ארעא: ולא GN 8:8
מן שמיא: ותאיבו **מיא** מעילוי ארעא אזלין ותייבין GN 8:3
וידע נח ארום איתקוללו **מיא** מעילוי ארעא: ואוריך תוב GN 8:11
ותאיב עד דיביאישו **מיא** מעילוי ארעא: ושדר ית יונתא GN 8:7
לירחא בריש שתא נגובו **מיא** מעל ארעא ואעדי נח ית GN 8:13
היא ובידא דכהנא יהון **מיא** מריריא בדוקיא: ויומי יתה NU 5:18
וישקי ית איתתא ית **מיא** מריריא בדוקיא ויעלון בה מיא NU 5:24
דמילחא תחות שפכות **מיא** מרמתא מדינחא: ופקידית DT 3:17
להון צרירין הי כזיקין **מיא** נזליא קפו עליהון תהומיא בגו EX 15:8
צמירתא ושתי כל **מיא** עד דישלימו כל מיא מן GN 21:15
מן קדמך איתעבידו **מיא** עורמן עורמן קמו להון צרירין EX 15:8
מאה שנין וטובענא הוה **מיא** על ארעא: ועל נח ובנוהי GN 7:6
האנא מייתא ית טובענא **מיא** על ארעא לחבלא כל בישרא GN 6:17
בתיבותא: ותקפו **מיא** על ארעא מאה וחמשין יומין: GN 7:24
חייתא דרחשא דארחישו **מיא** צלילתא לזניהון זני דכיין וזני GN 1:21
הינון מי בראשית עם **מיא** קדמאי דהוון בגויה אבירוי NU 34:6
חי בכספא ותיכלון ואוף **מיא** תזבנון מנהון בכספא ותישתון: DT 2:6
וטלק לגו מיא ואיתחלון **מיא** תמן שוי ליה מימרא דייי גזירת EX 15:25
דמלרע לרקיעא וביני **מייא** דלעיל בקובתא דרקיעא והוה GN 1:7
דאוקינוס ואפריש ביני **מייא** דמלרע לרקיעא וביני מייא GN 1:7
יהי רקיעא במציעות **מייא** ויהי מפרש ביני מוי עלאי GN 1:6
דישראל ושרון תמן על **מייא:** ונטלו מאלים ואתון כל EX 15:27
דמלכא ניזיל אין **מייך** נישתי אנא ובעיריי ואיתן דמי NU 20:19
וביני מדבחא ויהב תמן **מיין** חיין לקידוש ולא פסקין ולא EX 40:30
דשתילין על מבועי **מיין:** יקום מנהון מלכהון ופרוקהון NU 24:6
עינוון וגובין בית כנישות **מיין** נבעין יהי דכי ברם די יקרב LV 11:36
ובזימנא תניינא נפקו **מיין** סגיאין ואשתיאת כנישתא NU 20:11
קדם ייי: ויסב כהנא **מיין** קדישין מן כיורא בנטלא NU 5:17
ארעא ולבית כנישות **מיין** קרא יממי וחמא אלקים ארום GN 1:10
ואמר אלקים יתכנשון **מיין** תתאין דאישתארו מן לרע GN 1:9
רוחי עלמא ופתכא מכל **מימי** עלמא ובריה סומק שחים GN 2:7
ועל כל בית כנישות **מימיהון** ויהון דמא ויהי דמא בכל EX 7:19
קיסיכון עד מילואי **מימיכון:** לאעלותכון בקיימא דייי DT 29:10
ישתיצי כל ביסרא עוד **ממוי** דטובעא ולא יהי עוד טובענא GN 9:11
דבעליך תהוי זכאה **ממיא** מרירא בדוקיא האילין: ואנת NU 5:19

מיל (9)

קדמיהון תלתין ושית **מילין** הליך ביומא ההוא והוא הוה NU 10:33
מילין ופותיה תריסר **מילין** ודישרן קידומא מדינחא NU 2:3
הוה אורכא תריסר **מילין** ופותיה תריסר מילין ודישרן NU 2:3
דבריה ארבעתי **מילין** וקבר יתיה בחילתא כלו קבל DT 34:6
משרוייהון בארבעתי **מילין** מרבען במציעותא הוון נטלין NU 2:17
לחיליהון בארבעתי **מילין** מרבען וטיקסיה הוה ממילת NU 2:3
לחיליהון בארבעתי **מילין** מרבען וטיקסיה הוה ממילת NU 2:10
ומשידייתהון בארבעתי **מילין** מרבען וטיקסיה הוה ממילת NU 2:18
משרוייהון בארבעתי **מילין** מרבען וטיקסיה הוה ממילת NU 2:25

מילת (11)

וישלח ית לבושי בוצא **דמילת** דילבש בזמן מיעליה LV 16:23
מיתקנא בביסתרקי **מילת** וסובנין דארגוון ואוצטילין DT 34:6
ילבש ואוורקסין דבוץ **מילת** יהון על בישריה ובקמורא LV 16:4
מילת יצר ומצינפא דבוץ **מילת** יטכס ברישיה לבושי קודשא LV 16:4
בישריה ובקמורא דבוץ **מילת** יצר ומצינפא דבוץ מילת LV 16:4
וילבש ית לבושוי דבוץ **מילת** לבושי קודשא: ויכפר על LV 16:32
לעלתא: כיתונא דבוץ **מילת** קודשא ילבש ואוורקסין LV 16:4
מרבען וטיקסיה הוה **ממילת** תלת גוונין כל קבל תלת NU 2:3
מרבען וטיקסיה הוה **ממילת** תלת גוונין כל קבל תלת NU 2:10
מרבען וטיקסיה הוה **ממילת** תלת גוונין כל קבל תלת NU 2:18
מרבען וטיקסיה הוה **ממילת** תלת גוונין כל קבל תלת NU 2:25

מין (8)

מנהון: וקם מליך חדת **כמין** שירויא על מצרים דלא חכים EX 1:8
ומן יד איתהפיכו למיהוי **כמרן** שירויא ובלע חוטרא דאהרן EX 7:12
בהון על ארעא: ית אילין **מינייא** מנהון תיכלון ית גובאי LV 11:22
הוא לכון: וית איליין **מינייא** תשקצון מן עופא דלית להון LV 11:13
ית ריבוותא דבית יעקב **מיניין** אלפייא דישראל: והוו רשיעי NU 10:36
מאה ותלתין: איליין **מיניין** סכומי גניסת בני גרשון כל NU 4:41
ברם ית דין לא תיכלון **ממינא** דמסקי פישרא וסדיקי LV 11:4
תרתין חצוצרן דכסף **ממינא** קשיא עובד אומן תעבד NU 10:2

מירת (1)

לא אכלתון וחמר **ומרת** לא שתיתון והות אוריתי DT 29:5

מישרא (42)

כגינבריא: גיבריא דיתבין **במישר** גינברי מתחשבן אוף הינון DT 2:11
וסדרו עמהון סדרי קרבא **במישר** פרדיסיא: עם כדרלעמר GN 14:8
דיירוי עמון ומואב וגבלא **במישרא** דחורשא בטורא DT 1:7
בארע כנענאה דשרי **במישרא** כלו קבל גלגלא בסיטרי DT 11:30
ועמלקאי וכנענאי יתיב **במישרא** מחר איתפנו וטולו לכון NU 14:25
ונטלו מאובות ושרו **במישרי** מגזתא במדברא אתר NU 21:11
במשכן זימנא ואיתלתון **במישרי** מואב תרתיסרי מילין מן DT 27:26
ישימות עד מישר שיטין **במישריא** דמואב: ומליל ייי עם NU 33:49
ונטלו בני ישראל ושרון **במישריא** דמואב מעיברא לירדנא NU 22:1
ומליל ייי עם משה **במישריא** דמואב על יורדנא דיריחו NU 33:50
דכנען: ומליל ייי עם משה **במישריא** דמואב על יורדנא דיריחו NU 35:1
דמשה לות בני ישראל **במישריא** דמואב על יורדנא דיריחו: NU 36:13
ואמר למימני יתהון **במישריא** דמואב על ירדנא דיריחו NU 26:3
די סכמון ית בני ישראל **במישריא** דמואב על ירדנא דיריחו: NU 26:63
ובכון בני ישראל ית משה **במישריא** דמואב תלתין יומין DT 34:8
ונטלו מטרי עבראי ושרו **במשריא** דמואב על יורדנא דיריחו: NU 33:48
ותחום מגניסר ועד ימא **דמישרא** וקרתא טבריה דסמיכה DT 3:17
מדינחא ועד ימא **דמישרא** תחות משפך מרמתא: DT 4:49
איתיהבת לכון אורייתא **ובמישריא** דמואב איתפרשת לכון DT 1:1
קרבא לקביל חמשא: **ומישר** פרדסיא בירין בירין מליין GN 14:10
דנחלא תחומא דבני עמון: **ומישרא** ויורדנא ותחום מגניסר ועד DT 3:17
וית מלכיא דעימיה **למישר** מפנא הוא בית רסא דמלכא: GN 14:17
זוער: כל אילין איתחברו **למישר** פרדיסיא הוא אתר דמסיק GN 14:3
וית עדיתא למשריתא **למישריא** דמואב על ירדנא דיריחו: NU 31:12
ומעינן יחות תחומא ויסב **מיישרא** מישר נחלי ארנונא וייתי NU 34:11
בארעא עד אתר שכם עד **מישר** דהוה מיירי וכנענאי בכין הוו GN 12:6
ית עינוי לזנו וחמא ית כל **מישר** ירדנא ארום כולה בית שקייא GN 13:10
ובחר ליה לוט ית כל **מישר** ירדנא ונטל לוט ממדינחא GN 13:11
תחומא ויסב מיישרא **מישר** נחלי ארנונא וייתי למדברא NU 34:11
רמיא דגבליא עד **מישר** פארן דיסמיך ליצטר מדברא: GN 14:6
יורדנא מבית ישימות עד **מישר** שיטין במישריא דמואב: NU 33:49
ועמונאי ומואבאי יתבי **מישרא** דמעיקין להון לישראל וית DT 34:3
מן לרע לביתאל בשיפולי **מישרא** וברם תמן אתבשר יעקב על GN 35:8
בחבלות ייי ית קירוי **מישרא** ודכיר ייי ית זכותיה GN 19:29
ועמורה ועל כל אנפי ארע **מישרא** וחמא והא סליק קוטרא GN 19:28
קירווייא האילין וית כל **מישרא** וית כל יתבי קירווייא GN 19:25
ולא בסתווא: כל קרוי **מישרא** וכל גלעד וכל מתנן עד DT 3:10
דכנען ולוט יתיב בקוריי **מישרא** ופרס למשכניה עד סדם: GN 13:12
לאחורך ולא תקום בכל **מישרא** לטוורא אישתיזב דילמא GN 19:17
כותירין במדברא בארע **מישרא** לשיבט ראובן וית רמתא DT 4:43
הוא טוור תלגא: וכל **מישרא** עיברא דיורדנא מדינחא DT 4:49
תדרכון: וסליק משה מן **מישרי** מואב לטוורא דנבו ריש DT 34:1

מכילא (10)

וסיתוא במתקלא **ובמכילתא** בגדישותא ובמחקא: LV 19:35
פיילתוי ובזיכוי וקשוותוי **ומכילתוי** די ישתמש ויתרק בהון EX 25:29
רברבן למהוי זבין בהון **ומכלן** זעירין למהוי מזבין בהון: DT 25:14
מתקלין דיקשוט **מכילו** דיקשוט וקסטין דיקשוט LV 19:36
דקשוט יהוי לכון **מכילן** שלמן וקסטין דקשוט יהוי DT 25:15

ואמר האנא מעבר כל **מכילת** טובי קדמך ואיקרי בשום EX 33:19
למילקט לא חסר מן **מכילתא** גבר לפום מיכליה לקיטו: EX 16:18
בעומרא לא אישתייר מן **מכילתא** מאן דאסגי למילקט EX 16:18
פיילוותיה וית בזיכוי וית **מכילתיה** וית קסוותא דמחפין בהון EX 37:16
לא יהוי לכון בבתיכון **מכלן** רברבן למהוי זבין בהון ומכלן DT 25:14

מכך (7)

לאשואה עומקיא **ולמימך** טורייא לאתקנא להון בית EX 12:37
והא לית בה שער חיוור **ומכיכא** לא איתא למחוור יתיר מן LV 13:21
לית בבהקי שער חיוור **ומכיכא** לא איתה למחוור יתיר מן LV 13:26
קדמיהון בימַמא מטול **למככא** טוריא וגלימתא ולמדלי NU 14:14
יורקן או סומקן וחיזיוהן **מכיך** יתיר מן כותלא: ויפוק כהנא LV 14:37
ויחמי כהנא והא חיזוהא **מכיך** מן משכא למחוור ושערה LV 13:20
בכון אלהין דאתון **מכיכי** רוחא ועינוותנין מכל עממיא: DT 7:7

מלאך (88)

דשיזב ית חתנא מן ידוי **דמלאך** חבלא: ואמר ייי לאהרן איזל EX 4:26
גזירת מהולתא לריגלוי **דמלאך** חבלא ואמרת חתנא בעא EX 4:25
הדין: יהי רעוא קדמך **דמלאכא** דזמינת לי למפרק יתי GN 48:16
קריצתא ומטא שעתא **דמלאכי** מרומא משבחין למרי GN 32:27
במימריה ועימיה חבורן **דמלאכי** שיריתא מיכאל וגבריאל DT 34:6
בתריי אלהין משרויין **דמלאכייא** קדישין דאשתלחו מן GN 32:3
דייי בתרין אלפין רבוון **דמלאכין** ובארבעין ותרתין אלפין DT 34:5
לסייגא ואוסיף למימחא **ומלאכא** אתכסי מינה: ואוסיף NU 22:25
וסיהרא וכוכביא ומזליא **ומלאכיא** דמשמשין קדמיי דחלן EX 23:23
ותהוון קדישין הי **כמלאכייא** דמשמשין קדם ייי NU 15:40
דתיכלון מיניה ותיהוון **כמלאכין** רברבין דחכמין למינדע GN 3:5
ויתה קיימית: ואמר בלעם **למלאכא** דייי חבית ארום לא NU 22:34
מיליא ארום לית אוושר **למלאכא** דשיריתא לאשתלחה GN 18:2
ועיינויי דיצחק מסתכלן **למלאכי** מרומא יצחק הוה חמי GN 22:10
דמליל עלוי: ואמר ייי **למלאכי** שיריתא קבילת סדם GN 18:20
ואמר ייי אלקים **למלאכייא** די משמשין קומוי הא GN 3:22
ארום טב: ואמר אלקים **למלאכייא** דמשמשין קומוי GN 1:26
על חתנא דילי: ופסק **מלאך** חבלא מיניה בכן שבחת EX 4:26
עליכון ולא ישלוט בכון **מלאך** מותא דאתיהב ליה רשותא EX 12:13
וחמת איתתא ית סמאל **מלאך** מותא ודחילת וידעת ארום GN 3:6
קיימי שלם ואעבדיניה **מלאך** קיים ויחי לעלם למבשרא NU 25:12
ומצלי קדם אלקיה: ואתא **מלאכא** במימר מן קדם ייי ושלף GN 31:24
ודמי לי הי כמיחמי אפי **מלאכא** דידך והא איתריעיתא לי: GN 33:10
אנא ערקת:: ואמר לה **מלאכא** דייי אסגאה אסגי ית בנייכי GN 16:10
הוא ללטוטינון ואתעתד **מלאכא** דייי באיסרטא למישטן NU 22:22
יתה לאיסרטא: וקם **מלאכא** דייי בדוחקא דמיצע ביני NU 22:24
וגביהון חיוורין: ואמר לי **מלאכא** דייי בחילמא יעקב ואמרתי GN 31:11
ברתיכוי ובפרשוי: ונטל **מלאכא** דייי דמדבר קדם EX 14:19
דהיא מתעברא מן סמאל **מלאכא** דייי: ואוסיפת למילד מן GN 4:1
לבישא: וחמת אתנא ית **מלאכא** דייי ואידחקת לסייגא NU 22:25
בבית אבתותא וארע ביה **מלאכא** דייי ובעא למיקטליה מן EX 4:24
וחמת אתנא ית **מלאכא** דייי ורבעת לה תחות NU 22:27
עילוי שכינתא דייי: וקרא **מלאכא** דייי לאברהם תניינות מן GN 22:15
קדמך איתוב לי: ואמר **מלאכא** דייי לבלעם איזל עם NU 22:35
זכותיה דאברהם וקרא **מלאכא** דייי להגר מן שמייא ואמר GN 21:17
לחורב: ואיתגלי זגנזגאל **מלאכא** דייי ליה בלהבי אישתא EX 3:2
אתכסי מינה: ואוסיף **מלאכא** דייי למעיבר וקם באתר NU 22:26
וסגיד על אנפוי: ואמר ליה **מלאכא** דייי מטול מה מחית ית NU 22:32
פשיט צווריה: וקרא ליה **מלאכא** דייי מן שמיא ואמר ליה GN 22:11
עימיה: וחמת אתנא ית **מלאכא** דייי מעתד באיסרטא NU 22:23
ית עינוי דבלעם וחמא ית **מלאכא** דייי מעתד באיסרטא NU 22:31
מן קדמה: ואשכחה **מלאכא** דייי על עינא דמיא GN 16:7
יתמנון מסגי: ואמר לה **מלאכא** הא אנת מעברא ותלדין בר GN 16:11
בתריה וציית מה דאמר **מלאכא**: ואברהם ושרה סבין עלו GN 18:10
עד יומא הדין ארום קריב **מלאכא** ואחד בפתי ירכא ימינא GN 32:33
חמרא גביה ואזדמן ליה **מלאכא** ואייתי מן חמרא דאיצטנע GN 27:25
איתנינה: ואיזמן קדמך **מלאכא** ואיתרך על ידוי ית כנענאי EX 33:2
מיניה נס עשיראי אתא **מלאכא** והפך איתתא מלרע וגברא NU 25:8
ושבקן יתן תמן ומשדר **מלאכא** ומסחי יתן ומלפף יתן EX 15:2
ייעלון לוותך על יד **מלאכא** כאחד ומעל יתהון לך GN 6:20
ארום דחילית ואמר **מלאכא** לא תידחלין ארום GN 18:15
אינתתיה מבתר **מלאכא** למנדוע מה הווי בסוף GN 19:26
על אנפוי עד זמן דשרי **מלאכא** לקובליה: אימר דשמע NU 24:3
על תרעא ולא ישבוק **מלאכא** מחבלא למיעול לבתיכון EX 12:23
טפי על אנפי מיא והוה **מלאכא** מכרז ואמר דין הוא אילנא EX 26:28
ליבוקא ואתכתש **מלאכא** עימיה בדמות גבר ואמר GN 32:25
כחדא: הא אנא משגר **מלאכא** קדמך למטרך באורחא EX 23:20
לאתר דמלילית לך הא **מלאכי** יטייל קדמך וביום אסערותי EX 32:34
לא חמי יתהום עניין **מלאכי** מרומא איתון חמון תרין GN 22:10
דקבילתא במימרי: ודברו **מלאכי** מרומא ית יצחק ואובלוהי GN 22:19

למעיקייך: ארום יטייל **מלאכי** קדמך ויעילינך לות אמוראי EX 23:23
הוה למיסוק ודחיקו **מלאכיא** בלוט למימר קום דבר ית GN 19:15
עד צית שמייא והא תרין **מלאכיא** דאזלו לסדום ואיטרדו מן GN 28:12
שמיא ושמי שמיא וכיתי **מלאכיא** דבהון למשמשין קדמוי DT 10:14
ואתפניאו מתמן תרין **מלאכיא** דדמיין לגובריא ואזלו GN 18:22
דאיעיבר: ואעבר ית כיתי **מלאכיא** דקימין ומשמשין קדמי EX 33:23
למיעבד: אמר ייי לשבעין **מלאכיא** דקימין קומוי איתון כדון GN 11:7
קרתא ועימיה שובעין **מלאכיא** כל קבל שומעין עממיא GN 11:8
תב לאתריה: ואתו תרין **מלאכיא** לסדום ברמשא ולוט יתיב GN 19:1
מן קדם ייי חמשתי **מלאכיא** מחבליא לחבלא ית DT 9:19
למרי עלמא ואנא חד מן **מלאכיא** משבחייא ומיומא GN 32:27
למיחמי יתיה בכין שאר **מלאכיא** קדישיא דייי נחתין GN 28:12
רמא פיצתא עם שובעין **מלאכיא** רברבי עממין דאתגלי DT 32:8
ית ארעא הדא הוא יזמן **מלאכיה** לקמך ותיסב איתא לברי GN 24:7
לי ייי דיפלחת קומוי יזמן **מלאכיה** עימך ויצלח אורחך ותיסב GN 24:40
גחכת: וקמו מתמן **מלאכייא** דהוו מדמיין לגברייא דין GN 18:16
פניאל ארום אמר חמיתי **מלאכייא** דייי אפין כל קבל אפין GN 32:31
ארום תמן אתגליו ליה **מלאכייא** דייי במיערקיה מן קדם GN 35:7
אזל לאורחיה וארעו ביה **מלאכייא** דייי: ואמר יעקב כיון GN 32:2
ארום איתרברבת עם **מלאכייא** דייי ועם גובריא ויכילת GN 32:29
ישראל ית ימא קטעו **מלאכייא** ית אילנא וטלקוה לימא EX 26:28
לא אשכחית בספר **מלאכייא** כתיב ית שמא דייי מיניה EX 5:2
עינוי וחמא והא תלתא **מלאכין** בדמות גוברין וקיימין GN 18:2
דאידברת בשיתין ריבוון **מלאכין** ואיתעלת לגינתא דעדן NU 26:46
תשעין אלפין ריבוון **מלאכין** מחבלין ואקטול כל בוכרא EX 12:12
ועימיה ריבו ריבוון **מלאכין** קדישין כתב ימיניה DT 33:2
הוא ליליא הדין נטיר **ממלאכא** מחבלא לכל בני ישראל EX 12:42
וקביל צלותנא ושדר חד **ממלאכי** שירותא והנפקנא ממצרים NU 20:16

מלח (16)

דסדומאי ומטול דחטת **במילחא** בפרסומי עניא הא היא GN 19:26
וחזמין רישיה ומלחין ליה **במילחא** ובוסמנין וכתבין קוסמין GN 31:19
ברעוא: וכל קרבן מנחתך **במלחא** תמלח ולא תבטל מלח LV 2:13
הא היא עבידא עמוד **דימלח**: ואקדם אברהם בצפרא GN 19:26
תחום מצרים ואפילו מה **דימלחון** במנייא לצרוך מיכלהון EX 10:19
דרומא מן סייפי ימא **דמילחא** מדינחא: ויקיף לכון NU 34:3
ימא רבא מן מערבא ימא **דמילחא** מן מדינחא דא תהוי לכון NU 34:12
ויהוון מפקנוי לימא **דמילחא** ריקם גיעא מן דרומא NU 34:12
טבריה דסמיכה לימא **דמילחא** תחות שפכות מיא DT 3:17
דמיין ושדי להון לימא **דמילחא**: תרתיסירי שנין פלחו ית GN 14:3
דגרי ייי בה: כובריתא **ומילחא** עם אישא מצלהבא תהי DT 29:22
עלם ולא יתבטיל הי **כמלחא** דמבסים בשר קורבניא NU 18:19
דכהניא איתגזרו בקיים **מילחא** בגין כן על כל קרבנך תקריב LV 2:13
כן על כל קרבנך תקריב **מילחא**: ואין תקרב מנחת ביכורין LV 2:13
תמלח ולא תבטל **מלח** קיים אלקך מעילוי מנחתך LV 2:13
וכל קרבן מנחתך במלחא **תמלח** ולא תבטל מלח קיים אלקך LV 2:13

מלי (76)

והי כמדקדמוי אוף **איתמלי** אוף יומא דין: ואתו סרכי EX 5:14
יקרא ואיקר שכינתא דייי **איתמלי** ית משכנא: ובאשון EX 40:35
ואיקר שכינתא דייי **איתמלי** ית משכנא: ולא הוה אפשר EX 40:34
מטא מן קדמי ארום **איתמליאת** ארעא חטופין מן GN 6:13
אוף אנת שתי אוף לגמלך **אמלי** היא אינתתא דזמין ייי במזלא GN 24:44
ואמרת אוף לגמלך **אמלי** עד דיספקון למשתי: GN 24:19
יומין: ויהושע בר נון **אתמלי** רוח חכמתא ארום סמך DT 34:9
ליתנון שפיין עימי היכדן **דאיתמלי** והי כדקדמוי ואלקא GN 31:5
בשבע שני שובעא עד **דימלון** כל אוצרייא: וכנש ית כל GN 41:47
ית פרעה ואמר יהא רעוא **דיתמלון** מוי דנילוס ויעדי כפנא מן GN 47:7
עם קדמאי מן בגלל **דיתמלי** עלמא מנהון עד לא אתיהב LV 20:17
או דמלי חרסין יבשין או **דמלי** חזזיתא מצריתא או דפחדוי LV 21:20
חיוורא באוכמא או **דמלי** חרסין יבישין או חזזיתא LV 22:22
חיוורא באוכמא או **דמלי** חרסין יבשין או דמלי חזזיתא LV 21:20
ביד אדומאי **דמליין** אריסין כחיוין חורמניא DT 32:24
אשתלהית למיבני: ובתין **דמליין** כל טובא דלא עסקת DT 6:11
מן אידרא והי כחמרא **דמליתא** מן מעצרתא: הכדין NU 18:27
מן ארחן דתקנן קדם ייי **ואיתמליאת** ארעא חטופין: וחמא GN 6:11
וסגו ואתקפו לחדא **ואיתמליאת** ארעא מנהון: וקם מליך EX 1:7
ית עירבוב חיות ברא **ויתמלון** בתי מצראי עירבות חיות EX 8:17
דיצמח לכון מן חקלא: **ויתמלון** בתך ובתי כל עבדך ובתי EX 10:6
וקריב ית מנחתא **ומלא** ידיה מינה ונסיב מיניה צריד LV 9:17
שבע בנתא ואתא ודלאה **ומלאה** ית מורכיוותא לאשקאה EX 2:16
להון אלקים פושו וסגו **ומלו** ית ארעא בנן ובנן ותקופו עלה GN 1:28
ואמר להום פושו וסגו **ומלו** ית ארעא: ודחלתכון ואימתכון GN 9:1
אבוי טמונינון פלישתאי **ומלונון** עפרא: ואמר אבימלך ליצחק GN 26:15
מדבחא מן קדם ייי **ומלי** חופנוי קטורת בוסמין כתישין LV 16:12
גידין וקרם עילוי מושכא **ומלי** יתיה ביסרא ואדמא דכר GN 1:27

מתחות כורסי יקרא **ומלי** מיא מן אוקינוס והדר סליק GN 2:6
וברם בשבועה קיים אנא **ומליא** יקרא דייי ית כל ארעא: ארום NU 14:21
ומטוב שבח פירי ארעא **ומלייה** רעי ליה אלא דאיתגלי DT 33:16
שבע תובלייא פטימתא **ומלייתא** ואיתער פרעה והא הוה GN 41:7
ופקיד יוסף לעבדוי **ומלן** ית מניהון עיבורא ולאתבא GN 42:25
על כיתפא ונחתת לעיינא **ומלת** ואמרית לה אשקיני כדון: GN 24:45
לה בירא דמיא ואזלת **ומלת** ית קרווה מיא ואשקיית ית GN 21:19
במשכבה ונחתת לעיינה **ומלת** לגינתא וסליקת: ורהט עבדא GN 24:16
תוב לבירא למימלי **ומלת** לכל גמלוי: וגברא הוה ממתין GN 24:20
בזנו בתר עממי ארעא **ותיתמלי** ארעא זנו: ית יומי שביא LV 19:29
שלמיה בינא ובינך **ותתמלי** ארעא מינן ולא נצטרך GN 16:5
יסגי כדון חילא קדמך ייי **ותתמלי** רחמין עליהון ויתי תשוי NU 14:17
קדם ייי בעצרתיכון כד **יתמלון** שבעתי שבועיא מארע NU 28:26
דמיא ותהי ריבא דתיפוק **למימלי** ואימר לה אשקיני כדון GN 24:43
כל טובא דלא עסקת **למימלי** ובירין פסילין דלא לעית DT 6:11
שקתי ורהטת תוב לבירא **למימלי** ומלת לכל גמלוי: וגברא GN 24:20
והוה כדי ספיקו גמליא **למימלי** ונסיב גברא קדשא דדהבא GN 24:22
דאינשי קרתא נפקו **למימלי** מוי: ותהי ריבא די אימר לה GN 24:13
מקטועי קיסיכון עד **מילואי** מימיכון: לאעלותכון DT 29:10
קטולא: או במנא דקיסי **מלא** ידא די כמיסת דימות בה NU 35:18
הלא הרן אחוי דאברם **מלא** קוסמין וחרשין ואיהו לחש GN 11:28
למימר: אם יתן לי בלק **מלא** קורטור דיליה כסף ודהב לית NU 24:13
קטולא: ואין באבנא **מלוא** ידא די כמיסת דימות בה NU 35:17
למשה ולאהרן סיבו לכון **מלי** חופניכון קטם דקיק מן אתונא EX 9:8
רבא ודחילא אתר **מלי** חיוון קלן ועקרבין עקצין ובית DT 8:15
על ביתיה למימר **מלי** ית דיסקיי גוברייא עיבורא GN 44:1
דחטאתא דיליה: ויסב **מלי** מחתיתא גומרין לחשן דאישא LV 16:12
דפקיד ייי לאצנעא **מלי** עומרא מיני למטרא לדריכון מן EX 16:32
דפחר חדא והב תמן **מלי** עומרא מנא ואצנע יתיה קדם EX 16:33
יתיה בהון חליל לוחין **מלי** עפרא עבד יתיה: ועבד ית EX 38:7
מדבחא: חליל לוחין **מלי** עפרא תעביד יתיה הי כמא EX 27:8
כהנא ויקמוץ כהנא מינה **מלי** קומציה ית שבח אדכרתא LV 5:12
כהניא ויקמוץ מתמן **מלי** קומציה מן קמחא סמידא ומן LV 2:2
בלק אין יתן לי בלק **מלי** קורטור דיליה כסף ודהב לית NU 22:18
קודשא ומשח זיתא **מלי** קסטא דסכומיה תריסר לוגין EX 30:24
יצחק ית עשו ארום **מלי** רמייותא בפומיה ורבקה GN 25:28
ארעא דכל שובל עבד **מלי** תרי קומצין בשבע שני שובעא GN 41:47
והיא דדהב טב קריב יתה **מליא** קטורת בוסמנין טבין מן NU 7:20
הות דדהב טב קריב יתה **מליא** קטורת בושמנין טבין מן NU 7:14
רמשא לעידן דנפקן **מליאתא**: ואמר ייי אלקיה דריבוני GN 24:11
דחמיתא חווייא קלן **מליין** אירס דקטול וסוברך ייי DT 1:31
שובלין סלקן בקנייא חד **מליין** וטבן: והא שבעא תובלי נצן GN 41:22
פרדסיא בירין בירין **מליין** חימרא וערקו מלכא דסדום GN 14:10
אוצרין מן אוצרוי דיוסף **מליין** כסף ודהב ובעא למיטרד NU 16:19
האילין קריב יתהון **מליין** סמידא מן אפרשותא פתיכא NU 7:13
מניא האילין קריב יתהון **מליין** סמידא מן אפרשותא פתיכא NU 7:19
כל קבל רברבי ישראל **מליין** קטורת בוסמין טבין מתקל NU 7:86
לעמי עבדי קרבי וכד **תתמלי** נפשי מן אדם קטיליהון מן EX 15:9

מלך (227)

מתפני ואזיל לעמי איתא **אימלכינך** איזל זמין פונדקין ומני NU 24:14
בלחודך: כדון קביל מיני **אימלכינך** ויהי מימרא דייי בסעדך EX 18:19
קביל מימרא דייי מינך **אמליכת** מילכא בישא ית בלק NU 31:8
חרבא כל קבל מתמלכין **במולכנא** דאורייתא אמוראין NU 21:29
כיסנין בבציר מן טימהון **במילכת** בלעם רשיעא בפרשת NU 24:25
היא והוא אגיח קרבא **במלכא** דמואב קדמאה ונסיב ית NU 21:26
למפסוק קימי עימהון **במלכותא** דאדום ארום אנא הוא ייי LV 26:44
דבביהון לא אמאסינון **במלכותא** דבבל ולא ירחק מימרי LV 26:44
דמדי למשציא יתהון **במלכותא** דיון למפסוק קימי LV 26:44
ולא ירחק מימרי יתהון **במלכותא** דמדי למשציא יתהון LV 26:44
בעממין סגיאין קמאה **דימלוך** עליהון יגיח קרבא בדבית NU 24:7
למימר סרחו רב מזוגייא **דמלכא** דמצרים ורב נחתומייא GN 40:1
מפנא הוא בית רסא **דמלכא**: ומלכא צדיקא הוא שם בר GN 14:17
יקרב יתכון על ידויי **דמלכא** משיחא: ויעילינכון מימרא DT 30:4
מה יאיין הינון עינוי **דמלכא** משיחא כחמרא זכיכא מן GN 49:12
בני ישראל באיסרטיא **דמלכא** ניזיל אין מייך נישתי אנא NU 20:19
מקלסין לקדמוי דין אבא **דמלכא** רב בחכמתא ורכיך בשנייא GN 41:43
יומי אשלמוותא כלילא **דמלכותא** אחסינו יתה מן שמייא DT 34:5
ותקדש יתיה מטול כליל **דמלכותא** דבית יהודה ומלכא EX 40:9
לשיזבותיה מן ידיהון **דמלכיא** ויתמסר בידיהון עאל אתא GN 14:13
איתא נציב ליה אכוורנקי **דמלכייא** בנא ליה בית חתנותא DT 32:50
עובדוי לעובדי בני בישרא **דמתמלכין** ותייבין ממה דגזרין ברם NU 23:19
ואמרו ליה אחוהי **הלממלך** אנת מדמי עלנא אין GN 37:8
מלך מלכא לבני ישראל: **ומלך** באדום בלעם בר בעור ושום GN 36:32
ארעא ההיא נפק נמרוד **ומלך** באתור דלא בעא למיהוי GN 10:11
דרומא ואתא ואישתני **ומלך** בערד ארום נח נפשיה דאהרן NU 21:1
חייבא ואתחבר בכנענאי **ומלך** בערד ובית מותביה בארע NU 33:40
דעל פרת: ומית שאול **ומלך** תחותוי בעל חנן בר עכבור: GN 36:38
ומית בעל חנן בר עכבור **ומלך** תחותוי הדר ושום קרתא GN 36:39
ממשרקה: ומית שמלה **ומלך** תחותוי שאול דמן רחובות GN 36:37
דרומא: ומית חושם **ומלך** תחותויי הדד בר בדד דקטל GN 36:35
בר זרח מבצרה: ומית יובב **ומלך** תחותויי חושם מארע דרומא: GN 36:34
דנהבא: ומית בלע **ומלך** תחותויי יובב בר זרח מבצרה: GN 36:33
מלכותיה עוית: ומית הדד **ומלך** תחותיה שמלה ממשרקה: GN 36:36
דסדום ומלכא דעמרה **ומלכא** דאדמה ומלכא דצבוים GN 14:8
גדי: ונפק מלכא דסדום **ומלכא** דעמרה ומלכא דאדמה GN 14:8
דעמרה ומלכא דאדמה **ומלכא** דצבוים ומלכא דקרתא GN 14:8
דאדמה ומלכא דצבוים **ומלכא** דקרתא דבלעת דיירהא GN 14:8
ליזניה מלכא דצבויים **ומלכא** דקרתא דבלעת דיירהא היא GN 14:2
דמלכותא דבית יהודה **ומלכא** משיחא דעתיד למיפרק ית EX 40:9
מן עידן דהות לאומא **ומלכו**: ומחא ברדא בכל ארעא EX 9:24
מדינאי ארום עמא חד **ומלכו** חד הוון עד ההוא יומא כדון NU 22:4
וית כל מלכיא דישראל **ומלכותא** דבית יהודה דשליטו DT 34:2
בכורותא ורבות כהונתא **ומלכותא** ועל די חטית ברי GN 49:3
בכירותא ליוסף **ומלכותא** ליהודה וכהונתא ללוי: GN 49:3
שנין אתא כדרלעמר **ומלכיא** דעימיה ומחו ית גובריא GN 14:5
רשיעיא ומכתת אומיא **ומלכיא** ומגרי איליין באיליין: וציען NU 24:23
ביה ותהי לכינשין **ומלכין** שליטין בעממיא מינה יהון: GN 17:16
לחדא ואיתנינך לכינשין **ומלכין** שליטין בעממיא מינך יפקון: GN 17:6
מלכוון ממעייכי יתפרשון **ומלכן** ממלכן יהי אלים ורבא יהוי GN 25:23
ביה וליתיה מקריב כד **ימלוך** מליך תקיף מדבית יעקב NU 24:17
ויברי יצרא טבא די **ימליכינכון** למירחם ית ייי אלקכון DT 30:6
מזוגא ונחתומא די **למלכא** דמצרים דאסירין בבית GN 40:5
למקטל לריבונהום **למלכא** דמצרים: ובנס פרעה כדי GN 40:1
דבר לך: ואמר אברם **למלכא** דסדום ארימית ידי GN 14:22
וימני מימרא דייי יתכון **למלכין** ולא להדיוטין ותהון לחוד DT 28:13
מביניכון: ארום יטעינך **מילכא** בישא אחוך בר אימך כל דכן DT 13:7
דייי מינך אמליכת **מילכא** בישא ית בלק למוקמא ית NU 31:8
ליבא: ותהון טביעין **מילכא** טבא לרווחי עקתכון ולא DT 28:29
ארום הוא דיהיב לכון **מילכא** למיקני ניכסין מן בגלל DT 8:18
קרתיה וימללון עימיה **מילכא** קשיטא ויקום בבי דינא DT 25:8
מוקדשא בתראה: וית **מליך** דרומא דמתחבר עם מליך DT 34:3
עם שולטניהון ולית **מליך** ושולטן דיקום קדמוי מסמק GN 49:11
הינון תריהון כחדא לית **מליך** ושולטן דיקום קדמיהון GN 49:7
ארעא מנהון: וקם **מליך** חדת כמין שירויא על מצרים EX 1:8
גבר לאחוי נמני עלן **מליך** לריש ונתוב למצרים: NU 14:4
דרומא דמתחבר עם **מליך** ציפונא לחבלא יתבי ארעא DT 34:3
וליתיה מקריב כד ימלוך **מליך** תקיף מדבית יעקב ויתרבי NU 24:17
אגח עימהון עמלק כד **מלך** בערד דשמע דמית אהרן DT 10:6
דאדום קדם עד לא **מלך** מלכא לבני ישראל: ומלך GN 36:31
הוא כליל מלכותא והוא **מלך** מלכין בעלמא הדין ודיליה EX 15:18
בבי אסירי אתר דאסירי **מלכא** אסירין והוה תמן בבי אסירי: GN 39:20
שבטייא דיעקב: והוא הוה **מלכא** בישראל באתכנשות רישי DT 33:5
משה אזגדין מרקם לות **מלכא** דאדום למימר כדנן אמר NU 20:14
דאפילו לאיבוד הוה שני **מלכא** דאדמה ושמאבר דמחבל GN 14:2
מן בתר דמחא ית סיחן **מלכא** דאמוראה דיתיב בחשבון DT 1:4
היכמה דעבדת לסיחן **מלכא** דאמוראה דיתיב בחשבון: DT 3:2
חשבון קרתא דסיחון **מלכא** דאמוראה היא והוא אגיח NU 21:26
ישראל עזגדין לות סיחון **מלכא** דאמוראה למימר: אעיבר NU 21:21
היכמא דעבדת לסיחן **מלכא** דאמוראי דהוה יתיב בחשבון: NU 21:34
בחילתא בארע סיחן **מלכא** דאמוראי דיתיב בחשבונא DT 4:46
בר יוסף ית מלכות סיחון **מלכא** דאמוראי וית מלכות עוג NU 32:33
קדמות לות סיחון **מלכא** דאמוראי פתגמי שלם DT 2:26
אכלתיה ושמעון אמרתון **מלכא** דארעא כפתיה וית בנימין GN 42:36
עד כדי ייתי סנחריב **מלכא** דאתור וישבי יתר: ונטל מתל NU 24:22
נבעול נשי גוברין באורח **מלכא** דבשמיא נזיל לא נסטי NU 20:17
נבעול נשי גוברין אורח **מלכא** דבשמים נזיל עד דניעיבר NU 21:22
אחתי היא ושדר אבימלך **מלכא** דגרר ודבר ית שרה: ואתא GN 20:2
לאתרא הדין ונפק סיחון **מלכא** דחושבנא ועוג מלכא דמתנן DT 29:6
היכמה דעבדנא לסיחון **מלכא** דחשבון הכדין גמרנא ית כל DT 3:6
מסרית בידיכון ית סיחון **מלכא** דחשבון ואמוראה וית DT 2:24
יהיב לנא: ולא צבא סיחן **מלכא** דחשבון לאעברתונא בגו DT 2:30
צדיקא הוא שם בר נח **מלכא** דירושלים נפק לקדמות GN 14:18
ארם דעל פרת דברני בלק **מלכא** דמואבאי מן טוורי מדינחא NU 23:7
קדם ייי בלק בר צפר **מלכא** דמואבאי שדר פולין לותי: NU 22:10
אורח מתנן ונפק עוג **מלכא** דמותנן לקדמותנא הוא וכל NU 21:33
לנא כזעיר פון שכיב **מלכא** דמיחד בעמא עם אינתתך GN 26:10
עול מליל עם פרעה **מלכא** דמצרים ויפטור ית בני EX 6:11
דעבד בגו מצרים לפרעה **מלכא** דמצרים ולכל יתבי ארעא: DT 11:3

שנין כד קם קדם פרעה **מלכא** דמצרים ונפק יוסף מלות GN 41:46
האינון ואיתכתש **מלכא** דמצרים ופקיד לקטלא EX 2:23
היכמא דמליל להין **מלכא** דמצרים וקיימא ית בנייא: EX 1:17
ייי ית יצרא דלבא דפרעה **מלכא** דמצרים ורדף בתר בני EX 14:8
אנת וסבי ישראל לות **מלכא** דמצרים ותימרון ליה ייי EX 3:18
עבדיא מן ידא דפרעה **מלכא** דמצרים: ותנדעון ארום ייי DT 7:8
הוא ייי מליל עם פרעה **מלכא** דמצרים ית כל דאנא ממליל EX 6:29
ושלחינון לות פרעה **מלכא** דמצרים לאפקא ית בני EX 6:13
הינון דממללין עם פרעה **מלכא** דמצרים להנפקא ית בני EX 6:27
וקיימא ית בנייא: וקרא **מלכא** דמצרים לחייתא ואמר להון EX 1:18
איתיעט ואמר פרעה **מלכא** דמצרים לחייתא יהודייתא EX 1:15
או בקטלא: ואמר להון **מלכא** דמצרים למה משה ואהרן EX 5:4
ארום לא ישבוק יתכון **מלכא** דמצרים למיזל ולא מן EX 3:19
במתנן: ארום לחוד עוג **מלכא** דמתנן אישתייר ממותר DT 3:11
דאמוראי וית מלכות עוג **מלכא** דמתנן ארעא לקורייהא NU 32:33
דיתיב בחשבון וית עוג **מלכא** דמתנן דיתיב בעשתרוותא DT 1:4
אלקנא בידנא אוף ית עוג **מלכא** דמתנן וית כל עמיה DT 3:3
אורח מתנן ונפק עוג **מלכא** דמתנן לקדמותנא הוא וכל DT 3:1
מלכא דחושבנא ועוג **מלכא** דמתנן לקדמותנא לסדרי DT 29:6
ית ארעיה וית ארע עוג **מלכא** דמתנן תרין מלכי אמוראי DT 4:47
דיתיב בעין גדי: ונפק **מלכא** דסדום ומלכא דעמרה GN 14:8
עם ברע דעובדוי בביש **מלכא** דסדום ועם ברשע דעובדוי GN 14:2
בירין מליין חימרא וערקו **מלכא** דסדום ועמורה ונפלו תמן GN 14:10
מכל מה דאתיב: ואמר **מלכא** דסדום לאברם הב לי נפשת GN 14:21
ית נשיא וית עמא: ונפק **מלכא** דסדם לקדמותיה בתר דתב GN 14:17
פרדיסיא: עם כדרלעמר **מלכא** דעילם ותדעל מלכא GN 14:9
קציר מתהפיך כעומרין **מלכא** דעילם ותדעל רמאה כתעלא GN 14:1
ברשע דעובדוי ברשיעא **מלכא** דעמורא שנאב דאפילו GN 14:2
ותדעל רמאה כתעלא **מלכא** דעממיא משתמעין ליה: GN 14:1
מלכא דעילם ותדעל **מלכא** דעממייא משתמעין ליה GN 14:9
מלכין ומיניה יפוק דוד **מלכא** דעתיד לאודויי קדם ייי בגין GN 29:35
למירמי אברם לנורא הוא **מלכא** דפונטוס אריוך דהוה אריך GN 14:1
משתמעין ליה ואמרפל **מלכא** דפונטוס ואריוך מלכא GN 14:9
ואזל יצחק לות אבימלך **מלכא** דפלישתאי לגרר: והוה GN 26:1
למשרי ואודיק אבימלך **מלכא** דפלישתאי מן חרכא וחמא GN 26:8
דמחבל איבריה ליזניה **מלכא** דצבויים ומלכא דקרתא GN 14:2
דהוה אריך בגינבריא **מלכא** דתליסר כדרלעמר דהוה GN 14:1
מלכא דפונטוס ואריוך **מלכא** דתלסר ארבעת מלכין סדרו GN 14:9
פרעה ליוסף אנא פרעה **מלכא** ואנת אלקפטא ובר מימרך GN 41:44
בר נש לבי דינא קמי **מלכא** ואתקנס דין קטול ולא דלו DT 32:50
ביומוי יעקב אבונן ודוד **מלכא** ומשה נביא דהכין כתיב DT 31:14
ארום ברוגזהון קטלו **מלכא** ושולטניה וברעותהון פכרו GN 49:6
בה ותימרון נמני עלן **מלכא** ככל עממיא דבחזרנותיי: DT 17:14
דאדום קדם עד לא מלך **מלכא** לבני ישראל: ומלך באדום GN 36:31
כדין תמנון עליכון **מלכא** לית לכון רשו למנאה עליכון DT 17:15
ובלק בר צפור מדינאה **מלכא** למואב בעידנא ההיא ולא NU 22:4
דהתמן עתיד דאיתגלי **מלכא** משיחא בסוף יומייא: והוה GN 35:21
יתימסון עממייא: מה יאי **מלכא** משיחא דעתיד למקום GN 49:11
ואיליין למיפל ביד **מלכא** משיחא ויהוון עד עלמא NU 24:24
מזרעיה עד זמן די ייתי **מלכא** משיחא זעיר בנוי ובדיליה GN 49:10
שמיא ואפילו ליומי **מלכא** משיחא לא תתנשי: ויהי DT 25:19
שפיותא בעיקבא ביומי **מלכא** משיחא: לאינתתא אסגא GN 3:15
דייי קיצא דעתיד **מלכא** משיחא למיתי איתכסי GN 49:1
עמלק וסופיהון ביומי **מלכא** משיחא למסדרא סידרי NU 24:20
אלקהון בסעדהון ויבבות **מלכא** משיחא מיבבא ביניהון: NU 23:21
מתנביין ואמרין הא **מלכא** סליק מן ארעא דמגוג בסוף NU 11:26
עמלק ויתרודם על אגג **מלכהון** ובגין דיחוס עלוי יתנטיל NU 24:7
מבועי מיין: יקום מנהון **מלכהון** ופרוקהון מנהון ובהון יהוי NU 24:7
דגבלא: ואילין מלכייא די **מלכו** בארעא דאדום קדם עד לא GN 36:31
עממין במעייכי ותרין **מלכוון** ממעייכי יתפרשון ומלכן GN 25:23
על אברם והא ארבע **מלכוון** קיימין למשעבדא ית בנוי GN 15:12
ותהון לריחוק לכל **מלכוות** ארעא: ותהי נבילתכון DT 28:25
הכדין יעביד ייי לכל **מלכוותא** דאנת עבר לתמן: לא DT 3:21
דיוסף למשתעבדא ביני **מלכוותא** והיכמא דרימנא מנגח DT 33:17
בנוי דעשו ויגחנון קומך **מלכוותא** כל בנהא דקטורה רב GN 27:29
דמנשה בר יוסף ית **מלכות** סיחון מלכא דאמוראי וית NU 32:33
מלכא דאמוראי וית **מלכות** עוג מלכא דמתנן ארעא NU 32:33
כל עמי לחוד כורסי **מלכותא** אהא רב מינך: ואמר פרעה GN 41:40
כל תחום פלך טרגונא **מלכותא** דעוג במתנן: כל אילין DT 3:4
הוות ופלטרין דבית **מלכותא** דפרעה בריש ארעא EX 12:31
ואידברת אינתתא לבית **מלכותא** דפרעה: ולאברם אוטב GN 12:15
וקלא אישתמע בית **מלכותא** דפרעה למימר אתו אחי GN 45:16
להין מימרא דייי בית **מלכותא** ובית כהונתא רבתא: וכד EX 1:21
חליף דדיליה הוא כליל **מלכותא** והוא מלך מלכין בעלמא EX 15:18
דאנת עתיד למחסן **מלכותא** וקרת שמיה פרץ: ובתר GN 38:29
בעלמא הדין ודיליה היא **מלכותא** לעלמא דאתי ודיליה היא EX 15:18
ארום בחוביא חמודיא **מלכותא** מתגריא בניכסיהון דבני EX 20:17
ארום בחובי חמודיא **מלכותא** מתגריא בניכסיהון דבני DT 5:21
מן תרעא רבא דבית **מלכותא** עד שוקא דנפחיא דסמיך NU 21:30
סמיך לגיניסר כרך **מלכותהון** דאדומאי אחסנות שיבט NU 34:11
ארום אייתיתא עלי ועל **מלכותי** חובא רבא עובדין דלא GN 20:9
עלוי יתנטיל מיניה **מלכותיה**: אלקא דאפיקינון פריקין NU 24:7
קדם ייי: והות שירוי **מלכותיה** בבל רבתי והדס ונציבין GN 10:10
בעור ושום קרתא דבית **מלכותיה** דנהבא: ומית בלע ומלך GN 36:32
גד: ושאר גלעד וכל מתנן **מלכותיה** דעוג יהבית לשיבט DT 3:13
מן בגלל דינגוד יומין על **מלכותיה** הוא ובנוי ביני ישראל: לא DT 17:20
יתיב לרוחצן על כורסי **מלכותיה** ויכתבון ליה סביא ית DT 17:18
דעתיד דייתיב על כורסיי **מלכותיה** עד בוכרא דאמתא EX 11:5
למיתב על כורסיה **מלכותיה** עד בוכריא בני מלכיא EX 12:29
מואב ושום קרתא דבית **מלכותיה** עוית: ומית הדד ומלך GN 36:35
הדר ושום קרתא דבית **מלכותיה** פעו ושום אינתתיה GN 36:39
ית ארעא מן רשות תרין **מלכי** אמוראי דבעיברא דיורדנא DT 3:8
עוג מלכא דמתנן תרין **מלכי** אמוראי דבעיברא דיורדנא DT 4:47
דעבד לסיחן ולעוג **מלכי** אמוראי ולעממי ארעהון DT 31:4
וית חור וית רבע חמשת **מלכי** מדין וית בלעם בר בעור NU 31:8
וקטלו כל דכוראה: וית **מלכי** מדינאי קטלו על קטולי NU 31:8
מלכותיה עד בוכריא בני **מלכיא** דאשתביין והינון בי גובא EX 12:29
דמן שבט מנשה וית כל **מלכיא** דישראל ומלכותא דבית DT 34:2
ית כדרלעמר וית **מלכיא** דעימיה למישר מפנא הוא GN 14:17
דמתחברין עם בלק וית **מלכיא** דעתיד למקטל יהושע בר DT 34:2
מן ארעא וכד אגחו **מלכיא** האילין הוה עוג עימהון אמר GN 14:13
כל דעבד ייי אלקך לתרין **מלכיא** האילין הכדין יעביד ייי לכל DT 3:21
האילין מן דאתכנשו **מלכיא** ונפלו קומי אברם וקטלו GN 15:1
פלגותא אגחן עם **מלכיא** ופלגותא אצטנעא למימחי GN 14:15
שמיני תורין מן ביזת **מלכיהון** וחבלא מבכירי עאן מן עדי DT 32:14
ואתון על פירקת צוורי **מלכיהון** תדרכון: וסליק משה מן DT 33:29
בארעא דגבלא: ואילין **מלכייא** די מלכו בארעא דאדום GN 36:31
רב עד דישתיצון: וימסור **מלכיכון** בידכון ותובדון ית שומהון DT 7:24
הוא אלקא דיינא ומרי **מלכין** אלקא רבא גיברא ודחילא DT 10:17
כליל מלכותא והוא מלך **מלכין** בעלמא הדין ודיליה היא EX 15:18
אברם וקטלו ארבעה **מלכין** ואהדר תשע משירין חשב GN 15:1
יהוי מפיק תפנוקי **מלכין** ומודי ומשבח עליהון קדם GN 49:20
דמן ברי דין עתיד למיפק **מלכין** ומיניה יפוק דוד מלכא GN 29:35
מיניה עתיד למיקום **מלכין** ושליטין וכהנייא בפלוגתהון GN 50:1
נח מן יקימיניה: לא פסקין **מלכין** ושליטין מדבית יהודה GN 49:10
תנאה בינתיהון למיהוי **מלכין** לפירקין מאילך ואילך: ושדר NU 22:4
מלכא דתלסר ארבעת **מלכין** סדרו קרבא לקביל חמשא: GN 14:9
עם בעלי דבבוי ומקטל **מלכין** עם שולטניהון ולית מליך GN 49:11
קבל בעלי דבבוי מקטל **מלכין** עם שילטונין וקטולוי DT 33:20
ארעא: ואתון תהון קדמי **מלכין** קטרי כלילא וכהנין משמשין EX 19:6
דמגוג בסוף יומיא ומכנש **מלכין** קטרי תגין ואיפרכין לבשי NU 11:26
מבינך דאולידתא ותרין **מלכין** תוב מינך יפקון: וית ארעא GN 35:11
יגלי ייי יתכון וית **מלככון** דתמנון עליכון לאומא דלא DT 28:36
ארום לאיתא אסבוהי ית **מלכתא** דכוש ורחיק מינה: ואמרו NU 12:1
סלווקיא ואדרעת קרוי **ממלכותא** דעוג במתנן: ארום לחוד DT 3:10
ביה בנוי ולמפרוקינון **ממלכותא** למימר לבנך אתן ית GN 15:18
ממעייכי יתפרשון ומלכן **ממלכן** יהי אלים ורבא יהוי GN 25:23
בשבית חרבא כל קבל **מתמלכין** במולכנא דאורייתא NU 21:29

מלל (505)

מה דימליל ייי יתיה **אימליל**: וכדון האנא מתפני ואזיל NU 24:13
דיזמן ייי בפמי יתיה **אמליל**: ואזל בלעם עם בלק ואתון NU 22:38
חזור ודתן ואבירם נפקו **במילי** חירופין וקמו וארגיזו למשה NU 16:27
למקטליה פתח פומיה **במילי** תחנונין ואמר לפנחס אין NU 31:8
לנא כדין הוה יתי אותיב **במיליה** על סדר שימושי ויתיה צלב: GN 41:13
יהוי שכם בר חמור מלגלג **במיליה** עלנא וכאיתא מטעייא GN 34:31
לזכו דלא אטח לקמיה **במילין**: ואמר ליה אנא ייי דאפיקתך GN 15:6
וגייורא לא תקנטון **במילין** ולא תעיקון למיסב ליה EX 22:20
בדיוטב ליה לא תונוניה **במילין**: לא תפסון בנתיכון למהוי DT 23:17
ולא תונון גבר ית חבריה **במילין** קשין ותידחל מאלקך אנא LV 25:17
בארעכון לא תונון יתיה **במילין** קשין: כיציבא מנכון יהי לכון LV 19:33
למרים דחשדת למשה **במילתא** דלא הות ביה ולקת DT 24:9
שיבטיכון ואורכתנון **במליא** גוברין חכימין ומרי מנדעא DT 1:15
בר תמנן ותלת שנין **במלילתהון** עם פרעה: ואמר ייי EX 7:7
ית תורעמותכון: והוה **במללות** אהרן עם כל כנישתא EX 16:10
רחמין קדמך אלהין **במללות** שכינתך עימן ויתעבדן EX 33:16
אלקא דאבך ובכא יוסף **במללותהון** עימיה: ואזלו אוף אחוי GN 50:17
מן בגלל דישמעון עמא **במללותי** עימך ואוף בך יהימנון EX 19:9
קדם ייי ית קל פיתגמיכון **במללותכון** עימי ואמר ייי לי שמיע DT 5:28

שמועו בבעו פתגמיי עד **דאימליל** אין יהוון כל נביא דקמו NU 12:6
גובריא וברם ית פיתגמיא **דאימליל** עימך יתיה תמליל ואזל NU 22:35
עמהון ולחוד פיתגמא **דאימליל** עימך יתיה תעביד: וקם NU 22:20
למימריה ותעביד כל **דאמליל** על ידוי ואסני ית סנאך EX 23:22
ביה ואמר לא איכול עד **דאמליל** פיתגמיי ואמר מליל: ואמר GN 24:33
תמליל עימנא ית כל **דימליל** ייי אלקנא לך ונקבל ונעבד: DT 5:27
או בישתא מן רעותי מה **דימליל** ייי יתיה אימליל: וכדון NU 24:13
יתכון פיתגמא היכמא **דימליל** ייי עימי ואסחרו רברבי NU 22:8
דלא יקבל פיתגמי נבותי **דימלל** בישמי מימרי יפרע מיניה: DT 18:19
מלילית עימך למימר כל **דימלל** ייי יתיה אעבד: ואמר בלק NU 23:26
דלא מלליה ייי: מה **דימלל** נבי שיקרא בשמא דייי ולא DT 18:22
על עיסק עיטא עמיקתא **דיתמלל** עם אברהם בחברון GN 37:14
כדין יסנינה: וישוי בה ערר **דמילין** ויפק עלה טיב ביש ויימר ית DT 22:14
ליה: והא הוא שוי ערד **דמילין** למימר לא אשכחית לברתך DT 22:17
ייי ליה דא היא ספא **דמילתא** בארעא ודא ארעא DT 34:4
ייי ניסא לשרה היכמא **דמליל** אברהם בצלותיה על GN 21:1
אברהם לעפרון ית כספא **דמליל** באנפי בני חיתאה ארבע GN 23:16
דיכרין: ועבד בלק היכמא **דמליל** בלעם ואסיק בלעם ובלק NU 23:2
דאמר ולא יעבד ומה **דמליל** האפשר דלא יקיימינה: הא NU 23:19
קדם ייי אלקכון היכמא **דמליל**: ופקיד משה וסבי ישראל ית DT 26:19
למיתן לכון ייי היכמא **דמליל** ותינטרון מזמן דתמטון EX 12:25
לך ותסגון לחדא היכמא **דמליל** ייי אלקא דאבהתך לך ארע DT 6:3
ועבדין דבש היכמא **דמליל** ייי אלקא דאבהתכון לכון: DT 27:3
הינון אחסנתיה היכמא **דמליל** ייי אלקכון ליה: ואנא הוית DT 10:9
סוקו ואחסינו היכמה **דמליל** ייי אלקכון לכון לא תידחלון DT 1:21
בסרהוביא היכמא **דמליל** ייי אלקכון לכון: לא תימרון DT 9:3
דבבך מן קדמך היכמא **דמליל** ייי: ארום ישיילנך ברך מחר DT 6:19
ית בני ישראל היכמא **דמליל** ייי בידא דמשה: ואמר ייי EX 9:35
ולא קביל מנהון היכמא **דמליל** ייי: ואמר ייי למשה אימר EX 8:11
ולא קבל מנהון היפמא **דמליל** ייי: ואמר ייי למשה אקדים EX 8:15
איתא לבר ריבונך כמא **דמליל** ייי: והוה כדי שמע עבדא GN 24:51
יטייל קדמיכון היכמא **דמליל** ייי: ויעבד ייי פורענות דינא DT 31:3
ולא קביל מיניהון היכמא **דמליל** ייי: ועבד פרעה צורכיה ועאל EX 7:22
מאה ותלתין שנין מן **דמליל** ייי לאברהם מן שעתא EX 12:40
ישראל ית כל קיימייא **דמליל** ייי להון בידא דמשה: ומליל LV 10:11
אורח ימא דסוף היכמה **דמליל** ייי לי ואקיפנא ית טורא DT 2:1
למימר דין פיתגמא **דמליל** ייי למימר: גבר בר תליסר NU 30:2
ובני ראובן ואמרו ית כל **דמליל** ייי לעבדך הכדין נעביד: נחנא NU 32:31
כל עמא כחדא ואמרו כל **דמליל** ייי נעביד ואתיב משה ית EX 19:8
עמא קלא חד ואמרו כל **דמליל** ייי נעביד: וכתב משה ית EX 24:3
עמא ואמרו כל פיתגמיא **דמליל** ייי נעביד ונקביל: ונסיב משה EX 24:7
ואמר להון משה הוא **דמליל** ייי עבדתון שבא שבת EX 16:23
קדם ייי: ואמר משה הוא **דמליל** ייי עימי בסיני למימר LV 10:3
ופקידינון ית כל מה **דמליל** ייי עימיה בטוורא דסיני: EX 34:32
קמא עשרתי דביריא **דמליל** ייי עימכון בטוורא מיגו DT 10:4
חמיתון כל דמו ביומא **דמליל** ייי עימכון מיגו אישתא: הוון DT 4:15
ואהרן כהנא: והוה ביומא **דמליל** ייי עם משה בארעא EX 6:28
ומשה דאתיחסו ביומא **דמליל** ייי עם משה בטוורא דסיני:: NU 3:1
למשריתא היכמה **דמליל** ייי עם משה היכדין עבדו בני NU 5:4
ולא קביל מינהון היכמא **דמליל** ייי עם משה: ואמר ייי למשה EX 9:12
אהרן ית כל פיתגמייא **דמליל** ייי עם משה ועבד אתייא EX 4:30
מכל פיקודיא האילין **דמליל** ייי עם משה: ית כל מה NU 15:22
כתיב הי ככל פיתגמיא **דמליל** ייי עמכון בטוורא מיגו DT 9:10
ליה לסיבתוי לזימנא **דמליל** יתיה ייי: וקרא אברהם ית GN 21:2
כולהון צדיקין כחדא ודא **דמליל** להון אבוהון ובריך יתהון GN 49:28
ייי לאעלותהון לארעא **דמליל** להון ומדסני יתהון DT 9:28
ייי ולא עבדא היכמא **דמליל** להין מלכא דמצרים וקיימא EX 1:17
הינון אחסנתיה היכמא **דמליל** ליה: ודין יהי חולקא דחמי DT 18:2
ארעא: ואזל אברם היכמה **דמליל** ליה ייי ואזל עימיה לוט GN 12:4
דתדרכון בה היכמא **דמליל** לכון: אמר משה נביא חמון DT 11:25
בלא סכומא הי כמא **דמליל** לכון: היך אנא יכיל בלחודיי DT 1:11
יהוי לכון לאלקא היכמא **דמליל** לכון והיכמא דקיים DT 29:12
ליה לעם חביב היכמא **דמליל** לכון ולמינטר כל פיקודוי: DT 26:18
ית תחומכון הי כמא **דמליל** לכון ותימר איכול בישרא DT 12:20
אלקכון בירככון היכמא **דמליל** לכון ותמשכנון עממין DT 15:6
למלקי בסגירותא היכמא **דמליל** למשה שוי ידך בעיטפך NU 17:5
למשריתא היכמא **דמליל** משה: ואמר משה לאהרן LV 10:5
ונסיב אהרן היכמא **דמליל** משה ורהט למצע קהלא NU 17:12
וקיימיא ודיניא **דמליל** משה עם בני ישראל בזמן DT 4:45
יקר שכינתא דייי באתרא **דמליל** עימיה: ואקים תמן קמה GN 35:13
ביכרן יומא הדין כמא **דמליל** עימיה ייי: ואברהם בר GN 17:23
ואקים תמן קמה באתרא **דמליל** עימיה קמה דאבנא ונסיך GN 35:14
יעקב ית שמיה דאתרא **דמליל** עימיה תמן ייי ביתאל: ונטלו GN 35:15
וייתי אתא או תימהא **דמליל** עימכון למימר נהך בתר DT 13:3

עילוי אברהם ית טבתא **דמליל** עלוי: ואמר ייי למלאכי GN 18:19
ית כל פיתגמי יוסף **דמליל** עמהון וחמא ית סדנייא GN 45:27
ייי לאברהם מן שעתא **דמליל** עמיה בחמיסר בניסן ביני EX 12:40
מצית אדניה ושמע מה **דמליל** עמיה: ומליל ייי עם משה EX 6:28
ועבד כפיתגמא דיוסף **דמליל**: צפרא נהר וגברייא איתפטרו GN 44:2
דברו ומן דילי היכמא **דמלילהון** וזילו ולית אנא בעי מנכון EX 12:32
עימך אוטיבו כל מה **דמלילו**: לואי דיהי יצרא דליבהון DT 5:28
ואמר ייי לי אתקינו מה **דמלילו**: נביא אקים להון מביני DT 18:17
ית כל פתגמי עמא הדין **דמלילו** עימך אוטיבו כל מה DT 5:28
איזל דבר ית עמא לאתר **דמלילית** לך הא מלאכי יטייל EX 32:34
עד זמן די אעביד ית **דמלילית** לך: ואיתער יעקב מדמכיה GN 28:15
שני כפנא: הוא פתגמא **דמלילית** עם פרעה מה דייי עתיד GN 41:28
ואמר להום יוסף הוא **דמלילית** עמכון למימר אלילי אתון: GN 42:14
הלא דין הוא פיתגמא **דמלילנא** עימך במצרים יתגלי ייי EX 14:12
ית פיתגמי אינתתי **דמלילת** עימיה למימר כפיתגמיא GN 39:19
אוף ית פיתגמיא הדין **דמלילתא** אעבד ארום אשכחתא EX 33:17
ואמרתון תקין פיתגמא **דמלילתא** למימר: ודברית ית רישי DT 1:14
תשוי לעט רב היכמא **דמלילתא** למימר: ייי אריך רוח NU 14:17
תוהו קדמך על בישתא **דמלילתא** למעבד לעמך: הוי דכיר EX 32:12
לקדמוי אוף מן שעתא **דמלילתא** עם עבדך ארום חגר פום EX 4:10
בוכרך עבדנא היכמה **דמלילתא** עמי קום כדון אסתחר GN 27:19
קיים אנא אין לא היכמא **דמלילתון** קדמי היכדין אעביד לכון: NU 14:28
ונבזביית בית מוקדשא **דמלילתון** תיתנון ולעניי צדקתא DT 23:24
מימרא דייי אלקא קיים **דממלל** מיגו אישא היכמא DT 4:33
דמצרים על חיליהון: הינון **דממללין** עם פרעה מלכא דמצרים EX 6:27
עימיה ושמע ית קל רוחא **דמתמלל** עימיה כד נחית מן שמי NU 7:89
מתמלל עימהון היכמא **דמתמלל** עם משה דמימרא דייי NU 12:6
פומך ואליף יתך מה **דתמליל**: ואמר בבעו ברחמין מן EX 4:12
קדיש איליין פיתגמייא **דתמליל** עם בני ישראל: ואתא משה EX 19:6
שיבטיכון וסרכיכון **ואימליל** במשמעהון ית כל DT 31:28
כתיב אציתו שמייא **ואימליל** ותישמע ארעא ממלל פמי: DT 32:1
דלעיל אנת קאי לגבי **ואימליל** עימך ית תפקדיא DT 5:31
לך: ואיזמן מימרי לך תמן **ואימליל** עימך מעילוי כפורתא EX 25:22
ואתגלי באיקר שכינתי **ואימלל** עימך תמן וארבי מן רוח NU 11:17
דרבון כל עלמיא ייי **ואמליל** ברם זימנא מאים ישתכחון GN 18:32
דרבון כל עלמיא ייי **ואמליל** מאים ישתכחון תמן GN 18:30
אבא ומן ארע ילדותי **ודמליל** לי ותקיים עלי למימר לבנך GN 24:7
יתכון ית מה דתעבדון: **וימלל** הוא לך עם עמא ויהי הוא EX 4:16
קרבא ויתקרב כהנא **וימלל** עם עמא: ויימר להון שמעו DT 20:2
פיתגמי נבואתי בפמי **וימלל** עמהון ית כל דאיפקדיניה: DT 18:18
דבביכון למפרוק יתכון: **וימללון** סרכיא עם עמא למימר מן DT 20:5
ויקרון ליה חכימי קרתיה **וימללון** עימיה מילכא קשיטא DT 25:8
הפכין אפיהון לכל מילא **ומילא** כלו קבל טוורא דגריזים DT 27:26
למיזל למילוט ית עמא **ומילא** לא מהוגנא לקובלי: וחמתני NU 22:32
ודמחשלין עלי בישתא **ומילי** רינניכון דמפקין סילעא DT 1:12
ית כל סבי בני ישראל: **ומליל** אהרן ית כל פיתגמייא EX 4:30
היכמא דאתפקדית: **ומליל** אהרן עם משה הא יומא דין LV 10:19
לא הוה כשר לאתעובדא: **ומליל** חמור עימהון למימר שכם GN 34:8
ועברו יומי בכיתיה **ומליל** יוסף עם רבני בית פרעה GN 50:4
עם עשרתי דביריא: **ומליל** ייי ית כל דביריא האיליין EX 20:1
וטרודונון עד שציין: **ומליל** ייי למשה למימר: מליל עם NU 15:1
חשוכא עננא ואמיטתא: **ומליל** ייי עימכון בטורא מיגו DT 4:12
וחילוניי דיקרב יתקטל: **ומליל** ייי עם אהרן ואנא בחדוא NU 18:8
הי כפיתגמא דמשה: **ומליל** ייי עם אהרן למימר: חמר וכל LV 10:8
לעיגלא דעבד אהרן: **ומליל** ייי עם משה איזל איסתלק EX 33:1
בפולחנא נוכריא: **ומליל** ייי עם משה איזל חות מן EX 32:7
דפקיד ייי ית משה: **ומליל** ייי עם משה בטוורא דסיני LV 25:1
בני ישראל בטוורא דסיני: **ומליל** ייי עם משה במדברא דסיני NU 1:1
בעירא דילי יהון אנא ייי: **ומליל** ייי עם משה במדברא דסיני NU 3:14
לארעא במטרתהון: **ומליל** ייי עם משה במדברא דסיני NU 9:1
שיטין במישריא דמואב: **ומליל** ייי עם משה במישריא NU 33:50
בני ישראל בארעא דכנען: **ומליל** ייי עם משה במישריא NU 35:1
ית יורדנא תמן למירתה: **ומליל** ייי עם משה בשבעה בירחא DT 32:48
יתריכינון מן ארעיה: **ומליל** ייי עם משה ואמר ליה אנא EX 6:2
פרעה ואנא קשי ממלל: **ומליל** ייי עם משה ועם אהרן EX 6:13
ואהרן אחי אדכר יתיה לי: **ומליל** ייי עם משה ועם אהרן LV 11:1
הכא ליום דכותיה: **ומליל** ייי עם משה ועם אהרן LV 14:33
אחויית מכתש צורעתא: **ומליל** ייי עם משה ועם אהרן LV 15:1
ייי ית משה הכדין עבדו: **ומליל** ייי עם משה ועם אהרן NU 2:1
למדברא אורח ימא דסוף: **ומליל** ייי עם משה ועם אהרן NU 14:26
איקרא דייי לכל כנישתא: **ומליל** ייי עם משה ועם אהרן NU 16:20
לא יתפסון דלא תמותון: **ומליל** ייי עם משה ועם אהרן NU 19:1
קהלא לתרע משכן זימנא: **ומליל** ייי עם משה למימר: NU 17:9
מעיברא ליורדנא מדינחא: **ומליל** ייי עם משה למימר: אילין NU 34:16

מסקי קטורת בוסמיא: **ומליל** ייי עם משה למימר: אמר NU 17:1
ושמע מה דמליל עמיה: **ומליל** ייי עם משה למימר אנא הוא EX 6:29
במדין בית מותביה הוא: **ומליל** ייי עם משה למימר: אעיק ית NU 25:16
דמצרים על חיליהון: **ומליל** ייי עם משה למימר: אקדש EX 13:1
קודשין הוא קדם ייי: **ומליל** ייי עם משה למימר: ארום EX 30:11
והיא בבית בעלה: **ומליל** ייי עם משה למימר: אתפרע NU 31:1
דייי בעובדי ידיכון: **ומליל** ייי עם משה למימר: ביומא EX 40:1
דייי חטאתא היא:: **ומליל** ייי עם משה למימר: בר נש LV 5:14
דייי על חובתיה דחב: **ומליל** ייי עם משה למימר: בר נש LV 5:20
קורבנא לשמא דייי: **ומליל** ייי עם משה למימר: ברם LV 23:26
לא אתמנין ביניהון: **ומליל** ייי עם משה למימר: ברם ית NU 1:48
ויכפר עלה כהנא ותידכי: **ומליל** ייי עם משה למימר: ברנש LV 13:1
ליואי היכדין עבדו להון: **ומליל** ייי עם משה למימר: דא NU 8:23
לדכאותיה או לסאבותיה: **ומליל** ייי עם משה למימר: דא תהי LV 14:1
כל דיקרב בהון יתקדש: **ומליל** ייי עם משה למימר: דין LV 6:12
על גזירת מימרא דייי: **ומליל** ייי עם משה למימר: הנפיק ית LV 24:13
באישא מצלהבא קדם ייי: **ומליל** ייי עם משה למימר: ואנא הא NU 3:11
עלם ליה ולבנוי לדריהון: **ומליל** ייי עם משה למימר: ואנת סב EX 30:22
לא יחסנון אחסנא: **ומליל** ייי עם משה למימר: ולליואי NU 18:25
ותעבדון יתהון אנא ייי: **ומליל** ייי עם משה למימר: ועם בני LV 20:1
בה וישתיצי מעמיה: **ומליל** ייי עם משה למימר: חמי EX 31:1
וכל דביה בקודשא ובמנוי: **ומליל** ייי עם משה למימר: לא NU 4:17
אלפין שבע מאה ותלתין: **ומליל** ייי עם משה למימר: לאילין NU 26:52
למידברא קדם עמא: **ומליל** ייי עם משה למימר: מליל עם EX 14:1
יממין וארבעין לילוון: **ומליל** ייי עם משה למימר: מליל עם EX 25:1
יתקריב לשמא דייי: **ומליל** ייי עם משה למימר: מליל עם LV 4:1
ותיהווי לא תיתאכל: **ומליל** ייי עם משה למימר: מליל עם LV 6:17
בר נשא ההוא מעמיה: **ומליל** ייי עם משה למימר: מליל עם LV 7:22
בר נשא ההוא מעמיה: **ומליל** ייי עם משה למימר: מליל עם LV 7:28
דלא מיכשרא לאתאכלא: **ומליל** ייי עם משה למימר: מליל עם LV 12:1
היכמא דפקיד ייי ית משה: **ומליל** ייי עם משה למימר: מליל עם LV 17:1
לא יסחי ויקבל חוביה: **ומליל** ייי עם משה למימר: מליל עם LV 18:1
בהון אנא הוא ייי אלקכון: **ומליל** ייי עם משה למימר: מליל עם LV 19:1
ארום אנא ייי מקדשיה: **ומליל** ייי עם משה למימר: מליל עם LV 21:16
בנוי ועם כל בני ישראל: **ומליל** ייי עם משה למימר: מליל עם LV 22:1
ארום אנא ייי מקדישיהון: **ומליל** ייי עם משה למימר: מליל עם LV 22:17
לכון לאלקא אנא ייי: **ומליל** ייי עם משה למימר: מליל עם LV 23:1
פולחנא לא תעבדון: **ומליל** ייי עם משה למימר: מליל עם LV 23:9
אנא הוא ייי אלקכון: **ומליל** ייי עם משה למימר: מליל עם LV 23:23
צומיכון ושבתין שוביכון: **ומליל** ייי עם משה למימר: מליל עם LV 23:33
דסיני על ידא דמשה: **ומליל** ייי עם משה למימר: מליל עם LV 27:1
היכדין עבדו בני ישראל: **ומליל** ייי עם משה למימר: מליל עם NU 5:5
דייתן לכהנא דיליה יהי: **ומליל** ייי עם משה למימר: מליל עם NU 5:11
ההיא תקבל ית חובהא: **ומליל** ייי עם משה למימר: מליל עם NU 6:1
יעבד על אוריית ניזריה: **ומליל** ייי עם משה למימר: מליל עם NU 6:22
דבירא מתמליל עימיה: **ומליל** ייי עם משה למימר: מליל עם NU 8:1
מן קדם ייי על דילכון: **ומליל** ייי עם משה למימר: מליל עם NU 9:9
די יתגיירון עימכון: **ומליל** ייי עם משה למימר: מליל עם NU 15:17
זימנא ומותנא איתכליית: **ומליל** ייי עם משה למימר: מליל עם NU 17:16
יתן מקירווי לליוואי: **ומליל** ייי עם משה למימר: מליל עם NU 35:9
איקר שכינתא דייי להון: **ומליל** ייי עם משה למימר: סב ית NU 20:7
הינון לא לרעוא יהון לכון: **ומליל** ייי עם משה למימר: עדאן LV 22:26
נוכראה קשיא דיבידיהון: **ומליל** ייי עם משה למימר: עול EX 6:10
מימרא דייי בידא דמשה: **ומליל** ייי עם משה למימר: עיבד לך NU 10:1
עשרין וארבע אלפין: **ומליל** ייי עם משה למימר: פנחס NU 25:10
דיעביד לאתחייבא בה: **ומליל** ייי עם משה למימר: פקיד ית LV 6:1
ואליפינון לבני ישראל: **ומליל** ייי עם משה למימר: פקיד ית LV 24:1
דפקיד ייי ית משה: **ומליל** ייי עם משה למימר: פקיד ית NU 5:1
דפקיד ייי ית משה: **ומליל** ייי עם משה למימר: פקיד ית NU 28:1
למעבד להון אעביד לכון: **ומליל** ייי עם משה למימר: פקיד ית NU 34:1
ימותון באישא מצלהבא: **ומליל** ייי עם משה למימר: קביל ית NU 4:21
היכמה דפקד ייי ית משה: **ומליל** ייי עם משה למימר: קבילו ית NU 4:1
כל כנישתא יהי רוגזא: **ומליל** ייי עם משה למימר: קבילית NU 16:23
על אפי אהרן אבוהון: **ומליל** ייי עם משה למימר: קרב ית NU 3:5
ליה במדברא דסיני: **ומליל** ייי עם משה למימר: קריב ית LV 8:1
מאתן ושובעין ותלתא: **ומליל** ייי עם משה למימר: קריב ית NU 3:44
עבד בצלאל ית מנרתא: **ומליל** ייי עם משה למימר: קריב ית NU 8:5
ושרון במדברא דפארן: **ומליל** ייי עם משה למימר: שלח לך NU 13:1
דייי אתגלי בענן יקרא: **ומליל** ייי עם משה למימר: שמיע EX 16:11
מטול למכפרא עליהון: **ומליל** ייי עם משה מן בתר דמיתו LV 16:1
לירחא איתבשת ארעא: **ומליל** ייי עם נח למימר: פוק מן GN 8:15
לממת מיגו משריתא: **ומליל** ייי עמי למימר: אתון עברין DT 2:17
מן משכן בית אולפנא **ומליל** ית כל פיתגמי תושבחתא DT 32:44
בצפרא ורא לכל עבדוי **ומליל** ית כל פיתגמייא האילין GN 20:8

למשכן בית אולפנא **ומליל** ית פיתגמיא האילין עם כל DT 31:1
ואזלו בתרוי סבי ישראל: **ומליל** לכנישתא למימר זורו כדון NU 16:26
קרא דבורא דייי למשה **ומליל** מימרא דייי עימיה מן משכן LV 1:1
קדם ייי לארגזא קדמוי: **ומליל** משה במשמע כל קהלא DT 31:30
כל נפיק חילא בישראל: **ומליל** משה ואלעזר כהנא עם NU 26:3
ומיתרגם בשיבעין לישנין: **ומליל** משה וכהניא בני לוי עם כל DT 27:9
אנא הוא ייי אלקכון: **ומליל** משה ית זמן סידורי מועדיא LV 23:44
דהליכו לאללא ית ארעא: **ומליל** משה ית פיתגמייא האילין NU 14:39
יתה לכון ירותא אנא ייי: **ומליל** משה כדין עם בני ישראל EX 6:9
ייי להון בידא דמשה: **ומליל** משה עם אהרן ועם אלעזר LV 10:12
ארום אנא ייי מקדישיהון: **ומליל** משה עם אהרן ועם בנוי ועם LV 21:24
מה דפקיד ייי ית משה: **ומליל** משה עם אמרכלי שבטיא NU 30:2
אנא הוא ייי אלקכון: **ומליל** משה עם בני ישראל ואפיקו LV 24:23
דהינון מתרעמין עליכון: **ומליל** משה עם בני ישראל ויהבו NU 17:21
בתר כדין תתכנש לעמך: **ומליל** משה עם עמא למימר אזדרזו NU 31:3
דאתמנון גוגדין בכנישתא **ומליל** משה עמהון: ומבתר כדין EX 34:31
ית בני ישראל מארעיה: **ומליל** משה קדם ייי למימר הא בני EX 6:12
ריקם במדברא דצין: **ומליל** משה קדם ייי למימר: ימני NU 27:15
ייי בענן איקר שכינתא **ומליל** עימיה ורבי מן רוח נבואה NU 11:25
למיקם וגחן על אנפוי **ומליל** עימיה ייי למימר: אנא הא גזר GN 17:3
מן מחמי אפין על מיתיה **ומליל** עם בני חיתאה למימר: דייר GN 23:3
ייי לחבלותה: ונפק לוט **ומליל** עם חתנוי דנסיבו ברתוי GN 19:14
ייי לכפרא על נפשתיכון: **ומליל** עם משה למימר: ותעביד EX 30:17
ממשכן בית שכינתא **ומליל** עם עמא ית פיתגמיא דייי NU 11:24
באנפי בני חיתאה: **ומליל** עם עפרון באנפי עמא GN 23:13
ונפל על אנפוי מן כיסופא: **ומליל** עם קרח ועם כנישת סעדוי NU 16:5
ובכא ותב לוותהון **ומליל** עמהון ודבר מלותהון ית GN 42:24
מה דעבדתון: ואדביקינון **ומליל** עמהון ית כל פיתגמיא GN 44:6
דארעא לבני חיתאה: **ומליל** עמהון למימר אין איתרעו GN 23:8
בעיניהום כחילונאי **ומליל** עמהון מילין קשיין ואמר GN 42:7
יעקב ורחים ית ריבא **ומליל** פייוסין על ליבה דריבה: ואמר GN 34:3
ייי יתותב שלמא דפרעה: **ומליל** פרעה עם יוסף למימר חמי GN 41:17
למיפק מן בית אסירי: **ומליל** רב מזוגייא קדם פרעה GN 41:9
וית טפלכון ונחים יתהון **ומליל** תנחומין על לבהון: ויתיב GN 50:21
וית חמור אבוי בחוכמא **ומלילו** בגין דסאיב ית דינה GN 34:13
אפיטרופוס על בית יוסף **ומלילו** עימיה בתרע ביתיה: ואמרו GN 43:19
ארום לא הימין להום: **ומלילו** עימיה ית כל פיתגמי יוסף GN 45:27
בידיהון ואתו לות בלעם **ומלילו** עימיה פיתגמי בלק: ואמר NU 22:7
בריה לתרע קרתיהון **ומלילו** עם אינשי תרע קרתיהון GN 34:20
בר מנשה מגניסת יוסף **ומלילו** קדם משה וקדם רברביא NU 36:1
קדם בעלי דבביכון: **ומלילית** לכון ולא קבלתון וסרבתון DT 1:43
עד דעל ריבוניה לבייתיה: **ומלילת** ליה כפיתגמייא האילין GN 39:17
דקיימתא להון במימרך **ומלילתא** להום אסגי ית בניכון הי EX 32:13
אנפוי עד מיפקיה ונפיק **וממליל** עם בני ישראל ית מה EX 34:34
והוה כל ארעא לישן חד **וממלל** חד ועיטא חדא בלישן GN 11:1
ומקימין ליה בכותלא **וממלל** עמהון ואילין הינון דהוה GN 31:19
גבר בתרע משכניה: **ומתמלל** ייי עם משה ממליל קבל EX 33:11
יקרא וקאי בתרע משכנא **ומתמלל** מימרא דייי עם משה: וחמן EX 33:9
ויחמינך ויחדי בליביה: **ותמליל** עימיה ותשוי ית פיתגמייא EX 4:15
ייי למשה עול לות פרעה **ותמליל** עימיה כדנא אמר ייי אלקא EX 9:1
יהודה ואמר במטו ריבוני **ימליל** במטו עבדך פיתגמא GN 44:18
גלי קדמי ארום מללא **ימליל** הוא ואוף הא הוא נפיק EX 4:14
קבילו מן אחיכון דלא **ימליל** חד כל מילוי וחד מקטע DT 1:16
דאיפקדינך ואהרן אחוך **ימליל** לפרעה ויפטור ית בני ישראל EX 7:2
פקידתיה למללא ודי **ימלל** בשום טעוות עממיא ויתקטל DT 18:20
ולאהרן למימר: ארום **ימלל** עמכון פרעה למימר הבו לכון EX 7:9
האילין: ואמרו ליה למה **ימלל** ריבוניה כפיתגמייא האילין GN 44:7
אנת עימנא ונקביל ולא **יתמליל** עימנא תוב מן קדם ייי EX 20:19
איעול לגויה עד זמן די **יתמלל** עמי מן קדם ייי ובכין קרא LV 1:1
מיליי בריה דצפור: לא **כמילי** בר נש מימר אלוק חי וקיים NU 23:19
בדינא מילי זעירא הי **כמילי** רבא תשמעון ולא תידחלון DT 1:17
דעל אנפי ארעא ולא חש **למיליהון**: ואמר ייי למשה ולאהרן NU 12:3
ייי צלותכון ולא אצית **למיליכון**: ויתיבתון ברקם יומין DT 1:45
חלמא דחבריה ושרי **למללא** בלישן רוגזא ואמר ליוסף GN 40:16
שעתא דעלית לות פרעה **למללא** בשמך אתבאש לעמא הדין EX 5:23
ייי בפומי יתיה אנטר **למללא**: ואמר ליה בלק איתא כדון NU 23:12
בשמי ית דלא פקידתיה **למללא** ודי ימלל בשום טעוות DT 18:20
הוא עד כדון לא פסק **למללא** והא רבקה נפקת GN 24:15
בר נון: ופסק משה מן **למללא** ית כל דביריא האילין עם DT 32:45
קדם ייי: והוה כדי פסק **למללא** ית כל פיתגמייא האילין NU 16:31
ליצחק אנן לא ניכול **למללא** לך ביש או טב: הא רבקה GN 24:50
לותך כדון המיכל יכילנא **למללא** מידעם פיתגמא דיזמן ייי NU 22:38
מה יוסף מימרא דייי **למללא** עימי: ואתא מימרא מן קדם NU 22:19
ונח: ויהב למשה כד פסק **למללא** עימיה בטוורא דסיני תרין EX 31:18

אבוי דשכם לות יעקב **למללא** עימיה: ובנוי דיעקב עלו מן GN 34:6
בית אפוי עד זמן מיעליה **למללא** עימיה: וכנש משה ית כל EX 34:35
עליל משה למשכן זימנא **למללא** עימיה ושמע ית קל רוחא NU 7:89
וכד עליל משה לקדם ייי **למללא** עימיה מעדי ית סודרא דעל EX 34:34
דהוה דבירא מתחמד **למללא** עימיה ניסא תניינא GN 28:10
ונטרו ליה בבו ולא צבן **למללא** עימיה שלם: וחלם יוסף GN 37:4
דאיזמן מימרי לכון תמן **למללא** עימך תמן: ואיזמן מימרי EX 29:42
שכינתא דייי כד פסק **למללא** עם אברהם ואברהם תב GN 18:33
ריבוני: אנא עד לא פסקית **למללא** עם הרהורי לבי והא רבקה GN 24:45
יסבינה: ויוספון סרכיא **למללא** עם עמא ויימרון מאן הוא DT 20:8
היך ליביה: ויהי כד פסקין **למללא** עם עמא וימנון רברבני DT 20:9
דסיני: ופסק משה מן **למללא** עמהון ויהב על איקונין EX 34:33
ברם נבי שיקרא דירשע **למללא** פיתגמא בשמי ית דלא DT 18:20
ברחמין הא כדון שריתי **למללא** קדם ייי ואנא מתיל לעפר GN 18:27
ברחמין הא כדון שריתי **למללא** קדם ריבון כל עלמיא ייי GN 18:31
ייי לי סגי לך לא תוסיף **למללא** קדמי תוב בפתגמא הדין: DT 3:26
תוסיף למיחמי סבר אפיי **למללא** קדמיי חדא מן מלייא EX 10:28
וחמשא: ואוסיף תוב **למללא** קודמוי ואמר מאים GN 18:29
למימר אלילי אתון: בהדא **מיילא** תתבחרון חיי דפרעה אין GN 42:15
הוון הפכין אפיהון לכל **מילא** ומילא כלו קבל טוורא DT 27:26
לאשתלחה ליתיר מן **מילא** חד חד אתא למבשרא יתיה GN 18:2
למימריה לא תסריב על **מילוי** ארום לא אשבוק חוביכון EX 23:21
דלא ימליל חד כל **מילוי** וחד מקטע מילוי DT 1:16
חד כל מילוי וחד מקטע **מילוי** ומדשמעתון מיליהון לית DT 1:16
לאחוי ובין מאן דמאגר **מילי** דינין: לא תשתמודעון אפין DT 1:16
באורייתא ומערבב **מילי** זכאין בפומהון בשעת דינא: EX 23:8
תשתמודעון אפין בדינא **מילי** זעירא הי כמילי רבא תשמעון DT 1:17
צורעא למכתש ניתקא **מילי** פלוגתא בבית דינכון ותקומון DT 17:8
אללייא וטפלתון עלוי **מילי** שיקרא ואיתרעמיתון על מנא DT 1:1
בני ישראל לא תקבלון **מילי** שיקרא מגברא דיכול קורצין EX 23:1
בה ולא יתרחצון על **מילי** שקרא: ונפקו שולטני עמא EX 5:9
דאישתלחו לצרוך תלת **מיליא** ארום לית אוושר למלאכא GN 18:2
ייי ויכפר עלוי באשתעות **מיליא** ויסב מאדמא דתורא LV 16:18
ועל מדבחא באשתעות **מיליא** ויקרב ית צפירא חייא: LV 16:20
דקהלא יכפר באשתעות **מיליא**: ותהי דא לכון לקיים עלם LV 16:33
על קודשא באישתעות **מיליא** מסואבות בני ישראל LV 16:16
דיליה ויכפר באישתעות **מיליא** עלוי ועל אינש בייתיה ויכוס LV 16:11
ממוניה ויכפר באשתעות **מיליא** עלוי ועל אינש ביתיה: ויסב LV 16:6
דינא ית אוריא דמנהרין **מיליהון** ומפרסמין טמירן דבית EX 28:30
מילוי ומדשמעתון **מיליהון** לית אפשר לכון דלא DT 1:16
קום בלק ושמע אצית **מיליי** בריה דצפור: לא כמילי בר נש NU 23:18
לא ימנע לה: אין תלת **מילייא** האיליין לא יעבד לה EX 21:11
הוינא כמיסת ואיתווכחן **מילייא** וידע אברהם ארום לא קריב GN 20:16
לה לשלם: ויהי אין **מילין** דשלם תתיב לכון ותפתח DT 20:11
ההוא אלף ושית מאה **מילין** ומן בגלל בבו דהוה ביני עשו EX 17:8
אתין דהינון עשרין וחד **מילין** ומן ברת כדין אמר ארום DT 32:3
להון טיפשותא ומערבב **מילין** זכאין בפום דיינייא בשעת DT 16:19
כשורין רמין תלת מאה **מילין** מימנהון ומשמלהון: ורדפו EX 14:22
במישרי מואב תרתיסרי **מילין** מן מילתא לכל שיבטא ועל DT 27:26
עמא ורתען וקמו תריסר **מילין** מרחיק: ואמרו למשה מליל EX 20:18
תחובון: וקם עמא תריסר **מילין** מרחיק ומשה קריב לצית EX 20:21
כחילונאי ומליל עמהון **מילין** קשיין ואמר להום מנן GN 42:7
גברא ריבוני ארעא עימנא **מילין** קשין ובזי יתן כמאללי ארעא: GN 42:30
לסוכות מאה ותלתין **מילין** תמן איתחפיאו שבעת ענני EX 12:37
ומשיח באורייתא: ארום **מילין** תקיפין הי כאישא נפקין NU 21:28
כהנא רדיף מן בתרוי עבד **מילתא** דקוסמין ופרח באויר שמיא NU 31:8
מימרא דייי אלקי למעבד **מילתא** זעירתא או רבתא: וכדון NU 22:18
מואב תרתיסרי מילין מן **מילתא** לכל שיבטא ועל כל DT 27:26
בגלל דמסרת לה רחל כל **מליא** דמסר לה יעקב וכד חמא כן GN 29:25
לאשתעויי כהלין **מלייא** בעבדי במשה: ואסתלק NU 12:8
למללא קדמיי חדא מן **מלייא** קשייתא כאילין ארום EX 10:28
מרחיק: ואמרו למשה **מליל** אנת עימנא ונקביל ולא EX 20:19
כל דארע יתהום למימר: **מליל** גברא ריבוני ארעא עימנא GN 42:30
דאמליל פיתגמיי ואמר **מליל**: ואמר עבדא דאברהם אנא: וייי GN 24:33
דעריס הלא אוף עימנא **מליל** ושמיע קדם ייי: וגברא משה NU 12:2
הלחוד ברם עם משה **מליל** ייי דאתפרש מתשמיש דעריס NU 12:2
עימיה ואמר ליה בלק מה **מליל** ייי: ונטל מתל נבותיה ואמר NU 23:17
ית פיתגמיא האילין **מליל** ייי עם קהלכון בטוורא מיגו DT 5:22
ממלל קבל ממלל **מליל** ייי עמכון בטוורא מיגו DT 5:4
שמעת ברוח קודשא כד **מליל** יצחק עם עשו בריה ואזל עשו GN 27:5
מטרד יטרוד יתכון מכא: **מליל** כדון במשמעיהון דעמא EX 11:2
ונוטיב לך ארום ייי **מליל** לאוטבא לגיוריא על ישראל: NU 10:29
על כנישתא כדון **מליל** להון למימר איסתלקו מן NU 16:24
ירחא דשבט בחד בירחא **מליל** משה עם בני ישראל ככל DT 1:3

פיתגמי אוכחותא די **מליל** משה עם כל ישראל כנפינון DT 1:1
יתקטל בסייפא ארום **מליל** סטיא על ייי אלקכון דאפיק DT 13:6
הדא למימר: ייי אלקן **מליל** עימן ולא אנא באנפי נפשי DT 1:6
מצלהבא: ואמר ייי למשה **מליל** עם אהרן אחוך ולא יהי עליל LV 16:2
ייי עם משה למימר: **מליל** עם אהרן ועם בנוי ויתפרשון LV 22:2
ייי עם משה למימר: **מליל** עם אהרן ועם בנוי ועם בני LV 17:2
ייי עם משה למימר: **מליל** עם אהרן ועם בנוי ועם כל בני LV 22:18
ייי עם משה למימר: **מליל** עם אהרן ועם בנוי למימר NU 6:23
ייי עם משה למימר: **מליל** עם אהרן ועם בנוי למימר דא LV 6:18
ייי עם משה למימר: **מליל** עם אהרן ותימר ליה בזמן NU 8:2
ייי עם משה למימר: **מליל** עם אהרן למימר גבר מבנך LV 21:17
ייי עם משה למימר: **מליל** עם בני ישראל גבר או איתא NU 5:6
דעמי קדמת לדידך **מליל** עם בני ישראל ויטלון: ואנת EX 14:15
דפקיד ייי למימר **מליל** עם בני ישראל ויסבון לך NU 19:2
ייי עם משה למימר: **מליל** עם בני ישראל ויסבון קדמי EX 25:2
ייי עם משה למימר: **מליל** עם בני ישראל ויתובון EX 14:2
ייי עם משה למימר: **מליל** עם בני ישראל וסב מינהון NU 17:17
מן משכן זימנא למימר: **מליל** עם בני ישראל ותימר להום LV 1:2
ייי עם משה למימר: **מליל** עם בני ישראל ותימר להון LV 18:2
ייי עם משה למימר: **מליל** עם בני ישראל ותימר להון LV 23:2
ייי עם משה למימר: **מליל** עם בני ישראל ותימר להון LV 23:10
בטוורא דסיני למימר: **מליל** עם בני ישראל ותימר להון LV 25:2
ייי עם משה למימר: **מליל** עם בני ישראל ותימר להון LV 27:2
ייי עם משה למימר: **מליל** עם בני ישראל ותימר להון NU 5:12
ייי עם משה למימר: **מליל** עם בני ישראל ותימר להון NU 6:2
ומליל ייי למשה למימר: **מליל** עם בני ישראל ותימר להון NU 15:2
ייי עם משה למימר: **מליל** עם בני ישראל ותימר להון NU 15:18
ואמר ייי למשה למימר: **מליל** עם בני ישראל ותימר להון NU 15:38
על יורדנא דיריחו למימר: **מליל** עם בני ישראל ותימר להון NU 33:51
ייי עם משה למימר: **מליל** עם בני ישראל ותימר להון NU 35:10
ייי עם משה למימר: **מליל** עם בני ישראל למימר LV 23:34
ייי עם משה למימר: **מליל** עם בני ישראל למימר איתתא LV 12:2
ייי עם משה למימר: **מליל** עם בני ישראל למימר בר נש LV 4:2
ייי עם משה למימר: **מליל** עם בני ישראל למימר בתשרי LV 23:24
ייי עם משה למימר: **מליל** עם בני ישראל למימר גבר NU 9:10
ייי עם משה למימר: **מליל** עם בני ישראל למימר כל LV 7:23
ייי עם משה למימר: **מליל** עם בני ישראל למימר כל מאן LV 7:29
ייי עם משה למימר: **מליל** עם כל כנישתא דבני ישראל LV 19:2
ייי עם משה למימר: עול **מליל** עם פרעה מלכא דמצרים EX 6:11
משה למימר אנא הוא ייי **מליל** עם פרעה מלכא דמצרים ית EX 6:29
ית תורעמות בני ישראל **מליל** עמהון למימר בני שימשתא EX 16:12
אחתיה למימר כדנן **מליל** עמי גברא ואתא לות גברא GN 24:30
עממייא ומן בתר כדין **מלילו** אחוי עימיה: וקלא אישתמע GN 45:15
אשכחנא רחמין בעיניכון **מלילו** כדון במשמעיה דפרעה GN 50:4
משה ועם אהרן למימר: **מלילו** עם בני ישראל ותימרון להון LV 15:2
תמניסירי טריפן: **מלילו** עם בני ישראל למימר דא LV 11:2
לכון למניין ירחי שתא: **מלילו** עם כל כנישתא דישראל EX 12:3
עזגדייך דשדרת לוותי **מלילית** למימר: אם יתן לי בלק NU 24:12
הוא: ממלל עם ממלל **מלילית** עימיה דיתפרש מתשמיש NU 12:8
לבלק הלא מן שירויא **מלילית** עימך למימר כל דימלל ייי NU 23:26
חמיתון ארום מן שמיא **מלילית** עימכון: עמי בני ישראל לא EX 20:22
ואיחוב קדם ייי: והוה כדי **מלילת** עם יוסף יומא דין ויומחרא GN 39:10
יתה: ואמר משה יאות **מלילתא** אנא עד דהוינא יתיב EX 10:29
דלא איהפוך ית קרתא **מלילתא** לאישתיזבא בה: אוחי GN 19:21
למסעוד ואמרו יאות **מלילתא** עביד כפיתגמך: ואוחי GN 18:5
לוואי גלי קדמי ארום **מללא** ימליל הוא ואוף הא הוא EX 4:14
איקר שכינתא מייי בזמן **מללותיה** עימיה: וחמא אהרן וכל EX 34:29
הוא פיתגמא דלא **מלליה** ייי בזדנותא מלליה נבי DT 18:22
נידע ית פיתגמא דלא **מלליה** ייי: מה דימלל נבי שיקרא DT 18:21
דלא מלליה ייי בזדנותא **מלליה** נבי שיקרא לא תידחלון DT 18:22
בשתא אוחרנתא: ופסק **מלמללא** עימיה ואיסתלק יקרא GN 17:22
לי למימר איסתמר לך **מלמללא** עם יעקב מטב עד ביש: GN 31:29
לקרבא היכמא דריבוני **ממליל**: ופקיד עליהון משה ית NU 32:27
יומא הדין חמינא ארום **ממליל** ייי עם בר נש דרוח קודשא DT 5:24
דמצרים ית כל דאנא **ממליל** עימך: ואמר משה קדם ייי EX 6:29
פומי בלישן בית קודשא **ממליל** עימכון: ותתנון לאבא ית כל GN 45:12
ביה ושמעית ית אבוך **ממליל** עם עשו אחוך למימר: אעיל GN 27:6
ומתמלל ייי עם משה **ממליל** קבל עם חבריה ומן בתר EX 33:11
קימייא וית דינייא דאנא **ממליל** קדמיכון יומא דין ותילפון DT 5:1
לוותהון מתגלי בחלמא **ממלילנא** עימהון: לא כדין אורחא NU 12:6
ארום חגר פום וקשי **ממלל** אנא: ואמר ייי ליה מאן הוא EX 4:10
לוחי קימא ומזיקי ופום **ממלל** אתנא בי היא שעתא פתח NU 22:28
דייי ית פומה ואזדמן לה **ממלל** ואמרת לבלעם מה עבדית NU 22:28
משה קדם ייי הא קשי **ממלל** וכדין יקביל מיני פרעה: ואמר EX 6:30

מיני פרעה ואנא קשי **ממלל:** ומליל ייי עם משה ועם אהרן EX 6:12
ותקיף לחדא משה הוה **ממלל** ומן קדם ייי הוה מתעני בקל EX 19:19
לא חמיתון אלהן קל **ממלל:** ותני לכון ית קימיה דפקיד DT 4:12
חכים יתיה מימרא דייי **ממלל** כלו קבל ממלל: לכולהון DT 34:10
דייי ממלל כלו קבל **ממלל:** לכולהון אתיא ותימהי DT 34:10
קל מימרא דאלק קיים **ממלל** מיגו אישתא כוותנא DT 5:26
חיין וקיימין: ממלל קבל **ממלל** מליל ייי עמכון בטוורא מיגו DT 5:4
מהימן הוא: ממלל עם **ממלל** מלילית עימיה דיתפרש NU 12:8
ישראל עמי מהימן הוא: **ממלל** עם ממלל מלילית עימיה NU 12:8
ונשקי ענא: עד דהוא **ממלל** עמהון ורחל אתת עם ענא GN 29:9
ייי ליה מאן הוא דשוי **ממלל** פומא בפום אדם קדמאי או EX 4:11
ואנא במימרי אהא עם **ממלל** פומך ואליף יתך מה דתמליל: EX 4:12
ואימליל ותישמע ארעא **ממלל** פמי: ינקוף על מרודיא היך DT 32:1
דין כולנא חיין וקיימין: **ממלל** קבל ממלל מליל ייי עמכון DT 5:4
בגופא דאדם לרוח **ממללא** לאנהרות עינין ולמצתות GN 2:7
מקבלי אולפנא היך טלא **ממללי** דילי כרביעות רוחי מיטרא DT 32:2
לריבוני: ואמר ועל דהוו **ממללין** ברמשא בתואל הוה אכיל GN 24:55
חדא בלישן קודשה הוו **ממללין** דאיתבריא ביה עלמא מן GN 11:1
יאות שיבטא דבני יוסף **ממללין:** דין פתגמא דפקיד ייי לא NU 36:5
למימר: יאות בנת צלפחד **ממללן** כתיבא הוות דא קדמי NU 27:7
ומתמן הוה דבירא **מתמליל** עימיה: ומליל ייי עם משה NU 7:89
מעילוי אומיא ותהי **מתמלל** ברוח קודשא לי ולעמך מן EX 33:16
קדם ייי דמימריה **מתמלל** לה וכן אמרת אנת הוא חי GN 16:13
דקמו מן יומת עלמא **מתמלל** עימהון היכמא דמתמלל NU 12:6
עד זמן דהוה דבורא **מתמלל** עימי ברם משכן זימנא LV 1:1
על כספא קדמאה ומה **נמליל** על כספא בתראה ומה נזדכי GN 44:16
למימר: ועם בני ישראל **תמליל** גבר טלי או גבר סיב מן LV 20:2
דאימליל עימך יתיה **תמליל** ואזל בלעם עם רברבי בלק: NU 22:35
תוב לות בלק והכדין **תמליל:** ואתא לותיה והא מעתד על NU 23:16
תוב לות בלק והכדין **תמליל:** ותב לותיה והא מעתד על NU 23:5
עם משה למימר: ולליואי **תמליל** ותימר להון ארום תיסבון NU 18:26
אחוך הוי נביא דילך: אנת **תמליל** לאהרן ית כל דאיפקדינך EX 7:2
להן: ועם בני ישראל **תמליל** למימר גבר ארום ימות וביר NU 27:8
כנישתא: ועם בני ישראל **תמליל** למימר גבר טלי או גבר סיב LV 24:15
קודמוי: ועם בני ישראל **תמליל** למימר משח רבות קודשא EX 30:31
קדם ייי: ועם בני ישראל **תמליל** למימר סבו ברם אתון צפיר LV 9:3
דיימר ייי אלקנא ואנת **תמליל** עימנא ית כל דימליל ייי DT 5:27
ייי למשה למימר: ואנת **תמליל** עם בני ישראל למימר ברם EX 31:13
ואמר ליה טור לך דילמא **תמליל** עם יעקב מן טב ועד ביש: GN 31:24
ליקר ולתושבחא: ואנת **תמליל** עם כל חכימיה ליביה EX 28:3
למימר כפיתגמא הדין **תמללון** עם עשו כד תשכחון יתיה: GN 32:20
עלוי בדינא אנא ייי: לא **תמללון** שעיעא בפומכון למיסני ית LV 19:17

מלקות (1)

על תלתין ותשע אילין **מלקות** יתיר ויסתכן ולא יתבזי DT 25:3

ממון (26)

ואשתבי אזל פרקיה **בממון** סגי אלפיה חכמתא DT 32:50
ואינשין דסדום בישין **בממונהון** דין לדין וחייבין בגופיהון GN 13:13
מן שמיא: ברם אין כנסא **דממונא** יתשוי עלוי ויתן פורקן EX 21:30
לכל סורחן נפש ולכל חוב **ממון** ולכל חטא דיחטי ברם על DT 19:15
יהודא לאחהי מה הניית **ממון** יהי לן ארום ניקטול ית אחונא GN 37:26
דקשוט דסנן לקבלא **ממון** שיקרא ותמני עליהון רבני EX 18:21
ית חוביהון דעבדו אין **ממונא** אנס לחבריה ויתיב ית NU 5:7
וביני דיני נפשתא לדיני **ממונא** ביני מוכתש צורעא למכתש DT 17:8
ית צפירא דחטאתא דמן **ממונא** דעמא ויעיל ית אדמא LV 16:15
ומנהון דיני נפשתא בדיני **ממונא** הוה משה זריז ובדיני נפשתא LV 24:12
דיני נפשתא בדיני **ממונא** הוה משה זריז ובדיני נפשתא NU 15:34
דיני נפשתא בדיני **ממונא** הוה משה זריז ובדיני נפשתא NU 27:5
זריז מן בגלל דהוו דיני **ממונא** ובאיליין ובאילליין אמר NU 9:8
נפשתא וזריזין בדיני **ממונא** ולא יבהתון למשיילא דינא NU 9:8
דקודשא מינהון דיני **ממונא** ומינהון דיני נפשתא בדיני NU 15:34
דעתא דלעיל מנהון דיני **ממונא** ומינהון דיני נפשתא בדיני NU 27:5
דלעיל מינהון דינא **ממונא** ומנהון דיני נפשתא בדיני LV 24:12
בתריה דיהוון זריזין בדיני **ממונא** ומתונין בדיני נפשתא ולא LV 24:12
דיהוון זריזין בדיני **ממונא** ומתונין בדיני נפשתא ולא NU 15:34
בתריה דיהוון זריזין לדיני **ממונא** ומתונין לדיני נפשתא ולא NU 27:5
דתעבדון ביני דיני **ממונא** לדיני נפשתא: ונטלנא מחורב DT 1:18
נדבתא בצפר בצפר מן **ממונהון:** ואתו כל חכימיא דעבדין EX 36:3
קדמוי: והינון יסבון מן **ממונהון** ית דהבא וית תיכלא וית EX 28:5
תורא דחטאתא דהוא מן **ממוניה** ויכפר באשתעות מיליא LV 16:6
נסיב ית נפשכון ובכל **ממונכון:** ויהון פיתגמיא האילין DT 6:5
בכון ית לווטתא ללטטא **ממונכון** וית ערבובא לערבבא DT 28:20

מן (2060)

עד דתיהדור לעפרא **דמינא** איתבראת ארום עפרא אנת GN 3:19
וחיזור תחות תרין קנין **דמינה** וחיזור תחות תרין קנין EX 25:35
וחיזור תחות תרין קנין **דמינה** וחיזור תחות תרין קנין EX 25:35
וחיזור תחות תרין קנין **דמינה** וחיזור תחות תרין קנין EX 37:21
וחיזור תחות תרין קנין **דמינה** וחיזור תחות תרין קנין EX 37:21
וחיזור תחות תרין קנין **דמינה** לשיתא קנין דנפקין מינה: EX 37:21
וחיזור תחות תרין קנין **דמינה** לשיתא קנין דנפקין מן EX 25:35
דאין ארימת פרזלא **דמיניה** מתעבד סייפא על אבנא EX 20:25
לצדיקא יהי רעוא **דמיניך** יפקון אלפין דריבוון וירתון GN 24:60
עמך ותרחמיה לחברך **דמן** אנת סני לך לא תעביד ליה אנא LV 19:18
לירחא דסיון יומי **דמן** ביכורי עינבין: וסליקו ואלילו NU 13:20
אברהם יצחק ויעקב **דמן** בני בניהון עתידין למשתעבדא GN 40:12
הדא זימנא אודי קדם ייי **דמן** ברי דין עתיד למיפק מלכין GN 29:35
וית ארעא: ארום חכימית **דמן** בתר דאימות ארום חבלא DT 31:29
לבנוי ביומי יפתח **דמן** גלעד: ובתר דאזל יעקב קמו GN 31:21
דעתיד למעבד יפתח **דמן** גלעד וניצחנין דשמשון בר DT 34:1
בה אילהן בשדיות אדם **דמן** דשדייה: ולא תסאבון ית ארעא NU 35:33
תינין ורומנין ארע **דמן** זייתהא עבדין משח ומן DT 8:8
על יד שמשון בר מנוח **דמן** זרעיתיה ולמימסר בידיה ית GN 30:6
ובישין הוו יומי שני חיי **דמן** טלייותי ערקית מן קדם עשו GN 47:9
בנוי ושתיו ורוויו עימיה **דמן** יומא דאתפרשו מיניה לא שתו GN 43:34
ארום שייל כדון לדריא **דמן** יומי שירויא דהוו קדמך למן DT 4:32
ית צפירא דחטאתא **דמן** ממונא דעמא ויעיל ית אדמא LV 16:15
היא עילעא תלסרית **דמן** סטר ימינא ואחד בבישרא GN 2:21
ליה ברכתא אימהתא **דמן** עלמא דמתילין לגלימתא: DT 33:15
דיהון לכון מן אמהתיכון **דמן** עממיא די בחזרנותכון מנהון LV 25:44
ברת בתואל ארמאה **דמן** פדן ארם אחתיה דלבן ארמאה GN 25:20
להון משה לא תגיחון **דמן** קדם ייי מתעביד לכון נצחנות EX 14:14
מיני בעי מן קדם ייי **דמן** קדמוי הינון בניא והוא מנע GN 30:2
דינא אלקא מהימנא **דמן** קדמוי עוולא לא נפיק דזכיי DT 32:4
נפלת משמייא ואמרת **דמן** קדמי הוה פתגמא ואשתיזבו GN 38:26
לליבך ובעבדך ובעמך **דמן** קדמיי הוון משתלחין ולא מן EX 9:14
יהודה ברי לגור בר אריוון **דמן** קטיליה דיוסף ברי סליקת GN 49:9
וית טעוון דילהון **דמן** קיסא ואבנא דרמיין באושקקי DT 29:16
טעוותא דלא ידעתון **דמן** קיסין ואבנין: ואין יתפלג DT 28:64
ומלך תחותוי שאול **דמן** רחובות דעל פרת: ומית שאול GN 36:37
וגבורן דגדעון בר יואש **דמן** שבט מנשה וית כל מלכיא DT 34:2
למקטל יהושע בר נון **דמן** שיבט אפרים וגבורן דגדעון בר DT 34:2
דשמשון בר מנוח **דמן** שיבט דן: וית אלף סרכין DT 34:1
מה דילפון יתכון כהניא **דמן** שיבט לוי היכמא דפקידתינון DT 24:8
על סיפרא מן קדם כהניא **דמן** שיבט לוי: ותהי גביה ויהי קרי DT 17:18
ישראל: לא יהי לכהניא **דמן** שיבט לוי חולק ואחסנא עם DT 18:1
ישראל וגברא בר ישראל **דמן** שיבטא דדן: וכד נפק מבי דינא LV 24:10
ליה ברכתא אבהתא **דמן** שירויא דמתילין לטוורייא ומן DT 33:15
חפיי לגופה דמדבח **דמן** שירויא הוון תשמישתיה NU 17:4
דאייר הוא ירחא תיניינא **דמן** שתא תנייתא ליזמן מיפקהון NU 1:1
ושערין ומלבלבא גופנין **דמנהון** נפיק חמר חל וחריף ומרביא DT 8:8
נבואתא: ואמר ליה משה **המן** בגלל דאתנבו עלי דאנא NU 11:29
ואמרו רשיעי דרא למשה **המן** בגלל דלא הות לנא בית EX 14:11
משה שמעו כדון סורבניא **המן** כיפא הדין איפשר לן להנפקא NU 20:10
דנסייו קדם ייי למימר **המן** קושטא איקר שכינתא דייי EX 17:7
מינהון דיני ממונא **ומינהון** דיני נפשתא בדיני ממונא NU 15:34
דלעיל מנהון דיני ממונא **ומינהון** דיני נפשתא בדיני ממונא NU 27:5
דין עתיד למיפק מלכין **ומיניה** יפוק דוד מלכא דעתיד GN 29:35
לקרבא קורבנין **ומיניה** ליואי במחלוקתהון לזמרא GN 50:1
דשליט בנשמת בר נש **ומיניה** מתיהב רוח נשמתא לכל NU 27:16
נשמתא בגופי בני נשא **ומיניה** מתיהבא רוחא לכל בישרא NU 16:22
למקבעיה ריש ירחייא **ומיניה** תשרון למימני חגיא וזימניא EX 12:2
בשלהובית אישתא **ומינן** איתבלעו בארעא ואובדו הא NU 17:27
מן אברהם ישמעאל **ומן** אבא נפק עשו מתיבא רוחא GN 35:22
ייי אלקכון: גבר מן אימיה **ומן** אבוי תהוון דחלין וית יומי LV 19:3
משה ממשחא דרבותא **ומן** אדמא דעל מדבחא ואדי על LV 8:30
קדם ייי קדם פרגודא: **ומן** אדמא יתן על קרנת מדבחא LV 4:18
סוסייא בעיקביה ונפיל **ומן** אמתיה רכביה מתפרקיד GN 49:17
אינש לפום מיכליה **ומן** ארבע שעין ולהאל שחין EX 16:21
דדברני מן בית אבא **ומן** ארע ילדותי ודמליל לי ותקיים GN 24:7
אלף ושית מאה מילין **ומן** בגלל בבו דהוה ביני עשו וביני EX 17:8
כן ארום תקיף הוא לחדא: **ומן** בגלל דאיתני חילמא לפרעה GN 41:32
גבר אלהן חובוי גרמו ליה **ומן** בגלל דבדיוקנא דייי אתעבד DT 21:23
ותקברינני בקבורתהון **ומן** בגלל דהוא בריה לא שוי ידיה GN 47:30
תולדת יצחק בר אברהם **ומן** בגלל דהוה איקונין דיצחק GN 25:19
ובר ברך כל יומי חייך **ומן** בגלל דיורכון יומך: ותקבל DT 6:2
מן בגלל דיורכון יומיכון **ומן** בגלל דייטב לכון על ארעא דייי DT 5:16
עברין לתמן למירתה: **ומן** בגלל דיסגון יומיכון על ארעא DT 11:9
אברהם ושרה אינתתיה: **ומן** בגלל דלא אברהם צבי לברכא GN 25:11
איתגלי לכון יקרא דייי **ומן** בגלל דתיהוי דחלתיה על EX 20:20

לכון ולבניכון בתריכון **ומן** בגלל דתינגדון יומא דין על DT 4:40
אתוותיי איליין ביניהון: **ומן** בגלל דתתני במשמעי ברך ובר EX 10:2
מן בגלל למחזייך ית חילי **ומן** בגלל דתתני שמי קדישא בכל EX 9:16
מן בגלל לסגפותך **ומן** בגלל לנסיותך לאוטבא לך DT 8:16
מן בגלל לסגופיכון **ומן** בגלל לנסייוכון למנדוע הנטרין DT 8:2
מתריך יתהון מן קדמיכון **ומן** בגלל לקיימא ית פיתגמא DT 9:5
שתא יהי לכון מן אימריא **ומן** בני עזייא תסבון: ויהי לכון קטיר EX 12:5
מן בעירא דכייא **ומן** בעירא דליתא דכייא ומן עופא GN 7:8
שובעא דכר ונוקבא **ומן** בעירא דליתא דכייא תרין דכר GN 7:2
מן חמשין מן בנת נשא **ומן** בעירא ויהב יתהון לליוואי נטרי NU 31:47
דהינון עשרין וחד מילין **ומן** ברת כדין אמר ארום בשמא DT 32:3
ממליל קבל עם חבריה **ומן** בתר דאיסתלק קל דיבורא EX 33:11
בתר דקליפו ית ביתא **ומן** בתר דאיתטש: וייתי כהנא LV 14:43
עד דימות כהנא רבא **ומן** בתר דימות כהנא רבא יתוב NU 35:28
בגין למובדא זרעיה **ומן** בתר דנפקו ממצרים גריתא NU 31:8
בתר דשמיטו ית אבניא **ומן** בתר דקליפו ית ביתא ומן בתר LV 14:43
קדישית לגברא הדין **ומן** בתר דשמיש עימה סנא ליה: DT 22:16
סנדליה מעילוי ריגליה **ומן** בתר כדון תירוק קדמוי רוקא DT 25:9
ויקרב בכל קודשיא **ומן** בתר כדין איתגלי ליה ואיהוא LV 5:3
דיהכון סבר אפין דרוגזא **ומן** בתר כדין אנוח לך: ואמר ליה EX 33:14
יקירין היך מרי אומנוון **ומן** בתר כדין בדמין זולין כעבדין DT 28:68
דלא יסתאב כל דבביתא **ומן** בתר כדין ייעול כהנא למיחמי LV 14:36
בארבעין סווין דמוי **ומן** בתר כדין ייעול למשריתא ויהי NU 19:7
בזמן מיטל משרייתא **ומן** בתר כדין ייעלון בני קהת NU 4:15
משמשין קדמי ליואי: **ומן** בתר כדין ייעלון ליואי למפלח NU 8:15
טב וקרת שמיה זבולן: **ומן** בתר כדין ילידת ברת וקרת ית GN 30:21
ישיירון מינן אוף לא חד **ומן** בתר כדין יסקון להון מן ארעא: EX 1:10
בארבעין סווין דמוי **ומן** בתר כדין יעול למשריתא: וית LV 16:26
אנא במאתן וחמשין מחן **ומן** בתר כדין יפקון לחירותא GN 15:14
לביני עממייא **ומן** בתר כדין מלילו אחוי עימיה: GN 45:15
פולחנהא באנפי ברא **ומן** בתר כדין מתפרקין על יד תלת GN 40:12
דאיתסיית מרים נביאתא **ומן** בתר כדין נטלו עמא מחצרות NU 12:16
לכל עלי תרע קרתי: **ומן** בתר כדין קבר אברהם ית שרה GN 23:19
די תידע אין היא מעברא **ומן** בתר כדין תיעול לוותה ותפרין DT 21:13
ארעא קדם עמא דייי **ומן** בתר כדין תתובון ותהון זכאין NU 32:22
ישראל עד זמן דתיתסי **ומן** בתר כדין תתכנש: ואיטרדת NU 12:14
בני ישראל מן מדינאי **ומן** בתר כדין תתכנש לעמך: ומליל NU 31:2
לאנהרא בלילייא: **ומן** בתר כל ניסיא אילין אנת קטל NU 14:15
ושובעין חולקי שעתא **ומן** בתר כן אישתעיית סיהרא GN 1:16
בארבעין סווין דמוי **ומן** בתר כן יעול למשריתא: ותהי LV 16:28
ביומא שביעאה ותידכון **ומן** בתר כן תיעלון למשריתא: ואמר NU 31:24
וגבר חורן ישכלליניה: **ומן** גברא דינצב כרמא ולא פרקיה DT 20:6
ידיה לחוביה והנפקה **ומן** גו חוביה תבת למיהוי ברייא הי EX 4:7
מתמן נטלו לגודגוד **ומן** גודגוד ליטבת ארע נגדא נחלין DT 10:7
סיב מבית גניסת ישראל **ומן** גיורא דבישראל דיקרב קרבניה LV 22:18
סיב מבית גניסת ישראל **ומן** גייורייא דיתגיירון למיתב LV 17:8
סיב מבית גניסת ישראל **ומן** גייורייא דיתגיירון למיתב LV 17:13
סיב מבית גניסת ישראל **ומן** גייורייא דמתגיירין למיתב LV 17:10
דדהבא דרביע עלה **ומן** דאיתגלי איקר שכינתא דייי GN 49:1
אתיהב קיימא בעלמא **ומן** דאיתיהיב קיימא בעלמא כל LV 20:17
הדא עד דאיתיליד יצחק **ומן** דאיתיליד יצחק עד דנפקן EX 12:41
איתיהבת להון למתנה: **ומן** דאתיהבת להון למתנא חזרת NU 21:19
יכיל למיזקפהון בצלו **ומן** דהוה צבי לסגופי נפשי נסיבו EX 17:12
יעקב ית כל די לאבונא **ומן** די לאבונא עבד ליה ית כל יקר GN 31:1
חזור: וית תרביא מן תורא **ומן** דיכרא אליתא ודחפי בני גווא LV 9:19
ענכון אוף תוריכון דברו **ומן** דילי היכמא דמלילהון וזילו EX 12:32
אברהם מה דאנא עביד **ומן** דינא הוא דלא נעביד עד דנודע GN 18:17
דא גזירת אחויית דובנא **ומן** דיפוק מיניה שיכבת זרעא LV 15:32
דיקטול בעירא ישלמינה **ומן** דיקטול אינשא יתקטיל: דינא LV 24:21
היכדין יתיהב ביה: **ומן** דיקטול בעירא ישלמינה ומן LV 24:21
יחוורן מן טללתא **ומן** דירון דעאן: זבולון על ספרי ימא GN 49:12
מסוגי שעבודא דמצראי **ומן** דלוחי גללי ימא דעברתון DT 25:18
רישיהון עד דלא אחמע **ומן** דמשתייר להון מן פטירי ומרירי EX 12:34
אלקא דאבוך יהי סיועך **ומן** דמתקרי שדי יברכינך ברכן GN 49:25
מן בגלל דרחים ייי יתכון **ומן** דנטיר ית קיימא דקיים DT 7:8
לעי במטרדא ובסרדיתא **ומן** דעתר וקנה נכסין הדר למהוי GN 36:39
ומיתו עורדעניא מן בתיא **ומן** דרתא ומן חקליא: וכנשו יתהון EX 8:9
פלחו קדם ייי אלקכון מן **ומן** הינון דאזלין: ואמר בטליינא EX 10:8
מן מיכלא ומן מישתיא **ומן** הניית בי בני ותמרוקא ומסנא LV 16:29
וית ניבלתהון תשקצון **ומן** הנייתהון תתרחקון: כל דלית LV 11:11
לזרעא לאיסתאבא בה: **ומן** זרעך לא תיתן בתשמישתה LV 18:21
על ארעא מן פירנוקא **ומן** חיטוייא תבאש עינא בבעיל DT 28:56
תיכלא לחוטי גולייתהון **ומן** חלא מפקין אספקלרין ומני DT 33:19
מן בת נשא ומן תורי **ומן** חמרי ומן כל בעירא ותיתן NU 31:30

מאה הכדין מן תורי **ומן** חמרי ומן ענא: מן פלגותהון NU 31:28
מן בתיא ומן דרתא **ומן** חקליא: וכנשו יתהון כירוויין EX 8:9
ארעיה מן יבול שימשא **ומן** טוב בוכרי פירי אילניא DT 33:14
ומיטרא דנחתין מן לעיל **ומן** טוב מבועי תחומא דסלקין DT 33:13
מן קמחא סמידא **ומן** טוב מישחא על כל לבונתא LV 2:2
דמתילין לטוורייא **ומן** טוב רמתא דלא מפסקן עללייא DT 33:15
מן סמידא דמנחתא **ומן** טובה על כל לבונתא דעל LV 6:8
יד איתסיית מן שיחנא **ומן** טריבא: ופתחת וחמת ית ריבא EX 2:5
והוה דעיץ בגו גינוניתא **ומן** יד אושיט ידיה ונסביה הא בכין EX 2:21
וישרי וישבוק על חוביכון **ומן** יד איתגלי איקר שכינתא דייי LV 9:23
ית יצרא בישא מן ליבכון **ומן** יד איתגלי לכון איקר שכינתא LV 9:6
ואמר קיים לי וקיים ליה **ומן** יד איתגלי עלוי יקר שכינתא GN 47:31
ודברית יתה לי לאינתו **ומן** יד איתגריאת בי מכתשא ולא GN 12:19
חוטריה והוו לחורמנין **ומן** יד איתהפיכו למיהוי כמרן EX 7:12
ית גרמידא ונסיבתא **ומן** יד איתסיית מן שיחנא ומן EX 2:5
וארבע אלפין מישראל **ומן** יד אתגוללו רחמי שמיא NU 25:8
עימיה משכבי דכורא **ומן** יד אתגזר עלוי ויבישו שעבזוי GN 39:1
וקמון בצלותא קדם ייי **ומן** יד אתכליאו תלת מנהון DT 9:19
ובארעכון לא תסרסון: **ומן** יד בר עממין לא תקרבון ית LV 22:25
אפיקת ליבלובהא **ומן** יד בשלו סגולייהא הוו עינבין: GN 40:10
ותריסר שיבטוי דיעקב **ומן** יד דבר ייי ית ימא ברוח קידומא EX 14:21
יהי נהורא לאנהרא עלמא **ומן** יד הוה נהורא: וחמא אלקים ית GN 1:3
והוא שמע בקל צלותהן **ומן** יד הינין מתעניין וילדן ופרקן EX 1:19
דאיבה ולא ענה יתה **ומן** יד טלקת ית ריבא תחות חד מן GN 21:15
האילין קדם מרי עלמא **ומן** יד מימרא דייי נסי ית אברהם GN 22:1
למשכנא דשרה אימיה **ומן** יד נהרת בוצינא דטפת בזמן GN 24:67
ויתכפר להון על דמא **ומן** יד נפקין נחיל דמורנין מיגו DT 21:8
תכשיטיהון לגובריהון **ומן** יד פריקו כל עמא ית קדשי EX 32:3
דעננא קאי בתרע משכנא **ומן** יד קיימין כל עמא וסגדין כל EX 33:10
על פלגות מערת כפילתא **ומן** יד רמז יוסף לחושים בן דן ונטל GN 50:13
תוב למקיימא ית נפשך **ומן** יד שלף סייפיה מן תיקה NU 31:8
שכינתא דייי מן משריתא **ומן** יד תלש מרי עלמא ית טוורא EX 19:17
מטפז ומשוור קדם עמא **ומן** יד תקף רתח רוגזיה דמשה EX 32:19
יתכון מן ידא דמצראי **ומן** ידא דפרעה דשיזיב ית עמא EX 18:10
ידוי דעשו ומן ידוי דלבן **ומן** ידוי דכנענאי דרדפו בתראיי GN 45:28
ייי שיזבני מן ידוי דעשו **ומן** ידוי דלבן ומן ידוי דכנענאי GN 45:28
עימכון מנהון תזבנון **ומן** ייחוסיהון דעימכון דאיתילידו LV 25:45
נשא ומן תורי ומן חמרי **ומן** כל בעירא ותיתן יתהון לליואי NU 31:30
ואינתתך ונשי בנך עמך: **ומן** כל דחי מכל בישרא תרין GN 6:19
ונסב מכל בעירא דכיא **ומן** כל עוף דכי ואסיק ארבע עלוון GN 8:20
וזעיר אנא מכל טבוון **ומן** כל קושטא די עבדת עם עבדך GN 32:11
סווין דמוי וילבישינון: **ומן** כנישתא דבני ישראל יסב תרין LV 16:5
ישתייר מבשר קורבניא **ומן** לחמא עד צפרא ותוקיד ית EX 29:34
עד ימא דפלישתאה **ומן** מדברא ועד פרת ארום אמסור EX 23:31
ליבכון דתיהוון תוון **ומן** מחמי עיניכון דאתון חמיין DT 28:67
משתוין מפורענותא **ומן** מיחמי עיניכון דתיחמון תזועון: DT 28:34
ית נפשתיכון מן מיכלא **ומן** מישתיא ומן הניית בי בני LV 16:29
מן ענכון מן אידיריכון **ומן** מעצרתכון דבריכיכון ייי DT 15:14
ולאימיה לא יסתאב: **ומן** מקדשא לא יפוק ולא יפיס ית LV 21:12
מיצעא דריגליה ימינא: **ומן** משחא יריק כהנא ביד ימיניה LV 14:26
חיות ברא מן פרעה **ומן** עבדוי ומן עמיה למחר לחוד לא EX 8:25
עורדענייא מינך ומיבתך **ומן** עבדך ומן עמך לחוד מה EX 8:7
שיבטיא דיהוויין להון **ומן** עדב אחסנתנא יתמנע: ואין יהוי NU 36:3
ומן בעירא דליתא דכייא **ומן** עופא וכל דרחיש על ארעא: GN 7:8
יתפרשון מן אימרא **ומן** עיזא ויסקינון כהנא על מדבחא LV 4:10
ייי ויעדי עורדענייא מיני **ומן** עמי ואפטור ית עמא וידבחון EX 8:4
ברא מן פרעה ומן עבדוי **ומן** עמיה למחר לחוד לא יוסיף EX 8:25
מינך ומיבתך ומן עבדך **ומן** עמך לחוד מה דבנהרא EX 8:7
מן בעירא דכיא מן תורי **ומן** ענא ולא מן חיתא תקרבון ית LV 1:2
הכדין מן תורי ומן חמרי **ומן** ענא: מן פלגותהון דהוא חולק NU 31:28
תמן ותיכסון מן תוריכון **ומן** עניכון דיהב ייי אלקכון לכון DT 12:21
עפרא אנת ולעפרא תתוב **ומן** עפרא אנת עתיד למיקום GN 3:19
חמר בסים במנין יקרין **ומן** עפרא די יהי בשיפולי משכנא NU 5:17
ודי לא איזדווג ליה **ומן** קדם ייי ארע עיקתיה לידוי EX 21:13
לחדא משה הוה ממלל **ומן** קדם ייי הוה מתעני בקל נעים EX 19:19
לעם אחסנא כיומא הדין: **ומן** קדם ייי הוה רגז עלי על DT 4:21
דאסרת על נפשה **ומן** קדם ייי ישתרי וישתביק לה: NU 30:9
על נפשה לא יתקיימון **ומן** קדם ייי ישתרי וישתביק ליה NU 30:6
הוה מותיב לי ברישא **ומן** קדם יקריה הוינא מקבל וכדון GN 50:20
יומא דין מעל אנפי ארעא **ומן** קדמך האיפשר דאיטמר ואין GN 4:14
מן קודשי קודשיא **ומן** קודשיא יתפרנס: לחוד לפרגודא LV 21:22
ית עמא דשיילו בישרא: **ומן** קיברי דמשיילי בישרא נטלו NU 11:35
איתתא מן שיבבתא **ומן** קריבת כותליה ביתא מנין EX 3:22
סילעין מן רבני אלפין **ומן** רבני מאוותא: גוברין דחילא בזוו NU 31:52

שבטא דעמיה סגי תסגון **ומן** שיבטא דעמיה זעיר תזערון גבר NU 35:8
עימנא: וקבילו מן חמור **ומן** שכם בריה כל נפקי תרע קרתיה GN 34:24
הדין ולמא דנן שלחתני: **ומן** שעתא דעלית לות פרעה EX 5:23
דמן זייתהא עבדין משח **ומן** תומרייהא עבדין דבש: ארעא DT 8:8
מן חמשין מן בת נשא **ומן** תורי ומן חמרי ומן כל בעירא NU 31:30
וית נכסת קודשך מן ענך **ומן** תורך בכל אתרא דאשרי EX 20:24
דאלקא הוה מן לקדמין **ומן** תחות אדרע גבורתיה עלמא DT 33:27
חומרי דרתא חזור חזור: **ומן** תיכלא וארגוונא וצבע זהורי EX 39:1
מינהון דינא ממונא **ומנהון** דיני נפשתא בדיני ממונא LV 24:12
יומי שירויא דהוו קדמך **למן** יומא דברא ייי אדם על ארעא DT 4:32
קדם ייי אלקכון במדברא **למן** יומא דנפקתון מארעא דמצרים DT 9:7
משה: ודין עובד מנרתא **מינא** קשיא דדהב עד בסיס דידה NU 8:4
בהדי כרוביא דנפקין נגיד **מינה** בקודש קודשיא: ותשוי ית EX 26:34
דאתי היכמא דיתבע **מינה** דמיה דהבל מן יד ארכינת יד EX 15:12
כל דתימר לך שרה קביל **מינה** דנביאתא היא ארום ביצחק GN 21:12
מינה: חיזוריהון וקניהון **מינה** הוו כולא נגידא חדא דדהב EX 37:22
חזורייה ושושנהא **מינה** הוון: ושיתא קנין נפקין EX 37:17
ומלאכא אתכסי **מינה:** ואוסיף מלאכא דייי למעיבר NU 22:25
ית מלכתא דכוש ורחיק **מינה:** ואמרו הלחוד ברם עם משה NU 12:1
ואחיתת לגינתא **מינה** ואמרת שתי ואוף גמלייך GN 24:46
ואעדת לבושי ארמלותא **מינה** וכסיית ברדידא ואעטפת GN 38:14
ואזלת ועדת רדידה **מינה** ולבישת לבישי ארמלותא: GN 38:19
ית מנחתא ומלא ידיה **מינה** ונסיב מיניה צריד אדכרתא LV 9:17
ואחררינה מאים אתבני **מינה** וקביל אברם למימר שרי: GN 16:2
דכי קודשא: ותיכתוש **מינה** ותדיק ותיתן מינה קדם EX 30:36
ותשני ית כסות שבייתא **מינה** ותטבלינה ותגיירינה בביתך DT 21:13
כל בעירא למתהניא **מינה** ותקטלון ית איתתא באטלות LV 20:16
וכרוביא דנפקין נגיד **מינה** חד מיכא וחד מיכא: וית EX 39:35
לשיתא קנין דנפקין **מינה:** חיזוריהון וקניהון מינה הוו EX 37:21
ומלכין שליטין בעממיא **מינה** יהון: ונפל אברהם על אנפוי GN 17:16
חיזורייה ושושנייה **מינה** יהון: ושיתא קנין נפקין EX 25:31
מנרתא: חיזוריהון וקניהון **מינה** יהון כולה נגידה חדא דדהב EX 25:36
קדם ייי: ומה דמשתיירא **מינה** ייכלון אהרן ובנוי פטירי LV 6:9
חזור: וית כל תרביה יקרב **מינה** ית אליתא וית תרבי דחפי ית LV 7:3
יתה בגופה ואף איתן **מינה** לה בר לאברכיניה ביה ותהי GN 17:16
על ארעא דלא יתבעון **מינה** לעלמי דאתי ופתחת ארעא EX 15:12
לות כהנא ויקמוץ כהנא **מינה** מלי קומציה ית שבח LV 5:12
בהדי כרוביא דנפקין נגיד **מינה** על ארונא מלעילא: והנעיל ית EX 40:20
בישרא בבעירא דיקרבון **מינה** קדם ייי כדינא באינשא כן NU 18:15
מינה ותדיק ותיתן **מינה** קדם סהדותא במשכן זימנא EX 30:36
ואין בעירא דיקרבון **מינה** קורבנא קדם ייי כל דיתן LV 27:9
מסאבא דלא יקרבון **מינה** קרבנא קדם ייי ויקם ית LV 27:11
דמתכשרא למקרב **מינה** קרבנא קדם ייי וישתיצי בר LV 7:25
קדם בעירא לאתהניא **מינה** תבלא הוא: לא תסתאבון LV 18:23
בענא דלבן ולא אשתיירו **מינהון** אלהין קלילין ותריך רעיא GN 29:9
בהון קטול רב וסגי ונבוז **מינהון** ביזא רבא ונישבי מינהון EX 15:9
על פום מימרא דלעיל **מינהון** דינא ממונא ומנהון דיני LV 24:12
על פום מימרא דקודשא **מינהון** דיני ממונא ומינהון דיני NU 15:34
דלבה דפרעה ולא קביל **מינהון** היכמא דמליל ייי עם משה: EX 9:12
מליל עם בני ישראל וסב **מינהון** חוטרא חוטרא לבית אבא NU 17:17
צבו למהלכא עמיה ובחר **מינהון** ית אליעזר בר נמרוד דהוה GN 14:14
לאבוי: עיבורא תזבנון **מינהון** כד חי בכספא ותיכלון ואוף DT 2:6
דהינון טעוותהון דמצראי **מינהון** ניסב ונקרבא קדם ייי אילהן EX 8:22
מנהון פרסתא חדא ארום **מינהון** ניסב למפלח קדם ייי אלקן EX 10:26
ורדפינון מה דאישתאר **מינהון** עד דאידיכר חובא דעתיד GN 14:15
מינהון ביזא רבא ונישבי **מינהון** שיביא רבא ואיפליג ביזהון EX 15:9
בני לוי בתריהון וקטלו **מינהון** תמני גניסן והדרו לאחוריהון DT 10:6
בלחודך: כדון קביל **מיני** אימלכינך ויהי מימרא דייי EX 18:19
צבי למעבד לי טבו קביל **מיני** איתין כספא דמי חקלא סב GN 23:13
לי רשו בכולא עדאה דבר **מיני** אכלו עולימיא וחולק גובריא GN 14:24
קדמך אתפרש כדון **מיני** אם אנת לציפונא ואנא GN 13:9
ולית אלקא חורן בר **מיני** אנא במימרי ממית ומחי DT 32:39
לא יהימנון לי ולא יקבלון **מיני** ארום יימרון לא איתגלי ייי: EX 4:1
למימר ליה: ריבוני קביל **מיני** ארע דטימין דידה ארבע מאה GN 23:15
ואמר זכיא היא תמר **מיני** אתעברת וברת קלא נפלת GN 38:26
אחוך בחכמתא וקבל **מיני** בירכתך: ואמר בקושטא קרא GN 27:35
ואמר עד דאנת בעיא **מיני** בעי מן קדם ייי דמן קדמוי GN 30:2
דייי בריך ית אברהם בכל **מיני** ברכתא: ואמר אברהם לאליעזר GN 24:1
היכמא דאיתבריאת דא **מיני** גרמא מגרמיי ובישרא מבישרי GN 2:23
אי ניחא לקמך דלי **מיני** דאעבור ית יורדנא ואחמי DT 32:50
לעבדין ואיזיל ותיטרד **מיני** דמה אעביד לך ברי: ואמר עשו GN 27:37
ואיתפרדדת שינתא **מיני:** דנן לי עשרין שנין בביתך GN 31:40
סגיאין עממיא האילין **מיני** היכדין אית לי יוכלא DT 7:17
הוא דאתעלמת הילכתא **מיני** ואהרן אחי אדכר יתיה לי: LV 10:20

בטלייא ולא קבלתון **מיני** ואוף אדמי הא מתבעי מינן: GN 42:22
עלי ועל נפשי ברם קבל **מיני** ואיזל סב לי: ואזל ונסיב ואייתי GN 27:13
דפקידתני אעברית **מיני** ואיטמרית מן כיסופא: ואמר GN 3:10
עמא הדין ארום יקיר הוא **מיני:** ואין כדין אנת עביד לי NU 11:14
כספא דמי חקלא סב **מיני** ואקבור ית מיתי תמן: ואתיב GN 23:13
מן מחמי אפיי קבילו **מיני** ובעו עלי קדם עפרן בר צחר: GN 23:8
הא בני ישראל לא קבילו **מיני** והכדין יקביל מיני פרעה ואנא EX 6:12
ית ברך ית יחידך **מיני:** וזקף אברהם ית עינוי וחזא GN 22:12
ליתיה רב בביתא הדין **מיני** ולא מנע מיני מדעם אלהין GN 39:9
קדם ייי ויעדי עורדענייא **מיני** ומן עמי ואפטור ית עמא EX 8:4
למימר: בבעו ריבוני קבל **מיני** חקלא יהבית לך ומערתא GN 23:11
חוטריה ינעי ואישדיך **מיני** ית תורעמות בני ישראל דהינון NU 17:20
יוסף ית פרעה למימר בר **מיני** לא אית גבר דפשר חילמין ברם GN 41:16
יהוי לכון אלק אוחרן בר **מיני:** לא תעבדון לכון צלם וכל דמו DT 5:7
הדין ארום תקיף הוא **מיני** לוואי איכול לאזעוריה NU 22:6
הדא וצלו קדם ייי ויעדי **מיני** לחוד ית מותא הדין: ונפק EX 10:17
דאימות: וכדון ברי קבל **מיני** למה דאנא מפקדת יתך: איזל GN 27:8
ייי לאצנעא מלי עומרא **מיני** למטרא לדריכון מן בגלל EX 16:32
אליין לותי ויבעון מטו **מיני** למימר פוק אנת וכל עמא EX 11:8
הדין מיני ולא מנע **מיני** מדעם אלהין יתיך מן בגלל GN 39:9
עמא ארום בריכין הינון **מיני** מיומי אבהתהון: וקם בלעם NU 22:12
דילמא תנוס ית בנתך **מיני:** עם כל מאן דתשכח ית צילמי GN 31:31
דין הוא מן קדם ייי דיהון **מיני** פלגות שיבטייא ברם מן רחל GN 30:21
ליה ואמר ווי דילמא נפיק **מיני** פסולא היכמא דינפק מן GN 35:22
קשי ממלל וכדין יקביל **מיני** פרעה: ואמר ייי למשה למא EX 6:30
קבילו מיני והכדין יקביל **מיני** פרעה ואנא קשי ממלל: ומליל EX 6:12
למיקטלך: וכדון ברי קבל **מיני** קום ערוק לך לנפשך ואיזל לות GN 27:43
חיווין ועקרבין וכל **מיני** רחשין ושאלין אובא טמיא DT 18:11
דאינשא חייא דפרש **מיניה** או בקבורתא וגוללא ודופקא NU 19:16
דפקידתך דלא למיכל **מיניה** אכלת: ואמר אדם איתתא GN 3:11
לית לך רשו לכסאה **מיניה** אכריז עלה ותהדרינה: לא DT 22:3
דאילין משכונייא דידיה **מיניה** אנא מעברא ואף על גב דאנא GN 38:25
מן בני ישראל ותיתנון **מיניה** אפרשותא קדם ייי לאהרן NU 18:28
באחסנתהון ותפרשון **מיניה** אפרשותא קדם ייי מעשרא NU 18:26
עליהון לא תימנעון **מיניה** ארום בטלנין הינון בגין כן EX 5:8
ייי למשה לא תידחל **מיניה** ארום בידך מסרית יתיה וית NU 21:34
ואמר ייי לי לא תידחל **מיניה** ארום בידך מסרית יתיה וית DT 3:2
תוספון עלוי ולא תבצרון **מיניה:** ארום יקום ביניכון נבי DT 13:1
נבי שיקרא לא תידחלון **מיניה:** ארום ישיצי ייי אלקכון ית DT 18:22
דטיהרא ארום שמעו **מיניה** ארום תמן יסעדון לחמא: ועל GN 43:25
בין טב לביש לא תיכול **מיניה** ארי ביומא דתיכול תהי חייב GN 2:17
מערב לכון למעבד **מיניה** את על בתיא דאתון שריין EX 12:13
אילהין גברא יפטירינא **מיניה** בגיטא ארום היכמא דיכמון DT 22:26
מפייס לנא ולא קבילנא **מיניה** בגין כן אתת לנא עקתא הדא: GN 42:21
דילי: ופסק מלאך חבלא **מיניה** בכן שבחת צפורה ואמרת מה EX 4:26
אבלי מיניה ולא אפרשית **מיניה** במסאב ולא יהבית מיניה DT 26:14
ותיתן תמן מוי: ויסבון **מיניה** בנטלא דכיה ויקדשון בימוהי EX 30:19
יומיא: ונסבין משה ואהרן **מיניה** בנטלא ומקדשין מיניה ית EX 40:31
ידוי עלוי וקבילו אולפן **מיניה** בני ישראל ועבדו היכמה DT 34:9
רוח נבואה דאיסתלקת **מיניה** בעידן דזבינו ית יוסף ותבת GN 45:27
ייי לקדם מדבחא: ויפריש **מיניה** בקומציה מן סמידא LV 6:8
לבר עממין תזוף **מיניה** בריביתא ולאחוך לא תזוף DT 23:21
ולאחוך לא תזוף **מיניה** בריביתא מן בגלל דיברכינך DT 23:21
בישמי מימרי יפרע **מיניה:** ברם נבי שיקרא דירשע DT 18:19
במערתא בארעא למזן **מיניה** בשבע שני כפנא דתיהוין GN 41:36
פיתגמא דפקיד ייי לקוטו **מיניה** גבר לפום מיכליה עומרא EX 16:16
יד עשו ארום מסתפי אנא **מיניה** דהוא עסק באיקרא דאבוי GN 32:12
ואין איתגנבא יתגניב **מיניה** דהוה ליה עימיה אגר נטיר EX 22:11
מרומא ועתידין למיקום **מיניה** דידעין למפרשא בין טב GN 3:22
ועאל סטנא בגויה ונפק **מיניה** דמות עיגלא הדין: וחמא EX 32:24
בר אפרים דנפיק **מיניה** דעל ידוי עתידין בית ישראל EX 40:11
והמיין טיכוסיה דעלוי **מיניה** הוא הי כעובדוי דהבא EX 39:5
חופים דבזמן דאתפרש **מיניה** הוה בר תמניסר שנין וחזא GN 46:21
קרנוי על ארבע זיווייתיה **מיניה** הוואה קרנוי זקיפן לעיל EX 38:2
ותרתין אמין רומיה **מיניה** הוון קרנוי זקיפין: וחפא יתיה EX 37:25
חייא דהא אין אכיל הוא **מיניה** הוי חי וקיים עד לעלמין: GN 3:22
לית רשו לגבר דייכול **מיניה** הלא אישתא היא דאכלא NU 28:2
חמיא לראובן ואתנטילת **מיניה** ואיתיהיבת ליוסף מן שירויא DT 33:17
ית שפר טוביה **מיניה** וביה ויתחשב לליואי הי NU 18:30
ית שפר טוביה **מיניה** וביה לאוכלי מיניה לדסאיב NU 18:32
משיחא למיתי איתכסי **מיניה** ובכין אמר איתו ואיתני לכון GN 49:1
אחוי בלע דאתבלע **מיניה** ובכר דהוא בוכרא דאימיה GN 46:21
אחוי קלילא יסגי יתיר **מיניה** ובנוי יהון סגיאין בעממיא: GN 48:19
רחיש מסאב ויתכסי **מיניה** והוא מסאב ויקרב בכל LV 5:2

חיוון דכיין ובעירן ושתיין **מיניה** והוו בני ישראל צדיין ואכלין EX 16:21
בגדפוי ולא יפריש גדפוי **מיניה** ויסיק יתיה כהנא למדבחא LV 1:17
וית כל תרביה יפריש **מיניה** ויסיק למדבחא: ויעביד LV 4:19
דמסתאב בה ויתכסי **מיניה** ויקרב בכל קודשיא ומן בתר LV 5:3
לא אכלית ביומי אבלי **מיניה** ולא אפרשית מיניה במסאב DT 26:14
אולידת חוה ית קין דלא **מיניה** ולא דמי ליה והבל איתקטל GN 5:3
מרחקין בנהא דתיליד **מיניה** ולא תחייב חובת מותנא ית DT 24:4
תצבון להון ולא תקבלון **מיניה** ולא תיחוס עיניכון עלוי ולא DT 13:9
אמר ייי לא תיכלון **מיניה** ולא תקרבון ביה דילמא GN 3:3
אנא רמאי וחכים יתיר **מיניה** ולית ליה רשו לאבאשא לי GN 29:12
ומשקר בה ויתכסי **מיניה** ומבתר דעבד איתגלי ליה LV 5:4
בגרמא דחייא דפרש **מיניה** ונפל או בקטיל חרבא או NU 19:18
קין לשבעא דרין יתפרע **מיניה** ורשם ייי על אפי דקין אתא GN 4:15
אירבי ואיתבני אוף אנא **מיניה**: ושחררת ליה ית בלהה GN 30:3
או מיתרכא וולד לית לה **מיניה** ותבת לבית איבהא דלא LV 22:13
ייי ארום ביומא דתיכלון **מיניה** ותיהוון כמלאכין רברבין GN 3:5
ארעא מלרע לית חורן בר **מיניה**: ותינטרון ית קיימוי וית DT 4:39
מחתן אריחיא לא יעדון **מיניה**: ותיתן בגו ארונא ית לוחי EX 25:15
דאחוך די מתבדא **מיניה** ותשכחה לית לך רשו לכסאה DT 22:3
בתר דאיתפרש לוט **מיניה** זקוף כדון עינך ותיחמי מן GN 13:14
תודת קודשוי: ויקרב **מיניה** חד מן כל קרבנא אפרשותא LV 7:14
פסיל יהא ואינש די יכול **מיניה** חוביה יקבל: ובשר קודשיא די LV 7:17
ליה בלאפיסיא ועבדין **מיניה** חררן והוי טעמיה כטעם ביזא NU 11:8
קרנוי על ארבע זיוייתיה **מיניה** יהויין קרנוי זקיפן לעיל EX 27:2
יהי ותרתין אמין רומיה **מיניה** יהון קרנוי זקיפין: ותחפי יתיה EX 30:2
דעלוי הי כעובדיה **מיניה** יהי דדהבא תיכלא וארגוונא EX 28:8
מיניה בנטלא ומקדשין **מיניה** ית ידיהון וית ריגליהון: בזמן EX 40:31
תורא דחטאתא יפריש **מיניה** ית פריסותא דתרבא דחפי ית LV 4:8
וביומחרן ומה דמשתייר **מיניה** יתאכל בפניא: ומה דמשתייר LV 7:16
ייכלוניה: לא תיכלון **מיניה** כד חי ולא כד בשלא בחמרא EX 12:9
די לא למיכול אביל **מיניה** כל דכן קרבן חטאתא ומה LV 10:19
עלוי מן בגלל די יקבלון **מיניה** כל כנישתא דבני ישראל: NU 27:20
ישראל והוה חמרא נטיף **מיניה** כנחלא: ותבו מלאללא ית NU 13:24
דמן יומא דאתפרשו **מיניה** לא שתו חמרא לא הוא ולא GN 43:34
יפול דין דחמי למיפל **מיניה**: לא תזרעון כרמיכון עירובין DT 22:8
דאברם הוו מיפקדין **מיניה** לא תכון בכנענאי ובפריזאי GN 13:7
טינא נחת גבריאל ועבד **מיניה** לבינתא ואסקיה לשמי EX 24:10
מיניה וביה לאוכלי **מיניה** לדסאיב וית קודשיא דבני NU 18:32
עלמא עתיד לאיתפרעא **מיניה** ליום דינא רבא ארום GN 9:6
למימר לא תיכול **מיניה** ליטא ארעא בגין דלא חויאת GN 3:17
כתיב ית שמא דייי **מיניה** לית אנא דחיל ואוף ית EX 5:2
יתוב חקלא למן דזבניה **מיניה** למן דיליה אחסנת ארעא: וכל LV 27:24
דין ויומחרא ולא קביל **מיניה** למשכוב גבה למיהוי מתחייב GN 39:10
ביה בטינר חוטרך ויפקון **מיניה** מוי למישתי וישתון עמא EX 17:6
דחבריה ויקבל מריה **מיניה** מומתא ולא ישלם: ואין EX 22:10
ואתון תחותון לרע **מיניה** מחותין מן מחותין: הוא DT 28:43
דיצלא דתחוור ויעדי **מיניה** מכתשא ויצטבע תניינות LV 13:58
ובגין דיחוס עלוי יתנטיל **מיניה** מלכותיה: אלקא דאפיקינון NU 24:7
יתכון ולא תבצרון **מיניה** מן לא למינטור ית פיקודייא DT 4:2
הוא אלקא לית תוב בר **מיניה**: משמי מרומא אשמעינכון ית DT 4:35
ונסבוהי בני ישראל ועבדו **מיניה** נגרא מציעאה אורכיה EX 26:28
תרויהון ולא אשתליפו **מיניה** נס עשיראי אתא מלאכא NU 25:8
דין קטול ולא דלו **מיניה** עד דחמי בחדוות בריה הכדין DT 32:50
יתהון אזדקף שיקפא עיל **מיניה** עד דנפק נס שתיתאי סובר NU 25:8
ההוא יתאכל לא תשיירון **מיניה** עד צפרא אנא ייי: ותיטרון ית LV 22:30
לית אפשר לאיצטנעא **מיניה** עד צפרא: ואין נידרא או LV 7:15
ואבירם גוברייא חייבייא **מיניה** עד צפרא וארחש מורנין וסרי EX 16:20
ייכלוניה: לא ישיירון **מיניה** עד צפרא וגרמא לא יתברון NU 9:12
ועם בני גויה: ולא תשיירון **מיניה** עד צפרא ודאשתייר מיניה EX 12:10
משה להון גבר לא ישייר **מיניה** עד צפרא: ולא קבילו מן משה EX 16:19
עד צפרא ודאשתייר **מיניה** עד צפרא תצניעיניה EX 12:10
קדמוי הוא במימריה פרע **מיניה** על די אזיד פרעה רשיעא EX 15:1
גבר די ימזג כוותיה ודיתן **מיניה** על חילוניי דלא מבנוי דאהרן EX 30:33
משכנא וקדיש יתיה: ואדי **מיניה** על מדבחא שבע זימנין ורבי LV 8:11
מן משך חויא דאשלח **מיניה** על משך בישריהון חלף GN 3:21
קמו תריסר שיבטין **מיניה** עתיד למיקום מלכין GN 50:1
ישמיש ויהי כד יתכסי **מיניה** פתגם וישאיל ליה בדין NU 27:21
ועכיב מימרא דייי **מיניה** צידא דכיא ואשכח כלבא GN 27:31
ומלא ידיה מינה ונסיב **מיניה** צריד אדכרתא ואסיק על LV 9:17
קורבנא קדם ייי כל דיתן **מיניה** קדם ייי יהי קודשא: לא LV 27:9
מדבחא חזור: ויקרב **מיניה** קורבנא קורבנא קדם ייי ית LV 3:14
מטיין עד ארעית תהומא **מיניה** קמו תריסר שיבטין מיניה GN 50:1
וכל דבש לא תקרבון **מיניה** קרבנא קדם ייי: קרבן שירויא LV 2:11
אצבעיה מן אדמא ויידי **מיניה** שבע זימנין קדם ייי קדם LV 4:17

אחויית דובנא ומן דיפוק **מיניה** שיכבת זרעא לאיסתאבה בה: LV 15:32
בר נש או גבר דתיפוק **מיניה** שכבת זרעא: או גבר דיקרב LV 22:4
וגבר ארום אישתלי ויפוק **מיניה** שכבת זרעא ויסחי בארבעין LV 15:16
וקטליה ועבד אף הוא **מיניה** תבשילין ואיתי לאבוי ואמר GN 27:31
מיניה במסאב ולא יהבית **מיניה** תכריכין לנפש דמית שמענן DT 26:14
טוור תלגא דלא פסיק **מיניה** תלגא לא בקייטא ולא DT 3:9
יקים לכון ייי אלקכון **מיניה** תקבלון: ככל דשיילתון מן DT 18:15
דליבא דפרעה ולא קביל **מיניהון** היכמא דמליל ייי: ועבד EX 7:22
הינון בניא והוא מנע **מיניך** פירי מעיא: ואמרת הא אמתי GN 30:2
ולא קביל מימרא דייי **מינך** אמליכת מילכא בישא ית בלק NU 31:8
ואמר לוט לוותיה בבעו **מינך** אמתין לי שעא זעירא עד GN 19:18
עלך אין תתובון אעדינון **מינך** ארום אנא הוא ייי אסאך: ואתו EX 15:26
ית קבורתיה לא ימנע **מינך** בגין דלא למיקבר מיתך: וקם GN 23:6
יומא הדין הא מתהנייתי **מינך** במשכבא ולא אתכוונית NU 22:30
ואמר אנא זכאי יתיר **מינך** דאנא איתגזרית לתלסירי שנין GN 22:1
וכדון אעדי תיקון זינך **מינך** דאתגלי קדמי מאן אעבד לך: EX 33:5
שרי לאברם כל עולבני **מינך** דהוינא רחיצא דתעבד דיני GN 16:5
הוא אלקא ולא אית בר **מינך** דשכינתך שריא בשמיא DT 3:24
כורסי מלכותא אהא רב **מינך**: ואמר פרעה ליוסף חמי דמנית GN 41:40
מן חורנין אלהן יומא דין **מינך**: ודבר אברהם עאן ותורין ויהב GN 21:26
וייכול עופא ית בישרך **מינך**: והוה ביום תליתאי יום גנוסא GN 40:19
עממין סגיאין ותקיפין **מינך**: וימסרינון ייי אלקכון קדמיכון DT 7:1
דתפילין דעלך וידחלון **מינך**: וישיירינכון מימרא דייי לטבא DT 28:10
ומחתא הות מתכליא **מינך** וכדון לא אוסיף תוב למיחמי EX 10:29
עמך לשיצאה עורדענייא **מינך** ומבתך לחוד מה דבנהרא EX 8:5
אלקנא: ויעדון עורדענייא **מינך** ומיבתך ומן עבדך ומן עמך EX 8:7
האילין ולא יקבלון **מינך** ותיסב מן מוי דבנהרא ותשוד EX 4:9
עבדא חלב ודבש: ויקבלון **מינך** ותיעול אנת וסבי ישראל לות EX 3:18
הדין בעם אוחרן ברם **מינך** יפקון אוכלוסין דצדיקין קבל EX 34:10
ומלכין שליטין בעממיא **מינך** יפקון: ואקים ית קימי בין GN 17:6
ותרין מלכין תוב **מינך** יפקון: וית ארעא דיהבית GN 35:11
וחלב וטליי: ויעדי ייי **מינך** כל מרעין וכל מכתשיא דגרי DT 7:15
ריבוניה דעלמא בבעו **מינך** לא אהי מתיל כבר נש דהוה DT 32:50
ודי סרחנא: בבעו **מינך** לא תהוי מרים אחתן מסאבא NU 12:12
ואמר קדם ייי בבעו **מינך** לא תיסתכל לדורון דידהון NU 16:15
יארעינך עשו אחי ויבעי **מינך** למימר דמאן אנת ולאן אנת GN 32:18
ואנא דבעיתי **מינך** למקברי עם אבהתיי מיתת GN 48:7
וסביא דעימך ארום יקיר **מינך** פיתגמא לא תיכול למעבדיה EX 18:18
וצלי קדם ייי ואמר במטו **מינך** ריבון כל עלמיא גלי קדמך EX 32:31
ואמר אהרן למשה במטו **מינך** ריבוני לא תשוי עלנא חובא NU 12:11
ביתיה: ואמרו במטו **מינך** ריבוני מיחת נחיתנא GN 43:20
היא מתמנעא מינן במטו **מינך** ריבוני צלי כען עלה ולא נובדא NU 12:12
כל יומיא: וארום יסגי **מינכון** אורחא ארום לא תיכול DT 14:24
מה ייי אלקכון בעי **מינכון** אלהן למדחיל מן קדם ייי DT 10:12
ייי עולבננא ולחוד יתפרע **מינכון** דאסרחתון ית ריחנא קדם EX 5:21
כל יומין דהיא צדיא **מינכון** ואתון תהוון מיטלטלין LV 26:34
עם חמודין ולא יירוג חד **מינכון** ית אינתתיה דחבריה ולא DT 5:21
עממין רברבין ותקיפין **מינכון**: כל אתרא די תדרוך פרסת DT 11:23
גיותנין וטירונין אלימין **מינכון** לא תידחלון מנהון ארום DT 20:1
לכל קירויא דרחיקן **מינכון** לחדא דלא מקרוי שבעתי DT 20:15
חמשא למאתא ומאתא **מינכון** לריבבותא יעריקון ויפלון LV 26:8
עממין רברבין ותקיפין **מינכון** מן קדמיכון לאעלותכון DT 4:38
ויכסי מימרא דייי **מינכון** רוח קודשא כד ייתון מחתין DT 28:59
וישיצון יתן ולא ישיירון **מינן** אוף לא חד ומן בתר כדין EX 1:10
ישראל סגין ותקפין יתיר **מינן**: איתון כדון נתייעט עליהון EX 1:9
ישראל למשה למימר הא **מינן** אשתיציו בשלהובית אישתא NU 17:27
הא כדון היא מתמנעא **מינן** במטו מינך ריבוני צלי כען עלה NU 12:12
ואוף אדמי הא מתבעי **מינן**: ואינון לא הוו ידעין ארום שמע GN 42:22
ובינך ותתמלי ארעא **מינן** ולא נצטרך לבנהא דהגר ברת GN 16:5
דקיימתא לאבהתהון: **מינן** לי בישרא למיתן לכל עמא NU 11:13
קרבא די עימנא לא שגא **מיננא** אינש: וקריבנא דורונא לשמא NU 31:49
מעימנא ארי תקיפתא **מיננא** בניכסין לחדא: ואזל מתמן GN 26:16
עמא ארום תקיף הוא **מיננא**: ואפיקו טיב ביש על ארעא NU 13:31
עליכון וידון למימר פסק **מיננא** וניפלח ית מצראי ארום טב EX 14:12
לא הות קרתא דתקיפת **מיננא** ית כולהון מסר ייי אלקנא DT 2:36
נצינא צלי קדם ייי ויעדי **מיננא** ית מחת חיויא וצלי משה על NU 21:7
קבר ית מיתך אינש **מיננא** ית קבורתיה לא ימנע מינך GN 23:6
ליה אין לית אפין מהלכא **מיננא** לא תסליקיננה מיכא בסבר EX 33:15
חד: ואין לא תקבלון **מיננא** למיגזור וניסב בתוקפא ית GN 34:17
למימר עם רב ותקיף **מיננא** קירוין רברבן וכריכן עד צית DT 1:28
אברהם למימר ליה: קבל **מיננא** ריבוננא רב קדם ייי את ביננא GN 23:6
וחד לעלתא ויכפר עלוי **ממן** דחב על דאיסתאב למיתא NU 6:11
עבדך מערב בטלייא **מן** אבא למימר אין לא אייתיני GN 44:32
ויוטב לכון ויסגינכון יתיר **מן** אבהתכון: ויעדי ייי אלקכון ית DT 30:5

בעור ואימר גברא דיקיר **מן** אבוי דרזיא סתימיא מה NU 24:3
בעור ואימר גברא דיקיר **מן** אבוי דרזיא סתימיא מה NU 24:15
ית אחסנתיה לאחוי **מן** אבוי: ואין לית אחין מן אבוי NU 27:9
מן אבוי: ואין לית אחין **מן** אבוי ותיתנון ית אחסנתיה לאחי NU 27:10
כל עותרא דרוקן ייי **מן** אבונא די לנא הוא ודי בננא וכדון GN 31:16
אימך או מה דילידת אמך **מן** אבך או מן גבר חורן לא תבזי LV 18:9
בת איתת אבוך דילידת **מן** אבך אחתך היא לא תבזי עריתה: LV 18:11
כהנא והא מכתשא כתרין **מן** אבני ביתא דליה ארבע כותלין LV 14:37
פסולא היכמא דינפק **מן** אברהם ישמעאל ומן אבא נפק GN 35:22
לית אוושר לי למכסיא **מן** אברהם מה דאנא עביד ומן דינא GN 18:17
תבידי חרב: ואיתפני **מן** אגר עממייא למשלמא לכון אגר LV 26:9
ית עלתא: ויסב כהנא **מן** אדם חטאתא באדבעיה ויתן על LV 4:34
על קרנוי חדא בשתא **מן** אדם חטאתא דכיפוריא חדא EX 30:10
רישיה מן קדליה: וידי **מן** אדם חטאתא על כותל מדבחא LV 5:9
אלקים ית עילעא דנסב **מן** אדם לאיתתא ואתיה לות אדם: GN 2:22
עשו ברא רבא מרגגן דהוו **מן** אדם קדמאי וההוא יומא לא GN 27:15
בישיא: אירוי גירדי **מן** אדם קטיליהון וסייפי תגמר DT 32:42
קדמוי מסמק טווריא **מן** אדם קטיליהון לבושוי מעגעגין GN 49:11
קרבי וכד תתמלי נפשי **מן** אדם קטיליהון מן בתר כדין EX 15:9
דעלתא: ויסב כהנא **מן** אדמא באדבעיה ויתן על קרנת LV 4:30
כפורתא ידי שבע זימנין **מן** אדמא באדבעיה ימינא: ויכוס ית LV 16:14
חזור חזור: וידי עלוי **מן** אדמא באדבעיה ימינא שבע LV 16:19
קודשין הוא: ויסב כהנא **מן** אדמא דאשמא ויתין כהנא על LV 14:14
דאשמא ויסב כהנא **מן** אדמא דאשמא ויתין על גדירא LV 14:25
מלבר ולתרין סיפייא **מן** אדמא דבמן פחרא ואתון לא EX 12:22
חטאתא הוא: ויסב כהנא **מן** אדמא דחטאתא באצבעיה ויתן LV 4:25
מדבחא חזור חזור: ותיסב **מן** אדמא דעל מדבחא וממשחא EX 29:21
מצלהבא קדם ייי: ויסב **מן** אדמא דתורא וידי באדבעיה LV 16:14
קדם ייי: ויעיל כהנא רבא **מן** אדמא דתורא למשכן זימנא: LV 4:16
ויטמש כהנא אצבעיה **מן** אדמא ויידי מיניה שבע זימנין LV 4:17
ביני שימשתא: ויסבון **מן** אדמא ויתנון על תרין סיפייא EX 12:7
ית בני אהרן ויהב משה **מן** אדמא על גדירא מיצעא LV 8:24
דקודשא: ויתן כהנא **מן** אדמא על קרנת מדבחא דקטרת LV 4:7
ית אצבעיה באדמא ויידי **מן** אדמא שבע זימנין קדם ייי קבל LV 4:6
וכל חטאתא דאיתעל **מן** אדמה למשכן זימנא מטול LV 6:23
בבשרה יתקדש ודיידי **מן** אדמה על לבושא דיידי עלה LV 6:20
דחטאתא דאיתעל **מן** אדמהון לכפרא בקודשא יתפקון LV 16:27
קדם ייי: הא לא איתעל **מן** אדמון לות קודשא גוואה מיכל LV 10:18
ויסב אלעזר בכיהוניא **מן** אדמיה באדבע יד ימיניה ולא NU 19:4
ית דיכרא ונסיב משה **מן** אדמיה ויהב על חסחוס אודנא LV 8:23
ותיכוס ית דיכרא ותיסב **מן** אדמיה ותיתן על חסחוס אודנא EX 29:20
כד ברייה: ורבי ייי אלקים **מן** אדמתא כל אילן דמרגג למיחמי GN 2:9
בקיבליה: וברא ייי אלקים **מן** אדמתא כל חיות ברא וית כל GN 2:19
מן רישיהון קדשיא **מן** אדניהן קטליא מן צווריהן NU 31:50
וגלגיל ית אבנא בחדא **מן** אדרעוי מעילוי פם בירא וטפת GN 29:10
קטליא מן צווריהן שיריא **מן** אדרעיהן עזקתא מן עצבעתהן NU 31:50
דפרסיה תמן למשכניה **מן** אוולא בין ביתאל ובין עי: לאתר GN 13:3
מן אוולא ברא אלקים ית שמייא GN 1:1
דטלופחי ופולי דפרשין **מן** אוכלא ופרחין הי כעופא DT 14:19
זרעא וכבש יצריה **מן** אולפן תקיף דקביל מן יעקב GN 49:24
דאשכח תרין אוצרין **מן** אוצרוי דיוסף מליין כסף ודהב NU 16:19
מחית בעידן הדין למחר **מן** אוצרי שמייא ברדא תקיף לחדא EX 9:18
ואפקיד ית ברכתי לכון **מן** אוצריי טבין דבשמי שכינתי LV 25:21
עיבורא חדתא תפנון **מן** אוצרכון: ואיתן שכינת יקרי LV 26:10
כורסי יקרא ומלי מיא **מן** אוקינוס והדר סליק מן ארעא GN 2:6
בלחודך או חמרא דטעי **מן** אורחא אתבא תתביניה ליה: אין EX 23:4
דייי אלקכון ותטעון **מן** אורחא דאנא מפקיד יתכון יומא DT 11:28
מתכא סטיתון בפריע **מן** אורחא דפקיד ייי יתכון: ואחדית DT 9:16
תחבלון עובדיכון ותטעון **מן** אורחא דפקידית יתכון ותארע DT 31:29
עבדיא לאטעיותכון **מן** אורחא דפקידכון ייי אלקכון DT 13:6
דמצרים: סטו בפריע **מן** אורחא דפקידתינון בסיני לא EX 32:8
בידיה וסטת אתנא **מן** אורחא ואזלת בחקלא ומחא NU 22:23
דחילת חמת סטת **מן** אורחא וגלי קדמי דאנת בעי NU 22:32
דעללתא דארעא ולא **מן** אוריזא ודוחינא וקיטני תפרשון NU 15:19
דבני ישראל אפרשותא **מן** אחוהון באונסא וקריבו LV 8:15
יהודה מנכסוי ואתפרש **מן** אחוהי וסטא לות גברא GN 38:1
למתבוע אוזפותיה ולא **מן** אחוי בר ישראל ארום קרא בית DT 15:2
דלא יגיס ליביה יתיר **מן** אחוי ומטול דלא יסטי מן DT 17:20
מן יד פורקנא יהי ליה חד **מן** אחוי יפרקיניה: או אחבוי או בר LV 25:48
דאגירא עניא ומסכינא **מן** אחוכון או מן גיוריכון דמתגיירין DT 24:14
אלקכון: נבייא מביניכון **מן** אחוכון דדמי לי ברוח קודשא DT 18:15
עליכון גבר חילוניי דלא **מן** אחוכון הוא: לחוד לא יסגון ליה DT 17:15
דיניא למימר קבילו **מן** אחיכון דלא ימליל חד כל מילוי DT 1:16
וקוריין דתיתנון **מן** אחסנת בני ישראל מן שבטא NU 35:8

יתה: ונסיבו בידיהון **מן** איבא דארעא ואחיתו לוותנא DT 1:25
הדין שעא חדא אחין **מן** איבא דמיחדין באחסנתא לא DT 25:5
ושמע ראובן ושיזביה **מן** אידיהון ואמר לא נקטליניה דלא GN 37:21
תדחדון ליה מן ענכון **מן** אידיריכון ומן מעצרתכון DT 15:14
לכהנא כמא דמפרשין **מן** אידרא הכדין תפרשון יתה: מן NU 15:20
אפרשותכון הי כעיבורא **מן** אידרא והי כחמרא דמליתא מן NU 18:27
ולא תב ואתחייב לחדא **מן** איליין: ויהי ארום ייחוב בחדא LV 5:4
יתהון קל טרפא נתיר **מן** אילן ויערקון הי כמערוקי חרבא LV 26:36
לוחיא מן סייפי לסייפי **מן** אילנא דנציב אברהם אבונן EX 36:33
מן סייפי לסייפי **מן** אילנא דנציב אברהם בבירא EX 26:28
ית ריבא תחות חד **מן** אילנייא: ואזלת ויתיבת לה GN 21:15
ואישתאר הוא בלחודוי **מן** אימיה ואבוי בגין כן רחים ליה: GN 44:20
והוא בלחודוי אישתייר **מן** אימיה ויארעיניה מותא באורחא GN 42:38
אנא ייי אלקכון: גבר **מן** אימיה ומן אבוי תהוון דחלין וית LV 19:3
אברהם אחתיה דנביות **מן** אימיה על נשוי ליה לאינתו: GN 28:9
אבך מן איתא אוחרי או **מן** אימך או מה דילידת אמך מן LV 18:9
קודשיא היכדין יתפרשון **מן** אימרא ומן עיזא ויסקינון כהנא LV 4:10
ואם מן בני ענא קורבניה **מן** אימריא או מן בני עיזיא לעלתא LV 1:10
דכר בר שתא יהי לכון **מן** אימריא ומן בני עזייא תסבון: EX 12:5
ייי: כל אפרשא דיתפרש **מן** אינשא לא יתפרק בכספא אלהין LV 27:29
חד מן דיליה וחולק חד **מן** אינתתיה ותרין חולקין מן תרין GN 43:34
תלתא יומין: ואנת פרש **מן** אינתתך מטול דבסנדרי דלעיל DT 5:31
ייי אלקך מסתכלין בה **מן** אירויא דשתא ועד סופא דשתא: DT 11:12
דמשתייר מעלתא דענא **מן** אישתא כל קרבנהון לכל NU 18:9
בת אימך מה דיוליד אבך **מן** איתא אוחרי או מן אימך או מה LV 18:9
וברכיה ואמר בריך אברם **מן** אלקא עילאה דבגין צדיקיא GN 14:19
היכמה דנפקו מן חדא **מן** אמהתה ושמיע קדם ייי צלותא GN 30:21
ואמהתיכון דיהון לכון **מן** אמהתיכון דמן עממיא די LV 25:44
ופגנת ואשתנקת ומיתת **מן** אניקא ואתא אברהם ובת GN 22:20
ואמר אבא ואמר האנא **מן** אנת ברי: ואמר יעקב לאבוי אנא GN 27:18
וית בסיסיה דנחשא **מן** אספקלירי דנחשא נשיא EX 38:8
דבוץ לכסאה בשר עיריא **מן** אסר קמור חרציהון ועד ירכיהון EX 28:42
קין ואיטרדו תרוויהון **מן** אפי אדם וחוה כל יומי חייהון GN 27:45
לאפמיאה: ויחות תחומא **מן** אפמיאה לדפני מן מדנח NU 34:11
קריב יתהון מליין סמידא **מן** אפרשותא פתיכא במשח זיתא NU 7:13
קריב יתהון מליין סמידא **מן** אפרשותא פתיכא במשח זיתא NU 7:19
קטורת בושמנין טבין **מן** אפרשותא: תור חד בר תורין בר NU 7:14
קטורת בוסמנין טבין **מן** אפרשותא: תור חד בר תורין בר NU 7:20
בגו אחי אבונן: דין חד **מן** ארבעא דינין די עלו קדם משה NU 27:5
כל כנישתא: דין הוא חד **מן** ארבעה דינין די עלו קדם משה NU 15:34
לשבטא דדן: דין הוא חד **מן** ארבעתי דינין דיעלו קדם משה LV 24:12
עובדיא טביא דעים חדא **מן** ארבעתי משירייתא דישראל NU 23:10
בגיטא ואזלת וטכנת **מן** ארחא למדברא דסמיך לבירא GN 21:14
ארעא בגין דיירהא דסטו **מן** ארחן דתקנן קדם ייי GN 6:11
ונטל מתל נבותיה ואמר **מן** ארם דעל פרת דברני בלק מלכא NU 23:7
לאוחאה למופטורינון **מן** ארעא ארום אמרין אין שהיין EX 12:33
לאזעוריה ואתיריכיניה **מן** ארעא ארום ידעית ית די תברך NU 22:6
קריב לשמייא ורחיק **מן** ארעא דהכין כתיב אציתו DT 32:1
ואיבטיל רשות חיות ברא **מן** ארעא דישראל ושלופי חרב לא LV 26:6
מצלחא ומליעות ידנא **מן** ארעא דלטא ייי בגין חובי בני GN 5:29
ואמרין הא מלכא סליק **מן** ארעא דמגוג בסוף יומיא ומכנש NU 11:26
ואפיקית יתכון פריקין **מן** ארעא דמצראי מבית שעבוד DT 5:6
ואפיקית יתכון פריקין **מן** ארעא דמצראי מן בית שיעבוד EX 20:2
דאפיקית יתהון פריקין **מן** ארעא דמצרים אנא הוא ייי LV 25:55
דבזכותיה עדת כפנא **מן** ארעא דמצרים דהוות גזירתא GN 50:3
ייי אפיק יתכון פריקין **מן** ארעא דמצרים: ובצפרא יתגלי EX 16:6
דסני ייי יתנא אפקנא **מן** ארעא דמצרים למימס יתנא DT 1:27
דאפיק יתכון פריקין **מן** ארעא דמצרים מבית שעבוד DT 13:11
דאסיקית יתכון פריקין **מן** ארעא דמצרים מטול למיהוי LV 11:45
ואפיקית יתכון פריקין **מן** ארעא דמצרים מטול למיתן LV 25:38
דאפיקית יתכון פריקין **מן** ארעא דמצרים מלמהוי להון LV 26:13
ואפיק יתהון פריקין **מן** ארעא דמצרים תוקפא NU 23:22
ארום מיגנב איתגניבית **מן** ארעא דעיבראי ואוף הכא לא GN 40:15
חלף דקטלתיה ליט את **מן** ארעא דפתחת ית פומא וקבילת GN 4:11
תמן קיים כדון קום פוק **מן** ארעא הדא ותוב לארע ילדותך: GN 31:13
ידכר יתכון ויסק יתכון **מן** ארעא הדא לארעא דקיים GN 50:24
בארעא דפונטוס: **מן** ארעא ההיא נפק נמרוד ומלך GN 10:11
מן אוקינוס והדר סליק **מן** ארעא ואחית מיטרא ומשקי ית GN 2:6
באויר שמיא ואישתיצי **מן** ארעא ואישתאר ברם נח GN 7:23
עמך במותא ואישתיצית **מן** ארעא: וברם בקושטא לא מן EX 9:15
במרי עלמא ושיציאונון **מן** ארעא וכד אגחו מלכיא האילין GN 14:13
בגרגישתא צווחין קדמיי **מן** ארעא: וכען חלף דקטלתיה ליט GN 4:10
ומן בתר כדין יסקון להון **מן** ארעא: ושוון עליהון רברבנין EX 1:10
חגא מן זינין דמרביין **מן** ארעא ותלישין משחתהא עד LV 23:42

דמצראי ולאסקותהון **מן** ארעא מסאבתא ההיא לארע	EX 3:8
תקיפתא יתריכינון **מן** ארעיה: ומליל ייי עם משה ואמר	EX 6:1
לן כל טבתא וכדו נפקתא **מן** ארען יבישו בירן ואילננא לא	GN 26:28
ויפטור ביד גבר די מזמן **מן** אשתקד למהך למדברא דצוק	LV 16:21
מלי חופניכון קטם דקיק **מן** אתונא וידריקיניה משה לצית	EX 9:8
איזילו סבו לכון תיבנא **מן** אתר דתשכחון ארום לא	EX 5:11
חתנך בנך ובנתך הנפק **מן** אתרא: ארום מחבלין אנחנא ית	GN 19:12
זקוף כדון עינך ותיחמי **מן** אתרא דאנת תמן לציפונא	GN 13:14
ברתויי ואמר קומו פוקו **מן** אתרא הדין ארום מחבל ייי ית	GN 19:14
אורייתא דיחוון לכון **מן** אתרא ההוא דיתרעי ייי ותיטרון	DT 17:10
ותשיצון ית שומהון **מן** אתרא ההוא: ליתיכון רשאין	DT 12:3
אעבר למדיניתא **מן** בגלל אחוי דיוסף דלא יתקרון	GN 47:21
דייי ובעא למיקטליה **מן** בגלל גרשום בריה דלא הוה גזיר	EX 4:24
מיני מדעם אלהין יתיך **מן** בגלל דאנת אינתתיה ואכדין	GN 39:9
ענא חולף אימר חד **מן** בגלל דאקטיה בגניבותיה ולית	EX 21:37
וטוורא דסיני תנין כוליה **מן** בגלל דארכין ליה ייי שמיא	EX 19:18
מטי להון הי כחוביהון **מן** בגלל דאשכח רחמין קדמך וגלי	EX 33:13
דעל אנפי ארעא: לא **מן** בגלל דאתון גיוותנין מן כולהון	DT 7:7
דשער וקרו שמיה עשו **מן** בגלל דאתיליד כוליה גמיר	GN 25:25
ישלם חולף תור חד **מן** בגלל דבטליה מן רידיה וארבע	EX 21:37
לגינתא דעדן בחייהא **מן** בגלל דבשרת ית יעקב דעד כדון	NU 26:46
ואיטרדו מן מחיצתהון **מן** בגלל דגליין מסטירין דמרי	GN 28:12
שימשא בלא אשוניה **מן** בגלל דהוה דבירא מתחמד	GN 28:10
לשמייא וצייתא לארעא **מן** בגלל דהוה קריב לארעא ורחיק	DT 32:1
לארעא וצייתא לשמייא **מן** בגלל דהוה קריב לשמייא ורחיק	DT 32:1
ובצתהון הוה משה זריז **מן** בגלל דהוו דיני ממונא ובאיליין	NU 9:8
מנהון הוה משה מתין **מן** בגלל דהוו דיני נפשתא ובצתהון	NU 9:8
באדמא ולא בעורדענייא **מן** בגלל דהוות ליה בהון שיזבותא	EX 8:2
ארעא דכומרניא לא זבן **מן** בגלל דחמון ליה זכותא בזמן	GN 47:22
בני דדן ולא שבקוה **מן** בגלל דטיכסין דישראל גבר על	LV 24:10
וברם דכר לעלתא תיסב **מן** בגלל די ידכר לך זכותא דיצחק	LV 9:2
וגייוריכון די בקירוויכון **מן** בגלל די ינוחון עבדיכון	DT 5:14
יהבית רוח קדשי בהום **מן** בגלל די יעבדון עובדין טבין והא	GN 6:3
ותיתן מזיו יקרך עלוי **מן** בגלל די יקבלון מיניה כל	NU 27:20
ארעא: וברם בקושטא לא **מן** בגלל די נטייבא לך קיימתך אלא	EX 9:16
לא תזוף מיניה בריביתא **מן** בגלל דיברכינך ייי אלקך בכל	DT 23:21
ויכלון ויסבעון **מן** בגלל דיברככון ייי אלקכון בכל	DT 14:29
כל אימת דעיילין תמן: **מן** בגלל דידעון דריכון ארום	LV 23:43
ביה והוה לחוטרא בידיה: **מן** בגלל דיהמנון ארום אתגלי לך	EX 4:5
בכל ליבכון ובכל נפשכון **מן** בגלל דיוגדון חייכון עד עלמין:	DT 30:6
כל פיקודיי כל יומיא **מן** בגלל דיוטב להון ולבניהון לעלם:	DT 5:29
אימא וית בניא תיסב לך **מן** בגלל דיוטב לך בעלמא הדין	DT 22:7
דפקידכון ייי אלקכון **מן** בגלל דיורכון יומיכון ומן בגלל	DT 5:16
מיני למטרא לדריכון **מן** בגלל דיחמון דרייא מסרבייא ית	EX 16:32
הי כמיא: לא תיכלוניה **מן** בגלל דייטב לכון ולבניכון	DT 12:25
דאנא מפקיד לכון **מן** בגלל דייטב לכון ולבניכון	DT 12:28
דתקין ודכשר קדם ייי **מן** בגלל דייטב לכון ותיעלון	DT 6:18
ויהי קרי ביה כל יומי חייו **מן** בגלל דיליף למידחל מן קדם ייי	DT 17:19
מן קדם ייי איסתקף **מן** בגלל דימטא זימניה דיוסף	GN 41:8
לימינא ולשמאלא **מן** בגלל דינגוד יומין על מלכותיה	DT 17:20
וביומא שביעאה תנוח **מן** בגלל דינוחון תורך וחמרך	EX 23:12
דאבוהי וביקרא דאימיה **מן** בגלל דיסגון יומיכון על ארעא	EX 20:12
בתיכון ובתריעיכון: **מן** בגלל דיסגון יומיכון על ארעא	DT 11:21
וקסטין דקשוט יהוי לכון **מן** בגלל דיסגון יומיכון על ארעא	DT 25:15
ארכא מאה ועשרין שנין **מן** בגלל דיעבדון תתובא ולא עבדו:	GN 6:3
דלא ימותון במיצעיה **מן** בגלל דיקבלון פורענן	EX 14:27
עלך בעיבא דענן יקרא **מן** בגלל דישמעון עמא במללותי	EX 19:9
בידיכון מדעם מן שמתא **מן** בגלל דיתוב ייי מתקוף רוגזיה	DT 13:18
בר נשא ההוא מגו עמיה: **מן** בגלל דיתון בני ישראל ית	LV 17:5
חסדא עבדית עם קדמאי **מן** בגלל דיתמלי עלמא מנהון עד	LV 20:17
קודשיא לדבחא קדם ייי **מן** בגלל דיתרעי בכון ומנחתא	LV 9:4
ית שמע גבורתך למימר: **מן** בגלל דלא הות יוכלא מן קדם ייי	NU 14:16
כנישתא דייי בלא חכימין **מן** בגלל דלא יטעון ביני עממיא	NU 27:17
דפקידכון ייי אלקכון: **מן** בגלל דלא ילפון יתכון למעבד	DT 20:18
יתהון בכל משירייתא **מן** בגלל דלא יסתאב כהנא	NU 25:8
דפריס בתרע גהינם **מן** בגלל דלא יעלון תמן נפשת	EX 40:8
דוכרנא לבני ישראל **מן** בגלל דלא יקרב גבר חילוניי דלא	NU 17:5
ארעא למקבלא יתהון **מן** בגלל דלא יתבעון גבה ביום דינא	EX 15:12
ית דחלתא דייי אלקכון **מן** בגלל דלא למינטר פיקודוי ודינוי	DT 8:11
וימותון ית עולימתה **מן** בגלל דלא פגנת בקרתא וית	DT 22:24
הוה חשיב דרחל היא **מן** בגלל דמסרת לה רחל כל מליא	GN 29:25
מן רישיה ולא יכיל **מן** בגלל דמשכי ככיה ושיניה פמיה	NU 21:35
מסתחר עימכון למיכל **מן** בגלל דנטירנא לכון בבו הוא	GN 50:20
ברוח קודשא לי ולעמך **מן** בגלל דניהי משניי מכל עממייא	EX 33:16

וידוי דמשה הוו יקרין **מן** בגלל דעכב קרבא למחר ולא	EX 17:12
מכל עממיא: ארום **מן** בגלל דרחים ייי יתכון ומן דנטיר	DT 7:8
פגנת בקרתא וית גברא **מן** בגלל דשמיש עם איתת חבריה	DT 22:24
ליה מרי עלמא וכן אמר **מן** בגלל דשקרתון במימרי במצע	DT 32:51
קטילין בחרבא ארום **מן** בגלל דתבתון מן בתר פולחנא	NU 14:43
דאתון טען בתריהון: **מן** בגלל דתדכרון ותעבדון ית כל	NU 15:40
עברין לתמן למירתה: **מן** בגלל דתידחל קדם ייי אלקך	DT 6:2
נפקתון מארעא דמצרים **מן** בגלל דתידכרון ית יום מיפקכון	DT 16:3
שבע חורפן תקבל מן ידי **מן** בגלל דתיהווי לי לסהדו ארום	GN 21:30
קבל ענך בגובהא דרישך **מן** בגלל דתיהוי אורייתא דייי	EX 13:9
דחיי היא אורייתא **מן** בגלל דתיחון בחיי עלמא דאתי	DT 30:19
ייי אלקכון יתכון תהכון **מן** בגלל דתיחון ויוטב לכון ותורכון	DT 5:33
יומא דין תיטרון למעבד **מן** בגלל דתיחון ותיסגון ותיעלון	DT 8:1
דאנא מליף יתכון למעבד **מן** בגלל דתיחון ותיעלון ותירתון	DT 4:1
שלם בקשוט תהי רדיף **מן** בגלל דתיחון ותירתון ית ארעא	DT 16:20
ביכורי תוריכון ועניכון **מן** בגלל דתילפון למדחל מן קדם	DT 14:23
תמן עירבוב חיות ברא **מן** בגלל דתינדע ארום אנא ייי	EX 8:18
וברדא לא יהי תוב **מן** בגלל דתינדע ארום דייי היא	EX 9:29
למחר ואמר כפתגמך **מן** בגלל דתינדע ארום לית כייי	EX 8:6
למאינשא ועד בעירא **מן** בגלל דתינדעון דיפריש ייי בין	EX 11:7
אורייתא הדא במעברכון **מן** בגלל דתיעלון לארעא דייי	DT 27:3
מן תועיבתא איליין **מן** בגלל דתירתון ית ארעהון ואנא	LV 20:24
שירין וקטלאין דדהבא **מן** בגלל דתיתלי עינך בהן ולא	GN 49:22
מפקיד לכון יומא דין **מן** בגלל דתיתקפון ותיעלון	DT 11:8
פיתגמי ותעבדון יתהון **מן** בגלל דתצלחון ית כל דתעבדון:	DT 29:8
למסוברא דלא למבכי **מן** בגלל כל מן דקיימין קודמוי	GN 45:1
לא יקביל מנכון פרעה **מן** בגלל לאסגאה תמהיי בארעא	EX 11:9
ויתנא אפיק פריקין **מן** בגלל לאעלא יתנא למיתן לנא	DT 6:23
ולא ידעון אבהתך **מן** בגלל להודעותך ארום לא על	DT 8:3
דעמך דקיימין לקובליהון **מן** בגלל למאבאשא להון: ובסוגי	EX 15:6
יצרא בישא דליבי אזיל **מן** בגלל למוספא חובי שלותא על	DT 29:18
נטייבא לך קיימתך אלא **מן** בגלל למחזייך ית חילי ומן בגלל	EX 9:16
אמר משה לא שמעית **מן** בגלל למלפא לרישי סנדרייתא	NU 9:8
אמר משה לא שמעית **מן** בגלל למלפא רישי סנדרי	NU 15:34
אמר משה לא שמעית **מן** בגלל למלפא רישי סנדרי	NU 27:5
אמר משה לא שמעית **מן** בגלל למלפא רישי סנהדרייתא	LV 24:12
ואיתקף ית ליבביה **מן** בגלל לממסריה בידך כיומא	DT 2:30
עליהון רברבנין מפלחנין **מן** בגלל למצערא יתהון	EX 1:11
טביא בעלמא הדין **מן** בגלל למשציא יתהון לעלמא	DT 7:10
פיתגם יום ביומיה **מן** בגלל לנסוייהון אין נטרין	EX 16:4
לעמא לא תידחלון ארום **מן** בגלל לנסייוכתן איתגלי לכון	EX 20:20
יהב לפולחנא נוכראה **מן** בגלל לסאבא ית מקדשי	LV 20:3
דדברכון ייי אלקכון **מן** בגלל לסגופיכון ומן בגלל	DT 8:2
דלא ידעון אבהתך **מן** בגלל לסגפותך ומן בגלל	DT 8:16
מילכא למיקני ניכסין **מן** בגלל לקיימא ית קיימיה דקיים	DT 8:18
אלקכון גזר עימכון יומנא: **מן** בגלל לקיימא יתכון יומנא	DT 29:12
ויצרא דלבהון דעבדוי **מן** בגלל לשוואה אתוותיי איליין	EX 10:1
ומסב אפין אית בדינא **מן** בגלל מה אתקבל קרבנך ברעוא	GN 4:8
לברך ביומא ההוא למימר **מן** בגלל מצוותא דא עבד מימרא	EX 13:8
ושרא מן בתריהון **מן** בגלל מצראי דפתקין גירין	EX 14:19
הוה עננא מקביל יתהון **מן** בגלל פולחנא נוכראה דבידיהון:	EX 17:8
בוכרא בארעא דמצרים **מן** בוכרא דאינשא ועד בוכרא	EX 13:15
והוה תחום כנענאי **מן** בותנייס מעלך לגרר עד עזה	GN 10:19
כן ישבוק גבר ומתפרש **מן** ביה מדמכיה דאבוהי ודאימי	GN 2:24
להון לוואי שמיני תורין **מן** ביזת מלכיהון וחבלא מבכירי	DT 32:14
ליעקב בזמן דנפק **מן** בירא דשבע ניסא קמאה	GN 28:10
דעאן רביעין עלה ארום **מן** בירא ההיא משקן עדריא ואבנא	GN 29:2
לא תפקון מן ביתא **מן** בישרא בר מחבורתא ולא	EX 12:46
פיסחי עד צפרא ולא **מן** בישרא דתיכלון ברמשא: שירוי	EX 23:18
יומין ולא יבית בר **מן** בישרא דתיכסון ברמשא ביומא	DT 16:4
בשמי מרומא דדברני **מן** בית אבא ומן ארע ילדותי	GN 24:7
קדם פרעה ותהנפיקינני **מן** בית אסירי הדין: ארום מיגנב	GN 40:14
זימניה דיוסף למיפק **מן** בית אסירי: ומליל רב מזוגייא	GN 41:8
וקרא ית יוסף ודלוגיה **מן** בית אסירי וספר ושני כסותיה	GN 41:14
עממייא דבידיהון דדברו **מן** בית טעוות שכם וית קדשייא	GN 35:4
שנין הוה במיפיקיה **מן** בית מדרשא והוא טלה מתרבי	GN 37:2
מצלהבא ויזוחון עיניהון **מן** בית קודש קודשיא בזמן	NU 4:19
פריקין מן ארעא דמצראי **מן** בית שיעבוד עבדיא: דבירא	EX 20:2
פריקין מארעא דמצרים **מן** בית שעבוד עבדיא: מן קדם ייי	DT 6:12
הא אפרשנן קודשיא **מן** ביתא ולחוד יהבנן מעשרא	DT 26:13
מן כותלא: ויפוק כהנא **מן** ביתא לתרע ביתא מלבר ויסגר	LV 14:38
חדא יתאכל לא תפקון **מן** ביתא מן בישרא בר מחבורתא	EX 12:46
צבי ייי אלקכון לקבלא **מן** בלעם והפך ייי אלקכון בפומיה	DT 23:6
כהנא דיקום בתרוי **מן** בנוי ולא מן ליואי בזמן דיעולו	EX 29:30

דיקרב במדבחא יתקדש **מן** בני אהרן ברם משאר עמא לית EX 29:37
נכסת קודשיא וית תריב **מן** בני אהרן דיליה תהי שקא LV 7:33
יקרב גבר חילוניי דלא **מן** בני אהרן לאסקא קטורת NU 17:5
גיור ולא דעביד תתובא **מן** בני בנוי עד עלמא ומחאי ית EX 2:12
לאחסנת קבורתא **מן** בני חיתאה: ואברהם סיב על GN 23:20
חקלא ומערתא דביה **מן** בני חיתאה: ופסק יעקב לפקדא GN 49:32
חקלא דיזבן אברהם **מן** בני חיתאה תמן איתקבר GN 25:10
בכי וחסת עלוי ואמרת **מן** בני יהודאי הוא דין: ואמרת EX 2:6
ייי ויקרב מן שפניניא או **מן** בני יוניא ית קורבניה ברם LV 1:14
כהנא ויפרש ית מחתיא **מן** בני יקידיא וית אישתא בדרי NU 17:2
כהנא ולבנוי לקיים עלם **מן** בני ישראל: דא היא אורייתא LV 7:34
ייי קיים עלם לדריהון **מן** בני ישראל: ואנת קריב לוותך ית EX 27:21
ית ליואי ארמא קדם ייי **מן** בני ישראל ויהון למפלח ית NU 8:11
ית כספא דכיפוריא **מן** בני ישראל ותיתן יתיה על EX 30:16
מכל מעשריכון דתיסבון **מן** בני ישראל ותיתנון מיניה NU 18:28
ותימר להון ארום תיסבון **מן** בני ישראל ית מעשרא דיהבית NU 18:26
לאהרן ולבנוי לקיים עלם **מן** בני ישראל מניכסת קודשיהון EX 29:28
חדת קדם ייי תדירא **מן** בני ישראל קיים עלם: ותהי LV 24:8
קורבנה קדם ייי: ואין **מן** בני עיזא קורבניה ויקרביניה LV 3:12
קורבניה מן אימריא או **מן** בני עיזיא לעלתא דכר שלים LV 1:10
מצראי וסבו לכון **מן** בני ענא לייחוסיכון וכוסו אימר EX 12:21
ברעוא קדם ייי: ואם **מן** בני ענא קורבניה מן אימריא או LV 1:10
למחוורייא לדריא ויחמי **מן** בניהון אוכלוסין סגיאין NU 21:34
דמיתחד חד מן חמשין **מן** בנת נשא ומן בעירא ויהב יתהון NU 31:47
אין יתפשח איברא וימות **מן** בעירא דהיא חזיא לכון למיכול LV 11:39
טעוותא קרבנא קדם ייי **מן** בעירא דכיא מן תורי ומן ענא LV 1:2
מן קדם מוי דטובענא: **מן** בעירא דכייא ומן בעירא דליתא GN 7:8
מן עממיא: ותפרשון **מן** בעירא דמתכשרא למיכל LV 20:25
ארום כל דייכול תריב **מן** בעירא דמתכשרא למקרב מינה LV 7:25
דייי: ואוסיפת למילד **מן** בעלה אדם ית תיומתיה וית GN 4:2
בשלם ידוי יתפרען ליה **מן** בעלי דבבוי וסעיד וסמיך DT 33:7
קל חלשין דמתנצחין **מן** בעלי דבביהון בסידרי קרבא קל EX 32:18
דעייניין חלף דאתכסית **מן** בעליך לילייא חדא וחמית ית GN 20:16
תלמידי אליהו דגלו **מן** בקעתא דיריחו וית גלוות DT 34:3
ביתא וזביני כספא **מן** בר עממין אתגזרו עימיה: ואתגלי GN 17:27
ויהי עילוייה דביר דכר **מן** בר עשרין שנין ועד בר שתין LV 27:3
לנחמא לאבוי ואתא עשו **מן** ברא והוא משלהי ארום חמש GN 25:29
דאישתייארת לכון **מן** ברדא וישיצי ית כל אילנא EX 10:5
נוכראה ארחיקית **מן** ברה כשיעור מיגד בקשתא ארום GN 21:16
אתא ולמיסב חדא **מן** ברתוי ענת רחל ואמרת לית GN 29:12
חד דמיתחד מן חמשין **מן** בת נשא ומן תורי ומן חמרי ומן NU 31:30
דמשה ומיתו עורדעניא **מן** בתיא ומן דרתא ומן חקליא: EX 8:9
לאהרן ולבנוי ויכלוניה **מן** בתר איסתלקותיה מעל פתורא LV 24:9
למהוי ליה לאינתו **מן** בתר דאסתאבת ארום מרחקא DT 24:4
ושלימו שובעא יומין **מן** בתר די מחא ייי ית נהרא ומבתר EX 7:25
בתר פתגמיא האילין **מן** בתר דיכפת אברהם ית יצחק GN 22:20
תיתוקלון בתר טעוותהון **מן** בתר דישתיצון מן קדמיכון או DT 12:30
דפקיד ייי יתיה לוותהון: **מן** בתר דמחא ית סיחן מלכא DT 1:4
ומליל ייי עם משה **מן** בתר דמיתו תרין בנוי דאהרן LV 16:1
והוה לזמן שובעא יומין **מן** בתר דשלים איבליה דמתושלח GN 7:10
מכתשא ויסגי בביתא **מן** בתר דשמיטו ית אבניא ומן בתר LV 14:43
נפשי מן אדם קטיליהון **מן** בתר כדין אשלוף חרבי ואישצי EX 15:9
מן כפנא ההוא דיהי **מן** בתר כן ארום תקיף הוא לחדא: GN 41:31
ארום מן בגלל דתבתון **מן** בתר פולחנא דייי בגין כן לא יהי NU 14:43
יטעיין בנתיהון ית בניכון **מן** בתר פולחני ויפלחון לטעוות DT 7:4
ית פנחס כהנא רדיף **מן** בתרוי עבד מילתא דקוסמין NU 31:8
דישראל דעתידין למקום **מן** בתריה דיהוון זריזין לדיני ממונא NU 27:5
עלמא ויהושע בר נון קאי **מן** בתריה ומדבר עמא בית ישראל NU 11:26
דעתידין למקום **מן** בתריהון דיהון מתינין בדיני NU 9:8
והוון מהלכין ושריין **מן** בתריהון ואמרו מצראי אילין EX 14:25
דישראל ואתא **מן** בתריהון ונטל עמודא דעננא מן EX 14:19
למיחשך למרדפין **מן** בתריהון ועמודא דאישתא EX 13:21
ורדפו מצראי ועלו **מן** בתריהון כל סוסות פרעה רתיכוי EX 14:23
דעננא מן קדמיהון ושרא **מן** בתריהון מן בגלל מצראי EX 14:19
ויקומון שבע שני כופנא **מן** בתריהן ויתנשי כל שובעא דהוה GN 41:30
מן עלמא ואנת משמש **מן** בתריי אנת מקני לי רעינא פון NU 11:29
בתראי בניכון די יקומון **מן** בתריכון ובר עממין דייתי מארע DT 29:21
דלא יקומון בניכון **מן** בתריכון וילפון להון הינון DT 5:17
דלא יקומון בניכון **מן** בתריכון וילפון להון הינון DT 5:21
קטולין ולא יקומון בניכון **מן** בתריכון וילפון לחוד הינון EX 20:13
גיירין דלא יקומון בניכון **מן** בתריכון וילפון לחוד הינון EX 20:14
גנבין דלא יקומון בניכון **מן** בתריכון וילפון לחוד הינון EX 20:15
דלא יקומון בניכון **מן** בתריכון וילפון לחוד הינון EX 20:17
זייתיכון לא תבקרונון **מן** בתריכון לגיורא ליתמא DT 24:20

ועל סנאיכון דרדפו **מן** בתריכון עד די אנסו יתכון: ואתון DT 30:7
במפטרך יתיה לבר חורין **מן** גבך ארום בכופלא על אגר DT 15:18
ארום יימר לך לא אפוק **מן** גבך ארום ריחמך וית אינש ביתך DT 15:16
ולא תוב תתברי איתתא **מן** גבר היכמא דאיתבריאת דא מיני GN 2:23
דילידת אמך מן אבך או **מן** גבר חורן לא תבזי עריתהן: עירית LV 18:9
גמלא: ואמרת לעבדא **מן** גברא הדור ויאי דמטייל בחקלא GN 24:65
בית ישראל ית עיניהון **מן** גברא ההוא בדיתן מזרעיה LV 20:4
הי כאפרשות עיבורא **מן** גוא אידרא והי כאפרשות חמרא NU 18:30
חד וחד והיך הוו נפקין **מן** גוא בעוריא וית קל שופרא היך EX 20:18
וקרא משה ליהושע **מן** גוא עמא ואמר ליה למיחמהון DT 31:7
אגלי יתהון במדי ובעילם **מן** גוא שבית בבל אעיקו להון DT 32:24
ונגידו ואסיקו ית יוסף **מן** גובא וזבינו ית יוסף לערבאין GN 37:28
עישרתי שנין אפקיה **מן** גובא ועל משה בגו גינוניתא EX 2:21
ונירמיניה בחד **מן** גובייא ונימר חיתא בישתא GN 37:20
נסיבא לשמא דייי **מן** גוברי מגיחי קרבא די נפקו NU 31:28
בני ישראל די פליג משה **מן** גובריא דנפקו לחילא: והות סכום NU 31:42
וכלב בר יפונה אתקיימו **מן** גובריא האינון דהליכו לאללא NU 14:38
מן שפניניא רברביא או **מן** גוזלין בני יוון מן מה דמספקא LV 14:30
מן רברבין ובני יוניא **מן** גוזלין: ויקרביניה כהנא למדבחא LV 1:14
בשמאלה ותישוע יתה **מן** גיו ומברא בחימרא: איזל לפישון GN 6:14
ומסכינא מן אחוכון או **מן** גיוריכון דמתגיירין בארעכון DT 24:14
בזדנא מן יציביא או **מן** גייורייא ולא תאיב מן NU 15:30
משה ית חוטרא דנסב **מן** גינוניתא דחמוי והוא מספיר EX 4:20
גופנא דמושכיה נהרא **מן** גינוניתא דעדן ונצביה לכרמא GN 9:20
אדם בעידן דאיטרד **מן** גינתא דעדן ואקריב עילוי GN 8:20
נגזור עלוהי וניטרדיה **מן** גינתא דעדן קדם עד לא יפשט GN 3:22
ראובן ולשיבט גד יהבית **מן** גלעד ועד נחלי ארנונא מציעות DT 3:16
ודבר עבדא עשרא גמלין **מן** גמליה ריבוניה ואזל כל שפר GN 24:10
ואתא עוג דאישתזיב **מן** גנבריא דמיתו בטובענא ורכב GN 14:13
גבר טלי או גבר סיב **מן** גניסת בני ישראל דיעבר מזרעיה LV 20:2
נימיא ולא מן סיסיא ולא **מן** גרדיא אלהין לשומהון יעבדונון NU 15:38
יתן למפרנסא מסכינין **מן** דאחית לבני ישראל לחמא מן DT 34:6
תמן בליליא ההוא ונסיב **מן** דאיזדמן בידיה דורון לעשו אחוי: GN 32:14
ברמיו טב דאיתן יתה לך **מן** דאיתן יתה לגבר אוחרן תיב GN 29:19
יתן למלביש ערטלאין **מן** דאלביש אדם וחוה אליף יתן DT 34:6
ייי והוה רגוז מן קדמוי **מן** דארגיזו קדמוי בניא חביביא DT 32:19
מתמן: וטרד ית אדם **מן** דאשרי יקר שכינתיה מן לקדמין GN 3:24
לוות כהנא ויקרב ית **מן** דאתבחר לחטאתא בשירויא LV 5:8
ית ישראל: ושלימו ליה **מן** דאתבסם ארבעין יומין ארום GN 50:3
יתן למבקרא מרעין **מן** דאתגלי בחזוי מימרא על DT 34:6
יתן למנחמא אבילין **מן** דאתגלי ליעקב תוב במתוי מפדן DT 34:6
זהירין לעשרא פירוכון **מן** דאתון מפקין וכנשין מן חקלא DT 14:22
בתר פיתגמיא האילין **מן** דאתכנשו מלכיא ונפלו קומי GN 15:1
מן דבית עשו וגוברין **מן** דבית ישמעאל תמן הוה קאים GN 50:1
תמן הוו קיימין גוברין **מן** דבית עשו וגוברין מן דבית GN 50:1
יתגייר עימכון גיורא או **מן** דהוא כדון ביניכון לדריכון ויעבד NU 15:14
עלוי כהנא קדם ייי ודכי **מן** דוויה: וגבר ארום אישתלי ויפוק LV 15:15
דיתיב ליה ויהי זבינוי ביד **מן** דזבן יתיה עד שתא דיובילא LV 25:28
יתן למברזגא חתנין וכלן **מן** דזוויג חוה לות אדם אליף יתן DT 34:6
די בחזרנתהון ערקו **מן** דחיל קלהון היך צווחין ואמרין NU 16:34
דמצרים למיזל ולא **מן** דחיליה תקיף אלהין בגין EX 3:19
וגבר ארום לא יהי ליה **מן** דחמי למפרוק זבינוי ותארע LV 25:26
כמיסת נידריה לאייתאה **מן** די ידר היכדין יעבד על אוריית NU 6:21
ויזמנון לך ותיכול **מן** דיבחי טעוותהון: ותיסב EX 34:15
דעורלתיה אין לית ליה **מן** דיגזור וישתצי בר נשא ההוא GN 17:14
למימר אנא אעתרית **מן** דידי ית אברם: הלא לית לי רשו GN 14:23
בישרא אדמיה הוא כל **מן** דייכלינה ישתיצי: וכל בר נש LV 17:14
תמן קדם ייי אלקכון או **מן** דיינא ויתקטל גברא ההוא DT 17:12
דינהון דישראל דאיתכסי **מן** דיינייא וסידרי נצחן קרביהון EX 28:15
תרי מן חכימייך ותלת **מן** דיינך וימשחון מארבע טריגונין DT 21:2
דמיבשלא שלימא **מן** דיכרא וגריצתא פטירתא חדא NU 6:19
לבושי בנוי עימיה: ותיסב **מן** דיכרא תרבא ואליתא וית תרבא EX 29:22
עניי הוו וכל דאנת חמי **מן** דילי הוא ולברתיי מה איכול GN 31:43
חד מן דיליה וחולק חד **מן** דיליה וחולק חד מן אינתתיה GN 43:34
חד חולקיה וחולק חד **מן** דיליה וחולק חד מן דיליה GN 43:34
אשתמודע לך מאן דעימי **מן** דיליך וסב לך ולא ידע יעקב GN 31:32
ית בני ישראל ויסבון **מן** דילך משח זיתא זכיך כתיש LV 24:2
תמינאה נייחא: ותיסבון **מן** דילכון ביומא קמאה דחגא פירי LV 23:40
ברם איהי אישתיזבת **מן** דין גמירא על דלא הוות NU 21:15
ליוסף מן שירויא **מן** דין דהדרת איקרא ושיבהורא DT 33:17
היא שזיבת ליתבי אבל **מן** דין קטול ביומי יואב ובנוי GN 46:17
למיקטליה ושיזבוהי **מן** דין קטול וברם ארום חולקא GN 47:22
בניי דאשתיירו הוה להון **מן** דינא דיתוקדון דלית אפשר LV 10:19
יומין וכדון דנזפית בה **מן** דינא דתכסוף ארבסר יומין NU 12:14

וקידושיה קידוש לעלם **מן** דינא הוא דלא איעול לגויה עד LV 1:1
שדרית ית מחת גבורתי **מן** דינא הוא דמחיתי יתך וית עמך EX 9:15
דמצראי קדמיהון הוא **מן** דינא הוא לאטלא יתן באבנין: EX 8:22
ואשתיזבו תריהום **מן** דינא ואמר בגין דלא יהבתא GN 38:26
הדין תעביד דתיהי פני **מן** דינא ויפקדינך ייי פיקודיא EX 18:23
דיכיר יתהום וישיזב יתי **מן** דינא רבא הדין וכיון דחמא GN 38:25
בתר פיתגמיא האילין **מן** דינצו יצחק וישמעאל ישמעאל GN 22:1
עמא דקדמיכון: ארום כל **מן** דיעבד חדא מכל תועיבתא LV 18:29
לא יתעביד בהון לחוד **מן** דיתעביד למיכל כל נפש איהו EX 12:16
מנהון מבשר בנוי די ייכול **מן** דלא אישתייר ליה מידעם DT 28:55
הי כפרזלא דלא מזייע **מן** דלא למחתא לכון טלין ומיטרין LV 26:19
גבך עד צפרא: לא תלוטון **מן** דלא שמע וקדם סמיא לא LV 19:14
ארבע מאה ותלתין שנין **מן** דמליל ייי לאברהם מן שעתא EX 12:40
ובכא תמן: ושזג אפוי **מן** דמעין ונפק ואזדרז ואמר שוו GN 43:31
תליתאה לא יתרעי **מן** דמקרב יתיה לא יתחשב ליה LV 7:17
תחות גננא דפריס כל **מן** דעליל למשכנא אורח תרעא NU 19:14
ונחת מן מדבחא בחדוא **מן** דפסק למעבד חטאתא ועלתא LV 9:22
אילנייהא למישדיא עלוי **מן** דפרזלא ארום מפירוי תיכלון DT 20:19
דלא למבכי מן בגלל כל **מן** דקיימין קודמוי ואמר הנפיקו כל GN 45:1
פרזלא ויהוון מפקנוי **מן** דרום לרקם גיעא ויפוק לטירת NU 34:4
ובדהבא: ואזל למטלנוי **מן** דרומא ועד ביתאל ותב עד GN 13:3
דמילחא ריקם גיעא **מן** דרומא טוורוס אומניס מן NU 34:12
ויקיף לכון תחומא **מן** דרומא למסוקיתא דעקרבית NU 34:4
פם בירא גלגל יתא כחדא **מן** דרעוי ניסא רביעאה דטפת בירא GN 28:10
אתא לידינן ופטרניה **מן** דשדא ית אדמא הדין ועיננא לא DT 21:7
בצפרא ונסיב ית אבנא **מן** דשוי איסדוי ושוי יתה קמה GN 28:18
דריס בר נצצא ובכל **מן** דתרחש ארעא דאפרשית לכון LV 20:25
האילין אישתהי **מן** האל לנחלא עד מיסק עמיד GN 32:25
יתה לנא ונעבדינה: ולא **מן** האל לעיבר ימא רבא היא DT 30:13
ואמר הגר אמתא דשרי **מן** האן אנת אתיא ולאן תיזלין GN 16:8
היכמא דאיתכלת חוה **מן** הבל דקטליה קין ואיטרדו GN 27:45
דר ודר והא לא קאים **מן** ההוא מצראי גבר גיור ולא EX 2:12
ואמר אבימלך לא ידענא **מן** הוא דעבד ית פיתגמא הדין ואוף GN 21:26
ואתכנש לעמיה: ושרו **מן** הנדקי עד חלוצא דעל אנפי GN 25:18
ריבונתיה ואתברכו ידוי **מן** הרהורא זרעא וכבש יצריה מן GN 49:24
פלחו קדם ייי אלקכון **מן** ומן הינון דאזלין: ואמר בטליינא EX 10:8
בהון לוט: וסליק לוט **מן** זוער ויתיב בטוורא ותרתין GN 19:30
איקונין דאנפוי דהוה ליה **מן** זיו איקר שכינתא מייי בזמן EX 34:29
לטולא לשום חגא **מן** זינין דמרביין מן ארעא ותלישין LV 23:42
דשיריתא לעמא הדין **מן** זמן דנפקו ממצרים ועד כדון: NU 14:19
דייי: לא ידכי דמתיליד **מן** זנו דביה מומא בישא ואתיהיב DT 23:3
ובנך ארום ניטמר גבר **מן** חבריה: אין תסגיף ית ברתיי GN 31:49
וארום ישאל גבר מידעם **מן** חבריה ויתבר מנא או מית EX 22:13
שנייא בתר יובלא תזבנון **מן** חבריכון כמניין שנייא דכנישות LV 25:15
קהלא ויעבדון בשלו **מן** חד מן כל פיקודיא דייי דלא LV 4:13
כשרין לאתעבדא ויעבד **מן** חד מנהון: אין כהנא רבא דמתרבי LV 4:2
שיבטין היכמה דנפקו **מן** חדא מן אמהתה ושמיע קדם ייי GN 30:21
ויכפר עלוי כהנא **מן** חובתיה: ואין לא תארע ידיה LV 5:6
שמיא וארעא: אין **מן** חוטא ועד סנדלית רצועה אין GN 14:23
וסגת חולקא דבנימין **מן** חולקי כולהון חמשא חולקין GN 43:34
לי ואוף אנא לא שמענא **מן** חורנין אלהן יומא דין מינך: ודבר GN 21:26
לכון מן כל בעלי דבביכון **מן** חזור חזור בארעא דייי אלקכון DT 25:19
דקרח דתן ואבירם **מן** חזור חזור ודתן ואבירם נפקו NU 16:27
לכון מכל בעלי דבביכון **מן** חזור חזור ותיבנון בית מוקדשא DT 12:10
להון למימר איסתלקו **מן** חזור חזור למשכנא דקרח דתן NU 16:24
וית חצרא מן כבדא **מן** חטאתא אסיק למדבחא היכמא LV 9:10
נטיר וימות או איתביר **מן** חיוא או אישתבי ולית סהיד EX 22:9
אכלין בישרא דתליש **מן** חיוא חייא ית אודניא וית GN 37:2
מברך דציציית יהוון **מן** חיוור וחוטא חד דתיכלא יהי NU 16:2
קדמיי ברם בשר תלוש **מן** חיוותא חייא לא תיכלון לכלבא EX 22:30
וכל דמהלך על ארבע **מן** חיויא ועד נדל דמסגי ריגלין בכל LV 11:42
ענך לא אכלית: דתבירא **מן** חיות ברא לא אייתי לוותך דאין GN 31:39
למרוי: אין איתברא יתבר **מן** חיות ברא מייתי ליה סהדין או EX 22:12
דהוה מתגניב בליליא **מן** חיות ברא עלי הוה למשלמא: GN 31:39
כולא: ברם בישרא דתליש **מן** חיותא חיא בזמן דבנפשיה ביה GN 9:4
דבנפשיה ביה או דתליש **מן** חיותא נכיסתא ועד דלא נפקא GN 9:4
מן תורי ומן ענא ולא **מן** חיתא תקרבון ית קורבנכון: אין LV 1:2
ויפקון מבי דינא רבא תרי **מן** חכימייך ותלת מן דיינך וימשחון DT 21:2
אדם זכיי ושנוי נקיין **מן** חלבא דלא למיכל חטוף ואנוסא GN 49:12
ויתבון עימנא: וקבילו **מן** חמור ומן שכם בריה כל נפקי GN 34:24
נזירו למפרש לשמא דייי: **מן** חמר חדת ועתיק יפרש חלא NU 6:3
בקילקולה ויפריש **מן** חמרא או על שום מידעם ידר NU 6:2
ליה מלאכא ואייתי **מן** חמרא דאיצטנע בעינבויי מן GN 27:25
טוורוי ומעצרתיה **מן** חמרא וגילמתוי יחוורן מן GN 49:12

עינבין ועצרינון: ושתי **מן** חמרא ורבי ואיתערטל בגו GN 9:21
דתניניא כד הינון רוון **מן** חמרהון בגין כן יהי מריר כס DT 32:33
לא חמון: ואיתער נח **מן** חמריה וידע באשתעות חלמא GN 9:24
על ארעא ויפקון חד **מן** חמשא מן כל עיבורא דארעא GN41:34
לעפר וקטם: מאין חסרין **מן** חמשין זכאין חמשא התחבל GN18:28
ישראל ית דמיתחד חד **מן** חמשין מן בנת נשא ומן בעירא NU31:47
תיסב חד דמיתחד **מן** חמשין מן בת נשא ומן תורי ומן NU31:30
ואין ית חקיל זבינוי דלא **מן** חקיל אחסנתיה יקדיש קדם ייי: LV 27:22
עלוי ויהי דיליה: ואין **מן** חקיל אחסנתיה יקדש גבר קדם LV 27:16
יברוחי דבריך: ועל יעקב **מן** חקלא ברמשא ושמעת לאה קל GN30:16
ית כל אילנא דיצמח לכון **מן** חקלא: ויתמלון בתך ובתי כל EX 10:5
עימיה: ובנוי דיעקב עלו **מן** חקלא כדי שמעו ואיתנסיסו GN34:7
מן דאתון מפקין וכנשין **מן** חקלא כל שתא ושתא ולא פירי DT 14:22
היא קודשא תהי לכון **מן** חקלא תיכלון ית עללתא: בשתא LV 25:12
במכנשך ית עובדך **מן** חקלא: תלתי זימנין בשתא EX 23:16
מלכא דפלישתאי **מן** חרכא וחמא והוה יצחק חאיך GN26:8
סהדיי ואנא מקימא לך **מן** חרציי תלתא קדישייא GN38:25
הוון משתלחין ולא **מן** חרשיותא דבני נשא בגין דתינדע EX 9:14
דילמא תמליל עם יעקב **מן** טב ועד ביש: ואדבק לבן ית GN31:24
מיתיא דישראל ויתפנקון **מן** טובא דאיצטנע להון מן שירויא NU11:26
דאתיהבו להון למתנה **מן** טוור חורב: ומשה נסיבינון EX 33:6
ומחית בפומא דנסבתיה **מן** טוור מישחא וידע נח ארום GN 8:11
ודבר ייי אלקים ית אדם **מן** טוור פולחנא אתר דאיתבריא GN 2:15
דכנען ואתא אברהם **מן** טוור פולחנא ואשכחה דמיתת GN23:2
אשתהי משה מן למיחות **מן** טוורא ואיתכנש עמא על אהרן EX 32:1
ית עפריה לנחלא דנחית **מן** טוורא: ובבית יקידתא ובניסיתא DT 9:21
מנהון: וכוונית ונחתית **מן** טוורא וטוורא דליק באישתא DT 9:15
ונחת משה ואלעזר **מן** טוורא: וכיוון דנח נפשיה דאהרן NU20:28
בידא דמשה במיחתי **מן** טוורא ומשה לא חכים ארום EX 34:29
ייי לי: וכוונית ונחתית **מן** טוורא ושוויית ית לוחיא DT 10:5
ואתפני ונחת משה **מן** טוורא ותרין לוחי סהדותא EX 32:15
והוה בזמן מיחת משה **מן** טוורא ותרין לוחיא דסהדותא EX 34:29
יקטול בהון: ונחת משה **מן** טוורא לות עמא ואמר להון EX 19:25
לריש טוורא וקרא ליה ייי **מן** טוורא למימר כדנא תימר EX 19:3
כל כנישתא משה נחית **מן** טוורא מנוי בזיעין והוי בכי ואמר NU20:29
בלק מלכא דמואבאי **מן** טוורי מדינחא איתא לוט בגיני NU23:7
תמן לעלתא על חד **מן** טוורייא דאימר לך: ואקדים GN22:2
לעשו רשיעא ונטל **מן** טורא דגבלא בליגיונין סגיאין GN50:13
זבנן זיני כיסנין בבציר **מן** טימהון במילכת בלעם רשיעא NU24:25
מיכלא ומישתייא בבציר **מן** טימהון וייתון עמא הדין וייכלון NU24:14
איליין דאתחייבו קטול **מן** טליותהון במצרים פרסימו NU16:26
אנא אתנך דרכבת עלי **מן** טליותך עד זמן יומא הדין הא NU22:30
חמרא וגילמתוי יחוורן **מן** טללתא ומן דירון דעאן: זבולון GN49:12
ימא רבא שרן ויתפרנקון **מן** טריתא וחלזונא יאחדון ויצבעון DT 33:19
ועללין דמבשלא ארעיה **מן** יבול שימשא ומן טוב בוכרי פירי DT 33:14
דמיפטרא בין מגברא בין **מן** יבמה לא יסבון ארום קדיש הוא LV 21:7
רחל ללאה הבי כדון לי **מן** יברוחי דבריך: ואמרת לה הזעיר GN30:14
ופרח באויר שמיא **מן** יד אדכר פנחס שמא רבא NU31:8
ית אבוי במערת כפילתא **מן** יד אזל נפתלי ורהט ונחת GN50:13
וית סדר ברכתא **מן** יד אחוי והיך אתגלי ליה ייי GN29:13
משרוין: שיזבני כדון **מן** יד אחי רבא מן יד עשו ארום GN32:12
איבריי לא הויתי מעכב **מן** יד אישתמעו פיתגמיא האילין GN22:1
חדא ולא עשרתנון **מן** יד אפרש ארבעה בוכרין לארבע GN32:25
דיתבע מינה דמיה דהבל **מן** יד ארכינת יד ימינך ייי בשבועה EX 15:12
חקיל דפרס תמן משכניה **מן** יד בני חמור אבוי דשכם במאה GN33:19
עתידין בנוי לאתפרקא **מן** יד בעלי דבביהום בדחקותהון GN30:8
סדרי קרבא ודיפיק יתהון **מן** יד בעלי דבביהון ודיעיל יתהון NU27:17
רישיה למיטלוק עליהון **מן** יד זמין מימרא דייי זחלא ופכר NU21:35
עיסקא דמיטלטלא **מן** יד חבריכון לית אתון רשאין LV 25:14
דלא למיקד ית אחוי **מן** יד נפלת אישתא מן שמי מרומא GN11:28
כדון מן יד אחי רבא **מן** יד עשו ארום מסתפי אנא מיניה GN32:12
דישתמודע לכון דיזדבן **מן** יד פורקנא יהי ליה חד מן אחוי LV 25:48
אומנוס ואתכנש לעמיה **מן** יד פתח משה פמיה בצלותא וכן DT 32:50
ותני להון ית חילמיה **מן** יד פתחון פוהון יניס וימברס EX 1:15
כף מודנא דטלייא בגויה **מן** יד שדר וקרא לכל חרשי מצרים EX 1:15
כנישתא ית קטולא **מן** יד תבע אדמא ויתיבון יתיה NU35:25
לנפשתיכון אתבוע **מן** ידא דכל חיתא דקטלא לבר GN 9:5
מנא ובירא ודי שיזבינון **מן** ידא דמצראי: ואמר יתרו בריך EX 18:9
בגין דבמימרי לשיזבותך **מן** ידא דמצראי ולאסקותהון מן EX 3:8
שמא דייי דשיזיב יתכון **מן** ידא דמצראי ומן ידא דפרעה EX 18:10
מבית שעבוד עבדיא **מן** ידא דפרעה מלכא דמצרים: DT 7:8
גבר מצראי שיזבנהו **מן** ידא דרעיא ולחוד מדול חד דלה EX 2:19
טפלנא: אנא מערבנא ביה **מן** ידא תיבעיניה אין לא אייתיניה GN43:9
הדין דשיזב ית חתנא **מן** ידוי דמלאך חבלא: ואמר ייי EX 4:26

טבוון עבד עמי ייי שיזבני **מן** ידוי דעשו ומן ידוי דלבן ומן ידוי GN 45:28
ושיזבי מימרא דייי **מן** ידוי ומבתר כדין נחת למצרים DT 26:5
רתח רוגזיה דמשה וטלק **מן** ידוי ית לוחיא ותבר יתהון EX 32:19
עלוי ואין אישתיזיב **מן** ידוי שלמא ישלם אין לית ליה EX 22:2
בעינך ותקבל דורוני **מן** ידי ארום בגין כן חמית סבר אפך GN 33:10
בסוף יומיא ולית דמשזיב **מן** ידי גוג ומשיריתיה דאתן DT 32:39
לוותך דאין אנא חטי בה **מן** ידי הוית תבע יתה מה דמתגניב GN 31:39
ית שבע חורפן תקבל **מן** ידי מן בגלל דתיהווי לי לסהדו GN 21:30
ונסיב ית כל ארעיה **מן** ידיה עד ארנון: על כן יימרון NU 21:26
ויתי לשיזבותיה **מן** ידיהון דמלכיא ויתמסר בידיהון GN 14:13
ביומא ההוא ית ישראל **מן** ידיהון דמצראי וחמון ישראל ית EX 14:30
וקבילת ית דמי דאחוך **מן** ידך: ארום תיפלח ית ארעא לא GN 4:11
כהנא ית סלא דביכוריא **מן** ידך ויוביל וייתי וירים ויחית DT 26:4
ליך איתא מיניקתא **מן** יהודייתא ותניק ליך ית רבייא: EX 2:7
ותיפלחינני מגן תני לי **מן** יהי אגרך: וללבן הוון תרתין בנן GN 29:15
טבא קמאה דפיסחא **מן** יום איתוייכון ית עומרא LV 23:15
אבהתך ואבהת אבהתך **מן** יום מהויהון על ארעא עד יומא EX 10:6
קדם ייי בגין כן יתאמר **מן** יומא דאיתברי עלמא לא הוה GN 10:9
דלא הוי דכוותא במצרים **מן** יומא דאשתכללו אושהא ועד EX 9:18
מסרבין הויתון קדם ייי **מן** יומא דחכימית יתכון: DT 9:24
פרגודא דהא אישתרי **מן** יומא דין שיעבוד מצראי GN 37:17
ייי לוותכון בידא דמשה **מן** יומא דפקיד ייי ולהלא לדריכון: NU 15:23
והא חיויא דגזרית עלוי **מן** יומא שירוי עלמא עפר יהוי NU 21:6
פיתגם יום ביומיה: בר **מן** יומי שביא דייי בר ממתנתיכון LV 23:38
חמרא דאיצטנע בעינבויי **מן** יומי שירוי עלמא ויהביה ביד GN 27:25
ושכליל יתכון: אידכרו **מן** יומת עלמא אתבוננו בשנהון DT 32:7
ארום ית כל דרייא דקמון **מן** יומת עלמא כולהון הינון DT 29:14
אין יהוון כל נביא דקמו **מן** יומת עלמא מתמלל עימהון NU 12:6
למצרים למזבון עיבורא **מן** יוסף ארום תקיף כפנא בכל GN 41:57
אורחך ותיסב איתא לברי **מן** יחוסי ומגניסת בית איבא: בכין GN 24:40
נפקת ונטלת ברוגזא **מן** ייי ובעא למשטפיה לעלמא NU 11:31
איזל לך מארעך אתפרש **מן** ילדותך פוק מבית אבוך זיל GN 12:1
דסוף: ואטיל משה ישראל **מן** ימא דסוף ונפקו למדברא EX 15:22
ארעא: ואישוי ית תחומך **מן** ימא דסוף עד ימא דפלישתאה EX 23:31
ועברו בגו ימא ונפקו **מן** ימא ואזלו על כיף ימא כנישין NU 33:8
ואמר הא סלוי סלקן **מן** ימא וחפיין כל משריתא NU 11:26
וית קפופא וית שלי נונא **מן** ימא וית צדיא: וקקא חיורתא DT 14:16
וית צײדא וית שלי נונא **מן** ימא וית קיפופא: וית אותיא וית LV 11:17
בימא רבא ואפרח שלוי **מן** ימא רבא ושרא על דין דזעיר NU 11:31
יהוי לכון תחום ציפונא **מן** ימא רבא תכוונון לכון לטוורים NU 34:7
איתבריית מיתותא להון **מן** ימות עלמא תתברי להון כדון NU 16:30
דינור למפד דנור **מן** ימיניה ולמפד דאישא מן EX 20:2
דנור למפד דנור **מן** ימיניה ולמפד דאישא מן EX 20:3
מן אולפן תקיף דקביל **מן** יעקב ומתמן זכא למהוי פרנסא GN 49:24
ובר נש דיעבד בזדנא **מן** יציביא או מן גייורייא ולא תאיב NU 15:30
איתמר בנוי דאישתיירו **מן** יקידתא סיבו ית מנחתא LV 10:12
והי כליתא דכד נח **מן** יקימיניה: לא פסקין מלכין GN 49:9
והא מנע ייי לבלעם **מן** יקרא: ואמר בלעם לבלק הלא NU 24:11
סברין למחתא יתיה **מן** יקריה אמרין עלוי לישן תליתאי GN 49:23
בני יעקב וקבילו אולפן **מן** ישראל אבוכון: ראובן בוכרי אנת GN 49:2
וית כוליין וית חצרא **מן** כבדא מן חטאתא אסיק LV 9:10
והא לא שנא מכתשא **מן** כד הוה ומכתשא לא הליך LV 13:55
בדיל דלא למיצת **מן** כהנא דקאים לשמשא תמן קדם DT 17:12
תושבחן קדם ייי מתפרק **מן** כהנא: ובשתא חמישיתא תיכלון LV 19:24
קודשין כל דיקרב בהון **מן** כהניא יתקדש ומשאר שיבטיא EX 30:29
כאברא מיא ממשבחיא: **מן** כוותך באילי מרומא ייי מן EX 15:11
כוותך באילי מרומא ייי **מן** כוותך הדור בקודשא דחיל EX 15:11
דרעוא: טוביכון ישראל **מן** כוותכון בכל עממיא עמא DT 33:29
מן בגלל דאתון גיוותנין **מן** כולהון אומיא צבי ייי בכון DT 7:7
אלקים ית יומא שביעאה **מן** כולהון יומי שבעתא וקדיש GN 2:3
עניכון: בריכין תהוון **מן** כולהון עמיא לא יהוון בכון DT 7:14
למהוי ליה לעם חביב **מן** כולהון עממיא דעל אנפי ארעא: DT 7:6
ונסיב עיטתא ריבוני יוסף **מן** כומרניא דבדקו דחלבונא הוא GN 39:20
ייי: ובני ישראל נטלו **מן** כופרני בירי בני יעקן למוסרה DT 10:6
וחיזיוהן מכיך יתיר **מן** כותלא: ויפוק כהנא מן ביתא LV 14:37
איסטגניני פרעה ולא **מן** כח גבורת משה ואהרן היא אלהן EX 8:15
כד הוו מתמקמקין **מן** כיב גוזרתהום ונסיבו תרין מבנוי GN 34:25
קדם ייי: ויסבון מוי **מן** כיורא בנטלא דכיה ויקדשון EX 30:21
ויסב כהנא מיין קדישין **מן** כיורא בנטלא ויתנינון במן דחסף NU 5:17
אעברית מיני ואיטמרית **מן** כיסופא: ואמר מאן חוי לך ארום GN 3:10
משה ונפל על אנפוי **מן** כיסופא: ומליל עם קרח ועם NU 16:4
ימא דסוף ולהנפקא מוי **מן** כיפא והוה דעיץ בגו גינוניתא EX 2:21
דהוה מוניק לן דובשא **מן** כיפא ומשח מן שמיר טינרא EX 15:2
דבידך ותהנפק להון מיא **מן** כיפא ותשקי ית כנישתא וית NU 20:8

דחיי: ועליא דכר ונוקבא **מן** כל בישרא עלו היכמא דפקיד GN 7:16
ענוותן בדעתיה לחדא **מן** כל בני נשא דעל אנפי ארעא ולא NU 12:3
צריא מבני נש וריקנייא **מן** כל בעיר וחשוכא על אנפי GN 1:2
דמיכשרא למיכלכון **מן** כל בעירא דעל ארעא: כל LV 11:2
כד יניח ייי אלקכון לכון **מן** כל בעלי דבביכון מן חזור חזור DT 25:19
בתיכון וזביני כספיכון **מן** כל בר עממין דלא מבינך הוא: מן GN 17:12
די יפרש גבר קדם ייי **מן** כל דאית ליה מאינשא ובעירא LV 27:28
כל בר נש דייכול כל אדם **מן** כל דחי וישתיצי בר נשא ההוא LV 7:27
יהב מעשריא דאפריש **מן** כל דיליה קדם אל אלקא GN 33:20
ויסבון קדמי אפרשותא **מן** כל דיתרעי ליביה ולא באלמותא EX 25:2
ליואה מחדא מן קרויכון **מן** כל ישראל דהוא דייר תמן וייתי DT 18:6
ורבי ית מדבחא **מן** כל ספק אנוס וחטופין מטול LV 8:15
ויפקון חד מן חמשא **מן** כל עיבורא דארעא דמצרים GN 41:34
בעמיה יחוב ויעבד חד **מן** כל פיקודיא דייי אלקיה דלא LV 4:22
ויעבדון בשלו מן חד **מן** כל פיקודיא דייי דלא כשרין LV 4:13
וקטולוי חכימין **מן** כל קטולייא דמגרר אדרעא עם DT 33:20
קודשוי: ויקרב מיניה חד **מן** כל קרבנא אפרשותא קדם ייי LV 7:14
בימניא ובנחליא **מן** כל ריחשא דבמיא שיקצא הינון LV 11:10
ברם ית דין תיכלון **מן** כל ריחשא דעופא דמהלך על LV 11:21
מימרא דייי אלקכון **מן** כל שיבטיכון לאשרהא שכינתיה DT 12:5
ית אפרשותא קדם ייי **מן** כל שפר טוביה וביה: ותימר להון NU 18:29
אלקא דישראל יתכון **מן** כנישתא לקרבא יתכון NU 16:9
דאיתילידו בארעכון ולא **מן** כנענאי ויהון לכון לאחסנא: LV 25:45
כרוביא ולא מתפרשין **מן** כפורתא ארום בחכמת רוח EX 37:8
חד מציטרא מיכא **מן** כפורתא תעביד ית כרובייא EX 25:19
שובעא דהוה בארעא **מן** כפנא ההוא דיהי מן בתר כן GN 41:31
ולבנוי: וית שקא דימינא **מן** כתפא ועד דרועא תתנון LV 7:32
יתכון ולא תבצרון מיניה **מן** לא למינטור ית פיקודייא דייי DT 4:2
ובשייר בנוי דישייר: **מן** לא למיתן לחד מנהון מבשר בנוי DT 28:55
לא תשהי על זמניהון **מן** לאסקותהון לאתר שכינתי EX 22:28
אינון דאיתערטלו **מן** לבוש טופרא דאיתבריאו ביה GN 3:7
דחוורו יתה ויבזע יתיה **מן** לבושיה או מן צלא או מן שיתיא LV 13:56
ומשה ויהושע קמון **מן** לבר: ואמר ייי למשה הא אנת DT 31:15
מתמן ואשרינון **מן** לגיו לנהר סמבטיון ובהינון EX 34:10
בוסמין כתישין ויעיל **מן** לגיו לפרגודא: ויתן ית קטורת LV 16:12
עליל בכל עידן לקודשא **מן** לגיו לפרגודא לקדם כפורתא LV 16:2
לסידורא דקיסי תיניא **מן** לגין מן ציטרא דממצע כל קבל NU 19:4
אטעימיני כדון קליל מוי **מן** לגיניתיך: ואמרת שתי ריבוני GN 24:17
אשקיני כדון קליל מוי **מן** לגיניתיך: ותימר לי אוף אנת שתי GN 24:43
וסיגלי: ומתמן נטלו ושרו **מן** להאל לארנון במעברא NU 21:13
בקרסוליה ונפל ומית **מן** להאל למשריתא דישראל דהכין NU 21:35
יעקב ופרס למשכניה **מן** להלא למוגדלא דעדר אתרא GN 35:21
אעברו ית יצרא בישא **מן** ליבכון ומן יד איתגלי לכון איקר LV 9:6
בעיניכון ודילמא יעידון **מן** ליבכון כל יומי חייכון ותלופונון DT 4:9
בביש למימר לא תימנעון **מן** ליבניכון דפתגם יום ביומיה: EX 5:19
דיקום בתרוי מן בנוי ולא **מן** ליואי בזמן דיעולו למשכן זימנא EX 29:30
יהי לליואי: ומאן דיפרוק **מן** ליואי ויפוק זביני ביתא וקירוי LV 25:33
ייי בכל עיסקך ויטרינך **מן** לילי ומזייעי ובני טיהררי ובני NU 6:24
סגי לחדא: והוו קטעין **מן** לישא דאפיקו ממצרים וסדרין EX 12:39
בקומתיה וגחנן: ואמר **מן** לך כל משרי הדין דארעית ואמר GN 33:8
ויפקון באוכלוסין סגיאין **מן** למברנייא ומארע איטלייא NU 24:24
משיחא כחמרא זכיכא **מן** למחמי גילוי עריין ושדיות אדם GN 49:12
אלקי דאבוך לא תידחל **מן** למיחות למצרים על עיסק GN 46:3
עמא ארום אשתהי משה **מן** למיחות מן טוורא ואיתכנש EX 32:1
לאברם הא כדון מנעני ייי **מן** למילד עול כדון לות אמתי GN 16:2
אמטולתך ופסקון **מן** למימר שירתא כמיסת יומא DT 2:25
בני ישראל: ויפסוק **מן** למכפרא על קודשא ועל משכן LV 16:20
והושע בר נון: ופסק משה **מן** למללא ית כל דביריא האילין DT 32:45
בטוורא דסיני: ופסק משה **מן** למללא עמהון ויהב על איקונין EX 34:33
ישראל וכד הוה מנח ידוי **מן** למצליא ומתגברין דבית עמלק: EX 17:11
תיכלוניה דמסאב **מן** למקרב לקודשיא ודדכי למקרב DT 15:22
בכל קירויכון דמסאבין **מן** למקרב לקודשיא ודדכין למקרב DT 12:15
עד אימת מסרב אנת **מן** למתכנעא מן קדמיי פטור ית EX 10:3
מטלא ומיטרא דנחתין **מן** לעיל ומן טוב מבועי תחומא DT 33:13
מטול למיתן על מצנפתא **מן** לעילא דתפילא דרישא היכמא EX 39:31
ית חופאה דמשכנא עלוי **מן** לעילא היכמא דפקיד ייי ית EX 40:19
אנא אוף מאיתמלי אוף **מן** לקדמוי אוף מן שעתא EX 4:10
מן דאשרי יקר שכינתיה **מן** לקדמין בין תרין כרוביא קדם GN 3:24
ובגבלא יתיבו גנוסייא **מן** לקדמין ובני עשו תריכונון DT 2:12
מדוריה דאלקא הוה **מן** לקדמין ומן תחות אדרע DT 33:27
לחוד היא גיברי יתיבו בה **מן** לקדמין ועמונאי קרן להון DT 2:20
לחיית ירותא: אימתניא **מן** לקדמין יתיבו בה עם רב וסגי DT 2:10
ושרון ישראל לרוחצן **מן** לקדמין כעין בירכתא דבריכינון DT 33:28
איקונין דאנפוי ודחילון **מן** לקרבא לותיה: וקרא להון משה EX 34:30

דרבקה ואתקברת **מן** לרע לביתאל בשיפולי מישרא	GN 35:8
מיין תתאין דאישתארו **מן** לרע לשמייא לדוכתא חד	GN 1:9
דין וית כל מה דמשתייר **מן** מא די תיכלון יומא דין אצנעו	EX 16:23
בר נון וכלב בר יפונה **מן** מאללי ית ארעא בזעו לבושיהון:	NU 14:6
ית בנוי דיוסף ואמר **מן** מאן איתילידו לך אילין: ואמר	GN 48:8
והא אהרן וחור עימכון **מן** מאן דאית ליה עסק דינא יתקרב	EX 24:14
עמא ובריכינון ונחת **מן** מדבחא בחדוא מן דפסק למעבד	LV 9:22
גומריא וגרמיא דנפלין **מן** מדבחא: ואתיך ארבע עיזקן	EX 38:4
פיסחי ולא יבית בר **מן** מדבחא תרבי ניכסת פיסחי עד	EX 23:18
וסליקו ואלילו ית ארעא **מן** מדברא דצין עד פלטיוות מעלך	NU 13:21
ויהוי לכון תחום דרומא **מן** מדברא דציני טור פרזלא על	NU 34:3
ריגליכון ביה דילכון יהי **מן** מדברא וטוורי ליבנן הינון טוורי	DT 11:24
פורענות בני ישראל **מן** מדינאי ומן בתר כדין תתכנש	NU 31:2
מן מערבא ימא דמילחא **מן** מדינחא דא תהוי לכון ארעא	NU 34:12
מן אפמיאה לדפני **מן** מדנח לעיינוותא ויחות תחומא	NU 34:11
ונסיב משה ית פורקנהון **מן** מה דמייתרין על פרקוני ליואי:	NU 3:49
או מן גוזלין בני יוון **מן** מה דמספקא ידיה: ית מה	LV 14:30
קדם ייי על ניזריה בר **מן** מה דתדביק ידיה כמיסת נידריה	NU 6:21
ארום לא יכילו למשתי **מן** מוי דבנהרא: ושלימו שובעא	EX 7:24
ולא יקבלון מינך ותיסב **מן** מוי דבנהרא ותשוד ליבשתא	EX 4:9
שמיה משה ארום אמרת **מן** מוי דנהרא שחילתיה: והוה	EX 2:10
ארבעין שנין נטלו **מן** מוסרות ותבו לרקם אורח	NU 21:1
תתאפי חמיע חולקהון **מן** מותרי מנחתא דיהבית להון	LV 6:10
בליעות ידיי וניכול מזון **מן** מזונא דארעא ובכן יתאפרש כען	GN 3:18
על רישיה והוה מתפרנס **מן** מזונוי דנח ולא בזכותיה אישתזב	GN 14:13
טליותא ולא מעברא **מן** מזוניה דאיבהא תיכול וכל	LV 22:13
לרע מיניה מחותין **מן** מחותין: הוא יוזפינכון ואתון לא	DT 28:43
דאזלו לסדום ואיטרדו **מן** מחיצתהון מן בגלל דגליין	GN 28:12
נפשכון למקבר ית מיתי **מן** מחמי אפיי קבילו מיני ובעו עלי	GN 23:8
ולמבכייה: וקם אברהם **מן** מחמי אפין על מיתיה ומליל עם	GN 23:3
ולהלא לדריכון: ויהי אין **מן** מחמי כנישתא איתעבידת	NU 15:24
ישתלון ויתכסי פיתגם **מן** מחמי קהלא ויעבדון בשלו מן	LV 4:13
קליל ידונון הינון ויקילון **מן** מטול דעלך ויסובורון עימך: אין	EX 18:22
אע רומחא ולא איתבר **מן** מטולא נס תשיעאי דאתנגיד	NU 25:8
כנישין תהוון בחדוא **מן** מטילכון לבתיכון כנישת חדוא	NU 29:35
מצרים בלחשיהון והפיכו **מן** מיא דגושן לאדמא ואיתקף	EX 7:22
ארע טוורין וביקען **מן** מיטרא דנחית מן שמיא שתיא	DT 11:11
ותסגפון ית נפשתיכון **מן** מיכלא ומישתיא מבי בני	NU 29:7
תענון ית נפשתיכון **מן** מיכלא ומן מישתיא ומן הניית	LV 16:29
לאשתלחה ליתיר **מן** מילא חד חד אתא למבשרא	GN 18:2
מואב תרתיסרי מילין **מן** מילתא לכל שיבטא ועל כל	DT 27:26
והוה בית מותבניהון **מן** מישא מעלך לספרוואי טור	GN 10:30
אשמא: ומה דמשתייר **מן** מישחא דעל ידא דכהנא יתן על	LV 14:18
תדרכון: וסליק משה **מן** מישרי מואב לטוורא דנבו ריש	DT 34:1
טמיא וגרם ידוע ותבע **מן** מיתיא: ארום מרחק קדם ייי כל	DT 18:11
ודאזער למילקט לא חסר **מן** מכילתא גבר לפום מיכליה	EX 16:18
בעומרא לא אישתייר **מן** מכילתא מאן דאסגי למילקט	EX 16:18
למרי עלמא ואנא חד **מן** מלאכיא משבחייא ומיומא	GN 32:27
אפיי למללא קדמיי חדא **מן** מלייא קשייתא כאילין ארום	EX 10:28
תוב נדבתא בצפר בצפר **מן** ממונהון: ואתו כל חכימיא	EX 36:3
קדמוי: והינון יסבון **מן** ממונהון ית דהבא וית תיכלא	EX 28:5
ית תורא דחטאתא דהוא **מן** ממוניה ויכפר באשתעות מיליא	LV 16:6
קדם ייי: ומה דמשתייר **מן** מנחתא יהי לאהרן ולבנוי קדש	LV 2:10
קדם ייי: ומה דמשתייר **מן** מנחתא יהי לאהרן ולבנוי קודש	LV 2:3
גבי מדבחא: ויקמוץ כהנא **מן** מנחתא ית צריד אדכרתא ויסק	NU 5:26
למדבחא: ויפרש כהנא **מן** מנחתא ית שבח אדכרתא ויסיק	LV 2:9
לשיתא קנין דנפקין **מן** מנרתא: ובמנרתא ארבעא כלידין	EX 37:19
לשיתא קנין דנפקין **מן** מנרתא: ובמנרתא ארבעה כלידין	EX 25:33
לשיתא קנין דנפקין **מן** מנרתא: חיזוריהון וקניהון מינה	EX 25:35
מכריז ואמר רחוקו רחוקו **מן** מסאבא: כל יומין דמכתשא ביה	LV 13:45
והי כחמרא דמליתא **מן** מעצרתא: הכדין תפרשון לחוד	NU 18:27
מאידיריכון וחמרא **מן** מעצרתיכון: ותיחדון בחדות	DT 16:13
ופרסיה משכניה ביתאל **מן** מערבא ועי ממדינחא ובנא תמן	GN 12:8
מן ציפונא ימא רבא **מן** מערבא ימא דמילחא מן	NU 34:12
דבית לוי דיהבין מעשרא **מן** מעשרא וקרבן ידוי דאליהו	DT 33:11
כפיתגמא דמשה ושיילו **מן** מצראי מנין דכסף ומנין דדהב:	EX 12:35
אתמנען ארבעין שנין **מן** מצרים ולא הוה כפנא אלהין	GN 50:3
אליף יתן למקבור מיתיא **מן** משה דאתגלי עלוי במימריה	DT 34:6
עד צפרא: ולא קבילו **מן** משה ושיירו דתן ואבירם	EX 16:20
עם בני ישראל ולא קבילו **מן** משה מקפידות רוחא ומפולחנא	EX 6:9
אשמא: ומה דמשתייר **מן** משחא דעל ידא דכהנא יתן על	LV 14:29
כהנא ית אצבעיה ימינא **מן** משחא דעל ידיה שמאלא וידי	LV 14:16
לקדשותהון: ואריק **מן** משחא דרבותא על ריש אהרן	LV 8:12
למשריתא ארחיק יתיה **מן** משירית עמא דאתנדון תרין	EX 33:7
ולאינתתיה לבושין דיקר **מן** משך חויא דאשלח מיניה על	GN 3:21
עמיק למחוור יתיר **מן** משכא וביה שער מצלהב כחיזו	LV 13:30
ליתוי עמיק למחוור יתיר **מן** משכא וידכי יתיה כהנא ויצבע	LV 13:34
ניתקא לית עמיק יתיר **מן** משכא: ויספר ית שערא דחזרנות	LV 13:32
עמיק למחוור יתיר **מן** משכא ושער אוכם לית ביה	LV 13:31
למחוור כתלגא יתיר **מן** משכא ושערה לא אתהפיך	LV 13:4
כהנא והא חיזווהא מכיך **מן** משכא למחוור ושערה איתהפוך	LV 13:20
לא איתה למחוור יתיר **מן** משכא מטול דהיא עמיא	LV 13:26
לא איתא למחוור יתיר **מן** משכא מטול דהיא עמיה	LV 13:21
למחוור כתלגא יתיר **מן** משכא סגירותא הוא בכוואה	LV 13:25
ועמיה: ואתא משה **מן** משכן בית אולפנא ומליל ית כל	DT 32:44
ומליל מימרא דייי עימיה **מן** משכן זימנא למימר: מליל עם בני	LV 1:1
משכן זימנא ומתפרשין **מן** משכניהון אמרין לאבוהון	DT 33:9
אינש די יקרב מנכון ולא **מן** משעמדיא פלחי טעוותא קרבנא	LV 1:2
והוה כד הוה נפיק משה **מן** משריתא ואזיל למשכנא קיימין	EX 33:8
עליהון ביממא במיטלהון **מן** משריתא וביה הוה חקיק צורת	NU 2:18
בימנא במיטלהון **מן** משריתא: והוה כד הוה בעי	NU 10:34
לקדמות שכינתא דייי **מן** משריתא ומן יד תלש מרי עלמא	EX 19:17
ית בני ישראל ויפטרון **מן** משריתא כל דימצרע וכל דדאיב	NU 5:2
שתיא מנחליא דנגדין **מן** מתנן ותחומי יהי מטי עד בותניי:	DT 33:22
סתימיא מה דאתכסי **מן** נביא הוה מתגלי ליה: אימר	NU 24:15
סתימיא מה דאתכסי **מן** נביא הוה מתגלי ליה: חמי אנא	NU 24:16
סתימיא מה דאתכסי **מן** נבייא הוה מתגלי ליה ועל דלא	NU 24:3
סתימיא מה דאתכסי **מן** נבייא הוה מתגלי ליה: כמא יאוון	NU 24:4
עד רמשא: וכל דיוסיט **מן** נבילתהון יצבע לבושוי ויהי	LV 11:25
שבע תורתי חורניין סלקן **מן** נהרא בישן למיחמי וחסיין	GN 41:3
מצראי למישתי מוי **מן** נהרא: ואמר ייי למשה אימר	EX 7:18
יכילו מצראי למישתי מוי **מן** נהרא והות מחת דמא בכל	EX 7:21
ויהון מוי דתיסב **מן** נהרא ויהון לדמא ביבשתא: ואמר	EX 4:9
קאי על כיף נהרא: והא **מן** נהרא סליקן שבע תורתי פטימן	GN 41:18
והא קאי על נהרא: והא **מן** נהרא סלקן שבע תורתי שפירן	GN 41:2
הינון טוורי בי מקדשא **מן** נהרא רבא נהרא פרת עד ימא	DT 11:24
ית קורבניה לקדם ייי **מן** ניכסת קודשוי: ידוי ייתיין ית	LV 7:29
שקא דאפרשותא נסיבית **מן** ניכסת קודשיכון ויהבית יתהון	LV 7:34
דגרמיה יוסף בגויה **מן** נילוס והוה מידבר עימיה ארום	EX 13:19
להון ציצייתא לא **מן** נימיא ולא מן סיסיא ולא מן	NU 15:38
וחד אלפין: ונפשת אינשא **מן** נשיא דלא ידעו תשמיש דכורא	NU 31:35
מן סאובתהון ויתפרשון **מן** נשיהון סמיך לווסתהון ולא	LV 15:31
אהרן דכוריא דיתפרשון **מן** סאוב וכדנא תימר להון על בר	LV 21:1
ותפרשון ית בני ישראל **מן** סאובתהון ויתפרשון מן נשיהון	LV 15:31
אגר עובדיהון והינון הוון **מן** סביא דסליקו בפיטקיא כתיביא	NU 11:26
והא איתסי סגירותא **מן** סגירא: ויפקד כהנא ויסב	LV 14:3
על בית אפוהי דמידכי **מן** סגירותא שבעתי זימנין וידכיניה	LV 14:7
כהנא לגוברי חילא דאתו **מן** סדרי קרבא דא אחווית גזירת	NU 31:21
ודי הוי עליל קדמיהון **מן** סדרי קרבא ודיפיק יתהון מן יד	NU 27:17
בנין צדיקין בזמן דמידכן **מן** סואבות דימהון: ועבד ית דרתא	EX 38:8
חשיבין כמיתיא ולא **מן** סוף דהוה עלך רחמין הוינא	EX 10:29
או מן גייורייא ולא תאיב **מן** סורחנותיה קדם ייי הוא מרגיז	NU 15:30
קיימא ומתהפך בהון **מן** סטר לסטר ובכן הוה צווח ואמר	EX 20:3
דמשה ומתהפיך בהון **מן** סטר לסטר ובכן צווח ואמר עמי	EX 20:2
ועיני ישראל יקרן **מן** סיבו ולא יכיל למיחמי וקריב	GN 48:10
עממיא דרחיקין לכון **מן** סייפי ארעא ועד סייפי ארעא: לא	DT 13:8
עליכון אומא מן רחיק **מן** סייפי ארעא קלילין כמא דטייס	DT 28:49
אדום ויהוי תחום דרומא **מן** סייפי ימא דמילחא מדינחא:	NU 34:3
בגו לוחייא משלביש **מן** סייפי לסייפי מן אילנא דנציב	EX 26:28
לשלבשא בגו לוחיא **מן** סייפי לסייפי מן אילנא דנציב	EX 36:33
קדם דימות: ואמר ייי **מן** סיני אתגלי למיתן אורייתא	DT 33:2
לא מן נימיא ולא **מן** סיסיא ולא מן גרדיא אלהין	NU 15:38
אילו נצח נימרוד אהי **מן** סיעתיה ואילו נצח אברם אהי	GN 11:28
ואילו נצח אברם אהי **מן** סיעתיה וכד חמון כל עממיא	GN 11:28
ובאילין לא הוה גבר **מן** סכומי משה ואהרן כהנא די	NU 26:64
וגריצתא פטירתא חדא **מן** סלא ועריך פטיר חד ויתן על ידי	NU 6:19
ועופא אכיל יתהום **מן** סלא מעילוי רישי: ואתיב יוסף	GN 40:17
איתתיה דהיא מתעברא **מן** סמאל מלאכא דייי: ואוסיפת	GN 4:1
דמשיחין במשח זיתא **מן** סמידא דחינטין תעביד יתהון:	EX 29:2
ויפריש מיניה בקומציה **מן** סמידא דמנחתא ומן טובה על	LV 6:8
ית מנחתא דתתעבד **מן** סמידא ומישחא האילין לקדם	LV 2:8
שבוק ואין לא מחיני כדון **מן** ספר צדיקיא דכתבתא שמי	EX 32:32
בקריות ליליא והוא בר **מן** סקוף משכניה לכון גרמיכון או	NU 9:10
וחבלא מבכירי עאן **מן** עדי שלטוניהון עם טוב פטימין	DT 32:14
ארעא חטופין **מן** עובדיהן בישיא והא אנא	GN 6:13
לכון פרעה ויימר תנון לי **מן** עובדיכון: ותימרון מרי גיתי הוו	GN 46:33
איליין מינייא תשקצון **מן** עופא דלית להון ציבעא יתירא	LV 11:13
ברעוא קדם ייי: ואין **מן** עופא קורבניה קדם ייי ויקרב מן	LV 1:14

בכל ארעא דמצרים **מן** עידן דהות לאומא ומלכו: ומחא EX 9:24
עד משלם שתא דזבינוי **מן** עידן לעידן יהי פורקניה: ואין לא LV 25:29
משה: והוון לקטין יתיה **מן** עידן צפרא עד ארבע שעין EX 16:21
שתא דיובלא ומנכי ליה **מן** עלוייה: ואין מפרק יפרוק ית LV 27:18
בקרוביכון דורונא **מן** עללתא חדתא קדם ייי NU 28:26
לפרעה למיסב חומשא **מן** עללתא לחוד ארעא דכומרנייא GN 47:26
שתא תמינתא ותיכלון **מן** עללתא עתיקתא דההיא שתא LV 25:22
ית משה וית אהרן **מן** עלמא אילולי דאיתגלי איקרא NU 16:19
לא סהדין דעברין **מן** עלמא אנא מסהיד בכון יומנא DT 30:19
מוי דנילוס ויעדי כפנא **מן** עלמא ביומך: ואמר פרעה ליעקב GN 47:7
הנייה אית לי דאנא עביר **מן** עלמא דלא בנין ואליעזר בר GN 15:2
עלי דאנא מתכנש **מן** עלמא ואנת משמש מן בתריי NU 11:29
ארום יבטל יצרא בישא **מן** עלמא ויברי יצרא טבא די DT 30:6
ואמר הא משה מתכניש **מן** עלמא ויהושע בר נון קאי מן NU 11:26
מטול דיעדי כפנא **מן** עלמא וצפירי עיזין תריסר NU 7:87
בנוי דגבל דמדורהון **מן** עלמין בארע אדומאי: והוו בני GN 36:21
ואסיק על מדבחא בר **מן** עלת צפרא: ונכיס ית תורא וית LV 9:17
למכפרא עליכון: בר **מן** עלת ריש ירחא ומנחתה ועלת NU 29:6
חד לכפרא עליכון: בר **מן** עלת תדירא ומנחתיה תעבדון NU 28:31
חד למטרתא חדא בר **מן** עלת תדירא וסמידא דחינטתא NU 29:28
חד למטרתא חד בר **מן** עלת תדירא וסמידא דחנטיא NU 29:22
למטרתא חד חטאתא בר **מן** עלת תדירא וסמידא דחנטיא NU 29:25
חד למטרתא חדא בר **מן** עלת תדירא וסמידא דחנטיא NU 29:34
חד למטרתא חדא בר **מן** עלת תדירא וסמידא דחנטתא NU 29:31
וצפירא דחטאתא חד בר **מן** עלת תדירא וסמידא למנחתה NU 29:38
זימנא: וישלח ית משכא **מן** עלתא ויפסג יתה לפסגהא: LV 1:6
אילין לאילין נעירון **מן** עמא בני ישראל ארום מימרא EX 14:25
ואתון לא תידחלון **מן** עמא דארעא ארום בידנא NU 14:9
ואין בר נש חד יחוב בשלו **מן** עמא דארעא במעבדיה חד מן LV 4:27
הי כפיתגמא דמשה ונפלו **מן** עמא דהוה סימא באפיהון EX 32:28
יהי חולקא דחמי לכהניא **מן** עמא מלות דבחי דיבחין אין תור DT 18:3
אלקכון דאפרשית יתכון **מן** עממיא: ותפרשון מן בעירא LV 20:24
בכון ואפרישית יתכון **מן** עממיא מטול למהוי פלחין LV 20:26
כיתן חוטי ציציית **מן** עמר תהון מרשן למעבד לכון על DT 22:12
חובתיה דחב נוקבא **מן** ענא אימרתא או צפירתא דעיזי LV 5:6
לקדם ייי דכר שלים **מן** ענא בעילוייה כסף הי כדמי LV 5:15
חוביה: וייתי דכר שלים **מן** ענא בעילוייה לאשמא לות LV 5:18
לקדם ייי דכר שלים **מן** ענא בעילוייה לאשמא לות LV 5:25
אנא אשדר גידי בר עיזי **מן** ענא ואמרת אין תתן משכונא GN 38:17
קדם ייי מן תורי או **מן** ענא: ויקרב גברא דמקרב NU 15:3
ברעוא קדם ייי: ואין **מן** ענא קרבניה לנכסת קודשיא LV 3:6
סכום נסיבא לשמא דייי **מן** ענא שית מאה שובעין וחמשא: NU 31:37
סכום פלגות כנישתא **מן** ענא תלת מאה ותלתין ושובעא NU 31:43
כוליין דתורי וחמר סומק **מן** ענבא חד מפקין כור חד: ועתרו DT 32:14
הי כבני חשיבין וענא **מן** עניי הוו וכל דאנת חמי מן דילי GN 31:43
עלוותך וית נכסת קודשך **מן** ענך ומן תורך בכל אתרא דאשרי EX 20:24
מדחדא תדחדון ליה **מן** ענכון מן אידיריכון ומן DT 15:14
שמיא כד הינון ברירין **מן** ענניא: ולות נדב ואביהוא EX 24:10
יומין: ויסבון לדמסאב **מן** עפר יקידת חטתא ויתן עלוי מי NU 19:17
מיתך קבר: וקביל אברהם **מן** עפרון ותקל אברהם לעפרון ית GN 23:16
דזבן אברהם ית חקלא **מן** עפרון חיתאה לאחסנת קבורתא: GN 49:30
חקלא לאחסנת קבורתא **מן** עפרון חיתאה על אנפי ממרא: GN 50:13
מן אדרעיהן עזקתא **מן** עצבעתהן מחוכייא מבית NU 31:50
מן צלא או מן שיתיא או **מן** ערבא: ואין תתחמי תוב בלבושא LV 13:56
גבר מצראי בערבנותא **מן** ערבאי דאחתוהי לתמן: והוה GN 39:1
מכדון לית אנא מסתפי **מן** עשו וליגיונוי ואמר ללבן שלחני GN 30:25
דייי וכל דתיתן לי חד **מן** עשרא אפרישיניה קדמך: ונטל GN 28:22
ית קורבניה דחב חד **מן** עשרא בתלת סאין סמידא LV 5:11
כהונתא רבתא חד **מן** עשרא בתלת סאין סמידא LV 6:13
דקייץ עלה מדילה חד **מן** עשרא בתלת סאין קמחא NU 5:15
על חובי יממא: וחד **מן** עשרא בתלת סווין סמידא NU 28:5
ארעא דכנען: ועומרא חד **מן** עשרא לתלת סאין הוא: ונטלו EX 16:36
מחתא ויהב ליה חד **מן** עשרא מכל מה דאתיב: ואמר GN 14:20
עצוותכון חלתא חד **מן** עשרין וארבעא תפרשון NU 15:20
עשו אשבוק כדון עמך **מן** פולומוסין דעימי ואמר למא דנן GN 33:15
דימטול היכמא ערק **מן** פולחן טעותיה: עמכון יתיב DT 23:16
ואתאנחו בני ישראל **מן** פולחנא דהוה קשיא עליהון EX 2:23
במימריה למפרוקינון **מן** פולחנא: ושמיע קדם ייי EX 2:23
הא ברכתא קבילית **מן** פום מימר קודשא לא אמנע סדר NU 23:20
הוה אמר אנא שמעית **מן** פום קודשא יהי שמיה מברך NU 16:2
קדמאה כד הוה נפיק **מן** פום קודשא יהי שמיה מברך הי EX 20:2
תיניינא כד הוה נפיק **מן** פום קודשא יהי שמיה מברך הי EX 20:3
אליף פיתגמי אורייתא **מן** פום קודשא יהי שמיה משבח EX 24:18
על עמא דשמעו בסיני **מן** פום קודשא לא תעבדון לכון EX 32:19

ומן דמשתייר להון **מן** פטירי ומרירי סוברו צריר EX 12:34
למפקנהון: ונטלו **מן** פילוסין בירחא דניסן מבתר NU 33:3
עננין הי כעל גדפי נשרין **מן** פילוסין ואובילית יתכון לאתר EX 19:4
מייתין: ונטלו בני ישראל **מן** פילוסין ושרו בסוכות אתרא NU 33:5
ונטלו בני ישראל **מן** פילוסין לסוכות מאה ותלתין EX 12:37
דארעא במעבדיה חד **מן** פיקודיא דייי דלא כשרין LV 4:27
יומין במדברא בטילין **מן** פיקודייא ולא אשכחו מיא: ואתו EX 15:22
לא עברית חדא **מן** פיקודייך ולא אנשיית: לא DT 26:13
כהנא ית שבח אדכרתה **מן** פירוכייה ומטוב מישחא על כל LV 2:16
היא אורייתא לפלחה **מן** פירי אילן חייא דאתקנהא מימר GN 3:24
עד לא יפשט ידיה ויסב **מן** פירי אילן חייא דהא אין אכיל GN 3:22
ערטילאי אנת דילמא **מן** פירי אילנא דפקידתך דלא GN 3:11
למימר אינתתך ואכלת **מן** פירי אילנא דפקידתך למימר לא GN 3:17
דיהבת גביי היא יהבת לי **מן** פירי אילנא ואכלית: ואמר ייי GN 3:12
דייכלון ויתפנקון **מן** פירי אילנא על די פלחו בחייהון GN 3:24
ריגלה למדרס על ארעא **מן** פירנוקא ומן חיטוייא תבאש DT 28:56
לכון תעבדון לא תיסטון **מן** פיתגמא דיחוון לכון ימינא DT 17:11
תורי ומן חמרי ומן ענא: **מן** פלגותהון דהוא חולק גברי NU 31:29
ומיפטרא ודאיתילידא **מן** פסוליא ומטעיא בזנו ית איליין LV 21:14
מטעיא בזנו דאיתלידא **מן** פסוליא לא יסבון ואיתתא LV 21:7
ויעדי עירבוב חיות ברא **מן** פרעה ומן עבדוי ומן עמיה למחר EX 8:25
באלול והוון מורני נפקן **מן** פרתהון ואזלין עד בית לישנהון NU 14:37
לכון ית בלעם בר בעור **מן** פתור חלמיא דמתבניא בארע DT 23:5
אורח תרעא ולא **מן** צדדיה כדפתיח תרעיה וכל NU 19:14
מן אדניהן קטליא **מן** צווריהן שיריא מן אדרעיהן NU 31:50
מעלך לאנטוכיא: וסליקו **מן** צטר דרומא ואתו עד חברון NU 13:22
ותשוון יתיה בקופסא **מן** צטר ימינא דארון קיימא דייי DT 31:26
ית תריהום ית אפרים **מן** צטר ימיניה דהוא שמאליה GN 48:13
דישראל וית מנשה **מן** צטר שמאליה דהוא ימינא GN 48:13
דבית אפוי דאהרן **מן** צידעא לצידעא יתמטי ויטול EX 28:38
דקיסי תיניא מן לגין **מן** ציטרא דממצע כל קבל אפי NU 19:4
על אימרה דיריעתא חדא **מן** ציטרה בבית ליפופה וכן תעביד EX 26:4
ית קיימיי ותתכנשון **מן** ציירא לקורייכון ואיגרי מותנא LV 26:25
מן דרומא טוורוס אומניס **מן** ציפונא ימא רבא מן מערבא ימא NU 34:12
ויבזע יתיה מן לבושיה או **מן** צלא או מן שיתיא או מן ערבא: LV 13:56
יתי יאות דלא נפרכס **מן** צערא דנפשי ונדחי לגובא GN 22:10
וכל עמא קיימין קדמך **מן** צפרא עד רמשא: ואמר משה EX 18:14
וקם עמא קדם משה **מן** צפרא עד רמשא: וחמא חמוי EX 18:13
תרין דכר ונוקבא: ברם **מן** צפרי שמיא שובעא שובעא דכר GN 7:3
ולא יפריש רישיה **מן** קדליה: וידי מן אדם חטאתא על LV 5:8
בצלו מצליין ובען רחמין **מן** קדם אבוהון דבשמייא והוא EX 1:19
קדם אלקא חייא דחזיו **מן** קדם אל שדי הוה חמי וכד בעי NU 24:4
ליה: אימר דשמע מימר **מן** קדם אלקא וידע שעתא דרתח NU 24:16
אימר דשמע מימר **מן** קדם אלקא חייא דחזיו מן קדם NU 24:4
ית שרה: ואתא מימר **מן** קדם אלקים לות אבימלך GN 20:3
אנפי תהומא ורוח רחמין **מן** קדם אלקים מנתבא על אנפי GN 1:2
ועד דתובדון בסרהוביא **מן** קדם בישות עובדיכון דשבקתון DT 28:20
מואבאי בחייהון **מן** קדם בני ישראל: ואמרו מואבאי NU 22:3
מצראי בחייהון **מן** קדם בני ישראל: ושעבידו מצראי EX 1:12
יוכבד אינתתיה דתריך **מן** קדם גזירתא דפרעה והות ברת EX 2:1
לסוברא יתהום **מן** קדם גיתיהום: ויתיב עשו בטוור GN 36:7
אנא מדכר יומא דין: **מן** קדם ייי איסתקף דפרעה רגיז על GN 41:10
לגבר די יפשר יתיה ארום **מן** קדם ייי איסתקף מן בגלל GN 41:8
שדרתון יתי הלכא אלהין **מן** קדם ייי איסתקף פיתגמא GN 45:8
מן בגלל דיליף למידחל **מן** קדם ייי אלקיה למינטר ית כל DT 17:19
ואיטמר אדם ואינתתיה **מן** קדם ייי אלקים במציעות אילני GN 3:8
תפטרון עמא תהון דחלין **מן** קדם ייי אלקים: וכתנא וסרתא EX 9:30
תקבלון: ככל דשיילתון **מן** קדם ייי אלקכון בחורב ביומא DT 18:16
ישמעון וילפון למידחל **מן** קדם ייי אלקכון כל יומיא דאתון DT 31:13
מן בגלל דתילפון למדחל **מן** קדם ייי אלקכון כל יומיא: וארום DT 14:23
בעי מינכון אלהן למדחיל **מן** קדם ייי אלקכון למהך בכל DT 10:12
מן בית שעבוד עבדיא: **מן** קדם ייי אלקכון תהוון דחלין DT 6:13
הויתון בארעא דמצרים: **מן** קדם ייי אלקכון תידחלון DT 10:20
למשמע ית קל דיבורא **מן** קדם ייי אלקנא וית אישתא DT 18:16
קיימייא האילין למידחל **מן** קדם ייי אלקנא כל יומיא DT 6:24
דא עיבידו ואתקיימו **מן** קדם ייי אנא דחיל: אם מהמנין GN 42:18
לותך הות אמר לן **מן** קדם ייי אנא דחיל וכדון חזרון GN 44:18
ארום דחיל ומיתבר **מן** קדם ייי אנא: ואתון חשבתון עלי GN 50:19
עמא למתבוע אולפן **מן** קדם ייי: ארום יהי להון דינא EX 18:15
דייי ואמר בריכא תהוי **מן** קדם ייי ארעיא דיוסף מטוב DT 33:13
ומה נזדכי על אוגבין **מן** קדם ייי אשתכח חובא על עבדך GN 44:16
לן מבעלי דבבינן ולא **מן** קדם ייי אתגזרת כל דא: ארום DT 32:27
דקיים ייי להון: ואוף מחא **מן** קדם ייי אתגריית להון DT 2:15
גחין כחויא: וארע מימרא **מן** קדם ייי בבלעם ואמר קדמוהי NU 23:4

עד הכא: וארע מימר **מן** קדם ייי בבלעם ושוי פתגמא NU 23:16
לכהנא רבא דתבע אולפן **מן** קדם ייי בהון דבהון חקיק EX 28:30
בחורב דשמיה קצף **מן** קדם ייי בהרמנא שרי לקטלא: NU 17:11
עימיה רוח נבואה **מן** קדם ייי בחוכמתא בסוכלתנו EX 35:31
עימיה רוח קודשא **מן** קדם ייי בחכמתא ובסכולתנו EX 31:3
דאיתעבידו ביה ניסין **מן** קדם ייי בידי: ועבד יהושע EX 17:9
וביה איתעבידו ניסין **מן** קדם ייי בידיה: ואמר ייי למשה EX 4:20
כדין גבר דרוח נבואה **מן** קדם ייי ביה: ואמר פרעה ליוסף GN 41:38
קדם ייי והוה רוגזא **מן** קדם ייי בכון למשצייא יתכון: כד DT 9:8
מגיח לכון: ובעית רחמין **מן** קדם ייי בעידנא ההיא למימר: DT 3:23
ונפקת שלהובית אישתא **מן** קדם ייי ברגז ואיתפליגת LV 10:2
במדין יתאמר לי במימר **מן** קדם ייי דגובריא דבעו למקטלי EX 10:29
דינה ארום אמרת דין הוא **מן** קדם ייי דיהון מיני פלגות GN 30:21
ולא יתמליל עימנא תוב **מן** קדם ייי דילמא נמות: ואמר משה EX 20:19
בי דינא במשריתא ובעו **מן** קדם ייי דישתביק לכון חובא דא EX 32:27
צירנייתן דבכיא ובעיא **מן** קדם ייי דלא יזמן לה לעשו GN 29:17
עד דאנת בעיא מיני בעי **מן** קדם ייי דמן קדמוי הינון בניא GN 30:2
זעירא עד דנתבוע רחמין **מן** קדם ייי: הא כדון אשכח עבדך GN 19:18
עתיר ושולטן ארום דינא **מן** קדם ייי הוא וחמי כל טומריא DT 1:17
דתרתין ברתוי בדחייסא **מן** קדם ייי הוות עלווי ואפקוהי GN 19:16
אלהן מחא משתלחא **מן** קדם ייי היא ואיתקף יצרא EX 8:15
ודבר משה ית חטר ניסיא **מן** קדם ייי היכמה דפקדיה: וכנישו NU 20:9
קדישין דאשתלחו **מן** קדם ייי הינון בגין כן קרא שמיה GN 32:3
ואישתא נפקת ברוגזא **מן** קדם ייי ואכלת ית מאתן NU 16:35
דשם רבא למבעי רחמין **מן** קדם ייי: ואמר ייי לה תרין עממין GN 25:22
דנסבא ואיתכתש במימר **מן** קדם ייי: ואמרת שרי לאברם הא GN 16:1
ארום איתיהב לי במיחוס **מן** קדם ייי וארום אית לי ניכסין GN 33:11
עד זמן די יתמלל עמי **מן** קדם ייי ובכין קרא דבורא דייי LV 1:1
מלמהוי קלין דלווט **מן** קדם ייי וברדין ואפטור יתכון EX 9:28
מצלי ובעי רחמין **מן** קדם ייי וגחן על ארעא שבע GN 33:3
בהון אישא מצלהבא **מן** קדם ייי: וגיורייא דאתכנשו NU 11:3
במצרים ודחילו עמא **מן** קדם ייי והימינו בשום מימריה EX 14:31
ומשה יתבע אולפן **מן** קדם ייי וידון יתי ובכן NU 15:32
ואתקברו במותנא **מן** קדם ייי: ויהושע בר נון וכלב בר NU 14:37
ולא דחלו בית עמלק **מן** קדם ייי: ויהי כד יניח ייי אלקכון DT 25:18
הדורי וידחיניה רוח זיקא **מן** קדם ייי וימות: ויעול אהרן ובנוי LV 16:22
יתקטל באישא מצלהבא **מן** קדם ייי: וישרון בני ישראל גבר NU 1:51
ליה לרב תבוע אולפן **מן** קדם ייי: וית חוטרא הדין תיסב EX 4:16
ביה: ונפק קין **מן** קדם ייי ויתיב בארע טלטול GN 4:16
ריבוני משה בעי רחמין **מן** קדם ייי וכלי מנהון רוח נבואתא: NU 11:28
בצלו מצלי ובעי רחמין **מן** קדם ייי וכן אמר אתגלי כדון NU 10:35
בצלו ומצלי ובעי רחמין **מן** קדם ייי וכן אמר תוב כדון NU 10:36
בטוורא באישא מצלהבא **מן** קדם ייי ולא אשתמודענא מה EX 32:23
ותתקיים: ודחילא חייתא **מן** קדם ייי ולא עבדא היכמא EX 1:17
תתבעון אולפן **מן** קדם ייי ומבתר כדין תמנון DT 17:15
זימנין ארום תקין פתגמא **מן** קדם ייי ומוחי ייי למעבדיה: GN 41:32
כדין תתובון ותהון זכאין **מן** קדם ייי ומישראל ותהי ארעא NU 32:22
דאישא מעילוי מדבחא **מן** קדם ייי ומלי חופנוי קטורת LV 16:12
ושרת עלוי רוח נבואה **מן** קדם ייי: ונטל מתל נבותיה ואמר NU 24:2
והוה כד דחילא חייתא **מן** קדם ייי וקנו להין שום טב EX 1:21
דעבר תבע אולפן **מן** קדם ייי: ורחים יצחק ית עשו GN 25:27
בהון אישא מצלהבא **מן** קדם ייי ושיציאת מן רשיעיא NU 11:1
ואתא מלאכא במימר **מן** קדם ייי ושלף חרבא על לבן GN 31:24
אנת לעמא תבע אולפן **מן** קדם ייי ותייתי אנת ית EX 18:19
חורן דילמא תהי רעוא **מן** קדם ייי ותלטטיה בגיני מתמן: NU 23:27
בי היא זימנא אישתלחון **מן** קדם ייי חמשתי מלאכיא DT 9:19
ולא ידעת ועברת **מן** קדם ייי ישתביק לה: כל נידרא NU 30:13
גבר דפשר חילמין ברם **מן** קדם ייי יתותב שלמא דפרעה: GN 41:16
זעירא דאמרתון לי ואמר **מן** קדם ייי יתרחם עלך ברי: ואוחי GN 43:29
פרחין: ובעית רחמין **מן** קדם ייי כד בקדמיתא ארבעין DT 9:18
יתקטל באישא מצלהבא **מן** קדם ייי: כל סכומי מנייני ליואי NU 3:38
בטוורא באישא מצלהבא **מן** קדם ייי לא אשתמודענא מה EX 32:1
מן בגלל דלא הות יוכלא **מן** קדם ייי לאעלא ית עמא הדין NU 14:16
מתמן מדאיתתיש חילא **מן** קדם ייי לאעלותהון לארעא DT 9:28
עימי: ואתא מימרא **מן** קדם ייי לבלעם ואמר ליה אין NU 22:20
עם בלעם: ואתא מימר **מן** קדם ייי לבלעם ואמר מן גובריא NU 22:9
ההיא: ועל אהרן הוה רגז **מן** קדם ייי לחדא לשצייותיה DT 9:20
ירת יתי: והא פיתגמא **מן** קדם ייי ליה למימר לא ירתינך GN 15:4
מרי עלמא מטול דחייסא **מן** קדם ייי לכון הוא: ואיתגלי EX 12:11
משה ית כל חטריא **מן** קדם ייי לכל בני ישראל NU 17:24
ייי על שלותהון: וישתרי **מן** קדם ייי לכל כנישתא דבני NU 15:26
ישראל וריבוני אתפקד **מן** קדם ייי למיתן ית אחסנת NU 36:2
ליל נטיר לפורקן הוא **מן** קדם ייי למפקא ית שמא בני EX 12:42
על זדונותא: לא יהי רעוא **מן** קדם ייי למשבק ליה ארום בכין DT 29:19

עד זמן די מטא קיצא **מן** קדם ייי למתפרקא: והוה מסוף GN 40:23
סיבית: האפשר דיתכסי **מן** קדם ייי מדעם לזמן חגא איתוב GN 18:14
דייי: אוף עלי הוה רגז **מן** קדם ייי מטולכון למימר אוף DT 1:37
ואתיב לבן ובתואל ואמר **מן** קדם ייי נפק פיתגמא דרבקה GN 24:50
ויחסנון לעלם: והוה תהו **מן** קדם ייי על בישתא דחשיב EX 32:14
עד דאשמע מה דאתפקד **מן** קדם ייי על דילכון: ומליל ייי עם NU 9:8
קדם ייי והוות רתיתא **מן** קדם ייי על עממייא דבקוריי GN 35:5
ליה ואמר להון יוסף הלא **מן** קדם ייי פושרן חילמיא אישתעו GN 40:8
בר נון גבר דרוח נבואה **מן** קדם ייי שריא עלוי ותסמוך ית NU 27:18
ויהוון תריכין בני דגבלא **מן** קדם ישראל סנאיהון וישראל NU 24:18
טפלנא בקירוי חקרא **מן** קדם יתבי ארעא: לא נתוב NU 32:17
אורייתא הדא על סיפרא **מן** קדם כהניא דמן שיבט לוי: ותהי DT 17:18
דאבהתוי תשלחון **מן** קדם כל אמרכול דבהון: ושדר NU 13:2
ודיירי ארעא דכנען **מן** קדם כפנא: ולקיט יוסף ית כל GN 47:13
בנוי עימיה לתיבותא **מן** קדם מוי דטובענא: מן בעירא GN 7:7
אורייתא וידחלון כולהון **מן** קדם מימרא דייי אלקכון ויטרון DT 31:12
עליהון כבריתא ואישא **מן** קדם מימרא דייי מן שמייא: והפך GN 19:24
מלוותיה דהוו מיפקדין **מן** קדם מימרא דשמיא דלא NU 20:21
כל כנישתא דבני ישראל **מן** קדם משה: ואתו כל גבר EX 35:20
למעבד יתה: ונסיבו **מן** קדם משה ית כל אפרשותא EX 36:3
קבילתהון שמיע קדמיי **מן** קדם משעבדהון ארום גלי EX 3:7
בהון אנא ייי אלקכון: **מן** קדם סבין דסברין באורייתא LV 19:32
תסלמנטון וברם עתיקא **מן** קדם עיבורא חדתא תפנון מן LV 26:10
אתחבלו יתבי ארעא **מן** קדם עירבוב חיות ברא: וקרא EX 8:20
דאיתיהיבו לי במיחוס **מן** קדם על עבדך: וקריבן לחינתא GN 33:5
לאמוראי: ודחילו מואבאי **מן** קדם עמא לחדא ארום סגי הוא NU 22:3
מלאכייא דייי במיערקיה **מן** קדם עשו אחוי: ומיתת דבורה GN 35:7
דאיתגלי לך במיערקך **מן** קדם עשו אחוך: ואמר יעקב GN 35:1
חיי דמן טלייותי ערקית **מן** קדם עשו אחי ואיתותיבית GN 47:9
תשמעון ולא תידחלון **מן** קדם עתיר ושולטן ארום דינא DT 1:17
יעקב ית פרעה ונפק **מן** קדם פרעה: ואותיב יוסף ית אבוי GN 47:10
לקדמותהון במיפקהון **מן** קדם פרעה: ואמרו להון יתגלי EX 5:20
ית משה וערק משה **מן** קדם פרעה ויתיב בארעא דמדין EX 2:15
כושאי למשה במיערקיה **מן** קדם פרעה וריחקה ארום NU 12:1
חכים רעואל דערק משה **מן** קדם פרעה טלק יתיה לגובא EX 2:21
דייי: ועל משה ואהרן **מן** קדם קהלא לתרע משכן זימנא: NU 17:8
ליצחק איתיעקית בחיי **מן** קדם רגוז בנת חת אין נסיב יעקב GN 27:46
דהכין כתיב ארום דחלית **מן** קדם רוגזא וחימתא דירגז ייי DT 9:19
לכל עמא: ונפקת אישתא **מן** קדם רש ואכלת על גבי מדבחא LV 9:24
בה אלקא עילאה דחיזו **מן** קדם שדי חמי וכד הוה בעי NU 24:16
למיקם קדם משה **מן** קדם שיחנא ארום הוה מחת EX 9:11
ולאן תיזלין ואמרת **מן** קדם שרי ריבונתי אנא ערקת:: GN 16:8
ועאל משה ואהרן **מן** קדם תורעמות קהלא לתרע NU 20:6
נהרא דבר בידך ואיזל לך **מן** קדם תרעמתהון: האנא קאים EX 17:5
וסגפתא שרי וערקת **מן** קדמה: ואשכחה מלאכא דייי על GN 16:6
רחמין ארום תבעון **מן** קדמוי בכל לבכון ובכל נפשכון: DT 4:29
פתגם ארום אתבהילו **מן** קדמוי: ואמר יוסף לאחוי קריבו GN 45:3
והוה לחויא וערק משה **מן** קדמוי: ואמר ייי למשה אושיט EX 4:3
דאתקינית: איזדהר **מן** קדמוי וקביל למימריה לא EX 23:21
עד דיתרך ית בעלי דבבוי **מן** קדמוי: ותתכבש ארעא קדם NU 32:21
מעל פתוריה ושדרינון **מן** קדמוי לקדמיהון וסגת חולקא GN 43:34
בשלהובית אשתא **מן** קדמוי מטול דעל מיחמי כל LV 10:3
וגלי קדם ייי והוה רגוז **מן** קדמוי מן דארגיזו קדמוי בניא DT 32:19
משה ית עוג זע וארתית **מן** קדמוי עני ואמר דין הוא עוג NU 21:34
סופא דכל בישרא מטא **מן** קדמי ארום איתמליאת ארעא GN 6:13
זימנין אילולפון לא סטת **מן** קדמי ארום כען אוף יתך NU 22:33
בר נשא ההוא במותנא **מן** קדמי במותנא אנא ייי: גבר טלי LV 22:3
וחמתני אתנא וסטת **מן** קדמי דנן תלת זימנין אילולפון NU 22:33
סבר בליבך לאיטמרי **מן** קדמי הלא אתר דאנת דאת GN 3:9
קדל הוא: אנח בעותך **מן** קדמי ואשיצינון ואמחי ית DT 9:14
קידום תקיף כאישא נפק **מן** קדמי ובערת בתקוף רוגזי DT 32:22
ויסופן תורעמותהון **מן** קדמי ולא ימותון: ועבד משה NU 17:25
ברעות דין להון למידחל **מן** קדמי ולמינטור כל פיקודיי כל DT 5:29
פיתגמי דילפון למידחל **מן** קדמי כל יומיא דהינון קיימין על DT 4:10
תירתתון ולא תתירעון **מן** קדמיהון: ארום ייי אלקכון DT 20:3
לא תידחלון ולא תתרעון **מן** קדמיהון ארום ייי אלקכון DT 31:6
מן קדמיכון: לא תיתברון **מן** קדמיהון ארום שכינת ייי DT 7:21
עשו תריכונון ושיציאונון **מן** קדמיהון ויתיבו באתרהון DT 2:12
לכל עממיא דאנת דחיל **מן** קדמיהון: ולחוד ית מחת DT 7:19
ונטל עמודא דעננא **מן** קדמיהון ושרא מן בתריהון מן EX 14:19
אורחן טעיין תהוון מפכין **מן** קדמיהון ותהון לריחוק לכל DT 28:25
ושיצינון מימרא דייי **מן** קדמיהון ותריכונון ויתיבו DT 2:21
כדון: ותדברון אוף ית דין **מן** קדמיי ויארעיניה מותא ותחתון GN 44:29
ואמר הנפיקו כל אינש **מן** קדמיי ולא קם אינש עימיה כד GN 45:1

מסרב אנת מן למתכנעא **מן** קדמיי פטור ית עמי ויפלחון EX 10:3
מן בתר דישתיצון **מן** קדמיכון או דילמא תיתבעון DT 12:30
עממיא דאנא מגלי **מן** קדמיכון ארום ית כל מרחקייא LV 20:23
הי כעמיא דייי מגלי **מן** קדמיכון היכדין תיבדון חולף DT 8:20
עממיא דאנא מגלי **מן** קדמיכון: ואיסתאבת ארעא LV 18:24
ית כל יתבי ארעא **מן** קדמיכון ויהי מה די תשיירון NU 33:55
ויבודור בעלי דבביכון **מן** קדמיכון ויימר במימריה DT 33:27
חמריכון יהוון אניסין **מן** קדמיכון ולא יתובון לכון ענכון DT 28:31
ייי אלקכון מתריך יתהון **מן** קדמיכון ומן בגלל לקיימא ית DT 9:5
עללין לתמן לתרכותהון **מן** קדמיכון ותירת יתכון ותיתב DT 12:29
ית כל יתבי ארעא **מן** קדמיכון ותספון ית כל בית NU 33:52
ית כל עממיא האילין **מן** קדמיכון ותרתון עממין רברבין DT 11:23
ישיצינון והוא יתריכינון **מן** קדמיכון ותתריכינון ותובדינון DT 9:3
אורחין טעיין יהוון ערקין **מן** קדמיכון: יפקיד ייי עימכון ית DT 28:7
האילין ייי מתרכהון **מן** קדמיכון: לא מטול זכוותכון DT 9:4
ומה דמיטמרין **מן** קדמיכון: לא תיתברון מן DT 7:20
רברבין ותקיפין מינכון **מן** קדמיכון לאעלותכון למיתן לכון DT 4:38
ידחי ייי אלקכון יתהון **מן** קדמיכון למימר בזכותי אעלני DT 9:4
ית עממיא האיליין **מן** קדמיכון קליל לא תיכול DT 7:22
שלטא בקשא: ובמימר **מן** קדמך איתעבידו מיא עורמן EX 15:8
מן קדמך: לא אתריכינון **מן** קדמך בשתא חדא דילמא תהי EX 23:29
ית כל בעלי דבבך **מן** קדמך היכמא דמליל ייי: ארום DT 6:19
ארום איתריך עממין **מן** קדמך ואפתי ית תחומך ולא EX 34:24
ויעריקון בעלי דבבך **מן** קדמך וביה הוה חקיק צורת בר NU 2:3
בסיחון ויזעון וירתתון **מן** קדמך: ושדרית עזגדין מנהרדעא DT 2:25
ויגלי עממין סגיאין **מן** קדמך חיתאי וגרגשאי ואמוראי DT 7:1
ואמר בבעו ברחמין **מן** קדמך ייי אין כדון אשכחת חינא GN 18:3
למימר: בבעו ברחמין **מן** קדמך ייי אלקים אנת שריתא DT 3:24
ייי ואמרית בבעו ברחמין **מן** קדמך ייי אלקים לא תחבל עמך DT 9:26
ההוא ואמר בבעו ברחמין **מן** קדמך ייי גלי קדמך דלא הוה GN 22:14
אדם ואמר בבעו ברחמין **מן** קדמך ייי דלא נתחשב קדמך GN 3:18
ביד ימיני: אשבת ברוח **מן** קדמך ייי כסון עליהון גירין EX 15:10
וכן אמרת בבעו ברחמין **מן** קדמך ייי עני יתי בהדא שעת GN 38:25
ואמר בבעו ברחמין **מן** קדמך ייי שלח כדון שליחותך EX 4:13
לך יומא דין האנא מתריך **מן** קדמך ית אמוראי וכנענאי EX 34:11
וית כנענאי וית חיתאי **מן** קדמך: לא אתריכינון מן קדמך EX 23:28
ואמר בבעו ברחמין **מן** קדמך לא כדון יתקוף רוגזא GN 18:32
ארעא ואנת תתריכינון **מן** קדמך: לא תיגזרון להון EX 23:31
קליל קליל איתריכינון **מן** קדמך עד די תיסגי ותחסין ית EX 23:30
האילין ייי מתריכיהון **מן** קדמכון: שלמין תהוון בדחלתא DT 18:12
ולדמותיה ארום **מן** קדמת דנא אולידת חוה ית קין GN 5:3
לרברבניהום דמדוריהום **מן** קדמת דנא בארעא דגבלא: GN 36:30
וברם לוז שמא דקרתא **מן** קדמת דנא: וקיים יעקב קיים GN 28:19
חזווא דארעא והוא שרי **מן** קובלי: וכדון איתא בבעו לוט NU 22:5
קריבו טולו ית אחיכון **מן** קודשא ותסוברונון למברא LV 10:4
וית הניית קודשא דחב **מן** קודשא ישלים וית חומשיא LV 5:16
דישראל: ויצדד ויפוק **מן** קודשא למדבחא דקדם ייי LV 16:18
דאלקים מה דמשתייר **מן** קודשי קודשיא ומן קודשיא LV 21:22
ויתכשר ובתר כדין ייכול **מן** קודשיא ארום מזוניה הוא: נבילא LV 22:7
שקר ויחוב בשלו ויתהני **מן** קודשיא דייי וייתי ית קורבן LV 5:15
באישא מצלהבא דנפיק **מן** קודשיא: ודין קורבנא דתעביד EX 29:37
עד רמשא ולא ייכול **מן** קודשייא אלהין אין אסחי LV 22:6
ישתכח ביניכון בחדא **מן** קורייכון דייי אלקכון יהיב לכון DT 17:2
לא אתיתא לותי הברם **מן** קושטין הוית אמר לית אנא יכיל NU 22:37
זכאי בגו עמך ישראל וגלי **מן** קטליה ויתכפר להון על דמא DT 21:8
בארעא דמואב בר **מן** קיימא דיגזר עימהון בחורב: DT 28:69
עובד אידיהון דבני נשא **מן** קיסא ואבנא דלא חמיין ולא DT 4:28
מדבחא דקטרת בוסמיא **מן** קיסי שיטא אמתא אורכיה EX 37:25
ועבד ית לוחיא למשכנא **מן** קיסי שיטא קיימין הי כאורח EX 36:20
יתיה על מדבחא לעיל **מן** קיסין: ופשט אברהם ית ידיה GN 22:9
דייי ארום דחילתון **מן** קל פונין דמימרא דייי DT 5:5
מתמן מלי קומציה **מן** קמחא סמידא ומן טוב מישחא LV 2:2
לית איפשר למיקום **מן** קמך ארום אורח נשין לי ופשפש GN 31:35
עד עזה קפודקאי דנפקו **מן** קפודקיא שיציאונון ויתיבו DT 2:23
שמהת בני ישראל: שיתא **מן** קצת שמהתהון על מרגלייא EX 28:10
אילו אשתליית ואכלית **מן** קרבן חטאתא יומא דין אוף LV 10:19
מן קרבנייא רברבייא ייתי **מן** קרבנייא קליליא האילין LV 14:32
בין ידויי למייתייא **מן** קרבנייא רברבייא ייתי מן LV 14:32
מיא עד דישלימו כל מיא **מן** קרווהא ואתחריך ואיתקליש GN 21:15
נפש וימות ויעירוק לחדא **מן** קרויא האילין: וישדרון חכימי DT 19:11
וימות הוא יעירוק לחדא **מן** קרויא מזמניא האילין וייחי: DT 19:5
ארום תשמעון בחדא **מן** קרויכון דייי אלקכון יהיב לכון DT 13:13
למכוס ית פיסחא בחדא **מן** קרויכון דייי אלקכון יהיב לכון: DT 16:5
וארום ייתי ליואה מחדא **מן** קרויכון מן כל ישראל דהוא דייר DT 18:6

באתרא דיצבי בחדא **מן** קרויכון מתעסקו עימיה בדיוטב DT 23:17
מסכינא מחד אחך בחדא **מן** קרוך דייי אלקך יהיב לך לא DT 15:7
תלמידי אלישע דגלו **מן** קריית גלעד דקליא על ידי DT 34:3
הינון וחמריהון: הינון נפקו **מן** קרתא לא ארחיקו ויוסף אמר GN 44:4
קיסא וישמוט פרזלא **מן** קתא וישכח ית חבריה וימות DT 19:5
ייי עם משה איזל חות **מן** רבות יקרך דלא יהיבת לך EX 32:7
דאיטמרו למערוק **מן** רבנותא ואתנביין במשריתא: NU 11:26
ואלעזר כהנא ית דהבא **מן** רבני אלפין ומאוותא ואייתיאו NU 31:54
מאה וחמשין סילעין **מן** רבני אלפין ומן רבני מאוותא: NU 31:52
ברם שפניניא יקריב **מן** רברבין ובני יוניא מן גוזלין: LV 1:14
ומליל עימיה ורבי **מן** רוח נבואה דעלוי ומשה לא NU 11:25
ואימלל עימך תמן וארבי **מן** רוח נבואה דעלך ואשוי עליהון NU 11:17
בליגיונין דיפקון **מן** רומי וקושטנטיני ויצערון NU 24:24
בכתיף תרין מנהון וכן **מן** רומניא וכן מן תיניא: לאתרא NU 13:23
על טוורא ואשתמודעיה **מן** רחיק: ואמר אברהם לעולימוי GN 22:4
מימרא דייי עליכון אומא **מן** רחיק מן סייפי ארעא קלילין DT 28:49
אגרתך ביברוחי דברי **מן** רחל אחתי ושכיב עימה בליליא GN 30:16
פלגות שיבטייא ברם **מן** רחל אחתי יפקון תרין שיבטין GN 30:21
רחמיה מצראי ואיתתא **מן** רחמה מצריתא מאנין דכסף EX 11:2
דעמא וישיילון גבר **מן** רחמיה מצראי ואיתתא מן EX 11:2
מנע טיבותיה וקושטיה **מן** ריבוני אנא בזכותיה באורח GN 24:27
ואמרו ליה לא נכסי **מן** ריבוני ארום אין שלים כספא GN 47:18
בטוננאי: ואמר שלם לכון **מן** ריבוני לא תידחלון אלקכון GN 43:23
תור חד מן בגלל דבטליה **מן** רידיה וארבע ענא חולף אימר EX 21:37
אורייתי ולא תעבדון **מן** ריעוונכון ית כל פיקודיא האילין: LV 26:14
ברקם והדרו לבתריהון **מן** ריקם עד מוסרות שית משוריין NU 21:1
בגויה בעא למשלפיה **מן** רישיה ולא יכיל מן בגלל דמשכי NU 21:35
דדהב הוי שרי קורייה **מן** רישיהון קדשיא מן אדניהן NU 31:50
לירחא בעידוני רמשא **מן** רמשא ההוא ועד רמשא חורן LV 23:32
ואית זמן דהוי ענן יקרא **מן** רמשא ועד צפרא ומסתלק ענן NU 9:21
יסדר יתיה אהרן ובנוי **מן** רמשא ועד צפרא קדם ייי קיים EX 27:21
עובדיא האילין ארום לא **מן** רעות ליבי: אין כמיתותא NU 16:28
טבתא או בישתא **מן** רעותי מה דימליל ייי יתיה NU 24:13
טרווייא: ויומיא דהליכנא **מן** רקם גיעא עד דעברנא ית נחל DT 2:14
בעידנא ההיא ית ארעא **מן** רשות תרין מלכי אמוראי DT 3:8
דתיסטי איתתא בר **מן** רשותא דבעלא ותיסתאב NU 5:29
ואנת ארום סטית בר **מן** רשותא דבעליך וארום NU 5:20
בתשמיש דעריס בר **מן** רשותא דבעליך תהוי זכאה NU 5:19
ארום בטיל אבוהא יתה **מן** רשותא דנדרא: ואין אתנסבא NU 30:6
גבר ביך ית תשמישיה בר **מן** רשותיה דבעליך: ויומי כהנא ית NU 5:20
ביומא שביעאה נפקו **מן** רשיעי עמא למלקוט מנא ולא EX 16:27
מן קדם ייי ושיציאת **מן** רשיעיא דבסיפי משריתא דבית NU 11:1
לצדיקייא ולמתפרעא **מן** רשיעיא ומכתת אומיא ומלכיא NU 24:23
ואית למיתפרעא **מן** רשיעיא ועל עיסק פיתגמיא GN 4:8
ולית למתפרעא **מן** רשיעיא עני הבל ואמר לקין אית GN 4:8
לכון חובא דא ואתפרעו **מן** רשיעיא פלחי פולחנא נוכראה EX 32:27
סנאיכון לקובליכון **מן** רתיתא ואתון על פירקת צוורי DT 33:29
לעם סגי: ואתחלחל משה **מן** רתיתא ושרי לצלאה קדם ייי EX 32:11
דקריבין לכון או **מן** שאר עממיא דרחיקין לכון מן DT 13:8
מן אחסנת בני ישראל **מן** שבטא דעמיה סגי תסגון ומן NU 35:8
דיתרעי ייי באחסנת חד **מן** שבטיכון תמן תסקון עלוותכון DT 12:14
למזבון עיבורא לא ידענא **מן** שוי כספנא בטוננאי: ואמר שלם GN 43:22
ריקנין: ותישאל איתתא **מן** שיבבתא ומן קריבת כותליה EX 3:22
ואמרכל חד אמרכל חד **מן** שיבטא תידברון לאחסנא ית NU 34:18
ונסיבתא ומן יד איתסיית **מן** שיחנא ומן טריבא: ופתחת וחמת EX 2:5
ותיתבון בה: ותיסבון **מן** שירוי ביכוריא דמתבשלין מן DT 26:2
הכדין תפרשון יתה: **מן** שירוי עצוותכון תתנון NU 15:21
ימינא עילוי אתר דיהב **מן** שירויא אדם קרבן אשמא: ומה LV 14:17
ימינא על אתר דיהב **מן** שירויא אדם קרבן אשמא: ומה LV 14:28
לא איתברי פום לארעא **מן** שירויא איתברי לה כדון NU 16:30
ביכוריא דמתבשלין **מן** שירויא בכל איבא דארעא דייי DT 26:2
לחמא דאיצטנע לכון **מן** שירויא בשמי מרומא וכדון EX 16:15
עלוי יקרא דייי למשה **מן** שירויא: ואמר למשה אנא חמוך EX 18:5
חיויא כד איתערטל **מן** שירויא: ואעל משה ואהרן לות EX 7:9
רבא ויקירא דאיתברי **מן** שירויא וביה חקיק ומפרש שמא EX 14:21
נהריא נחתת אבונן יעקב **מן** שירויא ובעא לאובדותיה ושיזבי DT 26:5
דאיתבריא ביה עלמא **מן** שירויא: והוה במיטלהון GN 11:1
היא הגר דקטירא ליה **מן** שירויא: וילידת ליה ית זמרן וית GN 25:1
מן שמייא דאיצטנע לכון **מן** שירויא ויפקון עמא וילקטון EX 16:4
מן טובא דאיצטנע להון **מן** שירויא ויקבלון אגר עובדיהון NU 11:26
עלמא פום תהומא רבא **מן** שירויא וכל מאן דמדכר ההוא EX 28:30
בלעם ואמר לבלק הלא **מן** שירויא מלילית עימך למימר כל NU 23:26
מיניה ואיתיהיבת ליוסף **מן** שירויא מן דין דהדרת איקרא DT 33:17
לבעלה קמאה דפטרה **מן** שירויה למתוב למסבה למהוי DT 24:4

מן לבושיה או מן צלא או **מן** שיתיא או מן ערבא: ואין תתחמי LV 13:56
ייי על אפי דקין אתא **מן** שמא רבא ויקירא בגין דלא GN 4:15
מן ימיניה ולמפד דאישא **מן** שמאליה פרח וטייס באויר EX 20:2
מן ימיניה ולמפד דאישא **מן** שמאליה פרח וטייס באויר EX 20:3
בשבועא אימר ליה **מן** שמי האנא גזר ליה ית קיימי NU 25:12
אחוי מן יד נפלת אישתא **מן** שמי מרומא וגמרתיה ומית הרן GN 11:28
קליל: ברת קלא נפלת **מן** שמי מרומא וכן אמרת איתון NU 21:6
ברת קלא נפלת **מן** שמי מרומא וכן אמרת לא DT 28:15
דמתמלל עימיה כד נחית **מן** שמי שמיא עילוי כפורתא דעל NU 7:89
לבני ישראל לחמא **מן** שמיא אליף יתן למקבור מיתיא DT 34:6
דמשתלחא עלוי **מן** שמיא: ברם אין כנסא דממונא EX 21:29
דייי לאברהם תניינות **מן** שמיא: ואמר במימרי קיימית GN 22:15
וקרא ליה מלאכא דייי **מן** שמיא ואמר ליה אברהם אברהם GN 22:11
בית שכינת קודשך **מן** שמיא ובריך ית עמך ית ישראל DT 26:15
ועזאל הינון נפלן **מן** שמיא והוו בארעא ביומיא GN 6:4
דילנא מיא והות צבו **מן** שמיא ויבשת ובכן אהדרו יתה GN 26:20
כוסבר חיור כד נחית **מן** שמיא וכד הוה קריש חיזויה הי NU 11:7
אחיתית להון מנא **מן** שמיא וכדון חזרו ואתרעמו עלוי NU 21:6
דייי מטוב טלין דנחתין **מן** שמיא ומטוב מבועין דסלקין GN 27:28
מנא דאחית לכון חיוור **מן** שמיא ושיילתון בישרא בחצרות DT 1:1
מיטרא מלימיחת **מן** שמיא: ותאיבו מיא מעילוי GN 8:2
עילוי עישבי חיקליכון **מן** שמיא יחות פורענו עליכון עד DT 28:24
אתון חמיתון ארום **מן** שמיא מלילית עימכון: עמי בני EX 20:22
מטול דיוספון לכון **מן** שמיא עללתא אנא הוא אלקכון: LV 19:25
וביקען מן מיטרא דנחית **מן** שמיא שתיא מוי: ארעא דייי DT 11:11
קריב לארעא ורחיק **מן** שמייא ברם משה נביא כד הוה DT 32:1
אנא מחית לכון לחמא **מן** שמייא דאיצטנע לכון מן EX 16:4
לגבר חורן: ואכריזו עלה **מן** שמייא דיסנינה גברא בתראה DT 24:3
וקרא מלאכא דייי להגר **מן** שמייא ואמר לה מה ליך הגר לא GN 21:17
מן קדם מימרא דייי **מן** שמייא: והפך ית קירווייא האילין GN 19:24
עלמא ברא קלא נפלת **מן** שמייא וכן אמרת אתון כל עללי DT 34:5
הדא אנא שלח מחתא לך **מן** שמייא ותתיב ית כל מחתיי EX 9:14
דמלכותא אחסינו יתה **מן** שמייא לא חרבא שלף ולא DT 34:5
הוו נחתין רתיחין **מן** שמייא עילוי ארעא: בשנת שית GN 7:10
אחסנתהון: טובוי דאשר **מן** שמינין הינון בירוי ארעיא מרביא GN 49:20
לן דובשא מן כיפא ומשח **מן** שמיר טינרא בעידן דאימן נפקן EX 15:2
תידבק בידיכון מדעם **מן** שמתא מן בגלל דיתוב ייי DT 13:18
יתקוף רוגזך בעבדך ארום **מן** שעתא דאתינן לותך הות אמר GN 44:18
מן דמליל ייי לאברהם **מן** שעתא דמליל עמיה בחמיסר EX 12:40
אוף מן לקדמוי אוף **מן** שעתא דמלילתא עם עבדך EX 4:10
חובא: מומתא דתיפוק **מן** שפוותכון תקימון מצוותא DT 23:24
קדם ייי: ויעבד ית חד **מן** שפניניא רברביא או מן גוזלין בני LV 14:30
קורבניה קדם ייי ויקרב **מן** שפנינייא או מן בני יוניא ית LV 1:14
קירווייא למיקלט קטולא **מן** תבע אדמא ולא ימות קטולא NU 35:12
ליעקב אטעם יתי כדון **מן** תבשילא סמוקא הדין ארום GN 25:30
והות לי אלקא פרוק **מן** תדיי אימהון הוון עקיא מחוון EX 15:2
להון אתון תזדהרון **מן** תועיבתא איליין מן בגלל LV 20:24
ברשותיה גניבותא **מן** תור עד חמר עד אימר כד הינון EX 22:3
חזור חזור: וית תרביא **מן** תורא ומן דיכרא אליתא ודחפי LV 9:19
ברעוא קדם ייי **מן** תורי או מן ענא: ויקרב גברא NU 15:3
אין עלתא היא קרבניה **מן** תורי דכר שלים יקרביניה לתרע LV 1:3
קודשיא קורבניה אין **מן** תורי הוא מקרב אין דכר אין LV 3:1
בלחודיהן ואפרישינון **מן** תורי: ואמר אבימלך לאברהם מה GN 21:28
נשא מחמש מאה הכדין **מן** תורי ומן חמרי ומן ענא: מן NU 31:28
קדם ייי מן בעירא דכיא **מן** תורי ומן ענא ולא מן חיתא LV 1:2
שכינתיה תמן ותיכסון **מן** תוריכון ומן עניכון דיהב ייי DT 12:21
אימת דכהנא רבא קיים **מן** תחום קרתא דקלטיה דערק NU 35:26
בישרא דביה רוחא דחיי **מן** תחות שמיא כל דבארע יתנגד: GN 6:17
ייי עם נח למימר: פוק **מן** תיבותא את ואינתתך ובנך ונשי GN 8:16
ואוסיף לשדרא ית יונתא **מן** תיבותא: ואתת לותיה יונתא GN 8:10
ארעא לזרעייתהון נפקו **מן** תיבותא: ובנא נח מדבחא קדם GN 8:19
ארעא: והוו בני נח דנפקו **מן** תיבותא שם וחם ויפת וחם הוא GN 9:18
מנהון וכן מן רומניא וכן **מן** תיניא: לאתרא ההוא קרו נחלא NU 13:23
נפשך ומן יד שלף סייפיה **מן** תיקה וקטליה: ושבו בני ישראל NU 31:8
לך: ואתרוקנו בני ישראל **מן** תיקון זיניהון דשמא רבא מפרש EX 33:6
חותו תמן וזבונו לנא **מן** תמן וניחי ולא נמות: ונחתו אחי GN 42:2
מצראי ויהי ארום תהכון **מן** תמן פריקין לא תהכון ריקנין: EX 3:21
אישתא נוכריתא **מן** תפיין ובנין לא הוו להון ושמש NU 3:4
קדם ייי אישתא נוכרתא **מן** תפיין מה דלא פקיד יתהון: LV 10:1
אישתא נוכריתא **מן** תפיין קדם ייי: והוו סכומהון NU 26:61
אחוי ומטול דלא יסטי **מן** תפקדתא לימינא ולשמאלא מן DT 17:20
אינתתיה ותרין חולקין **מן** תרין בנוי ושתיו ורוויו עימיה GN 43:34
קשי הי כחרבא דקטיל **מן** תרין חורפוי למיכול קורצין LV 19:16
ויהון מפקנוי דתחומא **מן** תרין ציטרוי מכוונין לכרכוי דבר NU 34:8

ואתון לא תפקון אינש **מן** תרע ביתיה עד צפרא: ויתגלי EX 12:22
אמוראי ופלטירי רבניהון **מן** תרעא רבא דבית מלכותא עד NU 21:30
ית אחוהי דכר אתפרש **מנהום** הוה להום רושם דקן ואינון GN 42:8
לשמיה מרומא ותרין **מנהון** אודיקו על אנפי סדום GN 18:16
לאתעבדא ויעבד מן חד **מנהון**: אין כהנא רבא דמתרבי LV 4:2
ותרין יעירקון לריבותא **מנהון** אלהין מטול דתקיפהון DT 32:30
לא אמנע סדר ברכתהון **מנהון**: אמר בלעם רשיעא לית אנא NU 23:20
מינכון לא תידחלון **מנהון** ארום כולהון חשיבין כסוסיא DT 20:1
עבר לתמן: לא תידחלון **מנהון** ארום מימרא דייי אלקכון DT 3:22
טעיין ותפלגון דעתכון **מנהון** אתבא תתיבונון ליה: ואין לא DT 22:1
אוף תמן אתכסיית **מנהון** בירא על דשבקו פתגמי NU 33:46
ותיכלון ואוף מיא תזבנון **מנהון** בכספא ותישתון: אזדהרון DT 2:6
וכל מידעם דיפול עלוי **מנהון** במותהון דאיבריא דידהון LV 11:32
מסלקא אסלק שכינתי **מנהון** בעידנא ההיא עד DT 31:18
עמיקתא ואתגניזת **מנהון** בתחומהון דמואבאי ריש NU 21:20
ודא אפרשותא דסיתבון **מנהון** דהבא וכספא ונחשא: ותיכלא EX 25:3
הוא וכל בעירך תקדיש **מנהון** דיכריא דתורי ואימרי: ובוכרא EX 34:19
יתהון על דעתא דלעיל **מנהון** דיני ממונא ומינהון דיני NU 27:5
נפשא דעתיד למיפק **מנהון** הוא מחבל: ארום ישתכח בר DT 24:6
מימרא דקודשא בקצת **מנהון** הוה משה מתין מן בגלל דהוו NU 9:8
לתרכותהון: לא תידחלון **מנהון** הוון דכירין ית גבורן דעבד ייי DT 7:18
ויקר ית ליביה ולא קביל **מנהון** היכמא דמליל ייי: ואמר ייי EX 8:11
דליבא דפרעה ולא קבל **מנהון** היכמא דמליל ייי: ואמר ייי EX 8:15
דלבא דפרעה ולא קביל **מנהון** היכמא ייי: ואמר ייי למשה EX 7:13
ויעבד ייי פורענות דינא **מנהון** היכמה דעבד לסיחן ולעוג DT 31:4
איקר שכינתא דייי **מנהון** ואזיל: וענן איקר שכינתא דייי NU 12:9
ייי ומן יד אתכליאו תלת **מנהון** ואישתיירון תרין אף וחימה DT 9:19
ואמני יתך לעם רב ותקיף **מנהון**: ואמר משה וישמעון בניהון NU 14:12
ולא אבאישית לחד **מנהון**: ואמר משה לקרח אנת וכל NU 16:15
בסעדנא לא תידחלון **מנהון**: ואמרו כל כנישתא לאטלא NU 14:9
מנהון מלכהון ופרוקהון **מנהון** ובהון יהוי וזרעיית בנוי NU 24:7
יתבעיניה ייי אלקכון **מנהון** ובקורבנא לא יהי חוב DT 23:22
ייי אלקנא והוא יפרע **מנהון** וגלייתא יתמסרן לנא ולבננא DT 29:28
ואסלק שכינתי **מנהון** ויהון לביזה ויארעו יתהון DT 31:17
ייי למשה למימר: קבל **מנהון** ויהון ציבי לצרוך סידורא NU 7:5
יתיה ולא מקבל אולפן **מנהון**: ויחדון ביה אבוי ואימיה DT 21:18
ביומיא האינון ותיתבעון **מנהון** ויחוון לכון ית הילכת דינא: DT 17:9
יתך לעם תקיף וסגי **מנהון**: וכוונית ונחתית מן טוורא DT 9:14
באסלא בכתיף תרין **מנהון** וכן מן רומניא וכן מן תיניא: NU 13:23
ואיתמליאת ארעא **מנהון**: וקם מליך חדת כמין שירויא EX 1:7
ולא צבא משה למיסב **מנהון** וקריבו יתהון קדם משכנא: NU 7:3
בידכון ותישבי שיבייתא **מנהון**: ותיחמון בשבייתא איתא DT 21:10
תתרטיש ותשתביק **מנהון** ותירעי ית שני שמיטהא כל LV 26:43
יהי סנאה חד רדיף אלף **מנהון** ותרין יעירקון לריבותא DT 32:30
דכר ונוקבא לקיימא **מנהון** זרעא על ארעא: ארום הא GN 7:3
מקרבין תרי תרי וארבע **מנהון** חד חד: ומנחתהון סמידא NU 29:17
מקרבין תרי תרי ושית **מנהון** חד חד: ומנחתהון סמידא NU 29:20
מקרבין תרי תרי תריסר **מנהון** חד חד: ומנחתהון סמידא NU 29:26
מקרבא תרי ותריסר **מנהון** חד חד: ומנחתהון סמידא NU 29:29
מקרבין תרי תרי ותרין **מנהון** חד חד שלמין יהון: ומנחתהון NU 29:13
ואתון חמיין ולא תיכלון **מנהון** חמריכון יהוון אניסין מן DT 28:31
דידהון דאתפשח **מנהון** יהי מסאב כל מאן דקיסא או LV 11:32
משה היך קנייו כל חד **מנהון** ית אינתתיה לאשקייותהן NU 16:4
ית בודנייתא דינפקו **מנהון** כד הוה רעי ית חמרייא GN 36:24
למיעבד וכדון לא יתמנע **מנהון** כל דחשיבו למיעבד: אמר ייי GN 11:6
ואלעזר כהנא ית דהבא **מנהון** כל מאן דעובדא: והוה סכום NU 31:51
וידכי: ומאן דפחר דיפיל **מנהון** לגויה כל מאן די בגויה יהי LV 11:33
ולא תליתא עינך בחדא **מנהון** למתחייבא בהון ליום דינא GN 49:22
יתהון לברא והדר חד **מנהון** לסדום לחבלותא וחד GN 19:17
ויהי מה די תשיירון **מנהון** לסכיין בעינא בישא בכון NU 33:55
ותיתקרב איתת חד **מנהון** לשיזבא ית בעלה מיד מחהו DT 25:11
ואוף נוכראין סגיאין **מנהון** מאתן וארבעין רבוון סליקו EX 12:38
מן לא למיתן לחד **מנהון** מבשר בנוי די ייכול מן דלא DT 28:55
תיתברון ולא תידחלון **מנהון**: מימרא דייי אלקכון די מדבר DT 1:29
באורחא ותכבשון עיניכון **מנהון** מיקם תקימון עימיה: לא DT 22:4
היא במשכנא: ואמר חד **מנהון** מיתב איתוב לוותך לשתא GN 18:10
על מבועי מיין: יקום **מנהון** מלכהון ופרוקהון מנהון ובהון NU 24:7
לתליסר מטרתא חדא **מנהון** מקרבא תרי ותריסר מנהון NU 29:29
מקרבין תרי תרין ותמני **מנהון** מקרבין חד חד: מנחתהון NU 29:23
לתשעת מטרתא חמשא **מנהון** מקרבין תרי תרי וארבע NU 29:17
לעשר מטרתא ארבעא **מנהון** מקרבין תרי תרי ושית מנהון NU 29:20
תמני מטרתא שיתא **מנהון** מקרבין תרי תרי ותרין מנהון NU 29:13
לתריסר מטרתא תרי **מנהון** מקרבין תרי תרי תריסר NU 29:26
לחדסר מטרתא תלת **מנהון** מקרבין תרי תרין ותמני NU 29:23

איפליג אפי רעותי **מנהון** נחמי מה יהוי בסופיהון ארום DT 32:20
תיכלון: ודין דלא תיכלון **מנהון** נשרא ועוזא ובר ניזא: ודייתא DT 14:12
בשעא קלילא ויפלון **מנהון** סגיאין ברם בתר כדין עתידין NU 24:14
בעשרין מעין דכסף וזבנו **מנהון** סנדלין ואייתיו ית יוסף GN 37:28
מן בגלל דיתמלי עלמא **מנהון** עד לא אתיהב קיימא בעלמא LV 20:17
ייי וקורבנא לא תקרבון **מנהון** על מדבחא לשמא דייי: ותור LV 22:22
ואיתגלי ייי לאיתפרעא **מנהון** על עובד קרתא ומוגדלא GN 11:5
יתהון ונפלו בגין כן **מנהון** עשרין וארבעא אלפין בגין כן NU 31:8
יזיל עימנא לא תשתייר **מנהון** פרסתא חדא ארום מינהון EX 10:26
ייי לאיסתכלא ויפיל **מנהון** רב דבהון: ואוף כהניא EX 19:21
קטול בנפשתהון ויעבדון **מנהון** רדידי טסין חפיי למדבחא NU 17:3
רחמין מן קדם ייי וכלי **מנהון** רוח נבואתא: ואמר ליה משה NU 11:28
אמרית במימרי למיכלי **מנהון** רוח קודשי אשייר בהון קליל DT 32:26
לקדם דיינייא ויסב **מנהון** רשותא ויקרביניה לות דשא EX 21:6
דידהון דלא חמרא דחד **מנהון** שחרית ולא אבאישית לחד NU 16:15
קרבא בישראל ושבא **מנהון** שיביא: וקיים ישראל קיים NU 21:1
עשרין וחד שעין בציר **מנהון** שית מאה ותרין ושובעין GN 1:16
הות קרתא דלא נסיבנא **מנהון** שיתין קירווין כל תחום פלך DT 3:4
עריליא דדיירין עימכון **מנהון** תזבנון ומן ייחוסיהון LV 25:45
עממיא די בחזרנותכון **מנהון** תזבנון עבדין ואמהן: ואוף LV 25:44
ארעא: ית אילין מינייא **מנהון** תיכלון ית גובאי ליזניה וית LV 11:22
ייתי עשו למשרי דחדא **מנהין** וימחיניה ויהי משרי GN 32:9
דלא למתחייבא בחדא **מנהין** ולא נמות במיתותא דמייתין NU 31:50
יהווין תדייא דינקת **מנהין** ומעייא דרבעת בהון: ברכתא GN 49:25
ולא אסתכלנן בחדא **מנהן** דלא למתחייבא בחדא מנהין NU 31:50
קרבנך ברעוא וקרבני **מני** לא איתקבל ברעוא עני הבל GN 4:8
ועיניכון לא תיחוס על **מניכון** ארום שפר ארג כל ארעא GN 45:20
עד דינוח רוגזא דאחוך **מנך** ויתנשי ית מה דעבדתא ליה GN 27:45
וזילו ולית אנא בעי **מנכון** אלהן דתצלו עלי דלא אמות: EX 12:32
דפקיד ייי למימר: סבו **מנכון** אפרשותא קדם ייי כל מאן EX 35:5
ית מעשרא ארום יתרחק **מנכון** אתרא די יתרעי ייי אלקכון DT 14:24
בישרא: ארום יתרחק **מנכון** אתרעא דיתרעי ייי אלקכון DT 12:21
ישראל לא ישתבע חד **מנכון** בשום מימריה דייי אלקכון EX 20:7
ישראל לא ישתבע חד **מנכון** בשום מימריה דייי אלקכון DT 5:11
ישראל לא ישתבע חד **מנכון** בשמי לשקרא לאפסא ית LV 19:12
כל מידעם דרחיקית **מנכון**: דא היא בעירא דתיכלון DT 14:3
כל יומין דהיא צדיא **מנכון** והינון ירעון ית חוביהון LV 26:43
להום אינש די יקרב **מנכון** ולא מן משעמדיא פלחי LV 1:2
יומנא לא מכסיא היא **מנכון** ולא רחיקא היא: לא בשמיא DT 30:11
דיתבין בגבלא וידחלון **מנכון** ותסתמרון לחדא: לא תיתגרון DT 2:4
אחוכון קלילא הכא: פטרו **מנכון** חד וידבר ית אחוכון ואתון GN 42:16
תבירי חרב: וירדפון **מנכון** חמשא למאתא ומאתא LV 26:8
במילין קשין: כיציבא **מנכון** יהי לכון גיורא דמתגייר LV 19:34
דחבריה ולא יחמיד חד **מנכון** ית אינתתיה דחבריה ולא EX 20:17
חמודין ולא יחמיד חד **מנכון** ית ביתא דחבריה ולא יחמיד EX 20:17
דחבריה ולא יירוג חד **מנכון** ית ביתיה דחבריה ולא DT 5:21
בעלי דבביכון: ודמשתייר **מנכון** יתימסון בחוביהון בארעתא LV 26:39
ויתמא ולא ימשכן חד **מנכון** כסו דארמלתא דלא יקומו DT 24:17
אזדהרון דכל בר נשא **מנכון** לא ייכול אדמא וגייורייא LV 17:12
למטייבא ולא יתמנע חד **מנכון** למלפא זכו על חבריה בדינא EX 23:2
עם שלופי חרב למתפרע **מנכון** על דבטלתון ית קיימיי LV 26:25
מביניכון: ארום יתפרש **מנכון** פיתגמא לדינא ביני אדם DT 17:8
בארעא דמצרים: יקבל **מנכון** פרעה ואיגרי בהון גירין EX 7:4
ייי למשה לא יקביל **מנכון** פרעה מן בגלל לאסגאה EX 11:9
עממין רברבין ותקיפין **מנכון** קירוין רברבן וכריכן עד צית DT 9:1
טומריא ופיתגמא דיקשי **מנכון** תקרבון לותי ואשמעיניה: DT 1:17
בעיניי פיתגמא ודברית **מנכון** תריסר גובריןברירין גוברא DT 1:23
כל יומין דהיא צדיא **מנכון** תתנייח היכמא דלא LV 26:35
ואמר להום יעקב אחי **מנן** אתון ואמרו מחרן אנחנא: ואמר GN 29:4
מילין קשיין ואמר להום **מנן** אתיתון ואמרו מארעא דכנען GN 42:7

מן (1)

עממין דלא מבינך הוא: **מן** דהוא גזיר יגזר מרביינֵי בתיכון GN 17:13

מנא (20)

ולית מיא ונפשנא קנטת **במנא** הדין דמזוניה קליל: ברת קלא NU 21:5
לחם שמיא ומתרעמין **דמנא** דמוייה כזרע כוסבר חיור כד NU 11:7
לית כל מידעם אלהין **למנא** אנן מסתכיין כמסכן דמודיק NU 11:6
לארעא מיתבא ית **מנא** אכלו ארבעין יומין בתר מותיה EX 16:35
ובני ישראל אכלו ית **מנא** ארבעין שנין בחייוהי דמשה EX 16:35
הישתכחו אכלין ית **מנא** בזכותיה דמשה בתר דשכיב DT 34:8
משמיר טינרא: דאוכלך **מנא** במדברא דלא ידעון אבהתך מן DT 8:16
בעשרא בניסן ופסק להון **מנא** בשיתיסר בניסן הישתכחו DT 34:8
שיקרא ואיתרעמיתון על **מנא** דאחית לכון חיוור מן שמיא DT 1:1
ועניך ואכפנך ואוכלך ית **מנא** דלא ידעתון ולא ידעון אבהתך DT 8:3
והב תמן מלי עומרא **מנא** ואצנע יתיה קדם ייי למטרא EX 16:33
ייי לישראל דיהב להון **מנא** ובירא ודי שיזבינון מן ידא EX 18:9
שבתא ביני שימשתא **מנא** ובירא וחוטרא דמשה ושמירא NU 22:28
בית ישראל ית שמיה **מנא** והוא כבר זרע כוסבר חיור EX 16:31
מן רשיעי עמא למלקוט **מנא** ולא אשכחו: ואמר ייי למשה EX 16:27
כן בני ישראל ולקיטו **מנא** מאן דאסגי ומאן דאזער: EX 16:17
ממצרים אחיתית להון **מנא** מן שמיא וכדון חזרו ואתרעמו NU 21:6
דהוא שבתא לא יהי ביה **מנא** נחית: והוה ביומא שביעאה EX 16:26
וסליקו ענניא ואחיתו **מנא** עילוי אנחות טלא והות על EX 16:14
בליליא הוה נחית **מנא** עלוי: ושמע משה ית עמא בכן NU 11:9

מנחתא (86)

לא תיטפי: ודא אורייתא **דמנחתא** דיקרבון יתה בני אהרן LV 6:7
בקומציה מן סמידא **דמנחתא** ומן טובה על כל לבונתא LV 6:8
חד ותרין עשרונין סמידא **דמנחתא** פתיכא במשח זיתא NU 28:12
ונסיבתכון לעלוותכון **ולמנחתיכון** ולניסוכיהון ולניכסת NU 29:39
וקטורת בוסמיא **ומנחתא** דתדירא ומישחא דרבותא NU 4:16
דעממין נוכראין ועלתא **ומנחתא** וניסוכין לא תנסכון עלוי: EX 30:9
לשמא דייי עלתא **ומנחתא** נכסת קודשין וניסוכין LV 23:37
ייי מן בגלל דיתרעי בכון **ומנחתא** פתיכא במשח זיתא ארום LV 9:4
ומנחתה ועלת תדירא **ומנחתה** וניסוכיהון כסדר דינהון NU 29:6
בר מן עלת ריש ירחא **ומנחתה** ועלת תדירא ומנחתה NU 29:6
כיפוריא ועלת תדירא **ומנחתהון** וחמר ניסוכיהון: ובחמיסר NU 29:11
דמשיחין במשחא זיתא **ומנחתהון** וניסכיהון: ויקריב כהנא NU 6:15
תריסר רברבי עשו **ומנחתהון** מטול דיעדי כפנא מן NU 7:87
תרי ושית מנהון חד חד: **ומנחתהון** סמידא דחינטיא וחמר NU 29:21
שובעא אימרין בני שנא: **ומנחתהון** סמידא דחינטיא פתיכא NU 28:28
תרי תריסר מנהון חד חד: **ומנחתהון** סמידא דחנטיא NU 29:27
תרי וארבע מנהון חד חד: **ומנחתהון** סמידא דחנטיא וחמר NU 29:18
תרי ותריסר מנהון חד חד: **ומנחתהון** סמידא דחנטיא וחמר NU 29:30
בני שנא שלמין יהון לכון: **ומנחתהון** סמידא דחנטיא פתיכא NU 28:20
בני שנא שובעא שלמין: **ומנחתהון** סמידא דחנטיא פתיכא NU 29:3
שובעא שלמין יהון לכון: **ומנחתהון** סמידא דחנטיא פתיכא NU 29:9
מנהון חד חד שלמין יהון: **ומנחתהון** סמידא דחנטיא פתיכא NU 29:14
על תמני ותשעין לווטיא: **ומנחתהון** סמידא דחנטתא וחמר NU 29:33
ברעוא קדם ייי **ומנחתיה** וניסוכיה כד חמי וצפיר NU 15:24
ויסבון תור בר תוריה **ומנחתיה** סולתא פתיכא במשח NU 8:8
בר מן עלת תדירא **ומנחתיה** תעבדון שלמין יהוון לכון NU 28:31
לעלתא לשמא דייי: **ומנחתיה** תרין עשרונין סמידא LV 23:13
פתיכא במשח זיתא **למנחתא**: בזיכא חדא מתקלא NU 7:19
פתיכא במשח זיתא **למנחתא**: בזיכא חדא מתקלא עשר NU 7:13
וסמידא דחינטתא **למנחתא** וחמר ניסוכה: וביומא NU 29:28
תדירא וסמידא דחנטתא **למנחתא** וחמר ניסוכה וצלוחיתא NU 29:31
חד פתיך במשח זיתא **למנחתא** ולוגא דמשח זיתא: ותרין LV 14:21
דא היא אורייתא לעלתא **למנחתא** לחטאתא ולאשמתא דא LV 7:35
ותרין עשרונין סמידא **למנחתא** פתיכא במשח זיתא NU 28:9
ותלתא עשרונין סמידא **למנחתא** פתיכא במשח זיתא NU 28:12
ועשרונא עשרונא סמידא **למנחתא** פתיכא במשח זיתא NU 28:13
ותלתא עשרונין סמידא **למנחתא** פתיכא במשח זיתא ולוגא LV 14:10
תדירא וסמידא דחנטיא **למנחתה** וחמר ניסוכא: וביומא NU 29:16
מן עלת תדירא וסמידא **למנחתה** וחמר ניסוכה: אילין NU 29:38
תדירא וסמידא דחנטיא **למנחתה** וחמר ניסוכה: ביומא NU 29:34
תדירא וסמידא דחנטיא **למנחתה** וחמר ניסוכה: וביומא NU 29:22
תדירא וסמידא דחנטיא **למנחתה** וחמר ניסוכה: וביומא NU 29:25
תדירא וסמידא דחנטיא **למנחתהון** וחמר ניסוכיהון: וביומא NU 29:19
סמידא דחנטיא **למנחתהון** וחמר ניסוכיהון מה NU 29:27
מילחא: ואין תקרב **מנחת** ביכורין קדם ייי מהבהב קלי LV 2:14
קלי ופירוכיין תקרב ית **מנחת** ביכורך: ותיתן עלה משח LV 2:14
ארום מנחת קנאתא היא **מנחת** דוכרנא מדכרת חובין: ויקרב NU 5:15
רישה ויתן על ידהא ית **מנחת** דוכרנא מנחת קינאיתא היא NU 5:18
מישחא מנחתא היא: ואין **מנחת** מרתחא קרבנך סמידא רתח LV 2:7
ידהא ית מנחת דוכרנא **מנחת** קינאיתא היא ובידא דכהנא NU 5:18
יתן עלה לבונתא ארום **מנחת** קנאתא היא מנחת דוכרנא NU 5:15
תעיל יתה מרסקא **מנחת** ריסוקין תקרב אתקבלא LV 6:14
מן יקידתא סיבו ית **מנחתא** דאישתיירת מקורבנייא LV 10:12
קודשין מקרבניא דייי: כל **מנחתא** די תקרבון קדם ייי לא LV 2:11
חמיע חולקהון מן מותרי **מנחתא** דיהבית להון מקרבניי LV 6:10
תסתדר ותיתסק: וכל **מנחתא** דכהנא גמירא תסתדר LV 6:16
חמשין יומין ותקרבון **מנחתא** דלחים חדת לשמיה דייי: LV 23:16
דייי: וארום תקריב קרבן **מנחתא** דמתאפי בתנורא סמידא LV 2:4
כהנא מידא דאיתתא ית **מנחתא** דקניאיתא וירים ית NU 5:25
לכהנא דיליה יהי: וכל **מנחתא** דתיתאפי בתנורא וכל LV 7:9
תתעבד: ותהנעל ית **מנחתא** דתתעבד מן סמידא LV 2:8
ותריק עלה מישחא **מנחתא** היא: ואין מנחת מרתחא LV 2:6
זיתא ותשוי עלה לבונתא **מנחתא** היא: ויסיק כהנא ית שבח LV 2:15
עלוי ית עלתא וית **מנחתא** היכמא דפקיד ייי ית משה: EX 40:29

וית חד עלתא על קרבן **מנחתא** ויכפר כהנא על דמידכי LV 14:31
טובה על כל לבונתא דעל **מנחתא** ויסיק למדבחא לאתקבלא LV 6:8
אמטולתיה: וקריב ית **מנחתא** ומלא ידיה מינה ונסיב LV 9:17
קדם ייי: ומה דמשתייר מן **מנחתא** יהי לאהרן ולבנוי קדש LV 2:10
קדם ייי: ומה דמשתייר מן **מנחתא** יהי לאהרן ולבנוי קודש LV 2:3
מדבחא: ויקמוץ כהנא מן **מנחתא** ית צריד אדכרתא ויסק NU 5:26
למדבחא: ויפרש כהנא מן **מנחתא** ית שבח אדכרתא ויסיק LV 2:9
כהנא ית עלתא וית **מנחתא** למדבחא ויכפר עלוי כהנא LV 14:20
דמקרב קורבניה קדם ייי **מנחתא** סמידא עשרונא פתיכא NU 15:4
ייי: ויקרב על בר תורי **מנחתא** סמידא תלתא עשרונין NU 15:9
דמשיחין במשח: ואין **מנחתא** על מסריתא קרבנך סמידא LV 2:5
בתלת סאין סמידא **מנחתא** פלגותא בצפרא ופלגותא LV 6:13
יתה דיליה יהי: וכל **מנחתא** פתיכא במשח ומנגבה לכל LV 7:10
דקניאיתא וירים ית **מנחתא** קדם ייי ויקריב יתה על גבי NU 5:25
ובר נש ארום יקרב קרבן **מנחתא** קדם ייי קמחא סמידא יהי LV 2:1
חד: או לדיכרא תעביד **מנחתא** תרין עשרונין סמידא NU 15:6
אישתא כל קרבנהון לכל **מנחתהון** לכל חטוותהון ולכל NU 18:9
מנהון מקרבין חד חד: **מנחתהון** סמידא דחנטיא וחמר NU 29:24
לחדוות שבעא יומין: **מנחתהון** סמידא דחנטתא וחמר NU 29:37
דפטיריא ויעביד כהנא ית **מנחתיה** וית ניסוכיה: ויגלב נזירא ית NU 6:17
ברעוא: וכל קרבן **מנחתך** במלחא תמלח ולא תבטל LV 2:13
מלח קיים אלקך מעילוי **מנחתך** מטול דעשרין וארבע LV 2:13

מני (202)

ירחא ולעילא ארום לא **אתמניו** בגו בני ישראל ארום לא NU 26:62
מאה וחמשין: וליואי לא **אתמניין** בגו בני ישראל היכמא NU 2:33
לשיבטא דאבהתהון לא **אתמנין** ביניהון: ומליל ייי עם משה NU 1:47
פיגריכון במדברא: **במניין** יומיא דאלילתון ית ארעא NU 14:34
גניסת גרשון: סכומהון **במניין** כל דכורא מבר ירחא ולעילא NU 3:22
איליין הינון גניסת קהת: **במניין** כל דכורא מבר ירחא ולעילא NU 3:28
גניסת מררי: סכומהון **במניין** כל דכורא מבר ירחא ולעילא NU 3:34
לבית אבהתהון **במניין** שמהן כל דכורא לגולגלתהון: NU 1:2
לבית אבהתהון **במניין** שמהן לגולגל כל דכורא מבר NU 1:22
לבית אבהתהון **במניין** שמהן לגולגלות כל דכורא NU 1:32
לבית אבהתהון **במניין** שמהן לגולגלותהון כל NU 1:20
לבית אבהתהון **במניין** שמהן לגולגלותהון כל NU 1:28
לבית אבהתהון **במניין** שמהן לגולגלותהון כל NU 1:30
לבית אבהתהון **במניין** שמהן לגולגלותהון כל NU 1:34
לבית אבהתהון **במניין** שמהן לגולגלותן כל דכורא NU 1:24
לבית אבהתהון **במניין** שמהן לגולגלותן כל דכורא NU 1:26
תתפלג ארעא באחסנא **במניין** שמהן: לשיבטא דעמיה סגי NU 26:53
לבית אבהתכון **במניין** שמהן מבר עשרין שנין NU 1:18
לבית אבהתהון **במניין** שמהן מבר עשרין שנין NU 1:36
לבית אבהתהון **במניין** שמהן מבר עשרין שנין NU 1:38
לבית אבהתהון **במניין** שמהן מבר עשרין שנין NU 1:40
לבית אבהתהון **במניין** שמהן מבר עשרין שנין NU 1:42
דיובילא ויהי כסף זבינוי **במניין** שניא הי כיומי אגירא יהי LV 25:50
עם תורי ודיכרי ואימרי **במניינהון** כסדר דינא: וצפיר בר עיזי NU 29:24
עם תורי ודיכרי ואמרי **במניינהון** כסדר דינא: וצפירא NU 29:21
עם תורי ודיכרי ואמרי **במניינהון** כסדר דינא: וצפירא NU 29:30
עם תורי ודיכרי ואימרי **במניינהון** כסדר דינא: וצפירא NU 29:37
עם תורי ודיכרי ואימרי **במנייניהון** כסדר דינא: וצפירא NU 29:27
ועם דיכריא ואימריא **במנייתהון** כסדר דינא: וצפיר בר NU 29:18
עם תורי ודיכרי ואימרי **במנינהון** כסדר דינהון: וצפירא NU 29:33
לותיה אהרן וכל רברביא **דאתמנון** נגודין בכנישתא ומליל EX 34:31
דמשכנא דסהדותא **דאתמניין** על פם מימרא דמשה EX 38:21
חמרנא: וקריבו לות גברא **דיממנא** אפיטרופוס על בית יוסף GN 43:19
וכל פולחניה: ואמרכול **דיממני** על רברבי ליואי אלעזר בר NU 3:32
דארעא אף כן בנך אפשר **דיתמנון**: קום טייל בארעא ועיבד GN 13:16
ההוא: ופקיד ית מנשה **דממנה** אפיטרופוס על ביתיה GN 44:1
הוא הוה רב בהום דכל **דממנן** לזמרא בכינרא ואבובא: וצלה GN 4:21
לות משה איסטריטיגין **דממנן** על אלפי חילא רבני אלפין NU 31:48
משה על איסטרטיגין **דממנן** על חילא רבני אלפין ורבני NU 31:14
איליין סכומי מניינייא **דמנא** משה ואהרן ורברבי ישראל NU 1:44
דמשה: כל סכום מניינייא **דמנא** משה ואהרן ורברבי ישראל NU 4:46
סכומי גניסת בני מררי **דמנא** משה ואהרן על פום מימרא NU 4:45
ולקו סרכי בני ישראל **דמנו** עליהון שולטני פרעה למימר EX 5:14
משה לבני ישראל חמון **דמני** ייי בשום טב בצלאל בר אורי EX 35:30
ואמר ליה דתן מאן הוא **דמני** יתך לגבר רב ודיין עלנא הלא EX 2:14
מסר בידיה: והוה מעידן **דמנייה** אפוטרופוס על בייתיה ועל GN 39:5
זמן דהוי ענן יקרא יומין **דמניין** הינון שבעתי יומי שבעתא NU 9:20
ובפריזאי ואנא עם **דמניין** ויתכנשון עלי וימחונני GN 34:30
ואמר פרעה ליוסף חמי **דמנית** יתך סרכן על כל ארעא GN 41:41
דבני ישראל דיהבו בזמן **דמננון** משה גבר פורקן נפשיה מאה EX 38:25
שבעא ודליק כהנא **דמתמני** ית בוצינהא ויהון מנהרין EX 25:37
לא תקילון ורבנין **דמתמנין** נגודין בעמך לא תלוטון: EX 22:27
תריסר סבי כנישתא **דמתמנן** אמרכולין על תריסר LV 4:15
הינון רברבי שבטיא הינון **דמתמנן** במצרים אמרכולין על NU 7:2
דייי כולהון גוברין חריפין **דמתמנן** רישין על בני ישראל הינון: NU 13:3
יגלי ייי יתכון וית מלככון **דתמנון** עליכון לאומא דלא DT 28:36
ומרי מנדעא לשיבטיכון **ואימנינון** רישין עליכון: ואתיבתון DT 1:13
דמותא ואישצי יתהון **ואמני** יתך לעם רב ותקיף מנהון: NU 14:12
ייי כאפרים וכמנשה **ובמניין** שבטייא יתמני רבא GN 48:20
דמצרים: ועבד פרעה **וימנה** אפיטרופין על ארעא ויפקון GN 41:34
לתמן אהרן ובנוי ייעלון **וימנון** יתהון גבר גבר על פולחניה NU 4:19
פסקין למללא עם עמא **וימנון** רברבני חילין בריש עמא: DT 20:9
אין פסק מדובנא דוויה **וימני** ליה שובעא יומין לדכותיה LV 15:13
לא תצטרכון למזוף: **וימני** מימרא דייי יתכון למלכין ולא DT 28:13
פרעה גבר סוכלתן וחכים **וימניניה** על ארעא דמצרים: ועבד GN 41:33
לסימנין ולזמני מועדין **ולממני** בהון חושבן יומין GN 1:14
לכון ולמינטר כל פיקודוי: **ולמנאה** יתכון רמין וגיותנין על כל DT 26:19
ירחא ולעילא תמנינון: **ומנא** יתהון משה על פם מימרא NU 3:16
בבעירא דבני ישראל: **ומנא** משה היכמה דפקיד ייי יתיה NU 3:42
דאיתמר בר אהרן כהנא: **ומנא** משה ואהרן ית בני קהת NU 4:34
איזל זמין פונדקין **ומני** בהון נשיא מטעייתא זבנן NU 24:14
קדם רבא דמנשה **ומני** ית אפרים דיהי קדם מנשה: GN 48:20
לישן תליתאיי ואיזדערת **ומני** ית שמשא דהוה נהורא רבה GN 1:16
סב ית כל רישי עמא **ומני** יתהון דיינין וידונון דינין NU 25:4
איסתכל כדון לשמייא **ומני** כוכביא אין תיכול למימני GN 15:5
בעיני רב בית אסירי: **ומני** רב בית אסירי ביד יוסף ית כל GN 39:22
אתרא דיוסף אסיר תמן: **ומני** רב ספוקלטוריא ית יוסף GN 40:4
בעינוי ושמיש יתיה **ומנייה** אפוטרופוס על בייתיה וכל GN 39:4
מאתן ועשר שנין **ומניין** ארבע מאה ותלתין שנין מן EX 12:40
מימרא דייי בידא דמשה: **ומניין** סכומי בני גרשון לגניסתהון NU 4:38
על פום מימרא דייי: **ומניין** סכומי גניסת בני מררי NU 4:42
אשכחתא רחמין קדמי **ומנית** יתך בשום טב: ואמר אחמי EX 33:17
מריעיוניהון לא השכחית **ומניתינון** רישי עליכון רבני אלפין DT 1:15
דפקיד ייי ית משה **ומננון** במדברא דסיני: והוו בני ראובן NU 1:19
לדריכון בכל מותבניכון: **ותימנון** לכון מבתר יומא טבא LV 23:15
תהי כל עללתא למיכל: **ותימני** לך שבע שמיטין דשנין שבע LV 25:8
מטולהון ולכל פולחנהון **ותמנון** עליהון במטרא ית כל NU 4:27
ואין אידיכיית מדובה **ותמני** לה שובעא יומין ובתר כדין LV 15:28
לקבלא ממון שיקרא **ותמני** עליהון רבני אלפין רבני EX 18:21
בהום גוברין דחילא **ותמנינון** רבני גיתי על דידי: ואייתי GN 47:6
משה קדם ייי למימר: **ימני** מימרא דייי דשליט בנשמת בר NU 27:16
דחב: ויסמוך ית יד **ימניה** על ריש חטאתא ויכוס ית LV 4:29
אסגי ית בנייכי ולא **יתמנון** מסגי: ואמר לה מלאכא הא GN 16:10
וכמנשה ובמניין שבטייא **יתמני** רבא דאפרים קדם רבא GN 48:20
זבנין חקיל או כרמא **כמניין** סכום שנייא בתר יובלא LV 25:15
יובלא תזבנון מן חבריכון **כמניין** שנייא דכנישות עללתא LV 25:15
סייפא ביומא ההוא **כמניין** תלתא אלפין גברא: ואמר EX 32:28
דסכומהון שובעין **כמניינא** עממיא: ויתן לך ית ברכתא GN 28:3
ירחייא ומיניה תשרון **למימני** חגיא וזימניא ותקופתא EX 12:2
דאית איפשר לגבר **למימני** ית עפרא דארעא אף כן בנך GN 13:16
כהנא עם אמרכליא ואמר **למימני** יתהון במישריא דמואב על NU 26:3
ומני כוכביא אין תיכול **למימני** יתהון ואמר ליה כדון יהון GN 15:5
ואישתיירו תמנייא ותנא **למימני** משמעון וסלק לוי במעשרא GN 32:25
בתר חצר עומרא תישרון **למימני** שובעא שבועין: ותעבדון DT 16:9
דמדברא אמר מן ייכול **לממני** זכוותא חסינייא האיליין NU 23:10
הכדין ליתיכון רשאין **למנאה** לפרנסא גברא זידנא DT 16:22
מלכא לית לכון רשו **למנאה** עליכון גבר חילוניי דלא מן DT 17:15
קדמאי הוא לכון **למניין** ירחי שתא: מלילו עם כל EX 12:2
ית חושבין בני ישראל **למניינהון** ויתנון גבר פורקן נפשיה EX 30:12
ואמפורין ולית סכום **למנייניהום**: ובנוי דנפתלי יחצאל GN 46:23
וסלמנדרא: אילין תמניא **מיניא** דמסאבין לכון בכל ריחשא LV 11:31
ליביה לאפרשא: וכסף **מינייני** דבני ישראל דיהבו בזמן EX 38:25
ינתנון כל מאן דעבר על **מיניינייא** פלגות סילעא בסילעא EX 30:13
ואמר לעשו הא שליט **מיניתיה** עלך וית כל אחוי שוית GN 27:37
בנימין ואמר למנשה די **ממנה** אפיטרופוס על ביתיה אעיל GN 43:16
ויוסף אמר למנשה די **ממנה** אפיטרופוס על ביתיה קום GN 44:4
לות כהנא די יהוי **ממני** לכהין רב ביומיא האינון DT 26:3
חיוי חורמן ורבא דהוה **ממני** על חילוות שבטוי דבני דן NU 2:25
דזבולון ורבא הווה **ממני** על חילוות שבטוי דבני זבולון NU 2:7
דישׂשכר ורבא דהוה **ממני** על חילוות שיבטא דבני NU 2:5
דמנשה ורבה דהוה **ממני** על חילוות שיבטא דבני NU 2:20
דנפתלי ורבא דהוה **ממני** על חילוות שיבטא דבני NU 2:29
לחיליהון ורבא דהוה **ממני** על חילוות שיבטא דבני NU 10:14
בר עמינדב: ורבא דהוה **ממני** על חילוות שיבטא דבני NU 10:15
בר צוער: ורבא דהוה **ממני** על חילוות שיבטא דבני NU 10:16

בר שדיאור: ורבא דהוי **ממני** על חילוות שיבטא דבני NU 10:19
בר עמיהוד: ורבא דהוה **ממני** על חילוות שיבטא דבני NU 10:23
בר פדה צור: ורבא דהוה **ממני** על חילוות שיבטא דבני NU 10:24
בר עכרן: ורבא דהוה **ממני** על חילוות שיבטא דבני NU 10:27
דאשר ורבא דהוה **ממני** על חילוות שיבטא דבני אשר NU 2:27
בר עמי שדי: ורבא דהוה **ממני** על חילוות שיבטא דבני אשר NU 10:26
דבנימן ורבא דהוה **ממני** על חילוות שיבטא דבני בנימן NU 2:22
ושיבטא דגד ורבא דהוה **ממני** על חילוות שיבטא דבני גד NU 2:14
בר צורי שדי: ורבא דהוה **ממני** על חילוות שיבטא דבני גד NU 10:20
חובת עיגלא ורבא דהוה **ממני** על חילוות שיבטא דראובן NU 2:10
לחיליהון ורבא דהוה **ממני** על חילוות שיבטיה אחיעזר NU 10:25
לחיליהון ורבא דהוה **ממני** על חילוות שיבטיה אליצור NU 10:18
לחיליהון ורבא דהוה **ממני** על חילוות שיבטיה אלישמע NU 10:22
צורת ריבא ורבא דהוה **ממניה** על חילוות שיבטא דבני NU 2:18
ואין זעירין אינשי ביתא **ממניין** עשרא כמיסת למיכול EX 12:4
גניסתא ואין סגיאין **ממניינא** יסבון אימרא לביתא: ואין EX 12:3
ותומיא מתחות ידוי **ממנן** נטרי מטרת קודשא: למררי NU 3:32
על פום מימרא דייי **מנא** יתהון בידא דמשה גבר גבר על NU 4:49
כל סכומי מנייני ליואי די **מנא** משה ואהרן על פום מימרא NU 3:39
דפלח במשכן זימנא די **מנא** משה ואהרן על פום מימרא NU 4:37
דיפלח במשכן זימנא די **מנא** משה ואהרן על פום מימרא NU 4:41
במדברא דסיני למימר: **מני** ית בני לוי לבית אבהתהון NU 3:15
בגו בני ישראל: ואנת **מני** ית ליואי על משכנא דסהדותא NU 1:50
אלפין: ואמר ייי למשה **מני** כל בוכריא דוכריא בבני ישראל NU 3:40
וידע דאחוי עלין למזבון **מני** נטורין בתרעי קרתא למכתוב GN 42:6
אבהתהון וכל חד וחד **מני** פרנסא ביומוי יעקב אבונן ודוד DT 31:14
תכלא ועקרא בארעך ית **מניין** יומי חייך אשלם מיומא EX 23:26
שניא תזעיר זבינוי ארום **מניין** כנישות עללתא הוא מזבן לך: LV 25:16
עומרא לגולגלתא **מניין** נפשתיכון גבר לפום סכום EX 16:16
ושבע מאה וחמשין: אילין **מניין** סכומי גניסת קהת כל דפלח NU 4:37
דבזו עמא דנפקו לחילא **מניין** ענא שית מאה ושובעין NU 31:32
תחומי אומיא כסכום **מניין** שובעין נפשתא דישראל DT 32:8
בוכריא דוכריא בסכום **מניין** שמהן מבר ירחא ולעילא NU 3:43
ולעילא וקביל ית סכום **מניין** שמהתהון: ותקרב ית ליואי NU 3:40
לכל מאן דעבר על **מניינא** מבר עשרין שנין ולעילא EX 38:26
ירחא ולעילא לסכום **מניינהון** עשרין ותרין אלפין מאתן NU 3:43
לטיקסיהון: איליין סכום **מנייני** בני ישראל לבית אבהתהון NU 2:32
הוון: והוו כל סכומי **מנייני** בני ישראל לבית אבהתן מבר NU 1:45
מן קדם ייי: כל סכומי **מנייני** ליואי די מנא משה ואהרן על NU 3:39
לבית אבהתהון כל **מנייני** משירייתא לחיליהון שית NU 2:32
חזור חזור דנחשא: איליין **מנייני** מתקלוון וסכומין דמשכנא EX 38:21
תלת אלפין ומאתן: אילין **מנייני** סכומי גניסת בני מררי דמנא NU 4:45
מאה: איליין סכומי **מניינייא** דמנא משה ואהרן ורברבי NU 1:44
בידא דמשה: כל סכום **מניינייא** דמנא משה ואהרן ורברבי NU 4:46
במצרים אמרכולין על **מניינייא**: ואייתיו ית קרבנהון קדם NU 7:2
וארבע מאה: כל סכום **מניינייא** למשירית אפרים מאתן NU 2:24
וארבע מאה: כל סכום **מניינייא** למשריית דן מאה וחמשין NU 2:31
ושית מאה: כל סכום **מניינייא** למשריית ראובן מאה NU 2:16
אלפין וארבע מאה: כל **מניינייא** למשרית יהודה מאה NU 2:9
קדם ייי: כל מאן דעבר על **מניינייא** מבר עשרין שנין ולעילא EX 30:14
ואנת במימרך אמרת **מניית** יתך בשום טב ואוף אשכחת EX 33:12
כל עיבידתא: ואנא הא **מניית** עימיה ית אהליאב בר EX 31:6
לאב סגי סוגעי עממין **מניתך**: ואפיש יתך לחדא לחדא GN 17:5
ואתחייל ארום אנת **מתמני** למיעול עם עמא הדין DT 31:7
הי כחלא דימא דלא **מתמני** מסגי: ובת תמן בליליא GN 32:13
ורב בית אבא דהוה **מתמני** על גניסת מררי צוריאל בר NU 3:35
ורב בית אבא דהוה **מתמני** על גניסתא קהת אליצפן בר NU 3:30
ורב בית אבא דהוה **מתמני** על תרתין גניסתא דגרשון NU 3:24
דאתי ויהי עולימוי **מתמניין** עם עולימהון דאחוי בית DT 33:6
מרחשון דעד כדון לא הוו **מתמנן** ירחייא אלהן מתשרי דהוא GN 7:11
ואמרו גבר לאחוי **נמני** עלן מליך לריש ונתוב למצרים: NU 14:4
יתה ותיתבון בה ותימרון **נמני** עלן מלכא ככל עממיא DT 17:14
מבתר שבועתא שביעאה **תימנון** חמשין יומין ותקרבון LV 23:16
לכל פולחנהון: ובשמהן **תימנון** ית כל מני מטרת מטולהון: NU 4:32
כל נפיק חילא בישראל **תימנון** יתהון לחיליהון אנת ואהרן: NU 1:3
עיבידתא: שובעא שבועין **תימנון** לכון מזמן דתשרון למשלח DT 16:9
ברם ית שיבטא דלוי לא **תימני** וית חושבנהון לא תקבל בגו NU 1:49
בהון ניזקא דמותא כד **תימני** יתהון: דין שיעורא איתחמי EX 30:12
פורקן נפשיה קדם ייי כד **תימני** יתהון ולא יהון בהון ניזקא EX 30:12
לבית אבהתהון **תימני** יתהון: מבר תלתין שנין NU 4:29
קשיטין וסרכין אלימין **תמנון** לכון בכל קירויכון דייי DT 16:18
מאיתמלי ומדקדמוי **תמנון** עליהון לא תימנעון מיניה EX 5:8
מן קדם ייי ומבתר כדין **תמנון** עליכון מלכא לית לכון רשו DT 17:15
ישראל: וית אהרן וית בנוי **תמני** ויטרון ית כהונתהון וחילוניי NU 3:10
ועד בר חמשין שנין **תמני** יתהון כל דאתי לחיילא חילא NU 4:23
דכורא מבר ירחא ולעילא **תמנינון**: ומנא יתהון משה על פם NU 3:15
ועד בר חמשין שנין **תמנינון** כל דאתי לחילא למפלח ית NU 4:30

מניכא (1)

יתיה לבושין דבוץ ושוי **מניכא** דדהבא על צווריה: וארכיב GN 41:42

מנע (31)

ארעא: וחמא פרעה ארום **איתמנע** מיטרא וברדא וקלייא EX 9:34
מן פום מימר קודשא לא **אמנע** סדר ברכתהון מנהון: אמר NU 23:20
שנין ובזכותיה דיעקב **אתמנען** ארבעין שנין מן מצרים GN 50:3
תהומא וחרכי שמיא **ואיתמנע** מיטרא מלימיחת מן GN 8:2
ופרס ידוי בצלו קדם ייי **ואתמנעו** קלין דלווט וברדא EX 9:33
ליבבך עבדת דא **ומנעית** אוף אנא יתך מלמחטי GN 20:6
רביע תחות טוניה **ותמנוע** לנפשך מלמקרוב ליה EX 23:5
דבני ישראל לנשין **ותתמנע** אחסנתהון מאחסנת NU 36:3
ותכשיטהא ומעיילה לא **ימנע** לה: אין תלת מילייא האיליין EX 21:10
מיננא ית קבורתיה לא **ימנע** מינך בגין דלא למיקבר מיתך: GN 23:6
שיבטא דאבהתנא **יתמנע** אחסנתהין: ופקיד משה ית NU 36:4
להון ומן עדב אחסנתנא **יתמנע**: ואין יהוי יובילא לבני NU 36:3
אלהין למטייבא ולא **יתמנע** חד מנכון למלפא זכו על EX 23:2
למיעבד וכדון לא **יתמנע** מנהון כל דחשיבו למיעבד: GN 11:6
דוכרין לא הוו ליה: למא **יתמנע** שום אבונא מיגו גניסתיה NU 27:4
ידיי בצלו קדם ייי קלייא **יתמנעון** וברדא לא יהי תוב מן EX 9:29
אתר דתשכחון ארום לא **מיתמנע** מפולחנכון מידעם: EX 5:11
דריבוני אברהם די לא **מנע** טיבותיה וקושטיה מן ריבוני GN 24:27
מייקרא איקרינך והא **מנע** ייי לבלעם מן יקרא: ואמר NU 24:11
רב בביתא הדין מיני ולא **מנע** מיני מדעם אלהין יתיך מן GN 39:9
קדמוי הינון בניא והוא **מנע** מיניך פירי מעיא: ואמרת הא GN 30:2
שרי לאברם הא כדון **מנעני** ייי מן למילד עול כדון לות GN 16:2
ית פיתגמא הדין ולא **מנעת** ית ברך ית יחידך: ארום ברכא GN 22:16
דישראל הא כדון היא **מתמנעא** מינן במטו מינך ריבוני NU 12:12
נש דמית עלנא למא כען **נתמנע** בגין דלא למיכוס פיסחא NU 9:7
למעקא לבר עמך לא **תימנע** זכו דחברך למסהדא עלוי LV 19:16
לא תתקף ית לבבך ולא **תימנע** ית אידך מאחוך מסכינא: DT 15:7
תמנון עליהון לא **תימנעון** מיניה ארום בטלנין הינון EX 5:8
יתהון בביש למימר לא **תימנעון** מן ליבניכון דפתגם יום EX 5:19
בלק בר צפר לא כדון **תיתמנע** מלמיתי לותי: ארום NU 22:16
חובת עיכוב נידרא: וארום **תתמנעון** מלמידר לא יהי בכון DT 23:23

מנקיות (1)

פילוותא וית בזיכיא וית **מנקייתא** וית קסוות ניסוכא ולחים NU 4:7

מנרתא (26)

קנין דנפקין מן מנרתא: **ובמנרתא** ארבעא כלידין משקעין EX 37:20
קנין דנפקין מן מנרתא: **ובמנרתא** ארבעה כלידין משקעין EX 25:34
ומטרתהון ארונא ופתורא **ומנרתא** ומתבחיא ומני קודשא NU 3:31
כן אהרן כל קבל אפי **מנרתא** אדליק בוצינהא היכמה NU 8:3
ייי ית משה: ושוי ית **מנרתא** במשכן זימנא כל קבל EX 40:24
דיעקב ותהנעיל ית **מנרתא** בסטר דרומא מטול דמתמן EX 40:4
דדהב דכי נגיד תתעבד **מנרתא** בסיס דידא וקנהא חיזורייה EX 25:31
דדהב דכי נגיד עבד ית **מנרתא** בסיס דידה וקנהא כלידהא EX 37:17
לבוש דתיכלא ויכסון ית **מנרתא** דאנהורי וית בוצינהא וית NU 4:9
מנוי וית לחם דאפיא: וית **מנרתא** דאנהורי וית מנהא וית EX 35:14
בהון דדהב דכי: ועבד ית **מנרתא** דדהב דכי נגיד עבד ית EX 37:17
קדמי תדירא: ותעביד **מנרתא** דדהב דכי נגיד תתעבד EX 25:31
פתורא וית כל מנוי וית **מנרתא** דכיתא וית כל מנהא וית EX 31:8
לשיתא קנין דנפקין מן **מנרתא**: ובמנרתא ארבעא כלידין EX 37:19
לשיתא קנין דנפקין מן **מנרתא**: ובמנרתא ארבעה כלידין EX 25:33
מנוי וית לחם אפיא: וית **מנרתא** וית בוצינהא בוציני סידורא EX 39:37
פתורא וית כל מנוי וית **מנרתא** וית מנהא וית מדבחא EX 30:27
הכדין עבד בצלאל ית **מנרתא**: ומליל ייי עם משה למימר: NU 8:4
לשיתא קנין דנפקין מן **מנרתא**: חיזוריהון וקניהון מינה יהון EX 25:35
ית בוציניא כל קבל **מנרתא** יהון מנהרין שבעתי בוציניא NU 8:2
מברא לפרגודא וית **מנרתא** כל קבל פתורא על סטר EX 26:35
ייי ית משה: ודין עובד **מנרתא** מינא קשיא דדהב עד בסיס NU 8:4
מסיטרהא תלתא קני **מנרתא** מסיטרא חד ותלתא קני EX 37:18
מסיטרא חד ותלתא קני **מנרתא** מסיטרא תניינא: תלתא EX 37:18
מציטרה חד ותלתא קני **מנרתא** מציטרא תניינא: תלתא EX 25:32
מציטרהא תלתא קני **מנרתא** מציטרה חד ותלתא קני EX 25:32

מנת (1)

על סדום ועל עמורא על **מנת** דיעבדון תתובא ולא עבדו GN 19:24

מס (1)

דמשתכח בה יהון למסקי **מיסין** ויפלחונכון: ואין לא תשלים DT 20:11

מסחתא (1)

בהון: מתקלין שלמין **ומסחאתא** דקשוט יהוי לכון מכילן DT 25:15

מסי (5)

אחדת יתהון רתיתא **אתמסי** לבהון בגווהון כל עמודי EX 15:15

מיא ואיתחפיאו טווריא: **ואיתמסי** כל ביסרא דרחיש על GN 7:21
במעייכי למנפחא כריסן **ולמסייא** ירכונין ותענה איתתא NU 5:22
ללוט ותנפח כריסא **ותיתמסי** ירכה ותהי איתתא NU 5:27
בדיתן ייי ית ירכוניך **מתמסיין** וית כריסיך מנפחא: ויעלון NU 5:21

מסך (4)

יד ערל ותותב דעימך **ויתמסכן** אחוך עימיה ויזדבן לערל LV 25:47
תיתנון לארעא: וארום אין **יתמסכן** אחוך ויזבון מאחסנתיה LV 25:25
עלם הוא להון: וארום **יתמסכן** אחוך ותמוט ידיה עימך LV 25:35
לכון לאלקא: וארום **יתמסכן** אחוך עימך ויזדבן לך לא LV 25:39

מסכן (20)

ולעניי שיבבותכון **ולמסכיני** ארעכון: ארום יזדבן לכון DT 15:11
הא בתר סגיאי דינא סטי: **ומסכינא** דאתחייב בדיניה לא EX 23:3
סוטריה דאגירא עניא **ומסכינא** מן אחוכון או מן גיוריכון DT 24:14
למנא אנן מסתכיין **כמסכן** דמודיק מגיסא מידיא: חביל NU 11:6
דינא לא תיסבון אפין **למסכינא** ולא תייקרון אפי רבא LV 19:15
עלוי כהנא וידכי: ואין **מיסכן** הוא ולית ידיה מספקא ויסב LV 14:21
בני ישראל לא תצלון דין **ממסכינא** בדיניה: מפתגם שיקרא EX 23:6
משכונא לשוקא: ואין גבר **מסכין** הוא לא תבית ומשכוניה גבך: DT 24:12
תימנע ית אידך מאחוך **מסכינא:** אלא מיפתח תיפתח ית DT 15:7
דאורייתא לא יהוי בכון **מסכינא** ארום ברכא יברככון ייי DT 15:4
ותבאש עיניכון באחוכון **מסכינא** ולא תיתנון ליה ויקבול DT 15:9
דאורייתא ויהוי בכון **מסכינא** מחד אחך בחדא מן קרוך DT 15:7
ותפקר פירהא וייכלון **מסכיני** עמך ושייוריהון תיכול חיות EX 23:11
קדם תרעיהון ומפרנסין **מסכיניא** ומשתביק להון חוביהון EX 40:6
תניינא הוא מעשר **מסכיניא** לגיוריא ליתמא DT 26:12
דאורייתא לא פסקין **מסכינין** מיגו ארעא בגין כן אנא DT 15:11
אליף יתן למפרנסא **מסכינין** מן דאחית לבני ישראל DT 34:6
נוקבא עשר סילעין: ואין **מסכן** הוא ממיסת עילוייה LV 27:8
יתהון ועתירי נכסין **מתמסכנין** דגלותא אתיא על EX 20:17
חמש שנין כפנא דילמא **תיתמסכן** אנת ואינש ביתך וכל GN 45:11

מסמס (1)

לאן אנחנא סלקין אחנא **מסמיסן** ית ליבנא למימר עם רב DT 1:28

מסר (58)

תלתין שנין קדם קיצא **איתמסרו** בידא דפלשתאי EX 13:17
מדברא ועד פרת ארום **אמסור** בידכון ית כל יתבי ארעא EX 23:31
פולחנהון וית כל מה **דיתמסר** להון ויפלחון: על מימרא NU 4:26
דורונא לשמא דייי כיון **דמסר** ייי ית מדינאי בידינן וכבשנן NU 31:50
דמסרת לה רחל כל מליא **דמסר** לה יעקב וכד חמא כן אמר GN 29:25
רבא נהרא פרת: חמון **דמסרית** קדמיכון ית דיירא ארעא DT 1:8
חשיב דרחל היא מן בגלל **דמסרת** לה רחל כל מליא דמסר לה GN 29:25
סבר אפיי יתקוף רוגזי בך **ואמסור** יתך ביד בני נשא איליין EX 10:28
בני קהת במשכן זימנא: **ודמסיר** לאלעזר בר אהרן כהנא NU 4:16
דמשכנא ישרון ציפונא: **ודמסיר** למינטר בני מררי לוחי NU 3:36
עירבוב רב עד דישתיצון: **וימסור** מלכיכון בידכון ותובדון ית DT 7:24
ייתון למיכול גושמיהון: **וימסירינון** ייי אלקכון קודמיכון DT 7:23
ארעהון דשיצי יתהון: **וימסירינון** מימרא דייי קדמיכון DT 31:5
וידברון יתיה מתמן **וימסרון** יתיה ביד תבע אדמא DT 19:12
עימכון קרב ותקפון עלה: **וימסרינה** ייי אלקכון בידכון DT 20:13
קרבא על בעלי דבביכון **וימסרינון** ייי אלקכון בידכון DT 21:10
סגיאין ותקיפין מינך: **וימסרינון** ייי אלקכון קדמיכון DT 7:2
מן ידיהון דמלכיא **ויתמסר** בידיהון עאל אתא במעלי GN 14:13
עמהון ויכפרון באלקהון **ויתמסרון** בידך בשעא קלילא NU 24:14
בר מנוח דמן זרעיתיה **ולמימסר** בידיה ית עמא דפלשתאי GN 30:6
משירייתכון לשיזבותכון **ולמימסר** סנאיכון בידיכון בגין כן DT 23:15
ולבנוי מתנה הינון יהיבין **ומסירין** ליה מלות בני ישראל: וית NU 3:9
דאמוראה דיתיב בחשבון: **ומסר** ייי אלקנא בידנא אוף ית עוג DT 3:3
ייי צלותיה דישראל **ומסר** ית כנענאה וגמר יתהון וית NU 21:3
לאגחא קרבא ליהץ: **ומסר** יתיה ייי אלקנא קדמנא DT 2:33
דילידת ליה פילקתיה **ומסרה** לה לאמהו: ועל אוף לות GN 29:29
ליה ית בלהה אמתה **ומסרה** ליה לאינתו ועל לוותה GN 30:4
משה ית אורייתא הדא **ומסרה** לכהנייא בני לוי דנטלין ית DT 31:9
דילידת ליה פילקתיה **ומסרה** ללאה ברתיה לאמהו: והוה GN 29:24
בסעדי באורחא דאזלית: **ומסרו** ביד יעקב ית כל טעוות GN 35:4
ואתבחרו גוברין צדיקין **ומסרון** נפשהון מאלפיא דישראל NU 31:5
ואיגרי מותנא ביניכון **ותתמסרון** כד מיתין ביד סנאיכון: LV 26:25
ובכל נוני ימא בידכם **יתמסרון:** כל ריחשא דהוא חי GN 9:2
והוא יפרע מנהון וגלייתא **יתמסרן** לנא ולבננא עד עלמא DT 29:28
בניהון אוכלוסין סגיאין **לאתמסרא** בידיהון בכן אמר ייי NU 21:34
מן ארעא דמצרים **למימס** יתנא בידא דאמוראה DT 1:27
שימשא וסיהרא דשריית **לממסר** בידך ית סיחן וית ארעיה DT 2:31
ית ליבביה מן בגלל **לממסריה** בידך כיומא הדין: ואמר DT 2:30
קיים קדם ייי ואמר אין **מימסר** תימסר ית עמא הדין בידא NU 21:2
עמא דארעא ארום בידנא **מסירין** הינון תש חיל גבורתהון NU 14:9
ולא יתובון לכון ענכון **מסירין** לבעלי דבביכון ולית לכון DT 28:31
פריק: בניכון ובנתיכון **מסירין** לעם חילונאי ועיניכון חמיין DT 28:32
מה בביתא וכל דאית ליה **מסר** בידי: ליתיה רב בביתא הדין GN 39:8
על בייתיה וכל דאית ליה **מסר** בידיה: והוה מעידן דמנייה GN 39:4
מיננא ית כולהון **מסר** ייי אלקנא קדמנא: לחוד לארע DT 2:36
חיטאה חלי וסופיה **מסר** כאגדנא דמותא: ויהי DT 29:17
למעכבא לא הוינא **מסר** נפשי לאתגזרא ואנת אתגזרת GN 22:1
מנדעא דילמא לא הוית **מסר** נפשך לאתגזרא מתיב יצחק GN 22:1
בידי דמרי עלמא דלא **מסרינון** בידא דטיפסרא מפתחא DT 28:12
אלהין מטול דתקיפהון **מסרינון** וייי אשלימינון: ארום לא DT 32:30
ית נחלי ארנונא חמון די **מסרית** בידיכון ית סיחון מלכא DT 2:24
תידחל מיניה ארום בידך **מסרית** יתיה וית כל עמיה וית NU 21:34
תידחל מיניה ארום בידך **מסרית** יתיה וית כל עמיה וית DT 3:2
ליבך חטאה רביע ובידך **מסרית** רשותיה דיצרא בישא GN 4:7
ומישחא דרבותא **מסרת** כל משכנא וכל דביה NU 4:16
והות אוריתי תדירא **מסתרא** במדרישיכון מטול DT 29:5
שכינתיה מביניכון: לא **תימסור** ערלאה ביד פלחי טעותיה DT 23:16
קדם ייי ואמר אין מימסר **תימסר** ית עמא הדין בידא ואיגמר NU 21:2

מסרתא (3)

ופלגותא ברמשא: על **מסריתא** במשח זיתא פתיכא LV 6:14
דתיתעבד במרתחא ועל **מסריתא** לכהנא דמקרב יתה דיליה LV 7:9
במשח: ואין מנחתא על **מסריתא** קרבנך סמידא פתיכא LV 2:5

מסתא (30)

ואין באבנא מלוא ידא די **כמיסת** דימות בה מחהי וקטליה NU 35:17
במנא דקיסי מלא ידא די **כמיסת** דימות בה מחהי וקטליה NU 35:18
או בכל אבנא דהיא **כמיסת** דימות בלא מתכוון וטלק NU 35:23
ואין לא תארע ידיה הי **כמיסת** דיתיב ליה ויהי זבינוי ביד LV 25:28
כהנא ויעליניה כהנא **כמיסת** דתדביק יד נודירא היכדין LV 27:8
ית כל דהוה לי לא הוינא **כמיסת** ואיתווכחן מילייא וידע GN 20:16
ואוטיב עימך: לית אנא **כמיסת** וזעיר אנא מכל טבוון ומן GN 32:11
גבר קדם ייי ויהי עלוייה **כמיסת** זרעיה אתר דמיזדרע ביה LV 27:16
ליה ומוזפא תוזפיניה הי **כמיסת** חוסרניה דייחסר ליה: DT 15:8
דיינא וילקיניה קדמוי **כמיסת** חייוביה בדיניה: ארבעין DT 25:2
ופסקון מן למימר שירתא **כמיסת** יומא ופלגא וקמו במדורהון DT 2:25
ועיבידתא הות **כמיסת** לכל עיבידתא ועבדו יתה EX 36:7
ואין לא תארע ידיה **כמיסת** למייתייא אימרא וייתי ית LV 5:7
ליה: ואין לא תארע ידיה **כמיסת** למייתייא תרין שפנינין LV 5:11
ביתא ממניין עשרא **כמיסת** למיכול אימרא ויסב הוא EX 12:4
ואין לא תשכח ידה הי **כמיסת** למיתייא אימרא ותיסב LV 12:8
מכל מצוותא: גבר הי **כמיסת** מוהבות ידיה הי כבירכתא DT 16:17
בר מן מה דתדביק ידיה **כמיסת** נידריה לאייתאה מן די ידר NU 6:21
קדם ייי אלקכון הי **כמיסת** ניסבת ידכון היכמא DT 16:10
תמנן תורי יהב לבני מררי **כמיסת** פולחנהון בידא דאיתמר בר NU 7:8
תורי יהב לבני גרשון **כמיסת** פולחנהון: וית ארבע עגלן NU 7:7
ותיתן יתהון לליוואי גבר **כמיסת** פולחניה: ונסב משה ית NU 7:5
ותארע ידיה וישכח הי **כמיסת** פורקניה: וידייק ית סכום LV 25:26
אתן לכון מארעתהון עד **כמיסת** פרסת ריגלא ארום ירותא DT 2:5
ושירוי גיזת עניכון **כמיסת** קמורא תיתנון ליה: מטול DT 18:4
ליה כהנא ית סכום כספא **כמיסת** שניא דמשתיירן עד שתא LV 27:18
בסכום נפשתא גבר לפום **מיסת** מיכליה תיכסון ית אימרא: EX 12:4
מסגיין עמא למייתיא **מיסת** פולחנא לעיבידתא דפקד ייי EX 36:5
סילעין: ואין מסכן הוא **ממיסת** עילוייה ויוקימיניה קדם LV 27:8
ארבסר יומין אילהין **מסתיא** דתיטרד שבעתי יומין NU 12:14

מעא (5)

ית יוסף לערבאין בעשרין **מעין** דכסף וזבנו מנהון סנדלין GN 37:28
בית קודשא עשרין **מעין** הוא: ברם בוכרא דתורי או NU 18:16
בסילעי קודשא עשרין **מעין** הויא סילעא: ברם בוכרא LV 27:25
קודשא תיסב עשרין **מעין** סילעא: ותיתן כספא לאהרן NU 3:47
דטיבעא דקודשא עשרין **מעין** סילעא פלגות סילעא EX 30:13

מעה (23)

יוסף במעהא דרחל ודינה **במעהא** דלאה: ועל דוכרנהא דרחל GN 30:21
במעהון והוה יהיב יוסף **במעהא** דרחל ודינה במעהא דלאה: GN 30:21
אינתתיה: ואידחיקו בניא **במעהא** הי כגיברין עבדי קרבא GN 25:22
בעידן מילדה והא תיומין **במעהא:** והוה במולדה ופשט וולדא GN 38:27
למילד והא תיומין **במעהא:** ונפק קמאה סמוקריי כוליה GN 25:24
דלאה ואתחלפו עובריא **במעהון** והוה יהיב יוסף במעהא GN 30:21
מדמיא לוולדא דאישלם **במעי** אימיה תשעה ירחין וכיוון NU 12:12
האנא עברית וחשחשית **במעיי** ית כל עמא הדין אין בניי NU 11:12
ואמר ייי לה תרין עממין **במעייכי** ותרין מלכוון ממעייכי GN 25:23
מיא בדוקיא האילין **במעייכי** למנפחא כריסן ולמסייא NU 5:22
דייי לטבא בוולדא **דמעכון** ובוולדא דבעיריכון ובאיבא DT 28:11
בכל עובדי ידיכון בוולדא **דמעכון** ובפירי ארעכון לטבא ארום DT 30:9
תדייא דינקת מנהין **ומעייא** דרבעת בהון: ברכתא דאבוך GN 49:25
קמייתא ופטימתא: ועלא **למעהן** ולא אישתמודע ארום עלו GN 41:21
אישתמודע ארום עלו **למעהן** ומחמהן ביש הי GN 41:21

במעייכי ותרין מלכוון **ממעייכי** יתפרשון ומלכן ממלכן GN 25:23
יתאכיל: וכל דמהלך על **מעוי** וכל דמהלך על ארבע מן LV 11:42
בניא והוא מנע מיניך פירי **מעיא:** ואמרת הא אמתי בלהה עול GN 30:2
לכון: ויגמרון וולדי **מעיכון** דתיכלונון בכפנא בשר DT 28:53
בחקלא: בריכין וולדי **מעיכון** ופירי ארעכון בקרי תוריכון DT 28:4
עצוותכון: ליטין וולדי **מעיכון** ופירי ארעכון בקרי תוריכון DT 28:18
ויסגינכון ויברך וולדי **מעיכון** ופירי ארעכון עיבורכון DT 7:13
ומכל חיות ברא על **מעך** תהי מטייל וריגלך יתקצצון GN 3:14

מעזי (7)

למיהוי חד: ותעביד יריען **דמעזי** למפרס על משכנא חדיסירי EX 26:7
משכנא חד: ועבד יריען **דמעזי** לפרסא על משכנא חדיסירי EX 36:14
וארגוונא וצבע זהורי ובוץ **ומעזי** ומושכי דדיכרי מסמקי EX 35:23
וארגוונא וצבע זהורי ובוץ **ומעזי:** ומשכי דדיכרי מסמקי EX 25:4
וארגוונא וצבע זהורי ובוץ **מעזי:** ומשכי דדיכרי מסמקי ומשכי EX 35:6
וכל מנא דצלא וכל עובד **מעזי** קרנא וגרמא וכל מאן דקיסא NU 31:20
בחכמתא הוון עזלו ית **מעזיא** על גווייתהון ומנפסן יתהין EX 35:26

מעיל (10)

דיעבדון חושנא ואפודא **ומעילא** וכיתונין מרמצן מצינפן EX 28:4
ית כיתונא וית מנטר **מעיל** אפודא וית אפודא וית חושנא EX 29:5
תדירא: ותעבד ית מנטר **מעילא** דאיפודא שזיר חוטא EX 28:31
ואלביש יתיה ית מנטר **מעילא** ויהב עלוי ית איפודא וזריז LV 8:7
רומנייא על שיפולי מנטר **מעילא** חזור חזור במציעות רומניא: EX 39:25
שבעין על שיפולי מנטר **מעילא** חזור חזור לשמשא היכמה EX 39:26
זהורי על שיפולי מנטר **מעילא** חזור חזור סכומהון שובעין EX 28:34
שזיר תיכלא: ופום מנטר **מעילא** כפיל במיצעיה הי כפום EX 39:23
ית משה: ועבד ית מנטר **מעילא** עובד גרדי שזיר תיכלא: EX 39:22
ועבדו על שיפולי מנטר **מעילא** רומניין דתיכלא וארגוונא EX 39:24

מעיקא (1)

דילמא יתרברבון לקובלי **מעיקיהון** דילמא יימרון ידינן DT 32:27

מעך (1)

ולנידרא לא יהי לרעוא: **ודמעיך** ודכתישן פחדוי ודשחית LV 22:24

מעל (1)

אסתמרו לכון דילמא **תימעלון** על ליואי כל יומיכון DT 12:19

מעצרתא (4)

והי כחמרא דמליתא מן **מעצרתא:** הכדין תפרשון לחוד NU 18:27
והי כאפרשות חמרא מיגו **מעצרתא:** ותיכלון יתיה אתון כהניא NU 18:30
מאידיריכון וחמרא מן **מעצרתיכון:** ותיחדון בחדות חגיכון DT 16:13
ענכון מן אידיריכון ומן **מעצרתכון** דבריכיכון ייי אלקכון DT 15:14

מערתא (19)

כן קברו יתיה בנוי ליעקב **במערת** חקל כפילתא דיזבן אברהם GN 50:13
לסוברותה למקברה **במערת** כפילתא וקברתה תמן GN 48:7
ליוסף למקבור ית אבוי **במערת** כפילתא מן יד אזל נפתלי GN 50:13
וינטרון: ויהי עיבורא גניז **במערתא** בארעא למזן מיניה בשבע GN 41:36
די בחקל עפרון חיתאה: **במערתא** די בחקל כפילתא דעל GN 49:30
דחיל למיתב בזוער ויתיב **במערתא** הוא ותרתין בנתיה: GN 19:30
תחומא למערת פניאס **וממערת** פניאס יחות תחומא לטור NU 34:11
בארעא דכנען: וקם חקלא **ומערתא** דביה לאברהם לאחסנת GN 23:20
מיני חקלא יהבית לך **ומערתא** דביה לך יהבתה למתנא GN 23:11
ית לאה: זביני חקלא **ומערתא** דביה מן בני חיתאה: ופסק GN 49:32
דקדם מימרא חקלא **ומערתה** דביה וכל אילנא דבחקלא GN 23:17
ית שרה אינתתיה **למערת** חקיל כפילתא דעל אנפי GN 23:19
יצחק וישמעאל בנוי **למערת** כפילתא לחקיל עפרון בר GN 25:9
לעיינוותא ויחות תחומא **למערת** פניאס וממערת פניאס NU 34:11
קברו יתי לות אבהתיי **למערתא** די בחקל עפרון חיתאה: GN 49:29
עפרן בר צחר: ויזבון לי ית **מערת** כפילתא דיליה דמתבניא GN 23:9
ליעקב אחוי על פלגות **מערת** כפילתא ומן יד רמז יוסף GN 50:13
ואזיל עד דעל לגו **מערתא** ואיתנח בגו עיטפיה דיצחק GN 50:13
אחוכון חד יתאסר בבי **מערתכון** ואתון איזילו אובלו GN 42:19

מצדתא (4)

דנחשא ותעבד על **מצדתא** ארבע עיזקן דנחשא על EX 27:4
ותעביד ליה קנקל עובד **מצדתא** דנחשא ותעבד על מצדתא EX 27:4
למדבחא קנקל עובד **מצדתא** דנחשא תחות סובביה EX 38:4
מדבחא מלרע ותיהי **מצדתא** על פלגות מדבחא ואין EX 27:5

מצוגא (3)

קדמי: ובגופנא תלתי **מצוגיא** והיא כדי אפרחת אפיקת GN 40:10
דין הוא לך תלתי **מצוגייא** תלתא יומין הינון לפורקנך: GN 40:12
פושרנא דחלמא תלתי **מצוגייא** תלתי אבהת עלמא הינון GN 40:12

מצולה (1)

כסון עליהון נחתו ושקעו **במצולתיה** דימא אידמון הי EX 15:5

מצח (1)

הבל אחוהי וטבע אבנא **במיצחיה** וקטליה: ואמר ייי לקין אן GN 4:8

מצי (2)

ית רישיה ויסיק למדבחא **ויתמציה** אדמיה על כותל מדבחא: LV 1:15
ודאשתייר באדמא **יתמצי** ליסודא דמדבחא חטאתא LV 5:9

מציע (56)

אלקכון שכינתיה מהלכא **בימצע** משירייתכון לשיזבותכון DT 23:15
אלפין גרמידי וקרתא **במיצעא** דין יהוי לכון פרודלי NU 35:5
בפותיה ועשרה בתין **במיצעא** לאצנעא בהון מזונא וחמש GN 6:14
דלית שכינת אלקי שריא **במיצעי** אירעוני בישתא האילין: DT 31:17
ופום מנטר מעילא כפיל **במיצעיה** הי כפום שיריא תורא EX 39:23
בגו ימא דלא ימותון **במיצעיה** מן בגלל דיקבלון פורענן EX 14:27
דתיכלא: ויהי פום רישיה **במיצעיה** תורא בשיפמיה יהי מקף EX 28:32
ית כל אילין ופסג יתהון **במציעא** וסדר פסגא דחד כל קבל GN 15:10
וארונא וכהניא וליואי **במציעא** מברכיא הוון הפכין DT 27:15
רוח מדינחא ושביעאה **במציעאה:** ועבד כן אהרן כל קבל NU 8:2
מן קדם ייי אלקים **במציעות** אילני גינוניתא: וקרא ייי GN 3:8
דתמן משה ובני ישראל **במציעות** ארעא דמצרים הוות EX 12:31
וטב למיכל ואילן חייא **במציעות** גינוניתא רומיה מהלך GN 2:9
תריסר חטרין וחטר אהרן **במציעות** חטריהון: ואצנע משה ית NU 17:21
ואמר אלקים יהן רקיעא **במציעות** מייא ויהי מפרש ביני מוי GN 1:6
ארנונא וקרתא דמתבניא **במציעות** נחלא עד גלעד לא הות DT 2:36
מנטר מעילא חזור חזור **במציעות** רומניא: חיזורא ורומנא EX 39:25
דדהב ויהבו ית חיזוריא **במציעות** רומנייא על שיפולי מנטר EX 39:25
בארבעתי מילין מרבען **במציעותא** הוון נטלין הי כמא NU 2:17
חזור וחיזוריין דדהבא **במציעיהון** חזור חזור: חיזורא EX 28:33
מטול דלא קדישתון יתי **במצע** בני ישראל: ארום מקבל DT 32:51
בגלל דשקרתון במימרי **במצע** בני ישראל במוי מצות רקם DT 32:51
עמא: וקם ליה אהרן בצלו **במצע** ועבד מחיצותא במחתייתא NU 17:13
עגלתא בקופיץ מבתרהא **במצע** חקלא: ויקרבון כהניא ביני DT 21:4
וית כל עדאה תכנשון **במצע** פלטיתא ותוקדון בנורא ית DT 13:17
דלוחי גללי ימא דעברתון **במציעיהון** ולא דחלו בית עמלק מן DT 25:18
מלאכא דייי בדוחקא **דמיצע** ביני כרמיא אתר דאקים NU 22:24
תיניא מן לגין מן ציטרא **דממצע** כל קבל אפי משכן זימנא NU 19:4
שבטיא דן ונפתלי אשר **ובמציעותיה** חקיק ומפרש NU 2:25
אפרים מנשה ובנימן **ובמציעותיה** כתיב וענגא דייי NU 2:18
יהודה יששכר וזבולון **ובמציעותיה** כתיב יקום ייי NU 2:3
שבטיא ראובן שמעון גד **ובמציעותיה** כתיב שמע ישראל ייי NU 2:10
לביריא דבית סכל **ולמציעות** דרתא רבתא דממצעא NU 34:9
למשריתא לא יעול **למצוע** משריתא:: ואתר מזמן יהוי DT 23:11
דמליל משה ורהט **למצע** קהלא והא שרי קצף מחבלא NU 17:12
ויתין כהנא על גדירא **מיצעא** דאודנא דמידכי דימינא ועל LV 14:14
דאשמא ויתין על גדירא **מיצעא** דאודנא דמידכי ימינא ועל LV 14:25
דעל ידיה על גדירא **מיצעא** דאודנא דמידכי ימינא ועל LV 14:28
משה מן אדמא על גדירא **מיצעא** דאודניהון ימינא ועל פירקא LV 8:24
דימינא ועל פירקא **מיצעא** דידיה דימינא ועל פירקא LV 14:14
דימינא ועל פירקא **מיצעא** דידיה ימינא ועל פירקא LV 14:17
דמידכי ימינא ועל פירקא **מיצעא** דידיה ימינא ועל פירקא LV 14:25
דמידכי ימינא ועל פירקא **מיצעא** דידיה ימינא ועל פירקא LV 14:28
ימינא ועל פירקא **מיצעא** דידיהון ימינא ועל פירקא LV 8:24
דידיה דימינא ועל פירקא **מיצעא** דריגליה דימינא: ויסב כהנא LV 14:14
דידיה ימינא ועל פירקא **מיצעא** דריגליה ימינא: ומן משחא LV 14:25
דאודן ימיניה ועל פירקא **מיצעא** דריגליה ימינא: וקריב ית בני LV 8:23
דידיה ימינא ועל פירקא **מיצעא** דריגליה ימינא עילוי אתר LV 14:17
דידיה ימינא ועל פירקא **מיצעא** דריגליה ימינא על אתר LV 14:28
דידיהון ימינא ועל פירקא **מיצעא** דריגליהון דימינא ודרק LV 8:24
ישראל ועבדו מיניה נגרא **מציעאה** אורכיה שובעין אמין EX 26:28
לסופיהון מערבא: ונגרא **מציעאה** בגו לוחייא משלביש מן EX 26:28
דאהרן דהוא גדירא **מציעאה** דאודן ימיניה ועל פירקא LV 8:23
מערבא: ועבד ית נגרא **מציעאה** לשלבשא בגו לוחיא מן EX 36:33
למיכל: ומפירי אילנא דבי **מציעות** גינוניתא אמר ייי לא GN 3:3
מן גלעד ועד נחלי ארנונא **מציעות** נחלא ותחומיה ועד יובקא DT 3:16

מצנפת (11)

ובקמורא דבוץ מילת יצר **ומצינפא** דבוץ מילת יטכס ברישיה LV 16:4
ומעילא וכיתונין מרמצן **מצינפן** וקמורין ויעבדון לבושיה EX 28:4
גרדי לאהרן ולבנוי: וית **מצנפתא** דבוצא וית ברצוץ כובעיא EX 39:28
אדמא זכאה ותעביד **מצנפתא** דבוצא למכפרא על מגיסי EX 28:39
חקיק שמא דקודשא על **מצנפתא:** ותיסב ית מישחא EX 29:6
רישא כל קבל אפי **מצנפתא** יהי: ויהי על פדחתא דבית EX 28:37
על רישיה ושוי על **מצנפתא** כל קבל אנפוי ית ציצא LV 8:9
מטול למיתן על **מצנפתא** מן לעילא דתפילא דרישא EX 39:31
על חציפי אפיא ויהי על **מצנפתא** מעילוי תפילת רישא כל EX 28:37
וית תומיא: ושוי ית **מצנפתא** על רישיה ושוי על LV 8:9
בהמיין אפודא: ותשוי **מצנפתא** על רישיה ותיתן ית EX 29:6

מצע (5)

ארום ארנון תחום מואב **ממצע** בין מואב ובין אמוראה NU 21:13
יתיב בצומא על דבלבל **מצע** אבוי ואזל ויתיב ביני טווריא GN 37:29
למושכיה ואין תיסב **מצע** ערסיה במה ישכוב ויהי אין EX 22:26
ואזל ראובן ובלבל ית **מצעא** דבלהה פילקתיה דאבוי GN 35:22

דהות מסדרא כל קבל **מצעא** דלאה אימיה ואיתחשיב GN 35:22
מצרנין (1)
תהוי לכון ארעא דישראל **למצרני** תחומהא חזור חזור: ופקיד NU 34:12
מקק (2)
מנהון בעידנא ההיא עד **דיתמקמקון** ויקבלון פורענות DT 31:18
ביומא תליתאה כד הוו **מתמקמקין** מן כיב גוזרתהום GN 34:25
מרא (62)
אורח אלליא אתר דמרדו **במרי** עלמא דכד תבו אלליא הוו NU 21:1
דהוו מלקדמין מרדו **במרי** עלמא ושיציאונון מן ארעא GN 14:13
דבבוי איליין דכפרין **במריהון** ופרגו איקר שכינתיה EX 32:5
ארבעא מפתחי בידי **דמרי** עלמא דלא מסרינון בידא DT 28:12
מן בגלל דגליין מסטירין **דמרי** עלמא והוו מיטרדין ואזלין GN 28:12
גלוגדק תחות אפיפורין **דמרי** עלמא זיויה הי כעובד אבן EX 24:10
מועדיכון למעבד רעותא **דמרי** עלמא לאתקבלא ברעוא קדם NU 15:3
עמא קדישא בפיצתיה **דמרי** עלמא פתח מיכאל פמיה DT 32:9
מימרא דייי: בריך שמיה **דמריה** עלמא דאליף לן ארחתיה DT 34:6
בהום דכל יתבי משכנין **ומרי** בעיר: ושום אחוהי יובל הוא GN 4:20
ובנוי דיששכר חכימין **ומרי** חושבנא ושומהון תולע ופוה GN 46:13
אלקכון הוא אלקא דיינא **ומרי** מלכין אלקא רבא גיברא DT 10:17
במליא גוברין חכימין **ומרי** מנדעא וסוכלתנין מריעיוניהון DT 1:15
וסוכלתנין מרעיונהון **ומרי** מנדעא לשיבטיכון ואימנינון DT 1:13
עמא בית ישראל **ומרי** עלמא דמן לטווריא וקריבו דין NU 21:14
דיסוף בדבונא נפשיכון **ומרי** עלמא יצדי יתהון עד דיפח NU 21:30
עלוי דליהוי עלוי סהדין **ומרי** ערבנותא לא על שערין ולא EX 22:24
למיכול ית בישריה **ומריה** דתורא יהי זכאי מדין קטול EX 21:28
עימיה אגר נטיר ישלם **למרוי**: אין איתברא יתבר מן חיות EX 22:11
ליליא דין עילאי משבחין **למרי** עלמא ואוצרי טלין מתפתחין GN 27:1
הדין עילאי משבחין **למרי** עלמא ואוצרי טלין מתפתחין GN 27:6
דמלאכי מרומא משבחין **למרי** עלמא ואנא חד מן מלאכיא GN 32:27
כדין יהון בנך ונסגוד **למרי** עלמא ונתוב לוותכון: ונסיב GN 22:5
וחומש דמוי יוסף עלוי **למריה** דהוא דיליה יתנינה ביומא LV 5:24
דגובא ישלם כסף יתיב **למריה** דמי תוריה וחמריה ונבילתא EX 21:34
כסף תלתין סילעין יתן **למריה** דעבדא או דאמתא ותורא EX 21:32
דבביכון בדמין יקירין היך **מרי** אומנוון ומן בתר כדין בדמין DT 28:68
ייעול בלחודוי יפוק ואין **מרי** אינתתא בת ישראל היא EX 21:3
הוה מקבר כהנא במיחמי **מרי** ביתא: דא תיהוי גזירת אחויית LV 14:53
רעיין רעאן ארום גוברי **מרי** גיתי הוו וענהון ותוריהון וכל GN 46:32
לי מן עובדיכון: ותימרון **מרי** גיתי הוו עבדך מטלייותנא ועד GN 46:34
נפקין מפמי צדיקיא **מרי** חושבנא דנא וזכוון חסינן הי NU 21:28
בעיטתא גבר לאחוי הא **מרי** חילמייא דיכי אתי: וכדון אתו GN 37:19
ביניכון נבי שיקרא או **מרי** חלמא דזדנותא ויתן לכון את DT 13:2
אשמיטו כל בר נש **מרי** מוזפתא דיזוף בחבריה לית ליה DT 15:2
וכל עמה דגווה גברא **מרי** מיכלן בישן: ותמן חמינא ית NU 13:32
ויהון פסקין מהימניא **מרי** עובדין טבין ויהון מיטלטלין DT 32:36
לדוכרין ורחיצו ברחמי **מרי** עלמא ואיליין שמהן בנתוי NU 27:1
בארעיה תשרי שכינת **מרי** עלמא ובאחסנתיה יתבני בית GN 49:27
כדין אימות: אתיב ליה **מרי** עלמא וכן אמר מן בגלל DT 32:51
פיתגמיא האילין קדם **מרי** עלמא ומן יד מימרא דייי נסי GN 22:1
מן משריתא ומן יד תלש **מרי** עלמא ית טוורא וזקפיה EX 19:17
אנא מפרסמא ליה ברם **מרי** עלמא יתין בלבביה דיכיר GN 38:25
יתיה בבהילו דשכינת **מרי** עלמא מטול דחייסא מן קדם EX 12:11
ומשבח עליהון קדם **מרי** עלמא: נפתלי עזגד קליל דמי GN 49:20
קטול ודישוד בלא סהדין **מרי** עלמא עתיד לאיתפרעא מיניה GN 9:6
חוב ופסולא דבהפתיק **מרי** עלמא קאי אלא יהי בך חובת DT 23:22
ובנוי דזבולון תגרין **מרי** פרק מטייא מפרנסין ית GN 46:14
אחוהי: ועברו גברי מדינאי **מרי** פרקמטיא ונגידו ואסיקו ית GN 37:28
לתמן: טוביכון דצדיקיא **מרי** תתובא דכד תחובון ותתובון DT 30:2
משתכח גנבא ויתקרב **מריה** ביתא לקדם דיינייא ויומי EX 22:7
ייעול דין תריהום דין **מריה** דביתא ודין גנבא ולמאן EX 22:8
תמן תורא או חמרא: **מריה** דגובא ישלם כסף יתיב EX 21:34
איתא תורא יתרגם ואוף **מריה** יתקטל במיתותא דמשתלחא EX 21:29
מנא או מית בעירא **מריה** לית עימיה שלמא ישלם: אם EX 22:13
בעיסקא דחבריה ויקבל **מריה** מיניה מומתא ולא ישלם: ואין EX 22:10
עימיה שלמא ישלם: אם **מריה** עימיה לא ישלם אין אגירא EX 22:14
באבן שתייה דבה חתם **מריה** עלמא פום תהומא רבא מן EX 28:30
ואחוי דענר והינון הוו **מריה** קיימיה דאברם: וכד שמע GN 14:13
ומידקדמוי ולא נטריה **מריה** שלמא ישלם תורא חולף EX 21:36
ואיתסהד על אנפי **מריה** תלתי זימניה ולא נטריה EX 21:29
קין נעמא היא הות **מרת** קינין וזמרין: ואמר למך לנשוי GN 4:22
מרגליתא (31)
ותשלים ביה אשלמות **דמרגליין** טבאן ארבעא סידרין EX 28:17
טבאן ארבעא סידרין **דמרגליין** טבאן כל קבל ארבעא EX 28:17
מרגליין דבורלין הינון **ומרגליין** דאשלמותא למשקעא EX 35:9
אתר מקבע אבנין טבין **ומרגליין** דביה משה ספריהון DT 33:21
בדהב יהון באשלמותהון: **ומרגלייתא** תהוויין מתנסבן על EX 28:21
כיף ימא כנישין אונכין **ומרגלין** ואזלו מבתר כדין מהלך NU 33:8
בדהב באשלמותהון: **ומרגליתא** על שמהת בני ישראל EX 39:14
ימא רבא ובירליוות חלא **ומרגניית** אפנטורין ועליהון חקיק EX 28:20
ימא רבא ובורלת חלא **ומרגנית** אפנטורין ועליהון חקיק EX 39:13
ייי ית משה: ועבדו ית **מרגלוון** דבורלתא חלא משקען EX 39:6
מן קצת שמהתהון על **מרגלייא** חדא וית שמהת שיתא EX 28:10
מרגליין דבירולין הינון **מרגליין** דאשלמותא למכבשא EX 25:7
שזיר: ותיסב ית תרתין **מרגליין** דבורלא ותיגלוף עליהון EX 28:9
רבותא ולקטרת בוסמיא: **מרגליין** דבורלין הינון ומרגליין EX 35:9
דקטרת בוסמיא: **מרגליין** דבירולין הינון מרגליין EX 25:7
כד שרן על ימא כנשין **מרגליין** ואבנין טבן דדבר פישון EX 14:9
חמור אבוי דשכם במאה **מרגליין**: ואקם תמן מדבחא ותמן GN 33:19
ביה ארבעא סידרין **מרגליין** טבן כל קבל ארבעת EX 39:10
על כיתפי איפודא **מרגליית** מדכרן זכותא לבני ישראל EX 28:12
עובד אומן יהויין **מרגלייתא** גליף חקיק ומפרש הי EX 28:11
תלת גוונין כל קבל תלת **מרגלייתא** דבחושנא אזמורד NU 2:10
תלת גוונין כל קבל תלת **מרגלייתא** דבחושנא כרום ימא NU 2:25
תלת גוונין כל קבל תלת **מרגלייתא** דבחושנא סמוקא NU 2:3
תלת גוונין כל קבל תלת **מרגלייתא** דבחושנא קנכירין טרקין NU 2:18
יתהון: ותסדר ית תרתין **מרגלייתא** על כיתפי איפודא EX 28:12
תיגלוף ית תרתין **מרגלייתא** על שמהת בני ישראל EX 28:11
ובנחשא: ובאגלפות **מרגליתא** טבתא לאשלמות בהון EX 35:33
ובנחשא: ובאגלפות **מרגליתא** לאשלמא ובנגרות קיסא EX 31:5
שיתא דמשתיירין על **מרגליתא** תנייתא מסדרין הי EX 28:10
הי כגלוף דעיזקא גבר **מרגליתיה** על שמיה לתריסר EX 39:14
הי כגלוף דעיזקא גבר **מרגליתיה** על שמיה תהויין EX 28:21
מרד (25)
למידן בהום לרשיעיא **דמרדו** בחייהון באולפן אורייתא GN 3:24
אורח אלליא אתר **דמרדו** במרי עלמא דכד תבו אלליא NU 21:1
משה עבדיה ואנן רשיעיא **דמרדנא** ביה ובני ישראל אפכו כדי NU 16:34
יתרורם ליביה לחדא **וימרד** באלקא שמיא: ויהי אין נייח DT 17:17
ופלחן פולחנא נכראה **ומרדין** לשמא דייי לחדא: וייי אמר GN 13:13
יהי לגבר ביר סורהבן **ומרוד** דליתוי מקבל למימר דאבוי DT 21:18
ברנא דין דהוא סורהבן **ומרוד** ליתוי ציית למימרנא גרגרן DT 21:20
הוה כנמרוד גיבר בצידא **ומרודא** קדם ייי: והות שירוי GN 10:9
מקיימוניה ואין תאיב **ומריד** יאטלוניה כל אינשי קרתיה DT 21:21
נוכראה ומתכוונן **לאמרדא** בעובדיהון בישיא ליצחק GN 26:35
דמתרעמין ודאיזדמנו **למרדא** על ייי בכנישתא דקרח NU 27:3
בישתא דאזדמנו **למרדא** עלי במדברא הדין יסופון NU 14:35
קרקומין על קרתא **מרדא** דעבדא עימכון קרבא עד DT 20:20
גיבריא דהוו מלקדמין **מרדו** במרי עלמא ושיציאונון מן GN 14:13
ובתיליסירי שנין **מרדו**: ובירביסרי שנין אתא GN 14:4
קיים עלם: גברא חייבא **מרוד** באלק שמיא נפק ממצרים בר LV 24:10
ייי בארעא: הוא הוה גיבר **מרודא** קדם ייי בגין כן יתאמר מן GN 10:9
קין קדם ייי סגי תקיף **מרודי** מלמסובלא ברם יוכלא GN 4:13
ממלל פמי: ינקוף על **מרודיא** היך מיטרא סחפא אולפני DT 32:2
עויית בני ישראל וית כל **מרודיהון** לכל חטאיהון ויתן יתהון LV 16:21
על חובין ואעבר על **מרודין** ומכפר על חטאין סלח EX 34:7
אבהתן רשיען על בנין **מרודין** על דר תליתאי ועל דר EX 20:5
אבהן רשיעין על בנין **מרודין** על דר תליתאי ועל דר NU 14:18
חובי אבהן רשיען על בנין **מרודין** על דר תליתאי ועל דר DT 5:9
מסער חובי אבהן על בנין **מרודין** על דר תליתאי ועל רביעאי: EX 34:7
מרוא (1)
דשיזיב ית עמא מתחות **מרוות** מצראי: כדון חכימית ארום EX 18:10
מרזחא (1)
טעוותהון ואכלון עמא **במרזיחיהון** וסגדון לטעוותהון: NU 25:2
מרמירא (7)
דתרין שוקהא מכבשן **במרמירא** היא בירישא: וית בית NU 32:37
שיטא ופסלית תרי לוחי **מרמירא** כצורת קמאי וסלקית DT 10:3
ייי לי פסל לך תרי לוחי **מרמירא** כצורתהון דקמאי וסוק DT 10:1
ויהב ייי לי ית תרין לוחי **מרמירא** כתיבין באצבעא דייי DT 9:10
לטוורא למיסב לוחי **מרמירא** לוחי קיימא דגזר ייי עמכון DT 9:9
יהב ייי לי ית תרין לוחי **מרמירא** לוחי קיימא: ואמר ייי לי DT 9:11
מתכתיב על תרין לוחי **מרמירין** ויהבינון לי: והוה כיוון DT 5:22
מרע (13)
מקטלא יתבהא היא **במרעין** וכל עמה דגווה גברא מרי NU 13:32
ומיהמנן דלא למשבקכון **ומרעין** בישין ומיהמנין דמתעקין DT 28:59
רעי ית ענא דלבן סבאן **ומרען** דאישתארו: ונסיב ליה יעקב GN 30:36
וית אורחא דיפקדון **למריעין** ודיהכון למקבור מיתייא EX 18:20
אדם אליף יתן למבקרא **מריעין** מן דאתגלי בחזוי מימרא על DT 34:6
ליוסף הא אבוך שכיב **מרע** ודבר ית תרין בנוי עימיה ית GN 48:1
ויתאדקון בכון: לחוד כל **מרע** וכל מחא דלא כתיבין בספר DT 28:61
על אברהם כד הוה **מרע** מגיזרת מהולתא אליף יתן DT 34:6

דייי בחיזוי ממרא והוא **מרע** מכיבא דמהולתא יתיב תרע GN 18:1
דארעא ההיא וית **מרעאהא** דגרי ייי בה: כובריתא DT 29:21
ויתיב בכון ית כל **מרעיא** דאתגיירו במצראי DT 28:60
ותינטור כל קיימויי כל **מרעין** בישין דשויתי על מצראי לא EX 15:26
וטליי: ויעדי ייי מינך כל **מרעין** וכל מכתשיא דגרי ייי על DT 7:15

מרק (1)

על בישרא דאינשא לא **יתמרק** ובדמוייה לא תעבדון EX 30:32

מרר (14)

ית בני ישראל בקשייו: **ואמרירו** ית חייהון בפולחנא קשייא EX 1:14
תושלמתהון מתכלן **וממרין** להון: הי כמרירתהון דתניניא DT 32:32
בהון ליום דינא רבא: **וממרירו** ליה ונצו ליה כל חרשי GN 49:23
דמשתייר להון מן פטירי **ומרירי** סוברו צריר בלבושיהון על EX 12:34
אבוי וצוח צווחא רבתא **ומרירתא** עד לחדא ואמר לאבוי GN 27:34
יעבדון יתיה על פטיר **ומרירין** ייכלוניה: לא ישיירון מיניה NU 9:11
מתכלן וממרין להון: הי **כמרירתהון** דתניניא כד הינון רוון DT 32:33
ייי ואחוי ליה ייי אילן **מריר** דארדפני וכתב עלוי שמא EX 15:25
מן חמרהון בגין כן יהי **מריר** כס דלווט דישתון ביום DT 32:33
דבעליך תהוי זכאה ממיא **מריריא** בדוקיא האילין: ואנת ארום NU 5:19
ובידא דכהנא יהון מיא **מריריא** בדוקיא: ויומי יתה כהנא NU 5:18
וישקי ית איתתא ית מיא **מריריא** בדוקיא ויעלון בה מיא NU 5:24
למישתי מוי ממרה ארום **מרירין** הינון בגין כן קרא שמיה EX 15:23
ומישתייך ואעדי מחת **מרירתא** מגווך: לא תהי תכלא EX 23:25

מרתוקא (1)

חד לחבריה באבנא או **במרתוקא** ולא ימות ויפול למרע: EX 21:18

משהו (1)

בשלו: ואין במנא דפרזלא **במשהו** מחהי וקטליה קטולא הוא NU 35:16

משוריא (1)

מן ריקם עד מוסרות שית **משוריין** ארבעין שנין נטלו מן NU 21:1

משח (137)

אין כהנא רבא דמתרבי **במישחא** יחוב במיקרביה קרבן LV 4:3
וספוגין פטירין דמשיחין **במשח:** ואין מנחתא על מסריתא LV 2:4
יהי: וכל מנחתא פתיכא **במשח** ומנגבה לכל בני אהרן תהי LV 7:10
גריצן פתירן ופתיכן **במשח** וספוגין פטירין דמשיחין LV 2:4
בכון ומנחתא פתיכא **במשח** זיתא ארום יומא דין איקר LV 9:4
סמידא למנחתא פתיכא **במשח** זיתא ולוגא חדא דמשח LV 14:10
סמידא למנחתא פתיכא **במשח** זיתא וניסוכא: עלת שבתא NU 28:9
וגריצן פטירין דפתיכין **במשח** זיתא ועירוכין דלחם פטיר EX 29:2
גריצן פטירן פתיכן **במשח** זיתא וערוכין פטירין LV 7:12
דפטירי סמידא גריצן **במשח** זיתא וערוכין פטירין NU 6:15
וערוכין פטירין משיחין **במשח** זיתא וקמחא מטגנא פתיכא LV 7:12
ומנחתיה סולתא פתיכא **במשח** זיתא ותור תיניין בר תורי NU 8:8
ועשרונא סמידא פתיך **במשח** זיתא כתישא רבעות הינא EX 29:40
סמידא דחינטיא פתיכא **במשח** זיתא כתישא רבעות הינא: NU 28:5
סמידא למנחתא פתיכא **במשח** זיתא לאימרא חד עלתא NU 28:13
סמידא דמנחתא פתיכא **במשח** זיתא לדיכרא חד: ועשרונא NU 28:12
מן אפרשותא פתיכא **במשח** זיתא למנחתא: בזיכא חדא NU 7:13
מן אפרשותא פתיכא **במשח** זיתא למנחתא: בזיכא חדא NU 7:19
סמידא חד פתיך **במשח** זיתא למנחתא ולוגא דמשח LV 14:21
סמידא למנחתא פתיכא **במשח** זיתא לתורא חד ותרין NU 28:12
דלחם פטיר דמשיחין **במשח** זיתא מן סמידא דחינטין EX 29:2
וקמחא מטגנא פתיכא **במשח** זיתא: על גריצתא דלחים LV 7:12
תלתא עשרונין פתיך **במשח** זיתא פלגות הינא: וחמר NU 15:9
ברמשא: על מסריתא **במשח** זיתא תתעבד מטגנא LV 6:14
עשרונין סמידא פתיכא **במשח** זיתא קורבנא לשמא דייי LV 23:13
סמידא דחנטיא פתיכא **במשח** זיתא תלתא עשרונין לתורא NU 28:20
סמידא דחינטיא פתיכא **במשח** זיתא תלתא עשרונין לתורא NU 28:28
סמידא דחנטיא פתיכא **במשח** זיתא תלתא עשרונין לתורא NU 29:3
סמידא דחנטיא פתיכא **במשח** זיתא תלתא עשרונין לתורא NU 29:9
סמידא דחנטיא פתיכא **במשח** זיתא תלתא עשרונין לתורא NU 29:14
עשרונין סמידא פתיכא **במשח** זיתא תלתות הינא: וחמר NU 15:6
חד וגריץ דלחם פתיך **במשח** חד ועריך חד מסלא דפטירא EX 29:23
וגריצתא דלחים פתיך **במשח** חדא ועריך חד ושוי על LV 8:26
קרבנך סמידא פתיכא **במשח** פטיר תהי: רסיק יתיה LV 2:5
רבא דרבי יתיה סגנא **במשח** רבותא ומטול דלא צלי NU 35:25
קרבנך סמידא רתח **במשח** תתעבד: ותהנעל ית מנחתא LV 2:7
ייי: וכהנא רבא דמתרבי **במשחא** וברם תחותוי מבנוי יקומון LV 6:15
וערוכין פטירין דמשיחין **במשחא** זיתא ומנחתהון וניסכיהון: NU 6:15
ויסב כהנא רבא דמתרבי **במשחא** מדמא דתורא ויהנעל יתיה LV 4:5
שיקרא בסידרי דינא **במשחתא** דקייטא וסיתוא LV 19:35
במשח זיתא ולוגא חדא **דמשח** זיתא: ויוקים כהנא דמדכי ית LV 14:10
זיתא למנחתא ולוגא **דמשח** זיתא: ותרין שפנינין רברבין LV 14:21
ויקטן אוליד ית אלמודד **דמשח** ית ארעא באשלוון וית שלף GN 10:26
ובוסמיא לפיטומא **דמשח** רבותא ולפיטומא דקטרת EX 25:6
לקרבן אשמא וית לוגא **דמשחא** וירים יתהון ארמא קדם ייי: LV 14:12
אימרא דאשמא וית לוגא **דמשחא** וירים יתהון ארמא קדם ייי: LV 14:24
כהנא בידיה ימינא מלוגא **דמשחא** ויריק על ידה דכהנא LV 14:15
דעלמא הדין ומדרא **דמשיחא** ומדרא דעלמא דאתי: EX 17:16
במשח וספוגין פטירין **דמשיחין** במשח: ואין מנחתא על LV 2:4
ועירוכין דלחם פטיר **דמשיחין** במשח זיתא מן סמידא EX 29:2
זיתא וערוכין פטירין **דמשיחין** במשחא זיתא ומנחתהון NU 6:15
חכימייך ותלת מן דיינך **וימשחון** מארבע טריגונין ית DT 21:2
ומנחתא דתדירא **ומישחא** דרבותא מסרת כל משכנא NU 4:16
דתתעבד מן סמידא **ומישחא** האילין לקדם ייי ויקרבינה LV 2:8
חי ולא כד בשלא בחמרא **ומישחא** ושקייני ולא מבשל במיא EX 12:9
ארעכון עיבורכון חמרכון **ומישחכון** בקרת תוריכון ועדרי DT 7:13
מעשרי עיבורכון חמרכון **ומישחכון** ביכורי תוריכון ועונכון DT 12:17
עיבורכם חמריכון **ומישחכון:** ואיתן עיסבא בחקלך DT 11:14
מעשר עיבורכון חמרכון **ומישחכון** וכן ביכורי תוריכון DT 14:23
שירוי עיבורכון חמרכון **ומישחכון** ושירוי גיזת עניכון DT 18:4
מן אדמא דעל מדבחא **וממשחא** דרבותא ותדי על אהרן EX 29:21
ולטום משח דבוטנין **ומשח** דלוזין: וכספא על חד תרין GN 43:11
דססגונא וקיסין דשיטין: **ומשח** זיתא לאנהרא ובוסמיא EX 25:6
סילעין בסילעי קודשא **ומשח** זיתא מלי קסטא דסכומיה EX 30:24
יהון לכון בכל תחומכון **ומשח** לא תטושון ארום יתנתרון DT 28:40
דמתרביין על כיפין **ומשח** מזיתהא דמלבלבין מטינרין DT 32:13
מוניק לן דובשא מן כיפא **ומשח** מן שמיר טינרא בעידן דאימן EX 15:2
דססגונא וקיסי דשיטא: **ומשחא** לאנהרותא בושמיא למשח EX 35:8
יתבני ויתכלל דמיתער **ומשיח** באורייתא: ארום מילין NU 21:27
דישראל למיתפלגא **ומשיחא** בר אפרים דנפיק מיניה EX 40:11
מאילין דקריין **ומשיחין** באורייתא אכלת NU 21:28
דאורייתא אמוראין **ומשיחין** באורייתא: אמירין רשיעיא NU 21:29
אלפא גרמידי חזור חזור: **ותמשחון** מברא לקרתא ית ציטרא NU 35:5
לאנהרותא בושמיא **למשח** רבותא ולקטרת בוסמיא: EX 35:8
וית אפרסמא דכיא **למשח** רבותא ולקטרת בוסמיא: כל EX 35:28
ביממא ובליליא וית **מישחא** דאנהרותא: וית מדבחא EX 39:37
לאלעזר בר אהרן כהנא **מישחא** דאנהרותא וקטורת NU 4:16
ית בני ישראל ויסבון לך **מישחא** דזיתא דכיא כתישא EX 27:20
אשמא: ומה דמשתייר מן **מישחא** דעל ידא דכהנא יתן על LV 14:18
אחוי די יתריק על רישיה **מישחא** דרבותא ודיקרב ית LV 21:10
וית מדבחא דדהבא וית **מישחא** דרבותא וית קטרת EX 39:38
ית לבושיא דפקידתך וית **מישחא** דרבותא וית תורא וית LV 8:2
עמא דישראל: ותיסב ית **מישחא** דרבותא ותרבי ית משכנא EX 40:9
על מצנפתא: ותיסב ית **מישחא** דרבותא ותריק על רישיה EX 29:7
יתהון דהבא: ועבד ית **מישחא** דרבותא קודשא וית EX 37:29
יהיב בחייל וחדא בטוור **מישחא** וחדא מפלג לכל מטרת NU 19:9
בפומא דנסבתיה מן טוור **מישחא** וידע נח ארום איתקוללו GN 8:11
לחטאתא לא ישווי עלה **מישחא** ולא יתן עלה לבונתא ארום LV 5:11
דבעירי לא יריק עלה **מישחא** ולא יתן עלה לבונתא ארום NU 5:15
יתיה ריסוקין ותריק עלה **מישחא** מנחתא היא: ואין מנחת LV 2:6
קמחא סמידא ומן טוב **מישחא** על כל לבונתא ויסיק כהנא LV 2:2
מן פירוכייה ומטוב **מישחא** על כל לבונתא קורבנא LV 2:16
ושוי יתה קמה ואריק **מישחא** על רישה: וקרא שמא GN 28:18
כהנא באדבעיה דימינא **ממישחא** דעל ידיה דשמאלא LV 14:27
זימנין: וממה דמשתייר **ממישחא** דעל ידיה יתן כהנא על LV 14:17
זימנין קדם ייי: ויתן כהנא **ממשחא** דעל ידיה על גדירא LV 14:28
ייי ית משה: ונסיב משה **ממשחא** דרבותא ומן אדמא דעל LV 8:30
וקליל דבש ולטום **משח** דבוטנין ומשח דלוזין: וכספא GN 43:11
דלא ישיירון לכון עיבור **משח** וחמר בקרי תוריכון ועדרי DT 28:51
ארע דמן זייתהא עבדין **משח** ומן תומרייהא עבדין דבש: DT 8:8
פתיכא ברבעות הינא **משח** זיתא: וחמר עינבא לניסוכא NU 15:4
ייכול יתיה: כל טוב **משח** זיתא וכל טוב חמר עינבא NU 18:12
דמטלייא ואריק עלה **משח** זיתא: וקרא יעקב ית שמיה GN 35:14
מנחת ביכורך: ותיתן עלה **משח** זיתא ותשוי עלה לבונתא LV 2:15
ישראל ויסבון מן דילך **משח** זיתא זכיך כתיש לאנהרא LV 24:2
מרבי זיתין סגיעין עבדין **משח** מספקין למטבול ביה ריגלוי: DT 33:24
מקדשא דאלקיה ארום **משח** רבות אלקיה עלוי אנא ייי: LV 21:12
שיבטין: ותעביד יתיה **משח** רבות קודשא בושם מתבשם EX 30:25
בני ישראל תמליל למימר **משח** רבות קודשא יהי דין קדמי EX 30:31
עובד בשמא ממזית **משח** רבות קודשא יהי: ותרבי ביה EX 30:25
דילמא תמותון ארום **משח** רבותא דייי עליכון ועבדו הי LV 10:7
לבושי בנוי לשמשא: וית **משח** רבותא וית קטורת בוסמיא EX 31:11
דעל ידיה שמאלא וידי **משחא** באדבעיה שבעתא זימנין: LV 14:16
ית בושמא בחירא וית **משחא** דזיתא לאנהרותא וית EX 35:28
אשמא: ומה דמשתייר מן **משחא** דעל ידא דכהנא יתן על LV 14:29
ית אצבעיה ימינא מן **משחא** דעל ידיה שמאלא וידי LV 14:16
מנהא וית בוצינהא וית **משחא:** דרבותא וית קטורת EX 35:14
ית משה: ונסיב משה ית **משחא** דרבותא ורבי ית משכנא LV 8:10
לקדשותהון: ואריק מן **משחא** דרבותא על ריש אהרן ורבי LV 8:12

יהי קורבניה וידיק עלה **משחא** ויתן עלה לבונתא: וייתינא LV 2:1
דריגליה ימינא: ומן **משחא** ידיק כהנא ביד ימיניה על LV 14:26
ואהרן ספריהון דישראל **משחו** יתיה בחוטריהון וממדברא NU 21:18
מן ארעא ותלישין **משחתהא** עד שבעא פושכי וחללא LV 23:42
עתיד דאיתגלי מלכא **משיחא** בסוף יומייא: והוה כד שרא GN 35:21
דבית יהודה ומלכא **משיחא** דעתיד למיפרק ית ישראל EX 40:9
עממייא: מה יאי מלכא **משיחא** דעתיד למקום מדבית GN 49:11
ואיליין למיפל ביד מלכא **משיחא** ויהוון עד עלמא לאובדנא: NU 24:24
יתכון על ידויי דמלכא **משיחא:** ויעילינכון מימרא דייי DT 30:4
מדבית יעקב ויתרבי **משיחא** ושיבט תקיף מישראל NU 24:17
עד זמן די ייתי מלכא **משיחא** זעיר בנוי ובדיליה יתימסון GN 49:10
יאיין הינון עינוי דמלכא **משיחא** כחמרא זכיכא מן למחמי GN 49:12
ואפילו ליומי מלכא **משיחא** לא תתנשי: ויהי ארום DT 25:19
בעיקבא ביומי מלכא **משיחא:** לאינתתא אסגא אסגי GN 3:15
דייי קיצא דעתיד מלכא **משיחא** למיתי איתכסי מיניה ובכין GN 49:1
וסופיהון ביומי מלכא **משיחא** למסדרא סידרי קרבא עם NU 24:20
בסעדהון ויבבות מלכא **משיחא** מיבבא ביניהון: אלקא NU 23:21
זיתא וערוכין פטירין **משיחין** במשח זיתא וקמחא LV 7:12

משחתא (4)

פותיא דיריעתא חדא **משחתא** חדא לחדיסרי יריען: ולפיף EX 36:15
אמין דיריעתא חדא **משחתא** חדא לחדסרי יריען: EX 26:8
סכום דיריעתא חדא **משחתא** חדא לכל יריעתא: ולפיף EX 36:9
אמין דיריעתא חדא **משחתא** חדא לכל יריעתא: חמש EX 26:2

משי (1)

יצחק ליעקב קריב כדון **ואמושנך** ברי האנת דין ברי עשו אין GN 27:21

משך (5)

בוסמיא דקדם ייי **דבמשכן** זימנא וית כל אדמא LV 4:7
קרנת מדבחא דקדם ייי **דבמשכן** זימנא וית כל אדמא ישוד LV 4:18
בארעא ואשכח גופנא **דמושכיה** נהרא מן גינוניתא דעדן GN 9:20
עם אינתתיה דנסיב: לא **ימשכן** גבר ריחיא וריכבא ארום DT 24:6
דין גיורא ויתמא ולא **ימשכן** חד מנכון כסו דארמלתא DT 24:17

משכא (69)

ויחמי כהנא ית מכתשא **במשך** בישרא ושערא במכתשא LV 13:3
סגירותא עתיקתא היא **במשך** בישריה ויסאיביניה LV 13:11
חיוורתא כסידא היא **במשך** בישריה ועמיק לית חיזויה LV 13:4
או קלופי או בהקי ויהי **במשך** בישריה למיכתש סגירו LV 13:2
למימר: ברנש ארום יהי **במשך** בישריה שומא זקיפא או LV 13:2
וגבר או איתא ארום יהי **במשך** בישריהון בהקי בהקי חוורן: LV 13:38
חוורן: ויחמי כהנא והא **במשך** בישריהון בהקי עמיין חוורן LV 13:39
דקלופי דמיטפלא **במשכא** בתר דאיתחמי לכהנא LV 13:7
תהליך פיסיונתא דנתקא **במשכא** בתר דכותיה: ויחמיניה LV 13:35
עמיין חוורן צהר הוא סגי **במשכא** דכי הוא: וגבר ארום ייתר LV 13:39
לא הליכת פיסיונתא **במשכא** והיא עמיא שומת כואה LV 13:28
לא הליך פיסיון ניתקא **במשכא** וחיזויה ליתוי עמיק LV 13:34
הליך פיסיונא דמכתשא **במשכא** וידכיניה כהנא קלופי LV 13:6
הלכא תהליך פיסיונא **במשכא** ויסאב כהנא יתיה מכתשא LV 13:22
פיסיונא דקלופי מיטפלא **במשכא** ויסאיביניה כהנא מטול LV 13:8
הליך פיסיונא דמכתשא **במשכא** ויסגירינֵיה כהנא שבעא LV 13:5
מסגיא תיסגי סגירותא **במשכא** ותחפי סגירותא ית כל LV 13:12
והא שומא זקיפא חוורא **במשכא** כעמר נקי והיא הפכת LV 13:10
והא הליך פיסיון ניתקא **במשכא** לא יפשפש כהנא לשער LV 13:36
הלכא תהליך פיסיונא **במשכה** ויסאיב כהנא יתיה מטול LV 13:27
כהנא: או בר נש ארום יהי **במשכיה** כואה דנור ותהי רושם LV 13:24
הוא: ובר נש ארום יהי ביה **במשכיה** שיחנא ואיתסי: ויהי באתר LV 13:18
ויתנון עלוי חופאה **דמשך** ססגונא ויפרשון לבוש שזיר NU 4:6
ויפרשון עלוי חופאה **דמשך** ססגונא וישוון אריחוי: NU 4:14
ויכסון יתיה בחופאה **דמשך** ססגונא וישוון ית אריחוי: NU 4:8
וית כל מנהא לחופאה **דמשך** ססגונא ויתנון על אסלא: ועל NU 4:10
ויכסון יתיה בחופאה **דמשך** ססגונא: ויתנון על קופא: NU 4:11
וחומרוי: וית חופאה **דמשכי** דדיכרי מסמקי וית חופאה EX 39:34
רישיה ולא יכיל מן בגלל **דמשכי** ככיה ושיניה פמיה הלכא NU 21:35
מסמקי וית חופאה **דמשכי** ססגונא וית פרגודא דפרסא: EX 39:34
דדיכרי מסמקי וחופאה **דמשכי** ססגונא מלעילא: ותעביד ית EX 26:14
ריחשא כל דיקרב בהון **ובמושכיהון** ובאדמהון יהי מסאב LV 11:31
חולף תורא ונבילתא **ומושכא** יהי דיליה: ארום יגנב גבר EX 21:36
וצבע זהורי ובוץ ומעזי **ומושכי** דדיכרי מסמקי ומשכי EX 35:23
ומשכי דדיכרי מסמקי **ומושכי** דססגונא וקיסין דשיטין: EX 25:5
וצבע זהורי ובוץ ומעזי: **ומשכי** דדיכרי מסמקי ומושכי EX 25:5
וצבע זהורי ובוץ מעזי: **ומשכי** דדיכרי מסמקי ומשכי EX 35:7
ומשכי דדיכרי מסמקי **ומשכי** דססגונא וקיסי דשיטא: EX 35:7
משכי דדיכרי מסמקי **ומשכי** דססגונא לטללא מלעילא: EX 36:19
ומושכי דדיכרי מסמקי **ומשכי** ססגונא היתיו: כל דארים EX 35:23
ודין לכון דמסאב דמיה **ומשכיה** ובישריה בריחשא דרחיש LV 11:29
מטייל וריגלך יתקצצון **ומשכך** תחי משלח חדא לשב שנין GN 3:14
חלוק תותביה דנפלא **למושכיה** ואין תיסב מצע ערסיה EX 22:26
למדבחא: וית תורא וית **מושכא** וית בישריה וית רעייה LV 8:17
וחמשא גידין וקרם עילוי **מושכא** ומלי יתיה ביסרא ואדמא GN 1:27
כד חמי אלעזר ית **מושכה** וית בישרה וית אדמה על NU 19:5
ותעביד חופאה למשכנא **מושכי** דדיכרי מסמקי וחופאה EX 26:14
ית משה: וית בשרא וית **מושכיה** אוקיד בנורא מברא LV 9:11
למפרח וחרספיתין על **מושכיה** ואין נתרון ואשתייר חד DT 14:9
וית בישרא דתורא וית **מושכיה** וית ריעייה תוקיד בנורא EX 29:14
למחוור כתלגא יתיר **ממשך** בישריה מכתש סגירותא LV 13:3
הי כחיזוי סגירות **משך** בישרא: גבר סגיר הוא מסאב LV 13:43
ותחפי סגירותא ית כל **משך** בישריה מרישיה ועד ריגלוי LV 13:12
לבושין דיקר מן **משך** חויא דאשלח מיניה על משך GN 3:21
ית עלת גבר אוחרן **משך** עלתא דיקרב לכהנא דיליה LV 7:8
מדבחא דעלתא: וית כל **משך** תורא וית בישריה על רישיה LV 4:11
עמיק למחוור יתיר מן **משכא** וביה שער מצלהב כחיזו LV 13:30
עמיק למחוור יתיר מן **משכא** וידכי יתיה כהנא ויצבע LV 13:34
לית עמיק יתיר מן **משכא:** ויספר ית שערא דחזרנות LV 13:32
עמיק למחוור יתיר מן **משכא** ושער אוכם לית ביה ויסגר LV 13:31
למחוור כתלגא יתיר מן **משכא** ושערה לא אתהפיך לחיור LV 13:4
והא חיזווהא מכיך מן **משכא** למחוור ושערה איתהפוך LV 13:20
איתה למחוור יתיר מן **משכא** מטול דהיא עמיא ויסגריניה LV 13:26
איתא למחוור יתיר מן **משכא** מטול דהיא עמיה ויסגירינֵיה LV 13:21
משכן זימנא: וישלח ית **משכא** מן עלתא ויפסג יתה LV 1:6
למחוור כתלגא יתיר מן **משכא** סגירותא הוא בכוואה LV 13:25
ית יעקב ברא זעירא: וית **משכי** דגדיי בני עיזי אלבישת על GN 27:16
ועבד חופאה למשכנא **משכי** דדיכרי מסמקי ומשכי EX 36:19
ויוקדון בנורא ית **משכיהון** וית בישריהון וית רעייהון: LV 16:27

משכוכיתא (1)

יעקב ויהב בריש ענא **משכוכיתא** כל ית דרגול וכל GN 30:40

משכן (5)

היכמא דמליל לכון **ותמשכנון** עממין סגיעין ואתון לא DT 15:6
על שערין ולא ריביין: אין **ממשכנא** תמשכן כסותא דחברך EX 22:25
דאשתביין והינון בי גובא **מתמשכנין** ביד פרעה ועל דהוו חדן EX 12:29
ולא ריביין: אין ממשכנא **תמשכן** כסותא דחברך עד לא EX 22:25
עממין סגיעין ואתון לא **תתמשכנון** ותשלטון בעממין DT 15:6

משליא (3)

יתיה ומגרפתיה ומזירקוי **ומשילייתיה** ומחתייתיה כל מנוי EX 27:3
בהון ית מחתיתא וית **משילייתא** וית מגרופייתא וית NU 4:14
וית מזירקייא וית **משילייתא** וית מחתייתא לכל מנוי EX 38:3

משמש (1)

מחוי קושטא היכמא **דממשמש** סמיא בקיבלא דלית DT 28:29

משש (1)

עיגל מתכא דלית בה **משָשא:** ונסיב ית עיגלא דעבדו EX 32:19

מתח (1)

תניין לבריאת עלמא **ומתחינון** ליקר שכינתא רמין NU 24:6

מתחא (8)

לתרע דרתא וית אטונוי **ומתחהא** וית כל מני פולחן משכנא EX 39:40
חזור וחומריהון וסיכיהון **ומתחיהון:** ודישרן קדם משכן זימנא NU 3:37
משכנא בכל פולחניה וכל **מתחוי** וכל מתחי דדתא חזור חזור EX 27:19
וית מתחי משכנא וית **מתחי** דרתא וית אטוניהון: ית EX 35:18
פולחניה וכל מתחוי וכל **מתחי** דרתא חזור חזור דנחשא: EX 27:19
פרסא דתרע דרתא: וית **מתחי** משכנא וית מתחי דרתא וית EX 35:18
דרתא חזור חזור וית כל **מתחי** תרע דרתא וית כל חומרי EX 38:31
וכיבושין כסף: וכל **מתחיא** למשכנא ולדרתא חזור EX 38:20

מתל (24)

אתקין גהינם לרשיעיא **דמתילא** לחריבא שנינא אכלה GN 3:24
ובזכות אימהתהון **דמתילו** לגלימתא הא עמא NU 23:9
אימהתא דמן עלמא **דמתילין** לגלימתא: ומטוב שבח DT 33:15
בזכות אבהתהון צדיקיא **דמתילין** לטווריא ובזכות NU 23:9
אבהתא דמן שירויא **דמתילין** לטוורייא ומן טוב רמתא DT 33:15
ותמן גניזי חכמתא **דמתילין** לנהורי ותדלק ית בוצינהא EX 40:4
כל קבל שבעתי כוכביא **דמתילין** לצדיקיא דמנהרין לעלמא EX 40:4
קדמוי: ידבחון לטעוון **דמתילין** לשדין דלית בהון מידעם DT 32:17
תוב ית דיבחיהון לטעוון **דמתילין** לשידי דהינון טען LV 17:7
עמא וזכוות אימהתא **דמתילן** לגלימתא וחוטרא EX 17:9
תהוון לשיעמום **למתלין** ולתינויין ביני עממיא DT 28:37
בר עיזי מטול דסטנא **מימתיל** ביה מטול דלא ישתעי LV 9:3
על כן יימרון בחודתא **מתולייא** אמרין צדיקיא דשלטין NU 21:27
אליעזר בר נמרוד דהוה **מתיל** בגבורתא ככולהון תלת מאה GN 14:14
בבעו מינך לא אהי **מתיל** כבר נש דהוה ליה ביר יחידאי DT 32:50
למללא קדם ייי ואנא **מתיל** לעפר וקטם: מאין חסרין מן GN 18:27
אעיקו להון דבית אגג די **מתילין** לשידין מנפחי כפן ולמזיקי DT 32:24
נבואה מן קדם ייי: ונטל **מתל** נבותיה ואמר אימר בלעם בר NU 24:3
בסוף עקב יומיא: ונטל **מתל** נבותיה ואמר אימר בלעם בר NU 24:15

דאתור וישבי יתר: ונטל **מתל** נבותיה ואמר ווי מאן יתקיים NU 24:23
ית יתרו דמתגייר ונטל **מתל** נבותיה ואמר מה תקיף הוא NU 24:21
וכל רברבי מואב: ונטל **מתל** נבותיה ואמר מן ארם דעל NU 23:7
בלק מה מליל ייי: ונטל **מתל** נבותיה ואמר קום בלק ושמע NU 23:18
ית דבית עמלק ונטל **מתל** נבותיה ואמר שירוי אומיא NU 24:20

מתן (16)

לוט לווּתיה בבעו מינך **אמתין** לי שעא זעירא עד דנתבוע GN 19:18
לית הינון עבדין בגין כן **אמתין** ליה קודשא בריך הוא NU 21:34
אדם ואינתתיה ולא **אמתינו** ביקרהון: וחויא הוה חכים GN 2:25
דייי: ולחכימיא אמר **אמתינו** לנא הכא עד זמן דנתוב EX 24:14
עמך עמא הדין: ואמר **אמתן** עד דיהכון סבר אפין דרוגזא EX 33:14
בתופין ובכינרין: ולא **אמתנתני** לנשקא לבני ברתיי GN 31:28
נתיעט עליה עיטא דרמיו **דיימתן** לגבן ועבדו ליה עיטא GN 29:22
בירא ולא אשכחו מיא **ואמתינו** תלתא יומין דילמא תיהי GN 31:22
דיהוון זריזין בדיני ממונא **ומתונין** בדיני נפשתא ולא יבהתון LV 24:12
דיהוון זריזין בדיני ממונא **ומתונין** בדיני נפשתא ולא יבהתון NU 15:34
דיהוון זריזין לדיני ממונא **ומתונין** לדיני נפשתא ולא יבהתון NU 27:5
זריז ובדיני נפשתא הוה **מתון** ובאיליין ובאיליין אמר משה LV 24:12
ובדיני נפשתא הוה משה **מתין** ובאיליין ובאיליין אמר משה NU 15:34
ובדיני נפשתא הוה משה **מתין** ובאיליין ובאיליין אמר משה NU 27:5
בקצת מנהון הוה משה **מתין** מן בגלל דהוו דיני נפשתא NU 9:8
למקום מן בתריהון דיהון **מתינין** בדיני נפשתא וזריזין בדיני NU 9:8

מתניתא (2)

כל קבל שיתא סידרי **מתנייתא:** ועבד ענובין חמשין על EX 36:16
לחוד כל קבל שית סדרי **מתניתא** ותיעוף ית ידיעתא EX 26:9

נבזבא (1)

אלקכון וניסבתא תיתון **ונבזביית** בית מוקדשא דמלילתון DT 23:24

נבח (1)

לא יהנזק כלבא בלישניה **למנבח** למאינשא ועד בעירא מן EX 11:7

נבי (98)

מצראי ואיתאמר להום **בנבואה** דחיואי בען למסדרא GN 37:17
דאורייתא אתאמר עלי **בנבואה** דיהוון גרגירי חיטיהון היך DT 32:14
יצחק: ואמר ייי לישראל **בנבואה** דליליא ואמר יעקב יעקב GN 46:2
וכל דאשלימת רוחיה **בנבואתה** דעימיה הייתיו ית EX 35:21
ואמר ליה משה המן בגלל **דאתנבו** עלי דאנא מתכנש מן NU 11:29
לך שרה קביל מינה **דנביאתא** היא ארום ביצחק יתקרון GN 21:12
שרת עליהון רוח נבואה **ואתנבון** ולא פסקין: וישתיירון תרין NU 11:25
למערוק מן רבנותא **ואתנביין** במשריתא: ורהט טליא חד NU 11:26
בשום מימריה דייי **ובנבואתיה** דמשה עבדיה: הא בכן EX 14:31
ובדחלתיה תתקרבון: **ונבי** שיקרא ההוא או חלים חילמא DT 13:6
שיילי אורייא ותומיא **ונביא** תריציא יהב לכון ייי אלקכון: DT 18:14
ישעיה נביא כד הוה **מתנבי** בכנישתהון דישראל יהב DT 32:1
ברם משה נביא כד הוה **מתנבי** בכנישתהון דישראל יהב DT 32:1
רוח נבואה אלדד הוה **מתנבי** ואמר הא משה מתכניש מן NU 11:26
יתה להון מידד הוה **מתנבי** ואמר הא סלוי סלקן מן ימא NU 11:26
למשה ואמר אלדד ומידד **מתנביין** הכין במשריתא: ואתיב NU 11:27
ברם תריהון כחדא **מתנביין** ואמרין הא מלכא סליק מן NU 11:26
משה ושרת עילויהון רוח **נבואה** אלדד הוה מתנבי ואמר הא NU 11:26
למיטול יתיה ושרת רוח **נבואה** דאיסתלקת מיניה בעידן GN 45:27
ומליל עימיה ורבי מן רוח **נבואה** דעלוי ומשה לא חסיר NU 11:25
עימך תמן וארבי מן רוח **נבואה** דעלך ואשוי עליהון ויטענון NU 11:17
והוה כד שרת עליהון רוח **נבואה** ואתנבון ולא פסקין: NU 11:25
ואשלים עימיה רוח **נבואה** מן קדם ייי בחוכמתא EX 35:31
הנשכח כדין גבר דרוח **נבואה** מן קדם ייי ביה: ואמר פרעה GN 41:38
חבריהון ושרת עלוי רוח **נבואה** מן קדם ייי: ונטל מתל NU 24:2
יהושע בר נון גבר דרוח **נבואה** מן קדם ייי שריא עלוי NU 27:18
לנא פרישן בסלקותך רוח **נבואה** מעילוי אומיא ותהי מתמלל EX 33:16
ארום בחכמת רוח **נבואה** עבד ית כרוביא מתרין EX 37:8
קדם ייי וכלי מנהון רוח **נבואתא:** ואמר ליה משה המן בגלל NU 11:28
ביה כוותך ואיתן פיתגמי **נבואתי** בפמי וימלל עמהון ית כל DT 18:18
גברא דלא יקבל פיתגמי **נבותי** דימלל בישמי מימרי יפרע DT 18:19
מן קדם ייי: ונטל מתל **נבותיה** ואמר אימר בלעם בר בעור NU 24:3
עקב יומיא: ונטל מתל **נבותיה** ואמר אימר בלעם בר בעור NU 24:15
וישבי יתר: ונטל מתל **נבותיה** ואמר ווי מאן יתקיים בזמן NU 24:23
יתרו דמתגייר ונטל מתל **נבותיה** ואמר מה תקיף הוא NU 24:21
רברבי מואב: ונטל מתל **נבותיה** ואמר מן ארם דעל פרת NU 23:7
מה מליל ייי: ונטל מתל **נבותיה** ואמר קום בלק ושמע אצית NU 23:18
דבית עמלק ונטל מתל **נבותיה** ואמר שירוי אומיא דאגיחו NU 24:20
נביין ארום יתן ייי ית רוח **נבותיה** עליהון: ואתכנש משה NU 11:29
מיניה: ארום יקום ביניכון **נבי** שיקרא או מרי חלמא דזדנותא DT 13:2
מלליה ייי: מה דימלל **נבי** שיקרא בשמא דייי ולא ייתי DT 18:22
מימרי יפרע מיניה: ברם **נבי** שיקרא דירשע למללא פיתגמא DT 18:20
לא תקבלון לפיתגמי **נבי** שיקרא ההוא או מן חלים DT 13:4
ייי בזדנותא מלליה **נבי** שיקרא לא תידחלון מיניה: DT 18:22
ממתנן וגדאין אמר משה **נביא** אין נטרין הינון עמא בית DT 32:14
ייי לי אתקינו מה דמלילו: **נביא** אקים להון מביני אחוהון דרוח DT 18:18
דייי על ידא דיחזקאל **נביא** בבקעת דורא ואין יחמון כדין EX 13:17
אבונן ודוד מלכא ומשה **נביא** דהכין כתיב ואמר ייי למשה DT 31:14
ולשיבטא דגד בריך משה **נביא** דייי ואמר בריך דאפתיה DT 33:20
דנפתלי בריך משה **נביא** דייי ואמר: בריך הוא מבניא DT 33:23
ולשיבט יוסף בריך משה **נביא** דייי ואמר בריכא תהוי מן DT 33:13
ולשיבט זבולן בריך משה **נביא** דייי ואמר חדון דבית זבולן DT 33:18
ולשיבטא דדן בריך משה **נביא** דייי ואמר שיבטא דדן מדמי DT 33:22
סדר ברכתא דבריך משה **נביא** דייי ית בני ישראל קדם דימות: DT 33:1
דיליה ואהרן אחוך הוי **נביא** דילך: אנת תמליל לאהרן ית EX 7:1
עד דאימליל אין יהוון כל **נביא** דקמו מן יומת עלמא מתמלל NU 12:6
טעוות עממיא ויתקטל **נביא** ההוא בסייפא: וארום תימרון DT 18:20
אתיב איתת גבר ארום **נביא** הוא ויצלי עלך ותיחי ואין GN 20:7
סתימיא מה דאתכסי מן **נביא** הוה מתגלי ליה: אימר דשמע NU 24:15
סתימיא מה דאתכסי מן **נביא** הוה מתגלי ליה: חמי אנא ליה NU 24:16
ודמיטרא וכן אמר משה **נביא** הכא יפתח ייי לכון ית אוצריה DT 28:12
ממצרים הוא משה **נביא** ואהרן כהנא: והוה ביומא EX 6:27
מגינא עליהון עני משה **נביא** ואמר אף על גב דאנא מוכח DT 28:15
דבנימין בריך משה **נביא** ואמר חביביה דייי ישרי DT 33:12
בגין כן פריש משה **נביא** ואמר עמי בני ישראל תור או LV 22:27
ולשיבט לוי בריך משה **נביא** ואמר תומיא ואורייא DT 33:8
דינין דעלו קדם משה **נביא** ודן יתהון על מימרא דקודשא NU 9:8
דינין דיעלו קדם משה **נביא** ודן יתהון על פום מימרא LV 24:12
דינין די עלו קדם משה **נביא** ודן יתהון על פום מימרא NU 15:34
דינין די עלו קדם משה **נביא** וסכם יתהון על דעתא דלעיל NU 27:5
צורת בר תורי ברם משה **נביא** חלפיה מטול דלא ידכר להון NU 2:10
דמליל לכון: אמר משה **נביא** חמון דאנא סדר קדמיכון יומא DT 11:26
לעלמא דאתי ישעיה **נביא** כד הוה מתנבי בכנישתהון DT 32:1
מן שמייא ברם משה **נביא** כד הוה מתנבי בכנישתהון DT 32:1
קדם אלקנא: אמר משה **נביא** כד סליקית לטוורא דסיני DT 32:4
שניא דחייא בהון משה **נביא:** כל תורי לעלתא תריסר תורא NU 7:86
ובשר בנתיכון אמר משה **נביא** כמה קשיין הינון חוביא די LV 26:29
כל דתעבדון: אמר משה **נביא** לא בטומרא אנא מסהיד בכון DT 29:9
בתר אולפנא דמשה **נביא** לא מיתו במותנא ולא לקו NU 26:11
למפלחהון: כד פתח משה **נביא** למימר פיתגמי אוכחותא DT 28:15
די מטה קיציה דמשה **נביא** למתכנשא מיגו עלמא אמר DT 32:1
לעלמי עלמין: אמר משה **נביא** לעמא בית ישראל איזילו בתר DT 6:5
ומברכך יהון בריכן כמשה **נביא** ספרהום דישראל: והוה כדי GN 27:29
יהון בריכין כמשה **נביא** ספריהון דישראל ומלטטיכון NU 24:9
דאיתפליג דינא דמשה **נביא** על עינא דמי מצותא היא GN 14:7
ייי ית משה: ולא קם **נביא** תוב בישראל כמשה ארום DT 34:10
וסגי עם קדיש וכינשת **נביאין** וכהנין יהון מבינך דאולידתא GN 35:11
אתרא דאיסתגרת מרים **נביאיתא:** ונטלו מחצרות ושרו NU 33:17
ימא: ונסיבת מרים **נביאתא** אחתיה דאהרן ית תופא EX 15:20
עד זמן דאיתסיית מרים **נביאתא** ומן בתר כדין נטלו עמא NU 12:16
ולפום דאתחייבת מרים **נביאתא** למלקי בצורעא בעלמא NU 12:16
לפום דאיתיעדת מרים **נביאתא** שעא זעירא למידוע מה NU 12:16
דאחאב סנאיה ופורקת **נביי** שיקרא דקיימין לקובליה ולא DT 33:11
סתימיא מה דאתכסי מן **נבייא** הוה מתגלי ליה ועל דלא הוה NU 24:3
סתימיא מה דאתכסי מן **נבייא** הוה מתגלי ליה: כמא יאוון NU 24:4
ויתנון לכון ובסיפרי **נבייא** ויימרון לכון: באחסנות DT 32:7
יהב לכון ייי אלקכון: **נבייא** מביניכון מן אחוכון דדמי לי DT 18:15
פון דיהון כל עמא דייי **נביין** ארום יתן ייי ית רוח נבותיה NU 11:29

נבל (1)

בשעת ניכסתא **ודימתנבלא** במותנא ותריב חיוא LV 7:24

נבלה (24)

חזיא לכון למיכול דיקרב **בנבילתא** יהי מסאב עד רמשא: LV 11:39
יהי דכי ברם די יקרב **בנבילתהון** בגו מיא האיליין יהי LV 11:36
ברייתא ביה ולא תטנפון **בנבילתהון** דחייביא ית ארעכון דייי DT 21:23
תסתאבון כל דיקרב **בנבילתהון** יהי מסאב עד רמשא: LV 11:24
הינון לכון כל דיקרב **בנבילתהון** יהי מסאב עד רמשא: LV 11:27
חיוא מסאבתא או **בניבלת** בעירא מסאבתא או LV 5:2
בכל מידעם דמסאב או **בניבלת** חיוא מסאבתא או בניבלת LV 5:2
בעירא מסאבתא או **בניבלת** רחיש מסאב ויתכסי מיניה LV 5:2
מביסריהון לא תיכלון **ובניבלתהון** לא תקרבון: לחוד ית DT 14:8
מבישריהון לא תיכלון **ובניבלתהון** לא תקרבון מסאבין LV 11:8
ישלם תורא חולף תורא **ונבילתא** ומושכא יהי דיליה: ארום EX 21:36
דמי תוריה וחמריה **ונבילתא** יהי דיליה: וארום ינגוף תור EX 21:34
מסאב עד רמשא: ודייכול **מנבילתה** יצבע לבושוי ויהי מסאב LV 11:40
מסאב: וארום אין יפיל **מנבילתהון** על כל זרע זרעונין LV 11:37
מוי על בר זרעא ויפיל **מנבילתהון** עלוי ברוטביה מסאב LV 11:38
מסאב: וכל מידעם דיפיל **מניבלתהון** עלוי יהי מסאב תנורין LV 11:35
ארום מזוניה הוא: **נבילא** וקטולא לא ייכול LV 22:8

עד רמשא ודיוסיט ית **נבילתה** יצבע ית לבושוי ויהי LV 11:40
עד רמשא: וכל דיוסיט מן **נבילתהון** יצבע לבושוי ויהי מסאב LV 11:25
עד רמשא: ודיוסיט ית **נבילתהון** יצבע לבושוי ויהי מסאב LV 11:28
דמניט יתהון מעילוי **נבילתכון**: ימחינכון מימרא דייי DT 28:26
לכל מלכוות ארעא: ותהי **נבילתכון** משגרא למיכל לכל עופא DT 28:26
יתיה על קיסא: לא תבית **ניבלת** גושמיה על קיסא ארום DT 21:23
לא תיכלון וית **ניבלתהון** תשקצון ומן הנייתהון LV 11:11

נבע (4)
ובכן אהדרו יתה ליצחק **ונבעת** וקרא שמא דבירא עסק GN 26:20
ואשכחו תמן ביר מוי **נבעין**: ונצו רעוותא דיגרר עם GN 26:19
וגובין בית כנישות מיין **נבעין** יהי דכי ברם די יקרב LV 11:36
אוף עלה ויבשת ותו לא **נבעת** וקרא שמא סטנא: ואיסתלק GN 26:21

נגב (8)
זרעונין באורחא די יזדרע **בנוגביה** דכי הוא: וארום אין מתיהיב LV 11:37
מנחתא פתיכא במשח **ומנגבה** לכל בני אהרן תהי גבר LV 7:10
לרע לשמייא לדוכתא חד **ותתנגב** ארעא דתתחמי יבישתא GN 1:9
והוה כן: וקרא אלקים **לנגביתא** ארעא ולבית כנישות מיין GN 1:10
וית תומיא: וכדון נפשנא **מנגבא** לית כל מידעם אלהין למנא NU 11:6
חופאה דתיבותא וחמא **נגובו** אנפי ארעא: ובירח מרחשון GN 8:13
בחד לירחא בריש שתא **נגובו** מיא מעל ארעא ואעדי נח ית GN 8:13
כל ליליא ושוי ית ימא **נגיבא** ואתבזעו מיא לתריסר בזיען EX 14:21

נגד (39)
עם דיירי ארעא ארום **איתניגיד** וסליק לרקיעא במימר GN 5:24
אינשא לא יתקיים ברם **במיגד** קל שופרא הינון מרשן EX 19:13
מן מטולא נס תשיעאי **דאתנגיד** פרזלא כשיעור תרויהון NU 25:8
ובכל נפשכון מן בגלל **דיוגדון** חייכון עד עלמין: ויגרי DT 30:6
ולשמאלא מן בגלל **דינגוד** יומין על מלכותיה הוא ובנוי DT 17:20
מארעא דמצרים סדני **דמינגדן** בתורתי לסוברא בהון ית GN 45:19
משבחא בפירהא ארעא **דנגדא** נחלין דמיין צלילין מבועי DT 8:7
ארעיא שתיא מנחליא **דנגדין** מן מתנן ותחומי יהי מטי עד DT 33:22
בתריכון ומן בגלל **דתינגדון** יומא דין על ארעא דייי DT 4:40
היא חייכון בעלמא הדין **ואוגדות** יומיכון בעלמא דאתי DT 30:20
וכנש ריגלוי לגו דרגשא **ואיתנגיד** ואיתכניש לעמיה: וארבע GN 49:33
ושבע שנין והדר בתייובא **ואיתנגיד** ואתכנש לעמיה: ושרו מן GN 25:17
יצחק מאה ותמנן שנין: **ואיתנגיד** יצחק ומית ואתכנש GN 35:29
מאה ושובעין וחמש שנין: **ואתנגיד** ומית אברהם בשיבו טבא GN 25:8
דייי בסטרא דיוסף **ונגד** עליה חיסדא ויהב רחמותיה GN 39:21
מבועי תחומא דסלקין **ונגדין** ומרוין צימחיא מלרע: ומטוב DT 33:13
מדינאי מרי פרקמטיא **ונגידו** ואסיקו ית יוסף מן גובא GN 37:28
תחות שמיא כל דבארע **יתנגד**: ואקים ית קימי עמך ותיעול GN 6:17
ומולתא תליתיתא **למינגד** ולמירדוף בבהילו אוסיף על EX 14:7
ומן גודגוד ליטבת ארע **נגדא** נחלין דמיין: בעידנא ההיא DT 10:7
מיגו פרתה דעגלתא **נגדין** ואזלין עד אתרא דקטולא DT 21:8
דלא אתפלח בה ולא **נגדת** בניר: ויחתון חכימי קרתא DT 21:3
טרד עליהון טעוות צפון **נגהוי** דמדברא: ואיתקף ית יצרא EX 14:3
סבי ישראל ואמר להון **נגודו** ידיהון מטעוות מצראי וסבו EX 12:21
וכל רברביא דאתמנון **נגודין** בכנישתא ומליל משה עמהון: EX 34:31
תקילון ורבנין דמתמנין **נגודין** בעמך לא תלוטון: ביכורי EX 22:27
לדין ומיתן ואדמהון הוה **נגיד** בנחליא סמיך לארנון: ושפכות NU 21:14
בהדי כרוביא דנפקין **נגיד** מינה בקודש קודשיא: ותשוי EX 26:34
כפורתא וכרוביא דנפקין **נגיד** מינה חד מיכא וחד מיכא: וית EX 39:35
בהדי כרוביא דנפקין **נגיד** מינה על ארונא מלעילא: EX 40:20
ית מנרתא דדהב דכי **נגיד** עבד ית מנרתא בסיס דידה EX 37:17
תרין כרובין דדהב דכי **נגיד** עבד יתהון מתרין סיטרי EX 37:7
נחליא דאדמהון הוה **נגיד** עד מותבות לחיית ברם איהי NU 21:15
תרין כרובין דדהב דכי **נגיד** תעביד יתהון מתרין ציטרי EX 25:18
מנרתא דדהב דכי **נגיד** תתעבד מנרתא בסיס דידא EX 25:31
וקניהון מינה הוו כולא **נגידא** חדא דדהב דכי: ועבד ית EX 37:22
וקניהון מינה יהון כולה **נגידה** חדא דדהב דכי: ותעביד ית EX 25:36
חד מסיטרא מיכא **נגידין** ואדיקין הוון כרוביא ולא EX 37:8
ארום מיבד תיבדון ולא **תיגדון** יומין על ארעא דאתון עברין DT 30:18

נגוון (1)
מאילן איתפרשא גנוסי **נגוות** עממיא כל חד לישניה GN 10:5

נגח (7)
בני יעקן למוסרה תמן **אגח** עימהון עמלק כד מלך בערד DT 10:6
ושיציאונון מן ארעא וכד **אגחו** מלכיא האילין הוה עוג GN 14:13
ליליא באורחא פלגותא **אגחן** עם מלכיא ופלגותא אצטנעא GN 14:15
תורא אין לבת ישראל **ינגח** כדינא הדין יתעביד ליה: ברם EX 21:31
דישראל: אין בר ישראל **ינגח** תורא אין לבת ישראל ינגח EX 21:31
והיכמא דרימנא **מנגח** בקרנוי ית חיות ברא הכדין DT 33:17
אישתמודע ארום תור **נגחן** הוא מאיתמלי ומידקדמוי ולא EX 21:36

נגע (1)
לבון קדם ייי ארום **נגעתון** גבר בבריה ובאחוי EX 32:29

נגף (1)
יהי דיליה: וארום **ינגוף** תור דגבר ית תורא דחבריה EX 21:35

נגר (25)
בהון ית עיבידתא **ובנגרות** קיסא למיעבד בכל EX 35:33
מרגליתא לאשלמא **ובנגרות** קיסא למעבד כל עיבידתא: EX 31:5
חיורתא ואוכמתא ליזנה **ונגר** טורא וערפדא: וזיבורי וזיזי DT 14:18
משכנא לסופיהון מערבא: **ונגרא** מציעאה בגו לוחייא EX 26:28
בני מררי לוחי משכנא **ונגרוי** ועמודוי וחומרוי וכל פולחניה: NU 3:36
ואתעבד מבועין דמיין **ונגרין** עד ימא רבא ואתיין חיוון EX 16:21
רמין אחידן בתרעין **ונגרעין** בר מקירוי פצחיא סגי DT 3:5
עבד דהבא אתרא **לנגרין** וחפא ית נגרין דהבא: ועבד EX 36:34
תעביד דהבא אתרא **לנגרין** ותחפי ית נגריא דהבא: EX 26:29
ליבא למעבד כל עיבידת **נגר** ואומן וצייר בתיכלא ובארגוונא EX 35:35
בר אחיסמך לשיבטא דדן **נגר** ואומן וצייר בתיכלא ובארגוונא EX 38:23
ואכמתא ליזנה וית **נגר** טורא וית ערפדא: וכל ריחשא LV 11:19
בני ישראל ועבדו מיניה **נגרא** מציעאה אורכיה שובעין אמין EX 26:28
מערבא: ועבד ית **נגרא** מציעאה לשלבשא בגו לוחיא EX 36:33
ושוי ית לוחוי ויהב ית **נגרוי** ואקים ית עמודוי: ופרס ית EX 40:18
ית פורפוי וית לוחוי וית **נגרוי** וית עמודוי וית חומרוי: ית EX 35:11
וית כל מנוי פורפוי לוחוי **נגרוי** ועמודוי וחומרוי: וית חופאה EX 39:33
אתרא לנגרין ותחפי ית **נגריא** דהבא: ותקים ית משכנא EX 26:29
אתרא לנגרין וחפא ית **נגרין** דהבא: ועבד ית פרגודא EX 36:34
תחות לוחא חד: ותעביד **נגרין** דקיסי שיטא חמשא ללוחי EX 26:26
תחות לוחא חד: ועבד **נגרין** דקיסי שיטא חמשא ללוחי EX 36:31
סטר משכנא חד: וחמשא **נגרין** ללוחא סטר משכנא תניינא EX 36:32
משכנא תניינא וחמשא **נגרין** ללוחי סטר משכנא לסופיהון EX 36:32
משכנא תניינא וחמשא **נגרין** ללוחי צטר משכנא לסופיהון EX 26:27
צטר משכנא חד: וחמשא **נגרין** ללוחי צטר משכנא תניינא EX 26:27

נגש (3)
חולף שיניה: וארום **ינגש** תור ית גבר או ית איתא וימות EX 21:28
ליה: ברם אין עבד כנענאי **נגש** תורא או אמתא כנעניתא כסף EX 21:32
עבדא ואמהה: ואין תור **נגשן** הוא מאיתמלי ומידקדמוי EX 21:29

נדב (2)
והינון מייתן ליה תוב **נדבתא** בצפר בצפר מן ממונהון: EX 36:3
דמשה היתיו בני ישראל **נדבתא** קדם ייי: ואמר משה לבני EX 35:29

נדונא (1)
לזניה וית כרזבא דהיא **נדונא** לזניה: וכל ריחשא דעופא LV 11:22

נדי (1)
יתיה מן משירית עמא **דאתנדון** תרין אלפין אמין והוה קרי EX 33:7

נדי (24)
דבני ישראל למוי **אדיותא** ברם שיבוק חובת עיגלא NU 19:9
יצבע לבושוי ודיקרב במי **אדיותא** יהי מסאב עד רמשא: וכל NU 19:21
ההוא מישראל ארום מוי **אדיותא** לא אזדריקו עלוי מסאב NU 19:13
ית מקדשא דייי סאיב מי **אדיותא** לא אזדריקו עלוי מסאב NU 19:20
הוא תוב סובתיה ביה עד **דידי** ויהדר וידי ויטבול ברמשא NU 19:13
ייי: ויסב מן אדמא דתורא **וידי** באדבעיה ימינא על אפי LV 16:14
ביה עד דידי ויהדר **וידי** ויטבול ברמשא שביעאה: דא NU 19:13
דעבד לאדמא דתורא **וידי** יתיה על כפורתא ולקדם LV 16:15
על ידא דכהנא דשמאלא: **וידי** כהנא באדבעיה דימינא LV 14:27
קבורתא וגוללא ודופקא: **וידי** כהנא דכיא על גברא מסאבא NU 19:19
נכיסתא ובמי מבוע **וידי** לביתא שבע זימנין: וידכי ית LV 14:51
יפריש רישיה מן קדליה: **וידי** מן אדם חטאתא על כותל LV 5:9
דעל ידיה שמאלא **וידי** משחא באדבעיה שבעתא LV 14:16
דנכיסא ובמי מבוע: **וידי** על בית אפוהי דמידכי מן LV 14:7
סובתא גבר כהין דכי **וידי** על משכנא ועל כל מניא ועל NU 19:18
קרנת מדבחא חזור חזור: **וידי** עלוי מן אדמא באדבעיה ימינא LV 16:19
בדמא דבמן פחרא **ותדון** לאסקופא עילאה מלבר EX 12:22
שביעאה וידכי ואין לא **ידי** עלוי ביומא תליתאה יעכב עלוי NU 19:12
וגבר דיסתאב ולא **ידי** עלוי וישתיצי בר נשא ההוא NU 19:20
ובדמיה דימות ולא **ידי** עלוי ית משכנא דייי סאיב NU 19:13
מסאב שובעא יומין: הוא **ידי** עלוי מי קיטמא ההוא ביומא NU 19:12
קידומא ולקדם כפורתא **ידי** שבע זימנין מן אדמא באדבעיה LV 16:14
נשא וכל דיקרב בקטילא **תדון** עלוי ביומא תליתאה וביומא NU 31:19
וגרמא וכל מאן דקיסא **תדון** עלוי: ואמר אלעזר כהנא NU 31:20

נדי (4)
ולחוד כהנא דמדי מי **אדיותא** יצבע לבושוי ודיקרב במי NU 19:21
לקיים עלם ולחוד כהנא **דמדי** מי אדיותא יצבע לבושוי NU 19:21
וממשחא דרבותא **ותדי** על אהרן ועל לבושוי ועל בנוי EX 29:21
מימרא דייי בגין כן חזי **לנדוייהון** ולגמרא ית כל ניכסיהון NU 16:26

נדל (1)
על ארבע מן חויוא ועד **נדל** דמסגי ריגלין בכל ריחשא LV 11:42

נדף (1)
באוריתא וריחהון **נדיף** הי כקטרת בוסמיא ותשוי ית EX 40:5

נדר (37)

נסיבא תעביד יתיה **ולנידרא** לא יהי לרעוא: ודמעיך LV 22:23
ייי ישתרי וישתביק לה: **ונדרא** דארמלא ומיתרכא כל NU 30:10
אתניסיבת לגבר **ונידרהא** עלהא או פירוש סיפתהא NU 30:7
נידריה לאייתאה מן די **ידר** היכדין יעבד על אוריית ניזריה: NU 6:21
חמרא או על שום מידעם **ידר** נדר נזירו למפרש לשמא דייי: מן NU 6:2
גבר בר תליסר שנין ארום **ידר** נדרא קדם ייי או יקיים קיים NU 30:3
אורייתא נזירא די **ידר** קרבניה קדם ייי על ניזריה בר NU 6:21
כל אפקות סיפמהא **לנדרהא** ולאיסרי נפשהא לא NU 30:13
נידרא: וארום תתמנעון **מלמידר** לא יהי בכון חובא: מומתא DT 23:23
ייי בזמן מועדיכון בר **מנדריכון** דנדרתון בחגא דתייתון NU 29:39
דייי בר ממתנתיכון ובר **מנידריכון** ובר מכל נסיבתכון LV 23:38
או על שום מידעם ידר **נדר** נזירו למפרש לשמא דייי: מן NU 6:2
דענבא לא ייכול: כל יומי **נדר** ניזריה גלב לא יעיבר על רישיה NU 6:5
תריסר שנין ארום תידר **נדר** קדם ייי ותיסר איסר בבית NU 30:4
ניכסת קודשיא לפרשא **נדרא** או בניסבתא או בזמן NU 15:3
דייי אלקכון לכל **נדרא** כל דכן לשאר קורבניא ארום DT 23:19
בר תליסר שנין ארום ידר **נדרא** קדם ייי או יקיים קיים למיסר NU 30:3
ליומא חרן ויתקיימון כל **נדרהא** או ית כל איסרהא דעלה NU 30:15
ובטיל בתר דישמע כל **נדרהא** ואיסרא דאסרת על נפשה NU 30:6
לה איבהא ויתקיימון כל **נדרהא** וכל איסרהא דאסרת על NU 30:5
דלא בגרת ויתקיימון כל **נדרהא** וכל איסרי דאסרת על נפשה NU 30:12
דיקרב קרבניה לכל **נדריהון** ולכל נסיבתהון דיקרבון LV 22:18
בבית בעלה ולא בגרת **נדרת** או אסרת איסרא על נפשה NU 30:11
ואין בתר דאיתנסיבת **נדרת** וישמע בעלה וביומא דשמע NU 30:8
כהנא כמיסת דתדביק יד **נודירא** היכדין יעלינيه כהנא: ואין LV 27:8
עלתא או נכסתא לפרשא **נידרא** או ניכסת קודשיא קדם ייי: NU 15:8
קודשיא קדם ייי לפרשא **נידרא** או נסיבתא בתורי או בענא LV 22:21
מיניה עד צפרא: ואין **נידרא** או נסיבתא נכסת קורבניה LV 7:16
אלא יהי בך חובת עיכוב **נידרא:** וארום תתמנעון מלמידר לא DT 23:22
קדם ייי ישתביק לה: כל **נידרא** וכל קיום איסרא לסגפא NU 30:14
למירתה: ארום תידרון **נידרא** קדם ייי אלקכון לא תוחרון DT 23:22
בעלה בטיל לה וישרי ית **נידרה** דעלה וית פירוש סיפתהא NU 30:9
שנין: וישמע איבהא ית **נידרה** ואיסרה דאסרת על נפשהא NU 30:5
וישתוק לה ויתקיימון **נידרהא** ואיסרהא דאסרת על נפשה NU 30:8
מה דתדביק ידיה כמיסת **נידריה** לאייתאה מן די ידר היכדין NU 6:21
עברת תריסר שנין ארום **תידר** נדר קדם ייי ותיסר איסר NU 30:4
לתמן למירתה: ארום **תידרון** נידרא קדם ייי אלקכון לא DT 23:22

נדר (1)

ליה ייי בביתאל והיך **נדרית** אבנא והיך טפת בירא GN 29:13

נדר (10)

אבוהא יתה מן רשותא **דנדרא:** ואין אתנסבא אתניסיבת NU 30:6
מועדיכון בר מנדריכון **דנדרתון** בחגא דתייתון בחגא NU 29:39
לא תעבדון והיכמא **דנדרתון** תשלמון חטאתא ואשמא DT 23:24
גבר ארום יפריש פירוש **דנידרא** בעילוי נפשתא לשמא דייי: LV 27:2
ועניכון וכל נדריכון **דתידרון** וניסבתיכון ואפרשות DT 12:17
ידיכון וכל שפר נידריכון **דתידרון** קדם ייי: ותיחדון קדם ייי DT 12:11
וית אפרשות ידיכון **ונדריכון** וניסבתיכון ובכורי תוריכון DT 12:6
קודשיכון דיהוון לכון **ונידריכון** תיטלון ותיתון לאתרא DT 12:26
תוריכון ועניכון וכל **נדריכון** דתידרון וניסבתיכון DT 12:17
ואפרשות ידיכון וכל שפר **נידריכון** דתידרון קדם ייי: ותיחדון DT 12:11

נהג (1)

כל קבל שבעתי כוכביא **דנהיגין** בשיטריהון ברקיעא בימּמא EX 39:37

נהק (1)

ברמשא ושמעת לאה קל **נהיקיה** דחמרא וידעת דהא יעקב GN 30:16

נהר (52)

על מצראי ומסיטריה חד **אנהר** על ישראל כל ליליא ולא EX 14:20
ויכסון ית מנרתא **דאנהורי** וית בוצינהא וית מילקטיא NU 4:9
לחם דאפיא: וית מנרתא **דאנהורי** וית מנהא וית בוצינהא וית EX 35:14
ובליליא וית מישחא **דאנהרותא:** וית מדבחא דדהב וית EX 39:37
בר אהרן כהנא מישחא **דאנהרותא** וקטורת בוסמיא NU 4:16
ויתהפכון לאדמא: ונוני **דיבנהרא** ימותון ויסרי נהרא EX 7:18
דמתילין לצדיקיא **דמנהרין** לעלמא בזכותהון: ותיתן EX 40:4
בחשן דינא ית אוריא **דמנהרין** מיליהון ומפרסמין טמירן EX 28:30
וסיהרא ומתמן איסרטוון **דנהורי** ותמן גניזי חכמתא דמתילין EX 40:4
רמז קודשא למיכאל **ואנהר** עיינה ואשכחתנון ונסיבת GN 38:25
יתי בהדא שעת אננקי **ואנהר** עייני ואשכח תלת סהדיי GN 38:25
אף לבעלה עימה ואכל: **ואתנהרן** עיני תרויהון וידעו ארום GN 3:7
ובני צפרירי ומזיקי וטלני: **ינהר** ייי סבר אפוי לך במעסקך NU 6:25
מדרישיהון זיו אפיהון **ינהר** כזיו רקיעין דיברא ייי ביום NU 24:6
גלי קדמיי חשוכא **כנהורא** והיך אנת סבר בליבך GN 3:9
גלי קדמך חשוכא הי **כנהורא** וכדון חב עמא הדין חובא EX 32:31
דזיתא דכיא כתישא **לאנהורי** לאדלקא בוציניא תדירא: EX 27:20
ובעמודא דאישתא **לאנהרא** בליליא: ומן בתר כל ניסיא NU 14:14
דשיטין: ומשח זיתא **לאנהרא** ובוסמיא לפיטומא דמשח EX 25:6
משח זיתא זכיך כתיש **לאנהרא** לאדלקא בוצינייא תדירא LV 24:2
ותשויניה בתיבותא **לאנהרא** לאנהרא לכון ולגרמידא GN 6:16
בתיבותא לאנהרא **לאנהרא** לכון ולגרמידא תשיצינה GN 6:16
ואמר אלקים יהי נהורא **לאנהרא** עלמא ומן יד הוה נהורא: GN 1:3
ועמודא דאישתא **לאנהרא** קדמיהון למיזל בימּמא EX 13:21
דאדם לרוח ממללא **לאנהרות** עינין ולמצתות אודנין: GN 2:7
וקיסי דשיטא: ומשחא **לאנהרותא** בושמיא למשח רבותא EX 35:8
בחירא וית משחא דזיתא **לאנהרותא** וית אפרסמא דכיא EX 35:28
בעמודא דאישא בליליא **לאנהרותכון** באורחא דתהכון בה DT 1:33
לנהורין ברקיעא דשמייא **למנהרא** עילוי ארעא והוה כן: ועבד GN 1:15
ברקיעא דשמייא **למנהרא** על ארעא: ולמישמשא GN 1:17
למיכל וארום אסו הוא **לנהורא** דעיינין ומרגג אילנא GN 3:6
ובין חשוכא: וקרא אלקים **לנהורא** יממא ועבדיה למפלח ביה GN 1:5
גניזי חכמתא דמתילין **לנהורי** ותדלק ית בוצינהא שובעא EX 40:4
סיהרא ומחזורין: ויהון **לנהורין** ברקיעא דשמייא למנהרא GN 1:15
ועמודא דאישתא הוה **מנהר** בליליא וחמיין כל בני ישראל EX 40:38
היא ותיפוק זכיא וזיוה **מנהר** ותשכח רחמין קדם בעלה NU 5:28
ית בוצינהא ויהון **מנהרין** כל קבל אפהא: ומלקטייהא EX 25:37
כל קבל מנרתא יהון **מנהרין** שבעתי בוציניא תלת לקבל NU 8:2
נהורא: וחמא אלקים ית **נהורא** ארום טב ואפרש אלקים בין GN 1:4
ובליליא ולמפרשא בין **נהורא** דימּמא ובין חשוך ליליא GN 1:18
טב ואפרש אלקים בין **נהורא** ובין חשוכא: וקרא אלקים GN 1:4
עלמא ומן יד הוה **נהורא:** וחמא אלקים ית נהורא GN 1:3
דמצראי והוה עננא פלגיה **נהורא** ופלגיה חשוכא מסיטריה חד EX 14:20
בימּמא וית סיהרא דהוה **נהורא** זעירא למשלט בליליא וית GN 1:16
מיא: ואמר אלקים יהי **נהורא** לאנהרא עלמא ומן יד הוה GN 1:3
ובכל בני ישראל הוה **נהורא** למקבור רשיעיא דיבניהון EX 10:23
ומני ית שמשא דהוה **נהורא** רבה למישלט בימּמא וית GN 1:16
כן: ועבד אלקים ית תרין **נהוריא** רברביה והוון שווין GN 1:16
ואמר אלקים יהון **נהורין** ברקיעא דשמייא לאפרשא GN 1:14
ביה מכתשא לבין יומא **נהירא** ובין בר נשא מסאבא לבין בר LV 14:57
דיוסף דמליל: צפרא **נהר** וגברייא איתפטרו הינון GN 44:3
דשרה אימיה ומן יד **נהרת** בוצינא דטפת בזמן דמיתת GN 24:67

נהרא (50)

בחוטרא דבידי על מוי די **בנהרא** ויתהפכון לאדמא: ונוני EX 7:17
דטלקת יתיה אימיה **בנהרא:** ועבדו היכדין אסטגניניא EX 8:2
דבנהרא לאדמא: ונוני די **בנהרא** מיתו וסרי נהרא ולא יכילו EX 7:21
דכר דאיתיליד ליהודאי **בנהרא** תטלוקוניה וכל ברתא EX 1:22
לא יכילו למשתי מן מוי **דבנהרא:** ושלימו שובעא יומין מן EX 7:24
מינך ותיסב מן מוי **דבנהרא** ותשוד ליבשתא ויהון מוי EX 4:9
מינך ומבתך לחוד מה **דבנהרא** ישתיירון: ואמר למחר EX 8:5
עבדך ומן עמך לחוד מה **דבנהרא** ישתיירון: ונפק משה ואהרן EX 8:7
עבדוי ואיתהפיכו כל מוי **דבנהרא** לאדמא: ונוני די בנהרא EX 7:20
בחוטרא ומחא ית מוי **דבנהרא** לאחמי פרעה ולאחמי EX 7:20
משה ארום אמרת מן מוי **דנהרא** שחילתיה: והוה ביומא EX 2:10
וית שלף דישלף מוי **דנהרוותא** וית חצרמות וית ירח: וית GN 10:26
ידעין בין טב לביש: **ונהרא** נפיק מעדן לאשקאה ית GN 2:10
הוא דמהלך למדנח אתור **ונהרא** רביעא הוא פרת: ודבר ייי GN 2:14
מתמן ואשרינון מן לגיו **לנהר** סמבטיון ובהינון פרישן לא EX 34:10
לתחום מצרים ומטו **לנהרא** וגליאו בשריהון למיעבר GN 12:11
תורתי חורניין סלקן מן **נהרא** בישן למיחמי וחסיין GN 41:3
וחוטרך דמחית ביה ית **נהרא** דבר בידך ואיזל לך מן קדם EX 17:5
בגו גומייא על גיף **נהרא:** ואיתעתדת מרים אחתיה EX 2:3
דתורתי על כיף **נהרא:** ואכלא תורתי דבישן למיחמי GN 41:3
מצראי למישתי מוי מן **נהרא:** ואמר ייי למשה אימר לאהרן EX 7:18
כן אסי מימרא דייי ית **נהרא:** ואמר ייי למשה עול לות EX 7:25
לקדמותיה על גיף **נהרא** וברם חוטרא דאהרן EX 7:15
הא אנא קאי על כיף **נהרא:** והא מן נהרא סליקן שבע GN 41:17
הוה חלים והא קאי על **נהרא:** והא מן נהרא סלקן שבע GN 41:1
מצראי למישתי מוי מן **נהרא** והות מחת דמא בכל ארעא EX 7:21
ועולימתהא אזלן על גיף **נהרא** וחמת ית תיבותא בגו גומייא EX 2:5
ויהון מוי דתיסב מן **נהרא** ויהון לדמא ביבשתא: ואמר EX 4:9
דיבנהרא ימותון ויסרי **נהרא** וישתלהון מצראי למישתי EX 7:18
ונוני די בנהרא מיתו וסרי **נהרא** ולא יכילו מצראי למישתי מוי EX 7:21
מן בתר די מחא ייי ית **נהרא** ומבתר כן אסי מימרא דייי ית EX 7:25
דפרעה לאיתקררא על **נהרא** ועולימתהא אזלן על גיף EX 2:5
וחפרו מצראי חזרנות **נהרא** מוי למישתי ולא אשכחו EX 7:24
ואשכח גופנא דמושכיה **נהרא** מן גינוניתא דעדן ונצביה GN 9:20
קאי על כיף נהרא: והא מן **נהרא** סליקן שבע תורתי פטימן GN 41:18
והא קאי על נהרא: והא מן **נהרא** סלקן שבע תורתי שפירן GN 41:2
תחומך בעורדעניא: ויִרבי **נהרא** עורדעניא ויסקון ויעלון EX 7:28
מקדשא עד נהרא רבא **נהרא** פרת: חמון דמסרית קדמיכון DT 1:7
דמצרים עד נהרא רבא **נהרא** פרת: ית שלמיא וית קניזאה GN 15:18

בי מקדשא מן נהרא רבא **נהרא** פרת עד ימא דאוקינוס הינון DT 11:24
טוורי בית מקדשא עד **נהרא** רבא נהרא פרת: חמון דמסרית DT 1:7
הדא מנילוס דמצרים עד **נהרא** רבא נהרא פרת: ית שלמיא GN 15:18
הינון טוורי בי מקדשא מן **נהרא** רבא נהרא פרת עד ימא DT 11:24
ית כל ארעא דכוש: ושום **נהרא** תליתאה דיגלת הוא דמהלך GN 2:14
טבין דבורלין: ושום **נהרא** תניינא גיחון הוא דמקיף ית GN 2:13
דיהכון בשבייתא על **נהרוות** בבל ואסיליקינון מתמן EX 34:10
ארים ית ידך בחוטרך על **נהריא** על ביציא ועל שיקייא EX 8:1
ידך על מוי דמצראי על **נהריהון** על ביציהון על שיקייאון EX 7:19
כגנין שתילין על פרקטוני **נהרין** כן הינון תלמידיהון חבורן NU 24:6
והוי לארבעת רישי **נהרין**: שום חד פישון הוא דמקיף ית GN 2:10

נוז (1)

בכסו דשיע ועזיל **וניז** עמר וכיתן מערבין כחדא: ברם DT 22:11

נוח (53)

דרוגזא ומן בתר כדין **אנוח** לך: ואמר ליה אין לית אפין EX 33:14
עם קשי קדל הוא: וכדון **אנח** בעותך ולא תפגין עליהון קדמי EX 32:10
והא עם קשי קדל הוא: **אנח** בעותך מן קדמי ואשיצינון DT 9:14
תתנייח היכמא דלא **אתנייחת** ית שני שמיטיכון כד LV 26:35
וארעא תהי קדמיכון **בדניחא** לכון תיבו ועיבידו בה GN 34:10
קדם עבדיה ואנא אידבר **בנייחא** לבלחודיי לרגל עיבידתא GN 33:14
ריתחא דאחוך: עד **דינוח** רוגזא דאחוך מנך ויתנשי ית GN 27:45
שביעאה תנוח מן בגלל **דינוחון** תורך וחמרך וישקוט בר EX 23:12
די יהבית לכון: עד זמן **דיניח** ייי לאחוכון כוותכון ויירתון DT 3:20
ואלעזר מן טוורא: וכיוון **דנח** נפשיה דאהרן אסתלקו עננא NU 20:29
קטולני כדון במיתותא **דניחין** בה צדיקייא אין אשכחית NU 11:15
עד דעל לגו מערתא **ואיתנח** בגו עיטפיה דיצחק אבוי GN 50:13
לותי ואפק לשוקא: **ואנחת** לבשא גבה עד דעל ריבוניה GN 39:16
דייי אלקכון מחסן יתכון **ויניח** לכון מכל בעלי דבביכון מן DT 12:10
גרמידי ביומא שביעאה: **ונחו** עמא ביומא שביעאה: וקרון EX 16:30
ושרו ביטבת אתר טב **ונייח**: ונטלו מאתר טב ונייח ושרו NU 33:33
טב ונייח: ונטלו מאתר טב **ונייח** ושרו במגזתא: ונטלו ממגזתא NU 33:34
ויומא שביעאה שבא **ונייח** קדם ייי אלקכון לא תעבדון EX 20:10
ויומא שביעאה שבי **ונייח** קדם ייי אלקכון לא תעבדון DT 5:14
אתר מותבניכון: שבא **ונייחא** הוא לכון ותענון ית LV 23:32
וביומא שביעאה שבא **ונייחא** מארע קדיש כל עיבידא לא LV 23:3
די קירוויכון מן בגלל די **ינוחון** עבדיכון ואמהתכון כוותכון: DT 5:14
עמלק מן קדם ייי: ויהי כד **יניח** ייי אלקכון לכון מן כל בעלי DT 25:19
יתה מעל רישא דאפרים **לאנחותא** על רישא דמנשה: ואמר GN 48:17
קרא ליליא ועבדיה **למינח** ביה בריתא והווה רמש והווה GN 1:5
אלקים מטייל בגינוניתא **למנח** יומא ואיטמר אדם ואינתתיה GN 3:8
דבית ישראל וכד הוה **מנח** ידוי מן למצליא ומתגברין EX 17:11
ולא תנוחון ולא יהוי **מנח** לפרסת ריגליכון ויתן מימרא DT 28:65
כאריא והי כליתא דכד **נח** מן יקימיניה: לא פסקין מלכין GN 49:9
ומלך בערד ארום **נח** נפשיה דאהרן ואסתלק עמודא NU 21:1
אנא מתקנס לממת אי **ניחא** לקמך דלי מיני דאעבור ית DT 32:50
עללתא: ובשתא שביעתא **נייח** דשמיטיתא יהי לארעא די LV 25:4
באלקא שמיא: ויהי אין **נייח** הוא במצוותא דאורייתא יתיב DT 17:18
דתמר תהי משזיב **נייח** ושרי בתקוף הי כאריא והי GN 49:9
יחידאה הוא עמא הדין **נייח** ושרי כאריא בגבורתא וכליתא NU 23:24
דאפתיה תחומיה דגד **נייח** כאריא למישרי וכד נפיק DT 33:20
יח ארעא דלא יהי עלה **נייח** רוחא ויצדון הכדין עלה LV 26:32
ביני תחומי אחוי: וחמא **נייחא** דעלמא דאתי ארום טב GN 49:15
יומין ביומא קמאה **נייחא** וביומא תמינאה נייחא: LV 23:39
לבי מוקדשא דהוא בית **נייחא** ולאחסנת ארעא דייי אלקכון DT 12:9
נייחא וביומא תמינאה **נייחא**: ותיסבון מן דילכון ביומא LV 23:39
ולא השכחת יונתא **נייחא** לפרסת ריגלא ותבת לוותיה GN 8:9
יהי לכון קודשא שבתא **נייחא** קדם ייי כל דיעבד עיבידתא EX 35:2
ידיכון: ארום מטול דלא **נייחין** בית ישראל במצוותא DT 15:11
יגרי בהון וישיצינון: **נייחין** ושרין כאריא וכליתא דכד NU 24:9
מדברין לרגיל ענני יקרך **נייחין** ושרין כמן פס דבר: אמרין בני DT 33:3
תיפלח וביומא שביעאה **תנוח** ברידיא ובחצדא תנוח: וחגא EX 34:21
תנוח ברידיא ובחצדא **תנוח**: וחגא דשבועיא תעביד לך EX 34:21
עובדך וביומא שביעאה **תנוח** מן בגלל דינוחון תורך וחמרך EX 23:12
לות אבהתך בשלם **תנוח** נפשך ותתקבר בסיבו טבא: GN 15:15
וביני עממיא האינון ולא **תנוחון** ולא יהוי מנח לפרסת DT 28:65
בארע בעלי דבביכון בכין **תתנייח** ארעא ותרעי ית שני LV 26:34
יומין דהיא צדיא מנכון **תתנייח** היכמא דלא אתנייחת ית LV 26:35

נוט (2)

דישראל ותשרון ולית **דמניט** ואיבטיל רשות חיות ברא מן LV 26:6
ולבעירא דארעא ולית **דמניט** יתהון מעילוי נבילתכון: DT 28:26

נון (9)

כדיוקננא וישלטון **בנוני** ימא ובעופא דבאויר שמייא GN 1:26
כל מוי דבנהרא לאדמא: **ונוני** די בנהרא מיתו וסרי נהרא ולא EX 7:21
בנהרא ויתהפכון לאדמא: **ונוני** דיבנהרא ימותון ויסרי נהרא EX 7:18
לזנוי: וית קפופא וית שלי **נונא** מן ימא וית צדיא: וקקא DT 14:16
וית ציידא וית שלי **נונא** מן ימא וית קיפופא: וית אותיא LV 11:17
ריחשא דבארע דמו דכל **נוני** דבמיא מלרע לארעא: ודילמא DT 4:18
דתרחיש ארעא ובכל **נוני** ימא בידכם יתמסרון: כל ריחשא GN 9:2
ויספקון להון אין ית כל **נוני** ימא רבא יתכנשון להון ויספקון NU 11:22
בישרא: דכירין אנחנא ית **נוניא** דהוינא אכלין במצרים מגן NU 11:5

נוקבא (25)

דכל טעו דמו דדכר או **דנוקבא**: דמו דכל בעירא דבארעא DT 4:16
דביר דכר עשרין סילעין **ולנוקבא** עשר סילעין: ואין מבר LV 27:5
יתיה ביסרא ואדמא דכר **ונוקבא** בגוונהון ברא יתהון: ובריך GN 1:27
דליתא דכייא תרין דכר **ונוקבא**: ברם מן צפרי שמיא שובעא GN 7:2
דייי עבידתיה: דכר **ונוקבא** ברנון ובריך יתהון בשום GN 5:2
עלו לנח לתיבותא דכר **ונוקבא** היכמא דפקיד ייי ית נח: GN 7:9
לך שובעא שובעא דכר **ונוקבא** ומן בעירא דליתא דכייא GN 7:2
בגווני בני נשא דכר **ונוקבא** ועיינין פתיחן להון הוא EX 14:2
לקיימא עימך דכר **ונוקבא** יהון: מעופא ליזניה ומבעירא GN 6:19
שובעא שובעא דכר **ונוקבא** לקיימא מנהון זרעא על GN 7:3
רוחא דחיי: ועליא דכר **ונוקבא** מן כל בישרא עלו היכמא GN 7:16
דילידתא לידכר או **לנוקבא**: ואין לא תשכח ידה הי LV 12:7
ית דוביה לדכר או **לנוקבא** ולגבר די ישמש עם LV 15:33
בסילעי קודשא: ואין ברת **נוקבא** היא ויהי עלוייה תלתין LV 27:4
יתיה ואין ברתה **נוקבא** היא ותתקיים: ודחילא EX 1:16
להון משה הקיימתון כל **נוקבא**: הנין הנין דהואה תוקלא לבני NU 31:15
ייי מטול חובתיה דחב **נוקבא** מן ענא אימרתא או צפירתא LV 5:6
סילעין דכסף ודברתה **נוקבא** עילוייה תלתא סילעין דכסף: LV 27:6
חמיסר סילעין ולברתה **נוקבא** עשר סילעין: ואין מסכן הוא LV 27:7
קודשיא קדם ייי דכר או **נוקבא** שלים יקרביניה: אין אימר LV 3:6
הוא מקרב אין דכר אין **נוקבא** שלים יקרביניה: ויסמוך יד LV 3:1
ייתי קורבניה לחטאתא **נוקבא** שלמתא ייתינה: ויסמוך יד LV 4:32
יומי דכותה: ואין ברת **נוקבא** תליד ותהי מסאבא ארבסרי LV 12:5
נפש דמית: מדכורא ועד **נוקבא** תפטרון למברא למשריתא NU 5:3
ודיכרי עשרין: גמלייא **נוקבן** עם בניהון הוו תלתין תוריתא GN 32:16

נור (53)

למולך למיתוקדא **בנורא** איתקטלא יתקטיל עמא LV 20:2
דיהיב פיתא לעניא ייקד **בנורא** ארום סגיאת וחובתהון ארום GN 18:20
וצילמי טעוותהון תוקדון **בנורא**: ארום עמא קדישא אתון DT 7:5
ליהוי יקיד ומתאכיל **בנורא**: ואמר משה איתפני כדון EX 3:2
ואסכלתא תעברון **בנורא** וידכי בתר כדין במיא NU 31:23
פריקו ויהבו לי וטלקתיה **בנורא** ועאל סטנא בגויה ונפק EX 32:24
ומרחקתהון תוקדון **בנורא** וצילמי טעוותהון תקצצון DT 12:3
בית סיגדיהון אוקידו **בנורא**: ושבו ית כל עדיתא וית כל NU 31:10
ית עיגלא דעבדו ואוקיד **בנורא** ושף עד דהוה דקיק ודרי על EX 32:20
נסיבית ואוקידית יתיה **בנורא** ושפיית יתיה בשופינא DT 9:21
איתא וית אימא זנו היא **בנורא** יוקדון יתיה ויתהין באתכות LV 20:14
למשריתא ויוקדון **בנורא** ית משכיהון וית בישריהון LV 16:27
במצע פלטיתא ותוקדון **בנורא** ית קרתא וית כל עדאה גמיר DT 13:17
עד יומא תליתייא **בנורא** יתוקד: ואין אתאכלא יתאכל LV 19:6
לית איפשר דמיתאכל **בנורא** יתוקד ובשר קודשיא כל LV 7:19
יתדי וכל דלא מיתעל **בנורא** כרנבתא כסיא קיתוניא NU 31:23
ותוקיד ית דמשתייר **בנורא** לא יתאכל ארום קודשא הוא: EX 29:34
מעברין בניהון ובנתיהון **בנורא** לא קסומי קוסמין ולא חדודי DT 18:10
צילמי טעוותהון תוקדון **בנורא** לא תחמדון כספא ודהבא DT 7:25
דאורחיה למיתעלא **בנורא** לביסיא קדירתא שפודיא NU 31:23
בנתיהון כפתין ומוקדין **בנורא** לטעוותהון: ית כל פיתגמא DT 12:31
בישריה וית רעייה אוקד **בנורא** מברא למשריתא היכמא LV 8:17
וית מושכיה אוקיד **בנורא** מברא למשריתא: ונכס ית LV 9:11
וית ריעייה תוקיד **בנורא** מברא למשריתא חטאתא EX 29:14
ויוקד יתיה על קיסין **בנורא** על אתר בית מישד קיטמא LV 4:12
קדם ייי מהבהב קלי **בנורא** קמח קלי ופירוכיין תקרב ית LV 2:14
ובאורתא דשיתיסר **בנורא** תוקדון דלית אפשר EX 12:10
בבישרא ובלחמא **בנורא** תוקדון: ומתרע משכן לא LV 8:32
מאן דיצלא סגיא היא **בנורא** תוקדיניה ית עיסקא דביה LV 13:57
פיסיוניה מסאב הוא **בנורא** תוקדיניה מטול דצורעא LV 13:55
בקודשא לא תיתאכל **בנורא** תיתוקד: ודא אוריתא LV 6:23
עם בית אבוהא וזניית **בנורא** תיתוקד: וכהנא רבא LV 21:9
כברקין והי כשלהוביין **דינור** למפד דנור מן ימיניה ולמפד EX 20:2
אתקין בגוה זיקוקין **דנור** וגומרין דאישתא למידן בהום GN 3:24
ארום יהי במשכיה כואה **דנור** ותהי רושם כואה בהקי חוורא LV 13:24
ותרתין אלפין ארתכין **דנור** כלילא דכהונתא דידיה הוות DT 34:5
דאשא ומבעיר שביבין **דנור** למידן ביה רשיעיא והא עבר GN 15:17
כברקין והי כשלהוביין **דנור** למפד דנור מן ימיניה ולמפד EX 20:3
כשלהוביין דינור למפד **דנור** מן ימיניה ולמפד דאישא מן EX 20:2
כשלהוביין דנור למפד **דנור** מן ימיניה ולמפד דאישא מן EX 20:3
נימרוד ית אברם לאתונא **דנורא** דלא פלח לטעותיה ולא הוה GN 11:28

נימרוד דטלקך לאתונא **דנורא:** ואמר אברם לשרי הא אמתיך GN 16:5
רוגזך תגמר יתהון הי **כנורא** בערא שלטא בקשא: ובמימר EX 15:7
דאמר למירמי אברם **לנורא** הוא מלכא דפונטוס אריוך GN 14:1
ולא הוה רשותא **לנורא** למוקדיה ובכין איתפליג GN 11:28
עד פלגותיה דליליא טוי **נור** ופטיר על תמכה ועולשין EX 12:8
ישלים: ארום תיתפק **נור** ותשכח כובין ותגמר גדיש או EX 22:5
מבשל במיא אלהין טוי **נור** עם רישיה עם ריגלוי ועם בני EX 12:9
דהוו תמן דלא שלטת **נורא** באברם אמר בליבהון הלא הרן GN 11:28
שמך ונחתין לאתון **נורא** בבקעת דורא בה שעתא רמז GN 38:25
אנא ייי דאפיקתך מאתון **נורא** דכשדאי למיתן לך ית ארעא GN 15:7
בארע ילדותיה באתון **נורא** דעבדו כשדאי לאברם אחוי: GN 11:28
יהון סמקן אפהא היך **נורא** ותקיימונין לכון: ואתון שרו NU 31:18

נזל (1)

צרירין הי כזיקין מיא **נזליא** קפו עליהון תהומיא בגו EX 15:8

נזף (4)

שבעתי יומין וכדון **דנזפית** בה מן דינא דתכסוף ארבסר NU 12:14
ואישתעי לאבוי ולאחהא **ונזף** ביה אבוי ואמר ליה מה חילמא GN 37:10
ייי למשה ואבוהא אילו **מנזף** נזף באנפה הלא הות מיכספא NU 12:14
למשה ואבוהא אילו מנזף **נזף** באנפה הלא הות מיכספא NU 12:14

נזק (10)

כד ייתון למיכול פיגריהון **ויזנקון** בך: קליל קליל איתריכינון EX 23:29
לשידין מנפחי כפן **ולמזיקי** אכילי עוף ולבני טיהררי DT 32:24
עיבידיתיה וצעריה **ונזקיה** ובהתיה יתן ואגר אסיא EX 21:19
כדא: ולכל בני ישראל לא **יהנזק** כלבא בלישניה למנבח EX 11:7
וחד מלרע להון דלא **יהנזקון** להון כובין ולא חיוין EX 12:37
מטליל עילויהון דלא **יהנזקון** משרבא ומטרא ובעמודא NU 14:14
נסטי לימינא ולשמאלא **להנזקא** בשבילי רשותא עד NU 20:17
קריבוי ולא הוו יכלין **להנזקותיה** נס תמינאי דאתעשן אע NU 25:8
כבישא איזיל לא אסטי **להנזקותך** לימינא ולשמאלא: עיבור DT 2:27
יתהון ולא יהון בהון **ניזקא** דמותא כד תימני יתהון: דין EX 30:12

נזר (17)

פטיר חד ויתן על ידי **נזירא** בתר דיגלב ית ניזריה: וירים NU 6:19
דא אחוויית אורייתא **נזירא** די ידר קרבניה קדם ייי על NU 6:21
ומבתר כדין ישתי **נזירא** חמרא: דא אחוויית אורייתא NU 6:20
וית ניסוכיה: ויגלב **נזירא** ית ריש ניזריה לברא בתר NU 6:18
על שום מידעם ידר נדר **נזירו** למפרש לשמא דייי: מן חמר NU 6:2
ויפריש קדם ייי ית יומי **נזריה** וייתי אימר בר שתיה לאשמא NU 6:12
וצמיקין לא ייכול: כל יומי **נזריה** מכל דמתעבד מגופנא NU 6:4
על רישיה: כל יומי **נזריה** קדיש הוא קדם ייי: וארום NU 6:8
בתכוף שלו ויסאב ריש **נזריה** רישיה ביום דכותיה ביומא NU 6:9
ודא אחוויית אורייתא **ניזרא** ביום מישלם יומי אפרשותיה NU 6:13
ידר קרבניה קדם ייי על **ניזריה** בר מן מה דתדביק ידיה NU 6:21
לא ייכול: כל יומי נדר **ניזריה** גלב לא יעיבר על רישיה עד NU 6:5
יבטלון ארום איסתאב **ניזריה:** ודא אחוויית אורייתא ניזרא NU 6:12
ידי נזירא בתר דיגלב ית **ניזריה:** וירים יתהון כהנא ארמא NU 6:19
זימנא ויסב ית שיער ריש **ניזריה** ויתן על אישתא דתחות NU 6:18
היכדין יעבד על אוריית **ניזריה:** ומליל ייי עם משה למימר: NU 6:21
ויגלב נזירא ית ריש **ניזריה** לברא בתר דנכיסו ית ניכסת NU 6:18

נחיל (1)

על דמא ומן יד נפקין **נחיל** דמורנין מיגו פרתה דעגלתא DT 21:8

נחיר (2)

סומק שחים וחיור ונפח **בנחירוהי** נשמתא דחיי והוות GN 2:7
יומין עד דתיפוק סריותא **מנחיריכון** ותהוי לכון לריחוק חולף NU 11:20

נחל (39)

ואזל מתמן יצחק ושרא **בנחלא** דגרר ויתיב תמן: ותב יצחק GN 26:17
שמשא: מתמן נטלו ושרו **בנחלא** דמרבי חלפי גולי וסיגלי: NU 21:12
ומיתן ואדמהון הוה נגיד **בנחליא** סמיך לארנון: ושפכות NU 21:14
דקיק ודרי על אנפי מוי **דנחלא** ואשקי ית בני ישראל וכל EX 32:20
ותחומיה ועד יובקא **דנחלא** תחומא דבני עמון: ומישרא DT 3:16
הי כפלחי במסי טעוותא **דנחלי** ארנונא: וייא לכון סנאי NU 21:28
וחרספיתין ביממיא **ובנחליא** יתהון תיכלון: וכל דלית LV 11:9
וחרספיתין ביממיא **ובנחליא** מן כל ריחשא דבמיא LV 11:10
והוה חמרא נטיף מיניה **כנחלא:** ותבו מלאללא ית ארעא NU 13:24
חזור ליה בית ישראל: **כנחלין** דמיין דמתגברין כן הינון NU 24:6
וטלקית ית עפריה **לנחלא** דנחית מן טוורא: ובבית DT 9:21
האילין אישתהי מן האל **לנחלא** עד מיסק עמיד קריצתא: GN 32:25
דבעיברא דיורדנא **מנחלי** ארנונא עד טוורא דחרמון: DT 3:8
בר אריוון ארעיא שתיא **מנחליא** דנגדין מן מתנן ותחומי יהי DT 33:22
נחל טרווייא ועברנא ית **נחל** טרווייא: ויומיא דהליכנא מן DT 2:13
כדון קומו ועיברו לכון ית **נחל** טרווייא ועברנא ית נחל DT 2:13
רקם גיעא עד דעברנא ית **נחל** טרווייא תלתין ותמני שנין עד DT 2:14
תיניא: לאתרא ההוא קרו **נחלא** איתכילא על עיסק עוברתא NU 13:24
עם שאר שבטיא ית **נחלא** ארנונא והינון יכבשון GN 49:19
מערועך דעל גיף **נחלא** ארנונא וקרתא דמתבניא DT 2:36
ית ארעא: וסליקו עד **נחלא** דאתכלא וחמון ית ארעא NU 32:9
טאניס דמצרים: ואתו עד **נחלא** דאתכלא וקצו מתמן NU 13:23
וסליקו לטוורא ואתו עד **נחלא** דאתכלא ותרגינו יתה: ונסיבו DT 1:24
וחפסו עבדי יצחק ביספר **נחלא** ואשכחו תמן ביר מוי נבעין: GN 26:19
ודברינון ועברינון ית **נחלא** ועבר ית דיליה: ואישתאר GN 32:24
ההיא מערער ועד כיף **נחלא** ופלגות טוורא דגלעד וקירווי DT 3:12
ועד נחלי ארנונא מציעות **נחלא** ותחומיה ועד יובקא דנחלא DT 3:16
דמתבניא במציעות **נחלא** עד גלעד לא הות קרתא DT 2:36
שימשא: מערועך דעל גיף **נחלי** ארנון ועד טוורא דסיאון הוא DT 4:48
ויסב מיישרא מישר **נחלי** ארנונא וייתי למדברא דציני NU 34:11
אזדקפו טולו ועיברו ית **נחלי** ארנונא חמון די מסרית DT 2:24
גד יהבית מן גלעד ועד **נחלי** ארנונא מציעות נחלא DT 3:16
זמן די יעברון עמך ייי ית **נחלי** ארנונא עד זמן די יעברון עמך EX 15:16
לא קריבתא כל אתר **נחלי** יובקא וקרווי טוורא ככל מה DT 2:37
סמיך לארנון: ושפכות **נחליא** דאדמהון הוה נגיד עד NU 21:15
גודגוד ליטבת ארע נגדא **נחלין** דמיין: בעידנא ההיא אפריש DT 10:7
בפירהא ארעא דנגדא **נחלין** דמיין צלילין מבועי עינוון DT 8:7
וערבין דמרביין על **נחלין** ותיחדון קדם ייי אלקכון LV 23:40
קלילא דעלון לגווה **נחלין** מוחין מתגברין ולא יכילת GN 49:4

נחם (12)

ברת שוע איתת יהודה **ואתנחם** יהודה וסליק על גזזי עניה GN 38:12
דתקנן כעובדיה אימיה **ואתנחם** יצחק בתר דמיתת אימיא: GN 24:67
איזון יתכון וית טפלכון **ונחים** יתהון ומליל תנחומין על GN 50:21
ית שמיה נח למימר דין **ינחמיננא** מפולחננא דלא מצלחא GN 5:29
מהולתא אליף יתן **למנחמא** אבילין מן דאתגלי ליעקב DT 34:6
בנוי וכל נשי בנוי ואזלו **למנחמא** ליה וסריב לקבלא GN 37:35
תבשילי דטלופחי ואזל **לנחמא** לאבוי ואתא עשו מן ברא GN 25:29
אין מייתנא בהדא זימנא **מתנחם** אנא די במיתותא דמייתין GN 46:30
זוגיה דמתעתדין ליום **נחמתא** וית כל נפשא חייתא GN 1:21
דרדפו בתראיי וסגין **ניחמן** חמית וסכיתי למיחמי ולדא GN 45:28
ליה וסריב לקבלא **תנחומין** ואמר ארום איחות לות GN 37:35
ונחים יתהון ומליל **תנחומין** על לבהון: ויתיב יוסף GN 50:21

נחר (1)

דסיחן היא בירושא: **ונחר** בלק תורין ועאן ושדר לבלעם NU 22:40

נחש (55)

עיבד לך חיווי חורמן **דנחש** ושוי יתיה על אתר תלי ויהי NU 21:8
תניינא: ותעביד פורפין **דנחש** חמשין ותעיל ית פורפייא EX 26:11
ולדרתא חזור חזור **דנחשא:** איליין מנייני מתקלוון EX 38:20
וויהון כסף וחומריהון **דנחשא:** ארכא דדרתא מאה אמין EX 27:17
בארבע זיווייתיה לקנקל **דנחשא** אתרא לאריחיא: ועבד ית EX 38:5
דנחשא וית קנקלי **דנחשא** דיליה וית כל מני מדבחא: EX 38:30
דנחשא וית קנקל **דנחשא** דיליה ית אריחוי וית כל EX 39:39
דעלתא וית קנקל **דנחשא** דיליה ית אריחוי וית מנוי EX 35:16
מתחי דרתא חזור חזור **דנחשא:** ואנת תפקד ית בני ישראל EX 27:19
למימר: ותעביד כיורא **דנחשא** ובסיסיה דנחשא לקידוש EX 30:18
עשרים וחומריהון עשרין **דנחשא** ווי עמודיא וכיבושיהון EX 38:11
עשרין וחומריהון עשרין **דנחשא** ווי עמודיא וכיבושיהון כסף: EX 27:10
עשרין וחומריהון עשרין **דנחשא** ווי עמודיא וכיבושיהון כסף: EX 27:11
אמין: עמודיהון עשרין **דנחשא** ווי עמודיא וכיבושיהון כסף: EX 38:10
שזיר: וחומריא לעמודיא **דנחשא** ווי עמודיא וכיבושיהון כסף EX 38:17
וחומריהון ארבעה **דנחשא** וויהון כסף וחיפוי רישיהון EX 38:19
עבד יתיה: ועבד ית כיורא **דנחשא** וית בסיסיה דנחשא מן EX 38:8
משכנא: וית מדבחא **דנחשא** וית קנקל דנחשא דיליה ית EX 39:39
משכן זימנא וית מדבחא **דנחשא** וית קנקלי דנחשא דיליה EX 38:30
והוה מסתכל בחויא **דנחשא** ומכוין ליביה לשום מימרא NU 21:9
דהבא וחומריהון חמשא **דנחשא:** ועבד בצלאל ית ארונא EX 36:38
דייי: ועבד משה חיויא **דנחשא** ושוי יתיה על אתר תלי והוי NU 21:9
ליה קנקל עובד מצדתא **דנחשא** ותעבד על מצדתא ארבע EX 27:4
להון חמשא חומרין **דנחשא:** ותעביד ית מדבחא דקיסי EX 26:37
לופי תניינא: ועבד פורפין **דנחשא** חמשין ללפפא ית משכנא EX 36:18
דבוץ שזיר וחומריהון **דנחשא:** לכל מני משכנא בכל EX 27:18
כיורא דנחשא ובסיסיה **דנחשא** לקידוש ותסדר יתיה בין EX 30:18
דנחשא וית בסיסיה **דנחשא** מן אספקלירי דנחשא נשיא EX 38:8
דנחשא מן אספקלירי **דנחשא** נשיא צניעתא ובעידן EX 38:8
על מצדתא ארבע עיזקן **דנחשא** על ארבע ציטרוי: ותיתן EX 27:4
קנקל עובד מצדתא **דנחשא** תחות סובביה מלרע עד EX 38:4
ביה חולי ואין במנא **דנחשא** תיתבשל ויסתפן LV 6:21
למעבד בדהבא ובכספא **ובנחשא:** ובאגלפות מרגליתא EX 31:4
למעבד בדהבא ובכספא **ובנחשא:** ובאגלפות מרגליתא EX 35:32
רישיהון וכבש יתהון: **ונחשא** דארמותא שבעין קנטירין EX 38:29
כל דארים ארמות כספא **ונחשא** היתיו ית אפרשותא קדם ייי EX 35:24
מנהון דהבא וכספא **ונחשא:** ותיכלא וארגוונא וצבע EX 25:3
דייי דהבא וכספא **ונחשא:** ותיכלא וארגוונא וצבע EX 35:5
ויהון שמיא דעילויכון הי **כנהשא** דמזייע ולא מספקין לכון DT 28:23

וארעא דתחותיכון הי **כנחשא** דמזייע למובדא פירהא: LV 26:19
שאילן שאלין חסימן **כנחשא**: ותהוון זהירין בזמן דאתון DT 8:9
ית במוסיכון ואיפכר ית **מנחשיכון** וקסמיכון ואישוי ית LV 26:30
אלעזר כהנא ית מחתיית **נחשא** דקריבו יקידיא ורדידינון NU 17:4
דקיסי שיטא וחפא יתהון **נחשא**: והנעל ית אריחיא בעיזקא EX 38:6
שיטא ותחפי יתהון **נחשא**: ויהנעל ית אריחוי בעיזקתא EX 27:6
ית דהבא וית כספא וית **נחשא** וית פרזלא וית קסטירא וית NU 31:22
זקיפן לעיל וחפא יתיה **נחשא**: ועבד ית כל מאניה מדבחא EX 38:2
מחתייתא לכל מנוי עבד **נחשא**: ועבד למדבחא קנקל עובד EX 38:3
לכל אומן דידע בעיבידת **נחשא** ופרזלא ואחתיה דתובל קין GN 4:22
זקיפן לעיל ותחפי יתיה **נחשא**: ותעביד דודוותיה למרדדא EX 27:2
כל מנוי תעביד **נחשא**: ותעביד ליה קנקל עובד EX 27:3
היך פרזלא וחסימין היך **נחשא** ריגליהון לטיילא על שיני DT 33:25
ארום לא קאים נטורי **נחשין** בדבית יעקב ולא קסומי NU 23:23
במזרקיא לא תהוון נטרי **נחשין** ולא אחורי סנהדרין עיינין: LV 19:26
חדודי עינין ולא נטורי **נחשין** ולא חרשין: ומחברין ואסרין DT 18:10

נחש (1)

דכספא בידיה ומקשקיש **כמנחיש** בנהא דלאה סדר מציטרא GN 43:33

נחת (142)

על לזוער: ומימרא דייי **אחית** מיטרין דרעווא על סדום ועל GN 19:24
המידע הוינא ידעין דיימר **אחיתו** ית אחוכון: ואמר יהודה GN 43:7
יתהון פריקין ממצרים **אחיתית** להון מנא מן שמיא וכדון NU 21:6
בידנא: וכספא חורנא **אחיתנא** בידנא למזבון עיבורא לא GN 43:22
רחים ליה: ואמרת לעבדך **אחתוהי** לותי ואשוי עינוי לטבתא GN 44:21
תנחומין ואמר ארום **איחות** לות ברי כד אבילנא לבי GN 37:35
וקרת שמיה זרח: ויוסף **איתחת** למצרים וזבניה פוטיפר על GN 39:1
ענניא ואחיתו מנא עילוי **אנחות** טלא והות על אנפי מדברא EX 16:14
ית משריתא ובצפרא הות **אנחות** טלא מתקדשא מיתקנא הי EX 16:13
דסהדותא בידא דמשה **במיחתי** מן טוורא ומשה לא חכים EX 34:29
יתן למפרנסא מסכינין מן **דאחית** לבני ישראל לחמא מן DT 34:6
ואיתרעמיתון על מנא **דאחית** לכון חיוור מן שמיא DT 1:1
בערבנותא מן ערבאי **דאחתוהי** לתמן: והוה מימר דייי GN 39:1
ית עפריה לנחלא **דנחית** מן טוורא: ובבית יקידתא DT 9:21
טוורין וביקען מן מיטרא **דנחית** מן שמיא שתיא מוי: ארעא DT 11:11
לכילת הילולא וארד **דנחת** למצרים: אילין בני רחל GN 46:21
דכנען והוו בני פרץ **דנחתו** למצרים הצרון וחמול: ובנוי GN 46:12
שובעין נפשתא דישראל **דנחתו** למצרים: וכיוון דנפל עמא DT 32:8
ביומי יואב ובנוי דבריעה **דנחתו** למצרים חבר ומלכיאל: GN 46:17
מגדין מטלא ומיטרא **דנחתין** מן לעיל ומן טוב מבועי DT 33:13
מימרא דייי מטוב טלין **דנחתין** מן שמיא ומטוב מבועין GN 27:28
וירקי: וגרי ייי בתר מיטרין **דנחתין** על ארעכון רוחא דמסקא DT 28:24
שדי יברכינך ברכן **דנחתן** מטלא דשמייא מלעילא GN 49:25
אישתא על ארעא **ואחית** ייי ברדא על ארעא דמצרים: EX 9:23
והדר סליק מן ארעא **ואחית** מיטרא ומשקי ית כל אפי GN 2:6
תהון זכאין: ואוחיאו **ואחיתו** גבר טוניה לארעא ופתחו GN 44:11
בארעא והבו במניכון **ואחיתו** לגברא דורונא קליל שרף GN 43:11
בידיהון מן איבא דארעא **ואחיתו** לוותנא ואתיבו יתנא DT 1:25
למשריתא: וסליקו ענניא **ואחיתו** מנא עילוי אנחות טלא EX 16:14
אשקיני כדון: ואוחיאת **ואחיתת** לגינתא מינה ואמרת שתי GN 24:46
שתי ריבוני ואוחיאת **ואחיתת** לגינתה על ידה ואשקיתיה: GN 24:18
טוורא בר שיתא פרסי **ואחתיה** על רישיה למיטלוק NU 21:35
בתרוי ואחדיה ברישיה **ואחתיה** שלף סייפא ובעא NU 31:8
ולא יתכניש לביתא **ויחות** עילויהון ברדא וימותון: איוב EX 9:19
וגד ופלגות שיבט מנשה **ויחות** תחומא ויקיף לתחום ימא NU 34:11
ימא דגיניסר ממדינחא: **ויחות** תחומא ליורדנא ויהוון NU 34:12
מן מדנח לעיינוותא **ויחות** תחומא למערת פניאס NU 34:11
עינוותא לאפמיאה: **ויחות** תחומא מן אפמיאה לדפני מן NU 34:11
מן ידך ויוביל וייתי וירים **ויחית** ומבתר כדין יחתיניה קדם DT 26:4
בה ולא נגדת בניר: **ויחתון** חכימי קרתא ההיא ית DT 21:4
בין מצראי וביני ישראל: **ויחתון** כל עבדך אליין לותי ויבעון EX 11:8
יתהון וית כל דילהון **וייחתון** כד חיין לשייול ותינדעון NU 16:30
טרפא דזיתא לקיט תביר **ומחית** בפומא דנסבתיה מן טוור GN 8:11
מדבית יהודה אסר חרצוי **ונחית** ומסדר סדרי קרבא עם בעלי GN 49:11
והוה כפנא בארעא **ונחת** אברם למצרים לאיתותבא GN 12:10
והוה בעידנא ההיא **ונחת** יהודה מנכסוי ואתפרש מן GN 38:1
מן יד אזל נפתלי ורהט **ונחת** למצרים ואתא בההוא יומא GN 50:13
ידוי לקבל עמא ובריכינון **ונחת** מן מדבחא בחדוא מן דפסק LV 9:22
מרשן למיסק בטוורא: **ונחת** משה ביומא ההוא לות עמא EX 19:14
אהרן תמן בריש טוורא **ונחת** משה ואלעזר מן טוורא: וכיוון NU 20:28
למעבד לעמיה: ואתפני **ונחת** משה מן טוורא ותרין לוחי EX 32:15
ייי דילמא יקטול בהון: **ונחת** משה מן טוורא לות עמא EX 19:25
לא זזו מגוא משריתא: **ונחת** עמלקאה וכנענאה דיתיב NU 14:45
מסוף מאה וחמשין יומין: **ונחת** תיבותא בירחא שביעאה הוא GN 8:4
ית כל אניקי דאשכחתנא: **ונחתו** אבהתן למצרים ויתיבנא NU 20:15
חבריה וית עופא לא פסג: **ונחתו** אומיא הינון מדמיין לעופא GN 15:11
מן תמן וניחי ולא נמות: **ונחתו** אחי יוסף עשרה למזבון GN 42:3
דלקרח וית כל ניכסיא: **ונחתו** הינון וכל דילהון כד חיין NU 16:33
ורומחין ומני זיינין **ונחתו** לגת למיבוז גיתי פלישתאי EX 13:17
ודברו ית בנימין וקמו **ונחתו** למצרים ואתעתדו קדם יוסף: GN 43:15
למצרים ארום איתרוקנו **ונחתו** מנכסיהון והא אינון חשיבין EX 4:19
קדישייא דמקדשין שמך **ונחתין** לאתון נורא בבקעת דורא GN 38:25
תקיף וסגי מנהון: וכוונית **ונחתית** מן טוורא וטוורא דליק DT 9:15
ויהבינון ייי לי: וכוונית **ונחתית** מן טוורא ושוויית ית DT 10:5
בישרא בארעא דמצרים **ונחתת** ביתיה ברתיה דפרעה EX 2:5
נפקת ולגינתא על כיתפא **ונחתת** לעיינא ומלת ואמרית לה GN 24:45
וגבר לא ידעה במשכבה **ונחתת** לעיינה ומלת לגינתא GN 24:16
למשיציא ית יעקב אבונן **ונחתתא** למצרים בגין למובדא NU 31:8
אין אחונא זעירא עימנא **וניחות** ארום לית אפשר לנא GN 44:26
דקימין קומוי איתון כדון **וניחות** ונערבבא תמן לישנהום דלא GN 11:7
משתעבד ויהי אין תטעי **ותחית** ית בנוי מלמיטר פיקודי GN 27:40
באורחא דתהכון בה **ותחתון** ית סיבתי בדווי לבי GN 42:38
קדמיי ויארעיניה מותא **ותחתון** ית סיבתי בדווי לבי GN 44:29
דארעא דיהבת לי ייי **ותחתיניה** קדם ייי אלקך ותסגוד DT 26:10
משה: ואמר ייי למשה **חות** אסהיד בעמא דילמא יכוונון EX 19:21
קיימא: ואמר ייי לי קום **חות** ארום חבילו אורחתהון עמא DT 9:12
ואמר ליה ייי איזל **חות** ותיסק אנת ואהרן עימך EX 19:24
ייי לרב לכל מצראי **חות** לותי לא תתעכב: ותיתב GN 45:9
ומליל ייי עם משה איזל **חות** מן רבות יקרך דלא יהיבת לך EX 32:7
עיבורא מזדבן למצרים **חותו** תמן וזבונו לנא מן תמן וניחי GN 42:2
אתיביניה לך: ואמר לא **יחות** ברי עמכון ארום אחוי מית GN 42:38
וחד מעילויהון דלא **יחות** עליהון מיטרא וברדא ולא EX 12:37
חיקליכון מן שמיא **יחות** פורענו עליכון עד דתשתיצון: DT 28:24
תחומא לעינן ומעינן **יחות** תחומא ויסב מיישרא מישר NU 34:11
פניאס וממערת פניאס **יחות** תחומא לטור תלגא ומטור NU 34:11
לטור תלגא ומטור תלגא **יחות** תחומא לעינן ומעינן יחות NU 34:11
בכל קירויכון עד זמן די **יחתון** אבוליכון רמיא ותליליא DT 28:52
ויחוד ית ענני שמיא ולא **יחתון** מיטרא וארעא לא תיתן DT 11:17
וירים ויחית ומבתר כדין **יחתיניה** קדם מדבחא דייי אלקכון: DT 26:4
ואמרת לעבדך אין לא **ייחות** אחוכון זעירא עימכון לא GN 44:23
תעביד ביני שימשתא הי **כמנחת** צפרא והי כניסוכא תעבד EX 29:41
קטף ולטום מטיילין **לאחתא** למצרים: ואמר יהודא GN 37:25
קורצוי קדם פרעה סברין **למחתא** יתיה מן יקריה אמרין עלוי GN 49:23
דלא מזייע מן דלא **למחתא** לכון טלין ומיטרין וארעא LV 26:19
ואמרנא לית אפשר לנא **למיחות** אין אחונא זעירא עימנא GN 44:26
למה דין אתון דחלין **למיחות** למצרים: ואמר הא שמעית GN 42:1
והוה בלבביה דיצחק **למיחות** למצרים ואתגלי ליה ייי GN 26:2
דאבוך לא תידחל מן **למיחות** למצרים על עיסק GN 46:3
ארום אשתהי משה מן **למיחות** מן טוורא ואיתכנש עמא EX 32:1
לרע מיניה מחותין מן **מחותין**: הוא יוזפינכון ואתון לא DT 28:43
ואתון תחותון לרע מיניה **מחותין** מן מחותין: הוא יוזפינכון DT 28:43
דלא למיפטירינון: האנא **מחית** בעידן הדין למחר מן אוצרי EX 9:18
ואמר ייי למשה הא אנא **מחית** לכון לחמא מן שמייא EX 16:4
יומין תוב שובעא אנא **מחית** מיטרא על ארעא ארבעין GN 7:4
לוחיא קדמאי: והוה בזמן **מיחת** משה מן טוורא ותרין לוחיא EX 34:29
ואמרו במטו מינך ריבוני **מיחת** נחיתנא בקדמיתא למזבן GN 43:20
שמיא ואיתמנע מיטרא **מלימיחת** מן שמיא: ותאיבו מיא GN 8:2
ענני סלקין ומיטרא לא **נחית** ובצורתא אתיא על עלמא: EX 20:16
ענני סלקין ומיטרא לא **נחית** ובצורתא לא אתי על עלמא: DT 5:20
שבתא לא יהי ביה מנא **נחית**: והוה ביומא שביעאה נפקו מן EX 16:26
די מסרבלא בשומנא: וכד **נחית** טלא על משריתא בליליא NU 11:9
וברדא ומטרא דהוה **נחית** לא מטא על ארעא: וחמא EX 9:33
וחמון כל כנישתא משה **נחית** מן טוורא מנוי בזיעין והוי בכי NU 20:29
רוחא דמתמלל עימיה כד **נחית** מן שמי שמיא עילוי כפורתא NU 7:89
כזרע כוסבר חיור כד **נחית** מן שמיא וכד הוה קריש NU 11:7
על משריתא בליליא הוה **נחית** מנא עלוי: ושמע משה ית עמא NU 11:9
אדמתא: וענן יקרא הוה **נחית** מתחות כורסי יקרא ומלי מיא GN 2:6
איתפתחו: והוה מיטרא **נחית** על ארעא ארבעין יממין GN 7:12
כד עאיל משה למשכנא **נחית** עמודא דענן יקרא וקאי בתרע EX 33:9
במטו מינך ריבוני מיחת **נחיתנא** בקדמיתא למזבן עיבורא: GN 43:20
ואתבטש עם טינא **נחת** גבריאל ועבד מיניה לבינתא EX 24:10
דייי מן ידוי ומבתר כדין **נחת** למצרים ואיתותב תמן בעם DT 26:5
רמייא ומטווריא רמייא **נחתא** עימהון לגלימתא מחזרא NU 21:19
ומטווריא רמייא **נחתא** עימהון לגלימתא עמיקתא NU 21:20
בשובעין נפשתא **נחתו** אבהתכון למצרים וכדון DT 10:22
תהומייא כסון עליהון **נחתו** ושקעו במצולתיה דימא EX 15:5
כסון עליהון גירין דימא **נחתו** ושקעו הי כאברא מיא EX 15:10
קין והבל ית קרבנהון וכד **נחתו** מוי דטובענא איתצד ובנייה GN 8:20
דגובריא דבעו למקטלי **נחתו** מניכסהון והינון חשיבין EX 10:29

ייי עובדין בישיא הא בכן **נחתו** עליהון כבריתא ואישא מן GN 19:24
מלאכיא קדישיא דייי **נחתין** למסתכלא ביה: והא יקרא GN 28:12
נשא ומוי דטובענא הוו **נחתין** רתיחין מן שמייא עילוי GN 7:10
דידי וכדון בעידן סיבתי **נחתית** לאיתותבא הכא ולא GN 47:9
ייי אלקכון לארם נהריא **נחתת** אבונן יעקב מן שירויא ובעא DT 26:5
ואם ליתך משדר לא **ניחות** ארום גברא אמר לנא לא GN 43:5
משדר ית אחונא עימנא **ניחות** וניזבון לך עיבורא: ואם ליתך GN 43:4
יתהון כיתא דהות אמרא **ניחות** לימא אמר להון משה לא EX 14:13
ימא דסוף חדא אמרא **ניחות** לימא וחדא אמרא ניתוב EX 14:13
תמן: אנא הוא דבמימרי **ניחות** עימך למצרים ואיתמי GN 46:4
על מסוקיין ואתון **תחותון** לרע מיניה מחותין מן DT 28:43
ועם מטמוע שימשא **תחית** יתהון ותקברינון ויתוב תקוף NU 25:4
ואתגלי ליה ייי ואמר לא **תיחות** למצרים שרי בארעא דאימר GN 26:2

נחתום (9)

חילמיא דחבריה מזוגא **ונחתומא** די למלכא דמצרים GN 40:5
תפנוקי מיכל פרעה עובד **נחתום** ועופא אכיל יתהום מן סלא GN 40:17
בבית אסירי: וחמא רב **נחתומי** ארום יאות פשר דהוא חמא GN 40:16
על רב שקי ועל רב **נחתומי**: ויהב יתהום במטרא בי רב GN 40:2
על ידא דפרעה: וית רב **נחתומי** צלב דיעט למקטליה GN 40:22
יתיה וית רב **נחתומיא**: וחלמנא חילמא בליליא GN 41:10
למשתעבדא ואנת רב **נחתומיא** תקבל אגר ביש על חלמך GN 40:18
רב מזוגייא וית ריש רב **נחתומייא** בגו עבדוי: ואתיב ית רב GN 40:20
דמלכא דמצרים ורב **נחתומייא** ואיתיעטו למירמי סמא GN 40:1

נטל (272)

דייי אתקטלא יתקטיל **אטלא** יאטלון יתיה אבנין כל LV 24:16
אתקטלא יתקטל גברא **אטלו** יתיה באבנא כל כנישתא NU 15:35
בית ישראל יחייבון יתיה **אטלות** אבנין: ואנא איתן פנוייתא LV 20:2
חובת דין קטול ויתחייב **אטלות** אבנין ובתר כדין יצלבון DT 21:22
בגו רכיכא ועל מארסא **באטלות** אבנין גיורא וגיורתא: וגבר LV 20:10
אתקטלא יתקטלון **באטלות** אבנין: דיסב ית איתא וית LV 20:13
איתקטלא יתקטיל **באטלות** אבנין: וארום ינצון גוברין EX 21:17
תריהון קטלא חייבין **באטלות** אבנין: וגבר די ישמיש עם LV 20:11
עבדו קטלא חייבין **באטלות** אבנין: וגבר די ישמש עם LV 20:12
אתקטלא יתקטל **באטלות** אבנין: וינטרון בני ישראל EX 31:15
ותקטלון ית איתתא **באטלות** אבנין וית בעירא בקולפי LV 20:16
אתקטלא יתקטל **באטלות** אבנין וית בעירא תקטלון LV 20:15
חרשיותא לא תקיימון **באטלות** אבנין יתקטלון:: כל מאן EX 22:17
אתקטלא יתקטל **באטלות** אבנין מטול דאבוי ואימיה LV 20:9
אתקטלא יתקטל **באטלות** אבנין: עמי בני ישראל לא EX 35:2
על תרין ציטרי מדבחא **במיטל** מדבחא: חליל לוחין מלי EX 27:7
עלמא מן שירויא: והוה **במיטלהון** ממדינחא ואשכחו GN 11:2
ועננא דייי עליהון ביממא **במיטלהון** מן משריתא וביה הוה NU 2:18
מטלל עילוויהון ביממא **במיטלהון** מן משריתא: והוה כד NU 10:34
ואמרת חמון שכבת זרעא **דאטיל** דין דאייתי ריבונכון לנא גבר GN 39:14
מן גברא הדור ויאי **דמטייל** בחקלא לקדמותנא ואמר GN 24:65
בהון יהי מסאב: וכל **דמטייל** על ידוי בכל חייתא LV 11:27
ומסרה לכהנייא בני לוי **דנטלין** ית ארון קיימא דייי ולכל DT 31:9
וטמע יתהון בימא דסוף: **ואטיל** משה ישראל מן ימא דסוף EX 15:22
מרגזא למברא למשריתא **ואטלו** יתיה אבנין ובני ישראל עבדו LV 24:23
מברא למשריתא **ואטלו** יתיה באבניא ומית היכמא NU 15:36
פרעה רשיעא קדם ייי **ואיתנטל** בלבביה ורדף בתר עמא EX 15:1
לתרע משכן זימנא **ואתנטיל** בעותריה דאשכח תרין NU 16:19
הות חמיא לראובן **ואתנטילת** מיניה ואיתיהיבת ליוסף DT 33:17
חזור למשכנא ישרון: **ובמיטל** משכנא יפרקון יתיה ליואי NU 1:51
על עובדא דעיגלא **וטול** ית לבושיא דפקידתך וית LV 8:2
ותליתייא עד פושכא **וטולה** סגי משימשה מתעבדא LV 23:42
במישרא מחר איתפנו **וטולו** לכון למדברא אורח ימא NU 14:25
בטוורא הדין: איתפיניאו **וטולו** לכון לערד וחורמה ועולו DT 1:7
ואתון אתפניו לכון **וטולו** למדברא אורח ימה דסוף: DT 1:40
עבדא ית רבקה בהדיה **וטייל** והיכמא דאיתקטעא ליה GN 24:61
דיקנה בארעא דכנען **וטייל** לארעא אוחרי דהות רמיא GN 36:6
טעינו ית בעיריכון **וטיילו** אובילו לארעא דכנען: ודברי GN 45:17
לכפיני בתיכון סיבו **וטיילו**: ואייתיאו ית אחוכון קלילא GN 42:33
ונפקו למדברא דחלוצא **וטיילו** תלתא יומין במדברא EX 15:22
ית ידיהון על רישיה **ויאטלון** יתיה באבנין כל כנישתא: LV 24:14
לתרע בית אבוהא **ויאטלונה** אינשי קרתא באבניא DT 22:21
בזמן מיעליה קדם ייי **ויטול** אהרן ית דין בני ישראל על EX 28:30
צידעא לצידעא יתמטי **ויטול** אהרן ית עוויית קודשיא EX 28:38
זכותא לבני ישראל **ויטול** אהרן ית שמהת בני ישראל EX 28:12
חושנא מעילוי איפודא: **ויטול** אהרן ית שמהת בני ישראל EX 28:29
לחיליהון בתנייתא נטלין: **ויטול** משכן זימנא משירית ליואי NU 2:17
ענא: יעיבר בבעו ריבוני **ויטייל** קדם עבדיה ואנא אידבר GN 33:14
מליל עם בני ישראל **ויטלון**: ואנת ארים ית חוטרך EX 14:15
גרשון למפלח ולמטול: **ויטלון** ית יריעת משכנא וית משכן NU 4:25
ותתקעון יבבתא תניינות **ויטלון** משירייתא דשרן דרומא NU 10:6
ותיתקעון יבבתא **ויטלון** משירייתא דשרן קידומא: NU 10:5
ויהון לך לערעא כנישתא **ולאטלא** ית משירייתא: ויתקעון NU 10:2
גניסת גרשון למפלח **ולמטול**: ויטלון ית יריעת משכנא NU 4:24
בידיה למכנש ולמישרי **ולמיטל** משריתא דישראל: NU 31:6
גבר גבר על פולחניה **ומטוליה**: ולא ייעלון למתחמייא כד NU 4:19
דייי לנטורהא דיהי קיים **ומטייל** בשבילי ארחא דחיי לעלמא GN 3:24
כשית מאה אלפין גובריא **ומטיילין** על ריגליהון ולא רכיבין EX 12:37
דייי יתיב על כורסיה רם **ומנטל** ושמע צלותנא בכל עידן DT 4:7
אמירין רשיעיא לית רמא **ומנטלא** חמי כל דא אבד חושבנכון NU 21:30
ליקר שכינתא רמין **ומנטלין** על כל אומיא כארזיא NU 24:6
דמתגאיה על גיוותניא **ומתנטל** על מנטליא כל מאן EX 15:1
ית משכנא עד מיתיהון: **ונטיל** טיקס משיריית בני אפרים NU 10:22
בנימן אבידן בר גדעוני: **ונטיל** טיקס משיריית בני דן מכניש NU 10:25
מימרא דייי בידא דמשה: **ונטיל** טיקס משיריית בני יהודה NU 10:14
דייי: ונטל אברם אזיל **ונטיל** לדרומא: והוה כפנא בארעא GN 12:9
קדם ייי וצלי בשמא דייי: **ונטל** אברם אזיל ונטיל לדרומא: GN 12:9
גובריא אינש בחבריה: **ונטל** חולקין מעל פתוריה ושדרינון GN 43:34
ובני מררי נטלי משכנא: **ונטל** טיקס משיריית ראובן NU 10:18
עשרא אפרישיניה קדמך: **ונטל** יעקב בקלילותא ריגלוי GN 29:1
דרחל עד יומא דין: **ונטל** יעקב ופרס למשכניה מן GN 35:21
ואחמיניה קדם דאמות: **ונטל** ישראל וכל דיליה ואתא לבאר GN 46:1
ממערבא תקיף לחדא **ונטל** ית גובא וטלקיה לימא דסוף EX 10:19
לוט ית כל מישר ירדנא **ונטל** לוט ממדינחא ואתפרשו אינש GN 13:11
בפרעה ברתיכוי ובפרשוי: **ונטל** מלאכא דייי דמדבר קדם EX 14:19
פיתגמא לעשו רשיעא **ונטל** מן טורא דגבלא בליגיונין GN 50:13
רוח נבואה מן קדם ייי: **ונטל** מתל נבותיה ואמר אימר NU 24:3
בעמך בסוף עקב יומיא: **ונטל** מתל נבותיה ואמר אימר NU 24:15
מלכא דאתור וישבי יתר: **ונטל** מתל נבותיה ואמר ווי מאן NU 24:23
וחמא ית יתרו דמתגייר **ונטל** מתל נבותיה ואמר מה תקיף NU 24:21
הוא וכל רברבי מואב: **ונטל** מתל נבותיה ואמר מן ארם NU 23:7
ליה בלק מה מליל ייי: **ונטל** מתל נבותיה ואמר קום בלק NU 23:18
וחמא ית דבית עמלק **ונטל** מתל נבותיה ואמר שירוי NU 24:20
מואבאה עד זמן יומא דין: **ונטל** מתמן אברהם לארע דרומא GN 20:1
רמז יוסף לחושים בן דן **ונטל** סייפא וקטע רישיה דעשו GN 50:13
חדא הא כולנא מייתין: **ונטל** עמא ית לישיהון עילוי EX 12:34
ואתא מן בתריהון **ונטל** עמודא דעננא מן קדמיהון EX 14:19
משיזיב ויריתו ית ארעיה: **ונטלו** בני ישראל ושרון במישריא NU 22:1
וקם יעקב מבירא דשבע **ונטלו** בני ישראל ית יעקב אבוהון GN 46:5
משכנא דסהדותא: **ונטלו** בני ישראל למטלניהון NU 10:12
ית מצראי מניכסיהון: **ונטלו** בני ישראל מן פילוסין EX 12:37
קטם ודבעירי מייתין: **ונטלו** בני ישראל מן פילוסין ושרו NU 33:5
ענן יקרא במדברא דפארן: **ונטלו** בקדמיתא על פום מימרא NU 10:13
ענן יקרא מעילוי משכנא **ונטלו**: ואמר משה לחובב בר רעואל NU 10:28
לאורחא ועבד להום כן: **ונטלו** ית עיבוריהון על חמריהון GN 42:26
על ארעא וסגיאו מיא **ונטלו** ית תיבותא ואיתרמת מעל GN 7:17
היכדין כמה דפקידינון: **ונטלו** יתיה בנוי לארעא דכנען GN 50:13
עשרא לתלת סאין הוא: **ונטלו** כל כנישתא דבני ישראל EX 17:1
חיוון קלן ושרו באובות: **ונטלו** מאובות ושרו במגזת עיבראי NU 33:44
בני ישראל ושרו באבות: **ונטלו** מאובות ושרו במישרי מגזתא NU 21:11
ושרון תמן על מיא: **ונטלו** מאילים ושרו על גיף ימא NU 33:10
באיתם דבסטר מדברא: **ונטלו** מאיתם ותבו על פמי חירתא NU 33:7
ושרון תמן על מייא: **ונטלו** מאלים ואתון כל כנישתא EX 16:1
ושרו בארעית מקהלות: **ונטלו** מארעית מקהלות ושרו NU 33:27
אתר דבסימין מוהי: **ונטלו** מאתר דבסימין מוהי ושרו NU 33:29
קבילתהון עד צית שמיא: **ונטלו** מאתר דגרי ייי בהון ית חיוון NU 33:43
אתר דמרבי אילני רתמי: **ונטלו** מאתר דמרבי אילני רתמי NU 33:19
ביטבת אתר טב ונייח: **ונטלו** מאתר טב ונייח ושרו NU 33:34
ושרו באתר מרדותא: **ונטלו** מאתר מרדותא ושרו בבירי NU 33:31
מדפקה ושרו בכרך תקיף: **ונטלו** מאתר תקיף ושרו ברפידים NU 33:14
ושרו בבירי עקתה: **ונטלו** מבירי עקתא ושרו בשקיפין NU 33:32
עימיה תמן ייי ביתאל: **ונטלו** מביתאל והוה תוב סוגעי GN 35:16
ושרו על גיף ימא דסוף: **ונטלו** מגיף ימא דסוף ושרו NU 33:11
ושרו בדיבון בית מזלא: **ונטלו** מדיבון בית מזלא ושרו NU 33:46
דסין ושרו בדופקה: **ונטלו** מדפקה ושרו בכרך תקיף: NU 33:13
מרים נביאיתא: **ונטלו** מחצרות ושרו ברתמה אתר NU 33:18
על בישתא דמותנא: **ונטלו** מחרדה ושרו במקהלות אתר NU 33:25
מוהי ושרו בחשמונה: **ונטלו** מחשמונה ושרו באתר NU 33:30
בטוורא דשפירין פירוי: **ונטלו** מטוורא דשפירין פירוי ושרו NU 33:24
שמא דאתרא חרמה: **ונטלו** מטוורוס אומנוס מהלך ימא NU 21:4
וגמרו יתהון וית קירויהון: **ונטלו** מטווריס אומניס ושרו NU 33:41
ונוטיב לך בפילוג ארעא: **ונטלו** מטורא דאתגלי עלוי איקר NU 10:33
בית קבורתיה דמשה: **ונטלו** מטרי עברי ושרו במשריא NU 33:48
ושרו בכרך תרנגולא: **ונטלו** מכרך תרנגולא ושרו במדברא NU 33:36

לה מלבינתא בניין: **ונטלו** מלבנה ושרו בבית ריסא: NU 33:21
עיבראי בתחום מואבאי: **ונטלו** ממגזתא ושרו בדיבון בית NU 33:45
טב ונייח ושרו במגזתא: **ונטלו** ממגזתא ושרו בכרך תרנגולא: NU 33:35
דסוף ושרו במדברא דסין: **ונטלו** ממדברא דסין ושרו בדופקה: NU 33:12
ושרו במדברא דסיני: **ונטלו** ממדברא דסיני ושרו בקיברי NU 33:16
במקהלות אתר כינופיא: **ונטלו** ממקהלות ושרו בארעית NU 33:26
דאיתם ושרו במרה: **ונטלו** ממרה ואתו לאלים ובאילים NU 33:9
מטלניהון למפקנהון: **ונטלו** מן פילוסין בירחא דניסן NU 33:3
ית גרמיי מיכא עמכון: **ונטלו** מסוכות אתר דאתחפיו בענני EX 13:20
שבעת ענני יקרא: **ונטלו** מסוכות ושרו באיתם דבסטר NU 33:6
דבסימין כדבלתא: **ונטלו** מעלמון דבלתים ושרו NU 33:47
צפון ושרו קדם מגדל: **ונטלו** מפירוקי חירתא ועברו בגו NU 33:8
נפשא דעמא באורחא: **ונטלו** מצלמונה ושרו בפונון אתר NU 33:42
וסיעתיה על משה ואהרן: **ונטלו** מקהלת ושרו בטוורא NU 33:23
בקיברי דמשיילי בישרא: **ונטלו** מקיברי דמשיילי בישרא NU 33:17
ברומנא דמתקיף פירוי: **ונטלו** מרומנא דמתקיף פירוי ושרו NU 33:20
מלבנה ושרו בבית ריסא: **ונטלו** מריסה ושרו בקהלת אתר NU 33:22
אתו למדברא דסיני: **ונטלו** מרפידים ואתו למדברא EX 19:2
תמן מוי למישתי לעמא: **ונטלו** מרפידים ושרו במדברא NU 33:15
נקמתא באדום בידהון: **ונטלו** מרקם ואתו בני ישראל כל NU 20:22
טוור פרזלא היא רקם: **ונטלו** מרקם ושרו בטוורוס אומנוס NU 33:37
ואתרא מתקרי גדגד: **ונטלו** משקיפין דגדגד ושרו ביטבת NU 33:33
לשום מימרא דייי וחאי: **ונטלו** מתמן בני ישראל ושרו NU 21:10
דסמיכא לקרתא דשכם: **ונטלו** מתמן מודים ומצליין קדם ייי GN 35:5
מקהלות ושרו בתרח: **ונטלו** מתרח ושרו במתקה אתר NU 33:28
ענן יקרא בצפרא **ונטלין** או יימם ולילי ומסתלק עננא NU 9:21
ולילי ומסתלק עננא **ונטלין**: או תרין יומין או ירחא או NU 9:21
חילון: ומתפרק משכנא **ונטלין** בני גרשון ובני מררי נטלי NU 10:17
דבני גד אליסף בר דעואל: **ונטלין** גניסת קהת נטלי מוקדשא NU 10:21
דיתיבתון: ואתפנינא **ונטלנא** למדברא אורח ימא דסוף DT 2:1
דיני ממונא לדיני נפשתא: **ונטלנא** מחורב והליכנא ית כל DT 1:19
ורוחא דעל עולא נפקת **ונטלת** ברוגזא מן ייי ובעא NU 11:31
בי דינא דבקרתא ההיא **ותאטלון** יתהון באבניא וימותון ית DT 22:24
וידיהון דכל עמא בסופא: **ותאטלון** יתיה באבנא וימות ארום DT 13:11
ית גברא או ית אינתתא **ותאטלונון** באבניא וימותון: על DT 17:5
ואשכוב עם אבהתיי **ותטלינני** ממצרים ותקברינני GN 47:30
ית טפלכון וית נשיכון **ותיטלון** ית אבוכון ותיתון: ועיניכון GN 45:19
עליהון מחת סנאה **ותתנטל** סעיד מידיהון ויהון פסקין DT 32:36
דישראל וחפא עליהון **טול** שכינתיה והיכמא דנישרא DT 32:11
ויתיבו באתריהון: אזדקפו **טולו** ועיברו ית נחלי ארנונא חמון DT 2:24
דאהרן ואמר להון קריבו **טולו** ית אחיכון מן קודשא LV 10:4
בעמא ואישיצינון בגין כן **טייל** אנת ועמא דאסיקתא מארעא EX 33:1
בנך אפשר דיתמנון: קום **טייל** בארעא ועיבד בה חזקתא GN 13:17
לך אתו גובריא קום **טייל** עמהון ולחוד פיתגמא NU 22:20
יתקטלון באבנא **יאטלון** יתהון קטלא חייבין: ואמר LV 20:27
יתקטיל אטלא **יאטלון** יתיה אבנין כל כנישתא LV 24:16
ואין תאיב ומריד **יאטלוניה** כל אינשי קרתיה באבניא DT 21:21
על ארעא וית בניהון **יאלפון**: וקריבתון וקמתון בשיפולי DT 4:10
ואעיק למעיקייך: ארום **יטייל** מלאכי קדמך ויעילינך לות EX 23:23
ותירתונון יהושע הוא **יטייל** קדמיכון היכמא דמליל ייי: DT 31:3
דמלילית לך הא מלאכי **יטייל** קדמך וביום אסערותי אסער EX 32:34
לאורחא: ושדר ית אחוי **יטיילו** ואמר להום לא תתנצון על GN 45:24
מנוי ועל כל דליה הינון **יטלון** ית משכנא וית כל מנוי והינון NU 1:50
מלכהון ובגין דיחוס עלוי **יתנטיל** מיניה מלכותיה: אלקא NU 24:7
מנהון: ואמרו כל כנישתא **לאטלא** יתהון באבנין ואיקר NU 14:10
הוא מן דינא הוא **לאטלא** יתן באבנין: מהלך תלתא EX 8:22
יעקב בקלילותא ריגלוי **לטיילא** ואזל לארע בני מדינחא: GN 29:1
כד עבר ית פנואל ושרי **לטיילא** והוא מטלח על ירכיה: בגין GN 32:32
ולא יפוק אינש מאתריה **לטיילא** לבר מתרין אלפין גרמידי EX 16:29
היך נחשא ריגליהון **לטיילא** על שיני כיפיא והכיומי DT 33:25
ארחקא לא תרחקון **לטיילא** צלו עלי: ואמר משה הא EX 8:24
דרומא יבבתא יתקעון **למטלנהון**: ובזמן מיכנש ית קהלא NU 10:6
בכספא ובדהבא: ואזל **למטלנוי** מן דרומא ועד ביתאל ותב GN 13:3
ונטלו בני ישראל **למטלניהון** ממדברא דסיני ושרא NU 10:12
וכתב משה ית מפקנהון **למטלניהון** על מימרא דייי ואיליין NU 33:2
ישראל ממדברא דסין **למטלניהון** על מימרא דייי ושרו EX 17:1
ארעא ולא תצטרכון **למיטול** זיינא עולו ואחסינו ית DT 1:8
על ציטרי ארונא **למיטול** ית ארונא בהון: בעיזקתא EX 25:14
לאתרא לאריחייא **למיטול** ית פתורא: ותעביד ית EX 25:27
סיטרוי לאתרא לאריחיא **למיטול** יתיה בהון: ועבד ית אריחיא EX 37:27
ית סדנייא דשדר יוסף **למיטול** יתיה ושרת רוח נבואה GN 45:27
והוה כד הוה בעי **למיטל** ארונא הוה עננא מקפל NU 10:35
כנישתא מערעי זמן **למיטל** ולמשרי מפרשין בשמהן: NU 16:2
על סיטרא דארונא **למיטל** ית ארונא: ועבד כפורתא EX 37:5
אתרא לאריחייא **למיטל** ית פתורא: ועבד ית אריחיא EX 37:14
שיטא וחפא יתהון דהבא **למיטל** ית פתורא: ועבד ית מניא EX 37:15
ויהי לאתרא לאריחיא **למיטל** יתיה בהום: ותעביד ית EX 30:4
בעיזקא על סטר מדבחא **למיטל** יתיה בהון חליל לוחין מלי EX 38:7
בסדני דשדר פרעה **למיטל** יתיה: ודברו ית קינייניהון GN 46:5
רומחא ולא איתבר מן **מטולא** נס תשיעאי דאתנגיד NU 25:8
עליהון במטרא ית כל **מטולהון**: דא היא פולחנת גניסת בני NU 4:27
תימנון ית כל מני מטרת **מטולהון**: דא היא פולחנת גניסת בני NU 4:32
כל פולחן בני גרשון לכל **מטולהון** ולכל פולחנהון ותמנון NU 4:27
משכן זימנא: ודא מטרת **מטולהון** לכל פולחנהון: ובשמהן NU 4:31
גבר גבר על פולחניה ועל **מטוליה** וסכומיה היכמה דפקיד ייי NU 4:49
פלחך שית שנין וברכך **מטוליה** ייי אלקך בכל מה דתעבד: DT 15:18
קל מימרא דייי אלקים **מטייל** בגינוניתא למנח יומא GN 3:8
דמאן אנת ולאן אנת **מטייל** ולמאן אילין דקדמך: ותימר GN 32:18
חיות ברא על מעך תהי **מטייל** וריגלך יתקצצון ומשכך תחי GN 3:14
יומין וארון קיימא דייי **מטייל** קדמיהון תלתין ושית מילין NU 10:33
ולא חיוין ועקרבין וחד **מטייל** קודמיהון לאשואה עומקיא EX 12:37
ייי אלקכון שכינת יקריה **מטיילא** קדמיכון מימריה אישא DT 9:3
שעוה ושרף קטף ולטום **מטיילין** לאחתא למצרים: ואמר GN 37:25
ועננא יקרא ליתיהון **מטיילין** עימכון ולא תיתברון קדם NU 14:42
למצרים והדרי שית **מטלין** רדפו בני לוי בתריהון וקטלו DT 10:6
לה נבח על שמיה: איליין **מטלני** בני ישראל די נפקו מארעא NU 33:1
אחירע בר עינן: איליין **מטלני** בני ישראל לחיליהון NU 10:28
נטלין בני ישראל בכל **מטלניהון**: ואין לא מסתלק ענן EX 40:36
כל בני ישראל בכל **מטלניהון**: והוה כיון דאשלים משה EX 40:38
על מימרא דייי ואיליין **מטלניהון** למפקנהון: ונטלו מן NU 33:2
וית כל מאני קודשא בזמן **מיטל** משרייתא ומן בתר כדין NU 4:15
ועליל אהרן ובנוי בזמן **מיטל** משריתא ויפרקון ית פרגודא NU 4:5
על גיוותניא ומתנטל על **מנטליא** כל מאן דמתגאי קדמוי EX 15:1
להדיוטין ותהון לחוד **מנטלין** ולא תהון למאיסין ארום DT 28:13
קדם ייי ולא יהי גבר **מתנטל** למיפלוג על עיסק כהונתא NU 17:5
הוא מתגאי ועל רמין הוא **מתנטל** על די אזיד פרעה רשיעא EX 15:21
כאריא בגבורתא וכליתא **מתנטלין** לא דמכין הינון עד NU 23:24
מהלך תלתא יומין **נטייל** במדברא ונדבח נכסת חגא EX 8:23
ודחק ביה וקבל: ואמר **נטייל** ונהך ואזיל לקיבלך עד GN 33:12
איתקרי שמיה עלנא **נטייל** כדון מהלך תלתא יומין EX 5:3
מקפל וקאים ולא הוה **נטיל** עד דמשה הוה קאי בצלו NU 10:35
צפרא הוה ורוח קידומא **נטל** ית גובא: וסליק גובא על כל EX 10:13
לאורחיה לגבלא: ויעקב **נטל** לסוכות ואיתעכב תמן תריסר GN 33:17
שבעתי יומין ועמא לא **נטל** עד זמן דאתסיית מרים: ולפום NU 12:15
ממדנח שמשא: מתמן **נטלו** ושרו בנחלא דמרבי חלפי גולי NU 21:12
חלפי גולי וסיגלי: ומתמן **נטלו** ושרו מן להאל לארנון NU 21:13
בריה באתרוי: מתמן **נטלו** לגודגוד ומן גודגוד ליטבת DT 10:7
אינון רען: ואמר גברא **נטלו** מיכן ארום שמעית מבתר GN 37:17
דפקדני ייי: ובני ישראל **נטלו** מן כופרני בירי בני יעקן DT 10:6
משוריין ארבעין שנין **נטלו** מן מוסרות ותבו לרקם אורח NU 21:1
קיברי דמשיילי בישרא **נטלו** עמא לחצרות והוון בחצרות: NU 11:35
נביאתא ומן בתר כדין **נטלו** עמא מחצרות ושרון במדברא NU 12:16
ופקיד משה ית ליואי **נטלי** ארון קיימא דייי למימר: סבו DT 31:25
ונטלין גניסת קהת **נטלי** מוקדשא ומקימין ית משכנא NU 10:21
בני גרשון ובני מררי **נטלי** משכנא: ונטל טיקס משיריית NU 10:17
מדינאה חמוי דמשה **נטלין** אנחנא מיכא לאתרא דאמר NU 10:29
ותחפי יתהון דהבה ויהון **נטלין** בהון ית פתורא: ותעביד EX 25:28
ענן יקרא מעילוי משכן **נטלין** בני ישראל בכל מטלניהון: EX 40:36
מעילוי משכנא ובתר כן **נטלין** בני ישראל: ועל פום מימרא NU 9:17
ית עיניהון והא מצראי **נטלין** בתריהון ודחילו לחדא וצלו EX 14:10
שרן לטיקסיהון והכדין **נטלין** גבר לזרעיתיה לבית אבהתוי: NU 2:34
הי כמא דשרן היכדין **נטלין** גבר על תחומיה לטיקסיהון: NU 2:17
אלקן אורחיהון דעממיא **נטלין** דחלתהון על כתפיהון ודמיין DT 4:7
מרבען במציעותא הוון **נטלין** הי כמא דשרן היכדין נטלין NU 2:17
מטרת מימרא דייי ולא **נטלין**: ואית זמן דהוי ענן יקרא יומין NU 9:19
שרן ועל פום מימרא דייי **נטלין**: ואית זמן דהוי ענן יקרא מן NU 9:20
עלוי שרן בני ישראל ולא **נטלין** ובזמן אסתלקותיה נטלין: על NU 9:22
לחיליהון בתנייתא **נטלין**: ויטול משכן זימנא משירית NU 2:16
רמיא עליהון בכתפא **נטלין**: וקריבו רברביא ית חנוכת NU 7:9
לחיליהון בתליתיתא **נטלין**: טיקס משירית דן לציפונא NU 2:24
לחילוותהון בקדמיתא **נטלין**: טיקס משרית ראובן דרומא NU 2:9
שרן ועל פום מימרא דייי **נטלין** ית מטרת מימרא דייי נטרין NU 9:23
ושית מאה בבתריתא **נטלין** לטיקסיהון: איליין סכום NU 2:31
ובירא לא זייעין ולא **נטלין** עד זמן דאיתסיית מרים NU 12:16
מסתלק ענן יקרא ולא **נטלין** עד יום איסתלקותיה: ארום EX 40:37
נטלין ובזמן אסתלקותיה **נטלין**: על פום מימרא דייי שרן ועל NU 9:22
שרון גבר באתריה ולא **תטלטלון** מידעם מרשותא EX 16:29
דיהוון לכון ונידריכון **תיטלון** ותיתון לאתרא דיתרעי ייי: DT 12:26

נטלא (4)

תמן מוי: ויסבון מיניה **בנטלא** דכיה ויקדשון בימוהי אהרן EX 30:19
ייי: ויסבון מוי מן כיורא **בנטלא** דכיה ויקדשון ידיהון EX 30:21
מיין קדישין מן כיורא **בנטלא** ויתנינון במן דחסף מטול NU 5:17
ונסבין משה ואהרן מיניה **בנטלא** ומקדשין מיניה ית ידיהון EX 40:31

נטף (2)

זמנין בזימנא קמאה **אטיפת** אדמא ובזימנא תניינא נפקו NU 20:11
בני ישראל והוה חמרא **נטיף** מיניה כנחלא: ותבו מלאללא NU 13:24

נטר (266)

רחמין בעינך הא **אטירית** קוסמין וברכני ייי בגינך: GN 30:27
הדין איתוב ארעי ענך **אטר:** אעיבר בכל ענך יומא דין אעדי GN 30:31
בההיא שעתא ברם **איתנטרא** להון ליום תמיניי EX 24:11
דישוי ייי בפומי יתיה **אנטר** למללא: ואמר ליה בלק איתא NU 23:12
רב נחתומי: ויהב יתהום **במטרא** בי רב ספוקלטוריא לבית GN 40:3
פולחנהון ותמנון עליהון **במטרא** ית כל מטולהון: דא היא NU 4:27
ית רברבי פרעה דעימיה **במטרת** ביתא דריבוניה למימר GN 40:7
ופרשוי לגו ימא: והות **במטרת** צפרא בעדנא דאתיין חיילי EX 14:24
דקיימין עשרין שנין **במטרתהון** במימרך וקיים פולחן DT 33:9
עד תיעלון לארעא **במטרתהון:** ומליל ייי עם משה NU 8:26
לכלבא תרמון יתיה **בסוטריה:** עמי בני ישראל לא EX 22:30
חיסודהון נס חדיסיראי **דאתנטרו** כד חיין עד זמן דהליך NU 25:8
רגיז על עבדוי ויהב יתיה **דמטרא** בי רב ספוקלטוריא יתיה GN 41:10
בגלל דרחים ייי יתכון ומן **דנטיר** ית קיימא דקיים לאבהתכון DT 7:8
עימכון למיכל מן בגלל **דנטירנא** לכון בבו הוא ומימרא דייי GN 50:20
בתרך לדריהון: דא קימי **דתיטרון** בין מימרי וביניכון ובין בנך GN 17:10
דין: אילין קימייא ודינייא **דתינטרון** למעבד בארעא דיהב ייי DT 12:1
בגלל לנסייוכון למנדוע **הנטרין** אתון פיקודוי אין לא: ועניך DT 8:2
בנך: והא מימרי בסעדך **ואיטרינך** בכל אתר דתהך ואתיבינך GN 28:15
דין: לחוד אסתמרו לכון **וטורו** נפשתיכון לחדא דילמא DT 4:9
וית אינש ביתיה בתרוי **ויטרון** ארחן דתקנן קדם ייי למעבד GN 18:19
וית אהרן וית בנוי תמני **ויטרון** ית כהונתהון וחילוניי דיקרב NU 3:10
למפלח ית פולחן משכנא: **ויטרון** ית כל מאני משכן זימנא וית NU 3:8
לאסתאבא בה אנא ייי: **ויטרון** ית מטרת מימרי ולא יקבלון LV 22:9
ויזדמנון לוותך מלבר **ויטרון** ית מטרת משכנא זימנא לכל NU 18:4
לעשרין וארבע חולקין **ויטרון** ית מטרתיה וית מטרת כל NU 3:7
על כנישתא דבני ישראל **ויטרון** ליואי ית מטרת משכנא NU 1:53
קדם מימרא דייי אלקכון **ויטרון** למעבד ית כל פיתגמי DT 31:12
קדם משכנא דסהדותא: **ויטרון** מטרתך ומטרת כל משכנא NU 18:3
יברכינך ייי בכל עיסקך **ויטרינך** מן לילי ומזייעי ובני NU 6:24
יהי מימרא דייי בסעדי **ויטרינני** משפיכות אדם זכאי GN 28:20
טעותיה: עמכון יתיב **וינטור** מצוותא ביניכון אליפו יתיה DT 23:17
ותינטרון ותעבדון יתהון **וינטר** ייי אלקכון לכון ית קיימייא DT 7:12
על משכנא יומין סגיאין **וינטרון** בני ישראל ית מטרת NU 9:19
יתקטל באטלות אבנין: **וינטרון** בני ישראל ית שבתא EX 31:16
וישוון עיבורא בקירויא **וינטרון:** ויהי עיבורא גניז במערתא GN 41:35
להון למידחל מן קדמי **ולמינטור** כל פיקודיי כל יומיא מן DT 5:29
באורחן דתקנן קדמוי **ולמינטור** קיימוי ופיקודוי ודינוי DT 26:17
חביב היכמא דמליל לכון **ולמינטר** כל פיקודוי: ולמנאה יתכון DT 26:18
באורחן דתקנן קודמוי **ולמנטר** פיקודוי וקיימויי ודינויי DT 30:16
למיהוי פלח באורייתא **ולמנטר** פקדוה: ופקד ייי אלקים על GN 2:15
וטיבו לרחמוי צדיקייא **ולנטרי** פיקודוי לאלפין דרין: DT 7:9
לעלמא דאתי לצדיקיא **ולנטרי** פיקודי אורייתא לפום NU 12:16
דרין לרחמיי צדיקייא **ולנטרי** פיקודיי ואורייתי: עמי בני EX 20:6
דרין לרחמיי צדיקיא **ולנטרי** פיקודיי ואורייתי: עמי בני DT 5:10
יחות תחומא לטור תלגא **ומטור** תלגא יחות תחומא לעינן NU 34:11
דגרשון אליסף בר לאל: **ומטרת** בני גרשון במשכן זימנא NU 3:25
דסהדותא: ויטרון מטרתך **ומטרת** כל משכנא ברם למני NU 18:3
קהת אליצפן בר עזיאל: **ומטרתהון** ארונא ופתורא ומנרתא NU 3:31
בני גרשון במשכן זימנא **ומטרתהון** ביד איתמר בר אהרן NU 4:28
ועל דר רביעיי לשנאיי: **ונטיר** חסד וטיבו לאלפין דרין EX 20:6
למיחמי בתר אבהתהון: **ונטיר** חסד וטיבו לאלפין דרין DT 5:10
תסבון: ויהי לכון קטיר **ונטיר** עד ארבסר יומא לירחא הדין EX 12:6
עבדוי דאשתדי הוא פרע **ונטר** וניקמא דפורענותא יחזר על DT 32:43
די קבל אברהם במימרי **ונטר** מטרת מימרי פיקודיי קיימיי GN 26:5
ניר שעבודיה מעל צוורך: **ונטר** עשו שנא בליביה על יעקב GN 27:41
רחים אבוהון מכל אחוי **ונטרו** ליה בבו ולא צבן למללא GN 37:4
ופלטת ארעא ית דיירהא: **ותיטרון** אתון כנישתא דישראל ית LV 18:26
דאחוי בזי דלא וולד יהון: **ותיטרון** אתון כנישתא דישראל ית LV 20:22
משעבדין הויתון במצרים **ותיטרון** ותעבדון ית קימיא האילין: DT 16:12
האילין וית דינייא **ותיטרון** ותעבדון יתהון בכל ליבכון DT 26:16
פריקין מארעא דמצרים **ותיטרון** ית יומא הדין לדריכון EX 12:17
פריקין מארעא דמצרים: **ותיטרון** ית כל קיימיי וית כל סידרי LV 19:37
בלחודוי יתעביד לכון: **ותיטרון** ית לישתא דפטירי ארום EX 12:17
דיעבדן הכדין מגו עממין: **ותיטרון** ית מטרת מימרי למזדהרא LV 18:30

לא יקרב לוותכון: **ותיטרון** ית מטרת קודשא וית NU 18:5
יומם ולילי שובעא יומין **ותיטרון** ית מיטרת מימרא דייי ולא LV 8:35
מיניה עד צפרא אנא ייי: **ותיטרון** ית פיקודיי ותעבדון יתהון LV 22:31
למיעול לבתיכון למימחי: **ותיטרון** ית פיתגמא הדין לקיים לך EX 12:24
בהון אנא ייי אלקכון: **ותיטרון** ית קיימיי וית סידרי דיניי LV 18:5
אנא הוא ייי מקדשכון: **ותיטרון** ית קיימיי ותעבדון יתהון LV 20:8
ותירתון יתה ותיתבון בה: **ותיטרון** למעבד ית כל קיימייא וית DT 11:32
אתרא ההוא דיתרעי ייי **ותיטרון** למעבד ככל דילפונכון: על DT 17:10
הנפקך ייי ממצרים: **ותינטור** ית קיימא הדא דתפילי EX 13:10
תעביד ותצית לפיקודוי **ותינטור** כל קיימויי כל מרעין בישין EX 15:26
יומך: ותקבל ישראל **ותינטר** למעבד מטול דיוטב לך DT 6:3
עלין לתמן למירתה: **ותינטרון** ותעבדון ית אורייתא DT 4:6
תקבלון ית דינייא האילין **ותינטרון** ותעבדון יתהון וינטר ייי DT 7:12
כל עובדא דייי רבא דעבד: **ותינטרון** ית כל תפקידתא דאנא DT 11:8
גד לפלגות שיבט מנשה: **ותינטרון** ית פיתגמי ותעבדון יתהון DT 29:8
מלרע לית חורן בר מיניה: **ותינטרון** ית קיימוי וית פיקודוי DT 4:40
קבלא תקבלון למימרי **ותינטרון** ית קימי ותהון קדמיי EX 19:5
אנא הוא ייי מקדישכון: **ותינטרון** ית שבתא ארום קודשא EX 31:14
משלים להון גומליהון: **ותינטרון** ית תפקידתא וית DT 7:11
יומא דין ותילפון יתהון **ותינטרון** למעבדהון: ייי אלקנא גזר DT 5:1
לכון ייי היכמא דמליל **ותינטרון** מזמן דתמטון לתמן ית EX 12:25
ותרחמון ית ייי אלקכון **ותינטרון** מטרת מימריה וקימוי DT 11:1
ייי אלקך מסקר יתכון: **ותנטורון** ית פיקודיא דייי אלקכון DT 8:6
דליליא ואמר ליה **טור** לך דילמא תמליל עם יעקב מן GN 31:24
וביסרא אתכשר למיכול: **טורו** וקבילו ית כל פיתגמיא דאנא DT 12:28
ישראל ית עמא למימר **טורו** ית כל תפקידתא דאנא מפקיד DT 27:1
יהיב להון למירתה: וכדון **טורו** למעבד היכמא דפקיד ייי DT 5:32
אנן חשיבין כבר ואימן **כנטרא** ייבם תיסב אימן חולק NU 27:4
אהרן קדם סהדותא **למטרא:** ובני ישראל אכלו ית מנא EX 16:34
דאהרן קדם סהדותא **למטרא** לאת לבניא סרבנייא ויסופן NU 17:25
מנא ואצנע יתיה קדם ייי **למטרא** לדריכון: היכמא דפקיד ייי EX 16:33
לאצנעא מלי עומרא מיני **למטרא** לדריכון מן בגלל דיחמון EX 16:32
אנא משגר מלאכא קדמך **למטרך** באורחא ולאעלותך לאתר EX 23:20
נטרין מטרת מקדשא **למטרת** בני ישראל וחילוניי דיקרב NU 3:38
וצפירא דחטאתא חד **למטרתא** חד בר מן עלת תדירא NU 29:22
דינא: וצפיר בר עיזי חד **למטרתא** חד חטאתא בר מן עלת NU 29:25
דינא: וצפיר בר עיזי חד **למטרתא** חד חטאתא בר מעלת NU 29:19
וצפירא דחטאתא חד **למטרתא** חדא בר מן עלת תדירא NU 29:28
וצפירא דחטאתא חד **למטרתא** חדא בר מן עלת תדירא NU 29:31
וצפירא דחטאתא חד **למטרתא** חדא בר מן עלת תדירא NU 29:34
דייי אלקכון דלא **למיטור** למעבד ית כל פיקודיי DT 28:15
עם אחוי במשכן זימנא **למיטר** מטרא ופולחנא לא יפלח NU 8:26
למימרא דייי אלקכון **למיטר** פיקודוי וקיימוי דפקיד DT 28:45
תור או אימר וכל בעירא **למינטור** בלא אגר נטיר וימות או EX 22:9
ית בניכון מטול **למינטור** ולמיעבד ית כל פיתגמי DT 32:46
דתידחל קדם ייי אלקך **למינטור** ית כל קיימוי ופיקודוי DT 6:2
למימרא דייי אלקכון **למינטור** ית כל תפקדתא הדא DT 15:5
ולא תבצרון מיניה מן לא **למינטור** ית פיקודייא דייי אלקכון DT 4:2
בישרא דביה בהקי אלהין **למינטור** לחדא ולמעבד ביני מכתש DT 24:8
גבר לחבריה כסף או מנין **למינטר** בלא אגר נטיר ומתגנבין EX 22:6
ישרון ציפונא: ודמסיר **למינטר** בני מררי לוחי משכנא NU 3:36
דאנא מפקיד לכון יומנא **למינטר** ולמעבד: ולא תיסטון מכל DT 28:13
למימר דייי אלקכון **למינטר** ולמעבד ית כל פיקודוי DT 28:1
היך מיא: הוון זהירין **למינטר** זימני מועדיא לעבורי שתא DT 16:1
מן קדם ייי אלקיה **למינטר** ית כל פתגמי אורייתא DT 17:19
לאחוהי ואוסיפו תוב **למינטר** ליה בבו: ואמר להון שמעו GN 37:5
אלקכון מן בגלל דלא **למינטר** פיקודוי ודינוי וקיימוי DT 8:11
למימרא דייי אלקכון **למינטר** פיקודויי וקיימויי דכתיבין DT 30:10
קדם פרעה הא נפיק **למינטר** קוסמין עילוי מיא הי EX 8:16
מועדיא לעבורי שתא **למינטר** תקופתא בירחא דאביבא DT 16:1
למימר דייי אלקכון **למנטור** ית כל פיקודוי דאנא DT 13:19
בכל ליבכון ובכל נפשיכון: **למנטור** ית פיקודוי דאנא מפקדכון DT 10:13
עד אימת אתון מסרבין **למנטור** פיקודיי ואורייתי: חמון EX 16:28
לית צרוך לרב בית אסירי **למנטר** ית יוסף כאורח כל אסיריא GN 39:23
סביר עלנא ואוסיפו תוב **למנטר** ליה בבו על חלמוי ועל GN 37:8
דאתקנהא מימר דייי **לנטורהא** דיהי קיים ומטייל GN 3:24
אנא ייי דיהב אגר טב **לנטרי** פיקודי אורייתי: ולא תפסון LV 22:31
לך בפילוג ארעא: ונטלו **מטורא** דאתגלי עלוי איקר שכינתא NU 10:33
יתהום והוו יומין בבית **מטרא:** וחלמו חילמא תריהון גבר GN 40:4
במשכן זימנא למיטר **מטרא** ופולחנא לא יפלח הכדין NU 8:26
אתון: וכנש ייתהום לבית **מטרא** תלתא יומין: ואמר להום GN 42:17
בחדוא יהבית לך ית **מטרת** אפרשותיי חלתא וביכורייא NU 18:8
כל מאני משכן זימנא וית **מטרת** בני ישראל למפלח ית פולחן NU 3:8
ויטרון ית מטרתיה וית **מטרת** כל כנישתא לקדם משכן NU 3:7

מישחא וחדא מפלג לכל **מטרת** ליואי ותהי לכנישתא דבני NU 19:9
ית מטרת קודשא וית **מטרת** מדבחא ולא יהי תוב רוגזא NU 18:5
תימנון ית כל מני **מטרת** מטולהון: דא היא פולחנת NU 4:32
פולחן משכן זימנא: ודא **מטרת** מטולהון לכל פולחנהון: NU 4:31
וינטרון בני ישראל ית **מטרת** מימרא דייי ולא נטלין: ואית NU 9:19
פום מימרא דייי נטלין ית **מטרת** מימרא דייי נטרין על פום NU 9:23
בה אנא ייי: ויטרון ית **מטרת** מימרי ולא יקבלון עלוי LV 22:9
מגו עממין: ותיטרון ית **מטרת** מימרי למזדהרא מטול דלא LV 18:30
אברהם במימרי ונטר **מטרת** מימרי פיקודיי קיימיי GN 26:5
ית ייי אלקכון ותינטרון **מטרת** מימריה וקימוי ודינוי DT 11:1
משה אהרן ובנוי נטרין **מטרת** מקדשא למטרת בני ישראל NU 3:38
ויהב יתהון לליוואי נטרי **מטרת** משכנא דייי היכמא דפקיד NU 31:47
ותיתן יתהון לליואי נטרי **מטרת** משכנא דייי: ועבד משה NU 31:30
ישראל ויטרון ליואי ית **מטרת** משכנא דסהדותא: ועבדו בני NU 1:53
לוותך מלבר ויטרון ית **מטרת** משכנא זימנא לכל פולחן NU 18:4
יקרב לוותכון: ותיטרון ית **מטרת** קודשא וית מטרת מדבחא NU 18:5
מתחות ידוי ממנן נטרי **מטרת** קודשא: למרדי גניסתא NU 3:32
דיכרין תרין לתרי **מטרתא** אימרא בני שנא ארבסר NU 29:26
תרין דמקרבין תרין **מטרתא** אימרין בני שנא ארביסר NU 29:13
דיכרין תרין לתרי **מטרתא** אימרין בני שנא ארביסר NU 29:17
דיכרין תרין לתרי **מטרתא** אימרין בני שנא ארביסר NU 29:20
דיכרין תרין לתרי **מטרתא** אימרין בני שנא ארביסר NU 29:23
דיכרין תרין לתרי **מטרתא** אימרין בני שנא ארביסר NU 29:29
דיכרין תרין לתרי **מטרתא** אימרין בני שנא ארביסר NU 29:32
ארביסר שלמין לעשר **מטרתא** ארבעא מנהון מקרבין תרי NU 29:20
כל קבל עשרין וארבע **מטרתא** דיכרי שיתין כל קבל NU 7:88
ומקרבין יתהון תליסר **מטרתא** דיכרין תרין דמקרבין תרין NU 29:13
בני תורי תריסר לתריסר **מטרתא** דיכרין תרין לתרי מטרתא NU 29:17
תורין חדסר לחדסר **מטרתא** דיכרין תרין לתרי מטרתא NU 29:20
תורי עשרא לעשר **מטרתא** דיכרין תרין לתרי מטרתא NU 29:23
תורין תשעא לתשעת **מטרתא** דיכרין תרין לתרי מטרתא NU 29:26
תורין תמניא לתמני **מטרתא** דיכרין תרין לתרי מטרתא NU 29:29
תורין שובעא לשבע **מטרתא** דיכרין תרין לתרי מטרתא NU 29:32
אלפין ושית מאה נטרי **מטרתא** דקודשא: ארבעת גניסתא NU 3:28
לחילא למפלח פולחן **מטרתא** ופולחן מטול במשכן NU 4:47
עיזי חד חטאתא דמקרב **מטרתא** חד בר מעלת תדירא NU 29:16
ארביסר שלמין לתליסר **מטרתא** חדא מנהון מקרבא תרי NU 29:29
ארביסר שלמין לתשעת **מטרתא** חמשא מנהון מקרבין תרי NU 29:17
ארביסר שלמין לארבסר **מטרתא** סכומהון דכל אימריא NU 29:32
שלמין דמקרבין תמני **מטרתא** שיתא מנהון מקרבין תרי NU 29:13
ארביסר שלמין לחדסר **מטרתא** תלת מנהון מקרבין תרי NU 29:23
ארבסר שלמין לתריסר **מטרתא** תרי מנהון מקרבין תרי תרי NU 29:26
וארבע חולקין ויטרון ית **מטרתיה** וית מטרת כל כנישתא NU 3:7
משכנא דסהדותא: ויטרון **מטרתך** ומטרת כל משכנא ברם NU 18:3
בגין כן אצנעו יתיה בבית **מיטרא** עד זמן דיתפרש להון על LV 24:12
שובעא יומין ותיטרון ית **מיטרת** מימרא דייי ולא תמותון LV 8:35
שמיא על ארעא: ארי אין **מינטר** תינטרון ית כל תפקידתא DT 11:22
בעישרתי ניסיונין: **מינטר** תינטרון ית פיקודיא דייי DT 6:17
ית אהרן ית כיתונא וית **מנטר** מעיל אפודא וית אפודא וית EX 29:5
ייי תדירא: ותעבד ית **מנטר** מעילא דאיפודא שזיר חוטא EX 28:31
ואלביש יתיה ית **מנטר** מעילא ויהב עלוי ית איפודא LV 8:7
רומנייא על שיפולי **מנטר** מעילא חזור חזור במציעות EX 39:25
כולהון שבעין על שיפולי **מנטר** מעילא חזור חזור לשמשא EX 39:26
וצבע זהורי על שיפולי **מנטר** מעילא חזור חזור סכומהון EX 28:34
גרדי שזיר תיכלא: ופום **מנטר** מעילא כפיל במיצעיה הי EX 39:23
ייי ית משה: ועבד ית **מנטר** מעילא עובד גרדי שזיר EX 39:22
יתבזע: ועבדו על שיפולי **מנטר** מעילא רומניין דתיכלא EX 39:24
ותבת לבית איבהא דלא **מנטרא** ייבם הי כיומי טליותא ולא LV 22:13
הוא: ארום לא קאים **נטורי** נחשין בדבית יעקב ולא NU 23:23
ולא חדודי עינין ולא **נטורי** נחשין ולא חרשין: ומחברין DT 18:10
דאחוי עלין למזבון מני **נטורין** בתרעי קרתא למכתוב כל GN 42:6
ואמר לא ידענא דילמא **נטיר** אחי אנא: ואמר מה עבדת קל GN 4:9
עמיא וכולהון קרא לילי **נטיר** בגין כן פריש משה ואמר ליל EX 12:42
דאפילו מתגיירין סנא **נטיר** בליבהון עד עלמא: לא תרחקון DT 23:7
בעירא למינטור בלא אגר **נטיר** וימות או איתביר מן חיוא או EX 22:9
או מנין למינטר בלא אגר **נטיר** ומתגנבין מבית גבר אין EX 22:6
הדין אגר עובדך טביא **נטיר** ומתקן קדמי לעלמא דאתי GN 15:1
ליום דינא רבא חטאך **נטיר** ועל תרעי ליבך חטאה רביע GN 4:7
למעבד חסד וקשוט: **נטיר** חסד וטיבו לאלפין דרין שרי EX 34:7
דהוה ליה עימיה אגר **נטיר** ישלם למרוי: אין איתברא EX 22:11
מבריך לישמעאל הוה **נטיר** ליה דבו ובתר דמית אברהם GN 25:11
כזמן יומא הדין: וזכו יהי **נטיר** לנא לעלמא דאתי ארום נינטר DT 6:25
כן פריש משה ואמר ליל **נטיר** לפורקן הוא מן קדם ייי EX 12:42
דמצרים הוא ליליא הדין **נטיר** ממלאכא מחבלא לכל בני EX 12:42
יומא דין אצנעו יתיה ויהי **נטיר** עד צפרא: ואצנעו יתיה עד EX 16:23
פלחתך וית דהוה בעירך **נטיר** עימי: ארום קליל דהוה לך עאן GN 30:29
דיינא תקיפא ומהימנא **נטיר** קיימא וטיבו לרחמוי צדיקייא DT 7:9
וקניאו ביה אחוהי ואבוי **נטר** בליביה ית פיתגמא: ואזלו GN 37:11
ליה: ואין בשלו בלא **נטר** ליה בבו הדפיה או טלק עלוי NU 35:22
בכוונות ליבא וקטליה: או **נטר** ליה בבו ומחהי בידי וקטליה NU 35:21
בלא מתכוין ליה והוא לא **נטר** ליה סנא מאיתמלי ומדקדמוי: DT 19:4
לחדא ואמר מה דילמא **נטר** לנא סנא יוסף ואתבא יתיב GN 50:15
עד לעלמין וכדון על דלא **נטר** מה דפקידתא נגזור עלוהי GN 3:22
בין טב לביש אילו **נטר** מצוותא פקידתיה אית הוא חי GN 3:22
נטרינון היכמה דשכינה **נטרא** בבי דעייניה: היך נישרא DT 32:10
בניהון ובנתיהון על דלא **נטרו** מצוותא דאורייתא: ואישיצי LV 26:29
ויהב יתהון לליוואי **נטרי** מטרת משכנא דייי היכמא NU 31:47
ותיתן יתהון לליואי **נטרי** מטרת משכנא דייי: ועבד משה NU 31:30
מתחות ידוי ממנן **נטרי** מטרת קודשא: למרדי גניסתא NU 3:32
תמניא אלפין ושית מאה **נטרי** מטרתא דקודשא: ארבעת NU 3:28
קיים במזרקיא לא תהוון **נטרי** נחשין ולא אחורי סנהדרין LV 19:26
מריה תלתי זימניה ולא **נטריה** ומבתר כן קטל גברא או EX 21:29
ומידקדמוי ולא **נטריה** מריה שלמא ישלם תורא EX 21:36
לא תהוון נקמין ולא **נטרין** דבבו לבני עמך ותרחמיה LV 19:18
אמר משה נביא אין **נטרין** הינון עמא בית ישראל DT 32:14
מגן: עמי בני ישראל הוו **נטרין** ית יומא דשבתא למקדשא DT 5:12
וקיים פולחן קודשך **נטרין**: כשרין אינון למלפא סידרי DT 33:9
מדינחא משה אהרן ובנוי **נטרין** מטרת מקדשא למטרת בני NU 3:38
כד יהוון בנהא דאיתתא **נטרין** מצוותא דאורייתא יהוון GN 3:15
בית שכינתיה וכד הינון **נטרין** מצוותא דאורייתא מדברין DT 33:3
מן בגלל לנסוייהון אין **נטרין** מצוותא דאורייתי אין לא: EX 16:4
ית מטרת מימרא דייי **נטרין** על פום מימרא דייי בידא NU 9:23
לזעירא אם בנוי דזעירא **נטרין** פיקודייא דאורייתא: ושלימו GN 25:23
אליפינון ית אוריתיה **נטרינון** היכמה דשכינה נטרא בבי DT 32:10
לנא לעלמא דאתי ארום **נינטר** למיעבד ית כל קיימייא ית DT 6:25
ית קיימיי וית סידרי דיניי **תטרון** ותעבדון יתהון ותיתבון על LV 25:18
לאברהם ואנת ית קימי **תיטר** אנת ובנך בתרך לדריהון: דא GN 17:9
ליה אנא ייי: ית קיימיי **תיטרון** בעירך לא תרבעיניה LV 19:19
זנו: ית יומי שביא דילי **תיטרון** ולבית מוקדשי תהון אזלין LV 19:30
ית יומי שביא דילי **תיטרון** ולבית מוקדשי תהון אזלין LV 26:2
דיניי תעבדון וית קיימיי **תיטרון** להלכא בהון אנא ייי LV 18:4
דאנא מפקיד יתכון יתיה **תיטרון** למעבד לא תוספון עלוי DT 13:1
דאנא מפקידכון יומא דין **תיטרון** למעבד מן בגלל דתיחון DT 8:1
בשתא: ית חגא דפטיריא **תינטור** שובעא יומין תיכול פטירא EX 23:15
רחמין בעינך דלא **תינטר** לי בבו עלה: ותבו עזגדיא GN 32:6
וית יומי שביא דילי **תינטרון** אנא ייי אלקכון: לא תסטון LV 19:3
ברם ית יומי שביא דילי **תינטרון** ארום את הוא בין מימרי EX 31:13
תידחלון וית פיקודוי **תינטרון** ולמימריה תקבלון וקדמוי DT 13:5
תהכון וית סידרי דיניי **תינטרון** ותעבדון יתהון: ואיתן LV 26:3
זימנא: ואנת ובנך עימך **תינטרון** ית כהונתכון לכל פיתגם NU 18:7
על ארעא: ארי אין מינטר **תינטרון** ית כל תפקידתא הדא DT 11:22
דקיים לאבהתכון: ארום **תינטרון** ית כל תפקידתא הדא DT 19:9
היכמה דקיים לכון ארום **תינטרון** ית פיקודי דייי אלקכון DT 28:9
בעישרתי ניסיונין: מינטר **תינטרון** ית פיקודיא דייי אלקכון DT 6:17
לוי היכמא דפקידתינון **תינטרון** למעבד: הוו זהירין דלא DT 24:8
סנאיכון בקרויכון: אין לא **תינטרון** למעבד ית כל פיקודיא DT 28:58
לכון: ית חגא דפטיריא **תינטרון** שובעא יומין תיכול פטירי EX 34:18

ניבא (1)

גלגילי עינוי ולא נתרון **ניבי** ליסתיה: ובכון בני ישראל ית DT 34:7

ניזא (1)

מנהון נשרא ועוזא ובר **ניזא**: ודייתא חיורא ואוכמתא דהיא DT 14:12

נימא (1)

להון ציציתא לא מן **נימיא** ולא מן סיסיא ולא מן גרדיא NU 15:38

נימוס (8)

די ילידת ליעקב למיחמי **בנימוס** בנת עמי ארעא: וחמא יתא GN 34:1
חכים ית יוסף ולא הליך **בנימוסוי**: ואמר לעמיה הא עמא בני EX 1:8
למיתב בה: ולא תהכון **בנימוסי** עממיא דאנא מגלי מן LV 20:23
למחסן עלמא מטול **דבנימוסי** אומיא לא מידברין: והוה NU 23:9
יתכון לתמן לא תעבדון **ובנימוסיהון** לא תהכון: ית סידרי LV 18:3
דמצרים לא יזדבנון הי **כנימוסי** זבין עבדיא: לא תשעבדון LV 25:42
לך לא תפלח ביה הי **כנימוסי** פולחנות עבדיא: הי כאגירא LV 25:39
מטול דלא למעבד **מנימוסי** תועיבתא דאיתעבידו LV 18:30

ניסא (1)

ופרבירוי כרכוי ומדינתיה **ניסוי** ומחוזוי ספינתיה ואלגוותיה NU 34:6

ניץ (3)

לכרמא וביה ביומא **אנייצת** ובשילת עינבין ועצרינון: GN 9:20
לבית לוי ואפיק ליבלובין **ואניץ** נצין ביה בליליא גמר ועבד NU 17:23
לוי ואפיק ליבלובין ואניץ **נצין** ביה בליליא גמר ועבד לוזין: NU 17:23

ניר (6)
אתפלח בה ולא נגדת **בניר:** ויחתון חכימי קרתא ההיא ית DT 21:3
וסול וסירתא וכל דדמי **לנירא:** ותיתנון יתה לאלעזר סגן NU 19:2
לחולקיה ואנפיק יתכון **מניר** פרזלא ממצרים מטול למיהוי DT 4:20
להון משעבדין ותברית **ניר** שעבודהון מעילויכון ודברית LV 26:13
אורייתא בכין תהי פריק **ניר** שעבודיה מעל צוורך: ונטר עשו GN 27:40
ובחוסרן כל טבתא וישוון **נירי** פרזלא על צווריכון עד זמן DT 28:48
נכי (4)
חיויו דכמין על שבילא **דנכית** סוסייא בעיקביה ונפיל ומן GN 49:17
עד שתא דיובלא **ומנכי** ליה מן עלוייה: ואין מפרק LV 27:18
דאורייתא תהוי מתכווין **ונכית** יתהון בעיקביהון ברם להון GN 3:15
על אתר תלי והוי כד **נכית** חיויא ית גברא והוה מסתכל NU 21:9
נכל (3)
על חבריה למיקטליה **בנכילו** אפילו כהנא הוא ומשמש על EX 21:14
לכון בנרתיקיכון מתקלין **דנכיל** מתקלין רברבין למהוי זבין DT 25:13
אלקכון כל דעביד אילין **ניכלייא** כל דעבד שיקרא DT 25:16
נכס (225)
תיכלון כל דמיקלקלא **בניכסא** לגיור ערל דבקירויכון DT 14:21
מלכותא מתגריא **בניכסיהון** דבני נשא ולמיסב יתהון EX 20:17
מלכותא מתגריא **בניכסיהון** דבני נשא למסב יתהון DT 5:21
סנאיהון וישראל יתקפון **בניכסין** וירתונון: ויקום שליט NU 24:18
בנן ובנן ותקופו עלה **בניכסין** ושלוטו בכוורי ימא ובעופא GN 1:28
ארי תקיפתא מיננא **בניכסין** לחדא: ואזל מתמן יצחק GN 26:16
בתר כדין יפקון לחירותא **בניכסין** סגיאין: ואת תתכנש לות GN 15:14
דאימך: ואל שדי יברך יתך **בניכסין** סגיאין ויפישינך ויסגינך GN 28:3
יהדרון מזיינין בסופא **בניכסין** סגיאין וישרון בשליותא GN 49:19
למיכל וישוד ית אדמיה **בניכסתא** ואין לא מתקלקלא LV 17:13
טבחא ית אימרא באתרא **דיכוס** ית חטאתא וית עלתא LV 14:13
קורבן חטאתא באתרא **דיכוס** ית עלתא: ויסב כהנא מן אדם LV 4:33
ויכוס יתיה טבחא באתר **דיכוס** ית עלתא קדם ייי חטאתא LV 4:24
קודשין הוא: באתרא **דיכסון** ית עלתא יכסון ית אשמא LV 7:2
ויצבע לבושוי כהנא **דינכס** ית תורתא ויסחי בישריה NU 19:7
לכון תיכסוניה: ביומא **דיתנכס** יתאכל וביומא חרן ומה LV 19:6
גבר כאחוי: ודא אורייתא **דניכסת** קודשיא די יקרב קדם ייי: LV 7:11
חד נכיס וחד מתנכיס **דנכיס** לא מעכב ודמתנכיס פשיט GN 22:10
חייתא באדמא דציפרא **דנכיסא** ובמי מבוע: וידי על בית LV 14:6
ית ריש ניזריה לברא בתר **דנכיסו** ית ניכסת קודשיא בתרע NU 6:18
על עיסק צפיר בר עיזי **דנכיסו** שבטוי דיעקב ורמייו יתיה LV 9:3
על אישתא דתחות דודא **דנכסת** קודשיא: ויסב כהנא ית NU 6:18
ולא יבית בר מן בישרא **דתיכסון** ברמשא ביומא קמאה DT 16:4
דחטאתא באתרא **דתיתנכס** עלתא תיתנכס חטאתא LV 6:18
בכספא אלהין בעלוון **ובנכסת** קודשין ובמבעי רחמין LV 27:29
מתנכיס דנכיס לא מעכב **ודמתנכיס** פשיט צווריה: וקרא ליה GN 22:10
דיתרעי ליה לכפרא עלוי: **ויכוס** טבחא בבית מטבחיא ית בר LV 1:5
יתהון ארמא קדם ייי: **ויכוס** טבחא ית אימרא באתרא LV 14:13
יתהון ארמא קדם ייי: **ויכוס** טבחא ית אימרא דאשמא LV 14:25
וצבע זהורי ואיזובא: **ויכוס** טבחא ית ציפורא חדא למנא LV 14:50
ידיהון על ריש תורא **ויכוס** טבחא ית תורא קדם ייי: LV 4:15
יד ימיניה על ריש תורא **ויכוס** טבחא ית תורא קדם ייי: ויסב LV 4:4
יד ימניה על ריש חטאתא **ויכוס** ית חטאתא באתרא דעלתא: LV 4:29
ויפקד כהנא לטבחא **ויכוס** ית ציפורא חדא למאן דחסף LV 14:5
אדמא באדבעיה ימינא: **ויכוס** ית צפירא דחטאתא דמן LV 16:15
עלוי ועל אינש בייתיה **ויכוס** ית תורא דחטאתא דיליה: LV 16:11
ימיניה על ריש חטאתא **ויכוס** יתה מטול קורבן חטאתא LV 4:33
יד ימיניה על ריש צפירא **ויכוס** יתיה טבחא באתר דיכוס ית LV 4:24
דכר שלים יקרביניה: **ויכוס** יתיה טבחא על שיפולי LV 1:11
ימיניה על ריש קורבניה **ויכוס** יתיה טבחא קדם משכן LV 3:8
יד ימיניה על רישיה **ויכוס** יתיה טבחא קדם משכן LV 3:13
ית פרגודא דפרסא **ויכסון** ית ארונא דסהדותא: ויתנון NU 4:5
ויסבון לבוש דתיכלא **ויכסון** ית מנרתא דאנהורי וית NU 4:9
עלוי לבוש צבע זהורי **ויכסון** יתיה בחופאה דמשך ססגונא NU 4:8
יפרסון לבוש תיכלא **ויכסון** יתיה בחופאה דמשך ססגונא: NU 4:11
ממצראי דחמיין יתיה **ויכסון** יתיה כהילכתא כל קהל EX 12:6
משכן זימנא לות כהנא **ויכסון** ניכסת קודשין קדם ייי LV 17:5
יגנב גבר תור או אימר **ויכסיניה** או זבניה חמשא תורא EX 21:37
בתוקפא על ריש קורבניה **ויכסיניה** טבחא בתרע משכן זימנא LV 3:2
מן בני ענא לייחוסיכון **וכוסו** אימר פיסחא: ותיסבון איסרת EX 12:21
צפיר בר עיזין וגומר: **ולניכסת** קודשיא וגומר: ביומא NU 7:29
צפיר בר עיזין וגומר: **ולניכסת** קודשיא וגומר: ביומא NU 7:35
צפיר בר עיזין וגומר: **ולניכסת** קודשיא וגומר: ביומא NU 7:41
צפיר בר עיזין וגומר: **ולניכסת** קודשיא וגומר: ביומא NU 7:47
צפיר בר עיזין וגומר: **ולניכסת** קודשיא תורין וגומר: NU 7:53
צפיר בר עיזין וגומר: **ולניכסת** קודשיא תורין וגומר: NU 7:65
צפיר בר עיזין וגומר: **ולניכסת** קודשיא תורין וגומר: NU 7:71
צפיר בר עיזין וגומר: **ולניכסת** קודשיא תורין וגומר: ביום NU 7:77
עיזין חד קריב לחטאתא: **ולניכסת** קודשיא תורין תרין דיכרי NU 7:23
צפיר בר עיזין וגומר: **ולניכסת** קודשיא תורין תרין דיכרי NU 7:83
צפיר בר עיזין וגומר: **ולניכסת** קודשיא תורין תרין וגומר: NU 7:59
ולמנחתיכון ולניסוכיהון **ולניכסת** קודשיכון: ואמר משה לבני NU 29:39
עיזין חד קריב לחטאתא: **ולנכסת** קודשיא תורין תרין דיכרין NU 7:17
עממיא יתקטיל בסייפא **וניכסוי** יתגמרון בגין כן לא תהון EX 22:19
דאינון גזרין: גיתיהון **וניכסיהון** וכל בעיריהום הלא דלנא GN 34:23
ותייתון תמן עלוותכון **וניכסת** קודשיכון וית מעשרתכון DT 12:6
תמן תקרבון עלוותכון **וניכסת** קודשיכון תמן תיכלון DT 12:11
לאהרן ואסיקו עלוון **וניכסת** קודשין קדם ייי תורין: ונסיב EX 24:5
אהרן למדבחא בזריזותא **ונכיס** ית עיגלא דחטאתא דידיה: LV 9:8
מדבחא בר מן עלת צפרא: **ונכיס** ית תורא וית דיכרא ניכסת LV 9:18
דדחיל ליה אבוי יצחק: **ונכס** יעקב ניכסתא בטוורא וזמן GN 31:54
יד ימינהון על ריש דיכרא: **ונכס** ית דיכרא ודרק משה ית LV 8:19
ית ידיהון על ריש דיכרא: **ונכס** ית דיכרא ונסיב משה מן LV 8:23
בנורא מברא למשריתא: **ונכס** ית עלתא ואקריבו בני אהרן LV 9:12
תורא דחטאתא דילהון: **ונכס** משה ית תורא ונסב משה ית LV 8:15
ארום ניקטול ית אחונא **ונכסי** על דמיה: איתו ונזבניניה GN 37:26
דחטאתא די לעמא **ונכסיה** וכפר באדמיה דצפירא LV 9:15
חטאתא ואשמא עלוון **ונכסת** קודשא תקרבון קדם ייי DT 23:24
למעבד חטאתא ועלתא **ונכסת** קודשיא: וכיוון דאיתעבידו LV 9:22
במיא: ונסיב יתרו עלוון **ונכסת** קודשין קדם ייי ואתא אהרן EX 18:12
ית ידיהון על ריש דיכרא: **ותיכוס** ית דיכרא ותיסב ית אדמיה EX 29:16
ית ידיהון על ריש דיכרא: **ותיכוס** ית דיכרא ותיסב מן אדמיה EX 29:20
ית ידיהון על ריש תורא: **ותיכוס** ית תורא קדם ייי לתרע EX 29:11
לאשראה שכינתיה תמן **ותיכסון** מן תוריכון ומן עניכון דיהב DT 12:21
עלוון קדם ייי אלקכון: **ותיכסון** ניכסת קודשין ותוכלון DT 27:7
ותיכלון יתיה בליליא: **ותיכסון** פיסחא קדם ייי אלקכון DT 16:2
מסואבותיה ובתר כן **יכוס** ית עלתא: ויסיק כהנא ית LV 14:19
דתיניא וכהנא אוחרן **יכוס** יתה קדמוי בתרין סימניא NU 19:3
או עיזא במשריתא או די **יכוס** מברא למשריתא: וליתרע LV 17:3
מבית גניסת ישראל די **יכוס** ניכסת תור או אימר או עיזא LV 17:3
באתרא דיכסון ית עלתא **יכסון** ית אשמא וית אדמיה ידרוק LV 7:2
לא מתקלקלא ניכסתיה **יכסיניה** בעפרא: ארום קיום נפש LV 17:13
אינש גוב בשוקא ולא **יכסיניה** ונפיל תמן תורא או חמרא: EX 21:33
דבערב ותורי דבנבט **יתכנסון** להון ויספקון להון אין ית NU 11:22
יתרגם תורא ולא **יתנכס** למיכול ית בישריה ומריה EX 21:28
כען נתמנע בגין דלא **למיכוס** פיסחא ולמיזרוק אדמא NU 9:7
לצפרא: לית לכון רשו **למכוס** ית פיסחא בחדא מן קרויכון DT 16:5
הינא תעבד על עלתא או **לניכסת** קודשא לאימר חד: או NU 15:5
לחטאתא ודכר חד שלים **לניכסת** קודשיא: וסלא דפטירי NU 6:14
לעלתא: ותור ואימר **לניכסת** קודשיא לדבחא קדם ייי LV 9:4
תריסר שבטיא: וכל תורי **לניכסת** קודשיא עשרין וארבעא NU 7:88
ותרין אימרין בני שנה **לנכסת** קודשיא: וירים כהנא יתהון LV 23:19
ותרין אימרין בני שנה **לנכסת** קודשיא: ותעבדון צפיר בר LV 23:18
ייי: ואין מן ענא קרבניה **לנכסת** קודשיא קדם ייי דכר או LV 3:6
דבעו למקטלי נחתו **מניכסהון** והינון חשיבין כמיתיא EX 10:29
דין סדר קרבנא די קריב **מניכסוי** אחירע בר עינן: דא חנוכת NU 7:83
דין סדר קורבנא דקריב **מניכסוי** נתנאל בר צוער: ביומא NU 7:23
ורוקינו ית מצראי **מניכסיהון:** ונטלו בני ישראל מן EX 12:36
וחולק בנך איתיהיבו **מניכסת** קודשיא דבני ישראל: שקא LV 10:14
ובר נש די יכול בישרא **מניכסת** קודשיא דמתקרבין קדם LV 7:20
דאיתעדא תריב אימר **מניכסת** קודשיא ויסיק יתהון כהנא LV 4:35
ית קורבניא דייי די יפרש **מניכסת** קודשיה ית תרבא LV 7:30
עלם מן בני ישראל **מניכסת** קודשיהון אפרושותהון EX 29:28
אפרשותא לכהנא **מניכסת** קודשיכון: מאן דמקרב ית LV 7:32
ואמר חגא קדם ייי מחר **מניכסת** קטול בעלי דבבוי איליין EX 32:5
ההיא ונחת יהודה **מנכסוי** ואתפרש מן אחוהי וסטא GN 38:1
דין סדר קורבנא די קריב **מנכסוי** נחשון בר עמינדב: ביומא NU 7:17
ביום דרביו יתיה **מנכסי** רברבי ישראל פיילי דכסף NU 7:84
ארום איתרוקנו ונחתו **מנכסיהון** והא אינון חשיבין EX 4:19
מדבחא חזור חזור: ויקריב **מנכסת** קודשיא קורבנא קדם ייי ית LV 3:3
מדבחא חזור חזור: ויקרב **מנכסת** קודשיא קרבנא קדם ייי LV 3:9
בעלמא חד נכיס וחד **מתנכיס** דנכיס לא מעכב ודמתנכיס GN 22:10
במזירקיא ופלגות אדם **ניכסא** דרק על מדבחא: ונסיב EX 24:6
נפשתיכון ארום אדם **ניכסא** הוא על חובי נפשא יכפר: LV 17:11
ונסיב משה פלגות אדם **ניכסא** ושוי במזירקיא ופלגות אדם EX 24:6
לגזירתא דתיתינון אדם **ניכסא** על מדבחא מטול למכפרא LV 17:11
דיליה יהון ולא חסרן **ניכסוי** גבר מה דייתן לכהנא דיליה NU 5:10
על גבי מדבחך: בריך ייי **ניכסוי** דבית לוי דיהבין מעשרא מן DT 33:11
גיתוי וית בעירויי וית כל **ניכסוי** דיקנה בארעא דכנען וטייל GN 36:6
כל אינשא דלקרח וית כל **ניכסיא:** ונחתו הינון וכל דילהון כד NU 16:32
שושביני אפא פיתיה נכס **ניכסיה** מזג חמריה כיוון דמטא DT 32:50

וית כל גיתיהון וית כל **ניכסיהון** בזו: וית כל קורייהון ובתי NU 31:9
ודברו ית קינייניהון וית **ניכסיהון** דיקנו בארעא דיכנען ואתו GN 46:6
לנדוייהון ולגמרא ית כל **ניכסיהון** ולא תיקרבון בכל מה NU 16:26
דיעקב אחוי: ארום הוה **ניכסיהון** סגי מלמיתב כחדא ולא GN 36:7
אחסנותיה ית בנוי ית **ניכסין** דיהי ליה לית ליה רשו DT 21:16
ואסיקו עלוון וקריבו **ניכסין** ואסחר עמא למיכול EX 32:6
דלאברהם יהב אברהם **ניכסין** מיטלטלין למתנן ותריכינון GN 25:6
לכון מילכא למיקני **ניכסין** מן בגלל לקיימא ית קיימיה DT 8:18
ריבוני: ואמר עשו אית לי **ניכסין** סגיאין אחי יתקיים לך מאן GN 33:9
מן קדם ייי וארום אית לי **ניכסין** סגיאין ודחק ביה וקבל: ואמר GN 33:11
צווחין למימר ניזיל נדבח **ניכסת** חגא קדם אלהנא: תיתקף EX 5:8
יומין במדברא ונדבח **ניכסת** חגא קדם ייי אלהן דילמא EX 5:3
ית עמא למדבחא **ניכסת** חגא קדם ייי: ונפק משה EX 8:25
הדא לכון: ותימרון **ניכסת** חייסא הוא קדם ייי דחס EX 12:27
ביומא חד: וארום תיכסון **ניכסת** נסיבא לשמא דייי לרעוא LV 22:29
ויעבדון בני ישראל **ניכסת** פיסחא ביני שימשתא NU 9:2
ארום אנא ייי: ויהי אדם **ניכסת** פיסחא וגזירת מהולתא EX 12:13
לירחא בינו שימשתא זמן **ניכסת** פיסחא לשמא דייי: ובחמיסר LV 23:5
דניסן מבתר דאכלו **ניכסת** פיסחא נפקו בני ישראל NU 33:3
בארביסר יומין לירחא **ניכסת** פיסחא קדם ייי: ובחמישת NU 28:16
בר ממדבחא תרבי **ניכסת** פיסחא: שירוי בוכרת פירי EX 34:25
עד דחמיע בבתיכון אדם **ניכסת** פיסחי ולא יבית בר מן EX 23:18
עד לא תבטלון חמיע **ניכסת** פיסחי ולא יביתון לצפרא בר EX 34:25
יבית בר מן מדבחא תרבי **ניכסת** פיסחי עד צפרא ולא מן EX 23:18
ית קורבניה לקדם ייי מן **ניכסת** קודשוי: ידוי ייתיין ית LV 7:29
כל מאן דמקרב ית **ניכסת** קודשוי קדם ייי ייתי בגרמיה LV 7:29
עלתא ויסיק עלה תרבי **ניכסת** קודשיא: אישתא תדירא LV 6:5
ומה דמשתייר מבשר **ניכסת** קודשיא ביומא תליתאה לא LV 7:17
לברא בתר דנכיסו ית **ניכסת** קודשיא בתרע משכן זימנא NU 6:18
ית תורא וית דיכרא **ניכסת** קודשיא די לעמא ואקריבו LV 9:18
ייי לכהנא דזריק ית אדם **ניכסת** קודשיא דיליה יהי: ובשר LV 7:14
מסאב ויכול מבשר **ניכסת** קודשיא דמתקרבין קדם ייי LV 7:21
היכמה דמתפרש מתור **ניכסת** קודשיא היכדין יתפרשון מן LV 4:10
יסיק למדבחא הי כתרב **ניכסת** קודשיא ויכפר עלוי כהנא LV 4:26
דאיתעדא תריב מעילוי **ניכסת** קודשיא ויסק כהנא LV 4:31
ביניכון די יסיק עלתא או **ניכסת** קודשיא: ולתרע משכן זימנא LV 17:8
קרבנא קדם ייי עלתא או **ניכסת** קודשיא לפרשא נדרא או NU 15:3
נכסתא לפרשא נידרא או **ניכסת** קודשיא קדם ייי: ויקרב על NU 15:8
יהי לכון: וגבר ארום יקרב **ניכסת** קודשיא קדם ייי לפרשא LV 22:21
ייי אלקכון: וארום תיכסון **ניכסת** קודשיא קדם ייי לרעוא לכון LV 19:5
קורבנא קדם ייי: ואין **ניכסת** קודשיא קורבניה אין מן LV 3:1
דאפרשותא נסיבית מן **ניכסת** קודשיכון ויהבית יתהון LV 7:34
על עלוותכון ועל **ניכסת** קודשיכון ויהיו לכון NU 10:10
קדם ייי אלקכון: ותיכסון **ניכסת** קודשין ותוכלון תמן DT 27:7
זימנא לות כהנא ויכסון **ניכסת** קודשין קדם ייי יתהון: LV 17:5
עלתיה: וית דיכרא יעביד **ניכסת** קודשין קדם ייי על סלא NU 6:17
קודשיא דיליה יהי: ובשר **ניכסת** תודת קודשוי ביום קרבניה LV 7:15
חמיע יקריב קורבניה על **ניכסת** תודת קודשוי: ויקרב מיניה LV 7:13
יקרביניה ויקרב על **ניכסת** תודתא גריצן פטירן פתיכן LV 7:12
גניסת ישראל די יכוס **ניכסת** תור או אימר או עיזא LV 17:3
אבוי יצחק: ונכס יעקב **ניכסתא** בטוורא וזמן לקריבויי GN 31:54
בישרא דמטלק בקילקול **ניכסתא** ובשר תבירא ביציבא LV 17:15
חיוא דמיקלקלא בשעת **ניכסתא** ודימתנבלא במותנא ותריב LV 7:24
גובריא לביתא ופרע בית **ניכסתא** וסב גידא נשייא ואתקן GN 43:16
לא תיכלון מבשר כל **ניכסתא** עד דאדמא קיים במזרקיא LV 19:26
דיתון בני ישראל ית **ניכסתהון** דהינון דבחין על אנפי LV 17:5
ואין לא מתקלקלא **ניכסתיה** יכסיניה בעפרא: ארום LV 17:13
קורבניה ביומא דיקרב ית **ניכסתיה** יתאכל וביומחרן ומה LV 7:16
דאית בעלמא חד **נכיס** וחד מתנכיס דנכיס לא מעכב GN 22:10
וחמא אהרן ית חור **נכיס** קדמוי ודחיל ובנא מדבחא EX 32:5
למיכלא וית צפרא **נכיסא** הוה מקבר כהנא במיחמי LV 14:7
תחליניה: תוריכון יהון **נכיסין** ואתון חמיין ולא תיכלון DT 28:31
למיכלא וית ציפרא **נכיסתא** הוה מקבר כהנא במיחמי LV 14:53
יתיה באדמא דציפורא **נכיסתא** ובמי מבוע וידי לביתא LV 14:51
ביה או דתליש מן חיותא **נכיסתא** ועד דלא נפקא כולא GN 9:4
ותני לות שרה דאברהם **נכס** ית יצחק וקמת שרה ופגנת GN 22:20
ליה שושביני אפא פיתיה **נכס** ניכסיה מזג חמריה כיוון דמטא DT 32:50
תינייתא ואמרו ליה לא **נכסי** מן ריבוני ארום אין שלים GN 47:18
לעופא מסאבא למיבוז **נכסיהון** דישראל והות זכותיה GN 15:11
וית דבחקלא בזו: וית כל **נכסיהון** וית כל טפליהון שבו ובזו GN 34:29
עבד ליה ית כל יקר **נכסייא** האילין: וחמא יעקב ית סבר GN 31:1
כן אתון אמרין נזיל נדבח **נכסת** חגא קדם אלקנא: וכדון EX 5:17
ואמר איזילו פלחו **נכסת** חגא קדם ייי אלהכון בארעא EX 8:21
נטייל במדברא ונדבח **נכסת** חגא קדם ייי אלקנא היכמא EX 8:23
ואפטור ית עמא וידבחון **נכסת** חגא קדם ייי: ואמר משה EX 8:4
אפשר למיתוקדא מותר **נכסת** קודשיא ביומא טבא: וכדא EX 12:10
מאן דמקרב ית אדם **נכסת** קודשיא וית תריב מן בני LV 7:33
דייי עלתא ומנחתא **נכסת** קודשין וניסוכין פיתגם יום LV 23:37
אוף אנת תיתן בידנא **נכסת** קודשין ועלוון ונעבד קדם ייי EX 10:25
דייי אלקך ואדם שאר **נכסת** קודשך ישתפיך על מדבחא DT 12:27
דבח עלוי ית עלוותך וית **נכסת** קודשך מן ענך ומן תורך בכל EX 20:24
ואין נידרא או נסיבתא **נכסת** קורבניה ביומא דיקרב ית LV 7:16
תעביד בר תורי עלתא או **נכסתא** לפרשא נידרא או ניכסת NU 15:8
דרחיצו ביה: דתריב **נכסתהון** הוון אכלין שתן חמר DT 32:38
לשמא דייי לרעוא לכון **תיכסון:** ביומא ההוא יתאכל לא LV 22:29
רחלא יתה וית ברה לא **תיכסון** ביומא חד: וארום תיכסון LV 22:28
לחוד בכל רעות נפשיכון **תיכסון** ותיכלון בישרא הי DT 12:15
לאשראה שכינתיה תמן **תיכסון** ית פיסחא וברמשא במיעל DT 16:6
תיכסון ביומא חד: וארום **תיכסון** ניכסת נסיבא לשמא דייי LV 22:29
אנא ייי אלקכון: וארום **תיכסון** ניכסת קודשיא קדם ייי LV 19:5
דרחקיה ייי אלקכון: לא **תיכסון** קדם ייי אלקכון תור ואימר DT 17:1
קדם ייי לרעוא לכון **תיכסוניה:** ביומא דיתנכס יתאכל LV 19:5
סמי כל מידעם ביש לא **תיכסוניה** קדם ייי אלקכון: DT 15:21
באתרא דתיתנכס עלתא **תיתנכס** חטאתא קדם ייי קדש LV 6:18

נכסין (8)

כל נכסוי די קנה גיתוי **ונכסוי** די קנה בפדן דארם למיתי GN 31:18
חילן ותקוף ידן קנו לן ית **ניכסייא** האילין: ותהוון דכירין ית DT 8:17
ית כל בעירא וית כל **נכסוי** די קנה גיתוי ונכסוי די קנה GN 31:18
ולא תעיקון למיסב ליה **נכסוי** עמי בני ישראל הוו דכירין EX 22:20
רחל ית צלמנייא דהוון **נכסין** גברא בוכרא וחזמין רישיה GN 31:19
ומן דעתר וקנה **נכסין** הדר למהוי מתגאי בלבביה GN 36:39
ופחזו אצלחו תקוף קנון **נכסין** ושבקו פולחן אלקא דברא DT 32:15
ולמיסב יתהון ועתירי **נכסין** מתמסכנין דגלותא אתיא על EX 20:17

נכר (43)

וכיון דחמא יתהום יהודה **אכר** יתהום בכן אמר בליביה טב לי GN 38:25
דאמרת ליעקב אבא **אכר** כדון פרגודא דברך לופום כן GN 38:25
מרי עלמא יתין בלבביה **דיכיר** יתהום וישיזב יתי מן דינא GN 38:25
וחוטיא וחוטרא האילין: **ואכר** יהודה ואמר זכיא היא תמר GN 38:26
אדם זכאי ופולחנא **נוכרא** וגילויי ערייתא באורחא הדין GN 28:20
חד וטלקת ית פולחנא **נוכראה** ארחיקית מן ברה כשיעור GN 21:16
ביניהון פלחי פולחנא **נוכראה:** אשרינון על כרכי ארע DT 32:12
בלעם יתהון דפולחנא **נוכראה** ביניהון חדא בליביה ואמר NU 23:1
יתהון מן בגלל פולחנא **נוכראה** דבידיהון: ואמר משה EX 17:8
אמר דייר הוויתי בארע **נוכראה** דלא הידי היא: ושום חד EX 18:3
בריה דיפלח לפולחנא **נוכראה:** ואמר ייי לאברהם לא GN 21:11
פניית ביתא מפולחנא **נוכראה** ואתר אתקינית לגמלייא: GN 24:31
לאברהם מגחך לפולחנא **נוכראה** וגחין לייי: ואמרת לאברהם GN 21:9
דן דהוה בידיהון פולחנא **נוכראה** והוה עננא פליט יתהון DT 25:18
עממין למעברא לפולחנא **נוכראה** ולא תפיס ית שמא דאלקך LV 18:21
למטעי בתר פולחנא **נוכראה** ולקה ישמעאל באישא GN 21:15
קרבא קל פלחי פולחני **נוכראה** ומגחכן קדמהא אנא שמע: EX 32:18
והוון מגחנן בפולחנא **נוכראה** ומתכוונן לאמרדא GN 26:35
גרא דאיתגר בארעא **נוכראה** ונעמן דהוה נעים ויקיר אחי GN 46:21
מן רשיעיא פלחי פולחנא **נוכראה** וקטולו אפילו גבר ית אחוי EX 32:27
ביה: דייור תותב ואגירא **נוכראה** לא ייכול ביה: בחבורא חדא EX 12:45
או לשריש פולחנא **נוכראה** למשמשא לה ולפלחהא LV 25:47
למטעי בתר פולחנא **נוכראה** מגו עמהון: ובר נש דיסטי LV 20:5
בדיתן מזרעיה לפולחנא **נוכראה** מטול דלא למיקטול יתיה: LV 20:4
מזרעיה יהב לפולחנא **נוכראה** מן בגלל לסאבא ית מקדשי LV 20:3
וכהנא ארום יקני בר נש **נוכראה** קניין כספיה הוא ייכול ביה LV 22:11
רוחא ומפולחנא **נוכראה** קשיא דיבידיהון: ומליל ייי EX 6:9
יומא פלח פולחנא **נוכראה** שפך אדמא זכיא ועל על GN 25:29
הדר לא ייכול ביה: וכל **נוכראי** דאיזדבן לעבד לגברא בר EX 12:44
קטרת בוסמין דעממין **נוכראין** ועלתא ומנחתא וניסוכין EX 30:9
דייי עליכון עממין **נוכראין** להובדא יתכון ולמשיציא DT 28:63
חמשא לכל גברא: ואוף **נוכראין** סגיאין מנהון מאתן EX 12:38
פיתגם דביש מפולחנא **נוכריא** וגילוי ערייתא ושדיות אדם DT 23:10
להון למגחכא בפולחנא **נוכריא:** ומליל ייי עם משה איזל EX 32:6
בית ישראל בפולחנא **נוכריאה** ובגילוי עירייתא ובשדיות NU 35:25
דקנון יתיה בפולחנא **נוכרייא** במרחקתהון ארגיזו קדמוי: DT 32:16
אמר דייר הויתי בארעא **נוכרייא** דלא דידי: והוה ביומייא EX 2:22
בבית אבונא: הלא **נוכריתא** איתחשבנא ליה ארום GN 31:15
איבא ועלית עימך לארע **נוכריתא** וכדון בגין דלא הוינא GN 16:5
בזמן קרוביהון אישתא **נוכריתא** מן תפיין ובנין לא הוו להון NU 3:4
בקרוביהון אישתא **נוכריתא** מן תפיין קדם ייי: והוו NU 26:61
וקריבו קדם ייי אישתא **נוכרתא** מן תפיין מה דלא פקיד LV 10:1
אדם זכוי ופלחן פולחנא **נכראה** ומרדין לשמא דייי לחדא: GN 13:13

נכת (4)
על אתר תלי ויהי כל **דנכות** יתיה חיויא ויהוי מסתכל NU 21:8
רווחין בישין ויוונאי **דנכתין** בשיניהון היך חיוות ברא DT 32:24
דלא אתרעמו על מזונהון **וינכתון** ית עמא די אתרעמו על NU 21:6
בעמא ית חיוון חורמנין **ונכיתו** ית עמא ומיתו אוכלוסין NU 21:6

נמור (4)
לחוש באימריא וקרוח **ונמור** בעזיא ויהי אגרי: ותסהד בי GN 30:32
אגרי לקמך כל דלתוהי **נמור** וקרוח בעזיא ולחוש GN 30:33
דין אעדי מתמן כל אימר **נמור** וקרוח וכל אימר לחוש GN 30:32
וקרוחיא וית כל עיזייא **נמורתא** וקרוחתא כל די שומא GN 30:35

נס (44)
בפיצתא מיגו עם אוחרי **בניסין** באתין ובתימהין ובסדרי DT 4:34
מימרא דייי דין ניסא דילי **דניסא** דעבד אתרא בגיני הוא: ואמר EX 17:15
שמיה מימרא דייי דין **ניסא** דילי דניסא דעבד אתרא בגיני EX 17:15
אתון ואתקיים: או היך **ניסא** דעבד ייי לאתגלאה למיפרשא DT 4:34
במיפיקי ממצרים: ויהי לך **ניסא** הדין חקיק ומפרש על תפילת EX 13:9
לותיה ואיתעביד לה **ניסא** והדרת לעלימותא כמה EX 2:1
כל יומין דהוה בחרן **ניסא** חמישאה קפצת ארעא קומוי GN 28:10
קדם ריבוני: ואיתעביד **ניסא** ליעקב ותב ביומא ההוא עשו GN 33:16
דאמר ליה ועבד ייי **ניסא** לשרה היכמא דמליל אברהם GN 21:1
דנפק מן בירא דשבע **ניסא** קמאה איתקצרו שעוי דיומא GN 28:10
גלגל יתא כחדא מן דרעוי **ניסא** רביעאה דטפת בירא וסליקו GN 28:10
בצפרא לאבנא חדא **ניסא** תליתאה אבנא דהוו כל GN 28:10
מתחמד למללא עימיה **ניסא** תניינא ארבעתי אבניא דשוי GN 28:10
בליליא: ומן בתר כל **ניסיא** אילין אנת קטל ית עמא הדין NU 14:15
חמון עמא בני ישראל ית **ניסיא** וית פרשיתא דעבד להון EX 15:18
משה למימר: סב ית חטר **ניסיא** וכנוש ית כנישתא אנת ואהרן NU 20:8
ישראל מה משבחין הינון **ניסיא** ופרישתא דעבד להון אלקא: NU 23:23
ודבר משה ית חטר **ניסיא** מן קדם ייי היכמה דפקדיה: NU 20:9
נשוי ליה לאינתו: חמשא **ניסין** איתעבידו ליעקב בזמן דנפק GN 28:10
רומחא בידיה: תריסירי **ניסין** איתעבידו לפנחס בזמן דעל NU 25:8
דעל ידוי איתעבידו לי **ניסין** בדרמשק מסכי למירת יתי: GN 15:2
תקיפתא די עבד ייי בה **ניסין** במצרים ודחילו עמא מן קדם EX 14:31
במשמעי ברך ובר ברך ית **ניסין** דעבדית במצרים וית אתוותיי EX 10:2
קדם ייי דעבד עימיה **ניסין** וגבורן ואיסתכי ית חוטרא EX 2:21
דא עבד מימרא דייי לי **ניסין** ופרישן במיפיקי ממצרים: ויהי EX 13:8
דחיל בתושבחן עביד **ניסין** ופרישן לעמיה בית ישראל: EX 15:11
איתפרשת לכון כמה **ניסין** ופרישן עבד לכון קודשא בריך DT 1:1
וחוטרא דאיתעבידו ביה **ניסין** מן קדם ייי בידי: ועבד יהושע EX 17:9
ויקירא וביה איתעבידו **ניסין** מן קדם ייי בידיה: ואמר ייי EX 4:20
כד איתעבידו להון **ניסין** על יד משה ואהרן: וכתב משה NU 33:1
עבדוי ולכל יתבי ארעיה: **ניסין** רברבן דחמיתון בעיניכון DT 29:2
ייי לפרעה ולכל מצראי: **ניסין** רבריבין דחמיתון בעיניכון DT 7:19
בית ישראל ית חיסודהון **נס** חדיסיראי דאתנטרו כד חיין עד NU 25:8
בירוזא ולא אשתמיט **נס** חמישאי כד סובר יתהון אזדקף NU 25:8
ולא אשתליפו מיניה **נס** עשיראי אתא מלאכא והפך NU 25:8
בר ישראל לות חוצא **נס** קדמאי דהוה ליה למפרש יתהון NU 25:8
בבית בהתת תורפה **נס** רביעאי דקם רומחא באתר NU 25:8
פרסי ולא ואשתלהי **נס** שביעאי זקפינון בדרע ימיניה NU 25:8
עיל מיניה עד דנפק **נס** שתיתאי סובר יתהון בכל NU 25:8
צווחין הוון משתיזבין **נס** תליתאי דכווין ברומחא וברזינון NU 25:8
ולא הוו יכלין להנזקותיה **נס** תמינאי דאתעשן אע רומחא NU 25:8
למפרש יתהון ולא פרש **נס** תניין דאסתתם פומהון ולא NU 25:8
כהנא באוהלא דמיתא **נס** תריסיראי דאתקריש אדמהון NU 25:8
ולא איתבר מן מטולא **נס** תשיעאי דאתנגיד פרזלא NU 25:8

נסב (377)
איתא ארום מגבר **איתניסיבת** דא: בגין כן ישבוק גבר GN 2:23
ועד סנדלית רצועה אין **אסב** מכל דילך ולא תהי מתרברב GN 14:23
וריחקה ארום לאיתא **אסבוהי** ית מלכתא דכוש ורחיק NU 12:1
ולא בטיל איבה עד לא **אתניסבת** ומדאיתניסיבת לגבר NU 30:7
דנדרא: ואין אתנסבא **אתניסיבת** לגבר ונידרהא עלהא או NU 30:7
מן רשותא דנדרא: ואין **אתנסבא** אתניסיבת לגבר ונידרהא NU 30:7
יצחק בר ארבעין שנין **במיסביה** ית רבקה ברת בתואל GN 25:20
קודשיא לפרשא נדרא או **בניסבתא** או בזמן מועדיכון למעבד NU 15:3
לגבר יתקיימון: ואין בתר **דאיתנסיבת** נדרת וישמע בעלה NU 30:8
עיסק איתתא כושייתא **דאסבוהי** כושאי למשה במיערקיה NU 12:1
וית בשמת ברת ישמעאל **דאסיבא** ליה נביות אחה: וילידת GN 36:3
חד למתנא יתיר על אחך **דינסיבית** מידיהון דאמוראי בעידן GN 48:22
יתקטלון באטלות אבנין: **דיסב** ית איתא וית אימא זנו היא LV 20:14
ייי אלקים ית עילעא **דנסב** מן אדם לאיתתא ואתיה לות GN 2:22
ונסיב משה ית חוטרא **דנסב** מן גינוניתא דחמוי והוא EX 4:20
דיהבא לה לאמהו בזמן **דנסבא** ואיתכתש במימר מן קדם GN 16:1
עלוי דימות גברא בתראה **דנסבה** ליה לאיתו: לית ליה רשו DT 24:3
מסמי עיני חכימיא **דנסבין** ליה דגרים להון טיפשותא DT 16:19

תביר ומחית בפומא **דנסבתיה** מן טוור מישחא וידע נח GN 8:11
חדא ויחד עם אינתתיה **דנסיב**: לא ימשכן גבר ריחיא וריכבא DT 24:5
לוט ומליל עם חתנויי **דנסיבו** ברתויי ואמר קומו פוקו מן GN 19:14
ואמרת לה הזעיר הוא **דנסיבת** ית בעלי ואנת בעיא למיסב GN 30:15
לבן ואמר ליעקב בנתא **דנסיבת** לנשין ברתיי הינון ובנייא GN 31:43
אפרשותי: ודא אפרשותא **דסיתבון** מנהון דהבא וכספא EX 25:3
ותשוד ליבשתא ויהון מוי **דתיסב** מן נהרא ויהון לדמא EX 4:9
קדם ייי מכל מעשריכון **דתיסבון** מן בני ישראל ותיתנון NU 18:28
בזמן דפטרה עמרם גברה **ואיתניסיבת** ליה עד דלא ילידת ית NU 11:26
ואסתמיכו תחות אילנא: **ואסב** סעיד דלחים וסעידו ליבכון GN 18:5
מי מבוע לגו מאן דפחר: **ויסב** איזובא תלתא קילחין NU 19:18
הוא ולית ידיה מספקא **ויסב** אימר חד אשמא לארמא LV 14:21
בתמניסרי טריפן: **ויסב** אלעזר בכיהוניא מן אדמיה NU 19:4
כמיסת למיכול אימרא **ויסב** הוא ושיבביה דקריב לביתיה EX 12:4
למנא דפחר על מי מבוע: **ויסב** ית קיסא דארזא וית איזובא LV 14:51
בתרע משכן זימנא **ויסב** ית שיער ריש ניזריה ויתן על NU 6:18
עלוי ועל אינש ביתיה: **ויסב** ית תרין צפירין ויקם יתהון LV 16:7
אדמה על ריעייה יוקד: **ויסב** כהין אוחרן בקעתא דקיסא NU 19:6
מיצעא דריגליה דימינא: **ויסב** כהנא בידיה ימינא מלוגא LV 14:15
דודא דנכסת קודשיא: **ויסב** כהנא ית אדרועא דמיבשלא NU 6:19
משכן זימנא קדם ייי: **ויסב** כהנא ית אימרא דאשמא וית LV 14:24
ייי בתרע משכן זימנא: **ויסב** כהנא ית אימרא חד ויקריב LV 14:12
ייי לאבהתן למיתן לנא: **ויסב** כהנא ית סלא דביכוריא מן DT 26:4
בה מיא בדוקיא ללוט: **ויסב** כהנא מידא דאיתתא ית NU 5:25
כהנא ויקימינה קדם ייי: **ויסב** כהנא מיין קדישין מן כיורא NU 5:17
באתרא דיכוס ית עלתא: **ויסב** כהנא מן אדם חטאתא LV 4:34
חטאתא באתרא דעלתא: **ויסב** כהנא מן אדמא באדבעיה ויתן LV 4:30
קודש קודשין הוא: **ויסב** כהנא מן אדמא דאשמא ויתין LV 14:14
ית אימרא דאשמא **ויסב** כהנא מן אדמא דאשמא ויתין LV 14:25
קדם ייי חטאתא הוא: **ויסב** כהנא מן אדמא דחטאתא LV 4:25
טבחא ית תורא קדם ייי: **ויסב** כהנא רבא דמתרבי במשחא LV 4:5
ארום איתסי מכתשא: **ויסב** לדכאה ית ביתא תרתין צפרין LV 14:49
מן סגירא: ויפקד כהנא **ויסב** לדמידכי תרין ציפורין חיין LV 14:4
עלוי באשתעות מיליא **ויסב** מאדמא דתורא ומאדמא LV 16:18
ומעינן יחות תחומא **ויסב** מיישרא מישר נחלי ארנונא NU 34:11
תורא דחטאתא דיליה: **ויסב** מלי מחתיתא גומרין לחשן LV 16:12
באישא מצלהבא קדם ייי: **ויסב** מן אדמא דתורא וידי LV 16:14
קדם עד לא יפשט ידיה **ויסב** מן פירי אילן חייא דהא אין GN 3:22
ריבוניה לקדם דיינייא **ויסב** מנהון רשותא ויקרביניה לות EX 21:6
ולא אשכחית לה סהידוון: **ויסבון** אבוהא דעולימתא ואימה DT 22:15
לקרתא לאתר מסאב: **ויסבון** אבנין חורניין ויעלון באתר LV 14:42
בי דינא רבא מפטרין **ויסבון** חכימי סבי קרתא ההיא DT 21:3
קדם חכימי קרתא: **ויסבון** חכימי קרתא ההיא ית גברא DT 22:18
ססגונא וישוון ית אריחוי: **ויסבון** לבוש דתיכלא ויכסון ית NU 4:9
יהי מסאב שובעא יומין: **ויסבון** לדמסאב מן עפר יקידת NU 19:17
בהדא זימנא ולא לדריא **ויסבון** להון אימר לבית גניסתא EX 12:3
מליל עם בני ישראל **ויסבון** לך מאפרשות לישכתא NU 19:2
תפקד ית בני ישראל **ויסבון** לך מישחא דזיתא דכיא EX 27:20
לאסקא קורבנא קדם ייי: **ויסבון** מוי מן כיורא בנטלא דכיה EX 30:21
מדבחא ותיתן תמן מוי: **ויסבון** מיניה בנטלא דכיה ויקדשון EX 30:19
דישראל ביני שימשתא: **ויסבון** מן אדמא ויתנון על תרין EX 12:7
פקיד ית בני ישראל **ויסבון** מן דילך משח זיתא זכיך LV 24:2
מליל עם בני ישראל **ויסבון** קדמי אפרשותא מן כל EX 25:2
בארבעין סווין דמיא: **ויסבון** תור בר תוריה ומנחתיה NU 8:8
חילונאי יבמה יעול עלה **ויסבינה** ליה לאיתו וייבם יתה: ויהי DT 25:5
בדילנא לעיבר ימא רבא **ויסבינה** לנא וישמע יתה לן DT 30:13
מן יסוק בדילנא בשמיא **ויסיבנה** לנא וישמע יתה לנא DT 30:12
עם אבוהא אתא **ולמיסב** חדא מן ברתוי ענת רחל GN 29:12
עלן ולמיקני יתן לעבדין **ולמיסב** ית חמרנא: וקריבו לות GN 43:18
בניכסיהון דבני נשא **ולמיסב** יתהון ועתירי נכסין EX 20:17
איבה עד לא אתניסבת **ומדאיתניסיבת** לגבר יתקיימון: ואין NU 30:7
עובדין טבין הוא מידבר **ומסב** אפין אית בדינא מן בגלל מה GN 4:8
עובדין טבין הוא מידבר **ומסב** אפין לית בדינא ועל דהוו GN 4:8
אחתן וכדון את אזלא **ומתנסבא** לצדיקא יהי רעוא דמיניך GN 24:60
תקבלון מיננא למיגזור **וניסב** בתוקפא ית ברתנא וניזיל: GN 34:17
תקרבון קדם ייי אלקכון **וניסבתא** תיתון ונבזביית בית DT 23:24
וכל נדריכון דתידרון **וניסבתיכון** ואפרשות ידיכון: אילהן DT 12:17
אפרשות ידיכון ונדריכון **וניסבתיכון** ובכורי תוריכון ועניכון: DT 12:6
אימרי עלי דאחי הוא: **ונסב** אבימלך עאן ותורין ואמהין GN 20:14
ועד כדון אית להון ארכא: **ונסב** ישראל ית כל קירויא האילין NU 21:25
וקריב ית קרבן עמא **ונסב** ית צפירא דחטאתא די לעמא LV 9:15
איתצד ובנייה נח **ונסב** מכל בעירא דכיא ומן כל עוף GN 8:20
דחילא בזזו גבר לנפשיה: **ונסב** משה ואלעזר כהנא ית דהבא NU 31:54
ונכס משה ית תורא **ונסב** משה ית אדמא ויהב על קרנת LV 8:15

גבר כמיסת פולחניה: **ונסב** משה ית עגלתא וית תורי ויהב NU 7:6
הלכא והלכא אזל משה **ונסב** נרגא ברת עישרתי אמין וטפז NU 21:35
ייחוסין דלוי לגניסתהון: **ונסב** עמרם ית יוכבד חביבתיה ליה EX 6:20
ותני לתרין אחוי בשוקא: **ונסב** שם ויפת ית אסכטלא ושויו GN 9:23
כל ארעא ואושיט ידיה **ונסבהא** ואעיל יתה לותיה GN 8:9
תמן בשום מימרא דייי **ונסבוהי** בני ישראל ועבדו מיניה EX 26:28
ית פרגוד מצייר דעלוי: **ונסבוהי** וטלקו יתיה לגובא וגובא GN 37:24
ומן יד אושיט ידיה **ונסביה** הא בכין צבי משה למיתב EX 2:21
קנקל ולא יתמטי לארעא **ונסבין** יתיה כהניא מעילוי קנקל EX 27:5
ולא סריין כל יומיא: **ונסבין** משה ואהרן מיניה בנטלא EX 40:31
שמייא ואזלין לגן עדן **ונסבין** מתמן ית בושמא בחירא וית EX 35:28
ופשט וולדא ית ידיה **ונסבת** חייתא וקטרת על ידיה חוט GN 38:28
עלמא ונתוב לוותכון: **ונסיב** אברהם ית קיסי דעלתא ושוי GN 22:6
כשדאי לאברם אחוי: **ונסיב** אברם ונחור להון נשין שום GN 11:29
ייי בהרמנא שרי לקטלא: **ונסיב** אהרן היכמא דמליל משה NU 17:12
משאל ואלצפן וסתרי: **ונסיב** אהרן ית אלישבע ברת EX 6:23
אימיא: ואוסיף אברהם **ונסיב** איתא ושמא קטורה היא הגר GN 25:1
עשו בר ארבעין שנין **ונסיב** איתא ית יהודית ברת בארי GN 26:34
ויתיב במדברא דפארן **ונסיב** איתא ית עדישא ותרכה GN 21:21
ויהון לאת לבני ישראל: **ונסיב** אלעזר כהנא ית מחתיית NU 17:4
תמן ארום טמע שימשא **ונסיב** ארבעה מאבני אתר קדיש GN 28:11
ושוי עילוי יצחק בריה **ונסיב** בידיה ית אישתא וית סכינא GN 22:6
הי כמא דפקיד ייי יתיה **ונסיב** בידיה תרין לוחי אבניא: EX 34:4
ולבקרותא רהט אברהם **ונסיב** בר תורי רכיך ושמין ויהב GN 18:7
ספיקו גמליא למימלי **ונסיב** גברא קדשא דדהבא GN 24:22
אנא הוא ייי אלקכון: **ונסיב** גולייתיה דכולא תיכלא קרח NU 16:1
מיני ואיזל סב לי: ואזל **ונסיב** ואייתי לאימיה ועבדת אימיה GN 27:14
עילוי אדם ודמך **ונסיב** חדא מעילעוהי היא עילעא GN 2:21
בפסקת כד ילידת יתיה: **ונסיב** יהודה איתא לער בוכריה GN 38:6
ויהי לסהיד בינא ובינך: **ונסיב** יעקב אבנא וזקפא לקמא: GN 31:45
ואקדים יעקב בצפרא **ונסיב** ית אבנא מן דשוי אסדוי GN 28:18
במלכא דמואב קדמאה **ונסיב** ית כל ארעיה מן ידיה עד NU 21:26
וקדשיה לכפרא עלוי: **ונסיב** ית כל תרבא דעל בני גווא LV 8:16
ואזל עשו לות ישמעאל **ונסיב** ית מחלת היא בשמת בר GN 28:9
מתכא דלית בה מששא: **ונסיב** ית עיגלא דעבדו ואוקיד EX 32:20
דטפת בזמן דמיתת שרה **ונסיב** ית רבקה והוות ליה לאינתו GN 24:67
על מדבחא חזור חזור: **ונסיב** ית תרבא וית אליתא וית כל LV 8:25
דפקיד ייי ית משה: **ונסיב** ית תרין לוחי אבניא לוחי EX 40:20
בקרנוי ואזל אברהם **ונסיב** יתיה ואסיקהי לעלתא חולף GN 22:13
הדר דינא לאיתדנא במיא: **ונסיב** יתרו עלוון ונכסת קודשין EX 18:12
ואוחי למעבדי תבשילין: **ונסיב** לווי שמין וחלב ובר תורי GN 18:8
ואקדים אברהם בצפרא **ונסיב** לחמא וקרווא דמיא ויהב GN 21:14
סבאן ומרען דאישתארו: **ונסיב** ליה יעקב חטר דפרח לבן GN 30:37
ומתושאל אוליד ית למך: **ונסיב** ליה למך תרתין נשין שום GN 4:19
בודניהון ואייתיו לאהרן: **ונסיב** מידיהון וצר יתיה בשושיפא EX 32:4
מנחתא ומלא ידיה מינה **ונסיב** מיניה צריד אדכרתא ואסיק LV 9:17
ובת תמן בלילייא ההוא **ונסיב** מן דאיזדמן בידיה דורון GN 32:14
על נפשתן קדם ייי: **ונסיב** משה ואלעזר כהנא ית דהבא NU 31:51
ברעוא קדם ייי: **ונסיב** משה ית חדיא וארימיה LV 8:29
ותב לארעא דמצרים **ונסיב** משה ית חוטרא דנסב מן EX 4:20
דפקיד ייי ית משה: **ונסיב** משה ית משחא דרבותא ורבי LV 8:10
מה דמשתיירין בהון: **ונסיב** משה ית פורקנהון מן מה NU 3:49
דמליל ייי נעביד ונקביל: **ונסיב** משה ית פלגות דמא EX 24:8
יתהון ארמא קדם ייי: **ונסיב** משה יתהון מעל ידיהון LV 8:28
דפקיד ייי ית משה: **ונסיב** משה ממשחא דרבותא ומן LV 8:30
דיכרא: ונכס ית דיכרא **ונסיב** משה מן אדמיה ויהב על LV 8:23
ובנת נשא שתסר אלפין: **ונסיב** משה מפלגות בני ישראל ית NU 31:47
קודשין קדם ייי תורין: **ונסיב** משה פלגות אדם ניכסא ושוי EX 24:6
ניכסא דרק על מדבחא: **ונסיב** סיפרא דקיימא דאורייתא EX 24:7
לי עבדך ותקיף רוגזיה: **ונסיב** עיטתא ריבוני יוסף מן GN 39:20
קם מיגו סנדרי דיליה **ונסיב** רומחא בידיה: תריסירי ניסין NU 25:7
דאתכלא ותרגינו יתה: **ונסיבו** בידיהון מן איבא דארעא DT 1:25
בצלו על אנפיהון: **ונסיבו** בני אהרן נדב ואביהוא גבר LV 10:1
בני ישראל ואשתמודעו **ונסיבו** גבר חוטריה: ואמר ייי למשה NU 17:24
ואהרן גבר מחתיתיה: **ונסיבו** גבר מחתיתיה ויהבו בהון NU 16:18
על שמעון ועל בנימין: **ונסיבו** גובריא ית דורונא הדא ועל GN 43:15
ודישתארו לטוורא ערקו: **ונסיבו** ית כל קניינא דסדום ועמורה GN 14:11
ובנוי וכל בני ישראל **ונסיבו** ית מה דפקיד משה והייתיו LV 9:5
בכל ארעא דמצרים: **ונסיבו** ית קטמא דאתונא וקמו EX 9:10
בישרא והרהירו ליזנו **ונסיבו** להון נשין מכל דאיתרעיו: GN 6:2
לעיבידתא למעבד יתה: **ונסיבו** מן קדם משה ית כל EX 36:3
מן כיב גזרתהום **ונסיבו** תרין מבנוי דיעקב שמעון GN 34:25
דיהבין כסא דפרעה בידי **ונסיבית** ית עינביא ועצירית יתהון GN 40:11
ועדיי קרווייא בזנא לנא: **ונסיבנא** בעידנא ההיא ית ארעא מן DT 3:8

ואנא איתין ית סוטריך **ונסיבת** איתתא ית רבייא EX 2:9
ואנהר עיינה ואשכחתנון **ונסיבת** יתהון וטלקת יתהון קמי GN 38:25
איתא ית עדישא ותרכה **ונסיבת** ליה אימיה ית פטימא GN 21:21
דמצראי מרגשין עלה **ונסיבת** ליה תיבותא דטונס וחפתא EX 2:3
אילנא לאיסתכלא ביה **ונסיבת** מאיביה ואכלת ויהבת אף GN 3:6
ומיגדי בארעית ימא: **ונסיבת** מרים נביאתא אחתיה EX 15:20
ופשט אברהם ית ידיה **ונסיבת** סכינא למיכס ית בריה עני GN 22:10
בתנאה דאתנייו תרוויהון: **ונסיבת** צפורה טינרא וגזרת ית EX 4:25
היכמא דרחים אבוי: **ונסיבת** רבקה ית לבושי עשו ברא GN 27:15
ואמר עבדא הוא ריבוני **ונסיבת** רדידא ואיתעטפת ביה: ותני GN 24:65
ואושיטת ית גרמידה **ונסיבתא** ומן יד איתסיית מן EX 2:5
בחגא דתייתון בחגא **ונסיבתכון** לעלוותכון ולמנחתיכון NU 29:39
ופרע בית ניכסתא **וסב** גידא נשייא ואתקן תבשילא GN 43:16
יתך: איזל כדון לבית עינא **וסב** לי מתמן תרי גדיי עזין שמינין GN 27:9
לך מאן דעימי מן דיליך **וסב** לך ולא ידע יעקב ארום רחל GN 31:32
מליל עם בני ישראל **וסב** מינהון חוטרא חוטרא לבית NU 17:17
בחימרא: איזל לפישון **וסב** מתמן יורדא ותשוויניה GN 6:16
ייי אנת והינון ואהרן מחר: **וסבו** גבר מחתיתיה ותיתנון עליהון NU 16:17
ידיהון מטעוות מצראי **וסבו** לכון מן בני ענא לייחוסיכון EX 12:21
איבא תיזיל ולייחוסי **ותיסב** איתא לברי: ואמרית לריבוני GN 24:38
עימך ויצלח אורחך **ותיסב** איתא לברי מן יחוסי GN 24:40
הוא יזמן מלאכיה לקמך **ותיסב** איתא לברי מתמן: ואם לית GN 24:7
ולבית גניסתי תיזיל **ותיסב** איתתא לברי ליצחק: ואמר GN 24:4
מבוכריא דבני ישראל: **ותיסב** חמשא חמשא סילעין NU 3:47
דיכרא: ותיכוס ית דיכרא **ותיסב** ית אדמיה ותדרוק על EX 29:16
קרבנא קדם ייי הוא: **ותיסב** ית דיכרא תניינא ויסמוך EX 29:19
ייי קורבנא הוא קדם ייי: **ותיסב** ית חדיא מדכר קורבניא EX 29:26
תשוד ליסודא דמדבחא: **ותיסב** ית כל תרבא דחפא על בני EX 29:13
ייי לכפרא על נפשתיכון: **ותיסב** ית כספא דכיפוריא מן בני EX 30:16
סאוין דמיין חיין: **ותיסב** ית לבושיא ותלבש ית אהרן EX 29:5
טב ליה דמיתהני עימך: **ותיסב** ית מחטא ותינעוץ באודניה DT 15:17
דרדקי עמא דישראל: **ותיסב** ית מישחא דרבותא ותרבי EX 40:9
דקודשא על מצנפתא: **ותיסב** ית מישחא דרבותא ותריק EX 29:7
וצבע זהורי ובוץ שזיר: **ותיסב** ית תרתין מרגליין דבורלא EX 28:9
יתהון ארמא קדם ייי: **ותיסב** יתהון מידהון ותסדר EX 29:25
ייי לתרע משכן זימנא: **ותיסב** מאדמא דתורא ותיתן על EX 29:12
מן דיבחי טעוותהון: **ותיסב** מבנתהון לבנך וכך טעיין EX 34:16
על מדבחא חזור חזור: **ותיסב** מן אדמא דעל מדבחא EX 29:21
דיכרא: ותיכוס ית דיכרא **ותיסב** מן אדמיה ותיתן על חסחוס EX 29:20
ועל לבושי בנוי עימיה: **ותיסב** מן דיכרא תרבא ואליתא EX 29:22
האילין ולא יקבלון מינך **ותיסב** מן מוי דבנהרא ותשוד EX 4:9
קיים עלם לדריכון: **ותיסב** סמידא ותיפי יתה תריסירי LV 24:5
כמיסת למיתייא אימרא **ותיסב** תרין שפנינין או תרין גוזלין LV 12:8
וכוסו אימר פיסחא: **ותיסבון** איסרת איזובא ותטמשון EX 12:22
כספא ודהבא דעליהון **ותיסבון** לכון דילמא תיתקלון בהון DT 7:25
אין לא ותעבדון חזקתא **ותיסבון** מאיבא דארעא ויומיא די NU 13:20
וביומא תמינאה נייחא: **ותיסבון** מן דילכון ביומא קמאה LV 23:40
ותירתונה ותיתבון בה: **ותיסבון** מן שירוי ביכוריא DT 26:2
ריווי ותתיירעון בה **ותסבינא** לכון לאינתו: ותעליניה לגו DT 21:11
בזנו ית איליין לא **יסב** איליהן בתולתא מיכשרא מבנת LV 21:14
בה ביממא: ארום **יסב** אינש איתא בתולתא ויעול DT 22:13
מיכשרא מבנת עמיה **יסב** איתא: ולא יפיס זרעיה בעמיה LV 21:14
איתא דאית בה בתולהא **יסב**: ארמלא ומיפטרא ודאיתילידא LV 21:13
על קמתא דחברך: ארום **יסב** גבר איתא ויעול עלה ויהי אין DT 24:1
יהיב לכון אחסנת: ארום **יסב** גבר איתא חדתא בתולתא לא DT 24:5
בגיטה כל יומוי: לא **יסב** גבר ית איתתא דאניס או DT 23:1
באתר אבניא ועפרא חורן **יסב** ויתטש ית ביתא: ואין יתוב LV 14:42
דלא וולד ימותון: וגבר די **יסב** ית איתת אחוי בחייוי מרחקא LV 20:21
מבוע: ית ציפורא חייתא **יסב** יתה וית קיסא דארזא וית צבע LV 14:6
דסוף כל בישרא לעפרא **יסב** כהנא ויתן למיא: ויוקם כהנא NU 5:17
לאסקותיה לאבוי מאים **יסב** ליה אפין וכיוון דתב וחמא והא GN 37:29
אין חורנתא בת ישראל **יסב** ליה עליה מזונה ותכשיטהא EX 21:10
וידכי: וביומא תמינאה **יסב** ליה תרין שפנינין דרבבין או LV 15:14
וידכי: וביומא תמינאה **יסב** תרין אמרין שלמין ואימרתא LV 14:10
ומן כנישתא דבני ישראל **יסב** תרין צפירי בני עיזי דלא LV 16:5
ואין סגיאין ממניינא **יסבון** אימרא לביתא: ואין זעירין EX 12:3
מגברא בין מן יבמה לא **יסבון** ארום קדיש הוא קדם אלקיה: LV 21:7
מן פסוליא לא **יסבון** ואיתתא דמיפטרא בין LV 21:7
אשכול וממרא אף הינון **יסבון** חולקהון: בתר פיתגמיא GN 14:24
לשמשא קדמוי: והינון **יסבון** מן ממונהון ית דהבא וית EX 28:5
בקרבא וגבר חורן **יסבינה**: ויוספון סרכיא למללא עם DT 20:7
אברהם להלין גובריא **יתסב** כדון זעיר מיא ושזיגו GN 18:4
ועבדו ליה עיטא דרמיו **לאסאבא** ליה לאה חולף רחל: והוה GN 29:22
בפומכון: ארום תיעול **למיסב** אגרא כפעל בכרמא דחברך DT 23:25

צנך לא תתן: ארום תיעול **למיסב** אגרא כפעל בקמתא דחברך DT 23:26
יח בעלי ואנת בעיא **למיסב** אוף ית יברוחי דברי ואמרת GN 30:15
ואתיהיב בעמיא חולונאי **למיסב** איתא כשרא מקהל עמא DT 23:3
דכורי עמונאי ומואבאי **למיסב** איתא מקהל עמא דייי ברם DT 23:4
דמסרס ודפסיק גידא **למיסב** איתא מקהל עמא דייי: לא DT 23:2
ברם דר עשיראי לא ידכי **למיסב** איתא מקהל עמא דייי עד DT 23:4
ארעא דמצרים לפרעה **למיסב** חומשא מן עללתא לחוד GN 47:26
דדברני באורח קשוט **למיסב** ית ברת אחוי דריבוני לברי: GN 24:48
ואין לא יצבי גברא **למיסב** ית יבימתיה ותיסק DT 25:7
דהוו תבעין ית נפשך **למיסב** יתה: ואמר משה יאות EX 10:28
דהוו תבעין ית נפשך **למיסב** יתה: ודבר משה ית אינתתיה EX 4:19
כד סליקית לטוורא **למיסב** לוחי מרמירא לוחי קיימא DT 9:9
ושדר יתיה לפדן דארם **למיסב** ליה מתמן איתא כד בריך GN 28:6
במילין ולא תעיקון **למיסב** ליה נכסוי עמי בני ישראל EX 22:20
לחד ולא צבא משה **למיסב** מנהון וקריבו יתהון קדם NU 7:3
ביד רחמיה עדולמאה **למיסב** משכונא מידא דאיתתא GN 38:20
וית בנימין כען אתון **למיסב** עלאיי הואה צוקתא GN 42:36
בית קודשא לא רעינא **למיסבא:** ותתקרב יבימתיה לוותיה DT 25:8
להון דר תליתאי ידכון **למיסבא** מעם קהלא דייי: ארום DT 23:9
בחקלא לא תתובון **למיסביה** לגיורא ליתמא ולארמלא DT 24:19
בניכסיהון דבני נשא **למסב** יתהון וגלותא אתיא על DT 5:21
יתהון לזנו ולא תשהון **למסבא** בנתיכון לגוברין סמיך LV 19:29
ייי: לא תפסון ית בנתיכון **למסבא** יתהון לזנו ולא תשהון LV 19:29
מן שירויה למתוב **למסבה** למהוי ליה לאינתו מן בתר DT 24:4
למרחמא עלוי ארום לית **מיסב** אפין בדינא: אין תארע תורא EX 23:3
ודחילא דלית קדמוי **מיסב** אפין ואוף לא לקבלא שוחדא: DT 10:17
וברת כהין ארום תהי **מתנסבא** לגבר חילוניי היא LV 22:12
ומרגלייתא תהוויין **מתנסבן** על שמהת בני ישראל הינון EX 28:21
דמצראי מינהון **ניסב** ונקרבא קדם ייי אילהן הא אין EX 8:22
חדא ארום מינהון **ניסב** למפלח קדם ייי אלקן ואנחנא EX 10:26
בנתנא לכון וית בנתיכון **ניסב** לנא וניתב עמכון ונהי לעמא GN 34:16
קדמיהון ית בנתיהון **ניסב** לנא לינשין וית בנתנא ניתן GN 34:21
ייי אלקכון הי כמיסת **ניסבת** ידכון היכמא דבריכיכון ייי DT 16:10
דפטיריא דקדם ייי **נסב** גריצתא פטירתא חדא LV 8:26
דיליה ברם ית משכנא **נסב** מתמן ופרסיה ליה מברא EX 33:7
דקדיש איתתא ולא **נסבה** יהך ויתוב לביתיה דילמא DT 20:7
ארום שוחדא מסמי ענוי **נסבוהי** ומטלטל חכימיא EX 23:8
אומא חציפי אפין דלא **נסיב** אפין לסבא ועל עולים לא DT 28:50
תרתין זימנין ית בכירותי **נסיב** והא כדון קביל בירכתי ואמר GN 27:36
עם ישראל ברפידים והוה **נסיב** וקטיל גוברין מדבית דן דלא EX 17:8
מן קדם רגוז בנת חת אין **נסיב** יעקב איתא רשיעתא מבנת GN 27:46
פיתגמי בני לבן דאמרין **נסיב** יעקב ית כל די לאבונא ומן די GN 31:1
דיעקב בר אחתיה היך **נסיב** ית בכירותא וית סדר ברכתא GN 29:13
גיבריא: ויאיר בר מנשה **נסיב** ית כל תחום פלך טרגונא עד DT 3:14
בוכרייא דבני ישראל **נסיב** ית כספא אלף ותלת מאה NU 3:50
בתרי יצרי ליבכון ואפילו **נסיב** ית נפשכון ובכל ממונכון: ויהון DT 6:5
הוא דמתקרי אדום: עשו **נסיב** ית נשוי מבנת כנען ית עדה GN 36:2
דקרח: ואלעזר בר אהרן **נסיב** ליה מברתוי דיתרו הוא EX 6:25
דתחות כל שמיא: ויתכון **נסיב** מימרא דייי לחולקיה ואנפיק DT 4:20
חד: וארום תיכסון ניכסת **נסיבא** לשמא דייי לרעוא לכון LV 22:29
ובין כל כנישתא: ותפרש **נסיבא** לשמא דייי מן גוברי מגיחי NU 31:28
וחמש מאה: והות סכום **נסיבא** לשמא דייי מן ענא שית NU 31:37
כוליא או דחסיר כוליא **נסיבא** תעביד יתיה ולנידרא לא יהי LV 22:23
דהוה צבי לסגופי נפשי **נסיבו** אבנא ושוויו תחותוי ויתיב EX 17:12
הדא ועל חד תרין כספא **נסיבו** בידיהון ודברו ית בנימין וקמו GN 43:15
משה בלבביה דילמא **נסיבו** סרכיא דבני ישראל LV 8:15
מן טוור חורב: ומשה **נסיבינון** וטמירינון במשכן אולפן EX 33:7
נפשי: ואמר ליה הא **נסיבית** אפך אוף לפיתגמא הדין GN 19:21
דעבדתון ית עיגלא **נסיבית** ואוקידית יתיה בנורא DT 9:21
ויימר ית איתתא הדא **נסיבית** ושמשית עמה ולא DT 22:14
דייי בדין כתבא דעליה **נסיבית** ית אסנת ברת דינה ברתך GN 48:9
יד תלת רעיין ודי אמרת **נסיבית** ית עינביא ועצרית יתהום GN 40:12
וית שקא דאפרשותא **נסיבית** מן ניכסת קודשיכון ויהבית LV 7:34
לא הות קרתא דלא **נסיבנא** מנהון שיתין קירווין כל DT 3:4
נפשן: ויהב משה ית סכום **נסיבת** אפרשותא דייי לאלעזר NU 31:41
דאסירא היא הלא אנת **נסיבת** ית מדייניתא ברת יתרו וכדי NU 25:6
ועל במשכנא דרחל: ורחל **נסיבת** ית צילמנייא ושותינון GN 31:34
קדם ייי לפרשא נידרא או **נסיבתא** בתורי או בענא שלים יהי LV 22:21
אמן אין אסתאבית כד **נסיבתא:** ויכתוב ית לווטייא האילין NU 5:22
עד צפרא: ואין נידרא או **נסיבתא** נכסת קורבניה ביומא LV 7:16
לכל נדריהון ולכל **נסיבתהון** דיקרבון קדם ייי לעלתא: LV 22:18
ושיתא אלפין וסכום **נסיבתהון** לשמא דייי שובעין ותרין: NU 31:38
אלפין וחמש מאה וסכום **נסיבתהון** לשמא דייי תלתין ותרין NU 31:39
ורגינתון במשכניכון **נסיבתון** בניכון ובנתיכון בעיטפיכון DT 1:27

ובר מנידריכון ובר מכל **נסיבתכון** דתיתנון קדם ייי: ברם LV 23:38
ייי למשה אימר לאהרן **סב** חוטרך וארים ידך על מוי EX 7:19
תימהא ותימר לאהרן **סב** ית חוטרך וטלוק יתיה קדם EX 7:9
ייי עם משה למימר: **סב** ית חטר ניסיא וכנוש ית NU 20:8
בישראל: ואמר ייי למשה **סב** ית כל רישי עמא ומני יתהון NU 25:4
ואמר משה לאהרן **סב** ית מחתיא והב עלה אישתא NU 17:11
ואמר ייי עם משה למימר: **סב** ית שירוי ביזת שבייתא ותקבל NU 31:26
אנא ידע יום מותי: וכדון **סב** כדון מאני זינך בית גירך וקשתך GN 27:3
נפשי ברם קבל מיני ואיזל **סב** לי: ואזל ונסיב ואייתי לאימיה GN 27:13
שכם לחמור אבוי למימר **סב** לי ית טליתא הדא לאינתו: GN 34:4
ארום אירתינה: ואמר ליה **סב** לי תקרובתין וקרב קדמי עגלא GN 15:9
מעמיה: ואמר ייי למשה **סב** לך בושמיא קטף וכשת EX 30:34
ייי עם משה למימר: ואנת **סב** לך בושמין בשירויא מור בהיר EX 30:23
יתהון לך לקיימא: ואנת **סב** לך מכל מיכל דמיתאכיל ויהי GN 6:21
ישראל: ואמר לאהרן **סב** לך עיגל בר תורי לחטאתא LV 9:2
איתין כספא דמי חקלא **סב** מיני ואקבור ית מיתי תמן: GN 23:13
ואמר משה לאהרן **סב** צלוחית דפחר חדא והב תמן EX 16:33
יתהון לשמשא קדמוי **סב** תור חד בר תורי דלא עירובין EX 29:1
בני ישראל תמליל למימר **סבו** ברם אתון צפיר בר עיזי מטול LV 9:3
ארון קיימא דייי למימר: **סבו** ית סיפרא דאורייתא הדא DT 31:26
לשימושיה: דא עיבידו **סבו** לכון מחתיין קרח וכל כנישת NU 16:6
לכון תיבנא: אתון איזילו **סבו** לכון תיבנא מן אתר דתשכחון EX 5:11
אין כדין הוא דא עיבידו **סבו** ממא דמשתבח בארעא והבו GN 43:11
דפקיד ייי למימר: **סבו** מנכון אפרשותא קדם ייי כל EX 35:5
וכספא על חד תרין **סיבו** בידיכון וית כספא האיתותב GN 43:12
וית דצריך לכפיני בתיכון **סיבו** וטיילו: ואייתיאו ית אחוכון GN 42:33
דאישתיירו מן יקידתא **סיבו** ית מנחתא דאישתיירת LV 10:12
כן אימר לאחך דא עיבידו **סיבו** לכון מארעא דמצרים סדני GN 45:19
ואמר ייי למשה ולאהרן **סיבו** לכון מלי חופניכון קטם דקיק EX 9:8
גוזלין או עילוי בעיין לא **תיסב** אימא מעל בניא: מפטר DT 22:6
כבר ואימן כנטרא ייבם **תיסב** אימן חולק אבונן וחולק אחא NU 27:4
יתי ריבוני למימר לא **תיסב** איתא לברי מבנת כנענאי GN 24:37
על ארעא דילא **תיסב** איתא לברי מבנתהון GN 24:3
ופקדיה ואמר ליה לא **תיסב** איתא מבנתהום דכנענאי: GN 28:1
ופקיד עילוי למימר לא **תיסב** איתא מבנתהון דכנענאי: GN 28:6
קדם ייי: וית חוטרא הדין **תיסב** בידך דתעביד ביה ית אתייא: EX 4:17
היא: וית דיכרא חד **תיסב** ויסמכון אהרן ובנוי ית ידיהון EX 29:15
וית דכר קורבניא **תיסב** ותבשיל ית בישריה באתר EX 29:31
ומפלגותא דבני ישראל **תיסב** חד דמיתחד מן חמשין מן בת NU 31:30
ואיתתא בחיי אחתה לא **תיסב** לאעקה לה לבזאה עריתה LV 18:18
ברה וית ברת ברתה לא **תיסב** לבזאה עריתה קריבת LV 18:17
מטעיתא: ואמר יהודה **תיסב** לה משכונייא דילמא נהוי GN 38:23
ותדכי: וביומא שביעה **תיסב** לה תרין שפנינין רברבין או LV 15:29
זיתא ותור תיניין בר תורי **תיסב** לחטאתא: ותקריב ית ליואי NU 8:8
דאהרן דאיתהפיך לחיוי **תיסב** לידך: ותימר ליה ייי אלקא EX 7:15
דאתחייב בדיניה לא **תיסב** ליה אפין למרחמא עלוי EX 23:3
ית אימא וית בניא **תיסב** לך מן בגלל דיוטב לך בעלמא DT 22:7
הדין: מכל בעירא דכיא **תיסב** לך שובעא שובעא דכר GN 7:2
בחורב וברם דכר לעלתא **תיסב** מן בגלל די ידכר לך זכותא LV 9:2
דנפלא למושכיה ואין **תיסב** מצע ערסיה במה ישכוב ויהי EX 22:26
למעבד להן עולבנא ואם **תיסב** על ברתיי לית אינש למידן GN 31:50
בסילעי קודשא **תיסב** עשרין מעין סילעא: ותיתן NU 3:47
לא תצלון דינא ולא **תיסבון** אפין ולא תקבלון שוחדא DT 16:19
שקר בסדר דינא לא **תיסבון** אפין למסכינא ולא תייקרון LV 19:15
ליביה ולא באלמותא **תיסבון** אפרשותי: ודא אפרשותא EX 25:2
חולק גברי מגיחי קרבא **תיסבון** ותיתנון לאלעזר כהנא NU 31:29
עימך: עמי בית ישראל לא **תיסבון** לא שערין ולא ריביין LV 25:36
תתנון לנא וית בנתנא **תיסבון** לכון: ועמנא תתיבון וארעא GN 34:9
תמליל ותימר להון ארום **תיסבון** מן בני ישראל ית מעשרא NU 18:26
מן אימריא ומן בני עזייא **תסבון:** ויהי לכון קטיר ונטיר עד EX 12:5
סכום אינשי משכניה **תסבון:** ועבדו כן בני ישראל ולקיטו EX 16:16
לבניהון ובנתיהון לא **תסבון** לבניכון דכל מאן דמתחתן DT 7:3
על גבי מדבחי מתמן **תסבוני** ותקטלוניה בסייפא: ודחביל EX 21:14

נסי (22)

מחייבייא ותמן נסייא **בניסייונא** עשיריתא: ואמר אין EX 15:25
חסיד קדמך דנסית יתיה **בניסתא** והוה שלים בדקתיה במוי DT 33:8
בני ישראל עם משה ובגין **דנסייו** קדם ייי למימר המן קושטא EX 17:7
דהישתכח חסיד קדמך **דנסית** יתיה בניסתא והוה שלים DT 33:8
ית ייי אלקכון היכמא **דנסיתון** בעישרתי ניסיונין: מינטר DT 6:16
מן טוורא: ובבית יקידתא **ובניסיתא** ובקיברי תחמודא מרגיזין DT 9:22
במצרים ובמדברא **ונסיאו** קדמי דנן עשר זימנין ולא NU 14:22
מאתן וחמשין גוברין והוו **לניסיון:** ובנוי דקרח לא הוו בעיטתא NU 26:10
יום ביומיה מן בגלל **לנסוייהון** אין נטרין מצוותא EX 16:4
בגלל לסגפותך ומן בגלל **לנסיותך** לאוטבא לך בסופך: הוו DT 8:16

בגלל לסגופיכון ומן בגלל **לנסייוכון** למנדוע הנטרין אתון DT 8:2
תידחלון ארום מן בגלל **לנסייוכתן** איתגלי לכון יקרא דייי EX 20:20
מה נצן אתון עימי ומה **מנסון** אתון קדם ייי: וצחי תמן עמא EX 17:2
חלים חילמא ההוא ארום **מנסי** ייי אלקכון יתכון למינדוע DT 13:4
דנסיתון בעישרתי **ניסיונין**: מינטר תינטרון ית פיקודיא DT 6:16
עלמא ומן יד מימרא דייי **נסי** ית אברהם ואמר ליה אברהם GN 22:1
וקרא שמא דאתרא ההוא **נסיונא** ומצותא בגין דנצו בני EX 17:7
דמקנסין מחייבייא ותמן **נסייא** בניסייונא עשיריתא: ואמר EX 15:25
בכון ודמפרנקא דלא **נסיית** פרסת ריגלה למדרס על DT 28:56
ואמרית דילמא **תנוס** ית בנתך מיני: עם כל מאן GN 31:31
לא תטלום ית חברך ולא **תניס** ולא תבית סוטרא דאגירא LV 19:13
ישראל הוו זהירין דלא **תנסון** ית ייי אלקכון היכמא DT 6:16

נסך (48)

לעלוותכון ולמנחתיכון **ולניסוכיהון** ולניכסת קודשיכון: NU 29:39
ונסיך עלה ניסוך חמר **וניסוך** מוי ארום כדין עתידין בנוי GN 35:14
פתיכא במשח זיתא **וניסוכא**: עלת שבתא תתעבד NU 28:9
כתישא רבעות הינא **וניסוכא** רבעות הינא לאימרא חד: EX 29:40
על עלת תדירא **וניסוכה**: ובירישי ירחכון תקרבון NU 28:10
מטול לאתקבלא ברעוא **וניסוכי** חמר עינבי רבעות הינא: LV 23:13
על עלת תדירא יתעביד **וניסוכיה**: וביומא שביעאה מארע NU 28:24
על עלת תדירא יתעביד **וניסוכיה**: ובירחא דניסן בארביסר NU 28:15
ברעוא קדם ייי ומנחתיה **וניסוכיה** כד חמי וצפיר בר עיזין NU 15:24
ברעוא קרבנא קדם ייי: **וניסוכיה** רבעות הינא לאימר חד NU 28:7
ברעוא קרבנא קדם ייי: **וניסוכיהון** דמתקרב עמהון פלגות NU 28:14
ועלת תדירא ומנחתה **וניסוכיהון** כסדר דינהון לאתקבלא NU 29:6
נוכראין ועלתא ומנחתא **וניסוכין** לא תנסכון עלוי: ויכפר EX 30:9
ומנחתא נכסת קודשין **וניסוכין** פיתגם יום ביומיה: בר מן LV 23:37
במשחא זיתא ומנחתהון **וניסכיהון**: ויקריב כהנא קדם ייי NU 6:15
עימיה קמה דאבנא **ונסיך** עלה ניסוך חמר וניסוך מוי GN 35:14
חד במני בית קודשא **יתנסך** ניסוך חמר עתיק ואין לא NU 28:7
הי כמנחת צפרא והי **כניסוכא** תעבד לה לאתקבלא EX 29:41
הי כדורונא דצפרא והי **כניסוכיה** תעביד קרבן דמתקבל NU 28:8
חמר בר ארבעין יומין **למנסכא** קדם ייי: וית אימר תניין NU 28:7
הינא תקריב בסיפלי **לניסוכא** מטול לאתקבלא ברעוא NU 15:7
פלגות הינא: וחמר עינבא **לניסוכא** פלגות הינא קורבן NU 15:10
משח זיתא: וחמר עינבא **לניסוכא** רבעות הינא תעבד על NU 15:5
וצלוחיתא דמיא הוון **מנסכין** ביומא דחגא דמטליא דוכרן NU 29:31
קמה דאבנא ונסיך עלה **ניסוך** חמר וניסוך מוי ארום כדין GN 35:14
במני בית קודשא יתנסך **ניסוך** חמר עתיק ואין לא משכח NU 28:7
דחנטיא למנחתה וחמר **ניסוכא**: וביומא תניינא דחגא NU 29:16
וית מנקייתא וית קסוות **ניסוכא** ולחים תדירא עלוי יהי: NU 4:7
וסמידא למנחתה וחמר **ניסוכה**: אילין תקרבון קדם ייי בזמן NU 29:38
דחנטיא למנחתה וחמר **ניסוכה**: ביומא תמינאה כנישין NU 29:34
דחנטיא למנחתה וחמר **ניסוכה**: וביומא חמישאה דחגא NU 29:25
דחנטיא למנחתה וחמר **ניסוכה**: וביומא רביעאה דחגא NU 29:22
דחינטתא למנחתא וחמר **ניסוכה**: וביומא שתיתאה דחגא NU 29:28
דחנטתא למנחתא וחמר **ניסוכה** וצלוחיתא דמיא הוון NU 29:31
כהנא ית מנחתיה וית **ניסוכיה**: ויגלב נזירא ית ריש ניזריה NU 6:17
תדירא ומנחתהון וחמר **ניסוכיהון**: ובחמיסר יומא לירחא NU 29:11
דחנטיא למנחתהון וחמר **ניסוכיהון**: וביומא תליתאה דחגא NU 29:19
שלמין יהוון לכון וחמר **ניסוכיהון**: ובירחא שביעיאה הוא NU 28:31
הוון אכלין שתן חמר **ניסוכיהון** יקומון כדון ויסעדונכון DT 32:38
סמידא דחינטיא וחמר **ניסוכיהון** מה די תקרבון עם תורי NU 29:21
סמידא דחנטיא וחמר **ניסוכיהון** מה די תקרבון עם תורי NU 29:24
סמידא דחנטתא וחמר **ניסוכיהון** מה די תקרבון עם תורי NU 29:33
סמידא דחנטיא וחמר **ניסוכיהון** מה דיתהוון מקרבין עם NU 29:18
דחנטיא למנחתהון וחמר **ניסוכיהון** מה דתקרבון עם תורי NU 29:27
סמידא דחנטיא וחמר **ניסוכיהון** מה דתקרבון עם תורי NU 29:30
סמידא דחנטתא וחמר **ניסוכיהון** מה דתקרבון עם תורי NU 29:37
יעבד הכדין ית אילין **ניסוכייא** לקרבא קורבנא דמתקבל NU 15:13
ומנחתא וניסוכין לא **תנסכון** עלוי: ויכפר אהרן על קרנוי EX 30:9

נסס (3)

עלו מן חקלא כדי שמעו **ואיתנסיסו** גובריא ותקיף להום GN 34:7
ותישתון: אזדהרון דלא **תנוסון** להון ארום ייי אלקכון בריך DT 2:7
יתי למצרים: וכדון לא **תתנססון** ולא יתקוף בעיניכון ארום GN 45:5

נסק (26)

מן כבדא מן חטאתא **אסיק** למדבחא היכמא דפקיד ייי LV 9:10
דכיא ומן כל עוף דכי **ואסיק** ארבע עלוון על ההוא GN 8:20
היכמא דמליל בלעם **ואסיק** בלעם ובלק תור ודכר על NU 23:2
וית ריגלאה חליל במוי **ואסיק** משה ית דיכרא למדבחא LV 8:21
וית דיכרא פסיג לפיסגוי **ואסיק** משה ית רישא וית פסגויא LV 8:20
תרתין כוליין וית תרבהן **ואסיק** משה למדבחא: וית תורא LV 8:16
מיניה צריד אדכרתא **ואסיק** על מדבחא בר מן עלת LV 9:17
יתה לפסגהא וית רישא **ואסיק** על מדבחא: וחליל ית בני LV 9:13
משה יתהון מעל ידיהון **ואסיק** על מדבחא על עלתא קרבן LV 8:28
ית בני גווא וית ריגלייא **ואסיק** על עלתא למדבחא: וקריב LV 9:14
דעלתא שוי בתרע משכן **ואסיק** עלוי ית עלתא וית מנחתא EX 40:29
זימנא קדם פרגודא: **ואסיק** עלוי קטורת בוסמין היכמא EX 40:27
בלק היכמא דאמר בלעם **ואסיק** תור ודכר על כל אגורא: NU 23:30
ית תרביא על חדוותא **ואסיק** תרביא למדבחא: וית LV 9:20
ואזל אברהם ונסיב יתיה **ואסיקהי** לעלתא חולף בריה: ואודי GN 22:13
כהונתא לאהרן **ואסיקו** עלוון וניכסת קודשין קדם EX 24:5
ואקדימו מיומא חרא **ואסיקו** עלוון וקריבו ניכסין ואסחר EX 32:6
שבעתי אוגריא סדרית **ואסיקית** תור ודכר על כל אגורא: NU 23:4
וריגלוי יחליל במיא **ויסק** כהנא ית כולא למדבחא LV 1:9
יתיה ארמא קדם ייי: **ויסק** כהנא ית תרבא למדבחא ויהי LV 7:31
מעילוי ניכסת קודשיא **ויסק** כהנא למדבחא לאיתקבלא LV 4:31
ית צריד אדכרתא **ויסק** למדבחא ומבתר כדין ישקי NU 5:26
ית שבח אדכרתא **ויסק** למדבחא על קורבניא דייי LV 5:12
דעל כולייתא יעדינה: **ויסקון** יתיה בני אהרן למדבחא על LV 3:5
אסתמרון לכון דילמא **תסקון** עלוותכון בכל אתרא דאתון DT 12:13
חד מן שבטיכון תמן **תסקון** עלוותכון ותמן תעבדון ית DT 12:14

נסר (1)

ית משיריית מצראי: **ונסר** ית גלגילי רידוותיה דפרעה EX 14:25

נעוא (1)

ביכורי פירך וביכורי חמר **נעווך** לא תשהי על זמניהון מן EX 22:28

נעל (4)

ותחפי יתהון נחשא: **ויהנעל** ית אריחוי בעיזקתא ויהון EX 27:7
כל קבל שיבטוי דיעקב **ותהנעיל** ית מנרתא בסטר דרומא EX 40:4
ותחפי יתהון דהבא: **ותהנעל** ית אריחיא בעיזקתא על EX 25:14
לקדם חכימיא ויהי **נעיל** בריגלא ימינא דיבימה סנדלא DT 25:9

נעם (5)

מתעני בקל נעים ומשבח **ונעימתא** חלייא: ואיתגלי ייי על EX 19:19
נוכראה ונעמן דהוה **נעים** ויקיר אחי דהוא אחוי בר GN 46:21
קדם ייי הוה מתעני בקל **נעים** ומשבח ונעימתא חלייא: EX 19:19
כל עורבא ליזניה: וית בת **נעמיתא** וית חטפיתא וית ציפר LV 11:16
עורבא לזניהון: וית ברת **נעמיתא** וית חטפיתא וית ציפר DT 14:15

נעץ (2)

חיוורא דעל חטרייא: **ונעץ** ית חטריא די קליף GN 30:38
עימך: ותיסב ית מחטא **ותינעוץ** באודניה ובתרע בית דינא DT 15:17

נפח (7)

דבית מלכותא עד שוקא **דנפחיא** דסמיך עד מידבא: ויתיבו NU 21:30
ובריה סומק שחים וחיור **ונפח** בנחירוהי נשמתא דחיי והוות GN 2:7
בה מיא בדוקיא ללוט **ותנפח** כריסא ותיתמסי ירכה ותהי NU 5:27
בדוקיא האילין במעייכי **למנפחא** כריסן ולמסייא ירכונין NU 5:22
מתמסיין וית כריסיך **מנפחא**: ויעלון מיא בדוקיא האילין NU 5:21
אגג די מתילין לשידין **מנפחי** כפן ולמזיקי אכילי עוף ולבני DT 32:24
מצריתא או דפחדוי **נפיחן** וקליטן: כל גבר כהין דביה LV 21:20

נפל (63)

עד רמשא: וכל מידעם **דיפול** עלוי מנהון במותהון LV 11:32
רמשא וידכי: ומאן דפחר **דיפיל** מנהון לגויה כל מאן די בגויה LV 11:33
מן יהי מסאב: וכל מידעם **דיפיל** מניבלתהון עלוי יהי מסאב LV 11:35
דנחתו למצרים: וכיוון **דנפל** עמא קדישא בפיצתיה דמרי DT 32:9
היא חלוק תותביה **דנפלא** למושכיה ואין תיסב מצע EX 22:26
לקבלא גומריא וגרמיא **דנפלין** מן מדבחא: ואתיך ארבע EX 38:4
וימחון איתתא מעברא **ואפילת** ית וולדהא ולא יהו בה EX 21:22
ריבא מפנקתא מעברתא **ואפילת** ית עוברא ואתבטש עם EX 24:10
או במרתוקא ולא ימות **ויפול** למרע: אין יקום ממרעיה EX 21:18
מתיהיב מוי על בר זרעא **ויפיל** מנבילתהון עלוי ברוטביה LV 11:38
קדם ייי לאיסתכלא **ויפיל** מנהון רב דבהון: ואוף כהניא EX 19:21
לריבבותא יעריקון **ויפלון** בעלי דבביכון קדמיכון LV 26:8
הי כמערוקי חרבא **ויפלון** ולית דרדיף: ויתקלון גבר LV 26:36
בידך בשעא קלילא **ויפלון** מנהון סגיאין ברם בתר כדין NU 24:14
סידרי קרבא בישראל **ויפלון** פיגריהון כולהון קדמוי: ויהוון NU 24:17
ית בעלי דבביכון **ויפלון** קדמיכון תבירי חרב: וירדפון LV 26:7
דנכית סוסייא בעיקביה **ונפיל** ומן אמתיה רכביה מתפרקיד GN 49:17
דיתגלי ליה הוה משתטח **ונפיל** על אפוי ורזיא סתימיא מה NU 24:16
גוב בשוקא ולא יכסיניה **ונפיל** תמן תורא או חמרא: מריה EX 21:33
בעממיא מינה יהון: **ונפל** אברהם על אנפוי ותמה ואמר GN 17:17
דחייא דפרש מיניה **ונפל** או בקטיל חרבא או בשכיבא NU 19:18
אמין ומחייה בקרסוליה **ונפל** ומית מן להאל למשריתא NU 21:35
מיא בדוקיא מטול משה **ונפל** על אנפוי מן כיסופא: ומליל עם NU 16:4
אורחתיה למטעיא יתהון **ונפלו** בגין כן מנהון עשרין וארבעא NU 31:8
לוי הי כפיתגמא דמשה **ונפלו** מן עמא דהוה סימא באפיהון EX 32:28
יוסף והוא עוד כדון תמן **ונפלו** קדמוי על ארעא: ואמר להום GN 44:14
עימי אגר זכוון קלילן **ונפלו** קדמיי ובזימנא תניינא לא GN 15:1
מן דאתכנשו מלכיא **ונפלו** קומי אברם וקטלו ארבעה GN 15:1
מלכא דסדום ועמורה **ונפלו** תמן ודישתארו לטווריא GN 14:10

מתחות כורסי יקרא **ונפלין** פיגריהון על טווריא דארעא NU 11:26
ייי אלקכון למהלכא בה **ותפלון** עבדי בישתא מביניכון: DT 13:6
דחשיבו למעבד לאחוהון **ותפלון** עבדי דביש מביניכון: DT 19:19
וידא דכל עמא בבתריתא **ותפלון** עביד דביש מביניכון: ארום DT 17:7
שום דזנו על בית אבוהא **ותפלון** עביד דביש מביניכון: ארום DT 22:21
דשמיש עם איתת חבריה **ותפלון** עביד דביש מביניכון: ואין DT 22:24
קרתיה באבניא וימות **ותפלון** עביד דביש מביניכון וכל DT 21:21
בשינוקא דסודרא **ותפלון** עביד דביש מישראל: ארום DT 22:22
ויתקטל גברא ההוא **ותפלון** עביד דביש מישראל: וכל DT 17:12
ולא תיחוס עינכון עלוי **ותפלון** שדיי דם זכאי מישראל DT 19:13
דקטול בביתך דילמא **יפול** דין דחמי למיפל מיניה: לא DT 22:8
שינא דאמתיה כנעניתא **יפיל** לבר חורין יפטירניה חולף EX 21:27
יהי מסאב: וארום אין **יפיל** מנבילתהון על כל זרע זרעונין LV 11:37
מעיל יתנא לארעא הדא **למיפל** בחרבא דכנענאי נשנא NU 14:3
סופהון דאיליין ואיליין **למיפל** ביד מלכא משיחא ויהוון עד NU 24:24
דא היא אדום דעתידה **למיפל** ולית לה זקיפא ומתמן GN 15:12
דילמא יפול דין דחמי **למיפל** מיניה: לא תזרעון כרמיכון DT 22:8
ומרדיין ומפלגן לכון כד **מינפל** במתקלא ותיכלון ולא LV 26:26
וית רשונא לזניה וית **נפולא** לזניה וית כרזבא דהיא נדונא LV 11:22
על פלגות מדבחא ואין **נפיל** גרמא או גומרא דאשא מעילוי EX 27:5
מטול דישתמודע דלא **נפיל** ומיומא תמינאה ולהלאה LV 22:27
דאשא מעילוי מדבחא **נפיל** עילוי קנקל ולא יתמטי EX 27:5
ליה ועל דלא הוה גזיר **נפיל** על אנפוי עד זמן דשרי מלאכא NU 24:3
דאתקריש אדמהון ולא **נפל** עילוייה כיוון דאוביל יתהון NU 25:8
מדיי סגיאה דא היא יון **נפלא** דא היא אדום דעתידה למיפל GN 15:12
לך ואף על גב דהינון **נפלין** קומך בעלמא הדין אגר עובדך GN 15:1
שמחזאי ועזאל הינון **נפלן** מן שמיא והוו בארעא ביומיא GN 6:4
למיקד ית אחוי מן יד **נפלת** אישתא מן שמי מרומא GN 11:28
דמזוניה קליל: ברת קלא **נפלת** מן שמי מרומא וכן אמרת NU 21:6
אמטולהון ברת קלא **נפלת** מן שמי מרומא וכן אמרת לא DT 28:15
מגו עלמא ברא קלא **נפלת** מן שמייא וכן אמרת אתון כל DT 34:5
מיני אתעברת וברת קלא **נפלת** משמייא ואמרת דמן קדמי GN 38:26
דיירי ארעהון דכנענאי: **תפיל** עליהון אימתא דמותא EX 15:16
יתיה: ואתון בית ישראל **תפלון** משדי דם זכאיי מביניכון DT 21:9

נפץ (1)

ית מעזיא על גווייתהון **ומנפסן** יתהין כד הינין חיין: ועני EX 35:26

נפק (463)

עמא דעימך ומבתר כדין **איפוק** ונפק מלות פרעה בתקוף רגז: EX 11:8
ית אינתתי וית בניי לא **איפוק** לבר חורין: ויקרביניה ריבוניה EX 21:5
בנן דלא שמישו עם גבר **אנפיק** כדון יתהין לוותכון ועיבידו GN 19:8
דילמא בשליפי חרב **אפוק** לקדמותך: ואמרו ליה בני NU 20:18
דין: ויהי ארום יימר לך לא **אפוק** מן גבך ארום ריחמך וית אינש DT 15:16
דעולימתא ארום **אפיק** טיב ביש על בתולתא כשרא DT 22:19
והוה בכרן יומא הדין **אפיק** ייי ית בני ישראל מארעא EX 12:51
ולישראל עמיה ארום **אפיק** ייי ית ישראל ממצרים: ודבר EX 18:1
ארום בתקוף גבורת ידא **אפיק** ייי יתכון מיכא ולא יתאכל EX 13:3
אזיל לות פרעה וארום **אפיק** ית בני ישראל ממצרים: ואמר EX 3:11
ארום בירחא דאביבא **אפיק** יתכון ייי אלקכון ממצרים DT 16:1
קיימא דקיים לאבהתכון **אפיק** יתכון פריקין בידא תקיפתא DT 7:8
ותינדעון ארום ייי **אפיק** יתכון פריקין מן ארעא EX 16:6
חמיין בעיננא: ויתנא **אפיק** פריקין מן בגלל לאעלא יתנא DT 6:23
דעלו לוותך ליליא דין **אפיקינון** לוותן ונשמש עימהון: ונפק GN 19:5
אנא טרחית בעמא הדין **אפיקית** יתהון במימרך ממצרים DT 32:50
מצוגיא והיא כדי אפרחת **אפיקת** ליבלובהא ומן יד בשלו GN 40:10
די פרקת בתוקפך די **אפיקת** ממצרים בגבורת אידא DT 9:26
ית קטפא וקטפא יארע **אפקות** בר זרעא ותיכלון לחמיכון LV 26:5
בעלה ביומא דשמע כל **אפקות** סיפמהא לנדרהא ולאיסרי NU 30:13
עילעין מיכא לוקבל **אפקותא** ייתיניה לארמא יתיה LV 7:30
שנין ולסוף עישרתי שנין **אפקיה** מן גובא ועל משה בגו EX 2:21
אדרע מרממא כד **אפקכון** ייי אלקכון פריקין הכדין DT 7:19
ליה בתקוף גבורת ידא **אפקנא** ייי ממצרים פריקין מבית EX 13:14
מטול דסני ייי יתנא **אפקנא** מן ארעא דמצרים למימס DT 1:27
דאבהתהון דיגזר עימהון **באפקותיה** יתהון מארעא דמצרים: DT 29:24
מברא לקרתא: והוה **באפקתהון** יתהון לברא והדר חד GN 19:17
דאוכלית יתכון במדברא **בהנפקותי** יתכון מארעא דמצרים: EX 16:32
לך סימנא דאנא שדרתך **בהנפקותך** ית עמא ממצרים EX 3:12
בחקלא וחגא דכנשא **במיפיקא** דשתא במכנשך ית עובדך EX 23:16
דייי לי ניסין ופרישן **במיפיקי** ממצרים: ויהי לך ניסא EX 13:8
בר שובעין וחמש שנין **במיפיקיה** מחרן: ודבר אברם ית שרי GN 12:4
בר שביסרי שנין הוה **במיפיקיה** מן בית מדרשא והוא GN 37:2
אוף דין ליך בר דכר: והוה **במיפק** נפשא ארום מטת עלה GN 35:18
חצד חינטין וחגא דכנשא **במיפקא** דשתא: תלת זימנין בשתא EX 34:22
דמחא משה ובני ישראל **במיפקהון** ממצרים: ויריתו ית DT 4:46
אהרן קיימין לקדמותהון **במיפקהון** מן קדם פרעה: ואמרו EX 5:20

ואמר ליה משה **במיפקי** סמיך לקרתא אפרוס ית EX 9:29
יתפריק תוב: ויהי חקלא **במיפקיה** ביובלא קודשא קדם ייי LV 27:21
דטמע בגיניה קדם זימניה **במיפקיה** מבירא דשבע כד עבר ית GN 32:32
אורייתא וליטין אתון **במיפקכון** לפרקמטייכון: יגרי DT 28:19
מדרשכון ובריכן אתון **במיפקכון** לפרקמטייכון: ישוי DT 28:6
דבית עמלק באורחא **במיפקכון** ממצרים: דארעו יתכון DT 25:17
ואתעכבת באורחא **במיפקכון** מצרים: ארום תוזפון DT 24:9
קביל ייי צלותיה דיהודה **במפקיה** לסדרי קרבא ולוות עמיה DT 33:7
ואמר חדון דבית זבולן **במפקכון** לפרקמטייכון ודבית DT 33:18
לאמהן לא תיפוק **במפקנות** עבדייא כנענאי EX 21:7
ארום אנא ייי אלהכון **דאנפיק** יתכון מגו דחוק פולחן EX 6:7
סטיא על ייי אלקכון **דאפיק** יתכון מארעא דמצראי ודי DT 13:6
מדחלתא דייי אלקך **דאפיק** יתכון פריקין מן ארעא DT 13:11
צהוונא אתר דלית מוי **דאפיק** לך מוי משמיר טינרא: DT 8:15
על ארעא: ומיתו גובריא **דאפיקו** טיב ביש על ארעא בשבעא NU 14:37
יומא פסק להון לישא **דאפיקו** ממצרים ואתרעמון כל בני EX 16:2
והוו קטעין מן לישא **דאפיקו** ממצרים וסדרין על EX 12:39
מיניה מלכותיה: אלקא **דאפיקינון** פריקין ממצרים תוקפא NU 24:8
לאורייתי עבדי הינון **דאפיקית** יתהון פריקין מן ארעא LV 25:55
קדישיא: אנא ייי אלקכון **דאפיקית** יתכון פריקין מן ארעא LV 26:13
ית דחלתא דייי אלקכון **דאפיקכון** פריקין מארעא דמצרים DT 8:14
עמא דאתקריון על שמך **דאפיקתא** מארעא דמצרים: ואמר DT 9:12
והינון עמך ואחסנתך **דאפיקתך** בחילך רבא ובדרעך DT 9:29
במילין: ואמר ליה אנא ייי **דאפיקתך** מאתון נורא דכשדאי GN 15:7
דמימריה בסעדכון **דאפקכון** פריקין מארעא דמצרים: DT 20:1
יימרון דיירי ארעא **דאפקתנא** מתמן מדאיתתיש חילא DT 9:28
ישראל אנא ייי מקדשכון: **דהנפיק** יתכון פריקין מארעא LV 22:33
ית בני ישראל בזמן **דהנפיקית** יתהון פריקין מארעא LV 23:43
יתוב: ארום עבדי הינון **דהנפיקית** יתהון פריקין מארעא LV 25:42
יהי לכון אנא ייי אלקכון **דהנפיקית** יתכון פריקין מארעא LV 19:36
איליין דחלתך ישראל **דהנפקוך** מארעא דמצרים: וחמא EX 32:4
ייי יתקוף רוגזך בעמך **דהנפקת** מארעא דמצרים בחיל רב EX 32:11
נפיק מיני פסולא היכמא **דינפק** מן אברהם ישמעאל ומן אבא GN 35:22
יבאיש בעינך על טלייא **דינפק** מתרבותך ועל אמתך דאת GN 21:12
אשכח ית בודנייתא **דינפקו** מנהון כד הוה רעי ית GN 36:24
גזירת אחויית דובנא ומן **דיפוק** מיניה שיכבת זרעא LV 15:32
ואין לא שרו ליה ככל מה **דיפוק** מפמיה יעביד: ואתתא דלא NU 30:3
ויצחק ואתרעי בבנוי **דיפקון** בתרוי ואפיקינכון באפי DT 4:37
ויצטרפון בליגיונין **דיפקון** מן רומי וקושטנטיני NU 24:24
בלחמא ובמוי באורחא **דמיפקכון** ממצרים ודאוגר לכון ית DT 23:5
בישתא ומילי רינניכון **דמפקין** סילעא לאפוקי תרי: זמנו DT 1:12
בתר בנת מואבאי **דמפקן** ית טופסיה דפעור מתותי NU 25:1
יזבון בית מותבא בבירנין **דמפקן** שור ויהי פורקניה עד משלם LV 25:29
ומשיחא בר אפרים **דנפיק** מיניה דעל ידוי עתידין בית EX 40:11
באישא מצלהבא **דנפיק** מן קודשיא: ודין קורבנא EX 29:37
במעברא דבמדברא **דנפיק** מתחות אמוראה ארום ארנון NU 21:13
קומוי ובההוא יומא **דנפק** אזל לחרן: וצלי באתר בית GN 28:10
מיטרדין ואזלין עד זמן **דנפק** יעקב מבית אבוי והינון לוון GN 28:12
איתעבידו ליעקב בזמן **דנפק** מן בירא דשבע ניסא קמאה GN 28:10
שיקפא עיל מיניה עד **דנפק** נס שתיתאי סובר יתהון בכל NU 25:8
בשלהובית אישתא **דנפקא** מתחות כורסי יקרא ונפלין NU 11:26
עדיתא באגחות קרבא **דנפקו** לחילא ובין כל כנישתא: NU 31:27
די פליג משה מן גובריא **דנפקו** לחילא: והות סכום פלגות NU 31:42
שייור ביזתא דבזו עמא **דנפקו** לחילא מניין ענא שית מאה NU 31:32
ייי ית משה ובני ישראל **דנפקו** מארעא דמצרים: ראובן NU 26:4
למובדא זרעיה ומן בתר **דנפקו** ממצרים גריתא בהון עמלק NU 31:8
ביני פסוגייא עד יומא **דנפקו** ממצרים: והוה מסוף תלתין EX 12:40
לעמא הדין מן זמן **דנפקו** ממצרים ועד כדון: ואמר ייי NU 14:19
תרין שיבטין היכמה **דנפקו** מן חדא מן אמהתה ושמיע GN 30:21
דרפיע עד עזה קפודקאי **דנפקו** מן קפודקיא שיציאונון DT 2:23
דעל ארעא: והוו בני נח **דנפקו** מן תיבותא שם וחם ויפת GN 9:18
נסיוטאי וית פנטפוליטי **דנפקו** מתמן פלישתאי וית קפודאי: GN 10:14
קנין דמינה לשיתא קנין **דנפקין** מינה: חיזוריהון וקניהון מינה EX 37:21
הכדין לשיתא קנין **דנפקין** מן מנרתא: ובמנרתא ארבעא EX 37:19
היכדין לשיתא קנין **דנפקין** מן מנרתא: ובמנרתא ארבעה EX 25:33
קנין דמינה לשיתא קנין **דנפקין** מן מנרתא: חיזוריהון וקניהון EX 25:35
ית כפורתא בהדי כרוביא **דנפקין** נגיד מינה בקודש קודשיא: EX 26:34
וית כפורתא וכרוביא **דנפקין** נגיד מינה חד מיכא וחד EX 39:35
ית כפורתא בהדי כרוביא **דנפקין** נגיד מינה על ארונא EX 40:20
דמיא לעידן רמשא לעידן **דנפקן** מליאתא: ואמר ייי אלקיה GN 24:11
ומן דאיתיליד יצחק עד **דנפקו** פריקין ממצרים ארבע מאה EX 12:41
במדברא למן יומא **דנפקתון** מארעא דמצרים עד DT 9:7
לא כארעא דמצרים היא **דנפקתון** מתמן דתזרע ית זרעך DT 11:10
על עינא דמיא ותהי ריבא **דתיפוק** למימלי ואימר לה אשקיני GN 24:43

ובברתה: ובשפיר שיליתא **דתיפוק** מבית תורפה בעידן מילדה	DT 28:57
סואבת בר נש או גבר **דתיפוק** מיניה שכבת זרעא: או גבר	LV 22:4
יהי בכון חובא: מומתא **דתיפוק** מן שפוותכון תקימון	DT 23:24
יומין: עד ירח יומין עד **דתיפוק** סריותא מנחיריכון ותהוי	NU 11:20
ייי עם משה למימר: **הנפיק** ית מרגזא למיברא	LV 24:14
ומשה דאמר ייי להון **הנפיקו** ית בני ישראל פריקין	EX 6:26
מן דקיימין קודמוי ואמר **הנפיקו** כל אינש מן קדמיי ולא קם	GN 45:1
למימר בבישא **הנפיקינון** לקטלא יתהון ביני	EX 32:12
ארום בכרן יומא הדין **הנפיקית** ית חיליכון פריקין	EX 12:17
ארום אנא ייי אלקין די **הנפיקית** יתהון פריקין מארעא	EX 29:46
הכא חתנך בנך ובנתך **הנפק** מן אתרא: ארום מחבלין	GN 19:12
ריחשא דרחיש על ארעא **הנפק** עימך ויתילדון בארעא ויפשון	GN 8:17
יהודה הלא בת כהין היא **הנפקוהא** ותיתוקד: תמר מיתאפקא	GN 38:24
ארום בחיל ידא תקיפתא **הנפקך** ייי ממצרים: ותינטור ית	EX 13:9
ארום בתקוף גבורת ידא **הנפקנא** ייי ממצרים: והוה כד פטר	EX 13:16
לחמא ושבעין ארום **הנפקתון** יתן למדברא הדין לקטלא	EX 16:3
מחת גבורתי על מצרים **ואנפיק** ית בני ישראל פריקין	EX 7:5
מימרא דייי לחולקיה **ואנפיק** יתכון מניר פרזלא ממצרים	DT 4:20
כל עמא די במשריתא: **ואנפיק** משה ית עמא לקדמות	EX 19:17
אחמי יתי ייי אוף ית בנך: **ואפיק** יוסף יתהון מלות רכובוי	GN 48:12
בארעא דמצרים ופרק **ואפיק** ייי אלקכון יתכון מתמן	DT 5:15
ואשדרינך לות פרעה **ואפיק** ית עמי בני ישראל ממצרים:	EX 3:10
מחת גבורת ידי במצרים **ואפיק** ית עמי בני ישראל פריקין	EX 7:4
ביניהון: אלקא דיפרק **ואפיק** יתהון פריקין מן ארעא	NU 23:22
בר דתוליד הוא ירתינך: **ואפיק** יתיה לברא ואמר איסתכל	GN 15:5
לבני ישראל אנא הוא ייי **ואפיק** יתכון מגו דחוק פולחן	EX 6:6
דייי אלקכון דפרק **ואפיק** יתכון פריקין מארעא	DT 6:12
ושמע משה ושפר קודמוי **ואפיק** כרוזא במשריתא למימר	LV 10:20
כספיכון אתא לותי **ואפיק** לותהון ית שמעון: ואעיל	GN 43:23
ייעא חטר אהרן לבית לוי **ואפיק** ליבלובין ואניץ נצין ביה	NU 17:23
נפק לקדמות אברם **ואפיק** ליה לחים וחמר ובההיא	GN 14:18
ושבקיה ללבושיה בידא **ואפיק** לשוקא: והוה כדי חמת ארום	GN 39:12
ארום תקיף הוא מיננא: **ואפיקו** טיב ביש על ארעא דאלילו	NU 13:32
משה עם בני ישראל **ואפיקו** ית מרגזא למברא	LV 24:23
להון ומדסני יתהון **ואפיקינון** לקטלותהון במדברא:	DT 9:28
בבנוי דיפקון בתרוי **ואפיקינכון** באפי רעותיה בחיליה	DT 4:37
קדמי בזמן דפרקית **ואפיקית** יתהון פריקין מארעא	LV 26:45
הוא ייי אלקכון די פרקית **ואפיקית** יתכון פריקין מארעא	NU 15:41
הוא ייי אלקכון די פרקית **ואפיקית** יתכון פריקין מן ארעא	EX 20:2
הוא ייי אלקכון די פרקית **ואפיקית** יתכון פריקין מן ארעא	LV 25:38
הוא ייי אלקכון די פרקית **ואפיקית** יתכון פריקין מן ארעא	DT 5:6
ושבקית ללבשיה לותי **ואפק** לשוקא: ואנחת לבשא גבה עד	GN 39:15
שבק ללבושיה בידא **ואפק** לשוקא: והא ורמת חלבונא	GN 39:13
וקרית ושבק לבשיה גבי **ואפק** לשוקא: והוה כדי שמע	GN 39:18
מן קדם ייי הוות עלווי **ואפקוהי** ואשריוהי מברא לקרתא:	GN 19:16
הוינן לפרעה במצרים **ואפקנא** מימרא דייי ממצרים בידא	DT 6:21
קדמיהון מן סדרי קרבא **ודיפיק** יתהון מן יד בעלי דבביהון	NU 27:17
לטפלכון ודירין לענכון **ודנפיק** מפומכון תעבדון: ואמר בני	NU 32:24
מברא למשריתא: **והנפיקו** יתיה כל כנישתא מברא	NU 15:36
בלילייא גמר ועבד לוזין: **והנפק** משה ית כל חטריא מן קדם	NU 17:24
וסגיד על ארעא קדם ייי: **והנפק** עבדא מנין דכסף ומנין דדהב	GN 24:53
ואעל ידיה בגו חוביה **והנפקא** והא ידיה סגירתא מחוורא	EX 4:6
ואתיב ידיה לחוביה **והנפקה** ומן גו חוביה תבת למיהוי	EX 4:7
צערן וליעותן ודחקן: **והנפקנא** ייי ממצרים בידא	DT 26:8
חד ממלאכי שירותא **והנפקנא** ממצרים והא אנחנא	NU 20:16
ביה על ארעא והוה כן: **והנפקת** ארעא דיתאין עיסבא	GN 1:12
וילבש לבושין חורנין **ויהנפק** ית קיטמא למיברא	LV 6:4
יתה לאלעזר סגן כהניא **ויהנפק** יתה לחודה למיברא	NU 19:3
לעזאזל ויטריף בקילפי **וינפיקינון** ויטלקינון על צפיריא:	LV 16:8
וית כל עפרא דביתא **וינפק** למברא לקרתא לאתר מסאב:	LV 14:45
פולחן ארעא ולא יזדרע **וינפקון** תמן ית עגלתא בקופיץ	DT 21:4
יתיה עד שתא דיובילא **ויפוק** בלא כסף ויתוב לאחסנתיה:	LV 25:28
לא יתפרק באיליין שנייא **ויפוק** בר חורין בשתא דיובילא הוא	LV 25:54
וילבש ית לבושוי ויצדד **ויפוק** ויעביד ית עלתיה וית עלת	LV 16:24
ומאן דיפרוק מן ליואי **ויפוק** זביני ביתא וקירוי אחסנתהון	LV 25:33
ויתיתי לוות כהנא: **ויפוק** כהנא למיברא למשריתא	LV 14:3
מכיך יתיר מן כותלא: **ויפוק** כהנא מן ביתא לתרע ביתא	LV 14:38
שתא דיובלא יפלח עימך: **ויפוק** לבר חורין מעימך הוא ובנוי	LV 25:41
מן דרום לרקם גיעא **ויפוק** לטירת אדריא ויעיבר לקיסם:	NU 34:4
מקיריות הירהור ליליא **ויפוק** למיברא למשריתא לא יעול	DT 23:11
דוויה: וגבר ארום אישתלי **ויפוק** מיניה שכבת זרעא ויסחי	LV 15:16
כל קהלא דישראל: ויצדד **ויפוק** מן קודשא למדבחא דקדם	LV 16:18
מעלך לאבלס דקילקאי: **ויפוק** תחומא לקרן זכותא ולגבתא	NU 34:9
ועל בני גוויה ורעייה: **ויפיק** ית כל תורא למברא	LV 4:12
כהנא וישתביק להון: **ויפיק** ית תורא למברא למשריתא	LV 4:21
וישוי בה ערד דמילין **ויפק** עלה טיב ביש ויימר ית	DT 22:14
וציען יצטרחן במני זיינא **ויפקון** באוכלוסין סגיאין מן	NU 24:24
אפיטרופין על ארעא **ויפקון** חד מן חמשא מן כל עיבורא	GN 41:34
סהידוון לעולימתה: **ויפקון** ית עולימתא לתרע בית	DT 22:21
ואימה רשו מבי דינא **ויפקון** ית שושיפא בהדי סהידוון	DT 22:15
ויחדון ביה אבוי ואימיה **ויפקון** יתיה לקדם חכימי קרתא	DT 21:19
אשתמודע מאן קטליה: **ויפקון** מבי דינא רבא תרי מן	DT 21:2
חדא שבע זימנין: **ויפקון** מגו סידורא ויוקד כהן אוחרן	NU 19:5
ביה בטינר חוטרך **ויפקון** מיניה מוי למישתי וישתון	EX 17:6
דלא יקומו שיבבן בישן **ויפקון** עלה טיב ביש כד תהדרון	DT 24:17
דאיצטנע לכון מן שירויא **ויפקון** עמא וילקטון פיתגם יום	EX 16:4
למבזע ית ימא דסוף **ולהנפקא** מוי מן כיפא והוה דעיץ	EX 2:21
על מתברא וימות וולדא **ומפקא** יתיה חייתא כד מחתך	NU 12:12
לות הבל אחוהי איתא **וניפוק** תרוינן לברא והוה כד נפקו	GN 4:8
הדין הכדין יהי עליל **ונפיק** בעלמא דאתי מטול דזכוון	DT 33:21
גניז והיכמא דהוה עליל **ונפיק** בריש עמא בעמא הדין הכדין	DT 33:21
דבית אנפוי עד מיפקיה **ונפיק** וממליל עם בני ישראל ית מה	EX 34:34
אעיבר: ואמר לא תעיבר **ונפק** אדומאה לקדמותיה בחיל רב	NU 20:20
וסליקתון לטוורא: **ונפק** אמוראה דיתיב בטוורא ההוא	DT 1:44
ית מצראי וטמריה בחלא: **ונפק** ביומא תיניינא ואודיק והא	EX 2:13
תמן: ושזג אפוי מן דמעין **ונפק** ואזדרז ואמר שוו לחמא: ושויו	GN 43:31
בנין ילידת לי אנתתי: **ונפק** חד מלותי ואמרית ברם מקטל	GN 44:28
ושתיק יעקב עד מיתיהון: **ונפק** חמור אבוי דשכם לות יעקב	GN 34:6
ויקירא חקיק ומפרש ביה **ונפק** טיבהון ביש בעממי ארעא	EX 32:25
פרעה מלכא דמצרים **ונפק** יוסף מלות פרעה ועבר רב	GN 41:46
רבא דטניס לאינתו **ונפק** יוסף שליט על ארעא דמצרים:	GN 41:45
הוה יתיב בארע דרומא: **ונפק** יצחק לצלאה באנפי ברא	GN 24:63
לוותן ונשמש עימהון: **ונפק** לוותהום לוט לתרעא ודשא	GN 19:6
ייי ושדרנא ייי לחבלותה: **ונפק** לוט ומליל עם חתנויי דנסיבו	GN 19:14
ביומא האינון ורבא משה **ונפק** לות אחהי וחמא באניק	EX 2:11
וכנש סיחון ית כל עמיה **ונפק** לקדמות ישראל למדברא	NU 21:23
בלק ארום אתא בלעם **ונפק** לקדמותיה לקרתא דמואב	NU 22:36
בנורא ועאל סטנא בגויה **ונפק** מיניה דמות עיגלא הדין: וחמא	EX 32:24
דעבד: ושדר ית עורבא **ונפק** מיפוך ותאיב עד דיביאישו	GN 8:7
ומבתר כדין איפוק **ונפק** מלות פרעה בתקוף רגז: ואמר	EX 11:8
עד יומא הדין ואיתפיני **ונפק** מלות פרעה: ואמרו עבדי פרעה	EX 10:6
מיני לחוד ית מותא הדין: **ונפק** מלות פרעה וצלי קדם ייי:	EX 10:18
אמוראי דיתיב בעין גדי: **ונפק** מלכא דסדום ומלכא דעמרה	GN 14:8
ואוף ית נשיא וית עמא: **ונפק** מלכא דסדם לקדמותיה בתר	GN 14:17
לחינתא ולא אשכח **ונפק** ממשכנא דלאה ועל במשכנא	GN 31:33
ובריך יעקב ית פרעה **ונפק** מן קדם פרעה: ואותיב יוסף ית	GN 47:10
כספי ואוף הא בטוני **ונפק** מנדע לבהון ותווהו גבר לאחוי	GN 42:28
מה דבנהרא ישתיירון: **ונפק** משה ואהרן מלות פרעה וצלי	EX 8:8
ניכסת חגא קדם ייי: **ונפק** משה מלות פרעה וצלי קדם	EX 8:26
לקון ארום לקישן היניך: **ונפק** משה מלות פרעה סמיך	EX 9:33
היארעינך פיתגמי אין לא: **ונפק** משה ממשכן בית שכינתא	NU 11:24
ותרין בנהא דעימה: **ונפק** משה מתחות ענני יקרא	EX 18:7
ויפשון ויסגון על ארעא: **ונפק** נח ובנוי ואינתתיה ונשי בנוי	GN 8:18
ואתיתון לאתרא הדין **ונפק** סיחון מלכא דחושבנא ועוג	DT 29:6
למירות ית ארעיה: **ונפק** סיחן לקדמותנא הוא וכל	DT 2:32
וסליקו אורח מתנן **ונפק** עוג מלכא דמותנן לקדמותנא	NU 21:33
וסליקנא אורח מתנן **ונפק** עוג מלכא דמתנן לקדמותנא	DT 3:1
זוער: שימשא עברית ימא **ונפק** על ארעא בסוף תלת שעין	GN 19:23
באיסתכלותיה ביה: **ונפק** קין מן קדם ייי ויתיב בארע	GN 4:16
והא תיומין במעהא: **ונפק** קמאה סמוקריי כוליה ככלן	GN 25:25
וצלו עמא בית ישראל **ונפקו** ובריכו ית עמא ואמר יקבל	LV 9:23
וית לבושי בנוי לשמשא: **ונפקו** כל כנישתא דבני ישראל מן	EX 35:20
ישראל מן ימא דסוף **ונפקו** למדברא דחלוצא וטיילו	EX 15:22
וית נפשתא דיגיירו בחרן **ונפקו** למיזל לארעא דכנען ואתו	GN 12:5
ית דינה מבית שכם **ונפקו**: מותר בנוי דיעקב עלו לחלצא	GN 34:26
על גזירת מימרא דייי **ונפקו** ממצרים תלתין שנין קדם	EX 13:17
חירתא ועברו בגו ימא **ונפקו** מן ימא ואזלו על כיף ימא	NU 33:8
דמואב על ירדנא דיריחו: **ונפקו** משה ואלעזר כהנא וכל	NU 31:13
כלתיה איתת אברם בריה **ונפקו** עימהון מאורא דכשדאי	GN 11:31
יתרחצון על מילי שקרא: **ונפקו** שולטני עמא וסרכוי ואמר	EX 5:10
תלתיכון למשכן זימנא **ונפקו** תלתיהון: ואיתגלי יקרא דייי	NU 12:4
וקרא אהרן ומרים **ונפקו** תרויהון: ואמר שמועו בבעו	NU 12:5
יתי פלחי טעוותא **ונפקית** מבית איבא ואמרית ליה	GN 20:13
דאהרן ית תופא בידא **ונפקן** כל נשיא בתרא בתופייא הוו	EX 15:20
שכינתא דייי לכל עמא: **ונפקת** אישתא מן קדם רש ואכלת	LV 9:24
קדם אל אלקא דישראל: **ונפקת** דינה ברת לאה די ילידת	GN 34:1
וידעת דהא יעקב אתא **ונפקת** לאה לקדמותיה ואמרת	GN 30:16
וישיל יתה מביתיה: **ונפקת** מבייתיה ותהך ותהי לגבר	DT 24:2

מה דלא פקיד יתהון: **ונפקת** שלהובית אישתא מן קדם	LV 10:2
זינך בית גירך וקשתך **ופוק** לחקלא וצוד לי צידא: ועיבד	GN 27:3
בפיקודיא ונצחני קרבא **ופוק** מתחות ענני יקרא וסדר סדרי	EX 17:9
ותידכר עלי קדם פרעה **ותהנפיקינני** מן בית אסירי הדין:	GN 40:14
ביה בחוטרא דבידך **ותהנפק** להון מיא מן כיפא ותשקי	NU 20:8
אינתתא בת ישראל היא **ותיפוק** אינתתיה עימיה: אין	EX 21:3
דעריס ודכיתא היא **ותיפוק** זכיא וזיוה מנהר ותשכח	NU 5:28
או למיפרקא ליד אבוהא **ותיפוק** מגן דלא כסף ברם גט	EX 21:11
תועבתא הדא ביניכון: **ותפקון** ית גברא ההוא או ית	DT 17:5
בקרתא וישמש עימה: **ותפקון** ית תריהון לתרע בי דינא	DT 22:24
בר מארבעה גרמידי ולא **יפוק** אינש מאתריה לטיילא לבר	EX 16:29
חדתא בתולתא לא **יפוק** בחילא דלא יארע עלוי כל	DT 24:5
לדיזבן יתיה לדרוי לא **יפוק** ביובלא: ובתי כופרניא דלית	LV 25:30
ובנהא תהי לריבונה והוא **יפוק** בלחודוי: ואין יתני ויימר עבדא	EX 21:4
למיפק מלכין ומיניה **יפוק** דוד מלכא דעתיד לאודויי	GN 29:35
בלחודוי ייעול בלחודוי **יפוק** ואין מרי אינתתא בת ישראל	EX 21:3
יסתאב: ומן מקדשא לא **יפוק** ולא יפיס ית מקדשא דאלקיה	LV 21:12
יפלח ובמעלי שביעיתא **יפוק** לבר חורין מגן: אין בלחודוי	EX 21:2
לתרין חולקין חולק חד **יפוק** ליה מגו אחסנת בני יהודה	GN 49:7
בשתא ההיא: ואין מיפק **יפוק** קטולא כל אימת דכהנא רבא	NU 35:26
וגברא דאנת מוזיף ביה **יפיק** לך ית משכונא לשוקא: ואין	DT 24:11
בעם אוחרן ברם מינך **יפקון** אוכלוסין דצדיקין קבל כל	EX 34:10
לצדיקא יהי רעוא דמיניך **יפקון** אלפין דריבוון וירתון בנייכי	GN 24:60
שליטין בעממיא מינך **יפקון:** ואקים ית קימי בין מימרי	GN 17:6
ותרין מלכין תוב מינך **יפקון:** וית ארעא דיהבית לאברהם	GN 35:11
תהי לכון וביובלא **יפקון:** וקירוי ליואי בתי קירוי	LV 25:31
מחן ומן בתר כדין **יפקון** לחירותא בניכסין סגיאין:	GN 15:14
ברם מן רחל אחתי **יפקון** תרין שיבטין היכמה דנפקו	GN 30:21
אדמהון לכפרא בקודשא **יתפקון** באסלין על ידיהון דטלא	LV 16:27
סדיק פרסתא הוא ולית **כנפיק** ביה דסדיק ולא פשר מסאב	DT 14:8
והוה מדמיה באנפוי **כנפקת** ברא ארום כעיסת אפין הות	GN 38:15
חרשיותא בלחשיהון **לאנפקא** ית קלמין ולא יכילו והות	EX 8:14
ויתן מוהי ואין יסרב **לאפוקי** מחי אנת לחודך ביה	NU 20:8
רינניכון דמפקין סילעא **לאפוקי** תרי: זמנו לכון גוברין	DT 1:12
עלוהי ית כל כנשיתא **לאפקא** טיב ביש על ארעא: ומיתו	NU 14:36
פרעה מלכא דמצרים **לאפקא** ית בני ישראל מארעא	EX 6:13
ארעא: בירחא תליתאה **לאפקות** בני ישראל מארעא	EX 19:1
מה דא עבדתא לנא **להנפוקתנא** ממצרים: הלא דין הוא	EX 14:11
עם פרעה מלכא דמצרים **להנפקא** ית בני ישראל ממצרים	EX 6:27
המן כיפא הדין איפשר לן **להנפקא** לכון מיא: וזקף משה ית	NU 20:10
ירחין וכיוון דימטא קיצא **למיפוק** לעלמא ואיתאכיל פלגות	NU 12:12
דאייר הוא ירחא תניינא **למיפיקהון** מארעא דמצרים:	EX 16:1
ומית תמן בשנת ארבעין **למיפק** בני ישראל ממצרים בירחא	NU 33:38
יומנא לית אנא יכיל תוב **למיפק** ולמיעל ומימרא דייי אמר לי	DT 31:2
וכדו מטת זימנא **למיפק** ולמירות ית ארעא דישראל	NU 12:12
ייי דמן ברי דין עתיד **למיפק** מלכין ומיניה יפוק דוד	GN 29:35
דימטא זימניה דיוסף **למיפק** מן בית אסירי: ומליל רב	GN 41:8
ארום נפשא דעתיד **למיפק** מנהון הוא מחבל: ארום	DT 24:6
וללוי עכרתון יתי **למפקא** טיבי ביש ביתבי ארעא	GN 34:30
לפורקן הוא מן קדם ייי **למפקא** ית שמא בני ישראל	EX 12:42
עבדת קלנא בישראל **למפקא** שום דזנו על בית אבוהא	DT 22:21
דייי ואיליין מטלניהון **למפקנהון:** ונטלו מן פילוסין בירחא	NU 33:2
ושדר ית עורבא ונפק **מיפוק** ותאיב עד דיביאישו מיא	GN 8:7
לקודשא קדם ייי ובזמן **מיפיקיה** ולא ימות באישא	EX 28:35
ביה ותתפני בצפר **מיפק** חגא ותהך לקרווך: ביומא	DT 16:7
לימטת בשתא ההיא: ואין **מיפק** יפוק קטולא כל אימת דכהנא	NU 35:26
ית יעקב והוה ברם **מיפק** נפק יעקב בתרתין טיפוזין	GN 27:30
בשתא תניינא לזמן **מיפקהון** מארעא דמצרים בירחא	NU 9:1
דמן שתא תנייתא ליזמן **מיפקהון** מארעא דמצרים למימר:	NU 1:1
חוביהון דישראל עד זמן **מיפקיה** ויכפר עלוי ועל אינש	LV 16:17
איקונין דבית אנפוי עד **מיפקיה** ונפיק וממליל עם בני	EX 34:34
מן בגלל דתידכרון ית יום **מיפקכון** מארעא דמצרים כל יומי	DT 16:3
הנפקוהא ותיתוקד: תמר **מיתאפקא** לאיתוקדא ובעת תלת	GN 38:25
סמנין ותחומי יהוי **מפיק** תפנוקי מלכין ומודי ומשבח	GN 49:20
ארעא דמצרים דלא הות **מפקא** בר זרעא וצוח עמא קדם	GN 41:55
משה עם בני ישראל בזמן **מפקהון** ממצרים: ותננון משה	DT 4:45
גולייתהון ומן חלא **מפקין** אספקלרין ומני זגוגיתא	DT 33:19
פיריכון מן דאתון **מפקין** וכנשין מן חקלא כל שתא	DT 14:22
וחמר סומק מן ענבא חד **מפקין** כור חד: ועתרו בית ישראל	DT 32:14
ואהרן: וכתב משה ית **מפקנהון** למטלניהון על מימרא דייי	NU 33:2
לכון מעלך לטבריא ויהון **מפקנוי** דתחומא מן תרין ציטרוי	NU 34:8
ולגבתא דחטמנא ויהון **מפקנוי** לבירייא דבית סכל	NU 34:9
תחומא ליורדנא ויהוון **מפקנוי** לימא דמילחא ריקם גיעא	NU 34:12
לנילוס דמצראי ויהון **מפקנוי** למערבא: ותחום מערבא	NU 34:5
לציני טוור פרזלא ויהוון **מפקנוי** מן דרום לרקם גיעא ויפוק	NU 34:4
דמן קדמוי עוולא לא **נפיק** דזכיי וקשיט הוא: חבילו	DT 32:4
עשרין שנין ולעילא כל **נפיק** חילא בישראל: והוו כל סכומין	NU 1:45
עשרין שנין ולעילא כל **נפיק** חילא בישראל: ומליל משה	NU 26:2
עשרין שנין ולעילא כל **נפיק** חילא בישראל תימנון יתהון	NU 1:3
עשרין שנין ולעילא כל **נפיק** חילא: סכומהון לשבטא	NU 1:20
עשרין שנין ולעילא כל **נפיק** חילא: סכומהון לשבטא	NU 1:34
עשרין שנין ולעילא כל **נפיק** חילא: סכומהון לשבטא	NU 1:36
עשרין שנין ולעילא כל **נפיק** חילא: סכומהון לשבטא דדן	NU 1:38
עשרין שנין ולעילא כל **נפיק** חילא: סכומהון לשיבטא	NU 1:22
עשרין שנין ולעילה כל **נפיק** חילא: סכומהון לשיבטא	NU 1:26
עשרין שנין ולעילא כל **נפיק** חילא: סכומהון לשיבטא	NU 1:28
עשרין שנין ולעילא כל **נפיק** חילא: סכומהון לשיבטא	NU 1:30
עשרין שנין ולעילא כל **נפיק** חילא: סכומהון לשיבטא	NU 1:32
עשרין שנין ולעילא כל **נפיק** חילא: סכומהון לשיבטא	NU 1:40
עשרין שנין ולעילא כל **נפיק** חילא: סכומהון לשיבטא	NU 1:42
עשרין שנין ולעילא כל **נפיק** חילא: סכומהון לשיבטא דגד	NU 1:24
ומלבלבא גופנין דמנהון **נפיק** חמר חל וחריף ומרביא תינין	DT 8:8
למיצוד עופן וחיוון גבר **נפיק** חקל קטיל נפשן דהוא קטל	GN 25:27
ותיתעתד קדם פרעה הא **נפיק** למינטר קוסמין עילוי מיא הי	EX 8:16
לות פרעה בצפרא הא **נפיק** למפטור קוסמין עילוי מיא הי	EX 7:15
בלב שלים קדם ייי הוה **נפיק** למשכן בית אולפנא דמברא	EX 33:7
נייח כאריא למישרי וכד **נפיק** לסידרי קרבא קבל בעלי	DT 33:20
ימליל הוא ואוף הא הוא **נפיק** לקדמותך ויחמינך ויחדי	EX 4:14
ליה ואמר ווי דילמא **נפיק** מיני פסולא היכמא דינפק מן	GN 35:22
עלי: ואמר משה הא אנא **נפיק** מלותך ואיצלי קדם ייי ויעדי	EX 8:25
דבירא קדמאה כד הוה **נפיק** מן פום קודשא יהי שמיה	EX 20:2
דבירא תניינא כד הוה **נפיק** מן פום קודשא יהי שמיה	EX 20:3
ידעין בין טב לביש: ונהרא **נפיק** מעדן לאשקאה ית גינוניתא	GN 2:10
ליה: והוה כד הוה **נפיק** משה מן משריתא ואזיל	EX 33:8
בחובי קטוליא חרבא **נפיק** על עלמא: עמי בני ישראל לא	EX 20:13
ארום בחובי גייורא מותא **נפיק** על עלמא: עמי בני ישראל לא	EX 20:14
ארום בחובי גנביא כפנא **נפיק** על עלמא: עמי בני ישראל לא	EX 20:15
בחובי קטוליא חרבא **נפיק** על עלמא: עמי בני ישראל לא	DT 5:17
ארום בחובי גיוריא מותא **נפיק** על עלמא: עמי בני ישראל לא	DT 5:18
ארום בחובי גנביא כפנא **נפיק** על עלמא: עמי בני ישראל לא	DT 5:19
מהימן על כנישתא: די הוו **נפיק** קדמיהון לסדרי קרבא ודי הוי	NU 27:17
שמיה פרץ: ובתר כדין **נפק** אחוי דעל ידי קטיר חוט זהורי	GN 38:30
אתיב וולדא ית ידיה והא **נפק** אחוי ואמרת מה תקוף סגי	GN 38:29
ושינין וככין: ובתר כדין **נפק** אחוי וידיה אחידא בעקיבא	GN 25:26
חוט זהורי למימר דין **נפק** בקדמיתא: והוה כד אתיב	GN 38:28
שיקרא הוי רחיק ודי **נפק** זכיי מבי דינך ואשכחו ליה	EX 23:7
ואשכחו ליה חובתיה ודי **נפק** חייב ואשכחו ליה זכו לא	EX 23:7
ית יעקב והוה ברם מיפק **נפק** יעקב בתרתין טיפוזין מלות	GN 27:30
עבדי יצחק בירא: וכד **נפק** יצחק מגרר איתיבשן ביריהון	GN 26:26
בר נח מלכא דירושלים **נפק** לקדמות אברם ואפיק ליה	GN 14:18
דמן שיבטא דדן: וכד **נפק** מבי דינא כד מחייב פריש	LV 24:11
וכפר אמטולהון ארום **נפק** מחבלא דאתכלי בחורב	NU 17:11
עם אבונא יומא דין וחד **נפק** מלוותן ולית אנחנא ידעין מה	GN 42:13
חייבא מרוד באלק שמיא **נפק** ממצרים בר גברא מצראה	LV 24:10
ליה למימר הא עמא **נפק** ממצרים והא חפא ית חזווא	NU 22:5
שדר פולין לותי: הא עמא **נפק** ממצרים וחפא ית חזווא	NU 22:11
קידום תקיף כאישא **נפק** מן קדמי ובערת בתקוף רוגזי	DT 32:22
דפונטוס: מן ארעא ההיא **נפק** נמרוד ומלך באתור דלא בעא	GN 10:11
ישמעאל ומן אבא **נפק** עשו מתיבא רוחא דקודשא וכן	GN 35:22
ובתואל ואמר מן קדם ייי **נפק** פיתגמא דרבקה איתיהיבת	GN 24:50
מאנא דדהבא הוה סימא **נפקא** באנפוי: ואמר משה לאהרן מה	EX 32:20
חיותא נכיסתא ועד דלא **נפקא** כולא נשמתא לא תיכלון:	GN 9:4
חזור חזור ודתן ואבירם **נפקו** במילי חירופין וקמו וארגיזו	NU 16:27
דאכלו ניכסת פיסחא **נפקו** בני ישראל בריש גלי	NU 33:3
לכון למיתב תמן למימר: **נפקו** גוברין זידנין מאולפנא	DT 13:14
והוה בכרן יומא הדין **נפקו** כל חילייא דייי פריקין מארעא	EX 12:41
מן גוברי מגיחי קרבא די **נפקו** לחילא חדא בת נשא מחמש	NU 31:28
פלגותא חולק גובריא די **נפקו** לחילא סכום ענא תלת מאה	NU 31:36
ובנתהון דאינשי קרתא **נפקו** למימלי מוי: ותהי ריבא די	GN 24:13
מטלני בני ישראל די **נפקו** מארעא דמצרים לחילוותהון	NU 33:1
עלמא לעממייא די **נפקו** מבנוי דנח באפרשותיה	DT 32:8
מאה: תרתין גניסתא די **נפקו** מגרשון בתר משכנא ישרון	NU 3:23
אדמא ובזימנא תניינא **נפקו** מיין סגיאין ואשתיאת	NU 20:11
הינון וחמריהון: הינון **נפקו** מן קרתא לא ארחיקו ויוסף	GN 44:4
והוה ביומא שביעאה **נפקו** מן רשיעי עמא למלקוט מנא	EX 16:27
על ארעא לזרעייתהון **נפקו** מן תיבותא: ובנא נח מדבחא	GN 8:19
ארבעת גניסתא די **נפקו** מקהת ישרון על שידא	NU 3:29
תרוינן לברא והוה כד **נפקו** תרויהון לברא עני קין ואמר	GN 4:8

והוה סכום כל נפשתא **נפקי** ירכא דיעקב שובעין נפשתא EX 1:5
דעלא עם יעקב למצרים **נפקי** ירכיה בר מנשיהון דבני יעקב GN 46:26
חית ארעא דעימכון מכל **נפקי** תיבותא לכל חית ארעא: GN 9:10
חמור ומן שכם בריה כל **נפקי** תרע קרתיה וגזרו כל דכורא GN 34:24
וגזרו כל דכורא כל **נפקי** תרע קרתיה: והוה ביומא GN 34:24
ותהומין דלא מייבשין **נפקין** בביקען ובטוורין: ארעא DT 8:7
בני ישראל ובני ישראל **נפקין** בידא מרממא מתגברין על EX 14:8
באורחא חד יהון **נפקין** לוותכון לסדרי קרבא DT 28:7
דאלעזר כהנא יהון **נפקין** לסדרי קרבא ועל מימריה NU 27:21
דכל חד וחד והיך הוו **נפקין** מן גוא בעוריא וית קל שופרא EX 20:18
מינה הוון: ושיתא קנין **נפקין** מסיטרהא תלתא קני מנרתא EX 37:18
מילין תקיפין הי כאישא **נפקין** מפמי צדיקיא מרי חושבנא NU 21:28
מינה יהון: ושיתא קנין **נפקין** מציטרהא תלתא קני מנרתא EX 25:32
להון על דמא ומן יד **נפקין** נחיל דמורנין מיגו פרתה DT 21:8
חמיע: יומא דין אתון **נפקין** פריקין מחמיסר בניסן הוא EX 13:4
רקם ואישתכח מהימן: **נפקין** שיבט לוי לפולחן משכן DT 33:9
דנן תלת זימנין הא אנא **נפקית** למישטן לך ואתנא דחילת NU 22:32
טינרא בעידן דאימן **נפקן** לאנפי ברא וילדן ושבקן יתן EX 15:2
בפיטקיא כתיביא ולא **נפקן** למשכנא דאיטמרו למערוק NU 11:26
יומין באלול והוון מורני **נפקן** מן פרתהון ואזלין עד בית NU 14:37
קדמוי למימר למא דנן **נפקנא** ממצרים: ואמר משה שית NU 11:20
עלנא וכאיתא מטעייא **נפקת** ברא דלית לה תבוע יעביד ית GN 34:31
לא תפסון בנתיכון למהוי **נפקת** ברא ולא יתפס גברא בר DT 23:18
יתן ארעא: ואישתא **נפקת** ברוגזא מן קדם ייי ואכלת ית NU 16:35
פסק למללא והא רבקה **נפקת** דאיתילידא לבתואל בר GN 24:15
הרהורי לבי והא רבקה **נפקת** ולגינתא על כיתפא ונחתת GN 24:45
ישראל: ורוחא דעל עולא **נפקת** ונטלת ברוגזא מן ייי ובעא NU 11:31
ירחא דאביבא ארום ביה **נפקת** ממצרים ולא יתחמון קדמיי EX 23:15
הוות לן כל טבתא וכדו **נפקתא** מן ארען יבישו בירן GN 26:28
אתיב ית ברך לארעא די **נפקתא** מתמן: ואמר ליה אברהם GN 24:5
ענייא ארום בבהילו **נפקתון** מארעא דמצרים מן בגלל DT 16:3
ארום בירחא דאביבא **נפקתון** פריקין ממצרים: כל פתח EX 34:18
דכירין ית יומא הדין די **נפקתון** פריקין ממצרים מבית EX 13:3
ויבעון מטו מיני למימר **פוק** אנת וכל עמא דעימך ומבתר EX 11:8
אתפרש מן ילדותך **פוק** מבית אבוך זיל לארעא GN 12:1
קדמי תמן קיים כדון קום **פוק** מן ארעא הדא ותוב לארע GN 31:13
ומליל ייי עם נח למימר: **פוק** מן תיבותא את ואינתתך ובנך GN 8:16
בקל עציב וכן אמר קומו **פוקו** מגו עמי אוף אתון אוף בני EX 12:31
ברתויי ואמר קומו **פוקו** מן אתרא הדין ארום מחבל ייי GN 19:14
למשה ולאהרן ולמרים **פוקו** תלתיכון למשכן זימנא ונפקו NU 12:4
חמישאיי: ואמר אלקים **תהנפק** גרגישתא דארעא נפשת GN 1:24
זעירתא לאמהן לא **תיפוק** במפקנות עבדייא כנענאי EX 21:7
ומתרע משכן זימנא לא **תיפקון** דילמא תמותון ארום משח LV 10:7
ריגלא חולף ריגלא: ארום **תיפקון** לסדרי קרבא על בעלי DT 20:1
דכשר קדם ייי: ארום **תיפקון** לסדרי קרבא על בעלי DT 21:10
דבביכון באורחא חד **תיפקון** לקדמותהון לסידרי קרבא DT 28:25
כרמיה ישלים: ארום **תיתפק** נור ותשכח כובין ותגמר EX 22:5
תהוויין לנשין: מטול דלא **תיתקף** אחסנא לבני ישראל NU 36:7
דבמן פחרא ואתון לא **תפקון** אינש מן תרע ביתיה עד EX 12:22
עימכון: מסוף תלת שנין **תפקון** ית כל מעשר עללתכון DT 14:28
ייי לתמן: בר זרע סגי **תפקון** לחקלא וזעיר תכנשון ארום DT 28:38
תתבחרון חיי דפרעה אין **תפקון** מיכא אלהין בדייתי אחוכון GN 42:15
בחבורא חדא יתאכל לא **תפקון** מן ביתא מן בישרא בר EX 12:46
מעם קהלא דייי: ארום **תפקון** משרויין על בעלי דבביכון DT 23:10
אחורי סנהדרין עיינין: לא **תפקון** צדדי רישיכון ולא תגלבון LV 19:27
תוקדון: ומתרע משכן לא **תפקון** שובעא יומין עד יום מישלם LV 8:33

נפש (182)

נפש כל בישרא אדמיה **בנפשיה** הוא ואמרית לבני ישראל LV 17:14
האילין דאתחייבו קטול **בנפשתהון** ויעבדון מנהון רדידי NU 17:3
מן חיותא חיא בזמן **דבנפשיה** ביה או דתליש מן חיותא GN 9:4
דלא נפרכס מן צערא **דנפשי** ונדחי לגובא דחבלא GN 22:10
על אחונא דחמינא אניקי **דנפשיה** כד הוה מפייס לנא ולא GN 42:21
ואמר לעבדוי עברו קדמי **וניפש** תשוון ביני עדרא וביני עדרא: GN 32:17
לית לחמא ולית מיא **ונפשנא** קנטת במנא הדין דמזוניה NU 21:5
וחמרי שיתין וחד אלפין: **ונפשת** אינשא מן נשיא דלא ידעו NU 31:35
או חברך דחביב עלך **כנפשך** ברז למימר נהך וניפלח DT 13:7
יהבית מיניה תכריכין **לנפש** דמית שמענן בקל מימרא DT 26:14
גוברין דחילא בזוז גבר **לנפשיה**: ונסב משה ואלעזר כהנא NU 31:53
קבל מיני קום ערוק לך **לנפשך** ואיזל לות לבן אחי לחרן: GN 27:43
תחות טוניה ותמנוע **לנפשך** מלמקרוב ליה משבוק EX 23:5
ותסתמרון לחדא **לנפשתיכון** ארום לא חמיתון כל DT 4:15
תיכלון: וברם ית דימכון **לנפשתיכון** אתבוע מן ידא דכל GN 9:5
כדון תירוק קדמוי רוקא **נפישא** דמתחמי לחכימיא ותתיב DT 25:9
מן דיתעביד למיכל כל **נפש** איהו בלחודוי יתעביד לכון: EX 12:16
יתקטל בסייפא: ודיקטול **נפש** בעירא ישלמינה נפשא חלף LV 24:18
וכל קייום איסרא לסגפא **נפש** בעלה יקיימינון ובעלה NU 30:14
דהוו מסאבין לטמא **נפש** בר נש דמית עליהון בתכוף NU 9:6
ואתון חכימתון ית אניק **נפש** גייורא ארום דיירין הוויתון EX 23:9
דיסער על בית אפיכון על **נפש** דמית: ארום עם קדיש אתון DT 14:1
ושורטת חיבול על **נפש** דמית לא תיתנון ביבשרכון LV 19:28
דדאיב וכל דמסאב לטמי **נפש** דמית: מדכורא ועד נוקבא NU 5:2
גבר על חבריה ויקטליניה **נפש** היכדין פיתגמא הדין: ארום DT 22:26
וחשכת עיינין ומפחת **נפש**: ויהון חייכון תליין לכון מקביל DT 28:65
ויקום עלוי ויקטליניה **נפש** וימות ויעירוק לחדא מן קרויא DT 19:11
תיסגי אורחא ויקטליניה **נפש** וליה לא אית חובת דין דקטול DT 19:6
דחד בגבר לכל סורחן **נפש** ולכל חוב ממון ולכל חטא DT 19:15
מכליא עיינין ומסייפא **נפש** ותידרעון לריקנו זרעכון דלא LV 26:16
בעפרא: ארום קייום **נפש** כל בישרא אדמיה בנפשיה הוא LV 17:14
לא תיכלון ארום קייום **נפש** כל בישרא אדמיה הוא כל מן LV 17:14
מגו עמיה: ארום קיום **נפש** כל בישרא באדמא הוא ואנא LV 17:11
ארום ישתכח בר נש גניב **נפש** מאחוי מבני ישראל ויעביד ביה DT 24:7
בשינוקא דסודרא: ודיגנוב **נפש** מבני ישראל ויזבניניה וישתכח EX 21:16
כשימשא דלא למקטל **נפש** עאל וקטליה חובת שפיכות EX 22:2
ליך בר דכר: והוה במיפק **נפשא** ארום מטת עלה מותא וקרת GN 35:18
דמא דאחוי אתבוע ית **נפשא** דאינשא: דישוד דמא דאינשא GN 9:5
נפשא דקטולא חולף **נפשא** דאיתתא: דמי עינא חולף EX 21:23
עיניכון נפשא חלופי **נפשא** דמי עינא חולף עינא דמי DT 19:21
ית ארעא דאדום וקנטת **נפשא** דעמא באורחא: והרהרו עמא NU 21:4
בארע אדומאי ותמן עקת **נפשא** דעמא באורחא: ונטלו NU 33:41
וכלין בחרשין ארום **נפשא** דעתיד למיפק מנהון הוא DT 24:6
מותא יהי בה ותדינון **נפשא** דקטולא חולף נפשא EX 21:23
דבהון מתעבד מזון לכל **נפשא** הוא ממשכן ולא יהוי גבר DT 24:6
ישלמינה נפשא חלף **נפשא**: וגבר ארום יתן מומא בחבריה LV 24:18
ליום נחמתא וית כל **נפשא** חייתא דרחשא דארחישו GN 1:21
שום וכל דקרי ליה אדם **נפשא** חייתא הוא שמיה: וקרא אדם GN 2:19
ירחשון רקקי מוי רחיש **נפשא** חייתא ועופא דטייס GN 1:20
דרחיש על ארעא דביה **נפשא** חייתא ית כל ירוקי עיסבין GN 1:30
ולא תיחוס עיניכון **נפשא** חלופי נפשא דמי עינא חולף DT 19:21
נפש בעירא ישלמינה **נפשא** חלף נפשא: וגבר ארום יתן LV 24:18
אדם ניכסא הוא על חובי **נפשא** יכפר: בגין כן אמרית לבני LV 17:11
ארום אדמא הוא קייום **נפשא** לא תיכלון אדמא דביה DT 12:23
אדמא דביה קייום **נפשא** עם בישרא: לא תיכלוניה על DT 12:23
סיפתהא דאסרת על **נפשה** בבית איבה ולא בטיל איבה NU 30:7
או אסרת איסרא על **נפשה** בקיימא: וישמע בעלה NU 30:11
סיפתהא דאסרת על **נפשה** ומן קדם ייי ישתרי וישתביק NU 30:9
וכל איסרהא דאסרת על **נפשה** יתקיים: ואין יבטל איבהא NU 30:5
ואיסרהא דאסרת על **נפשה** יתקיימון: ואין ביומא דשמע NU 30:8
וכל איסרי דאסרת על **נפשה** יתקיימון ולית איבהא זכי בה NU 30:12
ואיסרא דאסרת על **נפשה** לא יתקיימון ומן קדם ייי NU 30:6
ומיתרכא כל דאסרת על **נפשה** קום עלה: ואין עד דהיא בבית NU 30:10
ואיסרה דאסרת על **נפשהא** ויתכווין וישתוק לה איבהא NU 30:5
לנדרהא ולאיסרי **נפשהא** לא יתקיימון ואין בעלה NU 30:13
הוינא דמיין באנפי **נפשהון**: וארימת כל כנישתא ויהבו NU 13:33
יצדי יתהון עד דיפח **נפשהון** ויצדון כמא דאצדי קרוי NU 21:30
גוברין צדיקין ומסרון **נפשהון** מאלפיא דישראל אלפא NU 31:5
דייטב לי בגינך ותתקיים **נפשי** אמטולתיך: והוה כדי על GN 12:13
עימן ולא אנא באנפי **נפשי** בחורב למימר סגי לכון DT 1:6
ילטטינך ייתון עלי ועל **נפשי** ברם קבל מיני ואיזל סב לי: GN 27:13
ציבחר היא ותתקיים **נפשי**: ואמר ליה הא נסיבית אפך GN 19:20
העבדתא עמי לקיימא ית **נפשי** ואנא לא יכילנא לאישתיזבא GN 19:19
בעטתהון לא אתרעיית **נפשי** ובמכנשהון לשכם למחרבא GN 49:6
כל קבל אפין ואישתיזבת **נפשי**: ודנח ליה שימשא קדם זמניה GN 32:31
דברי בגין דתברכינך **נפשי** וקריב ליה ואכל ולא הוה GN 27:25
למעכבא לא הוינא מסר **נפשי** לאתגזרא ואנת אתגזרת בר GN 22:1
עבדי קרבי וכד תתמלי **נפשי** מן אדם קטיליהון מן בתר EX 15:9
לפנחס אין תקיים ית **נפשי** משתבענא לך דכל יומין דאנא NU 31:8
ומן דהוה צבי לסגופי **נפשי** נסיבו אבנא ושוויו תחותוי EX 17:12
ואיכול בגין דתברכינך **נפשי** עד לא אימות: ורבקה שמעת GN 27:4
למימר שכם ברי רעיית **נפשיה** בברתכון הבו בבעו יתה ליה GN 34:8
עימה וסגפה: ואתרעיית **נפשיה** בדינה ברת יעקב ורחים ית GN 34:3
מן טוורא: וכיוון דנח **נפשיה** דאהרן אסתלקו עננא יקרא NU 20:29
ומלך בערד ארום נח **נפשיה** דאהרן ואסתלק עמודא NU 21:1
הוא סבר לקיימה ית **נפשיה** ולא יקבול עלך קדם ייי ויהי DT 24:15
יתשוי עלוי ויתן פורקן **נפשיה** ככל מה דישוון עלוי EX 21:30
ממידעם דהיתירא על **נפשיה** לא יפיס פיתגמיה ברם בית NU 30:3
וייתי בכל כרוך דרעיא **נפשיה** לאתרא דיתרעי ייי: וישמש DT 18:6
הוא זמרי דאשאיל **נפשיה** לזנותא הי ככנענאי אילין EX 6:15
דמננון משה גבר פורקן **נפשיה** מאה קינטנרין ואלפא ושבע EX 38:25

ויתנון גבר פורקן **נפשיה** קדם ייי כד תימני יתהון ולא EX 30:12
קיימי אורייתי רחיקת **נפשיהון:** ואוף על כל דא ארחים LV 26:43
לות אחהי וחמא באניק **נפשיהון** ובסוגי פולחנהון וחמא גבר EX 2:11
בקירויכון בכל ריגוג **נפשיכון:** ברם הכמא דמתאכל DT 12:21
עד דיסוף בדבונא **נפשיכון** ומרי עלמא יצדי יתהון עד NU 21:30
אלקכון בכל ליבכון ובכל **נפשיכון:** למנטור ית פיקודוי דאנא DT 10:12
לכון: לחוד בכל רעות **נפשיכון** תיכסון ותיכלון בישרא הי DT 12:15
ואמר משה לפרעה שבח **נפשך** בגיני לאימת דאנת בעי EX 8:5
ותיתן כספא בכל דיתרעי **נפשך** בתורי ובענא ובחמר חדת DT 14:26
מצידי בגין דתברכינני **נפשך:** ואמר יצחק לבריה מה דין GN 27:19
דבריה בדיל דיתברכינני **נפשך:** ואמר ליה יצחק אבוי ואמר GN 27:31
דיוסף ברי סליקת **נפשך** ומדינא דתמר תהי משזיב GN 49:9
אפשר תוב למקיימא ית **נפשך** ומן יד שלף סייפיה מן תיקה NU 31:8
ועתיק ובכל דתשיילינך **נפשך** ותיכלון תמן קדם ייי אלקכון DT 14:26
לות אבהתך בשלם תנוח **נפשך** ותתקבר בסיבו טבא: ודרא GN 15:15
עם לוט ואמר לה חוס על **נפשך** לא אסתתכל לאחורך ולא GN 19:17
דילמא לא הוית מסר **נפשך** לאתגזרא מתיב יצחק ואמר GN 22:1
בישרא ארום תירוג **נפשך** למיכול בישרא בכל ריגגת DT 12:20
איליין דהוו תבעין ית **נפשך** למיסב יתה: ואמר משה יאות EX 10:28
גובריא דהוו תבעין ית **נפשך** למיסב יתה: ודבר משה ית EX 4:19
דחברך ותיכול כרעוות **נפשך** עד דתיסבע ולות צנך לא DT 23:25
בישרא בכל ריגגת **נפשך** תיכול בישרא: ארום יתרחק DT 12:20
אלקכון בכל ליבכון ובכל **נפשכון:** ארום תפקידתא הדא דאנא DT 30:10
בכל לבבכון ובכל **נפשכון:** בתר פולחנא דייי אלקכון DT 13:4
קודמוי בכל ליבכון ובכל **נפשכון:** ואיתן מיטרא דארעכון DT 11:13
ליבכון ואפילו נסיב ית **נפשכון** ובכל ממונכון: ויהון DT 6:5
ובניכון בכל ליבכון ובכל **נפשכון:** ויקבל מימריה ברעוא ית DT 30:2
אילין על לבכון ועל **נפשכון** ותקטרונון יתהון כד הינון DT 11:18
יתהון בכל ליבכון ובכל **נפשכון:** ית ייי חטבתון חטיבא חדא DT 26:16
קדמוי בכל לבכון ובכל **נפשכון:** כד תיעוק לכון ויארעון DT 4:29
למימר אין איתרעו עם **נפשכון** למקבר ית מיתי מן מחמי GN 23:8
אלקכון בכל ליבכון ובכל **נפשכון** מן בגלל דיוגדון חייכון עד DT 30:6
ית אילין ליעקב שיתיסר **נפשן:** בני רחל איתת יעקב יוסף GN 46:18
גבר נפיק חקל קטיל **נפשן** דהוא קטל ית נמרוד וית חנוך GN 25:27
לשמא דייי תלתין ותרין **נפשן:** ויהב משה ית סכום נסיבת NU 31:39
והווינא דמיין באנפי **נפשנא** הי כקמצין והכדין הוינא NU 13:33
בצליא וית תומיא: וכדון **נפשנא** מנגבא לית כל מידעם NU 11:6
דסדום לאברם הב לי **נפשת** אינשא דעימי דאתובתא GN 14:21
וית בנוי וית בנתוי וית כל **נפשת** ביתיה וית גיתוי וית בעירויי GN 36:6
וית דינה ברתיה כל **נפשת** בנוי וברתיה תלתין ותלת: GN 46:15
תהנפק גרגישתא דארעא **נפשת** ברייתא ליזנה זני דכיין וזני GN 1:24
מן בגלל דלא יעלון תמן **נפשת** דרדקי עמא דישראל: ותיסב EX 40:8
דבעירא ועופא וכל **נפשת** חייתא דרחשא על ארעא: LV 11:46
מימרא דאלקים ובין כל **נפשת** חיתא בכל ביסרא דעל GN 9:16
מימרי וביניכון ובין כל **נפשת** חיתא בכל ביסרא ולא יהי GN 9:15
בניכון בתריכון: ועם כל **נפשת** חיתא דעימכון בעופא GN 9:10
מימרי וביניכון ובין כל **נפשת** חיתא דעימכון לדרי עלמא: GN 9:12
דאיתילידו ליעקב כל **נפשתא** ארבסרי: ובנוי דדן זריזין GN 46:22
דינא ממונא ומנהון דיני **נפשתא** בדיני ממונא הוה משה זריז LV 24:12
דיני ממונא ומינהון דיני **נפשתא** בדיני ממונא הוה משה זריז NU 15:34
דיני ממונא ומינהון דיני **נפשתא** בדיני ממונא הוה משה זריז NU 27:5
דקריב לביתיה בסכום **נפשתא** גבר לפום מיסת מיכליה EX 12:4
כל קיניינהום דיקנו וית **נפשתא** דיגיירו בחרן ונפקו למיזל GN 12:5
האילין וישתיציין **נפשתא** דיעבדן הכדין מגו עממין: LV 18:29
כסכום מניין שובעין **נפשתא** דישראל דנחתו למצרים: DT 32:8
כל נפשתא שובעא: כל **נפשתא** דעלא עם יעקב למצרים GN 46:26
הוה משה זריז ובדיני **נפשתא** הוה משה מתין ובאיליין NU 15:34
הוה משה זריז ובדיני **נפשתא** הוה משה מתין ובאיליין NU 27:5
הוה משה זריז ובדיני **נפשתא** הוה מתון ובאיליין LV 24:12
מתין מן בגלל דהוו דיני **נפשתא** ובצתהון הוה משה זריז מן NU 9:8
דיהון מתינין בדיני **נפשתא** וזריזין בדיני ממונא ולא NU 9:8
ממונא ומתונין בדיני **נפשתא** ולא יבהתון למישאלא LV 24:12
ממונא ומתונין בדיני **נפשתא** ולא יבהתון למשיילא דינא NU 15:34
ממונא ומתונין לדיני **נפשתא** ולא יבהתון למשיילא דינא NU 27:5
ביני דיני ממונא לדיני **נפשתא:** ונטלנא מחורב והליכנא ית DT 1:18
ביני שוריא סכום כל **נפשתא** לבית יעקב דעלא למצרים GN 46:27
לאדם דכי וביני דיני **נפשתא** לדיני ממונא ביני מוכתש DT 17:8
פירוש דנידרא בעילוי **נפשתא** לשמא דייי: ויהי עילוייה LV 27:2
בעיניכון: בשובעין **נפשתא** נחתו אבהתכון למצרים DT 10:22
גד ואשר: והוה סכום כל **נפשתא** נפקי ירכא דיעקב שובעין EX 1:5
נפקי ירכא דיעקב שובעין **נפשתא** עם יוסף ובנוי דהוו במצרים: EX 1:5
ית אילין ליעקב כל **נפשתא** שובעא: כל נפשתא דעלא GN 46:25
מנשיהון דבני יעקב כל **נפשתא** שיתין ושית: ובנוי דיוסף GN 46:26
ידעו תשמיש דכורא כל **נפשתא** תלתין ותרין אלפין: והוות NU 31:35

דאיתילידו ליה במצרים **נפשתא** תרין ויוסף דהוה במצרים GN 46:27
וגבר ארום יקטיל כל **נפשתיה** דבר נשא מבני ישראל LV 24:17
מטול למכפרא על אדם **נפשתיכון** ארום אדם ניכסא הוא LV 17:11
למיכל ולא תשקצון ית **נפשתיכון** בבעירא דריסת חייתא LV 20:25
ית סדרי דיניי תרחיק **נפשתיכון** בדיל דלא למעבד ית כל LV 26:15
אנא ולא תסאבון ית **נפשתיכון** בכל ריחשא דרחיש על LV 11:44
הינון: לא תשקצון ית **נפשתיכון** בכל ריחשא דרחש ולא LV 11:43
עומרא לגולגלתא מניין **נפשתיכון** גבר לפום סכום אינשי EX 16:16
טב קדם ייי לכפרא על **נפשתיכון:** ומליל עם משה למימר: EX 30:16
קדם ייי לכפרא על **נפשתיכון:** ותיסב ית כספא EX 30:15
הוא לכון ותענון ית **נפשתיכון** ותשרון לציימא בתשעא LV 23:32
אסתמרו לכון וטורו **נפשתיכון** לחדא דילמא תתנשון ית DT 4:9
קדיש יהי לכון ותענון ית **נפשתיכון** ממיכלא ומשיתיא LV 23:27
יהי לכון ותסגפון ית **נפשתיכון** מן מיכלא ומישתיא מבי NU 29:7
יומין לירחא תענון ית **נפשתיכון** מן מיכלא ומן מישתיא LV 16:29
לא תעבדון ותענון ית **נפשתיכון** קיים עלם: ויכפר כהנא די LV 16:31
דינא רבא למכפרא על **נפשתן** קדם ייי: ונסיב משה ואלעזר NU 31:50

נצב (17)

ישכלליניה: ומן גברא **דינצב** כרמא ולא פרקיה מן כהנא DT 20:6
סייפי לסייפי מן אילנא **דנציב** אברהם אבונן בבירא דשבע EX 36:33
סייפי לסייפי מן אילנא **דנציב** אברהם בבירא דשבע וכד EX 26:28
ואמר דין הוא אילנא **דנציב** אברהם בבירא דשבע וצלי EX 26:28
עינין ולמצתות אודנין: **ואיתנציב** במימרא דייי אלקים GN 2:8
ותבו לארע פלישתאי: **ואנציב** פרדיסא בבירא דשבע GN 21:33
נהרא מן גינוניתא דעדן **ונצביה** לכרמא וביה ביומא אנייצת GN 9:20
וארום תיעלון לארעא **ותינצבון** כל אילן דמיכלא ותגזרון LV 19:23
דיובקא: תעיל יתהון **ותנצוב** יתהון בטור בית מוקדשך EX 15:17
כשר לבית דרע ואוף לא **למינצב** תינין וגופנין ורומנין ומוי NU 20:5
כרמין וזיתין דלא טרחת **למנצב** ותיכול ותיסבוע: אסתמרו DT 6:11
היכמא דליתיכון רשאין **למנצוב** אשירתא לסטר מדבחא DT 16:21
קדיש ליה איתא **נציב** ליה אכוורנקי דמלכייא בנא DT 32:50
שיטא קיימין הי כאורח **נציבהון:** עשר אמין אורכא דלוחא EX 36:20
שיטא קיימין הי כאורח **נציביהון:** עשר אמין אורכא דלוחא EX 26:15
יקרסם יתיה גובאי: כרמין **תנצבון** ותפלחון וחמרא לא תשתון DT 28:39
ולא תיתיב ביה כרמא **תנצוב** ולא תחליניה: תוריכון יהון DT 28:30

נצח (12)

קרבא ולא קל חלשין **דמתנצחין** מן בעלי דבביהון בסידרי EX 32:18
ואמר לא קל גיברין **דנצחין** בסידרי קרבא ולא קל EX 32:18
וגבורת ידא תקיפתא **וניצחנות** אדרע מרממא כד אפקכון DT 7:19
למעבד יפתח דמן גלעד **וניצחנין** דשמשון בר מנוח דמן DT 34:1
גיברין ותקיפין בפיקודיא **ונצחני** קרבא ופוק מתחות ענני EX 17:9
דבארעא ההיא תסנוור **ותנצח** יתהון ולא ניסוק לתמן: NU 16:14
ידוי עתידין בית ישראל **למנצחא** לגוג ולסיעתיה בסוף EX 40:11
אהי מן סיעתיה ואילו **נצח** אברם אהי מן סיעתיה וכד GN 11:28
ליביה דהרן למימר אילו **נצח** נימרוד אהי מן סיעתיה ואילו GN 11:28
מן דיינייא וסידרי **נצחן** קרביהון ולמכפרא על דיינייא EX 28:15
קדם ייי מתעביד לכון **נצחנות** קרביכון כיתא דהות אמרא EX 14:14
באתין ובתימהין ובסדרי **נצחני** קרבין ובאדרע מרמם DT 4:34

נצי (24)

בתר פיתגמיא האילין מן **דינצו** יצחק וישמעאל ישמעאל GN 22:1
נסיונא ומצותא בגין **דנצו** בני ישראל עם משה ובגין EX 17:7
להון: הינון מי מצותא **דנצו** בני ישראל קדם ייי על עיסק NU 20:13
דאתרא ההוא נסיונא **ומצותא** בגין דנצו בני ישראל עם EX 17:7
על משה ועל אהרן: **ונצא** עמא על משה ואמרו למימר NU 20:3
דינא רבא: וממרירו ליה **ונצו** ליה כל חרשי מצראי ואוף GN 49:23
תמן ביר מוי נבעין: **ונצו** רעוותא דיגרר עם רעוותא GN 26:20
הוה מוי למישתי עמא: **ונצו** רשיעי עמא עם משה ואמרו EX 17:2
דכסף זביניה הוא: וארום **ינצון** גוברין וימחון איתתא מעברא EX 21:22
באטלות אבנין: וארום **ינצון** גוברין וימחון חד לחבריה EX 21:18
דציני טור פרזלא מי **מצותא** אבל ודמוכה סמיך לגיניסר NU 34:11
אברם ללוט לא כען תהי **מצותא** בינא ובינך ובין רעוותיי ובין GN 13:8
דסריבתון על מימרי במי **מצותא:** דבר ית אהרן וית אלעזר NU 20:24
די אתין להון: הינון מי **מצותא** דנצו בני ישראל קדם ייי על NU 20:13
דמשה נביא על עינא דמי **מצותא** היא ריקם ומחו ית כל GN 14:7
פיתגמיא האיליין הוו **מתנציין** על אנפי ברא וקם קין על GN 4:8
עימיה: וחפסו ביר אוחרי **נצו** אוף עלה ויבשת ותו לא נבעת GN 26:21
על מימרא דייי ובמשה **נצו** למא אסקתונא ממצרים לממת NU 21:5
וחפס ביר אוחרי ולא **נצו** עלה הי כקדמאי וקרא שמא GN 26:22
ביקר שכינתא דייי ועימך **נצינא** צלי קדם ייי ויעדי מיננא ית NU 21:7
ואמר להון משה מה **נצן** אתון עימי ומה מנסון אתון EX 17:2
ואבירם גוברין יהודאין **נצן** וכד חמא דיזקף דתן ידיה על EX 2:13
וטבן: והא שבעא תובלי **נצן** לקיין שקיפן קידום צמחן GN 41:23
יטיילו ואמר להום לא **תתנצון** על עיסק זבינתי דילמא GN 45:24

נצץ (3)
חייתא ובעופא דריס בר **נצצא** ובכל מן דתרחש ארעא LV 20:25
וית ציפר שחפא וית בר **נצצא** לזנוי: וית קפופא וית שלי נונא DT 14:15
וית ציפר שחפא וית בר **נצצא** ליזניה: וית צידא וית שלי LV 11:16

נקט (3)
חולף אימר חד מן בגלל **דאקטיה** בגניבותיה ולית בה EX 21:37
יוסף ית רוחצניה דלעיל **ונקט** רוחצניא דבר נש ואמר לרב GN 40:14
כהילכת זעירותיה והוה **נקיט** כסא דכספא בידיה GN 43:33

נקי (3)
חוורא במשכא כעמר **נקי** והיא הפכת שערא למחוור LV 13:10
והא תלתא סלין דצביתא **נקיא** על רישי: ובסלא עילאה מכל GN 40:16
ושדיות אדם זכיי ושנוי **נקיין** מן חלבא דלא למיכל חטוף GN 49:12

נקם (3)
דאשתדי הוא פרע ונטר **וניקמא** דפורענותא יחזר על בעלי DT 32:43
חובא: לא תהוון **נקמין** ולא נטרין דבבו לבני עמך LV 19:18
מטא זימנא למתיהבא **נקמתא** באדום בידהון: ונטלו מרקם NU 20:21

נקף (20)
ואתחיילון על מדין **אקפוהא** מתלת טריגונהא היכמא NU 31:7
ייי לי למימר: סגי לכון **דאקיפתון** ית טורא הדין אתפנו DT 2:3
נהרין: שום חד פישון הוא **דמקיף** ית כל ארע הינדיקי דתמן GN 2:11
נהרא תניינא גיחון הוא **דמקיף** ית כל ארעא דכוש: ושום GN 2:13
בית במסיא וית קרתא **דמקפן** שורהא גליף שמהת גיברהא NU 32:38
עם בלק ואתון לקרתא **דמקפן** שורין לפלטיוון קרתא NU 22:39
היכמה דמליל ייי לי **ואקיפנא** ית טורא דגבלא יומין DT 2:1
ימא דמילחא מדינחא: **ויקיף** לכון תחומא מן דרומא NU 34:4
מנשה ויחות תחומא **ויקיף** לתחום ימא דגיניסר NU 34:11
אדריא ויעיבר לקיסם: **ויקיף** תחומא מקיסם לנילוס NU 34:5
לסכיין בעינא בישא בכון **ומקיפין** לכון כתריסין בסיטריכון NU 33:55
כופרניא דלית להון שור **מקף** חזור חזור הי כטינדיסין LV 25:31
שיריא תורא בשיפמיה **מקף** לפומיה חזור חזור מטול דלא EX 39:23
תורא בשיפמיה יהי **מקף** לפומיה חזור חזור עובד גרדא EX 28:32
דתורתא בקלל דפחר **מקף** מגופת שייע ויפלג ית קיטמא NU 19:9
מגופתא מחברא ביה **מקף** על פמיה דיפריש ביניה ובין NU 19:15
תריסר שבטי ישראל **מקפין** דרגשא דדהבא דרביע עלה GN 49:1
על שמהת בני ישראל **מקפן** באומנותהון מרמצן דדהב EX 28:11
כל אילין קירווי מקרא **מקפן** שורין רמין אחידן בתרעין DT 3:5
הי כזיקין מיא נזליא **קפו** עליהון תהומיא בגו פילגוס EX 15:8

נקף (4)
ית ידיהון על עגלתא **דנקיפא** בחקלא: ויתיבון ויימרון גלי DT 21:6
באימרא ואין לא תיפרוק **ותינקפיה** בקופיץ וכל בוכרא דברך EX 34:20
ארעא ממלל פמי: **ינקוף** על מרודיא היך מיטרא DT 32:2
באימרא ואין לא תפרוק **תינקוף** יתיה וכל בוכרא דאינשא EX 13:13

נקר (2)
הוא משרוייך די שוית **בניקריא** דטינריא מדורך: ארום אין NU 24:21
דייי זחלא ופכר טוורא **ונקריה** וטמע רישיה בגויה בעא NU 21:35

נרגא (1)
והלכא אזל משה ונסב **נרגא** ברת עישרתי אמין וטפז NU 21:35

נרתיק (1)
עיניכון: לא יהוי לכון **בנרתיקיכון** מתקלין דנכיל מתקלין DT 25:13

נשב (1)
ואישצי יתהון ביד ימיני: **אשבת** ברוח מן קדמך ייי כסון EX 15:10

נשי (25)
בוכרא מנשה ארום אמר **אנשי** יתי ייי ית כל ליאותי וית כל GN 41:51
חדא מן פיקודייך ולא **אנשיית**: לא אכלית ביומי אבלי DT 26:13
תקיפא דברא יתכון **אתנשתון** ואנשיתון מימרא אלקא DT 32:18
אידכר רב מזוגיא ית יוסף **ואנשייה** עד זמן די מטא קיצא מן GN 40:23
דברא יתכון אתנשתון **ואנשיתון** מימרא אלקא דעבד DT 32:18
דינוח רוגזא דאחוך מנך **ויתנשי** ית מה דעבדתא ליה ואשדר GN 27:45
שני כופנא מן בתריהן **ויתנשי** כל שובעא דהוה בארעא GN 41:30
דילכון יסגי: ויתרם ליבכון **ותתנשון** ית דחלתא דייי אלקכון DT 8:14
חצדכון בחקליכון **ותתנשון** עומרא בחקלא לא DT 24:19
ולא יחבלכון ולא **יתנשי** ית קימא דאבהתכון דקיים DT 4:31
מימרא דייי לכון ליבא **למינשי** אלהין למידע ועיינין DT 29:3
כזמן יומא הדין: ויהי אין **מינשא** תינשון ית דחלתא דייי DT 8:19
במנייא לצרוך מיכלהון **נשא** הימון רוח מערבא ואזלו: EX 10:19
בני ישראל ית גידא **נשיא** דעל פתי ירכא דבעירא GN 32:33
ימינא דיעקב באתר גדיא **נשיא**: וזקף יעקב ית ענוי וחמא והא GN 32:33
בית ניכסתא וסב גידא **נשייא** ואתקן תבשילא באפיהון GN 43:16
אלהין לצייתא ואתון **נשיתון** אורייתא דליבכון ורמזתון DT 29:3
הדין: ויהי אין מינשא **תינשון** ית דחלתא דייי אלקכון DT 8:19
אסתמרו לכון דילמא **תתנשון** דחלתא דייי אלקכון דפרק DT 6:12
קדל אתון: הוו דכירין לא **תתנשון** ית דארגזתון קדם ייי DT 9:7
איסתמרון לכון דילמא **תתנשון** ית דחלתא דייי אלקכון מן DT 8:11
נפשתיכון לחדא דילמא **תתנשון** ית פיתגמיא דחמיתון DT 4:9
אסתמרו לכון דילמא **תתנשון** ית קיימא דייי אלקכון DT 4:23
ליומי מלכא משיחא לא **תתנשי**: ויהי ארום תיעלון לארעא DT 25:19
ארום גלי קדמי דלא **תתנשי** מפום בניהון ארום גלי קדמי DT 31:21

נשיא (2)
כהנא ויהושע בר נון: **ונשיאי** ואמרכל חד אמרכל חד מן NU 34:18
דכסף תריסר כל קבל **נשיא** דבני ישראל בזיכי דדהבא NU 7:84

נשל (2)
תירוכין ויתן ברשותה **ויישיל** יתה מבייתיה או אכריזו DT 24:3
בי דינא ויתן ברשותא **וישיל** יתה מביתיה: ונפקת מבייתיה DT 24:1

נשם (12)
בבעו אלקא דשליט **בנישמת** כל בישרא אסי בבעו לה: NU 12:13
ימני מימרא דייי דשליט **בנשמת** בר נש ומיניה מתיהב רוח NU 27:16
על ארעא וכל בני נשא: כל **דנשמת** רוחא דחיין באנפוי מכל GN 7:22
שכיב בעפרא עם אבהתך **ונשמתך** תהוי גניזא בגניז חיי עלמא DT 31:16
אחסנא לא תקיימון כל **נישמא** לא לעבדין ולא לאמהן: DT 20:16
נשמתא דחיי והוות **נשמתא** בגופא דאדם לרוח ממללא GN 2:7
אל אלקא דשוי רוח **נשמתא** בגופי בני נשא ומיניה NU 16:22
ומקטל כולהון ביקידת **נשמתא** בשלהובית אישתא דנפקא NU 11:26
וחיור ונפח בנחירוהי **נשמתא** דחיי והוות נשמתא בגופא GN 2:7
ועד דלא נפקא כולא **נשמתא** לא תיכלון: וברם ית דימכון GN 9:4
בר נש ומיניה מתיהב רוח **נשמתא** לכל בישרא גבר מהימן על NU 27:16
בגוא אפיהון ואוקידת ית **נשמתהון** ברם גופיהון לא איתחרכו LV 10:2

נשק (13)
ליה ואתרכין על צווריה **ונשיך** ליה ובכון עשו בכא על צערא GN 33:4
ואקדים לבן בצפרא **ונשיק** לבנוי דיעקב ולבנתיה דיליה GN 32:1
וקריב יתהון לוותיה **ונשיק** להון וגפיף להון: ואמר ישראל GN 48:10
לקדמותיה וגפיף ליה **ונשיק** ליה ואעליה לביתיה ותני GN 29:13
כדון ושק לי ברי: וקריב **ונשיק** ליה וארח ית ריחא דלבושוי GN 27:27
לקדמות חמוי וסגיד **ונשיק** ליה וגייריה ושיילו גבר EX 18:7
על אנפי אבוי ובכא עלוי **ונשיק** ליה: ופקד יוסף ית עבדוי ית GN 50:1
דאיתגלי עלוי יקרא דייי **ונשיק** ליה: ותני משה לאהרן ית כל EX 4:27
דיוסף ועתיד למחרוב: **ונשיק** לכל אחוי ובכא עליהון GN 45:15
והוות טייפא עשרין שנין: **ונשק** יעקב לרחל וארים ית קליה GN 29:11
יצחק אבוי קריב כדון **ושק** לי ברי: וקריב ונשיק ליה וארח GN 27:26
ובכינרין: ולא אמתנתני **לנשקא** לבני ברתיי ולברתיי כדון GN 31:28
דייי בארעא דמואב על **נשיקת** מימרא דייי: בריך שמיה DT 34:5

נשרא (6)
טול שכינתיה והיכמא **דנישרא** פריס גדפוי על בנוי וטעין DT 32:11
קלילין כמא דטייס **נישרא** אומא דלא תישמע לישניה: DT 28:49
נטרא בבי דעייניה: היך **נישרא** דמעורר ומחיש לשרכפיה DT 32:11
יתאכלון שיקצא הינון ית **נישרא** וית עוזא וית בר גזא: וית LV 11:13
ודין דלא תיכלון מנהון **נשרא** ועוזא ובר ניזא: ודייתא חיורא DT 14:12
על ענני הי כעל גדפי **נשרין** מן פילוסין ואובילית יתכון EX 19:4

נתב (3)
כרביעות רוחי מיטרא **דמנתבין** על דיתאין בירח מרחשוון DT 32:2
זכותא דמשה ואהרן **ונתב** בימא רבא ואפרח שלוי מן NU 11:31
רחמין מן קדם אלקים **מנתבא** על אנפי מיא: ואמר אלקים GN 1:2

נתך (17)
בנורא יוקדון יתיה ויתהין **באתכות** אבר לפמהון ולא תהי זנו LV 20:14
בנך בתר טעוותהין: דחלן **דמתכא** לא תעבדון לכון: ית חגא EX 34:17
לפולחן טעוון ודחלן **דמתכן** לא תעבדון לכון אנא ייי LV 19:4
דנפלין מן מדבחא: **ואתיך** ארבע עיזקן בארבע EX 38:5
דדהב לגפופיה חזור חזור: **ואתיך** ליה ארבע עיזקן דדהב ויהב EX 37:13
ליה דיר דדהב חזור חזור: **ואתיך** ליה ארבע עיזקן דדהב על EX 37:3
וחפנון דהבא וויהון דהבא **ואתך** להון ארבעא חומרין דכסף: EX 36:36
עלוי דיר דדהב חזור חזור: **ותתיך** ליה ארבע עיזקין דדהב EX 25:12
יתהון דהבא וויהון דהבא **ותתיך** להון חמשא חומרין דנחשא: EX 26:37
מאה קנטינרין לכספא **לאתכא** ית חומרי קודשא וית EX 38:27
ארבעין יומין עבדו עיגל **מתכא** דלית בה משׁשא: ונסיב ית EX 32:19
מימרא דייי דינין טעוות **מתכא** הוו מתרככין טעוות אבנא NU 33:4
בטופרא ועבדיה עיגל **מתכא** ואמרו איליין דחלתך ישראל EX 32:4
ארבעתי דינין טעוות **מתכא** מתרככין טעוות אבנא EX 12:12
עבדתון לכון עיגלא **מתכא** סטיתון בפריע מן אורחא DT 9:16
דמו וכדון עבדו לכון עיגל **מתכו** וסגידו ליה ודבחו ליה EX 32:8
סיגדיהון וית כל צילמי **מתכוותהון** תסייפון וית כל NU 33:52

נתן (318)
הדין ואוניקתיה לי ואנא **איתין** ית סוטרייך ונסיבת איתתא EX 2:9
למעבד לי טבו קביל מיני **איתין** כספא דמי חקלא סב מיני GN 23:13
כפולחנא כן מיכל מתנה **איתן** בדכותא ית כהונתכון וחילוניי NU 18:7
יפונה הוא יחמינה וליה **איתן** ית ארעא דחברון דטייל בה DT 1:36
ארעא הדא דאמרית לכון **איתן** לבנכון ויחסנון לעלם: והוה EX 32:13
ואנת אמרת ביסרא **איתן** להון וייכלון ירח יומין: העינא NU 11:21
אינשי בייתי: ואמר מה **איתן** לך ואמר יעקב לא תיתן לי GN 30:31
לאתרא דאמר ייי יתיה **איתן** לכון איתא עימנא ונוטיב לך NU 10:29

סידרי קרבא ארום לא **איתן** לכון מארעהון ירותא ארום DT 2:9
ואברך יתה בגופה ואף **איתן** מינה לה בר לאברכיניה ביה GN 17:16
יתיה אטלות אבנין: ואנא **איתן** פנוייתא למעסוק בגברא LV 20:3
כל ארעא דאנת חמי לך **איתנינא** וליבנך עד עלמא: ואשוי ית GN 13:15
וליעקב למימר לבנך **איתנינה**: ואיזמן קדמך מלאכא EX 33:1
לאברהם וליצחק לך **איתנינה** ולבנך בתרך אתן ית ארעא: GN 35:12
לארכא ולפתיא ארום לך **איתנינה**: ופרס אברם למשכניה GN 13:17
דתירתון ית ארעהון ואנא **איתנינה** לכון למירת יתה ארע LV 20:24
בעיניכון ודתימרון לי **אתין**: אסגו עלי לחדא מוהרא GN 34:11
ייי לאברם ואמר לבנך **אתין** ית ארעא הדא ובנא תמן GN 12:7
ית קהלא הדין לארעא די **אתין** להון: הינון מי מצותא דנצו בני NU 20:12
ותקיים עלי למימר לבנך **אתן** ית ארעא הדא הוא יזמן GN 24:7
ממלכותא למימר לבנך **אתן** ית ארעא הדא מנילוס דמצרים GN 15:18
לך איתנינה ולבנך בתרך **אתן** ית ארעא: ואיסתלק מעילווי GN 35:12
ואבריכינך ארום לך ולבנך **אתן** ית כל ארעתא האילין ואקיים GN 26:3
מהימהי אתון ית אחוכון **אתן** לכון וית ארעא תתגרון GN 42:34
לסדרי קרב ארום לא **אתן** לכון מארע בני עמון ירותא DT 2:19
תיתגרון בהון ארום לא **אתן** לכון מארעתהון עד כמיסת DT 2:5
וליעקב למימר לבניכון **אתנינא** אחמיית יתה בעיינך ותמן DT 34:4
הינון יעלון לתמן ולהון **אתנינה** והינון יירתונה: ואתון DT 1:39
דאנת שכיב עלה לך **אתנינה** ולבנך: ויהון בנך סגיאין הי GN 28:13
ולממומי בגו בני עמיך **בדיתן** ייי ית ירכוניך מתמסיין וית NU 5:21
ית עיניהון מן גברא ההוא **בדיתן** מזרעיה לפולחנא נוכראה LV 20:4
ליה ולא יבאש ליבכון **במיתנכון** ליה ארום מטול פיתגמא DT 15:10
דקטורא: ויהב אברהם **במתנה** ית כל דליה ליצחק: GN 25:5
טב דאיתן יתה לך מן **דאיתן** יתה לגבר אוחרן תיב עימי: GN 29:19
ואמר לבן ברמיו טב **דאיתן** יתה לך מן דאיתן יתה לגבר GN 29:19
תיתן ית לוחי סהדותא **דאיתן** לך: ואיזמן מימרי לך תמן EX 25:21
ארונא ית לוחי סהדותא **דאיתן** לך: ותעבד כפורתא דדהב EX 25:16
ואמר מה משכונא **דאתן** לך ואמרת סיטומתך וחוטייך GN 38:18
מן ידי גוג ומשיריתיה **דאתן** למסדרא סדרי קרבא עמהון: DT 32:39
שינא חולף שינא היכמא **דיתן** מומא באינשא היכדין יתיהב LV 24:20
מינה קורבנא קדם ייי כל **דיתן** מיניה קדם ייי יהי קודשא: לא LV 27:9
ולא תהי זנו ביניכון: וגבר **דיתן** תשמישיה בבעירא אתקטלא LV 20:15
עינבא ועיבור שירויהון **דיתנון** קדם ייי לך יהבתינון: NU 18:12
עלה לשמא דייי וכל **דתיתן** לי חד מן עשרא אפרישיניה GN 28:22
ופרודולי קרווייא **דתיתנון** לליואי משור קרתא ולבר NU 35:4
ותמני קוריין: כל קירווייא **דתיתנון** לליוואי ארבעין ותמניא NU 35:7
קירווייא: וית קירווייא **דתיתנון** לליוואי ית שית קוריין NU 35:6
וית פרודוולהון: וקוריין **דתיתנון** מן אחסנת בני ישראל מן NU 35:8
ובר מכל נסיבתכון **דתיתנון** קדם ייי: ברם בחמיסר LV 23:38
כנישתא לדינא: וקירווייא **דתיתנון** שית קירוין קלטן קטולא NU 35:13
לכינשת שיבטין **ואיתין** ית ארעא הדא לברך בתרך GN 48:4
ואיגרי בהון גירין דקטול **ואיתין** מחת גבורת ידי במצרים EX 7:4
תריסר רברבין יוליד **ואיתיניניה** לעם סגי: וית קיימי GN 17:20
מייך נישתי אנא ובעיריי **ואיתן** דמי טימהון לחוד לית NU 20:19
עלי לחדא מוהרא ומתנא **ואיתן** היכמא דתימרון לי והבו לי GN 34:12
ואמר קטע אגרך עלי **ואיתן**: ואמר ליה אנת ידעת ית די GN 30:28
לסדרא בכון סדרי קרבא **ואיתן** ית כל בעלי דבבך קדמך EX 23:27
ומבתר כן יפטור יתכון: **ואיתן** ית עמא הדין לרחמין בעיני EX 3:21
ותירחק מימרי יתכון: **ואיתן** ית קורייכון צדיין ואשעמם LV 26:31
איקר תקוף מקדשיכון **ואיתן** ית שמיא דעילויכון ברירן הי LV 26:19
לאברהם ליצחק וליעקב **ואיתן** יתה לכון ירותא אנא ייי: EX 6:8
ית בנך הי ככוכבי שמיא **ואיתן** לבנך ית כל ארעתא האילין GN 26:4
ייי למשה כנוש ית עמא **ואיתן** להון מוי: בכן ישבח ישראל NU 21:16
קדמי לטוורא והוו תמן **ואיתן** לך ית לוחי אבנא דבהון רמיז EX 24:12
אינש בתיכון ואיתו לותי **ואיתן** לכון ית שפר ארג ארעא GN 45:18
בכל ליבכון ובכל נפשכון: **ואיתן** מיטרא דארעכון בעידניה DT 11:14
תינטרון ותעבדון יתהון: **ואיתן** מיטריא דארעכון בעידנהון LV 26:4
גבר דבני ביתא בחטופין **ואיתן** מכתש סגירו בבית ארע LV 14:34
חמריכון ומישחכון: **ואיתן** עיסבא בחקלך לבעירך DT 11:15
דרוח קודשא ביה כוותך **ואיתן** פיתגמי נבואתי בפמי וימלל DT 18:18
ידוע למטעי בתריהון **ואיתן** פנויתא למעסוק בבר נשא LV 20:6
יתהון בעלי דבביכון: **ואיתן** פניותא למעסוק בכון LV 26:17
קדמי והוי שלים בבישרך: **ואיתן** קימי בין מימרי ובינך ואסגי GN 17:2
חדתא תפנון מן אוצרכון: **ואיתן** שכינת יקרי ביניכון ולא LV 26:11
לרוחצן בארעכון: **ואיתן** שלמא בארעא דישראל LV 26:6
ואפיש יתך לחדא לחדא **ואיתנינך** לכינשין ומלכין שליטין GN 17:6
האנא מפיש לך ומסגי לך **ואיתנינך** לכינשת שיבטין ואיתין GN 48:4
לך לאלקא ולבנך בתרך: **ואתן** לך ולבנך בתרך ית ארעא GN 17:8
ואמר יוסף הבו גיתיכון **ואתן** לכון מזון בגיתיכון אין פסק GN 47:16
די ייכול כל אדמא **ואתן** פנוייתא למעסוק בבר נשא LV 17:10
לכון: גבר די ימזג כוותיה **ודיתן** מיניה על חילוניי דלא מבנוי EX 30:33
ויפסג יתה לפסגהא: **וינתנון** בני אהרן כהנא אישתא על LV 1:7

דדמוי יוסיף עלוי **ויתין** יתיה לכהנא וברם כהנא יכפר LV 5:16
כהנא מן אדמא דאשמא **ויתין** כהנא על גדירא מיצעא LV 14:14
כהנא מן אדמא דאשמא **ויתין** על גדירא מיצעא דאודנא LV 14:25
ייי בתרע משכן זימנא: **ויתן** אהרן על תרין צפירין עדבין LV 16:8
תירוכין קדם בי דינא **ויתן** ברשותא וישיל יתה מביתיה: DT 24:1
ויכתוב לה ספר תירוכין **ויתן** ברשותה ויישיל יתה מבייתיה DT 24:3
ומשמש עימה ומשתכחין: **ויתן** גברא דשמיש עימה לאבוהא DT 22:29
ארום טב לנא במצרים **ויתן** ייי לכון ביסרא ותיכלון: לא NU 11:18
עלוייה עד שתא דיובלא **ויתן** ית עלוייה ביומא ההוא LV 27:23
ויעיל מן לגיו לפרגודא: **ויתן** ית קטורת בוסמיא על אישתא LV 16:13
מרודיהון לכל חטאיהון **ויתן** יתהון בשבועה אימירא LV 16:21
שבעת זימנין קדם ייי: **ויתן** כהנא ממשחא דעל ידיה על LV 14:28
ייי קבל פרגודא דקודשא: **ויתן** כהנא מן אדמא על קרנת LV 4:7
באורחא הדין דאנא אזיל **ויתן** לי לחים למיכל וכסו למילבוש: GN 28:20
שובעין כמניינא עממיא: **ויתן** לך ית ברכתא דאברהם לך GN 28:4
לאשראה שכינתיה תמן: **ויתן** לך מימרא דייי מטוב טלין GN 27:28
ויוסיף חומש דמוי עלוי **ויתן** לכהנא ית קודשא: ולא יפסון LV 22:14
או מרי חלמא דזדנותא **ויתן** לכון את או תימהא: וייתי אתא DT 13:2
היכמא דקיים לאבהתכון **ויתן** לכון ית כל ארעא דקיים DT 19:8
בישרא לעפרא יסב כהנא **ויתן** למיא: ויוקם כהנא ית איתתא NU 5:17
ומפרשא כד הינון חמיין **ויתן** מוהי ואין יסרב לאפוקי מחי NU 20:8
יהוי מנח לפרסת ריגליכון **ויתן** מימרא דייי לכון תמן ליבא DT 28:65
ויסב ית שיער ריש ניזריה **ויתן** על אישתא דתחות דודא NU 6:18
דאיהי קלעת סער רישה **ויתן** על ידהא ית מנחת דוכרנא NU 5:18
מן סלא ועריך פטיר חד **ויתן** על ידי נזירא בתר דיגלב ית NU 6:19
עליה בעלה דאינתתא **ויתן** על מימר דייניא: ואין מותא EX 21:22
דחטאתא באצבעיה **ויתן** על קרנת מדבחא דעלתא וית LV 4:25
כהנא מן אדמא באדבעיה **ויתן** על קרנת מדבחא דעלתא וית LV 4:30
אדם חטאתא באדבעיה **ויתן** על קרנת מדבחא דעלתא וית LV 4:34
דצפירא כד הינון מערבין **ויתן** על קרנת מדבחא חזור חזור: LV 16:18
ויריק עלה משחא **ויתן** עלה לבונתא: וייתינא לות LV 2:1
מן עפר יקידת חטתא **ויתן** עלוי מי מבוע לגו מאן דפחר: NU 19:17
דממונא יתשוי עלוי **ויתן** פורקן נפשיה ככל מה דישוון EX 21:30
וחומש דמוי יוסף עלוי **ויתן** קרנא וחומשא למן דאתחייב NU 5:7
בני ישראל למניינהון **ויתנון** גבר פורקן נפשיה קדם ייי כד EX 30:12
דישמשון לה בהון: **ויתנון** יתה וית כל מנהא לחופאה NU 4:10
יתיה מאה סילעין דכסף **ויתנון** לאבוהא דעולימתא ארום DT 22:19
דיבחין אין תור אימר **ויתנון** לכהנא אדרעא דימינא DT 18:3
דמתעטפין בהון לדריהון **ויתנון** על אנפא גוליתהון שזיר NU 15:38
לחופאה דמשך ססגונא **ויתנון** על אסלא: ועל מדבחא NU 4:10
בחופאה דמשך ססגונא: **ויתנון** על קופא: וידרדון ית מדבחא NU 4:12
ויסבון מן אדמא **ויתנון** על תרין סיפייא ועילוי EX 12:7
ית ארונא דסהדותא: **ויתנון** עלוי חופאה דמשך ססגונא NU 4:6
עלוי לבוש ארגוון: **ויתנון** עלוי ית כל מנוי דישמשון NU 4:14
יפרסון לבוש דתיכלא **ויתנון** עלוי ית פילוותא וית בזיכיא NU 4:7
דקיים לך ולאבהתך **ויתנינה** לך: ותפרש כל פתח וולדא EX 13:11
ואעיל יתנא לארעא הדא **ויתנינה** לנא ארעא דהיא עבדא NU 14:8
קדישין מן כיורא בנטלא **ויתנינון** במן דחסף מטול דאיהי NU 5:17
ייי לתרע משכן זימנא **ויתנינון** לכהנא: ויעבד כהנא חד LV 15:14
דאנא מפקיד לכון יומנא **ויתנינכון** ייי אלקכון רמין וגיותנין DT 28:1
פקד ית בני ישראל **ויתננון** ליואי מאחסנת אחודתהון NU 35:2
דגבר לגו דישקיה **ולמיתן** להון זוודיין לאורחא ועבד GN 42:25
סתימיא קיציא גניזיא **ומתן** אגרהון דצדיקייא GN 49:1
אסגו עלי לחדא מוהרא **ומתנא** ואיתן היכמא דתימרון לי GN 34:12
למיגזור לכון כל דכורא: **וניתן** ית בנתנא לכון וית בנתיכון GN 34:16
יומי משתיא דדא **וניתן** לך אוף ית דא בפולחנא GN 29:27
בעידנהון בכיר ולקיש **ותיתן** ארעא פירי עללתא ואילן LV 26:4
אריחיא לא יעדון מיניה: **ותיתן** בגו ארונא ית לוחי סהדותא EX 25:16
טב קדם ייי תדירא: **ותיתן** בחשן דינא ית אוריא EX 28:30
עלתא על מדבחא: **ותיתן** ית כיורא ביני משכן זימנא EX 40:7
מצנפתא על רישיה **ותיתן** ית כלילא דביה חקיק שמא EX 29:6
וביני קודש קודשיא: **ותיתן** ית כפורתא בהדי כרוביא EX 26:34
כפורתא יהון אפי כרוביא: **ותיתן** ית כפורתא על ארונא EX 25:21
למפלח ית פולחן משכנא: **ותיתן** ית ליואי לאהרן ולבנוי מתנה NU 3:9
לעלמא בזכותהון: **ותיתן** ית מדבחא דדהבא לקטרת EX 40:5
על עמא בית ישראל: **ותיתן** ית מדבחא דעלתא קדם EX 40:6
ליה ארבע עיזקן דדהב **ותיתן** ית עיזקתא על ארבעה זיווין EX 25:26
על ארבעא חומרין דכסף: **ותיתן** ית פרגודא תחות פורפיא EX 26:33
חזור לעמא בית ישראל **ותיתן** ית פרסא דתרע דרתא מטול EX 40:8
יתהון עובד קליעא **ותיתן** ית שושלתא קליעתא על EX 28:14
תרתין עיזקן דידהב דכי **ותיתן** ית תרתין עיזקתא על תרין EX 28:23
על תרין סיטרי חושנא: **ותיתן** ית תרתין קליען דדהב על EX 28:24
דנחשא על ארבע ציטרוי: **ותיתן** יתה תחות סובבי מדבחא EX 27:5
ומן חמרי ומן כל בעירא **ותיתן** יתהון לליואי נטרי מטרת NU 31:30

ית פולחן משכן זימנא **ותיתן** יתהון לליוואי גבר כמיסת NU 7:5
דחינטין תעביד יתהון: **ותיתן** יתהון על סלא חד ותקריב EX 29:3
תרתין עיזקן דדהב **ותיתן** יתהון על תרין כתפי אפודא EX 28:27
תרתין עיזקן דדהב **ותיתן** יתהון על תרין סיטרי חושנא EX 28:26
דכיפוריא מן בני ישראל **ותיתן** יתיה על עיבידת משכן EX 30:16
ותחפי יתהון דהבא: **ותיתן** יתיה קדם פרגודא דעל EX 30:6
ויתיבינך על שימושך **ותיתן** כסא דפרעה בידיה GN 40:13
דיתרעי ייי אלקכון ביה: **ותיתן** כספא בכל דיתרעי נפשך DT 14:26
תיסב עשרין מעין סילעא: **ותיתן** כספא לאהרן ולבנוי פרקוני NU 3:48
לאמתך תיכתוב גט חירו **ותיתן** לה: לא יקשי בעינך במפטרך DT 15:17
ותפקיד יתיה למיחמיהון: **ותיתן** מזיו יקרך עלוי מן בגלל די NU 27:20
ותיכתוש מינה ותדיק **ותיתן** מינה קדם סהדותא במשכן EX 30:36
ליה ארבע עיזקין דדהב **ותיתן** על ארבע איזתוורוי ותרתין EX 25:12
דיכרא ותיסב מן אדמיה **ותיתן** על חסחוס אודנא דאהרן EX 29:20
על תרתין מרמצתא **ותיתן** על כתפי אפודא כל קבל EX 28:25
בטהריה דמסדר קדם ייי: **ותיתן** על סידורייא צריד לבונתא LV 24:7
ותיסב מאדמא דתורא **ותיתן** על קרנת מדבחא באדבעך EX 29:12
תקרב ית מנחת ביכורך: **ותיתן** עלה משח זיתא ותשוי עלה LV 2:15
משכן זימנא ובין מדבחא **ותיתן** תמן מוי: ויסבון מיניה בנטלא EX 30:18
זימנא וביני מדבחא **ותיתן** תמן מוי מטול חוביא דהדרין EX 40:7
במכנוש עללתא **ותיתנון** חומשא לפרעה.וארבע GN 47:24
לברתיה: ואין לית ברתא **ותיתנון** ית אחסנתיה לאחוי מן NU 27:9
ואין לית אחין מן אבוי **ותיתנון** ית אחסנתיה לאחי אבוי: NU 27:10
ואין לית אחין לאבוי **ותיתנון** ית אחסנתיה לקריביה NU 27:11
וסירתא וכל דדמי לנירא: **ותיתנון** יתה לאלעזר סגן כהניא NU 19:3
גברי מגיחי קרבא תיסבון **ותיתנון** לאלעזר כהנא אפרשותא NU 31:29
ותתכבש ארעא קדמיכון **ותיתנון** להון ית ארע גלעד NU 32:29
דתיסבון מן בני ישראל **ותיתנון** מיניה אפרשותא קדם ייי NU 18:28
תליתיתא דשמיטיתא **ותיתנון** מעשרא קמאה לליואי DT 26:12
מחר: וסבו גבר מחתיתיה **ותיתנון** עליהון קטורת בוסמין NU 16:17
עללין לְתמן למירתה **ותיתנון** שית שיבטין על טוורא DT 11:29
קודשא ממליל עימכון: **ותתנון** לאבא ית כל איקר דאית לי GN 45:13
והיכדין אמר ליה כדין **ינתנון** כל מאן דעבר על מינייניא EX 30:13
לבית יחוסי ואין לא **ינתנון** לך ותהי זכאי ממומתי: GN 24:41
ליה ברם מרי עלמא **יתין** בלבביה דיכיר יתהום וישיזב GN 38:25
מבר עשרין שנין ולעילא **יתן** אפרשותא קדם ייי: דעתיר לא EX 30:14
הות מרים אחתן חמיא **יתן** בגלותן ובטילטולן ובשיעבודן NU 12:12
חד תרין לחבריה: ארום **יתן** גבר לחבריה חמר או תור או EX 22:9
ית דליקתא: ארום **יתן** גבר לחבריה כסף או מנין EX 22:6
וצעריה ונזקיה ובהתיה **יתן** ואגר אסיא ישלם עד דמיתסי: EX 21:19
דחלתכון ואימתכון **יתן** ייי אלקכון על אפי כל יתבי DT 11:25
כל עמא דייי נביין ארום **יתן** ייי ית רוח נבותיה עליהון: NU 11:29
ויימר כהנא לאיתתא **יתן** ייי יתיך ללוט ולממומי בגו בני NU 5:21
ממישחא דעל ידיה **יתן** כהנא על חסחוס דאודנא LV 14:17
לוותי מלילית למימר: אם **יתן** לי בלק מלא קורטור דיליה NU 24:13
ואמר לעבדי בלק אין **יתן** לי בלק מלי קורטור דיליה כסף NU 22:18
עימיה: אין ריבוניה **יתן** ליה איתא אמתא ותיליד ליה EX 21:4
חובתא דמייתב קדם ייי **יתן** לכהנא בר מדכר כיפוריא די NU 5:8
תובו לות גברא: ואל שדי **יתן** לכון רחמין קדם גברא ויפטור GN 43:14
כסף תלתין סילעין **יתן** למריה דעבדא או דאמתא EX 21:32
חלף נפשא: וגבר ארום **יתן** מומא בחבריה היכמא דעבד LV 24:19
אגב אחסנתיה דיחסנון **יתן** מקירווי לליוואי: ומליל ייי עם NU 35:8
קדם פרגודא: ומן אדמא **יתן** על קרנת מדבחא דקדם ייי LV 4:18
מישחא דעל ידא דכהנא **יתן** על רישא דמידכי ויכפר עלוי LV 14:18
משחא דעל ידא דכהנא **יתן** על רישא דמידכי לכפרא עלוי LV 14:29
ישווי עלה מישחא ולא **יתן** עלה לבונתא ארום חטאתא LV 5:11
יריק עלה מישחא ולא **יתן** עלה לבונתא ארום מנחת NU 5:15
עלוי למריה דהוא דיליה **יתנינה** ביומא דתהא על חובתיה: LV 5:24
חקליה בכסף שלים **יתנינה** לי ביניכון לאחסנת קבורתא: GN 23:9
ואית עלם אחרן ואית **למיתן** אגר טב לצדיקיא ואית GN 4:8
בזמן דיתגלי מימרא דייי **למיתן** אגר טב לצדיקייא NU 24:23
ואמר ייי מן סיני אתגלי **למיתן** אורייתא לעמיה בית ישראל DT 33:2
משמעון חבריה ית שקיה **למיתן** אספסתא לחמריה בבי GN 42:27
עפרא אנת עתיד למיקום **למיתן** דינא וחושבנא על כל מה GN 3:19
קרבא: יומא דין שריית **למיתן** זועתך ודחלתך על אנפי כל DT 2:25
לא מתעביד כדין באתרין **למיתן** זעירתא קדם רבתא: אשלים GN 29:26
דיהי ליה לית ליה רשו **למיתן** חולק בכורותא לבר DT 21:16
בעלמא דאתי דעתיד **למיתן** חושבן חובתיה ליום דינא NU 15:31
ית ארעא לא תוסף **למיתן** חיל פירהא לך מטלטל וגלי GN 4:12
אתפקד מן קדם ייי **למיתן** ית אחסנת צלפחד אחונא NU 36:2
למעבד ית פיתגמא הדין **למיתן** ית אחתן לגבר דלא עורלתא GN 34:14
לא יזער מפלגות סילעא **למיתן** ית אפרשותא קדם ייי EX 30:15
ואמרו ית ריבוני פקיד ייי **למיתן** ית ארעא באחסנתא בעדבא NU 36:2
לארעא דקיימית במימרי **למיתן** יתה לאברהם ליצחק EX 6:8

ארעא טבתא דקיימתא **למיתן** לאבהתכון: אלהין כלב בר DT 1:35
יעקב ואמר במימריה **למיתן** לה בגין ורחל הות עקרה: GN 29:31
אקימית ית קיימי עמהון **למיתן** להום ית ארעא דכנען ית EX 6:4
לאברהם ליצחק וליעקב **למיתן** להון: ואזל משה למשכן בית DT 30:20
מימרא דייי לאבהתהון **למיתן** להון ואנת תפליג יתה להון: DT 31:7
דקיימית לאבהתהון **למיתן** להון: וכדון ישראל מה ייי DT 10:11
דקיים ייי לאבהתכון **למיתן** להון ולבניהון ארעא דפירהא DT 11:9
לאברהם ליצחק וליעקב **למיתן** להון ולבניכון בתריכון: DT 1:8
בנוי דישייר: מן לא **למיתן** לחד מנהון מבשר בנוי די DT 28:55
יהבת לי וסגין אית קדמך **למיתן** לי ברם מה הנייה אית לי GN 15:2
וארמלא ורחים גייורייא **למיתן** ליה מזון ואסטוליא: DT 10:18
לכולא דהוא בוכרא **למיתן** ליה תרין חולקין בכל מה DT 21:17
דקיים במימריה לאבהתך **למיתן** לך ארע עבדא חלב ודבש EX 13:5
מאתון נורא דכשדאי **למיתן** לך ית ארעא הדא למירתא: GN 15:7
לאברהם ליצחק וליעקב **למיתן** לך קירוין רברבן וטבן דלא DT 6:10
תיעלון לארעא דעתיד **למיתן** לכון ייי היכמא דמליל EX 12:25
מן ארעא דמצרים מטול **למיתן** לכון ית ארעְא דכנען למהוי LV 25:38
מן קדמיכון לאעלותכון **למיתן** לכון ית ארעהון אחסנא DT 4:38
מינן לי בישרא **למיתן** לכל עמא הדין ארום בכן NU 11:13
דקיים ייי לאבהתן **למיתן** לנא: ויסב כהנא ית סלא DT 26:3
מן בגלל לאעלא יתנא **למיתן** לנא ית ארעא דקיים DT 6:23
יתה בעדבא דפקיד ייי **למיתן** לתשעת שיבטין ופלגות NU 34:13
טב דעימיה בשמיא **למיתן** מטר ארעכון בזימניה בכיר DT 28:12
וקדם עבדוי דגרמהון **למיתן** סייפא בידיהון למיקטלנא: EX 5:21
חוטא דתכלתא מטול **למיתן** על מצנפתא מן לעילא EX 39:31
סדרי קרבא על מדין **למיתן** פורענות עמְא דיְיי במדין: NU 31:3
סרכוי למימר: לא תוספון **למיתן** תיבנא לעמא למירמי לבניא EX 5:7
לוותי: וסריבו נשיא **למיתן** תכשיטיהון לגובריהון ומן יד EX 32:3
ליה או דלא יצבי אבוהא **למיתנא** ליה כסף חמשין סילעין EX 22:16
איקר מטוורא דפארן **למיתנה** לבנוי דישמעאל ולא קבילו DT 33:2
איקר שכינתיה מגבלא **למיתנה** לבנוי דעשו ולא קבילו יתה DT 33:2
דקיים ייי לאבהתכון **למיתנה** להון כסכום יומין דקיימין DT 11:21
ולית עלם אחרן ולית **למיתתן** אגר טב לצדיקיא ולית GN 4:8
צלותא ואמר במימריה **למתן** לה בנין: ואתעברת וילידת בר GN 30:22
ומערתא דביה לך יהבתה **למתנא** באנפי בני עמי יהבתה לך GN 23:11
ומן דאתיהבת להון **למתנא** חזרת למיסוק עימהון NU 21:19
קרתא דשכם חולק חד **למתנא** יתיר על אחך דינסיבית GN 48:22
וממדברא איתיהבת להון **למתנה**: ומן דאתיהבת להון למתנא NU 21:18
כתיב בהון דאתיהבו להון **למתנה** מן טוור חורב: ומשה EX 33:6
אברהם ניכסין מיטלטלין **למתנן** ותריכינון מעילוי יצחק בריה GN 25:6
לאתאמרא על ידיהן **מיתן** תיתן להון ירתו ואחסנא בגו NU 27:7
קדם ייי ויהי בכון חובא: **מיתן** תיתנון ליה ולא יבאש ליבכון DT 15:10
בר מן יומי שביא דייי בר **ממתנתיכון** ובר מנידריכון ובר מכל LV 23:38
מיגו בני ישראל לכון **מתנא** יהיבין קדם ייי למפלח ית NU 18:6
עדביא כפולחנא כן מיכל **מתנה** איתן בדכותא ית כהונתכון NU 18:7
ית ליואי לאהרן ולבנוי **מתנה** הינון יהיבין ומסירין ליה NU 3:9
חולק ואחסנא עם אחוהי **מתנן** דיהב ליה ייי הינון אחסנתיה DT 10:9
יזכון כהניא לתלת **מתנן** דרועא ולועא וקיבתה ותהי NU 25:13
דיקדשון בני ישראל לכל **מתנת** קודשיהון דמשקרין בהון EX 28:38
ודין דזכיתי לך אפרשות **מתנתהון** לכל ארמות בני ישראל NU 18:11
ייי לאהרן כהנא: מכל **מתנתיכון** תפרשון ית אפרשותא NU 18:29
איליין לאיליין איתו **ניתן** כליל דרבו בריש פרוקן דהוה EX 15:18
לנא לינשין וית בנתנא **ניתן** להום: ברם בדא יתפייסון לנא GN 34:21
ויסוף לריקנו חיליכון ולא **תיתן** ארעכון ית מה דאתון מעלין LV 26:20
עמכון: ואמר אוף אנת **תיתן** בידנא נכסת קודשין ועלוון EX 10:25
בה: ומן זרעך לא **תיתן** בתשמישתה לציד בת עממין LV 18:21
מלעילא ובגו ארונא **תיתן** ית לוחי סהדותא דאיתן לך: EX 25:21
על ידיהן מיתן **תיתן** להון ירתו ואחסנא בגו אחי NU 27:7
לי ואיכול ומוי בכספא **תיתן** לי ואישתי לחוד אעיבר DT 2:28
איתן לך ואמר יעקב לא **תיתן** לי מדעם אוחרן אין תעביד לי GN 30:31
קליען דעל תרין סיטרוי **תיתן** על תרתין מרמצתא ותיתן EX 28:25
יחתון מיטרא וארעא לא **תיתן** עללתא ותיבדון בסרהוביא DT 11:17
היא: ובכל בעירא לא **תיתן** תשמישתך לאיסתאבא בה LV 18:23
ולציד איתת חברך לא **תיתן** תשמישתך לזרעא LV 18:20
למיעירוק לתמן ועליהון **תיתנון** ארבעין ותמני קוריין: כל NU 35:6
חיבול על נפש דמית לא **תיתנון** ביבשרכון וכתב חקיק LV 19:28
בית מוקדשא דמלילתון **תיתנון** ולענייי צדקתא מה DT 23:24
ארע אחסנתיכון פורקנא **תיתנון** לארעא: וארום אין יתמסכן LV 25:24
ישראל ית כספיכון לא **תיתנון** ליה בשערין ובריביין לא LV 25:37
באחוכון מסכינא ולא **תיתנון** ליה ויקבול עליכון קדם ייי DT 15:9
ייי ויהי בכון חובא: מיתן **תיתנון** ליה ולא יבאש ליבכון DT 15:10
דבריכיכון ייי אלקכון **תיתנון** ליה: ותהוון דכירין ארום DT 15:14
עניכון כמיסת קמורא **תיתנון** ליה: מטול דביה איתרעי ייי DT 18:4
לכון: וית תלת קירווייא **תיתנון** מעיברא ליורדנא וית תלת NU 35:14

ליה בשערין ובריביין לא **תיתנון** עיבוריכון: אנא הוא ייי LV 25:37
לגיור ערל דבקירויכון **תיתנונה** וייכלונה או תזבנון לבר DT 14:21
עד דתיסבע ולות צנך לא **תתן**: ארום תיעול למיסב אגרא DT 23:25
כלתיה היא ואמרת מה **תתן** לי ארום תיעול לותי: ואמר GN 38:16
עיזי מן ענא ואמרת אין **תתן** משכונא עד דתשדר: ואמר מה GN 38:17
מן כתפא ועד דרועא **תתנון** אפרשותא אפרשותא לכהנא LV 7:32
יתה: מן שירוי עצוותכון **תתנון** אפרשותא קדם ייי לדריכון: NU 15:21
וית תלת קירווייא **תתנון** בארעא דכנען קירווין קלטן NU 35:14
לכון ואבן מציירא לא **תתנון** בארעכון למגחן עלה ברם LV 26:1
לרשם חרית ציורא לא **תתנון** בכון אנא ייי: לא תפסון ית LV 19:28
לכון וסכום ליבנייא **תתנון**: וחמון סרכי בני ישראל יתהון EX 5:18
בהון בנתיכון לא **תתנון** לבניהון ובנתיהון לא תסבון DT 7:3
לקרויא חזרנותהון **תתנון** לליואי: ויהון קירווייא להון NU 35:2
בחיתונא עימנא בנתיכון **תתנון** לנא וית בנתנא תיסבון לכון: GN 34:9

נתק (16)

הלכא תהליך פיסיונתא **דנתקא** במשכא בתר דכותיה: LV 13:35
לכל מכתש סגירותא **ולניתקא**: ולצורעא דלבושא LV 14:54
יומין: ויחמי כהנא ית **ניתקא** ביומא שביעאה והא לא LV 13:34
מכתש צורעתא למכתש **ניתקא** ביני מסאבא לביני דכיא הי DT 24:8
והא לא הליך פיסיון **ניתקא** במשכא וחיזויה ליתוי עמיק LV 13:34
כהנא והא הליך פיסיון **ניתקא** במשכא לא יפשפש כהנא LV 13:36
ויספר ית שערא דחזרנות **ניתקא** ברם אתר ניתקא לא יספר LV 13:33
אוכם צמח ביה איתסי **ניתקא** דכי הוא וידכיניה כהנא: וגבר LV 13:37
דקיק ויסאב יתיה כהנא **ניתקא** הוא סגירות רישא או דיקנא LV 13:30
יחמי כהנא ית מכתש **ניתקא** והא לית חיזויה עמיק LV 13:31
הוא: ואם כד הוה קם **ניתקא** ושער אוכם צמח ביה LV 13:37
ניתקא ברם אתר **ניתקא** לא יספר ויסגר כהנא ית LV 13:33
מצלהב כחיזו דהב וחיזוי **ניתקא** לית עמיק יתיר מן משכא: LV 13:32
מוכתש צורעא למכתש **ניתקא** מילי פלוגתא בבית דינכון DT 17:8
ויסגר כהנא ית מכתש **ניתקא** שובעא יומין: ויחמי כהנא ית LV 13:31
לא יספר ויסגר כהנא ית **ניתקא** שובעא יומין: ויחמי כהנא ית LV 13:33

נתר (6)

ומשח לא תטושון ארום **ינתרון** זיתיכון: בנין ובנן תולדון ולא DT 28:40
פיתגמא דאנת עביד: **מיתר** תינתר אוף אנת אוף אהרן EX 18:18
רדיף יתהון קל טרפא **נתיר** מן אילן ויערקון הי כמערוקי LV 26:36
על מושכיה ואין **נתרון** ואשתייר חד תחות ליסתיה DT 14:9
כהיין גלגילי עינוי ולא **נתרון** ניבי ליסתיה: ובכון בני ישראל DT 34:7
דאנת עביד: מיתר **תינתר** אוף אנת אוף אהרן ובנוי EX 18:18

סאב (236)

קדמאי יבטלון ארום **איסתאב** ניזריה: ודא אחוויית NU 6:12
איליין ארום בכל איליין **איסתאבו** עממיא דאנא מגלי מן LV 18:24
איתתא ותימר אמן אין **איסתאבית** כד מארסא אמן אין NU 5:22
ית איתתיה והיא לא **איסתאבת** או עבר עלוי רוח NU 5:14
מן רשותא דבעליך וארום **איסתאבת** בתשמיש דעריס ויהב NU 5:20
ית איתתיה והיא לא **איסתאבת**: ומטול דלא אייתי גברא NU 5:14
דכי ובאורח עלמא לא **אסתאב** ומברא לסקוף משכניה לא NU 9:13
כד מארסא אמן אין **אסתאבית** כד נסיבתא: ויכתוב ית NU 5:22
האינון ליה אנחנא **אסתאבנא** לבר נש דמית עלנא NU 9:7
אתרא דהוא תמן: ואין לא **אסתאבת** אינתתא בתשמיש NU 5:28
וישקינה ית מיא ויהי אין **אסתאבת** בתשמיש דעריס ושקרת NU 5:27
ולא אפרשית מיניה **במסאב** ולא יהבית מיניה תכריכין DT 26:14
אשמתהון במיכלהון **בסאובא** ית קודשיהון ארום אנא ייי LV 22:16
דימותון מטול סואבתהון **בסאוביהון** ית משכני דתמן איקר LV 15:31
ולא תפלוט ארעא יתכון **בסאוביכון** יתה היכמה דפלטת ית LV 18:28
ארום יקריב בכל מסאב **בסואבות** אינשא או בבעירא LV 7:21
ויתחייב: או ארום יקרב **בסואבות** אינשא לכל סובתיה LV 5:3
כל אילין יהוון זהירין **בסואבתהון** וכד ידכון ייתון ית LV 15:33
ויכפר עלוי ממן דחב על **דאיסתאב** למיתא ויקדש ית רישיה NU 6:11
ליה לאינתו מן בתר **דאסתאבת** ארום מרחקא היא קדם DT 24:4
במיא וידכי ברמשא: וגבר **דיסתאב** ולא ידי עלוי וישתיצי בר NU 19:20
גבר דיקרב בכל ריחשא **דיסתאב** ליה או באינשא דמית LV 22:5
ליה או באינשא דמית **דיסתאב** ליה ולכל סובתיה בחייוי: LV 22:5
נש די יקרב בכל מידעם **דמסאב** או בניבלת חיוא מסאבתא LV 5:2
הינון לכון: ודין לכון **דמסאב** דמיה ומשכיה ובישריה LV 11:29
ביה יהי מסאב מטול **דמסאב** הוא בלחודוי יתיב ולציד LV 13:46
לשער מצלהב מטול **דמסאב** הוא: ואם כד הוה קם LV 13:36
איתגלי ליה ואיהוא ידע **דמסאב** ולא אידכי ויתחייב: או בר LV 5:3
דימצרע וכל דדאיב וכל **דמסאב** לטמי נפש דמית: מדכורא NU 5:2
ואילא היכדין תיכלוניה **דמסאב** למקרב לקודשיא ודדכי DT 12:22
בקירויכון תיכלוניה **דמסאב** מן למקרב לקודשיא ודדכי DT 15:22
לדמשמש עימה מטול **דמסאבא** היא: וכל משכבא דמייחד LV 15:25
אילין תמניא מיניא **דמסאבין** לכון בכל ריחשא כל LV 11:31
דיהב לכון בכל קירויכון **דמסאבין** מן למקרב לקודשיא DT 12:15
אינשא לכל סובתיה **דמסתאב** בה ויתכסי מיניה ויקרב LV 5:3

בחוכמא ומלילו בגין **דסאיב** ית דינה אחתהון: ואמרו GN 34:13
קטילייא ובזו ית קרתא **דסאיבו** בגוה אחתהון: ית ענהום GN 34:27
פיסחא לא יעבדון מטול **דסואבותהון** בהון ובפיסחא דאייר NU 9:12
הוא בגנינא באוירא **דסובתא** דמפמיה ומגויה ולא NU 19:15
ריבוני בר לריבוני בתר **דסיבת** ויהב ליה ית כל דיליה: ואומי GN 24:36
דאנא מגלי מן קדמיכון: **ואיסתאבת** ארעא ואסערית LV 18:25
עבדו אינשי דקדמיכון **ואסתאבת** ארעא: ולא תפלוט LV 18:27
הוא בכוואה סגיאת **ויסאב** יתיה כהנא מכתש סגירותא LV 13:25
מצלהב כחיזו דהב דקיק **ויסאב** יתיה כהנא ניתקא הוא LV 13:30
תהליך פיסיונא במשכא **ויסאב** כהנא יתיה מכתשא הוא: LV 13:22
מיתה עלוי בתכוף שלו **ויסאב** ריש נזריה רישיה ביום NU 6:9
הוא ויחמיניה כהנא **ויסאיב** יתיה: ואם בהקי חיוורתא LV 13:3
תהליך פיסיונא במשכה **ויסאיב** כהנא יתיה מטול דמכתש LV 13:27
היא במשך בישריה **ויסאיבינيה** ויחלטיניה כהנא לא LV 13:11
ושערה איתהפוך למחוור **ויסאיביניה** כהנא מטול דמכתש LV 13:20
דקלופי מיטפלא במשכא **ויסאיביניה** כהנא מטול דסגירותא LV 13:8
כהנא ית בישרא חייא **ויסאיביניה** מטול דבישרא חייא LV 13:15
זרעא לאיסתאבה בה: **ולידסיאיבתא** בעידוני ריחוקא LV 15:33
יסתרון מסאבין הינון **ומסאבין** יהון לכון: לחוד עינוון LV 11:35
דמתקרבין קדם ייי **וסובתיה** עלוי וישתיצי בר נשא LV 7:20
בני ישראל קדם ייי **וסובתיה** עלוי וישתיצי בר נשא LV 22:3
בר מן רשותא דבעלא **ותיסתאב** בתשמיש דעריס: או גבר NU 5:29
תפטורונון ולא **יסאבון** ית משירייתהון דשכינת NU 5:3
הוא מסאב הוא סאבא **יסאיביניה** כהנא מטול דברישיה LV 13:44
לגבר לה יסתאב: לא **יסתאב** בעלא לאיתתיה אלהין כד LV 21:4
להון על בר נש דמית לא **יסתאב** בעמיה: אלהין לאינתתא LV 21:1
יעול לאבוי ולאימיה לא **יסתאב**: ומן מקדשא לא יפוק ולא LV 21:11
משירייתא מן בגלל דלא **יסתאב** כהנא באוהלא דמיתא נס NU 25:8
ית ביתא מטול דלא **יסתאב** כל דבביתא ומן בתר כדין LV 14:36
הות מיבעלא לגבר לה **יסתאב**: לא יסתאב בעלא לאיתתיה LV 21:3
לאחוי ולאחתיה לא **יסתאב** להון במותהון ארום כלילא NU 6:7
לא תיתן תשמישתך **לאיסתאבא** בה ואיתתא לא תקום LV 18:23
תיתן תשמישתך לזרעא **לאיסתאבא** בה: ומן זרעך לא תיתן LV 18:20
גרם ידוע ולא תיתבעון **לאיסתאבא** בהון אנא ייי אלקכון: LV 19:31
לאיתתא אין לא סטית **לאיסתאבא** בתשמיש דעריס בר מן NU 5:19
מיניה שיכבת זרעא **לאיסתאבה** בה: ולידסיאיבתא LV 15:32
נבילא וקטולא לא ייכול **לאסתאבא** בה אנא ייי: ויטרון ית LV 22:8
שובעא יומין: ויסבון **לדמסאב** מן עפר יקידת חטתא NU 19:17
מיניה וביה לאוכלי מיניה **לדסאיב** וית קודשיא דבני ישראל NU 18:32
ואבימלך לא קריב לגבה **למסאבה** ואמר ייי הבר עממין דלא GN 20:4
בין למדכייא ובין **לסאבא**: ויחמי כהנא והא חפת LV 13:12
נוכראה מן בגלל **לסאבא** ית מקדשי ולאפסא ית LV 20:3
דיצלא לדכאותיה או **לסאבותיה**: ומליל ייי עם משה LV 13:59
ארעא דאפרשית לכון **לסאוביהון**: ותהוון קדמיי קדישין LV 20:25
ההוא דהוה יום שביעאה **לסואבותהון** וקריבו לקדם משה NU 9:6
פרסתא דאיתיליד **ממסאבתא** ברם ית גמלא ארום LV 11:4
ובר נש ארום יקריב בכל **מסאב** בסואבות אינשא או בבעירא LV 7:21
ביניה ובין סובתא **מסאב** הוא בגנינא באוירא דסובתא NU 19:15
לא הליך פיסיוניה **מסאב** הוא בנורא תוקדיניה מטול LV 13:55
צורעא מחלטא מכתשא **מסאב** הוא: ואין יחמי כהנא והא לא LV 13:52
כהנא לא יסגירניה ארום **מסאב** הוא: ואין מסגיא תיסגי LV 13:11
דויה חמא תלת זימני **מסאב** הוא: ודא תהי סאובתיה גוון LV 15:2
צורעא מחלטא מכתשא **מסאב** הוא: ויוקד ית לבושא או ית LV 13:51
מחלטא היא בביתא **מסאב** הוא: ויפכרון ית ביתא ית LV 14:44
לא אזדריקו עלוי **מסאב** הוא: ותהי לכון לקיים עלם NU 19:20
עלוי ברוטביה **מסאב** הוא לכון: וארום אין יתפשח LV 11:38
הוא ופרסתיה לא סדיקא **מסאב** הוא לכון: וית ארנבא ארום LV 11:5
הוא ופרסתא לא סדיקא **מסאב** הוא לכון: וית חזירא ארום LV 11:6
הוא ופרסתיה לא סדיקא **מסאב** הוא לכון: וית טווזא ארום LV 11:4
וחרספיתין לא תיכלון **מסאב** הוא לכון: כל ציפר דכי דלית DT 14:10
ביה דסדיק ולא פשר **מסאב** הוא לכון מביסריהון לא DT 14:8
והוא פישרא לא פשר **מסאב** הוא לכון: מבישריהון לא LV 11:7
בישרא: גבר סגיר הוא **מסאב** הוא סאבא יסאיביניה כהנא LV 13:44
דבישרא חייא דביה **מסאב** הוא סגירותא הוא: או ארום LV 13:15
לא אזדריקו עלוי **מסאב** הוא תוב סובתיה ביה עד NU 19:13
בתרין חולקין דמוי אדם **מסאב** הוי דובא בבישרא שובעא LV 15:19
וידוי לא שטף במיא יהי **מסאב** ואין גברא הוא יצבע לבושוי LV 15:11
למשכביה עלוי יהי **מסאב**: ואינתתא ארום ידוב דוב LV 15:24
בגו מיא האיליין יהי **מסאב**: וארום אין יפיל מנבילתהון LV 11:36
ולא בהיסיטא יהי **מסאב** ובר נש דכי דיקרב ביה יהי NU 19:22
דמייחד למיתב עלוי יהי **מסאב**: וגבר די יקרב במשכביה LV 15:4
בישריה חייא דביה יהי **מסאב**: ויחמי כהנא ית בישרא חייא LV 13:14
מסאבא או בכל שיקוץ **מסאב** ויכול מבשר ניכסת קודשיא LV 7:21
מברא לקרתא לאתר **מסאב**: ויסבון אבנין חורניין ויעלון LV 14:41

וכל מאן דיקרב בהון יהי **מסאב** ויצבע לבושוי ויסחי LV 15:27
ויתכסי מיניה והוא **מסאב** ויקרב בכל קודשיא ויתחייב: LV 5:2
למברא לקרתא לאתר **מסאב**: וית ביתא יקלפון מגויה חזור LV 14:40
כל מאן די בגויה יהי **מסאב** ויתיה תתברון: מכל מיכלא LV 11:33
או בניבלת רחיש **מסאב** ויתכסי מיניה והוא מסאב LV 5:2
דירכוב עלוי דובנא יהי **מסאב** וכל דיקרב בכל מאן דיהי LV 15:9
לכון כל דיקרב בהון יהי **מסאב**: וכל דמטייל על ידוי בכל LV 11:26
למישכוב עלוי דובנא יהי **מסאב** וכל מאנא דמייחד למיתב LV 15:4
דישתיתי בכל מן יהי **מסאב**: וכל מידעם דיפיל LV 11:34
עלוי בעידוני ריחוקה יהי **מסאב** וכל מידעם דמייחד למיתב LV 15:20
עלוי בעידוני ריחוקה יהי **מסאב**: וכל מן דיקרב במשכבה LV 15:20
די ייעלון עלוי מוי יהי **מסאב** וכל משקי דישתיתי בכל מן LV 11:34
למברא לקרתא לאתר **מסאב**: ומאן דייעול לביתא כל יומין LV 14:45
מנא דמייחד למיתב עלוי **מסאב** יהי הי כריחוק סאובתהא: LV 15:26
ייעול למשריתא ויהי **מסאב** כהנא ההוא קדם טיבוליה NU 19:7
דאתפשח מנהון יהי **מסאב** כל מאן דקיסא או לבוש או LV 11:32
טלי או גבר סיב ארום יהי **מסאב** לטמי בר נש דמית או דייב NU 9:10
קודשיא די יקרב בכל **מסאב** לית איפשר דמיתאכל בנורא LV 7:19
סאוין דמוי ייתעל ויהי **מסאב** לכל צרוך עד רמשא וידכי: LV 11:32
יומין דמכתשא ביה יהי **מסאב** מטול דמסאב הוא בלחודוי LV 13:46
בארבעין סווין דמוי ויהי **מסאב** עד רמשא: ואין אידיכיית LV 15:27
בארבעין סווין דמוי ויהי **מסאב** עד רמשא: ואין על משכבא LV 15:22
בזמן מיקרביה ביה יהי **מסאב** עד רמשא: ואין שמשא LV 15:23
זרעא ויצטבע במוי ויהוי **מסאב** עד רמשא: ואיתתא פניתא די LV 15:17
בארבעין סאוין דמוי ויהי **מסאב** עד רמשא: וארום אין ידיק LV 15:7
נש דכי דיקרב ביה יהי **מסאב** עד רמשא: ואתו בני ישראל NU 19:22
בארבעין סאוין דמוי ויהי **מסאב** עד רמשא: ודי יתיב על מנא LV 15:5
כל דיקרב בנבילתהון יהי **מסאב** עד רמשא: ודיוסיט ית LV 11:27
יצבע לבושוי ויהי **מסאב** עד רמשא ודיוסיט ית LV 11:40
מאן דיהי תחותוי יהי **מסאב** עד רמשא: ודיוסיט יתהון LV 15:9
דיקרב בנבילתא יהי **מסאב** עד רמשא: ודייכול מנבילתה LV 11:39
בארבעין סאוין דמוי ויהי **מסאב** עד רמשא: ודיקרב בבשר LV 15:6
כל יומין דיסגר יתיה יהי **מסאב** עד רמשא: ודישכוב בביתא LV 14:46
בארבעין סווין דמוי ויהי **מסאב** עד רמשא וידכי: ואין ארשע LV 17:15
כל דיקרב בנבילתהון יהי **מסאב** עד רמשא: וכל דיוסיט מן LV 11:24
בארבעין סווין דמוי ויהי **מסאב** עד רמשא: וכל דיקרב בכל LV 15:21
בארבעין סאוין דמוי ויהי **מסאב** עד רמשא: וכל זוגא ומרכבא LV 15:8
דמוי ית כל בישריה ויהי **מסאב** עד רמשא: וכל לבושא וכל LV 15:16
כל דיקרב בה יהי **מסאב** עד רמשא: וכל מידעם LV 15:19
ובאדמהון יהי **מסאב** עד רמשא: וכל מידעם דיפול LV 11:31
בארבעין סווין דמוי ויהי **מסאב** עד רמשא: וכל מידעם דיקרב LV 15:10
ודיקרב במי אדיותא יהי **מסאב** עד רמשא: וכל מידעם דיקרב NU 19:21
יצבע ית לבושוי ויהי **מסאב** עד רמשא: וכל ריחשא LV 11:40
נש כהין דיקרב ביה יהי **מסאב** עד רמשא ולא ייכול מן LV 22:6
סאווין דמוי ויהי **מסאב** עד רמשא: ומאן דפחר דיקרב LV 15:11
יצבע לבושוי ויהי **מסאב** עד רמשא: לכל בעירא דהיא LV 11:25
יצבע לבושוי ויהי **מסאב** עד רמשא מסאבין הינון לכון: LV 11:28
בארבעין סווין דמוי ויהי **מסאב** קדם טיבוליה עד רמשא: NU 19:8
דתורתא ית לבושוי ויהי **מסאב** קדם טיבוליה עד רמשא NU 19:10
לגושמיה ובדמיה יהי **מסאב** שובעא יומין: הוא ידי עלוי NU 19:11
וגוללא ודופקא יהי **מסאב** שובעא יומין: ויסבון NU 19:16
ואבנוי וקיסוי ומנוי יהי **מסאב** שובעא יומין: וכל מאן דפחר NU 19:14
ותהוי ריחוקא עלוי ויהי **מסאב** שובעא יומין וכל משכבא די LV 15:24
מניבלתהון עלוי יהי **מסאב** תנורין ותפיין יסתרון LV 11:35
אינשא או בבעירא **מסאבא** או בכל שיקוץ מסאב ויכול LV 7:21
דעתא אנא דאנא בעירא **מסאבא** איתא בעלמא הדין ולא NU 22:30
ברת נוקבא תליד ותהי **מסאבא** ארבסרי יומין רציפין הי LV 12:5
לא תהוי מרים אחתן **מסאבא** באהילא כמיתא דהיא NU 12:12
וידי כהנא דכיא על גברא **מסאבא** ביומא תליתאה וביומא NU 19:19
קודשא: ואין כל בעירא **מסאבא** דלא יקרבון מינה קרבנא LV 27:11
על ארעא: לאפרשא ביני **מסאבא** וביני דכיא ביני חייתא LV 11:47
קודשא וביני חולא וביני **מסאבא** וביני דכיא: ולאלפא ית בני LV 10:10
דייי הוא: ואין בבעירא **מסאבא** ויפרוק בעילוייה ויוסיף LV 27:27
וכל מידעם דיקרב ביה **מסאבא** ולא בהיסיטא יהי מסאב NU 19:22
בעלה ומיטמרא והיא **מסאבא** וסהדו בריר לית דמסהיד NU 5:13
ואמר רחוקו רחוקו מן **מסאבא**: כל יומין דמכתשא ביה יהי LV 13:45
יומא נהירא ובין בר נשא **מסאבא** לבין בר נשא דכיא דא LV 14:57
למכתש ניתקא ביני **מסאבא** לביני דכיא הי ככל מה DT 24:8
יומי דוב סאובתא תהי **מסאבא** לדמשמש עימה מטול LV 15:25
הינון מדמיין לעופא **מסאבא** למיבוז נכסיהון דישראל GN 15:11
ותיליד ביר דכר ותהי **מסאבא** שבעא יומין הי כיומי LV 12:2
וית בוכרא דבעירא **מסאבא** תיפרוק באימרא: ופרקוניה NU 18:15
תנורין ותפיין יסתרון **מסאבין** הינון ומסאבין יהון לכון: LV 11:35
ויהי מסאב עד רמשא **מסאבין** הינון לכון: ודין לכון LV 11:28
ופרסתהון לא סדיקין **מסאבין** הינון לכון: וית חזירא ארום DT 14:7
ובניבלתהון לא תקרבון **מסאבין** הינון לכון: ית דין תיכלון LV 11:8
אוכלא ופרחין הי כעופא **מסאבין** הינון לכון: כל גובא דכיא DT 14:19
דמהלכא על ארבע **מסאבין** הינון לכון כל דיקרב LV 11:27
ופישרא ליתהא מסקא **מסאבין** הינון לכון כל דיקרב בהון LV 11:26
בני רחילין ולא בני **מסאבין** וגדיי בני עיזין ולא עירובי DT 14:4
ישראל: והוו גובריא דהוו **מסאבין** לטמא נפש בר נש דמית NU 9:6
סאווין דמוי ויהון **מסאבין** עד רמשא: ואינתתא ארום LV 15:18
דמסאב או בניבלת חיוא **מסאבתא** או בניבלת בעירא LV 5:2
או בניבלת בעירא **מסאבתא** או בניבלת רחיש מסאב LV 5:2
ולאסקותהון מן ארעא **מסאבתא** ההיא לארע טבתא EX 3:8
ולגבר די ישמש עם **מסאבתה** כל אילין יהוון זהירין LV 15:33
וידכיניה ויקדשיניה **מסואבות** בני ישראל: ויפסוק מן LV 16:19
באישתעות מיליא **מסואבות** בני ישראל וממרודיהון LV 16:16
טעוות שכם ואידכו **מסואבות** קטילייא דקרבתון בהון GN 35:2
מיכלהון ויתפרשון **מסואבות** תמניסירי טריפן: מלילו LV 11:1
לבנוי ואמר להום אידכו **מסואבותא** ואיחוי לכון רזייא GN 49:1
ויכפר על דמידכי **מסואבותיה** ובתר כן יכוס ית LV 14:19
גבר סגיר הוא מסאב הוא **סאבא** יסאיביניה כהנא מטול LV 13:44
דכוריא דיתפרשון מן **סאוב** וכדנא תימר להון על בר נש LV 21:1
פיתגמא לדינא ביני אדם **סאוב** לאדם דכי וביני דיני נפשתא DT 17:8
שקצא תשקיצינון היך **סאוב** שיקצא ורחקא תרחקינון DT 7:26
עלה כהנא קדם ייי מדוב **סאובתא**: ותפרשון ית בני ישראל מן LV 15:30
איתתא בזמן ריחוק **סאובתא** לא תיקרב לבזאה עריתה: LV 18:19
יומי ריחוקה כל יומי דוב **סאובתא** תהי מסאבא לדמשמש LV 15:25
יומין הי כיומי ריחוק **סאובתה** היכדין תיסתאב: וביומא LV 12:2
מסאב יהי הי כריחוק **סאובתהא**: וכל מאן דיקרב בהון יהי LV 15:26
ית בני ישראל מן **סאובתהון** ויתפרשון מן נשיהון LV 15:31
זימנא דשרי עמהון בגו **סאובתהון**: וכל אינש לא יהי במשכן LV 16:16
זימני מסאב הוא: ודא תהי **סאובתיה** גוון חיוור בדוויה חריר LV 15:3
ידי עלוי ית משכנא דייי **סאיב** וישתיצי בר נשא ההוא NU 19:13
ויעקב שמע ארום **סאיב** ית דינה ברתיה ובנוי הוו עם GN 34:5
ארום ית מקדשא דייי **סאיב** מי אדיותא לא אזדריקו עלוי NU 19:20
דבני ישראל ערלאין **סאיבו** לבתולתא ופלחי צילמין GN 34:31
בישריה מדויה **סאיבתיה** היא: כל משכבא דמייחד LV 15:3
צדיקין בזמן דמידכן מן **סואבות** דימהון: ועבד ית דרתא EX 38:8
זמן דמידכי ודיקרב בכל **סואבת** בר נש או גבר דתיפוק מיניה LV 22:4
עליהון דימותון מטול **סואבתהון** בסאוביהון ית משכני LV 15:31
עריתא וית מבוע אדם **סובתא** בזי והיא בזיית ית מבוע LV 20:18
האינון בעידן קיבול **סובתא** גבר כהין דכי וידי על NU 19:18
מלמהוי לשרה אורח **סובתא** כנשיא: ותמהת שרה GN 18:11
פמיה דיפריש ביניה ובין **סובתא** מסאב הוא בגנינא באוירא NU 19:15
דמית דיסתאב ליה ולכל **סובתיה** בחייוי: בר נש כהין דיקרב LV 22:5
עלוי מסאב הוא תוב **סובתיה** ביה עד דידי ויהדר וידי NU 19:13
בסואבות אינשא לכל **סובתיה** דמסתאב בה ויתכסי מיניה LV 5:3
ריחוק סאובתה היכדין **תיסתאב**: וביומא תמינאי תשתרי LV 12:2
בכל ריחשא דרחש ולא **תיסתאבון** בהון דילמא תיסתאבון LV 11:43
תיסתאבון בהון דילמא **תיסתאבון** פון בהון: ארום אנא הוא LV 11:43
אדם דמן דשדייה: ולא **תסאבון** ית ארעא דאתון בה NU 35:34
ארום קדיש אנא ולא **תסאבון** ית נפשתיכון בכל ריחשא LV 11:44
בארעא קודמיכון ולא **תסתאבון** בהון אנא הוא ייי אלקכון: LV 18:30
מינה תבלא הוא: לא **תסתאבון** בחדא מכל איליין ארום LV 18:24
שיקצא הוא לכון: ולאילין **תסתאבון** כל דיקרב בנבילתהון יהי LV 11:24

סאב (76)

תנות נפשך ותתקבר **בסיבו** טבא: ודרא רביעאה דבנך GN 15:15
הכדין יהוון תקיפין **בסיבותהון**: לית אלקא כאלקא DT 33:25
ואתנגיד ומית אברהם **בשיבו** טבא סיב ושבע כל טובא GN 25:8
דאזלין: ואמר בטליינא **ובסבנא** ניזיל בברנא ובברתנא ניזיל EX 10:9
קרא משה לאהרן ולבנוי **ולסבי** סנהדרי ישראל: ואמר לאהרן LV 9:1
לקטילא מתחשדא **וסבי** בי דינא רבא מפטרין ויסבון DT 21:3
דמליל: ופקיד משה **וסבי** ישראל ית עמא למימר טורו DT 27:1
ויקבלון מינך ותיעול אנת **וסבי** ישראל לות מלכא דמצרים EX 3:18
לייט: ואזלו סבי מואב **וסבי** מדין וגדין דקיסמין חתימן NU 22:7
אוף אנת אוף אהרן ובנוי **וסביא** דעימך ארום יקיר מינך EX 18:18
ינקיתהון עם גובריהון **וסביהון**: אמרית במימרי למיכלי DT 32:25
אפין דלא נסיב אפין **לסבא** ועל עולים לא חייס: ויגמרון DT 28:50
ישראל: ואמרו מואבאי **לסבי** מדינאי ארום עמא חד ומלכו NU 22:4
משה ביומא ההוא וקרא **לסבי** עמא וסדר קדמיהון ית כל EX 19:7
לאברהם בר דדמי ליה **לסיבתוי** לזימנא דמליל יתיה ייי: GN 21:2
שובעין גוברין זכאין **מסבי** ישראל דידעתא דהינון הוו NU 11:16
דייי וכנש שובעין גוברין **מסבי** ישראל ואקים יתהון חזור NU 11:24
נדב ואביהוא ושובעין **מסבי** ישראל: וזקפו נדב ואביהוא ית EX 24:9
קדם עמא ודבר עמך **מסבי** ישראל וחוטרך דמחית ביה EX 17:5
נדב ואביהוא ושובעין **מסבי** ישראל ותסגדון מרחיק: EX 24:1

קדמי בגין מדכר זכות **סבא** דאתא ממדינחא פטיר בולי LV 22:27
ואמר השלם לאבוכון **סבא**: הוא קיים וגחנו וסגידו: וזקף GN 43:27
בחוורווריא מטלייא ועד **סבא** ואשתלהיין להשכחא תרעא: GN 19:11
לריבוני אית לן אבא **סבא** ובר סיבתין קליל ואחוי מית GN 44:20
על ביתא מטליא ועד **סבא** כל עמא מסיפא: וקרו ללוט GN 19:4
ויעקב רעי ית ענא דלבן **סבאן** ומרען דאישתארו: ונסיב ליה GN 30:36
דפרעה סבי בייתיה וכל **סבי** ארעא דמצרים: וכל אינש ביתא GN 50:7
עימיה כל עבדוי דפרעה **סבי** בייתיה וכל סבי ארעא דמצרים: GN 50:7
משה ואהרן וכנשו ית כל **סבי** בני ישראל: ומליל אהרן ית כל EX 4:29
סדר כהונתא ותמן יתבין **סבי** ישראל ואחויאו ליה ית משכנא EX 39:33
פטירי: וקרא משה לכל **סבי** ישראל ואמר להון נגודו ידיהון EX 12:21
ולאבירם ואזלו בתרוי **סבי** ישראל: ומליל לכנישתא למימר NU 16:25
ועבד היכדין משה קדם **סבי** ישראל: וקרא שמא דאתרא EX 17:6
משה למשריתא הוא וכל **סבי** ישראל: ורוחא דעל עולא נפקת NU 11:30
דר ודר: איזיל ותיכנוש ית **סבי** ישראל ותימר להון ייי אלקא EX 3:16
קדם ייי ואתא אהרן וכל **סבי** ישראל למיכול לחמא עם חמוי EX 18:12
זימנא: ויסמכון תריסר **סבי** כנישתא דמתמנן אמרכולין על LV 4:15
ודי תלוט לייט: ואזלו **סבי** מואב וסבי מדין וגדין דקיסמין NU 22:7
חד כל קבל שובעין **סבי** סנהדרין רבא כל כסף מניא NU 7:85
דידעתא דהינון הוו **סבי** עמא וסרכוי במצרים ותידבר NU 11:16
מפטרין ויסבון חכימי **סבי** קרתא ההיא עיגלת ברת תורין DT 21:3
עובדיהון והינון הוון מן **סביא** דסליקו בפיטקיא כתיביא NU 11:26
ואוף אהרן ובנוי וכל **סביא** דעמא הדין על אתר בי דינהון EX 18:23
ויהב על שובעין גוברין **סביא** והוה כד שרת עליהון רוח NU 11:25
מלכותיה ויכתבון ליה **סביא** ית פרשגן אורייתא הדא על DT 17:18
דיקלין כל קבל שובעין **סבייא** דישראל ושרון תמן על מייא: EX 15:27
כתב דא דוכרנא בספר **סבייא** דמלקדמין ושוי פיתגמייא EX 17:14
ואמרכלי שיבטיכון **סביכון** וסרכיכון כל אינשי ישראל: DT 29:9
אנא ייי אלקכון: מן קדם **סבין** דסברין באורייתא תקומון LV 19:32
מלאכא: ואברהם ושרה **סבין** עלו ביומין פסק מלמהוי GN 18:11
להון גבר טלי או גבר **סיב** ארום יהי דאיב מבישריה דויה LV 15:2
למימר גבר טלי או גבר **סיב** ארום יהי מסאב לטמי בר נש NU 9:10
ארום גבר טלי וגבר **סיב** דיילוט ית אבוי וית אימיה LV 20:9
למימר גבר טלי או גבר **סיב** דירגז ויחרף שום כינויי אלקיה LV 24:15
לי עדויין וריבוני אברהם **סיב**: ואמר ייי לאברהם למה דנן GN 18:12
רבתא לזעירתא אבונא **סיב** וגבר לית בארעא למיעל עלנא GN 19:31
ומית ואתכנש לעמיה **סיב** ושבע יומין וקברו יתיה עשו GN 35:29
ומית אברהם בשיבו טבא **סיב** ושבע כל טובא ברם ישמעאל GN 25:8
ליצחק ולרבקה: והוה כד **סיב** יצחק וכהיין ענויי מלמחמיה GN 27:1
אנא ייי: גבר טלי וגבר **סיב** לכל קריבת בישריה לא LV 18:6
ייי למימר: גבר טלי או **סיב** מבית גניסת ישראל די יכוס LV 17:3
תימר גבר גבר טלי וגבר **סיב** מבית גניסת ישראל ומן LV 17:8
מעמיה: וגבר טלי וגבר **סיב** מבית גניסת ישראל ומן LV 17:10
אדמא: וגבר טלי או גבר **סיב** מבית גניסת ישראל ומן LV 17:13
להון גבר טלי או גבר **סיב** מבית גניסת ישראל ומן גיורא LV 22:18
אנא ייי: גבר טלי או גבר **סיב** מזרעא דאהרן והוא מצרעא או LV 22:4
תמליל גבר טלי או גבר **סיב** מן גניסת בני ישראל דיעבר LV 20:2
מן בני חיתאה: ואברהם **סיב** על ביומין ומימרא דייי בריך ית GN 24:1
ועיני ישראל יקרן מן **סיבו** ולא יכיל למיחמי וקריב יתהון GN 48:10
בקשוט אוליד ואנא **סיבית**: האפשר דיתכסי מן קדם ייי GN 18:13
ליה האנא: ואמר הא כדון **סיבית** לית אנא ידע יום מותי: וכדון GN 27:2
בליבבה למימר בתר די **סיבת** הוי לי עדויין וריבוני אברהם GN 18:12
מותא ותחתון ית **סיבתי** בדווי לבי קבורתא::: ארום GN 44:29
דתהכון בה ותחתון ית **סיבתי** בדווי לבי קבורתא: וכפנא GN 42:38
דלא דידי וכדון בעידן **סיבתי** נחתית לאיתותבא הכא ולא GN 47:9
אית לן אבא סבא ובר **סיבתין** קליל ואחוי מית ואישתאר GN 44:20

סאה (34)

זרעא ויסחון בארבעין **סאווין** דמוי ויהון מסאבין עד LV 15:18
לבושוי ויסחי בארבעין **סאווין** דמוי ויהי מסאב עד רמשא: LV 15:11
לבושוי ויסחי בארבעין **סאוין** דמוי ויהי מסאב עד רמשא: LV 15:5
לבושוי ויסחי בארבעין **סאוין** דמוי ויהי מסאב עד רמשא: LV 15:6
לבושוי ויסחי בארבעין **סאוין** דמוי ויהי מסאב עד רמשא: LV 15:7
לבושוי ויסחי בארבעין **סאוין** דמוי ויהי מסאב עד רמשא: LV 15:8
בהון עיבידתא בארבעין **סאוין** דמוי ייתעל ויהי מסאב לכל LV 11:32
ותטבול יתהון בארבעין **סאוין** דמיין חיין: ותיסב ית לבושיא EX 29:4
דמתקליה ארבעין **סאוין** ובזע ית ימא ומחא ית כיפא DT 34:12
ומתקלהון ארבעין **סאוין** וסוברינון בתרתין ידוי DT 34:12
חד מן עשרא לתלת **סאין** הוא: ונטלו כל כנישתא דבני EX 16:36
יקרא מתקליה ארבעין **סאין** ועילוי חקיק ומפרש שמא EX 4:20
יקרא מתקלהון ארבעין **סאין** כתיבין באדבעא דייי: וחמא EX 31:18
שרה ואמר אוחא תלת **סאין** סמידא דסולתא פתוכי GN 18:6
דחב חד מן עשרא בתלת **סאין** סמידא לחטאתא לא ישווי LV 5:11
חד מן עשרא בתלת **סאין** סמידא מנחתא פלגותא LV 6:13
חד מן עשרא בתלת **סאין** קמחא דשערי דהינון מיכלא NU 5:15

לבושוי ויסחי בארבעין **סווין** דמוי ויהי מסאב עד רמשא: LV 15:10
לבושוי ויסחי בארבעין **סווין** דמוי ויהי מסאב עד רמשא: LV 15:21
לבושוי ויסחי בארבעין **סווין** דמוי ויהי מסאב עד רמשא: LV 15:22
לבושוי ויסחי בארבעין **סווין** דמוי ויהי מסאב עד רמשא: LV 15:27
לבושוי ויסחי בארבעין **סווין** דמוי ויהי מסאב עד רמשא LV 17:15
ויסחי בישריה בארבעין **סווין** דמוי ויהי מסאב קדם NU 19:8
אסחי בישריה בארבעין **סווין** דמוי: ויטמוע שימשא ויתכשר LV 22:6
ית בישריה בארבעין **סווין** דמוי וילבישינון: ומן כנישתא LV 16:4
יצבע לבושוי בארבעין **סווין** דמוי ויסחי בישריה בארבעין NU 19:8
ויסחי בישריה בארבעין **סווין** דמוי ומן בתר כדין ייעול NU 19:7
ית בישריה בארבעין **סווין** דמוי ומן בתר כדין יעול LV 16:26
ית בישריהון בארבעין **סווין** דמוי ומן בתר כן יעול LV 16:28
כדין תטבול בארבעין **סווין** דמוי ותדכי: וביומא שביעה LV 15:28
תעברון בארבעין **סווין** דמוי: ותחוורון לבושיכון NU 31:23
זרעא ויסחי בארבעין **סווין** דמוי ית כל בישריה ויהי LV 15:16
לבושיהון וידכון בארבעין **סווין** דמיא: ויסבון תור בר תוריה NU 8:7
וחד מן עשרא בתלת **סווין** סמידא דחינטיא פתיכא NU 28:5

סבב (6)

למיכול אימרא ויסב הוא **ושיבביה** דקריב לביתיה בסכום EX 12:4
ציטרוי: ותיתן יתה תחות **סובבי** מדבחא מלרע ותיהי מצדתא EX 27:5
מצדתא דנחשא תחות **סובביה** מלרע עד פלגיה מטול EX 38:4
ידיכון לקריביכון ולענייי **שיבבותכון** ולמסכיני ארעכון: ארום DT 15:11
דארמלתא דלא יקומו **שיבבן** בישן ויפקון עלה טיב ביש DT 24:17
ותישאל איתתא מן **שיבבתא** ומן קריבת כותליה ביתא EX 3:22

סבל (8)

על בנוי וטעין יתהון **וסביל** יתהון על איברוי כדין DT 32:11
דבחושנא אזמורד ושבזיז **וסבלהום** וביה חקיק ומפרש שמהת NU 2:10
על איברוי כדין טעינינון **וסבלינון** ואשרינון על תקוף כרכי DT 32:11
בתואל אבוהא דאימך **וסבלך** מתמן איתא מבנת לבן GN 28:2
היך אנא יכיל בלחודיי **למסבול** טרחות אפקרסותכון DT 1:12
מתגברין ולא יכילת **למסובלא** יתהון ואיסתחיפת כן GN 49:4
קדם ייי סגי תקיף מרודי **מלמסובלא** ברם יוכלא קדמך GN 4:13
אדרע גבורתיה עלמא **סביל** ויבודור בעלי דבביכון מן DT 33:27

סבני (1)

בביסתרקי מילת **וסובנין** דארגוון ואוצטילין חיוורין DT 34:6

סבר (57)

ולקין ולקורבניה לא **אסבר** אפין ותקיף לקין לחדא GN 4:5
לא תסליקיננה מיכא **בסבר** אפין דרוגזא: ובמה יתידע EX 33:15
איקר שכינתיה היכמה **דמסובר** גבר ית בריה בכל אורחא DT 1:31
ייי אלקכון: מן קדם סבין **דסברין** באורייתא תקומון ותיקר LV 19:32
ויקילון מן מטול דעלך **ויסובורון** עימך: אין ית פיתגמא EX 18:22
דטלא דכהנא כהנא **ויסובורונון** למיברא למשריתא LV 16:27
דצוק דהוא בית הדורי: **ויסובר** צפירא עלוי ית כל חוביהון LV 16:22
והוה רעוא קדם ייי **וסבר** אפין בהבל ובקורבניה: ולקין GN 4:4
ייי לך עיביד: וקם יעקב **וסובר** ית בנוי וית נשוי על גמלייא: GN 31:17
ואיתכל דעינבין חד **וסוברוהי** באסלא בכתיף תרין NU 13:23
למשריתא: וקריבו **וסוברונון** באונקלוון דפרזלא LV 10:5
ומתקלהון ארבעין סאוין **וסוברינון** בתרתין ידוי למיחמיהון DT 34:12
קלן מליין אירס דקטול **וסוברך** ייי אלקך בענני איקר DT 1:31
ואיתקליש ביסריה **וסוברתיה** ואישתלהיאת וקרא GN 21:15
ית אחיכון מן קודשא **ותסוברונון** למברא למשריתא: LV 10:4
לך טמירן ויחוס עלך: **יסבר** ייי סבר אפוי לך בצלותך NU 6:26
כן נחמי אנפוי הלואי **יסבר** לי אפין: ועברת דורונא קמי GN 32:21
תורא וית תרין דיכרין **יסוברון** באסלא: וית אהרן וית בנוי EX 29:3
ית אבא: ולא יכיל יוסף **למסוברא** דלא למבכי מן בגלל כל GN 45:1
בתר כדין ייעלון בני קהת **למסוברא** ולא יקרבון לקודשא NU 4:15
לאתקטלא בגין יקריה **למסוברא** ית ארון קימא דייי DT 10:8
אורחא ארום לא תיכול **למסוברא** ית מעשרא ארום יתרחק DT 14:24
דאנא לא יכילנא בלחודיי **למסוברא** יתכון: מימרא דייי DT 1:9
סדני דמינגדן בתורתי **לסוברא** בהון ית טפלכון וית נשיכון GN 45:19
היכמא דאינון יכלין **לסוברא** ושוי כסף גבר בפום טוניה: GN 44:1
כהילת ארעא תותבתהון **לסוברא** יתהום מן קדם גיתיהום: GN 36:7
לאפרת ולא יכילת **לסוברותה** למקברה במערת GN 48:7
לווטייא אילין היך יכלון **לסוברותהון** ודילמא יעבד בהון DT 28:15
עלנא אין למישלט את **סביר** עלנא ואוסיפו תוב למנטר GN 37:8
ארום אמר נירעי ית **סבר** אפוי בדורונא דמהלכא קדמי GN 32:21
אנא אתי והכדין נחמי **סבר** אפוי דאבא:: ושדרו ביד בני GN 37:30
האילין: וחמא יעקב ית **סבר** אפוי דלבן והא ליתנון שפיין GN 31:2
ומזיקי וטלני: ינהר ייי **סבר** אפוי לך במעסקך באורייתא NU 6:25
ויחוס עלך: יסבר ייי **סבר** אפוי לך בצלותך וישוי עלך NU 6:26
ואמר להין חמי אנא ית **סבר** אפי אבוכון והא ליתנון שפיין GN 31:5
לית אפשר לנא למיחמי **סבר** אפי גברא ואחונא זעירא ליתוי GN 44:26
אפשר לך למיחמי ית **סבר** אפיי ארום לא יחמינני אינשא EX 33:20
גברא למימר לא תיחמון **סבר** אפיי בדלית אחוכון זעירא GN 43:3

אמר לנא לא תיחמון **סבר** אפיי בדלית אחוכון עימכון: GN 43:5
לא תוספון למיחמי **סבר** אפיי: והוה כדי סליקנא לעבדך GN 44:23
ארום ביומא דאת חמי **סבר** אפיי יתקוף רוגזי בך ואמסור EX 10:28
לך לא תוסיף למיחמי **סבר** אפיי למללא קדמיי חדא מן EX 10:28
דריבוניה למימר מדין **סבר** אפיכון ביש יומא דין מכל GN 40:7
ואמר אמתין עד דיהכון **סבר** אפין דרוגזו ומן בתר כדין EX 33:14
אנא מיית בתר דחמית **סבר** אפך ארום עד כדון אנת קיים: GN 46:30
לא אוסיף תוב למיחמי **סבר** אפך: ואמר ייי למשה תוב EX 10:29
ידי ארום בגין כן חמית **סבר** אפך ודמי לי הי כמיחמי אפי GN 33:10
ישראל ליוסף מחמי **סבר** אפך לא חשיבית והא אחמי GN 48:11
חשוכא כנהורא והיך אנת **סבר** בליבך לאיטמרי מן קדמי הלא GN 3:9
הוא ומטולתיה הוא **סבר** לקיימא ית נפשיה ולא יקבול DT 24:15
לא כמא דאתון **סברין** אלהין אילו כדון גובריא EX 10:11
אכלו קורצוי קדם פרעה **סברין** למחתא יתיה מן יקריה GN 49:23
גבורת ידא תקיפתא היך **סובר** ית חוטרא דמתקליה ארבעין DT 34:12
אשתמיט נס חמישאי כד **סובר** יתהון אזדקף שיקפא עיל NU 25:8
עד דנפק נס שתיתאי **סובר** יתהון בכל משיריתא דישראל NU 25:8
להון מן פטירי ומרירי **סוברו** צריך בלבושיהון על EX 12:34
עאן ותורין ומשכנין: ולא **סוברת** יתהום ארעא למיתב בחדא GN 13:6

סגד (42)

ובכא על צווריה תוב על **דיסגד** ליה: ואמר ישראל ליוסף אין GN 46:29
דאתבשרית כדין יהון בנך **ונסגוד** למרי עלמא ונתוב לוותכון: GN 22:5
יוסף יתהון מלות רכובוי **וסגד** על אפוי על ארעא: ודבר יוסף GN 48:12
ואכלון עמא במרזיחיהון **וסגדון** לטעוותהון: ואתחברו עמא NU 25:2
ומן יד קיימין כל עמא **וסגדין** כל קבל משכנא כדקיימין EX 33:10
דעל פרת ארע דפלחין **וסגדין** ליה בני עמיה למיקרי ליה NU 22:5
מתרע משכנא **וסגיד** אנפוי על ארעא: ואמר בבעו GN 19:1
משה וגחן על ארעא **וסגיד**: ואמר אין בבעו אשכחית EX 34:8
ענני יקרא לקדמות חמוי **וסגיד** ונשיק ליה וגייריה ושיילו גבר EX 18:7
עלוי יקר שכינתא דייי **וסגיד** ישראל על ריש דרגשא: והוה GN 47:31
ופלח לטעוות עממיא **וסגיד** להון ולשימשא או לסיהרא DT 17:3
שליפא בידיה וגחן **וסגיד** על אנפוי: ואמר ליה מלאכא NU 22:31
מתרע משכנא **וסגיד** על ארעא: ואמר בבעו ברחמין GN 18:2
דאברהם ית פיתגמיהון **וסגיד** על ארעא קדם ייי: והנפק GN 24:52
כשר למבת: וגחן גברא **וסגיד** קדם ייי דזמין קדמוי איתתא GN 24:26
הדין מפום משה גחנו **וסגידו**: ואזלו ועבדו בני ישראל EX 12:27
קדמוי שיעבודהון וגחנו **וסגידו**: ובתר כדין עאלו משה ואהרן EX 4:31
סבא: הוא קיים וגחנו **וסגידו**: וזקף ית עינוי וחמא ית GN 43:28
עבדו לכון עיגל מתכו **וסגידו** ליה ודבחו ליה ואכריזו EX 32:8
אשכחוהו ועלו לבייתי **וסגידו** ליה על אפיהום על ארעא: GN 42:6
דורונא דיבידיהון לביתא **וסגידו** ליה על ארעא: ושאל להום GN 43:26
ושיריא על ידהא: וגחנית **וסגידית** קדם ייי ובריכית ית ייי GN 24:48
ולא תקבלון ותיטעון **ותיסגדון** לטעוות עממייא DT 30:17
טעוות עממיא ותפלחונון **ותסגדון** להון אסהדית עליכון יומא DT 8:19
ותפלחון לטעוות עממיא **ותסגדון** להון: ויתקף רוגזא דייי DT 11:16
כל חילי שמיא ותטעון **ותסגדון** להון ותפלחונון דפליג ייי DT 4:19
ושובעין מסבי ישראל **ותסגדון** מרחיק: ויתקרב משה EX 24:1
ותחתיניה קדם ייי אלקך **ותסגוד** קדם ייי אלקך: ותחדי בכל DT 26:10
ארום לית לכון רשו **למיסגוד** לאלק אוחרן ארום ייי EX 34:14
בני ישראל לא תעבדון **למסגוד** דמות שימשא וסיהרא EX 23:23
בארעית מקדשיכון ולא **למסגוד** לה ארום אנא ייי אלקכון: LV 26:1
ולא לקא וייתון **למסגוד** ליה וישכחון יתכון דאתון EX 14:2
וקדם דאשתמדעיה אבוי **סגד** ליה ואתחייב למהוי שנוי GN 46:29
צית שמיא ונעביד לנא **סגדו** ברישיה וניתי חרבא בידיה GN 11:4
ארום מפכרא תפכר בית **סגודהון** ותברא תתבר קמתי EX 23:24
וצילמין וקמתין מטול **סגותא** לא תקימון לכון ואבן LV 26:1
טירונייהון וית במסי בית **סיגדיהון** אוקידו בנורא: ושבו ית כל NU 31:10
ותספון ית כל בית **סיגדיהון** וית כל צילמי מתכוותהון NU 33:52
וקמתיהון תתברון ואילני **סיגדיהון** תקציצון וצילמי DT 7:5
במיא מלרע לארעא: לא **תסגדון** להון ולא תפלחון קדמיהון EX 20:5
במיא מלרע לארעא: לא **תסגדון** להון ולא תפלחון קדמיהון DT 5:9
ויבוסאי ואישיצינון: לא **תסגדון** לטעוותהון ולא תפלחינון EX 23:24

סגי (196)

מלכא משיחא: לאינתתא **אסגא** אסגי סיגופיך באדם בתולין GN 3:16
ואמר לה מלאכא דייי **אסגאה** אסגי ית בנייכי ולא יתמנון GN 16:10
ודתימרון לי אתין: **אסגו** עלי לחדא מוהרא ומתנא GN 34:12
לה מלאכא דייי אסגאה **אסגי** ית בנייכי ולא יתמנון מסגי: GN 16:10
במימרך ומלילתא להום **אסגי** ית בניכון הי ככוכבי שמיא EX 32:13
ברכא אברכינך ואסגא **אסגי** ית בנך ככוכבי שמיא והי GN 22:17
מימרא דייי אלקכון **אסגי** יתכון והאיתיכון יומא דין הי DT 1:10
משיחא: לאינתתא אסגא **אסגי** סיגופיך באדם בתולין GN 3:16
ישראל ולקיטו מנא מאן **דאסגי** ומאן דאזער: ואכילו בעומרא EX 16:17
מן מכילתא מאן **דאסגי** למילקט ודאזער למילקט EX 16:18
וביקרא דאימיה מן בגלל **דיסגון** יומיכון על ארעא דייי EX 20:12

יהוי לכון מן בגלל **דיסגון** יומיכון על ארעא דייי DT 25:15
לתמן למירתה: ומן בגלל **דיסגון** יומיכון על ארעא דקיים ייי DT 11:9
ובתרעיכון: מן בגלל **דיסגון** יומיכון על ארעא דקיים ייי DT 11:21
ארבע מן חיויא ועד נדל **דמסגי** ריגלין בכל ריחשא דרחיש LV 11:42
ארום ברכא אברכינך **ואסגא** אסגי ית בנך ככוכבי שמיא GN 22:17
ית יצרא דליבא דפרעה **ואסגי** ית אתוותיי וית תימהיי EX 7:3
בסעדך מימרי ואיבריכינך **ואסגי** ית בנך בגין זכוותא דאברהם GN 26:24
דקיימית לאברהם אבוך: **ואסגי** ית בנך הי כוכבי שמיא GN 26:4
יתיה ואפיש יתיה **ואסגי** יתיה לחדא לחדא תריסר GN 17:20
קימי בין מימרי ובינך **ואסגי** יתך לחדא לחדא: ועל דלא GN 17:2
טביא ואיתקוף יתכון **ואסגי** יתכון ואקים ית קיימי עמכון: LV 26:9
עבדך רחמין קדמך **ואסגיתא** טיבותך העבדתא עמי GN 19:19
מן בגלל למאבאשא להון: **ובסוגי** גיפתנותך תפכר שורי בעלי EX 15:7
וחמא באניק נפשיהון **ובסוגי** פולחנהון וחמא גבר מצראי EX 2:11
ויתילדון בארעא ויפשון **ויסגון** על ארעא: ונפק נח ובנוי GN 8:17
דילמא תהי ארעא צדיא **ויסגון** עלך חיות ברא כד ייתון EX 23:29
ביתא: ואין יתוב מכתשא **ויסגי** בביתא מן בתר דשמיטו ית LV 14:43
לגו יקידתא דתורתא **ויסגי** דליקתא לאפושי קיטמא: NU 19:6
בניכסין סגיאין ויפישינך **ויסגינך** לתריסר שיבטין ותהי זכי GN 28:3
רחמין וירחם עליכון **ויסגינכון** היכמא דקיים לאבהתכון: DT 13:18
וירחמינכון ויבריכינכון **ויסגינכון** ויברך וולדי מעיכון ופירי DT 7:13
אבהתכון ויוטב לכון **ויסגינכון** יתיר מן אבהתכון: ויעדי DT 30:5
דייי עליכון לאוטבותכון **ולאסגאה** יתכון הכדין יחדי מימרא DT 28:63
ואמר לי האנא מפיש לך **ומסגי** לך ואיתנינך לכינשת שיבטין GN 48:4
תמן לאומא רבא ותקיפא **ומסגיא**: ואבאישו לנא מצראי וצערו DT 26:5
והיכמא דכוורי ימא סגי **ומסתגי** במיא כדין ברך יוסף GN 48:16
ית אינשא: ואתון פושו **וסגו** אתילדו בארעא וסגו בה: ואמר GN 9:7
וסגו אתילדו בארעא **וסגו** בה: ואמר אלקים לנח ולבנוי GN 9:7
דישראל נפישו ואיתילדו **וסגו** ואתקפו לחדא ואיתמליאת EX 1:7
ואמר להון אלקים פושו **וסגו** ומלו ית ארעא בנן ובנן ותקופו GN 1:28
וית בנוי ואמר להום פושו **וסגו** ומלו ית ארעא: ודחלתכון GN 9:1
תמר ויתיבת בית אבוהא: **וסגו** יומיא ומיתת ברת שוע איתת GN 38:12
ואוטיב ייי לחייתא **וסגו** עמא ותקיפו לחדא: והוה כד EX 1:20
לקדמין יתיבו בה עם רב **וסגי** וחסין הי כגינבריא: גיבריא DT 2:10
ונקטול בהון קטול רב **וסגי** ונבוז מינהון ביזא רבא ונישבי EX 15:9
ואעביד יתך לעם תקיף **וסגי** מנהון: וכוונית ונחתית מן DT 9:14
ליה ייי אנא אל שדי פוש **וסגי** עם קדיש וכינשת נביאין GN 35:11
חקלין וכרמין ונפישו **וסגיאו** לחדא: וחייא יעקב בארעא GN 47:27
מעל ארעא: ותקפו מיא **וסגיאו** לחדא על ארעא והות GN 7:18
ארבעין יממין על ארעא **וסגיאו** מיא ונטלו ית תיבותא GN 7:17
ייי אלקים סגין יהבת לי **וסגין** אית קדמך למיתן לי ברם מה GN 15:2
דכנענאי דרדפו בתראיי **וסגין** ניחמן חמית וסכיתי למיחמי GN 45:28
מן קדמוי לקדמיהון **וסגת** חולקא דבנימין מן חולקי GN 43:34
צימחי ארעא מלרע **וסוגעי** עיבור וחמר: ישתעבדון לך GN 27:28
וקיימויי ודינוי ותיחון **ותיסגון** ויברככינכון ייי אלקכון DT 30:16
למעבד מן בגלל דתיחון **ותיסגון** ותיעלון ותירתון ית ארעא DT 8:1
למעבד מטול דיוטב לך **ותסגון** לחדא היכמא דמליל ייי DT 6:3
נזערא יתהון קדם עד לא **יסגון** ויהוי ארום יארע יתן סדרי EX 1:10
ותיתבון: ותוריכון ועניכון **יסגון** וכספא ודהבא יסגי לכון וכל DT 8:13
באורחא הדין תוב: ולא **יסגון** ליה נשין על תימנסרי דלא DT 17:17
מן אחוכון הוא: לחוד לא **יסגון** ליה על תרין סוסוון דילמא DT 17:16
יהי לעם רב ואוף הוא **יסגי** וברם אחוי קלילא יסגי יתיר GN 48:19
קדם ייי: דעתיר לא **יסגי** ודמיסכן לא יזער מפלגות EX 30:15
יסגי לכון וכל דילכון **יסגי**: ויתרם ליבכון ותתנשון ית DT 8:13
יסגי וברם אחוי קלילא **יסגי** יתיר מיניה ובנוי יהון סגיאין GN 48:19
וקטלינון במדברא: וכדון **יסגי** כדון חילא קדמך ייי ותתמלי NU 14:17
ליבה וכספא ודהבא לא **יסגי** ליה דלא יתרום ליביה לחדא DT 17:17
יסגון וכספא ודהבא **יסגי** לכון וכל דילכון יסגי: ויתרם DT 8:13
אלקכון כל יומיא: וארום **יסגי** מינכון אורחא ארום לא תיכול DT 14:24
בפריע דילמא **יסגי** עליכון חיות ברא כד ייתון DT 7:22
לסורחנות עמא הדין **כסגיאות** טבוותך והיכמא NU 14:19
רבון כל עלמא ייי אמר **לאסגאה** ית עמא הדין הי ככוכבי NU 23:19
מנכון פרעה מן בגלל **לאסגאה** תמהיי בארעא דמצרים: EX 11:9
ארום שריאו בני נשא **למסגי** על אנפי ארעא ובנתא GN 6:1
כדין ברך יוסף יתקפון **לסגי** בגו ארעא: וחמא יוסף ארום GN 48:16
לך עאן קדמי ותקיף **לסגי** ובריך ייי יתך בריגלי דאהניית GN 30:30
דין הי כככובי שמיא **לסגי**: ייי אלקא דאבהתכון יוסיף DT 1:10
דהויתון הי כככובי שמיא **לסוגי** ארום לא קבילתון למימרא DT 28:62
אלקכון הי כככובי שמיא **לסוגי**: ותרחמון ית ייי אלקכון DT 10:22
ית בנייכי ולא יתמנון **מסגי**: ואמר לה מלאכא הא אנת GN 16:10
כחלא דימא דלא מתמני **מסגי**: ובת תמן בליליא ההוא ונסיב GN 32:13
אנא מזעיר ומימרא דייי **מסגי** יתהון: אמר בלעם רשיעא NU 23:8
אריך רוח וקריב רחמין **מסגי** למעבד חסד וקשוט: נטיר EX 34:6
ארום מסאב הוא: ואין **מסגיא** תיסגי סגירותא במשכא LV 13:12

עבדין: ואמרו למשה **מסגיין** עמא למייתיא מיסת EX 36:5
הויתון לעיין ומשלהיין **מסוגי** שעבודא דמצראי ומן דלוחי DT 25:18
ישראל בר בעור דאיטפש **מסוגעי** חכמתי ולא חס על ישראל NU 22:5
בחדווא ובשפירות ליבא **מסוגעי** כל טובא: ותיפלחון ית DT 28:47
לא חסרו ובית שקיותן **סגו** וכדון איתן נתיעט עליה עיטא GN 29:22
עימיה: אין עד כדון אית **סגוי** בשנייא לפום סכומהון יתיב LV 25:51
עם אברהם ארום לעם **סגי** אישוינך תמן: אנא הוא דבמימרי GN 46:3
בעלמא הדין אולפן **סגי** אית לה לעלמא דאתי NU 12:16
אזל פרקיה בממון **סגי** אלפיה חכמתא ואמנותא קדיש DT 32:50
והוה שחין שלבוקיין **סגי** באינשא ובבעירא: ולא יכילו EX 9:10
עמיין חוורן צהר הוא **סגי** במשכא דכי הוא: וגבר ארום LV 13:39
קדם עמא לחדא ארום **סגי** הוא ואתיעקו מואבאי בחייהון NU 22:3
ואעבד יתך לעם **סגי**: ואתחלחל משה מן רתיתא EX 32:10
יוליד ואיתיניניה לעם **סגי**: וית קיימי אקיים עם יצחק GN 17:20
ארום הוה קיניינהון **סגי** ולא יכילו למיתב כחדא: והוו GN 13:6
אין חלש הזעיר הוא אין **סגי**: ומא ארעא דהוא יתיב בה NU 13:18
והיכמא דכוורי ימא **סגי** ומסתגי במיא כדין ברך יוסף GN 48:16
ואזדעזע יצחק זעזוע **סגי** כדי שמע ית קליה דעשו וריח GN 27:33
ענא: ואמר הא עדן יומא **סגי** לא עידן למיכנוש בעיר אשקו GN 29:7
קדמי לעלמא דאתי **סגי** לחדא: ואמר אברם ייי אלקים GN 15:1
ונגרעין בר מקירוי פצחיא **סגי** לחדא: וגמרנא ית קירויהון DT 3:5
עמהון ועאן ותורי וגיתי **סגי** לחדא: והוו קטעין מן לישא EX 12:38
וקטל ייי בעמא קטול **סגי** לחדא: וקרא ית שום אתרא NU 11:33
קביל צלותי ואמר ייי לי **סגי** לך לא תוסיף למללא קדמי DT 3:26
ביה ייי הוא דקדיש **סגי** לכון בני לוי: ואמר משה לקרח NU 16:7
ואמר ייי לי למימר: **סגי** לכון דאקיפתון ית טורא הדין DT 2:3
נפשי בחורב למימר **סגי** לכון ואתהני לכון עד האידנא DT 1:6
ידענא ארום בעיר **סגי** לכון יתבון בקירויכון די יהבית DT 3:19
ועל אהרן ואמרו להון **סגי** לכון רבנותא ארום כל כנישתא NU 16:3
ביומא הדין לקיימא עם **סגי** מדבית יעקב: וכדון לא תידחלון GN 50:20
אחוי: ארום הוה ניכסיהון **סגי** מלמיתב כחדא ולא כהילת GN 36:7
עד פושכא וטולה **סגי** משימשה מתעבדא לטולא LV 23:42
שמך אברהם ארום לאב **סגי** סוגעי עממין מניתך: ואפיש יתך GN 17:5
תיבנא אוף אספסתא **סגי** עימנא אוף אתר כשר למבת: GN 24:25
גזר קימי עימך ותהי לאב **סגי** עממין: ולא יתקרי תוב שמך GN 17:4
ומחתא: צלו קדם ייי ויהי **סגי** קדמוי מלמהוי קלין דלווט מן EX 9:28
אינשא ועל בעירא לשחין **סגי** שלופוקיין בכל ארעא דמצרים: EX 9:9
שמהן: לשיבטא דעמיה **סגי** תסגון אחסנתהון ולשיבטא NU 26:54
ישראל מן שבטא דעמיה **סגי** תסגון ומן שיבטא דעמיה זעיר NU 35:8
יתכון ייי לתמן: בר זרע **סגי** תפקון לחקלא וזעיר תכנשון DT 28:38
בארעא: ואמר קין קדם ייי **סגי** תקיף מרודי מלמסובלא ברם GN 4:13
אחוי ואמרת מה תקוף **סגי** תקיפתא ועלך אית למיתקוף GN 38:29
סמוקרי מערב סגירות **סגיא** הוא בקורחתיה או LV 13:42
ישראל קדם ייי: ובעירי **סגיא** הוון לבני ראובן ולבני גד NU 32:1
או בכל מאן דיצלא **סגיא** היא בנורא תוקדיניה ית LV 13:57
יומא חד בתר דשמע לא **סגיא** לה בשרותא ואין מפסא NU 30:16
בבל קבלא דא היא מדיי **סגיאה** דא היא יון נפלא דא היא GN 15:12
וגיתין תורין ופולחנא **סגיאה** וקניאו יתיה פלישתאי: וכל GN 26:14
פרשין והות משריתא **סגיאה** לחדא: ואתו עד בית אידרי GN 50:9
בדינא למימר הא בתר **סגיאי** דינא סטי: ומסכינא דאתחייב EX 23:2
תתפלג אחסנתהון בין **סגיאי** לזעירי: ואלין סכומי ליואי NU 26:56
דלא דידי: והוה ביומייא **סגיאייא** האינון ואיתכתש מלכא EX 2:23
ואמר עשו אית לי ניכסין **סגיאין** אחי יתקיים לך מאן דאית GN 33:9
יסגי יתיר מיניה ובנוי יהון **סגיאין** בעממיא: ובריכינון ביומא GN 48:19
קלילא ויפלון מנהון **סגיאין** ברם בתר כדין עתידין הינון NU 24:14
אתנינה ולבנך: ויהון בנך **סגיאין** הי כעפרא דארעא ותיתקף GN 28:14
ויתיבנא במצרים יומין **סגיאין** ואבאישו לנא מצראי NU 20:15
ובזימנא תניינא נפקו מיין **סגיאין** ואשתיאת כנישתא NU 20:11
יפקון לחירותא בניכסין **סגיאין**: ואת תתכנש לות אבהתך GN 15:14
מן טורא דגבלא בליגיונין **סגיאין** ואתא לחברון ולא הוה GN 50:13
ידיכון ותוזפון לעממין **סגיאין** ואתון לא תצטרכון למזוף: DT 28:12
ייי וארום אית לי ניכסין **סגיאין** ודחק ביה וקבל: ואמר נטייל GN 33:11
עננא על משכנא יומין **סגיאין** וינטרון בני ישראל ית NU 9:19
שדי יברך יתך בניכסין **סגיאין** ויפישינך ויסגינך לתריסר GN 28:3
בלק למשדרא רברבין **סגיאין** ויקירין מאלין: ואתו לות NU 22:15
מזיינין בסופא בניכסין **סגיאין** וישרון בשליותא להלאן GN 49:19
ואתאבל על בריה יומין **סגיאין**: וקמו כל בנוי וכל נשי בנוי GN 37:34
ויבוסאי שבעתי עממין **סגיאין** ותקיפין מינך: וימסרינון ייי DT 7:1
עד עלמא: ואשוי ית בנך **סגיאין** כעפרא דארעא דהיכמא GN 13:16
ויחמי מן בניהון אוכלוסין **סגיאין** לאתמסרא בידיהון בכן אמר NU 21:34
בני ישראל לא תהוון בתר **סגיאין** למבאשא אלהין למטייבא EX 23:2
ית עמא ומיתו אוכלוסין **סגיאין** מישראל: ואתו עמא לות NU 21:6
אימר לבית גניסתא ואין **סגיאין** ממניינא יסבון אימרא EX 12:3
זיינא ויפקון באוכלוסין **סגיאין** מן למברנייא ומארע NU 24:24

למירתה ויגלי עממין **סגיאין** מן קדמך חיתאי וגרגשאי DT 7:1
לכל גברא: ואוף נוכראין **סגיאין** מנהון מאתן וארבעין רבוון EX 12:38
לך: דילמא תימר בליבך **סגיאין** עממיא האילין מיני היכדין DT 7:17
דיעקב ישלטון בעממין **סגיאין** קמאה דימלוך עליהון יגיח NU 24:7
לחדא והוו ליה עאן **סגיאן** ואמהן ועבדין וגמלין וחמרין: GN 30:43
שמהן: וחמא ייי ארום **סגיאת** בישת אינשא בארעא וכל GN 6:5
סגירותא הוא בשיחנא **סגיאת**: ואין יחמינה כהנא והא לית LV 13:20
לעניא ייקד בנורא ארום **סגיאת** וחובתהון ארום תקיפת GN 18:20
סגירותא הוא בכוואה **סגיאת** ויסאב יתיה כהנא מכתש LV 13:25
ית אתרא הדין ארום **סגיאת** קבילהון קדם ייי ושדרנא ייי GN 19:13
ואמר פרעה הא **סגין** הינון כדון עמא דארעא דאתון EX 5:5
הא עמא בני ישראל **סגין** ותקפין יתיר מיננ: איתון כדון EX 1:9
אבוהון: ואמר ישראל **סגין** טבוון עבד עמי ייי שיזבני מן GN 45:28
ואמר אברם ייי אלקים **סגין** יהבת לי וסגין אית קדמך GN 15:2
לשיבט דעמיה **סגין** תסגי ולשיבט דעמיה זעירין NU 33:54
עימך ואישוי ית בנך **סגיעין** הי כחלא דימא דלא מתמני GN 32:13
ית טורא דגבלא יומין **סגיעין**: ואמר ייי לי למימר: סגי לכון DT 2:1
לכון ותמשכנון עממין **סגיעין** ואתון לא תתמשכנון DT 15:6
ותשלטון בעממין **סגיעין** ובכון לא ישלטון: ואין DT 15:6
ויתיבתון ברקם יומין **סגיעין** כיומיא דיתיבתון: ואתפנינא DT 1:46
בתי מדרישיכון: אומין **סגיעין** לטור בית מקדשא יצלון DT 33:19
ותחומי יהי מרבי זיתין **סגיעין** עבדין משח מספקין DT 33:24
לביזה ויארעו יתהון בישן **סגיען** ועקן ויימרון בעידנא ההיא DT 31:17
ארום יערען יתהון בישן **סגיען** ועקן ותסהיד תושבחתא DT 31:21
דמעניין להון היכדין הוון **סגן** והכדין הוון תקפין ואיתיעקו EX 1:12
כהנא רבא דרבי יתיה **סגנא** במשח רבותא ומטול דלא NU 35:25
יזבנון לכון: לפום סכום **סוגי** שניא תסגי זבינוי ולפום סכום LV 25:16
דכנען באורחא בעוד **סוגעי** ארעא למיעול לאפרת ולא GN 48:7
ונטלו מביתאל והוה תוב **סוגעי** אשוון עללתא דארעא GN 35:16
אברהם ארום לאב סגי **סוגעי** עממין מניתך: ואפיש יתך GN 17:5
בעקתיה וידבקיה ארום **תיסגי** אורחא ויקטליניה נפש וליה DT 19:6
מן קדמך עד די **תיסגי** ותחסין ית ארעא: ואישוי ית EX 23:30
מסאב הוא: ואין מסגיא **תיסגי** סגירותא במשכא ותחפי LV 13:12
לשיבטא דעמיה סגי **תסגון** אחסנתהון ולשיבטא דעמיה NU 26:54
מן שבטא דעמיה סגי **תסגון** ומן שיבטא דעמיה זעיר NU 35:8
לשיבט דעמיה סגין **תסגי** ולשיבט דעמיה זעירין תזעיר NU 33:54
לפום סכום סוגי שניא **תסגי** זבינוי ולפום סכום זעירות LV 25:16

סגל (2)

שפירת חזו היא: והוה כד **סגוליה** תמן יומיא למשרי ואודיק GN 26:8
ליבלובהא ומן יד בשלו **סגולייהא** הוו עינבין: חמי הוית עד GN 40:10

סגן (1)

ותיתנון יתה לאלעזר **סגן** כהניא ויהנפק יתה לחודה NU 19:3

סגף (21)

למתקוף בית אבא הכא **בסיגופיהום**: ושלימן שבע שני GN 41:52
הימנת וישעבדון בהון **ויסגפון** יתהום ארבע מאה שנין: GN 15:13
באונסא ושכיב עימה **וסגפה**: ואתרעיית נפשיה בדינה GN 34:2
עיבידי לה דתקין בעיניכי **וסגפתא** שרי וערקת מן קדמה: GN 16:6
מארע קדיש יהי לכון **ותסגפון** ית נפשתיכון מן מיכלא NU 29:7
בצלו ומן דהוה צבי **לסגופי** נפשי נסיבו אבנא ושוויו EX 17:12
ייי אלקכון מן בגלל **לסגופיכון** ומן בגלל לנסייוכון DT 8:2
נידרא וכל קיום איסרא **לסגפא** נפש בעלה יקיימינון ובעלה NU 30:14
ידעון אבהתך מן בגלל **לסגפותך** ומן בגלל לנסיותך DT 8:16
במימרי אסיק יתכון **מסיגוף** מצראי לארע כנענאי EX 3:17
למימר ווי לכון **סגיפין** מחר אתון מתקטלין מטול DT 1:27
ויתם לא תסגפון: אין **סגפא** תסגיף יתיה אזדהרון לכון EX 22:22
עימך למצרים ואיחמי **סיגוופיהון** דבנך וממרי יעלינך תמן GN 46:4
ואמר מגלא גלי קדמיי ית **סיגוף** עמי דבמצרים וית קבילתהון EX 3:7
אמר תקיף יתי ייי בארע **סיגופי** והכדין עתיד למתקוף בית GN 41:52
כדון ריקם שלחתני ית **סיגופי** וית ליאות ידיי גלי קדם ייי GN 31:42
לאינתתא אסגא אסגי **סיגופיך** באדם בתולין ועידוייך בי GN 3:16
ארום גלי קדם ייי **סיגופיך**: ואיהוא יהוי מדמי לערוד GN 16:11
ניטמר גבר מן חבריה: אין **תסגיף** ית ברתיי למעבד להן GN 31:50
לא תסגפון: אין סגפא **תסגיף** יתיה אזדהרון לכון ארום אין EX 22:22
כל ארמלא ויתם לא **תסגפון**: אין סגפא תסגיף יתיה EX 22:21

סגר (44)

ארעא אלהין למלקי **בסגירותא** היכמא דמליל למשה NU 17:5
ושרו בחצרות אתרא **דאיסתגרת** מרים נביאיתא: ונטלו NU 33:17
דייעול לביתא כל יומין **דיסגר** יתיה יהי מסאב עד רמשא: LV 14:46
ויסאיביניה כהנא מטול **דסגירותא** הוא: מכתש סגירו ארום LV 13:8
את והב דהוון בעלעולא **דסגירותא** וטרידין בסוף משריתא NU 21:14
על ארעא ואשתדכו מיא: **ואיסתגרו** מבועי תהומא וחרכי GN 8:2
דמכתשא במשכא **ויסגירניה** כהנא שבעא יומין LV 13:5
משכא מטול דהיא עמיה **ויסגיריניה** כהנא שובעא יומין: ואין LV 13:21
ית עיסקא דביה מכתשא **ויסגירניה** שובעא יומין תיניינות: LV 13:54

ביתא לתרע ביתא מלבר **ויסגר** ית ביתא שובעא יומין: ויתוב LV 14:38
ויחמי כהנא ית מכתשא **ויסגר** ית מכתשא שובעא יומין: LV 13:50
ושער אוכם לית ביה **ויסגר** כהנא ית מכתש ניתקא LV 13:31
אתהפיך לחיור כסידא **ויסגר** כהנא ית מכתשא שבעא LV 13:4
אתר ניתקא לא יספר **ויסגר** כהנא ית ניתקא שובעא יומין: LV 13:33
משכא מטול דהיא עמיא **ויסגריניה** כהנא שובעא יומין: LV 13:26
ויחלטיניה כהנא לא **יסגירניה** ארום מסאב הוא: ואין LV 13:11
כל דין וכל מכתש צורעא **למסגר** ולמחלט: וכל חכימי קרתא DT 21:5
בר נש דמית או דייב או **סגיר** דמרחק באורח עלמא בקריות NU 9:10
סגירות משך בישרא: גבר **סגיר** הוא מסאב הוא סאבא LV 13:44
והא איתסי סגירותא מן **סגירא:** ויפקד כהנא ויסב לדמידכי LV 14:3
דסגירותא הוא: מכתש **סגירו** ארום יהי בבר נש ויתיתי לות LV 13:9
בחטופין ואיתן מכתש **סגירו** בבית ארע אחסנתכון: וייתי LV 14:34
ארום יהי ביה מכתש **סגירו** בלבוש עמר או בלבוש כיתן: LV 13:47
במשך בישריה למיכתש **סגירו** ויתיתיה לות אהרן כהנא או LV 13:2
דא אורייתא דמכתש **סגירו** לבוש עמר או דכיתן או LV 13:59
פיסיון מכתשא בביתא **סגירות** מחלטא היא בביתא מסאב LV 14:44
בגלשולשותיה הי כחיזוי **סגירות** משך בישרא: גבר סגיר הוא LV 13:43
חיוור סמוקרי מערב **סגירות** סגיא הוא בקורחתיה או LV 13:42
יתיה כהנא ניתקא הוא **סגירות** רישא או דיקנא הוא: וארום LV 13:30
הוא: ואין מסגיא תיסגי **סגירותא** במשכא ותחפי סגירותא LV 13:12
חייא דביה מסאב הוא **סגירותא** הוא: או ארום יתוב בישרא LV 13:15
כתלגא יתיר מן משכא **סגירותא** הוא בכוואה סגיאת LV 13:25
כהנא מטול דמכתש **סגירותא** הוא בשיחנא סגיאת: ואין LV 13:20
יתיה מטול דמכתש **סגירותא** הוא: ואין באתרא קמת LV 13:27
ממשך בישריה מכתש **סגירותא** הוא ויחמיניה כהנא LV 13:3
בכל מאן דצלא מכתש **סגירותא** הוא ויתחמי לכהנא: ויחמי LV 13:49
ויסאב יתיה כהנא מכתש **סגירותא** היא: ואין יחמינה כהנא LV 13:25
אורייתא לכל מכתש **סגירותא** ולניתקא: ולצורעא LV 14:54
ויחמי כהנא והא חפת **סגירותא** ית כל בישריה וידכי ית LV 13:13
סגירותא במשכא ותחפי **סגירותא** ית כל משך בישריה LV 13:12
ויחמי והא איתסי **סגירותא** מן סגירא: ויפקד כהנא LV 14:3
בישרא חייא בשומא: **סגירותא** עתיקתא היא במשך LV 13:11
על בית אפוהי דמידכי מן **סגירותא** שבעתי זימנין וידכיניה LV 14:7
חוביה והנפקא והא ידיה **סגירתא** מחוורא היא כתלגא: ואמר EX 4:6

סדן (4)

וית טפלהון וית נשיהון **בסדני** דשדר פרעה למיטל יתיה: GN 46:5
לכון מארעא דמצרים **סדני** דמינגדן בתורתי לסוברא בהון GN 45:19
ישראל ויהב להום יוסף **סדני** על מימר פרעה ויהב להון GN 45:21
דמליל עמהון וחמא ית **סדנייא** דשדר יוסף למיטול יתיה GN 45:27

סדק (14)

הוא ולית כנפיק ביה **דסדיק** ולא פשר מסאב הוא לכון DT 14:8
בר ודיצין: וכל בעירא **דסדיקא** טלפייא ולה קרנין וסדיק DT 14:6
כל בעירא דעל ארעא: כל **דסדיקא** פרסתא ומטילפן טילפין LV 11:3
תיכלון ממסקי פישרא **ומסדיקי** פרסתא שלילא דליה תרין DT 14:7
טלפייא ולה קרנין **וסדיק** סידקא מסקא פישרא DT 14:6
ממינא דמסקי פישרא **וסדיקי** פרסתא דאיתיליד LV 11:4
לכון: וית חזירא ארום **סדיק** פרסתא הוא ולית כנפיק ביה DT 14:8
לכון: וית חזירא ארום **סדיק** פרסתא הוא ומטלף טילפין LV 11:7
פישרא הוא ופרסתיה לא **סדיקא** מסאב הוא לכון: וית ארנבא LV 11:5
פישרא הוא ופרסתא לא **סדיקא** מסאב הוא לכון: וית חזירא LV 11:6
פישרא הוא ופרסתיה לא **סדיקא** מסאב הוא לכון: וית טווזא LV 11:4
רמשא: לכל בעירא דהיא **סדיקא** פרסתא וטילפין ליתהא LV 11:26
הינון ופרסתהון לא **סדיקין** מסאבין הינון לכון: וית DT 14:7
טלפייא ולה קרנין וסדיק **סידקא** מסקא פישרא בבעירא יתה DT 14:6

סדר (202)

אנא ייי: לא תעבדון שקר **בסדר** דינא לא תיסבון אפין LV 19:15
בישא דעתידין למיקום **בסדר** דיניא דדרא דמבולא למובדא GN 6:3
בדד דקטל ית מדינאה **בסדרותיה** עמהון קרבא בחקלי GN 36:35
תרתין סידורין שית **בסידרא** חדא ושית בסידרא חדא LV 24:6
אהרן ית תרתין ידוי **בסידרא** חדא יד ימיניה על LV 16:21
שית בסידרא חדא ושית **בסידרא** חדא על פתורא בטהריה LV 24:6
לחמא מאה שית עגולין **בסידרא** כל קבל שיבטוי דיעקב EX 40:4
לא תעבדון שיקרא **בסידרי** דינא במשחתא דקייטא LV 19:35
מיכלא היא מטול דהינון **בסידרי** דיניי קצו וית קיימי LV 26:43
לא קל גיברין דנצחין **בסידרי** קרבא ולא קל חלשין EX 32:18
מן בעלי דבביהון **בסידרי** קרבא קל פלחי פולחני EX 32:18
חדא על פתורא בטהריה **דמסדר** קדם ייי: ותיתן על סידורייא LV 24:6
בוצינהא בוציני סידורא **דמסדרין** כל קבל שבעתי כוכביא EX 39:37
זימנא מטול עתיריא **דמסדרין** פתורא קדם תרעיהון EX 40:6
חושנא: וית תרתין קליען **דמסדרן** על תרין ציטרוי יהבו על EX 39:18
האילין בירכן וחילופהון **דסדרית** קדמכון ותתיבון על DT 30:1
יתקטיל בשינוקא **דסודרא:** ודיגנוב נפש מבני ישראל EX 21:15
יתקטיל בשינוקא **דסודרא:** ודילוט לאבוי ולאימיה EX 21:16
תקטלונון בשינוקא **דסודרא** ותפלון עביד דביש DT 22:22
גברא ההוא בשינוקא **דסודרא** ותפלי עביד דביש מבינך: DT 24:7
בניסין באתין ובתימהין **ובסדרי** נצחני קרבין ובאדרע מרמם DT 4:34
למיברא למשריתא **ויסדר** חזור חזור לה סידורי קיסין NU 19:3
ית רישיה וית גופיה **ויסדר** כהנא יתהון על קיסין דעל LV 1:12
עד ארבע שעין דיומא **ויסדר** עלה עלתא ויסיק עלה תרבי LV 6:5
קיסין על אישתא: **ויסדרון** בני אהרן כהניא ית פסגייא LV 1:8
כהנא אישתא על מדבחא **ויסדרון** קיסין על אישתא: ויסדרון LV 1:7
יהודה אסר חרצוי ונחית **ומסדר** סדרי קרבא עם בעלי דבבוי GN 49:11
עממיא ישתמעון ליה **ומסדרין** קרבא בארעא דישראל על NU 11:26
יתהון שריין על גיף ימא **ונסדרא** לקובליהון סידרי קרבא EX 15:9
ביה: ושוי עלוי ית חושנא **וסדר** בחושנא ית אוריא וית תומיא: LV 8:8
תרביא ועל שקא דימינא: **וסדר** ית כולא על ידי אהרן ועל ידי LV 8:27
קורבנכון: היכמא דעבד **וסדר** ית סדר קורבניא ביומא הדין LV 8:34
בליליא וית כוכביי: **וסדר** יתהון אלקים על שיטריהון GN 1:17
בישראל במשכן זימנא **וסדר** יתיה אהרן מרמשא ועד צפר LV 24:3
ופוק מתחות ענני יקרא **וסדר** סדרי קרבא לקבל משיריית EX 17:9
ואיתפכר בדרא דפלוגתא **וסדר** עילוי ית קיסיא וכפת ית GN 22:9
בנוי ואסחו יתהון במוי: **וסדר** עלוי ית כיתונא וזריז יתיה LV 8:7
ציפונא מברא לפרגודא: **וסדר** עלוי סידורין דלחים קדם ייי EX 40:23
ופסג יתהון במציעא **וסדר** פסגא דחד כל קבל חבריה וית GN 15:10
ההוא וקרא לסבי עמא **וסדר** קדמיהון ית כל פיתגמייא EX 19:7
דעבד עולימא תבשילין **וסדר** קדמיהון כאורח הילכת ברית GN 18:8
חקיק ומפרש קודש לייי: **וסדרו** עלוי שזיר חוטא דתכלתא EX 39:31
דייהא איהי זוער **וסדרו** עמהון סדרי קרבא במישר GN 14:8
וריגליה גובריא דעימיה: **וסדרו** קומיה למיכול תבשילא GN 24:33
מטול דזכוון קדם ייי עבד **וסדרי** דינוי אליף לעמיה בית DT 33:21
ארמלגוס רשיעא **וסדרי** קרבא דגוג ובעידן צערא רבא DT 34:3
לישא דאפיקו ממצרים **וסדרין** על רישיהון ומתאפי להון EX 12:39
ועבדו תרתין עיזקן דדהב **וסדרינון** על תרין כתפי אפודא EX 39:20
ידוי ועל שעיעות צואריה: **וסדרת** ית תבשיליא וית לחמא די GN 27:17
אבוהן: איליין פיקודייא **וסידרי** דינייא דפקיד ייי בידא NU 36:13
אנא ייי: אילין קימייא **וסידרי** דינייא וגזירת אורייתא דיהב LV 26:46
דאיתכסי מן דיינייא **וסידרי** נצחן קרביהון ולמכפרא על EX 28:15
ותחליל בני גווייה וכרעוי **ותסדר** אל איברוי ועל רישיה: EX 29:17
ייי: ותיסב יתהון מידהון **ותסדר** במדבחא על עלתא EX 29:25
בהון דיירי עלמא **ותסדר** ית סדרוי תרין סדרי לחמא EX 40:4
דדהב תעבד יתהון: **ותסדר** ית תרתין מרגלייתא על EX 28:12
יעביד יתה ציורין כרובין: **ותסדר** יתה על ארבעה עמודי EX 26:32
תהי גריצתא חדא: **ותסדר** יתהון תרתין סידורין שית LV 24:6
ובסיסיה דנחשא לקידוש **ותסדר** יתיה בין משכן זימנא ובין EX 30:18
חקיק ומפרש קדש לייי: **ותסדר** יתיה על שזיר חוטא EX 28:37
כוליין וית תרבא דעליהן **ותסדר** על מדבחא: וית בישרא EX 29:13
דדהב דכי תעבד יתהון: **ותסדר** על פתורא לחמא גוואה EX 25:30
לפרגודא דעל סהדותא **יסדר** יתיה אהרן ובנוי מן רמשא EX 27:21
דשבתא ביומא דשבתא **יסדריניה** חדת קדם ייי תדירא מן LV 24:8
ואימריא במנייתהון **כסדר** דינא: וצפיר בר עיזי חד NU 29:18
ודיכרי ואימרי במניינהון **כסדר** דינא: וצפיר בר עיזי חד NU 29:24
ודיכרי ואמרי במניינהון **כסדר** דינא: וצפירא דחטאתא חד NU 29:21
ודיכרי ואימרי במנייניהון **כסדר** דינא: וצפירא דחטאתא חד NU 29:27
ודיכרי ואמרי במניינהון **כסדר** דינא: וצפירא דחטאתא חד NU 29:30
ודיכרי ואימרי במניינהון **כסדר** דינא: וצפירא דחטאתא חד NU 29:37
ודיכרי ואימרי במנינהון **כסדר** דינהון: וצפירא דחטאתא חד NU 29:33
ומנחתה וניסוכיהון **כסדר** דינהון לאתקבלא ברעוא NU 29:6
שרי לתרכותיה ותתגרי **למסדרא** לקובליה סדרי קרבא: DT 2:24
משרי כל קבל משרי **למסדרא** סדרי קרבא כל ליליא: EX 14:20
ידי גוג ומשיריתיה דאתן **למסדרא** סדרי קרבא עמהון: ארום DT 32:39
בגיני יתיה לואי איכול **למסדרא** סידרי קרב ביה NU 22:11
לדריכון: וארום תיעולון **למסדרא** סידרי קרבא בארעכון על NU 10:9
משיריתיה דגוג דעתידין **למסדרא** סידרי קרבא בישראל NU 24:17
ביומי מלכא משיחא **למסדרא** סידרי קרבא עם כל בני NU 24:20
להום בנבואה דחיואי בען **למסדרא** עמהון סדרי קרבא בגין כן GN 37:17
קדם מימרא דשמיא דלא **למסדרא** עמהון סידרי קרבא דעד NU 20:21
ית כל עמיא דאת אתי **לסדרא** בכון סדרי קרבא ואיתן ית EX 23:27
ארום תקרבון לקרתא **לסדרא** עלה סדרי קרבא ותשדרון DT 20:10
עליהון ולא תתגרי בהון **לסדרי** קרב ארום לא אתן לכון DT 2:19
חד יהון נפקין לוותכון **לסדרי** קרבא ובשבעא אורחין DT 28:7
די הוו נפיק קדמיהון **לסדרי** קרבא ודי הוי עליל קדמיהון NU 27:17
צלותיה דיהודה במפקיה **לסדרי** קרבא ולוות עמיה תעיליניה DT 33:7
מלכא דמתנן לקדמותנא **לסדרי** קרבא ומחונון: וכבשנן ית DT 29:6
דאלעזר כהנא יהון נפקין **לסדרי** קרבא ועל מימריה יהון עלין NU 27:21
ריגלא: ארום תיפקון **לסדרי** קרבא על בעלי דבביכון DT 20:1
קדם ייי: ארום תיפקון **לסדרי** קרבא על בעלי דבביכון DT 21:10
ולא יקבליניה במנא וידי **לסידורא** דקיסי תיניא מן לגין מן NU 19:4

חד תיפקון לקדמותהון **לסידרי** קרבא ובשבעתי אורחן DT 28:25
אתון מתקרבין יומא דין **לסידרי** קרבא על בעלי דבביכון לא DT 20:3
כאריא למישרי וכד נפיק **לסידרי** קרבא קבל בעלי דבבוי DT 33:20
פרסי אמר ליה אנא **מסדר** סידרי קרבא כלו קבל עמא NU 21:35
הדא דשויתי קמא תהי **מסדרא** בבי מוקדשא דייי ויהון GN 28:22
פילקתיה דאבוי דהות **מסדרא** כל קבל מצעא דלאה GN 35:22
ולוות עמיה תעיליניה **מסדרי** קרבא בשלם ידוי יתפרען DT 33:7
על מרגליתא תנייתא **מסדרין** הי כילדותהון: עובד אומן EX 28:10
גוברין לחילא ויהון **מסדרין** סדרי קרבא על מדין למיתן NU 31:3
למצרים וחדא אמרא **נסדרא** לקובליהון סידרי קרבא EX 14:13
עלמא: כיתא דהות אמרא **נסדרא** לקיבליהון סידרי קרבא EX 14:14
על יעקב אחוי על **סדר** בירכתא דיברכיה אבוי ואמר GN 27:41
לאבוי וזכה למקבלא **סדר** ברכתא בגין כן פריש משה LV 22:27
יהיב לבני ישראל: ודא **סדר** ברכתא דבריך משה נביא דייי DT 33:1
נסיב ית בכירותא וית **סדר** ברכתא מן יד אחוי והיך אתגלי GN 29:13
מימר קודשא לא אמנע **סדר** ברכתהון מנהון: אמר בלעם NU 23:20
ובין תבע אדמא על **סדר** דיניא האילין: וישיזבון כנישתא NU 35:24
דאשנייו עובדיהון ואוף **סדר** דינייה דעלמא אישתני עליהון: DT 32:5
ובנוי והוה מתרץ להון **סדר** כהונתא ותמן יתבין סבי EX 39:33
חדא ובנימין בר רחל **סדר** לציטריה ותמהו גובריא אינש GN 43:33
כמנחיש בנהא דלאה **סדר** מציטרא חדא ובנהא דזלפה GN 43:33
ודא אחווית אורייתא די **סדר** משה קדם בני ישראל: אילין DT 4:44
משה נביא חמון דאנא **סדר** קדמיכון יומא דין בירכתא DT 11:26
בני שנה חמשא דין **סדר** קורבנא די קריב מנכסוי נחשון NU 7:17
בני שנה חמשא דין **סדר** קורבנא דקריב מניכסוי נתנאל NU 7:23
היכמא דעבד וסדר ית **סדר** קורבניא ביומא הדין היכדין LV 8:34
מחייבא ולא הוא ברם **סדר** קטולין לית הינון חייבין ארום LV 19:20
ככל אורייתא הדא דאנא **סדר** קמיכון יומא דין: לחוד DT 4:8
בני שנה חמשא דין **סדר** קרבנא די קריב מניכסוי NU 7:83
בזימניה: ותימר להון דין **סדר** קרבניא די תקרבון קדם ייי NU 28:3
יתי אותיב במיליה על **סדר** שימושי ויתיה צלב: ושדר GN 41:13
ירקתא וברקתא **סדרא** חד ועליהון חקיק ומפרש EX 28:17
ארבעת טריגונין דעלמא **סדרא** קמייתא סמוקתא ירוקתא EX 39:10
דתלסר ארבעת מלכין **סדרו** קרבא לקביל חמשא: ומישר GN 14:9
דיירי עלמא ותסדר ית **סדרוי** תרין סדרי לחמא מאה שית EX 40:4
אורייתי תקוצון ואין ית **סדרי** דיניי תרחיק נפשתיכון בדיל LV 26:15
ותסדר ית סדרוי תרין **סדרי** לחמא מאה שית עגולין EX 40:4
יריען לחוד כל קבל שית **סדרי** מתניתא ותיעוף ית יריעתא EX 26:9
בען למסדרא עמהון **סדרי** קרבא בגין כן הוו אמרין נזיל GN 37:17
איהי זוער וסדרו עמהון **סדרי** קרבא במישר פרדיסיא: עם GN 14:8
לגוברי חילא דאתו מן **סדרי** קרבא דא אחווית גזירת NU 31:21
דאת אתי לסדרא בכון **סדרי** קרבא ואיתן ית כל בעלי EX 23:27
מאוותא דאתו מחיל **סדרי** קרבא: ואמר להון משה NU 31:14
ודי הוי עליל קדמיהון מן **סדרי** קרבא ודיפיק יתהון מן יד NU 27:17
ויהוי ארום יארע יתן **סדרי** קרבא ויתוספון לחוד הינון על EX 1:10
לקרתא לסדרא עלה **סדרי** קרבא ותשדרון לוותה פולין DT 20:10
למסדרא לקובליה **סדרי** קרבא: יומא דין שריית למיתן DT 2:24
כל קבל משרי למסדרא **סדרי** קרבא כל ליליא: וארכין משה EX 14:20
מתחות ענני יקרא וסדר **סדרי** קרבא לקבל משיריית עמלק EX 17:9
לחילא ויהון מסדרין **סדרי** קרבא על מדין למיתן NU 31:3
אסר חרצוי ונחית ומסדר **סדרי** קרבא עם בעלי דבבוי ומקטל GN 49:11
דאתן למסדרא **סדרי** קרבא עמהון: ארום זקפית DT 32:39
ית שבעתי אוגריא **סדרית** ואסיקית תור ודכר על כל NU 23:4
למעבד יתהון: חמון די **סדרית** קודמיכון יומנא ית אורחא DT 30:15
שמיא וארעא חיי ומותא **סדרית** קומיכון ברכתא וחילופה DT 30:19
להון ית קרבני לחים **סידור** פתורי ייכלון כהניא ומה NU 28:2
וית בוצינהא בוציני **סידורא** דמסדרין כל קבל שבעתי EX 39:37
שבע זמנין: ויפקון מגו **סידורא** ויוקד כהן אוחרן ית תורתא NU 19:5
מנהון ויהון ציבי לצרוך **סידורא** ותורין ועגלן יהון למיפלח NU 7:5
ישראל ותימר להון זמן **סידורי** מועדיא דייי דתארעון יתהון LV 23:2
ומליל משה ית זמן **סידורי** מועדיא דייי ואליפינון לבני LV 23:44
מותבניכון: אילין זמני **סידורי** מועדיא דייי מארעי קדיש LV 23:4
קדיש איליין הינון זמן **סידורי** מועדיי: שיתא יומין תתעבד LV 23:2
ויסדר חזור חזור לה **סידורי** קיסין דתיניא וכהנא אוחרן NU 19:3
קדם ייי: ותיתן על **סידורייא** צריד לבונתא ברירתא LV 24:7
לפרגודא: וסדר עלוי **סידורין** דלחים קדם ייי היכמא EX 40:23
חדא: ותסדר יתהון תרתין **סידורין** שית בסידרא חדא ושית LV 24:6
ירוקתא וברקתא **סידרא** חד ועליהון חקיק ומפרש EX 39:10
ארבעא טריגונין דעלמא **סידרא** קדמיא סמוקתא ירקתא EX 28:17
גד ואשר וישׂשכר: ושום **סידרא** רביעאה כרום ימא רבא EX 28:20
גד אשר וישׂשכר: ושום **סידרא** רביעאה כרום ימא רבא EX 39:13
ראובן שמעון ולוי: ושום **סידרא** תיניינא איזמורד וספירינון EX 28:18
ראובן שמעון ולוי: ושום **סידרא** תיניינא איזמורד וספירינון EX 39:11
יהודה דן ונפתלי: ושום **סידרא** תליתאה קנכירין וטרקין EX 39:12
יהודה דן ונפתלי: ושום **סידרא** תליתאה קנכירינון וטרקין EX 28:19
עלוי: ואיליין הינון **סידרי** דיניא די תסדר קדמיהון: EX 21:1
דייניכון בעידנא ההיא ית **סידרי** דיניא למימר קבילו מן DT 1:16
ותיטרון ית קיימיי וית **סידרי** דיניי דאין יעבד יתהון LV 18:5
דישראל ית קיימיי וית **סידרי** דיניי ולא תעבדון חדא מכל LV 18:26
ית כל קיימיי וית כל **סידרי** דיניי ותעבדון יתהון אנא ייי: LV 19:37
ית כל קיימיי וית כל **סידרי** דיניי ותעבדון יתהון ולא LV 20:22
ותעבדון ית קיימיי וית **סידרי** דיניי תטרון ותעבדון יתהון LV 25:18
אורייתי תהכון וית **סידרי** דיניי תינטרון ותעבדון יתהון: LV 26:3
לא תהכון: ית **סידרי** דיניי תעבדון וית קיימיי LV 18:4
כשרין אינון למלפא **סידרי** דינייך לדבית יעקב DT 33:10
לא תעבדון: איליין זימני **סידרי** מועדייא דייי דתערעון יתהון LV 23:37
לחוד כל קבל שיתא **סידרי** מתנייתא: ועבד ענובין חמשין EX 36:16
לא תיסקון ולא תסדרון **סידרי** קרב ארום לית שכינתי DT 1:42
לואי איכול למסדרא **סידרי** קרב ביה ואתרכיניה: ואמר ייי NU 22:11
אמרא נסדרא לקיבליהון **סידרי** קרבא אמר להון משה לא EX 14:14
ולא תסדר לקיבליהון **סידרי** קרבא ארום לא איתן לכון DT 2:9
וארום תיעולון למסדרא **סידרי** קרבא בארעכון על מעיקי NU 10:9
דגוג דעתידין למסדרא **סידרי** קרבא בישראל ויפלון NU 24:17
עיגלא ואמר למשה קל **סידרי** קרבא במשריתא: ואמר לא EX 32:17
דלא למסדרא עמהון **סידרי** קרבא דעד כדון לא מטא NU 20:21
אמרא נסדרא לקובליהון **סידרי** קרבא וחדא אמרא נלבלבה EX 14:13
ימא ונסדרא לקובליהון **סידרי** קרבא ונקטול בהון קטול רב EX 15:9
אמר ליה אנא מסדר **סידרי** קרבא כלו קבל עמא הדין NU 21:35
מלכא משיחא למסדרא **סידרי** קרבא עם כל בני מדינחא עם NU 24:20
ותהי עבדא לקובלא **סידרי** קרבא קדם עד לא ניתבדר GN 11:4
אית לן זכותא דתידכר לן **סידרי** קרבנינן תורא אתבחר קדמי LV 22:27
דמרגליין טבאן ארבעא **סידרין** דמרגליין טבאן כל קבל EX 28:17
ית קטולא לית ליה **סידרין** דקטולין: ארום בקירייתא NU 35:27
ואשלימו ביה ארבעא **סידרין** מרגליין טבן כל קבל EX 39:10
לא תעיק ית מואבאי ולא **תסדר** לקיבליהון סידרי קרבא DT 2:9
משכנא דרומא ופתורא **תסדר** על סטר ציפונא: ותעבד EX 26:35
הינון סידרי דיניא די **תסדר** קדמיהון: ארום תיזבון EX 21:1
להון לא תיסקון ולא **תסדרון** סידרי קרב ארום לית DT 1:42
מנחתא דכהנא גמירא **תסתדר** ותיהווי לא תיתאכל: ומליל LV 6:16
קיים עלם קדם ייי גמירה **תסתדר** ותיתסק: וכל מנחתא LV 6:15

סהד (132)

אלקכון לארגזא קדמוי: **אסהדית** בכון יומא דין סהדין DT 4:26
ותפלחונון ותסגדון להון **אסהדית** עליכון יומא דין ארום DT 8:19
יהודה למימר מסהדא **אסהיד** בנא גברא למימר לא GN 43:3
ואמר ייי למשה חות **אסהיד** בעמא דילמא יכוונון קדם EX 19:21
בפום סהדין שיקרא **אסהידו** באחוהון: ותעבדון להון DT 19:18
לטוורא דסיני ארום אנת **אסהידת** בנא למימר תחים ית EX 19:23
ובנין לא יתקטלון לא **בסהדות** ולא בחובי אבהן איש DT 24:16
לא יתקטלון אבהן לא **בסהדות** ולא בחובי בנין ובנין לא DT 24:16
ועד שתא דשמיטתא: אין **בסהדיא** משתכחא ברשותיה EX 22:3
דישוד דמא דאינשא **בסהדין** דיינייא מחייבין ליה קטול GN 9:6
ויברכינך ולך תהי זכו **דיסהיד** עלך שימשא קדם ייי אלקך: DT 24:13
מסאבא וסהדו בריר לית **דמסהיד** בה והיא לא איתחדת: NU 5:13
חד יומי למיכפור ית מה **דמסהיד** עלוי ועל מימר תרין סהדין DT 19:15
מן טוורא ותרין לוחיא **דסהדותא** בידא דמשה במיחתי מן EX 34:29
וסכומין דמשכנא **דסהדותא** דאתמנייו על פם מימרא EX 38:21
וטלליה על ארונא **דסהדותא** היכמא דפקיד ייי ית EX 40:21
מטלל ביממא למשכנא **דסהדותא** וברמשא הוי על משכנא NU 9:15
חרן ועאל משה למשכנא **דסהדותא** והא ייעא חטר אהרן NU 17:23
קדם ייי במשכנא **דסהדותא**: והוה מיומא חרן ועאל NU 17:22
תקומון קדם משכנא **דסהדותא**: ויטרון מטרתך ומטרת NU 18:2
פרגודא דפרסא: וית ארנא **דסהדותא** וית אריחוי וית כפורתא EX 39:35
משכן זימנא וית ארונא **דסהדותא** וית כפורתא דעלוי וית EX 31:7
משכן זימנא וית ארונא **דסהדותא**: וית פתורא וית כל מנוי EX 30:26
דפרסא ויכסון ית ארונא **דסהדותא**: ויתנון עלוי חופאה NU 4:5
ישרון חזור חזור למשכנא **דסהדותא** ולא יהי רוגזא על NU 1:53
ענן יקרא מעילוי משכנא **דסהדותא**: ונטלו בני ישראל NU 10:11
ליואי ית מטרת משכנא **דסהדותא**: ועבדו בני ישראל ככל NU 1:53
מני ית ליואי על משכנא **דסהדותא** ועל כל מנוי ועל כל דליה NU 1:50
ותשוי תמן ית ארונא **דסהדותא** ותטליל על ארונא ית EX 40:3
מלגיו לברוגדא ית ארונא **דסהדותא** ותפריש פרגודא לכון EX 26:33
תרין כרוביא דעל ארונא **דסהדותא** ית כל מה דאפקד יתך EX 25:22
דעובדא: מברא לפרגודא **דסהדותא** לעלמא דשכינתא שריא LV 24:3
כפורתא דעל ארונא **דסהדותא** מבין תרין כרוביא NU 7:89
בוסמיא קדם ארונא **דסהדותא** מטול חכימיא דעסיקין EX 40:5
קדם פרגודא דעל ארונא **דסהדותא** קדם כפורתא דעל EX 30:6
על מימר סהיד חד: ידא **דסהדיא** תהי ביה בשירויא DT 17:7
מאיתמלי ומידקדמוי **ואיתסהד** על אנפי מריה תלתי EX 21:29

ית כל פיתגמייא האילין **ואסהיד** בהון ית שמיא וית ארעא: DT 31:28
אנא גזר ית קיימא הדא **ומסהיד** ית מומתא הדא: ארום ית DT 29:13
אישתבי ולית סהיד חמי **ומסהיד:** מומתא דייי תהי בין EX 22:9
ומיטמרא והיא מסאבא **וסהדו** בריר לית דמסהיד בה והיא NU 5:13
או בי דינא ית קטולא **וסהיד** חד לא יסהד בבר נש לממת: NU 35:30
ובינך: סהיד אוגר הדין **וסהידא** קמא אין אנא לא איעבר GN 31:52
ית פיקודיא דייי אלקכון **וסהידוותיה** וקיימוי דפקיד לכון: DT 6:17
ונמור בעזיא ויהי אגרי: **ותסהד** בי זכוותי ליומחרא ארום GN 30:33
יתהון בישן סגיען ועקן **ותסהיד** תושבחתא הדא קדמיהון DT 31:21
ית קטולא וסהיד חד לא **יסהד** בבר נש לממת: לא תקבלון NU 35:30
סהדין שיקרין בבר נש **לאסהדא** ביה סטיא: ויקומון תרין DT 19:16
על מימר סהדין דחמיין **למסהד** עלוי יקטול תבע אדמא או NU 35:30
לא תימנע זכו דחברך **למסהדא** עלוי בדינא אנא ייי: לא LV 19:16
תושבחתא הדא קדמיהון **לסהדו** ארום גלי קדמי דלא תתנשי DT 31:21
ידי מן בגלל דתיהווי לי **לסהדו** ארום חפירית ית בירא הדא: GN 21:30
ויהב פסגא חדא להום **לסהדו** וצלי עליהום יצחק GN 26:31
האינון: ויתבעון דיינייא **לסהדין** דמזמין יתהון טבאות והא DT 19:18
ויהון תלתא לדיינין ותרין **לסהדין** ותימר בלישן בית קודשא DT 25:7
אלקכון ויהי תמן בכון **לסהיד:** ארום גלי קדמיי ית DT 31:26
תושבחתא הדא קדמיי **לסהיד** בבני ישראל: ארום אעילינון DT 31:19[a]
קיים אנא ואנת ויהי **לסהיד** בינא ובינך: ונסיב יעקב אבנא GN 31:44
ואמר ליה יהודה למימר **מסהדא** אסהיד בנא גברא למימר GN 43:3
חברין ולא שותפין עם **מסהדי** סהדן דשיקרא ולא יתחמי DT 5:20
עמי בני ישראל לא תהוון **מסהדין** בחבריכון סהדי שיקרא לא EX 20:16
עמי בני ישראל לא תהוון **מסהדין** סהדו דשיקרא לא חברין DT 5:20
לחוד הינון למיהוי עם **מסהדין** סהדי שיקרא ארום בחובי EX 20:16
בכנישתהון דישראל עם **מסהדין** סהדי שיקרא דלא יקומון EX 20:16
חברין ולא שותפין עם **מסהדין** סהדי שיקרא ולא יתחמי EX 20:16
בכנישתהון דישראל עם **מסהדין** סהדן דשיקרא ארום בחובי DT 5:20
בעלמא הדין האנא **מסהיד** בהון סהדין דלא טעמין DT 32:1
נביא לא בטומרא אנא **מסהיד** בכון אילהין כד אתון DT 29:9
דעברין מן עלמא אנא **מסהיד** בכון יומנא אילהין שמיא DT 30:19
לכל פיתגמיא דאנא **מסהיד** בכון יומנא דתפקדונון ית DT 32:46
אמר בליביה ליתנא **מסהיד** בעמא הדין סהדין דטעמין DT 32:1
ישראל לא תהוון מסהדין **סהדו** דשיקרא לא חברין ולא DT 5:20
יתהון טבאות והא **סהדו** דשקר בפום סהדין שיקרא DT 19:18
מן טוורא ותרין לוחי **סהדותא** בידיה לוחין כתיבין EX 32:15
ותדיק ותיתן מינה קדם **סהדותא** במשכן זימנא דאיזמן EX 30:36
קדם כפורתא דעל **סהדותא** דאיזמן מימרי לך תמן: EX 30:6
במשכן זימנא קדם **סהדותא** דאיזמן מימרי לך תמן: NU 17:19
ובגו ארונא תיתן ית לוחי **סהדותא** דאיתן לך: ואיזמן מימרי EX 25:21
ותיתן בגו ארונא ית לוחי **סהדותא** דאיתן לך: ותעבד כפורתא EX 25:16
ית כפורתא דעל **סהדותא** ולא ימות באישא LV 16:13
בבית אולפנא הינון לוחי **סהדותא** ותברי לוחיא בארונא ושוי EX 40:20
מברא לפרגודא דעל **סהדותא** יסדר יתיה אהרן ובנוי מן EX 27:21
בטוורא דסיני תרין לוחי **סהדותא** לוחי דאבן ספירינון EX 31:18
משה ואצנעיה אהרן קדם **סהדותא** למטרא: ובני ישראל אכלו EX 16:34
ית חוטרא דאהרן קדם **סהדותא** למטרא לאת לבניא NU 17:25
הינון למיהוי עם מסהדין **סהדי** שיקרא ארום בחובי סהדי EX 20:16
דישראל עם מסהדין **סהדי** שיקרא דלא יקומון בניכון EX 20:16
ולא שותפין עם מסהדין **סהדי** שיקרא ולא יתחמי EX 20:16
תהוון מסהדין בחבריכון **סהדי** שיקרא לא חברין ולא EX 20:16
שיקרא ארום בחובי **סהדי** שיקרא ענני סלקין ומיטרא EX 20:16
דשיקרא ארום בחובי **סהדי** שיקרא ענני סלקין ומיטרא DT 5:20
בתר דאתרו ביה ותלש **סהדיא** דהשכחו יתיה תליש קיסין NU 15:33
דשבתא ויחמון יתי **סהדיא** ויתנון למשה ומשה יתבע NU 15:32
ותתבעון ותבדקון ית **סהדיא** ותשיילון טבאות והא DT 13:15
ותשמעון ותיתבעון ית **סהדיא** טבאות והא קושטא כיון DT 17:4
לכל בית ישראל ואשכחו **סהדיא** ית גברא כד תליש ועקר NU 15:32
ואנהר עייני ואשכח תלת **סהדיי** ואנא מקימא לך מן חרציי GN 38:25
למשריתא ויסמכון כל **סהדייא** דשמעו בארגזותיה ודייניא LV 24:14
מן חיות ברא מייתי ליה **סהדין** או ימטיניה עד גופת דתביר EX 22:12
וימותון: על מימר תרין **סהדין** או תלתא סהדין יתקטל DT 17:6
עלוי ועל מימר תרין **סהדין** או תלתא סהדין יתקיים DT 19:15
דיקטול בר נשא על מימר **סהדין** דחמיין למסהד עלוי יקטול NU 35:30
מסהיד בעמא הדין **סהדין** דטעמין מיתותא בעלמא DT 32:1
הדין האנא מסהיד בהון **סהדין** דלא טעמין מיתותא בעלמא DT 32:1
למיעל לתמן למירתה: לא **סהדין** דעברין מן עלמא אנא DT 30:19
תשוון עלוי דליהוי עלוי **סהדין** ומרי ערבנותא לא על שערין EX 22:24
תרין סהדין או תלתא **סהדין** יתקטל דמתחייב קטול לא DT 17:6
תרין סהדין או תלתא **סהדין** יתקיים פיתגמא: ארום DT 19:15
אבהן איש בחובי על **סהדין** כשרין יתקטלון: לא תצלון DT 24:16
ליה קטול ודישוד בלא **סהדין** מרי עלמא עתיד לאיתפרעא GN 9:6
אסהדית בכון יומא דין **סהדין** קיימין ית שמיא וית ארעא DT 4:26

והא סהדו דשקר בפום **סהדין** שיקרא אסהידו באחוהון: DT 19:18
פיתגמא: ארום יקומון **סהדין** שיקרין בבר נש לאסהדא DT 19:16
אתעבידו בעלי דבבינן **סהדינן** ודיינך: ארום עובדיהון דעמא DT 32:31
לכון למירתה: לא יתקיים **סהדן** דחד בגבר לכל סורחן נפש DT 19:15
דישראל עם מסהדין **סהדן** דשיקרא ארום בחובי סהדי DT 5:20
ולא שותפין עם מסהדי **סהדן** דשיקרא ולא יתחמי DT 5:20
קל אומאה דלווט ואיהוא **סהיד** או חמא חד מעלמא דעבר על LV 5:1
דאקימית בינא ובינך: **סהיד** אוגר הדין וסהידא קמא אין GN 31:52
יתן חמי מימרא דייי **סהיד** בינא ובינך: ואמר לבן ליעקב GN 31:50
ואמר לבן אוגר הדין **סהיד** בינא ובינך יומא דין בגין כן GN 31:48
לא יתקטל על מימר **סהיד** חד: ידא דסהדיא תהי ביה DT 17:6
על טומריא על מימר **סהיד** חד יומי למיכפור ית מה DT 19:15
מן חיוא או אישתבי ולית **סהיד** חמי ומסהיד: מומתא דייי תהי EX 22:9
ידך עם רשיעא דיהי **סהיד** שקר: עמי בני ישראל לא EX 23:1
ויפקון ית שושיפא בהדי **סהידוון** דעולימתא לוות חכימי DT 22:15
לא אשכחית לברתך **סהידוון** ואילין סהידוי ברתי DT 22:17
עמה ולא אשכחית לה **סהידוון:** ויסבון אבוהא דעולימתא DT 22:14
הדין לא הישתכחו **סהידוון** לעולימתה: ויפקון ית DT 22:20
קדם בני ישראל: אילין **סהידוותא** וקיימיא ודיניא דמליל DT 4:45
ברך מחר למימר מה **סהידוותא** וקיימייא ודינייא דפקיד DT 6:20
לברתך סהידוון ואילין **סהידוי** ברתי ויפריסון שושיפא DT 22:17

סהר (12)

ושמיא זעו שימשא **וזיהרא** קדרון וכוכביא כנשו זיווהון DT 28:15
זכוותך היך קמון שימשא **וסיהרא** אמטולתך ופסקון מן DT 2:25
לי חמי באורכות שימשא **וסיהרא** דשריית לממסר בידך ית DT 2:31
חילמא תוב והא שימשא **וסיהרא** וחדסר כוכבייא גחנן לי: GN 37:9
למסגוד דמות שימשא **וסיהרא** וכוכביא ומזליא ומלאכיא EX 23:23
דמתמן שבילי שמשא **וסיהרא** ומתמן איסרטוון דנהורי EX 40:4
ותחמון ית שימשא וית **זיהרא** וית רישי כוכביא כל חילי DT 4:19
וסגיד להון ולשימשא או **לסיהרא** או לכל חילי שמייא דלא DT 17:3
רבה למישלט ביממא וית **סיהרא** דהוה נהורא זעירא למשלט GN 1:16
ותקופות שמשא ומולד **סיהרא** ומחזורין: ויהון לנהורין GN 1:14
ומן בתר כן אישתעיית **סיהרא** עילוי שימשא לישן GN 1:16
קדם ייי על חוסרן **סיהרא** על עלת תדירא יתעביד NU 28:15

סודר (4)

על מיבעלא בשינוק **סודרא** אקושא בגו רכיכא ועל LV 20:10
למללא עימיה מעדי ית **סודרא** דעל איקונין דבית אנפוי עד EX 34:34
על איקונין דבית אנפוי **סודרא:** וכד עליל משה לקדם ייי EX 34:33
משה ותאיב משה ית **סודרי** על בית אפוי עד זמן מיעליה EX 34:35

סוט (5)

דיקרב ביה מסאבא ולא **בהיסיטא** יהי מסאב ובר נש דכי NU 19:22
יהי מסאב עד רמשא: וכל **דיוסיט** מן נבילתהון יצבע לבושוי LV 11:25
ויהי מסאב עד רמשא **ודיוסיט** ית נבילתה יצבע ית LV 11:40
יהי מסאב עד רמשא: **ודיוסיט** ית נבילתהון יצבע לבושוי LV 11:28
יהי מסאב עד רמשא: **ודיוסיט** יתהון יצבע לבושוי ויסחי LV 15:10

סוטרא (3)

חבריכון ולא תשגון **סוטריה** דאגירא עניא ומסכינא מן DT 24:14
ביומיה תפרע ליה **סוטריה** ולא תטמוע עלוי שימשא DT 24:15
לי ואנא איתין ית **סוטרייך** ונסיבת איתתא ית רבייא EX 2:9

סול (1)

ולא אידעצא בזקתא **וסול** וסירתא וכל דדמי לנירא: NU 19:2

סולם (1)

באתרא ההוא: וחלם והא **סולמא** קביע בארעא ורישי מטי עד GN 28:12

סומק (2)

היך כוליין דתורי וחמר **סומק** מן ענבא חד מפקין כור חד: DT 32:14
מכל מימי עלמא ובריה **סומק** שחים וחיור ונפח בנחירוהי GN 2:7

סוס (17)

לחוד בבעירך דבחקלא **בסוסוותא** בחמרי בגמלי בתורי EX 9:3
ויהב להון יוסף לחמא **בסוסון** ובגיתי ענא ובגיתי תורי GN 47:17
דידי שאילא היא בידי **וסוסיא** דידי שרי ברטיבא הלא אנא NU 22:30
ארום כולהון חשיבין **כסוסיא** חד וכרתיכא חד קדם ייי DT 20:1
ודעבד למשריית מצרים **לסוסוותהון** ולארתיכיהון די אטיף DT 11:4
לא חרבא שלף ולא **סוסא** אסר ולא משיריין ארגיש DT 34:5
ריגליהון ולא רכיבין על **סוסוון** בר מטפלא חמשא חמשא EX 12:37
לא יסגון ליה על תרין **סוסוון** דילמא ירכבון רברבנוי DT 17:16
בעלי דבביכון ותיחמון **סוסוון** ואירתכין עמין גיותנין DT 20:1
בתר עמא בני ישראל **סוסוון** ורוכביהון רמא וטמע יתהון EX 15:1
לעלמא עלמין: ארום עלו **סוסוות** פרעה ברתיכוי ופרשוי EX 15:19
בתר עמא בני ישראל **סוסוותיה** ורתיכוי רמא וטמע EX 15:21
רמא יתהון על גיפיה כל **סוסות** ארתכי פרעה ופרשוי EX 14:9
ועלו מן בתריהון כל **סוסות** פרעה רתיכוי ופרשוי לגו EX 14:23
ולריגלאיא ויעקר **סוסותהון** וממגר דבביהון לאחורא: GN 49:17
וית ריגליה למרכוב על **סוסיא** בכל ארעא דמצרים: וקרא GN 41:44
דכמין על שבילא דנכית **סוסייא** בעיקביה ונפיל ומן אמתיה GN 49:17

סוף (35)

מלאכא למנדוע מה הווי **בסוף** בייתיה דאיבה דהיא הוות GN 19:26
רבא דעתיד למשתלחא **בסוף** גלוותא: ותרבי ית כיורא וית EX 40:10
לכון מה דיארע יתכון **בסוף** יומיא: אתכנשו ושמעו בני GN 49:1
פינחס דחמי למשתלחא **בסוף** יומיא: ותקיף רוגזא דייי EX 4:13
למנצחא לגוג ולסיעתיה **בסוף** יומיא: ותקרב ית אהרן וית EX 40:11
למיפרק ית ישראל **בסוף** יומיא: ותרבי ית מדבחא EX 40:9
לגלוותא דישראל **בסוף** יומייא: ובנוי דמררי מחלי EX 6:18
דאיתגלי מלכא משיחא **בסוף** יומייא: והוה כד שרא ישראל GN 35:21
איתתא וילידת ביר **בסוף** שיתא ירחין וחמת יתיה EX 2:2
ימא ונפק על ארעא **בסוף** תלת שעין ולוט על לזוער: GN 19:23
תלת יומין הינון לקטלך: **בסוף** תלתא יומין יעדי פרעה GN 40:19
יומין הינון לפורקנך: **בסוף** תלתי יומין יעול קדם פרעה GN 40:13
והינון יהדרון מזיינין **בסופא** בניכסין סגיאין וישרון GN 49:19
חד לית אנן ידעין מה הוה **בסופיה** וקלילא יומא דין עם אבונא GN 42:32
לוחין עבד לזוית משכנא **בסופיהון:** והוון מזווגין מלרע וכחדא EX 36:28
תעביד לזוויית משכנא **בסופיהון:** ויהון מזווגין מלרע וכחדא EX 26:23
לתמן: אין יהון מבדריכון **בסייפי** שמיא מתמן יכנוש יתכון DT 30:4
אנחנא ידעין מה הווה **בסיפיה:** ואמר להום יוסף הוא GN 42:13
מה הוה ליה **בסיפיה:** ואמר להון אהרן פריקו EX 32:1
מה הוה ליה **בסיפיה:** ואמרית להון למאן אית EX 32:23
בשיפולי משכנא מטול **דסוף** כל בישרא לעפרא יסב כהנא NU 5:17
תלתין ותמני שנין עד **דסף** כל דרא גברי מגיחי קרבא מיגו DT 2:14
במדברא ארבעין שנין עד **דסף** כל דרא דעבד דביש קדם ייי: NU 32:13
במצותא במותבנהון: **ובסוף** תלתא יומין קרא פרעה EX 10:24
לאת לבניא סרבנייא **ויסופן** תורעמותהון מן קדמי ולא NU 17:25
דברא ייי אדם על ארעא **ולמסייפי** שמיא ועד סייפי שמייא DT 4:32
חומרין תחות לוחא חד: **ולסייפי** משכנא מערבא עבד שיתא EX 36:27
חומרין תחות לוחא חד: **ולסייפי** משכנא מערבאה תעביד EX 26:22
עד דעברו יורדנא ועלו **לסייפי** ארעא דכנען: ועומרא חד מן EX 16:35
מטליא ועד סבא כל עמא **מסיפא:** וקרו ללוט ואמרו ליה האן GN 19:4
בגין כן טלטילינון **מסיפי** תחום מצרים ועד סופיה: GN 47:21
חשיבין כמיתיא ולא מן **סוף** דהוה עלך רחמין הוינא מצלי EX 10:29
ואמר ליה יוסף דין **סוף** פושרנא דחלמא תלתי מצוגייא GN 40:12
ליוסף הא אנא מטא **סופי** לימות ויהי מימרא דייי GN 48:21
מסיפי תחום מצרים ועד **סופיה:** לחוד ארעא דכומרניא לא GN 47:21

סוף (60)

בעלמא דאתי ותתכנשון **בסוף** גלוותא ותיתבון על ארעא DT 30:20
לעלם למבשרא גאולתא **בסוף** יומיא: וחולף דחסדותי למימר NU 25:12
ישראל ואני אסי יתהון **בסוף** יומיא ולית דמשיזב מן ידי גוג DT 32:39
סליק מן ארעא דמגוג **בסוף** יומיא ומכנש מלכין קטרי NU 11:26
לכון כל פיתגמיא האילין **בסוף** יומיא ותתובון עד דחלתא DT 4:30
ותארע יתכון בישתא **בסוף** יומייא ארום תעבדון דביש DT 31:29
דסגירותא וטרידין **בסוף** משריתא הינון בסרו ית NU 21:14
הינון דישלטון בעמך **בסוף** עקב יומיא: ונטל מתל נבותיה NU 24:14
ופקיד משה יתהון למימר **בסוף** שבע שנין באשוני שתא DT 31:10
וידיהון דכל עמא **בסופא:** ותאטלון יתיה באבנא DT 13:10
מנהון נחמי מה יהוי **בסופיהון** ארום דר דהפכנין אינון DT 32:20
מה יהי עתיד למהוי **בסופיהון:** היכדין יהי סנאה חד רדיף DT 32:29
לנסיותך לאוטבא לך **בסופך:** הוו זהירין דלא תימרון DT 8:16
זעירא למידוע מה הוה **בסיפיה** דמשה ביהוא זכותא הוון NU 12:16
כל דא אבד חושבנכון עד **דיסוף** בדבונא נפשיכון ומרי עלמא NU 21:30
ית חוביכון עד זמן **דיסופון** פיגריכון במדברא: במניין NU 14:33
דמזייע למובדא פירהא: **ויסוף** לריקנו חיליכון ולא תיתן LV 26:20
לכון צלם וצורה וכל דמו **ולסוף** ארבעין יומין עבדו עיגל EX 32:19
בזמן עישרתי שנין **ולסוף** עישרתי שנין אפקיה מן גובא EX 2:21
קדחותא מכליא עיינין **ומסייפא** נפש ותידרעון לריקנו LV 26:16
כקרח וככנישת סעדוי **וסופיה** להובדא ולא כמיתותא NU 17:5
דשרוי חיטאה חלי **וסופיה** מסר כאגדנא דמותא: ויהי DT 29:17
ישראל הינון דבית עמלק **וסופיהון** ביומי מלכא משיחא NU 24:20
למעבד ית כל פיקודיי **וסופכון** למבטלא ית קיימיי: לחוד LV 26:15
עד שיול ארעיא **וסייפת** ארעא ועללתה ושלהבת DT 32:22
יתבי ארעא מן קדמיכון **ותספון** ית כל בית סיגדיהון וית כל NU 33:52
חוביהון יקבלון במותנא **יסופון** דלא וולד ימותון: וגבר די יסב LV 20:20
חוביהון יקבלון במותנא **יסופון:** וגבר די ישמש עם איתת LV 20:19
עלי במדברא הדין **יסופון** ותמן ימותון: וגובריא די NU 14:35
ארבעין שנין: והוה **לסוף** ארבעין שנין בחדסר ירח הוא DT 1:3
אדם תוב ית אינתתיה **לסוף** מאה ותלתין שנין דאיתקטיל GN 4:25
נגרין ללוחי צטר משכנא **לסופיהון** מערבא: ונגרא מציעאה EX 26:27
נגרין ללוחי סטר משכנא **לסופיהון** מערבא: ועבד ית נגרא EX 36:32
משלביש מן סייפי **לסייפי** מן אילנא דנציב אברהם EX 26:28
בגו לוחיא מן סייפי **לסייפי** מן אילנא דנציב אברהם EX 36:33
יומין בירחא דאב **מסוף** ארבעין יומין: ואזלו ואתו לות NU 13:25
ביום כנישת קהלא: והוה **מסוף** ארבעין יומין וארבעין לילוון DT 9:11
רישי טוורייא: והוה **מסוף** ארבעין יומין ופתח נח ית GN 8:6
גבר פלח בארעא: והוה **מסוף** יומיא בארבסר בניסן ואיתי GN 4:3
אזלין ותייבין וחסרו מיא **מסוף** מאה וחמשין יומין: ונחת GN 8:3
ית הגר מצריתא אמתא **מסוף** עשר שנין למיתב אברם GN 16:3
עובדי ידיכון דתעבדון: **מסוף** שבעתי שנין תעבדון DT 15:1
חולק ואחסנא עימכון: **מסוף** תלת שנין תפקון ית כל DT 14:28
דנפקו ממצרים: והוה **מסוף** תלתין שנין מדיאיתגזרת EX 12:41
קדם ייי למתפרקא: והוה **מסוף** תרתין שנין עאל דוכרניה GN 41:1
ייי ביני כל עממיא **מסייפי** ארעא ועד סייפי ארעא DT 28:64
דעתידין למיקום עד **סוף** כל עלמא כולהון הינון קיימין DT 29:14
על ארעה: ואמר ייי לנח **סופא** דכל בישרא מטא מן קדמי GN 6:13
בה מן אירויא דשתא ועד **סופא** דשתא: ויהי אין קבלא DT 11:12
כל בנוי דעבר ברם **סופהון** דאיליין ואיליין למיפל ביד NU 24:24
דקשיטין לואי דתיהי **סופי** כזעיריא דבהון: ואמר בלק NU 23:10
עם דבית ישראל ברם **סופיהון** דאיליין ודאיליין עד עלמא NU 24:20
בעלמא הדין ברם **סופיהון** לאתחדתא לעלמא דאתי DT 32:1
בגו לוחייא משלביש מן **סייפי** לסייפי מן אילנא דנציב EX 26:28
לשלבשא בגו לוחיא מן **סייפי** לסייפי מן אילנא דנציב EX 36:33
ואמר ייי ליה דא היא **ספא** דמילתא בארעא ודא ארעא DT 34:4
דייי מאית הברם **ספנא** למישתציא: ואמר ייי לאהרן NU 17:28
ית חצדא דארעכון לא **תסייפון** אומנא חדא דאית בחקלך LV 19:9
ית חצד ארעכון לא **תסייפון** אומנא חדא דאית בחקלך LV 23:22
וית כל צילמי מתכוותהון **תסייפון** וית כל במסיהון תשיצון: NU 33:52

סוף (8)

ושרו בטוורוס אומנוס **בסייפי** ארעא דאדום: וסליק אהרן NU 33:37
בעממייא כחדא בכל **סייפי** ארעא והינון ריבוותא דקטל DT 33:17
עממיא דרחיקין לכון מן **סייפי** ארעא ועד סייפי ארעא: לא DT 13:8
מסייפי ארעא ועד **סייפי** ארעא ותהוון מסקי ארנונא DT 28:64
לכון מן סייפי ארעא ועד **סייפי** ארעא: לא תצבון להון ולא DT 13:8
עליכון אומא מן רחיק מן **סייפי** ארעא קלילין כמא דטייס DT 28:49
ויהוי תחום דרומא מן **סייפי** ימא דמילחא מדינחא: ויקיף NU 34:3
ולמסייפי שמיא ועד **סייפי** שמייא ההוה היך פיתגמא DT 4:32

סוף (22)

באילפיא בגו ימא **דסוף** באורחא דעברתון ואמרית DT 28:68
דעברתון על גיף ימא **דסוף** דעבד לכון אסטרט לכל DT 1:1
למדברא אורח ימא **דסוף** היכמה דמליל ייי לי ואקיפנא DT 2:1
רמא וטמע יתהון בימא **דסוף:** ואטיל משה ישראל מן ימא EX 15:21
וטולו למדברא אורח ימה **דסוף:** ואתיבתון ואמרתון לי חבנא DT 1:40
באורחא על ימא **דסוף** ובמרה וברפידים והיך אגח EX 18:8
יהי שמיה משבח על ימא **דסוף** וגבורת ידיה בני גללייא עניין EX 15:18
גיחון וגיחון דברינון לימא **דסוף** וימא דסוף רמא יתהון על EX 14:9
עמא אורח מדברא דימא **דסוף** וכל חד עם חמשא טפלין EX 13:18
עתיד למבזע ית ימא **דסוף** ולהנפקא מוי מן כיפא והוה EX 2:21
לכון למדברא אורח ימא **דסוף:** ומליל ייי עם משה ועם אהרן NU 14:25
מאילים ושרו על גיף ימא **דסוף:** ונטלו מגיף ימא דסוף ושרו NU 33:10
משה ישראל מן ימא **דסוף** ונפקו למדברא דחלוצא EX 15:22
דסוף: ונטלו מגיף ימא **דסוף** ושרו במדברא דסין: ונטלו NU 33:11
בני ישראל על גיף ימא **דסוף** חדא אמרא ניחות לימא EX 14:13
ית גובא וטלקיה לימא **דסוף** לא אישתייר גובא חד בכל EX 10:19
אומנוס מהלך ימא **דסוף** לאחזרא ית ארעא דאדום NU 21:4
ואישוי ית תחומך מן ימא **דסוף** עד ימא דפלישתאה ומן EX 23:31
די אטיף ית מוי דימא **דסוף** על אפיהון כד רדפו בתריהון DT 11:4
דברינון לימא דסוף וימא **דסוף** רמא יתהון על גיפיה כל EX 14:9
רמא וטמע יתהון בימא **דסוף:** תהומייא כסון עליהון נחתו EX 15:4
רמא וטמע יתהון בימא **דסוף:** תוקפן ורב תושבחתן דחיל EX 15:1

סחי (29)

מן קודשייא אלהין אין **אסחי** בישריה בארבעין סווין דמוי: LV 22:6
משה ית אהרן וית בנוי **ואסחו** יתהון במוי: וסדר עלוי ית LV 8:6
גבר עימה שכבת זרעא **ויסחון** בארבעין סאווין דמוי ויהון LV 15:18
גברא הוא יצבע לבושוי **ויסחי** בארבעין סאווין דמוי ויהי LV 15:11
במשכביה יצבע לבושוי **ויסחי** בארבעין סאוין דמוי ויהי LV 15:5
עלוי דובנא יצבע לבושוי **ויסחי** בארבעין סאוין דמוי ויהי LV 15:6
דובנא יצבע לבושוי **ויסחי** בארבעין סאוין דמוי ויהי LV 15:7
בדכיא יצבע לבושוי **ויסחי** בארבעין סאוין דמוי ויהי LV 15:8
יתהון יצבע לבושוי **ויסחי** בארבעין סווין דמוי ויהי LV 15:10
במשכבה יצבע לבושוי **ויסחי** בארבעין סווין דמוי ויהי LV 15:21
עלוי יצבע לבושוי **ויסחי** בארבעין סווין דמוי ויהי LV 15:22
יהי מסאב ויצבע לבושוי **ויסחי** בארבעין סווין דמוי ויהי LV 15:27
ובגיוריא ויצבע לבושוי **ויסחי** בארבעין סווין דמוי ויהי LV 17:15
ויפוק מיניה שכבת זרעא **ויסחי** בארבעין סווין דמוי ית כל LV 15:16
כהנא דיעכס ית תורתא **ויסחי** בישריה בארבעין סווין דמוי NU 19:7
בארבעין סווין דמוי **ויסחי** בישריה בארבעין סווין דמוי NU 19:8
לדכותיה ויצבע לבושוי **ויסחי** בישריה במי מבוע וידכי: LV 15:13
שביעאה ויצבע לבושוי **ויסחי** במיא וידכי ברמשא: וגבר NU 19:19

ויספר ית כל שערי **ויסחי** במיא וידכי ובתר כן יעול LV 14:8
יספר ויצבע ית לבושוי **ויסחי** ית ביסריה במוי וידכי: וביומא LV 14:9
לעזאזל יצבע ית לבושוי **ויסחי** ית בישריה בארבעין סווין LV 16:26
לקודשא ויצניעינון תמן: **ויסחי** ית בישריה במוי באתר קדיש LV 16:24
יתהון יצבע לבושוי **ויסחי** ית בישריהון בארבעין סווין LV 16:28
יתן תמן ומשדר מלאכא **ומסחי** יתן ומלפף יתן וכדון EX 15:2
בנוי לתרע משכן זימנא **ותסחי** יתהון במיא: ותלבש ית EX 40:12
ולא יצבע ובישריה לא **יסחי** ויקבל חוביה: ומליל ייי עם LV 17:16
דדהבא ובזמן מיעליה **יסחי** ית בישריה בארבעין סווין LV 16:4
בוכרייא דבני ישראל בגין **למיסחי** באדמיהון ואתאנחו בני EX 2:23
והות תיבותא מהלכא **סחיא** על אנפי מיא: ומיא תקפו GN 7:18

סחף (2)

יכילת למסובלא יתהון **ואיסתחיפת** כן איתרעת ראובן ברי GN 49:4
על מרודיא היך מיטרא **סחפא** אולפני ותתקבל ברעוא על DT 32:2

סחר (6)

זעירתא או רבתא: וכדון **אסחרו** בבעו הכא אוף אתון NU 22:19
דמלילתא עמי קום כדון **אסתחר** ותיכול מצידי בגין GN 27:19
עלוון וקריבו ניכסין **ואסחר** עמא למיכול ולמישתי וקמו EX 32:6
היכמא דימליל ייי עימי **ואסחרו** רברבי מואב עם בלעם: NU 22:8
בישן דמה דלא הוינא **מסתחר** עימכון למיכל מן בגלל GN 50:20
מיית אבוהון ולא הוה **מסתחר** עמהון כחדא למיכול GN 50:15

סטי (33)

אורח כבישא איזיל לא **אסטי** להנזקותך לימינא ולשמאלא: DT 2:27
מגו עמהון: ובר נש **דיסטי** בתר שאלי בידין ומסקי LV 20:6
ארעא בגין דיירהא **דסטו** מן ארחן דתקנן קדם ייי GN 6:11
אחויית אוריית קינאתא **דתיסטי** איתתא בר מן רשותא NU 5:29
למיעיבר בתחומיה **וסטא** ישראל מלוותיה דהוו NU 20:21
ולא הוה יהודה רחים יתה: **וסטא** לוותה לאורחא ואמר הבי GN 38:16
ואתפרש מן אחוהי **וסטא** לות גברא עדולמאה ושמיה GN 38:1
וחרביה שליפא בידיה **וסטת** אתנא מן אורחא ואזלת NU 22:23
לקובלי: וחמתני אתנא **וסטת** מן קדמי דנן תלת זימנין NU 22:33
יטעי יצרא דליבכון **ותיסטון** ותפלחון לטעוות עממיא DT 11:16
יתיר מן אחוי ומטול דלא **יסטי** מן תפקדתא לימינא DT 17:20
באתר דחיק דלית אורח **למיסטי** לימינא ולשמאלא: וחמת NU 22:26
בכון כל דהוה מהרהר **למסטי** בתר מימרי הינון גובריא DT 25:18
מלכא דבשמיא נזיל לא **נסטי** לימינא ולשמאלא להנזקא NU 20:17
מארעא דמצרים: **סטו** בפריע מן אורחא דפקידתינון EX 32:8
הא בתר סגיאי דינא **סטי**: ומסכינא דאתחייב בדיניה לא EX 23:2
בבר נש לאסהדא ביה **סטיא**: ויקומון תרין גוברין דילהון DT 19:16
בסייפא ארום מליל **סטיא** על ייי אלקכון דאפיק יתכון DT 13:6
האילין: ואנת ארום **סטית** בר מן רשותא דבעליך וארום NU 5:20
כהנא לאיתתא אין לא **סטית** לאיסתאבא בתשמיש NU 5:19
או איתתא ארום חמיין **סטיתא** בקילקולה ויפריש מן NU 6:2
לכון עיגלא מתכא **סטיתון** בפריע מן אורחא דפקיד ייי DT 9:16
עם ריקם גיעא ועל די **סטיתון** וארגזתון קדם ייי DT 1:2
שיבטא ושיבטא ואתון **סטיתון** מבתר מימריה וארגזתון DT 1:1
לך ואתנא דחילת חמת **סטת** מן אורחא וגלי קדמי דאנת NU 22:32
תלת זימנין אילולפון לא **סטת** מן קדמי ארום כען אוף יתך NU 22:33
ייי אלקכון יתכון לא **תיסטון** לימינא ולשמאלא: בכל DT 5:32
למינטר ולמעבד: ולא **תיסטון** מכל פיתגמיא דאנא DT 28:14
דיימרון לכון תעבדון לא **תיסטון** מן פיתגמא דיחוון לכון DT 17:11
להון גבר גבר ארום **תיסטי** אינתיה וישקר ביה שקר: NU 5:12
בדחלתא אנא ייי: לא **תסטון** בתר שאלי בידין ומסקי LV 19:31
ותעבדון יתהון ולא **תסטון** למטעי בתר הרהור ליבכון NU 15:39
אנא ייי אלקכון: לא **תסטון** לפולחן טעוון ודחלן דמתכן LV 19:4

סטיו (1)

למגחן עלה ברם **סטיו** חקיק בציורין ודיוקנין תשוון LV 26:1

סטם (2)

בבי דינא למן הינון **סיטומתא** וחוטיא וחוטרא האילין: GN 38:25
משכונא דאתן לך ואמרת **סיטומתך** וחוטייך וחוטרך דבידך GN 38:18

סטר (105)

גיף ימא דסוף דעבד לכון **אסטרט** לכל שיבטא ושיבטא DT 1:1
ותהנעיל ית מנרתא **בסטר** דרומא מטול דמתמן שבילי EX 40:4
כפילתא דיליה דמתבניא **בסטר** חקליה בכסף שלים יתנינה GN 23:9
דייי ואיכלוה פטיר **בסטר** מדבחא ארום קודש קודשין LV 10:12
פרוכתא: והנעל ית פתורא **בסטר** ציפונא מטול דמתמן מתיהב EX 40:4
על שיפולי מדבחא **בסטר** ציפונא קדם ייי וידרקון בני LV 1:11
ברקם קרתא דמתבניא **בסטר** תחומך: נעיבר כדון בארעך NU 20:16
אסירי: והוה מימרא דייי **בסטרא** דיוסף ונגד עליה חיסדא GN 39:21
חדא וחמשין ענובין עבד **בסיטרא** דיריעתא דבית לופי EX 36:12
דדהב על תרתין עיזקתא **בסיטרי** חושנא: וית תרתין קליען EX 28:24
במישרא כלו קבל גלגלא **בסיטרי** חזוי ממרא: ארום אתון DT 11:30
ומקיפין לכון כתריסין **בסיטריכון** ויתעיקון יתכון על NU 33:55
על מדבחא וישויניה **בצטר** מדבחיה: וישלח ית לבושוי LV 6:3
על סיפתא דיריעתא **בציטרא** בית לופי וחמשין ענובין EX 36:17
וחמשין ענובין תעביד **בציטרא** דיריעתא דבבית ליפופה EX 26:5
מלעיל ותרעא דתיבותא **בציטרא** תשוי מדורין תתאין GN 6:16
בענני יקרא ושרו באיתם **דביסטר** מדברא: ואיקר שכינתא EX 13:20
מסוכות ושרו באיתם **דבסטר** מדברא: ונטלו מאיתם ותבו NU 33:6
דמואב דעל תחום ארנון **דבסטר** תחומא: ואמר בלק לבלעם NU 22:36
לוחא חד לתרין צירוי: **וליסטר** משכנא תיניינא לרוח EX 26:20
לוחא חד לתרין צירוי: **ולסטר** משכנא תניינא לרוח ציפונא EX 36:25
חד מחשך על מצראי **ומסיטריה** חד אנהר על ישראל כל EX 14:20
ואזלת ויתיבת לה **ליסטר** חד וטלקת ית פולחנא GN 21:16
עד מישר פארן דיסמיך **ליצטר** מדברא: ותבו ואתו לאתרא GN 14:6
ומתהפך בהון מן סטר **לסטר** ובכן הוה צווח ואמר עמי EX 20:3
ומתהפיך בהון מן סטר **לסטר** ובכן צווח ואמר עמי בני EX 20:2
רשאין למנצוב אשירתא **לסטר** מדבחא דייי אלקך הכדין DT 16:21
בלקטיה ויטלק יתיה **לסטר** מדבחא קידומא באתר LV 1:16
חדא ובנימין בר רחל סדר **לציטריה** ותמהו גובריא אינש GN 43:33
במצרים פרסימו **מיסיטירין** דילי כד קטלית ית NU 16:26
מן בגלל דגליין **מסטירין** דמרי עלמא והוו מיטרדין GN 28:12
שיפתא דיריעתא חדא **מסיטרא** בית לופי כן עבד בשיפתא EX 36:11
תלתא קני מנרתא **מסיטרא** חד ותלתא קני מנרתא EX 37:18
כפורתא: כרובא חד **מסיטרא** מיכא וכרובא חד מסיטרא EX 37:8
מיכא וכרובא חד **מסיטרא** מיכא נגידין ואדיקין הוון EX 37:8
חד ותלתא קני מנרתא **מסיטרא** תניינא: תלתא כלידין EX 37:18
הוון: ושיתא קנין נפקין **מסיטרהא** תלתא קני מנרתא EX 37:18
נהורא ופלגיה חשוכא **מסיטריה** חד מחשך על מצראי EX 14:20
אימרת דיריעתא חדא **מציטרא** בבית ליפופה וחמשין EX 26:10
מציטרא חד ומשה ואהרן **מציטרא** חד: וכנש עליהון קרח ית NU 16:18
וקמו בתרע משכן זימנא **מציטרא** חד ומשה ואהרן מציטרא NU 16:18
חדא ובנהא דזלפה **מציטרא** חדא ובנה דבלהה GN 43:33
כמנחיש בנהא דלאה סדר **מציטרא** חדא ובנהא דזלפה GN 43:33
חדא ובנה דבלהה **מציטרא** חדא ובנימין בר רחל סדר GN 43:33
כפורתא: ועיבד כרובא חד **מציטרא** מיכא וכרובא חד מציטרא EX 25:19
יעקב ולבן אוגר וקמא **מציטרא** מיכא וסכותא מציטרא NU 22:24
מציטרא מיכא וסכותא **מציטרא** מיכא וקיימו דלא NU 22:24
מיכא וכרובא חד **מציטרא** מיכא מן כפורתא תעביד EX 25:19
חד ותלתא קני מנרתא **מציטרא** תניינא: תלתא כלידין EX 25:32
תלתא קני מנרתא **מציטרה** חד ותלתא קני מנרתא EX 25:32
יהון: ושיתא קנין נפקין **מציטרהא** תלתא קני מנרתא EX 25:32
ולא תניס ולא תבית **סוטרא** דאגירא למעכבא גבך עד LV 19:13
צירין ללוחא חד מכוונן **סטר** חד בגו סטר חד הכדין עבד EX 36:22
חד מכוונן סטר חד בגו **סטר** חד הכדין עבד לכל לוחי EX 36:22
היא עילעא תלסרית דמן **סטר** ימינא ואחד בבישרא אתא: GN 2:21
קיימא ומתהפך בהון מן **סטר** לסטר ובכן הוה צווח ואמר EX 20:3
דמשה ומתהפיך בהון מן **סטר** לסטר ובכן צווח ואמר עמי בני EX 20:2
ית אריחיא בעיזקא על **סטר** מדבחא למיטל יתיה בהון EX 38:7
הינון מי בראשית **סטר** מערבא יהי תחומכון: לא DT 11:24
כל קבל פתורא על **סטר** משכנא דרומא ופתורא תסדר EX 26:35
שיטא חמשא ללוחי **סטר** משכנא חד: וחמשא נגרין EX 36:31
וחמשא נגרין ללוחי **סטר** משכנא לסופיהון מערבא: EX 36:32
חד: וחמשא נגרין ללוחא **סטר** משכנא תניינא וחמשא נגרין EX 36:32
דרומא ופתורא תסדר על **סטר** ציפונא: ותעבד פרסא לתרע EX 26:35
ית אריחיא בעיזקתא על **סיטרא** דארונא למיטל ית ארונא: EX 37:5
עבד ית כרוביא מתרין **סיטרוי**: והוון כרוביא פריסין EX 37:8
מלפפן יהוון ליה לתרין **סיטרוי** ויתלפף: והמיין טיכוסיה EX 28:7
תרין זויייתיה על תרין **סיטרוי** לאתרא לאריחיא למיטול EX 37:27
תרתין קליען דעל תרין **סיטרוי** תיתן על תרתין מרמצתא EX 28:25
תרתין עיזקתא על תרין **סיטרי** חושנא: ותיתן ית תרתין EX 28:23
ותיתן יתהון על תרין **סיטרי** חושנא על שיפמיה דלעברא EX 28:26
נגיד עבד יתהון מתרין **סיטרי** כפורתא: כרובא חד מסיטרא EX 37:7
תלת אצבעתא ביני **סיטרי** שמייא למוי דאוקינוס GN 1:7
חד ותרתי עיזקן על **סיטרי** תיניין: ועבד אריחי דקיסי EX 37:3
ותרתין עיזקן על **סיטריה** חד ותרתי עיזקן על סיטרי EX 37:3
שנינא אכלה מתרין **סיטרין** אתקין בגוה זיקוקין דנור GN 3:24
לאנטוכיא: וסליקו מן **צטר** דרומא ואתו עד חברון ותמן NU 13:22
ותשוון יתיה בקופסא מן **צטר** ימינא דארון קיימא דייי DT 31:26
ית תריהום ית אפרים מן **צטר** ימיניה דהוא שמאליה GN 48:13
שיטא חמשא ללוחי **צטר** משכנא חד: וחמשא נגרין EX 26:26
וחמשא נגרין ללוחי **צטר** משכנא לסופיהון מערבא: EX 26:27
חד: וחמשא נגרין ללוחי **צטר** משכנא תניינא וחמשא נגרין EX 26:27
דישראל וית מנשה מן **צטר** שמאליה דהוא ימינא דישראל GN 48:13
צירין ללוחא חד מכוונן **ציטר** חד בגו חד הכדין תעביד לכל EX 26:17
ואמר להון סקו בהדין **ציטרא** בדרומא ותיסקון לטורא: NU 13:17
מברא לקרתא ית **ציטרא** דמדינחא תרין אלפין NU 35:5
דקיסי תיניא מן לגין מן **ציטרא** דממצע כל קבל אפי משכן NU 19:4

אימרה דיריעתא חדא מן **ציטרה** בבית ליפופה וכן תעביד EX 26:4
ית כרובייא מתרין **ציטרוי**: ויהון כרוביא פריסו גדפיהון EX 25:19
זיויתיה תעביד על תרין **ציטרוי** ויהי לאתרא לאריחיא EX 30:4
עיזקן דנחשא על ארבע **ציטרוי**: ותיתן יתה תחות סובבי EX 27:4
קליען דמסדרן על תרין **ציטרוי** יהבו על תרתין מרמצתא EX 39:18
עבדו ליה מלפפן על תרין **ציטרוי** יתלפף: והמיין טיכוסיה EX 39:4
מפקנוי דתחומא מן תרין **ציטרוי** מכוונין לכרכוי דבר זעמה NU 34:8
ית אריחיא בעיזקתא על **ציטרי** ארונא למיטול ית ארונא EX 25:14
תרתין עיזיקתא על תרין **ציטרי** חושנא: ויהבו תרתין קליען EX 39:16
על תרתין עיזקיתא על **ציטרי** חושנא: וית תרתין קליען EX 39:17
דדהב ושויאו על תרתין **ציטרי** חושנא על שיפמיה דלעברא EX 39:19
נגיד תעביד יתהון מתרין **ציטרי** כפורתא: ועיבד כרובא חד EX 25:18
ויהון אריחיא על תרין **ציטרי** מדבחא במיטל מדבחא: EX 27:7
דמשכנא יהי משפע על **ציטרי** משכנא מיכא ומיכא EX 26:13
ותרתין עיזקן על **ציטריה** חד ותרתין עיזקן על EX 25:12
חד ותרתין עיזקן על **ציטריה** תיניינא: ותעביד אריחי EX 25:12
יקרא ארבעא מארבע **ציטריהון** וחד מעילויהון דלא יחות EX 12:37
לוחין כתיבין מתרין **ציטריהון** מיכא ומיכא אינון כתיבין: EX 32:15

סיגלא (1)

בנחלא דמרבי חלפי גולי **וסיגלי**: ומתמן נטלו ושרו מן להאל NU 21:12

סיד (3)

יתיה: ואם בהקי חיוורתא **כסידא** היא במשך בישריה ועמיק LV 13:4
אתהפיך שערא למחוור **כסידא** וחיזויה עמיק למחוור LV 13:25
לא אתהפיך לחיור **כסידא** ויסגר כהנא ית מכתשא LV 13:4

סייג (2)

ודחקת ית ריגל בלעם **לסייגא** ואוסיף למימחא ומלאכא NU 22:25
מלאכא דייי ואידחקת **לסייגא** ודחקת ית ריגל בלעם NU 22:25

סייף (29)

זידנא ההוא יתקטל **בסייפא** ארום מליל סטיא על ייי DT 13:6
דאימיה בקטיל סייפא או **בסייפא** דקטל ביה או בשכיבא NU 19:16
ויתקטל נביא ההוא **בסייפא**: וארום תימרון בריעייונכון DT 18:20
תסבוני ותקטלוניה **בסייפא**: ודחביל באבוי ובאימיה EX 21:14
אתקטלא יתקטול **בסייפא**: ודי לא איזדווג ליה ומן EX 21:12
ישראל יתקטלא יתקטל **בסייפא**: ודיקטול נפש בעירא LV 24:17
וית בלעם בר בעור קטלו **בסייפא** והוה כיון דחמא בלעם NU 31:8
לטעוות עממיא יתקטל **בסייפא** וכדון עיברו ותובו מתרע EX 32:27
לטעוות עממיא יתקטיל **בסייפא** וניכסוי יתגמרון בגין כן לא EX 22:19
קטלין יתי בית ישראל **בסייפא** כבר מבשרנא דלית לי NU 23:10
וקמית וסייעית יתכון **בסייפי** ובקשתי: וקרא יעקב לבנוי GN 48:22
מלמיסק בהר ולמיקרב **בסייפיה** כל דיקרב בטוורא EX 19:12
תלתא יומין יעדי פרעה **בסיפא** ית רישך מעילוי גופך ויצלוב GN 40:19
גירדי מן אדם קטיליהון **וסייפי** תגמר בישריהון מדם קטילין DT 32:42
דייי מעתד באיסרטא **וסייפיה** שליפא בידיה וגחן וסגיד NU 22:31
דבכריסא דאימיה בקטיל **סייפא** או בסייפא דקטל ביה או NU 19:16
עבדוי דגרמהון למיתן **סייפא** בידיהון למיקטלנא: ותב EX 5:21
סימא באפיהון בקטילת **סייפא** ביומא ההוא כמניין תלתא EX 32:28
יתדנא יתדן דין קטילת **סייפא**: ברם אין יומא חד מעידן EX 21:20
פום מימרא דייי בקטילת **סייפא**: ואמר ייי למשה כתב דא EX 17:13
ברישיה ואחתיה שלף **סייפא** ובעא למקטליה פתח פומיה NU 31:8
יוסף לחושים בן דן ונטל **סייפא** וקטע רישיה דעשו רשיעא GN 50:13
פרזלא דמיניה מתעבד **סייפא** על אבנא אפיסתא יתה: EX 20:25
אין שנינא היא ברק **סייפי** ותתקיף בדינא ידי אחזור DT 32:41
שמעון ולוי אחי דינא גבר **סייפיה** ועלו על קרתא דהבא יתבא GN 34:25
ית נפשך ומן יד שלף **סייפיה** מן תיקה וקטליה: ושבו בני NU 31:8
זיניכון אתר דתיסרון **סייפיכון** ותהווי חפיר בה ותיפני DT 23:14
דשמייא מלעילא: ועל **סייפך** תהי רחיץ עלול לכל אתר GN 27:40
ארום שקרת בי אילו אית **סיפא** בידי ארום כדון קטלתיך: NU 22:29

סימנא (9)

ביומא ההוא ית ברחיא **דסימנא** בריגלהון וקרוחיא וית כל GN 30:35
חטריא וילידן ענא רגולין **דסימנא** בריגליהום וקרוחין וגביהון GN 30:39
קשתי יהבית בעננא ותהי **לסימן** קיים בין מימרי וביני ארעא: GN 9:13
יממא וביני ליליא ויהון **לסימנין** ולזמני מועדין ולממני בהון GN 1:14
ונפלו מן עמא דהוה **סימא** באפיהון בקטילת סייפא EX 32:28
ואלקא דאבוכון יהב לכון **סימא** בטוניכון כספיכון אתא לותי GN 43:23
תמן מאנא דדהבא הוה **סימא** נפקא באנפוי: ואמר משה EX 32:20
יהי מימרי בסעדך ודין לך **סימנא** דאנא שדרתך בהנפקותך ית EX 3:12
כדון: כדנא אמר ייי בדא **סימנא** תינדע ארום אנא ייי הא אנא EX 7:17

סינא (3)

הניית בי בני ותמרוקא **ומסנא** ותשמיש ערסא וכל LV 16:29
חרציכון יהון מזרזין **מסניכון** בריגליכון וחוטריכון EX 12:11
לא תקרב הלכא שלוף **סינך** מעל ריגלך ארום אתרא דאנת EX 3:5

סיסא (6)

ויהי לכון למצוותא **דציצית** ותחמון יתיה בזמן דאתון NU 15:39
קודשא יהי שמיה מברך **דציצית** יהוון מן חיוור וחוטא חד NU 16:2
עימיה: לא יהוון גוליין **דציצית** ותפילין דהינון תיקוני גבר DT 22:5
לא מן נימיא ולא מן **סיסיא** ולא מן גרדיא אלהין NU 15:38
לאיצטולי כיתן חוטי **ציציית** מן עמר תהון מרשן למעבד DT 22:12
ותימר להון ויעבדון להון **ציצייתא** לא מן נימיא ולא מן NU 15:38

סיע (7)

בית ישראל למנצחא לגוג **ולסיעתיה** בסוף יומיא: ותקרב ית EX 40:11
די עלתון לגווה וקמית **וסייעית** יתכון בסייפי ובקשתי: GN 48:22
אתר דאתכנשו קרח **וסיעתיה** על משה ואהרן: ונטלו NU 33:22
מימימר אלקא דאבוך יהי **סיועך** ומן דמתקרי שדי יברכינך GN 49:25
וזקפו עיניהון וחמון והא **סיעא** דערבאין אתיא מגלעד GN 37:25
אילו נצח נימרוד אהי מן **סיעתיה** ואילו נצח אברם אהי מן GN 11:28
ואילו נצח אברם אהי מן **סיעתיה** וכד חמון כל עממיא דהוו GN 11:28

סיפתא (4)

בית לופי כן עבד **בשיפתא** דיריעתא בית לופי תניינא: EX 36:11
ועבד ענובין חמשין על **סיפתא** דיריעתא בציטרא בית לופי EX 36:17
וחמשין ענובין עבד על **סיפתא** דיריעתא דבית לופי תניינא: EX 36:17
ועבד ענובין דתיכלא על **שיפתא** דיריעתא חדא מסיטרא EX 36:11

סיקורא (1)

קיסין ותידחף אידיה **בסיקוריא** למקטע קיסא וישמוט DT 19:5

סירתא (1)

אידעצא בזקתא וסול **וסירתא** וכל דדמי לנירא: ותיתנון NU 19:2

סכא (2)

ותשוד תמן מוי דריגלך: **וסיכא** תהוי קביעא לכון על מאני DT 23:14
חזור חזור וחומריהון **וסיכיהון** ומתחיהון: ודישרן קדם NU 3:37

סכי (14)

האן מטעיתא דהיא **בסכות** עיינין על אורחא ואמרו לא GN 38:21
דעבד עימיה ניסין וגבורן **ואיסתכי** ית חוטרא דאיתבריאת EX 2:21
וקמא מציטרא מיכא **וסכותא** מציטרא מיכא וקיימו דלא NU 22:24
וסגין ניחמן חמית **וסכיתי** למיחמי ולדא לא סכיית GN 45:28
מולדן ית יהודייתא **ותיסתכין** עילוי מתברא אין ביר EX 1:16
איתקריית די אמר **יסתכי** ייי בנא ובנך ארום ניטמר גבר GN 31:49
ויהי מה די תשיירון מנהון **לסכיין** בעינא בישא בכון ומקיפין NU 33:55
לאנפוי ארום הוה דחיל **מלימיסתכי** בצית איקר שכינתא EX 3:6
לא לפורקניה דגדעון אנא **מסכי** ולא לפורקניה דשמשון אנא GN 49:18
לי ניסין בדרמשק **מסכי** למירת יתי: ואמר אברם הא GN 15:2
סדם ועמרה דאניסין **מסכינין** וגזרין דכל דיהיב פיתא GN 18:20
לי מתמן: ודבר לחקל **סכותא** לריש רמתא ובנא שובעא NU 23:14
וסכיתי למיחמי ולדא לא **סכיית** דעד כדון יוסף ברי קיים GN 45:28
דשעתא אלהין לפורקנך **סכיית** ואודיקית ייי דפורקנך פורקן GN 49:18

סכין (2)

בידיה ית אישתא וית **סכינא** ואזלו תרוויהום כחדא: ואמר GN 22:6
אברהם ית ידיה ונסיבת **סכינא** למיכס ית בריה עני ואמר GN 22:10

סכל (41)

ואפיק יתיה לברא ואמר **איסתכל** כדון לשמייא ומני כוכביא GN 15:5
אינתתיה הא עד כדון לא **איסתכלית** בבישריך וכדון ידעית GN 12:11
לבני ברתיי ולברתיי כדון **אסכלתא** מה דעבדת: אית ספיקא GN 31:28
דכד כפתיה אבוי **אסתכל** בקורסיה יקרא ושריין GN 27:1
חס לן למיתלי עינינן ולא **אסתכלנן** בחדא מנהן דלא NU 31:50
לה חוס על נפשך לא **אסתתכל** לאחורך ולא תקום בכל GN 19:17
יתיה כל דישכחוניה **באיסתכלותיה** ביה: ונפק קין מן GN 4:15
מן קדם ייי בחוכמתא **בסוכלתנו** ובמנדעא ובכל עיבידתא: EX 35:31
והוה לעידוני צפרא **ואיסתכל** בה והא היא לאה דכולא GN 29:25
מחי גבר יהודאי מאחוי: **ואיסתכל** משה בחכמת דעתיה EX 2:12
קירווייא וצימחא דארעא: **ואיסתכלת** אינתתיה מבתר GN 19:26
והא מרים לקת בצורעא **ואסתכל** אהרן לות מרים והא לקת NU 12:10
מן קדם ייי בחכמתא **ובסכולתנו** ובמנדעא ובכל EX 31:3
ציצא כלילא דקודשא **ויסתכלו** ביה ומאן דהיא מיבעלא NU 31:18
גבר בתרע משכניה **ומסתכלין** בעינא בישא אחורי EX 33:8
ויימרון לחוד עם חכים **וסוכלתן** עמא רבא הדין: ארום הי DT 4:6
ליבא דיהב ייי חוכמתא **וסוכלתנותא** בהון למידע ולמיעבד EX 36:1
ארום היא חכמתכון **וסוכלתנותכון** למיחמי עממיא DT 4:6
חכימין ומרי מנדעא **וסוכלתנין** מריעיוניהון לא DT 1:15
זמנו לכון גוברין חכימין **וסוכלתנין** מרעיונהון ומרי מנדעא DT 1:13
חזו אנת: ויהי ארום **יסתכלון** ביך מצראי ויחמון ית GN 12:12
דעיינין ומרגג אילנא **לאיסתכלא** ביה ונסיבת מאיביה GN 3:6
דילמא יכוונון קדם ייי **לאיסתכלא** ויפיל מנהון רב דבהון: EX 19:21
קדישיא דייי נחתין **למסתכלא** ביה: והא יקרא דייי GN 28:12
ועמא לא יכוונון למיסוק **למסתכלא** קדם ייי דילמא יקטול EX 19:24
חמי אנא ליה וליתי כדון **מסתכל** אנא ביה וליתיה מקריב כד NU 24:17
יתהון: אמר בלעם רשיעא **מסתכל** אנא בעמא הדין דהינון NU 23:9
לברא עני קין ואמר להבל **מסתכל** אנא דברחמין אתברי GN 4:8
נכית חיויא ית גברא והוה **מסתכל** בחויא דנחשא ומכוין NU 21:9
דנכות יתיה חיויא ויהוי **מסתכל** ביה וחאי אין מכוין ליביה NU 21:8
בלעם רשיעא לית אנא **מסתכל** פלחי טעוותא בדבית NU 23:21

אילו הוו חכימין הוון **מסתכלין** באורייתא והינון DT 32:29
תדירא עיני ייי אלקך **מסתכלין** בה מן אירויא דשתא ועד DT 11:12
אורחין דכל עיינין **מסתכלין** תמן דעל שבילא דתמנת GN 38:14
בקרבנך עייננוי דאברהם **מסתכלן** בעינוי דיצחק ועיינוי GN 22:10
דיצחק ועיינוי דיצחק **מסתכלן** למלאכי מרומא יצחק הוה GN 22:10
וכדון יחמי פרעה גבר **סוכלתן** וחכים וימניניה על ארעא GN 41:33
ייי יתך ית כל דא לית **סוכלתן** וחכים כוותך: אנת תהי GN 41:39
טבן הינון ולית בהון **סוכלתנן**: אילו הוו חכימין הוון DT 32:28
קדם ייי בבעו מינך לא **תיסתכל** לדורון דידהון דלא חמרא NU 16:15
ליצחק וליעקב ולא **תסתכל** לקשיות לב עמא הדין DT 9:27

סכם (124)

ילדותך: ואתיבת רחל **באסכמותא** דלאה ואמרן ליה GN 31:14
ואמר בני גד ובני ראובן **באסכמותא** חדא למשה למימר NU 32:25
והוון כל בוכריא דוכריא **בסכום** מניין שמהן מבר ירחא NU 3:43
ושיבביה דקריב לביתיה **בסכום** נפשתא גבר לפום מיסת EX 12:4
נש מבר ירחא תיפרוק **בסכום** עילוייך כסף חמשא סילעין NU 18:16
תלתין שמיטין דשנין **דסכומהון** מאתן ועשר שנין ומניין EX 12:40
זכי לכינשת דבני סנהדרין **דסכומהון** שובעין כמניינא עממיא: GN 28:3
ואטמרתיה תלת ירחין **דסכומהון** תשעה: ולא הוה אפשר EX 2:2
ומשח זיתא מלי קסטא **דסכומיה** תריסר לוגין לוגא לכל EX 30:24
תורי תלתין ושית אלפין: **וסכום** חמרי תלתין אלפין וחמש NU 31:45
ותיבנא לא יתיהב לכון **וסכום** ליבנייא תתנון: וחמון סרכי EX 5:18
תלתין ושיתא אלפין **וסכום** נסיבתהון לשמא דייי NU 31:38
תלתין אלפין וחמש מאה **וסכום** נסיבתהון לשמא דייי תלתין NU 31:39
זכוותא חסינייא האילין **וסכום** עובדיא טביא דעים חדא מן NU 23:10
אלפין וחמש מאה: **וסכום** תורי תלתין ושית אלפין: NU 31:44
מאה שובעין וחמשא: **וסכום** תורי תלתין ושיתא אלפין NU 31:38
בנוי דבנימן לגניסתהון **וסכומהון** ארבעין וחמשא אלפין NU 26:41
בר עמיהוד: וחיליה **וסכומהון** דשבטיה ארבעין אלפין NU 2:19
אליסף בר רעואל: וחיליה **וסכומהון** דשבטיה ארבעין וחמשא NU 2:15
פגעיאל בר עכרן: וחיליה **וסכומהון** דשיבטיא ארבעין וחד NU 2:28
נחשון בר עמינדב: וחיליה **וסכומהון** דשיבטיא שובעין NU 2:4
אליאב בר חילון: וחיליה **וסכומהון** דשיבטיה חמשין NU 2:8
אחירע בר עינן: וחיליה **וסכומהון** דשיבטיה חמשין ותלת NU 2:30
בר שדיאור: וחיליה **וסכומהון** דשיבטיה: חמשין ותשעה NU 2:11
בר עמי שדי: וחיליה **וסכומהון** דשיבטיה שיתין ותרין NU 2:26
אבידן בר גדעוני: וחיליה **וסכומהון** דשיבטיה תלתין וחמשא NU 2:23
נתנאל בר צוער: וחיליה **וסכומהון** חמשין וארבעא אלפין NU 2:6
אילין גניסת מנשה **וסכומהון** חמשין ותרין אלפין NU 26:34
על פולחניה ועל מטוליה **וסכומיה** היכמה דפקיד ייי ית משה: NU 4:49
איליין מנייני מתקלוון **וסכומין** דמשכנא דסהדותא EX 38:21
די עלו קדם משה נביא **וסכם** יתהון על דעתא דלעיל מנהון NU 27:5
כל בני נשא ימותון איליין **וסכמות** כל אינשא יסתכם עליהון NU 16:29
וסכמות כל אינשא **יסתכם** עליהון לא ייי שדרני: ואין NU 16:29
לאבהתכון למיתנה להון **כסכום** יומין דקיימין שמיא על DT 11:21
אקים תחומי אומיא **כסכום** מניין שובעין נפשתא DT 32:8
שמהן מבר ירחא ולעילא **לסכום** מנייניהון עשרין ותרין אלפין NU 3:43
אילין גניסתא בני גד **לסכומהון** ארבעין אלפין וחמש NU 26:18
שילם: אילין גניסת נפתלי **לסכומהון** ארבעין וחמשא אלפין NU 26:50
אילין גניסת בנוי דאשר **לסכומהון** חמשין ותלת אלפין NU 26:47
מאה: אילין בני אפרים **לסכומהון** לשותלח גניסת שותלח NU 26:35
אילין גניסת בנוי דאפרים **לסכומהון** עשרין ותרין אלפין NU 26:37
אילין גניסתא דיהודה **לסכומהון** שובעין ושיתא אלפין NU 26:22
אילין גניסתא זבולון **לסכומהון** שיתין אלפין וחמש מאה: NU 26:27
אילין גניסת יששכר **לסכומהון** שיתין וארבעא אלפין NU 26:25
מניין נפשתיכון גבר לפום **סכום** אינשי משכניה תסבון: ועבדו EX 16:16
למשה עבדך קבילו ית **סכום** גוברי מגיחי קרבא די עימנא NU 31:49
דפקיד ייי ית משה: והות **סכום** דברתא שייור ביזתא דבזו NU 31:32
עיבידת קודשא והוה **סכום** דהב ארמותא עשרין ותשע EX 38:24
אמין ופותיא ארבע אמין **סכום** דיריעתא חדא משחתא חדא EX 36:9
ייי: וידייק ליה כהנא ית **סכום** דמי עלוייה עד שתא דיובלא LV 27:23
ואתכליית מותנא: והוו **סכום** דמיתו במותנא ארבסר אלפין NU 17:14
מעילוי בני ישראל: והוו **סכום** דמיתו במותנא עשרין וארבע NU 25:9
שניא תסגי זבינוי ולפום **סכום** זעירות שניא תזעיר זבינוי LV 25:16
כהנא למימר: קבילו ית **סכום** חושבן כל כנישתא דבני NU 26:2
לארע מדינחא: ואילין **סכום** יומי חיי אברהם דחיא מאה GN 25:7
שנין והוו יומי יעקב **סכום** יומי חייו מאה וארבעין ושבע GN 47:28
שנין שבע זימנין ויהון לך **סכום** יומי שבע שמיטין דשנין LV 25:8
כל מאן דעובדא: והוה **סכום** כל דהב אפרשותא דאפרשו NU 31:52
למצרים ביני שוריא **סכום** כל נפשתא לבית יעקב דעלא GN 46:27
דן ונפתלי גד ואשר: והוה **סכום** כל נפשתא נפקי ירכא דיעקב EX 1:5
וידייק ליה כהנא ית **סכום** כספא כמיסת שניא LV 27:18
ויגבבון להון תיבנא: וית **סכום** ליבנייא דהינון עבדין EX 5:8
דדן זריזין ואמפורין ולית **סכום** למנייניהום: ובנוי דנפתלי GN 46:23
ירחא ולעילא וקביל ית **סכום** מניין שמהתהון: ותקרב ית NU 3:40
נטלין לטיקסיהון: איליין **סכום** מנייני בני ישראל לבית NU 2:32
דייי בידא דמשה: כל **סכום** מניינייא דמנא משה ואהרן NU 4:46
אלפין וארבע מאה: כל **סכום** מניינייא למשירית אפרים NU 2:24
אלפין וארבע מאה: כל **סכום** מניינייא למשריית דן מאה NU 2:31
אלפין ושית מאה: כל **סכום** מניינייא למשריית ראובן NU 2:16
עשר סילעין דדהבא **סכום** מתקלהון קבל תרין לוחיא GN 24:22
אלפין וחמש מאה: והות **סכום** נסיבא לשמא דייי מן ענא NU 31:37
ותרין נפשן: ויהב משה ית **סכום** נסיבת אפרשותא דייי NU 31:41
עללתא יזבנון לכון: לפום **סכום** סוגי שניא תסגי זבינוי ולפום LV 25:16
גובריא די נפקו לחילא **סכום** ענא תלת מאה ותלתין NU 31:36
דנפקו לחילא: והות **סכום** פלגות כנישתא מן ענא תלת NU 31:43
דיובלא ויחשיב ליה כפום **סכום** שנוי יתיב ית פורקניה: הי LV 25:52
פורקניה: וידייק ית **סכום** שני זבינוי ויתיב ית מותרא LV 25:27
חקיל או כרמא כמניין **סכום** שנייא בתר יובלא תזבנון מן LV 25:15
יומנא: ארום אתון ידעתון **סכום** שנייא דיתיבנא בארעא DT 29:15
אשתין ריבוון דהינון **סכום** תמניין לגיונין ועני יקרא NU 12:16
דא ויברך יתכון בלא **סכומא** הי כמא דמליל לכון: היך DT 1:11
גניסתא דראובן והוו **סכומהון** ארבעין ותלת אלפין NU 26:7
איליין הינון גניסת גרשון: **סכומהון** במניין כל דכורא מבר NU 3:22
איליין הינון גניסת מררי: **סכומהון** במניין כל דכורא מבר NU 3:34
שלמין לארבסר מטרתא **סכומהון** דכל אימריא תמני ותשעין NU 29:32
אית סגי בשנייא לפום **סכומהון** יתיב פורקניה מכסף זבינוי: LV 25:51
אחסנתהון גבר לפום **סכומהון** יתיהב אחסנתיה: ברם NU 26:54
לכל חד וחד לפום **סכומהון**: כל יציביא בישראל ולא NU 15:12
במשכן זימנא: והוו **סכומהון** לגניסתהון תלת אלפין NU 4:44
במשכן זימנא: והוו **סכומהון** לגניסתהון תרין אלפין NU 4:36
במשכן זימנא: והוו **סכומהון** לגניסתהון תרין אלפין NU 4:40
ולעילא כל נפיק חילא: **סכומהון** לשבטא דבנימן תלתין NU 1:37
ולעילא כל נפיק חילא: **סכומהון** לשבטא דדן שיתין ותרין NU 1:39
ולעילא כל נפיק חילא: **סכומהון** לשבטא דמנשה תלתין NU 1:35
ולעילא כל נפיק חילא: **סכומהון** לשבטא דראובן ארבעין NU 1:21
ולעילא כל נפיק חילא: **סכומהון** לשיבטא דאפרים ארבעין NU 1:33
ולעילא כל נפיק חילא: **סכומהון** לשיבטא דאשר ארבעין NU 1:41
ולעילא כל נפיק חילא: **סכומהון** לשיבטא דגד ארבעין NU 1:25
ולעילא כל נפיק חילא: **סכומהון** לשיבטא דזבולון חמשין NU 1:31
ולעילא כל נפיק חילא: **סכומהון** לשיבטא דיהודה ארבעין NU 1:27
ולעילא כל נפיק חילא: **סכומהון** לשיבטא דיששכר ארבעין NU 1:29
ולעילא כל נפיק חילא: **סכומהון** לשיבטא דנפתלי חמשין NU 1:43
ולעילא כל נפיק חילא: **סכומהון** לשיבטא דשמעון חמשים NU 1:23
מן תפיין קדם ייי: והוו **סכומהון** עשרין ותלתא אלפין כל NU 26:62
דכורא מבר ירחא ולעילא **סכומהון** שבעתי אלפין וחמש מאה: NU 3:22
מנטר מעילא חזור חזור **סכומהון** שובעין וחד: ויהי עטיף על EX 28:34
אזלין כל יומא וחסרין **סכומהון** שובעין על שובעין עממין NU 29:13
מטול במשכן זימנא: והוו **סכומהון** תמניא אלפין וחמש מאה NU 4:48
דייי בידא דמשה: ומניין **סכומי** בני גרשון לגניסתהון ולבית NU 4:38
אלפין ושבע מאה: איליין **סכומי** בני ישראל שית מאה וחד NU 26:51
ותלתין: איליין מיניין **סכומי** גניסת בני גרשון כל דיפלח NU 4:41
ומאתן: אילין מנייני **סכומי** גניסת בני מררי דמנא משה NU 4:45
פום מימרא דייי: ומניין **סכומי** גניסת בני מררי לגניסתהון NU 4:42
מאה וחמשין: אילין מניין **סכומי** גניסת קהת כל דפלח NU 4:37
בין סגיאי לזעירי: ואלין **סכומי** ליואי לגניסתהון לגרשון NU 26:57
אבהתוי הוון: והוו כל **סכומי** מנייני בני ישראל לבית NU 1:45
מצלהבא מן קדם ייי: כל **סכומי** מנייני ליואי די מנא משה NU 3:39
אלפין וארבע מאה: איליין **סכומי** מניינייא דמנא משה ואהרן NU 1:44
ובאילין לא הוה גבר מן **סכומי** משה ואהרן כהנא די סכמון NU 26:64
בגו בני ישראל: אילין **סכומי** משה ואלעזר כהנא די סכמון NU 26:63
חילא בישראל: והוו כל **סכומין** שית מאה ותלתא אלפין NU 1:46
הדין יתרמון גושמיכון כל **סכומכון** לכל חושבנכון מבר עשרין NU 14:29
משה ואהרן כהנא די **סכמון** ית בני ישראל במדברא NU 26:64
משה ואלעזר כהנא די **סכמון** ית בני ישראל במישריא NU 26:63

סכן (3)

קדם ייי: דעתיר לא יסגי **ודמיסכן** לא יזער מפלגות סילעא EX 30:15
ותשע איליין מלקות יתיר **ויסתכן** ולא יתבזי אחוך ואנת חמי DT 25:3
מידעם אלהין למנא אנן **מסתכיין** כמסכן דמודיק מגיסא NU 11:6

סל (22)

דעינבין חד וסובוהי **באסלא** בכתיף תרין מנהון וכן מן NU 13:23
וית תרין דיכרין יסוברון **באסלא**: וית אהרן וית בנוי תקריב EX 29:3
סלא חד ותקריב יתהון **בסלא** וית תורא וית תרין דיכרין EX 29:3
אלקכון יהיב לכון ותשוון **בסלא** ותהכון לארעא דיתרעי ייי DT 26:2
שכינתיה תמן: ותעטרון **בסליא** וצניא ופפייריא ותיעלון DT 26:3
תיכלון יתיה וית לחמא **דבסל** קורבניא היכמא דפקידית LV 8:31
דדיכרא וית לחמא **דבסלא** בתרע משכן זימנא: וייכלון EX 29:32
דצביתא נקיא על רישי: **ובסלא** עילאה מכל תפנוקי מיכל GN 40:17

תרבהון וית שקא דימינא: **ומסלא** דפטיריא דקדם ייי נסב LV 8:26
שלים לניכסת קודשיא: **וסלא** דפטירי סמידא גריצן במשח NU 6:15
במשח חד ועריך חד **מסלא** דפטירא קדם ייי: ותשוי EX 29:23
למיתן לנא: ויסב כהנא ית **סלא** דביכוריא מן ידך ויוביל וייתי DT 26:4
קודשין קדם ייי על **סלא** דפטיריא ויעביד כהנא ית NU 6:17
וית תרין דיכרין וית **סלא** דפטיריא: וית כל כנישתא LV 8:2
פטירתא חדא מן **סלא** ועריך פטיר חד ויתן על ידי NU 6:19
יתהון: ותיתן יתהון על **סלא** חד ותקריב יתהון בסלא וית EX 29:3
ועופא אכיל יתהום מן **סלא** מעילוי רישי: ואתיב יוסף GN 40:17
ועדרי עניכון: בריך **סלי** ביכוריכון וחלת שירוי DT 28:5
וליטין אתון בחקלא: ליט **סלי** ביכוריכון וחלת שירוי DT 28:17
דין לך פושרניה תלתי **סליא** תלת יומין הינון לקטלך: בסוף GN 40:18
דין הוא פושרניה תלתי **סליא** תלתי שעבודיא הינון GN 40:18
חמי בחילמי והא תלתא **סלין** דצביתא נקיא על רישי: ובסלא GN 40:16

סלח (1)

מרודין ומכפר על חטאין **סלח** לתייבין לאורייתא ולדלא EX 34:7

סלמנדר (1)

וכחא ושממיתא וקצוצא **וסלמנדרא:** אילין תמניא מיניא LV 11:30

סלמנטון (1)

עתיקא דמעתק ולא **תסלמנטון** וברם עתיקא מן קדם LV 26:10

סלע (66)

מינייניא פלגות סילעא **בסילעא** דטיבעא דקודשא עשרין EX 30:13
וארבע מאה סילעין **בסילעי** בית קודשא: בזיכי דדהבא NU 7:85
מאה ותלתין סילעין **בסילעי** בית קודשא הות מתקלא NU 7:13
הוה מתקלא דבזיכא **בסילעי** בית קודשא כל קבל NU 7:86
כסף חמשא סילעין **בסילעי** בית קודשא עשרין מעין NU 18:16
קליש שובעין סילעין **בסילעי** בית קודשא תרין מאניא NU 7:13
קליש שובעין סילעין **בסילעי** בית קודשא תרין מניא NU 7:19
מאה ותלתין סילעין **בסילעי** וגומר: בזיכא חדא מתקלא NU 7:25
מאה ותלתין סילעין **בסילעי** קודשא דין הוא דהב EX 38:24
ושובעין וחמש סילעין **בסילעי** קודשא: דרכמונא לגלגלתא EX 38:25
חמשין סילעין דכסף **בסילעי** קודשא: ואין ברת נוקבא LV 27:3
ושיתין וחמש סילעין **בסילעי** קודשא: ויהב משה ית כסף NU 3:50
חמש מאה מנין סילעין **בסילעי** קודשא ומשח זיתא מלי EX 30:24
לגלגלתא פלגות סילעא **בסילעי** קודשא לכל מאן דעבר על EX 38:26
קודשא דאיתהני סילעין **בסילעי** קודשא לקרבן אשמא: וית LV 5:15
ארעא: וכל עילוייה יהי **בסילעי** קודשא עשרין מעין הויא LV 27:25
חמשא סילעין לגולגלתא **בסילעי** קודשא תיסב עשרין מעין NU 3:47
מאה ותלתין סילעין **בסלעי** בית קודשא הוה מתקלא NU 7:19
מעין סילעא פלגות **סילעא** אפרשותא קדם ייי: כל מאן EX 30:13
דעבר על מינייניא פלגות **סילעא** בסילעא דטיבעא דקודשא EX 30:13
לגלגלתא פלגות **סילעא** בסילעי קודשא לכל מאן EX 38:26
קודשא עשרין מעין הויא **סילעא:** ברם בוכרא דיתפרש לשמא LV 27:25
תיסב עשרין מעין **סילעא:** ותיתן כספא לאהרן ולבנוי NU 3:47
ומילי רינניכון דמפקין **סילעא** לאפוקי תרי: זמנו לכון DT 1:12
לא יזער מפלגות **סילעא** למיתן ית אפרשותא קדם EX 30:15
דקודשא עשרין מעין **סילעא** פלגות סילעא אפרשותא EX 30:13
תרין אלפין וארבע מאה **סילעין** בסילעי בית קודשא: בזיכי NU 7:85
גילדא סמיך מאה ותלתין **סילעין** בסילעי בית קודשא הות NU 7:13
עילוייך כסף חמשא **סילעין** בסילעי בית קודשא עשרין NU 18:16
דגילדה קליש שובעין **סילעין** בסילעי בית קודשא תרין NU 7:13
דגילדה קליש שובעין **סילעין** בסילעי בית קודשא תרין NU 7:19
גילדה סמיך מאה ותלתין **סילעין** בסילעי וגומר: בזיכא חדא NU 7:25
ושבע מאה ותלתין **סילעין** בסילעי קודשא דין הוא EX 38:24
מאה ושובעין וחמש **סילעין** בסילעי קודשא: דרכמונא EX 38:25
ותלת מאה ושיתין וחמש **סילעין** בסילעי קודשא: ויהב משה NU 3:50
מתקל חמש מאה מנין **סילעין** בסילעי קודשא ומשח זיתא EX 30:24
הניית קודשא דאיתהני **סילעין** בסילעי קודשא לקרבן LV 5:15
גילדה סמיך מאה ותלתין **סילעין** בסלעי בית קודשא הוה NU 7:19
יהב על ידהא מתקל עשר **סילעין** דדהבא סכום מתקלהון GN 24:22
ביה כור סעורין בחמשין **סילעין** דכסף: אין משתא דיובילא LV 27:16
דטימין דידה ארבע מאה **סילעין** דכסף בינא ובינך מה היא GN 23:15
שנין ויהי עילוייה חמשין **סילעין** דכסף בסילעי קודשא: ואין LV 27:3
נוקבא עילוייה תלתא **סילעין** דכסף: ואין מבר שתין שנין LV 27:6
עלוייה דביר דכר חמש **סילעין** דכסף ודברתה נוקבא LV 27:6
בזיכא חדא מתקלא עשר **סילעין** דכסף והיא הות דדהב טב NU 7:14
ולבנימין יהב תלת מאה **סילעין** דכסף וחמש איסטולי GN 45:22
יתיה: ויזמון יתיה מאה **סילעין** דכסף ויתנון לאבוהא DT 22:19
בני חיתאה ארבע מאה **סילעין** דכסף טב עברין בכל פתור GN 23:16
שרה אמר הא יהבית אלף **סילעין** דכסף לאחוך הא הינון ליך GN 20:16
בוסמין טבין מתקל עשר **סילעין** הוה מתקלא דבזיכא NU 7:86
ילידת ית משה ושובעין **סילעין** הוי מתקלא דמזירקא חד NU 7:85
מזלייא: מאה ותלתין **סילעין** הוי מתקלא דפיילתא חדא NU 7:85
היא ויהי עלוייה תלתין **סילעין:** ואין מבר חמש שנין ועד בר LV 27:4
סילעין ולנוקבא עשר **סילעין:** ואין מבר ירחא ועד בר חמש LV 27:5
ולברתה נוקבא עשר **סילעין:** ואין מסכן הוא ממיסת LV 27:7
חדא מתקלא עשרא **סילעין** והיא דדהב טב קריב יתה NU 7:20
בוכרא דאינשא בחמשא **סילעין** וית בוכרא דבעירא מסאבא NU 18:15
דכר ויהי עילוייה חמיסר **סילעין** ולברתה נוקבא עשר סילעין: LV 27:7
עלוייה דביר דכר עשרין **סילעין** ולנוקבא עשר סילעין: ואין LV 27:5
ותרין אלפין וארבע מאה **סילעין:** ועבד בה ית חומרי תרע EX 38:29
כנעניתא כסף תלתין **סילעין** יתן למריה דעבדא או EX 21:32
למיתנא ליה כסף חמשין **סילעין** יתקניס הי כמיפרני EX 22:16
ותיסב חמשא חמשא **סילעין** לגולגלתא בסילעי קודשא NU 3:47
ושבע מאה וחמשין **סילעין** מן רבני אלפין ומן רבני NU 31:52
ושבע מאה ושבעין וחמש **סילעין** עבד ווין לעמודיא וחפא EX 38:28
דמי בהתה חמשין **סלעין** דכסף וליה תהי לאיתו חולף DT 22:29

סלק (271)

תמן תקבירינני וכדון **איסוק** כדון ואיקבור ית אבא GN 50:5
קדל שעא חדא קלילא **איסליק** איקר שכינתי מבינך EX 33:5
חבתון חובא רבא וכדון **איסק** ואיצלי קדם ייי הלואי איכפר EX 32:30
יוסף לאחוי ולבית אבוי **איסק** ואיתני לפרעה ואימר ליה GN 46:31
עם אחוהי: ארום היכדין **איסק** לות אבא וטלייא ליתוי עימי GN 44:34
ומליל ייי עם משה איזל **איסתלק** מיכא דילמא יתקף רתח EX 33:1
וענן איקר שכינתא דייי **איסתלק** מעילוי משכנא והא מרים NU 12:10
דאייר בעשרין לירחא **איסתלק** ענן יקרא מעילוי משכנא NU 10:11
כדון מליל להון למימר **איסתלקו** מן חזור חזור למשכנא NU 16:24
ית משכנא: ובאשון **איסתלקות** ענן יקרא מעילוי משכן EX 40:36
יקרא ולא נטלין עד יום **איסתלקותיה:** ארום ענן יקרא דייי EX 40:37
ולבנוי ויכלוניה מן בתר **איסתלקותיה** מעל פתורא באתר LV 24:9
וממרי יעלינך תמן אוף **אסיק** ית בנך מתמן וברם יוסף ישוי GN 46:4
במצרים: ואמרית במימרי **אסיק** יתכון מסיגוף מצראי לארע EX 3:17
כל טבוון דעבדית לעמא **אסיקית** יתהון פריקין ממצרים NU 21:6
דאישתנקו בימא ארום **אסיקתא** בחילך ית עמא הדין NU 14:13
אנחנא ובעירנא: ולמא **אסיקתונא** ממצרים לאיתאה יתן NU 20:5
ניסוק: הזעירא היא ארום **אסיקתנא** ממצרים ארעא דעבדא NU 16:13
על משה ואמרו למה דנן **אסיקתנא** ממצרים לקטלא יתנא EX 17:3
האילין: ואנא מסלקא **אסלק** שכינתי מנהון בעידנא ההיא DT 31:18
דייי ובמשה נצו למא **אסקתונא** ממצרים לממת במדברא NU 21:5
וכיוון דנח נפשיה דאהרן **אסתלקו** עננא יקרא בחד לירחא NU 20:29
ישראל ולא נטלין ובזמן **אסתלקותיה** נטלין: על פום מימרא NU 9:22
קדשיא אין לא מזדהרין **באסקותהון** ואנת ובנך עימך NU 18:1
קדמי לא תסקון **במסוקיין** על מדבחי אלהין EX 20:26
עימן ויתעבדן לנא פרישן **בסלקותך** רוח נבואה מעילוי אומיא EX 33:16
יומין לא הוה איפשר לי **דאיסוק** לותיה עד זמן דהוה דבורא LV 1:1
ודבש ארום לית איפשר **דאיסלק** שכינת יקרי מביניכון ברם EX 33:3
קבל עם חבריה ומן בתר **דאיסתלק** קל דיבורא תאיב EX 33:11
יתיה ושרת רוח נבואה **דאיסתלקת** מיניה בעידן דזבינו ית GN 45:27
ארעא: ארום אנא הוא ייי **דאסיקית** יתכון פריקין מן ארעא LV 11:45
חבילו עובדיהון עמך **דאסיקת** מארעא דמצרים: סטו EX 32:7
בגין כן טייל אנת ועמא **דאסיקתא** מארעא דמצרים לארעא EX 33:1
אילן דחלתך ישראל **דאסקוך** מארעא דמצרים: ואמר ייי EX 32:8
ארום דין משה גברא **דאסקנא** מארעא דמצרים EX 32:1
ארום דין משה גברא **דאסקנא** מארעא דמצרים EX 32:23
בעידן דבלבליתא שיוויי **דיסלקת** עלה: שמעון ולוי אחין GN 49:4
פרדיסיא הוא אתר **דמסיק** פרקטונין דמיין ושדי להון GN 14:3
דנחתין על ארעכון רוחא **דמסקא** אבקא ועפרא עילוי עישבי DT 28:24
ית דין לא תיכלון ממינא **דמסקי** פישרא וסדיקי פרסתא LV 11:4
יתנא פיתגמא ית אורחא **דניסק** בה וית קירויא דניעול DT 1:22
קרבן חטאתא: וצפירא **דסליק** עלוי עדבא לעזאזל יתוקם LV 16:10
ויקריב אהרן ית צפירא **דסליק** עלוי עדבא לשמא דייי LV 16:9
והינון הוון מן סביא **דסליקו** בפיטקיא כתיביא ולא NU 11:26
למימר: אין יחמון גובריא **דסליקו** ממצרים מבר עשרין שנין NU 32:11
מיכל ניכול לה: וגובריא **דסליקו** עימיה אמרו לא ניכול NU 13:31
למצרים הוא ואחהי וכל **דסליקו** עימיה למיקבור ית אבוי GN 50:14
מן שמיא ומטוב מבועין **דסלקין** ומרביין צימחי ארעא GN 27:28
ומן טוב מבועי תחומא **דסלקין** ונגדין ומרוין צימחיא מלרע: DT 33:13
בחילמא והא ברחייא **דסלקין** על ענא שומא בריגליהון GN 31:10
כדון עינך וחמי כל ברחיא **דסלקין** על ענא שומא בריגליהון GN 31:12
תורתי כחישתא ובישתא **דסלקן** בתריהן שבע שנייא GN 41:27
ברכן מבועי תהומא **דסלקן** ומרביין צמחין מלרע בריכין GN 49:25
אחביל בגין זכוות עשרא: **ואיסתלק** איקר שכינתא דייי כד GN 18:33
ופסק מלמללא עימיה **ואיסתלק** יקרא דייי מעילוי אברהם: GN 17:22
בתרך אתן ית ארעא: **ואיסתלק** מעילווי יקר שכינתא GN 35:13
נבעת וקרא שמא סטנא: **ואיסתלק** מתמן וחפס ביר אוחרי GN 26:22
קדם ייי דאיתגלי ליה: **ואיסתלק** מתמן לטורא דממדנח GN 12:8
בני ישראל לחיליהון **ואיסתלק** ענן יקרא מעילוי משכנא NU 10:28
תילקון בכל חוביהון: **ואיסתלקו** מעילוי משכנא דקרח NU 16:27

בשבייתא על נהרוות בבל **ואסיליקינון** מתמן ואשרינון מן לגיו EX 34:10
על ביציא ועל שיקייא **ואסיק** ית עורדעניא על ארעא EX 8:1
ית אהרן וית אלעזר בריה **ואסיק** יתהון לטוורוס אומנוס: NU 20:25
ישראל מארעא דמצרים: **ואסיק** משה ית ארונא דגרמיה יוסף EX 13:19
ואיזל לך לארע פולחנא **ואסיקהי** תמן לעלתא על חד מן GN 22:2
מרי פרקמטיא ונגידו **ואסיקו** ית יוסף מן גובא וזבינו ית GN 37:28
אסטגניניא בלחשיהון **ואסיקו** ית עורדענייא על ארעא EX 8:3
ביומא ההוא ואירחיקינון **ואסלק** שכינתי מנהון ויהון לביזה DT 31:17
ובנא שובעא אגורין **ואסק** תור ודכר על כל אגורא: ואמר NU 23:14
ודבר בלק ית בלעם **ואסקיה** לרמת דחלתא דפעור NU 22:41
ועבד מיניה לבינתא **ואסקיה** לשמי מרומא ואתקניה EX 24:10
מלייא בעבדי במשה: **ואסתלק** איקר שכינתא דייי מנהון NU 12:9
ארום נח נפשיה דאהרן **ואסתלק** עמודא דעננא דהוה מדבר NU 21:1
בערד דשמע דמית אהרן **ואסתלקו** ענני יקרא ומדעקת על DT 10:6
דמצרים בדיל גובא **וייסק** על ארע דמצרים וישיצי ית EX 10:12
ית צפירא למדברא דצוק **ויסוק** צפירא על טוורייא דבית LV 16:22
אימר מניכסת קודשיא **ויסיק** יתהון כהנא למדבחא על LV 4:35
דעל כולייתא יעדינה: **ויסיק** יתהון כהנא למדבחא קרבנא LV 7:5
ולא יפריש גדפוי מיניה **ויסיק** יתיה כהנא למדבחא על LV 1:17
ובתר כן יכוס ית עלתא: **ויסיק** כהנא ית עלתא וית מנחתא LV 14:20
עלה לבונתא מנחתא היא: **ויסיק** כהנא ית שבח אדכרתה מן LV 2:16
מישחא על כל לבונתא **ויסיק** כהנא ית שפר אדכרתא LV 2:2
כל תרביה יפריש מיניה **ויסיק** למדבחא: ויעביד לתורא LV 4:19
ויחזום ית רישיה **ויסיק** למדבחא ויתמציה אדמיה LV 1:15
כל לבונתא דעל מנחתא **ויסיק** למדבחא לאתקבלא ברעוא LV 6:8
ויִקרב כהנא ית כולא **ויסיק** למדבחא עלתא היא קרבן LV 1:13
ית שבח אדכרתא **ויסיק** למדבחא קרבן דמתקבל LV 2:9
דיומא ויסדר עלה עלתא **ויסיק** עלה תרבי ניכסת קודשיא: LV 6:5
דייי בתרע משכן זימנא **ויסיק** תרבא לאתקבלא ברעוא LV 17:6
וייי מידכר ידכר יתכון **ויסק** יתכון מן ארעא הדא לארעא GN 50:24
וירבי נהרא עורדעניא **ויסקון** ויעלון בביתך ובקיטון בי EX 7:28
דעל כולייתא יעדינה: **ויסקינון** כהנא למדבחא לחים LV 3:16
מן אימרא ומן עיזא **ויסקינון** כהנא על מדבחא דעלתא: LV 4:10
על כולייתא יעדינה: **ויסקיניה** כהנא למדבחא לחים LV 3:11
מן ידא דמצראי **ולאסקותהון** מן ארעא מסאבתא EX 3:8
דיסטי בתר שאלי בידין **ומסקי** זכורו ותבעי גרם ידוע LV 20:6
תסטון בתר שאלי בידין **ומסקי** זכורו ותבעי גרם ידוע ולא LV 19:31
מן רמשא ועד צפרא **ומסתלק** ענן יקרא בצפרא ונטלין NU 9:21
ונטלין או יימם ולילי **ומסתלק** עננא ונטלין: או תרין יומין NU 9:21
בהון ושנן כסותכון: ונקום **וניסק** לביתאל ואעביד תמן GN 35:3
כצורתהון דקמאי **וסוק** לקדמי לטוורא ועיבד לך DT 10:1
אינתתיה וית כל דיליה: **וסליק** אברם ממצרים הוא GN 13:1
בסייפי ארעא דאדום: **וסליק** אהרן כהנא לטוורוס אומנוס NU 33:38
קידומא נטל ית גובא: **וסליק** גובא על כל ארעא דמצרים EX 10:14
אבוך היכמא דקיים עלך: **וסליק** יוסף למיקבור ית אבוי GN 50:7
די הוה יתיב בהון לוט: **וסליק** לוט מן זוער ויתיב בטוורא GN 19:30
ואעל משה בגו עננא **וסליק** לטוורא והוה משה בטוורא EX 24:18
ואקדם משה בצפרא **וסליק** לטורא דסיני הי כמא דפקיד EX 34:4
וטקיס יוסף ארתכיה **וסליק** לקדמות ישראל אבוי לגשן GN 46:29
ארעא ארום איתניגיד **וסליק** לרקיעא במימר קדם ייי GN 5:24
על כל פיתגמיא האילין: **וסליק** משה ואהרן נדב ואביהוא EX 24:9
ייי למשה לריש טוורא **וסליק** משה: ואמר ייי למשה חות EX 19:20
משה ויהושע משומשניה **וסליק** משה לטורא דאיתגלי עלוי EX 24:13
דינא יתקרב לוותכון: **וסליק** משה לטורא וחפא ענן יקרא EX 24:15
צוורי מלכיהון תדרכון: **וסליק** משה מן מישרי מואב DT 34:1
ייי לנא ויפישיננא בארעא: **וסליק** מתמן לבירא דשבע: ואיתגלי GN 26:23
יהודה ואתנחם יהודה **וסליק** על גזזי עניה הוא וחירה GN 38:12
עלוי באישא מצלהבא **וסליק** קוטריה הי כקוטרא דאתונא EX 19:18
אימוראי דתמן: ואתפניו **וסליקו** אורח מתנן ונפק עוג מלכא NU 21:33
יומי דמן ביכורי עינבין: **וסליקו** ואלילו ית ארעא מן מדברא NU 13:21
חד לשיבטא: ואתפניו **וסליקו** לטוורא ואתו עד נחלא DT 1:24
משה היכמא דפקיד ייי **וסליקו** לטוורוס אומנוס כד חמן כל NU 20:27
לחדא: ואקדימו בצפרא **וסליקו** לריש טוורא למימר הא NU 14:40
פם בירא וטפת בירא **וסליקו** מיא לאנפוי ואשקי ית ענא GN 29:10
רביעאה דטפת בירא **וסליקו** מיא לאנפוי והות טייפא כל GN 28:10
ירגזון בכון עברי אורחא: **וסליקו** ממצרים ואתו לארעא GN 45:25
מעלך לאנטוכיא: **וסליקו** מן צטר דרומא ואתו עד NU 13:22
גיעא למיחמי ית ארעא: **וסליקו** עד נחלא דאתכלא וחמון NU 32:9
שבקו בארעא דגושן: **וסליקו** עימיה אוף ארתכין אוף GN 50:9
יוסף למיקבור ית אבוי **וסליקו** עימיה כל עבדוי דפרעה GN 50:7
חזור חזור למשריתא: **וסליקו** ענניא ואחיתו מנא עילוי EX 16:14
ייי אלקכון: והוה ברמשא **וסליקו** פיסייונין וחפו ית משריתא EX 16:13
ייי אלקנא: ואתפנינא **וסליקנא** אורח מתנן ונפק עוג DT 3:1
לעיינה ומלת לגינתא **וסליקת:** ורהט עבדא לקדמותהא GN 24:16

אבנא והיך טפת בירא **וסליקת** לאנפוי ורהט לקדמותיה GN 29:13
ית ידיה על מיא דמצרים **וסליקת** מחת עורדענייא וחפת ית EX 8:2
קשיא עליהון וזעיקו **וסליקת** קבילתהון לשמי מרומא EX 2:23
ייי בהון ית חיוון קלן **וסליקת** קבילתהון עד צית שמיא: NU 33:42
מימרא דייי וארשעתון **וסליקתון** לטוורא: ונפק אמוראה DT 1:43
ותנא למימני משמעון **וסלק** לוי במעשרא עני מיכאל GN 32:25
וחובתהון דעמך תקפא **וסלקא:** ואמר בטלנין אתון בטלנין EX 5:16
עד אתרא דקטולא תמן **וסלקין** עלוי ואחדין בי דינא יתיה DT 21:8
מרמירא כצורת קמאי **וסלקית** לטוורא ותרין לוחיא בידי: DT 10:3
בכל ארעא דמצרים: אוחו **וסקו** לות אבא ותימרון ליה כדנן GN 45:9
והוי זמין לצפרא **ותיסוק** לצפרא לטורא דסיני EX 34:2
ואמר ליה ייי איזל חות **ותיסק** אנת ואהרן עימך וכהנייא EX 19:24
גברא למיסב ית יבימתיה **ותיסק** יבימתיה לתרע בי דינא DT 25:7
בבית דינכון ותקומון **ותיסקון** לאתרא דיתרעי ייי DT 17:8
בהדין ציטרא בדרומא **ותיסקון** לטורא: ותיחמון ית ארעא NU 13:17
קדם ייי גמירה תסתדר **ותיתסק:** וכל מנחתא דכהנא גמירא LV 6:15
אל איברוי ועל רישיה: **ותסיק** ית כל דיכרא למדבחא EX 29:18
מידכר ידכר ייי יתכון **ותסקון** ית גרמיי מיכא עמכון: EX 13:19
ית מדבחא דייי אלקכון **ותסקון** עלוי עלוון קדם ייי אלקכון: DT 27:6
בשמיא היא למימר מן **יסוק** בדילנא בשמיא ויסיבנה לנא DT 30:12
ערלאה דדייר ביניכון **יסוק** עליכון מסוקיין על מסוקיין DT 28:43
כלאי עמר וכיתן לא **יסוק** עלך: וגבר ארום ישכוב עם LV 19:19
דעלתא: וית כל תרביה **יסיק** למדבחא הי כתרב ניכסת LV 4:26
וית תרבא דחטאתא **יסיק** למדבחא: ודיפטור ית צפירא LV 16:25
למיתב ביניכון די **יסיק** עלתא או ניכסת קודשיא: LV 17:8
בכון קלנא דמידעם דלא **יסליק** שכינתיה מביניכון: לא DT 23:15
ולא תרבי צימחין ולא **יסק** בה כל עיסבא תשתקע היך DT 29:22
עבדא לריבוני וטלייא **יסק** עם אחוהי: ארום היכדין איסק GN 44:33
על ריש טוורא: ואינש לא **יסק** עמך ואוף אינש לא יתחמי בכל EX 34:3
אוף לא חד ומן בתר כדין **יסקון** להון מן ארעא: ושוון עליהון EX 1:10
לא יתקרבון ועמא לא **יסקון** עימיה: ואתא משה ואישתעי EX 24:2
בספר אורייתא הדין **יסקינון** מימרא דייי עליכון עד DT 28:61
תריב חיוא דמיכשרא **יתסק** על מדבחא ומיכל לא LV 7:24
כהנייא ברם למדבחא לא **יתסקון** לאתקבלא ברעוא: וכל LV 2:12
אלקהון: ותעביד מדבחא **לאסקא** עלוי קטרת בוסמיא דקיסי EX 30:1
למדבחא לשמשא **לאסקא** קורבנא קדם ייי: ויסבון מוי EX 30:20
חילוניי דלא מן בני אהרן **לאסקא** קטורת בוסמין קדם ייי NU 17:5
לא תשהי על זמניהון מן **לאסקותהון** לאתר שכינתי בוכרי EX 22:28
טוורייא למהדור לגובא **לאסקותיה** לאבוי מאים יסב ליה GN 37:29
מיסק קריצא הוה **למיסוק** ודחיקו מלאכיא בלוט GN 19:15
יהיב לנא: ולא צביתון **למיסוק** והימנתון לפיתגמי עשרא DT 1:26
עימיה אמרו לא ניכול **למיסוק** לות עמא ארום תקיף הוא NU 13:31
ית פרת ושוי ית אנפוי **למיסוק** לטוורא דגלעד ארום חמא GN 31:21
ית מאני זייניה ושריתון **למיסוק** לטורא: ואמר ייי לי אימר DT 1:41
וכהנייא ועמא לא יכוונון **למיסוק** למסתכלא קדם ייי דילמא EX 19:24
בחשוכא קדם קריצתא **למיסוק** לריש טוורא ברם ארונא NU 14:44
במצרים ולא תזידון **למיסוק** ממצרים עד זמן דייתון GN 50:25
להון למתנא חזרת **למיסוק** עימהון לטוורייא רמייא NU 21:19
קל שופרא הינון מרשן **למיסק** בטוורא: ונחת משה ביומא EX 19:13
קדם ייי לא יכלון עמא **למיסק** לטוורא דסיני ארום אנת EX 19:23
לה זקיפא ומתמן עתידין **למיסק** עמא בית ישראל: ואמר GN 15:12
לכון תחומא מן דרומא **למסוקיתא** דעקרבית ויעיבר לציני NU 34:4
דמיא מסוקתא דא **למסוקתא** דטוורא דסיני אמר DT 32:49
עמא דמשתכח בה יהון **למסקי** מיסין ויפלחונכון: ואין לא DT 20:11
לות משה ואמר **מיסק** ניסק ונירת יתה ארום מיכל NU 13:30
מן האל לנחלא עד **מיסק** עמיד קריצתא: וחמא ארי לא GN 32:25
בעיני חתנוי: וכאשון **מיסק** קריצא הוה למיסוק ודחיקו GN 19:15
אינש ית ארעך בזמן **מיסקך** לאתחמאה קדם ייי אלקך EX 34:24
לטורא למימר הוו זהירין **מלמיסק** בהר ולמיקרב בסייפיה כל EX 19:12
ברם ית דין לא תיכלון **ממסקי** פישרא ומסדיקי פרסתא DT 14:7
יסוק עליכון מסוקיין על **מסוקיין** ואתון תחותון לרע מיניה DT 28:43
ביניכון יסוק עליכון **מסוקיין** על מסוקיין ואתון תחותון DT 28:43
ואמר דילמא דמיא **מסוקתא** דא למסוקתא דטוורא DT 32:49
לכון: וית ארנבא ארום **מסיק** פישרא הוא ופרסתא לא LV 11:6
ברם ית גמלא ארום **מסיק** פישרא הוא ופרסתיה לא LV 11:4
הוא לכון: וית טווזא ארום **מסיק** פישרא הוא ופרסתיה לא LV 11:5
והא חמא אברם גיהינם **מסיק** תננא וגומרין דאשא ומבעיר GN 15:17
בישתא האילין: ואנא **מסלקא** אסלק שכינתי מנהון DT 31:18
מטלפא ופישרא ליתהא **מסקא** מסאבין הינון לכון כל LV 11:26
פרסתא ודאית לה קרנין **מסקא** פישרא בבעירא יתה תיכלון: LV 11:3
ולה קרנין וסדיק סידקא **מסקא** פישרא בבעירא יתה תיכלון: DT 14:6
ועד סייפי ארעא ותהוון **מסקי** ארנונא לפלחי טעוותא דלא DT 28:64
אתון ואבהתכון ותהוון **מסקי** ארנונין לפלחי טעוון דקיסין DT 28:36
ארנבא וית טפזא ארום **מסקי** פישרא הינון ופרסתהון לא DT 14:7

ית מאתן וחמשין גוברין **מסקי** קטורת בוסמיא: ומליל ייי עם NU 16:35
בכל מטלניהון: ואין לא **מסתלק** ענן יקרא ולא נטלין עד יום EX 40:37
בני אליאב ואמרו לא **ניסוק**: הזעירא היא ארום אסיקתנא NU 16:12
תסנוור ותנצח יתהון ולא **ניסוק** לתמן: ותקיף למשה לחדא NU 16:14
לי חבנא קדם ייי אנחנא **ניסק** ונגיח קרב ככל דפקדנא ייי DT 1:41
לות משה ואמר מיסק **ניסק** ונירת יתה ארום מיכל ניכול NU 13:30
דייי לא כל היאך אילהין **סוק** וחמי ית ארעא דכנען דאנא DT 32:49
הדין: ואמר ייי ליעקב קום **סוק** לביתאל ותיב תמן ועיבד תמן GN 35:1
דאמר ליה מימרא דייי **סוק** לטוור עיבראי הדין טוורא דנבו DT 32:49
ית משה: ואמר ייי למשה **סוק** לטוורא הדין וחמי ית ארעא NU 27:12
קדמי תוב בפתגמא הדין: **סוק** לריש רמתא וזקוף עינך DT 3:27
כשתיין: ואמר ייי למשה **סוק** קדמי לטוורא והוו תמן ואיתן EX 24:12
ייי אלקכון לכון ית ארעא **סוקו** ואחסינו היכמה דמליל ייי DT 1:21
יתכון מרקם געא למימר **סוקו** ואחסינו ית ארעא די יהבית DT 9:23
הוא יהי לי עבדא ואתון **סוקו** לשלם לות אבוכון: וקריב GN 44:17
דמרים סוקי בירא **סוקי** בירא הוון מזמרין לה והיא NU 21:17
להום בזכותא דמרים **סוקי** בירא סוקי בירא הוון מזמרין NU 21:17
כל קבל טוורא: ומשה **סליק** ביומא תניינא לריש טוורא EX 19:3
ייי חמי מה דאנת אמר לי **סליק** ית עמא הדין ואנת לא EX 33:12
דין דבשר ית שרה **סליק** לשמיה מרומא ותרין מנהון GN 18:16
ושכוב בטוורא דאנת **סליק** לתמן ואתכנש לעמך אוף DT 32:50
לתמר למימר הא חמויך **סליק** לתמנת למיגז עניה: ואעדת GN 38:13
ואמרין הא מלכא **סליק** מן ארעא דמגוג בסוף יומיא NU 11:26
מיא מן אוקינוס והדר **סליק** מן ארעא ואחית מיטרא GN 2:6
ושומא משער חורן דלא **סליק** עלה דכר ולא אטרחא באבצן NU 19:2
ארע מישרא וחמא והא **סליק** קוטרא דארעא היא כקוטרא GN 19:28
וכל חד עם חמשא טפלין **סליקו** בני ישראל מארעא דמצרים: EX 13:18
ומשה ואהרן וחור **סליקו** לריש רמתא: והוי כד זקיף EX 17:10
מאתן וארבעין רבוון **סליקו** עמהון ועאן ותורי וגיתי סגי EX 12:38
אמר משה נביא כד **סליקית** לטוורא דסיני חמית רבון DT 32:4
בכון למשציא יתכון: כד **סליקית** לטוורא למיסב לוחי DT 9:9
כיף נהרא: והא מן נהרא **סליקן** שבע תורתי פטימן בשר GN 41:18
סבר אפיי: והוה כדי **סליקנא** לעבדך אבא ותנינא ליה ית GN 44:24
הא קבילת בני ישראל **סליקת** לקדמיי ולחוד גלי קדמיי EX 3:9
דמן קטיליה דיוסף ברי **סליקת** נפשך ומדינא דתמר תהי GN 49:9
מיגו אישתא ולא **סליקתון** בטורא כד אמר: עמי בני DT 5:5
עימיה: ואמר שדרני ארום **סלק** עמוד קריצתא ומטא שעתא GN 32:27
בירא דחפרו יתה אבהת NU 21:17

עד ביתאל ובההוא יומא **סלקון** לשמי מרומא עניין ואמרין GN 28:12
ביבשתא בגו ימא ותמן **סלקון** עיניוון בסימן ואילני מיכלא EX 15:19
לשציותנא: לאן אנחנא **סלקין** אחנא מסמיסן ית ליבנא DT 1:28
בחובי סהדי שיקרא ענגין **סלקין** ומיטרא לא נחית ובצורתא EX 20:16
בחובי סהדי שיקרא ענגין **סלקין** ומיטרא לא נחית ובצורתא DT 5:20
טוורא למימר הא אנחנא **סלקין** לאתרא דאמר ייי ארום NU 14:40
ייי יתכון ובעידן דאתון **סלקין** תסקון ית גרמיי מיכא: ומית GN 50:25
בחילמי והא שבע שובלין **סלקן** בקנייא חד מליין וטבן: והא GN 41:22
והא שבעא תובלי **סלקן** בקנייא חד פטימן וטבן: והא GN 41:5
והא שבע תורתי חורניין **סלקן** בתריהון חשיכן ובישן GN 41:19
מתנבי ואמר הא סלוי **סלקן** מן ימא וחפיין כל משריתא NU 11:26
והא שבע תורתי חורניין **סלקן** מן נהרא בישן למיחמי וחסיין GN 41:3
על נהרא: והא מן נהרא **סלקן** שבע תורתי שפירן למחמי GN 41:2
אבא ואיתוב: ואמר פרעה **סק** וקבר ית אבוך היכמא דקיים GN 50:6
ביומא שביעאה בירחא **סק** לקדם ייי אנת ואהרן נדב EX 24:1
ארעא דכנען ואמר להון **סקו** בהדין ציטרא בדרומא NU 13:17
ויסבעון: ומעשר תליתאי **תיסק** ותיכול קדם ייי אלקך ותימר DT 26:13
ואיהי לא תצלח לכון: לא **תיסקון** ארום לית שכינתא דייי NU 14:42
ייי לי אימר להון לא **תיסקון** ולא תסדרון סידרי קרב DT 1:42
על מדבחא וית תריבהון **תסיק** קורבן דמתקבל ברעוא קדם NU 18:17
אפין מהלכא מיננא לא **תסליקיננה** מיכא בסבר אפין EX 33:15
חינא קומך לא כדון **תסלק** איקר שכינתך מעילוי עבדך GN 18:3
למשמשא קדמי לא **תסקון** במסוקיין על מדבחי אלהין EX 20:26
ובעידן דאתון סלקין **תסקון** ית גרמיי מיכא: ומית יוסף GN 50:25
קדם ייי לדריכון: לא **תסקון** עלוי קטרת בוסמין דעממין EX 30:9

סלתא (2)

אוחא תלת סאין סמידא **דסולתא** פתוכי ועבידי גריצן: GN 18:6
תור בר תוריה ומנחתיה **סולתא** פתיכא במשח זיתא ותור NU 8:8

סם (1)

ואיתיעטו למירמי **סמא** דמותא במיכליה ובמשקייה GN 40:1

סמי (12)

בהון מצראי ובטחוריא **דמסמיין** חזותא ובגרבא ובחיכוכא DT 28:27
דביה מומא לא יקרב גבר **דסמי** או דחגיר או דלקי בחוטמיה LV 21:18
כל מומא לא יהי ביה: **דסמי** או דתביר גרמא או דריסוי LV 22:22
דמטפשא מוקרא **ובסמיותא** ובשיעממות ליבא: ותהון DT 28:28
עינא דאמתיה כנעניתא **וסמינה** לבר חורין יפטיריניה חולף EX 21:26
באורחא דהוא מדמי **לסמיא** הוון עניין כולהון כחדא DT 27:18
שוחדא ארום שוחדא **מסמי** עיני חכימיא דנסבין ליה DT 16:19
לא תקבל ארום שוחדא **מסמי** ענוי נסבוהי ומטלטל EX 23:8
יהי ביה מומא חגיר או **סמי** כל מידעם ביש לא תיכסוניה DT 15:21
היכמא דממשמש **סמיא** בקיבלא דלית לעדי אורחא DT 28:29
או חרשא או פתיחא או **סמיא** הלא אנא ייי: וכדון איזל ואנא EX 4:11
מן דלא שמע וקדם **סמיא** לא תשוון תוקלא ותדחל LV 19:14

סמידא (48)

חדא בר מן עלת תדירא **וסמידא** דחינטתא למנחתא וחמר NU 29:28
חד בר מעלת תדירא **וסמידא** דחנטיא למנחתה וחמר NU 29:16
חד בר מן עלת תדירא **וסמידא** דחנטיא למנחתה וחמר NU 29:22
בר מן עלת תדירא **וסמידא** דחנטיא למנחתה וחמר NU 29:25
חדא בר מן עלת תדירא **וסמידא** דחנטיא למנחתה וחמר NU 29:34
בר מעלת תדירא **וסמידא** דחנטיא למנחתהון וחמר NU 29:19
חדא בר מן עלת תדירא **וסמידא** דחנטתא למנחתא וחמר NU 29:31
חד בר מן עלת תדירא **וסמידא** למנחתה וחמר ניסוכה: NU 29:38
קודשיא: וסלא דפטירי **סמידא** גריצן במשח זיתא וערוכין NU 6:15
מנחתא דמתאפי בתנורא **סמידא** גריצן פתירן ופתיכן במשח LV 2:4
מנהון חד חד: ומנחתהון **סמידא** דחינטיא וחמר ניסוכיהון NU 29:21
מן עשרא בתלת סווין **סמידא** דחינטיא פתיכא במשח NU 28:5
בני שנא: ומנחתהון **סמידא** דחינטיא פתיכא במשח NU 28:28
דמשיחין במשח זיתא מן **סמידא** דחינטין תעביד יתהון: EX 29:2
מנהון חד חד: ומנחתהון **סמידא** דחנטיא וחמר ניסוכיהון מה NU 29:18
מקרבין חד חד: מנחתהון **סמידא** דחנטיא וחמר ניסוכיהון מה NU 29:24
מנהון חד חד: ומנחתהון **סמידא** דחנטיא וחמר ניסוכיהון מה NU 29:30
מנהון חד חד: ומנחתהון **סמידא** דחנטיא למנחתהון וחמר NU 29:27
יהון לכון: ומנחתהון **סמידא** דחנטיא פתיכא במשח NU 28:20
שובעא שלמין: ומנחתהון **סמידא** דחנטיא פתיכא במשח NU 29:3
יהון לכון: ומנחתהון **סמידא** דחנטיא פתיכא במשח NU 29:9
חד שלמין יהון: ומנחתהון **סמידא** דחנטיא פתיכא במשח NU 29:14
לווטיא: ומנחתהון **סמידא** דחנטתא וחמר ניסוכיהון NU 29:33
שבעא יומין: מנחתהון **סמידא** דחנטתא וחמר ניסוכיהון NU 29:37
מיניה בקומציה מן **סמידא** דמנחתא ומן טובה על כל LV 6:8
לתורא חד ותרין עשרונין **סמידא** דמנחתא פתיכא במשח NU 28:12
ואמר אוחא תלת סאין **סמידא** דסולתא פתוכי ועבידי GN 18:6
יח מנחתא דתתעבד מן **סמידא** ומישחא האילין לקדם ייי LV 2:8
מלי קומציה מן קמחא **סמידא** ומן טוב מישחא על כל LV 2:2
קיימעלם לדריכון:: ותיסב **סמידא** ותיפי יתה תריסירי גריצן LV 24:5
סלקא:
למכפרא עלוי ועשרונא **סמידא** חד פתיך במשח זיתא LV 14:21
גריצן תרין עישרונין **סמידא** יהוויין חמיר יתאפיין LV 23:17
מנחתא קדם ייי קמחא **סמידא** יהי קורבניה ויריק עלה LV 2:1
חד מן עשרא בתלת סאין **סמידא** לחטאתא לא ישווי עלה LV 5:11
שלמתא ותלתא עשרונין **סמידא** למנחתא פתיכא במשח LV 14:10
שלמין ותרין עשרונין **סמידא** למנחתא פתיכא במשח NU 28:9
שלמין: ותלתא עשרונין **סמידא** למנחתא פתיכא במשח NU 28:12
חד: ועשרונא עשרונא **סמידא** למנחתא פתיכא במשח NU 28:13
האילין קריב יתהון מליין **סמידא** מן אפרשותא פתיכא NU 7:13
האילין קריב יתהון מליין **סמידא** מן אפרשותא פתיכא NU 7:19
חד מן עשרא בתלת סאין **סמידא** מנחתא פלגותא בצפרא LV 6:13
קורבניה קדם ייי מנחתא **סמידא** עשרונא פתיכא ברבעות NU 15:4
ביני שימשתא: ועשרונא **סמידא** פתיך במשח זיתא כתישא EX 29:40
ומנחתיה תרין עשרונין **סמידא** פתיכא במשח זיתא קורבנא LV 23:13
מנחתא תרין עשרונין **סמידא** פתיכא במשח זיתא תלתות NU 15:6
על מסריתא קרבנך **סמידא** פתיכא במשח פטיר תהי: LV 2:5
מנחת מרתחא קרבנך **סמידא** רתח במשח תתעבד: LV 2:7
על בר תורי מנחתא **סמידא** תלתא עשרונין פתיך NU 15:9

סמך (54)

דגבליא עד מישר פארן **דיסמיך** ליצטר מדברא: ותבו ואתו GN 14:6
מן ארחא למדברא **דסמיך** לבירא דשבע: והוו כיוון GN 21:14
ושדרית עזגדין מנהרדעא **דסמיך** למדבר קדמות לות סיחון DT 2:26
עד שוקא דנפחיא **דסמיך** עד מידבא: ויתיבו ישראל NU 21:30
יעקב תחות בוטמא **דסמיכא** לקרתא דשכם: ונטלו GN 35:4
דמישרא וקרתא טבריה **דסמיכה** לימא דמילחא תחות DT 3:17
זעיר מיא ושזיגן ריגליכון **ואסתמיכו** תחות אילנא: ואסב GN 18:4
אלפין וחמש מאה: **ודיסמכין** ליה שבטא דמנשה ורבה NU 2:20
תורא קדם משכנא זימנא **ויסמוך** אהרן ובנוי ית ידיהון על EX 29:10
ותיסב ית דיכרא תניינא **ויסמוך** אהרן ובנוי ית ידיהון על EX 29:19
ויקרב ית צפירא חייא: **ויסמוך** אהרן ית תרתין ידוי LV 16:21
יתיה לרעוא עלוי קדם ייי: **ויסמוך** בתוקפא יד ימיניה על ריש LV 1:4
ויקרב יתיה קדם ייי: **ויסמוך** בתוקפא יד ימיניה על ריש LV 3:8
צפיר בר עיזי דכר שלים: **ויסמוך** בתוקפא יד ימיניה על ריש LV 4:24
נוקבא שלים יקרביניה: **ויסמוך** יד ימיניה בתוקפא על ריש LV 3:2
נוקבא שלמתא ייתיגה: **ויסמוך** יד ימיניה על ריש חטאתא LV 4:33
משכן זימנא לקדם ייי **ויסמוך** יד ימיניה על ריש תורא LV 4:4

ויקרביניה קדם ייי: **ויסמוך** יד ימיניה על רישיה ויכוס LV 3:13
מטול חובתיה דחב: **ויסמוך** ית יד ימניה על ריש LV 4:29
היא: וית דיכרא חד תיסב **ויסמכון** אהרן ובנוי ית ידיהון על EX 29:15
ותקריב ית ליואי קדם ייי **ויסמכון** בני ישראל ית ידיהון על NU 8:10
למיברא למשריתא **ויסמכון** כל סהדייא דשמעו LV 24:14
יתיה לקדם משכן זימנא: **ויסמכון** תריסר סבי כנישתא LV 4:15
ואמתא ופלגא פותיה **וסומכה** יהי פושכה: ותעביד תרין EX 25:17
ליה מן בעלי דבבוי וסעיד **וסמיך** מסנאוי תהוי ליה: ולשיבט DT 33:7
ית תורא דחטאתא **וסמך** אהרן ובנוי ית ידיהון ימיני על LV 8:14
כהנא וקדם כל כנישתא: **וסמך** ית ידוי עלוי ופקדיה היכמא NU 27:23
משה: וקרב ית דכר עלתא **וסמכו** אהרן ובנוי ית יד ימינהון על LV 8:18
דשלים בכולא **וסמכו** אהרן ובנוי ית ידיהון על ריש LV 8:22
מן קדם ייי שריא עלוי **ותסמוך** ית ידך עלוי: ותקים יתיה NU 27:18
ית פולחנא דייי: וליואי **יסמכון** ית ידיהון על ריש תורי NU 8:12
אבנין ובני ישראל עבדו **למסמך** ידיהון ולמדחף ולמצלב LV 24:23
ופלגא פותיה ברם **סומכה** הות פושכא: ועבד תרין EX 37:6
ועבד אלקים ית רקיעא **סומכיה** תלת אצבעתא ביני סיטרי GN 1:7
לא אשכח עד השתא **סמיך** ביקיבליה: ורמא ייי אלקים GN 2:20
אעביד ליה איתא דתיהי **סמיך** בקיבליה: וברא ייי אלקים מן GN 2:18
הוה נגיד בנחליא **סמיך** לארנון: ושפכות נחליא NU 21:14
יצחק בריה ויתיב יצחק **סמיך** לבירא דאתגלי עלוי יקר חי GN 25:11
מי מצותא אבל ודמוכה **סמיך** לגיניסר כרך מלכותהון NU 34:11
ויתפרשון מן נשיהון **סמיך** לווסתהון ולא יסתקף עליהון LV 15:31
למדברא דהוא שרי תמן **סמיך** לטוורא דאיתגלי עלוי יקרא EX 18:5
סמיך למשכבכון ובצפרא **סמיך** למיקמיכון: ותכתובונון DT 11:19
למשכבכון וברמשא **סמיך** למיקמיכון: ותקטורינון DT 6:7
באורחא ובפניא **סמיך** למשכבכון ובצפרא סמיך DT 11:19
באורחכון ובפניא **סמיך** למשכבכון וברמשא סמיך DT 6:7
למסבא בנתיכון לגוברין **סמיך** לפירקיהן דלא יטעיין בזנו LV 19:29
ואמר ליה משה במיפקי **סמיך** לקרתא אפרוס ית ידיי בצלו EX 9:29
ונפק משה מלות פרעה **סמיך** לקרתא ופרס ידוי בצלו קדם EX 9:33
פיילי דכסף חדא גילדא **סמיך** מאה ותלתין סילעין בסילעי NU 7:13
פיילי דכסף חדא גילדה **סמיך** מאה ותלתין סילעין בסילעי NU 7:25
פיילי דכסף חדא גילדה **סמיך** מאה ותלתין סילעין בסלעי NU 7:19
אלפין ושבע מאה: ודישרן **סמיכין** ליה שיבטא דאשר ורבא NU 2:27
אלפין ושית מאה: ודישרו **סמיכין** ליה שיבטא דיששכר ורבא NU 2:5
רוח חכמתא ארום **סמך** משה ית ידוי עלוי וקבילו DT 34:9

סממיתא (1)

לזנוי: ומינקת חיויא וכחא **ושממיתא** וקצוצא וסלמנדרא: LV 11:30

סממן (1)

מרביא בושמין ועיקרי **סמנין** ותחומי יהוי מפיק תפנוקי GN 49:20

סמן (2)

גבר על טיקסיה באתוון **דמסתמנין** על טיקסיהון לבית NU 2:2
יכוס יתה קדמוי בתרין **סימניא** כמישאר בעירן ויבדיקנה NU 19:3

סמפירינון (2)

דבוריא וכתבינון על לוחי **סמפירינון**: ויתי פקיד ייי בעידנא DT 4:13
דקבל תרין לוחי אבן **ספירינון** ומתקלהון ארבעין סאוין DT 34:12

סמק (24)

ועכברא אוכמא **וסמוקא** וחיורא וחרדונא לזנוי: LV 11:29
חטוף ואנוסא וכדין **יסמקון** טוורוי ומעצרתיה מן חמרא GN 49:12
ושולטן דיקום קדמוי **מסמק** טווריא מן אדם קטיליהון GN 49:11
למשכנא מושכי דדיכרי **מסמקי** וחופאה דמשכי ססגונא EX 26:14
חופאה דמשכי דדיכרי **מסמקי** וית חופאה דמשכי ססגונא EX 39:34
ובוץ ומעזי: ומשכי דדיכרי **מסמקי** ומושכי דססגונא וקיסין EX 25:5
ובוץ מעזי: ומשכי דדיכרי **מסמקי** ומשכי דססגונא וקיסי EX 35:7
למשכנא משכי דדיכרי **מסמקי** ומשכי דססגונא לטללא EX 36:19
ומעזי ומושכי דדיכרי **מסמקי** ומשכי ססגונא היתיו: כל EX 35:23
כותלין משקען יורקן או **סומקן** וחיזיוהן מכיך יתיר מן LV 14:37
לישכתא תורתא **סומקתא** ברת תרתין שנין דלית בה NU 19:2
ויהי מכתשא ירוק או **סמוק** בלבושא או בצלא או בשתיא LV 13:49
או הי כמזג חמר **סמוק** בתרין חולקין דמוי אדם LV 15:19
ארום תהי דייבא אדם **סמוק** ואוכם ומוריק הי כגון זעפרנא LV 15:19
יתי כדון מן תבשילא **סמוקא** הדין ארום משלהי אנא בגין GN 25:30
מרגלייתא דבחושנא **סמוקא** וירוקא וברוקא וביה חקיק NU 2:3
מכתש חיוור **סמוקרי** מערב סגירות סגיא הוא LV 13:42
במעהא: ונפק קמאה **סמוקריי** כוליה ככלן דשער וקרו GN 25:25
דעלמא סדרא קמייתא **סמוקתא** ירוקתא וברקתא סידרא EX 39:10
דעלמא סידרא קדמיא **סמוקתא** ירקתא וברקתא סדרא EX 28:17
רושם כואה בהקי חוורא **סמקא** מערבין או חוורא בלחודא: LV 13:24
או בהקי מיטפלא חוורא **סמקא** מערבין ויתחמי לות כהנא: LV 13:19
שומת מכתשא חוורא **סמקא** מערבן בקורחתיה או LV 13:43
ידע משכבי דכורא יהון **סמקן** אפהא היך נורא ותקיימונין NU 31:18

סמר (18)

ופריזאי וחיואי ויבוסאי: **איסתמר** לך דילמא תגזור קיים EX 34:12
מתמן: ואמר ליה אברהם **איסתמר** לך דילמא תתיב ית ברי GN 24:6
ברמשא אמר לי למימר **איסתמר** לך מלמללא עם יעקב GN 31:29
חוסרניה דייחסר ליה: **איסתמרו** לכון דילמא יהי פתגם DT 15:9
לבעירך ותיכול ותיסבע: **איסתמרו** לכון דילמא יטעי יצרא DT 11:16
ארעא משבחא דיהב לכון: **איסתמרון** לכון דילמא תתנשון ית DT 8:11
ותפלי עביד דביש מבינך: **אסתמרו** דלא למקטוע בישרא DT 24:8
בכל אושטות ידכון: **אסתמרו** לכון דילמא תימעלון על DT 12:19
יתכון ותיתב בארעהון: **אסתמרו** לכון דילמא תיתוקלון DT 12:30
למנצב ותיכול ותיסבוע: **אסתמרו** לכון דילמא תתנשון DT 6:12
ית ארעא טבתא הדא: **אסתמרו** לכון דילמא תתנשון ית DT 4:23
קמיכון יומא דין: לחוד **אסתמרו** לכון וטורו נפשתיכון DT 4:9
חולק ואחסנא עימכון: **אסתמרון** לכון דילמא תסקון DT 12:13
בגבלא וידחלון מנכון **ותסתמרון** לחדא: לא תיתגרון בהון DT 2:4
עברין לתמן למירתא: **ותסתמרון** לחדא לנפשתיכון ארום DT 4:15
על בעלי דבביכון **ותסתמרון** מכל פיתגם דביש DT 23:10
בית ישראל בבעלא פעור **כמסמרא** בקיסא דלא מתפרש בלא NU 25:3
פיקודיא דאמרית לכון **תיסתמרון** ושום טעוות עממיא לא EX 23:13

סנא (1)

לעלמא דאתי ולא משהי **לסנאוי** אלא עד דהינון בחיין DT 7:10

סנדל (9)

ותשמיש ערסא **וסנדלא** ותקרבון קורבנא קדם ייי: LV 23:27
מעילוי גושמיכון **וסנדליכון** לא איטלעו מעילוי DT 29:4
מבי בני ותמרוקא **מסנדלא** ותשמיש דעריס כל NU 29:7
שמיה בישראל שליף **סנדלא**: ארום מתגריין בני נשא DT 25:10
בריגלא ימינא דיבימה **סנדלא** דליה עקיבא דחייט בשנצי DT 25:9
דחייט בשנצי ובפום **סנדלא** שנצי קטירן ויחדס ריגליה DT 25:9
ותשרי שנצי ותשלוף **סנדליה** מעילוי ריגליה ומן בתר DT 25:9
מעין דכסף וזבנו מנהון **סנדלין** ואייתיו ית יוסף למצרים: GN 37:28
וארעא: אין מן חוטא ועד **סנדלית** רצועה אין אסב מכל דילך GN 14:23

סנדלכון (1)

דדהבא מקבעא בוורדין **וסנדלכין** ובורלין מיתקנא DT 34:6

סנהדרי (15)

פרש מן אינתתך מטול **דבסנדרי** דלעיל אנת קאי לגבי DT 5:31
יהושע משומשנך רבא **דסנהדרין** דעמיה דעל ידוי עתידה EX 40:11
דחמנון שתקין קם מיגו **סנדרי** דיליה ונסיב רומחא בידיה: NU 25:7
מן בגלל למלפא רישי **סנדרי** דישראל דעתידין למקום מן NU 27:5
מן בגלל למלפא רישי **סנדרי** דעתידין למיקום דיהוון NU 15:34
וכדון עיברו ותובו מתרע **סנדרי** לתרע בי דינא במשריתא EX 32:27
מן בגלל למלפא לרישי **סנדרייתא** דעתידין למקום מן NU 9:8
משה לאהרן ולבנוי ולסבי **סנהדרי** ישראל: ואמר לאהרן סב לך LV 9:1
מן בגלל למלפא רישי **סנהדרייתא** דישראל דעתידין LV 24:12
קדם ייי אלקכון רישי **סנהדרין** דילכון ואמרכלי שיבטיכון DT 29:9
ככל מה דישוון עלוי **סנהדרין** דישראל: אין בר ישראל EX 21:30
לדריהון: וקם משה בתרע **סנהדרין** דמשריתא ואמר מאן הוא EX 32:26
ותהי זכי לכינשת דבני **סנהדרין** דסכומהון שובעין כמניינא GN 28:3
נטרי נחשין ולא אחורי **סנהדרין** עיינין: לא תפקון צדדי LV 19:26
חד כל קבל שובעין סבי **סנהדרין** רבא כל כסף מניא תרין NU 7:85

סנוור (1)

האינון דבארעא ההיא **תסנוור** ותנצח יתהון ולא ניסוק NU 16:14

סני (67)

בדינא הוא יקטליניה: ואין **ביסנא** הדף ואתכוון ודחייה או NU 35:20
ואכריזו עלה מן שמייא **דיסנינה** גברא בתראה ויכתוב לה DT 24:3
דוכרנהון: אילולפון רוגזא **דסנאה** דחיל דילמא יתרברבון DT 32:27
בחוביהון בארעתא **דסנאיהון** ואוף בחובי אבהתהון LV 26:39
תברא בליבהון בארעתא **דסנאיהון** ויהי רדיף יתהון קל LV 26:36
ליה: אין תחמי חמרא **דסנאך** דאנת שני ליה על חובתא EX 23:5
בדינא: אין תארע תורא **דסנאך** דאת סני ליה על חובתא EX 23:4
אתון מתקטלין מטול **דסני** ייי יתנא אפקנא מן ארעא DT 1:27
ארום כל דמרחק ייי **דסני** עבדין לטעוותהון ארום אוף DT 12:31
דייי גוברין דקשוט **דסנן** לקבלא ממון שיקרא ותמני EX 18:21
כל דאמליל על ידוי **ואסני** ית סנאך ואעיק למעיקייך: EX 23:22
פורענותא למעיקי עמי **ולסנאיהון** אשלים אגר עובדיהון DT 32:41
לארעא דמליל להון **ומדסני** יתהון ואפיקינון DT 9:28
וילידן ליה בנין רחימתא **וסניתא** ויהי ביר בוכרא לסניתא: DT 21:15
ויעול עלה ומבתר כדין **יסנינה**: וישוי בה ערר דמילין ויפק DT 22:13
תמללון שעיעא בפומכון **למיסני** ית אחוכון בליבכון אוכחא LV 19:17
אכלת אישתהון **לסנאה** ולבעיל דבבא דמתחשבין NU 21:28
לאלפין דרין: ומשלים **לסנאוי** אגר עובדיהון טביא בעלמא DT 7:10
בעלמא דאתי ולא משהי **לסנאוי** אלא עד דהינון בחיין DT 7:10
לקובליה ולא יהי **לסנאוי** דיוחנן כהנא רבא רגל DT 33:11
תליתאי ועל דר רביעאי **לסנאי** כד משלמין בניא למיחמי DT 5:9
דבביהון דעמך ולא יהוי **לסנאיהון** ריגל לימקום קדמך: וכד NU 10:35
וסניתא ויהי ביר בוכרא **לסניתא**: ויהי ביום אחסנותיה ית DT 21:15
בעלי דבבוי וסעיד וסמיך **מסנאוי** תהוי ליה: ולשיבט לוי בריך DT 33:7

בההיא שעתא ית **סנא** דבלבך עלוי ותפרוק ותטעון EX 23:5
ואמר מה דילמא נטר לנא **סנא** יוסף ואתבא יתיב לנא ית כל GN 50:15
ומן בתר דשמיש עימה **סנא** ליה: והא הוא שוי ערד דמילין DT 22:16
ליה והוא לא נטר ליה **סנא** מאיתמלי ומדקדמוי: ומאן DT 19:4
יומיכון דאפילו מתגיירין **סנא** נטיר בליבהון עד עלמא: לא DT 23:7
מיטלטלין ושביקין: ויימר **סנאה** האן הוא דחלתהון דישראל DT 32:37
דהוה אמר פרעה רשיעא **סנאה** ובעל דבבא ארדוף בתר עמא EX 15:9
ותיתקף עליהון מחת **סנאה** ותתנטל סעיד מידיהון ויהון DT 32:36
בסופיהון: היכדין יהי **סנאה** חד רדיף אלף מנהון ותרין DT 32:30
מה עבדת לי למילוט **סנאי** דברתך והא ברכא מברכת NU 23:11
בלק לבלעם למילט **סנאי** דברתך והא ברכא מברכת NU 24:10
דנחלי ארנונא: ייא לכון **סנאי** צדיקיא אבדתון עמא דכמיש NU 21:29
תביר חרצא דאחאב **סנאיה** ופורקת נביי שיקרא דקיימין DT 33:11
וירתון בנייכי ית קוריי **סנאיהום:** וקמת רבקה וריבתהא GN 24:60
ושיבין משירוי פורענות **סנאיהון** דעמי: שבחו אומיא עמיה DT 32:42
דגבלא מן קדם ישראל **סנאיהון** וישראל יתקפון בניכסין NU 24:18
לשיזבותכון ולמימסר **סנאיכון** בידיכון בגין כן תהי אתר DT 23:15
ובעקא די יעיקון לכון **סנאיכון** בכל קרויכון: דמחטייתא DT 28:55
ובעקא די יעיקון לכון **סנאיכון** בקרויכון: אין לא תינטרון DT 28:57
ובעקא דיעיקון לכון **סנאיכון:** גברא דמחטי בכון DT 28:53
לכון ותיכלון ית עדי **סנאיכון** די יהב ייי אלקכון לכון: DT 20:14
יתכון בגלוותכון ועל **סנאיכון** דרדפו מן בתריכון עד די DT 30:7
רוחא ויצדון הכדין עלה **סנאיכון** דשריין בה: ויתכון אדרי LV 26:32
ישוינון בכון ויגרינון בכל **סנאיכון:** ותגמר ית כל עממיא דייי DT 7:15
בעלי דבביכון וירדון בכון **סנאיכון** יתעירקון ולית דרדיף LV 26:17
ותתמסרון כד מיתין ביד **סנאיכון:** כד איתבור לכון חוטר כל LV 26:25
גיוותנותכון ויתכדבון **סנאיכון** לקובליכון מן רתיתא DT 33:29
ויתוספון לחוד הינון על **סנאינן** וישיצון יתן ולא ישיירון מינן EX 1:10
על ידוי ואסני ית **סנאך** ואעיק למעיקייך: ארום יטייל EX 23:22
כתיב יקום ייי ויתבדרון **סנאך** ויעריקון בעלי דבבך מן קדמך NU 2:3
אלקא עילאה דעבד **סנאך** כתריסא דמקבל מחתא ויהב GN 14:20
תמותון ברם כל אומנא **סני** בר אומנותיה: ארום גלי קדם ייי GN 3:4
דין דקטול ארום לא **סני** הוא ליה מאתמלי ומדקדמוי: DT 19:6
דין קטולא: וארום יהי גבר **סני** לחבריה ויכמון עליה בטומרא DT 19:11
מדעם וקטליה והוא לא **סני** ליה ולא תבע בישתיה: וידינון NU 35:23
ולא אתכוון והוא לא **סני** ליה מאיתמלי ומדיקדמוי DT 4:42
תארע תורא דסנאך דאת **סני** ליה על חובתא דאנת ידע ביה EX 23:4
לחברך דמן אנת **סני** לך לא תעביד ליה אנא ייי: ית LV 19:18
רחימתא על אנפי ביר **סניתא** דהוא בוכרא: ארום ית DT 21:16
ארום ית בוכרא ביר **סניתא** יהודע לכולא דהוא בוכרא DT 21:17
חדא רחימתא ליה וחדא **סניתא** ליה וילידן ליה בנין רחימתא DT 21:15
דאצלי עליכון ואתון **סניתון** יתי ותרכתוני מלוותכון: GN 26:27
חמרא דסנאך דאנת **שני** ליה על חובתא דאנת ידע ביה EX 23:5

סניא (7)

באיקר שכינתיה על משה **בסנייא** יתכנשן כולהון ברכתא DT 33:16
סנייא מטריב באישתא **וסניא** ליהוי יקיד ומתאכיל בנורא: EX 3:2
למיחמי וקרא ליה ייי מגו **סניא** ואמר משה משה ואמר האנא: EX 3:4
ליה בלהבי אישתא מגו **סניא** וחמא והא סנייא מטריב EX 3:2
הוא דאיתגליתי עלך בגו **סנייא** ואמרית לך אנא ייי: EX 6:2
רבא הדין מדין לא טריב **סנייא:** וגלי קדם ייי ארום איתפני EX 3:3
מגו סניא וחמא והא **סנייא** מטריב באישתא וסניא ליהוי EX 3:2

סנן (1)

קודשא דחמיתון דהבא **סנינא** וכפר לכון על חובת עיגל DT 1:1

ססגונא (12)

זימנא חופאיה וחופאה **דססגונא** דעלוי מלעילא וית פרסא NU 4:25
דדיכרי מסמקי ומשכי **דססגונא** וקיסי דשיטא: ומשחא EX 35:7
דדיכרי מסמקי ומושכי **דססגונא** וקיסין דשיטין: ומשח EX 25:5
דדיכרי מסמקי ומשכי **דססגונא** לטללא מלעילא: ועבד ית EX 36:19
דדיכרי מסמקי ומשכי **ססגונא** היתיו: כל דארים ארמות EX 35:23
ויתנון עלוי חופאה דמשך **ססגונא** ויפרשון לבוש שזיר תיכלא NU 4:6
עלוי חופאה דמשך **ססגונא** וישוון אריחוי: ויפסוק אהרן NU 4:14
יתיה בחופאה דמשך **ססגונא** וישוון ית אריחוי: ויסבון NU 4:8
וית חופאה דמשכי **ססגונא** וית פרגודא דפרסא: וית EX 39:34
כל מנהא לחופאה דמשך **ססגונא** ויתנון על אסלא: ועל NU 4:10
יתיה בחופאה דמשך **ססגונא:** ויתנון על קופא: וידרדון ית NU 4:11
מסמקי וחופאה דמשכי **ססגונא** מלעילא: ותעביד ית לוחיא EX 26:14

סעד (48)

לתמן: והוה מימר דייי **בסעדא** דיוסף והוה גבר מצלח והוה GN 39:2
מימרא דייי אלקהון **בסעדהון** ויבבות מלכא משיחא NU 23:21
ודדחיל ליה יצחק הוה **בסעדי** ארום כדון ריקם שלחתני ית GN 31:42
דעקתי והוה מימריה **בסעדי** באורחא דאזלית: ומסרו ביד GN 35:3
דאיבא הוה מימרא **בסעדי:** ואתון ידעתון ארום בכל GN 31:5
אין יהי מימרא דייי **בסעדי** ויטרינני משפיכות אדם GN 28:20
לי ארום מימרא דייי **בסעדי** וכדי ידעת ארום בר רבקה GN 29:12
אמר אלקא דאבא הוה **בסעדי** ושיזבני מחרבא דפרעה: EX 18:4
טליא: והוה מימרא דייי **בסעדיה** דטליא ורבא ויתיב GN 21:20
בגין דמימר דייי הוה **בסעדיה** ודהוא עביד ייי מצלח: והוה GN 39:23
ארום מימר דייי הוה **בסעדיה** וכל דהוא עביד ייי מצלח GN 39:3
למימר מימרא דייי **בסעדך** בכל מה דאנת עביד: וכדון GN 21:22
ארום הוה מימרא דייי **בסעדך** דבזכותך הוות לן כל טבתא GN 26:28
ויהי מימרא דייי **בסעדך** הוי אנת לעמא תבע אולפן EX 18:19
בארעא הדא ויהי מימרי **בסעדך** ואבריכינך ארום לך ולבנך GN 26:3
זכוות בנך: והא מימרי **בסעדך** ואיטרינך בכל אתר דתהך GN 28:15
ואמר ארום יהי מימרי **בסעדך** ודין לך סימנא דאנא EX 3:12
דקיימית להון ומימרי יהי **בסעדך:** והוה כדי פסק משה DT 31:23
ולילדותך ויהי מימרי **בסעדך:** ושדר יעקב ית נפתלי דהוא GN 31:3
קדמך ומימריה יהי **בסעדך** לא ישבקינך ולא ירחקינך DT 31:8
אבוך לא תידחל ארום **בסעדך** מימרי ואיבריכינך ואסגי ית GN 26:24
ייי אלקכון דמימריה **בסעדכון** דאפקכון פריקין מארעא DT 20:1
כן לא יהי מימרא דייי **בסעדכון:** ואזדרזו בחשוכא קדם NU 14:43
ליממת ויהי מימרא דייי **בסעדכון** ויתיב יתכון לארעא GN 48:21
ורכוביה בשמיא הוא יהוי **בסעדכון** ויתיב על כורסיה יקרא DT 33:26
להון יהי כדין מימרא דייי **בסעדכון** כמא דאפטור יתכון וית EX 10:10
שנין מימרא דייי אלקכון **בסעדכון** לא חסרתון מידעם: DT 2:7
מעליהון ומימרא דייי **בסעדנא** לא תידחלון מנהון: ואמרו NU 14:9
ניסוכיהון יקומון כדון **ויסעדונכון** יהי עליכון מגין DT 32:38
מה דלא פקיד ייי **ומסעדין** להון גובריא מבני ישראל NU 16:2
דאפרים ובאיש קדמוי **וסעדא** לידא דאבוי לאעדאה יתה GN 48:17
עם לבן למסעוד לחמא **וסעדו** לחמא ובתו בטוורא: ואקדים GN 31:54
ליה מן בעלי דבבוי **וסעיד** וסמיך מסנאוי תהוי ליה: DT 33:7
ואסב סעיד דלחים **וסעידו** ליבכון ואודו לשום מימרא GN 18:5
שמעו מיניה ארום תמן **יסעדון** לחמא: ועל יוסף לביתא GN 43:25
ועברתון על עבדכון בדיל **למסעוד** ואמרו יאות מלילתא עביד GN 18:5
ארום לא הוה עמהון **למסעוד** כד זבנוהי דהוה יתיב GN 37:29
לקריבויי דאתו עם לבן **למסעוד** לחמא וסעדו לחמא ובתו GN 31:54
ויתיב עלה ואהרן וחור **מסעדין** לידוי מיכא חד ומיכא חד EX 17:12
מחתיין קרח וכל כנישת **סעדוי:** והבו בהון אישתא ושוו NU 16:6
כהונתא כקרח וככנישת **סעדוי** וסופיה להובדא ולא NU 17:5
עם קרח ועם כנישת **סעדוי** למימר צפרא ויהודע ייי ית NU 16:5
כד איתבור לכון חוטר כל **סעדי** מזונא ויאפיין עשר נשין LV 26:26
בגין כן אנת וכל כנישת **סעדך** דאזדמנתון על מימרא דייי NU 16:11
לקרח אנת וכל כנישת **סעדך** הוו זמינין לבי דינא קדם ייי NU 16:16
מימרא דייי והוא תריס **סעודכון** ודי חרביה תקוף DT 33:29
תחות אילנא: ואסב **סעיד** דלחים וסעידו ליבכון ואודו GN 18:5
מחת סנאה ותתנטל **סעיד** מידיהון ויהון פסקין מהימניא DT 32:36

סער (9)

קדמך וביום אסערותי **אסער** עליהון חוביהון: וחבל מימרא EX 32:34
יטייל קדמך וביום **אסערותי** אסער עליהון חוביהון: EX 32:34
ולא תשוון כליל **דיסער** על בית אפיכון על נפש DT 14:1
ואיסתאבת ארעא **ואסערית** חובאה עלה ופלטת LV 18:25
ליום תמיניי לאשלמותא **לאסערא** עליהון וחמון ית איקר EX 24:11
לא מזכי ביום דינא רבא **מסער** חובי אבהן על בנין מרודין EX 34:7
ולדלא תייבין לא מזכי **מסער** חובי אבהן רשיעין על בנין NU 14:18
אתר דמיזדרע ביה כור **סעורין** בחמשין סילעין דכסף: אין LV 27:16
מטול דאיהי קלעת **סער** רישה ויתן על ידהא ית מנחת NU 5:18

סערתא (3)

לקון ארום סרתא הוות **בסירא** וכיתנא עבד פוקלין: EX 9:31
מן קדם ייי אלקים: וכתנא **וסרתא** לקון או׳ום סרתא הוות EX 9:31
וכתנא וסרתא לקון ארום **סרתא** הוות בסירא וכיתנא עבד EX 9:31

ספא (6)

בתולתא קבל תקי **בסיפי** בתיכון ובתריעיכון: מן בגלל DT 11:20
ייי ושיציאת מן רשיעיא **דבסיפי** משריתא דבית דן דהוה NU 11:1
בתולתא לקבל תקי על **סיפי** ביתך ובתרעך מימינא במיעלך: DT 6:9
דעל אסקופא ועל תרתין **סיפייא** ויגין מימרא דייי על תרעא EX 12:23
מן אדמא ויתנון על תרין **סיפייא** ועילוי אסקופא עילאה EX 12:7
עילאה מלבר ולתרין **סיפייא** מן אדמא דבמן פחרא EX 12:22

ספד (5)

אלא על דאתרשלנא **במספדא** דאהרן חסידא וקבעו תמן DT 10:6
די בעוברא דיירדנא **וספדו** תמן מספד רב ותקיף לחדא GN 50:10
ואשכחה דמיתת ויתיב **למיספד** לשרה ולמבכייה: וקם GN 23:2
דיירדנא וספדו תמן **מספד** רב ותקיף לחדא ועבד לאבוי GN 50:10
חסידא וקבעו תמן **מספדא** כל בני ישראל כאילו תמן DT 10:6

ספוגא (1)

פתירן ופתיכן במשח **וספוגין** פטירין דמשיחין במשח: LV 2:4

ספוקלטור (6)

והוא רבא דפרעה רב **ספוקלטוריא** גבר מצראי GN 39:1
טלייא עבראי עבדא לרב **ספוקלטוריא** ואישתעינא ליה GN 41:12
לפוטיפר רבא דפרעה רב **ספוקלטוריא:** והוה בעידנא ההיא GN 37:36

דיוסף אסיר תמן: ומני רב **ספוקלטוריא** ית יוסף עימהון GN 40:4
ויהב יתיה דמטרא בי רב **ספוקלטוריא** יתיה וית רב נחתומיא: GN 41:10
יתהום במטרא בי רב **ספוקלטוריא** לבית אסירי אתרא GN 40:3

ספי (11)

בקרנוי מידמי לעיגלא **איסתפי** למיקרב לגביה בכין אמר LV 9:7
יעקב ואמר ללבן ארום **אסתפיתי** ואמרית דילמא תנוס ית GN 31:31
ושמע קל כרוזא **ואיסתפי** ואיתי בלא צבו מטול כן LV 8:15
ארום אמר הא הוא טליא **ומסתפינא** דילמא יארעיניה מותא: GN 42:4
אחי רבא מן יד עשו ארום **מסתפי** אנא מיניה דהוא עסק GN 32:12
מיגו עלמא הוה **מסתפי** דילמא אית בבנוי פסולא DT 6:4
ואמר ייי למשה למא אנת **מסתפי** חמי דכבר שוית יתך דחילא EX 7:1
עשו אמר מכדון לית אנא **מסתפי** מן עשו וליגיונוי ואמר ללבן GN 30:25
הדין דתינדעון דליתיכון **מסתפיין** ממצראי דחמיין יתיה EX 12:6
וקריב למדבחא ולא **תיסתפי** ועיבד ית חטאתך וית LV 9:7
ואמר לה מה ליך הגר לא **תיסתפין** ארום שמיע קדם ייי ית GN 21:17

ספינה (2)

ומכבש הפרכי ימא **בספינתא** ותחומי ימטי עד צידון: GN 49:13
ומדינתיה ניסוי ומחוזוי **ספינתיה** ואלגוותיה דין יהוי לכון NU 34:6

ספל (1)

תלתות הינא תקריב **בסיפלי** לניסוכא מטול לאתקבלא NU 15:7

ספן (2)

במנא דנחשא תיתבשל **ויסתפן** בגרגישתא וישתטיף במוי: LV 6:21
קדם ייי למימר מן **יספיננא** בישרא ארום טב לנא NU 11:18

ספק (17)

אוף לגמלך אמלי עד **דיספקון** למשתי: ואוחיאת ורוקינת GN 24:19
מן גוזלין בני יוון מן מה **דמספקא** ידיה: ית מה דמספקא LV 14:30
מה דמספקא ידיה: ית מה **דמספקא** ידיה למייתייא ייתי ית LV 14:31
ותעבד ית עללתא **דתיספוק** לתלת שנין: ותיזרעון ית LV 25:21
או תרין גוזלין בני יוון מה **דתספוק** ידיה ויהי חד חטאתא וחד LV 14:22
דבנבט יתכנסון להון **ויספקון** להון אין ית כל נוני ימא NU 11:22
ימא רבא יתכנשון להון **ויספקון** להון: ואמר ייי למשה NU 11:22
אשר יהי מרעי לאחוי **ומספק** להון מזוני בשני שמיטתא DT 33:24
ולא יכילו למישהי **וספיקא** להון למיכל עד חמיסר EX 12:39
מיסכן הוא ולית ידיה **מספקא** ויסב אימר חד אשמא LV 14:21
הי כנהשא דמזייע ולא **מספקין** לכון טלין ומיטרין וארע DT 28:23
זיתין סגיעין עבדין משח **מספקין** למטבול ביה ריגלוי: ברירין DT 33:24
יתכון בכל עובדי ידיכון **סופיק** צורכיכון במיהכך במדברא DT 2:7
מה דעבדת: אית **ספיקא** בידי למעבד עימכון בישא GN 31:29
אורחיה אין לה: והוה כדי **ספיקו** גמליא למימלי ונסיב גברא GN 24:22
מכתש צורעתא אין לא **ספיקת** בין ידויי למייתייא מן LV 14:32
ורבי ית מדבחא מן כל **ספק** אנוס וחטופין מטול דחשיב LV 8:15

ספר (48)

אבוי: וחפסו עבדי יצחק **ביספר** נחלא ואשכחו תמן ביר מוי GN 26:19
ית כל לווטייא דכתיבין **בסיפרא** הדין: וטלטילינון ייי מעילוי DT 29:26
לווטיה קיימא דכתיבין **בסיפרא** הדין: ויימרון דרייא בתראי DT 29:20
פיתגמי לווטתא דכתיבין **בסיפרא** הדין וימחי ייי ית שום DT 29:19
דאורייתא הדא דיכתיבין **בסיפרא** הדין למידחל ית שמא DT 28:58
טעוותהון: על כן יתאמר **בספר** אורייתא דתמן כתיבין NU 21:14
וקיימויי דכתיבין **בספר** אורייתא הדין ארום תתובון DT 30:10
וכל מחא דלא כתיבין **בספר** אורייתא הדין יסקינון מימרא DT 28:61
ארבעה לילוון כתיבין **בספר** דוכרנייא קדם ריבון עלמא EX 12:42
ולא איתייחסו זרעיתיה **בספר** יחוס אדם ובתר כן אוליד ית GN 5:3
ית ישראל לא אשכחית **בספר** מלאכייא כתיב ית שמא דייי EX 5:2
למשה כתב דא דוכרנא **בספר** סבייא דמלקדמין ושוי EX 17:14
בשנהון דכל דר ודר קרון **בספרי** אורייתא ויתנון לכון DT 32:7
אורייתא ויתנון לכון **ובסיפרי** נבייא ויימרון לכון: DT 32:7
בשפילתא ובדרומא **ובספר** ימא אשקלון וקיסרין ארע DT 1:7
ויצבע דמידכי ית לבושוי **ויספר** ית כל שערי ויסחי במיא LV 14:8
עמיק יתיר מן משכא: **ויספר** ית שערא דחזרנות ניתקא LV 13:33
סידרא תיניינא איזמורד **וספירינון** וכדכודין ועליהון חקיק EX 28:18
סידרא תיניינא איזמורד **וספירינון** וכדכודין ועליהון חקיק EX 39:11
ודלוגיה מן בית אסירי **וספר** ושני כסותיה ועל לות פרעה: GN 41:14
ושליטין מדבית יהודה **וספרין** מאלפי אורייתא מזרעיה עד GN 49:10
ותעליניה לגו ביתך **ותספר** ית מזייא דרישא ותיצמי ית DT 21:12
תיקוני גבר על איתא ולא **יספר** גבר שיחייה ועריתיה ובי DT 22:5
ברם אתר ניתקא לא **יספר** ויסגר כהנא ית ניתקא שובעא LV 13:33
גביני עינוי וית כל שעריה **יספר** ויצבע ית לבושוי ויסחי ית LV 14:9
ויהי ביומא שביעאה **יספר** ית כל שעריה ית רישיה וית LV 14:9
ואומנא דיקניהון לא **יספרון** ובבישרהון לא יחבלון חבול: LV 21:5
מאן דחב קדמי אמחיניה **מסיפרי:** וכדון איזל דבר ית עמא EX 32:33
מן גינוניתא דחמוי והוא **מספיר** כורסי יקרא מתקליה EX 4:20
אמנא חדא אבטל **מספר** ייחוס אנוש דוכרנהון: DT 32:26
דייי למימר: סבו ית **סיפרא** דאורייתא הדא ותשוון יתיה DT 31:26
דרק על מדבחא: ונסיב **סיפרא** דקיימא דאורייתא וקרא EX 24:7
פרשגן אורייתא הדא על **סיפרא** מן קדם כהניא דמן שיבט DT 17:18
לחוד כל קבל חמשא **סיפרי** אורייתא וית שית יריען EX 26:9
לחוד כל קבל חמשא **סיפרי** אורייתא וית שית יריען EX 36:16
כורסייה הי כעובד אבן **ספירינון** מידכר שיעבודא דשעבידו EX 24:10
לוחי סהדותא לוחי דאבן **ספירינון** מכורסי יקרא מתקלהון EX 31:18
בשום מימרא דייי: דין **ספר** ייחוס תולדת אדם ביומא GN 5:1
קורבנין דקשוט ארום על **ספר** ימא רבא שרן ויתפרנקון מן DT 33:19
ואין לא מחיני כדון מן **ספר** צדיקיא דכתבתא שמי בגויה: EX 32:32
גברא בתראה ויכתוב לה **ספר** תירוכין ויתן ברשותה ויישיל DT 24:3
עבירת פיתגם ויכתוב לה **ספר** תירוכין קדם בי דינא ויתן DT 24:1
יהון בריכן כמשה נביא **ספרהום** דישראל: והוה כדי שצי GN 27:29
ומן דירון דעאן: זבולון על **ספרי** ימא ישרי והוא יהי שליט GN 49:13
ורישי יהי מרבי פרוע ועל **ספריא** יהוי מהלך ועל שיפמיה יהי LV 13:45
טבין ומרגליין דביה משה **ספריהון** דישראל גניז והיכמא דהוה DT 33:21
יהון בריכין כמשה נביא **ספריהון** דישראל ומלטטיכון יהון NU 24:9
רישי עמא משה ואהרן **ספריהון** דישראל משחו יתיה NU 21:18

סק (5)

על ביתיה למימר מלי ית **דיסקיי** גובריא עיבורא היכמא GN 44:1
והוה כד אינון מריקין **דיסקיינון** והא גבר קטר כספיה GN 42:35
כספיהון דגבר לגו **דישקיה** ולמיתן להון זוודיין GN 42:25
או לבוש או צלא או **שק** כל מאן דתיתעבד בהון LV 11:32
משמעון חבריה ית **שקיה** למיתן אספסתא לחמריה GN 42:27

סקול (1)

קדם ייי וארע יתי **סקול** כאילין בתרין בניי הלא LV 10:19

סקי (1)

באורייתא והוי ליה אחוי **מסקי** דורונין: מדבית דן עתיד GN 49:15

סקף (10)

יומא דין: מן קדם ייי **איסתקף** דפרעה רגיז על עבדוי GN 41:10
יתיה ארום מן קדם ייי **איסתקף** מן בגלל דימטא זימניה GN 41:8
לגיורא תפנוקין **איסתקף** עלה דייתי ית קורבנה NU 5:15
אפרשותא ומעשרא **איסתקף** עלוי דייתי ית אינתתיה NU 5:15
הלכא אלהין מן קדם ייי **איסתקף** פיתגמא ושוייני לרב GN 45:8
סמיך לווסתהון ולא **יסתקף** עליהון דימותון מטול LV 15:31
לאיגרך לא תגרמון **לאסתקפא** חובת אדם דקטול DT 22:8
לא אסתאב ומברא **לסקוף** משכניה לא הוה ופסק NU 9:13
ליליא והוא בר מן **סקוף** משכניה לכון גרמיכון או NU 9:10
ייי עם משה למימר: לא **תסתפקון** לשיצאה ית שיבטא NU 4:18

סקר (2)

ליבכון ארום היכמא **דמסקר** גבר ית בריה ייי אלקך DT 8:5
גבר ית בריה ייי אלקך **מסקר** יתכון: ותנטורון ית פיקודיא DT 8:5

סרב (26)

אהרן אחוך: מטול **דסרבתון** על מימרי במדברא דצין NU 27:14
לבני ישראל מטול **דסריבתון** על מימרי במי מצותא: NU 20:24
ית ברי ויפלח קדמוי **ומסרב** אנת למיפטריה הא אנא EX 4:23
שוי יד ימינך על רישיה: **וסרב** אבוי ואמר ידענא ברי דהוא GN 48:19
בחיל רב ובידא תקיפתא: **וסרב** אדומאה למשבוק ית ישראל NU 20:21
ביוסף ואמרת שכוב עימי: **וסרב** למקרבא לגבה ואמרת GN 39:8
לכון ולא קבלתון **וסרבתון** על מימרא דייי וארשעתון DT 1:43
בנוי ואזלו למנחמא ליה **וסריב** לקבלא תנחומין ואמר ארום GN 37:35
ובנתיכון ואייתו לוותי: **וסריבו** נשיא למיתן תכשיטיהון EX 32:3
לפיתגמי עשרא רשיעין **וסריבתון** על מימרא דייי אלקכון: DT 1:26
ית ארעא די יהבית לכון **וסריבתון** על מימרא דייי אלקכון DT 9:23
חמיין ויתן מוהי ואין **יסרב** לאפוקי מחי אנת לחודך ביה NU 20:8
עמי ויפלחון קדמי: ואין **מסרב** אנת למפטור הא אנא מחי EX 7:27
ויפלחון קדמיי: ארום אין **מסרב** אנת למפטור ית עמי הא אנא EX 10:4
אלקא דישראל עד אימת **מסרב** אנת מן למתכנעא מן קדמיי EX 10:3
ואתו לות בלק ואמר **מסרב** בלעם למיתי עימנא: ואוסף NU 22:14
בית קודשא קדמיהון **מסרב** יבמי למיקמא לאחוי שמא DT 25:7
יצרא דלבה דפרעה **מסרב** למפטור ית עמא: איזל לות EX 7:14
מן בגלל דיחמון דרייא **מסרבייא** ית לחמא דאוכלית יתכון EX 16:32
מיתיכון עד אתרא הדין **מסרבין** הוויתון קדם ייי: ובחורב DT 9:7
ולא קבילתון למימריה: **מסרבין** הויתון קדם ייי מן יומא DT 9:24
ייי למשה עד אימת אתון **מסרבין** למנטור פיקודיי ואורייתי: EX 16:28
ויפלחון קדמי: ארום אין **מסריב** אנת למפטור ועד כדון אנת EX 9:2
להון משה שמעו כדון **סורבניא** המן כיפא הדין איפשר לן NU 20:10
למטרא לאת לבניא **סרבנייא** ויסופן תורעמותהון מן NU 17:25
וקביל למימריה לא **תסריב** על מילוי ארום לא אשבוק EX 23:21

סרבל (1)

טעמיה כטעם ביזא די **מסרבלא** בשומנא: וכד נחית טלא NU 11:8

סרגל (1)

על אנפי מדברא דקיק **מסרגל** דקיק כגלידא דעל ארעא: EX 16:14

סרדותא (1)

גברא דהוה לעי במטרדא **ובסרדיתא** ומן דעתר וקנה נכסין GN 36:39

סרהב (10)

רוגזא דייי בכון וישצנכון **בסרהוביא:** ארום אין כדין תעבדון DT 7:4
ותתריכינון ותובדינון **בסרהוביא** היכמא דמליל ייי DT 9:3
דתישתצון ועד דתובדון **בסרהוביא** מן קדם בישות עובדיכון DT 28:20
אלקכון בכון וישיצינון **בסרהוביא** מעילוי אפי ארעא: עמי DT 6:15
ארעא ארום מיבד תיבדון **בסרהוביא** מעילוי ארעא דאתון DT 4:26
לא תיתן עללתא ותיבדון **בסרהוביא** מעילוי ארעא משבחא DT 11:17
בחיים ביניכון יומא דין **מסרהבין** הויתון קדם ייי ואוף כל DT 31:27
ארום יהי לגבר ביר **סורהבן** ומרוד דליתוי מקבל למימר DT 21:18
לנא ברנא דין דהוא **סורהבן** ומרוד ליתוי ציית למימרנא DT 21:20
ארום גלי קדמיי ית **סורהבנותכון** וית קדלכון קשיא הא DT 31:27

סרח (19)

ולחוד יתפרע מינכון **דאסרחתון** ית ריחנא קדם פרעה EX 5:21
לב עמא הדין לרישעיהון **ולסורחנותהון:** דילמא יימרון דיירי DT 9:27
דר רביעאי: שבוק כדון **לסורחנות** עמא הדין כסגיאות NU 14:19
ארום לא חמי ית כל **סורחן** בידיה בגין דמימר דייי הוה GN 39:23
סהדן דחד בגבר לכל **סורחן** נפש ולכל חוב ממון ולכל DT 19:15
יהב לכון למישרי על **סורחנות** כנישתא לכפרא עליכון LV 10:17
בחיין קדם ייי לכפרא על **סורחנות** עמא בית ישראל לשדרא LV 16:10
ייי לי למימר גלי קדמי **סורחנות** עמא הדין והא עם קשי DT 9:13
כנישתא איתעבידת **סורחנותא** בשלו ויעבדון כל NU 15:24
קרבנא קדם ייי וקרבן **סורחנותהון** קריבו קדם ייי על NU 15:25
מן גייורייא ולא תאיב מן **סורחנותיה** קדם ייי הוא מרגיז NU 15:30
ואתון קדם ייי תודון **סורחנותכון** ותידכון: שבת שבתא LV 16:30
ללבן מה חובתי ומה **סורחני** ארום למיתי בתריי: ארום GN 31:36
קדם פרעה למימר ית **סורחניי** אנא מדכר יומא דין: מן GN 41:9
שרי לחובין ומכפר על **סורחנין** מזכי לדתייבין לאורייתא NU 14:18
אהרן בעידנא ההיא: וית **סורחנתכון** דעבדתון ית עיגלא DT 9:21
האילין ואתחוא למימר **סרחו** רב מזוגייא דמלכא דמצרים GN 40:1
חובא דאיטפשנא ודי **סרחנא:** בבעו מינך לא תהוי מרים NU 12:11
על תרין ידיי: וחמית והא **סרחתון** קדם ייי אלקכון עבדתון DT 9:16

סרטיא (1)

ואתו אחי יוסף ובלשו **בסרטייתא** ובפלטייתא ובבתי GN 42:6

סרי (9)

ונוני דיבנהרא ימותון **ויסרי** נהרא וישתלהון מצראי EX 7:18
עד צפרא וארחש מורנין **וסרי** ורגז עליהון משה: והוון לקטין EX 16:20
ונוני די בנהרא מיתו **וסרי** נהרא ולא יכילו מצראי EX 7:21
יתהון כירוויין כירוויין **וסריית** ארעא: וחמא פרעה ארום EX 8:10
יהי מסאב תנורין ותפיין **יסתרון** מסאבין הינון ומסאבין יהון LV 11:35
היכמא דפקיד משה ולא **סרי** וריחשא לא הות ביה: ואמר EX 16:24
עד ירח יומין עד דתיפוק **סריותא** מנחיריכון ותהוי לכון NU 11:20
לקידוש ולא פסקין ולא **סריין** כל יומיא: ונסבין משה ואהרן EX 40:30
ועקרבין כקשתין **סריין** רמיין לקובליכון אורח טוורא DT 1:19

סרי (1)

הוון קרן לחרמון טוורא **דמסרי** פירוי ואימוראי קרן ליה DT 3:9

סרכא (14)

דהינון הוו סבי עמא **וסרכוי** במצרים ותידבר יתהון NU 11:16
ונפקו שולטני עמא **וסרכוי** ואמר לעמא כדנא אמר EX 5:10
ית כל חכימי שיבטיכון **וסרכיכון** ואימליל במשמעהון ית DT 31:28
שיבטיכון סביכון **וסרכיכון** כל אינשי ישראל: טפליכון DT 29:9
דיהב לכון: דיינין קשיטין **וסרכין** אלימין תמנון לכון בכל DT 16:18
עישורייתא שית ריבוון **וסרכין** לשבטיכון: ופקידית ית DT 1:15
ית שולטנייא דעמא וית **סרכוי** למימר: לא תוספון למיתן EX 5:6
יהיב לכון תיבנא: ולקו **סרכי** בני ישראל דמנו עליהון EX 5:14
אוף יומא דין: ואתו **סרכי** בני ישראל וצווחו קדם פרעה EX 5:15
ליבנייא תתנון: וחמון **סרכי** בני ישראל יתהון בביש EX 5:19
בלבביה דילמא נסיבו **סרכיא** דבני ישראל אפרשותא מן LV 8:15
וגבר חורן יסבינה: ויוספון **סרכיא** למללא עם עמא ויימרון DT 20:8
למפרוק יתכון: וימללון **סרכיא** עם עמא למימר מן גברא DT 20:5
דמן שיבט דן: וית אלף **סרכין** מדבית נפתלי דמתחברין עם DT 34:2

סרכן (3)

ולות משה אמר מיכאל **סרכן** חכמתא ביומא שביעאה EX 24:1
ורכיך בשנייא ומני יתיה **סרכן** על כל ארעא דמצרים: ואמר GN 41:43
ליוסף חמי דמנית יתך **סרכן** על כל ארעא דמצרים: ואעדי GN 41:41

סרס (4)

כנפא דגלי אבוי: לא ידכי **דמסרס** ודפסיק גידא למיסב איתא DT 23:2
עלוי ויבישו שעבזוי **ואיסתרס** והוא רבא דפרעה רב GN 39:1
ודכתישן פחדוי ודשחית **ודמסרס** גידוי לא תקרבון לשמא LV 22:24
לשמא דייי ובארעכון לא **תסרסון:** ומן יד בר עממין לא LV 22:24

סרק (3)

וטלקו יתיה לגובא וגובא **סריק** לית ביה מוי ברם חיוין GN 37:24
כבשת כל אולני **סרקא** כן כבשת יוסף ברי בחכמתך GN 49:22
כל ארעא וית כל אילני **סרקא** לצרוך בניינא ולאסקותא GN 1:29

סתו (3)

תלגא לא בקייטא ולא **בסתווא:** כל קרוי מישרא וכל גלעד DT 3:9
דינא במשחתא דקייטא **וסיתוא** במתקלא ובמכילתא LV 19:35
בתקופת תמוז וקיטא **וסיתוא** ויממי ולילי לא יתבטלון: GN 8:22

סתם (7)

יתהון ולא פרש נס תניין **דאסתתם** פומהון ולא צווחין דאילו NU 25:8
משוויין תמן בניהון **וסתמין** יתהון ובתר הכי חרכי GN 7:11
דיקיר מן אבוי דרזיא **סתימיא** מה דאתכסי מן נביא הוה NU 24:15
ונפיל על אפוי ורזיא **סתימיא** מה דאתכסי מן נביא הוה NU 24:16
דיקיר מן אבוי דרזיא **סתימיא** מה דאתכסי מן נבייא הוה NU 24:3
משתטח על אנפוי ורזיא **סתימיא** מה דאתכסי מן נבייא הוה NU 24:4
ואיחוי לכון רזייא **סתימיא** קיציא גניזיא ומתן אגרהון GN 49:1

סתר (3)

דבריה מפרנסא יתיה **בסיתרא** בזמן עישרתי שנין ולסוף EX 2:21
כל אילן דריויה שפיר: **ותסתרון** ית אגוריהון ותיתברון ית DT 12:3
תעבדון לכון אגוריהון **תסתרון** וקמתיהון תתברון ואילני DT 7:5

עב (1)

הא אנא מתגלי עלך **בעיבא** דענן יקרא מן בגלל EX 19:9

עבד (1431)

דין לאיתותבא בינן והא **איתעביד** דיינא ודאין לכולנא וכדון GN 19:9
בבוכריא דעד כדון לא **איתעביד** משכן זימנא ועד כדון לא EX 24:5
במדברא: ארבע כיתין **איתעבידו** בני ישראל על גיף ימא EX 14:13
דמצרים לחילוותהון כד **איתעבידו** להון ניסין על יד משה NU 33:1
בר פרנסת ביתי דעל ידוי **איתעבידו** לי ניסין בדרמשק מסכי GN 15:2
ליה לאינתו: חמשא ניסין **איתעבידו** ליעקב בזמן דנפק מן GN 28:10
בידיה: תריסירי ניסין **איתעבידו** לפנחס בזמן דעל בתר NU 25:8
בקשא: ובמימר מן קדמך **איתעבידו** מיא עורמן עורמן קמו EX 15:8
שמא רבא ויקירא וביה **איתעבידו** ניסין מן קדם ייי בידיה: EX 4:20
אין מן מחמי כנישתא **איתעבידת** סורחנותא בשלו NU 15:24
קושטא כיון פיתגמא **איתעבידת** תועבתא הדא ביניכון: DT 17:4
קושטא כיוון פיתגמא **איתעבידת** תועיבתא הדא ביניכון: DT 13:15
ובכל טעות מצראי **אעבד** ארבעתי דינין טעוות מתכא EX 12:12
פיתגמיא הדין דמלילתא **אעבד** ארום אשכחתא רחמין קדמי EX 33:17
לחדא וכל דתימר לי **אעבד** ואיתא כדון לוט לותי ית NU 22:17
כל דימלל ייי יתיה **אעבד:** ואמר בלק לבלעם איתא NU 23:26
מינך דאתגלי קדמי מאן **אעבד** לך: ואתרוקנו בני ישראל מן EX 33:5
משה קדם ייי למימר מה **אעבד** לעמא הדין תוב קליל זעיר EX 17:4
בביתך וכדון אימת **אעביד** אוף אנא עיבידתא ואנא GN 30:30
דאנת אינתתיה ואכדין **אעביד** בישתא רבתא הדא ואיחוב GN 39:9
בגין רחמך ואמר לא **אעביד** גמירא אין אשכח תמן GN 18:30
לה בגין רחמך ואמר לא **אעביד** גמירא בגין זכוות ארבעין: GN 18:29
ית קיימיי: לחוד אנא **אעביד** דא לכון ואיגרי עליכון מחת LV 26:16
לא אשבקינך עד זמן די **אעביד** ית דמלילית לך: ואיתער GN 28:15
שוי ידיה אלהין אמר אנא **אעביד** כפיתגמך: ואמר קיים לי GN 47:30
יהי אדם דמיך בלחודיה **אעביד** ליה איתא דתיהי סמיך GN 2:18
ואיזיל ותיטרד מיני דמה **אעביד** לך ברי: ואמר עשו לאבוי GN 27:37
דמלילתון קדמי היכדין **אעביד** לכון: במדברא הדין יתרמון NU 14:28
די חשילית למעבד להון **אעביד** לכון: ומליל ייי עם משה NU 33:56
ייי למשה כדון תחמי מה **אעביד** לפרעה ארום בידא תקיפתא EX 6:1
דצדיקין קבל כל עמך **אעביד** פרישן להון בזמן דיהכון EX 34:10
ומן בגלל דבדיוקנא דייי **אתעבד** תקברוניה עם מטמוע DT 21:23
דחלן חדתן דמזמן קריב **אתעבידא** ולא איתעסקו בהון DT 32:17
ולא הדרנן לפולחניה **אתעבידו** בעלי דבבינן סהדינן DT 32:31
בשלו מן עמא דארעא **במעבדיה** חד מן פיקודיא דייי דלא LV 4:27
לאשתעויי כהלין מלייא **בעבדי** במשה: ואסתלק איקר NU 12:8
דריבוני ולא יתקוף רוגזך **בעבדך** ארום מן שעתא דאתינן GN 44:18
בוכרא דאינשא בברך ולא **בעבדך** תיפרוק בכספא: ויהי ארום EX 13:13
דא ארעא דתתחסין יתה **בעדבא** דפקיד ייי למיתן לתשעת NU 34:13
ית ארעא באחסנתא **בעדבא** לבני ישראל וריבוני אתפקד NU 36:2
יתה: ותחסנון ית ארעא **בעדבין** לגניסתכון לשיבט דעמיה NU 33:54
יתיהב אחסנתיה: ברם **בעדבין** תתפלג ארעא לשמהן NU 26:55
למתקף דכבשת יצרך **בעובדא** דריבונתך ובעובדא דאחך GN 49:22
בריה ויעקבו גבר שלים **בעובדוי** משמש בבי מדרשא דעבר GN 25:27
לא איתרעי מימרא דייי **בעובדי** ידיי בכן עלו משה ואהרן LV 9:23
ואמר תשרי שכינתא דייי **בעובדי** ידיכון: ומליל ייי עם משה EX 39:43
ומתכוונן לאמרדא **בעובדיהון** בישיא ליצחק ולרבקה: GN 26:35
וית תומיא דמשלימין **בעובדיהון** לכהנא רבא דתבע EX 28:30
נח הוה גבר זכאי שלים **בעובדין** טבין הוה בדרוהי בדחלתא GN 6:9
כלילא דשמא טבא קנא **בעובדין** טבין ובענוותנותיה בכן DT 34:5
קין רב לכל אומן דידע **בעיבידת** נחשא ופרזלא ואחתיה GN 4:22
משכנא דאין לא מזדהרין **בעיבידת** קורבניא אוקידינון LV 10:3
ביד פרעה ועל דהוו חדן **בשעבודהון** דישראל לקו אוף הינון EX 12:29
מן בגלל למצערא יתהון **בשעבודהון** ובניין קוריין תלילין EX 1:11
דחבריה: על כל מידעם **דאיתביד** בכוסיא על תור על חמר EX 22:8

יתכון וית עולבנא **דאיתעביד** לכון במצרים: ואמרית EX 3:16
זהורי ובבוצא: כל דהבא **דאיתעביד** לעיבידתא בכל עיבידת EX 38:24
מנימוסי תועיבתא **דאיתעבידו** בארעא קודמיכון ולא LV 18:30
לגלימתא וחוטרא **דאיתעבידו** ביה ניסין מן קדם ייי EX 17:9
ונכסת קודשיא: וכיוון **דאיתעבידו** קורבניא ולא איתגליית LV 9:23
מצראי בכל פרישוותיי **דאעבד** ביניהון ומבתר כן יפטור EX 3:20
לחטאתא ועיגלא מטול **דאשתעבדתון** לעיגלא ואימר בר LV 9:3
איתקטל ארום כל מאן **דיעבד** בה עיבידתא וישתיצי בר EX 31:14
ולמן דיעבד בשלו: ובר נש **דיעבד** בזדנא מן יציביא או מן NU 15:30
ימינא ושמאלא: וגברא **דיעבד** בזדנותא בדיל דלא למיצת DT 17:12
חדא יהי לכון ולמן **דיעבד** בשלו: ובר נש דיעבד בזדנא NU 15:29
יהיב לכון גבר או איתא **דיעבד** דביש קדם ייי אלקכון DT 17:2
תהי לכון קדם ייי: גבר **דיעבד** דכוותיה לארחא בה EX 30:38
דקדמיכון: ארום כל מן **דיעבד** חדא מכל תועיבתא האילין LV 18:29
קיימא בעלמא כל **דיעבד** כדין וישתיצון במותנא LV 20:17
מגו עמיה: וכל בר נש **דיעבד** כל עיבידא ביכרן יומא הדין LV 23:30
שבתא נייחא קדם ייי כל **דיעבד** עיבידתא ביומא דשבתא EX 35:2
ואמרין ליט יהוי גברא **דיעבד** צלם וצורה וכל דמו מה DT 27:15
קדמי: ואילין לבושיא **דיעבדון** חושנא ואפודא ומעילא EX 28:4
סדום ועל עמורא על מנת **דיעבדון** תתובא ולא עבדו ארום GN 19:24
ועשרין שנין מן בגלל **דיעבדון** תתובא ולא עבדו: שמחזאי GN 6:3
ובביר בירי כטיבותא **דיעבדית** עימך תעביד עימי ועם GN 21:23
וישתיציין נפשתא **דיעבדן** הכדין מגו עממין: ותיטרון LV 18:29
על שיקרא על חדא מכל **דיעביד** אינשא לאתחייב בהון: ויהי LV 5:22
ושליט בארעא לית **דיעביד** כעובדך וכגבורתך: אעיבר DT 3:24
ליה על חדא מכל **דיעביד** לאתחייבא בה: ומליל ייי LV 5:26
חיוא תבירא אפשר **דיתעבד** לכל עיבדתא ברם תריב LV 7:24
או בערבא או בצלא לכל **דיתעבד** צלא לעיבידתא צורעא LV 13:51
לא יתעביד בהון לחוד מן **דיתעביד** למיכל כל נפש איהו EX 12:16
לית אתר בית רעיא לענא **דלעבדך** ארום תקיף כפנא בארעא GN 47:4
אחוי ובכא עליהון דחמא **דמשתעבדון** לביני עממייא ומן GN 45:15
ייכול: כל יומי נזריה מכל **דמתעבד** מגופנא דחמרא מגופנין NU 6:4
הירהורי ליבה היא עלתא **דמתעבדא** כעלתא דטוורא דסיני LV 6:2
עמא על דגחנו לעיגלא **דעבד** אהרן: ומליל ייי עם משה איזל EX 32:35
בה ויתכסי מיניה ומבתר **דעבד** איתגלי ליה ואיהו ידע דשקר LV 5:4
דייי דין ניסא דילי דניסא **דעבד** אתרא בגיני הוא: ואמר ארום EX 17:15
ית אתותיה וית עובדוי **דעבד** בגו מצרים לפרעה מלכא DT 11:3
בגין מדכר זכות שלימא **דעבד** גדיי בר עיזי תבשילין ואייביל LV 22:27
שנין עד דסף כל דרא **דעבד** דביש קדם ייי: והא קמתון NU 32:13
מומא בחבריה היכמא **דעבד** היכדין יתעביד ליה: דמי LV 24:19
ליצחק ית כל פיתגמייא **דעבד**: ואעלה יצחק למשכנא דשרה GN 24:66
שביעאה מכל עיבידתיה **דעבד**: ובריך אלקים ית יומא GN 2:2
כן: וחזא אלקים ית כל **דעבד** והא טב לחדא והוה רמש והו GN 1:31
ויתקרב קורבנכון: היכמא **דעבד** וסדר ית סדר קורבניא ביומא LV 8:34
ביומא שביעא עיבידתיה **דעבד** ועישרתי עיסקין דברא ביני GN 2:2
דאחוי: ובאש קדם ייי מה **דעבד** וקטע אוף ית יומוי: ואמר GN 38:10
נח ית כוות תיבותא **דעבד**: ושדר ית עורבא ונפק מיפוך GN 8:6
ית כל עובדא דייי רבא **דעבד**: ותינטרון ית כל תפקידתא DT 11:7
כד אתברייו ביומא **דעבד** ייי אלקים ארעא ושמייא: וכל GN 2:4
לביש מכל חיות ברא **דעבד** ייי אלקים ואמר לאיתתא GN 3:1
למימר עינך חמיין ית כל **דעבד** ייי אלקך לתרין מלכיא DT 3:21
דלא ילקי הוו דכירין מה **דעבד** ייי אלקכון למרים דחשדת DT 24:9
ואתקיים: או היך ניסא **דעבד** ייי לאתגלאה למיפרשא ליה DT 4:34
ובדח יתרו על כל טבתא **דעבד** ייי לישראל דיהב להון מנא EX 18:9
חמוי דמשה ית כל מאן **דעבד** ייי למשה ולישראל עמיה EX 18:1
הוון דכירין ית גבורן **דעבד** ייי לפרעה ולכל מצראי: ניסין DT 7:18
משה לחמוי ית כל מה **דעבד** ייי לפרעה ולמצראי על עיסק EX 18:8
בלק בר צפור ית כל מה **דעבד** ישראל לאמוראי: ודחילו NU 22:2
ויתיבו באתרהון היכמה **דעבד** ישראל לארע ירותתיה דיהב DT 2:12
לא ידענא מן הוא **דעבד** ית פיתגמא הדין ואוף אנת GN 21:26
ואנשיתון מימרא אלקא **דעבד** יתכון מחילין מחילין: וגלי DT 32:18
דגבלא מטול איקרא **דעבד** לאבוי: עיבורא תזבנון מינהון DT 2:5
ויעביד לאדמיה היכמא **דעבד** לאדמא דתורא וידי יתיה על LV 16:15
הינון ניסיא ופרישתא **דעבד** להון אלקא: יחידאה הוא NU 23:23
ית ניסיא וית פרשיתא **דעבד** להון קודשא יהי שמיה EX 15:18
באשתעות חלמא ית **דעבד** ליה חם בריה דהוא קליל GN 9:24
על גיף ימא דסוף **דעבד** לכון אסטרט לכל שיבטא DT 1:1
הוא יגיח לכון ככל מה **דעבד** לכון במצרים למחמיכון: DT 1:30
רברבין הי ככל מה **דעבד** לכון ייי אלקכון במצרים DT 4:34
בארעא דמצרים וגבורן **דעבד** לנא ביני עממייא דעברתון: DT 29:15
דינא מנהון היכמה **דעבד** לסיחן ולעוג מלכי אמוראי DT 31:4
ויעביד לתורא היכמא **דעבד** לתורא דחטאתא דכהנא רבא LV 4:20
בעיניכון חמיתון ית **דעבד** מימרא דייי בפלחי טעוות DT 4:3
חמיתון ית כל מחוותא **דעבד** מימרא דייי לעיניכון בארעא DT 29:1

ית כיפא ולכל דחיל רב **דעבד** משה בזמן דקבל תרין לוחי DT 34:12
ובריך אלקא עילאה **דעבד** סנאך כתריסא דמקבל GN 14:20
וצחר ושאול הוא זמרי **דעבד** עובדא דכנענאי דשיטים: GN 46:10
לווי שמין וחלב ובר תורי **דעבד** עולימא תבשילין וסדר GN 18:8
והוה מודי ומצלי קדם ייי **דעבד** עימיה ניסין וגבורן ואיסתכי EX 2:21
והוא אלקכון **דעבד** עימכון ית רברבתא וית DT 10:21
לית אנא עביד היכמא **דעבד** קין דקטל ית הבל בחיי אבוי GN 27:41
דעביד אילין ניכלייא כל **דעבד** שיקרא בפרקמטיא: הוו DT 25:16
ובין עי: לאתר מדבחא **דעבד** תמן בשירויא וצלי תמן GN 13:4
תלתין סילעין יתן למריה **דעבדא** או דאמתא ותורא יתרגם: EX 21:32
ממצרים ארעא **דעבדא** חלב ודבש לקטלותנא NU 16:13
יתהון ארעא טבתא **דעבדא** עיבור וחמר לחוד שמיא DT 33:28
קרקומין על קרתא מרדא **דעבדא** עימכון קרבא עד DT 20:20
ההוא: ויודון ית חוביהון **דעבדו** אין ממונא אנס לחבריה NU 5:7
חוביהון על כל בישתא **דעבדו** ארום אתפנייו בתר טעוות DT 31:18
וגלי קדמוי ית תיובתא **דעבדו** בטימרא דלא ידעו אינש EX 2:25
למשכן זימנא היכמה **דעבדו** בנך דמיתו ביקידת אישתא LV 10:9
מששא: ונסיב ית עיגלא **דעבדו** ואוקיד בנורא ושף עד דהוה EX 32:20
או ית אינתתא ההיא **דעבדו** ית פיתגמא בישא הדין DT 17:5
ילדותיה באתון נורא **דעבדו** כשדאי לאברם אחוי: ונסיב GN 11:28
למעבד ככל מרחקתהון **דעבדו** לטעוותהון ותחובון קדם ייי DT 20:18
אעיבר בלחודיי: היכמה **דעבדו** לי בנוי דעשו דיתבין בגבלא DT 2:29
קדם ייי במשכנא **דעבדו** ליה במדברא דסיני: ומליל ייי LV 7:38
בפרקמטיא: הוו דכירין ית **דעבדו** לכון דבית עמלק באורחא DT 25:17
דילמא יעבדון לי היכמא **דעבדו** לסיחן אזל ועקר טוורא בר NU 21:35
עליהון עובדא דעיגלא **דעבדו** תמן: וזקף בלעם ית עינוי NU 24:1
דליביה ויצרא דלבהון **דעבדוי** מן בגלל לשוואה אתוותיי EX 10:1
וארום ימחי גבר ית עינא **דעבדיה** כנענאי או ית עינא EX 21:26
חולף עיניה: ואין שינא **דעבדיה** כנענאי או שינא דאמתיה EX 21:27
ואתו כל חכימיא **דעבדין** ית כל עיבידת קודשא גבר EX 36:4
דבבית אסירי וית כל **דעבדין** תמן הוא מפקד למעבד: לית GN 39:22
במימרי לכל אתוותא **דעבדית** ביניהון: אמחי יתהון NU 14:11
ית יקרי וית אתוותיי **דעבדית** במצרים ובמדברא ונסיאו NU 14:22
ברך ובר ברך ית ניסין **דעבדית** במצרים וית אתוותיי EX 10:2
ית לוחיא בארונא **דעבדית** והוו תמן צניעין היכמא DT 10:5
כל עממיא ית כל גבורתא **דעבדית** להון מטול למהוי להון LV 26:45
כל בני נשא כל טבוון **דעבדית** לעמא אסיקית יתהון NU 21:6
ית כל דחי היכמא **דעבדית**: עוד כל יומי ארעא דרועא GN 8:21
בריך ייי אלקא דשם **דעבדיתיה** צדיק ובגין כן יהוי כנען GN 9:26
ית קירויהון היכמה **דעבדנא** לסיחון מלכא דחשבון DT 3:6
קריבנא בך לביש והיכמה **דעבדנא** עימך לחוד טב ושלחנך פון GN 26:29
כדון אסכלתא מה **דעבדת**: אית ספיקא בידי למעבד GN 31:28
תליתאי על עיסק עיגלא **דעבדת** בחורב וברם דכר לעלתא LV 9:2
דינא וחושבנא על כל מה **דעבדת** ביום דינא רבא: וקרא אדם GN 3:19
קיימית אמר ייי חולף **דעבדת** ית פיתגמא הדין ולא מנעת GN 22:16
ותעביד ליה היכמה **דעבדת** לסיחן מלכא דאמוראה DT 3:2
ותעביד ליה היכמא **דעבדת** לסיחן מלכא דאמוראי NU 21:34
דאחוך מנך ויתנשי ית מה **דעבדתא** ליה ואשדר ואידברינך GN 27:45
יוסף מה עובדא הדין **דעבדתון** הלא ידעתון ארום GN 44:15
מטייר ביה אבאשתון מה **דעבדתון**: ואדביקינון ומליל עמהון GN 44:5
ההיא: וית סורחנתכון **דעבדתון** ית עיגלא נסיבית DT 9:21
קדם ייי אלקכון כל **דעביד** אילין ניכלייא כל דעבד DT 25:16
מצראי גבר גיור ולא **דעביד** תתובא מן בני בנוי עד עלמא EX 2:12
ית דהבא מנהון כל מאן **דעובדא**: והוה סכום כל דהב NU 31:51
איתו ונחשב זיינא **דעובדא** טבא כלו קבל אגרא ואגר NU 21:27
ביומא דשבתא וביומא **דעובדא**: מברא לפרגודא דסהדותא LV 24:2
ליה: עבדו קרבא עם ברע **דעובדוי** בביש מלכא דסדום ועם GN 14:2
מלכא דסדום ועם ברשע **דעובדוי** ברשיעא מלכא דעמורא GN 14:2
ספירינון מידכר שיעבודא **דשעבידו** מצראי ית בני ישראל EX 24:10
או צלא או שק כל מאן **דתיתעבד** בהון עיבידתא בארבעין LV 11:32
דתיתאפי בתנורא וכל **דתיתעבד** במרתחא ועל מסריתא LV 7:9
תהי לכון: וקטרת בוסמין **דתעבד** בדמוייה לא תעבדון לכון EX 30:37
מינך דהוינא רחיצא **דתעבד** דיני דאנא שבקית ארעי GN 16:5
ייי אלקך בכל מה **דתעבד**: כל בוכרא דאיתיליד בתורך DT 15:18
מן בגלל דתצלחון ית כל **דתעבדון**: אמר משה נביא לא DT 29:8
ואמר משה דין פיתגמא **דתעבדון** אעברו ית יצרא בישא מן LV 9:6
ית כל עשרא פתגמיא **דתעבדון** ביני דיני ממונא לדיני DT 1:18
ברעוא קדם ייי היכמא **דתעבדון** הכדין יעבד: קהלא כולא NU 15:14
ואליף יתכון ית מה **דתעבדון**: וימלל הוא לך עם עמא EX 4:15
חכימא למלפא לכון ית **דתעבדון** לכון: והיכמה דליתיכון DT 16:21
אלקכון בכל עובדי ידיכון **דתעבדון**: מסוף שבעתי שנין DT 14:29
בכל אושטות ידיכון **דתעבדון** עד דתישתצון ועד DT 28:20
תורי ואימרי וגדיי **דתעבדון** קרבנא הכדין תעבדון NU 15:12
ואמרית ליה טיבותיך **דתעבדין** עימי לכל אתרא דינהך GN 20:13

חוטרא הדין תיסב בידך **דתעביד** ביה ית אתייא: ואזל משה EX 4:17
ולבנוי בתרוי: ודין פתגמא **דתעביד** להון לקדשא יתהון EX 29:1
מן קודשיא: ודין קורבנא **דתעביד** על מדבחא אימרין בני EX 29:38
ותהנעל ית מנחתא **דתתעבד** מן סמידא ומישחא LV 2:8
קדמך ואסגיתא טיבותך **העבדתא** עמי לקיימא ית נפשי GN 19:19
ית אחוהי ואשתמודעינון **ואיתעביד** בעיניהום כחילונאי GN 42:7
שנין כד אהדרה לותיה **ואיתעביד** לה ניסא והדרת EX 2:1
אשכח רחמין קדם ריבוני: **ואיתעביד** ניסא ליעקב ותב ביומא GN 33:16
בהון ואישיצינון **ואעבד** יתך לעם סגי: ואתחלחל EX 32:10
ית ארעא דהינון עלה: **ואעבד** פלאין ביומא ההוא עם EX 8:18
גזר ליה ית קיימי שלם **ואעבדיניה** מלאך קיים ויחי לעלם NU 25:12
זיל לארעא דאחזינך: **ואעבדינך** לעם רב ואיבריכינך GN 12:2
וחד לשום קרבן חגא **ואעביד** יתהון תבשילין לאבוך GN 27:9
ית שומהון מתהות שמיא **ואעביד** יתך לעם תקיף וסגי מנהון: DT 9:14
ונקום וניסק לביתאל **ואעביד** תמן מדבחא לאלקא דקבל GN 35:3
שימשא עילוי והוה שייח **ואתעבד** מבועין דמיין ונגרין עד EX 16:21
מחתיי דמחיתך לליבך **ובעבדך** ובעמך דמן קדמיי הוון EX 9:14
ית עמי האנא מגרי בך **ובעבדך** ובעמך ובביתך ית עירבוב EX 8:17
יצרך בעובדא דריבונתך **ובעובדא** דאחך מדמי אנא לך לגופן GN 49:22
כבשת יוסף ברי בחכמתך **ובעובדך** טבייא כל חרשי מצראי GN 49:22
ופכרת שיני כיפיא **ובעובדתה** כבשת כל אולני סרקא GN 49:22
יתן בגלותן ובטילטולן **ובשיעבודן** וכדו מטת זימנא למיפק NU 12:12
וית עובדא דשורת דינא **ודיעבדון** מלגוו לשורתא לרשיעין: EX 18:20
מיתיכון עד אתרא הדין: **ודעבד** לדתן ולאבירם בני אליאב DT 11:6
ייי עד זמן יומא הדין: **ודעבד** לכון במדברא עד זמן DT 11:5
ולכל יתבי ארעא: **ודעבד** למשריית מצרים DT 11:4
עיבידתא ומלפי אומנוון: **ויעבד** בצלאל ואהליאב וכל גבר EX 36:1
בזמן די רבא בעמיה יחוב **ויעבד** חד מן כל פיקודיא דייי LV 4:22
ואין בר נש ארום יחוב **ויעבד** חדא מכל פיקודיא דייי דלא LV 5:17
היכמא דמליל ייי: **ויעבד** ייי פורענות דינא מנהון DT 31:4
ובענא מותא תקיף לחדא: **ויעבד** ייי פלאין בין גיתי דישראל EX 9:4
לכפרא עלוי קדם ייי: **ויעבד** ית חד מן שפניניא רברביא LV 14:30
כהנא לתרע משכן זימנא: **ויעבד** כהנא חד חטאתא וחד NU 6:11
זימנא ויתנינון לכהנא: **ויעבד** כהנא חד קרבן חטאתא וחד LV 15:15
כהנא לתרע משכן זימנא: **ויעבד** כהנא ית חד חטאתא וית חד LV 15:30
ויכפר עלוי כהנא קדם ייי: **ויעבד** כהנא ית קרבן חטאתא LV 14:19
ית איתתיה קדם ייי **ויעבד** לה כהנא ית כל אורייתא NU 5:30
דלא כשרין לאתעבדא **ויעבד** מן חד מנהון: אין כהנא רבא LV 4:2
איתגייר עמכון גייורא **ויעבד** פיסחא קדם ייי יגזור ליה כל EX 12:48
אין יתגייר עימכון גייורא **ויעבד** פיסחא קדם ייי כאוויית NU 9:14
כדון ביניכון לדריכון **ויעבד** קרבן דמתקבל ברעוא קדם NU 15:14
כל מנוי והיכדין תעבדון: **ויעבדון** ארונא דקיסי שיטא תרתין EX 25:10
ודינייא דתלפון יתהון **ויעבדון** בארעא דאנא יהיב להון DT 5:31
עימנא ויתבון בארעא **ויעבדון** בה פרקמטייא וארעא הא GN 34:21
בירחא קדמאה למימר: **ויעבדון** בני ישראל ניכסת פיסחא NU 9:2
פיתגם מן מחמי קהלא **ויעבדון** בשלו מן חד מן כל פיקודיא LV 4:13
וית צבע זהורי וית בוצא: **ויעבדון** ית אפודא תיכלא וארגוונא EX 28:6
חכימי ליבא דיבכון ייתון **ויעבדון** ית כל דפקד ייי: ית משכנא EX 35:10
אוסיפית רוח חכמתא **ויעבדון** ית כל מה דאפקדתך: ית EX 31:6
עמהון רוחא דחכמתא **ויעבדון** ית לבושי אהרן לקדשותיה EX 28:3
סורחנותא בשלו **ויעבדון** כל כנישתא תור בר תורי NU 15:24
מרמצן מצינפן וקמורין **ויעבדון** לבושיה קודשא לאהרן EX 28:4
בני ישראל ותימר להון **ויעבדון** להון ציצייתא לא מן נימיא NU 15:38
דישראל פטור ית עמי **ויעבדון** לי חגא במדברא: ואמר EX 5:1
באפודא ובחושנא: **ויעבדון** לשמי מוקדשא ואשרי EX 25:8
קטול בנפשתהון **ויעבדון** מנהון רדידי טסין חפיי NU 17:3
עלוי עדבא לשמא דייי **ויעבדיניה** קרבן חטאתא: וצפירא LV 16:9
נפש מאחוי מבני ישראל **ויעביד** ביה פרקמטיא ויזבניניה DT 24:7
ויקריב כהנא קדם ייי **ויעביד** ית חטתיה וית עלתיה: וית NU 6:16
ית לבושוי ויצדד ויפוק **ויעביד** ית עלתיה וית עלת עמיה LV 16:24
ייי על סלא דפטיריא **ויעביד** כהנא ית מנחתיה וית NU 6:17
דצפירא מלגיו לפרגודא **ויעביד** לאדמיה היכמא דעבד LV 16:15
מיניה ויסיק למדבחא: **ויעביד** לתורא היכמא דעבד לתורא LV 4:20
דילהון חלף דלא הימנת **וישעבדון** בהון ויסגפון יתהום GN 15:13
ויצערון לאתוראי **וישעבדון** כל בנוי דעבר ברם סופהון NU 24:24
יתכנשן כל אילין ברכתא **ויתעבדו** כליל דרבו לריש יוסף GN 49:26
כולהון ברכתא אילין **ויתעבדן** כליל דרבו לרישיה דיוסף DT 33:16
במללות שכינתך עימן **ויתעבדן** לנא פרישן בסלקותך רוח EX 33:16
וסוכלתנותא בהון למידע **ולמיעבד** ית כל עיבידת פולחן EX 36:1
ית בניכון מטול למינטור **ולמיעבד** ית כל פיתגמי אורייתא DT 32:46
אלהין למינטור לחדא **ולמעבד** ביני מכתש צורעתא DT 24:8
לכון יומנא למינטר **ולמעבד**: ולא תיסטון מכל פיתגמיא DT 28:13
אתי עשו לחבלא בריביא **ולמעבד** זנו בנשיא יעביד באיליין GN 33:2
דייי אלקכון למינטר **ולמעבד** ית כל פיקודוי דאנא DT 28:1

ארע כשר לבית בעיר היא **ולעבדך** אית בעיר: ואמרו אין NU 32:4
ארעא לכון למיכל לך **ולעבדך** ולאמתך ולאגירך ולתותבך LV 25:6
עירבוב חיות ברא מפרעה **ומעבדוי** ומעמיה לא אישתאר חד: EX 8:27
ייי אלקנא לך ונקבל **ונעבד**: ושמיע קדם ייי ית קל DT 5:27
נכסת קודשין ועלוון **ונעבד** קדם ייי אלקנא: ואוף גיתנא EX 10:25
לנא וישמע יתה לן **ונעבדינה**: ארום קריב לכון פיתגמא DT 30:13
לנא וישמע יתה לנא **ונעבדינה**: ולא מן האל לעיבר ימא DT 30:12
האילין לטעוותהון **ונעביד** כדין אוף אנן: לא תעבדון DT 12:30
ורישי מטי עד צית שמיא **ונעביד** לנא סגדו ברישיה ונישוי GN 11:4
ורבא טליא ואתחסין **ועבד** אברהם משתיא רבא ביומא GN 21:8
חדא זימנא בשתא **ועבד** אהרן היכמא דפקד ייי ית LV 16:34
ארום היכדין איתפקדית: **ועבד** אהרן ובנוי ית כל פיתגמיא LV 8:36
ארעא ליזנה והוה כן: **ועבד** אלקים ית חיות ארעא ליזנה GN 1:25
מוי עלאי לביני מוי תתאי: **ועבד** אלקים ית רקיעא סומכיה GN 1:7
עילוי ארעא והוה כן: **ועבד** אלקים ית תרין נהוריא GN 1:16
כלבא חדא וקטליה **ועבד** אף הוא מיניה תבשילין ואיתי GN 27:31
עיזקן על סיטרי תיניין: **ועבד** אריחי דקיסי שיטא וחפא EX 37:4
דמליל ייי עם משה **ועבד** אתייא לעיני עמא: והימין EX 4:30
וארבע מאה סילעין: **ועבד** בה ית חומרי תרע משכן EX 38:30
תורין ושובעא דיכרין: **ועבד** בלק היכמא דאמר בלעם NU 23:30
תורין ושבעא דיכרין: **ועבד** בלק היכמא דמליל בלעם NU 23:2
חמשא דנחשא: **ועבד** בצלאל ית ארונא דקיסי EX 37:1
באנטון שירותא דטיהרא: **ועבד** גברא היכמא דאמר יוסף GN 43:17
וחפא יתיה דהב דכי **ועבד** דיר דדהב חזור חזור: ועבד ליה EX 37:11
רומיה פושכא חזור חזור **ועבד** דיר דדהב לגפופיה חזור חזור: EX 37:12
מוי למישתי וישתון עמא **ועבד** היכדין משה קדם סבי ישראל: EX 17:6
ארבעא חומרין דכסף: **ועבד** ווילון פריס לתרע משכנא EX 36:37
ית משכנא למהוי חד: **ועבד** חופאה למשכנא משכי EX 36:19
ענוביא חדא לקבל חדא: **ועבד** חמשין פורפין דדהב ולפיף ית EX 36:13
ביה ניסין מן קדם ייי בידי: **ועבד** יהושע היכמא דאמר ליה EX 17:10
הות אימא דכל בני נשא: **ועבד** ייי אלקים לאדם ולאינתתיה GN 3:21
ית פיתגמא הדין בארעא: **ועבד** ייי ית פיתגמא הדין ליום חרן EX 9:6
לעידן מחר יהי אתא הדין: **ועבד** ייי כן ואיתי עירבוב חיות ברא EX 8:20
מלות פרעה וצלי קדם ייי: **ועבד** ייי כפתגם בעותא דמשה EX 8:27
עורדעניא דשוי לפרעה: **ועבד** ייי כפתגמא דמשה ומיתו EX 8:9
שרה היכמא דאמר ליה **ועבד** ייי ניסא לשרה היכמא דמליל GN 21:1
תוב שב שנין אוחרנין: **ועבד** יעקב כדין ואשלים שבעתי GN 29:28
בפורפיא והוה משכנא חד: **ועבד** יריען דמעזי לפרסא על EX 36:14
דפקיד ייי ית משה: **ועבד** ית איפודא דדהבא תיכלא EX 39:2
למיטל ית פתורא: **ועבד** ית אריחיא דקיסי שיטא EX 37:15
למיטול יתיה בהון: **ועבד** ית אריחיא דקיסי שיטא EX 37:28
דנחשא אתרא לאריחיא: **ועבד** ית אריחיא דקיסי שיטא EX 38:6
נגידא חדא דדהב דכי: **ועבד** ית בוצינהא שבעא EX 37:23
מן סואבות דימהון: **ועבד** ית דרתא לרוח עיבר דרומא EX 38:9
דפקיד ייי ית משה: **ועבד** ית חושנא עובד אומן הי EX 39:8
מלי עפרא עבד יתיה: **ועבד** ית כיורא דנחשא וית בסיסיה EX 38:8
לעיל וחפא יתיה נחשא: **ועבד** ית כל מאניה מדבחא ית EX 38:3
לטללא מלעילא: **ועבד** ית לוחיא למשכנא מן קיסי EX 36:20
עבד לכל לוחי משכנא: **ועבד** ית לוחייא למשכנא עשרין EX 36:23
בוסמיא דכי עובד בוסמנו: **ועבד** ית מדבחא דעלתא דקיסי EX 38:1
עבד יתה וית כל מנהא: **ועבד** ית מדבחא דקטרת בוסמיא EX 37:25
שיטא וחפא יתהון דהבא: **ועבד** ית מישחא דרבותא קודשא EX 37:29
דפקיד ייי ית משה: **ועבד** ית מנטר מעילא עובד גרדי EX 39:22
דהבא למיטל ית פתורא: **ועבד** ית מניא דעל פתורא ית EX 37:16
דמחפין בהון דדהב דכי: **ועבד** ית מנרתא דדהב דכי נגיד עבד EX 37:17
משכנא לסופיהון מערבא: **ועבד** ית נגרא מציעאה לשלבשא EX 36:33
וחפא ית נגרין דהבא: **ועבד** ית פרגודא דתיכלא וארגוונא EX 36:35
הוון אנפי כרוביא: **ועבד** ית פתורא דקיסי שיטא EX 37:10
וקבל משה למימר חמוי **ועבד** כל דאמר: ובחר משה גיברי EX 18:24
ושביעאה במציעאה: **ועבד** כן אהרן כל קבל אפי מנרתא NU 8:3
דארונא למיטל ית ארונא: **ועבד** כפורתא דדהב דכי תרתין EX 37:6
דזעירא וית כסף זבינוי **ועבד** כפיתגמא דיוסף דמליל: צפרא GN 44:2
מספד רב ותקיף לחדא **ועבד** לאבוי איבלא שובעא יומין: GN 50:10
עבד יתה כרובין ציירין: **ועבד** לה ארבעא עמודי קיסי שיטא EX 36:36
להון זוודיין לאורחא **ועבד** להום כן: ונטלו ית עיבוריהון GN 42:25
וזרו לוותיה ועלו לביתיה **ועבד** להום משתייו ופטירי אפא GN 19:3
לבן ית כל אינשי אתרא **ועבד** להון שירו עני ואמר להום הא GN 29:22
נצין ביה בליליא גמר **ועבד** לוזין: והנפק משה ית כל NU 17:23
ועבד דיר דדהב חזור חזור: **ועבד** ליה גפוף רומיה פושכא חזור EX 37:12
דהב דכיה מגיו ומברא **ועבד** ליה דיר דדהב חזור חזור: EX 37:2
חזור חזור וית קרנוי **ועבד** ליה דיר דדהב חזור חזור: EX 37:26
דמיין לאיקונין דיליה **ועבד** ליה פרגוד מצוייר: וחמון אחוי GN 37:3
לכל מנוי עבד נחשא: **ועבד** למדבחא קנקל עובד מצדתא EX 38:4
ליה אהרן בצלו במצע **ועבד** מחיצותא במחתייתא ביני NU 17:13

עם טינא נחת גבריאל **ועבד** מיניה לבינתא ואסקיה לשמי EX 24:10
לכהונת עלם לדריהון: **ועבד** משה הי ככל מה דפקיד ייי EX 40:16
ואהרן יתכנש וימות תמן: **ועבד** משה היכמא דפקיד ייי NU 20:27
מן קדמי ולא ימותון: **ועבד** משה היכמא דפקיד ייי יתיה NU 17:26
עימיה וכל כנישתא: **ועבד** משה היכמא דפקיד ייי יתיה NU 27:22
כנוש לתרע משכן זימנא: **ועבד** משה היכמה דפקיד ייי LV 8:4
ישראל פריקין מביניהון: **ועבד** משה ואהרן היכמא דפקיד ייי EX 7:6
בני ישראל לקודשא: **ועבד** משה ואהרן וכל כנישתא דבני NU 8:20
נטרי מטרת משכנא דייי: **ועבד** משה ואלעזר כהנא היכמא NU 31:31
ליביה לשום מימרא דייי: **ועבד** משה חיויא דנחשא ושוי יתיה NU 21:9
חומרין תחות לוחא חד: **ועבד** נגרין דקיסי שיטא חמשא EX 36:31
ויהי לך ולכון למיכל: **ועבד** נח ככל דפקדיה ייי: ואמר ייי GN 6:22
גווית אינש ובעיר ארעא: **ועבד** נח ככל דפקדיה ייי: ונח בר GN 7:5
יריען לפיף חדא עם חדא: **ועבד** ענובין דתיכלא על שיפתא EX 36:11
שיתא סידרי מתנייתא: **ועבד** ענובין חמשין על סיפתא EX 36:17
דבית לופי תניינא: **ועבד** פורפין דנחשא חמשין ללפפא EX 36:18
על ארעא דמצרים: **ועבד** פרעה וימנה אפיטרופין על GN 41:34
מיניהון היכמא דמליל ייי: **ועבד** פרעה צורכיה ועאל לביתיה EX 7:23
מרבע ותלת אמין רומיה: **ועבד** קרנוי על ארבע זיוייתיה EX 38:2
יום גנוסא דפרעה **ועבד** שורו לכל עבדוי ורומם ית GN 40:20
ברם סומכה הות פושכא: **ועבד** תרין כרובין דדהב דכי נגיד EX 37:7
בשירויא: וקריב ית עלתא **ועבדא** כהילכת עלתא דקריב LV 9:16
אבנין ולקוטו אבנין **ועבדו** אוגר ואכלו תמן על אוגרא: GN 31:46
די בעברא דיירדנא: **ועבדו** בנוי ליה היכדין כמה GN 50:12
משה גחנו וסגידו: ואזלו **ועבדו** בני ישראל היכמא דפקיד ייי EX 12:28
משכנא משכן זימנא **ועבדו** בני ישראל היכמא דפקיד ייי EX 39:32
מטרת משכנא דסהדותא: **ועבדו** בני ישראל ככל דפקד ייי ית NU 1:54
היכמא דפקד ייי ית משה: **ועבדו** בני ישראל ככל מה דפקד ייי NU 2:34
חבריה ואינש ית קריביה: **ועבדו** בני לוי הי כפיתגמא דמשה EX 32:28
משח רבותא דייי עליכון **ועבדו** הי כפיתגמא דמשה: ומליל ייי LV 10:7
בכל ארעא דמצרים: **ועבדו** היכדין איסטיגניניא EX 8:14
דמא בכל ארעא דמצרים: **ועבדו** היכדין איצטיגנוני מצרים EX 7:22
יתיה אימיה בנהרא: **ועבדו** היכדין אסטגניניא בלחשיהון EX 8:3
משה ואהרן לות פרעה **ועבדו** היכדין היכמא דפקד ייי EX 7:10
ית מצראי וקבילתיה: **ועבדו** היכדין וארים אהרן ית ידיה EX 8:13
ובמני אעא ובמני אבנא: **ועבדו** היכדין משה ואהרן היכמא EX 7:20
אולפן מיניה בני ישראל **ועבדו** היכמה דפקיד ייי ית משה: DT 34:9
מצראי ארום אנא הוא ייי **ועבדו** הכדין: ותנון אוקטריא דאזלו EX 14:4
וית אהרן היכדין אזדרזו **ועבדו:** והוה בפלגות ליליא EX 12:28
וצבע זהורי שזיר: **ועבדו** חיזוריין דדהב ויהבו ית EX 39:25
היכמה דפקד ייי ית משה: **ועבדו** ית כיתונין דבוץ עובד גרדי EX 39:27
לשמשא בקודשא **ועבדו** ית לבושי קודשא די לאהרן EX 39:1
דפקיד ייי ית משה: **ועבדו** ית מרגלון דבורלתא חלא EX 39:6
וככל דינוי תעבדון יתיה:: **ועבדו** ית פיסחא בארביסר יומין NU 9:5
היכמה דפקד ייי ית משה: **ועבדו** ית ציצת כלילא דקודשא EX 39:30
כמיסת לכל עיבידתא **ועבדו** יתה וברם שיירו: ועבדו כל EX 36:7
די מתגייר ביניהון: **ועבדו** כל בני ישראל היכמא דפקיד EX 12:50
ועבדו יתה וברם שיירו: **ועבדו** כל חכימי ליבא ית משכנא EX 36:8
דמצרים דילכון הוא: **ועבדו** כן בני ישראל ויהב להום GN 45:21
אינשי משכניה תסבון: **ועבדו** כן בני ישראל ולקיטו מנא EX 16:17
קודשי שריא ביניהון: **ועבדו** כן בני ישראל ופטרו יתהון NU 5:4
פיתגמיכון ולא תמותון **ועבדו** כן: ואמרו גבר לאחוי GN 42:20
חב עמא הדין חובא רבא **ועבדו** להון דחלן דדהב: וכדון אין EX 32:31
דביומוהו שריו למטעי **ועבדו** להון טעוון ומכנין GN 4:26
להון מטרפי תינין **ועבדו** להון קמורין: ושמעו ית קל GN 3:7
לחכימייא ולחרשייא **ועבדו** לחוד הינון יניס וימבריס EX 7:11
עיטא דרמיו דיימתן לגבן **ועבדו** ליה עיטא דרמיו לאסאבא GN 29:22
דייי ונסבוהי בני ישראל **ועבדו** מיניה נגרא מציעאה אורכיה EX 26:28
שמיה לתריסר שבטיא: **ועבדו** על חושנא שישלן מתחמן EX 39:15
חזור מטול דלא יתבזע: **ועבדו** על שיפולי מנטר מעילא EX 39:24
עובד קליעא דדהב דכי: **ועבדו** תרתין מרמצן דדהב ותרתין EX 39:16
דלעברא דאפודא לגיו: **ועבדו** תרתין עיזקן דדהב וסדרינון EX 39:20
אפודא כל קבל אנפוי: **ועבדו** תרתין עיזקן דדהב ושויאו EX 39:19
ליצרא דליביה הוא **ועבדוי:** ואיתקף יצרא ולבא דפרעה EX 9:34
במצרים וקם איהו **ועבדוי** ומחינון ורדפינון מה GN 14:15
ואיתהפיך לבא דפרעה **ועבדוי** לביש על עמא ואמרו מה דא EX 14:5
דארגיזו קדמי לא יחמונה: **ועבדי** כלב חולף דהוות רוח אוחרי NU 14:24
ולחשוכא קרא ליליא **ועבדיה** למינח ביה ברייתא והווה GN 1:5
אלקים לנהורא יממא **ועבדיה** למפלח ביה דיירי עלמא GN 1:5
ורמא יתיה בטופרא **ועבדיה** עיגל מתכא ואמרו איליין EX 32:4
אתון ובניכון ובנתיכון **ועבדיכון** ואמהתיכון וגיוריכון די EX 20:10
אתון ובניכון ובנתיכון **ועבדיכון** ואמהתיכון וליואי DT 16:11
אתון ובניכון ובנתיכון **ועבדיכון** ואמהתכון וליואה DT 12:12
אתון ובניכון ובנתיכון **ועבדיכון** ואמהתכון וליואה וגיורא DT 16:14
אתון ובניכון ובנתיכון **ועבדיכון** ואמהתכון וליואי DT 12:18
אתון ובניכון ובנתיכון **ועבדיכון** ואמהתכון ותוריכון DT 5:14
דפירהא שמינין כחלב **ועבדין** דבש היכמא דמליל ייי DT 27:3
עאן ותורין וחמרין **ועבדין** ואמהן ואתנין וגמלין: וגרי GN 12:16
ותורין וכספא ודהבא **ועבדין** ואמהן וגמלין וחמרין: GN 24:35
כזעיר תורין וחמרין עאן **ועבדין** ואמהן ושדרית לתנאה GN 32:6
ליה עאן סגיאן ואמהן **ועבדין** וגמלין וחמרין: ושמע ית GN 30:43
ומבשלין ליה בלאפיסיא **ועבדין** מיניה חררן והוי טעמיה NU 11:8
ותשוינון בארונא: **ועבדית** ארונא דקיסא שיטא DT 10:3
ואמרו ליה לא ריבוני **ועבדך** אתו למזבון עיבורא: כולנא GN 42:10
דייי היא ארעא: ואנת **ועבדך** חכימית ארום עד לא EX 9:30
יהון תמן בקוריי גלעד: **ועבדך** יעיברון כל דמזרז חילא קדם NU 32:27
ונסיב ואייתי לאימיה **ועבדת** אימיה תבשילין היכמא GN 27:14
דקבילתון ביה אורייתא **ועבדתון** ביה משכנא ומנוי DT 1:6
עידן דאנן מצליין קמיה **ועביד** בעותן: והי דא אומא רבא DT 4:7
דמשה ית כל דהוא טרח **ועביד** לעמיה ואמר מה פתגמא EX 18:14
סמידא דסולתא פתוכי **ועבידי** גריצן: ולבקרותא רהט GN 18:6
קום טייל בארעא **ועיבד** בה חזקתא לארכא ולפתיא GN 13:17
מנייה דידה האילין: וחמי **ועיבד** בציוריהון דאנת מתחמי EX 25:40
איתא מהגנא קומי יומנא **ועיבד** טבו עם ריבוני אברהם: הא GN 24:12
ית ידיהון על ריש תורי **ועיבד** ית חד חטאתא וית חד NU 8:12
למדבחא ולא תיסתפי **ועיבד** ית חטאתך וית עלתך וכפר LV 9:7
אמטולתך ואמטול עמא **ועיבד** ית קרבן עמא וכפר עליהון LV 9:7
דיעקב ורמיין יתיה **ועיבד** יתיה לחטאתא ועיגלא LV 9:3
מתרין ציטרי כפורתא: **ועיבד** כרובא חד מציטרא מיכא EX 25:19
יתהון וישמשון קדמי: **ועיבד** להון אוורקסין דבוץ לכסאה EX 28:42
לחקלא וצוד לי צידא: **ועיבד** לי תבשילין היכמא דרחימית GN 27:4
למימר: אעיל לי צידה **ועיבד** לי תבשילין ואיכול ואברכינך GN 27:7
וסוק לקדמי לטוורא **ועיבד** לך ארונא דקיסא: ואכתוב על DT 10:1
סוק לביתאל ותיב תמן **ועיבד** תמן מדבחא לאלקא GN 35:1
בדניחא לכון תיבו **ועיבידו** בה פרקמטייא ואחסינו בה: GN 34:10
כדון יתהין לוותכון **ועיבידו** להין כדתקין קומיכון לחוד GN 19:8
ופסק עמא מלאיתאה: **ועיבידתא** הות כמיסת לכל EX 36:7
מן קדם בני ישראל: **ושעבידו** מצראי ית בני ישראל EX 1:13
קליעתא על מרמצתא: **ותעבד** חושן דינא דביה מהודע EX 28:15
בטוורא היכדין יעבדון: **ותעבד** ית דרת משכנא לרוח עיבר EX 27:9
על ליביה קדם ייי תדירא: **ותעבד** ית מנטר מעילא דאיפודא EX 28:31
בשתא שתיתיתא **ותעבד** ית עללתא דתיספוק לתלת LV 25:21
עימך כד ייטב לך **ותעבד** כדון עימי טיבו ותידכר עלי GN 40:14
אידך בגזירת מהולתי **ותעבד** כדון עימי טיבן וקשוט לא GN 47:29
לאתרא דיתרעי ייי: **ותעבד** כהילכתא עלוותך ביסרא DT 12:27
לוחי סהדותא דאיתן לך: **ותעבד** כפורתא דדהב דכי תרתין EX 25:17
שזיר עובד צייור מחטא: **ותעבד** לפרסא חמשא עמודי שיטא EX 26:37
תהויין לתריסר שיבטין: **ותעבד** על חושנא שישלן מתחמן EX 28:22
עובד מצדתא דנחשא **ותעבד** על מצדתא ארבע עיזקן EX 27:4
שיריא יהי ליה לא יתבזע: **ותעבד** על שיפולוי רומניין דתיכלא EX 28:33
מלפפן חדא עם חדא: **ותעבד** ענובין דתיכלא על אימרה EX 26:4
תסדר על סטר ציפונא: **ותעבד** פרסא לתרע משכנא תיכלא EX 26:36
ארום תיבני ביתא חדתא **ותעבד** תיאק גיפופין לאיגרך לא DT 22:8
דפיסחא ירימיניה כהנא: **ותעבדון** ביום ארמותכון ית עומרא LV 23:12
לכון צלם דמות כולא **ותעבדון** דביש קדם ייי אלקכון DT 4:25
למימני שובעא שבועין: **ותעבדון** חדוות חגא דשבועיא קדם DT 16:10
בה אילנין דמיכל אין לא **ותעבדון** חזקתא ותיסבון מאיבא NU 13:20
לתמן למירתה: ותינטרון **ותעבדון** ית אורייתא ארום היא DT 4:6
ותקבלון למימרא דייי **ותעבדון** ית כל פיקודוי דאנא DT 30:8
מן בגלל דתדכרון **ותעבדון** ית כל פיקודיי ותהוון NU 15:40
למימרא דייי אלקכון **ותעבדון** ית פיקודוי וית קימוי DT 27:10
אנא הוא ייי אלקכון: **ותעבדון** ית קיימיי וית סידרי דיניי LV 25:18
הויתון במצרים ותיטרון **ותעבדון** ית קימיא האילין: חגא DT 16:12
ותיטרון ית קיימיי **ותעבדון** יתהון אנא הוא ייי LV 20:8
ייי: ותיטרון ית פיקודיי **ותעבדון** יתהון אנא ייי דיהב אגר LV 22:31
וית כל סידרי דיניי **ותעבדון** יתהון אנא ייי: ומליל ייי LV 19:37
וית דינייא ותיטרון **ותעבדון** יתהון בכל ליבכון ובכל DT 26:16
וית סידרי דיניי תינטרון **ותעבדון** יתהון: ואיתן מיטריא LV 26:3
דינייא האילין ותינטרון **ותעבדון** יתהון וינטר ייי אלקכון DT 7:12
ותידכרון ית כל פיקודיי **ותעבדון** יתהון ולא תסטון למטעי NU 15:39
וית כל סידרי דיניי **ותעבדון** יתהון ולא תפלוט יתכון LV 20:22
וית סידרי דיניי תטרון **ותעבדון** יתהון ותיתבון על ארעא LV 25:18
ותינטרון ית פיתגמי **ותעבדון** יתהון מן בגלל דתצלחון DT 29:8
שיתא יומין תיפלחון **ותעבדון** כל עבידתכון: ויומא EX 20:9
שיתא יומין תפלחון **ותעבדון** כל עיבידתכון: ויומא DT 5:13
מימרא דייי קדמיכון **ותעבדון** להון הי ככל תפקידתא DT 31:5
שיקרא אסהידו באחוהון: **ותעבדון** להון היכמא דחשיבו DT 19:19
דלא תחבלון עובדיכון **ותעבדון** לכון צלם דמו דכל טעו DT 4:16

דייי אלקכון דיגזר עימכון **ותעבדון** לכון צלם דמות כולא DT 4:23
ותחבלון עובדיכון **ותעבדון** לכון צלם דמות כולא DT 4:25
דאנא יהיב לכון: **ותעבדון** על מדבחא קרבנא קדם NU 15:3
לכון ית הילכת דינא: **ותעבדון** על מימר הילכת אורייתא DT 17:10
לכון בקל יבבותכון: **ותעבדון** עלתא לאתקבלא ברעוא NU 29:2
בני שנה לנכסת קודשיא: **ותעבדון** צפיר בר עיזי דלא עירובין LV 23:19
עיזקן על ציטריה תניינא: **ותעביד** אריחי דקיסי שיטא ותחפי EX 25:13
ומהדרין יתיה על מדבחא: **ותעביד** אריחין דקיסי שיטא EX 27:6
לעיל ותחפי יתיה נחשא: **ותעביד** דודוותיה למרדדא יתיה EX 27:3
רומיה הי פושכא חזור **ותעביד** דיר דדהב לגפופיה חזור EX 25:25
וקיימוי דפקיד לכון: **ותעביד** דתקין ודכשר קדם ייי מן DT 6:18
מיכא ומיכא לכסיותיה: **ותעביד** חופאה למשכנא מושכי EX 26:14
כל קבל אפי משכנא: **ותעביד** חמשין ענובין על אימרת EX 26:10
ענובייא חדא כל קבל חד: **ותעביד** חמשין פורפין דדהב EX 26:6
משכנא למיהוי חד: **ותעביד** יריען דמעזי למפרס על EX 26:7
למיטל יתיה בהום: **ותעביד** ית אריחיא דקיסי שיטא EX 30:5
למיטול ית פתורא: **ותעביד** ית אריחייא דקיסי שיטא EX 25:28
נגידה חדא דדהב דכי: **ותעביד** ית בוציניה שבעא ודליק EX 25:37
דמשכי ססגונא מלעילא: **ותעביד** ית לוחיא למשכנא דקיסי EX 26:15
תעביד לכל לוחי משכנא: **ותעביד** ית לוחיא למשכנא עשרין EX 26:18
חמשא חומרין דנחשא: **ותעביד** ית מדבחא דקיסי שיטא EX 27:1
שיבטא לתריסר שיבטין: **ותעביד** יתיה משח רבות קודשא EX 30:25
מתקל במתקל יהי: **ותעביד** יתיה קטרת בוסמין בוסם EX 30:35
ומליל עם משה למימר: **ותעביד** כיורא דנחשא ובסיסיה EX 30:18
קבלא תקביל למימריה **ותעביד** כל דאמליל על ידוי ואסני EX 23:22
יתאכל ארום קודשא הוא: **ותעביד** לאהרן ולבנוי היכדין ככל EX 29:35
ואיתמר בנוי דאהרן: **ותעביד** לבושי קודשא לאהרן אחוך EX 28:2
אהרן תעביד כיתונין **ותעביד** להון קמורין וכובעין תעבד EX 28:40
דדהב לגפופיה חזור חזור: **ותעביד** ליה ארבע עיזקן דדהב EX 25:26
ליה דיר דדהב חזור חזור: **ותעביד** ליה גפוף רומיה הי פושכא EX 25:25
ותחפי יתי דהב דכי **ותעביד** ליה דיר דדהב חזור חזור: EX 25:24
וית כל עמיה וית ארעיה **ותעביד** ליה היכמא דעבדת לסיחן NU 21:34
וית כל עמיה וית ארעיה **ותעביד** ליה היכמה דעבדת לסיחן DT 3:2
חזור חזור וית קרנוי **ותעביד** ליה זיר דדהב חזור חזור: EX 30:3
כל מנוי תעביד נחשא: **ותעביד** ליה קנקל עובד מצדתא EX 27:4
אנא הוא ייי אלקהון: **ותעביד** מדבחא לאסקא עלוי EX 30:1
גוואה קדמי תדירא: **ותעביד** מנרתא דדהב דכי נגיד EX 25:31
על שידי אדמא זכאה **ותעביד** מצנפתא דבוצא למכפרא EX 28:39
על תרין כתפוי לדוכרנא: **ותעביד** מרמצן דדהב: ותרתין EX 28:13
חומרין תחות לוחא חד: **ותעביד** נגרין דקיסי שיטא חמשא EX 26:26
ואין לא תשלים עימכון **ותעביד** עימכון קרב ותקפון עלה: DT 20:12
עובד קליעא דדהב דכי: **ותעביד** על חושנא תרתין עיזקן EX 28:23
מגיו ומברא תחפיניה **ותעביד** עלוי דיר דדהב חזור חזור: EX 25:11
בבית ליפופה תניינא: **ותעביד** פורפין דנחש חמשין ותעיל EX 26:11
נטלין בהון ית פתורא: **ותעביד** פיילתוי ובזיכוי וקשוותוי EX 25:29
דאיתחמיתא בטוורא: **ותעביד** פרגודא דתיכלא וארגוונא EX 26:31
יתך לות בני ישראל: **ותעביד** פתורא דקיסי שיטא EX 25:23
ימות באישא מצלהבא: **ותעביד** ציצא דדהב דכי ותיגלוף EX 28:36
ותלת אמין רומיה: **ותעביד** קרנוי על ארבע זיווייתיה EX 27:2
וסומכה יהי פושכה: **ותעביד** תרין כרובין דדהב דכי נגיד EX 25:18
אפודא כל קבל אנפוי: **ותעביד** תרתין עיזקן דדהב ותיתן EX 28:26
דלעברא לאפודא לגיו: **ותעביד** תרתין עיזקן דדהב ותיתן EX 28:27
כל תמהיא דשויתי בידך **ותעבידינון** קדם פרעה ואנא EX 4:21
לסוברותהון ודילמא **יעבד** בהון שציו ולא תהי זכותין DT 28:15
בישראל ולא בבר עממין **יעבד** הכדין ית אילין ניסוכייא NU 15:13
האפשר דאמר ולא **יעבד** ומה דמליל האפשר דלא NU 23:19
ייי אלקכון פריקין הכדין **יעבד** ייי אלקכון לכל עממיא דאנת DT 7:19
דכי: קנטינר דדהב דדכי **יעבד** יתה כל מנייה דידה האילין: EX 25:39
יקומון לכהנין איהוא **יעבד** יתה קיים עלם קדם ייי גמירה LV 6:15
וית סידרי דיניי דאין **יעבד** יתהון אינשא וייחי בהון בחיי LV 18:5
כהילכת בנתא דישראל **יעבד** לה: אין חורנתא בת ישראל EX 21:9
תלת מילייא האילין לא **יעבד** לה למזמנא יתה ליה או EX 21:11
מן די ידר היכדין **יעבד** על אוריית ניזריה: ומליל ייי NU 6:21
הוא: וית עוף תניין **יעבד** עלתא הי כהלכת עופא LV 5:10
בריך יהוי גברא דלא **יעבד** צלם וצורה וכל דמו מה DT 27:15
היכמא דתעבדון הכדין **יעבד:** קהלא כולא קיימא חדא לכון NU 15:14
פיסחא וכדחזי ליה הכדין **יעבד** קיימא חדא יהי לכון ולגיורא NU 9:14
הי ככל מה דפקידתך **יעבדון:** ואמר ייי למשה למימר: ואנת EX 31:11
בטוורא היכדין **יעבדון:** ותעבד ית דרת משכנא EX 27:8
גזירת פיסחא דניסן **יעבדון** יתיה ברם בפיסחא דניסן NU 9:12
יומא ביני שימשתא **יעבדון** יתיה על פטיר ומררין NU 9:11
חדא למשה למימר עבדך **יעבדון** כל דריבוני מפקיד: טפלנא NU 32:25
קבל עמא הדין דילמא **יעבדון** לי היכמא דעבדו לסיחן אזל NU 21:35
פטירי וקורבן פיסחא לא **יעבדון** מטול דסואבותהון בהון NU 9:12

ישראל גבר או איתא די **יעבדון** מכל חובי אינשא למשקרא NU 5:6
קדשי בהום מן בגלל די **יעבדון** עובדין טבין והא אבאישו GN 6:3
למימר גבר ואיתתא לא **יעבדון** תוב עיבידתא לאפרשות EX 36:6
מן גרדיא אלהין לשומהון **יעבדונון** ויפסקון רישי חוטיהון NU 15:38
ולמעבד זנו בנשיא **יעביד** באיליין ובגו פיתגמא הדין GN 33:2
מאן דדאין כל ארעא לא **יעביד** דינא: ואמר ייי אין אשכח GN 18:25
ככל מה דיפוק מפמיה **יעביד:** ואתתא דלא עברת תריסר NU 30:3
ייי זימנא למימר מחר **יעביד** ייי ית פיתגמא הדין בארעא: EX 9:5
מלכיא האילין הכדין **יעביד** ייי לכל מלכוותא דאנת עבר DT 3:21
ברא דלית לה תבוע **יעביד** ית אחתן אין לא עבדנא ית GN 34:31
ובוץ שזיר עובד אומן **יעביד** יתה ציורין כרובין: ותסדר EX 26:31
דכהנא רבא הכדין **יעביד** ליה ויכפר עליהון כהנא LV 4:20
לכל חטאיהון והכדין **יעביד** למשכן זימנא דשרי עמהון LV 16:16
וית עלתיה: וית דיכרא **יעביד** ניכסת קודשין קדם ייי על NU 6:17
שנא בשנא יהי עימיה לא **ישעביד** ביה בשקיין ואנת חמי ליה: LV 25:53
מלרע וסוגעי עיבור וחמר: **ישתעבדון** לך אומיא כל בנוי דעשו GN 27:29
לא איתפרש הדין דינא **יתעבד** ביה: ואמר ייי למשה NU 15:34
מרחיק לאתחכמא מה **יתעבד** ליה: וגרי מימר דייי צולקא EX 2:4
ברעוא קדם ייי: הכדין **יתעבד** לתורא חד או לדיכרא חד NU 15:11
ומאן דהיא מיבעלא לגבר **יתעבדון** אפהא מוריקן ומאן דלא NU 31:18
יהי לכון כל עיבידתא לא **יתעביד** בהון לחוד מן דיתעביד EX 12:16
עגלתא לחקיל בייר דלא **יתעביד** ביה פולחן ארעא ולא DT 21:4
קדם ייי על עלת תדירא **יתעביד** וניסוכיה: וביומא שביעאה NU 28:24
סיהרא על עלת תדירא **יתעביד** וניסוכיה: ובירחא דניסן NU 28:15
ישראל ינגח כדינא הדין **יתעביד** ליה: ברם אין עבד כנענאי EX 21:31
היכמא דעבד היכדין **יתעביד** ליה: דמי תברא חולף תברא LV 24:19
כל נפש איהו בלחודוי **יתעביד** לכון: ותיטרון ית לישתא EX 12:16
ההוא מעמיה: שיתא יומין **יתעביד** עיבידתא וביומא שביעאה EX 31:15
ומן בתר כדין בדמין זולין **כעבדין** ואימהן עד דתיזדלזלון DT 28:68
דמרי עלמא זיויה הי **כעובד** אבן טבא והי כתקוף שפר EX 24:10
תחות כורסייה הי **כעובד** אבן ספירינון מידכר EX 24:10
ית חושנא עובד אומן הי **כעובד** איפודא דדהבא תיכלא EX 39:8
דעלוי מיניה הוא הי **כעובדוי** דהבא תיכלא וארגוונא EX 39:5
דחמא עובדהא דתקנן **כעובדיה** אימיה ואתנחם יצחק GN 24:67
והמיין טיכוסיה דעלוי הי **כעובדיה** מיניה יהי דדהבא תיכלא EX 28:8
תפלחינון ולא תעבדון **כעובדיהון** בישיא ארום מפכרא EX 23:24
להון אנא הוא אלקוכון: **כעובדין** בישין דעמא דארעא LV 18:3
בה לא תעבדון והי **כעובדין** בישין דעמא דארעא דכנען LV 18:3
בארעא לית דיעביד **כעובדך** וכגבורתך: אעיבר כדון DT 3:24
רבא עובדין דלא כשרין **לאיתעבדא** עבדת עימי: ואמר GN 20:9
פיקודיא דייי דלא כשרין **לאיתעובדא** ויתחייב: או LV 4:27
דייי אלקיה דלא כשרין **לאתעבדא** בשלו ויתחייב: או LV 4:22
פיקודיא דייי דלא כשרין **לאתעבדא** ויעבד מן חד מנהון: אין LV 4:2
פיקודיא דייי דלא כשרין **לאתעובדא** ויתחייבון: ותישתמודע LV 4:13
פיקודיא דייי דלא כשרין **לאתעובדא** ולא ידע ואתחייב LV 5:17
יעקב וכן לא הוה כשר **לאתעובדא:** ומליל חמור עימהון GN 34:7
תעבדון ודלא כשרין **לאתעובדא** לא תעבדון והיכמא DT 23:24
ותתיב ותימר כדין חמי **לאתעובדא** לגברא דלא יבני ית DT 25:9
תקימון מצוותא דכשרין **לאתעובדא** תעבדון ודלא כשרין DT 23:24
דברא אלקים ועתיד **למיעבד:** אילן תולדת שמייא GN 2:3
עובדוי בישיא דעתיד **למיעבד** אלהין בגין זכותיה GN 21:17
יתמנע מנהון כל דחשיבו **למיעבד:** אמר ייי לשבעין מלאכיא GN 11:6
עיבידתא ובנגרות קיסא **למיעבד** בכל עיבידת אומנוון: EX 35:33
הוה בלבבי עוקמא ובעית **למיעבד** גזירתך בחדווא כדין כד GN 22:14
לכולהום ודא אתחשדו **למיעבד** וכדון לא יתמנע מנהון כל GN 11:6
דאתי ארום נינטר **למיעבד** ית כל קיימייא ית כל DT 6:25
רבא ויקירא דביה עתיד **למיעבד** ית תימהיא במצרים וביה EX 2:21
הוא ולברתיי מה איכול **למיעבד** לאיליין יומא דין או GN 31:43
לתמן ארום לא יכילנא **למיעבד** מידעה עד מיעלך לתמן GN 19:22
לא יהי אסו ועתידין הינון **למיעבד** שפיותא בעיקבא ביומי GN 3:15
ייי אלקכון דלא **למעבד:** ארום ייי אלקכון מימריה DT 4:23
הדין היכדין פקיד ייי **למעבד** אתון בתר יומי אשלמוותא LV 8:34
אלקכון למילפא יתכון **למעבד** בארעא דאתון עברין לתמן DT 6:1
קימייא ודינייא דתינטרון **למעבד** בארעא דיהב ייי אלקא DT 12:1
די שדריה מימרא דייי **למעבד** בארעא דמצרים לפרעה DT 34:11
וקטעו יתהון שזרין **למעבד** בגו תיכלא וארגוונא ובגו EX 39:3
למיחשב ברעיונהון היך **למעבד** בדהבא ובכספא ובנחשא: EX 31:4
ולאלפא אומנוון **למעבד** בדהבא ובכספא ובנחשא: EX 35:32
לכל עיבידתא דפקיד ייי **למעבד** בידא דמשה היתיו בני EX 35:29
תקופתא בירחא דאביבא **למעבד** ביה פיסחא קדם ייי DT 16:1
כל חוביכון דחבתון **למעבד** דביש קדם ייי לארגזא DT 9:18
מפקיד לכון יומא דין **למעבד** דכשר קדם ייי אלקכון: הי DT 13:19
דפקידתינון תינטרון **למעבד:** הוו זהירין דלא למיחשד חד DT 24:8
אלקכון: ליתיכון רשאין **למעבד** היכמא דאנן עבדין הכא DT 12:8

להון למירתה: וכדון טורו **למעבד** היכמא דפקיד ייי אלקכון DT 5:32
היכמא דפקדני ייי אלקי **למעבד** היכנא בגו ארעא דאתון DT 4:5
וית כל אתייא דפקדיה **למעבד:** ואזל משה ואהרן וכנשו ית EX 4:28
דין פיתגמא דפקיד ייי **למעבד:** וקריב משה ית אהרן וית LV 8:5
מדבחא בחדוא מן דפסק **למעבד** חטאתא ועלתא ונכסת LV 9:22
רוח וקריב רחמין מסגי **למעבד** חסד וקשוט: נטיר חסד EX 34:6
על גזירת מימרא דייי **למעבד** טבתא או בישתא מן רעותי NU 24:13
ארעא ית גבורן דעתיד **למעבד** יפתח דמן גלעד וניצחנין DT 34:1
בגין כן פקדך ייי אלקך **למעבד** ית יומא דשבתא: עמי בני DT 5:15
תינדעון ארום ייי שדרני **למעבד** ית כל עובדיא האילין ארום NU 16:28
בקרויכון: אין לא תינטרון **למעבד** ית כל פיקודיא דאורייתא DT 28:58
נפשתיכון בדיל דלא **למעבד** ית כל פיקודיי וסופכון LV 26:15
דייי אלקכון דלא למיטור **למעבד** ית כל פיקודיי וקיימיי DT 28:15
דייי אלקכון ויטרון **למעבד** ית כל פיתגמי אורייתא DT 31:12
לאבהתן: ופקיד עלנא ייי **למעבד** ית כל קיימייא האילין DT 6:24
יתה ותיתבון בה: ותיטרון **למעבד** ית כל קיימייא וית דינייא DT 11:32
בגין כן אנא מפקיד לכון **למעבד** ית פיתגמא הדין: ארום DT 24:18
בגין כן אנא מפקיד לכון **למעבד** ית פיתגמא הדין: ארום יהי DT 24:22
מטול כן אנא מפקדכון **למעבד** ית פיתגמא הדין יומא דין: DT 15:15
ואמרו להום לא ניכול **למעבד** ית פיתגמא הדין למיתן ית GN 34:14
ייי אלקכון מפקיד לכון **למעבד** ית קיימייא האילין וית DT 26:16
לעיבידת פולחן קודשא **למעבד** יתה והינון מייתן ליה תוב EX 36:3
למיקרב לעיבידתא **למעבד** יתה: ונסיבו מן קדם משה EX 36:2
לעיבידתא דפקד ייי **למעבד** יתה: ופקיד משה ואעברו EX 36:5
הגיין בהון ברירן ליבכון **למעבד** יתהון: חמון די סדרית DT 30:14
אילין פיתגמיא דפקיד ייי **למעבד** יתהון: שיתא יומין תתעבד EX 35:1
גניסא עם גניסא אוחרי **למעבד** יתיה: וארום איתגייר עמכון EX 12:47
משכן זימנא לא ייתיניה **למעבד** יתיה קרבנא קדם ייי LV 17:9
ההוא דיתרעי ייי ותיטרון **למעבד** ככל דילפונכון: על מימר DT 17:10
מן בגלל דלא ילפון יתכון **למעבד** ככל מרחקתהון דעבדו DT 20:18
עמהון חכימות ליבא **למעבד** כל עיבידת נגר ואומן וצייר EX 35:35
לאשלמא ובנגרות קיסא **למעבד** כל עיבידתא: ואנא הא EX 31:5
הדא: ואמר משה לא תקין **למעבד** כן ארום אימריא דהינון EX 8:22
וידחלון ולא יוספון **למעבד** כפיתגמא בישא הדין DT 13:12
דבגווה: חולין הוא לך **למעבד** כפיתגמא הדין למיקטל GN 18:25
יהיב לכון לא תילפון **למעבד** כריחוקי עממיא האינון: לא DT 18:9
יתכון יתיה תיטרון **למעבד** לא תוספון עלוי ולא DT 13:1
להון היכמא דחשיבו **למעבד** לאחוהון ותפלון עבדי DT 19:19
בה: ויהי כמא די חשילית **למעבד** להון אעביד לכון: ומליל ייי NU 33:56
לנא ולבננא עד עלמא **למעבד** להון דינא מטול למקיימא DT 29:28
אין תסגיף ית ברתיי **למעבד** להן עולבנא ואם תיסב על GN 31:50
למימר ברם אם אנת צבי **למעבד** לי טבו קביל מיני איתין GN 23:13
דעבדין תמן הוא מפקד **למעבד:** לית צרוך לרב בית אסירי GN 39:22
במשכבא ולא אתכוונית **למעבד** לך הכדין ואמר לא: וגלא ייי NU 22:30
מן עמר תהון מרשן **למעבד** לכון על ארבע כנפי DT 22:12
ייי על בישתא דחשיב **למעבד** לעמיה: ואתפני ונחת משה EX 32:14
על בישתא דמלילתא **למעבד** לעמך: הוי דכיר לאברהם EX 32:12
ותקבל ישראל ותינטר **למעבד** מטול דיוטב לך ותסגון DT 6:3
גזירת מימרא דייי אלקי **למעבד** מילתא זעירתא או רבתא: NU 22:18
מהולתא מערב לכון **למעבד** מיניה את על בתיא דאתון EX 12:13
יומא דין תיטרון **למעבד** מן בגלל דתיחון ותיסגון DT 8:1
דאנא מליף יתכון **למעבד** מן בגלל דתיחון ותיעלון DT 4:1
למזדהרא מטול דלא **למעבד** מנימוסי תועיבתא LV 18:30
שנין כל דאתי לחילא **למעבד** עיבידתא במשכן זימנא: דא NU 4:3
כל דאתי לחיילא חילא **למעבד** עיבידתא במשכן זימנא: דא NU 4:23
על דחמייה שפיר בגין **למעבד** עימיה משכבי דכורא ומן יד GN 39:1
דעבדת: אית ספיקא בידי **למעבד** עימכון בישא ואלקא GN 31:29
ית קימיה דפקיד יתכון **למעבד** עישרתי דבוריא וכתבינון DT 4:13
רמיא עליהון ולא יכילו **למעבד** פיסחא ביומא ההוא דהוה NU 9:6
גרמיכון או לדריכון וידחי **למעבד** פיסחא קדם ייי: בירחא NU 9:10
חמור: ולא איתעכב רבייא **למעבד** פיתגמא ארום צבי בברת GN 34:19
ארחן דתקנן קדם ייי **למעבד** צדקתא ודינא בגין דייתיה GN 18:19
או בזמן מועדיכון **למעבד** רעותא דמרי עלמא NU 15:3
וידחלון ולא יוספון **למעבד** תוב כפיתגמא בישא הדין DT 19:20
לאתר בית מוקדשא **למעבד** תמן פיסחא ובההוא ליליא EX 19:4
חד הוא מה דייי עתיד **למעבד** תני לפרעה: שבע תורתן GN 41:25
בני ישראל ית שבתא **למעבד** תפנוקי שבתא לדריהון EX 31:16
ית כל תפקידתא הדא **למעבדא** דאנא מפקדכון יומא דין DT 19:9
הדא דאנא מפקיד יתכון **למעבדה** למרחם ית ייי אלקכון DT 11:22
ית פיתגמי אורייתא הדא **למעבדהון** הוון עניין כלהון כחדא DT 27:26
דאנא מפקיד יתהון **למעבדהון:** ויהי חולף די תקבלון ית DT 7:11
ותילפון יתהון ותינטרון **למעבדהון:** ייי אלקנא גזר עימנא DT 5:1
הדא וית קימיא האילין **למעבדהון:** מטול דלא יגיס ליביה DT 17:19
ית פיתגמי אורייתא הדא **למעבדהון** מלטטייא הפכין אפיהון DT 27:26

ויהב לעולימא ואוחי **למעבדי** תבשילין: ונסיב לווי שמין GN 18:7
מינך פיתגמא לא תיכול **למעבדיה** בלחודך: כדון קביל מיני EX 18:18
כל דכורא ובכן יהי כשר **למעבדיה** ויהי כיציבא דארעא וכל EX 12:48
מן קדם ייי ומוחי ייי **למעבדיה:** וכדון יחמי פרעה גבר GN 41:32
יתכון קיימין ודינין **למעבדכון** יתהון בארעא דאתון DT 4:14
והא ארבע מלכוון קיימין **למשעבדא** ית בנוי אימתא דא היא GN 15:12
לית אפשר לבנוי דיוסף **למשתעבדא** ביני מלכוותא והיכמא DT 33:17
דעתידין בית ישראל **למשתעבדא** ואנת רב נחתומיא GN 40:18
דמן בני בניהון עתידין **למשתעבדא** למצרים בטינא GN 40:12
ואימהן עד דתיזדלזלון **למשתעבדא** מגן ולית דמניש: DT 28:68
אנא מקבל בגין דאיזכי **למתעבדא** לן שיזבתא ביומא הדין GN 50:20
ביה: וכל נוכראי דאיזדבן **לעבד** לגברא בר ישראל זבין כספא EX 12:44
ארום תיזבון בגניבותיה **לעבדא** לבר ישראל שית שנין יפלח EX 21:2
מעל גמלא: ואמרת **לעבדא** מן גברא הדור ויאי דמטייל GN 24:65
כל עבדוי: ואמר פרעה **לעבדוי** הנשכח כדין גבר דרוח GN 41:38
יתיה קמיהון: ופקיד יוסף **לעבדוי** ומלן ית מניהון עיבורא GN 42:25
עדרא בלחודוי ואמר **לעבדוי** עברו קדמי וניפש תשוון GN 32:17
הדין: ואתיב בלעם ואמר **לעבדי** בלק אין יתן לי בלק מלי NU 22:18
ית אינתתיה דחבריה ולא **לעבדיה** ולא לאמתיה ולא לתוריה EX 20:17
וית כל אחוי שוית קומוי **לעבדין** ואיזיל ותיטרד מיני דמה GN 27:37
ואוף אנן נהי לריבוני **לעבדין:** ואמר אוף כדין הי GN 44:9
קדמוי ואמרו הא אנן לך **לעבדין:** ואמר להום יוסף לא GN 50:18
תקיימון כל נישמא לא **לעבדין** ולא לאמהן: ארום גמרא DT 20:16
עלן ולמיקני יתן **לעבדין** ולמיסב ית חמרנא: וקריבו GN 43:18
אפיי: והוה כדי סליקנא **לעבדך** אבא ותנינא ליה ית פיתגמי GN 44:24
קדמך תתיהב ארע הדא **לעבדך** אחסנא לא תעברינא ית NU 32:5
בגין כן רחים ליה: ואמרת **לעבדך** אחתוהי לותי ואשוי עינוי GN 44:21
אבוי מיית הוא: ואמרת **לעבדך** אין לא ייחות אחוכון זעירא GN 44:23
ואמרו ית כל דמליל ייי **לעבדך** הכדין נעביד: נחנא נעיבר NU 32:31
תיבנא לא מיתיהב **לעבדך** וליבניא אמרין לנא עיבידו EX 5:16
קדם ייי למא אבאשתא **לעבדך** ולמא לא אשכחית רחמין NU 11:11
אידא תקיפתא: הוי דכיר **לעבדך** לאברהם ליצחק וליעקב DT 9:27
אילין דקדמך: ותימר **לעבדך** ליעקב דורון הוא GN 32:19
יתי זמינתא במזלא **לעבדך** ליצחק ובה אינדע ארום GN 24:14
כפיתגמייא האילין חס **לעבדך** מלמעבד כפיתגמא הדין: הא GN 44:7
למימר למה תעביד כדין **לעבדך:** תיבנא לא מיתיהב לעבדך EX 5:15
ואוף לא דמיין עובדוי **לעובדי** בני ביסרא דמתמלכין NU 23:19
דעמא האילין דמיין **לעובדי** עמא דסדום ועצתהון בישן DT 32:32
ית אפרשותא לקדם ייי **לעיבידת** משכן זימנא ולכל EX 35:21
אחוהון באונסא וקריבו **לעיבידת** משכנא או דילמא LV 8:15
בנהא למיתב **לעיבידת** משכנא ותרין שירין יהב GN 24:22
דאייתיו בני ישראל **לעיבידת** פולחן קודשא למעבד EX 36:3
כל דהבא דאיתעביד **לעיבידתא** בכל עיבידת קודשא EX 38:24
למייתיא מיסת פולחנא **לעיבידתא** דפקד ייי למעבד יתה: EX 36:5
הוה בליביה למיתייא **לעיבידתא** ושמע קל כרוזא LV 8:15
דאיתרעי ליביה למיקרב **לעיבידתא** למעבד יתה: ונסיבו מן EX 36:2
בצלא לכל דיתעבד צלא **לעיבידתא** צורעא מחלטא מכתשא LV 13:51
בידיה: ואמר חס לי **מלמעבד** דא גברא דהישתכח GN 44:17
האילין חס לעבדך **מלמעבד** כפיתגמא הדין: הא כספא GN 44:7
משכניה לא הוה ופסק **מלמעבד** קורבן פיסחא דניסן NU 9:13
דהוה דחיל מפתגמא דייי **מעבדוי** דפרעה כנש ית עבדוי וית EX 9:20
דדהב: דישתכח עימיה **מעבדך** יהי חייב קטול ואוף אנן נהי GN 44:9
ואהרן תבטלון ית עמא **מעיבידתהון** איזילו לפולחנכון: EX 5:4
עיבידת קודשא גבר גבר **מעיבידתיה** דהינון עבדין: ואמרו EX 36:4
דהוא בריה רביעיי עביד **משעבד** יהי לאחוי: ואמר בריך ייי GN 9:25
שמיע קדמיי מן קדם **משעבדהון** ארום גלי קדמיי ית EX 3:7
ותהון דכירין ארום **משעבדין** הוויתון בארעא דמצרים DT 5:15
יתכון: ותימרון לבניכון **משעבדין** הוינן לפרעה במצרים DT 6:21
ליה: ותהוון דכירין ארום **משעבדין** הויתון בארעא דמצרים DT 15:15
לה: ותהוון דכירין ארום **משעבדין** הויתון בארעא דמצרים DT 24:18
יהי:: ותהוון דכירין ארום **משעבדין** הויתון בארעא דמצרים DT 24:22
תמן: ותהוון דכירין ארום **משעבדין** הויתון במצרים ותיטרון DT 16:12
דמצרים מלמהוי להון **משעבדין** ותברית ניר שעבודהון LV 26:13
אניק בני ישראל דמצראי **משעבדין** יתהון ודכירנא ית קיימי: EX 6:5
ומרכיך וחאי ולאחוך תהי **משתעבד** ויהי אין תטעי ותחית ית GN 27:40
יהי אלים ורבא יהוי **משתעבד** לזעירא אם בנוי דזעירא GN 25:23
עולבנהון דבניי כד יהון **משתעבדין** בארעא דמצראי: GN 29:32
למימר לבנהון הא אתון **משתעבדין** במצרים ולא תזידון GN 50:25
קלהון דבניי כד יהון **משתעבדין** במצרים וקרת שמיה GN 29:33
דילי הינון בני ישראל **משתעבדין** לאורייתי עבדי הינון LV 25:55
ארום צורכי דבהון **מתעבד** מזון לכל נפשא הוא DT 24:6
ארימת פרזלא דמיניה **מתעבד** סייפא על אבנא אפיסתא EX 20:25
עובד אומן בקרנסא היא **מתעבדא** הי כחיזו דאחזי ייי ית NU 8:4
וטולה סגי משימשה **מתעבדא** לטולא לשום חגא מן LV 23:42

מתגדעין טעוות פחרא **מתעבדין** בקיקין טעוון דעא NU 33:4
מתגדעין טעוות פחרא **מתעבדין** בקיקין טעוות אעא EX 12:12
מכבשין כסף היכדין הוו **מתעבדין** כל עמודא דרתא: ופרסא EX 38:17
בקיקין טעוות אעא **מתעבדין** קטם דינדעון מצראי EX 12:12
בקיקין טעוון דעא **מתעבדין** קטם ודבעירי מייתין: NU 33:4
שובעין אמין ופרישן **מתעבדן** ביה דכד הוו מוקמין ית EX 26:28
שקרת בי: ואמר לבן לא **מתעביד** כדין באתרין למיתן GN 29:26
לא תגיחון דמן קדם ייי **מתעביד** לכון נצחנות קרביכון EX 14:14
ביום תניין לבריית עלמא **נעבד** אדם בצילמנא כדייוקננא GN 1:26
ואמרו כל דמליל ייי **נעביד** ואתיב משה ית פיתגמי עמא EX 19:8
חד ואמרו כל דמליל ייי **נעביד:** וכתב משה ית פיתגמיא דייי EX 24:3
כל פיתגמיא דמליל ייי **נעביד** ונקביל: ונסיב משה ית פלגות EX 24:7
דמליל ייי לעבדך הכדין **נעביד:** נחנא נעיבר מזרזין קדם עמא NU 32:31
עביד ומן דינא הוא דלא **נעביד** עד דנודע יתיה: ואברהם GN 18:17
תניינא: חמשין ענובין **עבד** ביריעתא חדא וחמשין ענובין EX 36:12
חדא וחמשין ענובין **עבד** בסיטרא דיריעתא דבית לופי EX 36:12
דאחזי ייי ית משה הכדין **עבד** בצלאל ית מנרתא: ומליל ייי NU 8:4
מסיטרא בית לופי כן **עבד** בשיפתא דיריעתא בית לופי EX 36:11
דהבא וית עיזקיתהון **עבד** דהבא אתרא לנגרין וחפא ית EX 36:34
בכן אתכנש תמן משה **עבד** דייי בארעא דמואב על נשיקת DT 34:5
ואוף לא לקבלא שוחדא: **עבד** דין ייתם וארמלא ורחים DT 10:18
דפקיד ייי יתיה הכדין **עבד:** ואמרו בני ישראל למשה NU 17:26
דפקיד ייי יתיה היכדין **עבד:** והוה בירחא קמאה הוא ירחא EX 40:16
ושבעין וחמש סילעין **עבד** ווין לעמודיא וחפא רישיהון EX 38:28
מטול דזכוון קדם ייי **עבד** וסדרי דינוי אליף לעמיה בית DT 33:21
גבורת ידא תקיפתא די **עבד** ייי בה ניסין במצרים ודחילו EX 14:31
כל עממיא מטול מה **עבד** ייי הכנא לארעא הדא מה הוה DT 29:23
גבר לאחוי למימר מה דא **עבד** ייי ולא בחובא דילנא: ואתו GN 42:28
ותב ייי במימריה ארום **עבד** ית אינשא בארעא ואידיין GN 6:6
ארום בדיוקנא אלקים **עבד** ית אינשא: ואתון פושו וסגו GN 9:6
בר חור לשיבטא דיהודה **עבד** ית כל דפקיד ייי ית משה: EX 38:22
ארום בחכמת רוח נבואה **עבד** ית כרוביא מתרין סיטרוי: והוון EX 37:8
ית מנרתא דדהב דכי נגיד **עבד** ית מנרתא בסיס דידה וקנהא EX 37:17
דכי: קנטינר דדהב דכי **עבד** יתה וית כל מנהא: ועבד ית EX 37:24
ובוץ שזיר עובד אומן **עבד** יתה כרובין ציורין: ועבד לה EX 36:35
צורת כרובין עובד אומן **עבד** יתהון: אורכא דיריעתא חדא EX 36:8
משכנא חדיסירי יריען **עבד** יתהון: אורכא דיריעתא חדא EX 36:14
כרובין דדהב דכי נגיד **עבד** יתהון מתרין סיטרי כפורתא: EX 37:7
חליל לוחין מלי עפרא **עבד** יתיה: ועבד ית כיורא דנחשא EX 38:7
יתעביד ליה: ברם אין **עבד** כנענאי נגש תורא או אמתא EX 21:32
שיתא לוחין: ותרין לוחין **עבד** לזוויות משכנא בסופיהון: והוון EX 36:28
ואמרת שרה תימהא **עבד** לי ייי כל דשמע יתמה עלי: GN 21:6
למימר כפיתגמיא האילין **עבד** לי עבדך ותקיף רוגזיה: ונסיב GN 39:19
די לאבונא ומן די לאבונא **עבד** ליה ית כל יקר נכסייא האילין: GN 31:1
חזור: ותרתין עיזקן דדהב **עבד** ליה מלרע לדיריה על תרין EX 37:27
ואמר משה לאהרן מה **עבד** לך עמא הדין ארום אתיתא EX 32:21
וחמון ית פורקנא דייי די **עבד** לכון יומא דין כיתא דהות EX 14:13
לכון כמה ניסין ופרישן **עבד** לכון קודשא בריך הוא מזמן DT 1:1
חד בגו סטר חד הכדין **עבד** לכל לוחי משכנא: ועבד ית EX 36:22
בעיזקתא חדא היכדין **עבד** לתריהון לתרתין זיווין: והוון EX 36:29
ליה בי מידרשא ולגיתוי **עבד** מטלן בגין כן קרא שמא GN 33:17
כהנא רדיף מן בתרוי **עבד** מילתא דקוסמין ופרח באויר NU 31:8
כל בוכרא ובטעותהון **עבד** מימרא דייי דינין טעוות NU 33:4
מן בגלל מצוותא דא **עבד** מימרא דייי לי ניסין ופרישן EX 13:8
ארעא דכל שובל **עבד** מלי תרי קומצין בשבע שני GN 41:47
וית מחתייתא לכל מנוי **עבד** נחשא: ועבד למדבחא קנקל EX 38:3
בית לופי וחמשין ענובין **עבד** על סיפתא דיריעתא דבית EX 36:17
ואמר ישראל סגין טבוון **עבד** עמי ייי שיזבני מן ידוי דעשו GN 45:28
תניינא לרוח ציפונא **עבד** עשרין לוחין: וארבעין EX 36:25
הוות בסירא וכיתנא **עבד** פוקלין: וחיטייא וכונתיא לא EX 9:31
ובתרע בית דינא ויהי לך **עבד** פלח עד יובלא ואוף לאמתך DT 15:17
ימינא במחטא ויהי ליה **עבד** פלח עד יובלא: וארום יזבון גבר EX 21:6
ולסייפי משכנא מערבא **עבד** שיתא לוחין: ותרין לוחין עבד EX 36:27
להום לחדא ארום קלנא **עבד** שכם בישראל למשכוב עם GN 34:7
וארבעין חומרין דכסף **עבד** תחות עשרין לוחיא תרין EX 36:24
כל טובא ברם ישמעאל **עבד** תתובא ביומוי ובתר כן GN 25:8
ואמר מליל: ואמר **עבדא** דאברהם אנא: וייי בריך ית GN 24:34
וית פדגוגתה וית **עבדא** דאברהם וית גוברוי: ובריכו GN 24:59
דמליל ייי: והוה כדי שמע **עבדא** דאברהם ית פיתגמיהון GN 24:52
בחקלא לקדמותנא ואמר **עבדא** הוא ריבוני ונסיבת רדידא GN 24:65
חייתא מן קדם ייי ולא **עבדא** היכמא דמליל להין מלכא EX 1:17
מדין קטול ואוף מדמי **עבדא** ואמהו: ואין תור נגשן הוא EX 21:28
כלידא בידיה הוא יהי לי **עבדא** ואתון סוקו לשלם לות GN 44:17
דישתכח עימיה יהי לי **עבדא** ואתון תהון זכאין: ואוחיאו GN 44:10

לכון למירת יתה ארע **עבדא** חלב ודבש אנא הוא ייי LV 20:24
ברם לא לארעא **עבדא** חלב ודבש אעילתנא ויהבת NU 16:14
חיואי ויבוסאי: לארע **עבדא** חלב ודבש ארום לית איפשר EX 33:3
ויתנינה לנא ארעא דהיא **עבדא** חלב ודבש: ברם בפיקודיא NU 14:8
לארעא דשדרתנא ואוף **עבדא** חלב ודבש היא ודין איבה: NU 13:27
דקיימית לאבהתהון **עבדא** חלב ודבש וייכלון ויישבעון DT 31:20
וחיוואי ויבוסאי לארע **עבדא** חלב ודבש: ויקבלון מינך EX 3:17
לאבהתך למיתן לך ארע **עבדא** חלב ודבש ותפלח ית EX 13:5
ופתייא בתחומין לארע **עבדא** חלב ודבש לאתר דדיירין EX 3:8
ברי לא תתיב לתמן: ושוי **עבדא** ית ידיה בגזירת מהולתא GN 24:9
ואזלן בתר גברא ודבר **עבדא** ית רבקה בהדיה וטייל GN 24:61
ואיתעטפת ביה: ותני **עבדא** ליצחק ית כל פיתגמייא GN 24:66
לגינתא וסליקת: ורהט **עבדא** לקדמותהא ואמר אטעימיני GN 24:17
ונישוי חרבא בידיה ותהי **עבדא** לקובלא סידרי קרבא קדם GN 11:4
עימנא טלייא עבראי **עבדא** לרב ספוקלטוריא GN 41:12
בבעו עבדך חולף טלייא **עבדא** לריבוני וטלייא יסק עם GN 44:33
לברי ליצחק: ואמר ליה **עבדא** מאים לית צבות איתתא GN 24:5
דיוסף מטוב שמייא תהי **עבדא** מגדין מטלא ומיטרא דנחתין DT 33:13
על ארעא קדם ייי: והנפק **עבדא** מנין דכסף ומנין דדהב GN 24:53
האילין למימר על לותי **עבדא** עבראי דאייתיתא לנא GN 39:17
עיסק פיתגמא הדין: ודבר **עבדא** עשרא גמלין מן גמליה GN 24:10
בלחודוי: ואין יתני ויימר **עבדא** רחימנא ית ריבוני ית אינתתי EX 21:5
דיהב להון ייי: הכדין **עבדו** אבהתכון כד שלחית יתהון NU 32:8
ית תועיבתא האיליין **עבדו** אינשי דקדמיכון ואסתאבת LV 18:27
מנת דיעבדון תתובא ולא **עבדו** ארום אמרו לא גלי קדם ייי GN 19:24
פקיד ייי ית משה הכדין **עבדו** בני ישראל: והוו גובריא דהוו NU 9:5
ייי עם משה היכדין **עבדו** בני ישראל: ומליל ייי עם משה NU 5:4
דפקד ייי ית משה הכדין **עבדו** בני ישראל ית כל פולחנא: EX 39:42
דפקיד ייי ית משה הכדין **עבדו** בנת צלפחד: והוואה מחלה NU 36:10
יהי ביה קרח וחברוי **עבדו** גוליין וציצייתהון כולהון NU 16:2
פליטית דעלתא קומוי **עבדו** גמירא הינון חייבין ואם עבדין GN 18:21
ייי ית משה היכדין **עבדו:** ואיתיו ית משכנא לות משה EX 39:32
היכמה דפקיד ייי היכדין **עבדו** ובריך יתהון משה ואמר תשרי EX 39:43
ית משה וית אהרן היכדין **עבדו:** והוה בכרן יומא הדין אפיק ייי EX 12:50
דפקד ייי ית משה הכדין **עבדו:** ומליל ייי עם משה ועם אהרן NU 1:54
דפקיד ייי יתהון היכדין **עבדו:** ומשה בר תמנן שנין ואהרן בר EX 7:6
ית כל מרחקייא האילין **עבדו** ורחיק מימרי יתהון: ואמרית LV 20:23
ובוץ שזיר: מרבע הוה עיף **עבדו** ית חושנא זרתא אורכיה EX 39:9
דמצרים: ומשה ואהרן **עבדו** ית כל תימהייא האילין קדם EX 11:10
משה ית כל פולחנא והא **עבדו** יתה היכמה דפקיד ייי היכדין EX 39:43
כיתפיהון: ובנוי ישראל **עבדו** כפיתגמא דמשה ושיילו מן EX 12:35
וארגוונא וצבע זהורי **עבדו** לבושי שימושא לשמשא EX 39:1
ית משה על ליואי הכדין **עבדו** להון בני ישראל: ואידכיאו NU 8:20
דאייר מטול דזוודין לא **עבדו** להון: ויומייא דיתיבו בני EX 12:39
ית משה על ליואי היכדין **עבדו** להון: ומליל ייי עם משה NU 8:22
בוצא עובד אומן: כתפין **עבדו** ליה מלפפן על תרין ציטרוי EX 39:4
צלם וצורה וכל דמו וכדון **עבדו** לכון עיגל מתכו וסגידו ליה EX 32:8
יתיה אבנין ובני ישראל **עבדו** למסמך ידיהון ולמדחף LV 24:23
דמו ולסוף ארבעין יומין **עבדו** עיגל מתכא דלית בה מששא: EX 32:19
יבישו בירן ואילננא לא **עבדו** פירין ואמרנא נהדריניה לותנא GN 26:28
בירן ואילניהון לא **עבדו** פירין וארגישו דבגין דתריכו GN 26:26
יתקטלון תריהון תבלא **עבדו** קטלא חייבין באטלות אבנין: LV 20:12
דעממיא משתמעין ליה: **עבדו** קרבא עם ברע דעובדוי בביש GN 14:2
דיעבדון תתובא ולא **עבדו:** שמחזאי ועזאל הינון נפלן מן GN 6:3
דאיתא תועיבתא **עבדו** תריהון אתקטלא יתקטלון LV 20:13
בית ישראל ארום אדם **עבדוי** דאשתדי הוא פרע ונטר DT 32:43
ריחנא קדם פרעה וקדם **עבדוי** דגרמהון למיתן סייפא EX 5:21
בחירין וכל רתיכי מצראי **עבדוי** דחילו מפתגמא דייי דלא EX 14:7
אבוי וסליקו עימיה כל **עבדוי** דפרעה סבי בייתיה וכל סבי GN 50:7
לאחמי פרעה ולאחמי **עבדוי** ואיתהפיכו כל מוי דבנהרא EX 7:20
בעיני פרעה ובעיני **עבדוי:** ואמר פרעה ליוסף אמר GN 45:16
קדם פרעה וקדם כל **עבדוי:** ואמר פרעה לעבדוי הנשכח GN 41:37
וית דיש רב נחתומייא בגו **עבדוי:** ואתיב ית רב מזוגייא על GN 40:20
תקיף לבית פרעה ולבית **עבדוי** ובכל ארעא דמצרים EX 8:20
פרעה וקדם מיחמי **עבדוי** והוה לחורמנא: וקרא לחוד EX 7:10
איסתקף דפרעה רגיז על **עבדוי** ויהב יתיה דמטרא בי רב GN 41:10
לפתגמא דייי ושבק ית **עבדוי** וית גיתוי בחקלא: ואמר ייי EX 9:21
מעבדוי דפרעה כנש ית **עבדוי** וית גיתוי לגו ביתא: ובלעם EX 9:20
אשגחו עד דאזל הוא וכל **עבדוי** וכל מצראי ותקיפו על עמא EX 12:33
בליליא הוא וכל שאר **עבדוי** וכל שאר מצראי והוות EX 12:30
דמצרים לפרעה ולכל **עבדוי** ולכל יתבי ארעיה: ניסין DT 29:1
דמצרים לפרעה ולכל **עבדוי** ולכל עם ארעיה: ולכל גבורת DT 34:11
בצפרא וקרא לכל **עבדוי** ומליל ית כל פיתגמייא GN 20:8
חיות ברא מן פרעה ומן **עבדוי** ומן עמיה למחר לחוד לא EX 8:25

דפרעה ועבד שורו לכל **עבדוי** ורומם ית ריש רב מזוגייא וית GN 40:20
ועל בישתא דיגזר על **עבדוי** יהי תהן קדמוי ארום גלי DT 32:36
ונשיק ליה: ופקד יוסף ית **עבדוי** ית אסוותא לבסמא ית אבוי GN 50:2
דפרעה: רבוני שאיל ית **עבדוי** למימר האית לכון אבא או GN 44:19
ולווקדין עשרא: וזמין ביד **עבדוי** עדרא עדרא בלחודוי ואמר GN 32:17
וכל בירין דחפסו **עבדי** אבוי ביומי אברהם אבוי GN 26:15
ית בירן דמוי די חפסו **עבדי** אבוי ביומי אברהם אבוי GN 26:18
בירא דמיא דאנסו ליה **עבדי** אבימלך: ואמר אבימלך לא GN 21:25
וכדון שבוק בבעו לחובי **עבדי** אלקא דאבך ובכא יוסף GN 50:17
פסקו כל גברי מגיחי קרב **עבדי** בימתא לממת מיגו משריתא: DT 2:16
למהלכא בה ותפלון **עבדי** בישתא מביניכון: ארום DT 13:6
לא כדין אורחא דמשה **עבדי** בכל בית ישראל עמי מהימן NU 12:7
למעבד לאחוהון ותפלון **עבדי** דביש מביניכון: ורשיעיא DT 19:19
משתעבדין לאורייתי **עבדי** הינון דאפיקית יתהון פריקין LV 25:55
אבהתוי יתוב: ארום **עבדי** הינון דהנפיקית יתהון פריקין LV 25:42
בנך בגין זכוותא דאברהם **עבדי**: ובנא תמן מבדחא וצלי בשמא GN 26:24
הוה קרי להון אבוי: וחפסו **עבדי** יצחק ביספר נחלא ואשכחו GN 26:19
תמן משכניה וחפסו תמן **עבדי** יצחק בירא: וכד נפק יצחק GN 26:25
והוה ביומא ההוא ואתו **עבדי** יצחק ותנו ליה על עיסק בירא GN 26:32
זהורי ובבוצא וגרדי **עבדי** כל עיבידתא ומלפי אומנוון: EX 35:35
יעקב ולא מתקיימין **עבדי** ליעות שקר בדבית ישראל NU 23:21
בארעא דמצרים קדם **עבדי** פרעה וקדם עמא: ואמר משה EX 11:3
ונפק מלות פרעה: ואמרו **עבדי** פרעה ליה עד אימת יהי דין EX 10:7
בניא במעהא הי כגיברין **עבדי** קרבא ואמרת אם כדין הוא GN 25:22
רבא ואיפליג ביזהון לעמי **עבדי** קרבי וכד תתמלי נפשי מן EX 15:9
דמצראי מן בית שיעבוד **עבדיא**: דבירא תיניינא כד הוה נפיק EX 20:2
דמצרים מבית שעבוד **עבדיא**: דדברך ברחמין במדברא DT 8:14
ביה הי כנימוסי פולחנות **עבדיא**: הי כאגירא הי כתותבא יהי LV 25:39
פריקין מבית שעבוד **עבדיא**: והוה כד אקשי מימרא דייי EX 13:14
דמצרים מבית שעבוד **עבדיא**: וכל ישראל ישמעון וידחלון DT 13:11
יזדבנון הי כנימוסי זבין **עבדיא**: לא תשעבדון ביה בקשיו LV 25:42
ודי פרקכון מבית שעבוד **עבדיא** לאטעיותכון מן אורחא DT 13:6
ופרקכון מבית שעבוד **עבדיא** מן ידא דפרעה מלכא DT 7:8
דמצרים מן בית שעבוד **עבדיא**: מן קדם ייי אלקכון תהוון DT 6:12
דמצראי מבית שעבוד **עבדיא**: עמי בני ישראל לא יהוי לכון DT 5:6
דייי ובנבואתיה דמשה **עבדיה**: הא בכן שבח משה ובני EX 14:31
בבעו ריבוני ויטייל קדם **עבדיה** ואנא אידבר בנייחא GN 33:14
הינון פיתגמיה משה **עבדיה** ואנן רשיעיא דמרדנא ביה NU 16:34
דחבריה ולא חקליה ולא **עבדיה** ולא אמתיה ולא תוריה ולא DT 5:21
וארום ימחי גבר ית **עבדיה** כנענאה או ית אמתיה EX 21:20
ואמר אברהם לאליעזר **עבדיה** סבא דביתיה דשליט בכל GN 24:2
ממצרים מבית שעבוד **עבדייא** ארום בתקוף גבורת ידא EX 13:3
לא תיפוק במפקנות **עבדייא** כנענאי דמשתחררין בשינא EX 21:7
ותידחל מאלקך: ברם **עבדיכון** ואמהתיכון דיהון לכון מן LV 25:44
מן בגלל די ינוחון **עבדיכון** ואמהתכון כוותכון: ותהוון DT 5:14
ברם פירין לית הינון **עבדין** בגין כן אמתין ליה קודשא NU 21:34
הלא עובדיהון דהינון **עבדין** בטומרא קדמיי כולהון גליין DT 32:34
משח ומן תומרייהא **עבדין** דבש: ארעא דלא בחוסרנא DT 8:8
למעבד היכמא דאנן **עבדין** הכא יומא דין גבר כל דכשר DT 12:8
בחזרנותכון מנהון תזבנון **עבדין** ואמהן: ואוף מבני תותביא LV 25:44
גבר מעיבידתיה דהינון **עבדין**: ואמרו למשה מסגיין עמא EX 36:4
כל יומא ולית בידיכון **עבדין** טובין דתיתוקפן ידיכון בצלו DT 28:32
לברי: וכדון אין איתיכון **עבדין** טיבו וקשוט עם ריבוני תנו GN 24:49
ית יצרהון בישא דהינון **עבדין** יומנא עד לא אעילינון DT 31:21
ביומיה היכמא דהויתון **עבדין** כד הוה יהיב לכון תיבנא: EX 5:13
ארום כל דמרחק ייי דסני **עבדין** לטעוותהון ארום אוף ית DT 12:31
אנן בלחם ונהי אנן וארען **עבדין** לפרעה והב בר זרעא וניחי GN 47:19
רחמין בעיני ריבוני ונהי **עבדין** לפרעה: ושוי יוסף לגזירא עד GN 47:25
על עבדך הא אנחנא **עבדין** לריבוני אוף אנן אוף מאן GN 44:16
וית סכום ליבנייא דהינון **עבדין** מאיתמלי ומדקדמוי תמנון EX 5:8
ורומנין ארע דמן זייתהא **עבדין** משח ומן תומרייהא עבדין DT 8:8
יהי מרבי זיתין סגיעין **עבדין** משח מספקין למטבול ביה DT 33:24
ליה ברם לקריבוי דהינון **עבדין** עובדי עמיה יתחל עליהון: לא LV 21:4
גמירא הינון חייבין ואם **עבדין** תתובא הלא הינון קדמיי GN 18:21
לבבי ובזכאות ידיי **עבדית** דא: ואמר ליה מימרא GN 20:5
בקל מימרא דייי אלקי **עבדית** כל מה דפקידתני: אודיק DT 26:14
ממלל ואמרת לבלעם מה **עבדית** לך ארום מחיתני דנן תלת NU 22:28
אתון חמיתון מה די **עבדית** למצראי וטענית יתכון על EX 19:4
דעיבראי ואוף הכא לא **עבדית** מדעם ביש ארום שויאו יתי GN 40:15
גניי הוא ארום חסדא **עבדית** עם קדמאי מן בגלל דיתמלי LV 20:17
זעירא ליתוי עימנא: ואמר **עבדך** אבא לנא אתון ידעתון ארום GN 44:27
לפרעה רעי ענא הוו **עבדך** אוף אנן אוף אבהתן: ואמרו GN 47:3
למיחמי: ואמרו תריסר **עבדך** אחין אנחנא בני גברא חד GN 42:13
וביני ישראל: ויחתון כל **עבדך** אליין לותי ויבעון מטו מיני EX 11:8

מהימני אנחנא לא הוו **עבדך** אלילי: ואמר להון לא אלהין GN 42:11
כל קושטא די עבדת עם **עבדך** ארום בחוטרי בלחוד עברית GN 32:11
מן שעתא דמלילתא עם **עבדך** ארום חגר פום וקשי ממלל EX 4:10
דכנען וכדון יתבון כען **עבדך** בארעא דגשן: ואמר פרעה GN 47:4
וליצחק ולישראל **עבדך** דקיימתא להון במימרך EX 32:13
ייי אשתכח חובא על **עבדך** הא אנחנא עבדין לריבוני אוף GN 44:16
ועילוי דרגשך ובבית **עבדך** ובעמך ובתנורך ובאצוותך: EX 7:28
ויתמלון בתך ובתי כל **עבדך** ובתי כל מצראי דלא חמון EX 10:6
מינך ומיבתך ומן **עבדך** ומן עמך לחוד מה דבנהרא EX 8:7
בעי איצלי עלך ועל **עבדך** ועל עמך לשיצאה עורדענייא EX 8:5
לי במיחוס מן קדם על **עבדך**: וקריבן לחינתא הינין ובניהן GN 33:5
האילין עבד לי **עבדך** ותקיף רוגזיה: ונסיב עיטתא GN 39:19
יומייא: וכדון יתיב בבעו **עבדך** חולף טלייא עבדא לריבוני GN 44:33
חדא למשה למימר **עבדך** יעבדון כל דריבוני מפקיד: NU 32:25
יתיה: ותימרון אוף הא **עבדך** יעקב אתי בתרנא ארום אמר GN 32:21
לריבוני לעשו כדנן אמר **עבדך** יעקב עם לבן איתותבית GN 32:5
ובגופך ובגופי עמך ובכל **עבדך** ישלטון עורדעניא: ואמר ייי EX 7:29
שריתא לאתחזאה ית **עבדך** ית רבותך וית גבורת ידך DT 3:24
אמרין לנא עיבידו והא **עבדך** לקיין וחובתהון דעמך תקפא EX 5:16
ותימרון מרי גיתי הוו **עבדך** מטלייותנא ועד כדון בגין GN 46:34
בדווי לבי קבורתא::: ארום **עבדך** מערב בטלייא מן אבא GN 44:32
איקר שכינתך מעילוי **עבדך** עד דאיכנוס עבוריא האילין: GN 18:3
במטו ריבוני ימליל במטו **עבדך** פיתגמא במשמעיה דריבוני GN 44:18
מאוותא: ואמרו למשה **עבדך** קבילו ית סכום גוברי מגיחי NU 31:49
קדם ייי: הא כדון אשכח **עבדך** רחמין קדמך ואסגיתא GN 19:19
אזדמנתון ועברתון על **עבדכון** בדיל למסעוד ואמרו יאות GN 18:5
כדון מיכא ועולו לבית **עבדכון** וביתו ושזוגו ריגליכון GN 19:2
על עמא ואמרו מה דא **עבדנא** ארום פטרנא ית ישראל EX 14:5
לאבוי אנא עשו בוכרך **עבדנא** היכמה דמלילתא עמי קום GN 27:19
יעביד ית אחתן אין לא **עבדנא** ית פיתגמא הדין: ואמר ייי GN 34:31
תבשיליא וית לחמא די **עבדת** ביד יעקב ברה: ועל לות אבוי GN 27:17
ארום בקשיטות ליבבך **עבדת** דא ומנעית אוף אנא יתך GN 20:6
ואמר לחיויא ארום **עבדת** דא ליט את מכל בעירא GN 3:14
אלקים לאיתתיה מה דא **עבדת** ואמרה איתתא חיויא אשייני GN 3:13
ואמר לבן ליעקב מה **עבדת** וגנבת דעתי ודברת ית בנתי GN 31:26
מה חמיתא ארום **עבדת** ית פיתגמא הדין: ואמר GN 20:10
כן אמר ללבן מה דא **עבדת** לי הלא בגין רחל פלחית GN 29:25
לאברם ואמר מה דא **עבדת** לי למא לא חוית לי ארום GN 12:18
ואמר בלק לבלעם מה **עבדת** לי למילוט סנאי דברתך והא NU 23:11
לאברהם ואמר מה **עבדת** לנא ומה חבית לך ארום GN 20:9
ואמר אבימלך מה דא **עבדת** לנא כזעיר פון שכיב מלכא GN 26:10
דלא כשרין לאיתעבדא **עבדת** עימי: ואמר אבימלך לאברהם GN 20:9
טבוון ומן כל קושטא די **עבדת** עם עבדך ארום בחוטרי GN 32:11
נטיר אחי אנא: ואמר מה **עבדת** קל דמי קטילת אחוך GN 4:10
באבניא ותמות ארום **עבדת** קלנא בישראל למפקא שום DT 22:21
ליצחק ובה אינדע ארום **עבדתא** טיבו עם ריבוני: והוה בשעא GN 24:14
לממת במדברא מה דא **עבדתא** לנא להנפוקתנא ממצרים: EX 14:11
סרחתון קדם ייי אלקכון **עבדתון** לכון עיגלא מתכא סטיתון DT 9:16
ואמר להון למה דין **עבדתון** פיתגמא הדין וקיימתון ית EX 1:18
להון משה הוא דמליל ייי **עבדתון** שבא שבת קודשא קדם ייי EX 16:23
תבית במימרי ארום **עבדתינון**: ונח דהוה צדיקא אשכח GN 6:7
ארום מרחק קדם ייי כל **עביד** אילין ומטול תועיבתא DT 18:12
דפיסחא אשכחיה דהוה **עביד** גריצן פטירן בכן חוי לאברם GN 14:13
על בית אבוהא ותפלון **עביד** דביש מביניכון: ארום אין DT 22:21
עמא בבתריתא ותפלון **עביד** דביש מביניכון: ארום יתפרש DT 17:7
עם איתת חבריה ותפלון **עביד** דביש מביניכון: ואין בברא DT 22:24
באבניא וימות ותפלון **עביד** דביש מביניכון וכל ישראל DT 21:21
בשינוקא דסודרא ותפלי **עביד** דביש מבינך: אסתמרו דלא DT 24:7
בשינוקא דסודרא ותפלון **עביד** דביש מישראל: ארום תהוי DT 22:22
גברא ההוא ותפלון **עביד** דביש מישראל: וכל עמא DT 17:12
עשו בליביה לית אנא **עביד** היכמא דעבד קין דקטל ית GN 27:41
בסעדך בכל מה דאנת **עביד**: וכדון קיים לי במימרא דייי GN 21:22
מן אברהם מה דאנא **עביד** ומן דינא הוא דלא נעביד עד GN 18:17
עמי בני ישראל כל **עביד** חרשיותא לא תקיימון EX 22:17
דייי הוה בסעדיה ודהוא **עביד** ייי מצלח: והוה בתר פיתגמיא GN 39:23
ואמרו יאות מלילתא **עביד** כפיתגמך: ואוחי אברהם GN 18:5
במדרשא דשם ויהי כנען **עביד** להון: וחיא נח בתר טובענא GN 9:27
הוא מיני: ואין כדין אנת **עביד** לי דתישבוק כל טירחנהון NU 11:15
צדיק ובגין כן יהוי כנען **עביד** ליה: ישפר אלקים תחומיה GN 9:26
קדמי ית כל אונסא דלבן **עביד** לך: אנא הוא אלקא GN 31:12
מה פתגמא הדין דאנת **עביד** לעמא מה דין אנת יתיב EX 18:14
לא תקין פיתגמא דאנת **עביד**: מיתר תינתר אוף אנת אוף EX 18:17
כנען דהוא בריה רביעיי **עביד** משעבד יהי לאחוי: ואמר בריך GN 9:25
בקודשא דחיל בתושבחן **עביד** ניסין ופרישן לעמיה בית EX 15:11

קדם ייי כל מאן די **עביד** עיבידתא ביומא דשבתא EX 31:15
ארום דחיל הוא דאנא **עביד** עימך: טור לך ית מה דאנא EX 34:10
מזדרע ואילן פירי **עביד** פירי ליזניה דביזריה ביה על GN 1:11
מזדרע ואילן פירי **עביד** פירי ליזניה וחמא אלקים GN 1:12
דתינדעון ארום לא אילן **עביד** פירי מיכל הוא יתיה תחבלון DT 20:20
בני ישראל ייי גיברא **עביד** קרבינן בכל דר ודר מודע EX 15:3
טלטול גלותיה דהות **עבידא** עילוהי מלקדמין בגינוניתא GN 4:16
בפרסומי עניא הא היא **עבידא** עמוד דימלח: ואקדם GN 19:26
אלקכון לא תעבדון כל **עבידתא** אתון ובניכון ובנתיכון EX 20:10
ייי אדם בדיוקנא דייי **עבידתיה:** דכר ונוקבא ברנון ובריך GN 5:1
תיפלחון ותעבדון כל **עבידתכון:** ויומא שביעאה שבא EX 20:9
דידה ועד שושנייהא **עובד** אומן בקרנסא היא מתעבדא NU 8:4
ית משה: ועבד ית חושנא **עובד** אומן הי כעובד איפודא EX 39:8
ולמכפרא על דינייא **עובד** אומן הי עובד איפודא EX 28:15
מסדרין הי כילדותהון: **עובד** אומן יהויין מרגלייתא גליף EX 28:11
וצבע זהורי ובוץ שזיר **עובד** אומן יעביד יתה ציורין כרובין: EX 26:31
ובגו צבע זהורי ובגו בוצא **עובד** אומן: כתפין עבדו ליה מלפפן EX 39:3
וצבע זהורי ובוץ שזיר **עובד** אומן עבד יתה כרובין צייורין: EX 36:35
וצבע זהורי צורת כרובין **עובד** אומן עבד יתהון: אורכא EX 36:8
דכסף ממינא קשיא **עובד** אומן תעבד יתהון ויהון לך NU 10:2
וצבע זהורי ובוץ שזיר **עובד** אומן: תרתין כיתפין מלפפן EX 28:6
תמן לפלחי טעוותא **עובד** אידיהון דבני נשא מן קיסא DT 4:28
על דינייא עובד אומן הי **עובד** איפודא תעבדיניה דדהבא EX 28:15
וית קטורת בוסמיא דכי **עובד** בוסמנו: ועבד ית מדבחא EX 37:29
קודשא בושם מתבשם **עובד** בשמא ממזית משח רבות EX 30:25
מקף לפומיה חזור חזור **עובד** גרדא הי כפום שיריא יהי ליה EX 28:32
ועבדו ית כיתונין דבוץ **עובד** גרדי לאהרן ולבנוי: וית EX 39:27
ועבד ית מנטר מעילא **עובד** גרדי שזיר תיכלא: ופום מנטר EX 39:22
דמו מה דמרחק קדם ייי **עובד** ידי אומן ולא ישוי בטומרא DT 27:15
דמו מה דמרחק קדם ייי **עובד** ידי אומן ושוי בטומרא הוון DT 27:15
קטרת בוסמין בוסם **עובד** ממזיג מערב דכי קודשא: EX 30:35
דפקיד ייי ית משה: ודין **עובד** מנרתא מינא קשיא דדהב עד NU 8:4
לבוש וכל מנא דצלא וכל **עובד** מעזי קרנא וגרמא וכל מאן NU 31:20
נחשא: ותעביד ליה קנקל **עובד** מצדתא דנחשא ותעבד על EX 27:4
ועבד למדבחא קנקל **עובד** מצדתא דנחשא תחות EX 38:4
מכל תפנוקי מיכל פרעה **עובד** נחתום ועופא אכיל יתהום מן GN 40:17
וארגוונא וצבע זהורי **עובד** ציור היכמה דפקד ייי ית משה: EX 39:29
רעיוניהון וקמור תעביד **עובד** ציור: ולבני אהרן תעביד EX 28:39
וצבע זהורי ובוץ שזיר **עובד** צייור: וית עמודוי חמשא וית EX 36:37
ופרסא דתרע דרתא **עובד** צייור מחטא דתיכלא EX 38:18
וצבע זהורי ובוץ שזיר **עובד** צייור מחטא: ותעבד לפרסא EX 26:36
וצבע זהורי ובוץ שזיר **עובד** צייור מחטא עמודיהון EX 27:16
חושנא שישלן מתחמן **עובד** קליעא דדהב דכי: ועבדו EX 39:15
חושנא שישלן מתחמן **עובד** קליעא דדהב דכי: ותעביד על EX 28:22
דכי מתחמן תעבד יתהון **עובד** קליעא ותיתן ית שושלתא EX 28:14
ייי לאיתפרעא מנהון על **עובד** קרתא ומוגדלא דבנו בני נשא: GN 11:5
טבא כלו קבל אגרא ואגר **עובדא** בישא כלו קבל זיינה יתבני NU 21:27
ביניהון ביומא ההוא ית **עובדא** דייי ארום דחיל הוא דאנא EX 34:10
אינון כתיבין: ולוחיא **עובדא** דייי הינון וכתבא כתבא דייי EX 32:16
אתון חמיין ית כל **עובדא** דייי רבא דעבד: ותינטרון ית DT 11:7
ושאול הוא זמרי דעבד **עובדא** דכנענאי דשיטים: ובנוי דלוי GN 46:10
אנפוי למדכר עליהון **עובדא** דעיגלא דעבדו תמן: וזקף NU 24:1
ית אהרן דאתרחק על **עובדא** דעיגלא וטול ית לבושיא LV 8:2
ולמיגמול בה חיסדא וית **עובדא** דשורת דינא ודיעבדון מלגוו EX 18:20
יהודה אנת אודיתא על **עובדא** דתמר בגין כן לך יהודון אחך GN 49:8
ואמר להום יוסף מה **עובדא** הדין דעבדתון הלא ידעתון GN 44:15
לזמנא דחזי לה ביומי **עובדא** ולא בשביה ומועדייא EX 13:10
וריחמא בגין דחמא **עובדהא** דתקנן כעובדיה אימיה GN 24:67
כתיב תקיף דשלמין **עובדוי** ארום כל אורחתוי דינא DT 32:4
דטליא ולא דן יתיה לפום **עובדוי** בישיא דעתיד למיעבד GN 21:17
מרמם: ית אתותיה וית **עובדוי** דעבד בגו מצרים לפרעה DT 11:3
ומכדב ואוף לא דמיין **עובדוי** לעובדי בני ביסרא NU 23:19
דאחוי הוה מחבל **עובדוי** על ארעא דלא למקמה בנין GN 38:9
בכל עללתכון ובכל **עובדי** אידיכון ותהוון ברם חדיין DT 16:15
מימרא דייי אלקכון בכל **עובדי** ידיכון: ארום תשבטון DT 24:19
לטבא דתצלחון בכל **עובדי** ידיכון בוולדא דמעכון ובפירי DT 30:9
דיברככון ייי אלקכון בכל **עובדי** ידיכון דתעבדון: מסוף DT 14:29
בניסן ולברכא ית כל **עובדי** ידיכון ותוזפון לעממין DT 28:12
אלקכון בריך יתכון בכל **עובדי** ידיכון סופיק צורכיכון DT 2:7
לקריבוי דהינון עבדין **עובדי** עמיה יתחל עליהון: לא LV 21:4
ייי שדרני למעבד ית כל **עובדיא** האילין ארום לא מן רעות NU 16:28
חסינייא האיליין וסכום **עובדיא** טביא דעים חדא מן NU 23:10
ולסנאיהון אשלים אגר **עובדיהון** בישיא: אירוי גירדי מן DT 32:41
וזרח ומית ער ואונן על **עובדיהון** בישייא דארעא דכנען GN 46:12

הכדין אינון אכזראין: הלא **עובדיהון** דהינון עבדין בטומרא DT 32:34
סהדינן ודיינן: ארום **עובדיהון** דעמא האילין דמיין DT 32:32
עובדין טבין והא אבאישו **עובדיהון** הא יהבית להון ארכא GN 6:3
דרא עוקמנא דאשניו **עובדיהון** ואוף סדר דינייה דעלמא DT 32:5
מן שירויא ויקבלון אגר **עובדיהון** והינון הוון מן סביא NU 11:26
דזכיי וקשיט הוא: חבילו **עובדיהון** טביא בניא חביבייא DT 32:5
דרין: ומשלים לסנאוי אגר **עובדיהון** טביא בעלמא הדין מן DT 7:10
בגין ישראל וכדון חבילו **עובדיהון** עמך דאסיקת מארעא EX 32:7
ארעא חטופין מן **עובדיהן** בישיא והא אנא מחבלהון GN 6:13
לית בדינא ועל דהוו פירי **עובדיי** טבין מדידך וקדמין לדידך GN 4:8
מן קדם בישות **עובדיכון** דשבקתון דחלתי: יאדק DT 28:20
פרעה לאחוי דיוסף מה **עובדיכון** ואמרו לפרעה רעי ענא הוו GN 47:3
יברככון ייי אלקכון בכל **עובדיכון** ובכל אושטות ידיכון: DT 15:10
ארום חבלא תחבלון **עובדיכון** ותטעון מן אורחא DT 31:29
פרעה ויימר תנון לי מן **עובדיכון:** ותימרון מרי גיתי הוו GN 46:33
הוון זהירין דלא תחבלון **עובדיכון** ותעבדון לכון צלם דמו DT 4:16
בארעא ותחבלון **עובדיכון** ותעבדון לכון צלם דמות DT 4:25
למשלמא לכון אגר **עובדיכון** טביא ואיתקוף יתכון LV 26:9
אמרו לא גלי׳ קדם ייי **עובדין** בישיא הא בכן נחתו עליהון GN 19:24
ועל מלכותי חובא רבא **עובדין** דלא כשרין לאיתעבדא GN 20:9
עלמא אבל לא כפירי **עובדין** טבין הוא מידבר ומסב אפין GN 4:8
איתברי עלמא וכפירי **עובדין** טבין הוא מידבר ומסב אפין GN 4:8
בהום מן בגלל די יעבדון **עובדין** טבין והא אבאישו עובדיהון GN 6:3
ויהון פסקין מהימניא מרי **עובדין** טבין ויהון מיטלטלין DT 32:36
לך חובך ואין לא תייטיב **עובדך** בעלמא הדין ליום דינא רבא GN 4:7
וחגא דחצדא ביכורי **עובדך** דתיזרע בחקלא וחגא EX 23:16
לזיתך: שיתא יומין תעבד **עובדך** וביומא שביעאה תנוח מן EX 23:12
דחמיתא דלא אהניין **עובדך** ולא קביל מימרא דייי מינך NU 31:8
קומך בעלמא הדין אגר **עובדך** טביא נטיר ומתקן קדמי GN 15:1
דאנפך: הלא אם תייטיב **עובדך** ישתביק לך חובך ואין לא GN 4:7
דשתא במכנשך ית **עובדך** מן חקלא: תלתי זימנין EX 23:16
על עמא: ואמר ייי למשה **עיבד** לך חיווי חורמן דנחש ושוי NU 21:8
ייי עם משה למימר: **עיבד** לך מדילך תרתין חצוצרן NU 10:2
אנא מחבלהון עם ארעא: **עיבד** לך תיבותא דקיסין קדרונין GN 6:14
זהוהין ואמר ליה קום **עיבד** לנא דחלן דיטיילון קדמנא EX 32:1
הוא דאטעינון: ואמרו לי **עיבד** לנא דחלן דיטיילון קדמנא EX 32:23
אפשר דיתעבד לכל **עיבדתא** ברם תריב חיוא דמיכשרא LV 7:24
וכדון כל דאמר ייי לך **עיביד:** וקם יעקב וסובר ית בנוי וית GN 31:16
וכל בר נש דיעבד כל **עיבידא** ביכרן יומא הדין ואוביד ית LV 23:30
שיתא יומין תתעבד **עיבידא** וביומא שביעאה שבא LV 23:3
ונייחא מארע קדיש כל **עיבידא** לא תעבדון שבתא היא לייי LV 23:3
יוסף ביומא תליתאה דא **עיבידו** ואתקיימו מן קדם ייי אנא GN 42:18
וליבניא אמרין לנא **עיבידו** והא עבדך לקיין וחובתהון EX 5:16
ליוסף אמר לאחך די **עיבידו** טעינו ית בעיריכון וטיילו GN 45:17
מגו ליואי: ודא תקנתא **עיבידו** להון וייחון בחיי דצדיקי NU 4:19
ביה יקרב לשימושיה: דא **עיבידו** סבו לכון מחתיין קרח וכל NU 16:6
אבוהון אין כדין הוא דא **עיבידו** סבו ממא דמשתבח בארעא GN 43:11
בגין כן אימר לאחך דא **עיבידו** סיבו לכון מארעא דמצרים GN 45:19
הא אמתיך ברשותיך **עיבידי** לה דתקין בעיניכי וסגפתא GN 16:6
מדין קטול לחוד בוטלן **עיבידיתיה** וצעריה ונזקיה ובהתיה EX 21:19
קיסא למיעבד בכל **עיבידת** אומנוון: ולמילף אומנותא EX 35:33
ישראל ותיתן יתיה על **עיבידת** משכן זימנא ויהי לבני EX 30:16
ייי ית משה: ושלימת כל **עיבידת** משכנא משכן זימנא ועבדו EX 39:32
חכימות ליבא למעבד כל **עיבידת** נגר ואומן וצייר בתיכלא EX 35:35
למידע ולמיעבד ית כל **עיבידת** פולחן קודשא לכל מה EX 36:1
עימיה קיסין דשיטא לכל **עיבידת** פולחנא היתיו: וכל איתא EX 35:24
מארע קדיש יהי לכון כל **עיבידת** פולחנא לא תעבדון: LV 23:7
יבבא מארע קדיש: כל **עיבידת** פולחנא לא תעבדון LV 23:25
דחגא מארע קדיש כל **עיבידת** פולחנא לא תעבדון: LV 23:35
דחגא מארע קדיש כל **עיבידת** פולחנא לא תעבדון: NU 28:18
מארע קדיש יהי לכון כל **עיבידת** פולחנא לא תעבדון: NU 28:26
ותשמיש דעריס כל **עיבידת** פולחנא לא תעבדון: NU 29:7
קדיש תהוי לכון כל **עיבידת** פולחנא לא תעבדון: NU 29:35
קדם ייי על מיטרא כל **עיבידת** פולחנא לא תעבדון: איליין LV 23:36
מארע קדיש יהי לכון כל **עיבידת** פולחנא לא תעבדון: וביומא NU 28:25
דחגא מארע קדיש כל **עיבידת** פולחנא לא תעבדון: ומליל LV 23:8
מארע קדיש יהי לכון כל **עיבידת** פולחנא לא תעבדון ותחגון NU 29:12
שבת שבתא הוא לכון כל **עיבידת** פולחנא לא תעבדון ותענון LV 16:31
מארע קדיש יהי לכון כל **עיבידת** פולחנא לא תעבדון יום NU 29:1
מערע קדיש יהי לכון כל **עיבידת** פולחנא לא תעבדון קיים LV 23:21
במותנא מגו עמיה: כל **עיבידת** פולחנא לא תעבדון קיים LV 23:31
ולעמרא או בצלא או בכל **עיבידת** צלא: ויהי מכתשא ירוק או LV 13:48
חכימיא דעבדין ית כל **עיבידת** קודשא גבר גבר EX 36:4
לעיבידתא בכל **עיבידת** קודשא והוה סכום דהב EX 38:24

בגניבותיה ולית בה **עיבידתא:** אין בחרכא דכותלא EX 21:37
אלקכון לא תעבדון כל **עיבידתא** אתון ובניכון ובנתיכון DT 5:14
כל מאן דתיתעבד בהון **עיבידתא** בארבעין סאוין דמוי LV 11:32
קדם ייי כל מאן די עביד **עיבידתא** ביומא דשבתא אתקטלא EX 31:15
נייחא קדם ייי כל דיעבד **עיבידתא** ביומא דשבתא אתקטלא EX 35:2
לחיילא חילא למעבד **עיבידתא** במשכן זימנא: דא היא NU 4:23
כל דאתי לחילא למעבד **עיבידתא** במשכן זימנא: דא פולחנת NU 4:3
בנייחא לבלחודיי לרגל **עיבידתא** דאית קדמיי ולרגל אולפן GN 33:14
עימהן לאיתתא לכל **עיבידתא** דפקיד ייי למעבד בידא EX 35:29
ובנגרות קיסא למעבד כל **עיבידתא:** ואנא הא מניית עימיה ית EX 31:5
אימת אעביד אוף אנא **עיבידתא** ואנא זקיק לפרנסא אינשי GN 30:30
דכר ולא אטרחא באבצן **עיבידתא** ואפסרא וקטרבא ולא NU 19:2
שיתא יומין תתעבד **עיבידתא** וביומא שביעאה יהי לכון EX 35:2
שיתא יומין יתעביד **עיבידתא** וביומא שביעאה שבת EX 31:15
לאשלמות בהון ית **עיבידתא** ובנגרות קיסא למיעבד EX 35:33
משכנא וגמר משה ית **עיבידתא:** וחפא ענן יקרא ית משכן EX 40:33
ארום כל מאן דיעבד בה **עיבידתא** וישתיצי בר נשא ההוא EX 31:14
בסוכלתנו ובמנדעא ובכל **עיבידתא:** ולאלפא אומנוון למעבד EX 35:31
ובבוצא וגרדי עבדי כל **עיבידתא** ומלפי אומנוון: ויעבד EX 35:35
הות כמיסת לכל **עיבידתא** ועבדו יתה וברם שיירו: EX 36:7
ומייתן יתהון לצרוך **עיבידתא:** ותייבין ענני שמייא EX 35:27
מארע קדיש יהי לכון כל **עיבידתא** לא יתעביד בהון לחוד מן EX 12:16
קורבנא קדם ייי: וכל **עיבידתא** לא תעבדון בכרן יומא LV 23:28
ותשמיש ערסא וכל **עיבידתא** לא תעבדון יציבא וגיורא LV 16:29
ואיתתא לא יעבדון תוב **עיבידתא** לאפרשות קודשא ופסק EX 36:6
ובמנדעא ובכל **עיבידתא:** למיחשב ברעיונהון היך EX 31:3
ייי אלקכון לא תעבדון **עיבידתא:** שובעא שבועין תימנון DT 16:8
יתיה ארום ביה נח מכל **עיבידתיה** דברא אלקים ועתיד GN 2:3
ונח ביומא שביעאה מכל **עיבידתיה** דעבד: ובריך אלקים ית GN 2:2
אלקים ביומא שביעא **עיבידתיה** דעבד ועישרתי עיסקין GN 2:2
תפלחון ותעבדון כל **עיבידתכון:** ויומא שביעאה שבי DT 5:13
דחקין למימר אשלימו **עיבידתכון** פיתגם יום ביומיה EX 5:13
דהא אישתרי מן יומא דין **שיעבוד** מצראי ואיתאמר להום GN 37:17
מן ארעא דמצראי מן בית **שיעבוד** עבדיא: דבירא תיניינא כד EX 20:2
למצרים על עיסק **שיעבודא** דיפסקת עם אברהם GN 46:3
אבן ספירינון מידכר **שיעבודא** דשעבידו מצראי ית בני EX 24:10
ישראל וארום גלי קדמוי **שיעבודהון** וגחנו וסגידו: ובתר כדין EX 4:31
מארעא דמצרים מבית **שעבוד** עבדיא: דדברך ברחמין DT 8:14
ייי ממצרים פריקין מבית **שעבוד** עבדיא: והוה כד אקשי EX 13:14
מן ארעא דמצרים מבית **שעבוד** עבדיא: וכל ישראל ישמעון DT 13:11
ודי פרקכון מבית **שעבוד** עבדיא לאטעיותכון מן DT 13:6
תקיפתא ופרקכון מבית **שעבוד** עבדיא מן ידא דפרעה DT 7:8
מארעא דמצרים מן בית **שעבוד** עבדיא: מן קדם ייי אלקכון DT 6:12
מן ארעא דמצראי מבית **שעבוד** עבדיא: עמי בני ישראל לא DT 5:6
פריקין ממצרים מבית **שעבוד** עבדייא ארום בתקוף גבורת EX 13:3
לעיין ומשלהיין מסוגי **שעבודא** דמצראי ומן דלוחי גללי DT 25:18
יעקב: וגלי קדם ייי צער **שעבודהון** דבני ישראל וגלי קדמוי EX 2:25
משעבדין ותברית ניר **שעבודהון** מעילויכון ודברית יתכון LV 26:13
תלתי סליא תלתי **שעבודיא** הינון דעתידין בית GN 40:18
בכין תהי פריק ניר **שעבודיה** מעל צוורך: ונטר עשו שנא GN 27:40
ליליא וית אימר תיניין **תעבד** ביני שימשתא למכפרא על NU 28:4
תדירא: ית אימר חד **תעבד** בצפרא למכפרא על חובי NU 28:4
ממינא קשיא עובד אומן **תעבד** יתהון ויהון לך לערעא NU 10:2
מרמצן דדהב **תעבד** יתהון: ותסדר ית תרתין EX 28:11
ויתרק בהון דדהב דכי **תעבד** יתהון: ותסדר על פתורא EX 25:29
שישלן דדהב דכי מתחמן **תעבד** יתהון עובד קליעא ותיתן ית EX 28:14
צפרא והי כניסוכא **תעבד** לה לאתקבלא ברעוה קרבנא EX 29:41
ותדכי יתהון: וכדין **תעבד** להון לדכואיהון ארי עליהון NU 8:7
להון קמורין וכובעין **תעבד** להון ליקר ולתושבחא: EX 28:40
ותתיביניה ליה: והכדין **תעבד** לחמריה והכדין תעבד DT 22:3
תעבד לחמריה והכדין **תעבד** לכסותיה והכדין תעביד לכל DT 22:3
לזיתך: שיתא יומין **תעבד** עובדך וביומא שביעאה תנוח EX 23:12
ובינך ונגזור קים עמך: אם **תעבד** עימנא בישא היכמא דלא GN 26:29
לניסוכא רבעות הינא **תעבד** על עלתא או לניכסת NU 15:5
וארבעין חומרין דכסף **תעבד** תחות עשרין לוחין תרין EX 26:19
כל עיבידת פולחנא לא **תעבדון:** איליין זימני סידרי LV 23:36
קדם ייי: וכל עיבידתא לא **תעבדון** בכרן יומא הדין ארום יומא LV 23:28
בסוף יומייא ארום **תעבדון** דביש קדם ייי לארגזא DT 31:29
בתריכון עד עלמא ארום **תעבדון** דכשר קדם ייי אלקכון: DT 12:28
דם זכאיי מביניכון ארום **תעבדון** דכשר קדם ייי: ארום DT 21:9
ולבניכון בתריכון ארום **תעבדון** דכשר קדם ייי: לחוד בעירי DT 12:25
לענכון ודנפיק מפומכון **תעבדון:** ואמר בני גד ובני ראובן NU 32:24
כל עיבידת פולחנא לא **תעבדון:** וביומא דביכוריא NU 28:25
מעיל יתכון לתמן לא **תעבדון** ובנימוסיהון לא תהכון: ית LV 18:3
דכשרין לאתעובדא **תעבדון** ודלא כשרין לאתעובדא DT 23:24
דיתיתיבתון בה לא **תעבדון** והי כעובדין בישין דעמא LV 18:3
כשרין לאתעובדא לא **תעבדון** והיכמא דנדרתון תשלמון DT 23:24
וית צורת כל מנוי והיכדין **תעבדון:** ויעבדון ארונא דקיסי EX 25:9
לא תהכון: ית סידרי דיניי **תעבדון** וית קיימיי תיטרון להלכא LV 18:4
לות יוסף דיימר לכון **תעבדון:** וכפנא הוה על כל אנפי GN 41:55
כל עיבידת פולחנא לא **תעבדון:** ומליל ייי עם משה למימר: LV 23:8
כל עיבידת פולחנא לא **תעבדון** ותחגון חגא דמטליא קדם NU 29:12
כל עיבידת פולחנא לא **תעבדון** ותענון ית נפשתיכון קיים LV 16:31
כל עיבידת פולחנא לא **תעבדון:** ותקרבון עלתא לאתקבלא NU 28:26
כל עיבידת פולחנא לא **תעבדון:** ותקרבון עלתא קדם ייי NU 29:7
כל עיבידת פולחנא לא **תעבדון:** ותקרבון עלתא קרבן NU 29:35
כל עיבידת פולחנא לא **תעבדון** ותקרבון קורבנא לשמא LV 23:25
כל עיבידת פולחנא לא **תעבדון:** ותקרבון קרבנא לשמא דייי LV 23:7
כל עיבידת פולחנא לא **תעבדון:** ותקרבון קרבנא עלתא NU 28:18
וארום תשתלון ולא **תעבדון** חדא מכל פיקודיא האילין NU 15:22
וית סידרי דיניי ולא **תעבדון** חדא מכל תועבתא LV 18:26
כל עיבידת פולחנא לא **תעבדון** יום יבבא יהי לכון NU 29:1
ערסא וכל עיבידתא לא **תעבדון** יציבא וגיורא דיתגייר LV 16:29
צפרא די לעלת תדירא **תעבדון** ית איליין קורבנייא: כאילין NU 28:23
תסקון עלוותכון ותמן **תעבדון** ית כל מה דאנא מפקיד DT 12:14
ואמר להון משה אין **תעבדון** ית פיתגמא הדין אין NU 32:20
לאחסנא קדם ייי: ואין לא **תעבדון** ית פיתגמא הדין הא חבתון NU 32:23
הדין בין שימשתא **תעבדון** יתיה בזימניה ככל קיימוי NU 9:3
ככל קיימוי וככל דינוי **תעבדון** יתיה:: ועבדו ית פיסחא NU 9:3
לא יתמרק ובדמוייה לא **תעבדון** כוותיה קודשא הוא EX 30:32
קורבני יומא קמאה **תעבדון** כל יומא שובעא יומין NU 28:24
ונייח קדם ייי אלקכון לא **תעבדון** כל עבידתא אתון ובניכון EX 20:10
ונייח קדם ייי אלקכון לא **תעבדון** כל עיבידתא אתון ובניכון DT 5:14
ולא תפלחינון ולא **תעבדון** כעובדיהון בישיא ארום EX 23:24
הילכת דינא דיימרון לכון **תעבדון** לא תיסטון מן פיתגמא DT 17:11
בסרהוביא: ארום אין כדין **תעבדון** לכון אגוריהון תסתרון DT 7:5
טעוון ודחלן דמתכן לא **תעבדון** לכון אנא ייי אלקכון: וארום LV 19:4
אנא הוא ייי אלקכון: לא **תעבדון** לכון טעוון וצילמין וקמתין LV 26:1
דחלן דמתכא לא **תעבדון** לכון: ית חגא דפטיריא EX 34:17
דכסף ודחלן דדהב לא **תעבדון** לכון: מדבח אדמתא תעביד EX 23:23
אלק אוחרן בר מיני: לא **תעבדון** לכון צלם וכל דמו דבשמיא DT 5:8
עמי בית ישראל: לא **תעבדון** לכון צלם וצורה וכל דמו EX 20:4
דפקידתינון בסיני לא **תעבדון** לכון צלם וצורה וכל דמו EX 32:8
בסיני מן פום קודשא לא **תעבדון** לכון צלם וצורה וכל דמו EX 32:19
דתעבד בדמוייה לא **תעבדון** לכון קודשא תהי לכון קדם EX 30:37
האילין: חגא דמטליא **תעבדון** לכון שובעא יומין DT 16:13
דתעבדון קרבנא הכדין **תעבדון** לכל חד וחד לפום סכומהון: NU 15:12
ייי אלקכון לכון: היכנא **תעבדון** לכל קירויא דרחיקן מינכון DT 20:15
עמי בני ישראל לא **תעבדון** למסגוד דמות שימשא EX 23:23
לחוד לגובריא האילין לא **תעבדון** מידעם ביש ארום בגין כן GN 19:8
בלחודוי: ולעולימתא לא **תעבדון** מידעם ביש לית DT 22:26
מאלפי אורייתי ולא **תעבדון** מן ריעוונכון ית כל LV 26:14
קדם ייי אלקכון לא **תעבדון** עיבידתא: שובעא שבועין DT 16:8
ותרין עשרונין לדיכרא **תעבדון:** עשרונא עשרונא תעביד NU 28:20
ונעביד כדין אוף אנן: לא **תעבדון** פולחנא כדין לייי אלקכון DT 12:31
כל עיבידת פולחנא לא **תעבדון** קיים עלם בכל מותבניכון LV 23:21
כל עיבידת פולחנא לא **תעבדון** קיים עלם לדריכון בכל LV 23:31
כל עיבידת פולחנא לא **תעבדון:** שבעתי יומין תקרבון LV 23:35
קדיש כל עיבידא לא **תעבדון** שבתא היא לייי בכל אתר LV 23:3
אנא הוא ייי אלקכון: לא **תעבדון** שיקרא בסידרי דינא LV 19:35
מן עלת תדירא ומנחתיה **תעבדון** שלמין יהוון לכון וחמר NU 28:31
מסוף שבעתי שנין **תעבדון** שמיטתא: ודין אחוית DT 15:1
מאלקך אנא ייי: לא **תעבדון** שקר בסדר דינא לא LV 19:15
תתאין תניינין ותליתאין **תעבדינה:** ואנא האנא מייתא ית GN 6:16
אומן הי עובד איפודא **תעבדיניה** דדהבא תיכלא וארגוונא EX 28:15
ציטרה בבית ליפופה וכן **תעביד** באימרה דיריעתא בבית EX 26:4
חד: וית אימרא תיניינא **תעביד** ביני שימשתא הי כמנחת EX 29:41
וית אימרא תיניינא **תעביד** ביני שימשתא: ועשרונא EX 29:39
קדם ייי: וית אימר תניין **תעביד** ביני שמשתא הי כדורונא NU 28:8
תניין: חמשין ענובין **תעביד** ביריעתא חדא וחמשין EX 26:5
חדא וחמשין ענובין **תעביד** בציטרא דיריעתא דבבית EX 26:5
תדירא: ית אימרא חד **תעביד** בצפרא וית אימרא תיניינא EX 29:39
ברעוא קדם ייי: וארום **תעביד** בר תורי עלתא או נכסתא NU 15:8
דהבא וית עיזקתהון **תעביד** דהבא אתרא לנגרין ותחפי EX 26:29
אין ית פיתגמא הדין **תעביד** דתיהי פני מן דינא ויפקדינך EX 18:23
דאימליל עימך יתיה **תעביד:** וקם בלעם בצפרא וזריז ית NU 22:20
דייי אלקך ודכשר קדמוי **תעביד** ותצית לפיקודוי ותינטור EX 15:26
מיכא מן כפורתא **תעביד** ית כרובייא מתרין ציטרוי: EX 25:19

בוסמיא דקיסי שיטא **תעביד** יתהון: אמתיה אורכיה EX 30:1
זיתא מן סמידא חדינטין **תעביד** יתהון: ותיתן יתהון על סלא EX 29:2
כרובין דדהב דכי נגיד **תעביד** יתהון מתרין ציטרי כפורתא: EX 25:18
משכנא חדיסירי יריען **תעביד** יתהין: אורכא דיריעתא חדא EX 26:7
חליל לוחין מלי עפרא **תעביד** יתיה הי כמא דאחמיתך EX 27:8
או דחסיר כוליא נסיבא **תעביד** יתיה ולנידרא לא יהי לרעוא: LV 22:23
וצבע זהורי ובוץ שזיר **תעביד** יתיה: מרבע יהי עיף זרתא EX 28:15
קדם פרעה למימר למה **תעביד** כדין לעבדך: תיבנא לא EX 5:15
עובד ציור: ולבני אהרן **תעביד** כיתונין ותעביד להון קמורין EX 28:40
תעבדון: עשרונא עשרונא **תעביד** לאימר חד הכדין לשובעא NU 28:21
תפריש קדמיי: היכדין **תעביד** לבוכרי תורך ועניך שובעא EX 22:29
ולטעוותהון קיים: לא **תעביד** להון שכונן בארעך דילמא EX 23:33
שיתא לוחין: ותרין לוחין **תעביד** לזיווית משכנא בסופיהון: EX 26:23
תיתן לי מדעם אוחרן אין **תעביד** לי פיתגמא הדין איתוב GN 30:31
דמן אנת סני לך לא **תעביד** ליה אנא ייי: ית קיימיי LV 19:18
דמה את שני לך לא **תעביד** ליה ארום דיירין הויתון LV 19:34
תושיט ידך לטלייא ולא **תעביד** ליה מידעם ביש ארום כדון GN 22:12
חזור: ותרתין עיזקן דדהב **תעביד** ליה מלרע לזיריה על תרין EX 30:4
ותורא דחטאתא **תעביד** ליומא על כיפוריא ותדכי EX 29:36
תנוח: וחגא דשבועיא **תעביד** לך בזמן ביכורי חצד חינטין EX 34:22
תעבד לכסותיה והכדין **תעביד** לכל אבידתא דאחוך די DT 22:3
ציטר חד בגו חד הכדין **תעביד** לכל לוחי משכנא: ותעביד EX 26:17
תיכול חיות ברא כדין **תעביד** לכרמך לזיתך: שיתא יומין EX 23:11
ופולחנא לא יפלח הכדין **תעביד** לליואי עד תיעלון לארעא NU 8:26
לכון: מדבח אדמתא **תעביד** לשמי ודהי דבח עלוי ית EX 20:24
ואין מדבח אבנין **תעביד** לשמי לא תבני יתהן חציבן EX 20:25
מאה וחמשין קולין **תעביד** לתיבותא בשמאלא ותלתין GN 6:14
לאימר חד: או לדיכרא **תעביד** מנחתא תרין עשרונין NU 15:6
ומחתייתיה כל מני **תעביד** נחשא: ותעביד ליה קנקל EX 27:3
מגיסי רעיוניהון וקמור **תעביד** עובד ציור: ולבני אהרן EX 28:39
כטיבותא דיעבדית עימך **תעביד** עימי ועם ארעא דדרתא בה: GN 21:23
לזיריה על תרין זיויתיה **תעביד** על תרין ציטרוי ויהי EX 30:4
בטוורא: וית משכנא **תעביד** עשר יריען דבוץ שזיר EX 26:1
דצפרא והי כניסוכיה **תעביד** קרבן דמתקבל ברעוא קדם NU 28:8
ולסייפי משכנא מערבאה **תעביד** שיתא לוחין: ותרין לוחין EX 26:22
ישראל גבר בחבריה לא **תשעבדון** בהון בקשיו: וארום תארע LV 25:46
כנימוסי זבין עבדיא: לא **תשעבדון** ביה בקשיו ותידחל LV 25:43
וניסוכא: עלת שבתא **תתעבד** בשבתא ומיתוספא על NU 28:10
סמידא רתח במשח **תתעבד**: ותהנעל ית מנחתא LV 2:7
די תקרבון קדם ייי לא **תתעבד** חמיע ארום כל חמיר וכל LV 2:11
במשח זיתא פתיכא **תתעבד** מטגנא תעיל יתה מרסקא LV 6:14
מנרתא דדהב דכי נגיד **תתעבד** מנרתא בסיס דידא וקנהא EX 25:31
מועדיי: שיתא יומין **תתעבד** עיבידא וביומא שביעאה LV 23:3
יתהון: שיתא יומין **תתעבד** עיבידתא וביומא שביעאה EX 35:2

עביטא (1)

ית צילמנייא ושותינון **בעביטא** דגמלא ויתיבת עלויהום GN 31:34

עבר (221)

וסהידא קמא אין אנא לא **איעבר** לוותך ית אוגר הדין ואין GN 31:52
מואב ארום מאבוהא **איתעברת** הוא אבוהום דמואבאי GN 19:37
בארעא הדא לית אנא **אעבר** ית יורדנא ואתון עברין DT 4:22
וית עמא דמדינתא **אעבר** יתהון לקוריתא ועמא GN 47:21
לקוריתא ועמא דקוריתא **אעבר** למדינתא מן בגלל אחוי GN 47:21
דין פיתגמא דתעבדון **אעברו** ית יצרא בישא מן ליבכון LV 9:6
אנא דמצותא דפקידתני **אעברית** מיני ואיטמרית מן כיסופא: GN 3:10
פתגמי שלם למימר: **אעיבר** בארעך באורחא דהיא אורח DT 2:27
מלכא דאמוראה למימר: **אעיבר** בארעך לא נאנוס אריסן ולא NU 21:22
איתוב ארעי ענך אטר: **אעיבר** בכל ענך יומא דין אעדי GN 30:32
תיתן לי ואישתי לחוד **אעיבר** בלחודיי: היכמה דעבדו לי DT 2:28
לית פיתגם דביש בלחודי **אעיבר**: ואמר לא תעיבר ונפק NU 20:19
על מיא וקיים דלא **אעיבר** ית יורדנא ודלא איעול DT 4:21
כעובדך וכגבורתך: **אעיבר** כדון ואחמי ית ארעא טבתא DT 3:25
ואמר זכיא היא תמר מיני **אתעברת** וברת קלא נפלת משמייא GN 38:26
ושרו מן להאל לארנון **במעברא** דבמדברא דנפיק מתחות NU 21:13
עמא על טוורא דגריזים **במעברכון** ית יורדנא שמעון ולוי DT 27:12
ית פיתגמי אורייתא הדא **במעברכון** מן בגלל דתיעלון DT 27:3
מעתד על טינרא: ויהי **במעיבר** יקר שכינתי ואישוינך EX 33:22
דאתר אבל מצרים די **בעברא** דיירדנא: ועבדו בנוי ליה GN 50:11
עד בית אידרי דאטד די **בעוברא** דיירדנא וספדו תמן מספד GN 50:10
ואגין במימרי עלך עד זמן **דאיעיבר**: ואעבר ית כיתי מלאכיא EX 33:22
דיתבין בלחיית עד זמן **דאיעיבר** ית יורדנא לארעא דייי DT 2:29
אי ניחא לקמך דלי מיני **דאעבור** ית יורדנא ואחמי בטובתא DT 32:50
סיב מן גניסת בני ישראל **דיעבר** מזרעיה למולך למיתוקדא LV 20:2
חושנא על שיפמיה **דלעברא** דאפודא לגיו: ועבדו תרתין EX 39:19
חושנא על שיפמיה **דלעברא** לאפודא לגיו: ותעביד EX 28:26

תלת ירחין אשתמודעה **דמעברה** היא ואיתי ליהודה GN 38:24
בשבילי רשותא עד **דניעיבר** תחומך: ואמר ליה אדומאה NU 20:17
מלכא דבשמים נזיל עד **דניעיבר** תחומך: ולא שבק סיחון ית NU 21:22
עמא על אהרן כד חמון **דעבר** זימנא דקבע להון ואזל סטנא EX 32:1
ליה כדין ינתנון כל מאן **דעבר** על מניינייא פלגות סילעא EX 30:13
בסילעי קודשא לכל מאן **דעבר** על מניינא מבר עשרין שנין EX 38:26
קדם ייי: כל מאן **דעבר** על מניינייא מבר עשרין שנין EX 30:14
או חמא חד מעלמא **דעבר** על פיתגמי מומתא או ידע LV 5:1
יומין בתר מותיה עד **דעברו** יורדנא ועלו לסייפי ארעא EX 16:35
גיתי פלישתאי ובגין **דעברו** על גזירת מימרא דייי ונפקו EX 13:17
לתמן למירתה: לא סהדין **דעברין** מן עלמא אנא מסהיד בכון DT 30:19
בני ישראל למימר ארעא **דעברנא** בה לאללא יתה ארעא NU 13:32
כנישתא למימר ארעא **דעברנא** בה לאללא יתה טבא NU 14:7
מן רקם גיעא עד **דעברנא** ית נחל טרווייא תלתין DT 2:14
ומן דלוחי גללי ימא **דעברתון** במצעיהון ולא דחלו בית DT 25:18
בגו ימא דסוף בארחא **דעברתון** ואמרית לכון לא תוספון DT 28:68
דעבד לנא ביני עממייא **דעברתון**: וחמיתון ית מרחקתהון DT 29:15
קודשא בריך הוא מזמן **דעברתון** על גיף ימא דסוף דעבד DT 1:1
בתשמיש דעריס: או גבר **דתיעיבר** עלוי רוח קינאיתא ויקני NU 5:30
לכון יומנא: ויהי ביומא **דתעברון** ית יורדנא לארעא דייי DT 27:2
דאבהתכון לכון: ויהי בזמן **דתעברון** ית יורדנא תקימון ית DT 27:4
זעירתא מיקריא ברת לוי: **ואיתעברת** איתתא וילידת ביר EX 2:2
וקבל ייי צלותא דלאה **ואיתעברת** וילידת ליעקב בר GN 30:17
לה בגין ורחל הות עקרה: **ואיתעברת** לאה וילידת בר וקרת GN 29:32
דבידך ויהב לה ועל לוותה **ואיתעברת** ליה: וקמת ואזלת ועדת GN 38:18
הוא הוה עקר ואתרווח **ואיתעברת** רבקה אינתתיה: GN 25:21
בגין כן קרת שמיה דן: **ואיתעברת** תוב וילידת בלהה GN 30:7
ייי בגין כן קרא שמיה לוי: **ואיתעברת** תוב וילידת בר ואמרת GN 29:35
בלא וולד עתיד לממת: **ואיתעברת** תוב וילידת בר וקרת ית GN 38:4
בעירא דעימיה בתיבותא **ואעבר** אלקים רוח רחמין על ארעא GN 8:1
משה בשום מימרא דייי: **ואעבר** ייי שכינתיה על אפוי וקרא EX 34:6
עלך עד זמן דאיעיבר: **ואעבר** ית כיתי מלאכיא דקימין EX 33:23
דרין שרי ושביק על חובין **ואעבר** על מרודין ומכפר על חטאין EX 34:7
למעבד יתה: ופקיד משה **ואעברו** כרוזא במשריתא למימר EX 36:6
ובתר כדין קריב יוסף **ואתעבר** קמי רחל וכסייה בקומתיה GN 33:7
במשכבה ולא בימקימה: **ואתעברן** תרתין בנת לוט מאבוהן: GN 19:36
ועל על אינתתיה **ואתעברת** וילידת בר בגו בני LV 24:10
במימריה למתן לה בנין: **ואתעברת** וילידת בר ואמרת כנש GN 30:23
שוע וגיירה ועל לוותה: **ואתעברת** וילידת בר וקראת ית GN 38:3
בצלותיה על אבימלך: **ואתעברת** וילידת שרה לאברהם בר GN 21:2
בארעא דמצראי: **ואתעברת** תוב וילידת בר ואמרת GN 29:33
וקרת שמיה שמעון: **ואתעברת** תוב וילידת בר ואמרת GN 29:34
וקראת ית שמיה יששכר: **ואתעברת** תוב לאה וילידת בר GN 30:19
עליהון מיא דחטאתא **ויעברון** גלב על כל שער בישריהון NU 8:7
עמא דייי לאגחא קרבא: **ויעיבר** לכון כל דמזרז ית יורדנא NU 32:21
למסוקיתא דעקרבית **ויעיבר** לציני טוור פרזלא ויהוון NU 34:4
ויפוק לטירת אדריא **ויעיבר** לקיסם: ויקיף תחומא NU 34:4
בה והיא לא איתחדת: **ויעיבר** עלוי רוח קנאיתא ויקני ית NU 5:14
תלתא וחומריהון תלתא: **ולעיברא** תיניינא מיכא ומיכא EX 38:15
ואתו לארעא דכנען: **ועבר** אברם בארעא עד אתר שכם GN 12:6
ועברינון ית נחלא **ועבר** ית דיליה: ואישתאר יעקב GN 32:24
לחינתוי וית חדסרי ריבוי **ועבר** ית מגזת יובקא: ודברינון GN 32:23
הוא עם כל דיליה וקם **ועבר** ית פרת ושוי ית אנפוי GN 31:21
ונפק יוסף מלות פרעה **ועבר** רב ושליט בכל ארעא דמצרים: GN 41:46
ונטלו מפירוקי חירתא **ועברו** בגו ימא ונפקו מן ימא ואזלו NU 33:8
הוא וקבילו אחוהי: **ועברו** גברי מדינאי מרי פרקמטיא GN 37:28
תרתין שנין בלחודיהן: **ועברו** יומי בכיתיה ומליל יוסף עם GN 50:4
וטכיסו ית בעיריהון **ועברו** ית יורדנא בעשרא בניסן DT 34:8
ית מגזת יובקא: ודברינון **ועברינון** ית נחלא ועבר ית דיליה: GN 32:24
תרנגולא ואתפנינא **ועברנא** אורח מדברא דמואב: ואמר DT 2:8
לכון ית נחל טרווייא **ועברנא** ית נחל טרווייא: ויומיא DT 2:13
לא חסרתון מידעם: **ועברנא** מלות אחנא בני עשו DT 2:8
הלואי יסבר לי אפין: **ועברת** דורונא קמי והוא בת GN 32:22
בעלה בטילינון ולא ידעת **ועברת** מן קדם ייי ישתביק לה: כל NU 30:13
שירותא אזדמנתון **ועברתון** על עבדכון בדיל למסעוד GN 18:5
באתריהון: אזדקפו טולו **ועיברו** ית נחלי ארנונא חמון די DT 2:24
דיהב ייי להון: כדון קומו **ועיברו** לכון ית נחל טרווייא ועברנא DT 2:13
ואחסנא בגו אחי אבוהן **ותעבר** ית אחסנת אבוהן להן: ועם NU 27:7
דשנין ארבעין ותשע שנין: **ותעבר** קל שופר יבבא בירחא LV 25:9
ימות וביר דכר לית ליה **ותעברון** ית אחסנתיה לברתיה: ואין NU 27:8
דייי אלקכון יהיב לכון: **ותעברון** ית יורדנא ותיתבון בארעא DT 12:10
רחמין קדם בעלה **ותתעבר** בבר דכר: דא אחווית NU 5:28
דמדבחא: וית כל תרבה **יעבר** היכמא דאיתעדא תריב LV 4:31
דמדבחא: וית כל תרבא **יעבר** היכמא דאיתעדא תריב אימר LV 4:35

שלמתא כל קבל דקיתא **יעבר** יתיה וית פריסותא דתרבא LV 3:9
פורקן עלמין: שיבטא גד **יעברון** מזיינין עם שאר שבטיא ית GN 49:19
ית נחלי ארנונא עד זמן די **יעברון** עמך האיליין דקנית ית EX 15:16
הי כאבנייא עד זמן די **יעברון** עמך ייי ית נחלי ארנונא עד EX 15:16
יום חד וימותון כל ענא: **יעיבר** בבעו ריבוני ויטייל קדם GN 33:14
ימא רבא היא למימר מן **יעיבר** בדילנא לעיבר ימא רבא DT 30:13
יומי נדר ניזריה גלב לא **יעיבר** על רישיה עד זמן מישלם NU 6:5
ואלימהי ארום הוא **יעיבר** קדם עמא הדין והוא יחסין DT 3:28
ואמר משה להון אין **יעיברון** בני גד ובני ראובן עימכון ית NU 32:29
תמן בקוריי גלעד: ועבדך **יעיברון** כל דמזרז חילא קדם עמא NU 32:27
גלעד לאחסנא: ואין לא **יעיברון** מזרזין עמכון ויחסנון NU 32:30
צבא סיחן מלכא דחשבון **לאעברתונא** בגו תחומיה ארום DT 2:30
ריקם באורייתא אילהין **לדעברין** עלה ארום הוא חייכון DT 32:47
לנהרא וגליאו בשריהון **למיעבר** ואמר אברם לשרי GN 12:11
לשמך וכד מטא זימנא **למיעבר** ית יורדנא למירות ית DT 32:50
למשבוק ית ישראל **למיעיבר** בתחומיה וסטא ישראל NU 20:21
מיכא וקיימו דלא **למיעיבר** דין תחום דין לבישא: NU 22:24
עם פרעה מה דייי עתיד **למעבר** אחמי ית פרעה: הא שבע GN 41:28
ארום כדין עתידין בנוי **למעבר** בחגא דמטלייא ואריק עלה GN 35:14
לציד בת עממין **למעברא** לפולחנא נוכראה ולא LV 18:21
שבק סיחון ית ישראל **למעיבר** בתחומיה וכנש סיחון ית NU 21:23
מינה: ואוסיף מלאכא דייי **למעיבר** וקם באתר דחיק דלית NU 22:26
כסף ודהב לית לי רשו **למעיבר** על גזירת מימרא דייי NU 24:13
כסף ודהב לית לי רשו **למעיבר** על גזירת מימרא דייי אלקי NU 22:18
דביש קדם ייי אלקכון **למעיבר** על קיימיה: ואזל בתר יצרא DT 17:2
בגויה מיכלא ומשקיא **לעבוריא** ולתאוביא והוה מכריז GN 21:33
ונעבדינה: ולא מן האל **לעיבר** ימא רבא היא למימר מן DT 30:13
למימר מן יעיבר בדילנא **לעיבר** ימא רבא ויסבינה לנא DT 30:13
וחמיסירי אמין ווילוון **לעיברא** עמודיהון תלתא EX 27:14
ווילוון חמיסרי אמין **לעיברא** עמודיהון תלתא EX 38:14
תבטלון רעות בני ישראל **מלמעיבר** לארעא דיהב להון ייי: NU 32:7
דרבו בריש פרוקן דהוה **מעבר** ולא עבר דהוא מחליף ולא EX 15:18
יתי ית יקרך: ואמר האנא **מעבר** כל מכילת טובי קדמך EX 33:19
דידיה מיניה אנא **מעברא** ואף על גב דאנא יקדא לית GN 38:25
גוברין וימחון איתתא **מעברא** ואפילת ית וולדהא ולא יהו EX 21:22
ירחין די תידע אין היא **מעברא** ומן בתר כדין תיעול לוותה DT 21:13
לה מלאכא הא אנת **מעברא** ותלדין בר ותקרין ית שמיה GN 16:11
ואיתתא ואפילו אין **מעברא** לא תשהוניה עד דתיליד DT 22:22
תמר כלתך ואוף הא **מעברא** לזנו ואמר יהודה הלא בת GN 38:24
אחסנתהון בקדמיתא **מעברא** לירדנא וקרת שמיה גד: GN 30:11
הי כיומי טליותא ולא **מעברא** מן מזוניה דאיבהא תיכול LV 22:13
האינון: לא ישתכח בכון **מעברין** בניהון ובנתיהון בנורא לא DT 18:10
הות תמן ריבא מפנקתא **מעברתא** ואפילת ית עוברא EX 24:10
מטת אחסנתנא לנא **מעיברא** דיורדנא מדינחא: ואמר NU 32:19
ואישתאר יעקב בלחודוי **מעיברא** ליבוקא ואתכתש מלאכא GN 32:25
אחידת אחסנתנא **מעיברא** ליורדנא: ויהב להון משה NU 32:32
תלת קירווייא תיתנון **מעיברא** ליורדנא וית תלת קירווייא NU 35:14
ארום לא נחסין עימהון **מעיברא** ליורדנא ולהלא ארום NU 32:19
שיבטא קבילו אחסנתהון **מעיברא** ליורדנא מדינחא: ומליל ייי NU 34:15
ושרון במישריא דמואב **מעיברא** לירדנא דיריחו: וחמא בלק NU 22:1
בני ישראל ולמגזר יתהום **מעיברא** לירדנא: וקרת ית שמיה GN 30:23
ית חוה איתתיה דהיא **מתעברא** מן סמאל מלאכא דייי: GN 4:1
דמתבניא בסטר תחומך: **נעיבר** כדון בארעך לא נשרגגה NU 20:17
לעבדך הכדין נעביד: נחנא **נעיבר** מזרזין קדם עמא דייי לארעא NU 32:32
עבדך עד דאיכנוס **עבוריא** האילין: והדר אמר אברהם GN 18:3
ברב מזוגייא בבשר **עביר** בגין כן לא אידכר רב מזוגיא GN 40:23
בעלמא הדין דהוא עלם **עביר** ולא נבהית באנפי אבהתיי GN 38:25
הוה בסעדיה וכל דהוא **עביר** ייי מצלח בידיה: ומשכח יוסף GN 39:3
מה הנייה אית לי דאנא **עביר** מן עלמא דלא בנין ואליעזר GN 15:2
ייי אלקכון ושכינתיה **עביר** קדמיכון הוא ישיצי ית DT 31:3
שביעיתא מחא על שבע **עבירן** די חטיתון קדמי: ואיגרי בכון LV 26:21
שבע מאחאתא על שבע **עבירן** די חטיתון קדמי: ואיתבר ית LV 26:18
אנא שבע מחן על שבע **עבירן** די חטיתון קדמי: ותיכלון LV 26:28
אנא שבע מחן על שבע **עבירן** די חטיתון קדמיי: ואיתי LV 26:24
והוא משלהי ארום חמש **עבירן** עבר בההוא יומא פלח GN 25:29
בקודש קודשיא על תלת **עבירן** קשיין דלא יתקלון עמא בית NU 35:25
בעינוי ארום אשכח בה **עבירת** פיתגם ויכתוב לה ספר DT 24:1
מטול דחמיטתון לפיתגם **עבירתא** ועל שקייא דרהטו לה ואין DT 28:35
משלהי ארום חמש עבירן **עבר** בההוא יומא פלח פולחנא GN 25:29
למידן ביה רשיעיא והא **עבר** בין פסוגיא האילין: ביומא GN 15:17
פרוקן דהוה מעבר ולא **עבר** דהוא מחליף ולא חליף דדיליה EX 15:18
מבירא דשבע כד **עבר** ית פנואל ושרי לטיילא והוא GN 32:32
וית יוסף בתראין: ואיהו **עבר** לקמיהון מצלי ובעי רחמין מן GN 33:3
ייי לכל מלכוותא דאנת **עבר** לתמן: לא תידחלון מנהון ארום DT 3:21
והיא לא איסתאבת או **עבר** עלוי רוח קנאיתא ויקני ית NU 5:14
אברהם בבירא דשבע וכד **עברו** ישראל ית ימא קטעו EX 26:28
בלחודוי ואמר לעבדוי **עברו** קדמי וניפש תשוון ביני עדרא GN 32:17
זבינתי דילמא ירגזון בכון **עברי** אורחא: וסליקו ממצרים ואתו GN 45:24
מאה סילעין דכסף טב **עברין** בכל פתור ומתקבלין בכל GN 23:16
עמא פקיד למימר אתון **עברין** בתהום אחוכון בנוי דעשו DT 2:4
אעבר ית יורדנא ואתון **עברין** ותירתון ית ארעא טבתא DT 4:22
שמעו ישראל אתון **עברין** יומא דין ית יורדנא למיעול DT 9:1
ייי עמי למימר: אתון **עברין** יומא דין ית תחום מואבאי DT 2:18
ותימר להון ארום אתון **עברין** ית יורדנא לארעא דכנען: NU 33:51
ותימר להון ארום אתון **עברין** ית יורדנא לארעא דכנען: NU 35:10
חזוי ממרא: ארום אתון **עברין** ית יורדנא למיעל למירות ית DT 11:31
יומין על ארעא דאתון **עברין** ית יורדנא למיעל לתמן DT 30:18
קיימין על ארעא דאתון **עברין** ית יורדנא תמן למירתה: DT 31:13
יומין על ארעא דאתון **עברין** ית יורדנא תמן למירתה: DT 32:47
מעילוי ארעא דאתון **עברין** ית יורדנא תמן למירתה לא DT 4:26
יתהון בארעא דאתון **עברין** לתמן למירתא: ותסתמרון DT 4:14
ירקיא: וארעא דאתון **עברין** לתמן למירתה ארע טוורין DT 11:11
ותירתון ית ארעא דאתון **עברין** לתמן למירתה: ומן בגלל DT 11:8
למעבד בארעא דאתון **עברין** לתמן למירתה: מן בגלל DT 6:1
ואמר משה מה דין אתון **עברין** על גזירת מימרא דייי ואיהי NU 14:41
ויימרון לחכימי קרתא **עברינן** על גזירת מימרא דייי בגין כן DT 21:20
דעמא הדין עלי: האנא **עברית** וחשחשית במעיי ית כל NU 11:12
תפקידתך דפקידתני לא **עברית** חדא מן פיקודייך ולא DT 26:13
דקרתא זוער: שימשא **עברית** ימא ונפק על ארעא בסוף GN 19:23
ארום בחוטרי בלחוד **עברית** ית ירדנא הדין וכדין הוינא GN 32:11
בעיטפך וחמת ארום **עברת** ויתבזי איקרי באנפהא וכדון GN 16:5
יעביד: ואתתא דלא **עברת** תריסר שנין אֲרום תִידר נדר NU 30:4
מעברתא ואפילת ית **עוברא** ואתבטש עם טינא נחת EX 24:10
צלותא דלאה ואתחלפו **עובריא** במעהון והוה יהיב יוסף GN 30:21
נחלא איתכילא על עיסק **עוברתא** דקציצו מתמן בני ישראל NU 13:24
דאתכלא וקצו מתמן **עוברתא** ואיתכל דעינבין חד NU 13:23
דלא יתקף רוגזי ואיבשיל **עיבוריכון** דגנא וקשא תריהון EX 23:19
מימרא דייי ובתר כדין **תעבירון** ארום בגין כדין באשון GN 18:5
קיתוניא קומקמוסיא **תעברון** בארבעין סווין דמוי: NU 31:23
שפודיא ואסכלתא **תעברון** בנורא וידכי בתר כדין NU 31:23
לא אישוינון עלך ואין **תעברון** על פיתגמי אורייתא EX 15:26
לירחא ביומא דכיפורייא **תעברון** קל שופר חירותא בכל LV 25:9
הדא לעבדך אחסנא לא **תעברינָנא** ית יורדנא: ואמר משה NU 32:5
יתה בעיינך ותמן לא **תעיבר**: בשבעא יומין לירחא דאדר DT 34:4
ואמר ליה אדומאה לא **תעיבר** בתחומי דילמא בשליפי NU 20:18
בלחודי אעיבר: ואמר לא **תעיבר** ונפק אדומאה לקדמותיה NU 20:20
וחמי בעינך ארום לא **תעיבר** ית יורדנא הדין: ופקיד ית DT 3:27
ומימרא דייי אמר לי לא **תעיבר** ית יורדנא הדין: ייי אלקכון DT 31:2
אוגר הדין ואין אנת לא **תעיבר** לותי ית אוגר הדין וית קמא GN 31:52
הדא למירתא מזיינין **תעיברון** קדם אחוכון בני ישראל DT 3:18

עגול (2)

ארום דכר קורבניא הוא: **ועגול** דלחים חד וגריץ דלחם פתיך EX 29:23
סדרי לחמא מאה שית **עגולין** בסידרא כל קבל שיבטוי EX 40:4

עגלה (7)

לצרוך סידורא ותורין **ועגלן** יהון למיפלח ית פולחן משכן NU 7:5
פולחנהון: וית ארבע **עגלן** וית תמנן תורי יהב לבני מררי NU 7:8
כהנא: ולבני קהת לא יהב **עגלן** ותורין ארום פולחן קודשא NU 7:9
ית קרבנהון קדם ייי שית **עגלן** כד מחפן ומטקסן ותריסר NU 7:3
ומטקסן ותריסר תורין **עגלתא** ביני תרין אמרכלין ותורא NU 7:3
ויהב לליוואי: ית תרתין **עגלתא** וית ארבעת תורי יהב לבני NU 7:7
פולחניה: ונסב משה ית **עגלתא** וית תורי ויהב לליוואי: ית NU 7:6

עגעג (1)

אדם קטיליהון לבושוי **מעגעגין** באדמא מדמי לעצור GN 49:11

עד (470)

בארעא דכנען באורחא **בעוד** סוגעי ארעא למיעול לאפרת GN 48:7
תכון בכנענאי ובפריזאי **דעד** כדון אית להום רשותא GN 13:7
לי לחוואה לגברא **דעד** כדון אית לכון אחא: ואמרו GN 43:6
ואמרן ליה האיפשר **דעד** כדון אית לנא חולק ואחסנא GN 31:14
למיחמי ולדא לא סכיית **דעד** כדון יוסף ברי קיים איזיל כדון GN 45:28
מן בגלל דבשרת ית יעקב **דעד** כדון יוסף קיים: אילין גניסת NU 26:46
בשורן טבן הוא בשר **דעד** כדון יוסף קיים והוא אזדרז GN 49:21
בחקלי כנענאי ופריזאי **דעד** כדון יתבין בארעא: ואמר GN 13:7
הוות פולחנא בבוכריא **דעד** כדון לא איתעביד משכן זימנא EX 24:5
תניינא הוא ירח מרחשון **דעד** כדון לא הוו מתמנן ירחייא GN 7:11
וכנענאי בכין הוו בארעא **דעד** כדון לא מטא זימנא דבני GN 12:6
עמהון סידרי קרבא **דעד** כדון לא מטא זימנא למתיהבא NU 20:21
לנא ולייחוסנא למימר **העד** כדון אבוכון קיים האית לכון GN 43:7
אחיי דבמצרים ואיחמי **העד** כדון אינון קיימין ואמר יתרו EX 4:18

ויפלחון קדם ייי אלקקון **העד** כדון לא חכימית ארום על ידוי EX 10:7
לאחוי אנא הוא יוסף **העוד** כדון אבא קיים ולא יכילו GN45:3
דקריבא ליה ולא מארסא **ודעד** כדון לא הות מיבעלא לגבר LV 21:3
מרגזין קדמי עמא הדין **ועד** אימתי לא יהימנון במימרי לכל NU 14:11
מן בוכרא דאינשא **ועד** בוכרא דבעירא בגין כן אנא EX 13:15
תמליל עם יעקב מן טב **ועד** ביש: ואדבק לבן ית יעקב GN31:24
ואזל למטלנוי מן דרומא **ועד** ביתאל ותב עד אתרא דפרסיה GN13:3
בוכרא בישראל מאינשא **ועד** בעירא דילי יהון אנא ייי: ומליל NU 3:13
בארעא דמצרים מאינשא **ועד** בעירא ובכל טעות מצראי EX 12:12
ית כל דבחקלא מאינשא **ועד** בעירא וית כל עיסבא דחקלא EX 9:25
למנבח למאינשא **ועד** בעירא מן בגלל דתינדעון EX 11:7
סילעין: ואין מבר ירחא **ועד** בר חמש שנין ויהי עלוייה דביר LV 27:6
מבר תלתין שנין ולעילא **ועד** בר חמשין שנין כל דאתי NU 4:3
מבר תלתין שנין ולעילא **ועד** בר חמשין שנין כל דאתי NU 4:35
מבר תלתין שנין ולעילא **ועד** בר חמשין שנין כל דאתי NU 4:39
מבר תלתין שנין ולעילא **ועד** בר חמשין שנין כל דאתי NU 4:43
מבר תלתין שנין ולעילא **ועד** בר חמשין שנין כל דאתי NU 4:47
מבר תלתין שנין ולעילא **ועד** בר חמשין שנין תמני יתהון כל NU 4:23
מבר תלתין שנין ולעילא **ועד** בר חמשין שנין תמנינון כל NU 4:30
ואין מבר חמש שנין **ועד** בר עשרין שנין ויהי עלוייה LV 27:5
דכר מן בר עשרין שנין **ועד** בר שתין שנין ויהי עילוייה LV 27:3
מן חיותא נכיסתא **ועד** דלא נפקא כולא נשמתא לא GN 9:4
שקא דימינא מן כתפא **ועד** דרועא תתנון אפרשותא LV 7:32
דתעבדון עד דתישתצון **ועד** דתובדון בסרהוביא מן קדם DT 28:20
דחמרא מגופנין מקילופין **ועד** זוגין גוואין דענבא לא ייכול: כל NU 6:4
שנין כפנא בגו ארעא **ועד** חמש שנין דלא רדיין ולא GN45:6
דעל גיף נחלי ארנון **ועד** טוורא דסיאון הוא טוור תלגא: DT 4:48
מציעות נחלא ותחומיה **ועד** יובקא דנחלא תחומא דבני DT 3:16
מיומא קדמאה דחגה **ועד** יומא שביעאה: וביומא קדמאה EX 12:15
ויורדנא ותחום מגניסר **ועד** ימא דמישרא וקרתא טבריה DT 3:17
עיברא דיורדנא מדינחא **ועד** ימא דמישרא תחות משפך DT 4:49
מן אסר קמור חרציהון **ועד** ירכיהון יהון: ויהון על אהרן ועל EX 28:42
הות רבת תחום בני עמון **ועד** כדון אית להון ארכא: ונסב NU21:24
אין מסריב אנת למפטור **ועד** כדון אנת מתקיף בהון: הא EX 9:2
הוו עבדך מטלייותנא **ועד** כדון בגין דתיתיבון בארעא GN46:34
מן זמן דנפקו ממצרים **ועד** כדון: ואמר ייי שבקית להון NU 14:19
יומא דאשתכללו אושהא **ועד** כדון: וכדון שדר כנוש ית גיתך EX 9:18
איתעביד משכן זימנא **ועד** כדון לא איתייהבת כהונתא EX 24:5
בעידנא ההיא מערער **ועד** כיף נחלא ופלגות טוורא דגלעד DT 3:12
וחמון יתיה מרחיק **ועד** לא קריב לותהום ואיתיעטו GN37:18
ביה מפרסת ריגליכון **ועד** מוקרא דרישיכון: יגלי ייי יתכון DT 28:35
על ארבע מן חיויא **ועד** נדל דמסגי ריגלין בכל ריחשא LV 11:42
לטמי נפש דמית: מדכורא **ועד** נוקבא תפטרון למברא NU 5:3
גד יהבית מן גלעד **ועד** נחלי ארנונא מציעות נחלא DT 3:16
מחו בחוורווריא מטלייא **ועד** סבא ואשתלהיין להשכחא GN 19:11
אחזרו על ביתא מטליא **ועד** סבא כל עמא מסיפא: וקרו GN 19:4
בה מן אירויא דשתא **ועד** סופא דשתא: ויהי אין קבלא DT 11:12
מסיפי תחום מצרים **ועד** סופיה: לחוד ארעא דכומרניא GN47:21
כל עממיא מסייפי ארעא **ועד** סייפי ארעא ותהוון מסקי DT 28:64
לכון מן סייפי ארעא **ועד** סייפי ארעא: לא תצבון להון DT 13:8
ארעא ולמסייפי שמיא **ועד** סייפי שמייא ההוה היך DT 4:32
וארעא: אין מן חוטא **ועד** סנדלית רצועה אין אסב מכל GN 14:23
עד בעירא עד ריחשא **ועד** עופא דפרח באויר שמיא GN 7:23
עד בעירא עד ריחשא **ועד** עופא דשמייא ארום תבית GN 6:7
דפלישתאה ומן מדברא **ועד** פרת ארום אמסור בידכון ית EX 23:31
וסדר יתיה אהרן מרמשא **ועד** צפר קדם ייי תדירא קיים עלם LV 24:3
דהוי ענן יקרא מן רמשא **ועד** צפרא ומסתלק ענן יקרא NU 9:21
אהרן ובנוי מן רמשא **ועד** צפרא קדם ייי קיים עלם EX 27:21
כל משך בישריה מרישיה **ועד** ריגלוי לכל חיזיו דחמיין עינוי LV 13:12
רמשא מן רמשא ההוא **ועד** רמשא חורן תהוון ציימין LV 23:32
דדהב עד בסיס דידה **ועד** שושנייהא עובד אומן בקרנסא NU 8:4
ליה בדמי גניבותיה **ועד** שתא דשמיטתא: אין בסהדיא EX 22:2
שבע זימנין עד מיקרביה **עד** אחוי: ורהט עשו לקדמותיה GN33:3
גניבותא מן תור עד חמר **עד** אימר כד הינון קיימין על חד EX 22:3
אשכחו: ואמר ייי למשה **עד** אימת אתון מסרבין למנטור EX 16:28
ואמרו עבדי פרעה ליה **עד** אימת יהי דין גברא לנא לתקלא EX 10:7
משה ועם אהרן למימר: **עד** אימת לכנישתא בישתא NU 14:27
אמר ייי אלקא דישראל **עד** אימת מסרב אנת מן למתכנעא EX 10:3
זימנא: ואמר ייי למשה **עד** אימתי יהון מרגזין קדמי עמא NU 14:11
ויהי לכון קטיר ונטיר **עד** ארבסר יומא לירחא הדין EX 12:6
יתיה מן עידן צפרא **עד** ארבע שעין דיומא אינש לפום EX 16:21
כהנא אעין בצפר בצפר **עד** ארבע שעין דיומא ויסדר עלה LV 6:5
מקרבין אימר תדירא **עד** ארבע שעין וביני שימשתא GN49:27
ית כל ארעיה מן ידיה **עד** ארנון: על כן יימרון בחודתא NU21:26

דפסחא אשתמע קליה **עד** ארעא דגשן מתחנן הוה פרעה EX 12:31
ארעא ושירשוי מטיין **עד** ארעית תהומא מיניה קמו GN50:1
ועבר אברם בארעא **עד** אתר שכם עד מישר דהוה מיירי GN12:6
דרומא ועד ביתאל ותב **עד** אתרא דפרסיה תמן למשכניה GN13:3
דעגלתא נגדין ואזלין **עד** אתרא דקטולא תמן וסלקין DT 21:8
עד זמן מיתיכון **עד** אתרא הדין: ובפיתגמה הדין DT 1:31
במדברא עד זמן מיתיכון **עד** אתרא הדין: ודעבד לדתן DT 11:5
דמצרים עד מיתיכון **עד** אתרא הדין מסרבין הוויתון DT 9:7
על כורסיי מלכותיה **עד** בוכרא דאמתא בצירתא EX 11:5
על כורסיה מלכותיה **עד** בוכריא בני מלכיא דאשתביין EX 12:29
מן מתנן ותחומי יהי מטי **עד** בותניי: ולשיבטא דנפתלי בריך DT 33:22
מלמללא עם יעקב מטב **עד** ביש: וכדון מיזל אזילתיה ארום GN31:29
סגיאה לחדא: ואתו **עד** בית אידרי דאטד די בעוברא GN50:10
נפקן מן פרתהון ואזלין **עד** בית לישנהון ואכלין לישנהון NU14:37
והינון לוון יתיה בחיסדא **עד** ביתאל ובההוא יומא סלקון GN28:12
מנרתא מינא קשיא דדהב **עד** בסיס דידה ועד שושנייהא עובד NU 8:4
מעל אנפי ארעא מאינשא **עד** בעירא עד ריחשא ועד עופא GN 6:7
דעל אנפי ארעא מאינשא **עד** בעירא עד ריחשא ועד עופא GN 7:23
ליה סהדין או ימטיניה **עד** גופת דתביר לא ישלים: וארום EX 22:12
במציעות נחלא **עד** גלעד לא הות קרתא דתקיפת DT 2:36
ופלגא וקמו במדורהון **עד** דאגחת קרבא בסיחון ויזעון DT 2:25
מבשר כל ניכסתא **עד** דאדמא קיים במזרקיא לא LV 19:26
דפרעה לא אשגחו **עד** דאזל הוא וכל עבדוי וכל מצראי EX 12:33
מה דאישתאר מינהון **עד** דאידיכר חובא דעתיד למיהוי GN14:15
שכינתך מעילוי עבדך **עד** דאיכנוס עבוריא האילין: והדר GN18:3
שמועו בבעו פתגמיי **עד** דאימליל אין יהוון כל נביא NU12:6
בישין: ותתעכבון תמן **עד** דאישדר ית מחת גבורתי EX 3:20
גזירתא הדא **עד** דאיתיליד יצחק ומן דאיתיליד EX 12:41
ביה ואמר לא איכול **עד** דאמליל פיתגמיי ואמר מליל: GN24:33
רוגזא דיעקב ברחל ואמר **עד** דאנת בעיא מיני בעי מן קדם ייי GN30:2
יהודה דשליטו בארעא **עד** דאצתדי בית מוקדשא בתראה: DT 34:2
כן אמר להון משה אוריכו **עד** דאשמע מה דאתפקד מן קדם NU 9:8
לך בארעא דמצרים **עד** דאתית לותך למצרים דילי GN48:5
מעילוי יצחק בריה **עד** דהוא בחיי ואזלו למיתב GN25:6
מעל פם בירא ונשקי ענא: **עד** דהוא ממלל עמהון ורחל אתת GN29:9
דעבדו ואוקיד בנורא ושף **עד** דהוה דקיק ודרי על אנפי מוי EX 32:20
יתיה בשופינא טבאות **עד** דהוה דקיק כעפרא וטלקית ית DT 9:21
למידכר ית שמא קדישא **עד** דהוה מחניך פומיה בריש DT 32:3
וקאים ולא הוה פריס **עד** דהוה משה קאי בצלו ומצלי NU10:36
דלא ייכלון גזלה **עד** דהוו אתיין לאתר מרעיהון ורעי GN13:7
משה יאות מלילתא אנא **עד** דהוינא יתיב במדין יתאמר לי EX 10:29
לברתיה ביומי טליותא **עד** דהיא בבית איבהא ולא ביומי NU30:17
על נפשה קום עלה: ואין **עד** דהיא בבית בעלה ולא בגרת NU30:11
תפיס גרמה למטעי בזני **עד** דהיא עם בית אבוהא וזניית LV 21:9
ולא משהי לסנאוי אלא **עד** דהינון בחיין בעלמא דאתי ולא DT 7:10
ולא משהי לסנאוי אלא **עד** דהינון בחיין בעלמא הדין DT 7:10
בסוף יומיא ותתובון **עד** דחלתא דייי אלקכון ותקבלון DT 4:30
ותלתין ושבע שנין חייא **עד** דחמא ית בני רחביה בר גרשום EX 6:20
ותלתין ושבע שנין חייא **עד** דחמא ית משה וית אהרן EX 6:16
ותלתין ותלת שנין חייא **עד** דחמא ית פנחס הוא אליהו EX 6:18
דין קטול ולא דלו מיניה **עד** דחמי בחדוות בריה הכדין אנא DT 32:50
בני ישראל לא תיכסון **עד** דחמיע בבתיכון אדם ניכסת EX 23:18
דרדפו מן בתריכון **עד** די אנסו יתכון: ואתון תתובון DT 30:7
אורייתא הדא על גוילא **עד** די אשלימינון: ופקיד משה ית DT 31:24
ית חזוונא דכל ארעא **עד** די חשוכת ארעא ושיצי ית כל EX 10:15
רעו: ואמרו לא ניכול **עד** די יתכנשון כל עדריא ויגלגלון GN29:8
וית בנוי וית כל עמיה **עד** די לא שיירו ליה משיזיב ויריתו NU21:35
מיגו משריתא **עד** די פסקו: והוה כדי פסקו כל גברי DT 2:15
גברא ואזל אזיל ורבי **עד** די רבא לחדא: והוו ליה גיתי עאן GN26:13
ית פיתגמי שבחתא הדא **עד** די שלימו: והוה די מטה קיציה DT 31:30
איתריכינון מן קדמך **עד** די תיסגי ותחסין ית ארעא: EX 23:30
עימיה יומין קלילין **עד** די תישדוך ריתחא דאחוך: עד GN27:44
עורבא ונפק מיפוך ותאיב **עד** דיביאישו מיא מעילוי ארעא: GN 8:7
הוא תוב סובתיה ביה **עד** דידי ויהדר וידי ויטבול ברמשא NU19:13
הוו עינבין: חמי הוית **עד** דיהבין כסא דפרעה בידי GN40:11
יגרי ייי אלקכון בהון **עד** דיהובדון מה דמשתותרין ומה DT 7:20
עמא הדין: ואמר אמתן **עד** דיהכון סבר אפין דרוגזא ומן EX 33:14
ארעא: לא נתוב לבתנא **עד** דיחסנון בני ישראל גבר NU32:18
לית להון תקנתא **עד** דייצרכון ביניהכון למגלי לאתר NU21:29
בקירייתא דקלטיה יתיב **עד** דימות כהנא רבא ומן בתר NU35:28
בשבע שני שובעא **עד** דימלון כל אוצרייא: וכנש ית כל GN41:47
תישדוך ריתחא דאחוך: **עד** דינוח רוגזא דאחוך מנך ויתנשי GN27:45
כל דא אבד חושבנכון **עד** דיסוף בדבונא נפשיכון ומרי NU21:30
ואמרת אוף לגמלך אמלי **עד** דיספקון למשתי: ואוחיאת GN24:19

ומרי עלמא יצדי יתהון **עד** דיפח נפשהון ויצדון כמא NU 21:30
אדמא ולא ימות קטולא **עד** דיקום קדם כנישתא לדינא: NU 35:12
מתנטלין לא דמכין הינון **עד** דיקטלון קטול רב בבעלי NU 23:24
תיבי ארמלא בית אבוייך **עד** דירבי שלה ברי ארום אמר GN 38:11
דייי בכון ית מותא **עד** דישיצי יתכון מעילוי ארעא DT 28:21
צמירתא ושתי כל מיא **עד** דישלימו כל מיא מן קרווהא GN 21:15
ויערבינון עירבוב רב **עד** דישתיצון: וימסור מלכיכון DT 7:23
מנהון בעידנא ההיא **עד** דיתמקמקון ויקבלון פורענות DT 31:18
עמא דייי לאגחא קרבא **עד** דיתרך ית בעלי דבבוי מן קדמוי: NU 32:21
לא יתעתד אינש קומיכון **עד** דיתשיצי יתהון: צילמי DT 7:24
לישיהון עילוי רישיהון **עד** דלא אחמע ומן דמשתייר להון EX 12:34
וית כל עמיה ומחינוהי **עד** דלא אשתייר ליה משיזיב: DT 3:3
לה ולא בטיל יתה ומית **עד** דלא בגרת ויתקיימון כל נדרהא NU 30:12
גברה ואיתניסיבת ליה **עד** דלא ילידת ית משה ושרת NU 11:26
לי ואכלית מכל דאייתי **עד** דלא עלת ובריכתיה ואפילו הכי GN 27:33
ודמי ליה כאילו אכלין: **עד** דלא שכיבו ואינשין רשיעין GN 19:4
יתן ואגר אסיא ישלם **עד** דמיתסי: וארום ימחי גבר ית EX 21:19
וקאים ולא הוה נטיל **עד** דמשה הוה קאי בצלו מצלי ובעי NU 10:35
תלת מאה ותמניסר ורדף **עד** דן: ואתפלג להום ליליא באורחא GN 14:14
ומן דינא הוא דלא נעביד **עד** דנודע יתיה: ואברהם עתיד דיהי GN 18:17
להנזקא בשבילי רשותא **עד** דניעיבר תחומך: ואמר ליה NU 20:17
מלכא דבשמים נזיל **עד** דניעיבר תחומך: ולא שבק סיחון NU 21:22
מבעין בגו בני ישראל **עד** דנעילינון לאתרהון ויתבון NU 32:17
אזדקף שיקפא עיל מיניה **עד** דנפק נס שתיתאי סובר יתהון NU 25:8
ומן דאיתיליד יצחק **עד** דנפקן פריקין ממצרים ארבע EX 12:41
אמתין לי שעא זעירא **עד** דנתבוע רחמין מן קדם ייי: הא GN 19:18
תלתין ותמני שנין **עד** דסף כל דרא גברי מגיחי קרבא DT 2:14
במדברא ארבעין שנין **עד** דסף כל דרא דעבד דביש קדם NU 32:13
ארבעין יומין בתר מותיה **עד** דעברו יורדנא ועלו לסייפי EX 16:35
דהליכנא מן רקם גיעא **עד** דעברנא ית נחל טרווייא תלתין DT 2:14
דעשו מתגלגל ואזיל **עד** דעל לגו מערתא ואיתנח בגו GN 50:13
ואנחת לבשא גבה **עד** דעל ריבוניה לבייתיה: ומלילת GN 39:16
וירדפונכון על שווייכון **עד** דתיבדון: ויהון שמיא דעילויכון DT 28:22
כף ידך תיכול מזונא **עד** דתיהדור לעפרא דמינא GN 3:19
זולין כעבדין ואימהן **עד** דתיזדלזלון למשתעבדא מגן DT 28:68
דעבדא עימכון קרבא **עד** דתיכבשונה: ארום ישתכח DT 20:20
אין מעברא לא תשהוניה **עד** דתיליד אלהין בי היא שעתא DT 22:22
נטייל ונהך ואזיל לקיבלך **עד** דתימטי לבי משרוייך: ואמר ליה GN 33:12
ותיכול כרעוות נפשך **עד** דתיסבע ולות צנך לא תתן: DT 23:25
עשרין יומין: עד ירח יומין **עד** דתיפוק סריותא מנחיריכון NU 11:20
וירדפונכון ויאדבקונכון **עד** דתישתיצון ארום לא קבילתון DT 28:45
מימרא דייי עליכון **עד** דתישתיצון: ותשתיירון באומא DT 28:61
דבעיריכון ופירי ארעכון **עד** דתישתצון דלא ישיירון לכון DT 28:51
אושטות ידיכון דתעבדון **עד** דתישתצון ועד דתובדון DT 28:20
ואמרת אין תתן משכונא **עד** דתשדר: ואמר מה משכונא GN 38:17
יחות פורענו עליכון **עד** דתשתיצון: ישוי יתכון מימרא DT 28:24
סגי לכון ואתהני לכון **עד** האידנא דקבילתון ביה אורייתא DT 1:6
עמא חד ומלכו חד הוון **עד** ההוא יומא כדון ישיצון קהלא NU 22:4
בוכרי בני ישראל ארום **עד** ההיא שעתא הוות פולחנא EX 24:5
על עלתך ואנא אתארע **עד** הכא: וארע מימר מן קדם ייי NU 23:15
ברא ולאדם לא אשכח **עד** השתא סמיך ביקיבליה: ורמא ייי GN 2:20
תיכלון עד כרן יומא הדין **עד** זמן איתוייכון ית קרבן אלקכון LV 23:14
ואגין במימרי עלך **עד** זמן דאיעיבר: ואעבר ית כיתי EX 33:22
ומואבאי דיתבין בלחיית **עד** זמן דאיעיבר ית יורדנא לארעא DT 2:29
ולרגל אולפן טלייא **עד** זמן דאיתי לות ריבוני לגבלא: GN 33:14
לא זייעין ולא נטלין **עד** זמן דאיתסיית מרים נביאתא NU 12:16
וית קדלכון קשיא הא **עד** זמן דאנא בחיים ביניכון יומא DT 31:27
יומין ועמא לא נטל **עד** זמן דאתסיית מרים: ולפום NU 12:15
איפשר לי דאיסוק לותיה **עד** זמן דהוה דבורא מתמלל עימי LV 1:1
דאתנטרו כד חיין **עד** זמן דהליך יתהון בכל NU 25:8
הדא ארום לא אשבקינך **עד** זמן די אעביד ית דמלילית לך: GN 28:15
תוריכון ועדרי עניכון **עד** זמן די יהובדון יתכון: ויעיקון DT 28:51
לכון בכל קירויכון **עד** זמן די יחתון אבוליכון רמיא DT 28:52
מאלפי אורייתא מזרעיה **עד** זמן די ייתי מלכא משיחא זעיר GN 49:10
עמך ייי ית נחלי ארנונא **עד** זמן די יעברון עמך האיליין EX 15:16
ישתתקון הי כאבנייא **עד** זמן די יעברון עמך ייי ית נחלי EX 15:16
הוא דלא איעול לגויה **עד** זמן די יתמלל עמי מן קדם ייי LV 1:1
מזוגיא ית יוסף ואנשייה **עד** זמן די מטא קיצא מן קדם ייי GN 40:23
באורחכון דתהלכון **עד** זמן די תמטון לבית אתר EX 10:10
תזידון למיסוק ממצרים **עד** זמן דייתון תרין פרוקין ויימרון GN 50:25
למתוב למיתב בארעא **עד** זמן דימות כהנא: ולא תטנפון ית NU 35:32
דאפך לתמן ויתיב בה **עד** זמן דימות כהנא רבא דרבי יתיה NU 35:25
ית שת ברם מתעכב אנא **עד** זמן דימטון יומי אבלא דמיתת GN 27:41
דטעין פידגגא למינוקא **עד** זמן דימטון לארעא דקיימתא NU 11:12

בקירויכון די יהבית לכון: **עד** זמן דיניח ייי לאחוכון כוותכון DT 3:20
שנין ויקבלון ית חוביכון **עד** זמן דיסופון פיגריכון במדברא: NU 14:33
נירי פרזלא על צווריכון **עד** זמן דישיצי יתכון: יטייס מימרא DT 28:48
בייתך ויהי מתפרנס גבך **עד** זמן דיתבע אחוך יתיה DT 22:2
אצנעו יתיה בבית מיטרא **עד** זמן דיתפרש להון על גזירת LV 24:12
דייב בקודשייא לא יכול **עד** זמן דמידכי ודיקרב בכל סואבת LV 22:4
והוו מיטרדין ואזלין **עד** זמן דנפק יעקב מבית אבוי GN 28:12
אמר אמתינו לנא הכא **עד** זמן דנתוב לותכון והא אהרן EX 24:14
הוה גזיר נפיל על אנפוי **עד** זמן דשרי מלאכא לקובליה: NU 24:3
וארונא וכל ישראל **עד** זמן דתיתסי ומן בתר כדין NU 12:14
אבוהון דעמא מואבאה **עד** זמן יומא דין: ונטל מתמן אברהם GN 19:38
ולברכה בשמיה **עד** זמן יומא הדין: בגין כן לא הוה DT 10:8
דרכבת עלי מן טליותך **עד** זמן יומא הדין הא מתהנייתי NU 22:30
בתריהון ואבידינון ייי **עד** זמן יומא הדין: ודעבד לכון DT 11:4
חכים בר נש ית קבורתיה **עד** זמן יומא הדין: ומשה בר מאה DT 34:6
ויתיבו באתריהון: **עד** זמן יומא הדין: ושאר פליטת DT 2:22
עד שתא תשיעתא **עד** זמן מיעל עללתא תיכלון LV 25:22
ית סודרי על בית אפוי **עד** זמן מיעליה למללא עימיה: וכנש EX 34:35
בעינא בישא אחורי משה **עד** זמן מיעליה למשכנא: והוה כד EX 33:8
על חוביהון דישראל **עד** זמן מיפקיה ויכפר עלוי ועל LV 16:17
ולבי מקדשא לא תיעול **עד** זמן מישלם יומי דכותה: ואין LV 12:4
גלב לא יעיבר על רישיה **עד** זמן מישלם יומיא דיפרש לשמא NU 6:5
פורקניה: ואין לא יתפריק **עד** זמן מישלם ליה שתא שלמתא LV 25:30
בכל אורחא דהליכתון **עד** זמן מיתיכון עד אתרא הדין: DT 1:31
ודעבד לכון במדברא **עד** זמן מיתיכון עד אתרא הדין: DT 11:5
מן צטר דרומא ואתו **עד** חברון ותמן אחימן ששי ותלמי NU 13:22
מבעירא דבני ישראל **עד** חד ואיתייקר יצרא דליבא EX 9:7
בימא לא אישתייר בהון **עד** חד: ובני ישראל הליכו ביבשתא EX 14:28
לעמיה: ושרו מן הנדקי **עד** חלוצא דעל אנפי מצרים מעלך GN 25:18
וספיקא להון למיכל **עד** חמיסר יומין לירחא דאייר EX 12:39
גניבותא מן תור **עד** חמר עד אימר כד הינון קיימין EX 22:3
ומחו יתכון בגבלא **עד** חרמה: ותבתון ובכיתון קדם ייי DT 1:44
לארעא דכנען ואתו **עד** חרן ויתיבו תמן: והוו יומי תרח GN 11:31
בקולין מבית ישימות **עד** טוור תלגא והווין זבנן זיני NU 24:25
ואמרית לכון אתיתון **עד** טוורא דאמוראה דייי אלקנא DT 1:20
דיורדנא מנחלי ארנונא **עד** טוורא דחרמון: צידנאי הוון קרן DT 3:8
דינא ויהי לך עבד פלח **עד** יובלא ואוף לאמתך תיכתוב גט DT 15:17
ויהי ליה עבד פלח **עד** יובלא: וארום יזבון גבר בר EX 21:6
וירית ית ארעיה מארנונא **עד** יובקא עד תחום בני עמון ארום NU 21:24
ענן יקרא ולא נטלין **עד** יום איסתלקותיה: ארום ענן EX 40:37
לא תפקון שובעא יומין **עד** יום מישלם יומי אשלמוותכון LV 8:33
הוא אבוהום דמואבאי **עד** יומא דין: וזעירתא אוף היא GN 19:37
קמת בית קבורתא דרחל **עד** יומא דין: ונטל יעקב ופרס GN 35:20
בניסן ביני פסוגייא **עד** יומא דנפקו ממצרים: והוה מסוף EX 12:40
דחמסר תיכלון פטירי **עד** יומא דעשרין וחד לירחא EX 12:18
ירכא דבעירא וחיותא **עד** יומא הדין ארום קריב מלאכא GN 32:33
מן יום מהויהון על ארעא **עד** יומא הדין ואיתפיני ונפק מלות EX 10:6
שמא דקרתא ביר שבע **עד** יומא הדין: והוה עשו בר ארבעין GN 26:33
על שמיה כפרני יאיר **עד** יומא הדין: ולמכיר יהבית ית DT 3:14
ייי דאיזן יתי מדאיתני **עד** יומא הדין: יהי רעוא קדמך GN 48:15
לפרעה: ושוי יוסף לגזירא **עד** יומא הדין על ארעא דמצרים GN 47:26
חמרא לא הוא ולא הינון **עד** יומא ההוא: ופקיד ית מנשה GN 43:34
חרן ומה דמשתייר **עד** יומא תליתייא בנורא יתוקד: LV 19:6
מן נהרא רבא נהרא פרת **עד** ימא דאוקינוס הינון מי בראשית DT 11:24
ית תחומך מן ימא דסוף **עד** ימא דפלישתאה ומן מדברא EX 23:31
מבועין דמיין ונגרין **עד** ימא רבא ואתיין חיוון דכיין EX 16:21
יומין ולא עשרין יומין: **עד** ירח יומין עד דתיפוק סריותא NU 11:20
ומיא הוו אזלין וחסרין **עד** ירח עשיריי ירח תמוז בתמוז GN 8:5
ואנא ועולימא נתמטי **עד** כא לבחוני אין יתקיים מה GN 22:5
ושמייא: וכל אילני חקלא **עד** כדו לא הוו בארעא וכל עיסבי GN 2:5
בארעא וכל עיסבי חקלא **עד** כדו לא צמח ארום לא אמטר ייי GN 2:5
אגירא יהי עימיה: אין **עד** כדון אית סגוי בשנייא לפום LV 25:51
דחמית סבר אפך ארום **עד** כדון אנת קיים: ואמר יוסף GN 46:30
ואזלו לסדום ואברהם **עד** כדון בעי רחמין על לוט ומשמש GN 18:22
לא הוו מברכין בישרא **עד** כדון הוה ביני ככיהון עד לא NU 11:33
אימיה: ואמר ליה ייי **עד** כדון הוה שמך יעקב לא יתקרי GN 35:10
ית רבקה ואמר ליה **עד** כדון הוית אחתן וכדון את אזלא GN 24:60
שלום חובא דאמוראה **עד** כדון: והוה שמשא טמעא GN 15:16
איתותבית ואשתהיית **עד** כדון: ומכל מה דבריך יתי אבא GN 32:5
קטיל ולא חמיתיה **עד** כדון: ותדברון אוף ית דין מן GN 44:28
ואיזון יתך תמן ארום **עד** כדון חמש שנין כפנא דילמא GN 45:11
אבוהון: ותניאו למימר **עד** כדון יוסף קיים וארום הוא GN 45:26
במדברא והא לא קבילת **עד** כדון: כדנא אמר ייי בדא סימנא EX 7:16
אברם לשרי אינתתיה הא **עד** כדון לא איסתכלית בבישריך GN 12:11

חרי ומתפרקא כולה **עד** כדון לא איתפיריקאת בכספא LV 19:20
בבית אסירי ארום **עד** כדון לא איתפרש הדין דינא NU 15:34
והוה בשעא קלילא הוא **עד** כדון לא פסק למללא והא רבקה GN 24:15
בעינוי: ארום לא אתיתון **עד** כדון לבי מוקדשא דהוא בית DT 12:9
שמי קדישא בכל ארעא: **עד** כדון מתרברב בעמי בדיל דלא EX 9:17
לביזתא בנוי דשלמיא **עד** כדי ייתי סנחריב מלכא דאתור NU 24:22
ותתובון מטיא תיובתכון **עד** כורסי יקרא דייי אלקכון אין DT 30:2
לא אתן לכון מארעתהון **עד** כמיסת פרסת ריגלא ארום DT 2:5
חדתין לא תיכלון **עד** כרן יומא הדין עד זמן איתוייכון LV 23:14
בגין דתברכינך נפשי **עד** לא אימות: ורבקה שמעת ברוח GN 27:4
בישא דהינון עבדין יומנא **עד** לא אעילינון לארעא דקיימית: DT 31:21
דיתמלי עלמא מנהון **עד** לא אתיהב קיימא בעלמא ומן LV 20:17
איבה ולא בטיל איבה **עד** לא אתניסבת ומדאיתניסיבת NU 30:7
בין תרין כרוביא קדם **עד** לא ברא עלמא ברא אורייתא GN 3:24
כולה בית שקייא קדם **עד** לא חביל ייי ברגזיה ית סדם וית GN 13:10
תמשכן כסותא דחברך **עד** לא יטמוע שימשא תתביניה EX 22:25
ותתחמי קשתא ביממא **עד** לא יטמע שימשא בעננא: GN 9:14
כהנא ויפנון ית ביתא **עד** לא ייעול כהנא למיחמי ית LV 14:36
דינין נזערא יתהון קדם **עד** לא יסגון ויהוי ארום יארע יתן EX 1:10
מן גינתא דעדן קדם **עד** לא יפשט ידיה ויסב מן פירי GN 3:22
בארעא דאדום קדם **עד** לא מלך מלכא לבני ישראל: GN 36:31
סידרי קרבא קדם **עד** לא ניתבדר מעילוי אנפי ארעא: GN 11:4
איתילידו תרין בנין **עד** לא עלת שתא דכפנא דילידת GN 41:50
עד כדון הוה ביני ככיהון **עד** לא פסק ורוגזא דייי תקיף NU 11:33
במזלא לבר ריבוני: אנא **עד** לא פסקית למללא עם הרהורי GN 24:45
בשתא: לא תכסון קדם **עד** לא תבטלון חמיע ניכסת פיסחי EX 34:25
בדעתיהן הינין קדם **עד** לא תיתי לוותהון חייתא הינין EX 1:19
ועבדך חכימית ארום **עד** לא תפטרון עמא תהון דחלין מן EX 9:30
שבע שנין אתבניית קדם **עד** לא תתבני טאניס דמצרים: ואתו NU 13:22
צווחא רבתא ומרירתא **עד** לחדא ואמר לאבוי בריכני אוף GN 27:34
הוא חי וקיים כאילן חייא **עד** לעלמין וכדון על דלא נטר מה GN 3:22
הוא מיניה הוי חי וקיים **עד** לעלמין: ותרכיה ייי אלקים GN 3:22
שבע שבוען שלמן יהויין: **עד** מבתר שבועתא שביעאה LV 23:16
והדרו לבתריהון מן ריקם **עד** מוסרות שית משוריין ארבעין NU 21:1
נחליא דאדמהון הוה נגיד **עד** מותבות לחיית ברם איהי NU 21:15
בהימנותא בצלו וצומא **עד** מטמוע שימשא: ותבר יהושע ית EX 17:12
עד שוקא דנפחיא דסמיך **עד** מידבא: ויתיבו ישראל בתר NU 21:30
מקטועי קיסיכון **עד** מילואי מימיכון: לאעלותכון DT 29:10
אישתהי מן האל לנחלא **עד** מיסק עמיד קריצתא: וחמא ארי GN 32:25
ואתקינו ית דורונא **עד** מיעל יוסף בשירותא דטיהרא GN 43:25
יכילנא למיעבד מידעה **עד** מיעלך לתמן בגין כן קרא שמא GN 19:22
דעל איקונין דבית אנפוי **עד** מיפקיה ונפיק וממליל עם בני EX 34:34
על ארעא שבע זימנין **עד** מיקרביה עד אחוי: ורהט עשו GN 33:3
בארעא עד אתר שכם **עד** מישר דהוה מיירי וכנענאי בכין GN 12:6
דבטווריא רמיא דגבליא **עד** מישר פארן דיסמיך ליצטר GN 14:6
על יורדנא מבית ישימות **עד** מישר שיטין במישריא דמואב: NU 33:49
ומקימין ית משכנא **עד** מיתיהון: ונטיל טיקס משיריית NU 10:21
בחקלא ושתיק יעקב **עד** מיתיהון: ונפק חמור אבוי דשכם GN 34:5
שנין בחייוהי דמשה **עד** מיתיהון לארעא מיתבא ית מנא EX 16:35
מארעא דמצרים **עד** מיתיכון עד אתרא הדין מסרבין DT 9:7
ידעין ממא נפלח קדם ייי **עד** מיתנא לתמן: ותקיף ייי ית יצרא EX 10:26
דמפקן שור ויהי פורקניה **עד** משלם שתא דזבינוי מן עידן LV 25:29
אתר טוורי בית מקדשא **עד** נהרא רבא נהרא פרת: חמון DT 1:7
הדא מנילוס דמצרים **עד** נהרא רבא נהרא פרת: ית שלמיא GN 15:18
למיחמי ית ארעא: וסליקו **עד** נחלא דאתכלא וחמון ית ארעא NU 32:9
טאניס דמצרים: ואתו **עד** נחלא דאתכלא וקצו מתמן NU 13:23
וסליקו לטוורא ואתו **עד** נחלא דאתכלא ותרגינו יתה: DT 1:24
מישרא ופרס למשכניה **עד** סדם: ואינשין דסדום בישין GN 13:12
דרייא דעתידין למיקום **עד** סוף כל עלמא כולהון הינון DT 29:14
וכל גלעד וכל מתנן **עד** סלווקיא ואדרעת קרוי DT 3:10
מן בותנייס מעלך לגרר **עד** עזה מעלך לסדום ועמורא GN 10:19
שרן בכופרנייא דרפיע **עד** עזה קפודקאי דנפקו מן DT 2:23
לכון ולבניכון בתריכון **עד** עלמא ארום תעבדון דכשר קדם DT 12:28
חמי לך איתנינא וליבנך **עד** עלמא: ואשוי ית בנך סגיאין GN 13:15
לקיים לך ולבנך דכורייא **עד** עלמא: ויהי ארום תיעלון EX 12:24
דעביד תתובא מן בני בנוי **עד** עלמא ומחאי ית מצראי EX 2:12
לאתין ולתמהין ובבניכון **עד** עלמא: חולף דלא פלחתון קדם DT 28:46
סופיהון דאיליין ודאיליין **עד** עלמא יהוי לאובדנא: וחמא ית NU 24:20
תוספון למיחמיהון תוב **עד** עלמא: כיתא דהוות אמרא EX 14:13
סנא נטיר בליבהון **עד** עלמא: לא תרחקון אדומאה DT 23:7
ביד מלכא משיחא ויהוון **עד** עלמא לאובדנא: וקם בלעם ואזל NU 24:24
יתמסרן לנא ולבננא **עד** עלמא למעבד להון דינא מטול DT 29:28
איתא מקהל עמא דייי **עד** עלמא: על עיסק דלא זמינו לכון DT 23:4
מן בגלל דיוגדון חייכון **עד** עלמין: ויגרי מימרא דייי אלקכון DT 30:6

כהילכתהון ותליתייא **עד** פושכא וטולה סגי משימשה LV 23:42
ית שימשא תיכלוניה **עד** פלגות ליליא זמן שריות DT 16:6
הדין דחמיסר בניסן **עד** פלגותיה דליליא טוי נור ופטיר EX 12:8
תחות סובביה מלרע **עד** פלגיה מטול לקבלא גומריא EX 38:4
ית ארעא מן מדברא דצין **עד** פלטיוות מעלך לאנטוכיא: NU 13:21
ארעא והוו מהלכין בהון **עד** פרתהון מטול דלא ילעון בזמן NU 11:31
בספינתא ותחומי ימטי **עד** צידון: ישׂשכר חמיר באורייא GN 49:13
קירוין רברבן וכריכן **עד** צית שמיא ואוף בני עפרון DT 1:28
קלן וסליקת קבילתהון **עד** צית שמיא: ונטלו מאתר דגרי ייי NU 33:42
ומוגדלא ורישי מטי **עד** צית שמיא ונעביד לנא סגדו GN 11:4
באישתא ושלהוביה מטי **עד** צית שמיא חשוכא עננא DT 4:11
קירוין רברבן וכריכן **עד** צית שמיא: עם חסין וגיוותן הי DT 9:1
ארזא רמא דרישי מטי **עד** צית שמייא ברם ענפוי מטלן על GN 50:1
קביע בארעא ורישי מטי **עד** צית שמייא והא תרין מלאכיא GN 28:12
לא תשיירון מיניה **עד** צפרא אנא ייי: ותיטרון ית LV 22:30
על מדבח כל ליליא **עד** צפרא ברם אשתא דמדבחא LV 6:2
עד צפרא: ואצנעו יתיה **עד** צפרא היכמא דפקיד משה ולא EX 16:24
אפשר לאיצטנעא מיניה **עד** צפרא: ואין נידרא או נסיבתא LV 7:15
דין אצנעו יתיה ויהי נטיר **עד** צפרא: ואצנעו יתיה עד צפרא EX 16:23
גובריא חייבייא מיניה **עד** צפרא וארחש מורנין וסרי ורגז EX 16:20
לא ישיירון מיניה **עד** צפרא וגרמא לא יתברון ביה NU 9:12
גויה: ולא תשיירון מיניה **עד** צפרא ודאשתייר מיניה עד EX 12:10
אינש מן תרע ביתיה **עד** צפרא: ויתגלי יקרא דייי למימחי EX 12:22
תרבי ניכסת פיסחי **עד** צפרא ולא מן בישרא דתיכלון EX 23:18
להון גבר לא ישייר מיניה **עד** צפרא: ולא קבילו מן משה EX 16:19
קורבניא ומן לחמא **עד** צפרא ותוקיד ית דמשתייר EX 29:34
משכנא הי כחיזו אישא **עד** צפרא: כדין הוי תדירא ענן יקרא: NU 9:15
דאגירא למעכבא גבך **עד** צפרא: לא תלוטון מן דלא שמע LV 19:13
צפרא ודאשתייר מיניה **עד** צפרא תצניעיניה ובאורתא EX 12:10
ודיווקינוס ותרנגולא **עד** קיסרין מעלך לאבלס דקילקאי: NU 34:8
ועמורא אדמא וצבויים **עד** קלרהי: איליין בנוי דחם לזרעית GN 10:19
וקיסרין ארע כנענאה **עד** קלרהי וליבנן אתר טוורי בית DT 1:7
מאינשא עד בעירא **עד** ריחשא ועד עופא דפרח באויר GN 7:23
מאינשא עד בעירא **עד** ריחשא ועד עופא דשמייא ארום GN 6:7
ייי אלקנא יתנא ואתינא **עד** ריקם גיעא: ואמרית לכון DT 1:19
סווין דמוי ויהי מסאב **עד** רמשא: ואין אידיכיית מדובה LV 15:27
סווין דמוי ויהי מסאב **עד** רמשא: ואין על משכבא הוא LV 15:22
מיקרביה ביה יהי מסאב **עד** רמשא: ואין שמשא ישמש גבר LV 15:23
דמוי ויהון מסאבין **עד** רמשא: ואינתתא ארום תהי LV 15:18
ויצטבע במוי ויהוי מסאב **עד** רמשא: ואיתתא פניתא די ישמש LV 15:17
קיימין קדמך מן צפרא **עד** רמשא: ואמר משה לחמוי ארום EX 18:14
סאוין דמוי ויהי מסאב **עד** רמשא: וארום אין יריק דובנא LV 15:7
דכי דיקרב ביה יהי מסאב **עד** רמשא: ואתו בני ישראל כל NU 19:22
סאוין דמוי ויהי מסאב **עד** רמשא: ודי יתיב על מנא דמייחד LV 15:5
יצבע לבושוי ויהי מסאב **עד** רמשא ודיוסיט ית נבילתה LV 11:40
בנבילתהון יהי מסאב **עד** רמשא: ודיוסיט ית נבילתהון LV 11:27
דיהי תחותוי יהי מסאב **עד** רמשא: ודיוסיט יתהון יצבע LV 15:9
בנבילתא יהי מסאב **עד** רמשא: ודייכול מנבילתה יצבע LV 11:39
סאוין דמוי ויהי מסאב **עד** רמשא: ודיקרב בבשר דובנא LV 15:6
דיסגר יתיה יהי מסאב **עד** רמשא: ודישכוב בביתא יצבע ית LV 14:46
עמא קדם משה מן צפרא **עד** רמשא: וחמא חמוי דמשה ית כל EX 18:13
סווין דמוי ויהי מסאב **עד** רמשא וידכי: ואין ארשע ולא LV 17:15
ויהי מסאב לכל צרוך **עד** רמשא וידכי: ומאן דפחר דיפיל LV 11:32
ויהי מסאב קדם טיבוליה **עד** רמשא: ויכנוש גבר כהין דכי ית NU 19:8
ההוא קדם טיבוליה **עד** רמשא: וכהנא דמתעסק NU 19:7
בנבילתהון יהי מסאב **עד** רמשא: וכל דיוסיט מן נבילתהון LV 11:24
סווין דמוי ויהי מסאב **עד** רמשא: וכל דיקרב בכל מנא LV 15:21
סאוין דמוי ויהי מסאב **עד** רמשא: וכל זוגא ומרכבא דירכוב LV 15:8
כל בישריה ויהי מסאב **עד** רמשא: וכל לבושא וכל צלא די LV 15:16
ובאדמהון יהי מסאב **עד** רמשא: וכל מידעם דיפול עלוי LV 11:31
סווין דמוי ויהי מסאב **עד** רמשא: וכל מידעם דיקרב ביה LV 15:10
במי אדיותא יהי מסאב **עד** רמשא: וכל מידעם דיקרב ביה NU 19:21
כל דיקרב בה יהי מסאב **עד** רמשא: וכל מידעם דמייחד LV 15:19
ית לבושוי ויהי מסאב **עד** רמשא: וכל ריחשא דרחיש על LV 11:40
דיקרב ביה יהי מסאב **עד** רמשא ולא ייכול מן קודשייא LV 22:6
סאווין דמוי ויהי מסאב **עד** רמשא: ומאן דפחר דיקרב בגוויה LV 15:11
ויהי מסאב קדם טיבוליה **עד** רמשא ותהי לדכותא לבני NU 19:10
יצבע לבושוי ויהי מסאב **עד** רמשא: לכל בעירא דהיא סדיקא LV 11:25
יצבע לבושוי ויהי מסאב **עד** רמשא מסאבין הינון לכון: ודין LV 11:28
ותלישין משחתהא **עד** שבעא פושכי וחללא דרומא LV 23:42
קין דהב ותב בתיובא **עד** שובעא דרין אתיליו ליה ולמך GN 4:24
חב דינא הוא דייתלי ליה **עד** שובעין ושבעא: וידע אדם תוב GN 4:24
רבא דבית מלכותא **עד** שוקא דנפחיא דסמיך עד NU 21:30
בתקוף רוגזי ואייקידת **עד** שיול ארעיא וסייפת ארעא DT 32:22

ושיציאונון וטרודונון **עד** שצייה: ומליל ייי למשה למימר: NU 14:45
זבניה משתא דיזדבן ליה **עד** שתא דיובילא ויהי כסף זבינוי LV 25:50
זבינוי ביד מן דזבן יתיה **עד** שתא דיובילא ויפוק בלא כסף LV 25:28
קליל לאשתוירון בשניא **עד** שתא דיובלא ויחשיב ליה כפום LV 25:52
ית סכום דמי עלוייה **עד** שתא דיובלא ויתן ית עלוייה LV 27:23
כמיסת שניא דמשתיירן **עד** שתא דיובלא ומנכי ליה מן LV 27:18
הי כתותבא יהי עימך **עד** שתא דיובלא יפלח עימך: ויפוק LV 25:40
דההיא שתא שתיתיתא **עד** שתא תשיעתא עד זמן מיעל LV 25:22
מארנונא עד יובקא **עד** תחום בני עמון ארום תקיף הות NU 21:24
ית כל תחום פלך טרגונא **עד** תחום קורזי ואנטיקירוס וקרא DT 3:14
הכדין תעביד לליואי **עד** תיעלון לארעא במטרתהון: NU 8:26
איסר בבית איבהא **עד** תריסר שנין: וישמע איבהא ית NU 30:4

עדבא (11)

עדבא חד לשמא דייי **ועדבא** חד לעזאזל ויטריף בקילפי LV 16:8
ואמר דבית יעקב **עדב** אחסנתיה: ארע יתהון שריין DT 32:9
דיהוויין להון ומן **עדב** אחסנתנא יתמנע: ואין יהוי NU 36:3
תזעיר לדיפוק ליה תמן **עדבא** דיליה יהי לשיבטי אבהתכון NU 33:54
תרין צפירין עדבין שוין **עדבא** חד לשמא דייי ועדבא חד LV 16:8
וצפירא דסליק עלוי **עדבא** לעזאזל יתוקם בחיין קדם ייי LV 16:10
ית צפירא דסליק עלוי **עדבא** לשמא דייי ויעבדיניה קרבן LV 16:9
לפרגודא ותפלחון לפום **עדביא** כפולחנא כן מיכל מתנה NU 18:7
אהרן על תרין צפירין **עדבין** שוין עדבא חד לשמא דייי LV 16:8
יחסנון: על פום **עדבין** תתפלג אחסנתהון בין סגיאי NU 26:56
ריבוניה דעלמא דין הוא **עדבך** ועל עיסק פיתגמייא האילין GN 32:25

עדי (57)

אעיבר בכל ענך יומא דין **אעדי** מתמן כל אימר נמור וקרוח GN 30:32
מבינך ואישיצינך וכדון **אעדי** תיקון זינך מינך דאתגלי EX 33:5
עלך אין תתובון **אעדינון** מינך ארום אנא הוא ייי EX 15:26
כל תרבא יעבר היכמא **דאיתעדא** תריב אימר מניכסת LV 4:35
כל תרבה יעבר היכמא **דאיתעדא** תריב מעילוי ניכסת LV 4:31
עשו ומנחתהון מטול **דיעדי** כפנא מן עלמא וצפירי עיזין NU 7:87
ית לויתן ובר זוגיה **דמתעתדין** ליום נחמתא וית כל GN 1:21
מזוני מיכלך ומישתייך **ואעדי** מחת מרירתא מגווך: לא תהי EX 23:25
נגובו מיא מעל ארעא **ואעדי** נח ית חופאה דתיבותא GN 8:13
ייי כפתגם בעותא דמשה **ואעדי** עירבוב חיות ברא מפרעה EX 8:27
על כל ארעא דמצרים: **ואעדי** פרעה ית עיזקתיה מעל ידיה GN 41:42
לאינתו ועל לוותה יעקב: **ואעדיאת** בלהה וילידת ליעקב בר: GN 30:5
וידע קין ית אינתתיה **ואעדיאת** וילידת ית חנוך והוה בני GN 4:17
סליק לתמנת למיגז עניה: **ואעדת** לבושי ארמלותא מינה GN 38:14
וקמו ונחתו למצרים **ואתעתדו** קדם יוסף: וחמא יוסף GN 43:15
והוה זייג הי כאספקלריא **ואתעתדו** תחותי טוורא: וטוורא EX 19:17
ארום לית כייי אלקנא: **ויעדון** עורדענייא מינך ומיבתך ומן EX 8:7
ארעא דמצרים בקריצתא **ויעדי** בקדמיתא חשוך ליליא: EX 10:21
יתיר מן אבהתכון: **ויעדי** ייי אלקכון ית טפשות לבכון DT 30:6
עקירן מעמר וחלב וטליי: **ויעדי** ייי מינך כל מרעין וכל DT 7:15
דיתמלון מוי דנילוס **ויעדי** כפנא מן עלמא ביומך: ואמר GN 47:7
זימנא הדא וצלו קדם ייי **ויעדי** מיני לחוד ית מותא הדין: EX 10:17
כל מאן דיצלא דתחוור **ויעדי** מיניה מכתשא ויצטבע LV 13:58
ועימך נצינא צלי קדם ייי **ויעדי** מיננא ית מחת חיויא וצלי NU 21:7
ואמר צלון קדם ייי **ויעדי** עורדענייא מיני ומן עמי EX 8:4
מלותך ואיצלי קדם ייי **ויעדי** עירבוב חיות ברא מן פרעה EX 8:25
אדמיה על כותל מדבחא: **ויעדיה** ית זרוקפיה בלקטיה ויטלק LV 1:16
לחוד בעירי בזנא לנא **ועדי** קירווייא דכבשנא: מערוער DT 2:35
ליה לאינתו: ועול לות הגר **ועדיאת** וחמת ארום עדיעת וזללת GN 16:4
ונשייא וטפלא: וכל בעירי **ועדיי** קרווייא בזנא לנא: ונסיבנא DT 3:7
ליה: וקמת ואזלת **ועדת** רדידה מינה ולבישת לבישי GN 38:19
סיגופיך באדם בתולין **ועידוייך** בי צער תילדין בנין ולות GN 3:16
ארעא כזמן יומא הדין: **ותעדון** ית טפשות ליבכון וקדלכון DT 10:16
יהוון מחתן אריחיא לא **יעדון** מיניה: ותיתן בגו ארונא ית EX 25:15
בסוף תלתא יומין **יעדי** פרעה בסיפא ית רישך מעילוי GN 40:19
דעל כבדא דעל כולייתא **יעדינה:** היכמה דמתפרש מתור LV 4:9
דעל כבדא דעל כולייתא **יעדינה:** ויסיק יתהון כהנא למדבחא LV 7:4
דעל כבדא דעל כולייתא **יעדינה:** ויסקון יתיה בני אהרן LV 3:4
דעל כבדא דעל כולייתא **יעדינה:** ויסקינון כהנא למדבחא LV 3:15
דעל כבדא על כולייתא **יעדינה:** ויסקיניה כהנא למדבחא LV 3:10
דישראל ושלופי חרב לא **יעידון** בארעכון: ותירדפון ית בעלי LV 26:6
בסיני בעיניכון ודילמא **יעידון** מן ליבכון כל יומי חייכון DT 4:9
וסעדא לידא דאבוי **לאעדאה** יתה מעל רישא דאפרים GN 48:17
סמיא בקיבלא דלית **לעדי** אורחא למיחמי למכוונותהון DT 28:29
וטפלכון דאמרתון **לעדי** יהון ובניכון דלא ידעין יומא DT 1:39
לקדם ייי למללא עימיה **מעדי** ית סודרא דעל איקונין דבית EX 34:34
בנורא ית קרתא וית כל **עדאה** גמיר קדם ייי אלקכון ותהי DT 13:17
הלא לית לי רשו בכולא **עדאה** דבר מיני אכלו עולימיא GN 14:24
וכל דיהי בקרתא כל **עדאה** תיבזון לכון ותיכלון ית עדי DT 20:14
לפתגם דחרב: וית כל **עדאה** תכנשון במצע פלטיתא DT 13:17
בתר די סיבת הוי לי **עדויין** וריבוני אברהם סיב: ואמר ייי GN 18:12
תיבזון לכון ותיכלון ית **עדי** סנאיכון די יהב ייי אלקכון לכון: DT 20:14
בימם ובליליא: לא **עדי** עמודא דעננא בימם ועמודא EX 13:22
וחבלא מבכירי עאן מן **עדי** שלטוניהון עם טוב פטימין DT 32:14
הגר ועדיאת וחמת ארום **עדיעת** וזללת איקר ריבונתא GN 16:4
יעקב חסידא דבזכותיה **עדת** כפנא מן ארעא דמצרים GN 50:3
למימר איתתא ארום **תעדי** ותיליד ביר דכר ותהי מסאבא LV 12:2

עדיתא (3)

בלושיא דאחדו ית עתיד **עדיתא** באגחות קרבא דנפקו NU 31:27
בנורא: ושבו ית כל **עדיתא** וית כל דברתא באינשא NU 31:11
שיבייתא וית דברתא וית **עדיתא** למשריתא למישריא דמואב NU 31:12

עדר (17)

ארעכון בקרי תוריכון **ועדרי** עניכון: בריך סלי ביכוריכון DT 28:4
בקרת תוריכון **ועדרי** עניכון: בריכין תהוון מן DT 7:13
ארעכון בקרי תוריכון **ועדרי** עניכון: ליטין אתון במעלכון DT 28:18
משח וחמר בקרי תוריכון **ועדרי** עניכון עד זמן די יהובדון DT 28:51
וזמין ביד עבדוי עדרא **עדרא** בלחודוי ואמר לעבדוי עברו GN 32:17
קדמי וניפש תשוון ביני **עדרא** וביני עדרא: ופקיד ית קמא GN 32:17
תשוון ביני עדרא וביני **עדרא:** ופקיד ית קמא למימר ארום GN 32:17
עשרא: וזמין ביד עבדוי **עדרא** עדרא בלחודוי ואמר לעבדוי GN 32:17
מן בירא ההיא משקן **עדריא** ואבנא רבתא מחתא על פם GN 29:2
ניכול עד די יתכנשון כל **עדריא** ויגלגלון ית אבנא מעל פם GN 29:8
בירא: ומתכנשין תמן כל **עדריא** ומגלגלין ית אבנא מעל פם GN 29:3
אוף ית כל דאזלין בתר **עדריא** למימר כפיתגמא הדין GN 32:20
תליתאה אבנא דהוו כל **עדריא** מתכנשין ומגלגלין לה GN 28:10
בענא דלבן ושוי ליה **עדרין** בלחודוי ולא ערביבינון עם GN 30:40
בחקלא והא תמן תלתא **עדרין** דעאן רביעין עלה ארום מן GN 29:2
בית ישראל יתבין עדרין **עדרין** מתגברין באולפן אורייתא NU 24:6
הינון בית ישראל יתבין **עדרין** עדרין מתגברין באולפן NU 24:6

עובא (3)

ברתך או איתתך דדמכא **בעבך** או חברך דחביב עלך כנפשך DT 13:7
עינא בבעיל דדמיך **בעובה** ובברתה: ובשפיר שיליתא DT 28:56
באחוי ובאיתתא דדמכא **בעוביה** ובשייר בנוי דישייר: מן לא DT 28:54

עוד (5)

ממוי דטובעא ולא יהי **עוד** טובענא לחבלא ארעא: ואמר GN 9:11
ואחוהי לבית יוסף והוא **עוד** כדון תמן ונפלו קדמוי על GN 44:14
כל דחי היכמא דעבדית: **עוד** כל יומי ארעא דרועא בתקופת GN 8:22
ולא ישתיצי כל ביסרא **עוד** ממוי דטובעא ולא יהי עוד GN 9:11
ואמר לא יעקב איתאמר **עוד** שמך אילהין ישראל ארום GN 32:29

עוז (2)

דלא תיכלון מנהון נשרא **ועוזא** ובר ניזא: ודייתא חיורא DT 14:12
הינון ית נישרא וית **עוזא** וית בר גזא: וית דייתא דהיא LV 11:13

עוי (2)

חייא ויודי עלוי ית כל **עוויית** בני ישראל וית כל מרודיהון LV 16:21
יתמטי ויטול אהרן ית **עוויית** קודשיא דיקדשון בני EX 28:38

עולא (2)

מהימנא דמן קדמוי **עוולא** לא נפיק דזכיי וקשיט הוא: DT 32:4
סבי ישראל: ורוחא דעל **עולא** נפקת ונטלת ברוגזא מן ייי NU 11:31

עולאה (1)

בוסמנו: ועבד ית מדבחא **דעלתא** דקיסי שיטא חמש אמין EX 38:1

עולה (175)

לא יתפרק בכספא אלהין **בעלוון** ובנכסת קודשין ובמבעי LV 27:29
ויהי במיכלכון מלחמא **דעללתא** דארעא ולא מן אוריזא NU 15:19
בנוי למימר דא אורייתא **דעלתא** דאתיא למכפרא על LV 6:2
ישוד לישודא דמדבחא **דעלתא** דבתרע משכן זימנא: וית כל LV 4:7
ית חטאתא באתרא **דעלתא:** ויסב כהנא מן אדמא LV 4:29
ויתן על קרנת מדבחא **דעלתא** וית אדמיה ישוד ליסודא LV 4:25
ויתן על קרנת מדבחא **דעלתא** וית כל אדמא ישוד ליסודא LV 4:30
ויתן על קרנת מדבחא **דעלתא** וית כל אדמא ישוד ליסודא LV 4:34
בוסמיא: וית מדבחא **דעלתא** וית כל מנוי וית כיורא וית EX 30:28
בושמיא: וית מדבחא **דעלתא** וית כל מנוי וית כיורא וית EX 31:9
יומיא: ותרבי ית מדבחא **דעלתא** וית כל מנוי ותקדש ית EX 40:10
כהנא על מדבחא **דעלתא:** וית כל משך תורא וית LV 4:10
ישוד ליסודא דמדבחא **דעלתא:** וית כל תרביה יסיק LV 4:25
לתרע משכנא: ית מדבחא **דעלתא** וית קנקל דנחשא דיליה ית EX 35:16
ונסיב אברהם ית קיסי **דעלתא** ושוי עילוי יצחק בריה GN 22:6
ישראל: ותיתן ית מדבחא **דעלתא** קדם תרע משכן זימנא EX 40:6
דריבא פליטית **דעלתא** קומוי עבדו גמירא הינון GN 18:21
למשכנא: וית מדבחא **דעלתא** שוי בתרע משכן ואסיק EX 40:29
באילניא כגינוניתא דייי **ובעללתא** כארעא דמצרים מעלך GN 13:10
בידנא נכסת קודשין **ועלוון** ונעבד קדם ייי אלקנא: ואוף EX 10:25
ית קרבן חטאתהון **ועלוותהון** קדם ייי וארע יתי סקול LV 10:19
דימעת זרעא דתזרעון **ועללת** כרמא: לא תהוון רדיין DT 22:9

ארעיא וסייפת ארעא **ועללתה** ושלהבת יסודי טוורייא: DT 32:22
עלת ריש ירחא ומנחתה **ועלת** תדירא ומנחתה וניסוכיהון NU 29:6
מקרבן חטאת כיפוריא **ועלת** תדירא ומנחתהון וחמר NU 29:11
בוסמין דעממין נוכראין **ועלתא** ומנחתא וניסוכין לא EX 30:9
דפסק למעבד חטאתא **ועלתא** ונכסת קודשיא: וכיוון LV 9:22
היא עלתא דמתעבדא **כעלתא** דטוורא דסיני וקיימא על LV 6:2
דתייתון בחגא ונסיבתכון **לעלוותכון** ולמנחתיכון ולניסוכיהון NU 29:39
בר מעלת צפרא די **לעלת** תדירא תעבדון ית איליין NU 28:23
ייי יבחר ליה אימרא **לעלתא** ברי ואזלו תרויהום בלב GN 22:8
ליה אימרא תחותוי **לעלתא** גדי בר עיזי איתבחר LV 22:27
אימריא או מן בני עיזיא **לעלתא** דכר שלים יקרביניה: ויכוס LV 1:10
אימר בר שתיה שלים חד **לעלתא** ואימרתא חדא ברת שתא NU 6:14
וקיסין והאן אימרא **לעלתא**: ואמר אברהם ייי יבחר ליה GN 22:7
תייתי אימר בר שתיה **לעלתא** וגוזל בר יוון או שפנינא LV 12:6
או תרין גוזלין בני יוון חד **לעלתא** וחד לחטאתא ויכפר עלה LV 12:8
ייי חד לחטאתא וחד **לעלתא**: וייתי יתהון לוות כהנא LV 5:7
כהנא חד חטאתא וחד **לעלתא** ויכפר עלוי ממן דחב על NU 6:11
לקרבן חטאתא ודכר חד **לעלתא**: ויקרב אהרן ית תורא LV 16:5
ותאנתא ודיקלא דחזיין **לעלתא** וקם ואזל לאתרא דאמר GN 22:3
כאימרא תריהון שלמין **לעלתא**: ותור ואימר לניכסת LV 9:3
ונסיב יתיה ואסיקהי **לעלתא** חולף בריה: ואודי וצלי GN 22:13
לקרבן חטאתא ודכר **לעלתא**: כיתונא דבוץ מילת קודשא LV 16:3
כנישתא תור בר תורי חד **לעלתא** לאתקבלא ברעוא קדם ייי NU 15:24
ישראל: דא היא אורייתא **לעלתא** למנחתא לחטאתא LV 7:35
דיקרבון קדם ייי **לעלתא**: לרעוא לכון שלים דכר LV 22:18
אימר שלים בר שתיה **לעלתא** לשמא דייי: ומנחתיה תרין LV 23:12
פולחנא ואסיקהי תמן **לעלתא** על חד מן טווריא דאימר GN 22:2
קרב רב שיבטא דיהודה **לעלתא**: צפיר בר עיזין חד קריב NU 7:15
רב שיבטא דיששכר **לעלתא**: צפיר בר עיזין חד קריב NU 7:21
דעבדת בחורב וברם דכר **לעלתא** תיסב מן בגלל די ידכר לך LV 9:2
בהון משה נביא: כל תורי **לעלתא** תריסר תורא לרב בית אבא NU 7:87
חד לכפרא עליכון: בר **מעלת** צפרא די לעלת תדירא NU 28:23
דמקרב מטרתא חד בר **מעלת** תדירא וסמידא דחנטיא NU 29:16
למטרתא חד חטאתא בר **מעלת** תדירא וסמידא דחנטיא NU 29:19
קודשיא מה דמשתייר **מעלתא** דענא מן אישתא כל NU 18:9
כהונתא לאהרן ואסיקו **עלוון** וניכסת קודשין קדם ייי תורין: EX 24:5
חטאתא ואשמא **עלוון** ונכסת קודשא תקרבון קדם DT 23:24
במיא: ונסיב יתרו **עלוון** ונכסת קודשין קדם ייי ואתא EX 18:12
מיומא חרא ואסיקו **עלוון** וקריבו ניכסין ואסחר עמא EX 32:6
כל עוף דכי ואסיק ארבע **עלוון** על ההוא מדבחא: וקבל ייי GN 8:20
דייי אלקכון ותסקון עלוי **עלוון** קדם ייי אלקכון: ותיכסון DT 27:6
ייי: ותעבד כהילכתא **עלוותך** ביסרא ואדמא על מדבחא DT 12:27
לשמי ודהי דבח עלוי ית **עלוותך** וית נכסת קודשך מן ענך EX 20:24
לכון דילמא תסקון **עלוותכון** בכל אתרא דאתון חמיין: DT 12:13
ותיתון תמן: ותייתון תמן **עלוותכון** וניכסת קודשיכון וית DT 12:6
מפקיד לכון תמן תקרבון **עלוותכון** וניכסת קודשיכון תמן DT 12:11
ותתקעון בחצוצרתא על **עלוותכון** ועל ניכסת קודשיכון NU 10:10
מן שבטיכון תמן תסקון **עלוותכון** ותמן תעבדון ית כל מה DT 12:14
על גבי מדבחא ית **עליא** וית תרביא וחמון כל עמא LV 9:24
קיים ליתיב ארעא דאנת **עליל** עלה דילמא יהי לתקלא בינך: EX 34:12
וכן אמרת אתון כל **עללי** עלמא וחמון בצערי דמשה DT 34:5
טוב רמתא דלא מפסקן **עללייא** דאחסינו ליה ברכתא DT 33:15
ארעא: וחמא יעקב ארום **עללייא** זבנין ומייתן עיבורא GN 42:1
ואייכל יתהון תפנוקי **עללת** חקלהא ואוניק יתהון דובשא DT 32:13
דיוספון לכון מן שמיא **עללתא** אנא הוא אלקכון: לא LV 19:25
לכון מן חקלא תיכלון ית **עללתא**: בשתא דיובלא הדא LV 25:12
והוה תוב סוגעי אשוון **עללתא** דארעא במיתיה לאפרת GN 35:16
בזמן מיכנשכון ית **עללתא** דארעא תחגון ית חגא דייי LV 23:39
שתיתיתא ותעבד ית **עללתא** דתיספוק לתלת שנין: LV 25:21
זבינוי ארום מניין כנישות **עללתא** הוא מזבן לך: ולא תונון גבר LV 25:16
ולקיש ותיתן ארעא פירי **עללתא** ואילן דאנפי ברא יצלח LV 26:4
כרמיכון ותכנשון ית **עללתא**: ובשתא שביעתא נייח LV 25:3
ית ארעך ותכנוש ית **עללתא**: ושביעיתא תשמיטינא EX 23:10
מיטרא וארעא לא תיתן **עללתא** ותיבדון בסרהוביא מעילוי DT 11:17
ויהי באשוניה במכנוש **עללתא** ותיתנון חומשא לפרעה GN 47:24
בקרוביכון דורונא מן **עללתא** חדתא קדם ייי בעצרתיכון NU 28:26
כמניין שנייא דכנישות **עללתא** יזבנון לכון: לפום סכום סוגי LV 25:15
למיסב חומשא מן **עללתא** לחוד ארעא דכומרנייא GN 47:26
די בארעך תהי כל **עללתא** למיכל: ותימני לך שבע LV 25:7
במישלמכון למיכנוש **עללתא** מאידיריכון וחמרא מן DT 16:13
תמינתא ותיכלון מן **עללתא** עתיקתא דההיא שתא LV 25:22
תשיעתא עד זמן מיעל **עללתא** תיכלון עתיקתא: וארעא LV 25:22
לעשרא ית כל מעשר **עללתך** בשתא תליתיתא DT 26:12
שנין תפקון ית כל מעשר **עללתכון** בשתא ההיא ותצנעון DT 14:28
יבריככון ייי אלקכון בכל **עללתכון** ובכל עובדי אידיכון DT 16:15
נזרע ולא נכנוש ית כתי **עללתנא**: ואפקיד ית ברכתי לכון מן LV 25:20
יהי: וכהנא דימקרב ית **עלת** גבר אוחרן משך עלתא דיקרב LV 7:8
ויעביד ית עלתיה וית **עלת** עמיה ויכפר עלוי ועל עמיה: LV 16:24
ואסיק על מדבחא בר מן **עלת** צפרא: ונכיס ית תורא וית LV 9:17
למכפרא עליכון: בר מן **עלת** ריש ירחא ומנחתה ועלת NU 29:6
במשח זיתא וניסוכא: **עלת** שבתא תתעבד בשבתא NU 28:10
כתישא רבעות הינא: **עלת** תדירא היכמא דהות מיקרבא NU 28:6
חד לכפרא עליכון: בר מן **עלת** תדירא ומנחתיה תעבדון NU 28:31
בשבתא ומיתוספא על **עלת** תדירא וניסוכה: ובריש ירחכון NU 28:10
חד למטרתא חדא בר מן **עלת** תדירא וסמידא דחינטתא NU 29:28
חד למטרתא חד בר מן **עלת** תדירא וסמידא דחנטיא NU 29:22
חד חטאתא בר מן **עלת** תדירא וסמידא דחנטיא NU 29:25
חד למטרתא חדא בר מן **עלת** תדירא וסמידא דחנטיא NU 29:34
חד למטרתא חדא בר מן **עלת** תדירא וסמידא דחנטתא NU 29:31
דחטאתא חד בר מן **עלת** תדירא וסמידא למנחתה NU 29:38
ייי על חוסרן סיהרא על **עלת** תדירא יתעביד וניסוכיה: NU 28:15
ברעוא קדם ייי על **עלת** תדירא יתעביד וניסוכיה: NU 28:24
ברעוה קרבנא קדם ייי: **עלת** תדירא לדריכון בתרע משכן EX 29:42
רבעות הינא תעבד על **עלתא** או לניכסת קודשא לאימר NU 15:5
למיתב ביניכון די יסיק **עלתא** או ניכסת קודשיא: ולתרע LV 17:8
מדבחא קרבנא קדם ייי **עלתא** או ניכסת קודשיא לפרשא NU 15:3
ייי: וארום תעביד בר תורי **עלתא** או נכסתא לפרשא נידרא או NU 15:8
על מדבחא חזור חזור: וית **עלתא** אקריבו יתה לפסגהא וית LV 9:13
דיכוס ית חטאתא וית **עלתא** באתר קדיש ארום היא LV 14:13
ישוד ליסודא דמדבח **עלתא** דבתרע משכן זימנא: וית כל LV 4:18
ית עלת גבר אוחרן משך **עלתא** דיקרב לכהנא דיליה יהי: וכל LV 7:8
על היהורי ליבה היא **עלתא** דמתעבדא כעלתא דטוורא LV 6:2
בני אהרן למדבחא על **עלתא** דעל קיסין דעל אשתא קרבן LV 3:5
עלתא ועבדא כהילכת **עלתא** דקריב אמטולתיה: וקריב ית LV 9:16
ית כל דיכרא למדבחא **עלתא** הוא קדם ייי לאתקבלא EX 29:18
הוא: וית עוף תניין יעבד **עלתא** הי כהלכת עופא דאיתבחר LV 5:10
משה ית דיכרא למדבחא **עלתא** היא לאתקבלא ברעוא LV 8:21
כהנא ית כולא למדבחא **עלתא** היא קרבן דמתקבל ברעוא LV 1:9
ית כולא ויסיק למדבחא **עלתא** היא קרבן דמתקבל ברעוא LV 1:13
על קיסין דעל אישתא **עלתא** היא קרבן דמתקבל ברעוא LV 1:17
תקרבון ית קורבנכון: אין **עלתא** היא קרבניה מן תורי דכר LV 1:3
מברא למשריתא: ונכס ית **עלתא** ואקריבו בני אהרן ליה ית LV 9:12
ויהי חד חטאתא וחד **עלתא**: וייתי יתהון ביומא תמינאה LV 14:22
ית חד חטאתא וית חד **עלתא** ויכפר עלה כהנא קדם ייי LV 15:30
קרבן חטאתא וחד קרבן **עלתא** ויכפר עלוי כהנא קדם ייי LV 15:15
באתרא דיכוס ית **עלתא**: ויסב כהנא מן אדם חטאתא LV 4:33
ובתר כן יכוס ית **עלתא**: ויסיק כהנא ית עלתא וית LV 14:19
שעין דיומא ויסדר עלה **עלתא** ויסיק עלה תרבי ניכסת LV 6:5
וישלח ית משכא מן **עלתא** ויפסג יתה לפסגהא: וינתנון LV 1:6
משכן ואסיק עלוי ית **עלתא** וית מנחתא היכמא דפקיד EX 40:29
ית עלתא: ויסיק כהנא ית **עלתא** וית מנחתא למדבחא ויכפר LV 14:20
קורבנא לשמא דייי **עלתא** ומנחתא נכסת קודשין LV 23:37
ייי ית משה: וקרב ית דכר **עלתא** וסמכו אהרן ובנוי ית יד LV 8:18
דקריב בשירויא: וקריב ית **עלתא** ועבדא כהילכת עלתא LV 9:16
הוא: באתרא דיכסון ית **עלתא** יכסון ית אשמא וית אדמיה LV 7:2
ארום איתחשב לך כאילו **עלתא** לאיתא דשמיש עימה אבוך GN 49:4
ותסדר במדבחא על **עלתא** לאתקבלא ברעוא קדם ייי EX 29:25
לא תעבדון: ותקרבון **עלתא** לאתקבלא ברעוא קדם ייי NU 28:27
בקל יבבותכון: ותעבדון **עלתא** לאתקבלא ברעוא קדם ייי NU 29:2
במשח זיתא לאימרא חד **עלתא** לאתקבלא ברעוא קרבנא NU 28:13
וית ריגלייא ואסיק על **עלתא** למדבחא: וקריב ית קרבן LV 9:14
יד ימיניה על ריש **עלתא** מטול דיתרעי ליה לכפרא LV 1:4
דתיכול אישתא ית **עלתא** על מדבחא וישויניה בצטר LV 6:3
חוביהון כאילו מקרבין **עלתא** על מדבחא: ותיתן ית כיורא EX 40:6
ית חד חטאתא וית חד **עלתא** על קרבן מנחתא ויכפר כהנא LV 14:31
טבחא באתר דיכוס ית **עלתא** קדם ייי חטאתא הוא: ויסב LV 4:24
לא תעבדון: ותקרבון **עלתא** קדם ייי לאתקבלא ברעוא NU 29:8
ית חד חטאתא וית חד **עלתא** קדם ייי לכפרא על ליואי: NU 8:12
וברישי ירחכון תקרבון **עלתא** קדם ייי תורין בני תורי דלא NU 28:11
תעבדון: ותקרבון קרבנא **עלתא** קדם ייי תורין בני תורי תרין NU 28:19
ואסיק על מדבחא על **עלתא** קרבן אשלמותא הינון LV 8:28
ייי שובעא יומין: ותקרבון **עלתא** קרבן דמתקבל ברעוא קדם NU 29:13
לא תעבדון: ותקרבון **עלתא** קרבן דמתקבל ברעוא קדם NU 29:36
שנה שלמין תרין ליומא **עלתא** תדירא: ית אימר חד תעבד NU 28:3
לאימרא חמר עינבי דא **עלתא** תהוי מתקרבא בכל ריש ירח NU 28:14
באתרא דתיתנכס **עלתא** תיתנכס חטאתא קדם ייי LV 6:18
לותיה והא מעתד על **עלתיה** הוא וכל רברבי מואב: ונטל NU 23:6
ייי ויעביד ית חטתיה וית **עלתיה**: וית דיכרא יעביד ניכסת NU 6:16

ויצדד ויפוק ויעביד ית **עלתיה** וית עלת עמיה ויכפר עלוי LV 16:24
לותיה והא מעתד על **עלתיה** ורברבי מואב עימיה ואמר NU 23:17
בלעם לבלק איתעתד על **עלתך** ואיהך דילמא יזדמן מימרא NU 23:3
לבלק אתעתד הכא על **עלתך** ואנא אתארע עד הכא: וארע NU 23:15
ועיבד ית חטאתך וית **עלתך** וכפר אמטולתך ואמטול LV 9:7

עולים (29)

דכסף ויתנון לאבוהא **דעולימתא** ארום אפיק טיב ביש על DT 22:19
דשמיש עימה לאבוהא **דעולימתא** דמי בהתה חמשין DT 22:29
סהידוון: ויסבון אבוהא **דעולימתא** ואימה רשו מבי דינא DT 22:15
שושיפא בהדי סהידוון **דעולימתא** לוות חכימי קרתא DT 22:15
בי דינא: ויימר אבוהא **דעולימתא** לחכימיא ית ברתי DT 22:16
דשמש עימה בלחודוי: **ולעולימתא** לא תעבדון מידעם DT 22:26
לכון הכא עם חמרא ואנא **ועולימא** נתמטי עד כא לבחוני אין GN 22:5
בר תורי רכיך ושמין ויהב **לעולימא** ואוחי למעבדי תבשילין: GN 18:7
מן רחיק: ואמר אברהם **לעולימוי** אוריכן לכון הכא עם GN 22:5
תעבדון מידעם ביש לית **לעולימתא** דין קטול אילהין גברא DT 22:26
לא הישתכחו סהידוון **לעולימתה**: ויפקון ית עולימתא DT 22:20
נסיב אפין לסבא ועל **עולים** לא חייס: ויגמרון וולדא DT 28:50
תחותוהי ואוף לא **עולימא** חבילית דבגיניה יהובדון GN 4:23
וחלב ובר תורי דעבד **עולימא** תבשילין וסדר קדמיהון GN 18:8
יומא תב אברהם לות **עולימוי** וקמו ואזלו כחדא לבירא GN 22:19
רכיב על אתניה ותרין **עולימוי** יניס וימריס עימיה: וחמת NU 22:22
לעלמא דאתי ויהי **עולימוי** מתמניין עם עולימהון DT 33:6
שדא בימא שיפר **עולימי** גיברוי רמא וטמע יתהון EX 15:4
עדאה דבר מיני אכלו **עולימיא** וחולק גובריא דאזלו GN 14:24
עׂנניא: ולות נדב ואביהוא **עולימיא** שפיריא לא שדר מחתיה EX 24:11
ואילך ישתיצון לחוד **עולימיהון** ולחוד בתולתהון DT 32:25
פריק לה: ארוׂם ישכח גבר **עולימתא** בתולתא דלא מיקדשא DT 22:28
מישראל: ארום תהוי **עולימתא** בתולתא מיקדשא לגבר DT 22:23
בברא ישכח גברא ית **עולימתא** דמיקדשא ויתקיף בה DT 22:25
באנפי ברא אשכחא פגנת **עולימתא** דמיקדשא ולא אזדמן DT 22:27
לעולימתה: ויפקון ית **עולימתא** לתרע בית אבוהא DT 22:21
שפך אדמא זכיא ועל על **עולימתא** מארשה וכפר בחיי עלמא GN 25:29
יתהון באבניא.וימותון ית **עולימתה** מן בגלל דלא פגנת DT 22:24
אשתבי אחוי וזיין ית **עולמויי** דחניך לקרבא מרביני GN 14:14

עולימו (1)

ויהי עולימוי מתמניין עם **עולימהון** דאחוי בית ישראל: ודא DT 33:6

עולשין (1)

טוי נור ופטיר על תמכה **ועולשין** ייכלוניה: לא תיכלון מיניה EX 12:8

עומר (12)

ועלו לסייפי ארעא דכנען: **ועומרא** חד מן עשרא לתלת סאין EX 16:36
ביום ארמותכון ית **עומרא** אימר שלים בר שתיה LV 23:12
בחקליכון ותתנשון **עומרא** בחקלא לא תתובון DT 24:19
מן יום איתוייכון ית **עומרא** דארמותא שבע שבוען LV 23:15
ביומא קמא תקרבון ית **עומרא** ותיכלון פטירי מעללתא DT 16:8
מיניה גבר לפום מיכליה **עומרא** לגולגלתא מניין נפשתיכון EX 16:16
דפקיד ייי לאצנעא מלי **עומרא** מיני למטרא לדריכון מן EX 16:32
דפׂחר חדא והב תמן מלי **עומרא** מנא ואצנע יתיה קדם ייי EX 16:33
לות כהנא: וירים ית **עומרא** קדם ייי לרעוא לכון מבתר LV 23:11
ית חצדא ותייתון ית **עומרא** שירוי חצדכון לות כהנא: LV 23:10
בחקלא בתר חצר **עומרא** תישרון למימני שובעא DT 16:9
לקטו לחם בכפלא תרין **עומרין** לבר נש חד ואתו כל רברבני EX 16:22

עוף (41)

ביסרא דרחיש על ארעא **בעופא** ובבעירא ובחיתא ובכל GN 7:21
כל נפשת חיתא דעימכון **בעופא** ובבעירא ובכל חית ארעא GN 9:10
דעימך מכל בישרא **בעופא** ובבעירא ובכל ריחשא GN 8:17
נדונא לזניה: וכל ריחשא **דעופא** דליה ארבע ריגלין שיקצא LV 11:23
וית ערפדא: וכל ריחשא **דעופא** דמהלך על ארבע זני דיבבי LV 11:20
דין תיכלון מן כל ריחשא **דעופא** דמהלך על ארבע כל דאית LV 11:21
וישלטון בנוני ימא **ובעופא** דבאויר שמייא ובבעירא GN 1:26
בבעירא דריסת חייתא **ובעופא** דריס בר נצצא ובכל מן LV 20:25
ושלוטו בכוורי ימא **ובעופא** דשמייא ובכל ריחשא GN 1:28
מיכל פרעה עובד נחתום **ועופא** אכיל יתהום מן סלא מעילוי GN 40:17
מוי רחיש נפשא חייתא **ועופא** דטייס ושרכפיה על ארעא GN 1:20
גזירת אורייתא דבעירא **ועופא** וכל נפשת חייתא דרחשא LV 11:46
קבל שית סדרי מתניתא **ותיעוף** ית יריעתא שתיתיתא כל EX 26:9
מן אוכלא ופרחין הי **כעופא** מסאבין הינון לכון: כל גובא DT 14:19
אומיא הינון מדמיין **לעופא** מסאבא למיבוז נכסיהון GN 15:11
עימך דכר ונוקבא יהון: **מעופא** ליזניה ומבעירא ליזניה GN 6:20
וזני דלא דכיין וית כל **עוף** דטייס בגדפין לזנוהי זני דכיין GN 1:21
מכל בעירא דכיא ומן כל **עוף** דכי ואסיק ארבע עלוון על GN 8:20
כפן ולמזיקי אכילי **עוף** ולבני טיהררי כתישי רוחין DT 32:24
חטאתא הוא: וית **עוף** תניין יעבד עלתא הי כהלכת LV 5:10
יעבד עלתא הי כהלכת **עופא** דאיתבחר בשירויא לחטאתא LV 5:10
מינייא תשקצון מן **עופא** דלית להון ציבעא יתירא LV 11:13
די יצוד צידא חייתא או **עופא** דמיכשרין למיכל וישוד ית LV 17:13
לדמיפסלא למיכל ובין **עופא** דמיפסל למיכל לדמיכשר LV 20:25
בעירא עד ריחשא ועד **עופא** דפרח באויר שמיא ואישתיצי GN 7:23
כל חיתא כל ריחשא וכל **עופא** דרחיש על ארעא לזרעייתהון GN 8:19
משגרא למיכל לכל **עופא** דשמיא ולבעירא דארעא DT 28:26
בעירא עד ריחשא ועד **עופא** דשמייא ארום תבית במימרי GN 6:7
כל חיית ארעא ועל כל **עופא** דשמייא בכל דתרחיש ארעא GN 9:2
כל חיות ברא וית כל **עופא** דשמייא ואיתי לוות אדם GN 2:19
ולכל חיות ארעא ולכל **עופא** דשמייא ולכל דרחיש על GN 1:30
שמהן לכל בעירא ולכל **עופא** דשמייא ולכל חיות ברא GN 2:20
בעירא דליתא דכייא ומן **עופא** וכל דרחיש על ארעא: תרין GN 7:8
יתך על קיסא וייכול **עופא** ית בישרך מינך: והוה ביום GN 40:19
דחד כל קבל חבריה וית **עופא** לא פסג: ונחתו אומיא הינון GN 15:10
על ארעא ליזניה כל **עופא** ליזניה כל ציפר כל דפרח: ועלו GN 7:14
ברעוא קדם ייי: ואין מן **עופא** קורבניה קדם ייי ויקרב מן LV 1:14
גבר נחשירכן למיצוד **עופן** וחיוון גבר נפיק חקל קטיל GN 25:27
אורכיה וזרתיה פותיה **עיף**: ואשלימו ביה ארבעא סידרין EX 39:9
תעביד יתיה: מרבע יהי **עיף** זרתא אורכיה וזרתא פותיה: EX 28:16
ובוץ שזיר: מרבע הוה **עיף** עבדו ית חושנא זרתא אורכיה EX 39:9

עוק (41)

ייי עם משה למימר: **אעיק** ית מדינאי ותקטול יתהון: NU 25:17
מן גוא שביית בבל **אעיקו** להון דבית אגג די מִתילין DT 32:24
ארום ירתח עלוי ליביה **בעקתיה** וידבקיה ארום תיסגי DT 19:6
האילין על בעלי דבביכון **דאעיקו** יתכון בגלוותכון ועל DT 30:7
לכון בצערו ובעקא **דיעיקון** לכון סנאיכון: גברא דמחטי DT 28:53
ומואבאי יתבי מישרא **דמעיקין** להון לישראל וית גלוות DT 34:3
בארעכון על מעיקי **דמעיקין** לכון ותייבבון בחצוצרתא NU 10:9
ומרעין בישין ומיהמנין **דמתעקין** על גושמיכון: ויתיב בכון DT 28:59
אמרין לואי דיהי רמשא **דעקן** מארכן שעי יומא באפיכון DT 28:67
אמרין לואי דיהי צפרא **דעקן** מארכן שעי ליליא באפיכון DT 28:67
דקבל צלותי ביומא **דעקתי** והוה מימריה בסעדי GN 35:3
על ידוי ואסני ית סנאך **ואעיק** למעיקייך: ארום יטייל EX 23:22
מידעם בטומרא בצערו **ובעקא** די יעיקון לכון סנאיכון DT 28:57
ליה מידעם בצערו **ובעקא** די יעיקון לכון סנאיכון בכל DT 28:55
ייי אלקכון לכון בצערו **ובעקא** דיעיקון לכון סנאיכון: גברא DT 28:53
בכון בכל ארעכון **ויעיקון** לכון בכל קירויכון בכל DT 28:52
עד זמן די יהובדון יתכון: **ויעיקון** לכון בכל קירויכון עד זמן DT 28:52
לכון כתריסין בסיטריכון **ויתעיקון** יתכון על ארעא דאתון NU 33:55
ואסתלקו ענני יקרא **ומדעקת** על ישראל על קרבא DT 10:6
ויארעו יתהון בישן סגיען **ועקן** ויימרון בעידנא ההיא בשבועה DT 31:17
יערען יתהון בישן סגיען **ועקן** ותסהיד תושבחתא הדא DT 31:21
מידעם בצערו ובעקא די **יעיקון** לכון סנאיכון בכל קרויכון: DT 28:55
בצערו ובעקא די **יעיקון** לכון סנאיכון בקרויכון: אין DT 28:57
עשרין שנין ביקרא דאבוי **יעקת** ליה ופליג ית עמא דעימיה GN 32:8
בחיי אחתה לא תיסב **לאעקה** לה לבזאה עריתה עלה כל LV 18:18
ידי אחזור פורענותא **למעיקי** עמי ולסנאיהון אשלים אגר DT 32:41
ואסני ית סנאך ואעיק **למעיקייך**: ארום יטייל מלאכי EX 23:22
חורפוי למיכול קורצין **למעקא** לבר עמך לא תימנע זכו LV 19:16
פרעה ארום הות רווחתא **לעקתיה** ויקר ית ליביה ולא קביל EX 8:11
סידרי קרבא בארעכון על **מעיקי** דמעיקין לכון ותייבבון NU 10:9
ותקטול יתהון: ארום **עייקין** הינון לכון בעיטת רמיותהון NU 25:18
ליה ומן קדם ייי ארע **עיקתיה** לידוי ואזמן לך אתר EX 21:13
מאתן אלפין גוברין וית **עקת** כל דר ודר ופורענות ארמלגוס DT 34:3
ובור בארע אדומאי ותמן **עקת** נפשא דעמא באורחא: ונטלו NU 33:41
על עיסק ישראל ית כל **עקתא** דאשכחתנון באורחא על EX 18:8
מיניה בגין כן אתת לנא **עקתא** הדא: ענה יתהום ראובן ואמר GN 42:21
מילכא טבא לרווחי **עקתכון** ולא יהוי בכון מחוי DT 28:29
לבכון ובכל נפשכון: כד **תיעוק** לכון ויארעון לכון כל DT 4:30
דמואב: ואמר ייי לי לא **תעיק** ית מואבאי ולא תסדר DT 2:9
בשעת דינא: ולגיירא לא **תעיקון** ואתון חכימתון ית אניק EX 23:9
לא תקנטון במילין ולא **תעיקון** למיסב ליה נכסוי עמי בני EX 22:20

עוקמנא (2)

אשתכח מומא בהון דרא **עוקמנא** דאשנייו עובדיהון ואוף DT 32:5
דילמא אית בליבהון **עקמנותא** אתיבו כולהון כחדא DT 6:4

עור (2)

בבׂי דעייניה: היך נישרא **דמעורר** ומחיש לשרכפיה ועל DT 32:11
מחופף כדין שכינתיה **מעורר** למשריתהון דישראל וחפא DT 32:11

עורב (3)

תיבותא דעבד: ושדר ית **עורבא** ונפק מיפוך ותאיב עד GN 8:7
ודייתא לזנה: וית כל בני **עורבא** לזניהון: וית ברת נעמיתא DT 14:14
טריפתא ליזנה: וית כל **עורבא** ליזניה: וית בת נעמיתא וית LV 11:15

עורדען (12)

אנא מחי ית כל תחומך **בעורדענייא**: וירבי נהרא עורדעניא EX 7:27

יה מיא לא באדמא ולא **בעורדענייא** מן בגלל דהות ליה EX 8:2
משה קדם ייי על עיסק **עורדעניא** דשוי לפרעה: ועבד ייי EX 8:8
עמך ובכל עבדך ישלטון **עורדעניא**: ואמר ייי למשה ארים ית EX 7:29
בעורדענייא: וירבי נהרא **עורדעניא** ויסקון ויעלון בביתך EX 7:28
ייי כפתגמא דמשה ומיתו **עורדעניא** מן בתיא ומן דרתא ומן EX 8:9
ועל שיקייא ואסיק ית **עורדעניא** על ארעא דמצרים: וארים EX 8:1
דמצרים וסליקת מחת **עורדענייא** וחפת ית ארעא דמצרים EX 8:2
ואמר צלון קדם ייי ויעדי **עורדענייא** מיני ומן עמי ואפטור ית EX 8:4
עבדך ועל עמך לשיצאה **עורדענייא** מינך ומבתך לחוד מה EX 8:5
לית כייי אלקנא: ויעדון **עורדענייא** מינך ומיבתך ומן עבדך EX 8:7
בלחשיהון ואסיקו ית **עורדענייא** על ארעא דמצרים: וקרא EX 8:3

עורמא (2)

מן קדמך איתעבידו מיא **עורמן** עורמן קמו להון צרירין הי EX 15:8
איתעבידו מיא עורמן **עורמן** קמו להון צרירין הי כזיקין EX 15:8

עזגד (21)

להום: ושדר משה **אזגדין** מרקם לות מלכא דאדום NU 20:14
מחנים: ושדר יעקב **אזגדין** קומוי לות עשו אחוי לארעא GN 32:4
בר ופסי: לשיבטא דגד **עזגד** גאואל בר מכי: אילין שמהת NU 13:15
דיוסף לשיבטא דמנשה **עזגד** גדי בר סוסי: לשיבטא דדן NU 13:11
רפוא: לשיבטא דזבולון **עזגד** גדיאל בר סודי: לשיבטא NU 13:10
יוסף: לשיבטא דאפרים **עזגד** הושע בר נון: לשיבטא דבנימין NU 13:8
יפונה: לשיבטא דיששכר **עזגד** יגאל בר יוסף: לשיבטא NU 13:7
בר חורי: לשיבטא דיהודה **עזגד** כלב בר יפונה: לשיבטא NU 13:6
מיכאל: לשיבטא דנפתלי **עזגד** נחבי בר ופסי: לשיבטא דגד NU 13:14
בר גמלי: לשיבטא דאשר **עזגד** סתור בר מיכאל: לשיבטא NU 13:13
גדי בר סוסי: לשיבטא דדן **עזגד** עמיאל בר גמלי: לשיבטא NU 13:12
בר נון: לשיבטא דבנימין **עזגד** פלטי בר רפוא: לשיבטא NU 13:9
קדם מרי עלמא: נפתלי **עזגד** קליל דמי לאיילא דרהיט על GN 49:21
יעקב ית נפתלי דהוא **עזגד** קליל וקרא לרחל וללאה ועלן GN 31:4
לשיבטא דראובן **עזגד** שמוע בר זכור: לשיבטא NU 13:4
זכור: לשיבטא דשמעון **עזגד** שפט בר חורי: לשיבטא NU 13:5
תינטר לי בבו עלה: ותבו **עזגדיא** לות יעקב למימר אתינא GN 32:7
בלעם לבלק הלא אם **עזגדייך** דשדרת לוותי מלילית NU 24:12
אורייתא: ושדר ישראל **עזגדין** לות סיחון מלכא דאמוראה NU 21:21
מן קדמך: ושדרית **עזגדין** מנהרדעא דסמיך למדבר DT 2:26
מאילך ואילך: ושדר **עיזגדין** לות לבן ארמאה הוא בלעם NU 22:5

עזל (4)

ומשתחנין בכסו דשיע **ועזיל** וניז עמר וכיתן מערבין כחדא: DT 22:11
הות עזלא ואתיין כל **עזיל** ית תיכלא וית ארגיוונא וית EX 35:25
חכימת ליבא בידהא הות **עזלא** ואתיין כל עזיל ית תיכלא EX 35:25
עימהן בחכמתא הוון **עזלו** ית מעזיא על גווייתהון ומנפסן EX 35:26

עזקא (45)

נחשא: והנעל ית אריחיא **בעיזקא** על סטר מדבחא למיטל EX 38:7
למיטול ית ארונא בהון: **בעיזקתא** דארונא יהוון מחתן EX 25:15
נחשא: ויהנעל ית אריחוי **בעיזקתא** ויהון אריחיא על תרין EX 27:7
יהון מזווגין על רישיהון **בעיזקתא** חדא היכדין יהי לתריהון EX 26:24
הוון מזווגין ברישיהון **בעיזקתא** חדא היכדין עבד EX 36:29
דהבא: ואעיל ית אריחיא **בעיזקתא** על סיטרא דארונא EX 37:5
ותהנעל ית אריחיא **בעיזקתא** על ציטרי ארונא למיטול EX 25:14
חקיק ומפרש הי כגלוף **דעיזקא** גבר מרגליתיה על שמיה EX 28:21
חקיק ומפרש הי כגלוף **דעיזקא** גבר מרגליתיה על שמיה EX 39:14
חקיק ומפרש הי כגלוף **דעיזקא** תיגלוף ית תרתין EX 28:11
ית חושנא מעיזקתיה **לעיזקת** איפודא בשזיר חוטא EX 28:28
ית חושנא מעיזקתא **לעיזקת** אפודא בשזיר תיכלא EX 39:21
אפודא: וטכיסו ית חושנא **מעיזקתא** לעיזקת אפודא בשזיר EX 39:21
ויטכסון ית חושנא **מעיזקתיה** לעיזקת איפודא בשזיר EX 28:28
שיריא מן אדרעיהן **עזקתא** מן עצבעתהן מחוכייא NU 31:50
עיזקן דדהב ויהב ית **עזקתא** על ארבע זיווייתא דלארבע EX 37:13
דדהב ויהבו ית תרתין **עיזיקתא** על תרין ציטרי חושנא: EX 39:16
חזור: ותתיך ליה ארבע **עיזקין** דדהב ותיתן על ארבע EX 25:12
קליען דדהב על תרתין **עיזקיתא** על ציטרי חושנא: וית EX 39:17
לוחיא חפא דהבא וית **עיזקיתהון** עבד דהבא אתרא לנגרין EX 36:34
מן מדבחא: ואתיך ארבע **עיזקן** בארבע זיווייתיה לקנקל EX 38:5
חזור: ואתיך ליה ארבע **עיזקן** דדהב ויהב ית עזקתא על EX 37:13
מרמצן דדהב ותרתין **עיזקן** דדהב ויהבו ית תרתין EX 39:16
לגיו: ועבדו תרתין **עיזקן** דדהב וסדרינון על תרין כתפי EX 39:20
קבל אנפוי: ועבדו תרתין **עיזקן** דדהב ושויאו על תרתין EX 39:19
חזור: ותעביד ליה ארבע **עיזקן** דדהב ותיתן ית עיזקתא על EX 25:26
אנפוי: ותעביד תרתין **עיזקן** דדהב ותיתן יתהון על תרין EX 28:26
לגיו: ותעביד תרתין **עיזקן** דדהב ותיתן יתהון על תרין EX 28:27
דדהב חזור חזור: ותרתין **עיזקן** דדהב עבד ליה מלרע לדיריה EX 37:27
חזור: ואתיך ליה ארבע **עיזקן** דדהב על ארבע אסתוורוי EX 37:3
דדהב חזור חזור: ותרתין **עיזקן** דדהב תעביד ליה מלרע EX 30:4
על חושנא תרתין **עיזקן** דידהב דכי ותיתן ית תרתין EX 28:23
ותעבד על מצדתא ארבע **עיזקן** דנחשא על ארבע ציטרוי: EX 27:4
היתיו שירין ושיווין **עיזקן** ומחוכין וכל תכשיט דדהב EX 35:22
על סיטריה חד ותרתי **עיזקן** על סיטרי תיניין: ועבד אריחי EX 37:3
ארבע אסתוורוי ותרתין **עיזקן** על סיטריה חד ותרתי עיזקן EX 37:3
ארבע איזתוורוי ותרתין **עיזקן** על ציטריה חד ותרתין עיזקן EX 25:12
על ציטריה חד ותרתין **עיזקן** על ציטריה תיניינא: ותעביד EX 25:12
ריגלוי: כל קבל גפוף הואה **עיזקתא** אתרא לאריחייא למיטל EX 37:14
קליען דדהב על תרתין **עיזקתא** בסיטרי חושנא: וית תרתין EX 28:24
כל קבל גפוף תהוויין **עיזקתא** לאתרא לאריחייא למיטול EX 25:27
עיזקן דדהב ותיתן ית **עיזקתא** על ארבעה זיוויין די EX 25:26
דכי ותיתן ית תרתין **עיזקתא** על תרין סיטרי חושנא: EX 28:23
לוחיא תחפי דהבא וית **עיזקתהון** תעביד דהבא אתרא EX 26:29
דמצרים: ואעדי פרעה ית **עיזקתיה** מעל ידיה ויהב יתה על GN 41:42

עטף (9)

על ארבעת אנפי גוליהון **דמתעטפין** בהון לדריהון ויתנון על NU 15:38
על ארבע כנפי גולייתכון **דתתעטפון** בה ביממא: ארום יסב DT 22:12
הוא ריבוני ונסיבת רדידא **ואיתעטפת** ביה: ותני עבדא ליצחק GN 24:65
מינה וכסיית ברדידא **ואעטפת** ויתיבת בפרשת אורחין GN 38:14
כתלגא: ואמר אתיב ידך **לעיטפך** ואתיב ידיה לחוביה EX 4:7
מהלך ועל שיפמיה יהי **מעטף** והי כאבילא יהי לביש LV 13:45
ותחמון יתיה בזמן דאתון **מתעטפין** בהון ביממא ותידכרון ית NU 15:39
סכומהון שובעין וחד: ויהי **עטיף** על אהרן לשמשא וישתמש EX 28:35
לגו מערתא ואיתנח בגו **עיטפיה** דיצחק אבוי וגופיה קברו GN 50:13

עטר (4)

ועשר שנין ובסימו יתיה **ועטרון** יתיה ושוון יתיה בגלוסקמא GN 50:26
לאשראה שכינתיה תמן: **ותעטרון** בסליא וצניא ופיפייריא DT 26:3
ומנין דדהב ולבושין **ותעטרון** על בניכון ועל בנתיכון EX 3:22
בייתיה ולכל דעימיה **עטרון** ית טעוות עממייא דביניכון GN 35:2

עיבור (48)

דמצרים ובארעא דכנען **בעיבורא** דהינון זבנין ואיתי יוסף ית GN 47:14
מעילוי ריגליכון: לחמא **דעיבורא** לא אכלתון וחמר ומרת DT 29:5
וכל טוב חמר עינבא **ועיבור** שירויהון דיתנון קדם ייי לך NU 18:12
ורישי שנין עיבורי ירחין **ועיבורי** שנין ותקופות שמשא GN 1:14
לכון אפרשותכון הי **כעיבורא** מן אידרא והי כחמרא NU 18:27
למינטר זימני מועדיא **לעבורי** שתא למינטר תקופתא DT 16:1
ארעא מלרע וסוגעי **עיבור** וחמר: ישתעבדון לך אומיא GN 27:28
ארעא טבתא דעבדא **עיבור** וחמר לחוד שמיא דעילויהון DT 33:28
ועשר אתנין טעינן **עיבור** ולחם וזוודין לאבוי לאורחא: GN 45:23
ויהב עיבורא בקירווייא **עיבור** חקלי קרתא דבחוזרנהא כנש GN 41:48
לימינא ולשמאלא: **עיבור** כד חי בכספא תזבין לי DT 2:28
דלא ישיירון לכון **עיבור** משח וחמר בקרי תוריכון DT 28:51
כל אוצרייא: וכנש ית כל **עיבור** שבע שני שובעא דהוו GN 41:48
שובעא: ויכנשון ית כל **עיבור** שנייא טבתא דאתיין איליין GN 41:35
בארעא דמצרים ויהב **עיבורא** בקירווייא עיבור חקלי GN 41:48
אפיטרופין דפרעה וישוון **עיבורא** בקירויא וינטרון: ויהי GN 41:35
בקירויא וינטרון: ויהי **עיבורא** גניז במערתא בארעא למזן GN 41:36
חד מן חמשא מן כל **עיבורא** דארעא דמצרים בשבע שני GN 41:34
והוה כד פסקו למיכול ית **עיבורא** דהייתיו ממצרים ואמר GN 43:2
ואתון איזילו אובלו **עיבורא** דזבנתון לכפיני בתיכון: וית GN 42:19
מלי ית דיסקיי גוברייא **עיבורא** היכמא דאינון יכלין GN 44:1
עימנא ניחות וניזבון לך **עיבורא**: ואם ליתך משדר לא ניחות GN 43:4
תובו זבונן לנא קליל **עיבורא**: ואמר ליה יהודה למימר GN 43:2
תובו זבונו לנא קליל **עיבורא**: ואמרנא לית אפשר לנא GN 44:25
מארעא דכנען למיזבן **עיבורא**: ואשתמודע יוסף ית אחוהי GN 42:7
נחיתנא בקדמיתא למזבן **עיבורא**: והוה כד מטינא לבית GN 43:20
יוסף ית כל אוצרין דבהון **עיבורא** וזבין למצראי ותקף כפנא GN 41:56
לעבדוי ומלן ית מניהון **עיבורא** ולאתבא כספיהון דגבר לגו GN 42:25
וברם עתיקא מן קדם **עיבורא** חדתא תפנון מן אוצרכון: LV 26:10
ריבוני ועבדך אתו למזבון **עיבורא**: כולנא בני גברא חד נחנא GN 42:10
אחיתנא בידנא למזבון **עיבורא** לא ידענא מן שוי כספנא GN 43:22
ושם אבוי והוא הוה מזבן **עיבורא** לכל עמא דארעא ואתו GN 42:6
הא שמעית ארום אית **עיבורא** מזדבן למצרים חותו תמן GN 42:2
עללייא זבנין ומייתן **עיבורא** ממצרים ואמר יעקב לבנוי GN 42:1
אחי יוסף עשרה למזבון **עיבורא** ממצרים: וית בנימין אחוי GN 42:3
לליואי הי כאפרשות **עיבורא** מן גוא אידרא והי NU 18:30
עלו למצרים למזבון **עיבורא** מן יוסף ארום תקיף כפנא GN 41:57
איקרא דעבד לאבוי: **עיבורא** תזבנון מינהון כד חי DT 2:6
דאתיין איליין ויצברון **עיבורא** תחות יד אפיטרופין דפרעה GN 41:35
מאתן ושובעין יומי **עיבורהא** למילד והא תיומין GN 25:24
רישי ירחין ורישי שנין **עיבורי** ירחין ועיבורי שנין ותקופות GN 1:14
ועבד להום כן: ונטלו ית **עיבוריהון** על חמריהון ואזלו מתמן: GN 42:26
ובריביין לא תיתנון **עיבוריכון**: אנא הוא ייי אלקכון די LV 25:37
מעיכון ופירי ארעכון **עיבורכון** חמרכון ומישחיכון בקרת DT 7:13
למיכול בקורייכון מעשרי **עיבורכון** חמרכון ומישחכון ביכורי DT 12:17

שכינתיה תמן מעשר **עיבורכון** חמרכון ומישחכון וכן DT 14:23
דדקיתא וקיבתא: שירוי **עיבורכון** חמרכון ומישחכון ושירוי DT 18:4
ולקיש בניסן ותכנשון **עיבורכם** חמריכון ומישחכון: ואיתן DT 11:14

עיבר (15)

בעשתרוותא באדרעת: **בעיברא** דיורדנא בארעא דמואב DT 1:5
ממצרים: ותנגון משה **בעיברא** דיורדנא בחילתא בארע DT 4:46
אפריש משה תלת קירוין **בעיברא** דיורדנא מדנח שימשא: DT 4:41
כנפינון לותיה כד הוון **בעיברא** דיורדנא ענה ואמר להון DT 1:1
ואחמי ית ארעא טבתא **דבעיברא** דיורדנא טוורא טבתא דנן DT 3:25
תרין מלכי אמוראי **דבעיברא** דיורדנא מדנח שימשא: DT 4:47
רשות תרין מלכי אמוראי **דבעיברא** דיורדנא מנחלי ארנונא DT 3:8
עשרין לוחין לרוח **עיבר** דרומא: וארבעין חומרין דכסף EX 26:18
עשרין לוחין לרוח **עיבר** דרומא: וארבעין חומרין דכסף EX 36:23
ית דרת משכנא לרוח **עיבר** דרומא ווילוון לדרתא דבוץ EX 27:9
ועבד ית דרתא לרוח **עיבר** דרומא ווילוות דרתא דבוץ EX 38:9
וישרון בשליותא להלאן **עיבר** יורדנא דכדין אתרעון והוה GN 49:19
רגמין יתי: ואמר ייי למשה **עיבר** קדם עמא ודבר עמך מסבי EX 17:5
טוור תלגא: וכל מישרא **עיברא** דיורדנא מדינחא ועד ימא DT 4:49
יתקטל בסייפא וכדון **עיברו** ותובו מתרע סנדרי לתרע בי EX 32:27

עיגל (33)

ופרגו איקר שכינתיה **בעיגלא** הדין: ואקדימו מיומא חרא EX 32:5
נחיל דמורנין מיגו פרתה **דעגלתא** נגדין ואזלין עד אתרא DT 21:8
למדכר עליהון עובדא **דעיגלא** דעבדו תמן: וזקף בלעם ית NU 24:1
דאתרחק על עובדא **דעיגלא** וטול ית לבושיא דפקידתך LV 8:2
ועיבד יתיה לחטאתא **ועיגלא** מטול דאשתעבדתון LV 9:3
דבחושנא קנכירין טרקין **ועינעיגל** וביה חקיק ומפרש שמהת NU 2:18
מדבחא בקרנוי מידמי **לעיגלא** איסתפי למיקרב לגביה LV 9:7
דייי ית עמא על דגחנו **לעיגלא** דעבד אהרן: ומליל ייי עם EX 32:35
מטול דאשתעבדתון **לעיגלא** ואימר בר שתיה מטול LV 9:3
לי תקרובתין וקרב קדמי **עגלא** ברת תלת שנין וברחא בר GN 15:9
יזדרע וינפקון תמן ית **עגלתא** בקופיץ מבתרהא במצע DT 21:4
ישזגון ית ידיהון על **עגלתא** דנקיפא בחקלא: ויתיבון DT 21:6
חכימי קרתא ההיא ית **עגלתא** לחקיל בייר דלא יתעביד DT 21:4
ואמר לאהרן סב לך **עיגל** בר תורי לחטאתא מטול דלא LV 9:2
וכפר לכון על חובת **עיגל** דהבא: מהלך חדיסר יומין DT 1:1
קנכירינון וטרקין ועין **עיגל** ועליהון חקיק ומפרש שמהת EX 28:19
קנכירין וטרקין ועין **עיגל** ועליהון חקיק ומפרש שמהת EX 39:12
ולסוף ארבעין יומין עבדו **עיגל** מתכא דלית בה משש: ונסיב EX 32:19
יתיה בטופרא ועבדיה **עיגל** מתכא ואמרו איליין דחלתך EX 32:4
וכל דמו וכדון עבדו לכון **עיגל** מתכו וסגידו ליה ודבחו ליה EX 32:8
מטול דלא ידכר חובת **עיגלא** דדהבא ובזמן מיעליה יסחי LV 16:4
בזריזותא ונכיס ית **עיגלא** דחטאתא דידיה: וקריבו בני LV 9:8
היכמא דכפר באדם **עיגלא** דחטאתא דיליה דקריב LV 9:15
בה משש: ונסיב ית **עיגלא** דעבדו ואוקיד בנורא ושף עד EX 32:20
לישן תליתאי על עיסק **עיגלא** דעבדת בחורב וברם דכר LV 9:2
בגויה ונפק מיניה דמות **עיגלא** הדין: וחמא משה ית עמא EX 32:24
ברם שיבוק חובת **עיגלא** היא: ויצבע כהנא דכניש ית NU 19:9
כד מיבבין בחדוא קדם **עיגלא** ואמר למשה קל סידרי EX 32:17
למשריתא וחמא ית **עיגלא** וחינגין בידיהון דרשיעיא EX 32:19
דלא ידכר להון חובת **עיגלא** ורבא דהוה ממני על חילוות NU 2:10
ייי אלקכון עבדתון לכון **עיגלא** מתכא סטיתון בפריע מן DT 9:16
סורחנתכון דעבדתון ית **עיגלא** נסיבית ואוקידית יתיה DT 9:21
חכימי סבי קרתא ההיא **עיגלת** ברת תורין דלא עירובין ברת DT 21:3

עידן (70)

ימא: והות במטרת צפרא **בעדנא** דאתיין חיילי מרומא EX 14:24
תליתאה בשיתא בירחא **בעידוני** צפרא והוה קלין דרעים EX 19:16
בה: ולידסיאיבתא **בעידוני** ריחוקא ולדדייב ית דוביה LV 15:33
דמייחד למישכוב עלוי **בעידוני** ריחוקה יהי מסאב וכל LV 15:20
דמייחד למיתב עלוי **בעידוני** ריחוקה יהי מסאב: וכל מן LV 15:20
בתשעא יומין לירחא **בעידוני** רמשא מן רמשא ההוא ועד LV 23:32
הוא מדבחא דבנא אדם **בעידן** דאיטרד מן גינתא דעדן GN 8:20
ומשח מן שמיר טינרא **בעידן** דאימן נפקן לאנפי ברא וילדן EX 15:2
דאבוכן ויהב לי: והוה **בעידן** דאתיחמא ענא וזקפית עניי GN 31:10
דשמיש עימה אבוך **בעידן** דבלבליתא שיוויי דיסלקת GN 49:4
נבואה דאיסתלקת מיניה **בעידן** דזבינו ית יוסף ותבת עילוי GN 45:27
מידיהון דאמוראי **בעידן** די עלתון לגווה וקמית GN 48:22
למיפטירינון: האנא מחית **בעידן** הדין למחר מן אוצרי שמייא EX 9:18
דתיפוק מבית תורפה **בעידן** מילדה ובבנה דתוליד ארום DT 28:57
למידעא במשכבא: והוה **בעידן** מילדה והא תיומין במעהא: GN 38:27
בארעא דלא דידי וכדון **בעידן** סיבתי נחתית לאיתותבא GN 47:9
ויטמוש במיא האינון **בעידן** קיבול סובתא גבר כהין דכי NU 19:18
לזמן חגא איתוב לוותך **בעידנא** הדין ואתון קיימין ולשרה GN 18:14
קוסמין ברבותא דישראל **בעידנא** הדין יתאמר לבית יעקב NU 23:23
רבא ובדרעך מרממא: **בעידנא** ההיא אמר ייי לי פסל לך DT 10:1
ארע נגדא נחלין דמיין: **בעידנא** ההיא אפריש ייי ית שיבטא DT 10:8
בישן סגיען ועקן ויימרון **בעידנא** ההיא בשבועה מטול דלית DT 31:17
מארעא דמצרים: והוה **בעידנא** ההיא ואמר אבימלך ופיכל GN 21:22
וצליתי אוף על אהרן **בעידנא** ההיא: וית סורחנתכון DT 9:20
מדינאה מלכא למואב **בעידנא** ההיא ולא בעידנא חורנא NU 22:4
רב ספוקלטוריא: והוה **בעידנא** ההיא ונחת יהודה מנכסוי GN 38:1
בזנא לנא: ונסיבנא **בעידנא** ההיא ית ארעא מן רשות DT 3:8
ופקידית יתכון **בעידנא** ההיא ית כל עשרא DT 1:18
ופקידית ית דייניכון **בעידנא** ההיא ית סידרי דיניא DT 1:16
וכבשנן ית כל קירווי **בעידנא** ההיא לא הות קרתא דלא DT 3:4
בתריכון: ואמרית לכון **בעידנא** ההיא ליתנא שבקינכון על DT 1:9
ובעית רחמין מן קדם ייי **בעידנא** ההיא למימר: בבעו ברחמין DT 3:23
גד ופלגות שיבט מנשה **בעידנא** ההיא למימר ייי אלקכון DT 3:18
לכון: וית יהושע פקידית **בעידנא** ההיא למימר עינך חמיין ית DT 3:21
בין מימריה דייי וביניכון **בעידנא** ההיא למיתניא לכון ית DT 5:5
סמפירינון: ויתי פקיד ייי **בעידנא** ההיא למלפא יתכון קיימין DT 4:14
וית ארעא הדא ידיתנא **בעידנא** ההיא מערער ועד כיף DT 3:12
אסלק שכינתי מנהון **בעידנא** ההיא עד דיתמקמקון DT 31:18
למואב בעידנא ההיא ולא **בעידנא** חורנא דהכין הווה תנאה NU 22:4
וכבשנה ית כל קירווי **בעידנה** ההיא וגמרנא ית כל DT 2:34
ואיתן מיטריא דארעכון **בעידנהון** בכיר ולקיש ותיתן ארעא LV 26:4
ואיתן מיטרא דארעכון **בעידניה** בכיר במרחשוון ולקיש DT 11:14
קדמוי ארום גלי קדמוי **דבעידן** דיחובון ותיתקף עליהון DT 32:36
לכון מדכר דכיר ייי יתכון **ובעידן** דאתון סלקין תסקון ית GN 50:25
דנחשא נשיא צניעתא **ובעידן** דאתיין לצלאה בתרע משכן EX 38:8
רשיעא וסדרי קרבא דגוג **ובעידן** צערא רבא דהוא מיכאל DT 34:3
ברתיה לאמהו: והוה **לעידוני** צפרא ואיסתכל בה והא GN 29:25
ית ידיה על ימא ותב ימא **לעידוני** צפרא לתוקפיה ומצראי EX 14:27
ואתת לותיה יונתא **לעידוני** רמשא והא טרפא דזיתא GN 8:11
יצחק לצלאה באנפי ברא **לעידוני** רמשא וזקף עינוי וחמא GN 24:63
ברם אין יומא חד מעידן **לעידן** או תרין יומין קטיעין EX 21:21
דמיא לעידן רמשא **לעידן** דנפקן מליאתא: ואמר ייי GN 24:11
פורענותא ואנא אשלים **לעידן** דתמוט ריגליהון לגלותא DT 32:35
שתא דזבינוי מן עידן **לעידן** יהי פורקניה: ואין לא יתפריק LV 25:29
ועל עמך אייתי מחא **לעידן** מחר יהי אתא הדין: ועבד ייי EX 8:19
לקרתא לבירא דמיא **לעידן** רמשא לעידן דנפקן מליאתא: GN 24:11
ליה מסר בידיה: והוה **מעידן** דמנייה אפוטרופוס על GN 39:5
סייפא: ברם אין יומא חד **מעידן** לעידן או תרין יומין קטיעין EX 21:21
ייי עם משה למימר: **עדאן** אית לן זכותא דתידכר לן LV 22:27
אתיה עם ענא: ואמר הא **עדן** יומא סגי לא עידן למיכנוש GN 29:7
ולרבביא דעימיה: והות **עידוני** בצפרא ודבר בלק ית בלעם NU 22:41
ושמע צלותנא בכל **עידן** דאנן מצליין קמיה ועביד DT 4:7
בכל ארעא דמצרים מן **עידן** דהות לאומא ומלכו: ומחא EX 9:24
עם ענא דלבן: והוי בכל **עידן** דמיתיחמן ענא מבכרתא GN 30:41
וידינון ית עמא בכל **עידן** ויהי כל פיתגם רב ייתון לוותך EX 18:22
והוון דיינין ית עמא בכל **עידן** ית פתגם קשי מייתן לוות EX 18:26
הא עדן יומא סגי לא **עידן** למיכנוש בעיר אשקו ענא GN 29:7
משלם שתא דזבינוי מן **עידן** לעידן יהי פורקניה: ואין לא LV 25:29
אחוך ולא יהי עליל בכל **עידן** לקודשא מן לגיו לפרגודא LV 16:2
והוון לקטין יתיה מן **עידן** צפרא עד ארבע שעין דיומא EX 16:21

עיז (50)

באימריא וקרוח ונמור **בעזיא** ויהי אגרי: ותסהד בי זכוותי GN 30:32
כל דלתוהי נמור וקרוח **בעזיא** ולחוש באימרייא גניבא הוא GN 30:33
בוכרא דאימרי או בוכרא **דעיזי** לא תפרוק מטול דקודשא NU 18:17
ענא אימרתא או צפירתא **דעיזי** לחטאתא ויכפר עלוי כהנא LV 5:6
וייתי ית קורבני צפירתא **דעיזי** שלמתא מטול חובתיה דחב: LV 4:28
שנין וברחא בר תלת שנין **ועיזא** ברת תלת שנין ושפנינא GN 15:9
כל תריב תור ואימר **ועיזא** לא תיכלון: ותריב חיוא LV 7:23
שנין אנא גבך רחלייך **ועיזייך** לא אתכלו ואגר דיכרי ענך GN 31:38
בידיה דורון לעשו אחוי: **עזי** מאתן וברחי עשרין רחילי GN 32:15
בתורי באימריא ובבני **עזיא**: כל דביה מומא לא תקרבון LV 22:19
לכון מן אימריא ומן בני **עזייא** תסבון: ויהי לכון קטיר ונטיר EX 12:5
וסב לי מתמן תרי גדיי **עזין** שמינין חד לשום פיסחא וחד GN 27:9
ניכסת תור או אימר או **עיזא** במשריתא או די יכוס מברא LV 17:3
יתפרשון מן אימרא ומן **עיזא** ויסקינון כהנא על מדבחא LV 4:10
קדם ייי: ואין מן בני **עיזא** קורבניה ויקרביניה קדם ייי: LV 3:12
תחותוי לעלתא גדי בר **עיזי** איתבחר תחותוי בגין מדכר LV 22:27
וית משכי דגדיי בני **עיזי** אלבישת על ידוי ועל שעיעות GN 27:16
ושדר יהודה ית גדי בר **עיזי** ביד רחמיה עדולמאה למיסב GN 38:20
וייתי קורבניה צפיר בר **עיזי** דכר שלים: ויסמוך בתוקפא יד LV 4:23
ותעבדון צפיר בר **עיזי** דלא עירובין חד לחטאתא LV 23:19
יסב תרין צפירי בני **עיזי** דלא עירובין לקרבן חטאתא LV 16:5
על עיסק צפיר בר **עיזי** דנכיסו שבטוי דיעקב ורמייו LV 9:3
דתורא ודאימר בר **עיזי** ויכפר עלוי כהנא מחובתיה LV 5:10

לשובעא אימרין: צפיר בר **עיזי** חד חטאתא בר מקרבן חטאת NU 29:11
אימרין: וצפיר בר **עיזי** חד חטאתא דמקרב מטרתא NU 29:16
אימרין: וצפיר בר **עיזי** חד לחטאתא למכפרא עליכון: NU 29:5
רישי ירחי שתא: וצפיר בר **עיזי** חד לחטאתא קדם ייי על NU 28:15
לשובעא אימרין: צפיר בר **עיזי** חד לכפרא עליכון: בר מן עלת NU 28:30
כסדר דינא: וצפיר בר **עיזי** חד למטרתא חד חטאתא בר NU 29:19
כסדר דינא: וצפיר בר **עיזי** חד למטרתא חד חטאתא בר NU 29:25
סבו ברם אתון צפיר בר **עיזי** מטול דסטנא מימתיל ביה LV 9:3
ואמר אנא אשדר גידי בר **עיזי** מן ענא ואמרת אין תתן GN 38:17
שלימא דעבד גדיי בר **עיזי** תבשילין ואייביל לאבוי וזכה LV 22:27
מן אימריא או מן בני **עיזיא** לעלתא דכר שלים יקרביניה: LV 1:10
בריגלהון וקרוחיא וית כל **עיזייא** נמורתא וקרוחתא כל די GN 30:35
כד חמי וצפיר בר **עיזין** דלא עירובין חד לחטאתא: NU 15:24
תורא חד וגומר: צפיר בר **עיזין** וגומר: ולניכסת קודשיא וגומר: NU 7:28
תור חד וגומר: צפיר בר **עיזין** וגומר: ולניכסת קודשיא וגומר: NU 7:34
תור חד וגומר: צפיר בר **עיזין** וגומר: ולניכסת קודשיא וגומר: NU 7:40
בר תורין וגומר: צפיר בר **עיזין** וגומר: ולניכסת קודשיא וגומר: NU 7:46
בר תורין וגומר: צפיר בר **עיזין** וגומר: ולניכסת קודשיא תורין NU 7:52
בר תורין וגומר: צפיר בר **עיזין** וגומר: ולניכסת קודשיא תורין NU 7:58
בר תורין וגומר: צפיר בר **עיזין** וגומר: ולניכסת קודשיא תורין NU 7:64
בר תורין וגומר: צפיר בר **עיזין** וגומר: ולניכסת קודשיא תורין NU 7:70
בר תורין וגומר: צפיר בר **עיזין** וגומר: ולניכסת קודשיא תורין NU 7:76
בר תורין וגומר: צפיר בר **עיזין** וגומר: ולניכסת קודשיא תורין NU 7:82
ולא בני מסאבין וגדיי בני **עיזין** ולא עירובי טמיין: אילין DT 14:4
לעלתא: צפיר בר **עיזין** חד קריב לחטאתא: ולניכסת NU 7:22
דיהודה לעלתא: צפיר בר **עיזין** חד קריב לחטאתא: ולנכסת NU 7:16
כפנא מן עלמא וצפירי **עיזין** תריסר לחטאתא מטול NU 7:87

עיטפא (3)

נסיבתון בניכון ובנתיכון **בעיטפיכון** למימר ווי לכון סגיפין DT 1:27
אמתי ויהבתא למשכוב **בעיטפך** וחמת ארום עברת ויתבזי GN 16:5
דמליל למשה שוי ידך **בעיטפך** ולקת ידיה בצורעא הכדין NU 17:5

עילאה (67)

אינתתך מטול דבסנדרי **דלעיל** אנת קאי לגבי ואימליל DT 5:31
לרקיעא וביני מייא **דלעיל** בקובתא דרקיעא והוה כן: GN 1:7
ובגין דשבק יוסף חסדא **דלעיל** ואתרחץ ברב מזוגייא בבשר GN 40:23
שבק יוסף ית רוחצניה **דלעיל** ונקט רוחצניא דבר נש ואמר GN 40:14
ודן יתהון על פום מימרא **דלעיל** מינהון דינא ממונא ומנהון LV 24:12
וסכם יתהון על דעתא **דלעיל** מנהון דיני ממונא ומינהון NU 27:5
ואיתן ית שמיא **דעילויכון** ברירן הי כפרזלא דלא LV 26:19
עד דתיבדון: ויהון שמיא **דעילויכון** הי כנהשא דמזייע ולא DT 28:23
ואין מבר שתין שנין **ולעילא** אין ביר דכר ויהי עילוייה LV 27:7
כל דכורא מבר ירחא **ולעילא** ארום לא אתמניו בגו בני NU 26:62
מבר עשרין שנין **ולעילא** דאתרעמיתון עלי: בשבועא NU 14:29
למימר: מבר עשרין שנין **ולעילא** היכמא דפקיד ייי ית משה NU 26:4
מבר תלתין שנין **ולעילא** ועד בר חמשין שנין כל NU 4:3
מבר תלתין שנין **ולעילא** ועד בר חמשין שנין כל NU 4:35
מבר תלתין שנין **ולעילא** ועד בר חמשין שנין כל NU 4:39
מבר תלתין שנין **ולעילא** ועד בר חמשין שנין כל NU 4:43
מבר תלתין שנין **ולעילא** ועד בר חמשין שנין כל NU 4:47
מבר תלתין שנין **ולעילא** ועד בר חמשין שנין תמני NU 4:23
יתהון: מבר תלתין שנין **ולעילא** ועד בר חמשין שנין תמנינון NU 4:30
מבר עשרין וחמש שנין **ולעילא** ייתי לחיילא חילא בפולחן NU 8:24
מבר עשרין שנין **ולעילא** כל נפיק חילא בישראל NU 1:3
ישראל מבר עשרין שנין **ולעילא** כל נפיק חילא בישראל: NU 26:2
אבהתן מבר עשרין שנין **ולעילא** כל נפיק חילא בישראל: והוו NU 1:45
דכורא מבר עשרין שנין **ולעילא** כל נפיק חילא: סכומהון NU 1:20
דכורא מבר עשרין שנין **ולעילא** כל נפיק חילא: סכומהון NU 1:22
דכורא מבר עשרין שנין **ולעילא** כל נפיק חילא: סכומהון NU 1:24
דכורא מבר עשרין שנין **ולעילא** כל נפיק חילא: סכומהון NU 1:28
דכורא מבר עשרין שנין **ולעילא** כל נפיק חילא: סכומהון NU 1:30
דכורא מבר עשרין שנין **ולעילא** כל נפיק חילא: סכומהון NU 1:32
דכורא מבר עשרין שנין **ולעילא** כל נפיק חילא: סכומהון NU 1:34
שמהן מבר עשרין שנין **ולעילא** כל נפיק חילא: סכומהון NU 1:36
שמהן מבר עשרין שנין **ולעילא** כל נפיק חילא: סכומהון NU 1:38
שמהן מבר עשרין שנין **ולעילא** כל נפיק חילא: סכומהון NU 1:40
שמהן מבר עשרין שנין **ולעילא** כל נפיק חילא: סכומהון NU 1:42
שמהן מבר עשרין שנין **ולעילא** לגולגלתהון: היכמה דפקיד NU 1:18
כל דכורא מבר ירחא **ולעילא** סכומהון שבעתי אלפין NU 3:22
כל דכורא מבר ירחא **ולעילא** עשרין ותרין אלפין: ואמר NU 3:39
כל דכורא מבר ירחא **ולעילא** שיתא אלפין ומאתן: ורב NU 3:34
דכורא מבר עשרין שנין **ולעילה** כל נפיק חילא: סכומהון NU 1:26
ויתנון על תרין סיפייא **ועילוי** אסקופא עילאה מלבר על EX 12:7
חופאה דמשכנא עלוי מן **לעילא** היכמא דפקיד ייי ית משה: EX 40:19
כרוביא פריסו גדפיהון **לעילא** כל קבל רישיהום מטללין EX 25:20
גדפיהון בהדי רישיהון **לעילא** מטללין בגדפיהון על EX 37:9
איתתא מלרע וגברא **מלעיל** דיחמון כל בית ישראל ית NU 25:8
צלם וכל דמו דבשמיא **מלעיל** ודי בארעא מלרע ודי במיא DT 5:8
לבוש שזיר תיכלא **מלעיל** וישוון אריחוי: ועל פתור NU 4:6
לכון ולגרמידא תשיצינה **מלעיל** ותרעא דתיבותא בציטרא GN 6:16
כל דאית ליה קרסולין **מלעיל** לריגלוי למשרג בהון על LV 11:21
נגיד מינה על ארונא **מלעילא**: והנעיל ית ארונא למשכנא EX 40:20
וחופאה דססגונא דעלוי **מלעילא** וית פרסא דתרע משכן NU 4:25
דנחתן מטלא דשמייא **מלעילא** ומטוב ברכן מבועי תהומא GN 49:25
ומשכי דססגונא לטללא **מלעילא**: ועבד ית לוחיא למשכנא EX 36:19
מותבך ומטלא דשמייא **מלעילא**: ועל סייפך תהי רחיץ עלול GN 27:39
דשכינתך שריא בשמיא **מלעילא** ושליט בארעא לית DT 3:24
דשכינתיה שריא בשמיא **מלעילא** ושליט על ארעא מלרע DT 4:39
וחופאה דמשכי ססגונא **מלעילא**: ותעביד ית לוחיא EX 26:14
בשבועה קדם ייי אלקא **עילאה** דבגין צדיקיא קנא בקניניה GN 14:22
בריך אברם מן אלקא **עילאה** דבגין צדיקיא קנא שמיא GN 14:19
שעתא דרתח בה אלקא **עילאה** דחיזו מן קדם שדי חמי וכד NU 24:16
וארעא: ובריך אלקא **עילאה** דעבד סנאך כתריסא GN 14:20
הוה משמש קדם אלקא **עילאה**: וברכיה ואמר בריך אברם מן GN 14:18
נקיא על רישי: ובסלא **עילאה** מכל תפנוקי מיכל פרעה GN 40:17
פחרא ותדון לאסקופא **עילאה** מלבר ולתרין סיפייא מן EX 12:22
סיפייא ועילוי אסקופא **עילאה** מלבר על בתיא דייכלון EX 12:7
ויימרון לכון: באחסנות **עילאה** עלמא לעממייא די נפקו DT 32:8
ליה ברי הא ליליא דין **עילאי** משבחין למרי עלמא ואוצרי GN 27:1
למימר הא ליליא הדין **עילאי** משבחין למרי עלמא ואוצרי GN 27:6

עין (156)

שיער בגבינוי או דחלזון **בעיינוי** דמערב חיוורא באוכמא או LV 21:20
אתנינא אחמיית יתה **בעיינך** ותמן לא תעיבר: בשבעא DT 34:4
דליבכון ורמזתון **בעיינכון** וטמטמתון אודניכון בזמן DT 29:3
ואוף ית אמוראי דיתיב **בעין** גדי: ונפק מלכא דסדום ומלכא GN 14:7
בתרע משכניה ומסתכלין **בעינא** בישא אחורי משה עד זמן EX 33:8
די תשיירון מנהון לסכיין **בעינא** בישא בכון ומקיפין לכון NU 33:55
וזללת איקר ריבונתא **בעינהא**: ואמרת שרי לאברם כל GN 16:4
אין לא השכחת רחמין **בעינוי** ארום אשכח בה עבירת DT 24:1
יומא דין גבר כל דכשר **בעינוי**: ארום לא אתיתון עד כדון DT 12:8
יגששינני אבא ואיהי דמי **בעינוי** הי כמגחך ביה ואייתי עלי GN 27:12
ליה יוסף ית מה דשפר **בעינוי** ואמר ליה דין לך פושרניה GN 40:18
ומשכח יוסף רחמין **בעינוי** ושמיש יתיה ומנייה GN 39:4
רחל שב שנין והוו דמיין **בעינוי** כיומין קלילין מדרחים יתה: GN 29:20
עיינויי דאברהם מסתכלן **בעינויי** דיצחק ועיינויי דיצחק GN 22:10
ובאיש פיתגמא לחדא **בעיני** אברהם על עיסק ישמעאל GN 21:11
ניזיל: ושפרו פיתגמהון **בעיני** חמור ובעיני שכם בר חמור: GN 34:18
כתימהא כגבר מגחיך **בעיני** חתנוי: וכאשון מיסק קריצא GN 19:14
ית עמא הדין לרחמין **בעיני** מצראי ויהי ארום תהכון מן EX 3:21
אחי יוסף ושפר פיתגמא **בעיני** פרעה ובעיני עבדוי: ואמר GN 45:16
חיסדא ויהב רחמותיה **בעיני** רב בית אסירי: ומני רב בית GN 39:21
אשכח: ואמרת לא יתקוף **בעיני** ריבוני ארום לית איפשר GN 31:35
דשדרית לאשכחא רחמין **בעיני** ריבוני: ואמר עשו אית לי GN 33:8
קיימתנא נשכח רחמין **בעיני** ריבוני ונהי עבדין לפרעה: ושוי GN 47:25
ואיתעביד **בעיניהום** כחילונאי ומליל עמהון GN 42:7
צלפחד למימר לדתקין **בעיניהן** תהוויין לנשין לחוד NU 36:6
דניעול לותהון: ושפר **בעיניי** פיתגמא ודברית מנכון DT 1:23
לא תתנססון ולא יתקוף **בעיניכון** ארום זבינתון יתי הלכא GN 45:5
בגו כל ישראל: ארום **בעיניכון** אתון חמיין ית כל עובדא DT 11:7
ניסין רבריבין דחמיתון **בעיניכון** אתיא ותימהיא וגבורת DT 7:19
ניסין רברבן דחמיתון **בעיניכון** אתיא ותימהיא רברביא DT 29:2
חסינתא האילין דחמיתון **בעיניכון**: בשובעין נפשתא נחתו DT 10:21
פיתגמיא דחמיתון בסיני **בעיניכון** ודילמא יעידון מן ליבכון DT 4:9
ולאחהא אשכח רחמין **בעיניכון** ודתימרון לי אתין: אסגו GN 34:11
דאנא מפקיד יתכון: **בעיניכון** חמיתון ית דעבד מימרא DT 4:3
אין בבעו אשכחנא רחמין **בעיניכון** מלילו כדון במשמעיה GN 50:4
עיבידי לה דתקין **בעיניכי** וסגפתא שרי וערקת מן GN 16:6
ולדרומא ולמדינחא וחמי **בעינך** ארום לא תעיבר ית יורדנא DT 3:27
חירו ותיתן לה: לא יקשי **בעינך** במפטרך יתיה לבר חורין מן DT 15:18
ההיא לאשכחא רחמין **בעינך** דלא תינטר לי בבו עלה: ותבו GN 32:6
אין כדון אשכחית רחמין **בעינך** הא אטירית קוסמין וברכני GN 30:27
אין כדון אשכחית רחמין **בעינך** ותקבל דורוני מן ידי ארום GN 33:10
ייי לאברהם לא יבאיש **בעינך** על טלייא דינפק מתרבותך GN 21:12
הא ארעי קדמך ובדתקין **בעינך** תיב: ולות שרה אמר הא GN 20:15
אינש ביתיה והוינא חמיין **בעיננא**: ויתנא אפיק פריקין מן בגלל DT 6:22
שריא בגו עמא הדין **דבעיניהון** חמון שכינת יקרך ייי על NU 14:14
היכמה דשכינה נטרא בבי **דעייניה**: היך נישרא דמעורר ומחיש DT 32:10
וארום אסו הוא לנהורא **דעיינין** ומרגג אילנא לאיסתכלא GN 3:6
הא הינון ליך תחמרא **דעיינין** חלף דאתכסית מן בעליך GN 20:16

גרמא או דריסוי לקיין או **דעינויי** לקיין דמערב חיוורא LV 22:22
אחסנת חקלין וכרמין **העיניהון** דגובריא האינון דבארעא NU 16:14
ותקיף רוגזא דייי לחדא **ובעיני** משה ביש: ואמר משה קדם NU 11:10
פיתגמא בעיני פרעה **ובעיני** עבדוי: ואמר פרעה ליוסף GN 45:16
פיתגמהון בעיני חמור **ובעיני** שכם בר חמור: ולא איתעכב GN 34:18
מסתכלן בעינויי דיצחק **ועיינויי** דיצחק מסתכלן למלאכי GN 22:10
למינשי אלהין למידע **ועיינין** למרמזא אלהין למיחמי DT 29:3
בני נשא דכר ונוקבא **ועיינין** פתיחן להון הוא אתרא EX 14:2
קנכירינון וטרקין **ועין** עיגל ועליהון חקיק ומפרש EX 28:19
תליתאה קנכירין וטרקין **ועין** עיגל ועליהון חקיק ומפרש EX 39:12
דמשתחררין בשינא **ועינא** אלהין בשנין דשמטתא EX 21:7
דילך: והא עיניכון חמיין **ועיני** אחי בנימין ארום פומי בלישן GN 45:12
כדון לותי ואיברכינון: **ועיני** ישראל יקרן מן סיבו ולא יכיל GN 48:10
לאה ושום זעירתא רחל: **ועיני** לאה הוון צירנייתן דבכיא GN 29:17
לכון ייי אלקכון במצרים **ועיניכון** חמיין: אתון אתחמיתא ית DT 4:34
מסירין לעם חילונאי **ועיניכון** חמיין וחשכן עליהון כל DT 28:32
ית אבוכון ותיתון: **ועיניכון** לא תיחוס על מניכון ארום GN 45:20
גופינן וארען: למא נמות **ועינך** חמן אוף אנן אוף ארען קני GN 47:19
מן דשדא ית אדמא הדין **ועיננא** לא חמון: כהניא יימרון כפר DT 21:7
לרוחצן מן לקדמין **כעין** בירכתא דבריכינון יעקב DT 33:28
ביומא תליתאה יתגלי ייי **לעיני** כל עמא על טורא דסיני: EX 19:11
ייי עם משה ועבד אתייא **לעיני** עמא: והימין עמא ושמעו EX 4:30
ומשוי יעקב ית חטרייא **לעיני** ענא במורכייתא ליחמותהין GN 30:41
דעבד מימרא דייי **לעיניכון** בארעא דמצרים לפרעה DT 29:1
דעריס ויהי מכסי **מעיני** בעלה ומיטמרא והיא NU 5:13
חד דלא ישלוט בהון **עיינא** בישא כד ייעלון כחדא GN 42:5
קודשא למיכאל ואנהר **עיינה** ואשכחתנון ונסיבת יתהון GN 38:25
ולא אשכחתנון תלת **עיינהא** לשמי מרומא וכן אמרת GN 38:25
וישתכח פסולא בקרבנך **עיינויי** דאברהם מסתכלן בעינויי GN 22:10
ושריין מההיא זימנא **עיינויי** למכהי וקרא ית עשו בריה GN 27:1
בהדא שעת אנקי ואנהר **עייני** ואשכח תלת סהדיי ואנא GN 38:25
ודימפרנק לחדא תבאש **עייניה** באחוי ובאיתתא דדמכא DT 28:54
וית קדחותא מכליא **עיינין** ומסייפא נפש ותידרעון LV 26:16
תמן ליבא דחלא וחשכת **עיינין** ומפחת נפש: ויהון חייכון DT 28:65
ולא אחורי סנהדרין **עיינין**: לא תפקון צדדי רישיכון ולא LV 19:26
בפרשת אורחין דכל **עיינין** מסתכלין תמן דעל שבילא GN 38:14
מטעיתא דהיא בסכות **עיינין** על אורחא ואמרו לא הוה GN 38:21
ומן חיטוייא תבאש **עינא** בבעיל דדמיך בעובה ובברתה: DT 28:56
דעבדיה כנענאי או ית **עינא** דאמתיה כנעניתא וסמינה EX 21:26
עינא דמיא במדברא על **עינא** דבאורח חגרא: ואמר הגר GN 16:7
דאיתתא: דמי עינא חולף **עינא** דמי שינא חולף שינא דמי ידא EX 21:24
נפשא דמי עינא חולף **עינא** דמי שינא חולף שינא דמי ידא DT 19:21
תברא דמי עינא חולף **עינא** דמי שינא חולף שינא היכמא LV 24:20
וארום ימחי גבר ית **עינא** דעבדיה כנענאי או ית עינא EX 21:26
למירות יתהון לחדודי **עינא** ולקסומי קוסמיא צייתין DT 18:14
נפשא דאיתתא: דמי **עינא** חולף עינא דמי שינא חולף EX 21:24
תברא חולף תברא דמי **עינא** חולף עינא דמי שינא חולף LV 24:20
נפשא חלופי נפשא דמי **עינא** חולף עינא דמי שינא חולף DT 19:21
תרתיסירי עינוון דמיין **עינא** לכל שיבטא ושובעין דיקלין EX 15:27
וזקפת איתת ריבוניה ית **עינה** ביוסף ואמרת שכוב עימי: GN 39:7
רב אשוויניה: וגלי ייי ית **עינהא** ואיתגלי לה בירא דמיא GN 21:19
אתיין: וזקפת רבקה ית **עינהא** וחמת ית יצחק ואיתרכינת GN 24:64
או דגבינוי שכבן חפיין **עינוי** או לית שיער בגבינוי או LV 21:20
ואמר לא: וגלא ייי ית **עינוי** דבלעם וחמא ית מלאכא דייי NU 22:31
ריגלוי לכל חיזיו דחמיין **עינוי** דכהנא ומתכוונן בין למדכייא LV 13:12
דעינבין: מה יאיין הינון **עינוי** דמלכא משיחא כחמרא GN 49:12
מיני: וזקף אברהם ית **עינוי** וחזא והא דיכרא חד דאיתברי GN 22:13
ברא לעידוני רמשא וזקף **עינוי** וחמא והא גמלייא אתיין: GN 24:63
לתוקפא דיומא: וזקף **עינוי** וחמא והא תלתא מלאכין GN 18:2
וגחנו וסגידו: וזקף ית **עינוי** וחמא ית בנימין אחוי בר GN 43:29
תמן: וזקף בלעם ית **עינוי** וחמא ית ישראל שריין NU 24:2
תליתאה וזקף אברהם ית **עינוי** וחמא ענן איקרא קטיר על GN 22:4
וית דיקניה וית גביני **עינוי** וית כל שעריה יספר ויצבע ית LV 14:9
כד שכיב לא כהיין גלגילי **עינוי** ולא נתרון ניבי ליסתיה: ובכון DT 34:7
לציפונא: וזקף לוט ית **עינוי** לזנו וחמא ית כל מישר ירדנא GN 13:10
אחתוהי לותי ואשוי **עינוי** לטבתא עלוי: ואמרנא לריבוני GN 44:21
ארום שוחדא מסמי **עיני** חכימיא דנסבין ליה דגרים DT 16:19
לאוטבותא תדירא **עיני** ייי אלקך מסתכלין בה מן DT 11:12
עימה ואכל: ואתנהרן **עיני** תרויהון וידעו ארום ערטילאין GN 3:7
חורין יפטירניה חולף **עיניה**: ואין שינא דעבדיה כנענאי או EX 21:26
וזקפו בני ישראל ית **עיניהון** והא מצראי נטלין בתריהון EX 14:10
למיכול לחמא וזקפו **עיניהון** וחמון והא סיעא דערבאין GN 37:25
וזקפו נדב ואביהוא ית **עיניהון** וחמון ית איקר אלקא EX 24:10
עליהון: לא ירשמון בין **עיניהון** ולא רושם ברישיהון ואומנא LV 21:5

באישא מצלהבא ויזוחון **עיניהון** מן בית קודש קודשיא בזמן NU 4:19
עמא בית ישראל ית **עיניהון** מן גברא ההוא בדיתן LV 20:4
חייתא הינין תליין **עיניהן** בצלו מצליין ובען רחמין מן EX 1:19
וברם יוסף ישוי ידיה על **עינך**: וקם יעקב מבירא דשבע GN 46:4
שתא דשמיטתא ותבאש **עיניכון** באחוכון מסכינא ולא DT 15:9
דתיהוון תוון ומן מחמי **עיניכון** דאתון חמיין פורענותא DT 28:67
הרהור ליבכון ובתר חיזיו **עיניכון** דאתון טען בתריהון: מן NU 15:39
מפורענותא ומן מיחמי **עיניכון** דתיחמון תזוען: ימחינכון DT 28:34
קבל מוקריכון בין **עיניכון**: ותלפון יתהון ית בניכון DT 11:18
ביתך וכל דילך: והא **עיניכון** חמיין ועיני אחי בנימין GN 45:12
ית פיסת ידה לא תחוסן **עיניכון**: לא יהוי לכון בנרתיקיכון DT 25:12
לארעא: ודילמא תיתלון **עיניכון** לצית שמיא ותחמון ית DT 4:19
רמאן באורחא ותכבשון **עיניכון** מנהון מיקם תקימון עימיה: DT 22:4
הדין ביניכון: ולא תיחוס **עיניכון** נפשא חלופי נפשא דמי DT 19:21
מיניה ולא תיחוס **עיניכון** עלוי ולא תרחמון ולא DT 13:9
קוסמין ולא חדודי **עינין** ולא נטורי נחשין ולא חרשין: DT 18:10
לרוח ממללא לאנהרות **עינין** ולמצתות אודנין: ואיתנציב GN 2:7
ובכל דא חס לן למיתלי **עינינן** ולא אסתכלנן בחדא מנהן NU 31:50
ולתפילין בין ריסי **עינך** ארום בתקוף גבורת ידא EX 13:16
דדהבא מן בגלל דתיתלי **עינך**.בהן ולא תליתא עינך בחדא GN 49:22
עינך בהן ולא תליתא **עינך** בחדא מנהון למתחייבא בהון GN 49:22
האנא: ואמר זקוף כדון **עינך** וחמי כל ברחיא דסלקין על GN 31:12
לוט מיניה זקוף כדון **עינך** ותיחמי מן אתרא דאנת תמן GN 13:14
על מוקרך כלו קבל על **עינך**: ותכתובינון על מזוזיין DT 6:8
בעידנא ההיא למימר **עינך** חמיין ית כל דעבד ייי אלקך DT 3:21
סוק לריש רמתא וזקוף **עינך** למערבא ולציפונא ולדרומא DT 3:27
אלקך יהיב לך לא תיחוס **עינך** עליהון ולא תפלח ית DT 7:16
ויתקטיל: ולא תיחוס **עינכון** עלוי ותפלון שדיי דם זכאי DT 19:13
והוית חביב עלן כבבת **עיננא**: ויהי ארום תיזיל עימנא ויהי NU 10:31
גדיא נשיא: וזקף יעקב ית **ענוי** וחמא והא עשו אתי ועימיה GN 33:1
צערא דצווריה: וזקף ית **ענוי** וחמא ית נשיא וית ריביא ואמר GN 33:5
ארום שוחדא מסמי **ענוי** נסבוהי ומטלטל חכימיא EX 23:8
והוה כד סיב יצחק וכהיין **ענויי** מלמחמיה דכד כפתיה אבוי GN 27:1
דאתיחמא ענא וזקפית **עניי** וחמית בחילמא והא ברחייא GN 31:10

עינא (9)

לבן לות גברא לברא **לעיינא**: והוה כדי חמא ית קדשא GN 24:29
על כיתפא ונחתת **לעיינא** ומלת ואמרית לה אשקיני GN 24:45
ידעה במשכבה ונחתת **לעיינה** ומלת לגינתא וסליקת: ורהט GN 24:16
ממומתי: ואתית יומנא **לעינא** ואמרית ייי אלקיה דריבוני GN 24:42
דינא דמשה נביא על **עינא** דמי מצותא היא ריקם ומחו GN 14:7
ואשכחה מלאכא דייי על **עינא** דמיא במדברא על עינא GN 16:7
אברהם: הא אנא קאי על **עינא** דמיא ובנתהון דאינשי קרתא GN 24:13
עלה: הא אנא קאי על **עינא** דמיא ותהי ריבא דתיפוק GN 24:43
והא קאי עלוי גמליא על **עינא**: וחשיב לבן דהוא אברהם GN 24:30

עינותא (5)

ובאילים תרתיסרי **עינוון** דמיין לתריסר שיבטין NU 33:9
ובאילים תרתיסירי **עינוון** דמיין עינא לכל שיבטא EX 15:27
ומסאבין יהון לכון: לחוד **עינוון** וגובין בית כנישות מיין נבעין LV 11:36
דמיין צלילין מבועי **עינוון** חליין ותהומין דלא מייבשין DT 8:7
בגו ימא ותמן סלקון **עיניוון** בסימן ואילני מיכלא וירקי EX 15:19

עירוב (1)

סב תור חד בר תורי דלא **עירובין** ודיכרין תרין שלמין: ולחם EX 29:1

עיריתא (4)

דבוץ לכסאה בשר **עיריא** מן אסר קמור חרציהון ועד EX 28:42
ואמר להון לא אלהין **עירית** מטעיית ארעא אתיתון GN 42:12
אלילי אתון למיחמי ית **עירית** מטעייתא דארעא אתיתון GN 42:9
בגישריא דלא תיתחמי **ערייתך** עלוי: ואיליין הינון סידרי EX 20:26

עכב (19)

ובעיני שכם בר חמור: ולא **איתעכב** רבייא למעבד פיתגמא GN 34:19
דמשה הוו יקרין מן בגלל **דעכב** קרבא למחר ולא איזדרז EX 17:12
ויעקב נטל לסוכות **ואיתעכב** תמן תריסר ירחי שתא GN 33:17
הות ביה ולקת בצורעא **ואתעכבת** באורחא במיפקכון DT 24:9
ועשו אחוי על מצידיה: **ועכיב** מימרא דייי מיניה צידא GN 27:31
במכתשין בישין: **ותתעכבון** תמן עד דאישדר ית EX 3:20
ידי עלוי ביומא תליתאה **יעכב** עלוי וביומא שביעאה לא NU 19:12
יתכון ולא תוספון **לאתעכבא**: ואמר ליה משה במיפקי EX 9:28
תבית סוטרא דאגירא **למעכבא** גבך עד צפרא: לא תלוטון LV 19:13
שנין ואין הוה צבותי **למעכבא** לא הוינא מסר נפשי GN 22:1
מברא למשריתא ואנא **מעכב** בגין זכותך ענני יקרי ומשכנא NU 12:14
וחד מתנכיס דנכיס לא **מעכב** ודמתנכיס פשיט צווריה: GN 22:10
לכולי איבריי לא הויתי **מעכב** מן יד אישתמעו פיתגמיא GN 22:1
אבוי ואוליד ית שת ברם **מתעכב** אנא עד זמן דימטון יומי GN 27:41
קאי אלא יהי בך חובת **עיכוב** נידרא: וארום תתמנעון DT 23:22
חתנא בעא למגזור וחמוי **עכיב** עלוי וכדון אדם גוזרתא הדין EX 4:25

דחלא דייי אנת ולא **עכיבתא** ית ברך ית יחידך מיני: וזקף GN 22:12
תיזיל: ואמר להום לא **תעכבון** יתי וייי אצלח אורחי GN 24:56
לכל מצראי חות לותי לא **תתעכב**: ותיתב בארעא דגושן ותהי GN 45:9

עכבר (1)

על ארעא כרכושתא **ועכברא** אוכמא וסמוקא וחיורא LV 11:29

עכנא (1)

משכנא הוה מיסגלגל הי **כעכינא** חזור חזור מלגיו ללוחי EX 26:28

עכר (1)

יעקב לשמעון וללוי **עכרתון** יתי למפקא טיבי ביש GN 34:30

על (2102)

בני גווייה וכרעוי ותסדר **אל** איברוי ועל רישיה: ותסיק ית כל EX 29:17
אברהם ואמר האנא: ואמר **אל** תושיט ידך לטלייא ולא תעביד GN 22:12
עיסבא דביזריה מזדרע **דעילוי** אנפי כל ארעא וית כל אילני GN 1:29
עימיה מעדי ית סודרא **דעל** איקונין דבית אנפוי עד EX 34:34
דתרבא על קיסין **דעל** אישתא דעל מדבחא: וכריסא LV 1:8
כהנא יתהון על קיסין **דעל** אישתא דעל מדבחא: וכריסא LV 1:12
כהנא למדבחא על קיסין **דעל** אישתא עלתא היא קרבן LV 1:17
משניי מכל עממייא **דעל** אנפי ארעא: ואמר ייי למשה EX 33:16
לחדא מן כל בני נשא **דעל** אנפי ארעא ולא חש למיליהון: NU 12:3
כוותכון מכל עממיא **דעל** אנפי ארעא כזמן יומא הדין: DT 10:15
חביב מן כולהון עממיא **דעל** אנפי ארעא: לא מן בגלל דאתון DT 7:6
ית כל גווית אינש ובעיר **דעל** אנפי ארעא מאינשא עד GN 7:23
למערת חקיל כפילתא **דעל** אנפי ממרא היא חברון בארעא GN 23:19
עפרון בר צחר חיתאה **דעל** אנפי ממרא: חקלא דיזבן GN 25:9
מן הנדקי עד חלוצא **דעל** אנפי מצרים מעלך לאתור על GN 25:18
מצראי ויחמי ית אדמא **דעל** אסקופא ועל תרתין סיפייא EX 12:23
חביבין מכל עממייא **דעל** אפי ארעא: ואתון תהון קדמי EX 19:5
לעם חביב מכל עממיא **דעל** אפי ארעא: לא תיכלון כל DT 14:2
בדילך ותיכול ית עיסבא **דעל** אפי ברא עני אדם ואמר בבעו GN 3:18
לטוורא דנבו ריש רמתא **דעל** אפי יריחו ואחוויי ליה מימרא DT 34:1
די בחקל כפילתא **דעל** אפי ממרא בארעא דכנען דזבן GN 49:30
מבין תרין כרוביא **דעל** ארונא דסהדותא ית כל מה EX 25:22
שמיא עילוי כפורתא **דעל** ארונא דסהדותא מבין תרין NU 7:89
ותיתן יתיה קדם פרגודא **דעל** ארונא דסהדותא קדם EX 30:6
נפשת חיתא בכל ביסרא **דעל** ארעא: ואמר אלקים לנח דא GN 9:16
ובין מימר כל ביסרא **דעל** ארעא: והוו בני נח דנפקו מן GN 9:17
מסרגל דקיק כגלידא **דעל** ארעא: וחמון בני ישראל והוון EX 16:14
למיכלכון מן כל בעירא **דעל** ארעא: כל דסדיקא פרסתא LV 11:2
על עלתא דעל קיסין **דעל** אשתא קרבן דמתקבל ברעוא LV 3:5
עלוי: ונסיב ית כל תרבא **דעל** בני גווא וית חצר כבדא וית LV 8:16
וית אליתא וית כל תרבא **דעל** בני גווא וית חצר כבדא וית LV 8:25
דכבשנא: מערוער **דעל** גיף נחלא ארנונא וקרתא DT 2:36
מדנח שימשא: מערוער **דעל** גיף נחלי ארנון ועד טוורא DT 4:48
ית תרבא שומנוניתא **דעל** חדיא וית חדיא כד מחתך LV 7:30
חיוורין לגלאה חיוורא **דעל** חטרייא: ונעץ ית חטריא די GN 30:37
ומה דמשתייר מן מישחא **דעל** ידא דכהנא יתן על רישא LV 14:18
ומה דמשתייר מן משחא **דעל** ידא דכהנא יתן על רישא LV 14:29
ואליעזר בר פרנסת ביתי **דעל** ידוי איתעבידו לי ניסין GN 15:2
בכנישתהון דישראל **דעל** ידוי עתידא למחרבא כל EX 1:15
רבא דסנהדרין דעמיה **דעל** ידוי עתידה ארעא דישראל EX 40:11
בר אפרים דנפיק מיניה **דעל** ידוי עתידין בית ישראל EX 40:11
פרץ: ובתר כדין נפק אחוי **דעל** ידי קטיר חוט זהורי וקרת GN 38:30
דימינא ממישחא **דעל** ידיה דשמאלא שבעת זימנין LV 14:27
דמשתייר ממישחא **דעל** ידיה יתן כהנא על חסחוס LV 14:17
ייי: ויתן כהנא ממשחא **דעל** ידיה על גדירא מיצעא דאודנא LV 14:28
אצבעיה ימינא מן משחא **דעל** ידיה שמאלא וידי משחא LV 14:16
דעל כפלי וית חצרא **דעל** כבדא דעל כולייתא יעדינה: LV 3:4
דעל כפלי וית חצרא **דעל** כבדא דעל כולייתא יעדינה: LV 3:15
דעל כפלי וית חצרא **דעל** כבדא דעל כולייתא יעדינה: LV 4:9
דעל כפלי וית חצרא **דעל** כבדא דעל כולייתא יעדינה: LV 7:4
דעל כפלי וית חצרא **דעל** כבדא על כולייתא יעדינה: LV 3:10
וית חצרא דעל כבדא **דעל** כולייתא יעדינה: היכמה LV 4:9
וית חצרא דעל כבדא **דעל** כולייתא יעדינה: ויסיק יתהון LV 7:4
וית חצרא דעל כבדא **דעל** כולייתא יעדינה: ויסקון יתיה LV 3:4
וית חצרא דעל כבדא **דעל** כולייתא יעדינה: ויסקינון כהנא LV 3:15
ככוכבי שמיא והי כחלא **דעל** כיף ימא ויירתון בנך ית קוריי GN 22:17
כוליין וית תרבא דעליהון **דעל** כפלי וית חצרא דעל כבדא LV 3:4
כוליין וית תרבא דעליהן **דעל** כפלי וית חצרא דעל כבדא LV 3:15
כוליין וית תרבא דעליהון **דעל** כפלי וית חצרא דעל כבדא LV 4:9
כוליין וית תרבא דעליהון **דעל** כפלי וית חצרא דעל כבדא LV 7:4
כוליין וית תרבא דעליהן **דעל** כפלי וית חצרא דעל כבדא על LV 3:10
ית כריסא וית כל תרבא **דעל** כריסא: וית תרתין כוליין וית LV 3:3
ית כריסא וית כל תרבא **דעל** כריסא: וית תרתין כוליין וית LV 3:9
ית כריסא וית כל תרבא **דעל** כריסא: וית תרתין כוליין וית LV 3:14
ית כריסא וית כל תרבא **דעל** כריסא: וית תרתין כוליין וית LV 4:8
דרבותא ומן אדמא **דעל** מדבחא ואדי על אהרן ועל LV 8:30
על קיסין דעל אישתא **דעל** מדבחא: וכריסא וריגלוי יחליל LV 1:8
על קיסין דעל אישתא **דעל** מדבחא: וכריסא וריגלוי יחליל LV 1:12
חזור: ותיסב מן אדמא **דעל** מדבחא וממשחא דרבותא EX 29:21
אשתא מן קדמוי מטול **דעל** מיחמי כל עמא איתיקר ושמע LV 10:3
ומן טובה על כל לבונתא **דעל** מנחתא ויסיק למדבחא LV 6:8
וית פרסא דבתרע דרתא **דעל** משכנא ועל מדבחא חזור חזור NU 3:26
דמעלנא דתרע דרתא **דעל** משכנא חזור חזור וית NU 4:26
דסהדותא קדם כפורתא **דעל** סהדותא דאיזמן מימרי לך EX 30:6
תנן קטורתא ית כפורתא **דעל** סהדותא ולא ימות באישא LV 16:13
זימנא מברא לפרגודא **דעל** סהדותא יסדר יתיה אהרן EX 27:21
וכל סבי ישראל: ורוחא **דעל** עולא נפקת ונטלת ברוגזא מן NU 11:31
והיא מתבניא בארם **דעל** פרת ארע דפלחין וסגדין ליה NU 22:5
נבותיה ואמר מן ארם **דעל** פרת דברני בלק מלכא NU 23:7
שאול דמן רחובות **דעל** פרת: ומית שאול ומלך תחותוי GN 36:37
דמתבניא בארע ארם **דעל** פרת למילט יתכון: ולא צבי ייי DT 23:5
בידיה וקם ואזל לארם **דעל** פרת לקרתא דנחור: וארבע GN 24:10
ית פתורא: ועבד ית מניא **דעל** פתורא ית פיילוותיה וית EX 37:16
בני ישראל ית גידא נשיא **דעל** פתי ירכא דבעירא וחיותא עד GN 32:33
אהרן למדבחא על עלתא **דעל** קיסין דעל אשתא קרבן LV 3:5
דכל עיינין מסתכלין תמן **דעל** שבילא דתמנת ארום חמת GN 38:14
לקרתא דמואב **דעל** תחום ארנון דבסטר תחומא: NU 22:36
חושנא: וית תרתין קליען **דעל** תרין סיטרוי תיתן על תרתין EX 28:25
נדרהא או ית כל איסרהא **דעלה** ובמשתוקיה קיים יתהון NU 30:15
בטיל לה וישרי ית נידרה **דעלה** וית פירוש סיפתהא דאסרת NU 30:9
ויתלפף: והמיין טיכוסיה **דעלוי** הי כעובדיה מיניה יהי EX 28:8
דסהדותא וית כפורתא **דעלוי** וית כל מני משכנא: וית EX 31:7
עימיה ורבי מן רוח נבואה **דעלוי** ומשה לא חסיר מידעם ויהב NU 11:25
פרגודיה ית פרגוד מצייר **דעלוי**: ונסבוהי וטלקו יתיה לגובא GN 37:23
יתלפף: והמיין טיכוסיה **דעלוי** מיניה הוא הי כעובדוי דהבא EX 39:5
וחופאה דססגונא **דעלוי** מלעילא וית פרסא דתרע NU 4:25
מימרא דייי בדין כתבא **דעליה** נסיבית ית אסנת ברת דינה GN 48:9
תרתין כוליין וית תרבא **דעליהון** דעל כפלי וית חצרא דעל LV 3:4
תרתין כוליין וית תרבא **דעליהון** דעל כפלי וית חצרא דעל LV 4:9
תרתין כוליין וית תרבא **דעליהון** דעל כפלי וית חצרא דעל LV 7;4
תרתין כוליין וית תרבא **דעליהון** וית שקא דימינא ארום EX 29:22
תחמדון כספא ודהבא **דעליהון** ותיסבון לכון דילמא DT 7:25
תרתין כוליין וית תרבא **דעליהן** דעל כפלי וית חצרא דעל LV 3:10
תרתין כוליין וית תרבא **דעליהן** דעל כפלי וית חצרא דעל LV 3:15
תרתין כוליין וית תרבא **דעליהן** ותסדר על מדבחא: וית EX 29:13
תמן וארבי מן רוח נבואה **דעלך** ואשוי עליהון ויטענון עמך NU 11:17
דייי חקיק מזמן דתפילין **דעלך** וידחלון מינך: וישיירינכון DT 28:10
בבני ישראל מבר ירחא **ולעילא** וקביל ית סכום מניין NU 3:40
ממצרים מבר עשרין שנין **ולעילא** ית ארעא דקיימית NU 32:11
מניינייא מבר עשרין שנין **ולעילא** יתן אפרשותא קדם ייי: EX 30:14
מניין שמהן מבר ירחא **ולעילא** לסכום מניינהון עשרין NU 3:43
מניינא מבר עשרין שנין **ולעילא** לשית מאה ותלתא אלפין EX 38:26
כל דכורא מבר ירחא **ולעילא** תמניא אלפין ושית מאה NU 3:28
כל דכורא מבר ירחא **ולעילא** תמנינון: ומנא יתהון משה NU 3:15
ואקריב עילוי קרבנא **ועילוי** אקריבו: קין והבל ית GN 8:20
למכסנא יתכון באולפניה **ועילוי** ארעא אחמינכון ית אישתיה DT 4:36
בביתך ובקיטון בי דמכך **ועילוי** דרגשך ובבית עבדך ובעמך EX 7:28
מתקליה ארבעין סאין **ועילוי** חקיק ומפרש שמא רבא EX 4:20
תמותון ביקידת אישתא **ועילוי** כל כנישתא יהי רוגזא ברם LV 10:6
חד אנא מייתי עלוי פרעה **ועילוי** מצראי דקשי עליהון EX 11:1
ופליגו על משה **ועל** אהרן בכנישתא דקרח בזמן NU 26:9
כל בני ישראל על משה **ועל** אהרן במדברא: ואמרו להון בני EX 16:2
צלותי אוף בזימנא ההיא: **ועל** אהרן הוה רגז מן קדם ייי לחדא DT 9:20
ואתכנשו על משה **ועל** אהרן ואמרו להון סגי לכון NU 16:3
ואיתכנישו על משה **ועל** אהרן: ונצא עמא על משה NU 20:2
ואתרעמו על משה **ועל** אהרן כל בני ישראל ואמרו NU 14:2
ביומא חרן על משה **ועל** אהרן למימר אתון גרמתון דין NU 17:6
כנישתא על משה **ועל** אהרן למקטלהון ואתפניו NU 17:7
ומסרה לה לאמהו: **ועל** אוף לות רחל ורחים אוף ית GN 29:30
ועל אליון ידיהון דימינא **ועל** אליון ריגליהון דימינא ותדרוק EX 29:20
באישתעות מיליא עלוי **ועל** אינש בייתיה ויכוס ית תורא LV 16:11
באשתעות מיליא עלוי **ועל** אינש ביתיה: ויסב ית תרין LV 16:6
זמן מיפקיה ויכפר עלוי **ועל** אינש ביתיה ועל כל קהלא LV 16:17
איתוקד ורתח על אלעזר **ועל** איתמר בנוי דאהרן דאישתיירו LV 10:16
אודנא דבנוי דימינא **ועל** אליון ידיהון דימינא ועל איליון EX 29:20
טלייא דינפק מתרבותך **ועל** אמתך דאת מתרך כל דתימר GN 21:12
יתושטון לאבאשא ביה **ועל** אנפי כל אחוי יתערבב וישרי: GN 16:12
דינא דעמיה ישראל **ועל** בישתא דיגזר על עבדוי יהי DT 32:36

יהון: ויהון על אהרן **ועל** בנוי בזמן מיעלהון למשכן EX 28:43
על אהרן ועל לבושוי **ועל** בנוי ועל לבושוי בנוי עימיה LV 8:30
על אהרן ועל לבושוי **ועל** בנוי ועל לבושי בנוי עימיה: EX 29:21
ותשוי כולא על ידי אהרן **ועל** בנוי ותרים יתהון ארמא קדם EX 29:24
על רישיה ועל ריגלוי **ועל** בני גוויה ורעייה: ויפיק ית כל LV 4:11
על משכנא ועל כל מניא **ועל** בני נש דהוו תמן ועל דמקרב NU 19:18
יוסף איתכל על שמעון **ועל** בנימין: ונסיבו גובריא ית GN 43:14
בירכן ייברכינך ייתון עלך **ועל** בנך ואין לווטן ילטטינך ייתון GN 27:13
ותעטרון על בניכון **ועל** בנתיכון ותרוקינון ית מצראי: EX 3:22
דמצרים על אינשא **ועל** בעירא ועל כל עיסבא דחקלא EX 9:22
דמצרים ויהי על אינשא **ועל** בעירא לשחין סגי שלופוקיין EX 9:9
תהי אפיטרופוס על ביתי **ועל** גזירת מימר פומך יתזנון כל GN 41:40
על טוורייא רמייא **ועל** גלימתא ותחות כל אילן דריויה DT 12:2
דיברכינך קדם מותיה: **ועל** דהוה יעקב דחיל חיטאה דחיל GN 27:11
מתמשכנין ביד פרעה **ועל** דהוו חדן בשעבודהון דישראל EX 12:29
שדרוני לריבוני: ואמר **ועל** דהוו ממללין ברמשא בתואל GN 24:55
ומסב אפין לית בדינא **ועל** דהוו פירי עובדיי טבין מדידך GN 4:8
דעממיא לית בהון צרוך **ועל** די ארגיזנן קדמוי ולא הדרנן DT 32:31
ורבות כהונתא ומלכותא **ועל** די חטית ברי איתיהבת GN 49:3
ברי די חטית לא תוסיף **ועל** די חטית ישתבק לך ארום GN 49:4
דגבלא עם ריקם גיעא **ועל** די סטיתון וארגזתון קדם ייי DT 1:2
ואסגי יתך לחדא לחדא: **ועל** דלא אברם גזיר לא הוה יכיל GN 17:3
מן נבייא הוה מתגלי ליה **ועל** דלא הוה גזיר נפיל על אנפוי עד NU 24:3
ועל בני נש דהוו תמן **ועל** דמקרב בגרמא דחייא דפרש NU 19:18
מרודין על דר תליתאי **ועל** דר רביעאי לסנאי כד משלמין DT 5:9
מרודין על דר תליתאי **ועל** דר רביעאי: שבוק כדון NU 14:18
מרודין על דר תליתאי **ועל** דר רביעיי לשנאיי: ונטיר חסד EX 20:5
מימר אורייתא דילפונכון **ועל** הילכת דינא דיימרון לכון DT 17:11
גובריא ית דורונא הדא **ועל** חד תרין כספא נסיבו בידיהון GN 43:15
אודנא דאהרן דימינא **ועל** חסחוס אודנא דבנוי דימינא EX 29:20
ית כולא על ידי אהרן **ועל** ידי בנוי וארים יתהון ארמא LV 8:27
לקים עלם לבנוי בתרוי: **ועל** ישמעאל קבילית צלותך הא GN 17:20
משכן זימנא ועל מדבחא **ועל** כהניא ועל כל עמא דקהלא LV 16:33
על חמר על אימר על כסו **ועל** כל אבידתא ייומי כד יימר EX 22:8
על אנפי סדום ועמורה **ועל** כל אנפי ארע מישרא וחמא GN 19:28
על ביציהון על שיקייאון **ועל** כל בית כנישות מימיהון ויהון EX 7:19
אפוטרופוס על בייתיה **ועל** כל דאית ליה ובריך ייי ית בית GN 39:5
דסהדותא ועל כל מנוי **ועל** כל דליה הינון יטלון ית משכנא NU 1:50
האין גברא חד יחוב **ועל** כל כנישתא יהי רוגזא: ומליל ייי NU 16:22
על משכנא דסהדותא **ועל** כל מנוי ועל כל דליה הינון NU 1:50
כהין דכי וידי על משכנא **ועל** כל מניא ועל בני נש דהוו תמן NU 19:18
יהי על כל חיית ארעא **ועל** כל עופא דשמייא בכל GN 9:2
על אינשא ועל בעירא **ועל** כל עיסבא דחקלא בארעא EX 9:22
ועל מדבחא ועל כהניא **ועל** כל עמא דקהלא יכפר LV 16:33
מן מילתא לכל שיבטא **ועל** כל פיקודא ופיקודא אתגזר DT 27:26
עלוי ועל אינש ביתיה **ועל** כל קהלא דישראל: ויצדד ויפוק LV 16:17
ועל לבושוי ועל בנוי **ועל** לבושוי בנוי עימיה וקדיש ית LV 8:30
מדבחא ואדי על אהרן **ועל** לבושוי ועל בנוי ועל לבושוי LV 8:30
דרבותא ותדי על אהרן **ועל** לבושוי ועל בנוי ועל לבושי בנוי EX 29:21
ועל לבושוי ועל בנוי **ועל** לבושי בנוי עימיה: ותיסב מן EX 29:21
יעקב ארום רחל גנבתנון: **ועל** לבן במשכנא דיעקב ובמשכנא GN 31:33
אסירי וספר ושני כסותיה **ועל** לות פרעה: ואמר פרעה ליוסף GN 41:14
אקושא בגו רכיכא **ועל** מארסא באטלות אבנין גיורא LV 20:10
קודשא ועל משכן זימנא **ועל** מדבחא באשתעות מיליא LV 16:20
ססגונא ויתנון על אסלא: **ועל** מדבחא דדהבא יפרסון לבוש NU 4:11
קודשא ועל משכן זימנא **ועל** מדבחא ועל כהניא ועל כל LV 16:33
דרתא דעל משכנא **ועל** מדבחא חזור חזור וית אטונוי NU 3:26
גבר גבר על פולחניה **ועל** מטוליה וסכומיה היכמה NU 4:49
ית ישראל בשמיה **ועל** מימר פמהון יהי מיתדן כל דין DT 21:5
ית מה דמסהיד עלוי **ועל** מימר תרין סהדין או תלתא DT 19:15
יהון נפקין לסדרי קרבא **ועל** מימריה יהון עלין למידון דינא NU 27:21
לך ארום אייתיתא עלי **ועל** מלכותי חובא רבא עובדין דלא GN 20:9
וכל דתיתעבד במרתחא **ועל** מסריתא לכהנא דמקרב יתה LV 7:9
שנין אפקיה מן גובא **ועל** משה בגו גינוניתא דרעואל EX 2:21
מן למכפרא על קודשא **ועל** משכן זימנא ועל מדבחא LV 16:20
ויכפר על מקדש קודשא **ועל** משכן זימנא ועל מדבחא ועל LV 16:33
הוה מיא על ארעא: **ועל** נח ובנוהי ואינתתיה ונשי בנוי GN 7:7
בחצוצרתא על עלוותכון **ועל** ניכסת קודשיכון ויהיו לכון NU 10:10
לווטן ילטטינך ייתון עלי **ועל** נפשי ברם קבל מיני ואיזל סב GN 27:13
פיתגמיי אילין על לבכון **ועל** נפשכון ותקטרונון יתהון כד DT 11:18
ומטלא דשמייא מלעילא: **ועל** סייפך תהי רחיץ עלול לכל GN 27:40
דאעיקו יתכון בגלוותכון **ועל** סנאיכון דרדפו מן בתריכון עד DT 30:7
ורישי יהי מרבי פרוע **ועל** ספריא יהוי מהלך ועל שיפמיה LV 13:45
דאנת בעי איצלי עלך **ועל** עבדך ועל עמך לשיצאה EX 8:5

דלא נסיב אפין לסבא **ועל** עולים לא חייס: ויגמרון וולדא DT 28:50
לכון על עיסק פעור **ועל** עיסק כזבי ברת רבא דמדין NU 25:18
למיתפרעא מן רשיעיא **ועל** עיסק פיתגמיא האיליין הוו GN 4:8
דעלמא דין הוא עדבך **ועל** עיסק פיתגמייא האילין GN 32:25
מיטרין דרעווא על סדום **ועל** עמורא על מנת דיעבדון GN 19:24
עלת עמיה ויכפר עלוי **ועל** עמיה: וית תרבא דחטאתא LV 16:24
ואישוי פורקן לעמי **ועל** עמך אייתי מחא לעידן מחר EX 8:19
בעי איצלי עלך ועל עבדך **ועל** עמך לשיצאה עורדעניא מינך EX 8:5
על פום מימרא דייי שרן **ועל** פום מימרא דייי נטלין: ואית NU 9:20
על פום מימרא דייי שרן **ועל** פום מימרא דייי נטלין ית NU 9:23
ובתר כן נטלין בני ישראל: **ועל** פום מימרא דייי שרן כל יומין NU 9:18
דאודנא דמידכי דימינא **ועל** פירקא מיצעא דידיה דימינא LV 14:14
דאודנא דמידכי דימינא **ועל** פירקא מיצעא דידיה ימינא LV 14:17
דאודנא דמידכי ימינא **ועל** פירקא מיצעא דידיה ימינא LV 14:25
דאודנא דמידכי ימינא **ועל** פירקא מיצעא דידיה ימינא LV 14:28
מיצעא דאודניהון ימינא **ועל** פירקא מיצעא דידיהון ימינא LV 8:24
מיצעא דידיה דימינא **ועל** פירקא מיצעא דריגליה דימינא: LV 14:14
מציעאה דאודן ימיניה **ועל** פירקא מיצעא דריגליה ימינא: LV 8:23
מיצעא דידיה ימינא **ועל** פירקא מיצעא דריגליה ימינא LV 14:17
מיצעא דידיה ימינא **ועל** פירקא מיצעא דריגליה ימינא: LV 14:25
מיצעא דידיה ימינא **ועל** פירקא מיצעא דריגליה ימינא LV 14:28
מיצעא דידיהון ימינא **ועל** פירקא מיצעא דריגליהון LV 8:24
ליה בבו על חלמוי **ועל** פיתגמוי: וחלם תוב חילמא GN 37:8
על מצראי על רתיכיהון **ועל** פרשיהון: וארכן משה ית ידיה EX 14:26
מלעיל וישוון אריחוי: **ועל** פתור לחם אפייא יפרסון לבוש NU 4:7
תרין רברבנוי על רב שקי **ועל** רב נחתומי: ויהב יתהום במטרא GN 40:2
מרודין על דר תליתאי **ועל** רביעאי: ואוחי משה וגחן על EX 34:7
ופליג ית בנייא על לאה **ועל** רחל ועל תרתין לחינתא: ושוי GN 33:1
וית בישריה על רישיה **ועל** ריגלוי ועל בני גוויה ורעייה: LV 4:11
וכרעוי ותסדר אל איברוי **ועל** רישיה: ותסיק ית כל דיכרא EX 29:17
על גיותנין הוא מתגאי **ועל** רמין הוא מתנטל על די אזיד EX 15:21
ועל ספריא יהוי מהלך **ועל** שיפמיה יהי מעטף והי כאבילא LV 13:45
על נהריא על ביציא **ועל** שיקייא ואסיק ית עורדעניא EX 8:1
בני עיזי אלבישת על ידוי **ועל** שעיעות צואריה: וסדרת ית GN 27:16
על חדיא דארמותא **ועל** שקא דאפרשותא ומבתר כדין NU 6:20
ועריך חד ושוי על תרביא **ועל** שקא דימינא: וסדר ית כולא על LV 8:26
לפיתגם עבירתא **ועל** שקייא דרהטו לה ואין לא DT 28:35
וכנענאי יתבין על ימא **ועל** תחום יורדנא: ושתיק כלב ית NU 13:29
דמעורר ומחיש לשרכפיה **ועל** תסילוי מחופף כדין שכינתיה DT 32:11
דינא רבא חטאך נטיר **ועל** תרעי ליבך חטאה רביע ובידך GN 4:7
בנייא על לאה ועל רחל **ועל** תרתין לחינתא: ושוי ית GN 33:1
ית אדמא דעל אסקופא **ועל** תרתין סיפייא ויגין מימרא דייי EX 12:23
עלוי אתר קדיש הוא **ועלוי** אנת עתיד לקבלא אורייתא EX 3:5
כתיבין באצבעא דייי **ועלויהון** כתיב הי ככל פיתגמיא DT 9:10
וברקתא סדרא חד **ועליהון** חקיק ומפרש שמהת EX 28:17
וספירינון וכדכודין **ועליהון** חקיק ומפרש שמהת EX 28:18
וטרקין ועין עיגל **ועליהון** חקיק ומפרש שמהת EX 28:19
חלא ומרגניית אפנטורין **ועליהון** חקיק ומפרש שמהת EX 28:20
וברקתא סידרא חד **ועליהון** חקיק ומפרש שמהת תלת EX 39:10
וספירינון וכדכודין **ועליהון** חקיק ומפרש שמהת תלת EX 39:11
קנכירין וטרקין ועין עיגל **ועליהון** חקיק ומפרש שמהת תלת EX 39:12
חלא ומרגנית אפנטורין **ועליהון** חקיק ומפרש שמהת תלת EX 39:13
קטולא למיעירוק לתמן **ועליהון** תיתנון ארבעין ותמני NU 35:6
מה תקוף סגי תקיפתא **ועלך** אית למיתקוף דאנת עתיד GN 38:29
וטענית יתכון על עננין הי **כעל** גדפי נשרין מן פילוסין EX 19:4
מיניה הוואה קרנוי זקיפן **לעיל** וחפא יתיה נחשא: ועבד ית כל EX 38:2
ומיטרא דנחתין מן **לעיל** ומן טוב מבועי תחומא DT 33:13
מיניה יהויין קרנוי זקיפן **לעיל** ותחפי יתיה נחשא: ותעביד EX 27:2
ושוי יתיה על מדבחא **לעיל** מן קיסין: ופשט אברהם ית GN 22:9
למיתן על מצנפתא מן **לעילא** דתפילא דרישא היכמא EX 39:31
וקטע בית גיבריהון ושדי **לעילא** ואתון בית ישראל הויתון DT 25:18
אתן ית ארעא: ואיסתלק **מעילווי** יקר שכינתא דייי באתרא GN 35:13
ואמר ליה פרעה איזל **מעילוויי** איזדהר לך לא תוסיף EX 10:28
ואיסתלק יקרא דייי **מעילוי** אברהם: ודבר אברהם ית GN 17:22
בסלקותך רוח נבואה **מעילוי** אומיא ותהי מתמלל ברוח EX 33:16
ולא יתפרק חושנא **מעילוי** איפודא: ויטול אהרן ית EX 28:28
קדם עד לא ניתבדר **מעילוי** אנפי ארעא: ואיתגלי ייי GN 11:4
אין איתקוללו מיא **מעילוי** אנפי ארעא: ולא השכחת GN 8:8
ולא יתפרק חושנא **מעילוי** אפודא היכמא דפקיד ייי ית EX 39:21
בכון וישיצינון בסרהוביא **מעילוי** אפי ארעא: עמי בני ישראל DT 6:15
מן שמיא: ותאיבו מיא **מעילוי** ארעא אזלין ותייבין וחסרו GN 8:3
מיבד תיבדון בסרהוביא **מעילוי** ארעא דאתון עברין ית DT 4:26
יתכון ותיתעקרון **מעילוי** ארעא דאתון עללין לתמן DT 28:63
מותא עד דישיצי יתכון **מעילוי** ארעא דאתון עללין תמן DT 28:21

נח ארום איתקוללו מיא **מעילוי** ארעא: ואוריך תוב שובעא GN 8:11
ותאיב עד דיביאישו מיא **מעילוי** ארעא: ושדר ית יונתא GN 8:7
ותיבדון בסרהוביא **מעילוי** ארעא משבחא דייי יהיב DT 11:17
הדין: וטלטילינון ייי **מעילוי** ארעהון ברגוז ובכלו ובתקוף DT 29:27
שמיא ואתכליית מותנא **מעילוי** בני ישראל: והוו סכום NU 25:8
פרעה בסיפא ית רישך **מעילוי** גופך ויצלוב יתך על קיסא GN 40:19
לא בלמו כסותיכון **מעילוי** גושמיכון וסנדליכון לא DT 29:4
בר נשא: כסותכון לא בלת **מעילוי** גושמיכון וריגליכון לא DT 8:4
למתנן ותריכינון **מעילוי** יצחק בריה עד דהוא בחיי GN 25:6
לך תמן ואימליל עימך **מעילוי** כפורתא מבין תרין כרוביא EX 25:22
אפוי כל קבל בית לופי **מעילוי** להמיין איפודא: ויטכסון ית EX 28:27
אנפוי כל קבל בית לופי **מעילוי** להמיין אפודא: וטכיסו ית EX 39:20
מחתיא והב עלה אישתא **מעילוי** מדבחא ושוי קטרת בוסמין NU 17:11
גומרין לחשן דאישא **מעילוי** מדבחא מן קדם ייי ומלי LV 16:12
גרמא או גומרא דאשא **מעילוי** מדבחא נפיל עילוי קנקל EX 27:5
תבטל מלח קיים אלקך **מעילוי** מנחתך מטול דעשרין LV 2:13
איסתלקות ענן יקרא **מעילוי** משכן נטלין בני ישראל בכל EX 40:36
איסתלק ענן יקרא **מעילוי** משכנא דסהדותא: ונטלו בני NU 10:11
בכל חוביהון: ואיסתלקו **מעילוי** משכנא דקרח דתן ואבירם NU 16:27
כדין הוי תדירא ענן יקרא: **מעילוי** משכנא ובתר כן נטלין בני NU 9:17
שכינתא דייי איסתלק **מעילוי** משכנא והא מרים לקת NU 12:10
ואיסתלק ענן יקרא **מעילוי** משכנא ונטלו: ואמר משה NU 10:28
למימר זורו כדון **מעילוי** משכני גוברייא חייבייא NU 16:26
ולית דמניט יתהון **מעילוי** נבילתכון: ימחינכון מימרא DT 28:26
היכמא דאיתעדא תריב **מעילוי** ניכסת קודשיא ויסק כהנא LV 4:31
תסלק איקר שכינתך **מעילוי** עבדך עד דאיכנוס עבוריא GN 18:3
מתכנשין ומגלגלין לה **מעילוי** פם בירא גלגל יתא כחדא GN 28:10
אבנא בחדא מן אדרעוי **מעילוי** פם בירא וטפת בירא GN 29:10
ונסבין יתיה כהניא **מעילוי** קנקל ומהדרין יתיה על EX 27:5
שנצי ותשלוף סנדליה **מעילוי** ריגליה ומן בתר כדון תירוק DT 25:9
וסנדליכון לא איטלעו **מעילוי** ריגליכון: לחמא דעיבורא לא DT 29:4
אכיל יתהום מן סלא **מעילוי** רישי: ואתיב יוסף ואמר דין GN 40:17
ויאסור על חרצה אשלא **מעילוי** תדייהא מטול דאיהי אסרת NU 5:18
אפיא ויהי על מצנפתא **מעילוי** תפילת רישא כל קבל אפי EX 28:37
בתרין לוחיא וטלקתינון **מעילוי** תרתין ידיי ותברתינון DT 9:17
מארבע ציטריהון וחד **מעילויהון** דלא יחות עליהון EX 12:37
ותברית ניר שעבודהון **מעילויכון** ודברית יתכון מביניהון LV 26:13
ואתפרשו אינש **מעל** אחוי: אברם יתיב בארעא GN 13:11
הא טרדת יתי יומא דין **מעל** אנפי ארעא ומן קדמך GN 4:14
ית אינשא דבריתי **מעל** אנפי ארעא מאינשא עד GN 6:7
ובגין לשיצאה יתהון **מעל** אפי ארעא תוב מתקוף רוגזך EX 32:12
בריש שתא נגובו מיא **מעל** ארעא ואעדי נח ית חופאה GN 8:13
ית תיבותא ואיתרמת **מעל** ארעא: ותקפו מיא וסגיאו GN 7:17
כהנא אתיב ית ריתחי **מעל** בני ישראל בזמן דקני ית NU 25:11
ית חיסודא דמצרים **מעל** בני ישראל ולמגזר יתהום GN 30:23
בעיין לא תיסב אימא **מעל** בניא: מפטר תיפטור ית אימא DT 22:6
ית יצחק ואיתרכינת **מעל** גמלא: ואמרת לעבדא מן גברא GN 24:64
ואעדי פרעה ית עיזקתיה **מעל** ידיה ויהב יתה על ידי דיוסף GN 41:42
ייי: ונסיב משה יתהון **מעל** ידיהון ואסיק על מדבחא על LV 8:28
עדריא ומגלגלין ית אבנא **מעל** פם בירא ומשקן ית ענא GN 29:3
עדריא ויגלגלון ית אבנא **מעל** פם בירא ונשקי ענא: עד דהוא GN 29:8
מן בתר איסתלקותיה **מעל** פתורא באתר קדיש ארום LV 24:9
בחבריה: ונטל חולקין **מעל** פתוריה ושדרינון מן קדמוי GN 43:34
תהי פריק·ניר שעבודיה **מעל** צוורך: ונטר עשו שנא בליביה GN 27:40
תקרב הלכא שלוף סינך **מעל** ריגלך ארום אתרא דאנת EX 3:5
דאבוי לאעדאה יתה **מעל** רישא דאפרים לאנחותא על GN 48:17
הינון תש חיל גבורתהון **מעליהון** ומימרא דייי בסעדנא לא NU 14:9
גלותיה דהות עבידא **עילוהי** מלקדמין בגינוניתא דעדן: GN 4:16
ודינא בגין דייתיה **עילוי** אברהם ית טבתא דמליל GN 18:19
אלקים שינתא עמיקתא **עילוי** אדם ודמך ונסיב חדא GN 2:21
וחרשין ואיהו לחש **עילוי** אישתא דלא למיקד ית אחוי GN 11:28
ענניא ואחיתו מנא **עילוי** אנחות טלא והות על אנפי EX 16:14
נחתין רתיחין מן שמייא **עילוי** ארעא: בשנת שית מאה שנין GN 7:10
ריחשא חייתא דרחשא **עילוי** ארעא: ואמר אלקים הא GN 1:28
ובכל ריחשא דרחיש **עילוי** ארעא: וברא אלקים ית אדם GN 1:26
דשמייא למנהרא **עילוי** ארעא והוה כן: ועבד אלקים GN 1:15
ויהי כד אפרוס ענני יקרא **עילוי** ארעא ותתחמי קשתא GN 9:14
מיצעא דריגליה ימינא **עילוי** אתר דיהב מן שירויא אדם LV 14:17
בגין זכותיה דאברהם חס **עילוי** באתר דהוא תמן: אזדקפי GN 21:17
בארעא דמדין ויתיב **עילוי** בירא: ולאוניס דמדין שבע EX 2:15
רביעא עילוי גוזלין או **עילוי** בעיין לא תיסב אימא מעל DT 22:6
אלהנא: תיתקף פולחנא **עילוי** גובריא ויתעסקון בה ולא EX 5:9
או בעיין ואימא רביעא **עילוי** גוזלין או עילוי בעיין לא DT 22:6
ביה: והא יקרא דייי מעתד **עילוי** ואמר ליה אנא ייי אלקיה GN 28:13

ולהאל שחין שימשא **עילוי** והוה שייח ואתעבד מבועין EX 16:21
דזבינו ית יוסף ותבת **עילוי** יעקב אבוהון: ואמר ישראל GN 45:27
ית קיסי דעלתא ושוי **עילוי** יצחק בריה ונסיב בידיה ית GN 22:6
בדרא דפלוגתא וסדר **עילוי** ית קיסיא וכפת ית יצחק GN 22:9
דלאה אימיה ואיתחשיב **עילוי** כאילו שמיש עימה ושמע GN 35:22
כד נחית מן שמי שמיא **עילוי** כפורתא דעל ארונא NU 7:89
כד בריך יתיה ופקיד **עילוי** למימר לא תיסב איתא GN 28:6
וחמשא גידין וקרם **עילוי** מושכא ומלי יתיה ביסרא GN 1:27
הא נפיק למפטור קוסמין **עילוי** מיא הי כאמגושא ותיתעתד EX 7:15
הא נפיק למינטר קוסמין **עילוי** מיא הי כאמגושתא ותימר EX 8:16
לשבחא ואודיק ייי ברגוז **עילוי** משריתהון דמצראי בעמודא EX 14:24
ית יהודייתא ותיסתכין **עילוי** מתברא אין ביר דכר הוא EX 1:16
דמסקא אבקא ועפרא **עילוי** עישבי חיקליכון מן שמיא DT 28:24
אינתתך דבר ואיזל: ופקיד **עילוי** פרעה גוברין ואלויאו יתיה GN 12:20
מעילוי מדבחא נפיל **עילוי** קנקל ולא יתמטי לארעא EX 27:5
מן גינתא דעדן ואקריב **עילוי** קרבנא ועילוי אקריבו קין GN 8:20
ואיתגליאת מימרא דייי **עילוי** קרתא ועימיה שובעין GN 11:8
ונטל עמא ית לישיהון **עילוי** רישיהון עד דלא אחמע ומן EX 12:34
כן אישתעיית סיהרא **עילוי** שימשא לישן תליתאיי GN 1:16
בריה ותמן איתגליית **עילוי** שכינתא דייי: וקרא מלאכא GN 22:14
דמיתו בטובענא ורכב **עילוי** תיבותא והוה גננא על רישיה GN 14:13
איקר שכינתא דייי מטלל **עילויהון** ביממא במיטלהון מן NU 10:34
יתכניש לביתא ויחות **עילויהון** ברדא וימותון: איוב דהוה EX 9:19
אורייתך וענגך מטליל **עילויהון** דלא יהנזקון משרבא NU 14:14
ילידת ית משה ושרת **עילויהון** רוח נבואה אלדד הוה NU 11:26
אדמהון ולא נפל **עילוייה** כיוון דאוביל יתהון NU 25:8
הדא: ויהי כד ייתון **עילויכון** ית כל פיתגמיא האילין DT 30:1
לכון יומא דין וייתון **עילויכון** כולהון לווטייא האילין DT 28:15
תהוון הדיוטין: וייתון **עילויכון** כל לווטייא האילין DT 28:45
לכון היכמא דחדי **על** אבהתכון: ארום תקבלון DT 30:9
ואמר לאחוי איתון וניבכי **על** אבונן ארזא רמא דרישי מטי עד GN 50:1
דמליל אברהם בצלותיה **על** אבימלך: ואתעברת וילידת שרה GN 21:1
וכד חמא דיזקף דתן ידיה **על** אבירם למימחייה אמר ליה למה EX 2:13
דמיניה מתעבד סייפא **על** אבנא אפיסתא יתה: ואתון EX 20:25
ולאתחברא בגלוף שמהן **על** אבניא דישראל: מימימר אלקא GN 49:24
ייי אלקכון: ותיכתובון **על** אבניא ית כל פיתגמי אורייתא DT 27:8
מן דאתגלי בחזוי מימרא **על** אברהם כד הוה מרע מגיזרת DT 34:6
תיניינא כד איתגלי **על** אברהם תליתאה כד איתגלי EX 12:42
עמיקתא אתרמיית **על** אברם והא ארבע מלכוון קיימין GN 15:12
בדבית עמלק ויתרודם **על** אגג מלכהון ובגין דיחוס עלוי NU 24:7
בלעם ובלק תור ודכר **על** אגורא: ואמר בלעם לבלק NU 23:2
מן גבך ארום בכופלא **על** אגר אגירא פלחך שית שנין DT 15:18
פקדוה: ופקד ייי אלקים **על** אדם לאומר מכל אילן גינוניתא GN 2:16
מדבחא מטול למכפרא **על** אדם נפשתיכון ארום אדם LV 17:11
לשצייותיה וצליתי אוף **על** אהרן בעידנא ההיא: וית DT 9:20
ועד ירכיהון יהון: ויהון **על** אהרן ועל בנוי בזמן מיעלהון EX 28:43
וממשחא דרבותא ותדי **על** אהרן ועל לבושוי ועל בנוי ועל EX 29:21
אדמא דעל מדבחא ואדי **על** אהרן ועל לבושוי ועל בנוי ועל LV 8:30
מן טוורא ואיתכנש עמא **על** אהרן כד חמון דעבר זימנא EX 32:1
שובעין וחד: ויהי עטיף **על** אהרן לשמשא וישתמש קליה EX 28:35
כספא בתראה ומה נזדכי **על** אוגבין מן קדם ייי אשתכח GN 44:16
ועבדו אוגר ואכלו תמן **על** אוגרא: וקרא ליה לבן אוגר סהיד GN 31:46
על ארעא ושביל טייסיה **על** אויר רקיע שמייא: וברא אלקים GN 1:20
דהיא בסכות עיינין **על** אורחא ואמרו לא הוה הכא GN 38:21
מן די ידר היכדין יעבד **על** אוריית ניזריה: ומליל ייי עם NU 6:21
וכהנא רבא דמתרברב **על** אחוי די יתריק על רישיה LV 21:10
יוסף ארום רחשו רחמוי **על** אחוי ובעא למבכי ועל לקיטונא GN 43:30
בקושטא חייבין אנחנא **על** אחונא דחמינא אניקי דנפשיה GN 42:21
יריעתא דיתירא תשפע **על** אחורי משכנא: ואמתא מיכא EX 26:12
חולק חד למתנא יתיר **על** אחך דינסיבית מידיהון GN 48:22
דקטורה רב ושליט תהי **על** אחך ויהון מקדמין למשאל GN 27:29
אבהתנא ותיתוסף **על** אחסנת שיבטיא דיהוויין להון NU 36:3
ותיתוסף אחסנתהון **על** אחסנת שיבטיא דיהוויין להון NU 36:4
וטעין יתהון וסביל יתהון **על** איברוי כדין טענינון וסבלינון DT 32:11
בכוסיא על תור על חמר **על** אימר על כסו ועל כל אבידתא EX 22:8
ליפופה וחמשין ענובין **על** אימרא דיריעתא בבית ליפופה EX 26:10
ותעבד ענובין דתיכלא **על** אימרה דיריעתא חדא מן EX 26:4
ותעביד חמשין ענובין **על** אימרת דיריעתא חדא מציטרא EX 26:10
בכל ארעא דמצרים **על** אינשא ועל בעירא ועל כל EX 9:22
כל ארעא דמצרים ויהי **על** אינשא ועל בעירא לשחין סגי EX 9:9
דעתיה ממה דגזר **על** אינתתיה ארום עקרא הוות GN 25:21
ושאילו אינשי אתרא **על** אינתתיה ואמר אחתי היא ארום GN 26:7
בר ישראל במצרים ועל **על** אינתתיה ואתעברת וילידת בר LV 24:10
למשריתא: וכנס משה **על** איסטרטיגין דממנן על חילא NU 31:14

מן למללא עמהון ויהב **על** איקונין דבית אנפוי סודרא: וכד EX 34:33
ית שיער ריש ניזריה ויתן **על** אישתא דתחות דודא דנכסת NU 6:18
ושוי קטרת בוסמין **על** אישתא ואוביל בפריע לות NU 17:11
מדבחא ויסדרון קיסין **על** אישתא: ויסדרון בני אהרן כהניא LV 1:7
ויתן ית קטורת בוסמיא **על** אישתא קדם ייי ויחפי ענן תנן LV 16:13
דהינון תיקוני גבר **על** איתא ולא יספר גבר שיחייה DT 22:5
והא איתוקד ורתח **על** אלעזר ועל איתמר בנוי דאהרן LV 10:16
איסטריטיגין דממנן **על** אלפי חילא רבני אלפין ורבני NU 31:48
בהון לדריהון ויתנון **על** אנפא גוליתהון שזיר דתיכלא: NU 15:38
שליפא בידיה וגחן וסגיד **על** אנפוי: ואמר ליה מלאכא דייי NU 22:31
לא הוה יכיל למיקם וגחן **על** אנפוי ומליל עימיה ייי למימר: GN 17:3
ליה הוה משתטח **על** אנפוי ורזיא סתימיא מה NU 24:4
מינה יהון: ונפל אברהם **על** אנפוי ותמה ואמר בליביה הלבר GN 17:17
בדוקיא מטול משה ונפל **על** אנפוי מן כיסופא: ומליל עם קרח NU 16:4
ועל דלא הוה גזיר נפיל **על** אנפוי עד זמן דשרי מלאכא NU 24:3
הא בכין אתרכין יוסף **על** אנפי אבוי ובכא עלוי ונשיק ליה: GN 50:1
שריאו בני נשא למסגי **על** אנפי ארעא ובנתא שפירתא GN 6:1
תרתין אמין הוה פרח **על** אנפי ארעא והוו מהלכין בהון NU 11:31
בכורותא לבר רחימתא **על** אנפי ביר סניתא דהוא בוכרא: DT 21:16
לריש רמתא דמדיתא **על** אנפי בית ישימות: ואמר בלעם NU 23:28
מגביה: וכל מאן דמקרב **על** אנפי ברא ולא במיתא דבכריסא NU 19:16
האיליין הוו מתנציין **על** אנפי ברא וקם קין על הבל GN 4:8
ויפטור ית צפרא חייתא **על** אנפי חקלא ויהי אין איטימוס LV 14:7
ניכסתהון דהינון דבחין **על** אנפי חקלא וייתונון קדם ייי LV 17:5
חייתא למיברא לקרתא **על** אנפי חקלא ויכפר על ביתא LV 14:53
מצרים מעלך לאתור **על** אנפי כל אחוי שרא באחסנתיה: GN 25:18
ארעא ומתמן בדרינון ייי **על** אנפי כל ארעא: אילין גניסת שם GN 11:9
ואודעת ארום מוי **על** אנפי כל ארעא ואושיט ידיה GN 8:9
בידיה ובדרינון מתמן **על** אנפי כל ארעא לשיבעין לישנין GN 11:8
למיתן זועתך ודחלתך **על** אנפי כל עממייא דתחות כל DT 2:25
עילוי אנחות טלא והות **על** אנפי מדברא דקיק מסרגל דקיק EX 16:14
במדברא אתר דמכוון **על** אנפי מואב ממדנח שמשא: NU 21:11
ושף עד דהוה דקיק ודרי **על** אנפי מוי דנחלא ואשקי ית בני EX 32:20
מן קדם אלקים מנתבא **על** אנפי מיא: ואמר אלקים יהי GN 1:2
וטלקוה לימא והוה טפי **על** אנפי מיא והוה מלאכא מכרז EX 26:28
תיבותא מהלכא סחיא **על** אנפי מיא: ומיא תקפו לחדא על GN 7:18
בחקלא ולא טאיף **על** אנפי מיא לא אשתמודע מאן DT 21:1
מן עפרון חיתאה **על** אנפי ממרא: ותב יוסף למצרים GN 50:13
ומידקדמוי ואיתסהד **על** אנפי מריה תלתי זימניה ולא EX 21:29
ותרין מנהון אודיקו **על** אנפי סדום ואברהם אזיל עמהון GN 18:16
ביצלו קדם ייי: ואודיק **על** אנפי סדום ועמורה ועל כל אנפי GN 19:28
מן כל בעיר וחשוכא **על** אנפי תהומא ורוח רחמין מן GN 1:2
ואודון ואתרכינו בצלו **על** אנפיהון: ונסיבו בני אהרן נדב LV 9:24
דמשך ססגונא ויתנון **על** אסלא: ועל מדבחא דדהבא NU 4:10
ליה מלכה ושוית קדשא **על** אפהא ושירייא על ידהא: וגחנית GN 24:47
דייי: ואעבר ייי שכינתיה **על** אפוי וקרא ייי ייי אלקא רחמנא EX 34:6
ליה הוה משתטח ונפיל **על** אפוי ורזיא סתימיא מה NU 24:16
יתהון מלות רכובוי וסגד **על** אפוי על ארעא: ודבר יוסף ית GN 48:12
ושמש אלעזר ואיתמר **על** אפי אהרן אבוהון: ומליל ייי עם NU 3:4
יתפרע מיניה ורשם ייי **על** אפי דקין אתא מן שמא רבא GN 4:15
ואימתכון יתן ייי אלקכון **על** אפי כל יתבי ארעא דתדרכון בה DT 11:25
וידי באדבעיה ימינא **על** אפי כפורתא לרוח קידומא LV 16:14
ועלו לבייתי וסגידו ליה **על** אפיהום על ארעא: וחמא יוסף GN 42:6
משכן זימנא ואיתרכינו **על** אפיהון ואיתגלי איקר שכינתא NU 20:6
זעירא: ואתרכינו בצלו **על** אפיהון ואמר אל אלקא דשוי NU 16:22
זעירא ואתרכינו בצלו **על** אפיהון: ואמר משה לאהרן סב NU 17:10
אטיף ית מוי דימא דסוף **על** אפיהון כד רדפו בתריהון DT 11:4
ואתרכינו משה ואהרן **על** אפיהון קדם כל כנישתא דבני NU 14:5
בגלל דתיהוי דחלתיה **על** אפיכון בגין דלא תחובון: וקם EX 20:20
עיזקין דדהב ותיתן **על** ארבע איזתוורוי ותרתין עיזקן EX 25:12
ליה ארבע עיזקן דדהב **על** ארבע אסתוורוי ותרתין עיזקן EX 37:3
דדהב ויהב ית עזקתא **על** ארבע זיווייתא דלארבע ריגלוי: EX 37:13
אמין רומיה: ועבד קרנוי **על** ארבע זווייתיה מיניה הוואה EX 38:2
רומיה: ותעביד קרנוי **על** ארבע זווייתיה מיניה יהויין EX 27:2
ריחשא דעופא דמהלך **על** ארבע זני דיבבי וזני אורעיה וזני LV 11:20
ריחשא דעופא דמהלך **על** ארבע כל דאית ליה קרסולין LV 11:21
תהון מרשן למעבד לכון **על** ארבע כנפי גולייתכון DT 22:12
על מעוי וכל דמהלך **על** ארבע מן חיויא ועד נדל דמסגי LV 11:42
ידוי בכל חייתא דמהלכא **על** ארבע מסאבין הינון לכון כל LV 11:27
ארבע עיזקן דנחשא **על** ארבע ציטרוי: ותיתן יתה תחות EX 27:4
מחפין דהבא וויהון דהבא **על** ארבעא חומרין דכסף: ותיתן ית EX 26:32
דדהב ותיתן ית עיזקתא **על** ארבעה זיוויין די לארבע ריגלוי: EX 25:26
ציורין כרובין: ותסדר יתה **על** ארבעה עמודי שיטא מחפין EX 26:32
ארבעא בגו תלתא **על** ארבעת אנפי גוליהון דמתעטפין NU 15:38

פרגודא דפרסא וטלליה **על** ארונא דסהדותא היכמא דפקיד EX 40:21
בארונא ושוי ית אריחיא **על** ארונא ויהב ית כפורתא בהדי EX 40:20
ארונא דסהדותא ותטליל **על** ארונא ית פרוכתא: והנעל ית EX 40:3
ותיתן ית כפורתא **על** ארונא מלעילא ובגו ארונא תיתן EX 25:21
כרוביא דנפקין נגיד מינה **על** ארונא מלעילא: והנעיל ית EX 40:20
דמצרים בדיל גובא וייסק **על** ארע דמצרים וישיצי ית כל EX 10:12
כל יומיא דאתון קיימין **על** ארעא: אבדא תאבדון ית כל DT 12:1
אנא מחית מיטרא **על** ארעא ארבעין יממין וארבעין GN 7:4
והוה מיטרא נחית **על** ארעא ארבעין יממין וארבעין GN 7:12
בכל ריחשא דרחיש **על** ארעא: ארום אנא הוא ייי LV 11:44
לקיימא מנהון זרעא **על** ארעא: ארום הא אנא יהיב להון GN 7:3
יומין דקיימין שמיא **על** ארעא: ארי אין מינטר תינטרון DT 11:21
שימשא עברית ימא ונפק **על** ארעא בסוף תלת שעין ולוט על GN 19:23
כל ביסרא דרחיש **על** ארעא בעופא ובבעירא ובחיתא GN 7:21
גובריא דאפיקו טיב ביש **על** ארעא בשבעא יומין באלול NU 14:37
באסרטא בכל אילן או **על** ארעא גוזלין או בעיין ואימא DT 22:6
מיננא: ואפיקו טיב ביש **על** ארעא דאלילו יתה לות בני NU 13:32
אלקך בכל אושטות ידך **על** ארעא דאנת עליל לתמן DT 23:21
ויתעיקון יתכון **על** ארעא דאתון יתבין בה: ויהי NU 33:55
תיבדון ולא תיגדון יומין **על** ארעא דאתון עברין ית יורדנא DT 30:18
כל יומיא דאתון קיימין **על** ארעא דאתון עברין ית יורדנא DT 31:13
הדין תורכון יומין **על** ארעא דאתון עברין ית יורדנא DT 32:47
דשמייא ולכל דרחיש **על** ארעא דביה נפשא חייתא ית כל GN 1:30
מן בגלל דיסגון יומיכון **על** ארעא דייי אלקכון יהב לכון: EX 20:12
ומן בגלל דייטב לכון **על** ארעא דייי אלקכון יהיב לכון: DT 5:16
מן בגלל דיסגון יומיכון **על** ארעא דייי אלקכון יהיב לכון: DT 25:15
בגלל דתינגדון יומא דין **על** ארעא דייי אלקכון יהיב לכון כל DT 4:40
הוא אלקא דשולטניה **על** ארעא דילא תיסב איתא לברי GN 24:3
יד ימינך ייי בשבועה **על** ארעא דלא יתבעון מינה לעלמי EX 15:12
דאחוי הוה מחבל עובדוי **על** ארעא דלא למקמה בנין על GN 38:9
ייי למשה ארים את ידך **על** ארעא דמצרים בדיל גובא וייסק EX 10:12
צית שמייא ויהי חשוכא **על** ארעא דמצרים בקריצתא ויעדי EX 10:21
ואסיק ית עורדעניא **על** ארעא דמצרים: וארים אהרן ית EX 8:1
ארעא ואחית ייי ברדא **על** ארעא דמצרים: והוה ברדא EX 9:23
לאינתו ונפק יוסף שליט **על** ארעא דמצרים: ויוסף בר תלתין GN 41:45
וארים משה ית חוטריה **על** ארעא דמצרים וייי דבר רוח EX 10:13
סוכלתן וחכים וימניניה **על** ארעא דמצרים: ועבד פרעה GN 41:33
ואסיקו ית עורדענייא **על** ארעא דמצרים: וקרא פרעה EX 8:3
לגזירא עד יומא הדין **על** ארעא דמצרים לפרעה למיסב GN 47:26
ומן בגלל דיסגון יומיכון **על** ארעא דקיים ייי לאבהתכון DT 11:9
מן בגלל דיסגון יומיכון **על** ארעא דקיים ייי לאבהתכון DT 11:21
ובאיבא דארעכון **על** ארעא דקיים ייי לאבהתכון: DT 28:11
בסוף גלוותא ותיתבון **על** ארעא דקיים ייי לאבהתכון DT 30:20
ובכל ריחשא דרחיש **על** ארעא הנפק עימך ויתילדון GN 8:17
וברדין ומצלהבא אישתא **על** ארעא ואחית ייי ברדא על EX 9:23
לא אמטר ייי אלקים **על** ארעא ואינש לא אית למיפלח GN 2:5
מיא: ומיא תקפו לחדא **על** ארעא ואיתחפיאו כל טווריא GN 7:19
מתרע משכנא וסגיד **על** ארעא: ואמר בבעו ברחמין מן GN 18:2
משכנא וסגיד אנפוי **על** ארעא: ואמר בבעו כדון רבוניי GN 19:1
כדון תמן ונפלו קדמוי **על** ארעא: ואמר להום יוסף מה GN 44:14
ואעבר אלקים רוח רחמין **על** ארעא ואשתדכו מיא: ואיסתגרו GN 8:1
רכובוי וסגד על אפוי **על** ארעא: ודבר יוסף ית תריהום ית GN 48:12
פירי ליזניה דביזריה ביה **על** ארעא והוה כן: והנפקת ארעא GN 1:11
ותקפו מיא וסגיאו לחדא **על** ארעא והות תיבותא מהלכא GN 7:18
וסגידו ליה על אפיהום **על** ארעא: וחמא יוסף ית אחוהי GN 42:6
דהוה נחית לא מטא **על** ארעא: וחמא פרעה ארום EX 9:33
ויוסף הוא הוה שליט **על** ארעא וידע דאחוי עלין למזבון GN 42:6
פרעה וימנה אפיטרופין **על** ארעא ויפקון חד מן חמשא מן GN 41:34
כל יומיא דהינון קיימין **על** ארעא וית בניהון יאלפון: DT 4:10
ובכל ריחשא דרחיש **על** ארעא וכל בני נשא: כל דנשמת GN 7:21
דשמייא למנהרא **על** ארעא: ולמישמשא ביממא GN 1:17
למן יומא דברא ייי אדם **על** ארעא ולמסייפי שמיא ועד DT 4:32
לאפקא טיב ביש **על** ארעא: ומיתו גובריא דאפיקו NU 14:36
בארעא ויפשון ויסגון **על** ארעא: ונפק נח ובנוי ואינתתיה GN 8:17
טובענא ארבעין יממין **על** ארעא וסגיאו מיא ונטלו ית GN 7:17
רביעאי: ואוחי משה וגחן **על** ארעא וסגיד: ואמר אין בבעו EX 34:8
שנין וטובענא הוה מיא **על** ארעא: ועל נח ובנוהי ואינתתיה GN 7:6
ואימך ואחך למגחן לך **על** ארעא: וקניאו ביה אחוהי ואבוי GN 37:10
לביתא וסגידו ליה **על** ארעא: ושאל להום לשלם ואמר GN 43:26
ועופא דטייס ושרכפיה **על** ארעא ושביל טייסיה על אויר GN 1:20
לריגלוי למשרג בהון **על** ארעא: ית אילין מינייא מנהון LV 11:21
ובישריה בריחשא דרחיש **על** ארעא כרכושתא ועכברא LV 11:29
בכל ריחשא דרחיש **על** ארעא לא תיכלונון ארום LV 11:42
נפשת חייתא דרחשא **על** ארעא: לאפרשא ביני מסאבא LV 11:46

ריחשא וכל עופא דרחיש **על** ארעא לזרעייתהון נפקו מן GN 8:19
מייתא ית טובענא מיא **על** ארעא לחבלא כל בישרא דביה GN 6:17
וכל ריחשא דרחיש **על** ארעא ליזניה כל עופא ליזניה כל GN 7:14
ותעבדון יתהון ותיתבון **על** ארעא לרוחצן:: וארום אין LV 25:18
בתיבותא: ותקפו מיא **על** ארעא מאה וחמשין יומין: ודכיר GN 7:24
בשמיא מלעילא ושליט **על** ארעא מלרע לית חורן בר מיניה: DT 4:39
פרסת ריגלה למדרס **על** ארעא מן פירנוקא ומן חיטווייא DT 28:56
אבהתך מן יום מהויהון **על** ארעא עד יומא הדין ואיתפיני EX 10:6
ית פיתגמיהון וסגיד **על** ארעא קדם ייי: והנפק עבדא מנין GN 24:52
רחמין מן קדם ייי וגחן **על** ארעא שבע זימנין עד מיקרביה GN 33:3
וכל ריחשא דרחיש **על** ארעא שיקצא הוא לא יתאכיל: LV 11:41
הוו זהירין דלא תיכלוניה **על** ארעא תישדוניה הי כמוי: DT 12:16
עם בישרא: לא תיכלוניה **על** ארעא תישדוניה הי כמיא: לא DT 12:24
לחוד אדמיה לא תיכלון **על** ארעא תישדוניה היך מיא: הוון DT 15:23
ומן עופא וכל דרחיש **על** ארעא: תרין תרין עלו לנח GN 7:8
כל חד וחד ית אורחיה **על** ארעה: ואמר ייי לנח סופא דכל GN 6:12
כל יומיכון דאתון שרן **על** ארעכון: ארום יפתי ייי אלקכון DT 12:19
ייי בתר מיטרין דנחתין **על** ארעכון רוחא דמסקא אבקא DT 28:24
ליה בחורב והוו קיימין **על** את בבית אולפנא הינון לוחי EX 40:20
למישטן ליה והוא רכיב **על** אתניה ותרין עולימוי יניס NU 22:22
וכל סביא דעמא הדין **על** אתר בי דינהון ייתון בשלם: EX 18:23
דטוורא דסיני וקיימא **על** אתר בית יקידתא על מדבח כל LV 6:2
יתיה על קיסין בנורא **על** אתר בית מישד קיטמא יתוקד: LV 4:12
מיצעא דריגליה ימינא **על** אתר דיהב מן שירויא אדם קרבן LV 14:28
חיויא דנחשא ושוי יתיה **על** אתר תלי והוי כד נכית חיויא ית NU 21:9
חורמן דנחש ושוי יתיה **על** אתר תלי ויהי כל דנכות יתיה NU 21:8
בני חיתאה: ואברהם סיב **על** ביומין ומימרא דייי בריך ית GN 24:1
יתיה ומנייה אפוטרופוס **על** בייתיה וכל דאית ליה מסר GN 39:4
דמנייה אפוטרופוס **על** בייתיה ועל כל דאית ליה ובריך GN 39:5
ית ידך בחוטרך על נהריא **על** ביציא ועל שיקייא ואסיק ית EX 8:1
מוי דמצראי על נהריהון **על** ביציהון על שיקייאון ועל כל EX 7:19
דאזל יעקב קמו רעייא **על** בירא ולא אשכחו מיא ואמתינו GN 31:22
יהי דין קדמי לדריכון: **על** בישרא דאינשא לא יתמרק EX 30:32
דבוץ מילת יהון **על** בישריה ובקמורא דבוץ מילת LV 16:4
ואוורקסין דבוץ ילבוש **על** בישריה ויפרוש ית קיטמא LV 6:3
והוה תהו מן קדם ייי **על** בישתא דחשיב למעבד לעמיה: EX 32:14
ושרו בחרדה אתר דתווהו **על** בישתא דמותנא: ונטלו מחרדה NU 33:24
רוגזך ויהוי תוהו קדמך **על** בישתא דמלילתא למעבד EX 32:12
למפקא שום דזנו **על** בית אבוהא ותפלון עביד דביש DT 22:21
דנכיסא ובמי מבוע: וידי **על** בית אפוהי דמידכי מן סגירותא LV 14:7
ותאיב משה ית סודרי **על** בית אפוי עד זמן מיעליה EX 34:35
ולא תשוון כליל דיסער **על** בית אפיכון על נפש דמית: ארום DT 14:1
דיממנא אפיטרופוס **על** בית יוסף ומלילו עימיה בתרע GN 43:19
איקרי שכינתיה מתגליא **על** בית כפורי: בהדא מידה יהי עליל LV 16:2
ייי: וישרון בני ישראל גבר **על** בית משרוי וגבר על טקסיה NU 1:52
לחם: ואקים יעקב קמתא **על** בית קבורתא היא קמת בית GN 35:20
על אנפי חקלא ויכפר **על** ביתא וידכי ברם אין איטימוס LV 14:53
אינשי סדום אחזרו **על** ביתא מטליא ועד סבא כל עמא GN 19:4
אנת תהי אפיטרופוס **על** ביתי ועל גזירת מימר פומך GN 41:40
די ממנה אפיטרופוס **על** ביתיה אעיל ית גובריא לביתא GN 43:16
דממנה אפיטרופוס **על** ביתיה למימר מלי ית דיסקיי GN 44:1
די ממנה אפיטרופוס **על** ביתיה קום רדף בתר גברייא GN 44:4
דנישרא פריס גדפוי **על** בנוי וטעין יתהון וסביל יתהון DT 32:11
ית כל תרבא דחפא **על** בני גווא וית דמשתאר על חצר EX 29:13
קרבא בארעא דישראל **על** בני גלוותא ברם קיריס NU 11:26
חריפין דמתמנן רישין **על** בני ישראל הינון: ואילין שמהתן NU 13:3
וישוון ית בירכת שמי **על** בני ישראל ואנא במימרי NU 6:27
ולא יהי תוב רוגזא דהוה **על** בני ישראל: ואנא הא קריבית ית NU 18:5
במשכנא זימנא ולכפרא **על** בני ישראל ולא יהי בבני ישראל NU 8:19
חולף דקני לאלקיה וכפר **על** בני ישראל: ושום גברא בר NU 25:13
משה ועם אהרן ואזהרינון **על** בני ישראל ושלחינון לות פרעה EX 6:13
לכון לקיים עלם לכפרא **על** בני ישראל מכל חוביהון חדא LV 16:34
ייתי וימחינני אימא **על** בנייא: ואנת אבטחתני אוטבא GN 32:12
דדהב ולבושין ותעטרון **על** בניכון ועל בנתיכון ותרוקינון ית EX 3:22
מחתין עליכון ומחתין **על** בניכון מחן רברבן ומיהמנן דלא DT 28:59
מדכר חובי אבהתן רשיען **על** בנין מרודין על דר תליתאי ועל EX 20:5
רבא מסער חובי אבהן **על** בנין מרודין על דר תליתאי ועל EX 34:7
מסער חובי אבהן רשיעין **על** בנין מרודין על דר תליתאי ועל NU 14:18
מדכר חובי אבהן רשיען **על** בנין מרודין על דר תליתאי ועל DT 5:9
עלמא ואמרין חבול **על** בנינן כד יחובון וימטון עליהון DT 28:15
ית משה: ושוי ית כיורא **על** בסיסיה ביני משכן זימנא וביני EX 40:30
וניקמא דפורענותא יחזר **על** בעלי דבבוי והוא במימריה יכפר DT 32:43
ית לווטייא האילין **על** בעלי דבביכון דאעיקו יתכון DT 30:7
תיפקון לסדרי קרבא **על** בעלי דבביכון וימסרינון ייי DT 21:10

תיפקון לסדרי קרבא **על** בעלי דבביכון ותיחמון סוסוון DT 20:1
דייי: ארום תפקון משרויין **על** בעלי דבביכון ותסתמרון מכל DT 23:10
יומא דין לסידרי קרבא **על** בעלי דבביכון לא יזוח ליבכון DT 20:3
וארום אין מתיהיב מוי **על** בר זרעא ויפיל מנבילתהון עלוי LV 11:38
סאוב וכדנא תימר להון **על** בר נש דמית לא יסתאב בעמיה: LV 21:1
יומין דיפרש לשמא דייי **על** בר נש דמית לא יעול: לאבוי NU 6:6
לחטאתא: ויכפר כהנא **על** בר נשא דאשתלי כד סרח בשלו NU 15:28
קודשיא קדם ייי: ויקרב **על** בר תורי מנחתא סמידא תלתא NU 15:9
שקא בחרצוי ואתאבל **על** בריה יומין סגיאין: וקמו כל בנוי GN 37:34
שעתא אמר חויא דלטור **על** ברייה ואמר לאיתתא לא ממת GN 3:4
ברכתא דאבוך יתוספן **על** ברכתא דבריכו יתי אבהתיי GN 49:26
להן עולבנא ואם תיסב **על** ברתיי לית אינש למידן יתן חמי GN 31:50
ארום אפיק טיב ביש **על** בתולתא כשרא דישראל וליה DT 22:19
קדם ייי דחס במימריה **על** בתי בני ישראל במצרים EX 12:27
לכון למעבד מיניה את **על** בתיא דאתון שריין תמן ואחמי EX 12:13
אסקופא עילאה מלבר **על** בתיא דייכלון יתיה ודדמכין EX 12:7
מיניה אנא מעברא ואף **על** גב דאנא יקדא לית אנא GN 38:25
עני משה נביא ואמר אף **על** גב דאנא מוכח יתהון על תנאה DT 28:15
עלך מימרי תריס לך ואף **על** גב דהינון נפלין קומך בעלמא GN 15:1
למימר לא תדחל דאף **על** גב דיהון מצטרפין בלגיונין GN 15:1
ומה דאתון מקרבין **על** גב מדבחא לית רשו לגבר NU 28:2
פרקיה ולא שמיש תוב **על** גבי מדבחא בכן קרא משה LV 9:1
מדכר ישירא דאתעקד **על** גבי מדבחא וזכה ואזדמן ליה LV 22:27
קדם ייי ויקריב יתה **על** גבי מדבחא: ויקמוץ כהנא מן NU 5:25
מן קדם רש ואכלת **על** גבי מדבחא ית עליא וית תרביא LV 9:24
וכל אדם לא תיכלון ברם **על** גבי מדבחא יתקריב לשמא דייי: LV 3:17
אפילו כהנא הוא ומשמש **על** גבי מדבחי מתמן תסבוני EX 21:14
רוגזך וקרבן גמיר לרעוא **על** גבי מדבחך: בריך ייי ניכסוי דבית DT 33:10
ודופקא: וידי כהנא דכיא **על** גברא מסאבא ביומא תליתאה NU 19:19
דאשמא ויתין כהנא **על** גדירא מיצעא דאודנא דמידכי LV 14:14
מן אדמא דאשמא ויתין **על** גדירא מיצעא דאודנא דמידכי LV 14:25
כהנא ממשחא דעל ידיה **על** גדירא מיצעא דאודנא דמידכי LV 14:28
ויהב משה מן אדמא **על** גדירא מיצעא דאודניהון ימינא LV 8:24
הוון עזלו ית מעזיא **על** גווייתהון ומנפסן יתהין כד הינין EX 35:26
ית פיתגמי אורייתא הדא **על** גוילא עד די אשלימינון: ופקיד DT 31:24
בישין ומיהמנין דמתעקין **על** גושמיכון: ויתיב בכון ית כל DT 28:59
ואתנחם יהודה וסליק **על** גזזי עניה הוא וחירה רחמיה GN 38:12
ודהב לית לי רשו למעיבר **על** גזירת מימרא דייי אלקי למעבד NU 22:18
לחכימי קרתא עברינן **על** גזירת מימרא דייי בגין כן DT 21:20
משה מה דין אתון עברין **על** גזירת מימרא דייי ואיהי לא NU 14:41
עד זמן דיתפרש להון **על** גזירת מימרא דייי: ומליל ייי עם LV 24:12
פלישתאי ובגין דעברו **על** גזירת מימרא דייי ונפקו EX 13:17
ודהב לית לי רשו למעיבר **על** גזירת מימרא דייי למעבד NU 24:13
קדם ייי רמא דמתגאיה **על** גיוותניא ומתנטל על מנטליא EX 15:1
ורומומתא דידיה הוא **על** גיותנין הוא מתגאי ועל רמין EX 15:21
בריך הוא מזמן דעברתון **על** גיף ימא דסוף דעבד לכון DT 1:1
מיא: ונטלו מאילים ושרו **על** גיף ימא דסוף: ונטלו מגיף ימא NU 33:10
איתעבידו בני ישראל **על** גיף ימא דסוף חדא אמרא ניחות EX 14:13
מיתין ולא מיתין רמאין **על** גיף ימא: וחמון ישראל ית גבורת EX 14:30
דאתון שרן לקבליה **על** גיף ימא: וימר פרעה לדתן EX 14:2
ישראל ונרע יתהון שריין **על** גיף ימא ונסדרא לקוביליהון EX 15:9
ושויתיה בגו גומייא **על** גיף נהרא: ואיתעתדת מרים EX 2:3
ותיתעתד לקדמותיה **על** גיף נהרא וברם חוטרא דאהרן EX 7:15
נהרא ועולימתהא אזלן **על** גיף נהרא וחמת ית תיבותא בגו EX 2:5
וימא דסוף רמא יתהון **על** גיפיה כל סוסות ארתכי פרעה EX 14:9
רבקה וריבתהא ורכיבן **על** גמלייא ואזלן בתר גברא ודבר GN 24:61
וסובר ית בנוי וית נשוי **על** גמלייא: ודבר ית כל בעירא וית GN 31:17
בית אבא דהוה מתמני **על** גניסת מררי צוריאל בר אביחיל NU 3:35
בית אבא דהוה מתמני **על** גניסתא קהת אליצפן בר עזיאל: NU 3:30
פתיכא במשח זיתא: **על** גריצתא דלחים חמיע יקריב LV 7:13
בנוי לקבלא אגר טב **על** דאינון עסיקין באורייתא GN 30:18
ויכפר עלוי ממן דחב **על** דאיסתאב למיתא ויקדש ית NU 6:11
לנא קטולא הדא אלא **על** דאתרשלנא במספדא דאהרן DT 10:6
חרב למתפרע מנכון **על** דבטלתון ית קיימיי ותתכנשון LV 26:25
זבנוהי דהוה יתיב בצומא **על** דבלבל מצע אבוי ואזל ויתיב GN 37:29
כד היא קיימא לגינוניתא **על** דבשרת ליעקב דיוסף קיים היא GN 46:17
מימרא דייי ית עמא **על** דגחנו לעיגלא דעבד אהרן: EX 32:35
דמצרים כד הוינא יתבין **על** דדוותא דבישרא כד הוינא EX 16:3
במיפרסהון ידיהון **על** דוכנא בהדין לישן יימרון להון: NU 6:23
למצרים וזבניה פוטיפר **על** דחמייה שפיר בגין למעבד GN 39:1
ועל רמין הוא מתנטל **על** די אזיד פרעה רשיעא ורדף בתר EX 15:21
הוא במימריה פרע מיניה **על** די אזיד פרעה רשיעא קדם ייי EX 15:1
ויתפנקון מן פירי אילנא **על** די פלחו בחייהון באולפן GN 3:24
ותמנינון רבני גיתי **על** דידי: ואייתי יוסף ית יעקב אבוי GN 47:6

ההיא ליתנא שבקינכון **על** דיינא חד דאנא לא יכילנא	DT 1:9
נצחן קרביהון ולמכפרא **על** דייניא עובד אומן הי עובד	EX 28:15
מה דאתפקד מן קדם ייי **על** דילכון: ומליל ייי עם משה	NU 9:8
יוסף למימר יוסף ייי לי **על** דין בר אוחרן: והוה כדי ילידת	GN 30:24
שלוי מן ימא רבא ושרא **על** דין דזעיר במשריתא כמהלך	NU 11:31
ובכא על צווריה תוב **על** דיסגד ליה: ואמר ישראל ליוסף	GN 46:29
רוחי מיטרא דמנתבין **על** דיתאין בירח מרחשוון וכרסיסין	DT 32:2
אישתיזבת מן דין גמירא **על** דלא הוות בעיטתהון והא היא	NU 21:15
ית דעתיה דלבן ארמאה **על** דלא חוי ליה ארום אזיל הוא:	GN 31:20
חייא עד לעלמין וכדון **על** דלא נטר מה דפקידתא נגזור	GN 3:22
בשר בניהון ובנתיהון **על** דלא נטרו מצוותא דאורייתא:	LV 26:29
עימיה: ודחיל יעקב לחדא **על** דלא עסק עשרין שנין ביקרא	GN 32:8
ולארעא לא מתכפר **על** דם זכאי דאישתדי בה אילהן	NU 35:33
מן קטליה ויתכפר להון **על** דמא ומן יד נפקין נחיל דמורנין	DT 21:8
ית קרבן חטאתא ויכפר **על** דמידכי מסואבותיה ובתר כן	LV 14:19
קרבן מנחתא ויכפר כהנא **על** דמידכי קדם ייי: דא תהוי גזירת	LV 14:31
ניקטול ית אחונא ונכסי **על** דמיה: איתו ונזבניניה לערבאין	GN 37:26
משה נביא וסכם יתהון **על** דעתא דלעיל מנהון דיני ממונא	NU 27:5
רשיעין על בנין מרודין **על** דר תליתאי ועל דר רביעאי:	NU 14:18
רשיען על בנין מרודין **על** דר תליתאי ועל דר רביעאי	DT 5:9
רשיען על בנין מרודין **על** דר תליתאי ועל דר רביעיי	EX 20:5
אבהן על בנין מרודין **על** דר תליתאי ועל רביעאי: ואוחי	EX 34:7
ואתתקף ישראל ויתיב **על** דרגשא: ואמר יעקב ליוסף אל	GN 48:2
לי ואין לא תנו לי ואיפני **על** דרומא או על ציפונא: ואתיב לבן	GN 24:49
אתכסיית מנהון בירא **על** דשבקו פתגמי אורייתא	NU 33:46
על אנפי ברא וקם קין **על** הבל אחוהי וטבע אבנא	GN 4:8
דכי ואסיק ארבע עלוון **על** ההוא מדבחא: וקבל ייי ברעוא	GN 8:20
דעלתא דאתיא למכפרא **על** הירהורי ליבה היא עלתא	LV 6:2
דתיכלא למהוי אדיק **על** המיין אפודא ולא יתפרק	EX 28:28
תיכלא למיהוי אדיק **על** המיין אפודא ולא יתפרק	EX 39:21
למוספא חובי שלותא **על** זדונותא: לא יהי רעוא מן קדם	DT 29:18
חמר נעווך לא תשהי **על** זמניהון מן לאסקותהון לאתר	EX 22:28
ירחא תיניינא ואיתייחסו **על** זרעייתהון לבית אבהתכון	NU 1:18
חד מנכון למלפא זכו **על** חבריה בדינא למימר הא בתר	EX 23:2
ארום היכמא דיכמון גבר **על** חבריה ויקטליניה נפש היכדין	DT 22:26
לתמן: וארום ירשע גבר **על** חבריה למיקטליה בנכילו אפילו	EX 21:14
ואשכח בשתא ההיא **על** חד מאה בדשערוי וברכיה ייי:	GN 26:12
ואסיקהי תמן לעלתא **על** חד מן טווריא דאימר לך:	GN 22:2
גנבא איהו משלם **על** חד תרין: אין לא משתכח גנבא	EX 22:6
עד אימר כד הינון קיימין **על** חד תרין ישלם: ארום יפקר גבר	EX 22:3
דיינייא ישלם גנבא **על** חד תרין לחבריה: ארום יתן גבר	EX 22:8
ומשח דלוזין: וכספא **על** חד תרין סיבו בידיכון וית כספא	GN 43:12
בה ואישתבע על שיקרא **על** חדא מכל דיעביד אינשא	LV 5:22
קדם ייי וישתביק ליה **על** חדא מכל דיעביד לאתחייבא	LV 5:26
כבדא: ושויין ית תרביא **על** חדוותא ואסיק תרביא	LV 9:20
קודשא הוא לכהנא **על** חדיא דארמותא ועל שקא	NU 6:20
והוא במימריה יכפר **על** חובי ארעיה ועמיה: ואתא משה	DT 32:43
ביני שימשתא למכפרא **על** חובי יממא: וחד מן עשרא בתלת	NU 28:4
תעבד בצפרא למכפרא **על** חובי ליליא וית אימר תיניין	NU 28:4
ארום אדם ניכסא הוא **על** חובי נפשא יכפר: בגין כן אמרית	LV 17:11
לחטאתא מטול לכפרא **על** חובי תריסר שבטיא: וכל תורי	NU 7:87
מודי על חוביה ומצלי **על** חוביה ומצלי ומשתבק ליה: והוה	EX 33:7
דמברא למשריתא מודי **על** חוביה ומצלי על חוביה ומצלי	EX 33:7
ער ועונן ומיתו ער ועונן **על** חוביהון בארעא דכנען: והוו בני	NU 26:19
מיעליה לכפרא בקודשא **על** חוביהון דישראל עד זמן	LV 16:17
קורבניכון וישרי וישבוק **על** חוביכון ומן יד איתגלי איקר	LV 9:23
קדם ייי הלואי איכפר **על** חוביכון: ותב משה וצלי קדם ייי	EX 32:30
לאלפין דרין שרי ושביק **על** חובין ואעבר על מרודין ומכפר	EX 34:7
ושרינן בחילתא בכיין **על** חובינן דאזדוונן לפלחי טעוות	DT 3:29
דהבא סנינא וכפר לכון **על** חובת עיגל דהבא: מהלך חדיסר	DT 1:1
דסנאך דאת סני ליה **על** חובתא דאנת ידע ביה בלחודך	EX 23:4
דסנאך דאנת שני ליה **על** חובתא דאנת ידע ביה בלחודך	EX 23:5
דייי ויכפר עלוי כהנא **על** חובתיה דחב וישתביק ליה: ובר	LV 4:35
לאשמא לשמיה דייי **על** חובתיה דחב: ומליל ייי עם משה	LV 5:19
יתנינה ביומא דתהא **על** חובתיה: וית קרבן אשמיה ייתיה	LV 5:24
וית שמא דאהרן תכתוב **על** חוטרא דלוי ארום חוטרא חד	NU 17:18
גבר ית שמיה תכתוב **על** חוטריה: וית שמא דאהרן	NU 17:17
חד לחטאתא קדם ייי **על** חוסרן סיהרא על עלת תדירא	NU 28:15
לתריסר שיבטין: ותעבד **על** חושנא שישלן מתחמן עובד	EX 28:22
לתריסר שבטיא: ועבדו **על** חושנא שישלן מתחמן עובד	EX 39:15
דדהב דכי: ותעביד **על** חושנא תרתין עיזקן דידהב דכי	EX 28:23
ואעבר על מרודין ומכפר **על** חטאין סלח לתייבין לאורייתא	EX 34:7
על איסטרטיגין דממנן **על** חילא רבני אלפין ורבני מאוותא	NU 31:14
חורמן ורבא דהוה ממני **על** חילוות שבטוי דבני דן אחיעזר	NU 2:25
דזבולון ורבא הווה ממני **על** חילוות שבטוי דבני זבולון	NU 2:7
ריבא ורבא דהוה ממניה **על** חילוות שיבטא דבני אפרים	NU 2:18
דאשר ורבא דהוה ממני **על** חילוות שיבטא דבני אשר	NU 2:27
שדי: ורבא דהוה ממני **על** חילוות שיבטא דבני אשר	NU 10:26
פדה צור: ורבא דהוה ממני **על** חילוות שיבטא דבני בנימין	NU 10:24
דבנימן ורבא דהוה ממני **על** חילוות שיבטא דבני בנימן	NU 2:22
דגד ורבא דהוה ממני **על** חילוות שיבטא דבני גד אליסף	NU 2:14
שדי: ורבא דהוה ממני **על** חילוות שיבטא דבני גד אליסף	NU 10:20
בר צוער: ורבא דהוה ממני **על** חילוות שיבטא דבני זבולון	NU 10:16
ורבא דהוה ממני **על** חילוות שיבטא דבני יהודה	NU 10:14
ורבא דהוה ממני **על** חילוות שיבטא דבני ישראל	NU 2:5
עמינדב: ורבא דהוה ממני **על** חילוות שיבטא דבני ישׂשכר	NU 10:15
דמנשה ורבה דהוה ממני **על** חילוות שיבטא דבני מנשה	NU 2:20
עמיהוד: ורבא דהוה ממני **על** חילוות שיבטא דבני מנשה	NU 10:23
דנפתלי ורבא דהוה ממני **על** חילוות שיבטא דבני נפתלי	NU 2:29
בר עכרן: ורבא דהוה ממני **על** חילוות שיבטא דבני נפתלי	NU 10:27
שדיאור: ורבא דהוי ממני **על** חילוות שיבטא דבני שמעון	NU 10:19
עיגלא ורבא דהוה ממני **על** חילוות שיבטא דראובן אליצור	NU 2:10
ורבא דהוה ממני **על** חילוות שיבטיה אחיעזר בר עמי	NU 10:25
ורבא דהוה ממני **על** חילוות שיבטיה אליצור בר	NU 10:18
ורבא דהוה ממני **על** חילוות שיבטיה אלישמע בר	NU 10:22
ימזג כוותיה ודיתן מיניה **על** חילוניי דלא מבנוי דאהרן	EX 30:33
פריקין מארעא דמצרים **על** חיליהון: הינון דממללין עם	EX 6:26
ישראל מארעא דמצרים **על** חיליהון: ומליל ייי עם משה	EX 12:51
תוב למנטר ליה בבו **על** חלמוי ועל פיתגמוי: וחלם תוב	GN 37:8
נחתומיא תקבל אגר ביש **על** חלמך ביש דחלמתא ופשר ליה	GN 40:18
מזוגייא תקבל אגר טב **על** חלמך טב די חלמתא ופושרניה	GN 40:12
דאיתביד בכוסיא על תור **על** חמר על אימר על כסו ועל כל	EX 22:8
וית בנוי וארכיבינון **על** חמרא ותב לארעא דמצרים	EX 4:20
כח גבורתא וטענו גבר **על** חמריה ותבו לקרתא: ועל יהודה	GN 44:13
כן: ונטלו ית עיבוריהון **על** חמריהון ואזלו מתמן: ופתח לוי	GN 42:26
משה מן אדמיה ויהב **על** חסחוס אודנא דאהרן דהוא	LV 8:23
ותיסב מן אדמיה ותיתן **על** חסחוס אודנא דאהרן דימינא	EX 29:20
דעל ידיה יתן כהנא **על** חסחוס דאודנא דמידכי דימינא	LV 14:17
חוטא דתכלתא למכפרא **על** חציפי אפיא ויהי על מצנפתא	EX 28:37
על בני גווא וית דמשתאר **על** חצר כבדא וית תרתין כוליין	EX 29:13
ית בני גווא וית דמשתאר **על** חצר כבדא וית תרתין כוליין	EX 29:22
הי כטינדיסין דפריסן **על** חקל ארעא יתחשבון פורקנא	LV 25:31
איתתא קדם ייי ויאסור **על** חרצה אשלא מעילוי תדייהא	NU 5:18
אדם גוזרתא הדין יכפר **על** חתנא דילי: ופסק מלאך חבלא	EX 4:25
בנוי לשבחא קדם ייי **על** טב פירי ארעהום וקרת ית	GN 30:13
יקומון לברכא ית עמא **על** טוורא דגריזים במעברכון ית	DT 27:12
ותיתנון שית שיבטין **על** טוורא דגריזים ושית שיבטין על	DT 11:29
רמא: שיתא שיבטין קמו **על** טוורא דגריזים ושיתא על	DT 27:15
חמון שכינת יקרך ייי **על** טוורא דסיני וקבילו תמן	NU 14:14
היכמא דהות מיקרבא **על** טוורא דסיני מטול לאתקבלא	NU 28:6
חלייא: ואיתגלי ייי **על** טוורא דסיני על ריש טוורא	EX 19:20
טוורא דגריזים ושיתא **על** טוורא דעיבל וארונא וכהניא	DT 27:15
דגריזים ושית שיבטין **על** טוורא דעיבל מברכיא יהוון	DT 11:29
ייי דתקבלון ית אורייתא **על** טוורא הדין: ואמר משה קדם ייי	EX 3:12
וחמא ענן איקרא קטיר **על** טוורא ואשתמודעיה מן רחיק:	GN 22:4
וברקין ועננא תקיף קטיר **על** טוורא וקל שופרא תקיף לחדא	EX 19:16
בשבסרי יומין לירחא **על** טוורי דקרדון שום טוורא חד	GN 8:4
יקרא ונפלין פיגריהון **על** טווריא דארעא דישראל ויתון	NU 11:26
דצוק ויסוק צפירא **על** טווריא דבית הדורי וידחיניה	LV 16:22
יתהון וית טעוותהון **על** טווריא רמייא ועל גלימתא	DT 12:2
דייי הוא למתפרעא **על** טומריא על מימר סהיד חד יומי	DT 19:15
ושרא איקר שכינתא דייי **על** טורא דסיני וחפהי ענן יקרא	EX 24:16
יתגלי ייי לעיני כל עמא **על** טורא דסיני: ותתחים ית עמא	EX 19:11
דטיכסין דישראל גבר **על** טיכסיה באתוון לייחוס	LV 24:10
דתיחמי רושם ריגלא **על** טינרא בחורב ותימחי ביה	EX 17:6
מתקן קדמי ותהי מעתד **על** טינרא: ויהי במעיבר יקר שכינתי	EX 33:21
ועם אהרן למימר: גבר **על** טיקסיה באתוון דמסתמנין על	NU 2:2
באתוון דמסתמנין **על** טיקסיהון לבית אבהתן ישרון	NU 2:2
לא יבאיש בעינך **על** טלייא דינפק מתרבותך ועל	GN 21:12
ותגיירינה בביתך ותיבכי **על** טעוות בית איבה ואימה ותשהי	DT 21:13
גבר על בית משרוי וגבר **על** טקסיה לחיליהון: וליואי ישרון	NU 1:52
חיות ברא אכלתיה ולא **על** יד בני נשא איתקטל אלא חמי	GN 37:33
תרין מכולא ייעלון לוותך **על** יד מלאכא כאחד ומעל יתהון	GN 6:20
כד איתעבידו להון ניסין **על** יד משה ואהרן: וכתב משה ית	NU 33:1
ויהי לאת חקיק ומפרש **על** יד שמאלך ולתפילין בין ריסי	EX 13:16
בר והיכדין עתיד למידן **על** יד שמשון בר מנוח דמן זרעיתיה	GN 30:6
ומן בתר כדין מתפרקין **על** יד תלת רעיין ודי אמרת נסיבית	GN 40:12
דאחי יתהון מימרא דייי **על** ידא דיחזקאל נביא בבקעת	EX 13:17

ירק כהנא ביד ימיניה **על** ידא דכהנא דשמאלא: וידי כהנא LV 14:26
בני ישראל בטוורא דסיני **על** ידא דמשה: ומליל ייי עם משה LV 26:46
דפרעה ויהבית ית כסא **על** ידא דפרעה: ואמר ליה יוסף דין GN 40:11
בעיטא ההיא ויהב כסא **על** ידא דפרעה: וית רב נחתומי צלב GN 40:21
מלוגא דמשחא ויריק **על** ידה דכהנא דשמאלא: ויטמש LV 14:15
ואחיתת לגינתה **על** ידה ואשקיתיה: ופסקת GN 24:18
קדשא על אפהא ושירייא **על** ידהא: וגחנית וסגידית קדם ייי GN 24:47
קלעת סער רישה ויתן **על** ידהא ית מנחת דוכרנא מנחת NU 5:18
משכנא ותרין שירין יהב **על** ידהא מתקל עשר סילעין GN 24:22
יהי מסאב: וכל דמטייל **על** ידוי בכל חייתא דמהלכא על LV 11:27
פריעין הינון ארום פריעו **על** ידוי דאהרן ית כלילא קדישא EX 32:25
יכנוש יתכון מימרא דייי **על** ידוי דאליהו כהנא רבא ומתמן DT 30:4
דמי ליה והבל איתקטל **על** ידוי דקין וקין איטרד ולא GN 5:3
ותעביד כל דאמליל **על** ידוי ואסני ית סנאך ואעיק EX 23:22
דגדיי בני עיזי אלבישת **על** ידוי ועל שעיעות צואריה: GN 27:16
קדמך מלאכא ואיתרך **על** ידוי ית כנענאי אמוראי חיתאי EX 33:2
כדון לא חכימית ארום **על** ידוי עתידה למובדא ארעא EX 10:7
רבא ומתמן יקרב יתכון **על** ידויי דמלכא משיחא: ויעילינכון DT 30:4
קדם ייי: ותשוי כולא **על** ידי אהרן ועל בנוי ותרים יתהון EX 29:24
דימינא: וסדר ית כולא **על** ידי אהרן ועל ידי בנוי וארים LV 8:27
מן קריית גלעד דקליא **על** ידי אחיהון בית ישראל מאתן DT 34:3
ית קדשא וית שירייא **על** ידי אחתא וכד שמע ית פתגמי GN 24:30
מעל ידיה ויהב יתה **על** ידי דיוסף ואלביש יתיה לבושין GN 41:42
סלא ועריך פטיר חד ויתן **על** ידי נזירא בתר דיגלב ית ניזריה: NU 6:19
ונסבת חייתא וקטרת **על** ידיה חוט זהורי למימר דין נפק GN 38:28
בקודשא יתפקון באסלין **על** ידיהון דטלא דכהנא כהנא LV 16:27
אלהין זכאן לאתאמרא **על** ידיהן מיתן תיתן להון ירתו NU 27:7
אייתיניה לוותך הב יתיה **על** ידיי ואנא אתיביניה לך: ואמר לא GN 42:37
לאתין כתיבין **על** ידך דשמאלא ויהוון לתפילין על DT 6:8
בכל ארעא דמצרים ברם **על** ידך לית אפשר למילקי ארעא EX 8:12
ארום אין איתכלית **על** יוסף איתכל על שמעון ועל GN 43:14
דתקיף וחימתהון **על** יוסף ארום קשיא אמר יעקב אין GN 49:7
ישראל במישריא דמואב **על** יורדנא דיריחו: אילין פיתגמי NU 36:13
ושרו במשריא דמואב **על** יורדנא דיריחו: ושרו על יורדנא NU 33:48
משה במישריא דמואב **על** יורדנא דיריחו למימר: מליל עם NU 33:50
משה במישריא דמואב **על** יורדנא דיריחו למימר: פקד ית NU 35:1
על יורדנא דיריחו: ושרו **על** יורדנא מבית ישימות עד מישר NU 33:49
ארום מליל סטיא **על** ייי אלקכון דאפיק יתכון DT 13:6
ודאיזדמנו למרדא **על** ייי בכנישתא דקרח ארום NU 27:3
בזמן דאתכנשו ופליגו **על** ייי: ופתחת ארעא ית פומה NU 26:9
כד קטלית ית מצראה **על** ימא ארגיזו קדם ייי באלוש NU 16:26
וארכין משה ית ידיה **על** ימא בחוטרא רבא ויקירא EX 14:21
דאשכחתנון באורחא **על** ימא דסוף ובמרה וברפידים והיך EX 18:8
קודשא יהי שמיה משבח **על** ימא דסוף וגבורת ידיה בני EX 15:18
חוטרך וארכין ית ידך ביה **על** ימא ובזעהו ויעלון בני ישראל EX 14:16
ייי למשה ארכן ית ידך **על** ימא ויתובון מאין על מצראי על EX 14:26
בטוורא וכנענאי יתבין **על** ימא ועל תחום יורדנא: ושתיק NU 13:29
וארכן משה ית ידיה **על** ימא ותב ימא לעידוני צפרא EX 14:27
ואדביקו יתהון כד שרן **על** ימא כנשין מרגליין ואבנין טבן EX 14:9
ונטר עשו שנא בליביה **על** יעקב אחוי על סדר בירכתא GN 27:41
אילין לאילין איתון ניבכי **על** יעקב חסידא דבזכותיה עדת GN 50:3
ישראל במישריא דמואב **על** ירדנא דיריחו: ובאילין לא הוה NU 26:63
למישריא דמואב **על** ירדנא דיריחו: ונפקו משה NU 31:12
יתהון במישריא דמואב **על** ירדנא דיריחו למימר: מבר עשרין NU 26:3
לטיילא והוא מטלח **על** ירכיה: בגין כן לא אכלין בני GN 32:32
תוב על תקוף רוגזא דייי **על** ישראל: ארום תתובון מבתר NU 32:14
מליל לאוטבא לגיוריא **על** ישראל: ואמר ליה לא איזיל NU 10:29
מסוגעי חכמתי ולא חס **על** ישראל זרעא דבני בנתיה ובית NU 22:5
ומסיטריה חד אנהר **על** ישראל כל ליליא ולא קרבא EX 14:20
ענני יקרא ומדעקת **על** ישראל על קרבא ההוא בעו DT 10:6
וית חצרא דעל כבדא **על** כולייתא יעדינה: ויסקיניה כהנא LV 3:10
דאורייתא יתיב לרוחצן **על** כורסי מלכותיה ויכתבון ליה DT 17:18
הוא יהוי בסעדכון ויתיב **על** כורסיה יקרא בגיוותנותיה DT 33:26
דפרעה דעתיד למיתב **על** כורסיה מלכותיה עד בוכריא בני EX 12:29
ברם מימרא דייי יתיב **על** כורסיה רם ומנטל ושמע DT 4:7
דפרעה דעתיד דייתיב **על** כורסיי מלכותיה עד בוכרא EX 11:5
וידי מן אדם חטאתא **על** כותל מדבחא ודאשתייר LV 5:9
ויתמציה אדמיה **על** כותל מדבחא: ויעדיה ית LV 1:15
ימא ונפקו מן ימא ואזלו **על** כיף ימא כנישין אונכין ומרגלין NU 33:8
וקמן לקובליהום דתורתי **על** כיף נהרא: ואכלא תורתי דבישן GN 41:3
בחילמי הא אנא קאי **על** כיף נהרא: והא מן נהרא סליקן GN 41:17
דחטאתא תעביד ליומא **על** כיפוריא ותדכי על מדבחא EX 29:36
מפירהא דמתרביין **על** כיפין ומשח מזיתהא דמלבלבין DT 32:13
והא רבקה נפקת ולגינתא **על** כיתפא ונחתת לעיינא ומלת GN 24:45
דמיא ויהב להגר שוי **על** כיתפה וקשר לה במותנהא GN 21:14
אחוי דאברם ולגינתה **על** כיתפה: וריבא שפירא למיחמי GN 24:15
ית תרתין מרגלייתא **על** כיתפי איפודא מרגליית מדכרן EX 28:12
סוברו צריר בלבושיהון **על** כיתפיהון: ובנוי ישראל עבדו EX 12:34
אגורין ואסק תור ודכר **על** כל אגורא: ואמר לבלק אתעתד NU 23:14
בלעם ואסיק תור ודכר **על** כל אגורא: וחמא בלעם ארום NU 23:30
ואסיקית תור ודכר **על** כל אגורא: ושוי ייי פיתגמא NU 23:4
שכינתא רמין ומנטלין **על** כל אומיא כארזיא דליבנוס NU 24:6
דאהרן ורבותא דבנוי **על** כל אחוהון ליואי דיכלון LV 7:35
ארום תקיף הוא ייי **על** כל אלקיא ארום בפיתגמא EX 18:11
לכון תעבדון: וכפנא הוה **על** כל אנפי ארעא ופתח יוסף ית GN 41:56
בשנייא ומני יתיה סרכן **על** כל ארעא דמצרים: ואמר פרעה GN 41:43
חמי דמנית יתך סרכן **על** כל ארעא דמצרים: ואעדי פרעה GN 41:41
פרעה: ויהי לאבקא **על** כל ארעא דמצרים ויהי על EX 9:9
נטל ית גובא: וסליק גובא **על** כל ארעא דמצרים ושרא בכל EX 10:14
אנא ואינון ונבעי רחמין **על** כל אתרא ותשבוק להום ואמר GN 18:32
ויקבלון פורענות חוביהון **על** כל בישתא דעבדו ארום DT 31:18
ושוייני לרב לפרעה ולרב **על** כל ביתיה ושליט בכל ארעא GN 45:8
רחיקת נפשיהון: ואוף **על** כל דא ארחים יתהון במימרי כד LV 26:44
שמייא ברם ענפוי מטלן **על** כל דיירי ארעא ושירשוי מטיין GN 50:1
אין יפיל מנבילתהון **על** כל זרע זרעונין באורחא די LV 11:37
ודחלתכון ואימתכון יהי **על** כל חיית ארעא ועל כל עופא GN 9:2
ושיזבינון ייי: ובדח יתרו **על** כל טבתא דעבד ייי לישראל EX 18:9
לחטאתא: ויכפר כהנא **על** כל כנישתא דבני ישראל וישתרי NU 15:25
דמנחתא ומן טובה **על** כל לבונתא דעל מנחתא ויסיק LV 6:8
סמידא ומן טוב מישחא **על** כל לבונתא ויסיק כהנא ית שפר LV 2:2
פירוכייה ומטוב מישחא **על** כל לבונתא קורבנא קדם ייי: ואין LV 2:16
חיי בר נשא ארום **על** כל מה דאתברי על מימרא דייי DT 8:3
למיתן דינא וחושבנא **על** כל מה דעבדת ביום דינא רבא: GN 3:19
ידיה בעיסקא דחבריה: **על** כל מידעם דאיתביד בכוסיא על EX 22:8
ורב תושבחתן דחיל **על** כל עלמיא ייי אמר במימריה EX 15:2
ייי אלקכון רמין וגיותנין **על** כל עממי ארעא: וייתון עליכון DT 28:1
יתכון רמין וגיותנין **על** כל עממיא לרבו ולשום דיקר DT 26:19
ומברכין קדם ייי אלקכון **על** כל פירי ארעא משבחא דיהב DT 8:10
קיימא דיגזר ייי עימכון **על** כל פיתגמיא האילין: וסליק EX 24:8
בקיים מילחא בגין כן **על** כל קרבנך תקריב מילחא: ואין LV 2:13
ולמירדוף בבהילו אוסיף **על** כל רתיכא ורתיכא: ותקיף ייי ית EX 14:7
דחטאתא ויעברון גלב **על** כל שער בישריהון ויחוורון NU 8:7
ארעיה מן ידיה עד ארנון: **על** כן יימרון בחודתא מתולייא NU 21:27
כומרניא פלחי טעוותהון: **על** כן יתאמר בספר אורייתא דתמן NU 21:14
דסהדותא ולא יהי רוגזא **על** כנישתא דבני ישראל ויטרון NU 1:53
לכל בישרא גבר מהימן **על** כנישתא: די הוו נפיק קדמיהון NU 27:16
למימר: קבילית צלותכון **על** כנישתא כדון מליל להון למימר NU 16:24
על תור על חמר על אימר **על** כסו ועל כל אבידתא ייומי כד EX 22:8
קדמאה ומה נמליל **על** כספא בתראה ומה נזדכי על GN 44:16
יהודה מה נימר לריבוני **על** כספא קדמאה ומה נמליל על GN 44:16
מטללין בגדפיהון **על** כפורתא ואפיהון חד כל קבל חד EX 25:20
לעילא מטללין בגדפיהון **על** כפורתא ואפיהון חד כל קבל חד EX 37:9
לאדמא דתורא וידי יתיה **על** כפורתא ולקדם כפורתא: ויכפר LV 16:15
פולחנא נוכראה: אשרינון **על** כרכי ארע דישראל ואייכל DT 32:13
ויפת ית אסכטלא ושויו **על** כתף תרוויהון ואזלו מאחזריין GN 9:23
בני ישראל: ושוי יתהון **על** כתפי אפודא אבני דוכרנא לבני EX 39:7
תרתין מרמצתא ותיתן **על** כתפי אפודא כל קבל אנפוי: EX 28:25
תרתין מרמצתא ויהבונון **על** כתפי אפודא כל קבל אנפוי: EX 39:18
דעממיא נטלין דחלתהון **על** כתפיהון ודמיין קריבין להון DT 4:7
פולומרכין ופליג ית בנייא **על** לאה ועל רחל ועל תרתין GN 33:1
יתהון ומליל תנחומין **על** לבהון: ויתיב יוסף במצרים הוא GN 50:21
יתקדש ודיידי מן אדמה **על** לבושא דיידי עלה תתחוור LV 6:20
ותשוון ית פיתגמיי אילין **על** לבכון ועל נפשכון ותקטרונון DT 11:18
מן קדם ייי ושלף חרבא **על** לבן רמאה בחילמא דליליא GN 31:24
ואילין שיבטיא יקומון **על** לווטייא בטוורא דעיבל ראובן DT 27:13
יתכון יומא דין כתיבין **על** לוח ליבכון: ותגמרינון לבנך DT 6:6
עישרתי דבוריא וכתבינון **על** לוחי סמפירינון: ויתי פקיד ייי DT 4:13
דישראל וחזר ומתחקק **על** לוחי קיימא דהוון יהיבין בכף EX 20:2
דישראל וחזר ומתחקיק **על** לוחי קיימא ומתהפך בהון מן EX 20:3
ותרין לוחיא בידי: וכתב **על** לוחיא הי ככתבא קמא עשרתי DT 10:4
דייי הוא חקיק ומפרש **על** לוחיא: ושמע יהושע ית קל עמא EX 32:16
ומוי לא אישתי וכתב **על** לוחיא חורנייתא ית פיתגמי EX 34:28
הי כקדמאי ואכתוב **על** לוחיא ית פיתגמיא דהוו על EX 34:1
לך ארונא דקיסא: ואכתוב **על** לוחיא ית פיתגמיא דהוו על DT 10:2
לוחיא ית פיתגמיא דהוו **על** לוחיא קדמאי דתברתא: והוי EX 34:1
דביריא דהוו כתיבין **על** לוחיא קדמאי: והוה בזמן מיחת EX 34:28
לוחיא ית פיתגמיא דהוו **על** לוחיא קמאי דייתשר חילך DT 10:2
עד כדון בעי רחמין **על** לוט ומשמש בצלו קדם ייי: וצלי GN 18:22

בסוף תלת שעין ולוט **על** לזוער: ומימרא דייי אחית	GN 19:23
להודעותך ארום לא **על** לחמא בלחודוי חיי בר נשא	DT 8:3
וירים כהנא יתהון **על** לחמא דביכוריא ארמא קדם ייי	LV 23:20
לשמא דייי: ותקרבון **על** לחמא ההוא שיבעא אימרין	LV 23:18
וטמירן מיגליין ליה ויהון **על** ליבה דאהרן בזמן מיעליה קדם	EX 28:30
ית ריבא ומליל פייוסין **על** ליבה דריבה: ואמר שכם לחמור	GN 34:3
בני ישראל בחשן דינא **על** ליביה בזמן מיעליה לקודשא	EX 28:29
אהרן ית דין בני ישראל **על** ליביה קדם ייי תדירא: ותעבד ית	EX 28:30
יומא דין ותתיבון **על** ליבכון ארום ייי הוא אלקים	DT 4:39
דסדרית קדמכון ותתיבון **על** ליבכון למיתב לפולחני בכל	DT 30:1
כמא דפקיד ייי ית משה **על** ליואי היכדין עבדו להון: ומליל	NU 8:22
מה דפקד ייי ית משה **על** ליואי הכדין עבדו להון בני	NU 8:20
בני ישראל ית ידיהון **על** ליואי: וירים אהרן ית ליואי	NU 8:10
עלתא קדם ייי לכפרא **על** ליואי: ותקים ית ליואי קדם	NU 8:12
לכון דילמא תימעלון **על** ליואי כל יומיכון דאתון שרן על	DT 12:19
ותלתא מה דאשתיירו **על** ליואי מבוכריא דבני ישראל:	NU 3:46
דייי קדמך ואיחוס **על** מאן דחמי ליה למיחוס ואירחים	EX 33:19
ליה למיחוס ואירחים **על** מאן דחמי ליה למתרחמא: ואמר	EX 33:19
וסיכא תהוי קביעא לכון **על** מאני זיניכון אתר דתיסרון	DT 23:14
דליבנוס דשתילין **על** מבועי מיין: יקום מנהון מלכהון	NU 24:6
אנא לך לגופן שתילא **על** מבועין דמיין דשלחת שורשהא	GN 49:22
ית לווטייא האילין כהנא **על** מגילתא וימחוק למיא בדוקיא:	NU 5:23
מצנפתא דבוצא למכפרא **על** מגיסי רעיוניהון וקמור תעביד	EX 28:39
מימריה דייי אלקכון **על** מגן ארום לא מזכי ייי ביום דינא	EX 20:7
מימריה דייי אלקכון **על** מגן ארום לא מזכי ייי ביום דינא	DT 5:11
כל מאן דמשתבע בשמיה **על** מגן: עמי בני ישראל הוו נטרין ית	DT 5:11
כל מאן דמשתבע בשמיה **על** מגן: עמי בני ישראל הוון דכירין	EX 20:7
על אתר בית יקידתא **על** מדבח כל ליליא עד צפרא ברם	LV 6:2
ודין קורבנא דתעביד **על** מדבחא אימרין בני שנה תרין	EX 29:38
אדמא דקרבנא דייי **על** מדבחא בזימניה ובישריה ייכלון	NU 9:7
ליומא על כיפוריא ותדכי **על** מדבחא בכפרותך עלוי ותרבי	EX 29:36
צריד אדכרתא ואסיק **על** מדבחא בר מן עלת צפרא: ונכיס	LV 9:17
עלוותך ביסרא ואדמא **על** מדבחא דייי אלקך ואדם שאר	DT 12:27
נכסת קודשך ישתפיך **על** מדבחא דייי אלקך וביסרא	DT 12:27
ויזרוק כהנא ית אדמא **על** מדבחא דייי בתרע משכן זימנא	LV 17:6
ומן עיזא ויסקינון כהנא **על** מדבחא דעלתא: וית כל משך	LV 4:10
וית רישא ואסיק **על** מדבחא: וחליל ית בני גווא וית	LV 9:13
בני אהרן כהנא אישתא **על** מדבחא ויסדרון קיסין על	LV 1:7
אישתא ית עלתא **על** מדבחא וישויניה בצטר מדבחיה:	LV 6:3
וית תרבא דעליהן ותסדר **על** מדבחא: וית בישרא דתורא וית	EX 29:13
וית אדמתהון תדרוק **על** מדבחא וית תריבהון תסיק	NU 18:17
חיוא דמיכשרא יתסק **על** מדבחא ומיכל לא תיכלוניה:	LV 7:24
ופלגות אדם ניכסא דרק **על** מדבחא: ונסיב סיפרא דקיימא	EX 24:6
כאילו מקרבין עלתא **על** מדבחא: ותיתן ית כיורא ביני	EX 40:6
קנקל ומהדרין יתיה **על** מדבחא: ותעביד אריחין דקיסי	EX 27:5
שובעא יומין תכפר **על** מדבחא ותקדיש יתיה ויהי	EX 29:37
ית אדמא במיזרקיא **על** מדבחא חזור חזור דבתרע משכן	LV 1:5
ית אדמיה במזירקא **על** מדבחא חזור חזור: ויפסיג יתיה	LV 1:11
בני אהרן ית אדמיה **על** מדבחא חזור חזור: ויקרב מיניה	LV 3:13
בני אהרן ית אדמיה **על** מדבחא חזור חזור: ויקרב מנכסת	LV 3:8
אהרן כהניא ית אדמא **על** מדבחא חזור חזור: ויקריב	LV 3:2
ותיסב ית אדמיה ותדרוק **על** מדבחא חזור חזור: וית דיכרא	EX 29:16
ודרק משה ית אדמה **על** מדבחא חזור חזור: וית דיכרא	LV 8:19
אשמא וית אדמיה ידרוק **על** מדבחא חזור חזור: וית כל	LV 7:2
ליה ית אדמא ודרקיה **על** מדבחא חזור חזור: וית עלתא	LV 9:12
ית אדמא ליה ודרקיה **על** מדבחא חזור חזור: וית תרביא	LV 9:18
משה ית כל מותר אדמא **על** מדבחא חזור חזור: ונסיב ית	LV 8:24
ותדרוק ית מותר אדמה **על** מדבחא חזור חזור: ותיסב מן	EX 29:20
תדירא תהי יוקדא **על** מדבחא לא תיטפי: ודא אורייתא	LV 6:6
דמא דבמזירקיא ודרק **על** מדבחא לכפרא על עמא ואמר	EX 24:8
ית יצחק בריה ושוי יתיה **על** מדבחא לעיל מן קיסין: ופשט	GN 22:9
לא תקרבון מנהון **על** מדבחא לשמא דייי: ותור ואימר	LV 22:22
דתיתינון אדם ניכסא **על** מדבחא מטול למכפרא על אדם	LV 17:11
יתהון מעל ידיהון ואסיק **על** מדבחא על עלתא קרבן	LV 8:28
דאנא יהיב לכון: ותעבדון **על** מדבחא קרבנא קדם ייי עלתא	NU 15:3
וקדיש יתיה: ואדי מיניה **על** מדבחא שבע זימנין ורבי ית	LV 8:11
לאתר דכי: ואישתא **על** מדבחא תהי יוקדא ביה לא	LV 6:5
לא תסקון במסוקיין **על** מדבחי אלהין בגישריא דלא	EX 20:26
דישראל: ואתחיילון **על** מדין אקפוהא מתלת טריגונהא	NU 31:7
ויהון מסדרין סדרי קרבא **על** מדין למיתן פורענות עמא דייי	NU 31:3
לידין ויהי לכון בכופלא **על** מה דמלקטין יומא ויומא: ואמר	EX 16:5
אנא מחי בחוטרא דבידי **על** מוי די בנהרא ויתהפכון לאדמא:	EX 7:17
סב חוטרך וארים ידך **על** מוי דמצראי על נהריהון על	EX 7:19
דשמאלא ויהוון לתפילין **על** מוקרך כלו קבל על עינך:	DT 6:8
ממרעיה ומהליך בשוקא **על** מורניתיה ויהי זכיי מחייא מדין	EX 21:19
ציצין למפרח וחרספיתין **על** מושכיה ואין נתרון ואשתייר חד	DT 14:9
ואתיב ית רב מזוגייא **על** מזגיה דאשתכח דלא הוה	GN 40:21
קבל על עינך: ותכתובינון **על** מזוזיין ותקבעינון בתולתא	DT 6:9
ותכתובונון במגילתא **על** מזוזיין ותקבעינון בתולתא קבל	DT 11:20
ית עמא די אתרעמו **על** מזונהון בכן גרי מימרא דייי	NU 21:6
חיוייא דלא אתרעמו **על** מזונהון וינכתון ית עמא די	NU 21:6
עלוי ועמי אתרעמו **על** מזונהון וכדון ייתון חיוייא דלא	NU 21:6
לא תרבי מדילך לחברך **על** מזפו דאוזפך לא על מזפו דכסף	DT 23:20
ומיזפו דמיכלא ולא **על** מזפו דכל מידעם דמיתרבי: לבר	DT 23:20
על מזפו דאוזפך לא **על** מזפו דכסף ומיזפו דמיכלא ולא	DT 23:20
כהניא קטרת בוסמין **על** מחתיא וייכלון מותנא ביום	DT 33:10
ציפורא חדא למנא דפחר **על** מי מבוע: ויסב ית קיסא דארזא	LV 14:50
ציפורא חדא למאן דחסף **על** מי מבוע: ית ציפורא חייתא יסב	LV 14:5
וארים אהרן ית ידיה **על** מיא דמצרים וסליקת מחת	EX 8:2
חכימיא ושרון תמן **על** מיא: ונטלו מאילים ושרו על גיף	NU 33:9
פיתגמיכון דאתרעמתון **על** מיא וקיים דלא אעיבר ית	DT 4:21
איתקטלא יתקטל **על** מיבעלא בשינוק סודרא אקושא	LV 20:10
תהון לצלאה קדם ייי **על** מיטרא כל עיבידת פולחנא לא	LV 23:36
דישראל ושרון תמן **על** מייא: ונטלו מאלים ואתון כל	EX 15:27
למימריה לא תסריב **על** מילוי ארום לא אשבוק חוביכון	EX 23:21
בה ולא יתרחצון **על** מילי שקרא: ונפקו שולטני עמא	EX 5:9
למעבד ככל דילפונכון: **על** מימר אורייתא דילפונכון ועל	DT 17:11
בעלה דאינתתא ויתן **על** מימר דיינייא: ואין מותא יהי בה	EX 21:22
ית הילכת דינא: ותעבדון **על** מימר הילכת אורייתא דיחוון	DT 17:10
כל דיקטול בר נשא **על** מימר סהדין דחמיין למסהד	NU 35:30
קטול לא יתקטל **על** מימר סהיד חד: ידא דסהדיא	DT 17:6
למתפרעא על טומריא **על** מימר סהיד חד יומי למיכפור ית	DT 19:15
פיתגמיא האיליין ארום **על** מימר פיתגמיא האילין גזרית	EX 34:27
לכון אחא ותנינא ליה **על** מימר פיתגמייא האילין המידע	GN 43:7
ויהב להום יוסף סדני **על** מימר פרעה ויהב להון זוודין	GN 45:21
באבניא וימותון: **על** מימר תרין סהדין או תלתא	DT 17:6
וארגזתון קדמוי בפארן **על** מימרא אללייא וטפלתון עלוי	DT 1:1
דיתמסר להון ויפלחון: **על** מימרא דאהרן ובנוי יהי כל	NU 4:27
ליה בדין אורייא קדם ייי **על** מימרא דאלעזר כהנא יהון נפקין	NU 27:21
די יהבית לכון וסריבתון **על** מימרא דייי אלקכון ולא	DT 9:23
עשרא רשיעין וסריבתון **על** מימרא דייי אלקכון: ורגינתון	DT 1:26
דשבתא כדון אזדמנו **על** מימרא דייי בגין כן חזי	NU 16:26
ולכל חטא דיחטי ברם **על** מימרא דייי הוא למתפרעא על	DT 19:15
כנישת סעדך דאזדמנתון **על** מימרא דייי ואהרן מה הוא ארום	NU 16:11
ית מפקנהון למטלניהון **על** מימרא דייי ואיליין מטלניהון	NU 33:2
עלנא תורעמותכון אילהן **על** מימרא דייי: ואמר משה לאהרן	EX 16:8
ולא קבלתון וסרבתון **על** מימרא דייי וארשעתון	DT 1:43
בלבבהון ואישתעיאו **על** מימרא דייי ובמשה נצו למא	NU 21:5
כהנא לטוורוס אומנוס **על** מימרא דייי ומית תמן בשנת	NU 33:38
דסין למטלניהון **על** מימרא דייי ושרו ברפידים	EX 17:1
ארום על כל מה דאתברי **על** מימרא דייי חיי בר נשא:	DT 8:3
משה ית בני ישראל **על** מימרא דייי יאות שיבטא דבני	NU 36:5
קדם משה נביא ודן יתהון **על** מימרא דקודשא בקצת מנהון	NU 9:8
אחוך: מטול דסרבתון **על** מימרי במדברא דצין במוי מצות	NU 27:14
ישראל מטול דסריבתון **על** מימרי במי מצותא: דבר ית אהרן	NU 20:24
כדין ינתנון כל מאן דעבר **על** מניינייא פלגות סילעא	EX 30:13
אברהם מן מחמי אפין **על** מיתיה ומליל עם בני חיתאה	GN 23:3
וברם תמן אתבשר יעקב **על** מיתת רבקה אימיה וקרא שמיה	GN 35:8
מן בגלל דינגוד יומין **על** מלכותיה הוא ובנוי ביני ישראל:	DT 17:20
שיקרא ואיתרעמיתון **על** מנא דאחית לכון חיוור מן	DT 1:1
הוא ברובא דגופיה או **על** מנא דהיא יתבא על קצתיה	LV 15:23
עד רמשא: ודי יתיב **על** מנא דמייחד למיתב עלוי דובנא	LV 15:6
על גיוותניא ומתנטל **על** מנטליא כל מאן דמתגאי קדמוי	EX 15:1
קודשא לכל מאן דעבר **על** מניינא מבר עשרין שנין ולעילא	EX 38:26
במצרים אמרכולין **על** מניינייא: ואייתיו ית קרבנהון	NU 7:2
קדם ייי: כל מאן דעבר **על** מניינייא מבר עשרין שנין	EX 30:14
ועיניכון לא תיחוס **על** מניכון ארום שפר ארג כל ארעא	GN 45:20
על סדום ועל עמורא **על** מנת דיעבדון תתובא ולא עבדו	GN 19:24
יסוק עליכון מסוקיין **על** מסוקיין ואתון תחותון לרע	DT 28:43
בצפרא ופלגותא ברמשא: **על** מסריתא במשח זיתא פתיכא	LV 6:14
במשח: ואין מנחתא **על** מסריתא קרבנך סמידא פתיכא	LV 2:5
לא יתאכיל: וכל דמהלך **על** מעוי וכל דמהלך על ארבע מן	LV 11:42
סידרי קרבא בארעכון **על** מעיקי דמעיקין לכון ותייבבון	NU 10:9
בעירא ומכל חיות ברא **על** מעך תהי מטייל וריגלך	GN 3:14
מצדתא דנחשא ותעבד **על** מצדתא ארבע עיזקן דנחשא על	EX 27:4
חקיק שמא דקודשא **על** מצנפתא: ותיסב ית מישחא	EX 29:6
מצנפתא על רישיה ושוי **על** מצנפתא כל קבל אנפוי ית	LV 8:9
דתכלתא מטול למיתן **על** מצנפתא מן לעילא דתפילא	EX 39:31

על חציפי אפיא ויהי **על** מצנפתא מעילוי תפילת רישא EX 28:37
מסיטריה חד מחשך **על** מצראי ומסיטריה חד אנהר על EX 14:20
בידא מרממא מתגברין **על** מצראי: ורדפו מצראי בתריהון EX 14:8
כל מרעין בישין דשויתי **על** מצראי לא אישוינון עלך ואין EX 15:26
ידך על ימא ויתובון מאין **על** מצראי על רתיכיהון ועל EX 14:26
וכל מכתשיא דגרי ייי **על** מצרים בישיא דידעת לא DT 7:15
מליך חדת כמין שירויא **על** מצרים דלא חכים ית יוסף ולא EX 1:8
כד ארים ית מחת גבורתי **על** מצרים ואנפיק ית בני ישראל EX 7:5
אולפני ותתקבל ברעוא **על** מקבלי אולפנא היך טלא ממללי DT 32:2
לבושי קודשא: ויכפר **על** מקדש קודשא ועל משכן זימנא LV 16:33
שיתא מן קצת שמהתהון **על** מרגלייא חדא וית שמהת שיתא EX 28:10
שמהת שיתא דמשתיירין **על** מרגליתא תנייתא מסדרין הי EX 28:10
ארעא ממלל פמי: ינקוף **על** מרודיא היך מיטרא סחפא DT 32:2
ושביק על חובין ועאבר **על** מרודין ומכפר על חטאין סלח EX 34:7
ית שושלתא קליעתא **על** מרמצתא: ותעבד חושן דינא EX 28:14
באיקר שכינתיה **על** משה בסנייא יתכנשן כולהון DT 33:16
עימהון: וצווח עמא **על** משה דיבעי עליהון וצלי משה NU 11:2
דאתכנשו קרח וסיעתיה **על** משה ואהרן: ונטלו מקהלת ושרו NU 33:22
עמא למוי ואתרעם עמא **על** משה ואמרו למה דנן אסיקתנא EX 17:3
ועל אהרן: ונצא עמא **על** משה ואמרו למימר הלואי NU 20:3
כנישתא דאתכנשו ופליגו **על** משה ועל אהרן בכנישתא דקרח NU 26:9
ואתרעמון כל בני ישראל **על** משה ועל אהרן במדברא: ואמרו EX 16:2
מפרשין בשמהן: ואתכנשו **על** משה ועל אהרן ואמרו להון סגי NU 16:3
מוי לכנישתא ואיתכנישו **על** משה ועל אהרן: ונצא עמא על NU 20:2
לדריהון: ואתרעמו **על** משה ועל אהרן כל בני ישראל NU 14:2
דבני ישראל ביומא חרן **על** משה ועל אהרן למימר אתון NU 17:6
באתכנשות כנישתא **על** משה ועל אהרן למקטלהון NU 17:7
מרה: ואתרעמו עמא **על** משה למימר מה נישתי: וצלי EX 15:24
שמייא וחזר ומתחמי **על** משירייתהון דישראל וחזר EX 20:2
שמיא חזר ומתחמי **על** משירייתהון דישראל וחזר EX 20:3
משך חויא דאשלח מיניה **על** משך בישריהון חלף טופריהון GN 3:21
מסאב עד רמשא: ואין **על** משכבא הוא ברובא דגופיה או LV 15:23
ענן יקרא דייי הוה מטלל **על** משכנא ביממא ועמודא EX 40:38
כל יומין דשרי ענן יקרא **על** משכנא ברם הינון שרן: NU 9:18
ואנת מני ית ליואי **על** משכנא דסהדותא ועל כל מנוי NU 1:50
דסהדותא וברמשא הוי **על** משכנא הי כחיזו אישא עד NU 9:15
סובתא גבר כהין דכי וידי **על** משכנא ועל כל מניא ועל בני נש NU 19:18
ית עמודוי: ופרס ית פרסא **על** משכנא ושוי ית חופאה EX 40:19
ועבד יריען דמעזי לפרסא **על** משכנא חדיסירי יריען עבד EX 36:14
יריען דמעזי למפרס **על** משכנא חדיסירי יריען תעביד EX 26:7
הינון שרן: ובאורכות עננא **על** משכנא יומין סגיאין וינטרון בני NU 9:19
באורכות ענן יקרא **על** משכנא למישרי עלוי שרן בני NU 9:22
שבעתי יומי שבעתא **על** משכנא על פום מימרא דייי שרן NU 9:20
בשומנא: וכד נחית טלא **על** משריתא בליליא הוה נחית מנא NU 11:9
ושתיק וקבל אגר טב **על** משתוקיה: וקרא משה למישאל LV 10:3
בזמן דיתבא אימיה **על** מתברא וימות וולדא ומפקא NU 12:12
הוה חלים והא קאי **על** נהרא: והא מן נהרא סלקן שבע GN 41:1
דפרעה לאיתקררא **על** נהרא ועולימתהא אזלן על גיף EX 2:5
בזמן דיהכון בשביתא **על** נהרוות בבל ואסיליקינון מתמן EX 34:10
ארים ית ידך בחוטרך **על** נהריא על ביציא ועל שיקייא EX 8:1
ידך על מוי דמצראי **על** נהריהון על ביציהון על EX 7:19
לילוון: בכרן יומא הדין **על** נח ושם וחם ויפת בני נח ואיתת GN 7:13
והדסין וערבין דמרבין **על** נחלין ותיחדון קדם ייי אלקכון LV 23:40
די ידר קרבניה קדם ייי **על** ניזריה בר מן מה דתדביק ידיה NU 6:21
חמיע יקריב קורבניה **על** ניכסת תודת קודשוי: ויקרב LV 7:13
תודתא יקרביניה ויקרב **על** ניכסת תודתא גריצן פטירן LV 7:12
דיסער על בית אפיכון **על** נפש דמית: ארום עם קדיש אתון DT 14:1
דקניכון: ושורטת חיבול **על** נפש דמית לא תיתנון ביבשרכון LV 19:28
פירוש סיפתהא דאסרת **על** נפשה בבית איבה ולא בטיל NU 30:7
נדרת או אסרת איסרא **על** נפשה בקיומא: וישמע בעלה NU 30:11
פירוש סיפתהא דאסרת **על** נפשה ומן קדם ייי ישתרי NU 30:9
וכל איסרהא דאסרת **על** נפשה יתקיים: ואין יבטל איבהא NU 30:5
ואיסרהא דאסרת **על** נפשה יתקיימון: ואין ביומא NU 30:8
וכל איסרי דאסרת **על** נפשה יתקיימון ולית איבהא זכי NU 30:12
נדרהא ואיסרא דאסרת **על** נפשה לא יתקיימון ומן קדם ייי NU 30:6
ומיתרכא כל דאסרת **על** נפשה קום עלה: ואין עד דהיא NU 30:10
ית נידרה ואיסרה דאסרת **על** נפשהא ויתכוון וישתוק לה NU 30:5
ממידעם דהיתירא **על** נפשיה לא יפיס פיתגמיה ברם NU 30:3
עם לוט ואמר לה חוס **על** נפשך לא אסתתכל לאחורך ולא GN 19:17
טב קדם ייי לכפרא **על** נפשתיכון: ומליל עם משה EX 30:16
קדם ייי לכפרא **על** נפשתיכון: ותיסב ית כספא EX 30:15
ליום דינא רבא למכפרא **על** נפשתן קדם ייי: ונסיב משה NU 31:50
אחתיה דנביות מן אימיה **על** נשוי ליה לאינתו: חמשא ניסין GN 28:9
עבד דייי בארעא דמואב **על** נשיקת מימרא דייי: בריך שמיה DT 34:5

אחית מיטרין דרעווא **על** סדום ועל עמורא על מנת GN 19:24
בליביה על יעקב אחוי **על** סדר בירכתא דיברכיה אבוי GN 27:41
מחיא ובין תבע אדמא **על** סדר דיניא האילין: וישיזבון NU 35:24
הוה יתי אותיב במיליה **על** סדר שימושי ויתיה צלב: ושדר GN 41:13
בחובי אבהן איש בחובי **על** סהדין כשרין יתקטלון: לא DT 24:16
על ריגליהון ולא רכיבין **על** סוסוון בר מטפלא חמשא EX 12:37
זייני וית ריגליה למרכוב **על** סוסיא בכל ארעא דמצרים: GN 41:44
ויתה יהב לכון למישרי **על** סורחנות כנישתא לכפרא LV 10:17
בחיין קדם ייי לכפרא **על** סורחנות עמא בית ישראל LV 16:10
רחמין שרי לחובין ומכפר **על** סורחנין מזכי לדתייבין NU 14:18
ית אריחיא בעיזקא **על** סטר מדבחא למיטל יתיה בהון EX 38:7
מנרתא כל קבל פתורא **על** סטר משכנא דרומא ופתורא EX 26:35
דרומא ופתורא תסדר **על** סטר ציפונא: ותעבד פרסא EX 26:35
דמסדר קדם ייי: ותיתן **על** סידורייא צריד לבונתא ברירתא LV 24:7
ית אריחיא בעיזקתא **על** סיטרא דארונא למיטל ית EX 37:5
סיטריה חד ותרתי עיזקן **על** סיטרי תיניין: ועבד אריחי דקיסי EX 37:3
אסתוורוי ותרתין עיזקן **על** סיטריה חד ותרתי עיזקן על EX 37:3
בתולתא לקבל תקי **על** סיפי ביתך ובתרעך מימינא DT 6:9
ית פרשגן אורייתא הדא **על** סיפרא מן קדם כהניא דמן DT 17:18
ועבד ענובין חמשין **על** סיפתא דיריעתא בציטרא בית EX 36:17
לופי וחמשין ענובין עבד **על** סיפתא דיריעתא דבית לופי EX 36:17
ניכסת קודשין קדם ייי **על** סלא דפטיריא ויעביד כהנא ית NU 6:17
יתהון: ותיתן יתהון **על** סלא חד ותקריב יתהון בסלא EX 29:3
ויתוספון לחוד הינון **על** סנאינן וישיצון יתן ולא ישיירון EX 1:10
קורבנין דקשוט ארום **על** ספר ימא רבא שרן ויתפרנקון מן DT 33:19
ומן דירון דעאן: זבולון **על** ספרי ימא ישרי והוא יהי שליט GN 49:13
ייי איסתקף דפרעה רגיז **על** עבדוי ויהב יתיה דמטרא בי רב GN 41:10
ישראל ועל בישתא דיגזר **על** עבדוי יהי תהן קדמוי ארום גלי DT 32:36
קדם ייי אשתכח חובא **על** עבדך הא אנחנא עבדין לריבוני GN 44:16
לי במיחוס מן קדם **על** עבדך: וקריבן לחינתא הינין GN 33:5
אזדמנתון ועברתון **על** עבדכון בדיל למסעוד ואמרו GN 18:5
לקטילא ישזגון ית ידיהון **על** עגלתא דנקיפא בחקלא: ויתיבון DT 21:6
ייי לאיתפרעא מנהון **על** עובד קרתא ומוגדלא דבנו בני GN 11:5
קריב ית אהרן דאתרחק **על** עובדא דעיגלא וטול ית לבושיא LV 8:2
יהודה אנת אודיתא **על** עובדא דתמר בגין כן לך יהודון GN 49:8
ופרץ וזרח ומית ער ואונן **על** עובדיהון בישייא דארעא דכנען GN 46:12
שפך אדמא זכיא ועל **על** עולימתא מארשה וכפר בחיי GN 25:29
בני ישראל ותיתן יתיה **על** עיבידת משכן זימנא ויהי לבני EX 30:16
על עינא דמיא במדברא **על** עינא דבאורח חגרא: ואמר הגר GN 16:7
דינא דמשה נביא **על** עינא דמי מצותא היא ריקם GN 14:7
ואשכחה מלאכא דייי **על** עינא דמיא במדברא על עינא GN 16:7
אברהם: הא אנא קאי **על** עינא דמיא ובנתהון דאינשי GN 24:13
אזיל עלה: הא אנא קאי **על** עינא דמיא ותהי ריבא דתיפוק GN 24:43
והא קאי עלוי גמליא **על** עינא: וחשיב לבן דהוא אברהם GN 24:30
וברם יוסף ישוי ידיה **על** עיניך: וקם יעקב מבירא דשבע GN 46:4
על מוקרך כלו קבל **על** עינך: ותכתובינון על מזוזיין DT 6:8
קלחן רסיסי מלקושין **על** עיסבין למתפרנסא בהון דיירי EX 40:4
ואמר ליה הא אנת מיית **על** עיסק אינתתא דאנסת והיא GN 20:3
באתרא הדין ויקטלונני **על** עיסק אינתתי: וברם בקושטא GN 20:11
פיתגמין דלא מהגנין **על** עיסק איתתא כושייתא NU 12:1
דנצו בני ישראל קדם ייי **על** עיסק בירא דאיתגנזת ואתקדש NU 20:13
עבדי יצחק ותנו ליה **על** עיסק בירא דחפסו ואמרו ליה GN 26:32
אברהם עם אבימלך **על** עיסק בירא דמיא דאנסו ליה GN 21:25
ייתון חיואי וימחונון **על** עיסק די מחו ית חמור וית שכם GN 37:13
עמא דייי עד עלמא: **על** עיסק דלא זמינו לכון בלחמא DT 23:5
ואמר להום לא תתנצון **על** עיסק זבינתי דילמא ירגזון בכון GN 45:24
לחדא בעיני אברהם **על** עיסק ישמעאל בריה דיפלח GN 21:11
ייי לפרעה ולמצראי **על** עיסק ישראל ית כל עקתא EX 18:8
בריה דלא הוה גזיר **על** עיסק יתרו חמוי דלא שבקיה EX 4:24
יהי גבר מתנטל למיפלוג **על** עיסק כהונתא כקרח וככנישת NU 17:5
לבית יוסף ואמרו **על** עיסק כספא דתב לטוננא GN 43:18
איזיל ואחוי לאברם **על** עיסק לוט דאישתבי ויתי GN 14:13
קרו נחלא איתכילא **על** עיסק עובדתא דקציצו מתמן NU 13:24
פרעה וצלי משג קדם ייי **על** עיסק עורדעניא דשוי לפרעה: EX 8:8
עלך סטנא לישן תליתאי **על** עיסק עיגלא דעבדת בחורב LV 9:2
ואתיבני פיתגמא ושדריה **על** עיסק עיטא עמיקתא דיתמלל GN 37:14
ריבוניה וקיים ליה **על** עיסק פיתגמא הדין: ודבר עבדא GN 24:9
ביומא דמותנא **על** עיסק פעור: והוה בתר מותנא NU 25:18
למשקרא שקר קדם ייי **על** עיסק פעור והות מותנא NU 31:16
רמיותהון דרמיין לכון **על** עיסק פעור ועל עיסק כזבי ברת NU 25:18
עליכון לישן תליתאי **על** עיסק צפיר בר עיזי דנכיסו LV 9:3
יקטלונני אינשא אתרא **על** עיסק רבקה ארום שפירת חזו GN 26:7
מן למיחות למצרים **על** עיסק שיעבודא דיפסקת עם GN 46:3
לנשיא דבבית אבימלך **על** עיסק שרה איתת אברהם: וייי GN 20:18

רברבין וית אינש ביתיה **על** עיסק שרי איתת אברם: וקרא GN 12:17
הילכתא באנפי דמשה **על** עיסק תיכלא משה הוה אמר NU 16:2
ותתקעון בחצוצרתא **על** עלוותכון ועל ניכסת קודשיכון NU 10:10
ויוסיף חומש דמיה **על** עלוייה: וגבר ארום יקדש ית LV 27:13
דגלותא אתיא **על** עלמא: וכל עמא חמיין ית קליא EX 20:17
יתהון וגלותא אתיא **על** עלמא: ית פיתגמיא האילין DT 5:21
קטוליא חרבא נפיק **על** עלמא: עמי בני ישראל לא תהוון EX 20:13
בחובי גייורא מותא נפיק **על** עלמא: עמי בני ישראל לא תהוון EX 20:14
בחובי גנביא כפנא נפיק **על** עלמא: עמי בני ישראל לא תהוון EX 20:15
לא נחית ובצורתא אתיא **על** עלמא: עמי בני ישראל לא תהוון EX 20:16
קטוליא חרבא נפיק **על** עלמא: עמי בני ישראל לא תהוון DT 5:17
בחובי גיוריא מותא נפיק **על** עלמא: עמי בני ישראל לא תהוון DT 5:18
בחובי גנביא כפנא נפיק **על** עלמא: עמי בני ישראל לא תהוון DT 5:19
נחית ובצורתא לא אתי **על** עלמא: עמי בני ישראל לא תהוון DT 5:20
בשבתא ומיתוספא **על** עלת תדירא וניסוכה: וברישי NU 28:10
קדם ייי על חוסרן סיהרא **על** עלת תדירא יתעביד וניסוכיה: NU 28:15
דמתקבל ברעוא קדם ייי **על** עלת תדירא יתעביד וניסוכיה: NU 28:24
רבעות הינא תעבד **על** עלתא או לניכסת קודשא NU 15:5
יתיה בני אהרן למדבחא **על** עלתא דעל קיסין דעל אשתא LV 3:5
מידהון ותסדר במדבחא **על** עלתא לאתקבלא ברעוא קדם EX 29:25
גווא וית ריגלייא ואסיק **על** עלתא למדבחא: וקריב ית קרבן LV 9:14
ידיהון ואסיק על מדבחא **על** עלתא קרבן אשלמותא הינון LV 8:28
ותב לותיה והא מעתד **על** עלתיה הוא וכל רברבי מואב: NU 23:6
ואתא לותיה והא מעתד **על** עלתיה ורברבי מואב עימיה NU 23:17
בלעם לבלק איתעתד **על** עלתך ואיהך דילמא יזדמן NU 23:3
ואמר לבלק אתעתד הכא **על** עלתך ואנא אתארע עד הכא: NU 23:15
צדיקיא דחפין בזכותיהון **על** עמא בית ישראל: ותיתן ית EX 40:5
קיבתה וצלי בפמיה **על** עמא בית ישראל יזכון כהניא NU 25:13
עבדוי וכל מצראי ותקיפו **על** עמא בית ישראל לאוחאה EX 12:33
אתון גרמתון דין מותא **על** עמא דייי: והוה באתכנשות NU 17:6
מגיסא מידיא: חביל **על** עמא דמיכלהון לחם שמיא NU 11:7
והוה צווח ואמר חבל **על** עמא דשמעו בסיני מן פום EX 32:19
ודרק על מדבחא לכפרא **על** עמא ואמר הא דין אדם קיימא EX 24:8
ית מחת חיויא וצלי משה **על** עמא: ואמר ייי למשה עיבד לך NU 21:7
לבא דפרעה ועבדוי לביש **על** עמא ואמרו מה דא עבדנא ארום EX 14:5
ית קטורת בוסמין וכפר **על** עמא: וקם ליה אהרן בצלו במצע NU 17:12
ישראל ומני יתהון רישין **על** עמא רבני אלפין שית מאה רבני EX 18:25
הדר ואתגלי בקדושא **על** עמיה בית ישראל ועימיה ריבו DT 33:2
והות רתיתא מן קדם ייי **על** עממייא דבקוריי חוזרניהום ולא GN 35:5
והא ברחייא דסלקין **על** ענא שומא בריגליהון וקרוחין GN 31:10
וחמי כל ברחיא דסלקין **על** ענא שומא בריגליהון וקרוחין GN 31:12
למצראי וטענית יתכון **על** עננין הי כעל גדפי נשרין מן EX 19:4
אפי מצנפתא יהי: ויהי **על** פדחתא דבית אפוי דאהרן מן EX 28:38
דמשקרין בהון ויהי **על** פדחתא תדירא לרעוא להון EX 28:38
וימנון יתהון גבר גבר **על** פולחניה ומטוליה: ולא ייעלון NU 4:19
בידא דמשה גבר גבר **על** פולחניה ועל מטוליה וסכומיה NU 4:49
זימנא די מנא משה ואהרן **על** פום מימרא דייי בידא דמשה: NU 4:37
מטרת מימרא דייי נטרין **על** פום מימרא דייי בידא דמשה: NU 9:23
דפארן: ונטלו בקדמיתא **על** פום מימרא דייי בידא דמשה: NU 10:13
מררי דמנא משה ואהרן **על** פום מימרא דייי בידא דמשה: כל NU 4:45
רישי גיבריא דעמיה **על** פום מימרא דייי בקטילת סייפא: EX 17:13
פרקונא לאהרן ולבנוי **על** פום מימרא דייי היכמה דפקד NU 3:51
זימנא די מנא משה ואהרן **על** פום מימרא דייי: ומניין סכומי NU 4:41
משה ממדברא דפארן **על** פום מימרא דייי כולהון גוברין NU 13:3
ליואי די מנא משה ואהרן **על** פום מימרא דייי לגניסתהון כל NU 3:39
אלפין וחמש מאה ותמנן: **על** פום מימרא דייי מנא יתהון NU 4:49
יומי שבעתא על משכנא **על** פום מימרא דייי שרן ועל פום NU 9:20
ובזמן אסתלקותיה נטלין: **על** פום מימרא דייי שרן ועל פום NU 9:23
קדם משה נביא ודן יתהון **על** פום מימרא דלעיל מינהון דינא LV 24:12
קדם משה נביא ודן יתהון **על** פום מימרא דקודשא מינהון דיני NU 15:34
דאבהתהון יחסנון: **על** פום עדבין תתפלג אחסנתהון NU 26:56
ית קרבניה בתר יהודה **על** פום קודשא פיילי דכסף חדא NU 7:19
פרעה ופרשוי ומשיריתיה **על** פומי חירתא דקדם טעות צפון: EX 14:9
לא תידכרון ולא ישתמע **על** פומכון: תלתא זימנין תחגון EX 23:13
שימשתא יעבדון יתיה **על** פטיר ומררין ייכלוניה: לא NU 9:11
ית פיגריכון רמאין **על** פיגרי טעוותיכון ותירחק מימרי LV 26:30
שכינתיה תמן: לא תיכלון **על** פיסחא חמיע שובעא יומין DT 16:3
ושתא ולא פירי שתא **על** פירי שתא אוחרי: ותיכלון DT 14:22
מן רתיתא ואתון **על** פירקת צוורי מלכיהון תדרכון: DT 33:29
ליתכון רשאין למוספא **על** פיתגמא דאנא מפקיד יתכון DT 4:2
ההוא מגו עמיה: ארום **על** פיתגמא קדמאה דפקיד ייי NU 15:31
עלך ואין תעברון **על** פיתגמי אורייתא ומשתלחין EX 15:26
חמא חד מעלמא דעבר **על** פיתגמי מומתא או ידע בחבריה LV 5:1
ומן קדם ייי הוה רגז עלי **על** פיתגמיכון דאתרעמתון על מיא DT 4:21

מלרע ותיהי מצדתא **על** פלגות מדבחא ואין נפיל גרמא EX 27:5
דכתב עשו ליעקב אחוי **על** פלגות מערת כפילתא ומן יד GN 50:13
ושבע מאה בר מדמיתו **על** פלוגתא דקרח: ותב אהרן לות NU 17:14
ואבנא רבתא מחתא **על** פם בירא: ומתכנשין תמן כל GN 29:2
ית ענא ומתיבין ית אבנא **על** פם בירא לאתרא: ואמר להום GN 29:3
תמנינון: ומנא יתהון משה **על** פם מימרא דייי היכמה NU 3:16
דסהדותא דאתמנייו **על** פם מימרא דמשה ברם פולחן EX 38:21
ונטלו מאיתם ותבו **על** פמי חירתא מרבעתא דקדם NU 33:7
מחברא ביה מקף **על** פמיה דיפריש ביניה ובין סובתא NU 19:15
ית אבא הלכא: ואתרכין **על** פריקת צוורי בנימין אחוי ובכא GN 45:14
תרתין זימנין ובנימין בכא **על** פריקת צווריה דיוסף דחמא GN 45:14
ותהא ואיתחמי ליה ורכן **על** פריקת צווריה ובכא על צווריה GN 46:29
דבנימין עשרה ושומהון **על** פרישותא דיוסף אחוי בלע GN 46:21
מן מה דמייתרין **על** פרקוני ליואי: מלוות בוכרייא NU 3:49
והי כגנין שתילין **על** פרקטוני נהרין כן הינון NU 24:6
מדמיין לאילנין שתילין **על** פרקטונין דמיין ברם פירין לית NU 21:34
דן מדמי לחורמנא דרביע **על** פרשת אורחא ולדישי חיויו GN 49:17
חדא ושית בסידרא חדא **על** פתורא בטהריה דמסדר קדם ייי: LV 24:6
דכי תעבד יתהון: ותסדר **על** פתורא לחמא גוואה קדמי EX 25:30
דבוץ ושוי מניכא דדהבא **על** צווריה: וארכיב יתיה ברתיכא GN 41:42
וגפיף ליה ואתרכין **על** צווריה ונשיך ליה ובכון עשו GN 33:4
על פריקת צווריה ובכא **על** צווריה תוב על דיסגד ליה: ואמר GN 46:29
טבתא וישוון נירי פרזלא **על** צווריכון עד זמן דישיצי יתכון: DT 28:48
ית אריחיא בעיזקתא **על** ציטרי ארונא למיטול ית ארונא EX 25:14
על תרתין עיזקיתא **על** ציטרי חושנא: וית תרתין קליען EX 39:17
דמשכנא יהי משפע **על** ציטרי משכנא מיכא ומיכא EX 26:13
איזתוורוי ותרתין עיזקן **על** ציטריה חד ותרתין עיזקן על EX 25:12
ציטריה חד ותרתין עיזקן **על** ציטריה תיניינא: ותעביד אריחי EX 25:12
לי ואיפני על דרומא או **על** ציפונא: ואתיב לבן ובתואל GN 24:49
וארים משה ית ידיה **על** צית שמייא והוה חשוך דקביל EX 10:22
ייי למשה ארים ית ידך **על** צית שמייא ויהי ברדא בכל EX 9:22
ייי למשה ארים ית ידך **על** צית שמייא ויהי חשוכא על EX 10:21
וארים משה ית חוטריה **על** צית שמייא וייי יהב קלין וברדין EX 9:23
דאתמזמיזו ויעקב בכא **על** צערא דצווריה: וזקף ית ענוי GN 33:4
ונשיך ליה ובכון עשו בכא **על** צערא דשינוי דאתמזמיזו ויעקב GN 33:4
וינפיקינון ויטלקינון **על** צפיריא: ויקריב אהרן ית צפירא LV 16:8
ומה דין אתון מתרברבין **על** קהלא דייי: ושמע משה היך NU 16:3
ולקדם כפורתא: ויכפר **על** קודשא באישתעות מיליא LV 16:16
ויפסוק מן למכפרא **על** קודשא ועל משכן זימנא ועל LV 16:20
דמשך ססגונא: ויתנון **על** קופא: וידרדון ית מדבחא NU 4:12
וחדיא דארמותא **על** קורבני תרביא ייתון לארמא LV 10:15
אדכרתא ויסק למדבחא **על** קורבניא דייי חטאתא היא:: LV 5:12
וית מלכי מדינאי קטלו **על** קטולי משיריתהון ית אוי וית NU 31:8
קדם ייי אלקכון למעיבר **על** קיימיה: ואזל בתר יצרא בישא DT 17:2
לא תבית ניבלת גושמיה **על** קיסא ארום מקבר תקברוניה DT 21:23
מעילוי גופך ויצלוב יתך **על** קיסא וייכול עופא ית בישרך GN 40:19
ובתר כדין יצלבון יתיה **על** קיסא: לא תבית ניבלת גושמיה DT 21:22
יתהון קדם מימרא דייי **על** קיסא קבל שמשא בקריצתא NU 25:4
מישד קיטמא ויוקד יתיה **על** קיסין בנורא על אתר בית מישד LV 4:12
וית פריסותא דתרבא **על** קיסין דעל אישתא דעל מדבחא: LV 1:8
גופיה ויסדר כהנא יתהון **על** קיסין דעל אישתא דעל מדבחא: LV 1:12
יתיה כהנא למדבחא **על** קיסין דעל אישתא עלתא היא LV 1:17
בידך ומגלא לא תרים **על** קמתא דחברך: ארום יסב גבר DT 23:26
או על מנא דהיא יתבא **על** קצתיה בזמן מיקרביה ביה יהי LV 15:23
ומדעקת על ישראל **על** קרבא ההוא בעו למתוב DT 10:6
משכן זימנא הואן קיימן **על** קרבן ארמותהין ומשבחן ומודן EX 38:8
חטאתא וית חד עלתא **על** קרבן מנחתא ויכפר כהנא על LV 14:31
יתהון כהנא למדבחא **על** קרבניא דייי ויכפר עלוי כהנא LV 4:35
ושמע משה ית עמא בכן **על** קריבתא דמתאסרן להון גבר NU 11:10
תנסכון עלוי: ויכפר אהרן **על** קרנוי חדא בשתא מן אדם EX 30:10
מאדמא דתורא ותיתן **על** קרנת מדבחא באדבעך וית כל EX 29:12
דחטאתא באצבעיה ויתן **על** קרנת מדבחא דעלתא וית LV 4:25
מן אדמא באדבעיה ויתן **על** קרנת מדבחא דעלתא וית כל LV 4:30
חטאתא באדבעיה ויתן **על** קרנת מדבחא דעלתא וית כל LV 4:34
פרגודא: ומן אדמא יתן **על** קרנת מדבחא דקדם ייי LV 4:18
ויתן כהנא מן אדמא **על** קרנת מדבחא דקטרת בוסמיא LV 4:7
באדם תורא ויהב **על** קרנת מדבחא וית שאר אדמא LV 9:9
ונסב משה ית אדמא ויהב **על** קרנת מדבחא חזור חזור LV 8:15
כד הינון מערבין ויתן **על** קרנת מדבחא חזור חזור: וידי LV 16:18
דינא גבר סייפיה ועלו **על** קרתא דהבא יתבא לרוחצן GN 34:25
ייי אלקכון: ארום תקפון **על** קרתא כל יומי שבעתא לאגחא DT 20:19
ותיבנון קרקומין **על** קרתא מרדא דעבדא עימכון DT 20:20
שמע על תרין רברבנוי **על** רב שקי ועל רב נחתומי: ויהב GN 40:2
ואמרכול דימmani **על** רברבי ליואי אלעזר בר אהרן NU 3:32

כתיבין על תפילא לאת **על** רום ידכון שמאליתא ויהון DT 11:18
אלפין גובריא ומטיילין **על** ריגליהון ולא רכיבין על סוסוון EX 12:37
וית בישרה וית אדמה **על** ריעייה יוקד: ויסב כהין אוחרן NU 19:5
ואריק מן משחא דרבותא **על** ריש אהרן ורבי יתיה בתר LV 8:12
אהרן ובנוי ית ידיהון **על** ריש דיכרא: ונכס ית דיכרא LV 8:22
אהרן ובנוי ית יד ימינהון **על** ריש דיכרא: ונכס ית דיכרא ודרק LV 8:18
אהרן ובנוי ית ידיהון **על** ריש דיכרא: ותיכוס ית דיכרא EX 29:15
אהרן ובנוי ית ידיהון **על** ריש דיכרא: ותיכוס ית דיכרא EX 29:19
דייי וסגיד ישראל **על** ריש דרגשא: והוה בתר GN 47:31
דחב: ויסמוך ית יד ימניה **על** ריש חטאתא ויכוס ית חטאתא LV 4:29
ייתינה: ויסמוך יד ימיניה **על** ריש חטאתא ויכוס יתה מטול LV 4:33
ותתעתד קדמי תמן **על** ריש טוורא: ואינש לא יסק עמך EX 34:2
ייי על טוורא דסיני **על** ריש טוורא וקרא ייי למשה EX 19:20
בתוקפא יד ימיניה **על** ריש עלתא מטול דיתרעי ליה LV 1:4
בתוקפא יד ימיניה **על** ריש צפירא ויכוס יתיה טבחא LV 4:24
בשמא רבא ויקירא **על** ריש צפירא ויפטור ביד גבר די LV 16:21
יד ימיניה על שמאליה **על** ריש צפירא חייא ויודי עלוי ית LV 16:21
בתוקפא יד ימיניה **על** ריש קורבניה ויכוס יתיה טבחא LV 3:8
יד ימיניה בתוקפא **על** ריש קורבניה ויכסיניה טבחא LV 3:2
ובנוי ית ידיהון ימיני **על** ריש תורא דחטאתא דילהון: LV 8:14
ייי ויסמוך יד ימיניה **על** ריש תורא ויכוס טבחא ית LV 4:4
שיבטיא בתוקפא ידיהון **על** ריש תורא ויכוס טבחא ית LV 4:15
אהרן ובנוי ית ידיהון **על** ריש תורא: ותיכוס ית תורא EX 29:10
וליואי יסמכון ית ידיהון **על** ריש תורי ועיבד ית חד חטאתא NU 8:12
משוי אבוה ית יד ימיניה **על** רישא דאפרים ובאיש קדמוי GN 48:17
ישראל ית ימיניה ושוי **על** רישא דאפרים והוא זעירא וית GN 48:14
דעל ידא דכהנא יתן **על** רישא דמידכי ויכפר עלוי כהנא LV 14:18
דעל ידא דכהנא יתן **על** רישא דמידכי לכפרא עלוי קדם LV 14:29
רישא דאפרים לאנחותא **על** רישא דמנשה: ואמר יוסף לאבוי GN 48:17
והוא זעירא וית שמאליה **על** רישא דמנשה פרג ית ידוי ארום GN 48:14
יתה קמה ואריק מישחא **על** רישה: וקרא שמא דאתרא ההוא GN 28:18
סלין דצביתא נקיא **על** רישי: ובסלא עילאה מכל GN 40:16
עילוי תיבותא והוה גננא **על** רישיה והוה מתפרנס מן מזונוי GN 14:13
ודייניא ית ידיהון **על** רישיה ויאטלון יתיה באבנין כל LV 24:14
קדם ייי: ויסמוך יד ימיניה **על** רישיה ויכוס יתיה טבחא קדם LV 3:13
דין בוכרא שוי יד ימינך **על** רישיה: וסרב אבוי ואמר ידענא GN 48:18
משך תורא וית בישריה **על** רישיה ועל ריגלוי ועל בני גוויה LV 4:11
תומיא: ושוי ית מצנפתא **על** רישיה ושוי על מצנפתא כל LV 8:9
אפודא: ותשוי מצנפתא **על** רישיה ותיתן ית כלילא דביה EX 29:6
מישחא דרבותא ותריק **על** רישיה ותרבי יתיה: וית בנוי EX 29:7
ארום כלילא דאלקיה **על** רישיה: כל יומי נזריה קדיש הוא NU 6:7
בר שיתא פרסי ואחתיה **על** רישיה למיטלוק עליהון מן יד NU 21:35
על אחוי די יתריק **על** רישיה מישחא דרבותא ודיקרב LV 21:10
נדר ניזריה גלב לא יעיבר **על** רישיה עד זמן מישלם יומיא NU 6:5
מלרע וכחדא יהון מזווגין **על** רישיהון בעיזקתא חדא היכדין EX 26:24
דאפיקו ממצרים וסדרין **על** רישיהון ומתאפי להון מחומתא EX 12:39
יהוון מכוונין ומחיין יתך **על** רישך וכד שבקין מצוותא GN 3:15
דייי בשיחנא בישא **על** רכוביא מטול דחמיטתון DT 28:35
ויתובון מאין על מצראי **על** רתיכיהון ועל פרשיהון: וארכן EX 14:26
ולרישי חיויו דכמין **על** שבילא דנכית סוסייא בעיקביה GN 49:17
יתכון שבע מאחאתא **על** שבע עבירן די חטיתון קדמי: LV 26:18
עליכון שביעיתא מחא **על** שבע עבירן די חטיתון קדמי: LV 26:21
לחוד אנא שבע מחן **על** שבע עבירן די חטיתון קדמי: LV 26:28
לחוד אנא שבע מחן **על** שבע עבירן די חטיתון קדמיי: LV 26:24
לא חסיר מידעם ויהב **על** שובעין גוברין סביא והוה כד NU 11:25
וחסרין סכומהון שובעין **על** שובעין עממין ומקרבין יתהון NU 29:13
דמקדוניא וירדפונכון **על** שווייכון עד דתיבדון: ויהון DT 28:22
דיתליד יקום באחסנתא **על** שום אחוי שכיבא ולא יתמחי DT 25:6
תוליד בתריהון דילך יהון **על** שום אחיהון יתקרון GN 48:6
ויפריש מן חמרא או **על** שום מידעם ידר נדר נזירו NU 6:2
הוא הוה מתקרי מגדיאל **על** שום קרתיה מגדל תקיף היא GN 36:43
דשלטוניא מהלכן **על** שורייא ושדיין לקמך שירין GN 49:22
קדש לייי: ותסדר יתיה **על** שזיר חוטא דתכלתא למכפרא EX 28:37
דהוה מתקרי שיטים **על** שטותא וקלקולא דהוה בהון NU 25:1
לנשין והות אחסנתהן **על** שיבט גניסת אבוהן: איליין NU 36:12
זימנא כל קבל פתורא **על** שידא דמשכנא דרומא: ואדלק EX 40:24
די נפקו מקהת ישרון **על** שידא דמשכנא דרומא: ורב בית NU 3:29
מררי צוריאל בר אביחיל **על** שידא דמשכנא ישרון ציפונא: NU 3:35
ית פתורא במשכן זימנא **על** שידא דמשכנא ציפונא מברא EX 40:22
כיתונא דבוצא למכפרא **על** שידי אדמא זכאה ותעביד EX 28:39
וסדר יתהון אלקים **על** שיטריהון ברקיעא דשמייא GN 1:17
ית רישך ביקר ויתיבינך **על** שימושך ותיתן כסא דפרעה GN 40:13
קליל דמי לאיילא דרהיט **על** שיני טוריא מבשר בשורן טבן GN 49:21
נחשא ריגליהון לטיילא **על** שיני כיפיא והכיומי טליותהון DT 33:25

וארגוונא וצבע זהורי **על** שיפולוי חזור חזור וחיזוריין EX 28:33
יהי ליה לא יתבזע: ותעבד **על** שיפולוי רומניין דתיכלא EX 28:33
ויכוס יתיה טבחא **על** שיפולי מדבחא בסטר ציפונא LV 1:11
דתכלתא וצבע זהורי **על** שיפולי מנטר מעילא חזור חזור EX 28:34
במציעות רומנייא **על** שיפולי מנטר מעילא חזור חזור EX 39:25
ורומנא כולהון שבעין **על** שיפולי מנטר מעילא חזור חזור EX 39:26
מטול דלא יתבזע: ועבדו **על** שיפולי מנטר מעילא רומניין EX 39:24
על תרתין ציטרי חושנא **על** שיפמיה דלעברא דאפודא לגיו: EX 39:19
על תרין סיטרי חושנא **על** שיפמיה דלעברא לאפודא לגיו: EX 28:26
ועבד ענובין דתיכלא **על** שיפתא דיריעתא חדא מסיטרא EX 36:11
על נהריהון על ביציהון **על** שיקייאון ועל כל בית כנישות EX 7:19
ויכפור בה ואישתבע **על** שיקרא על חדא מכל דיעביד LV 5:22
בני שתא שנין לכפרא **על** שיתין ריבוון דישראל דא חנוכת NU 7:88
קריבו קדם ייי **על** שלותהון: וישתרי מן קדם ייי NU 15:25
כהנא ויכפר עלוי כהנא **על** שלותיה דאשתלי והוא לא ידע LV 5:18
ויבם יתה ואקם זרעא **על** שמא דאחוך: וידע אונן ארום לא GN 38:8
שיבטא דלוי דמתקרי **על** שמא דעמרם אבך קריב לוותך NU 18:2
בסידרא חדא יד ימיניה **על** שמאליה על ריש צפירא חייא LV 16:21
תהוויין מתנסבן **על** שמהת בני ישראל הינון EX 28:21
גליפן כתב חקיק מפרש **על** שמהת בני ישראל: ושוי יתהון EX 39:6
ית תרתין מרגלייתא **על** שמהת בני ישראל מקפן EX 28:11
באשלמותהון: ומרגליתא **על** שמהת בני ישראל תריסירי על EX 39:14
ישראל הינון תרתיסירי **על** שמהתהון גליף חקיק ומפרש הי EX 28:21
בני ישראל תריסירי **על** שמהתהון כתב גליף חקיק EX 39:14
כופרנהא וקרא לה נבח **על** שמיה: איליין מטלני בני ישראל NU 32:42
וידע אונן ארום לא **על** שמיה איקרון בנין והוה כד הוה GN 38:9
רבהון דישראל ואתקריין **על** שמיה ביומא דאתרביו מטול NU 3:3
בניא חביביא דאתקרון **על** שמיה בנין ובנן: ואמר מפלגא DT 32:19
ארעא דלא למקמה בנין **על** שמיה דאחוי: ובאש קדם ייי מה GN 38:9
ואנטיקירוס וקרא יתהון **על** שמיה כפרני יאיר עד יומא הדין: DT 3:14
דעיזקא גבר מרגליתיה **על** שמיה לתריסר שבטיא: ועבדו EX 39:14
מותביה בפדן היא פתור **על** שמיה פתיר חלמיא והיא NU 22:5
דעיזקא גבר מרגליתיה **על** שמיה תהויין לתריסר שיבטין: EX 28:21
עמא דאתקריון **על** שמך דאפיקתא מארעא DT 9:12
אחך ויתקרון יהודאין **על** שמך ידך יתפרען לך מבעלי GN 49:8
הינון ואבוהון ודחילו **על** שמעון דשבקו תמן: ואמר להום GN 42:35
על יוסף איתכל **על** שמעון ועל בנימין: ונסיבו GN 43:14
סהדין ומרי ערבנותא לא **על** שערין ולא ריביין: אין ממשכנא EX 22:24
משה קריבו קורבנכון **על** שפיכות אדמא די בידיכון EX 32:29
בגרר: ואמר אברהם **על** שרה אינתתיה אחתי היא ושדר GN 20:2
די יקרב קדם ייי: אין **על** תודתא יקרביניה ויקרב על LV 7:12
מידעם דאיתביד בכוסיא **על** תור על חמר על אימר על כסו EX 22:8
למשה בטוורוס אומנוס **על** תחום ארעא דאדום למימר: NU 20:23
מדברא דציני טור פרזלא **על** תחומי אדום ויהוי תחום דרומא NU 34:3
דשרן היכדין נטלין גבר **על** תחומיה לטיקסיהון: טיקס NU 2:17
תוב: ולא יסגון ליה נשין **על** תימנסרי דלא יטעיין ליביה DT 17:17
לכון תוב תלת קירוין **על** תלת איליין: ולא אתשד אדם DT 19:9
דכיפורי בקודש קודשיא **על** תלת עבירן קשיין דלא יתקלון NU 35:25
דילמא יוסיף למילקייה **על** תלתין ותשע אילין מלקות DT 25:3
דליליא טוי נור ופטיר **על** תמכה ועולשין ייכלוניה: לא EX 12:8
תמני ותשעין למכפרא **על** תמני ותשעין לווטיא: ומנחתהון NU 29:32
על גב דאנא מוכח יתהון **על** תנאה מתווכחין למימר דאין לא DT 28:15
יתהון כד הינון כתיבין **על** תפילא לאת על רום ידכון DT 11:18
ניסא הדין חקיק ומפרש **על** תפילת ידא בגובהא דשמאלך EX 13:9
ולדוכרן חקיק ומפורש **על** תפילת רישא קביעא כל קבל EX 13:9
וסבלינון ואשרינון **על** תקוף כרכי ארעא דישראל: DT 32:11
חייבייא למוספא תוב **על** תקוף רוגזא דייי על ישראל: NU 32:14
חדא ועריך חד ושוי **על** תרביא ועל שקא דימינא: וסדר LV 8:26
דביכוריא ארמא קדם ייי **על** תרין אימרין קודשא יהון לשמא LV 23:20
עבד ליה מלרע לדיריה **על** תרין זיוייתיה על תרין סיטרוי EX 37:27
תעביד ליה מלרע לזיריה **על** תרין זיויתיה תעביד על תרין EX 30:4
ותרין לוחי קימא **על** תרין ידיי: וחמית והא סרחתון DT 9:15
ית שמהת בני ישראל **על** תרין כתפוי לדוכרנא: ותעביד EX 28:12
עיזקן דדהב וסדרינון **על** תרין כתפי אפודא מלרע EX 39:20
עיזקן דדהב ותיתן יתהון **על** תרין כתפי אפודא מלרע מקבל EX 28:27
והוה קל דבירא מתכתיב **על** תרין לוחי מרמירין ויהבינון לי: DT 5:22
הוא: לחוד לא יסגון ליה **על** תרין סוסוון דילמא ירכבון DT 17:16
לדיריה על תרין זווייתיה **על** תרין סיטרוי לאתרא לאריחיא EX 37:27
ותיתן ית תרתין עיזקתא **על** תרין סיטרי חושנא: ותיתן ית EX 28:23
עיזקן דדהב ותיתן יתהון **על** תרין סיטרי חושנא על שיפמיה EX 28:26
ויסבון מן אדמא ויתנון **על** תרין סיפייא ועילוי אסקופא EX 12:7
על תרין זיויתיה תעביד **על** תרין ציטרוי ויהי לאתרא EX 30:4
תרתין קליען דמסדרן **על** תרין ציטרוי יהבו על תרתין EX 39:18
כתפין עבדו ליה מלפפן **על** תרין ציטרוי יתלפף: והמיין EX 39:4

ויהבו ית תרתין עיזיקתא **על** תרין ציטרי חושנא: ויהבו תרתין EX 39:16
בעיזקתא ויהון אריחיא **על** תרין ציטרי מדבחא במיטל EX 27:7
משכן זימנא: ויתן אהרן **על** תרין צפירין עדבין שוין עדבא LV 16:8
ובנס פרעה כדי שמע **על** תרין רברבנוי על רב שקי ועל רב GN 40:2
דמתמנן אמרכולין **על** תריסר שיבטיא בתוקפא ידיהון LV 4:15
דעננא וקם עמודא דעננא **על** תרע משכנא ומשה ויהושע DT 31:15
סיפייא ויגין מימרא דייי **על** תרעא ולא ישבוק מלאכא EX 12:23
בית אבא דהוה מתמני **על** תרתין גניסתא דגרשון אליסף NU 3:24
על תרין ציטרוי יהבו **על** תרתין מרמצתא ויהבונון על EX 39:18
דעל תרין סיטרוי תיתן **על** תרתין מרמצתא ותיתן על EX 28:25
ויהבו תרתין קליען דדהב **על** תרתין עיזקיתא על ציטרי EX 39:17
ית תרתין קליען דדהב **על** תרתין עיזקתא בסיטרי חושנא: EX 28:24
עיזקן דדהב ושויאו **על** תרתין ציטרי חושנא על EX 39:19
מייא ויהי מפרש ביני מוי **עלאי** לביני מוי תתאי: ועבד אלקים GN 1:6
בנימין כען אתון למיסב **עלאיי** הואה צוקתא דכולהון: ואמר GN 42:36
סב ית מחתיא והב **עלה** אישתא מעילוי מדבחא ושוי NU 17:11
אילהין לדעברין **עלה** ארום הוא חייכון ובפיתגמא DT 32:47
עדרין דעאן רביעין **עלה** ארום מן בירא ההיא משקן GN 29:2
למירתה לא תורכון יומין **עלה** ארום משתיציא תישתיצון: DT 4:26
ארעא דגושן דעמי שרי **עלה** בדיל דלא למיהוי תמן עירבוב EX 8:18
ית ארעא בנן ובנן ותקופו **עלה** בניכסין ושלוטו בכוורי ימא GN 1:28
תתנון בארעכון למגחן **עלה** ברם סטיו חקיק בציורין LV 26:1
לְגיורא תפנוקין איסתקף **עלה** דייתי ית קורבנה דקייץ עלה NU 5:15
ליתיב ארעא דאנת עליל **עלה** דילמא יהי לתקלא בינך: ארום EX 34:12
משער חורן דלא סליק **עלה** דכר ולא אטרחא באבצן NU 19:2
מְצלח אורחי דאנא אזיל **עלה**: הא אנא קאי על עינא דמיא GN 24:42
וחפס ביר אוחרי ולא נצו **עלה** הי כקדמאי וקרא שמא GN 26:22
מה היא וית עמא דיתיב **עלה** התקיף הוא אין חלש הזעיר NU 13:18
ושוויו תחותוי ויתיב **עלה** ואהרן וחור מסעדין לידוי EX 17:12
חלף דמני מרה רשותיה **עלה**: ואין לציד בריה זמין יתה EX 21:8
כל דאסרת על נפשה קום **עלה**: ואין עד דהיא בבית בעלה ולא NU 30:10
ואוף ית ארעא דהינון **עלה**: ואעבד פלאין ביומא ההוא עם EX 8:17
חכמתא ארבעון יתיה **עלה** ובמימריה דבריה ארבעתי DT 34:6
כד הויתון שריין **עלה**: ודישתיירון בכון ואעיל תברא LV 26:35
וחפסו ביר אוחרי נצו אוף **עלה** ויבשת ותו לא נבעת וקרא GN 26:21
יסב גבר איתא ויעול **עלה** ויהי אין לא השכחת רחמין DT 24:1
תהא ויודי חובתא דחב **עלה**: וייתי ית קרבן אשמיה לקדם LV 5:5
עימכון קרב ותקפון **עלה**: וימסרינה ייי אלקכון בידכון DT 20:12
לגבר חילונאי יבמה יעול **עלה** ויסבינה ליה לאיתו וייבם יתה: DT 25:5
להון חובתא דאתחייבון **עלה** ויקרבון קהלא תור בר תורי LV 4:14
מינך ריבוני צלי כען **עלה** ולא נובדא זכותה מיגו קהלא: NU 12:12
איתא בתולתא ויעול **עלה** ומבתר כדין יסנינה: וישוי בה DT 22:13
דרגשא דדהבא דרביע **עלה** ומן דאיתגלי איקר שכינתא GN 49:1
דמצראי מרגשין **עלה** ונסיבת ליה תיבותא דטונס EX 2:3
ארעא ואסערית חובאה **עלה** ופלטת ארעא ית דיירהא: LV 18:25
בעינך דלא תינטר לי בבו **עלה**: ותבו עזגדיא לות יעקב למימר GN 32:6
רשְו לכסאה מיניה אכריז **עלה** ותהדרינה: לא תחמון ית חמרא DT 22:3
לבירא בירא דאיתגלי **עלה** חי וקיים והא היא יהיבא בין GN 16:14
בה ערר דמילין ויפק **עלה** טיב ביש ויימר ית איתתא DT 22:14
יקומו שיבבן בישן ויפקון **עלה** טיב ביש כד תהדרון משכונה DT 24:17
בארעא ההיא לאיתיא **עלה** ית כל לווטייא דכתיבין DT 29:26
ביה לא תיטפי וילפי **עלה** כהנא אעין בצפר בצפר עד LV 6:5
וחד לחטאתא ויכפר **עלה** כהנא ותידכי: ומליל ייי עם LV 12:8
ויקרביניה קדם ייי ויכפר **עלה** כהנא ותידכי מבוע תרין LV 12:7
וית חד עלתא ויכפר **עלה** כהנא קדם ייי מדוב סאובתא: LV 15:30
לה לבזאה עריתה **עלה** כל יומי חייהא: ולציד איתתא LV 18:18
עלה מישחא ולא יתן **עלה** לבונתא ארום חטאתא היא: LV 5:11
עלה מישחא ולא יתן **עלה** לבונתא ארום מנחת קנאתא NU 5:15
וידיק עלה משחא ויתן **עלה** לבונתא: וייתינא לות אהרן LV 2:1
עלה משח זיתא ותשוי **עלה** לבונתא מנחתא היא: ויסיק LV 2:15
ארעא דאנת שכיב **עלה** לך אתנינה ולבנך: ויהון בנך GN 28:13
שבעתא לאגחא קרבא **עלה** למכבשא בשבתא לא תחבלון DT 20:19
דייי ויהון דריא פלחין **עלה** לשמא דייי וכל דתיתן לי חד GN 28:22
דייתי ית קורבנה דקייץ **עלה** מדילה חד מן עשרא בתלת NU 5:15
במיפק נפשא ארום מטת **עלה** מותא וקרת שמיה בר דווי GN 35:18
לחטאתא לא ישווי **עלה** מישחא ולא יתן עלה לבונתא LV 5:11
מיכלא דבעירי לא יריק **עלה** מישחא ולא יתן עלה לבונתא NU 5:15
יתיה ריסוקין ותריק **עלה** מישחא מנחתא היא: ואין LV 2:6
ותהי לגבר חורן: ואכריזו **עלה** מן שמייא דיסנינה גברא DT 24:3
בחגא דמטלייא ואריק **עלה** משח זיתא: וקרא יעקב ית GN 35:14
ית מנחת ביכורך: ותיתן **עלה** משח זיתא ותשוי עלה LV 2:15
יהי קורבניה ויריק **עלה** משחא ויתן עלה לבונתא: LV 2:1
אנא ית ארעא דלא יהי **עלה** נייח רוחא ויצדון הכדין עלה LV 26:32
עימיה קמה דאבנא ונסיך **עלה** ניסוך חמר וניסוך מוי ארום GN 35:14

תקרבון לקרתא לסדרא **עלה** סדרי קרבא ותשדרון לוותה DT 20:10
נייח רוחא ויצדון הכדין **עלה** סנאיכון דשריין בה: ויתכון LV 26:32
עסק ארום אתעסקו **עלה** עימיה: וחפסו ביר אוחרי נצו GN 26:20
ארבע שעין דיומא ויסדר **עלה** עלתא ויסיק עלה תרבי ניכסת LV 6:5
בהון אישתא ושויאו **עלה** קטורת בוסמין וקריבו קדם ייי LV 10:1
שימשתא וחקיין ומפרש **עלה** שמא רבא ויקירא דביה עתיד EX 2:21
שיווייי דיסלקת **עלה**: שמעון ולוי אחין תלאמין GN 49:4
פיקודא ופיקודא אתגזר **עלה** תלתין ושית קיימין: ויהי אין DT 27:26
ויסדר עלה עלתא ויסיק **עלה** תרבי ניכסת קודשיא: אישתא LV 6:5
אדמה על לבושא דיידי **עלה** תתחוור באתר קדיש: וכל מאן LV 6:20
אתניסיבת לגבר ונידרהא **עלהא** או פירוש סיפתהא דאסרת NU 30:7
נטר מה דפקידתא נגזור **עלוהי** וניטרדיה מן גינתא דעדן GN 3:22
אתגזרו עימיה: ואתגלי **עלוהי** יקרא דייי בחיזוי ממרא והוא GN 18:1
ית ארעא ותבו וארעימו **עלוהי** ית כל כנשיתא לאפקא טיב NU 14:36
מן קדם ייי הוות **עלווי** ואפקוהי ואשריוהי מברא GN 19:16
מימרי לך תמן: ויקטר **עלוי** אהרן קטרת בוסמין בצפר EX 30:7
ויהי אין דחיל ומקביל **עלוי** אולפנא ובען לקיימותיה DT 21:21
אוחרי דהות רמיא **עלוי** אימתיה דיעקב אחוי: ארום GN 36:6
משמיה מרומא ואתגלי **עלוי** איקר שכינתא דייי בתרין DT 34:5
ונטלו מטורא דאתגלי **עלוי** איקר שכינתא דייי מְהלך NU 10:33
ארום משח רבות אלקיה **עלוי** אנא ייי: והוא איתא דאית בה LV 21:12
תיסב ליה אפין למרחמא **עלוי** ארום לית מיסב אפין בדינא: EX 23:3
ולא תכסון בטומרא **עלוי**: ארום מקטל תקטליניה ידיכון DT 13:9
ארום אתרא דאנת קאים **עלוי** אתר קדיש הוא ועלוי אנת EX 3:5
ליה ייי שמיא ואיתגלי **עלוי** באישא מצלהבא וסליק EX 19:18
למדבחא דקדם ייי ויכפר **עלוי** באשתעות מיליא ויסב LV 16:18
לכהנא וברם כהנא יכפר **עלוי** בדיכרא דאשמא וישתביק LV 5:16
זכו דחברך למסהדא **עלוי** בדינא אנא ייי: לא תמללון LV 19:16
ית כל מנוי דישמשון **עלוי** בהון ית מחתיתא וית NU 4:14
וכל דיקרב בקטילא תדון **עלוי** ביומא תליתאה וביומא NU 31:19
וידכי ואין לא ידי **עלוי** ביומא תליתאה יעכב עלוי NU 19:12
חדא זימנא בשתא יכפר **עלוי** ביומי דכיפורי לדריכון קודש EX 30:10
מיתיא מן משה דאתגלי **עלוי** במימריה ועימיה חבורן DT 34:6
מידעם דמייחד למישכוב **עלוי** בעידוני ריחוקה יהי מסאב וכל LV 15:20
מידעם דמייחד למיתב **עלוי** בעידוני ריחוקה יהי מסאב: וכל LV 15:20
זרעא ויפיל מנבילתהון **עלוי** ברוטביה מסאב הוא לכון: LV 11:38
ייי: וארום ימות מיתה **עלוי** בתכוף שלו ויסאב ריש נזריה NU 6:9
דשריש דליביה מהרהר **עלוי** בתר חיטאיה דשרוי חיטאה DT 29:17
דקודשא דהב דכי וכתבו **עלוי** גליף חקיק ומפרש קודש לייי: EX 39:30
ואתא לות גברא והא קאי **עלוי** גמליא על עינא: וחשיב לבן GN 24:30
וכל זוגא ומרכבא דירכוב **עלוי** דובנא יהי מסאב וכל דיקרב LV 15:9
דמייחד למישכוב **עלוי** דובנא יהי מסאב וכל מאנא LV 15:4
על מנא דמייחד למיתב **עלוי** דובנא יצבע לבושוי ויסחי LV 15:6
ומעשרא איסתקף **עלוי** דייתי ית אינתתיה לכהנא NU 5:15
יתה מבייתיה או אכריזו **עלוי** דימות גברא בתראה דנסבה DT 24:3
ומברא תחפיניה ותעביד **עלוי** דיר דדהב חזור חזור: ותתיך EX 25:11
ליה הי כרשיא לא תשוון **עלוי** דליהוי עלוי סהדין ומרי EX 22:24
דקטולא תמן וסלקין **עלוי** ואחדין בי דינא יתיה ודיינין DT 21:8
דלא תיתחמי עריתך **עלוי**: ואיליין הינון סידרי דיניא די EX 20:26
שפיכות אדם זכאיי **עלוי** ואין אישתיזיב מן ידוי שלמא EX 22:2
ויוסיף חומש דמוי **עלוי** ואין לא מתפרק ויזדבן בדמי LV 27:27
וכל מאן דקיסא תדון **עלוי**: ואמר אלעזר כהנא לגוברי NU 31:20
אברהם ית טבתא דמליל **עלוי**: ואמר ייי למלאכי שיריתא GN 18:19
וקדישא חקיק ומפרש **עלוי**: ואמר ייי למשה אימר לבני EX 33:4
לותי ואשוי עינוי לטבתא **עלוי**: ואמרנא לריבוני לית אפשר GN 44:21
והא טלייא בכי וחסת **עלוי** ואמרת מן בני יהודאי הוא דין: EX 2:6
דאתון מתרעמין **עלוי** ואנחנא מה אנן חשיבין לא EX 16:8
ביומא תליתאה יעכב **עלוי** וביומא שביעאה לא ידכי: כל NU 19:12
וכדון חזרו ואתרעמו **עלוי** והא חיויא דגזרית עלוי מן NU 21:6
דכורא ומן יד אתגזר **עלוי** ויבישו שעבזוי ואיסתרס והוא GN 39:1
ויוסיף חומש כסף עלויי **עלוי** ויהי דיליה: ואין מן חקיל LV 27:15
גבר עימה ותהוי ריחוקא **עלוי** ויהי מסאב שובעא יומין וכל LV 15:24
דיתרעי ליה לכפרא **עלוי**: ויכוס טבחא בבית מטבחיא LV 1:4
וניסוכין לא תנסכון **עלוי**: ויכפר אהרן על קרנוי חדא EX 30:9
חומש כספא עלוייה **עלוי** ויקום ליה: ואין לא יפרוק ית LV 27:19
עליה בטומרא ויקום **עלוי** ויקטליניה נפש וימות ויעירוק DT 19:11
וכל דקיימין תמן יכרזון **עלוי** ויקרון שמיה בישראל שליף DT 25:10
ישראל קדם ייי וסובתיה **עלוי** וישתיצי בר נשא ההוא LV 22:3
וגבר דיסתאב ולא ידי **עלוי** וישתיצי בר נשא ההוא מיגו NU 19:20
קדם ייי וסובתיה **עלוי** וישתיצי בר נשא ההוא מעמיה: LV 7:20
בשלו קדם ייי לכפרא **עלוי** וישתרי ליה: יציבא בבני NU 15:28
וקדשיה למכפרא **עלוי**: וית תריב וית כוליין וית חצרא LV 9:9
וית חומשיא דדמוי יוסיף **עלוי** ויתין יתיה לכהנא וברם כהנא LV 5:16
בשלו ויוסיף חומש דמוי **עלוי** ויתן לכהנא ית קודשא: ולא LV 22:14

אין כנסא דממונא יתשוי **עלוי** ויתן פורקן נפשיה ככל מה EX 21:30
וחומש דמוי יוסף **עלוי** ויתן קרנא וחומשא למן NU 5:7
בעא למגזור וחמוי עכיב **עלוי** וכדון אדם גוזרתא הדין יכפר EX 4:25
כיפוריא די יכפר ביה **עלוי**: וכל אפרשות לכל קודשיא NU 5:8
חומש דמוי יוסיף **עלוי**: וכל מעשרא דתורי ועני כל LV 27:31
למעבד לא תוספון **עלוי** ולא תבצרון מיניה: ארום יקום DT 13:1
מיניה ולא תיחוס עיניכון **עלוי** ולא תרחמון ולא תכסון DT 13:9
דמדבחא וקדשיה לכפרא **עלוי**: ונסיב ית כל תרבא דעל בני LV 8:15
יוסף על אנפי אבוי ובכא **עלוי** ונשיק ליה: ופקד יוסף ית GN 50:1
ויכפר באישתעות מיליא **עלוי** ועל אינש בייתיה ויכוס ית LV 16:11
ויכפר באשתעות מיליא **עלוי** ועל אינש ביתיה: ויסב ית תרין LV 16:6
עד זמן מיפקיה ויכפר **עלוי** ועל אינש ביתיה ועל כל LV 16:17
למיכפור ית מה דמסהיד **עלוי** ועל מימר תרין סהדין או DT 19:15
וית עלת עמיה ויכפר **עלוי** ועל עמיה: וית תרבא LV 16:24
יהוי מזוניה ולא אתרעם **עלוי** ועמי אתרעמו על מזונהון NU 21:6
לארמא מטול למכפרא **עלוי** ועשרונא סמידא חד פתיך LV 14:21
כל כנישתא: וסמך ית ידוי **עלוי** ופקדיה היכמא דפקיד ייי ית NU 27:23
ארום סמך משה ית ידוי **עלוי** וקבילו אולפן מיניה בני DT 34:9
בליליא הוה נחית מנא **עלוי**: ושמע משה ית עמא בכן על NU 11:9
נבואה מן קדם ייי שריא **עלוי** ותסמוך ית ידך עלוי: ותקים NU 27:18
ולא תיחוס עינכון **עלוי** ותפלון שדיי דם זכאי מישראל DT 19:13
שעתא ית סנא דבלבך **עלוי** ותפרוק ותטעון עימיה: עמי EX 23:5
עלוי ותסמוך ית ידך **עלוי**: ותקים יתיה קדם אלעזר כהנא NU 27:18
על מדבחא בכפרותך **עלוי** ותרבי יתיה לקדשותיה: EX 29:36
זימנא: ולא תקבלון **עלוי** חובא בזמן אפרשותכון ית NU 18:32
מטרת מימרי ולא יקבלון **עלוי** חובא ולא ימותון ביה באישא LV 22:9
עמא הדין ארום אתיתא **עלוי** חובא רבא: ואמר אהרן לא EX 32:21
ארונא דסהדותא: ויתנון **עלוי** חופאה דמשך ססגונא ויפרשון NU 4:6
כל מני מדבחא ויפרשון **עלוי** חופאה דמשך ססגונא וישוון NU 4:14
מעלנא דבירא דאיתגלי **עלוי** חי וקים דחמי ולא מתחמי GN 24:62
ציצא דדהב דכי ותיגלוף **עלוי** חקיק ומפרש קדש לייי: EX 28:36
ניסוכא ולחים תדירא **עלוי** יהי: ויפרשון עלוי לבוש צבע NU 4:7
חביביה דייי ישרי לרוחצן **עלוי** יהי מגין עלוי כל יומיא ובגו DT 33:12
די מייחד למשכביה **עלוי** יהי מסאב: ואינתתא ארום LV 15:24
מאנא דמייחד למיתב **עלוי** יהי מסאב: וגבר די יקרב LV 15:4
מידעם דיפיל מניבלתהון **עלוי** יהי מסאב תנורין ותפיין LV 11:35
בכל מנא דמייחד למיתב **עלוי** יצבע לבושוי ויסחי בארבעין LV 15:22
סהדין דחמיין למסהד **עלוי** יקטול תבע אדמא או בי דינא NU 35:30
סמיך לבירא דאתגלי **עלוי** יקר חי וקיים דחמי ולא GN 25:11
משה לטורא דאיתגלי **עלוי** יקר שכינתא דייי: ולחכימיא EX 24:13
וקיים ליה ומן יד איתגלי **עלוי** יקר שכינתא דייי וסגיד GN 47:31
וארעיה בטוורא דאיתגלי **עלוי** יקרא דייי ונשיק ליה: ותני EX 4:27
ואתא לטוורא דאיתגלי **עלוי** יקרא דייי לחורב: ואיתגלי EX 3:1
סמיך לטוורא דאיתגלי **עלוי** יקרא דייי למשה מן שירויא: EX 18:5
ית מנטר מעילא ויהב **עלוי** ית איפודא וזריז יתיה בהמיין LV 8:7
ואתקין ליה ביה: ושוי **עלוי** ית חושנא וסדר בחושנא ית LV 8:8
ואסחו יתהון במוי: וסדר **עלוי** ית כיתונא וזריז יתיה בקמורא LV 8:7
בית הדורי: ויסובר צפירא **עלוי** ית כל חוביהון לאתר צדיא LV 16:22
עלוי לבוש ארגוון: ויתנון **עלוי** ית כל מנוי דישמשון עלוי NU 4:14
על ריש צפירא חייא ויודי **עלוי** ית כל עוויית בני ישראל וית LV 16:21
ובדמיה דימות ולא ידי **עלוי** ית משכנא דייי סאיב וישתיצי NU 19:13
תעביד לשמי ודהי דבח **עלוי** ית עלוותך וית נכסת קודשך EX 20:24
שוי בתרע משכן ואסיק **עלוי** ית עלתא וית מנחתא היכמא EX 40:29
לבוש דתיכלא ויתנון **עלוי** ית פילוותא וית בזיכיא וית NU 4:7
אגג מלכהון ובגין דיחוס **עלוי** יתנטיל מיניה מלכותיה: אלקא NU 24:7
דיכרא לאשמא: ויכפר **עלוי** כהנא בדיכרא דאשמא קדם LV 19:22
מנחתא למדבחא ויכפר **עלוי** כהנא וידכי: ואין מיסכן הוא LV 14:20
ברעוא קדם ייי ויכפר **עלוי** כהנא וישתביק ליה: ואין אימר LV 4:31
ודאימר בר עיזי ויכפר **עלוי** כהנא מחובתיה דחב וישתביק LV 5:10
ניכסת קודשיא ויכפר **עלוי** כהנא מחובתיה וישתביק ליה: LV 4:26
דעיזי לחטאתא ויכפר **עלוי** כהנא מן חובתיה: ואין לא LV 5:6
על קרבניא דייי ויכפר **עלוי** כהנא על חובתיה דחב LV 4:35
לאשמא לות כהנא ויכפר **עלוי** כהנא על שלותיה דאשתלי LV 5:18
וחד קרבן עלתא ויכפר **עלוי** כהנא קדם ייי וידכי מן דוויה: LV 15:15
על רישא דמידכי ויכפר **עלוי** כהנא קדם ייי: ויעבד כהנא ית LV 14:18
לאשמא לות כהנא: ויכפר **עלוי** כהנא קדם ייי וישתביק ליה LV 5:26
כלונסן ושרוותא וגלגיל **עלוי** כיפין בכוונות ליבא וקטליה: NU 35:20
משכבא דמייחד למשכוב **עלוי** כל יומי דובה הי כמשכבא LV 15:26
לרוחצן עלוי יהי מגין **עלוי** כל יומיא ובגו תחומיה DT 33:12
ליה בבו הדפיה או טלק **עלוי** כל מאן ולא אתכוון למקטליה: NU 35:22
יפוק בחילא דלא יארע **עלוי** כל מידעם ביש פני יהי בביתיה DT 24:5
ואתכוון ודחייה או טלק **עלוי** כלונסן ושרוותא וגלגיל עלוי NU 35:20
ובגיניסתיה דמחפיין **עלוי** לאתרדאה בייסורי ויתיה LV 20:5
ית מדבחא ויפרסון **עלוי** לבוש ארגוון: ויתנון עלוי ית כל NU 4:13

תדירא עלוי יהי: ויפרשון **עלוי** לבוש צבע זהורי ויכסון יתיה NU 4:8
בתר קטולא ארום ירתח **עלוי** ליביה בעקתיה וידבקיה ארום DT 19:6
יתיה מן יקריה אמרין **עלוי** לישן תליתאי דקשי הי כגירין: GN 49:23
קריב לותהום ואיתיעטו **עלוי** למיקטליה: ואמרו שמעון ולוי GN 37:18
וחומש דמוי יוסף **עלוי** למריה דהוא דיליה יתנינה LV 5:24
או מכל מדעם דאישתבע **עלוי** לשיקרא וישלים יתיה ברישיה LV 5:24
דימות בלא מתכוון וטלק **עלוי** מדעם וקטליה והוא לא סני NU 35:23
דמיתאכל די ייעלון **עלוי** מוי יהי מסאב וכל משקי LV 11:34
עפר יקידת חטתא ויתן **עלוי** מי מבוע לגו מאן דפחר: ויסב NU 19:17
שובעא יומין: הוא ידי **עלוי** מי קיטמא ההוא ביומא NU 19:12
מימרא אלליא וטפלתון **עלוי** מילי שיקרא ואיתרעמיתון על DT 1:1
וחד לעלתא ויכפר **עלוי** ממן דחב על דאיסתאב NU 6:11
מדבחא חזור חזור: וידי **עלוי** מן אדמא באדבעיה ימינא LV 16:19
ותיתן מזיו יקרך **עלוי** מן בגלל די יקבלון מיניה כל NU 27:20
ית אילנייהא למישדיא **עלוי** מן דפרזלא ארום מפירוי DT 20:19
עלוי והא חיויא דגזרית **עלוי** מן יומא שירוי עלמא עפר יהוי NU 21:6
ושוי ית חופאה דמשכנא **עלוי** מן לעילא היכמא דפקיד ייי EX 40:19
במיתותא דמשתלחא **עלוי** מן שמיא: ברם אין כנסא EX 21:29
רמשא: וכל מידעם דיפול **עלוי** מנהון במותהון דאיבריא LV 11:32
מי אדיותא לא אזדריקו **עלוי** מסאב הוא: ותהי לכון לקיים NU 19:20
מוי אדיותא לא אזדריקו **עלוי** מסאב הוא תוב סובתיה ביה NU 19:13
וכל מנא דמייחד למיתב **עלוי** מסאב יהי הי כריחוק LV 15:26
לא תשוון עלוי דליהוי **עלוי** סהדין ומרי ערבנותא לא על EX 22:24
מברא לפרגודא: וסדר **עלוי** סידורין דלחים קדם ייי EX 40:23
נפשיה ככל מה דישוון **עלוי** סנהדרין דישראל: אין בר EX 21:30
חטאתא: וצפירא דסליק **עלוי** עדבא לעזאזל יתוקם בחיין LV 16:10
אהרן ית צפירא דסליק **עלוי** עדבא לשמא דייי ויעבדיניה LV 16:9
דייי אלקכון ותסקון **עלוי** עלוון קדם ייי אלקכון: ותיכסון DT 27:6
למשכן זימנא ארום שרא **עלוי** ענן יקרא ואיקר שכינתא דייי EX 40:35
ית שמיה אונן ארום ברם **עלוי** עתיד אבוי לאתאבלא: GN 38:4
מכתש חד אנא מייתי **עלוי** פרעה ועילוי מצראי דקשי EX 11:1
זימנא יקריב יתיה לרעוא **עלוי** קדם ייי: ויסמוך בתוקפא יד LV 1:3
על רישא דמידכי לכפרא **עלוי** קדם ייי: ויעבד ית חד מן LV 14:29
קדם פרגודא: ואסיק **עלוי** קטורת בוסמין היכמא דפקיד EX 40:27
ותעביד מדבחא לאסקא **עלוי** קטרת בוסמיא דקיסי שיטא EX 30:1
ייי לדריכון: לא תסקון **עלוי** קטרת בוסמין דעממין EX 30:9
קבל תרעי חבריהון ושרת **עלוי** רוח נבואה מן קדם ייי: ונטל NU 24:2
דעריס: או גבר דתיעיבר **עלוי** רוח קינאיתא ויקני ית NU 5:30
והיא לא איתחדת: ויעיבר **עלוי** רוח קנאיתא ויקני ית איתתיה NU 5:14
לא איסתאבת או עבר **עלוי** רוח קנאיתא ויקני ית איתתיה NU 5:14
ומפרש קודש לייי: וסדרו **עלוי** שזיר חוטא דתכלתא מטול EX 39:31
ליה סוטריה ולא תטמוע **עלוי** שימשא מטול דעניא הוא DT 24:15
לבושא וכל צלא די יהוי **עלוי** שכבת זרעא ויצטבע במוי LV 15:17
אילן מריר דארדפני וכתב **עלוי** שמא רבא ויקירא וטלק לגו EX 15:25
יקרא על משכנא למישרי **עלוי** שרן בני ישראל ולא נטלין NU 9:22
בעביטא דגמלא ויתיבת **עלויהום** ופשפיש ית כל משכנא GN 31:34
ית דאיתרעמיתון **עלי**: אנא ייי גזרית במימרי אין לא NU 14:34
למישרי שכינתא: ורגיז ייי **עלי** בגללכון ולא קביל צלותי ואמר DT 3:26
אפקרסותכון ודמחשלין **עלי** בישתא ומילי רינניכון דמפקין DT 1:12
בישתא דאזדמנו למרדא **עלי** במדברא הדין יסופון ותמן NU 14:35
דאורייתא אתאמר **עלי** בנבואה דיהוון גרגידי חיטיהון DT 32:14
ולעילא דאתרעמיתון **עלי**: בשבועא אמירא דאתון לא NU 14:29
דינהך לתמן אימרי **עלי** דאחי הוא: ונסב אבימלך עאן GN 20:13
משה המן בגלל דאתנבו **עלי** דאנא מתכנש מן עלמא ואנת NU 11:29
בעי מנכון אלהן דתצלו **עלי** דלא אמות: וכד שמעו משה EX 12:32
ית טורחא דעמא הדין **עלי**: האנא עברית וחשחשית במעיי NU 11:11
בימּמא מבני נשא **עלי** הוה לאשלמא ומה דהוה GN 31:39
בליליא מן חיות ברא **עלי** הוה למשלמא: הויתי בימּמא GN 31:39
בתר דחלתא דייי: אוף **עלי** הוה רגז מן קדם ייי מטולכון DT 1:37
וענא ותורי דמיינקן **עלי** ואין דחיקניא להום יום חד GN 33:13
ייי בגינך: ואמר קטע אגרך **עלי** ואיתן: ואמר ליה אנת ידעת ית GN 30:28
לא תרחקון לטיילא צלו **עלי**: ואמר משה הא אנא נפיק EX 8:24
לי ייי כל דשמע יתמה **עלי**: ואמרת מה מיהמין מבשרא GN 21:6
ואנא עם דמניין ויתכנשון **עלי** וימחונני ואישתיצי אנא ואינש GN 34:30
חבית לך ארום אייתיתא **עלי** ועל מלכותי חובא רבא עובדין GN 20:9
ואין לווטן ילטטינך ייתון **עלי** ועל נפשי ברם קבל מיני ואיזל GN 27:13
ארום מתרעמין אתון **עלי**: ושדר משה פולין לזמנא לבי NU 16:11
בישתא דמתחברין **עלי** ית תורעמות בני ישראל דהינון NU 14:27
הי כמגחך ביה ואייתי **עלי** לווטן ולא בירכן: ואמרת ליה GN 27:12
ודתימרון לי אתין: אסגו **עלי** לחדא מוהרא ומתנא ואיתן GN 34:12
הוא ומימרא דייי חשבה **עלי** לטבתא דאבא הוה מותיב לי GN 50:20
דפרעה למימר: אבא קיים **עלי** למימר הא אנא מיית בקיברי GN 50:5
לכל עמא הדין ארום בכן **עלי** למימר הב לנא בישרא וניכול: NU 11:13
ודמליל לי ותקיים **עלי** למימר לבנך אתן ית ארעא GN 24:7

ייי אנא: ואתון חשבתון **עלי** מחשבן בישן דמה דלא הוינא GN 50:20
הלא אנא אתנך דרכבת **עלי** מן טליותך עד זמן יומא הדין NU 22:30
הדין: ומן קדם ייי הוה רגז **עלי** על פיתגמיכון דאתרעמתון על DT 4:21
אפיי קבילו מיני ובעו **עלי** קדם עפרן בר צחר: ויזבון לי ית GN 23:8
כדון עימי טיבו ותידכר **עלי** קדם פרעה ותהנפיקינני מן בית GN 40:14
עם אבהתיי מיתת **עלי** רחל בתכיף בארעא דכנען GN 48:7
ישראל דהינון מתרעמין **עלי** שמיע קדמי: אימר להון NU 14:27
באנפי בני חיתאה לכל **עלי** תרע קרתי: ומן בתר כדין קבר GN 23:18
באנפי בני חיתאה לכל **עלי** תרע קרתיה למימר: בבעו GN 23:10
גבר סני לחבריה ויכמון **עליה** בטומרא ויקום עלוי DT 19:11
וולדא היכמא דמשוי **עליה** בעלה דאינתתא ויתן על EX 21:22
בגיניה דעתיה ממה דגזר **עליה** דאף הוא הוה עקר ואתרווח GN 25:21
איתבועיניה לאיתקטלא **עליה** ומידא דאינשא מיד גבר GN 9:5
ארעא ותקף רוגזא דייי **עליה** וקטליה ייי: ואמר יהודה לאונן GN 38:7
דייי בסטרא דיוסף ונגד **עליה** חיסדא ויהב רחמותיה בעיני GN 39:21
ב ישראל יסב ליה **עליה** מזונה ותכשיטהא ומעיילה EX 21:10
סגו וכדון איתן נתיעט **עליה** עיטא דרמיו דיימתן לגבן GN 29:22
יוסף ית חילמייא דחלם **עליהום** ואמר להום אלילי אתון GN 42:9
חדא להום לסהדו וצלי **עליהום** יצחק ואתרווחו ואלוינון GN 26:31
אולפנא וטפליא לקבולי **עליהון** אגרא דמייתין יתהון DT 31:12
ארמא קדם ייי וכפר **עליהון** אהרן לדכאואיהון: ומבתר NU 8:21
ארעהון דכנענאי: תפיל **עליהון** אימתא דמותא ודחלתא EX 15:16
כד חיין לשייול וחפת **עליהון** ארעא ואובדו מגו קהלא: NU 16:33
מינך: איתון כדון נתייעט **עליהון** בהלין דינין נזערא יתהון EX 1:10
כתיב ועננא דייי **עליהון** בימּמא במיטלהון מן NU 2:18
אמרית במימרי למכנשא **עליהון** בישתא גירי מחת פורענותי DT 32:23
פולחן קודשא רמיא **עליהון** בכתפא נטלין: וקריבו NU 7:9
ולכל פולחנהון ותמנון **עליהון** במטרא ית כל מטולהון: דא NU 4:27
אינשא בארעא ואידיין **עליהון** במימריה: ואמר ייי אבטיל GN 6:6
ובעמודא דעננא למרמא **עליהון** ברדין ושאמם ית משיריית EX 14:24
לטמא נפש בר נש דמית **עליהון** בתכוף דפוקדניה רמיא NU 9:6
דאישתא למירמי **עליהון** גומרין דאשא ובעמודא EX 14:24
ברוח מן קדמך ייי כסון **עליהון** גירין דימא נחתו ושקעו הי EX 15:10
ונשיק לכל אחוי ובכא **עליהון** דחמא דמשתעבדון לביני GN 45:15
לווסתהון ולא יסתקף **עליהון** דימותון מטול סואבתהון LV 15:31
דינייה דעלמא אישתני **עליהון**: האפשר דלשום מימרא דייי DT 32:5
למידן ית ישראל במיא **עליהון** הדר דינא לאיתדנא במיא: EX 18:11
ועיבד ית קרבן עמא וכפר **עליהון** היכמא דפקיד ייי: וקריב LV 9:7
יתן ייי ית רוח נבותיה **עליהון**: ואתכנש משה למשריתא NU 11:29
זכותיה דאברם מגנא **עליהון**: והוה שמשא קריבא GN 15:11
מן פולחנא דהוה קשיא **עליהון** וזעיקו וסליקת קבילתהון EX 2:23
לאשלמותא לאסערא **עליהון** וחמון ית איקר שכינתא דייי EX 24:11
רוח נבואה דעלך ואשוי **עליהון** ויטענון עמך בטורחא דעמא NU 11:17
דילמא ירכבון רברבנוי **עליהון** ויתגאון ויתבטלון מפתגמי DT 17:16
קדמך ייי ותתמלי רחמין **עליהון** ויתי תשוי לעם רב היכמא NU 14:17
ולא תהי זכותין מגנא **עליהון** ולא יהוי גברא דיקום ויצלי DT 28:15
בתכוף דפוקדניה רמיא **עליהון** ולא יכילו למעבד פיסחא NU 9:6
יהיב לך לא תיחוס עינך **עליהון** ולא תפלח ית טעוותהון DT 7:16
לקביל בני עמון לא תצור **עליהון** ולא תתגרי בהון לסדרי קרב DT 2:19
קרבנהון מטול למכפרא **עליהון**: ומליל ייי עם משה מן בתר LV 15:33
עמא על משה דיבעי **עליהון** וצלי משה קדם ייי NU 11:2
וביום אסערותי אסער **עליהון** חוביהון: וחבל מימרא דייי EX 32:34
דישראל וחפא **עליהון** טול שכינתיה והיכמא DT 32:11
בית ישראל בארעא טרד **עליהון** טעוות צפון נגהוי דמדברא: EX 14:3
סגיאין קמאה דימלוך **עליהון** יגיח קרבא בדבית עמלק NU 24:7
ופרשוי בימא וחזר ייי **עליהון** ית מוי דימא ובני ישראל EX 15:19
יתהון בגירא: ותיכתוב **עליהון** ית פיתגמי אורייתא הדא DT 27:3
בישיא הא בכן נחתו **עליהון** כבריתא ואישא מן קדם GN 19:24
הכדין יעביד ליה ויכפר **עליהון** כהנא וישתביק להון: ויפיק LV 4:20
ועיניכון חמיין וחשכן **עליהון** כל יומא ולית בידיכון עבדין DT 28:32
גבר חקליה ארום תקיף **עליהון** כפנא והות ארעא חליטא GN 47:20
כל אינשא יסתכם **עליהון** לא ייי שדרני: ואין לא NU 16:29
עבדין עובדי עמיה יתחל **עליהון**: לא ירשמון בין עיניהון ולא LV 21:4
ומדקדמוי תמנון **עליהון** לא תימנעון מיניה ארום EX 5:8
להון קיים ולא תרחמון **עליהון**: לא תתחתנון בהון בנתיכון DT 7:2
בנינן כד יחובון וימטון **עליהון** לווטייא אילין היך יכלון DT 28:15
דבעידן דיחובון ותיתקף **עליהון** מחת סנאה ותתנטל סעיד DT 32:36
להון לדכואיהון ארי **עליהון** מיא דחטאתא ויעברון גלב NU 8:7
וחד מעילויהון דלא יחות **עליהון** מיטרא וברדא ולא יתחרכון EX 12:37
לווטין חלף בירכן ימטון **עליהון** מיכלא כל קבל מיכלא היא LV 26:43
ועילוי מצראי דקשי **עליהון** מכולהון ומבתר כדין יפטור EX 11:1
על רישיה למיטלוק **עליהון** מן יד זמין מימרא דייי זחלא NU 21:35
וארחש מורנין וסרי ורגז **עליהון** משה: והוון לקטין יתיה מן EX 16:20
דריבוני ממליל: ופקיד **עליהון** משה ית אלעזר כהנא וית NU 32:28

דסוף: תהומייא כסון **עליהון** נחתו ושקעו במצולתיה EX 15:5
למדברא אנפוי למדכר **עליהון** עובדא דעיגלא דעבדו תמן: NU 24:1
לא מבטלא ותהי מגינא **עליהון** עני משה נביא ואמר אף על DT 28:15
דישראל כד יחובון מייתי **עליהון** פורענותא וכד פרסין ידיהון DT 32:31
מדבח אבנין לא תרים **עליהון** פרזלא: אבנין שלמן תבנון ית DT 27:5
מלכין ומודי ומשבח **עליהון** קדם מרי עלמא: נפתלי עזגד GN 49:20
אנח בעותך ולא תפגין **עליהון** קדמי וארתח רגז אישתא EX 32:10
בהון אישתא ושויאו **עליהון** קטורת בוסמין וקמו בתרע NU 16:18
גבר מחתיתיה ותיתנון **עליהון** קטורת בוסמין ותקרבון NU 16:17
והבו בהון אישתא ושוו **עליהון** קטרת בוסמין קדם ייי מחר NU 16:7
ואהרן מציטרא חד: וכנש **עליהון** קרח ית כל כנישתא לתרע NU 16:19
ממון שיקרא ותמני **עליהון** רבני אלפין רבני מאוותא EX 18:21
להון מן ארעא: ושוון **עליהון** רברבנין מפלחנין מן בגלל EX 1:11
סביא והוה כד שרת **עליהון** רוח נבואה ואתנבון ולא NU 11:25
ובית צחותא אגין **עליהון** שבעתי ענני איקריה DT 32:10
סרכי בני ישראל דמנו **עליהון** שולטני פרעה למימר למה EX 5:14
מרגליין דבורלא ותיגלוף **עליהון** שמהת בני ישראל: שיתא מן EX 28:9
הי כזיקין מיא נזליא קפו **עליהון** תהומיא בגו פילגוס דימא EX 15:8
ולתאוביא והוה מכריז **עליהון** תמן אודו והימינו בשם GN 21:33
וכל גבר דהוה משכח **עליהן** מנין דדהב הוי שרי קורייה מן NU 31:50
ויצטרפון בליגיונין וייתון **עליי** או דילמא בזימנא ההוא GN 15:1
דתישבוק כל טירחנהון **עליי** קטולני כדון במיתותא דנייחין NU 11:15
יתכון: יטייס מימרא דייי **עליכון** אומא מן רחיק מן סייפי DT 28:49
ארום אין יקום ויצווח **עליכון** בצלו קדמיי שמע אנא בקל EX 22:22
חד לחטאתא למכפרא **עליכון**: בר מן עלת ריש ירחא NU 29:5
צפיר בר עיזי חד לכפרא **עליכון**: בר מן עלת תדירא ומנחתיה NU 28:30
דחטאתא חד לכפרא **עליכון**: בר מעלת צפרא די לעלת NU 28:22
לית לכון רשו למנאה **עליכון** גבר חילוניי דלא מן אחוכון DT 17:15
שתוקו ותזכון ית דינא **עליכון** ואחיכון כל בית ישראל LV 10:6
אתיתון לותי דאצלי **עליכון** ואתון סניתון יתי ותרכתוני GN 26:27
ואימנינון רישין **עליכון**: ואתיבתון יתי ואמרתון DT 1:13
אשלמוותא למכפרא **עליכון**: ובתרע משכן זימנא תיתבון LV 8:34
עימך במצרים יתגלי ייי **עליכון** וידון למימר פסק מיננא EX 14:12
עליכון רחמין וירחם **עליכון** ויסגינכון היכמא דקיים DT 13:18
ית תיובתכון וירחם **עליכון** ויתוב ויכנוש יתכון מכל DT 30:3
ית זכות אדמא ואיחוס **עליכון** ולא ישלוט בכון מלאך EX 12:13
קודשא כד ייתון מחתין **עליכון** ומחתין על בניכון מחן DT 28:59
ומנוי ואקימיתון רבנין **עליכון** ומכען ביש לכון לאיתרחא DT 1:6
ישראל דהינון מתרעמין **עליכון**: ומליל משה עם בני ישראל NU 17:20
ארום משח רבותא דייי **עליכון** ועבדו הי כפיתגמא דמשה: LV 10:7
יהיב לכון אחסנא ויהי **עליכון** חובת דין קטולא: וארום יהי DT 19:10
בפריע דילמא יסגי **עליכון** חיות ברא כד ייתון למיכול DT 7:22
ותסגדון להון אסהדית **עליכון** יומא דין ארום מיבד תיבדון: DT 8:19
בבריה ובאחוי ולאייתאה **עליכון** יומא דין בירכתא: והוה EX 32:29
דמצרים: ובצפרא יתגלי **עליכון** יקר שכינתיה דייי כד שמיען EX 16:7
אלקא דאבהתכון יוסיף **עליכון** כותכון אלף זימנין מטול DT 1:11
על כל עממי ארעא: וייתון **עליכון** כל בירכתא האילין DT 28:2
היכמא דחדי מימרא דייי **עליכון** לאוטבותכון ולאסגאה DT 28:63
יתכון וית מלככון דתמנון **עליכון** לאומא דלא חכימתון אתון DT 28:36
ארום ביומא הדין יכפר **עליכון** לדכאה יתכון מכל חוביכון LV 16:30
ביה מטול דלא ישתעי **עליכון** לישן תליתאיי על עיסק LV 9:3
רוגזא וחימתא דירגז ייי **עליכון** למשציא יתכון וקביל ייי DT 9:19
כדון ויסעדונכון יהי **עליכון** מגין במימריה: כד יתגלי DT 32:38
אעביד דא לכון ואיגרי **עליכון** מחת מותנתא ית שחפותא LV 26:16
ייי ומבתר כדין תמנון **עליכון** מלכא לית לכון רשו למנאה DT 17:15
דדייר ביניכון יסוק **עליכון** מסוקיין על מסוקיין ואתון DT 28:43
הדין יסקינון מימרא דייי **עליכון** עד דתישתיצון: ותשתיירון DT 28:61
מן שמיא יחות פורענו **עליכון** עד דתשתיצון: ישוי יתכון DT 28:24
די חטיתון קדמיי: ואיתי **עליכון** עם שלופי חרב למתפרע LV 26:25
הכדין יחדי מימרא דייי **עליכון** עממין נוכראין להובדא DT 28:63
דכיפוריא הוא לכפרא **עליכון** קדם ייי אלקכון: ארום כל בר LV 23:28
סורחנות כנישתא לכפרא **עליכון** קדם ייי: הא לא איתעל מן LV 10:17
ולא תיתנון ליה ויקבול **עליכון** קדם ייי ויהי בכון חובא: DT 15:9
השכחית ומניתינון רישי **עליכון** רבני אלפין רבני מאוותא DT 1:15
ייי מתקוף רוגזיה ויכמור **עליכון** רחמין וירחם עליכון DT 13:18
ואוסיף לאייתאה **עליכון** שביעיתא מחא על שבע LV 26:21
עם אינתתך ואייתיתא **עלינא** חובא: ופקיד אבימלך ית כל GN 26:10
והוי בכי ואמר ווי לי **עלך** אהרן אחי עמוד צלותהון NU 20:29
אורייתא ומשתלחין **עלך** אין תתובון אעדינון מינך ארום EX 15:26
הוא אלקא דאיתגליתי **עלך** בביתאל די רבית תמן קמא GN 31:13
אנא ייי הוא דאיתגליתי **עלך** בגו סנייא ואמרית לך אנא ייי: EX 6:2
ואיתגליתי יומא דין **עלך** בגין דבמימרי לשיזבותך מן EX 3:8
תליתאה הא אנא מתגלי **עלך** בעיבא דענן יקרא מן בגלל EX 19:9
ואמר מן קדם ייי יתרחם **עלך** ברי: ואוחי יוסף ארום רחשו GN 43:29

פלח קדמי תמן אשלח **עלך** ברכתי ואיבריכינך: ואין מדבח EX 20:24
על מצראי לא אישוינון **עלך** ואין תעברון על פיתגמי EX 15:26
כלאי עמר וכיתן לא יסוק **עלך**: וגבר ארום ישכוב עם איתא LV 19:19
לעשו הא שליט מיניתיה **עלך** וית כל אחוי שוית קומוי GN 27:37
ית אבוך היכמא דקיים **עלך**: וסליק יוסף למיקבור ית אבוי GN 50:6
אין בירכן ייברכינך ייתון **עלך** ועל בנך ואין לווטן ילטטינך GN 27:13
לאימת דאנת בעי איצלי **עלך** ועל עבדך ועל עמך לשיצאה EX 8:5
גבר ארום נביא הוא ויצלי **עלך** ותיחי ואין ליתך מתיב דע ארי GN 20:7
תהי ארעא צדיא ויסגון **עלך** חיות ברא כד ייתון למיכול EX 23:29
ויגלי לך טמירן ויחוס **עלך**: יסבר ייי סבר אפוי לך בצלותך NU 6:25
בעבך או חברך דחביב **עלך** כנפשך ברז למימר נהך וניפלח DT 13:7
לית יתיה ואנא שמעית **עלך** למימר אין אנת שמע חילמא GN 41:15
כמין לך כמן ומתיעט **עלך** למיקטלך: וכדון ברי קבל מיני GN 27:42
דרבית ותקיפת וטוף הוה **עלך** למתקף דכבשת יצרך בעובדא GN 49:22
מצטרפין בלגיונין ואתיין **עלך** מימרי תריס לך ואף על גב GN 15:1
מטול דלא ישתעי **עלך** סטנא לישן תליתאי על עיסק LV 9:2
דטינרא ואגין במימרי **עלך** עד זמן דאיעיבר: ואעבר ית EX 33:22
ית נפשיה ולא יקבול **עלך** קדם ייי ויהי בך חובא: לא DT 24:15
ולא מן סוף דהוה **עלך** רחמין הוינא מצלי ומחתא EX 10:29
ולך תהי זכו דיסהיד **עלך** שימשא קדם ייי אלקך: לא DT 24:13
אפוי לך בצלותך וישוי **עלך** שלם בכל תחומך: וישוון ית NU 6:26
אנן מיתעלין למתעקפא **עלן** ולמדיינא עלן ולמיקני יתן GN 43:18
למתעקפא עלן ולמדיינא **עלן** ולמיקני יתן לעבדין ולמיסב ית GN 43:18
עיסק דינא והוית חביב **עלן** כבבת עיננא: ויהי ארום תיזיל NU 10:31
ואמרו גבר לאחוי נמני **עלן** מליך לריש ונתוב למצרים: NU 14:4
ותיתבון בה ותימרון נמני **עלן** מלכא ככל עממיא דבחזרנותיי: DT 17:14
ארום מתרברבת **עלנא** אוף אתרברבא: ברם לא NU 16:13
הלממלך אנת מדמי **עלנא** אין למישלט את סביר עלנא GN 37:8
דמני יתך לגבר רב ודיין **עלנא** הלא למיקטלי אנת אמר כמה EX 2:14
אין למישלט את סביר **עלנא** ואוסיפו תוב למנטר ליה בבו GN 37:8
חשיבין ארום אתרעמתון **עלנא**: ואמר משה בדין תידעון EX 16:7
בר חמור מלגלג במיליה **עלנא** וכאיתא מטעייא נפקת ברא GN 34:31
אלקא דיהודאי איתקרי **עלנא** וכדון נזיל כדון מהלך תלתא EX 3:18
מינך ריבוני לא תשוי **עלנא** חובא דאיטפשנא ודי סרחנא: NU 12:11
דקיים לאבהתן: ופקיד **עלנא** ייי למעבד ית כל קיימייא DT 6:24
וגבר לית בארעא למיעל **עלנא** כאורח כל ארעא: איתא נשקי GN 19:31
אסתאבנא לבר נש דמית **עלנא** למא כען נתמנע בגין דלא NU 9:7
דיהודאי איתקרי שמיה **עלנא** נטייל כדון מהלך תלתא יומין EX 5:3
מצראי וצערו יתנא ויהבו **עלנא** פולחנא קשיא: וצלינא קדם DT 26:6
מה אנן חשיבין לא **עלנא** תורעמותכון אילהן על EX 16:8

עלב (8)

מידכר דכירנא יתכון וית **עולבנא** דאיתעביד לכון במצרים: EX 3:16
ית ברתיי למעבד להן **עולבנא** ואם תיסב על ברתיי לית GN 31:50
היכדין יהוי גלי קדמוי **עולבנהון** דבניי כד יהון משתעבדין GN 29:32
אמרת ארום גלי קדם ייי **עולבני** ארום כדון ירחמנני בעלי GN 29:32
והיכמה דאיתגלי קדם ייי **עולבני** היכדין יהוי גלי קדמוי GN 29:32
וכדון אתגלי קדם ייי **עולבני** ויפרוש שלמיה בינא ובינך GN 16:5
ואמרת שרי לאברם כל **עולבני** מינך דהוינא רחיצא דתעבד GN 16:5
להון יתגלי קדם ייי **עולבננא** ולחוד יתפרע מינכון EX 5:21

עלי (345)

אעיבר ית יורדנא ודלא **איעול** לארעא דייי אלקכון יהיב DT 4:21
לעלם מן דינא הוא דלא **איעול** לגויה עד זמן די יתמלל עמי LV 1:1
לאורחא ואמר הבי כדון **איעול** לותיך ארום לא ידע ארום GN 38:16
עליכון קדם ייי: הא לא **איתעל** מן אדמון לות קודשא LV 10:18
ודחילו גובריא ארום **איתעלו** לבית יוסף ואמרו על עיסק GN 43:18
אפיטרופוס על ביתיה **אעיל** ית גובריא לביתא ופרע בית GN 43:16
דיעקב: ואמר ייי ליה תוב **אעיל** כדון ידך בחובך ואעל ידיה EX 4:6
עם עשו אחוך למימר: **אעיל** לי צידה ועיבד לי תבשילין GN 27:7
לסהיד בבני ישראל: ארום **אעילינון** לארעא דקיימית DT 31:20
עבדין יומנא עד לא **אעילינון** לארעא דקיימית: וכתב DT 31:21
לארעא עבדא חלב ודבש **אעילתנא** ויהבת לנא אחסנת NU 16:14
קדמיכון למימר בזכותי **אעלני** ייי למירת ית ארעא הדא DT 9:4
ית פיסחא וברמשא **במיעל** ית שימשא תיכלוניה עד DT 16:6
ברת לוי דילידת ליה ללוי **במיעלהון** במצרים ביני שוריא NU 26:59
ביתך ובתרעך מימינא **במיעלך**: ויהי ארום יעלינך ייי אלקך DT 6:9
בני ישראל ותימר להון **במיעלכון** לארעא דאנא מעיל NU 15:18
עצוותכון: ובריכין אתון **במיעלכון** לבתי מדרשכון ובריכן DT 28:6
ברת לוי דאיתילידת **במעלהון** למצרים ביני שוריא סכום GN 46:27
בידיהון עאל אתא **במעלי** יומא דפיסחא אשכחיה GN 14:13
בתר שיכלול עלמא **במעלי** שבתא ביני שימשתא מנא NU 22:28
ועדרי עניכון: ליטין אתון **במעלכון** לבתי תיאטרוניכון DT 28:19
יפריש פירוש דנידרא **בעילוי** נפשתא לשמא דייי: ויהי LV 27:2
קודשין היא: וכל חטאתא **דאיתעל** מן אדמה למשכן זימנא LV 6:23
וית צפירא דחטאתא **דאיתעל** מן אדמהון לכפרא LV 16:27

לאתר מסאב: ומאן **דייעול** לביתא כל יומין דיסגר יתיה LV 14:46
בנוי ולא מן ליואי בזמן **דיעולו** למשכן זימנא לשמשא EX 29:30
הוא חד מן ארבעתי דינין **דיעלו** קדם משה נביא ודן יתהון על LV 24:12
ווילוות דרתא וית פרסא **דמעלנא** דתרע דרתא דעל משכנא NU 4:26
דניסק בה וית קירויא **דניעול** לותהון: ושפר בעיניי DT 1:22
מבעין בגו בני ישראל עד **דנעילינון** לאתרהון ויתבון טפלנא NU 32:17
לברייהון כל אימת **דעיילין** תמן: מן בגלל דידעון דריכון LV 23:42
איתעבידו לפנחס בזמן **דעל** בתר גברא בר ישראל לות NU 25:8
דעשו מתגלגל ואזיל עד **דעל** לגו מערתא ואיתנח בגו GN 50:13
ואעיליניה לארעא **דעל** לתמן ובנוי ירתונה: ועמלקאי NU 14:24
ואנחת לבשא גבה עד **דעל** ריבוניה לבייתיה: ומלילת ליה GN 39:16
כל נפשתא לבית יעקב **דעלא** למצרים שובעין: וית יהודה GN 46:27
שובעא: כל נפשתא **דעלא** עם יעקב למצרים נפקי GN 46:26
לכל משיריית פרעה **דעלו** בתריהון בימא לא אישתייר EX 14:28
ואמרו ליה האן גובריא **דעלו** לוותך ליליא דין אפיקינון GN 19:5
ואילין שמהת בני ישראל **דעלו** למצרים יעקב ובנוי בוכרא GN 46:8
ואילין שמהת בני ישראל **דעלו** למצרים עם יעקב גבר עם EX 1:1
הוא חד מארבעה דינין **דעלו** קדם משה נביא ודן יתהון על NU 9:8
האינון ואוף בתר כן **דעלון** בני רברביא לות בנת אינשא GN 6:4
מדימנא לך לגינא קלילא **דעלון** לגווה נחלין מוחין מתגברין GN 49:4
קרתא למכתוב כל **דעליל** ביומא ההוא שמיה ושם GN 42:6
תחות גננא דפריס כל מן **דעליל** למשכנא אורח תרעא ולא NU 19:14
ומדקדמוי: ומאן **דעליל** עם חבריה בחורשא למקטע DT 19:5
כחדא למזבון ביני כנענאי **דעלין** למזבון ארום הוה כפנא GN 42:5
דנן שלחתני: ומן שעתא **דעלית** לות פרעה למללא בשמך EX 5:23
הינון ויקילון מן מטול **דעלך** ויסובורון עימך: אין ית EX 18:22
הדא במעברכון מן בגלל **דתיעלון** לארעא דייי אלקכון יהיב DT 27:3
אשלימו יומי פולחני **ואיעול** לותה: וכנש לבן ית כל GN 29:21
בשיתין ריבוון מלאכין **ואיתעלת** לגינתא דעדן בחייהא מן NU 26:46
גברא היכמא דאמר יוסף **ואעיל** גברא ית גובריא לבית יוסף: GN 43:17
ואפיק לותהון ית שמעון: **ואעיל** גברא ית גובריא לבית יוסף GN 43:24
שיטא וחפא יתהון דהבא: **ואעיל** ית אריחיא בעיזקתא על EX 37:5
ודברית לאה ברתיה **ואעיל** יתה לותיה ועל לותה: ויהב GN 29:23
ואושיט ידיה ונסבהא **ואעיל** יתה לותיה לתיבותא: ואוריך GN 8:9
יתהון עראי בעלמא **ואעיל** יתהון בגלותא בארע בעלי LV 26:41
דאמרתון דלביזא יהון **ואעיל** יתהון וינדעון ית ארעא NU 14:31
מגו דחוק פולחן מצראי: **ואעיל** יתכון לארעא דקיימית EX 6:8
אין רעוא דייי אית בנא **ואעיל** יתנא לארעא הדא ויתנינה NU 14:8
רבא ובאתין ובתימהין: **ואעיל** יתנא לאתרא הדין ויהב לנא DT 26:9
מאן הוא דיכי דצד צידא **ואעיל** לי ואכלית מכל דאייתי עד GN 27:33
עלה: ודישתיירון בכון **ואעיל** תברא בליבהון בארעתא LV 26:36
לחמא: ועל יוסף לביתא **ואעילו** ליה ית דורונא דיבידיהון GN 43:26
ואשלים בתר דחלתי **ואעיליניה** לארעא דעל לתמן ובנוי NU 14:24
אעיל כדון ידך בחובך **ואעל** ידיה בגו חוביה והנפקא והא EX 4:6
חמן ותמהין בני ישראל: **ואעל** משה בגו עננא וסליק לטוורא EX 24:18
כד איתערטל מן שירויא: **ואעל** משה ואהרן לות פרעה ועבדו EX 7:10
ית כל פיתגמייא דעבד: **ואעלה** יצחק למשכנא דשרה GN 24:67
וגפיף ליה ונשיק ליה **ואעליה** לביתיה ותני ללבן ית כל GN 29:13
לארבעתי חוטין **ואעלת** בגוא אפיהון ואוקידת ית LV 10:2
ישראל שית שנין יפלח **ובמעלי** שביעיתא יפוק לבר חורין EX 21:2
ויפלחינכון שית שנין **ובמעלי** שביעיתא תפטרוניה לבר DT 15:12
מן יד בעלי דבביהון **ודיעיל** יתהון לארעא דישראל ולא NU 27:17
מינה על ארונא מלעילא: **והנעיל** ית ארונא למשכנא ושוי ית EX 40:21
גובריא ית ידיהון **והנעילו** ית לוט לוותהון לביתה וית GN 19:10
שיטא וחפא יתהון נחשא: **והנעל** ית אריחיא בעיזקא על סטר EX 38:7
על ארונא ית פרוכתא: **והנעל** ית פתורא בסטר ציפונא EX 40:4
במשחא מדמא דתורא **ויהנעל** יתיה למשכן זימנא: ויטמש LV 4:5
ושקרת שקר בבעלה **וייעלון** ויעלון בה מיא בדוקיא NU 5:27
זיקא מן קדם ייי וימות: **ויעול** אהרן ובנוי למשכן זימנא LV 16:23
ותייבבון בחצוצרתא **ויעול** דוכרנכון לטבא קדם ייי NU 10:9
שלים קדם ייי לחטאתא: **ויעול** ית תורא לתרע משכן זימנא LV 4:4
ארום יסב גבר איתא **ויעול** עלה ויהי אין לא השכחת DT 24:1
יסב אינש איתא בתולתא **ויעול** עלה ומבתר כדין יסנינה: וישוי DT 22:13
דמן ממונא דעמא **ויעיל** ית אדמא דצפירא מלגיו LV 16:15
טבחא ית תורא קדם ייי: **ויעיל** כהנא רבא מן אדמא דתורא LV 4:16
קטורת בוסמין כתישין **ויעיל** מן לגיו לפרגודא: ויתן ית LV 16:12
ארום יטייל מלאכי קדמך **ויעילינך** לות אמוראי ופריזאי EX 23:23
על ידויי דמלכא משיחא: **ויעילינכון** מימרא דייי אלקכון DT 30:5
ויסבון אבנין חורניין **ויעלון** באתר אבניא ועפרא חורן LV 14:42
נהרא עורדעניא ויסקון **ויעלון** בביתך ובקיטון בי דמכך EX 7:28
ית מיא מרידיא בדוקיא **ויעלון** בה מיא בדוקיא ללוט: ויסב NU 5:24
שקר בבעלה וייעלון **ויעלון** בה מיא בדוקיא ללוט ותנפח NU 5:27
ידך ביה על ימא ובזעהו **ויעלון** בני ישראל בגו ימא ביבשתא: EX 14:16
יצרא דליבהון דמצראי **ויעלון** בתריהון ואיתיקר בפרעה EX 14:17

איזיל לתייר קדם עמא **ויעלון** וירתון ית ארעא דקיימית DT 10:11
וית כריסיך מנפחא: **ויעלון** מיא בדוקיא האילין במעייכי NU 5:22
קדמך למטרך באורחא **ולאעלותך** לאתר שכינתי EX 23:20
אנא יכיל תוב למיפק **ולמיעל** ומימרא דייי אמר לי לא DT 31:2
עליה מזונה ותכשיטהא **ומעיילה** לא ימנע לה: אין תלת EX 21:10
ומדבר עמא בית ישראל **ומעיל** יתהון לארע כנענאי ומחסין NU 11:26
על יד מלאכא כאחד **ומעל** יתהון לך לקיימא: ואנת סב GN 6:20
והוה עננא מקביל יתהון: **ועאל** בין משרייתא דישראל ובין EX 14:20
ייי: ועבד פרעה צורכיה **ועאל** לביתיה ולא שוי ליביה לחוד EX 7:23
ארום אנא הוא ייי: **ועאל** משה ואהרן לות פרעה ואמר EX 10:3
ורומנין ומוי לית למישתי: **ועאל** משה ואהרן מן קדם NU 20:6
והוה מיומא חרן **ועאל** משה למשכנא דסהדותא והא NU 17:23
ויהבו לי וטלקתיה בנורא **ועאל** סטנא בגויה ונפק מיניה דמות EX 32:24
בעלה ליה לאינתו: **ועול** לות הגר ועדיאת וחמת ארום GN 16:4
רבוניי זורו כדון מיכא **ועולו** לבית עבדכון וביתו ושזוגו GN 19:2
וטולו לכון לערד וחורמה **ועולו** לטורא דאמוראה ולות כל DT 1:7
אוף בליליא דין וירוי **ועולי** שימושי עימיה ונקיים GN 19:34
ונפק ממשכנא דלאה **ועל** במשכנא דרחל: ורחל נסיבת ית GN 31:33
ואתר אתקינית לגמלייא: **ועל** גברא לביתא ושרי זממי GN 24:32
ודינה במעהא דלאה: **ועל** דוכרנהא דרחל קדם ייי ושמיע GN 30:22
על חמריה ותבו לקרתא: **ועל** יהודה ואחוהי לבית יוסף והוא GN 44:14
ארום תמן יסעדון לחמא: **ועל** יוסף לביתא ואעילו ליה ית GN 43:26
הדין חולף יברוחי דבריך: **ועל** יעקב מן חקלא ברמשא GN 30:16
דאתי: והוה ביומא הדין **ועל** לביתא למבחוש בפינקסי GN 39:11
ומסרה ליה לאינתו **ועל** לוותה יעקב: ואעדיאת בלהה GN 30:4
די עבדת ביד יעקב ברה: **ועל** לות אבוי ואמר אבא ואמר GN 27:18
וחוטרך דבידך ויהב לה **ועל** לותה ואיתעברת ליה: וקמת GN 38:18
תגר ושמיה שוע וגיירה **ועל** לותה: ואתעברת וילידת בר GN 38:2
ברתיה ואעיל יתה לותיה **ועל** לותה: ויהב לבן ליה ית זלפה GN 29:23
על אחוי ובעא למבכי **ועל** לקיטונא דבי מדמכא ובכא GN 43:30
ואיתגלי תמן איקרא דייי: **ועל** משה ואהרן מן קדם קהלא NU 17:8
גברא בר ישראל במצרים **ועל** על אינתתיה ואתעברת וילידת LV 24:10
נוכראה שפך אדמא זכיא **ועל** על עולימתא מארשה וכפר GN 25:29
קמייתא ופטימתא: **ועלא** למעהן ולא אישתמודע ארום GN 41:21
תריסר שיבטוי דיעקב: **ועלו** בני ישראל בגו ימא ביבשתא EX 14:22
פונדקתא ולא אשכחוהו **ועלו** לבייתי וסגידו ליה על אפיהום GN 42:6
בהום לחדא וזרו לוותיה **ועלו** לביתיה ועבד להום משתייו GN 19:3
ליזניה כל ציפר כל דפרח: **ועלו** לות נח לתיבותא תרין תרין GN 7:15
מותיה עד דעברו יורדנא **ועלו** לסייפי ארעא דכנען: ועומרא EX 16:35
ומשמלהון: ורדפו מצראי **ועלו** מן בתריהון כל סוסות פרעה EX 14:23
ולוי אחי דינא גבר סייפיה **ועלו** על קרתא דהבא יתבא לרוחצן GN 34:25
בישרא דביה רוחא דחיי: **ועליא** דכר ונוקבא מן כל בישרא GN 7:16
זימנא קודש קודשיא: **ועליל** אהרן ובנוי בזמן מיטל NU 4:5
שבקית ארעי ובית איבא **ועלית** עימך לארע נוכריתא וכדון GN 16:5
מלרע: ומטוב מגדין **ועללין** דמבשלא ארעיה מן יבול DT 33:14
קליל וקרא לרחל וללאה **ועלן** לחקלא לות עניה: ואמר להין GN 31:4
רתח במשח תתעבד: **ותהנעל** ית מנחתא דתתעבד מן LV 2:8
חלב ודבש: ויקבלון מינך **ותיעול** אנת וסבי ישראל לות EX 3:18
ואקים ית קימי עמך **ותיעול** לתיבותא אנת ובנך GN 6:18
דין מן בגלל דתיתקפון **ותיעלון** ותירתון ית ארעא דאתון DT 11:8
למעבד מן בגלל דתיחון **ותיעלון** ותירתון ית ארעא דייי DT 4:1
מן בגלל דתיחון ותיסגון **ותיעלון** ותירתון ית ארעא דקיים DT 8:1
ייי מן בגלל דייטב לכון **ותיעלון** ותירתון ית ארעא טבתא DT 6:18
בסליא וצניא ופיפייריא **ותיעלון** לות כהנא די יהוי ממני DT 26:3
פורפין דנחש חמשין **ותעיל** ית פורפייא בענוביא ותלפיף EX 26:11
לאבוך היכמה די רחים: **ותעיל** לאבוך ויכול בגין דיברכינך GN 27:10
היכמא דרחימית **ותעיל** לותי ואיכול בגין דתברכינך GN 27:4
ית פרגודא תחות פורפיא **ותעיל** לתמן מלגיו לברוגדא ית EX 26:33
בה ותסבינא לכון לאינתו: **ותעליניה** לגו ביתך ותספר ית DT 21:12
חורין מגן: אין בלחודוי **ייעול** בלחודוי יפוק ואין מרי EX 21:3
כן ביד גנבא קדם דיינייא **ייעול** דין תריהום דין מריה דביתא EX 22:8
ית לבושוי: ואין מיעל **ייעול** כהנא וייחמי והא לא הליך LV 14:48
כל דבביתא ומן בתר כדין **ייעול** כהנא למיחמי ית ביתא: ויחמי LV 14:36
ויפנון ית ביתא עד לא **ייעול** כהנא למיחמי ית ביתא מטול LV 14:36
אהרן לעמיה ארום לא **ייעול** לארעא דיהבית לבני ישראל NU 20:24
סווין דמוי ומן בתר כדין **ייעול** למשריתא ויהי מסאב כהנא NU 19:7
בבית אולפנך הוא **ייעול** לתמן יתיה תקיף ארום הוא DT 1:38
משרייתא ומן בתר כדין **ייעלון** בני קהת למסוברא ולא NU 4:15
לתמן אהרן ובנוי **ייעלון** וימנון יתהון גבר גבר על NU 4:19
ייעלון למתחמייא כד **ייעלון** כהניא לשיקוע מאני קודשא NU 4:20
בהון עיינא בישא כד **ייעלון** כחדא למזבון ביני כנענאי GN 42:5
ליזניה תרין מכולא **ייעלון** לוותך על יד מלאכא כאחד GN 6:20
קדמי ליואי: ומן בתר כדין **ייעלון** ליואי למפלח ית פולחן NU 8:15
פולחניה ומטוליה: ולא **ייעלון** למתחמייא כד ייעלון כהניא NU 4:20

מכל מיכלא דמיתאכל די **ייעלון** עלוי מוי יהי מסאב וכל LV 11:34
בארבעין סאוין דמוי **ייתעל** ויהי מסאב לכל צרוך עד LV 11:32
לחוד לפרגודא לא **יעול** ולמדבחא לא יקרב ארום LV 21:23
ולות כל בר נש דמית לא **יעול** לאבוי ולאימיה לא יסתאב: ומן LV 21:11
דייי על בר נש דמית לא **יעול**: לאבוי ולאימיה לאחוי NU 6:6
למיברא למשריתא לא **יעול** למצוע משריתא:: ואתר מזמן DT 23:11
סווין דמוי ומן בתר כדין **יעול** למשריתא: וית תורא LV 16:26
במיא וידכי ובתר כן **יעול** למשריתא ויתיב מברא LV 14:8
סווין דמוי ומן בתר כן **יעול** למשריתא: ותהי דא לכון LV 16:28
לגבר חילונאי יבמה **יעול** עלה ויסבינה ליה לאיתו וייבם DT 25:5
בסוף תלתי יומין **יעול** קדם פרעה דוכרנך וירים ית GN 40:13
דלא ידעתון: ויהי ארום **יעיל** יתכון ייי אלקכון לארעא DT 11:29
הי כמא דפקדנא: ארום **יעילינך** ייי אלקך לארעה דאת DT 7:1
דין בין טב לביש הינון **יעלון** לתמן ולהון אתנינה והינון DT 1:39
גהינם מן בגלל דלא **יעלון** תמן נפשת דרדקי עמא EX 40:8
במיעלך: ויהי ארום **יעלינך** ייי אלקך לארע דקיים DT 6:10
ירחא דאביבא: ויהי ארום **יעלינך** ייי אלקך לארע כנענאי EX 13:5
ולא בליליא: ויהי ארום **יעלינך** ייי לארעא דכנענאי היכמא EX 13:11
סיגוופיהון דבנך וממרי **יעלינך** תמן אוף אסיק ית בנך GN 46:4
הות יוכלא מן קדם ייי **לאעלא** ית עמא הדין לארעא NU 14:16
אפיק פריקין מן בגלל **לאעלא** יתנא למיתן לנא ית ארעא DT 6:23
חילא מן קדם ייי **לאעלותהון** לארעא דמליל להון DT 9:28
עד מילואי מימיכון: **לאעלותכון** בקיימא דייי אלקכון DT 29:11
מינכון מן קדמיכון **לאעלותכון** למיתן לכון ית ארעהון DT 4:38
בעוד סוגעי ארעא **למיעול** לאפרת ולא יכילת GN 48:7
ישבוק מלאכא מחבלא **למיעול** לבתיכון למימחי: ותיטרון EX 12:23
עברין יומא דין ית יורדנא **למיעול** למירות עממין רברבין DT 9:1
ארום אנת מתמני **למיעול** עם עמא הדין לארעא DT 31:7
ליבא דישראל בגין דלא **למיעל** לארעא דיהב להון ייי: ותקיף NU 32:9
אתון עברין ית יורדנא **למיעל** למירות ית ארעא דייי DT 11:31
ולא הוה אפשר למשה **למיעל** למשכן זימנא ארום שרא EX 40:35
בארעא: והוה כמא דקריב **למיעל** לתחום מצרים ומטו לנהרא GN 12:11
דאתון עברין ית יורדנא **למיעל** לתמן למירתה: לא סהדין DT 30:18
סיב וגבר לית בארעא **למיעל** עלנא כאורח כל ארעא: GN 19:31
כל מידעם דאורחיה **למיתעלא** בנורא לביסיא קדירתא NU 31:23
יתך בריגלי דאהניית לך **מדעלית** בביתך וכדון אימת אעביד GN 30:30
ואתקינו ית דורונא עד **מיעל** יוסף בשירותא דטיהרא ארום GN 43:25
יצבע ית לבושוי: ואין **מיעל** ייעול כהנא וייחמי והא לא LV 14:48
שתא תשיעתא עד זמן **מיעל** עללתא תיכלון עתיקתא: LV 25:22
על אהרן ועל בנוי בזמן **מיעלהון** למשכן זימנא או EX 28:43
ידיהון וית ריגליהון: בזמן **מיעלהון** למשכן זימנא ובמיקרבהון EX 40:32
וית ריגליהון: בזמן **מיעלהון** למשכן זימנא יקדשון מוי EX 30:20
עיגלא דדהבא ובזמן **מיעליה** יסחי ית בישריה בארבעין LV 16:4
יהי במשכן זימנא בזמן **מיעליה** לכפרא בקודשא על LV 16:17
על בית אפוי עד זמן **מיעליה** למללא עימיה: וכנש משה EX 34:35
בישא אחורי משה עד זמן **מיעליה** למשכנא: והוה כד עאיל EX 33:8
דמילת דילבש בזמן **מיעליה** לקודשא ויצניעינון תמן: LV 16:23
דינא על ליביה בזמן **מיעליה** לקודשא לדוכרן טב קדם EX 28:29
וישתמש קליה בזמן **מיעליה** לקודשא קדם ייי ובזמן EX 28:35
על ליבה דאהרן בזמן **מיעליה** קדם ייי ויטול אהרן ית דין EX 28:30
למיעבד מידעה עד **מיעלך** לתמן בגין כן קרא שמא GN 19:22
אנת ובנך עימך ביזמן **מיעלכון** למשכן זימנא היכמה LV 10:9
דוותא יתדי וכל דלא **מיתעל** בנורא כרנבתא כסיא NU 31:23
לטוננא בקדמיתא אנן **מיתעלין** למתעקפא עלן ולמדיינא GN 43:18
וצורה וכל דמו דבשמיא **מלעיל** ודי בארעא מלרע ודי במיא EX 20:4
שמיא: חמיסירי גרמידין **מלעיל** תקפו מיא ואיתחפיאו GN 7:20
ית כפורתא על ארונא **מלעילא** ובגו ארונא תיתן ית לוחי EX 25:21
יתיה: ארום ייי אלקכון **מעיל** יתכון לארעא משבחא DT 8:7
במיעלכון לארעא דאנא **מעיל** יתכון לתמן: ויהי במיכלכון NU 15:18
דארעא דכנען דאנא **מעיל** יתכון לתמן לא תעבדון LV 18:3
יתכון ארעא דאנא **מעיל** יתכון לתמן למיתב בה: ולא LV 20:22
לואי דמיתנא: ולמא ייי **מעיל** יתנא לארעא הדא למיפל NU 14:3
ארעכון ית מה דאתון **מעלין** לגווה ואילן דאנפי ברא LV 26:20
ותרנגולא עד קיסרין **מעלך** לאבלס דקילקאי: ויפוק NU 34:8
מדברא דצין עד פלטיוות **מעלך** לאנטוכיא: וסליקו מן צטר NU 13:21
חלוצא דעל אנפי מצרים **מעלך** לאתור על אנפי כל אחוי GN 25:18
תחום כנענאי מן בותנייס **מעלך** לגרר עד עזה מעלך לסדום GN 10:19
כארעא דמצרים **מעלך** לזוער: ובחר ליה לוט ית כל GN 13:10
אומניס תכוונון לכון **מעלך** לטבריא ויהון מפקנוי NU 34:8
מעלך לגרר עד עזה **מעלך** לסדום ועמורא אדמא GN 10:19
בית מותבניהון מן מישא **מעלך** לספרוואי טור מדינחא: אילין GN 10:30
מבי מדרשא דשם רבא **מעלנא** דביר דאיתגלי עלוי חי GN 24:62
למשכנא: והוה כד **עאיל** משה למשכנא נחית עמודא EX 33:9
בריכני אוף לי אבא: ואמר **עאל** אחוך בחכמתא וקבל מיני GN 27:35

דמלכיא ויתמסר בידיהון **עאל** אתא במעלי יומא דפיסחא GN 14:13
והוה מסוף תרתין שנין **עאל** דוכרניה דיוסף קדם מימרא GN 41:1
דלא למקטל נפש **עאל** וקטליה חובת שפיכות אדם EX 22:2
לא ישלם אין אגירא הוא **עאל** פסידיה באגריה: וארום ישרגיג EX 22:14
וגחנו וסגידו: ובתר כדין **עאלו** משה ואהרן ואמר לפרעה EX 5:1
דפקדיה ייי: ואמר ייי לנח **עול** אנת וכל אינש ביתך לתיבותא GN 7:1
לבן דהוא אברהם ואמר **עול** בריכא דייי למא אנת קאי GN 24:31
כדון מנעני ייי מן למילד **עול** כדון לות אמתי ואחרדינה GN 16:2
ואמרת הא אמתי בלהה **עול** לוותה ותיליד ואנא אירבי GN 30:3
ייי: ואמר יהודה לאונן **עול** לות איתת אחוך ויבם יתה GN 38:8
דמשה: ואמר ייי למשה **עול** לות פרעה ארום אנא יקרית EX 10:1
ית נהרא: ואמר ייי למשה **עול** לות פרעה ותימר ליה כדנא EX 7:26
ית עמא: ואמר ייי למשה **עול** לות פרעה ותמליל עימיה כדנא EX 9:1
ייי עם משה למימר: **עול** מליל עם פרעה מלכא דמצרים EX 6:11
תצטרכון למיטול זיינא **עולו** ואחסינו ית ארעא וקבעו בה DT 1:8
וית מדינתהון והוינן **עיילין** לטריקליניהון וחמיין NU 31:50
יתהון אזדקף שיקפא **עיל** מיניה עד דנפק נס שתיתאי NU 25:8
אמטולתיך: והוה כדי **על** אברם למצרים וחמון מצראי ית GN 12:14
ליומחרא ארום תהוי **על** אגרי לקמך כל דלתוהי נמור GN 30:33
גבר עבראי למגחוך בנא **על** לותי למשכוב עימי וקרית GN 39:14
האילין למימר **על** לותי עבדא עבראי דאייתיתא GN 39:17
יצחק אבוי ועשו אחוי **על** מצידיה: ועכיב מימרא דייי GN 27:30
ואברהם ושרה סבין **עלו** ביומין פסק מלמהוי לשרה GN 18:11
ונוקבא מן כל בישרא **עלו** היכמא דפקיד יתיה ייי אלקים GN 7:16
ונפקו: מותר בנוי דיעקב **עלו** לחלצא קטילייא ובזו ית GN 34:27
לדכאואיהון: ומבתר כדין **עלו** ליואי למפלח ית פולחנהון NU 8:22
מידעם ביש ארום בגין כן **עלו** למיבת ואיטמרו תחות טלל GN 19:8
ולא אישתמודע ארום **עלו** למעהן ומחמהן ביש הי GN 41:21
דמצרים: וכל דיירי ארעא **עלו** למצרים למזבון עיבורא מן GN 41:57
על ארעא: תרין תרין **עלו** לנח לתיבותא דכר ונוקבא GN 7:9
עימיה: ובנוי דיעקב **עלו** מן חקלא כדי שמעו ואיתנסיסו GN 34:7
דייי בעובדי ידיי בכן **עלו** משה ואהרן למשכנא זימנא LV 9:23
לעלמא עלמין: ארום **עלו** סוסוות פרעה ברתיכוי ופרשוי EX 15:19
חד מן ארבעה דינין די **עלו** קדם משה נביא ודן יתהון על NU 15:34
חד מן ארבעא דינין די **עלו** קדם משה נביא וסכם יתהון על NU 27:5
גבר עם אינש ביתיה **עלו**: ראובן שמעון לוי ויהודה: EX 1:1
לא מתפרק ויזדבן בדמי **עלוייה**: ברם כל אפרשא די יפרש LV 27:27
ועל סייפך תהי רחיץ **עלול** לכל אתר ומרכיך וחאי GN 27:40
ליט הוה כרכא דשכם כד **עלון** לגוה למחרבה ברוגזיהון GN 49:7
כד יהון בנוי דיצחק ברי **עליין** לשעת אניקי תהוי מידכר GN 22:14
כפורי: בהדא מידה יהי **עליל** אהרן לקודשא בתור בר תורי LV 16:3
עם אהרן אחוך ולא יהי **עליל** בכל עידן לקודשא מן לגיו LV 16:2
בעמא הדין הכדין יהי **עליל** ונפיק בעלמא דאתי מטול DT 33:21
גניז והיכמא דהוה **עליל** ונפיק בריש עמא בעמא הדין DT 33:21
איקרון בנין והוה כד הוה **עליל** לות אינתתיה דאחוי הוה GN 38:9
ידך על ארעא דאנת **עליל** לתמן למירתה: ארום תידרון DT 23:21
ייי אלקך לארעה דאת **עליל** לתמן למירתה ויגלי עממין DT 7:1
בלבושי דהבא לא יהי **עליל** מטול דלא ידכר חובת עיגלא LV 16:4
ביומא דרביו יתיה: וכד **עליל** משה למשכן זימנא למללא NU 7:89
דבית אנפוי סודרא: וכד **עליל** משה לקדם ייי למללא עימיה EX 34:34
לסדרי קרבא ודי הוי **עליל** קדמיהון מן סדרי קרבא NU 27:17
כדבש: ארום ארעא דאנת **עליל** תמן למירתה לא כארעא DT 11:10
ותימר להון ארום אתון **עלין** לארעא דכנען דא ארעא NU 34:2
על ארעא וידע דאחוי **עלין** למזבון מני נטורין בתרעי GN 42:6
קרבא ועל מימריה יהון **עלין** למידון דינא הוא וכל בני NU 27:21
היכנא בגו ארעא דאתון **עלין** לתמן למירתה: ותינטרון DT 4:5
דין קדם ייי אלקך ארום **עלינן** לארעא דקיים ייי לאבהתן DT 26:3
אבהתהון: ארום אתון **עללין** לארעא דייי אלקכון יהיב DT 18:9
ובתריצות ליבכון אתון **עללין** למירות ית ארעהון ארום DT 9:5
אלקכון בארעא דאתון **עללין** לתמן למירתה: ואין יהרהר DT 30:16
מעילוי ארעא דאתון **עללין** לתמן למירתה: ויבדרכון ייי DT 28:63
אלקכון לארעא דאתון **עללין** לתמן למירתה ותיתנון שית DT 11:29
ית עממיא דאתון **עללין** לתמן לתרכותהון מן DT 12:29
טעוות עממיא דהינון **עללין** תמן ביניהון וישבקון דחלתי DT 31:16
מעילוי ארעא דאתון **עללין** תמן למירתה: ימחי יתכון DT 28:21
דעשו וריח תבשיליה **עלת** באנפוי היך ריחא דיקידת GN 27:33
מכל דאייתי עד דלא **עלת** ובריכתיה ואפילו הכי בריך יהי: GN 27:33
תרין בנין עד לא **עלת** שתא דכפנא דילידת ליה GN 41:50
דאמוראי בעידן די **עלתון** לגווה וקמית וסייעית יתכון GN 48:22
דבני ישראל בגין כן לא **תהנעלון** ית קהלא הדין לארעא די NU 20:12
לקדמותיה ואמרת לותי **תיעול** ארום מיגר אגרתך ביברוחי GN 30:16
תחמי ית ארעא ותמן לא **תיעול** לארעא דאנא יהיב לבני DT 32:52
בכין תזדכי ממומתי אין **תיעול** לבית יחוסי ואין לא ינתנון GN 24:41
מוזפו דמידעם לא **תיעול** לביתיה למשכוניה משכוניה: DT 24:10

מעברא ומן בתר כדין **תיעול** לוותה ותפרין יתה ותיהווי DT 21:13
ואמרת מה תתן לי ארום **תיעול** לותי: ואמר אנא אשדר גידי GN 38:16
דאמרתון בפומכון: ארום **תיעול** למיסב אגרא כפעל בכרמא DT 23:25
ולות צנך לא תתן: ארום **תיעול** למיסב אגרא כפעל בקמתא DT 23:26
למימר אוף אנת לא **תיעול** לתמן: יהושע בר נון דמשמש DT 1:37
תיקרב ולבי מקדשא לא **תיעול** עד זמן מישלם יומי דכותה: LV 12:4
עלם לדריכון: וארום **תיעולון** למסדרא סידרי קרבא NU 10:9
ישראל ותימר להון ארום **תיעלון** לארע מותבניכון דאנא יהיב NU 15:2
הכדין תעביד לליואי עד **תיעלון** לארעא במטרתהון: ומליל NU 8:26
ישראל ותימר להון ארום **תיעלון** לארעא דאנא יהיב לכון LV 23:10
ישראל ותימר להון ארום **תיעלון** לארעא דאנא יהיב לכון LV 25:2
ולא ירשעון תוב: ארום **תיעלון** לארעא דייי אלקכון יהיב DT 17:14
לא תתנשי: ויהי ארום **תיעלון** לארעא דייי אלקכון יהיב DT 26:1
ועם אהרן למימר: ארום **תיעלון** לארעא דכנען דאנא יהיב LV 14:34
עד עלמא: ויהי ארום **תיעלון** לארעא דעתיד למיתן לכון EX 12:25
אמירא דאתון לא **תיעלון** לארעא דקיימית במימרי NU 14:30
מחובתיה דחב: וארום **תיעלון** לארעא ותינצבון כל אילן LV 19:23
ותידכון ומן בתר כן **תיעלון** למשריתא: ואמר ייי עם NU 31:24
קדם ייי אלקכון הוא: ולא **תיעלון** ריחוקי טעוותא DT 7:26
ואתחייל ארום אנת **תעיל** ית בני ישראל לארעא DT 31:23
פתיכא תתעבד מטגנא **תעיל** יתה מרסקא מנחת ריסוקין LV 6:14
ית מגזתיה דיובקא: **תעיל** יתהון ותנצוב יתהון בטור EX 15:17
מכל בישרא תרין מכולא **תעיל** לתיבותא לקיימא עימך דכר GN 6:19
לסדרי קרבא ולוות עמיה **תעילניה** מסדרי קרבא בשלם ידוי DT 33:7
ישראל ית גרמיה בזנו: לא **תעלון** אגר מוהבות מטעיתא ופירוג DT 23:19

עלי (20)

בבעירא מסאבא ויפרוק **בעילוייה** ויוסיף חומש דמוי עלוי LV 27:27
ייי דכר שלים מן ענא **בעילוייה** כסף הי כדמי הניית LV 5:15
וייתי דכר שלים מן ענא **בעילוייה** לאשמא לות כהנא ויכפר LV 5:18
ייי דכר שלים מן ענא **בעילוייה** לאשמא לות כהנא: ויכפר LV 5:25
בין טב לבין ביש היכמה **דיעלי** כהנא היכדין יהי: ואין מפרוק LV 27:12
בין טב לבין ביש היכמה **דמעלן** כהנא היכדין יקום: ואין דין LV 27:14
עיבור וחמר לחוד שמיא **דעילויהון** רסיין להון טלין DT 33:28
ית בעירא קדם כהנא: **ויעלי** כהנא יתה בין טב לבין ביש LV 27:12
ביתיה קודשא קדם ייי **ויעליניה** כהנא בין טב לבין ביש LV 27:14
ויוקימיניה קדם כהנא **ויעליניה** כהנא כמיסת דתדביק יד LV 27:8
יד נודירא היכדין **יעליניה** כהנא: ואין בעירא דיקרבון LV 27:8
יקדיש חקליה הי **כעלוייה** יקום: ואין בתר יובילא LV 27:17
נפשתא לשמא דייי: ויהי **עילוייה** דביר דכר מן בר עשרין שנין LV 27:3
ואין מסכן הוא ממיסת **עילוייה** ויוקימיניה קדם כהנא LV 27:8
ולעילא אין ביר דכר ויהי **עילוייה** חמיסר סילעין ולברתה LV 27:7
ועד בר שתין שנין ויהי **עילוייה** חמשין סילעין דכסף LV 27:3
דיליה אחסנת ארעא: וכל **עילוייה** יהי בסילעי קודשא עשרין LV 27:25
דכסף ודברתה נוקבא **עילוייה** תלתא סילעין דכסף: ואין LV 27:6
ירחא תיפרוק בסכום **עילוייך** כסף חמשא סילעין בסילעי NU 18:16
ביתיה ויוסיף חומש כסף **עלויי** עלוי ויהי דיליה: ואין מן חקיל LV 27:15

עלי (9)

עד שתא דיובלא ויתן ית **עלוייה** ביומא ההוא קודשא קדם LV 27:23
ועד בר חמש שנין ויהי **עלוייה** דביר דכר חמש סילעין LV 27:6
ועד בר עשרין שנין ויהי **עלוייה** דביר דכר עשרין סילעין LV 27:5
דיובלא ומנכי ליה מן **עלוייה**: ואין מפרק יפרוק ית חקלא LV 27:18
ויוסיף חומש דמיה על **עלוייה**: וגבר ארום יקדש ית ביתיה LV 27:13
יקדש גבר קדם ייי ויהי **עלוייה** כמיסת זרעיה אתר LV 27:16
ליה כהנא ית סכום דמי **עלוייה** עד שתא דיובלא ויתן ית LV 27:23
יתיה ויוסיף חומש כספא **עלוייה** עלוי ויקום ליה: ואין לא LV 27:19
ואין ברת נוקבא היא ויהי **עלוייה** תלתין סילעין: ואין מבר LV 27:4

עללתא (2)

מרשן למיכול פטירי **מעללתא** חדתא וביומא שביעאה DT 16:8
ית עומרא ותיכלון פטירי **מעללתא** עתיקתא ושיתא יומין DT 16:8

עלם (264)

לממת ולית אנא חיי תוב **בעלם** אוחרן ולמה דנן לי בכירותא GN 25:32
דנן לי בכירותא וחולקא **בעלמא** דאת אמר: ואמר יעקב קיים GN 25:32
הדין ולית לי חולק **בעלמא** דאתי או דילמא ייזלון GN 15:1
בעלמא הדין ותורך יומין **בעלמא** דאתי: ארום תיבני ביתא DT 22:7
באישא טפייא ולא ניקד **בעלמא** דאתי באישא אכלא אשא GN 38:25
ישתצי בר נשא ההוא **בעלמא** דאתי דעתיד למיתן חושבן NU 15:31
אלא עד דהינון בחיין **בעלמא** דאתי ולא משהי לסנאוי DT 7:10
הדין ואוגדות יומיכון **בעלמא** דאתי ותתכנשון בסוף DT 30:20
באנפי אבהתיי צדיקייא **בעלמא** דאתי טב לי יקיד בעלמא GN 38:25
הכדין יהי עליל ונפיק **בעלמא** דאתי מטול דזכוון קדם ייי DT 33:21
על גב דהינון נפלין קומך **בעלמא** הדין אגר עובדך טביא נטיר GN 15:1
נביאתא למלקי בצורעא **בעלמא** הדין אולפן סגי אית לה NU 12:16
בעלמא דאתי טב לי יקיד **בעלמא** הדין באישא טפייא ולא GN 38:25
דלא טעמין מיתותא **בעלמא** הדין ברם סופיהון DT 32:1

אמר בליביה טב לי בהית **בעלמא** הדין דהוא עלם עביר ולא GN 38:25
סהדין דטעמין מיתותא **בעלמא** הדין האנא מסהיד בהון DT 32:1
עסיקין בה היא חייכון **בעלמא** הדין ואוגדות יומיכון DT 30:20
מלכותא והוא מלך מלכין **בעלמא** הדין ודיליה היא מלכותא EX 15:18
בעירא מסאבא איתא **בעלמא** הדין ולא אתיא לעלמא NU 22:30
דישראל: ייחי ראובן **בעלמא** הדין ולא יימות במיתותא DT 33:6
איתקבלת אגר מצוותיי **בעלמא** הדין ולית לי חולק בעלמא GN 15:1
בחייהון באולפן אורייתא **בעלמא** הדין וקיימו פיקודייא GN 3:24
לך מן בגלל דיוטב לך **בעלמא** הדין ותורך יומין בעלמא DT 22:7
בטיל אישתיציאה **בעלמא** הדין ישתצי בר נשא ההוא NU 15:31
ואין לא תייטיב עובדך **בעלמא** הדין ליום דינא רבא חטאך GN 4:7
אגר עובדיהון טביא **בעלמא** הדין מן בגלל למשציא DT 7:10
אלא עד דהינון בחיין **בעלמא** הדין משלים להון גומליהון: DT 7:10
תזממונה ליה: כד דיירין **בעלמא** הדין שעא חדא אחין מן DT 25:5
אוף אנא יתכון עראי **בעלמא** ואמחי יתכון לחוד אנא LV 26:24
אנא אדכר יתהון עראי **בעלמא** ואעיל יתהון בגלותא בארע LV 26:41
אוף אנא יתכון עראי **בעלמא** וארדי יתכון לחוד אנא LV 26:28
עד לא אתיהב קיימא **בעלמא** ומן דאיתיהיב קיימא LV 20:17
חמון תרין יחידאין דאית **בעלמא** חד נכיס וחד מתנכיס GN 22:10
חטיב יתכון חטיבא חדא **בעלמא** יומנא דהכין כתיב מאן DT 26:18
ייי חטבתון חטיבא חדא **בעלמא** יומנא דהכין כתיב שמע DT 26:17
ומן דאיתיהיב קיימא **בעלמא** כל דיעבד כדין וישתיצון LV 20:17
למימר אנא הוא **דאתעלמת** הילכתא מיני ואהרן LV 10:20
והינון מתקריין גיברין **דמעלמא** אינשי שמהן: וחמא ייי GN 6:4
ואוף סדר דינייה **דעלמא** אישתני עליהון: האפשר DT 32:5
בצלותא וכן אמר ריבוניה **דעלמא** בבעו מינך לא אהי מתיל DT 32:50
תחומי אחוי: וחמא נייחא **דעלמא** דאתי ארום טב וחולקא GN 49:15
ומדרא דמשיחא ומדרא **דעלמא** דאתי: ושמע יתרו אונוס EX 17:16
עני מיכאל ואמר ריבוניה **דעלמא** דין הוא עדבך ועל עיסק GN 32:25
לתלתי דריא מדרא **דעלמא** הדין ומדרא דמשיחא EX 17:16
כל קבל ארבעת טריגונין **דעלמא** סדרא קמייתא סמוקתא EX 39:10
כל קבל ארבעא טריגונין **דעלמא** סידרא קדמיא סמוקתא EX 28:17
לאיתקררא על נהרא **ועולימתהא** אזלן על גיף נהרא EX 2:5
ערקין כל קבל גללוי **ועלים** ייי ית מצראי בגו ימא דלא EX 14:27
לה ניסא והדרת **לעלימותא** כמה דהוות כד היא EX 2:1
דיוטב להון ולבניהון **לעלם**: איזל אימר להון שרי לכון DT 5:29
ובין בני ישראל את היא **לעלם** ארום בשיתא יומין ברא ייי EX 31:17
בתריכון לירותת אחסנא **לעלם** בהון תפלחון ובאחיכון בני LV 25:46
לוותכון דין הוא שמי **לעלם** ודין דוכרני לכל דר ודר: איזיל EX 3:15
לכון איתן לבנכון ויחסנון **לעלם**: והוה תהו מן קדם ייי על EX 32:13
הדין דריבוייה ריבוי **לעלם** וקידושיה קידוש לעלם מן LV 1:1
עימך ואוף בך יהימנון **לעלם** ותני משה ית פיתגמי עמא EX 19:9
אלקכון ותהי תל חרוב **לעלם** לא תתבני תוב: ולא תידבק DT 13:17
מלאך קיים ויחי **לעלם** למבשרא גאולתא בסוף NU 25:12
לעלם וקידושיה קידוש **לעלם** מן דינא הוא דלא איעול LV 1:1
מן ייי ובעא למשטפיה **לעלמא** אילולי זכותא דמשה ואהרן NU 11:31
לצדיקיא דמנהרין **לעלמא** בזכותהון: ותיתן ית מדבחא EX 40:4
הדין: וזכו יהי נטיר לנא **לעלמא** דאתי ארום נינטר למיעבד DT 6:25
מבשרנא דלית לי חולק **לעלמא** דאתי ברם אין מייתנא NU 23:10
גבה ביום דינא רבא **לעלמא** דאתי היכמא דיתבע מינה EX 15:12
בשבילי ארחא דחיי **לעלמא** דאתי: ואדם ידע ית חוה GN 3:24
דמייתין בה רשיעיא **לעלמא** דאתי ודא יידכר לן ליום NU 31:50
ודיליה היא מלכותא **לעלמא** דאתי ודיליה היא והויא EX 15:18
עימה ביום דינא רבא **לעלמא** דאתי: והוה ביומא הדין ועל GN 39:10
דמייתון בה רשיעייא **לעלמא** דאתי ויהי עולימוי מתמניין DT 33:6
מן בגלל למשציא יתהון **לעלמא** דאתי ולא משהי לסנאוי DT 7:10
ברם סופיהון לאתחדתא **לעלמא** דאתי ישעיה נביא כד הוה DT 32:1
בעלמא הדין ולא אתיא **לעלמא** דאתי לא יכילת למילוט NU 22:30
הדין אולפן סגי אית לה **לעלמא** דאתי לצדיקיא ולנטרי NU 12:16
טביא נטיר ומתקן קדמי **לעלמא** דאתי סגי לחדא: ואמר GN 15:1
לפרגודא דסהדותא **לעלמא** דשכינתא שריא בישראל LV 24:3
דימטא קיצא למיפוק **לעלמא** ואיתאכיל פלגות בישריה NU 12:12
דאתי ודיליה היא והויא **לעלמא** עלמין: ארום עלו סוסוות EX 15:18
ארעא דלא יתבעון מינה **לעלמי** דאתי ופתחת ארעא פומה EX 15:12
ואמר בריך שום יקריה **לעלמי** עלמין: אמר משה נביא DT 6:4
גבורתיה יהי שמי מברך **לעלמי** עלמין: ארתכוי דפרעה EX 15:3
לא אבטיל שבועתי **לעלמין**: אין שנינא היא ברק סייפי DT 32:40
חי וקיים כאילן חייא עד **לעלמין** וכדון על דלא נטר מה GN 3:22
מיניה הוי חי וקיים עד **לעלמין**: ותרכיה ייי אלקים מגינתא GN 3:22
ואיהוא סהיד או חמא חד **מעלמא** דעבר על פיתגמי מומתא LV 5:1
בנך בתרך לדריהון לקים **עלך** למהוי לך לאלקא ולבנך בתרך: GN 17:7
אית דין ואית דיין ואית **עלם** אחרן ואית למיתן אגר טב GN 4:8
לית דין ולית דיין ולית **עלם** אחרן ולית למיתתן אגר טב GN 4:8
ואחמינה למידכר קים **עלם** בין מימרא דאלקים ובין כל GN 9:16

שבתא לדריהון קיים **עלם**: בין מימרי ובין בני ישראל את EX 31:16
ותהי דא לכון לקיים **עלם** בירחא שביעאה הוא ירח LV 16:29
פולחנא לא תעבדון קיים **עלם** בכל מותבניכון לדריכון: ובזמן LV 23:21
יומא הדין לדריכון קיים **עלם**: בניסן בארבסר יומין לירחא EX 12:17
ליה מקורבנייא דייי קיים **עלם**: גברא חייבא מרוד באלק LV 24:9
לרבו ולבנך לקיים **עלם**: דין יהי לך מקודש קודשיא מה NU 18:8
דיתגיירון ביניהון לקיים **עלם**: דיקרב בישכיבא לכל בר נשא NU 19:10
לא יזבנון ארום אחסנת **עלם** הוא להון: וארום יתמסכן אחוך LV 25:34
בשר קורבניא דקיים **עלם** הוא קדם ייי הכדין הוא לך NU 18:19
לך ולבנך עימך לקיים **עלם** היכמא דפקיד ייי: תלתא LV 10:15
לצדיקייא קדם ברייה **עלם** ואשרי תמן ית אדם כד ברייה: GN 2:8
כל ארעא דכנען לאחסנת **עלם** והוי להון לאלקא: ואמר ייי GN 17:8
ית נפשתיכון קיים **עלם**: ויכפר כהנא די רבי יתיה LV 16:31
הדא לברך בתרך אחסנת **עלם**: וכדון תרין בנך דאיתילידו לך GN 48:4
ולבנתך עימך לקיים **עלם** ולא יתבטיל הי כמלחא NU 18:19
הוא: ותהי לכון לקיים **עלם** ולחוד כהנא דמדי מי אדיותא NU 19:21
קימי בבשרכון לקים **עלם**: וערלאה דכורא דלא יגזר ית GN 17:13
מן בני ישראל קיים **עלם**: ותהי לאהרן ולבנוי ויכלוניה LV 24:8
ותהי להון כהונתא לקיים **עלם** ותקרב קורבנא דאהרן EX 29:9
ולבנוי בתרוי קיים רבות **עלם** חולף דקני לאלקיה וכפר על NU 25:13
קירוי אחסנתהון פורקן **עלם** יהי לליואי: ומאן דיפרוק מן LV 25:32
ולבנתך עימך לקיים **עלם** כל דידכי בביתך ייכול ייתיה: NU 18:11
ית קימי עימיה לקים **עלם** לבנוי בתרוי: ועל ישמעאל GN 17:19
להון רבותהון לכהונת **עלם** לדריהון: ועבד משה הי ככל מה EX 40:15
ועד צפרא קדם ייי קיים **עלם** לדריהון מן בני ישראל: ואנת EX 27:21
פולחנא לא תעבדון קיים **עלם** לדריכון בכל אתר מותבניכון: LV 23:31
ית קרבן אלקכון קיים **עלם** לדריכון בכל מותבניכון: LV 23:14
כל תריב קדם ייי: קים **עלם** לדריכון בכל מותבניכון כל LV 3:17
ויהון לכון לקים **עלם** לדריכון: וארום תיעולון NU 10:8
מזדהרין בפולחנהון קיים **עלם** לדריכון ובגו בני ישראל לא NU 18:23
ביקידת אישתא קים **עלם** לדריכון: ולאפרשא ביני LV 10:9
צפר קדם ייי תדירא קיים **עלם** לדריכון:: ותיסב סמידא ותיפי LV 24:3
ולגייורא די יתגיירון קיים **עלם** לדריכון כוותכון כגייורא יהי NU 15:15
בבני אהרן ייכלינה קיים **עלם** לדריכון מקרבנייא דייי כל LV 6:11
באישא מצלהבא קיים **עלם** ליה ולבנוי בתרוי: ודין פתגמא EX 28:43
מצלהבא ותהי להון קיים **עלם** ליה ולבנוי לדריהון: ומליל ייי EX 30:21
ותהי דא לכון לקיים **עלם** לכפרא על בני ישראל מכל LV 16:34
כהנא ולבנוי לקיים **עלם** מן בני ישראל: דא היא LV 7:34
ויהי לאהרן ולבנוי לקיים **עלם** מן בני ישראל מניכסת EX 29:28
בהית בעלמא הדין דהוא **עלם** עביר ולא נבהית באנפי GN 38:25
איהוא יעבד יתה קיים **עלם** קדם ייי גמירה תסתדר LV 6:15
דהינון טען בתריהון קיים **עלם** תהי דא להון לדריהון: ולהון LV 17:7
קדם ייי לדריכון קים **עלם** תחגוניה: שובעא יומין פטירא EX 12:14
אנא דברחמין אתברי **עלמא** אבל לא כפירי עובדין טבין GN 4:8
בירא דחפרו יתה אבהת **עלמא** אברהם יצחק ויעקב NU 21:18
ביני שימשתא דשכלול **עלמא** אחיד ברחישותא דאילנא GN 22:13
ית משה וית אהרן מן **עלמא** אילולי דאיתגלי איקרא דייי NU 16:19
לכון למישתיצא מיגו **עלמא** אילולי דדכר לכון זכוות DT 1:1
נביא למתכנשא מיגו **עלמא** אמר בליביה ליתנא מסהיד DT 32:1
ייי למשה דין דאמר והוה **עלמא** אמר והוה כולא ואמר כדנא EX 3:14
לא סהדין דעברין מן **עלמא** אנא מסהיד בכון יומנא DT 30:19
עני ואמר קדם ריבון **עלמא** אפשר דמטול איליין ימותון NU 25:8
לכון ולבניכון בתריכון עד **עלמא** ארום תעבדון דכשר קדם ייי DT 12:28
יתכון: אידכרו מן יומת **עלמא** אתבוננו בשנהון דכל דר ודר DT 32:7
מוי דנילוס ויעדי כפנא מן **עלמא** ביומך: ואמר פרעה ליעקב GN 47:7
אתברייו בתר שיכלול **עלמא** במעלי שבתא ביני שימשתא NU 22:28
או סגיר דמרחק באורח **עלמא** בקריות ליליא והוא בר מן NU 9:10
כרוביא קדם עד לא ברא **עלמא** ברא אורייתא אתקין גינתא GN 3:24
דאדר אתכניש מגו **עלמא** ברא קלא נפלת מן שמייא DT 34:5
דהוא ריש שתא לשכלול **עלמא** בשבסרי יומין לירחא ביומא GN 7:11
אלהין דייחמון דיירי **עלמא** גבורתא דייי וימרון הלא GN 14:13
דייי: בריך שמיה דמריה **עלמא** דאליף לן ארחתיה תקניה DT 34:6
לא תידחלון אבהת **עלמא** דאפילו פסקא זכותהון דכל DT 28:15
מן בגלל דתיחון בחיי **עלמא** דאתי אתון ובניכון: למירחם DT 30:19
מארשה וכפר בחיי **עלמא** דאתי ובזה ית בכירותא: GN 25:29
עשו ית בכירותא וחולק **עלמא** דאתי: והוה כפנא תקיף GN 25:34
לאדם ואמר ליה הלא כל **עלמא** דבריתי גלי קדמיי חשוכא GN 3:9
אלליא אתר דמרדו במרי **עלמא** דכד תבו אלליא הוו בני NU 21:1
אית לי דאנא עביר מן **עלמא** דלא בנין ואליעזר בר פרנסת GN 15:2
מפתחי בידי דמרי **עלמא** דלא מסרינון בידא DT 28:12
חזור מטול זכוות אבהת **עלמא** דמחזרן חזור חזור לעמא EX 40:8
עמא בית ישראל ומרי **עלמא** דמן לטוורא וקריבו דין לדין NU 21:14
ברכתא אימהתא דמן **עלמא** דמתילין לגלימתא: ומטוב DT 33:15
מטול זכוות אימהת **עלמא** דפריס בתרע גהינם מן בגלל EX 40:8

אבונן למתכנשא מיגו **עלמא** הוה מסתפי דילמא אית DT 6:4
מצוגייא תלתי אבהת **עלמא** הינון אברהם יצחק ויעקב GN 40:12
למובדא ולמישתציה מגו **עלמא** הלא יהבית רוח קדשי בהום GN 6:3
דין עילאי משבחין למרי **עלמא** ואוצרי טלין מתפתחין ביה GN 27:1
עילאי משבחין למרי **עלמא** ואוצרי טלין מתפתחין ביה GN 27:6
ורחיצו ברחמי מרי **עלמא** ואיליין שמהן בנתוי מחלה NU 27:1
זאזיהון עניין אבהת **עלמא** ואמרין חבול על בנינן כד DT 28:15
מרומא משבחין למרי **עלמא** ואנא חד מן מלאכיא GN 32:27
ויעקב דבזכותהון אתברי **עלמא** ואנת אזיל למילט יתהון ודי NU 22:30
עלי דאנא מתכנש מן **עלמא** ואנת משמש מן בתריי אנת NU 11:29
לך איתנינא וליבנך עד **עלמא:** ואשוי ית בנך סגיאין כעפרא GN 13:15
תשרי שכינת מרי **עלמא** ובאחסנתיה יתבני בית GN 49:27
עלמא ופתכא מכל מימי **עלמא** ובריה סומק שחים וחיור GN 2:7
כאורח הילכת בריית **עלמא** והוא משמש קדמיהון ואינון GN 18:8
בשם מימרא דייי אלקא **עלמא:** והוה בתר פיתגמיא האילין GN 21:33
דגליין מסטירין דמרי **עלמא** והוו מיטרדין ואזלין עד זמן GN 28:12
אינשא וייחי בהון בחיי **עלמא** וחולקיה עם צדיקייא אנא LV 18:5
וכן אמרת אתון כל עללי **עלמא** וחמון בצערי דמשה רבהון DT 34:5
יבטל יצרא בישא מן **עלמא** ויברי יצרא טבא די DT 30:6
בעינבויי מן יומי שירוי **עלמא** ויהביה ביד יעקב ויעקב GN 27:25
הא משה מתכניש מן **עלמא** ויהושע בר נון קאי מן בתריה NU 11:26
לך ולבנך דכורייא עד **עלמא:** ויהי ארום תיעלון לארעא EX 12:24
ארום איתיליד כאורח **עלמא** ויהי שבעתי יומין בתר LV 22:27
בשום מימרא דייי אלקא **עלמא:** וית לוחיא חפא דהבא וית EX 36:33
דגלותא אתיא על **עלמא:** וכל עמא חמיין ית קליא היך EX 20:17
אימות: אתיב ליה מרי **עלמא** וכן אמר מן בגלל דשקרתון DT 32:51
לקין ברחמין איתברי **עלמא** וכפירי עובדין טבין הוא GN 4:8
ועבדיה למפלח ביה דיירי **עלמא** ולחשוכא קרא ליליא GN 1:5
תתובא מן בני בנוי עד **עלמא** ומחאי ית מצראי וטמריה EX 2:12
יהי נהורא לאנהרא **עלמא** ומן יד הוה נהורא: וחמא GN 1:3
האילין קדם מרי **עלמא** ומן יד מימרא דייי נסי ית GN 22:1
ייי ביום תניין לבריאת **עלמא** ומתחינון ליקר שכינתא רמין NU 24:6
יהון בנך ונסגוד למרי **עלמא** ונתוב לוותכון: ונסיב אברהם GN 22:5
מקדשא ומארבעת רוחי **עלמא** ופתכא מכל מימי עלמא GN 2:7
מטול דיעדי כפנא מן **עלמא** וצפירי עיזין תריסר NU 7:87
מלקדמין מרדו במרי **עלמא** ושיציאונון מן ארעא וכד GN 14:13
ית מצראי ותלת אבהת **עלמא** ושית אימהתא ותריסר EX 14:21
למתפרנסא בהון דיירי **עלמא** ותסדר ית סדרוי תרין סדרי EX 40:4
תחות אפיפורין דמרי **עלמא** זיויה הי כעובד אבן טבא והי EX 24:10
ולתמהין ובבניכון עד **עלמא:** חולף דלא פלחתון קדם ייי DT 28:46
דאיליין ודאיליין עד **עלמא** יהוי לאובדנא: וחמא ית יתרו NU 24:20
ממה דגזרין ברם רבון כל **עלמא** ייי אמר לאסגאה ית עמא NU 23:19
כל דכורך קדם רבון **עלמא** ייי: עמי בני ישראל לא EX 23:17
בדבונא נפשיכון ומרי **עלמא** יצדי יתהון עד דיפח נפשהון NU 21:30
דחמידו להין רברבני **עלמא** ישמעאל ועשו וכל בנהא GN 49:26
ומן יד תלש מרי **עלמא** ית טוורא וזקפיה באוירא EX 19:17
יתהון וגלותא אתיא על **עלמא:** ית פיתגמיא האילין מליל ייי DT 5:21
חיתא דעימכון לדרי **עלמא:** ית קשתי יהבית בעננא ותהי GN 9:12
מפרסמא ליה ברם מרי **עלמא** יתין בלבביה דיכיר יתהום GN 38:25
כל דרייא דקמון מן יומת **עלמא** כולהון הינון דקיימין הכא DT 29:14
למיקום עד סוף כל **עלמא** כולהון הינון קיימין הכא DT 29:14
למיחמיהון תוב עד **עלמא:** כיתא דהות אמרא נסדרא EX 14:13
וגברא דהוא דכי ובאורח **עלמא** לא אסתאב ומברא לסקוף NU 9:13
יתאמר מן יומא דאיתברי **עלמא** לא הוה כנמרוד גיבר בצידא GN 10:9
ומיומא דאיתברי **עלמא** לא מטא זימני למשבחא GN 32:27
סנא נטיר בליבהון עד **עלמא:** לא תרחקון אדומאה דאתי DT 23:7
מלכא משיחא ויהוון עד **עלמא** לאובדנא: וקם בלעם ואזל NU 24:24
למעבד רעותא דמרי **עלמא** לאתקבלא ברעוא קדם ייי NU 15:3
דוכרנייא קדם ריבון **עלמא** ליליא קדמאה כד איתגלי EX 12:42
יתמסרן לנא ולבננא עד **עלמא** למעבד להון דינא מטול DT 29:28
לכון: באחסנות עילאה **עלמא** לעממייא די נפקו מבנוי דנח DT 32:8
עתידין למחסן **עלמא** מטול דבנימוסי אומיא לא NU 23:9
בבהילו דשכינת מרי **עלמא** מטול דחייסא מן קדם ייי EX 12:11
ממללין דאיתבריא ביה **עלמא** מן שירויא: והוה במיטלהון GN 11:1
קדמאי מן בגלל דיתמלי **עלמא** מנהון עד לא אתיהב קיימא LV 20:17
כל נביא דקמו מן יומת **עלמא** מתמלל עימהון היכמא NU 12:6
ביום תניין לבריית **עלמא** נעבד אדם בצילמנא GN 1:26
ומשבח עליהון קדם מרי **עלמא:** נפתלי עזגד קליל דמי GN 49:20
ומן תחות אדרע גבורתיה **עלמא** סביל ויבודור בעלי דבביכון DT 33:27
מקהל עמא דייי עד **עלמא:** על עיסק דלא זמינו לכון DT 23:4
תהוי גניזא בגניז חיי **עלמא** עם אבהתך ויקומון רשיעי DT 31:16
קטוליא חרבא נפיק על **עלמא:** עמי בני ישראל לא תהוון EX 20:13
גייורא מותא נפיק על **עלמא:** עמי בני ישראל לא תהוון EX 20:14
גנביא כפנא נפיק על **עלמא:** עמי בני ישראל לא תהוון EX 20:15
נחית ובצורתא אתיא על **עלמא:** עמי בני ישראל לא תהוון EX 20:16
קטוליא חרבא נפיק על **עלמא:** עמי בני ישראל לא תהוון DT 5:17
גיוריא מותא נפיק על **עלמא:** עמי בני ישראל לא תהוון DT 5:18
גנביא כפנא נפיק על **עלמא:** עמי בני ישראל לא תהוון DT 5:19
ובצורתא לא אתי על **עלמא:** עמי בני ישראל לא תהוון DT 5:20
עלוי מן יומא שירוי **עלמא** עפר יהוי מזוניה ולא אתרעם NU 21:6
ודישוד בלא סהדין מרי **עלמא** עתיד לאיתפרעא מיניה ליום GN 9:6
שתייה דבה חתם מריה **עלמא** פום תהומא רבא מן שירויא EX 28:30
קדישא בפיצתיה דמרי **עלמא** פתח מיכאל פמיה ואומר DT 32:9
כנשו זיווהון אבהת **עלמא** צווחין מבית קבורתהון וכל DT 28:15
ופסולא דבהפתיק מרי **עלמא** קאי אלא יהי בך חובת עיכוב DT 23:22
כד איתגלי למיברי **עלמא** תיניינא כד איתגלי על EX 12:42
מיתותא להון מן ימות **עלמא** תתברי להון כדון ואין לא NU 16:30
במטו מינך ריבון כל **עלמיא** גלי קדמך חשוכא הי EX 32:31
תלת מאה ועישרתי **עלמיא** וחקיק ומפרש באבן שתייה EX 28:30
כל דכורך קדם ריבון **עלמיא** ייי אלקא דישראל: ארום EX 34:23
תושבחתן דחיל על כל **עלמיא** ייי אמר במימריה והות לי EX 15:2
אלוק חי וקיים ריבון כל **עלמיא** ייי דבר נש אמר ומכדב ואוף NU 23:19
יתקוף רוגזא דרבון כל **עלמיא** ייי ואמליל ברם זימנא GN 18:32
יתקוף רוגזא דרבון כל **עלמיא** ייי ואמליל מאים ישתכחון GN 18:30
למללא קדם ריבון כל **עלמיא** ייי מאים ישתכחון עשרים GN 18:31
דסיני חמית רבון כל **עלמיא** ייי מרבע יומא לארבעא DT 32:4
בריך שום יקריה לעלמי **עלמין:** אמר משה נביא לעמא בית DT 6:4
היא והויא לעלמא **עלמין:** ארום עלו סוסוות פרעה EX 15:18
יהי שמי מברך לעלמי **עלמין:** ארתכוי דפרעה וחילוותיה EX 15:3
בנוי דגבל דמדורהון מן **עלמין** בארע אדומאי: והוו בני לוטן GN 36:21
בגלל דיוגדון חייכון עד **עלמין:** ויגרי מימרא דייי אלקכון ית DT 30:6
ייי דפורקנך פורקן **עלמין:** שיבטא גד יעברון מזיינין עם GN 49:18

עלע (5)

אדם ודמך ונסיב חדא **מעילעוהי** היא עילעא תלסרית דמן GN 2:21
אתא: ובנא ייי אלקים ית **עילעא** דנסב מן אדם לאיתתא GN 2:22
חדא מעילעוהי היא **עילעא** תלסרית דמן סטר ימינא GN 2:21
חדיא כד מחתך בתרין **עילעין** מיכא ותרין עילעין מיכא LV 7:30
עילעין מיכא ותרין **עילעין** מיכא לוקבל אפקותא LV 7:30

עלעל (1)

קרביא דייי את והב דהוון **בעלעולא** דסגירותא וטרידין בסוף NU 21:14

עם (824)

וסכום עובדיא טביא **דעים** חדא מן ארבעתי משירייתא NU 23:10
בגין אינתתך ותרין בנהא **דעימה:** ונפק משה מתחות ענני EX 18:6
אחנא אשתמודע לך מאן **דעימי** מן דיליך וסב לך ולא ידע GN 31:32
ושאל ית רברבי פרעה **דעימיה** במטרת ביתא דריבוניה GN 40:7
ייי לכון ית אוצריה טב **דעימיה** בשמיא למיתן מטר DT 28:12
כל חיתא וית כל בעירא **דעימיה** בתיבותא ואעבר אלקים GN 8:1
רוחיה בנבואתה **דעימיה** הייתיו ית אפרשותא לקדם EX 35:21
ביתאל הוא וכל עמא **דעימיה:** ובנא תמן מדבחא וקרא GN 35:6
ושתו הוא וגוברייא **דעימיה** ובתו וקמו בצפרא ואמר GN 24:54
ושדר לבלעם ולרברביא **דעימיה:** והות עידוני בצפרא ודבר NU 22:40
יעקת ליה ופליג ית עמא **דעימיה** וית ענא וית תורי וגמלייא GN 32:8
אתא כדרלעמר ומלכיא **דעימיה** ומחו ית גובריא GN 14:5
ריגלוי וריגליה גובריא **דעימיה:** וסדרו קומיה למיכול GN 24:32
ית כדרלעמר וית מלכיא **דעימיה** למישר מפנא הוא בית רסא GN 14:17
לאינשי בייתיה ולכל **דעימיה** עטרון ית טעוות עממייא GN 35:2
אוף אהרן ובנוי וסביא **דעימך** ארום יקיר מינך פיתגמא לא EX 18:18
תארע יד ערל ותותב **דעימך** ויתמסכן אחוך עימיה ויזדבן LV 25:47
למימר פוק אנת וכל עמא **דעימך** ומבתר כדין איפוק ונפק EX 11:8
תוזיף לעמי ית ענייא **דעימך** לא תהי ליה הי כרשיא לא EX 22:24
ונשי בנך עימך: כל חיתא **דעימך** מכל בישרא בעופא GN 8:17
ועם כל נפשת חיתא **דעימכון** בעופא ובבעירא ובכל חית GN 9:10
תזבנון ומן ייחוסיהון **דעימכון** דאיתילידו בארעכון ולא LV 25:45
ובין כל נפשת חיתא **דעימכון** לדרי עלמא: ית קשתי GN 9:12
ובכל חית ארעא **דעימכון** מכל נפקי תיבותא לכל GN 9:10
משומשנך רבא דסנהדרין **דעמיה** דעל ידוי עתידה ארעא EX 40:11
דקטע רישי גיבריא **דעמיה** על פום מימרא דייי EX 17:13
ארעא ואישתאר ברם נח **ודעימיה** בתיבותא: ותקפו מיא על GN 7:23
יקרי בליליא הדין **ועימי** תשעין אלפין ריבוון מלאכין EX 12:12
ית כל דפקיד ייי ית משה: **ועימיה** אהליהב בר אחיסמך EX 38:23
עני וחמא והא עשו אתי **ועימיה** ארבע מאה גוברין GN 33:1
דאתגלי עלוי במימריה **ועימיה** חבורן דמלאכי שיריתא DT 34:6
על עמיה בית ישראל **ועימיה** ריבו ריבוון מלאכין קדישין DT 33:2
מימרא דייי עילוי קרתא **ועימיה** שובעין מלאכיא כל קבל GN 11:8
ביקר שכינתא דייי **ועימך** נצינא צלי קדם ייי ויעדי NU 21:7
לחיליהון אנת ואהרן: **ועימכון** יהון גבר גבר לשיבטא גבר NU 1:4
עמא דייי לארעא דכנען **ועימנא** אחידת אחסנתנא מעיברא NU 32:32
ממלל: ומליל ייי עם משה **ועם** אהרן ואזהרינון על בני ישראל EX 6:13

ומליל ייי עם משה **ועם** אהרן למימר: איתפרשו מגו NU 16:20
ומליל ייי עם משה **ועם** אהרן למימר: ארום תיעלון LV 14:33
עבדו: ומליל ייי עם משה **ועם** אהרן למימר: גבר על טיקסיה NU 2:1
ומליל ייי עם משה **ועם** אהרן למימר: דא גזירת אחויית NU 19:1
לי: ומליל ייי עם משה **ועם** אהרן למימר להון לבני אהרן LV 11:1
ומליל ייי עם משה **ועם** אהרן למימר: מלילו עם בני LV 15:1
דסוף: ומליל ייי עם משה **ועם** אהרן למימר: עד אימת NU 14:26
עם אהרן ועם אלעזר **ועם** איתמר בנוי דאישתיירו מן LV 10:12
ומליל משה עם אהרן **ועם** אלעזר ועם איתמר בנוי LV 10:12
עימך תעביד עימי **ועם** ארעא דדרתא בה: ואמר GN 21:23
למימר: מליל עם אהרן **ועם** בנוי ויתפרשון מקודשיא דבני LV 22:2
למימר: מליל עם אהרן **ועם** בנוי ועם בני ישראל ותימר LV 17:2
ומליל משה עם אהרן **ועם** בנוי ועם כל בני ישראל: ומליל LV 21:24
למימר: מליל עם אהרן **ועם** בנוי ועם כל בני ישראל ותימר LV 22:18
למימר: מליל עם אהרן **ועם** בנוי למימר דא אורייתא LV 6:18
למימר: מליל עם אהרן **ועם** בנוי למימר כדנא תברכון ית NU 6:23
נור עם רישיה עם ריגלוי **ועם** בני גויה: ולא תשיירון מיניה עד EX 12:9
מתרבי עם בני בלהה **ועם** בני זלפה נשיא דאבוי ואייתי GN 37:2
מליל עם אהרן ועם בנוי **ועם** בני ישראל ותימר להון דין LV 17:2
ייי עם משה למימר: **ועם** בני ישראל תמליל גבר טלי או LV 20:2
יתהון לשמשא קודמוי: **ועם** בני ישראל תמליל למימר EX 30:31
יתיה באבנין כל כנישתא: **ועם** בני ישראל תמליל למימר גבר LV 24:15
ית אחסנת אבוהן להן: **ועם** בני ישראל תמליל למימר גבר NU 27:8
שלמין וקריב קדם ייי: **ועם** בני ישראל תמליל למימר סבו LV 9:3
אנא מקיים קיימי עמכון **ועם** בניכון בתריכון: ועם כל נפשת GN 9:9
בביש מלכא דסדום **ועם** ברשע דעובדוי ברשיעא מלכא GN 14:2
עם מלאכייא דייי **ועם** גובריא ויכילת להום: ושאיל GN 32:29
מקרבין עם תוריא **ועם** דיכריא ואימריא במנייתהון NU 29:18
ית שמא דאלקך אנא ייי: **ועם** דכורי לא תשכוב בתשמישיא LV 18:22
עם אברהם ועם יצחק **ועם** יעקב: וגלי קדם ייי צער EX 2:24
דקיים עם אברהם **ועם** יצחק ועם יעקב: וגלי קדם ייי EX 2:24
משה עם אהרן ועם בנוי **ועם** כל בני ישראל: ומליל ייי עם LV 21:24
מליל עם אהרן ועם בנוי **ועם** כל בני ישראל ותימר להון גבר LV 22:18
ועם בניכון בתריכון: **ועם** כל נפשת חיתא דעימכון GN 9:10
כיסופא: ומליל עם קרח **ועם** כנישת סעדוי למימר צפרא NU 16:5
קבל שמשא בקריצתא **ועם** מטמוע שימשא תתית יתהון NU 25:4
יהא עם מימר פומך **ועם** מימר פומיה ואליף יתכוו ית EX 4:15
וית בנתנא תיסבון לכון: **ועמנא** תתיבון וארעא תהי קדמיכון GN 34:10
עימיה ויזדבן לערל תותב **לעימך** או לשריש פולחנא נוכראה LV 25:47
עימך: ויפוק לבר חורין **מעימך** הוא ובנוי עימך ויתוב LV 25:41
אבימלך ליצחק איזל **מעימנא** ארי תקיפתא מיננא GN 26:16
וישתצי בר נשא ההוא **מעמי** ית קימי אשני: ואמר ייי GN 17:14
עלתא לאיתא דשמיש **עימה** אבוך בעידן דבלבליתא GN 49:4
תיתגר בה בתר דשמשת **עימה:** ארום תהווין לגבר תרתין DT 21:14
גבה למיהוי מתחייב **עימה** ביום דינא רבא לעלמא דאתי: GN 39:10
תקדש וגבר חורן ישמש **עימה** ביתא תיבנון ולא תיתיב ביה DT 28:30
ויתקטל גברא דשמש **עימה** בלחודוי: ולעולימתא לא DT 22:25
מן רחל אחתי ושכיב **עימה** בליליא ההוא: וקבל ייי GN 30:16
ואכלת ויהבת אף לבעלה **עימה** ואכל: ואתנהרן עיני תרויהון GN 3:6
ויתקיף בה גברא וישמש **עימה** ויתקטל גברא דשמש עימה DT 22:25
כולה: וייתי גבר דשמיש **עימה** ולא היא ית קרבן אשמיה LV 19:21
ויחוד בה ומשמש **עימה** ומשתכחין: ויתן גברא DT 22:28
ודבר יתה באונסא ושכיב **עימה** וסגפה: ואתרעיית נפשיה GN 34:2
עילוי כאילו שמיש **עימה** ושמע ישראל ובאיש ליה GN 35:22
ואין שמשא ישמש גבר **עימה** ותהוי ריחוקא עלוי ויהי LV 15:24
גבר חורן בקרתא וישמש **עימה:** ותפקון ית תריהון לתרע בי DT 22:23
ויתן גברא דשמיש **עימה** לאבוהא דעולימתא דמי DT 22:29
תהי מסאבא לדמשמש **עימה** מטול דמסאבא היא: וכל LV 15:25
הדין ומן בתר דשמיש **עימה** סנא ליה: והא הוא שוי ערד DT 22:16
פניתא די ישמש גבר **עימה** שכבת זרעא ויסחון בארבעין LV 15:18
שקר: וישמש גבר חורן **עימה** תשמיש דעריס ויהי מכסי NU 5:13
מלכיא האילין הוה עוג **עימהון** אמר בליביה איזיל ואחוי GN 14:13
אלקא דאבהתהון דיגזר **עימהון** באפקותיה יתהון מארעא DT 29:24
דכסף ודהב דיהיבין **עימהון** בבתייא אחוין דשין DT 29:16
וית כל בירייתא דהוון **עימהון** בגו כל ישראל: ארום DT 11:6
בר מן קיימא דיגזר **עימהון** בחורב: וקרא משה ואמר DT 28:69
דיון למפסוק קימי **עימהון** במלכותא דאדום ארום LV 26:44
מן יומת עלמא מתמלל **עימהון** היכמא דמתמלל עם משה NU 12:6
וישנון ית קיימי די גזרית **עימהון:** ויתקוף רוגזי בהון ביומא DT 31:16
אפיקינון לוותן ונשמש **עימהון:** ונפק לוותהום לוט לתרעא GN 19:5
דבית דן דהוה פיסלא **עימהון:** וצווח עמא על משה דיבעי NU 11:1
רב ספוקלטוריא ית יוסף **עימהון** ושמש יתהום והוו יומין GN 40:4
מתגלי בחלמא ממלילנא **עימהון:** לא כדין אורחא דמשה NU 12:6
ומטוורייא רמייא נחתא **עימהון** לגלימתא מחזרא לכל NU 21:19

ומטוורייא רמייא נחתא **עימהון** לגלימתא עמיקתא NU 21:20
למתנא חזרת למיסוק **עימהון** לטוורייא רמייא ומטוורייא NU 21:19
רברבי עממין דאתגלי **עימהון** למחמי קרתא ובי היא DT 32:8
לאתעובדא: ומליל חמור **עימהון** למימר שכם ברי רעיית GN 34:8
איתת אברם בריה ונפקו **עימהון** מאורא דכשדאי למיזל GN 11:31
ארום לא נחסין **עימהון** מעיברא ליורדנא ולהלא NU 32:19
יעקן למוסרה תמן אגח **עימהון** עמלק כד מלך בערד דשמע DT 10:6
נשיא דאיתרעי לבהון **עימהן** בחכמתא הוון עזלו ית EX 35:26
ישראל דאיתרעי לבהון **עימהן** לאיתתא לכל עיבידתא EX 35:29
בזימנא ההוא הישתכח **עימי** אגר זכוון קלילן ונפלו קדמיי GN 15:1
תניינא לא משתכח **עימי** אגרא ויתחל בי שום שמיא GN 15:1
הדא יהי מדוריה דבעלי **עימי** ארום ילידת ליה שיתא בנין GN 30:20
וית דהוה בעירך נטיר **עימי:** ארום קליל דהוה לך עאן GN 30:29
משה הוא דמליל ייי **עימי** בסיני למימר בדיקריבין קדמי LV 10:3
הדא זימנא יתחבר **עימי** בעלי ארום ילידית ליה תלתא GN 29:34
במימרי ואוף דהליכו **עימי** בעראי: ברם אנא אדכר יתהון LV 26:40
יקלח פירוי: ואין תהכון **עימי** בעראי ולא תצבון למשמע LV 26:21
זמן דהוה דבורא מתמלל **עימי** ברם משכן זימנא הדין LV 1:1
לות אבא וטלייא ליתוי **עימי** דילמא אחמי בבישתא GN 44:34
אבוכון והא ליתנון שפיין **עימי** היכדן דאיתמלי והי כדקדמוי GN 31:5
כשרין לאיתעבדא עבדת **עימי:** ואמר אבימלך לאברהם מה GN 20:9
פיתגמיכון במללותכון **עימי** ואמר ייי לי שמיע קדמי ית כל DT 5:28
ית מאן דאנת שלח **עימי** ואנת במימרך אמרת מניית EX 33:12
היכמא דימליל ייי **עימי** ואסחרו רברבי מואב עם NU 22:8
יוסף מימרא דייי למללא **עימי:** ואתא מימרא מן קדם ייי NU 22:19
דיירין ותותבין אתון **עימי:** ובכל ארע אחסנתיכון פורקנא LV 25:23
להון משה מה נצן אתון **עימי** ומה מנסון אתון קדם ייי: וצחי EX 17:2
עינה ביוסף ואמרת שכוב **עימי:** וסרב למקרבא לגבה ואמרת GN 39:7
דיעבדית עימך תעביד **עימי** ועם ארעא דדרתא בה: ואמר GN 21:23
יתה לגבר אוחרן תיב **עימי:** ופלח יעקב בגין רחל שב שנין GN 29:19
בנא על לותי למשכוב **עימי** וקרית בקלא רמא: והוה כדי GN 39:14
בלבושיה למימר שכוב **עימי** ושבקיה ללבושיה בידא GN 39:12
כד ייטב לך ותעבד כדון **עימי** טיבו ותידכר עלי קדם פרעה GN 40:14
מהולתי ותעבד כדון **עימי** טיבן וקשוט לא כדון GN 47:29
תבשילא באפיהון ארום **עימי** ייכלון גובריא באנטון GN 43:16
ליה בלק איתא כדון **עימי** לאתר חורן דתחמיניה מתמן NU 23:13
ליה טיבותיך דתעבדין **עימי** לכל אתרא דינהך לתמן אימרי GN 20:13
ריבוניה הא ריבוני לא ידע **עימי** מדעם מה בביתא וכל דאית GN 39:8
וחולק גובריא דאזלו **עימי** ענר אשכול וממרא אף הינון GN 14:24
ית דא בפולחנא דתיפלח **עימי** תוב שב שנין אוחרנין: ועבד GN 29:27
יתגניב מיניה דהוה ליה **עימיה** אגר נטיר ישלם למרוי: אין EX 22:11
בארעא דגושן: וסליקו **עימיה** אוף ארתכין אוף פרשין והות GN 50:9
שניא הי כיומי אגירא יהי **עימיה:** אין עד כדון אית סגוי LV 25:50
היא ותיפוק אינתתיה **עימיה:** אין ריבוניה יתן ליה איתא EX 21:3
ניכול לה: וגובריא דסליקו **עימיה** אמרו לא ניכול למיסוק לות NU 13:31
מן נילוס והוה מידבר **עימיה** ארום אומאה אומי ית בני EX 13:19
לית איפשר לך למיתב **עימיה** ארום גבר רמאי הוא אמר לא GN 29:12
בשתא דיובילא הוא ובנוי **עימיה:** ארום דילי הינון בני ישראל LV 25:54
בטוורא ותרתין בנתיה **עימיה** ארום הווה דחיל למיתב GN 19:30
אוף ית רחל מלאה ופלח **עימיה** בגינה תוב שב שנין אוחרניין: GN 29:30
מן קרויכון מתעסקו **עימיה** בדיוטב ליה לא תוננויה DT 23:17
ואתכתש מלאכא **עימיה** בדמות גבר ואמר הלא GN 32:25
ית כל מה דמליל ייי **עימיה** בטוורא דסיני: ופסק משה מן EX 34:32
למשה כד פסק למללא **עימיה** בטוורא דסיני תרין לוחי EX 31:18
ולמצראי דאכלין **עימיה** בלחודיהון ארום לא כשרין GN 43:32
למצרים יעקב וכל בנוי **עימיה:** בנוי ובנוי בנוי עימיה בנתיה GN 46:6
בנוי עימיה: בנוי ובנוי בנוי **עימיה** בנתיה ובנת בנוי וכל זרעיה GN 46:7
על בית יוסף ומלילו **עימיה** בתרע ביתיה: ואמרו במטו GN 43:19
ממלל עם ממלל מלילית **עימיה** דיתפרש מתשמיש דעריס NU 12:8
מן תרין בנוי ושתיו ורוויו **עימיה** דמן יומא דאתפרשו מיניה GN 43:34
ובכא יוסף במללותהון **עימיה:** ואזלו אוף אחוי ואתרכינו GN 50:17
אוחרנתא: ופסק מלמללא **עימיה** ואיסתלק יקרא דייי מעילוי GN 17:22
על עלתיה ורברבי מואב **עימיה** ואמר ליה בלק מה מליל ייי: NU 23:17
וית בנוי וית לבושי בנוי **עימיה:** ואמר משה לאהרן ולבנוי LV 8:30
דיעקב באתכתשותיה **עימיה:** ואמר שדרני ארום סלק GN 32:26
דייי באתרא דמליל **עימיה:** ואקים תמן קמה באתרא GN 35:13
חולף דהוות רוח אוחרי **עימיה** ואשלים בתר דחלתי NU 14:24
יתקרבון ועמא לא יסקון **עימיה:** ואתא משה ואישתעי לעמא EX 24:2
מן בר עממין אתגזרו **עימיה:** ואתגלי עלוהי יקרא דייי GN 17:27
דשכם לות יעקב למללא **עימיה:** ובנוי דיעקב עלו מן חקלא GN 34:6
מאה גוברין פולומרכין **עימיה:** ודחיל יעקב לחדא על דלא GN 32:7
מייי בזמן מללותיה **עימיה:** וחמא אהרן וכל בני ישראל EX 34:29
עולימוי יניס וימריס **עימיה:** וחמת אתנא ית מלאכא דייי NU 22:22
עסק ארום אתעסקו עלה **עימיה:** וחפסו ביר אוחרי נצו אוף GN 26:20

דעימך ויתמסכן אחוך **עימיה** ויזדבן לערל תותב לעימך או LV 25:47
ית אליעזר וית ישמעאל **עימיה** וית יצחק בריה וקטע קיסין GN 22:3
דינא הוא וכל בני ישראל **עימיה** וכל כנישתא: ועבד משה NU 27:21
עד זמן מיעליה למללא **עימיה**: וכנש משה ית כל כנישתא EX 34:35
וקמת זעירתא ושמישת **עימיה** ולא ידע במשכבה ולא GN 19:35
הוה דבירא מתמליל **עימיה**: ומליל ייי עם משה למימר: NU 7:89
חמר וכד יהי רוי נשמיש **עימיה** ונקיים מאבונא בנין: GN 19:32
דין וירוי ועולי שימושי **עימיה** ונקיים מאבונא בנין: GN 19:34
ואתקיף ברחמוי למיזל **עימיה** ופיכל רב חיליה: ואמר להון GN 26:26
ועל בנוי ועל לבושי בנוי **עימיה** וקדיש ית אהרן וית לבושוי LV 8:30
ומן בתר כדין מלילו אחוי **עימיה**: וקלא אישתמע בית GN 45:15
איקר שכינתא ומליל **עימיה** ורבי מן רוח נבואה דעלוי NU 11:25
שנין: ודבר ית קריבוי **עימיה** ורדף בתרוי מהלך שובעא GN 31:23
למשכן זימנא למללא **עימיה** ושמע ית קל רוחא דמתמלל NU 7:89
ועל בנוי ועל לבושי בנוי **עימיה**: ותיסב מן דיכרא תרבא EX 29:21
ית אהרן אחוך וית בנוי **עימיה** ותרביה יתהון ותקריב ית EX 28:41
ויחדי בליביה: ותמליל **עימיה** ותשוי ית פיתגמייא בפומיה EX 4:15
כן יהי דישתכח **עימיה** יהי לי עבדא ואתון תהון GN 44:10
לבן אחי לחרן: ותיתב **עימיה** יומין קלילין עד די תישדוך GN 27:44
יומא הדין כמא דמליל **עימיה** ייי: ואברהם בר תשעין ותשע GN 17:23
וגחן על אנפוי ומליל **עימיה** ייי למימר: אנא הא גזר קימי GN 17:3
קריבי ודמי לי אנת ויתב **עימיה** ירח יומין: ואמר לבן ליעקב GN 29:14
עיבידתא: ואנא הא מניית **עימיה** ית אהליאב בר אחיסמך EX 31:6
לא הימין להום: ומלילו **עימיה** ית כל פיתגמי יוסף דמליל GN 45:27
מרע ודבר ית תרין בנוי **עימיה** ית מנשה וית אפרים: ותניאו GN 48:1
מן קדמיי ולא קם אינש **עימיה** כד אישתמודע יוסף לאחוי: GN 45:1
ית קל רוחא דמתמלל **עימיה** כד נחית מן שמי שמיא NU 7:89
עול לות פרעה ותמליל **עימיה** כדנא אמר ייי אלקא EX 9:1
ובנוי ואינתתיה ונשי בנוי **עימיה**: כל חיתא כל ריחשא וכל GN 8:18
למיקבור ית אבוי וסליקו **עימיה** כל עבדוי דפרעה סבי GN 50:7
מנהון מיקם תקימון **עימיה**: לא יהוון גוליין דציצית DT 22:4
שלמא ישלם: אם מריה **עימיה** לא ישלם אין אגירא הוא EX 22:14
הי כאגיר שנא בשנא יהי **עימיה** לא ישעביד ביה בשקיין LV 25:53
דמליל ליה ייי ואזל **עימיה** לוט ואברם בר שובעין GN 12:4
וכל דיליה ולוט **עימיה** למיזל לדרומא: ואברם תקיף GN 13:1
ואמר אלקים לנח ולבנוי **עימיה** למימר: אנא הא אנא מקיים GN 9:8
פיתגמי אינתתי דמלילת **עימיה** למימר כפיתגמיא האילין GN 39:19
הוא ואחהי וכל דסליקו **עימיה** למיקבור ית אבוי בתר דקבר GN 50:14
בנוי וכל זרעיה אייתי **עימיה** למצרים: ואילין שמהת בני GN 46:7
יצחק ואקים ית קימי **עימיה** לקים עלם לבנוי בתרוי: ועל GN 17:19
נח ותלת נשי בנוהי **עימיה** לתיבותא: הינון וכל חיתא GN 7:13
ואינתתיה ונשי בנוי **עימיה** לתיבותא מן קדם מוי GN 7:7
ית אהרן אחוך וית בנוי **עימיה** מגו בני ישראל לשמשא EX 28:1
ליה בידא דיוסף ולא ידע **עימיה** מדעם אלהין אינתתיה GN 39:6
חכימי קרתיה וימללון **עימיה** מילכא קשיטא ויקום בבי DT 25:8
למשה ומליל מימרא דייי **עימיה** מן משכן זימנא למימר: מליל LV 1:1
או מנין דדהב: דישתכח **עימיה** מעבדך יהי חייב קטול ואוף GN 44:9
משה לקדם ייי למללא **עימיה** מעדי ית סודרא דעל איקונין EX 34:34
שפיר בגין למעבד **עימיה** משכבי דכורא ומן יד אתגזר GN 39:1
דבירא מתחמד למללא **עימיה** ניסא תניינא ארבעתי אבניא GN 28:10
ומצלי קדם ייי דעבד **עימיה** ניסין וגבורן ואיסתכי ית EX 2:21
עלוי ותפרוק ותטעון **עימיה**: עמי בני ישראל לא תצלון EX 23:5
ואתו לות בלעם ומלילו **עימיה** פיתגמי בלק: ואמר להון ביתו NU 22:7
ייי וכל מאן דהישתיכח **עימיה** קיסין דשיטא לכל עיבידת EX 35:24
תמן קמה באתרא דמליל **עימיה** קמה דאבנא ונסיך עלה GN 35:14
פיתגמא הדין נקום ונגיח **עימיה** קרבא וית לאה וריבהא GN 33:2
לשבטא דיהודא: ואשלים **עימיה** רוח נבואה מן קדם ייי EX 35:31
דיהודה: ואשלימית **עימיה** רוח קודשא מן קדם ייי EX 31:3
ליה בבו ולא צבן למללא **עימיה** שלם: וחלם יוסף חילמא ותני GN 37:4
או מית בעירא מריה לית **עימיה** שלמא ישלם: אם מריה EX 22:13
ייי: וכל גבר דהישתכח **עימיה** תיכלא וארגוונא וצבע זהורי EX 35:23
שכינתיה ואיתעתד משה **עימיה** תמן וקרא משה בשום EX 34:5
ית שמיה דאתרא דמליל **עימיה** תמן ייי ביתאל: ונטלו GN 35:15
פתגמי עמא הדין דמלילו **עימך** אוטיבו כל מה דמלילו: לואי DT 5:28
מן מטול דעלך ויסוברון **עימך**: אין ית פיתגמא הדין תעביד EX 18:22
באתר דכי אנת ובנך **עימך** ארום חולקך וחולק בנך LV 10:14
מרוי לא תשתי אנת ובנך **עימך** ביזמן מיעלכון למשכן זימנא LV 10:9
הוא פיתגמא דמלילנא **עימך** במצרים יתגלי ייי עליכון EX 14:12
תעיל לתיבותא לקיימא **עימך** דכר ונוקבא יהון: מעופא GN 6:19
דישמעון עמא במללותי **עימך** ואוף בך יהימנון לעלם ותני EX 19:9
אבטחתני אוטבא אוטב **עימך** ואישוי ית בנך סגיעין הי GN 32:13
ית כל דאנא ממליל **עימך**: ואמר משה קדם ייי הא קשי EX 6:29
זימנא ויתעתדון תמן **עימך**: ואתגלי באיקר שכינתי NU 11:16
וארום יתמסכן אחוך **עימך** ויזדבן לך לא תפלח ביה הי LV 25:39

עד שתא דיובלא יפלח **עימך**: ויפוק לבר חורין מעימך הוא LV 25:40
קומוי יזמן מלאכיה **עימך** ויצלח אורחך ותיסב איתא GN 24:40
חורין מעימך הוא ובנוי **עימך** ויתוב לגניסתיה ולאחסנת LV 25:41
דאברהם לך ולבנך **עימך** ויתיבינך למירתך ית ארע GN 28:4
דרחיש על ארעא הנפק **עימך** ויתילדון בארעא ויפשון GN 8:17
יתך וית כל אחך בני לוי **עימך** וכדון אתון תבעין אוף NU 16:10
חות ותיסק אנת ואהרן **עימך** וכהנייא ועמא לא יכוונון EX 19:24
ולתותבך דדיירין **עימך**: ולבעירך ולחייתא די בארעך LV 25:6
לי הלא בגין רחל פלחית **עימך** ולמא שקרת בי: ואמר לבן לא GN 29:25
למימר: אנא הא גזר קימי **עימך** ותהי לאב סגי עממין: ולא GN 17:4
ארום טב ליה דמיתהני **עימך**: ותיסב ית מחטא ותינעוץ DT 15:16
אחוך ותמוט ידיה **עימך** ותתקיף ביה ותהנייה ידור LV 25:35
דחיל הוא דאנא עביד **עימך**: טור לך ית מה דאנא מפקיד EX 34:10
אנת קאי לגבי ואימליל **עימך** ית תפקדיא וקיימייא ודינייא DT 5:31
ית פיתגמיא דאימליל **עימך** יתיה תמליל ואזל בלעם עם NU 22:35
ולחוד פיתגמא דאימליל **עימך** יתיה תעביד: וקם בלעם NU 22:20
מזוגיא אלהן תדכרינני **עימך** כד ייטב לך ותעבד כדון עימי GN 40:14
ואינתתך ובנך ונשי בנך **עימך**: כל חיתא דעימך מכל בישרא GN 8:16
ארעי ובית איבא ועלית **עימך** לארע נוכריתא וכדון בגין GN 16:5
לביש והיכמה דעבדנא **עימך** לחוד טב ושלחנך פון בשלם GN 26:29
לארעך ולילדותך ואוטיב **עימך**: לית אנא כמיסת וזעיר אנא GN 32:10
הלא מן שירויא מלילית **עימך** למימר כל דימלל ייי יתיה NU 23:26
אנא הוא דבמימרי ניחות **עימך** למצרים ואיחמי סיגווּפיהון GN 46:4
קדם ייי ויהי לך ולבנך **עימך** לקיים עלם היכמא דפקיד ייי: LV 10:15
יהבית לך ולבנך ולבנתך **עימך** לקיים עלם ולא יתבטיל הי NU 18:19
יהבתינון ולבנך ולבנתך **עימך** לקיים עלם כל דידכי בביתך NU 18:11
מימרי לך תמן ואימליל **עימך** מעילוי כפורתא מבין תרין EX 25:22
כאגירא הי כתותבא יהי **עימך** עד שתא דיובלא יפלח עימך: LV 25:40
ידור ויתותב ויתפרנס **עימך**: עמי בית ישראל לא תיסבון LV 25:35
מאלקך ויתפרנס אחוך **עימך**: עמי בני ישראל ית כספיכון LV 25:36
משכן זימנא: ואנת ובנך **עימך** תינטרון ית כהונתכון לכל NU 18:7
מימרי לכון תמן למללא **עימך** תמן: ואיזמן מימרי תמן לבני EX 29:42
באיקר שכינתי ואימלל **עימך** תמן וארבי מן רוח נבואה NU 11:17
בירי כטיבותא דיעבדית **עימך** תעביד עימי ועם ארעא GN 21:23
אנת ובנך ובית אבך **עימך** תקבלון חובי קדשיא אין לא NU 18:1
באסקותהון ואנת ובנך **עימך** תקבלון ית חובי כהונתכון NU 18:1
וישמשונך ואנת ובנך **עימך** תקומון קדם משכנא NU 18:2
בדלית אחוכון זעירא **עימכון**: אין איתך משדר ית אחונא GN 43:3
לית ליה חולק ואחסנא **עימכון**: אסתמרון לכון דילמא DT 12:12
עשרתי דביריא דמליל ייי **עימכון** בטוורא מיגו אישתא ביומא DT 10:4
עננא ואמיטתא: ומליל ייי **עימכון** בטורא מיגו אישתא קל DT 4:12
אית ספיקא בידי למעבד **עימכון** בישא ואלקא דאבוכון GN 31:29
אין איתגייר ואיתחזק **עימכון** גיורא בארעכון לא תונון LV 19:33
קדם ייי: וארום יתגייר **עימכון** גייורא או מן דהוא כדון NU 15:14
ההוא: וארום אין יתגייר **עימכון** גייורא ויעבד פיסחא קדם NU 9:14
פיתגמין אין קושטא **עימכון** ואין לא חיי דפרעה ארום GN 42:16
זבונו לי אחסנת קבורתא **עימכון** ואיקבר ית מיתי תמן: GN 23:4
סבר אפיי בדלית אחוכון **עימכון**: ואמר ישראל למא GN 43:5
לית ליה חולק ואחסנא **עימכון** וגיורא ויתמי וארמלתא DT 14:29
ארעא: ואקיים ית קימי **עימכון** ולא ישתיצי כל בישרא עוד GN 9:11
יקרא ליתיהון מטיילין **עימכון** ולא תיתברון קדם בעלי NU 14:42
לכון ולגיוריא די יתגיירון **עימכון**: ומליל ייי עם משה למימר: NU 15:16
קדם ייי למשבקי למיזל **עימכון**: וקמו רברבי מואב ואתו לות NU 22:13
קיימא דייי אלקכון דיגזר **עימכון** ותעבדון לכון צלם דמות DT 4:23
ואין לא תשלים **עימכון** ותעביד עימכון קרב ותקפון DT 20:12
בית קודשא ממליל **עימכון**: ותתנון לאבא ית כל איקר GN 45:12
דייי אלקכון גזר **עימכון** יומנא: מן בגלל לקיימא DT 29:11
מן קדמיכון: יפקיד ייי **עימכון** ית בירכתא באוצריכון ובכל DT 28:8
יעיברון בני גד ובני ראובן **עימכון** ית יורדנא כל דמזרז לקרבא NU 32:29
והוא אלקכון דעבד **עימכון** ית רברבתא וית חסינתא DT 10:21
יפסוק וקיימא דקיימית **עימכון** לא מבטלא ותהי מגינא DT 28:15
לא ייחות אחוכון זעירא **עימכון** לא תוספון למיחמי סבר GN 44:23
דמה דלא הוינא מסתחר **עימכון** למיכל מן בגלל דנטירנא GN 50:20
אתא או תימהא דמליל **עימכון** למימר נהך בתר טעוות DT 13:3
שמהת גוברייא דיקומון **עימכון** לראובן אמרכול אליצור בר NU 1:5
כל דמו ביומא דמליל ייי **עימכון** מיגו אישתא: הוון זהירין DT 4:15
לותכון והא אהרן וחור **עימכון** מן מאן דאית ליה עסק EX 24:14
תותביא ערליא דדיירין **עימכון** מנהון תזבנון ומן ייחוסיהון LV 25:45
לית ליה חולק ואחסנא **עימכון**: מסוף תלת שנין תפקון ית DT 14:27
דין אדם קיימא דיגזר ייי **עימכון** על כל פיתגמיא האילין: EX 24:8
ארום מן שמיא מלילית **עימכון**: עמי בני ישראל לא תעבדון EX 20:22
תשלים עימכון ותעביד **עימכון** קרב ותקפון עלה: וימסרינה DT 20:12
על קרתא מרדא דעבדא **עימכון** קרבא עד דתיכבשונה: ארום DT 20:20
אלהין במללות שכינתך **עימן** ויתעבדן לנא פרישן בסלקותך EX 33:16

למימר: ייי אלקן מליל **עימן** ולא אנא באנפי נפשי בחורב DT 1:6
כולהון הינון קיימין הכא **עימן** יומנא: ארום אתון ידעתון DT 29:14
תיבנא אוף אספסתא סגי **עימנא** אוף אתר כשר למבת: וגחן GN 24:25
ייי ית קיימא הדין אלהין **עימנא** אנחנא אילין הכא יומא דין DT 5:3
קים עמך: אם תעבד **עימנא** בישא היכמא דלא קריבנא GN 26:29
ותיתערבון בחיתונא **עימנא** בנתיכון תתנון לנא וית GN 34:9
ואמר מסרב בלעם למיתי **עימנא:** ואוסף תוב בלק למשדרא NU 22:14
ואחונא זעירא ליתוי **עימנא:** ואמר עבדך אבא לנא אתון GN 44:26
עיננא: ויהי ארום תיזיל **עימנא** ויהי טבא ההוא דייוטב ייי NU 10:32
האילין שלימין אינון **עימנא** ויתבון בארעא ויעבדון בה GN 34:21
ייי יתיה איתן לכון איתא **עימנא** ונוטיב לך ארום ייי מליל NU 10:29
טבא ההוא דייוטב ייי **עימנא** ונוטיב לך בפילוג ארעא: NU 10:32
אין אחונא זעירא **עימנא** וניחות ארום לית אפשר לנא GN 44:26
ואמרו למשה מליל אנת **עימנא** ונקביל ולא יתמליל עימנא EX 20:19
ברם נתפייס להום ויתבון **עימנא:** וקבילו מן חמור ומן שכם GN 34:23
דחבריה חלימנא: ותמן **עימנא** טלייא עבראי עבדא לרב GN 41:12
ואימא תיתב ריבא **עימנא** יומי שתא חדא או GN 24:55
הינון דקיימין הכא **עימנא** יומנא קדם ייי אלקנא וית DT 29:14
ייי אלקנא ואנת תמליל **עימנא** ית כל דימליל ייי אלקנא לך DT 5:27
גוברי מגיחי קרבא די **עימנא** לא שגא מיננא אינש: NU 31:49
אלקנא: ואוף גיתנא יזיל **עימנא** לא תשתייר מנהון פרסתא EX 10:26
לנא גובריא למיתב **עימנא** למיהוי לעם חד במיגזור לנא GN 34:22
מליל גברא ריבוני ארעא **עימנא** מילין קשין ובזי יתן כמאללי GN 42:30
דעריס הלא אוף **עימנא** מליל ושמיע קדם ייי: וגברא NU 12:2
איתך משדר ית אחונא **עימנא** ניחות וניזבון לך עיבורא: ואם GN 43:4
למעבדהון: ייי אלקנא גזר **עימנא** קיים בחורב: לא עם אבהתנא DT 5:2
ונקביל ולא יתמליל **עימנא** תוב מן קדם ייי דילמא נמות: EX 20:19
תיבזי איתא לא תשמש **עם** אבהא וגבר לא ישמיש עם LV 18:7
להון קים דקיימית **עם** אבהתהון קדמי בזמן דפרקית LV 26:45
במצרים: ואשכוב **עם** אבהתיי ותטלינני ממצרים GN 47:30
דבעיתי מינך למקברי **עם** אבהתיי מיתת עלי רחל בתכיף GN 48:7
גניזא בגניז חיי עלמא **עם** אבהתך ויקומון רשיעי עמא DT 31:16
הא אנת שכיב בעפרא **עם** אבהתך ונשמתך תהוי גניזא DT 31:16
עימנא קיים בחורב: לא **עם** אבהתנא גזר ייי ית קיימא הדין DT 5:3
לרחל ארום לאיתותבא **עם** אבוהא אתא ולמיסב חדא מן GN 29:12
וקמת רבתא ושמישת **עם** אבוהא ולא ידע במישכבה אלא GN 19:33
בסופיה וקלילא יומא דין **עם** אבונא בארעא דכנען: ואמר לנא GN 42:32
בארעא דכנען והא זעירא **עם** אבונא יומא דין וחד נפק GN 42:13
אקיים: ואתווכח אברהם **עם** אבימלך על עיסק בירא דמיא GN 21:25
עיסק שיעבודא דיפסקת **עם** אברהם ארום לעם סגי אישוינך GN 46:3
עיטא עמיקתא דיתמלל **עם** אברהם בחברון ובההוא יומא GN 37:14
ואוף ית קיימא דקיימית **עם** אברהם ביני פסגיא אדכור LV 26:42
דייי כד פסק למללא **עם** אברהם ואברהם תב לאתריה: GN 18:33
ייי ית קיימיה דקיים **עם** אברהם ועם יצחק ועם יעקב: EX 2:24
ובכין הוה פיתגמא דייי **עם** אברם בחיזונא למימר לא GN 15:1
ביומא ההוא גזר ייי **עם** אברם קיים דלא למידן ביה בנוי GN 15:18
ואמר ייי למשה מליל **עם** אהרן אחוך ולא יהי עליל בכל LV 16:2
דיקרב יתקטל: ומליל ייי **עם** אהרן ואנא בחדוא יהבית לך ית NU 18:8
בידא דמשה: ומליל משה **עם** אהרן ועם אלעזר ועם איתמר LV 10:12
ייי עם משה למימר: מליל **עם** אהרן ועם בנוי ויתפרשון LV 22:2
ייי עם משה למימר: מליל **עם** אהרן ועם בנוי ועם בני ישראל LV 17:2
מקדישיהון: ומליל משה **עם** אהרן ועם בנוי ועם כל בני LV 21:24
ייי עם משה למימר: מליל **עם** אהרן ועם בנוי ועם כל בני LV 22:18
ייי עם משה למימר: מליל **עם** אהרן ועם בנוי למימר דא LV 6:18
ייי עם משה למימר: מליל **עם** אהרן ועם בנוי למימר כדנא NU 6:23
ייי עם משה למימר: מליל **עם** אהרן ותימר ליה בזמן NU 8:2
ייי עם משה למימר: מליל **עם** אהרן למימר גבר מבנך לזרעיית LV 21:17
דמשה: ומליל ייי **עם** אהרן למימר: חמר וכל מידעם LV 10:8
לריבוני וטלייא יסק **עם** אחוהי: ארום היכדין איסק לות GN 44:33
לוי חולק ואחסנא **עם** אחוהי מתנן דיהב ליה ייי הינון DT 10:9
דיוסף לא שדר יעקב **עם** אחוי ארום אמר הא הוא טליא GN 42:4
ולא יפלח תוב: וישמש **עם** אחוי במשכן זימנא למיטר NU 8:26
שיבט לוי חולק ואחסנא **עם** אחוי קורבניא דייי באחסנתהון DT 18:1
תדחוק ודינא די יהוי לך **עם** אחוך תשמיט ידך: לחוד אין DT 15:3
חייבין: וגבר די ישמש **עם** אחתיה ברת אבוי או ברת LV 20:17
ואמרין אמן: ליט דמשמש **עם** אחתיה ברת אבוי או ברת DT 27:22
הא כבר שמישית רמשי **עם** איבא נשקיניה חמרא אוף GN 19:34
אבהא וגבר לא ישמיש **עם** אימיה אימך היא לא תגלי LV 18:7
למצרים עם יעקב גבר **עם** אינש ביתיה עלו: ראובן שמעון EX 1:1
לתרע קרתיהון ומלילו **עם** אינשי תרע קרתיהון למימר: GN 34:20
בביתיה שתא חדא ויחד **עם** אינתתיה דנסיב: לא ימשכן גבר DT 24:5
כיוון דמטא למחדי בריה **עם** אינתתיה ובעו שושביני למכרך DT 32:50
קדם ייי דלא הוה משמש **עם** אינתתיה כאורח כל ארעא GN 38:7
מלכא דמיחד בעמא **עם** אינתתך ואייתיתא עלינא חובא: GN 26:10

ייי בה: כובריתא ומילחא **עם** אישא מצלהבא תהי יקדא כל DT 29:22
עלך: וגבר ארום ישכוב **עם** איתא תשמיש זרעא והיא LV 19:20
ואמרין אמן: ליט דמשמש **עם** איתת אבוי ארום גלי כנפא דגלי DT 27:20
וגיורתא: וגבר די ישמש **עם** איתת אבוי בין דהיא אימיה בין LV 20:11
יסופון: וגבר די ישמש **עם** איתת אחבוי ערית אחבוי בזי LV 20:20
גברא מן בגלל דשמיש **עם** איתת חבריה ותפלון עביד DT 22:24
אין משתכח גבר משמש **עם** איתתא איתת גבר חורן DT 22:22
יקבל: וגבר די ישמש **עם** איתתא דוותא ובזי ית עריתא LV 20:18
תרויהון גברא דמשמש **עם** איתתא ואיתתא ואפילו אין DT 22:22
ייי ית משה: ומליל משה **עם** אמרכלי שבטיא לבני ישראל NU 30:2
משה ואלעזר כהנא **עם** אמרכליא ואמר למימני יתהון NU 26:3
פלאין ביומא ההוא **עם** ארעא דגושן דעמי שרי עלה EX 8:18
והא אנא מחבלהון **עם** ארעא: עיבד לך תיבותא דקיסין GN 6:13
לפרעה ולכל עבדוי ולכל **עם** ארעיה: ולכל גבורת ידא DT 34:11
ענה דארבע ית ערדיא **עם** אתני ולזמן אשכח ית בודנייתא GN 36:24
וארשין פירי אילניכון **עם** בוסרא בליבלוביהון וטרפיהון EX 34:26
אדמא דביה קיום נפשא **עם** בישרא: לא תיכלוניה על ארעא DT 12:23
למטעי בזני עד דהיא **עם** בית אבוהא וזניית בנורא • LV 21:9
ואסחרו רברבי מואב **עם** בלעם: ואתא מימר מן קדם ייי NU 22:8
יתיה אמליל: ואזל בלעם **עם** בלק ואתון לקרתא דמקפן NU 22:39
מדבית נפתלי דמתחברין **עם** בלק וית מלכיא דעתיד למקטל DT 34:2
והוא טלה מתרבי **עם** בני בלהה ועם בני זלפה נשיא GN 37:2
אפין על מיתיה ומליל **עם** בני חיתאה למימר: דייר ותותב GN 23:3
ייי ית משה למיגזור **עם** בני ישראל בארעא דמואב בר DT 28:69
ודיניא דמליל משה **עם** בני ישראל בזמן מפקהון DT 4:45
ייי עם משה למימר: מליל **עם** בני ישראל גבר או איתא די NU 5:6
ייי אלקכון: ומליל משה **עם** בני ישראל ואפיקו ית מרגזא LV 24:23
פיתגמייא דתמליל **עם** בני ישראל: ואתא משה ביומא EX 19:6
עליכון: ומליל משה **עם** בני ישראל ויהבו ליה כל NU 17:21
דעמי קדמת לדידך מליל **עם** בני ישראל ויטלון: ואנת ארים EX 14:15
דפקיד ייי למימר מליל **עם** בני ישראל ויסבון לך מאפרשות NU 19:2
ייי עם משה למימר: מליל **עם** בני ישראל ויסבון קדמי EX 25:2
ייי עם משה למימר: מליל **עם** בני ישראל ויתובון לאחוריהון EX 14:2
אנא ייי: ומליל משה כדין **עם** בני ישראל ולא קבילו מן משה EX 6:9
ייי עם משה למימר: מליל **עם** בני ישראל וסב מינהון חוטרא NU 17:17
משכן זימנא למימר: מליל **עם** בני ישראל ותימר להום אינש די LV 1:2
ייי עם משה למימר: מליל **עם** בני ישראל ותימר להון NU 15:18
ייי עם משה למימר: מליל **עם** בני ישראל ותימר להון אנא הוא LV 18:2
ייי עם משה למימר: מליל **עם** בני ישראל ותימר להון ארום LV 23:10
דסיני למימר: מליל **עם** בני ישראל ותימר להון ארום LV 25:2
ייי למשה למימר: מליל **עם** בני ישראל ותימר להון ארום NU 15:2
דיריחו למימר: מליל **עם** בני ישראל ותימר להון ארום NU 33:51
ייי עם משה למימר: מליל **עם** בני ישראל ותימר להון ארום NU 35:10
ייי עם משה למימר: מליל **עם** בני ישראל ותימר להון גבר LV 27:2
ייי עם משה למימר: מליל **עם** בני ישראל ותימר להון גבר או NU 6:2
ייי עם משה למימר: מליל **עם** בני ישראל ותימר להון גבר גבר NU 5:12
ייי למשה למימר: מליל **עם** בני ישראל ותימר להון ויעבדון NU 15:38
ייי עם משה למימר: מליל **עם** בני ישראל ותימר להון זמן LV 23:2
ועם אהרן למימר: מלילו **עם** בני ישראל ותימרון להון גבר LV 15:2
מיפקיה ונפיק וממליל **עם** בני ישראל ית מה דאיתפקד: EX 34:34
בחד בירחא מליל משה **עם** בני ישראל ככל דפקיד ייי יתיה DT 1:3
ייי עם משה למימר: מליל **עם** בני ישראל למימר איתתא LV 12:2
ייי עם משה למימר: מליל **עם** בני ישראל למימר בחמיסר LV 23:34
ייי עם משה למימר: מליל **עם** בני ישראל למימר בר נש ארום LV 4:2
למימר: ואנת תמליל **עם** בני ישראל למימר ברם ית יומי EX 31:13
ייי עם משה למימר: מליל **עם** בני ישראל למימר בתשרי דהוא LV 23:24
ייי עם משה למימר: מליל **עם** בני ישראל למימר גבר טלי או NU 9:10
תמניסירי טריפן: מלילו **עם** בני ישראל למימר דא חייתא LV 11:2
ייי עם משה למימר: מליל **עם** בני ישראל למימר כל מאן LV 7:29
ייי עם משה למימר: מליל **עם** בני ישראל למימר כל תריב תור LV 7:23
רחמך היך אנת מדבר **עם** בני נשא זכאין מטי להון הי EX 33:13
עשרין: גמלייא נוקבן **עם** בניהון הוו תלתין תוריתא GN 32:16
יומא דין ארום לא **עם** בניכון דלא ידעון ולא חמון ית DT 11:2
ונחית ומסדר סדרי קרבא **עם** בעלי דבבוי ומקטל מלכין עם GN 49:11
לאגחא מטולכון **עם** בעלי דבביכון למפרוק יתכון: DT 20:4
חמינא ארום ממליל ייי **עם** בר נש דרוח קודשא ביה DT 5:24
למירות בר אמתא הדא **עם** ברי ויגח קרבא עם יצחק: ובאיש GN 21:10
ליה: עבדו קרבא **עם** ברע דעובדוי בביש מלכא GN 14:2
שכם בישראל למשכוב **עם** ברת יעקב וכן לא הוה כשר GN 34:7
לי תרתין בנן דלא שמישו **עם** גבר אנפיק כדון יתהין לוותכון GN 19:8
ואמר לה התיזילין **עם** גברא הדין ואמרת איזיל: ואלוייו GN 24:58
בכין צבי משה למיתב **עם** גברא ויהב ית ציפורה ברת בריה EX 2:21
מלאכא דייי לבלעם איזיל **עם** גובריא וברם ית פיתגמיא NU 22:35
נשיא בטשן ית טינא **עם** גובריהון הות תמן ריבא EX 24:10

בתולתהון ינקיתהון **עם** גובריהון וסביהון: אמרית DT 32:25
וילפון לחוד הינון למהוי **עם** גיורין ארום בחובי גיוריא מותא DT 5:18
וילפון לחוד הינון למיהוי **עם** גייורין ארום בחובי גייורא EX 20:14
בכנישתהון דישראל **עם** גייורין דלא יקומון אוף בניכון DT 5:18
לא חברין ולא שותפין **עם** גייורין ולא יתחמי בכנישתהון EX 20:14
לא חברין ולא שותפין **עם** גייורין ולא יתחמי בכנישתהון DT 5:18
ית דינה ברתיה ובנוי הוו **עם** גיתוי בחקלא ושתיק יעקב עד GN 34:5
וילפון לחוד הינון למיהוי **עם** גנבין ארום בחובי גנביא כפנא EX 20:15
בכנישתהון דישראל **עם** גנבין ארום בחובי גנביא כפנא DT 5:19
לא חברין ולא שותפין **עם** גנבין ולא יתחמי בכנישתהון EX 20:15
לא חברין ולא שותפין **עם** גנבין ולא יתחמי בכנישתהון DT 5:19
דין עם דין גניסא **עם** גניסא אוחרי למעבד יתיה: EX 12:47
וארעא הוון מדיינין דין **עם** דא כחדא ימא הוה אמר לארעא EX 15:12
קרבא עם כל בני מדינחא **עם** דבית ישראל ברם סופיהון NU 24:20
ותמרי בזמן ביכורי איבא **עם** דובשיה מתקרב ויכלון יתהון LV 2:12
בדינא גברא טפשא **עם** דיינא חכימא למלפא לכון ית DT 16:21
קדם ייי והא ליתוהי **עם** דיירי ארעא ארום איתניגיד GN 5:24
ובנן: והוו כל יומי חנוך **עם** דיירי ארעא תלת מאה ושיתין GN 5:23
דישראל מתערבין דין **עם** דין גניסא עם גניסא אוחרי EX 12:47
אבנין: וגבר די ישמש **עם** דכורא תשמישין דאיתא LV 20:13
בכנענאי ובפריזאי ואנא **עם** דמניין ויתכנשון עלי וימחונני GN 34:30
עד לא פסקית למללא **עם** הרהורי לבי והא רבקה נפקת GN 24:45
ומדקדמוי: ומאן דעליל **עם** חבריה בחורשא למקטע קיסין DT 19:5
ייי עם משה ממליל קבל **עם** חבריה ומן בתר דאיסתלק קל EX 33:11
ולפיף ית יריעתא חדא **עם** חדא בפורפייא והוה משכנא חד: EX 36:13
ותלפיף ית יריעתא חדא **עם** חדא בפורפייא ויתחבר משכנא EX 26:6
תהוויין מלפפן חדא **עם** חדא וחמש יריען חורניין מלפפן EX 26:3
ית חמש יריען חדא **עם** חדא וחמש יריען לפיף חדא עם EX 36:10
וחמש יריען לפיף חדא **עם** חדא: ועבד ענובין דתיכלא על EX 36:10
יריען חורניין מלפפן חדא **עם** חדא: ותעבד ענובין דתיכלא על EX 26:3
הדין למיקטל זכאי **עם** חייב ויהי זכאי היך חייב חולין GN 18:25
ואמר הרוגזך שציא זכאי **עם** חייב: מאים אית חמשין זכאין GN 18:23
בהון במיתביכון בבתיכון **עם** חיתונכון ובמהככון באורחא DT 11:19
האילין ויימרון לחוד **עם** חכים וסוכלתן עמא רבא הדין: DT 4:6
בכנישתהון דישראל **עם** חמודין דלא יקומון בניכון מן EX 20:17
בכנישתהון דישראל **עם** חמודין דלא יקומון בניכון מן DT 5:21
וילפון להון למיהוי **עם** חמודין ולא יירוג חד מינכון ית DT 5:21
לא חברין ולא שותפין **עם** חמודין ולא יתחמון בכנישתהון EX 20:17
לא חברין ולא שותפין **עם** חמודין ולא יתחמי בכנישתהון DT 5:21
ישראל למיכול לחמא **עם** חמוי דמשה קדם ייי ומשה הוה EX 18:12
ואמרין אמן: ליט דמשמש **עם** חמותיה הוון עניין כולהון DT 27:23
אוריכן לכון הכא **עם** חמרא ואנא ועולימא נתמטי עד GN 22:5
דימא דסוף וכל חד **עם** חמשא טפלין סליקו בני ישראל EX 13:18
ונפק לוט ומליל **עם** חתנוי דנסיבו ברתווי ואמר GN 19:14
עאן מן עדי שלטוניהון **עם** טוב פטימין ודיכרין בני דענין DT 32:14
ית עוברא ואתבטש **עם** טינא נחת גבריאל ועבד מיניה EX 24:10
לא כשרין מצראי למיכול **עם** יהודאי לחמא ארום בפירא GN 43:32
דיעקב שובעין נפשתא **עם** יוסף ובנוי דהוו במצרים: ומית EX 1:5
קדם ייי: והוה כדי מלילת **עם** יוסף יומא דין ויומחרא ולא GN 39:10
דפרעה: ומליל פרעה **עם** יוסף למימר חמי הוית בחילמי GN 41:17
ית קיימא דקיימית **עם** יעקב בביתאל ואוף ית קיימא LV 26:42
בני ישראל דעלו למצרים **עם** יעקב גבר עם אינש ביתיה עלו: EX 1:1
שובעא: כל נפשתא דעלא **עם** יעקב למצרים נפקי ירכיה בר GN 46:26
איסתמר לך מלמללא **עם** יעקב מטב עד ביש: וכדון מיזל GN 31:29
טור לך דילמא תמליל **עם** יעקב מן טב ועד ביש: ואדבק GN 31:24
ואוף ית קיימא דקיימית **עם** יצחק בטוור מוריה ואוף ית LV 26:42
סגי: וית קיימי אקיים **עם** יצחק דתיליד לך שרה בזימנא GN 17:21
הדא עם ברי ויגח קרבא **עם** יצחק: ובאיש פיתגמא לחדא GN 21:10
ותנון אוקטריא דאזלו **עם** ישראל ארום עריק עמא EX 14:5
יעקב אתא ואגח קרבא **עם** ישראל ברפידים והוה נסיב EX 17:8
קרבא במישר פרדיסיא: **עם** כדרלעמר מלכא דעילם ותדעל GN 14:9
ית פיתגמייא האילין **עם** כל בני ישראל ואתאבלו עמא NU 14:39
למסדרא סידרי קרבא **עם** כל בני מדינחא עם דבית NU 24:20
ואמרין אמן: ליט דמשמש **עם** כל בעירא הוון עניין כולהון DT 27:21
ארום אזיל הוא: ואזל הוא **עם** כל דיליה וקם ועבר ית פרת GN 31:21
ולתושבחא: ואנת תמליל **עם** כל חכימיה ליביה דאשלימית EX 28:3
ית פיתגמיא האילין **עם** כל ישראל: ואמר להון בר מאה DT 31:1
ית כל דביריא האילין **עם** כל ישראל: ואמר להון שוון DT 32:45
אוכחותא די מליל משה **עם** כל ישראל כנפינון לותיה כד DT 1:1
ייי עם משה למימר: מליל **עם** כל כנישתא דבני ישראל ותימר LV 19:2
והוה במללות אהרן **עם** כל כנישתא דישראל ואיתפניו EX 16:10
למניין ירחי שתא: מלילו **עם** כל כנישתא דישראל למימר EX 12:3
תנוס ית בנתך מיני: **עם** כל מאן דתשכח ית צילמי GN 31:32
משה וכהניא בני לוי **עם** כל עמא למימר ציתו ושמעו DT 27:9
אבנין: וגבר די ישמיש **עם** כלתיה אתקטלא יתקטלון LV 20:12
בר עינן: אילין מזמני **עם** כנישתא רברבי שבטיא NU 1:16
כדנן אמר עבדך יעקב **עם** לבן איתותבית ואשתהיית עד GN 32:5
רוגזא דיעקב ואידיין **עם** לבן ואתיב יעקב ואמר ללבן מה GN 31:36
וזמן לקריבויי דאתו **עם** לבן למסעוד לחמא וסעדו GN 31:54
לחבלותא וחד אשתאר **עם** לוט ואמר לה חוס על נפשך לא GN 19:17
לכון דילמא יהי פתגם **עם** ליבכון דזדונותא למימר קריבת DT 15:9
קטילא דאיתקטיל **עם** מדינתא זמרי בר סלוא רב בית NU 25:14
לישנהון ואכלין לישנהון **עם** מוריגיהון ואתקברו במותנא מן NU 14:37
דייי אתעבד תקברוניה **עם** מטמוע שימשא דלא יקילון DT 21:23
הינון מי בראשית **עם** מיא קדמאי דהוון בגויה אבירוי NU 34:6
בפומיה ומימרי יהא **עם** מימר פומך ועם מימר פומיה EX 4:15
ישראל ארום איתרברבת **עם** מלאכייא דייי ועם גובריא GN 32:29
מליך דרומא דמתחבר **עם** מליך ציפונא לחבלא יתבי DT 34:3
באורחא פלגותא אגחן **עם** מלכיא ופלגותא אצטנעא GN 14:15
עמי מהימן הוא: ממלל **עם** ממלל מלילית עימיה דיתפרש NU 12:8
איזל ואנא במימרי אהא **עם** ממלל פומך ואליף יתך מה EX 4:12
לנוקבא ולגבר די ישמש **עם** מסאבתה כל אילין יהוון זהירין LV 15:33
לא חברין ולא שותפין **עם** מסהדי סהדן דשיקרא ולא DT 5:20
וילפון לחוד הינון למיהוי **עם** מסהדין סהדין שיקרא ארום EX 20:16
לא חברין ולא שותפין **עם** מסהדין סהדי שיקרא ולא EX 20:16
בכנישתהון דישראל **עם** מסהדין סהדן דשיקרא ארום DT 5:20
דעבד אהרן: ומליל ייי **עם** משה איזל איסתלק מיכא EX 33:1
נוכריא: ומליל ייי **עם** משה איזל חות מן רבות יקרך EX 32:7
והוה ביומא דמליל ייי **עם** משה בארעא דמצרים הוה EX 6:28
ביומא דמליל ייי **עם** משה בטוורא דסיני: ואילין NU 3:1
ייי ית משה: ומליל ייי **עם** משה בטוורא דסיני למימר: LV 25:1
בטוורא דסיני: ומליל ייי **עם** משה במדברא דסיני במשכן NU 1:1
במטרתהון: ומליל ייי **עם** משה במדברא דסיני בשתא NU 9:1
יהון אנא ייי: ומליל ייי **עם** משה במדברא דסיני למימר: מני NU 3:14
דמואב: ומליל ייי **עם** משה במישריא דמואב על NU 33:50
בארעא דכנען: ומליל ייי **עם** משה במישריא דמואב על NU 35:1
תמן למירתה: ומליל ייי **עם** משה בשבעה בירחא דאדר DT 32:48
עימהון היכמא דמתמלל **עם** משה דמימרא דייי בחזיו NU 12:6
דאתפקדית: ומליל אהרן **עם** משה הא יומא דין קריבו בני LV 10:19
היכמה דמליל ייי **עם** משה היכדין עבדו בני ישראל: NU 5:4
מינהון היכמא דמליל ייי **עם** משה: ואמר ייי למשה אקדם EX 9:12
מן ארעיה: ומליל ייי **עם** משה ואמר ליה אנא ייי הוא EX 6:2
עמא: ונצו רשיעי עמא **עם** משה ואמרו הב לן מוי ונישתי EX 17:2
בגין דנצו בני ישראל **עם** משה ובגין דנסייו קדם ייי EX 17:7
ומתמלל מימרא דייי **עם** משה: וחמן כל עמא ית עמודא EX 33:9
כל פיתגמייא דמליל ייי **עם** משה ועבד אתייא לעיני עמא: EX 4:30
קשי ממלל: ומליל ייי **עם** משה ועם אהרן ואזהרינון על EX 6:13
לכל כנישתא: ומליל ייי **עם** משה ועם אהרן למימר: NU 16:20
ליום דכותיה: ומליל ייי **עם** משה ועם אהרן למימר: ארום LV 14:33
הכדין עבדו: ומליל ייי **עם** משה ועם אהרן למימר: גבר על NU 2:1
דלא תמותון: ומליל ייי **עם** משה ועם אהרן למימר: דא NU 19:1
אדכר יתיה לי: ומליל ייי **עם** משה ועם אהרן למימר להון LV 11:1
מכתש צורעתא: ומליל ייי **עם** משה ועם אהרן למימר: מלילו LV 15:1
אורח ימא דסוף: ומליל ייי **עם** משה ועם אהרן למימר: עד NU 14:26
האילין דמליל ייי **עם** משה: ית כל מה דפקיד ייי NU 15:22
מדינחא: ומליל ייי **עם** משה למימר: אילין שמהת NU 34:16
משכן זימנא: ומליל ייי **עם** משה למימר: איתפרשו מיגו NU 17:9
קטורת בוסמיא: ומליל ייי **עם** משה למימר: אמר לאלעזר בר NU 17:1
דמליל עמיה: ומליל ייי **עם** משה למימר אנא הוא ייי מליל EX 6:29
מותביה הוא: ומליל ייי **עם** משה למימר: אעיק ית מדינאי NU 25:16
על חיליהון: ומליל ייי **עם** משה למימר: אקדש קדמי כל EX 13:1
הוא קדם ייי: ומליל ייי **עם** משה למימר: ארום תקביל ית EX 30:11
בבית בעלה: ומליל ייי **עם** משה למימר: אתפרע פורענות NU 31:1
בעובדי ידיכון: ומליל ייי **עם** משה למימר: ביומא דירחא EX 40:1
חובתיה דחב: ומליל ייי **עם** משה למימר: בר נש ארום יחוב LV 5:20
חטאתא היא: ומליל ייי **עם** משה למימר: בר נש ארום ישקר LV 5:14
לשמא דייי: ומליל ייי **עם** משה למימר: ברם בעשרא יומין LV 23:26
אתמנין ביניהון: ומליל ייי **עם** משה למימר: ברם ית שיבטא NU 1:48
כהנא ותידכי: ומליל ייי **עם** משה למימר: ברנש ארום יהי LV 13:1
עבדו להון: ומליל ייי **עם** משה למימר: דא אחוייתא די NU 8:23
או לסאבותיה: ומליל ייי **עם** משה למימר: דא תהי אורייתא LV 14:1
בהון יתקדש: ומליל ייי **עם** משה למימר: דין קרבנא דאהרן LV 6:12
מימרא דייי: ומליל ייי **עם** משה למימר: הנפיק ית מרגזא LV 24:13
קדם ייי: ומליל ייי **עם** משה למימר: ואנא הא קריבית NU 3:11
ולבנוי לדריהון: ומליל ייי **עם** משה למימר: ואנת סב לך EX 30:22
יחסנון אחסנא: ומליל ייי **עם** משה למימר: ולליואי תמליל NU 18:25
יתהון אנא ייי: ומליל ייי **עם** משה למימר: ועם בני ישראל LV 20:1
על נפשתיכון: ומליל **עם** משה למימר: ותעביד כיורא EX 30:17

מעמיה: ומליל ייי **עם** משה למימר: חמי משה דקריית EX 31:1
דינהין קדם ייי: ואמר ייי **עם** משה למימר: יאות בנת צלפחד NU 27:6
בקודשא ובמנוי: ומליל ייי **עם** משה למימר: לא תסתפקון NU 4:17
מאה ותלתין: ומליל ייי **עם** משה למימר: לאילין שבטיא NU 26:52
לא תיתאכל: ומליל ייי **עם** משה למימר: מליל עם אהרן LV 6:17
ייי ית משה: ומליל ייי **עם** משה למימר: מליל עם אהרן LV 17:1
ייי מקדשיה: ומליל ייי **עם** משה למימר: מליל עם אהרן LV 21:16
כל בני ישראל: ומליל ייי **עם** משה למימר: מליל עם אהרן LV 22:1
ייי מקדישיהון: ומליל ייי **עם** משה למימר: מליל עם אהרן LV 22:17
אוריית נזיריה: ומליל ייי **עם** משה למימר: מליל עם אהרן NU 6:22
מתמליל עימיה: ומליל ייי **עם** משה למימר: מליל עם אהרן NU 8:1
קדם עמא: ומליל ייי **עם** משה למימר: מליל עם בני EX 14:1
וארבעין לילוון: ומליל ייי **עם** משה למימר: מליל עם בני EX 25:1
לשמא דייי: ומליל ייי **עם** משה למימר: מליל עם בני LV 4:1
ההוא מעמיה: ומליל ייי **עם** משה למימר: מליל עם בני LV 7:22
ההוא מעמיה: ומליל ייי **עם** משה למימר: מליל עם בני LV 7:28
לאתאכלא: ומליל ייי **עם** משה למימר: מליל עם בני LV 12:1
ויקבל חוביה: ומליל ייי **עם** משה למימר: מליל עם בני LV 18:1
לאלקא אנא ייי: ומליל ייי **עם** משה למימר: מליל עם בני LV 23:1
לא תעבדון: ומליל ייי **עם** משה למימר: מליל עם בני LV 23:9
הוא ייי אלקכון: ומליל ייי **עם** משה למימר: מליל עם בני LV 23:23
שוביכון: ומליל ייי **עם** משה למימר: מליל עם בני LV 23:33
על ידא דמשה: ומליל ייי **עם** משה למימר: מליל עם בני LV 27:1
בני ישראל: ומליל ייי **עם** משה למימר: מליל עם בני NU 5:5
דיליה יהי: ומליל ייי **עם** משה למימר: מליל עם בני NU 5:11
ית חובהא: ומליל ייי **עם** משה למימר: מליל עם בני NU 6:1
ייי על דילכון: ומליל ייי **עם** משה למימר: מליל עם בני NU 9:9
יתגיירון עימכון: ומליל ייי **עם** משה למימר: מליל עם בני NU 15:17
איתכליית: ומליל ייי **עם** משה למימר: מליל עם בני NU 17:16
לליוואי: ומליל ייי **עם** משה למימר: מליל עם בני NU 35:9
הוא ייי אלקכון: ומליל ייי **עם** משה למימר: מליל עם כל LV 19:1
דייי להון: ומליל ייי **עם** משה למימר: סב ית חטר ניסיא NU 20:7
למשריתא: ואמר ייי **עם** משה למימר: סב ית שירוי ביזת NU 31:25
יהון לכון: ומליל ייי **עם** משה למימר: עדאן אית לן LV 22:26
דיבדידיהון: ומליל ייי **עם** משה למימר: עול מליל עם EX 6:10
בידא דמשה: ומליל ייי **עם** משה למימר: עיבד לך מדילך NU 10:1
וארבע אלפין: ומליל ייי **עם** משה למימר: פנחס קנאה בר NU 25:10
לאתחייבא בה: ומליל ייי **עם** משה למימר: פקיד ית אהרן וית LV 6:1
לבני ישרקל: ומליל ייי **עם** משה למימר: פקיד ית בני LV 24:1
ייי ית משה: ומליל ייי **עם** משה למימר: פקיד ית בני NU 5:1
ייי ית משה: ומליל ייי **עם** משה למימר: פקיד ית בני NU 28:1
אעביד לכון: ומליל ייי **עם** משה למימר: פקיד ית בני NU 34:1
מצלהבא: ומליל ייי **עם** משה למימר: קביל ית חושבון NU 4:21
ייי ית משה: ומליל ייי **עם** משה למימר: קבילו ית חושבן NU 4:1
יהי רוגזא: ומליל ייי **עם** משה למימר: קבילית צלותכון NU 16:23
אהרן אבוהון: ומליל ייי **עם** משה למימר: קרב ית שיבטא NU 3:5
במדברא דסיני: ומליל ייי **עם** משה למימר: קריב ית אהרן LV 8:1
ותלתא: ומליל ייי **עם** משה למימר: קריב ית ליואי NU 3:44
ית מנרתא: ומליל ייי **עם** משה למימר: קריב ית ליואי מגו NU 8:5
במדברא דפארן: ומליל ייי **עם** משה למימר: שלח לך גוברין NU 13:1
בענן יקרא: ומליל ייי **עם** משה למימר: שמיע קדמוי ית EX 16:11
מינה: ואמרו הלחוד ברם **עם** משה מליל ייי דאתפרש NU 12:2
משכניה: ומתמלל ייי **עם** משה ממליל קבל עם חבריה EX 33:11
עליהון: ומליל ייי **עם** משה מן בתר דמיתו תרין בנוי LV 16:1
ארעא: ומליל ייי **עם** נח למימר: פוק מן תיבותא את GN 8:15
למימר אין איתרעו **עם** נפשכון למקבר ית מיתי מן GN 23:8
קודשא: ואתו גובריא **עם** נשיא כל מאן דאיתרעי ליביה EX 35:22
להון שרי לכון לאזדווגא **עם** נשיכון דאתפרשתון דנן תלתא DT 5:30
ומן כל קושטא די עבדת **עם** עבדך ארום בחוטרי בלחוד GN 32:11
אוף מן שעתא דמלילתא **עם** עבדך ארום חגר פום וקשי EX 4:10
ויהי עולימוי מתמניין **עם** עולימהון דאחוי בית ישראל: DT 33:6
אנת מתמני למיעול **עם** עמא הדין לארעא דקיים DT 31:7
דתעבדון: וימלל הוא לך **עם** עמא ויהי הוא יהוי לך EX 4:16
ויתקרב כהנא וימלל **עם** עמא: ויימר להון שמעו ישראל DT 20:2
ויוספון סרכיא למללא **עם** עמא ויימרון מאן הוא גברא DT 20:8
ויהי כד פסקין למללא **עם** עמא וימנון רבבני חילין בריש DT 20:9
בית שכינתא ומליל **עם** עמא ית פיתגמיא דייי וכנש NU 11:24
לעמך: ומליל משה **עם** עמא למימר אזדרזו לותכון NU 31:3
יתכון: וימללון סרכיא **עם** עמא למימר מן גברא דיבנא DT 20:5
ממלל עמהון ורחל אתת **עם** ענא דלאבוהא ארום רעיתא GN 29:9
בלחודוי ולא ערביבינון **עם** ענא דלבן: והוי בכל עידן GN 30:40
והא רחל ברתיה אתיה **עם** ענא: ואמר הא עדן יומא סגי לא GN 29:6
באנפי בני חיתאה: ומליל **עם** עפרון באנפי עמא דארעא GN 23:13
דציבורא ויתפריק: וידייק **עם** ערלאה זבניה משתא דיודבן LV 25:50

ושמעית ית אבוך ממליל **עם** עשו אחוך למימר: אעיל לי צידה GN27:6
קודשא כד מליל יצחק **עם** עשו בריה ואזל עשו לחקלא GN27:5
כפיתגמא הדין תמללון **עם** עשו כד תשכחון יתיה: ותימרון GN32:20
קרובו קבילו אורייתא **עם** עשרתי דביריא: ומליל ייי ית EX 19:25
ותלת שנין במלילתהון **עם** פרעה: ואמר ייי למשה ולאהרן EX 7:7
הוא פתגמא דמלילית **עם** פרעה מה דייי עתיד למעבר GN41:28
משה למימר: עול מליל **עם** פרעה מלכא דמצרים ויפטור ית EX 6:11
למימר אנא הוא ייי מליל **עם** פרעה מלכא דמצרים ית כל EX 6:29
חיליהון: הינון דממללין **עם** פרעה מלכא דמצרים להנפקא EX 6:27
בחיי עלמא וחולקיה **עם** צדיקייא אנא ייי: גבר טלי וגבר LV 18:5
הוא ארום חסדא עבדית **עם** קדמאי מן בגלל דיתמלי עלמא LV 20:17
פיתגמיא האילין מליל ייי **עם** קהלכון בטוורא מיגו אישתא DT 5:22
קטולייא דמגרר אדרעא **עם** קודקדא: וחמא ארעא טבתא DT 33:20
וילפון לחוד הינון למיהוי **עם** קטולין ארום בחובי קטוליא EX 20:13
וילפון להון הינון למיהוי **עם** קטולין ארום בחובי קטוליא DT 5:17
בכנישתהון דישראל **עם** קטולין דלא יקומון בניכון מן DT 5:17
בכנישתיהון דישראל **עם** קטולין ולא יקומון בניכון מן EX 20:13
לא חברין ולא שותפין **עם** קטולין ולא יתחמי בכנישתהון DT 5:17
לא חברין ולא שותפין **עם** קטולין ולא יתחמי בכנישתיהון EX 20:13
אנפוי מן כיסופא: ומליל **עם** קרח ועם כנישת סעדוי למימר NU16:5
קרך ייי בינגא ארום **עם** קשי קדל הוא ותשבוק EX 34:9
יומי בכיתיה ומליל יוסף **עם** רבני בית פרעה למימר אין בבעו GN50:4
וחמא והוה יצחק חאיך **עם** רבקה אינתתיה: וקרא אבימלך GN26:8
יתיה תמליל ואזל בלעם **עם** רברבי בלק: ושמע בלק ארום NU22:35
וזריז ית אתניה ואזל **עם** רברבי מואב: ותקיף רוגזא דייי NU22:21
קומי יומנא ועיבד טבו **עם** ריבוני אברהם: הא אנא קאי על GN24:12
ארום עבדתא טיבו **עם** ריבוני: והוה בשעא קלילא הוא GN24:14
עבדין טיבו וקשוט **עם** ריבוני תנו לי ואין לא תנו לי GN24:49
איבריה דלא למשמשא **עם** ריבונתיה ואתברכו ידוי מן GN49:24
אלהין טוי נור עם רישיה **עם** ריגלוי ועם בני גויה: ולא EX 12:9
מאורח טוורא דגבלא **עם** ריקם גיעא ועל די סטיתון DT 1:2
במיא אלהין טוי נור **עם** רישיה עם ריגלוי ועם בני גויה: EX 12:9
נבעין: ונצו רעוותא דיגרר **עם** רעוותא דיצחק למימר דילנא GN26:20
דנן ארבעין שנין: ודינדעון **עם** רעייוני ליבכון ארום היכמא DT 8:5
קדמך ולא תשוי ידך **עם** רשיעא דיהי סהיד שקר: עמי בני EX 23:1
שיבטא גד יעברון מזיינין **עם** שאר שבטיא ית נחלא ארנונא GN49:19
היא זימנא רמא פיצתא **עם** שובעין מלאכיא דברבי עממין DT 32:8
דבבוי ומקטל מלכין **עם** שולטניהון ולית מליך ושולטן GN49:11
בעלי דבבוי מקטל מלכין **עם** שילטונין וקטולוי חכימין מן כל DT 33:20
ניסוכיהון מה די תקרבון **עם** תורי ודיכרי ואימרי במנייניהון NU29:24
ניסוכיהון מה דתקרבון **עם** תורי ודיכרי ואימרי במנייניהון NU29:37
ניסוכיהון מה דתקרבון **עם** תורי ודיכרי ואימרי במנייניהון NU29:27
ניסוכיהון מה די תקרבון **עם** תורי ודיכרי ואימרי במנינהון NU29:33
ניסוכיהון מה די תקרבון **עם** תורי ודיכרי ואמרי במניינהון NU29:21
ניסוכיהון מה דתקרבון **עם** תורי ודיכרי ואמרי במנינהון NU29:30
מה דיתהוון מקרבין **עם** תוריא ועם דיכריא ואימריא NU29:18
הדא נסיבית ושמשית **עמה** ולא אשכחית לה סהידוון: DT 22:14
דלא מארסא וישמש **עמה** מפרנא יפרין יתה ליה לאיתו: EX 22:15
למסדרא סדרי קרבא **עמהון**: ארום זקפית בשבועא ית DT 32:39
למשכן זימנא דשרי **עמהון** בגו סאובתהון: וכל אינש לא LV 16:16
ליה בכותלא וממלל **עמהון** ואילין הינון דהוה גחין להון GN31:19
ובכא ותב לוותהון ומליל **עמהון** ודבר מלותהון ית שמעון GN42:24
כל פיתגמי יוסף דמליל **עמהון** וחמא ית סדנייא דשדר יוסף GN45:27
ופסק משה מן למללא **עמהון** ויהב על איקונין דבית אנפוי EX 34:33
וישתון וידוון וישמשון **עמהון** ויכפרון באלקהון ויתמסרון NU24:14
ייי לבלעם לא תיזיל **עמהון** ולא תלוט ית עמא ארום NU22:12
אתו גובריא קום טייל **עמהון** ולחוד פיתגמא דאימליל NU22:20
בכנישתא ומליל משה **עמהון**: ומבתר כדין איתקריבו כל EX 34:31
וארבעין רבוון סליקו **עמהון** ועאן ותורי וגיתי סגי לחדא: EX 12:38
ענא: עד דהוא ממלל **עמהון** ורחל אתת עם ענא GN29:9
לשיבטא דדן: אשלים **עמהון** חכימות ליבא למעבד כל EX 35:35
קדם יוסף: וחמא יוסף **עמהון** ית בנימין ואמר למנשה די GN43:16
נבואתי בפמי וימלל **עמהון** ית כל דאיפקדיניה: ויהי DT 18:18
ואדביקינון ומליל **עמהון** ית כל פיתגמיא האילין: GN44:6
בישיא דאחידין בידיהון **עמהון** יתימסון: ויוודון בשעת LV 26:39
אבוהון ולא הוה מסתחר **עמהון** כחדא למיכול לחדא ואמר GN50:15
אנפי סדום ואברהם אזיל **עמהון** לאלוואיהון: וייי אמר GN18:16
לבני חיתאה: ומליל **עמהון** למימר אין איתרעו עם GN23:8
בני ישראל מליל **עמהון** למימר בני שימשתא תיכלון EX 16:12
ולחוד אקימית ית קיימי **עמהון** למיתן להום ית ארעא דכנען EX 6:4
לגובא ארום לא הוה **עמהון** למסעוד כד זבנוהי דהוה GN37:29
כחילונאי ומליל **עמהון** מילין קשיין ואמר להום מנן GN42:7
דחיואי בען למסדרא **עמהון** סדרי קרבא בגין כן הוו GN37:17
דיירהא איהי זוער וסדרו **עמהון** סדרי קרבא במישר פרדיסיא: GN14:8

דשמיא דלא למסדרא **עמהון** סידרי קרבא דעד כדון לא NU 20:21
וברפידים והיך אגח **עמהון** עמלק ושיזבינון ייי: ובדח EX 18:8
ייי: וניסוכיהון דמתקרב **עמהון** פלגות הינא יהי לתורא NU 28:14
ית מדינאה בסדרותיה **עמהון** קרבא בחקלי מואב ושום GN 36:35
ליביה דאשלימית **עמהון** רוחא דחכמתא ויעבדון ית EX 28:3
ליה ייי רשו לאבאשא **עמי:** אם כדין הוה אמיר קרוחין יהי GN 31:7
אחתיה למימר כדנן מליל **עמי** גברא ואתא לות גברא והא GN 24:30
אתון אחוכון חד שבוקו **עמי** וית דצריך לכפיני בתיכון סיבו GN 42:33
ישראל סגין טבוון עבד **עמי** ייי שיזבני מן ידוי דעשו ומן GN 45:28
טיבותך העבדתא **עמי** לקיימא ית נפשי ואנא לא GN 19:19
לגויה עד זמן די יתמלל **עמי** מן קדם ייי ובכין קרא דבורא LV 1:1
לישראל אבוי שדר טליא **עמי** נקום וניזיל וניחי ולא נמות אוף GN 43:8
עבדנא היכמה דמלילתא **עמי** קום כדון אסתחר ותיכול GN 27:19
בר נשא ההוא מגו **עמיה:** ארום על פיתגמא קדמאה NU 15:30
מן שעתא דמליל **עמיה** בחמיסר בניסן ביני פסוגייא EX 12:40
הדר ואתגלי בקדושא על **עמיה** בית ישראל ועימיה ריבו DT 33:2
ביתיה ולא צבו למהלכא **עמיה** ובחר מינהון ית אליעזר בר GN 14:14
אדניה ושמע מה דמליל **עמיה:** ומליל ייי עם משה למימר EX 6:28
טב דשום מימרא דייי **עמיה** פתח גבריאל פמיה DT 32:9
לא קריבא דעתא דאחוך **עמך** או לא חכימתיה ותכנשיניה DT 22:2
תהי בינן ובינך ונגזור קים **עמך:** אם תעבד עימנא בישא GN 26:28
ואשוי עליהון ויטענון **עמך** בטורחא דעמא ולא תיטעון NU 11:17
רחל בגין כן ישכוב **עמך** בליליא הדין חולף יברוחי GN 30:15
טוורא: ואינש לא יסק **עמך** ואוף אינש לא יתחמי בכל EX 34:3
גובריא האילין כען דבתו **עמך:** ואמר בלעם קדם ייי בלק בר NU 22:9
ובנך ואינתתך ונשי בנך **עמך:** ומן כל דחי מכל בישרא תרין GN 6:18
יתנגד: ואקים ית קימי **עמך** ותיעול לתיבותא אנת ובנך GN 6:18
ואמר עשו אשבוק כדון **עמך** מן פולומוסין דעימי ואמר GN 33:15
עיבר קדם עמא ודבר **עמך** מסבי ישראל וחוטרך דמחית EX 17:5
פיתגמיא האילין גזרית **עמך** קיים ועם ישראל: והוה תמן EX 34:27
לך: ואמר לא יחות ברי **עמכון** ארום אחוי מית והוא GN 42:38
למימר: דייר ותותב אנא **עמכון** בבעו זבונו לי אחסנת GN 23:4
קבל ממלל מליל ייי **עמכון** בטוורא מיגו אישתא: אנא DT 5:4
ככל פיתגמיא דמליל ייי **עמכון** בטוורא מיגו אישתא ביום DT 9:10
ליצחק וליעקב: ולא **עמכון** בלחודיכון אנא גזר ית DT 29:13
יתיה: וארום איתגייר **עמכון** גייורא ויעבד פיסחא קדם ייי EX 12:48
גביי אוף טפלכון יזיל **עמכון:** ואמר אוף אנת תיתן בידנא EX 10:24
ואין לא יעיברון מזרזין **עמכון** ויחסנון ביניכון בארעא NU 32:30
בנתיכון ניסב לנא וניתב **עמכון** ונהי לעמא חד: ואין לא GN 34:16
ותסקון ית גרמיי מיכא **עמכון:** ונטלו מסוכות אתר EX 13:19
הא אנא מקיים קיימי **עמכון** ועם בניכון בתריכון: ועם כל GN 9:9
לוחי קיימא דגזר ייי **עמכון** ושהיית בטוורא ארבעין DT 9:9
יתכון ואקים ית קיימי **עמכון:** ותיכלון עתיקא דמעתק ולא LV 26:9
יהי לכון גיורא דמתגייר **עמכון** ותרחם ליה כוותך דמה את LV 19:34
ערק מן פולחן טעותיה: **עמכון** יתיב וינטור מצוותא ביניכון DT 23:17
להום יוסף הוא דמלילית **עמכון** למימר אלילי אתון: בהדא GN 42:14
למימר: ארום ימלל **עמכון** פרעה למימר הבו לכון EX 7:9

עם (696)

דלא אשלחיף עמא הדין **בעם** אוחרן ברם מינך יפקון EX 34:10
דלא תשלחפיננא **בעם** אוחרן: ואמר הא אנא גזר קיים EX 34:9
ביני עממיא ותשתותרון **בעם** קליל ביני עממיא דידבר ייי DT 4:27
למצרים ואיתותב תמן **בעם** קליל והוה תמן לאומא רבא DT 26:5
ייי למשה חות אסהיד **בעמא** דילמא יכוונון קדם ייי EX 19:21
בריה הכדין אנא טרחית **בעמא** הדין אפיקית יתהון במימרך DT 32:50
רשיעא מסתכל אנא **בעמא** הדין דהינון מדברין בזכות NU 23:9
עליל ונפיק בריש עמא **בעמא** הדין הכדין יהי עליל ונפיק DT 33:21
בליביה ליתנא מסהיד **בעמא** הדין סהדין דטעמין מיתותא DT 32:1
דילמא יתקף רתח רוגזי **בעמא** ואישיצינון בגין כן טייל אנת EX 33:1
שרי קצף מחבלא לחבלא **בעמא** ויהב ית קטורת בוסמין וכפר NU 17:12
בכן גרי מימרא דייי **בעמא** ית חיוון חורמנין ונכיתו ית NU 21:6
וקמו מחסרי הימנותא די **בעמא** כל יומא ההוא וכל ליליא NU 11:32
פון שכיב מלכא דמיחד **בעמא** עם אינתתך ואייתיתא GN 26:10
ברשיעי עמא וקטל ייי **בעמא** קטול סגי לחדא: וקרא ית NU 11:33
ארעא: עד כדון מתרברב **בעמי** בדיל דלא למיפטירינון: האנא EX 9:17
מומא בישא ואתיהיב **בעמיא** חולונאי למיסב איתא DT 23:3
בר נש דמית לא יסתאב **בעמיה:** אלהין לאינתתא דקריבא LV 21:1
איתא: ולא יפיס זרעיה **בעמיה** ארום אנא ייי מקדשיה: LV 21:15
קהלא הוא: בזמן די רבא **בעמיה** יחוב ויעבד חד מן כל LV 4:22
עתידין הינון דישלטון **בעמך** בסוף עקב יומיא: ונטל מתל NU 24:14
למא ייי יתקוף רוגזך **בעמך** דהנפקת מארעא דמצרים EX 32:11
ורבנין דמתמנין נגודין **בעמך** לא תלוטון: ביכורי פירך EX 22:27
ביה ונפק טיבהון ביש **בעממי** ארעא וקנון להון שום ביש EX 32:25
מיניה ובנוי יהון סגיאין **בעממיא:** ובריכינון ביומא ההוא GN 48:19
לכינשין ומלכין שליטין **בעממיא** מינה יהון: ונפל אברהם על GN 17:16
לכינשין ומלכין שליטין **בעממיא** מינך יפקון: ואקים ית קימי GN 17:6
חד ללישניה ליחוסיהום **בעממיהום:** ובנוי דחם כוש ומצרים GN 10:5
יחוסי בנוי דנח ליחוסיהון **בעממיהון** ומאילין איתפרשו GN 10:32
יהוון בנוי דיוסף שלטין **בעממייא** כחדא בכל סייפי ארעא DT 33:17
בנוי דיעקב ישלטון **בעממין** סגיאין קמאה דימלוך NU 24:7
לא תתמשכנון ותשלטון **בעממין** סגיעין ובכון לא ישלטון: DT 15:6
ירחא וצפירא דחטאתא **דלעמא** וצפירא דחטאתא דקריב LV 10:16
הב לי נפשת אינשא **דעימי** דאתובתא וקניינא דבר לך: GN 14:21
כדון עמך מן פולומוסין **דעימי** ואמר למא דנן אשכח רחמין GN 33:15
ועצתהון בישן כעיצתהון **דעם** עמורא מחשבתהון בישין DT 32:32
דאדום וקנטת נפשא **דעמא** באורחא: והרהרו עמא NU 21:4
אדומאי ותמן עקת נפשא **דעמא** באורחא: ונטלו מצלמונה NU 33:41
והי כעובדין בישין **דעמא** דארעא דכנען דאנא מעיל LV 18:3
אלקוכון: כעובדין בישין **דעמא** דארעא דמצרים LV 18:3
חת כאילן מבנתהום **דעמא** דארעא למה לי חיין: וקרא GN 27:46
ודיינך: ארום עובדיהון **דעמא** האילין דמיין לעובדי עמא DT 32:32
יתהון ודי גנבתא דעתהון **דעמא** האילין ואמרת לית הדא NU 22:30
למשה גלי קדמוי זדונהון **דעמא** הדין והא עם קשי קדל הוא: EX 32:9
אהרן ובנוי וכל סביא **דעמא** הדין על אתר בי דינהון ייתון EX 18:23
קדמך לשוואה ית טורחא **דעמא** הדין עלי: האנא עברית NU 11:11
הדא במשמעהון **דעמא** הוא והושע בר נון: ופסק DT 32:44
דחטאתא דמן ממונא **דעמא** ויעיל ית אדמא דצפירא LV 16:15
מליל כדון במשמעהון **דעמא** וישיילון גבר מן רחמיה EX 11:2
ההוא ית שולטנייא **דעמא** וית סרכוי למימר: לא תוספון EX 5:6
ויטענון עמך בטורחא **דעמא** ולא תיטעון אנת בלחודך: NU 11:17
אבוהא הוא הוא אבוהון **דעמא** מואבאה עד זמן יומא דין: GN 19:38
ומצלי קדמי הא צלותהון **דעמי** קדמת לדידך מליל עם בני EX 14:15
משירוי פורענות סנאיהון **דעמי:** שבחו אומיא עמיה בית DT 32:42
ההוא עם ארעא דגושן **דעמי** שרי עלה בדיל דלא למיהוי EX 8:18
אחסנתהון ולשיבטא **דעמיה** זעיר תזער אחסנתהון גבר NU 26:54
סגי תסגון ומן שיבטא **דעמיה** זעיר תזערון גבר אגב NU 35:8
סגין תסגי ולשיבט **דעמיה** זעירין תזעיר לדיפוק ליה NU 33:54
מימרא דייי ברחמוי דינא **דעמיה** ישראל ועל בישתא דיגזר DT 32:36
במניין שמהן: לשיבטא **דעמיה** סגי תסגון אחסנתהון NU 26:54
בני ישראל מן שבטא **דעמיה** סגי תסגון ומן שיבטא NU 35:8
לגניסתכון לשיבט **דעמיה** סגין תסגי ולשיבט דעמיה NU 33:54
ייי תכרית בעל דבבהון **דעמך** דקיימין לקובליהון מן בגלל EX 15:6
ויתבדרון בעלי דבביהון **דעמך** ולא יהוי לסנאיהון ריגל NU 10:35
תפכר שורי בעלי דבביהון **דעמך** תגרי בהון תקוף רוגזך תגמר EX 15:7
עבדך לקיין וחובתהון **דעמך** תקפא וסלקא: ואמר בטלנין EX 5:16
יתהון אבל טעוותהון **דעממיא** לית בהון צרוך ועל די DT 32:31
רמאה כתעלא מלכא **דעממיא** משתמעין ליה: עבדו GN 14:1
דייי אלקן אורחיהון **דעממיא** נטלין דחלתהון על DT 4:7
דישראל טעוותהון **דעממייא** ארום תקיפהון דישראל DT 32:31
דעילם ותדעל מלכא **דעממייא** משתמעין ליה ואמרפל GN 14:9
עלוי קטרת בוסמין **דעממין** נוכראין ועלתא ומנחתא EX 30:9
דמחיתך לליבך ובעבדך **ובעמך** דמן קדמיי הוון משתלחין EX 9:14
האנא מגרי בך ובעבדך **ובעמך** ובביתך ית עירבוב חיות EX 8:17
דרגשך ובבית עבדך **ובעמך** ובתנורך ובאצוותך: ובגופך EX 7:28
מתמלל ברוח קודשא לי **ולעמך** מן בגלל דניהי משניי מכל EX 33:16
ולעוג מלכי אמוראי **ולעממי** ארעהון דשיצי יתהון: DT 31:4
ברא מפרעה ומעבדוי **ומעמיה** לא אישתאר חד: ויקר EX 8:27
האילין גזרית עמך קיים **ועם** ישראל: והוה תמן קדם ייי EX 34:27
כלילא וכהנין משמשין **ועם** קדיש איליין פיתגמייא EX 19:6
בגין כן טייל אנת **ועמא** דאסיקתא מארעא דמצרים EX 33:1
אעבר יתהון לקוריתא **ועמא** דקוריתא אעבר למדיניתא GN 47:21
אנת ואהרן עימך וכהנייא **ועמא** לא יכוונון למיסוק EX 19:24
ייי והינון לא יתקרבון **ועמא** לא יסקון עימיה: ואתא משה EX 24:2
למשריתא שבעתי יומין **ועמא** לא נטל עד זמן דאתסיית NU 12:15
מזוניה ולא אתרעם עלוי **ועמי** אתרעמו על מזונהון וכדון NU 21:6
אלקא זכאה וברם אני **ועמי** חייבין בכל מחתא ומחתא: EX 9:27
יכפר על חובי ארעיה **ועמיה:** ואתא משה מן משכן בית DT 32:43
דין ארום מיבד תיבדון: הי **כעמיא** דייי מגלי מן קדמיכון DT 8:20
מטול למיהוי ליה **לעם** אחסנא כיומא הדין: ומן קדם DT 4:20
ואקרב יתכון קדמיי **לעם** ואהוי לכון לאלקא ותידעון EX 6:7
בארע מטול למהוי ליה **לעם** חביב היכמא דמליל לכון DT 26:18
ייי אלקכון למיהוי לי **לעם** חביב מכל עממיא דעל אפי DT 14:2
אלקכון מטול למהוי ליה **לעם** חביב מן כולהון עממיא דעל DT 7:6
למיתב עימנא למיהוי **לעם** חד במיגזור לנא כל דכורא GN 34:22
בניכון ובנתיכון מסירין **לעם** חילונאי ועיניכון חמיין וחשכן DT 28:32
בתרך: ואוף ית בר אמתא **לעם** ליסטיס אשויניה ארום ברך GN 21:13
עם אברהם ארום **לעם** סגי אישוינך תמן: אנא הוא GN 46:3
ואישיצינון ואעבד יתך **לעם** סגי: ואתחלחל משה מן EX 32:10
רברבין יוליד ואיתיניניה **לעם** סגי: וית קיימי אקיים עם GN 17:20

יתכון מימרא דייי קדמוי **לעם** קדיש היכמה דקיים לכון DT 28:9
ית אידיך ביה ארום **לעם** רב אשויניה: וגלי ייי ית עינהא GN 21:18
רחמין עליהון ויתי תשוי **לעם** רב היכמא דמלילתא למימר: NU 14:17
חכימנא דאוף הוא יהי **לעם** רב ואוף הוא יסגי וברם אחוי GN 48:19
דאחזינך: ואעבדינך **לעם** רב ואיבריכינך וארבי שמך GN 12:2
יתיה: ואברהם עתיד דיהי **לעם** רב ותקיף ויתברכון בדיליה GN 18:18
ואישצי יתהון ואמני יתך **לעם** רב ותקיף מנהון: ואמר משה NU 14:12
שמיא ואעביד יתך **לעם** תקיף וסגי מנהון: וכוונית DT 9:14
דמתגיירין ביניהון ארום **לעמא** אירע בשלותא: ואין בר נשא NU 15:26
נשא כל טבוון דעבדית **לעמא** אסיקית יתהון פריקין NU 21:6
ביומא חרי ואמר משה **לעמא** אתון חבתון חובא רבא וכדון EX 32:30
ולבהקי: לאלפא כהנא **לעמא** בין יומא קבילא דלא LV 14:57
עלמין: אמר משה נביא **לעמא** בית ישראל איזילו בתר DT 6:5
עלמא דמחזרן חזור חזור **לעמא** בית ישראל ותיתן ית פרסא EX 40:8
מיתך: וקם אברהם וגחן **לעמא** דארעא לבני חיתאה: ומליל GN 23:7
ית ארעהון: ואמר יוסף **לעמא** הא קניתי יתכון יומא דין וית GN 47:23
ואמר ייי למא אבאשתא **לעמא** הדין ולמא דנן שלחתני: ומן EX 5:22
למללא בשמך אתבאש **לעמא** הדין ושיזבא לא שזיבתא ית EX 5:23
והיכמא דשיריתא **לעמא** הדין מן זמן דנפקו ממצרים NU 14:19
קדם ייי למימר מה אעבד **לעמא** הדין תוב קליל זעיר והינון EX 17:4
וחוורו לבושיהון: ואמר **לעמא** הוו זמינין לתלתי יומין לא EX 19:15
דילי הוא: ואמר משה **לעמא** הוון דכירין ית יומא הדין די EX 13:3
דיכרא ניכסת קודשיא די **לעמא** ואקריבו בני אהרן ית אדמא LV 9:18
הווה תמן מוי למישתי **לעמא:** ונטלו מרפידים ושרו NU 33:14
ית צפירא דחטאתא די **לעמא** ונכסיה וכפר באדמיה LV 9:15
ית צפירא דחטאתא די **לעמא** ותבעיה והא איתוקד ורתח LV 10:16
לנא וניתב עמכון ונהי **לעמא** חד: ואין לא תקבלון מיננא GN 34:16
קדם אלוק חד דכר חד **לעמא** יחידאיי אמרין בני שנא NU 29:36
ואתא משה ואישתעי **לעמא** ית כל פיתגמיא דייי וית כל EX 24:3
עמא וסרכוי ואמר **לעמא** כדנא אמר פרעה לית אנא EX 5:10
דילמא נמות: ואמר משה **לעמא** לא תידחלון ארום מן בגלל EX 20:20
מתותי פסיקייהון: וקראה **לעמא** לדיבחי טעוותהון ואכלון NU 25:2
לא תוספון למיתן תיבנא **לעמא** למירמי לבניא הי כמאיתמלי EX 5:7
משריתא דישראל ויהוי **לעמא** לתוקלא ברם תריהון כחדא NU 11:26
פתגמא הדין דאנת עביד **לעמא** מה דין אנת יתיב לבלחודך EX 18:14
דייי בסעדך הוי אנת **לעמא** תבע אולפן מן קדם ייי EX 18:19
וכדון האנא מתפני ואזיל **לעמי** איתא אימלכינך איזל זמין NU 24:14
בגו ארעא: ואישוי פורקן **לעמי** ועל עמך אייתי מחא לעידן EX 8:19
יתמין: אין כספא תוזיף **לעמי** ית ענייא דעימך לא תהי ליה EX 22:24
רבא ואיפליג ביזהון **לעמי** עבדי קרבי וכד תתמלי נפשי EX 15:9
ואמר להון אנא מתכנש **לעמי** קברו יתי לות אבהתיי GN 49:29
למימר: יתכנש אהרן **לעמיה** ארום לא ייעול לארעא NU 20:24
אתגלי למיתן אורייתא **לעמיה** בית ישראל ודנח זיו איקר DT 33:2
ייי עבד וסדרי דינוי אליף **לעמיה** בית ישראל: ולשיבטא דדן DT 33:21
דר ודר מודע גבורתיה **לעמיה** בית ישראל ייי שמיה EX 15:3
עביד ניסין ופרישן **לעמיה** בית ישראל: ימא וארעא הוון EX 15:11
ולא הליך בנימוסוי: ואמר **לעמיה** הא עמא בני ישראל סגין EX 1:9
ית כל דהוא טרח ועביד **לעמיה** ואמר מה פתגמא הדין EX 18:14
ואיתנגיד ואיתכניש **לעמיה:** וארבע יוסף ית אבוי בערס GN 49:33
בישתא דחשיב למעבד **לעמיה:** ואתפני ונחת משה מן EX 32:14
ביומוי ובתר כן אתכנש **לעמיה:** וקברו יתיה יצחק וישמעאל GN 25:8
ואיתנגיד ואתכנש **לעמיה:** ושרו מן הנדקי עד חלוצא GN 25:17
בטוורוס אומנוס ואתכנש **לעמיה** מן יד פתח משה פמיה DT 32:50
יצחק ומית ואתכנש **לעמיה** סיב ושבע יומין וקברו יתיה GN 35:29
סליק לתמן ואתכנש **לעמך** אוף אנת היכמה דשכב אהרן DT 32:50
דמלילתא למעבד **לעמך:** הוי דכיר לאברהם וליצחק EX 32:12
ומן בתר כדין תתכנש **לעמך:** ומליל משה עם עמא למימר NU 31:2
חמון: כהניא יימרון כפר **לעמך** ישראל דפרקת ייי ולא תשווי DT 21:8
ותחמי יתה ותתכנש **לעמך** לחוד אנת היכמא דאיתכניש NU 27:13
להון: אוף כל מה דאודעה **לעממיא** מטול למחבבא עמיה בית DT 33:3
באחסנות עילאה עלמא **לעממייא** די נפקו מבנוי דנח DT 32:8
כל עובדי ידיכון ותוזפון **לעממין** סגיאין ואתון לא תצטרכון DT 28:12
תליתאי ידכון למיסבא **מעם** קהלא דייי: ארום תפקון DT 23:9
וישתיצי בר נשא ההוא **מעמיה** ארום קורבנא דייי לא קריב NU 9:13
מבנוי דאהרן וישתיצי **מעמיה:** ואמר ייי למשה סב לך EX 30:33
וישתיצי בר נשא ההוא **מעמיה:** ובר נש ארום יקריב בכל LV 7:20
וישתיצי בר נשא ההוא **מעמיה:** וגבר טלי וגבר סיב מבית LV 17:9
לארחא בה וישתיצי **מעמיה:** ומליל ייי עם משה למימר: EX 30:38
וישתיצי בר נשא ההוא **מעמיה:** ומליל ייי עם משה למימר: LV 7:21
וישתיצי בר נשא ההוא **מעמיה:** ומליל ייי עם משה למימר: LV 7:27
ההוא דייכול ית תרבא **מעמיה::** כל בר נש דייכול כל אדם מן LV 7:25
וישתיצי בר נשא ההוא **מעמיה:** שיתא יומין יתעביד EX 31:14
ליה אומא בפיצתא מיגו **עם** אוחרי בניסין באתין ובתימהין DT 4:34
בכנישתהון דישראל **עם** גייורין דלא יקומון בניכון מן EX 20:14

בכנישתהון דישראל **עם** גנבין דלא יקומון בניכון מן EX 20:15
וילפון לחוד הינון למיהוי **עם** חמודין ולא יחמיד חד מנכון ית EX 20:17
וכריכן עד צית שמיא: **עם** חסין וגיוותן הי כגינבריא דאתון DT 9:2
מאן כוות עמך ישראל **עם** יחידאי בארע מטול למהוי ליה DT 26:18
בכנישתהון דישראל **עם** מסהדין סהדי שיקרא דלא EX 20:16
ביומא הדין לקיימא **עם** סגי מדבית יעקב: וכדון לא GN 50:20
על נפש דמית: ארום **עם** קדיש אתון קדם ייי אלקכון DT 14:2
תזבנון לבר עממין ארום **עם** קדיש אתון קדם ייי אלקכון DT 14:21
ייי אנא אל שדי פוש וסגי **עם** קדיש וכינשת נביאין וכהנין GN 35:11
ולשיבהורא מטול למהוי **עם** קדיש קדם ייי אלקכון היכמא DT 26:19
במדור משריתיכון ארום **עם** קשי קדל אנת דילמא EX 33:3
הדא למירתה ארום **עם** קשי קדל אתון: הוו דכירין לא DT 9:6
סורחנות עמא הדין והא **עם** קשי קדל הוא: אנח בעותך מן DT 9:13
זדונהון דעמא הדין והא **עם** קשי קדל הוא: וכדון אנח בעותך EX 32:9
אימר לבני ישראל אתון **עם** קשי קדל שעא חדא קלילא EX 33:5
מן לקדמין יתיבו בה **עם** רב וסגי וחסין הי כגינבריא: DT 2:10
מסמיסן ית ליבנא למימר **עם** רב ותקיף מיננא קירוין רברבן DT 1:28
עממיא ואיגרי בתריכון **עם** שלופי חרב ותהי ארעכון צדיא LV 26:33
קדמיי: ואיתי עליכון **עם** שלופי חרב למתפרע מנכון על LV 26:25
למצרים: ואחזר ייי ית **עמא** אורח מדברא דימא דסוף וכל EX 13:18
דפרעה מסרב למפטור ית **עמא:** איזל לות פרעה בצפרא הא EX 7:14
מטול דעל מיחמי כל **עמא** איתיקר ושמע אהרן ושתיק LV 10:3
אמר איזיל ואיקדיש ית **עמא** אמר ליה מימרא דייי לא כל DT 32:49
באדבעא דייי: וחמא **עמא** ארום אשתהי משה מן EX 32:1
דריבוני אנת ידעת ית **עמא** ארום בני צדיקיא אינון ברם EX 32:22
עמהון ולא תלוט ית **עמא** ארום בריכין הינון מיני מיומי NU 22:12
הדין: וחמא משה ית **עמא** ארום פריעין הינון ארום פריעו EX 32:25
לא ניכול למיסוק לות **עמא** ארום תקיף הוא מיננא: ואפיקו NU 13:31
וימנון רברבני חילין בריש **עמא:** ארום תקרבון לקרתא לסדרא DT 20:9
למיקטליה וידא דכל **עמא** בבתריתא ותפלון עביד דביש DT 17:7
יומא דין: ופקיד משה ית **עמא** ביומא ההוא למימר: אילין DT 27:11
ביומא שביעאה: ונחו **עמא** ביומא שביעאה: וקרון בית EX 16:30
במצרים מיטרפין הינון **עמא** בית ישראל בארעא טרד EX 14:3
לטעוותהון: ואתחברו **עמא** בית ישראל בבעלא פעור NU 25:3
עבירן קשיין דלא יתקלון **עמא** בית ישראל בפולחנא נוכריאה NU 35:25
בלעם דבעא למבלוע ית **עמא** בית ישראל בר בעור דאיטפש NU 22:5
דייי אנא מצלי ואתון **עמא** בית ישראל הבו איקר ורבותא DT 32:3
ומתמן עתידין למיסק **עמא** בית ישראל: ואמר לאברם GN 15:12
ממית ומחי מחיתי ית **עמא** בית ישראל ואני אסי יתהון DT 32:39
מדבר בזכותיה קדם **עמא** בית ישראל וארום אתו NU 21:1
נון קאי מן בתריה ומדבר **עמא** בית ישראל ומעיל יתהון NU 11:26
למיכמן ולשיצאה **עמא** בית ישראל ומרי עלמא דמן NU 21:14
למשכנא זימנא וצלו **עמא** בית ישראל ונפקו ובריכו ית LV 9:23
דחפין בזכותיהון על **עמא** בית ישראל: ותיתן ית מדבחא EX 40:5
קיבתה וצלי בפמיה על **עמא** בית ישראל יזכון כהניא NU 25:13
איתקטלא יתקטיל **עמא** בית ישראל יחייבון יתיה LV 20:2
ובתשעא בניסן אתקינו **עמא** בית ישראל ית מאניהון DT 34:8
ואין מכבש יכבשון **עמא** בית ישראל ית עיניהון מן LV 20:4
וכל מצראי ותקיפו על **עמא** בית ישראל לאוחאה EX 12:33
ייי לכפרא על סורחנות **עמא** בית ישראל לשדרא יתיה LV 16:10
כד איתגלי למפרוק ית **עמא** בית ישראל מביני עמיא EX 12:42
נביא אין נטרין הינון **עמא** בית ישראל מצוותא DT 32:14
מידעם: ואיתבדר **עמא** בכל ארעא דמצרים לגבבא EX 5:12
עישורייתא: וידינון ית **עמא** בכל עידן ויהי כל פיתגם רב EX 18:22
ריבוון: והוון דיינין ית **עמא** בכל עידן ית פתגם קשי מייתן EX 18:26
מנא עלוי: ושמע משה ית **עמא** בכן על קריבתא דמתאסרן NU 11:10
דעמא באורחא: והרהרו **עמא** בלבבהון ואישתעיאו על NU 21:5
דמתילו לגלימתא הא **עמא** בלחודיהון עתידין למחסן NU 23:9
ויהבו ית קלהון ובכו **עמא** בליליא ההוא ואתקבעת להון NU 14:1
אמר ייי דילמא יתהון **עמא** במחמיהון אחוהון דמיתו EX 13:17
יקרא מן בגלל דישמעון **עמא** במללותי עימך ואוף בך EX 19:9
לדיבחי טעוותהון ואכלון **עמא** במרזיחיהון וסגדון NU 25:2
אילין לאילין נעירון מן **עמא** בני ישראל ארום מימרא דייי EX 14:25
ובעל דבבא ארדוף בתר **עמא** בני ישראל ונרע יתהון שריין EX 15:9
שכלילו יתיה: כד חמון **עמא** בני ישראל ית ניסיא וית EX 15:18
ואמר לעמיה הא **עמא** בני ישראל סגין ותקפין יתיר EX 1:9
בלבביה ורדף בתר **עמא** בני ישראל סוסוון ורוכביהון EX 15:1
פרעה רשיעא ורדף בתר **עמא** בני ישראל סוסוותיה ורתיכוי EX 15:21
למיקטליה וידיהון דכל **עמא** בסופא: ותאטלון יתיה באבנא DT 13:10
דהוה עליל ונפיק בריש **עמא** בעמא הדין הכדין יהי עליל DT 33:21
במשמעהון: כנושו ית **עמא** גובריא למילף ונשייא DT 31:12
לרשיעין: ואנת ברור מכל **עמא** גיברי חילא דחליא דייי גוברין EX 18:21
מאה אלפין גברין ריגליין **עמא** דאנא שרי ביניהון ואנת אמרת NU 11:21
ובכל עממיא ויחמון כל **עמא** דאנת שרי ביניהון ביומא EX 34:10

ואתון לא תידחלון מן **עמא** דארעא ארום בידנא מסירין NU 14:9
דמצרים ולא ישתיצי **עמא** דארעא בכפנא: ושפר פיתגמא GN 41:36
בר נש חד יחוב בשלו מן **עמא** דארעא במעבדיה חד מן LV 4:27
פרעה הא סגין הינון כדון **עמא** דארעא דאתון מבטלין יתהון EX 5:5
הוה מזבן עיבורא לכל **עמא** דארעא ואתו אחי יוסף ובלשו GN 42:6
ומליל עם עפרון באנפי **עמא** דארעא למימר ברם אם אנת GN 23:13
ארחיק יתיה מן משירית **עמא** דאתנדון תרין אלפין אמין EX 33:7
דן דמהלכין בקצת **עמא** דאתפרסמו מתחות ענני NU 22:41
ארום חבילו אורחתהון **עמא** דאתקריון על שמך דאפיקתא DT 9:12
חורמניא זחלוי דעפרא: **עמא** דגלו מברא לארעא דישראל DT 32:25
כפיתגמא דמשה ונפלו מן **עמא** דהוה סימא באפיהון בקטילת EX 32:28
דייי אתון גמלין דא **עמא** דהוון טפשין וקבילו אורייתא DT 32:6
וידונון דינין דקטולין ית **עמא** דטעו בתר פעור ותצלוב NU 25:4
על מזונהון וינכתון ית **עמא** די אתרעמו על מזונהון בכן NU 21:6
תקיף לחדא וזע כל **עמא** די במשריתא: ואנפיק משה ית EX 19:16
על מדין למיתן פורענות **עמא** דייי במדין: אלפא לשיבטא NU 31:3
למיסב איתא מקהל **עמא** דייי ברם דר עשיראי לא ידכי DT 23:4
גרמתון דין מותא על **עמא** דייי: והוה באתכנשות כנישתא NU 17:6
ותתכבש ארעא קדם **עמא** דייי ומן בתר כדין תתובון NU 32:22
יורדנא כל דמזרז לקרבא **עמא** דייי ותתכבש ארעא קדמיכון NU 32:29
איתא כשרא מקהל **עמא** דייי: לא ידכון דכורי עמונאי DT 23:3
גידא למיסב איתא מקהל **עמא** דייי: לא ידכי דמתיליד מן זנו DT 23:2
הדין אין תזדרזון קדם **עמא** דייי לאגחא קרבא: ויעיבר לכון NU 32:20
כל דמזרז ית יורדנא קדם **עמא** דייי לאגחא קרבא עד דיתרך NU 32:21
נחנא נעיבר מזרזין קדם **עמא** דייי לארעא דכנען ועימנא NU 32:32
כל דמזרז חילא קדם **עמא** דייי לקרבא היכמא דריבוני NU 32:27
לי רעינא פון דיהון כל **עמא** דייי נביין ארום יתן ייי ית רוח NU 11:29
ידכי למיסב איתא מקהל **עמא** דייי עד עלמא: על עיסק דלא DT 23:4
לכון לשבטיכון וידונון ית **עמא** דין קשוט: לא תצלון דינא ולא DT 16:18
ארבע מאה שנין: ואוף ית **עמא** דיפלחון להום דיין אנא GN 15:14
יעלון תמן נפשת דרדקי **עמא** דישראל: ותיסב ית מישחא EX 40:8
איבה: לחוד ארום תקיף **עמא** דיתיב בארעא וקירויא כריכן NU 13:28
ית ארעא מה היא וית **עמא** דיתיב עלה התקיף הוא אין NU 13:18
סנאי צדיקיא אבדתון **עמא** דכמיש מדהינת פיתגמי NU 21:29
וכל ליעותכון יגמר **עמא** דלא חכימתון ותהון ברם DT 28:33
במיקרביה קרבן חובת **עמא** דלא כהלכתיה ויקרב בגין LV 4:3
ארעא חליטא לפרעה: וית **עמא** דמדינתא אעבר יתהון GN 47:21
מגיסא מידיא: חביל על **עמא** דמיכלהון לחם שמיא NU 11:7
לכון פילוותה ויהי כל **עמא** דמשתכח בה יהון למסקי DT 20:11
מן כוותכון בכל עממיא **עמא** דמתפרקין בשום מימרא דייי DT 33:29
שייור ביזתא דבזו **עמא** דנפקו לחילא מניין ענא שית NU 31:32
האילין דמיין לעובדי **עמא** דסדום ועצתהון בישן DT 32:32
היא ביתאל הוא וכל **עמא** דעימיה: ובנא תמן מדבחא GN 35:6
יעקת ליה ופליג ית **עמא** דעימיה וית ענא וית תורי GN 32:8
מיני למימר פוק אנת וכל **עמא** דעימך ומבתר כדין איפוק EX 11:8
ולמימסר בידיה ית **עמא** דפלשתאי בגין כן קרת שמיה GN 30:6
יתה היכמה דפלטת ית **עמא** דקדמיכון: ארום כל מן דיעבד LV 18:28
ועל כהניא ועל כל **עמא** דקהלא יכפר באשתעות LV 16:33
ארום תמן קברו ית **עמא** דשיילו בישרא: ומן קיברי NU 11:34
והוה צווח ואמר חבל על **עמא** דשמעו בסיני מן פום קודשא EX 32:19
וחשחשית במעיי ית כל **עמא** הדין אין בניי הינון דאמרת לי NU 11:12
משה לאהרן מה עבד לך **עמא** הדין ארום אתיתא עלוי חובא EX 32:21
לי בישרא למיתן לכל **עמא** הדין ארום בכן עלי למימר הב NU 11:13
בלחודי למיטען לכל **עמא** הדין ארום יקיר הוא מיני: ואין NU 11:14
איתא בבעו לוט בגני ית **עמא** הדין ארום תקיף הוא מיני NU 22:6
אין מימסר תימסר ית **עמא** הדין בידא ואיגמר ית קורייהון: NU 21:2
גזר קיים דלא אשלחיף **עמא** הדין בעם אוחרן ברם מינך EX 34:10
ייי דשכינתך שריא בגו **עמא** הדין דבעיניהון חמון שכינת NU 14:14
סידרי קרבא כלו קבל **עמא** הדין דילמא יעבדון לי היכמא NU 21:35
קדמי ית כל פתגמי **עמא** הדין דמלילו עימך אוטיבו כל DT 5:28
ייי אמר לאסגאה ית **עמא** הדין הי ככוכבי שמיא NU 23:19
וגלי קדמך ארום עמך **עמא** הדין: ואמר אמתן עד דיהכון EX 33:13
דאנת אמר לי סליק ית **עמא** הדין ואנת לא אודעתני ית EX 33:12
ואיתא כדון לוט לותי ית **עמא** הדין: ואתיב בלעם ואמר NU 22:17
גלי קדמי סורחנות **עמא** הדין והא עם קשי קדל הוא: DT 9:13
ארום הוא יעיבר קדם **עמא** הדין והוא יחסין יתהון ית DT 3:28
אבהתך ויקומון רשיעי **עמא** הדין ויטעון בתר טעוות DT 31:16
בבציר מן טימהון וייתון **עמא** הדין וייכלון וישתון וירוון NU 24:14
אימתי יהון מרגזין קדמי **עמא** הדין ועד אימתי לא יהימנון NU 14:11
במדברא ותחבלון לכל **עמא** הדין: וקריבו לותיה ואמר דירין NU 32:15
הי כנהורא וכדון חב **עמא** הדין חובא רבא ועבדו להון EX 32:31
ניסיא אילין אנת קטל ית **עמא** הדין כגברא חד ויימרון NU 14:15
שבוק כדון לסורחנות **עמא** הדין כסגיאות טבוותך NU 14:19
מן קדם ייי לאעלא ית **עמא** הדין לארעא דקיים להון NU 14:16

אנת מתמני למיעול עם **עמא** הדין לארעא דקיים מימרא DT 31:7
כן יפטור יתכון: ואיתן ית **עמא** הדין לרחמין בעיני מצראי EX 3:21
ולא תסתכל לקשיות לב **עמא** הדין לרישעיהון DT 9:27
ארום אסיקתא בחילך ית **עמא** הדין מביניהון: ויימרון בחדווא NU 14:13
להון אלקא: יחידאה הוא **עמא** הדין נייח ושרי כאריא NU 23:24
וית תרביא וחמון כל **עמא** ואודון ואתרכינו בצלו על LV 9:24
עם ישראל ארום עריק **עמא** ואיתהפיך לבא דפרעה ועבדוי EX 14:5
דאמר ייי למשה כנוש ית **עמא** ואיתן להון מוי: בכן ישבח NU 21:16
על מדבחא לכפרא על **עמא** ואמר הא דין אדם קיימא EX 24:8
דפרעה ולא פטר ית **עמא**: ואמר ייי למשה ולאהרן סיבו EX 9:7
בזימנא הדא ולא פטר ית **עמא**: ואמר ייי למשה עול לות EX 8:28
חיויא וצלי משה על **עמא**: ואמר ייי למשה עיבד לך חיווי NU 21:7
ישראל ונפקו ובריכו ית **עמא** ואמר יקבל מימר דייי ברעוא LV 9:23
ונחת משה מן טוורא לות **עמא** ואמר להון קרובו קבילו EX 19:25
משה ליהושע מן גוא **עמא** ואמר ליה למיחמהון דכל DT 31:7
קדם עבדי פרעה וקדם **עמא**: ואמר משה לפרעה כדנא אמר EX 11:3
דאורייתא וקרא קדם **עמא** ואמרו כל פיתגמיא דמליל ייי EX 24:7
דפרעה ועבדוי לביש על **עמא** ואמרו מה דא עבדנא ארום EX 14:5
יורדנא: ושתיק כלב ית **עמא** ואציתינון לות משה ואמר NU 13:30
ייי לי כנוש קדמי ית **עמא** ואשמועינון ית פיתגמי דילפון DT 4:10
ופרס אהרן ית ידוי לקבל **עמא** ובריכינון ונחת מן מדבחא LV 9:22
ייי למשה עיבר קדם **עמא** ודבר עמך מסבי ישראל EX 17:5
משה ועבד אתייא לעיני **עמא**: והימין עמא ושמעו ארום EX 4:30
בזכוות אבהתא רישי **עמא** וזכוות אימהתא דמתילן EX 17:9
משה ביומא ההוא לות **עמא** וזמין ית עמא וחוורו לבושיהון: EX 19:14
ההוא לות עמא וזמין ית **עמא** וחוורו לבושיהון: ואמר לעמא EX 19:14
מיני ומן עמי ואפטור ית **עמא** וידבחון נכסת חגא קדם ייי: EX 8:4
וימלל הוא לך עם **עמא** ויהי הוא יהוי לך למתורגמן EX 4:16
ויתקרב כהנא וימלל עם **עמא**: ויימר להון שמעו ישראל אתון DT 20:2
סרכיא למללא עם **עמא** ויימרון מאן הוא גברא דדחיל DT 20:8
לכון מן שירויא ויפקון **עמא** וילקטון פיתגם יום ביומיה מן EX 16:4
כד פסקין למללא עם **עמא** וימנון רברבני חילין בריש DT 20:9
לי קום איזיל לתייר קדם **עמא** ויעלון וירתון ית ארעא DT 10:11
טורא דסיני: ותתחים ית **עמא** ויקומון חזור חזור לטורא EX 19:12
עמא ועיבד ית קרבן **עמא** וכפר עליהון היכמא דפקיד ייי: LV 9:7
והוה כד פטר פרעה ית **עמא** ולא דברינון ייי אורח ארע EX 13:17
בעי למיזל למילוט ית **עמא** ומילא לא מהוגנא לקובלי: NU 22:32
חיוון חורמנין ונכיתו ית **עמא** ומיתו אוכלוסין סגיאין NU 21:6
בליליא למידברא קדם **עמא**: ומליל ייי עם משה למימר: EX 13:22
בידלחא: חפסין רשיעי **עמא** ומלקטין וטחנין בריחותא ומן NU 11:8
בגויה מטפז ומשוור קדם **עמא** ומן יד תקף רתח רוגזיה EX 32:19
ייי למשה סב ית כל רישי **עמא** ומני יתהון דיינין וידונון דינין NU 25:4
קיימין כל רשיעי **עמא** ומתעתדין גבר בתרע משכניה EX 33:8
למדבחא: וקריב ית קרבן **עמא** ונסב ית צפירא דחטאתא די LV 9:15
אתיב ואוף ית נשיא וית **עמא**: ונפק מלכא דסדם לקדמותיה GN 14:16
איקר שכינתא דייי לכל **עמא**: ונפקת אישתא מן קדם רש LV 9:23
ולא הוה מוי למישתי **עמא**: ונצו רשיעי עמא עם משה EX 17:1
משכנא ומן יד קיימין כל **עמא** וסגדין כל קבל משכנא EX 33:10
ביומא ההוא וקרא לסבי **עמא** וסדר קדמיהון ית כל EX 19:7
דידעתא דהינון הוו סבי **עמא** וסרכוי במצרים ותידבר יתהון NU 11:16
שקרא: ונפקו שולטני **עמא** וסרכוי ואמר לעמא כדנא אמר EX 5:10
מוי למישתי וישתון **עמא** ועבד היכדין משה קדם סבי EX 17:6
וכפר אמטולתך ואמטול **עמא** ועיבד ית קרבן עמא וכפר LV 9:7
ורוגזא דייי תקיף ברשיעי **עמא** וקטל ייי בעמא קטול סגי NU 11:33
קטורת בוסמין וכפר על **עמא**: וקם ליה אהרן בצלו במצע NU 17:12
ויתיב משה למידן ית **עמא** וקם עמא קדם משה מן צפרא EX 18:13
וית טורא תנין וחמון כל **עמא** ורתען וקמו תריסר מילין EX 20:18
אתייא לעיני עמא: והימין **עמא** ושמעו ארום דכיר ייי ית בני EX 4:31
ביומא רביעאה איזל לות **עמא** ותזמינינון יומא דין ויומחרא EX 19:10
דליביה ולא יפטור ית **עמא**: ותימר לפרעה כדנא אמר ייי EX 4:21
ואוטיב ייי לחייתא וסגו **עמא** ותקיפו לחדא: והוה כד דחילא EX 1:20
בני נשא: ואמר ייי הא **עמא** חד ולישן חד לכולהום ודא GN 11:6
לסבי מדינאי ארום **עמא** חד ומלכו חד הוון עד ההוא NU 22:4
אתיא על עלמא: וכל **עמא** חמיין ית קליא היך הוו EX 20:18
דלא אומא בבבלאי **עמא** טפשא נרגוז יתהון: ארום DT 32:21
עביד דביש מישראל: וכל **עמא** ישמעון וידחלון ולא ירשעון DT 17:13
ברחמך טביא ודבר ית **עמא** ישראל ואשרי איקר שכינתך NU 10:36
הא כולנא מייתין: ונטל **עמא** ית לישיהון עילוי רישיהון עד EX 12:34
דייי עם משה: וחמן כל **עמא** ית עמודא דעננא קאי בתרע EX 33:10
באורחא: ושמע **עמא** ית פיתגמא בישא הדין EX 33:4
בית שכינתא ומליל עם **עמא** ית פיתגמיא דייי וכנש שובעין NU 11:24
ומן יד פריקו כל **עמא** ית קדשי דדהבא די בודניהון EX 32:3
ושמע יהושע ית קל **עמא** כד מיבבין בחדווא קדם עיגלא EX 32:17
דפקדיה ייי: ואתיבו כל **עמא** כחדא ואמרו כל דמליל ייי EX 19:8

באתכנשות רישי **עמא** כחדא משתמעין ליה שבטייא DT 33:5
דישראל: והוו רשיעי **עמא** כמצטערין מכוונין והגיאן ביש NU 11:1
דהוה בהון ושריאו **עמא** לאופסא קדושתהון ולמפער NU 25:1
וכדון איזל דבר ית **עמא** לאתר דמלילית לך הא מלאכי EX 32:34
סגיאין מישראל: ואתו **עמא** לות משה ואמרו חבנא ארום NU 21:7
ודחילו מואבאי מן קדם **עמא** לחדא ארום סגי הוא ואתיעקו NU 22:3
כל בני ישראל ואתאבלו **עמא** לחדא: ואקדימו בצפרא NU 14:39
ומנין דדהב: וייי יהב ית **עמא** לחן וחסד קדם מצראי EX 12:36
דמשיילי בישרא נטלו **עמא** לחצרות והוון בחצרות: NU 11:35
מן בני אהרן ברם משאר **עמא** לית אפשר להון למיקרב EX 29:37
בדיל דלא למפטור ית **עמא** למדבחא ניכסת חגא קדם ייי: EX 8:25
אתון קדם ייי: וצחי תמן **עמא** למוי ואתרעם עמא על משה EX 17:3
ואמרו למשה מסגיין **עמא** למייתיא מיסת פולחנא EX 36:5
וקריבו ניכסין ואסחר **עמא** למיכול ולמישתי וקמו להון EX 32:6
לעמך: ומליל משה עם **עמא** למימר אזדרזו לותכון גוברין NU 31:3
ופקיד אבימלך ית כל **עמא** למימר דיקרב לביש בגברא GN 26:11
משה וסבי ישראל ית **עמא** למימר טורו ית כל תפקידתא DT 27:1
יתכון: וימללון סרכיא עם **עמא** למימר מן גברא דיבנא ביתא DT 20:5
וכהניא בני לוי עם כל **עמא** למימר ציתו ושמעו ישראל DT 27:9
משה קדם ייי לא יכלון **עמא** למיסק לטוורא דסיני ארום EX 19:23
שביעאה נפקו מן רשיעי **עמא** למלקוט מנא ולא אשכחו: EX 16:27
לחמוי ארום אתיין לוותי **עמא** למתבוע אולפן מן קדם ייי: EX 18:15
ואנפיק משה ית **עמא** לקדמות שכינתא דייי מן EX 19:17
ומנין דדהב: ויהב ייי ית **עמא** לרחמין קדם מצראי אוף EX 11:3
ומן בתר כדין נטלו **עמא** מחצרות ושרון במדברא NU 12:16
לאפרשות קודשא ופסק **עמא** מלאיתאה: ועיבידתא הות EX 36:6
חולקא דחמי לכהניא מן **עמא** מלות דבחי דיבחין אין תור DT 18:3
שדרתך בהנפקותך ית **עמא** ממצרים תפלחון קדם ייי EX 3:12
בה ניסין במצרים ודחילו **עמא** מן קדם ייי והימינו בשום EX 14:31
מטליא ועד סבא כל **עמא** מסיפא: וקרו ללוט ואמרו ליה GN 19:4
משה ואהרן תבטלון ית **עמא** מעיבידתהון איזילו EX 5:4
חפסו יתה רישי **עמא** משה ואהרן ספריהון דישראל NU 21:18
ידא דפרעה דשיזיב ית **עמא** מתחות מרוות מצראי: כדון EX 18:10
למיקרי ליה למימר הא **עמא** נפק ממצרים והא חפא ית NU 22:5
שדר פולין לותי: הא **עמא** נפק ממצרים וחפא ית חזווא NU 22:11
מן טוורא ואיתכנש **עמא** על אהרן כד חמון דעבר זימנא EX 32:1
וחבל מימרא דייי ית **עמא** על דגחנו לעיגלא דעבד אהרן: EX 32:35
שבטיא יקומון לברכא ית **עמא** על טוורא דגריזים במעברכון DT 27:12
יתגלי ייי לעיני כל **עמא** על טורא דסיני: ותתחים ית EX 19:11
פיסלא עימהון: וצווח **עמא** על משה דיבעי עליהון וצלי NU 11:2
תמן עמא למוי ואתרעם **עמא** על משה ואמרו למה דנן EX 17:3
על משה ועל אהרן: ונצא **עמא** על משה ואמרו למימר הלואי NU 20:3
שמיה מרה: ואתרעמו **עמא** על משה למימר מה נישתי: EX 15:24
למישתי עמא: ונצו רשיעי **עמא** עם משה ואמרו הב לן מוי EX 17:2
אתפנו לכון לציפונא: וית **עמא** פקיד למימר אתון עברין DT 2:4
תוקדון בנורא: ארום **עמא** קדישא אתון קדם ייי אלקכון DT 7:6
למצרים: וכיוון דנפל **עמא** קדישא בפיצתיה דמרי עלמא DT 32:9
יומנא אתבחרתון למהוי **עמא** קדם ייי אלקכון: ותקבלון DT 27:9
ואתיב משה ית פיתגמי **עמא** קדם ייי: ואמר ייי למשה EX 19:8
ותני משה ית פיתגמי **עמא** קדם ייי: ואמר ייי למשה EX 19:9
משה למידן ית עמא וקם **עמא** קדם משה מן צפרא עד רמשא: EX 18:13
הות מפקא בר זרעא וצווח **עמא** קדם פרעה בגין לחמא ואמר GN 41:55
לבלחודך למידון וכל **עמא** קיימין קדמך מן צפרא עד EX 18:14
דכוותיה: האיפשר דשמע **עמא** קל מימרא דייי אלקא קיים DT 4:33
וית כל דיניא ואתיב כל **עמא** קלא חד ואמרו כל דמליל ייי EX 24:3
לחוד עם חכים וסוכלתן **עמא** רבא הדין: ארום הי דא אומא DT 4:6
ועמונאי קרן להון זימתני: **עמא** רבא וחסינא הי כגינבריא DT 2:21
ומני יתהון רישין על **עמא** רבני אלפין שית מאה רבני EX 18:25
ארום עד לא תפטרון **עמא** תהון דחלין מן קדם ייי EX 9:30
אנת בלחודך: ולות **עמא** תימר אזדמנו למחר ותיכלון NU 11:18
בגין דלא תחובון: וקם **עמא** תריסר מילין מרחיק ומשה EX 20:21
איתתא ללווטא בגו בני **עמה** ברם לגיורא בדקין מיא NU 5:27
יתבהא היא במרעין וכל **עמה** דגווה גברא מרי מיכלן בישן: NU 13:32
בתר פולחנא נוכראה מגו **עמהון:** ובר נש דיסטי בתר שאלי LV 20:5
וחמיין בבישתהון בני **עמהון** מטול דעריית אחתי בזי LV 20:17
תרויהון במותנא מגו **עמהן:** ועריית אחת אמך ואחת אבך LV 20:18
וכן אמר קומו פוקו מגו **עמי** אוף אתון אוף בני ישראל וזילו EX 12:31
למיחמי בנימוס בנת **עמי** ארעא: וחמא יתא שכם בר GN 34:1
ויתותב ויתפרנס עימך: **עמי** בית ישראל לא תיסבון לא LV 25:36
ובכן הוה צווח ואמר **עמי** בית ישראל: לא תעבדון לכון EX 20:3
מוקדשא דייי אלקך **עמי** בית ישראל לית אתון רשאין EX 23:19
רשאין לאוניא ית חבריה: **עמי** בני ישראל אין אתון זבנין LV 25:15
לסטר ובכן צווח ואמר **עמי** בני ישראל אנא הוא ייי אלקכון EX 20:2
סליקתון בטורא כד אמר: **עמי** בני ישראל אנא הוא ייי אלקכון DT 5:6

ארום אלקא חננא אנא: **עמי** בני ישראל דייניכון לא תקילון EX 22:27
תעיקון למיסב ליה נכסוי **עמי** בני ישראל הוו דכירין ארום EX 22:20
דשבתא וקדיש יתיה: **עמי** בני ישראל הוו זהירין גבר EX 20:12
למעבד ית יומא דשבתא: **עמי** בני ישראל הוו זהירין גבר DT 5:16
מעילוי אפי ארעא: **עמי** בני ישראל הוו זהירין דלא DT 6:16
מתקבל קדמי לריח רעוא **עמי** בני ישראל הוו זהירין למקרבא NU 28:2
דמשתבע בשמיה על מגן: **עמי** בני ישראל הוו נטרין ית יומא DT 5:12
דמשתבע בשמיה על מגן: **עמי** בני ישראל הוון דכירין יומא EX 20:8
קרבנא לשמא דייי: **עמי** בני ישראל היכמא דאנא רחמן LV 22:28
ויתפרנס אחוך עימך: **עמי** בני ישראל ית כספיכון לא LV 25:37
הי כמיפרני בתולתא: **עמי** בני ישראל כל עביד חרשיותא EX 22:17
מבית שעבוד עבדיא: **עמי** בני ישראל לא יהוי לכון אלק DT 5:7
ולנטרי פיקודיי ואורייתי: **עמי** בני ישראל לא ישתבע חד EX 20:7
תשקרון איניש בחבריה: **עמי** בני ישראל לא ישתבע חד LV 19:12
ולנטרי פיקודיי ואורייתי: **עמי** בני ישראל לא ישתבע חד DT 5:11
יתקטל באטלות אבנין: **עמי** בני ישראל לא תבערון אשתא EX 35:3
רשיעא דיהי סהיד שקר: **עמי** בני ישראל לא תהוון בתר EX 23:2
חרבא נפיק על עלמא: **עמי** בני ישראל לא תהוון גייורין לא EX 20:14
חרבא נפיק על עלמא: **עמי** בני ישראל לא תהוון גייורין לא DT 5:18
אנא הוא ייי אלקכון: **עמי** בני ישראל לא תהוון גנבין ולא LV 19:11
מותא נפיק על עלמא: **עמי** בני ישראל לא תהוון גנבין לא EX 20:15
מותא נפיק על עלמא: **עמי** בני ישראל לא תהוון גנבין לא DT 5:19
אתיא על עלמא: **עמי** בני ישראל לא תהוון חמודין EX 20:17
לא אתי על עלמא: **עמי** בני ישראל לא תהוון חמודין DT 5:21
כפנא נפיק על עלמא: **עמי** בני ישראל לא תהוון מסהדין EX 20:16
כפנא נפיק על עלמא: **עמי** בני ישראל לא תהוון מסהדין DT 5:20
דייי אלקכון יהב לכון: **עמי** בני ישראל לא תהוון קטולין EX 20:13
דייי אלקכון יהיב לכון: **עמי** בני ישראל לא תהוון קטולין DT 5:17
קדם רבון עלמא ייי: **עמי** בני ישראל לא תיכסון עד EX 23:18
מן שמיא מלילית עימכון: **עמי** בני ישראל לא תעבדון למסגוד EX 23:23
ותפרוק ותטעון עימיה: **עמי** בני ישראל לא תצלון דין EX 23:6
תרמון יתיה בסוטריה: **עמי** בני ישראל לא תקבלון מילי EX 23:1
לות פרעה ואפיק ית **עמי** בני ישראל ממצרים: ואמר EX 3:10
ידי במצרים ואפיק ית **עמי** בני ישראל פריקין מארעא EX 7:4
כן פריש משה נביא ואמר **עמי** בני ישראל תור או אימר או LV 22:27
גלי קדמיי ית סיגוף **עמי** דבמצרים וית קבילתהון שמיע EX 3:7
מסרב אנת למפטור ית **עמי** הא אנא מייתי מחר גובא EX 10:4
ארום אין ליתך מפטר ית **עמי** האנא מגרי בך ובעבדך ובעמך EX 8:17
ויעדי עורדעניא מיני ומן **עמי** ואפטור ית עמא וידבחון נכסת EX 8:4
אלקא דישראל פטור ית **עמי** ויעבדון לי חגא במדברא: ואמר EX 5:1
כדנא אמר ייי פטור ית **עמי** ויפלחון קדמי: ארום אין ליתך EX 8:16
אלקא דיהודאי פטור ית **עמי** ויפלחון קדמי: ארום אין מסריב EX 9:1
אלקא דיהודאי פטור ית **עמי** ויפלחון קדמי: ארום בזימנא EX 9:13
לוותך למימר פטור ית **עמי** ויפלחון קדמי במדברא והא לא EX 7:16
כדנא אמר ייי פטור ית **עמי** ויפלחון קדמי: ואין מסרב אנת EX 7:26
מן קדמיי פטור ית **עמי** ויפלחון קדמיי: ארום אין מסרב EX 10:3
אחזור פורענותא למעיקי **עמי** ולסנאיהון אשלים אגר DT 32:41
יהבתה למתנא באנפי בני **עמי** יהבתה לך איזל קבר מיתך: וגחן GN 23:11
מימר פומך יתזנון כל **עמי** לחוד כורסי מלכותא אהא רב GN 41:40
מיגו משריתא: ומליל ייי **עמי** למימר: אתון עברין יומא דין ית DT 2:17
עבדי בכל בית ישראל **עמי** מהימן הוא: ממלל עם ממלל NU 12:7
קדמך ואשגש ית כל **עמיא** דאת אתי לסדרא בכון סדרי EX 23:27
עמא בית ישראל מביני **עמיא** וכולהון קרא לילי נטיר בגין EX 12:42
בריכין תהוון מן כולהון **עמיא** לא יהוון בכון גוברין עקרין DT 7:14
דעבד ייי למשה ולישראל **עמיה** ארום אפיק ייי ית ישראל EX 18:1
ההוא ואישצי יתיה מגו **עמיה** ארום מזרעיה יהב לפולחנא LV 20:3
אדמא ואשצי יתיה מגו **עמיה:** ארום קיום נפש כל בישרא LV 17:10
דעמי: שבחו אומיא **עמיה** בית ישראל ארום אדם עבדוי DT 32:43
לעממיא מטול למחבבא **עמיה** בית ישראל כולהון קרא להון DT 33:3
דיקום גברא דידון ית **עמיה** דינין דקשוט כחדא ישתמעון GN 49:16
למתפרעא פורענות דין **עמיה:** ואמר ייי למשה ולאלעזר בר NU 25:19
בר נשא ההוא מגו **עמיה:** ובזמן מחצדכון ית חצדא LV 19:8
ית עלתיה וית עלת **עמיה** ויכפר עלוי ועל עמיה: וית LV 16:24
בידך מסרית יתיה וית כל **עמיה** וית ארעיה ותעביד ליה NU 21:34
בידך מסרית יתיה וית כל **עמיה** וית ארעיה ותעביד ליה DT 3:2
עמיה ויכפר עלוי ועל **עמיה:** וית תרבא דחטאתא יסיק LV 16:24
יתיה וית בנוי וית כל **עמיה:** וכבשנה ית כל קירווי בעידנה DT 2:33
וישתיצי במותנא מגו **עמיה:** וכל בר נש דיעבד כל עיבידא LV 23:29
עוג מלכא דמתנן וית כל **עמיה** ומחינוהי עד דלא אשתייר DT 3:3
וכנש סיחון ית כל **עמיה** ונפק לקדמות ישראל NU 21:23
יתיה במותנא מגו **עמיה:** ותתקדשון ותהון קדישין LV 20:6
מימרא דייי למפרוק ית **עמיה** יימר לכל עממייא חמון כדון DT 32:39
בתולתא מיכשרא מבנת **עמיה** יסב איתא: ולא יפיס זרעיה LV 21:14
דהינון עבדין עובדי **עמיה** יתחל עליהון: לא ירשמון בין LV 21:4

נשא ההוא במותנא מגו **עמיה:** כל עיבידת פולחנא לא LV 23:30
לקדמותנא הוא וכל **עמיה** לאגחא קרבא לאדרעי: והוה NU 21:33
לקדמותנא הוא וכל **עמיה** לאגחא קרבא לאדרעת: ואמר DT 3:1
סיחן לקדמותנא הוא וכל **עמיה** לאגחא קרבא ליהץ: ומסר DT 2:32
מן פרעה ומן עבדוי ומן **עמיה** למחר לחוד לא יוסיף פרעה EX 8:25
כדין בכין פקיד לכל **עמיה** למימר כל ביר דכר דאיתיליד EX 1:22
דפלחין וסגדין ליה בני **עמיה** למיקרי ליה למימר הא עמא NU 22:5
בר נשא ההוא מגו **עמיה:** מן בגלל דיתון בני ישראל ית LV 17:4
יתיה וית בנוי וית כל **עמיה** עד די לא שיירו ליה משיזיב NU 21:35
לסדרי קרבא ולוות **עמיה** תעיליניה מסדרי קרבא DT 33:7
ללוט ולממומי בגו בני **עמיך** בדיתן ייי ית ירכוניך מתמסיין NU 5:21
ותיחמון סוסוון ואירתכין **עמין** גיותנין וטירונין אלימין מינכון DT 20:1
ואישוי פורקן לעמי ועל **עמך** אייתי מחא לעידן מחר יהי EX 8:19
דצדיקין קבל כל **עמך** אעביד פרישן להון בזמן EX 34:10
הוא דמחיתי יתך וית **עמך** במותא ואישתיצית מן ארעא: EX 9:15
וכדון חבילו עובדיהון **עמך** דאסיקת מארעא דמצרים: EX 32:7
יתהון: דברת בחסדך **עמך** האיליין די פרקת ואחסינת EX 15:13
ארנונא עד זמן די יעברון **עמך** האיליין דקנית ית מגזתיה EX 15:16
במדברא: והינון **עמך** ואחסנתך דאפיקתך בחילך DT 9:29
ייי אלקים לא תחבל **עמך** ואחסנתך די פרקת בתוקפך די DT 9:26
ושיזבא לא שזיבתא ית **עמך:** ואמר ייי למשה כדון תחמי מה EX 5:23
ובאצוותך: ובגופך ובגופי **עמך** ובכל עבדך ישלטון עורדעניא: EX 7:29
פירהא וייכלון מסכיני **עמך** ושייוריהון תיכול חיות ברא EX 23:11
ולא נטרין דבבו לבני **עמך** ותרחמיה לחברך דמן אנת סני LV 19:18
עד זמן די יעברון **עמך** ייי ית נחלי ארנונא עד זמן די EX 15:16
חובת אדם זכאי בגו **עמך** ישראל וגלי מן קטליה ויתכפר DT 21:8
דהכין כתיב מאן כוות **עמך** ישראל עם יחידאי בארע DT 26:18
מן שמיא ובריך ית **עמך** ית ישראל וית ארעא דיהבת DT 26:15
קורצין למעקא לבר **עמך** לא תימנע זכו דחברך LV 19:16
ומיבתך ומן עבדך ומן **עמך** לחוד מה דבנהרא ישתיירון: EX 8:7
איצלי עלך ועל עבדך ועל **עמך** לשיצאה עורדענייא מינך EX 8:5
קדמך וגלי קדמך ארום **עמך** עמא הדין: ואמר אמתן עד EX 33:13
קיים לית אנא מלטיט ית **עמך** עני ואמר ליה הלא אנת הוא NU 31:8
ארעייתהון לגניסת **עממהון:** אילין יחוסי בנוי דנח GN 10:31
בדיליה בזכותיה כל **עממי** ארעא: ארום גלי קדמיי GN 18:18
דתקנן קדמוי: ויחמון כל **עממי** ארעא ארום שמא דייי חקיק DT 28:10
רמין וגיותנין על כל **עממי** ארעא: וייתון עליכון כל DT 28:1
דלא יטעיין בזנו בתר **עממי** ארעא ותיתמלי ארעא זנו: ית LV 19:29
ויתברכון בגין בנך כל **עממי** ארעא: חולף די קבל אברהם GN 26:4
בגין זכוות בנך כל **עממי** ארעא חולף דקבילתא GN 22:18
רוחא ועינוותנין מכל **עממיא:** ארום מן בגלל דרחים ייי DT 7:7
ומאילין איתפרשו **עממיא** בארעא בתר טובענא: והוה GN 10:32
לפולחני בכל גלוות **עממיא** דאגלי יתכון ייי לתמן: DT 30:1
בכל איליין איסתאבו **עממיא** דאנא מגלי מן קדמיכון: LV 18:24
בה: ולא תהכון בנימוסי **עממיא** דאנא מגלי מן קדמיכון LV 20:23
יעבד ייי אלקכון לכל **עממיא** דאנת דחיל מן קדמיהון: DT 7:19
כל אתריא די פלחו תמן **עממיא** דאתון ירתין יתהון וית DT 12:2
ישיצי ייי אלקכון ית **עממיא** דאתון עללין לתמן DT 12:29
ויתוב ויכנוש יתכון מכל **עממיא** דבדר ייי יתכון לתמן: אין DT 30:3
ואבהתך: מטעוות שבעתי **עממיא** דבחוזרנותכון דקריבין לכון DT 13:8
נמני עלן מלכא ככל **עממיא** דבחזרנותיי: תתבעון אולפן DT 17:14
טעוות עממייא מנחלת **עממיא** דבחזרניכון: ארום אלק קנאן DT 6:14
מן סיעתיה וכד חמון כל **עממיא** דהוו תמן דלא שלטת נורא GN 11:28
הדין ויטעון בתר טעוות **עממיא** דהינון עללין תמן ביניהון DT 31:16
לכון מן אמהתיכון דמן **עממיא** די בחזרנותכון מנהון תזבנון LV 25:44
למתלין ולתינויין ביני **עממיא** דיבדר יתכון ייי לתמן: בר DT 28:37
בעם קליל ביני **עממיא** דידבר ייי יתכון תמן DT 4:27
סנאיכון: ותגמר ית כל **עממיא** דייי אלקך יהיב לך לא DT 7:16
ישיצי-ייי אלקכון ית **עממיא** דייי אלקכון יהיב לכון ית DT 19:1
הדין כגברא חד ויימרון **עממיא** דישמעו ית שמע גבורתך NU 14:15
וסוכלתנותכון למיחמי **עממיא** דישמעון ית כל קיימיא DT 4:6
נהך וניפלח לטעוות **עממיא** דלא חכימתא אנת ואבהתך: DT 13:7
נהך וניפלח לטעוות **עממיא** דלא חכימתון: ותתבעון DT 13:14
למימר נהך בתר טעוות **עממיא** דלא חכימתנון וניפלוח DT 13:3
דין למטעי בתר טעוות **עממיא** דלא ידעתון: ויהי ארום יעיל DT 11:28
בתריהון כוותכון מכל **עממיא** דעל אנפי ארעא כזמן יומא DT 10:15
ליה לעם חביב מן כולהון **עממיא** דעל אנפי ארעא: לא מן DT 7:6
לי לעם חביב מכל **עממיא** דעל אפי ארעא: לא תיכלון DT 14:2
דקריבין לכון או מן שאר **עממיא** דרחיקין לכון מן סייפי DT 13:8
בהון דעתהון דכל **עממיא** דתחות כל שמיא: ויתכון DT 4:19
בישא ופלחו לטעוות **עממיא** דתלק דלא ידעונין ולא DT 29:25
ויגלי ייי אלקכון ית **עממיא** האיליין מן קדמיכון קליל DT 7:22
דייי אלקכון: ארום **עממיא** האילין דאתון עתידין DT 18:14
הינון: לחוד מקירוי **עממיא** האילין דייי אלקכון יהיב DT 20:16

דלא מקרוי שבעתי **עממיא** האילין הינון: לחוד מקירוי DT 20:15
קדמיכון הוא ישיצי ית **עממיא** האילין ותירתונון יהושע DT 31:3
ית ארעהון ארום בחובי **עממיא** האילין ייי אלקכון מתריך DT 9:5
ית ארעא הדא ובחובי **עממיא** האילין ייי מתרכהון מן DT 9:4
למימר הכדין פלחין **עממיא** האילין לטעוותהון ונעביד DT 12:30
תימר בליבך סגיאין **עממיא** האילין מיני היכדין אית לי DT 7:17
ויתרך מימרא דייי ית כל **עממיא** האילין מן קדמיכון ותרתון DT 11:23
ואיגרי בבו ביניכון וביני **עממיא** האינון ולא תנוחון ולא יהוי DT 28:65
תילפון למעבד כריחוקי **עממיא** האינון: לא ישתכח בכון DT 18:9
בה: ויתכון אדרי ביני **עממיא** ואיגרי בתריכון עם שלופי LV 26:33
וקיסרין תקיף קירוי **עממיא:** וחמא ית דבית עמלק ונטל NU 24:19
בכל דיירי ארעא ובכל **עממיא** ויחמון כל עמא דאנת שרי EX 34:10
וידהנון ויתפנון לטעוות **עממיא** ויפלחונון וירגזון קדמיי DT 31:20
שובעין כמניינא **עממיא:** ויתן לך ית ברכתא GN 28:3
פולחני ויפלחון לטעוות **עממיא** ויתקוף רוגזא דייי בכון DT 7:4
ודי ימלל בשום טעוות **עממיא** ויתקטל נביא ההוא בסייפא: DT 18:20
מלאכיא כל קבל שומעין **עממיא** וכל חד וחד לישן עממיה GN 11:8
בישא ופלח לטעוות **עממיא** וסגיד להון ולשימשא או DT 17:3
דבביכון: ותיבידון ביני **עממיא** ותגמר יתכון במותנא ארע LV 26:38
ותפלחון לטעוות **עממיא** ותסגדון להון: ויתקף רוגזא DT 11:16
ותהכון בתר טעוות **עממיא** ותפלחונון ותסגדון להון DT 8:19
דאפרשית יתכון מן **עממיא:** ותפרשון מן בעירא LV 20:24
ויבדר ייי יתכון ביני **עממיא** ותשתותרון בעם קליל ביני DT 4:27
לבשי שיריונין וכל **עממיא** ישתמעון ליה ומסדרין NU 11:26
דמצרים וחמיין כל **עממיא** ית כל גבורתא דעבדית LV 26:45
כל מאן דדבח לטעוות **עממיא** יתקטיל בסייפא וניכסוי EX 22:19
כל מאן דדבח לטעוות **עממיא** יתקטל בסייפא וכדון עיברו EX 32:27
איתפרשא גנוסי נגוות **עממיא** כל חד ללישניה ליחוסיהום GN 10:5
מן בגלל דלא יטעון ביני **עממיא** כענא דטען ולית להון רעי: NU 27:17
תיסתמרון ושום טעוות **עממיא** לא תידכרון ולא ישתמע EX 23:13
למהך בתר טעוות **עממיא** למפלחהון: כד פתח משה DT 28:14
רמין וגיותנין על כל **עממיא** לרבו ולשום דיקר DT 26:19
בכון ואפרישית יתכון מן **עממיא** מטול למהוי פלחין קדמי: LV 20:26
ובכליתיה: ויימרון כל **עממיא** מטול מה עבד ייי הכנא DT 29:23
ויבדרכון ייי ביני כל **עממיא** מסייפי ארעא ועד סייפי DT 28:64
ישראל מן כוותכון בכל **עממיא** עמא דמתפרקין בשום DT 33:29
עממיא וכל חד וחד לישן **עממיה** ורושם כתביה בידיה GN 11:8
במותב ארעתהון בגניסת **עממיהון:** ולשם איתיליד אף הוא בר GN 10:20
ביד יעקב ית כל טעוות **עממייא** דבידיהון דדברו מן בית GN 35:4
דעימיה עטרון ית טעוות **עממייא** דביניכון דדברתון מבית GN 35:2
רתיתא מן קדם ייי על **עממייא** דבקוריי חוזרניהום ולא GN 35:5
וגבורן דעבד לנא ביני **עממייא** דעברתון: וחמיתון ית DT 29:15
בגלל דניהי משניי מכל **עממייא** דעל אנפי ארעא: ואמר ייי EX 33:16
ותהון קדמיי חביבין מכל **עממייא** דעל אפי ארעא: ואתון EX 19:5
ודחלתך על אנפי כל **עממייא** דתחות כל שמיא דישמעון DT 2:25
למיפלח ית טעוות **עממייא** האינון דילמא אית בכון DT 29:17
אתפנייו בתר טעוות **עממייא:** וכדון כתובו לכון ית DT 31:18
דחמא דמשתעבדון לביני **עממייא** ומן בתר כדין מלילו אחוי GN 45:15
ותיסגדון לטעוות **עממייא** ותיפלחונון: תניתי לכון DT 30:17
ית עמיה יימר לכל **עממייא** חמון כדון ארום אנא הוא DT 32:39
חרב: ואיתפני מן אגר **עממייא** למשלמא לכון אגר LV 26:9
בנוי ובדיליה יתימסון **עממייא:** מה יאי מלכא משיחא GN 49:10
לא תהכון בתר טעוות **עממייא** מנחלת עממיא דבחזרניכון: DT 6:14
היא גזירת פיסחא כל בר **עממין** או בר ישראל דאישתמד EX 12:43
וייכלונה או תזבנון לבר **עממין** ארום עם קדיש אתון קדם DT 14:21
ביתא וזביני כספא מן בר **עממין** אתגזרו עימיה: ואתגלי GN 17:27
קדם ייי: ואמר ייי לה תרין **עממין** במעייכי ותרין מלכוון GN 25:23
שובעין מלאכיא רברבי **עממין** דאתגלי עימהון למחמי DT 32:8
די יקומון מן בתריכון ובר **עממין** דייתי מארע רחיקא ויחמון DT 29:21
למסאבה ואמר ייי הבר **עממין** דלא חוב אוף חמי ליה GN 20:4
וזביני כספיכון מן כל בר **עממין** דלא מבינך הוא: מן דהוא GN 17:12
קימי עימך ותהי לאב סגי **עממין:** ולא יתקרי תוב שמך אברם GN 17:4
שובעין על שובעין **עממין** ומקרבין יתהון תליסר NU 29:13
דיעבדן הכדין מגו **עממין:** ותיטרון ית מטרת מימרי LV 18:29
יציביא בישראל ולא בבר **עממין** יעבד הכדין ית אילין NU 15:13
לא תסרסון: ומן יד בר **עממין** לא תקרבון ית קרבן אלקכון LV 22:25
בתשמישתה לציד בת **עממין** למעברא לפולחנא נוכראה LV 18:21
דישראל: ארום איתריך **עממין** מן קדמך ואפתי ית תחומך EX 34:24
ארום לאב סגי סוגעי **עממין** מניתך: ואפיש יתך לחדא GN 17:5
יחדי מימרא דייי עליכון **עממין** נוכראין להובדא יתכון DT 28:63
וחיואי ויבוסאי שבעתי **עממין** סגיאין ותקיפין מינך: DT 7:1
לתמן למירתה ויגלי **עממין** סגיאין מן קדמך חיתאי DT 7:1
דמליל לכון ותמשכנון **עממין** סגיעין ואתון לא תתמשכנון DT 15:6
מן קדמיכון ותרתון **עממין** רברבין ותקיפין מינכון: כל DT 11:23

רב ממצרים: לתרכא **עממין** רברבין ותקיפין מינכון מן DT 4:38
יורדנא למיעול למירות **עממין** רברבין ותקיפין מנכון קירוין DT 9:1
שמיטתא קדם ייי: ית בר **עממין** תדחוק ודינא די יהוי לך עם DT 15:3
מידעם דמיתרבי: לבר **עממין** תזוף מיניה בריביתא DT 23:21

עמד (60)

בית מישרוי לאשריותכון **בעמודא** דאישא בליליא DT 1:33
עילוי משריתהון דמצראי **בעמודא** דאישתא למירמי עליהון EX 14:24
ואיתגלי יקרא דייי **בעמודא** דענן יקרא וקם בתרע NU 12:5
שכינתא דייי במשכנא **בעמודא** דעננא וקם עמודא דעננא DT 31:15
מידבר קדמיהון ביממא **בעמודא** דעננא לדברותהון EX 13:21
ולמדלי מישריא **ובעמודא** דאישתא לאנהרא NU 14:14
יהנזקון משרבא ומטרא **ובעמודא** דעננא אנת מדבר NU 14:14
עליהון גומרין דאשא **ובעמודא** דעננא למרמא עליהון EX 14:24
עמודא דעננא בימטא **ועמודא** דאישתא בליליא EX 13:22
מטלל על משכנא בימטא **ועמודא** דאישתא הוה מנהר EX 40:38
למרדפין מן בתריהון **ועמודא** דאישתא לאנהרא קדמיהון EX 13:21
באורחא דתהכון בה **ועמודא** דעננא בימטא: ושמיע קדם DT 1:33
מנוי פורפוי לוחוי נגרוי **ועמודוי** וחומרוי: וית חופאה דמשכי EX 39:33
מררי לוחי משכנא ונגרוי **ועמודוי** וחומרוי וכל פולחניה: NU 3:36
אמין אורכא לרוח חדא: **ועמודוי** עשרין וחומריהון עשרין EX 27:10
וחומרוי וכל פולחניה: **ועמודי** דדרתא חזור חזור NU 3:37
כל קבל ווילוות דרתא: **ועמודיהון** ארבעה וחומריהון EX 38:19
ווילוון מאה אורכא **ועמודיהון** עשרין וחומריהון עשרין EX 27:11
חזור דבוץ שזיר: וחומריא **לעמודיא** דנחשא ווי עמודיא EX 38:17
וחמש סילעין עבד ווין **לעמודיא** וחפא רישיהון וכבש EX 38:28
די יקרב מנכון ולא מן **משעמדיא** פלחי טעוותא קרבנא LV 1:2
עניא הא היא עבידא **עמוד** דימלח: ואקדם אברהם GN 19:26
ווי לי עלך אהרן אחי **עמוד** צלותהון דישראל אוף הינון NU 20:29
ואמר שדרני ארום סלק **עמוד** קריצתא ומטא שעתא GN 32:27
משה למשכנא נחית **עמודא** דענן יקרא וקאי בתרע EX 33:9
בימטא ובליליא: לא עדי **עמודא** דעננא בימטא ועמודא EX 13:22
נפשיה דאהרן ואסתלק **עמודא** דעננא דהוה מדבר בזכותיה NU 21:1
באורחא ובליליא הדר **עמודא** דעננא מבתריהון למיחשך EX 13:21
ואתא מן בתריהון ונטל **עמודא** דעננא מן קדמיהון ושרא מן EX 14:19
בעמודא דעננא וקם **עמודא** דעננא על תרע משכנא DT 31:15
משה: וחמן כל עמא ית **עמודא** דעננא קאי בתרע משכנא EX 33:10
היכדין הוו מתעבדין כל **עמודא** דרתא: ופרסא דתרע דרתא EX 38:17
ית ווילוות דרתא וית **עמודהא** וית חומרהא וית פרסא EX 39:40
וית לוחוי וית נגרוי וית **עמודוי** וית חומרוי: ית ארונא וית EX 35:11
ית ווילוות דרתא ית **עמודוי** וית חומרנהא וית פרסא EX 35:17
ויהב ית נגרוי ואקים ית **עמודוי**: ופרס ית פרסא על משכנא EX 40:18
ובוץ שזיר עובד צייור: וית **עמודוי** חמשא וית ווויהון חמשא EX 36:38
אתמסי לבהון בגווהון כל **עמודי** דיירי ארעהון דכנענאי: תפיל EX 15:15
דחילא אחזת יתהון כל **עמודי** דיירי ארעהון דפלישתאי: הא EX 15:14
וחומריהון ארבעא: כל **עמודי** דרתא חזור חזור מכבשין EX 27:17
צייורין: ועבד לה ארבעא **עמודי** קיסי שיטא וחפנון דהבא EX 36:36
ותעבד לפרסא חמשא **עמודי** שיטא ותחפי יתהון דהבא EX 26:37
ותסדר יתה על ארבעה **עמודי** שיטא מחפין דהבא ווויהון EX 26:32
אורחא ולמכבשא ית **עמודיא** דארעא ולמתקנא קדמוי GN 46:28
עשרין דנחשא ווי **עמודיא** וכיבושיהון דכסף: ולרוח EX 38:11
עשרין דנחשא ווי **עמודיא** וכיבושיהון כסף: והיכדין EX 27:10
לעמודיא דנחשא ווי **עמודיא** וכיבושיהון כסף וחיפוי EX 38:17
עשרין דנחשא ווי **עמודיא** וכיבושיהון כסף: ולרוח EX 38:10
עשרין דנחשא ווי **עמודיא** וכיבושיהון כסף: ופותיא EX 27:11
שזיר עובד צייור מחטא **עמודיהון** ארבעא וחומריהון EX 27:16
וחומריהון עשרא ווי **עמודיהון** וכיבושיהון דכסף: ולרוח EX 38:12
וולוון חמשין אמין **עמודיהון** עשרא וחומריהון עשרא EX 38:12
ווילוון חמשין אמין **עמודיהון** עשרה וחומריהון עשרה: EX 27:12
דבוץ שזיר מאה אמין: **עמודיהון** עשרין דנחשא ווי עמודיא EX 38:10
אמין ווילוון לעיברא **עמודיהון** תלתא וחומריהון תלתא:: EX 27:14
חמיסרי אמין לעיברא **עמודיהון** תלתא וחומריהון תלתא: EX 38:14
ווילוון חמיסרי אמין **עמודיהון** תלתא וחומריהון תלתא: EX 38:15
ולרוח ציפונא מאה אמין **עמודיהן** עשרים וחומריהון עשרין EX 38:11
יכבשון קדמיהון ית **עמודייא** דארעא והינון יהדרון GN 49:19
מן האל לנחלא עד מיסק **עמיד** קריצתא: וחמא ארי לא הוה GN 32:25

עמי (6)

ואין חמא כהנא והא **עמא** מכתשא בתרו דחוורו יתה LV 13:56
שביעאה תניינות והא **עמא** מכתשא לא הליך פיסיונא LV 13:6
מן משכא מטול דהיא **עמיא** ויסגריניה כהנא שובעא יומין: LV 13:26
פיסיונתא במשכא והיא **עמיא** שומת כואה היא וידכיניה LV 13:28
מן משכא מטול דהיא **עמיה** ויסגירניה כהנא שובעא יומין: LV 13:21
במשך בישריהון בהקי **עמיין** חוורן צהר הוא סגי במשכא LV 13:39

עמל (1)

בגין דלא חויאת לך חובך **בעמל** תיכלינא כל יומי חייך: וכובין GN 3:17

עמק (12)

היא במשך בישריה **ועמיק** לית חיזויה למחוור כתלגא LV 13:4
קודמיהון לאשואה **עומקיא** ולמימך טורייא לאתקנא EX 12:37
דהב וחיזוי ניתקא לית **עמיק** יתיר מן משכא: ויספר ית LV 13:32
ית מכתשא והא חיזויה **עמיק** למחוור יתיר מן משכא וביה LV 13:30
במשכא וחיזויה ליתוי **עמיק** למחוור יתיר מן משכא וידכי LV 13:34
ניתקא והא לית חיזויה **עמיק** למחוור יתיר מן משכא ושער LV 13:31
לחיוור וחיזיו דמכתשא **עמיק** למחוור כתלגא יתיר ממשך LV 13:3
למחוור כסידא וחיזויה **עמיק** למחוור כתלגא יתיר מן LV 13:25
קריבא למטמוע ושינתא **עמיקתא** אתרמיית על אברם והא GN 15:12
ושדריה על עיסק עיטא **עמיקתא** דיתמלל עם אברהם GN 37:14
נחתא עימהון לגלימתא **עמיקתא** ואתגניזת מנהון NU 21:20
ורמא ייי אלקים שינתא **עמיקתא** עילוי אדם ודמך ונסיב GN 2:21

עמר (10)

ומאן דאזער: ואכילו **בעומרא** לא אישתייר מן מכילתא EX 16:18
ית שיתיא או ית ערבא **בעמרא** או בכיתנא או ית כל מאן LV 13:52
או בערבא לכיתנא **ולעמרא** או בצלא או בכל עיבידת LV 13:48
דהוה קציר מתהפיך **כעומרין** מלכא דעילם ותדעל GN 14:1
זקיפא חוורא במשכא **כעמר** נקי והיא הפכת שערא LV 13:10
ביה מכתש סגירו בלבוש **עמר** או בלבוש כיתן: או בשיתיא או LV 13:47
דמכתש סגירו לבוש **עמר** או דכיתן או שיתיא או ערבא LV 13:59
ולבוש עירבובין כלאי **עמר** וכיתן לא יסוק עלך: וגבר ארום LV 19:19
בכסו דשיע ועזיל וניז **עמר** וכיתן מערבין כחדא: ברם DT 22:11
כיתן חוטי ציציית מן **עמר** תהון מרשן למעבד לכון על DT 22:12

עמר (1)

עקרן ולא בעירך עקירן **מעמר** וחלב וטליי: ויעדי ייי מינך כל DT 7:14

ען (122)

ארום הוה מחתא דייי **בענא** דלבן ולא אשתיירו מינהון GN 29:9
כל ית דרגול וכל דילחוש **בענא** דלבן ושוי ליה עדרין בלחודוי GN 30:40
או נסיבתא בתורי או **בענא** שלים יהי לרעוא כל מומא LV 22:21
כל בישרא: ותהי קשתא **בעננא** ואחמינה למידכר קים עלם GN 9:16
בברנא ובברתנא ניזיל **בעננא** ובתורנא ניזיל ארום חגא EX 10:9
עד לא יטמע שימשא **בעננא**: ודכירנא ית קיימי דבין GN 9:14
עלמא: ית קשתי יהבית **בעננא** ותהי לסימן קיים בין מימרי GN 9:13
הרן קוריי חקרא ודירין **דעאן**: ובני ראובן בנו ית בית חושבני NU 32:36
מן טללתא ומן דירון **דעאן**: זבולון על ספרי ימא ישרי GN 49:12
וקריבו לותיה ואמר דירין **דעאן** נבני לבעירנא הכא וקרוין NU 32:16
והא תמן תלתא עדרין **דעאן** רביעין עלה ארום מן בירא GN 29:2
תמן שווינון לקיבליהן **דענא** והוון מתיחמן כמיתהין GN 30:38
מה דמשתייר מעלתא **דענא** מן אישתא כל קרבנהון לכל NU 18:9
טוב פטימין ודיכרין בני **דענין** שמינין ממתנן וגדאין אמר DT 32:14
להון וייכלון ירח יומין: **הענא** דבערב ותורי דבנבט יתכנסון NU 11:22
בכל דיתרעי נפשך בתורי **ובענא** ובחמר חדת ועתיק ובכל DT 14:26
בחמרי בגמלי בתורי **ובענא** מותא תקיף לחדא: ויעבד ייי EX 9:3
בוכרא דאיתיליד בתורך **ובענך** דוכריא תקדש קדם ייי אלקך DT 15:19
בירושא: ונחר בלק תורין **ועאן** ושדר לבלעם ולרברביא NU 22:40
רבוון סליקו עמהון **ועאן** ותורי וגיתי סגי לחדא: והוו EX 12:38
ייי אלקכון ביני שימשתא **ועאן** ותורי למחר בכרן יומא DT 16:2
ידע ארום טלייא חטיין **וענא** ותורי דמיינקן עלי ואין GN 33:13
דילידן הי כבני חשיבין **וענא** מן עניי הוו וכל דאנת חמי מן GN 31:43
ארום גוברי מרי גיתי הוו **וענהון** ותוריהון וכל דילהון אייתיו: GN 46:32
לפרעה ואמר אבא ואחיי **וענהון** ותוריהון וכל דילהון אתו GN 47:1
ובית אבוי לחוד טפלהון **וענהון** ותוריהון שבקו בארעא GN 50:8
עלוי: וכל מעשרא דתורי **וענא** כל דחלפין תחות שרביטא LV 27:32
ובכורי תוריכון **ועניכון**: ותיכלון תמן קדם ייי DT 12:6
תיבנון ותיתבון: ותוריכון **ועניכון** יסגון וכספא ודהבא יסגי DT 8:13
וכן ביכורי תוריכון **ועניכון** מן בגלל דתילפון למדחל מן DT 14:23
לותי אנת ובנך ובני בנך **וענך** ותורך וכל דילך: ואיזון יתך GN 45:10
תעביד לבוכרי תורך **וענך** שובעא יומין יהי ייניק בתר EX 22:29
ומישחכון ביכורי תוריכון **וענכון** וכל נדריכון דתידרון DT 12:17
דלא יטעון ביני עממיא **כענא** דטען ולית להון רעי: ואמר ייי NU 27:17
ארום לית אתר בית רעיא **לענא** דלעבדך ארום תקיף כפנא GN 47:4
קוריין לטפלכון ודירין **לענכון** ודנפיק מפומכון תעבדון: NU 32:24
רבא לחדא: והוו ליה גיתי **עאן** וגיתין תורין ופולחנא סגיאה GN 26:14
לי כזעיר תורין וחמרין **עאן** ועבדין ואמהן ושדרית לתנאה GN 32:6
דאחי הוא: ונסב אבימלך **עאן** ותורין ואמהין ויהב לאברהם GN 20:14
בגינה והוו ליה מדיליה **עאן** ותורין וחמרין ועבדין ואמהן GN 12:16
דין מינך: ודבר אברהם **עאן** ותורין ויהב לאבימלך וגזרו GN 21:27
לחדא ורבא ויהב ליה **עאן** ותורין וכספא ודהבא ועבדין GN 24:35
בזכותיה דאברם הוו **עאן** ותורין ומשכנין: ולא סוברת GN 13:5
מלכיהון וחבלא מבכירי **עאן** מן עדי שלטוניהון עם טוב DT 32:14
לחדא לחדא והוו ליה **עאן** סגיאן ואמהן ועבדין וגמלין GN 30:43
עימי: ארום קליל דהוה לך **עאן** קדמי ותקיף לסגי ובריך ייי GN 30:30
יתך: איזל כדון לבית **עינא** וסב לי מתמן תרי גדיי עזין GN 27:9

חובתיה דחב נוקבא מן **ענא** אימרתא או צפירתא דעיזי LV 5:6
יעקב ית חטרייא לעיני **ענא** במורכייתא ליחמותהין קבל GN 30:41
לקדם ייי דכר שלים מן **ענא** בעילווייה כסף הי כדמי הניית LV 5:15
וייתי דכר שלים מן **ענא** בעילווייה לאשמא לות כהנא LV 5:18
לקדם ייי דכר שלים מן **ענא** בעילווייה לאשמא לות כהנא: LV 5:25
ואזלו אחהי למרעי ית **ענא** דאבוהון בשכם: והוה לזמן GN 37:12
ית מורכיוותא לאשקאה **ענא** דאבוהן: ואתון רעיא וטרדינון EX 2:16
ומשה הוה רעי ית **ענא** דיתרו חמוי רבא דמדין ודבר EX 3:1
עמהון ורחל אתת עם **ענא** דלאבוהא ארום רעיתא היא GN 29:9
מיא לאנפוי ואשקי ית **ענא** דלבן אחוהא דאימיה והוות GN 29:10
ולא ערביבינון עם **ענא** דלבן: והוי בכל עידן דמיתיחמן GN 30:40
וביני יעקב ויעקב רעי ית **ענא** דלבן סבאן ומרען דאישתארו: GN 30:36
ואמרו לפרעה רעי **ענא** הוו עבדך אוף אנן אוף אבהתן: GN 47:3
למיכנוש בעיר אשקו **ענא** ואיזילו רעו: ואמרו לא ניכול עד GN 29:7
רחל ברתיה אתיה עם **ענא:** ואמר הא עדן יומא סגי לא GN 29:6
חד דלה לן ואשקי ית **ענא:** ואמר לבנתיה דבריה והאן הוא EX 2:19
אשדר גידי בר עיזי מן **ענא** ואמרת אין תתן משכונא עד GN 38:17
מרחקין מצראי כל רעי **ענא:** ואתא יוסף ותני לפרעה ואמר GN 46:34
ית שלם אחך וית שלם **ענא** ואתיבני פיתגמא ושדריה על GN 37:14
לחמא בסוסון ובגיתי **ענא** ובגיתי תורי ובחמרא וזנינין GN 47:17
לי: והוה בעידן דאתיחמא **ענא** וזקפית עניי וחמית בחילמא GN 31:10
קדם ייי מן תורי או מן **ענא:** ויקרב גברא דמקרב קורבניה NU 15:3
ית עמא דעימיה וית **ענא** וית תורי וגמלייא לתרין GN 32:8
בעירא דכיא מן תורי ומן **ענא** ולא מן חיתא תקרבון ית LV 1:2
אייתי אף הוא מבכירי **ענא** ומפטימהון והוה רעוא קדם ייי GN 4:4
מעל פם בירא ומשקן ית **ענא** ומתיבין ית אבנא על פם בירא GN 29:3
וית הבל והוה הבל רעי **ענא** וקין הוה גבר פלח בארעא: והוה GN 4:2
יתחמי בכל טוורא אוף **ענא** ותורא לא ירעון כל קבל טוורא EX 34:3
דבטליה מן רידיה וארבע **ענא** חולף אימר חד מן בגלל EX 21:37
להום יום חד וימותון כל **ענא:** יעיבר בבעו ריבוני ויטייל קדם GN 33:13
קבל חטרייא: ובלקושי **ענא** לא משוי והוון לקישיא ללבן GN 30:42
חמוי רבא דמדין ודבר ית **ענא** לאתר שפר רעייא דאחורי EX 3:1
מצראי וסבו לכון מן בני **ענא** לייחוסיכון וכוסו אימר פיסחא: EX 12:21
דמייא אתר דאתיין **ענא** למישתי תמן שווינון לקיבליהן GN 30:38
למישתי: ואתחימו **ענא** לקבל חטריא וילידן ענא GN 30:39
יהי אגרך וילידן כל **ענא** מאן דשומא בריגליהון: ורוקן GN 31:8
והוי בכל עידן דמיתיחמן **ענא** מבכרתא ומשוי יעקב ית GN 30:41
מן תורי ומן חמרי ומן **ענא:** מן פלגותהון דהוא חולק גברי NU 31:28
אפריש יעקב ויהב בריש **ענא** משכוכיתא כל ית דרגול וכל GN 30:40
מעל פם בירא ונשקי **ענא:** עד דהוא ממלל עמהון ורחל GN 29:8
קדם ייי: ואם מן בני **ענא** קורבניה מן אימריא או מן בני LV 1:10
ברעוא קדם ייי: ואין מן **ענא** קרבניה לנכסת קודשיא קדם LV 3:6
יהי אגרך וילידן כל **ענא** קרוחין ואם כדין יימר מאן GN 31:8
ענא לקבל חטריא וילידן **ענא** רגולין דסימנא בריגליהום GN 30:39
והא ברחייא דסלקין על **ענא** שומא בריגליהון וקרוחין GN 31:10
כל ברחיא דסלקין על **ענא** שומא בריגליהון וקרוחין GN 31:12
עמא דנפקו לחילא מניין **ענא** שית מאה ושובעין וחמשא NU 31:32
נסיבא לשמא דייי מן **ענא** שית מאה שובעין וחמשא: NU 31:37
די נפקו לחילא סכום **ענא** תלת מאה ותלתין ושובעא NU 31:36
סכום פלגות כנישתא מן **ענא** תלת מאה ותלתין ושובעא NU 31:43
דסאיבו בגוה אחתהון: ית **ענהום** וית תוריהום וית חמריהום GN 34:28
ופרקינין ואשקי ית **ענהין:** ואתאה לות רעואל אבוה EX 2:17
יהודה וסליק על גזזי **עניה** הוא וחירה רחמיה עדולמאה GN 38:12
וללאה ועלן לחקלא לות **עניה:** ואמר להין חמי אנא ית סבר GN 31:4
סליק לתמנת למיגז **עניה:** ואעדת לבושי ארמלותא מינה GN 38:13
מהלך תלתא יומין ביני **עניה** וביני יעקב ויעקב רעי ית ענא GN 30:36
דכנען: ולבן אזל למיגז ית **עניה** וגנבת רחל ית צלמנייא דהוון GN 31:19
הי כבני חשיבין וענא מן **עניי** הוו וכל דאנת חמי מן דילי הוא GN 31:43
בקרי תוריכון ועדרי **עניכון:** בריך סלי ביכוריכון וחלת DT 28:4
בקרת תוריכון ועדרי **עניכון:** בריכין תהוון מן כולהון DT 7:13
ותיכסון מן תוריכון ומן **עניכון** דיהב ייי אלקכון לכון היכמא DT 12:21
ומישחכון ושירוי גיזת **עניכון** כמיסת קמורא תיתנון ליה: DT 18:4
בקרי תוריכון ועדרי **עניכון:** ליטין אתון במעלכון לבתי DT 28:18
בקרי תוריכון ועדרי **עניכון** עד זמן די יהובדון יתכון: DT 28:51
תוריכון ולא תיגוז בכורי **עניכון:** קדם ייי אלקכון תיכלוניה DT 15:19
הדין איתוב ארעי **ענך** אטר: אעיבר בכל ענך יומא דין GN 30:31
רישא קביעא כל קבל **ענך** בגובהא דרישך מן בגלל דתיהוי EX 13:9
וית נכסת קודשך מן **ענך** ומן תורך בכל אתרא דאשרי EX 20:24
בנתך ושית שנין בגין **ענך** ושלחפתא ית אגרי עישרתי GN 31:41
ענך אטר: אעיבר בכל **ענך** יומא דין אעדי מתמן כל אימר GN 30:32
לא אתכלו ואגר דיכרי **ענך** לא אכלית: דתבירא מן חיות GN 31:38
ייי היכמה דאמרתון: אוף **ענכון** אוף תוריכון דברו ומן דילי EX 12:32
זילו פלחו קדם ייי לחוד **ענכון** ותוריכון יקום גביי אוף EX 10:24
מדחדא תדחדון ליה מן **ענכון** מן אידיריכון ומן מעצרתכון DT 15:14
קדמיכון ולא יתובון לכון **ענכון** מסירין לבעלי דבביכון ולית DT 28:31

ענב (33)

מן חמרא דאיצטנע **בעינבויי** מן יומי שירוי עלמא GN 27:25
ותעיל ית פורפייא **בענוביא** ותלפיף ית משכנא ויהי EX 26:11
מתמן עוברתא ואיתכל **דעינבין** חד וסוברוהי באסלא NU 13:23
באדמא מדמי לעצור **דעינבין:** מה יאיין הינון עינוי דמלכא GN 49:11
מקילופין ועד זוגין גוואין **דענבא** לא ייכול: כל יומי נדר ניזריה NU 6:4
ביה עינבי לא ישתי **ועינבין** רטיבין וצמיקין לא ייכול: NU 6:3
משח זיתא וכל טוב חמר **עינבא** ועיבור שירויהון דיתנון קדם NU 18:12
זיתא פלגות הינא: וחמר **עינבא** לניסוכא פלגות הינא קורבן NU 15:10
הינא משח זיתא: וחמר **עינבא** לניסוכא רבעות הינא תעבד NU 15:5
זיתא תלתות הינא: וחמר **עינבא** תלתות הינא תקריב בסיפלי NU 15:7
הינא לאימרא חמר **עינבי** דא עלתא תהוי מתקרבא NU 28:14
וכל שיקייני דאיתרו ביה **עינבי** לא ישתי ועינבין רטיבין NU 6:3
ברעוא וניסוכי חמר **עינבי** רבעות הינא: ולחים וקלי LV 23:13
חצדיכון לא תחצדון וית **עינבי** רדופיכון לא תקטפון שנת LV 25:5
ולא תקטפון ית **עינבי** שמיטהא: ארום יובלא היא LV 25:11
דפרעה בידי ונסיבית ית **עינביא** ועצירית יתהון לכסא GN 40:11
ודי אמרת נסיבית ית **עינביא** ועצרית יתהום לכסא GN 40:12
דסיון יומי דמן ביכורי **עינבין:** וסליקו ואלילו ית ארעא מן NU 13:20
ביומא אנייצת ובשילת **עינבין** ועצרינון: ושתי מן חמרא ורבי GN 9:20
יד בשלו סגולייהא הוו **עינבין:** חמי הוית עד דיהבין כסא GN 40:10
דתורי וחמר סומק מן **ענבא** חד מפקין כור חד: ועתרו בית DT 32:14
דבית לופי תניינא מכוונן **ענוביא** חדא לקבל חדא: ועבד EX 36:12
ליפופה תיניינה מכוונן **ענובייא** חדא כל קבל חד: ותעביד EX 26:5
חדא עם חדא: ותעבד **ענובין** דתיכלא על אימרה EX 26:4
לפיף חדא עם חדא: ועבד **ענובין** דתיכלא על שיפתא EX 36:11
סידרי מתנייתא: ועבד **ענובין** חמשין על סיפתא דיריעתא EX 36:17
בית לופי תניינא: חמשין **ענובין** עבד ביריעתא חדא וחמשין EX 36:12
ביריעתא חדא וחמשין **ענובין** עבד בסיטרא דיריעתא EX 36:12
בית לופי וחמשין **ענובין** עבד על סיפתא דיריעתא EX 36:17
בבית ליפופה וחמשין **ענובין** על אימרא דיריעתא בבית EX 26:10
משכנא: ותעביד חמשין **ענובין** על אימרת דיריעתא חדא EX 26:10
ליפופה תניין: חמשין **ענובין** תעביד ביריעתא חדא EX 26:5
ביריעתא חדא וחמשין **ענובין** תעביד בציטרא דיריעתא EX 26:5

עני (44)

אניקי תהוי מידכר להום **ועני** תהום ופריק יתהום ועתידין GN 22:14
כריסן ולמסייא ירכונין **ותענה** איתתא ותימר אמן אין NU 5:22
ממלל ומן קדם ייי הוה **מתעני** בקל נעים ומשבח ונעימתא EX 19:19
בקל צלותהן ומן יד הינין **מתעניין** וילדן ופרקן בשלם: ואוטיב EX 1:19
יהודה גיבריהון דאחוי **ענא** ואמר לאחוי איתון וניבכי על GN 50:1
כד הוון בעיברא דיורדנא **ענה** ואמר להון הלא במדברא DT 1:1
לדחלתא דאיבה ולא **ענה** יתה ומן יד טלקת ית ריבא GN 21:15
כן אתת לנא עקתא הדא: **ענה** יתהום ראובן ואמר הלא GN 42:22
ית עיסבא דעל אפי ברא **עני** אדם ואמר בבעו ברחמין מן GN 3:18
למתפרעא מן רשיעיא **עני** הבל ואמר לקין אית דין ואית GN 4:8
מני לא איתקבל ברעוא **עני** הבל ואמר לקין ברחמין איתברי GN 4:8
עוג זע וארתית מן קדמוי **עני** ואמר דין הוא עוג רשיעא דהוה NU 21:34
סכינא למיכס ית בריה **עני** ואמר יצחק לאבוי כפת יתי GN 22:10
אתרא ועבד להון שירו **עני** ואמר להום הא שב שנין דאתא GN 29:22
לית אנא מלטיט ית עמך **עני** ואמר ליה הלא אנת הוא לבן NU 31:8
כהנא ואידכר הילכתא **עני** ואמר מאן דיקטול וקטיל האן NU 25:7
חבט שדנהי ומיתו **עני** ואמר קדם ריבון עלמא אפשר NU 25:8
כל כנישתא דבני ישראל **עני** וכן אמר למשה אן מה דא NU 25:6
וכד פרסין ידיהון בצלו **עני** ומשזיב יתהון אבל טעוותהון DT 32:31
אבונן ייי אלקנא ייי חד **עני** יעקב ואמר בריך שום יקריה DT 6:4
בר הגר אמתא דאימי **עני** ישמעאל ואמר אנא זכאי יתיר GN 22:1
ברחמין מן קדמך ייי **עני** יתי בהדא שעת אננקי ואנהר GN 38:25
וסלק לוי במעשרא **עני** מיכאל ואמר ריבוניה דעלמא GN 32:25
ותהי מגינא עליהון **עני** משה נביא ואמר אף על גב DT 28:15
אתקבל קרבני ברעוא **עני** קין ואמר להבל לית דין ולית GN 4:8
כד נפקו תרויהון לברא **עני** קין ואמר להבל מסתכל אנא GN 4:8
לא טלטיל זאזיהון **עניין** אבהת עלמא ואמרין חבול על DT 28:15
וגבורת ידיה בני גללייא **עניין** ואמרין איליין לאיליין איתו EX 15:18
סלקון לשמי מרומא **עניין** ואמרין איתון חמון יעקב GN 28:12
אומן ושוי בטומרא הוון **עניין** כולהון כחדא ואמרין אמן: ליט DT 27:15
איקרא דאבוי ודאימיה **עניין** כולהון כחדא ואמרין אמן: ליט DT 27:16
תחומא דחבריה הוון **עניין** כולהון כחדא ואמרין אמן: ליט DT 27:17
דהוא מדמי לסמיא הוון **עניין** כולהון כחדא ואמרין אמן: ליט DT 27:18
דייר ייתם וארמלא הוון **עניין** כולהון כחדא ואמרין אמן: ליט DT 27:19
גלי כנפא דגלי אבוי הוון **עניין** כולהון כחדא ואמרין אמן: ליט DT 27:20
עם כל בעירא הוון **עניין** כולהון כחדא ואמרין אמן: ליט DT 27:21
אבוי או ברת אימיה הוון **עניין** כולהון כחדא ואמרין אמן: ליט DT 27:22
עם חמותיה הוון **עניין** כולהון כחדא ואמרין אמן: ליט DT 27:23

תליתאי בטומרא הוון **עניין** כולהון כחדא ואמרין אמן: ליט DT 27:24
נש למשדי אדם זכאי הוון **עניין** כולהון כחדא ואמרין אמן: ליט DT 27:25
הדא למעבדהון הוון **עניין** כלהון כחדא ואמרין אמן DT 27:26
ואברהם לא חמי יתהום **עניין** מלאכי מרומא איתון חמון GN 22:10
אנא ואינש ביתי: **עניין** שמעון ולוי לא יאי למיהוי GN 34:31
ולמיסב חדא מן ברתוי **ענת** רחל ואמרת לית איפשר לך GN 29:12

עני (21)

וית פילוסין: והיכמא **דמעניין** להון היכדין הוון סגן EX 1:12
עלוי שימשא מטול **דעניא** הוא ומטולתיה הוא סבר DT 24:15
וליה תהי לאיתו חולף **דענייה** לית ליה רשו למיפטרה DT 22:29
טבא קנא בעובדין טבין **ובענוותנותיה** בכן אתכנש תמן DT 34:5
דמלילתון תיתנון **ולעניי** צדקתא מה דאמרתון DT 23:24
ית ידיכון לקריביכון **ולעניי** שיבבותכון ולמסכיני DT 15:11
דאתון מכיכי רוחא **ועינוותנין** מכל עממיא: ארום מן DT 7:7
אתון פיקודוי אין לא: **ועננייך** ואכפנך ואוכלך ית מנא דלא DT 8:3
שבא ונייחא הוא לכון **ותענון** ית נפשתיכון ותשרון LV 23:32
מארע קדיש יהי לכון **ותענון** ית נפשתיכון ממיכלא LV 23:27
פולחנא לא תעבדון **ותענון** ית נפשתיכון קיים עלם: LV 16:31
וגזרין דכל דיהיב פיתא **לעניא** ייקד בנורא ארום סגיאת GN 18:20
ונותרא דכרמך לא תלקט **לעניי** ולגייורי תשבוק יתהון LV 19:10
דחצדך לא תלקיט **לעניי** ולגייורי תשבוק יתהון אנא LV 23:22
ית ארעא וכדי חמא משה **עינוותנותיה** קרא להושע בר נון NU 13:16
קדם ייי: וגברא משה **ענוותן** בדעתיה לחדא מן כל בני NU 12:3
דחטת במילחא בפרסומי **עניא** הא היא עבידא עמוד דימלח: GN 19:26
תשגון סוטריה דאגירא **עניא** ומסכינא מן אחוכון או מן DT 24:14
לשמיה פטיר לחמא **ענייא** ארום בבהילו נפקתון מארעא DT 16:3
אין כספא תוזיף לעמי ית **ענייא** דעימך לא תהי ליה הי EX 22:24
בעשרא יומין לירחא **תענון** ית נפשתיכון מן מיכלא ומן LV 16:29

ענן (82)

למשכנא: ואיתגלי ייי **בענן** איקר שכינתא ומליל עימיה NU 11:25
יקר שכינתא דייי אתגלי **בענן** יקרא: ומליל ייי עם משה EX 16:10
דקטול וסוברך ייי אלקך **בענני** איקר שכינתיה היכמה DT 1:31
לוחי אבניא: ואתגלי ייי **בענני** איקר שכינתיה ואיתעתד EX 34:5
לקדם כפורתא ארום **בענני** איקרי שכינתיה מתגליא על LV 16:2
שכינתא דייי איתגלי **בענני** יקרא במשכנא זימנא: ואמר NU 14:10
מסוכות אתר דאתחפיו **בענני** יקרא ושרו באיתם דביסטר EX 13:20
למשכנא נחית עמודא **דענן** יקרא וקאי בתרע משכנא EX 33:9
יקרא דייי בעמודא **דענן** יקרא וקם בתרע משכנא וקרא NU 12:5
אנא מתגלי עלך בעיבא **דענן** יקרא מן בגלל דישמעון עמא EX 19:9
משרבא ומטרא ובעמודא **דעננא** אנת מדבר קדמיהון ביממא NU 14:14
ובלילייא: לא עדי עמודא **דעננא** ביממא ועמודא דאישתא EX 13:22
דתהכון בה ועמודא **דעננא** ביממא: ושמיע קדם ייי ית DT 1:33
דאהרן ואסתלק עמודא **דעננא** דהוה מדבר בזכותיה קדם NU 21:1
דייי במשכנא בעמודא **דעננא** וקם עמודא דעננא על תרע DT 31:15
קדמיהון ביממא בעמודא **דעננא** לדברותהון באורחא EX 13:21
גומרין דאשא ובעמודא **דעננא** למרמא עליהון ברדין EX 14:24
ובלילייא הדר עמודא **דעננא** מבתריהון למיחשך למרדפין EX 13:21
מן בתריהון ונטל עמודא **דעננא** מן קדמיהון ושרא מן EX 14:19
דעננא וקם עמודא **דעננא** על תרע משכנא ומשה DT 31:15
וחמן כל עמא ית עמודא **דעננא** קאי בתרע משכנא ומן יד EX 33:10
שכינתא דייי מנהון ואזיל: **וענן** איקר שכינתא דייי איסתלק NU 12:10
להון אתר בית מישרוי: **וענן** איקר שכינתא דייי מטלל NU 10:34
אית למיפלח ית אדמתא: **וענן** יקרא הוה נחית מתחות כורסי GN 2:6
ובנימן ובמציעותיה כתיב **ועננא** דייי עליהון ביממא NU 2:18
והוה קלין דרעים וברקין **ועננא** תקיף קטיר על טוורא וקל EX 19:16
סכום תמניין לגיונין **וענני** יקרא ומשכנא ובירא לא NU 12:16
דמשה ושמירא וקשתא **וענני** יקרא ופום ארעא וכתב לוחי NU 22:28
ביניכון וארונא ומשכנא **וענני** יקרא ליתיהון מטיילין עימכון NU 14:42
יתהין כד הינין חיין: **וענני** שמיא אזלין לפישון ודליין EX 35:27
וקבילו תמן אורייתך **ועננך** מטליל עילויהון דלא יהנזקון NU 14:14
עמא דאתפרסמו מתחות **עניני** יקרא: והוה כיוון דחמא בלעם NU 22:41
למשכן זימנא והא חפייה **ענן** איקר שכינתא ואיתגלי תמן NU 17:7
אברהם ית עינוי וחמא **ענן** איקרא קטיר על טוורא GN 22:4
ממדברא דסיני ושרא **ענן** יקרא במדברא דפארן: ונטלו NU 10:12
ועד צפרא ומסתלק **ענן** יקרא בצפרא ונטלין או יימם NU 9:21
יום איסתלקותיה: ארום **ענן** יקרא דייי הוה מטלל על EX 40:38
זימנא ארום שרא עלוי **ענן** יקרא ואיקר שכינתא דייי EX 40:35
ואין לא מסתלק **ענן** יקרא ולא נטלין עד יום EX 40:37
ולא נטלין: ואית זמן דהוי **ענן** יקרא יומין דמניין הינון שבעתי NU 9:20
וסליק משה לטורא וחפא **ענן** יקרא ית טורא: ושרא איקר EX 24:15
משה ית עיבידתא: וחפא **ענן** יקרא ית משכן זימנא ואיקר EX 40:34
דאתקם ית משכנא חפא **ענן** יקרא ית משכנא והוה מטלל NU 9:15
דייי נטלין: ואית זמן דהוי **ענן** יקרא מן רמשא ועד צפרא NU 9:21
ובאשון איסתלקות **ענן** יקרא מעילוי משכן נטלין בני EX 40:36
בעשרין לירחא איסתלק **ענן** יקרא מעילוי משכנא דסהדותא: NU 10:11
עד צפרא: כדין הוי תדירא **ענן** יקרא: מעילוי משכנא ובתר כן NU 9:16
לחיליהון ואיסתלק **ענן** יקרא מעילוי משכנא ונטלו: NU 10:28
דייי שרן כל יומין דשרי **ענן** יקרא על משכנא ברם הינון שרן: NU 9:18
שתא שלמתא באורכות **ענן** יקרא על משכנא למישרי עלוי NU 9:22
על טורא דסיני וחפהי **ענן** יקרא שיתא יומין וקרא למשה EX 24:16
אישתא קדם ייי ויחפי **ענן** תנן קטורתא ית כפורתא דעל LV 16:13
עד צית שמיא חשוכא **עננא** ואמיטתא: ומליל ייי עימכון DT 4:11
בטוורא מיגו אישתא **עננא** ואמיטתא קל רב דלא פסיק DT 5:22
ביומא שביעאה מיגו **עננא**: וחיזו זיו יקרא דייי הי כאשא EX 24:16
או יימם ולילי ומסתלק **עננא** ונטלין: או תרין יומין או ירחא NU 9:21
ישראל: ואעל משה בגו **עננא** וסליק לטוורא והוה משה EX 24:18
נפשיה דאהרן אסתלקו **עננא** יקרא בחד לירחא דאב וחמון NU 20:29
ואבנין לישראל והוה **עננא** מקביל יתהון: ועאל בין EX 14:19
מדבית דן דלא הוה **עננא** מקביל יתהון מן בגלל פולחנא EX 17:8
בעי למיטל ארונא הוה **עננא** מקפל וקאים ולא הוה נטיל NU 10:35
בעי למישרי ארונא הוה **עננא** מקפל וקאים ולא הוה פריס NU 10:36
ברם הינון שרן: ובאורכות **עננא** על משכנא יומין סגיאין NU 9:19
משרייתא דמצראי והוה **עננא** פלגיה נהורא ופלגיה חשוכא EX 14:20
פולחנא נוכראה והוה **עננא** פליט יתהון ודבית עמלק DT 25:18
אגין עליהון שבעתי **ענני** איקריה אליפינון ית אוריתיה DT 32:10
דריכון ארום במטלת **ענני** יקרא אותיבית ית בני ישראל LV 23:43
תמן איתחפיאו שבעת **ענני** יקרא ארבעא מארבע EX 12:37
דמית אהרן ואסתלקו **ענני** יקרא ומדעקת על ישראל על DT 10:6
אתרא דאתחפיאו שבעת **ענני** יקרא: ונטלו מסוכות ושרו NU 33:5
קרבא ופוק מתחות **ענני** יקרא וסדר סדרי קרבא לקבל EX 17:9
ונפק משה מתחות **ענני** יקרא לקדמות חמוי וסגיד EX 18:7
ארעא: ויהי כד אפרוס **ענני** יקרא עילוי ארעא ותתחמי GN 9:14
ואנא מעכב בגין זכותך **ענני** יקרי ומשכנא וארונא וכל NU 12:14
דאורייתא מדברין לרגיל **ענני** יקרך נייחין ושריין כמן פס דבר: DT 33:3
רוגזא דייי בכון ויחוד ית **ענני** שמיא ולא יחתון מיטרא DT 11:17
לצרוך עיבידתא: ותייבין **ענני** שמייא ואזלין לגן עדן ונסבין EX 35:28
שמיא כד הינון ברירין מן **ענניא**: ולות נדב ואביהוא עולימיא EX 24:10
חזור למשריתא: וסליקו **ענניא** ואחיתו מנא עילוי אנחות EX 16:14
וטענית יתכון על **עננין** הי כעל גדפי נשרין מן פילוסין EX 19:4
בחובי סהדי שיקרא **עננין** סלקין ומיטרא לא נחית EX 20:16
בחובי סהדי שיקרא **עננין** סלקין ומיטרא לא נחית DT 5:20

ענף (1)

מטי עד צית שמייא ברם **ענפוי** מטלן על כל דיירי ארעא GN 50:1

עסב (18)

כל ירוק באילנא **ובעיסבא** דחקלא בכל ארעא EX 10:15
חמריכון ומישחכון: ואיתן **עיסבא** בחקלך לבעירך ותיכול DT 11:15
קדמך כבעירא דניכול **עיסבא** דאפי ברא נקום כען ונלעי GN 3:18
ארעא ושיצי ית כל **עיסבא** דארעא וית כל פירי אילנא EX 10:15
דמצרים וישיצי ית כל **עיסבא** דארעא ית כל מה די שייר EX 10:12
הא יהיבת לכון ית כל **עיסבא** דביזריה מזדרע דעילוי אנפי GN 1:29
כן: והנפקת ארעא דיתאין **עיסבא** דביזריה מזדרע ואילן פירי GN 1:12
ועל בעירא ועל כל **עיסבא** דחקלא בארעא דמצרים: EX 9:22
היכמא דמיבעי תורא ית **עיסבא** דחקלא ובלק בר צפור NU 22:4
ועד בעירא וית כל **עיסבא** דחקלא מחא ברדא וית כל EX 9:25
ותרבי בדילך ותיכול ית **עיסבא** דעל אפי ברא עני אדם GN 3:18
דילכון יהי למיכל כירוק **עיסבא** יהבית לכון ית כולא: ברם GN 9:3
צימחין ולא יסק בה כל **עיסבא** תשתקע היך תהפכנותא DT 29:22
כדו לא הוו בארעא וכל **עיסבי** חקלא עד כדו לא צמח ארום GN 2:5
נפשא חייתא ית כל ירוקי **עיסבין** והוה כן: וחזא אלקים ית כל GN 1:30
קלחן רסיסי מלקושין על **עיסבין** למתפרנסא בהון דיירי EX 40:4
תרבי ארעא דיתאי **עישבא** דביזריה מזדרע ואילן פירי GN 1:11
אבקא ועפרא עילוי **עישבי** חיקליכון מן שמיא יחות DT 28:24

עסק (66)

קריב אתעבידא ולא **איתעסקו** בהון אבהתכון: דחלת DT 32:17
שמא דבירא עסק ארום **אתעסקו** עלה עימיה: וחפסו ביר GN 26:20
ינהר ייי סבר אפוי לך **במעסקך** באורייתא ויגלי לך טמירן NU 6:25
בניכון: ותדכון גרמיכון **במעסקכון** בה הי כיומא דקמתון DT 4:10
יומי דלא אושיט ידיה **בעיסקא** דחבריה ויקבל מריה EX 22:10
ויומי דלא אושיט ידיה **בעיסקא** דחבריה: על כל מידעם EX 22:7
עד רמשא: וכהנא **דמתעסק** ביקידתא יצבע לבושוי NU 19:8
דסהדותא מטול חכימיא **דעסיקין** באורייתא וריחהון נדיף הי EX 40:5
במדרישיכון מטול **דתיתעסקון** בה ותינדעון ארום אנא DT 29:5
פולחנא עילוי גובריא **ויתעסקון** בה ולא יתרחצון על מילי EX 5:9
כל אדמא ואתן פנוייתא **למעסוק** בבר נשא ההוא די יכול כל LV 17:10
בתריהון ואיתן פנויתא **למעסוק** בבר נשא ההוא ואישצי LV 20:6
אבנין: ואנא איתן פנוייתא **למעסוק** בגברא ההוא ואישצי יתיה LV 20:3
ואישוי אנא פנוייתא **למעסוק** בגברא ההוא ובגיניסתיה LV 20:5
דבביכון: ואיתן פניותא **למעסוק** בכון ותיתברון קדם בעלי LV 26:17

דיבניהון דמיתו וזכאיא **למעסוק** במצותא במותבנהון: EX 10:23
במותביכון בבתיכון בזמן **מיעסוקכון** בחיתונכון ובמהכיהון DT 6:7
דיצבי בחדא מן קרויכון **מתעסקו** עימיה בדיוטב ליה לא DT 23:17
ליה הא אנת מיית על **עיסק** אינתתא דאנסת והיא GN 20:3
הדין ויקטלונני על **עיסק** אינתתי: וברם בקושטא GN 20:11
פיתגמין דלא מהגנין על **עיסק** איתתא כושייתא דאסבוהי NU 12:1
בני ישראל קדם ייי על **עיסק** בירא דאיתגנזת ואתקדש NU 20:13
עבדי יצחק ותנו ליה על **עיסק** בירא דחפסו ואמרו ליה GN 26:32
אברהם עם אבימלך על **עיסק** בירא דמיא דאנסו ליה עבדי GN 21:25
ייתון חיואי וימחונון על **עיסק** די מחו ית חמור וית שכם וית GN 37:13
למידן ואליפת לנא **עיסק** דינא והוית חביב עלן כבבת NU 10:31
עמא דייי עד עלמא: על **עיסק** דלא זמינו לכון בלחמא ובמוי DT 23:5
להום לא תתנצון על **עיסק** זבינתי דילמא ירגזון בכון GN 45:24
לחדא בעיני אברהם על **עיסק** ישמעאל בריה דיפלח GN 21:11
ייי לפרעה ולמצראי על **עיסק** ישראל ית כל עקתא EX 18:8
בריה דלא הוה גזיר על **עיסק** יתרו חמוי דלא שבקיה EX 4:24
גבר מתנטל למיפלוג על **עיסק** כהונתא כקרח וככנישת NU 17:5
לכון על עיסק פעור ועל **עיסק** כזבי ברת רבא דמדין NU 25:18
לבית יוסף ואמרו על **עיסק** כספא דתב לטוננא GN 43:18
איזיל ואחוי לאברם על **עיסק** לוט דאישתבי ויתי GN 14:13
קרו נחלא איתכילא על **עיסק** עוברתא דקציצו מתמן בני NU 13:24
וצלי משה קדם ייי על **עיסק** עורדעניא דשוי לפרעה: ועבד EX 8:8
סטנא לישן תליתאי על **עיסק** עיגלא דעבדת בחורב וברם LV 9:2
פיתגמא ושדריה על **עיסק** עיטא עמיקתא דיתמלל עם GN 37:14
ריבוניה וקיים ליה על **עיסק** פיתגמא הדין: ודבר עבדא GN 24:9
מן רשיעיא ועל **עיסק** פיתגמיא האיליין הוו GN 4:8
דין הוא עדבך ועל **עיסק** פיתגמייא האילין אישתהי GN 32:25
ביומא דמותנא על **עיסק** פעור: והוה בתר מותנא NU 25:18
שקר קדם ייי על **עיסק** פעור והות מותנא בכנישתא NU 31:16
רמיותהון דרמיין לכון על **עיסק** פעור ועל עיסק כזבי ברת NU 25:18
עליכון לישן תליתאיי על **עיסק** צפיר בר עיזי דנכיסו שבטוי LV 9:3
אינשא אתרא על **עיסק** רבקה ארום שפירת חזו היא: GN 26:7
מן למיחות למצרים על **עיסק** שיעבודא דיפסקת עם GN 46:3
דבבית אבימלך על **עיסק** שרה איתת אברהם: וייי דכר GN 20:18
וית אינש ביתיה על **עיסק** שרי איתת אברם: וקרא פרעה GN 12:17
באנפי דמשה על **עיסק** תיכלא משה הוה אמר אנא NU 16:2
ויפקד כהנא ויחוורון ית **עיסקא** דביה מכתשא ויסגיריניה LV 13:54
היא בנורא תוקדיניה ית **עיסקא** דביה מכתשא: ולבושא או LV 13:57
לחבריכון או תיזבנון **עיסקא** דמיטלטלא מן יד חבריכון LV 25:14
דעבד ועישרתי **עיסקין** דברא ביני שימשתא ונח GN 2:2
להון: יברכינך ייי בכל **עיסקך** ויטרינך מן לילי ומזייעי ובני NU 6:24
חולקין תלת שעין **עסיק** באורייתא ותלת עסיק בדינא DT 32:4
עסיק באורייתא ותלת **עסיק** בדינא ותלת מברזג בין גבר DT 32:4
אגר טב על דאינון **עסיקין** באורייתא וקראת ית שמיה GN 30:18
ארום אורייתא דאתון **עסיקין** בה היא חייכון בעלמא הדין DT 30:20
לא ישלטון: ואין ליתיכון **עסיקין** במצוותא דאורייתא ויהוי DT 15:7
ידך: לחוד אין אתון **עסיקין** במצוותא דאורייתא לא DT 15:4
מסתפי אנא מיניה דהוא **עסק** באיקרא דאבוי דילמא ייתי GN 32:12
עימכון מן מאן דאית ליה **עסק** דינא יתקרב לוותכון: וסליק EX 24:14
יעקב לחדא על דלא **עסק** עשרין שנין ביקרא דאבוי GN 32:8
דמליין כל טובא דלא **עסקת** למימלי ובירין פסילין דלא DT 6:11

עפרא (30)

ניכסתיה יכסיניה **בעפרא**: ארום קיום נפש כל בישרא LV 17:13
גזרין עורלתהון וטמרין **בעפרא** דמדברא אמר מן ייכול NU 23:10
ייי למשה הא אנת שכיב **בעפרא** עם אבהתך ונשמתך תהוי DT 31:16
כחיוין חורמניא זחלוי **דעפרא**: עמא דגלו מברא לארעא DT 32:24
ארום עפרא אנת **ולעפרא** תתוב ומן עפרא אנת עתיד GN 3:19
ויעלון באתר אבניא **ועפרא** חורן יסב ויתטש ית ביתא: LV 14:42
רוחא דמסקא אבקא **ועפרא** עילוי עישבי חיקליכון מן DT 28:24
ואירִיסא דמותא בפמך **ועפרא** תיכול כל יומי חייך: ודבבו GN 3:14
ואשוי ית בנך סגיאין **כעפרא** דארעא דהיכמא דאית GN 13:16
ולבנך: ויהון בנך סגיאין הי **כעפרא** דארעא ותיתקף למערבא GN 28:14
טבאות עד דהוה דקיק **כעפרא** וטלקית ית עפריה לנחלא DT 9:21
קדם ייי ואנא מתיל **לעפר** וקטם: מאין חסרין מן חמשין GN 18:27
תיכול מזונא עד דתיהדור **לעפרא** דמינא איתבראת ארום GN 3:19
מטול דסוף כל בישרא **לעפרא** יסב כהנא ויתן למיא: ויוקם NU 5:17
מן יומא שירוי עלמא **עפר** יהוי מזוניה ולא אתרעם עלוי NU 21:6
יומין: ויסבון לדמסאב מן **עפר** יקידת חטתא ויתן עלוי מי NU 19:17
דמינא איתבראת ארום **עפרא** אנת ולעפרא תתוב ומן עפרא GN 3:19
אנת ולעפרא תתוב ומן **עפרא** אנת עתיד למיקום למיתן GN 3:19
דאינשא ודבעירא כל **עפרא** דארעא איתהפיך למיהוי EX 8:13
איפשר לגבר למימני ית **עפרא** דארעא אף כן בנך אפשר GN 13:16
ידיה בחוטריה ומחא ית **עפרא** דארעא והות מחת קלמי EX 8:13
ארים ית חוטרך ומחי ית **עפרא** דארעא ויהי לקלמי בכל EX 8:12
אבנוי וית קיסוי וית כל **עפרא** דביתא וינפק למברא לקרתא LV 14:45
בסים במנין יקרין ומן **עפרא** די יהי בשיפולי משכנא מטול NU 5:17
חזור חזור ויטלקון ית **עפרא** דקליפו מברא לקרתא לאתר LV 14:41
פלישתאי ומלונון **עפרא**: ואמר אבימלך ליצחק איזל GN 26:15
אדם בתרין יצרין ודבר **עפרא** מאתר בית מקדשא GN 2:7
בהון חליל לוחין מלי **עפרא** עבד יתיה: ועבד ית כיורא EX 38:7
מדבחא: חליל לוחין מלי **עפרא** תעביד יתיה הי כמא EX 27:8
דקיק כעפרא וטלקית ית **עפריה** לנחלא דנחית מן טוורא: DT 9:21

עצב (2)

קדמוי וקרא אהרן בקל **עציב** ואמר חגא קדם ייי מחר EX 32:5
מתחנן הוה פרעה בקל **עציב** וכן אמר קומו פוקו מגו עמי EX 12:31

עצי (3)

דגזל או ית עציא די **עצא** או ית פיקדונא די איתפקד LV 5:23
ית גזילא דגזל או ית **עציא** די עצא או ית פיקדונא די LV 5:23
ית אורחתכון ותהון ברם **עציין** ואניסין כל יומיא ולית דפריק: DT 28:29

עצר (7)

עללתא חדתא קדם ייי **בעצרתיכון** כד יתמלון שבעתי NU 28:26
וכדין יסמקון טוורוי **ומעצרתיה** מן חמרא וגילמתוי GN 49:12
בידי ונסיבית ית עינביא **ועצירית** יתהון לכסא דפרעה GN 40:11
אנייצת ובשילת עינבין **ועצרינון**: ושתי מן חמרא ורבי GN 9:20
אמרת נסיבית ית עינביא **ועצרית** יתהום לכסא דפרעה GN 40:12
מעגעגין באדמא מדמי **לעצור** דעינבין: מה יאיין הינון עינוי GN 49:11
וחמרא לא תשתון ולא **תעצרון** למכנוש ארום יגמריניה DT 28:39

עקב (7)

הינון למיעבד שפיותא **בעיקבא** ביומי מלכא משיחא: GN 3:15
דעתיד פרעה שתי **בעיקבא** ואת רב מזוגייא תקבל אגר GN 40:12
על שבילא דנכית סוסייא **בעיקביה** ונפיל ומן אמתיה רכביה GN 49:17
מתכווין ונכית יתהון **בעיקביהון** ברם להון יהי אסו ולך GN 3:15
נפק אחוי וידיה אחידא **בעקיבא** דעשו וקרא שמיה יעקב GN 25:26
דישלטון בעמך בסוף **עקב** יומיא: ונטל מתל נבותיה ואמר NU 24:14
דיבימה סנדלא דליה **עקיבא** דחייט בשנצי ובפום סנדלא DT 25:9

עקד (1)

מדכר זכות מדכר ישירא **דאתעקד** על גבי מדבחא וזכה LV 22:27

עקם (2)

קדמך דלא הוה בלבבי **עוקמא** ובעית למיעבד גזירתך GN 22:14
דהדרין בתיובא ושדיין **עקמומיתהון** הי כמיא: ותשוי ית EX 40:7

עקף (1)

בקדמיתא אנן מיתעלין **למתעקפא** עלן ולמדיינא עלן GN 43:18

עקץ (1)

מלי חיוון קלן ועקרבין **עקצין** ובית צהוונא אתר דלית מוי DT 8:15

עקר (13)

לפרשיא ולריגלאיא **ויעקר** סוסותהון וממגר דבביהון GN 49:17
ארעיא מרביא בושמין **ועיקרי** סמנין ותחומי יהוי מפיק GN 49:20
היכמא דעבדו לסיחן אזל **ועקר** טוורא בר שיתא פרסי NU 21:35
ית גברא כד תליש **ועקר** קיסין ביומא דשבתא: וקריבו NU 15:32
מגווך: לא תהי תכלא **ועקרא** בארעך ית מניין יומי חייך EX 23:26
יתכון ולמשיציא יתכון **ותיתעקרון** מעילוי ארעא דאתון DT 28:63
ונשין עקרן ולא בעירך **עקירן** מעמר וחלב וטליי: ויעדי ייי DT 7:14
דגזר עליה דאף הוא הוה **עקר** ואתרווח ואיתעברת רבקה GN 25:21
דגזר על אינתתיה ארום **עקרא** הוות גביה עשרין ותרתין GN 25:21
היא שרי: והות שרי **עקרא** לית לה וולד: ודבר תרת ית GN 11:30
למיתן לה בגין ורחל הות **עקרה**: ואיתעברת לאה וילידת בר GN 29:31
לא יהוון בכון גוברין **עקרין** ונשין עקרן ולא בעירך עקירן DT 7:14
בכון גוברין עקרין ונשין **עקרן** ולא בעירך עקירן מעמר וחלב DT 7:14

עקרבא (5)

לית ביה מוי ברם חיוין **ועקרבין** הוו ביה: וחזרו למיכול GN 37:24
להון כובין ולא חיוין **ועקרבין** וחד מטייל קודמיהון EX 12:37
ומחברין ואסרין חיווין **ועקרבין** וכל מיני רחשין ושאלין DT 18:11
דחמיתון חיוין ככשורין **ועקרבין** כקשתין סריין רמיין DT 1:19
אתר מלי חיוון קלן **ועקרבין** עקצין ובית צהוונא אתר DT 8:15

ערב (31)

תיתברון: וקריבתון לותי **בעירבוביא** כולכון ואמרתון נשדר DT 1:22
ספוקלטוריא גבר מצראי **בערבנותא** מן ערבאי דאחתוהי GN 39:1
או דחלזון בעיינויי **דמערב** חיוורא באוכמא או דמלי LV 21:20
לקיין או דעינויי לקיין **דמערב** חיוורא באוכמא או דמלי LV 22:22
למיכל ביומא בשבתא **ויערבון** בבתיא וישתתפון EX 16:5
ייי אלקכון קודמיכון **ויערבינון** עירבוב רב עד דישתיצון: DT 7:23
בבעו יתה ליה לאינתו: **ותיתערבון** בחיתונא עימנא GN 34:9
לבי קבורתא::: ארום עבדך **מערב** בטלייא מן אבא למימר אין GN 44:32
בוסמין בוסם עובד ממזיג **מערב** רכי קודשא: ותיכתוש מינה EX 30:35
פיסחא וגזירת מהולתא **מערב** לכון למעבד מיניה את על EX 12:13
מכתש חיוור סמוקרי **מערב** סגירות סגיא הוא בקורחתיה LV 13:42
בשר וחלב תריהון **מערבון** כחדא: הוון זהירין לעשרא DT 14:21
מיטפלא חוורא סמקא **מערבין** ויתחמי לות כהנא: ויחמי LV 13:19

דצפירא כד הינון **מערבין** ויתן על קרנת מדבחא חזור LV 16:18
ועזיל וניז עמר וכיתן **מערבין** כחדא: ברם לאיצטולי כיתן DT 22:11
בשר וחלב תריהון **מערבין** כחדא דלא יתקוף רוגזי EX 34:26
ולא למיכול בשר וחלב **מערבין** כחדא דלא יתקף רוגזי EX 23:19
מכתשא חוורא סמקא **מערבן** בקורחתיה או LV 13:43
אוף אנת אוף טפלנא: אנא **מערבנא** ביה מן ידא תיבעיניה אין GN 43:9
כל כנישתא דישראל **מתערבין** דין עם דין גניסא עם EX 12:47
וגדיי בני עיזין ולא **עירובי** טמיין: אילין וטבוין ויחמורין DT 14:4
עיגלת ברת תורין דלא **עירובין** ברת שתא דלא אתפלח בה DT 21:3
מיניה: לא תזרעון כרמיכון **עירובין** דילמא תתחייב יקידתא DT 22:9
חמי וצפיר בר עיזין דלא **עירובין** חד לחטאתא: ויכפר כהנא NU 15:24
שנה ותור בר תורין דלא **עירובין** חד לחטאתא ותרין אימרין LV 23:18
צפיר בר עיזי דלא **עירובין** חד לחטאתא ותרין אימרין LV 23:19
גדיתא בר שתא דלא **עירובין** לחטאתא: ויכפר כהנא על NU 15:27
בתור בר תורי דלא **עירובין** לקרבן חטאתא ודכר LV 16:3
תרין צפירי בני עיזי דלא **עירובין** לקרבן חטאתא ודכר חד LV 16:5
ייי תורין בני תורי דלא **עירובין** תרין ודכר חד אימרין בני NU 28:11
דליהוי עלוי סהדין ומרי **ערבונתא** לא על שערין ולא ריביין: EX 22:24

ערב (22)

ולדרומא ולמדינחא **ולמערבא:** ארום ית כל ארעא דאנת GN 13:14
אמין ופותיא חמשין **למערבא** וחמשין למדינחא ורומא EX 27:18
כעפרא דארעא ותיתקף **למערבא** ולמדינחא ולציפונא GN 28:14
לריש רמתא וזקוף עינך **למערבא** ולציפונא ולדרומא DT 3:27
דמצראי ויהון מפקנוי **למערבא:** ותחום מערבא ויהוי לכון NU 34:5
קדם ייי: והפך ייי ית רוחא **ממערבא** תקיף לחדא ונטל ית EX 10:19
מיכלהון נשא הימון רוח **מערבא** ואזלו: ותקיף ייי ית יצרא EX 10:19
כסף: ופותיא לרוח **מערבא** ווילוון חמשין אמין EX 27:12
וכיבושיהון דכסף: ולרוח **מערבא** ווילוון חמשין אמין EX 38:12
מפקנוי למערבא: ותחום **מערבא** ויהוי לכון ימא רבא NU 34:6
צטר משכנא לסופיהון **מערבא:** ונגרא מציעאה בגו לוחייא EX 26:27
סטר משכנא לסופיהון **מערבא:** ועבד ית נגרא מציעאה EX 36:32
משכניה ביתאל מן **מערבא** ועי ממדינחא ובנא תמן GN 12:8
בתר משכנא ישרון **מערבא:** ורב בית אבא דהוה מתמני NU 3:23
בוציניא תלת לקבל רוח **מערבא** ותלת לקבל רוח מדינחא NU 8:2
הינון מי בראשית סטר **מערבא** יהי תחומכון: לא יתעתד בר DT 11:24
מן ציפונא ימא רבא מן **מערבא** ימא דמילחא מן מדינחא NU 34:12
משרית אפרים לחיליהון **מערבא** ישרון ומשירייתהון NU 2:18
לוחא חד: ולסייפי משכנא **מערבא** עבד שיתא לוחין: ותרין EX 36:27
אלפין גרמידי וית רוח **מערבא** תרין אלפין גרמידי וית רוח NU 35:5
לוחא חד: ולסייפי משכנא **מערבאה** תעביד שיתא לוחין: ותרין EX 26:22
דין יהוי לכון תחום **מערביא:** ודין יהוי לכון תחום NU 34:6

ערבא (10)

בלבושא או בשיתיא או **בערבא** או בכל מאן דיצלא: ויפקד LV 13:53
בלבושא או בשיתיא או **בערבא** או בכל מאן דיצלא סגיא LV 13:57
או בצלא או בשתיא או **בערבא** או בכל מאן דצלא מכתש LV 13:49
בלבושא או בשיתיא או **בערבא** או בצלא לכל דיתעבד צלא LV 13:51
כיתן: או בשיתיא או **בערבא** לכיתנא ולעמרא או בצלא LV 13:48
כואה בהקי חוורא סמקא **מערבין** או חוורא בלחודא: ויחמי LV 13:24
ולבושא או שיתיא או **ערבא** או כל מאן דיצלא דתחוור LV 13:58
או דכיתן או שיתיא או **ערבא** או כל מאן דיצלא לדכאותיה LV 13:59
או ית שיתיא או ית **ערבא** בעמרא או בכיתנא או ית כל LV 13:52
צלא או מן שיתיא או מן **ערבא:** ואין תתחמי תוב בלבושא או LV 13:56

ערבא (1)

תרוגין ולולבין והדסין **וערבין** דמרביין על נחלין ותיחדון LV 23:40

ערבב (23)

דמיכתבין באורייתא **ומערבא** מילי זכאין בפומהון בשעת EX 23:8
דגרים להון טיפשותא **ומערבא** מילין זכאין בפום דיינייא DT 16:19
קומוי איתון כדון וניחות **ונערבבא** תמן לישנהום דלא GN 11:7
נלבלבה לקובליהון **ונערבבה** יתהון כיתא דהות אמרא EX 14:13
ביה ועל אנפי כל אחוי **יתערבב** וישרי: ואודיאת קדם ייי GN 16:12
יום יבבא יהי לכון **למערבבא** סטנא דאתי למקטרגא NU 29:1
ממונכון וית ערבובא **לערבבא** שלמכון וית מזופיתא בכל DT 28:20
קדם אלקכון ברם סטנא **מתערבב** לקל יבבותכון אנא הוא NU 10:10
ובעמך ובביתך ית **עירבוב** חיות ברא ויתמלון בתי EX 8:17
יתבי ארעא מן קדם **עירבוב** חיות ברא: וקרא פרעה EX 8:20
בדיל דלא למיהוי תמן **עירבוב** חיות ברא מן בגלל דתינדע EX 8:18
ואיצלי קדם ייי ויעדי **עירבוב** חיות ברא מן פרעה ומן EX 8:25
בעותא דמשה ואעדי **עירבוב** חיות ברא מפרעה ומעבדוי EX 8:27
הדין: ועבד ייי כן ואיתי **עירבוב** חיות ברא תקיף לבית EX 8:20
קודמיכון ויערבינון **עירבוב** רב עד דישתיצון: וימסור DT 7:23
ובייציבי דארעא: כל **עירבובין** דמחמע לא תיכלון בכל EX 12:20
עירבובין חקלך לא תזרע **עירבובין** ולבוש עירבובין כלאי LV 19:19
בעירך לא תרבעיניה **עירבובין** חקלך לא תזרע עירבובין LV 19:19
לא תזרע עירבובין ולבוש **עירבובין** כלאי עמר וכיתן לא יסוק LV 19:19

ברא ויתמלון בתי מצראי **עירבובת** חיות ברא ואוף ית ארעא EX 8:17
ללטטא ממונכון וית **ערבובא** לערבבא שלמכון וית DT 28:20
שמה בבל ארום תמן **ערביב** ייי לישן כל דיירי ארעא GN 11:9
ליה עדרין בלחודוי ולא **ערביבינון** עם ענא דלבן: והוי בכל GN 30:40

ערוד (2)

ואיהוא יהוי מדמי **לערוד** בבני נשא ידויי יתפרעון GN 16:12
וענה הוא ענה דארבע ית **ערדיא** עם אתני ולזמן אשכח ית GN 36:24

ערווה (1)

זכיכא מן למחמי גילוי **עריין** ושדיות אדם זכיי ושנוי נקיין GN 49:12

ערטל (8)

ית קל ציווחת חויא כד **איתערטל** מן שירויא: ואעל משה EX 7:9
ארום ערטילאין אינון **דאיתערטלו** מן לבוש טופרא GN 3:7
ושתי מן חמרא ורבי **ואיתערטל** בגו משכניה: וחמא חם GN 9:21
בכון בכפנא ובצהותא **ובערטליותא** ובחוסרן כל טבתא DT 28:48
ואמר מאן חוי לך ארום **ערטילאי** אנת דילמא מן פירי GN 3:11
עיני תרויהון וידעו ארום **ערטילאין** אינון דאיתערטלו מן GN 3:7
בגינוניתא ודחילת ארום **ערטילי** אנא מצותא דפקידתני GN 3:10
תקניה אליף יתן למלביש **ערטלאין** מן דאלביש אדם וחוה DT 34:6

ערי (41)

בני עמהון מטול **דעריית** אחתי בזי חוביה יקבל: וגבר LV 20:17
אבוך לא תבזי מטול **דעריתא** דאבך היא: עירית אחתך LV 18:8
עריא אנא ייי: ערית אבוך **ועריית** אמך לא תיבזי איתא לא LV 18:7
ואפיהום מאחזרין **ועריית** דאבוהון לא חמון: ואיתער GN 9:23
ולא יספר גבר שיחייה **ועריתיה** ובי אנפוי לאיתחמאה DT 22:5
במותנא מגו עמהון: **וערית** אחת אמך ואחת אבך לא LV 20:19
לא תבזי עריתהן ארום הי **כעריתך** הינין: עירית בת איתת LV 18:10
בפולחנא נוכריאה ובגילוי **עיריתא** ובשדיות אדם זכיא והוה NU 35:25
קריבת בשר אימך היא: **עירית** אחבוך לא תבזי ולות LV 18:14
היא לא תבזי עריתה: **עירית** אחת אבך לא תבזי קריבת LV 18:12
קריבת בשר אבך היא: **עירית** אחת אמך לא תבזי ארום LV 18:13
מטול דעריתא דאבך היא: **עירית** אחתך בת אבך או בת אימך LV 18:9
בנין עריית דאחוך היא: **עירית** איתא וברתא לא תבזי ית LV 18:17
היא לא תבזי עריתה: **עירית** איתת אחוך לא תבזי בחיי LV 18:16
חורן לא תבזי עריתהן: **עירית** ברת בנך או ברת ברתך לא LV 18:10
ארום הי כעריתך הינין: **עירית** בת איתת אבוך דילידת מן LV 18:11
ערסא איתת אחבוך היא: **עירית** כלתך לא תבזי איתת ברך LV 18:15
אחוי בחייוי מרחקא היא **עיריתא** דאחוי בזי דלא וולד יהון: LV 20:21
בתשמישתא ובפרסומי **עריא** אנא ייי: ערית אבוך ועריית LV 18:6
מותיה אין אית ליה בנין **עריית** דאחוך היא: עירית איתא LV 18:16
ופולחנא נוכרא וגילויי **ערייתא** באורחא הדין דאנא אזיל GN 28:20
לא תקרבון לבזאה **ערייתא** בתשמישתא ובפרסומי LV 18:6
ואזלו מאחזריין וכסיו ית **ערייתא** דאבוהון ואפיהום מאחזרין GN 9:23
אימיה בין דהיא חורניתא **ערייתא** דאבוי בזי איתקטלא LV 20:11
וחמא חם אבוי דכנען ית **ערייתא** דאבוי ותני לתרין אחוי GN 9:22
איתתא דוותא ובזי ית **ערייתא** וית מבוע אדם סובתא בזי LV 20:18
מפולחנא נוכריא וגילוי **ערייתא** ושדיות אדם זכאי: ארום DT 23:10
וחייבין בגופיהון בגילוי **ערייתא** ושדייות אדם זכוי ופלחן GN 13:13
לא תיקרב לבזאה **ערייתה:** ולציד איתת חברך לא LV 18:19
איתת ברך היא לא תבזי **ערייתה:** עירית איתת אחוך לא LV 18:15
ברתה לא תיסב לבזאה **ערייתה** קריבת בישרה הינון זנו היא: LV 18:17
ובפרסומי עריא אנא ייי: **ערית** אבוך ועריית אמך לא תיבזי LV 18:7
ישמש עם איתת אחבוי **ערית** אחבוי בזי חוביהון יקבלון LV 20:20
היא לא תגלי עריתא: **ערית** איתת אבוך לא תבזי מטול LV 18:8
אימך היא לא תגלי **עריתא:** ערית איתת אבוך לא תבזי LV 18:7
או ברת אימיה ויבזי ית **עריתה** והיא תבזי ית עריתיה גניי LV 20:17
אבך אחתך היא לא תבזי **עריתה:** עירית אחת אבך לא תבזי LV 18:11
תיסב לאעקה לה לבזאה **עריתה** עלה כל יומי חייהא: ולציד LV 18:18
או ברת ברתך לא תבזי **עריתהן** ארום הי כעריתך הינין: LV 18:10
או מן גבר חורן לא תבזי **עריתהן:** עירית ברת בנך או ברת LV 18:9
ית עריתה והיא תבזי ית **עריתיה** גניי הוא ארום חסדא LV 20:17

עריך (6)

דפתיכין במשח זיתא **ועירוכין** דלחם פטיר דמשיחין EX 29:2
גריצן במשח זיתא **וערוכין** פטירין דמשיחין במשחא NU 6:15
פתיכן במשח זיתא **וערוכין** פטירין משיחין במשח LV 7:12
דלחים פתיך במשח חדא **ועריך** חד ושוי על תרביא ועל שקא LV 8:26
דלחם פתיך במשח חד **ועריך** חד מסלא דפטיריא קדם ייי: EX 29:23
פטירתא חדא מן סלא **ועריך** פטיר חד ויתן על ידי נזירא NU 6:19

ערל (21)

דאברהם וגזר ית בישרא **דעורלתהון** ביכרן יומא הדין כמא GN 17:23
דלא יגזר ית בישרא **דעורלתיה** אין לית ליה מן דיגזר GN 17:14
שנין כד גזר ית בישרא **דעורלתיה:** בכרן יומא הדין GN 17:25
שנין כד גזר ית בישרא **דעורלתיה:** וישמעאל בריה בר GN 17:24
ותימזרון ית בישרא **דעורלתכון** ויהי לאת קים בין GN 17:11
בבשרכון לקים עלם: **וערלאה** דכורא דלא יגזר ית בישרא GN 17:14

אחוך עימיה ויזדבן **לערל** תותב לעימך או לשריש LV 25:47
ית אחתן לגבר דלא **עורלתא** ארום גנותא היא לנא: ברם GN 34:14
דבית ישראל הוון גזרין **עורלתהון** וטמרין בעפרא דמדברא NU 23:10
ואוף מבני תותביא **עריליא** דדיירין עימכון מנהון LV 25:45
בניכסא לגיור **ערל** דבקירויכון תיתנונה וייכלונה DT 14:21
בקשיו: וארום תארע יד **ערל** ותותב דעימך ויתמסכן אחוך LV 25:47
מביניכון: לא תימסור **ערלאה** ביד פלחי טעותיה DT 23:16
ארעכון ישיצי חלנונא: **ערלאה** דדייר ביניכון יסוק עליכון DT 28:43
וחמרך וישקוט בר אמתך **ערלאה** וגיורא: ובכל פיקודיא EX 23:12
ויתפריק: וידייק עם **ערלאה** זבניה משתא דיזדבן ליה עד LV 25:50
ויהי כיציבא דארעא וכל **ערלאי** בר ישראל לא ייכול ביה: EX 12:48
כדין יאי למיהוי מתאמר **ערלאין** איתקטילו בגין בתולתא GN 34:31
בכנישתהון דבני ישראל **ערלאין** סאיבו לבתולתא ופלחי GN 34:31
צפורה טינרא וגזרת ית **ערלת** גרשום ברה ואקריבת ית EX 4:25
תשתרי וברא יתגזר בשר **ערלתיה**: ותלתין ותלתא יומין LV 12:3

ערס (15)

וארבע יוסף ית אבוי **בערס** דשנדפין מחפייא דהב טב GN 50:1
ותיסתאב בתשמיש **דעריס**: או גבר דתיעיבר עלוי רוח NU 5:29
לאיסתאבא בתשמיש **דעריס** בר מן רשותא דבעליך תהוי NU 5:19
ייי דאתפרש מתשמיש **דעריס** הלא אוף עימנא מליל NU 12:2
אינתתא בתשמיש **דעריס** ודכיתא היא ותיפוק זכיא NU 5:28
לא תקרבון לתשמיש **דעריס**: והוה ביומא תליתאה EX 19:15
דיתפרש מתשמיש **דעריס** וחזיו ולא בטומרא מתגלינה NU 12:8
איסתאבת בתשמיש **דעריס** ויהב גבר ביך ית תשמישיה NU 5:20
גבר חורן עימה תשמיש **דעריס** ויהי מכסי מעיני בעלה NU 5:13
אין אסתאבת בתשמיש **דעריס** ושקרת שקר בבעלה וייעלון NU 5:27
מסנדלא ותשמיש **דעריס** כל עיבידת פולחנא לא NU 29:7
לא תקרב בתשמיש **ערסא** איתת אחבוך היא: עירית LV 18:14
ומסנא ותשמיש **ערסא** וכל עיבידתא לא תעבדון LV 16:29
בי בני ותמרוקין ותשמיש **ערסא** וסנדלא ותקרבון קורבנא LV 23:27
ואין תיסב מצע **ערסיה** במה ישכוב ויהי אין יקבול EX 22:26

ערע (9)

היכמה דחררן וחיישן **אורעייתא** ומחו יתכון בגבלא עד DT 1:44
קדמיהון: ולחוד ית מחת **אורעייתא** טריקיא יגרי ייי אלקכון DT 7:20
הוא יקטול ית קטולא כד **יערעיניה** מברא לקירוייא האילין NU 35:19
ית קיימי: ויהי ארום **יערען** יתהון בישן סגיען ועקן DT 31:21
תעבד יתהון ויהון לך **לערעא** כנישתא ולאטלא ית NU 10:2
וחמשין אמרכלי כנישתא **מערעי** זמן למיטל ולמשרי מפרשין NU 16:2
ואבירם הוא דתן ואבירם **מערעי** כנישתא דאתכנשו ופליגו NU 26:9
ברם אנא אדכר יתהון **עראי** בעלמא ואעיל יתהון בגלותא LV 26:41
ואידכר אוף אנא יתכון **עראי** בעלמא וארדי יתכון לחוד LV 26:28

ערפד (2)

ליזנה ונגר טורא **וערפדא**: וזיבורי וזיזי דטלופחי ופולי DT 14:18
ליזנה וית נגר טורא וית **ערפדא**: וכל ריחשא דעופא דמהלך LV 11:19

ערק (39)

ליה מלאכייא דייי **במיערקיה** מן קדם עשו אחוי: GN 35:7
דאסבוהי כושאי למשה **במיערקיה** מן קדם פרעה וריחקה NU 12:1
לאלקא דאיתגלי לך **במיערקך** מן קדם עשו אחוך: ואמר GN 35:1
לידוי ואזמן לך אתר **דיערוק** לתמן: וארום ירשע גבר על EX 21:13
ודין הילכת קטולא **דיערוק** לתמן וייחי דיקטול ית DT 19:4
מן תחום קרתא דקלטיה **דערק** לתמן: וישכח יתיה תבע NU 35:26
לחמא: וכד חכים רעואל **דערק** משה מן קדם פרעה טלק EX 2:21
ויקטליניה נפש וימות **ויעירוק** לחדא מן קרויא האילין: DT 19:11
מאיתמלי ומדיקדמוי **ויעירוק** לחדא מקירווייא האילין DT 4:42
קירוין קלטן יהווין לכון **ויעירוק** לתמן קטולא דיקטול בר NU 35:11
יקום ייי ויתבדרון סנאך **ויעריקון** בעלי דבבך מן קדמך וביה NU 2:3
קל טרפא נתיר מן אילן **ויערקון** הי כמערוקי חרבא ויפלון LV 26:36
ובעא למקטול ית משה **וערק** משה מן קדם פרעה ויתיב EX 2:15
לארעא והוה לחויא **וערק** משה מן קדמוי: ואמר ייי EX 4:3
בירין בירין מליין חימרא **וערקו** מלכא דסדום ועמורה ונפלו GN 14:10
בעיניכי וסגפתא שרי **וערקת** מן קדמה: ואשכחה מלאכא GN 16:6
ית חבריה וימות הוא **יעירוק** לחדא מן קרויא מזמניא DT 19:5
רדיף אלף מנהון ותרין **יעירקון** לריבותא מנהון אלהין DT 32:30
ומאתא מינכון לריבבותא **יעריקון** ויפלון בעלי דבביכון LV 26:8
וירדון בכון סנאיכון **יתעירקון** ולית דרדיף יתכון: ואין LV 26:17
נתיר מן אילן ויערקון הי **כמערוקי** חרבא ויפלון ולית דרדיף: LV 26:36
ולא תקבלון פורקן **לדערק** לקרייתא דקלטיה למתוב NU 35:32
קוריין דקלטן קטולא **למיעירוק** לתמן ועליהון תיתנון NU 35:6
קירווייא האילין לשיזבא **למיעירוק** לתמן כל דיקטול בר נש NU 35:15
דיורדנא מדנח שימשא: **למעירוק** לתמן קטולא דתיקטול DT 4:42
דיחסנכון ייי אלקכון ויהי **למערוק** לתמן קטולא: ודין הילכת DT 19:3
נפקן למשכנא דאיטמרו **למערוק** מן רבנותא ואתנביין NU 11:26
מצראי אילין לאילין **נעירון** מן עמא בני ישראל ארום EX 14:25
דנן תלת זימנין: וכדון **ערוק** לך לאתרך אמרית מייקרא NU 24:11
וכדון ברי קבל מיני קום **ערוק** לך לנפשך ואיזל לות לבן אחי GN 27:43
דאזלו עם ישראל ארום **עריק** עמא ואיתהפיך לבא דפרעה EX 14:5
תליתאה וידע ארום **ערק** יעקב דבזכותיה הווה טייפא GN 31:22
שכינתי דימטול היכמא **ערק** מן פולחן טעותיה: עמכון יתיב DT 23:16
תמן ודישתארו לטווריא **ערקו**: ונסיבו ית כל קניינא דסדום GN 14:10
וכל ישראל די בחזרנתהון **ערקו** מן דחיל קלהון היך צווחין NU 16:34
צפרא לתוקפיה ומצראי **ערקין** כל קבל גללוי ועלים ייי ית EX 14:27
אורחין טעיין יהוון **ערקין** מן קדמיכון: יפקיד ייי עימכון DT 28:7
יומי שני חיי דמן טלייותי **ערקית** מן קדם עשו אחי GN 47:9
מן קדם שרי ריבונתי אנא **ערקת**:: ואמר לה מלאכא דייי GN 16:8

ערר (2)

סנא ליה: והא הוא שוי **ערר** דמילין למימר לא אשכחית DT 22:17
כדין יסנינה: וישוי בה **ערר** דמילין ויפק עלה טיב ביש DT 22:14

עשן (1)

להנזקותיה נס תמינאי **דאתעשן** אע רומחא ולא איתבר מן NU 25:8

עשר (250)

משמעון וסלק לוי **במעשרא** עני מיכאל ואמר ריבוניה GN 32:25
אלקכון היכמא דנסיתון **בעישרתי** ניסיונין: מינטר תינטרון DT 6:16
ועברו ית יורדנא **בעשרא** בניסן ופסק להון מנא DT 34:8
כנישתא למדברא דצין **בעשרא** יומין לירחא דניסן ומיתת NU 20:1
ייי עם משה למימר: ברם **בעשרא** יומין לירחא שביעה הדין LV 23:27
שביעאה הוא ירח תשרי **בעשרא** יומין לירחא תענון ית LV 16:29
יבבא בירחא שביעאה **בעשרא** לירחא ביומא דכיפורייא LV 25:9
כנישתא דישראל למימר **בעשרא** לירחא הדין זימניה קביע EX 12:3
ארעא: ובירח מרחשון **בעשרין** ושובעא יומין לירחא GN 8:14
ייי ואיתכנישת כנישתא **בעשרין** ותלתא יומין לירחא דאדר LV 8:4
דארעא ויומיא די אזלו **בעשרין** ותשעה לירחא דסיון יומי NU 13:20
תניינא הוא ירחא דאייר **בעשרין** לירחא איסתלק ענן יקרא NU 10:11
וזבינו ית יוסף לערבאין **בעשרין** מעין דכסף וזבנו מנהון GN 37:28
מעילוי מנחתך מטול **דעשרין** וארבע מוהבתא דכהניא LV 2:13
תיכלון פטירי עד יומא **דעשרין** וחד לירחא ברמשא EX 12:18
וחד לירחא ברמשא **דעשרין** ותרין תיכלון חמיע: שובעא EX 12:18
ברעוא קורבנא קדם ייי: **ובעשרא** יומין לירחא שביעאה הוא NU 29:7
וייכלון בקרווך ויסבעון: **ומעשר** תליתאי תיסק ותיכול קדם DT 26:13
גברא ההוא אפרשותא **ומעשרא** איסתקף עלוי דייתי ית NU 5:15
ית כל קורבנייא וביכוריא **ומעשריא** דאנא מפקיד לכון תמן DT 12:11
ומפרש שמא רבא ויקירא **ועישרתי** אהוותא די מחא ית EX 14:21
שביעא עיבידתיה דעבד **ועישרתי** עיסקין דברא ביני GN 2:2
דביה אתבריין תלת מאה **ועישרתי** עלמיא וחקיק ומפרש EX 28:30
חמרא ומטובא דמצרים **ועשר** אתנין טעינן עיבור ולחם GN 45:23
מיכא: ומית יוסף בר מאה **ועשר** שנין ובסימו יתיה ועטרון GN 50:26
כל יומי קינן תשע מאה **ועשר** שנין ומית: וחיא מהללאל GN 5:14
דשנין דסכומהון מאתן **ועשר** שנין ומניין ארבע מאה EX 12:40
ותלתין ושית בפותיה **ועשרה** בתין במיצעא לאצנעא בהון GN 6:14
ותרין עשרונין לדיכרא: **ועשרונא** חד לאימרא חד הכדין NU 29:4
מטול למכפרא עלוי **ועשרונא** סמידא חד פתיך במשח LV 14:21
תעביד ביני שימשתא: **ועשרונא** סמידא פתיך במשח זיתא EX 29:40
לדיכרא חד לתרין דיכרין: **ועשרונא** עשרונא לאימר חד NU 29:15
במשח זיתא לדיכרא חד: **ועשרונא** עשרונא סמידא למנחתא NU 28:13
אבוי וחיא יוסף מאה **ועשרים** שנין: וחמא יוסף לאפרים GN 50:22
וצבע זהורי ובוץ שזיר **ועשרין** אמין אורכא ורומיה כפותיה EX 38:18
מעכה:: והוו חיי שרה מאה **ועשרין** ושבע שנין שני חייהא GN 23:1
לירחא: ואהרן בר מאה **ועשרין** ותלת שנין כד מית בטוורים NU 33:39
כל דהב בזיכיא מאה **ועשרין** כל קבל שניא דחייא בהון NU 7:86
ואמר להון בר מאה **ועשרין** שנין אנא יומנא לית אנא DT 31:2
יומא הדין: ומשה בר מאה **ועשרין** שנין כד שכיב לא כהיין DT 34:7
יהבית להון ארכא מאה **ועשרין** שנין מן בגלל דיעבדון GN 6:3
בני שנא ארביסר שלמין **לעשר** מטרתא ארבעא מנהון NU 29:20
דמטליא תורי עשרא **לעשר** מטרתא דיכרין תרין לתרי NU 29:23
דביניכון: ארום תשיצון **לעשרא** ית כל מעשר עללתך DT 26:12
גבר ואמר הלא אמרת **לעשרא** כל דילך והא אית לך GN 32:25
מערבון כחדא: הוון זהירין **לעשרא** פירייכון מן דאתון מפקין DT 14:22
וישמשון יתיה: ויתפלגון **לעשרין** וארבע חולקין ויטרון ית NU 3:7
ייי: ואין מפרוק יפרוק גבר **ממעשריה** חומש דמוי יוסיף עלוי: LV 27:31
מעשרא תניינא הוא **מעשר** מסכיניא לגיוריא ליתמא DT 26:12
לאשראה שכינתיה תמן **מעשר** עיבורכון חמרכון ומישחכון DT 14:23
תשיצון לעשרא ית כל **מעשר** עללתך בשתא תליתיתא DT 26:12
תלת שנין תפקון ית כל **מעשר** עללתכון בשתא ההיא DT 14:28
דיליה יהון: וגבר ית **מעשר** קודשוי דיליה יהון ולא חסרן NU 5:10
קדם ייי: לחוד בעירי **מעשר** קודשיכון דיהוון לכון DT 12:26
לא תיכול למסוברא ית **מעשרא** ארום יתרחק מנכון אתרא DT 14:24
דלוי הא יהבית ית כל **מעשרא** בישראל באחסנא חולף NU 18:21
דדין קטול מתחייב: וכל **מעשרא** דארעא מזרעא דארעא LV 27:30
יחסנון אחסנא: ארום ית **מעשרא** דבני ישראל דיפרשון קדם NU 18:24

תיסבון מן בני ישראל ית **מעשרא** דיהבית להון באחסנתהון NU 18:26
דמוי יוסיף עלוי: וכל **מעשרא** דתורי ועני כל דחלפין LV 27:32
קדם ייי מעשרא מיגו **מעשרא**: ואתחשב לכון אפרשותכון NU 18:26
לוי דיהבין מעשרא מן **מעשרא** וקרבן ידוי דאליהו כהנא DT 33:11
מיניה אפרשותא קדם ייי **מעשרא** מיגו מעשרא: ואתחשב NU 18:26
ניכסוי דבית לוי דיהבין **מעשרא** מן מעשרא וקרבן ידוי DT 33:11
דשמיטיתא ותיתנון **מעשרא** קמאה לליואי מעשרא DT 26:12
מן ביתא ולחוד יהבנן **מעשרא** קמאה לליואי מעשרא DT 26:13
פירי שתא אוחרי: ותיכלון **מעשרא** תיניינא קדם ייי אלקכון DT 14:23
מעשרא קמאה לליואי **מעשרא** תינייניא לגיורי ליתמא DT 26:13
כאילין בתרין בניי הלא **מעשרא** תניינא איתפקד די לא LV 10:19
מעשרא קמאה לליואי **מעשרא** תניינא הוא מעשר DT 26:12
רשאין למיכול בקורייכון **מעשרי** עיבורכון חמרכון ומישחכון DT 12:17
תמן מדבחא ותמן יהב **מעשריא** דאפריש מן כל דיליה GN 33:20
אפרשותא קדם ייי מכל **מעשריכון** דתיסבון מן בני ישראל NU 18:28
קודשיכון תמן תיכלון **מעשרכון** ואפרשות ידיכון וכל שפר DT 12:11
וניכסת קודשיכון וית **מעשרתכון** וית אפרשות ידיכון DT 12:6
שת תשע מאה ותרתי **סירי** שנין ומית: וחיא אנוש תשעין GN 5:8
רבני חומשין רבני **עישורייתא**: וידינון ית עמא בכל EX 18:21
תריסר אלפין ורבני **עישורייתא** שית ריבוון: והוון דיינין EX 18:25
תריסר אלפין רבני **עישורייתא** שית ריבוון וסרכין DT 1:15
לדיכרא חד: עשרונא **עישרונא** לאימרא חד הכדין NU 29:10
תרתין גריצן תרין **עישרונין** סמידא יהוויין חמיר LV 23:17
אזל משה ונסב נרגא ברת **עישרתי** אמין וטפז עישרתי אמין NU 21:35
ברת עישרתי אמין וטפז **עישרתי** אמין ומחייה בקרסוליה NU 21:35
דפקיד יתכון למעבד **עישרתי** דבוריא וכתבינון על לוחי DT 4:13
ית פיתגמי קיימא **עישרתי** דביריא דהוו כתיבין על EX 34:28
ענך ושלחפתא ית אגרי **עישרתי** חולקין: אילוליפון לאלקיה GN 31:41
בזמן עישרתי שנין ולסוף **עישרתי** שנין אפקיה מן גובא ועל EX 2:21
יתיה בסיתרא בזמן **עישרתי** שנין ולסוף עישרתי שנין EX 2:21
דחלפין תחות שרביטא **עשיראה** יהי קודשא קדם ייי: לא LV 27:32
תורין וגומר: ביומא **עשיראה** קריב רב בית אבא לבני דן NU 7:66
ולא אשתליפו מיניה נס **עשיראי** אתא מלאכא והפך איתתא NU 25:8
מקהל עמא דייי ברם דר **עשיראי** לא ידכי למיסב איתא DT 23:4
הוו אזלין וחסרין עד ירח **עשיריי** ירח תמוז בתמוז בחד GN 8:5
ותמן נסייא בניסייונא **עשיריתא**: ואמר אין קבלא תקביל EX 15:25
בית קודשא כל קבל **עשירתא** דביריא כל דהב בזיכיא NU 7:86
לוחיא דכתיבין בהון **עשירתי** דביריא: ואמר ברת מאן את GN 24:22
הי כאורח נציביהון: **עשר** אמין אורכא דלוחא ואמתא EX 26:16
קיימין הי כאורח נציבהון: **עשר** אמין אורכא דלוחא ואמתא EX 36:21
בכרן יומא הדין בארבעת **עשר** גזר אברהם וישמעאל בריה: GN 17:26
ונסיאו קדמי דנן **עשר** זימנין ולא קבילו למימרי: NU 14:22
שקר בי ושלחיף ית אגרי **עשר** חולקין ולא יהב ליה ייי רשו GN 31:7
קדם ייי: ובחמישת **עשר** יומא לירחא הדין חגא שובעא NU 28:17
וית משכנא תעביד **עשר** יריען דבוץ שזיר ותיכלא EX 26:1
חכימי ליבא ית משכנא **עשר** יריען דבוץ שזיר ותיכלא EX 36:8
כל סעדי מזונא ויאפיין **עשר** נשין לחמיכון בתנורא חד LV 26:26
יהב על ידהא מתקל **עשר** סילעין דדהבא סכום GN 24:22
בזיכא חדא מתקלא **עשר** סילעין דכסף והיא הות דדהב NU 7:14
בוסמין טבין מתקל **עשר** סילעין הוה מתקלא דבזיכא NU 7:86
עשרין סילעין ולנוקבא **עשר** סילעין: ואין מבר ירחא ועד בר LV 27:5
סילעין ולברתה נוקבא **עשר** סילעין: ואין מסכן הוא ממיסת LV 27:7
מצריתא אמתא מסוף **עשר** שנין למיתב אברם בארעא GN 16:3
דייי וכל דתיתן לי חד מן **עשרא** אפרישיניה קדמך: ונטל יעקב GN 28:22
תוריתא ארבעין ותורי **עשרא** אתני עשרין ולווקדין עשרא: GN 32:16
ית קורבניה דחב חד מן **עשרא** בתלת סאין סמידא LV 5:11
כהונתא רבתא חד מן **עשרא** בתלת סאין סמידא מנחתא LV 6:13
דקייץ עלה מדילה חד מן **עשרא** בתלת סאין קמחא דשערי NU 5:15
על חובי יממא: וחד מן **עשרא** בתלת סווין סמידא NU 28:5
פיתגמא הדין: ודבר עבדא **עשרא** גמלין מן גמליה ריבוניה ואזל GN 24:10
לא אחביל בגין זכוות **עשרא**: ואיסתלק איקר שכינתא GN 18:32
עשרא וחומריהון **עשרא** ווי עמודיהון וכיבושיהון EX 38:12
אתני עשרין ולווקדין **עשרא**: וזמין ביד עבדוי עדרא עדרא GN 32:16
חמשין אמין עמודיהון **עשרא** וחומריהון עשרא ווי EX 38:12
מאים ישתכחון תמן **עשרא** ונהי אנא ואינון ונבעי רחמין GN 18:32
ולאבוי שדר דורון כדין **עשרא** חומרין טעינין חמרא GN 45:23
ולא חמשא יומין ולא **עשרא** יומין ולא עשרין יומין: עד NU 11:19
אינשי ביתא ממניין **עשרא** כמיסת למיכול אימרא ויסב EX 12:4
סלוי דקטיע ודחגיר כנש **עשרא** כרוויין ושטחו להון NU 11:32
בגו קרתא דיצלון קדמך **עשרא** לכל קרווא כל קבל חמשא GN 18:24
תמן ארבעין עשרא **עשרא** לכל קרתא לארבעת קוריין GN 18:29
תלתין דיצלון עשרא **עשרא** לכל קרתא לתלת קוריין GN 18:30
דחגא דמטליא תורי **עשרא** לעשר מטרתא דיכרין תרין NU 29:23
דכנען: ועומרא חד מן **עשרא** לתלת סאין הוא: ונטלו כל EX 16:36

עשרים דיצלון עשרא **עשרא** לתרתין קוריין ולתלת שבוק GN 18:31
מחתא ויהב ליה חד מן **עשרא** מכל מה דאתיב: ואמר מלכא GN 14:20
בזיכא חדא מתקלא **עשרא** סילעין והיא דדהב טב קריב NU 7:20
ישתכחון תמן ארבעין **עשרא** עשרא לכל קרתא לארבעת GN 18:29
תמן תלתין דיצלון **עשרא** עשרא לכל קרתא לתלת GN 18:30
ישתכחון עשרים דיצלון **עשרא** עשרא לתרתין קוריין GN 18:31
פושכי וחללא דרומא **עשרא** פושכי תיתבון בה שובעא LV 23:42
בעידנא ההיא ית כל **עשרא** פתגמיא דתעבדון ביני דיני DT 1:18
והימנתון לפיתגמי **עשרא** רשיעין וסריבתון על מימרא DT 1:26
חמשין אמין עמודיהון **עשרה** וחומריהון עשרה: ופותיא EX 27:12
עשרה וחומריהון **עשרה**: ופותיא דדרתא לרוח EX 27:12
וית אפרים: ובנוי דבנימין **עשרה** ושומהון על פרישותא דיוסף GN 46:21
נמות: ונחתו אחי יוסף **עשרה** למזבון עיבורא ממצרים: וית GN 42:3
עימנא יומי שתא חדא או **עשרהרחין** ובתר כדין תיזיל: ואמר GN 24:55
לתרין דיכרין: ועשרונא **עשרונא** לאימר חד לארביסר NU 29:15
לדיכרא חד: עשרונא **עשרונא** לאימרא חד כדין לשובעא NU 28:29
לדיכרא חד: ועשרונא **עשרונא** סמידא למנחתא פתיכא NU 28:13
תרין עשרונין לדיכרא חד: **עשרונא** עישרונא לאימרא חד NU 29:10
תרין עשרונין לדיכרא חד: **עשרונא** עשרונא לאימרא חד כדין NU 28:29
עשרונין לדיכרא תעבדון: **עשרונא** עשרונא תעביד לאימר חד NU 28:21
קדם ייי מנחתא סמידא **עשרונא** פתיכא ברבעות הינא משח NU 15:4
לדיכרא תעבדון: עשרונא **עשרונא** תעביד לאימר חד הכדין NU 28:21
עשרונין לתורא ותרין **עשרונין** לדיכרא: ועשרונא חד NU 29:3
חד לתליסר תורין תרין **עשרונין** לדיכרא חד לתרין דיכרין: NU 29:14
עשרונין לתורא חד תרין **עשרונין** לדיכרא חד: עשרונא NU 28:28
עשרונין לתורא תרין **עשרונין** לדיכרא חד: עשרונא NU 29:9
עשרונין לתורא ותרין **עשרונין** לדיכרא תעבדון: עשרונא NU 28:20
במשח זיתא תלתא **עשרונין** לתורא ותרין עשרונין NU 28:20
במשח זיתא תלתא **עשרונין** לתורא ותרין עשרונין NU 29:3
במשח זיתא תלתא **עשרונין** לתורא חד לתליסר תורין NU 29:14
במשח זיתא תלתא **עשרונין** לתורא חד תרין עשרונין NU 28:28
במשח זיתא תלתא **עשרונין** לתורא תרין עשרונין NU 29:9
זיתא לתורא חד ותרין **עשרונין** סמידא דמנחתא פתיכא NU 28:12
בר שתה שלמתא ותלתא **עשרונין** סמידא למנחתא פתיכא LV 14:10
בני שתא שלמין ותרין **עשרונין** סמידא למנחתא פתיכא NU 28:9
שבעא שלמין: ותלתא **עשרונין** סמידא למנחתא פתיכא NU 28:12
דייי: ומנחתיה תרין **עשרונין** סמידא פתיכא במשח LV 23:13
תעביד מנחתא תרין **עשרונין** סמידא פתיכא במשח NU 15:6
מנחתא סמידא תלתא **עשרונין** פתיך במשח זיתא פלגות NU 15:9
לתריסר שבטיא תרי **עשרונין** תהי גריצתא חדא: ותסדר LV 24:5
ייי מאים ישתכחון **עשרים** דיצלון עשרא עשרא GN 18:31
מאה אמין עמודיהן **עשרים** וחומריהון עשרין דנחשא EX 38:11
ולתרע דרתא פרסא **עשרין** אמין דתיכלא וארגוונא EX 27:16
רחילי מאתן ודיכרי **עשרין**: גמלייא נוקבן עם בניהון הוו GN 32:15
ועמודוי עשרין וחומריהון **עשרין** דנחשא ווי עמודיא EX 27:10
עשרין וחומריהון **עשרין** דנחשא ווי עמודיא EX 27:11
מאה אמין: עמודיהון **עשרין** דנחשא ווי עמודיא EX 38:10
עשרים וחומריהון **עשרין** דנחשא ווי עמודיא EX 38:11
לא איחבל בגין זכוות **עשרין**: ואמר בבעו ברחמין מן קדמך GN 18:31
סכום דמיתו במותנא **עשרין** וארבע אלפין: ומליל ייי עם NU 25:9
דמטול איליין ימותון **עשרין** וארבע אלפין מישראל ומן NU 25:8
לא תיהי ליה ביני אחוי **עשרין** וארבע מוהבותא דכהונתא DT 18:2
וארבעא תורין כל קבל **עשרין** וארבע מטרתא דיכרי שיתין NU 7:88
יתהון ונפלו בגין כן מנהון **עשרין** וארבעא אלפין בגין כן לית NU 31:8
תורי לניכסת קודשיא **עשרין** וארבעא תורין כל קבל NU 7:88
עצוותכון חלתא חד מן **עשרין** וארבעא תפרשון אפרשותא NU 15:20
וחמשין אתין דהינון **עשרין** וחד מילין ומן ברת כדין אמר DT 32:3
והוון שווין באיקרהון **עשרין** וחד שעין בציר מנהון שית GN 1:16
לרוח חדא: ועמודוי **עשרין** וחומריהון עשרין דנחשא ווי EX 27:10
מאה אורכא ועמודיהון **עשרין** וחומריהון עשרין דנחשא ווי EX 27:11
במומהון ברם מבר **עשרין** וחמש שנין ולעילא ייתי NU 8:24
ותורי עשרא אתני **עשרין** ולווקדין עשרא: וזמין ביד GN 32:16
קדם ייי: והוו סכומהון **עשרין** ותלתא אלפין כל דכורא NU 26:62
אורכא דיריעתא חדא **עשרין** ותמני אמין דיריעתא חדא EX 26:2
אורכא דיריעתא חדא **עשרין** ותמני אמין ופותיא ארבע EX 36:9
דכורא מבר ירחא ולעילא **עשרין** ותרין אלפין: ואמר ייי למשה NU 3:39
בנוי דאפרים לסכומהון **עשרין** ותרין אלפין וחמש מאה NU 26:37
אילין גניסתא דשמעון **עשרין** ותרין אלפין ומאתן: בנוי דגד NU 26:14
ולעילא לסכום מניינהון **עשרין** ותרין אלפין מאתן ושובעין NU 3:43
ארום עקרא הוות גביה **עשרין** ותרתין שנין ואתהפיך GN 25:21
והוה סכום דהב ארמותא **עשרין** ותשע קנטירין ושבע מאה EX 38:24
ואולד בנין ובנן: וחיא נחור **עשרין** ותשע שנין ואולד ית תרח: GN 11:24
ולא עשרא יומין ולא **עשרין** יומין: עד ירח יומין עד NU 11:19
חומרין דכסף עבד תחות **עשרין** לוחיא תרין חומרין תחות EX 36:24

תיניינא לרוח ציפונא **עשרין** לוחין: וארבעין חומריהון EX 26:20
תניינא לרוח ציפונא עבד **עשרין** לוחין: וארבעין חומריהון EX 36:25
ית לוחיא למשכנא **עשרין** לוחין לרוח עיבר דרומא: EX 26:18
ועבד ית לוחייא למשכנא **עשרין** לוחין לרוח עיבר דרומא: EX 36:23
דכסף תעבד תחות **עשרין** לוחין תרין חומרין תחות EX 26:19
בסילעי בית קודשא **עשרין** מעין הוא: ברם בוכרא דתורי NU 18:16
יהי בסילעי קודשא **עשרין** מעין הויא סילעא: ברם LV 27:25
בסילעי קודשא תיסב **עשרין** מעין סילעא: ותיתן כספא NU 3:47
דטיבעא דקודשא **עשרין** מעין סילעא פלגות סילעא EX 30:13
ויהי עלוייה דביר דכר **עשרין** סילעין ולנוקבא עשר LV 27:5
אחוי: עזי מאתן וברחי **עשרין** רחילי מאתן ודיכרי עשרין: GN 32:15
קשוט בין תרווינן: דנן **עשרין** שנין אנא גבך רחלייך ועיזייך GN 31:38
שינתא מיני: דנן לי **עשרין** שנין בביתך פלחתך ארבסרי GN 31:41
לחדא על דלא עסק **עשרין** שנין ביקרא דאבוי יעקת GN 32:8
לא ידעין מטול דקיימין **עשרין** שנין במטרתהון במימרך DT 33:9
דבזכותיה הווה טייפא **עשרין** שנין: ודבר ית קריבוי עימיה GN 31:22
מבר חמש שנין ועד בר **עשרין** שנין ויהי עלוייה דביר דכר LV 27:5
לכל חושבנכון מבר **עשרין** שנין ולעילא דאתרעמיתון NU 14:29
ירדנא דיריחו למימר: מבר **עשרין** שנין ולעילא היכמא דפקיד NU 26:4
דסליקו ממצרים מבר **עשרין** שנין ולעילא ית ארעא NU 32:11
דעבר על מניינייא מבר **עשרין** שנין ולעילא יתן אפרשותא EX 30:14
דכורא לגולגלתהון: מבר **עשרין** שנין ולעילא כל נפיק חילא NU 1:3
כל דכורא מבר **עשרין** שנין ולעילא כל נפיק חילא: NU 1:20
לגולגל כל דכורא מבר **עשרין** שנין ולעילא כל נפיק חילא: NU 1:22
לגולגלותן כל דכורא מבר **עשרין** שנין ולעילא כל נפיק חילא: NU 1:24
כל דכורא מבר **עשרין** שנין ולעילא כל נפיק חילא: NU 1:28
כל דכורא מבר **עשרין** שנין ולעילא כל נפיק חילא: NU 1:30
לגולגלות כל דכורא מבר **עשרין** שנין ולעילא כל נפיק חילא: NU 1:32
כל דכורא מבר **עשרין** שנין ולעילא כל נפיק חילא: NU 1:34
במניין שמהן מבר **עשרין** שנין ולעילא כל נפיק חילא: NU 1:36
במניין שמהן מבר **עשרין** שנין ולעילא כל נפיק חילא: NU 1:38
במניין שמהן מבר **עשרין** שנין ולעילא כל נפיק חילא: NU 1:40
במניין שמהן מבר **עשרין** שנין ולעילא כל נפיק חילא: NU 1:42
ישראל לבית אבהתן מבר **עשרין** שנין ולעילא כל נפיק חילא NU 1:45
דבני ישראל מבר **עשרין** שנין ולעילא כל נפיק חילא NU 26:2
במניין שמהן מבר **עשרין** שנין ולעילא לגולגלתהון: NU 1:18
דעבר על מניינא מבר **עשרין** שנין ולעילא לשית מאה EX 38:26
לגולגלותן כל דכורא מבר **עשרין** שנין ולעילה כל נפיק חילא: NU 1:26
דאימיה והוות טייפא **עשרין** שנין: ונשק יעקב לרחל GN 29:10
עילוייה דביר דכר מן בר **עשרין** שנין ועד בר שתין שנין ויהי LV 27:3
לוחיא הי ככתבא קמא **עשרתי** דביריא דמליל ייי עימכון DT 10:4
קבילו אורייתא עם **עשרתי** דבירייא: ומליל ייי ית כל EX 19:25
ומחא ית אתנא בשוטא: **עשרתי** פתגמין אתברייו בתר NU 22:28
בנין וברתא חדא ולא **עשרתנון** מן יד אפרש ארבעה GN 32:25

עתד (28)

אגורא: ואמר בלעם לבלק **איתעתד** על עלתך ואיהך דילמא NU 23:3
להון משה לא תידחלון **איתעתדו** וחמון ית פורקנא דייי די EX 14:13
על כל אגורא: ואמר לבלק **אתעתד** הכא על עלתך ואנא NU 23:15
תברהון ומבעא בישתא **דמתעתדא** להון: ארום דאין מימרא DT 32:35
ייי בענני איקר שכינתיה **ואיתעתד** משה עימיה תמן וקרא EX 34:5
בגו גומייא על גיף נהרא: **ואיתעתדת** מרים אחתיה מרחיק EX 2:4
אזיל הוא ללטוטינון **ואתעתד** מלאכא דייי באיסרטא NU 22:22
ואזל משה ויהושע **ואתעתדו** במשכן זימנא: ואיתגלי DT 31:14
יתהון למשכנא זימנא **ויתעתדון** תמן עימך: ואתגלי באיקר NU 11:16
קיימין כל רשיעי עמא **ומתעתדין** גבר בתרע משכניה EX 33:8
לי הכא שובעא אגורין **ועתד** לי הכא שבעא תורין ושבעא NU 23:1
בני לי הכא שבעא אגורין **ועתד** לי הכא שובעא תורין NU 23:29
עילוי מיא הי כאמגושא **ותיתעתד** לקדמותיה על גיף נהרא EX 7:15
ייי למשה אקדים בצפרא **ותיתעתד** קדם פרעה הא נפיק EX 8:16
ייי למשה אקדם בצפרא **ותיתעתד** קדם פרעה ותימר ליה EX 9:13
לצפרא לטורא דסיני **ותתעתד** קדמי תמן על ריש טוורא: EX 34:2
ליממת קרי ית יהושע **ותתעתדון** במשכן זימנא DT 31:14
תחות כל שמיא לא **יתעתד** אינש קומיכון עד דיתשיצי DT 7:24
מערבא יהי תחומכון: לא **יתעתד** בר נש באפיכון דחלתכון DT 11:25
אתנא ית מלאכא דייי **מעתד** באיסרטא וחרביה שליפא NU 22:23
וחמא ית מלאכא דייי **מעתד** באיסרטא וסייפיה שליפא NU 22:31
מחר אנא קאים בצומא **מעתד** בזכוות אבהתא רישי עמא EX 17:9
לא ידעית ארום אנת **מעתד** לקדמותי באורחא וכדון אין NU 22:34
ביה: והא יקרא דייי **מעתד** עילוי ואמר ליה אנא ייי GN 28:13
אתר מתקן קדמי ותהי **מעתד** על טינרא: ויהי במעיבר יקר EX 33:21
תמליל: ותב לותיה והא **מעתד** על עלתיה הוא וכל רברבי NU 23:6
תמליל: ואתא לותיה והא **מעתד** על עלתיה ורברבי מואב NU 23:17
בכון אילהין כד אתון **מעתדין** יומנא כוליכון קדם ייי DT 29:9

עתיד (82)

בנימין אחוי ובכא דחמא **דעתיד** בית מוקדשא למהוי מתבני GN 45:14
מביר בוכרא דפרעה **דעתיד** דייתיב על כורסיי מלכותיה EX 11:5
ומיניה יפוק דוד מלכא **דעתיד** לאודויי קדם ייי בגין כן GN 29:35
דחמא משכנא דשילו **דעתיד** למהוי בחולקיה דיוסף GN 45:14
דהוויי והוית ואנא הוא **דעתיד** למהוי ולית אלקא חורן בר DT 32:39
מינהון עד דאידיכר חובא **דעתיד** למיהוי בדן דמציפונא GN 14:15
יתיה לפום עובדוי בישיא **דעתיד** למיעבד אלהין בגין זכותיה GN 21:17
בחרשין ארום נפשא **דעתיד** למיפק מנהון הוא מחבל: DT 24:6
יהודה ומלכא משיחא **דעתיד** למיפרק ית ישראל בסוף EX 40:9
מביר בוכריה דפרעה **דעתיד** למיתב על כורסיה EX 12:29
נשא ההוא בעלמא דאתי **דעתיד** למיתן חושבן חובתיה ליום NU 15:31
ארום תיעלון לארעא **דעתיד** למיתן לכון ייי היכמא EX 12:25
כל תקיפי ארעא ית גבורן **דעתיד** למעבד יפתח דמן גלעד DT 34:1
מה יאי מלכא משיחא **דעתיד** למקום מדבית יהודה אסר GN 49:11
עם בלק וית מלכיא **דעתיד** למקטל יהושע בר נון דמן DT 34:2
ובנוי ואליהו כהנא רבא **דעתיד** למשתלחא בסוף גלוותא: EX 40:10
הוא אליהו כהנא רבא **דעתיד** למשתלחא לגלוותא EX 6:18
איקר שכינתא דייי קיצא **דעתיד** מלכא משיחא למיתי GN 49:1
היא פיילא דרוגזא **דעתיד** פרעה שתי בעיקבא ואת רב GN 40:12
דקטורת בוסמנייא **דעתידא** מתקרבא בטוור בי GN 27:27
יון נפלא דא היא אדום **דעתידה** למיפל ולית לה זקיפא GN 15:12
תלתי שעבודיא הינון **דעתידין** בית ישראל למשתעבדא GN 40:18
לא יתדנון כל דריא בישא **דעתידין** למיקום בסדר דיניא דדרא GN 6:3
דפקיד ייי לא לדריא **דעתידין** למיקום בתר פילוג ארעא NU 36:6
בגלל למלפא רישי סנדרי **דעתידין** למיקום דיהוון זריזין בדיני NU 15:34
ייי אלקנא וית כל דרייא **דעתידין** למיקום עד סוף כל עלמא DT 29:14
בנוי דשת משיריתיה דגוג **דעתידין** למסדרא סידרי קרבא NU 24:17
סנהדרייתא דישראל **דעתידין** למקום בתריה דיהוון LV 24:12
רישי סנדרי דישראל **דעתידין** למקום מן בתריה דיהוון NU 27:5
למלפא לרישי סנדרייתא **דעתידין** למקום מן בתריהון דיהון NU 9:8
דיפרש אינשא לדהווה **ולדעתיד** למיתי באומתא ומשקר LV 5:4
למהוי בחולקיה דיוסף **ועתיד** למחרוב: ונשיק לכל אחוי GN 45:14
מתבני בחולקיה דבנימין **ועתיד** למחרוב תרתין זימנין GN 45:14
ישראל אנא הוא דהוינא **ועתיד** למיכוי שדרני לותכון: ואמר EX 3:14
עיבידתיה דברא אלקים **ועתיד** למיעבד: אילן תולדת שמייא GN 2:3
ועני תהום ופריק יתהום **ועתידין** הינון כל דריא דקימון GN 22:14
יהי אסו ולך לא יהי אסו **ועתידין** הינון למיעבד שפיותא GN 3:15
דאנא יחידי בשמי מרומא **ועתידין** למיקום מיניה דידעין GN 3:22
אונן ארום ברם עלוי **עתיד** אבוי לאתאבלא: ואוסיפת GN 38:4
דעדר אתרא דהתמן **עתיד** דאיתגלי מלכא משיחא בסוף GN 35:21
גובא דכוותיה ובתרוי לא **עתיד** דיהי כן: וחפא ית חזוונא דכל EX 10:14
עד דנודע יתיה: ואברהם **עתיד** דיהי לעם רב ותקיף ויתברכון GN 18:18
מסקי דורונין: מדבית דן **עתיד** דיקום גברא דידון ית עמיה GN 49:16
כנש ייי ית חיסודי והכדין **עתיד** יהושע בריה דיוסף למכנוש GN 30:23
בלא סהדין מרי עלמא **עתיד** לאיתפרעא מיניה ליום דינא GN 9:6
ית תימהיא במצרים וביה **עתיד** למבזע ית ימא דסוף EX 2:21
והינון מתבוננין מה יהי **עתיד** למהוי בסופיהון: היכדין יהי DT 32:29
זבון יומנא כיום דאנת **עתיד** למחסן ית בכירותא לי: ואמר GN 25:31
אית למיתקוף דאנת **עתיד** למחסן מלכותא וקרת שמיה GN 38:29
צלותי ויהב לי בר והיכדין **עתיד** למידן על יד שמשון בר מנוח GN 30:6
ואמרין לפרעה ביר חד **עתיד** למיהוי מתיליד בכנישתהון EX 1:15
חמא ברוח קודשא דתמן **עתיד** למיהוי שיזבותא לבנוי ביומי GN 31:21
שמא רבא ויקירא דביה **עתיד** למיעבד ית תימהיא במצרים EX 2:21
אודי קדם ייי דמן ברי דין **עתיד** למיפק מלכין ומיניה יפוק GN 29:35
תתוב ומן עפרא אנת **עתיד** למיקום למיתן דינא GN 3:19
תריסר שיבטין מיניה **עתיד** למיקום מלכין ושליטין GN 50:1
וטוור ליבנן דביה **עתיד** למישרי שכינתא: ורגיז ייי עלי DT 3:25
שמיה ער ארום בלא וולד **עתיד** לממת: ואיתעברת תוב GN 38:3
דפרעה חד הוא מה דייי **עתיד** למעבד תני לפרעה: שבע GN 41:25
עם פרעה מה דייי **עתיד** למעבר אחמי ית פרעה: הא GN 41:28
ייי בארע סיגופי והכדין **עתיד** למתקוף בית אבא הכא GN 41:52
קדיש הוא ועלוי אנת **עתיד** לקבלא אורייתא למלפא יתה EX 3:5
בלושיא דאחדו ית **עתיד** עדיתא באגחות קרבא דנפקו NU 31:27
דישראל דעל ידוי **עתידא** למחרבא כל ארעא דמצרים EX 1:15
דעמיה דעל ידוי **עתידה** ארעא דישראל למיתפלגא EX 40:11
דבשר לאברהם ואמר **עתידה** דתוניק בנין שרה ארום GN 21:7
לא חכימית ארום על ידוי **עתידה** למובדא ארעא דמצרים: EX 10:7
דנפיק מיניה דעל ידוי **עתידין** בית ישראל למנצחא לגוג EX 40:11
אוף יהב לי תרין והכדין **עתידין** בנוי לאתפרקא מן יד בעלי GN 30:8
ליה תלתא בנין והיכדין **עתידין** בנוי למיהויהון מתחברין GN 29:34
וניסוך מוי ארום כדין **עתידין** בנוי למעבר בחגא דמטלייא GN 35:14
אמתי לבעלי והיכדין **עתידין** בנוי לקבלא אגר טב על GN 30:18
ליה שיתא בנין והכדין **עתידין** בנוי לקבלא חולק טב וקרת GN 30:20

לי בנת ישראל והכדין **עתידין** בנוי לשבחא קדם ייי על טב GN 30:13
סגיאין ברם בתר כדין **עתידין** הינון דישלטון בעמך בסוף NU 24:14
יהי לחוי חורמן ארום **עתידין** כל דיירי ארעא למשמע קל EX 7:9
ברוח קודשא דבית יוסף **עתידין** למהוי כשלהוביתא לגמרא GN 30:25
הא עמא בלחודיהון **עתידין** למחסן עלמא מטול NU 23:9
ולית לה זקיפא ומתמן **עתידין** למיסק עמא בית ישראל: GN 15:12
מזלא טבא ברם בנוי **עתידין** למירות אחסנתהון GN 30:11
עממיא האילין דאתון **עתידין** למירות יתהון לחדודי עינא DT 18:14
ויעקב דמן בני בניהון **עתידין** למשתעבדא למצרים GN 40:12

עתק (13)

עמכון: ותיכלון עתיקא **דמעתק** ולא תסלמנטון וברם LV 26:10
בתורי ובענא ובחמר חדת **ועתיק** ובכל דתשיילינך נפשך DT 14:26
לשמא דייי: מן חמר חדת **ועתיק** יפרש חלא דחמר חדת וחלא NU 6:3
תילדון בנין ובני בנין **ותתעתקון** בארעא ותחבלון DT 4:25
קודשא יתנסך ניסוך חמר **עתיק** ואין לא משכח חמר עתיק NU 28:7
דחמר חדת וחלא דחמר **עתיק** לא ישתי וכל שיקייני NU 6:3
ואין לא משכח חמר **עתיק** מייתי חמר בר ארבעין יומין NU 28:7
ית קיימי עמכון: ותיכלון **עתיקא** דמעתק ולא תסלמנטון LV 26:10
ולא תסלמנטון וברם **עתיקא** מן קדם עיבורא חדתא LV 26:10
ותיכלון מן עללתא **עתיקתא** דההיא שתא שתיתיתא LV 25:22
חייא בשומא: סגירותא **עתיקתא** היא במשך בישריה LV 13:11
זמן מיעל עללתא תיכלון **עתיקתא**: וארעא דישראל לא LV 25:22
ותיכלון פטירי מעללתא **עתיקתא** ושיתא יומין דאשתיירו DT 16:8

עתר (11)

תהי מתרברב למימר אנא **אעתרית** מן דידי ית אברם: הלא GN 14:23
משכן זימנא ואתנטיל **בעותריה** דאשכח תרין אוצרין מן NU 16:19
יתן אפרשותא קדם ייי: **דעתיר** לא יסגי ודמיסכן לא יזער EX 30:15
במטרדא ובסרדיתא ומן **דעתר** וקנה נכסין הדר למהוי GN 36:39
דבני נשא ולמיסב יתהון **ועתירי** נכסין מתמסכנין דגלותא EX 20:17
ענבא חד מפקין כור חד: **ועתרו** בית ישראל ופחזו אצלחו DT 32:15
מיכל ית כספנא: ארום כל **עותרא** דרוקן ייי מן אבונא די לנא GN 31:16
מטול דמתמן מתיהב **עותרא** ומתמן קלחן רסיסי EX 40:4
ובעא למיטרד בההוא **עותרא** ית משה וית אהרן מן עלמא NU 16:19
ולא תידחלון מן קדם **עתיר** ושולטן ארום דינא מן קדם DT 1:17
תרע משכן זימנא מטול **עתיריא** דמסדרין פתורא קדם EX 40:6

פגן (4)

נכס ית יצחק וקמת שרה **ופגנת** ואשתנקת ומיתת מן אניקא GN 22:20
עולימתה מן בגלל דלא **פגנת** בקרתא וית גברא מן בגלל DT 22:24
באנפי ברא אשכחא **פגנת** עולימתא דמיקדשא ולא DT 22:27
וכדון אנח בעותך ולא **תפגין** עליהון קדמי וארתח רגז EX 32:10

פגר (8)

דמשה וית קרתא דבלק **דפגרו** מתמן טעות פעור במדור NU 32:38
ית ארעא דקצתון בה: **ופיגריכון** דילכון יתרמון במדברא NU 14:32
ית פיגריכון רמאין על **פיגרי** טעוותיכון ותירחק מימרי LV 26:30
ברא כד ייתון למיכול **פיגריהון** וינזקון בך: קליל קליל EX 23:29
קרבא בישראל ויפלון **פיגריהון** כולהון קדמוי: ויהוון NU 24:17
כורסי יקרא ונפלין **פיגריהון** על טווריא דארעא NU 11:26
חוביכון עד זמן דיסופון **פיגריכון** במדברא: במניין יומיא NU 14:33
וקסמיכון ואישוי ית **פיגריכון** רמאין על פיגרי טעוותיכון LV 26:30

פדגוג (3)

ית רבקה אחתהום וית **פדגוגתה** וית עבדא דאברהם וית GN 24:59
בחילך היכמא דטעין **פידגגא** למינוקא עד זמן דימטון NU 11:12
עשו אחוי: ומיתת דבורה **פידגוגתא** דרבקה ואתקברת מן GN 35:8

פדחתא (2)

אפי מצנפתא יהי: ויהי על **פדחתא** דבית אפוי דאהרן מן EX 28:38
דמשקרין בהון ויהי על **פדחתא** תדירא לרעוא להון קדם EX 28:38

פדעא (3)

מחרוך דמי פודעא חולף **פודעא** דמי הלכשוש חולף EX 21:25
מחרוך חולף מחרוך דמי **פודעא** חולף פודעא דמי הלכשוש EX 21:25
איקר אבא ואימא ודיני **פידעא** ומשקופי וקנסין דמקנסין EX 15:25

פוח (1)

עלמא יצדי יתהון עד **דיפח** נפשהון ויצדון כמא דאצדי NU 21:30

פול (1)

וזיבורי וזיזי דטלופחי **ופולי** דפרשין מן אוכלא ופרחין הי DT 14:19

פולמוסא (3)

עשו אשבוק כדון עמך מן **פולומוסין** דעימי ואמר למא דנן GN 33:15
ועימיה ארבע מאה גוברין **פולומרכין** ופליג ית בנייא על לאה GN 33:1
וארבע מאה גוברין **פולומרכין** עימיה: ודחיל יעקב GN 32:7

פום (128)

הוא דשוי ממלל פומא **בפום** אדם קדמאי או מאן שוי EX 4:11
ומערבב מילין זכאין **בפום** דיינייא בשעת דינהון: דין DT 16:19
אוגבין דכספא שוי **בפום** טונא דזעירא וית כסף זבינוי GN 44:2
וחמא ית כספיה והא הוא **בפום** טוניה: ואמר לאחוהי איתותב GN 42:27
לסוברא ושוי כסף גבר **בפום** טוניה: וית אוגביני אוגבין GN 44:1
ית טוננא והא כסף גבר **בפום** טוניה כספנא במתקליה GN 43:21
וית כספא האיתותב **בפום** טוניכון תתובון בידיכון GN 43:12
הא כספא דאשכחנא **בפום** טוננא אתיבניה לך מארעא GN 44:8
טבאות והא סהדו דשקר **בפום** סהדין שיקרא אסהידו DT 19:18
לקיט תביר ומחית **בפומא** דנסבתיה מן טוור מישחא GN 8:11
ית בני ישראל שווייה **בפומהון** בדיל דתיהי תושבחתא DT 31:19
ומערבב מילי זכאין **בפומהון** בשעת דינא: ולגייורא לא EX 23:8
הלא ית מאן דישוי ייי **בפומי** יתיה אנטר למללא: ואמר NU 23:12
ותשוי ית פיתגמייא **בפומיה** ומימרי יהא עם מימר פומך EX 4:15
עשו ארום מלי רמייותא **בפומיה** ורבקה רחימת ית יעקב: GN 25:28
בלעם והפך ייי אלקכון **בפומיה** מטולכון ית לווטין לבירכן DT 23:6
דתיהוי אורייתא דייי **בפומך** ארום בחיל ידא תקיפתא EX 13:9
צדקתא מה דאמרתון **בפומכון**: ארום תיעול למיסב אגרא DT 23:24
ייי: לא תמללון שעיעא **בפומכון** למיסני ית אחוכון בליבכון LV 19:17
ואיתן פיתגמי נבואתי **בפמי** וימלל עמהון ית כל DT 18:18
מידעם פיתגמא דיזמן ייי **בפמי** יתיה אמליל: ואזל בלעם עם NU 22:38
אגורא: ושוי ייי פיתגמא **בפמיה** דבלעם ואמר תוב לות בלק NU 23:5
ייי בבלעם ושוי פתגמא **בפמיה** ואמר תוב לות בלק והכדין NU 23:16
לבית בהתת קיבתה וצלי **בפמיה** על עמא בית ישראל יזכון NU 25:13
שנין ואירימא דמותא **בפמך** ועפרא תיכול כל יומי חייך: GN 3:14
בגנינא באוירא דסובתא **דמפמיה** ומגויה ולא מגביה: וכל מאן NU 19:15
עקיבא דחייט בשנצי **ובפום** סנדלא שנצי קטירן ויחדס DT 25:9
עד זמן דאתסיית מרים: **ולפום** דאתחייבת מרים נביאתא NU 12:16
מרים ואתקברת תמן: **ולפום** דבזכותא דמרים איתיהיבת NU 20:2
סוגי שניא תסגי זבינוי **ולפום** סכום זעירות שניא תזעיר LV 25:16
וקשתא ועננא יקרא **ופום** ארעא וכתב לוחי קימא NU 22:28
וכתב לוחי קימא ומזיקי **ופום** ממלל אתנא בי היא שעתא NU 22:28
עובד גרדי שזיר תיכלא: **ופום** מנטר מעילא כפיל במיצעיה EX 39:23
דיובלא ויחשיב ליה **כפום** סכום שנוי יתיב ית פורקניה: LV 25:52
חזור חזור עובד גרדא הי **כפום** שיריא יהי ליה לא יתבזע: EX 28:32
מעילא כפיל במיצעיה הי **כפום** שיריא תורא בשיפמיה מקף EX 39:23
אכר כדון פרגודא דברך **לופום** כן צרכית למשמע בבי דינא GN 38:25
ולנטרי פיקודי אורייתא **לפום** דאיתיעדת מרים נביאתא NU 12:16
דמיכלא קבל מיכלא היא **לפום** דאמרת ליעקב אבא אכר GN 38:25
וית כל בית אבוי לחמא **לפום** למצטריך לטפלייא: ולחמא GN 47:12
ארבע שעין דיומא אינש **לפום** מיכליה ומן ארבע שעין EX 16:21
לא חסר מן מכילתא גבר **לפום** מיכליה לקיטו: ואמר משה EX 16:18
ייי לקוטו מיניה גבר **לפום** מיכליה עומרא לגולגלתא EX 16:16
בסכום נפשתא גבר **לפום** מיסת מיכליה תיכסון ית EX 12:4
מניין נפשתיכון גבר **לפום** סכום אינשי משכניה תסבון: EX 16:16
עללתא יזבנון לכון: **לפום** סכום סוגי שניא תסגי זבינוי LV 25:16
עד כדון אית סגוי בשנייא **לפום** סכומהון יתיב פורקניה מכסף LV 25:51
תזער אחסנתהון גבר **לפום** סכומהון יתיהב אחסנתיה: NU 26:54
תעבדון לכל חד וחד **לפום** סכומהון: כל יציביא בישראל NU 15:12
ולמגיו לפרגודא ותפלחון **לפום** עדביא כפולחנא כן מיכל NU 18:7
דטליא ולא דן יתיה **לפום** עובדוי בישיא דעתיד GN 21:17
תורא בשיפמיה מקף **לפומיה** חזור חזור מטול דלא EX 39:23
תורא בשיפמיה יהי מקף **לפומיה** חזור חזור עובד גרדא הי EX 28:32
ויתהין באתכות אבר **לפמהון** ולא תהי זנו ביניכון: וגבר LV 20:14
גלי קדמי דלא תתנשי **מפום** בניהון ארום גלי קדמי ית DT 31:21
ישראל ית פיתגמא הדין **מפום** משה גחנו וסגידו: ואזלו ועבדו EX 12:27
ודירין לענכון ודנפיק **מפומכון** תעבדון: ואמר בני גד ובני NU 32:24
תקיפין הי כאישא נפקין **מפמי** צדיקיא מרי חושבנא דנא NU 21:28
שרו ליה ככל מה דיפוק **מפמיה** יעביד: ואתתא דלא עברת NU 30:3
ית חילמיה מן יד פתחון **פוהון** יניס וימברס רישי חרשייא EX 1:15
עם עבדך ארום חגר **פום** וקשי ממלל אנא: ואמר ייי ליה EX 4:10
כדון ואין לא איתברי **פום** לארעא מן שירויא איתברי לה NU 16:30
הא ברכתא קבילית מן **פום** מימר קודשא לא אמנע סדר NU 23:20
מימרא דייי נטרין על **פום** מימרא דייי בידא דמשה: ומליל NU 9:23
די מנא משה ואהרן על **פום** מימרא דייי בידא דמשה: ומניין NU 4:37
ונטלו בקדמיתא על **פום** מימרא דייי בידא דמשה: ונטיל NU 10:13
דמנא משה ואהרן על **פום** מימרא דייי בידא דמשה: כל NU 4:45
רישי גיבריא דעמיה על **פום** מימרא דייי בקטילת סייפא: EX 17:13
פרקונא לאהרן ולבנוי על **פום** מימרא דייי היכמה דפקד ייי NU 3:51
די מנא משה ואהרן על **פום** מימרא דייי: ומניין סכומי גניסת NU 4:41
משה ממדברא דפארן על **פום** מימרא דייי כולהון גוברין NU 13:3
די מנא משה ואהרן על **פום** מימרא דייי לגניסתהון כל NU 3:39
וחמש מאה ותמנן: על **פום** מימרא דייי מנא יתהון בידא NU 4:49
פום מימרא דייי שרן ועל **פום** מימרא דייי נטלין: ואית זמן NU 9:20
פום מימרא דייי שרן ועל **פום** מימרא דייי נטלין ית מטרת NU 9:23
שבעתא על משכנא על **פום** מימרא דייי שרן ועל פום NU 9:20
אסתלקותיה נטלין: על **פום** מימרא דייי שרן ועל פום NU 9:23
כן נטלין בני ישראל: ועל **פום** מימרא דייי שרן כל יומין דשרי NU 9:18
משה נביא ודן יתהון על **פום** מימרא דלעיל מינהון דינא LV 24:12

משה נביא ודן יתהון על **פום** מימרא דקודשא מינהון דיני NU 15:34
דאבהתהון יחסנון: על **פום** עדבין תתפלג אחסנתהון בין NU 26:56
הוה אמר אנא שמעית מן **פום** קודשא יהי שמיה מברך NU 16:2
קדמאה כד הוה נפיק מן **פום** קודשא יהי שמיה מברך הי EX 20:2
תיניינא כד הוה נפיק מן **פום** קודשא יהי שמיה מברך הי EX 20:3
פיתגמי אורייתא מן **פום** קודשא יהי שמיה משבח EX 24:18
על עמא דשמעו בסיני מן **פום** קודשא לא תעבדון לכון צלם EX 32:19
קרבניה בתר יהודה על **פום** קודשא פיילי דכסף חדא NU 7:19
שזיר חוטא דתיכלא: ויהי **פום** רישיה במיצעיה תורא EX 28:32
דבה חתם מריה עלמא **פום** תהומא רבא מן שירויא וכל EX 28:30
ליה מאן הוא דשוי ממלל **פומא** בפום אדם קדמאי או מאן EX 4:11
את מן ארעא דפתחת ית **פומא** וקבילת ית דמי דאחוך מן GN 4:11
כדון ותפתוח ארעא ית **פומא** ותבלוע יתהון וית כל דילהון NU 16:30
פתח מימרא דייי ית **פומה** ואזדמן לה ממלל ואמרת NU 22:28
דאתי ופתחת ארעא **פומה** ובלעת יתהון: דברת בחסדך EX 15:12
ופתחת ארעא ית **פומה** ובלעת יתהון וית אינש NU 16:32
על ייי: ופתחת ארעא ית **פומה** ובלעת יתהון וית קרח כד NU 26:10
ראובן דפתחת ארעא ית **פומה** ובלעתנון וית אינש בתיהון DT 11:6
פרש נס תניין דאסתתם **פומהון** ולא צווחין דאילו הוון NU 25:8
ועיני אחי בנימין ארום **פומי** בלישן בית קודשא ממליל GN 45:12
ופרשוי ומשיריתיה על **פומי** חירתא דקדם טעות צפון: EX 14:9
לאחוריהון וישרון קדם **פומי** חירתא מרביעתא דאיתבריו EX 14:2
חולקא וכד הוא פתח **פומיה** בכנישתא דישראל למשבחא GN 49:21
ובעא למקטליה פתח **פומיה** במילי תחנונין ואמר לפנחס NU 31:8
קדישא עד דהוה מחניך **פומיה** בריש שירתא בתמניין DT 32:3
עם מימר פומך ועם מימר **פומיה** ואליף יתכון ית מה דתעבדון: EX 4:15
במימרי אהא עם ממלל **פומך** ואליף יתך מה דתמליל: ואמר EX 4:12
ומימרי יהא עם מימר **פומך** ועם מימר פומיה ואליף יתכון EX 4:15
על ביתי ועל גזירת מימר **פומך** יתזנון כל עמי לחוד כורסי GN 41:40
תידכרון ולא ישתמע על **פומכון**: תלתא זימנין תחגון קדמיי EX 23:13
ומגלגלין לה מעילוי **פם** בירא גלגל יתא כחדא מן דרעוי GN 28:10
בחדא מן אדרעוי מעילוי **פם** בירא וטפת בירא וסליקו מיא GN 29:10
ומגלגלין ית אבנא מעל **פם** בירא ומשקן ית ענא ומתיבין ית GN 29:3
ואבנא רבתא מחתא על **פם** בירא: ומתכנשין תמן כל עדריא GN 29:2
ויגלגלון ית אבנא מעל **פם** בירא ונשקי ענא: עד דהוא GN 29:8
ענא ומתיבין ית אבנא על **פם** בירא לאתרא: ואמר להום יעקב GN 29:3
ומנא יתהון משה על **פם** מימרא דייי היכמה דאיתפקד: NU 3:16
דסהדותא דאתמנייו על **פם** מימרא דמשה ברם פולחן לואי EX 38:21
חמי ליה: לא תזממון **פם** תורא בשעת דרכיה ברם DT 25:4
ישראל בשמיה ועל מימר **פמהון** יהי מיתדן כל דין וכל מכתש DT 21:5
ונטלו מאיתם ותבו על **פמי** חירתא מרבעתא דקדם טעות NU 33:7
ותישמע ארעא ממלל **פמי**: ינקוף על מרודיא היך מיטרא DT 32:1
לעמיה מן יד פתח משה **פמיה** בצלותא וכן אמר ריבוניה DT 32:50
דייי עמיה פתח גבריאל **פמיה** בתושבחא ואמר דבית יעקב DT 32:9
מחברא ביה מקף על **פמיה** דיפריש ביניה ובין סובתא NU 19:15
דמשכי ככיה ושיניה **פמיה** הלכא והלכא אזל משה ונסב NU 21:35
דמרי עלמא פתח מיכאל **פמיה** ואומר ארום חולק טב דשום DT 32:9
בבית מידרשכון פתחו **פמכון** למהוי הגיין בהון ברירן DT 30:14
יקרך נייחין ושריין כמן **פס** דבר: אמרין בני ישראל אורייתא DT 33:3

פון (5)

בהון דילמא תיסתאבון **פון** בהון: ארום אנא הוא ייי אלקכון LV 11:43
דאילו תניתא לי שלחתך **פון** בחדווא ובתושבחן בתופין GN 31:27
עימך לחוד טב ושלחנך **פון** בשלם אנת כדון בריכא דייי:: GN 26:29
אנת מקני לי רעינא **פון** דיהון כל עמא דייי נביין ארום NU 11:29
מה דא עבדת לנא כזעיר **פון** שכיב מלכא דמיחד בעמא עם GN 26:10

פונדקי (2)

אימלכינך איזל זמין **פונדקין** ומני בהון נשיא מטעייתא NU 24:14
ובפלטייתא ובבתי **פונדקתא** ולא אשכחוהו ועלו GN 42:6

פוקלא (1)

הוות בסירא וכיתנא עבד **פוקלין**: וחיטייא וכונתיא לא לקון EX 9:31

פוריינא (1)

בית חתנותא אתקין ליה **פוריינא** וקטר ליה גננא בגויה זמין DT 32:50

פוש (13)

צלותך הא בריכית יתיה **ואפיש** יתיה ואסגי יתיה לחדא GN 17:20
סגי סוגעי עממין מניתך: **ואפיש** יתך לחדא לחדא ואיתנינך GN 17:6
יברך יתך בניכסין סגיאין **ויפישינך** ויסגינך לתריסר שיבטין GN 28:3
ארום כדון ארווח ייי לנא **ויפישיננא** בארעא: וסליק מתמן GN 26:22
עימך ויתילדון בארעא **ויפשון** ויסגון על ארעא: ונפק נח GN 8:17
בה אחסנת חקלין וכרמין **ונפישו** וסגיאו לחדא: וחייא יעקב GN 47:27
דתורתא ויסגי דליקתא **לאפושי** קיטמא: ויצבע לבושוי NU 19:6
ובריך יתי: ואמר לי האנא **מפיש** לך ומסגי לך ואיתנינך GN 48:4
דרא ההוא: ובנוי דישראל **נפישו** ואיתילדו וסגו ואתקפו EX 1:7
ליה ייי אנא אל שדי **פוש** וסגי עם קדיש וכינשת נביאין GN 35:11
עבד ית אינשא: ואתון **פושו** וסגו אתילדו בארעא וסגו בה: GN 9:7
ואמר להון אלקים **פושו** וסגו ומלו ית ארעא בנן ובנן GN 1:28
נח וית בנוי ואמר להום **פושו** וסגו ומלו ית ארעא: ודחלתכון GN 9:1

פושכא (7)

כהילכתהון ותליתייא עד **פושכא** וטולה סגי משימשה LV 23:42
פותיה ברם סומכה הות **פושכא**: ועבד תרין כרובין דדהב דכי EX 37:6
ליה גפוף רומיה הי **פושכא** חזור ותעביד דיר דדהב EX 25:25
ועבד ליה גפוף רומיה **פושכא** חזור חזור ועבד דיר דדהב EX 37:12
ופלגא פותיה וסומכה יהי **פושכה**: ותעביד תרין כרובין דדהב EX 25:17
משחתהא עד שבעא **פושכי** וחללא דרומא עשרא פושכי LV 23:42
וחללא דרומא עשרא **פושכי** תיתבון בה שובעא יומין כל LV 23:42

פחדין (2)

חזיתא מצריתא או **דפחדוי** נפיחן וקליטן: כל גבר כהין LV 21:20
לרעוא: ודמעיך ודכתישן **פחדוי** ודשחית ודמסרס גידוי לא LV 22:24

פחז (1)

חד: ועתרו בית ישראל **ופחזו** אצלחו תקוף קנון נכסין DT 32:15

פחר (12)

עד רמשא וידכי: ומאן **דפחר** דיפיל מנהון לגויה כל מאן די LV 11:33
מסאב עד רמשא: ומאן **דפחר** דיקרב בגוויה דובנא יתבר LV 15:12
באתר קדיש: וכל מאן **דפחר** דתיתבשל בה יתבר מטול LV 6:21
עלוי מי מבוע לגו מאן **דפחר**: ויסב איזובא תלתא קילחין NU 19:17
משה לאהרן סב צלוחית **דפחר** חדא והב תמן מלי עומרא EX 16:33
קיטמא דתורתא בקלל **דפחר** מקף מגופת שייע ויפלג ית NU 19:9
ית ציפורא חדא למנא **דפחר** על מי מבוע: ויסב ית קיסא LV 14:50
שובעא יומין: וכל מאן **דפחר** פתיח דלית מגופתא מחברא NU 19:15
סיפייא מן אדמא דבמן **פחרא** ואתון לא תפקון אינש מן EX 12:22
ותטמשון בדמא דבמן **פחרא** ותדון לאסקופא עילאה EX 12:22
אבנא מתגדעין טעוות **פחרא** מתעבדין בקיקין טעוון דעא NU 33:4
אבנא מתגדעין טעוות **פחרא** מתעבדין בקיקין טעוות EX 12:12

פחת (1)

דחלא וחשכת עיינין **ומפחת** נפש: ויהון חייכון תליין לכון DT 28:65

פטם (10)

לפיטומא דמשח רבותא **ולפיטומא** דקטרת בוסמיא: מרגליין EX 25:6
אף הוא מבכירי ענא **ומפטימהון** והוה רעוא קדם ייי GN 4:4
תורתי שפירן למחמי **ופטימן** בישרא ורעיין בגו גומייא: GN 41:2
תורתי דשפירן למיחמי **ופטימתא** ואיתער פרעה מדמכיה: GN 41:4
ית שבע תורתי קמייתא **ופטימתא**: ועלא למעהן ולא GN 41:20
זיתא לאנהרא ובוסמיא **לפיטומא** דמשח רבותא ולפיטומא EX 25:6
עדי שלטוניהון עם טוב **פטימין** ודיכרין בני דענין שמינין DT 32:14
נהרא סליקן שבע תורתי **פטימן** בשר ושפירן למיחמי ורעיין GN 41:18
תובלי סלקן בקנייא חד **פטימן** וטבן: והא שבעא תובלי GN 41:5
ית שבע תובלייא **פטימתא** ומלייתא ואיתער פרעה GN 41:7

פטר (119)

דחיל ואוף ית ישראל לא **איפטור**: ואמרו אלקיה דיהודאי EX 5:2
דמליל: צפרא נהר וגברייא **איתפטרו** הינון וחמריהון: הינון נפקו GN 44:3
לנא: ואמר פרעה אנא **אפטור** יתכון ותדבחון קדם ייי EX 8:24
ותיתן לה: לא יקשי בעינך **במפטרך** יתיה לבר חורין מן גבך DT 15:18
דייי בסעדכון כמא **דאפטור** יתכון וית טפלכון חמון EX 10:10
לא יסבון ואיתתא **דמיפטרא** בין מגברא בין מן יבמה LV 21:7
חד ועריך חד מסלא **דפטירא** קדם ייי: ותשוי כולא על EX 29:23
לכון: ותיטרון ית לישתא **דפטירי** ארום בכרן יומא הדין EX 12:17
לניכסת קודשיא: וסלא **דפטירי** סמידא גריצן במשח זיתא NU 6:15
וית שקא דימינא: ומסלא **דפטיריא** דקדם ייי נסב גריצתא LV 8:26
באתרא דיתרעי בחגא **דפטיריא** ובחגא דשבועיא ובחגא DT 16:16
קודשין קדם ייי על סלא **דפטיריא** ויעביד כהנא ית מנחתיה NU 6:17
וית תרין דיכרין וית סלא **דפטיריא**: וית כל כנישתא כנוש LV 8:2
יומין לירחא הדין חגא **דפטיריא** לשמא דייי שבעתי יומין LV 23:6
קדמיי בשתא: ית חגא **דפטיריא** תינטור שובעא יומין EX 23:15
לא תעבדון לכון: ית חגא **דפטיריא** תינטרון שובעא יומין EX 34:18
ליה רשו לבעלה קמאה **דפטרה** מן שירויה למתוב למסבה DT 24:4
ליה יוכבד ברת לוי בזמן **דפטרה** עמרם גברה ואיתניסיבת NU 11:26
עורדענייא מיני ומן עמי **ואפטור** ית עמא וידבחון נכסת חגא EX 8:4
דלווט מן קדם ייי וברדין **ואפטור** יתכון ולא תוספון EX 9:28
דחטאתא יסיק למדבחא: **ודיפטור** ית צפירא לעזאזל יצבע ית LV 16:26
ויקירא על ריש צפירא **ויפטור** ביד גבר די מזמן מן אשתקד LV 16:21
כל חוביהון לאתר צדיא **ויפטור** גברא ית צפירא למדברא LV 16:22
עם פרעה מלכא דמצרים **ויפטור** ית בני ישראל מארעיה: EX 6:11
אחוך ימליל לפרעה **ויפטור** ית בני ישראל מארעיה: ואנא EX 7:2
ובאיזובא ובצבע זהורי: **ויפטור** ית צפורא חייתא למיברא LV 14:53
שבעתי זימנין וידכיניה **ויפטור** ית צפרא חייתא על אנפי LV 14:7
לכון רחמין קדם גברא **ויפטור** לכון ית אחוכון חורנא וית GN 43:14
פקיד ית בני ישראל **ויפטרון** מן משריתא כל דימצרע NU 5:2
בה בתולהא יסב: ארמלא **ומיפטרא** ודאיתילידא מן פסוליא LV 21:14
ארום בידא תקיפתא **ופטורינון** ובידא תקיפתא יתריכינון EX 6:1
פלגותיה דליליא טוי נור **ופטיר** על תמכה ועולשין ייכלוניה: EX 12:8

ועבד להום משתייו **ופטירי** אפא להום ודמי ליה כאילו GN 19:3
פתגם קליל דיינון הינון: **ופטר** משה ית חמוי ואזל ליה EX 18:27
דאמתא היא וית ריבא **ופטרה** בגיטא ואזלת וטכנת מן GN 21:14
ועבדו כן בני ישראל **ופטרו** יתהון למיברא למשריתא NU 5:4
קדם ייי דלא אתא לידינן **ופטרניה** מן דשדא ית אדמא הדין DT 21:7
ויהי אין לא תתרעי בה **ותפטרינה** לבלחודה בגיטה וזבנא DT 21:14
ית יצרא דליביה ולא **יפטור** ית עמא: ותימר לפרעה כדנא EX 4:21
דאעבד ביניהון ומבתר כן **יפטור** יתכון: ואיתן ית עמא הדין EX 3:20
מכולהון ומבתר כדין **יפטור** יתכון מיכא כמיפטריה EX 11:1
דין קטול אילהין גברא **יפטירינא** מיניה בגיטא ארום DT 22:26
וסמינה לבר חורין **יפטיריניה** חולף עיניה: ואין שינא EX 21:26
כנעניתא יפיל לבר חורין **יפטיריניה** חולף שיניה: וארום ינגש EX 21:27
כדין יפטור יתכון מיכא **כמיפטריה** גמירא יהי ליה מטרד EX 11:1
בית ישראל לאוחאה **למופטורינון** מן ארעא ארום אמרין EX 12:33
דאיתקביל במימריה **למיפטור** ית ישראל לא אשכחית EX 5:2
מתרברב בעמי בדיל דלא **למיפטירינון**: האנא מחית בעידן EX 9:17
דענייה לית ליה רשו **למיפטרה** בגיטה כל יומוי: לא יסב DT 22:29
תהי לאינתו לית ליה רשו **למיפטרה** כל יומוי: ואין קשוט הוה DT 22:19
ויפלח קדמוי ומסרב אנת **למיפטריה** הא אנא קטיל ית ברך EX 4:23
קדמי: ואין מסרב אנת **למפטור** הא אנא מחי ית כל תחומך EX 7:27
ארום אין מסריב אנת **למפטור** ועד כדון אנת מתקיף בהון: EX 9:2
יצרא דלבה דפרעה מסרב **למפטור** ית עמא: איזל לות פרעה EX 7:14
למשקרא בדיל דלא **למפטור** ית עמא למדבחא ניכסת EX 8:25
ארום אין מסרב אנת **למפטור** ית עמי הא אנא מייתי EX 10:4
פרעה בצפרא הא נפיק **למפטור** קוסמין עילוי מיא הי EX 7:15
דלבא דפרעה ולא צבא **למפטרינון**: ואמר ליה פרעה איזל EX 10:27
דייי ית ליבא דפרעה **למפטרנא** וקטל ייי כל בוכרא EX 13:15
קדמי: ארום אין ליתך **מפטר** ית עמי האנא מגרי בך EX 8:17
תיסב אימא מעל בניא: **מפטר** תיפטור ית אימא וית בניא DT 22:7
וסבי בי דינא רבא **מפטרין** ויסבון חכימי סבי קרתא DT 21:3
בוכרי ישראל: ואמרית לך **פטור** ית ברי ויפלח קדמוי ומסרב EX 4:23
יהי דין גברא לנא לתקלא **פטור** ית גברייא ויפלחון קדם ייי EX 10:7
אמר ייי אלקא דישראל **פטור** ית עמי ויעבדון לי חגא EX 5:1
שדרני לוותך למימר **פטור** ית עמי ויפלחון קדמי EX 7:16
ותימר ליה כדנא אמר ייי **פטור** ית עמי ויפלחון קדמי: ארום EX 8:16
אמר ייי אלקא דיהודאי **פטור** ית עמי ויפלחון קדמי: ארום EX 9:1
אמר ייי אלקא דיהודאי **פטור** ית עמי ויפלחון קדמי: ארום EX 9:13
ותימר ליה כדנא אמר ייי **פטור** ית עמי ויפלחון קדמי: ואין EX 7:26
מן למתכנעא מן קדמיי **פטור** ית עמי ויפלחון קדמיי: ארום EX 10:3
סבא דאתא ממדינחא **פטיר** בולי קריב לשמך בר תורין LV 22:27
מקורבנייא דייי ואיכלוה **פטיר** בסטר מדבחא ארום קודש LV 10:12
זיתא ועירוכין דלחם **פטיר** דמשיחין במשח זיתא מן EX 29:2
תרין שלמין: ולחם **פטיר** וגריצן פטירין דפתיכין במשח EX 29:2
יעבדון יתיה על **פטיר** ומררין ייכלוניה: לא ישיירון NU 9:11
חדא מן סלא ועריך **פטיר** חד ויתן על ידי נזירא בתר NU 6:19
יומין תיכלון לשמיה **פטיר** לחמא ענייא ארום בבהילו DT 16:3
סמידא פתיכא במשח **פטיר** תהי: רסיק יתיה ריסוקין LV 2:5
שובעא יומין תיכול **פטירא** היכמה דפקידתך לזמן ירחא EX 23:15
תחגוניה: שובעא יומין **פטירא** תיכלון ברם מפלגות יומא EX 12:15
שובעא יומין תיכול **פטירי** היכמא דפקידתך לזמן ירחא EX 34:18
הדין: שובעא יומין תיכול **פטירי** וביומא שביעאה חגא קדם EX 13:6
ומן דמשתייר להון מן **פטירי** ומרירי סוברו צריר EX 12:34
דניסן הינון ייכלון **פטירי** וקורבן פיסחא לא יעבדון NU 9:12
אתר מותבניכון תיכלון **פטירי**: וקרא משה לכל סבי ישראל EX 12:20
הדין חגא שובעא יומין **פטירי** יתאכל: ביומא קמאה דחגא NU 28:17
שביעאה חגא קדם ייי: **פטירי** יתאכל ית שבעא יומין ולא EX 13:7
תהון מרשן למיכול **פטירי** מעללתא חדתא וביומא DT 16:8
ית עומרא ותיכלון **פטירי** מעללתא עתיקתא ושיתא DT 16:8
וברמשא דחמסר תיכלון **פטירי** עד יומא דעשרין וחד לירחא EX 12:18
לשמא דייי שבעתי יומין **פטירי** תיכלון: ביומא קדמאה דחגא LV 23:6
מינה ייכלון אהרן ובנוי **פטירי** תתאכל באתר קדיש בדרת LV 6:9
ופתיכן במשח וספוגין **פטירין** דמשיחין במשח: ואין LV 2:4
במשח זיתא וערוכין **פטירין** דמשיחין במשחא זיתא NU 6:15
שלמין: ולחם פטיר וגריצן **פטירין** דפתיכין במשח זיתא EX 29:2
במשח זיתא וערוכין **פטירין** משיחין במשח זיתא LV 7:12
מחומתא דשמשא חרירן **פטירן** ארום לא חמע ארום EX 12:39
דהוה עביד גריצן **פטירן** בכן חוי לאברם עיברא והוא GN 14:13
על ניכסת תודתא גריצן **פטירן** פתיכן במשח זיתא וערוכין LV 7:12
דקדם ייי נסב גריצתא **פטירתא** חדא וגריצתא דלחים LV 8:26
מן דיכרא וגריצתא **פטירתא** חדא מן סלא ועריך פטיר NU 6:19
יצרא ולבא דפרעה ולא **פטר** ית בני ישראל היכמא דמליל EX 9:35
יצרא ולבא דפרעה ולא **פטר** ית בני ישראל: ואמר ייי למשה EX 10:20
יצרא דלבא דפרעה ולא **פטר** ית בני ישראל מארעיה: ואמר EX 11:10
יצרא דליבא דפרעה ולא **פטר** ית עמא: ואמר ייי למשה EX 9:7

אוף בזימנא הדא ולא **פטר** ית עמא: ואמר ייי למשה עול EX 8:28
ייי ממצרים: והוה כד **פטר** פרעה ית עמא ולא דברינון ייי EX 13:17
אחוכון קלילא הכא: **פטרו** מנכון חד וידבר ית אחוכון GN 42:16
מה דא עבדנא ארום **פטרנא** ית ישראל מפולחננא:: ודבר EX 14:5
מגן דלא כסף ברם גט **פיטורין** יהיב לה: דימחי לבר ישראל EX 21:11
בתנורא סמידא גריצן **פתירן** ופתיכן במשח וספוגין LV 2:4
אימא מעל בניא: מפטר **תיפטור** ית אימא וית בניא תיסב DT 22:7
בר חורי מגביכון לא **תיפטרוניה** ריקנא: מדחדא תדחדון DT 15:13
למברא למשריתא **תפטורונון** ולא יסאבון ית NU 5:3
דמית: מדכורא ועד נוקבא **תפטרון** למברא למשריתא NU 5:3
חכימית ארום עד לא **תפטרון** עמא תהון דחלין מן קדם EX 9:30
חורי מגביכון: וארום אין **תפטרוניה** בר חורי מגביכון לא DT 15:13
שנין ובמעלי שביעיתא **תפטרוניה** לבר חורי מגביכון: וארום DT 15:12

פיטקא (1)

הוון מן סביא דסליקו **בפיטקיא** כתיביא ולא נפקן NU 11:26

פיילי (18)

סילעין הוי מתקלא **דפיילתא** חדא דכספא כל קבל שנין NU 7:85
כסא לידא דפרעה היא **פיילא** דרוגזא דעתיד פרעה שתי GN 40:12
ית מניא דעל פתורא ית **פיילוותיה** וית בזיכוי וית מכילתיה EX 37:16
דיהודה: וקרבניה דמקריב **פיילי** דכסף חדא גילדא סמיך מאה NU 7:13
יהודה על פום קודשא **פיילי** דכסף חדא גילדה סמיך מאה NU 7:19
בר חילון: קרבניה דקריב **פיילי** דכסף חדא גילדה סמיך מאה NU 7:25
מנכסי רברבי ישראל **פיילי** דכסף תרתיסרי כל קבל NU 7:84
שדיאור: קרבניה דקריב **פיילי** וגומר: בזיכא חדא מתקלא NU 7:31
צורי שדי: קרבניה דקריב **פיילי** וגומר: בזיכא חדא מתקלא NU 7:37
בר דעואל: קרבניה דקריב **פיילי** וגומר: בזיכא חדא מתקלא NU 7:43
עמיהוד: קרבניה דקריב **פיילי** וגומר: בזיכא חדא מתקלא NU 7:49
פדה צור: קרבניה דקריב **פיילי** וגומר: בזיכא חדא מתקלא NU 7:55
בר גידעוני: קרבניה דקריב **פיילי** וגומר: בזיכא חדא מתקלא NU 7:61
עמי שדי: קרבניה דקריב **פיילי** וגומר: בזיכא חדא מתקלא NU 7:67
בר עכרן: קרבניה דקריב **פיילי** וגומר: בזיכא חדא מתקלא NU 7:73
בר עינן: קרבניה דקריב **פיילי** וגומר: בזיכא חדא מתקלא NU 7:79
בהון ית פתורא: ותעביד **פיילתוי** ובזיכוי וקשוותוי ומכילתוי EX 25:29
דתיכלא ויתנון עלוי ית **פילוותא** וית בזיכיא וית מנקייתא NU 4:7

פילגוס (1)

קפו עליהון תהומיא בגו **פילגוס** דימא רבא: דהוה אמר פרעה EX 15:8

פילון (1)

תתיב לכון ותפתח לכון **פילוותה** ויהי כל עמא דמשתכח בה DT 20:11

פינקס (1)

ועל לביתא למבחוש **בפינקסי** חושבניה ולית אינש GN 39:11

פיצתא (3)

למיפרשא ליה אומא **בפיצתא** מיגו עם אוחרי בניסין DT 4:34
וכיוון דנפל עמא קדישא **בפיצתיה** דמרי עלמא פתח מיכאל DT 32:9
בי היא זימנא רמא **פיצתא** עם שובעין מלאכיא רברבי DT 32:8

פירא (67)

דאשר מן שמינין הינון **בירוי** ארעיא מרביא בושמין ועיקרי GN 49:20
יתכון לארעא משבחא **בפירהא** ארעא דנגדא נחלין דמיין DT 8:7
ואילן דאנפי ברא יצלח **בפירוי**: ויארע לכון דרכא ית קטפא LV 26:4
אלקא דאבהתך לך ארע **דפירהא** שמינין כחלב וחליין כדבש: DT 6:3
להון ולבניהון ארעא **דפירהא** שמינין כחלב וחליין כדבש: DT 11:9
לנא ית ארעא הדין ארע **דפירהא** שמינין כחלב וחליין כדבש: DT 26:9
דקיימת לאבהתנא ארעא **דפירהא** שמינין כחלב וחליין כדבש: DT 26:15
אלקכון יהיב לכון ארעא **דפירהא** שמינין כחלב ועבדין דבש DT 27:3
ידיכון בוולדא דמעכון **ובפירי** ארעכון לטבא ארום יתוב DT 30:9
ברחמין איתברי עלמא **וכפירי** עובדין טבין הוא מידבר GN 4:8
אית לן רשו למיכל: **ומפירי** אילנא דבי מציעות גינוניתא GN 3:3
דארעא מזרעא דארעא **ומפירי** אילנא דייי הוא קודש LV 27:30
בריכין וולדי מעיכון **ופירי** ארעכון בקרי תוריכון ועדרי DT 28:4
ליטין וולדי מעיכון **ופירי** ארעכון בקרי תוריכון ועדרי DT 28:18
בשיבייותא: כל אילניכון **ופירי** ארעכון ישיצי חלנונא: ערלאה DT 28:42
ויגמרון וולדא דבעיריכון **ופירי** ארעכון עד דתישתצון דלא DT 28:51
ויברך וולדי מעיכון **ופירי** ארעכון עיבורכון חמרכון DT 7:13
אתברי עלמא אבל לא **כפירי** עובדין טבין הוא מידבר GN 4:8
ואוניק יתהון דובשא **מפירהא** דמתרביין על כיפין ומשח DT 32:13
עלוי מן דפרזלא ארום **מפירוי** תיכלון ויתיה לא תקוצון DT 20:19
מפולחנא ותפקר **פירהא** וייכלון מסכיני עמך EX 23:11
כנחשא דמזייע למובדא **פירהא**: ויסוף לריקנו חיליכון ולא LV 26:19
לא תוסף למיתן חיל **פירהא** לך מטלטל וגלי תהי בארעא: GN 4:12
תיכול: ומאילן דאכלין **פירוהי** חכמין למידע בין טב לביש GN 2:17
מאה שנין ואילן דאכלין **פירוהי** ידעין בין טב לביש: ונהרא GN 2:9
לחרמון טוורא דמסרי **פירוי** ואימוראי קרן ליה טוור תלגא DT 3:9
ואילן דאנפי ברא יקלח **פירוי**: ואין תהכון עימי בעראי ולא LV 26:20
ושרו בטוורא דשפירין **פירוי**: ונטלו מטוורא דשפירין פירוי NU 33:23
ושרו ברומנא דמתקיף **פירוי**: ונטלו מרומנא דמתקיף פירוי NU 33:19

ונטלו מטוורא דשפירין **פירוי** ושרו בחרדה אתר דתווהו על NU 33:24
ונטלו מרומנא דמתקיף **פירוי** ושרו בלבנה אתר דתחומין לה NU 33:20
איתתא לחיויא משאר **פירי** אילן גינוניתא אית לן רשו GN 3:2
היא אוריתא לפלחה מן **פירי** אילן חייא דאתקנהא מימר GN 3:24
לא יפשט ידיה ויסב מן **פירי** אילן חייא דהא אין אכיל הוא GN 3:22
ביומא קמאה דחגא **פירי** אילן משבח תרוגין ולולבין LV 23:40
ולאסקותא ודביה **פירי** אילנא דביזריה מיזדרע לכון GN 1:29
עיסבא דארעא וית כל **פירי** אילנא די שייר ברדא ולא EX 10:15
ערטילאי אנת דילמא מן **פירי** אילנא דפקידתך דלא למיכל GN 3:11
אינתתך ואכלת מן **פירי** אילנא דפקידתך למימר לא GN 3:17
גביי היא יהבת לי מן **פירי** אילנא ואכלית: ואמר ייי GN 3:12
דייכלון ויתפנקון מן **פירי** אילנא על די פלחו בחייהון GN 3:24
לך יהבתינון: ביכורים דכל **פירי** אילני ארעהון דיקרבון קדם ייי NU 18:13
שימשא ומן טוב בוכרי **פירי** אילניא דמבכרא ארעיה בכל DT 33:14
יתקוף רוגזי בכון וארשין **פירי** אילניכון עם בוסרא EX 34:26
לגלימתא: ומטוב שבח **פירי** ארעא ומלייה רעי ליה אלא DT 33:16
ואמר לעשו הא בטוב **פירי** ארעא יהי מותבך ומטלא GN 27:39
קדם ייי אלקכון על כל **פירי** ארעא משבחא דיהב לכון: DT 8:10
לשבחא קדם ייי על טב **פירי** ארעהום וקרת ית שמיה אשר: GN 30:13
ברמשא: שירוי ביכורי **פירי** ארעך תיתי לבית מוקדשא EX 23:19
פיסחא: שירוי בוכרת **פירי** ארעכון תייתון לבית מוקדשא EX 34:26
מזדרע ואילן פירי עביד **פירי** ליזניה דביזריה ביה על ארעא GN 1:11
מזדרע ואילן פירי עביד **פירי** ליזניה וחמא אלקים ארום טב: GN 1:12
ארום לא אילן עביד **פירי** מיכל הוא יתיה תחבלון DT 20:20
בניא והוא מנע מיניך **פירי** מעיא: ואמרת הא אמתי בלהה GN 30:2
דביזריה מזדרע ואילן **פירי** עביד פירי ליזניה דביזריה ביה GN 1:11
דביזריה מזדרע ואילן **פירי** עביד פירי ליזניה וחמא אלקים GN 1:12
אפין לית בדינא ועל דהוו **פירי** עובדיי טבין מדידך וקדמין GN 4:8
בכיר ולקיש ותיתן ארעא **פירי** עללתא ואילן דאנפי ברא LV 26:4
ושתא ולא פירי שתא על **פירי** שתא אוחרי: ותיכלון מעשרא DT 14:22
כל שתא ושתא ולא **פירי** שתא על פירי שתא אוחרי: DT 14:22
ארעא השמינין הינון **פירייה** אין פתרנין האית בה אילנין NU 13:20
כחדא: הוון זהירין לעשרא **פיריכון** מן דאתון מפקין וכנשין מן DT 14:22
בירן ואילנא לא עבדו **פירין** ואמרנא נהדריניה לותנא GN 26:28
ואילניהון לא עבדו **פירין** וארגישו דבגין דתריכו יתיה GN 26:26
על פרקטונין דמיין ברם **פירין** לית הינון עבדין בגין כן NU 21:34
בעמך לא תלוטון: ביכורי **פירך** וביכורי חמר נעווך לא תשהי EX 22:28
דבשמיא דיפרוק יתכון: **פרי** ארעכון וכל ליעותכון יגמר DT 28:33

פירוג (1)

אגר מוהבות מטעיתא **ופירוג** דכלב לקרבא בבי מוקדשא DT 23:19

פירקתא (2)

חרצא דאחאב סנאיה **ופורקת** נביי שיקרא דקיימין DT 33:11
מן רתיתא ואתון על **פירקת** צוורי מלכיהון תדרכון: DT 33:29

פיתא (2)

מסכינין וגזרין דכל דיהיב **פיתא** לעניא ייקד בנורא ארום GN 18:20
זמין ליה שושביני אפא **פיתיה** נכס ניכסיה מזג חמריה כיוון DT 32:50

פכר (10)

ואישיצי ית במוסיכון **ואיפכר** ית מנחשיכון וקסמיכון LV 26:30
דטובענא ותב נח ובנייה **ואיתפכר** בדרא דפלוגתא וסדר GN 22:9
ית מדבחא דבנא אדם **ואיתפכר** במוי דטובענא ותב נח GN 22:9
היא בביתא מסאב הוא: **ויפכרון** ית ביתא ית אבנוי וית LV 14:45
יד זמין מימרא דייי זחלא **ופכר** טוורא ונקריה וטמע רישיה NU 21:35
דמיין דשלחת שורשהא **ופכרת** שיני כיפיא ובעובדתה GN 49:22
כעובדיהון בישיא ארום **מפכרא** תפכר בית סגודהון ותברא EX 23:24
ושולטניה וברעותהון **פכרו** שור בעלי דבבהון: אמר יעקב GN 49:6
בישיא ארום מפכרא **תפכר** בית סגודהון ותברא תתבר EX 23:24
להון: ובסוגי גיפתנותך **תפכר** שורי בעלי דבביהון דעמך EX 15:7

פלא (2)

ארעא דהינון עלה: ואעבד **פלאין** ביומא ההוא עם ארעא EX 8:18
תקיף לחדא: ויעבד ייי **פלאין** בין גיתי דישראל ובין גיתי EX 9:4

פלג (100)

בנין ובנן: ואמר מפלגא **איפליג** אפי רעותי מנהון נחמי מה DT 32:20
דתלק דלא ידעונין ולא **איתפלגון** להון: ותקיף רוגזא דייי DT 29:25
לנורא למוקדיה ובכין **איתפליג** ליביה דהרן למימר אילו GN 11:28
שום חד פלג ארום ביומוי **איתפליגת** ארעא ושום אחוי יקטן: GN 10:25
ושולטן דיקום קדמיהון **אפליג** אחסנת בנוי דשמעון לתרין GN 49:7
ייי עימנא ונוטיב לך **בפילוג** ארעא: ונטלו מטורא NU 10:32
אזדרזו ועבדו: והוה **בפלגות** ליליא דחמיסר ומימרא EX 12:29
מלכין ושליטין וכהנייא **בפלוגתהון** לקרבא קורבנין ומיניה GN 50:1
ותבו ואתו לאתרא **דאיתפליג** דינא דמשה נביא על GN 14:7
ולישנין לבני נשא בדרא **דפלוגתא** בי היא זימנא רמא DT 32:8
נח ובנייה ואיתפכר בדרא **דפלוגתא** וסדר עילוי ית קיסיא GN 22:9
בעא למיהוי בעיטת דרא **דפלוגתא** ושבק ארבע קוריין אילין GN 10:11
ותסגדון להון ותפלחונון **דפליג** ייי אלקכון בהון דעתהון דכל DT 4:19
לארעא דכנען דא ארעא **דתתפלג** לכון באחסנא ארעא NU 34:2
מינהון שיביא רבא **ואיפליג** ביזהון לעמי עבדי קרבי EX 15:9
אישתא מן קדם ייי ברגז **ואיתפליגת** לארבעתי חוטין LV 10:2
ותמניסר ורדף עד דן: **ואתפלג** להום ליליא באורחא GN 14:15
דפחר מקף מגופת שייע **ויפלג** ית קיטמא לתלת חולקין NU 19:9
ויזבנון ית תורא חייא **ויפלגון** ית דמיה ואוף ית דמי מותא EX 21:35
כהנא וישמשון יתיה: **ויתפלגון** לעשרין וארבע חולקין NU 3:7
משה לבני גד ולבני ראובן **ולפלגות** שיבטא דמנשה בר יוסף NU 32:33
דפקיד ייי ית משה: **ומפלגות** בני ישראל די פליג משה NU 31:42
אפרשותא לשמא דייי: **ומפלגותא** דבני ישראל תיסב חד NU 31:30
חד מדהוא זעיר ומרדיין **ומפלגן** לכון כד מינפל במתקלא LV 26:26
דדהב דכי תרתין אמין **ופלגא** אורכא ואמתא ופלגא פותיה EX 25:17
דדהב דכי תרתין אמין **ופלגא** אורכא ואמתא ופלגא פותיה EX 37:6
שיטא תרתין אמין **ופלגא** אורכיה ואמתא ופלגא EX 25:10
אורכא דלוחא ואמתא **ופלגא** דאמתא פותיא דלוחא חד: EX 36:21
אורכא דלוחא ואמתא **ופלגא** דאמתא פותיה דלוחא חד: EX 26:16
שירתא כמיסת יומא **ופלגא** וקמו במדורהון עד דאגחת DT 2:25
ופלגא אורכיה ואמתא **ופלגא** פותיא ואמתא ופלגא רומא: EX 25:10
ופלגא אורכא ואמתא **ופלגא** פותיה ברם סומכה הות EX 37:6
ופלגיה אורכיה ואמתא **ופלגא** פותיה ואמתא ופלגא רומיה: EX 37:1
ופלגא אורכא ואמתא **ופלגא** פותיה וסומכה יהי פושכה: EX 25:17
ופלגא פותיא ואמתא **ופלגא** רומא: ותחפי יתיה דהב דכיה EX 25:10
ואמתא פותיה ואמתא **ופלגא** רומיה: וחפא יתיה דהב דכי EX 37:10
ופלגא פותיה ואמתא **ופלגא** רומיה: וחפייה דהב דכיה מגיו EX 37:1
ואמתא פותיה ואמתא **ופלגא** רומיה: ותחפי יתי דהב דכי EX 25:23
ארעא וקבעו בה דיפטיא **ופלגותהא** הי כמא דקיים ייי DT 1:8
ניכסא ושוי במזירקיא **ופלגות** אדם ניכסא דרק על EX 24:6
מערער ועד כיף נחלא **ופלגות** טוורא דגלעד וקירווי יהבית DT 3:12
שיבט ראובן ושיבט גד **ופלגות** שיבט מנשה בעידנא ההיא DT 3:18
אחסנות שיבט ראובן וגד **ופלגות** שיבט מנשה ויחות תחומא NU 34:11
למיתן לתשעת שיבטין **ופלגות** שיבטא: ארום קבילו NU 34:13
דבני גד לבית אבהתהון **ופלגות** שיבטא דמנשה קבילו NU 34:14
אחסנתהון: תרין שיבטין **ופלגות** שיבטא קבילו אחסנתהון NU 34:15
פלגותא אגחן עם מלכיא **ופלגותא** אצטנעא למימחי בוכריא GN 14:15
מנחתא פלגותא בצפרא **ופלגותא** ברמשא: על מסריתא LV 6:13
שיטא תרתין אמין **ופלגיה** אורכיה ואמתא ופלגא EX 37:1
והוה עננא פלגיה נהורא **ופלגיה** חשוכא מסיטריה חד מחשך EX 14:20
מאה גוברין פולומרכין **ופליג** ית בנייא על לאה ועל רחל GN 33:1
ביקרא דאבוי יעקב ליה **ופליג** ית עמא דעימיה וית ענא וית GN 32:8
בכל ארעא דמצרים **ופליג** ליביה ארום לא הימין להום: GN 45:26
דקרח בזמן דאתכנשו **ופליגו** על ייי: ופתחת ארעא ית NU 26:9
כנישתא דאתכנשו **ופליגו** על משה ועל אהרן בכנישתא NU 26:9
או ית אימריה טעיין **ותפלגון** דעתכון מנהון אתבא DT 22:1
ורישי אבהת כנישתא: **ותפליג** ית דברתא בין גובריא NU 31:27
דמיה ואוף ית דמי מותא **יפלגון**: אין אישתמודע ארום תור EX 21:35
דמן קיסין ואבנין: ואין **יתפלג** דעתכון למפלח לטעוותהון DT 28:65
ייי ולא יהי גבר מתנטל **למיפלוג** על עיסק כהונתא כקרח NU 17:5
עתידה ארעא דישראל **למיתפלגא** ומשיחא בר אפרים EX 40:11
לשיבט ראובן ולשיבט גד **לפלגות** שיבט מנשה: ותינטרון ית DT 29:7
בטוור מישחא וחדא **מפלג** לכל מטרת ליואי ותהי NU 19:9
על שמיה בנין ובנן: ואמר **מפלגא** איפליג אפי רעותי מנהון DT 32:20
שתסר אלפין: ונסיב משה **מפלגות** בני ישראל ית דמיתחד חד NU 31:47
יומין פטירא תיכלון ברם **מפלגות** יומא דמקמי חגא תבטלון EX 12:15
לא יסגי ודמיסכן לא יזער **מפלגות** סילעא למיתן ית EX 30:15
אימר תניין וברמשא יהון **מפלגין** מותר שאר קורבנייא ואכלין GN 49:27
יוסף כדי שמעאן דארעא **מתפלגא** לדוכרין ורחיצו ברחמי NU 27:1
דעתידין למיקם בתר **פילוג** ארעא אלהין לבנת צלפחד NU 36:6
קדם ייי תורין: ונסיב משה **פלגות** אדם ניכסא ושוי במזירקיא EX 24:6
לעלמא ויאתאכיל **פלגות** בישריה בזמן דיתבא אימיה NU 12:12
ונקביל: ונסיב משה ית **פלגות** דמא דבמזירקיא ודרק על EX 24:8
פתיך במשח זיתא **פלגות** הינא: וחמר עינבא לניסוכא NU 15:9
דמתקרב עמהון **פלגות** הינא יהי לתורא ותלתות NU 28:14
וחמר עינבא לניסוכא **פלגות** הינא קורבן דמתקבל ברעוא NU 15:10
מותרא ביריעת משכנא **פלגות** יריעתא דיתירא תשפע על EX 26:12
דנפקו לחילא: והות סכום **פלגות** כנישתא מן ענא תלת מאה NU 31:43
ית שימשא תיכלוניה עד **פלגות** ליליא זמן שריות פורקנכון DT 16:6
מלרע ותיהי מצדתא על **פלגות** מדבחא ואין נפיל גרמא או EX 27:5
עשו לעיקב אחוי על **פלגות** מערת כפילתא ומן יד רמז GN 50:13
עשרין מעין סילעא **פלגות** סילעא אפרשותא קדם ייי: EX 30:13
מאן דעבר על מניינייא **פלגות** סילעא בסילעא דטיבעא EX 30:13
דרכמונא לגלגלתא **פלגות** סילעא בסילעי קודשא לכל EX 38:26
מן קדם ייי דיהון מיני **פלגות** שיבטייא ברם מן רחל אחתי GN 30:21
להום ליליא באורחא **פלגותא** אגחן עם מלכיא ופלגותא GN 14:15
סאין סמידא מנחתא **פלגותא** בצפרא ופלגותא ברמשא: LV 6:13

תלתין ותרין אלפין: והוות **פלגותא** חולק גובריא די נפקו NU 31:36
ומן חמרי ומן ענא: מן **פלגותהון** דהוא חולק גברי מגיחי NU 31:29
הדין דחמיסר בניסן עד **פלגותיה** דליליא טוי נור ופטיר על EX 12:8
מאה מנין וקנמון בושם **פלגותיה** מתקל מאתן וחמשין מנין EX 30:23
תחות סובביה מלרע עד **פלגיה** מטול לקבלא גומריא וגרמיא EX 38:4
דמצראי והוה עננא **פלגיה** נהורא ופלגיה חשוכא EX 14:20
למכתש ניתקא מילי **פלוגתא** בבית דינכון ותקומון DT 17:8
מאה בר מדמיתו על **פלוגתא** דקרח: ותב אהרן לות משה NU 17:14
ומפלגות בני ישראל די **פליג** משה מן גובריא דנפקו לחילא: NU 31:42
למיתן להון ואנת **תפליג** יתה להון: ומימרא דייי DT 31:7
יחסנון: על פום עדבין **תתפלג** אחסנתהון בין סגיאי NU 26:56
למימר: לאילין שבטיא **תתפלג** ארעא באחסנא במניין NU 26:53
אחסנתיה: ברם בעדבין **תתפלג** ארעא לשמהן שיבטא NU 26:55

פלוני (6)

מלכא דמואבאי שדר **פולין** לותי: הא עמא נפק ממצרים NU 22:10
אתון עלי: ושדר משה **פולין** לזמנא לבי דינא רבא לדתן NU 16:12
לא מית חד: ושדר פרעה **פולין** למיחמי והא לא מית מבעירא EX 9:7
קרבא ותשדרון לוותה **פולין** למיקרי לה לשלם: ויהי אין DT 20:10
הוה ברדא: ושדר פרעה **פולין** למיקרי למשה ולאהרן ואמר EX 9:27
ואוחי פרעה ושדר **פולין** למיקרי למשה ולאהרן ואמר EX 10:16

פלח (283)

ורחם יעקב ית רחל ואמר **אפלחינך** שב שנין בגין רחל ברתך GN 29:18
עירובין ברת שתא דלא **אתפלח** בה ולא נגדת בניר: ויחתון DT 21:3
ייתי לחיילא חילא **בפולחן** משכן זימנא: ומבר חמשין NU 8:24
דדא וניתן לך אוף ית דא **בפולחנא** דתיפלח עימי תוב שב GN 29:27
אילון חיתאה: והוון מגחנן **בפולחנא** נוכראה ומתכוונן GN 26:35
וקמו להון למגחכא **בפולחנא** נוכריא: ומליל ייי עם משה EX 32:6
יתקלון עמא בית ישראל **בפולחנא** נוכריאה ובגילוי עירייתא NU 35:25
דפרקינון: דקנון יתיה **בפולחנא** נוכרייא במרחקתהון DT 32:16
ואמרירו ית חייהון **בפולחנא** קשייא בטינא ובליבנין EX 1:14
חוביהון אין לא מזדהרין **בפולחנהון** קיים עלם לדריכון ובגו NU 18:23
ית דעבד מימרא דייי **בפלחי** טעוות פעור ארום כל בר נש DT 4:3
גניסת בני גרשון כל **דיפלח** במשכן זימנא די מנא משה NU 4:41
על עיסק ישמעאל בריה **דיפלח** לפולחנא נוכראה: ואמר ייי GN 21:11
ובריך ית יוסף ואמר ייי **דיפלחו** אבהתיי קדמוי אברהם GN 48:15
מאה שנין: ואוף ית עמא **דיפלחון** להום דיין אנא במאתן GN 15:14
בתריי: ואמר לי ייי **דיפלחת** קומוי יזמן מלאכיה עימך GN 24:40
ית מצראי ארום טב לנא **דניפלח** ית מצראי מדנמות EX 14:12
כיוון דחמא בלעם יתהון **דפולחנא** נוכראה ביניהון חדא NU 23:1
סכומי גניסת קהת כל **דפלח** במשכן זימנא די מנא משה NU 4:37
בארם דעל פרת ארע **דפלחין** וסגדין ליה בני עמיה NU 22:5
הב לי ית נשיי וית בניי **דפלחית** יתך בגינהון ואזיל ארום GN 30:26
לך אוף ית דא בפולחנא **דתיפלח** עימי תוב שב שנין אוחרנין: GN 29:27
ואמרית לך פטור ית ברי **ויפלח** קדמוי ומסרב אנת EX 4:23
הלואי ישמעאל יתקיים **ויפלח** קומך: ואמר ייי בקושטא GN 17:18
ית בניכון מן בתר פולחני **ויפלחון** לטעוות עממיא ויתקוף DT 7:4
לקבלא חובא לימטת: **ויפלחון** ליואי הינון ית פולחן משכן NU 18:23
וית כל מה דיתמסר להון **ויפלחון**: על מימרא דאהרן ובנוי יהי NU 4:26
לתקלא פטור ית גברייא **ויפלחון** קדם ייי אלקקון העד כדון EX 10:7
אמר ייי פטור ית עמי **ויפלחון** קדמי: ארום אין ליתך EX 8:16
דיהודאי פטור ית עמי **ויפלחון** קדמי: ארום אין מסריב אנת EX 9:1
דיהודאי פטור ית עמי **ויפלחון** קדמי: ארום בזימנא הדא EX 9:13
למימר פטור ית עמי **ויפלחון** קדמי במדברא והא לא EX 7:16
אמר ייי פטור ית עמי **ויפלחון** קדמי: ואין מסרב אנת EX 7:26
מן קדמיי פטור ית עמי **ויפלחון** קדמיי: ארום אין מסרב אנת EX 10:3
ויתפנון לטעוות עממיא **ויפלחונון** וירגזון קדמיי דישנון ית DT 31:20
בה יהון למסקי מיסין **ויפלחונכון**: ואין לא תשלים עימכון DT 20:11
בר ישראל או בת ישראל **ויפלחינכון** שית שנין ובמעלי DT 15:12
קדמוי ולמרחם יתיה **ולמפלח** קדם ייי אלקכון בכל DT 10:12
למרחם ית ייי אלקכון **ולמפלח** קודמוי בכל ליבכון ובכל DT 11:13
נוכראה למשמשא לה **ולפלחהא** דמזרעית גיורא: בתר LV 25:47
מן משה מקפידות רוחא **ומפולחנא** נוכראה קשיא דיבידיהון: EX 6:9
עממיא דלא חכימתנון **וניפלוח** קדמיהון: לא תקבלון DT 13:3
וידון למימר פסק מיננא **וניפלח** ית מצראי ארום טב לנא EX 14:12
כנפשך ברז למימר נהך **וניפלח** לטעוות עממיא דלא DT 13:7
יתבי קרתיכון למימר נהך **וניפלח** לטעוות עממיא דלא DT 13:14
למפלח פולחן מטרתא **ופולחן** מטול במשכן זימנא: והוו NU 4:47
זימנא למיטר מטרא **ופולחנא** לא יפלח הכדין תעביד NU 8:26
משפיכות אדם זכאי **ופולחנא** נוכרא וגילויי עריתא GN 28:20
גיתי עאן וגיתין תורין **ופולחנא** סגיאה וקניאו יתיה GN 26:14
מאה ושיתין וחמש שנין: **ופלח** חנוך בקושטא קדם ייי והא GN 5:24
שנין ואולד ית מתושלח: **ופלח** חנוך בקשוט קדם ייי בתר GN 5:22
לגבר אוחרן תיב עימי: **ופלח** יעקב בגין רחל שב שנין והוו GN 29:20
ואזל בתר יצרא בישא **ופלח** לטעוות עממיא וסגיד להון DT 17:3

ורחים אוף ית רחל מלאה **ופלח** עימיה בגינה תוב שב שנין GN 29:30
ואזלו בתר יצרא בישא **ופלחו** לטעוות עממיא דתלק דלא DT 29:25
איזילו כדון גובריא **ופלחו** קדם ייי ארום יתה אתון EX 10:11
איתקטילו בגין בתולתא **ופלחי** צילמין בגין ברתיה דיעקב GN 34:31
ערלאין סאיבו לבתולתא **ופלחי** צילמין טניפו לברתיה GN 34:31
ושדייות אדם זכוי **ופלחן** פולחנא נכראה ומרדין GN 13:13
ליבא מסוגעי כל טובא: **ותיפלחון** ית בעלי דבביכון דיגרינון DT 28:48
לטעוות עממייא **ותיפלחונון**: תניתי לכון יומנא ארום DT 30:17
המדאחי אנת חשיב **ותיפלחינני** מגן תני לי מן יהי אגרך: GN 29:15
לך ארע עבדא חלב ודבש **ותפלח** ית פולחנא הדא בירחא EX 13:5
יתיה גובאי: כרמין תנצבון **ותפלחון** וחמרא לא תשתון ולא DT 28:39
יצרא דליבכון ותיסטון **ותפלחון** לטעוות עממיא ותסגדון DT 11:16
מדבחא ולמגיו לפרגודא **ותפלחון** לפום עדביא כפולחנא כן NU 18:7
תתבר קמתי צילמהון: **ותפלחון** קדם ייי אלקכון ויברך ית EX 23:25
ותטעון ותסגדון להון **ותפלחונון** דפליג ייי אלקכון בהון DT 4:19
בתר טעוות עממיא **ותפלחונון** ותסגדון להון אסהדית DT 8:19
מטרא ופולחנא לא **יפלח** הכדין תעביד לליואי עד NU 8:26
לבר ישראל שית שנין **יפלח** ובמעלי שביעיתא יפוק לבר EX 21:2
עימך עד שתא דיובלא **יפלח** עימך: ויפוק לבר חורין מעימך LV 25:40
ייתוב מחיל פולחנא ולא **יפלח** תוב: וישמש עם אחוי במשכן NU 8:25
ותפלחון לפום עדביא **כפולחנא** כן מיכל מתנה איתן NU 18:7
דמתחשבין קומיהון הי **כפלחי** במסי טעוותא דנחלי NU 21:28
על ארעא ואינש לא אית **למיפלח** ית אדמתא: וענן יקרא הוה GN 2:5
מדחלתא דייי אלקנא **למיפלח** ית טעוות עממייא האינון DT 29:17
סידורא ותורין ועגלן יהון **למיפלח** ית פולחן משכן זימנא NU 7:5
דלית אפשר לבר נש **למפלוח** בבוכרא דתוריה הכדין DT 33:17
לנהורא יממא ועבדיה **למפלח** ביה דיירי עלמא ולחשוכא GN 1:5
היא פולחנת גניסת גרשון **למפלח** ולמטול: ויטלון ית יריעת NU 4:24
ואזל ויתיב בטורי מוריה **למפלח** ית אדמתא דאתברי מתמן: GN 3:23
ולבנוי מגו בני ישראל **למפלח** ית פולחן בני ישראל NU 8:19
בתר כדין ייעלון ליואי **למפלח** ית פולחן משכן זימנא NU 8:15
מתנא יהיבין קדם ייי **למפלח** ית פולחן משכן זימנא: ואנת NU 18:6
תמנינון כל דאתי לחילא **למפלח** ית פולחן משכן זימנא: ודא NU 4:30
לקרבא יתכון לשימושיה **למפלח** ית פולחן משכנא דייי NU 16:9
לקדם משכן זימנא **למפלח** ית פולחן משכנא: ויטרון ית NU 3:7
וית מטרת בני ישראל **למפלח** ית פולחן משכנא: ותיתן ית NU 3:8
ייי מן בני ישראל ויהון **למפלח** ית פולחנא דייי: וליואי NU 8:11
ומבתר כדין עלו ליואי **למפלח** ית פולחנהון במשכן זימנא NU 8:22
ואין יתפלג דעתכון **למפלח** לטעוותהון ואיגרי בבו DT 28:65
ואבנין: ואין יהרהר ליבכון **למפלח** לטעוותהון תהוון DT 28:37
שנין כל דאתי לחילא **למפלח** פולחן מטרתא ופולחן NU 4:47
חדא ארום מינהון ניסב **למפלח** קדם ייי אלקן ואנחנא אין EX 10:26
תמן בגלותא: ותיטעוקון **למפלח** תמן לפלחי טעוותא עובד DT 4:28
בתר טעוות עממיא **למפלחהון**: כד פתח משה נביא DT 28:14
ייי אלקכון: לא תסטון **לפולחן** טעוון ודחלן דמתכן לא LV 19:4
מהימן: נפקין שיבט לוי **לפולחן** משכן זימנא ומתפרשין מן DT 33:9
שנין כל דאתי לחילא **לפולחנא** במשכן זימנא: והוו NU 4:35
שנין כל דאתי לחילא **לפולחנא** במשכן זימנא: והוו NU 4:39
שנין כל דאתי לחילא **לפולחנא** במשכן זימנא: והוו NU 4:43
ישמעאל בריה דיפלח **לפולחנא** נוכראה: ואמר ייי לאברהם GN 21:11
דילידת לאברהם מגחך **לפולחנא** נוכראה וגחין לייי: ואמרת GN 21:9
לציד בת עממין למעברא **לפולחנא** נוכראה ולא תפיס ית LV 18:21
ההוא בדיתן מזרעיה **לפולחנא** נוכראה מטול דלא LV 20:4
עמיה ארום מזרעיה יהב **לפולחנא** נוכראה מן בגלל לסאבא LV 20:3
על ליבכון למיתב **לפולחני** בכל גלוות עממיא דאגלי DT 30:1
ארגיזנן קדמוי ולא הדרנן **לפולחניה** אתעבידו בעלי דבבינן DT 32:31
ליה וית דקדיש ויקרב **לפולחניה** וית דיתרעי ביה יקרב NU 16:5
עמא מעיבידתהון איזילו **לפולחנכון**: ואמר פרעה הא סגין EX 5:4
טבתא היא אורייתא **לפלחה** מן פירי אילן חייא GN 3:24
ותהוון מסקי ארנונין **לפלחי** טעוון דקיסין ואבנין: ואין DT 28:36
בכיין על חובינן דאזדוונן **לפלחי** טעוות פעור: וכדון ישראל DT 3:29
ותהוון מסקי ארנונא **לפלחי** טעוותא דלא ידעתון דמן DT 28:64
ותיטעוקון למפלח תמן **לפלחי** טעוותא עובד אידיהון דבני DT 4:28
ושביעיתא תשמיטינא **מפולחנא** ותפקר פירהא וייכלון EX 23:11
בברא ואנא פניית ביתא **מפולחנא** נוכראה ואתר אתקינית GN 24:31
מכל פיתגם דביש **מפולחנא** נוכריא וגילוי עריתא DT 23:10
מצראי ואישיזיב יתכון **מפולחנהון** ואפרוק יתכון בדרע EX 6:6
דאתון מבטלין יתהון **מפולחנהון**: ופקיד פרעה ביומא EX 5:5
ארום לא מיתמנע **מפולחנכון** מידעם: ואיתבדר עמא EX 5:11
נח למימר דין ינחמיננא **מפולחננא** דלא מצלחא ומליעות GN 5:29
ארום פטרנא ית ישראל **מפולחננא**:: ודבר שית מאה רתיכין EX 14:5
ברא ית כל פולחנהון הוון **מפלחין** בהון בקשייו: ואמר פרעה EX 1:14
ושוון עליהון רברבנין **מפלחנין** מן בגלל למצערא יתהון EX 1:11
לית אנן ידעין ממא **נפלח** קדם ייי עד מיתנא לתמן: EX 10:26

תקוף קנון נכסין ושבקו **פולחן** אלקא דברא יתהון וארגיזו DT 32:15
בייר דלא יתעביד ביה **פולחן** ארעא ולא יזדרע וינפקון DT 21:4
דאהרן ובנוי יהי כל **פולחן** בני גרשון לכל מטולהון ולכל NU 4:27
בני ישראל למפלח ית **פולחן** בני ישראל במשכנא זימנא NU 8:19
דימטול היכמא ערק מן **פולחן** טעותיה: עמכון יתיב וינטור DT 23:16
פם מימרא דמשה ברם **פולחן** לואי הות בידא דאיתמר בר EX 38:21
כל דאתי לחילא למפלח **פולחן** מטרתא ופולחן מטול NU 4:47
ואפיק יתכון מגו דחוק **פולחן** מצראי ואישיזיב יתכון EX 6:6
דאנפיק יתכון מגו דחוק **פולחן** מצראי: ואעיל יתכון לארעא EX 6:7
קדם ייי למפלח ית **פולחן** משכן זימנא: ואנת ובנך עימך NU 18:6
דאתי לחילא למפלח ית **פולחן** משכן זימנא: ודא מטרת NU 4:30
ויפלחון ליואי הינון ית **פולחן** משכן זימנא והינון יקבלון ית NU 18:23
דהינון פלחין ית **פולחן** משכן זימנא: ולא יקרבון תוב NU 18:21
ייעלון ליואי למפלח ית **פולחן** משכן זימנא ותדכי יתהון NU 8:15
ועגלן יהון למיפלח ית **פולחן** משכן זימנא ותיתן יתהון NU 7:5
לשימושיה למפלח ית **פולחן** משכנא דייי ולמקום קדם כל NU 16:9
מטרת משכנא זימנא לכל **פולחן** משכנא וחילוניי לא יקרב NU 18:4
משכן זימנא למפלח ית **פולחן** משכנא: ויטרון ית כל מאני NU 3:7
בני ישראל למפלח ית **פולחן** משכנא: ותיתן ית ליואי NU 3:8
ומתחהא וית כל מני **פולחן** משכנא למשכן זימנא: ית EX 39:40
ולמיעבד ית כל עיבידת **פולחן** קודשא לכל מה דפקיד ייי: EX 36:1
בני ישראל לעיבידת **פולחן** קודשא למעבד יתה והינון EX 36:3
לא יהב עגלן ותורין ארום **פולחן** קודשא רמיא עליהון בכתפא NU 7:9
במימרך וקיים **פולחן** קודשך נטרין: כשרין אינון DT 33:9
אלקים ית אדם מן טוור **פולחנא** אתר דאיתבריא מתמן GN 2:15
לאינתו: ואזל יצחק לטוור **פולחנא** אתר דכפתיה אבוי והפך GN 25:21
בטינא ובליבנין ובכל **פולחנא** באנפי ברא ית כל פולחנהון EX 1:14
עד ההיא שעתא הוות **פולחנא** בבוכריא דעד כדון לא EX 24:5
ואתאנחו בני ישראל מן **פולחנא** דהוה קשיא עליהון וזעיקו EX 2:23
לבבכון ובכל נפשכון: בתר **פולחנא** דייי אלקכון תהכון ויתיה DT 13:5
מן בגלל דתבתון מן בתר **פולחנא** דייי בגין כן לא יהי מימרא NU 14:43
ישראל ויהון למפלח ית **פולחנא** דייי: וליואי יסמכון ית NU 8:11
חלב ודבש ותפלח ית **פולחנא** הדא בירחא הדין: שובעא EX 13:5
מזמן דתמטון לתמן ית **פולחנא** הדא: ויהי ארום יימרון לכון EX 12:25
בניכון בזימנא ההוא מה **פולחנא** הדא לכון: ותימרון ניכסת EX 12:26
דשיטא לכל עיבידת **פולחנא** היתיו: וכל איתא חכימת EX 35:24
ית יצחק ואיזל לך לארע **פולחנא** ואסיקהי תמן לעלתא על GN 22:2
ואתא אברהם מן טוור **פולחנא** ואשכחה דמיתת ויתיב GN 23:2
וחמא משה ית כל **פולחנא** והא עבדו יתה היכמה EX 39:43
עבדו בני ישראל ית כל **פולחנא**: וחמא משה ית כל פולחנא EX 39:42
חמשין שנין ייתוב מחיל **פולחנא** ולא יפלח תוב: וישמש עם NU 8:25
במימריה למפרוקינון מן **פולחנא**: ושמיע קדם ייי קבילתהון EX 2:23
כדין אוף אנן: לא תעבדון **פולחנא** כדין לייי אלקכון ארום כל DT 12:31
ייי על מיטרא כל עיבידת **פולחנא** לא תעבדון: איליין זימני LV 23:36
יהי לכון כל עיבידת **פולחנא** לא תעבדון: וביומא NU 28:25
מארע קדיש כל עיבידת **פולחנא** לא תעבדון: ומליל ייי עם LV 23:8
יהי לכון כל עיבידת **פולחנא** לא תעבדון ותחגון חגא NU 29:12
הוא לכון כל עיבידת **פולחנא** לא תעבדון ותענון ית LV 16:31
יהי לכון כל עיבידת **פולחנא** לא תעבדון: ותקרבון LV 23:7
מארע קדיש: כל עיבידת **פולחנא** לא תעבדון ותקרבון LV 23:25
מארע קדיש כל עיבידת **פולחנא** לא תעבדון: ותקרבון NU 28:18
יהי לכון כל עיבידת **פולחנא** לא תעבדון: ותקרבון עלתא NU 28:26
דעריס כל עיבידת **פולחנא** לא תעבדון: ותקרבון עלתא NU 29:7
תהוי לכון כל עיבידת **פולחנא** לא תעבדון: ותקרבון עלתא NU 29:35
יהי לכון כל עיבידת **פולחנא** לא תעבדון יום יבבא יהי NU 29:1
מגו עמיה: כל עיבידת **פולחנא** לא תעבדון קיים עלם LV 23:31
יהי לכון כל עיבידת **פולחנא** לא תעבדון קיים עלם בכל LV 23:21
מארע קדיש כל עיבידת **פולחנא** לא תעבדון: שבעתי יומין LV 23:35
עמא למייתיא מיסת **פולחנא** לעיבידתא דפקד ייי EX 36:5
לה ליסטר חד וטלקת ית **פולחנא** נוכראה ארחיקית מן ברה GN 21:16
ולא משרי ביניהון פלחי **פולחנא** נוכראה: אשרינון על כרכי DT 32:12
מקביל יתהון מן בגלל **פולחנא** נוכראה דבידיהון: ואמר EX 17:8
דבית דן דהוה בידיהון **פולחנא** נוכראה והוה עננא פליט DT 25:18
אדכרו למטעי בתר **פולחנא** נוכראה ולקה ישמעאל GN 21:15
מן רשיעיא פלחי **פולחנא** נוכראה וקטולו אפילו גבר EX 32:27
תותב לעימך או לשריש **פולחנא** נוכראה למשמשא לה LV 25:47
דטען בתרוי למטעי בתר **פולחנא** נוכראה מגו עמהון: ובר נש LV 20:5
עבר בההוא יומא פלח **פולחנא** נוכראה שפך אדמא זכיא GN 25:29
ושדייות אדם זכוי ופלחן **פולחנא** נכראה ומרדין לשמא דייי GN 13:13
חגא קדם אלהנא: תיתקף **פולחנא** עילוי גובריא ויתעסקון EX 5:9
וצערו יתנא ויהבו עלנא **פולחנא** קשיא: וצלינא קדם ייי DT 26:6
בית ישראל איזילו בתר **פולחנא** קשיטא דאבהתכון DT 6:5
אבוי כדיכרא בטוור **פולחנא** תריהון יהון שלמין וקריב LV 9:2
בטינא ובליבנא ובכל **פולחנהא** באנפי ברא ומן בתר כדין GN 40:12

יהב לבני מררי כמיסת **פולחנהון** בידא דאיתמר בר אהרן NU 7:8
גניסת בני מררי לכל **פולחנהון** במשכן זימנא בידא NU 4:33
עלו ליואי למפלח ית **פולחנהון** במשכן זימנא לקדם אהרן NU 8:22
בישראל באחסנא חולף **פולחנהון** דהינון פלחין ית פולחן NU 18:21
באנפי ברא ית כל **פולחנהון** הוון מפלחין בהון בקשייו: EX 1:14
ודא מטרת מטולהון לכל **פולחנהון**: ובשמהן תימנון ית כל מני NU 4:31
באניק נפשיהון ובסוגי **פולחנהון** וחמא גבר מצראי מחי EX 2:11
יהב לבני גרשון כמיסת **פולחנהון**: וית ארבע עגלן וית תמנן NU 7:7
אטוניהון וית כל מאני **פולחנהון** וית כל מה דיתמסר להון NU 4:26
גרשון לכל מטולהון ולכל **פולחנהון** ותמנון עליהון במטרא ית NU 4:27
לא תפלח ביה הי כנימוסי **פולחנות** עבדיא: הי כאגירא הי LV 25:39
ואזיל ארום אנת ידעת ית **פולחני** די פלחתך: ואמר ליה לבן GN 30:26
ארום אשלימו יומי **פולחני** ואיעול לותה: וכנש לבן ית GN 29:21
ית בניכון מן בתר **פולחני** ויפלחון לטעוות עממיא DT 7:4
בסידרי קרבא קל פלחי **פולחני** נוכראה ומגחכן קדמהא EX 32:18
בהון ופרסא וכל **פולחניה**: ואמרכול דיממני על רברבי NU 3:31
לכל מני משכנא בכל **פולחניה** וכל מתחוי וכל מתחי EX 27:19
משכן זימנא ולכל **פולחניה** וללבושי קודשא: ואתו EX 35:21
חזור וית אטונוי לכל **פולחניה**: ולקהת גניסתא דעמרם NU 3:26
וימנון יתהון גבר גבר על **פולחניה** ומטוליה: ולא ייעלון NU 4:19
לליוואי גבר כמיסת **פולחניה**: ונסב משה ית עגלתא וית NU 7:5
בידא דמשה גבר גבר על **פולחניה** ועל מטוליה וסכומיה NU 4:49
ועמודוי וחומרוי וכל **פולחניה**: ועמודי דדרתא חזור חזור NU 3:36
אגרא הוא לכון חלופי **פולחנכון** במשכן זימנא: ולא NU 18:31
במשכן זימנא: דא **פולחנת** בני קהת במשכן זימנא NU 4:4
ית כל מטולהון: דא היא **פולחנת** גניסת בני גרשון במשכן NU 4:28
מטרת מטולהון: דא היא **פולחנת** גניסת בני מררי לכל NU 4:33
במשכן זימנא: דא היא **פולחנת** גניסת גרשון למפלח NU 4:24
בגינוניתא דעדן למיהוי **פלח** באורייתא ולמנטר פקדוה: GN 2:15
ושרי נח למיהוי גבר **פלח** בארעא ואשכח גופנא GN 9:20
רעי ענא וקין הוה גבר **פלח** בארעא: והוה מסוף יומיא GN 4:2
לאתונא דנורא דלא **פלח** לטעותיה ולא הוה רשותא GN 11:28
בית דינא ויהי לך עבד **פלח** עד יובלא ואוף לאמתך DT 15:17
במחטא ויהי ליה עבד **פלח** עד יובלא: וארום יזבון גבר בר EX 21:6
עבירן עבר בההוא יומא **פלח** פולחנא נוכראה שפך אדמא GN 25:29
ואמר ליה אנא אל שדי **פלח** קדמי והוי שלים בבישרך: GN 17:1
דאשרי שכינתי ואנת **פלח** קדמי תמן אשלח עלך ברכתי EX 20:24
מן פירי אילנא על די **פלחו** בחייהון באולפן אורייתא GN 3:24
קדם אלקנא: וכדון איזילו **פלחו** ותיבנא לא יתיהב לכון וסכום EX 5:18
דמילחא: תרתיסירי שנין **פלחו** ית כדרלעמר ובתיליסירי GN 14:4
ולאהרן ואמר איזילו **פלחו** נכסת חגא קדם ייי אלהכון EX 8:21
פרעה ואמר להום איזילו **פלחו** קדם ייי אלקכון מן ומן הינון EX 10:8
אוף בני ישראל וזילו **פלחו** קדם ייי היכמה דאמרתון: אוף EX 12:31
פרעה למשה ואמר זילו **פלחו** קדם ייי לחוד ענכון ותוריכון EX 10:24
תאבדון ית כל אתריא די **פלחו** תמן עממיא דאתון ירתין DT 12:2
רשיעא לית אנא מסתכל **פלחי** טעוותא בדבית יעקב ולא NU 23:21
כד בעו לאטעאה יתי **פלחי** טעוותא ונפקית מבית איבא GN 20:13
מנכון ולא מן משעמדיא **פלחי** טעוותא קרבנא קדם ייי מן LV 1:2
ויתבין ביה כומרניא **פלחי** טעוותהון: על כן יתאמר NU 21:13
לא תימסור ערלאה ביד **פלחי** טעותיה דאישתיזב גביכון DT 23:16
ולא משרי ביניהון **פלחי** פולחנא נוכראה: אשרינון על DT 32:12
דא ואתפרעו מן רשיעיא **פלחי** פולחנא נוכראה וקטולו EX 32:27
בסידרי קרבא קל **פלחי** פולחני נוכראה ומגחכן EX 32:18
יתגמרון בגין כן לא תהון **פלחין** אלהין לשמא דייי בלחודוי: EX 22:19
חולף פולחנהון דהינון **פלחין** ית פולחן משכן זימנא: ולא NU 18:21
בעירא מיתו דמצראי **פלחין** להון: וקם פרעה בליליא הוא EX 12:29
הינון יהיבין בבבל הוון **פלחין** לטעוותהון בגין כן אמרית DT 32:23
מוקדשא דייי ויהון דריא **פלחין** עלה לשמא דייי וכל דתיתן GN 28:22
לטעוותהון למימר הכדין **פלחין** עממיא האילין לטעוותהון DT 12:30
מן עממיא מטול למהוי **פלחין** קדמי: וגבר או איתתא ארום LV 20:26
ידעתון ארום בכל חיילי **פלחית** ית אבוכן: ואבוכן שקר בי GN 31:6
עבדת לי הלא בגין רחל **פלחית** עימך ולמא שקרת בי: ואמר GN 29:25
בכופלא על אגר אגירא **פלחך** שית שנין וברכך מטוליה ייי DT 15:18
עד עלמא: חולף דלא **פלחתון** קדם ייי אלקכון בחדווא DT 28:47
דנן לי עשרין שנין בביתך **פלחתך** ארבסרי שנין בגין תרתין GN 31:41
אנת ידעת ית פולחני די **פלחתך**: ואמר ליה לבן אין כדון GN 30:26
ליה אנת ידעת ית די **פלחתך** וית דהוה בעירך נטיר עימי: GN 30:29
קדמי ריקנין: שיתא יומין **תיפלח** וביומא שביעאה תנוח EX 34:21
דמי דאחוך מן ידך: ארום **תיפלח** ית ארעא לא תוסף למיתן GN 4:12
יתיה: שיתא יומין **תיפלחון** ותעבדון כל עבידתכון: EX 20:9
תקדש קדם ייי אלקך לא **תפלוח** בבכורי תוריכון ולא תיגוז DT 15:19
אחוך עימך ויזדבן לך לא **תפלח** ביה הי כנימוסי פולחנות LV 25:39
ויחייבון יתך קדמוי ארום **תפלח** ית טעוותהון ארום יהון לך EX 23:33
תיחוס עינך עליהון ולא **תפלח** ית טעוותהון ארום לתוקלא DT 7:16

אחסנא לעלם בהון **תפלחון** ובאחיכון בני ישראל גבר LV 25:46
אלקכון תידחלון וקדמוי **תפלחון** ובדחלתיה תתקרבון DT 10:20
תהוון דחלין וקדמוי **תפלחון** ובשום מימריה בקשוט DT 6:13
ייי אלקכון: שיתא יומין **תפלחון** ותעבדון כל עיבידתכון: DT 5:13
ית עמא ממצרים **תפלחון** קדם ייי דתקבלון ית EX 3:12
לא תסגדון להון ולא **תפלחון** קדמיהון ארום אנא הוא ייי DT 5:9
לא תסגדון להון ולא **תפלחון** קדמיהון ארום אנא ייי EX 20:5
תסגדון לטעוותהון ולא **תפלחינון** ולא תעבדון כעובדיהון EX 23:24

פלט (8)
בסאוביכון יתה היכמה **דפלטת** ית עמא דקדמיכון: ארום LV 18:28
ובנו להון בתי מדרשין **ופלטין** בארעא דגשן ואחסינו בה GN 47:27
ואסערית חובאה עלה **ופלטת** ארעא ית דיירהא: ותיטרון LV 18:25
נוכראה והוה עננא **פליט** יתהון ודבית עמלק מקביל DT 25:18
הא כקבילתא דריבא **פליטית** דעלתא קומוי עבדו גמירא GN 18:21
עד זמן יומא הדין: ושאר **פליטת** כנענאי דהוו שרן בכופרנייא DT 2:23
ואסתאבת ארעא: ולא **תפלוט** ארעא יתכון בסאוביכון LV 18:28
דיניי ותעבדון יתהון ולא **תפלוט** יתכון ארעא דאנא מעיל LV 20:22

פלטיא (4)
יוסף ובלשו בסרטייתא **ובפלטייתא** ובבתי פונדקתא ולא GN 42:6
לקרתא דמקפן שורין **לפלטיוון** קרתא רבתא היא קרתא NU 22:39
ארעא מן מדברא דצין עד **פלטיוות** מעלך לאנטוכיא: וסליקו NU 13:21
כל עדאה תכנשון במצע **פלטיתא** ותוקדון בנורא ית קרתא DT 13:17

פלטר (1)
כמא דאצדי קרוי אמוראי **ופלטירי** רבניהון מן תרעא רבא NU 21:30

פלטרין (1)
ארעא דמצרים הוות **ופלטרין** דבית מלכותא דפרעה EX 12:31

פלי (1)
ההוא בשינוקא דסודרא **ותפלי** עביד דביש מבינך: אסתמרו DT 24:7

פלך (3)
מנשה כל תחום בית **פלך** טרגונא וכל מתנן ההוא מתקרי DT 3:13
שיתין קירווין כל תחום **פלך** טרגונא מלכותא דעוג במתנן: DT 3:4
מנשה נסיב ית כל תחום **פלך** טרגונא עד תחום קורזי DT 3:14

פלקתא (6)
דליה ליצחק: ולבניהום **דפלקתין** דלאברהם יהב אברהם GN 25:6
לנחור אחוי דאברהם: **ותפלקתיה** ושמה ראומה וילידת GN 22:24
וגעתם וקנז: ותמנע הוות **פילקתא** לאליפז בר עשו וילידת GN 36:12
ובלבל ית מצעא דבלהה **פילקתיה** דאבוי דהות מסדרא כל GN 35:22
בלהה ברתיה דילידת ליה **פילקתיה** ומסרה לה לאמהו: ועל GN 29:29
זלפה ברתיה דילידת ליה **פילקתיה** ומסרה ללאה ברתיה GN 29:24

פני (34)
לאיתרחא בטוורא הדין: **איתפיניאו** וטולו לכון לערד DT 1:7
יתיב במישרא מחר **איתפנו** וטולו לכון למדברא אורח NU 14:25
בנורא: ואמר משה **איתפני** כדון ואחמי ית חזוונא רבא EX 3:3
סנייא: וגלי קדם ייי ארום **איתפני** למיחמי וקרא ליה ייי מגו EX 3:4
והינון יירתונה: ואתון **אתפיניו** לכון וטולו למדברא אורח DT 1:40
דאקיפתון ית טורא הדין **אתפנו** לכון לציפונא: וית עמא פקיד DT 2:3
כל בישתא דעבדו ארום **אתפנייו** בתר טעוות עממייא: וכדון DT 31:18
תנו לי ואין לא תנו לי **ואיפני** על דרומא או על ציפונא: GN 24:49
על ארעא עד יומא הדין **ואיתפיני** ונפק מלות פרעה: ואמרו EX 10:6
קדמיכון תבירי חרב: **ואיתפני** מן אגר עממייא למשלמא LV 26:9
עם כל כנישתא דישראל **ואיתפנייו** למדברא והא יקר EX 16:10
דחשיב למעבד לעמיה: **ואתפני** ונחת משה מן טוורא ותרין EX 32:15
דלא ידעית ולא איתפרע: **ואתפניאו** מתמן תרין מלאכיא GN 18:22
ושיצון ית אימוראי דתמן: **ואתפניו** וסליקו אורח מתנן ונפק NU 21:33
גוברא חד לשיבטא: **ואתפניו** וסליקו לטוורא ואתו עד DT 1:24
ועל אהרן למקטלהון **ואתפניו** למשכן זימנא והא חפייה NU 17:7
סגיעין כיומיא דיתיבתון: **ואתפנינא** ונטלנא למדברא אורח DT 2:1
מה דפקיד ייי אלקנא: **ואתפנינא** וסליקנא אורח מתנן DT 3:1
מאילת ומכרך תרנגולא **ואתפנינא** ועברנא אורח מדברא DT 2:8
לי בביתא: ויפקד כהנא **ויפנון** ית ביתא עד לא ייעול כהנא LV 14:36
וייכלון וישבעון וידהנון **ויתפנון** לטעוות עממיא ויפלחונון DT 31:20
סייפיכון ותהווי חפיר בה **ותיפני** תמן ותתוב ותכסי ית רעייך: DT 23:14
דיתרעי ייי אלקכון ביה **ותתפני** בצפר מיפק חגא ותהך DT 16:7
יתיה אימליל: וכדון האנא **מתפני** ואזיל לעמי איתא אימלכינך NU 24:14
גניסא או שיבטא דליביה **מתפני** למיטעי יומנא מדחלתא DT 29:17
די ייכול כל אדמא ואתן **פנוייתא** למעסוק בבר נשא ההוא די LV 17:10
אטלות אבנין: ואנא איתן **פנוייתא** למעסוק בגברא ההוא LV 20:3
יתיה: ואישוי אנא **פנוייתא** למעסוק בגברא ההוא LV 20:5
למטעי בתריהון ואיתן **פנויתא** למעסוק בבר נשא ההוא LV 20:6
עלוי כל מידעם ביש **פני** יהי בביתיה שתא חדא ויחד עם DT 24:5
הדין תעביד דתיהי **פני** מן דינא ויפקדינך ייי פיקודיא EX 18:23
בעלי דבביכון: ואיתן **פניותא** למעסוק בכון ותיתברון LV 26:17
אנת קאי בברא ואנא **פניית** ביתא מפולחנא נוכראה GN 24:31
מן קדם עיבורא חדתא **תפנון** מן אוצרכון: ואיתן שכינת LV 26:10

פניא (3)
דמשתייר מיניה יתאכל **בפניא**: ומה דמשתייר מבשר ניכסת LV 7:16
ובמהככון באורחא **ובפניא** סמיך למשכבכון ובצפרא DT 11:19
ובמהכיהון באורחכון **ובפניא** סמיך למשכבכון וברמשא DT 6:7

פנים (1)
ארום דחילתון מן קל **פונין** דמימרא דייי דמישתמע מיגו DT 5:5

פנק (8)
ייחון כל מיתיא דישראל **ויתפנקון** מן טובא דאיצטנע להון NU 11:26
דעדן לצדיקייא דייכלון **ויתפנקון** מן פירי אילנא על די פלחו GN 3:24
גובריהון הות תמן ריבא **מפנקתא** מעברתא ואפילת ית EX 24:10
רישי: ובסלא עילאה מכל **תפנוקי** מיכל פרעה עובד נחתום GN 40:17
סמנין ותחומי יהוי מפיק **תפנוקי** מלכין ומודי ומשבח עליהון GN 49:20
דישראל ואייכל יתהון **תפנוקי** עללת חקלהא ואוניק DT 32:13
ישראל ית שבתא למעבד **תפנוקי** שבתא לדריהון קיים עלם: EX 31:16
דאיהי אטעימית לגיורא **תפנוקין** איסתקף עלה דייתי ית NU 5:15

פנתירי (3)
ובירליוות חלא ומרגניית **אפנטורין** ועליהון חקיק ומפרש EX 28:20
ובורלת חלא ומרגנית **אפנטורין** ועליהון חקיק ומפרש EX 39:13
כרום ימא ובירלוות חלא **ואפנטור** וביה חקיק ומפרש שמהת NU 2:25

פסא (1)
בהתתיה: ותקטעון ית **פיסת** ידה לא תחוסן עיניכון: לא DT 25:12

פסג (19)
ית משכא מן עלתא **ויפסג** יתה לפסגהא: וינתנון בני LV 1:6
על מדבחא חזור חזור: **ויפסיג** יתיה לפסגוי ית רישיה וית LV 1:12
וקריב קומוי ית כל אילין **ופסג** יתהון במציעא וסדר פסגא GN 15:10
בצפרא וקיימו גבר לאחוי **ופסג** מתגא דחמריה ויהב פסגא GN 26:31
חזור: וית דיכרא פסיג **לפיסגוי** ואסיק משה ית רישא וית LV 8:20
מן עלתא ויפסג יתה **לפסגהא**: וינתנון בני אהרן כהנא LV 1:6
וית עלתא אקריבו יתה **לפסגהא** וית רישא ואסיק על LV 9:13
חזור: וית דיכרא תפסיג **לפסגוי** ותחליל בני גווייה וכרעוי EX 29:17
חזור חזור: ויפסיג יתיה **לפסגוי** ית רישיה וית גופיה ויסדר LV 1:12
קבל חבריה וית עופא לא **פסג**: ונחתו אומיא הינון מדמיין GN 15:10
יתהון במציעא וסדר **פסגא** דחד כל קבל חבריה וית GN 15:10
ופסג מתגא דחמריה ויהב **פסגא** חדא להום לסהדו וצלי GN 26:31
משה ית רישא וית **פסגויא** וית תרבא: וית בני גווא וית LV 8:20
דקיימית עם אברהם ביני **פסגיא** אדכור וארעא דישראל LV 26:42
בני אהרן כהניא ית **פסגייא** וית רישא וית פריסותא LV 1:8
ביה רשיעיא והא עבר בין **פסוגיא** האילין: ביומא ההוא גזר ייי GN 15:17
עמיה בחמיסר בניסן ביני **פסוגייא** עד יומא דנפקו ממצרים: EX 12:40
חזור חזור: וית דיכרא **פסיג** לפיסגוי ואסיק משה ית רישא LV 8:20
חזור חזור: וית דיכרא **תפסיג** לפסגוי ותחליל בני גווייה EX 29:17

פסד (1)
אין אגירא הוא עאל **פסידיה** באגריה: וארום ישרגיג גבר EX 22:14

פסח (36)
דניסן יעבדון יתיה ברם **בפיסחא** דניסן הינון ייכלון פטירי NU 9:12
עאל אתא במעלי יומא **דפיסחא** אשכחיה דהוה עביד גריצן GN 14:13
מבתר יומא טבא קמאה **דפיסחא** ירימיניה כהנא: ותעבדון LV 23:11
מבתר יומא טבא קמאה **דפיסחא** מן יום איתוייכון ית LV 23:15
למשה ולאהרן בלילייא **דפסחא** אשתמע קליה עד ארעא EX 12:31
מטול דסואבותהון בהון **ובפיסחא** דאייר יידכון ויקרבון NU 9:12
תעבדון יתיה:: ועבדו ית **פיסחא** בארביסר יומין לירחא ביני NU 9:5
לית לכון רשו למכוס ית **פיסחא** בחדא מן קרויכון דייי DT 16:5
עליהון ולא יכילו למעבד **פיסחא** ביומא ההוא דהוה יום NU 9:6
בני ישראל ניכסת **פיסחא** ביני שימשתא בזימניה: NU 9:2
חייכון: ותיזדהרון מקמי **פיסחא** דלא יתחמי לכון חמיר בכל DT 16:4
ופסק מלמעבד קורבן **פיסחא** דניסן וישתיצי בר נשא NU 9:13
ביה ככל אחויית גזירת **פיסחא** דניסן יעבדון יתיה ברם NU 9:12
מוקדשא למעבד תמן **פיסחא** ובההוא ליליא אתיבית EX 19:4
שכינתיה תמן תיכסון ית **פיסחא** וברמשא במיעל ית שימשא DT 16:6
יומין לירחא תיכסון ית **פיסחא** וברמשא דחמסר תיכלון EX 12:18
אנא ייי: ויהי אדם ניכסת **פיסחא** וגזירת מהולתא מערב לכון EX 12:13
עזין שמינין חד לשום **פיסחא** וחד לשום קרבן חגא GN 27:9
קדם ייי כאוויית גזירת **פיסחא** וכדחזי ליה הכדין יעבד NU 9:14
נתמנע בגין דלא למיכוס **פיסחא** ולמיזרוק אדמא דקרבנא NU 9:7
לייחוסיכון וכוסו אימר **פיסחא**: ותיסבון איסרת איזובא EX 12:21
תמן: לא תיכלון על **פיסחא** חמיע שובעא יומין תיכלון DT 16:3
ולאהרן דא היא גזירת **פיסחא** כל בר עממין או בר ישראל EX 12:43
הינון ייכלון פטירי וקורבן **פיסחא** לא יעבדון מטול NU 9:12
בינו שימשתא זמן ניכסת **פיסחא** לשמא דייי: ובחמיסר יומין LV 23:5
מבתר דאכלו ניכסת **פיסחא** נפקו בני ישראל בריש גלי NU 33:3
דאביבא למעבד ביה **פיסחא** קדם ייי אלקכון ארום DT 16:1
יתיה בליליא: ותיכסון **פיסחא** קדם ייי אלקכון ביני DT 16:2
או לדריכון וידחי למעבד **פיסחא** קדם ייי: בירחא תיניינא הוא NU 9:10
יומין לירחא ניכסת **פיסחא** קדם ייי: ובחמישת עשר NU 28:16

עמכון גייורא ויעבד **פיסחא** קדם ייי יגזור ליה כל דכורא EX 12:48
עימכון גייורא ויעבד **פיסחא** קדם ייי כאוויית גזירת NU 9:14
בר ממדבחא תרבי ניכסת **פיסחא:** שירוי בוכרת פירי ארעכון EX 34:25
בבתיכון אדם ניכסת **פיסחי** ולא יבית בר מן מדבחא EX 23:18
לא תבטלון חמיע ניכסת **פיסחי** ולא יביתון לצפרא בר EX 34:25
מן מדבחא תרבי ניכסת **פיסחי** עד צפרא ולא מן בישרא EX 23:18

פסי (20)

קודשא היא לכון כל **דיפסינה** איתקטלא איתקטל ארום EX 31:14
וייחמי והא לא הליך **פיסיון** מכתשא בביתא בתר LV 14:48
כהנא ויחמי והא הליך **פיסיון** מכתשא בביתא סגירות LV 14:44
שביעאה ויחמי והא הליך **פיסיון** מכתשא בכותלי ביתא: LV 14:39
שביעאה ארום הליך **פיסיון** מכתשא בלבושא או LV 13:51
יחמי כהנא והא לא הליך **פיסיון** מכתשא בלבושא או LV 13:53
שביעאה והא לא הליך **פיסיון** מכתשא ולא הוה ביה שער LV 13:32
שביעאה והא לא הליך **פיסיון** ניתקא במשכא וחיזויה LV 13:34
ויחמיניה כהנא והא הליך **פיסיון** ניתקא במשכא לא יפשפש LV 13:36
יומין: ואין הלכא תהליך **פיסיונא** במשכא ויסאב כהנא יתיה LV 13:22
אין הלכא תהליך **פיסיונא** במשכה ויסאיב כהנא יתיה LV 13:27
קם כד הוה לא הליך **פיסיונא** דמכתשא במשכא LV 13:5
עמא מכתשא לא הליך **פיסיונא** דמכתשא במשכא LV 13:6
וידכי: ואם הלוכי הליך **פיסיונא** דקלופי דמיטפלא במשכא LV 13:7
ויחמי כהנא והא הליכת **פיסיונא** דקלופי מיטפלא במשכא LV 13:8
קמת בהקי לא הליכת **פיסיונא** צולקת שיחנא היא LV 13:23
הוה ומכתשא לא הליך **פיסיוניה** מסאב הוא בנורא LV 13:55
קמת בהקי לא הליכת **פיסיונתא** במשכא והיא עמיא LV 13:28
וידכי: ואין הלכא תהליך **פיסיונתא** דנתקא במשכא בתר LV 13:35
והוה ברמשא וסליקו **פיסיונין** וחפו ית משריתא ובצפרא EX 16:13

פסל (21)

למיכל ובין עופא **דמיפסל** למיכל לדמיכשר למיכל LV 20:25
ובקורבנא לא יהי חוב **ופסולא** דבהפתיק מרי עלמא קאי DT 23:22
כל קבל טוורא ההוא: **ופסל** תרין לוחי אבנין הי כקדמאי EX 34:4
ארונא דקיסא שיטא **ופסלית** תרי לוחי מרמירא כצורת DT 10:3
בעירא דמתכשרא למיכל **לדמיפסלא** למיכל ובין עופא LV 20:25
ובירין פסילין דלא לעית **למיפסל** כרמין וזיתין דלא טרחת DT 6:11
אחווייתא די לליואי דלא **מופסלין** במומהון ברם מבר עשרין NU 8:24
משריתא בדית דן דהוה **פיסלא** עימהון: וצווח עמא על משה NU 11:1
דהוה צייר בהון דמות **פיסליה** וטמר יתהום יעקב תחות GN 35:4
לגובא דחבלא וישתכח **פסולא** בקרבנך עייניי דאברהם GN 22:10
צדיקין ולית בהון **פסולא** דמבתר דאיתיליד בנימין GN 35:22
ווי דילמא נפיק מיני **פסולא** היכמא דינפק מן אברהם GN 35:22
מסתפי דילמא אית בבנוי **פסולא** קרא יתהון ושיילינון דילמא DT 6:4
ומיפטרא ודאיתילידא מן **פסוליא** ומטעיה בזנו ית איליין לא LV 21:14
בזנו דאיתלידא מן **פסוליא** לא יסבון ואיתתא LV 21:7
יתאכל ביומא תליתאה **פסיל** הוא לא יהוי לרעוא: LV 19:7
לא יתחשב ליה לזכו **פסיל** יהא ואינש די יכול מיניה LV 7:17
עסקת למימלי ובירין **פסילין** דלא לעית למיפסל כרמין DT 6:11
בהון מומא בהון **פסילין** הינון לא לרעוא יהון לכון: LV 22:25
בעידנא ההיא אמר ייי לי **פסל** לך תרי לוחי מרמירא DT 10:1
למיחמי: ואמר ייי למשה **פסל** לך תרין לוחי אבנין הי EX 34:1

פסס (29)

ארום ית קודשא דייי **אפיס** וישתיצי בר נשא ההוא מגו LV 19:8
ארגיזו קדם ייי באלוש **אפיסו** ית יומא דשבתא כדון NU 16:26
מתעבד סייפא על אבנא **אפיסתא** יתה: ואתון כהניא דקיימין EX 20:25
בגלל לסאבא ית מקדשי **ולאפסא** ית שמא דקודשי: ואין LV 20:3
לא ארי בשוקא נבית: **ופייס** בהום לחדא וזרו לוותיה ועלו GN 19:3
עמיה יסב איתא: ולא **יפיס** זרעיה בעמיה ארום אנא ייי LV 21:15
ומן מקדשא לא יפוק ולא **יפיס** ית מקדשא דאלקיה ארום LV 21:12
ארום מומא ביה ולא **יפיס** ית מקדשי ארום אנא ייי LV 21:23
דהיתירא על נפשיה לא **יפיס** פיתגמיה ברם בית דינא שרן NU 30:3
לכהנא ית קודשא: ולא **יפסון** ית קודשיא דבני ישראל ית LV 22:15
יהון קדם אלההון ולא **יפסון** ית שמא דאלההון ארום ית LV 21:6
דבני ישראל ולא **יפסון** ית שמא דקודשי דהינון LV 22:2
באישא מצלהבא ארום **יפסוניה** אנא ייי מקדישיהון: וכל LV 22:9
ניתן להום: ברם בדא **יתפייסון** לנא גובריא למיתב GN 34:22
למהוי נפקת ברא ולא **יתפס** גברא בר ישראל ית גרמיה DT 23:18
קודשיא דבני ישראל לא **יתפסון** דלא תמותון: ומליל ייי עם NU 18:32
דהוה בהון ושריאו עמא **לאופסא** קדושתהון ולמפער NU 25:1
חד מנכון בשמי לשקרא **לאפסא** ית שמא דאלקך אנא ייי: LV 19:12
אניקי דנפשיה כד הוה **מפייס** לנא ולא קבילנא מיניה בגין GN 42:21
סגיא לה בשרותא ואין **מפסא** פיתגמא בעלה או איבה NU 30:16
הלא דלנא הינון ברם **נתפייס** להום ויתבון עימנא: וקבילו GN 34:23
גנותא היא לנא: ברם בדא **נתפייס** לכון אין תהוון כוותנא GN 34:15
ורחים ית ריבא ומליל **פייוסין** על ליבה דריבה: ואמר שכם GN 34:3
גבר כהין מארסא ארום **תפיס** גרמה למטעי בזני עד דהיא LV 21:9
לפולחנא נוכראה ולא **תפיס** ית שמא דאלקך אנא ייי: ועם LV 18:21
לא תוננויה במילין: לא **תפסון** בנתיכון למהוי נפקת ברא DT 23:18
תתנון בכון אנא ייי: לא **תפסון** ית בנתיכון למסבא יתהון LV 19:29
פיקודי אוריתי: ולא **תפסון** ית שמא דקודשי ואתקדש LV 22:32
מקריב קדיש יהי לך ולא **תפסיניה** ארום קדיש אנא ייי LV 21:8

פסק (49)

שלי יתה בעלה והוה **בפסקת** כד ילידת יתיה: ונסיב GN 38:5
על עיסק שיעבודא **דיפסקת** עם אברהם ארום לעם סגי GN 46:3
מן מדבחא בחדווא מן **דפסק** למעבד חטאתא ועלתא LV 9:22
אבוי: לא ידכי דמסרס **ודפסיק** גידא למיסב איתא מקהל DT 23:2
ססגונא וישוון אריחוי: **ויפסוק** אהרן ובנוי לכסאה ית NU 4:15
מסואבות בני ישראל: **ויפסוק** מן למכפרא על קודשא ועל LV 16:20
אלהין לשומהון יעבדונון **ויפסקון** רישי חוטיהון ויתלון NU 15:38
דביה מן בני חיתאה: **ופסק** יעקב לפקדא ית בנוי וכנש GN 49:33
ית יורדנא בעשרא בניסן **ופסק** להון מנא בשיתיסר בניסן DT 34:8
הדין יכפר על חתנא דילי: **ופסק** מלאך חבלא מיניה בכן EX 4:26
הדין בשתא אוחרנתא: **ופסק** מלמללא עימיה ואיסתלק GN 17:22
לסקוף משכניה לא הוה **ופסק** מלמעבד קורבן פיסחא דניסן NU 9:13
דעמא הוא והושע בר נון: **ופסק** משה מן למללא ית כל DT 32:45
ייי עימיה בטוורא דסיני: **ופסק** משה מן למללא עמהון ויהב EX 34:33
לאפרשות קודשא **ופסק** עמא מלאיתאה: ועיבידתא EX 36:6
והוו קטלין דין לדין **ופסקו** מלימיבני קרתא: בגין כן קרא GN 11:8
וסיהרא אמטולתך **ופסקון** מן למימר שירתא כמיסת DT 2:25
על ידה ואשקיתיה: **ופסקת** לאשקייותיה ואמרת אוף GN 24:19
דכל דריא זכותהון לא **יפסוק** וקיימא דקיימית עימכון לא DT 28:15
יתהון במלכותא דיון **למפסוק** קימי עימהון במלכותא LV 26:44
ומן טוב רמתא דלא **מפסקן** עללייא דאחסינו ליה DT 33:15
ואמיטתא קל רב דלא **פסיק** והוה קל דבירא מתכתיב על DT 5:22
קרן ליה טוור תלגא דלא **פסיק** מיניה תלגא לא בקייטא ולא DT 3:9
ית טופסיה דפעור מתותי **פסיקייהון:** וקראה לעמא לדיבחי NU 25:1
בראובן שרי ובנימין **פסק** וישתכח אוגבין בטונא GN 44:12
הוה ביני כביהון עד לא **פסק** ורוגזא דייי תקיף ברשיעי NU 11:33
לכון מזון בגיתיכון אין **פסק** כספא: ואייתיו ית גיתיהון GN 47:16
דמצרים: ובההוא יומא **פסק** להון לישא דאפיקו ממצרים EX 16:2
קלילא הוא עד כדון לא **פסק** למללא והא רבקה נפקת GN 24:15
האיליין קדם ייי: והוה כדי **פסק** למללא ית כל פיתגמייא NU 16:31
שבת נגח: ויהב למשה כד **פסק** למללא עימיה בטוורא דסיני EX 31:18
איקר שכינתא דייי כד **פסק** למללא עם אברהם ואברהם GN 18:33
ישתטיף במיא: וארום אין **פסק** מדובנא דוויה וימני ליה LV 15:13
ייי עליכון וידון למימר **פסק** מיננא וניפלח ית מצראי ארום EX 14:12
ושרה סבין עלו ביומין **פסק** מלמהוי לשרה אורח סובתא GN 18:11
ביום ריש ירחא דניסן **פסק** משה למיקמא ית משכנא NU 7:1
יהי בסעדך: והוה כדי **פסק** משה למכתוב ית פיתגמי DT 31:24
אבהת עלמא דאפילו **פסקא** זכותהון דכל דריא זכותהון DT 28:15
וברדא וקלייא דלווט **פסקו** ואוסיף למיחטי ויקרא EX 9:34
מיגו משריתא עד די **פסקו:** והוה כדי פסקו כל גברי מגיחי DT 2:15
עד די פסקו: והוה כדי **פסקו** כל גברי מגיחי קרב עבדי DT 2:16
תקיף בארעא: והוה כד **פסקו** למיכול ית עיבורא דהייתיו GN 43:2
רוח נבואה ואתנבון ולא **פסקין:** וישתיירון תרין גוברין NU 11:25
מיין חיין לקידוש ולא **פסקין** ולא סריין כל יומיא: ונסבין EX 40:30
ליבהון היך ליביה: ויהי כד **פסקין** למללא עם עמא וימנון DT 20:9
סעיד מידיהון ויהון **פסקין** מהימניא מרי עובדין טבין DT 32:36
דכד נח מן יקימיניה: לא **פסקין** מלכין ושליטין מדבית GN 49:10
במצוותא דאורייתא לא **פסקין** מסכינין מיגו ארעא בגין כן DT 15:11
לבר ריבוני: אנא עד לא **פסקית** למללא עם הרהורי לבי והא GN 24:45

פעל (2)

תיעול למיסב אגרא **כפעל** בכרמא דחברך ותיכול DT 23:25
תיעול למיסב אגרא **כפעל** בקמתא דחברך ותיקטוף DT 23:26

פער (1)

עמא לאופסא קדושתהון **ולמפער** גרמיהון לטופסא דפעור NU 25:1

פפייר (1)

ותעטרון בסליא וצניא **ופיפייריא** ותיעלון לות כהנא די DT 26:3

פצח (2)

ונגרעין בר מקירוי **פצחיא** סגי לחדא: וגמרנא ית DT 3:5
דהוא יתיב בהון הכרכין **פציחי** חניין אין בחקרין: ומה שבח NU 13:19

פקד (347)

די עצא או ית פיקדונא די **איתפקד** גביה או ית אבידתא LV 5:23
בניי הלא מעשרא תניינא **איתפקד** די לא למיכול אביל מיניה LV 10:19
דייי ארום הכדין **איתפקדית:** וית חדיא דארמותא LV 10:13
ולא תמותון ארום היכדין **איתפקדית:** ועבד אהרן ובנוי ית כל LV 8:35
לבני ישראל וריבוני **אתפקד** מן קדם ייי למיתן ית NU 36:2
דייי ויכפור בחבריה **בפיקדונא** דאפקיד גביה או LV 5:21
עבדא חלב ודבש: ברם **בפיקודיא** דייי לא תבטשון ואתון NU 14:9
גוברין גיברין ותקיפין **בפיקודיא** ונצחני קרבא ופוק EX 17:9

בפמי ומלל עמהון ית כל **דאיפקדיניה:** ויהי גברא דלא יקבל DT 18:18
אנת תמליל לאהרן ית כל **דאיפקדינך** ואהרן אחוך ימליל EX 7:2
פם מימרא דייי היכמה **דאיתפקד:** והוון איליין בני לוי NU 3:16
עם בני ישראל ית מה **דאיתפקד:** וחמיין בני ישראל ית EX 34:34
דסהדותא ית כל מה **דאפקד** יתך לות בני ישראל: EX 25:22
ויעבדון ית כל מה **דאפקדתך:** ית משכן זימנא וית EX 31:6
ויכפור בחבריה בפיקדונא **דאפקיד** גביה או בשותפות ידא או LV 5:21
אוריכו עד דאשמע מה **דאתפקד** מן קדם ייי על דילכון: NU 9:8
יתה בקודשא היכמא **דאתפקדית:** ומליל אהרן עם משה LV 10:18
קדמיי חסידותיה בגין **דיפקד** ית בנוי וית אינש ביתיה GN 18:19
כנישתהון וית אורחא **דיפקדון** למריעין ודיהכון למקבור EX 18:20
נש דמית עליהון בתכוף **דפוקדניה** רמיא עליהון ולא יכילו NU 9:6
ועבדו היכדין היכמא **דפקד** ייי וטלק אהרן ית חוטריה EX 7:10
יתהון לשמשא קדם ייי::: **דפקד** ייי ית משה בטוורא דסיני LV 7:38
ועבדו בני ישראל ככל **דפקד** ייי ית משה הכדין עבדו: NU 1:54
בנוי לשמשא: הי ככל מה **דפקד** ייי ית משה הכדין עבדו בני EX 39:42
ועבדו בני ישראל ככל מה **דפקד** ייי ית משה הכדין שרן NU 2:34
ועבד אהרן היכמא **דפקד** ייי ית משה: ומליל ייי עם LV 16:34
פום מימרא דייי היכמה **דפקד** ייי ית משה: ומליל ייי עם NU 3:51
בגו בני ישראל היכמא **דפקד** ייי ית משה: ועבדו בני ישראל NU 2:33
חזור לשמשא היכמה **דפקד** ייי ית משה: ועבדו ית כיתונין EX 39:26
זהורי עובד ציור היכמה **דפקד** ייי ית משה: ועבדו ית ציצת EX 39:29
לליואי הי ככל מה **דפקד** ייי ית משה על ליואי הכדין NU 8:20
ייתון ויעבדון ית כל **דפקד** ייי: ית משכנא וית פרסיה וית EX 35:10
בר עמיהוד: איליין **דפקד** ייי לאחסנא ית בני ישראל NU 34:29
מיסת פולחנא לעיבידתא **דפקד** ייי למעבד יתה: ופקיד משה EX 36:5
בארעא דפילוסין היכמה **דפקד** פרעה: וזן יוסף ית אבוי וית GN 47:11
ניסיא מן קדם ייי היכמה **דפקדיה:** וכנישו משה ואהרן ית NU 20:9
למיכל: ועבד נח ככל **דפקדיה** ייי: ואמר ייי לנח עול אנת GN 6:22
ית כל פיתגמייא האילין **דפקדיה** ייי: ואתיבו כל עמא כחדא EX 19:7
ארעא: ועבד נח ככל **דפקדיה** ייי: ונח בר שית מאה שנין GN 7:5
דשלחיה וית כל אתייא **דפקדיה** למעבד: ואזל משה ואהרן EX 4:28
לכון צלם דמות כולא **דפקדינכון** ייי אלקכון דלא למעבד: DT 4:23
חמי ואין אינון פיקודייא **דפקדיתו:** ואמר ית קל מימרך GN 3:9
קדם ייי אלקנא הי כמא **דפקדנא:** ארום יעילינך ייי אלקך DT 6:25
ניסק ונגיח קרב בכל **דפקדנא** ייי אלקנא ואסרתון גבר ית DT 1:41
קיימין ודינין היכמא **דפקדני** ייי אלקי למעבד היכנא בגו DT 4:5
והוו תמן צניעין היכמא **דפקדני** ייי: ובני ישראל נטלו מן DT 10:5
טורו למעבד היכמא **דפקיד** ייי אלקכון יתכון לא DT 5:32
ולשמאלא: בכל אורחא **דפקיד** ייי אלקכון יתכון תהכון מן DT 5:33
קיימייא ודינייא **דפקיד** ייי אלקכון למילפא יתכון DT 6:1
וקרווי טוורא ככל מה **דפקיד** ייי אלקנא: ואתפנינא DT 2:37
וקיימייא ודינייא **דפקיד** ייי אלקנא יתכון: ותימרון DT 6:20
טוורא דאימוראה היכמה **דפקיד** ייי אלקנא יתנא ואתינא עד DT 1:19
ובנוי ית כל פיתגמייא **דפקיד** ייי בידא דמשה: והוה ביומא LV 8:36
פיקודייא וסידרי דינייא **דפקיד** ייי בידא דמשה לות בני NU 36:13
על פיתגמא קדמאה **דפקיד** ייי בסיני בסר וית תפקידת NU 15:31
והא עבדו יתה היכמה **דפקיד** ייי היכדין עבדו ובריך יתהון EX 39:43
זימנא: ועבד משה היכמא **דפקיד** ייי ואתכנישת כנישתא LV 8:4
משה ואהרן היכמא **דפקיד** ייי וארים בחוטרא ומחא ית EX 7:20
בידא דמשה מן יומא **דפקיד** ייי ולהלא לדריכון: ויהי אין NU 15:23
תמן: ועבד משה היכמא **דפקיד** ייי וסליקו לטוורוס אומנוס NU 20:27
פולחן קודשא לכל מה **דפקיד** ייי: וקרא משה לבצלאל EX 36:1
עמא וכפר עליהון היכמא **דפקיד** ייי: וקריב אהרן למדבחא LV 9:7
אילין אחווית קימיא **דפקיד** ייי ית משה בין גבר NU 30:17
אחווית גזירת אורייתא **דפקיד** ייי ית משה: ברם לחודהון NU 31:21
ועבדו בני ישראל ככל **דפקיד** ייי ית משה היכדין עבדו: EX 39:32
בני ישראל::: היכמא **דפקיד** ייי ית משה הכדין עבדו בנת NU 36:10
באבניא ומית היכמא **דפקיד** ייי ית משה: ואמר ייי למשה NU 15:36
גזירת דין היכמא **דפקיד** ייי ית משה: ואמר ייי למשה NU 27:11
למטרא לדריכון: היכמא **דפקיד** ייי ית משה ואצנעיה אהרן EX 16:34
למדבחא מקדשין היכמא **דפקיד** ייי ית משה: ואקים ית דרתא EX 40:32
שנין ולעילא היכמא **דפקיד** ייי ית משה ובני ישראל NU 26:4
אדליק בוציניהא היכמה **דפקיד** ייי ית משה: ודין עובד NU 8:3
ואלעזר כהנא היכמא **דפקיד** ייי ית משה: והות סכום NU 31:31
ארונא דסהדותא היכמא **דפקיד** ייי ית משה: ויהב ית פתורא EX 40:21
ועבדו בני ישראל היכמא **דפקיד** ייי ית משה וית אהרן היכדין EX 12:28
כל בני ישראל היכמא **דפקיד** ייי ית משה וית אהרן היכדין EX 12:50
אסיק למדבחא היכמא **דפקיד** ייי ית משה: וית בשרא וית LV 9:10
בני ישראל ועבדו היכמה **דפקיד** ייי ית משה: ולא קם נביא DT 34:9
ולמצלב ולמקבור היכמא **דפקיד** ייי ית משה: ומליל ייי עם LV 24:23
מטוליה וסכומיה היכמה **דפקיד** ייי ית משה: ומליל ייי עם NU 4:49
ידוי עלוי ופקדיה היכמא **דפקיד** ייי ית משה: ומליל ייי עם NU 27:23
לבני ישראל ככל מה **דפקיד** ייי ית משה: ומליל משה עם NU 30:1

לגולגלתהון: היכמה **דפקיד** ייי ית משה ומנגנון במדברא NU 1:19
לאלעזר כהנא היכמא **דפקיד** ייי ית משה: ומפלגות בני NU 31:41
עלוי מן לעילא היכמא **דפקיד** ייי ית משה: ונסיב ית תרין EX 40:19
הוה לחולק היכמא **דפקיד** ייי ית משה: ונסיב משה LV 8:29
כלילא דקודשא היכמא **דפקיד** ייי ית משה: ונסיב משה ית LV 8:9
די לאהרן כהנא היכמא **דפקיד** ייי ית משה: ועבד ית איפודא EX 39:1
לבני ישראל היכמא **דפקיד** ייי ית משה: ועבד ית חושנא EX 39:7
מעילוי אפודא היכמא **דפקיד** ייי ית משה: ועבד ית מנטר EX 39:21
זהורי ובוץ שזיר היכמא **דפקיד** ייי ית משה: ועבדו ית EX 39:5
דיהודה עבד ית כל **דפקיד** ייי ית משה: ועימיה אהליהב EX 38:22
ארמא קדם ייי היכמא **דפקיד** ייי ית משה: ופרס אהרן ית LV 9:21
מתלת טריגונהא היכמא **דפקיד** ייי ית משה וקטלו כל NU 31:7
מברא למשריתא היכמא **דפקיד** ייי ית משה: וקרב ית דכר LV 8:17
הוא קדם ייי היכמא **דפקיד** ייי ית משה: וקריב ית דיכרא LV 8:21
וכבש להון כובעין היכמה **דפקיד** ייי ית משה: וקריב ית תורא LV 8:13
משכנא דייי היכמא **דפקיד** ייי ית משה: וקריבו לות NU 31:47
וית מנחתא היכמא **דפקיד** ייי ית משה: ושוי ית כיורא EX 40:29
בוציניא קדם ייי היכמא **דפקיד** ייי ית משה: ושוי ית מדבחא EX 40:25
דלחים קדם ייי היכמא **דפקיד** ייי ית משה: ושוי ית מנרתא EX 40:23
קטורת בוסמין היכמא **דפקיד** ייי ית משה: ושוי ית פרסא EX 40:27
דתפילא דרישא היכמא **דפקיד** ייי ית משה: ושלימת כל EX 39:31
איליין פיתגמי קיימא **דפקיד** ייי ית משה למיגזור עם בני DT 28:69
אהרן ולקדם בנוי הי כמא **דפקיד** ייי ית משה על ליואי היכדין NU 8:22
דכר ונוקבא היכמא **דפקיד** ייי ית נח: והוה לזמן שובעא GN 7:9
ועבד משה ואהרן היכמא **דפקיד** ייי יתהון היכדין עבדו: ומשה EX 7:6
ועבד משה הי ככל מה **דפקיד** ייי יתיה היכדין עבד: והוה EX 40:16
ועבד משה היכמא **דפקיד** ייי יתיה הכדין עבד: ואמרו NU 17:26
ועבד משה היכמא **דפקיד** ייי יתיה ודבר ית יהושע NU 27:22
לטורא דסיני הי כמא **דפקיד** ייי יתיה ונסיב בידיה תרין EX 34:4
ומנא משה היכמה **דפקיד** ייי יתיה ית כל בוכריא בבני NU 3:42
משה עם בני ישראל ככל **דפקיד** ייי יתיה לוותהון: מן בתר DT 1:3
סטיתון בפריע מן אורחא **דפקיד** ייי יתכון: ואחדית בתרין DT 9:16
יוסף ממללין: דין פתגמא **דפקיד** ייי לא לדריא דעתידין NU 36:6
ואמר משה דין פתגמא **דפקיד** ייי לאצנעא מלי עומרא מיני EX 16:32
ייי עם משה: ית כל מה **דפקיד** ייי לוותכון בידא דמשה מן NU 15:23
ותימר להון דין פיתגמא **דפקיד** ייי למימר: גבר טלי או סיב LV 17:2
גזירת אחווית אורייתא **דפקיד** ייי למימר מליל עם בני NU 19:2
למימר דין פיתגמא **דפקיד** ייי למימר: סבו מנכון EX 35:4
דתחסין יתה בעדבא **דפקיד** ייי למיתן לתשעת שיבטין NU 34:13
לאיתתא לכל עיבידתא **דפקיד** ייי למעבד בידא דמשה EX 35:29
לכנישתא דין פיתגמא **דפקיד** ייי למעבד: וקריב משה ית LV 8:5
להון אילין פיתגמיא **דפקיד** ייי למעבד יתהון: שיתא EX 35:1
לכון למיכל: דין פיתגמא **דפקיד** ייי לקוטו מיניה גבר לפום EX 16:16
עימך לקיים עלם היכמא **דפקיד** ייי: תלתא צפיריא איתקריבו LV 10:15
בטוורא דסיני ביומא **דפקיד** ית בני ישראל לקרבא ית LV 7:38
מן כל בישרא עלו היכמא **דפקיד** יתיה ייי אלקים ואגן מימרא GN 7:16
בר תמנייא יומין כמה **דפקיד** יתיה ייי: ואברהם בר מאה GN 21:4
למיטר פיקודוי וקיימוי **דפקיד** יתכון: ויהון בכון לאתין DT 28:45
למקדשא יתיה הי כמא **דפקיד** יתכון ייי אלקכון: שיתא DT 5:12
ותני לכון ית קימיה **דפקיד** יתכון למעבד עישרתי DT 4:13
וסהידוותיה וקיימוי **דפקיד** לכון: ותעביד דתקין ודכשר DT 6:17
בני ישראל ונסיבו ית מה **דפקיד** משה והייתיו לקדם משכן LV 9:5
יתיה עד צפרא היכמא **דפקיד** משה ולא סרי וריחשא לא EX 16:24
בנוי ליה היכדין כמה **דפקידינון:** ונטלו יתיה בנוי לארעא GN 50:12
להון הי ככל תפקידתא **דפקידית** יתכון: איתוקפו ואתחיילו DT 31:5
ותטעון מן אורחא **דפקידית** יתכון ותארע יתכון DT 31:29
ייי אלקכון לכון היכמא **דפקידית** יתכון ותיכלון בקירויכון DT 12:21
דבסל קורבניא היכמא **דפקידית** למימר אהרן ובנוי LV 8:31
לאטעיותכון מן אורחא **דפקידכון** ייי אלקכון למהלכא בה DT 13:6
ובאיקרא דאימיה היכמא **דפקידכון** ייי אלקכון מן בגלל DT 5:16
וחיואי ויבוסאי היכמא **דפקידכון** ייי אלקכון: מן בגלל דלא DT 20:17
וכדון על דלא נטר מה **דפקידתא** נגזור עלוהי וניטרדיה מן GN 3:22
סטו בפריע מן אורחא **דפקידתינון** בסיני לא תעבדון לכון EX 32:8
דמן שיבט לוי היכמא **דפקידתינון** תינטרון למעבד: הוו DT 24:8
דילמא מן פירי אילנא **דפקידתך** דלא למיכל מיניה אכלת: GN 3:11
דעיגלא וטול ית לבושיא **דפקידתך** וית מישחא דרבותא וית LV 8:2
לקודשא הי ככל מה **דפקידתך** יעבדון: ואמר ייי למשה EX 31:11
תיכול פטירא היכמה **דפקידתך** לזמן ירחא דאביבא ארום EX 23:15
תיכול פטירי היכמא **דפקידתך** לזמן ירחא דאביבא ארום EX 34:18
ואכלת מן פירי אילנא **דפקידתך** למימר לא תיכול מיניה GN 3:17
דייי אלקי עבדית כל מה **דפקידתני:** אודיק ממדור בית DT 26:14
ערטיליי אנא דמצותא **דפקידתני** אעברית מיני ואיטמרית GN 3:10
הי ככל תפקידתך **דפקידתני** לא עברית חדא מן DT 26:13
דאנא מסהיד בכון יומנא **דתפקדונון** ית בניכון מטול DT 32:46

ותתעתדון במשכן זימנא **ואיפקדיניה** ואזל משה ויהושע DT 31:14
נכנוש ית כתי עללתנא: **ואפקיד** ית ברכתי לכון מן אוצריי LV 25:21
או בכל מאן דיצלא: **ויפקד** כהנא ויחוורון ית עיסקא LV 13:54
סגירותא מן סגירא: **ויפקד** כהנא ויסב לדמידכי תרין LV 14:4
איתחמי לי בביתא: **ויפקד** כהנא ויפנון ית ביתא עד לא LV 14:36
מכתשא בכותלי ביתא: **ויפקד** כהנא וישמטון ית אבניא LV 14:40
וצבע זהורי ואיזובא: **ויפקד** כהנא לטבחא ויכוס ית LV 14:5
דתיהי פני מן דינא **ויפקדינך** ייי פיקודיא ותיכול EX 18:23
שיבטא ועל כל פיקודא **ופיקודא** אתגזר עלה תלתין ושית DT 27:26
למינטור ית כל קיימוי **ופיקודוי** דאנא מפקיד לך אנת וברך DT 6:2
קדמוי ולמינטור קיימוי **ופיקודוי** ודינוי ולמקבלא למימריה: DT 26:17
מימריה וקימוי ודינוי **ופיקודוי** כל יומיא: ותינדעון יומא DT 11:1
ובכא עלוי ונשיק ליה: **ופקד** יוסף ית עבדוי ית אסוותא GN 50:2
ולמנטר פקדוה: **ופקד** ייי אלקים על אדם לאומר GN 2:16
וסמך ית ידוי עלוי **ופקדיה** היכמא דפקיד ייי ית משה: NU 27:23
יצחק ליעקב ובריך יתיה **ופקדיה** ואמר ליה לא תיסב איתא GN 28:1
ואייתיתא עלינא חובא: **ופקיד** אבימלך ית כל עמא למימר GN 26:11
והא אוף הוא אתי בתרן: **ופקיד** אוף ית תניין אוף ית תלתאיי GN 32:20
וכפת יתיה קמיהון: **ופקיד** יוסף לעבדוי ומלן ית מניהון GN 42:25
ואלפא ית בני ישראל: **ופקיד** ית יהושע בר נון ואמר DT 31:23
תעיבר ית יורדנא הדין: **ופקיד** ית יהושע ותקיפהי ואלימהי DT 3:28
ולא הינון עד יומא ההוא: **ופקיד** ית מנשה דממנה אפיטרופוס GN 44:1
ביני עדרא וביני עדרא: **ופקיד** ית קמא למימר ארום GN 32:18
דגבלא לחקלי אדומאי: **ופקיד** יתהום למימר כדין תימרון GN 32:5
הי כברכתיה בריך יתהון: **ופקיד** יתהון ואמר להון אנא GN 49:29
למובדא ארעא דמצרים: **ופקיד** לאיתותבא ית משה וית EX 10:8
מלכא דמצרים **ופקיד** לקטלא בוכרייא דבני ישראל EX 2:23
דפקד ייי למעבד יתה: **ופקיד** משה ואעברו כרוזא EX 36:6
ייי אלקכון היכמא דמליל: **ופקיד** משה וסבי ישראל ית עמא DT 27:1
תחומהא חזור חזור: **ופקיד** משה ית בני ישראל למימר NU 34:13
יתמנע אחסנתהין: **ופקיד** משה ית בני ישראל על NU 36:5
גוילא עד די אשלימינון: **ופקיד** משה ית ליואי נטלי ארון DT 31:25
מפקיד לכון יומא דין: **ופקיד** משה ית עמא ביומא ההוא DT 27:11
דייי ולכל חכימי ישראל: **ופקיד** משה יתהון למימר בסוף DT 31:10
איתא כד בריך יתיה **ופקיד** עילוי למימר לא תיסב איתא GN 28:6
הא אינתתך דבר ואיזל: **ופקיד** עילוי פרעה גוברין ואלויאו GN 12:20
היכמא דריבוני ממליל: **ופקיד** עליהון משה ית אלעזר כהנא NU 32:28
ית ארעא דקיים לאבהתן: **ופקיד** עלנא ייי למעבד ית כל DT 6:24
יתהון מפולחנהון: **ופקיד** פרעה ביומא ההוא ית EX 5:6
כל בישא דיגמלנא יתיה: **ופקידו** ית בלהה למימר ליוסף GN 50:16
איתקריבו כל בני ישראל **ופקידינון** ית כל מה דמליל ייי EX 34:32
לחדתא בהון מידעם **ופקידינון** מטול לאחוואותהון לות LV 27:34
ריבוון וסרכין לשבטיכון: **ופקידית** ית דייניכון בעידנא ההיא DT 1:16
תקרבון לותי ואשמעיניה: **ופקידית** יתכון בעידנא ההיא ית כל DT 1:18
מיא מרמתא מדינחא: **ופקידית** יתכון שיבט ראובן ושיבט DT 3:18
כהנא וקדם כל כנישתא **ותפקיד** יתיה למיחמיהון: ותיתן NU 27:19
יהוון ערקין מן קדמיכון: **יפקיד** ייי עימכון ית בירכתא DT 28:8
קדמוי תעביד ותצית **לפיקודוי** ותינטור כל קיימויי כל EX 15:26
ית בירכתא אין תקבלון **לפיקודיא** דייי אלקכון דאנא DT 11:27
למאיסין ארום תקבלון **לפיקודיא** דייי אלקכון דאנא DT 28:13
וחילופה אין לא תקבלון **לפיקודיא** דייי אלקכון ותטעון מן DT 11:28
ויהי אין קבלא תקבלון **לפיקודיי** דאנא מפקד יתכון יומא DT 11:13
בני חיתאה: ופסק יעקב **לפקדא** ית בנוי וכנש ריגלוי לגו GN 49:33
דלוט דרעאי דאברם הוו **מיפקדיו** מיניה לא תכון בכנענאי GN 13:7
ישראל מלוותיה דהוו **מיפקדין** מן קדם מימרא דשמיא NU 20:21
דארעא: ואנת יוסף **מפקד** דאיקר אבך בגין כן אימר GN 45:19
תקבלון לפיקודיי דאנא **מפקד** יתכון יומא דין למרחם ית ייי DT 11:13
למימריה ככל מה דאנא **מפקד** לכון יומנא אתון ובניכון בכל DT 30:2
ית כל פיקודוי דאנא **מפקד** לכון יומנא: וישיירינכון ייי DT 30:8
וית כל דעבדין תמן הוא **מפקד** למעבד: לית צרוך לרב בית GN 39:22
הדא למעבדא דאנא **מפקדכון** יומא דין למירחם ית ייי DT 19:9
למנטור ית פיקודוי דאנא **מפקדכון** יומא דין מטול דיוטב DT 10:13
ייי אלקכון מטול כן אנא **מפקדכון** למעבד ית פיתגמא הדין DT 15:15
ברי קבל מיני למה דאנא **מפקדת** יתך: איזל כדון לבית עינא GN 27:8
עבדך יעבדון כל דריבוני **מפקיד**: טפלנא נשנא גיתנא וכל NU 32:25
קיימייא וית דינייא דאנא **מפקיד** יתהון למעבדהון: ויהי חולף DT 7:11
ית אבניא האילין דאנא **מפקיד** יתכון בטוורא דעיבל DT 27:4
דייי אלקכון דאנא **מפקיד** יתכון: בעיניכון חמיתון ית DT 4:2
על פיתגמא דאנא **מפקיד** יתכון ולא תבצרון מיניה מן DT 4:2
פיתגמיא האילין דאנא **מפקיד** יתכון יומא דין כתיבין על DT 6:6
ותטעון מן אורחא דאנא **מפקיד** יתכון יומא דין למטעי בתר DT 11:28
ית כל פיתגמא דאנא **מפקיד** יתכון יתיה תיטרון למעבד DT 13:1
כל תפקידתא הדא דאנא **מפקיד** יתכון למעבדה למרחם ית DT 11:22
כל קיימוי ופיקודוי דאנא **מפקיד** לך אנת וברך ובר ברך כל DT 6:2
טור לך ית מה דאנא **מפקיד** לך יומא דין האנא מתריך מן EX 34:11
כל תפקדתא הדא דאנא **מפקיד** לכון יומא דין: ארום ייי DT 15:5
קיימוי וית פיקודוי דאנא **מפקיד** לכון יומא דין דיוטב לכון DT 4:40
ודינוי וקיימוי דאנא **מפקיד** לכון יומא דין: דילמא DT 8:11
דייי אלקכון דאנא **מפקיד** לכון יומא דין: וחילופה אין DT 11:27
כל פיקודיי וקיימיי דאנא **מפקיד** לכון יומא דין וייתון DT 28:15
פיקודוי וית קימוי דאנא **מפקיד** לכון יומא דין: ופקיד משה DT 27:10
ית כל פיקודוי דאנא **מפקיד** לכון יומא דין למעבד דכשר DT 13:19
ית כל תפקידתא דאנא **מפקיד** לכון יומא דין מן בגלל DT 11:8
ומדקדמוי: בגין כן אנא **מפקיד** לכון יומא דין תלת קירוין DT 19:7
ית כל תפקידתא דאנא **מפקיד** לכון יומנא: ויהי ביומא DT 27:1
ית כל פיקודוי דאנא **מפקיד** לכון יומנא ויתנינכון ייי DT 28:1
מכל פיתגמיא דאנא **מפקיד** לכון יומנא לימינא DT 28:14
דייי אלקכון דאנא **מפקיד** לכון יומנא למינטר ולמעבד: DT 28:13
אגר ביש לרשיעיא: דאנא **מפקיד** לכון יומנא למירחם ית ייי DT 30:16
תעבדון ית כל מה דאנא **מפקיד** לכון: לחוד בכל רעות DT 12:14
מתמן בגין כן אנא **מפקיד** לכון למעבד ית פיתגמא DT 24:18
דמצרים בגין כן אנא **מפקיד** לכון למעבד ית פיתגמא DT 24:22
יומא דין ייי אלקכון **מפקיד** לכון למעבד ית קיימייא DT 26:16
ית כל פיתגמיא דאנא **מפקיד** לכון מן בגלל דייטב לכון DT 12:28
וביכוריא ומעשריא דאנא **מפקיד** לכון תמן תקרבון עלוותכון DT 12:11
הינון: כל תפקידתא דאנא **מפקידכון** יומא דין תיטרון למעבד DT 8:1
מיגו ארעא בגין כן אנא **מפקידכון** למימר מיפתח תיפתחון DT 15:11
ית עציא די עצא או ית **פיקדונא** די איתפקד גביה או ית LV 5:23
לכל שיבטא ועל כל **פיקודא** ופיקודא אתגזר עלה DT 27:26
למנדוע הנטרין אתון **פיקודוי** אין לא: ועניך ואכפנך DT 8:2
דייי ותעבדון ית כל **פיקודוי** דאנא מפקד לכון יומנא: DT 30:8
ובכל נפשיכון: למנטור ית **פיקודוי** דאנא מפקדכון יומא דין DT 10:13
ותינטרון ית קיימוי וית **פיקודוי** דאנא מפקיד לכון יומא דין DT 4:40
אלקכון למנטור ית כל **פיקודוי** דאנא מפקיד לכון יומא דין DT 13:19
למינטר ולמעבד ית כל **פיקודוי** דאנא מפקיד לכון יומנא DT 28:1
מן בגלל דלא למינטר **פיקודוי** ודינוי וקיימוי דאנא מפקיד DT 8:11
דייי אלקכון ותעבדון ית **פיקודוי** וית קימוי דאנא מפקיד DT 27:10
דמליל לכון ולמינטר כל **פיקודוי**: ולמנאה יתכון רמין וגיותנין DT 26:18
דייי אלקכון למיטר **פיקודוי** וקיימוי דפקיד יתכון: ויהון DT 28:45
דתקנן קודמוי ולמנטר **פיקודוי** וקיימויי ודינויי ותיחון DT 30:16
לרחמוי צדיקייא ולנטרי **פיקודוי** לאלפין דרין: ומשלים DT 7:9
ויתיה תידחלון וית **פיקודוי** תינטרון ולמימריה תקבלון DT 13:5
דייי אלקכון למינטר **פיקודויי** וקיימויי דכתיבין בספר DT 30:10
ותחית ית בנוי מלמיטר **פיקודי** אורייתא בכין תהי פריק ניר GN 27:40
דאתי לצדיקיא ולנטרי **פיקודי** אורייתא לפום דאיתיעדת NU 12:16
ייי דיהב אגר טב לנטרי **פיקודי** אורייתי: ולא תפסון ית LV 22:31
לכון ארום תינטרון ית **פיקודי** דייי אלקכון ותהכון באורחן DT 28:9
תינטרון למעבד ית כל **פיקודיא** דאורייתא הדא דיכתיבין DT 28:58
ערלאה וגיורא: ובכל **פיקודיא** דאמרית לכון תיסתמרון EX 23:13
קודשא לא יתפריק: אילין **פיקודיא** די פקיד ייי ית משה ולית LV 27:34
יחוב ויעבד חד מן כל **פיקודיא** דייי אלקיה דלא כשרין LV 4:22
מינטר תינטרון ית **פיקודיא** דייי אלקכון וסהידוותיה DT 6:17
מסקר יתכון: ותנטורון ית **פיקודיא** דייי אלקכון למהך באורחן DT 8:6
נש ארום יחוב בשלו מכל **פיקודיא** דייי דלא כשרין LV 4:2
בשלו מן חד מן כל **פיקודיא** דייי דלא כשרין LV 4:13
דארעא במעבדיה חד מן **פיקודיא** דייי דלא כשרין LV 4:27
יחוב ויעבד חדא מכל **פיקודיא** דייי דלא כשרין LV 5:17
ושית מאה ותליסירי **פיקודיא** דכתבית לאלופיהון: וקם EX 24:12
ולא תעבדון חדא מכל **פיקודיא** האילין דמליל ייי עם משה: NU 15:22
מן ריעוונכון ית כל **פיקודיא** האילין: ואין בקיימי LV 26:14
פני מן דינא ויפקדינך ייי **פיקודיא** ותיכול למיקום EX 18:23
מיגוא שלהובית אישתא **פיקודיא** יהב להון: אוף כל מה DT 33:2
אתון מסרבין למנטור **פיקודיי** ואורייתי: חמון ארום ייי EX 16:28
לרחמיי צדיקייא ולנטרי **פיקודיי** ואורייתי: עמי בני ישראל EX 20:6
לרחמיי צדיקיא ולנטרי **פיקודיי** ואורייתי: עמי בני ישראל DT 5:10
בדיל דלא למעבד ית כל **פיקודיי** וסופכון למבטלא ית LV 26:15
למיטור למעבד ית כל **פיקודיי** וקיימיי דאנא מפקיד לכון DT 28:15
דתדכרון ותעבדון ית כל **פיקודיי** ותהוון קדישין הי NU 15:40
צפרא אנא ייי: ותיטרון ית **פיקודיי** ותעבדון יתהון אנא ייי LV 22:31
בימא ותידכרון ית כל **פיקודיי** ותעבדון יתהון ולא תסטון NU 15:39
מן קדמי ולמינטור כל **פיקודיי** כל יומיא מן בגלל דיוטב DT 5:29
ונטר מטרת מימרי **פיקודיי** קיימיי ואורייתיי: ויתיב GN 26:5
בעלמא הדין וקיימו **פיקודייא** אתקין גהינם לרשיעיא GN 3:24
אם בנוי דזעירא נטרין **פיקודייא** דאורייתא: ושלימו מאתן GN 25:23
מיניה מן לא למינטור ית **פיקודייא** דייי אלקכון דאנא מפקיד DT 4:2
ביה אנא חמי ואין אינון **פיקודייא** דפקדיתו: ואמר ית קל GN 3:9
יומין במדברא בטילין מן **פיקודייא** ולא אשכחו מיא: ואתו EX 15:22
גניסת אבוהן: איליין **פיקודייא** וסידרי דינייא דפקיד ייי NU 36:13

לא עברית חדא מן **פיקודייך** ולא אנשיית: לא אכלית DT 26:13
על יורדנא דיריחו למימר: **פקד** ית בני ישראל ויתננון ליואי NU 35:2
תפקידתא הדא דאנא **פקד** לכון יומנא לא מכסיא היא DT 30:11
פלח באורייתא ולמנטר **פקדוה**: ופקד ייי אלקים על אדם GN 2:15
ובדרע מרמם בגין כן **פקדך** ייי אלקך למעבד ית יומא DT 5:15
על לוחי סמפירינון: ויתי **פקיד** ייי בעידנא ההיא למלפא DT 4:14
כולהון דתיכלא מה דלא **פקיד** ייי ומסעדין להון גובריא NU 16:2
דסיני ככל מה די **פקיד** ייי ית משה הכדין עבדו בני NU 9:5
אילין פיקודיא די **פקיד** ייי ית משה ולית אפשר LV 27:34
ישראל: ואמרו ית ריבוני **פקיד** ייי למיתן ית ארעא NU 36:2
ביומא הדין היכדין **פקיד** ייי למעבד אתון בתר יומי LV 8:34
ייי עם משה למימר: **פקיד** ית אהרן וית בנוי למימר דא LV 6:2
ייי עם משה למימר: **פקיד** ית בני ישראל ויסבון מן דילך LV 24:2
ייי עם משה למימר: **פקיד** ית בני ישראל ויפטרון מן NU 5:2
ייי עם משה למימר: **פקיד** ית בני ישראל ותימר להון NU 34:2
ייי עם משה למימר: **פקיד** ית בני ישראל ותימר להון ית NU 28:2
מן תפיין מה דלא **פקיד** יתהון: ונפקת שלהובית LV 10:1
וכד חמא פרעה כדין בכין **פקיד** לכל עמיה למימר כל ביר דכר EX 1:22
לכון לציפונא: וית עמא **פקיד** למימר אתון עברין בתהום DT 2:4
בני ישראל אורייתא **פקיד** לנא משה יהבא ירתו לקהל DT 33:4
בלהה למימר ליוסף אבוך **פקיד** קדם מותיה למימר לך: וכדנא GN 50:16
דיהבית לכון: וית יהושע **פקידית** בעידנא ההיא למימר עינך DT 3:21
או לכל חילי שמייא דלא **פקידית**: ואתחוא לכון ותשמעון DT 17:3
ולבנוי היכדין ככל די **פקידית** יתך שובעא יומין תקרב EX 29:35
לביש אילו נטר מצוותא **פקידתיה** אית הוא חי וקיים כאילן GN 3:22
פיתגמא בשמי ית דלא **פקידתיה** למללא ודי ימלל בשום DT 18:20
חזור חזור דנחשא: ואנת **תפקד** ית בני ישראל ויסבון לך EX 27:20
לגבי ואימליל עימך ית **תפקדיא** וקיימייא ודינייא דתלפון DT 5:31
אלקכון למינטור ית כל **תפקדתא** הדא דאנא מפקיד לכון DT 15:5
אכלין במצרים מגן בלא **תפקדתא** ית קטייא וית מלפפוניא NU 11:5
ומטול דלא יסטי מן **תפקדתא** לימינא ולשמאלא מן DT 17:20
דפקיד ייי בסיני בסר וית **תפקידת** מהולתא בטיל NU 15:31
דעבד: ותינטרון ית כל **תפקידתא** דאנא מפקיד לכון יומא DT 11:8
עמא למימר טורו ית כל **תפקידתא** דאנא מפקיד לכון יומנא: DT 27:1
מטול דשמיתין הינון: כל **תפקידתא** דאנא מפקידכון יומא DT 8:1
ותעבדון להון הי ככל **תפקידתא** דפקידית יתכון: DT 31:5
אין מינטר תינטרון ית כל **תפקידתא** הדא דאנא מפקיד יתכון DT 11:22
ובכל נפשכון: ארום **תפקידתא** הדא דאנא פקד לכון DT 30:11
ארום תינטרון ית כל **תפקידתא** הדא למעבדא דאנא DT 19:9
ית כל קיימייא ית כל **תפקידתא** הדא קדם ייי אלקנא הי DT 6:25
גומליהון: ותינטרון ית **תפקידתא** וית קיימייא וית דינייא DT 7:11
דתירתון: ודא אחויית **תפקידתא** קיימייא ודינייא דפקיד DT 6:1
ליתמא ולארמלא הי ככל **תפקידתך** דפקידתני לא עברית DT 26:13

פקס (1)

ארום שפירן הינון וכסלן **ופקסן** ומהלכן בגילוי בישרא GN 6:2

פקר (3)

לא תהוי איתת שכיבא **הפקירא** בשוקא לגבר חילונאי DT 25:5
תשמיטינא מפולחנא **ותפקר** פירהא וייכלון מסכיני עמך EX 23:11
על חד תרין ישלם: ארום **יפקר** גבר חקיל או כרמא וישלח ית EX 22:4

פרביר (1)

דהוון בגויה אבירוי **ופרבירוי** כרכוי ומדינתיה ניסוי NU 34:6

פרג (10)

בעירא בבעירא ויהי הוא **ופירוגיה** יהי קודשא: ואין כל בעירא LV 27:10
יפריג יתיה ויהי הוא **ופירוגיה** יהי קודשא לא יתפריק: LV 27:33
איליין דכפרין במריהון **ופרגו** איקר שכינתיה בעיגלא הדין: EX 32:5
מומא בשלים ואין מפרוג **יפרג** בעירא בבעירא ויהי הוא LV 27:10
לא ישלחפיניה ולא **יפרג** יתיה שלים בדביה מומא LV 27:10
בין טב לביש ולא **יפרגוניה** ואין מפרוג יפריג יתיה ויהי LV 27:33
ולא יפרגוניה ואין מפרוג **יפריג** יתיה ויהי הוא ופירוגיה יהי LV 27:33
ודביה מומא בשלים ואין **מפרוג** יפרג בעירא בבעירא ויהי LV 27:10
לביש ולא יפרגוניה ואין **מפרוג** יפריג יתיה ויהי הוא ופירוגיה LV 27:33
על רישא דמנשה **פרג** ית ידוי ארום מנשה בוכרא: GN 48:14

פרגוד (31)

ותעיל לתמן מלגיו **לברוגדא** ית ארונא דסהדותא EX 26:33
וביומא דעובדא: מברא **לפרגודא** דסהדותא לעלמא LV 24:3
במשכן זימנא מברא **לפרגודא** דעל סהדותא יסדר יתיה EX 27:21
ית אדמא דצפירא מלגיו **לפרגודא** ויעביד לאדמיה היכמא LV 16:15
ותשוי ית פתורא מברא **לפרגודא** וית מנרתא כל קבל EX 26:35
כתישין ויעיל מן לגיו **לפרגודא**: ויתן ית קטורת בוסמיא LV 16:12
דמשכנא ציפונא מברא **לפרגודא**: וסדר עלוי סידורין דלחים EX 40:22
פיתגם מדבחא ולמגיו **לפרגודא** ותפלחון לפום עדביא NU 18:7
קודשיא יתפרנס: לחוד **לפרגודא** לא יעול ולמדבחא לא LV 21:23
עידן לקודשא מן לגיו **לפרגודא** לקדם כפורתא ארום LV 16:2
אישתמודע כדון **מפרגודא** דברך היא אין לה: GN 37:32
לה: ואשתמודעה ואמר **פרגוד** דברי היא לא חיות ברא GN 37:33
לאיקונין דיליה ועבד ליה **פרגוד** מצוייר: וחמון אחוי ארום GN 37:3
ית יוסף ית פרגודיה ית **פרגוד** מצייר דעלוי: ונסבוהי וטלקו GN 37:23
בני זלפה ובני בלהה ית **פרגוד** מצייר ואייתייוהי לות GN 37:32
ליעקב אבא אכר כדון **פרגודא** דברך לופום כן צרכית GN 38:25
מיכן ארום שמעית מבתר **פרגודא** דהא אישתרי מן יומא דין GN 37:17
דהבא: ותיתן יתיה קדם **פרגודא** דעל ארונא דסהדותא קדם EX 30:6
ארונא למשכנא ושוי ית **פרגודא** דפרסא וטלליה על ארונא EX 40:21
משריתא ויפרקון ית **פרגודא** דפרסא ויכסון ית ארונא NU 4:5
דמשכי ססגונא וית **פרגודא** דפרסא: וית ארנא EX 39:34
אירוחוי וית כפורתא וית **פרגודא** דפרסא: ית פתורא וית EX 35:12
שבע זימנין קדם ייי קבל **פרגודא** דקודשא: ויתן כהנא מן LV 4:6
בטוורא: ותעביד **פרגודא** דתיכלא וארגוונא וצבע EX 26:31
ית נגרין דהבא: ועבד ית **פרגודא** דתיכלא וארגוונא וצבע EX 36:35
במשכן זימנא קדם **פרגודא**: ואסיק עלוי קטורת בוסמין EX 40:26
שבע זימנין קדם ייי קדם **פרגודא**: ומן אדמא יתן על קרנת LV 4:17
ארונא דסהדותא ותפריש **פרגודא** לכון ביני קודשא וביני EX 26:33
חומרי קודשא וית חומרי **פרגודא** מאה חומרין כל קבל מאה EX 38:27
חומרין דכסף: ותיתן ית **פרגודא** תחות פורפיא ותעיל לתמן EX 26:33
ואשלחו ית יוסף ית **פרגודיה** ית פרגוד מצייר דעלוי: GN 37:23

פרגמטיא (10)

לכון וית ארעא תתגרון **בפרגמטיא**: והוה כד אינון מריקין GN 42:34
ניכלייא כל דעבד שיקרא **בפרקמטיא**: הוו דכירין ית דעבדו DT 25:16
דבית זבולן במפקכון **לפרקמטייכון** ודבית ישׂשכר DT 33:18
וליטין אתון במיפקכון **לפרקמטייכון**: יגרי מימרא דייי בכון DT 28:19
ובריכן אתון במיפקכון **לפרקמטייכון**: ישוי מימרא דייי ית DT 28:6
מבני ישראל ויעביד ביה **פרקמטיא** ויזבניניה ויתקטל גברא DT 24:7
ועברו גברי מדינאי מרי **פרקמטיא** ונגידו ואסיקו ית יוסף GN 37:28
בכל פתור ומתקבלין בכל **פרקמטיא**: וקם זבין חקלא עפרון די GN 23:16
לכון תיבו ועיבידו בה **פרקמטייא** ואחסינו בה: ואמר שכם GN 34:10
בארעא ויעבדון בה **פרקמטייא** וארעא הא פתיית GN 34:21

פרד (1)

שרבא וקרושא בליליא **ואיתפרדדת** שינתא מיני: דנן לי GN 31:40

פרדס (4)

לארע פלישתאי: ואנציב **פרדיסא** בבירא דשבע חורפן GN 21:33
אילין איתחברו למישר **פרדיסיא** הוא אתר דמסיק GN 14:3
סדרי קרבא במישר **פרדיסיא**: עם כדרלעמר מלכא GN 14:8
לקביל חמשא: ומישר **פרדסיא** בירין בירין מליין חימרא GN 14:10

פרוור (6)

ולקניינהון ולכל צורכיהון: **ופרודולי** קרווייא דתיתנון לליואי NU 35:4
קירווייא להון למיתב **ופרודלהון** יהוון לבעיריהון NU 35:3
אחודתהון קירוין למיתב **ופרוילין** לקרויא חזרנותהון תתנון NU 35:2
ותמניא קוריין יתהון וית **פרודוולהון**: וקוריין דתיתנון מן NU 35:7
במיצעא דין יהוי לכון **פרודלי** קירווייא: וית קירווייא NU 35:5
בני ישראל: וברם חקיל **פרוילי** קירויהון לא יזבנון ארום LV 25:34

פרזל (20)

למישדיא עלוי מן **דפרזלא** ארום מפירוי תיכלון ויתיה DT 20:19
וסוברונון באונקלוון **דפרזלא** בכיתונהון וקברונון למברא LV 10:5
בר נש בשלו: ואין במנא **דפרזלא** במשהו מחהי וקטליה NU 35:16
הא שיווייה שווייה **דפרזלא** הא היא יהיבא בבית DT 3:11
דידע בעיבידת נחשא **ופרזלא** ואחתיה דתובל קין נעמא GN 4:22
וארע דתחותיכון הי **כפרזלא** דלא מזייע דלא מרטבא DT 28:23
שמיא דעילויכון ברירן הי **כפרזלא** דלא מזייע מן דלא למחתא LV 26:19
גזרין גזירן ברירן הי **כפרזלא** ותלמידהא שאילן שאלין DT 8:9
אבנין לא תרים עליהון **פרזלא**: אבנין שלמן תבנון ית DT 27:5
יתהון חציבן דאין ארימת **פרזלא** דמיניה מתעבד סייפא על EX 20:25
ושרו במדברא ציני טוור **פרזלא** היא רקם: ונטלו מרקם ושרו NU 33:36
הינון שיבטא דאשר היך **פרזלא** וחסימין היך נחשא ריגליהון DT 33:25
ויעיבר לציני טוור **פרזלא** ויהוון מפקנוי מן דרום לרקם NU 34:4
וית כספא וית נחשא וית **פרזלא** וית קסטירא וית כרכימישא NU 31:22
נס תשיעאי דאתנגיד **פרזלא** כשיעור תרויהון ולא NU 25:8
וייתי למדברא דציני טור **פרזלא** מי מצותא אבל ודמוכה NU 34:11
ואנפיק יתכון מניר **פרזלא** ממצרים מטול למיהוי ליה DT 4:20
למקטע קיסא וישמוט **פרזלא** מן קתא וישכח ית חבריה DT 19:5
כל טבתא וישוון נירי **פרזלא** על צווריכון עד זמן דישיצי DT 28:48
מן מדברא דציני טור **פרזלא** על תחומי אדום ויהוי תחום NU 34:3

פרח (15)

תלתי מצוגיא והיא כדי **אפרחת** אפיקת ליבלובהא ומן יד GN 40:10
עד ריחשא ועד עופא **דפרח** באויר שמיא ואישתיצי מן GN 7:23
עופא ליזניה כל ציפר כל **דפרח**: ועלו לות נח לתיבותא תרין GN 7:14
ונסיב ליה יעקב חטר **דפרח** לבן ודילוז וארדפני וקליף GN 30:37
דמו דכל ציפר גפא **דפרחא** באויר רקיע שמיא: דמו דכל DT 4:17
ואהרן ונתב בימא רבא **ואפרח** שלוי מן ימא רבא ושרא על NU 11:31
עבד מילתא דקוסמין **ופרח** באויר שמיא מן יד אדכר NU 31:8

פנחס שמא רבא וקדישא **ופרח** בתרוי ואחדיה ברישיה NU 31:8
ופולי דפרשין מן אוכלא **ופרחין** הי כעופא מסאבין הינון DT 14:19
דקמיט כל דליה ציצין **למפרח** וחרספיתין על מושכיה ואין DT 14:9
דאישא מן שמאליה **פרח** וטייס באויר שמיא חזר EX 20:3
דאישא מן שמאליה **פרח** וטייס באויר שמייא וחזר EX 20:2
קדישא די בהון הוה **פרח** וטייס לאויר שמיא והוה צווח EX 32:19
וכרום תרתין אמין הוה **פרח** על אנפי ארעא והוו מהלכין NU 11:31
לוחיא מיתברין ואתוותא **פרחין**: ובעית רחמין מן קדם ייי כד DT 9:17

פריטא (1)

ותחליל בכספא ויהון **פריטי** צרירין בידך ותהך לאתרא DT 14:25

פרך (9)

רבעות הינא: ולחים וקלי **ופירוכיין** חדתין לא תיכלון עד כרן LV 23:14
קלי בנורא קמח קלי **ופירוכיין** תקרב ית מנחת ביכורך: LV 2:14
מתחורן פורכתיהון וגחנן **לפורכתי**: ואמרו ליה אחוהי GN 37:7
די חלימית: והא אנחנא **מפרכין** פירוכין בגו חקלא והא GN 37:7
בגו חקלא והא קמת **פורכתי** ואוף איזדקפת והא GN 37:7
איזדקפת והא מתחורן **פורכתיהון** וגחנן לפורכתי: ואמרו GN 37:7
ית שבח אדכרתה מן **פירוכייה** ומטוב מישחא על כל LV 2:16
בקמתא דחברך ותיקטוף **פירוכיין** בידך ומגלא לא תרים על DT 23:26
והא אנחנא מפרכין **פירוכין** בגו חקלא והא קמת GN 37:7

פרכס (1)

כפת יתי יאות דלא **נפרכס** מן צערא דנפשי ונדחי לגובא GN 22:10

פרן (4)

בתר כדין תיעול לוותה **ותפרין** יתה ותיהווי לך לאינתו: ויהי DT 21:13
וישמש עמה מפרנא **יפרין** יתה ליה לאיתו: אין לא חמיא EX 22:15
חמשין סילעין יתקניס הי **כמיפרני** בתולתא: עמי בני ישראל EX 22:16
מארסא וישמש עמה **מפרנא** יפרין יתה ליה לאיתו: אין EX 22:15

פרנס (16)

ריביין ותידחל מאלקך **ויתפרנס** אחוך עימך: עמי בני LV 25:36
ביה ותהנייה ידור ויתותב **ויתפרנס** עימך: עמי בית ישראל לא LV 25:35
זרעא דחקלא ולמיכליכון **ולפרנוס** בתיכון ולמיכול לטפליכון: GN 47:24
פתורא קדם תרעיהון **ומפרנסין** מסכיניא ומשתביק להון EX 40:6
קודשיא ומן קודשיא **יתפרנס**: לחוד לפרגודא לא יעול LV 21:22
דמיתת אימיה אליף יתן **למפרנסא** מסכינין מן דאחית לבני DT 34:6
מלקושין על עיסבין **למתפרנסא** בהון דיירי עלמא EX 40:4
אנא עיבידתא ואנא זקיק **לפרנסא** אינשי בייתי: ואמר מה GN 30:30
ליתיכון רשאין למנאה **לפרנסא** גברא זידנא דרחקיה ייי DT 16:22
למרומם ומאיך ותלת **מפרנס** כל ברייתא דהכין כתיב DT 32:4
והות צפרה ברתיה דבריה **מפרנסא** יתיה בסיתרא בזמן EX 2:21
תגרין מרי פרק מטייא **מפרנסין** ית אחיהון בני ישׂשכר GN 46:14
לגו בייתך ויהי **מתפרנס** גבך עד זמן דיתבע אחוך DT 22:2
והוה גננא על רישיה והוה **מתפרנס** מן מזונוי דנח ולא GN 14:13
אבהתהון וכל חד וחד מני **פרנסא** ביומוי יעקב אבונן ודוד DT 31:14
יעקב ומתמן זכא למהוי **פרנסא** ולאתחברא בגלוף שמהן על GN 49:24

פרנק (5)

גברא דמחטי בכון **ודימפרנק** לחדא תבאש עייניה DT 28:54
קרויכון: דמחטייתא בכון **ודמפרנקא** דלא נסיית פרסת ריגלה DT 28:56
על ספר ימא רבא שרן **ויתפרנקון** מן טריתא וחלזונא DT 33:19
בנתיהון ייאתא חטייתא **מפרנקתא** וכל גבר דהוה משכח NU 31:50
למדרס על ארעא מן **פירנוקא** ומן חיטוייא תבאש עינא DT 28:56

פרס (81)

משה ואמר בקושטא **איתפרסם** פיתגמא: ושמע פרעה ית EX 2:14
במיפקי סמיך לקרתא **אפרוס** ית ידיי בצלו קדם ייי קלייא EX 9:29
וביני ארעא: ויהי כד **אפרוס** ענני יקרא עילוי ארעא GN 9:14
תברכון ית בני ישראל **במיפרסהון** ידיהון על דוכנא בהדין NU 6:23
זכוות אימהת עלמא **דפריס** בתרע גהינם מן בגלל דלא EX 40:8
ארום ימות תחות גננא **דפריס** כל מן דעליל למשכנא אורח NU 19:14
חזור חזור הי כטינדיסין **דפריסן** על חקל ארעא יתחשבון LV 25:31
וזבן ית אחסנת חקיל **דפרס** תמן משכניה מן יד בני חמור GN 33:19
למשכנא ושוי ית פרגודא **דפרסא** וטלליה על ארונא EX 40:21
ויפרקון ית פרגודא **דפרסא** ויכסון ית ארונא דסהדותא: NU 4:5
ססגונא וית פרגודא **דפרסא**: וית ארנא דסהדותא וית EX 39:34
וית כפורתא וית פרגודא **דפרסא**: ית פתורא וית אריחוי וית EX 35:12
ביתאל ותב עד אתרא **דפרסיה** תמן למשכניה מן אוולא GN 13:3
מברך: ואבריך ית כהניא **דפרסין** ידיהון בצלו ומברכין ית בנך GN 12:3
ואילין סהידוי ברתי **ויפריסון** שושיפא קדם חכימי DT 22:17
קופא: וידרדון ית מדבחא **ויפרסון** עלוי לבוש ארגוון: ויתנון NU 4:13
ארום לך איתנינה: **ופרס** אברם למשכניה תיכן אימור GN 13:18
דפקיד ייי ית משה: **ופרס** אהרן ית ידוי לקבל עמא LV 9:22
פרעה סמיך לקרתא **ופרס** ידוי בצלו קדם ייי ואתמנעו EX 9:33
נגרוי ואקים ית עמודוי: **ופרס** ית פרסא על משכנא ושוי ית EX 40:19
עד יומא דין: ונטל יעקב **ופרס** למשכניה מן להלא למוגדלא GN 35:21
ולוט יתיב בקוריי מישרא **ופרס** למשכניה עד סדם: ואינשין GN 13:12
מבדחא וצלי בשמא דייי **ופרס** תמן משכניה וחפסו תמן GN 26:25

משכנא ופרסא חופאיה **ופרסא** דבתרע משכן זימנא: ווילוות NU 3:25
כל עמודא דרתא: **ופרסא** דתרע דרתא עובד צייור EX 38:18
קודשא דישמשון בהון **ופרסא** וכל פולחניה: ואמרכול NU 3:31
במשכן זימנא משכנא **ופרסא** חופאיה ופרסא דבתרע NU 3:25
ית משכנא נסב מתמן **ופרסיה** ליה מברא למשריתא EX 33:7
לטורא דממדנח לביתאל **ופרסיה** משכניה ביתאל מן מערבא GN 12:8
ארום מסיק פישרא הוא **ופרסתא** לא סדיקא מסאב הוא LV 11:6
ארום מסקי פישרא הינון **ופרסתהון** לא סדיקין מסאבין הינון DT 14:7
ארום מסיק פישרא הוא **ופרסתיה** לא סדיקא מסאב הוא LV 11:4
ארום מסיק פישרא הוא **ופרסתיה** לא סדיקא מסאב הוא LV 11:5
ועל פתור לחם אפייא **יפרסון** לבוש דתיכלא ויתנון עלוי NU 4:7
ועל מדבחא דדהבא **יפרסון** לבוש תיכלא ויכסון יתיה NU 4:11
שריין במדברא בעא **למפרוס** משכניה בגו שיבטא בני LV 24:10
חד: ותעביד יריען דמעזי **למפרס** על משכנא חדיסירי יריען EX 26:7
צייור מחטא: ותעבד **לפרסא** חמשא עמודי שיטא ותחפי EX 26:37
חד: ועבד יריען דמעזי **לפרסא** על משכנא חדיסירי יריען EX 36:14
ולא השכחת יונתא נייחא **לפרסת** ריגלא ותבת לוותיה GN 8:9
ולא תנוחון ולא יהוי מנח **לפרסת** ריגליכון ויתן מימרא דייי DT 28:65
והיכמא דנישרא **פריס** גדפוי על בנוי וטעין יתהון DT 32:11
חומרין דכסף: ועבד ווילון **פריס** לתרע משכנא דתיכלא EX 36:37
מקפל וקאים ולא הוה **פריס** עד דהוה משה קאי בצלו NU 10:36
ציטרוי: ויהון כרוביא **פריסו** גדפיהון לעילא כל קבל EX 25:20
קורבנא קדם ייי ית **פריסותא** דתרבא דחפי ית כריסא LV 3:3
דקיתא יעבר יתיה וית **פריסותא** דתרבא דחפי ית כריסא LV 3:9
קורבנא קדם ייי ית **פריסותא** דתרבא דחפי ית כריסא LV 3:14
יפריש מיניה ית **פריסותא** דתרבא דחפי ית כריסא LV 4:8
ית פסגייא וית רישא וית **פריסותא** דתרבא על קיסין דעל LV 1:8
סיטרוי: והוון כרוביא **פריסין** גדפיהון בהדי רישיהון EX 37:9
חד ומיכא חד והואה ידוי **פריסן** בהימנותא בצלו וצומא עד EX 17:12
לבן ית יעקב ויעקב **פרס** ית משכניה בטוורא ולבן אשרי GN 31:25
זימנא: ווילוות דרתא וית **פרסא** דבתרע דרתא דעל משכנא NU 3:26
ולמדבחא ויהב ית **פרסא** דבתרע משכנא וגמר משה EX 40:33
וית קטרת בוסמיא וית **פרסא** דבתרע משכנא: וית מדבחא EX 39:38
וית ווילוות דרתא וית **פרסא** דמעלנא דתרע דרתא דעל NU 4:26
עמודוי וית חומרנהא וית **פרסא** דתרע דרתא: וית מתחי EX 35:17
בית ישראל ותיתן ית **פרסא** דתרע דרתא מטול זכוות EX 40:8
דעלוי מלעילא וית **פרסא** דתרע משכן זימנא: וית NU 4:25
ייי ית משה: ושוי ית **פרסא** דתרעא למשכנא: וית מדבחא EX 40:28
בוסמיא ותשוי ית **פרסא** דתרעא למשכנא מטול EX 40:5
וית קטורת בוסמיא וית **פרסא** דתרעא לתרע משכנא: ית EX 35:15
וית חומרהא וית **פרסא** לתרע דרתא וית אטונוי EX 39:40
על סטר ציפונא: ותעבד **פרסא** לתרע משכנא תיכלא EX 26:36
ית עמודוי: ופרס ית **פרסא** על משכנא ושוי ית חופאה EX 40:19
תלתא:: ולתרע דרתא **פרסא** עשרין אמין דתיכלא EX 27:16
דפקד ייי: ית משכנא וית **פרסיה** וית חופאה דיליה ית פורפוי EX 35:11
עליהון פורענותא וכד **פרסין** ידיהון בצלו עני ומשזיב DT 32:31
מארעתהון עד כמיסת **פרסת** ריגלא ארום ירותא לעשו DT 2:5
ודמפרנקא דלא נסיית **פרסת** ריגלה למדרס על ארעא מן DT 28:56
כל אתרא די תדרוך **פרסת** ריגליכון ביה דילכון יהי מן DT 11:24
דמסקי פישרא וסדיקי **פרסתא** דאיתיליד ממסאבתא ברם LV 11:4
וית חזירא ארום סדיק **פרסתא** הוא ולית כנפיק ביה DT 14:8
וית חזירא ארום סדיק **פרסתא** הוא ומטלף טילפין פרסתא LV 11:7
פרסתא ומטילפן טילפין **פרסתא** ודאית לה קרנין מסקא LV 11:3
הוא ומטלף טילפין **פרסתא** והוא פישרא לא פשר LV 11:7
לכל בעירא דהיא סדיקא **פרסתא** וטילפין ליתהא מטלפא LV 11:26
דעל ארעא: כל דסדיקא **פרסתא** ומטילפן טילפין פרסתא LV 11:3
עימנא לא תשתייר מנהון **פרסתא** חדא ארום מינהון ניסב EX 10:26
ממסקי פישרא ומסדיקי **פרסתא** שלילא דליה תרין רישין DT 14:7

פרסא (4)

דישראל דהוה שיתא **פרסי** אמר ליה אנא מסדר סידרי NU 21:35
מהלך ארבע מאה **פרסי** הוות וארעא דגשן דתמן משה EX 12:31
ועקר טוורא בר שיתא **פרסי** ואחתיה על רישיה למיטלוק NU 21:35
דישראל דהוה שיתא **פרסי** ולא ואשתלהי נס שביעאי NU 25:8

פרסה (1)

אלהין תילקון ביה **מפרסת** ריגליכון ועד מוקרא DT 28:35

פרסם (7)

ומטול דחטת במילחא **בפרסומי** עניא הא היא עבידא GN 19:26
דן דמהלכין בקצת עמא **דאתפרסמו** מתחות ענני יקרא: NU 22:41
עריתא בתשמישתא **ובפרסומי** ערייא אנא ייי: ערית אבוך LV 18:6
אוריא דמנהרין מיליהון **ומפרסמין** טמירן דבית ישראל וית EX 28:30
דיוסף גברא דטמירן **מפרסם** ויהב ליה ית אסנת דילידת GN 41:45
גב דאנא יקדא לית אנא **מפרסמא** ליה ברם מרי עלמא יתין GN 38:25
מן טליותהון במצרים **פרסימו** מיסיטירין דילי כד קטלית NU 16:26

פרע (58)

כמא דלא ידעית ולא **איתפרע**: ואתפניאו מתמן תרין GN 18:21
ייי עם משה למימר: **אתפרע** פורענות בני ישראל מן NU 31:2
דילמא יימרון ידינן **אתפרעון** לן מבעלי דבבינן ולא מן DT 32:27
הוא פרע ונטר וניקמא **דפורענותא** יחזר על בעלי דבבוי DT 32:43
דישתביק לכון חובא דא **ואתפרעון** מן רשיעיא פלחי פולחנא EX 32:27
אסרת חרצהא בצלצוליין **ויפרע** ית רישא דאיתתא מטול NU 5:18
למיתן אגר טב לצדיקייא **ולמתפרעא** מן רשיעיא ומכתת NU 24:23
אישא הוא אלק קנאי **ומתפרע** בקינאה: ארום תילדון בנין DT 4:24
אלק קנאן ופורען **ומתפרע** בקינאה מדכר חובי EX 20:5
אלק קנאן ופורען **ומתפרע** בקנאה מדכר חובי אבהן DT 5:9
ופורען שמיה אלק קנאי **ופורען** הוא: דילמא תיגזר קיים EX 34:14
ייי אלקכון אלק קנאן **ופורען** ומתפרע בקינאה מדכר חובי EX 20:5
ייי אלקכון אלק קנאן **ופורען** ומתפרע בקנאה מדכר חובי DT 5:9
ארום אלק קנאן **ופורען** ייי אלקכון שכינתיה שריא DT 6:15
אוחרן ארום ייי קנאי **ופורען** שמיה אלק קנאי ופורען הוא: EX 34:14
וית עקת כל דר ודר **ופורענות** ארמלגוס רשיעא וסדרי DT 34:3
ומתן אגרהון דצדיקייא **ופורענותהון** דרשיעייא ושלויתא GN 49:1
אעיל ית גובריא לביתא **ופרע** בית ניכסתא וסב גידא נשייא GN 43:16
שמע אנא בקל צלותיה **ופרע** ליה: ויתקף רוגזי ואקטול EX 22:22
דימלל בישמי מימרי **יפרע** מיניה: ברם נבי שיקרא דירשע DT 18:19
קדם ייי אלקנא והוא **יפרע** מנהון וגלייתא יתמסרן לנא DT 29:28
דקטיל קין לשבעא דרין **יתפרע** מיניה ורשם ייי על אפי דקין GN 4:15
קדם ייי עולבננא ולחוד **יתפרע** מינכון דאסרחתון ית ריחנא EX 5:21
לערוד בבני נשא ידוי **יתפרעון** מבעלי דבבוי וידי דבעלי GN 16:12
מסדרי קרבא בשלם ידוי **יתפרען** ליה מן בעלי דבבוי וסעיד DT 33:7
יהודאין על שמך ידך **יתפרעון** לך מבעלי דבבך למפתק GN 49:8
סהדין מרי עלמא עתיד **לאיתפרעא** מיניה ליום דינא רבא GN 9:6
אנפי ארעא: ואיתגלי ייי **לאיתפרעא** מנהון על עובד קרתא GN 11:5
אגר טב לצדיקיא ואית **למיתפרעא** מן רשיעיא ועל עיסק GN 4:8
עליכון עם שלופי חרב **למתפרע** מנכון על דבטלתון ית LV 26:25
אגר טב לצדיקיא ולית **למתפרעא** מן רשיעיא עני הבל GN 4:8
ברם על מימרא דייי הוא **למתפרעא** על טומריא על מימר DT 19:15
אתגוללו רחמי שמיא **למתפרעא** פורענות דין עמיה: ואמר NU 25:19
כל יומיא: ותהון משתוין **מפורענותא** ומן מיחמי עיניכון DT 28:34
בה ארום דם זכאי דלא **מתפרע** הוא יטנף ית ארעא NU 35:33
חיקליכון מן שמיא יחות **פורענו** עליכון עד דתשתיצון: ישוי DT 28:24
עם משה למימר: אתפרע **פורענות** בני ישראל מן מדינאי ומן NU 31:2
רחמי שמיא למתפרעא **פורענות** דין עמיה: ואמר ייי למשה NU 25:19
דמליל ייי: ויעבד ייי **פורענות** דינא מנהון היכמה דעבד DT 31:4
עד דיתמקמקון ויקבלון **פורענות** חוביהון על כל בישתא DT 31:18
קטילין ושיבין משירוי **פורענות** סנאיהון דעמי: שבחו DT 32:42
קרבא על מדין למיתן **פורענות** עמא דייי במדין: אלפא NU 31:3
באפותיקי: קדמי **פורענותא** ואנא אשלים לעידן DT 32:35
עיניכון דאתון חמיין **פורענותא** דתלחץ: ויגלינכון מימרא DT 28:67
כד יחובון מייתי עליהון **פורענותא** וכד פרסין ידיהון בצלו DT 32:31
ותתקיף בדינא ידי אחזור **פורענותא** למעיקי עמי ולסנאיהון DT 32:41
כס דלווט דישתון ביום **פורענותהון** והיך רישי פיתוניא DT 32:33
עליהון בישתא גירי מחת **פורענותי** אישיצי בהון: אגלי יתהון DT 32:23
יתבר וגירי מחוות **פורענותיה** יגרי בהון וישיצינון: NU 24:8
מן בגלל דיקבלון **פורענן** דמשתלחא להון: ותבו גללי EX 14:27
ית רישיה לא ירבי **פירוע** ולבושוי לא יבזע בשעת LV 21:10
בנוי רישיכון לא תרבון **פרוע** ולבושיכון לא תבזעון ולא LV 10:6
מבזעין ורישי יהי מרבי **פרוע** ועל ספריא יהוי מהלך ועל LV 13:45
ארום פריעין הינון ארום **פריעו** על ידוי דאהרן ית כלילא EX 32:25
משה ית עמא ארום **פריעין** הינון ארום פריעו על ידוי EX 32:25
אדם עבדוי דאשתדי הוא **פרע** ונטר וניקמא דפורענותא יחזר DT 32:43
קדמוי הוא במימריה **פרע** מיניה על די אזיד פרעה רשיעא EX 15:1
בקרויכון: ביומיה **תפרע** ליה סוטריה ולא תטמוע DT 24:15

פרע (4)

לא תיכול לשיציותהון **בפריע** דילמא יסגי עליכון חיות DT 7:22
על אישתא ואוביל **בפריע** לות כנישתא וכפר NU 17:11
עיגלא מתכא סטיתון **בפריע** מן אורחא דפקיד ייי יתכון: DT 9:16
מארעא דמצרים: סטו **בפריע** מן אורחא דפקידתינון בסיני EX 32:8

פרף (10)

ית יריעתא חדא עם חדא **בפורפיא** והוה משכנא חד: ועבד EX 36:13
ית יריעתא חדא עם חדא **בפורפייא** ויתחבר משכנא למיהוי EX 26:6
וית חופאה דיליה ית **פורפוי** וית לוחוי וית נגרוי וית EX 35:11
ית משכנא וית כל מנוי **פורפוי** לוחוי נגרוי ועמודוי וחומרוי: EX 39:33
ותיתן ית פרגודא תחות **פורפיא** ותעיל לתמן מלגיו EX 26:33
דנחש חמשין ותעיל ית **פורפייא** בענוביא ותלפיף ית EX 26:11
לקבל חדא: ועבד חמשין **פורפין** דדהב ולפיף ית יריעתא EX 36:13
קבל חד: ותעביד חמשין **פורפין** דדהב ותלפיף ית יריעתא EX 26:6
ליפופה תניינא: ותעביד **פורפין** דנחש חמשין ותעיל ית EX 26:11
דבית לופי תניינא: ועבד **פורפין** דנחשא חמשין ללפפא ית EX 36:18

פרק (191)

כולה עד כדון לא **איתפיריקאת** בכספא או שטר LV 19:20
דוכרייא וכל בוכרא דבריי **אפרוק** בכספא: ויהי לאת חקיק EX 13:15
קדם אבוכון דבשמיא **דיפרוק** יתכון: פרי ארעכון וכל DT 28:32
עלם יהי לליואי: ומאן **דיפרוק** מן ליואי ויפוק זביני ביתא LV 25:33
מיבבא ביניהון: אלקא **דיפרק** ואפיק יתהון פריקין מן NU 23:22
בכל עממיא עמא **דמתפרקין** בשום מימרא דייי והוא DT 33:29
דשמשון אנא מודיק **דפורקנהון** פורקן דשעתא אלהין GN 49:18
סכיית ואודיקית ייי **דפורקנך** פורקן עלמין: שיבטא גד GN 49:18
ואניסין כל יומיא ולית **דפריק**: איתא תקדש וגבר חורן DT 28:29
דחלתא דייי אלקכון **דפרק** ואפיק יתכון פריקין מארעא DT 6:12
וארגיזו קדם תקיפא **דפרקינון**: דקנון יתיה בפולחנא DT 32:15
עם אבהתהון קדמי בזמן **דפרקית** ואפיקית יתהון פריקין LV 26:45
יימרון כפר לעמך ישראל **דפרקת** ייי ולא תשווי חובת אדם DT 21:8
יתכון מפולחנהון **ואפרוק** יתכון בדרע מרמם ובדינין EX 6:6
ואין בבעירא מסאבא **ויפרוק** בעילוייה ויוסיף חומש דמוי LV 27:27
וייתי פריקיה הקריב ליה **ויפרוק** ית זביני אחוי: וגבר ארום לא LV 25:25
קדם ריבונהא דזמין יתיה **ויפרוק** יתה אבוהא לגבר אוחרן EX 21:8
בזמן מיטל משריתא **ויפרקון** ית פרגודא דפרסא ויכסון NU 4:5
ידיה או ידא דציבורא **ויתפריק**: וידייק עם ערלאה זבניה LV 25:49
יומין יתוקם משכנא **ויתפרק** ויתקרב קורבנכון: היכמא LV 8:33
קיים דלא למידן ביה בנוי **ולמפרוקינון** ממלכותא למימר GN 15:18
זבולון אליאב בר חילון: **ומתפרק** משכנא ונטלין בני גרשון NU 10:17
מתארסא לגבר חרי **ומתפרקא** כולה עד כדון לא LV 19:20
ובמותת ריבונהא **ופורקן** כספא: אין לא השכחת חינא EX 21:7
מיין: יקום מנהון מלכהון **ופורקהון** מנהון ובהון יהוי וזרעיית NU 24:7
מידכר להום ועני תהום **ופריק** יתהום ועתידין הינון כל GN 22:14
הוויתון בארעא דמצרים **ופרק** ואפיק ייי אלקכון יתכון DT 5:15
מימינהון ומשמאלהון: **ופרק** ושיזיב ייי ביומא ההוא ית EX 14:30
הויתון בארעא דמצרים **ופרק** יתכון מימרא דייי אלקכון DT 24:18
מסאבא תיפרוק באימרא: **ופרקוניה** דבר נש מבר ירחא NU 18:16
וקם משה בכח גבורתיה **ופרקינין** ואשקי ית ענהין: ואתאה EX 2:17
הויתון בארעא דמצרים **ופרקכון** ייי אלקכון מטול כן אנא DT 15:15
פריקין בידא תקיפתא **ופרקכון** מבית שעבוד עבדיא מן DT 7:8
יד הינין מתעניין וילדן **ופרקן** בשלם: ואוטיב ייי לחייתא EX 1:19
ית סנא דבלבך עלוי **ותפרוק** ותטעון עימיה: עמי בני EX 23:5
לטבא קדם ייי אלקכון **ותתפרקון** מבעלי דבביכון: וביום NU 10:9
הוא קדם ייי: ואין מפרוק **יפרוק** גבר ממעשריה חומש דמוי LV 27:31
יקום: ואין דין דמקדיש **יפרוק** ית ביתיה ויוסיף חומש כסף LV 27:15
ליה מן עלוייה: ואין מפרק **יפרוק** ית חקלא דין דאקדיש יתיה LV 27:19
עלוי ויקום ליה: ואין לא **יפרוק** ית חקלא ואין זבין ית חקלא LV 27:20
או אחבוי או בר אחבוי **יפריקיניה** או מקריב בישריה LV 25:49
ישרון: ובמיטל משכנא **יפרקון** יתיה ליואי ובימישריה NU 1:51
יהי ליה חד מן אחוי **יפרקיניה**: או אחבוי או בר אחבוי LV 25:48
מקריב בישריה מזרעתיה **יפרקיניה** או תארע ידיה או ידא LV 25:49
היכדין יהי: ואין מפרוק **יפרקיניה** ויוסיף חומש דמיה על LV 27:13
ופירוגיה יהי קודשא לא **יתפריק**: אילין פיקודיא די פקיד ייי LV 27:33
יהי פורקניה: ואין לא **יתפריק** עד זמן מישלם ליה שתא LV 25:30
ית חקלא לגבר חורן לא **יתפריק** תוב: ויהי חקלא במיפקיה LV 27:20
ואנת חמי ליה: ואין לא **יתפרק** באיליין שנייא ויפוק בר LV 25:54
דיתפרש מן אינשא לא **יתפרק** בכספא אלהין בעלוון LV 27:29
על המיין אפודא ולא **יתפרק** חושנא מעילוי איפודא: EX 28:28
על המיין אפודא ולא **יתפרק** חושנא מעילוי אפודא EX 39:21
אחסנתיה לא יזדבן ולא **יתפרק** כל אפרשא קדש קודשין LV 27:28
תרין והכדין עתידין בנוי **לאתפרקא** מן יד בעלי דבביהום GN 30:8
ומלכא משיחא דעתיד **למיפרק** ית ישראל בסוף יומיא: EX 40:9
יתה ליה או לבריה או **למיפרקא** ליד אבוהא ותיפוק מגן EX 21:11
לא יהי ליה מן דחמי **למפרוק** זבינוי ותארע ידיה וישכח LV 25:26
דביעאה כד איתגלי **למפרוק** ית עמא בית ישראל מביני EX 12:42
כד יתגלי מימרא דייי **למפרוק** ית עמיה יימר לכל DT 32:39
עם בעלי דבביכון **למפרוק** יתכון: וימללון סרכיא עם DT 20:4
דייי ואמר במימריה **למפרוקינון** מן פולחנא: ושמיע קדם EX 2:23
דמלאכא דזמינת לי **למפרק** יתי מכל בישא והיכמא GN 48:16
בני ישראל דבמצרים וכן **למפרקהון** מגלוותהון לדריהון: EX 12:42
די מטא קיצא מן קדם ייי **למתפרקא**: והוה מסוף תרתין שנין GN 40:23
משה ואמר ליל נטיר **לפורקן** הוא מן קדם ייי למפקא ית EX 12:42
ולא איזדרז ביומא ההוא **לפורקנא** דישראל ולא הוה יכיל EX 17:12
דקיימין לפרוקין לא **לפורקניה** דגדעון אנא מסכי ולא GN 49:18
דגדעון אנא מסכי ולא **לפורקניה** דשמשון אנא מודיק GN 49:18
תלתא יומין הינון **לפורקנך**: בסוף תלתי יומין יעול GN 40:12
פורקן דשעתא אלהין **לפורקנך** סכיית ואודיקית ייי GN 49:18
בנתיכון לגוברין סמיך **לפיריקהן** דלא יטעיין בזנו בתר LV 19:29
בינתיהון למיהוי מלכין **לפירקין** מאילך ואילך: ושדר עיזגדין NU 22:4

מיכאל יקום בדרעא **לפרוקא**: ואמר ייי ליה דא היא ספא DT 34:3
שמשון בר מנוח דקיימין **לפרוקין** לא לפורקניה דגדעון אנא GN 49:18
קודשין הוא קדם ייי: ואין **מפרוק** יפרוק גבר ממעשריה חומש LV 27:31
כהנא היכדין יהי: ואין **מפרוק** יפרקיניה ויוסיף חומש LV 27:13
ומנכי ליה מן עלווייה: ואין **מפרק** יפרוק ית חקלא דין דאקדיש LV 27:19
בבעירא למהוי דילך ברם **מפרק** תיפרוק ית בוכרא דאינשא NU 18:15
ללוחי משכנא וכד הוה **מתפרק** הוה פשיט הי כחוטרא: וית EX 26:28
חומש דמוי עלוי ואין לא **מתפרק** ויזדבן בדמי עלווייה: ברם כל LV 27:27
קודשי תושבחן קדם ייי **מתפרק** מן כהנא: ובשתא חמישיתא LV 19:24
באנפי ברא ומן בתר כדין **מתפרקין** על יד תלת רעיין ודי GN 40:12
אנא מודיק דפורקנהון **פורקן** דשעתא אלהין לפורקנך GN 49:18
יתקטל: ולא תקבלון **פורקן** לדערק לקרייתא דקלטיה NU 35:32
שליט בגו ארעא: ואישוי **פורקן** לעמי ועל עמך אייתי מחא EX 8:19
נש לממת: לא תקבלון **פורקן** לשיזבא בר נש קטולא דהוא NU 35:31
דממונא יתשוי עלוי ויתן **פורקן** נפשיה ככל מה דישוון עלוי EX 21:30
בזמן דמנונן משה גבר **פורקן** נפשיה מאה קינטנרין ואלפא EX 38:25
למניינהון ויתנון גבר **פורקן** נפשיה קדם ייי כד תימני EX 30:12
בתי קירוי אחסנתהון **פורקן** עלם יהי לליואי: ומאן דיפרוק LV 25:32
ואודיקית ייי דפורקנך **פורקן** עלמין: שיבטא גד יעברון GN 49:18
איתעתדו וחמון ית **פורקנא** דייי די עבד לכון יומא דין EX 14:13
לכון דיזדבן מן יד **פורקנא** יהי ליה חד מן אחוי LV 25:48
על חקל ארעא יתחשבון **פורקנא** תהי לכון וביובלא יפקון: LV 25:31
ובכל ארע אחסנתיכון **פורקנא** תיתנון לארעא: וארום אין LV 25:24
בהון: ונסיב משה ית **פורקנהון** מן מה דמייתרין על NU 3:49
כפום סכום שנוי יתיב ית **פורקניה**: הי כאגיר שנא בשנא יהי LV 25:52
דזבינוי מן עידן לעידן יהי **פורקניה**: ואין לא יתפריק עד זמן LV 25:29
ידיה וישכח הי כמיסת **פורקניה**: וידייק ית סכום שני זבינוי LV 25:26
לפום סכומהון יתיב **פורקניה** מכסף זבינוי: ואין קליל LV 25:51
בבירנין דמפקן שור ויהי **פורקניה** עד משלם שתא דזבינוי מן LV 25:29
פלגות ליליא זמן שריות **פורקנכון** ממצרים: ותטוון ותיכלון DT 16:6
דמידכי דימינא ועל **פירקא** מיצעא דידיה דימינא ועל LV 14:14
דמידכי דימינא ועל **פירקא** מיצעא דידיה ימינא ועל LV 14:17
דמידכי ימינא ועל **פירקא** מיצעא דידיה ימינא ועל LV 14:25
דמידכי ימינא ועל **פירקא** מיצעא דידיה ימינא ועל LV 14:28
דאודניהון ימינא ועל **פירקא** מיצעא דידיהון ימינא ועל LV 8:24
דידיה דימינא ועל **פירקא** מיצעא דריגליה דימינא: LV 14:14
דאודן ימיניה ועל **פירקא** מיצעא דריגליה ימינא: LV 8:23
מיצעא דידיה ימינא ועל **פירקא** מיצעא דריגליה ימינא: ומן LV 14:25
מיצעא דידיה ימינא ועל **פירקא** מיצעא דריגליה ימינא עילוי LV 14:17
מיצעא דידיה ימינא ועל **פירקא** מיצעא דריגליה ימינא: LV 14:28
דידיהון ימינא ועל **פירקא** מיצעא דריגליהון דימינא LV 8:24
ויהי מימרי לכון לאלקא **פרוק** ואתון תהוון לשמי לאומא LV 26:12
במימריה והות לי לאלקא **פרוק** מן תדיי אימהון הוון עקיא EX 15:2
עד זמן דייתון תרין **פרוקין** ויימרון לכון מדכר דכיר ייי GN 50:25
ניתן כליל דרבו בריש **פרוקן** דהוה מעבר ולא עבר דהוא EX 15:18
לבעלי דבביכון ולית לכון **פריק**: בניכון ובנתיכון מסירין לעם DT 28:31
ליה: ואין לית אית לגבר **פריק** לאתבא חובתא ליה חובתא NU 5:8
דמיקדשא ולא אודמן **פריק** לה: ארום ישכח גבר עולימתא DT 22:27
אורייתא בכין תהי **פריק** ניר שעבודיה מעל צוורך: ונטר GN 27:40
להון למאן אית דהב **פריקו** ויהבו לי וטלקתיה בנורא EX 32:24
לגובריהון ומן יד **פריקו** כל עמא ית קדשי דדהבא די EX 32:3
בסיפיה: ואמר להון אהרן **פריקו** קדשי דדהבא דבאודני EX 32:2
ויזבון מאחסנתיה וייתי **פריקיה** הקריב ליה ויפרוק ית זביני LV 25:25
דחמא ית משה וית אהרן **פריקייא** דישראל: בנוי דגרשום לבני EX 6:16
לאבהתכון אפיק יתכון **פריקין** בידא תקיפתא ופרקכון DT 7:8
כד אפקכון ייי אלקכון **פריקין** הכדין יעבד ייי אלקכון לכל DT 7:19
ויהי ארום תהכון מן תמן **פריקין** לא תהכון ריקנין: ותישאל EX 3:21
בזמן דהנפיקית יתהון **פריקין** מארעא דמצרים אנא הוא LV 23:43
הדין נפקו כל חילייא דייי **פריקין** מארעא דמצרים: ארבעה EX 12:41
ואפיק ית עמי בני ישראל **פריקין** מארעא דמצרים בדינין EX 7:4
דפרקית ואפיקית יתהון **פריקין** מארעא דמצרים וחמיין כל LV 26:45
בסעדכון דאפקכון **פריקין** מארעא דמצרים: ויהי בזמן DT 20:1
הדין הנפיקית ית חיליכון **פריקין** מארעא דמצרים ותיטרון ית EX 12:17
אלקכון דהנפיקית יתכון **פריקין** מארעא דמצרים: ותיטרון ית LV 19:36
הינון דהנפיקית יתהון **פריקין** מארעא דמצרים לא יזדבנון LV 25:42
אלקין די הנפיקית יתהון **פריקין** מארעא דמצרים לאשראה EX 29:46
דייי אלקכון דאפיקכון **פריקין** מארעא דמצרים מבית DT 8:14
מקדשכון: דהנפיק יתכון **פריקין** מארעא דמצרים מטול LV 22:33
די פרקית ואפיקית יתכון **פריקין** מארעא דמצרים מטול NU 15:41
דפרק ואפיק יתכון **פריקין** מארעא דמצרים מן בית DT 6:12
הנפיקו ית בני ישראל **פריקין** מארעא דמצרים על חיליהון: EX 6:26
ואנפיק ית בני ישראל **פריקין** מביניהון: ועבד משה ואהרן EX 7:5
ידא אפקנא ייי ממצרים **פריקין** מבית שעבוד עבדיא: והוה EX 13:14
יומא דין אתון נפקין **פריקין** מחמיסר בניסן הוא ירחא EX 13:4
לעמא אסיקית יתהון **פריקין** ממצרים אחיתית להון מנא NU 21:6
יצחק עד דנפקן **פריקין** ממצרים ארבע מאה והוה EX 12:41
בירחא דאביבא נפקתון **פריקין** ממצרים: כל פתח וולדא EX 34:18
ית יומא הדין די נפקתון **פריקין** ממצרים מבית שעבוד EX 13:3
אלקא דאפיקינון **פריקין** ממצרים תוקפא ורומא NU 24:8
די פרקית ואפיקית יתכון **פריקין** מן ארעא דמצראי מבית DT 5:6
די פרקית ואפיקית יתכון **פריקין** מן ארעא דמצראי מן בית EX 20:2
הינון דאפיקית יתהון **פריקין** מן ארעא דמצרים אנא הוא LV 25:55
ארום ייי אפיק יתכון **פריקין** מן ארעא דמצרים: ובצפרא EX 16:6
דייי אלקך דאפיק יתכון **פריקין** מן ארעא דמצרים מבית DT 13:11
הוא ייי דאסיקית יתכון **פריקין** מן ארעא דמצרים מטול LV 11:45
די פרקית ואפיקית יתכון **פריקין** מן ארעא דמצרים מטול LV 25:38
אלקכון דאפיקית יתכון **פריקין** מן ארעא דמצרים מלמהוי LV 26:13
דיפרק ואפיק יתהון **פריקין** מן ארעא דמצרים תוקפא NU 23:22
בעיננא: ויתנא אפיק **פריקין** מן בגלל לאעלא יתנא DT 6:23
אבא הלכא: ואתרכין על **פריקת** צוורי בנימין אחוי ובכא GN 45:14
זימנין ובנימין בכא על **פריקת** צווריה דיוסף דחמא משכנא GN 45:14
ואיתחמי ליה ורכן על **פריקת** צווריה ובכא על צווריה תוב GN 46:29
ובנוי דזבולון תגרין מרי **פרק** מטייא מפרנסין ית אחיהון בני GN 46:14
ויהב משה ית כסף **פרקונא** לאהרן ולבנוי על פום NU 3:51
מן מה דמייתרין על **פרקוני** ליואי: מלוות בוכרייא דבני NU 3:49
קדמי ליואי אנא ייי: וית **פרקוני** מאתן ושובעין ותלתא מה NU 3:46
כספא לאהרן ולבנוי **פרקוני** מה דמשתיירין בהון: ונסיב NU 3:48
ביר יחידאי ואשתבי אזל **פרקיה** בממון סגי אלפיה חכמתא DT 32:50
יגרום ליה חובא דלא **פרקיה** ויתקטל בקרבא וגבר חורן DT 20:6
משה ית משכנא ולא **פרקיה** ולא שמיש תוב על גבי LV 9:1
גברא דינצב כרמא ולא **פרקיה** מן כהנא ואחליה יהך ויתוב DT 20:6
למיקמא ית משכנא דלא **פרקיה** תוב ורבי יתיה וקדיש יתיה NU 7:1
אנא הוא ייי אלקכון די **פרקית** ואפיקית יתכון פריקין NU 15:41
אנא הוא ייי אלקכון די **פרקית** ואפיקית יתכון פריקין מן EX 20:2
אנא הוא ייי אלקכון די **פרקית** ואפיקית יתכון פריקין מן LV 25:38
אנא הוא ייי אלקכון די **פרקית** ואפיקית יתכון פריקין מן DT 5:6
מארעא דמצראי ודי **פרקכון** מבית שעבוד עבדיא DT 13:6
תחבל עמך ואחסנתך די **פרקת** בתוקפך די אפיקת ממצרים DT 9:26
בחסדך עמך האיליין די **פרקת** ואחסינת יתהון טור בית EX 15:13
ואימר: ובוכרא דחמרא **תיפרוק** באימרא ואין לא תיפרוק EX 34:20
וכל פתח וולדא בחמרא **תיפרוק** באימרא ואין לא תפרוק EX 13:13
בוכרא דבעירא מסאבא **תיפרוק** באימרא: ופרקוניה דבר נש NU 18:15
בברך ולא בעבדך **תיפרוק** בכספא: ויהי ארום ישיילינך EX 13:13
דבר נש מבר ירחא **תיפרוק** בסכום עילוייך כסף חמשא NU 18:16
בקופיץ וכל בוכרא דברך **תיפרוק** ולא יתחמיין קדמי ריקנין: EX 34:20
תיפרוק באימרא ואין לא **תיפרוק** ותינקפיה בקופיץ וכל EX 34:20
למהוי דילך ברם מפרק **תיפרוק** ית בוכרא דאינשא בחמשא NU 18:15
או בוכרא דעיזי לא **תפרוק** מטול דקודשא הינון וית NU 18:17
תיפרוק באימרא ואין לא **תפרוק** תינקוף יתיה וכל בוכרא EX 13:13

פרקד (1)

ונפיל ומן אמתיה רכביה **מתפרקיד** לאחוריה הכדין יקטיל GN 49:17

פרקטונין (3)

והי כגנין שתילין על **פרקטוני** נהרין כן הינון תלמידיהון NU 24:6
לאילנין שתילין על **פרקטונין** דמיין ברם פירין לית NU 21:34
הוא אתר דמסיק **פרקטונין** דמיין ושדי להון לימא GN 14:3

פרש (250)

אסידי ארום עד כדון לא **איתפרש** הדין דינא תעבד ביה: NU 15:34
אכזיא ודרדניא: מאילן **איתפרשא** גנוסי נגוות עממיא כל GN 10:5
משה ועם אהרן למימר: **איתפרשו** מגו כנישתא הדא NU 16:21
ייי עם משה למימר: **איתפרשו** מיגו כנישתא הדא NU 17:10
בעממיהון ומאילין **איתפרשו** עממיא בארעא בתר GN 10:32
ובמישרא דמואב **איתפרשת** לכון כמה ניסין ופרישן DT 1:1
מניכסת קודשיהון **אפרושותהון** קדם ייי: ולבושי EX 29:28
הזעירא היא לכון ארום **אפריש** אלקא דישראל יתכון מן NU 16:9
דמיין: בעידנא ההיא **אפריש** ייי ית שיבטא דלוי מטול DT 10:8
וגביהון חיוורין: וטלייא **אפריש** יעקב ויהב בריש ענא GN 30:40
לכון כל יומיא: הא בכן **אפריש** משה תלת קירוין בעיברא DT 4:41
דתיתן לי חד מן עשרא **אפרישיניה** קדמך: ונטל יעקב GN 28:22
חדא ולא עשרתנון מן יד **אפרש** ארבעה בוכרין לארבע GN 32:25
בדמי עלווייה: ברם כל **אפרשא** די יפרש גבר קדם ייי מן כל LV 27:28
קודשין הוא קדם ייי: כל **אפרשא** דיתפרש מן אינשא לא LV 27:29
קדם ייי הי כחקיל **אפרשא** לכהנא תהי אחסנתיה: ואין LV 27:21
לא יזדבן ולא יתפרק כל **אפרשא** קדש קודשין הוא קדם ייי: LV 27:28
וית מעשרתכון וית **אפרשות** ידיכון ונדריכון DT 12:6
די יכפר ביה עלוי: וכל **אפרשות** לכל קודשיא דבני ישראל NU 5:9
יהי לך: ודין דזכיתי לך **אפרשות** מתנתהון לכל ארמות בני NU 18:11
דימינא דילך יהי: כל **אפרשות** קודשיא די יקדשון בני NU 18:19
כתפא ועד דרועא תתנון **אפרשותא** אפרשותא לכהנא LV 7:32

מן קדם משה ית כל **אפרשותא** דאייתיו בני ישראל EX 36:3
והוה סכום כל דהב **אפרשותא** דאפרשו לשמא דייי NU 31:52
דאיתרעי ליביה ייתי ית **אפרשותא** דייי דהבא וכספא EX 35:5
משה ית סכום נסיבת **אפרשותא** דייי לאלעזר כהנא NU 31:41
תיסבון אפרשותי: ודא **אפרשותא** דסיתבון מנהון דהבא EX 25:3
דלא אייתי גברא ההוא **אפרשותא** ומעשרא איסתקף עלוי NU 5:15
ישראל דיפרשון קדם ייי **אפרשותא** יהבית לליואי לאחסנא NU 18:24
עשרין וארבעא תפרשון **אפרשותא** לכהנא כמא דמפרשין NU 15:20
דרועא תתנון אפרשותא **אפרשותא** לכהנא מניכסת LV 7:32
דעימיה הייתיו ית **אפרשותא** לקדם ייי לעיבידת EX 35:21
ותיתנון לאלעזר כהנא **אפרשותא** לשמא דייי: ומפלגותא NU 31:29
נסיבו סרכיא דבני ישראל **אפרשותא** מן אחוהון באונסא LV 8:15
בני ישראל ויסבון קדמי **אפרשותא** מן כל דיתרעי ליביה EX 25:2
יתהון מליין סמידא מן **אפרשותא** פתיכא במשח זיתא NU 7:13
יתהון מליין סמידא מן **אפרשותא** פתיכא במשח זיתא NU 7:19
עשרין שנין ולעילא יתן **אפרשותא** קדם ייי: דעתיר לא יסגי EX 30:14
כספא ונחשא היתיו ית **אפרשותא** קדם ייי וכל מאן EX 35:24
ייי למימר: סבו מנכון **אפרשותא** קדם ייי כל מאן EX 35:5
סילעא פלגות סילעא **אפרשותא** קדם ייי: כל מאן דעבר EX 30:13
בני ישראל ותיתנון מיניה **אפרשותא** קדם ייי לאהרן כהנא: NU 18:28
מן שירוי עצוותכון תתנון **אפרשותא** קדם ייי לדריכון: וארום NU 15:21
מיניה חד מן כל קרבנא **אפרשותא** קדם ייי לכהנא דזריק ית LV 7:14
סילעא למיתן ית **אפרשותא** קדם ייי לכפרא על EX 30:15
תפרשון לחוד אתון **אפרשותא** קדם ייי מכל מעשריכון NU 18:28
מתנתיכון תפרשון ית **אפרשותא** קדם ייי מן כל שפר NU 18:29
ותפרשון מיניה **אפרשותא** קדם ייי מעשרא מיגו NU 18:26
ודוחינא וקיטני תפרשון **אפרשותא** קדם ייי: שירוי עצוותכון NU 15:19
קטורת בושמנין טבין מן **אפרשותא**: תור חד בר תורין בר NU 7:14
קטורת בוסמנין טבין מן **אפרשותא**: תור חד בר תורין בר NU 7:20
ולא באלמותא תיסבון **אפרשותי**: ודא אפרשותא דסיתבון EX 25:2
ניזרא ביום מישלם יומי **אפרשותיה** ימטי ית גרמי לתרע NU 6:13
יהבית לך ית מטרת **אפרשותיי** חלתא וביכורייא וכל NU 18:8
מעשרא: ואתחשב לכון **אפרשותכון** הי כעיבורא מן אידרא NU 18:27
תקבלון עלוי חובא בזמן **אפרשותכון** ית שפר טוביה מיניה NU 18:32
ביומי אבלי מיניה ולא **אפרשית** מיניה במסאב ולא יהבית DT 26:14
קדם ייי אלקך ותימר הא **אפרשנן** קודשיא מן ביתא ולחוד DT 26:13
הלא כל ארעא קדמך **אתפרש** כדון מיני אם אנת לציפונא GN 13:9
קדם ייי מדכר קורבניא **אתפרש** למשה הוה לחולק היכמא LV 8:29
לאברם איזל לך מארעך **אתפרש** מן ילדותך פוק מבית אבוך GN 12:1
יוסף ית אחוהי דכר **אתפרש** מנהום הוה להום רושם GN 42:8
לגבר חילוניי היא **באפרשות** קודשייא לא תיכול: LV 22:12
אין לא מזדהרין **באפרשותהון**: ואוף ית אחך שיבטא NU 18:1
די נפקו מבנוי דנח **באפרשותיה** מכתבין ולישנין לבני DT 32:8
וביה: ותימר להון לכהניא **באפרשותכון** ית שפר טוביה מיניה NU 18:30
ברדידא ואעטפת ויתיבת **בפרשת** אורחין דכל עיינין GN 38:14
במילכת בלעם רשיעא **בפרשת** אורחתא: ויתיב ישראל NU 24:25
בלק למוקמא ית בנתיה **בפרשת** אורחתיה למטעיא יתהון NU 31:8
וייי אמר לאברם בתר **דאיתפרש** לוט מיניה זקוף כדון GN 13:14
ותמן יהב מעשריא **דאפריש** מן כל דיליה קדם אל GN 33:20
סכום כל דהב אפרשותא **דאפרשו** לשמא דייי שיתסר אלפין NU 31:52
דארמותא וית שקא **דאפרשותא** דאיתרם ודאיתפרש EX 29:27
דבני ישראל: שקא **דאפרשותא** וחדיא דארמותא על LV 10:15
דארמותא ועל שקא **דאפרשותא** ומבתר כדין ישתי NU 6:20
דארמותא וית שקא **דאפרשותא** נסיבית מן ניכסת LV 7:34
דארמותא וית שקא **דאפרשותא** תיכלון באתר דכי אנת LV 10:14
אנא הוא ייי אלקכון **דאפרשית** יתכון מן עממיא: LV 20:24
ובכל מן דתרחש ארעא **דאפרשית** לכון לסאוביהון: ותהוון LV 20:25
במוף חופים דבזמן **דאתפרש** מיניה הוה בר תמניסר GN 46:21
ברם עם משה מליל ייי **דאתפרש** מתשמיש דעריס הלא NU 12:2
ואהרן ית גובריא האילין **דאתפרשו** בשמהן: וית כל כנישתא NU 1:17
ורוויו עימיה דמן יומא **דאתפרשו** מיניה לא שתו חמרא לא GN 43:34
לכון לאזדווגא עם נשיכון **דאתפרשתון** דנן תלתא יומין: ואנת DT 5:30
ביה מקף על פמיה **דיפריש** ביניה ובין סובתא מסאב NU 19:15
בעירא מן בגלל דתינדעון **דיפריש** ייי בין מצראי וביני ישראל: EX 11:7
או לאיטבא לכל גוון **דיפרש** אינשא לדהווה ולדעתיד LV 5:4
עד זמן מישלם יומיא **דיפרש** לשמא דייי: כל יומין דיפרש NU 6:5
לשמא דייי: כל יומין **דיפרש** לשמא דייי על בר נש דמית NU 6:6
קודשיא דבני ישראל ית **דיפרשון** לשמא דייי: ויארעון יתהון LV 22:15
ית מעשרא דבני ישראל **דיפרשון** קדם ייי אפרשותא יהבית NU 18:24
בבית מיטרא עד זמן **דיתפרש** להון על גזירת מימרא דייי: LV 24:12
הויא סילעא: ברם בוכרא **דיתפרש** לשמא דייי בבעירא לית LV 27:26
הוא קדם ייי: כל אפרשא **דיתפרש** מן אינשא לא יתפרק LV 27:29
עם ממלל מלילית עימיה **דיתפרש** מתשמיש דעריס וחזיו NU 12:8
לכהניא בני אהרן דכוריא **דיתפרשון** מן סאוב וכדנא תימר LV 21:1

קרבנייא קליליא האילין **דמיפרשין** הכא ליום דכותיה: ומליל LV 14:32
ויקבל חוביה: ברם מאן **דמפרש** ומחרף שמא דייי אתקטלא LV 24:16
אפרשותא לכהנא כמא **דמפרשין** מן אידרא הכדין תפרשון NU 15:20
ית שמא רבא ויקירא **דמתפרש** דשמע בסיני ואזיד וארגיז LV 24:11
כולייתא יעדינה: היכמה **דמתפרש** מתור ניכסת קודשיא LV 4:10
או בגרמא דאינשא חייא **דפרש** מיניה או בקבורתא וגוללא NU 19:16
דמקרב בגרמא דחייא **דפרש** מיניה ונפל או בקטיל חרבא NU 19:18
וזיזי דטלופחי ופולי **דפרשין** מן אוכלא ופרחין הי כעופא DT 14:19
יאות לואי דיהי כפיתגמך: **ואפריש** ביומא ההוא ית ברחיא GN 30:35
שמייא למוי דאוקינוס **ואפריש** ביני מייא דמלרע לרקיעא GN 1:7
ית שבע חורפן בלחודיהן **ואפרישינון** מן תורי: ואמר אבימלך GN 21:28
אנא ייי דבחרית בכון **ואפרישית** יתכון מן עממיא מטול LV 20:26
ית נהורא ארום טב **ואפרש** אלקים בין נהורא ובין GN 1:4
דתידרון וניסבתיכון **ואפרשות** ידיכון: אילהן קדם ייי DT 12:17
תמן תיכלון מעשרכון **ואפרשות** ידיכון וכל שפר נידריכון DT 12:11
ההיא ונחת יהודה מנכסוי **ואתפרש** מן אחוהי וסטא לות גברא GN 38:1
ונטל לוט ממדינחא **ואתפרשו** אינש מעל אחוי: אברם GN 13:11
משירייתיה ברתיכוי **ובפרשוי**: וידעון מצראי ארום אנא EX 14:17
בפרעה ברתיכוי **ובפרשוי**: ונטל מלאכא דייי דמדבר EX 14:18
דאפרשותא דאיתרם **ודאיתפרש** מדכר קורבניא מדי EX 29:27
דבוץ ילבוש על בישריה **ויפרוש** ית קיטמא דתיכול אישתא LV 6:3
אתגלי קדם ייי עולבני **ויפרוש** שלמיה בינא ובינך ותתמלי GN 16:5
קדם ייי לקדם מדבחא: **ויפריש** מיניה בקומציה מן סמידא LV 6:8
חמיין סטיתא בקילקולה **ויפריש** מן חמרא או על שום NU 6:2
ית רישיה ביומא ההוא: **ויפריש** קדם ייי ית יומי נזריה וייתי NU 6:12
לאלעזר בר אהרן כהנא **ויפרש** ית מחתיא מן בני יקידיא NU 17:2
וכהנא ימטינה למדבחא: **ויפרש** כהנא מן מנחתא ית שבח LV 2:9
חופאה דמשך ססגונא **ויפרשון** לבוש שזיר תיכלא מלעיל NU 4:6
מזירקייא כל מני מדבחא **ויפרשון** עלוי חופאה דמשך ססגונא NU 4:14
ולחים תדירא עלוי יהי: **ויפרשון** עלוי לבוש צבע זהורי NU 4:8
דוכרניה מתחות שמיא: **ויפרשיניה** ייי לבישא מכל שבטיא DT 29:20
בני ישראל מן סאובתהון **ויתפרשון** מן נשיהון סמיך LV 15:31
טעמון בדכותא מיכלהון **ויתפרשון** מסואבות תמניסירי LV 11:1
מליל עם אהרן ועם בנוי **ויתפרשון** מקודשיא דבני ישראל LV 22:2
קים עלם לדריכון: **ולאפרשא** ביני קודשא וביני חולא LV 10:10
ביממא ובליליא **ולמפרשא** בין נהורא דימממא ובין GN 1:18
דשמאלך ולדוכרן חקיק **ומפורש** על תפילת רישא קביעא EX 13:9
ועישרתי עלמיא וחקיק **ומפרש** באבן שתייה דבה חתם EX 28:30
שמא רבא ויקירא חקיק **ומפרש** ביה ונפק טיבהון ביש EX 32:25
על שמהתהון גליף חקיק **ומפרש** הי כגלוף דעיזקא גבר EX 28:21
כתב גליף חקיק **ומפרש** הי כגלוף דעיזקא גבר EX 39:14
מרגלייתא גליף חקיק **ומפרש** הי כגלוף דעיזקא תיגלוף ית EX 28:11
אשר ובמציעותיה חקיק **ומפרש** ובמישרוי יימר תוב ייי שרי NU 2:25
אורייתא חדא כתב חקיק **ומפרש** מתקרי בחד לישן ומיתרגם DT 27:8
בכספא: ויהי לאת חקיק **ומפרש** על יד שמאלך ולתפילין בין EX 13:16
כתבא דייי הוא חקיק **ומפרש** על לוחיא: ושמע יהושע ית EX 32:16
ויהי לך ניסא הדין חקיק **ומפרש** על תפילת ידא בגובהא EX 13:9
ביני שימשתא וחקיין **ומפרש** עלה שמא רבא ויקירא EX 2:21
שמא רבא וקדישא חקיק **ומפרש** עלוי: ואמר ייי למשה אימר EX 33:4
דכי ותיגלוף עלוי חקיק **ומפרש** קדש לייי: ותסדר יתיה על EX 28:36
וכתבו עלוי גליף חקיק **ומפרש** קודש לייי: וסדרו עלוי שזיר EX 39:30
סאין ועילוי חקיק **ומפרש** שמא רבא ויקירא וביה EX 4:20
מן שירויא וביה חקיק **ומפרש** שמא רבא ויקירא ועישרתי EX 14:21
ייי בהון דבהון חקיק **ומפרש** שמא רבא וקדישא דביה EX 28:30
סדרא חד ועליהון חקיק **ומפרש** שמהת שבטיא ראובן EX 28:17
ועינעיגל וביה חקיק **ומפרש** שמהת תלת שבטיא אפרים NU 2:18
חלא ואפנטור וביה חקיק **ומפרש** שמהת תלת שבטיא דן NU 2:25
וברוקא וביה חקיק **ומפרש** שמהת תלת שבטיא יהודה NU 2:3
וסבלהום וביה חקיק **ומפרש** שמהת תלת שבטיא ראובן NU 2:10
ועין עיגל ועליהון חקיק **ומפרש** שמהת תלת שיבטיא גד EX 39:12
אפנטורין ועליהון חקיק **ומפרש** שמהת תלת שיבטיא זבלון EX 39:13
וכדכודין ועליהון חקיק **ומפרש** שמהת תלת שיבטיא יהודה EX 39:11
סידרא חד ועליהון חקיק **ומפרש** שמהת תלת שיבטיא ראובן EX 39:10
וכדכודין ועליהון חקיק **ומפרש** שמהת תלתא שיבטיא EX 28:18
אפנטורין ועליהון חקיק **ומפרש** שמהת תלתא שיבטיא EX 28:20
ועין עיגל ועליהון חקיק **ומפרש** שמהת תלתא שיבטיא גד EX 28:19
יתהון בשבועה אימירא **ומפרשא** בשמא רבא ויקירא על LV 16:21
ית כיפא בשמא רבא **ומפרשא** כד הינון חמיין ויתן מוהי NU 20:8
דא: בגין כן ישבוק גבר **ומתפרש** מן ביה מדמכיה דאבוהי GN 2:24
לוי לפולחן משכן זימנא **ומתפרשין** מן משכניהון אמרין DT 33:9
עבד מימרא דייי לי ניסין **ופרישן** במיפיקי ממצרים: ויהי לך EX 13:8
בתושבחן עביד ניסין **ופרישן** לעמיה בית ישראל: ימא EX 15:11
אורכיה שובעין אמין **ופרישן** מתעבדן ביה דכד הוו EX 26:28
לכון כמה ניסין **ופרישן** עבד לכון קודשא בריך הוא DT 1:1

מה משבחין הינון ניסיא **ופרישתא** דעבד להון אלקא: NU 23:23
סוסוות פרעה ברתיכוי **ופרשוי** בימא וחזר ייי עליהון ית מוי EX 15:19
כל סוסות ארתכי פרעה **ופרשוי** ומשיריתיה על פומי חירתא EX 14:9
כל סוסות פרעה רתיכוי **ופרשוי** לגו ימא: והות במטרת צפרא EX 14:23
ית ארונא דסהדותא **ותפריש** פרגודא לכון ביני קודשא EX 26:33
יתהון ארמא קדם ייי: **ותפרש** ית ליואי מגו בני ישראל NU 8:14
לך ולאבהתך ויתנינה לך: **ותפרש** כל פתח וולדא קדם ייי וכל EX 13:12
לחילא ובין כל כנישתא: **ותפרש** נסיבא לשמא דייי מן גוברי NU 31:28
קדם ייי מדוב סאובתא: **ותפרשון** ית בני ישראל מן LV 15:31
דיהבית להון באחסנתהון **ותפרשון** מיניה אפרשותא קדם ייי NU 18:26
יתכון מן עממיא: **ותפרשון** מן בעירא דמתכשרא LV 20:25
ויתלע יתיה בגדפוי ולא **יפריש** גדפוי מיניה ויסיק יתיה LV 1:17
זימנא: וית כל תרביה **יפריש** מיניה ויסיק למדבחא: ויעביד LV 4:19
כל תריב תורא דחטאתא **יפריש** מיניה ית פריסותא דתרבא LV 4:8
ותימר להון גבר ארום **יפריש** פירוש דנידרא בעילוי LV 27:2
רישיה לקבל קודליה ולא **יפריש** רישיה מן קדליה: וידי מן LV 5:8
ברם כל אפרשא די **יפרש** גבר קדם ייי מן כל דאית ליה LV 27:28
דייי: מן חמר חדת ועתיק **יפרש** חלא דחמר חדת וחלא דחמר NU 6:3
ייתיין ית קורבניא דייי די **יפרש** מניכסת קודשיה ית תרבא LV 7:30
מן מזונא דארעא ובכן **יתאפרש** כען קדמך בין בני אינשא GN 3:18
דביש מביניכון: ארום **יתפרש** מנכון פיתגמא לדינא ביני DT 17:8
ותרין מלכוון ממעייכי **יתפרשון** ומלכן ממלכן יהי אלים GN 25:23
ניכסת קודשיא היכדין **יתפרשון** מן אימרא ומן עיזא LV 4:10
עיבורא מן גוא אידרא והי **כאפרשות** חמרא מיגו מעצרתא: NU 18:30
וביה ויתחשב לליואי הי **כאפרשות** עיבורא מן גוא אידרא NU 18:30
נהורין ברקיעא דשמייא **לאפרשא** ביני יממא וביני ליליא GN 1:14
חייתא דרחשא על ארעא: **לאפרשא** ביני מסאבא וביני דכיא LV 11:47
כל גבר דאיתרעי ליביה **לאפרשא**: וכסף מינייני דבני ישראל EX 38:24
לא יעבדון תוב עיבידתא **לאפרשות** קודשא ופסק עמא EX 36:6
ניסא דעבד ייי לאתגלאה **למיפרשא** ליה אומא בפיצתא מיגו DT 4:34
נס קדמאי דהוה ליה **למפרש** יתהון ולא פרש נס תניין NU 25:8
שום מידעם ידר נדר נזירו **למפרש** לשמא דייי: מן חמר חדת NU 6:2
למיקום מיניה דידעין **למפרשא** בין טב לביש אילו נטר GN 3:22
או בר נש ארום יומי **לפרשא** בשיפוון לאבאשא או LV 5:4
עלתא או ניכסת קודשיא **לפרשא** נדרא או בניסבתא או בזמן NU 15:3
תורי עלתא או נכסתא **לפרשא** נידרא או ניכסת קודשיא NU 15:8
ניכסת קודשיא קדם ייי **לפרשא** נידרא או נסיבתא בתורי או LV 22:21
ית כל גיברי פלישתאי **לפרשיא** ולריגלאיא ויעקר GN 49:17
עם בני ישראל ויסבון לך **מאפרשות** לישכתא תורתא NU 19:2
הוו זהירין למקרבא יתיה **מאפרשות** לשבתא קרבן קדמי NU 28:2
במציעות מייא ויהי **מפרש** ביני מוי עלאי לביני מוי GN 1:6
תיקון זיניהון דשמא רבא **מפרש** כתיב בהון דאתיהבו להון EX 33:6
מרמצן גליפן כתב חקיק **מפרש** על שמהת בני ישראל: ושוי EX 39:6
לאבוי ולאימיה בשמא **מפרשא** איתקטלא יתקטיל EX 21:17
אבוי וית אימיה בשמא **מפרשא** אתקטלא יתקטל באטלות LV 20:9
ותרים יתהון ארמא: ארום **מפרשא** מפרשין הינון קדמי מגו בני NU 8:16
זמן למיטל ולמשרי **מפרשין** בשמהן: ואתכנשו על משה NU 16:2
ארמא: ארום מפרשא **מפרשין** הינון קדמי מגו בני ישראל NU 8:16
כמסמרא בקיסא דלא **מתפרש** בלא קיסמא ותקיף רוגזא NU 25:3
ית גינוניתא ומתמן **מתפרש** והוי לארבעת רישי נהרין: GN 2:10
ואדיקין הוון כרוביא ולא **מתפרשין** מן כפורתא ארום EX 37:8
להון גבר ארום יפריש **פירוש** דנידרא בעילוי נפשתא LV 27:2
לגבר ונידרהא עלהא או **פירוש** סיפתהא דאסרת על נפשה NU 30:7
וישרי ית נידרה דעלה וית **פירוש** סיפתהא דאסרת על נפשה NU 30:9
נפק מבי דינא כד מחייב **פריש** וחריף בר איתתא בת ישראל LV 24:11
קרא לילי נטיר בגין כן **פריש** משה ואמר ליל נטיר לפורקן EX 12:42
סדר ברכתא בגין כן **פריש** משה נביא ואמר עמי בני LV 22:27
ואימחי ית מצראי בכל **פרישוותיי** דאעבד ביניהון ומבתר EX 3:20
עשרה ושומהון על **פרישותא** דיוסף אחוי בלע GN 46:21
עימן ויתעבדן לנא **פרישן** בסלקותך רוח נבואה מעילוי EX 33:16
לנהר סמבטיון ובהינון **פרישן** לא אתברייו בכל דיירי EX 34:10
קבל כל עמך אעביד **פרישן** להון בזמן דיהכון בשבייתא EX 34:10
אתון אתחמיתא ית **פרישתא** אילין מטול למינדע ארום DT 4:35
לכולהון אתיא ותימהי **פרישתא** די שדריה מימרא דייי DT 34:11
דנן תלתא יומין: ואנת **פרש** מן אינתתך מטול דבסנדרי DT 5:31
ליה למפרש יתהון ולא **פרש** נס תניין דאסתתם פומהון ולא NU 25:8
וחפון ית רתיכיא וית **פרשיא** לכל משיריית פרעה דעלו EX 14:28
מצראי על רתיכיהון ועל **פרשיהון**: וארכן משה ית ידיה על EX 14:26
עימיה אוף ארתכין אוף **פרשין** והות משריתא סגיאה לחדא: GN 50:9
בני ישראל ית ניסיא וית **פרשיתא** דעבד להון קודשא יהי EX 15:18
לחורמנא דרביע על **פרשת** אורחא ולרישי חיויו דכמין GN 49:17
שכינתי בוכרי דברך **תפריש** קדמיי: היכדין תעביד EX 22:28
אימיה וביומא תמינאה **תפרישיניה** קדמיי: ואינשין קדישין EX 22:29
חד מן עשרין וארבעא **תפרשון** אפרשותא לכהנא כמא NU 15:20
אוריזא ודוחינא וקיטני **תפרשון** אפרשותא קדם ייי: שירוי NU 15:19
כהנא: מכל מתנתיכון **תפרשון** ית אפרשותא קדם ייי מן NU 18:29
מן אידרא הכדין **תפרשון** יתה: מן שירוי עצוותכון NU 15:20
מן מעצרתא: הכדין **תפרשון** לחוד אתון אפרשותא קדם NU 18:28
ובבתיהון: תלת קירוין **תפרשון** לכון בגו ארעכון דייי DT 19:2
יומא דין תלת קירוין **תפרשון** לכון: ואין יפתי ייי אלקכון DT 19:7

פרתא (3)

נפקין נחיל דמורנין מיגו **פרתה** דעגלתא נגדין ואזלין עד DT 21:8
והוון מורני נפקן מן **פרתהון** ואזלין עד בית לישנהון NU 14:37
והוו מהלכין בהון עד **פרתהון** מטול דלא ילעון בזמן NU 11:31

פשח (2)

דאיבריא דידהון **דאתפשח** מנהון יהי מסאב כל מאן LV 11:32
הוא לכון: וארום אין **יתפשח** איברא וימות מן בעירא LV 11:39

פשט (6)

מדבחא לעיל מן קיסין: **ופשט** אברהם ית ידיה ונסיבת GN 22:10
במעהא: והוה במולדה **ופשט** וולדא ית ידיה ונסבת חייתא GN 38:28
גינתא דעדן קדם עד לא **יפשט** ידיה ויסב מן פירי אילן חייא GN 3:22
מניהון לא גולמיא ולא **פשוטיא**: כל מידעם דאורחיה NU 31:22
וכד הוה מתפרק הוה **פשיט** הי כחוטרא: וית לוחיא תחפי EX 26:28
לא מעכב ודמתנכיס **פשיט** צווריה: וקרא ליה מלאכא GN 22:10

פשפש (7)

דגמלא ויתיבת עלויהום **ופשפיש** ית כל משכנא ולא אשכח: GN 31:34
לארעא ופתחו גבר טוניה: **ופשפש** בראובן שרי ובנימין פסק GN 44:12
קמך ארום אורח נשין לי **ופשפש** ולא אשכח צילמנייא: GN 31:35
יהי קודשא קדם ייי: לא **יפשפיש** בין טב לביש ולא יפרגוניה LV 27:33
ניתקא במשכא לא **יפשפש** כהנא לשער מצלהב מטול LV 13:36
לא איתיהיב לה **פישפוש** יהוי בדינא למלקי היא LV 19:20
ארום למיתי בתריי: ארום **פשפשתא** ית כל מנאיי מה מכל מני GN 31:37

פשר (50)

עפרא דארעא אף כן בנך **אפשר** דיתמנון: קום טייל בארעא GN 13:16
ית חילמיה ולא הוה **אפשר** לגבר די יפשר יתיה ארום מן GN 41:8
תשעא: ולא הוה **אפשר** לה תוב לאטמרתיה דמצראי EX 2:3
ברם משאר עמא לית **אפשר** להון למיקרב דילמא EX 29:37
עלוי: ואמרנא לריבוני לית **אפשר** לטלייא למשבוק ית אבוי GN 44:22
ואפי איקר שכינתי לית **אפשר** לך למיחמי: ואמר ייי למשה EX 33:23
למתרחמא: ואמר לית **אפשר** לך למיחמי ית סבר אפיי EX 33:20
דמצרים ברם על ידך לית **אפשר** למילקי ארעא דבה הות לך EX 8:12
בנורא תוקדון דלית **אפשר** למיתוקדא מותר נכסת EX 12:10
ית משכנא: ולא הוה **אפשר** למשה למיעל למשכן זימנא EX 40:35
עיבורא: ואמרנא לית **אפשר** לנא למיחות אין אחונא GN 44:26
עימנא וניחות ארום לית **אפשר** לנא למיחמי סבר אפי גברא GN 44:26
בר מיני לא אית גבר **דפשר** חילמין ברם מן קדם ייי GN 41:16
דיעט למקטליה היכמה **דפשר** להום יוסף: ובגין דשבק יוסף GN 40:22
פשר: והוה היכמא **דפשר** לנא כדין הוה יתי אותיב GN 41:13
אנפי ארעא ומן קדמך **האיפשר** דאיטמר ואין אהי מטלטל GN 4:14
דלאה ואמרן ליה **האיפשר** דעד כדון אית לנא חולק GN 31:14
היך חייב חולין הוא לך **האיפשר** מאן דדאין כל ארעא לא GN 18:25
אוליד ואנא סיבית: **האפשר** דיתכסי מן קדם ייי מדעם GN 18:14
ליוסף חילמא חלימית **ומפשר** לית יתיה ואנא שמעית עלך GN 41:15
אנא והוא גבר חילמיה **ופושרן** חילמא דחבריה חלימנא: GN 41:11
בליליא חד גבר חילמיה **ופושרן** חילמיא דחבריה מזוגא GN 40:5
על חלמך טב די חלמתא **ופושרניה** דין הוא לך תלתי GN 40:12
וטילפין ליתהא מטלפא **ופישרא** ליתהא מסקא מסאבין LV 11:26
על חלמך ביש דחלמתא **ופשר** ליה יוסף ית מה דשפר בעינוי GN 40:18
ליה חילמא חלימנא **ופשר** לית ליה ואמר להון יוסף הלא GN 40:8
ואישתעינא ליה **ופשר** לנא ית חילמנא גבר הי GN 41:12
ותדונון דינא בקשוט **ופשרות** שלמא בין גברא לאחוי DT 1:16
ולא הוה אפשר לגבר די **יפשר** יתיה ארום מן קדם ייי GN 41:8
לנא ית חילמנא גבר הי **כפושרן** חילמיה פשר: והוה היכמא GN 41:12
יוסף הלא מן קדם ייי **פושרן** חילמיא אישתעו כדון לי: GN 40:8
יאות פשר דהוא חמא **פושרן** חלמא דחבריה ושרי למללא GN 40:16
ואמר ליה יוסף דין סוף **פושרנא** דחלמא תלתי מצוגייא GN 40:12
בעינוי ואמר ליה דין לך **פושרניה** תלתי סליא תלת יומין GN 40:18
יוסף ואמר דין הוא **פושרניה** תלתי סליא תלתי GN 40:18
ודאית לה קרנין מסקא **פישרא** בבעירא יתה תיכלון: ברם LV 11:3
וסדיק סידקא מסקא **פישרא** בבעירא יתה תיכלון: ברם DT 14:6
וית ארנבא ארום מסיק **פישרא** הוא ופרסתא לא סדיקא LV 11:6
ית גמלא ארום מסיק **פישרא** הוא ופרסתיה לא סדיקא LV 11:4
וית טווזא ארום מסיק **פישרא** הוא ופרסתיה לא סדיקא LV 11:5
וית טפזא ארום מסקי **פישרא** הינון ופרסתהון לא סדיקין DT 14:7
ית דין לא תיכלון ממסקי **פישרא** ומסדיקי פרסתא שלילא DT 14:7
לא תיכלון ממינא דמסקי **פישרא** וסדיקי פרסתא דאיתיליד LV 11:4
טילפין פרסתא והוא **פישרא** לא פשר מסאב הוא לכון: LV 11:7
רב נחתומי ארום יאות **פשר** דהוא חמא פושרן חלמא GN 40:16

גבר הי כפושרן חילמיה **פשר:** והוה היכמא דפשר לנא כדין GN41:12
אכלתיה וניחמי מה יהי **פשר** חלמוי: ושמע ראובן ושיזביה GN37:20
אנת שמע חילמא אנת **פשר** ליה: ואתיב יוסף ית פרעה GN41:15
כנפיק ביה דסדיק ולא **פשר** מסאב הוא לכון מביסריהון DT 14:8
פרסתא והוא פישרא לא **פשר** מסאב הוא לכון: מבישריהון LV 11:7

פתגם (252)

ייי על כל אלקיא ארום **בפיתגמא** דארשעו מצראי למידן EX 18:11
תוסיף למללא קדמי תוב **בפתגמא** הדין: סוק לריש רמתא DT 3:26
לא תימנעון מן ליבניכון **דפתגם** יום ביומיה: וארעו ית משה EX 5:19
עלה ארום הוא חייכון **ובפיתגמא** הדין תורכון יומין על DT 32:47
מיתיכון עד אתרא הדין: **ובפיתגמה** הדין ליתיכון מיהימנין DT 1:32
מימרא דייי לקדמותי **ופיתגם** מה דיחוי לי ואיתני לך ואזל NU23:3
ייי הוא וחמי כל טומריא **ופיתגמא** דיקשי מנכון תקרבון DT 1:17
ית אישתיה רבתא **ופיתגמוי** שמעתון מיגו אישתא: DT 4:36
בשמתא דייי דקטלא **כפיתגם** דחרב וירית ית ארעיה NU21:24
ולא יוספון למעבד **כפיתגמא** בישא הדין ביניכון: ארום DT 13:12
ולא יוספון למעבד תוב **כפיתגמא** בישא הדין ביניכון: ולא DT 19:20
וית כסף זבינוי ועבד **כפיתגמא** דיוסף דמליל: צפרא נהר GN44:2
דייי עליכון ועבדו הי **כפיתגמא** דמשה: ומליל ייי עם LV 10:7
קריביה: ועבדו בני לוי הי **כפיתגמא** דמשה ונפלו מן עמא EX 32:28
ובנוי ישראל עבדו **כפיתגמא** דמשה ושיילו מן מצראי EX 12:35
חס לעבדך מלמעבד **כפיתגמא** הדין: הא כספא GN44:7
חולין הוא לך למעבד **כפיתגמא** הדין למיקטל זכאי עם GN18:25
בתר עדריא למימר **כפיתגמא** הדין תמללון עם עשו כד GN32:20
דמלילת עימיה למימר **כפיתגמיא** האילין עבד לי עבדך GN39:19
ליה למה ימליל ריבוניה **כפיתגמייא** האילין חס לעבדך GN44:7
לבייתיה: ומלילת ליה **כפיתגמייא** האילין למימר על לותי GN39:17
לעבדין: ואמר אוף כדין הי **כפיתגמיכון** כן יהי דישתכח עימיה GN44:10
יאות מלילתא עביד **כפיתגמך:** ואוחי אברהם למשכנא GN18:5
אלהין אמר אנא אעביד **כפיתגמך:** ואמר קיים לי וקיים ליה GN47:30
ואמר לבן יאות לואי דיהי **כפיתגמך:** ואפריש ביומא ההוא ית GN30:34
ואמר ייי שבקית להון **כפיתגמך:** וברם בשבועה קיים אנא NU14:20
וצלי קדם ייי: ועבד ייי **כפתגם** בעותא דמשה ואעדי EX 8:27
דשוי לפרעה: ועבד ייי **כפתגמא** דמשה ומיתו עורדעניא מן EX 8:9
ואמר למחר ואמר **כפתגמך** מן בגלל דתינדע ארום EX 8:6
יתהום אילוט ויקטלוניה **לפיתגם** דחרב ויתברכון בך כל GN12:3
רכוביא מטול דחמיטתון **לפיתגם** עבירתא ועל שקייא DT 28:35
ליה הא נסיבית אפך אוף **לפיתגמא** הדין בדיל דלא איהפוך GN19:21
קדמיהון: לא תקבלון **לפיתגמי** נבי שיקרא ההוא או מן DT 13:4
צביתון למיסוק והימנתון **לפיתגמי** עשרא רשיעין וסריבתון DT 1:26
ית יתבי קרתא ההיא **לפתגם** דחרב גמרה יתה וית כל DT 13:16
וית שכם בריה קטלו **לפתגם** דחרב ודברו ית דינה מבית GN34:26
וית כל דבה וית בעירה **לפתגם** דחרב: וית כל עדאה תכנשון DT 13:16
ותימחי ית כל דכורה **לפתגם** דחרב: לחוד נשיא וטפליא DT 20:13
ובלעם דלא שוי ליביה **לפתגמא** דייי ושבק ית עבדוי וית EX 9:21
ומטול דרפון ידיהון **מפיתגמי** אורייתא לא הווה תמן NU33:14
דין ממסכינא בדיניה: **מפתגם** שיקרא הוי רחיק ודי נפק EX 23:7
מצראי עבדוי דחילו **מפתגמא** דייי דלא מיתו במותנא EX 14:7
וימותון: איוב דהוה דחיל **מפתגמא** דייי מעבדוי דפרעה כנש EX 9:20
עליהון ויתאון ויתבטלון **מפתגמי** אורייתא ויחובון חובת DT 17:16
דמי טימהון לחוד לית **פיתגם** דביש בלחודי אעיבר: ואמר NU20:19
דבביכון ותסתמרון מכל **פיתגם** דביש מפולחנא נוכריא DT 23:10
ארום אשכח בה עבירת **פיתגם** ויכתוב לה ספר תירוכין DT 24:1
נכסת קודשין וניסוכין **פיתגם** יום ביומיה: בר מן יומי שביא LV 23:37
אשלימו עיבידתכון **פיתגם** יום ביומיה היכמא דהויתון EX 5:13
ויפקון עמא וילקטון **פיתגם** יום ביומיה מן בגלל EX 16:4
ית כהונתכון לכל **פיתגם** מדבחא ולמגיו לפרגודא NU18:7
דישראל ישתלון ויתכסי **פיתגם** מן מחמי קהלא ויעבדון LV 4:13
עמא בכל עידן ויהי כל **פיתגם** רב ייתון לוותך וכל פתגם EX 18:22
אורייתא הדא: ארום לית **פיתגם** ריקם באורייתא אילהין DT 32:47
טבאות והא קושטא כיון **פיתגמא** איתעבידת תועבתא הדא DT 17:4
והא קושטא כיוון **פיתגמא** איתעיבדת תועיבתא הדא DT 13:15
או תלתא סהדין יתקיים **פיתגמא:** ארום יקומון סהדין DT 19:15
איתעכב רביא למעבד **פיתגמא** ארום צבי בברת יעקב GN34:19
ארום קריב לכון **פיתגמא** בבית מידרשכון פתחו DT 30:14
באורחא: ושמע עמא ית **פיתגמא** בישא הדין ואיתבלו ולא EX 33:4
אינתתא ההיא דעבדו ית **פיתגמא** בישא הדין לתרע בית DT 17:5
ריבוני ימליל במטו עבדך **פיתגמא** במשמעיה דריבוני ולא GN44:18
אתו אחי יוסף ושפר **פיתגמא** בעיני פרעה ובעיני עבדוי: GN45:16
לה בשרותא ואין מפסא **פיתגמא** בעלה או איבה מקביל ית NU30:16
על כל אגורא: ושוי ייי **פיתגמא** בפמיה דבלעם ואמר תוב NU23:5
שיקרא דירשע למללא **פיתגמא** בשמי ית דלא פקידתיה DT 18:20
קום טייל עמהון ולחוד **פיתגמא** דאימליל עימך יתיה NU22:20
רשאין למוספא על **פיתגמא** דאנא מפקיד יתכון ולא DT 4:2

בנורא לטעוותהון: ית כל **פיתגמא** דאנא מפקיד יתכון יתיה DT 13:1
חמוי דמשה ליה לא תקין **פיתגמא** דאנת עביד: מיתר תינתר EX 18:17
יכילנא למללא מידעם **פיתגמא** דיזמן ייי בפמי יתיה NU22:38
תעבדון לא תיסטון מן **פיתגמא** דיחוון לכון ימינא DT 17:11
ההיא למיתניא לכון ית **פיתגמא** דייי ארום דחילתון מן קל DT 5:5
בי שום שמיא ובכין הוה **פיתגמא** דייי עם אברם בחיזונא GN15:1
פיתגמא ולא יתקיים הוא **פיתגמא** דלא מלליה ייי בזדונתא DT 18:22
היכדין נידע ית **פיתגמא** דלא מלליה ייי: מה דימלל DT 18:21
לבני ישראל למימר דין **פיתגמא** דמליל ייי למימר: גבר בר NU30:2
ממצרים: הלא דין הוא **פיתגמא** דמלילנא עימך במצרים EX 14:12
יתי ואמרתון תקין **פיתגמא** דמלילתא למימר: ודברית DT 1:14
ישראל ותימר להון דין **פיתגמא** דפקיד ייי למימר: גבר טלי LV 17:2
דבני ישראל למימר דין **פיתגמא** דפקיד ייי למימר: סבו EX 35:4
ואמר משה לכנישתא דין **פיתגמא** דפקיד ייי למעבד: וקריב LV 8:5
יהביה ייי לכון למיכל: דין **פיתגמא** דפקיד ייי לקוטו מיניה EX 16:16
ומן בגלל לקיימא ית **פיתגמא** דקיים ייי לאבהתכון DT 9:5
ואמר מן קדם ייי נפק **פיתגמא** דרבקה איתיהיבת ליצחק GN24:50
קדם ייי: ואמר משה דין **פיתגמא** דתעבדון אעברו ית יצרא LV 9:6
להון משה אין תעבדון ית **פיתגמא** הדין אין תזדרזון קדם NU32:20
אוחרן אין תעביד לי **פיתגמא** הדין איתוב ארעי ענך אטר: GN30:31
ויקטליניה נפש היכדין **פיתגמא** הדין: ארום באנפי ברא DT 22:26
מפקיד לכון למעבד ית **פיתגמא** הדין: ארום יהי תיגרא בין DT 24:22
מפקיד לכון למעבד ית **פיתגמא** הדין: ארום תחצדון DT 24:18
למימר מחר יעביד ייי ית **פיתגמא** הדין בארעא: ועבד ייי ית EX 9:5
ייי: ואין לא תעבדון ית **פיתגמא** הדין הא חבתון קדם ייי NU32:23
ידענא מן הוא דעבד ית **פיתגמא** הדין ואוף אנת לא תנית לי GN21:26
חמיתא ארום עבדת ית **פיתגמא** הדין: ואמר אברהם ארום GN20:10
אחתן אין לא עבדנא ית **פיתגמא** הדין: ואמר ייי ליעקב קום GN34:31
פיתגמא: ושמע פרעה ית **פיתגמא** הדין ובעא למקטול ית EX 2:15
וקיים ליה על עיסק **פיתגמא** הדין: ודבר עבדא עשרא GN24:9
אמר ייי חולף דעבדת ית **פיתגמא** הדין ולא מנעת ית ברך ית GN22:16
להון למה דין עבדתון **פיתגמא** הדין וקיימתון ית בנייא: EX 1:18
ליה ארום מטול **פיתגמא** הדין יברככון ייי אלקכון DT 15:10
אנא מפקדכון למעבד ית **פיתגמא** הדין יומא דין: ויהי ארום DT 15:15
כל יומוי: ואין קשוט הוה **פיתגמא** הדין לא הישתכחו DT 22:20
הדין בארעא: ועבד ייי ית **פיתגמא** הדין ליום חרן ומית כל EX 9:6
לא ניכול למעבד ית **פיתגמא** הדין למיתן ית אחתן לגבר GN34:14
למימחי: ותיטרון ית **פיתגמא** הדין לקיים לך ולבנך EX 12:24
וכד שמעו בית ישראל ית **פיתגמא** הדין מפום משה גחנו EX 12:27
יעביד באיליין ובגו **פיתגמא** הדין נקום וניגיח עימיה GN33:2
ויסוברון עימך: אין ית **פיתגמא** הדין תעביד דתיהי פני מן EX 18:23
בליליא ואתיב יתכון **פיתגמא** היכמא דימליל ייי עימי NU22:8
ואבוי נטר בליביה ית **פיתגמא:** ואזלו אחהי למרעי ית ענא GN37:11
לוותנא ואתיבו יתנא **פיתגמא** ואמרו כלב ויהושע טבא DT 1:25
לותהון: ושפר בעיניי **פיתגמא** ודברית מנכון תריסר DT 1:23
בשמא דייי ולא ייתי **פיתגמא** ולא יתקיים הוא פיתגמא DT 18:22
וית שלם ענא ואתיבני **פיתגמא** ושדריה על עיסק עיטא GN37:14
מן קדם ייי איסתקף **פיתגמא** ושויני לרב לפרעה ולרב GN45:8
בקושטא איתפרסם **פיתגמא:** ושמע פרעה ית פיתגמא EX 2:14
ית ארעא ויתיבון יתנא **פיתגמא** ית אורחא דניסק בה וית DT 1:22
אדם זכאיי: אין בריר **פיתגמא** כשימשא דלא למקטל EX 22:2
דעימך ארום יקיר מינך **פיתגמא** לא תיכול למעבדיה EX 18:18
ארום יתפרש מנכון **פיתגמא** לדינא ביני אדם סאוב DT 17:8
קרבא עם יצחק: ובאיש **פיתגמא** לחדא בעיני אברהם על GN21:11
לארעא דכנען ושמיע **פיתגמא** לעשו רשיעא ונטל מן GN50:13
פרנסת ביתי ירת יתי: והא **פיתגמא** מן קדם ייי ליה למימר לא GN15:4
דארעא בכפנא: ושפר **פיתגמא** קדם פרעה וקדם כל עבדוי: GN41:37
ההוא מגו עמיה: ארום על **פיתגמא** קדמאה דפקיד ייי בסיני NU15:31
סייפי שמייא ההוה היך **פיתגמא** רבא הדין או הישתמע DT 4:32
ית ברתנא ונייזל: ושפרו **פיתגמהון** בעיני חמור ובעיני שכם GN34:18
ליה בבו על חלמוי ועל **פיתגמוי:** וחלם תוב חילמא חורנא GN37:8
יהי: כדי שמע עשו ית **פיתגמי** אבוי וצוח צווחא רבתא GN27:34
על יורדנא דיריחו: אילין **פיתגמי** אוכחותא די מליל משה עם DT 1:1
פתח משה נביא למימר **פיתגמי** אוכחותא האילין DT 28:15
למינטור ולמיעבד ית כל **פיתגמי** אורייתא הדא: ארום לית DT 32:46
ותיכתוב עליהון ית **פיתגמי** אורייתא הדא במעברכון מן DT 27:3
ויטרון למעבד ית כל **פיתגמי** אורייתא הדא: ובניהון דלא DT 31:12
מטול למקיימא ית כל **פיתגמי** אורייתא הדא: ויהי כד ייתון DT 29:28
שרי משה למלפא ית **פיתגמי** אורייתא הדא למימר: ייי DT 1:5
יהוי גברא די יקים ית **פיתגמי** אורייתא הדא למעבדהון DT 27:26
יהוי גברא דלא יקים ית **פיתגמי** אורייתא הדא למעבדהון DT 27:26
פסק משה למכתוב ית **פיתגמי** אורייתא הדא על גוילא עד DT 31:24
וקורקסתכון למבטלא **פיתגמי** אורייתא וליטין אתון DT 28:19
עלך ואין תעברון על **פיתגמי** אורייתא ומשתלחין עלך EX 15:26

אבנא דבהון רמיז שאר **פיתגמי** אורייתא ושית מאה EX 24:12
על אבניא ית כל **פיתגמי** אורייתא חדא כתב חקיק DT 27:8
עמא דכמיש מדהינת **פיתגמי** אורייתא לית להון תקנתא NU 21:29
והוה משה בטוורא אליף **פיתגמי** אורייתא מן פום קודשא EX 24:18
כדון תחמי היארעינך **פיתגמי** אין לא: ונפק משה ממשכן NU 11:23
כדי שמע ריבוניה ית **פיתגמי** אינתתי דמלילת עימיה GN 39:19
לות בלעם ומלילו עימיה **פיתגמי** בלק: ואמר להון ביתו הכא NU 22:7
וגמלין וחמרין: ושמע ית **פיתגמי** בני לבן דאמרין נסיב יעקב GN 31:1
ית עמא ואשמועינון ית **פיתגמי** דילפון למידחל מן קדמי DT 4:10
שיבט מנשה: ותינטרון ית **פיתגמי** ותעבדון יתהון מן בגלל DT 29:8
ומלילו עימיה ית כל **פיתגמי** יוסף דמליל עמהון וחמא GN 45:27
נשא ההוא ותחול ביה כל **פיתגמי** לווטתא דכתיבין בסיפרא DT 29:19
חד מעלמא דעבר על **פיתגמי** מומתא או ידע בחבריה LV 5:1
קודשא ביה כוותך ואיתן **פיתגמי** נבואתי בפמי וימלל עמהון DT 18:18
ויהי גברא דלא יקבל **פיתגמי** נבותי דימלל בישמי מימרי DT 18:19
ייי נעביד ואתיב משה ית **פיתגמי** עמא קדם ייי: ואמר ייי EX 19:8
לעלם ותני משה ית **פיתגמי** עמא קדם ייי: ואמר ייי EX 19:9
לרבקה ברוח קודשא ית **פיתגמי** עשו ברא רבא דחשיב GN 27:42
מגן ולית דמניש: איליין **פיתגמי** קיימא דפקיד ייי ית משה DT 28:69
על לוחיא חורנייתא ית **פיתגמי** קיימא עישרתי דביריא EX 34:28
אבא ותנינא ליה ית **פיתגמי** ריבוני: ואמר אבונא תובו GN 44:24
כל קהלא דישראל ית **פיתגמי** שבחתא הדא עד די שלימו: DT 31:30
בית אולפנא ומליל ית כל **פיתגמי** תושבחתא הדא DT 32:44
כלהון כחדא ואמרין אמן **פיתגמיא** איליין איתאמרו בסיני DT 27:26
איזל עם גובריא וברם ית **פיתגמיא** דאימליל עימך יתיה NU 22:35
להון שוון לבכון לכל **פיתגמיא** דאנא מסהיד בכון יומנא DT 32:46
ולא תיסטון מכל **פיתגמיא** דאנא מפקיד לכון יומנא DT 28:14
טורו וקבילו ית כל **פיתגמיא** דאנא מפקיד לכון מן DT 12:28
ואכתוב על לוחיא ית **פיתגמיא** דהוו על לוחיא קדמאי EX 34:1
ואכתוב על לוחיא ית **פיתגמיא** דהוו על לוחיא קמאי DT 10:2
לחדא דילמא תתנשון ית **פיתגמיא** דחמיתון בסיני בעיניכון DT 4:9
ייי נעביד: וכתב משה ית **פיתגמיא** דייי ואקדם בצפרא ובנא EX 24:4
ואישתעי לעמא ית כל **פיתגמיא** דייי וית כל דיניא ואתיב EX 24:3
ומליל עם עמא ית **פיתגמיא** דייי וכנש שובעין גוברין NU 11:24
קדם ייי ותייתי אנת ית **פיתגמיא** דילהון קדם ייי: ותזהר EX 18:19
קדם עמא ואמרו כל **פיתגמיא** דמליל ייי נעביד ונקביל: EX 24:7
ועלויהון כתיב הי ככל **פיתגמיא** דמליל ייי עמכון בטוורא DT 9:10
ועבד אהרן ובנוי ית כל **פיתגמיא** דפקיד ייי בידא דמשה: LV 8:36
ישראל ואמר להון אילין **פיתגמיא** דפקיד ייי למעבד יתהון: EX 35:1
ייי למשה כתב לך ית **פיתגמיא** האיליין ארום על מימר EX 34:27
מן רשיעיא ועל עיסק **פיתגמיא** האיליין הוו מתנציין על GN 4:8
כד ייתון עילויכון ית כל **פיתגמיא** האילין בירכן וחילופהון DT 30:1
לכון ויארעון לכון כל **פיתגמיא** האילין בסוף יומיא DT 4:30
האיליין ארום על מימר **פיתגמיא** האילין גזרית עמך קיים EX 34:27
ובכל ממונכון: ויהון **פיתגמיא** האילין דאנא מפקיד DT 6:6
לביתיה ותני ללבן ית כל **פיתגמיא** האילין: ואמר ליה לבן GN 29:13
ומליל עמהון ית כל **פיתגמיא** האילין: ואמרו ליה למה GN 44:6
עביד ייי מצלח: והוה בתר **פיתגמיא** האילין ואתחוא למימר GN 40:1
דיגזר ייי עימכון על כל **פיתגמיא** האילין: וסליק משה EX 24:8
אתיא על עלמא: ית **פיתגמיא** האילין מליל ייי עם DT 5:22
הינון יסבון חולקהון: בתר **פיתגמיא** האילין מן דאתכנשו GN 15:1
אלקא עלמא: והוה בתר **פיתגמיא** האילין מן דינצו יצחק GN 22:1
בית אולפנא ומליל ית **פיתגמיא** האילין עם כל ישראל: DT 31:1
מעכב מן יד אישתמעו **פיתגמיא** האילין קדם מרי עלמא GN 22:1
ואמר ייי למשה אוף ית **פיתגמיא** הדין דמלילתא אעבד EX 33:17
תאיב למשריתא ומתני **פיתגמיא** לכנישתהון דישראל ברם EX 33:11
על נפשיה לא יפיס **פיתגמיה** ברם בית דינא שרן ליה NU 30:3
היך דינוי וקושטא הינון **פיתגמיה** משה עבדיה ואנן רשיעיא NU 16:34
שמע עבדא דאברהם ית **פיתגמיהון** וסגיד על ארעא קדם ייי: GN 24:52
דייי יהיב לכון: ותשוון ית **פיתגמיי** אילין על לבכון ועל DT 11:18
לא איכול עד דאמליל **פיתגמיי** ואמר מליל: ואמר עבדא GN 24:33
ותמליל עימיה ותשוי ית **פיתגמייא** בפומיה ומימרי יהא עם EX 4:15
ומליל אהרן ית כל **פיתגמייא** דמליל ייי עם משה ועבד EX 4:30
ותני עבדא ליצחק ית כל **פיתגמייא** דעבד: ואעלה יצחק GN 24:66
ועם קדיש איליין **פיתגמייא** דתמליל עם בני ישראל: EX 19:6
ית ארעא: ומליל משה ית **פיתגמייא** האיליין עם כל בני NU 14:39
דין הוא עדבך ועל עיסק **פיתגמייא** האילין אישתהי מן האל GN 32:25
וסדר קדמיהון ית כל **פיתגמייא** האילין דפקדיה ייי: EX 19:7
ותני משה לאהרן ית כל **פיתגמייא** האילין דשלחיה וית כל EX 4:28
ותנינא ליה על מימר **פיתגמייא** האילין המידע הוינא GN 43:7
על ריש דרגשא: והוה בתר **פיתגמייא** האילין ואיתאמר ליוסף GN 48:1
כדי פסק למללא ית כל **פיתגמייא** האילין ואיתבזעת ארעא NU 16:31
במשמעהון ית כל **פיתגמייא** האילין ואסהיד בהון ית DT 31:28
ויאי בחזוא: והוה בתר **פיתגמייא** האילין וזקפת איתת GN 39:7

לכל עבדוי ומליל ית כל **פיתגמייא** האילין קדמיהון ודחילו GN 20:8
סבייא דמלקדמין ושוי **פיתגמייא** האינון במשמעיה EX 17:14
ושמיע קדם ייי ית קל **פיתגמיכון** במללותכון עימי ואמר DT 5:28
קדם ייי הוה רגז עלי על **פיתגמיכון** דאתרעמתון על מיא DT 4:21
תייתון לותי ויתיהימונון **פיתגמיכון** ולא תמותון ועבדו כן: GN 42:20
ושמיע קדם ייי ית קל **פיתגמיכון** ורגז וקיים למימר: אין DT 1:34
תתאסרון ויתבחרון **פיתגמין** אין קושטא עימכון ואין GN 42:16
מרים ואהרן במשה **פיתגמין** דלא מהגנין על עיסק NU 12:1
ממותבנהון ומקלקל **פיתגמין** תריצין דמיכתבין EX 23:8
יכילו אחוי לאתבא ליה **פתגם** ארום אתבהילו מן קדמוי: GN 45:3
ויהי כד יתכסי מיניה **פתגם** וישאיל ליה בדין אורייא NU 27:21
לכון דילמא יהי **פתגם** עם ליבכון דזדנותא למימר DT 15:9
מייתן לוות משה וכל **פתגם** קליל דיינון הינון: ופטר משה EX 18:26
רב ייתון לוותך וכל **פתגם** קליל ידונון הינון ויקילון מן EX 18:22
ית עמא בכל עידן ית **פתגם** קשי מייתן לוות משה וכל EX 18:26
מן קדם ייי בבלעם ושוי **פתגמא** בפמיה ואמר תוב לות בלק NU 23:16
שבע שני כפנא: הוא **פתגמא** דמלילית עם פרעה מה דייי GN 41:28
דבני יוסף ממללין: דין **פתגמא** דפקיד ייי לא לדריא NU 36:6
בדבש: ואמר משה דין **פתגמא** דפקיד ייי לאצנעא מלי EX 16:32
ליה ולבנוי בתרוי: ודין **פתגמא** דתעביד להון לקדשא EX 29:1
ועביד לעמיה ואמר מה **פתגמא** הדין דאנת עביד לעמא מה EX 18:14
ואמרת דמן קדמי הוה **פתגמא** ואשתיזבו תריהום מן דינא GN 38:26
לרקם ואתיבו להון **פתגמא** ולות כל כנישתא וחמיאונון NU 13:26
מחבל ייי ית קרתא והוה **פתגמא** כתימהא כגבר מגחיך בעיני GN 19:14
תרתין זימנין ארום תקין **פתגמא** מן קדם ייי ומוחי ייי GN 41:32
מנהון בירא על דשבקו **פתגמי** אורייתא דבסימין כדבלתא: NU 33:46
ייי אלקיה למינטר ית כל **פתגמי** אורייתא הדא וית קימיא DT 17:19
ישימון מטול דבטילו **פתגמי** אורייתא: ושדר ישראל NU 21:20
ויהי במשמעיה ית **פתגמי** מומתא הדא ויתייאש DT 29:18
ייי לי שמיע קדמי ית כל **פתגמי** עמא הדין דמלילו עימך DT 5:28
ידי אחתא וכד שמע ית **פתגמי** רבקה אחתיה למימר כדנן GN 24:30
סיחון מלכא דאמוראי **פתגמי** שלם למימר: איעיבר בארעך DT 2:26
ההיא ית כל עשרא **פתגמיא** דתעבדון ביני דיני ממונא DT 1:18
בבירא דשבע: והוה בתר **פתגמיא** האילין מן בתר דיכפת GN 22:20
ואמר שמועו בבעו **פתגמיי** עד דאימליל אין יהוון כל NU 12:6
ית אתנא בשוטא: עשרתי **פתגמין** אתברייו בתר שיכלול NU 22:28

פתור (27)

עזיאל: ומטרתהון ארונא **ופתורא** ומנרתא ומתבחיא ומני NU 3:31
על סטר משכנא דרומא **ופתורא** תסדר על סטר ציפונא: EX 26:35
מתקדשא מיתקנא הי **כפתורין** חזור חזור למשריתא: EX 16:13
דכסף טב עברין בכל **פתור** ומתקבלין בכל פרקמטיא: GN 23:16
מלעיל וישוון אריחוי: ועל **פתור** לחם אפייא יפרסון לבוש NU 4:7
בתר איסתלקותיה מעל **פתורא** באתר קדיש ארום קודש LV 24:9
ושית בסידרא חדא על **פתורא** בטהריה דמסדר קדם ייי: LV 24:6
ייי ית משה: ויהב ית **פתורא** במשכן זימנא על שידא EX 40:22
ית פרוכתא: והנעל ית **פתורא** בסטר ציפונא מטול דמתמן EX 40:4
לות בני ישראל: ותעביד **פתורא** דקיסי שיטא תרתין אמין EX 25:23
אנפי כרוביא: ועבד ית **פתורא** דקיסי שיטא תרתין אמין EX 37:10
וית פרגודא דפרסא: ית **פתורא** וית אריחוי וית כל מנוי וית EX 35:13
חד מיכא וחד מיכא: וית **פתורא** וית כל מנוי וית לחם אפיא: EX 39:36
וית כל מני משכנא: וית **פתורא** וית כל מנוי וית מנרתא EX 31:8
וית ארונא דסהדותא: וית **פתורא** וית כל מנוי וית מנרתא וית EX 30:27
לאריחייא למיטל ית **פתורא**: ועבד ית אריחיא דקיסי EX 37:14
יתהון דהבא למיטל ית **פתורא**: ועבד ית מניא דעל פתורא EX 37:15
לאריחייא למיטול ית **פתורא**: ותעביד ית אריחייא דקיסי EX 25:27
ויהון נטלין בהון ית **פתורא**: ותעביד פיילתוי ובזיכוי EX 25:28
ועבד ית מניא דעל **פתורא** ית פיילוותיה וית בזיכוי וית EX 37:16
תעבד יתהון: ותסדר על **פתורא** לחמא גוואה קדמי תדירא: EX 25:30
קודשיא: ותשוי ית **פתורא** מברא לפרגודא וית מנרתא EX 26:35
וית מנרתא כל קבל **פתורא** על סטר משכנא דרומא EX 26:35
במשכן זימנא כל קבל **פתורא** על שידא דמשכנא דרומא: EX 40:24
מטול עתיריא דמסדרין **פתורא** קדם תרעיהון ומפרנסין EX 40:6
ית קרבני לחים סידור **פתורי** ייכלון כהניא ומה דאתון NU 28:2
ונטל חולקין מעל **פתוריה** ושדרינון מן קדמוי GN 43:34

פתח (47)

ובתר הכי חרכי שמיא **איתפתחו**: והוה מיטרא נחית על GN 7:11
בני אליאב בר ראובן **דפתחת** ארעא ית פומה ובלעתנון DT 11:6
ליט את מן ארעא **דפתחת** ית פומא וקבילת ית דמי GN 4:11
הוה על כל אנפי ארעא **ופתח** יוסף ית כל אוצרין דבהון GN 41:56
על חמריהון ואזלו מתמן: **ופתח** לוי דאישתאר בלחודיה GN 42:27
והוה מסוף ארבעין יומין **ופתח** נח ית כוות תיבותא דעבד: GN 8:6
גבר טוניה לארעא **ופתחו** גבר טוניה: ופשפש בראובן GN 44:11
מטינא לבית מבתותא **ופתחנא** ית טוננא והא כסף גבר GN 43:21
ארעא דתחותהון: **ופתחת** ארעא ית פומה ובלעת NU 16:32

דאתכנשו ופליגו על ייי: ופתחת ארעא ית פומה ובלעת NU 26:10
מינה לעלמי דאתי ופתחת ארעא פומה ובלעת יתהון: EX 15:12
מן שיחנא ומן טריבא: ופתחת וחמת ית ריבא והא טלייא EX 2:6
שירויא איתברי לה כדון ותפתוח ארעא ית פומא ותבלוע NU 16:30
מילין דשלם תתיב לכון ותפתח לכון פילוותה ויהי כל עמא DT 20:11
ותורא יתרגם: וארום יפתח איניש גוב או ארום יחפס EX 21:33
וכן אמר משה נביא הכא יפתח ייי לכון ית אוצריה טב DT 28:12
תרעא ולא מן צדדיה כדפתיח תרעיה וכל דבמשכנא NU 19:14
דשבע: והוו כיוון דמטו לפיתחא דמדברא אדכרו למטעי GN 21:15
מאחוך מסכינא: אלא מיפתח תיפתח ית אידך ליה DT 15:8
כן אנא מפקידכון למימר מיפתח תיפתחון ית ידיכון DT 15:11
מסרינון בידא דטיפסרא מפתחא דחייתא ודקיבריא ודמזוני DT 28:12
ייי לאבהתכון: ארבעא מפתחי בידי דמרי עלמא דלא DT 28:12
למרי עלמא ואוצרי טלין מתפתחין ביה ואמר ליה האנא: GN 27:1
למרי עלמא ואוצרי טלין מתפתחין ביה ושמעית ית אבוך GN 27:6
דשום מימרא דייי עמיה פתח גבריאל פמיה בתושבחא DT 32:9
תקדש קדם ייי: וכל פתח וולדא בחמרא תיפרוק EX 13:13
פתח וולדא קדם ייי וכל פתח וולדא בעירא דמשגרא אימיה EX 13:12
כן אנא דבח קדם ייי כל פתח וולדא דוכרייא וכל בוכרא EX 13:15
פריקין ממצרים: כל פתח וולדא דילי הוא וכל בעירך EX 34:19
בישראל דילך יהי: כל פתח וולדא לכל בישרא בבעירא NU 18:15
ישראל חלף כל בוכריא פתח וולדא מבני ישראל ויהון NU 3:12
ויתנינה לך: ותפרש כל פתח וולדא קדם ייי וכל פתח EX 13:12
קדמי כל בוכרא דכוריא פתח כל וולדא בבני ישראל EX 13:2
מגו בני ישראל חולף פתח כל וולדא בוכריא כולהון NU 8:16
בפיצתיה דמרי עלמא פתח מיכאל פמיה ואומר ארום DT 32:9
אתנא בי היא שעתא פתח מימרא דייי ית פומה ואדמן NU 22:28
עממיא למפלחהון: כד פתח משה נביא למימר פיתגמי DT 28:15
ואתכנש לעמיה מן יד פתח משה פמיה בצלותא וכן אמר DT 32:50
בה לעשו חולקא וכד הוא פתח פומיה בכנישתא דישראל GN 49:21
סייפא ובעא למקטליה פתח פומיה במילי תחנונין ואמר NU 31:8
פיתגמא בבית מידרשכון פתחו פמכון למהוי הגיין בהון ברירן DT 30:14
להון ית חילמיה מן יד פתחון פוהון יניס וימברס רישי EX 1:15
יומין: וכל מאן דפחר פתיח דלית מגופתא מחברא ביה NU 19:15
שוי אילימא או חרשא או פתיחא או סמיא הלא אנא ייי: וכדון EX 4:11
נשא דכר ונוקבא ועיינין פתיחן להון הוא אתרא דטניס EX 14:2
מסכינא: אלא מיפתח תיפתח ית אידך ליה ומוזפא DT 15:8
מפקידכון למימר מיפתח תיפתחון ית ידיכון לקריביכון DT 15:11

פתי (30)

בשמאלא ותלתין ושית בפותיה ועשרה בתין במיצעא GN 6:14
נביא דייי ואמר בריך דאפתיה תחומיה דגד נייח כאריא DT 33:20
איתריך עממין מן קדמך ואפתי ית תחומך ולא יחמיד איניש EX 34:24
ועיבד בה חזקתא לארכא ולפתיא ארום לך איתנינה: ופרס GN 13:17
חדא תלתין אמין ופותיא ארבע אמין דיריעתא חדא EX 26:8
חדא עשרין ותמני אמין ופותיא ארבע אמין סכום דיריעתא EX 36:9
עשרה וחומריהון עשרה: ופותיא דדרתא לרוח קידומא EX 27:13
ארכא דדרתא מאה אמין ופותיא חמשין למערבא וחמשין EX 27:18
עמודיא וכיבושיהון כסף: ופותיא לרוח מערבא ווילוון חמשין EX 27:12
הוה אורכא תריסר מילין ופותיה תריסר מילין ודישרן NU 2:3
ההיא לארע טבתא ופתייא בתחומין לארע עבדא חלב EX 3:8
קידוין תפרשון לכון: ואין יפתי ייי אלקכון ית תחומכון DT 19:8
שרן על ארעכון: ארום יפתי ייי אלקכון ית תחומכון הי DT 12:20
אמין אורכה וארבע אמין פותיא באומתא דגרמיה: וית ארעא DT 3:11
תלתין אמין וארבע אמין פותיא דיריעתא חדא משחתא EX 36:15
ואמתא ופלגא דאמתא פותיא דלוחא חד: תרין צירין EX 36:21
אורכיה ואמתא ופלגא פותיא ואמתא ופלגא רומא: ותחפי EX 25:10
אמין אורכא וחמש אמין פותיא מרבע יהי מדבחא ותלת EX 27:1
אורכא ואמתא ופלגא פותיה ברם סומכה הות פושכא: EX 37:6
ואמתא ופלגא דאמתא פותיה דלוחא חד: תרתין צירין EX 26:16
אמין אורכיה ואמתא פותיה ואמתא ופלגא רומיה: וחפא EX 37:10
אורכיה ואמתא ופלגא פותיה ואמתא ופלגא רומיה: וחפייה EX 37:1
אמין אורכיה ואמתא פותיה ואמתא ופלגא רומיה: ותחפי EX 25:23
אורכא ואמתא ופלגא פותיה וסומכה יהי פושכה: ותעביד EX 25:17
עיף זרתא אורכיה וזרתא פותיה: ותשלים ביה אשלמות EX 28:16
אמין אורכיה וחמש אמין פותיה מרבע ותלת אמין רומיה: EX 38:1
אמתיה אורכיה ואמתא פותיה מרבע יהי ותרתין אמין EX 30:2
זרתא אורכיה וזרתא פותיה עיף: ואשלימו ביה ארבעא EX 39:9
אמתא אורכיה ואמתא פותייה מרבע ותרתין אמין רומיה EX 37:25
פרקמטייא וארעא הא פתיית תחומין קדמיהון ית בנתיהון GN 34:21

פתי (4)

ארום קריב מלאכא ואחד בפתי ירכא ימינא דיעקב באתר GN 32:33
רשו למאבשא ליה וקריב בפתי ירכיה וזעזע פתי ירכא דיעקב GN 32:26
ית גידא נשיא דעל פתי ירכא דבעירא וחיותא עד יומא GN 32:33
וקריב בפתי ירכיה וזעזע פתי ירכא דיעקב באתכתשותיה GN 32:26

פתך (32)

ולחם פטיר וגריצן פטירין דפתיכין במשח זיתא ועירוכין EX 29:2
סמידא גריצן פתירן ופתיכן במשח וספוגין פטירין LV 2:4
ומארבעת רוחי עלמא ופתכא מכל מימי עלמא ובריה GN 2:7
סאין סמידא דסולתא פתוכי ועבידי גריצן: ולבקרותא GN 18:6
ועשרונא סמידא פתיך במשח זיתא כתישא רבעות EX 29:40
עלוי ועשרונא סמידא חד פתיך במשח זיתא למנחתא ולוגא LV 14:21
סמידא תלתא עשרונין פתיך במשח זיתא פלגות הינא: NU 15:9
דלחים חד וגריץ דלחם פתיך במשח חד ועריך חד מסלא EX 29:23
חדא וגריצתא דלחים פתיך במשח חדא ועריך חד ושוי LV 8:26
דיליה יהי: וכל מנחתא פתיכא במשח ומנגבה לכל בני LV 7:10
דיתרעי בכון ומנחתא פתיכא במשח זיתא ארום יומא דין LV 9:4
עשרונין סמידא למנחתא פתיכא במשח זיתא ולוגא חדא LV 14:10
עשרונין סמידא למנחתא פתיכא במשח זיתא וניסוכא: עלת NU 28:9
תוריה ומנחתיה סולתא פתיכא במשח זיתא ותור תיניין בר NU 8:8
סווין סמידא דחינטיא פתיכא במשח זיתא כתישא רבעות NU 28:5
עשרונא סמידא למנחתא פתיכא במשח זיתא לאימרא חד NU 28:13
עשרונין סמידא דמנחתא פתיכא במשח זיתא לדיכרא חד: NU 28:12
סמידא מן אפרשותא פתיכא במשח זיתא למנחתא: NU 7:13
סמידא מן אפרשותא פתיכא במשח זיתא למנחתא: NU 7:19
עשרונין סמידא למנחתא פתיכא במשח זיתא לתורא חד NU 28:12
זיתא וקמחא מטגנא פתיכא במשח זיתא: על גריצתא LV 7:12
תרין עשרונין סמידא פתיכא במשח זיתא קורבנא לשמא LV 23:13
סמידא דחנטיא פתיכא במשח זיתא תלתא עשרונין NU 28:20
סמידא דחינטיא פתיכא במשח זיתא תלתא עשרונין NU 28:28
סמידא דחנטיא פתיכא במשח זיתא תלתא עשרונין NU 29:3
סמידא דחנטיא פתיכא במשח זיתא תלתא עשרונין NU 29:9
סמידא דחנטיא פתיכא במשח זיתא תלתא עשרונין NU 29:14
תרין עשרונין סמידא פתיכא במשח זיתא תלתות הינא: NU 15:6
מסריתא קרבנך סמידא פתיכא במשח פטיר תהי: רסיק LV 2:5
מנחתא סמידא עשרונא פתיכא ברבעות הינא משח זיתא: NU 15:4
על מסריתא במשח זיתא פתיכא תתעבד מטגנא תעיל יתה LV 6:14
תודתא גריצן פטירן פתיכן במשח זיתא וערוכין פטירין LV 7:12

פתן (1)

פורענותהון והיך רישי פיתוניא הכדין אינון אכזראין: הלא DT 32:33

פתק (4)

לא יהי חוב ופסולא דבהפתיק מרי עלמא קאי אלא יהי DT 23:22
בתריהון מן בגלל מצראי דפתקין גירין ואבנין לישראל והוה EX 14:19
יוסף ית כספא בבית היפתיקא דפרעה: ושלים כספא GN 47:14
יתפרען לך מבעלי דבבך למפתק גירין להון כד יחזרון קדל GN 49:8

פתרן (1)

השמינין הינון פירייה אין פתרנין האית בה אילנין דמיכל אין NU 13:20

פתשגן (1)

ויכתבון ליה סביא ית פרשגן אורייתא הדא על סיפרא מן DT 17:18

צבחר (2)

אישתיזב כדון תמן הלא ציבחר היא ותתקיים נפשי: ואמר GN 19:20
למיעירוק לתמן והיא ציבחר וקלילין חובהא אישתיזב GN 19:20

צבי (31)

דיפח נפשהון ויצדון כמא דאצדי קרוי אמוראי ופלטירי NU 21:30
ליה מדרשא באתרא דיצבי בחדא מן קרויכון מתעסקו DT 23:17
בחילמי והא תלתא סלין דצביתא נקיא על רישי: ובסלא GN 40:16
אין לא חמיא ליה ולא יצבי אבוהא למיתנא ליה כסף EX 22:16
שמיה מישראל: ואין לא יצבי גברא למיסב ית יבימתיה DT 25:7
בה: לחוד באבהתכון צבא ייי מטול למרחם יתכון DT 10:15
יצרא דלבא דפרעה ולא צבא למפטורינון: ואמר ליה פרעה EX 10:27
אמרכלין ותורא לחד ולא צבא משה למיסב מנהון וקריבו NU 7:3
דייי אלקנא יהיב לנא: ולא צבא סיחן מלכא דחשבון DT 2:30
אוף בזימנא ההיא לא צבה ייי לחבלותך: ואמר ייי לי קום DT 10:10
מרביני ביתיה ולא צבו למהלכא עמיה ובחר מינהון ית GN 14:14
ואיסתפי ואיתי בלא צבו מטול כן דכי יתיה באדם תורא LV 8:15
למימר דילנא מיא והות צבו מן שמיא ויבשת ובכן אהדרו GN 26:20
ליה עבדא מאים לית צבות איתתא למיתי בתריי לארעא GN 24:5
לברי מתמן: ואם לית צבות איתתא למיתי בתרך ותזדכי GN 24:8
לתלסירי שנין ואין הוה צבותי למעכבא לא הוינא מסר GN 22:1
למעבד פיתגמא ארום צבי בברת יעקב והוא יקיר מכל GN 34:19
בריחותא ומן דהוה צבי הוה שחיק בדוכיתא ומבשלין NU 11:8
פרת למילט יתכון: ולא צבי ייי אלקכון לקבלא מן בלעם DT 23:6
גיוותנין מן כולהון אומיא צבי ייי בכון ואתרעי בכון אלהין DT 7:7
ומן בגלל דלא אברהם צבי לברכא ית ישמעאל בגין כן לא GN 25:11
לאחוי שמא בישראל לא צבי ליבמותי: ויקרון ליה חכימי DT 25:7
למימר ברם אם אנת צבי למעבד לי טבו קביל מיני GN 23:13
בצלו ומן דהוה צבי לסגופי נפשי נסיבו אבנא ושוויו EX 17:12
ידיה ונסביה הא בכין צבי משה למיתב עם גברא ויהב ית EX 2:21
דייי אלקנא יהיב לנא: ולא צביתון למיסוק והימנתון לפיתגמי DT 1:26

אחוי ונטרו ליה בבו ולא **צבן** למללא עימיה שלם: וחלם יוסף GN 37:4
למימר: קבל מנהון ויהון **ציבי** לצרוך סידורא ותורין ועגלן NU 7:5
ועד סייפי ארעא: לא **תצבון** להון ולא תקבלון מיניה ולא DT 13:9
בתר אילין מרדוותא לא **תצבון** למשמע לאולפן אורייתי LV 26:18
תהכון עימי בעראי ולא **תצבון** למשמע לאולפן אורייתי LV 26:21

צבע (35)

וצייר בתיכלא ובארגוונא **ובצבע** זהורי ובבוצא: כל דהבא EX 38:23
ובקיסא דארזא ובאיזובא **ובצבע** זהורי: ויפטור ית צפורא LV 14:52
דדהבא ורומנא דתכלתא **ודצבע** זהורי חיזורא דדהבא ורומנא EX 28:34
טריתא וחלזונא יאחדון **ויצבעון** מאדמיה תיכלא לחוטי DT 33:19
דקיסא דגולמיש ואיזובא **וצבע** דאישתני בזהורי ויטלוק לגו NU 19:6
צפרין וקיסא דארזא **וצבע** זהורי ואיזובא: ויכוס טבחא LV 14:49
חיין ודכיין וקיסא דארזא **וצבע** זהורי ואיזובא: ויפקד כהנא LV 14:4
עימיה תיכלא וארגוונא **וצבע** זהורי ובוץ ומעזי ומושכי EX 35:23
ונחשא: ותיכלא וארגוונא **וצבע** זהורי ובוץ ומעזי: ומשכי EX 25:4
ונחשא: ותיכלא וארגוונא **וצבע** זהורי ובוץ מעזי: ומשכי EX 35:6
דהבא תיכלא וארגוונא **וצבע** זהורי ובוץ שזיר היכמא EX 39:5
מחטא דתיכלא וארגוונא **וצבע** זהורי ובוץ שזיר ועשרין אמין EX 38:18
דדהבא תיכלא וארגוונא **וצבע** זהורי ובוץ שזיר: ורדידו ית EX 39:2
דדהבא תיכלא וארגוונא **וצבע** זהורי ובוץ שזיר: ותיסב ית EX 28:8
דדהבא תיכלא וארגוונא **וצבע** זהורי ובוץ שזיר: מרבע הוה EX 39:8
דתיכלא וארגוונא **וצבע** זהורי ובוץ שזיר עובד אומן EX 26:31
אפודא תיכלא וארגוונא **וצבע** זהורי ובוץ שזיר עובד אומן: EX 28:6
דתיכלא וארגוונא **וצבע** זהורי ובוץ שזיר עובד אומן EX 36:35
משכנא תיכלא וארגוונא **וצבע** זהורי ובוץ שזיר עובד צייור EX 26:36
אמין דתיכלא וארגוונא **וצבע** זהורי ובוץ שזיר עובד צייור EX 27:16
דתיכלא וארגוונא **וצבע** זהורי ובוץ שזיר עובד צייור: EX 36:37
דדהבא תיכלא וארגוונא **וצבע** זהורי ובוץ שזיר תעביד יתיה: EX 28:15
חזור: ומן תיכלא וארגוונא **וצבע** זהורי עבדו לבושי שימושא EX 39:1
שזיר ותיכלא וארגוונא **וצבע** זהורי עובד ציור היכמה דפקד EX 39:29
רומניין דתיכלא וארגוונא **וצבע** זהורי על שיפולוי חזור חזור EX 28:33
דדהבא ורומנא דתכלתא **וצבע** זהורי על שיפולי מנטר EX 28:34
שזיר ותיכלא וארגוונא **וצבע** זהורי צורת כרובין עובד אומן EX 36:8
שזיר ותיכלא וארגוונא **וצבע** זהורי צייור כרובין: אורכא EX 26:1
רומניין דתיכלא וארגוונא **וצבע** זהורי שזיר: ועבדו חיזוריין EX 39:24
בגו תיכלא וארגוונא ובגו **צבע** זהורי ובגו בוצא עובד אומן: EX 39:3
יהי: ויפרשון עלוי לבוש **צבע** זהורי ויכסון יתיה בחופאה NU 4:8
וית קיסא דארזא וית **צבע** זהורי וית איזובא ויטמש LV 14:6
תיכלא וית ארגוונא וית **צבע** זהורי וית בוצא: ויעבדון ית EX 28:5
תיכלא וית ארגיוונא וית **צבע** זהורי וית בוצא: וכל נשיא EX 35:25
דארזא וית איזובא וית **צבע** זהורי וית צפרא חייתא LV 14:51

צבע (31)

כהנא במיחמי מצורעא: **ויצבע** דמידכי ית לבושוי ויספר ית LV 14:8
עינוי וית כל שעריה יספר **ויצבע** ית לבושוי ויסחי ית ביסריה LV 14:9
שיבוק חובת עיגלא היא: **ויצבע** כהנא דכניש ית קיטמא NU 19:10
משכא וידכי יתיה כהנא **ויצבע** לבושוי וידכי: ואין הלכא LV 13:34
קלופי מיטפלא הוא **ויצבע** לבושוי וידכי: ואם הלוכי LV 13:6
דיקרב בהון יהי מסאב **ויצבע** לבושוי ויסחי בארבעין סווין LV 15:27
תבירא ביציבא ובגיוריא **ויצבע** לבושוי ויסחי בארבעין סווין LV 17:15
שובעא יומין לדכותיה **ויצבע** לבושוי ויסחי בישריה במי LV 15:13
וידכיניה ביומא שביעאה **ויצבע** לבושוי ויסחי במיא וידכי NU 19:19
דליקתא לאפושי קיטמא: **ויצבע** לבושוי כהנא דינכס ית NU 19:7
די יהוי עלוי שכבת זרעא **ויצטבע** במוי ויהוי מסאב עד LV 15:17
ויעדי מיניה מכתשא **ויצטבע** תניינות וידכי: דא אורייתא LV 13:58
וידכי: ואין ארשע ולא **יצבע** ובישריה לא יסחי ויקבל LV 17:16
ית לבושוי ודיכול בביתא **יצבע** ית לבושוי: ואין מיעל ייעול LV 14:47
רמשא: ודישכוב בביתא **יצבע** ית לבושוי ודיכול בביתא LV 14:47
ודיוסיט ית נבילתה **יצבע** ית לבושוי ויהי מסאב עד LV 11:40
ית צפירא לעזאזל **יצבע** ית לבושוי ויסחי ית בישריה LV 16:26
דמתעסק ביקידתא **יצבע** לבושוי בארבעין סווין דמוי NU 19:8
כהנא דמדי מי אדיותא **יצבע** לבושוי ודיקרב במי אדיותא NU 19:21
וכל דיוסיט מן נבילתהון **יצבע** לבושוי ויהי מסאב עד רמשא: LV 11:25
ודיוסיט ית נבילתהון **יצבע** לבושוי ויהי מסאב עד רמשא LV 11:28
רמשא: ודייכול מנבילתה **יצבע** לבושוי ויהי מסאב עד רמשא LV 11:40
יהי מסאב ואין גברא הוא **יצבע** לבושוי ויסחי בארבעין LV 15:11
וגבר די יקרב במשכביה **יצבע** לבושוי ויסחי בארבעין סאוין LV 15:5
למיתב עלוי דובנא **יצבע** לבושוי ויסחי בארבעין סאוין LV 15:6
ודיקרב בבשר דובנא **יצבע** לבושוי ויסחי בארבעין סאוין LV 15:7
אין יריק דובנא בדכיא **יצבע** לבושוי ויסחי בארבעין סאוין LV 15:8
עד רמשא: ודיוסיט יתהון **יצבע** לבושוי ויסחי בארבעין סווין LV 15:10
וכל מן דיקרב במשכבה **יצבע** לבושוי ויסחי בארבעין סווין LV 15:21
מנא דמייחד למיתב עלוי **יצבע** לבושוי ויסחי בארבעין סווין LV 15:22
רעייהון: ודמוקיד יתהון **יצבע** לבושוי ויסחי ית בישריהון LV 16:28

צבעא (2)

מן עופא דלית להון **ציבעא** יתירא ודלית ליה זרוקפא LV 11:13
קליף ואית ליה **ציבעא** יתירא ולא דריס תיכלון: DT 14:11

צבר (2)

או תארע ידיה או ידא **דציבורא** ויתפריק: וידייק עם LV 25:49
טבתא דאתיין איליין **ויצברון** עיבורא תחות יד GN 41:35

צד (8)

הוא בלחודוי יתיב **ולציד** אינתתיה לא יתקרב מברא LV 13:46
תיקרב לבזאה עריתה: **ולציד** איתת חברך לא תיתן LV 18:20
עלה כל יומי חייהא: **ולציד** איתתא בזמן ריחוק סאובתא LV 18:19
בית מותביה ולא יקרב **לציד** אינתתיה שובעא יומין: ויהי LV 14:8
מרה רשותיה עלה: ואין **לציד** בריה זמין יתה כהילכת בנתא EX 21:9
לא תיתן בתשמישתה **לציד** בת עממין למעברא לפולחנא LV 18:21
ואיתתא די תקרב **לציד** כל בעירא למתהניא מינה LV 20:16
אורח תרעא ולא מן **צדדיה** כדפתיח תרעיה וכל NU 19:14

צדד (3)

קדיש וילבש ית לבושוי **ויצדד** ויפוק ויעביד ית עלתיה וית LV 16:24
ועל כל קהלא דישראל: **ויצדד** ויפוק מן קודשא למדבחא LV 16:18
סנהדרין עיינין: לא תפקון **צדדי** רישיכון ולא תגלבון ית שומת LV 19:27

צדי (20)

וכד נחתו מוי דטובענא **איתצד** ובנייה נח ונסב מכל בעירא GN 8:20
יתהון שריין במדברא **בצדייות** אתר דמייללין שידין DT 32:10
דשליטו בארעא עד **דאצתדי** בית מוקדשא בתראה: וית DT 34:2
ברעוא ריח קורבניכון: **ואצדי** לחוד אנא ית ארעא דלא יהי LV 26:32
דלא יהי עלה נייח רוחא **ויצדון** הכדין עלה סנאיכון דשריין LV 26:32
יתהון עד דיפח נפשהון **ויצדון** כמא דאצדי קרוי אמוראי NU 21:30
יעקב ויוביד וישיצי שיז **ויצדי** וקיסרין תקיף קירוי עממיא: NU 24:19
מברא ותזער יתכון מלגיו **ויצדיין** אורחתכון: ואין באילין LV 26:22
נפשיכון ומרי עלמא **יצדי** יתהון עד דיפח נפשהון ויצדון NU 21:30
חדא דילמא תהי ארעא **צדיא** ויסגון עלך חיות ברא כד EX 23:29
ית כל חוביהון לאתר **צדיא** ויפטור גברא ית צפירא LV 16:22
שלופי חרב ותהי ארעכון **צדיא** וקורייכון יהויין צדיאן: הא LV 26:33
וית שלי נונא מן ימא וית **צדיא:** וקקא חיורתא ואוכמתא DT 14:16
שמיטהא כל יומין דהיא **צדיא** מינכון ואתון תהוון LV 26:34
שמיטהא כל יומין דהיא **צדיא** מנכון והינון ירעון ית חוביהון LV 26:43
שמיטהא: כל יומין דהיא **צדיא** מנכון תתנייח היכמא דלא LV 26:35
צדיא וקורייכון יהויין **צדיאן:** הא בכן תרעי ארעא ית שני LV 26:33
מיניה והוו בני ישראל **צדיין** ואכלין יתהון: והוה ביומא EX 16:21
יתכון: ואיתן ית קורייכון **צדיין** ואשעמם ית מוקדשיכון ולא LV 26:31
הוות תהייא ובהיא **צריא** מבני נש וריקנייא מן כל בעיר GN 1:2

צדע (2)

אפוי דאהרן מן צידעא **לצידעא** יתמטי ויטול אהרן ית EX 28:38
דבית אפוי דאהרן מן **צידעא** לצידעא יתמטי ויטול אהרן EX 28:38

צדק (40)

עיבידו להון וייחון בחיי **דצדיקי** ולא ימותון באישא NU 4:19
יתכון ייי לתמן: טוביכון **דצדיקיא** מרי תתובא דכד תחובון DT 30:2
גניזיא ומתן אגרהון **דצדיקייא** ופורענותהון דרשיעייא GN 49:1
ברם מינך יפקון אוכלוסין **דצדיקין** קבל כל עמך אעביד פרישן EX 34:10
את אזלא ומתנסבא **לצדיקא** יהי רעוא דמיניך יפקון GN 24:60
שבעתי כוכביא דמתילין **לצדיקיא** דמנהרין לעלמא EX 40:4
ואית למיתן אגר טב **לצדיקיא** ואית למיתפרעא מן GN 4:8
ולית למיתתן אגר טב **לצדיקיא** ולית למתפרעא מן GN 4:8
אית לה לעלמא דאתי **לצדיקיא** ולנטרי פיקודי אורייתא NU 12:16
אתקין גינתא דעדן **לצדיקייא** דייכלון ויתפנקון מן פירי GN 3:24
דביה משתלם אגר טב **לצדיקייא** וית אורחא דמותא דביה DT 30:15
דייי למיתן אגר טב **לצדיקייא** ולמתפרעא מן רשיעיא NU 24:23
אלקים גינוניתא מעדן **לצדיקייא** קדם בריית עלם ואשרי GN 2:8
יתקטל: וזרע יצחק **לצדקתא** בארעא ההיא ואשכח GN 26:12
אלקא דשם דעבדיתיה **צדיק** ובגין כן יהוי כנען עביד ליה: GN 9:26
ארום עבדתינון: ונח דהוה **צדיקא** אשכח חינא קדם ייי: אילן GN 6:8
תמן למירתה: תלתא **צדיקי** אתאמרת קריבותא DT 31:14
ארנונא: ייא לכון סנאי **צדיקיא** אבדתון עמא דכמיש NU 21:29
ידעת ית עמא ארום בני **צדיקיא** אינון ברם יצרא בישא הוא EX 32:22
דתרעא למשכנא מטול **צדיקיא** דחפין בזכותיהון על עמא EX 40:5
לא מחיני כדון מן ספר **צדיקיא** דכתבתא שמי בגויה: ואמר EX 32:32
מדברין בזכות אבהתהון **צדיקיא** דמתילין לטווריא ובזכות NU 23:9
בחודתא מתולייא אמרין **צדיקיא** דשלטין ביצריהון איתו NU 21:27
לאלפין דרין לרחמיי **צדיקיא** ולנטרי פיקודיי ואורייתי: DT 5:10
הי כאישא נפקין מפמי **צדיקיא** מרי חושבנא דנא וזכוון NU 21:28
ייי אלקא עילאה דבגין **צדיקיא** קנא בקנייניה שמיא GN 14:22
מן אלקא עילאה דבגין **צדיקיא** קנא שמיא וארעא: ובריך GN 14:19
במיתותא דנייחין בה **צדיקייא** אין אשכחית רחמין קדמך NU 11:15
בחיי עלמא וחולקיה עם **צדיקייא** אנא ייי: גבר טלי וגבר סיב LV 18:5
די במיתותא דמייתין בה **צדיקייא** אנא מיית בתר דחמית GN 46:30

נבהית באנפי אבהתיי **צדיקייא** בעלמא דאתי טב לי יקיד GN 38:25
קיימא וטיבו לרחמוי **צדיקייא** ולנטרי פיקודוי לאלפין DT 7:9
לאלפין דרין לרחמיי **צדיקייא** ולנטרי פיקודיי ואורייתי: EX 20:6
לכון זכוות אבהתכון **צדיקייא** ומשכן זימנא וארון קיימא DT 1:1
לגובריהון וילדן בנין **צדיקין** בזמן דמידכן מן סואבות EX 38:8
ליה לא תידחל דכולהון **צדיקין** ולית בהון פסולא דמבתר GN 35:22
לחילא: ואתבחרו גוברין **צדיקין** ומסרון נפשהון מאלפיא NU 31:5
דישראל תריסר כולהון **צדיקין** כחדא ודא דמליל להון GN 49:28
דתקנן קדם ייי למעבד **צדקתא** ודינא בגין דייתיה עילוי GN 18:19
דמלילתון תיתנון ולעניי **צדקתא** מה דאמרתון בפומכון: DT 23:24

צהר (1)

בהקי עמיין חוורן **צהר** הוא סגי במשכא דכי הוא: וגבר LV 13:39

צואר (13)

ויעקב בכא על צערא **דצווריה**: וזקף ית ענוי וחמא ית GN 33:4
על ידוי ועל שעיעות **צואריה**: וסדרת ית תבשיליא וית GN 27:16
ואתרכין על פריקת **צוורי** בנימין אחוי ובכא דחמא GN 45:14
רתיתא ואתון על פירקת **צוורי** מלכיהון תדרכון: וסליק משה DT 33:29
ובנימין בכא על פריקת **צווריה** דיוסף דחמא משכנא דשילו GN 45:14
ושוי מניכא דדהבא על **צווריה**: וארכיב יתיה ברתיכא GN 41:42
ליה ורכן על פריקת **צווריה** ובכא על צווריה תוב על GN 46:29
וגפיף ליה ואתרכין על **צווריה** ונשיך ליה ובכון עשו בכא GN 33:4
מעכב ודמתנכיס פשיט **צווריה**: וקרא ליה מלאכא דייי מן GN 22:10
פריקת צווריה ובכא על **צווריה** תוב על דיסגד ליה: ואמר GN 46:29
מן אדניהן קטליא מן **צווריהן** שיריא מן אדרעיהן עזקתא NU 31:50
וישוון נירי פרזלא על **צווריכון** עד זמן דישיצי יתכון: DT 28:48
פריק ניר שעבודיה מעל **צוורך**: ונטר עשו שנא בליביה על GN 27:40

צוד (17)

לא הוה כנמרוד גיבר **בצידא** ומרודא קדם ייי: והות שירוי GN 10:9
ואמר מאן הוא דיכי **דצד** צידא ואעיל לי ואכלית מכל GN 27:33
וקשתך ופוק לחקלא **וצוד** לי צידא: ועיבד לי תבשילין GN 27:3
למיתב ביניכון די **יצוד** צידא חייתא או עופא LV 17:13
בריה ואזל עשו לחקלא **למיצד** צידא לאיתיאה: ורבקה GN 27:5
והוה עשו גבר נחשירכן **למיצוד** עופן וחיוון גבר נפיק חקל GN 25:27
ואמר קריב לי ואיכול **מצידא** דברי בגין דתברכינך נפשי GN 27:25
לאבוי יקום אבא וייכול **מצידא** דבריה בדיל דיתברכינני GN 27:31
קום כדון אסתחר ותיכול **מצידי** בגין דתברכינני נפשך: ואמר GN 27:19
יצחק אבוי ועשו אחוי על **מצידיה**: ועכיב מימרא דייי מיניה GN 27:30
ועכיב מימרא דייי מיניה **צידא** דכיא ואשכח כלבא חדא GN 27:31
ואמר מאן הוא דיכי דצד **צידא** ואעיל לי ואכלית מכל GN 27:33
ופוק לחקלא וצוד לי **צידא**: ועיבד לי תבשילין היכמא GN 27:3
למיתב ביניכון די יצוד **צידא** חייתא או עופא דמיכשרין LV 17:13
ואזל עשו לחקלא למיצד **צידא** לאיתיאה: ורבקה אמרת GN 27:5
אחוך למימר: אעיל לי **צידה** ועיבד לי תבשילין ואיכול GN 27:7
וית בר נצצא ליזניה: וית **ציידא** וית שלי נונא מן ימא וית LV 11:17

צוח (19)

לכון ארום אין יקום **ויצווח** עליכון בצלו קדמיי שמע EX 22:22
דן דהוה פיסלא עימהון: **וצווח** עמא על משה דיבעי עליהון NU 11:2
דין: ואתו סרכי בני ישראל **וצווחו** קדם פרעה למימר למה EX 5:15
דלא הות מפקא בר זרעא **וצוח** עמא קדם פרעה בגין לחמא GN 41:55
עשו ית פיתגמי אבוי **וצוח** צווחא רבתא ומרירתא עד GN 27:34
וטייס לאויר שמיא והוה **צווח** ואמר חבל על עמא דשמעו EX 32:19
מן סטר לסטר ובכן הוה **צווח** ואמר עמי בית ישראל: לא EX 20:3
בהון מן סטר לסטר ובכן **צווח** ואמר עמי בני ישראל אנא הוא EX 20:2
ית פיתגמי אבוי וצוח **צווחא** רבתא ומרירתא עד לחדא GN 27:34
דאסתתם פומהון ולא **צווחין** דאילו הוון צווחין הוון NU 25:8
ולא צווחין דאילו הוון **צווחין** הוון משתיזבין נס תליתאי NU 25:8
ערקו מן דחיל קלהון היך **צווחין** ואמרין זכיי הוא ייי וקושטא NU 16:34
בטלנין הינון בגין כן הינון **צווחין** למימר ניזיל נדבח ניכסת EX 5:8
זיווהון אבהת עלמא **צווחין** מבית קבורתהון וכל DT 28:15
דאיתבלעו בגרגישתא **צווחין** קדמיי מן ארעא: וכען חלף GN 4:10
וכל שאר מצראי והוות **צווחתא** רבתא ארום לא הוה תמן EX 12:30
וכל בוכרא דבעירא: ותהי **צווחתא** רבתא בכל ארעא דמצרים EX 11:6
כל בירייתא ית קל **ציווחת** חיויא כד איתערטל מן EX 7:9
דיירי ארעא למשמע קל **ציווחתהון** דמצרים בתברותי יתהון EX 7:9

צוי (26)

ואין ליתיכון עסיקין **במצוותא** דאורייתא ויהוי בכון DT 15:7
שמיא: ויהי אין נייח הוא **במצוותא** דאורייתא יתיב לרוחצן DT 17:18
לחוד אין אתון עסיקין **במצוותא** דאורייתא לא יהוי בכון DT 15:4
דלא נייחין בית ישראל **במצוותא** דאורייתא לא פסקין DT 15:11
דמיתו וזכאיא למעסוק **במצותא** במותבנהון: ובסוף תלתא EX 10:23
ארום ערטיליי אנא **דמצותא** דפקידתני אעברית מיני GN 3:10
שזיר דתיכלא: ויהי לכון **למצוותא** דציציית ותחמון יתיה NU 15:39
אתרא דבטילו אידיהון **ממצוותא** דאורייתא ואתיבשו EX 17:1
עמכון יתיב וינטור **מצוותא** ביניכון אליפו יתיה DT 23:17
ייי אלקכון ריקנין מכל **מצוותא**: גבר הי כמיסת מוהבות DT 16:16
ההוא למימר מן בגלל **מצוותא** דא עבד מימרא דייי לי EX 13:8
הינון עמא בית ישראל **מצוותא** דאורייתא אתאמר עלי DT 32:14
ובנתיהון על דלא נטרו **מצוותא** דאורייתא: ואישיצי ית LV 26:29
בנהא דאיתתא נטרין **מצוותא** דאורייתא יהוון מכוונין GN 3:15
שכינתיה וכד הינון נטרין **מצוותא** דאורייתא מדברין לרגיל DT 33:3
יתך על רישך וכד שבקין **מצוותא** דאורייתא תהוי מתכווין GN 3:15
בגלל לנסוייהון אין נטרין **מצוותא** דאורייתי אין לא: ויהי EX 16:4
ברך מחר למימר מה דא **מצוותא** דבוכרייא ותימר ליה EX 13:14
מן שפוותכון תקימון **מצוותא** דכשרין לאתעובדא DT 23:24
אורייתא חדא תהי לכל **מצוותא** לייציבא ולגייורא די EX 12:49
בין טב לביש אילו נטר **מצוותא** פקידתיה אית הוא חי GN 3:22
לי דילמא איתקבלת אגר **מצוותיי** בעלמא הדין ולית לי חולק GN 15:1
במדברא דצין במוי **מצות** כנישתא לקדשותי במיא NU 27:14
למחמיהון הינון מוי **מצות** ריקם במדברא דצין: ומליל NU 27:14
והוה שלים בדקתיה במוי **מצות** רקם ואישתכח מהימן: נפקין DT 33:8
במצע בני ישראל במוי **מצות** רקם מדברא דצין מטול דלא DT 32:51

צולקא (3)

ליה: וגרי מימר דייי **צולקא** דשחינא וטריב בישרא EX 2:5
היא וידכיניה כהנא ארום **צולקת** כואה היא: וגבר או איתא LV 13:28
בהקי לא הליכת פיסיונא **צולקת** שיחנא היא וידכיניה כהנא: LV 13:23

צום (8)

עמלק מחר אנא קאים **בצומא** מעתד בזכוות אבהתא רישי EX 17:9
כד זבנוהי דהוה יתיב **בצומא** על דבלבל מצע אבוי ואזל GN 37:29
פריסן בהימנותא בצלו **וצומא** עד מטמוע שימשא: ותבר EX 17:12
נש די יכול לציימא ולא **יצום** בכרן יומא הדין וישתיצי LV 23:29
ית נפשתיכון ותשרון **לציימא** בתשעא יומין לירחא LV 23:32
ארום כל בר נש די יכול **לציימא** ולא יצום בכרן יומא הדין LV 23:29
רמשא חורן תהוון ציימין **צומיכון** ושבתין שוביכון: ומליל ייי LV 23:32
ועד רמשא חורן תהוון **ציימין** צומיכון ושבתין שוביכון: LV 23:32

צוק (4)

אשתקד למהך למדברא **דצוק** דהוא בית הדורי: ויסובר LV 16:21
תקיף וקשי דבמדברא **דצוק** דהוא בית הדורי: ויקרב אהרן LV 16:10
גברא ית צפירא למדברא **דצוק** ויסוק צפירא על טווריא LV 16:22
אתון למיסב עלאיי הואה **צוקתא** דכולהון: ואמר ראובן לאבוי GN 42:36

צור (41)

תלתא כלידין משקעין **בציוריהון** בקנייא חד חיזור ושושן EX 25:33
ותלתא כלידין משקעין **בציוריהון** בקנייא חד חיזור ושושן EX 25:33
דידה האילין: וחמי ועיבד **בציוריהון** דאנת מתחמי בטוורא: EX 25:40
עלה ברם סטיו חקיק **בציורין** ודיוקנין תשוון בארעית LV 26:1
תלתא כלידין משקעין **בצייוריהון** בקניא חד חזור ושושן EX 37:19
ותלתא כלידין משקעין **בצייוריהון** בקניא חד חיזור ושושן EX 37:19
ארבעא כלידין משקעין **בצייוריהון** חיזורהא ושושנהא: EX 37:20
ארבעה כלידין משקעין **בצייוריהון** חיזורייהא ושושנייהא: EX 25:34
לא תעבדון לכון צלם **וצורה** וכל דמו דבשמיא מלעיל ודי EX 20:4
לא תעבדון לכון צלם **וצורה** וכל דמו וכדון עבדו לכון EX 32:8
לא תעבדון לכון צלם **וצורה** וכל דמו ולסוף ארבעין יומין EX 32:19
יהוי גברא דלא יעבד צלם **וצורה** וכל דמו מה דמרחק קדם ייי DT 27:15
יהוי גברא דיעבד צלם **וצורה** וכל דמו מה דמרחק קדם ייי DT 27:15
כל עיבידת נגר ואומן **וצייר** בתיכלא ובארגוונא וביצבע EX 35:35
לשיבטא דדן נגר ואומן **וצייר** בתיכלא ובארגוונא ובצבע EX 38:23
תרי לוחי מרמירא **כצורת** קמאי וסלקית לטוורא DT 10:3
לך תרי לוחי מרמירא **כצורתהון** דקמאי וסוק לקדמי DT 10:1
דיליה ועבד ליה פרגוד **מצוייר**: וחמון אחוי ארום יתיה GN 37:3
ית פרגודיה ית פרגוד **מצייר** דעלוי: ונסבוהי וטלקו יתיה GN 37:23
זלפה ובני בלהה ית פרגוד **מצייר** ואייתייוהי לות אבוהון GN 37:32
לא תקימון לכון ואבן **מציירא** לא תתנון בארעכון למגחן LV 26:1
ייי חד וביה הוה חקיק **צורת** בר אילא והוה חמי למהוי ביה NU 2:10
מן קדמך וביה הוה חקיק **צורת** בר אריוון מטול דרבא לבני NU 2:3
והוה חמי למהוי ביה **צורת** בר תורי ברם משה נביא NU 2:10
דישראל וביה הוה חקיק **צורת** חיוי חורמן ורבא דהוה ממני NU 2:25
יתך ית צורת משכנא וית **צורת** כל מנוי והיכדין תעבדון: EX 25:9
וארגוונא וצבע זהורי **צורת** כרובין עובד אומן עבד יתהון: EX 36:8
מה דאנא מחמי יתך ית **צורת** משכנא וית צורת כל מנוי EX 25:9
משריתא וביה הוה חקיק **צורת** ריבא ורבא דהוה ממניה על NU 2:18
וצבע זהורי עובד **ציור** היכמה דפקד ייי ית משה: EX 39:29
וקמור תעביד עובד **ציור**: ולבני אהרן תעביד כיתונין EX 28:39
וכתב חקיק לרשם חרית **ציורא** לא תתנון בכון אנא ייי: לא LV 19:28
עובד אומן יעביד יתה **ציורין** כרובין: ותסדר יתה על EX 26:31
זהורי ובוץ שזיר עובד **צייור**: וית עמודוי חמשא וית וויהון EX 36:37
וארגוונא וצבע זהורי **צייור** כרובין: אורכא דיריעתא חדא EX 26:1
ופרסא דתרע דרתא עובד **צייור** מחטא דתיכלא וארגוונא EX 38:18
זהורי ובוץ שזיר עובד **צייור** מחטא: ותעבד לפרסא חמשא EX 26:36
זהורי ובוץ שזיר עובד **צייור** מחטא עמודיהון ארבעא EX 27:16

אומן עבד יתה כרובין **צייורין**: ועבד לה ארבעא עמודי EX 36:35
קרתא דשכם דהוה **צייר** בהון דמות פיסליה וטמר GN 35:4
ית קיימיי ותתכנשון מן **ציירא** לקורייכון ואיגרי מותנא LV 26:25

צור (3)

ברא למטמרא מקמיכון **בציירא**: לחוד אילן דתינדעון ארום DT 20:19
לאהרן: ונסיב מידיהון **וצר** יתיה בשושיפא ורמא יתיה EX 32:4
לקביל בני עמון לא **תצור** עליהון ולא תתגרי בהון DT 2:19

צות (16)

קביל ייי צלותכון ולא **אצית** למיליכון: ויתיבתון ברקם DT 1:45
ואמר קום בלק ושמע **אצית** מיליי בריה דצפור: לא כמילי NU 23:18
מן ארעא דהכין כתיב **אציתו** שמייא ואימליל ותישמע DT 32:1
וצלה קבילן קלי נשי למך **אציתן** למימרי ארום לא גברא GN 4:23
ושתיק כלב ית עמא **ואציתינון** לות משה ואמר מיסק NU 13:30
ממללא לאנהרות עינין **ולמצתות** אודנין: ואיתנציב GN 2:7
וישמעאל קאי בתריה **וציית** מה דאמר מלאכא: ואברהם GN 18:10
יהב שמיעא לשמייא **וצייתא** לארעא מן בגלל דהוה קריב DT 32:1
יהב שמיעא לארעא **וצייתא** לשמייא מן בגלל דהוה DT 32:1
ודכשר קדמוי תעביד **ותצית** לפיקודוי ותינטור כל EX 15:26
בזדנותא בדיל דלא **למיצת** מן כהנא דקאים לשמשא DT 17:12
ואודנין לטמטמא אלהין **לציית**א ואתון נשיתון אורייתא DT 29:3
דמצרים הוה אהרן **מצית** אדניה ושמע מה דמליל EX 6:28
סורהבן ומרוד ליתוי **ציית** למימרנא גרגרן בבישרא DT 21:20
עינא ולקסומי קוסמיא **צייתין** ואתון לא כוותהון אלהין DT 18:14
לוי עם כל עמא למימר **ציתו** ושמעו ישראל יומנא DT 27:9

צחי (5)

יתנא וית בננא וית גיתנא **בצחותא**: וצלי משה קדם ייי למימר EX 17:3
מימרא דייי בכון בכפנא **ובצהותא** ובערטליותא ובחוסרן כל DT 28:48
ומה מנסון אתון קדם ייי: **וצחי** תמן עמא למוי ואתרעם עמא EX 17:3
קלן ועקרבין עקצין ובית **צהוונא** אתר דלית מוי דאפיק לך DT 8:15
שידין ווירודין ובית **צחותא** אגין עליהון שבעתי ענני DT 32:10

צינא (2)

תמן: ותעטרון בסליא **וצניא** ופיפייריא ותיעלון לות כהנא DT 26:3
נפשך עד דתיסבע ולות **צנך** לא תתן: ארום תיעול למיסב DT 23:25

צינא (4)

ארנונא וייתי למדברא **דציני** טור פרזלא מי מצותא אבל NU 34:11
תחום דרומא מן מדברא **דציני** טור פרזלא על תחומי אדום NU 34:3
דעקרבית ויעיבר **לציני** טוור פרזלא ויהוון מפקנוי מן NU 34:4
תרנגולא ושרו במדברא **ציני** טוור פרזלא היא רקם: ונטלו NU 33:36

ציפונא (24)

חובא דעתיד למיהוי בדן **דמציפונא** לדרמשק: ואתיב ית כל GN 14:15
למערבא ולמדינחא **ולציפונא** ולדרומא ויתברכון בגין GN 28:14
וזקוף עינך למערבא **ולציפונא** ולדרומא ולמדינחא וחמי DT 3:27
כדון מיני אם אנת **לציפונא** ואנא לדרומא אם אנת GN 13:9
אם אנת לדרומא ואנא **לציפונא**: וזקף לוט ית עינוי לזנו GN 13:9
טורא הדין אתפנו לכון **לציפונא**: וית עמא פקיד למימר DT 2:3
במשריתא כמהלך יומא **לציפונא** וכמהלך יומא לדרומא NU 11:31
מן אתרא דאנת תמן **לציפונא** ולדרומא ולמדינחא GN 13:14
נטלין: טיקס משירית דן **לציפונא** חיליהון ובית משרוייהון NU 2:25
כסף: והיכדין לרוח **ציפונא** באורכא ווילוון מאה אורכא EX 27:11
ואיפני על דרומא או על **ציפונא**: ואתיב לבן ובתואל ואמר מן GN 24:49
על שידא דמשכנא ישרון **ציפונא**: ודמסיר למינטר בני מררי NU 3:35
דין יהוי לכון תחום **ציפונא**: ותכוונון לכון לתחום NU 34:9
ופתורא תסדר על סטר **ציפונא**: ותעבד פרסא לתרע משכנא EX 26:35
דרומא טוורוס אומניס מן **ציפונא** ימא רבא מן מערבא ימא NU 34:12
דמתחבר עם מליך **ציפונא** לחבלא יתבי ארעא ועמונאי DT 34:3
וכיבושיהון כסף: ולרוח **ציפונא** מאה אמין עמודיהן עשרים EX 38:11
זימנא על שידא דמשכנא **ציפונא** מברא לפרגודא: וסדר עלוי EX 40:22
והנעל ית פתורא בסטר **ציפונא** מטול דמתמן מתיהב EX 40:4
ודין יהוי לכון תחום **ציפונא** מן ימא רבא תכוונון לכון NU 34:7
משכנא תניינא לרוח **ציפונא** עבד עשרין לוחין: וארבעין EX 36:25
משכנא תיניינא לרוח **ציפונא** עשרין לוחין: וארבעין EX 26:20
על שיפולי מדבחא בסטר **ציפונא** קדם ייי וידרקון בני אהרן LV 1:11
אלפין גרמידי וית רוח **ציפונא** תרין אלפין גרמידי וקרתא NU 35:5

ציצא (13)

ובוסמנין וכתבין קוסמין **בציצא** דדהבא ויהבין תחות GN 31:19
ומגרי איליין באיליין: **וציען** יצטרחן במני זיינא ויפקון NU 24:24
קרח וחברוי עבדו גוליין **וציצייתהון** כולהון דתיכלא מה NU 16:2
באישא מצלהבא: ותעביד **ציצא** דדהב דכי ותיגלוף עלוי EX 28:36
כל קבל אנפוי ית **ציצא** דדהבא כלילא דקודשא LV 8:9
בנשיא אוקימו כלו קבל **ציצא** כלילא דקודשא ויסתכלו ביה NU 31:18
מכל די במיא כל דיליה **ציצין** וחרספיתין ביממיא ובנחליא LV 11:9
תיכלון: וכל דלית ליה **ציצין** וחרספיתין בימא ובנחליא LV 11:10
תתרחקון: כל דלית ליה **ציצין** וחרספיתין במיא שיקצא LV 11:12
תיכלון: וכל דלית ליה **ציצין** וחרספיתין לא תיכלון מסאב DT 14:10
מכל דקמיט כל דליה **ציצין** למפרח וחרספיתין על DT 14:9
ליסתיה וחד תחות **ציציתיה** וחד תחות גונביה יתיה DT 14:9
ייי ית משה: ועבדו ית **ציצת** כלילא דקודשא דהב דכי EX 39:30

ציר (1)

לכון: ושיקצא יהון לכון **ציריהון** ורוטביהון ומיבישריהון לא LV 11:11

צירא (7)

תחות לוחא חד לתרין **צירוי**: וליסטר משכנא תיניינא לרוח EX 26:19
תחות לוחא חד לתרין **צירוי**: ולסטר משכנא תניינא לרוח EX 36:24
תחות לוחא חד לתרין **צירוי** ותרין חומרין תחות לוחא חד EX 26:19
תחות לוחא חד לתרין **צירוי** ותרין חומרין תחות לוחא חד EX 36:24
מימרא דייי באנפי כל **ציריה** בית וולדא לנשיא דבבית GN 20:18
פותיא דלוחא חד: תרין **צירין** ללוחא חד מכוונן סטר חד בגו EX 36:22
פותיה דלוחא חד: תרתין **צירין** ללוחא חד מכוונן ציטר חד EX 26:17

צירן (1)

רחל: ועיני לאה הוון **צירנייתן** דבכיא ובעיא מן קדם ייי GN 29:17

צית (16)

הוה דחיל מלימיסתכי **בצית** איקר שכינתא דייי: ואמר EX 3:6
מילין מרחיק ומשה קריב **לצית** אמיטתא דתמן יקר שכינתא EX 20:21
ודילמא תיתלון עיניכון **לצית** שמיא ותחמון ית שימשא DT 4:19
פרעה ודרק יתיה משה **לצית** שמייא והוה שחין שלבוקיין EX 9:10
אתונא וידריקיניה משה **לצית** שמייא למיחמי פרעה: ויהי EX 9:8
קירוין רברבן וכריכן עד **צית** שמיא ואוף בני עפרון גיברא DT 1:28
וסליקת קבילתהון עד **צית** שמיא: ונטלו מאתר דגרי ייי NU 33:42
ומוגדלא ורישי מטי עד **צית** שמיא ונעביד לנא סגדו GN 11:4
ושלהוביה מטי עד **צית** שמיא חשוכא עננא ואמיטתא: DT 4:11
קירוין רברבן וכריכן עד **צית** שמיא: עם חסין וגיוותן הי DT 9:1
ארזא רמא דרישי מטי עד **צית** שמייא ברם ענפוי מטלן על כל GN 50:1
בארעא ורישי מטי עד **צית** שמייא והא תרין מלאכיא GN 28:12
וארים משה ית ידיה על **צית** שמייא והוה חשוך דקביל בכל EX 10:22
למשה ארים ית ידך על **צית** שמייא ויהי ברדא בכל ארעא EX 9:22
למשה ארים ית ידך על **צית** שמייא ויהי חשוכא על ארעא EX 10:21
משה ית חוטריה על **צית** שמייא וייי יהב קלין וברדין EX 9:23

צלב (8)

ית רישך מעילוי גופך **ויצלוב** יתך על קיסא וייכול עופא GN 40:19
למסמך ידיהון ולמדחף **ולמצלב** ולמקבור היכמא דפקיד ייי LV 24:23
ית עמא דטעו בתר פעור **ותצלוב** יתהון קדם מימרא דייי על NU 25:4
אטלות אבנין ובתר כדין **יצלבון** יתיה על קיסא: לא תבית DT 21:22
קילותא קדם אילקא **למצלוב** גבר אלהן חובוי גרמו ליה DT 21:23
דפרעה: וית רב נחתומי **צלב** דיעט למקטליה היכמה דפשר GN 40:22
על סדר שימושי ויתיה **צלב**: ושדר פרעה וקרא ית יוסף GN 41:13
לכון למירתה רמי ולא **צלוב** בקיסא בחקלא ולא טאיף על DT 21:1

צלהב (26)

וייי יהב קלין וברדין **ומצלהבא** אישתא על ארעא ואחית EX 9:23
יתיר מן משכא וביה שער **מצלהב** כחיזו דהב דקיק ויסאב LV 13:30
ולא הוה ביה שער **מצלהב** כחיזו דהב וחיזוי ניתקא LV 13:32
לא יפשפש כהנא לשער **מצלהב** מטול דמסאב הוא: ואם כד LV 13:36
מוי ולא ימותון באישא **מצלהבא** או בזמן מקרבהון EX 30:20
ולא ימותון ביה באישא **מצלהבא** ארום יפסוניה אנא ייי LV 22:9
קדם ייי באישתא **מצלהבא** בזמן קרוביהון אישתא NU 3:4
דלא ימותון באישא **מצלהבא** דין מטול בני קהת במשכן NU 4:15
דילמא יתוקדון באישא **מצלהבא** דנפיק מן קודשיא: ודין EX 29:37
קדם ייי ומיתו באישא **מצלהבא**: ואמר ייי למשה מליל עם LV 16:1
ולא ימותון באישא **מצלהבא** ויזוחון עיניהון מן בית NU 4:19
דלא ימותון באישא **מצלהבא**: ומליל ייי עם משה למימר: NU 4:20
ואיתגלי עלוי באישא **מצלהבא** וסליק קוטריה הי EX 19:18
ולא ימותון באישא **מצלהבא** ותהי להון קיים עלם ליה EX 30:21
ולא ימות באישא **מצלהבא**: ותעביד ציצא דדהב דכי EX 28:35
ארום דליקת בהון אישא **מצלהבא** מן קדם ייי: וגיורייא NU 11:3
דיקרב יתקטל באישא **מצלהבא** מן קדם ייי: וישרון בני NU 1:51
בטוורא באישא **מצלהבא** מן קדם ייי ולא EX 32:23
ודליקת בהון אישא **מצלהבא** מן קדם ייי ושיציאת מן NU 11:1
דיקרב יתקטל באישא **מצלהבא** מן קדם ייי: כל סכומי NU 3:38
בטוורא באישא **מצלהבא** מן קדם ייי לא EX 32:1
ולא ימות באישא **מצלהבא** קדם ייי: ויסב מן אדמא LV 16:13
שיבטיא יתוקד באישא **מצלהבא** קדם ייי: וית אהרן וית בנוי EX 30:29
דיקרב יתקטל באישא **מצלהבא** קדם ייי: ומליל ייי עם NU 3:10
ולא יקבלון חובא באישא **מצלהבא** קיים עלם ליה ולבנוי EX 28:43
ומילחא עם אישא **מצלהבא** תהי יקדא כל ארעא לא DT 29:22

צלוחית (2)

למנחתא וחמר ניסוכה **וצלוחיתא** דמיא הוון מנסכין ביומא NU 29:31
ואמר משה לאהרן סב **צלוחית** דפחר חדא והב תמן מלי EX 16:33

צלח (16)

להום לא תעכבון יתי וייי **אצלח** אורחי אלווייוני ואיזיל GN 24:56
ועתרו בית ישראל ופחזו **אצלחו** תקוף קנון נכסין ושבקו DT 32:15

ותהוון ברם חדיין **באצלחותא:** תלת זימנין בשתא DT 16:15
ייי אלקכון לטבא **דתצלחון** בכל עובדי ידיכון בוולדא DT 30:9
ותעבדון יתהון מן בגלל **דתצלחון** ית כל דתעבדון: אמר DT 29:8
לה ושתיק למינדע **האצלח** ייי אורחיה אין לה: והוה כדי GN 24:21
בכל ארעא דמצרים: **ואצלחת** ארעא דכל שובל עבד מלי GN 41:47
קומוי יזמן מלאכיה עימך **ויצלח** אורחך ותיסב איתא לברי מן GN 24:40
עללתא ואילן דאנפי ברא **יצלח** בפירוי: ויארע לכון דרכא ית LV 26:4
אברהם אין איתך כדון **מצלח** אורחי דאנא אזיל עלה: הא GN 24:42
וכל דהוא עביד ייי **מצלח** בידיה: ומשכח יוסף רחמין GN 39:3
בסעדא דיוסף והוה גבר **מצלח** והוה בבית ריבוניה מצראי: GN 39:2
בסעדיה ודהוא עביד ייי **מצלח:** והוה בתר פיתגמיא האילין GN 39:23
ינחמיננא מפולחננא דלא **מצלחא** ומליעות ידנא מן ארעא GN 5:29
מימרא דייי ואיהי לא **תצלח** לכון: לא תיסקון ארום לית NU 14:41
באורחא ולא **תצלחון** ית אורחתכון ותהון ברם DT 28:29

צלי (139)

בגיני לאימת דאנת בעי **איצלי** עלך ועל עבדך ועל עמך EX 8:5
לאתרא דשמיש תמן **ביצלו** קדם ייי: ואודיק על אנפי GN 19:27
לכיתנא ולעמרא או **בצלא** או בכל עיבידת צלא: ויהי LV 13:48
או סמוק בלבושא או **בצלא** או בשתיא או בערבא או בכל LV 13:49
או בשיתיא או בערבא או **בצלא** לכל דיתעבד צלא LV 13:51
לילוון דאשתטחית **בצלו** ארום אמר ייי למשציא יתכון: DT 9:25
על עמא: וקם ליה אהרן **בצלו** במצע ועבד מחיצותא NU 17:13
מדחקא דחיקית קדם ייי **בצלו** ברם קביל בעותי דיהי לי בר GN 30:8
ית כהניא דפרסין ידיהון **בצלו** ומברכין ית בנך ובלעם GN 12:3
ולא הוה יכיל למיזקפהון **בצלו** ומן דהוה צבי לסגופי נפשי EX 17:12
פריס עד דהוה משה קאי **בצלו** ומצלי ובעי רחמין מן קדם ייי NU 10:36
והוי כד זקיף משה ידוי **בצלו** ומתגברין דבית ישראל וכד EX 17:11
ידוי פריסן בהימנותא **בצלו** וצומא עד מטמוע שימשא: EX 17:12
נטיל עד דמשה הוה קאי **בצלו** מצלי ובעי רחמין מן קדם ייי NU 10:35
חייתא הינין תליין עיניהן **בצלו** מצליין ובען רחמין מן קדם EX 1:19
כל עמא ואודון ואתרכינו **בצלו** על אנפיהון: ונסיבו בני אהרן LV 9:24
כשעא זעירא: ואתרכינו **בצלו** על אפיהון ואמר אל אלקא NU 16:22
כשעא זעירא ואתרכינו **בצלו** על אפיהון: ואמר משה לאהרן NU 17:10
וכד פרסין ידיהון **בצלו** עני ומשזיב יתהון אבל DT 32:31
טובין דתיתוקפן ידיכון **בצלו** קדם אבוכון דבשמיא דיפרוק DT 28:32
סמיך לקרתא ופרס ידוי **בצלו** קדם ייי ואתמנעו קלין דלווט EX 9:33
רחמין על לוט ומשמש **בצלו** קדם ייי: וצלי אברהם ואמר GN 18:22
דבביהום בדחקותהון **בצלו** קדם ייי וקרת שמיה נפתלי: GN 30:8
יתכון: ואשטתחית **בצלו** קדם ייי ית ארבעין יממין וית DT 9:25
לקרתא אפרוס ית ידיי **בצלו** קדם ייי קלייא יתמנעון EX 9:29
אין יקום ויצווח עליכון **בצלו** קדמיי שמע אנא בקל צלותיה EX 22:22
מן יד פתח משה פמיה **בצלותא** וכן אמר דיבוניה דעלמא DT 32:50
ויצחק ויעקב וקמון **בצלותא** קדם ייי ומן יד אתכליאו DT 9:19
דכפתיה אבוי והפך יצחק **בצלותיה** דעתיה ממה דגזר על GN 25:21
והוה בידיה לבטולתהון **בצלותיה** ולא צלי מטול כן אתקנס NU 35:25
היכמא דמליל אברהם **בצלותיה** על אבימלך: ואתעברת GN 21:1
יסבר ייי סבר אפוי לך **בצלותך** וישוי עלך שלם בכל NU 6:26
יצחק מדין אתיתון לותי **דאצלי** עליכון ואתון סניתון יתי GN 26:27
או ערבא או כל מאן **דיצלא** דתחוור ויעדי מיניה LV 13:58
או בערבא או בכל מאן **דיצלא:** ויפקד כהנא ויחוורון ית LV 13:53
או ערבא או כל מאן **דיצלא** לדכאותיה או לסאבותיה: LV 13:59
או בערבא או בכל מאן **דיצלא** סגיא היא בנורא תוקדיניה LV 13:57
ותהודע להון ית צלותא **דיצלון** בבית כנישתהון וית אורחא EX 18:20
ישתכחון תמן תלתין **דיצלון** עשרא עשרא לכל קרתא GN 18:30
מאים ישתכחון עשרים **דיצלון** עשרא לתרתין קוריין GN 18:31
חמשין זכאין בגו קרתא **דיצלון** קדמי ואשבוק לכל אתרא GN 18:26
חמשין זכאין בגו קרתא **דיצלון** קדמך עשרא לכל קרווא כל GN 18:24
כחדא ואמרין אמן: ליט **דיצלי** דין דייר יתים וארמלא הוון DT 27:19
או בכיתנא או ית כל מאן **דצלא** דיהי ביה מכתשא ארום LV 13:52
וכל לבוש וכל מנא **דצלא** וכל עובד מעזי קרנא וגרמא NU 31:20
או בערבא או בכל מאן **דצלא** מכתש סגירותא הוא ויתחמי LV 13:49
אנא בעי מנכון אלהן **דתצלו** עלי דלא אמות: וכד שמעו EX 12:32
חובא רבא וכדון איסק **ואיצלי** קדם ייי הלואי איכפר על EX 32:30
הא אנא נפיק מלותך **ואיצלי** קדם ייי ויעדי עירבוב חיות EX 8:25
ולא יהוי גברא דיקום **ויצלי** אמטולהון ברת קלא נפלת מן DT 28:15
גבר ארום נביא הוא **ויצלי** עלך ותיחי ואין ליתך מתיב GN 20:7
הוית קאי בטוורא בעי **ומצלי** הי כיומיא קמאי ארבעין DT 10:10
עד דהוה משה קאי בצלו **ומצלי** ובעי רחמין מן קדם ייי וכן NU 10:36
חוביה ומצלי על חוביה **ומצלי** ומשתבק ליה: והוה כד הוה EX 33:7
מודי על חוביה **ומצלי** על חוביה ומצלי ומשתבק EX 33:7
דשרי בטוור גלעד אודי **ומצלי** קדם אלקיה: ואתא מלאכא GN 31:23
דרעואל והוה מודי **ומצלי** קדם ייי דעבד עימיה ניסין EX 2:21
ייי למשה למא אנת קאי **ומצלי** קדמי הא צלותהון דעמי EX 14:15
ונטלו מתמן מודים **ומצליין** קדם ייי והות רתיתא מן GN 35:5
בתריהון ודחילו לחדא **וצלו** בני ישראל קדם ייי: ואמרו EX 14:10
ואהרן למשכנא זימנא **וצלו** עמא בית ישראל ונפקו ובריכו LV 9:23
חובי לחוד זימנא הדא **וצלו** קדם ייי ויעדי מיני לחוד ית EX 10:17
ומשמש בצלו קדם ייי: **וצלי** אברהם ואמר הרוגזך שציא GN 18:23
לגבי שרה אינתתיה: **וצלי** אברהם קדם אלקים ואסי GN 20:17
לעלתא חולף בריה: ואודי **וצלי** אברהם תמן באתרא ההוא GN 22:14
יומא דנפק אזל לחרן: **וצלי** באתר בית מוקדשא ובת תמן GN 28:11
לבית בהתת קיבתה **וצלי** בפמיה על עמא בית ישראל NU 25:13
תמן מדבחא קדם ייי **וצלי** בשמא דייי: ונטל אברם אזיל GN 12:8
עבדי: ובנא תמן מבדחא **וצלי** בשמא דייי ופרס תמן משכניה GN 26:25
נובדא זכותה מיגו קהלא: **וצלי** משה ובעא רחמין קדם ייי NU 12:13
מיננא ית מחת חיויא **וצלי** משה על עמא: ואמר ייי למשה NU 21:7
על משה דיבעי עליהון **וצלי** משה קדם ייי ואישתקעת NU 11:2
בננא וית גיתנא בצחותא: **וצלי** משה קדם ייי למימר מה EX 17:4
משה ואהרן מלות פרעה **וצלי** משה קדם ייי על עיסק EX 8:8
פסגא חדא להום לסהדו **וצלי** עליהום יצחק ואתרווחו GN 26:31
משה למימר מה נישתי: **וצלי** קדם ייי ואחוי ליה ייי אילן EX 15:25
על חוביכון: ותב משה **וצלי** קדם ייי ואמר במטו מינך ריבון EX 32:31
הדין: ונפק מלות פרעה **וצלי** קדם ייי: והפך ייי ית רוחא EX 10:18
ונפק משה מלות פרעה **וצלי** קדם ייי: ועבד ייי כפתגם EX 8:26
דעבד תמן בשירויא **וצלי** תמן אברם בשמא דייי: ואוף GN 13:4
אברהם בבירא דשבע **וצלי** תמן בשום מימרא דייי EX 26:28
אבונן בבירא דשבע **וצלי** תמן בשום מימרא דייי אלקא EX 36:33
אמר ייי למשציא יתכון: **וצליית** קדם ייי ואמרית בבעו DT 9:26
עלנא פולחנא קשיא: **וצלינא** קדם ייי אלקנא דאבהתן DT 26:7
לנא מצראי ולאבהתנא: **וצלינא** קדם ייי וקביל צלותנא NU 20:16
ייי לחדא לשצייותיה **וצליתי** אוף על אהרן בעידנא ההיא: DT 9:20
לטור בית מקדשא **יצלון** תמן יקרבון קורבנין דקשוט DT 33:19
וכד הוה מנח ידוי מן **למצליא** ומתגברין דבית עמלק: EX 17:11
בארע דרומא: ונפק יצחק **לצלאה** באנפי ברא לעידוני רמשא GN 24:63
צניעתא ובעידן דאתיין **לצלאה** בתרע משכן זימנא הואן EX 38:8
משה מן רתיתא ושרי **לצלאה** קדם ייי אלקיה ואמר למא EX 32:11
לשמא דייי כנישין תהון **לצלאה** קדם ייי על מיטרא כל LV 23:36
לשמיה דייי ודין כשר **לצלן** מכוון כל קבל תרע שמייא GN 28:17
ארום בשמא דייי אנא **מצלי** ואתון עמא בית ישראל הבו DT 32:3
ואיהו עבר לקמיהון **מצלי** ובעי רחמין מן קדם ייי וגחן GN 33:3
עד דמשה הוה קאי בצלו **מצלי** ובעי רחמין מן קדם ייי וכן NU 10:35
דהוה עלך רחמין הוינא **מצלי** ומחתא הות מתכליא מינך EX 10:29
הינין תליין עיניהן בצלו **מצליין** ובען רחמין מן קדם אבוהון EX 1:19
צלותנא בכל עידן דאנן **מצליין** קמיה ועביד בעותן: והי דא DT 4:7
יתיה מן לבושיה או מן **צלא** או מן שיתיא או מן ערבא: ואין LV 13:56
מאן דקיסא או לבוש או **צלא** או שק כל מאן דתיתעבד בהון LV 11:32
רמשא: וכל לבושא וכל **צלא** די יהוי עלוי שכבת זרעא LV 15:17
או בצלא או בכל עיבידת **צלא:** ויהי מכתשא ירוק או סמוק LV 13:48
או בצלא לכל דיתעבד **צלא** לעיבידתא צורעא מחלטא LV 13:51
לא תרחקון לטיילא **צלו** עלי: ואמר משה הא אנא נפיק EX 8:24
בכל מחתא ומחתא: **צלו** קדם ייי ויהי סגי קדמוי EX 9:28
למשה ולאהרן ואמר **צלון** קדם ייי ויעדי עורדעניא מיני EX 8:4
אורייתא ותהודע להון ית **צלותא** דיצלון בבית כנישתהון וית EX 18:20
בליליא ההוא: וקביל ייי **צלותא** דלאה ואיתעברת וילידת GN 30:17
אמהתה ושמיע קדם ייי **צלותא** דלאה ואתחלפו עובריא GN 30:21
קדם ייי ושמיע קדמוי קל **צלותא** ואמר במימריה למתן לה GN 30:22
לי עלך אהרן אחי עמוד **צלותהון** דישראל אוף הינון בכון ית NU 20:29
אנת קאי ומצלי קדמי הא **צלותהון** דעמי קדמת לדידך מליל EX 14:15
והוא שמע בקל **צלותהן** ומן יד הינין מתעניין וילדן EX 1:19
למשציא יתכון וקביל ייי **צלותי** אוף בזימנא ההיא: ועל אהרן DT 9:19
וארבעין לילוון וקביל ייי **צלותי** אוף בזימנא ההיא לא צבא DT 10:10
מדבחא לאלקא דקביל **צלותי** ביומא דעקתי והוה מימריה GN 35:3
עלי בגללכון ולא קביל **צלותי** ואמר ייי לי סגי לך לא DT 3:26
טביא ולחוד שמע בקל **צלותי** ויהב לי בר והיכדין עתיד GN 30:6
אין יקבול קדמי ואיקביל **צלותיה** ארום אלקא חננא אנא: עמי EX 22:26
אחוי וכן אמר קביל ייי **צלותיה** דיהודה במפקיה לסדרי DT 33:7
ית קורייהון: וקביל ייי **צלותיה** דישראל ומסר ית כנענאה NU 21:3
קדמיי שמע אנא בקל **צלותיה** ופרע ליה: ויתקף רוגזי EX 22:22
ועל ישמעאל קבילית **צלותך** הא בריכית יתיה ואפיש GN 17:20
מטול דאקבל ברעוא **צלותכון** אנא הוא ייי מקדשכון: LV 20:7
קדם ייי ולא קביל ייי **צלותכון** ולא אצית למיליכון: DT 1:45
עם משה למימר: קבילית **צלותכון** על כנישתא כדון מליל NU 16:24
כורסיה רם ומנטל ושמע **צלותנא** בכל עידן דאנן מצליין DT 4:7
דאבהתן וקביל ייי **צלותנא** וגלי קדמוי צערן וליעותן DT 26:7
וצלינא קדם ייי וקביל **צלותנא** ושדר חד ממלאכי שירותא NU 20:16
רבותא ומטול דלא **צלי** ביומא דכיפורי בקודש קודשיא NU 35:25
מינן במטו מינך ריבוני **צלי** כען עלה ולא נובדא זכותה מיגו NU 12:12
בצלותיה ולא **צלי** מטול כן אתקנס לימממת NU 35:25

באחתא ואמרת ליעקב **צלי** קדם ייי ויהב לי בנין ואין לא הי GN 30:1
דייי ועימך נצינא **צלי** קדם ייי ויעדי מיננא ית מחת NU 21:7
כשרין יתקטלון: לא **תצלון** דין גיורא ויתמא ולא ימשכן DT 24:17
עמי בני ישראל לא **תצלון** דין ממסכינא בדיניה: מפתגם EX 23:6
ית עמא דין קשוט: לא **תצלון** דינא ולא תיסבון אפין ולא DT 16:19
תקבלון וקדמוי **תצלון** ובדחלתיה תתקרבון: ונבי DT 13:5

צלל (3)

ארעא דנגדא נחלין דמיין **צלילין** מבועי עינוון חליין ותהומין DT 8:7
מוי למישתי ולא אשכחו **צלילן** ארום לא יכילו למשתי מן EX 7:24
דרחשא דארחישו מיא **צלילתא** לזניהון זני דכיין וזני דלא GN 1:21

צלם (24)

אלקים ית אדם בדיוקניה **בצילמא** אלקים ברא יתיה במאתן GN 1:27
לבריית עלמא נעבד אדם **בצילמנא** כדייוקננא וישלטון בנוני GN 1:26
ואילני סיגדיהון תקציצון **וצילמי** טעוותהון תוקדון בנורא: DT 7:5
תוקדון בנורא **וצילמי** טעוותהון תקצצון ותשיצון DT 12:3
לא תעבדון לכון טעוון **וצילמין** וקמתין מטול סגותא לא LV 26:1
ותברא תתבר קמתי **צילמהון**: ותפלחון קדם ייי אלקכון EX 23:24
עד דיתשיצי יתהון: **צילמי** טעוותהון תוקדון בנורא לא DT 7:25
דאבוך למה גנבת ית **צילמי** טעותי: ואתיב יעקב ואמר GN 31:30
עם כל מאן דתשכח ית **צילמי** טעותך ימות בלא זימניה כל GN 31:32
כל בית סיגדיהון וית כל **צילמי** מתכוותהון תסייפון וית כל NU 33:52
בגין בתולתא ופלחי **צילמין** בגין ברתיה דיעקב ולא יהוי GN 34:31
סאיבו לבתולתא ופלחי **צילמין** טניפו לברתיה דיעקב GN 34:31
דרחל: ורחל נסיבת ית **צילמנייא** ושותינון בעביטא דגמלא GN 31:34
לי ופשפש ולא אשכח **צילמנייא**: ותקיף רוגזא דיעקב GN 31:35
עובדיכון ותעבדון לכון **צלם** דמו דכל טעו דמו דדכר או DT 4:16
עימכון ותעבדון לכון **צלם** דמות כולא דפקדינכון ייי DT 4:23
עובדיכון ותעבדון לכון **צלם** דמות כולא ותעבדון דביש DT 4:25
בר מיני: לא תעבדון לכון **צלם** וכל דמו דבשמיא מלעיל ודי DT 5:8
ישראל: לא תעבדון לכון **צלם** וצורה וכל דמו דבשמיא EX 20:4
בסיני לא תעבדון לכון **צלם** וצורה וכל דמו וכדון עבדו EX 32:8
קודשא לא תעבדון לכון **צלם** וצורה וכל דמו ולסוף ארבעין EX 32:19
יהוי גברא דלא יעבד **צלם** וצורה וכל דמו מה דמרחק DT 27:15
ליט יהוי גברא דיעבד **צלם** וצורה וכל דמו מה דמרחק DT 27:15
ית עניה וגנבת רחל ית **צלמנייא** דהוון נכסין גברא בוכרא GN 31:19

צלף (1)

חייוביה בדיניה: ארבעין **יצליף** וחסיר חד ילקיניה לא ישלים DT 25:3

צלצולין (1)

דאיהי אסרת חרצהא **בצלצוליין** ויפרע ית רישא NU 5:18

צמח (13)

וישיצי ית כל אילנא **דיצמח** לכון מן חקלא: ויתמלון בתך EX 10:5
וית כל יתבי קירווייא **וצימחא** דארעא: ואיסתכלת GN 19:25
לריקנו זרעכון דלא **יצמח** וכתייא יכלון יתהון בעלי LV 26:16
וכרסיסין לקושין דמרווין **צימחוני** ארעא בירחא דניסן: ווי DT 32:2
מבועין דסלקין ומרביין **צימחי** ארעא מלרע וסוגעי עיבור GN 27:28
דסלקין ונגדין ומרוין **צימחיא** מלרע: ומטוב מגדין ועללין DT 33:13
לבר זרע ולא תרבי **צימחין** ולא יסק בה כל עיסבא DT 29:22
עיסבי חקלא עד כדו לא **צמח** ארום לא אמטר ייי אלקים על GN 2:5
קם ניתקא ושער אוכם **צמח** ביה איתסי ניתקא דכי הוא LV 13:37
תהומא דסלקן ומרביין **צמחין** מלרע בריכין יהוין תדייא GN 49:25
לקיין ושקיפן קידום **צמחן** בתריהן: ובלען תובלייא GN 41:6
נצן לקיין שקיפן קידום **צמחן** בתריהן: ובלען תובלייא GN 41:23
יומי חייך: וכובין ואטטין **תצמח** ותרבי בדילך ותיכול ית GN 3:18

צמי (1)

ותספר ית מזייא דרישא **ותיצמי** ית טופרייהא: ותשני ית DT 21:12

צמק (1)

לא ישתי ועינבין רטיבין **וצמיקין** לא ייכול: כל יומי נזריה NU 6:3

צמר (1)

ולקה ישמעאל באישא **צמירתא** ושתי כל מיא עד דישלימו GN 21:15

צנע (21)

עם מלכיא ופלגותא **אצטנעא** למימחי בוכריא במצרים GN 14:15
דיימר לא שמעית בגין כן **אצנעו** יתיה בבית מיטרא עד זמן LV 24:12
מא די תיכלון יומא דין **אצנעו** יתיה ויהי נטיר עד צפרא: EX 16:23
דיימר לא שמעית בגין כן **אצנעוהי** בבית אסירי ארום עד כדון NU 15:34
מלאכא ואייתי מן חמרא **דאיצטנע** בעינבויי מן יומי שירוי GN 27:25
ויתפנקון מן טובא **דאיצטנע** להון מן שירויא ויקבלון NU 11:26
משה להון הוא לחמא **דאיצטנע** לכון מן שירויא בשמי EX 16:15
לכון לחמא מן שמייא **דאיצטנע** לכון מן שירויא ויפקון EX 16:4
והב תמן מלי עומרא מנא **ואצנע** יתיה קדם ייי למטרא EX 16:33
אהרן במציעות חטריהון: **ואצנע** משה ית חוטריא קדם ייי NU 17:22
יתיה ויהי נטיר עד צפרא: **ואצנעו** יתיה עד צפרא היכמא EX 16:24
דפקיד ייי ית משה **ואצנעיה** אהרן קדם סהדותא EX 16:34
בזמן מיעליה לקודשא **ויצניעינון** תמן: ויסחי ית בישריה LV 16:23
עללתכון בשתא ההיא **ותצנעון** בקירויכון: וייתי ליואה DT 14:28
חד לריש בית אבהתהון: **ותצנעינון** במשכן זימנא קדם NU 17:19
יתאכל לית אפשר **לאיצטנעא** מיניה עד צפרא: ואין LV 7:15
ועשרה בתין במיצעא **לאצנעא** בהון מזונא וחמש GN 6:14
דין פתגמא דפקיד ייי **לאצנעא** מלי עומרא מיני למטרא EX 16:32
דעבדית והוו תמן **צניעין** היכמא דפקדני ייי: ובני DT 10:5
אספקלירי דנחשא נשיא **צניעתא** ובעידן דאתיין לצלאה EX 38:8
מיניה עד צפרא **תצניעינון** ובאורתא דשיתיסר EX 12:10

צער (18)

אישתייר ליה מידעם **בצערו** ובעקא די יעיקון לכון DT 28:55
כל מידעם בטומרא **בצערו** ובעקא די יעיקון לכון DT 28:57
דיהב ייי אלקכון לכון **בצערו** ובעקא דיעיקון לכון DT 28:53
כל עללי עלמא וחמון **בצערי** דמשה רבהון דישראל דטרח DT 34:5
מן רומי וקושטנטיני **ויצערון** לאתוראי וישעבדון כל בנוי NU 24:24
ואבאישו לנא מצראי **וצערו** יתנא ויהבו עלנא פולחנא DT 26:6
לחוד בוטלן עיבידיתיה **וצעריה** ונזקיה ובהתיה יתן ואגר EX 21:19
דישראל: והוו רשיעי עמא **כמצטערין** מכוונין והגיאן ביש קדם NU 11:1
רברבנין מפלחנין מן בגלל **למצערא** יתהון בשעבודהון ובניין EX 1:11
ריגלא חולף ריגלא: דמי **צער** מחרוך חולף מחרוך דמי EX 21:25
ועם יעקב: וגלי קדם ייי **צער** שעבודהון דבני ישראל וגלי EX 2:25
באדם בתולין ועידוייך בי **צער** תילדין בנין ולות בעליך תהי GN 3:16
ואמרת אם כדין הוא **צערא** דילידתא למה דין לי בנין GN 25:22
יתי יאות דלא נפרכס מן **צערא** דנפשי ונדחי לגובא דחבלא GN 22:10
ויעקב בכא על **צערא** דצווריה: וזקף ית ענוי וחמא GN 33:4
ליה ובכון עשו בכא על **צערא** דשינוי דאתמזמיזו ויעקב GN 33:4
וסדרי קרבא דגוג ובעידן **צערא** רבא דהוא מיכאל יקום DT 34:3
ייי צלותנא וגלי קדמוי **צערן** וליעותן ודחקן: והנפקנא ייי DT 26:7

צפור (24)

ויטמוש יתיה באדמא **דציפורא** נכיסתא ובמי מבוע וידי LV 14:51
הוא: אי איזדמן שרכפא **דציפר** דכי קדמך באסרטא בכל DT 22:6
ציפרא חייתא באדמא **דציפרא** דנכיסא ובמי מבוע: וידי על LV 14:6
וידכי ית ביתא באדמא **דציפרא** חייתא ובקיסא דארזא LV 14:52
ויתון כל חיות ברא **וציפורי** שמיא ויכלו גושמהון NU 11:26
כהנא לטבחא ויכוס ית **ציפורא** חדא למאן דחסף על מי LV 14:5
ואיזובא: ויכוס טבחא ית **ציפורא** חדא למנא דפחר על מי LV 14:50
דחסף על מי מבוע: ית **ציפורא** חייתא יסב יתה וית קיסא LV 14:6
תוב בצורעא תייבא **ציפורא** תמן ביומא ההוא LV 14:53
כהנא ויסב לדמידכי תרין **ציפורין** חיין ודכיין וקיסא דארזא LV 14:4
בעירא דבארעא דמו דכל **ציפר** גפא דפרחא באויר רקיע DT 4:17
מסאב הוא לכון: כל **ציפר** דכי דלית דאית ליה זפק DT 14:11
ליזניה כל עופא ליזניה כל **ציפר** כל דפרח: ועלו לות נח GN 7:14
וית חטפיתא וית **ציפר** שחפא וית בר נצצא לזנוי: וית DT 14:15
וית חטפיתא וית **ציפר** שחפא וית בר נצצא ליזניה: LV 11:16
איזובא ויטמש יתהון וית **ציפרא** חייתא באדמא דציפרא LV 14:6
ומיתכשרא למיכלא וית **ציפרא** נכיסתא הוה מקבר כהנא LV 14:53
ובצבע זהורי: ויפטור ית **צפורא** חייתא למיברא לקרתא על LV 14:53
וית צבע זהורי וית **צפרא** חייתא ויטמוש יתיה באדמא LV 14:51
תוב בצורעא תייבא **צפרא** חייתא לבייתיה ביומא ההוא LV 14:7
זימנין וידכיניה ויפטור ית **צפרא** חייתא על אנפי חקלא ויהי LV 14:7
ומתכשרא למיכלא וית **צפרא** נכיסא הוה מקבר כהנא LV 14:7
תרין דכר ונוקבא: ברם מן **צפרי** שמיא שובעא שובעא דכר GN 7:3
לדכאה ית ביתא תרתין **צפרין** וקיסא דארזא וצבע זהורי LV 14:49

צפיר (58)

ונכסיה וכפר באדמיה **דצפירא** היכמא דכפר באדם עיגלא LV 9:15
מאדמא דתורא ומאדמא **דצפירא** כד הינון מערבין ויתן על LV 16:18
דעמא ויעיל ית אדמא **דצפירא** מלגיו לפרגודא ויעביד LV 16:15
חד לארביסר אימרין: **וצפיר** בר עיזי חד חטאתא דמקרב NU 29:16
הכדין לשובעת אימרין: **וצפיר** בר עיזי חד לחטאתא NU 29:5
כל רישי ירחי שתא: **וצפיר** בר עיזי חד לחטאתא קדם NU 28:15
במנייתהון כסדר דינא: **וצפיר** בר עיזי חד למטרתא חד NU 29:19
במניינהון כסדר דינא: **וצפיר** בר עיזי חד למטרתא חד NU 29:25
וניסוכיה כד חמי **וצפיר** בר עיזין דלא עירובין חד NU 15:24
ההוא צפירא דריש ירחא **וצפירא** דחטאתא דלעמא וצפירא LV 10:16
דחטאתא דלעמא **וצפירא** דחטאתא דקריב נחשון בר LV 10:16
במניינהון כסדר דינא: **וצפירא** דחטאתא חד בר מן עלת NU 29:38
הכדין לשובעא אימרין: **וצפירא** דחטאתא חד לכפרא NU 28:22
במנייניהון כסדר דינא: **וצפירא** דחטאתא חד למטרתא NU 29:28
במניינהון כסדר דינא: **וצפירא** דחטאתא חד למטרתא NU 29:31
במנינהון כסדר דינהון: **וצפירא** דחטאתא חד למטרתא NU 29:34
במניינהון כסדר דינא: **וצפירא** דחטאתא חד למטרתא חד NU 29:22
ויעבדיניה קרבן חטאתא: **וצפירא** דסליק עלוי עדבא לעזאזל LV 16:10
דיעדי כפנא מן עלמא **וצפירי** עיזין תריסר לחטאתא NU 7:87
דחב וייתי קורבניה **צפיר** בר עיזי דכר שלים: ויסמוך LV 4:23
לנכסת קודשיא: ותעבדון **צפיר** בר עיזי דלא עירובין חד LV 23:19
לישן תליתאיי על עיסק **צפיר** בר עיזי דנכיסו שבטוי דיעקב LV 9:3

הכדין לשובעא אימרין: **צפיר** בר עיזי חד חטאתא בר NU 29:11
חד כדין לשובעא אימרין: **צפיר** בר עיזי חד לכפרא עליכון: בר NU 28:30
למימר סבו ברם אתון **צפיר** בר עיזי מטול דסטנא מימתיל LV 9:3
וגומר: תורא חד וגומר: **צפיר** בר עיזין וגומר: ולניכסת NU 7:28
וגומר: תור חד וגומר: **צפיר** בר עיזין וגומר: ולניכסת NU 7:34
וגומר: תור חד וגומר: **צפיר** בר עיזין וגומר: ולניכסת NU 7:40
תור חד בר תורין וגומר: **צפיר** בר עיזין וגומר: ולניכסת NU 7:46
תור חד בר תורין וגומר: **צפיר** בר עיזין וגומר: ולניכסת NU 7:52
תור חד בר תורין וגומר: **צפיר** בר עיזין וגומר: ולניכסת NU 7:58
תור חד בר תורין וגומר: **צפיר** בר עיזין וגומר: ולניכסת NU 7:64
וגומר: תור בר תורין וגומר: **צפיר** בר עיזין וגומר: ולניכסת NU 7:70
וגומר: תור בר תורין וגומר: **צפיר** בר עיזין וגומר: ולניכסת NU 7:76
וגומר: תור בר תורין וגומר: **צפיר** בר עיזין וגומר: ולניכסת NU 7:82
שיבטא דיהודה לעלתא: **צפיר** בר עיזין חד קריב לחטאתא: NU 7:16
שיבטא דיששכר לעלתא: **צפיר** בר עיזין חד קריב לחטאתא: NU 7:22
וית תורא דחטאתא וית **צפירא** דחטאתא דאיתעל מן LV 16:27
ית קרבן עמא ונסב ית **צפירא** דחטאתא די לעמא ונכסיה LV 9:15
אתא משה ותבע ית **צפירא** דחטאתא די לעמא ותבעיה LV 10:16
באדבעיה ימינא: ויכוס ית **צפירא** דחטאתא דמן ממונא דעמא LV 16:15
צפיריא: ויקריב אהרן ית **צפירא** דסליק עלוי עדבא לשמא LV 16:9
איתקריבו ביומא ההוא **צפירא** דריש ירחא וצפירא LV 10:16
יד ימיניה על ריש **צפירא** ויכוס יתיה טבחא באתר LV 4:24
רבא ויקירא על ריש **צפירא** ויפטור ביד גבר די מזמן מן LV 16:21
על שמאליה על ריש **צפירא** חייא ויודי עלוי ית כל LV 16:21
מיליא ויקרב ית **צפירא** חייא: ויסמוך אהרן ית תרתין LV 16:20
צדיא ויפטור גברא ית **צפירא** למדברא דצוק ויסוק צפירא LV 16:22
למדבחא: ודיפטור ית **צפירא** לעזאזל יצבע ית לבושוי LV 16:26
למדברא דצוק ויסוק **צפירא** על טווריא דבית הדורי LV 16:22
דהוא בית הדורי: ויסובר **צפירא** עלוי ית כל חוביהון לאתר LV 16:22
דבני ישראל יסב תרין **צפירי** בני עיזי דלא עירובין לקרבן LV 16:5
היכמא דפקיד ייי: תלתא **צפיריא** איתקריבו ביומא ההוא LV 10:16
וינפיקינון ויטלקינון על **צפיריא:** ויקריב אהרן ית צפירא LV 16:8
ביתיה: ויסב ית תרין **צפירין** ויקם יתהון קדם ייי בתרע LV 16:7
זימנא: ויתן אהרן על תרין **צפירין** עדבין שוין עדבא חד לשמא LV 16:8
מן ענא אימרתא או **צפירתא** דעיזי לחטאתא ויכפר LV 5:6
דוב וייתי ית קורבני **צפירתא** דעיזי שלמתא מטול LV 4:28

צפר (82)

קטרת בוסמין בצפר **בצפר** באתקנותיה ית בוציניא EX 30:7
עלוי אהרן קטרת בוסמין **בצפר** בצפר באתקנותיה ית EX 30:7
מייתן ליה תוב נדבתא **בצפר** בצפר מן ממונהון: ואתו כל EX 36:3
וילפי עלה כהנא אעין **בצפר** בצפר עד ארבע שעין דיומא LV 6:5
ייי אלקכון ביה ותתפני **בצפר** מיפק חגא ותהך לקרווך: DT 16:7
ליה תוב נדבתא בצפר **בצפר** מן ממונהון: ואתו כל חכימיא EX 36:3
עלה כהנא אעין בצפר **בצפר** עד ארבע שעין דיומא ויסדר LV 6:5
ית עמא: איזל לות פרעה **בצפרא** הא נפיק למפטור קוסמין EX 7:15
אבהתהון: וקם בלעם **בצפרא** ואמר לרברבי מואב איזילו NU 22:13
דעימיה ובתו וקמו **בצפרא** ואמר שדרוני לריבוני: ואמר GN 24:54
ית פיתגמיא דייי ואקדם **בצפרא** ובנא מדבחא בשיפולי EX 24:4
דעימיה: והות עידוני **בצפרא** ודבר בלק ית בלעם NU 22:41
יתיה תעביד: וקם בלעם **בצפרא** וזריז ית אתניה ואזל עם NU 22:21
לך: ואקדים אברהם **בצפרא** וזריז ית חמריה ודבר ית GN 22:3
ואתא לותהון יוסף **בצפרא** וחמא יתהום והא אינון GN 40:6
ית אימרא חד תעביד **בצפרא** וית אימרא תיניינא תעביד EX 29:39
והא הוה חילמא: והוה **בצפרא** ומטרפא רוחיה ושדר וקרא GN 41:8
צפרא ומסתלק ענן יקרא **בצפרא** ונטלין או יימם ולילי NU 9:21
יקרא: ואקדים יעקב **בצפרא** ונסיב ית אבנא מן דשוי GN 28:18
ברך הוא: ואקדים אברהם **בצפרא** ונסיב לחמא וקרווא דמיא GN 21:14
בטוורא: ואקדים לבן **בצפרא** ונשיק לבנוי דיעקב GN 32:1
הי כקדמאי ואקדם משה **בצפרא** וסליק לטורא דסיני הי כמא EX 34:4
עמא לחדא: ואקדימו **בצפרא** וסליקו לריש טוורא למימר NU 14:40
סמידא מנחתא פלגותא **בצפרא** ופלגותא ברמשא: על LV 6:13
כדון בריכא דייי:: ואקדימו **בצפרא** וקיימו גבר לאחוי ופסג GN 26:31
דילך: ואקדים אבימלך **בצפרא** וקרא לכל עבדוי ומליל ית GN 20:8
ואמר ייי למשה אקדם **בצפרא** ותיתעתד קדם פרעה EX 9:13
ואמר ייי למשה אקדים **בצפרא** ותיתעתד קדם פרעה הא EX 8:16
יתבני בית מוקדשא **בצפרא** יהון כהנייא מקרבין אימר GN 49:27
איסדוי אשכח יתהון **בצפרא** לאבנא חדא ניסא תליתאה GN 28:10
דימלח: ואקדם אברהם **בצפרא** לאתרא דשמיש תמן ביצלו GN 19:27
בישרא למיכול ולחמא **בצפרא** למיסבוע בדשימיע קדם ייי EX 16:8
ית אימר חד תעבד **בצפרא** למכפרא על חובי ליליא וית NU 28:4
ולא תהימנון בחייכון: **בצפרא** תהוון אמרין לואי דיהי DT 28:67
ביני שמשתא הי כדורונא **דצפרא** והי כניסוכיה תעביד קרבן NU 28:8
וחפו ית משריתא **ובצפרא** הות אנחות טלא EX 16:13
פריקין מן ארעא דמצרים: **ובצפרא** יתגלי עליכון יקר שכינתיה EX 16:7
ובפניא סמיך למשכבכון **ובצפרא** סמיך למיקמיכון: DT 11:19
שימשתא תיכלון בישרא **ובצפרא** תיכלון לחמא ותינדעון EX 16:12
ניכסת פיסחי ולא יביתון **לצפרא** בר ממדבחא תרבי ניכסת EX 34:25
דתברתא: והוי זמין **לצפרא** ותיסוק לצפרא לטורא EX 34:2
והוי זמין לצפרא ותיסוק **לצפרא** לטורא דסיני ותתעתד EX 34:2
ברמשא ביומא קמאה **לצפרא:** לית לכון רשו למכוס ית DT 16:4
ארום טב:: והוה רמש והוה **צפר** יום חמישאיי: ואמר אלקים GN 1:23
ארום טב: והוה רמש והוה **צפר** יום רביעיי: ואמר אלקים GN 1:19
טב לחדא והוה רמש והו **צפר** יום שתיתיי: ושלימו ברייתי GN 1:31
ארום טב: והוה רמש והוה **צפר** יום תליתאי: ואמר אלקים יהון GN 1:13
שמייא והוה רמש והוה **צפר** יום תניין: ואמר אלקים GN 1:8
ברייתא והווה רמש והוה **צפר** יומא חדא: ואמר אלקים יהי GN 1:5
יתיה אהרן מרמשא ועד **צפר** קדם ייי תדירא קיים עלם LV 24:3
לא תשיירון מיניה עד **צפרא** אנא ייי: ותיטרון ית פיקודיי LV 22:30
לגו ימא: והות במטרת **צפרא** בעדנא דאתיין חיילי מרומא EX 14:24
על מדבח כל ליליא עד **צפרא** ברם אשתא דמדבחא תהי LV 6:2
לכפרא עליכון: בר מעלת **צפרא** די לעלת תדירא תעבדון ית NU 28:23
תהוון אמרין לואי דיהי **צפרא** דעקן מארכן שעי ליליא DT 28:67
יומא ההוא וכל ליליא **צפרא** הוה ורוח קידומא נטל ית EX 10:13
צפרא: ואצנעו יתיה עד **צפרא** היכמא דפקיד משה ולא סרי EX 16:24
לאיצטנעא מיניה עד **צפרא:** ואין נידרא או נסיבתא נכסת LV 7:15
לאמהו: והוה לעידוני **צפרא** ואיסתכל בה והא היא לאה GN 29:25
אצנעו יתיה ויהי נטיר עד **צפרא:** ואצנעו יתיה עד צפרא EX 16:23
חייבייא מיניה עד **צפרא** וארחש מורנין וסרי ורגז EX 16:20
לא ישיירון מיניה עד **צפרא** וגרמא לא יתברון ביה ככל NU 9:12
ולא תשיירון מיניה עד **צפרא** ודאשתייר מיניה עד צפרא EX 12:10
בשיתא בירחא בעידוני **צפרא** והוה קלין דרעים וברקין EX 19:16
ביני שימשתא הי כמנחת **צפרא** והי כניסוכא תעבד לה EX 29:41
ועם כנישת סעדוי למימר **צפרא** ויהודע ייי ית דכשר ליה וית NU 16:5
אינש מן תרע ביתיה עד **צפרא:** ויתגלי יקרא דייי למימחי ית EX 12:22
תרבי ניכסת פיסחי עד **צפרא** ולא מן בישרא דתיכלון EX 23:18
גבר לא ישייר מיניה עד **צפרא:** ולא קבילו מן משה ושיירו EX 16:19
ענן יקרא מן רמשא ועד **צפרא** ומסתלק ענן יקרא בצפרא NU 9:21
על מדבחא בר מן עלת **צפרא:** ונכיס ית תורא וית דיכרא LV 9:17
קורבניא ומן לחמא עד **צפרא** ותוקיד ית דמשתייר בנורא EX 29:34
הי כחיזו אישא עד **צפרא:** כדין הוי תדירא ענן יקרא: NU 9:15
דאגירא למעכבא גבך עד **צפרא:** לא תלוטון מן דלא שמע LV 19:13
על ימא ותב ימא לעידוני **צפרא** לתוקפיה ומצראי ערקין כל EX 14:27
כפיתגמא דיוסף דמליל: **צפרא** נהר וגברייא איתפטרו הינון GN 44:3
והוון לקטין יתיה מן עידן **צפרא** עד ארבע שעין דיומא אינש EX 16:21
עמא קיימין קדמך מן **צפרא** עד רמשא: ואמר משה לחמוי EX 18:14
וקם עמא קדם משה מן **צפרא** עד רמשא: וחמא חמוי דמשה EX 18:13
אהרן ובנוי מן רמשא ועד **צפרא** קדם ייי קיים עלם לדריהון EX 27:21
ודאשתייר מיניה עד **צפרא** תצניעיניה ובאורתא EX 12:10
ומזייעי ובני טיהרדי ובני **צפרירי** ומזיקי וטלני: ינהר ייי סבר NU 6:24

צרד (3)

ידיה מינה ונסיב מיניה **צריד** אדכרתא ואסיק על מדבחא LV 9:17
כהנא מן מנחתא ית **צריד** אדכרתא ויסק למדבחא NU 5:26
ייי: ותיתן על סידורייא **צריד** לבונתא ברירתא ותהי LV 24:7

צרח (2)

איליין באיליין: וציען **יצטרחן** במני זיינא ויפקון NU 24:24
מוחיא ובחירהורי דלוחי **צירחא** דליבא ובשליפי חרבא DT 28:22

צרך (26)

לשדין דלית בהון מידעם **דצרוך** טעוון דלא ידעונון דחלן DT 32:17
חד שבוקו עמי וית **דצריך** לכפיני בתיכון סיבו וטיילו: GN 42:33
כל בית אבוי לחמא לפום **למצטריך** לטפלייא: ולחמא לית GN 47:12
וית כל אילני סרקא **לצרוך** בניינא ולאסקותא ודביה GN 1:29
מה דימלחון במנייא **לצרוך** מיכלהון נשא הימון רוח EX 10:19
קבל מנהון ויהון ציבי **לצרוך** סידורא ותורין ועגלן יהון NU 7:5
ישראל ומייתן יתהון **לצרוך** עיבידתא: ותייבין ענני EX 35:27
קומוי דאישתלחו **לצרוך** תלת מיליא ארום לית GN 18:2
ותתמלי ארעא מינן ולא **נצטרך** לבנהא דהגר ברת פרעה בר GN 16:5
גבר ריחיא וריכבא ארום **צורכי** דבהון מתעבד מזון לכל DT 24:6
דמליל ייי: ועבד פרעה **צורכיה** ועאל לביתיה ולא שוי EX 7:23
ולקניינהון ולכל **צורכיהון:** ופרודולי קרווייא דתיתנון NU 35:3
בכל עובדי ידיכון סופיק **צורכיכון** במיהכך במדברא רבא DT 2:7
דעממיא לית בהון **צרוך** ועל די ארגיזנן קדמוי ולא DT 32:31
הוא מפקד למעבד: לית **צרוך** לרב בית אסירי למנטר ית GN 39:23
ייתעל ויהי מסאב לכל **צרוך** עד רמשא וידכי: ומאן דפחר LV 11:32
ואפילו זעירי דלא **צריכין** לאימהון יתבון במטליא LV 23:42
איפו יומא דין וית דאתון **צריכין** למבשלא מחר בשילו יומא EX 16:23
קדם ייי למחר ית דאתון **צריכין** למיפא מחר איפו יומא דין EX 16:23
משה רבהון דישראל **צרך** דיימר לא שמעית בגין כן LV 24:12
דהוה רבהון דישראל **צרך** דיימר לא שמעית בגין כן NU 15:34

דהוה רבהון דישראל **צרך** דיימר לא שמעית בגין כן אמר NU 9:8
דהוה רבהון דישראל **צרך** דיימר לא שמעית בגין כן קריב NU 27:5
פרגודא דברך לופום כן **צרכית** למשמע בבי דינא למן הינון GN 38:25
לעממין סגיאין ואתון לא **תצטרכון** למזוף: וימני מימרא דייי DT 28:12
ית דיירא ארעא ולא **תצטרכון** למיטול זיינא עולו DT 1:8

צרע (21)

מרים נביאתא למלקי **בצורעא** בעלמא הדין אולפן סגי NU 12:16
ידך בעיטפך ולקת ידיה **בצורעא** הכדין ימטי ליה: ואתרעמו NU 17:5
לות מרים והא לקת **בצורעא**: ואמר אהרן למשה במטו NU 12:10
משכנא והא מרים לקת **בצורעא** ואסתכל אהרן לות מרים NU 12:10
דלא הות ביה ולקת **בצורעא** ואתעכבת באורחא DT 24:9
בייתא למילקי תוב **בצורעא** תייבא ציפורא תמן ביומא LV 14:53
ההוא גברא למילקי תוב **בצורעא** תייבא צפרא חייתא LV 14:7
ויפטרון מן משריתא כל **דימצרע** וכל דדאיב וכל דמסאב NU 5:2
למימר: דא תהי אורייתא **דמצרעא** ביומא דדכותיה ויתיתי LV 14:2
בנורא תוקדיניה מטול **דצורעא** שקיעא היא ברדדיה או LV 13:55
סגירותא ולניתקא: **ולצורעא** דלבושא ולביתא: ולשומא LV 14:55
מטול דברישיה מכתשיה: **ומצורעא** דבי מכתשא לבושוי יהוון LV 13:45
הוה מקבר כהנא במיחמי **מצורעא**: ויצבע דמידכי ית לבושוי LV 14:7
סיב מזרעא דאהרן והוא **מצרעא** או דייב בקודשייא לא יכול LV 22:4
לדיני ממונא ביני מוכתש **צורעא** למכתש ניתקא מילי DT 17:8
מיתדן כל דין וכל מכתש **צורעא** למסגר ולמחלט: וכל חכימי DT 21:5
דיתעבד צלא לעיבידתא **צורעא** מחלטא מכתשא מסאב LV 13:51
דיהי ביה מכתשא ארום **צורעא** מחלטא מכתשא מסאב LV 13:52
אחויית דביה מכתש **צורעתא** אין לא ספיקת בין ידויי LV 14:32
גזירת אחויית מכתש **צורעתא**: ומליל ייי עם משה ועם LV 14:57
ולמעבד ביני מכתש **צורעתא** למכתש ניתקא ביני DT 24:8

צרף (3)

ומארע איטלייא **ויצטרפון** בליגיונין דיפקון מן רומי NU 24:24
דאילין קטיליא **ויצטרפון** בליגיונין וייתון עליי או GN 15:1
תדחל דאף על גב דיהון **מצטרפין** בלגיונין ואתיין עלך GN 15:1

צרר (4)

ובקמורא דבוץ מילת **יצר** ומצינפא דבוץ מילת יטכס LV 16:4
מן פטירי ומרירי סוברו **צריר** בלבושיהון על כיתפיהון: ובנוי EX 12:34
בכספא ויהון פריטי **צרירין** בידך ותהך לאתרא דיתרעי DT 14:25
עורמן עורמן קמו להון **צרירין** הי כזיקין מיא נזליא קפו EX 15:8

קבל (412)

ברעוא וקרבני מני לא **איתקבל** ברעוא עני הבל ואמר לקין GN 4:8
ואמר ווי כען לי דילמא **איתקבלת** אגר מצוותיי בעלמא GN 15:1
ית מוקדשיכון ולא **אקבל** ברעוא ריח קורבניכון: ואצדי LV 26:31
מדידך וקדמין לדידך **אתקבל** קרבני ברעוא עני קין ואמר GN 4:8
אית בדינא מן בגלל מה **אתקבל** קרבנך ברעוא וקרבני מני GN 4:8
מנחת ריסוקין תקרב **אתקבלא** ברעוא קדם ייי: וכהנא LV 6:14
אשכח עד השתא סמיך **ביקיבליה**: ורמא ייי אלקים שינתא GN 2:20
היכמא דממשמש סמיא **בקיבלא** דלית לעדי אורחא DT 28:29
ליה איתא דתיהי סמיך **בקיבליה**: וברא ייי אלקים מן GN 2:18
שמא דייי לא איתגלי **דאיתקביל** במימריה למיפטור ית EX 5:2
קדישין בגופיכון מטול **דאקבל** ברעוא צלותכון אנא הוא LV 20:7
דייי והוון הדן בקורבניהון **דאתקבלו** ברעוא הי כאכלין והי EX 24:11
ימותון במיצעיה מן בגלל **דיקבלון** פורענן דמשתלחא להון: EX 14:27
דעבד סנאך כתריסא **דמקבל** מחתא ויהב ליה חד מן GN 14:20
כחדא ואמרין אמן: ליט **דמקבל** שוחדא למקטל בר נש DT 27:25
לדריכון ויעבד קרבן **דמתקבל** ברעוא קדם ייי היכמא NU 15:14
פלגות הינא קורבן **דמתקבל** ברעוא קדם ייי: הכדין NU 15:10
עלתא היא קרבן **דמתקבל** ברעוא קדם ייי: ואין מן LV 1:13
קיסין דעל אשתא קרבן **דמתקבל** ברעוא קדם ייי: ואין מן LV 3:5
עלתא היא קרבן **דמתקבל** ברעוא קדם ייי: ואם מן LV 1:9
ניסוכייא לקרבא קורבנא **דמתקבל** ברעוא קדם ייי: וארום NU 15:13
כניסוכיה תעביד קרבן **דמתקבל** ברעוא קדם ייי: וביומא NU 28:8
וית תריבהון תסיק קורבן **דמתקבל** ברעוא קדם ייי: ובישריהון NU 18:17
אישתא עלתא היא קרבן **דמתקבל** ברעוא קדם ייי: ובר נש LV 1:17
אדכרתא למדבחא קרבן **דמתקבל** ברעוא קדם ייי: ומה LV 2:2
ויסיק למדבחא קרבן **דמתקבל** ברעוא קדם ייי: ומה LV 2:9
שובעא יומין דחגא קרבן **דמתקבל** ברעוא קדם ייי על עלת NU 28:24
ותקרבון עלתא קרבן **דמתקבל** ברעוא קדם ייי קורבנין NU 29:36
ותקרבון עלתא קרבן **דמתקבל** ברעוא קדם ייי תורין בני NU 29:13
צית שמייא והוה חשוך **דקביל** בכל ארעא דמצרים תלתא EX 10:22
יצריה מן אולפן תקיף **דקביל** מן יעקב ומתמן זכא למהוי GN 49:24
בנך כל עממי ארעא חולף **דקבילתא** במימרי: ודברו מלאכי GN 22:18
ואתהני לכון עד האידנא **דקבילתון** ביה אורייתא ועבדתון DT 1:6
תמן מדבחא לאלקא **דקבל** צלותי ביומא דעקתי והוה GN 35:3
דחיל רב דעבד משה בזמן **דקבל** תרין לוחי אבן ספירינון DT 34:12
ממצרים תפלחון קדם ייי **דתקבלון** ית אורייתא על טוורא EX 3:12
ויהי אין יקבול קדמי **ואיקביל** צלותיה ארום אלקא חננא EX 22:26

דכדין אתרעון והוה להון **ואיתקבלן** אחסנתהון: טובוי דאשר GN 49:19
מסכינא ולא תיתנון ליה **ויקבול** עליכון קדם ייי ויהי בכון DT 15:9
ולא ידע ואתחייב **ויקביל** חוביה: וייתי דכר שלים מן LV 5:17
ויחרף שום כינויי אלקיה **ויקבל** חוביה: ברם מאן דמפרש LV 24:15
יצבע ובישריה לא יסחי **ויקבל** חוביה: ומליל ייי עם משה LV 17:16
בכל ליבכון ובכל נפשכון: **ויקבל** מימריה ברעוא ית תיובתכון DT 30:3
ידיה בעיסקא דחבריה **ויקבל** מריה מיניה מומתא ולא EX 22:10
דאיצטנע להון מן שירויא **ויקבלון** אגר עובדיהון והינון הוון מן NU 11:26
במדברא ארבעין שנין **ויקבלון** ית חוביכון עד זמן דיסופון NU 14:33
לארע עבדא חלב ודבש: **ויקבלון** מינך ותיעול אנת וסבי EX 3:18
ההיא עד דיתמקמקון **ויקבלון** פורענות חוביהון על כל DT 31:18
קיימוי ופיקודוי ודינוי **ולמקבלא** למימריה: ומימרא דייי DT 26:17
בחמרא: ויהי אין דחיל **ומקביל** עלוי אולפנא ובען DT 21:21
טב עברין בכל פתור **ומתקבלין** בכל פרקמטיא: וקם זבין GN 23:16
למשה מליל אנת עימנא **ונקביל** ולא יתמליל עימנא תוב מן EX 20:19
דמליל ייי נעביד **ונקביל**: ונסיב משה ית פלגות דמא EX 24:7
כל דימליל ייי אלקנא לך **ונקבל** ונעבד: ושמיע קדם ייי ית קל DT 5:27
מה היא וית מיתך קבר: **וקביל** אברהם מן עפרון ותקל GN 23:16
מאים אתבני מינה **וקביל** אברם למימר שרי: ודברת GN 16:2
וחמא ארעא טבתא **וקביל** חולקיה בשירויא ארום תמן DT 33:21
ייי עליכון למשציא יתכון **וקביל** ייי צלותי אוף בזימנא ההיא: DT 9:19
יממין וארבעין לילוון **וקביל** ייי צלותי אוף בזימנא ההיא DT 10:10
בידא ואיגמר ית קורייהון: **וקביל** ייי צלותיה דישראל ומסר ית NU 21:3
קדם ייי אלקנא דאבהתן **וקביל** ייי צלותנא וגלי קדמוי צערן DT 26:7
איתא מבנתהון דכנענאי: **וקביל** יעקב במימר אבוי ובמימר GN 28:7
מבר ירחא ולעילא **וקביל** ית סכום מניין שמהתהון: NU 3:40
איזדהר מן קדמוי **וקביל** למימריה לא תסריב על EX 23:21
וצלינא קדם ייי **וקביל** צלותנא ושדר חד ממלאכי NU 20:16
סמך משה ית ידוי עלוי **וקבילו** אולפן מיניה בני ישראל DT 34:9
אתכנשו ושמעו בני יעקב **וקבילו** אולפן מן ישראל אבוכון: GN 49:2
דא עמא דהוון טפשין **וקבילו** אורייתא ולא חכימו הלא DT 32:6
ארום אחונא בישרנא הוא **וקבילו** אחוהי: ועברו גברי מדינאי GN 37:27
אתכשר למיכול: טורו **וקבילו** ית כל פיתגמיא דאנא DT 12:28
להום ויתבון עימנא: **וקבילו** מן חמור ומן שכם בריה כל GN 34:24
יקרך ייי על טוורא דסיני **וקבילו** תמן אורייתך ועננך מטליל NU 14:14
ארעא דפתחת ית פומא **וקבילת** ית דמי דאחוך מן ידך: ארום GN 4:11
כד קטלתא ית מצראי **וקבילתיה**: ועבדו היכדין וארים EX 8:12
ושמע אהרן ושתיק **וקבל** אגר טב על משתוקיה: וקרא LV 10:3
ניכסין סגיאין ודחק ביה **וקבל**: ואמר נטייל ונהך ואזיל GN 33:11
עלוון על ההוא מדבחא: **וקבל** ייי ברעוא קורבניה ואמר ייי GN 8:21
עימה בליליא ההוא: **וקבל** ייי צלותא דלאה ואיתעברת GN 30:17
עאל אחוך בחכמתא **וקבל** מיני בירכתך: ואמר בקושטא GN 27:35
בי דינהון ייתון בשלם: **וקבל** משה למימר חמוי ועבד כל EX 18:24
אשכחית רחמין בעינך **ותקבל** דורוני מן ידי ארום בגין כן GN 33:10
ית שירוי ביזת שבייתא **ותקבל** חושבנא אנת ואלעזר כהנא NU 31:26
ומן בגלל דיורכון יומך: **ותקבל** ישראל ותינטר למעבד DT 6:3
עמא קדם ייי אלקכון: **ותקבלון** למימרא דייי אלקכון DT 27:10
יתכון: ואתון תתובון **ותקבלון** למימרא דייי ותעבדון ית DT 30:8
עד דחלתא דייי אלקכון **ותקבלון** למימריה: ארום אלקא DT 4:30
מיטרא סחפא אולפני **ותתקבל** ברעוא על מקבלי אולפנא DT 32:2
לקיימה ית נפשיה ולא **יקבול** עלך קדם ייי ויהי בך חובא: DT 24:15
במה ישכוב ויהי אין **יקבול** קדמי ואיקביל צלותיה ארום EX 22:26
ולווט אין לא יחווי **יקביל** חוביה: או בר נש די יקרב בכל LV 5:1
ייי הא קשי ממלל וכדין **יקביל** מיני פרעה: ואמר ייי למשה EX 6:30
לא קבילו מיני והכדין **יקביל** מיני פרעה ואנא קשי ממלל: EX 6:12
רגז: ואמר ייי למשה לא **יקביל** מנכון פרעה מן בגלל EX 11:9
לרעוא: ודייכליניה חוביה **יקבל** ארום ית קודשא דייי אפיס LV 19:8
לא קריב בזימניה חוביה **יקבל** גברא ההוא: וארום אין יתגייר NU 9:13
די יכול מיניה חוביה **יקבל**: ובשר קודשיא די יקרב בכל LV 7:17
דעריית אחתי בזי חוביה **יקבל**: וגבר די ישמש עם איתתא LV 20:17
ובריכו ית עמא ואמר **יקבל** מימר דייי ברעוא ית LV 9:23
תימהיי בארעא דמצרים: **יקבל** מנכון פרעה ואיגרי בהון גירין EX 7:4
ויהי גברא דלא **יקבל** פיתגמי נבותי דימלל בישמי DT 18:19
ערית אחבוי בזי חוביהון **יקבלון** במותנא יסופון דלא וולד LV 20:20
בישריה בזי חוביהון **יקבלון** במותנא יסופון: וגבר די LV 20:19
לשמשא בקודשא ולא **יקבלון** חובא באישא מצלהבא EX 28:43
פולחן משכן זימנא והינון **יקבלון** ית חוביהון אין לא מזדהרין NU 18:23
והא לא יהימנון לי ולא **יקבלון** מיני ארום יימרון לא EX 4:1
יקרך עלוי מן בגלל די **יקבלון** מיניה כל כנישתא דבני NU 27:20
לתרין אתייא האילין ולא **יקבלון** מינך ותיסב מן מוי דבנהרא EX 4:9
ית מטרת מימרי ולא **יקבלון** עלוי חובא ולא ימותון ביה LV 22:9
באדבע יד ימיניה ולא **יקבליניה** במנא וידי לסידורא NU 19:4
ויתוב לבייתיה דילמא **יתקבלון** אחוי בחובוי ויתבר ליבהון DT 20:8
אתגלי כדון ואחמי הא **כקבילתא** דריבא פליטית דעלתא GN 18:21

ויסק כהנא למדבחא **לאיתקבלא** ברעוא קדם ייי ויכפר LV 4:31
למדבחא לא יתסקון **לאתקבלא** ברעוא: וכל קרבן מנחתך LV 2:12
קורבנא לשמא דייי מטול **לאתקבלא** ברעוא וניסוכי חמר LV 23:13
למדבחא לחים קורבנא **לאתקבלא** ברעוא כל תריב קדם ייי: LV 3:16
תור בר תורי חד לעלתא **לאתקבלא** ברעוא קדם ייי NU 15:24
בסיפלי לניסוכא מטול **לאתקבלא** ברעוא קדם ייי: וארום NU 15:7
משכן זימנא ויסיק תרבא **לאתקבלא** ברעוא קדם ייי: ולא LV 17:6
דשלימון בכולא מטול **לאתקבלא** ברעוא קדם ייי: ונסיב LV 8:28
רעותא דמרי עלמא **לאתקבלא** ברעוא קדם ייי מן תורי NU 15:3
במדבחא על עלתא **לאתקבלא** ברעוא קדם ייי קורבנא EX 29:25
יבבותכון: ותעבדון עלתא **לאתקבלא** ברעוא קדם ייי תור בר NU 29:2
תעבדון: ותקרבון עלתא **לאתקבלא** ברעוא קדם ייי תורין NU 28:27
וניסוכיהון כסדר דינהון **לאתקבלא** ברעוא קורבנא קדם ייי: NU 29:6
למדבחא עלתא היא **לאתקבלא** ברעוא קרבנא הוא קדם LV 8:21
עלתא הוא קדם ייי **לאתקבלא** ברעוא קרבנא קדם ייי EX 29:18
על טוורא דסיני מטול **לאתקבלא** ברעוא קרבנא קדם ייי: NU 28:6
זיתא לאימרא חד עלתא **לאתקבלא** ברעוא קרבנא קדם ייי: NU 28:13
מנחתא ויסיק למדבחא **לאתקבלא** ברעוא שבח אדכרתא LV 6:8
ותקרבון עלתא קדם ייי **לאתקבלא** ברעוא תור חד בר תורי NU 29:8
והי כניסוכא תעבד לה **לאתקבלא** ברעוה קרבנא קדם ייי: EX 29:41
מיכא ותרין עילעין מיכא **לוקבל** אפקותא ייתיניה לארמא LV 7:30
ביומא דאתכנשו שבטיא **למקבלא** אורייתא למימר לא נוסיף DT 18:16
יתהון דחילא הות ארעא **למקבלא** יתהון מן בגלל דלא EX 15:12
ואייביל לאבוי וזכה **למקבלא** סדר ברכתא בגין כן פריש LV 22:27
אולפנא וטפליא **לקבולי** עליהון אגרא דמייתין DT 31:12
לתקלא בישא היא לכון **לקביל** אפיכון באורחכון דתהלכון EX 10:10
ית לחיית: ותתקרבון **לקביל** בני עמון לא תצור עליהון DT 2:19
מלכין סדרו קרבא **לקביל** חמשא: ומישר פרדסיא בירין GN 14:9
מכוונן ענוביא חדא **לקבל** חדא: ועבד חמשין פורפין EX 36:12
למישתי: ואתחימו ענא **לקבל** חטריא וילידן ענא רגולין GN 30:39
יהוון הפכין אפיהון **לקבל** טוורא דגריזים ומלטטיא DT 11:29
יהוון הפכין אפיהון **לקבל** טוורא דעיבל: הלא הינון DT 11:29
ואפיהון חד כל קבל חד **לקבל** כפורתא יהון אפי כרוביא: EX 25:20
יקרא וסדר סדרי קרבא **לקבל** משיריית עמלק מחר אנא EX 17:9
משה: ופרס אהרן ית ידוי **לקבל** עמא ובריכינון ונחת מן LV 9:22
ויחזום ית רישיה **לקבל** קודליה ולא יפריש רישיה מן LV 5:8
מפדן דארם ושרא **לקבל** קרתא: וזבן ית אחסנת חקיל GN 33:18
לקבל רוח מערבא ותלת **לקבל** רוח מדינחא ושביעאה NU 8:2
שבעתי בוציניא תלת **לקבל** רוח מערבא ותלת לקבל רוח NU 8:2
ותקבעינון בתולתא **לקבל** תקי על סיפי ביתך ובתרעך DT 6:9
והיכדין עתידין בנוי **לקבלא** אגר טב על דאינון עסיקין GN 30:18
הוא ועלוי אנת עתיד **לקבלא** אורייתא למלפא יתה לבני EX 3:5
למירחם ית ייי אלקכון **לקבלא** במימריה ולמקרב DT 30:20
מלרע עד פלגיה מטול **לקבלא** גומריא וגרמיא דנפלין מן EX 38:4
בני ישראל למשכן זימנא **לקבלא** חובא לימטת: ויפלחון ליואי NU 18:22
בנין והכדין עתידין בנוי **לקבלא** חולק טב וקרת שמיה זבולן: GN 30:20
דייי גוברין דקשוט דסנן **לקבלא** ממון שיקרא ותמני עליהון EX 18:21
ולא צבי ייי אלקכון **לקבלא** מן בלעם והפך ייי אלקכון DT 23:6
מיסב אפין ואוף לא **לקבלא** שוחדא: עבד דין ייתם DT 10:17
למנחמא ליה וסריב **לקבלא** תנחומין ואמר ארום איחות GN 37:35
יתכון דאתון שרן **לקבליה** על גיף ימא: וימר פרעה EX 14:2
חרבא בידיה ותהי עבדא **לקובלא** סידרי קרבא קדם עד לא GN 11:4
עמא ומילא לא מהוגנא **לקובלי**: וחמתני אתנא וסטת מן NU 22:32
דחיל דילמא יתרברבון **לקובלי** מעיקיהון דילמא יימרון DT 32:27
עד זמן דשרי מלאכא **לקובליה**: אימר דשמע מימר מן NU 24:3
דאיתא בישתא קיימא **לקובליה**: ובזע יעקב לבושוי ואסר GN 37:33
נביי שיקרא דקיימין **לקובליה** ולא יהי לסנאוי דיוחנן DT 33:11
ותתגרי למסדרא **לקובליה** סדרי קרבא: יומא דין DT 2:24
וחסיין בבישריהון וקמן **לקובליהום** דתורתי על כיף נהרא: GN 41:3
דהות אמרא נלבלבה **לקובליהון** אמר להון משה שתוקו EX 14:14
וחדא אמרא נלבלבה **לקובליהון** ונערבבה יתהון כיתא EX 14:13
דבבהון דעמך דקיימין **לקובליהון** מן בגלל למאבאשא EX 15:6
וחדא אמרא נסדרא **לקובליהון** סידרי קרבא וחדא EX 14:13
על גיף ימא ונסדרא **לקובליהון** סידרי קרבא ונקטול EX 15:9
כקשתין סריין רמיין **לקובליכון** אורח טוורא דאימוראה DT 1:19
ית בעלי דבביכון דקיימין **לקובליכון** למבאשא תבירין DT 28:7
ויתכדבון סנאיכון **לקובליכון** מן רתיתא ואתון על DT 33:29
דלבן והא ליתנון שפיין **לקיבליה** כדאיתמלי והי כדקדמוי: GN 31:2
דהות אמרא נסדרא **לקיבליהון** סידרי קרבא אמר להון EX 14:14
ית מואבאי ולא תסדר **לקיבליהון** סידרי קרבא ארום לא DT 2:9
ענא למישתי תמן שווינון **לקיבליהן** דענא והוון מתיחמן GN 30:38
ואמר נטייל ונהך ואזיל **לקיבלך** עד דתימטי לבי משרוייך: GN 33:12
תרין כתפי אפודא מלרע **מלקבל** אנפוי כל קבל בית לופי EX 39:20
ית אחיהון בני ישׂשכר **ממקבלין** אגר כוותהון ושומהון GN 46:14

במותא דטליא ויתיבת **מקביל** ברה וארימת ית קלא ובכת: GN 21:16
ויהון חייכון תליין לכון **מקביל** ותהון דחלין יימם ולילי ולא DT 28:66
פיתגמא בעלה או איבה **מקביל** ית חובאה: אילין אחווית NU 30:16
לישראל והוה עננא **מקביל** יתהון: ועאל בין משרייתא EX 14:19
פליט יתהון ודבית עמלק **מקביל** יתהון וקטע בית גיבריהון DT 25:18
מדבית דן דלא הוה עננא **מקביל** יתהון מן בגלל פולחנא EX 17:8
דאימיה ויכסנון יתיה ולא **מקבל** אולפן מנהון: ויחדון ביה אבוי DT 21:18
קרוח הוא דכי הוא: ואין **מקבל** אנפוי ייתר שיער רישיה LV 13:41
תרין כתפי אפודא מלרע **מקבל** אפוי כל קבל בית לופי EX 28:27
מקבל וכדון לית אנא **מקבל** בגין דאיזכי למתעבדא לן GN 50:20
ומן קדם יקריה הוינא **מקבל** וכדון לית אנא מקבל בגין GN 50:20
ביר סורהבן ומרוד דליתוי **מקבל** למימר דאבוי ולמימרא DT 21:18
במצע בני ישראל: ארום **מקבל** תחמי ית ארעא ותמן לא DT 32:52
ותתקבל ברעוא על **מקבלי** אולפנא היך טלא ממללי DT 32:2
היא דאכלא יתיה והוא **מתקבל** קדמי לריח רעוא עמי בני NU 28:2
ואין לא תקביל יתי בגיני **קביל** בגין אינתתך ותרין בנהא EX 18:6
בכירותי נסיב והא כדון **קביל** בירכתי ואמר הלא שבקתא GN 27:36
קדם ייי בצלו ברם **קביל** בעותי דיהי לי בר כאחתי אוף GN 30:8
לשמעון אחוי וכן אמר **קביל** ייי צלותיה דיהודה במפקיה DT 33:7
ובכיתון קדם ייי ולא **קביל** ייי צלותכון ולא אצית DT 1:45
ייי עם משה למימר: **קביל** ית חושבון בני גרשון אף הינון NU 4:22
מוקדשך אתר דמכוון **קביל** כרסי יקרך מוזמן קבל בית EX 15:17
דלא אהניין עובדך ולא **קביל** מימרא דייי מינך אמליכת NU 31:8
מתְרך כל דתימר לך שרה **קביל** מינה דנביאתא היא ארום GN 21:12
יצרא דלבה דפרעה ולא **קביל** מינהון היכמא דמליל ייי עם EX 9:12
למעבדיה בלחודך: כדון **קביל** מיני אימלכינך ויהי מימרא EX 18:19
אנת צבי למעבד לי טבו **קביל** מיני איתין כספא דמי חקלא GN 23:13
אברהם למימר ליה: ריבוני **קביל** מיני ארע דטימין דידה ארבע GN 23:15
יומא דין ויומחרא ולא **קביל** מיניה למשכוב גבה למיהוי GN 39:10
יצרא דליבא דפרעה ולא **קביל** מיניהון היכמא דמליל ייי: EX 7:22
ויקר ית ליביה ולא **קביל** מנהון היכמא דמליל ייי: ואמר EX 8:11
יצרא דלבא דפרעה ולא **קביל** מנהון היכמא ייי: ואמר ייי EX 7:13
ורגיז ייי עלי בגללכון ולא **קביל** צלותי ואמר ייי לי סגי לך לא DT 3:26
כהנא לעמא בין יומא **קבילא** דלא למיחמי ביה מכתשא LV 14:57
אתרא הדין ארום סגיאת **קבילהון** קדם ייי ושדרנא ייי GN 19:13
עמא ואמר להון קרובו **קבילו** אורייתא עם עשרתי דביריא: EX 19:25
שיבטין ופלגות שיבטא **קבילו** אחסנתהון מעיברא ליורדנא NU 34:15
ופלגות שיבטא דמנשה **קבילו** אחסנתהון: תרין שיבטין NU 34:14
ייי עם משה למימר: **קבילו** ית חושבן בני קהת מגו בני NU 4:2
מארעא דמצרים למימר: **קבילו** ית חושבן כל כנישתא דבני NU 1:2
ואמרו למשה עבדך **קבילו** ית סכום גוברי מגיחי קרבא NU 31:49
בר אהרן כהנא למימר: **קבילו** ית סכום חושבן כל כנישתא NU 26:2
לבנוי דישמעאל ולא **קבילו** יתה הדר ואתגלי בקדושא DT 33:2
למיתנה לבנוי דעשו ולא **קבילו** יתה הופע בהדרת איקר DT 33:2
משה לקרח ולגניסתיה **קבילו** כען בני לוי: הזעירא היא לכון NU 16:8
קדמי דנן עשר זימנין ולא **קבילו** למימרי: בשבועא אמירא דא NU 14:22
ית מיתי מן מחמי אפיי **קבילו** מיני ובעו עלי קדם עפרן בר GN 23:8
למימר הא בני ישראל לא **קבילו** מיני והכדין יקביל מיני פרעה EX 6:12
ית סידרי דיניא למימר **קבילו** מן אחיכון דלא ימליל חד כל DT 1:16
מיניה עד צפרא: ולא **קבילו** מן משה ושיירו דתן ואבירם EX 16:20
כדין עם בני ישראל ולא **קבילו** מן משה מקפידות רוחא EX 6:9
ופלגות שיבטא: ארום **קבילו** שיבטא דבני ראובן לבית NU 34:14
ימא הוה אמר לארעא **קבילי** בנייכי וארעא הות אמר EX 15:12
יקיימינה: הא ברכתא **קבילית** מן פום מימר קודשא לא NU 23:20
בתרוי: ועל ישמעאל **קבילית** צלותך הא בריכית יתיה GN 17:20
ייי עם משה למימר: **קבילית** צלותכון על כנישתא כדון NU 16:24
למך לנשוי עדה וצלה **קבילן** קלי נשי למך אציתן למימרי GN 4:23
כד הוה מפייס לנא ולא **קבילנא** מיניה בגין כן אתת לנא GN 42:21
וחוואי ויבוסאי: וכדון הא **קבילת** בני ישראל סליקת לקדמיי EX 3:9
ולאדם אמר ארום **קבילת** למימר אינתתך ואכלת מן GN 3:17
ייי למלאכי שיריתא **קבילת** סדם ועמרה דאניסין GN 18:20
קדמי במדברא והא לא **קבילת** עד כדון: כדנא אמר ייי בדא EX 7:16
פולחנא: ושמיע קדם ייי **קבילתהון** ודכיר קדם ייי ית קיימיה EX 2:24
עליהון וזעיקו וסליקת **קבילתהון** לשמי מרומא דייי ואמר EX 2:23
ית חיוון קלן וסליקת **קבילתהון** עד צית שמיא: ונטלו NU 33:42
סיגוף עמי דבמצרים וית **קבילתהון** שמיע קדמיי מן קדם EX 3:7
היכדין תיבדון חולף דלא **קבילתון** למימרא דייי אלקכון: DT 8:20
עד דתישתיצון ארום לא **קבילתון** למימרא דייי אלקכון DT 28:45
שמיא לסוגי ארום לא **קבילתון** למימרא דייי אלקכון: ויהי DT 28:62
ולא הימנתון ליה ולא **קבילתון** למימריה: מסרבין הויתון DT 9:23
כל עממי ארעא: חולף די **קבל** אברהם במימרי ונטר מטרת GN 26:5
זיינא דעובדא טבא כלו **קבל** אגרא ואגר עובדא בישא כלו NU 21:27
מני בייתך שוי כדון דינך **קבל** אחיי ואחך וידינון קשוט בין GN 31:37
ימות בלא זימניה כל **קבל** אחנא אשתמודע לך מאן GN 31:32

על כתפי אפודא כל **קבל** אנפוי: ועבדו תרתין עיזקן EX 39:18
על כתפי אפודא כל **קבל** אנפוי: ותעביד תרתין עיזקן EX 28:25
ושוי על מצנפתא כל **קבל** אנפוי ית ציצא דדהבא כלילא LV 8:9
בוצינהא ויהון מנהרין כל **קבל** אפהא: ומלקטייהא ומחתייהא EX 25:37
ועבד כן אהרן כל **קבל** אפי מנרתא אדליק בוצינהא NU 8:3
מעילוי תפילת רישא כל **קבל** אפי מצנפתא יהי: ויהי על EX 28:37
מן ציטרא דממצע כל **קבל** אפי משכן זימנא מאדמה NU 19:4
ית יריעתא שתיתיתא כל **קבל** אפי משכנא: ותעביד חמשין EX 26:9
מלאכייא דייי אפין כל **קבל** אפין ואישתיזבת נפשי: ודנח GN 32:31
דמרגליין טבאן כל **קבל** ארבעא טריגונין דעלמא EX 28:17
סידרין מרגליין טבן כל **קבל** ארבעת טריגונין דעלמא EX 39:10
ריש רמתא דמדיקא כל **קבל** בית ישימון מטול דבטילו NU 21:20
מלרע מקבל אפוי כל **קבל** בית לופי מעילוי להמיין EX 28:27
מלרע מלקבל אנפוי כל **קבל** בית לופי מעילוי להמיין EX 39:20
וקבר יתיה בחילתא כלו **קבל** בית פעור דכל אימת דזקיף DT 34:6
קביל כרסי יקרך מוזמן **קבל** בית שכינת קדשך אתקינתא EX 15:17
וכד נפיק לסידרי קרבא **קבל** בעלי דבבוי מקטל מלכין עם DT 33:20
דשרי במישרא כלו **קבל** גלגלא בסיטרי חזוי ממרא: DT 11:30
ומצראי ערקין כל **קבל** גללוי ועלים ייי ית מצראי בגו EX 14:27
דלארבע ריגלוי: כל **קבל** גפוף הואה עיזקתא אתרא EX 37:14
די לארבע ריגלוי: כל **קבל** גפוף תהוויין עיזקתא לאתרא EX 25:27
אליתא שלמתא כל **קבל** דקיתא יעבר יתיה וית LV 3:9
דרכמונא מתקליה **קבל** דרכמונא לגולגלתא GN 24:22
כפותיה חמש אמין כל **קבל** ווילוות דרתא: ועמודיהון EX 38:18
ואגר עובדא בישא כלו **קבל** זיינה יתבני וישתכלל דמיתער NU 21:27
וסדר פסגא דחד כל **קבל** חבריה וית עופא לא פסג: GN 15:10
מכוונן ענובייא חדא כל **קבל** חד: ותעביד חמשין פורפין EX 26:5
כפורתא ואפיהון חד כל **קבל** חד כל קבל כפורתא הוון אנפי EX 37:9
כפורתא ואפיהון חד כל **קבל** חד לקבל כפורתא יהון אפי EX 25:20
תמן קדם ייי: חולק כל **קבל** חולק בשוה ייכלון בר ממותרי DT 18:8
במורכייתא ליחמותהין **קבל** חטרייא: ובלקושי ענא לא GN 30:41
ית חמש יריען לחוד כל **קבל** חמשא סיפרי אורייתא וית EX 26:9
ית חמש יריען לחוד כל **קבל** חמשא סיפרי אורייתא וית EX 36:16
עשרא לכל קרווא כל **קבל** חמשא קוריין סדום ועמורא GN 18:24
לכל מילא ומילא כלו **קבל** טוורא דגריזים ואמרין בריך DT 27:26
הוון הפכין אפיהון כלו **קבל** טוורא דגריזין ואמרין בריך DT 27:15
הוון הפכין אפיהון כל **קבל** טוורא דעיבל ואמרין ליט יהוי DT 27:15
הפכין אפיהון כלו **קבל** טוורא דעיבל ואמרין ליט יהוי DT 27:26
ענא ותורא לא ירעון כל **קבל** טוורא ההוא: ופסל תרין לוחי EX 34:3
ישראל בלב מייחד כל **קבל** טוורא: ומשה סליק ביומא EX 19:2
דידך והא איתריעיתא לי: **קבל** כדון ית דורון דאיתתיא לך GN 33:11
תיקרון ית אורייתא הדא **קבל** כל ישראל במשמעהון: כנושו DT 31:11
יפקון אוכלוסין דצדיקין **קבל** כל עמך אעביד פרישן להון EX 34:10
חד כל קבל חד כל **קבל** כפורתא הוון אנפי כרוביא: EX 37:9
פרגודא מאה חומרין כל **קבל** מאה קנטינרין קנטינר EX 38:27
שמאליתא ויהון לתפילין **קבל** מוקריכון בין עיניכון: ותלפון DT 11:18
אכלא אשא דמיכלא **קבל** מיכלא היא לפום דאמרת GN 38:25
ימטון עליהון מיכלא כל **קבל** מיכלא היא מטול דהינון LV 26:43
ייתון עלי ועל נפשי ברם **קבל** מיני ואיזל סב לי: ואזל ונסיב GN 27:13
למימר: בבעו ריבוני **קבל** מיני חקלא יהבית לך ומערתא GN 23:11
קדם דאימות: וכדון ברי **קבל** מיני למה דאנא מפקדת יתך: GN 27:8
עלך למיקטלך: וכדון ברי **קבל** מיני קום ערוק לך לנפשך GN 27:43
ית אברהם למימר ליה: **קבל** מיננא ריבוננא רב קדם ייי את GN 23:6
מימרא דייי ממלל כלו **קבל** ממלל: לכולהון אתיא ותימהי DT 34:10
כולנא חיין וקיימין: ממלל **קבל** ממלל מליל ייי עמכון בטוורא DT 5:4
יצרא דליבא דפרעה ולא **קבל** מנהון היכמא דמליל ייי: ואמר EX 8:15
ואמר ייי למשה למימר: **קבל** מנהון ויהון ציבי לצרוך NU 7:5
אדלקותך ית בוציניא כל **קבל** מנרתא יהון מנהרין שבעתי NU 8:2
דאבוי דהוות מסדרא כל **קבל** מצעא דלאה אימיה GN 35:22
כל עמא וסגדין כל **קבל** משכנא כדקיימין גבר בתרע EX 33:10
ולא קרבא משרי כל **קבל** משרי למסדרא סדרי קרבא כל EX 14:20
בשבית חרבא כל **קבל** מתמלכין במולכנא דאורייתא NU 21:29
מזירקי דכסף תריסר כל **קבל** נשיא דבני ישראל בזיכי NU 7:84
לתפילין על מוקרך כלו **קבל** על עינך: ותכתובינון על מזוזיין DT 6:8
ייי עם משה ממליל **קבל** עם חבריה ומן בתר דאיסתלק EX 33:11
מסדר סידרי קרבא כלו **קבל** עמא הדין דילמא יעבדון לי NU 21:35
תפילת רישא קביעא כל **קבל** ענך בגובהא דרישך מן בגלל EX 13:9
בסילעי בית קודשא כל **קבל** עשירתא דביריא כל דהב NU 7:86
עשרין וארבעא תורין כל **קבל** עשרין וארבע מטרתא דיכרי NU 7:88
שבע זימנין קדם ייי **קבל** פרגודא דקודשא: ויתן כהנא מן LV 4:6
לפרגודא וית מנרתא כל **קבל** פתורא על סטר משכנא EX 26:35
מנרתא במשכן זימנא כל **קבל** פתורא על שידא דמשכנא EX 40:24
טפלא בנשיא אוקימו כלו **קבל** ציצא כלילא דקודשא NU 31:18
וארעא הות אמר לימא **קבל** קטילניך לא ימא הוה בעי EX 15:12

בזיכי דדהבא תריסירי כל **קבל** רברבי ישראל מליין קטורת NU 7:86
פריסו גדפיהון לעילא כל **קבל** רישיהום מטללין בגדפיהון על EX 25:20
ית בוצינהא שובעא כל **קבל** שבעתי כוכביא דמתילין EX 40:4
סידורא דמסדרין כל **קבל** שבעתי כוכביא דנהיגין EX 39:37
ושובעין דיקלין כלו **קבל** שובעין חכימיא ושרון תמן על NU 33:9
מתקלא דמזירקא חד כל **קבל** שובעין סבי סנהדרין רבא כל NU 7:85
ושובעין דיקלין כל **קבל** שובעין סבייא דישראל ושרון EX 15:27
שובעין מלאכיא כל **קבל** שומעין עממיא וכל חד וחד GN 11:8
שית עגולין בסידרא כל **קבל** שיבטוי דיעקב ותהנעיל ית EX 40:4
וית שית יריען לחוד כל **קבל** שית סדרי מתניתא ותיעוף ית EX 26:9
וית שית יריען לחוד כל **קבל** שיתא סידרי מתנייתא: ועבד EX 36:16
ית יעקב ברחי שיתין כל **קבל** שיתין אתין דברכת כהניא NU 7:88
מטרתא דיכרי שיתין כל **קבל** שיתין שנין דהוה יצחק כד NU 7:88
מימרא דייי על קיסא **קבל** שמשא בקריצתא ועם מטמוע NU 25:4
בזיכיא מאה ועשרין כל **קבל** שניא דחייא בהון משה נביא: NU 7:86
חדא דכספא כל **קבל** שנין דהוה יוכבד כד ילידת ית NU 7:85
ממילת תלת גוונין כל **קבל** תלת מרגלייתא דבחושנא NU 2:3
ממילת תלת גוונין כל **קבל** תלת מרגלייתא דבחושנא NU 2:10
ממילת תלת גוונין כל **קבל** תלת מרגלייתא דבחושנא NU 2:18
ממילת תלת גוונין כל **קבל** תלת מרגלייתא דבחושנא NU 2:25
ותקבעינון בתולתא **קבל** תקי בסיפי בתיכון ובתריעיכון: DT 11:20
דדהבא סכום מתקלהון **קבל** תרין לוחיא דכתיבין בהון GN 24:22
בזיכי דדהבא תריסר כל **קבל** תריסר מזלייא: מאה ותלתין NU 7:84
מיא לתריסר בזיען כל **קבל** תריסר שיבטוי דיעקב: ועלו EX 14:21
פיילי דכסף תרתיסרי כל **קבל** תריסר שיבטיא מזירקי דכסף NU 7:84
ודין כשר לצלן מכוון כל **קבל** תרע שמייא משכלל תחות GN 28:17
הוון תרעיהון מכוונין כלו **קבל** תרעי חבריהון ושרת עלוי רוח NU 24:2
בנוי אימתא דא היא בבל **קבלא** דא היא מדיי סגיאה דא היא GN 15:12
עשיריתא: ואמר אין **קבלא** תקביל למימר דייי אלקך EX 15:26
בשמי מימריה: ארום אין **קבלא** תקביל למימריה ותעביד כל EX 23:22
ושית קיימין: ויהי אין **קבלא** תקבלון למימר דייי אלקכון DT 28:1
לכון אחסנא: לחוד אין **קבלא** תקבלון למימרא דייי DT 15:5
אורייתי: וכדון אין **קבלא** תקבלון למימרי ותינטרון ית EX 19:5
ועד סופא דשתא: ויהי אין **קבלא** תקבלון לפיקודיי דאנא DT 11:13
לחמא ולמה נמות כל **קבלך** ארום שלים כל כספא: ואמר GN 47:15
ומלילית לכון ולא **קבלתון** וסרבתון על מימרא דייי DT 1:43
לא תיחטון בטלייא ולא **קבלתון** מיני ואוף אדמי הא מתבעי GN 42:22
דארעא והוא שרי מן **קובלי:** וכדון איתא בבעו לוט בגני NU 22:5
במיא האינון בעידן **קיבול** סובתא גבר כהין דכי וידי על NU 19:18
ייי עם משה למימר: ארום **תקביל** ית חושבין בני ישראל EX 30:12
לוותך לאתגיירא ואין לא **תקביל** יתי בגיני קביל בגין אינתתך EX 18:6
ואמר אין קבלא **תקביל** למימר דייי אלקך ודכשר EX 15:26
מימריה: ארום אין קבלא **תקביל** למימריה ותעביד כל EX 23:22
ואנת רב נחתומיא **תקבל** אגר ביש על חלמך ביש GN 40:18
בעיקבא ואת רב מזוגייא **תקבל** אגר טב על חלמך טב די GN 40:12
ייי לאהרן בארעהון לא **תקבל** אחסנא כמשאר שבטיא NU 18:20
הוא חייבא: ושוחדא לא **תקבל** ארום שוחדא מסמי ענוי EX 23:8
תימני וית חושבנהון לא **תקבל** בגו בני ישראל: ואנת מני ית NU 1:49
דמקרב בטוורא כרמלא **תקבל** ברעוא תביר חרצא דאחאב DT 33:11
מחובין איתתא ההיא **תקבל** ית חובהא: ומליל ייי עם NU 5:31
ארום ית שבע חורפן **תקבל** מן ידי מן בגלל דתיהווי לי GN 21:30
תינטרון ולמימריה **תקבלון** וקדמוי תצלון ובדחלתיה DT 13:5
ואין יהרהר ליבכון ולא **תקבלון** ותיטעון ותיסגדון לטעוות DT 30:17
אנת ובנך ובית אבך עימך **תקבלון** חובי קדשיא אין לא NU 18:1
למעבדהון: ויהי חולף די **תקבלון** ית דינייא האילין ותינטרון DT 7:12
ואנת ובנך עימך **תקבלון** ית חובי כהונתכון אין לא NU 18:1
יומא לשתא יומא לשתא **תקבלון** ית חוביכון ארבעין שנין NU 14:34
לכון ייי אלקכון מיניה **תקבלון:** ככל דשיילתון מן קדם ייי DT 18:15
דקיים לאבהתכון: ארום **תקבלון** למימר דייי אלקכון DT 13:19
קיימין: ויהי אין קבלא **תקבלון** למימר דייי אלקכון DT 28:1
האילין וידבוקנכון ארום **תקבלון** למימר דייי אלקכון: בריכין DT 28:2
אחסנא: לחוד אין קבלא **תקבלון** למימרא דייי אלקכון DT 15:5
דחדי על אבהתכון: ארום **תקבלון** למימרא דייי אלקכון DT 30:10
למימר דאין לא **תקבלון** למימרא דייי אלקכון דלא DT 28:15
אורייתי: וכדון אין קבלא **תקבלון** למימרי ותינטרון ית קימי EX 19:5
יקרא דייי אלקכון אין **תקבלון** למימריה ככל מה דאנא DT 30:2
וחילופה: ית בירכתא אין **תקבלון** לפיקודיא דייי אלקכון DT 11:27
יומא דין: וחילופה אין לא **תקבלון** לפיקודיא דייי אלקכון DT 11:28
ולא תהון למאיסין ארום **תקבלון** לפיקודיא דייי אלקכון DT 28:13
דשתא: ויהי אין קבלא **תקבלון** לפיקודיי דאנא מפקד DT 11:13
וניפלוח קדמיהון: לא **תקבלון** לפיתגמי נבי שיקרא ההוא DT 13:4
ברם אין מיבהית לא **תקבלון** מטולתיה חובא: לא תהוון LV 19:17
עמי בני ישראל לא **תקבלון** מילי שיקרא מגברא דיכול EX 23:1
לא תצבון להון ולא **תקבלון** מיניה ולא תיחוס עיניכון DT 13:9

ונהי לעמא חד: ואין לא **תקבלון** מיננא למיגזור וניסב GN34:17
במשכן זימנא: ולא **תקבלון** עלוי חובא בזמן NU18:32
איתקטלא יתקטל: ולא **תקבלון** פורקן לדערק לקרייתא NU35:32
יסהד בבר נש לממת: לא **תקבלון** פורקן לשיזבא בר נש NU35:31
ולא תיסבון אפין ולא **תקבלון** שוחדא ארום שוחדא DT 16:19

קבע (19)

כד חמון דעבר זימנא **דקבע** להון ואזל סטנא ואטעינון EX 32:1
ובכו עמא בליליא ההוא **ואתקבעת** להון ההוא ליליא NU14:1
דאשלמותא למכבשא **ולמקבעא** באפודא ובחושנא: EX 25:7
מכל לבני ישראל מידעם: **וקבע** ייי זימנא למימר מחר יעביד EX 9:5
עולו ואחסינו ית ארעא **וקבעו** בה דיפטיא ופלגוהא הי כמא DT 1:8
במספדא דאהרן חסידא **וקבעו** תמן מספדא כל בני ישראל DT 10:6
ותכתובינון על מזוזיין **ותקבעינון** בתולתא לקבל תקי על DT 6:9
במגילתא על מזוזיין **ותקבעינון** בתולתא קבל תקי DT 11:20
למימר: ירחא הדין לכון **למקבעיה** ריש ירחייא ומיניה EX 12:2
בשירויא ארום תמן אתר **מקבע** אבנין טבין ומרגליין דביה DT 33:21
מחפייא דהב טב **מקבעא** אבנין טבן ומחזקא GN50:1
אצעון דרגשא דדהבא **מקבעא** בוורדין וסנדלכין ובורלין DT 34:6
ההוא: וחלם והא סולמא **קביע** בארעא ורישי מטי עד צית GN28:12
לירחא הדין זימניה **קביע** בהדא זימנא ולא לדריא EX 12:3
חסידא דאיקונין דיליה **קביעא** בכורסי יקרא והויתון GN28:12
ומפורש על תפילת רישא **קביעא** כל קבל ענך בגובהא דרישך EX 13:9
מוי דריגלך: וסיכא תהוי **קביעא** לכון על מאני זיניכון אתר DT 23:14
דיבנא ביתא חדתא ולא **קבע** ביה מזוזתא לשכללותיה יהך DT 20:5
אליפו יתיה אורייתא **קבעו** ליה מדרשא באתרא דיצבי DT 23:17

קבר (78)

מן בני חיתאה תמן **איתקבר** אברהם ושרה אינתתיה: GN25:10
חייא דפרש מיניה או **בקבורתא** וגוללא ודופקא יהי NU19:16
ממצרים ותקברינני **בקבורתהון** ומן בגלל דהוא בריה GN47:30
עלי למימר הא אנא מיית **בקיברי** דחפירית לי בארעא דכנען GN50:5
ממדברא דסיני ושרו **בקיברי** דמשיילי בישרא: ונטלו NU33:16
למיקבור ית אבוי בתר **דקבר** ית אבוי: וחמון אחי יוסף GN50:14
וכדון איסוק כדון **ואיקבור** ית אבא ואיתוב: ואמר GN50:5
אחסנת קבורתא עימכון **ואיקבר** ית מיתי תמן: ואתיבו בני GN23:4
דמי חקלא סב מיני **ואקבור** ית מיתי תמן: ואתיב עפרון GN23:13
כאילו תמן מית אהרן **ואתקבר** תמן ובכן שמיש אלעזר DT 10:6
לישנהון עם מוריגיהון **ואתקברו** במותנא מן קדם ייי: NU14:37
ליה בנימין: ומיתת רחל **ואתקברת** באורח אפרת היא בית GN35:19
דבורה פידגוגתא דרבקה **ואתקברת** מן לרע לביתאל GN35:8
דניסן ומיתת תמן מרים **ואתקברת** תמן: ולפום דבזכותא NU20:1
ובבית יקידתא ובניסיתא **ובקיברי** תחמודא מרגיזין הוותון DT 9:22
מפתחא דחייתא **ודקיבריא** ודמזוני ודמיטרא וכן DT 28:12
ידיהון ולמדחף ולמצלב **ולמקבור** היכמא דפקיד ייי ית משה: LV 24:23
ואיתוב: ואמר פרעה סק **וקבר** ית אבוך היכמא דקיים עלך: GN50:6
דבריה ארבעתי מילין **וקבר** יתיה בחילתא כלו קבל בית DT 34:6
ובתר כן אתכנש לעמיה: **וקברו** יתיה יצחק וישמעאל בנוי GN25:9
לעמיה סיב ושבע יומין **וקברו** יתיה עשו ויעקב בנוי: ואילין GN35:29
דפרזלא בכיתונהון **וקברונון** למברא למשריתא היכמא LV 10:5
במערת כפילתא **וקברתה** תמן באורח אפרת היא GN48:7
שימשא תחית יתהון **ותקברינון** ויתוב תקוף רוגזא דייי NU25:4
ותטלינני ממצרים **ותקברינני** בקבורתהון ומן בגלל GN47:30
בשלם תנוח נפשך **ותתקבר** בסיבו טבא: ודרא רביעאה GN15:15
וכל דסליקו עימיה **למיקבור** ית אבוי בתר דקבר ית GN50:14
דקיים עלך: וסליק יוסף **למיקבור** ית אבוי וסליקו עימיה כל GN50:7
לא ימנע מינך בגין דלא **למיקבר** מיתך: וקם אברהם וגחן GN23:6
ולא הוה שביק ליוסף **למקבור** ית אבוי במערת כפילתא GN50:13
מן שמיא אליף יתן **למקבור** מיתיא מן משה דאתגלי DT 34:6
דיפקדון למריעין ודיהכון **למקבור** מיתייא ולמיגמול בה EX 18:20
בני ישראל הוה נהורא **למקבור** רשיעיא דיבניהון דמיתו EX 10:23
אין איתרעו עם נפשכון **למקבר** ית מיתי מן מחמי אפיי GN23:8
ולא יכילת לסוברותה **למקברה** במערת כפילתא וקברתה GN48:7
ואנא דבעיתי מינך **למקברי** עם אבהתיי מיתת עלי GN48:7
וית צפרא נכיסא הוה **מקבר** כהנא במיחמי מצורעא: LV 14:7
וית ציפרא נכיסתא הוה **מקבר** כהנא במיחמי מרי ביתא: דא LV 14:53
גושמיה על קיסא ארום **מקבר** תקברוניה ביומא ההוא ארום DT 21:23
דמשיילי בישרא: ונטלו **מקיברי** דמשיילי בישרא ושרו NU33:17
רבא ויקירא ואוקים **מקיבריהון** אברהם ויצחק ויעקב DT 9:19
ית סיבתי בדווי לבי **קבורתא**::: ארום עבדך מערב טלייא GN44:29
בגלל דלא הות לנא בית **קבורתא** במצרים דברתנא לממת EX 14:11
קבורתא היא קמת בית **קבורתא** דרחל עד יומא דין: ונטל GN35:20
יעקב קמתא על בית **קבורתא** היא קמת בית קבורתא GN35:20
לות ברי כד אבילנא לבי **קבורתא** ובכה יתיה ברם יצחק GN37:35
במותנא או בבית **קבורתא** וגוללא ודופקא: וידי כהנא NU19:18
ית סיבתי בדווי לבי **קבורתא**: וכפנא תקיף בארעא: והוה GN42:38
לי ביניכון לאחסנת **קבורתא**: ועפרן יתיב בגו בני חיתאה GN23:9
דביה לאברהם לאחסנת **קבורתא** מן בני חיתאה: ואברהם GN23:20
ית חקלא לאחסנת **קבורתא** מן עפרון חיתאה על אנפי GN50:13
בבעו זבונו לי אחסנת **קבורתא** עימכון ואיקבר ית מיתי GN23:4
עפרון חיתאה לאחסנת **קבורתא**: תמן קברו ית אברהם וית GN49:30
עלמא צווחין מבית **קבורתהון** וכל בירייתא שתקין DT 28:15
מעלת מרא שירן ובית **קבורתיה** דמשה ובעון: ארעא דכבש NU32:3
היא בירישא: וית בית **קבורתיה** דמשה וית קרתא דבלק NU32:38
חובתהון מודיק בבית **קבורתיה** דמשה ומתכביש ולא DT 34:6
בטוורא עבראי קדם בית **קבורתיה** דמשה: ונטלו מטרי עבראי NU33:47
ית מיתך אינש מיננא ית **קבורתיה** לא ימנע מינך בגין דלא GN23:6
ולא חכים בר נש ית **קבורתיה** עד זמן יומא הדין: ומשה DT 34:6
תרע קרתי: ומן בתר כדין **קבר** אברהם ית שרה אינתתיה GN23:19
ובינך מה היא וית מיתך **קבר**: וקביל אברהם מן עפרון ותקל GN23:15
את בינגא בשפר קיברנא **קבר** ית מיתך אינש מיננא ית GN23:6
בני עמי יהבתה לך איזל **קבר** מיתך: וגחן ליה אברהם באנפי GN23:11
דיצחק אבוי וגופיה **קברו** בנוי דעשו בחקל כפילתא GN50:13
לאחסנת קבורתא: תמן **קברו** ית אברהם וית שרה אינתתיה GN49:31
וית שרה אינתתיה תמן **קברו** ית יצחק וית רבקה אינתתיה GN49:31
בישרא ארום תמן **קברו** ית עמא דשיילו בישרא: ומן NU11:34
להון אנא מתכנש לעמי **קברו** יתי לות אבהתיי למערתא די GN49:29
בחקל כפילתא ובתר כן **קברו** יתיה בנוי ליעקב במערת חקל GN50:13
וית רבקה אינתתיה ותמן **קברית** ית לאה: זביני חקלא GN49:31
ית שום אתרא ההוא **קיברי** דמשיילי בישרא ארום תמן NU11:34
עמא דשיילו בישרא: ומן **קיברי** דמשיילי בישרא נטלו עמא NU11:35
קדם ייי את בינגא בשפר **קיברנא** קבר ית מיתך אינש מיננא GN23:6
לי בארעא דכנען תמן **תקבירינני** וכדון איסוק כדון GN50:5
על קיסא ארום מקבר **תקברוניה** ביומא ההוא ארום DT 21:23
דבדיוקנא דייי אתעבד **תקברוניה** עם מטמוע שימשא דלא DT 21:23
טיבן וקשוט לא כדון **תקברינני** במצרים: ואשכוב עם GN47:29

קבתא (3)

ארעיא וליחיא דרקיתא **וקיבתא**: שירוי עיבורכון חמרכון DT 18:3
מתנן דרועא ולועא **וקיבתה** ותהי ליה ולבנוי בתרוי NU25:13
למדייניתא לבית בהתת **קיבתה** וצלי בפמיה על עמא בית NU25:13

קדחותא (2)

מימרא דייי בשחפותא **ובקדחותא** ובאישא דגרמיא DT 28:22
מותנתא ית שחפותא וית **קדחותא** מכליא עיינין ומסייפא LV 26:16

קדל (12)

ית טפשות ליבכון **וקדלכון** לא תקשון תוב: ארום ייי DT 10:16
ארום עם קשי **קדל** אנת דילמא אישיצינכון EX 33:3
למירתה ארום עם קשי **קדל** אתון: הוו דכירין לא תתנשון DT 9:6
עמא הדין והא עם קשי **קדל** הוא: אנח בעותך מן קדמי DT 9:13
דעמא הדין והא עם קשי **קדל** הוא: וכדון אנח בעותך ולא EX 32:9
ייי בינגא ארום עם קשי **קדל** הוא ותשבוק לחובאנא EX 34:9
בעלי דבבך קדמך מחזרי **קדל**: ואשדר ית אורעיתא קדמך EX 23:27
גירין להון כד יחזרון **קדל** קדמך ויהון מקדמין למשאל GN49:8
ישראל אתון עם קשי **קדל** שעא חדא קלילא איסליק EX 33:5
ולא יפריש רישיה מן **קדליה**: וידי מן אדם חטאתא על LV 5:8
ית סורהבנותכון וית **קדלכון** קשיא הא עד זמן דאנא DT 31:27
ויחזום ית רישיה לקבל **קודליה** ולא יפריש רישיה מן LV 5:8

קדם (1406)

ייי: ואמר ייי למשה **אקדים** בצפרא ותיתעתד קדם EX 8:16
עם משה: ואמר ייי למשה **אקדם** בצפרא ותיתעתד קדם EX 9:13
ית לחינתא הינין ובניהן **בקדמייתא** ארום אמר אילו אתי GN33:2
עיסק כספא דתב לטוננא **בקדמיתא** אנן מיתעלין למתעקפא GN43:18
רחמין מן קדם ייי כד **בקדמיתא** ארבעין יממין וארבעין DT 9:18
חוט זהורי למימר דין נפק **בקדמיתא**: והוה כד אתיב וולדא ית GN38:28
דמצרים בקריצתא ויעדי **בקדמיתא** חשוך ליליא: וארים EX 10:21
ריבוני מיחת נחיתנא **בקדמיתא** למזבן עיבורא: והוה כד GN43:20
למירות אחסנתהון **בקדמיתא** מעברא לירדנא וקרת GN30:11
וארבע מאה לחילוותהון **בקדמיתא** נטלין: טיקס משרית NU 2:9
במדברא דפארן: ונטלו **בקדמיתא** על פום מימרא דייי NU10:13
דא דוכרנא בספר סבייא **דמלקדמין** ושוי פיתגמייא האינון EX 17:14
יצחק ויעקב רברבניא **דמלקדמין** חפסו יתה רישי עמא NU21:18
אילין בנוי דגבל גנוסיא **דמקדמת** דנא הוון יתבי ארעא GN36:20
ברם מפלגות יומא **דמקמי** חגא תבטלון חמיר מבתיכון EX 12:15
על פומי חירתא **דקדם** טעות צפון: ופרעה חמא EX 14:9
על פמי חירתא מרבעתא **דקדם** טעות צפון ושרו קדם מגדל: NU33:7
מדבחא דקטרת בוסמיא **דקדם** ייי דבמשכן זימנא וית כל LV 4:7
יתן על קרנת מדבחא **דקדם** ייי דבמשכן זימנא וית כל LV 4:18
מן קודשא למדבחא **דקדם** ייי ויכפר עלוי באשתעות LV 16:18
דימינא: ומסלא דפטיריא **דקדם** ייי נסב גריצתא פטירתא LV 8:26
עפרון די בכפילתא **דקדם** מימרא חקלא ומערתה דביה GN23:17
היכמה דפלטת ית עמא **דקדמיכון**: ארום כל מן דיעבד חדא LV 18:28

האיליין עבדו אינשי **דקדמיכון** ואסתאבת ארעא: ולא LV 18:27
אנת מטייל ולמאן אילין **דקדמך**: ותימר לעבדך ליעקב דורון GN 32:18
לוחי מרמירא כצורתהון **דקמאי** וסוק לקדמי לטוורא ועיבד DT 10:1
תמות אנת וכל דילך: **ואקדים** אבימלך בצפרא וקרא לכל GN 20:8
חד מן טוורייא דאימר לך: **ואקדים** אברהם בצפרא וזריז ית GN 22:3
אשויניה ארום ברך הוא: **ואקדים** אברהם בצפרא ונסיב GN 21:14
תחות כורסי יקרא: **ואקדים** יעקב בצפרא ונסיב ית GN 28:18
לחמא ובתו בטוורא: **ואקדים** לבן בצפרא ונשיק לבנוי GN 32:1
ואתאבלו עמא לחדא: **ואקדימו** בצפרא וסליקו לריש NU 14:40
אנת כדון בריכא דייי:: **ואקדימו** בצפרא וקיימו גבר לאחוי GN 26:31
שכינתיה בעיגלא הדין: **ואקדימו** מיומא חרא ואסיקו עלוון EX 32:6
היא עבידא עמוד דימלח: **ואקדם** אברהם בצפרא לאתרא GN 19:27
משה ית פיתגמיא דייי **ואקדם** בצפרא ובנא מדבחא EX 24:4
לוחי אבנין הי כקדמאי **ואקדם** משה בצפרא וסליק לטורא EX 34:4
זימנא לקדם אהרן **ולקדם** בנוי הי כמא דפקיד ייי ית NU 8:22
וידי יתיה על כפורתא **ולקדם** כפורתא: ויכפר על קודשא LV 16:15
כפורתא לרוח קידומא **ולקדם** כפורתא ידי שבע זימנין מן LV 16:14
לא סני ליה מאיתמלי **ומדיקדמוי** ויעירוק לחדא DT 4:42
לא סני הוא ליה מאתמלי **ומדקדמוי**: בגין כן אנא מפקיד לכון DT 19:6
נטר ליה סנא מאיתמלי **ומדקדמוי**: ומאן דעליל עם חבריה DT 19:4
דהינון עבדין מאיתמלי **ומדקדמוי** תמנון עליהון לא EX 5:8
תור נגשן הוא מאיתמלי **ומידקדמוי** ואיתסהד על אנפי מריה EX 21:29
תור נגחן הוא מאיתמלי **ומידקדמוי** ולא נטריה מריה שלמא EX 21:36
וקריבו לקדם משה **וקדם** אהרן ביומא ההוא: ואמרו NU 9:6
כל כנישתא דבני ישראל: **וקדם** אלעזר כהנא ישמיש ויהי כד NU 27:21
ית ליואי קדם אהרן **וקדם** בנוי ותרים יתהון ארמא קדם NU 8:13
ישראל אבוי לגשן **וקדם** דאשתמדעיה אבוי סגד ליה GN 46:29
קדם אלעזר כהנא **וקדם** כל כנישתא: וסמך ית ידוי NU 27:22
יתיה קדם אלעזר כהנא **וקדם** כל כנישתא ותפקיד יתיה NU 27:19
פיתגמא קדם פרעה **וקדם** כל עבדוי: ואמר פרעה לעבדוי GN 41:37
קדם מיחמי פרעה **וקדם** מיחמי עבדוי והוה לחורמנא: EX 7:10
לא תלוטון מן דלא שמע **וקדם** סמיא לא תשוון תוקלא LV 19:14
ית ריחנא קדם פרעה **וקדם** עבדוי דגרמהון למיתן סייפא EX 5:21
דמצרים קדם עבדי פרעה **וקדם** עמא: ואמר משה לפרעה EX 11:3
דקמא קדם אלעזר כהנא **וקדם** רברביא וכל כנישתא לתרע NU 27:2
יוסף ומלילו קדם משה **וקדם** רברביא רישי אבהתא לבני NU 36:1
קדם ייי אלקכון תידחלון **וקדמוי** תפלחון ובדחלתיה DT 10:20
ייי אלקכון תהוון דחלין **וקדמוי** תפלחון ובשום מימריה DT 6:13
ולמימריה תקבלון **וקדמוי** תצלון ובדחלתיה תתקרבון: DT 13:5
פירי עובדיי טבין מדידך **וקדמין** לדידך אתקבל קרבני GN 4:8
לכון אגוריהון תסתרון **וקמתיהון** תתברון ואילני סיגדיהון DT 7:5
וביתו ושזוגו ריגליכון **ותקדמון** ותהכון לאורחתכון ואמר GN 19:2
למעהן ומחמהן ביש הי **כדבקדמיתא** ואיתערית: וחמית GN 41:21
עימי היכדן דאיתמלי והי **כדקדמוי** ואלקא דאיבא הוה GN 31:5
לקיבליה כדאיתמלי והי **כדקדמוי**: ואמר ייי ליעקב תוב GN 31:2
ליבנין הי כמאיתמלי והי **כמדקדמוי** אוף איתמלי אוף יומא EX 5:14
לבניא הי כמאיתמלי והי **כמילקדמוי** הינון יזלון ויגבבון להון EX 5:7
לך תרין לוחי אבנין הי **כקדמאי** ואכתוב על לוחיא ית EX 34:1
ופסל תרין לוחי אבנין הי **כקדמאי** ואקדם משה בצפרא EX 34:4
אוחרי ולא נצו עלה הי **כקדמאי** וקרא שמא רווחתא ואמר GN 26:22
פולחנהון במשכן זימנא **לקדם** אהרן ולקדם בנוי הי כמא NU 8:22
גנבא ויתקרב מריה ביתא **לקדם** דיינייא ויומי דלא אושיט EX 22:7
חורין: ויקרביניה ריבוניה **לקדם** דיינייא ויסב מנהון רשותא EX 21:6
אבוי ואימיה ויפקון יתיה **לקדם** חכימי קרתא לתרע בי דינא DT 21:19
יבימתיה לוותיה **לקדם** חכימיא ויהי נעיל בריגלא DT 25:9
שביעאה בירחא סק **לקדם** ייי אנת ואהרן נדב ואביהוא EX 24:1
וייתי ית קורבן אשמיה **לקדם** ייי דכר שלים מן ענא LV 5:15
וית קרבן אשמיה ייתיה **לקדם** ייי דכר שלים מן ענא LV 5:25
למיקטלנא: ותב משה **לקדם** ייי ואמר ייי למא אבאשתא EX 5:22
תורא לתרע משכן זימנא **לקדם** ייי ויסמוך יד ימיניה על ריש LV 4:4
סמידא ומישחא האילין **לקדם** ייי ויקרבינה גברא דמייתי LV 2:8
סודרא: וכד עליל משה **לקדם** ייי למללא עימיה מעדי ית EX 34:34
הייתיו ית אפרשותא **לקדם** ייי לעיבידת משכן זימנא EX 35:21
גוזלין בני יוון וייתי יתהון **לקדם** ייי לתרע משכן זימנא LV 15:14
וייתי ית קרבן אשמיה **לקדם** ייי מטול חובתיה דחב נוקבא LV 5:6
ייתי בגרמיה ית קורבניה **לקדם** ייי מן ניכסת קודשוי: ידוי LV 7:29
משה ואהרן ית קהלא **לקדם** כיפא ואמר להון משה שמעו NU 20:10
מן לגיו לפרגודא **לקדם** כפורתא ארום בענני איקרי LV 16:2
רברביא ית קרבנהון **לקדם** מדבחא: ואמר ייי למשה NU 7:10
בני אהרן כהנא קדם ייי **לקדם** מדבחא: ויפריש מיניה LV 6:7
לסואבותהון וקריבו **לקדם** משה וקדם אהרן ביומא NU 9:6
לחטאתא וייתון יתיה **לקדם** משכן זימנא: ויסמכון תריסר LV 4:14
מה דפקיד משה והייתיו **לקדם** משכן זימנא וקריבו כל LV 9:5
ותקריב ית ליואי **לקדם** משכן זימנא ותיכנוש ית כל NU 8:9

וית מטרת כל כנישתא **לקדם** משכן זימנא למפלח ית NU 3:7
ית קטמא דאתונא וקמו **לקדם** פרעה ודרק יתיה משה לצית EX 9:10
אוף מאיתמלי אוף מן **לקדמוי** אוף מן שעתא דמלילתא EX 4:10
דלפרעה והוו מקלסין **לקדמוי** דין אבא דמלכא רב GN 41:43
נח מלכא דירושלים נפק **לקדמות** אברם ואפיק ליה לחים GN 14:18
משה מתחות ענני יקרא **לקדמות** חמוי וסגיד ונשיק ליה EX 18:7
יוסף ארתכיה וסליק **לקדמות** ישראל אבוי לגשן וקדם GN 46:29
סיחון ית כל עמיה ונפק **לקדמות** ישראל למדברא ואתא NU 21:23
ואמר ייי לאהרן איזל **לקדמות** משה למדברא ואזל EX 4:27
ולא הליך זמן בתר זמן **לקדמות** קוסמיא ושוי למדברא NU 24:1
ואנפיק משה ית עמא **לקדמות** שכינתא דייי מן משריתא EX 19:17
הי כגירין: והדרת למתב **לקדמותא** תקוף איבריה דלא GN 49:24
וסליקת: ורהט עבדא **לקדמותהא** ואמר אטעימיני כדון GN 24:17
ית משה וית אהרן קיימין **לקדמותהון** במיפקהון מן קדם EX 5:20
וכל אמרכלי כנישתא **לקדמותהון** למברא למשריתא: NU 31:13
באורחא חד תיפקון **לקדמותהון** לסידרי קרבא DT 28:25
עמורה וכד חמנון רהט **לקדמותהון** מתרע משכנא וסגיד GN 18:2
דסדום וחמא לוט וקם **לקדמותהון** מתרע משכנא וסגיד GN 19:1
ידעית ארום אנת מעתד **לקדמותי** באורחא וכדון אין ביש NU 22:34
דעשו הינון דאתיין **לקדמותי** ולא משרויין דלבן הינון GN 32:3
דילמא יזדמן מימרא דייי **לקדמותי** ופיתגם מה דיחוי לי NU 23:3
לא תעיבר ונפק אדומאה **לקדמותיה** בחיל רב ובידא NU 20:20
עמא: ונפק מלכא דסדם **לקדמותיה** בתר דתב מלימחי ית GN 14:17
יעקב אתא ונפקת לאה **לקדמותיה** ואמרת לותי תיעול GN 30:16
עד אחוי: ורהט עשו **לקדמותיה** וגפיף ליה ואתרכין על GN 33:4
וסליקת לאנפוי ורהט **לקדמותיה** וגפיף ליה ונשיק ליה GN 29:13
ארום אתא בלעם ונפק **לקדמותיה** לקרתא דמואב דעל NU 22:36
הי כאמגושא ותיתעתד **לקדמותיה** על גיף נהרא וברם EX 7:15
בשליפי חרב אפוק **לקדמותך**: ואמרו ליה בני ישראל NU 20:18
אחוך לעשו ואוף אתי **לקדמותך** וארבע מאה גוברין GN 32:7
הוא ואוף הא הוא נפיק **לקדמותך** ויחמינך ויחדי בליביה: EX 4:14
דיתיב בטוורא ההוא **לקדמותכון** ורדפו יתכון היכמה DT 1:44
ונפק עוג מלכא דמותנן **לקדמותנא** הוא וכל עמיה לאגחא NU 21:33
ית ארעיה: ונפק סיחן **לקדמותנא** הוא וכל עמיה לאגחא DT 2:32
ונפק עוג מלכא דמתנן **לקדמותנא** הוא וכל עמיה לאגחא DT 3:1
ויאי דמטייל בחקלא **לקדמותנא** ואמר עבדא הוא ריבוני GN 24:65
ועוג מלכא דמתנן **לקדמותנא** לסדרי קרבא ומחונון: DT 29:6
כצורתהון דקמאי וסוק **לקדמי** לטוורא ועיבד לך ארונא DT 10:1
ושדרינון מן קדמוי **לקדמיהון** וסגת חולקא דבנימין מן GN 43:34
בני ישראל סליקת **לקדמיי** ולחוד גלי קדמיי ית EX 3:9
דאשרי יקר שכינתיה מן **לקדמין** בין תרין כרוביא קדם עד GN 3:24
ובגבלא יתיבו גנוסייא מן **לקדמין** ובני עשו תריכונון DT 2:12
מדוריה דאלקא הוה מן **לקדמין** ומן תחות אדרע גבורתיה DT 33:27
היא גיברי יתיבו בה מן **לקדמין** ועמונאי קרן להון זימתני: DT 2:20
ירותא: אימתניא מן **לקדמין** יתיבו בה עם רב וסגי וחסין DT 2:10
ושרון ישראל לרוחצן מן **לקדמין** כעין בירכתא דבריכינון DT 33:28
ליה לזכו דלא אטח **לקמיה** במילין: ואמר ליה אנא ייי GN 15:6
ויזמנון מה דייתון **לקמיהון** למיכל ביומא בשבתא EX 16:5
יוסף בתראין: ואיהו עבר **לקמיהון** מצלי ובעי רחמין מן קדם GN 33:3
מתקנס לממת אי ניחא **לקמך** דלי מיני דאעבור ית יורדנא DT 32:50
לוותך ואקימיניה **לקמך** ונתחייב קמך כל יומייא: GN 43:9
הדא הוא יזמן מלאכיה **לקמך** ותיסב איתא לברי מתמן: GN 24:7
ארום תהוי על אגרי **לקמך** כל דלתוהי נמור וקרוח GN 30:33
מהלכן על שורייא ושדיין **לקמך** שירין וקטלאין דדהבא מן GN 49:22
דהות עבידא עילוהי **מלקדמין** בגינוניתא דעדן: וידע קין GN 4:16
וימרון הלא גיבריא דהוו **מלקדמין** מרדו במרי עלמא GN 14:13
יחזרון קדל קדמך ויהון **מקדמין** למשאל בשלמך בני אבוך: GN 49:8
ושליט תהי על אחך ויהון **מקדמין** למשאל בשלמך בני אמך GN 27:29
כל יומי חייכון: ותיזדהרון **מקמי** פיסחא דלא יתחמי לכון DT 16:4
דאנפי ברא למטמרא **מקמיכון** בציירא: לחוד אילן DT 20:19
מצליין ובען רחמין מן **קדם** אבוהון דבשמייא והוא שמע EX 1:19
דתיתוקפן ידיכון בצלו **קדם** אבוכון דבשמיא דיפרוק יתכון: DT 28:32
אייתיני לוותך ונתחייב **קדם** אבנא כל יומייא: וכדון יתיב GN 44:32
על ליואי: ותקים ית ליואי **קדם** אהרן וקדם בנוי ותרים יתהון NU 8:13
שיבטא דלוי ותקים יתיה **קדם** אהרן כהנא וישמשון יתיה: NU 3:6
למירתא מזיינין תעיברון **קדם** אחוכון בני ישראל כל מזרזי DT 3:18
ההוא ארום קילותא **קדם** אילקא למצלוב גבר אלהן DT 21:23
דאפריש מן כל דיליה **קדם** אל אלקא דישראל: ונפקת GN 33:20
אלקא חייא דחזיו מן **קדם** אל שדי הוה חמי וכד בעי NU 24:4
יחבלון חבול: קדישין יהון **קדם** אלההון ולא יפסון ית שמא LV 21:6
ניזיל נדבח ניכסת חגא **קדם** אלהנא: תיתקף פולחנא עילוי EX 5:8
קורבנין קלילין תור חד **קדם** אלוק חד דכר חד לעמא NU 29:36
ית ידך עלוי: ותקים יתיה **קדם** אלעזר כהנא וקדם כל NU 27:19
ודבר ית יהושע ואקימיה **קדם** אלעזר כהנא וקדם כל NU 27:22

קדם משה בתר דקמא אלעזר כהנא וקדם רברביא **קדם** NU 27:2
אימר דשמע מימר מן **קדם** אלקא וידע שעתא דרתח בה NU 24:16
אימר דשמע מימר מן **קדם** אלקא חייא דחזיו מן קדם אל NU 24:4
זימנא הוה משמש **קדם** אלקא עילאה: וברכיה ואמר GN 14:18
בטוור גלעד אודי ומצלי **קדם** אלקיה: ואתא מלאכא במימר GN 31:23
יסבון ארום קדיש הוא **קדם** אלקיה: ותקדישיניה לכהנא LV 21:7
אינתתיה: וצלי אברהם **קדם** אלקים ואסי אלקים ית GN 20:17
ית שרה: ואתא מימר מן **קדם** אלקים לות אבימלך בחילמא GN 20:3
תהומא ורוח רחמין מן **קדם** אלקים מנתבא על אנפי מיא: GN 1:2
ויהיו לכון לדוכרנא טבא **קדם** אלקכון ברם סטנא מתערבב NU 10:10
ישראל הבו איקר ורבותא **קדם** אלקנא: אמר משה נביא כד DT 32:3
נזיל נדבח נכסת חגא **קדם** אלקנא: וכדון איזילו פלחו EX 5:17
דדהבא לקטרת בוסמיא **קדם** ארונא דסהדותא מטול EX 40:5
ויכתוב לה ספר תירוכין **קדם** בי דינא ויתן ברשותא וישיל DT 24:1
דתובדון בסרהוביא מן **קדם** בישות עובדיכון דשבקתון DT 28:20
ושרו בטוורא עבראי **קדם** בית קבורתיה דמשה: ונטלו NU 33:47
שמעתון מן ייכול למיקם **קדם** בנוי דעפרון גיברא: ותינדעון DT 9:2
אורייתא די סדר משה **קדם** בני ישראל: אילין סהידוותא DT 4:44
מואבאי בחייהון מן **קדם** בני ישראל: ואמרו מואבאי NU 22:3
מצראי בחייהון מן **קדם** בני ישראל: ושעבידו מצראי ית EX 1:12
בה ואיתתא לא תקום **קדם** בעירא לאתהניא מינה תבלא LV 18:23
וזיוה מנהר ותשכח רחמין **קדם** בעלה ותתעבר בבר דכר: דא NU 5:28
עימכון ולא תיתברון **קדם** בעלי דבביכון: ארום עמלקאי NU 14:42
יתכון מימרא דייי תבירין **קדם** בעלי דבביכון באורחא חד DT 28:25
למעסוק בכון ותיתברון **קדם** בעלי דבביכון וירדון בכון LV 26:17
ביניכון ולא תיתברון **קדם** בעלי דבביכון: ומלילית לכון DT 1:42
תהי לכון תייקא למקום **קדם** בעלי דבביכון: ותיבידון ביני LV 26:37
גינוניתא מעדן לצדיקייא **קדם** בריית עלם ואשרי תמן ית GN 2:8
ואל שדי יתן לכון רחמין **קדם** גברא ויפטור לכון ית אחוכון GN 43:14
אינתתיה דתריך מן **קדם** גזירתא דפרעה והות ברת EX 2:1
לסוברא יתהום מן **קדם** גיתיהום: ויתיב עשו בטוור GN 36:7
ואיכול ואברכינך קדם ייי **קדם** דאימות: וכדון ברי קבל מיני GN 27:7
איזיל כדון ואחמיניה **קדם** דאמות: ונטל ישראל וכל GN 45:28
גניבותא בתר כן ביד גנבא **קדם** דיינייא ייעול דין תריהום דין EX 22:8
נביא דייי ית בני ישראל **קדם** דימות: ואמר ייי מן סיני אתגלי DT 33:1
קדם זימניה דטמע בגיניה **קדם** זימניה במיפקיה מבירא דשבע GN 32:32
נפשי: ודנח ליה שימשא **קדם** זימניה דטמע בגיניה קדם GN 32:32
ברתי ויפריסון שושיפא **קדם** חכימי קרתא: ויסבון חכימי DT 22:17
יבימתיה לתרע בי דינא **קדם** חמשא חכימין ויהון תלתא DT 25:7
סווין דמוי ויהי מסאב **קדם** טיבוליה עד רמשא: ויכנוש גבר NU 19:8
ויהי מסאב כהנא ההוא **קדם** טיבוליה עד רמשא: וכהנא NU 19:7
ית לבושוי ויהי מסאב **קדם** טיבוליה עד רמשא ותהי NU 19:10
דביני מגדול וביני ימא **קדם** טעות צפון דמשתייר מכל EX 14:2
ונחתו למצרים ואתעתדו **קדם** יוסף: וחמא יוסף עמהון ית GN 43:15
שנין ארום ידר נדרא **קדם** ייי או יקיים קיים למיסר NU 30:3
כוותכון כגייורא יהי **קדם** ייי: אורייתא חדא ודינא חד יהי NU 15:15
מינהון ניסב ונקרבא **קדם** ייי אילהן הא אין מקרבין אנן EX 8:22
דהוה צדיקא אשכח חינא **קדם** ייי: אילן יחוסין דגניסת נח נח GN 6:8
זימנא: ויקריב ית קרבניה **קדם** ייי אימר בר שתיה שלים חד NU 6:14
סדר קרבניא די תקרבון **קדם** ייי אימרין בני שנה שלמין NU 28:3
דניכסת קודשיא די יקרב **קדם** ייי: אין על תודתא יקרביניה LV 7:11
אנא מדכר יומא דין: מן **קדם** ייי איסתקף דפרעה רגיז על GN 41:10
די יפשר יתיה ארום מן **קדם** ייי איסתקף מן בגלל דימטא GN 41:8
יתי הלכא אלהין מן **קדם** ייי איסתקף פיתגמא ושוייני GN 45:8
קטורת בוסמין וקריבו **קדם** ייי אישתא נוכרתא מן תפיין LV 10:1
ועל די סטיתון וארגזתון **קדם** ייי איתחרתון ארבעין שנין: DT 1:2
איזילו פלחו נכסת חגא **קדם** ייי אלהכון בארעא הדא: ואמר EX 8:21
ונדבח ניכסת חגא **קדם** ייי אלהן דילמא יארע יתן EX 5:3
ארימית ידי בשבועה **קדם** ייי אלקא עילאה דבגין GN 14:22
הי כמלאכייא דמשמשין **קדם** ייי אלקהכון: אנא הוא ייי NU 15:40
מן רתיתא ושרי לצלאה **קדם** ייי אלקיה ואמר למא ייי EX 32:11
בגלל דיליף למידחל מן **קדם** ייי אלקיה למינטר ית כל DT 17:19
אדם ואינתתיה מן **קדם** ייי אלקים במציעות אילני GN 3:8
עמא תהון דחלין מן **קדם** ייי אלקים: וכתנא וסרתא לקון EX 9:30
ליה אודינן יומא דין **קדם** ייי אלקך ארום עלינן לארעא DT 26:3
קדם ייי אלקך ותסגוד **קדם** ייי אלקך: ותחדי בכל טבתא DT 26:10
תליתאי תיסק ותיכול **קדם** ייי אלקך ותימר הא אפרשנן DT 26:13
דיהבת לי ייי ותחתיניה **קדם** ייי אלקך ותסגוד קדם ייי DT 26:10
זכו דיסהיד עלך שימשא **קדם** ייי אלקך: לא תטלומון DT 24:13
ובענך דוכריא תקדש **קדם** ייי אלקך לא תפלוח בבכורי DT 15:19
מן בגלל דתידחל **קדם** ייי אלקך למינטור ית כל DT 6:2
בזמן מיסקך לאתחמאה **קדם** ייי אלקך תלת זימנין בשתא: EX 34:24
דקאים לשמשא תמן **קדם** ייי אלקכון או מן דיינא DT 17:12
קורבניא ארום מרחק **קדם** ייי אלקכון אוף תרוויהון: לא DT 23:19

למעבד ביה פיסחא **קדם** ייי אלקכון ארום בירחא DT 16:1
ארום תעבדון דכשר **קדם** ייי אלקכון: ארום ישיצי ייי DT 12:28
הוא לכפרא עליכון **קדם** ייי אלקכון: ארום כל בר נש די LV 23:28
לטעוותהון ותחובון **קדם** ייי אלקכון: ארום תקפון על DT 20:18
דתידרון קדם ייי: ותיחדון **קדם** ייי אלקכון אתון ובניכון DT 12:12
ותיחדון בחדוות חגא **קדם** ייי אלקכון אתון ובניכון DT 16:11
יתחמון כל דכוריכון **קדם** ייי אלקכון באתרא דיתרעי DT 16:16
כל ישראל לאיתחמאה **קדם** ייי אלקכון באתרא דיתרעי DT 31:11
שובעא יומין תחגון **קדם** ייי אלקכון באתרא דיתרעי ייי DT 16:15
ותיכלון מעשרא תיניינא **קדם** ייי אלקכון באתרעא דיתרעי DT 14:23
עלמא: חולף דלא פלחתון **קדם** ייי אלקכון בחדווא ובשפירות DT 28:47
בה הי כיומא דקמתון **קדם** ייי אלקכון בחורב בזמן דאמר DT 4:10
ככל דשיילתון מן **קדם** ייי אלקכון בחורב ביומא DT 18:16
בליליא: ותיכסון פיסחא **קדם** ייי אלקכון ביני שימשתא DT 16:2
דבקירויכון ותיחדון **קדם** ייי אלקכון בכל אושטות DT 12:18
ולמרחם יתיה ולמפלח **קדם** ייי אלקכון בכל ליבכון ובכל DT 10:12
אפטור יתכון ותדבחון **קדם** ייי אלקכון במדברא לחוד EX 8:24
לא תתנשון ית דארגזתון **קדם** ייי אלקכון במדברא למן יומא DT 9:7
מידעם ביש לא תיכסוניה **קדם** ייי אלקכון: בקירויכון DT 15:21
כסוסיא חד וכרתיכא חד **קדם** ייי אלקכון דמימריה בסעדכון DT 20:1
היך נשא ארום מרחק **קדם** ייי אלקכון הוא: אי איזדמן DT 22:5
דגזיל ואניס ארום מרחק **קדם** ייי אלקכון הוא: ארום ישתכח DT 17:1
בהון ארום מרחק **קדם** ייי אלקכון הוא: ולא תיעלון DT 7:25
יומא דין למעבד דכשר **קדם** ייי אלקכון: הי כבנין חביבין DT 13:19
חדוות חגא דשבועיא **קדם** ייי אלקכון הי כמיסת ניסבת DT 16:10
מטול למהוי עם קדיש **קדם** ייי אלקכון היכמא דמליל: DT 26:19
ארום עמא קדישא אתון **קדם** ייי אלקכון ובכון אתרעי ייי DT 7:6
ארום עם קדיש אתון **קדם** ייי אלקכון ובכון אתרעי ייי DT 14:2
פיתגמא הדין הא חבתון **קדם** ייי אלקכון ודעו חובתכון NU 32:23
קמתי צילמהון: ותפלחון **קדם** ייי אלקכון ויברך ית מזוני EX 23:25
ולאהרן ואמר חבית **קדם** ייי אלקכון ולכון: וכדון שבוק EX 10:16
ונכסת קודשא תקרבון **קדם** ייי אלקכון וניסבתא תיתון DT 23:24
קרתא וית כל עדאה גמיר **קדם** ייי אלקכון ותהי תל חרוב DT 13:17
נפשך ותיכלון תמן **קדם** ייי אלקכון ותחדון אתון DT 14:26
ועניכון: ותיכלון תמן **קדם** ייי אלקכון ותחדון בכל DT 12:7
ותסקון עלוי עלוון **קדם** ייי אלקכון: ותיכסון ניכסת DT 27:6
ותוכלון תמן ותיחדון **קדם** ייי אלקכון: ותיכתובון על DT 27:7
אתבחרתון למהוי עמא **קדם** ייי אלקכון: ותקבלון למימרא DT 27:9
ויעול דוכרנכון לטבא **קדם** ייי אלקכון ותתפרקון מבעלי NU 10:9
יהיב לכון: ארום מרחק **קדם** ייי אלקכון כל דעביד אילין DT 25:16
וילפון למידחל מן **קדם** ייי אלקכון כל יומיא דאתון DT 31:13
בגלל דתילפון למדחל מן **קדם** ייי אלקכון כל יומיא: וארום DT 14:23
הי כבנין חביבין אתון **קדם** ייי אלקכון לא תגודון DT 14:1
ארום תידרון נידרא **קדם** ייי אלקכון לא תוחרון DT 23:22
תהון כנישין בתושבחא **קדם** ייי אלקכון לא תעבדון DT 16:8
שביעאה שבא ונייח **קדם** ייי אלקכון לא תעבדון כל EX 20:10
ויומא שביעאה שבי ונייח **קדם** ייי אלקכון לא תעבדון כל DT 5:14
כולא ותעבדון דביש **קדם** ייי אלקכון לארגזא קדמוי: DT 4:25
אלקכון: ותתיבון ותימרון **קדם** ייי אלקכון לארם נהריא נחתת DT 26:5
ארום עם קדיש אתון **קדם** ייי אלקכון לית אתון רשאין DT 14:21
מינכון אלהן למדחיל מן **קדם** ייי אלקכון למהך בכל אורחן DT 10:12
או איתא דיעבד דביש **קדם** ייי אלקכון למעיבר על DT 17:2
ותיבנון תמן מדבחא **קדם** ייי אלקכון מדבח אבנין לא DT 27:5
ואמר להום איזילו פלחו **קדם** ייי אלקכון מן ומן הינון דאזלין: EX 10:8
ידיי: וחמית והא סרחתון **קדם** ייי אלקכון עבדתון לכון DT 9:16
הוון מודין ומברכין **קדם** ייי אלקכון על כל פירי ארעא DT 8:10
רשאין למתחמיא **קדם** ייי אלקכון ריקנין מכל DT 16:16
מעתדין יומנא כוליכון **קדם** ייי אלקכון רישי סנהדרין DT 29:9
על נחלין ותיחדון **קדם** ייי אלקכון שבעתי יומין:: LV 23:40
מן בית שעבוד עבדיא: מן **קדם** ייי אלקכון תהוון דחלין DT 6:13
ייי אלקכון: לא תיכסון **קדם** ייי אלקכון תור ואימר דיהי DT 17:1
בארעא דמצרים: מן **קדם** ייי אלקכון תידחלון וקדמוי DT 10:20
ואפרשות ידיכון: אילהן **קדם** ייי אלקכון תיכלוניה באתרא DT 12:18
ולא תיגוז בכורי עניכון: **קדם** ייי אלקכון תיכלוניה שנא DT 15:20
מינהון ניסב למפלח **קדם** ייי אלקן ואנחנא אין EX 10:26
פולחנא קשיא: וצלינא **קדם** ייי אלקנא דאבהתן וקביל ייי DT 26:7
ית כל תפקידתא הדא **קדם** ייי אלקנא הי כמא דפקדנא: DT 6:25
ונדבח נכסת חגא **קדם** ייי אלקנא היכמא דיימר לנא: EX 8:23
קודשין ועלוון ונעבד **קדם** ייי אלקנא: ואוף גיתנא יזיל EX 10:25
יומין במדברא ונדבח **קדם** ייי אלקנא: ואנא קדמיי גלי EX 3:18
יומא הדין: טמירתא גליין **קדם** ייי אלקנא והוא יפרע מנהון DT 29:28
ית קל דיבורא מן **קדם** ייי אלקנא וית אישתא רבתא DT 18:16
הכא עימנא יומנא **קדם** ייי אלקנא וית כל דרייא DT 29:14
האילין למידחל מן **קדם** ייי אלקנא כל יומיא DT 6:24

פטור ית גברייא ויפלחון **קדם** ייי אלקקון העד כדון לא EX 10:7
דא עיבידו ואתקיימו מן **קדם** ייי אנא דחיל: אם מהמנין אתון GN 42:18
לותך הות אמר לן מן **קדם** ייי אנא דחיל וכדון חזרון GN 44:18
ארום דחיל ומיתבר מן **קדם** ייי אנא: ואתון חשבתון עלי GN 50:19
ואמרתון לי חבנא **קדם** ייי אנחנא ניסק ונגיח קרב ככל DT 1:41
סעדך הוו זמינין לבי דינא **קדם** ייי אנת והינון ואהרן מחר: וסבו NU 16:16
דבני ישראל דיפרשון **קדם** ייי אפרשותא יהבית לליואי NU 18:24
ועם ישראל: והוה תמן **קדם** ייי ארבעין יממין וארבעין EX 34:28
מדין לא טריב סנייא: וגלי **קדם** ייי ארום איתפני למיחמי EX 3:4
בר אומנותיה: ארום גלי **קדם** ייי ארום ביומא דתיכלון מיניה GN 3:5
עמא למתבוע אולפן מן **קדם** ייי: ארום יהי להון דינא אתאן EX 18:15
כדון גובריא ופלחו **קדם** ייי ארום יתה אתון בעאן EX 10:11
שב שנין אוחרניין: וגלי **קדם** ייי ארום לא הוה לאה GN 29:31
די בידיכון ויתכפר לכון **קדם** ייי ארום נגעתון גבר בבריה EX 32:29
דבני ישראל קריבו **קדם** ייי ארום שמיען קודמוי ית EX 16:9
בר ואמרת ארום שמיע **קדם** ייי ארום שניתא אנא ויהב לי GN 29:33
להון מרים נודי ונשבחא **קדם** ייי ארום תוקפא ורומומתא EX 15:21
ארום תעבדון דכשר **קדם** ייי: ארום תיפקון לסדרי קרבא DT 21:9
ודי לא איזדווג ליה ומן **קדם** ייי ארע עיקתיה לידוי ואזמן EX 21:13
דייי ואמר בריכא תהוי מן **קדם** ייי ארעיא דיוסף מטוב שמייא DT 33:13
כהנא למדבחא קרבנא **קדם** ייי אשמא הוא: כל דכורא LV 7:5
ומה נזדכי על אוגבין מן **קדם** ייי אשתכח חובא על עבדך GN 44:16
קבל מיננא ריבוננא רב **קדם** ייי את בינגא בשפר קיברנא GN 23:6
לן מבעלי דבבינן ולא מן **קדם** ייי אתגזרת כל דא: ארום אומא DT 32:27
ייי להון: ואוף מחא מן **קדם** ייי אתגריית להון למשצייהון DT 2:15
ומית נדב ואביהוא **קדם** ייי באישתא מצלהבא בזמן NU 3:4
מצראה על ימא ארגיזו **קדם** ייי באלוש אפיסו ית יומא NU 16:26
גיבר בחיטאה ולמרדא **קדם** ייי בארעא: הוא הוה גיבר GN 10:8
כחויא: וארע מימרא מן **קדם** ייי בבלעם ואמר קדמוהי ית NU 23:4
עד הכא: וארע מימר מן **קדם** ייי בבלעם ושוי פתגמא NU 23:16
ביבשתא: ואמר משה **קדם** ייי בבעו ייי לא גבר דברן אנא EX 4:10
למשה לחדא ואמר **קדם** ייי בבעו מינך לא תיסתכל NU 16:15
וית ליאות ידיי גלי **קדם** ייי בגין כן אוכח ברמשא: GN 31:42
הוא הוה גיבר מרודא **קדם** ייי בגין כן יתאמר מן יומא GN 10:9
מתחברין לשמשא **קדם** ייי בגין כן קרא שמיה לוי: GN 29:34
מלכא דעתיד לאודויי **קדם** ייי בגין כן קרת שמיה יהודה GN 29:35
רבא דתבע אולפן מן **קדם** ייי בהון דבהון חקיק ומפרש EX 28:30
בחורב דשמיה קצף מן **קדם** ייי בהרמנא שרי לקטלא: ונסיב NU 17:11
ניסוכה: אילין תקרבון **קדם** ייי בזמן מועדיכון בר מנדריכון NU 29:39
עימיה רוח נבואה מן **קדם** ייי בחוכמתא בסוכלתנו EX 35:31
עימיה רוח קודשא מן **קדם** ייי בחכמתא ובסכולתנו EX 31:3
דאיתעבידו ביה ניסין מן **קדם** ייי בידי: ועבד יהושע היכמא EX 17:9
וביה איתעבידו ניסין מן **קדם** ייי בידיה: ואמר ייי למשה EX 4:20
כדין גבר דרוח נבואה מן **קדם** ייי ביה: ואמר פרעה ליוסף בתר GN 41:38
דאהרן ודבנוי די יקרבון **קדם** ייי ביומא דירבון יתיה למחסן LV 6:13
ללחמא לאדכרא קורבנא **קדם** ייי: ביומא דשבתא ביומא LV 24:7
וידחי למעבד פיסחא **קדם** ייי: בירחא תיניינא הוא ירחא NU 9:10
קדם ייי והוה רוגזא מן **קדם** ייי בכון למשצייא יתכון: כד DT 9:8
דבתו עמך: ואמר בלעם **קדם** ייי בלק בר צפר מלכא NU 22:10
ואצנע משה ית חוטריא **קדם** ייי במשכנא דסהדותא: והוה NU 17:22
לקרבא ית קורבנהון **קדם** ייי במשכנא דעבדו ליה LV 7:38
לכון: ובעית רחמין מן **קדם** ייי בעידנא ההיא למימר: בבעו DT 3:23
דורונא מן עללתא חדתא **קדם** ייי בעצרתיכון כד יתמלון NU 28:26
רחל מדחקא דחיקית **קדם** ייי בצלו ברם קביל בעותי GN 30:8
שלהובית אישתא מן **קדם** ייי ברגז ואיתפליגת לארבעתי LV 10:2
מכל נסיבתכון דתיתנון **קדם** ייי: ברם בחמיסר יומא לירחא LV 23:38
ביומא ההוא קודשא **קדם** ייי: בשתא דיובלא יתוב חקלא LV 27:23
ופלח חנוך בקשוט **קדם** ייי בתר דאולד ית מתושלח GN 5:22
דמידכי וית אימריא **קדם** ייי בתרע משכן זימנא: ויסב LV 14:11
תרין צפירין ויקם יתהון **קדם** ייי בתרע משכן זימנא: ויתן LV 16:7
לכון קודשא תהי לכון **קדם** ייי: גבר דיעבד דכוותיה EX 30:37
קטורת בוסמין ותקרבון **קדם** ייי גבר מחתיתיה מאתן NU 16:17
יעבד יתה קיים עלם **קדם** ייי גמירה תסתדר ותיתסק: LV 6:15
ויכפר כהנא על דמידכי **קדם** ייי: דא תהוי גזירת אחויית LV 14:31
בתרע משכן זימנא **קדם** ייי דאיזמן מימרי לכון תמן EX 29:42
הדא ובנא תמן מדבחא **קדם** ייי דאיתגלי ליה: ואיסתלק GN 12:7
יתאמר לי במימר מן **קדם** ייי דגובריא דבעו למקטלי EX 10:29
למבת: וגחן גברא וסגיד **קדם** ייי דזמין קדמוי איתתא GN 24:26
ניכסת חייסא הוא **קדם** ייי דחס במימריה על בתי בני EX 12:27
ארום אמרת דין הוא מן **קדם** ייי דיהון מיני פלגות שיבטייא GN 30:21
אילני ארעהון דיקרבון **קדם** ייי דילך יהי כל דדכי בביתך NU 18:13
למיסוק למסתכלא **קדם** ייי דילמא יקטול בהון: ונחת EX 19:24
יתמליל עימנא תוב מן **קדם** ייי דילמא נמות: ואמר משה EX 20:19
דינא במשריתא ובעו מן **קדם** ייי דישתביק לכון חובא דא EX 32:27

קרבניה לנכסת קודשיא **קדם** ייי דכר או נוקבא שלים LV 3:6
ויתיבון ויימרון גלי **קדם** ייי דלא אתא לידינן ופטרניה DT 21:7
ער בוכרא דיהודה ביש **קדם** ייי דלא הוה משמש עם GN 38:7
דבכיא ובעיא מן **קדם** ייי דלא יזמן לה לעשו רשיעא GN 29:17
שירויא תקרבון יתהון **קדם** ייי דלחם ביכוריא חמיר LV 2:12
יתערבב וישרי: ואודיאת **קדם** ייי דמימריה מתמלל לה וכן GN 16:13
ואמרת הדא זימנא אודי **קדם** ייי דמן ברי דין עתיד למיפק GN 29:35
דאנת בעיא מיני בעי מן **קדם** ייי דמן קדמוי הינון בניא והוא GN 30:2
דרעואל והוה מודי ומצלי **קדם** ייי דעבד עימיה ניסין וגבורן EX 2:21
ולעילא יתן אפרשותא **קדם** ייי: דעתיר לא יסגי ודמיסכן EX 30:14
די יקרבון יתהון לשמשא **קדם** ייי::: דפקד ייי ית משה בטוורא LV 7:35
ית עמא ממצרים תפלחון **קדם** ייי דתקבלון ית אורייתא על EX 3:12
טוורא הדין: ואמר משה **קדם** ייי הא אנא אזיל לות בני EX 3:13
עד דנתבוע רחמין מן **קדם** ייי: הא כדון אשכח עבדך GN 19:18
כנישתא לכפרא עליכון **קדם** ייי: הא לא איתעל מן אדמון LV 10:17
ממליל עימך: ואמר משה **קדם** ייי הא קשי ממלל וכדין יקביל EX 6:30
ושולטן ארום דינא מן **קדם** ייי הוא וחמי כל טומריא DT 1:17
לאתקבלא ברעוא קרבנא **קדם** ייי הוא: ותיסב ית דיכרא EX 29:18
תיבותא: ובנא נח מדבחא **קדם** ייי הוא מדבחא דבנא אדם GN 8:20
ולא תאיב מן סורחנותיה **קדם** ייי הוא מרגיז וישתיצי בר נשא NU 15:30
משה הוה ממלל ומן **קדם** ייי הוה מתעני בקל נעים EX 19:19
בתתובא בלב שלים **קדם** ייי הוה נפיק למשכן בית EX 33:7
אחסנא כיומא הדין: ומן **קדם** ייי הוה רגז עלי על פיתגמיכון DT 4:21
ברתוי בדחייסא מן **קדם** ייי הוות עלווי ואפקוהי GN 19:16
במיפקיה ביובלא קודשא **קדם** ייי הי כחקיל אפרשא לכהנא LV 27:21
אלהן מחא משתלחא מן **קדם** ייי היא ואיתקף יצרא דליבא EX 8:15
עלוי סידורין דלחים **קדם** ייי היכמא דפקיד ייי ית משה: EX 40:23
דרומא: ואדלק בוציניא **קדם** ייי היכמא דפקיד ייי ית משה: EX 40:25
ברעוא קרבנא הוא **קדם** ייי היכמא דפקיד ייי ית משה: LV 8:21
ארים אהרן ארמא **קדם** ייי היכמא דפקיד ייי ית משה: LV 9:21
קרבן דמתקבל ברעוא **קדם** ייי היכמא דתעבדון הכדין NU 15:14
בני ישראל וזילו פלחו **קדם** ייי היכמה דאמרתון: אוף ענכון EX 12:31
משה ית חטר ניסיא מן **קדם** ייי היכמה דפקדיה: וכנישו NU 20:9
קדישין דאשתלחו מן **קדם** ייי הינון בגין כן קרא שמיה GN 32:3
קורבניא דקיים עלם הוא **קדם** ייי הכדין הוא לך ולבנך: ואמר NU 18:19
קורבן דמתקבל ברעוא **קדם** ייי: הכדין יתעבד לתורא חד או NU 15:10
רבא וכדון איסק ואיצלי **קדם** ייי הלואי איכפר על חוביכון: EX 32:30
שנין תוליד: ואמר אברהם **קדם** ייי הלואי ישמעאל יתקיים GN 17:18
דשמיש תמן ביצלו **קדם** ייי: ואודיק על אנפי סדום GN 19:27
יומא דין מסרהבין הויתון **קדם** ייי ואוף כל דכן בתר דאימות: DT 31:27
למימר מה נישתי: וצלי **קדם** ייי ואחוי ליה ייי אילן מריר EX 15:25
ארעא הדא לכון לאחסנא **קדם** ייי: ואין לא תעבדון ית NU 32:22
למדבחא לחים קורבנה **קדם** ייי: ואין מן בני עיזא קורבניה LV 3:11
קרבן דמתקבל ברעוא **קדם** ייי: ואין מן עופא קורבניה קדם LV 1:13
קרבן דמתקבל ברעוא **קדם** ייי: ואין מן ענא קרבניה לנכסת LV 3:5
הוא קודש קודשין הוא **קדם** ייי: ואין מפרוק יפרוק גבר LV 27:30
על כל לבונתא קורבנא **קדם** ייי: ואין ניכסת קודשיא LV 2:16
דיבעי עליהון וצלי משה **קדם** ייי ואישתקעת אישתא NU 11:2
דסטו מן ארחן דתקנן **קדם** ייי ואיתמליאת ארעא חטופין: GN 6:11
על די אזיד פרעה רשיעא **קדם** ייי ואיתנטל בלבביה ורדף EX 15:1
ואישתא נפקת ברוגזא מן **קדם** ייי ואכלת ית מאתן וחמשין NU 16:35
קרבן דמתקבל ברעוא **קדם** ייי: ואם מן בני ענא קורבניה מן LV 1:9
וקיים ישראל קיים **קדם** ייי ואמר אין מימסר תימסר NU 21:2
חוביכון: ותב משה וצלי **קדם** ייי ואמר במטו מינך ריבון כל EX 32:31
רבא למבעי רחמין מן **קדם** ייי: ואמר ייי לה תרין עממין GN 25:22
משה ית פיתגמי עמא **קדם** ייי: ואמר ייי למשה ביומא EX 19:8
משה ית פיתגמי עמא **קדם** ייי: ואמר ייי למשה ביומא EX 19:9
כן קריב משה ית דינהין **קדם** ייי: ואמר ייי עם משה למימר: NU 27:5
וקמון בלב שלים **קדם** ייי: ואמר משה דין פיתגמא LV 9:5
לא איתחרכו ומיתו **קדם** ייי: ואמר משה הוא דמליל ייי LV 10:2
היתיו בני ישראל נדבתא **קדם** ייי: ואמר משה לבני ישראל EX 35:29
עמא וידבחון נכסת חגא **קדם** ייי: ואמר משה לפרעה שבח EX 8:4
לחדא וצלו בני ישראל **קדם** ייי: ואמרו רשיעי דרא למשה EX 14:10
ית שבח שירתא הדא **קדם** ייי ואמרין למימר נודה EX 15:1
למשציא יתכון: וצליית **קדם** ייי ואמרית בבעו ברחמין מן DT 9:26
ואיתכתש במימר מן **קדם** ייי: ואמרת שרי לאברם הא GN 16:1
הא כדון שריתי למללא **קדם** ייי ואנא מתיל לעפר וקטם: GN 18:27
קדמוי ית תורעמתכון **קדם** ייי ואנחנא מא אנן חשיבין EX 16:7
איתיהב לי במיחוס מן **קדם** ייי וארום אית לי ניכסין GN 33:11
כל יומי נזריה קדיש הוא **קדם** ייי: וארום ימות מיתה עלוי NU 6:8
קורבנא דמתקבל ברעוא **קדם** ייי: וארום יתגייר עימכון NU 15:13
מטול לאתקבלא ברעוא **קדם** ייי: וארום תעביד בר תורי NU 15:7
חטאתהון ועלוותהון **קדם** ייי וארע יתי סקול כאילין LV 10:19
עלוון ונכסת קודשין **קדם** ייי ואתא אהרן וכל סבי EX 18:12

לקרתא ופרס ידוי בצלו **קדם** ייי ואתמנעו קלין דלווט EX 9:33
למדבחא ארום קריבינון **קדם** ייי ואתקדשו ויהון לאת לבני NU 17:3
תחמודא מרגיזין הוותון **קדם** ייי: ובזמן דשלח ייי יתכון DT 9:22
בזמן מיעליה לקודשא **קדם** ייי ובזמן מיפיקיה ולא ימות EX 28:35
הדין מסרבין הוויתון **קדם** ייי: ובחורב ארגיזתון קדם ייי DT 9:7
לירחאסניכסת פיסחא **קדם** ייי: ובחמישת עשר יומא NU 28:16
קרבן דמתקבל ברעוא **קדם** ייי: וביומא דשבתא תרין NU 28:8
קורבן דמתקבל ברעוא **קדם** ייי: ובישריהון יהי לך למיכל הי NU 18:17
עד זמן די יתמלל עמי מן **קדם** ייי ובכין קרא דבורא דייי LV 1:1
דוכרנא טבא לבני ישראל **קדם** ייי: ובעירי סגיא הוון לבני NU 31:54
ברעוא קורבנא **קדם** ייי: ובעשרא יומין לירחא NU 29:6
קרבן דמתקבל ברעוא **קדם** ייי: ובר נש ארום יקרב קרבן LV 1:17
מלמהוי קלין דלווט מן **קדם** ייי וברדין ואפטור יתכון ולא EX 9:28
על ידהא: וגחנית וסגידית **קדם** ייי ובריכית ית ייי אלקיה GN 24:48
אוף עימנא מליל ושמיע **קדם** ייי: וגברא משה ענוותן NU 12:2
מצלי ובעי רחמין מן **קדם** ייי וגחן על ארעא שבע זימנין GN 33:3
בהון אישא מצלהבא מן **קדם** ייי: וגיורייא דאתכנשו ביניהון NU 11:3
שנין: ופלח חנוך בקושטא **קדם** ייי והא ליתוהי עם דיירי GN 5:24
דסף כל דרא דעבד דביש **קדם** ייי: והא קמתון בתר אבהתכון NU 32:13
כיתנא קרבן ביכוריא **קדם** ייי: והבל אייתי אף הוא GN 4:3
ובנא תמן מדבחא **קדם** ייי: והוה ביומי אמרפל הוא GN 13:18
רבתא הדא ואיחוב **קדם** ייי: והוה כדי מלילת עם יוסף GN 39:9
ארגיזו גובריא האיליין **קדם** ייי: והוה כדי פסק למללא ית NU 16:30
מחילין מחילין: וגלי **קדם** ייי והוה רגוז מן קדמוי מן DT 32:19
קדם ייי: ובחורב ארגיזתון **קדם** ייי והוה רוגזא מן קדם ייי בכון DT 9:8
נוכריתא מן תפיין **קדם** ייי: והוו סכומהון עשרין NU 26:61
מתמן מודים ומצליין **קדם** ייי והות רתיתא מן קדם ייי GN 35:5
גיבר בצידא ומרודא **קדם** ייי: והות שירוי מלכותיה בבל GN 10:9
במצרים ודחילו עמא מן **קדם** ייי והימינו בשום מימריה דייי EX 14:31
ויתקרב משה בלחודוי **קדם** ייי והינון לא יתקרבון ועמא EX 24:2
וסגיד על ארעא **קדם** ייי: והנפק עבדא מנין דכסף GN 24:52
ונפק מלות פרעה וצלי **קדם** ייי: והפך ייי ית רוחא ממערבא EX 10:18
ויוקם כהנא ית איתתא **קדם** ייי ויאסור על חרצה אשלא NU 5:18
ומשה יתבע אולפן מן **קדם** ייי וידון יתי ובכן אשתמודע NU 15:32
חקיל אחסנתיה יקדיש **קדם** ייי: וידייק ליה כהנא ית סכום LV 27:22
עלתא ויכפר עלוי כהנא **קדם** ייי וידכי מן דוויה: וגבר ארום LV 15:15
מדבחא בסטר ציפונא **קדם** ייי וידרקון בני אהרן כהניא ית LV 1:11
ואמרת ליעקב צלי **קדם** ייי ויהב לי בנין ואין לא הי GN 30:1
ואתקברו במותנא מן **קדם** ייי: ויהושע בר נון וכלב בר NU 14:37
ית נפשיה ולא יקבול עלך **קדם** ייי ויהי בך חובא: לא יתקטלון DT 24:15
ליה ויקבול עליכון **קדם** ייי ויהי בכון חובא: מיתן DT 15:9
ולא דחלו בית עמלק מן **קדם** ייי: ויהי כד יניח ייי אלקכון DT 25:18
ייתון לארמא ארמא **קדם** ייי ויהי לך ולבנך עימך לקיים LV 10:15
ותרים יתה ארמא **קדם** ייי ויהי לך לחולק: ותקדש ית EX 29:26
בכל מחתא ומחתא: צלו **קדם** ייי ויהי סגי קדמוי מלמהוי EX 9:28
אחסנתיה יקדש גבר **קדם** ייי ויהי עלוייה כמיסת זרעיה LV 27:16
בוסמיא על אישתא **קדם** ייי ויחפי ענן תנן קטורתא ית LV 16:13
דאהרן בזמן מיעליה **קדם** ייי ויטול אהרן ית דין בני EX 28:30
וירים יתהון ארמא **קדם** ייי: ויכוס טבחא ית אימרא LV 14:12
וירים יתהון ארמא **קדם** ייי: ויכוס טבחא ית אימרא LV 14:24
לות כהנא: ויקרביניה **קדם** ייי ויכפר עלה כהנא ותידכי LV 12:7
לאיתקבלא ברעוא **קדם** ייי ויכפר עלוי כהנא וישתביק LV 4:31
וידחיניה רוח זיקא מן **קדם** ייי וימות: ויעול אהרן ובנוי LV 16:22
כהנא לתרע משכן זימנא **קדם** ייי: ויסב כהנא ית אימרא LV 14:23
יתה כהנא ויקימינה **קדם** ייי: ויסב כהנא מיין קדישין מן NU 5:16
ויכוס טבחא ית תורא **קדם** ייי: ויסב כהנא רבא דמתרבי LV 4:4
ימות באישא מצלהבא **קדם** ייי: ויסב מן אדמא דתורא וידי LV 16:13
לשמשא לאסקא קורבנא **קדם** ייי: ויסבון מוי מן כיורא בנטלא EX 30:20
יקריב יתיה לרעוא עלוי **קדם** ייי: ויסמוך בתוקפא יד ימיניה LV 1:3
ית קורבניה ויקרב יתיה **קדם** ייי: ויסמוך בתוקפא יד ימיניה LV 3:7
עיזא קורבניה ויקרביניה **קדם** ייי: ויסמוך יד ימיניה על רישיה LV 3:12
ישראל: ותקריב ית ליואי **קדם** ייי ויסמכון בני ישראל ית NU 8:10
לארמא יתיה ארמא **קדם** ייי: ויסק כהנא ית תרבא LV 7:30
דמידכי לכפרא עלוי **קדם** ייי: ויעבד ית חד מן שפניניא LV 14:29
דמידכי ויכפר עלוי כהנא **קדם** ייי: ויעבד כהנא ית קרבן LV 14:18
ויקים ית איתתיה **קדם** ייי ויעבד לה כהנא ית כל NU 5:30
וניסכיהון: ויקריב כהנא **קדם** ייי ויעביד ית חטתיה וית NU 6:16
לחוד זימנא הדא וצלו **קדם** ייי ויעדי מיני לחוד ית מותא EX 10:17
דייי ועימך נצינא צלי **קדם** ייי ויעדי מיננא ית מחת חיויא NU 21:7
למשה ולאהרן ואמר צלון **קדם** ייי ויעדי עורדענייא מיני ומן EX 8:4
אנא נפיק מלותך ואיצלי **קדם** ייי ויעדי עירבוב חיות ברא מן EX 8:25
ויכוס טבחא ית תורא **קדם** ייי: ויעיל כהנא רבא מן אדמא LV 4:15
יקדש ית ביתיה קודשא **קדם** ייי ויעליניה כהנא בין טב לבין LV 27:14
דלא יקרבון מינה קרבנא **קדם** ייי ויקם ית בעירא קדם כהנא: LV 27:11

ייי: ואין מן עופא קורבניה **קדם** ייי ויקרב מן שפניניא או מן LV 1:14
נידרא או ניכסת קודשיא **קדם** ייי: ויקרב על בר תורי מנחתא NU 15:8
מטבחיא ית בר תורי **קדם** ייי ויקרבון בני אהרן כהנא ית LV 1:5
וירים ית מנחתא **קדם** ייי ויקריב יתה על גבי מדבחא: NU 5:25
באישא מצלהבא מן **קדם** ייי: וישרון בני ישראל גבר על NU 1:51
כהנא: ויכפר עלוי כהנא **קדם** ייי וישתביק ליה על חדא מכל LV 5:26
קודשיא דמתקרבין **קדם** ייי וישתיצי בר נשא ההוא LV 7:21
למקרב מינה קרבנא **קדם** ייי וישתיצי בר נשא ההוא LV 7:25
למעבד יתיה קרבנא **קדם** ייי וישתיצי בר נשא ההוא LV 17:9
יתוקד באישא מצלהבא **קדם** ייי: וית אהרן וית בנוי תרבי EX 30:29
בר ארבעין יומין למנסכא **קדם** ייי: וית אימר תניין תעביד ביני NU 28:7
ליה לרב תבוע אולפן מן **קדם** ייי: וית חוטרא הדין תיסב EX 4:16
אינשא למשקרא שקר **קדם** ייי ויתחייב בר נש ההוא: ויודון NU 5:6
ביה: ונפק קין מן **קדם** ייי ויתיב בארע טלטול GN 4:16
דשמאלא שבעת זימנין **קדם** ייי: ויתן כהנא ממשחא דעל LV 14:27
תקרב אתקבלא ברעוא **קדם** ייי: וכהנא רבא דמתרבי LV 6:14
גבר דארים ארמות דהבא **קדם** ייי: וכל גבר דהישתכח עימיה EX 35:22
היתיו ית אפרשותא **קדם** ייי וכל מאן דהישתיכח עימיה EX 35:24
וסנדלא ותקרבון קורבנא **קדם** ייי: וכל עיבידתא לא תעבדון LV 23:27
דיהון לך דיכרין תקדש **קדם** ייי: וכל פתח וולדא בחמרא EX 13:12
ותפרש כל פתח וולדא **קדם** ייי וכל פתח וולדא בעירא EX 13:12
משה בעי רחמין מן **קדם** ייי וכלי מנהון רוח נבואתא: NU 11:28
מצלי ובעי רחמין מן **קדם** ייי וכן אמר אתגלי כדון NU 10:35
ומצלי ובעי רחמין מן **קדם** ייי וכן אמר תוב כדון מימרא NU 10:36
וארים אהרן יתהון ארמא **קדם** ייי וכפר עליהון אהרן NU 8:21
באישא מצלהבא מן **קדם** ייי ולא אשתמודענא מה הוה EX 32:23
תרבא לאתקבלא ברעוא **קדם** ייי: ולא ידבחון תוב ית LV 17:6
לאסקא קטורת בוסמין **קדם** ייי ולא יהי גבר מתנטל NU 17:5
ארום מרחקא היא **קדם** ייי ולא מרחקין בנהא דתיליד DT 24:4
ודחילא חייתא מן **קדם** ייי ולא עבדא היכמא דמליל EX 1:17
חרמה: ותבתון ובכיתון **קדם** ייי ולא קביל ייי צלותכון ולא DT 1:45
קודשיהון אפרושותהון **קדם** ייי: ולבושי קודשא דילאהרן EX 29:28
דמיתנא כד מיתו אחנא **קדם** ייי: ולמא אתיתון ית קהלא NU 20:3
תתבעון אולפן מן **קדם** ייי ומבתר כדין תמנון עליכון DT 17:15
קרבן דמתקבל ברעוא **קדם** ייי: ומה דמשתייר מן מנחתא LV 2:2
קרבן דמתקבל ברעוא **קדם** ייי: ומה דמשתייר מן מנחתא LV 2:9
ברעוא שבח אדכרתא **קדם** ייי: ומה דמשתיירא מינה LV 6:8
ארום תקין פתגמא מן **קדם** ייי ומוחי ייי למעבדיה: וכדון GN 41:32
תתובון ותהון זכאין מן **קדם** ייי ומישראל ותהי ארעא הדא NU 32:22
קרוביהון אישא בריא **קדם** ייי ומיתו באישא מצלהבא: LV 16:1
מעילוי מדבחא מן **קדם** ייי ומלי חופנוי קטורת בוסמין LV 16:12
קודש קודשין הוא **קדם** ייי: ומליל ייי עם משה למימר: EX 30:10
יתקטל באישא מצלהבא **קדם** ייי: ומליל ייי עם משה למימר: NU 3:10
ויעקב וקמון בצלותא **קדם** ייי ומן יד אתכליאו תלת DT 9:19
לאתקבלא ברעוא **קדם** ייי ומנחתיה וניסוכיה כד חמי NU 15:24
לחמא עם חמוי דמשה **קדם** ייי ומשה הוה קאי ומשמש EX 18:12
ושרת עלוי רוח נבואה מן **קדם** ייי: ונטל מתל נבותיה ואמר NU 24:2
לאתקבלא ברעוא קרבנא **קדם** ייי: וניסוכיה רבעות הינא NU 28:6
לאתקבלא ברעוא קרבנא **קדם** ייי: וניסוכיהון דמתקרב עמהון NU 28:13
רבא למכפרא על נפשתן **קדם** ייי: ונסיב משה ואלעזר כהנא NU 31:50
מטול לאתקבלא ברעוא **קדם** ייי: ונסיב משה ית חדיא LV 8:28
בנוי וארים יתהון ארמא **קדם** ייי: ונסיב משה יתהון מעל LV 8:27
למדבחא ניכסת חגא **קדם** ייי: ונפק משה מלות פרעה EX 8:25
ומפטימהון והוה רעוא **קדם** ייי וסבר אפין בהבל GN 4:4
קודשיא דמתקרבין **קדם** ייי וסובתיה עלוי וישתיצי בר LV 7:20
די יקדשון בני ישראל **קדם** ייי וסובתיה עלוי וישתיצי בר LV 22:3
משה מלות פרעה וצלי **קדם** ייי: ועבד ייי כפתגם בעותא EX 8:26
תריהון יהון שלמין וקריב **קדם** ייי: ועם בני ישראל תמליל LV 9:2
עימי ומה מנסון אתון **קדם** ייי: וצחי תמן עמא למוי EX 17:2
על לוט ומשמש בצלו **קדם** ייי: וצלי אברהם ואמר הרוגזך GN 18:22
ובנא תמן מדבחא **קדם** ייי וצלי בשמא דייי: ונטל GN 12:8
ולאבהתנא: וצלינא **קדם** ייי וקביל צלותנא ושדר חד NU 20:16
לא תקרבון איליין **קדם** ייי וקורבנא לא תקרבון מנהון LV 22:22
כד דחילא חייתא מן **קדם** ייי וקנו להין שום טב לדריא EX 1:21
וסליק לרקיעא במימר **קדם** ייי וקרא שמיה מיטטרון GN 5:24
ית קרבנהון קרבנא **קדם** ייי וקרבן סורחנותהון קריבו NU 15:25
בדחקותהון בצלו **קדם** ייי וקרת שמיה נפתלי: וחמת GN 30:8
דעבר תבע אולפן מן **קדם** ייי: ורחים יצחק ית עשו ארום GN 25:27
ארום סגיאת קבילהון **קדם** ייי ושדרנא ייי לחבלותה: ונפק GN 19:13
בהון אישא מצלהבא מן **קדם** ייי ושיציאת מן רשיעיא NU 11:1
ואתא מלאכא במימר מן **קדם** ייי ושלף חרבא על לבן רמאה GN 31:24
מכוונין והגיאן ביש **קדם** ייי ושמיע קדם ייי ותקיף NU 11:1
ועל דוכרנהא דרחל **קדם** ייי ושמיע קדמוי קל צלותא GN 30:22
דלית אפשר דישפר **קדם** ייי: ושמע משה ושפר קודמוי LV 10:19

אנת ית פיתגמיא דילהון **קדם** ייי: ותזהר יתהון ית קיימייא EX 18:19
שפר נידריכון דתידרון **קדם** ייי: ותיחדון קדם ייי אלקכון DT 12:11
לעמא תבע אולפן מן **קדם** ייי ותייתי אנת ית פיתגמיא EX 18:19
קדם ייי קורבנא הוא **קדם** ייי: ותיסב ית חדיא מדכר EX 29:25
בנוי ותרים יתהון ארמא **קדם** ייי: ותיסב יתהון מידהון EX 29:24
שנין ארום תידר נדר **קדם** ייי ותיסר איסר בבית איבהא NU 30:4
פתורא בטהריה דמסדר **קדם** ייי: ותיתן על סידורייא צריד LV 24:6
חורן דילמא תהי רעוא מן **קדם** ייי ותלטטיה בגיני מתמן: ודבר NU 23:27
בנוי ותרים יתהון ארמא **קדם** ייי: ותפרש ית ליואי מגו בני NU 8:13
ביש קדם ייי ושמיע **קדם** ייי ותקיף רוגזיה ודליקת בהון NU 11:1
תדירא לרעוא להון **קדם** ייי: ותרמיץ כיתונא דבוצא EX 28:38
ועריך חד מסלא דפטירא **קדם** ייי: ותשוי כולא על ידי אהרן EX 29:23
או תרין גוזלין בני יוניא **קדם** ייי חד לחטאתא וחד לעלתא: LV 5:7
ליואי דמשמשין תמן **קדם** ייי: חולק כל קבל חולק בשוה DT 18:7
באתר דיכוס ית עלתא **קדם** ייי חטאתא הוא: ויסב כהנא מן LV 4:24
בגו משכניה: ואמר משה **קדם** ייי חמי מה דאנת אמר לי EX 33:12
היא זימנא אישתלחון מן **קדם** ייי חמשתי מלאכיא מחבליא DT 9:19
יהי לארעא די תשמיט **קדם** ייי חקליכון לא תזרעון LV 25:4
מנכסת קודשיא קרבנא **קדם** ייי טוב שומניה אליתא LV 3:9
גייורא ויעבד פיסחא **קדם** ייי יגזור ליה כל דכורא ובכן EX 12:48
די יקדשון בני ישראל **קדם** ייי יהבית לך ולבנך ולבנתך NU 18:19
קדם ייי כל דיתן מיניה **קדם** ייי יהי קודשא: לא ישלחפיניה LV 27:9
דין ארום שבתא יומא דין **קדם** ייי יומא דין לא תשכחוניה EX 16:25
דמקרב ית ניכסת קודשוי **קדם** ייי ייתי בגרמיה ית קורבניה LV 7:29
ולא ידעת ועברת מן **קדם** ייי ישתביק לה: כל נידרא וכל NU 30:13
דאסרת על נפשה ומן **קדם** ייי ישתרי וישתביק לה: ונדרא NU 30:9
נפשה לא יתקיימון ומן **קדם** ייי ישתרי וישתביק ליה ארום NU 30:6
יתכון: ואשטתחית בצלו **קדם** ייי ית ארבעין יממין וית DT 9:25
קרא בית דינא שמיטתא **קדם** ייי: ית בר עממין תדחוק ודינא DT 15:2
ביומא ההוא: ויפריש **קדם** ייי ית יומי נזריה וייתי אימר NU 6:12
מנכסת קודשיא קורבנא **קדם** ייי ית פריסותא דתרבא דחפי LV 3:3
מיניה קורבנא קורבנא **קדם** ייי ית פריסותא דתרבא דחפי LV 3:14
קדם ייי קבילתהון ודכיר **קדם** ייי ית קיימיה דקיים עם EX 2:24
לך ונקבל ונעבד: ושמיע **קדם** ייי ית קל פיתגמיכון DT 5:28
דעננא בימּמא: ושמיע **קדם** ייי ית קל פיתגמיכון ורגז DT 1:34
ית קלא ובכת: ושמיע **קדם** ייי ית קליה דטליא בגין GN 21:17
לא תיסתפין ארום שמיע **קדם** ייי ית קליה דטליא ולא דן GN 21:17
למיסבוע בדשימיע **קדם** ייי ית תורעמותכון דאתון EX 16:8
ויכסון ניכסת קודשין **קדם** ייי יתהון: ויזרוק כהנא ית LV 17:5
דפשר חילמין ברם מן **קדם** ייי יתותב שלמא דפרעה: GN 41:16
ליה חובתא דמייתב **קדם** ייי יתן לכהנא בר מדכר NU 5:8
דאמרתון לי ואמר מן **קדם** ייי יתרחם עלך ברי: ואוחי יוסף GN 43:29
גייורא ויעבד פיסחא **קדם** ייי כאוויית גזירת פיסחא NU 9:14
פרחין: ובעית רחמין מן **קדם** ייי כד בקדמיתא ארבעין DT 9:18
ויתנון גבר פורקן נפשיה **קדם** ייי כד תימני יתהון ולא יהון EX 30:12
בבעירא דיקרבון מינה **קדם** ייי כדינא באינשא כן דינא NU 18:15
קדש קודשין הוא **קדם** ייי: כל אפרשא דיתפרש מן LV 27:28
קודשא שבתא נייחא **קדם** ייי כל דיעבד עיבידתא ביומא EX 35:2
דיקרבון מינה קורבנא **קדם** ייי כל דיתן מיניה קדם ייי יהי LV 27:9
סבו מנכון אפרשותא **קדם** ייי כל מאן דאיתרעי ליביה EX 35:5
שבת שבתא קודשא **קדם** ייי כל מאן די עביד עיבידתא EX 31:15
פלגות סילעא אפרשותא **קדם** ייי: כל מאן דעבר על מניינייא EX 30:13
באישא מצלהבא מן **קדם** ייי: כל סכומי מנייני ליואי די NU 3:38
מן מיתיא: ארום מרחק **קדם** ייי כל עביד אילין ומטול DT 18:12
דבעירא בגין כן אנא דבח **קדם** ייי כל פתח וולדא דוכרייא EX 13:15
באישא מצלהבא מן **קדם** ייי לא אשתמודענא מה הוה EX 32:1
בהון ייי: ואמר משה **קדם** ייי לא יכלון עמא למיסק EX 19:23
עשיראה יהי קודשא **קדם** ייי: לא יפשפיש בין טב לביש LV 27:32
כל מנחתא די תקרבון **קדם** ייי לא תתעבד חמיע ארום כל LV 2:11
ותיתנון מיניה אפרשותא **קדם** ייי לאהרן כהנא: מכל NU 18:28
בעמא דילמא יכוונון **קדם** ייי לאיסתכלא ויפיל מנהון רב EX 19:21
בגלל דלא הות יוכלא מן **קדם** ייי לאעלא ית עמא הדין NU 14:16
מדאיתתיש חילא מן **קדם** ייי לאעלותהון לארעא דמליל DT 9:28
דחבתון למעבד דביש **קדם** ייי לארגזא קדמוי: בי היא DT 9:18
ארום תעבדון דביש **קדם** ייי לארגזא קדמוי: ומליל משה DT 31:29
למדבחא עלתא הוא **קדם** ייי לאתקבלא ברעוא קרבנא EX 29:18
תעבדון: ותקרבון עלתא **קדם** ייי לאתקבלא ברעוא תור חד NU 29:8
עימי: ואתא מימרא מן **קדם** ייי לבלעם ואמר ליה אין NU 22:20
עם בלעם: ואתא מימר מן **קדם** ייי לבלעם ואמר מן גובריא NU 22:9
בלעם ארום שפר הוה **קדם** ייי לברכא ית ישראל ולא NU 24:1
תתנון אפרשותא **קדם** ייי לדריכון: וארום תשתלון NU 15:21
קטורת בוסמין תדירא **קדם** ייי לדריכון: לא תסקון עלוי EX 30:8
ותחגון יתיה חגא **קדם** ייי לדריכון קים עלם תחגוניה: EX 12:14
ועל אהרן הוה רגז מן **קדם** ייי לחדא לשצייותיה וצליתי DT 9:20

ארום תעבדון דכשר **קדם** ייי: לחוד בעידי מעשר DT 12:25
למשה ואמר זילו פלחו **קדם** ייי לחוד ענכון ותוריכון יקום EX 10:24
תור בר תורי שלים **קדם** ייי לחטאתא: ויעול ית תורא LV 4:3
ירת יתי: והא פיתגמא מן **קדם** ייי ליה למימר לא ירתינך דין GN 15:4
ועיבור שירויהון דיתנון **קדם** ייי לך יהבתינון: ביכורים דכל NU 18:12
מן כל קרבנא אפרשותא **קדם** ייי לכהנא דזריק ית אדם LV 7:14
עלמא מטול דחייסא מן **קדם** ייי לכון הוא: ואיתגלי בארעא EX 12:11
משה ית כל חטריא מן **קדם** ייי לכל בני ישראל NU 17:24
על שלותהון: וישתרי מן **קדם** ייי לכל כנישתא דבני ישראל NU 15:26
חטאתא וית חד עלתא **קדם** ייי לכפרא על ליואי: ותקים ית NU 8:12
למיתן ית אפרשותא **קדם** ייי לכפרא על נפשתיכון: EX 30:15
לבני ישראל לדוכרן טב **קדם** ייי לכפרא על נפשתיכון: ומליל EX 30:16
לעזאזל יתוקם בחיין **קדם** ייי לכפרא על סורחנות עמא LV 16:10
דאשתלי כד סרח בשלו **קדם** ייי לכפרא עלוי וישתרי ליה: NU 15:28
משה ביש: ואמר משה **קדם** ייי למא אבאשתא לעבדך NU 11:11
שבא שבת קודשא **קדם** ייי למחר ית דאתון צריכין EX 16:23
עומרא מנא ואצנע יתיה **קדם** ייי למטרא לדריכון: היכמא EX 16:33
וצלי משה ובעא רחמין **קדם** ייי למימר בבעו ברחמין אלקא NU 12:13
מארעיה: ומליל משה **קדם** ייי למימר הא בני ישראל לא EX 6:12
עם משה ובגין דנסיין **קדם** ייי למימר המן קושטא איקר EX 17:7
דצין: ומליל משה **קדם** ייי למימר: ימני מימרא דייי NU 27:15
בצחותא: וצלי משה **קדם** ייי למימר מה אעבד לעמא EX 17:4
בישרא ארום בכיתון **קדם** ייי למימר מן יספיננא בישרא NU 11:18
וריבוני אתפקד מן **קדם** ייי למיתן ית אחסנת צלפחד NU 36:2
ויטרון ארחן דתקנן **קדם** ייי למעבד צדקתא ודינא בגין GN 18:19
ישראל לכון מתנא יהיבין **קדם** ייי למפלח ית פולחן משכן NU 18:6
ליל נטיר לפורקן הוא מן **קדם** ייי למפקא ית שמא בני EX 12:42
זדונותא: לא יהי רעוא מן **קדם** ייי למשבק ליה ארום בכין DT 29:19
לארעכון ארום לית רעוא **קדם** ייי למשבקי למיזל עימכון: NU 22:13
עד זמן די מטא קיצא מן **קדם** ייי למתפרקא: והוה מסוף GN 40:23
ובתורנא ניזיל ארום חגא **קדם** ייי לנא: ואמר להון יהי כדין EX 10:9
ולכל נסיבתהון דיקרבון **קדם** ייי לעלתא: לרעוא לכון שלים LV 22:18
יקרב ניכסת קודשיא **קדם** ייי לפרשא נידרא או נסיבתא LV 22:21
יתה בני אהרן כהנא **קדם** ייי לקדם מדבחא: ויפריש LV 6:7
כהנא: וירים ית עומרא **קדם** ייי לרעוא לכון מבתר יומא LV 23:11
תיכסון ניכסת קודשיא **קדם** ייי לרעוא לכון תיכסוניה: LV 19:5
ארון קימא דייי למיקום **קדם** ייי לשמשותיה ולברכה DT 10:8
תורא: ותיכוס ית תורא **קדם** ייי לתרע משכן זימנא: ותיסב EX 29:11
על אנפי חקלא וייתונון **קדם** ייי לתרע משכן זימנא לות LV 17:5
ממצרים: ואמר משה **קדם** ייי מאן אנא ארום אזיל לות EX 3:11
עלתא ויכפר עלה כהנא **קדם** ייי מדוב סאובתא: ותפרשון ית LV 15:30
ית חדיא וארימיה ארמא **קדם** ייי מדכר קורבניא אתפרש LV 8:29
האפשר דיתכסי מן **קדם** ייי מדעם לזמן חגא איתוב GN 18:14
על שמיה דאחוי: ובאש **קדם** ייי מה דעבד וקטע אוף ית GN 38:10
ואין תקרב מנחת ביכורין **קדם** ייי מהבהב קלי בנורא קמח LV 2:14
ייי למשה האיפשר דאית **קדם** ייי מחסור כדון תחמי NU 11:23
עליהון קטרת בוסמין **קדם** ייי מחר ויהי גברא דיתרעי ביה NU 16:7
בקל עציב ואמר חגא **קדם** ייי מחר מניכסת קטול בעלי EX 32:5
קודשין ובמבעי רחמין **קדם** ייי מטול דדין קטול מתחייב: LV 27:29
כהנא בדיכרא דאשמא **קדם** ייי מטול חובתיה דחב LV 19:22
דייי: אוף עלי הוה רגז מן **קדם** ייי מטולכון למימר אוף אנת DT 1:37
לחוד אתון אפרשותא **קדם** ייי מכל מעשריכון דתיסבון מן NU 18:28
ותעביד דתקין ודכשר **קדם** ייי מן בגלל דייטב לכון DT 6:18
לניכסת קודשיא לדבחא **קדם** ייי מן בגלל דיתרעי בכון LV 9:4
אהרן ית ליואי ארמא **קדם** ייי מן בני ישראל ויהון למפלח NU 8:11
פלחי טעוותא קרבנא **קדם** ייי מן בעירא דכיא מן תורי LV 1:2
למימריה: מסרבין הויתון **קדם** ייי מן יומא דחכימית יתכון: DT 9:24
כל אפרשא די יפרש גבר **קדם** ייי מן כל דאית ליה מאינשא LV 27:28
תפרשון ית אפרשותא **קדם** ייי מן כל שפר טוביה וביה: NU 18:29
עלמא לאתקבלא ברעוא **קדם** ייי מן תורי או מן ענא: ויקרב NU 15:3
גברא דמקרב קורבניה **קדם** ייי מנחתא סמידא עשרונא NU 15:4
מיניה אפרשותא **קדם** ייי מעשרא מיגו מעשרא: NU 18:26
משה לא תגיחון דמן **קדם** ייי מתעביד לכון נצחנות EX 14:14
אינביה קודשי תושבחן **קדם** ייי מתפרק מן כהנא: ובשתא LV 19:24
לבן ובתואל ואמר מן **קדם** ייי נפק פיתגמא דרבקה GN 24:50
תהי בארעא: ואמר קין **קדם** ייי סגי תקיף מרודי GN 4:13
שמיה ישמעאל ארום גלי **קדם** ייי סיגופיך: ואיהוא יהוי מדמי GN 16:11
דאתי מטול דזכוון **קדם** ייי עבד וסדרי דינוי אליף DT 33:21
לית אנן ידעין ממא נפלח **קדם** ייי עד מיתנא לתמן: ותקיף ייי EX 10:26
וכל דמו מה דמרחק **קדם** ייי עובד ידי אומן ולא ישוי DT 27:15
וכל דמו מה דמרחק **קדם** ייי עובד ידי אומן ושוי DT 27:15
עבדו ארום אמרו לא גלי **קדם** ייי עובדין בישיא הא בכן נחתו GN 19:24
ארום אמרת ארום גלי **קדם** ייי עולבני ארום כדון ירחמנני GN 29:32
בעלי והיכמה דאיתגלי **קדם** ייי עולבני היכדין יהוי גלי GN 29:32

באנפהא וכדון אתגלי **קדם** ייי עולבני ויפרוש שלמיה בינא GN 16:5
פרעה: ואמרו להון יתגלי **קדם** ייי עולבננא ולחוד יתפרע EX 5:21
לעלם: והוה תהו מן **קדם** ייי על בישתא דחשיב למעבד EX 32:14
דאשמע מה דאתפקד מן **קדם** ייי על דילכון: ומליל ייי עם NU 9:8
בר עיזי חד לחטאתא **קדם** ייי על חוסרן סיהרא על עלת NU 28:15
עתידין בנוי לשבחא **קדם** ייי על טב פירי ארעהום וקרת GN 30:13
דייי כנישין תהון לצלאה **קדם** ייי על מיטרא כל עיבידת LV 23:36
וישאיל ליה בדין אורייא **קדם** ייי על מימרא דאלעזר כהנא NU 27:21
נזירא די ידר קרבניה **קדם** ייי על ניזריה בר מן מה NU 6:21
יעביד ניכסת קודשין **קדם** ייי על סלא דפטיריא ויעביד NU 6:17
מצותא דנצו בני ישראל **קדם** ייי על עיסק בירא דאיתגנזת NU 20:13
מלות פרעה וצלי משה **קדם** ייי על עיסק עורדעניא דשוי EX 8:8
דבלעם למשקרא שקר **קדם** ייי על עיסק פעור והות מותנא NU 31:16
קרבן דמתקבל ברעוא **קדם** ייי על עלת תדירא יתעביד NU 28:24
קדם ייי והות רתיתא מן **קדם** ייי על עממייא דבקוריי GN 35:5
וקרבן סורחנותהון קריבו **קדם** ייי על שלותהון: וישתרי מן NU 15:25
לחמא דביכוריא ארמא **קדם** ייי על תרין אימרין קודשא LV 23:20
לאתקבלא ברעוה קרבנא **קדם** ייי: עלת תדירא לדריכון בתרע EX 29:41
על מדבחא קרבנא **קדם** ייי עלתא או ניכסת קודשיא NU 15:3
ואמר להון יוסף הלא מן **קדם** ייי פושרן חילמיא אישתעו GN 40:8
וביומא שביעאה חגא **קדם** ייי: פטירי יתאכל ית שבעא EX 13:6
חדא מן אמהתה ושמיע **קדם** ייי צלותא דלאה ואתחלפו GN 30:21
ועם יצחק ועם יעקב: וגלי **קדם** ייי צער שעבודהון דבני EX 2:25
מן פולחנא: ושמיע **קדם** ייי קבילתהון ודכיר קדם ייי EX 2:24
מן אדמא שבע זימנין **קדם** ייי קבל פרגודא דקודשא: ויתן LV 4:6
ואיכול ואברכינך **קדם** ייי קדם דאימות: וכדון ברי GN 27:7
גוברין דילהון תיגרא **קדם** ייי קדם כהניא ודייניא דיהון DT 19:17
אייתיה לקרבא קרבנא **קדם** ייי קדם משכנא דייי אדם LV 17:4
ויידי מיניה שבע זימנין **קדם** ייי קדם פרגודא: ומן אדמא יתן LV 4:17
עלתא תיתנכס חטאתא **קדם** ייי קדש קודשין היא: כהנא די LV 6:18
עלתא לאתקבלא ברעוא **קדם** ייי קורבנא הוא קדם ייי: ותיסב EX 29:25
קרבן דמתקבל ברעוא **קדם** ייי קורבנין קלילין תור חד NU 29:36
ובנוי מן רמשא ועד צפרא **קדם** ייי קיים עלם לדריהון מן בני EX 27:21
ברעוא כל תריב **קדם** ייי: קים עלם לדריכון בכל LV 3:16
אפרוס ית ידיי בצלו **קדם** ייי קלייא יתמנעון וברדא לא EX 9:29
ארום יקרב קרבן מנחתא **קדם** ייי קמחא סמידא יהי קורבניה LV 2:1
לא תקרבון מיניה קרבנא **קדם** ייי: קרבן שירויא תקרבון LV 2:11
למימר נודה ונשבחא **קדם** ייי רמא דמתגאיא על גיוותניא EX 15:1
ותחגון חגא דמטליא **קדם** ייי שובעא יומין: ותקרבון NU 29:12
תפרשון אפרשותא **קדם** ייי: שירוי עצוותכון חלתא חד NU 15:19
ואייתיו ית קרבנהון **קדם** ייי שית עגלן כד מחפן NU 7:3
ארעא שמיטתא **קדם** ייי: שית שנין תזרעון חקליכון LV 25:2
בר נון גבר דרוח נבואה מן **קדם** ייי שריא עלוי ותסמוך ית ידך NU 27:18
לקודשא לדוכרן טב **קדם** ייי תדירא: ותיתן בחשן דינא EX 28:29
דין בני ישראל על ליביה **קדם** ייי תדירא: ותעבד ית מנטר EX 28:30
דשבתא יסדריניה חדת **קדם** ייי תדירא מן בני ישראל קיים LV 24:8
אהרן מרמשא ועד צפר **קדם** ייי תדירא קיים עלם לדריכון: LV 24:3
יתכון מכל חוביכון ואתון **קדם** ייי תודון סורחנותכון ותידכון: LV 16:30
עלתא לאתקבלא ברעוא **קדם** ייי תור בר תורי חד דכר חד NU 29:2
ירחכון תקרבון עלתא **קדם** ייי תורין בני תורי דלא עירובין NU 28:11
קרבן דמתקבל ברעוא **קדם** ייי תורין בני תורי תילתיסר NU 29:13
ותקרבון קרבנא עלתא **קדם** ייי תורין בני תורי תרין ודכר NU 28:19
עלתא לאתקבלא ברעוא **קדם** ייי תורין בני תורין תרין ודכר NU 28:27
עלוון וניכסת קודשין **קדם** ייי תורין: ונסיב משה פלגות EX 24:5
בישן בנתהון דכנענאי **קדם** יצחק אבוי: ואזל עשו לות GN 28:8
הוה מותיב לי ברישא ומן **קדם** יקריה הוינא מקבל וכדון לית GN 50:20
תריכין בני דגבלא מן **קדם** ישראל סנאיהון וישראל NU 24:18
טפלנא בקירוי חקרא מן **קדם** יתבי ארעא: לא נתוב לבתנא NU 32:17
קדם ייי ויקם ית בעירא **קדם** כהנא: ויעלי כהנא יתה בין טב LV 27:11
עילוייה ויוקימיניה **קדם** כהנא ויעליניה כהנא כמיסת LV 27:8
הדא על סיפרא מן **קדם** כהניא דמן שיבט לוי: ותהי DT 17:18
דילהון תיגרא קדם ייי **קדם** כהניא ודייניא דיהון ביומיא DT 19:17
דאבהתוי תשלחון מן **קדם** כל אמרכול דבהון: ושדר יתהון NU 13:2
משה ואהרן על אפיהון **קדם** כל כנישתא דבני ישראל: NU 14:5
משכנא דייי ולמקום **קדם** כל כנישתא לשמשותהון: NU 16:9
דכבש ייי ומחא יתבהא **קדם** כנישתא דישראל ארע כשר NU 32:4
ימות קטולא עד דיקום **קדם** כנישתא לדינא: וקירווייא NU 35:12
דעל ארונא דסהדותא **קדם** כפורתא דעל סהדותא דאיזמן EX 30:6
ודיירי ארעא דכנען מן **קדם** כפנא: ולקיט יוסף ית כל GN 47:13
דקדם טעות צפון ושרו **קדם** מגדל: ונטלו מפירוקי חירתא NU 33:7
ומבתר כדין יתחיניה **קדם** מדבחא דייי אלקכון: ותתיבון DT 26:4
בנוי עימיה לתיבותא מן **קדם** מוי דטובענא: מן בעירא דכייא GN 7:7
ויכול בגין דיברכינך **קדם** מותיה: ועל דהוה יעקב דחיל GN 27:10
למימר ליוסף אבוך פקיד **קדם** מותיה למימר לך: וכדנא GN 50:16

וטלק אהרן ית חוטריה **קדם** מיחמי פרעה וקדם מיחמי EX 7:10
וידחלון כולהון מן **קדם** מימרא דייי אלקכון ויטרון DT 31:12
שנין עאל דוכרניה דיוסף **קדם** מימרא דייי ופרעה הוה חלים GN 41:1
כבריתא ואישא מן **קדם** מימרא דייי מן שמייא: והפך GN 19:24
בתר פעור ותצלוב יתהון **קדם** מימרא דייי על קיסא קבל NU 25:4
דהוו מיפקדין מן **קדם** מימרא דשמיא דלא למסדרא NU 20:21
ומני ית אפרים דיהי **קדם** מנשה: ואמר ישראל ליוסף הא GN 48:20
ויהב ייי ית עמא לרחמין **קדם** מצראי אוף גברא משה רב EX 11:3
יהב ית עמא לחן וחסד **קדם** מצראי ושיילינון ורוקינו ית EX 12:36
פיתגמיא האילין **קדם** מרי עלמא ומן יד מימרא דייי GN 22:1
ומודי ומשבח עליהון **קדם** מרי עלמא: נפתלי עזגד קליל GN 49:20
מלכה ותרצה: וקמא **קדם** משה בתר דקמא קדם אלעזר NU 27:2
כנישתא דבני ישראל מן **קדם** משה: ואתו כל גבר דאיתרעי EX 35:20
מגניסת יוסף ומלילו **קדם** משה וקדם רברביא רישי NU 36:1
למעבד יתה: ונסיבו מן **קדם** משה ית כל אפרשותא EX 36:3
למידן ית עמא וקם עמא **קדם** משה מן צפרא עד רמשא: EX 18:13
איסטיגניניא למיקם **קדם** משה מן קדם שיחנא ארום EX 9:11
חד מארבעה דינין דעלו **קדם** משה נביא ודן יתהון על NU 9:8
מן ארבעתי דינין דיעלו **קדם** משה נביא ודן יתהון על פום LV 24:12
מן ארבעה דינין די עלו **קדם** משה נביא ודן יתהון על פום NU 15:34
מן ארבעא דינין די עלו **קדם** משה נביא וסכם יתהון על NU 27:5
ונטל מלאכא דייי דמדבר **קדם** משיריתא דישראל ואתא מן EX 14:19
ויכוס יתיה טבחא **קדם** משכן זימנא וידרקון בני אהרן LV 3:8
רישיה ויכוס יתיה טבחא **קדם** משכן זימנא וידרקון בני אהרן LV 3:13
ומתחיהון: ודישרן **קדם** משכן זימנא מדינחא משה NU 3:38
לקרבא קרבנא קדם ייי **קדם** משכנא דייי אדם קטל LV 17:4
ואנת ובנך עימך תקומון **קדם** משכנא דסהדותא: ויטרון NU 18:2
מנהון וקריבו יתהון **קדם** משכנא: ואמר ייי למשה NU 7:3
דבנוי: ותקריב ית תורא **קדם** משכנא זימנא ויסמוך אהרן EX 29:10
שמיע קדמיי מן **קדם** משעבדהון ארום גלי קדמיי EX 3:7
ההוא והוא הוה מידבר **קדם** משריתא דישראל מהלך NU 10:33
עמא ועבד היכדין משה **קדם** סבי ישראל: וקרא שמא EX 17:6
בהון אנא ייי אלקכון: מן **קדם** סבין דסברין באורייתא LV 19:32
מינה ותדיק ותיתן מינה **קדם** סהדותא במשכן זימנא EX 30:36
ותצנעינון במשכן זימנא **קדם** סהדותא דאיזמן מימרי לך NU 17:19
ית משה ואצנעיה אהרן **קדם** סהדותא למטרא: ובני ישראל EX 16:34
אתיב ית חוטרא דאהרן **קדם** סהדותא למטרא לאת לבניא NU 17:25
לחדא בארעא דמצרים **קדם** עבדי פרעה וקדם עמא: ואמר EX 11:3
יעיבר בבעו ריבוני ויטייל **קדם** עבדיה ואנא אידבר בנייחא GN 33:14
לקדמין בין תרין כרוביא **קדם** עד לא ברא עלמא ברא GN 3:24
ארום כולה בית שקייא **קדם** עד לא חביל ייי ברגזיה ית GN 13:10
בהלין דינין נזערא יתהון **קדם** עד לא יסגון ויהוי ארום יארע EX 1:10
וניטרדיה מן גינתא דעדן **קדם** עד לא יפשט ידיה ויסב מן GN 3:22
די מלכו בארעא דאדום **קדם** עד לא מלך מלכא לבני ישראל: GN 36:31
לקובלא סידרי קרבא **קדם** עד לא ניתבדר מעילוי אנפי GN 11:4
זימנין בשתא: לא תכסון **קדם** עד לא תבטלון חמיע ניכסת EX 34:25
וחכימן בדעתיהן היינן **קדם** עד לא תיתי לוותהון חייתא EX 1:19
שבע שנין אתבניית **קדם** עד לא תתבני טאניס דמצרים: NU 13:22
וברם עתיקא מן **קדם** עיבורא חדתא תפנון מן LV 26:10
עמא כד מיבבין בחדווא **קדם** עיגלא ואמר למשה קל סידרי EX 32:17
אתחבלו יתבי ארעא מן **קדם** עירבוב חיות ברא: וקרא פרעה EX 8:20
דאיתיהיבו לי במיחוס מן **קדם** על עבדך: וקריבן לחינתא היינין GN 33:5
דהוה מדבר בזכותיה **קדם** עמא בית ישראל וארום אתו NU 21:1
קדמוי: ותתכבש ארעא **קדם** עמא דייי ומן בתר כדין NU 32:22
פיתגמא הדין אין תזדרזון **קדם** עמא דייי לאגחא קרבא: NU 32:20
לכון כל דמזרז ית יורדנא **קדם** עמא דייי לאגחא קרבא עד NU 32:21
נעביד: נחנא נעיבר מזרזין **קדם** עמא דייי לארעא דכנען NU 32:32
יעיברון כל דמזרז חילא **קדם** עמא דייי לקרבא היכמא NU 32:27
ואלימהי ארום הוא יעיבר **קדם** עמא הדין והוא יחסין יתהון DT 3:28
דקיימא דאורייתא וקרא **קדם** עמא ואמרו כל פיתגמיא EX 24:7
יתי: ואמר ייי למשה עיבר **קדם** עמא ודבר עמך מסבי ישראל EX 17:5
ייי לי קום איזיל לתייר **קדם** עמא ויעלון וירתון ית ארעא DT 10:11
בליליא למידברא **קדם** עמא: ומליל ייי עם משה EX 13:22
הוה בגויה מטפז ומשוור **קדם** עמא ומן יד תקף רתח רוגזיה EX 32:19
ודחילו מואבאי מן **קדם** עמא לחדא ארום סגי הוא NU 22:3
אפיי קבילו מיני ובעו עלי **קדם** עפרן בר צחר: ויזבון לי ית GN 23:8
דייי במיערקיה מן **קדם** עשו אחוי: ומיתת דבורה GN 35:7
דאיתגלי לך במיערקך מן **קדם** עשו אחוך: ואמר יעקב לאינשי GN 35:1
דמן טלייותי ערקית מן **קדם** עשו אחי ואיתותיבית בארעא GN 47:9
תשמעון ולא תידחלון מן **קדם** עתיר ושולטן ארום דינא מן DT 1:17
לאחוריהון וישרון **קדם** פומי חירתא מרביעתא EX 14:2
יתהון דהבא: ותיתן יתיה **קדם** פרגודא דעל ארונא דסהדותא EX 30:6
דדהבא במשכן זימנא **קדם** פרגודא: ואסיק עלוי קטורת EX 40:26
שבע זימנין קדם ייי **קדם** פרגודא: ומן אדמא יתן על LV 4:17

בר זרעא וצוח עמא **קדם** פרעה בגין לחמא ואמר פרעה GN 41:55
בסוף תלתי יומין יעול **קדם** פרעה דוכרנך וירים ית רישך GN 40:13
אקדים בצפרא ותיתעתד **קדם** פרעה הא נפיק למינטר EX 8:16
יעקב ית פרעה ונפק מן **קדם** פרעה: ואותיב יוסף ית אבוי GN 47:10
גד ואשר ואקימינון **קדם** פרעה: ואמר פרעה לאחוי GN 47:2
לקדמותהון במיפקהון מן **קדם** פרעה: ואמרו להון יתגלי קדם EX 5:20
דשויתי בידך ותעבידינון **קדם** פרעה ואנא אתקיף ית יצרא EX 4:21
ית יעקב אבוי ואקימיה **קדם** פרעה ובריך יעקב ית פרעה GN 47:7
ית משה וערק משה מן **קדם** פרעה ויתיב בארעא דמדין EX 2:15
בכפנא: ושפר פיתגמא **קדם** פרעה וקדם כל עבדוי: ואמר GN 41:37
דאסרחתון ית ריחנא **קדם** פרעה וקדם עבדוי דגרמהון EX 5:21
למשה במיערקיה מן **קדם** פרעה וריחקה ארום לאיתא NU 12:1
עימי טיבו ותידכר עלי **קדם** פרעה ותהנפיקינני מן בית GN 40:14
אקדם בצפרא ותיתעתד **קדם** פרעה ותימר ליה כדנא אמר EX 9:13
ית כל תימהייא האילין **קדם** פרעה ותקיף ייי ית יצרא EX 11:10
רעואל דערק משה מן **קדם** פרעה טלק יתיה לגובא והות EX 2:21
ית חוטרך וטלוק יתיה **קדם** פרעה יהי לחוי חורמן ארום EX 7:9
אסירי: ומליל רב מזוגייא **קדם** פרעה למימר ית סורחניי אנא GN 41:9
סרכי בני ישראל וצווחו **קדם** פרעה למימר למה תעביד כדין EX 5:15
בר תלתין שנין כד קם **קדם** פרעה מלכא דמצרים ונפק GN 41:46
מצראי ואוף אכלו קורצוי **קדם** פרעה סברין למחתא יתיה מן GN 49:23
דייי: ועל משה ואהרן מן **קדם** קהלא לתרע משכן זימנא: NU 17:8
ממצרים תלתין שנין **קדם** קיצא איתמסרו בידא EX 13:17
ואזדרזו בחשוכא **קדם** קריצתא למיסוק לריש טוורא NU 14:44
יתמני רבא דאפרים **קדם** רבא דמנשה ומני ית אפרים GN 48:20
בשתא יתחמון כל דכורך **קדם** רבון עלמא ייי: עמי בני ישראל EX 23:17
באתרין למיתן זעירתא **קדם** רבתא: אשלים כדון שובעתי GN 29:26
איתיעקית בחיי מן **קדם** רגוז בנת חת אין נסיב יעקב GN 27:46
כתיב ארום דחלית מן **קדם** רוגזא וחימתא דירגז ייי DT 9:19
ומה דאשתארו שוי **קדם** רחל ברתיה: והוה כדי חמא GN 29:9
הא כדון שריתי למללא **קדם** ריבון כל עלמיא ייי מאים GN 18:31
שדנהי ומיתו עני ואמר **קדם** ריבון עלמא אפשר דמטול NU 25:8
כתיבין בספר דוכרנייא **קדם** ריבון עלמא ליליא קדמאה EX 12:42
יתחמיון כל דכורך **קדם** ריבון עלמיא ייי אלקא EX 34:23
אין לא השכחת חינא **קדם** ריבונהא דזמין יתיה ויפרוק EX 21:8
לריבוני לא אישתייר לנא **קדם** ריבוני אלהין גופינן וארען: GN 47:18
למא דנן אשכח רחמין **קדם** ריבוני: ואיתעביד ניסא ליעקב GN 33:15
עמא: ונפקת אישתא מן **קדם** רש ואכלת על גבי מדבחא ית LV 9:24
אלקא עילאה דחיזו מן **קדם** שדי חמי וכד הוה בעי דיתגלי NU 24:16
למיקם קדם משה מן **קדם** שיחנא ארום הוה מחת שיחנא EX 9:11
גבר באחוי הי כמן **קדם** שלופי חרבא ורדיף לא אית LV 26:37
ולאן תיזלין ואמרת מן **קדם** שרי ריבונתי אנא ערקת:: ואמר GN 16:8
ועאל משה ואהרן מן **קדם** תורעמות קהלא לתרע משכן NU 20:6
דברא יתהון וארגיזו **קדם** תקיפא דפרקינון: דקנון יתיה DT 32:15
ית מדבחא דעלתא **קדם** תרע משכן זימנא מטול EX 40:6
עתידיא דמסדרין פתורא **קדם** תרעיהון ומפרנסין מסכיניא EX 40:6
דבר בידך ואיזל לך מן **קדם** תרעמתהון: האנא קאים קדמך EX 17:5
בארעא דכנען בר מכפנא **קדמאה** דהוה ביומי אברהם ואזל GN 26:1
פטירי תיכלון: ביומא **קדמאה** דחגא מארע קדיש יהי לכון LV 23:7
יומין לשמא דייי: ביומא **קדמאה** דחגא מארע קדיש כל LV 23:35
ההוא מישראל מיומא **קדמאה** דחגה ועד יומא שביעאה: EX 12:15
היכמא דאוקיד ית תורא **קדמאה** דכהנא רבא מטול דשיבוק LV 4:21
עמיה: ארום על פיתגמא **קדמאה** דפקיד ייי בסיני בסר וית NU 15:31
נימר לריבוני על כספא **קדמאה** ומה נמליל על כספא GN 44:16
קרבא במלכא דמואב **קדמאה** ונסיב ית כל ארעיה מן NU 21:26
קדם ריבון עלמא ליליא **קדמאה** כד איתגלי למיברי עלמא EX 12:42
האיליין למימר: דבירא **קדמאה** כד הוה נפיק מן פום EX 20:2
לאשלמוותא הוא יומא **קדמאה** לירחא דניסן אקים משה LV 9:1
מארעא דמצרים בירחא **קדמאה** למימר: ויעבדון בני ישראל NU 9:1
יומא שביעאה: וביומא **קדמאה** מארע קדיש וביומא EX 12:16
ממלל פומא בפום אדם **קדמאי** או מאן שוי אילימא או EX 4:11
בר ישראל לות חוצא נס **קדמאי** דהוה ליה למפרש יתהון NU 25:8
מי בראשית עם מיא **קדמאי** דהוון בגויה אבירוי ופרבירוי NU 34:6
פיתגמיא דהוו על לוחיא **קדמאי** דתברתא: והוי זמין לצפרא EX 34:1
חגיא וזימניא ותקופתא **קדמאי** הוא לכון למניין ירחי שתא: EX 12:2
רבא מרגגן דהוו מן אדם **קדמאי** וההוא יומא לא אלבשינון GN 27:15
דהוו כתיבין על לוחיא **קדמאי**: והוה בזמן מיחת משה מן EX 34:28
בר שתיה לאשמא ויומיא **קדמאי** יבטלון ארום איסתאב NU 6:12
ארום חסדא עבדית עם **קדמאי** מן בגלל דיתמלי עלמא LV 20:17
וסגפתא שרי וערקת מן **קדמה**: ואשכחה מלאכא דייי על GN 16:6
פולחני נוכראה ומגחכן **קדמהא** אנא שמע: והוה כד קריב EX 32:18
מן קדם ייי בבלעם ואמר **קדמוהי** ית שבעתי אוגריא סדרית NU 23:4
ואמר ייי דיפלחו אבהתיי **קדמוי** אברהם ויצחק ייי דאיזן יתי GN 48:15
לות יוסף למחווייא **קדמוי** אורחא ולמכבשא ית GN 46:28

וסגיד קדם ייי דזמין **קדמוי** איתתא מהגנא: ואמר בריך GN 24:26
קדם ייי אלקכון לארגזא **קדמוי**: אסהדית בכון יומא דין DT 4:25
דיגזר על עבדוי יהי תהן **קדמוי** ארום גלי קדמוי דבעידן DT 32:36
יטעינך ויחייבון יתך **קדמוי** ארום תפלח ית טעוותהון EX 23:33
דבהון למשמשין **קדמוי** ארעא וכל דאית בה: לחוד DT 10:14
הימנותא: הינון אקנון **קדמוי** בדלא אלקא ארגיזו קדמוי DT 32:21
בדלא אלקא ארגיזו **קדמוי** בהבליהון ואנא אקנינון DT 32:21
דביש קדם ייי לארגזא **קדמוי**: בי היא זימנא אישתלחון מן DT 9:18
דארעא ולמתקנא **קדמוי** בית משרוי בגושנא ואתו GN 46:28
רחמין ארום תבעון מן **קדמוי** בכל לבכון ובכל נפשכון: כד DT 4:29
רגוז מן קדמוי מן דארגיזו **קדמוי** בניא חביביא דאתקרון על DT 32:19
מבתר מימריה וארגזתון **קדמוי** בפארן על מימרא אללייא DT 1:1
וכהנא אוחרן יכוס יתה **קדמוי** בתרין סימניא כמישאר NU 19:3
יהי תהן קדמוי ארום גלי **קדמוי** דבעידן דיחובון ותיתקף DT 32:36
מנטליא כל מאן דמתגאי **קדמוי** הוא במימריה פרע מיניה על EX 15:1
מיני בעי מן קדם ייי דמן **קדמוי** הינון בניא והוא מנע מיניך GN 30:2
פתגם ארום אתבהילו מן **קדמוי**: ואמר יוסף לאחוי קריבו GN 45:3
לחויא וערק משה מן **קדמוי**: ואמר ייי למשה אושיט ידך EX 4:3
ואזלו אוף אחוי ואתרכינו **קדמוי** ואמרו הא אנן לך לעבדין: GN 50:18
וית בנוי איקדש לשמשא **קדמוי**: ואשרי שכינתי בגו בני EX 29:44
וחמא אהרן ית חור נכיס **קדמוי** ודחיל ובנא מדבחא קדמוי EX 32:5
אחוך ולבנוי לשמשא **קדמוי**: והינון יסבון מן ממונהון ית EX 28:4
ויפלון פיגריהון כולהון **קדמוי**: ויהוון תריכין ויהוון תריכין NU 24:17
ותהכון באורחן דתקנן **קדמוי**: ויחמון כל עממי ארעא ארום DT 28:9
בהון צרוך ועל די ארגיזנן **קדמוי** ולא הדרנן לפולחניה DT 32:31
למהך באורחן דתקנן **קדמוי** ולמידחל יתיה: ארום ייי DT 8:6
ולמהך באורחן דתקנן **קדמוי** ולמינטור קיימוי ופיקודוי DT 26:17
למהך בכל אורחן דתקנן **קדמוי** ולמרחם יתיה ולמפלח קדם DT 10:12
למהך בכל אורחן דתקנן **קדמוי** ומטול לאתקרבא לדחלתיה: DT 11:22
דביש קדם ייי לארגזא **קדמוי**: ומליל משה במשמע כל DT 31:29
לך פטור ית ברי ויפלח **קדמוי** ומסרב אנת למיפטריה הא EX 4:23
דרשיעיא מחנגין ומגחנין **קדמוי** וסטנא הוה בגויה מטפז EX 32:19
על רישא דאפרים ובאיש **קדמוי** וסעדא לידא דאבוי GN 48:17
דאתקינית: איזדהר מן **קדמוי** וקביל למימריה לא תסריב EX 23:21
ודחיל ובנא מדבחא **קדמוי** וקרא אהרן בקל עציב ואמר EX 32:5
דיתרך ית בעלי דבבוי מן **קדמוי**: ותתכבש ארעא קדם עמא NU 32:21
ואמר ייי למשה גלי **קדמוי** זדונהון דעמא הדין והא עם EX 32:9
במרחקתהון ארגיזו **קדמוי**: ידבחון לטעוון דמתילין DT 32:16
עם משה למימר: שמיע **קדמוי** ית תורעמות בני ישראל EX 16:12
שכינתיה דייי כד שמיען **קדמוי** ית תורעמתכון קדם ייי EX 16:7
דבני ישראל וגלי **קדמוי** ית תיובתא דעבדו בטימרא EX 2:25
ולמהך באורחן דתקנן **קדמוי** כל יומיא ותוספון לכון תוב DT 19:9
וירבעיניה דיינא וילקיניה **קדמוי** כמיסת חייוביה בדיניה: DT 25:2
שובעין: וית יהודה שדר **קדמוי** לות יוסף למחווייא קדמוי GN 46:28
שריא ביניכון ובכיתון **קדמוי** למימר למא דנן נפקנא NU 11:20
יקים יתכון מימרא דייי **קדמוי** לעם קדיש היכמה דקיים DT 28:9
מעל פתוריה ושדרינון מן **קדמוי** לקדמיהון וסגת חולקא GN 43:34
בשלהובית אשתא מן **קדמוי** מטול דעל מיחמי כל עמא LV 10:3
רבא גיברא ודחילא דלית **קדמוי** מיסב אפין ואוף לא לקבלא DT 10:17
צלו קדם ייי ויהי סגי **קדמוי** מלמהוי קלין דלווט מן קדם EX 9:28
וגלי קדם ייי והוה רגוז מן **קדמוי** מן דארגיזו קדמוי בניא DT 32:19
ולית מליך ושולטן דיקום **קדמוי** מסמק טווריא מן אדם GN 49:11
לקדשא יתהון לשמשא **קדמוי** סב תור חד בר תורי דלא EX 29:1
דינא אלקא מהימנא דמן **קדמוי** עוולא לא נפיק דזכיי וקשיט DT 32:4
ייי עולבני היכדין יהוי גלי **קדמוי** עולבנהון דבניי כד יהון GN 29:32
והוא עוד כדון תמן ונפלו **קדמוי** על ארעא: ואמר להום יוסף GN 44:14
ית עוג זע וארתית מן **קדמוי** עני ואמר דין הוא עוג רשיעא NU 21:34
וקביל ייי צלותנא וגלי **קדמוי** צערן וליעותן ודחקן: DT 26:7
דרחל קדם ייי ושמיע **קדמוי** קל צלותא ואמר במימריה GN 30:22
ית דין והכדין ישתמע **קדמוי** קלהון דבניי כד יהון GN 29:33
צפון משתיזב וקריב **קדמוי** קרבנין וזקפו בני ישראל ית EX 14:10
ליה יהודאי אכלין: ואחזרו **קדמוי** רבא כהילכת ריבונתיה GN 43:33
ומן בתר כדון תירוק **קדמוי** רוקא נפישא דמתחמי DT 25:9
ית בני ישראל וארום גלי **קדמוי** שיעבודהון וגחנו וסגידו: EX 4:31
למימר דייי אלקך ודכשר **קדמוי** תעביד ותצית לפיקודוי EX 15:26
מגו בני ישראל לשמשא **קדמי** אהרן נדב ואביהוא אלעזר EX 28:1
מתרעמין עלי שמיע **קדמי**: אימר להון בשבועא קיים NU 14:27
ממללן כתיבא הוות דא **קדמי** אלהין זכאן לאתאמרא על NU 27:7
שמך אלהין מאן דחב **קדמי** אמחיניה מסיפרי: וכדון איזל EX 32:33
דקודשי דהינון מקדשין **קדמי** אנא ייי: אימר להון אזדהרון LV 22:2
ותקרב ית ליואי **קדמי** אנא ייי חלף כל בוכריא בבני NU 3:41
בסיני למימר בדיקריבין **קדמי** אנא מקדש משכנא דאין לא LV 10:3
עם בני ישראל ויסבון **קדמי** אפרשותא מן כל דיתרעי EX 25:2
ייי פטור ית עמי ויפלחון **קדמי**: ארום אין ליתך מפטר ית עמי EX 8:16

פטור ית עמי ויפלחון **קדמי:** ארום אין מסריב אנת EX 9:1
דכל בישרא מטא מן **קדמי** ארום איתמליאת ארעא GN 6:13
פטור ית עמי ויפלחון **קדמי:** ארום בזימנא הדא אנא שלח EX 9:13
ביש ארום כדון גלי **קדמי** ארום דחלא דייי אנת ולא GN 22:12
ישראל קריבית יתהון **קדמי:** ארום דילי כל בוכרא בבני NU 8:16
אילולפון לא סטת מן **קדמי** ארום כען אוף יתך קטילית NU 22:33
אהרן אחוך לוואי גלי **קדמי** ארום מללא ימליל הוא ואוף EX 4:14
קרבנינן תורא אתבחר **קדמי** בגין מדכר זכות סבא דאתא LV 22:27
ארום יתך חמית זכאיי **קדמי** בדרא הדין: מכל בעירא דכיא GN 7:1
מאפרשות לשבתא קרבן **קדמי** בזימניה: ותימר להון דין סדר NU 28:2
דקיימית עם אבהתהון **קדמי** בזמן דפרקית ואפיקית יתהון LV 26:45
פטור ית עמי ויפלחון **קדמי** במדברא והא לא קבילת עד EX 7:16
בר נשא ההוא במותנא מן **קדמי** במותנא אנא ייי: גבר טלי או LV 22:3
תיתרדון קדמי ותהכון **קדמי** בעראיי: ואידכר אוף אנא LV 26:23
סטת מן אורחא וגלי **קדמי** דאנת בעי למיזל למילוט ית NU 22:32
לסהדו ארום גלי **קדמי** דלא תתנשי מפום בניהון DT 31:21
במצרים ובמדברא ונסיאו **קדמי** דנן עשר זימנין ולא קבילו NU 14:22
וחמתני אתנא וסטת מן **קדמי** דנן תלת זימנין אילולפון לא NU 22:33
למא אנת קאי ומצלי **קדמי** הא צלותהון דעמי קדמת EX 14:15
משמייא ואמרת דמן **קדמי** הוה פתגמא ואשתיזבו GN 38:26
אין לא היכמא דמלילתון **קדמי** היכדין אעביד לכון: במדברא NU 14:28
סבר בליבך לאיטמרי מן **קדמי** הלא אתר דאנת דאת מיטמר GN 3:9
שבע עבירן די חטיתון **קדמי:** ואיגרי בכון רשות חיות ברא LV 26:21
לקדשותיה לשמשא **קדמי:** ואילין לבושיא דיעבדון EX 28:3
ייי פטור ית עמי ויפלחון **קדמי:** ואין מסרב אנת למפטור הא EX 7:26
ישכוב ויהי אין יקבול **קדמי** ואיקביל צלותיה ארום EX 22:26
שבע עבירן די חטיתון **קדמי:** ואיתבר ית איקר תקוף LV 26:18
בעותך ולא תפגין עליהון **קדמי** וארתח רגז אישתא תקיפתא EX 32:10
זכאין בגו קרתא דיצלון **קדמי** ואשבוק לכל אתרא בגינהום: GN 18:26
קדל הוא: אנח בעותך מן **קדמי** ואשיצינון ואמחי ית שומהון DT 9:14
הוית בחילמי והא גופנא **קדמי:** ובגופנא תלתי מצוגיא והיא GN 40:9
תקיף כאישא נפק מן **קדמי** ובערת בתקוף רוגזי DT 32:22
מטול למהוי פלחין **קדמי:** וגבר או איתתא ארום יהי LV 20:26
ליה אנא אל שדי פלח **קדמי** והוי שלים בבישרך: ואיתן GN 17:1
למקדשא יתהון לשמשא **קדמי** וחילוני לא ייכול ארום EX 29:33
ותקדש יתיה וישמש **קדמי:** וית בנוי תקריב ותלבישינון EX 40:13
טב ואוף אשכחת רחמין **קדמי:** וכדון אין בבעו אשכחית EX 33:12
ויסופן תורעמותהון מן **קדמי** ולא ימותון: ועבד משה NU 17:25
דין להון למידחל מן **קדמי** ולמינטור כל פיקודיי כל DT 5:29
אפוי בדורונא דמהלכא **קדמי** ומבתר כן נחמי אנפוי הלואי GN 32:21
ארום אשכחתא רחמין **קדמי** ומנית יתך בשום טב: ואמר EX 33:17
ואמר לעבדוי עברו **קדמי** וניפש תשוון ביני עדרא וביני GN 32:17
ותקדש יתהון וישמשון **קדמי:** ועיבד להון אוורקסין דבוץ EX 28:41
דמצרים אקדישית יתהון **קדמי:** וקריבית ית ליואי חולף כל NU 8:17
ית אבוהון וישמשון **קדמי** ותהי למהוי להון רבותהון EX 40:15
ואמר ייי הא אתר מתקן **קדמי** ותהי מעתד על טינרא: ויהי EX 33:21
מרדוותא לא תיתרדון **קדמי** ותהכון קדמי בעראיי: ואידכר LV 26:23
דקימין ומשמשין **קדמי** ותחמי ית קטר דבידא EX 33:23
שבע עבירן די חטיתון **קדמי:** ותיכלון בשר בניכון ובשר LV 26:28
ארום קליל דהוה לך עאן **קדמי** ותקיף לסגי ובריך ייי יתך GN 30:30
דאתרעי ביה לשמשא **קדמי** חוטריה ינעי ואישדיך מיני ית NU 17:20
מפום בניהון ארום גלי **קדמי** ית יצרהון בישא דהינון עבדין DT 31:21
וגביהון חיוורין ארום גלי **קדמי** ית כל אונסא דלבן עביד לך: GN 31:12
עימי ואמר ייי לי שמיע **קדמי** ית כל פתגמי עמא הדין DT 5:28
בזמן דאמר ייי לי כנוש **קדמי** ית עמא ואשמועינון ית DT 4:10
דמצרים אקדישית **קדמי** כל בוכרא בישראל מאינשא NU 3:13
עם משה למימר: אקדש **קדמי** כל בוכרא דכוריא פתח כל EX 13:2
דילפון למידחל מן **קדמי** כל יומיא דהינון קיימין על DT 4:10
ולא דרא דארגיזו **קדמי** לא יחמונה: ועבדי כלב חולף NU 14:23
כהניא דקיימין למשמשא **קדמי** לא תסקון במסוקיין על EX 20:26
רבות קודשא יהי דין **קדמי** לדריכון: על בישרא דאינשא EX 30:31
ואמר ייי למשה סוק **קדמי** לטוורא והוו תמן ואיתן לך EX 24:12
בעיריהון ויהון משמשין **קדמי** ליואי אנא ייי: וית פרקוני NU 3:45
ישראל ויהון משמשין **קדמי** ליואי: ארום דילי כל בוכרא NU 3:12
בני ישראל ויהון משמשין **קדמי** ליואי: ומן בתר כדין ייעלון NU 8:14
עובדך טביא נטיר ומתקן **קדמי** לעלמא דאתי סגי לחדא: GN 15:1
יתיה והוא מתקבל **קדמי** לריח רעוא עמי בני ישראל NU 28:2
תיקון זינך מינך דאתגלי **קדמי** מאן אעבד לך: ואתרוקנו בני EX 33:5
מפרשא מפרשין הינון **קדמי** מגו בני ישראל חולף פתח כל NU 8:16
אפי ארעא: ואתון תהון **קדמי** מלכין קטרי כלילא וכהנין EX 19:6
ואמר ייי לי למימר גלי **קדמי** סורחנות עמא הדין והא עם DT 9:13
סב לי תקרובתין וקרב **קדמי** עגלא ברת תלת שנין וברחא GN 15:9
עד אימתי יהון מרגזין **קדמי** עמא הדין ועד אימתי לא NU 14:11
ומתקנין באפותיקיי: **קדמי** פורענותא ואנא אשלים DT 32:35

ולכל אשמהון די יתיבון **קדמי** קודש קודשין דילך הוא NU 18:9
תיפרוק ולא יתחמיין **קדמי** ריקנין: שיתא יומין תיפלח EX 34:20
על פתורא לחמא גוואה **קדמי** תדירא: ותעביד מנרתא דדהב EX 25:30
סגי לך לא תוסיף למללא **קדמי** תוב בפתגמא הדין: סוק לריש DT 3:26
שכינתי ואנת פלח **קדמי** תמן אשלח עלך ברכתי EX 20:24
לטורא דסיני ותתעתד **קדמי** תמן על ריש טוורא: ואינש לא EX 34:2
רבית תמן קמא דקיימת **קדמי** תמן קיים כדון קום פוק מן GN 31:13
טריגונין דעלמא סידרא **קדמיא** סמוקתא ירקתא וברקתא EX 28:17
לית מליך ושולטן דיקום **קדמיהון** אפליג אחסנת בנוי GN 49:7
תסגדון להון ולא תפלחון **קדמיהון** ארום אנא הוא ייי אלקכון DT 5:9
תסגדון להון ולא תפלחון **קדמיהון** ארום אנא ייי אלקכון EX 20:5
ולא תתירעון מן **קדמיהון:** ארום ייי אלקכון שכינתיה DT 20:3
תידחלון ולא תתרעון מן **קדמיהון** ארום ייי אלקכון שכינתיה DT 31:6
קדמיכון: לא תיתברון מן **קדמיהון** ארום שכינת ייי אלקכון DT 7:21
סידרי דיניא די תסדר **קדמיהון:** ארום תיזבון בגניבותיה EX 21:1
שכינתא דייי מידבר **קדמיהון** ביממא בעמודא דעננא EX 13:21
דעננא אנת מדבר **קדמיהון** ביממא מטול למככא NU 14:14
ית טעוותהון דמצראי **קדמיהון** הוא מן דינא הוא לאטלא EX 8:22
עלמא והוא משמש **קדמיהון** ואינון יתבין ודמי ליה GN 18:8
ית כל פיתגמייא האילין **קדמיהון** ודחילו גובריא לחדא: GN 20:8
ומשה הוה קאי ומשמש **קדמיהון:** והוה ביומא דבתר יומא EX 18:12
תריכונון ושיציאונון מן **קדמיהון** ויתיבו באתרהוֹן היכמה DT 2:12
עממיא דאנת דחיל מן **קדמיהון:** ולחוד ית מחת אורעייתא DT 7:19
ונטל עמודא דעננא מן **קדמיהון** ושרא מן בתריהון מן בגלל EX 14:19
טעיין תהוון מפכין מן **קדמיהון** ותהון לריחוק לְכל DT 28:25
ושיצינון מימרא דייי מן **קדמיהון** ותריכונון ויתיבו DT 2:21
הא פתיית תחומין **קדמיהון** ית בנתיהון ניסב לנא GN 34:21
וקרא לסבי עמא וסדר **קדמיהון** ית כל פיתגמייא האילין EX 19:7
ארנונא והינון יכבשון **קדמיהון** ית עמודייא דארעא והינון GN 49:19
עולימא תבשילין וסדר **קדמיהון** כאורח הילכת ברית GN 18:8
דלא חכימתנון וניפלוח **קדמיהון:** לא תקבלון לפיתגמי נבי DT 13:3
דאישתא לאנהרא **קדמיהון** למיזל ביממא ובליליא: EX 13:21
על כנישתא: די הוו נפיק **קדמיהון** לסדרי קרבא ודי הוי עליל NU 27:17
ותסהיד תושבחתא הדא **קדמיהון** לסהדו ארום גלי קדמי DT 31:21
קרבא ודי הוי עליל **קדמיהון** מן סדרי קרבא ודיפיק NU 27:17
בלישן בית קודשא **קדמיהון** מסרב יבמי למיקמא DT 25:7
וארון קיימא דייי מטייל **קדמיהון** תלתין ושית מילין הליך NU 10:33
פטור ית עמי ויפלחון **קדמיי:** ארום אין מסרב אנת EX 10:3
אוף אנא יתך מלמחטי **קדמיי** בגין כל לא שבקתך למקרב GN 20:6
לאולפן אורייתי ותהלכון **קדמיי** בעראי: ואידכר אוף אנא LV 26:27
חולין בדכותא תהון **קדמיי** ברם בשר תלוש מן חיוותא EX 22:30
תלתא זימנין תחגון **קדמיי** בשתא: ית חגא דפטיריא EX 23:14
דאלקים בחילמא אוף **קדמיי** גלי ארום בקשיטות ליבבך GN 20:6
קדם ייי אלקנא: ואנא **קדמיי** גלי ארום לא ישבוק יתכון EX 3:19
ומלאכיא דמשמשין **קדמיי** דחלן דכסף ודחלן דדהב לא EX 23:23
עממיא ויפלחונון וירגזון **קדמיי** דישנון ית קיימי: ויהי ארום DT 31:20
ובעבדך ובעמך דמן **קדמיי** הוון משתלחין ולא מן EX 9:14
בוכרי דברך תפריש **קדמיי:** היכדין תעביד לבוכרי תורך EX 22:28
תמינאה תפרישיניה **קדמיי:** ואינשין קדישין טעמין EX 22:29
שבע עבירן די חטיתון **קדמיי:** ואיתי עליכון עם שלופי חרב LV 26:24
ואמר ארום וזמן ייי אלקך **קדמיי:** ואמר יצחק ליעקב קריב GN 27:20
אגר זכוון קלילן ונפלו **קדמיי** ובזימנא תניינא לא משתכח GN 15:1
ותדברון אוף ית דין מן **קדמיי** ויארעיניה מותא ותחתון ית GN 44:29
ואמר הנפיקו כל אינש מן **קדמיי** ולא קם אינש עימיה כד GN 45:1
לרגל עיבידתא דאית **קדמיי** ולרגל אולפן טלייא עד זמן GN 33:14
עבדין תתובא הלא הינון **קדמיי** זכאין כמא דלא ידעית ולא GN 18:21
ותינטרון ית קימי ותהון **קדמיי** חביבין מכל עממייא דעל EX 19:5
סבר אפיי למללא **קדמיי** חדא מן מלייא קשייתא EX 10:28
כל עממי ארעא: ארום גלי **קדמיי** חסידותיה בגין דיפקד ית GN 18:19
כל עלמא דבריתי גלי **קדמיי** חשוכא כנהורא והיך אנת GN 3:9
לקדמיי ולחוד גלי **קדמיי** ית דוחקא דמצראי דחקין EX 3:9
משעבדהון ארום גלי **קדמיי** ית כיביהון: ואיתגליתי יומא EX 3:7
בכון לסהיד: ארום גלי **קדמיי** ית סורהבנותכון וית קדלכון DT 31:27
דייי: ואמר מגלא גלי **קדמיי** ית סיגוף עמי דבמצרים וית EX 3:7
דהינון עבדין בטומרא **קדמיי** כולהון גליין חתימין DT 32:34
דתיהי תושבחתא הדא **קדמיי** לסהיד בבני ישראל: ארום DT 31:19
רברבין: ואקרב יתכון **קדמיי** לעם ואהוי לכון לאלקא EX 6:7
בגרגישתא צווחין **קדמיי** מן ארעא: וכען חלף GN 4:10
וית קבילתהון שמיע **קדמיי** מן קדם משעבדהון ארום EX 3:7
אנת מן למתכנעא מן **קדמיי** פטור ית עמי ויפלחון קדמיי: EX 10:3
לכון לסאוביהון: ותהוון **קדמיי** קדישין ארום קדיש אנא ייי LV 20:26
ממצרים ולא יתחמון **קדמיי** ריקנין: וחגא דחצדא ביכורי EX 23:15
יקום ויצווח עליכון בצלו **קדמיי** שמע אנא בקל צלותיה ופרע EX 22:22
מן בתר דישתיצון מן **קדמיכון** או דילמא תיתבעון DT 12:30

לקיימא יתכון שדרני ייי **קדמיכון:** ארום דנן תרתין שנין GN 45:5
עממיא דאנא מגלי מן **קדמיכון** ארום ית כל מרחקייא LV 20:23
למבאשא תבירין **קדמיכון** באורחא חד יהון נפקין DT 28:7
דייי אלקכון: דמדבר **קדמיכון** באורחא לאתקנא לכון DT 1:33
תתיבון וארעא תהי **קדמיכון** בדניחא לכון תיבו ועיבידו GN 34:10
דייי אלקכון די מדבר **קדמיכון** הוא יגיח לכון ככל מה DT 1:30
אלקכון ושכינתיה עביר **קדמיכון** הוא ישיצי ית עממיא DT 31:3
הי כעמיא דייי מגלי מן **קדמיכון** היכדין תיבדון חולף דלא DT 8:20
יהושע הוא יטייל **קדמיכון** היכמא דמליל ייי: ויעבד DT 31:3
עממיא דאנא מגלי מן **קדמיכון:** ואיסתאבת ארעא LV 18:24
ית כל יתבי ארעא מן **קדמיכון** ויהי מה די תשיירון מנהון NU 33:55
ויבודור בעלי דבביכון מן **קדמיכון** ויימר במימריה למשיציא DT 33:27
חמריכון יהוון אניסין מן **קדמיכון** ולא יתובון לכון ענכון DT 28:31
אלקכון מתריך יתהון מן **קדמיכון** ומן בגלל לקיימא ית DT 9:5
לתמן לתרכותהון מן **קדמיכון** ותירת יתכון ותיתב DT 12:29
עמא דייי ותתכבש ארעא **קדמיכון** ותיתנון להון ית ארע NU 32:29
וימסרינון ייי אלקכון **קדמיכון** ותמחינון גמרא תגמרון DT 7:2
ית כל יתבי ארעא מן **קדמיכון** ותספון ית כל בית NU 33:52
וימסירינון מימרא דייי **קדמיכון** ותעבדון להון הי ככל DT 31:5
ית כל עממיא האילין מן **קדמיכון** ותרתון עממין רברבין DT 11:23
והוא יתריכינון מן **קדמיכון** ותתריכינון ותובדינון DT 9:3
וכנענאי תמן זמינין **קדמיכון** ותתרמון קטילין בחרבא NU 14:43
וית דינייא די אנא יהיב **קדמיכון** יומא דין: אילין קימייא DT 11:32
נביא חמון דאנא סדר **קדמיכון** יומא דין בירכתא וחילופה: DT 11:26
וית דינייא דאנא ממליל **קדמיכון** יומא דין ותילפון יתהון DT 5:1
טעיין יהוון ערקין מן **קדמיכון:** יפקיד ייי עימכון ית DT 28:7
נהרא פרת: חמון דמסרית **קדמיכון** ית דיירא ארעא ולא DT 1:8
האילין ייי מתרכהון מן **קדמיכון:** לא מטול זכוותכון DT 9:4
ומה דמיטמרין מן **קדמיכון:** לא תיתברון מן קדמיהון DT 7:20
שכינתיה מידברא **קדמיכון** לאגחא מטולכון עם בעלי DT 20:4
רברבין ותקיפין מינכון מן **קדמיכון** לאעלותכון למיתן לכון DT 4:38
ידחי ייי אלקכון יתהון מן **קדמיכון** למימר בזכותי אעלני ייי DT 9:4
ולא חצדין: ושדרני ייי **קדמיכון** לשואה לכון שיורא GN 45:7
שכינת יקריה מטיילא **קדמיכון** מימריה אישא אכלא הוא DT 9:3
ית עממיא האיליין מן **קדמיכון** קליל לא תיכול DT 7:22
ויפלון בעלי דבביכון **קדמיכון** תבירי חרב: ואיתפני מן LV 26:8
ית בעלי דבביכון ויפלון **קדמיכון** תבירי חרב: וירדפון מנכון LV 26:7
באורחא וכדון אין ביש **קדמך** איתוב לי: ואמר מלאכא דייי NU 22:34
שלטא בקשא: ובמימר מן **קדמך** איתעבידו מיא עורמן עורמן EX 15:8
ארום אשכחית רחמין **קדמך** אלהין במללות שכינתך עימן EX 33:16
רחמין קדמך וגלי **קדמך** ארום עמך עמא הדין: ואמר EX 33:13
אנחנא: הלא כל ארעא **קדמך** אתפרש כדון מיני אם אנת GN 13:9
שרכפא דציפר דכי **קדמך** באסרטא בכל אילן או על DT 22:6
ובכן יתאפרש כען **קדמך** בין בני אינשא ובין בני בעירא: GN 3:18
קדמך: לא אתריכינון מן **קדמך** בשתא חדא דילמא תהי EX 23:29
ברחמין מן קדמך ייי גלי **קדמך** דלא הוה בלבבי עוקמא GN 22:14
עד יומא הדין: יהי רעוא **קדמך** דמלאכא דזמינת לי למפרק GN 48:16
גבר דהישתכח חסיד **קדמך** דנסית יתיה בניסתא והוה DT 33:8
דין מעל אנפי ארעא ומן **קדמך** האיפשר דאיטמר ואין אהי GN 4:14
מצראי וכד הוו מקלסין **קדמך** הוו בנתהון דשלטוניא GN 49:22
אתו לותך: ארעא דמצרים **קדמך** היא בבית שפר ארעא אותיב GN 47:6
ית כל בעלי דבבך מן **קדמך** היכמא דמליל ייי: ארום DT 6:19
בשום מימריה דייי **קדמך** ואיחוס על מאן דחמי ליה EX 33:19
מעבר כל מכילת טובי **קדמך** ואיקרי בשום מימריה דייי EX 33:19
כדון אשכח עבדך רחמין **קדמך** ואסגיתא טיבותך העבדתא GN 19:19
ארום איתריך עממין מן **קדמך** ואפתי ית תחומך ולא יחמיד EX 34:24
ליומא: ית אימתי אשדר **קדמך** ואשגש ית כל עמיא דאת EX 23:27
ואמר אבימלך הא ארעי **קדמך** ובדתקין בעינך תיב: ולות GN 20:15
ויעריקון בעלי דבבך מן **קדמך** וביה הוה חקיק צורת בר NU 2:3
לך הא מלאכי יטייל **קדמך** וביום אסערותי אסער EX 32:34
מן בגלל דאשכח רחמין **קדמך** וגלי קדמך ארום עמך עמא EX 33:13
גירין להון כד יחזרון קדל **קדמך** ויהון מקדמין למשאל GN 49:8
ארום יטייל מלאכי **קדמך** ויעילינך לות אמוראי EX 23:23
לסנאיהון ריגל לימקום **קדמך:** וכד הוה בעי למישרי ארונא NU 10:35
אין אשכחית רחמין **קדמך** ולא אחמי בבישותי: ואמר ייי NU 11:15
דיכול קורצין בחבריה **קדמך** ולא תשוי ידך עם רשיעא EX 23:1
דייי שכינתיה מידברא **קדמך** ומימריה יהי בסעדך לא DT 31:8
חד מן עשרא אפרישיניה **קדמך:** ונטל יעקב בקלילותא ריגלוי GN 28:22
בסיחון ויזעון וירתתון מן **קדמך:** ושדרית עזגדין מנהרדעא DT 2:25
קדל: ואשדר ית אורעיתא **קדמך** ותתרך ית חיואי וית כנענאי EX 23:28
ויגלי עממין סגיאין מן **קדמך** חיתאי וגרגשאי ואמוראי DT 7:1
מינך ריבון כל עלמיא גלי **קדמך** חשוכא הי כנהורא וכדון חב EX 32:31
ואמר בבעו ברחמין מן **קדמך** ייי אין כדון אשכחת חינא GN 18:3
למימר: בבעו ברחמין מן **קדמך** ייי אלקים אנת שריתא DT 3:24

ואמרית בבעו ברחמין מן **קדמך** ייי אלקים לא תחבל עמך DT 9:26
ואמר בבעו ברחמין מן **קדמך** ייי גלי קדמך דלא הוה בלבבי GN 22:14
ואמר בבעו ברחמין מן **קדמך** ייי דלא נתחשב קדמך GN 3:18
וכדון יסגי כדון חילא **קדמך** ייי ותתמלי רחמין עליהון NU 14:17
ביד ימיני: אשבת ברוח מן **קדמך** ייי כסון עליהון גירין דימא EX 15:10
אמרת בבעו ברחמין מן **קדמך** ייי עני יתי בהדא שעת אננקי GN 38:25
ואמר בבעו ברחמין מן **קדמך** ייי שלח כדון שליחותך ביד EX 4:13
אין בבעו אשכחית רחמין **קדמך** ייי תהך כדון שכינת יקרך ייי EX 34:9
יומא דין האנא מתריך מן **קדמך** ית אמוראי וכנענאי וחיתאי EX 34:11
מן קדמך ייי דלא נתחשב **קדמך** כבעירא דניכול עיסבא דאפי GN 3:18
וית כנענאי וית חיתאי מן **קדמך:** לא אתריכינון מן קדמך EX 23:28
ואמר בבעו ברחמין מן **קדמך** לא כדון יתקוף רוגזא דרבון GN 18:32
ואנת תתריכינון מן **קדמך:** לא תיגזרון להון ולטעוותהון EX 23:31
הא אנא משגר מלאכא **קדמך** למטרך באורחא ולאעלותך EX 23:20
סגין יהבת לי וסגין אית **קדמך** למיתן לי ברם מה הנייה אית GN 15:2
דמן יומי שירויא דהוו **קדמך** למן יומא דברא ייי אדם על DT 4:32
מלמסובלא ברם יוכלא **קדמך** למשבוק יתיה: הא טרדת יתי GN 4:13
לא אשכחית רחמין **קדמך** לשוואה ית טורחא דעמא NU 11:11
ואיתן ית כל בעלי דבבך **קדמך** מחזרי קדל: ואשדר ית EX 23:27
לבנך איתנינה: ואיזמן **קדמך** מלאכא ואיתרך על ידוי ית EX 33:2
למידון וכל עמא קיימין **קדמך** מן צפרא עד רמשא: ואמר EX 18:14
קליל איתריכינון מן **קדמך** עד די תיסגי ותחסין ית EX 23:30
מתקוף רוגזך ויהוי תוהו **קדמך** על בישתא דמלילתא EX 32:12
זכאין בגו קרתא דיצלון **קדמך** עשרא לכל קרווא כל קבל GN 18:24
אין כדון אשכחית רחמין **קדמך** שוי כדון אידך בגזירת GN 47:29
תרעמתהון: האנא קאים **קדמך** תמן באתרא דתיחמי רושם EX 17:6
אין אשכחנא רחמין **קדמך** תתיהב ארע הדא לעבדך NU 32:5
בירכן וחילופהון דסדרית **קדמכון** ותתיבון על ליבכון למיתב DT 30:1
שכינתיה מידברא **קדמכון** לא ישבקינכון ולא DT 31:6
האילין ייי מתריכיהון מן **קדמכון:** שלמין תהוון בדחלתא דייי DT 18:12
עיבד לנא דחלן דיטיילון **קדמנא** ארום דין משה גברא EX 32:1
עיבד לנא דחלן דיטיילון **קדמנא** ארום דין משה גברא EX 32:23
ואמרתון נשדר גוברין **קדמנא** ויתרגנון לנא ית ארעא DT 1:22
ומסר יתיה ייי אלקנא **קדמנא** ומחינא יתיה וית בנוי וית DT 2:33
כולהון מסר ייי אלקנא **קדמנא:** לחוד לארע בני עמון לא DT 2:36
ולדמותיה ארום מן **קדמת** דנא אולידת חוה ית קין GN 5:3
דמדוריהום מן **קדמת** דנא בארעא דגבלא: ואילין GN 36:30
לוז שמא דקרתא מן **קדמת** דנא: וקיים יעקב קיים GN 28:19
קדמי הא צלותהון דעמי **קדמת** לדידך מליל עם בני ישראל EX 14:15
ליה ודבחו ליה ואכריזו **קודמוי** אילן דחלתך ישראל EX 32:8
ית ייי אלקכון ולמפלח **קודמוי** בכל ליבכון ובכל נפשכון: DT 11:13
מן בגלל כל מן דקיימין **קודמוי** ואמר הנפיקו כל אינש מן GN 45:1
ואוסיף תוב למללא **קודמוי** ואמר מאים ישתכחון תמן GN 18:29
ייי: ושמע משה ושפר **קודמוי** ואפיק כרוזא במשריתא LV 10:20
ולמהך באורחן דתקנן **קודמוי** ולמנטר פיקודוי וקיימויי DT 30:16
ותקדש יתהון לשמשא **קודמוי:** ועם בני ישראל תמליל EX 30:30
קדם ייי ארום שמיען **קודמוי** ית תורעמותכון: והוה EX 16:9
מצרים תקיף לחדא **קודמוי** לא הוה כדין קשיין גובא EX 10:14
חיוין ועקרבין וחד מטייל **קודמיהון** לאשואה עומקיא EX 12:37
וימסירינון ייי אלקכון **קודמיכון** ויערבינון עירבוב רב עד DT 7:23
דאיתעבידו בארעא **קודמיכון** ולא תסתאבון בהון אנא LV 18:30
יתהון: חמון די סדרית **קודמיכון** יומנא ית אורחא דחיי DT 30:15
אין בבעו אשכחית רחמין **קודמך** אודעני כדון ית אורח טובך EX 33:13
לשבעין מלאכיא דקימין **קומוי** איתון כדון וניחות ונערבבא GN 11:7
בדמות גוברין וקיימין **קומוי** דאישתלחו לצרוך תלת GN 18:2
למלאכייא דמשמשין **קומוי** דאיתבריין ביום תניין GN 1:26
למלאכייא די משמשין **קומוי** הא אדם הוה יחידיי בארעא GN 3:22
חמישאה קפצת ארעא **קומוי** ובההוא יומא דנפק אזל לחרן: GN 28:10
ואמר לי ייי דיפלחת **קומוי** יזמן מלאכיה עימך ויצלח GN 24:40
ותסילא בר יוון: וקריב **קומוי** ית כל אילין ופסג יתהון GN 15:10
מחנים: ושדר יעקב אזגדין **קומוי** לות עשו אחוי לארעא GN 32:4
עלך וית כל אחוי שוית **קומוי** לעבדין ואיזיל ותיטרד מיני GN 27:37
דריבא פליטית דעלתא **קומוי** עבדו גמירא הינון חייבין ואם GN 18:21
דאתכנשו מלכיא ונפלו **קומי** אברם וקטלו ארבעה מלכין GN 15:1
זמין כען איתא מהגנא **קומי** יומנא ועיבד טבו עם ריבוני GN 24:12
גובריא דעימיה: וסדרו **קומיה** למיכול תבשילא דביה כמא GN 24:33
דבבא דמתחשבין **קומיהון** הי כפלחי במסי טעוותא NU 21:28
וארעא חיי ומותא סדרית **קומיכון** ברכתא וחילופה ותיתרעון DT 30:19
ועיבידו להין כדתקין **קומיכון** לחוד לגובריא האילין לא GN 19:8
שמיא לא יתעתד אינש **קומיכון** עד דיתשיצי יתהון: צילמי DT 7:24
ואף על גב דהינון נפלין **קומך** בעלמא הדין אגר עובדך GN 15:1
לך ביש או טב: הא רבקה **קומך** דבר ואיזיל ותהי איתא לבר GN 24:51
ישמעאל יתקיים ויפלח **קומך:** ואמר ייי בקושטא שרה GN 17:18
אין כדון אשכחת חינא **קומך** לא כדון תסלק איקר שכינתך GN 18:3

כל בנוי דעשו ויגחנון **קומך** מלכוותא כל בנהא דקטורה GN 27:29
שובלייא לקייתא שקיפן **קידום** הם הכי מבשרן דייהויין שבע GN 41:27
תובלי לקיין ושקיפן **קידום** צמחן בתריהן: ובלען GN 41:6
תובלי נצן לקיין שקיפן **קידום** צמחן בתריהן: ובלען GN 41:23
טפשא נרגוז יתהון: ארום **קידום** תקיף כאישא נפק מן קדמי DT 32:22
דמצרים וייי דבר רוח **קידומא** בארעא כל יומא ההוא וכל EX 10:13
יתיה לסטר מדבחא **קידומא** באתר דמוקדין קיטמא: LV 1:16
על אפי כפורתא לרוח **קידומא** ולקדם כפורתא ידי שבע LV 16:14
ויטלון משירייתא דשרן **קידומא**: ותתקעון יבבתא תניינות NU 10:5
דהוא בחיי ואזלו למיתב **קידומא** לארע מדינחא: ואילין GN 25:6
ופותיא דדרתא לרוח **קידומא** מדינחא חמשין אמין: EX 27:13
וכיבושיהון דכסף: ולרוח **קידומא** מדינחא חמשין אמין: EX 38:13
תריסר מילין ודישרן **קידומא** מדינחא טיקס משירית NU 2:3
ליליא צפרא הוה ורוח **קידומא** נטל ית גובא: וסליק גובא EX 10:13
יד דבר ייי ית ימא ברוח **קידומא** תקיף כל ליליא ושוי ית EX 14:21
וביני עדרא: ופקיד ית **קמא** למימר ארום יארעינך עשו GN 32:18
על לוחיא הי ככתבא **קמא** עשרתי דביריא דמליל ייי DT 10:4
חגא ותהך לקרווך: ביומא **קמא** תקרבון ית עומרא ותיכלון DT 16:8
תרתין זמנין בזימנא **קמאה** אטיפת אדמא ובזימנא NU 20:11
מן בירא דשבע ניסא **קמאה** איתקצרו שעוי דיומא וטמע GN 28:10
דפרעה בידיה כהילכתא **קמאה** דהוית מזוגיה: שבק יוסף ית GN 40:13
פטירי יתאכל: ביומא **קמאה** דחגא מארע קדיש כל NU 28:18
ותיסבון מן דילכון ביומא **קמאה** דחגא פירי אילן משבח LV 23:40
ישלטון בעממין סגיאין **קמאה** דימלוך עליהון יגיח קרבא NU 24:7
לית ליה רשו לבעלה **קמאה** דפטרה מן שירויה למתוב DT 24:4
לכון מבתר יומא טבא **קמאה** דפיסחא ירימיניה כהנא: LV 23:11
לכון מבתר יומא טבא **קמאה** דפיסחא מן יום איתוייכון LV 23:15
למימר: ביומא דירחא **קמאה** הוא ירחא דניסן בחד לירחא EX 40:2
היכדין עבד: והוה בירחא **קמאה** הוא ירחא דניסן בשתא EX 40:17
והוה דמקרב ביומא **קמאה** ית קורבניהן נחשון בר NU 7:12
ולחוד יהבנן מעשרא **קמאה** לליואי מעשרא תיניינא DT 26:13
ותיתנון מעשרא **קמאה** לליואי מעשרא תניינא הוא DT 26:12
דתיכסון ברמשא ביומא **קמאה** לצפרא: לית לכון רשו למכוס DT 16:4
דייי שובעא יומין ביומא **קמאה** נייחא וביומא תמינאה נייחא: LV 23:39
והא תיומין במעהא: ונפק **קמאה** סמוקריי כוליה ככלן דשער GN 25:25
כאילין קורבני יומא **קמאה** תעבדון כל יומא שובעא NU 28:24
בעי ומצלי הי כיומיא **קמאי** ארבעין יממין וארבעין לילוון DT 10:10
תחום חבריכון דאתחימו **קמאי** באחסנתכון דתחסנון DT 19:14
פיתגמיא דהוו על לוחיא **קמאי** דייתשר חילך דתברתנון DT 10:2
תרי לוחי מרמירא כצורת **קמאי** וסלקית לטוורא ותרין לוחיא DT 10:3
לי אפין: ועברת דורונא **קמי** והוא בת בליליא ההוא GN 32:22
ברם יבימתא דאיתרעת **קמי** לקי שיחנא ודלי חמי לא DT 25:4
ההוא בר נש לבי דינא **קמי** מלכא ואתקנס דין קטול ולא DT 32:50
יתהון וטלקת יתהון **קמי** רגלי דיינייא ואמרת גברא GN 38:25
כדין קריב יוסף ואתעבר **קמי** רחל וכסייה בקומתיה וגחנן: GN 33:7
בכל עידן דאנן מצליין **קמיה** ועביד בעותן: והי דא אומא DT 4:7
למקטליה וכפת יתיה **קמיהון**: ופקיד יוסף לעבדוי ומלן ית GN 42:24
ובישתא ית שבע תורתי **קמייתא** ופטימתא: ועלא למעהן GN 41:20
טריגונין דעלמא סדרא **קמייתא** סמוקתא ירוקתא EX 39:10
לית איפשר למיקום מן **קמך** ארום אורח נשין לי ופשפש GN 31:35
לקמך ונתחייב **קמך** כל יומייא: ארום אלולפון GN 43:9

קדקד (3)

כליל דרבו לריש יוסף **ולקדקדיה** דגברא דהוה רב ושליט GN 49:26
כליל דרבו לרישיה דיוסף **ולקדקדיה** דגברא דהוה רב ושליט DT 33:16
דמגרר אדרעא עם **קודקדא**: וחמא ארעא טבתא וקביל DT 33:20

קדר (2)

למיתעלא בנורא לביסיא **קדירתא** שפודיא ואסכלתא NU 31:23
זעו שימשא וזיהרא **קדרון** וכוכביא כנשו זיווהון אבהת DT 28:15

קדרינון (1)

עיבד לך תיבותא דקיסין **קדרונין** מאה וחמשין קולין תעביד GN 6:14

קדש (525)

וית אהרן וית בנוי **איקדש** לשמשא קדמוי: ואשרי EX 29:44
בוכרא בארעא דמצרים **אקדישית** יתהון קדמי: וקריבית ית NU 8:17
בוכרא בארעא דמצרים **אקדישית** קדמי כל בוכרא בישראל NU 3:13
ייי עם משה למימר: **אקדש** קדמי כל בוכרא דכוריא EX 13:2
בדרי להאל ארום **אתקדשא**: ית מחתיית חייבייא NU 17:2
קבילו יתה הדר ואתגלי **בקדושא** על עמיה בית ישראל DT 33:2
כרוביא דנפקין נגיד מינה **בקודש** קודשיא: ותשוי ית פתורא EX 26:34
דלא צלי ביומא דכיפורי **בקודש** קודשיא על תלת עבירן NU 35:25
קודשין דילך הוא ודיבנך: **בקודש** קודשיא תיכלוניה כל NU 18:10
מרומא ייי מן כוותך הדור **בקודשא** דחיל בתושבחן עביד EX 15:11
גוואה מיכל תיכלון יתה **בקודשא** היכמא דאתפקדית: ומליל LV 10:18
כל משכנא וכל דביה **בקודשא** ובמנוי: ומליל ייי עם משה NU 4:16
למשכן זימנא לשמשא **בקודשא**: וית דכר קורבניא תיסב EX 29:30
לבושי שימושא לשמשא **בקודשא** וית לבושי קודשא EX 35:19
לבושי שמשא לשמשא **בקודשא** וית לבושי קודשא לאהרן EX 39:41
למדבחא לשמשא **בקודשא** ולא יקבלון חובא באישא EX 28:43
לבושי שימושא לשמשא **בקודשא** ועבדו ית לבושי קודשא EX 39:1
מן אדמהון לכפרא **בקודשא** יתפקון באסלין על ידיהון LV 16:27
זימנא מטול לכפרא **בקודשא** לא תיתאכל בנורא LV 6:23
בזמן מיעליה לכפרא **בקודשא** על חוביהון דישראל עד LV 16:17
והוא מצרעא או דייב **בקודשייא** לא יכול עד זמן דמידכי LV 22:4
יפרוק ית חקלא דין **דאקדיש** יתיה ויוסיף חומש כספא LV 27:19
אהרן ית עוויית קודשיא **דיקדשון** בני ישראל לכל מתנת EX 28:38
ישכח גברא ית עולימתא **דמיקדשא** ויתקיף בה גברא וישמש DT 22:25
אשכחא פגנת עולימתא **דמיקדשא** ולא אזדמן פריק לה: DT 22:27
היכדין יקום: ואין דין **דמקדיש** יפרוק ית ביתיה ויוסיף LV 27:15
חרציי תלתא קדישייא **דמקדשין** שמך ונחתין לאתון נורא GN 38:25
חורן יחליניה: ומן גברא **דקדיש** איתתא ולא נסבה יהך DT 20:7
דייי בבעירא לית אפשר **דקדיש** גבר יתיה אין תור אין אימר LV 27:26
ייי ית דכשר ליה וית **דקדיש** ויקרב לפולחניה וית NU 16:5
גברא דיתרעי ביה ייי הוא **דקדיש** סגי לכון בני לוי: ואמר משה NU 16:7
ושית מאה נטרי מטרתא **דקודשא**: ארבעת גניסתא די נפקו NU 3:28
ודן יתהון על מימרא **דקודשא** בקצת מנהון הוה משה NU 9:8
ועבדו ית ציצת כלילא **דקודשא** דהב דכי וכתבו עלוי גליף EX 39:30
ית ציצא דדהבא כלילא **דקודשא** היכמא דפקיד ייי ית משה: LV 8:9
דעיזי לא תפרוק מטול **דקודשא** הינון וית אדמתהון NU 18:17
כלו קבל ציצא כלילא **דקודשא** ויסתכלו ביה ומאן דהיא NU 31:18
קדם ייי קבל פרגודא **דקודשא**: ויתן כהנא מן אדמא על LV 4:6
נפק עשו מתיבא רוחא **דקודשא** וכן אמר ליה לא תידחל GN 35:22
לחילא ואוריא ותומיא **דקודשא** למשיילא בהון וחצצרת NU 31:6
ודן יתהון על פום מימרא **דקודשא** מינהון דיני ממונא ומינהון NU 15:34
כלילא דביה חקיק שמא **דקודשא** על מצנפתא: ותיסב ית EX 29:6
סילעא בסילעא דטיבעא **דקודשא** עשרין מעין סילעא פלגות EX 30:13
ולא יפסון ית שמא **דקודשי** דהינון מקדשין קדמי אנא LV 22:2
מקדשי ולאפסא ית שמא **דקודשי**: ואין מכבש יכבשון עמא LV 20:3
ולא תפסון ית שמא **דקודשי** ואתקדש בגו בני ישראל LV 22:32
דטוורא דסיני אמר איזיל **ואיקדיש** ית עמא אמר ליה מימרא DT 32:49
מימרי תמן לבני ישראל **ואיקדש** ברבניכון בגין יקרי: EX 29:43
ברבניכון בגין יקרי: **ואיקדש** ית משכן זימנא וית EX 29:44
תפסון ית שמא דקודשי **ואתקדש** בגו בני ישראל אנא ייי LV 22:32
על עיסק בירא דאיתגנזת **ואתקדש** בהון במשה ואהרן כד NU 20:13
ארום קריבינון קדם ייי **ואתקדשו** ויהון לאת לבני ישראל: NU 17:3
על דאיסתאב למיתא **ויקדש** ית רישיה ביומא ההוא: NU 6:11
מיניה בנטלא דכיה **ויקדשון** בימוהי אהרן ובנוי ית EX 30:19
מן כיורא בנטלא דכיה **ויקדשון** ידיהון וריגליהון ולא EX 30:21
שבע זימנין וידכיניה **ויקדשיניה** מסואבות בני ישראל: LV 16:19
ולממני בהון חושבן יומין **ולמקדשא** רישי ירחין ורישי שנין GN 1:14
משה ואהרן מיניה בנטלא **ומקדשין** מיניה ית ידיהון וית EX 40:31
ועל לבושי בנוי עימיה **וקדיש** ית אהרן וית לבושוי וית בנוי LV 8:30
מן כולהון יומי שבעתא **וקדיש** יתיה ארום ביה נח מכל GN 2:3
דרבותא ורבי ית משכנא **וקדיש** יתיה: ואדי מיניה על מדבחא LV 8:10
פרקיה תוב ורבי יתיה **וקדיש** יתיה וית כל מנוי וית NU 7:1
בריך ייי ית יומא דשבתא **וקדיש** יתיה: עמי בני ישראל הוו EX 20:11
חקיק ומפרש שמא רבא **וקדישא** דביה אתבריין תלת מאה EX 28:30
יד אדכר פנחס שמא רבא **וקדישא** ופרח בתרוי ואחדיה NU 31:8
בסיני דביה שמא רבא **וקדישא** חקיק ומפרש עלוי: ואמר EX 33:4
וית כל מנוי ורבינון **וקדש** יתהון: וקריבו אמרכליא NU 7:1
למימר תחים ית טוורא **וקדשהי**: ואמר ליה ייי איזל חות EX 19:23
אריק ליסודא דמדבחא **וקדשיה** לכפרא עלוי: ונסיב ית כל LV 8:15
אריק ליסודא דמדבחא **וקדשיה** למכפרא עלוי: וית תריב LV 9:9
ריבוייה ריבוי דשעתא **וקידושיה** קידוש דתלת יומין לא LV 1:1
דריבוייה ריבוי לעלם **וקידושיה** קידוש לעלם מן דינא LV 1:1
אנא הוא ייי אלקכון **ותיתקדשון** ותהוון קדישין ארום LV 11:44
יומין תכפר על מדבחא **ותקדיש** יתיה ויהי מדבחא קודש EX 29:37
קדיש הוא קדם אלקיה: **ותקדישיניה** לכהנא ארום ית קרבן LV 21:8
קדם ייי ויהי לך לחולק: **ותקדש** ית חדיא דארמותא וית EX 29:27
דעלתא וית כל מנוי **ותקדש** ית מדבחא ויהי מדבחא EX 40:10
וית כיורא וית בסיסיה: **ותקדש** יתהון ויהון קודש קודשין EX 30:29
ותקריב ית קורבנהון **ותקדש** יתהון וישמשון קדמי: EX 28:41
וית אהרן וית בנוי תרבי **ותקדש** יתהון לשמשא קודמוי: ועם EX 30:30
קודשא ותרבי יתיה **ותקדש** יתיה וישמש קדמי: וית בנוי EX 40:13
ית כיורא וית בסיסיה **ותקדש** יתיה מטול יהושע EX 40:11
ית משכנא וית כל דביה **ותקדש** יתיה מטול כליל דמלכותא EX 40:9
חירותא בכל ארעכון: **ותקדשון** ית שנת חמשין שנין LV 25:10
יתיה במותנא מגו עמיה: **ותתקדשון** ותהון קדישין בגופיכון LV 20:7
אין משתא דיובילא **יקדיש** חקליה הי כעלוייה יקום: LV 27:17
יקום: ואין בתר יובילא **יקדיש** חקליה וידייק ליה כהנא ית LV 27:18

דלא מן חקיל אחסנתיה **יקדיש** קדם ייי: וידייק ליה כהנא ית LV 27:22
ואין מן חקיל אחסנתיה **יקדש** גבר קדם ייי ויהי עלוייה LV 27:16
על עלוייה: וגבר ארום **יקדש** ית ביתיה קודשא קדם ייי LV 27:14
מכל בניכון לקודשיא די **יקדשון** בני ישראל קדם ייי LV 22:3
כל אפרשות קודשיא די **יקדשון** בני ישראל קדם ייי יהבית NU 18:19
מיעלהון למשכן זימנא **יקדשון** מוי ולא ימותון באישא EX 30:20
כל דימקרב בבשרה **יתקדש** ודיידי מן אדמה על לבושא LV 6:20
דייי כל דיקרב בהון **יתקדש**: ומליל ייי עם משה למימר: LV 6:11
כל דיקרב בהון מן כהניא **יתקדש** ומשאר שיבטיא יתוקד EX 30:29
כל דיקרב במדבחא **יתקדש** מן בני אהרן ברם משאר EX 29:37
דקריבין לשמשא קדם ייי **יתקדשון** דילמא יקטול בהון ייי: EX 19:22
בהון לקרבא ית קרבנהון **למקדשא** יתהון לשמשא קדמי EX 29:33
נטרין ית יומא דשבתא **למקדשא** יתיה הי כמא דפקיד DT 5:12
הוון דכירין יומא דשבתא **למקדשא** יתיה: שיתא יומין EX 20:8
פתגמא דתעביד להון **לקדשא** יתהון לשמשא קדמוי סב EX 29:1
וית כיורא וית בסיסיה **לקדשותהון**: ואריק מן משחא LV 8:11
דצין במוי מצות כנישתא **לקדשותי** במיא למחמיהון הינון NU 27:14
דלא הימנתון במימרי **לקדשותי** למיחמיהון דבני ישראל NU 20:12
בתר דאלבשיה מטול **לקדשותיה**: וקריב משה ית אהרן LV 8:12
ויעבדון ית לבושי אהרן **לקדשותיה** לשמשא קדמי: ואילין EX 28:3
עלוי ותרבי יתיה **לקדשותיה**: שובעא יומין תכפר על EX 29:36
מידה יהי עליל אהרן **לקודשא** בתור בר תורי דלא LV 16:3
למסוברא ולא יקרבון **לקודשא** דלא ימותון באישא NU 4:15
וית קטורת בוסמיא **לקודשא** הי ככל מה דפקידתך EX 31:11
דילבש בזמן מיעליה **לקודשא** ויצניעינון תמן: ויסחי ית LV 16:23
בזמן מיקרב בני ישראל **לקודשא**: ועבד משה ואהרן וכל NU 8:19
ובשר קודשיא כל דידכי **לקודשא** יכול בשר קודשא: ובר נש LV 7:19
על ליביה בזמן מיעליה **לקודשא** לדוכרן טב קדם ייי EX 28:29
ולא יהי עליל בכל עידן **לקודשא** מן לגיו לפרגודא לקדם LV 16:2
קליה בזמן מיעליה **לקודשא** קדם ייי ובזמן מיפיקיה EX 28:35
כל גבר דיקרב מכל בניכון **לקודשיא** די יקדשון בני ישראל LV 22:3
תיכלוניה דמסאב למקרב **לקודשיא** ודדכי למקרב לקודשיא DT 12:22
דמסאב מן למקרב **לקודשיא** ודדכי למקרב לקודשיא DT 15:22
דמסאבין מן למקרב **לקודשיא** ודדכין למקרב לקודשיא DT 12:15
לקודשיא ודדכי למקרב **לקודשיא** כחדא הי כבשר טביא DT 15:22
לקודשיא ודדכין למקרב **לקודשיא** כחדא ייכלון יתיה DT 12:15
לקודשיא ודדכי למקרב **לקודשיא** כחדא יכלוניה: לחוד DT 12:22
ויהב תמן מיין חיין **לקידוש** ולא פסקין ולא סריין כל EX 40:30
דנחשא ובסיסיה דנחשא **לקידוש** ותסדר יתיה בין משכן EX 30:18
ובאחסנתיה יתבני בית **מוקדשא** בצפרא יהון כהניא GN 49:27
בארעא עד דאצתדי בית **מוקדשא** בתראה: וית מליך דרומא DT 34:2
מתקרבא בטוור בי **מוקדשא** דאיתקרי חקיל דבריך GN 27:27
לא אתיתון עד כדון לבי **מוקדשא** דהוא בית נייחא DT 12:9
פירי ארעך תיתי לבית **מוקדשא** דייי אלקך עמי בית EX 23:19
ארעכון תייתון לבית **מוקדשא** דייי אלקכון לית אתון EX 34:26
ופירוג דכלב לקרבא בבי **מוקדשא** דייי אלקכון לכל נדרא כל DT 23:19
קמא תהי מסדרא בבי **מוקדשא** דייי ויהון דריא פלחין GN 28:22
תיתון ונבזביית בית **מוקדשא** דמלילתון תיתנון ולענייי DT 23:24
ובחושנא: ויעבדון לשמי **מוקדשא** ואשרי שכינתי ביניהון: EX 25:8
לחרן: וצלי באתר בית **מוקדשא** ובת תמן ארום טמע GN 28:11
מן חזור חזור ותיבנון בית **מוקדשא** ומבתר כדין תיתבון DT 12:10
ונטלין גניסת קהת נטלי **מוקדשא** ומקימין ית משכנא עד NU 10:21
ובכא דחמא דעתיד בית **מוקדשא** למהוי מתבני בחולקיה GN 45:14
יתכון לאתר בית **מוקדשא** למעבד תמן פיסחא EX 19:4
שביא דילי תיטרון ולבית **מוקדשי** תהון אזלין בדחלתא אנא LV 19:30
שביא דילי תיטרון ולבית **מוקדשי** תהון אזלין בדחלתא אנא LV 26:2
צדיין ואשעמם ית **מוקדשיכון** ולא אקבל ברעוא ריח LV 26:31
ותנצוב יתהון בטור בית **מוקדשך** אתר דמכוון קביל כרסי EX 15:17
ואחסינת יתהון טור בית **מוקדשך** מדור בית שכינת קודשך: EX 15:13
עולימתא בתולתא דלא **מיקדשא** ויחוד בה ומשמש עימה DT 22:28
תהוי עולימתא בתולתא **מיקדשא** לגבר וישכחינה גבר חורן DT 22:23
ארום יפסוניה אנא ייי **מקדישיהון**: וכל חילוניי לא ייכול LV 22:9
קודשיהון ארום אנא ייי **מקדישיהון**: ומליל ייי עם משה LV 22:16
ית מקדשי ארום אנא ייי **מקדישיהון**: ומליל משה עם אהרן LV 21:23
יתהון אנא הוא ייי **מקדישכון**: ארום גבר טלי וגבר סיב LV 20:8
ארום קדיש אנא ייי **מקדישכון**: וברת גבר כהין מארסא LV 21:8
ארום אנא הוא ייי **מקדישכון**: ותינטרון ית שבתא EX 31:13
אתר חול ארום אלהן בית **מקדש** לשמיה דייי ודין כשר לצלן GN 28:17
בדיקריבין קדמי אנא **מקדש** משכנא דאין לא מזדהרין LV 10:3
לבושי קודשא: ויכפר על **מקדש** קודשא ועל משכן זימנא LV 16:33
לא יפוק ולא יפיס ית **מקדשא** דאלקיה ארום משח רבות LV 21:12
מיגו קהלא ארום ית **מקדשא** דייי סאיב מי אדיותא לא NU 19:20
ודבר עפרא מאתר בית **מקדשא** ומארבעת רוחי עלמא GN 2:7
אומין סגיעין לטור בית **מקדשא** יצלון תמן יקרבון קורבנין DT 33:19

ולאימיה לא יסתאב: ומן **מקדשא** לא יפוק ולא יפיס ית LV 21:12
קודשיא לא תיקרב ולבי **מקדשא** לא תיעול עד זמן מישלם LV 12:4
אהרן ובנוי נטרין מטרת **מקדשא** למטרת בני ישראל NU 3:38
ליבנן הינון טוורי בי **מקדשא** מן נהרא רבא נהרא פרת DT 11:24
וליבנן אתר טוורי בית **מקדשא** עד נהרא רבא נהרא פרת: DT 1:7
מומא ביה ולא יפיס ית **מקדשי** ארום אנא ייי מקדישיהון: LV 21:23
מן בגלל לסאבא ית **מקדשי** ולאפסא ית שמא דקודשי: LV 20:3
בעמיה ארום אנא ייי **מקדשיה**: ומליל ייי עם משה למימר: LV 21:15
ואיתבר ית איקר תקוף **מקדשיכון** ואיתן ית שמיא LV 26:19
ודיוקנין תשוון בארעית **מקדשיכון** ולא למסגוד לה ארום LV 26:1
ובמקרבהון למדבחא **מקדשין** היכמא דפקיד ייי ית משה: EX 40:32
ית שמא דקודשי דהינון **מקדשין** קדמי אנא ייי: אימר להון LV 22:2
קדשך אתקינתא ייי בית **מקדשך** ייי תרתין אידייך שכלילו EX 15:17
בגו בני ישראל אנא ייי **מקדשכון**: דהנפיק יתכון פריקין LV 22:32
צלותכון אנא הוא ייי **מקדשכון**: ותיטרון ית קיימיי LV 20:7
לקיים עלם: דין יהי לך **מקודש** קודשיא מה דמשתייר NU 18:9
אהרן ועם בנוי ויתפרשון **מקודשיא** דבני ישראל ולא יפסון LV 22:2
ובצפרא הות אנחות טלא **מתקדשא** מיתקנא הי כפתורין EX 16:13
ושריאו עמא לאופסא **קדושתהון** ולמפער גרמיהון NU 25:1
דתארעון יתהון מארעי **קדיש** איליין הינון זמן סידורי LV 23:2
וכהנין משמשין ועם **קדיש** איליין פיתגמייא דתמליל EX 19:6
ותהוון קדישין ארום **קדיש** אנא: דא היא גזירת אורייתא LV 11:45
ותהוון קדישין ארום **קדיש** אנא ולא תסאבון ית LV 11:44
להון קדישין תהון ארום **קדיש** אנא ייי אלקכון: גבר מן LV 19:2
קדמי קדישין ארום **קדיש** אנא ייי דבחרית בכון LV 20:26
לך ולא תפסיניה ארום **קדיש** אנא ייי מקדישכון: וברת גבר LV 21:8
וית עלתא באתר **קדיש** ארום היא כחטאתא הכדין LV 14:13
היא: ותיכלון יתה באתר **קדיש** ארום חולקך וחולק בנך היא LV 10:13
מעל פתורא באתר **קדיש** ארום קודש קודשין הוא ליה LV 24:9
ית חטאתא באתר **קדיש** ארום קודשין היא ויתה יהב LV 10:17
על נפש דמית: ארום עם **קדיש** אתון קדם ייי אלקכון ובכון DT 14:2
לבר עממין ארום עם **קדיש** אתון קדם ייי אלקכון לית DT 14:21
פטירי תתאכל באתר **קדיש** בדרת משכן זימנא ייכלונא: LV 6:9
מועדיא דייי מארעי **קדיש** די יתרעון יתהון בזימניהון: LV 23:4
דאנת קאים עלוי אתר **קדיש** הוא ועלוי אנת עתיד לקבלא EX 3:5
מן יבמה לא יסבון ארום **קדיש** הוא קדם אלקיה: LV 21:7
על רישיה: כל יומי נזריה **קדיש** הוא קדם ייי: וארום ימות NU 6:8
מימרא דייי קדמוי לעם **קדיש** היכמה דקיים לכון ארום DT 28:9
וביומא קדמאה מארע **קדיש** וביומא שביעאה מארע EX 12:16
ית בישריה באתר **קדיש**: וייכול אהרן ובנוי ית בישרא EX 29:31
ית בישריה במוי באתר **קדיש** וילבש ית לבושוי ויצדד LV 16:24
אל שדי פוש וסגי עם **קדיש** וכינשת נביאין וכהנין יהון GN 35:11
דייי עלה תתחוור באתר **קדיש**: וכל מאן דפחר דתיתבשל בה LV 6:20
ונסיב ארבעה מאבני אתר **קדיש** ושוי אסדוי ושכיב באתרא GN 28:11
קרבן אלקך הוא מקריב **קדיש** יהי לך ולא תפסיניה ארום LV 21:8
הוא ירחא דתשרי מארע **קדיש** יהי לכון ותסגפון ית NU 29:7
דכיפוריא הוא מארע **קדיש** יהי לכון ותענון ית נפשתיכון LV 23:27
קדמאה דחגא מארע **קדיש** יהי לכון כל עיבידת פולחנא LV 23:7
כרן יומא הדין מערע **קדיש** יהי לכון כל עיבידת פולחנא LV 23:21
וביומא שביעאה מארע **קדיש** יהי לכון כל עיבידת פולחנא NU 28:25
שבעתי שבועיא מארע **קדיש** יהי לכון כל עיבידת פולחנא NU 28:26
בחד לירחא מארע **קדיש** יהי לכון כל עיבידת פולחנא NU 29:1
לירחא שביעאה מארע **קדיש** יהי לכון כל עיבידת פולחנא NU 29:12
וביומא שביעאה מארע **קדיש** יהי לכון כל עיבידתא לא EX 12:16
בכהניא ייכלונה באתר **קדיש** יתאכל קודש קודשין היא: LV 7:6
שבא ונייחא מארע **קדיש** כל עיבידא לא תעבדון LV 23:3
שביעתא דחגא מארע **קדיש** כל עיבידת פולחנא לא LV 23:8
טבא דוכרן יבבא מארע **קדיש**: כל עיבידת פולחנא לא LV 23:24
קדמאה דחגא מארע **קדיש** כל עיבידת פולחנא לא LV 23:35
קמאה דחגא מארע **קדיש** כל עיבידת פולחנא לא NU 28:18
אלפיה חכמתא ואמנותא **קדיש** ליה איתא נציב ליה אכוורנקי DT 32:50
דתערעון יתהון מארעי **קדיש** לקרבא קורבנא לשמא דייי LV 23:37
מטול למהוי עם **קדיש** קדם ייי אלקכון היכמא DT 26:19
חדוא ויומא טבא ואירוע **קדיש** תהוי לכון כל עיבידת NU 29:35
באדמה ייכלינה באתר **קדיש** תתאכל בדרת משכן זימנא: LV 6:19
תוקדון בנורא: ארום עמא **קדישא** אתון קדם ייי אלקכון ובכון DT 7:6
לרשיעייא דמדכרין שמא **קדישא** בגידופין ארום משה דהוה DT 32:3
ומן בגלל דתתני שמי **קדישא** בכל ארעא: עד כדון EX 9:16
למצרים: וכיוון דנפל עמא **קדישא** בפיצתיה דמרי עלמא פתח DT 32:9
מאן דמדכר ההוא שמא **קדישא** בשעת אניקי מישתיזב EX 28:30
טוורא ברם כתבא **קדישא** די בהון הוה פרח וטייס EX 32:19
כן תהי אתר משרוייכון **קדישא** ולא יחמי בכון קלנא DT 23:15
ליה למידכר ית שמא **קדישא** עד דהוה מחניך פומיה DT 32:3
תהוון לשמי לאומא **קדישיא**: אנא ייי אלקכון דאפיקית LV 26:12

יתיה בכין שאר מלאכיא **קדישיא** דייי נחתין למסתכלא ביה: GN 28:12
לך מן חרציי תלתא **קדישייא** דמקדשין שמך ונחתין GN 38:25
לכון לאלקה ותהוון **קדישין** ארום קדיש אנא: דא היא LV 11:45
ותיתקדשון ותהוון **קדישין** ארום קדיש אנא ולא LV 11:44
לסאוביהון: ותהוון קדמיי **קדישין** ארום קדיש אנא ייי LV 20:26
הינון מקרבין ויהון **קדישין** בגופיהון: איתתא מטעיא LV 21:6
עמיה: ותתקדשון ותהון **קדישין** בגופיכון מטול דאקבל LV 20:7
משרויין דמלאכייא **קדישין** דאשתלחו מן קדם ייי הינון GN 32:3
ית כל פיקודיי ותהוון **קדישין** הי כמלאכייא דמשמשין NU 15:40
ארום כל כנישתא כולהון **קדישין** וביניהון שריא שכינתא דייי NU 16:3
קדמיי: ואינשין **קדישין** טעמין חולין בדכותא תהון EX 22:30
לא יחבלון חבול: **קדישין** יהון קדם אלההון ולא LV 21:6
ריבו ריבוון מלאכין **קדישין** כתב ימיניה ואוריתיה DT 33:2
ישראל כולהון קרא להון **קדישין** למקום באתר בית DT 33:3
קדם ייי: ויסב כהנא מיין **קדישין** מן כיורא בנטלא ויתנינון NU 5:17
דבני ישראל ותימר להון **קדישין** תהון ארום קדיש אנא ייי LV 19:2
לחכימיא ית ברתי **קדישית** לגברא הדין ומן בתר DT 22:16
מדברא דצין מטול דלא **קדישתון** יתי במצע בני ישראל: DT 32:51
עלוי חקיק ומפרש **קדש** לייי: ותסדר יתיה על שזיר EX 28:36
ולא יתפרק כל אפרשא **קדש** קודשין הוא קדם ייי: כל LV 27:28
חטאתא קדם ייי **קדש** קודשין היא: כהנא די מכפר LV 6:18
ית מדבחא ויהי מדבחא **קדש** קודשין מטול כלילא EX 40:10
מנחתא יהי לאהרן ולבנוי **קדש** קודשין מקרבניא דייי: כל LV 2:10
עלמא הלא יהבית רוח **קדשי** בהום מן בגלל די יעבדון GN 6:3
אבך עימך תקבלון חובי **קדשיא** אין לא מזדהרין NU 18:1
מוזמן קבל בית שכינת **קדשך** אתקינתא ייי בית מקדשך EX 15:17
עלוי גליף חקיק ומפרש **קודש** לייי: וסדרו עלוי שזיר חוטא EX 39:30
ויזוחון עיניהון מן בית **קודש** קודשיא בזמן מיקרבהון NU 4:19
בני קהת במשכן זימנא **קודש** קודשיא: ועליל אהרן ובנוי NU 4:4
לכון ביני קודשא וביני **קודש** קודשיא: ותיתן ית כפורתא EX 26:33
אשמהון די יתיבון קדמי **קודש** קודשין דילך הוא ודיבנך: NU 18:9
ודא אורייתא דאשמא **קודש** קודשין הוא: באתרא דיכסון LV 7:1
הכדין אשמא הוא לכהנא **קודש** קודשין הוא: ויסב כהנא מן LV 14:13
באתר קדיש ארום **קודש** קודשין הוא ליה מקורבנייא LV 24:9
ומפירי אילנא דייי הוא **קודש** קודשין הוא קדם ייי: ואין LV 27:30
ביומי דכיפורי לדריכון **קודש** קודשין הוא קדם ייי: ומליל EX 30:10
דיהבית להון מקרבניי **קודש** קודשין היא הי כחטאתא הי LV 6:10
דכורא בכהניא ייכול יתה **קודש** קודשין היא: וכל חטאתא LV 6:22
בסטר מדבחא ארום **קודש** קודשין היא: ותיכלון יתה LV 10:12
באתר קדיש יתאכל **קודש** קודשין היא: כהילכת LV 7:6
ותקדש יתהון ויהון **קודש** קודשין כל דיקרב בהון מן EX 30:29
יתיה ויהי מדבחא **קודש** קודשין כל דיקרב במדבחא EX 29:37
מנחתא יהי לאהרן ולבנוי **קודש** קודשין מקרבניא דייי: וארום LV 2:3
דאיזמן מימרי לך תמן **קודש** קודשין תהי לכון: וקטרת EX 30:36
הא כבר אתבשרית ברוח **קודשא** ארום אין איתכלית על GN 43:14
הוה יוסף בלישן בית **קודשא** ארום הוה מנשה למתורגמן GN 42:23
ולקדם כפורתא: ויכפר על **קודשא** באישתעות מיליא LV 16:16
ותעביד יתיה משח רבות **קודשא** בושם מתבשם עובד בשמא EX 30:25
מאה סילעין בסילעי בית **קודשא**: בזיכי דדהבא תריסירי כל NU 7:85
ית קודשא וית כל מאני **קודשא** בזמן מיטל משרייתא ומן NU 4:15
ייי עם בר נש דרוח **קודשא** ביה ומתקיים: וכדון למא DT 5:24
להון מביני אחוהון דרוח **קודשא** ביה כוותך ואיתן פיתגמי DT 18:18
וכל חילוניי לא ייכול **קודשא** בר ישראל דהוא תותבא LV 22:10
ושב שנין ואילו בעי **קודשא** בריך הוא לכולי איבריי לא GN 22:1
עבדין בגין כן אמתין ליה **קודשא** בריך הוא למחווייא לדריא NU 21:34
ניסין ופרישן עבד לכון **קודשא** בריך הוא מזמן דעברתון על DT 1:1
וגבר ישראל ארום ייכול **קודשא** בשלו ויוסיף חומש דמוי LV 22:14
דעבדין ית כל עיבידת **קודשא** גבר גבר מעיבידתיה דהינון EX 36:4
לא איתעל מן אדמון לות **קודשא** גוואה מיכל תיכלון יתה LV 10:18
קרא ליה בלישן בית **קודשא** גילעד: ואמר לבן אוגר הדין GN 31:47
אלא חמי אנא ברוח **קודשא** דאיתא בישתא קיימא GN 37:33
כסף הי כדמי הניית **קודשא** דאיתהני סילעין בסילעי LV 5:15
ית יוסף ואמר יעקב ברוח **קודשא** דבית יוסף עתידין למהוי GN 30:25
לקרבן אשמא: וית הניית **קודשא** דחב מן קודשא ישלים וית LV 5:16
זימנא וארון קיימא ומני **קודשא** דחמיתון דהבא סנינא וכפר DT 1:1
בקודשא ועבדו ית לבושי **קודשא** די לאהרן כהנא היכמא EX 39:1
חוביה יקבל ארום ית **קודשא** דייי אפיס וישתיצי בר נשא LV 19:8
קדם ייי: ולבושי **קודשא** דילאהרן יהון לבנוי בתרוי EX 29:29
ותלתין סילעין בסילעי **קודשא** דין הוא דהב ארמותא EX 38:24
ומנרתא ומתבחיא ומני **קודשא** דישמשון בהון ופרסא וכל NU 3:31
כהניא לשיקוע מאני **קודשא** דלא ימותון באישא NU 4:20
בקודשא וית לבושי **קודשא** דלאהרן כהנא וית לבושי EX 35:19
וחמש סילעין בסילעי **קודשא**: דרכמונא לגלגלתא פלגות EX 38:25
דגלעד ארום חמא ברוח **קודשא** דתמן עתיד למיהוי GN 31:21

בנורא לא יתאכל ארום **קודשא** הוא: ותעביד לאהרן ולבנוי EX 29:34
וירים יתהון כהנא ארמא **קודשא** הוא לכהנא על חדיא NU 6:20
לא תעבדון כוותיה **קודשא** הוא קודשא יהי לכון: גבר די EX 30:32
סילעין בסלעי בית **קודשא** הוה מתקלא מזירקא חדא NU 7:19
סילעין בסילעי בית **קודשא** הות מתקלא מזירקא חד NU 7:13
ותינטרון ית שבתא ארום **קודשא** היא לכון כל דיפסינה EX 31:14
יטכס ברישיה לבושי **קודשא** הינון ברם בלבושי דהבא LV 16:4
וחילוני לא ייכול ארום **קודשא** הינון: ואין ישתייר מבשר EX 29:33
סילעין דכסף בסילעי **קודשא**: ואין ברת נוקבא היא ויהי LV 27:3
ויהי הוא ופירוגיה יהי **קודשא**: ואין כל בעירא מסאבא LV 27:10
ולכל פולחניה וללבושי **קודשא**: ואתו גובריא עם נשיא כל EX 35:21
לדריכון: ולאפרשא ביני **קודשא** וביני חולא וביני מסאבא LV 10:10
ותפריש פרגודא לכון ביני **קודשא** וביני קודש קודשיא: ותיתן EX 26:33
דידכי לקודשא יכול בשר **קודשא**: ובר נש די יכול בישרא LV 7:19
לעיבידתא בכל עיבידת **קודשא** והוה סכום דהב ארמותא EX 38:24
וחמש סילעין בסילעי **קודשא**: ויהב משה ית כסף פרקונא NU 3:50
דבוץ מילת לבושי **קודשא**: ויכפר על מקדש קודשא LV 16:32
לאתכא ית חומרי **קודשא** וית חומרי פרגודא מאה EX 38:27
אהרן ובנוי לכסאה ית **קודשא** וית כל מאני קודשא בזמן NU 4:15
ותיטרון ית מטרת **קודשא** וית מטרת מדבחא ולא יהי NU 18:5
ועבד ית מישחא דרבותא **קודשא** וית קטורת בוסמיא דכי EX 37:29
דכהנא ואגירא לא ייכול **קודשא**: וכהנא ארום יקני בר נש LV 22:10
דמוי עלוי ויתן לכהנא ית **קודשא**: ולא יפסון ית קודשיא דבני LV 22:14
כל משכנא ברם למני **קודשא** ולמדבחא לא יקרבון ולא NU 18:3
מאה מנין סילעין בסילעי **קודשא** ומשח זיתא מלי קסטא EX 30:24
ויפסוק מן למכפרא על **קודשא** ועל משכן זימנא ועל LV 16:20
קודשא: ויכפר על מקדש **קודשא** ועל משכן זימנא ועל LV 16:33
תוב עיבידתא לאפרשות **קודשא** ופסק עמא מלאיתאה: EX 36:6
עובד ממזיג מערב דכי **קודשא**: ותיכתוש מינה ותדיק EX 30:35
קריבו טולו ית אחיכון מן **קודשא** ותסוברונון למברא LV 10:4
ית אהרן ית לבושי **קודשא** ותרבי יתיה ותקדש יתיה EX 40:13
קדם ייי על תרין אימרין **קודשא** יהון לשמא דייי: ותערעון LV 23:20
למימר משח רבות **קודשא** יהי דין קדמי לדריכון: על EX 30:31
בשמא ממזית משח רבות **קודשא** יהי: ותרבי ביה ית משכן EX 30:25
בכון ייכול ייתיה בדכותא **קודשא** יהי לך: ודין דזכיתי לך NU 18:10
כוותיה קודשא הוא **קודשא** יהי לכון: גבר די ימזג כוותיה EX 30:32
אמר אנא שמעית מן פום **קודשא** יהי שמיה מברך דציציית NU 16:2
כד הוה נפיק מן פום **קודשא** יהי שמיה מברך הי כזיקין EX 20:2
כד הוה נפיק מן פום **קודשא** יהי שמיה מברך הי כזיקין EX 20:3
פיתגמי אורייתא מן פום **קודשא** יהי שמיה משבח ארבעין EX 24:18
וית פרשיתא דעבד להון **קודשא** יהי שמיה משבח על ימא EX 15:18
כיתונא דבוץ מילת **קודשא** ילבש ואוורקסין דבוץ LV 16:4
מן אחוכון דדמי לי ברוח **קודשא** יקים לכון ייי אלקכון מיניה DT 18:15
הניית קודשא דחב מן **קודשא** ישלים וית חומשיא דדמוי LV 5:16
ואתחווא לרבקה ברוח **קודשא** ית פיתגמי עשו ברא רבא GN 27:42
הינא לאימר חד במני בית **קודשא** יתנסך ניסוך חמר עתיק NU 28:7
מימרא דייי מינכון רוח **קודשא** כד ייתון מחתין עליכון DT 28:59
ורבקה שמעת ברוח **קודשא** כד מליל יצחק עם עשו GN 27:5
דבזיכא בסילעי בית **קודשא** כל קבל עשירתא דביריא NU 7:86
קבילית מן פום מימר **קודשא** לא אמנע סדר ברכתהון NU 23:20
דיתן מיניה קדם ייי יהי **קודשא**: לא ישלחפיניה ולא יפרג LV 27:9
ויהי הוא ופירוגיה יהי **קודשא** לא יתפריק: אילין פיקודיא LV 27:33
דינא ויימר בלישן בית **קודשא** לא רעינא למיסבא: DT 25:8
דשמעו בסיני מן פום **קודשא** לא תעבדון לכון צלם EX 32:19
וקמורין ויעבדון לבושיה **קודשא** לאהרן אחוך ולבנוי EX 28:4
דאהרן: ותעביד לבושי **קודשא** לאהרן אחוך ליקר EX 28:2
שמושא וית לבושי **קודשא** לאהרן כהנא וית לבושי EX 31:10
בקודשא וית לבושי **קודשא** לאהרן כהנא וית לבושי EX 39:41
על עלתא או לניכסת **קודשא** לאימר חד: או לדיכרא NU 15:5
ותהי מתמלל ברוח **קודשא** לי ולעמך מן בגלל דניהי EX 33:16
פלגות סילעא בסילעי **קודשא** לכל מאן דעבר על מניינא EX 38:26
ית כל עיבידת פולחן **קודשא** לכל מה דפקיד ייי: וקרא EX 36:1
דישראל: ויצדד ויפוק מן **קודשא** למדבחא דקדם ייי ויכפר LV 16:18
דורא בה שעתא רמז **קודשא** למיכאל ואנהר עיינה GN 38:25
ישראל לעיבידת פולחן **קודשא** למעבד יתה והינון מייתן EX 36:3
ידוי ממנן נטרי מטרת **קודשא**: למרדי גניסתא דמחלי NU 3:32
דאיתהני סילעין בסילעי **קודשא** לקרבן אשמא: וית הניית LV 5:15
דאתרא ההוא בלישן בית **קודשא** מחנים: ושדר יעקב אזגדין GN 32:3
ארום פומי בלישן בית **קודשא** ממליל עימכון: ותתנון GN 45:12
ואשלימית עימיה רוח **קודשא** מן קדם ייי בחכמתא EX 31:3
סילעין בסילעי בית **קודשא** עשרין מעין הוא: ברם NU 18:16
וכל עילוייה יהי בסילעי **קודשא** עשרין מעין הויא סילעא: LV 27:25
בתר יהודה על פום **קודשא** פיילי דכסף חדא גילדה NU 7:19
ית עלוייה ביומא ההוא **קודשא** קדם ייי: בשתא דיובלא LV 27:23

חקלא במיפקיה ביובלא **קודשא** קדם ייי הי כחקיל אפרשא LV 27:21
ארום יקדש ית ביתיה **קודשא** קדם ייי ויעלוניה כהנא בין LV 27:14
שביעאה שבת שבתא **קודשא** קדם ייי כל מאן די עביד EX 31:15
שרביטא עשיראה יהי **קודשא** קדם ייי: לא יפשפיש בין טב LV 27:32
ייי עבדתון שבא שבת **קודשא** קדם ייי למחר ית דאתון EX 16:23
ותימר בלישן בית **קודשא** קדמיהון מסרב יבמי DT 25:7
עגלן ותורין ארום פולחן **קודשא** רמיא עליהון בכתפא נטלין: NU 7:9
וביומא שביעאה יהי לכון **קודשא** שבתא נייחא קדם ייי כל EX 35:2
ארום יובלא היא **קודשא** תהי לכון מן חקלא תיכלון LV 25:12
בדמוייה לא תעבדון לכון **קודשא** תהי לכון קדם ייי: גבר EX 30:37
לגולגלתא בסילעי **קודשא** תיסב עשרין מעין סילעא: NU 3:47
ואשמא עלוון ונכסת **קודשא** תקרבון קדם ייי אלקכון DT 23:24
סילעין בסילעי בית **קודשא** תרין מאניא האילין קריב NU 7:13
סילעין בסילעי בית **קודשא** תרין מניא האילין קריב NU 7:19
חד ועיטא חדא בלישן **קודשה** הוו ממללין דאיתבריא ביה GN 11:1
יהי: ובשר ניכסת תודת **קודשוי** ביום קרבניה יתאכל לית LV 7:15
דיליה יהון: וגבר ית מעשר **קודשוי** דיליה יהון ולא חסרן ניכסוי NU 5:10
קורבניה על ניכסת תודת **קודשוי**: ויקרב מיניה חד מן כל LV 7:13
לקדם ייי מן ניכסת **קודשוי**: ידוי ייתיין ית קורבניא דייי LV 7:29
כל מאן דמקרב ית ניכסת **קודשוי** קדם ייי ייתי בגרמיה ית LV 7:29
למיכלי מנהון רוח **קודשי** אשייר בהון קליל כגבר DT 32:26
דאלקים מה דמשתייר מן **קודשי** קודשיא ומן קודשיא LV 21:22
ית משירייתהון דשכינת **קודשי** שריא ביניהון: ועבדו כן בני NU 5:3
רביעתא יהי כל אינביה **קודשי** תושבחן קדם ייי מתפרק מן LV 19:24
ויסיק עלה תרבי ניכסת **קודשיא**: אישתא תדירא תהי יוקדא LV 6:5
ובתר כדין ייכול מן **קודשיא** ארום מזוניה הוא: נבילא LV 22:7
עיניהון מן בית קודש **קודשיא** בזמן מיקרבהון לתמן NU 4:19
למיתוקדא מותר נכסת **קודשיא** ביומא טבא: וכדא הילכתא EX 12:10
דמשתייר מבשר ניכסת **קודשיא** ביומא תליתאה לא יתרעי LV 7:17
בתר דנכיסו ית ניכסת **קודשיא** בתרע משכן זימנא ויסב NU 6:18
עלוי: וכל אפרשות לכל **קודשיא** דבני ישראל דיקרבון NU 5:9
ית קודשא: ולא יפסון ית **קודשיא** דבני ישראל ית דיפרשון LV 22:15
מיניה לדסאיב וית **קודשיא** דבני ישראל לא יתפסון NU 18:32
חלתא וביכורייא וכל **קודשיא** דבני ישראל לך יהבתינון NU 18:8
בנך איתיהיבו מניכסת **קודשיא** דבני ישראל: שקא LV 10:14
דילך יהי: כל אפרשות **קודשיא** די יקדשון בני ישראל קדם NU 18:19
מיניה חוביה יקבל: ובשר **קודשיא** די יקרב בכל מסאב לית LV 7:19
ודא אורייתא דניכסת **קודשיא** די יקרב קדם ייי: אין על LV 7:11
תורא וית דיכרא ניכסת **קודשיא** די לעמא ואקריבו בני LV 9:18
ויחוב בשלו ויתהני מן **קודשיא** דייי וייתי ית קורבן LV 5:15
דזריק ית אדם ניכסת **קודשיא** דיליה יהי: ובשר ניכסת LV 7:14
ויטול אהרן ית עוויית **קודשיא** דיקדשון בני ישראל לכל EX 28:38
די יכול בישרא מניכסת **קודשיא** דמתקרבין קדם ייי LV 7:20
ויכול מבשר ניכסת **קודשיא** דמתקרבין קדם ייי LV 7:21
דמתפרש מתור ניכסת **קודשיא** היכדין יתפרשון מן אימרא LV 4:10
בר עיזין וגומר: ולניכסת **קודשיא** וגומר: ביומא חמישאה NU 7:35
בר עיזין וגומר: ולניכסת **קודשיא** וגומר: ביומא רביעאה קריב NU 7:29
בר עיזין וגומר: ולניכסת **קודשיא** וגומר: ביומא שביעאה NU 7:47
בר עיזין וגומר: ולניכסת **קודשיא** וגומר: ביומא שתיתאה NU 7:41
מצלהבא דנפיק מן **קודשיא**: ודין קורבנא דתעביד על EX 29:37
למדבחא הי כתרב ניכסת **קודשיא** ויכפר עלוי כהנא מחובתיה LV 4:26
דתחות דודא דנכסת **קודשיא**: ויסב כהנא ית אדרועא NU 6:18
תריב אימר מניכסת **קודשיא** ויסיק יתהון כהנא LV 4:35
תריב מעילוי ניכסת **קודשיא** ויסק כהנא למדבחא LV 4:31
אימרין בני שנה לנכסת **קודשיא**: וירים כהנא יתהון על LV 23:19
דמקרב ית אדם נכסת **קודשיא** וית תריב מן בני אהרן LV 7:33
והוא מסאב ויקרב בכל **קודשיא** ויתחייב: או ארום יקרב LV 5:2
חטאתא ועלתא ונכסת **קודשיא**: וכיוון דאיתעבידו קורבניא LV 9:22
די יסיק עלתא או ניכסת **קודשיא**: ולתרע משכן זימנא לא LV 17:8
ויתכסי מיניה ויקרב בכל **קודשיא** ומן בתר כדין איתגלי ליה LV 5:3
מה דמשתייר מן קודשי **קודשיא** ומן קודשיא יתפרנס: לחוד LV 21:22
ודכר חד שלים לניכסת **קודשיא**: וסלא דפטירי סמידא NU 6:14
קהת במשכן זימנא קודש **קודשיא**: ועליל אהרן ובנוי בזמן NU 4:4
ביני קודשא וביני קודש **קודשיא**: ותיתן ית כפורתא בהדי EX 26:33
אימרין בני שנה לנכסת **קודשיא**: ותעבדון צפיר בר עיזי דלא LV 23:18
דנפקין נגיד מינה בקודש **קודשיא**: ותשוי ית פתורא מברא EX 26:34
מן קודשי קודשיא ומן **קודשיא** יתפרנס: לחוד לפרגודא לא LV 21:22
בנורא יתוקד ובשר **קודשיא** כל דידכי לקודשא יכול LV 7:19
כל דמהא דכיין ברם בכל **קודשיא** לא תיקרב ולבי מקדשא LV 12:4
ותור ואימר לניכסת **קודשיא** לדבחא קדם ייי מן בגלל LV 9:4
קדם ייי עלתא או ניכסת **קודשיא** לפרשא נדרא או בניסבתא NU 15:3
עלם: דין יהי לך מקודש **קודשיא** מה דמשתייר מעלתא NU 18:9
אלקך ותימר הא אפרשנן **קודשיא** מן ביתא ולחוד יהבנן DT 26:13
ביומא דכיפורי בקודש **קודשיא** על תלת עבירן קשיין דלא NU 35:25

שבטיא: וכל תורי לניכסת **קודשיא** עשרין וארבעא תורין כל NU 7:88
מן ענא קרבניה לנכסת **קודשיא** קדם ייי דכר או נוקבא LV 3:6
לפרשא נידרא או ניכסת **קודשיא** קדם ייי: ויקרב על בר תורי NU 15:8
וגבר ארום יקרב ניכסת **קודשיא** קדם ייי לפרשא נידרא או LV 22:21
וארום תיכסון ניכסת **קודשיא** קדם ייי לרעוא לכון LV 19:5
חזור חזור: ויקריב מנכסת **קודשיא** קורבנא קדם ייי ית LV 3:3
קדם ייי: ואין ניכסת **קודשיא** קורבניה אין מן תורי הוא LV 3:1
חזור חזור: ויקרב מנכסת **קודשיא** קרבנא קדם ייי טוב LV 3:9
בר עיזין וגומר: ולניכסת **קודשיא** תורין וגומר: ביום תריסר NU 7:77
בר עיזין וגומר: ולניכסת **קודשיא** תורין וגומר: ביומא NU 7:53
בר עיזין וגומר: ולניכסת **קודשיא** תורין וגומר: ביומא NU 7:65
בר עיזין וגומר: ולניכסת **קודשיא** תורין וגומר: ביומא חדסר NU 7:71
קריב לחטאתא: ולניכסת **קודשיא** תורין תרין דיכרי חמשא NU 7:23
בר עיזין וגומר: ולניכסת **קודשיא** תורין תרין דיכרי חמשא NU 7:83
קריב לחטאתא: ולנכסת **קודשיא** תורין תרין דיכרין חמשא NU 7:17
בר עיזין וגומר: ולניכסת **קודשיא** תורין תרין וגומר: ביומא NU 7:59
דילך הוא ודיבנך: בקודש **קודשיא** תיכלוניה כל דכורא בכון NU 18:10
דייי די יפרש מניכסת **קודשיה** ית תרבא שומנוניתא דעל LV 7:30
מן בני ישראל מניכסת **קודשיהון** אפרושותהון קדם ייי: EX 29:28
במיכלהון בסאובא ית **קודשיהון** ארום אנא ייי מקדישיהון: LV 22:16
בני ישראל לכל מתנת **קודשיהון** דמשקרין בהון ויהי על EX 28:38
עד רמשא ולא ייכול מן **קודשייא** אלהין אין אסחי בישריה LV 22:6
חילוניי היא באפרשות **קודשייא** לא תיכול: וברת כהין LV 22:12
ייי: לחוד בעירי מעשר **קודשיכון** דיהוון לכון ונידריכון DT 12:26
ולניסוכיהון ולניכסת **קודשיכון**: ואמר משה לבני ישראל NU 29:39
נסיבית מן ניכסת **קודשיכון** ויהבית יתהון לאהרן LV 7:34
על עלוותכון ועל ניכסת **קודשיכון** ויהיו לכון לדוכרנא טבא NU 10:10
תמן עלוותכון וניכסת **קודשיכון** וית מעשרתכון וית DT 12:6
לכהנא מניכסת **קודשיכון**: מאן דמקרב ית אדם LV 7:32
תקרבון עלוותכון וניכסת **קודשיכון** תמן תיכלון מעשרכון DT 12:11
די יתיבון קדמי קודש **קודשין** דילך הוא ודיבנך: בקודש NU 18:9
אורייתא דאשמא קודש **קודשין** הוא: באתרא דיכסון ית LV 7:1
אשמא הוא לכהנא קודש **קודשין** הוא: ויסב כהנא מן אדמא LV 14:13
באתר קדיש ארום קודש **קודשין** הוא ליה מקורבנייא דייי LV 24:9
אילנא דייי הוא קודש **קודשין** הוא קדם ייי: ואין מפרוק LV 27:30
דכיפורי לדריכון קודש **קודשין** הוא קדם ייי: ומליל ייי עם EX 30:10
יתפרק כל אפרשא קדש **קודשין** הוא קדם ייי: כל אפרשא LV 27:28
להון מקרבניי קודש **קודשין** היא הי כחטאתא הי LV 6:10
באתר קדיש ארום **קודשין** היא ויתה יהב לכון למישרי LV 10:17
בכהניא ייכול יתה קודש **קודשין** היא: וכל חטאתא דאיתעל LV 6:22
מדבחא ארום קודש **קודשין** היא: ותיכלון יתה באתר LV 10:12
קדיש יתאכל קודש **קודשין** היא: כהילכת חטאתא LV 7:6
חטאתא קדם ייי קדש **קודשין** היא: כהנא די מכפר באדמה LV 6:18
אלהין בעלוון ובנכסת **קודשין** ובמבעי רחמין קדם ייי LV 27:29
עלתא ומנחתא נכסת **קודשין** וניסוכין פיתגם יום ביומיה: LV 23:37
אנת תיתן בידנא נכסת **קודשין** ועלוון ונעבד קדם ייי EX 10:25
אלקכון: ותיכסון ניכסת **קודשין** ותוכלון תמן ותיחדון קדם DT 27:7
יתהון ויהון קודש **קודשין** כל דיקרב בהון מן כהניא EX 30:29
יתיה ויהי מדבחא קודש **קודשין** כל דיקרב במדבחא יתקדש EX 29:37
ויהי מדבחא קדש **קודשין** מטול כלילא דכהונתא EX 40:10
יהי לאהרן ולבנוי קודש **קודשין** מקרבניא דייי: וארום LV 2:3
יהי לאהרן ולבנוי קדש **קודשין** מקרבניא דייי: כל מנחתא LV 2:10
ונסיב יתרו עלוון ונכסת **קודשין** קדם ייי ואתא אהרן וכל EX 18:12
לות כהנא ויכסון ניכסת **קודשין** קדם ייי יתהון: ויזרוק כהנא LV 17:5
וית דיכרא יעביד ניכסת **קודשין** קדם ייי על סלא דפטיריא NU 6:17
ואסיקו עלוון וניכסת **קודשין** קדם ייי תורין: ונסיב משה EX 24:5
מימרי לך תמן קודש **קודשין** תהי לכון: וקטרת בוסמין EX 30:36
אלקך ואדם שאר נכסת **קודשך** ישתפיך על מדבחא דייי DT 12:27
ית עלוותך וית נכסת **קודשך** מן ענך ומן תורך בכל אתרא EX 20:24
אודיק ממדור בית שכינת **קודשך** מן שמיא ובריך ית עמך ית DT 26:15
במימרך וקיים פולחן **קודשך** נטרין: כשרין אינון למלפא DT 33:9
מדור בית שכינת **קודשך**: שמעו אומייא יתרגזון EX 15:13
ריבוי דשעתא וקידושיה **קידוש** דתלת יומין לא הוה איפשר LV 1:1
ריבוי לעלם וקידושיה **קידוש** לעלם מן דינא הוא דלא LV 1:1
דילי הוא וכל בעירך **תקדיש** מנהון דיכריא דתורי EX 34:19
יומיא ולית דפריק: איתא **תקדש** וגבר חורן ישמש עימה DT 28:30
בתורך ובענך דוכריא **תקדש** קדם ייי אלקך לא תפלוח DT 15:19
אימיה דיהון לך דיכרין **תקדש** קדם ייי: וכל פתח וולדא EX 13:12

קדשא (8)

על ידוי דאהרן ית כלילא **קדישא** דהוה ברישיהון והוה שמא EX 32:25
למימלי ונסיב גברא **קדשא** דדהבא דרכמונא מתקליה GN 24:22
לעיינא: והוה כדי חמא ית **קדשא** וית שירייא על ידי אחתא GN 24:30
דילידת ליה מלכה ושוית **קדשא** על אפהא ושירייא על ידהא: GN 24:47
ואמר להון אהרן פריקו **קדשי** דדהבא דבאודני נשיכון EX 32:2

ומן יד פריקו כל עמא ית **קדשי** דדהבא די בודניהון ואייתיו EX 32:3
שרי קורייה מן רישיהון **קדשיא** מן אדניהון קטליא מן NU 31:50
מן בית טעוות שכם וית **קדשייא** דהוו באודניהון דיתבי GN 35:4

קהל (31)

ריסא: ונטלו מריסה ושרו **בקהלת** אתר דאתכנשו קרח NU 33:22
ועל כהניא ועל כל עמא **דקהלא** יכפר באשתעות מיליא: LV 16:33
לנא משה יהבא ירתו **לקהל** שבטייא דיעקב: והוא הוה DT 33:4
ומואבאי למיסב איתא **מקהל** עמא דייי ברם דר עשיראי DT 23:4
למיסב איתא כשרא **מקהל** עמא דייי: לא ידכון דכורי DT 23:3
גידא למיסב איתא **מקהל** עמא דייי: לא ידכי דמתיליד DT 23:2
לא ידכי למיסב איתא **מקהל** עמא דייי עד עלמא: על DT 23:4
יתיה כהילכתא כל **קהל** כנישתא דישראל ביני EX 12:6
בר נשא ההוא מיגו **קהלא** ארום ית מקדשא דייי סאיב NU 19:20
ידכון למיסבא מעם **קהלא** דייי: ארום תפקון משריין על DT 23:9
דין אתון מתרברבין על **קהלא** דייי: ושמע משה היך קנייו כל NU 16:3
קדם ייי: ולמא אתיתון ית **קהלא** דייי למדברא הדין לממת NU 20:4
ועל אינש ביתיה ועל כל **קהלא** דישראל: ויצדד ויפוק מן LV 16:17
ומליל משה במשמע כל **קהלא** דישראל ית פיתגמי שבחתא DT 31:30
הדין לקטלא ית כל **קהלא** הדין בכפנא: ואמר ייי למשה EX 16:3
בגין כן לא תהנעלון ית **קהלא** הדין לארעא די אתין להון: NU 20:12
ביה וברם חטאת **קהלא** הוא: בזמן די רבא בעמיה LV 4:21
דמליל משה ורהט למצע **קהלא** והא שרי קצף מחבלא NU 17:12
מיגו אישתא ביום כנישת **קהלא:** והוה מסוף ארבעין יומין DT 9:10
אישתא ביומא דאתכנשו **קהלא** ויהבינון ייי לי: וכוונית DT 10:4
ויתכסי פיתגם מן מחמי **קהלא** ויעבדון בשלו מן חד מן כל LV 4:13
עליהון ארעא ואובדו מגו **קהלא:** וכל ישראל די בחזרנתהון NU 16:33
ולא נובדא זכותה מיגו **קהלא:** וצלי משה ובעא רחמין קדם NU 12:12
ההוא יומא כדון ישיצון **קהלא** ית כל חזרנותנא היכמא NU 22:4
דתעבדון הכדין יעבד: **קהלא** כולא קיימא חדא לכון NU 15:15
וכנישו משה ואהרן ית **קהלא** לקדם כיפא ואמר להון משה NU 20:10
ואהרן מן קדם תורעמות **קהלא** לתרע משכן זימנא NU 20:6
ועל משה ואהרן מן קדם **קהלא** לתרע משכן זימנא: ומליל ייי NU 17:8
דאתחייבון עלה ויקרבון **קהלא** תור בר תורי לחטאתא LV 4:14
ובזמן מיכנש ית **קהלא** תתקעון ולא תיבבון: ובני NU 10:7
האילין מליל ייי עם **קהלכון** בטוורא מיגו אישתא עננא DT 5:22

קובה (1)

וביני מייא דלעיל **בקובתא** דרקיעא והוה כן: וקרא GN 1:7

קוטנא (1)

אושיט ידך ואיחוד **בקוטניה** ואושיט ידיה ואתקיף ביה EX 4:4

קולא (2)

ית בנתהון דמדינאי **בקולין** מבית ישימות עד טוור NU 24:25
קדרונין מאה וחמשין **קולין** תעביד לתיבותא בשמאלא GN 6:14

קום (698)

קטולו: וכל טפלא בנשיא **אוקימו** כלו קבל ציצא כלילא NU 31:18
תניינא בחד לירחא **איתקם** משכנא: ואקים משה ית EX 40:17
בה: ואמר אברהם אנא **אקיים:** ואתווכח אברהם עם GN 21:24
לעם סגי: וית קיימי **אקיים** עם יצחק דתיליד לך שרה GN 17:21
אתקינו מה דמלילו: נביא **אקים** להון מביני אחוהון דרוח DT 18:18
קדמאה לירחא דניסן **אקים** משה ית משכנא ולא פרקיה LV 9:1
קרתא ובי היא זימנא **אקים** תחומי אומיא כסכום מניין DT 32:8
לא איתידעת להון: ולחוד **אקימית** ית קיימי עמהון למיתן EX 6:4
בר נון וכלב בר יפונה **אתקיימו** מן גובריא האינון דהליכו NU 14:38
ולא ידע במשכבה ולא **בימקימה:** ואתעברן תרתין בנת לוט GN 19:35
ידע במישכבה אלא ידע **במקימה:** והוה מיומחרא ואמרת GN 19:33
בני חרי והלכית יתכון **בקומא** זקיפא: ואין לא תיצבון LV 26:13
ואתעבר קמי רחל וכסייה **בקומתיה** וגחנן: ואמר מן לך כל GN 33:7
ויומי כהנא ית איתתא **בקיום** קינומתא ויימר כהנא NU 5:21
אסרת איסרא על נפשה **בקיומא:** וישמע בעלה וישתוק לה NU 30:11
דכהניא איתגזרו **בקיים** מילחא בגין כן על כל קרבנך LV 2:13
מימיכון: לאעלותכון **בקיימא** דייי אלקכון ולאזדהרותכון DT 29:11
בדחלתא אנא ייי: אין **בקיימי** אורייתי תהכון וית סידרי LV 26:3
כל פיקודיא האילין: ואין **בקיימי** אורייתי תקוצון ואין ית LV 26:15
דמיצע ביני כרמיא אתר **דאקים** יעקב ולבן אוגר וקמא NU 22:24
הא אוגר הדין והא קמא **דאקימית** בינא ובינך: סהיד אוגר GN 31:51
הינון שבע חורפן האילן **דאקימתא** בלחודיהון: ואמר ארום GN 21:29
וליציבא דארעא: וביומא **דאתקם** ית משכנא חפא ענן יקרא NU 9:15
יומין ילבשינון כהנא **דיקום** בתרוי מן בנוי ולא מן ליואי EX 29:30
דורונין: מדבית דן עתיד **דיקום** גברא דידון ית עמיה דינין GN 49:16
עליהון ולא יהוי גברא **דיקום** ויצלי אמטולהון ברת קלא DT 28:15
ולא ימות קטולא עד **דיקום** קדם כנישתא לדינא: NU 35:12
ולית מליך ושולטן **דיקום** קדמוי מסמק טווריא מן GN 49:11
כחדא לית מליך ושולטן **דיקום** קדמיהון אפליג אחסנת בנוי GN 49:7
ואילין שמהת גובריא **דיקומון** עימכון לראובן אמרכול NU 1:5
ותגמר גדיש או מידעם **דקאי** או חקיל שלמא ישלים מאן EX 22:5

דלא למיצת מן כהנא **דקאים** לשמשא תמן קדם ייי DT 17:12
ואמוראי וחיואי ויבוסאי **דקיים** במימריה לאבהתך למיתן לך EX 13:5
דארעכון על ארעא **דקיים** ייי לאבהתכון: ארבעא DT 28:11
ותירתון ית ארעא **דקיים** ייי לאבהתכון: ותהון דכירין DT 8:1
דיפטיא ופלגוהא הי כמא **דקיים** ייי לאבהתכון לאברהם DT 1:8
לקיימא ית פיתגמא **דקיים** ייי לאבהתכון לאברהם DT 9:5
ותיתבון על ארעא **דקיים** ייי לאבהתכון לאברהם DT 30:20
ותירתון ית ארעא טבתא **דקיים** ייי לאבהתכון: למידחי ית כל DT 6:18
דיסגון יומיכון על ארעא **דקיים** ייי לאבהתכון למיתן להון DT 11:9
דיסגון יומיכון על ארעא **דקיים** ייי לאבהתכון למיתנה להון DT 11:21
ארום עלינן לארעא **דקיים** ייי לאבהתן למיתן לנא: ויסב DT 26:3
מיגו משריתא היכמא **דקיים** ייי להון: ואוף מחא מן קדם DT 2:14
יעלינך ייי אלקך לארע **דקיים** לאבהתך לאברהם ליצחק DT 6:10
ומן דנטיר ית קיימא **דקיים** לאבהתכון אפיק יתכון DT 7:8
ויתן לכון ית כל ארעא **דקיים** לאבהתכון: ארום תינטרון ית DT 19:8
עליכון ויסגינכון היכמא **דקיים** לאבהתכון: ארום תקבלון DT 13:18
ית תחומכון היכמא **דקיים** לאבהתכון ויתן לכון ית כל DT 19:8
בגלל לקיימא ית קיימיה **דקיים** לאבהתכון כזמן יומא הדין: DT 8:18
דמליל לכון והיכמא **דקיים** לאבהתכון לאברהם ליצחק DT 29:12
למיתן לנא ית ארעא **דקיים** לאבהתן: ופקיד עלנא ייי DT 6:23
מן ארעא הדא לארעא **דקיים** לאברהם ליצחק וליעקב: GN 50:24
ית קימא דאבהתכון **דקיים** להון: ארום שייל כדון לדריא DT 4:31
ית עמא הדין לארעא **דקיים** להון וקטלינון במדברא: NU 14:16
לארעא דכנענאי היכמא **דקיים** לך ולאבהתך ויתנינה לך: EX 13:11
קדמוי לעם קדיש היכמה **דקיים** לכון ארום תינטרון ית DT 28:9
עם עמא הדין לארעא **דקיים** מימרא דייי לאבהתהון DT 31:7
סק וקבר ית אבוך היכמא **דקיים** עלך: וסליק יוסף למיקבור GN 50:6
דמבסים בשר קורבניא **דקיים** עלם הוא קדם ייי הכדין הוא NU 18:19
ודכיר קדם ייי ית קיימיה **דקיים** עם אברהם ועם יצחק ועם EX 2:24
על מדבחא: ונסיב סיפרא **דקיימא** דאורייתא וקרא קדם עמא EX 24:7
יומת עלמא כולהון הינון **דקיימין** הכא עימנא יומנא קדם ייי DT 29:14
יתה: ואתון כהניא **דקיימין** למשמשא קדמי לא תסקון EX 20:26
וית שמשון בר מנוח **דקיימין** לפרוקין לא לפורקניה GN 49:18
ופורקת נביי שיקרא **דקיימין** לקובליה ולא יהי לסנאוי DT 33:11
בעל דבבהון דעמך **דקיימין** לקובליהון מן בגלל EX 15:6
דייי ית בעלי דבביכון **דקיימין** לקובליכון למבאשא DT 28:7
בניהון לא ידעין מטול **דקיימין** עשרין שנין במטרתהון DT 33:9
למבכי מן בגלל כל מן **דקיימין** קודמוי ואמר הנפיקו כל GN 45:1
להון כסכום יומין **דקיימין** שמיא על ארעא: ארי אין DT 11:21
יבני ית ביתא דאחוי: וכל **דקיימין** תמן יכרזון עלוי ויקרון DT 25:10
אלקים לנח דא את קים **דקיימית** בין מימרי ובין מימר כל GN 9:17
לא תיעלון לארעא **דקיימית** במימרי לאשראה יתכון NU 14:30
ואעיל יתכון לארעא **דקיימית** במימרי למיתן יתה EX 6:8
עד לא אעילינון לארעא **דקיימית:** וכתב משה ית תושבחתא DT 31:21
דא דלא יחמון ית ארעא **דקיימית** לאבהתהון ולא דרא NU 14:23
ויעלון וירתון ית ארעא **דקיימית** לאבהתהון למיתן להון: DT 10:11
ארום אעילינון לארעא **דקיימית** לאבהתהון עבדא חלב DT 31:20
האילין ואקיים ית קיימא **דקיימית** לאברהם אבוך: ואסגי ית GN 26:3
מארעא דמצרים לארעא **דקיימית** לאברהם ליצחק וליעקב EX 33:1
שנין ולעילא ית ארעא **דקיימית** לאברהם ליצחק וליעקב NU 32:11
בארעא ודא ארעא **דקיימית** לאברהם ליצחק וליעקב DT 34:4
ית בני ישראל לארעא **דקיימית** להון ומימרי יהי בסעדך: DT 31:23
לא יפסוק וקיימא **דקיימית** עימכון לא מבטלא ותהי DT 28:15
דגוג: ודכירנא להון קים **דקיימית** עם אבהתהון קדמי בזמן LV 26:45
מוריה ואוף ית קיימא **דקיימית** עם אברהם ביני פסגיא LV 26:42
ברחמין ית קיימא **דקיימית** עם יעקב בביתאל ואוף LV 26:42
בביתאל ואוף ית קיימא **דקיימית** עם יצחק בטוור מוריה LV 26:42
ארעא דיהבת לנא היכמא **דקיימת** לאבהתנא ארעא דפירהא DT 26:15
ותחסנינוא ית ארעא **דקיימת** לאבהתנא דלא EX 34:9
די רבית תמן קמא **דקיימת** קדמי תמן קיים כדון קום GN 31:13
עד זמן דימטון לארעא **דקיימתא** לאבהתהון: מינן לי NU 11:12
וליצחק ולישראל עבדך **דקיימתא** להון במימרך ומלילתא EX 32:13
הדין ית ארעא טבתא **דקיימתא** למיתן לאבהתכון: אלהין DT 1:35
ועתידין הינון כל דריא **דקימון** למהוי אמרין בטוורא הדין GN 22:14
ואעבר ית כיתי מלאכיא **דקימין** ומשמשין קדמי ותחמי ית EX 33:23
אמר ייי לשבעין מלאכיא **דקימין** קומוי איתון כדון וניחות GN 11:7
בהתת תורפה נס רביעאי **דקם** רומחא באתר בירווא ולא NU 25:8
וקמא קדם משה בתר **דקמא** קדם אלעזר כהנא וקדם NU 27:2
אין יהוון כל נביא **דקמו** מן יומת עלמא מתמלל NU 12:6
הדא: ארום ית כל דרייא **דקמון** מן יומת עלמא כולהון הינון DT 29:14
במעסקכון בה הי כיומא **דקמתון** קדם ייי אלקכון בחורב DT 4:10
קרבא: ואמר להון משה **הקיימתון** כל נוקבא: הנין הנין NU 31:15
ואדכר שמא רבא ויקירא **ואוקים** מקיבריהון אברהם ויצחק DT 9:19
ית כל ארעתא האילין **ואקיים** ית קיימא דקיימית GN 26:3

תיבותא לכל חית ארעא: **ואקיים** ית קימי עימכון ולא GN 9:11
אפרת היא בית לחם: **ואקים** יעקב קמתא על בית GN 35:20
ולחוד בלק אזל לאורחיה **ואקים** ית בנתהון דמדינאי בקולין NU 24:25
דפקיד ייי ית משה: **ואקים** ית דרתא חזור חזור EX 40:33
ית לוחוי ויהב ית נגרוי **ואקים** ית עמודוי: ופרס ית פרסא EX 40:18
יתכון ואסגי יתכון **ואקים** ית קיימי עמכון: ותיכלון LV 26:9
בעממיא מינך יפקון: **ואקים** ית קימי בין מימרי ובינך ובין GN 17:7
ותיקרי ית שמיה יצחק **ואקים** ית קימי עימיה לקים עלם GN 17:19
שמיא כל דבארע יתנגד: **ואקים** ית קימי עמך ותיעול GN 6:18
גוברין מסבי ישראל **ואקים** יתהון חזור חזור למשכנא: NU 11:24
לירחא איתקם משכנא: **ואקים** משה ית משכנא ויהב ית EX 40:18
באתרא דמליל עימיה: **ואקים** תמן קמה באתרא דמליל GN 35:14
ייי יתיה ודבר ית יהושע **ואקימיה** קדם אלעזר כהנא וקדם NU 27:22
יוסף ית יעקב אבוי **ואקימיה** קדם פרעה ובריך יעקב ית GN 47:7
זבולון דן ונפתלי גד ואשר **ואקימינון** קדם פרעה: ואמר פרעה GN 47:2
אין לא אייתיניה לוותך **ואקימיניה** לקמך ונתחייב קמך כל GN 43:9
ביה משכנא ומנוי **ואקימיתון** רבנין עליכון ומכען ביש DT 1:6
וגזרו תריהום קים: **ואקם** אברהם ית שבע חורפן GN 21:28
איתת אחוך ויבם יתה **ואקם** זרעא על שמא דאחוך: וידע GN 38:8
דשכם במאה מרגליין: **ואקם** תמן מדבחא ותמן יהב GN 33:20
היכמא דשמעתון אתון **ואתקיים**: או היך ניסא דעבד ייי DT 4:33
מיגו אישתא כוותנא **ואתקיים**: קריב את ותשמע ית כל DT 5:26
תליתאה דא עיבידו **ואתקיימו** מן קדם ייי אנא דחיל: אם GN 42:18
ולוגא חדא דמשח זיתא: **ויוקים** כהנא דמדכי ית גברא LV 14:11
הוא ממיסת עילוייה **ויוקימיניה** קדם כהנא ויעלויניה LV 27:8
יסב כהנא ויתן למיא: **ויוקם** כהנא ית איתתא קדם ייי NU 5:18
עימיה מילכא קשיטא **ויקום** בבי דינא ויימר בלישן בית DT 25:8
ליה שתא שלמתא **ויקום** ביתא דבקרתא דליה שורין LV 25:30
חומש כספא עלוייה עלוי **ויקום** ליה: ואין לא יפרוק ית חקלא LV 27:19
יהי גברא דיתבחר **ויקום** מדבית דן מדמי לחורמנא GN 49:17
ויכמון עליה בטומרא **ויקום** עלוי ויקטליניה נפש וימות DT 19:11
יתקפון בניכסין וירתונון: **ויקום** שליט מדבית יעקב ויוביד NU 24:19
דסיני: ותתחים ית עמא **ויקומון** חזור חזור לטורא למימר EX 19:12
חיי עלמא עם אבהתך **ויקומון** רשיעי עמא הדין ויטעון DT 31:16
רבא בכל ארעא דמצרים: **ויקומון** שבע שני כופנא מן בתריהן GN 41:30
נש לאסהדא ביה סטיא: **ויקומון** תרין גוברין דילהון תיגרא DT 19:17
ויקני ית איתתיה **ויקים** ית איתתיה קדם ייי ויעבד NU 5:30
חובין: ויקרב יתה כהנא **ויקימינה** קדם ייי: ויסב כהנא מיין NU 5:16
מינה קרבנא קדם ייי **ויקם** ית בעירא קדם כהנא: ויעלי LV 27:11
ויסב ית תרין צפירין **ויקם** יתהון קדם ייי בתרע משכן LV 16:7
ארום לא יחמינני אינשא **ויתקיים**: ואמר ייי הא אתר מתקן EX 33:20
לחדא מקירווייא האילין **ויתקיים**: ית כותירין במדברא בארע DT 4:42
מיומא דשמע ליומא חרן **ויתקיימון** כל נדרהא או ית כל NU 30:15
וישתוק לה איבהא **ויתקיימון** כל נדרהא וכל איסרהא NU 30:5
יתה ומית עד דלא בגרת **ויתקיימון** כל נדרהא וכל איסרי NU 30:12
לקיימותהון וישתוק לה **ויתקיימון** נידרהא ואיסרהא NU 30:8
ית פולחן משכנא דייי **ולמקום** קדם כל כנישתא NU 16:9
לכון שיורא בארעא **ולקיימא** לכון לשיזבא רבא: וכדון GN 45:7
קהת נטלי מוקדשא **ומקימין** ית משכנא עד מיתיהון: NU 10:21
ויהבין תחות לישניה **ומקימין** ליה בכותלא וממלל GN 31:19
בר נש דרוח קודשא ביה **ומתקיים**: וכדון למא נמות ארום DT 5:24
בהון ושנן כסותכון: **ונקום** וניסק לביתאל ואעביד תמן GN 35:3
ועולי שימושי עימיה **ונקיים** מאבונא בנין: ואשקיאן אוף GN 19:34
וכד יהי רוי נשמיש עימיה **ונקיים** מאבונא בנין: ואשקיאן ית GN 19:32
נחית עמודא דענן יקרא **וקאי** בתרע משכנא ומתמלל EX 33:9
ארונא הוה עננא מקפל **וקאים** ולא הוה נטיל עד דמשה הוה NU 10:35
ארונא הוה עננא מקפל **וקאים** ולא הוה פריס עד דהוה NU 10:36
הוה: וית אחוכון דברו **וקומו** תובו לות גברא: ואל שדי יתן GN 43:13
מימרא דייי גזירת שבתא **וקיים** איקר אבא ואימא ודיני EX 15:25
וכן אמרת אנת הוא חי **וקיים** דחמי ולא מתחמי ארום GN 16:13
דאתגלי עלוי יקר חי **וקיים** דחמי ולא מתחמי: ואילין GN 25:11
דאתרעמתון על מיא **וקיים** דלא אעיבר ית יורדנא ודלא DT 4:21
בירא דאיתגלי עלה חי **וקיים** והא היא יהיבא בין רקם ובין GN 16:14
ביננא אלקיה דאבוהון **וקיים** יעקב באלקא דדחיל ליה GN 31:53
דקרתא מן קדמת דנא: **וקיים** יעקב קיים למימר אין יהי GN 28:20
ושבא מנהון שיביא: **וקיים** ישראל קיים קדם ייי ואמר NU 21:2
פקידתיה אית הוא חי **וקיים** כאילן חייא עד לעלמין וכדון GN 3:22
יעקב קיים לי כיום דיהי **וקיים** ליה וזבין ית בכירותיה GN 25:33
כפיתגמך: ואמר קיים לי **וקיים** ליה ומן יד איתגלי עלוי יקר GN 47:31
דאברהם ריבוניה **וקיים** ליה על עיסק פיתגמא הדין: GN 24:9
ייי ית קל פיתגמיכון ורגז **וקיים** למימר: אין יחמון גבר DT 1:34
רוגזא דייי ביומא ההוא **וקיים** למימר: אין יחמון גובריא NU 32:10
אכיל הוא מיניה הוי חי **וקיים** עד לעלמין: ותרכיה ייי GN 3:22
שנין במטרתהון במימרך **וקיים** פולחן קודשך נטרין: כשרין DT 33:9

בר נש מימר אלוק חי **וקיים** ריבון כל עלמיא ייי דבר נש NU 23:19
דריא זכותהון לא יפסוק **וקיימא** דקיימית עימכון לא DT 28:15
להין מלכא דמצרים **וקיימא** ית בנייא: וקרא מלכא EX 1:17
כעלתא דטוורא דסיני **וקיימא** על אתר בית יקידתא על LV 6:2
דייי: ואקדימו בצפרא **וקיימו** גבר לאחוי ופסג מתגא GN 26:31
וסכותא מציטרא מיכא **וקיימו** דלא למיעיבר דין תחום דין NU 22:24
אורייתא בעלמא הדין **וקיימו** פיקודייא אתקין גהינם GN 3:24
למינטר פיקודוי ודינוי **וקיימוי** דאנא מפקיד לכון יומא דין: DT 8:11
אלקכון למיטר פיקודוי **וקיימוי** דפקיד יתכון: ויהון בכון DT 28:45
דייי אלקכון וסהידוותיה **וקיימוי** דפקיד לכון: ותעביד דתקין DT 6:17
אלקכון למינטר פיקודויי **וקיימויי** דכתיבין בספר אורייתא DT 30:10
קודמוי ולמנטר פיקודוי **וקיימויי** ודינויי ותיחון ותיסגון DT 30:16
ישראל: אילין סהידוותא **וקיימיא** ודיניא דמליל משה עם בני DT 4:45
למעבד ית כל פיקודיי **וקיימיי** דאנא מפקיד לכון יומא דין DT 28:15
למימר מה סהידוותא **וקיימייא** ודינייא דפקיד ייי אלקנא DT 6:20
עימך ית תפקדיא **וקיימייא** ודינייא דתלפון יתהון DT 5:31
ואינון בכן וקריין שמע **וקיימין** בתרע משכן זימנא: וחמא כן NU 25:6
לשמא דייי: ותערעון חיין **וקיימין** הי כזמן כרן יומא הדין LV 23:21
הכא יומא דין כולנא חיין **וקיימין**: ממלל קבל ממלל מליל ייי DT 5:3
מלאכין בדמות גוברין **וקיימין** קומוי דאישתלחו לצרוך GN 18:2
דין עבדתון פיתגמא הדין **וקיימתון** ית בנייא: ואמרן חייתא EX 1:18
דבירא דאיתגלי עלוי חי **וקים** דחמי ולא מתחמי והוא הוה GN 24:62
ותינטרון מטרת מימריה **וקימוי** ודינוי ופיקודוי כל יומיא: DT 11:1
קיים בבירא דשבע חורפן **וקם** אבימלך ופיכל רב חיליה ותבו GN 21:32
בגין דלא למיקבר מיתך: **וקם** אברהם וגחן לעמא דארעא GN 23:7
למיספד לשרה ולמבכייה: **וקם** אברהם מן מחמי אפין על GN 23:3
למימחי בוכריא במצרים **וקם** איהו ועבדוי ומחינון ורדפינון GN 14:15
מלאכא דייי למעיבר **וקם** באתר דחיק דלית אורח NU 22:26
בליליא ההוא במשריתא: **וקם** בליליא ההוא ודבר ית תרתין GN 32:23
מיני מיומי אבהתהון: **וקם** בלעם בצפרא ואמר לרברבי NU 22:13
עימך יתיה תעביד: **וקם** בלעם בצפרא וזריז ית אתניה NU 22:21
ויהוון עד עלמא לאובדנא: **וקם** בלעם ואזל ותב לאתריה NU 24:25
דייי בעמודא דענן יקרא **וקם** בתרע משכנא וקרא אהרן NU 12:5
דטלופחי ואכל ושתי **וקם** ואזל ושט עשו ית בכירותא GN 25:34
אפותיקי דריבוניה בידיה **וקם** ואזל לארם דעל פרת לקרתא GN 24:10
ודיקלא דחזיין לעלתא **וקם** ואזל לאתרא דאמר ליה ייי: GN 22:3
הוה שרוי גלותא דמצרים **וקם** ואתא יוסף לשכם: ואשכחיה GN 37:14
ואזל הוא עם כל דיליה **וקם** ועבר ית פרת ושוי ית אנפוי GN 31:21
בכל פרקמטיא: **וקם** זבין חקלא עפרון די בכפילתא GN 23:17
היא חברון בארעא דכנען: **וקם** חקלא ומערתא דביה לאברהם GN 23:20
כל דאמר ייי לך עיביד: **וקם** יעקב וסובר ית בנוי וית נשוי GN 31:17
יוסף ישוי ידיה על עינך: **וקם** יעקב מבירא דשבע ונטלו בני GN 46:5
בוסמין וכפר על עמא: **וקם** ליה אהרן בצלו במצע ועבד NU 17:13
דסדום וחמא לוט **וקם** לקדמותהון מתרע משכנא GN 19:1
למכוונא יתה לאיסרטא: **וקם** מלאכא דייי בדוחקא דמיצע NU 22:24
ואיתמליאת ארעא מנהון: **וקם** מליך חדת כמין שירויא על EX 1:8
ואתון רעיא וטרדינון **וקם** משה בכח גבורתיה ופרקינין EX 2:17
להון שום ביש לדריהון: **וקם** משה בתרע סנהדרין EX 32:26
דקרח דתן ואבירם: **וקם** משה ואזל לאוכחא לדתן NU 16:25
דכתבית לאלופיהון: **וקם** משה ויהושע משומשניה EX 24:13
משה למידן ית עמא **וקם** עמא קדם משה מן צפרא עד EX 18:13
אפיכון בגין דלא תחובון: **וקם** עמא תריסר מילין מרחיק EX 20:21
במשכנא בעמודא דעננא **וקם** עמודא דעננא על תרע משכנא DT 31:15
דמצראי פלחין להון: **וקם** פרעה בליליא הוא וכל שאר EX 12:30
הוו מתנציין על אנפי ברא **וקם** קין על הבל אחוהי וטבע אבנא GN 4:8
דאקים יעקב ולבן אוגר **וקמא** מציטרא מיכא וסכותא NU 22:24
נעה חגלה מלכה ותרצה: **וקמא** קדם משה בתר דקמא קדם NU 27:2
ואון בר פלת בני ראובן: **וקמו** בחוצפא ואורו הילכתא באנפי NU 16:2
כמיסת יומא ופלגא **וקמו** במדורהון עד דאגחת קרבא DT 2:25
וגובריא דעימיה ובתו **וקמו** בצפרא ואמר שדרוני לריבוני: GN 24:54
עליהון קטורת בוסמין **וקמו** בתרע משכן זימנא מציטרא NU 16:18
תב אברהם לות עולימוי **וקמו** ואזלו כחדא לבירא דשבע GN 22:19
נפקו במילי חירופין **וקמו** וארגיזו למשה תרע משכניהון NU 16:27
בידיהון ודברו ית בנימין **וקמו** ונחתו למצרים ואתעתדו GN 43:15
על בריה יומין סגיאין: **וקמו** כל בנוי וכל נשי בנוי ואזלו GN 37:35
עמא למיכול ולמישתי **וקמו** להון למגחכא בפולחנא EX 32:6
ונסיבו ית קטמא דאתונא **וקמו** לקדם פרעה ודדק יתיה משה EX 9:10
בזמן מכנשהון יתהון: **וקמו** מחסרי הימנותא די בעמא כל NU 11:32
ארום בקושטא גחכת: **וקמו** מתמן מלאכייא דהוו מדמיין GN 18:16
למשבקי למיזל עימכון: **וקמו** רברבי מואב ואתו לות בלק NU 22:14
וחמון כל עמא ורתען **וקמו** תריסר מילין מרחיק: ואמרו EX 20:18
זימנא וקריבו כל כנישתא **וקמון** בלב שלים קדם ייי: ואמר LV 9:5
אברהם ויצחק ויעקב **וקמון** בצלותא קדם ייי ומן יד DT 9:19
בעידן די עלתון לגווה **וקמית** וסייעית יתכון בסייפי GN 48:22

וחסיין בבישריהון **וקמן** לקובליהום דתורתי על כיף GN 41:3
לותה ואיתעברת ליה: **וקמת** ואזלת ועדת רדידה מינה GN 38:19
ההוא ית אבוהן חמר ורוי **וקמת** זעירתא ושמישת עימיה ולא GN 19:35
בגין כן קרת שמיה יהודה **וקמת** מלמילד: וחמת רחל ארום לא GN 29:35
בנייכי ית קוריי סנאיהום: **וקמת** רבקה וריבתהא ורכיבן על GN 24:61
חמר בליליא ההוא ורוא **וקמת** רבתא ושמישת עם אבוהא GN 19:33
דאברהם נכס ית יצחק **וקמת** שרה ופגנת ואשתנקת GN 22:20
בניהון יאלפון: וקריבתון **וקמתון** בשיפולי טוורא וטוורא DT 4:11
לכון טעוון וצילמין **וקמתין** מטול סגותא לא תקימון LV 26:1
ויחדס ריגליה בארעא **ותקום** אינתתא ותשרי שנצי DT 25:9
פלוגתא בבית דינכון **ותקומון** ותיסקון לאתרא דיתרעי DT 17:8
ארע ילדותי ודמליל לי **ותקיים** עלי למימר לבנך אתן ית GN 24:7
סמקן אפהא היך נורא **ותקיימונין** לכון: ואתון שרו למיברא NU 31:18
קדם ייי לכפרא על ליואי: **ותקים** ית ליואי קדם אהרן וקדם NU 8:13
ותחפי ית נגריא דהבא: **ותקים** ית משכנא כהילכתא EX 26:30
קרב ית שיבטא דלוי **ותקים** יתיה קדם אהרן כהנא NU 3:6
עלוי ותסמוך ית ידך עלוי: **ותקים** יתיה קדם אלעזר כהנא NU 27:19
דייי אלקכון יהיב לכון **ותקימין** לכון אבנין רברבין DT 27:2
ואין ברתה נוקבא היא **ותתקיים:** ודחילא חייתא מן קדם EX 1:16
ואמרנא נהדריניה לותנא **ותתקיים** כדון מומתא דהות בינן GN 26:28
אנת בגין דייטב לי בגיניך **ותתקיים** נפשי אמטולתיך: והוה GN 12:13
תמן הלא ציבחר היא **ותתקיים** נפשי: ואמר ליה הא GN 19:20
ואיתי לאבוי ואמר לאבוי **יקום** אבא וייכול מצידא דבריה GN 27:31
יתה: ויהי בוכרא דיתליד **יקום** באחסנתא על שום אחוי DT 25:6
צערא רבא דהוא מיכאל **יקום** בדרעא לפרוקא: ואמר ייי ליה DT 34:3
ולא תבצרון מיניה: ארום **יקום** ביניכון נבי שיקרא או מרי DT 13:2
ייי לחוד ענכון ותוריכון **יקום** גביי אוף טפלכון יזיל עמכון: EX 10:24
חקליה הי כעלוייה **יקום:** ואין בתר יובילא יקדיש LV 27:17
דמעלן כהנא היכדין **יקום:** ואין דין דמקדיש יפרוק ית LV 27:14
אזדהרון לכון ארום אין **יקום** ויצווח עליכון בצלו קדמיי EX 22:22
ובמציעותיה כתיב **יקום** ייי ויתבדרון סנאך ויעריקון NU 2:3
ולא ימות ויפול למרע: אין **יקום** ממרעיה ומהליך בשוקא על EX 21:19
דשתילין על מבועי מיין: **יקום** מנהון מלכהון ופרוקהון מנהון NU 24:7
כסו דארמלתא דלא **יקומו** שיבבן בישן ויפקון עלה טיב DT 24:17
דישראל עם גייורין דלא **יקומון** אוף בניכון מבתריכון וילפון DT 5:18
סהדי שיקרא דלא **יקומון** בניכון בתריכון וילפון לחוד EX 20:16
דישראל עם קטולין ולא **יקומון** בניכון מן בתריכון וילפון EX 20:13
דישראל עם גייורין דלא **יקומון** בניכון מן בתריכון וילפון EX 20:14
דישראל עם גנבין דלא **יקומון** בניכון מן בתריכון וילפון EX 20:15
דישראל עם חמודין דלא **יקומון** בניכון מן בתריכון וילפון EX 20:17
דישראל עם קטולין דלא **יקומון** בניכון מן בתריכון וילפון DT 5:17
דישראל עם חמודין דלא **יקומון** בניכון מן בתריכון וילפון DT 5:21
שתן חמר ניסוכיהון **יקומון** כדון ויסעדונכון יהי עליכון DT 32:38
למימר: אילין שבטיא **יקומון** לברכא ית עמא על טוורא DT 27:12
וברם תחותוי מבנוי **יקומון** לכהנין איהוא יעבד יתה LV 6:15
דרייא בתראי בניכון די **יקומון** מן בתריכון ובר עממין דייתי DT 29:21
יתקיים פיתגמא: ארום **יקומון** סהדין שיקרין בבר נש DT 19:16
ובנימין: ואילין שיבטיא **יקומון** על לווטייא בטוורא דעיבל DT 27:13
ידר נדרא קדם ייי או **יקיים** קיים למיסר איסרא ממידעם NU 30:3
דא ויקטלון יתי ויתיך **יקיימון:** אימרי בבעו דאחתי אנת GN 12:12
ומה דמליל האפשר דלא **יקיימינה:** הא ברכתא קבילית מן NU 23:19
לסגפא נפש בעלה **יקיימינון** ובעלה יבטילינון: ואין NU 30:14
ואמרין בריך יהוי גברא די **יקים** ית פיתגמי אורייתא הדא DT 27:26
ליט יהוי גברא דלא **יקים** ית פיתגמי אורייתא הדא DT 27:26
דייי אלקכון יהיב לכון: **יקים** יתכון מימרא דייי קדמוי לעם DT 28:9
דדמי לי ברוח קודשא **יקים** לכון ייי אלקכון מיניה DT 18:15
ליואי ובימישריה משכנא **יקימון** יתיה ליואי וחילוני דיקרב NU 1:51
והי כליתא דכד נח מן **יקימיניה:** לא פסקין מלכין ושליטין GN 49:9
וכליתא דכד דמיך מאן **יקמיניה** מברכיהון יהון בריכין NU 24:9
עלוי עדבא לעזאזל **יתוקם** בחיין קדם ייי לכפרא על LV 16:10
ארום שובעא יומין **יתוקם** משכנא ויתפרק ויתקרב LV 8:33
נבותיה ואמר ווי מאן **יתקיים** בזמן דיתגלי מימרא דייי NU 24:23
אין בעירא אין אינשא לא **יתקיים** ברם במיגד קל שופרא הינון EX 19:13
ולא ייתי פיתגמא ולא **יתקיים** הוא פיתגמא דלא מלליה DT 18:22
דאסרת על נפשה **יתקיים:** ואין יבטל איבהא יתה NU 30:5
קדם ייי הלואי ישמעאל **יתקיים** ויפלח קומך: ואמר ייי GN 17:18
או תרין יומין קטיעין **יתקיים** לא יתדן מטול דכסף EX 21:21
לי ניכסין סגיאין אחי **יתקיים** לך מאן דאית לך: ואמר GN 33:9
נתמטי עד כא לבחוני אין **יתקיים** מה דאתבשרית כדין יהון GN 22:5
יהיב לכון למירתה: לא **יתקיים** סהדן דחד בגבר לכל סורחן DT 19:15
סהדין או תלתא סהדין **יתקיים** פיתגמא: ארום יקומון DT 19:15
דאסרת על נפשה **יתקיימון:** ואין ביומא דשמע בעלה NU 30:8
ולאיסרי נפשהא לא **יתקיימון** ואין בעלה בטילינון ולא NU 30:13
ומדאיתניסיבת לגבר **יתקיימון:** ואין בתר דאיתנסיבת NU 30:7

איסרי דאסרת על נפשה **יתקיימון** ולית איבהא זכי בה תוב NU 30:12
דאסרת על נפשה לא **יתקיימון** ומן קדם ייי ישתרי NU 30:6
וסגדין כל קבל משכנא **כדקיימין** גבר בתרע משכניה: EX 33:10
ולא יהוי לסנאיהון ריגל **לימקום** קדמך: וכד הוה בעי למישרי NU 10:35
מילכא בישא ית בלק **למוקמא** ית בנתיה בפרשת NU 31:8
כל דריא בישא דעתידין **למיקום** בסדר דיניא דדרא דמבולא GN 6:3
ייי לא לדריא דעתידין **למיקום** בתר פילוג ארעא אלהין NU 36:6
רישי סנדרי דעתידין **למיקום** דיהוון זריזין בדיני ממונא NU 15:34
ייי פיקודיא ותיכול **למיקום** למישמעהון ואוף אהרן EX 18:23
ומן עפרא אנת עתיד **למיקום** למיתן דינא וחושבנא על GN 3:19
בשמי מרומא ועתידין **למיקום** מיניה דידעין למפרשא בין GN 3:22
שיבטין מיניה עתיד **למיקום** מלכין ושליטין וכהנייא GN 50:1
ריבוני ארום לית איפשר **למיקום** מן קמך ארום אורח נשין לי GN 31:35
וית כל דרייא דעתידין **למיקום** עד סוף כל עלמא כולהון DT 29:14
ית ארון קימא דייי **למיקום** קדם ייי לשמשותיה DT 10:8
אברם גזיר לא הוה יכיל **למיקם** וגחן על אנפוי ומליל עימיה GN 17:3
ואתון שמעתון מן ייכול **למיקם** קדם בנוי דעפרון גיברא: DT 9:2
ולא יכילו איסטיגניניא **למיקם** קדם משה מן קדם שיחנא EX 9:11
ירחא דניסן פסק משה **למיקמא** ית משכנא דלא פרקיה NU 7:1
קדמיהון מסרב יבמי **למיקמא** לאחוי שמא בישראל לא DT 25:7
והיכמה דליתיכון רשאין **למיקמא** קמא הכדין ליתיכון DT 16:22
והוה כיון דאשלים משה **למיקמה** ית משכנא חשיב משה LV 1:1
למשכבכון ובצפרא סמיך **למיקמיכון:** ותכתובונון במגילתא DT 11:19
וברמשא סמיך **למיקמיכון:** ותקטורינון לאתין DT 6:7
כולהון קרא להון קדישין **למקום** באתר בית שכינתיה וכד DT 33:3
דישראל דעתידין **למקום** בתריה דיהוון זריזין בדיני LV 24:12
דיוחנן כהנא רבא רגל **למקום:** לשיבטא דבנימין בריך DT 33:11
אלקכון מכל שיבטיכון **למקום** לשמשא בשמא דייי הוא DT 18:5
מלכא משיחא דעתיד **למקום** מדבית יהודה אסר חרצוי GN 49:11
סנדרי דישראל דעתידין **למקום** מן בתריה דיהוון זריזין NU 27:5
סנדרייתא דעתידין **למקום** מן בתריהון דיהון מתינין NU 9:8
ולא תהי לכון תייקא **למקום** קדם בעלי דבביכון: LV 26:37
למעבד להון דינא מטול **למקיימא** ית כל פיתגמי אורייתא DT 29:28
בגין כן לית אפשר תוב **למקיימא** ית נפשך ומן יד שלף NU 31:8
עובדוי על ארעא דלא **למקמה** בנין על שמיה דאחוי: ובאש GN 38:9
הואיל ולית בזיניה חזי **למתקימא** ית גמלא וית ארנבא וית DT 14:7
ותיטרון ית פיתגמא הדין **לקיים** לך ולבנך דכורייא עד עלמא: EX 12:24
למשריתא: ותהי דא לכון **לקיים** עלם בירחא שביעאה הוא LV 16:29
לך יהבתינון לרבו ולבנך **לקיים** עלם: דין יהי לך מקודש NU 18:8
דיתגיירון ביניהון **לקיים** עלם: דיקרב בישכיבא לכל NU 19:10
ייי ויהי לך ולבנך עימך **לקיים** עלם היכמא דפקיד ייי: LV 10:15
לך ולבנך ולבנתך עימך **לקיים** עלם ולא יתבטיל הי כמלחא NU 18:19
מסאב הוא: ותהי לכון **לקיים** עלם ולחוד כהנא דמדי מי NU 19:21
ותהי להון כהונתא **לקיים** עלם ותקרב קורבנא דאהרן EX 29:9
ולבנך ולבנתך עימך **לקיים** עלם כל דידכי בביתך ייכול NU 18:11
מיליא: ותהי דא לכון **לקיים** עלם לכפרא על בני ישראל LV 16:34
יתהון לאהרן כהנא ולבנוי **לקיים** עלם מן בני ישראל: דא היא LV 7:34
לבנוי: ויהי לאהרן ולבנוי **לקיים** עלם מן בני ישראל מניכסת EX 29:28
כאחד ומעל יתהון לך **לקיימא:** ואנת סב לך מכל מיכל GN 6:20
דשמע או לא אתכוון **לקיימא** ובטיל בתר דישמע כל NU 30:6
טיבותך העבדתא עמי **לקיימא** ית נפשי ואנא לא יכילנא GN 19:19
מן קדמיכון ומן בגלל **לקיימא** ית פיתגמא דקיים ייי DT 9:5
למיקני ניכסין מן בגלל **לקיימא** ית קיימיה דקיים DT 8:18
עימכון יומנא: מן בגלל **לקיימא** יתכון יומנא לאומא ברירא DT 29:12
זבינתון יתי הלכא ארום **לקיימא** יתכון שדרני ייי קדמיכון: GN 45:5
שובעא דכר ונוקבא **לקיימא** מנהון זרעא על ארעא: GN 7:3
מכולא תעיל לתיבותא **לקיימא** עימך דכר ונוקבא יהון: GN 6:19
לן שיזבתא ביומא הדין **לקיימא** עם סגי מדבית יעקב: וכדון GN 50:20
הוא ומטולתיה הוא סבר **לקיימה** ית נפשיה ולא יקבול עלך DT 24:15
וביומא דשמע יתכווין **לקיימותהון** וישתוק לה ויתקיימון NU 30:8
עלוי אולפנא ובען **לקיימותיה** מקיימוניה ואין תאיב DT 21:21
קדם ייי אלקנא כל יומיא **לקיימותנא** כזמן יומא הדין: וזכו יהי DT 6:24
פעור: וכדון ישראל שמעו **לקיימייא** ולדינייא דאנא מליף DT 4:1
ובין בנך בתרך לדריהון **לקים** עלך למהוי לך לאלקא ולבנך GN 17:7
ותהי קימי בבשרכון **לקים** עלם: וערלאה דכורא דלא יגזר GN 17:13
ואקים ית קימי עימיה **לקים** עלם לבנוי בתרוי: ועל GN 17:19
בחצוצרתא ויהון לכון **לקים** עלם לדריכון: וארום תיעולון NU 10:8
ונסיב יעקב אבנא וזקפא **לקמא:** ואמר יעקב לבנוי דהוי קרי GN 31:45
מתעבדן ביה דכד הוו **מוקמין** ית משכנא הוה מיסגלגל הי EX 26:28
ותכבשון עיניכון מנהון **מיקם** תקימון עימיה: לא יהוון DT 22:4
דא את קימא דאנא **מקיים** בין מימרי וביניכון ובין כל GN 9:12
למימר: אנא הא אנא **מקיים** קיימי עמכון ועם בניכון GN 9:9
אולפנא ובען לקיימותיה **מקיימוניה** ואין תאיב ומריד DT 21:21
ואשכח תלת סהדיי ואנא **מקימא** לך מן חרציי תלתא GN 38:25

בדבית יעקב ולא **מתקיימין** עבדי ליעות שקר בדבית NU 23:21
ובגו פיתגמא הדין **נקום** ונגיח עימיה קרבא וית לאה GN 33:2
אבוי שדר טליא עמי **נקום** וניזיל וניחי ולא נמות אוף אנן GN 43:8
דניכול עיסבא דאפי ברא **נקום** כען ונלעי בליעות ידיי וניכול GN 3:18
דבהפתיק מרי עלמא **קאי** אלא יהי בך חובת עיכוב נידרא: DT 23:22
עול בריכא דייי למא אנת **קאי** בברא ואנא פניית ביתא GN 24:31
אלקכון ליה: ואנא הוית **קאי** בטוורא בעי ומצלי הי כיומיא DT 10:10
הוה פריס עד דהוה משה **קאי** בצלו ומצלי ובעי רחמין מן NU 10:36
הוה נטיל עד דמשה הוה **קאי** בצלו מצלי ובעי רחמין מן NU 10:35
בתרע משכנא וישמעאל **קאי** בתריה וציית מה דאמר GN 18:10
עמא ית עמודא דעננא **קאי** בתרע משכנא ומן יד קיימין כל EX 33:10
ואמר ייי למשה למא אנת **קאי** ומצלי קדמי הא צלותהון EX 14:15
קדם ייי ומשה הוה **קאי** ומשמש קדמיהון: והוה ביומא EX 18:12
דבסנדרי דלעיל אנת **קאי** לגבי ואימליל עימך ית DT 5:31
מן עלמא ויהושע בר נון **קאי** מן בתריה ומדבר עמא בית NU 11:26
הוית בחילמי הא אנא **קאי** על כיף נהרא: והא מן נהרא GN 41:17
ופרעה הוה חלים והא **קאי** על נהרא: והא מן נהרא סלקן GN 41:1
ריבוני אברהם: הא אנא **קאי** על עינא דמיא ובנתהון דאינשי GN 24:13
דאנא אזיל עלה: הא אנא **קאי** על עינא דמיא ותהי ריבא GN 24:43
ואתא לות גברא והא **קאי** עלוי גמליא על עינא: וחשיב GN 24:30
דבית ישמעאל תמן הוה **קאים** אריה יהודה גיבריהון דאחוי GN 50:1
מיגו אישתא: אנא הוית **קאים** בין מימריה דייי וביניכון DT 5:5
עמלק מחר אנא **קאים** בצומא מעתד בזכוות EX 17:9
בכל דר ודר והא לא **קאים** מן ההוא מצראי גבר גיור ולא EX 2:12
דידיה הוא: ארום לא **קאים** נטורי נחשין בדבית יעקב NU 23:23
ריגלך ארום אתרא דאנת **קאים** עלוי אתר קדיש הוא ועלוי EX 3:5
קדם תרעמתהון: האנא **קאים** קדמך תמן באתרא דתיחמי EX 17:6
ייי לחבלותך: ואמר ייי לי **קום** איזיל לתייר קדם עמא ויעלון DT 10:11
איתא מבנתהום דכנענאי: **קום** איזל לפדן דארם לבית בתואל GN 28:2
ונטל מתל נבותיה ואמר **קום** בלק ושמע אצית מיליי בריה NU 23:18
מלאכיא בלוט למימר **קום** דבר ית דבר אינתתך וית GN 19:15
לוחי קיימא: ואמר ייי לי **קום** חות ארום חבילו אורחתהון DT 9:12
אף כן בנך אפשר דיתמנון: **קום** טייל בארעא ועיבד בה חזקתא GN 13:17
למיקרי לך אתו גובריא **קום** טייל עמהון ולחוד פיתגמא NU 22:20
היכמה דמלילתא עמי **קום** כדון אסתחר ותיכול מצידי GN 27:19
הדין: ואמר ייי ליעקב **קום** סוק לביתאל ותיב תמן ועיבד GN 35:1
ליבהון זהוהין ואמר ליה **קום** עיבד לנא דחלן דיטיילון EX 32:1
כל דאסרת על נפשה **קום** עלה: ואין עד דהיא בבית בעלה NU 30:10
וכדון ברי קבל מיני **קום** ערוק לך לנפשך ואיזל לות לבן GN 27:43
קדמי תמן קיים כדון **קום** פוק מן ארעא הדא ותוב לארע GN 31:13
אפיטרופוס על ביתיה **קום** רדף בתר גברייא ותדבקינון GN 44:4
דיהב ייי להון: כדון **קומו** ועיברו לכון ית נחל טרווייא DT 2:13
פרעה בקל עציב וכן אמר **קומו** פוקו מגו עמי אוף אתון אוף EX 12:31
דנסיבו ברתויי ואמר **קומו** פוקו מן אתרא הדין ארום GN 19:14
יתיה מגו עמיה: ארום **קיום** נפש כל בישרא באדמא הוא LV 17:11
לה: כל נידרא וכל **קייום** איסרא לסגפא נפש בעלה NU 30:14
יכסיניה בעפרא: ארום **קייום** נפש כל בישרא אדמיה LV 17:14
בישרא לא תיכלון ארום **קייום** נפש כל בישרא אדמיה הוא LV 17:14
אדמא ארום אדמא הוא **קייום** נפשא לא תיכלון אדמא DT 12:23
לא תיכלון אדמא דביה **קייום** נפשא עם בישרא: לא DT 12:23
יתיה בזימניה ככל **קייומוי** וככל דינוי תעבדון יתיה:: NU 9:3
וחמת יתיה ארום בר **קייומי** הוא ואטמרתיה תלת ירחין EX 2:2
סכיית דעד כדון יוסף ברי **קיים** איזיל כדון ואחמיניה קדם GN 45:28
ית יעקב דעד כדון יוסף **קיים**: אילין גניסת בנוי דאשר NU 26:46
תמלח ולא תבטל מלח **קיים** אלקך מעילוי מנחתך מטול LV 2:13
אימר להון בשבועא **קיים** אנא אין לא היכמא דמלילתון NU 14:28
דילידן: וכדון איתא וניגזר **קיים** אנא ואנת ויהי לסהיד בינא GN 31:44
כפיתגמך: וברם בשבועה **קיים** אנא ומליא יקרא דייי ית כל NU 14:21
תמן קיימי תריהון: וגזרו **קיים** בבירא דשבע חורפן וקם GN 21:32
ייי אלקנא גזר עימנא **קיים** בחורב: לא עם אבהתנא גזר ייי DT 5:2
יהבית בעננא ותהי לסימן **קיים** בין מימרי וביני ארעא: ויהי כד GN 9:13
כל ניכסתא עד דאדמא **קיים** במזרקיא לא תהוון נטרי LV 19:26
אוחרן: ואמר הא אנא גזר **קיים** דלא אשלחיף עמא הדין בעם EX 34:10
ההוא גזר ייי עם אברם **קיים** דלא למידן ביה בנוי GN 15:18
קל מימרא דייי אלקא **קיים** דממלל מיגו אישא היכמא DT 4:33
למימר העד כדון אבוכון **קיים** האית לכון אחא ותנינא ליה GN 43:7
על דבשרת ליעקב דיוסף **קיים** היא שזיבת ליתבי אבל מן דין GN 46:17
ואמרית היכמא דאנא **קיים** הכדין לא אבטיל שבועתי DT 32:40
אפך ארום עד כדון אנת **קיים**: ואמר יוסף לאחוי ולבית אבוי GN 46:30
למימר עד כדון יוסף **קיים** וארום הוא שליט בכל ארעא GN 45:26
השלם לאבוכון סבא: הוא **קיים** וגחנו וסגידו: וזקף ית עינוי GN 43:28
הוא בשר דעד כדון יוסף **קיים** והוא אזדרז ואזל למצרים GN 49:21
שלם ואעבדיניה מלאך **קיים** ויחי לעלם למבשרא גאולתא NU 25:12
הוא יוסף העוד כדון אבא **קיים** ולא יכילו אחוי לאתבא ליה GN 45:3

דייי לא תגזרון להון **קיים** ולא תרחמון עליהון: לא DT 7:2
מימר דייי לנטורהא דיהי **קיים** ומטייל בשבילי ארחא דחיי GN 3:24
האילין גזרית עמך **קיים** ועם ישראל: והוה תמן קדם ייי EX 34:27
דעלה ובמשתוקיה **קיים** יתהון ארום שתיק לה NU 30:15
קמא דקיימת קדמי תמן **קיים** כדון קום פוק מן ארעא הדא GN 31:13
תיגזרון להון ולטעוותהון **קיים**: לא תעביד להון שכונן בארעך EX 23:32
ית קיימייא וית חסדא די **קיים** לאבהתכון: וירחמינכון DT 7:12
בכל מה דאנת עביד: וכדון **קיים** לי במימרא דייי הכא אין GN 21:23
אעביד כפיתגמך: ואמר **קיים** לי וקיים ליה ומן יד איתגלי GN 47:31
דאת אמר: ואמר יעקב **קיים** לי כיום דיהי וקיים ליה וזבין GN 25:33
לך דכל יומין דאנא **קיים** לית אנא מלטיט ית עמך עני NU 31:8
לך דילמא תגזור **קיים** ליתיב ארעא דאנת עליל עלה EX 34:12
ופורען הוא: דילמא תיגזר **קיים** ליתיב ארעא ויטעון בתר EX 34:15
קדמת דנא: וקיים יעקב **קיים** למימר אין יהי מימרא דייי GN 28:20
נדרא קדם ייי או יקיים **קיים** למיסר איסרא ממידעם NU 30:3
בגיני הוא: ואמר ארום **קיים** מימרא דייי בכורסיה יקריה EX 17:16
דשמע קל מימרא דאלק **קיים** ממלל מיגו אישתא כוותנא DT 5:26
כל אימת דכהנא רבא **קיים** מן תחום קרתא דקלטיה NU 35:26
דפרעה למימר: אבא **קיים** עלי למימר הא אנא מיית GN 50:5
תפנוקי שבתא לדריהון **קיים** עלם: בין מימרי ובין בני EX 31:16
פולחנא לא תעבדון **קיים** עלם בכל מותבניכון לדריכון: LV 23:21
ית יומא הדין לדריכון **קיים** עלם: בניסן בארבסר יומין EX 12:17
הוא ליה מקורבנייא דייי **קיים** עלם: גברא חייבא מרוד באלק LV 24:9
ותענון ית נפשתיכון **קיים** עלם: ויכפר כהנא די רבי יתיה LV 16:31
ייי תדירא מן בני ישראל **קיים** עלם: ותהי לאהרן ולבנוי LV 24:8
רמשא ועד צפרא קדם ייי **קיים** עלם לדריהון מן בני ישראל: EX 27:21
פולחנא לא תעבדון **קיים** עלם לדריכון בכל אתר LV 23:31
ית קרבן אלקכון **קיים** עלם לדריכון בכל מותבניכון: LV 23:14
לא מזדהרין בפולחנהון **קיים** עלם לדריכון ובגו בני ישראל NU 18:23
ועד צפר קדם ייי תדירא **קיים** עלם לדריכון:: ותיסב סמידא LV 24:3
לכון ולגייורא די יתגיירון **קיים** עלם לדריכון כוותכון כגייורא NU 15:15
דכורא בבני אהרן ייכלינה **קיים** עלם לדריכון מקרבנייא דייי LV 6:11
חובא באישא מצלהבא **קיים** עלם ליה ולבנוי בתרוי: ודין EX 28:43
מצלהבא ותהי להון **קיים** עלם ליה ולבנוי לדריהון: EX 30:21
לכהנין איהוא יעבד יתה **קיים** עלם קדם ייי גמירה תסתדר LV 6:15
דהינון טען בתריהון **קיים** עלם תהי דא להון לדריהון: LV 17:7
שיביא: וקיים ישראל **קיים** קדם ייי ואמר אין מימסר NU 21:2
ותהי ליה ולבנוי בתרוי **קיים** רבות עלם חולף דקני NU 25:13
והא כל ארעא דמצרים **קיימא** בכף מודנא חדא וטליא בר EX 1:15
מנהון עד לא אתיהב **קיימא** בעלמא ומן דאיתיהיב LV 20:17
בעלמא ומן דאיתיהיב **קיימא** בעלמא כל דיעבד כדין LV 20:17
לוחי מרמירא לוחי **קיימא** דגזר ייי עמכון ושהיית DT 9:9
וחזר ומתחקק על לוחי **קיימא** דהוון יהיבין בכף ידוי דמשה EX 20:2
עמא ואמר הא דין אדם **קיימא** דיגזר ייי עימכון על כל EX 24:8
בארעא דמואב בר מן **קיימא** דיגזר עימהון בחורב: וקרא DT 28:69
ויימרון מטול דשבקו ית **קיימא** דייי אלקא דאבהתהון דיגזר DT 29:24
לכון דילמא תתנשון ית **קיימא** דייי אלקכון דיגזר עימכון DT 4:23
מן צטר ימינא דארון **קיימא** דייי אלקכון ויהי תמן בכון DT 31:26
בני לוי דנטלין ית ארון **קיימא** דייי ולכל חכימי ישראל: DT 31:9
משה ית ליואי נטלי ארון **קיימא** דייי למימר: סבו ית סיפרא DT 31:25
מהלך תלתא יומין וארון **קיימא** דייי מטייל קדמיהון תלתין NU 10:33
דישראל הי ככל לווטיה **קיימא** דכתיבין בסיפרא הדין: DT 29:20
דמניש: איליין פיתגמי **קיימא** דפקיד ייי ית משה למיגזור DT 28:69
ייי יתכון ומן דנטיר ית **קיימא** דקיים לאבהתכון אפיק DT 7:8
האילין ואקיים ית **קיימא** דקיימית לאברהם אבוך: GN 26:3
בטוור מוריה ואוף ית **קיימא** דקיימית עם אברהם ביני LV 26:42
ואידכר ברחמין ית **קיימא** דקיימית עם יעקב בביתאל LV 26:42
יעקב בביתאל ואוף ית **קיימא** דקיימית עם יצחק בטוור LV 26:42
ייי ממצרים: ותינטור ית **קיימא** הדא דתפילי לזמנא דחזי לה EX 13:10
בלחודיכון אנא גזר ית **קיימא** הדא ומסהיד ית מומתא DT 29:13
עם אבהתנא גזר ייי ית **קיימא** הדין אלהין עימנא אנחנא DT 5:3
תרין לוחי מרמירא לוחי **קיימא**: ואמר ייי לי קום חות ארום DT 9:11
תקיפא ומהימנא נטיר **קיימא** וטיבו לרחמוי צדיקייא DT 7:9
ומשכן זימנא וארון **קיימא** ומני קודשא דחמיתון דהבא DT 1:1
וחזר ומתחקיק על לוחי **קיימא** ומתהפך בהון מן סטר לסטר EX 20:3
וכדחזי ליה הכדין יעבד **קיימא** חדא יהי לכון ולגיורא NU 9:14
הכדין יעבד: קהלא כולא **קיימא** חדא לכון ולגייורא די NU 15:15
דאידברת כד היא **קיימא** לגינוניתא על דבשרת GN 46:17
קודשא דאיתא בישתא **קיימא** לקובליה: ובזע יעקב לבושוי GN 37:33
חורנייתא ית פיתגמי **קיימא** עישרתי דביריא דהוו EX 34:28
בר מיניה: ותינטרון ית **קיימוי** וית פיקודוי דאנא מפקיד DT 4:40
ייי אלקך למינטור ית כל **קיימוי** ופיקודוי דאנא מפקיד לך DT 6:2
דתקנן קדמוי ולמינטור **קיימוי** ופיקודוי ודינוי ולמקבלא DT 26:17
לפיקודוי ותינטור כל **קיימויי** כל מרעין בישין דשויתי על EX 15:26

בסידרי דיניי קצו וית **קיימי** אורייתי רחיקת נפשיהון: LV 26:43
ואיתיניניה לעם סגי: וית **קיימי** אקיים עם יצחק דתיליד לך GN 17:21
יתהון ודכירנא ית **קיימי**: בכן אימר לבני ישראל אנא EX 6:5
בעננא: ודכירנא ית **קיימי** דבין מימרי וביניכון ובין כל GN 9:15
דחלתי וישנון ית **קיימי** די גזרית עימהון: ויתקוף רוגזי DT 31:16
וירגזון קדמיי דישנון ית **קיימי**: ויהי ארום יערען יתהון בישן DT 31:20
להון: ולחוד אקימית ית **קיימי** עמהון למיתן להום ית ארעא EX 6:4
אנא הא אנא מקיים **קיימי** עמכון ועם בניכון בתריכון: GN 9:9
ואסגי יתכון ואקים ית **קיימי** עמכון: ותיכלון עתיקא LV 26:9
מן שמי האנא גזר ליה ית **קיימי** שלם ואעבדיניה מלאך קיים NU 25:12
דשבע חורפן ארום תמן **קיימי** תריהון: וגזרו קיים בבירא GN 21:31
עממיא דישמעון ית כל **קיימיא** האילין ויימרון לחוד עם DT 4:6
דענר והינון הוו מריה **קיימיה** דאברם: וכד שמע אברם GN 14:13
מן בגלל לקיימא ית **קיימיה** דקיים לאבהתכון כזמן DT 8:18
ודכיר קדם ייי ית **קיימיה** דקיים עם אברהם ועם EX 2:24
ייי אלקכון למעיבר על **קיימיה**: ואזל בתר יצרא בישא ופלח DT 17:2
מטרת מימרי פיקודיי **קיימיי** ואורייתיי: ויתיב יצחק בגרר: GN 26:5
דמצרים: ותיטרון ית כל **קיימיי** וית כל סידרי דיניי ותעבדון LV 19:37
כנישתא דישראל ית כל **קיימיי** וית כל סידרי דיניי ותעבדון LV 20:22
ייי אלקכון: ותיטרון ית **קיימיי** וית סידרי דיניי דאין יעבד LV 18:5
כנישתא דישראל ית **קיימיי** וית סידרי דיניי ולא תעבדון LV 18:26
ייי אלקכון: ותעבדון ית **קיימיי** וית סידרי דיניי תטרון LV 25:18
ייי מקדשכון: ותיטרון ית **קיימיי** ותעבדון יתהון אנא הוא ייי LV 20:8
מנכון על דבטלתון ית **קיימיי** ותתכנשון מן ציירא LV 26:25
וסופכון למבטלא ית **קיימיי**: לחוד אנא אעביד דא לכון LV 26:15
תעביד ליה אנא ייי: ית **קיימיי** תיטרון בעירך לא תרבעיניה LV 19:19
סידרי דיניי תעבדון וית **קיימיי** תיטרון להלכא בהון אנא ייי LV 18:4
ומהודענא להון ית **קיימייא** דייי וית אורייתיה: ואמר EX 18:16
ית בני ישראל ית כל **קיימייא** דמליל ייי להון בידא LV 10:11
מפקיד לכון למעבד ית **קיימייא** האילין וית דינייא ותיטרון DT 26:16
עלנא ייי למעבד ית כל **קיימייא** האילין למידחל מן קדם DT 6:24
ודא אחווית תפקידתא **קיימייא** ודינייא דפקיד ייי אלקכון DT 6:1
קדם ייי: ותזהר יתהון ית **קיימייא** וית אורייתא ותהודע להון EX 18:20
ית תפקידתא וית **קיימייא** וית דינייא דאנא מפקיד DT 7:11
ותיטרון למעבד ית כל **קיימייא** וית דינייא די אנא יהיב DT 11:32
וינטר ייי אלקכון לכון ית **קיימייא** וית חסדא די קיים DT 7:12
נינטר למיעבד ית כל **קיימייא** ית כל תפקידתא הדא DT 6:25
רישי בוסמנין תמן הוו **קיימין** גוברין מן דבית עשו וגוברין GN 50:1
למשכנא מן קיסי שיטא **קיימין** הי כאורח נציבהון: עשר EX 36:20
למשכנא דקיסי שיטא **קיימין** הי כאורח נציביהון: עשר EX 26:15
כל עלמא כולהון הינון **קיימין** הכא עימן יומנא: ארום אתון DT 29:14
ואיחמי העד כדון אינון **קיימין** ואמר יתרו למשה איזיל EX 4:18
דין: חמון דאליפית יתכון **קיימין** ודינין היכמא דפקדני ייי DT 4:5
ההיא למלפא יתכון **קיימין** ודינין למעבדכון יתהון DT 4:14
והי דא אומא רבא דליה **קיימין** ודינין תריצין ככל אורייתא DT 4:8
לשתא דאתיא ואתון **קיימין** והא בר לשרה אינתתך ושרה GN 18:10
אתגזר עלה תלתין ושית **קיימין**: ויהי אין קבלא תקבלון DT 27:26
בעידנא הדין ואתון **קיימין** ולשרה בר: וכפרת שרה GN 18:14
בכון יומא דין סהדין **קיימין** ית שמיא וית ארעא ארום DT 4:26
בדחלתא דייי אלקכון **קיימין** כולכון יומא דין: חמון DT 4:4
קאי בתרע משכנא ומן יד **קיימין** כל עמא וסגדין כל קבל EX 33:10
משריתא ואזיל למשכנא **קיימין** כל רשיעי עמא ומתעתדין EX 33:8
אברם והא ארבע מלכוון **קיימין** למשעבדא ית בנוי אימתא GN 15:12
וארעו ית משה וית אהרן **קיימין** לקדמותהון במיפקהון מן EX 5:20
למירתה כל יומיא דאתון **קיימין** על ארעא: אבדא תאבדון ית DT 12:1
אלקכון כל יומיא דאתון **קיימין** על ארעא דאתון עברין ית DT 31:13
מן קדמי כל יומיא דהינון **קיימין** על ארעא וית בניהון יאלפון: DT 4:10
ליה בחורב והוו **קיימין** על את בבית אולפנא הינון EX 40:20
חמר עד אימר כד הינון **קיימין** על חד תרין ישלם: ארום EX 22:3
למידון וכל עמא **קיימין** קדמך מן צפרא עד רמשא: EX 18:14
מן שמיא: ואמר במימרי **קיימית** אמר ייי חולף דעבדת ית GN 22:16
אוף יתך קטילית ויתה **קיימית**: ואמר בלעם למלאכא דייי NU 22:33
בתרע משכן זימנא הואן **קיימן** על קרבן ארמותהין ומשבחן EX 38:8
לא מן בגלל די נטייבא לך **קיימתך** אלא מן בגלל למחזייך ית EX 9:16
ולמיכול לטפליכון: ואמרו **קיימתנא** נשכח רחמין בעיני ריבוני GN 47:25
דעורלתכון ויהי לאת **קים** בין מימרי וביניכון: ובר תמניא GN 17:11
ואמר אלקים לנח דא את **קים** דקיימית בין מימרי ובין מימר GN 9:17
ביומוי דגוג: ודכירנא להון **קים** דקיימית עם אבהתהון קדמי LV 26:45
לאבימלך וגזרו תריהום **קים**: ואקם אברהם ית שבע חורפן GN 21:27
בעננא ואחמינה למידכר **קים** עלם בין מימרא דאלקים ובין GN 9:16
ברעוא כל תריב קדם ייי: **קים** עלם לדריכון בכל מותבניכון LV 3:17
דמיתו ביקידת אישתא **קים** עלם לדריכון: ולאפרשא ביני LV 10:9
חגא קדם ייי לדריכון **קים** עלם תחגוניה: שובעא יומין EX 12:14
תהי בינן ובינך ונגזור **קים** עמך: אם תעבד עימנא בישא GN 26:28

יחבלכון ולא יתנשי ית **קימא** דאבהתכון דקיים להון: ארום DT 4:31
ית תרין לוחי אבניא לוחי **קימא** דאיתיהיבו ליה בחורב והוו EX 40:20
ואמר אלקים דא את **קימא** דאנא מקיים בין מימרי GN 9:12
טוורא ברם ארונא דביה **קימא** דייי ומשה לא זזו מגוא NU 14:44
יקריה למסוברא ית ארון **קימא** דייי למיקום קדם ייי DT 10:8
ופום ארעא וכתב לוחי **קימא** ומזיקי ופום ממלל אתנא בי NU 22:28
באישתא ותרין לוחי **קימא** על תרין ידיי: וחמית והא DT 9:15
ותעבדון ית פיקודוי וית **קימוי** דאנא מפקיד לכון יומא דין: DT 27:10
בר נשא ההוא מעמי ית **קימי** אשני: ואמר ייי לאברהם שרי GN 17:14
וסביני כספיכון ותהי **קימי** בבשרכון לקים עלם: וערלאה GN 17:13
והוי שלים בבישרך: ואיתן **קימי** בין מימרי ובינך ואסגי יתך GN 17:2
מינך יפקון: ואקים ית **קימי** בין מימרי ובינך ובין בנך בתרך GN 17:7
ובנך בתרך לדריהון: דא **קימי** דתיטרון בין מימרי וביניכון GN 17:10
למימרי ותינטרון ית **קימי** ותהון קדמיי חביבין מכל EX 19:5
דאיתותבו בה: ולחוד **קימי** ית אניק בני ישראל דמצראי EX 6:5
במלכותא דיון למפסוק **קימי** עימהון במלכותא דאדום LV 26:44
שמיה יצחק ואקים ית **קימי** עימיה לקים עלם לבנוי בתרוי: GN 17:19
ייי למימר: אנא הא גזר **קימי** עימך ותהי לאב סגי עממין: GN 17:4
חית ארעא: ואקיים ית **קימי** עימכון ולא ישתיצי כל GN 9:11
דבארע יתנגד: ואקים ית **קימי** עמך ותיעול לתיבותא אנת GN 6:18
ייי לאברהם ואנת ית **קימי** תיטר אנת ובנך בתרך לדריהון: GN 17:9
ית חובאה: אילין אחווית **קימיא** דפקיד ייי ית משה בין גבר NU 30:17
ותיטרון ותעבדון ית **קימיא** האילין: חגא דמטליא DT 16:12
פתגמי אורייתא הדא וית **קימיא** האילין למעבדהון: מטול DT 17:19
קל ממלל: ותני לכון ית **קימיה** דפקיד יתכון למעבד DT 4:13
קדמיכון יומא דין: אילין **קימייא** ודינייא דתינטרון למעבד DT 12:1
להון שמעו ישראל ית **קימייא** וית דינייא דאנא ממליל DT 5:1
לאלקא אנא ייי: אילין **קימייא** וסידרי דינייא וגזירת LV 26:46
כל אינש מן קדמיי ולא **קם** אינש עימיה כד אישתמודע GN 45:1
לא אשתמודע להון **קם** גברא מדבית יוסף אמר NU 15:32
שביעאה והא מכתשא **קם** כד הוה לא הליך פיסיונא LV 13:5
כיוון דחמנון שתקין **קם** מיגו סנדרי דיליה ונסיב רומחא NU 25:7
דפקיד ייי ית משה: ולא **קם** נביא תוב בישראל כמשה ארום DT 34:10
דמסאב הוא: ואם כד הוה **קם** ניתקא ושער אוכם צמח ביה LV 13:37
ויוסף בר תלתין שנין כד **קם** קדם פרעה מלכא דמצרים ונפק GN 41:46
סהיד אוגר הדין וסהידא **קמא** אין אנא לא איעבר לוותך ית GN 31:52
ליעקב הא אוגר הדין והא **קמא** דאקימית בינא ובינך: סהיד GN 31:51
בביתאל די רבית תמן **קמא** דקיימת קדמי תמן קיים כדון GN 31:13
לותי ית אוגר הדין וית **קמא** הדא לאבאשא: אלקיה GN 31:52
ואבנא הדא דשויתי **קמא** תהי מסדרא בבי מוקדשא GN 28:22
דמליל עימיה: ואקים תמן **קמה** באתרא דמליל עימיה קמה GN 35:14
באתרא דמליל עימיה **קמה** דאבנא ונסיך עלה ניסוך חמר GN 35:14
מן דשוי איסדוי ושוי יתה **קמה** ואריק מישחא על רישה: וקרא GN 28:18
מיא עורמן עורמן **קמו** להון צרירין הי כזיקין מיא EX 15:8
רמא: שיתא שיבטין **קמו** על טוורא דגריזים ושיתא על DT 27:15
גלעד: ובתר דאזל יעקב **קמו** רעייא על בירא ולא אשכחו GN 31:22
עד ארעית תהומא מיניה **קמו** תריסר שיבטין מיניה עתיד GN 50:1
חמון גבר ית אחוי ולא **קמון** אינש מאתריה תלתא יומין EX 10:23
משכנא ומשה ויהושע **קמון** מן לבר: ואמר ייי למשה הא DT 31:15
שמע זכוותך היך **קמון** שימשא וסיהרא אמטולתך DT 2:25
אורייתא הדא דאנא סדר **קמיכון** יומא דין: לחוד אסתמרו DT 4:8
ית אגוריהון ותיתברון ית **קמיתהון** ומרחקתהון תוקדון DT 12:3
בשיפולי טורא ותריסירי **קמן** לתריסירי שיבטיא דישראל: EX 24:4
הוא: ואין באתרא **קמת** בהקי לא הליכת פיסיונא LV 13:23
הוא: ואין באתרא **קמת** בהקי לא הליכת פיסיונתא LV 13:28
על בית קבורתא היא **קמת** בית קבורתא דרחל עד יומא GN 35:20
נפתלי: וחמת לאה ארום **קמת** מלמילד ושחררת ית זלפה GN 30:9
בית לחם: ואקים יעקב **קמתא** על בית קבורתא היא קמת GN 35:20
ית איגוריהון תתרעון וית **קמתהון** תתברון וית אשיריהון EX 34:13
דעבד דביש קדם ייי: והא **קמתון** בתר אבהתכון תלמידי NU 32:14
סגודהון ותברא תתבר **קמתי** צילמהון: ותפלחון קדם ייי EX 23:24
אסתתכל לאחורך ולא **תקום** בכל מישרא לטוורא GN 19:17
משכוניה: בשוקא **תקום** וגברא דאנת מוזיף ביה יפיק DT 24:11
בה ואיתתא לא **תקום** קדם בעירא לאתהניא מינה LV 18:23
סבין דסברין באורייתא **תקומון** ותיקר אפי חכימא ותידחל LV 19:32
ואנת ובנך עימך **תקומון** קדם משכנא דסהדותא: NU 18:2
תחנונין ואמר לפנחס אין **תקיים** ית נפשי משתבענא לך דכל NU 31:8
כל עביד חרשיותא לא **תקיימון** באטלות אבנין יתקטלון:: EX 22:17
תטלוקוניה וכל ברתא **תקיימון**: ואזל עמרם גברא דמשבט EX 1:22
יהיב לכון אחסנא לא **תקיימון** כל נישמא לא לעבדין ולא DT 20:16
ירחא דניסן בחד לירחא **תקים** ית משכנא משכן זימנא: EX 40:2
בזמן דתעברון ית יורדנא **תקימון** ית אבניא האילין דאנא DT 27:4
וקמתין מטול סגותא לא **תקימון** לכון ואבן מציירא לא LV 26:1
דתיפוק מן שפוותכון **תקימון** מצוותא דכשרין DT 23:24

עיניכון מנהון מיקם **תקימון** עימיה: לא יהוון גוליין DT 22:4

קום (1)

רשאין למיקמא **קמא** הכדין ליתיכון רשאין למנאה DT 16:22

קומקמוס (1)

כרנבתא כסיא קיתוניא **קומקמוסיא** תעברון בארבעין סווין NU 31:23

קופא (1)

דמשך ססגונא: ויתנון על **קופא:** וידרדון ית מדבחא ויפרסון NU 4:12

קופסא (1)

הדא ותשוון יתיה **בקופסא** מן צטר ימינא דארון DT 31:26

קוץ (1)

עלה דייתי ית קורבנה **דקייץ** עלה מדילה חד מן עשרא NU 5:15

קורא (1)

וחצדא בתקופת ניסן **וקורא** בתקופת טבת וחומא GN 8:22

קורטור (2)

בלק אין יתן לי בלק מלי **קורטור** דיליה כסף ודהב לית לי NU 22:18
אם יתן לי בלק מלא **קורטור** דיליה כסף ודהב לית לי NU 24:13

קורקבנא (2)

יתירא ודלית ליה זרוקפא **ודקורקבניה** ליתוי מקליף לא LV 11:13
דכי דלית דאית ליה זפק **וקורקבניה** קליף ואית ליה ציבעא DT 14:11

קטט (1)

לייחוס אבהתהון שריין **ואתקוטטו** כחדא במשריתא ואזלו LV 24:10

קטייא (1)

מגן בלא תפקדתא ית **קטייא** וית מלפפוניא וית קפלוטיא NU 11:5

קטל (350)

למיהוי מתאמר ערלאין **איתקטילו** בגין בתולתא ופלחי GN 34:31
ולא על יד בני נשא **איתקטל** אלא חמי אנא ברוח GN 37:33
כל דיפסינה איתקטלא **איתקטל** ארום כל מאן דיעבד בה EX 31:14
בטוורא איתקטלא **איתקטל:** לא תיקרב ביה ידא ארום EX 19:12
מיניה ולא דמי ליה והבל **איתקטל** על ידוי דקין וקין איטרד GN 5:3
קטולא הוא איתקטלא **איתקטל** קטולא: תבע אדמא הוא NU 35:18
היא לכון כל דיפסינה **איתקטלא** איתקטל ארום כל מאן EX 31:14
כל דיקרב בטוורא **איתקטלא** איתקטל: לא תיקרב ביה EX 19:12
וקטליה קטולא הוא **איתקטלא** איתקטל קטולא: תבע NU 35:18
בידי וקטליה קטולא הוא **איתקטלא** יתקטול קטולא הוא NU 35:21
ולאימיה בשמא מפרשא **איתקטלא** יתקטיל באטלות אבנין: EX 21:17
למולך למיתוקדא בנורא **איתקטלא** יתקטיל עמא בית LV 20:2
בגברא הדין ובאינתתיה **איתקטלא** יתקטל: הרע יצחק GN 26:11
דהוא חייב ליממת ארום **איתקטלא** יתקטל: ולא תקבלון NU 35:31
ית איתת חבריה מיבעלא **איתקטלא** יתקטל על מיבעלא LV 20:10
עורייתא דאבוי בזי **איתקטלא** יתקטלון תריהון קטלא LV 20:11
חמי ליה למזכי בדינא **אתקטיל:** הלא הוא אמר לי דאחת GN 20:4
אמרית בלבבי דילמא **אתקטל** בגינה: ואמר אבימלך מה GN 26:9
לבת ישראל ויקטליניה **אתקטלא** יתקטול בסייפא: ודי לא EX 21:12
דמפרש ומחרף שמא דייי **אתקטלא** יתקטיל אטלא יאטלון LV 24:16
ודחביל באבוי ובאימיה **אתקטלא** יתקטיל בשינוקא EX 21:15
וישתכח ברשותיה **אתקטלא** יתקטיל בשינוקא EX 21:16
עיבידתא ביומא דשבתא **אתקטלא** יתקטל באטלות אבנין: EX 31:15
עיבידתא ביומא דשבתא **אתקטלא** יתקטל באטלות אבנין: EX 35:2
אימיה בשמא מפרשא **אתקטלא** יתקטל באטלות אבנין LV 20:9
דיתן תשמישיה בבעירא **אתקטלא** יתקטל באטלות אבנין LV 20:15
ביה: ואמר ייי למשה **אתקטלא** יתקטל גברא אטלו יתיה NU 15:35
וקטליה קטולא הוא **אתקטלא** יתקטל קטולא: או במנא NU 35:17
וקטליה קטולא הוא **אתקטלא** יתקטל קטולא: ואין NU 35:16
יהי בהון בידין או זכורו **אתקטלא** יתקטלון באבנא יאטלון LV 20:27
תועיבתא עבדו תריהון **אתקטלא** יתקטלון באטלות אבנין: LV 20:13
אבנין וית בעירא בקולפי **אתקטלא** יתקטלון דין קטול LV 20:16
די ישמיש עם כלתיה **אתקטלא** יתקטלון תריהון תבלא LV 20:12
לאחוריהון אף מבני לוי **אתקטלו** ארבע גניסן אמרו דין לדין DT 10:6
ליה רשותא למחבלא **במיקטלי** בארעא דמצרים: ויהי EX 12:13
דפרש מיניה ונפל או **בקטיל** חרבא או בשכיבא במותנא NU 19:18
דבדריסא דאמיה **בקטיל** סייפא או בסייפא דקטל NU 19:16
בר נשא וכל דיקרב **בקטילא** תדון עלוי ביומא תליתאה NU 31:19
דהוה סימא באפיהון **בקטילת** סייפא ביומא ההוא כמניין EX 32:28
על פום מימרא דייי **בקטילת** סייפא: ואמר ייי למשה EX 17:13
יארע יתן במותא או **בקטלא:** ואמר להון מלכא דמצרים EX 5:3
לסוף מאה ותלתין שנין **דאיתקטיל** הבל וילידת בר וקרת GN 4:25
גברא בר ישראל קטילא **דאיתקטיל** עם מדינתא זמרי בר NU 25:14
ברת רבא דמדין אחתהון **דאיתקטילת** ביומא דמותנא על NU 25:18
בעירא ישלמינה ומן **דיקטול** אינשא יתקטיל: דינא חדא LV 24:21
היכדין יתיהב ביה: ומן **דיקטול** בעירא ישלמינה ומן LV 24:21
למיעירוק לתמן כל **דיקטול** בר נש בשלו: ואין במנא NU 35:15
ויעירוק לתמן קטולא **דיקטול** בר נש בשלו: ויהון לכון NU 35:11
בכל מותבניכון: כל **דיקטול** בר נשא על מימר סהדין NU 35:30
הילכתא עני ואמר מאן **דיקטול** וקטיל האן הינון ארוותא NU 25:7

דיערוק לתמן ויחי **דיקטול** ית אחיה בלא מתכוין ליה DT 19:4
לא דמכין הינון עד **דיקטלון** קטול רב בבעלי דבביהון NU 23:24
ארום לא גברא קטילית **דנתקטלא** תחותוהי ואוף לא GN 4:23
וליה לא אית חובת דין **דקטול** ארום לא סני הוא ליה DT 19:6
לאסתקפא חובת אדם **דקטול** בביתך דילמא יפול דין DT 22:8
פרעה ואיגרי בהון גירין **דקטול** ואיתין מחת גבורת ידי EX 7:4
תבשילא דביה כמא **דקטול** וארגיש ביה ואמר לא איכול GN 24:33
חווייא קלן מליין אירס **דקטול** וסוברך ייי אלקך בעננוי DT 1:31
יהי בה ותדינון נפשא **דקטולא** חולף נפשא דאיתתא: דמי EX 21:23
נגדין ואזלין עד אתרא **דקטולא** תמן וסלקין עלוי ואחדין DT 21:8
לגובא הדין דבמדברא ויד **דקטולון** לא תושטון ביה בגין GN 37:22
קטולא לית ליה סידרין **דקטולין:** ארום בקירייתא דקלטיה NU 35:27
יתהון דיינין וידונון דינין **דקטולין** ית עמא דטעו בתר פעור NU 25:4
שובעא יומין כל **דקטיל** בר נשא וכל דיקרב בקטילא NU 31:19
דהוא קשי הי כחרבא **דקטיל** מן תרין חורפוי למיכול LV 19:16
ואמר ליה ייי הא בכין כל **דקטיל** קין לשבעא דרין יתפרע GN 4:15
ויתיבו ישראל בתר **דקטילו** ית סיחון בארעא דאמוראי: NU 21:31
בקטיל סייפא או בסייפא **דקטל** ביה או בשכיבא שלימא NU 19:16
בר גברא מצראה **דקטל** גברא בר ישראל במצרים LV 24:10
אפרים והינון אלפייא **דקטל** גדעון בר יואש במדינאי DT 33:17
ארעא והינון ריבוותא **דקטל** יהושע בר נון בגלגלא דהוא DT 33:17
ומצראי מקברין ית **דקטל** ייי בהון כל בוכרא NU 33:4
עביד היכמא דעבד קין **דקטל** ית הבל בחיי אבוי והדר אבוי GN 27:41
תחותוי הדד בר בדד **דקטל** ית מדינאה בסדרותיה GN 36:35
ישראל בשמתא דייי **דקטלא** כפיתגם דחרב וירית ית NU 21:24
מן ידא דכל חיתא **דקטלא** לבר נשא איתבועיניה GN 9:5
דאיתכלת חוה מן הבל **דקטליה** קין ואיטרדו תרוויהון מן GN 27:45
לי ייי בר אוחרן חלף הבל **דקטליה** קין: ולשת אף הוא GN 4:25
בארעא דמצרים ביומא **דקטלית** כל בוכרא בארעא NU 3:13
באינשא ובבעירא ביומא **דקטלית** כל בוכרא בארעא NU 8:17
למיקטלי אנת אמר כמה **דקטלת** ית מצראי ודחיל משה EX 2:14
מן ארעא: וכען חלף **דקטלתיה** ליט את מן ארעא GN 4:11
למעירוק לתמן קטולא **דתיקטול** ית חבריה ולא אתכוון DT 4:42
ופרע ליה: ויתקף רוגזי **ואקטול** יתכון בחרבא דמותא ויהון EX 22:23
ריבוון מלאכין מחבלין **ואקטול** כל בוכרא בארעא דמצרים EX 12:12
יתקטלא יתקטל בסייפא: **ודיקטול** נפש בעירא ישלמינה LV 24:18
לתחום קרתא דקלטיה **ויקטול** תבע אדמא ית קטולא לית NU 35:27
ושיבט תקיף מישראל **ויקטל** רברבני מואבאי וירוקן כל NU 24:17
ויימרון אינתתיה דא **ויקטלון** יתי ויתיך יקיימון: אימרי GN 12:12
דמלטט יתהום אילוט **ויקטלוניה** לפיתגם דחרב ויתברכון GN 12:3
דאלקים באתרא הדין **ויקטלונני** על עיסק אינתתי: וברם GN 20:11
ישראל או לבת ישראל **ויקטליניה** אתקטלא יתקטול EX 21:12
דיכמון גבר על חבריה **ויקטליניה** נפש היכדין פיתגמא DT 22:26
בטומרא ויקום עלוי **ויקטליניה** נפש וימות ויעירוק DT 19:11
ארום תיסגי אורחא **ויקטליניה** נפש וליה לא אית חובת DT 19:6
יתיה ביד תבע אדמא **ויתקטיל:** ולא תיחוס עיניכון עלוי DT 19:12
דילמא יגרום ליה חובא **ויתקטל** בקרבא וגבר חורן DT 20:5
ליה חובא דלא פרקיה **ויתקטל** בקרבא וגבר חורן יחליניה: DT 20:6
דלא חדי באינתתיה **ויתקטל** בקרבא וגבר חורן יסבינה: DT 20:7
בה גברא וישמש עימה **ויתקטל** גברא דשמש עימה DT 22:25
ביה פרקמטיא ויזבניניה **ויתקטל** גברא ההוא בשינוקא DT 24:7
ייי אלקכון או מן דיינא **ויתקטל** גברא ההוא ותפלון עביד DT 17:12
בשום טעוות עממיא **ויתקטל** נביא ההוא בסייפא: וארום DT 18:20
איתתא איתת גבר חורן **ויתקטלון** אוף תרויהון גברא DT 22:22
להון בשעת אניקין **ומקטל** כולהון ביקידת נשמתא NU 11:26
קרבא עם בעלי דבבוי **ומקטל** מלכין עם שולטניהון ולית GN 49:11
דיכי אתי: וכדון אתו **וניקטליניה** ונירמיניה בחד מן GN 37:20
לקובליהון סידרי קרבא **ונקטול** בהון קטול רב וסגי ונבוז EX 15:9
ארום מזוניה הוא: נבילא **וקטולא** לא ייכול לאסתאבא בה LV 22:8
פלחי פולחנא נוכראה **וקטולו** אפילו גבר ית אחוי וגבר ית EX 32:27
מלכין עם שילטונין **וקטולוי** חכימין מן כל קטולייא DT 33:20
ברפידים והוה נסיב **וקטיל** גוברין מדבית דן דלא הוה EX 17:8
עני ואמר מאן דיקטול **וקטיל** האן הינון ארוותא דשיבט NU 25:7
בזמן דקני ית קנאתי **וקטל** חייבא דביניהון ואמטוליה NU 25:11
דייי תקיף ברשיעי עמא **וקטל** ייי בעמא קטול סגי לחדא: NU 11:33
ליבא דפרעה למפטרנא **וקטל** ייי כל בוכרא בארעא EX 13:15
ושדיין לקמך שירין **וקטלאין** דדהבא מן בגלל דתיתלי GN 49:22
מלכיא ונפלו קומי אברם **וקטלו** ארבעה מלכין ואהדר תשע GN 15:1
דיתיב בטוורא ההוא **וקטלו** יתהון ושיציאונון וטרודונון NU 14:45
דהבא יתבא לרוחצן **וקטלו** כל דכורא: וית חמור וית GN 34:25
דפקיד ייי ית משה **וקטלו** כל דכוראה: וית מלכי NU 31:7
רדפו בני לוי בתריהון **וקטלו** מינהון תמני גניסן והדרו DT 10:6
בידא דפלשתאי **וקטלונון** הינון הוו גרמיא יבישיא EX 13:17
עלוי כיפין בכוונות ליבא **וקטליה:** או נטר ליה בבו ומחהי NU 35:20

וטבע אבנא במיצחיה **וקטליה:** ואמר ייי לקין אן הבל GN 4:8
מתכוון וטלק עלוי מדעם **וקטליה** והוא לא סני ליה ולא תבע NU 35:23
דכיא ואשכח כלבא חדא **וקטליה** ועבד אף הוא מיניה GN 27:31
יד שלף סייפיה מן תיקה **וקטליה:** ושבו בני ישראל ית נשיהון NU 31:8
דלא למקטל נפש עאל **וקטליה** חובת שפיכות אדם זכאיי EX 22:2
ותקף רוגזא דייי עליה **וקטליה** ייי: ואמר יהודה לאונן עול GN 38:7
כמיסת דימות בה מחהי **וקטליה** קטולא הוא איתקטלא NU 35:18
נטר ליה בבו ומחהי בידי **וקטליה** קטולא הוא איתקטלא NU 35:21
דפרזלא במשהו מחהי **וקטליה** קטולא הוא אתקטלא NU 35:16
כמיסת דימות בה מחהי **וקטליה** קטולא הוא אתקטלא NU 35:17
הדין לארעא דקיים להון **וקטלינון** במדברא: וכדון יסגי כדון NU 14:16
למימר: אעיק ית מדינאי **ותקטול** יתהון: ארום עייקין הינון NU 25:17
כל בעירא למתהניא מינה **ותקטלון** ית איתתא באטלות LV 20:16
מתברא אין ביר דכר הוא **ותקטלון** יתיה ואין ברתה נוקבא EX 1:16
גבי מדבחי מתמן תסבוני **ותקטלוניה** בסייפא: ודחביל באבוי EX 21:14
קדם ייי דילמא **יקטול** בהון: ונחת משה מן טוורא EX 19:24
ייי יתקדשון דילמא **יקטול** בהון ייי: ואמר משה קדם ייי EX 19:22
קטולא: תבע אדמא הוא **יקטול** ית קטולא כד יערעיניה NU 35:19
דחמיין למסהד עלוי **יקטול** תבע אדמא או בי דינא ית NU 35:30
יתקטיל: וגבר ארום **יקטיל** כל נפשתיה דבר נשא מבני LV 24:17
לאחוריה הכדין **יקטיל** שמשון בר מנוח ית כל גיברי GN 49:17
חשיב בליביה דילמא **יקטלונני** אינשא אתרא על עיסק GN 26:7
האילין בדינא הוא **יקטליניה:** ואין ביסנא הדף ואתכוון NU 35:19
כל זכיי דישכחינני **יקטלינני:** ואמר ליה ייי הא בכין כל GN 4:14
ויקטליניה אתקטלא **יתקטול** בסייפא: ודי לא איזדווג EX 21:12
קטולא הוא איתקטלא **יתקטול** קטולא הוא תבע אדמא NU 35:21
שמא דייי אתקטלא **יתקטיל** אטלא יאטלון יתיה אבנין LV 24:16
מפרשא איתקטלא **יתקטיל** באטלות אבנין: וארום EX 21:17
דדבח לטעוות עממיא **יתקטיל** בסייפא וניכסוי יתגמרון EX 22:19
ובאימיה אתקטלא **יתקטיל** בשינוקא דסודרא: ודיגנוב EX 21:15
ברשותיה אתקטלא **יתקטיל** בשינוקא דסודרא: ודילוט EX 21:16
ומן דיקטול אינשא **יתקטיל:** דינא חדא יהי לכון כגיורא LV 24:21
דיחרף שמא דמייחד **יתקטיל:** וגבר ארום יקטיל כל LV 24:16
בנורא איתקטלא **יתקטיל** עמא בית ישראל יחייבון LV 20:2
ביומא דשבתא אתקטלא **יתקטל** באטלות אבנין: וינטרון בני EX 31:15
בבעירא אתקטלא **יתקטל** באטלות אבנין וית בעירא LV 20:15
בשמא מפרשא אתקטלא **יתקטל** באטלות אבנין מטול דאבוי LV 20:9
ביומא דשבתא אתקטלא **יתקטל** באטלות אבנין: עמי בני EX 35:2
ליואי וחילוני דיקרב **יתקטל** באישא מצלהבא מן קדם NU 1:51
ישראל וחילוניי דיקרב **יתקטל** באישא מצלהבא מן קדם NU 3:38
כהונתהון וחילוניי דיקרב **יתקטל** באישא מצלהבא קדם ייי: NU 3:10
תורא יתרגם ואוף מריה **יתקטל** במיתותא דמשתלחא עלוי EX 21:29
חלים חילמא זידנא ההוא **יתקטל** בסייפא ארום מליל סטיא DT 13:6
מבני ישראל יתקטלא **יתקטל** בסייפא: ודיקטול נפש LV 24:17
דדבח לטעוות עממיא **יתקטל** בסייפא וכדון עיברו ותובו EX 32:27
ייי למשה אתקטלא **יתקטל** גברא אטלו יתיה באבנא כל NU 15:35
סהדין או תלתא סהדין **יתקטל** דמתחייב קטול לא יתקטל DT 17:6
ובאינתתיה איתקטלא **יתקטל:** וזרע יצחק לצדקתא GN 26:11
ליממת ארום איתקטלא **יתקטל:** ולא תקבלון פורקן לדערק NU 35:31
כהונתכון וחילוניי דיקרב **יתקטל:** ומליל ייי עם אהרן ואנא NU 18:7
מיבעלא איתקטלא **יתקטל** על מיבעלא בשינוק סודרא LV 20:10
דמתחייב קטול לא **יתקטל** על מימר סהיד חד: ידא DT 17:6
קטולא הוא אתקטלא **יתקטל** קטולא: או במנא דקיסי NU 35:17
קטולא הוא אתקטלא **יתקטל** קטולא: ואין באבנא מלוא NU 35:16
דבר נשא מבני ישראל **יתקטלא** יתקטל בסייפא: ודיקטול LV 24:17
קדם ייי ויהי בך חובא: לא **יתקטלון** אבהן לא בסהדות ולא DT 24:16
בידין או זכורו אתקטלא **יתקטלון** באבנא יאטלון יתהון LV 20:27
עבדו תריהון אתקטלא **יתקטלון** באטלות אבנין: דיסב ית LV 20:13
בעירא בקולפי אתקטלא **יתקטלון** דין קטול חייבין: וגבר די LV 20:16
תקיימון באטלות אבנין **יתקטלון::** כל מאן דדבח לטעוות EX 22:17
ולא בחובי בנין ובנין לא **יתקטלון** לא בסהדות ולא בחובי DT 24:16
בחובי על סהדין כשרין **יתקטלון:** לא תצלון דין גיורא DT 24:16
דאבוי בזי איתקטלא **יתקטלון** תריהון קטלא חייבין LV 20:11
עם כלתיה אתקטלא **יתקטלון** תריהון תבלא עבדו LV 20:12
לבר נשא איתבועיניה **לאיתקטלא** עליה ומידא דאינשא GN 9:5
מטול דקניאו לשמיה **לאתקטלא** בגין יקריה למסוברא DT 10:8
נוכראה מטול דלא **למיקטול** יתיה: ואישוי אנא LV 20:4
רבא ויקירא בגין דלא **למיקטול** יתיה כל דישכחוניה GN 4:15
למעבד כפיתגמא הדין **למיקטל** זכאי עם חייב ויהי זכאי GN 18:25
לגבר רב ודיין עלנא הלא **למיקטלי** אנת אמר כמה דקטלת EX 2:14
וידנא לא תהי ביה **למיקטליה** ארום אחונא בישרנא GN 37:27
ירשע גבר על חבריה **למיקטליה** בנכילו אפילו כהנא הוא EX 21:14
לותהום ואיתיעטו עלוי **למיקטליה:** ואמרו שמעון ולוי דהוו GN 37:18
תהי ביה בשירויא **למיקטליה** וידא דכל עמא DT 17:7

יתושטן ביה בשירויא **למיקטליה** וידיהון דכל עמא DT 13:10
בזמן דבעא ריבוניה **למיקטליה** ושיזבוהי מן דין קטול GN 47:22
ביה מלאכא דייי ובעא **למיקטליה** מן בגלל גרשום בריה EX 4:24
לך כמן ומתיעט עלך **למיקטלך:** וכדון ברי קבל מיני קום GN 27:42
למיתן סייפא בידיהון **למיקטלנא:** ותב משה לקדם ייי EX 5:21
ית פיתגמא הדין ובעא **למקטול** ית משה וערק משה מן EX 2:15
ברא רבא דחשיב בליביה **למקטול** ליעקב ושדרת וקראת GN 27:42
אמן: ליט דמקבל שוחדא **למקטל** בר נש למשדי אדם זכאי DT 27:25
בלק וית מלכיא דעתיד **למקטל** יהושע בר נון דמן שיבט DT 34:2
במיכליה ובמשקייה **למקטל** לריבונהום למלכא דמצרים: GN 40:1
פיתגמא כשימשא דלא **למקטל** נפש עאל וקטליה חובת EX 22:2
על משה ועל אהרן **למקטלהון** ואתפניו למשכן זימנא NU 17:7
קדם ייי דגובריא דבעו **למקטלי** נחתו מניכסהון והינון EX 10:29
עלוי כל מאן ולא אתכוון **למקטליה:** או בכל אבנא דהיא NU 35:22
רב נחתומי צלב דיעט **למקטליה** היכמה דפשר להום יוסף: GN 40:22
מלותהון ית שמעון דיעט **למקטליה** וכפת יתיה קמיהון: GN 42:24
שלף סייפא ובעא **למקטליה** פתח פומיה במילי NU 31:8
קרתא ההיא דקריבין **לקטילא** ישזגון ית ידיהון על DT 21:6
ויהי קרתא דקריבא **לקטילא** מתחשדא וסבי בי דינא DT 21:3
מלכא דמצרים ופקיד **לקטלא** בוכרייא דבני ישראל בגין EX 2:23
מן קדם ייי בהרמנא שרי **לקטלא:** ונסיב אהרן היכמא דמליל NU 17:11
יתן למדברא הדין **לקטלא** ית כל קהלא הדין בכפנא: EX 16:3
למימר בבישא הנפיקינון **לקטלא** יתהון ביני טוורייא תבור EX 32:12
דנן אסיקתנא ממצרים **לקטלא** יתנא וית בננא וית גיתנא EX 17:3
ומדסני יתהון ואפיקינון **לקטלותהון** במדברא: והינון עמך DT 9:28
ארעא דעבדא חלב ודבש **לקטלותנא** במדברא ארום NU 16:13
סליא תלת יומין הינון **לקטלך:** בסוף תלתא יומין יעדי GN 40:18
קרבא קבל בעלי דבבוי **מקטל** מלכין עם שילטונין וקטולוי DT 33:20
חד מלותי ואמרית ברם **מקטל** קטיל ולא חמיתיה עד כדון: GN 44:28
בטומרא עלוי: ארום **מקטל** תקטליניה ידיכון יתושטן DT 13:10
בה לאללא יתה ארעא **מקטלא** יתבהא היא במרעין וכל NU 13:32
במצרים והות ידיה **מקטלא** כל בוכריה מצרים וימיניה EX 12:42
תרויכון יומא חד דאנת **מתקטל** והוא מטרד היכמא GN 27:45
ווי לכון סגיפין מחר אתון **מתקטלין** מטול דסני ייי יתנא DT 1:27
הניית ממון יהי לן ארום **ניקטול** ית אחונא ונכסי על דמיה: GN 37:26
מן אידיהון ואמר לא **נקטליניה** דלא נתחייב באדמיה: GN 37:21
ביש לית לעולימתא דין **קטול** אילהין גברא יפטירינא מיניה DT 22:26
שזיבת ליתבי אבל מן דין **קטול** ביומי יואב ובנוי דבריעה GN 46:17
האילין דאתחייבו **קטול** בנפשתהון ויעבדון מנהון NU 17:3
קדם ייי מחר מניכסת **קטול** בעלי דבבוי איליין דכפרין EX 32:5
עימיה מעבדך יהי חייב **קטול** ואוף אנן נהי לריבוני לעבדין: GN 44:9
דתורא יהי זכאי מדין **קטול** ואוף מדמי עבדא ואמהו: ואין EX 21:28
ביומא דתיכול תהי חייב **קטול:** ואמר ייי אלקים לא תקין די GN 2:17
ושיזבוהי מן דין **קטול** וברם ארום חולקא אמר GN 47:22
דיינייא מחייבין ליה **קטול** ודישוד בלא סהדין מרי GN 9:6
יעקב אחי ואנא משתכח **קטול** וירית: ואתחווא לרבקה ברוח GN 27:41
אין יהוי בגבר חובת דין **קטול** ויתחייב אטלות אבנין ובתר DT 21:22
קמי מלכא ואתקנס דין **קטול** ולא דלו מיניה עד דחמי DT 32:50
אתקטלא יתקטלון דין **קטול** חייבין: וגבר די ישמש עם LV 20:16
קטולא הוא תבע אדמא **קטול** ית קטולא כד אתחייב ליה: NU 35:21
סהדין יתקטל דמתחייב **קטול** לא יתקטל על מימר סהיד DT 17:6
ויהי זכיי מחייא מדין **קטול** לחוד בוטלן עיבידיתיה EX 21:19
איליין דאתחייבו **קטול** מן טליותהון במצרים NU 16:26
קדם ייי מטול דדין **קטול** מתחייב: וכל מעשרא דארעא LV 27:29
עמא וקטל ייי בעמא **קטול** סגי לחדא: וקרא ית שום NU 11:33
דמכין הינון עד דיקטלון **קטול** רב בבעלי דבביהון וביזת NU 23:24
סידרי קרבא ונקטול בהון **קטול** רב וסגי ונבוז מינהון ביזא EX 15:9
הוא אתקטלא יתקטל **קטולא:** או במנא דקיסי מלא ידא די NU 35:17
ירדוף תבע אדמא בתר **קטולא** ארום ירתח עלוי ליביה DT 19:6
פורקן לשיזבא בר נש **קטולא** דהוא חייב ליממת ארום NU 35:31
לתמן קטולא: ודין הילכת **קטולא** דיערוק לתמן וייחי דיקטול DT 19:4
לכון ויעירוק לתמן **קטולא** דיקטול בר נש בשלו: ויהון NU 35:11
שימשא: למעירוק לתמן **קטולא** דתיקטול ית חבריה ולא DT 4:42
דין לדין מאן גרם לנא **קטולא** הדא אלא על דאתרשלנא DT 10:6
דימות בה מחהי וקטליה **קטולא** הוא איתקטלא איתקטל NU 35:18
בבו ומחהי בידי וקטליה **קטולא** הוא איתקטלא יתקטול NU 35:21
במשהו מחהי וקטליה **קטולא** הוא אתקטלא יתקטל NU 35:16
דימות בה מחהי וקטליה **קטולא** הוא אתקטלא יתקטל NU 35:17
הוא איתקטלא יתקטול **קטולא** הוא תבע אדמא קטול ית NU 35:21
הוא אתקטלא יתקטל **קטולא:** ואין באבנא מלוא ידא די NU 35:16
ויהי עליכון חובת דין **קטולא:** וארום יהי גבר סני לחבריה DT 19:10
ויהי למערוק לתמן **קטולא:** ודין הילכת קטולא דיערוק DT 19:3
אדמא או בי דינא ית **קטולא** וסהיד חד לא יסהד בבר נש NU 35:30
שית קירוין קלטן **קטולא** יהויין לכון: וית תלת NU 35:13

הוא תבע אדמא קטול ית **קטולא** כד אתחייב ליה: ואין בשלו NU 35:21
אדמא הוא יקטול ית **קטולא** כד יערעיניה מברא NU 35:19
ההיא: ואין מיפק יפוק **קטולא** כל אימת דכהנא רבא קיים NU 35:26
דימות כהנא רבא יתוב **קטולא** לארע אחסנתיה: ויהוון NU 35:28
ויקטול תבע אדמא ית **קטולא** לית ליה סידרין דקטולין: NU 35:27
ית שית קוריין דקלטן **קטולא** למיעירוק לתמן ועליהון NU 35:6
וישיזבון כנישתא ית **קטולא** מן יד תבע אדמא ויתיבון NU 35:25
לכון קירוייא למיקלט **קטולא** מן תבע אדמא ולא ימות NU 35:12
מן תבע אדמא ולא ימות **קטולא** עד דיקום קדם כנישתא NU 35:12
הוא איתקטלא איתקטל **קטולא**: תבע אדמא הוא יקטול ית NU 35:18
משה לדיינא ישראל **קטולו** אינש גבר שיבטיה דאדבקו NU 25:5
גבר למשכבי דכורא **קטולו**: וכל טפלא בנשיא אוקימו NU 31:17
בכנישתא דייי: וכדון **קטולו** כל דכורא בטפליא וכל NU 31:17
מלכי מדינאי קטלו על **קטולי** משיריתהון ית אוי וית רקם NU 31:8
עם קטולין ארום בחובי **קטוליא** חרבא נפיק על עלמא: עמי EX 20:13
עם קטולין ארום בחובי **קטוליא** חרבא נפיק על עלמא: עמי DT 5:17
וקטולוי חכימין מן כל **קטולייא** דמגרר אדרעא עם DT 33:20
לחוד הינון למיהוי עם **קטולין** ארום בחובי קטוליא חרבא EX 20:13
להון הינון למיהוי עם **קטולין** ארום בחובי קטוליא חרבא DT 5:17
בכנישתהון דישראל עם **קטולין** דלא יקומון בניכון מן DT 5:17
בכנישתיהון דישראל עם **קטולין** ולא יקומון בניכון מן EX 20:13
חברין ולא שותפין עם **קטולין** ולא יתחמי בכנישתהון DT 5:17
חברין ולא שותפין עם **קטולין** ולא יתחמי בכנישתיהון EX 20:13
עמי בני ישראל לא תהוון **קטולין** לא חברין ולא שותפין עם EX 20:13
עמי בני ישראל לא תהוון **קטולין** לא חברין ולא שותפין עם DT 5:17
ולא הוא ברם סדר **קטולין** לית הינון חייבין ארום לא LV 19:20
כל טירחנהון עליי **קטולני** כדון במיתותא דנייחין בה NU 11:15
יתכון באורחא והוה **קטיל** בכון כל דהוה מהרהר למסטי DT 25:18
ואמרית ברם מקטל **קטיל** ולא חמיתיה עד כדון: GN 44:28
אנת למיפטריה הא אנא **קטיל** ית ברך בוכרך: והוה באורחא EX 4:23
דמיתת אבא ובכן אנא **קטיל** ית יעקב אחי ואנא משתכח GN 27:41
עופן וחיוון גבר נפיק חקל **קטיל** נפשן דהוא קטל ית נמרוד GN 25:27
ארום ישתכח **קטילא** בארעא דלא טמיע באוגרא DT 21:1
ושום גברא בר ישראל **קטילא** דאיתקטיל עם מדינתא NU 25:14
ית קירויא די בחזרנות **קטילא**: ויהי קרתא דקריבא DT 21:2
שמעון: ושום איתתא **קטילא** מדינתא כזבי ברת צור NU 25:15
אחיהון וקריביהון דאילין **קטיליא** ויצטרפון בליגיונין וייתון GN 15:1
רב בבעלי דבביהון וביזת **קטיליא** ירתון: ואמר בלק לבלעם NU 23:24
ברי לגור בר אריוון דמן **קטיליה** דיוסף ברי סליקת נפשך GN 49:9
אירוי גירדי מן אדם **קטיליהון** וסייפי תגמר בישריהון DT 32:42
מסמק טווריא מן אדם **קטיליהון** לבושוי מעגעגין באדמא GN 49:11
וכד תתמלי נפשי מן אדם **קטיליהון** מן בתר כדין אשלוף EX 15:9
שכם ואידכו מסואבות **קטילייא** דקרבתון בהון ושנן GN 35:2
בנוי דיעקב עלו לחלצא **קטילייא** ובזו ית קרתא דסאיבו GN 34:27
זמינין קדמיכון ותתרמון **קטילין** בחרבא ארום מן בגלל NU 14:43
תגמר בישריהון מדם **קטילין** ושיבין משירוי פורענות DT 32:42
למימרי ארום לא גברא **קטילית** דנתקטלא תחותוהי ואוף GN 4:23
קדמי ארום כען אוף יתך **קטילית** ויתה קיימית: ואמר בלעם NU 22:33
הות אמר לימא קבל **קטילניך** לא ימא הוה בעי למטמע EX 15:12
ואמר מה עבדת קל דמי **קטילת** אחוך דאיתבלעו GN 4:10
ידיה יתדנא יתדן דין **קטילת** סייפא: ברם אין יומא חד EX 21:20
ולא נטריה ומבתר כן **קטל** גברא או איתא תורא יתרגם EX 21:29
חקל קטיל נפשן דהוא **קטל** ית נמרוד וית חנוך בריה GN 25:27
בתר כל ניסיא אילין אנת **קטל** ית עמא הדין כגברא חד NU 14:15
ייי קדם משכנא דייי אדם **קטל** יתחשב לגברא ההוא ותהי LV 17:4
דבדקו דחלבונא הוא ולא **קטל** יתיה ויהבי בבי אסירי אתר GN 39:20
דחמיסר ומימרא דייי **קטל** כל בוכרא בארעא דמצרים EX 12:29
מטול דאבוי ואימיה לט **קטלא** חייב: וגבר די יגור ית איתת LV 20:9
יתקטלון תריהון **קטלא** חייבין באטלות אבנין: וגבר LV 20:11
תריהון תבלא עבדו **קטלא** חייבין באטלות אבנין: וגבר LV 20:12
באבנא יאטלון יתהון **קטלא** חייבין: ואמר ייי למשה אימר LV 20:27
מדין וית בלעם בר בעור **קטלו** בסייפא והוה כיון דחמא NU 31:8
וית חמור וית שכם בריה **קטלו** לפתגם דחרב ודברו ית דינה GN 34:26
יקרי ארום ברוגזהון **קטלו** מלכא ושולטניה וברעותהון GN 49:6
דכוראה: וית מלכי מדינאי **קטלו** על קטולי משיריתהון ית אוי NU 31:8
קדשיא מן אדניהן **קטליא** מן צווריהן שיריא מן NU 31:50
מיא לא אשתמודע מאן **קטליה**: ויפקון מבי דינא רבא תרי DT 21:1
בגו עמך ישראל וגלי מן **קטליה** ויתכפר להון על דמא ומן יד DT 21:8
חד מה דיימר חבריה והוו **קטלין** דין לדין ופסקו מלימיבני GN 11:8
אמר בלעם רשיעא אין **קטלין** יתי בית ישראל בסייפא כבר NU 23:10
מיסיטירין דילי כד **קטלית** ית מצראה על ימא ארגיזו NU 16:26
דבה הות לך שיזבותא כד **קטלתא** ית מצראי וקבילתיה: EX 8:12
סיפא בידי ארום כדון **קטלתיך**: ואמרת אתנא לבלעם ווי NU 22:29
חייב ואשכחו ליה זכו לא **תקטול** ארום לא הווינא מזכי ליה EX 23:7
למימר ית תרין בנוי **תקטל** בשמתא אין לא אייתיניה GN 42:37
אבנין וית בעירא **תקטלון** בקולפי: ואיתתא די תקרב LV 20:15
אלהין בי היא שעתא **תקטלונון** בשינוקא דסודרא DT 22:22
עלוי: ארום מקטל **תקטליניה** ידיכון יתושטן ביה DT 13:10

קטם (15)

קדם ייי ואנא מתיל לעפר **וקטם**: מאין חסרין מן חמשין זכאין GN 18:27
טעוות אעא מתעבדין **קטם** דינדעון מצראי ארום אנא ייי: EX 12:12
סיבו לכון מלי חופניכון **קטם** דקיק מן אתונא וידריקיניה EX 9:8
טעוון דעא מתעבדין **קטם** ודבעירי מייתין: ונטלו בני NU 33:4
ארעא דמצרים: ונסיבו ית **קטמא** דאתונא וקמו לקדם פרעה EX 9:10
ויכנוש גבר כהין דכי ית **קיטמא** דתורתא בקלל דפחר מקף NU 19:9
ויצבע כהנא דכניש ית **קיטמא** דתורתא ית לבושוי ויהי NU 19:10
על בישריה ויפרוש ית **קיטמא** דתיכול אישתא ית עלתא LV 6:3
יומין: הוא ידי עלוי מי **קיטמא** ההוא ביומא תליתאה NU 19:12
דכי לאתר בית מישד **קיטמא** ויוקד יתיה על קיסין בנורא LV 4:12
ויסגי דליקתא לאפושי **קיטמא**: ויצבע לבושוי כהנא דינכס NU 19:6
קידומא באתר דמוקדין **קיטמא**: ויתלע יתיה בגדפוי ולא LV 1:16
בנורא על אתר בית מישד **קיטמא** יתוקד: ואין כל כנישתא LV 4:12
לבושין חורנין ויהנפק ית **קיטמא** למיברא למשריתא לאתר LV 6:4
מגופת שייע ויפלג ית **קיטמא** לתלת חולקין חדא יהיב NU 19:9

קטע (21)

לפדן ארם היכדין **איתקטעא** ליה במיתביה דביומא GN 24:61
בהדיה וטייל והיכמא **דאיתקטעא** ליה אורחא במיזליה GN 24:61
דבתרוי וכנשו ית סלוי **דקטיע** ודחגיר כנש עשרא כרוויין NU 11:32
ותבר יהושע ית עמלק **דקטע** רישי גיבריא דעמיה על פום EX 17:13
ובאש קדם ייי מה דעבד **וקטע** אוף ית יומוי: ואמר יהודה GN 38:10
עמלק מקביל יתהון **וקטע** בית גיבריהון ושדי לעילא DT 25:18
עימיה וית יצחק בריה **וקטע** קיסין דזיתא ותאנתא GN 22:3
בן דן ונטל סייפא **וקטע** רישיה דעשו רשיעא והוה GN 50:13
ורדידו ית טסי דדהבא **וקטעו** יתהון שזרין למעבד בגו EX 39:3
מיכל הוא יתיה תחבלון **ותיקטעון** ותיבנון קרקומין על DT 20:20
ותתקיף בבית בהתתיה: **ותקטעון** ית פיסת ידה לא תחוסן DT 25:12
מבינך: אסתמרו דלא **למקטוע** בישרא דביה בהקי אלהין DT 24:8
ותידחף אידיה בסיקוריא **למקטע** קיסא וישמוט פרזלא מן DT 19:5
עם חבריה בחורשא **למקטע** קיסין ותידחף אידיה DT 19:5
וגיוריכון דיבגו משרוייכון **מקטועי** קיסיכון עד מילואי DT 29:10
ימליל חד כל מילוי וחד **מקטע** מילוי ומדשמעתון מיליהון DT 1:16
לעידן או תרין יומין **קטיעין** יתקיים לא יתדן מטול EX 21:21
ליה ואתחייב למהוי שנוי **קטיען** ותהא ואיתחמי ליה ורכן על GN 46:29
וברכני ייי בגינך: ואמר **קטע** אגרך עלי ואיתן: ואמר ליה GN 30:28
וכד עברו ישראל ית ימא **קטעו** מלאכייא ית אילנא וטלקוה EX 26:28
וגיתי סגי לחדא: והוו **קטעין** מן לישא דאפיקו ממצרים EX 12:39

קטף (8)

לכון דרכא ית קטפא **וקטפא** יארע אפקות בר זרעא LV 26:5
כפעל בקמתא דחברך **ותיקטוף** פירוכיין בידך ומגלא לא DT 23:26
ייי למשה סב לך בושמיא **קטף** וכשת וחלבניא בוסמין בחירין EX 30:34
טעינין שעוה ושרף **קטף** ולטום מטיילין לאחתא GN 37:25
לגברא דורונא קליל שרף **קטף** וקליל דבש שעוה ולטום GN 43:11
ויארע לכון דרכא ית **קטפא** וקטפא יארע אפקות בר LV 26:5
ית כאוותהא ולא **תקטפון** ית עינבי שמיטהא: ארום LV 25:11
וית עינבי רדופיכון לא **תקטפון** שנת שמיטתא יהי לארעא: LV 25:5

קטר (40)

חמון ריחא דברי כריחא **דקטורת** בוסמנייא דעתידא GN 27:27
ושמא קטורה היא הגר **דקטירא** ליה מן שירויא: וילידת ליה GN 25:1
אדמא על קרנת מדבחא **דקטרת** בוסמיא דקדם ייי דבמשכן LV 4:7
וית מנהא וית מדבחא **דקטרת** בוסמיא: וית מדבחא EX 30:27
מנהא: ועבד ית מדבחא **דקטרת** בוסמיא מן קיסי שיטא EX 37:25
דמשח רבותא ולפיטומא **דקטרת** בוסמיא: מרגליין דבירולין EX 25:6
וית כל מנהא וית מדבחא **דקטרת** בושמיא: וית מדבחא EX 31:8
דאיזמן מימרי לך תמן: **ויקטר** עלוי אהרן קטרת בוסמין EX 30:7
דכיא למשח רבותא **ולקטרת** בוסמיא: כל גבר בר ישראל EX 35:28
בושמיא למשח רבותא **ולקטרת** בוסמיא: מרגליין דבורלין EX 35:8
כהנא מישחא דאנהרותא **וקטורת** בוסמיא ומנחתא דתדירא NU 4:16
באתקנותיה ית בוציניא **יקטירנה**: ובאדלקות אהרן ית EX 30:7
בוציניא ביני שימשתא **יקטירנה** קטורת בוסמין תדירא EX 30:8
קוטרא דארעא היא **כקוטרא** דאתונא: והוה בחבלות ייי GN 19:28
וסליק קוטריה הי **כקוטרא** דאתונא וזע כל טוורא EX 19:18
וריחהון נדיף הי **כקטרת** בוסמיא ותשוי ית פרסא EX 40:5
ותיתן ית מדבחא דדהבא **לקטרת** בוסמיא קדם ארונא EX 40:5
מישרא וחמא והא סליק **קוטרא** דארעא היא כקוטרא GN 19:28
באישא מצלהבא וסליק **קוטריה** הי כקוטרא דאתונא וזע כל EX 19:18
דרבותא קודשא וית **קטורת** בוסמיא דכי עובד בוסמנו: EX 37:29
וית משחא: דרבותא וית **קטורת** בוסמיא וית פרסא דתרעא EX 35:15
וחמשין גוברין מסקי **קטורת** בוסמיא: ומליל ייי עם משה NU 16:35

וית משח רבותא וית **קטורת** בוסמיא לקודשא הי ככל EX 31:11
מן לגיו לפרגודא: ויתן ית **קטורת** בוסמיא על אישתא קדם LV 16:13
קדם פרגודא: ואסיק עלוי **קטורת** בוסמין היכמא דפקיד ייי EX 40:27
לחבלא בעמא ויהב ית **קטורת** בוסמין וכפר על עמא: וקם NU 17:12
אישתא ושויאו עליהון **קטורת** בוסמין וקמו בתרע משכן NU 16:18
בהון אישתא ושויאו עלה **קטורת** בוסמין וקריבו קדם ייי LV 10:1
ותיתנון עליהון **קטורת** בוסמין ותקרבון קדם ייי NU 16:17
קבל רברבי ישראל מליין **קטורת** בוסמין טבין מתקל עשר NU 7:86
מן קדם ייי ומלי חופנוי **קטורת** בוסמין כתישין ויעיל מן LV 16:12
דלא מן בני אהרן לאסקא **קטורת** בוסמין קדם ייי ולא יהי גבר NU 17:5
ביני שימשתא יקטירנה **קטורת** בוסמין תדירא קדם ייי EX 30:8
טב קריב יתה מליא **קטורת** בוסמנין טבין מן אפרשותא: NU 7:20
טב קריב יתה מליא **קטורת** בושמנין טבין מן אפרשותא: NU 7:14
קדם ייי ויחפי ענן תנן **קטורתא** ית כפורתא דעל סהדותא LV 16:13
ואתון תהון קדמי מלכין **קטרי** כלילא וכהנין משמשין ועם EX 19:6
בסוף יומיא ומכנש מלכין **קטרי** תגין ואיפרכין לבשי שיריונין NU 11:26
בידסקייה וחמון ית **קיטרי** כספיהון הינון ואבוהון GN 42:35
חוטיהון ויתלון בחמשת **קיטרין** ארבעא בגו תלתא על NU 15:38

קטר (21)

אתקין ליה פוריינא **וקטר** ליה גננא בגויה זמין ליה DT 32:50
קודש קודשין תהי לכון: **וקטרת** בוסמין דתעבד בדמוייה לא EX 30:37
ית ידיה ונסבת חייתא **וקטרת** על ידיה חוט זהורי למימר GN 38:28
סמיך למיקמיכון: **ותקטורינון** לאתין כתיבין על ידך DT 6:8
על לבכון ועל נפשכון **ותקטרונון** יתהון כד הינון כתיבין DT 11:18
עזייא תסבון: ויהי לכון **קטיר** ונטיר עד ארבסר יומא לירחא EX 12:6
כדין נפק אחוי דעל ידי **קטיר** חוט זהורי וקרת שמיה זרח: GN 38:30
עינוי וחמא ענן איקרא **קטיר** על טוורא ואשתמודעיה מן GN 22:4
וברקין ועננא תקיף **קטיר** על טוורא וקל שופרא תקיף EX 19:16
ובכל ברייתא בתרין זינין **קטירין** כחדא: לא תהוון לבשין DT 22:10
ובפום סנדלא שנצי **קטירן** ויחדס ריגליה בארעא DT 25:9
קדמי ותחמי ית **קטר** דבידא דתפילי איקר שכינתי EX 33:23
דיסקיינון והא גבר **קטר** כספיה בידסקייה וחמון ית GN 42:35
מדבחא לאסקא עלוי **קטרת** בוסמיא דקיסי שיטא EX 30:1
וית מישחא דרבותא וית **קטרת** בוסמיא וית פרסא דבתרע EX 39:38
במתקל יהי: ותעביד יתיה **קטרת** בוסמין בוסם עובד ממזיג EX 30:35
לך תמן: ויקטר עלוי אהרן **קטרת** בוסמין בצפר בצפר EX 30:7
לדריכון: לא תסקון עלוי **קטרת** בוסמין דעממין נוכראין EX 30:9
מעילוי מדבחא ושוי **קטרת** בוסמין על אישתא ואוביל NU 17:11
ישוון אחוהון כהניא **קטרת** בוסמין על מחתיא וייכלון DT 33:10
בהון אישתא ושוו עליהון **קטרת** בוסמין קדם ייי מחר ויהי NU 16:7

קטרב (1)

עיבידתא ואפסרא **וקטרבא** ולא אידעצא בזקתא וסול NU 19:2

קטרג (1)

למערבבא סטנא דאתי **למקטרגא** לכון בקל יבבותכון: NU 29:1

קיטון (3)

ויסקון ויעלון בביתך **ובקיטון** בי דמכך ועילוי דרגשך EX 7:28
אחוי ובעא למבכי ועל **לקיטונא** דבי מדמכא ובכא תמן: GN 43:30
בארעא דישראל בגו **קיטוני** מדמיכיהון איגרי בהון חרגת DT 32:25

קיטני (1)

ולא מן אוריזא ודוחינא **וקיטני** תפרשון אפרשותא קדם ייי: NU 15:19

קייטא (3)

פסיק מיניה תלגא לא **בקייטא** ולא בסתווא: כל קרוי DT 3:9
בסידרי דינא במשחתא **דקייטא** וסיתווא במתקלא LV 19:35
וחומא בתקופת תמוז **וקיטא** וסיתווא ויממי ולילי לא GN 8:22

קילותא (1)

ביומא ההוא ארום **קילותא** קדם אילקא למצלוב גבר DT 21:23

קינה (1)

קין נעמא היא הות מרת **קינין** וזמרין: ואמר למך לנשוי עדה GN 4:22

קיס (70)

למירתה רמי ולא צלוב **בקיסא** בחקלא ולא טאיף על אנפי DT 21:1
בבעלא פעור כמסמרא **בקיסא** דלא מתפרש בלא קיסמא NU 25:3
מנהון יהי מסאב כל מאן **דקיסא** או לבוש או צלא או שק כל LV 11:32
ויסב כהין אוחרן בקעתא **דקיסא** דגולמיש ואיזובא וצבע NU 19:6
לטוורא ועיבד לך ארונא **דקיסא**: ואכתוב על לוחיא ית DT 10:1
דובנא יתבר וכל מאן **דקיסא** ישתטיף במיא: וארום אין LV 15:12
בארונא: ועבדית ארונא **דקיסא** שיטא ופסלית תרי לוחי DT 10:3
קרנא וגרמא וכל מאן **דקיסא** תדון עלוי: ואמר אלעזר NU 31:20
יתקטל קטולא: או במנא **דקיסי** מלא ידא די כמיסת דימות NU 35:18
סיטרי תיניין: ועבד אריחי **דקיסי** שיטא וחפא יתהון דהבא: EX 37:4
פתורא: ועבד ית אריחיא **דקיסי** שיטא וחפא יתהון דהבא EX 37:15
בהון: ועבד ית אריחיא **דקיסי** שיטא וחפא יתהון דהבא: EX 37:28
ועבד ית אריחיא **דקיסי** שיטא וחפא יתהון נחשא: EX 38:6
תיניינא: ותעביד אריחי **דקיסי** שיטא ותחפי יתהון דהבא: EX 25:13
בהום: ותעביד ית אריחיא **דקיסי** שיטא ותחפי יתהון דהבא: EX 30:5
ותעביד ית אריחייא **דקיסי** שיטא ותחפי יתהון דהבה EX 25:28
מדבחא: ותעביד אריחין **דקיסי** שיטא ותחפי יתהון נחשא: EX 27:6
ותעביד ית מדבחא **דקיסי** שיטא חמש אמין אורכא EX 27:1
ועבד ית מדבחא דעלתא **דקיסי** שיטא חמש אמין אורכיה EX 38:1
לוחא חד: ועבד נגרין **דקיסי** שיטא חמשא ללוחי סטר EX 36:31
לוחא חד: ותעביד נגרין **דקיסי** שיטא חמשא ללוחי צטר EX 26:26
ית לוחיא למשכנא **דקיסי** שיטא קיימין הי כאורח EX 26:15
עלוי קטרת בוסמיא **דקיסי** שיטא תעביד יתהון: אמתיה EX 30:1
ישראל: ותעביד פתורא **דקיסי** שיטא תרתין אמין אורכיה EX 25:23
כרוביא: ועבד ית פתורא **דקיסי** שיטא תרתין אמין אורכיה EX 37:10
תעבדון: ויעבדון ארונא **דקיסי** שיטא תרתין אמין ופלגא EX 25:10
ועבד בצלאל ית ארונא **דקיסי** שיטא תרתין אמין ופלגיה EX 37:1
במנא וידי לסידורא **דקיסי** תיניא מן לגין מן ציטרא NU 19:4
ארנונין לפלחי טעוון **דקיסין** ואבנין: ואין יהרהר ליבכון DT 28:36
ארעא: עיבד לך תיבותא **דקיסין** קדרונין מאה וחמשין קולין GN 6:14
באדמא דציפרא חייתא **ובקיסא** דארזא ובאיזובא ובצבע LV 14:52
תרין ציפורין חיין ודכיין **וקיסא** דארזא וצבע זהורי ואיזובא: LV 14:4
ית ביתא תרתין צפרין **וקיסא** דארזא וצבע זהורי ואיזובא: LV 14:49
ואפילו קרקעיתיה ואבנוי **וקיסוי** ומנוי יהי מסאב שובעא NU 19:14
מסמקי ומשכי דססגונא **וקיסי** דשיטא: ומשחא לאנהרותא EX 35:7
מסמקי ומושכי דססגונא **וקיסין** דשיטין: ומשח זיתא EX 25:5
האנא ואמר הא אישתא **וקיסין** והאן אימרא לעלתא: ואמר GN 22:7
תבית ניבלת גושמיה על **קיסא** ארום מקבר תקברוניה ביומא DT 21:23
על מי מבוע: ויסב ית **קיסא** דארזא וית איזובא וית צבע LV 14:51
חייתא יסב יתה וית **קיסא** דארזא וית צבע זהורי וית LV 14:6
אידיהון דבני נשא מן **קיסא** ואבנא דלא חמיין ולא שמעין DT 4:28
וית טעוון דילהון דמן **קיסא** ואבנא דרמיין באושקקי DT 29:16
גופך ויצלוב יתך על **קיסא** וייכול עופא ית בישרך מינך: GN 40:19
אידיה בסיקוריא למקטע **קיסא** וישמוט פרזלא מן קתא DT 19:5
כדין יצלבון יתיה על **קיסא**: לא תבית ניבלת גושמיה על DT 21:22
ית עיבידתא ובנגרות **קיסא** למיעבד בכל עיבידת אומנוון: EX 35:33
לאשלמא ובנגרות **קיסא** למעבד כל עיבידתא: ואנא EX 31:5
קדם מימרא דייי על **קיסא** קבל שמשא בקריצתא ועם NU 25:4
ית ביתא ית אבנוי וית **קיסוי** וית כל עפרא דביתא וינפק LV 14:45
לוותכון: ונסיב אברהם ית **קיסי** דעלתא ושוי עילוי יצחק GN 22:6
דקטרת בוסמיא מן **קיסי** שיטא אמתא אורכיה ואמתא EX 37:25
ועבד לה ארבעא עמודי **קיסי** שיטא וחפנון דהבא וויהון EX 36:36
ית לוחיא למשכנא מן **קיסי** שיטא קיימין הי כאורח EX 36:20
דפלוגתא וסדר עילוי ית **קיסיא** וכפת ית יצחק בריה ושוי GN 22:9
דיבגו משרוייכון מקטועי **קיסיכון** עד מילואי מימיכון: DT 29:10
במימריה אזיל ואתלוש **קיסין** ביומא דשבתא ויחמון יתי NU 15:32
ית גברא כד תליש ועקר **קיסין** ביומא דשבתא: וקריבו יתיה NU 15:32
קיטמא ויוקד יתיה על **קיסין** בנורא על אתר בית מישד LV 4:12
וית יצחק בריה וקטע **קיסין** דזיתא ותאנתא ודיקלא GN 22:3
וית פריסותא דתרבא על **קיסין** דעל אישתא דעל מדבחא: LV 1:8
ויסדר כהנא יתהון על **קיסין** דעל אישתא דעל מדבחא: LV 1:12
יתיה כהנא למדבחא על **קיסין** דעל אישתא עלתא היא LV 1:17
למדבחא על עלתא דעל **קיסין** דעל אשתא קרבן דמתקבל LV 3:5
מאן דהישתיכח עימיה **קיסין** דשיטא לכל עיבידת פולחנא EX 35:24
חזור חזור לה סידורי **קיסין** דתיניא וכהנא אוחרן יכוס NU 19:3
טעוותא דלא ידעתון דמן **קיסין** ואבנין: ואין יתפלג דעתכון DT 28:64
יתיה על מדבחא לעיל מן **קיסין**: ופשט אברהם ית ידיה GN 22:9
חבריה בחורשא למקטע **קיסין** ותידחף אידיה בסיקוריא DT 19:5
דהשכחו יתיה תליש **קיסין** לות משה ולות אהרן ולות NU 15:33
על מדבחא ויסדרון **קיסין** על אישתא: ויסדרון בני אהרן LV 1:7

קיסט (3)

דיקשוט מכילו דיקשוט **וקסטין** דיקשוט יהי לכון אנא ייי LV 19:36
יהוי לכון מכילן שלמן **וקסטין** דקשוט יהוי לכון מן בגלל DT 25:15
קודשא ומשח זיתא מלי **קסטא** דסכומיה תריסר לוגין לוגא EX 30:24

קיפופא (2)

וית שלי נונא מן ימא וית **קיפופא**: וית אותיא וית קקא וית LV 11:17
וית בר נצצא לזנוי: וית **קפופא** וית שלי נונא מן ימא וית DT 14:16

קיץ (11)

על מימרא דקודשא **בקצת** מנהון הוה משה מתין מן NU 9:8
משיריין דן דמהלכין **בקצת** עמא דאתפרסמו מתחות NU 22:41
לחוד משיריתא דמהלך **בקצתיה** תחמיה וכולהון NU 23:13
בגלל דהוו דיני נפשתא **ובצתהון** הוה משה זריז מן בגלל NU 9:8
והא הינון בארעא דגשן: **ומקצת** אחוי דבר חמשא גוברין GN 47:2
תלתין שנין קדם **קיצא** איתמסרו בידא דפלשתאי EX 13:17
איקר שכינתא דייי **קיצא** דעתיד מלכא משיחא למיתי GN 49:1
ירחין וכיוון דימטא **קיצא** למיפוק לעלמא ואיתאכיל NU 12:12
ואנשייה עד זמן די מטא **קיצא** מן קדם ייי למתפרקא: והוה GN 40:23
די שלימו: והוה די מטה **קיציה** דמשה נביא למתכנשא מיגו DT 32:1
בני ישראל: שיתא מן **קצת** שמהתהון על מרגלייא חדא EX 28:10

קירס (1)
על בני גלוותא ברם **קיריס** איטימוס להון בשעת אניקין NU 11:26
קיתון (1)
בנורא כרנבתא כסיא **קיתוניא** קומקמוסיא תעברון NU 31:23
קל (82)
דאתי למקטרגא לכון **בקל** יבבותכון: ותעבדון עלתא NU 29:1
לנפש דמית שמענן **בקל** מימרא דייי אלקי עבדית כל DT 26:14
ומן קדם ייי הוה מתעני **בקל** נעים ומשבח ונעימתא חלייא: EX 19:19
קדמוי וקרא אהרן **בקל** עציב ואמר חגא קדם ייי מחר EX 32:5
דגשן מתחנן הוה פרעה **בקל** עציב וכן אמר קומו פוקו מגו EX 12:31
דבשמייא והוא שמע **בקל** צלותהן ומן יד הינין מתעניין EX 1:19
טביא ולחוד שמע **בקל** צלותי ויהב לי בר והיכדין GN 30:6
בצלו קדמיי שמע אנא **בקל** צלותיה ופרע ליה: ויתקף רוגזי EX 22:22
למשכוב עימי וקרית **בקלא** רמא: והוה כדי שמע ארום GN 39:14
ויימרון לכל אינש ישראל **בקלא** רמא: שיתא שיבטין קמו על DT 27:14
תקיף קטיר על טוורא **וקל** שופרא תקיף לחדא וזע כל EX 19:16
כדין מלילו אחוי עימיה: **וקלא** אישתמע בית מלכותא GN 45:16
עינבי רבעות הינא: ולחים **וקלי** ופירוכיין חדתין לא תיכלון LV 23:14
איתמנע מיטרא וברדא **וקלייא** דלווט פסקו ואוסיף EX 9:34
ברם סטנא מתערבב **לקל** יבבותכון אנא הוא ייי אלקכון: NU 10:10
ובר נש ארום יחוב וישמע **קל** אומאה דלווט ואיהוא סהיד או LV 5:1
משה ואהרן ובני ישראל **קל** בכותא דפרעה לא אשגחו עד EX 12:33
במשריתא: ואמר לא **קל** גיברין דנצחין בסידרי קרבא EX 32:18
בטורא מיגו אישתא **קל** דבורא אתון שמעין ודמו לא DT 4:12
והוה כיוון דשמעתון ית **קל** דבירא מיגו חשוכא וטוורא DT 5:23
קל רב דלא פסיק והוה **קל** דבירא מתכתיב על תרין לוחי DT 5:22
לא נוסיף למשמע ית **קל** דיבורא מן קדם ייי אלקנא וית DT 18:16
ומן בתר דאיסתלק **קל** דיבורא תאיב למשריתא ומתני EX 33:11
אחי אנא: ואמר מה עבדת **קל** דמי קטילת אחוך דאיתבלעו GN 4:10
בסידרי קרבא ולא **קל** חלשין דמתנצחין מן בעלי EX 32:18
ויהי רדיף יתהון **קל** טרפא נתיר מן אילן ויערקון הי LV 26:36
לעיבידתא ושמע **קל** כרווא ואיסתפי ואיתי בלא צבו LV 8:15
דין כל בר בישרא דשמע **קל** מימרא דאלק קיים ממלל מיגו DT 5:26
האיפשר דשמע עמא **קל** מימרא דייי אלקא קיים דממלל DT 4:33
להון קמורין: ושמעו ית **קל** מימרא דייי אלקים מטייל GN 3:8
אנחנא למישמע ית **קל** מימרא דייי אלקנא תוב ומייתין DT 5:25
מרומא אשמעינכון ית **קל** מימריה למכסנא יתכון DT 4:36
וית רבות תושבחתיה וית **קל** מימריה שמענא מגו אישתא DT 5:24
דפקדיתנו: ואמר ית **קל** מימרך שמעית בגינוניתא GN 3:10
ודמו לא חמיתון אלהן **קל** ממלל: ותני לכון ית קימיה DT 4:12
ברמשא ושמעת לאה **קל** נהיקיה דחמרא וידעת דהא GN 30:16
קדם עיגלא ואמר למשה **קל** סידרי קרבא במשריתא: ואמר EX 32:17
לוחיא: ושמע יהושע ית **קל** עמא כד מיבבין בחדוא קדם EX 32:17
דייי ארום דחילתון מן **קל** פונין דמימרא דייי דמישתמע DT 5:5
ונעבד: ושמיע קדם ייי ית **קל** פיתגמיכון במללותכון עימי DT 5:28
ושמיע קדם ייי ית **קל** פיתגמיכון ורגז וקיים למימר: DT 1:34
דבביהון בסידרי קרבא **קל** פלחי פולחני נוכראה ומגחכן EX 32:18
דשמעו כל בירייתא ית **קל** ציווחת חיויא כד איתערטל מן EX 7:9
כל דיירי ארעא למשמע **קל** ציווחתהון דמצרים בתברותי EX 7:9
קדם ייי ושמיע קדמוי **קל** צלותא ואמר במימריה למתן GN 30:22
אישתא עננא ואמיטתא **קל** רב דלא פסיק והוה קל דבירא DT 5:22
למללא עימיה ושמע ית **קל** רוחא דמתמלל עימיה כד נחית NU 7:89
ביומא דכיפורייא תעברון **קל** שופר חירותא בכל ארעכון: LV 25:9
ותשע שנין: ותעבר **קל** שופר יבבא בירחא שביעאה LV 25:9
וזע כל טוורא לחדא: והוה **קל** שופרא אזיל ותקיף לחדא משה EX 19:19
נפקין מן גוא בעוריא וית **קל** שופרא היך הוה מאחי מיתיא EX 20:18
לא יתקיים ברם במיגד **קל** שופרא הינון מרשן למיסק EX 19:13
יצחק אבוי וגששיה ואמר **קלא** הדין קליה דיעקב ברם מימש GN 27:22
מקביל ברה וארימת ית **קלא** ובכת: ושמיע קדם ייי ית קליה GN 21:16
כל דיניא ואתיב כל עמא **קלא** חד ואמרו כל דמליל ייי נעביד: EX 24:3
הדין דמזוניה קליל: ברת **קלא** נפלת מן שמי מרומא וכן NU 21:6
ויצלי אמטולהון ברת **קלא** נפלת מן שמי מרומא וכן DT 28:15
אתכניש מגו עלמא ברא **קלא** נפלת מן שמייא וכן אמרת DT 34:5
תמר מיני אתעברת וברת **קלא** נפלת משמייא ואמרת דמן GN 38:26
דין והכדין ישתמע קדמוי **קלהון** דבניי כד יהון משתעבדין GN 29:33
בחזרנתהון ערקו מן דחיל **קלהון** היך צווחין ואמרין זכיי הוא NU 16:34
כל כנישתא ויהבו ית **קלהון** ובכו עמא בליליא ההוא NU 14:1
ביכורין קדם ייי מהבהב **קלי** בנורא קמח קלי ופירוכיין LV 2:14
מהבהב קלי בנורא קמח **קלי** ופירוכיין תקרב ית מנחת LV 2:14
בי: והוה כדי ארימית **קלי** וקרית ושבק לבשיה גבי ואפק GN 39:18
כדי שמע ארום ארימית **קלי** וקרית ושבקית ללבשיה לותי GN 39:15
לנשוי עדה וצלה קבילן **קלי** נשי למך אציתן למימרי ארום GN 4:23
עלמא: וכל עמא חמיין ית **קליא** היך הוו מתהפכין במשמעהון EX 20:18
יוסף לאחוי: וארים ית **קליה** בבכותא ושמעו מצראי ושמע GN 45:2
אהרן לשמשא וישתמש **קליה** בזמן מיעליה לקודשא קדם EX 28:35
ובכת: ושמיע קדם ייי ית **קליה** דטליא בגין זכותיה דאברהם GN 21:17
ארום שמיע קדם ייי ית **קליה** דטליא ולא דן יתיה לפום GN 21:17
וגששיה ואמר קלא הדין **קליה** דיעקב ברם מימש ידוי GN 27:22
זעזוע סגי כדי שמע ית **קליה** דעשו וריח תבשיליה עלת GN 27:33
אוף לי איבא וארים עשו **קליה** ובכא: ואתיב יצחק ואמר GN 27:38
יעקב לרחל וארים ית **קליה** ובכא: ותני יעקב לרחל ארום GN 29:11
דפסחא אשתמע **קליה** עד ארעא דגשן מתחנן הוה EX 12:31
ית ידיי בצלו קדם ייי **קלייא** יתמנעון וברדא לא יהי תוב EX 9:29
בצלו קדם ייי ואתמנעו **קלין** דלווט וברדא ומטרא דהוה EX 9:33
ויהי סגי קדמוי מלמהוי **קלין** דלווט מן קדם ייי וברדין EX 9:28
בעידוני צפרא והוה **קלין** דרעים וברקין ועננא תקיף EX 19:16
על צית שמייא וייי יהב **קלין** וברדין ומצלהבא אישתא על EX 9:23
קלח (3)
לגווה ואילן דאנפי ברא **יקלח** פירוי: ואין תהכון עימי בעראי LV 26:20
ויסב איזובא תלתא **קילחין** באיסרא חדא ויטמוש NU 19:18
מתיהב עותרא ומתמן **קלחן** רסיסי מלקושין על עיסבין EX 40:4
קלט (11)
ויתיבון יתיה לקורייתא **דקלטיה** דאפך לתמן ויתיב בה עד NU 35:25
קיים מן תחום קרתא **דקלטיה** דערק לתמן: וישכח יתיה NU 35:26
מברא לתחום קרתא **דקלטיה** ויקטול תבע אדמא ית NU 35:27
דקטולין: ארום בקירייתא **דקלטיה** יתיב עד דימות כהנא רבא NU 35:28
פורקן לדערק לקרייתא **דקלטיה** למתוב למיתב בארעא עד NU 35:32
לליוואי ית שית קוריין **דקלטן** קטולא למיערוק לתמן NU 35:6
או דפחדוי נפיחן **וקליטן**: כל גבר כהין דביה מומא LV 21:20
בשלו: ויהון לכון קירוייא **למיקלט** קטולא מן תבע אדמא NU 35:12
ובתי חיוותא קירוין **קלטן** יהוויין לכון ויעירוק לתמן NU 35:11
דתיתנון שית קירוין **קלטן** קטולא יהויין לכון: וית תלת NU 35:13
בארעא דכנען קירווין **קלטן** תהויין: לבני ישראל ולגיורא NU 35:14
קלי (4)
דגרי ייי בהון ית חיוון **קלן** וסליקת קבילתהון עד צית NU 33:42
ודחילא אתר מלי חיוון **קלן** ועקרבין עקצין ובית צהוונא DT 8:15
דגרי ייי בהון ית חיוון **קלן** ושרו באובות: ונטלו מאובות NU 33:43
דחמיתא חווייא **קלן** מליין אירס דקטול וסוברך ייי DT 1:31
קלל (48)
מלותיה למיחמיה אין **איתקוללו** מיא מעילוי אנפי ארעא: GN 8:8
מישחא וידע נח ארום **איתקוללו** מיא מעילוי ארעא: GN 8:11
קדמך: ונטל יעקב **בקלילותא** ריגלוי לטיילא ואזל GN 29:1
פתגם קליל ידונון הינון **ויקילון** מן מטול דעלך ויסוברון EX 18:22
דורונא קליל שרף קטף **וקליל** דבש שעוה ולטום משח GN 43:11
אנן ידעין מה הוה בסופיה **וקלילא** יומא דין עם אבונא בארעא GN 42:32
לתמן והיא ציבחר **וקלילין** חובהא אישתזיב כדון תמן GN 19:20
עם מטמוע שימשא דלא **יקילון** ברייתא ביה ולא תטנפון DT 21:23
פיגריהון וינזקון בך: קליל **קליל** איתריכינון מן קדמך עד די EX 23:30
דעבד ליה חם בריה דהוא **קליל** בזכותא דגרם ליה דלא יוליד GN 9:24
עממיא ותשתותרון בעם **קליל** ביני עממיא דידבר ייי יתכון DT 4:27
במנא הדין דמזוניה **קליל**: ברת קלא נפלת מן שמי NU 21:5
בעירך נטיר עימי: ארום **קליל** דהוה לך עאן קדמי ותקיף GN 30:30
לוות משה וכל פתגם **קליל** דיינון הינון: ופטר משה ית EX 18:26
מרי עלמא: נפתלי עזגד **קליל** דמי לאיילא דרהיט על שיני GN 49:21
לן אבא סבא ובר סיבתין **קליל** ואחוי מית ואישתאר הוא GN 44:20
ואיתותב תמן בעם **קליל** והוה תמן לאומא רבא DT 26:5
ית נפתלי דהוא עזגד **קליל** וקרא לרחל וללאה ועלן GN 31:4
אעבד לעמא הדין תוב **קליל** זעיר והינון רגמין יתי: ואמר ייי EX 17:4
רב ייתון לוותך וכל פתגם **קליל** ידונון הינון ויקילון מן מטול EX 18:22
רוח קודשי אשייר בהון **קליל** כגבר דחציד חיקליה ומשייר DT 32:26
האיליין מן קדמיכון **קליל** לא תיכול לשיציותהון בפריע DT 7:22
מכסף זבינוי: ואין **קליל** לאשתוירון בשניא עד שתא LV 25:52
ואמר אטעימיני כדון **קליל** מוי מן לגיניתיך: ואמרת שתי GN 24:17
ואימר לה אשקיני כדון **קליל** מוי מן לגיניתיך: ותימר לי אוף GN 24:43
אבוהון תובו זבונן לנא **קליל** עיבורא: ואמר ליה יהודה GN 43:2
אבונא תובו זבונו לנא **קליל** עיבורא: ואמרנא לית אפשר GN 44:25
פיגריהון וינזקון בך: **קליל** קליל איתריכינון מן קדמך עד EX 23:30
ואחיתו לגברא דורונא **קליל** שרף קטף וקליל דבש שעוה GN 43:11
עם קשי קדל שעא חדא **קלילא** איסליק איקר שכינתי EX 33:5
ללוי: מדימנא לך לגינא **קלילא** דעלון לגווה נחלין מוחין GN 49:4
עם ריבוני: והוה בשעא **קלילא** הוא עד כדון לא פסק GN 24:15
אלהין בדייתי אחוכון **קלילא** הכא: פטרו מנכון חד וידבר GN 42:15
ויתמסרון בידך בשעא **קלילא** ויפלון מנהון סגיאין ברם NU 24:14
ותשתיירון באומא **קלילא** חולף דהויתון הי ככוכבי DT 28:62
ואוף הוא יסגי וברם אחוי **קלילא** יסגי יתיר מיניה ובנוי יהון GN 48:19
ואייתיאו ית אחוכון **קלילא** לותי ואנדע ארום לא אלילי GN 42:34
בתיכון: וית אחוכון **קלילא** תייתון לותי ויתיהימונון GN 42:20
רברבייא ייתי מן קרבנייא **קליליא** האילין דמיפרשין הכא LV 14:32

מאה ותלתין שנין **קלילין** ובישין הוו יומי שני חיי דמן GN 47:9
אשתיירו מינהון אלהין **קלילין** ותריך רעיא דיליה ומה GN 29:9
מן רחיק מן סייפי ארעא **קלילין** כמא דטייס נישרא אומא DT 28:49
והוו דמיין בעינוי כיומין **קלילין** מדרחים יתה: ואמר יעקב GN 29:20
לחרן: ותיתב עימיה יומין **קלילין** עד די תישדוך ריתחא GN 27:44
קוריין וזוער דחובהא **קלילין** שבוק לה בגין רחמך ואמר GN 18:29
ברעוא קדם ייי קורבנין **קלילין** תור חד קדם אלוק חד דכר NU 29:36
הישתכח עימי אגר זכוון **קלילן** ונפלו קדמיי ובזימנא תניינא GN 15:1
בני ישראל דייניכון לא **תקילון** ורבנין דמתמנין נגודין EX 22:27

קלל (1)

דכי ית קיטמא דתורתא **בקלל** דפחר מקף מגופת שייע NU 19:9

קלן (3)

ותמות ארום עבדת **קלנא** בישראל למפקא שום דזנו על DT 22:21
קדישא ולא יחמי בכון **קלנא** דמידעם דלא יסליק DT 23:15
ותקיף להום לחדא ארום **קלנא** עבד שכם בישראל למשכוב GN 34:7

קלס (2)

תנייתא דלפרעה והוו **מקלסין** לקדמוי דין אבא דמלכא GN 41:43
כל חרשי מצראי וכד הוו **מקלסין** קדמך הוו בנתהון GN 49:22

קלע (9)

שישלן מתחמן עובד **קליעא** דדהב דכי: ועבדו תרתין EX 39:15
שישלן מתחמן עובד **קליעא** דדהב דכי: ותעביד על EX 28:22
תעבד יתהון עובד **קליעא** ותיתן ית שושלתא EX 28:14
חושנא: ויהבו תרתין **קליען** דדהב על תרתין עיזקיתא EX 39:17
חושנא: ותיתן ית תרתין **קליען** דדהב על תרתין עיזקתא EX 28:24
ציטרי חושנא: וית תרתין **קליען** דמסדרן על תרין ציטרוי EX 39:18
חושנא: וית תרתין **קליען** דעל תרין סיטרוי תיתן על EX 28:25
ותיתן ית שושלתא **קליעתא** על מרמצתא: ותעבד חושן EX 28:14
דאיתתא מטול דאיהי **קלעת** סער רישה ויתן על ידהא ית NU 5:18

קלף (17)

אבנין וית בעירא **בקולפי** אתקטלא יתקטלון דין LV 20:16
אבנין וית בעירא תקטלון **בקולפי**: ואיתתא די תקרב לציד כל LV 20:15
חד לעזאזל ויטריף **בקילפי** וינפיקינון ויטלקינון על LV 16:8
ואם הלוכי הליך פיסיונא **דקלופי** דמיטפלא במשכא בתר LV 13:7
והא הליכת פיסיונא **דקלופי** מיטפלא במשכא LV 13:8
ית אבניא ומן בתר **דקליפו** ית ביתא ומן בתר דאיתטש: LV 14:43
חזור ויטלקון ית עפרא **דקליפו** מברא לקרתא לאתר מסאב: LV 14:41
ולביתא: ולשומא **ולקלופי** ולבהקי: לאלפא כהנא LV 14:56
דפרח לבן ודילוז וארדפני **וקליף** בהון קליפין חיוורין לגלאה GN 30:37
לאתר מסאב: וית ביתא **יקלפון** מגויה חזור חזור ויטלקון ית LV 14:41
מגופנא דחמרא מגופנין **מקילופין** ועד זוגין גוואין דענבא NU 6:4
ודקורקבניה ליתוי **מקליף** לא יתאכלון שיקצא הינון LV 11:13
בישריה שומא זקיפא או **קלופי** או בהקי ויהי במשך בישריה LV 13:2
במשכא וידכיניה כהנא **קלופי** מיטפלא הוא ויצבע לבושוי LV 13:6
ונעץ ית חטריא די **קליף** במורכייתא בשקייתא דמייא GN 30:38
ליה זפק וקורקבניה **קליף** ואית ליה ציבעא יתירא ולא DT 14:11
וארדפני וקליף בהון **קליפין** חיוורין לגלאה חיוורא דעל GN 30:37

קלקל (7)

דייכול בישרא דמטלק **בקילקול** ניכסתא ובשר תבירא LV 17:15
ארום חמיין סטיתא **בקילקולה** ויפריש מן חמרא או על NU 6:2
תיכלון: לא תיכלון כל **דמיקלקלא** בניכסא לגיור ערל DT 14:21
לא תיכלון: ותריב חיוא **דמיקלקלא** בשעת ניכסתא LV 7:24
חכימיא ממותבנהון **ומקלקל** פיתגמין תריצין דמיכתבין EX 23:8
שיטים על שטותא **וקלקולא** דהוה בהון ושריאו עמא NU 25:1
אדמיה בניכסתא ואין לא **מתקלקלא** ניכסתיה יכסיניה LV 17:13

קלש (3)

מיא מן קרווהא ואתחריך **ואיתקליש** ביסריה וסוברתיה GN 21:15
חד דכסף דגילדה **קליש** שובעין סילעין בסילעי בית NU 7:13
חדא דכסף דגילדה **קליש** שובעין סילעין בסילעי בית NU 7:19

קמא (3)

למיסב אגרא כפעל **בקמתא** דחברך ותיקטוף פירוכיין DT 23:26
פירוכין בגו חקלא והא **קמת** פורכתי ואוף איזדקפת והא GN 37:7
בידך ומגלא לא תרים על **קמתא** דחברך: ארום יסב גבר איתא DT 23:26

קמור (12)

ית כיתונא וזריז יתיה **בקמורא** ואלביש יתיה ית מנטר LV 8:7
כיתונין: ותטכס יתהון **בקמורין** לאהרן ובנוי ותכבוש להון EX 29:9
מילת יהון על בישריה **ובקמורא** דבוץ מילת יצר ומצינפא LV 16:4
על מגיסי רעיוניהון **וקמור** תעביד עובד ציור: ולבני EX 28:39
וכיתונין מרמצן מצינפן **וקמורין** ויעבדון לבושיה קודשא EX 28:4
בשר עיריא מן אסר **קמור** חרציהון ועד ירכיהון יהון: EX 28:42
בוצא דבוץ שזיר: וית **קמורא** דבוץ שזיר ותיכלא EX 39:29
גיזת עניכון כמיסת **קמורא** תיתנון ליה: מטול דביה DT 18:4
אידרי דאטד ושריין **קמורי** חרציהון בגין איקר דיעקב GN 50:11
כיתונין וזריז יתהון **קמורין** וכבש להון כובעין היכמה LV 8:13
כיתונין ותעביד להון **קמורין** וכובעין תעבד להון ליקר EX 28:40

מטרפי תינין ועבדו להון **קמורין**: ושמעו ית קל מימרא דייי GN 3:7

קמח (5)

משיחין במשח זיתא **וקמחא** מטגנא פתיכא במשח זיתא: LV 7:12
ייי מהבהב קלי בנורא **קמח** קלי ופירוכיין תקרב ית מנחת LV 2:14
חד מן עשרא בתלת סאין **קמחא** דשערי דהינון מיכלא NU 5:15
מתמן מלי קומציה מן **קמחא** סמידא ומן טוב מישחא על LV 2:2
קרבן מנחתא קדם ייי **קמחא** סמידא יהי קורבניה ויריק LV 2:1

קמץ (8)

מדבחא: ויפריש מיניה **בקומציה** מן סמידא דמנחתא ומן LV 6:8
היא: וייתיניה לות כהנא **ויקמוץ** כהנא מינה מלי קומציה ית LV 5:12
יתה על גבי מדבחא: **ויקמוץ** כהנא מן מנחתא ית צריד NU 5:26
וייתינא לות אהרן כהניא **ויקמוץ** מתמן מלי קומציה מן LV 2:2
דמיין באנפי נפשנא הי **כקמצין** והכדין הוינא דמיין באנפי NU 13:33
ויקמוץ כהנא מינה מלי **קומציה** ית שבח אדכרתא ויסק LV 5:12
כהניא ויקמוץ מתמן מלי **קומציה** מן קמחא סמידא ומן טוב LV 2:2
דכל שובל עבד מלי תרי **קומצין** בשבע שני שובעא עד GN 41:47

קנה (29)

משקעין בצייוריהון **בקניא** חד חזור ושושן ותלתא EX 37:19
משקעין בצייוריהון **בקניא** חד חיזור ושושן הכדין EX 37:19
משקעין בציוריהון **בקנייא** חד חיזור ושושן היכדין EX 25:33
משקעין בציוריהון **בקנייא** חד חיזור ושושן ותלתא EX 25:33
והא שבע שובלין סלקן **בקנייא** חד מליין וטבן: והא שבעא GN 41:22
והא שבעא תובלי סלקן **בקנייא** חד פטימן וטבן: והא שבעא GN 41:5
מאתן וחמשין מנין **וקנה** בושמא מתקל מאתן וחמשין EX 30:23
מנרתא בסיס דידא **וקנהא** חיזורייה ושושנייה מינה יהון: EX 25:31
ית מנרתא בסיס דידה **וקנהא** כלידהא חזורייה ושושנהא EX 37:17
דנפקין מינה: חיזוריהון **וקניהון** מינה הוו כולא נגידא חדא EX 37:22
מן מנרתא: חיזוריהון **וקניהון** מינה יהון כולה נגידה חדא EX 25:36
די קנה גיתוי ונכסוי די **קנה** בפדן דארם למיתי לות יצחק GN 31:18
בעירא וית כל נכסוי די **קנה** גיתוי ונכסוי די קנה בפדן GN 31:18
נפקין מסיטרהא תלתא **קני** מנרתא מסיטרא חד ותלתא EX 37:18
מסיטרא חד ותלתא **קני** מנרתא מסיטרא תניינא: תלתא EX 37:18
מציטרה חד ותלתא **קני** מנרתא מציטרא תניינא: תלתא EX 25:32
נפקין מציטרהא תלתא **קני** מנרתא מציטרה חד ותלתא קני EX 25:32
וחיזור תחות תרין **קנין** דמינה וחיזור תחות תרין קנין EX 25:35
דמינה וחיזור תחות תרין **קנין** דמינה וחיזור תחות תרין קנין EX 25:35
וחיזור תחות תרין **קנין** דמינה וחיזור תחות תרין קנין EX 37:21
דמינה וחיזור תחות תרין **קנין** דמינה וחיזור תחות תרין קנין EX 37:21
דמינה וחיזור תחות תרין **קנין** דמינה לשיתא קנין דנפקין EX 37:21
דמינה וחיזור תחות תרין **קנין** דמינה לשיתא קנין דנפקין מן EX 25:35
תרין קנין דמינה לשיתא **קנין** דנפקין מינה: חיזוריהון וקניהון EX 37:21
ושושן היכדין לשיתא **קנין** דנפקין מן מנרתא: ובמנרתא EX 25:33
ושושן הכדין לשיתא **קנין** דנפקין מן מנרתא: ובמנרתא EX 37:19
תרין קנין דמינה לשיתא **קנין** דנפקין מן מנרתא: חיזוריהון EX 25:35
מינה הוון: ושיתא **קנין** נפקין מסיטרהא תלתא קני EX 37:18
מינה יהון: ושיתא **קנין** נפקין מציטרהא תלתא קני EX 25:32

קנט (3)

ית ארעא דאדום **וקנטת** נפשא דעמא באורחא: NU 21:4
לחמא ולית מיא ונפשנא **קנטת** במנא הדין דמזוניה קליל: NU 21:5
דייי בלחודוי: וגיורא לא **תקנטון** במילין ולא תעיקון למיסב EX 22:20

קנטינר (8)

גבר פורקן נפשיה מאה **קינטנרין** ואלפא ושבע מאה EX 38:25
ומחתייהא דדהב דכי: **קנטינר** דדהב דדכי יעבד יתה כל EX 25:39
ומחתייה דדהב דכי: **קנטינר** דדהב דכי עבד יתה וית כל EX 37:24
כל קבל מאה קנטינרין **קנטינר** לחומרא: וית אלפא ושבע EX 38:27
מאה וחמשין: והואה מאה **קנטינרין** לכספא לאתכא ית חומרי EX 38:27
חומרין כל קבל מאה **קנטינרין** קנטינר לחומרא: וית EX 38:27
ארמותא עשרין ותשע **קנטירין** ושבע מאה ותלתין סילעין EX 38:24
ונחשא דארמותא שבעין **קנטירין** ותרין אלפין וארבע מאה EX 38:29

קני (41)

דלית בהון הימנותא: הינון **אקנון** קדמוי בדלא אלקא ארגיזו DT 32:21
קדמוי בהבליהון ואנא **אקנינון** באומא דלא אומא בבבלאי DT 32:21
הוא אלק קנאי ומתפרע **בקינאה**: ארום תילדון בנין ובני בנין DT 4:24
קנאן ופורען ומתפרע **בקינאה** מדכר חובי אבהתן רשיען EX 20:5
שיציית ית בני ישראל **בקינאתי**: בשבועא אימר ליה מן NU 25:11
קנאן ופורען ומתפרע **בקנאה** מדכר חובי אבהן רשיען על DT 5:9
קדם תקיפא דפרקינון: **דקנון** יתיה בפולחנא נוכרייא DT 32:16
מעל בני ישראל בזמן **דקני** ית קנאתי וקטל חייבא NU 25:11
קיים רבות עלם חולף **דקני** לאלקיה וכפר על בני ישראל: NU 25:13
ייי ית שיבטא דלוי מטול **דקניאו** לשמיה לאתקטלא בגין DT 10:8
דאיתתא ית מנחתא **דקניאיתא** וירים ית מנחתא קדם NU 5:25
די יעברון עמך האיליין **דקנית** ית מגזתיה דיובקא: תעיל EX 15:16
ויעיבר עלוי רוח קנאיתא **ויקני** ית איתתיה והיא לא NU 5:14
או עבר עלוי רוח קנאיתא **ויקני** ית איתתיה והיא לא NU 5:14

עלוי רוח קינאיתא **ויקני** ית איתתיה ויקים ית איתתיה NU 5:30
עלן ולמדיינא עלן **ולמיקני** יתן לעבדין ולמיסב ית GN 43:18
יהוון לבעיריהון **ולקניינהון** ולכל צורכיהון: ופרודולי NU 35:3
דחילא חייתא מן קדם ייי **וקנו** להין שום טב לדריא ובנא להין EX 1:21
ביש בעממי ארעא **וקנון** להון שום ביש לדריהון: וקם EX 32:25
למגחן לך על ארעא: **וקניאו** ביה אחוהי ואבוי נטר GN 37:11
תורין ופולחנא סגיאה **וקניאו** יתיה פלישתאי: וכל בירין GN 26:14
ארום לא ילידת ליעקב **וקניאת** רחל באחתא ואמרת GN 30:1
קודשא: וכהנא ארום **יקני** בר נש נוכראה קניין כספיה LV 22:11
הוא דיהיב לכון מילכא **למיקני** ניכסין מן בגלל לקיימא ית DT 8:18
משמש מן בתריי אנת **מקני** לי רעינא פון דיהון כל עמא NU 11:29
ית מנחת דוכרנא מנחת **קינאיתא** היא ובידא דכהנא יהון NU 5:18
או גבר דתיעיבר עלוי רוח **קינאיתא** ויקני ית איתתיה ויקים NU 5:30
דכר: דא אחויית אוריית **קינאתא** דתיסטי איתתא בר מן NU 5:29
ייי עם משה למימר: פנחס **קנאה** בר אלעזר בר אהרן כהנא NU 25:11
אכלא אישא הוא אלק **קנאי** ומתפרע בקינאה: ארום DT 4:24
קנאי ופורען שמיה אלק **קנאי** ופורען הוא: דילמא תיגזר EX 34:14
לאלק אוחרן ארום ייי **קנאי** ופורען שמיה אלק קנאי EX 34:14
ויעיבר עלוי רוח **קנאיתא** ויקני ית איתתיה והיא לא NU 5:14
או עבר עלוי רוח **קנאיתא** ויקני ית איתתיה והיא לא NU 5:14
אנא ייי אלקכון אלק **קנאן** ופורען ומתפרע בקינאה מדכר EX 20:5
אנא הוא ייי אלקכון אלק **קנאן** ופורען ומתפרע בקנאה מדכר DT 5:9
דבחזרניכון: ארום אלק **קנאן** ופורען ייי אלקכון שכינתיה DT 6:15
עלה לבונתא ארום מנחת **קנאתא** היא מנחת דוכרנא מדכרת NU 5:15
בני ישראל בזמן דקני ית **קנאתי** וקטל חייבא דביניהון NU 25:11
דייי: ושמע משה היך **קנייו** כל חד מנהון ית אינתתיה NU 16:4
ארום יקני בר נש נוכראה **קניין** כספיה הוא ייכול ביה LV 22:11

קני (22)

דבגין צדיקיא קנא **בקנייניה** שמיא וארעא: אין מן GN 14:22
חכימו הלא הוא אבוכון **דיקנא** יתכון הוא ברא יתכון DT 32:6
בעירויי וית כל ניכסוי **דיקנה** בארעא דכנען וטייל לארעא GN 36:6
קינייניהון וית ניכסיהון **דיקנו** בארעא דיכנען ואתו למצרים GN 46:6
אחוי וית כל קיניינהום **דיקנו** וית נפשתא דיגיירו בחרן GN 12:5
וארעא לא תשתומם: **וקנא** יוסף ית כל ארעא דמצראי GN 47:20
ובסרדיתא ומן דעתר **וקנה** נכסין הדר למהוי מתגאי GN 36:39
אינשא דעימי דאתובתא **וקניינא** דבר לך: ואמר אברם למלכא GN 14:21
קניינא ואוף ית לוט אחוי **וקנייניה** אתיב ואוף ית נשיא וית GN 14:16
וית לוט בר אחוי וית כל **קיניינהום** דיקנו וית נפשתא דיגיירו GN 12:5
למיתב בחדא ארום הוה **קיניינהון** סגי ולא יכילו למיתב GN 13:6
למיטל יתיה: ודברו ית **קינייניהון** וית ניכסיהון דיקנו GN 46:6
כלילא דשמא טבא **קנא** בעובדין טבין ובענוותנותיה DT 34:5
עילאה דבגין צדיקיא **קנא** בקנייניה שמיא וארעא: אין מן GN 14:22
עילאה דבגין צדיקיא **קנא** שמיא וארעא: ובריך אלקא GN 14:19
בליבכון חילן ותקוף ידן **קנו** לן ית ניכסייא האילין: ותהוון DT 8:17
ופחזו אצלחו תקוף **קנון** נכסין ושבקו פולחן אלקא DT 32:15
חמן אוף אנן אוף ארען **קני** יתן וית אנן בלחם ונהי אנן GN 47:19
ערקו: ונסיבו ית כל **קניינא** דסדום ועמורה וית כל GN 14:11
לדרמשק: ואתיב ית כל **קניינא** ואוף ית לוט אחוי וקנייניה GN 14:16
ואזלו: ושבו ית לוט וית **קנייניה** בר אחוי דאברם ואזלו והוא GN 14:12
ואמר יוסף לעמא הא **קניתי** יתכון יומא דין וית ארעכון GN 47:23

קנכירי (3)

ושום סידרא תליתאה **קנכירין** וטרקין ועין עיגל ועליהון EX 39:12
מרגלייתא דבחושנא **קנכירין** טרקין ועינעיגל וביה חקיק NU 2:18
ושום סידרא תליתאה **קנכירינון** וטרקין ועין עיגל ועליהון EX 28:19

קנם (1)

כהנא ית איתתא בקיום **קינומתא** ויימר כהנא לאיתתא יתן NU 5:21

קנמון (1)

מתקל חמש מאה מנין **וקנמון** בושם פלגותיה מתקל מאתן EX 30:23

קנס (10)

ולא צלי מטול כן **אתקנס** לימות בשתא ההיא: ואין NU 35:25
פידעא ומשקופי וקנסין **דמקנסין** מחייבייא ותמן נסייא EX 15:25
נש לבי דינא קמי מלכא **ואתקנס** דין קטול ולא דלו מיניה DT 32:50
ודיני פידעא ומשקופי **וקנסין** דמקנסין מחייבייא ותמן EX 15:25
ליה כסף חמשין סילעין **יתקניס** הי כמיפרני בתולתא: עמי EX 22:16
יהו בה מותא מתקנסא **יתקנס** וולדא היכמא דמשוי עליה EX 21:22
למירות ית ארעא אנא **מתקנס** לממת אי ניחא לקמך דלי DT 32:50
ולא יהו בה מותא **מתקנסא** יתקנס וולדא היכמא EX 21:22
אשתמודע להון ברם **קנסא** דשבתא לא אשתמודע להון NU 15:32
וידון יתי ובכן אשתמודע **קנסא** לכל בית ישראל ואשכחו NU 15:32

קנקל (8)

עיזקן בארבע זיווייתיה **לקנקל** דנחשא אתרא לאריחיא: EX 38:5
ית מדבחא דעלתא וית **קנקל** דנחשא דיליה ית אריחוי וית EX 35:16
וית מדבחא דנחשא וית **קנקל** דנחשא דיליה ית אריחוי וית EX 39:39
מדבחא נפיל עילוי **קנקל** ולא יתמטי לארעא ונסבין EX 27:5
יתיה כהניא מעילוי **קנקל** ומהדרין יתיה על מדבחא: EX 27:5
נחשא: ותעביד ליה **קנקל** עובד מצדתא דנחשא ותעבד EX 27:4
נחשא: ועבד למדבחא **קנקל** עובד מצדתא דנחשא תחות EX 38:4
וית מדבחא דנחשא וית **קנקלי** דנחשא דיליה וית כל מני EX 38:30

קסוה (3)

ותעביד פיילתוי ובזיכוי **וקשוותוי** ומכילתוי די ישתמש EX 25:29
בזיכיא וית מנקייתא וית **קסוות** ניסוכא ולחים תדירא עלוי NU 4:7
בזיכוי וית מכילתיה וית **קסוותא** דמחפין בהון דדהב דכי: EX 37:16

קסטרא (2)

שומהון בכופרניהון **ובקסטרוותהון** תריסר רברבין GN 25:16
וית נחשא וית פרזלא וית **קסטירא** וית כרכימישא מניהון לא NU 31:22

קסם (18)

מן בתרוי עבד מילתא **דקוסמין** ופרח באויר שמיא מן יד NU 31:8
מואב וסבי מדין וגדין **דקיסמין** חתימן בידיהון ואתו לות NU 22:7
יתהון לחדודי עינא **ולקסומי** קוסמיא צייתין ואתון לא DT 18:14
ואיפכר ית מנחשיכון **וקסמיכון** ואישוי ית פיגריכון LV 26:30
זמן בתר זמן לקדמות **קוסמיא** ושוי למדברא אנפוי NU 24:1
לחדודי עינא ולקסומי **קוסמיא** צייתין ואתון לא כוותהון DT 18:14
חרשין דבמצרים בלחשי **קוסמיהון** היכדין: וטלקון אינש EX 7:11
במילחא ובוסמנין וכתבין **קוסמין** בציצא דדהבא ויהבין GN 31:19
בדבית יעקב ולא קסומי **קוסמין** ברבותא דישראל בעידנא NU 23:23
רחמין בעינך הא אטירית **קוסמין** וברכני ייי בגינך: ואמר קטע GN 30:27
הרן אחוי דאברם מלא **קוסמין** וחרשין ואיהו לחש עילוי GN 11:28
בנורא לא קסומי **קוסמין** ולא חדודי עינין ולא נטורי DT 18:10
בצפרא הא נפיק למפטור **קוסמין** עילוי מיא הי כאמגושא EX 7:15
פרעה הא נפיק למינטר **קוסמין** עילוי מיא הי כאמגושתא EX 8:16
דלא מתפרש בלא **קיסמא** ותקיף רוגזא דייי בישראל: NU 25:3
נחשין בדבית יעקב ולא **קסומי** קוסמין ברבותא דישראל NU 23:23
ובנתיהון בנורא לא **קסומי** קוסמין ולא חדודי עינין ולא DT 18:10
בוז אחוי וית קמואל רב **קסומיא** דארמאי: וית כשד וית חזו GN 22:21

קפידות (1)

ולא קבילו מן משה **מקפידות** רוחא ומפולחנא נוכראה EX 6:9

קפיזא (1)

מיפק נפק יעקב בתרתין **טיפוזין** מלות אנפי יצחק אבוי GN 27:30

קפל (2)

למיטל ארונא הוה עננא **מקפל** וקאים ולא הוה נטיל עד NU 10:35
למישרי ארונא הוה עננא **מקפל** וקאים ולא הוה פריס עד NU 10:36

קפלוט (1)

קטייא וית מלפפוניא וית **קפלוטיא** וית בצליא וית תומיא: NU 11:5

קפץ (4)

לא תיפרוק ותינקפיה **בקופיץ** וכל בוכרא דברך תיפרוק EX 34:20
וינפקון תמן ית עגלתא **בקופיץ** מבתרהא במצע חקלא: DT 21:4
והוה ברדא ואישתא **מתקפצא** בגו ברדא תקיף לחדא EX 9:24
בחרן ניסא חמישאה **קפצת** ארעא קומוי ובההוא יומא GN 28:10

קצי (2)

מפירוי תיכלון ויתיה לא **תקוצון** ארום לא כבר נש אילן DT 20:19
ואין בקיימי אורייתי **תקוצון** ואין ית סדרי דיניי תרחיק LV 26:15

קציעה (1)

מאתן וחמשין מנין: **וקציעיתא** מתקל חמש מאה מנין EX 30:24

קצף (3)

ית ישראל אף וחימה **וקצף** ומשחית וחרון כיון דישמע DT 9:19
למצע קהלא והא שרי **קצף** מחבלא לחבלא בעמא ויהב NU 17:12
דאתכלי בחורב דשמיה **קצף** מן קדם ייי בהרמנא שרי NU 17:11

קצץ (12)

על עיסק עוברתא **דקציצו** מתמן בני ישראל והוה NU 13:24
יתהון וינדעון ית ארעא **דקצתון** בה: ופיגריכון דילכון NU 14:31
ותהוי לכון לריחוק חולף **דקצתון** במימרא דייי דאיקר NU 11:20
ואתו עד נחלא דאתכלא **וקצו** מתמן עוברתא ואיתכל NU 13:23
חיויא וכחא ושממיתא **וקצוצא** וסלמנדרא: אילין תמניא LV 11:30
מעך תהי מטייל וריגלך **יתקצצון** ומשכך תחי משלח חדא GN 3:14
לכון רזייא סתימיא **קיציא** גניזיא ומתן אגרהון GN 49:1
מטול דהינון בסידרי דיניי **קצו** וית קיימי אורייתי רחיקת LV 26:43
על מנא דהיא יתבא על **קצתיה** בזמן מיקרביה ביה יהי LV 15:23
תתברון ואילני סיגדיהון **תקציצון** וצילמי טעוותהון תוקדון DT 7:5
תתברון וית אשיריהון **תקצצון**: ארום לית לכון רשו EX 34:13
בנורא וצילמי טעוותהון **תקצצון** ותשיצון ית שומהון מן DT 12:3

קצר (2)

בירא דשבע ניסא קמאה **איתקצרו** שעוי דיומא וטמע GN 28:10
דתליסר כדרלעמר דהוה **קציר** מתהפיך כעומרין מלכא GN 14:1

קקא (2)

נונא מן ימא וית צדיא: **וקקא** חיורתא ואוכמתא ושרקרקא DT 14:17
קיפופא: וית אותיא וית **קקא** וית שרקרקא: וית דייתא LV 11:18

קרב (785)

דפקיד ייי: תלתא צפיריא **איתקריבו** ביומא ההוא צפירא LV 10:16

משה עמהון: ומבתר כדין **איתקריבו** כל בני ישראל ופקידינון EX 34:32
חזור חזור: וית עלתא **אקריבו** יתה לפסגהא וית רישא LV 9:13
עילוי קרבנא ועילוי **אקריבו** קין והבל ית קרבנהון וכד GN 8:20
ייי עימי בסיני למימר **בדיקריבין** קדמי אנא מקדש LV 10:3
דמתרבי במישחא יחוב **במיקרביה** קרבן חובת עמא דלא LV 4:3
למשכן זימנא או **במקרבהון** למדבחא לשמשא EX 28:43
שכינתא דייי והוון הדן **בקורבניהון** דאתקבלו ברעוא הי EX 24:11
דלא פרקיה ויתקטל **בקרבא** וגבר חורן יחליניה: ומן גברא DT 20:6
חדי באינתתיה ויתקטל **בקרבא** וגבר חורן יסבינה: ויוספון DT 20:7
יגרום ליה חובא ויתקטל **בקרבא** וגבר חורן ישכללינה: ומן DT 20:5
במחמיהון אחוהון דמיתו **בקרבא** מאתן אלפין גוברין בני EX 13:17
דחבלא וישתכח פסולא **בקרבנך** עיינויי דאברהם מסתכלן GN 22:10
ומית נדב ואביהוא **בקרוביהון** אישתא נוכריתא מן NU 26:61
תעבדון: וביומא דביכוריא **בקרוביכון** דורונא מן עללתא NU 28:26
ביומא דאתרבייו מטול **דאתקרב** קרבנהון לשמשא: ומית NU 3:3
בדרת משכן זימנא: כל **דימקרב** בבשרה יתקדש ודיידי מן LV 6:20
ביה דיליה יהי: וכהנא **דימקרב** ית עלת גבר אוחרן משך LV 7:8
עד רמשא: ומאן דפחר **דיקרב** בגוויה דובנא יתבר וכל מאן LV 15:12
תהי יתבא בריחוקא כל **דיקרב** בה יהי מסאב עד רמשא: וכל LV 15:19
לכון בכל ריחשא כל **דיקרב** בהון ובמושכיהון ובאדמהון LV 11:31
סאובתהא: וכל מאן **דיקרב** בהון יהי מסאב ויצבע LV 15:27
מסאבין הינון לכון כל **דיקרב** בהון יהי מסאב: וכל דמטייל LV 11:26
מקרבנייא דייי כל **דיקרב** בהון יתקדש: ומליל ייי עם LV 6:11
ויהון קודש קודשין כל **דיקרב** בהון מן כהניא יתקדש EX 30:29
ולמיקרב בסייפיה כל **דיקרב** בטוורא איתקטלא איתקטל: EX 19:12
עד רמשא: וכל מידעם **דיקרב** ביה דובנא וידוי לא שטף LV 15:11
בחייוי: בר נש כהין **דיקרב** ביה יהי מסאב עד רמשא LV 22:6
יהי מסאב ובר נש דכי **דיקרב** ביה יהי מסאב עד רמשא: NU 19:22
עד רמשא: וכל מידעם **דיקרב** ביה מסאבא ולא בהיסיטא NU 19:22
ביניהון לקיים עלם: **דיקרב** בישכיבא לכל בר נשא NU 19:11
דובנא יהי מסאב וכל **דיקרב** בכל מאן דיהי תחותוי יהי LV 15:9
ויהי מסאב עד רמשא: וכל **דיקרב** בכל מנא דמייחד למיתב LV 15:22
שכבת זרעא: או גבר **דיקרב** בכל ריחשא דיסתאב ליה או LV 22:5
מדבחא קודש קודשין כל **דיקרב** במדבחא יתקדש מן בני EX 29:37
ריחוקה יהי מסאב: וכל מן **דיקרב** במשכבה יצבע לבושוי LV 15:21
דהיא חזיא לכון למיכול **דיקרב** בנבילתא יהי מסאב עד LV 11:39
ולאילין תסתאבון כל **דיקרב** בנבילתהון יהי מסאב עד LV 11:24
מסאבין הינון לכון כל **דיקרב** בנבילתהון יהי מסאב עד LV 11:27
כל דקטיל בר נשא וכל **דיקרב** בקטילא תדון עלוי ביומא NU 31:19
שביעאה לא ידכי: כל **דיקרב** בשכיבא ובוולדא בר תשעה NU 19:13
נכסת קורבניה ביומא **דיקרב** ית ניכסתיה יתאכל LV 7:16
ית כהונתהון וחילוניי **דיקרב** יתקטל באישא מצלהבא NU 3:10
יתיה ליואי וחילוני **דיקרב** יתקטל באישא מצלהבא מן NU 1:51
בני ישראל וחילוניי **דיקרב** יתקטל באישא מצלהבא מן NU 3:38
ית כהונתכון וחילוניי **דיקרב** יתקטל: ומליל ייי עם אהרן NU 18:7
ית כל עמא למימר **דיקרב** לביש בגברא הדין GN 26:11
גבר אוחרן משך עלתא **דיקרב** לכהנא דיליה יהי: וכל LV 7:8
אזדהרון לדריכון כל גבר **דיקרב** מכל בניכון לקודשיא די LV 22:3
ומן גיורא דבישראל **דיקרב** קרבניה לכל נדריהון ולכל LV 22:18
ודא אורייתא דמנחתא **דיקרבון** יתה בני אהרן כהנא קדם LV 6:7
לכל קודשיא דבני ישראל **דיקרבון** לכהנא דיליה יהון: וגבר ית NU 5:9
לכל בישרא בבעירא **דיקרבון** מינה קדם ייי כדינא NU 18:15
יעליניה כהנא: ואין בעירא **דיקרבון** מינה קורבנא קדם ייי כל LV 27:9
דכל פירי אילני ארעהון **דיקרבון** קדם ייי דילך יהי כל דדכי NU 18:13
נדריהון ולכל נסיבתהון **דיקרבון** קדם ייי לעלתא: לרעוא LV 22:18
ועל בני נש דהוו תמן ועל **דמקרב** בגרמא דחייא דפרש מיניה NU 19:18
וקרבן ידוי דאליהו כהנא **דמקרב** בטוורא כרמלא תקבל DT 33:11
רבותא מדבחא: והוה **דמקרב** ביומא קמאה ית קורבניהן NU 7:12
מניכסת קודשיכון: מאן **דמקרב** ית אדם נכסת קודשיא וית LV 7:33
ישראל למימר כל מאן **דמקרב** ית ניכסת קודשוי קדם ייי LV 7:29
ועל מסריתא לכהנא **דמקרב** יתה דיליה יהי: וכל מנחתא LV 7:9
תליתאה לא יתרעי מן **דמקרב** יתיה לא יתחשב ליה לזכו LV 7:17
בר עיזי חד חטאתא **דמקרב** מטרתא חד בר מעלת NU 29:16
ולא מגביה: וכל מאן **דמקרב** על אנפי ברא ולא במיתא NU 19:16
או מן ענא: ויקרב גברא **דמקרב** קורבניה קדם ייי מנחתא NU 15:4
בני שנא ארביסר שלמין **דמקרבין** תמני מטרתא שיתא NU 29:13
מטרתא דיכרין תרין **דמקרבין** תרין מטרתא אימרין בני NU 29:13
דיהודה: וקרבניה **דמקריב** פיילי דכסף חדא גילדא NU 7:13
קדם ייי: וניסוכיהון **דמתקרב** עמהון פלגות הינא יהי NU 28:14
מבשר ניכסת קודשיא **דמתקרבין** קדם ייי וישתיצי בר LV 7:21
בישרא מניכסת קודשיא **דמתקרבין** קדם ייי וסובתיה עלוי LV 7:20
פיסחא ולמיזרוק אדמא **דקרבנא** דייי על מדבחא בזימניה NU 9:7
מסואבות קטילייא **דקרבתון** בהון ושנן כסותכון: ונקום GN 35:2
ועבדא כהילכת עלתא **דקריב** אמטולתיה: וקריב ית LV 9:16

עיגלא דחטאתא דיליה **דקריב** בשירויא: וקריב ית עלתא LV 9:15
ויסב הוא ושיבביה **דקריב** לביתיה בסכום נפשתא גבר EX 12:4
ית אחסנתיה לקריביה **דקריב** ליה מגניסת אבוי וירית יתה NU 27:11
כפנא בארעא: והוה כמא **דקריב** למיעל לתחום מצרים ומטו GN 12:11
כאילו אבדנא כולנא: כל **דקריב** מיקרב למשכנא דייי מאית NU 17:28
חמשא דין סדר קורבנא **דקריב** מניכסוי נתנאל בר צוער: NU 7:23
וצפירא דחטאתא **דקריב** נחשון בר עמינדב לחנוכת LV 10:16
אליאב בר חילון: קרבניה **דקריב** פיילי דכסף חדא גילדה NU 7:25
בר שדיאור: קרבניה **דקריב** פיילי וגומר: בזיכא חדא NU 7:31
בר צורי שדי: קרבניה **דקריב** פיילי וגומר: בזיכא חדא NU 7:37
אליסף בר דעואל: קרבניה **דקריב** פיילי וגומר: בזיכא חדא NU 7:43
בר עמיהוד: קרבניה **דקריב** פיילי וגומר: בזיכא חדא NU 7:49
בר פדה צור: קרבניה **דקריב** פיילי וגומר: בזיכא חדא NU 7:55
אבידן בר גידעוני: קרבניה **דקריב** פיילי וגומר: בזיכא חדא NU 7:61
בר עמי שדי: קרבניה **דקריב** פיילי וגומר: בזיכא חדא NU 7:67
פגעיאל בר עכרן: קרבניה **דקריב** פיילי וגומר: בזיכא חדא NU 7:73
אחירע בר עינן: קרבניה **דקריב** פיילי וגומר: בזיכא חדא NU 7:79
בעמיה: אלהין לאינתתא **דקריבא** לגופיה לאימיה ולאבוי LV 21:2
ולאחתיה בתולתא **דקריבא** ליה ולא מארסא ודעד LV 21:3
קטילא: ויהי קרתא **דקריבא** לקטילא מתחשדא וסבי DT 21:3
כהנא ית מחתיית נחשא **דקריבו** יקידיא ורדידינון חפיי NU 17:4
עממיא דבחוזרנותכון **דקריבין** לכון או מן שאר עממיא DT 13:8
וכל חכימי קרתא ההיא **דקריבין** לקטילא ישזגון ית ידיהון DT 21:6
רב דבהון: ואוף כהניא **דקריבין** לשמשא ייי יתקדשון EX 19:22
וחמר ניסוכיהון מה **דתקרבון** עם תורי ודיכרי ואימרי NU 29:27
וחמר ניסוכיהון מה **דתקרבון** עם תורי ודיכרי ואימרי NU 29:37
וחמר ניסוכיהון מה **דתקרבון** עם תורי ודיכרי ואמרי NU 29:30
מאחסנתיה וייתי פריקיה **הקריב** ליה ויפרוק ית זביני אחוי: LV 25:25
מרמם ובדינין רברבין: **ואקרב** יתכון קדמיי לעם ואהוי EX 6:7
דאיטרד מן גינתא דעדן **ואקריב** עילוי קרבנא ועילוי אקריבו GN 8:20
ניכסת קודשיא די לעמא **ואקריבו** בני אהרן ית אדמא ליה LV 9:18
ונכס ית עלתא **ואקריבו** בני אהרן ליה ית אדמא LV 9:12
ית ערלת גרשום ברה **ואקריבת** ית גזירת מהולתא EX 4:25
מיעלהון למשכן זימנא **ובמיקרבהון** למדבחא מקדשין EX 40:32
ייי אלקכון מנהון **ובקורבנא** לא יהי חוב ופסולא DT 23:22
קדם ייי וסבר אפין בהבל **ובקורבניה:** ולקין ולקורבניה לא GN 4:4
ויהי מסאב עד רמשא: **ודיקרב** בבשר דובנא יצבע לבושוי LV 15:7
לא יכול עד זמן דמידכי **ודיקרב** בכל סואבת בר נש או גבר LV 22:4
מי אדיותא יצבע לבושוי **ודיקרב** במי אדיותא יהי מסאב עד NU 19:21
רישיה מישחא דרבותא **ודיקרב** ית קורבניה למלבוש ית LV 21:10
ויכפר כהנא די רבי יתיה **ודיקרב** קורבניה לשמשא תחות LV 16:32
ודכר חד לעלתא: **ויקרב** אהרן ית תורא דחטאתא LV 16:6
דצוק דהוא בית הדורי: **ויקרב** אהרן ית תורא דיליה ויכפר LV 16:11
עמא דלא כהלכתיה **ויקרב** בגין חובתיה תור בר תורי LV 4:3
מיניה והוא מסאב **ויקרב** בכל קודשיא ויתחייב: או LV 5:2
בה ויתכסי מיניה **ויקרב** בכל קודשיא ומן בתר כדין LV 5:3
ייי מן תורי או מן ענא: **ויקרב** גברא דמקרב קורבניה קדם NU 15:4
בר נשא חד יחוב בשלו **ויקרב** גדיתא בר שתא דלא עירובין NU 15:27
וייתי יתהון לוות כהנא **ויקרב** ית מן דאתבחר לחטאתא LV 5:8
באשתעות מיליא **ויקרב** ית צפירא חייא: ויסמוך אהרן LV 16:20
דוכרנא מדכרת חובין: **ויקרב** יתה כהנא ויקימינה קדם ייי: NU 5:16
הוא מקריב ית קורבניה **ויקרב** יתיה קדם ייי: ויסמוך LV 3:7
וריגלוי יחליל במיא **ויקרב** כהנא ית כולא ויסיק LV 1:13
ית דכשר ליה וית דקדיש **ויקרב** לפולחניה וית דיתרעי ביה NU 16:5
על ניכסת תודת קודשוי: **ויקרב** מיניה חד מן כל קרבנא LV 7:14
על מדבחא חזור חזור: **ויקרב** מיניה קורבנא קורבנא קדם LV 3:14
מן עופא קורבניה קדם ייי **ויקרב** מן שפנינייא או מן בני יוניא LV 1:14
על מדבחא חזור חזור: **ויקרב** מנכסת קודשיא קרבנא קדם LV 3:9
ניכסת קודשיא קדם ייי: **ויקרב** על בר תורי מנחתא סמידא NU 15:9
אין על תודתא יקרביניה **ויקרב** על ניכסת תודתא גריצן LV 7:12
ית בר תורי קדם ייי **ויקרבון** בני אהרן כהנא ית אדמא LV 1:5
ובפיסחא דאייר יידכון **ויקרבון** יתיה: וגברא דהוא דכי NU 9:12
מבתרהא במצע חקלא: **ויקרבון** כהניא ביני לוי ארום בהון DT 21:5
חובתא דאתחייבון עלה **ויקרבון** קהלא תור בר תורי LV 4:14
האילין לקדם ייי **ויקרבינה** גברא דמייתי יתה לות LV 2:8
ובני יוניא מן גוזלין: **ויקרביניה** כהנא למדבחא ויחזום LV 1:15
ויסב מנהון רשותא **ויקרביניה** לות דשא דלות מזוזתא EX 21:6
משכן זימנא לות כהנא: **ויקרביניה** קדם ייי ויכפר עלה כהנא LV 12:7
ואין מן בני עיזא קורבניה **ויקרביניה** קדם ייי: ויסמוך יד ימיניה LV 3:12
בניי לא איפוק לבר חורין: **ויקרביניה** ריבוניה לקדם דיינייא EX 21:6
ויטלקינון על צפיריא: **ויקריב** אהרן ית צפירא דסליק עלוי LV 16:9
גרמי לתרע משכן זימנא: **ויקריב** ית קרבניה קדם ייי אימר בר NU 6:14
וירים ית מנחתא קדם ייי **ויקריב** יתה על גבי מדבחא: ויקמוץ NU 5:25
ויסב כהנא ית אימרא חד **ויקריב** יתיה לקרבן אשמא וית LV 14:12

ומנחתהון וניסכיהון: **ויקריב** כהנא קדם ייי ויעביד ית NU 6:16
על מדבחא חזור חזור: **ויקריב** מנכסת קודשיא קורבנא LV 3:3
קריבין לאגחא קרבא **ויתקרב** כהנא וימלל עם עמא: ויימר DT 20:2
אין לא משתכח גנבא **ויתקרב** מריה ביתא לקדם דיינייא EX 22:7
ישראל ותסגדון מרחיק: **ויתקרב** משה בלחודוי קדם ייי EX 24:2
יתוקם משכנא ויתפרק **ויתקרב** קורבנכון: היכמא דעבד LV 8:33
תיגרא בין תרין גובריא **ויתקרבון** לות דינא וידונון יתהון DT 25:1
הוו זהירין מלמיסק בהר **ולמיקרב** בסייפיה כל דיקרב EX 19:12
אלקכון לקבלא במימריה **ולמקרב** לדחלתיה ארום אורייתא DT 30:20
בהבל ובקורבניה: ולקין **ולקורבניה** לא אסבר אפין ותקיף GN 4:5
לבנוי בתרוי לרבאה בהון **ולקרבא** בהון ית קורבנהון: שובעא EX 29:29
על שובעין עממין **ומקרבין** יתהון תליסר מטרתא NU 29:13
דמצראי מינהון ניסב **ונקרבא** קדם ייי אילהן הא אין EX 8:22
דניסן הינון ייכלון פטירי **וקורבן** פיסחא לא יעבדון מטול NU 9:12
ותקרב קורבנא דאהרן **וקורבנא** דבנוי: ותקריב ית תורא EX 29:9
תקרבון איליין קדם ייי **וקורבנא** לא תקרבון מנהון על LV 22:22
דפקיד ייי ית משה: **וקרב** ית דכר עלתא וסמכו אהרן LV 8:18
כל כנישתא לשמשותהון: **וקרב** יתך וית כל אחך בני לוי עימך NU 16:10
ליה סב לי תקרובתין **וקרב** קדמי עגלא ברת תלת שנין GN 15:9
וייכלון מותנא ביום רוגזך **וקרבן** גמיר לרעוא על גבי מדבחך: DT 33:10
מעשרא מן מעשרא **וקרבן** ידוי דאליהו כהנא דמקרב DT 33:11
קרבנהון קרבנא קדם ייי **וקרבן** סורחנותהון קריבו קדם ייי NU 15:25
אתקבל קרבנך ברעוא **וקרבני** מני לא איתקבל ברעוא עני GN 4:8
אבא לשיבטא דיהודה: **וקרבניה** דמקריב פיילי דכסף חדא NU 7:13
עליהון היכמא דפקיד ייי: **וקריב** אהרן למדבחא בזריזותא LV 9:8
ליה רשו למאבשא ליה **וקריב** בפתי ירכיה וזעזע פתי ירכא GN 32:26
קריב כדון ושק לי ברי: **וקריב** ונשיק ליה וארח ית ריחא GN 27:27
ברת לבן אחוהא דאימיה **וקריב** יעקב וגלגיל ית אבנא בחדא GN 29:10
דין ברי עשו אין לא: **וקריב** יעקב לות יצחק אבוי GN 27:22
מיצעא דריגליה ימינא: **וקריב** ית בני אהרן ויהב משה מן LV 8:24
דפקיד ייי ית משה: **וקריב** ית דיכרא תיניינא דכר LV 8:22
עלתא דקריב אמטולתיה: **וקריב** ית מנחתא ומלא ידיה מינה LV 9:17
דיליה דקריב בשירויא: **וקריב** ית עלתא ועבדא כהילכת LV 9:16
על עלתא למדבחא: **וקריב** ית קרבן עמא ונסב ית צפירא LV 9:15
דפקיד ייי ית משה: **וקריב** ית תורא דחטאתא וסמך LV 8:14
סיבו ולא יכיל למיחמי **וקריב** יתהון לוותיה ונשיק להון GN 48:10
בבלוריתא דמדינתא **וקריב** יתיה לות אחוי למחמי משה NU 25:6
דהוא ימינא דישראל **וקריב** לוותיה: ואושיט ישראל ית GN 48:13
סוקו לשלם לות אבוכון: **וקריב** לותיה יהודה ואמר במטו GN 44:18
דברי בגין דתברכינך נפשי **וקריב** ליה ואכל ולא הוה חמרא GN 27:25
ליה משה אגיס מנדעך **וקריב** למדבחא ולא תיסתפי ועיבד LV 9:7
דפקיד ייי למעבד: **וקריב** משה ית אהרן וית בנוי LV 8:6
מטול לקדשותיה: **וקריב** משה ית אהרן וית בנוי LV 8:13
תריהון יהון שלמין **וקריב** קדם ייי: ועם בני ישראל LV 9:2
חמא טעות צפון משתיזב **וקריב** קדמוי קרבנין וזקפו בני EX 14:10
ושפנינא ותסילא בר יוון: **וקריב** קומוי ית כל אילין ופסג GN 15:10
רחמנא וחננא אריך רוח **וקריב** רחמין מסגי למעבד חסד EX 34:6
למימר: ייי אריך רוח **וקריב** רחמין שרי לחובין ומכפר על NU 14:18
מנוי ורבינון וקדש יתהון: **וקריבו** אמרכליא דישראל רישי NU 7:2
עיגלא דחטאתא דידיה: **וקריבו** בני אהרן ית אדמא לוותיה LV 9:9
ומרי עלמא דמן לטווריא **וקריבו** דין לדין ומיתן ואדמהון הוה NU 21:14
וחמון גזירת מהולתי **וקריבו** ואמר אנא יוסף אחוכון די GN 45:4
למברא למשריתא: **וקריבו** וסוברונון באונקלוון דפרזלא LV 10:5
מאה וארבעין ושבע שנין: **וקריבו** יומי ישראל לממת וקרא GN 47:29
צבא משה למיסב מנהון **וקריבו** יתהון קדם משכנא: ואמר ייי NU 7:3
קיסין ביומא דשבתא: **וקריבו** יתיה בתר דאתרו ביה ותלש NU 15:33
לקדם משכן זימנא **וקריבו** כל כנישתא וקמון בלב LV 9:5
שריא בגו בני ישראל: **וקריבו** לבי דינא רישי אבהתא NU 36:1
ולמיסב ית חמרנא: **וקריבו** לות גברא דיממנא GN 43:19
דפקיד ייי ית משה: **וקריבו** לות משה איסטריטיגין NU 31:48
ותחבלון לכל עמא הדין: **וקריבו** לותיה ואמר דירין דעאן נבני NU 32:16
בגברא בלוט לחדא **וקריבו** למיתבר דשא: ואושיטו GN 19:9
מן אחוהון באונסא **וקריבו** לעיבידת משכנא או דילמא LV 8:15
שביעאה לסואבותהון **וקריבו** לקדם משה וקדם אהרן NU 9:6
חרא ואסיקו עלוון **וקריבו** ניכסין ואסחר עמא למיכול EX 32:6
עלה קטורת בוסמין **וקריבו** קדם ייי אישתא נוכרתא מן LV 10:1
עליהון בכתפא נטלין: **וקריבו** רברביא ית חנוכת רבותא NU 7:10
ביומא דרביו יתיה **וקריבו** רברביא ית קרבנהון לקדם NU 7:10
או דילמא ייזלון אחיהון **וקריביהון** דאילין קטיליא GN 15:1
אקדישית יתהון קדמי: **וקריבית** ית ליואי חולף כל בוכרא NU 8:18
בר יפונה ויהושע בר נון: **וקריבן** לבי דינא בנת צלפחד בר NU 27:1
מן קדם על עבדך: **וקריבן** לחינתא הינין ובניהן וגחינן: GN 33:6
לא שגא מיננא אינש: **וקריבנא** דורונא לשמא דייי כיון NU 31:50
הינין ובניהן וגחינן: **וקריבת** אוף לאה ובנהא וגחנן ובתר GN 33:7

ארעא וית בניהון יאלפון: **וקריבתון** וקמתון בשיפולי טוורא DT 4:11
וטוורא דליק באישא **וקריבתון** לוותי כל רישי שיבטיכון DT 5:23
תידחלון ולא תיתברון: **וקריבתון** לותי בעירבוביא כולכון DT 1:22
נשא כחדא גבר וחבריה **ותיתקרב** איתת חד מנהון לשיזבא DT 25:11
ולסיעתיה בסוף יומיא: **ותקרב** ית אהרן וית בנוי לתרע EX 40:12
ית סכום מניין שמהתהון: **ותקרב** ית ליואי קדמי אנא ייי חלף NU 3:41
להון כהונתא לקיים עלם **ותקרב** קורבנא דאהרן וקורבנא EX 29:9
תימנון חמשין יומין **ותקרבון** מנחתא דלחים חדת LV 23:16
ביכורין לשמא דייי: **ותקרבון** על לחמא ההוא שיבעא LV 23:18
פולחנא לא תעבדון: **ותקרבון** עלתא לאתקבלא ברעוא NU 28:27
פולחנא לא תעבדון: **ותקרבון** עלתא קדם ייי לאתקבלא NU 29:8
קדם ייי שובעא יומין: **ותקרבון** עלתא קרבן דמתקבל NU 29:13
פולחנא לא תעבדון: **ותקרבון** עלתא קרבן דמתקבל NU 29:36
עליהון קטורת בוסמין **ותקרבון** קדם ייי גבר מחתיתיה NU 16:17
פולחנא לא תעבדון **ותקרבון** קורבנא לשמא דייי: ומליל LV 23:25
ותשמיש ערסא וסנדלא **ותקרבון** קורבנא קדם ייי: וכל LV 23:27
פולחנא לא תעבדון: **ותקרבון** קרבנא לשמא דייי שבעתי LV 23:8
פולחנא לא תעבדון: **ותקרבון** קרבנא עלתא קדם ייי NU 28:19
בר תורי תיסב לחטאתא: **ותקריב** ית ליואי לקדם משכן NU 8:9
כל כנישתא דבני ישראל: **ותקריב** ית ליואי קדם ייי ויסמכון NU 8:10
בנוי עימיה ותרביה יתהון **ותקריב** ית קורבנהון ותקדש יתהון EX 28:41
דאהרן וקורבנא דבנוי: **ותקריב** ית תורא קדם משכנא EX 29:10
ותיתן יתהון על סלא חד **ותקריב** יתהון בסלא וית תורא וית EX 29:3
לא רעינא למיסבא: **ותתקרב** יבימתיה לוותיה לקדם DT 25:9
תחום מואבאי ית לחיית: **ותתקרבון** לקביל בני עמון לא DT 2:19
לא יעול ולמדבחא לא **יקרב** ארום מומא ביה ולא יפיס ית LV 21:23
יקביל חוביה: או בר נש די **יקרב** בכל מידעם דמסאב או LV 5:2
יקבל: ובשר קודשיא די **יקרב** בכל מסאב לית איפשר LV 7:19
עלוי יהי מסאב: וגבר די **יקרב** במשכביה יצבע לבושוי ויסחי LV 15:5
מיין נבעין יהי דכי ברם די **יקרב** בנבילתהון בגו מיא האיליין LV 11:36
ויתחייב: או ארום **יקרב** בסואבות אינשא לכל LV 5:3
כל גבר דביה מומא לא **יקרב** גבר דסמי או דחגיר או דלקי LV 21:18
ישראל מן בגלל דלא **יקרב** גבר חילוניי דלא מן בני אהרן NU 17:5
כהנא רבא ומתמן **יקרב** יתכון על ידויי דמלכא DT 30:4
משכנא וחילוניי לא **יקרב** לוותכון: ותיטרון ית מטרת NU 18:4
למשכן בית מותביה ולא **יקרב** לציד אינתתיה שובעא יומין: LV 14:8
וית דיתרעי ביה **יקרב** לשימושיה: דא עיבידו סבו NU 16:5
חזור חזור: וית כל תרביה **יקרב** מינה ית אליתא וית תרבי LV 7:3
ותימר להום אינש די **יקרב** מנכון ולא מן משעמדיא פלחי LV 1:2
יהי לכון: וגבר ארום **יקרב** ניכסת קודשיא קדם ייי LV 22:21
דניכסת קודשיא די **יקרב** קדם ייי: אין על תודתא LV 7:11
קדם ייי: ובר נש ארום **יקרב** קרבן מנחתא קדם ייי קמחא LV 2:1
שעין וביני שימשתא **יקרבון** אימר תניין וברמשא יהון GN 49:27
קודשא ולמדבחא לא **יקרבון** ולא ימותון אוף הינון אוף NU 18:3
ליומא אמרכול חד ליומא **יקרבון** ית קורבנהון לחנוכת רבותא NU 7:11
מקורבניא דייי ביומא די **יקרבון** יתהון לשמשא קדם ייי::: LV 7:35
בני קהת למסוברא ולא **יקרבון** לקודשא דלא ימותון NU 4:15
כל בעירא מסאבא דלא **יקרבון** מינה קרבנא קדם ייי ויקם LV 27:11
קרבנא דאהרן ודבנוי די **יקרבון** קדם ייי ביומא דירבון יתיה LV 6:13
בית מקדשא יצלון תמן **יקרבון** קורבנין דקשוט ארום על DT 33:19
פולחן משכן זימנא: ולא **יקרבון** תוב בני ישראל למשכן NU 18:22
ייי דכר או נוקבא שלים **יקרביניה**: אין אימר הוא מקריב ית LV 3:6
עיזיא לעלתא דכר שלים **יקרביניה**: ויכוס יתיה טבחא על LV 1:10
אין דכר אין נוקבא שלים **יקרביניה**: ויסמוך יד ימיניה בתוקפא LV 3:1
קדם ייי: אין על תודתא **יקרביניה** ויקרב על ניכסת תודתא LV 7:12
מן תורי דכר שלים **יקרביניה** לתרע משכן זימנא יקריב LV 1:3
מעמיה: ובר נש ארום **יקריב** בכל מסאב בסואבות אינשא LV 7:21
לתרע משכן זימנא **יקריב** יתיה לרעוא עלוי קדם ייי: LV 1:3
ית קורבניה ברם שפניניא **יקריב** מן רברבין ובני יוניא מן גוזלין: LV 1:14
על גריצתא דלחים חמיע **יקריב** קורבניה על ניכסת תודת LV 7:13
מאן דאית ליה עסק דינא **יתקרב** לוותכון: וסליק משה לטורא EX 24:14
יתיב ולציד אינתתיה לא **יתקרב** מברא למשריתא מותביה: LV 13:46
קדם ייי והינון לא **יתקרבון** ועמא לא יסקון עימיה: EX 24:2
ברם על גבי מדבחא **יתקריב** לשמא דייי: ומליל ייי עם LV 3:17
דתקנן קדמוי ומטול **לאתקרבא** לדחלתיה: ויתרך מימרא DT 11:22
עמא לית אפשר להון **למיקרב** דילמא יתוקדון באישא EX 29:37
מידמי לעיגלא איסתפי **למיקרב** לגביה בכין אמר ליה משה LV 9:7
כל מאן דאיתרעי ליביה **למיקרב** לעיבידתא למעבד יתה: EX 36:2
וכן אמר למשה אן מה דא **למקרב** לגבה ואין אמר אנת NU 25:6
בגין כל לא שבקתך **למקרב** לגבה: וכדון אתיב איתת GN 20:6
היכדין תיכלוניה דמסאב **למקרב** לקודשיא ודדכי למקרב DT 12:22
תיכלוניה דמסאב מן **למקרב** לקודשיא ודדכי למקרב DT 15:22
קירויכון דמסאבין מן **למקרב** לקודשיא ודדכין למקרב DT 12:15
למקרב לקודשיא ודדכי **למקרב** לקודשיא כחדא הי כבשר DT 15:22

למקרב לקודשיא ודדכין **למקרב** לקודשיא כחדא ייכלון DT 12:15
למקרב לקודשיא ודדכי **למקרב** לקודשיא כחדא יכלוניה: DT 12:22
מן בעירא דמתכשרא **למקרב** מינה קרבנא קדם ייי LV 7:25
עמי בני ישראל הוו זהירין **למקרבא** יתיה מאפרשות לשבתא NU 28:2
ואמרת שכוב עימי: וסרב **למקרבא** לגבה ואמרת לאיתת GN 39:8
מטעיתא ופירוג דכלב **לקרבא** בבי מוקדשא דייי אלקכון DT 23:19
קרבן אלקיה לא יתכשר **לקרבא**: ברם מותרי קורבנייא LV 21:21
חילא קדם עמא דייי **לקרבא** היכמא דריבוני ממליל: NU 32:27
ראובן האחיכון ייתון **לקרבא** ואתון תיתבון הכא: ולמא NU 32:6
דפקיד ית בני ישראל **לקרבא** ית קורבנהון קדם ייי LV 7:38
יתהון דאתכפר בהון **לקרבא** ית קרבנהון למקדשא EX 29:33
יתכון מן כנישתא **לקרבא** יתכון לשימושיה למפלח NU 16:9
דאנפוי ודחילון מן **לקרבא** לותיה: וקרא להון משה EX 34:30
וזיין ית עולמויי דחניך **לקרבא** מרבייני ביתיה ולא צבו GN 14:14
ית יורדנא כל דמזרז **לקרבא** עמא דייי ותתכבש ארעא NU 32:29
הכדין ית אילין ניסוכייא **לקרבא** קורבנא דמתקבל ברעוא NU 15:13
יתהון מארעי קדיש **לקרבא** קורבנא לשמא דייי עלתא LV 23:37
וכהנייא בפלוגתהון **לקרבא** קורבנין ומיניה ליואי GN 50:1
ביה מומא לא יתכשר **לקרבא** קרבן אלקיה: ארום כל גבר LV 21:17
תמינאה ולהלאה יתרעי **לקרבא** קרבנא לשמא דייי: עמי בני LV 22:27
משכן זימנא לא אייתיה **לקרבא** קרבנא קדם ייי קדם LV 17:4
דאהרן כהנא לא יתכשר **לקרבא** קרבניא דייי מומא ביה ית LV 21:21
סילעין בסילעי קודשא **לקרבן** אשמא: וית הניית קודשא LV 5:15
אימרא חד ויקריב יתיה **לקרבן** אשמא וית לוגא דמשחא LV 14:12
אשמא הוא כל דאתחייב **לקרבן** אשמא ייתי קרבן לאשמא LV 5:19
בני עיזי דלא עירובין **לקרבן** חטאתא ודכר חד לעלתא: LV 16:5
בר תורי דלא עירובין **לקרבן** חטאתא ודכר לעלתא: LV 16:3
אלהין כד כשרא ליה ברם **לקריבוי** דהינון עבדין עובדי עמיה LV 21:4
ניכסתא בטוורא וזמן **לקריבויי** דאתו עם לבן למסעוד GN 31:54
ותיתנון ית אחסנתיה **לקריביה** דקריב ליה מגניסת אבוי NU 27:11
תיפתחון ית ידיכון **לקריביכון** ולענייי שיבבותכון DT 15:11
בבני ישראל מותא בזמן **מיקרב** בני ישראל לקודשא: ועבד NU 8:19
אבדנא כולנא: כל דקריב **מיקרב** למשכנא דייי מאית הברם NU 17:28
תדירא היכמא דהות **מיקרבא** על טוורא דסיני מטול NU 28:6
בית קודש קודשיא בזמן **מיקרבהון** לתמן אהרן ובנוי ייעלון NU 4:19
יתבא על קצתיה בזמן **מיקרביה** ביה יהי מסאב עד רמשא: LV 15:23
על ארעא שבע זימנין עד **מיקרביה** עד אחוי: ורהט עשו GN 33:3
טוניה ותמנוע לנפשך **מלמקרוב** ליה משבוק תשבוק EX 23:5
כל אחוהון ליואי דיכלון **מקורבניא** דייי ביומא די יקרבון LV 7:35
ית מנחתא דאישתיירת **מקורבנייא** דייי ואיכלוה פטיר LV 10:12
קודש קודשין הוא ליה **מקורבנייא** דייי קיים עלם: גברא LV 24:9
קורבניה אין מן תורי הוא **מקרב** אין דכר אין נוקבא שלים LV 3:1
מטרתא חדא מנהון **מקרבא** תרי ותריסר מנהון חד חד: NU 29:29
באישא מצלהבא או בזמן **מקרבהון** למדבחא לשמשא EX 30:20
בצפרא יהון כהנייא **מקרבין** אימר תדירא עד ארבע GN 49:27
קדם ייי אילהן הא אין **מקרבין** אנן ית טעוותהון דמצראי EX 8:22
דאלקהון הינון **מקרבין** ויהון קדישין בגופיהון: LV 21:6
תרי תרין ותמני מנהון **מקרבין** חד חד: מנחתהון סמידא NU 29:23
דכל מיצראי: ומצראי **מקרבין** ית דקטל ייי בהון כל NU 33:4
ייכלון כהניא ומה דאתון **מקרבין** על גב מדבחא לית רשו NU 28:2
להון חוביהון כאילו **מקרבין** עלתא על מדבחא: ותיתן EX 40:6
ניסוכיהון מה דיתהוון **מקרבין** עם תוריא ועם דיכריא NU 29:18
מטרתא חמשא מנהון **מקרבין** תרי תרי וארבע מנהון חד NU 29:17
מטרתא ארבעא מנהון **מקרבין** תרי תרי ושית מנהון חד חד: NU 29:20
מטרתא שיתא מנהון **מקרבין** תרי תרי ותרין מנהון חד NU 29:13
מטרתא תרי מנהון **מקרבין** תרי תרי תריסר מנהון חד NU 29:26
מטרתא תלת מנהון **מקרבין** תרי תרין ותמני מנהון NU 29:23
בר עיזי חד חטאתא בר **מקרבן** חטאת כיפוריא ועלת NU 29:11
חולקך וחולק בנך היא **מקרבניא** דייי ארום הכדין LV 10:13
ולבנוי קודש קודשין **מקרבניא** דייי: וארום תקריב קרבן LV 2:3
ולבנוי קדש קודשין **מקרבניא** דייי: כל מנחתא די LV 2:10
מנחתא דיהבית להון **מקרבניי** קודש קודשין היא הי LV 6:10
קיים עלם לדריכון **מקרבנייא** דייי כל דיקרב בהון LV 6:11
בר אחבוי יפריקיניה או **מקריב** בישריה מזרעתיה יפרקיניה LV 25:49
יקרביניה: אין אימר הוא **מקריב** ית קורבניה ויקרב יתיה LV 3:7
מסתכל אנא ביה וליתיה **מקריב** כד ימלוך מליך תקיף NU 24:17
ארום ית קרבן אלקך הוא **מקריב** קדיש יהי לך ולא תפסיניה LV 21:8
ביכורי איבא עם דובשיה **מתקרב** ויכלון יתהון כהנייא ברם LV 2:12
ייי דלחם ביכוריא חמיר **מתקרב** ותמרי בזמן ביכורי איבא LV 2:12
בוסמנייא דעתידא **מתקרבא** בטוור בי מוקדשא GN 27:27
עינבי דא עלתא תהוי **מתקרבא** בכל ריש ירח וירח בזמן NU 28:14
להון שמעו ישראל אתון **מתקרבין** יומא דין לסידרי קרבא DT 20:3
ידע וחב וישתביק ליה: **קורבן** אשמא הוא כל דאתחייב LV 5:19
מן קודשיא דייי וייתי ית **קורבן** אשמיה לקדם ייי דכר שלים LV 5:15

לניסוכא פלגות הינא **קורבן** דמתקבל ברעוא קדם ייי: NU 15:10
וית תריבהון תסיק **קורבן** דמתקבל ברעוא קדם ייי: NU 18:17
חטאתא ויכוס יתה מטול **קורבן** חטאתא באתרא דיכוס ית LV 4:33
לא הוה ופסק מלמעבד **קורבן** פיסחא דניסן וישתיצי בר NU 9:13
לקיים עלם ותקרב **קורבנא** דאהרן וקורבנא דבנוי: EX 29:9
בני שנה חמשא דין סדר **קורבנא** די קריב מנכסוי נחשון בר NU 7:17
נשא ההוא מעמיה ארום **קורבנא** דייי לא קריב בזימניה NU 9:13
אילין ניסוכייא לקרבא **קורבנא** דמתקבל ברעוא קדם ייי: NU 15:13
בני שנה חמשא דין סדר **קורבנא** דקריב מניכסוי נתנאל בר NU 7:23
דנפיק מן קודשיא: ודין **קורבנא** דתעביד על מדבחא אימרין EX 29:38
ברעוא קדם ייי **קורבנא** הוא קדם ייי: ותיסב ית EX 29:25
כהנא למדבחא לחים **קורבנא** לאתקבלא ברעוא כל תריב LV 3:16
לא תעבדון ותקרבון **קורבנא** לשמא דייי: ומליל ייי עם LV 23:25
שבעתי יומין תקרבון **קורבנא** לשמא דייי כנישין תהון LV 23:36
פתיכא במשח זיתא **קורבנא** לשמא דייי מטול LV 23:13
מארעי קדיש לקרבא **קורבנא** לשמא דייי עלתא ומנחתא LV 23:37
ותהי ללחמא לאדכרא **קורבנא** קדם ייי: ביומא דשבתא LV 24:7
מישחא על כל לבונתא **קורבנא** קדם ייי: ואין ניכסת LV 2:16
דינהון לאתקבלא ברעוא **קורבנא** קדם ייי: ובעשרא יומין NU 29:6
לשמשא לאסקא **קורבנא** קדם ייי: ויסבון מוי מן EX 30:20
ערסא וסנדלא ותקרבון **קורבנא** קדם ייי: וכל עיבידתא לא LV 23:27
ויקריב מנכסת קודשיא **קורבנא** קדם ייי ית פריסותא LV 3:3
חזור: ויקרב מיניה קורבנא **קורבנא** קדם ייי ית פריסותא LV 3:14
ואין בעירא דיקרבון מינה **קורבנא** קדם ייי כל דיתן מיניה LV 27:9
חזור חזור: ויקרב מיניה **קורבנא** קורבנא קדם ייי ית LV 3:14
איסתקף עלה דייתי ית **קורבנה** דקייץ עלה מדילה חד מן NU 5:15
כהנא למדבחא לחים **קורבנה** קדם ייי: ואין מן בני עיזא LV 3:11
ותרביה יתהון ותקריב ית **קורבנהון** ותקדש יתהון וישמשון EX 28:41
חד ליומא יקרבון ית **קורבנהון** לחנוכת רבותא מדבחא: NU 7:11
ית בני ישראל לקרבא ית **קורבנהון** קדם ייי במשכנא דעבדו LV 7:38
בהון ולקרבא בהון ית **קורבנהון**: שובעא יומין ילבשינון EX 29:29
איליין קורבנייא: כאילין **קורבני** יומא קמאה תעבדון כל NU 28:24
חובתיה דחב וייתי ית **קורבני** צפירתא דעיזי שלמתא LV 4:28
וחדיא דארמותא על **קורבני** תרביא ייתון לארמא ארמא LV 10:15
לא מזדהרין בעיבידת **קורבניא** אוקידינון בשלהובית LV 10:3
לכל נדרא כל דכן לשאר **קורבניא** ארום מרחק קדם ייי DT 23:19
ארמא קדם ייי מדכר **קורבניא** אתפרש למשה הוה LV 8:29
ולבנוי בשילו ית בשר **קורבניא** בדודוותא בתרע משכן LV 8:31
דעבד וסדר ית סדר **קורבניא** ביומא הדין היכדין פקיד LV 8:34
חולק ואחסנא עם אחוי **קורבניא** דייי באחסנתהון יכלון: DT 18:1
קודשוי: ידוי ייתיין ית **קורבניא** דייי די יפרש מניכסת LV 7:30
ויסק למדבחא על **קורבניא** דייי חטאתא היא:: ומליל LV 5:12
בשוה ייכלון בר ממותרי **קורבניא** דיכלון כהניא דאוריתו DT 18:8
ייי: ותיסב ית חדיא מדכר **קורבניא** דלאהרן ותרים יתה ארמא EX 29:26
הי כמלחא דמבסים בשר **קורבניא** דקיים עלם הוא קדם ייי NU 18:19
שקא דימינא ארום דכר **קורבניא** הוא: ועגול דלחים חד EX 29:22
יתיה וית לחמא דבסל **קורבניא** היכמא דפקידית למימר LV 8:31
וכיוון דאיתעבידו **קורבניא** ולא איתגליית שכינתא LV 9:23
הינון: ואין ישתייר מבשר **קורבניא** ומן לחמא עד צפרא EX 29:34
ודאיתפרש מדכר **קורבניא** מדי לאהרן ומידי לבנוי: EX 29:27
בקודשא: וית דכר **קורבניא** תיסב ותבשיל ית בישריה EX 29:31
ייי: ואין ניכסת קודשיא **קורבניה** אין מן תורי הוא מקרב אין LV 3:1
נידרא או נסיבתא נכסת **קורבניה** ביומא דיקרב ית ניכסתיה LV 7:16
או מן בני יוניא ית **קורבניה** ברם שפניניא יקריב מן LV 1:14
גוזלין בני יוניא וייתי ית **קורבניה** דחב חד מן עשרא בתלת LV 5:11
מדבחא: וקבל ייי ברעוא **קורבניה** ואמר ייי במימריה לא GN 8:21
יד ימיניה על ריש **קורבניה** ויכוס יתיה טבחא קדם LV 3:8
ימיניה בתוקפא על ריש **קורבניה** ויכסיניה טבחא בתרע LV 3:2
אין אימר הוא מקריב ית **קורבניה** ויקרב יתיה קדם ייי: LV 3:7
קדם ייי: ואין מן בני עיזא **קורבניה** ויקרביניה קדם ייי: ויסמוך LV 3:12
ייי קמחא סמידא יהי **קורבניה** ויריק עלה משחא ויתן LV 2:1
ליה: ואין אימר ייתי **קורבניה** לחטאתא נוקבא שלמתא LV 4:32
דרבותא ודיקרב ית **קורבניה** למלבוש ית לבושיא ית LV 21:10
קדם ייי ייתי בגרמיה ית **קורבניה** לקדם ייי מן ניכסת LV 7:29
כהנא די רבי יתיה ודיקרב **קורבניה** לשמשא תחות אבוי LV 16:32
קדם ייי: ואם מן בני ענא **קורבניה** מן אימריא או מן בני עיזיא LV 1:10
ביומא תניינא קריב ית **קורבניה** נתנאל בר צוער רב בית NU 7:18
דלחים חמיע יקריב **קורבניה** על ניכסת תודת קודשוי: LV 7:13
ליה חובתיה דחב וייתי **קורבניה** צפיר בר עיזי דכר שלים: LV 4:23
קדם ייי: ואין מן עופא **קורבניה** קדם ייי ויקרב מן שפניניא LV 1:14
ענא: ויקרב גברא דמקרב **קורבניה** קדם ייי מנחתא סמידא NU 15:4
דמקרב ביומא קמאה ית **קורבניהן** נחשון בר עמינדב רב בית NU 7:12
לקרבא: ברם מותרי **קורבנייא** דאלקים מה דמשתייר מן LV 21:22
יהון מפלגין מותר שאר **קורבנייא** ואכלין גבר חולקיה: כל GN 49:27

תמן לתמן תייתון ית כל **קורבנייא** וביכוריא ומעשריא דאנא DT 12:11
תדירא תעבדון ית איליין **קורבנייא**: כאילין קורבני יומא NU 28:23
ולא אקבל ברעוא ריח **קורבניכון**: ואצדי לחוד אנא ית LV 26:31
מימר דייי ברעוא ית **קורבניכון** וישרי וישבוק על חוביכון LV 9:23
יצלון תמן יקרבון **קורבנין** דקשוט ארום על ספר ימא DT 33:19
בפלוגתהון לקרבא **קורבנין** ומיניה ליואי במחלוקתהון GN 50:1
דמתקבל ברעוא קדם ייי **קורבנין** קלילין תור חד קדם אלוק NU 29:36
ולא מן חיתא תקרבון ית **קורבנכון**: אין עלתא היא קרבניה מן LV 1:2
משכנא ויתפרק ויתקרב **קורבנכון**: היכמא דעבד וסדר ית LV 8:33
גברא: ואמר משה קריבו **קורבנכון** על שפיכות אדמא די EX 32:29
ולא תתגרי בהון לסדרי **קרב** ארום לא אתן לכון מארע בני DT 2:19
ולא תסדרון סידרי **קרב** ארום לית שכינתי מהלכא DT 1:42
איכול למסדרא סידרי **קרב** ביה ואתרכיניה: ואמר ייי NU 22:11
עימכון ותעביד עימכון **קרב** ותקפון עלה: וימסרינה ייי DT 20:12
ייי עם משה למימר: **קרב** ית שיבטא דלוי ותקים יתיה NU 3:6
ייי אנחנא ניסק ונגיח **קרב** ככל דפקדנא ייי אלקנא DT 1:41
כדי פסקו כל גברי מגיחי **קרב** עבדי בימתא לממת מיגו DT 2:16
חד בר שתיה תלתיהון **קרב** רב שיבטא דיהודה לעלתא: NU 7:15
נסדרא לקיבליהון סידרי **קרבא** אמר להון משה לא תגיחון EX 14:14
תסדר לקיבליהון סידרי **קרבא** ארום לא איתן לכון DT 2:9
ישתמעון ליה ומסדרין **קרבא** בארעא דישראל על בני NU 11:26
תיעולון למסדרא סידרי **קרבא** בארעכון על מעיקי דמעיקין NU 10:9
למסדרא עמהון סדרי **קרבא** בגין כן הוו אמרין נזיל לדותן GN 37:17
שירוי אומיא דאגיחו **קרבא** בדבית ישראל הינון דבית NU 24:20
דהוא במימריה יגיח **קרבא** בדבית עמלק וישיצי יתהון EX 17:16
דימלוך עליהון יגיח **קרבא** בדבית עמלק ויתרודם על NU 24:7
בסדרותיה עמהון **קרבא** בחקלי מואב ושום קרתא GN 36:35
דעתידין למסדרא סידרי **קרבא** בישראל ויפלון פיגריהון NU 24:17
ואתא ליהצא ואגח **קרבא** בישראל: ומחהי ישראל NU 21:23
תמן הא בכין אתא ואגח **קרבא** בישראל ושבא מנהון שיביא: NU 21:1
זוער וסדרו עמהון סדרי **קרבא** במישר פרדיסיא: עם GN 14:8
דאמוראה היא והוא אגיח **קרבא** במלכא דמואב קדמאה NU 21:26
ואמר למשה קל סידרי **קרבא** במשריתא: ואמר לא קל EX 32:17
במדורהון עד דאגחת **קרבא** בסיחון ויזעון וירתתון מן DT 2:25
דאמר ליה משה לאגחא **קרבא** בעמלק ומשה ואהרן וחור EX 17:10
עמיה תעיליניה מסדרי **קרבא** בשלם ידוי יתפרען ליה מן DT 33:7
חילא דאתו מן סדרי **קרבא** דא אחווית גזירת אורייתא NU 31:21
ארמלגוס רשיעא וסדרי **קרבא** דגוג ובעידן צערא רבא דהוא DT 34:3
דייי מן גוברי מגיחי **קרבא** די נפקו לחילא חדא בת נשא NU 31:28
ית סכום גוברי מגיחי **קרבא** די עימנא לא שגא מיננא NU 31:49
ית עתיד עדיתא באגחות **קרבא** דנפקו לחילא ובין כל NU 31:27
למסדרא עמהון סידרי **קרבא** דעד כדון לא מטא זימנא NU 20:21
ומדעקת על ישראל על **קרבא** ההוא בעו למתוב למצרים DT 10:6
אתי לסדרא בכון סדרי **קרבא** ואיתן ית כל בעלי דבבך EX 23:27
דאתו מחיל סדרי **קרבא**: ואמר להון משה הקיימתון NU 31:14
במעהא הי כגיברין עבדי **קרבא** ואמרת אם כדין הוא צערא GN 25:22
יהון נפקין לוותכון לסדרי **קרבא** ובשבעא אורחין טעיין יהוון DT 28:7
לקדמותהון לסידרי **קרבא** ובשבעתי אורחן טעיין תהוון DT 28:25
הוו נפיק קדמיהון לסדרי **קרבא** ודי הוי עליל קדמיהון מן NU 27:17
עליל קדמיהון מן סדרי **קרבא** ודיפיק יתהון מן יד בעלי NU 27:17
נסדרא לקובליהון סידרי **קרבא** וחדא אמרא נלבלבה EX 14:13
קדם עמא דייי לאגחא **קרבא**: ויעיבר לכון כל דמזרז ית NU 32:20
הדין נקום ונגיח עימיה **קרבא** וית לאה וריבהא בתראין וית GN 33:2
ארום יארע יתן סדרי **קרבא** ויתוספון לחוד הינון על EX 1:10
דאתון קריבין לאגחא **קרבא** ויתקרב כהנא וימלל עם DT 20:2
קל גיברין דנצחין בסידרי **קרבא** ולא קל חלשין דמתנצחין מן EX 32:18
דיהודה במפקיה לסדרי **קרבא** ולוות עמיה תעיליניה מסדרי DT 33:7
דמתנן לקדמותנא לסדרי **קרבא** ומחוננן: וכבשנן ית ארעהון DT 29:6
ונסדרא לקובליהון סידרי **קרבא** ונקטול בהון קטול רב וסגי EX 15:9
כהנא יהון נפקין לסדרי **קרבא** ועל מימריה יהון עלין למידון NU 27:21
בפיקודיא ונצחני **קרבא** ופוק מתחות ענני יקרא וסדר EX 17:9
לסדרא עלה סדרי **קרבא** ותשדרון לוותה פולין DT 20:10
למסדרא לקובליה סדרי **קרבא**: יומא דין שריית למיתן DT 2:24
משרי למסדרא סדרי **קרבא** כל ליליא: וארכין משה ית EX 14:20
ליה אנא מסדר סידרי **קרבא** כלו קבל עמא הדין דילמא NU 21:35
הוא וכל עמיה לאגחא **קרבא** לאדרעי: והוה כיוון דחמא NU 21:33
הוא וכל עמיה לאגחא **קרבא** לאדרעת: ואמר ייי לי לא DT 3:1
הוא וכל עמיה לאגחא **קרבא** ליהץ: ומסר יתיה ייי אלקנא DT 2:32
הוו יקרין מן בגלל דעכב **קרבא** למחר ולא איזדרז ביומא EX 17:12
ארבעת מלכין סדרו **קרבא** לקביל חמשא: ומישר GN 14:9
ענני יקרא וסדר סדרי **קרבא** לקבל משיריית עמלק מחר EX 17:9
דסף כל דרא גברי מגיחי **קרבא** מיגו משריתא היכמא דקיים DT 2:14
ישראל כל ליליא ולא **קרבא** משרי כל קבל משרי EX 14:20
קדם עמא דייי לאגחא **קרבא** עד דיתרך ית בעלי דבבוי מן NU 32:21

מרדא דעבדא עימכון **קרבא** עד דתיכבשונה: ארום DT 20:20
ייי: ארום תיפקון לסדרי **קרבא** על בעלי דבביכון וימסרינון DT 21:10
ארום תיפקון לסדרי **קרבא** על בעלי דבביכון ותיחמון DT 20:1
יומא דין לסידרי **קרבא** על בעלי דבביכון לא יזוח DT 20:3
ויהון מסדרין סדרי **קרבא** על מדין למיתן פורענות NU 31:3
כל יומי שבעתא לאגחא **קרבא** עלה למכבשא בשבתא לא DT 20:19
חרצוי ונחית ומסדר סדרי **קרבא** עם בעלי דבבוי ומקטל GN 49:11
משתמעין ליה: עבדו **קרבא** עם ברע דעובדוי בביש מלכא GN 14:2
אמתא הדא עם ברי ויגח **קרבא** עם יצחק: ובאיש פיתגמא GN 21:10
וביני יעקב אתא ואגח **קרבא** עם ישראל ברפידים והוה EX 17:8
משיחא למסדרא סידרי **קרבא** עם כל בני מדינחא עם דבית NU 24:20
דאתן למסדרא סדרי **קרבא** עמהון: ארום זקפית בשבועא DT 32:39
למישרי וכד נפיק לסידרי **קרבא** קבל בעלי דבבוי מקטל DT 33:20
עבדא לקובלא סידרי **קרבא** קדם עד לא ניתבדר מעילוי GN 11:4
מן בעלי דבביהון בסידרי **קרבא** קל פלחי פולחני נוכראה EX 32:18
דהוא חולק גברי מגיחי **קרבא** תיסבון ותיתנון לאלעזר NU 31:29
ביזהון לעמי עבדי **קרבי** וכד תתמלי נפשי מן אדם EX 15:9
אורייתא דתמן כתיבין **קרביא** דייי את והב דהוון בעלעולא NU 21:14
מן דיינייא וסידרי נצחן **קרביהון** ולמכפרא על דיינייא עובד EX 28:15
ייי מתעביד לכון נצחנות **קרביכון** כיתא דהות אמרא נלבלבה EX 14:14
דייי הוא דמגיח להון **קרבין** במצראי: ואמר ייי למשה EX 14:25
ובתימהין ובסדרי נצחני **קרבין** ובאדרע מרמם ובחזוונין DT 4:34
ישראל ייי גיברא עביד **קרבינן** בכל דר ודר מודע גבורתיה EX 15:3
מומא לא יתכשר לקרבא **קרבן** אלקיה: ארום כל גבר דביה LV 21:17
דייי מומא ביה ית **קרבן** אלקיה לא יתכשר לקרבא: LV 21:21
לכהנא ארום ית **קרבן** אלקך הוא מקריב קדיש יהי LV 21:8
בר עממין לא תקרבון ית **קרבן** אלקכון מכל איליין ארום LV 22:25
הדין עד זמן איתוייכון ית **קרבן** אלקכון קיים עלם לדריכון LV 23:14
זימנא הואן קיימן על **קרבן** ארמותהין ומשבחן ומודן EX 38:8
על מדבחא על עלתא **קרבן** אשלמותא הינון דשלימון LV 8:28
דיהב מן שירויא אדם **קרבן** אשמא: ומה דמשתייר מן LV 14:17
דיהב מן שירויא אדם **קרבן** אשמא: ומה דמשתייר מן LV 14:28
אימרא וייתי ית **קרבן** אשמיה דחב תרין שפנינין LV 5:7
דתהא על חובתיה: וית **קרבן** אשמיה ייתיה לקדם ייי דכר LV 5:25
דחב עלה: וייתי ית **קרבן** אשמיה לקדם ייי מטול LV 5:6
עימה ולא היא ית **קרבן** אשמיה לתרע משכן זימנא LV 19:21
דארעא מדרע כיתנא **קרבן** ביכוריא קדם ייי: והבל אייתי GN 4:3
ביניכון לדריכון ויעבד **קרבן** דמתקבל ברעוא קדם ייי NU 15:14
והי כניסוכיה תעביד **קרבן** דמתקבל ברעוא קדם ייי: NU 28:8
יומין: ותקרבון עלתא **קרבן** דמתקבל ברעוא קדם ייי NU 29:13
תעבדון: ותקרבון עלתא **קרבן** דמתקבל ברעוא קדם ייי NU 29:36
למדבחא עלתא היא **קרבן** דמתקבל ברעוא קדם ייי: ואין LV 1:13
דעל קיסין דעל אשתא **קרבן** דמתקבל ברעוא קדם ייי: ואין LV 3:5
למדבחא עלתא היא **קרבן** דמתקבל ברעוא קדם ייי: ואם LV 1:9
דעל אישתא עלתא היא **קרבן** דמתקבל ברעוא קדם ייי: ובר LV 1:17
שפר אדכרתא למדבחא **קרבן** דמתקבל ברעוא קדם ייי: ומה LV 2:2
אדכרתא ויסיק למדבחא **קרבן** דמתקבל ברעוא קדם ייי: ומה LV 2:9
יומא שובעא יומין דחגא **קרבן** דמתקבל ברעוא קדם ייי על NU 28:24
לשום פיסחא וחד לשום **קרבן** חגא ואעביד יתהון תבשילין GN 27:9
במישחא יחוב במיקרביה **קרבן** חובת עמא דלא כהלכתיה LV 4:3
לכהנא: ויעבד כהנא חד **קרבן** חטאתא וחד קרבן עלתא LV 15:15
קדם ייי: ויעבד כהנא ית **קרבן** חטאתא ויכפר על דמידכי LV 14:19
אביל מיניה כל דכן **קרבן** חטאתא ומה אילו אשתליית LV 10:19
לשמא דייי ויעבדיניה **קרבן** חטאתא: וצפירא דסליק עלוי LV 16:9
אשתליית ואכלית מן **קרבן** חטאתא יומא דין אוף תרין LV 10:19
דין קריבו בני ישראל ית **קרבן** חטאתהון ועלוותהון קדם ייי LV 10:19
לקרבן אשמא ייתי **קרבן** לאשמא לשמיה דייי על LV 5:19
דייי: וארום תקריב **קרבן** מנחתא דמתאפי בתנורא LV 2:4
וית חד עלתא על **קרבן** מנחתא ויכפר כהנא על LV 14:31
ייי: ובר נש ארום יקרב **קרבן** מנחתא קדם ייי קמחא LV 2:1
לאתקבלא ברעוא: וכל **קרבן** מנחתך במלחא תמלח ולא LV 2:13
חד קרבן חטאתא וחד **קרבן** עלתא ויכפר עלוי כהנא קדם LV 15:15
ואמטול עמא ועיבד ית **קרבן** עמא וכפר עליהון היכמא LV 9:7
למדבחא: וקריב ית **קרבן** עמא ונסב ית צפירא LV 9:15
יתיה מאפרשות לשבתא **קרבן** קדמי בזימניה: ותימר להון דין NU 28:2
מיניה קרבנא קדם ייי: **קרבן** שירויא תקרבון יתהון קדם LV 2:12
ויקרב מיניה חד מן כל **קרבנא** אפרשותא קדם ייי לכהנא LV 7:14
ייי עם משה למימר: דין **קרבנא** דאהרן ודבנוי די יקרבון LV 6:13
בני שנה חמשא דין סדר **קרבנא** די קריב מניכסוי אחירע בר NU 7:83
היא לאתקבלא ברעוא **קרבנא** הוא קדם ייי היכמא דפקיד LV 8:21
ואימרי וגדיי דתעבדון **קרבנא** הכדין תעבדון לכל חד וחד NU 15:12
דעדן ואקריב עילוי **קרבנא** ועילוי אקריבו קין והבל ית GN 8:20
ולהלאה יתרעי לקרבא **קרבנא** לשמא דייי: עמי בני ישראל LV 22:27
לא תעבדון: ותקרבון **קרבנא** לשמא דייי שבעתי יומין LV 23:8

לא תעבדון: ותקרבון **קרבנא** עלתא קדם ייי תורין בני NU 28:19
יתהון כהנא למדבחא **קרבנא** קדם ייי אשמא הוא: כל LV 7:5
ייי לאתקבלא ברעוא **קרבנא** קדם ייי הוא: ותיסב ית EX 29:18
דלא יקרבון מינה **קרבנא** קדם ייי ויקם ית בעירא LV 27:11
דמתכשרא למקרב מינה **קרבנא** קדם ייי וישתיצי בר נשא LV 7:25
לא ייתיניה למעבד יתיה **קרבנא** קדם ייי וישתיצי בר נשא LV 17:9
מטול לאתקבלא ברעוא **קרבנא** קדם ייי: וניסוכיה רבעות NU 28:6
עלתא לאתקבלא ברעוא **קרבנא** קדם ייי: וניסוכיהון דמתקרב NU 28:13
היתיאו ית קרבנהון **קרבנא** קדם ייי וקרבן סורחנותהון NU 15:25
ויקרב מנכסת קודשיא **קרבנא** קדם ייי טוב שומניה אליתא LV 3:9
משעמדיא פלחי טעוותא **קרבנא** קדם ייי מן בעירא דכיא מן LV 1:2
לה לאתקבלא ברעוה **קרבנא** קדם ייי: עלת תדירא EX 29:41
לכון: ותעבדון על מדבחא **קרבנא** קדם ייי עלתא או ניכסת NU 15:3
זימנא לא אייתיה לקרבא **קרבנא** קדם ייי קדם משכנא דייי LV 17:4
דבש לא תקרבון מיניה **קרבנא** קדם ייי: קרבן שירויא LV 2:11
אקריבו קין והבל ית **קרבנהון** וכד נחתו מוי דטובענא GN 8:20
יתך שובעא יומין תקרב **קרבנהון**: ותורא דחטאתא תעביד EX 29:35
דענא מן אישתא כל **קרבנהון** לכל מנחתהון לכל NU 18:9
דאתכפר בהון לקרבא ית **קרבנהון** למקדשא יתהון לשמשא EX 29:33
יתיה וקריבו רברביא ית **קרבנהון** לקדם מדבחא: ואמר ייי NU 7:10
מטול דאתקרב **קרבנהון** לשמשא: ומית נדב NU 3:3
וכד ידכון ייתון ית **קרבנהון** מטול למכפרא עליהון: LV 15:33
על מניינייא: ואייתיו ית **קרבנהון** קדם ייי שית עגלן כד NU 7:3
היא והינון היתיאו ית **קרבנהון** קרבנא קדם ייי וקרבן NU 15:25
וקדמין לדידך אתקבל **קרבני** ברעוא עני קין ואמר להבל GN 4:8
ישראל ותימר להון ית **קרבני** לחים סידור פתורי ייכלון NU 28:2
ותימר להון דין סדר **קרבניא** די תקרבון קדם ייי אימרין NU 28:3
יתהון כהנא למדבחא על **קרבניא** דייי ויכפר עלוי כהנא על LV 4:35
כהנא לא יתכשר לקרבא **קרבניא** דייי מומא ביה ית קרבן LV 21:21
שמא דאלההון ארום ית **קרבניא** דייי תיקרובתא דאלקהון LV 21:6
דיששכר: קריב ית **קרבניה** בתר יהודה על פום קודשא NU 7:19
זבולון אליאב בר חילון: **קרבניה** דקריב פיילי דכסף חדא NU 7:25
ראובן אליצור בר שדיאור: **קרבניה** דקריב פיילי וגומר: בזיכא NU 7:31
שלומיאל בר צורי שדי: **קרבניה** דקריב פיילי וגומר: בזיכא NU 7:37
לבני גד אליסף בר דעואל: **קרבניה** דקריב פיילי וגומר: בזיכא NU 7:43
אלישמע בר עמיהוד: **קרבניה** דקריב פיילי וגומר: בזיכא NU 7:49'
גמליאל בר פדה צור: **קרבניה** דקריב פיילי וגומר: בזיכא NU 7:55
בנימין אבידן בר גידעוני: **קרבניה** דקריב פיילי וגומר: בזיכא NU 7:61
דן אחיעזר בר עמי שדי: **קרבניה** דקריב פיילי וגומר: בזיכא NU 7:67
אשר פגעיאל בר עכרן: **קרבניה** דקריב פיילי וגומר: בזיכא NU 7:73
נפתלי אחירע בר עינן: **קרבניה** דקריב פיילי וגומר: בזיכא NU 7:79
תודת קודשוי ביום **קרבניה** יתאכל לית אפשר LV 7:15
גיורא דבישראל דיקרב **קרבניה** לכל נדריהון ולכל LV 22:18
קדם ייי: ואין מן ענא **קרבניה** לנכסת קודשיא קדם ייי LV 3:6
קורבנכון: אין עלתא היא **קרבניה** מן תורי דכר שלים LV 1:3
משכן זימנא: ויקריב ית **קרבניה** קדם ייי אימר בר שתיה NU 6:14
אורייתא נזירא די ידר **קרבניה** קדם ייי על ניזריה בר מן מה NU 6:21
קרבנייא רברבייא ייתי מן **קרבנייא** קליליא האילין דמיפרשין LV 14:32
בין ידויי למייתייא מן **קרבנייא** רברבייא ייתי מן קרבנייא LV 14:32
משתיזב וקריב קדמוי **קרבנין** וזקפו בני ישראל ית עיניהון EX 14:10
זכותא דתידכר לן סידרי **קרבנינן** תורא אתבחר קדמי בגין LV 22:27
מן בגלל מה אתקבל **קרבנך** ברעוא וקרבני מני לא GN 4:8
ואין מנחתא על מסריתא **קרבנך** סמידא פתיכא במשח פטיר LV 2:5
היא: ואין מנחת מרתחא **קרבנך** סמידא רתח במשח תתעבד: LV 2:7
מילחא בגין כן על כל **קרבנך** תקריב מילחא: ואין תקרב LV 2:13
לות עמא ואמר להון **קרובו** קבילו אורייתא עם עשרתי EX 19:25
כהניא רברביא בזמן **קרוביהון** אישא בריא קדם ייי LV 16:1
באישתא מצלהבא בזמן **קרוביהון** אישתא נוכריתא מן NU 3:4
וידע אברהם ארום לא **קריב** אבימלך לגבי שרה אינתתיה: GN 20:16
תוב מאן אית לך בקרתא **קריב** או אחא הכא חתנך בנך ובנתך GN 19:12
אישתא כוותנא ואתקיים: **קריב** את ותשמע ית כל מה דיימר DT 5:27
דחלן חדתן דמזמן **קריב** אתעבידא ולא איתעסקו DT 32:17
ארום קורבנא דייי לא **קריב** בזימניה חוביה יקבל גברא NU 9:13
ארע פלישתאי ארום **קריב** הוא ארום אמר ייי דילמא EX 13:17
ובנהא וגחנן ובתר כדין **קריב** יוסף ואתעבר קמי רחל GN 33:7
ייי עם משה למימר: **קריב** ית אהרן דאתרחק על עובדא LV 8:2
ייי עם משה למימר: **קריב** ית ליואי חלף כל בוכרא בבני NU 3:45
ייי עם משה למימר: **קריב** ית ליואי מגו בני ישראל NU 8:6
בר עמינדב: ביומא תניינא **קריב** ית קורבניה נתנאל בר צוער NU 7:18
אבא לשיבטא דיששכר: **קריב** ית קרבניה בתר יהודה על פום NU 7:19
סילעין והיא דדהב טב **קריב** יתה מליא קטורת בוסמנין NU 7:20
והיא הות דדהב טב **קריב** יתה מליא קטורת בושמנין NU 7:14
תרין מאניא האילין **קריב** יתהון מליין סמידא מן NU 7:13
תרין מניא האילין **קריב** יתהון מליין סמידא מן NU 7:19

ואמר יצחק ליעקב **קריב** כדון ואמושנך ברי האנת דין GN27:21
ואמר ליה יצחק אבוי **קריב** כדון ושק לי ברי: וקריב ונשיק GN27:26
לארעא מן בגלל דהוה **קריב** לארעא ורחיק מן שמייא ברם DT 32:1
לגבר: ואבימלך לא **קריב** לגבה למסאבה ואמר ייי הבר GN20:4
כשורא הדא דילי: ואמרו **קריב** להלא ואמרו הלא בלחודוי GN19:9
רבא דאית ליה אלקא **קריב** לוותיה בשום מימרא דייי DT 4:7
על שמא דעמרם אבך **קריב** לוותך ויתחברון לוותך NU 18:2
מן בני ישראל: ואנת **קריב** לוותך ית אהרן אחוך וית בנוי EX 28:1
יתיה מרחיק ועד לא **קריב** לותהום ואיתיעטו עלוי GN37:18
בארעא דגושן ותהי **קריב** לותי אנת ובנך ובני בנך וענך GN45:10
לעלתא: צפיר בר עיזין חד **קריב** לחטאתא: ולניכסת קודשיא NU 7:22
לעלתא: צפיר בר עיזין חד **קריב** לחטאתא: ולנכסת קודשיא NU 7:16
ברי עשו ואמר אנא: ואמר **קריב** לי ואיכול מצידא דברי בגין GN27:25
יתה לן ונעבדינה: ארום **קריב** לכון פיתגמא בבית מידרשכון DT 30:14
ריגליהון לגלותא ארום **קריב** למיתי יום תברהון ומבעא DT 32:35
מילין מרחיק ומשה **קריב** לצית אמיטתא דתמן יקר EX 20:21
לשמייא מן בגלל דהוה **קריב** לשמייא ורחיק מן ארעא DT 32:1
ממדינחא פטיר בולי **קריב** לשמך בר תורין רכיך ושמין LV 22:27
עד יומא הדין ארום **קריב** מלאכא ואחד בפתי ירכא GN32:33
חמשא דין סדר קרבנא די **קריב** מניכסוי אחירע בר עינן: דא NU 7:83
דין סדר קורבנא די **קריב** מנכסוי נחשון בר עמינדב: NU 7:17
דיימר לא שמעית בגין כן **קריב** משה ית דינהין קדם ייי: ואמר NU27:5
אנא שמע: והוה כד **קריב** משה למשריתא וחמא ית EX 32:19
וגומר: ביומא חמישאה **קריב** רב בית אבא לבית שמעון NU 7:36
וגומר: ביומא שביעאה **קריב** רב בית אבא לבני אפרים NU 7:48
תורין וגומר: ביומא חדסר **קריב** רב בית אבא לבני אשר NU 7:72
וגומר: ביומא תשיעאה **קריב** רב בית אבא לבני בנימין NU 7:60
וגומר: ביומא שתיתאה **קריב** רב בית אבא לבני גד אליסף NU 7:42
וגומר: ביומא עשיראה **קריב** רב בית אבא לבני דן אחיעזר NU 7:66
בר צוער: ביומא תליתאה **קריב** רב בית אבא לבני זבולון NU 7:24
וגומר: ביומא תמינאה **קריב** רב בית אבא לבני מנשה NU 7:54
וגומר: ביום תריסר יומא **קריב** רב בית אבא לבני נפתלי NU 7:78
וגומר: ביומא רביעאה **קריב** רב בית אבא לבני ראובן NU 7:30
שנין אימר חד בר שתיה **קריב** רב שיבטא דיששכר לעלתא: NU 7:21
תתיבונון ליה: ואין לא **קריבא** דעתא דאחוך עמך או לא DT 22:2
מגנא עליהון: והוה שמשא **קריבא** למטמוע ושינתא עמיקתא GN15:12
כדון בבעו קרתא הדא **קריבא** מותבהא וחמי למיעירוק GN19:20
קדמוי: ואמר יוסף לאחוי **קריבו** בבעו לותי וחמון גזירת GN45:4
עם משה הא יומא דין **קריבו** בני ישראל ית קרבן LV 10:19
חביבא דאהרן ואמר להון **קריבו** טולו ית אחיכון מן קודשא LV 10:4
כנישתא דבני ישראל **קריבו** קדם ייי ארום שמיען קודמוי EX 16:9
ייי וקרבן סורחנותהון **קריבו** קדם ייי על שלותהון: וישתרי NU15:25
אלפין גברא: ואמר משה **קריבו** קורבנכון על שפיכות אדמא EX 32:29
ימיניה למחמי כולהון **קריבוי** ולא הוו יכלין להנזקותיה נס NU25:8
עשרין שנין: ודבר ית **קריבוי** עימיה ורדף בתרוי מהלך GN31:23
תלתא צדיקי אתאמרת **קריבותא** במיתתהון מטול דלא DT 31:14
ואמר ליה לבן ברם **קריבי** ודמי לי אנת ויתב עימיה ירח GN29:14
אבך לא תבזי ארום ית **קריביה** בישריה בזי חוביהון יקבלון LV 20:19
וגבר ית חבריה ואינש ית **קריביה**: ועבדו בני לוי הי כפיתגמא EX 32:27
דמצרים: ויהי בזמן דאתון **קריבין** לאגחא קרבא ויתקרב כהנא DT 20:2
על כתפיהון ודמיין **קריבין** להון והינון רחיקין מטול DT 4:7
דינה ברתך לאינתו ואמר **קריבינון** כדון לותי ואיברכינון: ועיני GN48:9
חפיי למדבחא ארום **קריבינון** קדם ייי ואתקדשו ויהון NU17:3
על בני ישראל: ואנא הא **קריבית** ית אחוכון ליואי מיגו בני NU18:6
עם משה למימר: ואנא הא **קריבית** ית ליואי מגו בני ישראל NU 3:12
כולהון דמבני ישראל **קריבית** יתהון קדמי: ארום דילי כל NU 8:16
יתכון לפילוסין ומתמן **קריבית** יתכון לאולפן אורייתי: EX 19:4
בי מכתשא ולא **קריבית** לותה וכדון הא אינתתך GN12:19
כתיב ואמר ייי למשה הא **קריבן** יומך לימממת קרי ית יהושע DT 31:14
עימנא בישא היכמא דלא **קריבנא** בך לביש והיכמה דעבדנא GN26:29
לא תיסב לבזאה עריתה **קריבת** בישרה הינון זנו היא: LV 18:17
ייי: גבר טלי וגבר סיב לכל **קריבת** בישריה לא תקרבון לבזאה LV 18:6
אחת אבך לא תבזי **קריבת** בשר אבך היא: עירית אחת LV 18:12
אחת אמך לא תבזי ארום **קריבת** בשר אימך היא: עירית LV 18:13
איתתא מן שיבבתא ומן **קריבת** כותליה ביתא מנין דכסף EX 3:22
ליבכון דזדנותא למימר **קריבת** שתא שביעתא שתא DT 15:9
משה ית עמא בכן על **קריבתא** דמתאסרן להון גבר לתרע NU11:10
לחוד לארע בני עמון לא **קריבתא** כל אתר נחלי יובקא DT 2:37
איתקטלא איתקטל: לא **תיקרב** ביה ידא ארום יתרגמא EX 19:13
ברם בכל קודשיא לא **תיקרב** ולבי מקדשא לא תיעול עד LV 12:4
בזמן ריחוק סאובתא לא **תיקרב** לבזאה עריתה: ולציד איתת LV 18:19
ית כל ניכסיהון ולא **תיקרבון** בכל מה דאית להון דילמא NU16:26
ארום ית קרבניא דייי **תיקרובתא** דאלקהון הינון מקרבין LV 21:6
מרסקא מנחת ריסוקין **תקרב** אתקבלא ברעוא קדם ייי: LV 6:14

תבזי ולות אינתתיה לא **תקרב** בתשמיש ערסא איתת LV 18:14
ואמר האנא: ואמר לא **תקרב** הלכא שלוף סינך מעל ריגלך EX 3:5
בנורא קמח קלי ופירוכיין **תקרב** ית מנחת ביכורך: ותיתן עלה LV 2:14
בקולפי: ואיתתא די **תקרב** לציד כל בעירא למתהניא LV 20:16
תקריב מילחא: ואין **תקרב** מנחת ביכורין קדם ייי LV 2:14
יתך שובעא יומין **תקרב** קרבנהון: ותורא דחטאתא EX 29:35
או חזזיתא מצריתא לא **תקרבון** איליין קדם ייי וקורבנא לא LV 22:22
עזיא: כל דביה מומא לא **תקרבון** ארום לא לרעוא יהי לכון: LV 22:20
ייי לא תיכלון מיניה ולא **תקרבון** ביה דילמא תמותון: בי היא GN 3:3
ותהך לקרווך: ביומא קמא **תקרבון** ית עומרא ותיכלון פטירי DT 16:8
ומן ענא ולא מן חיתא **תקרבון** ית קורבנכון: אין עלתא היא LV 1:2
ומן יד בר עממין לא **תקרבון** ית קרבן אלקכון מכל LV 22:25
קדם ייי: קרבן שירויא **תקרבון** יתהון קדם ייי דלחם LV 2:12
לכל קריבת בישריה לא **תקרבון** לבזאה עריתא LV 18:6
ופיתגמא דיקשי מנכון **תקרבון** לותי ואשמעיניה: ופקידית DT 1:17
תיכלון ובניבלתהון לא **תקרבון**: לחוד ית דין תיכלון מכל DT 14:8
חילין בריש עמא: ארום **תקרבון** לקרתא לסדרא עלה סדרי DT 20:10
ודמסרס גידוי לא **תקרבון** לשמא דייי ובארעכון לא LV 22:24
זמינין לתלתי יומין לא **תקרבון** לתשמיש דעריס: והוה EX 19:15
כל חמיר וכל דבש לא **תקרבון** מיניה קרבנא קדם ייי: קרבן LV 2:11
קדם ייי וקורבנא לא **תקרבון** מנהון על מדבחא לשמא LV 22:22
תיכלון ובניבלתהון לא **תקרבון** מסאבין הינון לכון: ית דין LV 11:8
דאנא מפקיד לכון תמן **תקרבון** עלוותכון וניכסת קודשיכון DT 12:11
וניסוכה: וברישי ירחכון **תקרבון** עלתא קדם ייי תורין בני NU 28:11
וחמר ניסוכיהון מה די **תקרבון** עם תורי ודיכרי ואימרי NU 29:24
וחמר ניסוכיהון מה די **תקרבון** עם תורי ודיכרי ואימרי NU 29:33
וחמר ניסוכיהון מה די **תקרבון** עם תורי ודיכרי ואמרי NU 29:21
להון דין סדר קרבניא די **תקרבון** קדם ייי אימרין בני שנה NU 28:3
עלוון ונכסת קודשא **תקרבון** קדם ייי אלקכון וניסבתא DT 23:24
וחמר ניסוכה: אילין **תקרבון** קדם ייי בזמן מועדיכון בר NU 29:39
דייי: כל מנחתא די **תקרבון** קדם ייי לא תתעבד חמיע LV 2:11
לא תעבדון: שבעתי יומין **תקרבון** קורבנא לשמא דייי כנישין LV 23:36
תניינא דחגא דמטליא **תקרבון** תורין בני תורי תריסר NU 29:17
תליתאה דחגא דמטליא **תקרבון** תורין חדסר לחדסר NU 29:20
שביעאה דחגא דמטליא **תקרבון** תורין שובעא לשבע NU 29:32
אירתינה: ואמר ליה סב לי **תקרובתין** וקרב קדמי עגלא ברת GN 15:9
עינבא תלתות הינא **תקריב** בסיפלי לניסוכא מטול NU 15:7
ותרבי יתיה: וית בנוי **תקריב** ותלבישינון כיתונין: ותטכס EX 29:8
וישמש קדמי: וית בנוי **תקריב** ותלבישינון כיתונין: ותרבי EX 40:14
וית אהרן וית בנוי **תקריב** לתרע משכן זימנא ותטבול EX 29:4
בגין כן על כל קרבנך **תקריב** מילחא: ואין תקרב מנחת LV 2:13
מקרבניא דייי: וארום **תקריב** קרבן מנחתא דמתאפי LV 2:4
תפלחון ובדחלתיה **תתקרבון** ובשמיה תומון: הוא DT 10:20
וקדמוי תצלון ובדחלתיה **תתקרבון**: ונבי שיקרא ההוא או DT 13:5

קרוא (3)

בצפרא ונסיב לחמא **וקרווא** דמיא ויהב להגר שוי על GN 21:14
דמיא ואזלת ומלת ית **קרווה** מיא ואשקיית ית טליא: והוה GN 21:19
עד דישלימו כל מיא מן **קרווהא** ואתחריך ואיתקליש GN 21:15

קרח (14)

הוא דכי הוא: וארום יהי **בקורחתא** או בגלשולשתא מכתש LV 13:42
חוורא סמקא מערבן **בקורחתיה** או בגלשולשותיה הי LV 13:43
מערב סגירות סגיא הוא **בקורחתיה** או בגלשלשותיה: ויחמי LV 13:42
לקמך כל דלתוהי נמור **וקרוח** בעזיא ולחוש באימרייא GN 30:33
מתמן כל אימר נמור **וקרוח** וכל אימר לחוש באימריא GN 30:32
אימר לחוש באימריא **וקרוח** ונמור בעזיא ויהי אגרי: GN 30:32
ברחיא דסימנא בריגלהון **וקרוחיא** וית כל עיזייא נמורתא GN 30:35
על ענא שומא בריגליהון **וקרוחין** וגביהון חיוורין ארום גלי GN 31:12
על ענא שומא בריגליהון **וקרוחין** וגביהון חיוורין: ואמר לי GN 31:10
דסימנא בריגליהום **וקרוחין** וגביהון חיוורין: וטלייא GN 30:39
וית כל עיזייא נמורתא **וקרוחתא** כל די שומא חיוורא ביה GN 30:35
ארום ייתר שיער רישיה **קרוח** הוא דכי הוא: ואין מקבל LV 13:40
יהי אגרך וילידן כל ענא **קרוחין** ואם כדין יימר מאן דשומא GN 31:8
עמי: אם כדין הוה אמיר **קרוחין** יהי אגרך וילידן כל ענא GN 31:8

קרי (196)

אונן ארום לא על שמיה **איקרון** בנין והוה כד הוה עליל לות GN 38:9
ליה ייי אלקא דיהודאי **איתקרי** עלנא וכדון נזיל כדון מהלך EX 3:18
ואמרו אלקיה דיהודאי **איתקרי** שמיה עלנא נטייל כדון EX 5:3
קרא שמיה גלעד: וסכותא **איתקריית** די אמר יסתכי ייי בנא GN 31:49
דמרחק באורח עלמא **בקריות** ליליא והוא בר מן סקוף NU 9:10
בטוור בי מוקדשא **דאיתקרי** חקיל דבריך יתיה ייי GN 27:27
קדמוי בניא חביביא **דאתקרון** על שמיה בנין ובנן: ואמר DT 32:19
חבילו אורחתהון עמא **דאתקריון** על שמך דאפיקתא DT 9:12
ואילין ייחוסין דעשו הוא **דמתקרי** אדום: עשו נסיב ית נשוי GN 36:1
ית אחך שיבטא דלוי **דמתקרי** על שמא דעמרם אבך NU 18:2
דאבוך יהי סיועך ומן **דמתקרי** שדי יברכינך ברכן דנחתן GN 49:25
מדינתא כזבי ברת צור **דמתקריא** שלונאי ברת בלק ריש NU 25:15
מה יהי קרי ליה שום וכל **דקרי** ליה אדם נפשא חייתא הוא GN 2:19
הי כשלהוביתא מאילין **דקריין** ומשיחין באורייתא אכלת NU 21:28
משה למימר: חמי משה **דקריית** בשום טב בצלאל בר אורי EX 31:2
כל מכילת טובי קדמך **ואיקרי** בשום מימריה דייי קדמך EX 33:19
לבת פרעה האיזיל **ואיקרי** ליך איתא מיניקתא מן EX 2:7
דמשה רבהון דישראל **ואתקריין** על שמיה ביומא NU 3:3
בישראל לא צבי ליבמותי: **ויקרון** ליה חכימי קרתיה וימללון DT 25:8
דקיימין תמן יכרזון עלוי **ויקרון** שמיה בישראל שליף סנדלא: DT 25:10
בגין כן לך יהודון אחך **ויתקרון** יהודאין על שמך ידך GN 49:8
ודחילו גובריא לחדא: **וקרא** אבימלך לאברהם ואמר מה GN 20:9
חאיך עם רבקה אינתתיה: **וקרא** אבימלך ליצחק ואמר ברם GN 26:9
לזימנא דמליל יתיה ייי: **וקרא** אברהם ית שום בריה דיתליד GN 21:3
וילידת הגר לאברם בר **וקרא** אברם שום בריה דילידת הגר GN 16:15
דעבדת ביום דינא רבא: **וקרא** אדם שום אינתתיה חוה GN 3:20
נפשא חייתא הוא שמיה: **וקרא** אדם שמהן לכל בעירא ולכל GN 2:20
ובנא מדבחא קדמוי **וקרא** אהרן בקל עציב ואמר חגא EX 32:5
יקרא וקם בתרע משכנא **וקרא** אהרן ומרים ונפקו תרויהון: NU 12:5
יבישתא והוה כן: **וקרא** אלקים לנגביתא ארעא GN 1:10
בין נהורא ובין חשוכא: **וקרא** אלקים לנהורא יממא ועבדיה GN 1:5
בקובתא דרקיעא והוה כן: **וקרא** אלקים לרקיע שמייא והוה GN 1:8
פוטיפרע רבא דטניס: **וקרא** יוסף ית שום בוכרא מנשה GN 41:51
במציעות אילני גינוניתא: **וקרא** ייי אלקים לאדם ואמר ליה GN 3:9
ייי שכינתיה על אפוי **וקרא** ייי ייי אלקא רחמנא וחננא EX 34:6
דסיני על ריש טוורא **וקרא** ייי למשה לריש טוורא וסליק EX 19:20
ואריק עלה משח זיתא: **וקרא** יעקב ית שמיה דאתרא GN 35:15
יתכון בסייפי ובקשתי: **וקרא** יעקב לבנוי ואמר להום אידכו GN 49:1
ובריך יתיה יעקב תמן: **וקרא** יעקב שמא דאתרא פניאל GN 32:31
דארעא למה לי חיין: **וקרא** יצחק ליעקב ובריך יתיה GN 28:1
ויתיה צלב: ושדר פרעה **וקרא** ית יוסף ודלוגיה מן בית GN 41:14
ומטרפא רוחיה ושדר **וקרא** ית כל חרשי מצרים וית כל GN 41:8
זימנא עיינויי למכהי **וקרא** ית עשו בריה רבא בארביסר GN 27:1
בעמא קטול סגי לחדא: **וקרא** ית שום אתרא ההוא קיברי NU 11:34
יתהון בשום מימריה **וקרא** ית שומהון אדם ביומא GN 5:2
אלהין ישראל יהי שמך **וקרא** ית שמיה ישראל: ואמר ליה GN 35:10
ותרתין שנין ואולד בר: **וקרא** ית שמיה נח למימר דין GN 5:29
ואמרו ליה אשכחנא מוי: **וקרא** יתה שבעה בגין כן שמא GN 26:33
אזל וכבש ית כופרניהון **וקרא** יתהון כופרתי יאיר: ונבח אזל NU 32:41
תחום קורזי ואנטיקירוס **וקרא** יתהון על שמיה כפרני יאיר DT 3:14
ובנא תמן מדבחא **וקרא** לאתרא אל דאשרי שכינתיה GN 35:7
יומי ישראל לממת **וקרא** לבריה ליוסף ואמר ליה אין GN 47:29
וסוברתיה ואישתלהיאת **וקרא** לדחלתא דאיבה ולא ענה GN 21:15
ית קנת וית כופרנהא **וקרא** לה נבח על שמיה: איליין NU 32:42
ודחילון מן לקרבא לותיה: **וקרא** להון משה ותבו לותיה אהרן EX 34:31
בתר דמית אברהם **וקרא** להון שמהן הי כשמהן די הוה GN 26:18
עבדוי והוה לחורמנא: **וקרא** לחוד פרעה לחכימייא EX 7:11
ייי ארום איתפני למיחמי **וקרא** ליה ייי מגו סניא ואמר משה EX 3:4
תניינא לריש טוורא **וקרא** ליה ייי מן טוורא למימר כדנא EX 19:3
ואכלו תמן על אוגרא: **וקרא** ליה לבן אוגר סהיד ויעקב GN 31:47
ודמתנכיס פשיט צווריה: **וקרא** ליה מלאכא דייי מן שמיא GN 22:11
דטלייא בגויה מן יד שדר **וקרא** לכל חרשי מצרים ותני להון EX 1:15
ואקדים אבימלך בצפרא **וקרא** לכל עבדוי ומליל ית כל GN 20:8
ענן יקרא שיתא יומין **וקרא** למשה ביומא שביעאה מיגו EX 24:16
ואתא משה ביומא ההוא **וקרא** לסבי עמא וסדר קדמיהון ית EX 19:7
נפתלי דהוא עזגד קליל **וקרא** לרחל וללאה ועלן לחקלא GN 31:4
עילוי שכינתא דייי: **וקרא** מלאכא דייי לאברהם תניינות GN 22:15
בגין זכותיה דאברהם **וקרא** מלאכא דייי להגר מן שמייא GN 21:17
דמצרים וקיימא ית בנייא: **וקרא** מלכא דמצרים לחייתא ואמר EX 1:18
משה עימיה תמן **וקרא** משה בשום מימרא דייי: EX 34:5
דיגזר עימהון בחורב: **וקרא** משה ואמר להון אתון DT 29:1
לכל מה דפקיד ייי: **וקרא** משה לבצלאל ולאהליאב EX 36:2
ישבקינכון ולא ירחקינכון: **וקרא** משה ליהושע מן גוא עמא DT 31:7
תחות משפך מרמתא: **וקרא** משה לכל ישראל ואמר להון DT 5:1
מותבניכון תיכלון פטירי: **וקרא** משה לכל סבי ישראל ואמר EX 12:21
אגר טב על משתוקיה: **וקרא** משה למישאל ולאלצפן בנוי LV 10:4
עיסק שרי איתת אברם: **וקרא** פרעה לאברם ואמר מה דא GN 12:18
על ארעא דמצרים: **וקרא** פרעה למשה ולאהרן ואמר EX 8:4
קדם עירבוב חיות ברא: **וקרא** פרעה למשה ולאהרן ואמר EX 8:21
בכל ארעא דמצרים: **וקרא** פרעה שמיה דיוסף גברא GN 41:45
דקיימא דאורייתא **וקרא** קדם עמא ואמרו כל פיתגמיא EX 24:7
ית חנוך והוה בני קרתא **וקרא** שום קרתא כשום בריה חנוך: GN 4:17
ואריק מישחא על רישה: **וקרא** שמא דאתרא ההוא ביתאל GN 28:19
משה קדם סבי ישראל: **וקרא** שמא דאתרא ההוא נסיונא EX 17:7

וגמר יתהון וית קורייהון **וקרא** שמא דאתרא חרמה: ונטלו NU 21:3
יתה ליצחק ונבעת **וקרא** שמא דבירא עסק ארום GN 26:20
עלה ויבשת ותו לא נבעת **וקרא** שמא סטנא: ואיסתלק מתמן GN 26:21
ולא נצו עלה הי כקדמאי **וקרא** שמא רווחתא ואמר ארום GN 26:22
על מיתת רבקה אימיה **וקרא** שמיה אוחרן בכותיא: GN 35:8
למשה: וילידת ביר דכר **וקרא** שמיה גרשום ארום אמר דייר EX 2:22
אישתא באתרה: **וקרא** שמיה דאתרא ההוא דליקתא NU 11:3
אחידא בעקיבא דעשו **וקרא** שמיה יעקב ויצחק בר שיתין GN 25:26
לרקיעא במימר קדם ייי **וקרא** שמיה מיטטרון ספרא רבא: GN 5:24
ובנא משה מדבחא **וקרא** שמיה מימרא דייי דין ניסא EX 17:15
דפעור מתותי פסיקייהון: **וקראה** לעמא לדיבחי טעוותהון NU 25:2
דאינון עסיקין באורייתא **וקראת** ית שמיה ישׂשכר: ואתעברת GN 30:18
ואתעברת וילידת בר **וקראת** ית שמיה ער ארום בלא GN 38:3
למקטול ליעקב ושדרת **וקראת** ליעקב ברא זעירא ואמרת GN 27:42
ועד סבא כל עמא מסיפא: **וקרו** ללוט ואמרו ליה האן גובריא GN 19:5
ונשמע מה דהיא אמרה: **וקרו** לרבקה ואמר לה התיזילין עם GN 24:58
כוליה ככלן דשער **וקרו** שמיה עשו מן בגלל דאתיליד GN 25:25
עמא ביומא שביעאה: **וקרון** בית ישראל ית שמיה מנא EX 16:31
רתח ואישתלי ואינון בכן **וקריין** שמע וקיימין בתרע משכן NU 25:6
על לותי למשכוב עימי **וקרית** בקלא רמא: והוה כדי שמע GN 39:14
בי: והוה כדי ארימית קלי **וקרית** ושבק לבשיה גבי ואפק GN 39:18
שמע ארום ארימית קלי **וקרית** ושבקית ללבשיה לותי ואפק GN 39:15
ומן בתר כדין ילידת ברת **וקרת** ית שמה דינה ארום אמרת GN 30:21
תוב וילידת בר **וקרת** ית שמיה אונן ארום ברם עלוי GN 38:4
אף הוא איתיליד בר **וקרת** ית שמיה אנוש הוא דרא GN 4:26
ייי על טב פירי ארעהום **וקרת** ית שמיה אשר: ואזל ראובן GN 30:13
אוף היא ילידת בר **וקרת** ית שמיה בר עימיה ארום בר GN 19:38
יתהום מעיברא לירדנא: **וקרת** ית שמיה יוסף למימר יוסף GN 30:24
לאה וילידת בר **וקרת** ית שמיה ראובן ארום אמרת GN 29:32
ואוסיפת תוב וילידת בר **וקרת** ית שמיה שלה ארום שלי GN 38:5
הבל וילידת בר **וקרת** ית שמיה שת ארום אמרת GN 4:25
כן אוליד ית דדמי ליה **וקרת** ית שמיה שת: והוו יומי אדם GN 5:3
איזילי ואזלת טליתא **וקרת** לאימיה דרביא: ואמרת לה EX 2:8
דביעתא בדרגשא **וקרת** לאינשי ביתא ואמרת חמון GN 39:14
ארום מטת עלה מותא **וקרת** שמיה בר דווי ואבוי קרא ליה GN 35:18
מעברא לירדנא **וקרת** שמיה גד: וילידת זלפה אמתה GN 30:11
בנוי לקבלא חולק טב **וקרת** שמיה זבולן: ומן בתר כדין GN 30:20
דעל ידי קטיר חוט זהורי **וקרת** שמיה זרח: ויוסף איתחת GN 38:30
מאבוהן: וילידת רבתא בר **וקרת** שמיה מואב ארום מאבוהא GN 19:37
והוה לה חביב הי כביר **וקרת** שמיה משה ארום אמרת מן EX 2:10
בצלו קדם ייי **וקרת** שמיה נפתלי: וחמת לאה GN 30:8
עתיד למחסן מלכותא **וקרת** שמיה פרץ: ובתר כדין נפק GN 38:29
יהון משתעבדין במצרים **וקרת** שמיה שמעון: ואתעברת תוב GN 29:33
אינתתך תליד לך בר **ותיקרי** ית שמיה יצחק ואקים ית GN 17:19
אנת מעברא ותלדין בר **ותקרין** ית שמיה ישמעאל ארום GN 16:11
סברין למחתא יתיה מן **יקריה** אמרין עלוי לישן תליתאי GN 49:23
לי ברישא ומן קדם **יקריה** הוינא מקבל וכדון לית אנא GN 50:20
עול לות פרעה ארום אנא **יקרית** יצרא דליביה ויצרא דלבהון EX 10:1
יהון על שום אחיהון **יתקרון** באחסנתהון: ואנא דבעיתי GN 48:6
מן בגלל אחוי דיוסף דלא **יתקרון** גלוולאי בגין כן טלטילינון GN 47:21
היא ארום ביצחק **יתקרון** לך בנין ודין בר אמתא לא GN 21:12
כדון הוה שמך יעקב לא **יתקרי** שמך תוב יעקב אלהין GN 35:10
ותהי לאב סגי עממין: ולא **יתקרי** תוב שמך אברם ויהי שמך GN 17:5
מבישרי לדא חמי **למיקרי** איתא ארום מגבר GN 2:23
ותשדרון לוותה פולין **למיקרי** לה לשלם: ויהי אין מילין DT 20:10
וסגדין ליה בני עמיה **למיקרי** ליה למימר הא עמא נפק NU 22:5
ייי לבלעם ואמר ליה אין **למיקרי** לך אתו גובריא קום טייל NU 22:20
ואוחי פרעה ושדר פולין **למיקרי** למשה ולאהרן ואמר חבית EX 10:16
ברדא: ושדר פרעה פולין **למיקרי** למשה ולאהרן ואמר להון EX 9:27
הלא שדרא שדרית לותך **למקרי** לך למא לא אתיתא לותי NU 22:37
דהוות כד היא זעירתא **מיקריא** ברת לוי: ואיתעברת EX 2:1
טרגונא וכל מתנן ההוא **מתקרי** ארע גיבריא: ויאיר בר מנשה DT 3:13
חדא כתב חקיק ומפרש **מתקרי** בחד לישן ומיתרגם DT 27:8
ושרו בשקיפין ואתרא **מתקרי** גדגד: ונטלו משקיפין דגדגד NU 33:32
רבא מגדיאל הוא הוה **מתקרי** מגדיאל על שום קרתיה GN 36:43
ישראל באתרא דהוה **מתקרי** שיטים על שטותא NU 25:1
אינשא וילדן להון והינון **מתקריין** גיברין דמעלמא אינשי GN 6:4
ואיזיל לריבוני: ואמרו **ניקרי** לריבא ונשמע מה דהיא GN 24:57
בית אבא: וית שום תניין **קרא** אפרים ארום אמר תקיף יתי GN 41:52
מן אחוי בר ישראל ארום **קרא** בית דינא שמיטתא קדם ייי: DT 15:2
עמי מן קדם ייי ובכין **קרא** דבורא דייי למשה ומליל LV 1:1
ולבית כנישות מיין **קרא** יממי וחמא אלקים ארום טב: GN 1:10
דילמא אית בבנוי פסולא **קרא** יתהון ושיילינון דילמא אית DT 6:4
חזוא בתר חזוא: בגין כן **קרא** לבירא בירא דאיתגלי עלה חי GN 16:14
ית בירא הדא: בגין **קרא** לבירא ההוא בירא דשבע GN 21:31
עמיה בית ישראל כולהון **קרא** להון קדישין למקום באתר DT 33:3
חמא משה עינוותנותיה **קרא** להושע בר נון יהושע: ושדר NU 13:16
לבן אוגר סהיד ויעקב **קרא** ליה בלישן בית קודשא גילעד: GN 31:47
שמיה בר דווי ואבוי **קרא** ליה בנימין: ומיתת רחל GN 35:18
מביני עמיא וכולהון **קרא** לילי נטיר בגין כן פריש משה EX 12:42
דיירי עלמא ולחשוכא **קרא** ליליא ועבדיה למינח ביה GN 1:5
ארעא דמצרים הוה וכד **קרא** למשה ולאהרן בלילייא EX 12:31
תוב על גבי מדבחא בכן **קרא** משה לאהרן ולבנוי ולסבי LV 9:1
ובסוף תלתא יומין **קרא** פרעה למשה ואמר זילו פלחו EX 10:24
עבד מטלן בגין כן **קרא** שמא דאתרא סוכות: ואתא GN 33:17
עד מיעלך לתמן בגין כן **קרא** שמא דקרתא זוער: שימשא GN 19:22
מלימיבני קרתא: בגין כן **קרא** שמה בבל ארום תמן ערביב ייי GN 11:9
תקיף דין למצרים בגין כן **קרא** שמה דאתר אבל מצרים די GN 50:11
ארום משלהי אנא בגין כן **קרא** שמיה אדום: ואמר יעקב זבון GN 25:30
ובינך יומא דין בגין כן **קרא** שמיה גלעד: וסכותא GN 31:48
מן קדם ייי הינון בגין כן **קרא** שמיה דאתרא ההוא בלישן GN 32:3
בירכתך: ואמר בקושטא **קרא** שמיה יעקב ושקר בי דנן GN 27:36
לשמשא קדם ייי בגין כן **קרא** שמיה לוי: ואיתעברת תוב GN 29:34
ארום מרירין הינון בגין כן **קרא** שמיה מרה: ואתרעמו עמא על EX 15:23
וית שירן ובתר דבנונון **קרו** להון שמהן בשום גובריא NU 32:38
מן תיניא: לאתרא ההוא **קרו** נחלא איתכילא על עיסק NU 13:24
בשנהון דכל דר ודר **קרון** בספרי אורייתא ויתנון לכון DT 32:7
שיבט לוי: ותהי גביה ויהי **קרי** ביה כל יומי חייו מן בגלל דיליף DT 17:19
הא קריבן יומך לימַמת **קרי** ית יהושע ותתעתדון במשכן DT 31:14
שרי אינתתך לא תהי **קרי** ית שמא שרי ארום שרה שמה: GN 17:15
ואמר יעקב לבנוי דהוי **קרי** להום אחוי לקוטו אבנין GN 31:46
שמהן הי כשמהן די הוה **קרי** להון אבוי: וחפסו עבדי יצחק GN 26:18
תרין אלפין אמין והוה **קרי** ליה משכן בית אולפנא והוי כל EX 33:7
אדם למיחמי מה יהי **קרי** ליה שום וכל דקרי ליה אדם GN 2:19
דנן שבקתין ית גברא **קרין** ליה וייכול לחמא: וכד חכים EX 2:20
בטובענא ומואבאי **קרן** להון אמתני: ובגבלא יתיבו DT 2:11
בה מן לקדמין ועמונאי **קרן** להון זימתני: עמא רבא וחסינא DT 2:20
דחרמון: צידנאי הוון **קרן** לחרמון טוורא דמסרי פירוי DT 3:9
דמסרי פירוי ואימוראי **קרן** ליה טוור תלגא דלא פסיק DT 3:9
עמא דפלשתאי בגין כן **קרת** שמיה דן: ואיתעברת תוב GN 30:6
לאודויי קדם ייי בגין כן **קרת** שמיה יהודה וקמת מלמילד: GN 29:35
אלקכון באתרא דיתרעי **תיקרון** ית אורייתא הדא קבל כל DT 31:11

קריותא (2)

יהי בך גבר דלא יהי דכי **מקיריות** הירהור לילייא ויפוק DT 23:11
ריש חיל שימושי ושירוי **קריות** הירהורי חמי הוי לך GN 49:3

קרייא (237)

וכל בעירנא יהון תמן **בקוריי** גלעד: ועבדך יעיברון כל NU 32:26
בארעא דכנען ולוט יתיב **בקוריי** מישרא ופרס למשכניה עד GN 13:12
ליתיכון רשאין למיכול **בקורייכון** מעשרי עיבורכון חמרכון DT 12:17
דמצרים ויהב עיבורא **בקירווייא** עיבור חקלי קרתא GN 41:48
בעיריכון וגייוריכון די **בקירוויכון** מן בגלל די ינוחון DT 5:14
לאתרהון ויתבון טפלנא **בקירוי** חקרא מן קדם יתבי ארעא: NU 32:17
דפרעה וישוון עיבורא **בקירויא** וינטרון: ויהי עיבורא גניז GN 41:35
ותירתונון ויתיבון **בקירויהון** ובבתיהון: תלת קירוין DT 19:1
ואמהתיכון וגיוריכון די **בקירויכון**: ארום בשיתא יומין ברא EX 20:10
דפקידית יתכון ותיכלון **בקירויכון** בכל ריגוג נפשיכון: ברם DT 12:21
בעיר סגי לכון יתבון **בקירויכון** די יהבית לכון: עד זמן DT 3:19
בשתא ההיא ותצנעון **בקירויכון**: וייתי ליואה ארום לית DT 14:28
קדם ייי אלקכון: **בקירויכון** תיכלוניה דמסאב מן DT 15:22
סידרין דקטולין: ארום **בקירייתא** דקלטיה יתיב עד דימות NU 35:28
ולארמלתא וייכלון **בקרווך** ויסבעון: ומעשר תליתאי DT 26:12
די יעיקון לכון סנאיכון **בקרויכון**: אין לא תינטרון למעבד DT 28:57
דמתגיירין בארעכון **בקרויכון**: ביומיה תפרע ליה סוטריה DT 24:14
ויתמא וארמלתא די **בקרויכון**: שובעא יומין תחגון קדם DT 16:14
דייי אלקכון: בריכין אתון **בקרתא** ובריכין אתון בחקלא: DT 28:3
לגבר וישכחינה גבר חורן **בקרתא** וישמש עימה: ותפקון ית DT 22:23
מן בגלל דלא פגנת **בקרתא** וית גברא מן בגלל דשמיש DT 22:24
וידבקונכון: ליטין אתון **בקרתא** וליטין אתון בחקלא: ליט DT 28:16
וטפליא ובעירא וכל דיהי **בקרתא** כל עדאה תיבזון לכון DT 20:14
ללוט תוב מאן אית לך **בקרתא** קריב או אחא הכא חתנך GN 19:12
מן קדם ייי על עממייא **דבקוריי** חוזרניהום ולא רדפו בתר GN 35:5
ואמהתכון וליואה **דבקירויכון** ארום לית ליה חולק DT 12:12
דמייתין יתהון וגייורייא **דבקירויכון** דיחמון איקר אורייתא DT 31:12
וגיורא ויתמי וארמלתא **דבקירויכון** ויכלון ויסבעון מן בגלל DT 14:29
ואמהתכון וליואי **דבקירויכון** ותיחדון קדם ייי DT 12:18
ואינש בתיכון: וליואה **דבקירויכון** לא תשבקוניה ארום DT 14:27
בניכסא לגיור ערל **דבקירויכון** תיתנונה וייכלונה או DT 14:21
שכיבו ואינשין רשיעין **דבקרתא** אינשי סדום אחזרו על GN 19:4

שלמתא ויקום ביתא **דבקרתא** דליה שורין לחלוטין LV 25:30
ית תריהון לתרע בי דינא **דבקרתא** ההיא ותאטלון יתהון DT 22:24
וית חמריהום וית **דבקרתא** וית דבחקלא בזו: וית כל GN 34:28
ואמהתיכון וליואי **דיבקרויכון** וגיורא ויתמא DT 16:11
יתהון לקוריתא ועמא **דקוריתא** אעבר למדיניתא מן בגלל GN 47:21
יתה שבעה בגין כן שמא **דקרתא** ביר שבע עד יומא הדין: GN 26:33
ומלכא דצבוים ומלכא **דקרתא** דבלעת דיירהא איהי זוער GN 14:8
מלכא דצבויים ומלכא **דקרתא** דבלעת דיירהא היא זוער: GN 14:2
לתמן בגין כן קרא שמא **דקרתא** זוער: שימשא עברית ימא GN 19:22
ביתאל וברם לוז שמא **דקרתא** מן קדמת דנא: וקיים יעקב GN 28:19
חרב ותהי ארעכון צדיא **וקורייכון** יהויין צדיאן: הא בכן LV 26:33
יתהון וית פרודוולהון: **וקוריין** דתיתנון מן אחסנת בני NU 35:8
ופלגות טוורא דגלעד **וקירווי** יהבית לשיבט ראובן DT 3:12
ליואי ויפוק זביני ביתא **וקירוי** אחסנתהון ביובלא ארום LV 25:33
תהי לכון וביובלא יפקון: **וקירוי** ליואי בתי קירוי אחסנתהון LV 25:32
עמא דיתיב בארעא **וקירויא** כריכן חניין רברבן לחדא NU 13:28
קדם כנישתא לדינא: **וקירווייא** דתיתנון שית קירוין קלטן NU 35:13
כל אתר נחלי יובקא **וקרווי** טוורא ככל מה דפקיד ייי DT 2:37
דעאן נבני לבעירנא הכא **וקרוין** לטפלנא: ואנחנא נזדרז מבעין NU 32:16
תרין אלפין גרמידי **וקרתא** במיצעא דין יהוי לכון NU 35:5
דעל גיף נחלא ארנונא **וקרתא** דמתבניא במציעות נחלא DT 2:36
מגניסר ועד ימא דמישרא **וקרתא** טבריה דסמיכה לימא DT 3:17
עוג מלכא דמתנן ארעא **לקורייהא** בתחומי קוריי ארעא NU 32:33
ותתכנשון מן ציירא **לקורייכון** ואיגרי מותנא ביניכון LV 26:25
תבע אדמא ויתיבון יתיה **לקורייתא** דקלטיה דאפך לתמן NU 35:25
דמדינתא אעבר יתהון **לקוריתא** ועמא דקוריתא אעבר GN 47:21
כד יערעיניה מברא **לקירווייא** האילין בדינא הוא NU 35:19
בצפר מיפק חגא ותהך **לקרווך:** ביומא קמא תקרבון ית DT 16:7
קירוין למיתב ופרוילין **לקרויא** חזרנותהון תתנון לליואי: NU 35:2
תקבלון פורקן לדערק **לקרייתא** דקלטיה למתוב למיתב NU 35:32
ליה משה במיפקי סמיך **לקרתא** אפרוס ית ידיי בצלו קדם EX 9:29
בלעם ונפק לקדמותיה **לקרתא** דמואב דעל תחום ארנון NU 22:36
בלעם עם בלק ואתון **לקרתא** דמקפן שורין לפלטיוון NU 22:39
ואזל לארם דעל פרת **לקרתא** דנחור: וארבע גמליא מברא GN 24:10
יעקב שלים בכל דליה **לקרתא** דשכם דבארעא דכנען GN 33:18
תחות בוטמא דסמיכא **לקרתא** דשכם: ונטלו מתמן מודים GN 35:4
ואפקוהי ואשריוהי מברא **לקרתא:** והוה באפקתהון יתהון GN 19:16
גבר על חמריה ותבו **לקרתא:** ועל יהודה ואחוהי לבית GN 44:13
משה מלות פרעה סמיך **לקרתא** ופרס ידוי בצלו קדם ייי EX 9:33
חזור: ותמשחון מברא **לקרתא** ית ציטרא דמדינחא תרין NU 35:5
ית עפרא דקליפו מברא **לקרתא** לאתר מסאב: ויסבון אבנין LV 14:41
ויטלקון יתהין למברא **לקרתא** לאתר מסאב: וית ביתא LV 14:40
דביתא וינפק למברא **לקרתא** לאתר מסאב: ומאן דייעול LV 14:45
וארבע גמליא מברא **לקרתא** לבירא דמיא לעידן רמשא GN 24:11
בריש עמא: ארום תקרבון **לקרתא** לסדרא עלה סדרי קרבא DT 20:10
צפורא חייתא למיברא **לקרתא** על אנפי חקלא ויכפר על LV 14:53
אחסנתיה דיחסנון יתן **מקירווי** לליוואי: ומליל ייי עם משה NU 35:8
ויעירוק לחדא **מקירווייא** האילין ויתקיים: ית DT 4:42
האילין הינון: לחוד **מקירוי** עממיא האילין דייי אלקכון DT 20:16
אחידן בתרעין ונגרעין בר **מקירוי** פצחיא סגי לחדא: וגמרנא DT 3:5
מינכון לחדא דלא **מקרוי** שבעתי עממיא האילין הינון: DT 20:15
ארעא לקורייהא בתחומי **קוריי** ארעא חזור חזור: ובנו בני גד NU 32:33
בבית נימרין וית בית הרן **קוריי** חקרא ודירין דעאן: ובני ראובן NU 32:36
דריבוון וירתון בנייכי ית **קוריי** סנאיהום: וקמת רבקה GN 24:60
כיף ימא ויירתון בנך ית **קוריי** שנאיהון: ויתברכון בגין זכוות GN 22:17
עליהן מנין דדהב הוי שרי **קורייה** מן רישיהון קדשיא מן NU 31:50
כל ניכסיהון בזו: וית כל **קורייהון** ובתי טירונייהון וית במסי NU 31:10
הדין בידא ואיגמר ית **קורייהון:** וקביל ייי צלותיה דישראל NU 21:2
כנענאה וגמר יתהון וית **קורייהון** וקרא שמא דאתרא חרמה: NU 21:3
ישתכח ביניכון בחדא מן **קורייכון** דייי אלקכון יהיב לכון גבר DT 17:2
מימרי יתכון: ואיתן ית **קורייכון** צדיין ואשעמם ית LV 26:31
בגין כן אתרא ובנא ארבע **קוריין** אוחרנין ית נינוה וית GN 10:11
דפלוגתא ושבק ארבע **קוריין** אילין ויהב ליה ייי בגין כן GN 10:11
דכנען: ותזמנון לכון **קוריין** בשוקין ובתי חיוותא קירוין NU 35:11
דתיתנון לליוואי ית שית **קוריין** דקלטן קטולא למיעירוק NU 35:6
לכל קרתא לארבעת **קוריין** וזוער דחובהא קלילין שבוק GN 18:29
עשרא עשרא לתרתין **קוריין** ולתלת שבוק להום בגין GN 18:31
עשרא לכל קרתא לתלת **קוריין** וצבויים וזוער שבוק להום GN 18:30
לליוואי ארבעין ותמניא **קוריין** יתהון וית פרודוולהון: וקוריין NU 35:7
תיתנון ארבעין ותמני **קוריין:** כל קירווייא דתיתנון NU 35:6
דתארע יתכון: בנו לכון **קוריין** לטפלכון ודירין לענכון NU 32:24
קרווא כל קבל חמשא **קוריין** סדום ועמורא אדמה וצבויים GN 18:24
יתהון בשעבודהון ובניין **קוריין** תלילין לשום בית אוצרוי EX 1:11
משיזיב: וכבשנן ית כל **קירווי** בעידנא ההיא לא הות קרתא DT 3:4

כל עמיה: וכבשנה ית כל **קירווי** בעידנה ההיא וגמרנא ית כל DT 2:34
דעוג במתנן: כל אילין **קירווי** מקרא מקפן שורין רמין DT 3:5
הכדין גמרנא ית כל **קירווי** גובריא ונשייא וטפלא: וכל DT 3:6
ההיא וגמרנא ית כל **קירווייא** גובריא ונשיא וטפלא לא DT 2:34
מגו הפיכתא כד הפך ית **קירווייא** די הוה יתיב בהון לוט: GN 19:29
בעירי בזנא לנא ועדי **קירווייא** דכבשנא: מערועד דעל גיף DT 2:35
ארבעין ותמני קוריין: כל **קירווייא** דתיתנון לליוואי ארבעין NU 35:7
דייי מן שמייא: והפך ית **קירווייא** האילין וית כל מישרא וית GN 19:25
כל מישרא וית כל יתבי **קירווייא** וצימחא דארעא: GN 19:25
יהויין לכון: וית תלת **קירווייא** תיתנון מעיברא ליורדנא NU 35:14
ליורדנא וית תלת **קירווייא** תתנון בארעא דכנען NU 35:14
דלא נסיבנא מנהון שיתין **קירווין** כל תחום פלך טרגונא DT 3:4
תתנון בארעא דכנען **קירווין** קלטן תהויין: לבני ישראל NU 35:14
יפקון: וקירוי ליואי בתי **קירוי** אחסנתהון פורקן עלם יהי LV 25:32
האילין ויתיב ישראל בכל **קירוי** אמוראי בחשבון ובכל NU 21:25
ביובלא ארום בתי **קירוי** ליואי היא אחסנתהון בגו בני LV 25:33
והוה בחבלות ייי ית **קירוי** מישרא ודכיר ייי ית זכותיה GN 19:29
שיז ויצדי וקיסרין תקיף **קירוי** עממיא: וחמא ית דבית עמלק NU 24:19
היא אין בישתא ומא **קירויא** דהוא יתיב בהון הכרכין NU 13:19
מארבע טריגונין ית **קירויא** די בחזרנות קטילא: ויהי DT 21:2
ית אורחא דניסק בה וית **קירויא** דניעול לותהון: ושפר בעיניי DT 1:22
לכון: היכנא תעבדון לכל **קירויא** דרחיקן מינכון לחדא דלא DT 20:15
ארכא: ונסב ישראל ית כל **קירויא** האילין ויתיב ישראל בכל NU 21:25
סגי לחדא: וגמרנא ית **קירויהון** היכמה דעבדנא לסיחון DT 3:6
בהון וגמרו יתהון וית **קירויהון:** ונטלו מטוורים אומניס NU 33:40
וברם חקיל פרוילי **קירויהון** לא יזבנון ארום אחסנת LV 25:34
לכון פרודלי קירווייא: וית **קירווייא** דתיתנון לליוואי ית שית NU 35:6
דביניהון יהווין שית **קירווייא** האילין לשיזבא למיעירוק NU 35:15
דין יהוי לכון פרודלי **קירווייא:** וית קירווייא דתיתנון NU 35:5
תתנון לליואי: ויהון **קירווייא** להון למיתב ופרודלהון NU 35:3
בר נש בשלו: ויהון לכון **קירווייא** למיקלט קטולא מן תבע NU 35:12
ארעכון ויעיקון לכון בכל **קירויכון** בכל ארעכון דיהב ייי DT 28:52
אלימין תמנון לכון בכל **קירויכון** דייי אלקכון יהיב לכון DT 16:18
אלקכון דיהב לכון בכל **קירויכון** דמסאבין מן למקרב DT 12:15
יתכון: ויעיקון לכון בכל **קירויכון** עד זמן די יחתון אבוליכון DT 28:52
בכן אפריש משה תלת **קירוין** בעיברא דיורדנא מדנח DT 4:41
מאחסנת אחודתהון **קירוין** למיתב ופרוילין לקרויא NU 35:2
ותוספון לכון תוב תלת **קירוין** על תלת איליין: ולא אתשד DT 19:9
בשוקין ובתי חיוותא **קירוין** קלטן יהווין לכון ויעירוק NU 35:11
וקירווייא דתיתנון שית **קירוין** קלטן קטולא יהויין לכון: וית NU 35:13
ליצחק וליעקב למיתן לך **קירוין** רברבן וטבן דלא אשתלהית DT 6:10
עם רב ותקיף מיננא **קירוין** רברבן וכריכן עד צית שמיא DT 1:28
רברבין ותקיפין מנכון **קירוין** רברבן וכריכן עד צית שמיא: DT 9:1
בקירויהון ובבתיהון: תלת **קירוין** תפרשון לכון בגו ארעכון DT 19:2
לכון יומא דין תלת **קירוין** תפרשון לכון: ואין יפתי ייי DT 19:7
דיצלון קדמך עשרא לכל **קרווא** כל קבל חמשא קוריין סדום GN 18:24
וטפלא: וכל בעירי ועדיי **קרווייא** בזנא לנא: ונסיבנא בעידנא DT 3:7
ולכל צורכיהון: ופרודולי **קרווייא** דתיתנון לליואי משור NU 35:4
ויצדון כמא דאצדי **קרוי** אמוראי ופלטירי רבניהון מן NU 21:30
בקייטא ולא בסתווא: כל **קרוי** מישרא וכל גלעד וכל מתנן עד DT 3:10
עד סלווקיא ואדרעת **קרוי** ממלכותא דעוג במתנן: ארום DT 3:10
וימות ויעירוק לחדא מן **קרויא** האילין: וישדרון חכימי DT 19:11
הוא יעירוק לחדא מן **קרויא** מזמניא האילין וייחי: דילמא DT 19:5
ארום תשמעון בחדא מן **קרויכון** דייי אלקכון יהיב לכון DT 13:13
ית פיסחא בחדא מן **קרויכון** דייי אלקכון יהיב לכון: DT 16:5
יעיקון לכון סנאיכון בכל **קרויכון:** דמחטייתא בכון DT 28:55
ייתי ליואה מחדא מן **קרויכון** מן כל ישראל דהוא דייר DT 18:6
באתרא דיצבי בחדא מן **קרויכון** מתעסקו עימיה בדיוטב DT 23:17
מחד אחך בחדא מן **קרוך** דייי אלקך יהיב לך לא תתקף DT 15:7
תלמידי אלישע דגלו מן **קריית** גלעד דקליא על ידי אחיהון DT 34:3
לות יצחק אבוי לממרא **קרית** ארבע היא חברון דדר תמן GN 35:27
חמור וית שכם וית יתבי **קרתא** איתא כדון ואשלחינך GN 37:13
אבוהא ויאטלונה אינשי **קרתא** באבניא ותמות ארום עבדת DT 22:21
דין לדין ופסקו מלימיבני **קרתא:** בגין כן קרא שמה בבל ארום GN 11:8
ארמניא ותמן מתבניא **קרתא** דארמניא בארע מדינחא: GN 8:4
בקירווייא עיבור חקלי **קרתא** דבחוזרנהא כנש בגוה:: וליוסף GN 41:48
בלעם בר בעור ושום **קרתא** דבית מלכותיה דנהבא: ומית GN 36:32
קרבא בחקלי מואב ושום **קרתא** דבית מלכותיה עוית: ומית GN 36:35
ומלך תחותוי הדר ושום **קרתא** דבית מלכותיה פעו ושום GN 36:39
בית קבורתיה דמשה וית **קרתא** דבלק דפגרו מתמן טעות NU 32:38
דינא גבר סייפיה ועלו על **קרתא** דהבא יתבא לרוחצן וקטלו GN 34:25
בסדום חמשין זכאין בגו **קרתא** דיצלון קדמי ואשבוק לכל GN 18:26
אית חמשין זכאין בגו **קרתא** דיצלון קדמך עשרא לכל GN 18:24
טבתא דנן דביה מתבניא **קרתא** דירושלם וטוור ליבנן דביה DT 3:25

בעידנא ההיא לא הות **קרתא** דלא נסיבנא מנהון שיתין DT 3:4
במדור בית במסיא וית **קרתא** דמקפן שורהא גליף שמהת NU 32:38
והא אנחנא ברקם **קרתא** דמתבניא בסטר תחומך: NU 20:16
לחלצא קטילייא ובזו ית **קרתא** דסאיבו בגוה אחתהון: ית GN 34:27
כפרנהא: ארום חשבון **קרתא** דסיחון מלכא דאמוראה היא NU 21:26
קרתא רבתא היא **קרתא** דסיחן היא בירושא: ונחר NU 22:39
רבא קיים מן תחום **קרתא** דקלטיה דערק לתמן: וישכח NU 35:26
אדמא מברא לתחום **קרתא** דקלטיה ויקטול תבע אדמא NU 35:27
די בחזרנות קטילא: ויהי **קרתא** דקריבא לקטילא מתחשדא DT 21:3
דהוו באודניהון דיתבי **קרתא** דשכם דהוה צייר בהון דמות GN 35:4
ואנא הא יהבית לך ית **קרתא** דשכם חולק חד למתנא GN 48:22
נחלא עד גלעד לא הות **קרתא** דתקיפת מיננא ית כולהון DT 2:36
וית מעלת מרא וית **קרתא** דתרין שוקהא מכבשן NU 32:37
ואימות: הא כדון בבעו **קרתא** הדא קריבא מותבהא וחמי GN 19:20
ולמחלט: וכל חכימי **קרתא** ההיא דקריבין לקטילא DT 21:6
קרתא: ויסבון חכימי **קרתא** ההיא ית גברא וילקון יתיה: DT 22:18
נגדת בניר: ויחתון חכימי **קרתא** ההיא ית עגלתא לחקיל בייר DT 21:4
מימחא תימחון ית יתבי **קרתא** ההיא לפתגם דחרב גמרה DT 13:16
ויסבון חכימי סבי **קרתא** ההיא עיגלת ברת תורין דלא DT 21:3
תישתיצי בחובי יתבי **קרתא:** ואישתהי ואתקיפו גובריא GN 19:15
דחסרין לזוער ית כל **קרתא** ואמר לא איחביל אין אשכח GN 18:28
דאתגלי עימהון למחמי **קרתא** ובי היא זימנא אקים תחומי DT 32:8
הדין ארום מחבל ייי ית **קרתא** והוה פתגמא כתימהא כגבר GN 19:14
מפדן דארם ושרא לקבל **קרתא:** וזבן ית אחסנת חקיל דפרס GN 33:18
שושיפא קדם חכימי **קרתא:** ויסבון חכימי קרתא ההיא DT 22:17
ית נינוה וית פלטיאת **קרתא** וית חדיות: וית תלסר GN 10:11
ותוקדון בנורא ית **קרתא** וית כל עדאה גמיר קדם ייי DT 13:17
דתיתנון לליואי משור **קרתא** ולבר אלפא גרמידי חזור NU 35:4
מנהון על עובד **קרתא** ומוגדלא דבנו בני נשא: ואמר GN 11:5
ואמרו הבו ניבני לנא **קרתא** ומוגדלא ורישי מטי עד צית GN 11:4
מימרא דייי עילוי **קרתא** ועימיה שובעין מלאכיא כל GN 11:8
וילידת ית חנוך והוה בני **קרתא** וקרא שום קרתא כשום GN 4:17
אלקכון: ארום תקפון על **קרתא** כל יומי שבעתא לאגחא DT 20:19
בני קרתא וקרא שום **קרתא** כשום בריה חנוך: ואיתייליד GN 4:17
וחמריהון: הינון נפקו מן **קרתא** לא ארחיקו ויוסף אמר GN 44:4
עשרא עשרא לכל **קרתא** לארבעת קוריין וזוער GN 18:29
למזבון מני נטורין בתרעי **קרתא** למכתוב כל דעליל ביומא GN 42:6
דיצלון עשרא עשרא לכל **קרתא** לתלת קוריין וצבויים וזוער GN 18:30
ויפקון יתיה לקדם חכימי **קרתא** לתרע בי דינא דבאתריה: DT 21:19
דעולימתא לוות חכימי **קרתא** לתרע בי דינא: ויימר אבוהא DT 22:15
בדיל דלא איהפוך ית **קרתא** מלילתא לאישתיזבא בה: GN 19:21
ותיבנון קרקומין על **קרתא** מרדא דעבדא עימכון קרבא DT 20:20
דמיא ובנתהון דאינשי **קרתא** נפקו למימלי מוי: ותהי ריבא GN 24:13
ויימרון לחכימי **קרתא** עברינן על גזירת מימרא דייי DT 21:20
דמקפן שורין לפלטיוון **קרתא** רבתא היא קרתא דסיחן NU 22:39
ניניוה וביני חדיית איהי **קרתא** רבתי: ומצרים אוליד ית GN 10:12
בני חיתאה לכל עלי תרע **קרתי:** ומן בתר כדין קבר אברהם ית GN 23:18
יאטלוניה כל אינשי **קרתיה** באבניא וימות ותפלון עביד DT 21:21
שכם בריה כל נפקי תרע **קרתיה** וגזרו כל דכורא כל נפקי GN 34:24
כל דכורא כל נפקי תרע **קרתיה:** והוה ביומא תליתאה כד הוו GN 34:24
האילין: וישדרון חכימי **קרתיה** וידברון יתיה מתמן וימסרון DT 19:12
ויקרון ליה חכימי **קרתיה** וימללון עימיה מילכא DT 25:8
בני חיתאה לכל עלי תרע **קרתיה** למימר: בבעו ריבוני קבל GN 23:10
מתקרי מגדיאל על שום **קרתיה** מגדל תקיף היא רומי GN 36:43
חמור ושכם בריה לתרע **קרתיהון** ומלילו עם אינשי תרע GN 34:20
ומלילו עם אינשי תרע **קרתיהון** למימר: גובריא האילין GN 34:20
דביניכון ואטעין ית יתבי **קרתיכון** למימר נהך וניפלח DT 13:14

קרם (2)

ושיתין וחמשא גידין **וקרם** עילוי מושכא ומלי יתיה GN 1:27
הפכת שערא למחוור **כקרם** ביעתא ורושם בישרא חייא LV 13:10

קרן (25)

ברחישותא דאילנא **בקרנוי** ואזל אברהם ונסיב יתיה GN 22:13
והיכמא דרימנא מנגח **בקרנוי** ית חיות ברא הכדין יהוון DT 33:17
דחמא אהרן מדבחא **בקרנוי** מידמי לעיגלא איסתפי LV 9:7
דצלא וכל עובד מעזי **קרנא** וגרמא וכל מאן דקיסא תדון NU 31:20
דמוי יוסף עלוי ויתן **קרנא** וחומשא למן דאתחייב ליה: NU 5:7
וית כותלוי חזור חזור וית **קרנוי** ועבד ליה דיר דדהב חזור חזור: EX 37:26
וית כותלוי חזור חזור וית **קרנוי** ותעביד ליה זיר דדהב חזור EX 30:3
אמין רומיה מיניה הוון **קרנוי** זקיפין: וחפא יתיה דהב דכי EX 37:25
אמין רומיה מיניה יהון **קרנוי** זקיפין: ותחפי יתיה דהב דכי EX 30:2
זוייתיה מיניה הוואה **קרנוי** זקיפן לעיל וחפא יתיה נחשא: EX 38:2
זווייתיה מיניה יהוין **קרנוי** זקיפן לעיל ותחפי יתיה EX 27:2
עלוי: ויכפר אהרן על **קרנוי** חדא בשתא מן אדם חטאתא EX 30:10
אמין רומיה: ותעביד **קרנוי** על ארבע זווייתיה מיניה EX 27:2
ותלת אמין רומיה: ועבד **קרנוי** על ארבע זווייתיה מיניה EX 38:2
דסדיקא טלפייא ולה **קרנין** וסדיק סידקא מסקא פישרא DT 14:6
פרסתא ודאית לה **קרנין** מסקא פישרא בבעירא יתה LV 11:3
מאדמא דתורא ותיתן על **קרנת** מדבחא באדבעך וית כל דמא EX 29:12
באצבעיה ויתן על **קרנת** מדבחא דעלתא וית אדמיה LV 4:25
אדמא באדבעיה ויתן על **קרנת** מדבחא דעלתא וית כל LV 4:30
באדבעיה ויתן על **קרנת** מדבחא דעלתא וית כל LV 4:34
ומן אדמא יתן על **קרנת** מדבחא דקדם ייי דבמשכן LV 4:18
ויתן כהנא מן אדמא על **קרנת** מדבחא דקטרת בוסמיא LV 4:7
באדם תורא ויהב על **קרנת** מדבחא וית שאר אדמא LV 9:9
משה ית אדמא ויהב על **קרנת** מדבחא חזור חזור באדבעיה LV 8:15
כד הינון מערבין ויתן על **קרנת** מדבחא חזור חזור: וידי עלוי LV 16:18

קרנסא (1)

שושנייהא עובד אומן **בקרנסא** היא מתעבדא הי כחיזו NU 8:4

קרסול (2)

עישרתי אמין ומחייה **בקרסוליה** ונפל ומית מן להאל NU 21:35
על ארבע כל דאית ליה **קרסולין** מלעיל לריגלוי למשרג LV 11:21

קרסם (1)

וזעיר תכנשון ארום **יקרסם** יתיה גובאי: כרמין תנצבון DT 28:38

קרץ (7)

תבשילא ואשכחונהי **בקריצתא** דהא מית ואמר אחוהא GN 24:55
על ארעא דמצרים **בקריצתא** ויעדי בקדמיתא חשוך EX 10:21
על קיסא קבל שמשא **בקריצתא** ועם מטמוע שימשא NU 25:4
חתנוי: וכאשון מיסק **קריצא** הוה למיסוק ודחיקו GN 19:15
לנחלא עד מיסק עמיד **קריצתא:** וחמא ארי לא הוה ליה GN 32:25
שדרני ארום סלק עמוד **קריצתא** ומטא שעתא דמלאכי GN 32:27
ואזדרזו בחשוכא קדם **קריצתא** למיסוק לריש טוורא ברם NU 14:44

קרץ (1)

חרשי מצראי ואוף אכלו **קורצוי** קדם פרעה סברין למחתא GN 49:23

קרצ (2)

שיקרא מגברא דיכול **קורצין** בחבריה קדמך ולא תשוי EX 23:1
מן תרין חורפוי למיכול **קורצין** למעקא לבר עמך לא תימנע LV 19:16

קרקסא (1)

לבתי תיאטרוניכון **וקורקסתכון** למבטלא פיתגמי DT 28:19

קרקע (1)

וכל דבמשכנא ואפילו **קרקעיתיה** ואבנוי וקיסוי ומנוי יהי NU 19:14

קרר (1)

ביתיה ברתיה דפרעה **לאיתקררא** על נהרא ועולימתהא EX 2:5

קרש (4)

דמיתא נס תריסיראי **דאתקריש** אדמהון ולא נפל עילוייה NU 25:8
בחקלא אכלני שרבא **וקרושא** בליליא ואיתפרדדת GN 31:40
נחית מן שמיא וכד הוה **קריש** חיזויה הי כחיזו בידלחא: NU 11:7
בגו ימא ביבשתא ומיא **קרשון** הי כשורין רמין תלת מאה EX 14:22

קשט (51)

הוון בני נשא אמרין **בקושטא** אברהם אוליד ית יצחק: GN 25:19
על עיסק אינתתי: וברם **בקושטא** אחתי ברת אחא דאיבא GN 20:12
יעקב מדמכיה ואמר **בקושטא** אית יקר שכינתא דייי GN 28:16
מצראי ודחיל משה ואמר **בקושטא** איתפרסם פיתגמא: ושמע EX 2:14
לא תידחלין ארום **בקושטא** גחכת: וקמו מתמן GN 18:15
כן: ואמרו גבר לאחוי **בקושטא** חייבין אנחנא על אחונא GN 42:21
מן ארעא: וברם **בקושטא** לא מן בגלל די נטייבא לך EX 9:16
וחמש שנין: ופלח חנוך **בקושטא** קדם ייי והא ליתוהי עם GN 5:24
וקבל מיני בירכתך: ואמר **בקושטא** קרא שמיה יעקב ושקר בי GN 27:36
ויפלח קומך: ואמר ייי **בקושטא** שרה אינתתך תליד לך בר GN 17:19
ולא תייקרון אפי רבא **בקושטא** תדונון חבריכון: לא תהון LV 19:15
גחכת שרה למימר הברם **בקשוט** אוליד ואנא סיבית: האפשר GN 18:13
למדנהון ותדונון דינא **בקשוט** ופשרות שלמא בין גברא DT 1:16
ית מתושלח: ופלח חנוך **בקשוט** קדם ייי בתר דאולד ית GN 5:22
דין קשוט ודין שלם **בקשוט** תהי רדיף מן בגלל דתיחון DT 16:20
תפלחון ובשום מימריה **בקשוט** תומון: לא תהכון בתר DT 6:13
אוף היא אמרת אחי הוא **בקשטות** לבבי ובזכאות ידיי GN 20:5
אוף קדמיי גלי ארום **בקשיטות** ליבבך עבדת דא ומנעית GN 20:6
מתקלין דיקשוט מכילו **דיקשוט** וקסטין דיקשוט יהי לכון LV 19:36
מכילו דיקשוט וקסטין **דיקשוט** יהי לכון אנא ייי אלקכון LV 19:36
מודנוון דיקשוט מתקלין **דיקשוט** מכילו דיקשוט וקסטין LV 19:36
ובמחקא: מודנוון **דיקשוט** מתקלין דיקשוט מכילו LV 19:36
תמן יקרבון קורבנין **דקשוט** ארום על ספר ימא רבא DT 33:19
חילא דחליא דייי גוברין **דקשוט** דסנן לקבלא ממון שיקרא EX 18:21
שלמין ומסחאתא **דקשוט** יהוי לכון מכילן שלמן DT 25:15
לכון מכילן שלמן וקסטין **דקשוט** יהוי לכון מן בגלל דיסגון DT 25:15
גברא דידון ית עמיה דינין **דקשוט** כחדא ישתמעון ליה GN 49:16
ברם אין מייתנא מותא **דקשיטין** לואי דתיהי סופי כזעירא NU 23:10
אלקים ואמר לאיתתא **הקושטא** דאמר ייי אלקים לא GN 3:1
ואמרין זכיי הוא ייי **וקושטא** היך דינוי וקושטא הינון NU 16:34

ייי וקושטא היך דינוי **וקושטא** הינון פיתגמיה משה NU 16:34
די לא מנע טיבותיה **וקושטיה** מן ריבוני אנא בזכותיה GN 24:27
ותעבד כדון עימי טיבן **וקשוט** לא כדון תקברינני במצרים: GN 47:29
רחמין מסגי למעבד חסד **וקשוט**: נטיר חסד וטיבו לאלפין EX 34:6
אין איתיכון עבדין טיבו **וקשוט** עם ריבוני תנו לי ואין לא GN 24:49
עוולא לא נפיק דזכיי **וקשיט** הוא: חבילו עובדיהון טביא DT 32:4
קדם ייי למימר המן **קושטא** איקר שכינתא דייי שריא EX 17:7
אנא מכל טבוון ומן כל **קושטא** די עבדת עם עבדך ארום GN 32:11
ולא יהוי בכון מחוי **קושטא** היכמא דממשמש סמיא DT 28:29
ותשיילון טבאות והא **קושטא** כיוון פיתגמא איתעבידת DT 13:15
ית סהדיא טבאות והא **קושטא** כיון פיתגמא איתעבידת DT 17:4
ויתבחרון פיתגמין אין **קושטא** עימכון ואין לא חיי דפרעה GN 42:16
אתיתא לותי הברם מן **קושטין** הוית אמר לית אנא יכיל NU 22:37
קבל אחיי ואחך וידינון **קשוט** בין תרווינן: דנן עשרין שנין GN 31:37
למיפטרה כל יומוי: ואין **קשוט** הוה פיתגמא הדין לא DT 22:20
דייניא בשעת דינהון: דין **קשוט** ודין שלם בקשוט תהי רדיף DT 16:20
וידונון ית עמא דין **קשוט**: לא תצלון דינא ולא תיסבון DT 16:18
אברהם דדברני באורח **קשוט** למיסב ית ברת אחוי דריבוני GN 24:48
איזילו בתר פולחנא **קשיטא** דאבהתכון ותרחמון ית ייי DT 6:5
וימללון עימיה מילכא **קשיטא** ויקום בבי דינא ויימר DT 25:8
אלקכון דיהב לכון: דיינין **קשיטין** וסרכין אלימין תמנון לכון DT 16:18

קשי (49)

מיבעלא בשינוק סודרא **אקושא** בגו רכיכא ועל מארסא LV 20:10
בגו תחומיה ארום **אקשי** ייי אלקך ית יצרא דרוחיה DT 2:30
בני ישראל מארעיה: ואנא **אקשי** ית יצרא דליבא דפרעה EX 7:3
שעבוד עבדיא: והוה כד **אקשי** מימרא דייי ית ליבא דפרעה EX 13:15
לא תשעבדון בהון **בקשיו**: וארום תארע יד ערל ותותב LV 25:46
עבדיא: לא תשעבדון ביה **בקשיו** ותידחל מאלקך: ברם LV 25:43
וקשיית במילדה: והוה **בקשיותא** במילדה ואמרת לה GN 35:17
הוון מפלחין בהון **בקשייו**: ואמר פרעה דמך הוה חמי EX 1:14
מצראי ית בני ישראל **בקשייו**: ואמרירו ית חייהון EX 1:13
והוו מדברין יתהון **בקשייו** והוון מהלכין ושריין מן EX 14:25
כל טומריא ופיתגמא **דיקשי** מנכון תקרבון לותי DT 1:17
יבהתון למשיילא דינא **דמתקשי** להון ארום משה דהוה NU 9:8
יבהתון למשיילא דינא **דמתקשי** להון ארום משה דהוה NU 15:34
יבהתון למשיילא דינא **דמתקשי** להון ארום משה דהוה NU 27:5
יבהתון למישאלא דינא **דמתקשי** להון ארום משה רבהון LV 24:12
עלוי לישן תליתאי **דקשי** הי כגירין: והדרת למתב GN 49:23
עלוי פרעה ועילוי מצראי **דקשי** עליהון מכולהון ומבתר כדין EX 11:1
לימִמת באתר תקיף **וקשי** דבמדברא דצוק דהוא בית LV 16:10
עם עבדך ארום חגר פום **וקשי** ממלל אנא: ואמר ייי ליה מאן EX 4:10
לאפרת וילידת רחל **וקשיית** במילדה: והוה בקשיותא GN 35:16
גט חירו ותיתן לה: לא **יקשי** בעינך במפטרך יתיה לבר DT 15:18
וליעקב ולא תסתכל **לקשיות** לב עמא הדין לרישעיהון DT 9:27
בתר לישן תליתאיי דהוא **קשי** הי כחרבא דקטיל מן תרין LV 19:16
עמא בכל עידן ית פתגם **קשי** מייתן לוות משה וכל פתגם EX 18:26
ואמר משה קדם ייי הא **קשי** ממלל וכדין יקביל מיני פרעה: EX 6:30
יקביל מיני פרעה ואנא **קשי** ממלל: ומליל ייי עם משה ועם EX 6:12
משריתיכון ארום עם **קשי** קדל אנת דילמא אישיצינכון EX 33:3
הדא למירתה ארום עם **קשי** קדל אתון: הוו דכירין לא DT 9:6
עמא הדין והא עם **קשי** קדל הוא: אנח בעותך מן קדמי DT 9:13
דעמא הדין והא עם **קשי** קדל הוא: וכדון אנח בעותך EX 32:9
יקרך ייי בינגא ארום עם **קשי** קדל הוא ותשבוק לחובאנא EX 34:9
לבני ישראל אתון עם **קשי** קדל שעא חדא קלילא EX 33:5
וחימתהון על יוסף ארום **קשיא** אמר יעקב אין שריין הינון GN 49:7
ודין עובד מנרתא מינא **קשיא** דדהב עד בסיס דידה ועד NU 8:4
רוחא ומפולחנא נוכראה **קשיא** דיבידיהון: ומליל ייי עם משה EX 6:9
סורהבנותכון וית קדלכון **קשיא** הא עד זמן דאנא בחיים DT 31:27
יתנא ויהבו עלנא פולחנא **קשיא**: וצלינא קדם ייי אלקנא DT 26:6
חצוצרן דכסף ממינא **קשיא** עובד אומן תעבד יתהון ויהון NU 10:2
ישראל מן פולחנא דהוה **קשיא** עליהון וזעיקו וסליקת EX 2:23
ית חייהון בפולחנא **קשייא** בטינא ובליבנין ובכל EX 1:14
קודמוי לא הוה כדין **קשיין** גובא דכוותיה ובתרוי לא EX 10:14
קודשיא על תלת עבירן **קשיין** דלא יתקלון עמא בית NU 35:25
אמר משה נביא כמה **קשיין** הינון חוביא די גרמו LV 26:29
ומליל עמהון מילין **קשיין** ואמר להום מנן אתיתון GN 42:7
קדמיי חדא מן מלייא **קשייתא** כאילין ארום ביומא דאת EX 10:28
ארעא עימנא מילין **קשין** ובזי יתן כמאללי ארעא: GN 42:30
גבר ית חבריה במילין **קשין** ותידחל מאלקך אנא הוא ייי LV 25:17
לא תונון יתיה במילין **קשין**: כיציבא מנכון יהי לכון גיורא LV 19:33
ליבכון וקדלכון לא **תקשון** תוב: ארום ייי אלקכון הוא DT 10:16

קשקש (1)

נקיט כסא דכספא בידיה **ומקשקיש** כמנחיש בנהא דלאה GN 43:33

קשר (1)

ויהב להגר שוי על כיתפה **וקשר** לה במותנהא לאודועי GN 21:14

קשש (2)

הי כנורא בערא שלטא **בקשא**: ובמימר מן קדמך איתעבידו EX 15:7
ואיבשיל עיבוריכון דגנא **וקשא** תריהון כחדא: הא אנא משגר EX 23:19

קשת (9)

מן ברה כשיעור מיגד **בקשתא** ארום אמרת לית אנא GN 21:16
וסייעית יתכון בסייפי **ובקשתי**: וקרא יעקב לבנוי ואמר GN 48:22
וחוטרא דמשה ושמירא **וקשתא** ועננֵי יקרא ופום ארעא NU 22:28
כדון מאני זינך בית גירך **וקשתך** ופוק לחקלא וצוד לי צידא: GN 27:3
חיוין ככשורין ועקרבין **כקשתין** סריין רמיין לקובליכון DT 1:19
במדברא והוה יליף רבי **קשוותא**: ויתיב במדברא דפארן GN 21:20
עילוי ארעא ותתחמי **קשתא** בימֵמא עד לא יטמע GN 9:14
לחבלא כל בישרא: ותהי **קשתא** בעננא ואחמינה למידכר GN 9:16
דעימכון לדרי עלמא: ית **קשתי** יהבית בעננא ותהי לסימן GN 9:13

קתא (1)

קיסא וישמוט פרזלא מן **קתא** וישכח ית חבריה וימות הוא DT 19:5

ראשית (2)

ימא דאוקינוס הינון מי **בראשית** סטר מערבא יהי תחומכון: DT 11:24
ותחומיה הינון מי **בראשית** עם מיא קדמאי דהוון NU 34:6

רבב (541)

אילהין ישראל ארום **איתרברבת** עם מלאכייא דייי ועם GN 32:29
מתרברבת עלנא אוף **אתרברבא**: ברם לא לארעא עבדא NU 16:13
חסדא דלעיל ואתרחץ **ברב** מזוגייא בבשר עביר בגין כן לא GN 40:23
לבני ישראל ואיקדש **ברבניכון** בגין יקרי: ואיקדש ית EX 29:43
תיתוקד: וכהנא רבא **דמתרברב** על אחוי די יתריק על LV 21:10
צורת בר אריוון מטול **דרבא** לבני יהודה נחשון בר עמינדב: NU 2:3
לא כדון יתקוף רוגזא **דרבון** כל עלמיא ייי ואמליל ברם GN 18:32
לא כדון יתקוף רוגזא **דרבון** כל עלמיא ייי ואמליל מאים GN 18:30
לעינא ואמרית ייי אלקיה **דריבוני** אברהם אין איתך כדון GN 24:42
בריך שמא דייי אלקיה **דריבוני** אברהם די לא מנע טיבותיה GN 24:27
מליאתא: ואמר ייי אלקיה **דריבוני** אברהם זמין כען איתא GN 24:12
אהרן לא יתקף רוגזא **דריבוני** אנת ידעת ית עמא ארום EX 32:22
עבדך פיתגמא במשמעיה **דריבוני** ולא יתקוף רוגזך בעבדך GN 44:18
תקנא דברני ייי בית אחוי **דריבוני**:: ולרבקה אחא ושמיה לבן GN 24:27
למיסב ית ברת אחוי **דריבוני** לברי: וכדון אין איתיכון GN 24:48
עמא דייי לקרבא היכמא **דריבוני** ממליל: ופקיד עליהון משה NU 32:27
למימר עבדך יעבדון כל **דריבוני** מפקיד: טפלנא נשנא גיתנא NU 32:25
ייי ובריכית ית ייי אלקיה **דריבוניה** אברהם דדברני באורח GN 24:48
ואזל כל שפר אפותיקי **דריבוניה** בידיה וקם ואזל לארם GN 24:10
דעימיה במטרת ביתא **דריבוניה** למימר מדין סבר אפיכון GN 40:7
דכבשת יצרך בעובדא **דריבונתך** ובעובדא דאחך מדמי GN 49:22
ושוייני לרב לפרעה **ולרב** על כל ביתיה ושליט בכל GN 45:8
למשה ולאלעזר כהנא **ולרברבי** כנישתא למימר: מכללתא NU 32:2
תורין ועאן ושדר לבלעם **ולרברביא** דעימיה: והוות עידוני NU 22:40
משכנא ישרון מערבא: **ורב** בית אבא דהוה מתמני על NU 3:24
שידא דמשכנא דרומא: **ורב** בית אבא דהוה מתמני על NU 3:30
שיתא אלפין ומאתן: **ורב** בית אבא דהוה מתמני על NU 3:35
מזוגייא דמלכא דמצרים **ורב** נחתומייא ואיתיעטו למירמי GN 40:1
יתהון בימא דסוף: תוקפן **ורב** תושבחתן דחיל על כל עלמיא EX 15:2
מאה בדשערוי וברכיה ייי: **ורבא** גברא ואזל אזיל ורבי עד די GN 26:13
ליה שיבטא דיששכר **ורבא** דהוה ממני על חילוות NU 2:5
ידכר להון חובת עיגלא **ורבא** דהוה ממני על חילוות NU 2:10
ותלת מאה: ושיבטא דגד **ורבא** דהוה ממני על חילוות NU 2:14
פדר צור:: ושבטא דבנימן **ורבא** דהוה ממני על חילוות NU 2:22
ליה שיבטא דאשר **ורבא** דהוה ממני על חילוות NU 2:27
מאה: ושיבטא דנפתלי **ורבא** דהוה ממני על חילוות NU 2:29
בני יהודה לחיליהון **ורבא** דהוה ממני על חילוות NU 10:14
יהודה נחשון בר עמינדב: **ורבא** דהוה ממני על חילוות NU 10:15
יששכר נתנאל בר צוער: **ורבא** דהוה ממני על חילוות NU 10:16
משיריית ראובן לחיליהון **ורבא** דהוה ממני על חילוות NU 10:18
שלומיאל בר צורי שדי: **ורבא** דהוה ממני על חילוות NU 10:20
בני אפרים לחיליהון **ורבא** דהוה ממני על חילוות NU 10:22
אלישמע בר עמיהוד: **ורבא** דהוה ממני על חילוות NU 10:23
גמליאל בר פדה צור: **ורבא** דהוה ממני על חילוות NU 10:24
לכל משירייתא לחיליהון **ורבא** דהוה ממני על חילוות NU 10:25
אחיעזר בר עמי שדי: **ורבא** דהוה ממני על חילוות NU 10:26
אשר פגעיאל בר עכרן: **ורבא** דהוה ממני על חילוות NU 10:27
חקיק צורת חיוי חורמן **ורבא** דהוה ממני על חילוות שבטוי NU 2:25
הוה חקיק צורת ריבא **ורבא** דהוה ממניה על חילוות NU 2:18
אליצור בר שדיאור: **ורבא** דהוי ממני על חילוות שיבטא NU 10:19
מאה: שבטא דזבולון **ורבא** הווה ממני על חילוות שבטוי NU 2:7
וייי בריך ית ריבוני לחדא **ורבא** ויהב ליה עאן ותורין וכספא GN 24:35
דייי בסעדיה דטליא **ורבא** ויתיב במדברא והוה יליף רבי GN 21:20

ילידת ליה ביר לאישון: **ורבא** טליא ואתחסין ועבד אברהם GN 21:8
ומלכן ממלכן יהי אלים **ורבא** יהוי משתעבד לזעירא אם GN 25:23
והוה ביומא האינון **ורבא** משה ונפק לות אחהי וחמא EX 2:11
ית רבייא ואוניקתיה: **ורבא** רבייא ואייתיתיה לברת פרעה EX 2:10
ליה שבטא דמנשה **ורבה** דהוה ממני על חילוות שיבטא NU 2:20
על חילא רבני אלפין **ורבני** מאוותא דאתו מחיל סדרי NU 31:14
אלפי חילא רבני אלפין **ורבני** מאוותא: ואמרו למשה עבדך NU 31:48
חומשין תריסר אלפין **ורבני** עישורייתא שית ריבוון: והוון EX 18:25
דייניכון לא תקילון **ורבנין** דמתמנין נגודין בעמך לא EX 22:27
דמנא משה ואהרן **ורברבי** ישראל ית ליואי לגניסתהון NU 4:46
דמנא משה ואהרן **ורברבי** ישראל תריסר גוברין גברא NU 1:44
והא מעתד על עלתיה **ורברבי** מואב עימיה ואמר ליה בלק NU 23:17
די סיבת הוי לי עדויין **וריבוני** אברהם סיב: ואמר ייי GN 18:12
בעדבא לבני ישראל **וריבוני** אתפקד מן קדם ייי למיתן NU 36:2
דסנאה דחיל דילמא **יתרברבון** לקובלי מעיקיהון דילמא DT 32:27
לעלתא תריסר תורא **לרב** בית אבא דיכרא דיכרין תריסר NU 7:87
מפקד למעבד: לית צרוך **לרב** בית אסירי למנטר ית יוסף GN 39:23
אמר ברך יוסף שווייני ייי **לרב** לכל מצראי חות לותי לא GN 45:9
איסתקף פיתגמא ושווייני **לרב** לפרעה ולרב על כל ביתיה GN 45:8
רוחצניא דבר נש ואמר **לרב** מזוגיא אלהן תדכרינני עימך GN 40:14
טלייא עבראי עבדא **לרב** ספוקלטוריא ואישתעינא ליה GN 41:12
ואנת תהוי ליה **לרב** תבוע אולפן מן קדם ייי: וית EX 4:16
וקם בלעם בצפרא ואמר **לרברבי** מואב איזילו לארעכון ארום NU 22:13
אילין רברבי גנוסייא **לרברבניהום** דמדוריהום מן קדמת GN 36:30
או בנן איתא ובנהא תהי **לריבונה** והוא יפוק בלחודוי: ואין EX 21:4
ובמשקייה למקטל **לריבונהום** למלכא דמצרים: ובגס GN 40:1
עבדך הא אנחנא עבדין **לריבוני** אוף אנן אוף מאן GN 44:16
אבא או אחא: ואמרנא **לריבוני** אית לן אבא סבא ובר GN 44:20
שרה איתת ריבוני בר **לריבוני** בתר דסיבת ויהב ליה ית כל GN 24:36
ואמהן ושדרית לתנאה **לריבוני** דלא אהניית לי בירכתא GN 32:6
בצפרא ואמר שדרוני **לריבוני**: ואמר ועל דהוו ממללין GN 24:54
אורחי אלווייוני ואיזיל **לריבוני**: ואמרו ניקרי לריבא ונשמע GN 24:56
עבדך חולף טלייא עבדא **לריבוני** וטלייא יסק עם אחוהי: GN 44:33
שלים כספא וגיתי בעירא **לריבוני** לא אישתייר לנא קדם GN 47:18
לטבתא עלוי: ואמרנא **לריבוני** לית אפשר לטלייא GN 44:22
חייב קטול ואוף אנן נהי **לריבוני** לעבדין: ואמר אוף כדין הי GN 44:9
דורון הוא דמשתלחא **לריבוני** לעשו והא אוף הוא אתי GN 32:19
למימר כדין תימרון **לריבוני** לעשו כדנן אמר עבדך יעקב GN 32:5
איתא לברי: ואמרית **לריבוני** מאים לא תיתי איתתא GN 24:39
ואמר יהודה מה נימר **לריבוני** על כספא קדמאה ומה GN 44:16
בריה: וכל אינשי ביתיה **מריביני** ביתא וזביני כספא מן בר GN 17:27
בכל ארעא: עד כדון **מתרברב** בעמי בדיל דלא EX 9:17
אסב מכל דילך ולא תהי **מתרברב** למימר אנא אעתרית מן GN 14:23
דייי ומה דין אתון **מתרברבין** על קהלא דייי: ושמע NU 16:3
במדברא ארום **מתרברבת** עלנא אוף אתרברבא: NU 16:13
ית אידיך ביה ארום לעם **רב** אשויניה: וגלי ייי ית עינהא GN 21:18
ליה מסר בידי: ליתיה **רב** בביתא הדין מיני ולא מנע מיני GN 39:9
הינון עד דיקטלון קטול **רב** בבעלי דבביהון וביזת קטיליא NU 23:24
אחוהי יובל הוא הוה **רב** בהום דכל דממנן לזמרא בכינרא GN 4:21
עדה ית יבל הוא הוה **רב** בהום דכל יתבי משכנין ומרי GN 4:20
לקדמוי דין אבא דמלכא **רב** בחכמתא ורכיך בשנייא ומני GN 41:43
כהנא די יהוי ממני לכהין **רב** ביומיא האינון ותימרון ליה DT 26:3
ביומא חמישאה קריב **רב** בית אבא לבית שמעון NU 7:36
ביומא שביעאה קריב **רב** בית אבא לבני אפרים אלישמע NU 7:48
וגומר: ביומא חדסר קריב **רב** בית אבא לבני אשר פגעיאל בר NU 7:72
ביומא תשיעאה קריב **רב** בית אבא לבני בנימין אבידן בר NU 7:60
ביומא שתיתאה קריב **רב** בית אבא לבני גד אליסף בר NU 7:42
ביומא עשיראה קריב **רב** בית אבא לבני דן אחיעזר בר NU 7:66
ביומא תליתאה קריב **רב** בית אבא לבני זבולון אליאב בר NU 7:24
ביומא תמינאה קריב **רב** בית אבא לבני מנשה גמליאל בר NU 7:54
ביום תריסר יומא קריב **רב** בית אבא לבני נפתלי אחירע בר NU 7:78
ביומא רביעאה קריב **רב** בית אבא לבני ראובן אליצור בר NU 7:30
מדינתא זמרי בר סלוא **רב** בית אבא לשיבט שמעון: ושום NU 25:14
נחשון בר עמינדב **רב** בית אבא לשיבטא דיהודה: NU 7:12
קורבניה נתנאל בר צוער **רב** בית אבא לשיבטא דיששכר: NU 7:18
בעיני רב בית אסירי: ומני **רב** בית אסירי ביד יוסף ית כל GN 39:22
ויהב רחמותיה בעיני **רב** בית אסירי: ומני רב בית אסירי GN 39:21
לאיסתכלא ויפיל מנהון **רב** דבהון: ואוף כהניא דקריבין EX 19:21
עננא ואמיטתא קל **רב** דלא פסיק והוה קל דבירא DT 5:22
ית כיפא ולכל דחיל **רב** דעבד משה בזמן דקבל תרין DT 34:12
עליהון ויתי תשוי לעם **רב** היכמא דמלילתא למימר: ייי NU 14:17
דאוף הוא יהי לעם **רב** ואוף הוא יסגי וברם אחוי GN 48:19
דאחזינך: ואעבדינך לעם **רב** ואיבריכינך וארבי שמך ותהי GN 12:2
מארעא דמצרים בחיל **רב** ובידא תקיפא: למא דין יימרון EX 32:11

לקדמותיה בחיל **רב** ובידא תקיפתא: וסרב אדומאה NU 20:20
מאן הוא דמני יתך לגבר **רב** ודיין עלנא הלא למיקטלי אנת EX 2:14
ברגוז ובכלו ובתקוף **רב** וטלקינון בגלותא לארע חורן DT 29:27
מן לקדמין יתיבו בה עם **רב** וסגי וחסין הי כגינבריא: גיבריא DT 2:10
קרבא ונקטול בהון קטול **רב** וסגי ונבוז מינהון ביזא רבא EX 15:9
ולקדקדיה דגברא דהוה **רב** ושליט בארעא דמצרים והוה DT 33:16
יוסף מלות פרעה ועבר **רב** ושליט בכל ארעא דמצרים: GN 41:46
ולקדקדיה דגברא דהוה **רב** ושליט במצרים וזהיר ביקרא GN 49:26
כל בנהא דקטורה **רב** ושליט תהי על אחך ויהון GN 27:29
ואברהם עתיד דיהי לעם **רב** ותקיף ויתברכון בדיליה GN 18:18
וספדו תמן מספד **רב** ותקיף לחדא ועבד לאבוי GN 50:10
ית ליבנא למימר עם **רב** ותקיף מיננא קירוין רברבן DT 1:28
יתהון ואמני יתך לעם **רב** ותקיף מנהון: ואמר משה NU 14:12
למיזל עימיה ופיכל **רב** חיליה: ואמר להון יצחק מדין GN 26:26
וקם אבימלך ופיכל **רב** חיליה ותבו לארע פלישתאי: GN 21:32
ואמר אבימלך ופיכל **רב** חיליה לאברהם למימר מימרא GN 21:22
בכל עידן ויהי כל פיתגם **רב** ייתון לוותך וכל פתגם קליל EX 18:22
מצראי אוף גברא משה **רב** לחדא בארעא דמצרים קדם EX 11:3
היא ילידת ית תובל קין **רב** לכל אומן דידע בעיבידת נחשא GN 4:22
כדון לי: ואישתעי **רב** מזוגיא ית חלמיא ליוסף ואמר GN 40:9
עביר בגין כן לא אידכר **רב** מזוגיא ית יוסף ואנשייה עד זמן GN 40:23
ואתחוא למימר סרחו **רב** מזוגייא דמלכא דמצרים ורב GN 40:1
לכל עבדוי ורומם ית ריש **רב** מזוגייא וית ריש רב נחתומייא GN 40:20
בגו עבדוי: ואתיב ית **רב** מזוגייא על מזגיה דאשתכח GN 40:21
מן בית אסירי: ומליל **רב** מזוגייא קדם פרעה למימר ית GN 41:9
פרעה שתי בעיקבא ואת **רב** מזוגייא תקבל אגר טב על חלמך GN 40:12
כורסי מלכותא אהא **רב** מינך: ואמר פרעה ליוסף חמי GN 41:40
באפי רעותיה בחיליה **רב** ממצרים: לתרכא עממין רברבין DT 4:37
יתי בבית אסירי: וחמא **רב** נחתומי ארום יאות פשר דהוא GN 40:16
רברבנוי על רב שקי ועל **רב** נחתומי: ויהב יתהום במטרא בי GN 40:2
כסא על ידא דפרעה: וית **רב** נחתומי צלב דיעט למקטליה GN 40:22
ספוקלטוריא יתיה וית **רב** נחתומיא: וחלמנא חילמא GN 41:10
למשתעבדא ואנת **רב** נחתומיא תקבל אגר ביש על GN 40:18
ריש רב מזוגייא וית ריש **רב** נחתומייא בגו עבדוי: ואתיב ית GN 40:20
והוא רבא דפרעה **רב** ספוקלטוריא גבר מצראי GN 39:1
לפוטיפר רבא דפרעה **רב** ספוקלטוריא: והוה בעידנא GN 37:36
דיוסף אסיר תמן: ומני **רב** ספוקלטוריא ית יוסף עימהון GN 40:4
ויהב יתיה דמטרא בי **רב** ספוקלטוריא יתיה וית רב GN 41:10
ויהב יתהום במטרא בי **רב** ספוקלטוריא לבית אסירי GN 40:3
ויערבינון עירבוב **רב** עד דישתיצון: וימסור מלכיכון DT 7:23
ליה: קבל מיננא ריבוננא **רב** קדם ייי את ביננא בשפר קיברנא GN 23:6
וית בוז אחוי וית קמואל **רב** קסומיא דארמאי: וית כשד וית GN 22:21
בר שתיה תלתיהון קרב **רב** שיבטא דיהודה לעלתא: צפיר בר NU 7:15
אימר חד בר שתיה קריב **רב** שיבטא דיששכר לעלתא: צפיר NU 7:21
שמע על תרין רברבנוי על **רב** שקי ועל רב נחתומי: ויהב יתהום GN 40:2
רבא עלוה רבא יתת: **רבא** אהליבמה רבא אלה רבא פינון: GN 36:41
בוכרא דעשו רבא תימן **רבא** אומר רבא צפו רבא קנז: רבא GN 36:15
מערבא ויהוי לכון ימא **רבא** אוקינוס ותחומיה הינון מי NU 34:6
רבא יתת: רבא אהליבמה **רבא** אלה רבא פינון: רבא קנז רבא GN 36:41
רבא ענה: רבא דישון **רבא** אצר רבא דישן אילין רברבי GN 36:30
מיניה ליום דינא **רבא** ארום בדיוקנא אלקים עבד ית GN 9:6
וקרא ית עשו בריה **רבא** בארביסר בניסן ואמר ליה ברי GN 27:1
בני עיבראי אחוי דיפת **רבא** בדחלתא דייי: בנוי דשם עילם GN 10:21
ועבד אברהם משתיא **רבא** ביומא דאחסין ית יצחק: וחמת GN 21:8
שנייא אתיין שובעא **רבא** בכל ארעא דמצרים: ויקומון GN 41:29
קהלא הוא: בזמן די **רבא** בעמיה יחוב ויעבד חד מן כל LV 4:22
ולא תייקרון אפי **רבא** בקושטא תדונון חבריכון: לא LV 19:15
דיינא ומרי מלכין אלקא **רבא** גיברא ודחילא דלית קדמוי DT 10:17
צפו רבא קנז: רבא קרח **רבא** געתם רבא עמלק אילין רברבי GN 36:16
ואילין ייחוסין דעשו **רבא** דאדומא דבית מדורהון בטוור GN 36:9
בטוור גבלא עשו הוא **רבא** דאדומאי: ואילין ייחוסין דעשו GN 36:8
הדין: ארום הי דא אומא **רבא** דאית ליה אלקא קריב לוותיה DT 4:7
ובמניין שבטייא יתמני **רבא** דאפרים קדם רבא דמנשה ומני GN 48:20
שכם בר חמור חיואה **רבא** דארעא ודבר יתה באונסא GN 34:2
רבניהון מן תרעא **רבא** דבית מלכותא עד שוקא NU 21:30
קרבא דגוג ובעידן צערא **רבא** דהוא מיכאל יקום בדרעא DT 34:3
בגו פילגוס דימא **רבא**: דהוה אמר פרעה רשיעא סנאה EX 15:8
ית פיתגמי עשו ברא **רבא** דחשיב בליביה למקטול GN 27:42
דרבת בבית פוטיפרע **רבא** דטניס: וקרא יוסף ית שום GN 41:50
ורבת בבית פוטיפרע **רבא** דטניס ית מנשה וית אפרים: GN 46:20
וביתה איתת פוטיפרע **רבא** דטניס לאינתו ונפק יוסף GN 41:45
רבא צבעון רבא ענה: **רבא** דישון רבא אצר רבא דישן GN 36:30
ענה: רבא דישון רבא אצר **רבא** דישן אילין רברבי גנוסייא GN 36:30
בעותן: והי דא אומא **רבא** דליה קיימין ודינין תריצין ככל DT 4:8

פעור ועל עיסק כזבי ברת **רבא** דמדין אחתהון דאיתקטילת NU 25:18
רעי ית ענא דיתרו חמוי **רבא** דמדין ודבר ית ענא לאתר שפר EX 3:1
יתמני רבא דאפרים קדם **רבא** דמנשה ומני ית אפרים דיהי GN 48:20
מן חד מנהון: אין כהנא **רבא** דמתרבי במישחא יחוב LV 4:3
ברעוא קדם ייי: וכהנא **רבא** דמתרבי במשחא וברם LV 6:15
תורא קדם ייי: ויסב כהנא **רבא** דמתרבי במשחא מדמא LV 4:5
בנורא תיתוקד: וכהנא **רבא** דמתרברב על אחוי די יתריק LV 21:10
מטול יהושע משומשנך **רבא** דסנהדרין דעמיה דעל ידוי EX 40:11
חמיין ית כל עובדא דייי **רבא** דעבד: ותינטרון ית כל DT 11:7
דאהרן ובנוי ואליהו כהנא **רבא** דעתיד למשתלחא בסוף EX 40:10
פנחס הוא אליהו כהנא **רבא** דעתיד למשתלחא לגלוותא EX 6:18
שעבזוי ואיסתרס והוא **רבא** דפרעה רב ספוקלטוריא גבר GN 39:1
יתיה למצרים לפוטיפר **רבא** דפרעה רב ספוקלטוריא: והוה GN 37:36
בה עד זמן דימות כהנא **רבא** דרבי יתיה סגנא במשח רבותא NU 35:25
בעובדיהון לכהנא **רבא** דתבע אולפן מן קדם ייי בהון EX 28:30
ההוה היך פיתגמא **רבא** הדין או הישתמע דכוותיה: DT 4:32
עם חכים וסוכלתן עמא **רבא** הדין: ארום הי דא אומא רבא DT 4:6
במיהכך במדברא **רבא** הדין דנן ארבעין שנין מימרא DT 2:7
הדא מה הוה תקוף רוגזא **רבא** הדין: ויימרון מטול דשבקו ית DT 29:23
וישיזב יתי מן דינא **רבא** הדין וכיון דחמא יתהום יהודה GN 38:25
כדון ואחמי ית חזוונא **רבא** הדין מדין לא טריב סנייא: וגלי EX 3:3
ולא מן האל לעיבר ימא **רבא** היא למימר מן יעיבר לדילנא DT 30:13
לתורא דחטאתא דכהנא **רבא** הכדין יעביד ליה ויכפר עליהון LV 4:20
ונישבי מינהון שיביא **רבא** ואיפליג ביזהון לעמי עבדי EX 15:9
ארום אתיתא עלוי חובא **רבא**: ואמר אהרן לא יתקף רוגזא EX 32:21
דמשה ואהרן ונתב בימא **רבא** ואפרח שלוי מן ימא רבא NU 11:31
דמיין ונגרין עד ימא **רבא** ואתיין חיוון דכיין ובעירן EX 16:21
ובדרע מרממא ובחזונא **רבא** ובאתין ובתימהין: ואעיל יתנא DT 26:8
דאפיקתך בחילך **רבא** ובדרעך מרממא: בעידנא ההיא DT 9:29
רביעאה כרום ימא **רבא** ובורלת חלא ומרגנית EX 39:13
רביעאה כרום ימא **רבא** ובירליוות חלא ומרגניית EX 28:20
דדברך ברחמין במדברא **רבא** ודחילא אתר מלי חיוון קלן DT 8:15
וטמרינון בשבועת שמא **רבא** ודחילא דהכין כתיב ארום DT 9:19
והליכנא ית כל מדברא **רבא** ודחילא ההוא דחמיתון חיוון DT 1:19
ייי אלקכון ביניכון אלקא **רבא** ודחילא: ויגלי ייי אלקכון ית DT 7:21
לבי מדרשא דשם **רבא** והוה תמן תלת שנין ובההוא GN 22:19
כל מבועי תהומא **רבא** והוון בני גיברייא משוויין תמן GN 7:11
חובתיה ליום דינא **רבא**: והוון בני ישראל שריין NU 15:31
שמיה מיטטרון ספרא **רבא**: וחיא מתושלח מאה ותמנן GN 5:24
קרן להון זימתני: עמא **רבא** וחסינא הי כגינבריא ושיצינון DT 2:21
יעיבר בדילנא לעיבר ימא **רבא** ויסבינה לנא וישמע יתה לן DT 30:13
אפי דקין אתא מן שמא **רבא** ויקירא בגין דלא למיקטול GN 4:15
ית ידיה על ימא בחוטרא **רבא** ויקירא דאיתברי מן שירויא EX 14:21
וחקיין ומפרש עלה שמא **רבא** ויקירא דביה עתיד למיעבד ית EX 2:21
בת ישראל ית שמא **רבא** ויקירא דמתפרש דשמע בסיני LV 24:11
אזל ואדכר שמא **רבא** ויקירא ואוקים מקיבריהון DT 9:19
חקיק ומפרש שמא **רבא** ויקירא וביה איתעבידו ניסין EX 4:20
דארדפני וכתב עלוי שמא **רבא** ויקירא וטלק לגו מיא EX 15:25
יתה כהנא בשבועת שמא **רבא** ויקירא ויימר כהנא לאיתתא NU 5:19
וביה חקיק ומפרש שמא **רבא** ויקירא ועישרתי אהוותא די EX 14:21
ברישיהון והוה שמא **רבא** ויקירא חקיק ומפרש ביה ונפק EX 32:25
אימירא ומפרשא בשמא **רבא** ויקירא על ריש צפירא ויפטור LV 16:21
לעמא אתון חבתון חובא **רבא** וכדון איסק ואיצלי קדם ייי EX 32:30
ולקיימא לכון לשיזבא **רבא**: וכדון לא אתון שדרתון יתי GN 45:7
בהון ליום דינא **רבא**: וממרירו ליה ונצו ליה כל חרשי GN 49:22
יתיב עד דימות כהנא **רבא** ומן בתר דימות כהנא רבא NU 35:28
תריכון ית כיפא בשמא **רבא** ומפרשא כד היגון חמיין ויתן NU 20:8
על ידוי דאליהו כהנא **רבא** ומתמן יקרב יתכון על ידויי DT 30:4
רב וסגי ונבוז מינהון ביזא **רבא** ונישבי מינהון שיביא רבא EX 15:9
וכדון חב עמא הדין חובא **רבא** ועבדו להון דחלן דדהב: וכדון EX 32:31
חקיק ומפרש שמא **רבא** וקדישא דביה אתבריין תלת EX 28:30
מן יד אדכר פנחס שמא **רבא** וקדישא ופרח בתרוי ואחדיה NU 31:8
להון בסיני דביה שמא **רבא** וקדישא חקיק ומפרש עלוי: EX 33:4
כל מה דעבדת ביום דינא **רבא**: וקרא אדם שום אינתתיה חוה GN 3:19
לער בוכריה ברת שם **רבא** ושמהא תמר: והוה ער בוכרא GN 38:6
רבא ואפרח שלוי מן ימא **רבא** ושרא על דין דזעיר במשריתא NU 11:31
קליל והוה תמן לאומא **רבא** ותקיפא ומסגיא: ואבאישו לנא DT 26:5
רעואל בר עשו רבא נחת **רבא** זרח רבא שמה רבא מזה אילין GN 36:17
בעלמא הדין ליום דינא **רבא** חטאך נטיר ועל תרעי ליבך GN 4:7
בני אהליבמה איתת עשו **רבא** יעוש רבא יעלם רבא קרח GN 36:18
איתת עשו רבא יעוש **רבא** יעלם רבא קרח אילין רברבי GN 36:18
לא מזכי ייי ביום דינא **רבא** ית כל מאן דמשתבע בשמיה EX 20:7
לא מזכי ייי ביום דינא **רבא** ית כל מאן דמשתבע בשמיה DT 5:11
ומן בתר דימות כהנא **רבא** יתוב קטולא לארע אחסנתיה: NU 35:28

להון אין ית כל נוני ימא **רבא** יתכנשון להון ויספקון להון: NU 11:22
רבא תמנע רבא עלוה **רבא** יתת: רבא אהליבמה רבא אלה GN 36:40
אכלין: ואחזרו קדמוי **רבא** כהילכת ריבונותיה וזעירא GN 43:33
קבל שובעין סבי סנהדרין **רבא** כל כסף מניא תרין אלפין NU 7:85
פולין לזמנא לבי דינא **רבא** לדתן ולאבירם בני אליאב NU 16:12
אילין רברבי גנוסייא **רבא** לוטן רבא שובל רבא צבעון GN 36:29
ואזל אזיל ורבי עד די **רבא** לחדא: והוו ליה גיתי עאן GN 26:13
ואזלת לבי מדרשא דשם **רבא** למבעי רחמין מן קדם ייי: ואמר GN 25:22
ודא יידכר לן ליום דינא **רבא** למכפרא על נפשתן קדם ייי: NU 31:50
יתבעון גבה ביום דינא **רבא** לעלמא דאתי היכמא דיתבע EX 15:12
מתחייב עימה ביום דינא **רבא** לעלמא דאתי: והוה ביומא GN 39:10
פינון: רבא קנז רבא תימן **רבא** מבצר: רבא מגדיאל הוא הוה GN 36:42
קנז רבא תימן רבא מבצר: **רבא** מגדיאל הוא הוה מתקרי GN 36:43
נחת רבא זרח רבא שמה **רבא** מזה אילין רברבי רעואל GN 36:17
ית תורא קדמאה דכהנא **רבא** מטול דשיבוק חובין דישראל LV 4:21
קדם ייי: ויעיל כהנא **רבא** מן אדמא דתורא למשכן זימנא: LV 4:16
שיזבני כדון מן יד אחי **רבא** מן יד עשו ארום מסתפי אנא GN 32:12
אומניס מן ציפונא ימא **רבא** מן מערבא ימא דמילחא מן NU 34:12
מריה עלמא פום תהומא **רבא** מן שירויא וכל מאן דמדכר EX 28:30
לא מזכי ביום דינא **רבא** מסער חובי אבהן על בנין EX 34:7
אתי מבי מדרשא דשם **רבא** מעלנא דבירא דאיתגלי עלוי GN 24:62
מתחשדא וסבי בי דינא **רבא** מפטרין ויסבון חכימי סבי DT 21:3
מן תיקון זיניהון דשמא **רבא** מפרש כתיב בהון דאתיהבו EX 33:6
רבקה ית לבושי עשו ברא **רבא** מרגגן דהוון מן אדם קדמאי GN 27:15
בית מקדשא עד נהרא **רבא** נהרא פרת: חמון דמסרית DT 1:7
מנילוס דמצרים עד נהרא **רבא** נהרא פרת: ית שלמיא וית GN 15:18
בי מקדשא מן נהרא **רבא** נהרא פרת עד ימא דאוקינוס DT 11:24
ואילין בני רעואל בר עשו **רבא** נחת רבא זרח רבא שמה רבא GN 36:17
עלי ועל מלכותי חובא **רבא** עובדין דלא כשרין לאיתעבדא GN 20:9
תקיף היא רומי חייבתא **רבא** עירם אילין רברבי אדום GN 36:43
בשמהותהן רבא תמנע **רבא** עלוה רבא יתת: רבא אהליבמה GN 36:40
קנז: רבא קרח רבא געתם **רבא** עמלק אילין רברבי אליפז GN 36:16
רבא שובל רבא צבעון **רבא** ענה: רבא דישון רבא אצר רבא GN 36:29
רבא אהליבמה רבא אלה **רבא** פינון: רבא קנז רבא תימן רבא GN 36:41
רבא לוטן רבא שובל **רבא** צבעון רבא ענה: רבא דישון GN 36:29
רבא תימן רבא אומר **רבא** צפו רבא קנז: רבא קרח רבא GN 36:15
קטולא כל אימת דכהנא **רבא** קיים מן תחום קרתא דקלטיה NU 35:26
תימן רבא אומר רבא צפו **רבא** קנז: רבא קרח רבא געתם רבא GN 36:15
רבא אלה רבא פינון: **רבא** קנז רבא תימן רבא מבצר: רבא GN 36:42
עשו רבא יעוש רבא יעלם **רבא** קרח אילין רברבי אהליבמה GN 36:18
אומר רבא צפו רבא קנז: **רבא** קרח רבא געתם רבא עמלק GN 36:16
יהי לסנאוי דיוחנן כהנא **רבא** רגל למקום: לשיבטא דבנימין DT 33:11
רברבי גנוסייא רבא לוטן **רבא** שובל רבא צבעון רבא ענה: GN 36:29
דתמנת ארום חמת ארום **רבא** שלה והיא לא איתיהבת ליה GN 38:14
עשו רבא נחת רבא זרח **רבא** שמה רבא מזה אילין רברבי GN 36:17
ארום על ספר ימא **רבא** שרן ויתפרנקון מן טריתא DT 33:19
בני אליפז בוכרא דעשו **רבא** תימן רבא אומר רבא צפו רבא GN 36:15
אלה רבא פינון: רבא קנז **רבא** תימן רבא מבצר: רבא מגדיאל GN 36:42
תחום ציפונא מן ימא **רבא** תכוונון לכון לטוורים אומניס: NU 34:7
מדוריהון בשמהותהן **רבא** תמנע רבא עלוה רבא יתת: GN 36:40
קטליה: ויפקון מבי דינא **רבא** תרי מן חכימייך ותלת מן דיינך DT 21:2
מילי זעירא הי כמילי **רבא** תשמעון ולא תידחלון מן קדם DT 1:17
ית שמשא דהוה נהורא **רבה** למישלט ביממא וית סיהרא GN 1:16
וחרון כיון דישמע משה **רבהון** דישראל אזל ואדכר שמא DT 9:19
וחמון בצערי דמשה **רבהון** דישראל דטרח ולא אתהני DT 34:5
כהניא תלמידיא דמשה **רבהון** דישראל ואתקריין על שמיה NU 3:3
דאדר איתליד משה **רבהון** דישראל ובשבעא יומין DT 34:5
ארום משה דהוה **רבהון** דישראל לא הוה איפשר ליה DT 32:3
להון ארום משה **רבהון** דישראל צרך דיימר לא LV 24:12
להון ארום משה דהוה **רבהון** דישראל צרך דיימר לא NU 9:8
להון ארום משה דהוה **רבהון** דישראל צרך דיימר לא NU 15:34
להון ארום משה דהוה **רבהון** דישראל צרך דיימר לא NU 27:5
ותייבין ממה דגזרין ברם **רבון** כל עלמא ייי אמר לאסגאה ית NU 23:19
לטוורא דסיני חמית **רבון** כל עלמיא ייי מרבע יומא DT 32:4
יתחמון כל דכורך קדם **רבון** עלמא ייי: עמי בני ישראל לא EX 23:17
מדמיין לדינוי דפרעה: **רבוני** שאיל ית עבדוי למימר האית GN 44:19
ארעא: ואמר בבעו כדון **רבוניי** זורו כדון מיכא ועולו לבית GN 19:2
ואמרו להון סגי לכון **רבנותא** ארום כל כנישתא כולהון NU 16:3
דאיטמרו למערוק מן **רבנותא** ואתנביו במשריתא: ורהט NU 11:26
כהנא ית דהבא מן **רבני** אלפין ומאוותא ואייתיאו NU 31:54
מאה וחמשין סילעין מן **רבני** אלפין ומן רבני מאוותא: גוברין NU 31:52
דממנן על חילא **רבני** אלפין ורבני מאוותא דאתו NU 31:14
דממנן על אלפי חילא **רבני** אלפין ורבני מאוותא: ואמרו NU 31:48
שיקרא ותמני עליהון **רבני** אלפין רבני מאוותא רבני EX 18:21

ומניתינון רישי עליכון **רבני** אלפין רבני מאוותא רבני DT 1:15
ומני יתהון רישין על עמא **רבני** אלפין שית מאה רבני מאוותא EX 18:25
בכיתיה ומליל יוסף עם **רבני** בית פרעה למימר אין בבעו GN 50:4
גוברין דחילא ותמנינון **רבני** גיתי על דידי: ואייתי יוסף ית GN 47:6
רבני אלפין רבני מאוותא **רבני** חומשין רבני עישורייתא: EX 18:21
רבני מאוותא שית אלפין **רבני** חומשין תריסר אלפין ורבני EX 18:25
ויופיאל ואוריאל ויפהפיה **רבני** חכמתא ארבעון יתיה עלה DT 34:6
רבני אלפין רבני מאוותא **רבני** חמשין תריסר אלפין רבני DT 1:15
סילעין מן רבני אלפין ומן **רבני** מאוותא: גוברין דחילא בזזו NU 31:52
ותמני עליהון רבני אלפין **רבני** מאוותא רבני חומשין רבני EX 18:21
רישי עליכון רבני אלפין **רבני** מאוותא רבני חמשין תריסר DT 1:15
רבני אלפין שית מאה **רבני** מאוותא שית אלפין רבני EX 18:25
מאוותא רבני חומשין **רבני** עישורייתא: וידינון ית עמא EX 18:21
חמשין תריסר אלפין **רבני** עישורייתא שית ריבוון וסרכין DT 1:15
קרוי אמוראי ופלטירי **רבניהון** מן תרעא רבא דבית NU 21:30
משכנא ומנוי ואקימיתון **רבנין** עליכון ומכען ביש לכון DT 1:6
חייבתא רבא עירם אילין **רברבי** אדום למותבניהון בארע GN 36:43
יעלם רבא קרח אילין **רברבי** אהליבמה ברת ענה איתת GN 36:18
געתם רבא עמלק אילין **רברבי** אליפז דמדורהון בארעא GN 36:16
תמליל ואזל בלעם עם **רברבי** בלק: ושמע בלק ארום אתא NU 22:35
וית יעלם וית קרח: אילין **רברבי** בני עשו בני אליפז בוכרא GN 36:15
ודישון ואצר ודישן אילין **רברבי** גנוסיא בנוי דגבל דמדורהון GN 36:21
אצר רבא דישן אילין **רברבי** גנוסייא לרברבניהום GN 36:30
בני דישן עוץ וארם: אילין **רברבי** גנוסייא רבא לוטן רבא שובל GN 36:29
מטול דיהובדון תריסר **רברבי** ישמעאל אימרין בני שנה NU 7:87
דדהבא תריסירי כל קבל **רברבי** ישראל מליין קטורת בוסמין NU 7:86
ביום דרביו יתיה מנכסי **רברבי** ישראל פיילי דכסף תרתיסרי NU 7:84
ואמרכול דימנני על **רברבי** ליואי אלעזר בר אהרן כהנא NU 3:32
למיזל עימכון: וקמו **רברבי** מואב ואתו לות בלק ואמר NU 22:14
על עלתיה הוא וכל **רברבי** מואב: ונטל מתל נבותיה NU 23:6
וזריז ית אתניה ואזל עם **רברבי** מואב: ותקיף רוגזא דייי ארום NU 22:21
דימליל ייי עימי ואסחרו **רברבי** מואב עם בלעם: ואתא מימר NU 22:8
עם שובעין מלאכיא **רברבי** עממין דאתגלי עימהון DT 32:8
מטול דיהובדון תריסר **רברבי** עשו ומנחתהון מטול דיעדי NU 7:87
הוא דהבא: ואילין שמהת **רברבי** עשו לייחוסיהון לאתר GN 36:40
אינון בניסין: ושאל ית **רברבי** פרעה דעימיה במטרת ביתא GN 40:7
היא לחדא: וחמון יתה **רברבי** פרעה ושבחו יתה לפרעה GN 12:15
רבא שמה רבא מזה אילין **רברבי** רעואל דמדורהון בארעא GN 36:17
אילין מזמני עם כנישתא **רברבי** שבטיא דאבהתהון רישי NU 1:16
רישי בית אבהתהון הינון **רברבי** שבטיא הינון דמתמנן NU 7:2
ויעבד ית חד מן שפניניא **רברביא** או מן גוזלין בני יוון מן מה LV 14:30
תרין בנוי דאהרן כהניא **רברביא** בזמן קרוביהון אישא בריא LV 16:1
ותבו לותיה אהרן וכל **רברביא** דאתמנון נגודין בכנישתא EX 34:31
בעיניכון אתיא ותימהיא **רברביא** האינון: ולא יהב מימרא דייי DT 29:2
קדם אלעזר כהנא וקדם **רברביא** וכל כנישתא לתרע משכן NU 27:2
איתילידו להון: וחמון בני **רברביא** ית בנת אינשא ארום שפירן GN 6:2
בכתפא נטלין: וקריבו **רברביא** ית חנוכת רבותא דמדבחא NU 7:10
ביומא דרביו יתיה וקריבו **רברביא** ית קרבנהון לקדם מדבחא: NU 7:10
ואוף בתר כן דעלון בני **רברביא** לות בנת אינשא וילידן GN 6:4
ומלילו קדם משה וקדם **רברביא** רישי אבהתא לבני ישראל: NU 36:1
אלקים ית תרין נהוריא **רברביה** והוון שווין באיקרהון GN 1:16
למייתייא מן קרבנייא **רברבייא** ייתי מן קרבנייא קליליא LV 14:32
וברא אלקים ית תנינייא **רברבייא** ית לויתן ובר זוגיה GN 1:21
יתקעון ויזדמנון לוותך **רברבייא** רישי אלפיא דישראל: NU 10:4
תיסב לה תרין שפנינין **רברבין** או תרין גוזלין בני יוון LV 15:29
יסב ליה תרין שפנינין **רברבין** או תרין גוזלין בני יוון וייתי LV 15:14
זיתא: ותרין שפנינין **רברבין** או תרין גוזלין בני יוון מה LV 14:22
למייתייא תרין שפנינין **רברבין** או תרין גוזלין בני יוניא LV 5:11
דחב תרין שפנינין **רברבין** או תרין גוזלין בני יוניא קדם LV 5:7
מיניה ותיהוון כמלאכין **רברבין** דחכמין למינדע בין טב GN 3:5
ובאדרע מרמם ובחזוונין **רברבין** הי ככל מה דעבד לכון ייי DT 4:34
בדרע מרמם ובדינין **רברבין**: ואקרב יתכון קדמיי לעם EX 6:6
ברם שפניניא יקריב מן **רברבין** ובני יוניא מן גוזלין: LV 1:14
מארעא דמצרים בדינין **רברבין**: וינדעון מצראי ארום אנא EX 7:4
דייי בפרעה מכתשין **רברבין** וית אינש ביתיה על עיסק GN 12:17
דייי אתין ותימהין **רברבין** ומכתשין בישין במצרים DT 6:22
קדמיכון ותרתון עממין **רברבין** ותקיפין מינכון: כל אתרא די DT 11:23
ממצרים: לתרכא עממין **רברבין** ותקיפין מינכון מן קדמיכון DT 4:38
למיעול למירות עממין **רברבין** ותקיפין מנכון קירוין רברבן DT 9:1
לכון ותקימין לכון אבנין **רברבין** ותשועון יתהון בגירא: DT 27:2
יתיה לחדא לחדא תריסר **רברבין** יוליד ואיתנינייה לעם סגי: GN 17:20
ובקסטרוותהון תריסר **רברבין** לאומתהון: ואילין שני חיי GN 25:16
מתקלין דנכיל מתקלין **רברבין** למהוי זבין בהון ומתקילין DT 25:13
תוב בלק למשדרא **רברבין** סגיאין ויקירין מאלין: ואתו NU 22:15

ולכל יתבי ארעיה: ניסין **רברבן** דחמיתון בעיניכון אתיא DT 29:2
וליעקב למיתן לך קירוין **רברבן** וטבן דלא אשתלהית למיבני: DT 6:10
רב ותקיף מיננא קירוין **רברבן** וכריכן עד צית שמיא ואוף DT 1:28
ותקיפין מנכון קירוין **רברבן** וכריכן עד צית שמיא: עם DT 9:1
ומחתין על בניכון מחן **רברבן** ומיהמנן דלא למשבקכון DT 28:59
וקירויא כריכן חניין **רברבן** לחדא ואוף מרבנייני דענק NU 13:28
יהוי לכון בבתיכון מכלן **רברבן** למהוי זבין בהון ומכלן זעירין DT 25:14
אילין בני עשו ואילין **רברבנהום** הוא אבא דאדומאי: GN 36:19
פרעה כדי שמע על תרין **רברבנוי** על רב שקי ועל רב נחתומי: GN 40:2
סוסוון דילמא ירכבון **רברבנוי** עליהון ויתגאון ויתבטלון DT 17:16
הא בכן אתבהלון **רברבני** אדומאי תקיפי מואבי EX 15:15
למללא עם עמא וימנון **רברבני** חילין בריש עמא: ארום DT 20:9
באנפי מדברא אזלין **רברבני** ישראל ומייתן יתהון לצרוך EX 35:27
לבר נש חד ואתו כל **רברבני** כנישתא ותנו למשה: ואמר EX 16:22
תקיף מישראל ויקטל **רברבני** מואבאי וירוקן כל בנוי דשת NU 24:17
ויצחק דחמידו להין **רברבני** עלמא ישמעאל ועשו וכל GN 49:26
אברהם יצחק ויעקב **רברבניא** דמלקדמין חפסו יתה NU 21:18
מן ארעא: ושוון עליהון **רברבנין** מפלחנין מן בגלל למצערא EX 1:11
אלקכון דעבד עימכון ית **רברבתא** וית חסינתא האילין DT 10:21
לפרעה ולכל מצראי: ניסין **רבריבין** דחמיתון בעיניכון אתיא DT 7:19
מצראי והוות צווחתא **רבתא** ארום לא הוה תמן ביתא EX 12:30
למיתן זעירתא קדם **רבתא**: אשלים כדון שובעתי יומי GN 29:26
אתון תבעין אוף כהונתא **רבתא**: בגין כן אנת וכל כנישת NU 16:10
דבעירא: ותהי צווחתא **רבתא** בכל ארעא דמצרים EX 11:6
בנת לוט מאבוהן: וילידת **רבתא** בר וקרת שמיה מואב ארום GN 19:37
סכל ולמציעות דרתא **רבתא** דממצעא בין טירת עינוותא NU 34:9
ואכדין אעביד בישתא **רבתא** הדא ואיחוב קדם ייי: והוה GN 39:9
ייי אלקנא וית אישתא **רבתא** הדא לא נחמי תוב דלא נמות: DT 18:16
ארום תיכליננא אישתא **רבתא** הדין אין מוספין אנחנא DT 5:25
שורין לפלטיוון קרתא **רבתא** היא קרתא דסיחן היא NU 22:39
אנא מייחסיניה לכהונתא **רבתא** וחולף דאחד רומחא בדרעיה NU 25:13
מלכותא ובית כהונתא **רבתא**: וכד חמא פרעה כדין בכין EX 1:21
מילתא זעירתא או **רבתא**: וכדון אסחרו בבעו הכא אוף NU 22:18
פיתגמי אבוי וצוח צווחא **רבתא** ומרירתא עד לחדא ואמר GN 27:34
אחמינכון ית אישתיה **רבתא** ופיתגמוי שמעתון מיגו DT 4:36
ההוא ורוא וקמת **רבתא** ושמישת עם אבוהא ולא ידע GN 19:33
יתיה למחסן כהונתא **רבתא** חד מן עשרא בתלת סאין LV 6:13
הוון תרתין בנן שום **רבתא** לאה ושום זעירתא רחל: ועיני GN 29:16
ותרתין בנתיה: ואמרת **רבתא** לזעירתא אבונא סיב וגבר GN 19:31
והוה מיומחרא ואמרת **רבתא** לזעירתא הא כבר שמישית GN 19:34
משקן עדריא ואבנא **רבתא** מחתא על פם בירא: GN 29:2
שירוי מלכותיה בבל **רבתי** והדס ונציבין וקטיספון GN 10:10
וביני חדיית איהי קרתא **רבתי**: ומצרים אוליד ית ניווטאי וית GN 10:12
עמיה בית ישראל ועימיה **ריבו** ריבוון מלאכין קדישין כתב DT 33:2
הוון כל ישראל אשתין **ריבוון** דהינון סכום תמניין לגיונין NU 12:16
שנין לכפרא על שיתין **ריבוון** דישראל דא חנוכת רבות NU 7:88
ורבני עישורייתא שית **ריבוון**: והוון דיינין ית עמא בכל עידן EX 18:25
רבני עישורייתא שית **ריבוון** וסרכין לשבטיכון: ופקידית DT 1:15
סרח דאידברת בשיתין **ריבוון** מלאכין ואיתעלת לגינתא NU 26:46
הדין ועימי תשעין אלפין **ריבוון** מלאכין מחבלין ואקטול כל EX 12:12
בית ישראל ועימיה ריבו **ריבוון** מלאכין קדישין כתב ימיניה DT 33:2
קדם ייי ואמר במטו מינך **ריבון** כל עלמיא גלי קדמך חשוכא EX 32:31
נש מימר אלוק חי וקיים **ריבון** כל עלמיא ייי דבר נש אמר NU 23:19
כדון שריתי למללא קדם **ריבון** כל עלמיא ייי מאים ישתכחון GN 18:31
ומיתו עני ואמר קדם **ריבון** עלמא אפשר דמטול איליין NU 25:8
בספר דוכרנייא קדם **ריבון** עלמא ליליא קדמאה כד EX 12:42
יתחמיון כל דכורך קדם **ריבון** עלמיא ייי אלקא דישראל: EX 34:23
לא השכחת חינא קדם **ריבונהא** דזמין יתיה ויפרוק יתה EX 21:8
וביובלא ובמותת **ריבונהא** ופורקן כספא: אין לא EX 21:7
יומנא ועיבד טבו עם **ריבוני** אברהם: הא אנא קאי על GN 24:12
לא אישתייר לנא קדם **ריבוני** אלהין גופינן וארען: למא GN 47:18
טיבותיה וקושטיה מן **ריבוני** אנא בזכותיה באורח תקנא GN 24:27
דזמין ייי במזלא לבר **ריבוני**: אנא עד לא פסקית למללא GN 24:44
ואמרו ליה לא נכסי מן **ריבוני** ארום אין שלים כספא וגיתי GN 47:18
ואמרת לא יתקוף בעיני **ריבוני** ארום לית איפשר למיקום מן GN 31:35
דכנען: ואמר לנא גברא **ריבוני** ארעא בדא אנדע ארום GN 42:33
יתהום למימר: מליל גברא **ריבוני** ארעא עימנא מילין קשין GN 42:30
הלא דין דהוה שתי **ריבוני** ביה והוא מטיירא הוה מטייר GN 44:5
וילידת שרה איתת **ריבוני** בר לריבוני בתר דסיבת ויהב GN 24:36
מן לגיניתיך: ואמרת שתי **ריבוני** ואוחיאת ואחיתת לגינתה GN 24:18
דנן אשכח רחמין קדם **ריבוני**: ואיתעביד ניסא ליעקב ותב GN 33:15
ותנינא ליה ית פיתגמי **ריבוני**: ואמר אבונא תובו זבונו לנא GN 44:24
לאשכחא רחמין בעיני **ריבוני**: ואמר עשו אית לי ניכסין GN 33:8
ארום עבדתא טיבו עם **ריבוני**: והוה בשעא קלילא הוא עד GN 24:14

כל ענא: יעיבר בבעו **ריבוני** ויטייל קדם עבדיה ואנא GN 33:14
נשכח רחמין בעיני **ריבוני** ונהי עבדין לפרעה: ושוי יוסף GN 47:25
ואמר עבדא הוא **ריבוני** ונסיבת רדידא ואיתעטפת GN 24:65
למיחמי: ואמרו ליה לא **ריבוני** ועבדך אתו למזבון עיבורא: GN 42:10
לבי משרוייך: ואמר ליה **ריבוני** ידע ארום טלייא חטיין וענא GN 33:13
רוגזיה: ונסיב עיטתא **ריבוני** יוסף מן כומרניא דבדקו GN 39:20
לותיה יהודה ואמר במטו **ריבוני** ימליל במטו עבדך פיתגמא GN 44:18
ויימר עבדא רחימנא ית **ריבוני** ית אינתתי וית בניי לא EX 21:5
לאיתת ריבוניה הא **ריבוני** לא ידע עימי מדעם מה GN 39:8
ואמר שלם לכון מן **ריבוני** לא תידחלון אלקכון ואלקא GN 43:23
אהרן למשה במטו מינך **ריבוני** לא תשוי עלנא חובא NU 12:11
טלייא עד זמן דאיתי לות **ריבוני** לגבלא: ואמר עשו אשבוק GN 33:14
אנא: וייי בריך ית **ריבוני** לחדא ורבא ויהב ליה עאן GN 24:35
ית כל דיליה: ואומי יתי **ריבוני** למימר לא תיסב איתא לברי GN 24:37
ביתיה: ואמרו במטו מינך **ריבוני** מיחת נחיתנא בקדמיתא GN 43:20
משומשניה דמשה ואמר **ריבוני** משה בעי רחמין מן קדם ייי NU 11:28
לבני ישראל: ואמרו ית **ריבוני** פקיד ייי למיתן ית ארעא NU 36:2
מתמנעא מינן במטו מינך **ריבוני** צלי כען עלה ולא נובדא NU 12:12
ית אברהם למימר ליה: **ריבוני** קביל מיני ארע דטימין דידה GN 23:15
תרע קרתיה למימר: בבעו **ריבוני** קבל מיני חקלא יהבית לך GN 23:11
עבדין טיבו וקשוט עם **ריבוני** תנו לי ואין לא תנו לי ואיפני GN 24:49
ריבוניה מצראי: וחמא **ריבוניה** ארום מימר דייי הוה GN 39:3
פמיה בצלותא וכן אמר **ריבוניה** דעלמא בבעו מינך לא אהי DT 32:50
עני מיכאל ואמר **ריבוניה** דעלמא דין הוא עדבך ועל GN 32:25
לגבה ואמרת לאיתת **ריבוניה** הא ריבוני לא ידע עימי GN 39:8
עשרא גמלין מן גמליה **ריבוניה** ואזל כל שפר אפותיקי GN 24:10
מהולתא דאברהם **ריבוניה** וקיים ליה על עיסק GN 24:9
דלות מזוזתא ויחייט **ריבוניה** ית אודניה ימינא במחטא EX 21:6
האילין וזקפת איתת **ריבוניה** ית עינה ביוסף ואמרת GN 39:7
לשוקא: והוה כדי שמע **ריבוניה** ית פיתגמי אינתתי GN 39:19
אינתתיה עימיה: אין **ריבוניה** יתן ליה איתא אמתא EX 21:4
ואמרו ליה למה ימלל **ריבוניה** כפיתגמייא האילין חס GN 44:7
לבשא גבה עד דעל **ריבוניה** לבייתיה: ומלילת ליה GN 39:16
ליה זכותא בזמן דבעא **ריבוניה** למיקטליה ושיזבוהי מן דין GN 47:22
לבר חורין: ויקרביניה **ריבוניה** לקדם דיינייא ויסב מנהון EX 21:6
גבר מצלח והוה בבית **ריבוניה** מצראי: וחמא ריבוניה ארום GN 39:2
ואיזיל ותהי איתא לבר **ריבונך** כמא דמליל ייי: והוה כדי GN 24:51
והכדין ניגנוב מבית **ריבונך** מנין דכסף או מנין דדהב: GN 44:8
זרעא דאטיל דין דאייתי **ריבונכון** לנא גבר עבראי למגחוך GN 39:14
למימר ליה: קבל מיננא **ריבוננא** רב קדם ייי את ביננא בשפר GN 23:6
עדיעת וזללת איקר **ריבונתא** בעינהא: ואמרת שרי GN 16:4
ואמרת מן קדם שרי **ריבונתי** אנא ערקת:: ואמר לה GN 16:8
דלא למשמשא עם **ריבונתיה** ואתברכו ידוי מן הרהורא GN 49:24
קדמוי רבא כהילכת **ריבונתיה** וזעירא כהילכת זעירותיה GN 43:33

רבי (165)

עול לוותה ותיליד ואנא **אירבי** ואיתבני אוף אנא מיניה: GN 30:3
יעקב ולא קסומי קוסמין **ברבותא** דישראל בעידנא הדין NU 23:23
אילו אתי עשו לחבלא **בריביא** ולמעבד זנו בנשיא יעביד GN 33:2
לבר עממין תזוף מיניה **בריביתא** ולאחוך לא תזוף מיניה DT 23:21
ולאחוך לא תזוף מיניה **בריביתא** מן בגלל דיברכינך ייי DT 23:21
על שמיה ביומא **דאתרביין** מטול דאתקרב קרבנהון NU 3:3
די יקרבון קדם ייי ביומא **דירבון** יתיה למחסן כהונתא רבתא LV 6:13
ארמלא בית אבוייך עד **דירבי** שלה ברי ארום אמר דילמא GN 38:11
ולא על מזפו דכל מידעם **דמיתרבי**: לבר עממין תזוף מיניה DT 23:20
ושרו ברתמה אתר **דמרבי** אילני רתמי: ונטלו מאתר NU 33:18
אילני רתמי: ונטלו מאתר **דמרבי** אילני רתמי ושרו ברומנא NU 33:19
מתמן נטלו ושרו בנחלא **דמרבי** חלפי גולי וסיגלי: ומתמן NU 21:12
בביקען ובטוורין: ארעא **דמרביא** חינטין ושערין ומלבלבא DT 8:8
לשום חגא מן זינין **דמרביין** מן ארעא ותלישין LV 23:42
ולולבין והדסין וערבין **דמרביין** על נחלין ותיחדון קדם ייי LV 23:40
חד מנהון: אין כהנא רבא **דמתרבי** במישחא יחוב במיקרביה LV 4:3
קדם ייי: וכהנא רבא **דמתרבי** במשחא וברם תחותוי LV 6:15
קדם ייי: ויסב כהנא רבא **דמתרבי** במשחא מדמא דתורא LV 4:5
יתהון דובשא מפירהא **דמתרביין** על כיפין ומשח מזיתהא DT 32:13
לאיליין איתו ניתן כליל **דרבו** בריש פרוקן דהוה מעבר ולא EX 15:18
ברכתא ויתעבדו כליל **דרבו** לריש יוסף ולקדקדיה דגברא GN 49:26
אילין ויתעבדן כליל **דרבו** לרישיה דיוסף ולקדקדיה DT 33:16
יתריק על רישיה מישחא **דרבותא** ודיקרב ית קורבניה LV 21:10
וית בוצינהא וית משחא: **דרבותא** וית קטורת בוסמיא וית EX 35:15
דדהב וית מישחא **דרבותא** וית קטרת בוסמיא וית EX 39:38
דפקידתך וית מישחא **דרבותא** וית תורא וית תרין דיכרין LV 8:2
ונסיב משה ממשחא **דרבותא** ומן אדמא דעל מדבחא LV 8:30
ונסיב משה ית משחא **דרבותא** ורבי ית משכנא וקדיש LV 8:10
דעל מדבחא וממשחא **דרבותא** ותדי על אהרן ועל לבושוי EX 29:21
ותיסב ית מישחא **דרבותא** ותרבי ית משכנא וית כל EX 40:9
ותיסב ית מישחא **דרבותא** ותריק על רישיה ותרבי EX 29:7
דתדירא ומישחא **דרבותא** מסרת כל משכנא וכל NU 4:16
ואריק מן משחא **דרבותא** על ריש אהרן ורבי יתיה LV 8:12
דהבא: ועבד ית מישחא **דרבותא** קודשא וית קטורת EX 37:29
עד זמן דימות כהנא רבא **דרבי** יתיה סגנא במשח רבותא NU 35:25
טליתא וקרת לאימיה **דרביא**: ואמרת לה ברת פרעה EX 2:8
רבות מדבחא ביומא **דרביו** יתיה: וכד עליל משה למשכן NU 7:88
רבותא דמדבחא ביומא **דרביו** יתיה וקריבו רברביא ית NU 7:10
רבותיה דמדבחא ביום **דרביו** יתיה מנכסי רברבי ישראל NU 7:84
ברי דרבית יוסף ברי **דרבית** ותקיפת וטוף הוה עלך GN 49:22
מבחר מכל לישניא: ברי **דרבית** יוסף ברי דרבית ותקיפת GN 49:22
דכפנא דילידת ליה אסנת **דרבת** בבית פוטיפרע רבא דטניס: GN 41:50
ואחמי הא כקבילתא **דריבא** פליטית דעלתא קומוי עבדו GN 18:21
ומליל פייוסין על ליבה **דריבה**: ואמר שכם לחמור אבוי GN 34:3
רעוא דמיניך יפקון אלפין **דריבוון** וירתון בנייכי ית קוריי GN 24:60
ברם משכן זימנא הדין **דריבוייה** ריבוי לעלם וקידושיה LV 1:1
ואימלל עימך תמן **וארבי** מן רוח נבואה דעלך ואשוי NU 11:17
לעם רב ואיבריכינך **וארבי** שמך ותהי מברך: ואבריך ית GN 12:2
דטרח ולא אתהני **ואתרבי** בארבעת כלילן טבן כלילא DT 34:5
לא תיתנון ליה בשערין **ובריביין** לא תיתנון עיבוריכון: אנא LV 25:37
כל תחומך בעורדענייא: **וירבי** נהרא עורדעניא ויסקון ויעלון EX 7:28
מליך תקיף מדבית יעקב **ויתרבי** משיחא ושיבט תקיף NU 24:17
נפיק חמר חל וחריף **ומרביא** תינין ורומנין ארע דמן DT 8:8
ומטוב מבועין דסלקין **ומרביין** צימחי ארעא מלרע וסוגעי GN 27:28
מבועי תהומא דסלקן **ומרביין** צמחין מלרע בריכין יהויין GN 49:25
כספיה הוא ייכול ביה **ומרבייני** בייתיה הינון ייכלון LV 22:11
חמי הוי לך בכורותא **ורבות** כהונתא ומלכותא ועל די GN 49:3
דא רבותא דאהרן **ורבותא** דבנוי על כל אחוהון ליואי LV 7:35
בית ישראל הבו איקר **ורבותא** קדם אלקנא: אמר משה DT 32:3
ועצרינון: ושתי מן חמרא **ורבי** ואיתערטל בגו משכניה: וחמא GN 9:21
תמן ית אדם כד ברייה: **ורבי** ייי אלקים מן אדמתא כל אילן GN 2:9
על מדבחא שבע זימנין **ורבי** ית מדבחא וית כל מנוי וית LV 8:11
חזור חזור באדבעיה **ורבי** ית מדבחא מן כל ספק אנוס LV 8:15
משה ית משחא דרבותא **ורבי** ית משכנא וקדיש יתיה: ואדי LV 8:10
דרבותא על ריש אהרן **ורבי** יתיה בתר דאלבשיה מטול LV 8:12
משכנא דלא פרקיה תוב **ורבי** יתיה וקדיש יתיה וית כל מנוי NU 7:1
שכינתא ומליל עימיה **ורבי** מן רוח נבואה דעלוי ומשה לא NU 11:25
ייי: ורבא גברא ואזל אזיל **ורבי** עד די רבא לחדא: והוו ליה גיתי GN 26:13
שנין כד ילידת יתהום: **ורביאו** טליא והוה עשו גבר GN 25:27
וית מדבחא וית כל מנוי **ורבינון** וקדש יתהון: וקריבו NU 7:1
דילידת דינה לשכם **ורביתה** איתת פוטיפרע רבא דטניס GN 41:45
ליה אסנת בת דינה **ורבת** בבית פוטיפרע רבא דטניס ית GN 46:20
ולגינתה על כיתפה: **וריבא** שפירא למיחמי לחדא GN 24:16
עימיה קרבא וית לאה **וריבהא** בתראין וית רחל וית יוסף GN 33:2
סנאיהום: וקמת רבקה **וריבתהא** ורכיבן על גמלייא ואזלן GN 24:61
וכובין ואטטין תצמח **ותרבי** בדילך ותיכול ית עיסבא GN 3:18
משח רבות קודשא יהי: **ותרבי** ביה ית משכן זימנא וית EX 30:26
למשתלחא בסוף גלוותא: **ותרבי** ית כיורא וית בסיסיה EX 40:11
ית ישראל בסוף יומיא: **ותרבי** ית מדבחא דעלתא וית כל EX 40:10
ית מישחא דרבותא **ותרבי** ית משכנא וית כל דביה EX 40:9
ותלבישינון כיתונין: **ותרבי** יתהון היכמא ית אבוהון EX 40:15
דרבותא ותריק על רישיה **ותרבי** יתיה: וית בנוי תקריב EX 29:7
אהרן ית לבושי קודשא **ותרבי** יתיה ותקדש יתיה וישמש EX 40:13
מדבחא בכפרותך עלוי **ותרבי** יתיה לקדשותיה: שובעא EX 29:36
אחוך וית בנוי עימיה **ותרביה** יתהון ותקריב ית קורבנהון EX 28:41
ית לבושיא ית רישיה לא **ירבי** פירוע ולבושוי לא יבזע בשעת LV 21:10
יהון לבנוי בתרוי **לרבאה** בהון ולקרבא בהון ית EX 29:29
דבני ישראל לך יהבתינון **לרבו** ולבנך לקיים עלם: דין יהי לך NU 18:8
וגיותנין על כל עממיא **לרבו** ולשום דיקר ולשיבהורא DT 26:19
והוה ביומא תמינאה **לרבות** אהרן ובנוי ויום תמינאה LV 9:1
למאתא ומאתא מינכון **לריבבותא** יעריקון ויפלון בעלי LV 26:8
אלף מנהון ותרין יעירקון **לריבותא** מנהון אלהין מטול DT 32:30
שמיטתא ותחומי יהי **מרבי** זיתין סגיעין עבדין משח DT 33:24
יהוון מבזעין ורישי יהי **מרבי** פרוע ועל ספריא יהוי מהלך LV 13:45
שמינין הינון בירוי ארעיא **מרביא** בושמין ועיקרי סמנין GN 49:20
ית ישמעאל בריה וית כל **מרבייני** בייתיה וית כל זביני כספיה GN 17:23
ית עולמויי דחניך לקרבא **מרבייני** ביתיה ולא צבו למהלכא GN 14:14
לכום כל דכורא לדריכון **מרבייני** בתיכון וזביני כספיכון מן GN 17:12
הוא: מן דהוא גזיר יגזר **מרבייני** בתיכון וסביני כספיכון GN 17:13
ותמן אחימן ששי ותלמי **מרבייני** דענק גיברא וחברון שבע NU 13:22
בעינך על טלייא דינפק **מתרבותך** ועל אמתך דאת מתרך GN 21:12
בית מדרשא והוא טלה **מתרבי** עם בני בלהה ועם בני זלפה GN 37:2
דייי בתרין אלפין **רבוון** דמלאכין ובארבעין ותרתין DT 34:5

מנהון מאתן וארבעין **רבוון** סליקו עמהון ועאן ותורי EX 12:38
דאלקיה ארום משח **רבות** אלקיה עלוי אנא ייי: והוא LV 21:12
ייי עם משה איזל חות מן **רבות** יקרך דלא יהיבת לך רבותא EX 32:7
ריבוון דישראל דא חנוכת **רבות** מדבחא ביומא דרביו יתיה: NU 7:88
ליה ולבנוי בתרוי קיים **רבות** עלם חולף דקני לאלקיה וכפר NU 25:13
ותעביד יתיה משח **רבות** קודשא בושם מתבשם עובד EX 30:25
תמליל למימר משח **רבות** קודשא יהי דין קדמי לדריכון: EX 30:31
עובד בשמא ממזית משח **רבות** קודשא יהי: ותרבי ביה ית EX 30:25
ית שכינת יקריה וית **רבות** תושבחתיה וית קל מימריה DT 5:24
יקרך דלא יהיבת לך **רבותא** אלהין בגין ישראל וכדון EX 32:7
לחטאתא ולאשמתא דא **רבותא** דאהרן ורבותא דבנוי על כל LV 7:35
תמותון ארום משח **רבותא** דייי עליכון ועבדו הי LV 10:7
וקריבו רברביא ית חנוכת **רבותא** דמדבחא ביומא דרביו יתיה NU 7:10
בנוי לשמשא: וית משח **רבותא** וית קטורת בוסמיא EX 31:11
לפיטומא דמשח **רבותא** ולפיטומא דקטרת בוסמיא: EX 25:6
אפרסמא דכיא למשח **רבותא** ולקטרת בוסמיא: כל גבר בר EX 35:28
בושמיא למשח **רבותא** ולקטרת בוסמיא: מרגליין EX 35:8
דרבי יתיה סגנא במשח **רבותא** ומטול דלא צלי ביומא NU 35:25
ית קורבנהון לחנוכת **רבותא** מדבחא: והוה דמקרב ביומא NU 7:11
קדמי ותהי למהוי להון **רבותהון** לכהונת עלם לדריהון: EX 40:15
דאית לי במצרים וית כל **רבותי** דחמיתון ותוחון ית אבא GN 45:13
אחירע בר עינן: דא חנוכת **רבותיה** דמדבחא ביום דרביו יתיה NU 7:84
אורייתא דייי אלקכון ית **רבותיה** וית ידיה תקיפתה ודרעיה DT 11:2
לאתחזאה ית עבדך ית **רבותך** וית גבורת ידך תקיפתא DT 3:24
קיים עלם: ויכפר כהנא די **רבי** יתיה ודיקרב קורבניה לשמשא LV 16:32
ונסיבת איתתא ית **רבייא** ואוניקתיה: ורבא רבייא EX 2:9
רבייא ואוניקתיה: ורבא **רבייא** ואייתיתיה לברת פרעה והוה EX 2:10
יהודייתא ותניק ליך ית **רבייא:** ואמרת לה ברת פרעה איזילי EX 2:7
בר חמור: ולא איתעכב **רבייא** למעבד פיתגמא ארום צבי GN 34:19
עלך בביתאל די **רבית** תמן קמא דקיימת קדמי תמן GN 31:13
נפקו למימלי מוי: ותהי **ריבא** די אימר לה ארכיני כדון GN 24:14
קאי על עינא דמיא ותהי **ריבא** דתיפוק למימלי ואימר לה GN 24:43
טריבא: ופתחת וחמת ית **ריבא** והא טלייא בכי וחסת עלוי EX 2:6
ברת יעקב ורחים ית **ריבא** ומליל פייוסין על ליבה דריבה: GN 34:3
דאמתא היא וית **ריבא** ופטרה בגיטא ואזלת וטכנת GN 21:14
וביה הוה חקיק צורת **ריבא** ורבא דהוה ממניה על חילוות NU 2:18
דתימרון לי והבו לי ית **ריבא** לאינתו: ואתיבו בני יעקב ית GN 34:12
עם גובריהון הות תמן **ריבא** מפנקתא מעברתא ואפילת EX 24:10
ענה יתה ומן יד טלקת ית **ריבא** תחות חד מן אילנייא: ואזלת GN 21:15
תוב ייי שרי ביקרך בגו **ריבוות** אלפייא דישראל וביה הוה NU 2:25
שכינתך ביניהון ורחים ית **ריבוותא** דבית יעקב מיניין אלפייא NU 10:36
בכל סייפי ארעא והינון **ריבוותא** דקטל יהושע בר נון DT 33:17
דסיני דהווה ריבוייה **ריבוי** דשעתא וקידושיה קידוש LV 1:1
לחינתוי וית חדסרי **ריבוי** ועבר ית מגזת יובקא: ודברינון GN 32:23
זימנא הדין דריבוייה **ריבוי** לעלם וקידושיה קידוש לעלם LV 1:1
ואמר טוורא דסיני דהווה **ריבוייה** ריבוי דשעתא וקידושיה LV 1:1
ענוי וחמא ית נשיא וית **ריביא** ואמר מאן אילין לך ואמר GN 33:5
לה ברת פרעה אובילי ית **ריבייא** הדין ואוניקתיה לי ואנא EX 2:9
לא על שערין ולא **ריביין:** אין ממשכנא תמשכן כסותא EX 22:24
תיסבון לא שערין ולא **ריביין** ותידחל מאלקך ויתפרנס LV 25:36
דמדבחא: ותיסב ית כל **תרבא** דחפא על בני גווא וית EX 29:13
תרבא ואליתא וית **תרבא** דחפי ית בני גווא וית EX 29:22
וית תרתין כוליין וית **תרבא** דעליהון וית שקא דימינא EX 29:22
וית תרתין כוליין וית **תרבא** דעליהן ותסדר על מדבחא: EX 29:13
עימיה: ותיסב מן דיכרא **תרבא** ואליתא וית תרבא דחפי ית EX 29:22
בנוי רישיכון לא **תרבון** פרוע ולבושיכון לא תבזעון LV 10:6
ארום טב: ואמר אלקים **תרבי** ארעא דיתאי עישבא דביזריה GN 1:11
ייי: וית אהרן וית בנוי **תרבי** ותקדש יתהון לשמשא EX 30:30
אלקכון אוף תרוויהון: לא **תרבי** מדילך לחברך על מזפו DT 23:20
לצפרא בר ממדבחא **תרבי** ניכסת פיסחא: שירוי בוכרת EX 34:25
ולא יבית בר מן מדבחא **תרבי** ניכסת פיסחי עד צפרא ולא EX 23:18
לא תתכשר לבר זרע ולא **תרבי** צימחין ולא יסק בה כל DT 29:22

רבי (1)

ויתיב במדברא והוה יליף **רבי** קשוותא: ויתיב במדברא דפארן GN 21:20

רביעותא (1)

היך טלא ממללי דילי **כרביעות** רוחי מיטרא דמנתבין על DT 32:2

רבניין (1)

חניין רברבן לחדא ואוף **מרבנייני** דענק גיברא חמינא תמן: NU 13:28

רבע (33)

ויפהפיה רבני חכמתא **ארבעון** יתיה עלה ובמימריה דבריה DT 34:6
ואיה וענה הוא ענה **דארבע** ית ערדיא עם אתני ולזמן GN 36:24
דן מדמי לחורמנא **דרביע** על פרשת אורחא ולרישי GN 49:17
מקפין דרגשא דדהבא **דרביע** עלה ומן דאיתגלי איקר GN 49:1
דינקת מנהין ומעייא **דרבעת** בהון: ברכתא דאבוך יתוספן GN 49:25
דעל פרת לקרתא דנחור: **וארבע** גמליא מברא לקרתא לבירא GN 24:11
ואיתכניש לעמיה: **וארבע** יוסף ית אבוי בערס דשנדפין GN 50:1
אתחייב למלקי חייבא **וירבעיניה** דיינא וילקיניה קדמוי DT 25:2
אתנא ית מלאכא דייי **ורבעת** לה תחות בלעם ותקיף NU 22:27
דחגא דמטליא דוכרן טב **לרביעא** דמיטרא: וביומא שביעאה NU 29:31
וישרון קדם פומי חירתא **מרביעתא** דאיתברייו בגווני בני EX 14:2
ידע בעני בזימניא והוא **מרבע** ביני תחומי אחוי: וחמא נייחא GN 49:14
וצבע זהורי ובוץ שזיר: **מרבע** הוה עיף עבדו ית חושנא EX 39:9
וחמש אמין פותיה **מרבע** ותלת אמין רומיה: ועבד EX 38:1
אורכיה ואמתא פותייה **מרבע** ותרתין אמין רומיה מיניה EX 37:25
אורכיה ואמתא פותיה **מרבע** יהי ותרתין אמין רומיה מיניה EX 30:2
וחמש אמין פותיא **מרבע** יהי מדבחא ותלת אמין EX 27:1
ובוץ שזיר תעביד יתיה: **מרבע** יהי עיף זרתא אורכיה וזרתא EX 28:16
חמית רבון כל עלמיא ייי **מרבע** יומא לארבעא חולקין תלת DT 32:4
בארבעתי מילין **מרבען** במציעותא הוון נטלין הי NU 2:17
בארבעתי מילין **מרבען** וטיקסיה הוה ממילת תלת NU 2:3
בארבעתי מילין **מרבען** וטיקסיה הוה ממילת תלת NU 2:10
בארבעתי מילין **מרבען** וטיקסיה הוה ממילת תלת NU 2:18
בארבעתי מילין **מרבען** וטיקסיה הוה ממילת תלת NU 2:25
ותבו על פמי חירתא **מרבעתא** דקדם טעות צפון ושרו NU 33:7
ועל תרעי ליבך חטאה **רביע** ובידך מסרית רשותיה דיצרא GN 4:7
דאנת ידע ביה בלחודך **רביע** תחות טוניה ותמנוע לנפשך EX 23:5
למדנח אתור ונהרא **רביעא** הוא פרת: ודבר ייי אלקים ית GN 2:14
גוזלין או בעיין ואימא **רביעא** עילוי גוזלין או עילוי בעיין DT 22:6
תמן תלתא עדרין דעאן **רביעין** עלה ארום מן בירא ההיא GN 29:2
במשח זיתא כתישא **רבעות** הינא וניסוכא רבעות הינא EX 29:40
רבעות הינא וניסוכא **רבעות** הינא לאימרא חד: וית EX 29:40
קיימיי תיטרון בעירך לא **תרבעיניה** עירבובין חקלך לא תזרע LV 19:19

רגג (9)

לותי ואיתן לכון ית שפר **ארג** ארעא דמצרים ותיכלון ית GN 45:18
מן אדמתא כל אילן **דמרגג** למיחמי וטב למיכל ואילן GN 2:9
אסו הוא לנהורא דעיינין **ומרגג** אילנא לאיסתכלא ביה GN 3:6
למיהוי עם חמודין ולא **ייחוג** חד מינכון ית אינתתיה DT 5:21
ית אינתתיה דחבריה ולא **ייחוג** חד מנכון ית ביתיה דחבריה DT 5:21
ית לבושי עשו ברא רבא **מרגגן** דהוו מן אדם קדמאי וההוא GN 27:15
למיכול בישרא בכל **ריגגת** נפשך תיכול בישרא: ארום DT 12:20
ותיכלון בקירויכון בכל **ריגוג** נפשיכון: ברם הכמא דמתאכל DT 12:21
איכול בישרא ארום **תירוג** נפשך למיכול בישרא בכל DT 12:20

רגז (103)

לשייול ותינדעון ארום **ארגיזו** גובריא האיליין קדם ייי: NU 16:30
ית מצראה על ימא **ארגיזו** קדם ייי באלוש אפיסו ית NU 16:26
קדמוי בדלא אלקא **ארגיזו** קדמוי בהבליהון ואנא DT 32:21
נוכרייא במרחקתהון **ארגיזו** קדמוי: ידבחון לטעוון DT 32:16
לית בהון צרוך ועל די **ארגיזנן** קדמוי ולא הדרנן לפולחניה DT 32:31
הוויתון קדם ייי: ובחורב **ארגיזתון** קדם ייי והוה רוגזא מן DT 9:8
כל סהדייא דשמעו **בארגזותיה** ודייניא ית ידיהון על LV 24:14
ייי מעילוי ארעהון **ברגוז** ובכלו ובתקוף רב וטלקינון DT 29:27
לשבחא ואודיק ייי **ברגוז** עילוי משריתהון דמצראי EX 14:24
אישתא מן קדם ייי **ברגז** ואיתפליגת לארבעתי חוטין LV 10:2
קדם עד לא חביל ייי **ברגזיה** ית סדם וית עמרה הות GN 13:10
דעל עולא נפקת ונטלת **ברוגזא** מן ייי ובעא למשטפיה NU 11:31
יתן ארעא: ואישתא נפקת **ברוגזא** מן קדם ייי ואכלת ית מאתן NU 16:35
לא איתיחד יקרי ארום **ברוגזהון** קטלו מלכא ושולטניה GN 49:6
דהפך מימרא דייי **ברוגזיה** ובכליתיה: ויימרון כל DT 29:22
כד עלון לגוה למחרבה **ברוגזיהון** דתקיף וחימתהון על GN 49:7
הוו דכירין לא תתנשון ית **דארגזתון** קדם ייי אלקכון במדברא DT 9:7
ייי והוה רגוז מן קדמוי מן **דארגיזו** קדמוי בניא חביביא DT 32:19
לאבהתהון ולא דרא **דארגיזו** קדמי לא יחמונה: ועבדי NU 14:23
גבר טלי או גבר סיב **דירגז** ויחרף שום כינויי אלקיה LV 24:15
מן קדם רוגזא וחימתא **דירגז** ייי עליכון למשציא יתכון DT 9:19
לידא דפרעה היא פיילא **דרוגזא** דעתיד פרעה שתי בעיקבא GN 40:12
מיכא בסבר אפין **דרוגזא:** ובמה יתידע כדון ארום EX 33:15
עד דיהכון סבר אפין **דרוגזא** ומן בתר כדין אנוח לך: ואמר EX 33:14
אדמה וצבויים וזוער **הרוגזך** שציא ולא תשבוק לאתרא GN 18:24
ייי: וצלי אברהם ואמר **הרוגזך** שציא זכאי עם חייב: מאים GN 18:23
גיעא ועל די סטיתון **וארגזתון** קדם ייי איתחרתון DT 1:2
סטיתון מבתר מימריה **וארגזתון** קדמוי בפארן על מימרא DT 1:1
דשמע בסיני ואזיד **וארגיז** ושום אימיה שלומית בת LV 24:11
נפקו במילי חירופין וקמו **וארגיזו** למשה תרע משכניהון NU 16:27
פולחן אלקא דברא יתהון **וארגיזו** קדם תקיפא דפרקינון: DT 32:15
עממיא ויפלחונון **וירגזון** קדמיי דישנון ית קיימי: ויהי DT 31:20
קדם ייי ית קל פיתגמיכון **ורגז** וקיים למימר: אין יחמון גבר DT 1:34
צפרא וארחש מורנין וסרי **ורגז** עליהון משה: והוון לקטין יתיה EX 16:20
עתיד למישרי שכינתא: **ורגיז** ייי עלי בגללכון ולא קביל DT 3:26

ביני ככיהון עד לא פסק **ורוגזא** דייי תקיף ברשיעי עמא NU 11:33
על עיסק זבינתי דילמא **ירגזון** בכון עברי אורחא: וסליקו GN 45:24
קודשך: שמעו אומייא **יתרגזון** דחילא אחזת יתהון כל EX 15:14
דביש קדם ייי אלקכון **לארגזא** קדמוי: אסהדית בכון יומא DT 4:25
למעבד דביש קדם ייי **לארגזא** קדמוי: בי היא זימנא DT 9:18
תעבדון דביש קדם ייי **לארגזא** קדמוי: ומליל משה במשמע DT 31:29
עם בני ישראל ואפיקו ית **מרגזא** למברא למשריתא ואטלו LV 24:23
משה למימר: הנפיק ית **מרגזא** למיברא למשריתא ויסמכון LV 24:14
ייי למשה עד אימתי יהון **מרגזין** קדמי עמא הדין ועד אימתי NU 14:11
סורחנותיה קדם ייי הוא **מרגיז** וישתיצי בר נשא ההוא מגו NU 15:30
ובקיברי תחמודא **מרגיזין** הוותון קדם ייי: ובזמן דשלח DT 9:22
בבבלאי עמא טפשא **נרגוז** יתהון: ארום קידום תקיף DT 32:21
איתיעקית בחיי מן קדם **רגוז** בנת חת אין נסיב יעקב איתא GN 27:46
מחילין: וגלי קדם ייי והוה **רגוז** מן קדמוי מן דארגיזו קדמוי DT 32:19
עליהון קדמי וארתח **רגז** אישתא תקיפתא בהון EX 32:10
ונפק מלות פרעה בתקוף **רגז**: ואמר ייי למשה לא יקביל מנכון EX 11:8
ההיא: ועל אהרן הוה **רגז** מן קדם ייי לחדא לשצייותיה DT 9:20
דחלתא דייי: אוף עלי הוה **רגז** מן קדם ייי מטולכון למימר אוף DT 1:37
הדין: ומן קדם ייי הוה **רגז** עלי על פיתגמיכון דאתרעמתון DT 4:21
קדם ייי איסתקף דפרעה **רגיז** על עבדוי ויהב יתיה דמטרא בי GN 41:10
ועילוי כל כנישתא יהי **רוגזא** ברם שתוקו ותזכון ית דינא LV 10:6
ריתחא דאחוך: עד דינוח **רוגזא** דאחוך מנך ויתנשי ית מה GN 27:45
לה תחות בלעם ותקיף **רוגזא** דבלעם ומחא ית אתנא NU 22:27
כבלעם בר בעור: ותקיף **רוגזא** דבלק בבלעם וטפח ית ידוי NU 24:10
מדבחא ולא יהי תוב **רוגזא** דהוה על בני ישראל: ואנא הא NU 18:5
ביניכון דילמא יתקוף **רוגזא** דייי אלקכון בכון וישיצינון DT 6:15
עם רברבי מואב: ותקיף **רוגזא** דייי ארום אזיל הוא NU 22:22
איתפלגון להון: ותקיף **רוגזא** דייי בארעא ההיא לאיתיא DT 29:26
דיהב להון ייי: ותקיף **רוגזא** דייי ביומא ההוא וקיים NU 32:10
בלא קיסמא ותקיף **רוגזא** דייי בישראל: ואמר ייי למשה NU 25:3
בתר דחלתא דייי: ותקיף **רוגזא** דייי בישראל וטלטילינון NU 32:13
ותסגדון להון: ויתקף **רוגזא** דייי בכון ויחוד ית ענני שמיא DT 11:17
לטעוות עממיא ויתקוף **רוגזא** דייי בכון וישצנכון בסרהוביא: DT 7:4
בסוף יומיא: ותקיף **רוגזא** דייי במשה ואמר הלא אהרן EX 4:14
ליה ארום בכין יתקוף **רוגזא** דייי וחימתיה בבר נשא ההוא DT 29:19
לתרע משכניה ותקיף **רוגזא** דייי לחדא ובעיני משה ביש: NU 11:10
ותקברינון ויתוב תקוף **רוגזא** דייי מישראל: ואמר משה NU 25:4
למוספא תוב על תקוף **רוגזא** דייי על ישראל: ארום תתובון NU 32:14
כאורח כל ארעא ותקף **רוגזא** דייי עליה וקטליה ייי: ואמר GN 38:7
אנא חשיבא: ותקיף **רוגזא** דיעקב ברחל ואמר עד דאנת GN 30:2
אשכח צילמנייא: ותקיף **רוגזא** דיעקב ואידיין עם לבן ואתיב GN 31:36
אנוש דוכרנהון: אילולפון **רוגזא** דסנאה דחיל דילמא DT 32:27
ואמר לא כדון יתקוף **רוגזא** דרבון כל עלמיא ייי ואמליל GN 18:30
מן קדמך לא כדון יתקוף **רוגזא** דרבון כל עלמיא ייי ואמליל GN 18:32
ואמר אהרן לא יתקף **רוגזא** דריבוני אנת ידעת ית עמא EX 32:22
ושרי למללא בלישן **רוגזא** ואמר ליוסף אוף אנא הוית GN 40:16
ארום דחלית מן קדם **רוגזא** וחימתא דירגז ייי עליכון DT 9:19
יחוב ועל כל כנישתא יהי **רוגזא**: ומליל ייי עם משה למימר: NU 16:22
ארגיזתון קדם ייי והוה **רוגזא** מן קדם ייי בכון למשצייא DT 9:8
דסהדותא ולא יהי **רוגזא** על כנישתא דבני ישראל NU 1:53
הדא מה הוה תקוף **רוגזא** רבא הדין: ויימרון מטול DT 29:23
די גזרית עימהון: ויתקוף **רוגזי** בהון ביומא ההוא ואירחיקינון DT 31:17
חמי סבר אפיי יתקוף **רוגזי** בך ואמסור יתך ביד בני נשא EX 10:28
כחדא דלא יתקוף **רוגזי** בכון וארשין פירי אילניכון עם EX 34:26
מיכא דילמא יתקף רתח **רוגזי** בעמא ואישיצינון בגין כן טייל EX 33:1
מערבין כחדא דלא יתקף **רוגזי** ואיבשיל עיבוריכון דגנא EX 23:19
מן קדמי ובערת בתקוף **רוגזי** ואייקידת עד שיול ארעיא DT 32:22
צלותיה ופרע ליה: ויתקף **רוגזי** ואקטול יתכון בחרבא דמותא EX 22:23
עמא ומן יד תקף רתח **רוגזיה** דמשה וטלק מן ידוי ית EX 32:19
ייי ושמיע קדם ייי ותקיף **רוגזיה** ודליקת בהון אישא NU 11:1
בגלל דיתוב ייי מתקוף **רוגזיה** ויכמור עליכון רחמין וירחם DT 13:18
עבד לי עבדך ותקיף **רוגזיה**: ונסיב עיטתא ריבוני יוסף מן GN 39:19
דריבוני ולא יתקוף **רוגזך** בעבדך ארום מן שעתא GN 44:18
ואמר למא ייי יתקוף **רוגזך** בעמך דהנפקת מארעא EX 32:11
אפי ארעא תוב מתקוף **רוגזך** ויהוי תוהו קדמך על בישתא EX 32:12
כדון מימרא דייי בתקוף **רוגזך** ויתבדרון בעלי דבביהון דעמך NU 10:35
וייכלון מותנא ביום **רוגזך** וקרבן גמיר לרעוא על גבי DT 33:10
דעמך תגרי בהון תקוף **רוגזך** תגמר יתהון הי כנורא בערא EX 15:7

רגל (75)

לקדם חכימיא ויהי נעיל **בריגלא** ימינא דיבימה סנדלא דליה DT 25:9
ההוא ית ברחיא דסימנא **בריגלהון** וקרוחיא וית כל עיזייא GN 30:35
ותקיף לסגי ובריך ייי יתך **בריגלי** דאהניית לך מדעלית בביתך GN 30:30
ענא רגולין דסימנא **בריגליהום** וקרוחין וגביהון חיוורין: GN 30:39
דסלקין על ענא שומא **בריגליהון** וקרוחין וגביהון חיוורין: GN 31:10
דסלקין על ענא שומא **בריגליהון** וקרוחין וגביהון חיוורין GN 31:12
כל ענא מאן דשומא **בריגליהון**: ורוקן ייי ית גיתא דאבוכן GN 31:8
כדין יימר מאן דשומא **בריגליהון** יהי אגרך וילידן כל ענא GN 31:8
יהון מזרזין מסניכון **בריגליכון** וחוטריכון בידיכון EX 12:11
ענא משכוכיתא כל ית **דרגול** וכל דילחוש בענא דלבן ושוי GN 30:40
או גבר דיהי ביה תביר **דרגיל** או תביר דידא: או דגבינוי LV 21:19
דישראל ותחות אפיפורין **דריגלוי** דמייצע תחות כורסייה הי EX 24:10
ועל פירקא מיצעא **דריגליה** דימינא: ויסב כהנא בידיה LV 14:14
ימינא ועל פירקא מיצעא **דריגליה** ימינא: ומן משחא יריק LV 14:25
ועל פירקא מיצעא **דריגליה** ימינא: וקריב ית בני אהרן LV 8:23
ימינא ועל פירקא מיצעא **דריגליה** ימינא עילוי אתר דיהב מן LV 14:17
ימינא ועל פירקא מיצעא **דריגליה** ימינא על אתר דיהב מן LV 14:28
ימינא ועל פירקא מיצעא **דריגליהון** דימינא ודרק משה ית כל LV 8:24
ותשוד תמן מוי **דריגלך**: וסיכא תהוי קביעא לכון על DT 23:13
עיבידתא דאית קדמיי **ולרגל** אולפן טלייא עד זמן דאיתי GN 33:14
גיברי פלישתאי לפרשיא **ולריגלאיא** ויעקר סוסותהון וממגר GN 49:17
דעל מדבחא: וכריסא **וריגלוי** יחליל במיא ויסק כהנא ית LV 1:9
דעל מדבחא: וכריסא **וריגלוי** יחליל במיא ויקרב כהנא ית LV 1:13
ומוי למשזוג ריגלוי **וריגליה** גובריא דעימיה: וסדרו GN 24:32
דכיה ויקדשון ידיהון **וריגליהון** ולא ימותון באישא EX 30:21
לא בלת מעילוי גושמיכון **וריגליכון** לא הליכן מייחפן דנן DT 8:4
ברא על מעך תהי מטייל **וריגלך** יתקצצון ומשכך תחי משלח GN 3:14
דאורייתא מדברין **לרגיל** ענני יקרך נייחין ושריין כמן DT 33:3
אידבר בנייחא לבלחודיי **לרגל** עיבידתא דאית קדמיי ולרגל GN 33:14
ית גזירת מהולתא **לריגלוי** דמלאך חבלא ואמרת EX 4:25
ליה קרסולין מלעיל **לריגלוי** למשרג בהון על ארעא: ית LV 11:21
לקבל חטריא וילידן ענא **רגולין** דסימנא בריגליהום וקרוחין GN 30:39
לסנאוי דיוחנן כהנא רבא **רגל** למקום: לשיבטא דבנימין בריך DT 33:11
יתהון וטלקת יתהון קמי **רגלי** דיינייא ואמרת גברא דאילין GN 38:25
לסייגא ודחקת ית **ריגל** בלעם לסייגא ואוסיף NU 22:25
דעמך ולא יהוי לסנאיהון **ריגל** לימקום קדמך: וכד הוה בעי NU 10:35
עד כמיסת פרסת **ריגלא** ארום ירותא לעשו יהבית ית DT 2:5
ידא דמי ריגלא חולף **ריגלא**: ארום תיפקון לסדרי קרבא DT 19:21
ידא דמי ריגלא חולף **ריגלא**: דמי צער מחרוך חולף מחרוך EX 21:24
יונתא נייחא לפרסת **ריגלא** ותבת לוותיה לתיבותא GN 8:9
דמי ידא חולף ידא דמי **ריגלא** חולף ריגלא: ארום תיפקון DT 19:21
דמי ידא חולף ידא דמי **ריגלא** חולף ריגלא: דמי צער מחרוך EX 21:24
באתרא דתיחמי רושם **ריגלא** על טינרא בחורב ותימחי EX 17:6
תרבא: וית בני גווא וית **ריגלאה** חליל במוי ואסיק משה ית LV 8:21
דלא נסיית פרסת **ריגלה** למדרס על ארעא מן DT 28:56
מספקין למטבול ביה **ריגלוי**: ברירין הינון שיבטא דאשר DT 33:24
בישריה על רישיה ועל **ריגלוי** ועל בני גוויה ורעייה: ויפיק LV 4:11
טוי נור עם רישיה עם **ריגלוי** ועם בני גויה: ולא תשיירון EX 12:9
לגמליא ומוי למשזוג **ריגלוי** וריגליה גובריא דעימיה: GN 24:32
ארבע זיווייתא דלארבע **ריגלוי**: כל קבל גפוף הואה עיזקתא EX 37:13
ארבעה זיוויין די לארבע **ריגלוי**: כל קבל גפוף תהוויין EX 25:26
לפקדא ית בנוי וכנש **ריגלוי** לגו דרגשא ואיתנגיד GN 49:33
ונטל יעקב בקלילותא **ריגלוי** לטיילא ואזל לארע בני GN 29:1
בישריה מרישיה ועד **ריגלוי** לכל חיזיו דחמיין עינוי LV 13:12
שנצי קטירן ויחדס **ריגליה** בארעא ותקום אינתתא DT 25:9
ותשלוף סנדליה מעילוי **ריגליה** ומן בתר כדון תירוק קדמוי DT 25:9
גבר ידיה למיסור זייני וית **ריגליה** למרכוב על סוסיא בכל GN 41:44
ובנוי ית אידיהון וית **ריגליהון**: בזמן מיעלהון למשכן EX 30:19
מיניה ית ידיהון וית **ריגליהון**: בזמן מיעלהון למשכן EX 40:31
ידיהון דימינא ועל איליון **ריגליהון** דימינא ותדרוק ית מותר EX 29:20
יוסף ויהב מוי ושזיגו **ריגליהון** ויהב אספסתא לחמריהון: GN 43:24
גובריא ומטיילין על **ריגליהון** ולא רכיבין על סוסוון בר EX 12:37
אשלים לעידן דתמוט **ריגליהון** לגלותא ארום קריב למיתי DT 32:35
וחסימין היך נחשא **ריגליהון** לטיילא על שיני כיפיא DT 33:25
וחליל ית בני גווא וית **ריגלייא** ואסיק על עלתא למדבחא: LV 9:14
שית מאה אלפין גברין **ריגליין** עמא דאנא שרי ביניהון NU 11:21
אתרא די תדרוך פרסת **ריגליכון** ביה דילכון יהי מן מדברא DT 11:24
כדון זעיר מיא ושזיגן **ריגליכון** ואסתמיכו תחות אילנא: GN 18:4
ולא יהוי מנח לפרסת **ריגליכון** ויתן מימרא דייי לכון תמן DT 28:65
תילקון ביה מפרסת **ריגליכון** ועד מוקרא דרישיכון: יגלי DT 28:35
עבדכון וביתו ושזוגו **ריגליכון** ותקדמון ותהכון GN 19:2
לא איטלעו מעילוי **ריגליכון**: לחמא דעיבורא לא DT 29:4
מן חיויא ועד נדל דמסגי **ריגלין** בכל ריחשא דרחיש על LV 11:42
דעופא דליה ארבע **ריגלין** שיקצא הוא לכון: ולאילין LV 11:23
הלכא שלוף סינך מעל **ריגלך** ארום אתרא דאנת קאים EX 3:5

רגם (7)

ביה ידא ארום יתרגמא **יתרגם** באבנא ברדא או גירין EX 19:13
גברא או איתא תורא **יתרגם** ואוף מריה יתקטל EX 21:29
או דאמתא ותורא **יתרגם**: וארום יפתח אינש גוב או EX 21:32

ית איתא וימות יתרגמא **יתרגם** תורא ולא יתנכס למיכול ית EX 21:28

לא תיקרב ביה ידא ארום **יתרגמא** יתרגם באבנא ברדא או EX 19:13

גבר או ית איתא וימות **יתרגמא** יתרגם תורא ולא יתנכס EX 21:28

תוב קליל זעיר והינון **רגמין** יתי: ואמר ייי למשה עיבר EX 17:4

רגן (3)

נשדר גוברין קדמנא **ויתרגנון** לנא ית ארעא ויתיבון DT 1:22

על מימרא דייי אלקכון: **ורגינתון** במשכניכון נסיבתון בניכון DT 1:27

ואתו עד נחלא דאתכלא **ותרגינו** יתה: ונסיבו בידיהון מן DT 1:24

רגש (6)

סוסא אסר ולא משידיין **ארגיש** כלילא דשמא טבא קנא DT 34:5

פיתגמי אוכחותא האילין **אתריגישת** ארעא ושמיא זעו DT 28:15

ובקיטון בי דמכך ועילוי **דרגשך** ובבית עבדך ובעמך ובתנורך EX 7:28

דביה כמא דקטול **וארגיש** ביה ואמר לא איכול עד GN 24:33

ואילניהון לא עבדו פירין **וארגישו** דבגין דתריכו יתיה הוות GN 26:26

תוב לאטמרתיה דמצראי **מרגשין** עלה ונסיבת ליה תיבותא EX 2:3

רדד (4)

דצורעא שקיעא היא **ברדדיה** או בלבדיה: ואין חמא כהנא LV 13:55

וצבע זהורי ובוץ שזיר: **ורדידו** ית טסי דדהבא וקטעו EX 39:3

נחשא דקריבו יקידיא **ורדידינון** חפיי לגופה דמדבח דמן NU 17:4

בנפשתהון ויעבדון מנהון **רדידי** טסין חפיי למדבחא ארום NU 17:3

רדי (10)

וביומא שבעיאה תנוח **ברידיא** ובחצדא תנוח: וחגא EX 34:21

אנא יתכון עראי בעלמא **ואירדי** יתכון לחוד אנא שבע מחן LV 26:28

קדם בעלי דבביכון **וירדון** בכון סנאיכון יתעירקון ולית LV 26:17

למיהוי גיבר בחיטאה **ולמרדא** קדם ייי בארעא: הוא הוה GN 10:8

מסואבות בני ישראל **וממרודיהון** לכל חטאיהון והכדין LV 16:16

דמחפיין עלוי **לאתרדאה** בייסורי ויתיה אישצי LV 20:5

לאולפן אורייתי ואוסיף **למירדי** יתכון שבע מאחאתא על LV 26:18

אורחתכון: ואין באילין **מרדוותא** לא תיתרדון קדמי LV 26:23

יתכון: ואין בתר אילין **מרדוותא** לא תצבון למשמע LV 26:18

ואין באילין מרדוותא לא **תיתרדון** קדמי ותהכון קדמי LV 26:23

רדי (3)

ועללת כרמא: לא תהוון **רדיין** בתורא ובחמרא ובכלברייתא DT 22:10

ועד חמש שנין דלא **רדיין** ולא חצדין: ושדרני ייי GN 45:6

חד מן בגלל דבטליה מן **רידיה** וארבע ענא חולף אימר חד EX 21:37

רדי (2)

בתנורא חד מדהוא זעיר **ומרדיין** ומפלגן לכון כד מינפל LV 26:26

נחשא: ותעביד דודוותיה **למרדדא** יתיה ומגרפתיה ומזירקוי EX 27:3

רדיד (3)

ארמלותא מינה וכסיית **ברדידא** ואעטפת ויתיבת בפרשת GN 38:14

עבדא הוא ריבוני ונסיבת **רדידא** ואיתעטפת ביה: ותני עבדא GN 24:65

ליה: וקמת ואזלת ועדת **רדידה** מינה ולבישת לבישי GN 38:19

רדף (33)

רשיעא סנאה ובעל דבבא **ארדוף** בתר עמא בני ישראל ונרע EX 15:9

חרבא ויפלון ולית **דרדיף**: ויתקלון גבר באחוי הי כמן LV 26:36

סנאיכון יתעירקון ולית **דרדיף** יתכון: ואין בתר אילין LV 26:17

דלבן ומן ידוי דכנענאי **דרדפו** בתראיי וסגין ניחמן חמית GN 45:28

בגלוותכון ועל סנאיכון **דרדפו** מן בתריכון עד די אנסו DT 30:7

ית יצרא דלבא דפרעה **וירדוף** בתריהון ואיתיקר בפרעה EX 14:4

קדמיכון תבירי חרב: **וירדפון** מנכון חמשא למאתא LV 26:8

כל לווטייא האילין **וירדפונכון** ויאדבקונכון עד DT 28:45

ובירקונא דמקדוניא **וירדפונכון** על שווייכון עד דתיבדון: DT 28:22

תליתיתא למינגד **ולמירדוף** בבהילו אוסיף על כל EX 14:7

הי כמן קדם שלופי חרבא **ורדיף** לא אית ולא תהי לכון תייקא LV 26:37

דפרעה מלכא דמצרים **ורדף** בתר בני ישראל ובני ישראל EX 14:8

על די אזיד פרעה רשיעא **ורדף** בתר עמא בני ישראל EX 15:21

ייי ואיתנטל בלבביה **ורדף** בתר עמא בני ישראל סוסוון EX 15:1

ודבר ית קריבוי עימיה **ורדף** בתרוי מהלך שובעא יומין GN 31:23

תלת מאה ותמניסר **ורדף** עד דן: ואתפלג להום ליליא GN 14:14

ההוא לקדמותכון **ורדפו** יתכון היכמה דחררן וחיישן DT 1:44

מתגברין על מצראי: **ורדפו** מצראי בתריהון ואדביקו EX 14:9

מילין מימנהון ומשמלהון: **ורדפו** מצראי ועלו מן בתריהון כל EX 14:23

וקם איהו ועבדוי ומחינון **ורדפינון** מה דאישתאר מינהון עד GN 14:15

חרב לא יעידון בארעכון: **ותירדפון** ית בעלי דבביכון ויפלון LV 26:7

האילין וייחי: דילמא **ירדוף** תבע אדמא בתר קטולא DT 19:6

דלבן הינון דהדרו **למירדוף** בתריי אלהין משרויין GN 32:3

מבתריהון למיחשך **למרדפין** מן בתריהון ועמודא EX 13:21

לא תחצדון וית עינבי **רדופיכון** לא תקטפון שנת LV 25:5

היכדין יהי סנאה חד **רדיף** אלף מנהון ותרין יעירקון DT 32:30

בארעתא דסנאיהון ויהי **רדיף** יתהון קל טרפא נתיר מן אילן LV 26:36

ודין שלם בקשוט תהי **רדיף** מן בגלל דתיחון ותירתון ית DT 16:20

חייבא ית פנחס כהנא **רדיף** מן בתרוי עבד מילתא NU 31:8

על ביתיה קום **רדף** בתר גברייא ותדבקינון ותימר GN 44:4

והדרי שית מטלין **רדפו** בני לוי בתריהון וקטלו מינהון DT 10:6

דבקוריי חוזרניהום ולא **רדפו** בתר בני יעקב: ואתא יעקב GN 35:5

דסוף על אפיהון כד **רדפו** בתריהון ואבידינון ייי עד זמן DT 11:4

רדק (1)

דלא יעלון תמן נפשת **דרדקי** עמא דישראל: ותיסב ית EX 40:8

רהט (13)

עבירתא ועל שקייא **דרהטו** לה ואין לא תתובון DT 28:35

עזגד קליל דמי לאיילא **דרהיט** על שיני טוריא מבשר בשורן GN 49:21

כפילתא מן יד אזל נפתלי **ורהט** ונחת למצרים ואתא בההוא GN 50:13

ואתנבייו במשריתא: **ורהט** טליא חד ותני למשה ואמר NU 11:27

ולרבקה אחא ושמיה לבן **ורהט** לבן לות גברא לברא לעיינא: GN 24:29

היכמא דמליל משה **ורהט** למצע קהלא והא שרי קצף NU 17:12

בירא וסליקת לאנפוי **ורהט** לקדמותיה וגפיף ליה ונשיק GN 29:13

ומלת לגינתא וסליקת: **ורהט** עבדא לקדמותהא ואמר GN 24:17

עד מיקרביה עד אחוי: **ורהט** עשו לקדמותיה וגפיף ליה GN 33:4

ידעת ארום בר רבקה הוא **ורהטת** ותניאת לאבוהא: והוה כדי GN 29:12

למורכיוות בית שקתי **ורהטת** תוב לבירא למימלי ומלת GN 24:20

ועבידי גריצן: ולבקרותא **רהט** אברהם ונסיב בר תורי רכיך GN 18:7

וית עמורה וכד חמנון **רהט** לקדמותהון מתרע משכנא GN 18:2

רווז (1)

דקם רומחא באתר **בירוזא** ולא אשתמיט נס חמישאי NU 25:8

רוח (106)

רווחתא ואמר ארום כדון **ארווח** ייי לנא ויפישיננא בארעא: GN 26:22

הא ילידת מילכה אף היא **אתרווחת** בזכותא דאחתה למילד GN 22:20

יתהון ביד ימיני: אשבת **ברוח** מן קדמך ייי כסון עליהון גירין EX 15:10

ואנא הא כבר אתבשרית **ברוח** קודשא ארום אין איתכלית GN 43:14

איתקטל אלא חמי אנא **ברוח** קודשא דאיתא בישתא GN 37:33

רחל ית יוסף ואמר יעקב **ברוח** קודשא דבית יוסף עתידין GN 30:25

דגלעד ארום חמא **ברוח** קודשא דתמן עתיד למיהוי GN 31:21

מן אחוכון דדמי לי **ברוח** קודשא יקים לכון ייי אלקכון DT 18:15

וירית: ואתחווא לרבקה **ברוח** קודשא ית פיתגמי עשו ברא GN 27:42

לא אימות: ורבקה שמעת **ברוח** קודשא כד מליל יצחק עם GN 27:5

אומיא ותהי מתמלל **ברוח** קודשא לי ולעמך מן בגלל EX 33:16

ומן יד דבר ייי ית ימא **ברוח** קידומא תקיף כל ליליא ושוי EX 14:21

לעבדוי הנשכח כדין גבר **דרוח** נבואה מן קדם ייי ביה: ואמר GN 41:38

לך ית יהושע בר נון גבר **דרוח** נבואה מן קדם ייי שריא עלוי NU 27:18

ממליל ייי עם בר נש **דרוח** קודשא ביה ומתקיים: וכדון DT 5:24

אקים להון מביני אחוהון **דרוח** קודשא ביה כוותך ואיתן DT 18:18

אקשי ייי אלקך ית יצרא **דרוחיה** ואיתקף ית ליבביה מן DT 2:30

וית אינתתיה ולחינתוי **ואיתרווחו**: ארום מיחד אחד מימרא GN 20:17

לי ברי: וקריב ונשיק ליה **וארח** ית ריחא דלבושוי וברכיה GN 27:27

עליה דאף הוא הוה עקר **ואתרווח** ואיתעברת רבקה GN 25:21

וצלי עליהום יצחק **ואתרווחו** ואלוינון יצחק ואזלו GN 26:31

וכיבושיהון דכסף: **ולרוח** מערבא וולוון חמשין אמין EX 38:12

עמודיא וכיבושיהון כסף: **ולרוח** ציפונא מאה אמין עמודיהן EX 38:11

וכיבושיהון דכסף: **ולרוח** קידומא מדינחא חמשין EX 38:13

רוחין בישין ולילין **ומרווחי** רווחין בישין ויוונאי דנכתין DT 32:24

וכל ליליא צפרא הוה **ורוח** קידומא נטל ית גובא: וסליק EX 10:13

וחשוכא על אנפי תהומא **ורוח** רחמין מן קדם אלקים מנתבא GN 1:2

הוא וכל סבי ישראל: **ורוחא** דעל עולא נפקת ונטלת NU 11:31

כדי שמע ית קליה דעשו **וריח** תבשיליה עלת באנפוי היך GN 27:33

דעסיקין באורייתא **וריחהון** נדיף הי כקטרת בוסמיא EX 40:5

ואמר חמון ריחא דברי **כריחא** דקטורת בוסמנייא דעתידא GN 27:27

ייי: גבר דיעבד דכוותיה **לארחא** בה וישתיצי מעמיה: ומליל EX 30:38

טביעין מילכא טבא **לרווחי** עקתכון ולא יהוי בכון מחוי DT 28:29

שזיר מאה אמין אורכא **לרוח** חדא: ועמודוי עשרין EX 27:9

נשמתא בגופא דאדם **לרוח** ממללא לאנהרות עינין GN 2:7

וכיבושיהון כסף: ופותיא **לרוח** מערבא ווילוון חמשין אמין EX 27:12

למשכנא עשרין לוחין **לרוח** עיבר דרומא: וארבעין חומרין EX 26:18

למשכנא עשרין לוחין **לרוח** עיבר דרומא: וארבעין חומרין EX 36:23

ותעבד ית דרת משכנא **לרוח** עיבר דרומא ווילוון לדרתא EX 27:9

דימהון: ועבד ית דרתא **לרוח** עיבר דרומא ווילוות דרתא EX 38:9

וכיבושיהון כסף: והיכדין **לרוח** ציפונא באורכא ווילוון מאה EX 27:11

ולסטר משכנא תניינא **לרוח** ציפונא עבד עשרין לוחין: EX 36:25

וליסטר משכנא תיניינא **לרוח** ציפונא עשרין לוחין: וארבעין EX 26:20

ימינא על אפי כפורתא **לרוח** קידומא ולקדם כפורתא ידי LV 16:14

עשרה: ופותיא דדרתא **לרוח** קידומא מדינחא חמשין אמין: EX 27:13

יתיה והוא מתקבל קדמי **לריח** רעוא עמי בני ישראל הוו NU 28:2

שמעין ולא אכלין ולא **מריחין**: ותתבעון מתמן למיתב DT 4:28

בישין ולילין ומרווחי **רווחין** בישין ויוונאי דנכתין DT 32:24

הי כקדמאי וקרא שמא **רווחתא** ואמר ארום כדון ארווח ייי GN 26:22

וחמא פרעה ארום הות **רווחתא** לעקתיה ויקר ית ליביה EX 8:11

ועבדי כלב חולף דהוות **רוח** אוחרי עימיה ואשלים בתר NU 14:24

תרין אלפין גרמידי וית **רוח** דרומא תרין אלפין גרמידי וית NU 35:5

רחמנא וחננא אריך **רוח** וקריב רחמין מסגי למעבד חסד EX 34:6

למימר: ייי אריך **רוח** וקריב רחמין שרי לחובין NU 14:18
דבית הדורי וידחיניה **רוח** זיקא מן קדם ייי וימות: ויעול LV 16:22
ויהושע בר נון אתמלי **רוח** חכמתא ארום סמך משה ית DT 34:9
חכימי ליבא אוסיפית **רוח** חכמתא ויעבדון ית כל מה EX 31:6
רוח מערבא ותלת לקבל **רוח** מדינחא ושביעאה במציעאה: NU 8:2
מיכלהון נשא הימון **רוח** מערבא ואזלו: ותקיף ייי ית EX 10:19
בוציניא תלת לקבל **רוח** מערבא ותלת לקבל רוח NU 8:2
תרין אלפין גרמידי וית **רוח** מערבא תרין אלפין גרמידי וית NU 35:5
ית משה ושרת עילויהון **רוח** נבואה אלדד הוה מתנבי ואמר NU 11:26
יוסף למיטול יתיה ושרת **רוח** נבואה דאיסתלקת מיניה GN 45:27
ומליל עימיה ורבי מן **רוח** נבואה דעלוי ומשה לא חסיר NU 11:25
עימך תמן וארבי מן **רוח** נבואה דעלך ואשוי עליהון NU 11:17
והוה כד שרת עליהון **רוח** נבואה ואתנבון ולא פסקין: NU 11:25
דיהודא: ואשלים עימיה **רוח** נבואה מן קדם ייי בחוכמתא EX 35:31
חבריהון ושרת עלוי **רוח** נבואה מן קדם ייי: ונטל מתל NU 24:2
לנא פרישן בסלקותך **רוח** נבואה מעילוי אומיא ותהי EX 33:16
כפורתא ארום בחכמת **רוח** נבואה עבד ית כרוביא מתרין EX 37:8
מן קדם ייי וכלי מנהון **רוח** נבואתא: ואמר ליה משה המן NU 11:28
דייי נביין ארום יתן ייי ית **רוח** נבותיה עליהון: ואתכנש משה NU 11:29
ואמר אל אלקא דשוי **רוח** נשמתא בגופי בני נשא ומיניה NU 16:22
בר נש ומיניה מתיהב **רוח** נשמתא לכל בישרא גבר מהימן NU 27:16
תרין אלפין גרמידי וית **רוח** ציפונא תרין אלפין גרמידי NU 35:5
מגו עלמא הלא יהבית **רוח** קדשי בהום מן בגלל די יעבדון GN 6:3
ויכסי מימרא דייי מינכון **רוח** קודשא כד ייתון מחתין עליכון DT 28:59
ואשלימית עימיה **רוח** קודשא מן קדם ייי בחכמתא EX 31:3
במימרי למיכלי מנהון **רוח** קודשי אשייר בהון קליל כגבר DT 32:26
ארעא דמצרים וייי דבר **רוח** קידומא בארעא כל יומא ההוא EX 10:13
או גבר דתיעיבר עלוי **רוח** קינאיתא ויקני ית איתתיה NU 5:30
לא איתחדת: ויעיבר עלוי **רוח** קנאיתא ויקני ית איתתיה והיא NU 5:14
איסתאבת או עבר עלוי **רוח** קנאיתא ויקני ית איתתיה והיא NU 5:14
בתיבותא ואעבר אלקים **רוח** רחמין על ארעא ואשתדכו מיא: GN 8:1
תרין מכל בישרא דביה **רוחא** דחיי: ועליא דכר ונוקבא מן GN 7:15
לחבלא כל בישרא דביה **רוחא** דחיי מן תחות שמיא כל GN 6:17
וכל בני נשא: כל דנשמת **רוחא** דחיין באנפוי מכל דיבישתא GN 7:22
ליביה דאשלימית עמהון **רוחא** דחכמתא ויעבדון ית לבושי EX 28:3
דנחתין על ארעכון **רוחא** דמסקא אבקא ועפרא עילוי DT 28:24
עימיה ושמע ית קל **רוחא** דמתמלל עימיה כד נחית מן NU 7:89
אבא נפק עשו מתיבא **רוחא** דקודשא וכן אמר ליה לא GN 35:22
ארעא דלא יהי עלה נייח **רוחא** ויצדון הכדין עלה סנאיכון LV 26:32
קבילו מן משה מקפידות **רוחא** ומפולחנא נוכראה קשיא EX 6:9
בכון אלהין דאתון מכיכי **רוחא** ועינוותנין מכל עממיא: ארום DT 7:7
בני נשא ומיניה מתיהבא **רוחא** לכל בישרא האין גברא חד NU 16:22
וצלי קדם ייי: והפך ייי ית **רוחא** ממערבא תקיף לחדא ונטל EX 10:19
ממללי דילי כרביעות **רוחי** מיטרא דמנתבין על דיתאין DT 32:2
בית מקדשא ומארבעת **רוחי** עלמא ופתכא מכל מימי GN 2:7
ליביה וכל דאשלימת **רוחיה** בנבואתה דעימיה הייתיו ית EX 35:21
והוה בצפרא ומטרפא **רוחיה** ושדר וקרא ית כל חרשי GN 41:8
עוף ולבני טיהררי כתישי **רוחין** בישין ולילין ומרווחי רווחין DT 32:24
ולא אקבל ברעוא **ריח** קורבניכון: ואצדי לחוד אנא ית LV 26:31
וברכיה ואמר חמון **ריחא** דברי כריחא דקטורת GN 27:27
עלת באנפוי היך **ריחא** דיקידת גהינם ואמר מאן הוא GN 27:33
ונשיק ליה וארח ית **ריחא** דלבושוי וברכיה ואמר חמון GN 27:27
מינכון דאסרחתון ית **ריחנא** קדם פרעה וקדם עבדוי EX 5:21

רוי (10)

וכרסיסין לקושין **דמרווין** צימחוני ארעא בירחא DT 32:2
עמא הדין וייכלון וישתון **וירוון** וישמשון עמהון ויכפרון NU 24:14
חמרא אוף בלילייא דין **וירוי** ועולי שימושי עימיה ונקיים GN 19:34
תחומא דסלקין ונגדין **ומרוין** צימחיא מלרע: ומטוב מגדין DT 33:13
חמר בלילייא ההוא **ורוא** וקמת רבתא ושמישת עם GN 19:33
מן תרין בנוי ושתיו **ורוויו** עימיה דמן יומא דאתפרשו GN 43:34
ההוא ית אבוהן חמר **ורוי** וקמת זעירתא ושמישת עימיה GN 19:35
למימר: חמר וכל מידעם **מרוי** לא תשתי אנת ובנך עימך LV 10:9
דתניניא כד הינון **רוון** מן חמרהון בגין כן יהי מריר כס DT 32:33
ית אבונא חמר וכד יהי **רוי** נשמיש עימיה ונקיים מאבונא GN 19:32

רום (163)

וית שקא דימינא **ארים** אהרן ארמא קדם ייי היכמא LV 9:21
פרעה: ואמר ייי למשה **ארים** את ידך על ארעא דמצרים EX 10:12
בני ישראל ויטלון: ואנת **ארים** ית חוטרך וארכין ית ידך ביה EX 14:16
ייי למשה אימר לאהרן **ארים** ית חוטרך ומחי ית עפרא EX 8:12
ואמר ייי למשה **ארים** ית ידך בחוטרך על נהריא על EX 8:1
בחקלא: ואמר ייי למשה **ארים** ית ידך על צית שמייא ויהי EX 9:22
ישראל: ואמר ייי למשה **ארים** ית ידך על צית שמייא ויהי EX 10:21
ארום אנא הוא ייי כד **ארים** ית מחת גבורתי על מצרים EX 7:5
אברם למלכא דסדום **ארימית** ידי בשבועה קדם ייי GN 14:22
לנא למגחוך בי: והוה כדי **ארימית** קלי וקרית ושבק לבשיה GN 39:18
רמא: והוה כדי שמע ארום **ארימית** קלי וקרית ושבקית GN 39:15
תבני יתהן חציבן דאין **ארימת** פרזלא דמיניה מתעבד EX 20:25
יתהון ותרים יתהון **ארמא:** ארום מפרשא מפרשין הינון NU 8:15
שקא דימינא ארים אהרן **ארמא** קדם ייי היכמא דפקיד ייי ית LV 9:21
תרביא ייתון לארמא **ארמא** קדם ייי ויהי לך ולבנך עימך LV 10:15
דלאהרן ותרים יתה **ארמא** קדם ייי ויהי לך לחולק: EX 29:26
דמשחא וירים יתהון **ארמא** קדם ייי: ויכוס טבחא ית LV 14:12
דמשחא וירים יתהון **ארמא** קדם ייי: ויכוס טבחא ית LV 14:24
ייתיניה לארמא יתיה **ארמא** קדם ייי: ויסק כהנא ית תרבא LV 7:30
וארים אהרן יתהון **ארמא** קדם ייי וכפר עליהון אהרן NU 8:21
ועל ידי בנוי וארים יתהון **ארמא** קדם ייי: ונסיב משה יתהון LV 8:27
ועל בנוי ותרים יתהון **ארמא** קדם ייי: ותיסב יתהון מידהון EX 29:24
וקדם בנוי ותרים יתהון **ארמא** קדם ייי: ותפרש ית ליואי מגו NU 8:13
משה ית חדיא וארימיה **ארמא** קדם ייי מדכר קורבניא LV 8:29
וירים אהרן ית ליואי **ארמא** קדם ייי מן בני ישראל ויהון NU 8:11
על לחמא דביכוריא **ארמא** קדם ייי על תרין אימרין LV 23:20
ניזריה: וירים יתהון כהנא **ארמא** קודשא הוא לכהנא על חדיא NU 6:20
אפרשות מתנתהון לכל **ארמות** בני ישראל לך יהבתינון NU 18:11
דדהב כל גבר דארים **ארמות** דהבא קדם ייי: וכל גבר EX 35:22
ססגונא היתיו: כל דארים **ארמות** כספא ונחשא היתיו ית EX 35:24
קודשא דין הוא דהב **ארמותא** דארימו בני ישראל כל גבר EX 38:24
קודשא והוה סכום דהב **ארמותא** עשרין ותשע קנטירין EX 38:24
מותבניכון תייתון לחים **ארמותא** תרתין גריצן תרין LV 23:17
הואן קיימן על קרבן **ארמותהין** ומשבחן ומודן ותייבן EX 38:8
כהנא: ותעבדון ביום **ארמותכון** ית עומרא אימר שלים LV 23:12
וית שקא דאפרשותא **דאיתרם** ודאיתפרש מדכר קורבניא EX 29:27
וכל תכשיט דדהב כל גבר **דארים** ארמות דהבא קדם ייי: וכל EX 35:22
ומשכי ססגונא היתיו: כל **דארים** ארמות כספא ונחשא היתיו EX 35:24
דין הוא דהב ארמותא **דארימו** בני ישראל כל גבר EX 38:24
יהי לך למיכל הי כחדיא **דארמותא** והי כשקא דימינא דילך NU 18:18
לחולק: ותקדש ית חדיא **דארמותא** וית שקא דאפרשותא EX 29:27
לחולק: ארום ית חדיא **דארמותא** וית שקא דאפרשותא LV 7:34
איתפקדית: וית חדיא **דארמותא** וית שקא דאפרשותא LV 10:14
הוא לכהנא על חדיא **דארמותא** ועל שקא דאפרשותא NU 6:20
שקא דאפרשותא וחדיא **דארמותא** על קורבני תרביא ייתון LV 10:15
יום איתוייכון ית עומרא **דארמותא** שבע שבוען שלמן יהויין: LV 23:15
וכבש יתהון: ונחשא **דארמותא** שבעין קנטירין ותרין EX 38:29
מיא ונטלו ית תיבותא **ואיתרמת** מעל ארעא: ותקפו מיא GN 7:17
וקבילתיה: ועבדו היכדין **וארים** אהרן ית ידיה בחוטריה EX 8:13
על ארעא דמצרים: **וארים** אהרן ית ידיה על מיא EX 8:2
ליואי וחוורו לבושיהון **וארים** אהרן יתהון ארמא קדם ייי NU 8:21
ואהרן היכמא דפקיד ייי **וארים** בחוטרא ומחא ית מוי EX 7:20
אימר לאהרן סב חוטרך **וארים** ידך על מוי דמצראי על EX 7:19
אישתמודע יוסף לאחוי: **וארים** ית קליה בבכותא ושמעו GN 45:2
שנין: ונשק יעקב לרחל **וארים** ית קליה ובכא: ותני יעקב GN 29:11
על ידי אהרן ועל ידי בנוי **וארים** יתהון ארמא קדם ייי: ונסיב LV 8:27
ית כל מה די שייר ברדא: **וארים** משה ית חוטריה על ארעא EX 10:13
דחקלא בארעא דמצרים: **וארים** משה ית חוטריה על צית EX 9:23
בקדמיתא חשוך ליליא: **וארים** משה ית ידיה על צית שמייא EX 10:22
בריכני אוף לי איבא **וארים** עשו קליה ובכא: ואתיב GN 27:38
ייי: ונסיב משה ית חדיא **וארימיה** ארמא קדם ייי מדכר LV 8:29
ויתיבת מקביל ברה **וארימת** ית קלא ובכת: ושמיע קדם GN 21:16
דמיין באנפי נפשהון: **וארימת** כל כנישתא ויהבו ית NU 14:1
ית ידיהון על ליואי: **וירים** אהרן ית ליואי ארמא קדם ייי NU 8:11
מן ידך ויוביל וייתי **וירים** ויחית ומבתר כדין יחתיניה DT 26:4
ית מנחתא דקניאיתא **וירים** ית מנחתא קדם ייי ויקריב NU 5:25
שירוי חצדכון לות כהנא: **וירים** ית עומרא קדם ייי לרעוא LV 23:11
יעול קדם פרעה דוכרנך **וירים** ית רישך ביקר ויתיבינך על GN 40:13
אשמא וית לוגא דמשחא **וירים** יתהון ארמא קדם ייי: ויכוס LV 14:12
וית לוגא דמשחא **וירים** יתהון ארמא קדם ייי: ויכוס LV 14:24
בתר דיגלב ית ניזריה: **וירים** יתהון כהנא ארמא קודשא NU 6:20
בני שנה לנכסת קודשיא: **וירים** כהנא יתהון על לחמא LV 23:20
יגיח קרבא בדבית עמלק **ויתרודם** על אגג מלכהון ובגין NU 24:7
יסגי לכון וכל דילכון יסגי: **ויתרם** ליבכון ותתנשון ית דחלתא DT 8:14
אלקא דאבהתן **ונרוממיניה:** אמרין בני ישראל ייי EX 15:2
וחמשין למדינחא **ורומא** חמש אמין דבוץ שזיר EX 27:18
פריקין ממצרים תוקפא **ורומא** תושבחא וגבורתא דיליה NU 24:8
קדם ייי ארום תוקפא **ורומומתא** דידיה הוא על גיותנין EX 15:21
שזיר ועשרין אמין אורכא **ורומיה** כפותיה חמש אמין כל קבל EX 38:18
ועבד שורו לכל עבדוי **ורומם** ית ריש רב מזוגייא וית ריש GN 40:20
והבו יקרא ותושבחתא **ורוממו** לאלקוכון: ואמר ייי למשה EX 14:14
ארעא דמצרים תוקפא **ורוממותא** תושבחא וגבורתא NU 23:22
דנכיסו שבטוי דיעקב **ורמייו** יתיה ועיבד יתיה לחטאתא LV 9:3

מדכר קורבניא דלאהרן **ותרים** יתה ארמא קדם ייי ויהי לך EX 29:26
משכן זימנא ותדכי יתהון **ותרים** יתהון ארמא: ארום מפרשא NU 8:15
על ידי אהרן ועל בנוי **ותרים** יתהון ארמא קדם ייי: ותיסב EX 29:24
קדם אהרן וקדם בנוי **ותרים** יתהון ארמא קדם ייי: ותפרש NU 8:13
טבא קמאה דפיסחא **ירימיניה** כהנא: ותעבדון ביום LV 23:11
ודהבא לא יסגי ליה דלא **יתרורם** ליביה לחדא וימרד באלקא DT 17:17
על קורבני תרביא ייתון **לארמא** ארמא קדם ייי ויהי לך LV 10:15
לוקבל אפקותא ייתיניה **לארמא** יתיה ארמא קדם ייי: ויסק LV 7:30
ויסב אימר חד אשמא **לארמא** מטול למכפרא עלוי LV 14:21
בין גבר לאיתא וגזר **למרומם** ומאיך ותלת מפרנס כל DT 32:4
חמי יתהום עניין מלאכי **מרומא** איתון חמון תרין יחידאין GN 22:10
לית תוב בר מיניה: משמי **מרומא** אשמעינכון ית קל מימריה DT 4:36
אלקא דמותביה בשמי **מרומא** דדברני מן בית אבא ומן GN 24:7
וסליקת קבילתהון לשמי **מרומא** דייי ואמר במימריה EX 2:23
אלקא דמותביה בשמי **מרומא** הוא אלקא דשולטניה על GN 24:3
דשבא יתה משמיה **מרומא** ואתגלי עלוי איקר שכינתא DT 34:5
לבינתא ואסקיה לשמי **מרומא** ואתקניה גלוגדק תחות EX 24:10
יד נפלת אישתא מן שמי **מרומא** וגמרתיה ומית הרן למיחמי GN 11:28
לכון מן שירויא בשמי **מרומא** וכדון יהביה ייי לכון למיכל: EX 16:15
ברת קלא נפלת מן שמי **מרומא** וכן אמרת איתון חמון כל NU 21:6
תלת עיינהא לשמי **מרומא** וכן אמרת בבעו ברחמין מן GN 38:25
ברת קלא נפלת מן שמי **מרומא** וכן אמרת לא תידחלון DT 28:15
היכמא דאנא יחידי בשמי **מרומא** ועתידין למיקום מיניה GN 3:22
ית שרה סליק לשמיה **מרומא** ותרין מנהון אודיקו על אנפי GN 18:16
מן כוותך באילי **מרומא** ייי מן כוותך הדור בקודשא EX 15:11
דיצחק מסתכלן למלאכי **מרומא** יצחק הוה חמי יתהום GN 22:10
במימרי: ודברו מלאכי **מרומא** ית יצחק ואובלוהי לבי GN 22:19
בעדנא דאתיין חיילי **מרומא** לשבחא ואודיק ייי ברגוז EX 14:24
בגיוותנותיה בשמי שחקי **מרומא:** מדוריה דאלקא הוה מן DT 33:26
ומטא שעתא דמלאכי **מרומא** משבחין למרי עלמא ואנא GN 32:27
יומא סלקון לשמי **מרומא** עניין ואמרין איתון חמון GN 28:12
בידא תקיפא ובדרע **מרמם** בגין כן פקדך ייי אלקך DT 5:15
ואפרוק יתכון בדרע **מרמם** ובדינין רברבין: ואקרב יתכון EX 6:6
נצחני קרבין ובאדרע **מרמם** ובחזוונין רברבין הי ככל מה DT 4:34
ידיה תקיפתה ודרעיה **מרמם:** ית אתותיה וית עובדוי DT 11:2
בחילך רבא ובדרעך **מרממא:** בעידנא ההיא אמר ייי לי DT 9:29
בידא תקיפתא ובדרע **מרממא** ובחזונא רבא ובאתין DT 26:8
תקיפתא וניצחנות אדרע **מרממא** כד אפקכון ייי אלקכון DT 7:19
ובני ישראל נפקין בידא **מרממא** מתגברין על מצראי: ורדפו EX 14:8
דמישרא תחות משפך **מרמתא:** וקרא משה לכל ישראל DT 4:49
תחות שפכות מיא **מרמתא** מדינחא: ופקידית יתכון DT 3:17
על תפילא לאת על **רום** ידכון שמאליתא ויהון לתפילין DT 11:18
פותיא ואמתא ופלגא **רומא:** ותחפי יתיה דהב דכיה מגיו EX 25:10
בליגיונין דיפקון מן **רומי** וקושטנטיני ויצערון לאתוראי NU 24:24
קרתיה מגדל תקיף היא **רומי** חייבתא רבא עירם אילין GN 36:43
חזור: ותעביד ליה גפוף **רומיה** הי פושכא חזור ותעביד דיר EX 25:25
פותיה ואמתא ופלגא **רומיה:** וחפא יתיה דהב דכי ועבד EX 37:10
פותיה ואמתא ופלגא **רומיה:** וחפייה דהב דכיה מגיו EX 37:1
פותיה מרבע ותלת אמין **רומיה:** ועבד קרנוי על ארבע EX 38:1
פותיה ואמתא ופלגא **רומיה:** ותחפי יתי דהב דכי ותעביד EX 25:23
יהי מדבחא ותלת אמין **רומיה:** ותעביד קרנוי על ארבע EX 27:1
חייא במציעות גינוניתא **רומיה** מהלך חמש מאה שנין ואילן GN 2:9
מרבע ותרתין אמין **רומיה** מיניה הוון קרנוי זקיפין: וחפא EX 37:25
מרבע יהי ותרתין אמין **רומיה** מיניה יהון קרנוי זקיפין: EX 30:2
חזור חזור: ועבד ליה גפוף **רומיה** פושכא חזור חזור ועבד דיר EX 37:12
דייי יתיב על כורסיה **רם** ומנטל ושמע צלותנא בכל עידן DT 4:7
נודה ונשבחא קדם ייי **רמא** דמתגאיה על גיוותניא EX 15:1
וניבכי על אבונן ארזא **רמא** דרישי מטי עד צית שמייא GN 50:1
עימי וקרית בקלא **רמא:** והוה כדי שמע ארום ארימית GN 39:14
אמירין רשיעיא לית **רמא** ומנטלא חמי כל דא אבד NU 21:30
לכל אינש ישראל בקלא **רמא:** שיתא שיבטין קמו על טוורא DT 27:14
וית חוראי דבטווריא **רמיא** דגבליא עד מישר פארן GN 14:6
ואיתחפיאו כל טווריא **רמיא** דתחות כל שמיא: חמיסירי GN 7:19
זמן די יחתון אבוליכון **רמיא** ותליליא דאתון רחיצין בהון DT 28:52
יצחק ית עשו ארום מלי **רמייותא** בפומיה ורבקה רחימת ית GN 25:28
קירווי מקרא מקפן שורין **רמין** אחידן בתרעין ונגרעין בר DT 3:5
גיותנין הוא מתגאי ועל **רמין** הוא מתנטל על די אזיד פרעה EX 15:21
ויתנינכון ייי אלקכון **רמין** וגיותנין על כל עממי ארעא: DT 28:1
פיקודוי: ולמנאה יתכון **רמין** וגיותנין על כל עממיא לרבו DT 26:19
ומתחינון ליקר שכינתא **רמין** ומנטלין על כל אומיא כארזיא NU 24:6
ומיא קרשון הי כשורין **רמין** תלת מאה מילין מימנהון EX 14:22
לטוורייא ומן טוב **רמתא** דלא מפסקן עללייא DT 33:15
בתחומהון דמואבאי ריש **רמתא** דמדיקא כל קבל בית ישימון NU 21:20
ודבר בלק ית בלעם לריש **רמתא** דמדיתא על אנפי בית NU 23:28
מואב לטוורא דנבו ריש **רמתא** דעל אפי יריחו ואחוויי ליה DT 34:1
ודבר לחקל סכותא לריש **רמתא** ובנא שובעא אגורין ואסק NU 23:14
ואהרן וחור סליקו לריש **רמתא:** והוי כד זקיף משה ידוי בצלו EX 17:10
בפתגמא הדין: סוק לריש **רמתא** וזקוף עינך למערבא DT 3:27
פירוכיין בידך ומגלא לא **תרים** על קמתא דחברך: ארום יסב DT 23:26
אלקכון מדבח אבנין לא **תרים** עליהון פרזלא: אבנין שלמן DT 27:5

רומח (6)

נס תליתאי דכווין **ברומחא** וברזינון כחדא ית גברא בר NU 25:8
מאחדין בתריסין **ורומחין** ומני זיינין ונחתו לגת EX 13:17
תורפה נס רביעאי דקם **רומחא** באתר בירוזא ולא אשתמיט NU 25:8
רבתא וחולף דאחד **רומחא** בדרעיה ומחא למדייניתא NU 25:13
מיגו סנדרי דיליה ונסיב **רומחא** בידיה: תריסירי ניסין NU 25:7
נס תמינאי דאתעשן אע **רומחא** ולא איתבר מן מטולא נס NU 25:8

רומנא (11)

חזור חזור: חיזורא דדהבא **ורומנא** דתכלתא ודצבע זהורי EX 28:34
זהורי חיזורא דדהבא **ורומנא** דתכלתא וצבע זהורי על EX 28:34
במציעות רומניא: חיזורא **ורומנא** חיזורא ורומנא כולהון EX 39:26
חיזורא ורומנא חיזורא **ורומנא** כולהון שבעין על שיפולי EX 39:26
חל וחריף ומרביא תינין **ורומנין** ארע דמן זייתהא עבדין DT 8:8
לא למינצב תינין וגופנין **ורומנין** ומוי לית למישתי: ועאל NU 20:5
בכתיף תרין מנהון וכן מן **רומניא** וכן מן תיניא: לאתרא ההוא NU 13:23
חזור חזור במציעות **רומניא:** חיזורא ורומנא חיזורא EX 39:25
ית חיזוריא במציעות **רומנייא** על שיפולי מנטר מעילא EX 39:25
ותעבד על שיפולוי **רומניין** דתיכלא וארגוונא וצבע EX 28:33
על שיפולי מנטר מעילא **רומניין** דתיכלא וארגוונא וצבע EX 39:24

רוק (16)

תורא וית מותר אדמא **אריק** ליסודא דמדבחא וקדשיה LV 8:15
מדבחא וית שאר אדמא **אריק** ליסודא דמדבחא וקדשיה LV 9:9
איסדוי ושוי יתה קמה **ואריק** מישחא על רישה: וקרא שמא GN 28:18
וית בסיסיה לקדשותהון: **ואריק** מן משחא דרבותא על ריש LV 8:12
למעבר בחגא דמטלייא **ואריק** עלה משח זיתא: וקרא יעקב GN 35:14
ימינא מלוגא דמשחא **ויריק** על ידה דכהנא דשמאלא: LV 14:15
סמידא יהי קורבניה **ויריק** עלה משחא ויתן עלה LV 2:1
ומכילתוי די ישתמש **ויתרק** בהון דדהב דכי תעבד יתהון: EX 25:29
ית מישחא דרבותא **ותריק** על רישיה ותרבי יתיה: וית EX 29:7
תהי: רסיק יתיה ריסוקין **ותריק** עלה מישחא מנחתא היא: LV 2:6
ימינא: ומן משחא **יריק** כהנא ביד ימיניה על ידא LV 14:26
דהינון מיכלא דבעירי לא **יריק** עלה מישחא ולא יתן עלה NU 5:15
דמתרברב על אחוי די **יתריק** על רישיה מישחא דרבותא LV 21:10
בפרגמטיא: והוה כד אינון **מריקין** דיסקיינון והא גבר קטר GN 42:35
בתר כדון תירוק קדמוי **רוקא** נפישא דמתחמי לחכימיא DT 25:9
ריגליה ומן בתר כדון **תירוק** קדמוי רוקא נפישא DT 25:9

רז (6)

חברך דחביב עלך כנפשך **ברז** למימר נהך וניפלח לטעוות DT 13:7
גברא דיקיר מן אבוי **דרזיא** סתימיא מה דאתכסי מן NU 24:3
גברא דיקיר מן אבוי **דרזיא** סתימיא מה דאתכסי מן NU 24:15
הוה משתטח על אנפוי **ורזיא** סתימיא מה דאתכסי מן NU 24:4
משתטח ונפיל על אפוי **ורזיא** סתימיא מה דאתכסי מן נביא NU 24:16
מסואבותא ואיחוי לכון **רזייא** סתימיא קיציא גניזיא ומתן GN 49:1

רחיים (3)

עמא ומלקטין וטחנין **בריחותא** ומן דהוה צבי הוה שחיק NU 11:8
דנסיב: לא ימשכן גבר **ריחיא** וריכבא ארום צורכי דבהון DT 24:6
לה כד היא טחנא אחורי **ריחייא** וכל בוכרא דבעירא: ותהי EX 11:5

רחל (4)

עזי מאתן וברחי עשרין **רחילי** מאתן ודיכרי עשרין: גמלייא GN 32:15
תורין ואימרי בני **רחילין** ולא בני מסאבין וגדיי בני DT 14:4
בארעא תורתא או **רחלא** יתה וית ברה לא תיכסון LV 22:28
דנן עשרין שנין אנא גבך **רחלייך** ועיזייך לא אתכלו ואגר GN 31:38

רחם (139)

נפשיהון: ואוף על כל דא **ארחים** יתהון במימרי כד יהוון גליין LV 26:44
ארום דאין מימרא דייי **ברחמוי** דינא דעמיה ישראל ועל DT 32:36
בר: ואמרת רחל דן יתי ייי **ברחמוי** טביא ולחוד שמע בקל GN 30:6
לוותיה מגרר ואתקיף **ברחמוי** למיזל עימיה ופיכל רב GN 26:26
מתפלגא לדוכרין ורחיצו **ברחמי** מרי עלמא ואיליין שמהן NU 27:1
עני הבל ואמר לקין **ברחמין** איתברי עלמא וכפירי GN 4:8
קדם ייי למימר בבעו **ברחמין** אלקא רחמנא בבעו אלקא NU 12:13
שעבוד עבדיא: דדברך **ברחמין** במדברא רבא ודחילא אתר DT 8:15
אברהם ואמר בבעו **ברחמין** הא כדון שריתי למללא GN 18:27
תמן תלתין: ואמר בבעו **ברחמין** הא כדון שריתי למללא GN 18:31
וארעא דישראל אדכור **ברחמין:** וארעא תתרטיש ותשתביק LV 26:42
ירעון ית חוביהון: ואידכר **ברחמין** ית קיימא דקיימית עם LV 26:42
על ארעא: ואמר בבעו **ברחמין** מן קדמך ייי אין כדון GN 18:3
ההיא למימר: בבעו **ברחמין** מן קדמך ייי אלקים אנת DT 3:24
קדם ייי ואמרית בבעו **ברחמין** מן קדמך ייי אלקים לא DT 9:26

באתרא ההוא ואמר בבעו **ברחמין** מן קדמך ייי גלי קדמך דלא GN 22:14
ברא עני אדם ואמר בבעו **ברחמין** מן קדמך ייי דלא נתחשב GN 3:18
מרומא וכן אמרת בבעו **ברחמין** מן קדמך ייי עני יתי בהדא GN 38:25
מה דתמליל: ואמר בבעו **ברחמין** מן קדמך ייי שלח כדון EX 4:13
זכוות עשרין: ואמר בבעו **ברחמין** מן קדמך לא כדון יתקוף GN 18:32
תוב כדון מימרא דייי **ברחמך** טביא ודבר ית עמא ישראל NU 10:36
ואמר להבל מסתכל אנא **דברחמין** אתברי עלמא אבל לא GN 4:8
אימיה תבשילין היכמא **דרחים** אבוי: ונסיבת רבקה ית GN 27:14
עממיא: ארום מן בגלל **דרחים** ייי יתכון ומן דנטיר ית DT 7:8
מיגו אישתא: וחולף **דרחים** ית אבהתכון אברהם ויצחק DT 4:37
לי תבשילין היכמא **דרחימית** ותעיל לותי ואיכול בגין GN 27:4
מאן דחמי ליה למיחוס **ואירחים** על מאן דחמי ליה EX 33:19
ויכמור עליכון רחמין **וירחם** עליכון ויסגינכון היכמא DT 13:18
ברעוא ית תיובתכון **וירחם** עליכון ויתוב ויכנוש יתכון DT 30:3
די קיים לאבהתכון: **וירחמינכון** ויבריכינכון ויסגינכון DT 7:13
בכל אורחן דתקנן קדמוי **ולמרחם** יתיה ולמפלח קדם ייי DT 10:12
לאמהו: ועל אוף לות רחל **ורחים** אוף ית רחל מלאה ופלח GN 29:30
עבד דין ייתם וארמלא **ורחים** גייורייא למיתן ליה מזון DT 10:18
תבע אולפן מן קדם ייי: **ורחים** יצחק ית עשו ארום מלי GN 25:28
נפשיה בדינה ברת יעקב **ורחים** ית ריבא ומליל פייוסין על GN 34:3
איקר שכינתך ביניהון **ורחים** ית ריבוותא דבית יעקב NU 10:36
בריוא ושפירא בחיזוא: **ורחם** יעקב ית רחל ואמר אפלחינך GN 29:18
רבקה והוות ליה לאינתו **וריחמא** בגין דחמא עובדהא דתקנן GN 24:67
גיורא דמתגייר עמכון **ותרחם** ליה כוותך דמה את שני לך LV 19:34
ליה מזון ואסטוליא: **ותרחמון** ית גייורא ארום דיירין DT 10:19
קשיטא דאבהתכון **ותרחמון** ית ייי אלקכון בתרי יצרי DT 6:5
הי ככוכבי שמיא לסוגי: **ותרחמון** ית ייי אלקכון ותינטרון DT 11:1
ולא נטרין דבבו לבני עמך **ותרחמיה** לחברך דמן אנת סני לך LV 19:18
ייי עולבני ארום כדון **ירחמנני** בעלי והיכמה דאיתגלי GN 29:32
לי ואמר מן קדם ייי **יתרחם** עלך ברי: ואוחי יוסף ארום GN 43:29
יצרא טבא די ימליכינכון **למירחם** ית ייי אלקכון בכל ליבכון DT 30:6
דאנא מפקדכון יומא דין **למירחם** ית ייי אלקכון ולמהך DT 19:9
דאנא מפקיד לכון יומנא **למירחם** ית ייי אלקכון ולמהך DT 30:16
עלמא דאתי אתון ובניכון: **למירחם** ית ייי אלקכון לקבלא DT 30:20
מפקד יתכון יומא דין **למרחם** ית ייי אלקכון ולמפלח DT 11:13
מפקיד יתכון למעבדה **למרחם** ית ייי אלקכון למהך בכל DT 11:22
באבהתכון צבא ייי מטול **למרחם** יתכון ואתרעי בבניהון DT 10:15
לא תיסב ליה אפין **למרחמא** עלוי ארום לית מיסב EX 23:3
על מאן דחמי ליה **למתרחמא:** ואמר לית אפשר לך EX 33:19
נטיר קיימא וטיבו **לרחמוי** צדיקייא ולנטרי פיקודוי DT 7:9
חסד וטיבו לאלפין דרין **לרחמיי** צדיקיא ולנטרי פיקודיי DT 5:10
חסד וטיבו לאלפין דרין **לרחמיי** צדיקייא ולנטרי פיקודיי EX 20:6
ואיתן ית עמא הדין **לרחמין** בעיני מצראי ויהי ארום EX 3:21
דדהב: ויהב ייי ית עמא **לרחמין** קדם מצראי אוף גברא EX 11:3
בעינוי כיומין קלילין **מדרחים** יתה: ואמר יעקב ללבן הב GN 29:20
וחמון אחוי ארום יתיה **רחים** אבוהון מכל אחוי ונטרו ליה GN 37:4
לאבוך היכמה די **רחים:** ותעיל לאבוך ויכול בגין GN 27:9
ותני לות אבוהון: וישראל **רחים** ית יוסף מכל בנוי ארום GN 37:3
ית ברך ית יחידך דאת **רחים** ית יצחק ואיזל לך לארע GN 22:2
דיהודה ולא הוה יהודה **רחים** יתה: וסטא לוותה לאורחא GN 38:15
מן אימיה ואבוי בגין כן **רחים** ליה: ואמרת לעבדך אחתוהי GN 44:20
ואין יתני ויימר עבדא **רחימנא** ית ריבוני ית אינתתי וית EX 21:5
רמייותא בפומיה ורבקה **רחימת** ית יעקב: ובההוא יומא GN 25:28
ייי ארום לא הוה לאה **רחימתא** באנפי יעקב ואמר GN 29:31
ליה וילידן ליה בנין **רחימתא** וסניתא ויהי ביר בוכרא DT 21:15
לגבר תרתין נשין חדא **רחימתא** ליה וחדא סניתא ליה DT 21:15
חולק בכורותא לבר **רחימתא** על אנפי ביר סניתא דהוא DT 21:16
מצראי ואיתתא מן **רחמה** מצריתא מאנין דכסף ומנין EX 11:2
ואוחי יוסף ארום רחשו **רחמוי** על אחוי ובעא למבכי ועל GN 43:30
ונגד עליה חיסדא ויהב **רחמותיה** בעיני רב בית אסירי: ומני GN 39:21
מישראל ומן יד אתגוללו **רחמי** שמיא ואתכליית מותנא NU 25:8
בתר מותנא אתגוללו **רחמי** שמיא למתפרעא פורענות דין NU 25:19
דעמא וישיילון גבר מן **רחמיה** מצראי ואיתתא מן רחמה EX 11:2
יהודה ית גדי בר עיזי ביד **רחמיה** עדולמאה למיסב משכונא GN 38:20
על גזזי עניה הוא וחירה **רחמיה** עדולמאה לתמנת: ואיתני GN 38:12
דייי אלקכון ותשכחון **רחמין** ארום תבעון מן קדמוי בכל DT 4:29
עלה ויהי אין לא השכחת **רחמין** בעינוי ארום אשכח בה DT 24:1
בידיה: ומשכח יוסף **רחמין** בעינוי ושמיש יתיה ומנייה GN 39:4
הוא דשדרית לאשכחא **רחמין** בעיני ריבוני: ואמר עשו אית GN 33:8
ואמרו קיימתנא נשכח **רחמין** בעיני ריבוני ונהי עבדין GN 47:25
לאבוהא ולאחהא אשכח **רחמין** בעיניכון ודתימרון לי אתין: GN 34:11
אין בבעו אשכחנא **רחמין** בעיניכון מלילו כדון GN 50:4
בירכתא ההיא לאשכחא **רחמין** בעינך דלא תינטר לי בבו GN 32:6
לבן אין כדון אשכחית **רחמין** בעינך הא אטירית קוסמין GN 30:27
בבעו אין כדון אשכחית **רחמין** בעינך ותקבל דורוני מן ידי GN 33:10
ולא מן סוף דהוה עלך **רחמין** הוינא מצלי ומחתא הות EX 10:29
אף וחימה בעא משה **רחמין** ואתכליאו אוף תריהון וחפר DT 9:19
רוגזיה ויכמור עליכון **רחמין** וירחם עליכון ויסגינכון DT 13:18
יתכון למינדוע האיתיכון **רחמין** ית ייי אלקכון בכל לבבכון DT 13:4
עיניהן בצלו מצליין ובען **רחמין** מן קדם אבוהון דבשמייא EX 1:19
על אנפי תהומא ורוח **רחמין** מן קדם אלקים מנתבא על GN 1:2
אלקכון מגיח לכון: ובעית **רחמין** מן קדם ייי בעידנא ההיא DT 3:23
שעא זעירא עד דנתבוע **רחמין** מן קדם ייי: הא כדון אשכח GN 19:18
מדרשא דשם רבא למבעי **רחמין** מן קדם ייי: ואמר ייי לה תרין GN 25:22
עבר לקמיהון מצלי ובעי **רחמין** מן קדם ייי וגחן על ארעא GN 33:3
ואמר ריבוני משה בעי **רחמין** מן קדם ייי וכלי מנהון רוח NU 11:28
הוה קאי בצלו מצלי ובעי **רחמין** מן קדם ייי וכן אמר אתגלי NU 10:35
קאי בצלו ומצלי ובעי **רחמין** מן קדם ייי וכן אמר תוב כדון NU 10:36
ואתוותא פרחין: ובעית **רחמין** מן קדם ייי כד בקדמיתא DT 9:18
וחננא אריך רוח וקריב **רחמין** מסגי למעבד חסד וקשוט: EX 34:6
ואעבר אלקים רוח **רחמין** על ארעא ואשתדכו מיא: GN 8:1
ונהי אנא ואינון ונבעי **רחמין** על כל אתרא ותשבוק להום GN 18:32
ואברהם עד כדון בעי **רחמין** על לוט ומשמש בצלו קדם GN 18:22
חילא קדמך ייי ותתמלי **רחמין** עליהון ויתי תשוי לעם רב NU 14:17
זכיא וזיוה מנהר ותשכח **רחמין** קדם בעלה ותתעבר בבר NU 5:28
גברא: ואל שדי יתן לכון **רחמין** קדם גברא ויפטור לכון ית GN 43:14
קהלא: וצלי משה ובעא **רחמין** קדם ייי למימר בבעו ברחמין NU 12:13
ובנכסת קודשין ובמבעי **רחמין** קדם ייי מטול דדין קטול LV 27:29
ואמר למא דנן אשכח **רחמין** קדם ריבוני: ואיתעביד ניסא GN 33:15
בשום טב ואוף אשכחת **רחמין** קדמי: וכדון אין בבעו EX 33:12
אעבד ארום אשכחתא **רחמין** קדמי ומנית יתך בשום טב: EX 33:17
כדון ארום אשכחית **רחמין** קדמך אלהין במללות EX 33:16
ייי: הא כדון אשכח עבדך **רחמין** קדמך ואסגיתא טיבותך GN 19:19
מן בגלל דאשכח **רחמין** קדמך וגלי קדמך ארום עמך EX 33:13
צדיקייא אין אשכחית **רחמין** קדמך ולא אחמי בבישותי: NU 11:15
ואמר אין בבעו אשכחית **רחמין** קדמך ייי תהך כדון שכינת EX 34:9
ולמא לא אשכחית **רחמין** קדמך לשוואה ית טורחא NU 11:11
ליה אין כדון אשכחית **רחמין** קדמך שוי כדון אידך בגזירת GN 47:29
בעיר: ואמרו אין אשכחנא **רחמין** קדמך תתיהב ארע הדא NU 32:5
וכדון אין בבעו אשכחית **רחמין** קודמך אודעני כדון ית אורח EX 33:13
ייי אריך רוח וקריב **רחמין** שרי לחובין ומכפר על NU 14:18
ית לווטין לבירכן ארום **רחמינכון** ייי אלקכון: לא תיתבעון DT 23:6
ית אורח טובך ואנדע **רחמך** היך אנת מדבר עם בני נשא EX 33:13
ולתלת שבוק להום בגין **רחמך** ואמר לא איחבל בגין זכוות GN 18:31
וזוער שבוק להום בגין **רחמך** ואמר לא אעביד גמירא אין GN 18:30
קלילין שבוק לה בגין **רחמך** ואמר לא אעביד גמירא בגין GN 18:29
בני ישראל היכמא דאנא **רחמן** בשמיא כן תהוון רחמנין LV 22:28
בבעו ברחמין אלקא **רחמנא** בבעו אלקא דשליט NU 12:13
אפוי וקרא ייי ייי אלקא **רחמנא** וחננא אריך רוח וקריב EX 34:6
למימריה: ארום אלקא **רחמנא** ייי אלקכון לא ישביקנכון DT 4:31
רחמן בשמיא כן תהוון **רחמנין** בארעא תורתא או רחלא LV 22:28
לך לא אפוק מן גבך ארום **ריחמך** וית אינש ביתך ארום טב DT 15:16
תיחוס עיניכון עלוי ולא **תרחמון** ולא תכסון בטומרא עלוי: DT 13:9
לא תגזרון להון קיים ולא **תרחמון** עליהון: לא תתחתנון בהון DT 7:2

רחץ (16)

דישראל תקיפא **דרחיצו** ביה: דתריב נכסתהון הוון DT 32:37
דשבק יוסף חסדא דלעיל **ואתרחץ** ברב מזוגייא בבשר עביר GN 40:23
דארעא מתפלגא לדוכרין **ורחיצו** ברחמי מרי עלמא ואיליין NU 27:1
ויתעסקון בה ולא **יתרחצון** על מילי שקרא: ונפקו EX 5:9
ותשבעון ותיתבון **לרוחצן** בארעכון: ואיתן שלמא LV 26:5
יתהון ותיתבון על ארעא **לרוחצן::** וארום אין תימרון מה ניכול LV 25:18
ומבתר כדין תיתבון **לרוחצן:** ויהי אתרא דיתרעי ביה DT 12:10
על קרתא דהבא יתבא **לרוחצן** וקטלו כל דכורא: וית חמור GN 34:25
יתהון: ושרון ישראל **לרוחצן** מן לקדמין כעין בירכתא DT 33:28
דאורייתא יתיב **לרוחצן** על כורסי מלכותיה ויכתבון DT 17:18
ואמר חביביה דייי ישרי **לרוחצן** עלוי יהי מגין עלוי כל DT 33:12
ית רוחצניה דלעיל ונקט **רוחצניא** דבר נש ואמר לרב מזוגיא GN 40:14
מזוגיה: שבק יוסף ית **רוחצניה** דלעיל ונקט רוחצניא דבר GN 40:14
מלעילא: ועל סייפך תהי **רחיץ** עלול לכל אתר ומרכיך וחאי GN 27:40
כל עולבני מינך דהוינא **רחיצא** דתעבד דיני דאנא שבקית GN 16:5
רמיא ותליליא דאתון **רחיצין** בהון לאישתיזבא בכון בכל DT 28:52

רחק (81)

ליה מברא למשריתא **ארחיק** יתיה מן משירית עמא EX 33:7
הינון נפקו מן קרתא לא **ארחיקו** ויוסף אמר למנשה די GN 44:4
ית פולחנא נוכראה **ארחיקית** מן ברה כשיעור מיגד GN 21:16
אלקכון במדברא לחוד **ארחקא** לא תרחקון לטיילא צלו EX 8:24
יתיה בפולחנא נוכרייא **במרחקתהון** ארגיזו קדמוי: ידבחון DT 32:16
שובעא יומין תהי יתבא **בריחוקא** כל דיקרב בה יהי מסאב LV 15:19

למימר: קריב ית אהרן **דאתרחק** על עובדא דעיגלא וטול LV 8:2
נש דמית או דייב או סגיר **דמרחק** באורח עלמא בקריות NU 9:10
לייי אלקכון ארום כל **דמרחק** ייי דסני עבדין לטעוותהון DT 12:31
צלם וצורה וכל דמו מה **דמרחק** קדם ייי עובד ידי אומן ולא DT 27:15
צלם וצורה וכל דמו מה **דמרחק** קדם ייי עובד ידי אומן ושוי DT 27:15
לכון או מן שאר עממיא **דרחיקין** לכון מן סייפי ארעא ועד DT 13:8
לא תיכלון כל מידעם **דרחיקית** מנכון: דא היא בעירא DT 14:3
תעבדון לכל קירויא **דרחיקן** מינכון לחדא דלא מקרוי DT 20:15
לפרנסא גברא זידנא **דרחקיה** ייי אלקכון: לא תיכסון DT 16:22
רוגזי בהון ביומא ההוא **ואירחיקינון** ואסלק שכינתי מנהון DT 31:17
ותיתברון ית קמיתהון **ומרחקתהון** תוקדון בנורא וצילמי DT 12:3
מרחקייא האילין עבדו **ורחיק** מימרי יתהון: ואמרית להון LV 20:23
אסבוהי ית מלכתא דכוש **ורחיק** מינה: ואמרו הלחוד ברם עם NU 12:1
בגלל דהוה קריב לשמייא **ורחיק** מן ארעא דהכין כתיב אציתו DT 32:1
בגלל דהוה קריב לארעא **ורחיק** מן שמייא ברם משה נביא כד DT 32:1
היך סאוב שיקצא **ורחקא** תרחקינון מטול דשמיתין DT 7:26
במיערקיה מן קדם פרעה **וריחקה** ארום לאיתא אסבוהי ית NU 12:1
על פיגרי טעוותיכון **ותירחק** מימרי יתכון: ואיתן ית LV 26:30
במלכותא דבבל ולא **ירחק** מימרי יתהון במלכותא דמדי LV 26:44
שכינת יקרי ביניכון ולא **ירחק** מימרי יתכון: ואשרי איקר LV 26:11
בסעדך לא ישבקינך ולא **ירחקינך** לא תידחל ולא תתירע: DT 31:8
לא ישבקינכון ולא **ירחקינכון:** וקרא משה ליהושע מן DT 31:6
ית מעשרא ארום **יתרחק** מנכון אתרא די יתרעי ייי DT 14:24
תיכול בישרא: ארום **יתרחק** מנכון אתרעא דיתרעי ייי DT 12:21
עלוי מסאב יהי הי **כריחוק** סאובתהא: וכל מאן דיקרב LV 15:26
ארבסרי יומין רציפין הי **כריחוקא** ובחמיסר תישתרי ושיתין LV 12:5
לכון לא תילפון למעבד **כריחוקי** עממיא האינון: לא ישתכח DT 18:9
מנחיריכון ותהוי לכון **לריחוק** חולף דקצתון במימרא דייי NU 11:20
מפכין מן קדמיהון ותהון **לריחוק** לכל מלכוות ארעא: ותהי DT 28:25
הי כמשכבא דמייחד **לריחוקה** יתחשב לה וכל מנא LV 15:26
ורתען וקמו תריסר מילין **מרחיק:** ואמרו למשה מליל אנת EX 20:18
מסבי ישראל ותסגדון **מרחיק:** ויתקרב משה בלחודוי קדם EX 24:1
וקם עמא תריסר מילין **מרחיק** ומשה קריב לצית אמיטתא EX 20:21
בדותן: וחמון יתיה **מרחיק** ועד לא קריב לותהום GN 37:18
ואיתעתדת מרים אחתיה **מרחיק** לאתחכמא מה יתעבד ליה: EX 2:4
תלת שנין יהי לכון **מרחק** לאבדא לא יתאכל: ובשתא LV 19:23
דכן לשאר קורבניא ארום **מרחק** קדם ייי אלקכון אוף DT 23:19
היך נשא ארום **מרחק** קדם ייי אלקכון הוא: אי DT 22:5
ביש דגזיל ואניס ארום **מרחק** קדם ייי אלקכון הוא: ארום DT 17:1
תיתקלון בהון ארום **מרחק** קדם ייי אלקכון הוא: ולא DT 7:25
אלקכון יהיב לכון: ארום **מרחק** קדם ייי אלקכון כל דעביד DT 25:16
ותבע מן מיתיא: ארום **מרחק** קדם ייי כל עביד אילין DT 18:12
ית איתת אחוי בחייוי **מרחקא** היא עיריתא דאחוי בזי LV 20:21
מן בתר דאסתאבת ארום **מרחקא** היא קדם ייי ולא מרחקין DT 24:4
בתשמישיא דאיתא **מרחקה** היא: ובכל בעירא לא תיתן LV 18:22
מן קדמיכון ארום ית כל **מרחקייא** האילין עבדו ורחיק LV 20:23
מרחקא היא קדם ייי ולא **מרחקין** בנהא דתיליד מיניה ולא DT 24:4
בארעא דגשן ארום **מרחקין** מצראי כל רעי ענא: ואתא GN 46:34
ילפון יתכון למעבד ככל **מרחקתהון** דעבדו לטעוותהון DT 20:18
דעברתון: וחמיתון ית **מרחקתהון** וית טעוון דילהון דמן DT 29:16
דילפון אורייתא ובנתיהון **מתרחקין** בשבית חרבא כל קבל NU 21:29
מכריז ואמר רחוקו **רחוקו** מן מסאבא: כל יומין LV 13:45
לביש וכרוזא מכריז ואמר **רחוקו** רחוקו מן מסאבא: כל יומין LV 13:45
טוורא ואשתמודעיה מן **רחיק:** ואמר אברהם לעולימוי GN 22:4
מפתגם שיקרא הוי **רחיק** ודי נפק זכיי מבי דינך EX 23:7
דייי עליכון אומא מן **רחיק** מן סייפי ארעא קלילין כמא DT 28:49
מכסיא היא מנכון ולא **רחיקא** היא: לא בשמיא היא למימר DT 30:11
ובר עממין דייתי מארע **רחיקא** ויחמון ית מחוותא דארעא DT 29:21
ודמיין קריבין להון והינון **רחיקין** מטול דלא שמיעין DT 4:7
קצו וית קיימי אורייתי **רחיקת** נפשיהון: ואוף על כל דא LV 26:43
ולציד איתתא בזמן **ריחוק** סאובתא לא תיקרב לבזאה LV 18:19
שבעא יומין הי כיומי **ריחוק** סאובתה היכדין תיסתאב: LV 12:2
ולידסיאיבתא בעידוני **ריחוקא** ולדדייב ית דוביה לדכר או LV 15:33
ישמש גבר עימה ותהוי **ריחוקא** עלוי ויהי מסאב שובעא LV 15:24
יומין תלתא בלא אשוני **ריחוקה** או ארום תידוב בתר יומי LV 15:25
למישכוב עלוי בעידוני **ריחוקה** יהי מסאב וכל מידעם LV 15:20
למיתב עלוי בעידוני **ריחוקה** יהי מסאב: וכל מן דיקרב LV 15:20
או ארום תידוב בתר יומי **ריחוקה** כל יומי דוב סאובתא תהי LV 15:25
אלקכון הוא: ולא תיעלון **ריחוקי** טעוותא ותשמישהא DT 7:26
ואין ית סדרי דיניי **תרחיק** נפשתיכון בדיל דלא LV 26:15
בליבהון עד עלמא: לא **תרחקון** אדומאה דאתי לאתגיירא DT 23:8
לחוד ארחקא לא **תרחקון** לטיילא צלו עלי: ואמר EX 8:24
ארום אחוכון הוא לא **תרחקון** מצראה דאתי לאתגיירא DT 23:8
היך סאוב שיקצא ורחקא **תרחקינון** מטול דשמיתין הינון: כל DT 7:26

תשקצון ומן הנייתהון **תתרחקון:** כל דלית ליה ציצין LV 11:11

רחש (51)

דשכלול עלמא אחיד **ברחישותא** דאילנא בקרנוי ואזל GN 22:13
דמיה ומשכיה ובישריה **בריחשא** דרחיש על ארעא LV 11:29
כל נפשא חייתא דרחשא **דארחישו** מיא צלילתא לזניהון זני GN 1:21
ובכל ארעא ובכל ריחשא **דרחיש** עילוי ארעא: וברא אלקים GN 1:26
ית נפשתיכון בכל ריחשא **דרחיש** על ארעא: ארום אנא הוא ייי LV 11:44
ואיתמסי כל ביסרא **דרחיש** על ארעא בעופא ובבעירא GN 7:21
ולכל עופא דשמייא ולכל **דרחיש** על ארעא דביה נפשא GN 1:30
ובבעירא ובכל ריחשא **דרחיש** על ארעא הנפק עימך GN 8:17
ובחיתא ובכל ריחשא **דרחיש** על ארעא וכל בני נשא: כל GN 7:21
ובישריה בריחשא **דרחיש** על ארעא כרכושתא LV 11:29
ריגלין בכל ריחשא **דרחיש** על ארעא לא תיכלונון LV 11:42
כל ריחשא וכל עופא **דרחיש** על ארעא לזרעייתהון נפקו GN 8:19
ליזנהא וכל ריחשא **דרחיש** על ארעא ליזניה כל עופא GN 7:14
עד רמשא: וכל ריחשא **דרחיש** על ארעא שיקצא הוא לא LV 11:41
דכייא ומן עופא וכל **דרחיש** על ארעא: תרין תרין עלו GN 7:8
ית נפשתיכון בכל ריחשא **דרחש** ולא תיסתאבון בהון דילמא LV 11:43
וית כל נפשא חייתא **דרחשא** דארחישו מיא צלילתא GN 1:21
ובכל ריחשא חייתא **דרחשא** עילוי ארעא: ואמר אלקים GN 1:28
ועופא וכל נפשת חייתא **דרחשא** על ארעא: לאפרשא ביני LV 11:46
כל עופא דשמייא בכל **דתרחיש** ארעא ובכל נוני ימא GN 9:2
דריס בר נצצא ובכל מן **דתרחש** ארעא דאפרשית לכון LV 20:25
חייבייא מיניה עד צפרא **וארחש** מורנין וסרי ורגז עליהון EX 16:20
דפקיד משה ולא סרי **וריחשא** לא הות ביה: ואמר משה EX 16:24
וזני דלא דכיין בעירי **וריחשי** ובריית ארעא ליזנה והוה כן: GN 1:24
יום רביעיי: ואמר אלקים **ירחשון** רקקי מוי רחיש נפשא GN 1:20
וית בעירא ליזנה וית כל **רחיש** ארעא לזנה זני דכיין וזני דלא GN 1:25
מסאבתא או בניבלת **רחיש** מסאב ויתכסי מיניה והוא LV 5:2
אלקים ירחשון רקקי מוי **רחיש** נפשא חייתא ועופא דטייס GN 1:20
ברי: ואוחי יוסף ארום **רחשו** רחמוי על אחוי ובעא למבכי GN 43:30
חיוון ועקרבין וכל מיני **רחשין** ושאלין אובא טמיא וגרם DT 18:11
ומבעירא ליזניה ומכל **ריחשא** דארעא ליזניה תרין מכולא GN 6:20
רקיע שמיא: דמו דכל **ריחשא** דבארע דמו דכל נוני דבמיא DT 4:18
בימיא ובנחליא מן כל **ריחשא** דבמיא שיקצא הינון לכון: LV 11:10
ימא בידכם יתמסרון: כל **ריחשא** דהוא חי דילכון יהי למיכל GN 9:3
זרעא: או גבר דיקרב בכל **ריחשא** דיסתאב ליה או באינשא LV 22:5
דהיא נדונא לזניה: וכל **ריחשא** דעופא דליה ארבע ריגלין LV 11:23
נגר טורא וית ערפדא: וכל **ריחשא** דעופא דמהלך על ארבע זני LV 11:20
ברם ית דין תיכלון מן כל **ריחשא** דעופא דמהלך על ארבע כל LV 11:21
ובכל ארעא ובכל **ריחשא** דרחיש עילוי ארעא: וברא GN 1:26
ית נפשתיכון בכל **ריחשא** דרחיש על ארעא: ארום אנא LV 11:44
בעופא ובבעירא ובכל **ריחשא** דרחיש על ארעא הנפק GN 8:17
ובבעירא ובחיתא ובכל **ריחשא** דרחיש על ארעא וכל בני GN 7:21
נדל דמסגי ריגלין בכל **ריחשא** דרחיש על ארעא לא LV 11:42
וכל בעירא ליזנהא וכל **ריחשא** דרחיש על ארעא ליזניה כל GN 7:14
ויהי מסאב עד רמשא: וכל **ריחשא** דרחיש על ארעא שיקצא LV 11:41
ית נפשתיכון בכל **ריחשא** דרחש ולא תיסתאבון בהון LV 11:43
בנוי עימיה: כל חיתא כל **ריחשא** וכל עופא דרחיש על ארעא GN 8:19
מאינשא עד בעירא עד **ריחשא** ועד עופא דפרח באויר GN 7:23
מאינשא עד בעירא עד **ריחשא** ועד עופא דשמייא ארום GN 6:7
ובעופא דשמייא ובכל **ריחשא** חייתא דרחשא עילוי ארעא: GN 1:28
מיניא דמסאבין לכון בכל **ריחשא** כל דיקרב בהון ובמושכיהון LV 11:31

רטב (5)

ויפיל מנבילתהון עלוי **ברוטביה** מסאב הוא לכון: וארום LV 11:38
בידי וסוסיא דידי שרי **ברטיבא** הלא אנא אתנך דרכבת NU 22:30
יהון לכון ציריהון **ורוטביהון** ומיבישריהון לא תיכלון LV 11:11
כפרזלא דלא מזייע דלא **מרטבא** אילני ואיספרמקי ומיגדי DT 28:23
עינבי לא ישתי ועינבין **רטיבין** וצמיקין לא ייכול: כל יומי NU 6:3

רטש (1)

אדכור ברחמין: וארעא **תתרטיש** ותשתביק מנהון ותירעי LV 26:43

ריב (1)

אחוהא ואימא תיתב **ריבא** עימנא יומי שתא חדא או GN 24:55

רידוותא (1)

מצראי: ונסר ית גלגילי **רידוותיה** דפרעה והוו מדברין יתהון EX 14:25

ריו (4)

גבה והוה יוסף שפיר **בריוא** ויאי בחזוא: והוה בתר GN 39:6
רשיעא ורחל הות יאיא **בריוא** ושפירא בחיזוא: ורחם יעקב GN 29:17
גלימתא ותחות כל אילן **דריויה** שפיר: ותסתרון ית אגוריהון DT 12:2
בשבייתא איתא שפירת **ריווי** ותתיירעון בה ותסבינא לכון DT 21:11

רימנא (2)

ביני מלכוותא והיכמא **דרימנא** מנגח בקרנוי ית חיות ברא DT 33:17
וטביין ויחמורין יעלין **ורימנין** ותורי בר ודיצין: וכל בעירא DT 14:5

ריס (1)
יד שמאלך ולתפילין בין **ריסי** עינך ארום בתקוף גבורת ידא EX 13:16
ריס (1)
למישר מפנא הוא בית **רסא** דמלכא: ומלכא צדיקא הוא GN 14:17
ריעי (6)
ועל ריגלוי ועל בני גוויה **ורעייה:** ויפיק ית כל תורא למברא LV 4:11
וית בישרה וית אדמה על **ריעייה** יוקד: ויסב כהין אוחרן NU 19:5
דתורא וית מושכיה וית **ריעייה** תוקיד בנורא מברא EX 29:14
מושכא וית בישריה וית **רעייה** אוקד בנורא מברא LV 8:17
וית בישריהון וית **רעייהון:** ודמוקיד יתהון יצבע LV 16:27
תמן ותתוב ותכסי ית **רעייך:** ארום ייי אלקכון שכינתיה DT 23:14
ריפתא (1)
ובעו שושביני למכרך **ריפתא** איתבע ההוא בר נש לבי DT 32:50
ריקן (18)
איזל תוב למצרים ארום **איתרוקנו** ונחתו מנכסיהון והא EX 4:19
כספנא: ארום כל עותרא **דרוקן** ייי מן אבונא די לנא הוא ודי GN 31:16
קדמי מאן אעבד לך: **ואתרוקנו** בני ישראל מן תיקון EX 33:6
ויקטל רברבני מואבאי **וירוקן** כל בנוי דשת משיריתיה דגוג NU 24:17
קדם מצראי ושיילינון **ורוקינו** ית מצראי מניכסיהון: ונטלו EX 12:36
למשתי: ואוחיאת **ורוקינת** לגינתא למורכיוות בית GN 24:20
מאן דשומא בריגליהון: **ורוקן** ייי ית גיתא דאבוכן ויהב לי: GN 31:9
ובהיא צריא מבני נש **וריקנייא** מן כל בעיר וחשוכא על GN 1:2
על בניכון ועל בנתיכון **ותרוקינון** ית מצראי: ואתיב משה EX 3:22
ומסייפא נפש ותידרעון **לריקנו** זרעכון דלא יצמח וכתייא LV 26:16
למובדא פירהא: ויסוף **לריקנו** חיליכון ולא תיתן ארעכון LV 26:20
הדא: ארום לית פיתגם **ריקם** באורייתא אילהין לדעברין DT 32:47
הוה בסעדי ארום כדון **ריקם** שלחתני ית סיגופי וית ליאות GN 31:42
מגביכון לא תיפטרוניה **ריקנא:** מדחדא תדחדון ליה מן DT 15:13
ולא יתחמון קדמיי **ריקנין:** וחגא דחצדא ביכורי עובדך EX 23:15
מן תמן פריקין לא תהכון **ריקנין:** ותישאל איתתא מן EX 3:21
קדם ייי אלקכון **ריקנין** מכל מצוותא: גבר הי כמיסת DT 16:16
ולא יתחמיין קדמי **ריקנין:** שיתא יומין תיפלח וביומא EX 34:20
ריש (184)
ארום יהי ביה מכתשא **בריש** או בדקן: ויחמי כהנא ית LV 13:29
דבית מלכותא דפרעה **בריש** ארעא דמצרים הוה וכד קרא EX 12:31
פיסחא נפקו בני ישראל **בריש** גלי למחמיהון דכל מיצראי: NU 33:3
בריה ומית אהרן תמן **בריש** טוורא ונחת משה ואלעזר מן NU 20:28
עמא וימנון רברבני חילין **בריש** עמא: ארום תקרבון לקרתא DT 20:9
והיכמא דהוה עליל ונפיק **בריש** עמא בעמא הדין הכדין יהי DT 33:21
אפריש יעקב ויהב **בריש** ענא משכוכיתא כל ית דרגול GN 30:40
איתו ניתן כליל דרבו **בריש** פרוקן דהוה מעבר ולא עבר EX 15:18
עד דהוה מחניך פומיה **בריש** שירתא בתמניין וחמשין DT 32:3
שנין בתשרי בחד לירחא **בריש** שתא נגובו מיא מעל ארעא GN 8:13
דאבא הוה מותיב לי **ברישא** ומן קדם יקריה הוינא מקבל GN 50:20
ופרח בתרוי ואחדיה **ברישיה** ואחתיה שלף סייפא ובעא NU 31:8
לשיקרא וישלים יתיה **ברישיה** וחומש דמוי יוסף עלוי LV 5:24
ויתיב ית חובתיה **ברישיה** וחומש דמוי יוסף עלוי ויתן NU 5:7
שמיא ונעביד לנא סגדו **ברישיה** ונישוי חרבא בידיה ותהי GN 11:4
דבוץ מילת יטכס **ברישיה** לבושי קודשא הינון ברם LV 16:4
מלרע וכחדא הוון מזווגין **ברישיהון** בעיזקתא חדא היכדין EX 36:29
בין עיניהון ולא רושם **ברישיהון** ואומנא דיקניהון לא LV 21:5
ית כלילא קדישא דהוה **ברישיהון** והוה שמא רבא ויקירא EX 32:25
יסאיביניה כהנא מטול **דברישיה** מכתשיה: ומצורעא דבי LV 13:44
ביומא ההוא צפירא **דריש** ירחא וצפירא דחטאתא LV 10:16
ביתך ותספר ית מזייא **דרישא** ותיצמי ית טופרייהא: ותשני DT 21:12
על אבונן ארזא רמא **דרישי** מטי עד צית שמייא ברם GN 50:1
ריגליכון ועד מוקרא **דרישיכון:** יגלי ייי יתכון וית מלככון DT 28:35
וביום חדוותכון ומועדכון **וברישי** ירחכון ותתקעון NU 10:10
על עלת תדירא וניסוכה: **וברישי** ירחכון תקרבון עלתא קדם NU 28:11
דרביע על פרשת אורחא **ולרישי** חיויו דכמין על שבילא GN 49:17
אנת ואלעזר כהנא **ורישי** אבהת כנישתא: ותפליג ית NU 31:26
דדן הוון תגרין ואמפורין **ורישי** אומין: ובני דמדין עיפה ועפר GN 25:3
לבושוי יהוון מבזעין **ורישי** יהי מרבי פרוע ועל ספריא LV 13:45
ניבני לנא קרתא ומוגדלא **ורישי** מטי עד צית שמיא ונעביד GN 11:4
סולמא קביע בארעא **ורישי** מטי עד צית שמייא והא GN 28:12
ולמקדשא רישי ירחין **ורישי** שנין עיבורי ירחין ועיבורי GN 1:14
עמורא מחשבתהון בישין **כרישי** חיוניא חורמניא בגין כן תהון DT 32:32
דלוי ארום חוטרא חד **לריש** בית אבהתהון: ותצנעינון NU 17:18
גבר לאחוי נמני עלן מליך **לריש** ונתוב למצרים: ואתרכינו NU 14:4
קדם קריצתא למיסוק **לריש** טוורא ברם ארונא דביה NU 14:44
טוורא וקרא ייי למשה **לריש** טוורא וסליק משה: ואמר ייי EX 19:20
סליק ביומא תניינא **לריש** טוורא וקרא ליה ייי מן טוורא EX 19:3
ואקדימו בצפרא וסליקו **לריש** טוורא למימר הא אנחנא NU 14:40
ויתעבדו כליל דרבו **לריש** יוסף ולקדקדיה דגברא דהוה GN 49:26
ודבר בלק ית בלעם **לריש** רמתא דמדיתא על אנפי בית NU 23:28
ודבר לחקל סכותא **לריש** רמתא ובנא שובעא אגורין NU 23:14
ומשה ואהרן וחור סליקו **לריש** רמתא: והוי כד זקיף משה ידוי EX 17:10
תוב בפתגמא הדין: סוק **לריש** רמתא וזקוף עינך למערבא DT 3:27
שמעית מן בגלל למלפא **לרישי** סנדרייתא דעתידין למקום NU 9:8
אילין ויתעבדן כליל דרבו **לרישיה** דיוסף ולקדקדיה דגברא DT 33:16
ית כל משך בישריה **מרישיה** ועד ריגלוי לכל חיזיו LV 13:12
מן משחא דרבותא על **ריש** אהרן ורבי יתיה בתר דאלבשיה LV 8:12
שלונאי ברת בלק **ריש** אומא דמואב במדין בית NU 25:15
בר אימיה וראש דהוא **ריש** בבית אבוי מופים דאזדבן GN 46:21
ובנוי ית יד ימינהון על **ריש** דיכרא: ונכס ית דיכרא ודרק LV 8:18
אהרן ובנוי ית ידיהון על **ריש** דיכרא: ונכס ית דיכרא ונסיב LV 8:22
אהרן ובנוי ית ידיהון על **ריש** דיכרא: ותיכוס ית דיכרא EX 29:15
אהרן ובנוי ית ידיהון על **ריש** דיכרא: ותיכוס ית דיכרא EX 29:19
דייי וסגיד ישראל על **ריש** דרגשא: והוה בתר פיתגמייא GN 47:31
ויסמוך ית יד ימניה על **ריש** חטאתא ויכוס ית חטאתא LV 4:29
ויסמוך יד ימיניה על **ריש** חטאתא ויכוס יתה מטול LV 4:33
אבוכון: ראובן בוכרי אנת **ריש** חיל שימושי ושירוי קריות GN 49:3
ותתעתד קדמי תמן על **ריש** טוורא: ואינש לא יסק עמך EX 34:2
ייי על טוורא דסיני על **ריש** טוורא וקרא ייי למשה לריש EX 19:20
תהוי מתקרבא בכל **ריש** ירח וירח בזמן אתחדתות כל NU 28:14
דמבכרא ארעיה בכל **ריש** ירח וירח: ומטוב רישי טוורייא DT 33:14
איברכינון: והוה ביום **ריש** ירחא דניסן פסק משה NU 7:1
עליכון: בר מן עלת **ריש** ירחא ומנחתה ועלת תדירא NU 29:6
הדין לכון למקבעיה **ריש** ירחייא ומיניה תשרון למימני EX 12:2
גבר גבר לשיבטא גבר **ריש** לבית אבהתוי הוא: ואילין NU 1:4
עלוי בתכוף שלו ויסאב **ריש** נזריה רישיה ביום דכותיה NU 6:9
זימנא ויסב ית שיער **ריש** ניזריה ויתן על אישתא דתחות NU 6:18
ניסוכיה: ויגלב נזירא ית **ריש** ניזריה לברא בתר דנכיסו ית NU 6:18
בתוקפא יד ימיניה על **ריש** עלתא מטול דיתרעי ליה LV 1:4
בתוקפא יד ימיניה על **ריש** צפירא ויכוס יתיה טבחא LV 4:24
בשמא רבא ויקירא על **ריש** צפירא ויפטור ביד גבר די מזמן LV 16:21
ימיניה על שמאליה על **ריש** צפירא חייא ויודי עלוי ית כל LV 16:21
בתוקפא יד ימיניה על **ריש** קורבניה ויכוס יתיה טבחא LV 3:8
יד ימיניה בתוקפא על **ריש** קורבניה ויכסיניה טבחא בתרע LV 3:2
לכל עבדוי ורומם ית **ריש** רב מזוגייא וית ריש רב GN 40:20
ית ריש רב מזוגייא וית **ריש** רב נחתומייא בגו עבדוי: ואתיב GN 40:20
בתחומהון דמואבאי **ריש** רמתא דמדיקא כל קבל בית NU 21:20
מואב לטוורא דנבו **ריש** רמתא דעל אפי ידיחו ואחוויי DT 34:1
אלהן מתשרי דהוא **ריש** שתא לשכלול עלמא בשבסרי GN 7:11
ובנוי ית ידיהון ימיני על **ריש** תורא דחטאתא דילהון: ונכס LV 8:14
ייי ויסמוך יד ימיניה על **ריש** תורא ויכוס טבחא ית תורא LV 4:4
בתוקפא ידיהון על **ריש** תורא ויכוס טבחא ית תורא LV 4:15
אהרן ובנוי ית ידיהון על **ריש** תורא: ותיכוס ית תורא קדם ייי EX 29:10
יסמכון ית ידיהון על **ריש** תורי ועיבד ית חד חטאתא וית NU 8:12
כהנא ניתקא הוא סגירות **רישא** או דיקנא הוא: וארום יחמי LV 13:30
בצלצוליין ויפרע ית **רישא** דאיתתא מטול דאיהי קלעת NU 5:18
אבוה ית יד ימיניה על **רישא** דאפרים ובאיש קדמוי GN 48:17
ית ימיניה ושוי על **רישא** דאפרים והוא זעירא וית GN 48:14
דאבוי לאעדאה יתה מעל **רישא** דאפרים לאנחותא על רישא GN 48:17
דעל ידא דכהנא יתן על **רישא** דמידכי ויכפר עלוי כהנא LV 14:18
דעל ידא דכהנא יתן על **רישא** דמידכי לכפרא עלוי קדם ייי: LV 14:29
דאפרים לאנחותא על **רישא** דמנשה: ואמר יוסף לאבוי לא GN 48:17
זעירא וית שמאליה על **רישא** דמנשה פרג ית ידוי ארום GN 48:14
אקריבו יתה לפסגהא וית **רישא** ואסיק על מדבחא: וחליל ית LV 9:13
כוליה גמיר בשיער **רישא** ודיקנא ושינין וככין: ובתר GN 25:25
לפיסגוי ואסיק משה ית **רישא** וית פסגויא וית תרבא: וית בני LV 8:20
כהניא ית פסגייא וית **רישא** וית פריסותא דתרבא על LV 1:8
מצנפתא מעילוי תפילת **רישא** כל קבל אפי מצנפתא יהי: EX 28:37
חקיק ומפורש על תפילת **רישא** קביעא כל קבל ענך בגובהא EX 13:9
מטול דאיהי קלעת סער **רישה** ויתן על ידהא ית מנחת NU 5:18
קמה ואריק מישחא על **רישה:** וקרא שמא דאתרא ההוא GN 28:18
ליה ית פנחס אילין **רישי** אבהת ליואי ליחוסיהון: איהו EX 6:25
משה ית אלעזר כהנא וית **רישי** אבהת שיבטיא לבני ישראל: NU 32:28
קדם משה וקדם רברביא **רישי** אבהתא לבני ישראל: ואמרו NU 36:1
ישראל: וקריבו לבי דינא **רישי** אבהתא לגניסת בני גלעד בר NU 36:1
שבטיא דאבהתהון **רישי** אלפיא דישראל הינון: ודבר NU 1:16
ויזדמנון לוותך רברבייא **רישי** אלפיא דישראל: ותיתקעון NU 10:4
רתיחין ותמן מוקדין **רישי** בוסמנין תמן הוו קיימין גוברין GN 50:1
מארעא דמצרים: אילין **רישי** בית אבהתהון בנוי דראובן EX 6:14
אמרכליא דישראל **רישי** בית אבהתהון הינון רברבי NU 7:2
יהושע ית עמלק דקטע **רישי** גיבריא דעמיה על פום מימרא EX 17:13
יתהום מן סלא מעילוי **רישי:** ואתיב יוסף ואמר דין הוא GN 40:17
סלין דצביתא נקיא על **רישי:** ובסלא עילאה מכל תפנוקי GN 40:16

יעבדונון ויפסקון **רישי** חוטיהון ויתלון בחמשת NU 15:38
פתחון פוהון יניס וימברס **רישי** חרשייא ואמרין לפרעה ביר EX 1:15
בחד לירחא איתחמיו **רישי** טווריא: והוה מסוף ארבעין GN 8:5
בכל ריש ירח וירח: ומטוב **רישי** טוורייא בכירתא דאוריתו ליה DT 33:15
וירח בזמן אתחדתות כל **רישי** ירחי שתא: וצפיר בר עיזי חד NU 28:14
חושבן יומין ולמקדשא **רישי** ירחין ורישי שנין עיבורי ירחין GN 1:14
שימשא וית זיהרא וית **רישי** כוכביא כל חילי שמיא DT 4:19
מתפרש והוי לארבעת **רישי** נהרין: שום חד פישון הוא GN 2:10
שמעית מן בגלל למלפא **רישי** סנדרי דישראל דעתידין NU 27:5
שמעית מן בגלל למלפא **רישי** סנדרי דעתידין למיקום דיהוון NU 15:34
שמעית מן בגלל למלפא **רישי** סנהדרייתא דישראל דעתידין LV 24:12
כוליכון קדם ייי אלקכון **רישי** סנהדרין דילכון ואמרכלי DT 29:9
לא השכחית ומניתינון **רישי** עליכון רבני אלפין רבני DT 1:15
מעתד בזכוות אבהתא **רישי** עמא וזכוות אימהתא דמתילן EX 17:9
ואמר ייי למשה סב ית כל **רישי** עמא ומני יתהון דיינין וידונון NU 25:4
בישראל באתכנשות **רישי** עמא כחדא משתמעין ליה DT 33:5
דמלקדמין חפסו יתה **רישי** עמא משה ואהרן ספריהון NU 21:18
ביום פורענותהון והיך **רישי** פיתוניא הכדין אינון אכזראין: DT 32:33
למימר: ודברית ית **רישי** שיבטיכון ואורכתנון במליא DT 1:15
וקריבתון לוותי כל **רישי** שיבטיכון וחכימיכון: ואמרתון DT 5:23
ופכר טוורא ונקריה וטמע **רישיה** בגויה בעא למשלפיה מן NU 21:35
שלו ויסאב ריש נזריה **רישיה** ביום דכותיה ביומא NU 6:9
למיתא ויקדש ית **רישיה** ביומא ההוא: ויפריש קדם ייי NU 6:11
חוטא דתיכלא: ויהי פום **רישיה** במיצעיה תורא בשיפמיה EX 28:32
מקבל אנפוי ייתר שיער **רישיה** גלשלשן הוא דכי הוא: וארום LV 13:41
רישיה דעשו רשיעא והוה **רישיה** דעשו מתגלגל ואזיל עד דעל GN 50:13
בן דן ונטל סייפא וקטע **רישיה** דעשו רשיעא והוה רישיה GN 50:13
תיבותא והוה גננא על **רישיה** והוה מתפרנס מן מזונוי דנח GN 14:13
ודייניא ית ידיהון על **רישיה** ויאטלון יתיה באבנין כל LV 24:14
ייי: ויסמוך יד ימיניה על **רישיה** ויכוס יתיה טבחא קדם LV 3:13
כהנא למדבחא ויחזום ית **רישיה** ויסיק למדבחא ויתמציה LV 1:15
ויפסיג יתיה לפסגוי ית **רישיה** וית גופיה ויסדר כהנא יתהון LV 1:12
יספר ית כל שעריה ית **רישיה** וית דיקניה וית גביני עינוי LV 14:9
בגויה בעא למשלפיה מן **רישיה** ולא יכיל מן בגלל דמשכי NU 21:35
נכסין גברא בוכרא וחזמין **רישיה** ומלחין ליה במילחא GN 31:19
בוכרא שוי יד ימינך על **רישיה**: וסרב אבוי ואמר ידענא ברי GN 48:18
תורא וית בישריה על **רישיה** ועל ריגלוי ועל בני גווייה LV 4:11
ושוי ית מצנפתא על **רישיה** ושוי על מצנפתא כל קבל LV 8:9
ותשוי מצנפתא על **רישיה** ותיתן ית כלילא דביה חקיק EX 29:6
ותסדר אל איברוי ועל **רישיה**: ותסיק ית כל דיכרא EX 29:17
דרבותא ותריק על **רישיה** ותרבי יתיה: וית בנוי תקריב EX 29:7
ארום כלילא דאלקיה על **רישיה**: כל יומי נזריה קדיש הוא NU 6:7
למלבוש ית לבושיא ית **רישיה** לא ירבי פירוע ולבושוי לא LV 21:10
שיתא פרסי ואחתיה על **רישיה** למיטלוק עליהון מן יד זמין NU 21:35
בשירויא ויחזום ית **רישיה** לקבל קודליה ולא יפריש LV 5:8
על אחוי די יתריק על **רישיה** מישחא דרבותא ודיקרב ית LV 21:10
לקבל קודליה ולא יפריש **רישיה** מן קדליה: וידי מן אדם LV 5:8
ניזריה גלב לא יעיבר על **רישיה** עד זמן מישלם יומיא דיפרש NU 6:5
במיא אלהין טוי נור עם **רישיה** עם ריגלוי ועם בני גויה: ולא EX 12:9
וגבר ארום ייתר שיער **רישיה** קרוח הוא דכי הוא: ואין LV 13:40
גדפיהון לעילא כל קבל **רישיהום** מטללין בגדפיהון על EX 25:20
וכחדא יהון מזווגין על **רישיהון** בעיזקתא חדא היכדין יהי EX 26:24
עבד ווין לעמודיא וחפא **רישיהון** וכבש יתהון: ונחשא EX 38:28
וית וויהון חמשא וחפי **רישיהון** וכיבושיהון דהבא EX 36:38
דנחשא וויהון כסף וחיפוי **רישיהון** וכיבושין כסף: וכל מתחיא EX 38:19
ממצרים וסדרין על **רישיהון** ומתאפי להון מחומתא EX 12:39
וכיבושיהון כסף וחיפוי **רישיהון** כסף והינון מכבשין כסף EX 38:17
פריסין גדפיהון בהדי **רישיהון** לעילא מטללין בגדפיהון EX 37:9
עמא ית לישיהון עילוי **רישיהון** עד דלא אחמע ומן EX 12:34
דדהב הוי שרי קורייה מן **רישיהון** קדשיא מן אדניהן קטליא NU 31:50
עיינין: לא תפקון צדדי **רישיכון** ולא תגלבון ית שומת LV 19:27
ולאלעזר ולאיתמר בנוי **רישיכון** לא תרבון פרוע ולבושיכון LV 10:6
שלילא דליה תרין **רישין** ותרתין שדראין הואיל ולית DT 14:7
גוברין חריפין דמתמנן **רישין** על בני ישראל הינון: ואילין NU 13:3
מכל ישראל ומני יתהון **רישין** על עמא רבני אלפין שית EX 18:25
לשיבטיכון ואימנינון **רישין** עליכון: ואתיבתון יתי DT 1:13
פרעה דוכרנך וירים ית **רישך** ביקר ויתיבינך על שימושך GN 40:13
מכוונין ומחיין יתך על **רישך** וכד שבקין מצוותא GN 3:15
יעדי פרעה בסיפא ית **רישך** מעילוי גופך ויצלוב יתך על GN 40:19

רכב (13)

רמשא: וכל זוגא ומרכבא **דירכוב** עלוי דובנא יהי מסאב וכל LV 15:9
ברטיבא הלא אנא אתנך **דרכבת** עלי מן טליותך עד זמן יומא NU 22:30
מניכא דדהבא על צווריה: **וארכיב** יתיה ברתיכא תנייתא GN 41:43
ית אינתתיה וית בנוי **וארכיבינון** על חמרא ותב לארעא EX 4:20
עד רמשא: וכל זוגא **ומרכבא** דירכוב עלוי דובנא יהי LV 15:9
לא ימשכן גבר ריחיא **וריכבא** ארום צורכי דבהון מתעבד DT 24:6
גנבריא דמיתו בטובענא **ורכב** עילוי תיבותא והוה גננא על GN 14:13
וקמת רבקה וריבתהא **ורכיבן** על גמלייא ואזלן בתר גברא GN 24:61
על תרין סוסוון דילמא **ירכבון** רברבנוי עליהון ויתגאון DT 17:16
למיסור זייני וית ריגליה **למרכוב** על סוסיא בכל ארעא GN 41:44
ונפיל ומן אמתיה **רכביה** מתפרקיד לאחוריה הכדין GN 49:17
למישטן ליה והוא **רכיב** על אתניה ותרין עולימוי יניס NU 22:22
על ריגליהון ולא **רכיבין** על סוסוון בר מטפלא EX 12:37

רכוב (2)

עמא בני ישראל סוסוון **ורוכביהון** רמא וטמע יתהון בימא EX 15:1
ישראל דאשרי שכינתיה **ורכוביה** בשמיא הוא יהוי בסעדכון DT 33:26

רכובא (1)

ואפיק יוסף יתהון מלות **רכובוי** וסגד על אפוי על ארעא: GN 48:12

רכובא (1)

דייי בשיחנא בישא על **רכוביא** מטול דחמיטתון לפיתגם DT 28:35

רכך (5)

תהי רחיץ עלול לכל אתר **ומרכיך** וחאי ולאחוך תהי משתעבד GN 27:40
דמלכא רב בחכמתא **ורכיך** בשנייא ומני יתיה סרכן על GN 41:43
קריב לשמך בר תורין **רכיך** ושמין אימרא איתבחר תיניין LV 22:27
אברהם ונסיב בר תורי **רכיך** ושמין ויהב לעולימא ואוחי GN 18:7
סודרא אקושא בגו **רכיכא** ועל מארסא באטלות אבנין LV 20:10

רכן (12)

ארום בסימא הוא בגין כן **ארכין** כתפי למלעי באורייתא והוי GN 49:15
ותהי ריבא די אימר לה **ארכיני** כדון לגיניך ואישתי ותימר GN 24:14
לזמרא הא בכין **אתרכין** יוסף על אנפי אבוי ובכא GN 50:1
קהלא לתרע משכן זימנא **ואיתרכינו** על אפיהון ואיתגלי NU 20:6
ית עינהא וחמת ית יצחק **ואיתרכינת** מעל גמלא: ואמרת GN 24:64
ותוחון ית אבא הלכא: **ואתרכין** על פריקת צוורי בנימין GN 45:14
לקדמותיה וגפיף ליה **ואתרכין** על צווריה ונשיך ליה ובכון GN 33:4
וחמון כל עמא ואודון **ואתרכינו** בצלו על אנפיהון: ונסיבו LV 9:24
יתהון כשעא זעירא **ואתרכינו** בצלו על אפיהון: ואמר NU 17:10
יתהון כשעא זעירא: **ואתרכינו** בצלו על אפיהון ואמר אל NU 16:22
לריש ונתוב למצרים: **ואתרכינו** משה ואהרן על אפיהון NU 14:5
ותהא ואיתחמי ליה **ורכן** על פריקת צווריה ובכא על GN 46:29

רמז (6)

בית ישראל ומרי עלמא **דמן** לטווריא וקריבו דין לדין ומיתן NU 21:14
נשיתון אורייתא דליבכון **ורמזתון** בעיינכון וטמטמתון DT 29:3
אלהין למידע ועיינין **למרמזא** אלהין למיחמי ואודנין DT 29:3
מערת כפילתא ומן יד **רמז** יוסף לחושים בן דן ונטל סייפא GN 50:13
בבקעת דורא בה שעתא **רמז** קודשא למיכאל ואנהר עיינה GN 38:25
לך ית לוחי אבנא דבהון **רמיז** שאר פיתגמי אורייתא ושית EX 24:12

רמי (42)

ושינתא עמיקתא **אתרמיית** על אברם והא ארבע GN 15:12
ברתך זעירתא: ואמר לבן **ברמיו** טב דאיתן יתה לך מן דאיתן GN 29:19
איתן נתיעט עליה עיטא **דרמיו** דיימתן לגבן ועבדו ליה GN 29:22
לגבן ועבדו ליה עיטא **דרמיו** לאסאבא ליה לאה חולף GN 29:22
דילהון דמן קיסא ואבנא **דרמיין** באושקקי וטעוון דכסף DT 29:16
לכון בעיטת רמיותהון **דרמיין** לכון על עיסק פעור ועל NU 25:18
וכדון אתו וניקטליניה **ונירמיניה** בחד מן גובייא ונימר GN 37:20
השתא סמיך ביקיבליה: **ורמא** ייי אלקים שינתא עמיקתא GN 2:21
וצר יתיה בשושיפא **ורמא** יתיה בטופרא ועבדיה עיגל EX 32:4
בידא ואפק לשוקא: והא **ורמת** חלבונא דביעתא בדרגשא GN 39:14
אמרפל הוא נמרוד דאמר **למירמי** אברם לנורא הוא מלכא GN 14:1
למיתן תיבנא לעמא **למירמי** לבניא הי כמאיתמלי והי EX 5:7
לא אשלימתון גזירתכון **למירמי** ליבנין הי כמאיתמלי והי EX 5:14
ורב נחתומייא ואיתיעטו **למירמי** סמא דמותא במיכליה GN 40:1
בעמודא דאישתא **למירמי** עליהון גומרין דאשא EX 14:24
דאשא ובעמודא דעננא **למרמא** עליהון ברדין ושאמם ית EX 14:24
בלק ית בלעם ואסקיה **לרמת** דחלתא דפעור וחמא מתמן NU 22:41
ואמרו גבר לחבריה הבו **נירמי** ליבנין וניוי יתהון באתונא GN 11:3
ישראל סוסוון ורוכביהון **רמא** וטמע יתהון בימא דסוף: EX 15:1
שיפר עולימי גיברוי **רמא** וטמע יתהון בימא דסוף: EX 15:4
סוסוותיה ורתיכוי **רמא** וטמע יתהון בימא דסוף: EX 15:21
לימא דסוף וימא דסוף **רמא** יתהון על גיפיה כל סוסות EX 14:9
אולד ית לוט: והוה כד **רמא** נימרוד ית אברם לאתונא GN 11:28
דפלגותא בי היא זימנא **רמא** פיצתא עם שובעין מלאכיא DT 32:8
ייי ושלף חרבא על לבן **רמאה** בחילמא דליליא ואמר ליה GN 31:24
מלכא דעילם ותדעל **רמאה** כתעלא מלכא דעממיא GN 14:1
למיתב עימיה ארום גבר **רמאי** הוא אמר לא יעקב אנא רמאי GN 29:12
הוא אמר לא יעקב אנא **רמאי** וחכים יתיר מיניה ולית ליה GN 29:12
מצראי מיתין ולא מיתין **רמאין** על גיף ימא: וחמון ישראל ית EX 14:30
ואישוי ית פיגריכון **רמאין** על פיגרי טעוותיכון ותירחק LV 26:30
חמרא דאחוכון או תוריה **רמאן** באורחא ותכבשון עיניכון DT 22:4

יהיב לכון למירתה **רמי** ולא צלוב בקיסא בחקלא ולא DT 21:1
לארעא אוחרי דהות **רמיא** עלוי אימתיה דיעקב אחוי: GN 36:6
ארום פולחן קודשא **רמיא** עליהון בכתפא נטלין: וקריבו NU 7:9
עליהון בתכוף דפוקדניה **רמיא** עליהון ולא יכילו למעבד NU 9:6
עייקין הינון לכון בעיטת **רמיותהון** דרמיין לכון על עיסק NU 25:18
עימהון לטוורייא **רמייא** ומטוורייא רמייא נחתא NU 21:19
טעוותהון על טוורייא **רמייא** ועל גלימתא ותחות כל אילן DT 12:2
רמייא ומטוורייא **רמייא** נחתא עימהון לגלימתא NU 21:19
משכניה: ומטוורייא **רמייא** נחתא עימהון לגלימתא NU 21:20
ועקרבין כקשתין סריין **רמיין** לקובליכון אורח טוורא DT 1:19
חייא לא תיכלון לכלבא **תרמון** יתיה בסוטריה: עמי בני EX 22:30

רמץ (10)

לרעוא להון קדם ייי: **ותרמיץ** כיתונא דבוצא למכפרא על EX 28:39
זבלון יוסף ובנימן משקען **מרמצן** בדהב באשלמותהון: EX 39:13
דבורלתא חלא משקען **מרמצן** גליפן כתב חקיק מפרש על EX 39:6
דדהב דכי: ועבדו תרתין **מרמצן** דדהב ותרתין עיזקן דדהב EX 39:16
כתפוי לדוכרנא: ותעביד **מרמצן** דדהב: ותרתין שישלן דדהב EX 28:13
מקפן באומנותהון **מרמצן** דדהב תעבד יתהון: ותסדר EX 28:11
ואפודא ומעילא וכיתונין **מרמצן** מצינפן וקמורין ויעבדון EX 28:4
ציטרוי יהבו על תרתין **מרמצתא** ויהבונון על כתפי אפודא EX 39:18
סיטרוי תיתן על תרתין **מרמצתא** ותיתן על כתפי אפודא EX 28:25
ית שושלתא קליעתא על **מרמצתא:** ותעבד חושן דינא דביה EX 28:14

רמש (72)

בישא ואלקא דאבוכון **ברמשא** אמר לי למימר איסתמר לך GN 31:29
בר מן בישרא דתיכסון **ברמשא** ביומא קמאה לצפרא: לית DT 16:4
תידעון בדיזמן ייי לכון **ברמשא** בישרא למיכול ולחמא EX 16:8
ואמר ועל דהוו ממללין **ברמשא** בתואל הוה אכיל מההוא GN 24:55
יומא דעשרין וחד לירחא **ברמשא** דעשרין ותרין תיכלון EX 12:18
גלי קדם ייי בגין כן אוכח **ברמשא:** ואתיב לבן ואמר ליעקב GN 31:42
לבושוי ויסחי במיא וידכי **ברמשא:** וגבר דיסתאב ולא ידי עלוי NU 19:19
ליה לאה חולף רחל: והוה **ברמשא** ודברית לאה ברתיה ואעיל GN 29:23
תרין מלאכיא לסדום **ברמשא** ולוט יתיב בתרעא דסדום GN 19:1
אנא הוא ייי אלקכון: והוה **ברמשא** וסליקו פיסייונין וחפו ית EX 16:13
ועל יעקב מן חקלא **ברמשא** ושמעת לאה קל נהיקיה GN 30:16
ואהרן לכל בני ישראל **ברמשא** ותינדעון ארום ייי אפיק EX 16:6
פלגותא בצפרא ופלגותא **ברמשא:** על מסריתא במשח זיתא LV 6:13
דידי ויהדר וידי ויטבול **ברמשא** שביעאה: דא אחוויית NU 19:13
ולא מן בישרא דתיכלון **ברמשא:** שירוי ביכורי פירי ארעך EX 23:18
תמן תיכסון ית פיסחא **וברמשא** במיעל ית שימשא DT 16:6
לירחא תיכסון ית פיסחא **וברמשא** דחמסר תיכלון פטירי עד EX 12:18
למשכנא דסהדותא **וברמשא** הוי על משכנא הי כחיזו NU 9:15
יקרבון אימר תניין **וברמשא** יהון מפלגין מותר שאר GN 49:27
ובפניא סמיך למשכבכון **וברמשא** סמיך למיקמיכון: DT 6:7
שעי יומא באפיכון **וברמשא** תהוון אמרין לואי דיהי DT 28:67
זימנא וסדר יתיה אהרן **מרמשא** ועד צפר קדם ייי תדירא LV 24:3
והא טב לחדא והוה **רמש** והו צפר יום שתיתיי: ושלימו GN 1:31
אלקים ארום טב:: והוה **רמש** והוה צפר יום חמישאיי: ואמר GN 1:23
אלקים ארום טב: והוה **רמש** והוה צפר יום רביעיי: ואמר GN 1:19
אלקים ארום טב: והוה **רמש** והוה צפר יום תליתאי: ואמר GN 1:13
לרקיע שמייא והוה **רמש** והוה צפר יום תניין: ואמר GN 1:8
למינח ביה בריתא והווה **רמש** והוה צפר יומא חדא: ואמר GN 1:5
תהוון אמרין לואי דיהי **רמשא** דעקן מארכן שעי יומא DT 28:67
לירחא בעידוני רמשא מן **רמשא** ההוא ועד רמשא חורן תהוון LV 23:32
סווין דמוי ויהי מסאב עד **רמשא:** ואין אידיכיית מדובה ותמני LV 15:27
סווין דמוי ויהי מסאב עד **רמשא:** ואין על משכבא הוא ברובא LV 15:22
ביה יהי מסאב עד **רמשא:** ואין שמשא ישמש גבר LV 15:23
דמוי ויהון מסאבין עד **רמשא:** ואינתתא ארום תהי דייבא LV 15:18
במוי ויהוי מסאב עד **רמשא:** ואיתתא פניתא די ישמש LV 15:17
קדמך מן צפרא עד **רמשא:** ואמר משה לחמוי ארום EX 18:14
דמוי ויהי מסאב עד **רמשא:** וארום אין יריק דובנא LV 15:7
דיקרב ביה יהי מסאב עד **רמשא:** ואתו בני ישראל כל כנישתא NU 19:22
דמוי ויהי מסאב עד **רמשא:** ודי יתיב על מנא דמייחד LV 15:5
לבושוי ויהי מסאב עד **רמשא** ודיוסיט ית נבילתה יצבע ית LV 11:40
בנבילתהון יהי מסאב עד **רמשא:** ודיוסיט ית נבילתהון יצבע LV 11:27
תחותוי יהי מסאב עד **רמשא:** ודיוסיט יתהון יצבע לבושוי LV 15:9
בנבילתא יהי מסאב עד **רמשא:** ודייכול מנבילתה יצבע LV 11:39
דמוי ויהי מסאב עד **רמשא:** ודיקרב בבשר דובנא יצבע LV 15:6
יתיה יהי מסאב עד **רמשא:** ודישכוב בביתא יצבע ית LV 14:46
לותיה יונתא לעידוני **רמשא** והא טרפא דזיתא לקיט GN 8:11
באנפי ברא לעידוני **רמשא** וזקף עינוי וחמא והא GN 24:63
קדם משה מן צפרא עד **רמשא:** וחמא חמוי דמשה ית כל EX 18:13
סווין דמוי ויהי מסאב עד **רמשא** וידכי: ואין ארשע ולא יצבע LV 17:15
ויהי מסאב לכל צרוך עד **רמשא** וידכי: ומאן דפחר דיפיל LV 11:32
מסאב קדם טיבוליה עד **רמשא:** ויכנוש גבר כהין דכי ית NU 19:8
ההוא קדם טיבוליה עד **רמשא:** וכהנא דמתעסק ביקידתא NU 19:7
בנבילתהון יהי מסאב עד **רמשא:** וכל דיוסיט מן נבילתהון LV 11:24
סווין דמוי ויהי מסאב עד **רמשא:** וכל דיקרב בכל מנא דמייחד LV 15:21
דמוי ויהי מסאב עד **רמשא:** וכל זוגא ומרכבא דירכוב LV 15:8
בישריה ויהי מסאב עד **רמשא:** וכל לבושא וכל צלא די יהוי LV 15:16
ובאדמהון יהי מסאב עד **רמשא:** וכל מידעם דיפול עלוי LV 11:31
סווין דמוי ויהי מסאב עד **רמשא:** וכל מידעם דיקרב ביה LV 15:10
אדיותא יהי מסאב עד **רמשא:** וכל מידעם דיקרב ביה NU 19:21
דיקרב בה יהי מסאב עד **רמשא:** וכל מידעם דמייחד LV 15:19
ית לבושוי ויהי מסאב עד **רמשא:** וכל ריחשא דרחיש על LV 11:40
דיקרב ביה יהי מסאב עד **רמשא** ולא ייכול מן קודשייא LV 22:6
דמוי ויהי מסאב עד **רמשא:** ומאן דפחר דיקרב בגוויה LV 15:11
זמן דהוי ענן יקרא מן **רמשא** ועד צפרא ומסתלק ענן NU 9:21
יסדר יתיה אהרן ובנוי מן **רמשא** ועד צפרא קדם ייי קיים EX 27:21
מסאב קדם טיבוליה עד **רמשא** ותהי לדכותא לבני ישראל NU 19:10
מן רמשא ההוא ועד **רמשא** חורן תהוון ציימין צומיכון LV 23:32
לבושוי ויהי מסאב עד **רמשא:** לכל בעירא דהיא סדיקא LV 11:25
לבירא דמיא לעידן **רמשא** לעידן דנפקן מליאתא: ואמר GN 24:11
יומין לירחא בעידוני **רמשא** מן רמשא ההוא ועד רמשא LV 23:32
לבושוי ויהי מסאב עד **רמשא** מסאבין הינון לכון: ודין לכון LV 11:28
הא כבר שמישית **רמשי** עם איבא נשקיניה חמרא אוף GN 19:34

רנן (1)

עלי בישתא ומילי **רינניכון** דמפקין סילעא לאפוקי DT 1:12

רסיסא (2)

דיתאין בירח מרחשוון **וכרסיסין** לקושין דמרווין צימחוני DT 32:2
עותרא ומתמן קלחן **רסיסי** מלקושין על עיסבין EX 40:4

רסס (5)

דריסת חייתא ובעופא **דריס** בר נצצא ובכל מן דתרחש LV 20:25
ליה ציבעא יתירא ולא **דריס** תיכלון: ודין דלא תיכלון DT 14:11
דסמי או דתביר גרמא או **דריסוי** לקיין או דעינויי לקיין LV 22:22
ית נפשתיכון בבעירא **דריסת** חייתא ובעופא דריס בר LV 20:25
לחוד שמיא דעילויהון **רסיין** להון טלין דבירכתא ומטרין DT 33:28

רסק (4)

מטגנא תעיל יתה **מרסקא** מנחת ריסוקין תקרב LV 6:14
פטיר תהי: רסיק יתיה **ריסוקין** ותריק עלה מישחא LV 2:6
תעיל יתה מרסקא מנחת **ריסוקין** תקרב אתקבלא ברעוא LV 6:14
פתיכא במשח פטיר תהי: **רסיק** יתיה ריסוקין ותריק עלה LV 2:6

רעי (35)

לי פיתגמא הדין איתוב **ארעי** ענך אטר: אעיבר בכל ענך GN 30:31
ובין רעאי גיתיה דלוט **דרעאי** דאברם הוו מיפקדיו מיניה GN 13:7
מצראי שיזבנהו מן ידא **דרעיא** ולחוד מדול חד דלה לן EX 2:19
חקיל דבריך יתיה ייי **ואתרעי** לאשראה שכינתיה תמן: GN 27:27
אתיין לאתר מרעיהון **ורעי** דלוט הוו מבקרין ואזלין GN 13:7
למחמי ופטימן בישרא **ורעיין** בגו גומייא: והא שבע תורתי GN 41:2
בשר ושפירן למיחמי **ורעיין** בגו גומייא: והא שבע תורתי GN 41:18
אוף ענא ותורא לא **ירעון** כל קבל טוורא ההוא: ופסל EX 34:3
ית פיתגמא: ואזלו אחהי **למרעי** ית ענא דאבוהון בשכם: והוה GN 37:12
עד דהוו אתיין לאתר **מרעיהון** ורעי דלוט הוו מבקרין GN 13:7
כחדא: והוו דיינין בין **רעאי** גיתיה דאברם ובין רעאי GN 13:7
רעאי גיתיה דאברם ובין **רעאי** גיתיה דלוט דרעאי דאברם GN 13:7
אתו לוותי: וגוברייא רעיין **רעאן** ארום גוברי מרי גיתי הוו GN 46:32
בעיר אשקו ענא ואיזילו **רעו:** ואמרו לא ניכול עד די יתכנשון GN 29:7
תמן ביר מוי נבעין: ונצו **רעוותא** דיגרר עם רעוותא דיצחק GN 26:20
ונצו רעוותא דיגרר עם **רעוותא** דיצחק למימר דילנא מיא GN 26:20
מצותא בינא ובינך ובין **רעוותיי** ובין רעוותך ארום גוברין GN 13:8
ובינך ובין רעוותיי ובין **רעוותך** ארום גוברין אחין אנחנא: GN 13:8
כענא דטען ולית להון **רעי:** ואמר ייי למשה דבר לך ית NU 27:17
דינפקו מנהון כד הוה **רעי** ית חמרייא לצבעון אבוי: ואילין GN 36:24
אינש בחבריה: ומשה הוה **רעי** ית ענא דיתרו חמוי רבא דמדין EX 3:1
עניה וביני יעקב ויעקב **רעי** ית ענא דלבן סבאן ומרען GN 30:36
עובדיכון ואמרו לפרעה **רעי** ענא הוו עבדך אוף אנן אוף GN 47:3
ארום מרחקין מצראי כל **רעי** ענא: ואתא יוסף ותני לפרעה GN 46:34
וית הבל והוה הבל **רעי** ענא וקין הוה גבר פלח בארעא: GN 4:2
אלהין קלילין ותריך **רעיא** דיליה ומה דאשתארו שוי GN 29:9
ענא דאבוהן: ואתון **רעיא** וטרדינון וקם משה בכח EX 2:17
ארום לית אתר בית **רעיא** לענא דלעבדך ארום תקיף GN 47:4
ודבר ית ענא לאתר שפר **רעייא** דאחורי מדברא ואתא EX 3:1
ובתר דאזל יעקב קמו **רעייא** על בירא ולא אשכחו מיא GN 31:22
מתפרקין על יד תלת **רעיין** ודי אמרת נסיבית ית עינביא GN 40:12
אתו לוותי: וגובריא **רעיין** רעאן ארום גוברי מרי גיתי הוו GN 46:32
עם ענא דלאבוהא ארום **רעיתא** היא בההוא זימנא ארום הוה GN 29:9
חוי כדון לי איכן אינון **רען:** ואמר גברא נטלו מיכן ארום GN 37:16
לטוורא דילמא **תירעינני** בישתא ואימות: הא כדון GN 19:19

רעי (156)

אפי מלאכא דידך והא **איתריעיתא** לי: קבל כדון ית דורון GN 33:10
ומליל עמהון למימר אין **איתרעו** עם נפשכון למקבר ית GN 23:8
תיתנון ליה: מטול דביה **איתרעי** ייי אלקכון מכל שיבטיכון DT 18:5
ואמר למשה דילמא לא **איתרעי** מימרא דייי בעובדי ידיי LV 9:23
יתהון ואיסתחיפת כן **איתרעת** ראובן ברי די חטית לא GN 49:4
עיבר יורדנא דכדין **אתרעון** והוה להון ואיתקבלן GN 49:19
קדם ייי אלקכון ובכון **אתרעי** ייי אלקכון למיהוי לי לעם DT 14:2
קדם ייי אלקכון ובכון **אתרעי** ייי אלקכון מטול למהוי ליה DT 7:6
כהניא ביני לוי ארום בהון **אתרעי** מימרא דייי אלקכון DT 21:5
בעטתהון לא **אתרעיית** נפשי ובמכנשהון לשכם GN 49:6
תיניינא קדם ייי אלקכון **באתרעא** דיתרעי לאשראה DT 14:23
בסייפא: וארום תימרון **בריעייונכון** היכדין נידע ית פיתגמא DT 18:21
בקורבניהון דאתקבלו **ברעוא** הי כאכלין והי כשתיין: ואמר EX 24:11
לא יתסקון לאתקבלא **ברעוא**: וכל קרבן מנחתך במלחא LV 2:12
דייי מטול לאתקבלא **ברעוא** וניסוכי חמר עינבי רבעות LV 23:13
בגלל מה אתקבל קרבנך **ברעוא** וקרבני מני לא איתקבל GN 4:8
ואמר יקבל מימר דייי **ברעוא** ית קורבניכון וישרי וישבוק LV 9:23
נפשכון: ויקבל מימריה **ברעוא** ית תיובתכון וירחם עליכון DT 30:3
לחים קורבנא לאתקבלא **ברעוא** כל תריב קדם ייי: קים עלם LV 3:16
סחפא אולפני ותתקבל **ברעוא** על מקבלי אולפנא היך טלא DT 32:2
וקרבני מני לא איתקבל **ברעוא** עני הבל ואמר לקין ברחמין GN 4:8
לדידך אתקבל קרבני **ברעוא** עני קין ואמר להבל לית דין GN 4:8
בגופיכון מטול דאקבל **ברעוא** צלותכון אנא הוא ייי LV 20:7
ויעבד קרבן דמתקבל **ברעוא** קדם ייי היכמא דתעבדון NU 15:14
הינא קורבן דמתקבל **ברעוא** קדם ייי: הכדין יתעבד NU 15:10
היא קרבן דמתקבל **ברעוא** קדם ייי: ואין מן עופא LV 1:13
אשתא קרבן דמתקבל **ברעוא** קדם ייי: ואין מן ענא קרבניה LV 3:5
היא קרבן דמתקבל **ברעוא** קדם ייי: ואם מן בני ענא LV 1:9
לקרבא קורבנא דמתקבל **ברעוא** קדם ייי: וארום יתגייר NU 15:13
מטול לאתקבלא **ברעוא** קדם ייי: וארום תעביד בר NU 15:7
תעביד קרבן דמתקבל **ברעוא** קדם ייי: וביומא דשבתא NU 28:8
תסיק קורבן דמתקבל **ברעוא** קדם ייי: ובישריהון יהי לך NU 18:17
היא קרבן דמתקבל **ברעוא** קדם ייי: ובר נש ארום יקרב LV 1:17
למדבחא לאיתקבלא **ברעוא** קדם ייי ויכפר עלוי כהנא LV 4:31
ריסוקין תקרב אתקבלא **ברעוא** קדם ייי: וכהנא רבא דמתרבי LV 6:14
ויסיק תרבא לאתקבלא **ברעוא** קדם ייי: ולא ידבחון תוב ית LV 17:6
למדבחא קרבן דמתקבל **ברעוא** קדם ייי: ומה דמשתייר מן LV 2:2
למדבחא קרבן דמתקבל **ברעוא** קדם ייי: ומה דמשתייר מן LV 2:9
חד לעלתא לאתקבלא **ברעוא** קדם ייי ומנחתיה וניסוכיה NU 15:24
בכולא מטול לאתקבלא **ברעוא** קדם ייי: ונסיב משה ית LV 8:28
דמרי עלמא לאתקבלא **ברעוא** קדם ייי מן תורי או מן ענא: NU 15:3
דחגא קרבן דמתקבל **ברעוא** קדם ייי על עלת תדירא NU 28:24
על עלתא לאתקבלא **ברעוא** קדם ייי קורבנא הוא קדם EX 29:25
עלתא קרבן דמתקבל **ברעוא** קדם ייי קורבנין קלילין תור NU 29:36
עלתא לאתקבלא **ברעוא** קדם ייי תור בר תורי חד NU 29:2
עלתא קרבן דמתקבל **ברעוא** קדם ייי תורין בני תורי NU 29:13
עלתא לאתקבלא **ברעוא** קדם ייי תורין בני תורין NU 28:27
כסדר דינהון לאתקבלא **ברעוא** קורבנא קדם ייי: ובעשרא NU 29:6
ההוא מדבחא: וקבל ייי **ברעוא** קורבניה ואמר ייי במימריה GN 8:21
עלתא היא לאתקבלא **ברעוא** קרבנא הוא קדם ייי היכמא LV 8:21
הוא קדם ייי לאתקבלא **ברעוא** קרבנא קדם ייי הוא: ותיסב EX 29:18
דסיני מטול לאתקבלא **ברעוא** קרבנא קדם ייי: וניסוכיה NU 28:6
חד עלתא לאתקבלא **ברעוא** קרבנא קדם ייי: וניסוכיהון NU 28:13
ית מוקדשיכון ולא אקבל **ברעוא** ריח קורבניכון: ואצדי לחוד LV 26:31
למדבחא לאתקבלא **ברעוא** שבח אדכרתא קדם ייי: ומה LV 6:8
בטוורא כרמלא תקבל **ברעוא** תביר חרצא דאחאב סנאיה DT 33:11
קדם ייי לאתקבלא **ברעוא** תור חד בר תורי דכר חד NU 29:8
תעבד לה לאתקבלא **ברעוה** קרבנא קדם ייי: עלת תדירא EX 29:41
דיהי יצרא דליבהון שלים **ברעות** דין להון למידחל מן קדמי DT 5:29
ובכל עיבידתא: למיחשב **ברעיונהון** היך למעבד בדהבא EX 31:4
זהורי וית בוצא: וכל נשיא **דאיתרעי** לבהון עימהן בחכמתא EX 35:26
ואיתתא בת ישראל **דאיתרעי** לבהון עימהן לאיתתא EX 35:29
קדם משה: ואתו כל גבר **דאיתרעי** ליביה וכל דאשלימת EX 35:21
קדם ייי כל מאן **דאיתרעי** ליביה ייתי ית אפרשותא EX 35:5
בני ישראל כל גבר **דאיתרעי** ליביה לאפרשא: וכסף EX 38:24
חכמתא בליביה כל מאן **דאיתרעי** ליביה למיקרב לעיבידתא EX 36:2
ונסיבו להון נשין מכל **דאיתרעיו**: ואמר ייי במימריה לא GN 6:2
דרכיה ברם יבימתא **דאיתרעת** קמי לקי שיחנא ודלי DT 25:4
מימרי לך תמן: ויהי גברא **דאתרעי** ביה לשמשא קדמי NU 17:20
גובריא עם נשיא כל מאן **דיאיתרעי** ליביה היתיו שירין EX 35:22
קדם ייי אלקכון באתרא **דיתרעי** בחגא דפטיריא ובחגא DT 16:16
קדם ייי מחר ויהי גברא **דיתרעי** ביה ייי הוא דקדיש סגי NU 16:7
ויקרב לפולחניה וית **דיתרעי** ביה יקרב לשימושיה: דא NU 16:5

לרוחצן: ויהי אתרא **דיתרעי** ביה מימרא דייי לאשראה DT 12:11
לדבחא קדם ייי מן בגלל **דיתרעי** בכון ומנחתא פתיכא LV 9:4
תיכלוניה באתרא **דיתרעי** ייי אלקכון ביה אתון DT 12:18
ותיסקון לאתרא **דיתרעי** ייי אלקכון ביה: ותיתון לות DT 17:8
בידך ותהך לאתרא **דיתרעי** ייי אלקכון ביה: ותיתן DT 14:25
ותטוון ותיכלון באתרא **דיתרעי** ייי אלקכון ביה ותתפני DT 16:7
יתרחק מנכון אתרעא **דיתרעי** ייי אלקכון לאשראה DT 12:21
יהיב לכון: אילהין באתרא **דיתרעי** ייי אלקכון לאשראה DT 16:6
דיביניכון באתרא **דיתרעי** ייי אלקכון לאשראה DT 16:11
בסלא ותהכון לארעא **דיתרעי** ייי אלקכון לאשראה DT 26:2
קדם ייי אלקכון באתרא **דיתרעי** ייי ארום יבריככון ייי DT 16:15
שנא בישנא באתרא **דיתרעי** ייי אתון ואינש בתיכון: DT 15:20
חמיין: אלהן לאתרא **דיתרעי** ייי באחסנת חד מן DT 12:14
דרעיא נפשיה לאתרא **דיתרעי** ייי: וישמש בשום מימרא DT 18:6
לכון מן אתרא ההוא **דיתרעי** ייי ותיטרון למעבד ככל DT 17:10
תיטלון ותיתון לאתרא **דיתרעי** ייי: ותעבד כהילכתא DT 12:26
לחדות חגא באתרא **דיתרעי** ייי לאשראה שכינתיה תמן: DT 16:2
ייי אלקכון באתרעא **דיתרעי** לאשראה שכינתיה תמן DT 14:23
קדמי אפרשותא מן כל **דיתרעי** ליביה ולא באלמותא EX 25:2
על ריש עלתא מטול **דיתרעי** ליה לכפרא עלוי: ויכוס LV 1:4
אלקכון: אלהין לארעא **דיתרעי** מימרא דייי אלקכון מן כל DT 12:5
ביה: ותיתן כספא בכל **דיתרעי** נפשך בתורי ובענא ובחמר DT 14:26
קדם ייי אלקכון באתרא **דיתרעי** תיקרון ית אורייתא הדא DT 31:11
טלין דבירכתא ומטרין **דרעוא**: טוביכון ישראל מן כוותכון DT 33:28
דייי אחית מיטרין **דרעווא** על סדום ועל עמורא על GN 19:24
דייר תמן וייתי בכל כרוך **דרעיא** נפשיה לאתרא דיתרעי ייי: DT 18:6
אבהתכון אברהם ויצחק **ואתרעי** בבנוי דיפקון בתרוי DT 4:37
ייי מטול למרחם יתכון **ואתרעי** בבניהון בתריהון כוותכון DT 10:15
אומיא צבי ייי בכון **ואתרעי** בכון אלהין דאתון מכיכי DT 7:7
ושכיב עימה וסגפה: **ואתרעיית** נפשיה בדינה ברת יעקב GN 34:3
קטלו מלכא ושולטניה **וברעותהון** פכרו שור בעלי דבבהון: GN 49:6
ותשתביק מנהון **ותירעי** ית שני שמיטהא כל יומין LV 26:43
קומיכון ברכתא וחילופה **ותיתרעון** באורחא דחיי היא DT 30:19
בכין תתנייח ארעא **ותרעי** ית שני שמיטהא: כל יומין LV 26:34
איתא שפירת ריווי **ותתיירעון** בה ותסבינא לכון DT 21:11
ייתבר ליבהון זדנא ובכין **ירעון** ית חוביהון: ואידכר ברחמין LV 26:41
דהיא צדיא מנכון והינון **ירעון** ית חוביהון לווטין חלף בירכן LV 26:43
יתרחק מנכון אתרא די **יתרעי** ייי אלקכון לאשראה DT 14:24
ומיומא תמינאה ולהלאה **יתרעי** לקרבא קרבנא לשמא דייי: LV 22:27
ביומא תליתאה לא **יתרעי** מן דמקרב יתיה לא יתחשב LV 7:17
בכרמא דחברך ותיכול **כרעוות** נפשך עד דתיסבע ולות צנך DT 23:25
פסיל הוא לא יהוי **לרעוא**: ודייכליניה חוביה יקבל LV 19:7
יתיה ולנידרא לא יהי **לרעוא**: ודמעיך ודכתישן פחדוי LV 22:23
בהון פסילין הינון לא **לרעוא** יהון לכון: ומליל ייי עם משה LV 22:25
לא תקרבון ארום לא **לרעוא** יהי לכון: וגבר ארום יקרב LV 22:20
בתורי או בענא שלים יהי **לרעוא** כל מומא לא יהי ביה: דסמי LV 22:21
ויהי על פדחתא תדירא **לרעוא** להון קדם ייי: ותרמיץ EX 28:38
וירים ית עומרא קדם ייי **לרעוא** לכון מבתר יומא טבא LV 23:11
דיקרבון קדם ייי לעלתא: **לרעוא** לכון שלים דכר בתורי LV 22:19
ניכסת נסיבא לשמא דייי **לרעוא** לכון תיכסון: ביומא ההוא LV 22:29
ניכסת קודשיא קדם ייי **לרעוא** לכון תיכסוניה: ביומא LV 19:5
ביום רוגזך וקרבן גמיר **לרעוא** על גבי מדבחך: בריך ייי DT 33:10
משכן זימנא יקריב יתיה **לרעוא** עלוי קדם ייי: ויסמוך LV 1:3
ומרי מנדעא וסוכלתנין **מריעיוניהון** לא השכחית ומניתינון DT 1:15
מבניא דיעקב אשר יהי **מרעי** לאחוי ומספק להון מזוני DT 33:24
גוברין חכימין וסוכלתנין **מרעיונהון** ומרי מנדעא לשיבטיכון DT 1:13
אתי בתרנא ארום אמר **נירעי** ית סבר אפוי בדורונא GN 32:21
אורייתי ולא תעבדון מן **ריעוונכון** ית כל פיקודיא האילין: LV 26:14
ארעא לחדא לחדא: אין **רעוא** דייי אית בנא ואעיל יתנא NU 14:8
יעקב ית פרעה ואמר יהא **רעוא** דיתמלון מוי דנילוס ויעדי GN 47:7
ומתנסבא לצדיקא יהי **רעוא** דמיניך יפקון אלפין דריבוון GN 24:60
לאתר חורן דילמא תהי **רעוא** מן קדם ייי ותלטטיה בגיני NU 23:27
על זדונותא: לא יהי **רעוא** מן קדם ייי למשבק ליה ארום DT 29:19
והוא מתקבל קדמי לריח **רעוא** עמי בני ישראל הוו זהירין NU 28:2
ענא ומפטימהון והוה **רעוא** קדם ייי וסבר אפין בהבל GN 4:4
לארעכון ארום לית **רעוא** קדם ייי למשבקי למיזל NU 22:13
עד יומא הדין: יהי **רעוא** קדמך דמלאכא דזמינת לי GN 48:16
הכא: ולמא תבטלון **רעות** בני ישראל מלמעיבר לארעא NU 32:7
וחמון ית ארעא ובטילו **רעות** ליבא דישראל בגין דלא NU 32:9
האילין ארום לא מן **רעות** ליבי: אין כמיתותא דמייתין NU 16:28
מפקיד לכון: לחוד בכל **רעות** נפשיכון תיכסון ותיכלון DT 12:15
או בזמן מועדיכון למעבד **רעותא** דמרי עלמא לאתקבלא NU 15:3
טבתא או בישתא מן **רעותי** מה דימליל ייי יתיה אימליל: NU 24:13
ואמר מפלגא איפליג אפי **רעותי** מנהון נחמי מה יהוי DT 32:20

בתרוי ואפיקינכון באפי **רעותיה** בחיליה רב ממצרים: DT 4:37
שבח פירי ארעא ומלייה **רעי** ליה אלא דאיתגלי באיקר DT 33:16
למכפרא על מגיסי **רעיוניהון** וקמור תעביד עובד ציור: EX 28:39
ארבעין שנין: ודינדעון עם **רעייוני** ליבכון ארום היכמא דמסקר DT 8:5
עימהון למימר שכם ברי **רעיית** נפשיה בברתכון הבו בבעו GN 34:8
בלישן בית קודשא לא **רעינא** למיסבא: ותתקרב יבימתיה DT 25:8
מן בתריי אנת מקני לי **רעינא** פון דיהון כל עמא דייי נביין NU 11:29
יהויין צדיאן: הא בכן **תרעי** ארעא ית שני שמיטהא כל LV 26:34
לך לאינתו: ויהי אין לא **תתרעי** בה ותפטרינה לבלחודה DT 21:14

רעם (34)

עפר יהוי מזוניה ולא **אתרעם** עלוי ועמי אתרעמו על NU 21:6
וינכתון ית עמא די **אתרעמו** על מזונהון בכן גרי מימרא NU 21:6
וכדון ייתון חיוייא דלא **אתרעמו** על מזונהון וינכתון ית NU 21:6
ולא אתרעם עלוי ועמי **אתרעמו** על מזונהון וכדון ייתון NU 21:6
מא אנן חשיבין ארום **אתרעמתון** עלנא: ואמר משה בדין EX 16:7
ארבעין שנין ותינדעון ית **דאיתרעמיתון** עלי: אנא ייי גזרית NU 14:34
מבר עשרין שנין ולעילא **דאתרעמיתון** עלי: בשבועא אמירא NU 14:29
רגז עלי על פיתגמיכון **דאתרעמתון** על מיא וקיים דלא DT 4:21
והוא לא הוה בגו כנישתא **דמתרעמין** ודאיזדמנו למרדא על NU 27:3
בעידוני צפרא והוה קלין **דרעים** וברקין ועננא תקיף קטיר EX 19:16
עלוי מילי שיקרא **ואיתרעמיתון** על מנא דאחית לכון DT 1:1
לאללא ית ארעא ותבו **וארעימו** עלוהי ית כל כנשיתא NU 14:36
ייי: וצחי תמן עמא למוי **ואתרעם** עמא על משה ואמרו למה EX 17:3
בצורעא הכדין ימטי ליה: **ואתרעמו** כל כנישתא דבני ישראל NU 17:6
ליליא לבכותא לדריהון: **ואתרעמו** על משה ועל אהרן כל בני NU 14:2
מנא מן שמיא וכדון חזרו **ואתרעמו** עלוי והא חיויא דגזרית NU 21:6
בגין כן קרא שמיה מרה: **ואתרעמו** עמא על משה למימר מה EX 15:24
לישא דאפיקו ממצרים **ואתרעמון** כל בני ישראל על משה EX 16:2
דמיכלהון לחם שמיא **ומתרעמין** דמנא דמוייה כזרע NU 11:7
אלקפטא ובר מימרך לא **ירעים** גבר ידיה למיסור זייני וית GN 41:44
דייי ואהרן מה הוא ארום **מתרעמין** אתון עלי: ושדר משה NU 16:11
ית תורעמותכון דאתון **מתרעמין** עלוי ואנחנא מה אנן EX 16:8
בני ישראל דהינון **מתרעמין** עלי שמיע קדמי: אימר NU 14:27
בני ישראל דהינון **מתרעמין** עליכון: ומליל משה עם NU 17:20
דמתחברין עלי ית **תורעמות** בני ישראל דהינון NU 14:27
ינעי ואישדיך מיני ית **תורעמות** בני ישראל דהינון NU 17:20
למימר: שמיע קדמוי ית **תורעמות** בני ישראל מליל עמהון EX 16:12
משה ואהרן מן קדם **תורעמות** קהלא לתרע משכן זימנא NU 20:6
לבניא סרבנייא ויסופן **תורעמותהון** מן קדמי ולא ימותון: NU 17:25
מה אנן חשיבין לא עלנא **תורעמותכון** אילהן על מימרא דייי: EX 16:8
בדשימיע קדם ייי ית **תורעמותכון** דאתון מתרעמין עלוי EX 16:8
ארום שמיען קודמוי ית **תורעמותכון**: והוה במללות אהרן EX 16:9
דייי כד שמיען קדמוי ית **תורעמתכון** קדם ייי ואנחנא מא EX 16:7
בידך ואיזל לך מן קדם **תרעמתהון**: האנא קאים קדמך תמן EX 17:5

רעע (8)

בתר עמא בני ישראל **ונרע** יתהון שריין על גיף ימא EX 15:9
דייי מארעי קדיש די **יתרעון** יתהון בזימניהון: בירחא LV 23:4
ולא ימות ויפול **למרע**: אין יקום ממרעיה ומהליך EX 21:18
ויפול למרע: אין יקום **ממרעיה** ומהליך בשוקא על EX 21:19
ירחקינך לא תידחל ולא **תתירע**: וכתב משה ית אורייתא DT 31:8
ולא תירתתון ולא **תתירעון** מן קדמיהון: ארום ייי DT 20:3
בינך: ארום ית איגוריהון **תתרעון** וית קמתהון תתברון וית EX 34:13
לא תידחלון ולא **תתרעון** מן קדמיהון ארום ייי DT 31:6

רפי (1)

ושרון ברפידים ומטול **דרפון** ידיהון מפיתגמי אורייתא לא NU 33:14

רצועה (1)

אין מן חוטא ועד סנדלית **רצועה** אין אסב מכל דילך ולא תהי GN 14:23

רצף (3)

מסאבא ארבסרי יומין **רציפין** הי כריחוקא ובחמיסר LV 12:5
ושיתין ושיתא יומין **רציפין** תהי כל דמהא דכיין: LV 12:5
ותלתין ותלתא יומין **רציפין** תהי כל דמהא דכיין ברם LV 12:4

רצץ (1)

וית מצנפתא דבוצא וית **ברצוץ** כובעיא דבוצא וית אוורקסי EX 39:28

רקיתא (1)

ולוחא ארעיא וליחיא **דרקיתא** וקיבתא: שירוי עיבורכון DT 18:3

רקע (13)

דנהיגין בשיטריהון **ברקיעא** בימּמא ובליליא וית EX 39:37
ואמר אלקים יהון נהורין **ברקיעא** דשמייא לאפרשא ביני GN 1:14
ומחזורין: ויהון לנהורין **ברקיעא** דשמייא למנהרא עילוי GN 1:15
אלקים על שיטריהון **ברקיעא** דשמייא למנהרא על GN 1:17
מייא דלעיל בקובתא **דרקיעא** והוה כן: וקרא אלקים GN 1:7
והוה כן: וקרא אלקים **לרקיע** שמייא והוה רמש והוה צפר GN 1:8
ארום איתניגיד וסליק **לרקיעא** במימר קדם ייי וקרא GN 5:24
ואפריש ביני מייא דמלרע **לרקיעא** וביני מייא דלעיל בקובתא GN 1:7
ציפר גפא דפרחא באויר **רקיע** שמיא: דמו דכל ריחשא DT 4:17
ושביל טייסיה על אויר **רקיע** שמייא: וברא אלקים ית GN 1:20
חדא: ואמר אלקים יהי **רקיעא** במציעות מייא ויהי מפרש GN 1:6
תתאי: ועבד אלקים ית **רקיעא** סומכיה תלת אצבעתא ביני GN 1:7
זיו אפיהון ינהר כזיו **רקיעין** דיברא ייי ביום תניין NU 24:6

רקק (3)

צפרא והוה קלין דרעים **וברקין** ועננא תקיף קטיר על טוורא EX 19:16
עד רמשא: וארום אין **ירּיק** דובנא בדכיא יצבע לבושוי LV 15:8
ואמר אלקים ירחשון **רקקי** מוי רחיש נפשא חייתא GN 1:20

רשון (1)

ית גובאי ליזניה וית **רשונא** לזניה וית נפולא לזניה וית LV 11:22

רשי (58)

קדם בי דינא ויתן **ברשותא** וישיל יתה מביתיה: ונפקת DT 24:1
לה ספר תירוכין ויתן **ברשותה** ויישיל יתה מבייתיה או DT 24:3
ישראל ויזבניניה וישתכח **ברשותיה** אתקטלא יתקטיל EX 21:16
אין בסהדיא משתכחא **ברשותיה** גניבותא מן תור עד חמר EX 22:3
אברם לשרי הא אמתיך **ברשותיך** עיבידי לה דתקין בעיניכי GN 16:6
דעימך לא תהי ליה הי **כרשיא** לא תשוון עלוי דליהוי עלוי EX 22:24
מידעם מרשותא **לרשותא** בר מארבעה גרמידי ולא EX 16:29
ולא תטלטלון מידעם **מרשותא** לרשותא בר מארבעה EX 16:29
יומין דאשתיירו תהון **מרשן** למיכול פטירי מעללתא DT 16:8
במיגד קל שופרא הינון **מרשן** למיסק בטוורא: ונחת משה EX 19:13
ציציית מן עמר תהון **מרשן** למעבד לכון על ארבע כנפי DT 22:12
בית ישראל לית אתון **רשאין** לא למבשלא ולא למיכול EX 23:19
מן יד חבריכון לית אתון **רשאין** לאוניא ית חבריה: עמי בני LV 25:14
ייי אלקכון לית אתון **רשאין** למבשל כל דכן למיכול בשר DT 14:21
דייי אלקכון לית אתון **רשאין** למבשלא ולא למיכול בשר EX 34:26
יהיב לכון: ליתכון **רשאין** למוספא על פיתגמא דאנא DT 4:2
דייי אלקך הכדין ליתיכון **רשאין** למזווגא בדינא גברא טפשא DT 16:21
מן אתרא ההוא: ליתיכון **רשאין** למחקא כתב שמא דייי DT 12:4
הי כמוי: ליתיכון **רשאין** למיכול בקורייכון מעשרי DT 12:17
לכון: והיכמה דליתיכון **רשאין** למיקמא קמא הכדין DT 16:22
קמא הכדין ליתיכון **רשאין** למנאה לפרנסא גברא זידנא DT 16:22
לכון: היכמא דליתיכון **רשאין** למנצוב אשירתא לסטר DT 16:21
ייי אלקכון: ליתיכון **רשאין** למעבד היכמא דאנן עבדין DT 12:8
ובחגא דמטליא וליתיכון **רשאין** למתחמיא קדם ייי אלקכון DT 16:16
ית אברם: הלא לית לי **רשו** בכולא עדאה דבר מיני אכלו GN 14:24
יתיר מיניה ולית ליה **רשו** לאבאשא לי ארום מימרא דייי GN 29:12
חולקין ולא יהב ליה ייי **רשו** לאבאשא עמי: אם כדין הוה GN 31:7
ליה לאיתו: לית ליה **רשו** לבעלה קמאה דפטרה מן DT 24:4
על גב מדבחא לית **רשו** לגבר דייכול מיניה הלא NU 28:2
לגבר אוחרן לית ליה **רשו** לזבונא חלף דמני מרה רשותיה EX 21:8
מיניה ותשכחה לית לך **רשו** לכסאה מיניה אכריז עלה DT 22:3
וחמא ארי לא הוה ליה **רשו** למאבשא ליה וקריב בפתי GN 32:26
דיזוף בחבריה לית ליה **רשו** למדחקא בחבריה למתבוע DT 15:2
אילן גינוניתא אית לן **רשו** למיכל: ומפירי אילנא דבי GN 3:2
תקצצון: ארום לית לכון **רשו** למיסגוד לאלק אוחרן ארום ייי EX 34:14
חולף דענייה לית ליה **רשו** למיפטרה בגיטה כל יומוי: לא DT 22:29
תהי לאינתו לית ליה **רשו** למיפטרה כל יומוי: ואין קשוט DT 22:19
ניכסין דיהי ליה לית ליה **רשו** למיתן חולק בכורותא לבר DT 21:16
קמאה לצפרא: לית לכון **רשו** למכוס ית פיסחא בחדא מן DT 16:5
עליכון מלכא לית לכון **רשו** למנאה עליכון גבר חילוניי דלא DT 17:15
דיליה כסף ודהב לית לי **רשו** למעיבר על גזירת מימרא דייי NU 22:18
דיליה כסף ודהב לית לי **רשו** למעיבר על גזירת מימרא דייי NU 24:13
דעולימתא ואימה **רשו** מבי דינא ויפקון ית שושיפא DT 22:15
קדמי: ואיגרי בכון **רשות** חיות ברא ותתכל יתכון LV 26:22
ולית דמניט ואיבטיל **רשות** חיות ברא מן ארעא דישראל LV 26:6
ההיא ית ארעא מן **רשות** תרין מלכי אמוראי דבעיברא DT 3:8
דעד כדון אית להום **רשותא** בארעא והוו זממין GN 13:7
דתיסטי איתתא בר מן **רשותא** דבעלא ותיסתאב NU 5:29
ואנת ארום סטית בר מן **רשותא** דבעליך וארום איסתאבת NU 5:20
בתשמיש דעריס בר מן **רשותא** דבעליך תהוי זכאה ממיא NU 5:19
בטיל אבוהא יתה מן **רשותא** דנדרא: ואין אתנסבא NU 30:6
לקדם דיינייא ויסב מנהון **רשותא** ויקרביניה לות דשא דלות EX 21:6
מותא דאתיהב ליה **רשותא** למחבלא במיקטלי בארעא EX 12:13
פלח לטעותיה ולא הוה **רשותא** לנורא למוקדיה ובכין GN 11:28
להנזקא בשבילי **רשותא** עד דניעיבר תחומך: ואמר NU 20:17
ביך ית תשמישיה בר מן **רשותיה** דבעליך: ויומי כהנא ית NU 5:20
רביע ובידך מסרית **רשותיה** דיצרא בישא ולוותך יהוי GN 4:7
לזבונא חלף דמני מרה **רשותיה** עלה: ואין לציד בריה זמין EX 21:8

רשל (1)

לנא קטולא הדא אלא על **דאתרשלנא** במספדא דאהרן DT 10:6

רשם (10)

למחוור כקרם ביעתא **ורושם** בישרא חייא בשומא: LV 13:10

וכל חד וחד לישן עממיה **ורושם** כתביה בידיה ובדרינון מתמן GN 11:8
דרין יתפרע מיניה **ורשם** ייי על אפי דקין אתא מן GN 4:15
עמיה יתחל עליהון: לא **ירשמון** בין עיניהון ולא רושם LV 21:5
ביבשרכון וכתב חקיק **לרשם** חרית ציורא לא תתנון בכון LV 19:28
ירשמון בין עיניהון ולא **רושם** ברישיהון ואומנא דיקניהון LV 21:5
אתפרש מנהום הוה להום **רושם** דקן ואינון לא אשתמודעוהי GN 42:8
דלא הוה ליה **רושם** דקן וההיא שעתא אית ליה: GN 42:8
במשכיה כואה דנור ותהי **רושם** כואה בהקי חוורא סמקא LV 13:24
תמן באתרא דתיחמי **רושם** ריגלא על טינרא בחורב EX 17:6

רשן (1)

דלא יתקוף רוגזי בכון **וארשין** פירי אילניכון עם בוסרא EX 34:26

רשע (59)

עד רמשא וידכי: ואין **ארשע** ולא יצבע ובישריה לא יסחי LV 17:16
ועם ברשע דעובדוי **ברשיעא** מלכא דעמורא שנאב GN 14:2
בחוכמתיה ואטעייני **ברשיעותיה** ואכלית: ואייתי ייי GN 3:13
פסק ורוגזא דייי תקיף **ברשיעי** עמא וקטל ייי בעמא קטול NU 11:33
אלקיא ארום בפיתגמא **דארשעו** מצראי למידן ית ישראל EX 18:11
מיניה: ברם נבי שיקרא **דירשע** למללא פיתגמא בשמי ית DT 18:20
ית עיגלא וחינגין בידיהון **דרשיעיא** מחנגין ומגחנין קדמוי EX 32:19
דצדיקייא ופורענותהון **דרשיעייא** ושלויתא דעדן מה הוא GN 49:1
וסרבתון על מימרא דייי **וארשעתון** וסליקתון לטוורא: ונפק DT 1:43
עבדי דביש מביניכון: **ורשיעיא** דמשתיירין ישמעון DT 19:20
דיערוק לתמן: וארום **ירשע** גבר על חבריה למיקטליה EX 21:14
ישמעון וידחלון ולא **ירשעון** תוב: ארום תיעלון לארעא DT 17:13
לקשיות לב עמא הדין **לרישעיהון** ולסורחנותהון: דילמא DT 9:27
דביה משתלם אגר ביש **לרשיעיא**: דאנא מפקיד לכון יומנא DT 30:15
דאישתא למידן בהום **לרשיעיא** דמרדו בחייהון באולפן GN 3:24
פיקודייא אתקין גהינם **לרשיעיא** דמתילא לחריבא שנינא GN 3:24
בירחא דניסן: ווי להון **לרשיעייא** דמדכרין שמא קדישא DT 32:3
ודיעבדון מלגוו לשורתא **לרשיעין**: ואנת ברור מכל עמא גיברי EX 18:20
דישראל אמר בלעם **רשיעא** אין קטלין יתי בית ישראל NU 23:10
טימהון במילכת בלעם **רשיעא** בפרשת אורחתא: ויתיב NU 24:25
עני ואמר דין הוא עוג **רשיעא** דהוה מחסיד ית אברהם NU 21:34
קדמך ולא תשוי ידך עם **רשיעא** דיהי סהיד שקר: עמי בני EX 23:1
וקטע רישיה דעשו **רשיעא** והוה רישיה דעשו מתגלגל GN 50:13
גריתא בהון עמלק **רשיעא** וכדון איתגרתא איתגרא NU 31:8
ושמיע פיתגמא לעשו **רשיעא** ונטל מן טורא דגבלא GN 50:13
ודר ופורענות ארמלגוס **רשיעא** וסדרי קרבא דגוג ובעידן DT 34:3
מתנטל על די אזיד פרעה **רשיעא** ורדף בתר עמא בני ישראל EX 15:21
ייי דלא יזמן לה לעשו **רשיעא** ורחל הות יאיא בריוא GN 29:17
והוה כיוון דחמא עוג **רשיעא** ית משירייתא דישראל NU 21:35
מנהון: אמר בלעם **רשיעא** לית אנא מסתכל פלחי NU 23:21
מסגי יתהון: אמר בלעם **רשיעא** מסתכל אנא בעמא הדין NU 23:9
רבא: דהוה אמר פרעה **רשיעא** סנאה ובעל דבבא ארדוף EX 15:9
מיניה על די אזיד פרעה **רשיעא** קדם ייי ואיתנטל בלבביה EX 15:1
ישראל קדם ייי: ואמרו **רשיעי** דרא למשה המן בגלל דלא EX 14:11
עם אבהתך ויקומון **רשיעי** עמא הדין ויטעון בתר DT 31:16
הי כחיזו בידלחא: חפסין **רשיעי** עמא ומלקטין וטחנין NU 11:8
ואזיל למשכנא קיימין כל **רשיעי** עמא ומתעתדין גבר בתרע EX 33:8
אלפייא דישראל: והוו **רשיעי** עמא כמצטערין מכוונין NU 11:1
ביומא שביעאה נפקו מן **רשיעי** עמא למלקוט מנא ולא EX 16:27
מוי למישתי עמא: ונצו **רשיעי** עמא עם משה ואמרו הב לן EX 17:2
מן קדם ייי ושיציאת מן **רשיעיא** דבסיפי משריתא דבית דן NU 11:1
הוה נהורא למקבור **רשיעיא** דיבניהון דמיתו וזכאיא EX 10:23
משה עבדיה ואנן **רשיעיא** דמרדנא ביה ובני ישראל NU 16:34
חזרנות משריתא: **רשיעיא** הוון אכלין מביסרא ולמן NU 11:33
שביבין דנור למידן ביה **רשיעיא** והא עבר בין פסוגיא GN 15:17
לצדיקייא ולמתפרעא מן **רשיעיא** ומכתת אומיא ומלכיא NU 24:23
ואית למיתפרעא מן **רשיעיא** ועל עיסק פיתגמיא GN 4:8
וית קרח כד מיתו כנישת **רשיעיא** כד אכלת אישתא ית NU 26:10
באורייתא: אמירין **רשיעיא** לית רמא ומנטלא חמי כל NU 21:30
במיתותא דמייתין בה **רשיעיא** לעלמא דאתי ודא יידכר לן NU 31:50
ולית למתפרעא מן **רשיעיא** עני הבל ואמר לקין אית GN 4:8
חובא דא ואתפרעו מן **רשיעיא** פלחי פולחנא נוכראה EX 32:27
במיתותא דמייתון בה **רשיעייא** לעלמא דאתי ויהי DT 33:6
עד דלא שכיבו ואינשין **רשיעין** דבקרתא אינשי סדום GN 19:4
והימנתון לפיתגמי עשרא **רשיעין** וסריבתון על מימרא דייי DT 1:26
מזכי מסער חובי אבהן **רשיעין** על בנין מרודין על דר NU 14:18
מדכר חובי אבהתן **רשיען** על בנין מרודין על דר EX 20:5
בקנאה מדכר חובי אבהן **רשיען** על בנין מרודין על דר DT 5:9
חת אין נסיב יעקב איתא **רשיעתא** מבנת חת כאילן GN 27:46

רתח (14)

בתנורא וכל דתיתעבד **במרתחא** ועל מסריתא לכהנא LV 7:9
קדם אלקא וידע שעתא **דרתח** בה אלקא עילאה דחיזו מן NU 24:16
ולא תפגין עליהון קדמי **וארתח** רגז אישתא תקיפתא בהון EX 32:10
ותבעיה והא איתוקד **ורתח** על אלעזר ועל איתמר בנוי LV 10:16
אדמא בתר קטולא ארום **ירתח** עלוי ליביה בעקתיה וידבקיה DT 19:6
מנחתא היא: ואין מנחת **מרתחא** קרבנך סמידא רתח במשח LV 2:7
קלילין עד די תישדוך **ריתחא** דאחוך: עד דינות רוגזא GN 27:44
בר אהרן כהנא אתיב ית **ריתחי** מעל בני ישראל בזמן דקני NU 25:11
מרתחא קרבנך סמידא **רתח** במשח תתעבד: ותהנעל ית LV 2:7
יתרו וכדי שמע משה **רתח** ואישתלי ואינון בכן וקריין NU 25:6
מיכא דילמא יתקף **רתח** רוגזי בעמא ואישיצינון בגין כן EX 33:1
קדם עמא ומן יד תקף **רתח** רוגזיה דמשה וטלק מן ידוי ית EX 32:19
תמן הוו שדיין חמרין **רתיחין** ותמן מוקדין רישי בוסמנין GN 50:1
ומוי דטובענא הוו נחתין **רתיחין** מן שמייא עילוי ארעא: GN 7:10

רתכא (20)

שמי מברך לעלמי עלמין: **ארתכוי** דפרעה וחילוותיה שדא EX 15:4
על גיפיה כל סוסות **ארתכי** פרעה ופרשוי ומשיריתיה EX 14:9
דגושן: וטקיס יוסף **ארתכיה** וסליק לקדמות ישראל GN 46:29
דגושן: וסליקו עימיה אוף **ארתכין** אוף פרשין והות משריתא GN 50:9
ובארבעין ותרתין אלפין **ארתכין** דנור כלילא דכהונתא DT 34:5
על צווריה: וארכיב יתיה **ברתיכא** תנייתא דלפרעה והוו GN 41:43
בפרעה ובכל משירייתיה **ברתיכוי** ובפרשוי: וידעון מצראי EX 14:17
ייי באיתיקרותי בפרעה **ברתיכוי** ובפרשוי: ונטל מלאכא דייי EX 14:18
ארום עלו סוסוות פרעה **ברתיכוי** ופרשוי בימא וחזר ייי EX 15:19
דבביכון ותיחמון סוסוון **ואירתכין** עמין גיותנין וטירונין DT 20:1
חשיבין כסוסיא חד **וכרתיכא** חד קדם ייי אלקכון DT 20:1
מצרים לסוסוותהון **ולארתיכיהון** די אטיף ית מוי דימא DT 11:4
אוסיף על כל רתיכא **ורתיכא**: ותקיף ייי ית יצרא דלבא EX 14:7
בני ישראל סוסוותיה **ורתיכוי** רמא וטמע יתהון בימא EX 15:21
בבהילו אוסיף על כל **רתיכא** ורתיכא: ותקיף ייי ית יצרא EX 14:7
בתריהון כל סוסות פרעה **רתיכוי** ופרשוי לגו ימא: והוות EX 14:23
מאה רתיכין בחירין וכל **רתיכי** מצראי עבדוי דחילו EX 14:7
ותבו גללי ימא וחפון ית **רתיכיא** וית פרשיא לכל משיריית EX 14:28
מאין על מצראי על **רתיכיהון** ועל פרשיהון: וארכן משה EX 14:26
ודבר שית מאה **רתיכין** בחירין וכל רתיכי מצראי EX 14:7

רתם (2)

אתר דמרבי אילני **רתמי**: ונטלו מאתר דמרבי אילני NU 33:18
מאתר דמרבי אילני **רתמי** ושרו ברומנא דמתקיף פירוי: NU 33:19

רתע (1)

טורא תנין וחמון כל עמא **ורתען** וקמו תריסר מילין מרחיק: EX 20:18

רתת (7)

דחמא משה ית עוג זע **וארתית** מן קדמוי עני ואמר דין NU 21:34
קרבא בסיחון ויזעון **וירתתון** מן קדמך: ושדרית עזגדין DT 2:25
מואבי אחדת יתהון **רתיתא** אתמסי לבהון בגווהון כל EX 15:15
סנאיכון לקובליכון מן **רתיתא** ואתון על פירקת צוורי DT 33:29
סגי: ואתחלחל משה מן **רתיתא** ושרי לצלאה קדם ייי EX 32:11
ומצליין קדם ייי והות **רתיתא** מן קדם ייי על עממייא GN 35:5
ליבכון לא תידחלון ולא **תירתתון** ולא תתירעון מן קדמיהון: DT 20:3

שאב (1)

ותיחדון בחדות חגיכון **בשאובתא** וחלילא אתון ובניכון DT 16:14

שאל (49)

וצחר ושאול הוא זמרי **דאשאיל** נפשיה לזנותא הי ככנענאי EX 6:15
שום אתרא ההוא קיברי **דמשיילי** בישרא ארום תמן קברו NU 11:34
דסיני ושרו בקיברי **דמשיילי** בישרא: ונטלו מקיברי NU 33:16
בישרא: ונטלו מקיברי **דמשיילי** בישרא ושרו בחצרות NU 33:17
דשיילו בישרא: ומן קיברי **דמשיילי** בישרא נטלו עמא NU 11:35
ארום תמן קברו ית עמא **דשיילו** בישרא: ומן קיברי דמשיילי NU 11:34
מיניה תקבלון: ככל **דשיילתון** מן קדם ייי אלקכון DT 18:16
ובחמר חדת ועתיק ובכל **דתשיילינך** נפשך ותיכלון תמן קדם DT 14:26
כד יתכסי מיניה פתגם **וישאיל** ליה בדין אורייא קדם ייי NU 27:21
כדון במשמעהון דעמא **וישיילון** גבר מן רחמיה מצראי EX 11:2
גוברייא ויכילת להום: **ושאיל** יעקב ואמר חוי כדון שמך GN 32:30
דאיתתא ולא אשכחא: **ושאיל** ית אינשי אתרא למימר האן GN 38:21
ויתיב יצחק בגרר: **ושאילו** אינשי אתרא על אינתתיה GN 26:7
גברא והא טעי בחקלא **ושאיליה** גברא למימר מה אנת בעי: GN 37:15
ואוף גמלייא אשקיית: **ושאילית** יתה ואמרית ברת מאן GN 24:47
יתהום והא אינון בניסין: **ושאל** ית רברבי פרעה דעימיה GN 40:7
וסגידו ליה על ארעא: **ושאל** להום לשלם ואמר השלם GN 43:27
ועקרבין וכל מיני רחשין **ושאלין** אובא טמיא וגרם ידוע DT 18:11
וסגיד ונשיק ליה וגייריה **ושיילו** גבר לחבריה לשלם ואתו EX 18:7
עבדו כפיתגמא דמשה **ושיילו** מן מצראי מנין דכסף ומנין EX 12:35
בבנוי פסולא קרא יתהון **ושיילינון** דילמא אית בליבהון DT 6:4
לחן וחסד קדם מצראי **ושיילינון** ורוקינו ית מצראי EX 12:36
לכון חיוור מן שמיא **ושיילתון** בישרא בחצרות והוי חמי DT 1:1
פריקין לא תהכון ריקנין: **ותישאל** איתתא מן שיבבתא ומן EX 3:22
ותבדקון ית סהדיא **ותשיילון** טבאות והא קושטא כיוון DT 13:15

דתביר לא ישלים: וארום **ישאל** גבר מידעם מן חבריה ויתבר EX 22:13
בכספא: ויהי ארום **ישיילינך** ברך מחר למימר מה דא EX 13:14
היכמא דמליל ייי: ארום **ישיילנך** ברך מחר למימר מה DT 6:20
בדיני נפשתא ולא יבהתון **למישאלא** דינא דמתקשי להון LV 24:12
קדל קדמך ויהון מקדמין **למשאל** בשלמך בני אבוך: מדמי GN 49:8
על אחך ויהון מקדמין **למשאל** בשלמך בני אמך לייטך ברי GN 27:29
ואוריא ותומיא דקודשא **למשיילא** בהון וחצצרת יבבא NU 31:6
בדיני ממונא ולא יבהתון **למשיילא** דינא דמתקשי להון ארום NU 9:8
בדיני נפשתא ולא יבהתון **למשיילא** דינא דמתקשי להון ארום NU 15:34
לדיני נפשתא ולא יבהתון **למשיילא** דינא דמתקשי להון ארום NU 27:5
אית לכון אחא: ואמרו **מישאל** שאיל גברא לנא ולייחוסנא GN 43:7
בר אהרן כהנא הוא הוה **שאיל** באורייא ותומיא מתחות ידוי NU 3:32
לכון אחא: ואמרו מישאל **שאיל** גברא לנא ולייחוסנא למימר GN 43:7
לדינוי דפרעה: רבוני **שאיל** ית עבדוי למימר האית לכון GN 44:19
שמך ואמר למה דנן אנת **שאיל** לשמי ובריך יתיה יעקב תמן: GN 32:30
לית הדא אתנא דידי **שאילא** היא בידי וסוסיא דידי שרי NU 22:30
דאתכנשו ביניהון **שאילו** שאילתא ותבו ובכו ברם אף NU 11:4
הי כפרזלא ותלמידהא **שאילן** שאלין חסימן כנחשא: DT 8:9
דאתכנשו ביניהון שאילו **שאילתא** ותבו ובכו ברם אף בני NU 11:4
אנא ייי: לא תסטון בתר **שאלי** בידין ומסקי זכורו ותבעי גרם LV 19:31
ובר נש דיסטי בתר **שאלי** בידין ומסקי זכורו ותבעי גרם LV 20:6
ותלמידהא שאילן **שאלין** חסימן כנחשא: ותהוון זהירין DT 8:9
דקיים להון: ארום **שייל** כדון לדריא דמן יומי שירויא DT 4:32
כוותהון אלהין כהנייא **שיילי** אורייא ותומיא ונביא DT 18:14

שאר (114)

ומעבדוי ומעמיה לא **אישתאר** חד: ויקר פרעה ית יצרא EX 8:27
דעלו בתריהון בימא לא **אישתייר** בהון עד חד: ובני ישראל EX 14:28
וטלקיה לימא דסוף לא **אישתייר** גובא חד בכל תחום EX 10:19
אילנא די שייר ברדא ולא **אישתייר** כל ירוק באילנא ובעיסבא EX 10:15
ימותון במדברא ולא **אישתייר** להון אינש אילהין כלב בר NU 26:65
בנוי די ייכול מן דלא **אישתייר** ליה מידעם בצערו ובעקא DT 28:55
וגיתי בעירא לריבוני לא **אישתייר** לנא קדם ריבוני אלהין GN 47:18
לחוד עוג מלכא דמתנן **אישתייר** ממותר גיבריא DT 3:11
אחוי מית והוא בלחודוי **אישתייר** מן אימיה ויארעיניה GN 42:38
ואכילו בעומרא לא **אישתייר** מן מכילתא מאן דאסגי EX 16:18
גובריא ונשיא וטפלא לא **אשארנא** משיזיב: לחוד בעירי בזנא DT 2:34
למיכלי מנהון רוח קודשי **אשייר** בהון קליל כגבר דחציד DT 32:26
לסדום לחבלותא וחד **אשתאר** עם לוט ואמר לה חוס על GN 19:17
עמיה ומחינוהי עד דלא **אשתייר** ליה משיזיב: וכבשנן ית כל DT 3:3
דייי בענא דלבן ולא **אשתיירו** מינהון אלהין קלילין GN 29:9
ואזלו מתמן: ופתח לוי **דאישתאר** בלחודיה משמעון GN 42:27
ומחינון ורדפינון מה **דאישתאר** מינהון עד דאידיכר GN 14:15
ית ענא דלבן סבאן ומרען **דאישתארו**: ונסיב ליה יעקב חטר GN 30:36
יתכנשון מיין תתאין **דאישתארו** מן לרע לשמייא GN 1:9
וישיצי ית שאר שיזבותא **דאישתייארת** לכון מן ברדא וישיצי EX 10:5
ועל איתמר בנוי דאהרן **דאישתיירו** למימר: מדין לא LV 10:16
אלעזר ועם איתמר בנוי **דאישתיירו** מן יקידתא סיבו ית LV 10:12
יקידתא סיבו ית מנחתא **דאישתיירת** מקורבנייא דייי LV 10:12
ותריך רעיא דיליה ומה **דאשתארו** שוי קדם רחל ברתיה: GN 29:9
בעל צפון מכל טעוותא **דאשתייר** ולא לקא וייתון למסגוד EX 14:2
יומא דין אוף תרין בניי **דאשתיירו** הוה להון מן דינא LV 10:19
ושובעין ותלתא מה **דאשתיירו** על ליואי מבוכריא דבני NU 3:46
עתיקתא ושיתא יומין **דאשתיירו** תהון מרשן למיכול DT 16:8
בעוביה ובשייר בנוי **דישייר**: מן לא למיתן לחד מנהון DT 28:54
וימחיניה ויהי משרי **דמשתאר** לשיזבא: ואמר יעקב GN 32:9
דחפא על בני גווא וית **דמשתאר** על חצר כבדא וית תרתין EX 29:13
דחפי ית בני גווא וית **דמשתאר** על חצר כבדא וית תרתין EX 29:22
אהרן ובנוי ייכלוניה: ומה **דמשתייר** בבישרא ובלחמא בנורא LV 8:32
עד צפרא ותוקיד ית **דמשתייר** בנורא לא יתאכל ארום EX 29:34
עד דלא אחמע ומן **דמשתייר** להון מן פטירי ומרירי EX 12:34
מיניה יתאכל בפניא: ומה **דמשתייר** מבשר ניכסת קודשיא LV 7:17
יתאכל וביומחרן ומה **דמשתייר** מיניה יתאכל בפניא: ומה LV 7:16
ימא קדם טעות צפון **דמשתייר** מכל טעוון דמצרים בגין EX 14:2
שבעתא זימנין: וממה **דמשתייר** ממישחא דעל ידיה יתן LV 14:17
יומא דין וית כל מה **דמשתייר** מן מא די תיכלון יומא EX 16:23
אדם קרבן אשמא: ומה **דמשתייר** מן מישחא דעל ידא LV 14:18
ברעוא קדם ייי: ומה **דמשתייר** מן מנחתא יהי לאהרן LV 2:3
ברעוא קדם ייי: ומה **דמשתייר** מן מנחתא יהי לאהרן LV 2:10
אדם קרבן אשמא: ומה **דמשתייר** מן משחא דעל ידא LV 14:29
קורבנייא דאלקים מה **דמשתייר** מן קודשי קודשיא ומן LV 21:22
לך מקודש קודשיא מה **דמשתייר** מעלתא דענא מן אישתא NU 18:9
יתאכל וביומא חרן ומה **דמשתייר** עד יומא תליתייא בנורא LV 19:6
אדכרתא קדם ייי: ומה **דמשתיירא** מינה ייכלון אהרן ובנוי LV 6:9
לאהרן ולבנוי פרקוני מה **דמשתיירין** בהון: ונסיב משה ית NU 3:48
ולאבירם בני ישראל **דמשתיירין** במצרים מיטרפין הינון EX 14:3
דביש מביניכון: ורשיעיא **דמשתיירין** ישמעון וידחלון ולא DT 19:20
למא דין יימרון מצראי **דמשתיירין** למימר בבישא EX 32:12
חדא וית שמהת שיתא **דמשתיירין** על מרגליתא תנייתא EX 28:10
כספא כמיסת שניא **דמשתיירן** עד שתא דיובלא ומנכי LV 27:18
ואישתיצי מן ארעא **ואישתאר** ברם נח ודעימיה GN 7:23
סיבתין קליל ואחוי מית **ואישתאר** הוא בלחודוי מן אימיה GN 44:20
ית נחלא ועבר ית דיליה: **ואישתאר** יעקב בלחודוי מעיברא GN 32:25
יומא לא אלבשינון עשו **ואישתארו** גבה בביתא ואלבשת ית GN 27:15
בוכרין לארבע אימהתא **ואישתיירו** תמנייא ותנא למימני GN 32:25
יד אתכליאו תלת מנהון **ואישתיירון** תרין אף וחימה בעא DT 9:19
על מושכיה ואין נתרון **ואשתייר** חד תחות ליסתיה וחד DT 14:9
דדמכא בעוביה **ובשייר** בנוי דישייר: מן לא למיתן DT 28:54
על כותל מדבחא **ודאשתייר** באדמא יתמצי ליסודא LV 5:9
תשיירון מיניה עד צפרא **ודאשתייר** מיניה עד צפרא EX 12:10
ועמורה ונפלו תמן **ודישתארו** לטווריא ערקו: ונסיבו ית GN 14:10
כד הוויתון שריין עלה: **ודישתיירון** בכון ואעיל תברא LV 26:36
ארע בעלי דבביכון: **ודמשתייר** מנכון יתימסון בחוביהון LV 26:39
יתהון מחת חרבא **ודמשתיירין** בארעא דישראל בגו DT 32:25
דאנא מפקד לכון יומנא: **וישיירינכון** ייי אלקכון לטבא DT 30:9
דעלך וידחלון מינך: **וישיירינכון** מימרא דייי לטבא DT 28:11
ואתנבון ולא פסקין: **וישתיירון** תרין גוברין במשריתא NU 11:26
בהון מן כהניא יתקדש **ומשאר** שיבטיא יתוקד באישא EX 30:29
כגבר דחציד חיקליה **ומשייר** אמנא חדא אבטל מספר DT 32:26
לשיבט ראובן ולשיבט גד: **ושאר** גלעד וכל מתנן מלכותיה DT 3:13
עד זמן יומא הדין: **ושאר** פליטת כנענאי דהוו שרן DT 2:23
וייכלון מסכיני עמך **ושייוריהון** תיכול חיות ברא כדין EX 23:11
צפרא: ולא קבילו מן משה **ושיירו** דתן ואבירם גובריא EX 16:20
עליכון עד דתישתיצון: **ותשתיירון** באומא קלילא חולף DT 28:62
ואמר משה להון גבר לא **ישייר** מיניה עד צפרא: ולא קבילו מן EX 16:19
עד דתישתצון דלא **ישיירון** לכון עיבור משח וחמר DT 28:51
פטיר ומררין ייכלוניה: לא **ישיירון** מיניה עד צפרא וגרמא לא NU 9:12
סנאינן וישיצון יתן ולא **ישיירון** מינן אוף לא חד ומן בתר EX 1:10
ארום קודשא הינון: ואין **ישתייר** מבשר קורבניא ומן לחמא EX 29:34
ומבתך לחוד מה דבנהרא **ישתיירון**: ואמר למחר ואמר EX 8:5
עמך לחוד מה דבנהרא **ישתיירון**: ונפק משה ואהרן מלות EX 8:7
קדמוי בתרין סימניא **כמישאר** בעירן ויבדיקנה בתמניסרי NU 19:3
לא תקבל אחסנא **כמשאר** שבטיא וחולקא לא יהוי NU 18:20
מכסף זבינוי: ואין קליל **לאשתוירון** בשניא עד שתא LV 25:52
אומנוון: ולמילף אומנותא **למשאר** אומניא יהב מנדעא בליביה EX 35:34
אלקכון לכל נדרא כל דכן **לשאר** קורבניא ארום מרחק קדם DT 23:19
יתקדש מן בני אהרן ברם **משאר** עמא לית אפשר להון EX 29:37
ואמרת איתתא לחיויא **משאר** פירי אילן גינוניתא אית לן GN 3:2
מלכין ואהדר תשע **משירין** חשב אברם בליביה ואמר GN 15:1
על קרנת מדבחא וית **שאר** אדמא אריק ליסודא דמדבחא LV 9:9
למיחמי יתיה בכין **שאר** מלאכיא קדישיא דייי נחתין GN 28:12
הוא וכל שאר עבדוי וכל **שאר** מצראי והוות צווחתא רבתא EX 12:30
מדבחא דייי אלקך ואדם **שאר** נכסת קודשך ישתפיך על DT 12:27
פרעה בליליא הוא וכל **שאר** עבדוי וכל שאר מצראי והוות EX 12:30
דקריבין לכון או מן **שאר** עממיא דרחיקין לכון מן סייפי DT 13:8
ית לוחי אבנא דבהון רמיז **שאר** פיתגמי אורייתא ושית מאה EX 24:12
יהון מפלגין מותר **שאר** קורבנייא ואכלין גבר חולקיה: GN 49:27
בני יהודה וחולק חד ביני **שאר** שבטיא ביעקב ואבדר שיבטא GN 49:7
גד יעברון מזיינין עם **שאר** שבטיא ית נחלא ארנונא GN 49:19
ית ארעא וישיצי ית **שאר** שיזבותא דאישתייארת לכון EX 10:5
ייי קדמיכון לשואה לכון **שיורא** בארעא ולקיימא לכון GN 45:7
משה: והות סכום דברתא **שייור** ביזתא דבזו עמא דנפקו NU 31:32
אוף תריהון וחפר **שייר** בארעא דמואב וטמרינון DT 9:19
דארעא ית כל מה די **שייר** ברדא: וארים משה ית חוטריה EX 10:12
וית כל פירי אילנא די **שייר** ברדא ולא אישתייר כל ירוק EX 10:15
ועבדו יתה וברם **שיירו**: ועבדו כל חכימי ליבא ית EX 36:7
וית כל עמיה עד די לא **שיירו** ליה משיזיב ויריתו ית ארעיה: NU 21:35
ביומא ההוא יתאכל לא **תשיירון** מיניה עד צפרא אנא ייי: LV 22:30
ריגלוי ועם בני גויה: ולא **תשיירון** מיניה עד צפרא ודאשתייר EX 12:10
מן קדמיכון ויהי מה די **תשיירון** מנהון לסכיין בעינא בישא NU 33:55

שבבין (2)

ליביה היתיו שירין **ושיווין** עיזקן ומחוכין וכל תכשיט EX 35:22
וגומרין דאשא ומבעיר **שביבין** דנור למידן ביה רשיעיא GN 15:17

שבהור (2)

עממיא לרבו ולשום דיקר **ולשיבהורא** מטול למהוי עם קדיש DT 26:19
מן דין דהדרת איקרא **ושיבהורא** דידיה דהיכמא דלית DT 33:17

שבזז (1)

דבחושנא אזמורד **ושבזיז** וסבלהום וביה חקיק ומפרש NU 2:10

שבח (62)

עמיה פתח גבריאל פמיה **בתושבחא** ואמר דבית יעקב עדב DT 32:9
ההוא תהון כנישין **בתושבחא** קדם ייי אלקכון לא DT 16:8
הדור בקודשא דחיל **בתושבחן** עביד ניסין ופרישן EX 15:11
הוא דא עיבידו סבו ממא **דמשתבח** בארעא והבו במניכון GN 43:11
לי שלחתך פון בחדווא **ובתושבחן** בתופין ובכינרין: ולא GN 31:27
לאהרן אחוך ליקר **ולתושבחא**: ואנת תמליל עם כל EX 28:2
וכובעין תעבד להון ליקר **ולתושבחא**: ותלבש יתהון ית אהרן EX 28:40
ודחיל ואמר מה דחיל **ומשבח** אתרא הדין לית דין אתר GN 28:17
ייי הוה מתעני בקל נעים **ומשבח** ונעימתא חלייא: ואיתגלי EX 19:19
תפנוקי מלכין ומודי **ומשבח** עליהון קדם מרי עלמא: GN 49:20
על קרבן ארמותהין **ומשבחן** ומודן ותייבן לגובריהון EX 38:8
וזמרת להון מרים נודי **ונשבחא** קדם ייי ארום תוקפא EX 15:21
ייי ואמרין למימר נודה **ונשבחא** קדם ייי רמא דמתגאיה על EX 15:1
וחמון יתה רברבי פרעה **ושבחו** יתה לפרעה ואידברת GN 12:15
משה שתוקו והבו יקרא **ותושבחתא** ורוממו לאלקוכון: EX 14:14
עמא ואיתן להון מוי: בכן **ישבח** ישראל ית שבח שירתא הדא NU 21:17
עלמא לא מטא זימני **למשבחא** אלהין הדא זימנא ואמר GN 32:27
פומיה בכנישתא דישראל **למשבחא** מבחר מכל לישניא: ברי GN 49:21
דאתיין חיילי מרומא **לשבחא** ואודיק ייי ברגוז עילוי EX 14:24
והכדין עתידין בנוי **לשבחא** קדם ייי על טב פירי GN 30:13
ושקעו הי כאברא מיא **ממשבחיא**: מן כוותך באילי מרומא EX 15:10
מן פום קודשא יהי שמיה **משבח** ארבעין יממין וארבעין EX 24:18
להון קודשא יהי שמיה **משבח** על ימא דסוף וגבורת ידיה EX 15:18
קמאה דחגא פירי אילן **משבח** תרוגין ולולבין והדסין LV 23:40
עמרה הות ארעא ההיא **משבחא** באילניא כגינוניתא דייי GN 13:10
מעיל יתכון לארעא **משבחא** בפירהא ארעא דנגדא DT 8:7
על כל פירי ארעא **משבחא** דיהב לכון: איסתמרון לכון DT 8:10
בסרהוביא מעילוי ארעא **משבחא** דייי יהיב לכון: ותשוון ית DT 11:17
יהיב לכון ית ארעא **משבחא** הדא למירתה ארום עם DT 9:6
הי כאבניא: ימינך ייי מה **משבחא** היא בחילא ימינך ייי EX 15:6
ואנא חד מן מלאכיא **משבחייא** ומיומא דאיתברי עלמא GN 32:27
יעקב ולבית ישראל מה **משבחין** הינון ניסיא ופרישתא NU 23:23
ברי הא ליליא דין עילאי **משבחין** למרי עלמא ואוצרי טלין GN 27:1
הא ליליא הדין עילאי **משבחין** למרי עלמא ואוצרי טלין GN 27:6
שעתא דמלאכי מרומא **משבחין** למרי עלמא ואנא חד מן GN 32:27
יתן ומלפף יתן וכדון **נשבחיניה** אלקא דאבהתנא EX 15:2
כהנא מן מנחתא ית **שבח** אדכרתא ויסיק למדבחא LV 2:9
מינה מלי קומציה ית **שבח** אדכרתא ויסק למדבחא על LV 5:12
לאתקבלא ברעוא **שבח** אדכרתא קדם ייי: ומה LV 6:8
היא: ויסיק כהנא ית **שבח** אדכרתה מן פירוכייה ומטוב LV 2:16
חניין אין בחקרין: ומה **שבח** ארעא השמינין הינון פירייה NU 13:20
דמשה עבדיה: הא בכן **שבח** משה ובני ישראל ית שבח EX 15:1
ייי: ואמר משה לפרעה **שבח** נפשך בגיני לאימת דאנת בעי EX 8:5
לגלימתא: ומטוב **שבח** פירי ארעא ומלייה דעי ליה DT 33:16
מוי: בכן ישבח ישראל ית **שבח** שירתא הדא בזמן דאתכסיית NU 21:17
משה ובני ישראל ית **שבח** שירתא הדא קדם ייי ואמרין EX 15:1
פורענות סנאיהון דעמי: **שבחו** אומיא עמיה בית ישראל DT 32:43
תושבחא הות לי ארום **שבחו** לי בנת ישראל והכדין עתידין GN 30:13
מלאך חבלא מיניה בכן **שבחת** צפורה ואמרת מה חביב הוא EX 4:26
דישראל ית פיתגמי **שבחתא** הדא עד די שלימו: והוה די DT 31:30
תניין ליעקב: ואמרת לאה **תושבחא** הות לי ארום שבחו לי GN 30:13
תוקפא ורוממותא **תושבחא** וגבורתא דידיה הוא: ארום NU 23:22
ממצרים תוקפא ורומא **תושבחא** וגבורתא דיליה ישיצי ית NU 24:8
יהי כל אינביה קודשי **תושבחן** קדם ייי מתפרק מן כהנא: LV 19:24
ומליל ית כל פיתגמי **תושבחתא** הדא במשמעהון דעמא DT 32:44
וכדון כתובו לכון ית **תושבחתא** הדא ואלפא ית בני DT 31:19
דקיימית: וכתב משה ית **תושבחתא** הדא ואלפא ית בני DT 31:22
בישן סגיען ועקן ותסהיד **תושבחתא** הדא קדמיהון לסהדו DT 31:21
בפומהון בדיל דתיהי **תושבחתא** הדא קדמיי לסהיד בבני DT 31:19
שכינת יקריה וית רבות **תושבחתיה** וית קל מימריה שמענא DT 5:24
ובשמיה תומון: הוא **תושבחתכון** והוא אלקכון דעבד DT 10:21
בימא דסוף: תוקפן ורב **תושבחתן** דחיל על כל עלמיא ייי EX 15:2

שבט (246)

בתר מימרי הינון גובריא **דמישבטא** דבית דן דהוה בידיהון DT 25:18
ואזל עמרם גברא **דמשבט** לוי ואותיב בכילתא וגנונא EX 2:1
ביה: ותיתון לות כהניא **דמשיבט** לוי ולות דיינא די יהי DT 17:9
עמיהוד: וחיליה וסכומהון **דשבטיה** ארבעין אלפין וחמש מאה: NU 2:19
רעואל: וחיליה וסכומהון **דשבטיה** ארבעין וחמשא אלפין NU 2:15
האן הינון ארויותא **דשיבט** יהודה כיוון דחמנון שתקין NU 25:7
עכרן: וחיליה וסכומהון **דשיבטיא** ארבעין וחד אלפין וחמש NU 2:28
עמינדב: וחיליה וסכומהון **דשיבטיא** שובעין וארבעא אלפין NU 2:4
חילון: וחיליה וסכומהון **דשיבטיה** חמשין ושובעא אלפין NU 2:8
בר עינן: וחיליה וסכומהון **דשיבטיה** חמשין ותלת אלפין NU 2:30
שדיאור: וחיליה וסכומהון **דשיבטיה**: חמשין ותשעה אלפין NU 2:11
שדי: וחיליה וסכומהון **דשיבטיה** שיתין ותרין אלפין ושבע NU 2:26
גדעוני: וחיליה וסכומהון **דשיבטיה** תלתין וחמשא אלפין NU 2:23
יהבית לשיבט ראובן **ולשיבט** גד: ושאר גלעד וכל מתנן DT 3:12
ית גלעד: ולשיבט ראובן **ולשיבט** גד יהבית מן גלעד ועד DT 3:16
אחסנא לשיבט ראובן **ולשיבט** גד לפלגות שיבט מנשה: DT 29:7
לשיבט דעמיה סגין תסגי **ולשיבט** דעמיה זעירין תזעיר NU 33:54
דהוא מדבית מנשה: **ולשיבט** זבולן בריך משה נביא דייי DT 33:18
תחומיה שכינתא שריא: **ולשיבט** יוסף בריך משה נביא דייי DT 33:13
וסמיך מסנאוי תהוי ליה: **ולשיבט** לוי בריך משה נביא ואמר DT 33:8
ולמכיר יהבית ית גלעד: **ולשיבט** ראובן ולשיבט גד יהבית DT 3:16
דתחומיא גליין להון: **ולשיבטא** דגד בריך משה נביא דייי DT 33:20
אליף לעמיה בית ישראל: **ולשיבטא** דדן בריך משה נביא דייי DT 33:22
יהי מטי עד בותניי: **ולשיבטא** דנפתלי בריך משה נביא DT 33:23
סגי תסגון אחסנתהון **ולשיבטא** דעמיה זעיר תזער NU 26:54
גמליאל בר פדר צור: **ושבטא** דבנימין ורבא דהוה ממני על NU 2:22
יתכון שיבט ראובן **ושיבט** גד ופלגות שיבט מנשה DT 3:18
יעקב ויתרבי משיחא **ושיבט** תקיף מישראל ויקטל NU 24:17
ראובן לבית אבהתהון **ושיבטא** דבני גד לבית אבהתהון NU 34:14
אלפין ותלת מאה: **ושיבטא** דגד ורבא דהוה ממני על NU 2:14
וחד אלפין וחמש מאה: **ושיבטא** דנפתלי ורבא דהוה ממני NU 2:29
אסטרט לכל שיבטא **ושיבטא** ואתון סטיתון מבתר DT 1:1
ראובן וית רמתא בגלעד **לשבט** גד וית דברא במתנן לשיבט DT 4:43
יששכר חמיר באורייא **לשבט** תקיף ידע בעני בזימניא GN 49:14
גברא חד גברא חד **לשבטא** דאבהתוי תשלחון מן קדם NU 13:2
ואילין שמהן גובריא **לשבטא** דבית יהודא כלב בר יפונה: NU 34:19
דדן אמרכל בקי בר יגלי: **לשבטא** דבני יוסף לשבטא דבני NU 34:23
יגלי: לשבטא דבני יוסף **לשבטא** דבני מנשה אמרכל חניאל NU 34:23
שמואל בר עמיהוד: **לשבטא** דבנימין אלידד בר כסלון: NU 34:21
כל נפיק חילא: סכומהון **לשבטא** דבנימין תלתין וחמשא NU 1:37
דבנימין אלידד בר כסלון: **לשבטא** דדן אמרכל בקי בר יגלי: NU 34:22
אימיה שלומית בת דיברי **לשבטא** דדן: דין הוא חד מן LV 24:11
כל נפיק חילא: סכומהון **לשבטא** דדן שיתין ותרין אלפין NU 1:39
בצלאל בר אורי בר חור **לשבטא** דיהודא: ואשלים עימיה EX 35:30
כל נפיק חילא: סכומהון **לשבטא** דמנשה תלתין ותרין NU 1:35
כל נפיק חילא: סכומהון **לשבטא** דראובן ארבעין ושית NU 1:21
יהודא כלב בר יפונה: **לשבטא** דשמעון שמואל בר NU 34:20
דייי אלקכון יהיב לכון **לשבטיכון** וידונון ית עמא דין DT 16:18
שית ריבוון וסרכין **לשבטיכון**: ופקידית ית דייניכון DT 1:15
ארעא בעדבין לגניסתכון **לשיבט** דעמיה סגין תסגון ולשיבט NU 33:54
יומא הדין: בגין כן לא הוה **לשיבט** לוי חולק ואחסנא עם DT 10:9
גד וית דברא במתנן **לשיבט** מנשה: ודא אחוות אורייתא DT 4:43
מלכותיה דעוג יהבית **לשיבט** מנשה כל תחום בית פלך DT 3:13
במדברא בארע מישרא **לשיבט** ראובן וית רמתא בגלעד DT 4:43
דגלעד וקירווי יהבית **לשיבט** ראובן ולשיבט גד: ושאר DT 3:12
ארעהון ויהבנא אחסנא **לשיבט** ראובן ולשיבט גד לפלגות DT 29:7
בר סלוא רב בית אבא **לשיבט** שמעון: ושום איתתא NU 25:14
עמא דייי במדין: אלפא **לשיבטא** אלפא לשיבטא לכל NU 31:4
ועימכון יהון גבר גבר **לשיבטא** גבר ריש לבית אבהתוי NU 1:4
מאה וחמשין: וליואי **לשיבטא** דאבהתהון לא אתמנין NU 1:47
כל נפיק חילא: סכומהון **לשיבטא** דאפרים ארבעין אלפין NU 1:33
עזגד יגאל בר יוסף: **לשיבטא** דאפרים עזגד הושע בר נון: NU 13:8
אמרכל פלטיאל בר עזן: **לשיבטא** דאשר אמרכל אחיהוד בר NU 34:27
כל נפיק חילא: סכומהון **לשיבטא** דאשר ארבעין וחד אלפין NU 1:41
דדן עזגד עמיאל בר גמלי: **לשיבטא** דאשר עזגד סתור בר NU 13:13
אמרכל חניאל בר אפוד: **לשיבטא** דבית אפרים אמרכל NU 34:24
כהנא רבא רגל למקום: **לשיבטא** דבנימין בריך משה נביא DT 33:12
עזגד הושע בר נון: **לשיבטא** דבנימין עזגד פלטי בר NU 13:9
כל נפיק חילא: סכומהון **לשיבטא** דגד ארבעין וחמשה NU 1:25
עזגד נחבי בר ופסי: **לשיבטא** דגד עזגד גאואל בר מכי: NU 13:15
ואהליאב בר אחיסמך **לשיבטא** דדן: אשלים עמהון EX 35:34
ית אהליאב בר אחיסמך **לשיבטא** דדן ובליבא דכל חכימי EX 31:6
אהליהב בר אחיסמך **לשיבטא** דדן נגר ואומן וצייר EX 38:23
דמנשה עזגד גדי בר סוסי: **לשיבטא** דדן עזגד עמיאל בר גמלי: NU 13:12
כל נפיק חילא: סכומהון **לשיבטא** דזבולון חמשין ושבעא NU 1:31
עזגד פלטי בר רפוא: **לשיבטא** דזבולון עזגד גדיאל בר NU 13:10
אחיהוד בר שלומי: **לשיבטא** דזבולון אמרכל אליצפן בר NU 34:25
כל נפיק חילא: סכומהון **לשיבטא** דיהודה ארבעין ושבעא NU 1:27
בצלאל בר אורי בר חור **לשיבטא** דיהודה: ואשלימית עימיה EX 31:2
בית ישראל: ודא בירכתא **לשיבטא** דיהודה וזווג בחולקיה DT 33:7
בר עמינדב רב בית אבא **לשיבטא** דיהודה: וקרבניה דמקריב NU 7:12
ובצלאל בר אורי בר חור **לשיבטא** דיהודה עבד ית כל דפקיד EX 38:22
עזגד שפט בר חורי: **לשיבטא** דיהודה עזגד כלב בר NU 13:6
עזגד גדיאל בר סודי: **לשיבטא** דיוסף לשיבטא דמנשה NU 13:11

אמרכל קמואל בר שפטן: **לשיבטא** דיששכר אמרכל פלטיאל NU 34:26
כל נפיק חילא: סכומהון **לשיבטא** דיששכר ארבעין וחמשא NU 1:29
עזגד כלב בר יפונה: **לשיבטא** דיששכר עזגד יגאל בר NU 13:7
בר צוער רב בית אבא **לשיבטא** דיששכר: קריב ית קרבניה NU 7:18
בר סודי: לשיבטא דיוסף **לשיבטא** דמנשה עזגד גדי בר סוסי: NU 13:11
אמרכל אליצפן בר פרנך: **לשיבטא** דנפתלי אמרכל פדהאל NU 34:28
כל נפיק חילא: סכומהון **לשיבטא** דנפתלי חמשין ותלתא NU 1:43
עזגד סתור בר מיכאל: **לשיבטא** דנפתלי עזגד נחבי בר NU 13:14
באחסנא במניין שמהן: **לשיבטא** דעמיה סגי תסגון NU 26:54
דתריסר גובריא מאללייא **לשיבטא** דראובן עזגד שמוע בר NU 13:4
כל נפיק חילא: סכומהון **לשיבטא** דשמעון חמשים ותשעה NU 1:23
עזגד שמוע בר זכור: **לשיבטא** דשמעון עזגד שפט בר NU 13:5
גוברין ברירין גוברא חד **לשיבטא:** ואתפניו וסליקו לטוורא DT 1:23
לבני ישראל משיבטא **לשיבטא** חורנא ארום גבר באחסנת NU 36:7
ושדר יתהון משה אלפא **לשיבטא** לחילא יתהון וית פנחס NU 31:6
אלפא לשיבטא אלפא **לשיבטא** לכל שיבטיא דישראל NU 31:4
מאלפיא דישראל אלפא **לשיבטא** תריסר אלפין מזרזי חילא: NU 31:5
ליה תמן עדבא דיליה יהי **לשיבטי** אבהתכון תתחסנון: ואין NU 33:54
וחנ:א ית ישראל שריין **לשיבטיהון** בבתי מדרישיהון ולא NU 24:2
מרעיונהון ומרי מנדעא **לשיבטיכון** ואימנינון רישין עליכון: DT 1:13
אלפין גוברין בני חילא **משיבטא** דאפרים מאחדין בתריסין EX 13:17
אחסנא לבני ישראל **משיבטא** לשיבטא חורנא ארום גבר NU 36:7
דגדעון בר יואש דמן **שבט** מנשה וית כל מלכיא דישראל DT 34:2
אלפין וארבע מאה: **שבטא** דזבולון ורבא הווה ממני על NU 2:7
מאה: ודיסמכין ליה **שבטא** דמנשה ורבה דהוה ממני על NU 2:20
מן אחסנת בני ישראל מן **שבטא** דעמיה סגי תסגון ומן NU 35:8
דהוה ממני על חילוות **שבטוי** דבני דן אחיעזר בר עמי שדי: NU 2:25
הווה ממני על חילוות **שבטוי** דבני זבולון אליאב בר חילון: NU 2:7
צפיר בר עיזי דנכיסו **שבטוי** דיעקב ורמייו יתיה ועיבד LV 9:3
כחדא מתכנשין תריסר **שבטי** ישראל מקפין דרגשא GN 49:1
ומפרש שמהת תלת **שבטיא** אפרים מנשה ובנימן NU 2:18
וחולק חד ביני שאר **שבטיא** ביעקב ואבדר שיבטא דלוי GN 49:7
מזמני עם כנישתא רברבי **שבטיא** דאבהתהון רישי אלפיא NU 1:16
ייי לבישא מכל **שבטיא** דישראל הי ככל לווטיה DT 29:20
שיבטא דלוי בגו כלהון **שבטיא** דישראל: יהודה אנת GN 49:7
כחדא ישתמעון ליה **שבטיא** דישראל: יהי גברא דיתבחר GN 49:16
ומפרש שמהת תלת **שבטיא** דן ונפתלי אשר NU 2:25
אבהתהון הינון רברבי **שבטיא** הינון דמתמנן במצרים NU 7:2
תקבל אחסנא כמשאר **שבטיא** וחולקא לא יהוי לך ביניהון NU 18:20
לכפרא על חובי תריסר **שבטיא:** וכל תורי לניכסת קודשיא NU 7:87
על שמיה לתריסר **שבטיא:** ועבדו על חושנא שישלן EX 39:14
ומפרש שמהת תלת **שבטיא** יהודה יששכר וזבולון NU 2:3
ההוא למימר: אילין **שבטיא** יקומון לברכא ית עמא על DT 27:12
יעברון מזיינין עם שאר **שבטיא** ית נחלא ארנונא והינון GN 49:19
אמן: ליט תרתיסרי **שבטיא** כל חד וחד הוה אמר DT 27:26
ומליל משה עם אמרכלי **שבטיא** לבני ישראל למימר דין NU 30:2
בחורב ביומא דאתכנשו **שבטיא** למקבלא אורייתא למימר DT 18:16
ומפרש שמהת תלת **שבטיא** ראובן שמעון גד NU 2:10
חקיק ומפרש שמהת **שבטיא** ראובן שמעון ולוי: ושום EX 28:17
גריצן שווין לתריסר **שבטיא** תרי עשרונין תהי גריצתא LV 24:5
עם משה למימר: לאילין **שבטיא** תתפלג ארעא באחסנא NU 26:53
משה יהבא ירתו לקהל **שבטייא** דיעקב: והוא הוה מלכא DT 33:4
כחדא משתמעין ליה **שבטייא** דישראל: ייחי ראובן DT 33:5
כאפרים וכמנשה ובמניין **שבטייא** יתמני רבא דאפרים קדם GN 48:20
ייי באחסנת חד מן **שבטיכון** תמן תסקון עלוותכון DT 12:14
לנשין לחוד לגניסת **שיבט** אבוהן תהוויין לנשין: מטול NU 36:6
יהושע בר נון דמן **שיבט** אפרים וגבורן דגדעון בר DT 34:2
לנשין והות אחסנתהן על **שיבט** גניסת אבוהן: איליין NU 36:12
דשמשון בר מנוח דמן **שיבט** דן: וית אלף סרכין מדבית DT 34:1
דילפון יתכון כהניא דמן **שיבט** לוי היכמא דפקידתינון DT 24:8
מן קדם כהניא דמן **שיבט** לוי: ותהי גביה ויהי קרי ביה DT 17:18
לא יהי לכהניא דמן **שיבט** לוי חולק ואחסנא עם אחוי DT 18:1
ואישתכח מהימן: נפקין **שיבט** לוי לפולחן משכן זימנא DT 33:9
ראובן ושיבט גד ופלגות **שיבט** מנשה בעידנא ההיא למימר DT 3:18
שיבט ראובן וגד ופלגות **שיבט** מנשה ויחות תחומא ויקיף NU 34:11
ולשיבט גד לפלגות **שיבט** מנשה: ותינטרון ית פיתגמי DT 29:7
דאדומאי אחסנות **שיבט** ראובן וגד ופלגות שיבט NU 34:11
מדינחא: ופקידית יתכון **שיבט** ראובן ושיבט גד ופלגות DT 3:18
ביקרא דאחוי: בנימין **שיבט** תקיף כדיבא טרפיה בארעיה GN 49:27
לתשעת שיבטין ופלגות **שיבטא:** ארום קבילו שיבטא דבני NU 34:13
למפרוס משכניה בגו **שיבטא** בני דדן ולא שבקוה מן LV 24:10
ייי דפורקנך פורקן עלמין: **שיבטא** גד יעברון מזיינין עם שאר GN 49:19
תתפלג ארעא לשמהן **שיבטא** דאבהתהון יחסנון: על פום NU 26:55
ארום גבר באחסנת **שיבטא** דאבהתוי ידבקון בני NU 36:7
דיהוויין להון ומאחסנת **שיבטא** דאבהתנא יתמנע NU 36:4
ביה ריגלוי: ברירין הינון **שיבטא** דאשר היך פרזלא וחסימין DT 33:25
מאה: ודישרן סמיכין ליה **שיבטא** דאשר ורבא דהוה ממני על NU 2:27
דהוה ממניה על חילוות **שיבטא** דבני אפרים אלישמע בר NU 2:18
דהוה ממני על חילוות **שיבטא** דבני אשר פגעיאל בר עכרן: NU 2:27
דהוה ממני על חילוות **שיבטא** דבני אשר פגעיאל בר עכרן: NU 10:26
דהוה ממני על חילוות **שיבטא** דבני בנימין אבידן בר NU 10:24
דהוה ממני על חילוות **שיבטא** דבני בנימן אבידן בר גדעוני: NU 2:22
דהוה ממני על חילוות **שיבטא** דבני גד אליסף בר דעואל: NU 10:20
דהוה ממני על חילוות **שיבטא** דבני גד אליסף בר רעואל: NU 2:14
דהוה ממני על חילוות **שיבטא** דבני זבולון אליאב בר NU 10:16
דהוה ממני על חילוות **שיבטא** דבני יהודה נחשון בר NU 10:14
על מימרא דייי יאות **שיבטא** דבני יוסף ממללין: דין NU 36:5
דהוה ממני על חילוות **שיבטא** דבני ישראל נתנאל בר NU 2:5
דהוה ממני על חילוות **שיבטא** דבני יששכר נתנאל בר NU 10:15
דהוה ממני על חילוות **שיבטא** דבני מנשה גמליאל בר פדה NU 10:23
דהוה ממני על חילוות **שיבטא** דבני מנשה גמליאל בר פדר NU 2:20
דהוה ממני על חילוות **שיבטא** דבני נפתלי אחירע בר עינן: NU 2:29
דהוה ממני על חילוות **שיבטא** דבני נפתלי אחירע בר עינן: NU 10:27
שיבטא: ארום קבילו **שיבטא** דבני ראובן לבית אבהתהון NU 34:14
דהוי ממני על חילוות **שיבטא** דבני שמעון שלומיאל בר NU 10:19
תסתפקון לשיצאה ית **שיבטא** דגניסת קהת מגו ליואי: ודא NU 4:18
וגברא בר ישראל דמן **שיבטא** דדן: וכד נפק מבי דינא כד LV 24:10
משה נביא דייי ואמר **שיבטא** דדן מדמי לגור בר אריוון DT 33:22
שתיה תלתיהון קרב רב **שיבטא** דיהודה לעלתא: צפיר בר NU 7:15
מאה: ודישרו סמיכין ליה **שיבטא** דיששכר ורבא דהוה ממני NU 2:5
חד בר שתיה קריב רב **שיבטא** דיששכר לעלתא: צפיר בר NU 7:21
שבטיא ביעקב ואבדר **שיבטא** דלוי בגו כלהון שבטיא GN 49:7
ואוף ית אחך **שיבטא** דלוי דמתקרי על שמא NU 18:2
עם משה למימר: קרב ית **שיבטא** דלוי ותקים יתיה קדם NU 3:6
עם משה למימר: ברם ית **שיבטא** דלוי לא תימני וית NU 1:49
ההיא אפריש ייי ית **שיבטא** דלוי מטול דקניאו לשמיה DT 10:8
נש או איתא או גניסא או **שיבטא** דליביה מתפני למיטעי DT 29:17
גד ולבני ראובן ולפלגות **שיבטא** דמנשה בר יוסף ית מלכות NU 32:33
לבית אבהתהון ופלגות **שיבטא** דמנשה קבילו אחסנתהון: NU 34:14
דעמיה סגי תסגון ומן **שיבטא** דעמיה זעיר תזערון גבר NU 35:8
דהוה ממני על חילוות **שיבטא** דראובן אליצור בר שדיאור: NU 2:10
מילין מן מילתא לכל **שיבטא** ועל כל פיקודא ופיקודא DT 27:26
עינוון דמיין עינא לכל **שיבטא** ושובעין דיקלין כל קבל EX 15:27
דעבד לכון אסטרט לכל **שיבטא** ושיבטא ואתון סטיתון DT 1:1
תריסר לוגין לוגא לכל **שיבטא** לתריסר שיבטין: ותעביד EX 30:24
תרין שיבטין ופלגות **שיבטא** קבילו אחסנתהון מעיברא NU 34:15
חד אמרכל חד מן **שיבטא** תידברון לאחסנא ית ארעא: NU 34:18
ושית אימהתא ותריסר **שיבטוי** דיעקב ומן יד דבר ייי ית EX 14:21
בזיען כל קבל תריסר **שיבטוי** דיעקב: ועלו בני ישראל בגו EX 14:21
עגולין בסידרא כל קבל **שיבטוי** דיעקב ותהנעיל ית מנרתא EX 40:4
אמרכולין על תריסר **שיבטיא** בתוקפא ידיהון על ריש LV 4:15
ומפרש שמהת תלת **שיבטיא** גד אשר ויששכר: ושום EX 39:12
ומפרש שמהת תלתא **שיבטיא** גד ואשר ויששכר: ושום EX 28:19
לבנתיה: והואה לחד מבני **שיבטיא** דבני ישראל לנשין NU 36:3
אחסנתהון על אחסנת **שיבטיא** דיהוויין להון ומאחסנת NU 36:4
ותיתוסף על אחסנת **שיבטיא** דיהוויין להון ומן עדב NU 36:3
ותריסירי קמן לתריסירי **שיבטיא** דישראל: ושדר בוכרי בני EX 24:4
אלפא לשיבטא לכל **שיבטיא** דישראל תשדרון לחילא: NU 31:4
ומפרש שמהת תלתא **שיבטיא** זבולן יוסף ובנימין משקען EX 28:20
ומפרש שמהת תלת **שיבטיא** זבלון יוסף ובנימן משקען EX 39:13
ומפרש שמהת תלתא **שיבטיא** יהודה דן ונפתלי: ושום EX 28:18
ומפרש שמהת תלת **שיבטיא** יהודה דן ונפתלי: ושום EX 39:11
ויוסף ובנימין: ואילין **שיבטיא** יקומון על לווטייא DT 27:13
מן כהניא יתקדש ומשאר **שיבטיא** יתוקד באישא מצלהבא EX 30:29
כהנא וית רישי אבהת **שיבטיא** לבני ישראל: ואמר משה NU 32:28
תרתיסרי כל קבל תריסר **שיבטיא** מזירקי דכסף תריסר כל NU 7:84
ומפרש שמהת תלת **שיבטיא** ראובן שמעון ולוי: ושום EX 39:10
דהוה ממני על חילוות **שיבטיה** אחיעזר בר עמי שדי: ורבא NU 10:25
דהוה ממני על חילוות **שיבטיה** אליצור בר שדיאור: ורבא NU 10:18
דהוה ממני על חילוות **שיבטיה** אלישמע בר עמיהוד: ורבא NU 10:22
ישראל קטולו אינש גבר **שיבטיה** דאדבקו בטעוות פעור: NU 25:5
קדם ייי דיהון מיני פלגות **שיבטייא** ברם מן רחל אחתי יפקון GN 30:21
גבר חולקיה: כל אילין **שיבטייא** דישראל תריסר כולהון GN 49:28
למימר: ודברית ית רישי **שיבטיכון** ואורכתנון במליא גוברין DT 1:15
וקריבתון לוותי כל רישי **שיבטיכון** וחכימיכון: ואמרתון הא DT 5:23
כנושו לוותי ית כל חכימי **שיבטיכון** וסרכיכון ואימליל DT 31:28
דייי אלקכון מן כל **שיבטיכון** לאשרהא שכינתיה תמן DT 12:5
איתרעי ייי אלקכון מכל **שיבטיכון** למקום לשמשא בשמא DT 18:5

סנהדרין דילכון ואמרכלי **שיבטיכון** סביכון וסרכיכון כל DT 29:9
מן רחל אחתי יפקון תרין **שיבטין** היכמה דנפקו מן חדא מן GN 30:21
לך ואיתנינך לכינשת **שיבטין** ואיתין ית ארעא הדא לברך GN 48:4
ייי למיתן לתשעת **שיבטין** ופלגות שיבטא: ארום NU 34:13
קבילו אחסנתהון: תרין **שיבטין** ופלגות שיבטא קבילו NU 34:15
עינוון דמיין לתריסר **שיבטין** ושובעין דיקלין כלו קבל NU 33:9
ויפישינך ויסגינך לתריסר **שיבטין** ותהי זכי לכינשת דבני GN 28:3
על שמיה תהויין לתריסר **שיבטין**: ותעבד על חושנא שישלן EX 28:21
לכל שיבטא לתריסר **שיבטין**: ותעביד יתיה משח רבות EX 30:24
מיניה קמו תריסר **שיבטין** מיניה עתיד למיקום מלכין GN 50:1
למירתה ותיתנון שית **שיבטין** על טוורא דגריזים ושית DT 11:29
על טוורא דגריזים ושית **שיבטין** על טוורא דעיבל מברכיא DT 11:29
ישראל בקלא רמא: שיתא **שיבטין** קמו על טוורא דגריזים DT 27:15
בכל עובדי ידיכון: ארום **תשבטון** זייתיכון לא תבקרונון מן DT 24:20

שבי (29)

או איתביר מן חיוא או **אישתבי** ולית סהיד חמי ומסהיד: EX 22:9
וכד שמע אברם ארום **אשתבי** אחוי וזיין ית עולמויי GN 14:14
שיבייתא מנהון: ותיחמון **בשבייתא** איתא שפירת ריווי DT 21:11
פרישן להון בזמן דיהכון **בשבייתא** על נהרוות בבל EX 34:10
ובנתיהון מתרחקין **בשבית** חרבא כל קבל מתמלכין NU 21:29
מהניין לכון ארום יזלון **בשיבייותא**: כל אילניכון ופירי DT 28:41
דאימיה ואשבל דהליך **בשיביתא** גרא דאיתגר בארעא GN 46:21
לאברם על עיסק לוט **דאישתבי** ויתי לשיזבותיה מן GN 14:13
עד בוכריא בני מלכיא **דאשתביין** והינון בי גובא EX 12:29
כלילא דאורייתא דידיה **דשבא** יתה משמיה מרומא ואתגלי DT 34:5
נש דהוה ליה ביר יחידאי **ואשתבי** אזל פרקיה בממון סגי DT 32:50
סנחריב מלכא דאתור **וישבי** יתר: ונטל מתל נבותיה ואמר NU 24:22
ונבוז מינהון ביזא רבא **ונישבי** מינהון שיביא רבא ואיפליג EX 15:9
ואגח קרבא בישראל **ושבא** מנהון שיביא: וקיים ישראל NU 21:1
סייפיה מן תיקה וקטליה: **ושבו** בני ישראל ית נשיהון דמדינאי NU 31:9
סיגדיהון אוקידו בנורא: **ושבו** ית כל עדיתא וית כל דברתא NU 31:11
וית כל מזונהון ואזלו: **ושבו** ית לוט וית קנייניה בר אחוי GN 14:12
וביומא שביעאה אתון **ושביכון**: וכל לבוש וכל מנא דצלא NU 31:19
בישריהון מדם קטילין **ושיבין** משירוי פורענות סנאיהון DT 32:42
ייי אלקכון בידכון **ותישבי** שיבייתא מנהון: ותיחמון DT 21:10
דעתי ודברת ית בנתי הי **כשבית** חרבא: למא איטמרת למיזל GN 31:26
נכסיהון וית כל טפליהון **שבו** ובזו וית כל דבביתא: ואמר GN 34:29
במדי ובעילם מן גוא **שביית** בבל אעיקו להון דבית אגג DT 32:24
למימר: סב ית שירוי ביזת **שבייתא** ותקבל חושבנא אנת NU 31:26
ותשני ית כסות **שבייתא** מינה ותטבלינה ותגיירינה DT 21:13
בישראל ושבא מנהון **שיביא**: וקיים ישראל קיים קדם ייי NU 21:1
ביזא רבא ונישבי מינהון **שיביא** רבא ואיפליג ביזהון לעמי EX 15:9
כנישתא דבני ישראל ית **שיבייתא** וית דברתא וית עדיתא NU 31:12
אלקכון בידכון ותישבי **שיבייתא** מנהון: ותיחמון בשבייתא DT 21:10

שביל (6)

דיהי קיים ומטייל **בשבילי** ארחא דחיי לעלמא דאתי: GN 3:24
ולשמאלא להנזקא **בשבילי** רשותא עד דניעיבר תחומך: NU 20:17
ושרכפיה על ארעא **ושביל** טייסיה על אויר רקיע GN 1:20
ולדישי חיויו דכמין על **שבילא** דנכית סוסייא בעיקביה GN 49:17
עיינין מסתכלין תמן דעל **שבילא** דתמנת ארום חמת ארום GN 38:14
דרומא מטול דמתמן **שבילי** שמשא וסיהרא ומתמן EX 40:4

שבך (1)

ציימין צומיכון ושבתין **שוביכון**: ומליל ייי עם משה למימר: LV 23:32

שבע (359)

ית בני ישראל בקינאתי: **בשבועא** אימר ליה מן שמי האנא NU 25:12
זימנין ולא קבילו למימרי: **בשבועא** אמירא דא דלא יחמון ית NU 14:23
דאתרעמיתון עלי: **בשבועא** אמירא דאתון לא תיעלון NU 14:30
עמהון: ארום זקפית **בשבועא** ית ידיי בשמייא ואמרית DT 32:40
לכל חטאיהון ויתן יתהון **בשבועה** אימירא ומפרשא בשמא LV 16:21
מן יד ארכינת יד ימינך ייי **בשבועה** על ארעא דלא יתבעון EX 15:12
ריש שתא לשכלול עלמא **בשבסרי** יומין לירחא ביומא הדין GN 7:11
שביעאה הוא ירחא דניסן **בשבסרי** יומין לירחא על טוורי GN 8:4
בארעא למזן מיניה **בשבע** שני כפנא דתיהוין בארעא GN 41:36
עיבורא דארעא דמצרים **בשבע** שני שובעא: ויכנשון ית כל GN 41:34
עבד מלי תרי קומצין **בשבע** שני שובעא עד דימלון כל GN 41:47
טיב ביש על ארעא **בשבעא** יומין באלול והוון מורני NU 14:37
בעיינך ותמן לא תעיבר: **בשבעא** יומין לירחא דאדר איתליד DT 34:5
ומליל ייי עם משה **בשבעה** בירחא דאדר בכרן יומא DT 32:48
האילין דחמיתון בעיניכון: **בשובעין** נפשתא נחתו אבהתכון DT 10:22
בחד לישן ומיתרגם **בשיבעין** לישנין: ומליל משה וכהניא DT 27:8
דינא רבא ית כל מאן **דמשתבע** בשמיה על מגן: עמי בני EX 20:7
דינא רבא ית כל מאן **דמשתבע** בשמיה על מגן: עמי בני DT 5:11
בחגא דפטיריא ובחגא **דשבועיא** ובחגא דמטליא וליתיכון DT 16:16
ותעבדון חדוות חגא **דשבועיא** קדם ייי אלקכון הי DT 16:10
ובחצדא תנוח: וחגא **דשבועיא** תעביד לך בזמן ביכורי EX 34:22
לוותכון לסדרי קרבא **ובשבעא** אורחין טעיין יהוון ערקין DT 28:7
משה רבהון דישראל **ובשבעא** יומין לירחא דאדר DT 34:5
לסידרי קרבא **ובשבעתי** אורחן טעיין תהוון מפכין DT 28:25
האנא יומנא בר תלתין **ושב** שנין ואילו בעי קודשא בריך GN 22:1
ותלת לקבל רוח מדינחא **ושביעאה** במציעאה: ועבד כן אהרן NU 8:2
ארעך ותכנוש ית עללתא: **ושביעיתא** תשמיטינא מפולחנא EX 23:11
ואתכנש לעמיה סיב **ושבע** יומין וקברו יתיה עשו ויעקב GN 35:29
אברהם בשיבו טבא סיב **ושבע** כל טובא ברם ישמעאל עבד GN 25:8
חמשין ותרין אלפין **ושבע** מאה: אילין בני אפרים NU 26:34
ארבעין וחמשא אלפין **ושבע** מאה: אילין סכומי בני ישראל NU 26:50
במותנא ארבסר אלפין **ושבע** מאה בר מדמיתו על פלוגתא NU 17:14
שיתין ותרין אלפין **ושבע** מאה: ודישרן סמיכין ליה NU 2:26
לגניסתהון תרין אלפין **ושבע** מאה וחמשין: אילין מניין NU 4:36
דייי שיתסר אלפין **ושבע** מאה וחמשין סילעין מן רבני NU 31:52
לחומרא: וית אלפא **ושבע** מאה ושבעין וחמש סילעין EX 38:28
מאה קינטנרין ואלפא **ושבע** מאה ושובעין וחמש סילעין EX 38:25
ארבעין ותלת אלפין **ושבע** מאה ותלתין:: ובני אהליאב NU 26:7
עשרין ותשע קנטירין **ושבע** מאה ותלתין סילעין בסילעי EX 38:24
דדן שיתין ותרין אלפין **ושבע** מאה: לבנוי דאשר ייחוסיהון NU 1:39
שבע שנייא אינין מבשרן **ושבע** שובלייא טבתא שבע שנייא GN 41:26
חורנייתא אינין מבשרן **ושבע** שובלייא לקייתא שקיפן GN 41:27
דאוליד ית שרוג מאתן **ושבע** שנין ואולד בנין ובנן: וחיא GN 11:21
מתושלח מאה ותמנן **ושבע** שנין ואולד ית למך: וחיא GN 5:25
ית שת::: תמני מאה **ושבע** שנין ואוליד בנין ובנן: והוו כל GN 5:7
ישמעאל מאה ותלתין **ושבע** שנין והדר בתייובא ואיתנגיד GN 25:17
למך שבע מאה ושובעין **ושבע** שנין ומית: והוה נח בר חמש GN 5:31
יומי חייו מאה וארבעין **ושבע** שנין: וקריבו יומי ישראל GN 47:28
חסידא מאה ותלתין **ושבע** שנין חייא עד דחמא ית בני EX 6:20
חייוי דלוי מאה ותלתין **ושבע** שנין חייא עד דחמא ית משה EX 6:16
חיי שרה מאה ועשרין **ושבע** שנין שני חייהא דשרה: GN 23:1
מבשרן חילמא חד הוא: **ושבע** תורתי כחישתא ובישתא GN 41:27
לשיבטא דזבולון חמשין **ושבעא** אלפין וארבעה מאה: לבנוי NU 1:31
לשיבטא דיהודה ארבעין **ושבעא** אלפין ושית מאה: לבנוי NU 1:27
לי הכא שבעא תורין **ושבעא** דיכרין: ועבד בלק היכמא NU 23:1
דייתלי ליה עד שובעין **ושבעא**: וידע אדם תוב ית אינתתיה GN 4:24
כד הוינא אכלין לחמא **ושבעין** ארום הנפקתון יתן EX 16:3
זהירין בזמן דאתון אכלין **ושבעין** הוון מודין ומברכין קדם ייי DT 8:10
וית אלפא ושבע מאה **ושבעין** וחמש סילעין עבד ווין EX 38:28
בני תורי תרין ודכר חד **ושובעא** אימרין בני שנא שלמין NU 28:19
דשיבטיה חמשין **ושובעא** אלפין וארבע מאה: כל NU 2:8
ענא תלת מאה ותלתין **ושובעא** אלפין וחמש מאה: והות NU 31:36
ענא תלת מאה ותלתין **ושובעא** אלפין וחמש מאה: וסכום NU 31:43
דן מאה וחמשין **ושובעא** אלפין ושית מאה NU 2:31
לי הכא שובעא תורין **ושובעא** דיכרין: ועבד בלק היכמא NU 23:29
בתר דשכיב תלתין **ושובעא** יומין: ויהושע בר נון אתמלי DT 34:8
ובירח מרחשון בעשרין **ושובעא** יומין לירחא איתבשת GN 8:14
דמיין עינא לכל שיבטא **ושובעין** דיקלין כל קבל שובעין EX 15:27
דמיין לתריסר שיבטין **ושובעין** דיקלין כלו קבל שובעין NU 33:9
ואלפא ושבע מאה **ושובעין** וחמש סילעין בסילעי EX 38:25
חיי אברהם דחיא מאה **ושובעין** וחמש שנין: ואתנגיד ומית GN 25:7
מניין ענא שית מאה **ושובעין** וחמשא אלפין: ותורי NU 31:32
כל יומי למך שבע מאה **ושובעין** ושבע שנין ומית: והוה נח GN 5:31
עשרין ותרין אלפין מאתן **ושובעין** ותלתא: ומליל ייי עם משה NU 3:43
אנא ייי: וית פרקוני מאתן **ושובעין** ותלתא מה דאשתיירו על NU 3:46
מנהון שית מאה ותרין **ושובעין** חולקי שעתא ומן בתר כן GN 1:16
דאורייתא: ושלימו מאתן **ושובעין** יומי עיבורהא למילד והא GN 25:24
משה ואהרן נדב ואביהוא **ושובעין** מסבי ישראל: וזקפו נדב EX 24:9
אנת ואהרן נדב ואביהוא **ושובעין** מסבי ישראל ותסגדון EX 24:1
יוכבד כד ילידת ית משה **ושובעין** סילעין הוי מתקלא NU 7:85
ומשכך תחי משלח חדא **לשב** שנין ואיריסא דמותא בפמך GN 3:14
תקרבון תורין שובעא **לשבע** מטרתא דיכרין תרין לתרי NU 29:32
הא בכין כל דקטיל קין **לשבעא** דרין יתפרע מיניה ורשם ייי GN 4:15
דחשיבו למיעבד: אמר ייי **לשבעין** מלאכיא דקימין קומוי GN 11:7
תעביד לאימר חד הכדין **לשובעא** אימרין: וצפירא דחטאתא NU 28:21
עשרונא לאימרא חד כדין **לשובעא** אימרין: צפיר בר עיזי חד NU 28:29
לאימרא חד הכדין **לשובעא** אימרין: צפיר בר עיזי חד NU 29:10
חד לאימרא חד הכדין **לשובעת** אימרין: וצפיר בר עיזי חד NU 29:4
מתמן על אנפי כל ארעא **לשיבעין** לישנין ולא הוה ידע חד GN 11:8
ופלח עימיה בגינה תוב **שב** שנין אוחרניין: וגלי קדם ייי GN 29:30
דתיפלח עימי תוב **שב** שנין אוחרנין: ועבד יעקב כדין GN 29:27
ית רחל ואמר אפלחינך **שב** שנין בגין רחל ברתך זעירתא: GN 29:18
שידו עני ואמר להום הא **שב** שנין דאתא יעקב לגבן בירן לא GN 29:22
ופלח יעקב בגין רחל **שב** שנין והוו דמיין בעינוי כיומין GN 29:20

כד יתמלון שבעתי **שבועיא** מארע קדיש יהי לכון כל NU 28:26
תישרון למימני שובעא **שבועין**: ותעבדון חדוות חגא DT 16:9
תעבדון עיבידתא: שובעא **שבועין** תימנון לכון מזמן דתשרון DT 16:9
עומרא דארמותא שבע **שבועין** שלמן יהויין: עד מבתר LV 23:15
שלמן יהויין: עד מבתר **שבועתא** שביעאה תימנון חמשין LV 23:16
קיים הכדין לא אבטיל **שבועתי** לעלמין: אין שנינא היא DT 32:40
זרעית יעקב יוסף בר **שביסרי** שנין הוה במיפיקיה מן בית GN 37:2
ושלים אלקים ביומא **שביעא** עיבידתיה דעבד ועישרתי GN 2:2
ויחמיניה כהנא ביומא **שביעאה** אין הלכא תהליך פיסיונא LV 13:27
ויחמי ית מכתשא ביומא **שביעאה** ארום הליך פיסיון LV 13:51
ביומא תליתאה וביומא **שביעאה** אתון ושביכון: וכל לבוש NU 31:19
מא דאית בהון ונח ביומא **שביעאה** בגין כן בריך ייי ית יומא EX 20:11
בחמיסר יומא לירחא **שביעאה** בזמן מיכנשכון ית עללתא LV 23:39
סרכן חכמתא ביומא **שביעאה** בירחא סק לקדם ייי אנת EX 24:1
קל שופר יבבא בירחא **שביעאה** בעשרא לירחא ביומא LV 25:9
וידי ויטבול ברמשא **שביעאה**: דא אחוויית אורייתא גבר NU 19:13
יומין תלקטוניה וביומא **שביעאה** דהוא שבתא לא יהי ביה EX 16:26
לרביעא דמיטרא: וביומא **שביעאה** דחגא דמטליא תקרבון NU 29:32
בחמיסר יומין לירחא **שביעאה** הדין חגא דמטליא LV 23:34
מעללתא חדתא וביומא **שביעאה** ההוא תהון כנישין DT 16:8
לכון לקיים עלם בירחא **שביעאה** הוא ירח תשרי בעשרא LV 16:29
ונחת תיבותא בירחא **שביעאה** הוא ירחא דניסן בשבסרי GN 8:4
ייי: ובעשרא יומין לירחא **שביעאה** הוא ירחא דתשרי מארע NU 29:7
קדמאה דחגה ועד יומא **שביעאה**: וביומא קדמאה מארע EX 12:15
כהנא ית מכתשא ביומא **שביעאה** והא לא הליך פיסיון LV 13:32
כהנא ית ניתקא ביומא **שביעאה** והא לא הליך פיסיון LV 13:34
ויחמיניה כהנא ביומא **שביעאה** והא מכתשא קם כד הוה LV 13:5
ביומא תליתאה וביומא **שביעאה** וידכי ואין לא ידי עלוי NU 19:12
ביומא תליתאה וביומא **שביעאה** וידכיניה ביומא שביעאה NU 19:19
יומין: ויתוב כהנא ביומא **שביעאה** ויחמי והא הליך פיסיון LV 14:39
שביעאה וידכיניה ביומא **שביעאה** ויצבע לבושוי ויסחי במיא NU 19:19
אלפין גרמידי ביומא **שביעאה**: ונחו עמא ביומא שביעאה: EX 16:29
ונחו עמא ביומא **שביעאה**: וקרון בית ישראל ית EX 16:30
לבושיכון ביומא **שביעאה** ותידכון ומן בתר כן NU 31:24
תיכול פטירי וביומא **שביעאה** חגא קדם ייי: פטירי EX 13:6
ביום דכותיה ביומא **שביעאה** יגלבניה: וביומא תמינאה NU 6:9
בתשרי דהוא ירחא **שביעאה** יהי לכון יומא טבא דוכרן LV 23:24
תתעבד עיבידתא וביומא **שביעאה** יהי לכון קודשא שבתא EX 35:2
שובעא יומין: ויהי ביומא **שביעאה** יספר ית כל שעריה ית LV 14:9
יעכב עלוי וביומא **שביעאה** לא ידכי: כל דיקרב NU 19:12
ביומא ההוא דהוה יום **שביעאה** לסואבותהון וקריבו NU 9:6
מארע קדיש וביומא **שביעאה** מארע קדיש יהי לכון כל EX 12:16
יתעביד וניסוכיה: וביומא **שביעאה** מארע קדיש יהי לכון כל NU 28:25
ובחמיסר יומא לירחא **שביעאה** מארע קדיש יהי לכון כל NU 29:12
יומין וקרא למשה ביומא **שביעאה** מיגו עננא: וחיזו זיו יקרא EX 24:16
ביני שימשתא ונח ביומא **שביעאה** מכל עיבידתיה דעבד: GN 2:2
ובריך אלקים ית יומא **שביעאה** מן כולהון יומי שבעתא GN 2:3
מנא נחית: והוה ביומא **שביעאה** נפקו מן רשיעי עמא EX 16:27
קודשיא וגומר: ביומא **שביעאה** קריב רב בית אבא לבני NU 7:48
כל עבידתכון: ויומא **שביעאה** שבא וניח קדם ייי EX 20:10
תתעבד עיבידא וביומא **שביעאה** שבא וניח מארע קדיש LV 23:3
כל עיבידתכון: ויומא **שביעאה** שבי וניח קדם ייי אלקכון DT 5:14
שמיא וית ארעא וביומא **שביעאה** שבת ונח: ויהב למשה כד EX 31:17
יתעביד עיבידתא וביומא **שביעאה** שבת שבתא קודשא קדם EX 31:15
יהויין: עד מבתר שבועתא **שביעאה** תימנון חמשין יומין LV 23:16
תעבד עובדך וביומא **שביעאה** תנוח מן בגלל דינוחון EX 23:12
ויחמי כהנא יתיה ביומא **שביעאה** תניינות והא עמא LV 13:6
פרסי ולא ואשתלהי נס **שביעאי** זקפינון בדרע ימיניה NU 25:8
ברם בעשרא יומין לירחא **שביעיה** הדין יומא דכיפוריא הוא LV 23:27
סווין דמוי ותדכי: וביומא **שביעה** תיסב לה תרין שפנינין LV 15:29
שית שנין יפלח ובמעלי **שביעיתא** יפוק לבר חורין מגן: אין EX 21:2
ואוסיף לאייתאה עליכון **שביעיתא** מחא על שבע עבירן די LV 26:21
שית שנין ובמעלי **שביעיתא** תפטרוניה לבר חורי DT 15:12
דייי שבעתי יומין ביומא **שביעתא** דחגא מארע קדיש כל LV 23:8
תימרון מה ניכול בשתא **שביעתא** הא לא נזרע ולא נכנוש ית LV 25:20
ית עללתא: ובשתא **שביעיתא** נייח דשמיטיתא יהי LV 25:4
למימר קריבת שתא **שביעתא** שתא דשמיטתא ותבאש DT 15:9
יעקב בארעא דמצרים **שבסרי** שנין והוו יומי יעקב סכום GN 47:28
בירא: ולאוניס דמדין **שבע** בנתא ואתא ודלאה ומלאה ית EX 2:16
ובמי מבוע וידי לביתא **שבע** זימנין: וידכי ית ביתא באדמא LV 14:51
אדמא באדבעיה ימינא **שבע** זימנין וידכיניה ויקדשיניה LV 16:19
שמיטין דשנין שבע שנין **שבע** זימנין ויהון לך סכום יומי LV 25:8
מאדמה בטיבולא חדא **שבע** זימנין: ויפקון מגו סידורא NU 19:4
ואדי מיניה על מדבחא **שבע** זימנין ורבי ית מדבחא וית כל LV 8:11

ולקדם כפורתא ידי **שבע** זימנין מן אדמא באדבעיה LV 16:14
קדם ייי וגחן על ארעא **שבע** זימנין עד מיקרביה עד אחוי: GN 33:3
באדמא ויידי מן אדמא **שבע** זימנין קדם ייי קבל פרגודא LV 4:6
מן אדמא ויידי מיניה **שבע** זימנין קדם ייי קדם פרגודא: LV 4:17
קים: ואקם אברהם ית **שבע** חורפן בלחודיהן ואפרישינון GN 21:28
לאברהם מה הינון **שבע** חורפן האילן דאקימתא GN 21:29
ואמר ארום ית **שבע** חורפן תקבל מן ידי מן בגלל GN 21:30
ובנן: והוו כל יומי למך **שבע** מאה ושובעין ושבע שנין ומית: GN 5:31
שית מאה וחד אלפין **שבע** מאה ותלתין: ומליל ייי עם NU 26:51
בתר דאולד ית למך **שבע** מאה ותמנן ותרתין שנין GN 5:26
ואוסיף למירדי יתכון **שבע** מאחאתא על שבע עבירן די LV 26:18
ואמחי יתכון לחוד אנא **שבע** מחן על שבע עבירן די חטיתון LV 26:24
ואדרי יתכון לחוד אנא **שבע** מחן על שבע עבירן די חטיתון LV 26:28
יתכון שבע מאחאתא על **שבע** עבירן די חטיתון קדמי: LV 26:18
לחוד אנא שבע מחן על **שבע** עבירן די חטיתון קדמי: LV 26:28
שביעיתא מחא על **שבע** עבירן די חטיתון קדמי: ואיגרי LV 26:21
לחוד אנא שבע מחן על **שבע** עבירן די חטיתון קדמיי: ואיתי LV 26:24
ית עומרא דארמותא **שבע** שבועין שלמן יהויין: עד מבתר LV 23:15
וחמית בחילמי והא **שבע** שובלין סלקן בקנייא חד GN 41:22
זימנין ויהון לך סכום יומי **שבע** שמיטין דשנין ארבעין ותשע LV 25:8
עללתא למיכל: ותימני לך **שבע** שמיטין דשנין שבע שנין שבע LV 25:8
בארעא דמצרים: ושריאן **שבע** שני כופנא למיתי היכמא GN 41:54
ארעא דמצרים: ויקומון **שבע** שני כופנא מן בתריהן ויתנשי GN 41:30
הם הכי מבשרן דייהויין **שבע** שני כפנא: הוא פתגמא GN 41:27
הכא בסיגופיהום: ושלימן **שבע** שני שובעא דהואה בארעא GN 41:53
וכנש ית כל עיבור **שבע** שני שובעא דהוו בארעא GN 41:48
שבע תורתן טבתן **שבע** שנייא אינין מבשרן ושבע GN 41:26
אחמי ית פרעה: הא **שבע** שנייא אתיין שובעא רבא בכל GN 41:29
ושבע שובלייא טבתא **שבע** שנייא האילין אינין מבשרן GN 41:26
ובישתא דסלקן בתריהן **שבע** שנייא חורנייתא אינין מבשרן GN 41:27
דענק גיברא וחברון **שבע** שנין אתבניית קדם עד לא NU 13:22
משה יתהון למימר בסוף **שבע** שנין באשוני שתא DT 31:10
לך שבע שמיטין דשנין **שבע** שנין שבע זימנין ויהון לך LV 25:8
תובלייא לקייתא ית **שבע** תובלייא טבתא ואמרית GN 41:24
תובלייא לקייתא ית **שבע** תובלייא פטימתא ומלייתא GN 41:7
וחסירן בבישריהון ית **שבע** תורתי דשפירן למיחמי GN 41:4
ורעיין בגו גומייא: והא **שבע** תורתי חורניין סלקן בתריהון GN 41:19
ורעיין בגו גומייא: והא **שבע** תורתי חורניין סלקן מן נהרא GN 41:3
נהרא: והא מן נהרא סליקן **שבע** תורתי פטימן בשר ושפירן GN 41:18
השיכתא ובישתא ית **שבע** תורתי קמייתא ופטימתא: GN 41:20
נהרא: והא מן נהרא סלקן **שבע** תורתי שפירן למחמי ופטימן GN 41:2
עתיד למעבד תני לפרעה: **שבע** תורתן טבתן שבע שנייא אינין GN 41:26
בלעם לבלק בני לי הכא **שבעא** אגורין ועתד לי הכא שובעא NU 23:29
דכי: ותעביד ית בוציניה **שבעא** ודליק כהנא דמתמני ית EX 25:37
דכי: ועבד ית בוצינהא **שבעא** ומלקטייהא ומחתייה דדהב EX 37:23
ביר דכר ותהי מסאבא **שבעא** יומין הי כיומי ריחוק LV 12:2
ויסגר כהנא ית מכתשא **שבעא** יומין: ויחמיניה כהנא ביומא LV 13:4
קדם ייי: פטירי יתאכל ית **שבעא** יומין ולא יתחמי לך חמיע EX 13:7
שבעא שלמין לחדוות **שבעא** יומין: מנחתהון סמידא NU 29:36
במשכנא ויסגיריניה כהנא **שבעא** יומין תניינות: ויחמי כהנא LV 13:5
ותלישין משחתהא עד **שבעא** פושכי וחללא דרומא עשרא LV 23:42
ודכר חד אימרין בני שנא **שבעא** שלמין: ותלתא עשרונין NU 28:11
יחידאיי אמרין בני שנא **שבעא** שלמין לחדוות שבעא יומין: NU 29:36
חד פטימן וטבן: והא **שבעא** תובלי לקיין ושקיפן קידום GN 41:6
חד מליין וטבן: והא **שבעא** תובלי נצן לקיין שקיפן GN 41:23
וחמא חלמא תניינות והא **שבעא** תובלי סלקן בקנייא חד GN 41:5
אגורין ועתד לי הכא **שבעא** תורין ושבעא דיכרין: ועבד NU 23:1
וחמר ניסוכיהון: ובירחא **שביעאה** הוא ירחא דתשרי בחד NU 29:1
יומין תיפלח וביומא **שביעאה** תנוח ברידיא ובחצדא EX 34:21
חיזורא ורומנא כולהון **שבעין** על שיפולי מנטר מעילא EX 39:26
יתהון: ונחשא דארמותא **שבעין** קנטירין ותרין אלפין וארבע EX 38:29
דעל ידיה דשמאלא **שבעת** זימנין קדם ייי: ויתן כהנא LV 14:27
מילין תמן איתחפיאו **שבעת** ענני יקרא ארבעא מארבע EX 12:37
אתרא דאתחפיאו **שבעת** ענני יקרא: ונטלו מסוכות NU 33:5
שביעאה מן כולהון יומי **שבעתא** וקדיש יתיה ארום ביה נח GN 2:3
וידי משחא באדבעיה **שבעתא** זימנין: וממה דמשתייר LV 14:16
תקפון על קרתא כל יומי **שבעתא** לאגחא קרבא עלה DT 20:19
דמניין הינון שבעתי יומי **שבעתא** על משכנא על פום מימרא NU 9:20
בבלעם ואמר קדמוהי ית **שבעתי** אוגריא סדרית ואסיקית NU 23:4
ירחא ולעילא סכומהון **שבעתי** אלפין וחמש מאה: תרתין NU 3:22
קבל מנרתא יהון מנהרין **שבעתי** בוציניא תלת לקבל רוח NU 8:2
דמידכי מן סגירותא **שבעתי** זימנין וידכיניה ויפטור ית LV 14:7
דכהונתא דידיה הוות **שבעתי** יומי אשלמוותא כלילא DT 34:5
ועבד יעקב כדין ואשלים **שבעתי** יומי משתיא דלאה ויהב GN 29:28

יקרא יומין דמניין הינון **שבעתי** יומי שבעתא על משכנא NU 9:20
קרבנא לשמא דייי **שבעתי** יומין ביומא שביעתא דחגא LV 23:8
ותיחדון קדם ייי אלקכון **שבעתי** יומין: במטללתא דתרי LV 23:40
כאורח עלמא ויהי **שבעתי** יומין בתר אימיה מטול LV 22:27
הות מיכספא ומיטרדא **שבעתי** יומין וכדון דנזפית בה מן NU 12:14
מרים מברא למשריתא **שבעתי** יומין ועמא לא נטל עד זמן NU 12:15
אילהין מסתיא דתיטרד **שבעתי** יומין מברא למשריתא NU 12:14
חגא דפטיריא לשמא דייי **שבעתי** יומין פטירי תיכלון: ביומא LV 23:6
פולחנא לא תעבדון: **שבעתי** יומין תקרבון קורבנא LV 23:36
בוציניהא שובעא כל קבל **שבעתי** כוכביא דמתילין לצדיקיא EX 40:4
סידורא דמסדרין כל קבל **שבעתי** כוכביא דנהיגין בשיטריהון EX 39:37
אנת ואבהתך: מטעוות **שבעתי** עממיא דבחוזרנותכון DT 13:8
מינכון לחדא דלא מקרוי **שבעתי** עממיא האילין הינון: לחוד DT 20:15
ופריזאי וחיואי ויבוסאי **שבעתי** עממין סגיאין ותקיפין מינך: DT 7:1
ובית צחותא אגין עליהון **שבעתי** ענני איקריה אליפינון ית DT 32:10
ייי בעצרתיכון כד יתמלון **שבעתי** שבועיא מארע קדיש יהי NU 28:26
ידיכון דתעבדון: מסוף **שבעתי** שנין תעבדון שמיטתא: ודין DT 15:1
סכותא לריש רמתא ובנא **שובעא** אגורין ואסק תור ודכר על NU 23:14
ואמר לבלק בני לי הכא **שובעא** אגורין ועתד לי הכא שבעא NU 23:1
בני תורין תרין ודכר חד **שובעא** אימרין בני שנא: ומנחתהון NU 28:27
לא יתובון לזמן יומין תוב **שובעא** אנא מחית מיטרא על GN 7:4
ושלימן שבע שני **שובעא** דהואה בארעא דמצרים: GN 41:53
מן בתריהן ויתנשי כל **שובעא** דהוה בארעא דמצרים GN 41:30
דיירי ארעא: ולא יתידע **שובעא** דהוה בארעא מן כפנא GN 41:31
ית כל עיבור שבע שני **שובעא** דהוו בארעא דמצרים ויהב GN 41:48
דכיא תיסב לך שובעא **שובעא** דכר ונוקבא ומן בעירא GN 7:2
מן צפרי שמיא שובעא **שובעא** דכר ונוקבא לקיימא מנהון GN 7:3
קין דהב ותב בתיובא עד **שובעא** דרין אתיליו ליה ולמך בר GN 4:24
דמצרים בשבע שני **שובעא:** ויכנשון ית כל עיבור שנייא GN 41:34
הא אנא יהיב להון ארכא **שובעא** יומין אין יתובון ישתביק GN 7:4
תחגון ית חגא דייי **שובעא** יומין ביומא קמאה נייחא LV 23:39
דמטליא תעבדון לכון **שובעא** יומין במישלמכון למיכנוש DT 16:13
קמאה תעבדון כל יומא **שובעא** יומין דחגא קרבן דמתקבל NU 28:24
ובדמיה יהי מסאב **שובעא** יומין: הוא ידי עלוי מי NU 19:11
לתיבותא: ואוריך תוב **שובעא** יומין ואוסיף לשדרא ית GN 8:10
עמיה ויסגיריניה כהנא **שובעא** יומין: ואין הלכא תהליך LV 13:21
עימיה ודרף בתרוי מהלך **שובעא** יומין וארע יתיה דשרי GN 31:23
מדובה ותמני לה **שובעא** יומין ובתר כדין תטבול LV 15:28
ועבד לאבוי איבלא **שובעא** יומין: וחמא יתבי ארעא GN 50:10
ולא יקרב לציד אינתתיה **שובעא** יומין: ויהי ביומא שביעאה LV 14:8
ויסגר ית מכתשא **שובעא** יומין: ויחמי ית מכתשא LV 13:50
כהנא ית מכתש ניתקא **שובעא** יומין: ויחמי כהנא ית LV 13:31
ויסגר כהנא ית ניתקא **שובעא** יומין: ויחמי כהנא ית ניתקא LV 13:33
עמיא ויסגריניה כהנא **שובעא** יומין: ויחמיניה כהנא ביומא LV 13:26
ודופקא יהי מסאב **שובעא** יומין: ויסבון לדמסאב מן NU 19:16
מלבר ויסגר ית ביתא **שובעא** יומין: ויתוב כהנא ביומא LV 14:38
וקיסוי ומנוי יהי מסאב **שובעא** יומין: וכל מאן דפחר פתיח NU 19:14
ריחוקא עלוי ויהי מסאב **שובעא** יומין וכל משכבא די מייחד LV 15:24
לכון חמיר בכל תחומכון **שובעא** יומין ולא יבית בר מן DT 16:4
זימנא תיתבון יומם ולילי **שובעא** יומין ותיטרון ית מיטרת LV 8:35
חגא דמטליא קדם ייי **שובעא** יומין: ותקרבון עלתא קרבן NU 29:12
מעילוי ארעא: ואוריך תוב **שובעא** יומין חורנין ושדר ית יונתא GN 8:12
ותרין תיכלון חמיע: **שובעא** יומין חמיר לא ישתכח EX 12:19
תעביד לבוכרי תורך וענך **שובעא** יומין יהי ייניק בתר אימיה EX 22:29
בהון ית קורבנהון: **שובעא** יומין ילבשינון כהנא דיקום EX 29:30
יומי אשלמוותכון ארום **שובעא** יומין יתוקם משכנא LV 8:33
עשרא פושכי תיתבון בה **שובעא** יומין כל דכוריא בישראל LV 23:42
שרו למיברא למשריתא **שובעא** יומין כל דקטיל בר נשא NU 31:19
מדובא דוויה וימני ליה **שובעא** יומין לדכותיה ויצבע LV 15:13
הדין חגא דמטליא **שובעא** יומין לשמא דייי: ביומא LV 23:34
מן מוי דבנהרא: ושלימו **שובעא** יומין מן בתר די מחא ייי ית EX 7:25
ייי ית נח: והוה לזמן **שובעא** יומין מן בתר דשלים GN 7:10
ומתרע משכן לא תפקון **שובעא** יומין עד יום מישלם יומי LV 8:33
קים עלם תחגוניה: **שובעא** יומין פטירא תיכלון ברם EX 12:15
יומא לירחא הדין חגא **שובעא** יומין פטירי יתאכל: ביומא NU 28:17
מסאב הוי דובא בבישרא **שובעא** יומין תהי יתבא בריחוקא LV 15:19
וארמלתא די בקרויכון: **שובעא** יומין תחגון קדם ייי DT 16:15
ית חגא דפטיריא תינטור **שובעא** יומין תיכול פטירא היכמה EX 23:15
חגא דפטיריא תינטרון **שובעא** יומין תיכול פטירי היכמא EX 34:18
פולחנא הדא בירחא הדין: **שובעא** יומין תיכול פטירי וביומא EX 13:6
תיכלון על פיסחא חמיע **שובעא** יומין תיכלון לשמיה פטיר DT 16:3
דביה מכתשא ויסגיריניה **שובעא** יומין תיניינות: ויחמי כהנא LV 13:54
ותרבי יתיה לקדשותיה: **שובעא** יומין תכפר על מדבחא EX 29:37
ככל די פקידית יתך **שובעא** יומין תקרב קורבנהון: ותורא EX 29:35

אילין ליעקב כל נפשתא **שובעא:** כל נפשתא דעלא עם יעקב GN 46:25
ותדלק ית בוציניהא **שובעא** כל קבל שבעתי כוכביא EX 40:4
דמטליא תקרבון תורין **שובעא** לשבע מטרתא דיכרין תרין NU 29:32
תרי קומצין בשבע שני **שובעא** עד דימלון כל אוצרייא: GN 41:47
הא שבע שנייא אתיין **שובעא** רבא בכל ארעא דמצרים: GN 41:29
עומרא תישרון למימני **שובעא** שבועין: ותעבדון חדוות DT 16:9
לא תעבדון עיבידתא: **שובעא** שבועין תימנון לכון מזמן DT 16:9
ברם מן צפרי שמיא **שובעא** שובעא דכר ונוקבא GN 7:3
בעירא דכיא תיסב לך **שובעא** שובעא דכר ונוקבא ומן GN 7:2
דכר חד אימרין בני שנא **שובעא** שלמין: ומנחתהון סמידא NU 29:2
דכר חד אימרין בני שנא **שובעא** שלמין יהון לכון: ומנחתהון NU 29:8
אגורין ועתד לי הכא **שובעא** תורין ושובעא דיכרין: ועבד NU 23:29
נגרא מציעאה אורכיה **שובעין** אמין ופרישן מתעבדן ביה EX 26:28
ייי למשה כנוש לשמי **שובעין** גוברין זכאין מסבי ישראל NU 11:16
ית פיתגמיא דייי וכנש **שובעין** גוברין מסבי ישראל ואקים NU 11:24
לא חסיר מידעם ויהב על **שובעין** גוברין סביא והוה כד שרת NU 11:25
וסכומהון דשיבטיא **שובעין** וארבעא אלפין ושית מאה: NU 2:4
חזור חזור סכומהון **שובעין** וחד: ויהי עטיף על אהרן EX 28:34
עימיה לוט ואברם בר **שובעין** וחמש שנין במיפיקיה מחרן: GN 12:4
דייי מן ענא שית מאה **שובעין** וחמשא: וסכום תורי תלתין NU 31:37
יעקב דעלא למצרים **שובעין:** וית יהודה שדר קדמוי לות GN 46:27
דינא הוא דייתלי ליה עד **שובעין** ושבעא: וידע אדם תוב ית GN 4:24
דיהודה לסכומהון **שובעין** ושיתא אלפין וחמש מאה: NU 26:22
וחמשא אלפין: ותורי **שובעין** ותרין אלפין: וחמרי שיתין NU 31:33
נסיבתהון לשמא דייי **שובעין** ותרין: וחמרי תלתין אלפין NU 31:38
ושובעין דיקלין כלו קבל **שובעין** חכימיא ושרון תמן על מיא: NU 33:9
בסימיא ובכון יתי מצראי **שובעין** יומין אמרין אילין לאילין GN 50:3
דבני סנהדרין דסכומהון **שובעין** כמניינא עממיא: ויתן לך ית GN 28:3
דייי עילוי קרתא ועימיה **שובעין** מלאכיא כל קבל שומעין GN 11:8
זימנא רמא פיצתא עם **שובעין** מלאכיא דרברבי עממין DT 32:8
אומיא כסכום מניין **שובעין** נפשתא דישראל דנחתו DT 32:8
נפקי ירכא דיעקב **שובעין** נפשתא עם יוסף ובנוי דהוו EX 1:5
דמזירקא חד כל קבל **שובעין** סבי סנהדרין רבא כל כסף NU 7:85
ושובעין דיקלין כל קבל **שובעין** סביא דישראל ושרון תמן EX 15:27
חד דכסף דגילדה קליש **שובעין** סילעין בסילעי בית קודשא NU 7:13
חדא דכסף דגילדה קליש **שובעין** סילעין בסילעי בית קודשא NU 7:19
כל יומא וחסרין סכומהון **שובעין** על שובעין עממין ומקרבין NU 29:13
סכומהון שובעין על **שובעין** עממין ומקרבין יתהון NU 29:13
בנין ובנן: וחיא תרח **שובעין** שנין ואולד ית אברם וית GN 11:26
שנין ומית: וחיא קינן **שובעין** שנין ואוליד ית מהללאל: GN 5:12
קדם רבתא: אשלים כדון **שובעתי** יומי משתיא דדא וניתן לך GN 29:27
שובעין מלאכיא כל קבל **שומעין** עממיא וכל חד וחד לישן GN 11:8
ותקרבון על לחמא ההוא **שיבעא** אימרין שלמין בני שנה ותור LV 23:18

שבע (9)

וייכלון בקרוון **ויסבעון:** ומעשר תליתאי תיסק DT 26:12
דבקירויכון ויכלון **ויסבעון** מן בגלל דיברככון ייי DT 14:29
עבדא חלב ודבש וייכלון **וישבעון** וידהנון ויתפנון לטעוות DT 31:20
טרחת למנצב ותיכול **ותיסבע:** אסתמרו לכון דילמא DT 6:11
בחקלך לבעירך ותיכול **ותיסבע:** איסתמרו לכון דילמא DT 11:15
יומא דין: דילמא תיכלון **ותיסבעון** ובתין שפירין תיבנון DT 8:12
זרעא ותיכלון לחמיכון **ותשבעון** ותיתבון לרוחצן בארעכון: LV 26:5
למיכול ולחמא בצפרא **למיסבוע** בדשימיע קדם ייי ית EX 16:8
במתקלא ותיכלון ולא **תשבעון:** ואין בהדא תוכחתא לא LV 26:26

שבע (15)

שמיע קדמי: אימר להון **בשבועא** קיים אנא אין לא היכמא NU 14:28
ויימרון בעידנא ההיא **בשבועה** מטול דלית שכינת אלקי DT 31:17
דסדום ארימית ידי **בשבועה** קדם ייי אלקא עילאה GN 14:22
להון כפיתגמך: וברם **בשבועה** קיים אנא ומליא יקרא NU 14:21
בארעא דמואב וטמרינון **בשבועת** שמא רבא ודחילא דהכין DT 9:19
בדוקיא: ויומי יתה כהנא **בשבועת** שמא רבא ויקירא ויימר NU 5:19
ואמר ייי למשה ולאהרן **בשבועתא** חולף דלא הימנתון NU 20:12
דאשכח: או מכל מדעם **דאישתבע** עלוי לשיקרא וישלים LV 5:24
ותיכול כרעוות נפשך עד **דתיסבע** ולות צנך לא תתן: ארום DT 23:25
אבידתא ויכפור בה **ואישתבע** על שיקרא על חדא מכל LV 5:22
עמי בני ישראל לא **ישתבע** חד מנכון בשום מימריה EX 20:7
עמי בני ישראל לא **ישתבע** חד מנכון בשום מימריה DT 5:11
עמי בני ישראל לא **ישתבע** חד מנכון בשמי לשקרא LV 19:12
אין תקיים ית נפשי **משתבענא** לך דכל יומין דאנא קיים NU 31:8
או ידע בחבריה דבטיל **שבועא** ולווט אין לא יחווי יקביל LV 5:1

שבק (91)

על מילוי ארום לא **אשבוק** חוביכון ארום בשמי EX 23:21
ריבוני לגבלא: ואמר עשו **אשבוק** כדון עמך מן פולומוסין GN 33:15
לארעא הדא ארום לא **אשבקינך** עד זמן די אעביד ית GN 28:15
ובעו מן קדם ייי **דישתביק** לכון חובא דא ואתפרעו EX 32:27

דפשר להום יוסף: ובגין **דשבק** יוסף חסדא דלעיל ואתרחץ GN 40:23
רבא הדין: ויימרון מטול **דשבקו** ית קיימא דייי אלקא DT 29:24
אתכסיית מנהון בירא על **דשבקו** פתגמי אורייתא דבסימין NU 33:46
ודחילו על שמעון **דשבקו** תמן: ואמר להום יעקב GN 42:35
מן קדם בישות עובדיכון **דשבקתון** דחלתי: יאדק מימרא דייי DT 28:20
דכהנא רבא מטול **דשיבוק** חובין דישראל ביה וברם LV 4:21
ואין כדין אנת עביד לי **דתישבוק** כל טירחנהון עליי NU 11:15
בגו קרתא דיצלון קדמי **ואשבוק** לכל אתרא בגינהום: ואתיב GN 18:26
ית קורבניכון וישרי **וישבוק** על חוביכון ומן יד איתגלי LV 9:23
דהינון עללין תמן ביניהון **וישבקון** דחלתי וישנון ית קיימי די DT 31:16
נפשה ומן קדם ייי ישתרי **וישתביק** לה: ונדרא דארמלא NU 30:9
ליה ויכפר עליהון כהנא **וישתביק** להון: ויפיק ית תורא LV 4:20
ומן קדם ייי ישתרי **וישתביק** ליה ארום בטיל אבוהא NU 30:6
קדם ייי ויכפר עלוי כהנא **וישתביק** ליה: ואין אימר ייתי LV 4:31
עלוי בדיכרא דאשמא **וישתביק** ליה: ואין בר נש ארום LV 5:16
עלוי כהנא מחובתיה **וישתביק** ליה: ואין בר נש חד יחוב LV 4:26
כהנא מחובתיה דחב **וישתביק** ליה: ואין לא תארע ידיה LV 5:10
כהנא על חובתיה דחב **וישתביק** ליה: ובר נש ארום יחוב LV 4:35
ייי מטול חובתיה דחב **וישתביק** ליה מחובתיה דחב: וארום LV 19:22
ויכפר עלוי כהנא קדם ייי **וישתביק** ליה על חדא מכל דיעביד LV 5:26
והוא לא ידע וחב **וישתביק** ליה: קורבן אשמא הוא כל LV 5:18
ומפרנסין מסכיניא **ומשתביק** להון חוביהון כאילו EX 40:6
ומצלי על חוביה ומצלי **ומשתבק** ליה: והוה כד הוה נפיק EX 33:7
וטיבו לאלפין דרין שרי **ושביק** על חובין ואעבר על מרודין EX 34:7
טבין ויהון מיטלטלין **ושביקין**: ויימר סנאה האן הוא DT 32:36
בעיטת דרא דפלוגתא **ושבק** ארבע קוריין אילין ויהב ליה GN 10:11
שוי ליביה לפתגמא דייי **ושבק** ית עבדוי וית גיתוי בחקלא: EX 9:21
ליה בביתא ובחקלא: **ושבק** כל דאית ליה בידא דיוסף GN 39:6
כדי ארימית קלי וקרית **ושבק** לבשיה גבי ואפק לשוקא: GN 39:18
אצלחו תקוף קנון נכסין **ושבקו** פולחן אלקא דברא יתהון DT 32:15
למימר שכוב עימי **ושבקיה** ללבושיה בידא ואפיק GN 39:12
ארום ארימית קלי וקרית **ושבקית** ללבשיה לותי ואפק GN 39:15
נפקן לאנפי ברא וילדן **ושבקן** יתן תמן ומשדר מלאכא EX 15:2
רחמין על כל אתרא **ותשבוק** להום ואמר לא אחביל GN 18:32
ארום עם קשי קדל הוא **ותשבוק** לחובאנא ולחטאנא EX 34:9
ברחמין: וארעא תתרטיש **ותשתביק** מנהון ותירעי ית שני LV 26:43
איתניסיבת דא: בגין כן **ישבוק** גבר ומתפרש מן ביה GN 2:24
ואנא קדמיי גלי ארום לא **ישבוק** יתכון מלכא דמצרים למיזל EX 3:19
דייי על תרעא ולא **ישבוק** מלאכא מחבלא למיעול EX 12:23
רחמנא ייי אלקכון לא **ישביקנכון** ולא יחבלכון ולא יתנשי DT 4:31
ומימריה יהי בסעדך לא **ישבקינך** ולא ירחקינך לא תידחל DT 31:8
מידברא קדמכון לא **ישבקינכון** ולא ירחקינכון: וקרא DT 31:6
ידעת ועברת מן קדם ייי **ישתביק** לה: כל נידרא וכל קייום NU 30:13
שובעא יומין אין יתובון **ישתביק** להון ואין לא יתובון לזמן GN 7:4
הלא אם תייטיב עובדך **ישתביק** לך חובך ואין לא תייטיב GN 4:7
לא תוסיף ועל די חטית **ישתבק** לך ארום איתחשב לך GN 49:4
לית אפשר לטלייא **למשבוק** ית אבוי דאין שביק הוא GN 44:22
תקיפתא: וסרב אדומאה **למשבוק** ית ישראל למיעיבר NU 20:21
ברם יוכלא קדמך **למשבוק** יתיה: הא טרדת יתי יומא GN 4:13
לא יהי רעוא מן קדם ייי **למשבק** ליה ארום בכין יתקוף DT 29:19
ארום לית רעוא קדם ייי **למשבקי** למיזל עימכון: וקמו רברבי NU 22:13
מחן רברבן ומיהמנן דלא **למשבקכון** ומרעין בישין ומיהמנין DT 28:59
לנפשך מלמקרוב ליה **משבוק** תשבוק בההיא שעתא ית EX 23:5
ייי אלקן ואנחנא אין **נשביקינון** לית אנן ידעין ממא נפלח EX 10:26
בישא גמלו יתך וכדון **שבוק** בבעו לחובי עבדי אלקא GN 50:17
אין תשבוק לחוביהון **שבוק** ואין לא מחיני כדון מן ספר EX 32:32
ייי אלקכון ולכון: וכדון **שבוק** כדון חובי לחוד זימנא הדא EX 10:17
תימרון ליוסף במטו **שבוק** כדון לחובי אחך ולחטיאיהון GN 50:17
תליתאי ועל דר רביעאי: **שבוק** כדון לסורחנות עמא הדין NU 14:19
וזוער דחובהא קלילין **שבוק** לה בגין רחמך ואמר לא GN 18:29
קוריין וצבויים וזוער **שבוק** להום בגין רחמך ואמר לא GN 18:30
לתרתין קוריין ולתלת **שבוק** להום בגין רחמך ואמר לא GN 18:31
מהימני אתון אחוכון חד **שבוקו** עמי וית דצריך לכפיני GN 42:33
למשבוק ית אבוי דאין **שביק** הוא ית אבוי מיית הוא: GN 44:22
לא תגזרון: ית כתי **שביק** חצדיכון לא תחצדון וית LV 25:5
ואתא לחברון ולא הוה **שביק** ליוסף למקבור ית אבוי GN 50:13
קמאה דהוית מזוגיה: **שבק** יוסף ית רוחצניה דלעיל ונקט GN 40:14
והוה כדי חמת ארום **שבק** ללבושיה בידא ואפק לשוקא: GN 39:13
עד דניעיבר תחומך: ולא **שבק** סיחון ית ישראל למעיבר NU 21:23
טפלהון וענהון ותוריהון **שבקו** בארעא דגושן: וסליקו עימיה GN 50:8
בגו שיבטא בני דדן ולא **שבקוה** מן בגלל דטיכסין דישראל LV 24:10
על עיסק יתרו חמוי דלא **שבקיה** למגזריה ברם אליעזר הוה EX 4:24
ומחיין יתך על רישך וכד **שבקין** מצוותא דאורייתא תהוי GN 3:15
בעידנא ההיא ליתנא **שבקינכון** על דיינא חד דאנא לא DT 1:9

רחיצא דתעבד דיני דאנא **שבקית** ארעי ובית איבא ועלית GN 16:5
ועד כדון: ואמר ייי **שבקית** להון כפיתגמך: וברם NU 14:20
קביל בירכתי ואמר הלא **שבקתא** לי בירכתא: ואתיב יצחק GN 27:36
דבריה והאן הוא למא דנן **שבקתין** ית גברא קרין ליה וייכול EX 2:20
קדמיי בגין כל לא **שבקתך** למקרב לגבה: וכדון אתיב GN 20:6
למוי אדיותא ברם **שיבוק** חובת עיגלא היא: ויצבע NU 19:9
מלמקרוב ליה משבוק **תשבוק** בההיא שעתא ית סנא EX 23:5
לא תלקיט לעניי ולגייורי **תשבוק** יתהון אנא הוא ייי אלקכון: LV 23:22
לא תלקט לעניי ולגייורי **תשבוק** יתהון בחיבורהון אנא הוא LV 19:10
אזיל: ואמר לא כדון **תשבוק** יתנא ארום בגין כן דידעתא NU 10:31
וזוער הרוגזך שציא ולא **תשבוק** לאתרא בגין זכוות חמשין GN 18:24
דחלן דדהב: וכדון אין **תשבוק** לחוביהון שבוק ואין לא EX 32:32
וליואה דבקירויכון לא **תשבקוניה** ארום לית ליה חולק DT 14:27

שבת (49)

לה ביומי עובדא ולא **בשביה** ומועדייא ובימַמא ולא EX 13:10
לקמיהון למיכל ביומא **בשבתא** ויערבון בבתיא וישתתפון EX 16:5
עלת שבתא תתעבד **בשבתא** ומיתוספא על עלת תדירא NU 28:10
קרבא עלה למכבשא **בשבתא** לא תחבלון ית אילנייהא DT 20:19
די עביד עיבידתא ביומא **דשבתא** אתקטלא יתקטל EX 31:15
דיעבד עיבידתא ביומא **דשבתא** אתקטלא יתקטל EX 35:2
קורבנא קדם ייי: ביומא **דשבתא** ביומא דשבתא יסדריניה LV 24:8
אתר מותבניכון ביומא **דשבתא**: ואמר משה לכל כנישתא EX 35:3
בוציניא תדירא ביומא **דשבתא** וביומא דעובדא: מברא LV 24:2
ואתלוש קיסין ביומא **דשבתא** ויחמון יתי סהדיא ויתנון NU 15:32
בגין כן בריך ייי ית יומא **דשבתא** וקדיש יתיה: עמי בני EX 20:11
תליש ועקר קיסין ביומא **דשבתא**: וקריבו יתיה בתר דאתרו NU 15:32
ייי: ביומא דשבתא ביומא **דשבתא** יסדריניה חדת קדם ייי LV 24:8
באלוש אפיסו ית יומא **דשבתא** כדון אזדמנו על מימרא NU 16:26
להון ברם קנסא **דשבתא** לא אשתמודע להון קם NU 15:32
ישראל הוו נטרין ית יומא **דשבתא** למקדשא יתיה הי כמא DT 5:12
ישראל הוון דכירין יומא **דשבתא** למקדשא יתיה: שיתא EX 20:8
ייי אלקך למעבד ית יומא **דשבתא**: עמי בני ישראל הוו זהירין DT 5:15
ברעוא קדם ייי: וביומא **דשבתא** תרין אימרין בני שתא NU 28:9
תהוון ציימין צומיכון **ושבתין** שוביכון: ומליל ייי עם משה LV 23:32
למקרבא יתיה מאפרשות **לשבתא** קרבן קדמי בזימניה: ותימר NU 28:2
עובל וית אבימאל וית **שבא**: וית אופיר וית חווילא וית GN 10:28
ויומא שביעאה **שבא** ונייח קדם ייי אלקכון לא EX 20:10
בכל אתר מותבניכון: **שבא** ונייחא הוא לכון ותענון ית LV 23:32
עיבידא וביומא שביעאה **שבא** ונייחא מארע קדיש כל LV 23:3
הוא דמליל ייי עבדתון **שבא** שבת קודשא קדם ייי למחר EX 16:23
יום ביומיה: בר מן יומי **שביא** דייי בר ממתנתיכון ובר LV 23:38
ארעא זנו: ית יומי **שביא** דילי תיטרון ולבית מוקדשי LV 19:30
אנא ייי אלקכון: ית יומי **שביא** דילי תיטרון ולבית מוקדשי LV 26:2
תהוון דחלין וית יומי **שביא** דילי תינטרון אנא ייי אלקכון: LV 19:3
למימר ברם ית יומי **שביא** דילי תינטרון ארום את הוא EX 31:13
ארעא וביומא שביעאה **שבת** ונח: ויהב למשה כד פסק EX 31:17
דמליל ייי עבדתון שבא **שבת** קודשא קדם ייי למחר ית EX 16:23
סורחנותכון ותידכון: **שבת** שבתא הוא לכון כל עיבידת LV 16:31
וביומא שביעאה **שבת** שבתא קודשא קדם ייי כל EX 31:15
מקדישכון: ותינטרון ית **שבתא** ארום קודשא היא לכון כל EX 31:14
שריין במדברא גזירת **שבתא** אשתמודע להון ברם קנסא NU 15:32
ארום ייי יהב לכון ית **שבתא** בגין כן הוא יהיב לכון ביום EX 16:29
שיכלול עלמא במעלי **שבתא** ביני שימשתא מנא ובירא NU 22:28
ותידכון: שבת **שבתא** הוא לכון כל עיבידת LV 16:31
כל עיבידא לא תעבדון **שבתא** היא לייי בכל אתר LV 23:3
ליה מימרא דייי גזירת **שבתא** וקיים איקר אבא ואימא EX 15:25
אכלוהי יומא דין ארום **שבתא** יומא דין קדם ייי יומא דין EX 16:25
וביומא שביעאה דהוא **שבתא** לא יהי ביה מנא נחית: והוה EX 16:26
שבתא למעבד תפנוקי **שבתא** לדריהון קיים עלם: בין EX 31:16
וינטרון בני ישראל ית **שבתא** למעבד תפנוקי שבתא EX 31:16
שביעאה יהי לכון קודשא **שבתא** נייחא קדם ייי כל דיעבד EX 35:2
וביומא שביעאה שבת קודשא **שבתא** קודשא קדם ייי כל מאן די EX 31:15
זיתא וניסוכא: עלת **שבתא** תתעבד בשבתא ומיתוספא NU 28:10

שגח (1)

קל בכותא דפרעה לא **אשגחו** עד דאזל הוא וכל עבדוי וכל EX 12:33

שגי (2)

קרבא די עימנא לא **שגא** מיננא אינש: וקריבנא דורונא NU 31:49
תטלומון חבריכון ולא **תשגון** סוטריה דאגירא עניא DT 24:14

שגר (3)

וכל פתח וולדא בעירא **דמשגרא** אימיה דיהון לך דיכרין EX 13:12
תריהון כחדא: הא אנא **משגר** מלאכא קדמך למטרך EX 23:20
ארעא: ותהי נבילתכון **משגרא** למיכל לכל עופא דשמיא DT 28:26

שגש (1)

ית אימתי אשדר קדמך **ואשגש** ית כל עמיא דאת אתי EX 23:27

שדא (4)
לטעוון דמתילין **לשידי** דהינון טען בתריהון קיים LV 17:7
דפרעה וחילוותיה **שדא** בימא שיפר עולימי גיברוי EX 15:4
בצדייות אתר דמייללין **שידין** ווירודין ובית צחותא אגין DT 32:10
ואמר להום ראובן לא **תשדון** אדם זכאיי טלוקו יתיה GN 37:22

שדי (41)
ליה כאילו אדם זכאיי **אשד** וישתצי בר נשא ההוא מגו LV 17:4
על תלת איליין: ולא **אתשד** אדם זכאי בארעכון דייי DT 19:10
זכאי דאישתדי בה אילהן **בשדיות** אדם דמן דשדייה: ולא NU 35:33
לא מתכפר על דם זכאי **דאישתדי** בה אילהן בשדיות אדם NU 35:33
ישראל ארום אדם עבדוי **דאשתדי** הוא פרע ונטר וניקמא DT 32:43
אתבוע ית נפשא דאינשא: **דישוד** דמא דאינשא בסהדין GN 9:6
ומידא דאינשא מיד גבר **דישוד** ית דמא דאחוי אתבוע ית GN 9:5
אתא לידינן ופטרניה מן **דשדא** ית אדמא הדין ועיננא לא DT 21:7
אילהן בשדיות אדם דמן **דשדייה:** ולא תסאבון ית ארעא NU 35:33
נוכריאה ובגילוי עירייתא **ובשדיות** אדם זכיא והוה בידיה NU 35:25
מחייבין ליה קטול **ודישוד** בלא סהדין מרי עלמא GN 9:6
עופא דמיכשרין למיכל **וישוד** ית אדמיה בניכסתא ואין לא LV 17:13
דמסיק פרקטונין דמיין **ושדי** להון לימא דמילחא: GN 14:3
וקטע בית גיבריהון **ושדי** לעילא ואתון בית ישראל DT 25:18
נוכריא וגילוי עריייתא **ושדיות** אדם זכאי: ארום יהי בך גבר DT 23:10
מן למחמי גילוי עריין **ושדיות** אדם זכיי ושנוי נקיין מן GN 49:12
בגופיהון בגילוי עריייתא **ושדייות** אדם זכוי ופלחן פולחנא GN 13:13
מהלכן על שורייא **ושדיין** לקמך שירין וקטלאין GN 49:22
חוביא דהדרין בתיובא **ושדיין** עקמומיתהון הי כמיא: EX 40:7
ותיסב מן מוי דבנהרא **ותשוד** ליבשתא ויהון מוי דתיסב EX 4:9
יהוי לך מברא למשריתא **ותשוד** תמן מוי דריגלך: וסיכא תהוי DT 23:13
זימנא וית כל אדמא **ישוד** ליסודא דמדבח עלתא LV 4:18
דעלתא וית אדמיה **ישוד** ליסודא דמדבחא דעלתא: וית LV 4:25
דעלתא וית כל אדמא **ישוד** ליסודא דמדבחא: וית כל LV 4:30
דעלתא וית כל אדמא **ישוד** ליסודא דמדבחא: וית כל LV 4:34
וית כל אדמא דתורא **ישוד** לישודא דמדבחא דעלתא LV 4:7
לא תחבלון ית אילנייהא **למישדיא** עלוי מן דפרזלא ארום DT 20:19
שוחדא למקטל בר נש **למשדי** אדם זכאי הוון עניין כולהון DT 27:25
ידבחון לטעוון דמתילין **לשדין** דלית בהון מידעם דצרוך DT 32:17
להון דבית אגג די מתילין **לשידין** מנפחי כפן ולמזיקי אכילי DT 32:24
לאתר דכי לאתר בית **מישד** קיטמא ויוקד יתיה על קיסין LV 4:12
קיסין בנורא על אתר בית **מישד** קיטמא יתוקד: ואין כל LV 4:12
ואתון בית ישראל תפלון **משדי** דם זכאיי מביניכון ארום DT 21:9
עינכון עלוי ותפלון **שדיי** דם זכאי מישראל וייטב לכון: DT 19:13
באטונין דבוין תמן הוו **שדיין** חמרין רתיחין ותמן מוקדין GN 50:1
יתהון במשריתא חבט **שדנהי** ומיתו עני ואמר קדם ריבון NU 25:8
דבוצא למכפרא על **שידי** אדמא זכאה ותעביד מצנפתא EX 28:39
דלא תיכלוניה על ארעא **תישדוניה** הי כמוי: ליתיכון רשאין DT 12:16
לא תיכלוניה על ארעא **תישדוניה** הי כמיא: לא תיכלוניה מן DT 12:24
לא תיכלון על ארעא **תישדוניה** היך מיא: הוון זהירין DT 15:23
באדבעך וית כל דמא **תשוד** ליסודא דמדבחא: ותיסב ית EX 29:12

שדך (3)
קדמי חוטריה ינעי **ואישדיך** מיני ית תורעמות בני NU 17:20
רוח רחמין על ארעא **ואשתדכו** מיא: ואיסתגרו מבועי GN 8:1
עימיה יומין קלילין עד די **תישדוך** ריתחא דאחוך: עד דינוח GN 27:44

שדר (84)
תיעול לותי: ואמר אנא **אשדר** גידי בר עיזי מן ענא ואמרת GN 38:17
מיומא ליומא: ית אימתי **אשדר** קדמך ואשגש ית כל עמיא EX 23:27
בישין: ותתעכבון תמן עד **דאישדר** ית מחת גבורתי ואימחי EX 3:20
עמהון וחמא ית סדנייא **דשדר** יוסף למיטול יתיה ושרת רוח GN 45:27
מכי: אילין שמהת גובריא **דשדר** משה לאללא ית ארעא וכדי NU 13:16
וית נשיהון בסדני **דשדר** פרעה למיטל יתיה: ודברו ית GN 46:5
דארעית ואמר דורון הוא **דשדרית** לאשכחא רחמין בעיני GN 33:8
לבלק הלא אם עזגדייך **דשדרת** לוותי מלילית למימר: אם NU 24:12
ואמרו אתאנא לארעא **דשדרתנא** ואוף עבדא חלב ודבש NU 13:27
אין תתן משכונא עד **דתשדר:** ואמר מה משכונא דאתן לך GN 38:17
ית מה דעבדתא ליה **ואשדר** ואידברינך מתמן למה GN 27:45
דבבך קדמך מחזרי קדל: **ואשדר** ית אורעיתא קדמך ותתרך EX 23:28
דחקין יתהון: וכדון איתא **ואשדרינך** לות פרעה ואפיק ית עמי EX 3:10
לחדא מן קרויא האילין: **וישדרון** חכימי קרתיה וידברון יתיה DT 19:12
וילדן ושבקן יתן תמן **ומשדר** מלאכא ומסחי יתן ומלפף EX 15:2
שרה אינתתיה אחתי היא **ושדר** אבימלך מלכא דגרר ודבר ית GN 20:2
שיבטיא דישראל: **ושדר** בוכרי בני ישראל ארום עד EX 24:5
בצפרא ומטרפא רוחיה **ושדר** וקרא ית כל חרשי מצרים וית GN 41:8
קדם ייי וקביל צלותנא **ושדר** חד ממלאכי שירותא NU 20:16
לבישי ארמלותא: **ושדר** יהודה ית גדי בר עיזי ביד GN 38:20
בית קודשא מחנים: **ושדר** יעקב אזגדין קומוי לות עשו GN 32:4
ויהי מימרי בסעדך: **ושדר** יעקב ית נפתלי דהוא עזגד GN 31:4
די יהב ייי לאברהם: **ושדר** יצחק ית יעקב ואזל לפדן GN 28:5
דבטילו פתגמי אורייתא: **ושדר** ישראל עזגדין לות סיחון NU 21:21
וזוודין לאבוי לאורחא: **ושדר** ית אחוי יטיילו ואמר להום GN 45:24
מיא מעילוי ארעא: **ושדר** ית יונתא דכייתא מלותיה GN 8:8
תוב שובעא יומין חורנין **ושדר** ית יונתא ולא אוסיפת למיתב GN 8:12
ית כוות תיבותא דעבד: **ושדר** ית עורבא ונפק מיפוך ותאיב GN 8:7
תריסר אלפין מזרזי חילא: **ושדר** יתהון משה אלפא לשיבטא NU 31:6
להושע בר נון יהושע: **ושדר** יתהון משה לאללא ית ארעא NU 13:17
קדם כל אמרכול דבהון: **ושדר** יתהון משה ממדברא דפארן NU 13:3
בריך יצחק ית יעקב **ושדר** יתיה לפדן דארם למיסב ליה GN 28:6
ונחר בלק תורין ועאן **ושדר** לבלעם ולרברביא דעימיה: NU 22:40
ואהרן כד אתיהבת להום: **ושדר** משה אזגדין מרקם לות NU 20:14
סיחון בארעא דאמוראי: **ושדר** משה ית כלב וית פנחס NU 21:32
ארום מתרעמין אתון עלי: **ושדר** משה פולין לזמנא לבי דינא NU 16:12
לפירקין מאילך ואילך: **ושדר** עיזגדין לות לבן ארמאה הוא NU 22:5
דמצרים: ואוחי פרעה **ושדר** פולין למיקרי למשה ולאהרן EX 10:16
סדר שימושי ויתיה צלב: **ושדר** פרעה וקרא ית יוסף ודלוגיה GN 41:14
דבני ישראל לא מית חד: **ושדר** פרעה פולין למיחמי והא לא EX 9:7
בני ישראל לא הוה ברדא: **ושדר** פרעה פולין למיקרי למשה EX 9:27
נחמי סבר אפוי דאבא:: **ושדרו** ביד בני זלפה ובני בלהה ית GN 37:32
ענא ואתיבני פיתגמא **ושדריה** על עיסק עיטא עמיקתא GN 37:14
חולקין מעל פתוריה **ושדרינון** מן קדמוי לקדמיהון וסגת GN 43:34
עאן ועבדין ואמהן **ושדרית** לתנאה לריבוני דלא GN 32:6
ויזעון וירתתון מן קדמך: **ושדרית** עזגדין מנהרדעא דסמיך DT 2:26
סגיאת קבילהון קדם ייי **ושדרנא** ייי לחבלותה: ונפק לוט GN 19:13
דלא רדיין ולא חצדין: **ושדרני** ייי קדמיכון לשואה לכון GN 45:7
בליביה למקטול ליעקב **ושדרת** וקראת ליעקב ברא זעירא GN 27:42
לסדרא עלה סדרי קרבא **ותשדרון** לוותה פולין למיקרי לה DT 20:10
בישרא בר מחבורתא ולא **למשדרא** דורונין גבר לחבריה EX 12:46
עימנא: ואוסף תוב בלק **למשדרא** רברבין סגיאין ויקירין NU 22:15
תוב שובעא יומין ואוסיף **לשדרא** ית יונתא מן תיבותא: ואתת GN 8:10
עמא בית ישראל **לשדרא** יתיה לימֵמת באתר תקיף LV 16:10
זעירא עימכון: אין איתך **משדר** ית אחונא עימנא ניחות GN 43:4
זימנא ואמר לית אנא **משדר** יתך אלהין בירכת יתי: ואמר GN 32:27
לך עיבורא: ואם ליתך **משדר** לא ניחות ארום גברא אמר GN 43:5
כולכון ואמרתון **נשדר** גוברין קדמנא ויתרגגון לנא DT 1:22
איסטולי דלבושין: ולאבוי **שדר** דורון כדין עשרא חומרין GN 45:23
דטלייא בגויה מן יד **שדר** וקרא לכל חרשי מצרים ותני EX 1:15
יהודה לישראל אבוי **שדר** טליא עמי נקום וניזיל וניחי GN 43:8
בנימין אחוי דיוסף לא **שדר** יעקב עם אחוי ארום אמר הא GN 42:4
אושהא ועד כדון: וכדון **שדר** כנוש ית גיתך וית כל דילך EX 9:19
עולימיא שפיריא לא **שדר** מחתיה בההיא שעתא ברם EX 24:11
ותמן ימותון: וגובריא די **שדר** משה לאללא ית ארעא ותבו NU 14:36
בר צפר מלכא דמואבאי **שדר** פולין לותי: הא עמא נפק NU 22:10
שובעין: וית יהודה **שדר** קדמוי לות יוסף למחווייא GN 46:28
ואמר בלק לבלעם הלא **שדרא** שדרית לותך למקרי לך למא NU 22:37
ובתו וקמו בצפרא ואמר **שדרוני** לריבוני: ואמר ועל דהוו GN 24:54
ותימהי פרישתא די **שדריה** מימרא דייי למעבד בארעא DT 34:11
דילמא נהוי לגחוך הא **שדרית** ית גדיא הדין ואנת לא GN 38:23
לי בכל ארעא: ארום כדון **שדרית** ית מחת גבורתי מן דינא EX 9:15
בלק לבלעם הלא שדרא **שדרית** לותך למקרי לך למא לא NU 22:37
עימיה: ואמר **שדרני** ארום סלק עמוד קריצתא GN 32:27
יסתכם עליהון לא ייי **שדרני:** ואין לא איתבריית מיתותא NU 16:29
ארום לקיימא יתכון **שדרני** ייי קדמיכון: ארום דנן תרתין GN 45:5
ליה ייי אלקא דיהודאי **שדרני** לוותך למימר פטור ית עמי EX 7:16
דיצחק ואלקיה דיעקב **שדרני** לוותכון דין הוא שמי לעלם EX 3:15
ייי אלקא דאבהתכון **שדרני** לוותכון ויימרון לי מה שמיה EX 3:13
דהוינא ועתיד למיכוי **שדרני** לותכון: ואמר תוב ייי למשה EX 3:14
בדא תינדעון ארום ייי **שדרני** למעבד ית כל עובדיא NU 16:28
רבא: וכדון לא אתון **שדרתון** יתי הלכא אלהין מן קדם GN 45:8
ודין לך סימנא דאנא **שדרתך** בהנפקותך ית עמא EX 3:12
לכל שיבטיא דישראל **תשדרון** לחילא: ואתבחרו גוברין NU 31:4

שדרא (1)
דליה תרין רישין ותרתין **שדראין** הואיל ולית בזיניה חזי DT 14:7

שהי (14)
עיסק פיתגמייא האילין **אישתהי** מן האל לנחלא עד מיסק GN 32:25
דייי: וחמא עמא ארום **אשתהי** משה מן למיחות מן טוורא EX 32:1
בחובי יתבי קרתא: **ואישתהי** ואתקיפו גובריא בידיה GN 19:16
יעקב עם לבן איתותבית **ואשתהיית** עד כדון: ומכל מה דבריך GN 32:5
קיימא דגזר ייי עמכון **ושהיית** בטוורא ארבעין יממין DT 9:9
טעוות בית איבה ואימה **ותשהי** תלת ירחין די תידע אין היא DT 21:13
ממצרים ולא יכילו **למישהי** וספיקא להון למיכל עד EX 12:39
יתהון לעלמא דאתי ולא **משהי** לסנאוי אלא עד דהינון בחיין DT 7:10
בחיין בעלמא דאתי ולא **משהי** לסנאוי אלא עד דהינון בחיין DT 7:10

ארעא ארום אמרין אין **שהיין** הינון הכא שעתא חדא הא EX 12:33
כל יומייא: ארום אלולפון **שהינא** ארום כדון תבנא דנן תרתין GN 43:10
למסבא יתהון לזנו ולא **תשהון** למסבא בנתיכון לגוברין LV 19:29
ואפילו אין מעברא לא **תשהוניה** עד דתיליד אלהין בי היא DT 22:22
וביכורי חמר נעווך לא **תשהי** על זמניהון מן לאסקותהון EX 22:28

שובל (11)

ואצלחת ארעא דכל **שובל** עבד מלי תרי קומצין בשבע GN 41:47
שנייא אינין מבשרן ושבע **שובלייא** טבתא שבע שנייא האילין GN 41:26
אינין מבשרן ושבע **שובלייא** לקייתא שקיפן קידום הם GN 41:27
וחמית בחילמי והא שבע **שובלין** סלקן בקנייא חד מליין GN 41:22
פטימן וטבן: והא שבעא **תובלי** לקיין ושקיפן קידום צמחן GN 41:6
מליין וטבן: והא שבעא **תובלי** נצן לקיין שקיפן קידום GN 41:23
תניינות והא שבעא **תובלי** סלקן בקנייא חד פטימן GN 41:5
לקייתא ית שבע **תובלייא** טבתא ואמרית לחרשייא GN 41:24
צמחן בתריהן: ובלען **תובלייא** לקייתא ית שבע תובלייא GN 41:7
צמחן בתריהן: ובלען **תובלייא** לקייתא ית שבע תובלייא GN 41:24
לקייתא ית שבע **תובלייא** פטימתא ומלייתא GN 41:7

שוה (1)

דבהמתא וית אימתני **דבשוה** קריתים: וית חוראי GN 14:5

שוור (2)

וסטנא הוה בגויה מטפז **ומשוור** קדם עמא ומן יד תקף רתח EX 32:19
עמלק מארע דרומא **ושוור** בליליא ההוא אלף ושית EX 17:8

שוח (1)

שחין שימשא עילוי והוה **שייח** ואתעבד מבועין דמיין ונגרין EX 16:21

שוט (1)

דבלעם ומחא ית אתנא **בשוטא**: עשרתי פתגמין אתבריין NU 22:27

שוט (1)

ואכל ושתי וקם ואזל **ושט** עשו ית בכירותא וחולק GN 25:34

שוי (167)

כל יומי חייך: ודבבו **אישוי** בינך ובין איתתא בין זרעית GN 3:15
דשויתי על מצראי לא **אישוינון** עלך ואין תעברון על EX 15:26
אברהם ארום לעם סגי **אישוינך** תמן: אנא הוא דבמימרי GN 46:3
מביתאל והוה תוב סוגעי **אשוון** עללתא דארעא במיתיה GN 35:16
בר אמתא לעם ליסטיס **אשויניה** ארום ברך הוא: ואקדים GN 21:13
אידיך ביה ארום לעם רב **אשויניה**: וגלי ייי ית עינהא ואיתגלי GN 21:18
וטמע שימשא בלא **אשוניה** מן בגלל דהוה דבירא GN 28:10
ייי: חולק כל קבל חולק **בשוה** ייכלון בר ממותרי קורבניא DT 18:8
ימחינכון מימרא דייי **בשווייותא** דמטפשא מוקרא DT 28:28
פורקן נפשיה ככל מה **דישוון** עלוי סנהדרין דישראל: אין EX 21:30
ואתיב ואמר הלא ית מאן **דישוי** ייי בפומי יתיה אנטר למללא: NU 23:12
יתקנס וולדא היכמא **דמשוי** עליה בעלה דאינתתא ויתן EX 21:22
תניינא ארבעתי אבניא **דשוי** איסדוי אשכח יתהון בצפרא GN 28:10
בצפרא ונסיב ית אבנא מן **דשוי** איסדוי ושוי יתה קמה ואריק GN 28:18
ייי על עיסק עורדעניא **דשוי** לפרעה: ועבד ייי כפתגמא EX 8:8
ואמר ייי ליה מאן הוא **דשוי** ממלל פומא בפום אדם EX 4:11
אפיהון ואמר אל אלקא **דשוי** רוח נשמתא בגופי בני נשא NU 16:22
במצרים וית אתוותיי **דשויתי** בהון ותינדעון ארום אנא EX 10:2
למצרים חמי כל תמהיא **דשויתי** בידך ותעבידינון קדם EX 4:21
קיימויי כל מרעין בישין **דשויתי** על מצראי לא אישוינון EX 15:26
ייי לי לאלקא: ואבנא הדא **דשויתי** קמא תהי מסדרא בבי GN 28:22
דלא למיקטול יתיה: **ואישוי** אנא פנוייתא למעסוק LV 20:5
אוטבא אוטב עימך **ואישוי** ית בנך סגיעין הי כחלא GN 32:13
ית מנחשיכון וקסמיכון **ואישוי** ית פיגריכון רמאין על פיגרי LV 26:30
תיסגי ותחסין ית ארעא: **ואישוי** ית תחומך מן ימא דסוף עד EX 23:31
אנא ייי שליט בגו ארעא: **ואישוי** פורקן לעמי ועל עמך אייתי EX 8:19
ויהי במעיבר יקר שכינתי **ואישוינך** באספלידא דטינרא ואגין EX 33:22
וליבנך עד עלמא: **ואשוי** ית בנך סגיאין כעפרא GN 13:16
לעבדך אחתוהי לותי **ואשוי** עינוי לטבתא עלוי: ואמרנא GN 44:21
מן רוח נבואה דעלך **ואשוי** עליהון ויטענון עמך בטורחא NU 11:17
חופאה דמשך ססגונא **וישוון** אריחוי: ויפסוק אהרן ובנוי NU 4:14
שזיר תיכלא מלעיל **וישוון** אריחוי: ועל פתור לחם NU 4:6
בחופאה דמשך ססגונא **וישוון** ית אריחוי: ויסבון לבוש NU 4:8
עלך שלם בכל תחומך: **וישוון** ית בירכת שמי על בני NU 6:27
ובחוסרן כל טבתא **וישוון** נירי פרזלא על צווריכון עד DT 28:48
יד אפיטרופין דפרעה **וישוון** עיבורא בקירויא וינטרון: ויהי GN 41:35
עלה ומבתר כדין יסנינה: **וישוי** בה ערר דמילין ויפק עלה טיב DT 22:14
ית עלתא על מדבחא **וישויניה** בצטר מדבחיה: וישלח ית LV 6:3
דמיתיחמן ענא מבכרתא **ומשוי** יעקב ית חטרייא לעיני ענא GN 30:41
לחבריה הבו נירמי ליבנין **וניוי** יתהון באתונא והות להון GN 11:3
ונעביד לנא סגדו ברישיה **ונישוי** חרבא בידיה ותהי עבדא GN 11:4
סעדוי: והבו בהון אישתא **ושוו** עליהון קטרת בוסמין קדם ייי NU 16:7
לסגופי נפשי נסיבו אבנא **ושוויו** תחותוי ויתיב עלה ואהרן EX 17:12
וחפתא בחימרא וזיפתא **ושוויית** בגוה ית טלייא ושויתיה EX 2:3
וכוונית ונחתית מן טוורא **ושוויית** ית לוחיא בארונא דעבדית DT 10:5
יתיה ועטרון יתיה **ושוון** יתיה בגלוסקמא ושקעון GN 50:26
כדין יסקון להון מן ארעא: **ושוון** עליהון רברבנין מפלחנין מן EX 1:11
מאבני אתר קדיש **ושוי** איסדוי ושכיב באתרא ההוא: GN 28:11
קדם ייי עובד ידי אומן **ושוי** בטומרא הוון עניין כולהון DT 27:15
משה פלגות אדם ניכסא **ושוי** במזירקיא ופלגות אדם ניכסא EX 24:6
ריבוני ונהי עבדין לפרעה: **ושוי** יוסף לגזירא עד יומא הדין על GN 47:26
תור ודכר על כל אגורא: **ושוי** ייי פיתגמא בפמיה דבלעם NU 23:5
דיליה וקם ועבר ית פרת **ושוי** ית אנפוי למיסוק לטוורא GN 31:21
ותברי לוחיא בארונא **ושוי** ית אריחיא על ארונא ויהב ית EX 40:20
ית פרסא על משכנא **ושוי** ית חופאה דמשכנא עלוי מן EX 40:19
קידומא תקיף כל ליליא **ושוי** ית ימא נגיבא ואתבזעו מיא EX 14:21
דפקיד ייי ית משה: **ושוי** ית כיורא על בסיסיה ביני EX 40:30
משכנא ויהב ית חומרוי **ושוי** ית לוחוי ויהב ית נגרוי ואקים EX 40:18
רחל ועל תרתין לחינתא: **ושוי** ית לחינתא הינין ובניהן GN 33:2
דפקיד ייי ית משה: **ושוי** ית מדבחא דדהבא במשכן EX 40:26
דפקיד ייי ית משה: **ושוי** ית מנרתא במשכן זימנא כל EX 40:24
ית אוריא וית תומיא: **ושוי** ית מצנפתא על רישיה ושוי על LV 8:9
ית ארונא למשכנא **ושוי** ית פרגודא דפרסא וטלליה על EX 40:21
דפקיד ייי ית משה: **ושוי** ית פרסא דתרעא למשכנא: וית EX 40:28
ית אבנא מן דשוי איסדוי **ושוי** יתה קמה ואריק מישחא על GN 28:18
על שמהת בני ישראל: **ושוי** יתהון על כתפי אפודא אבני EX 39:7
ועבד משה חיויא דנחשא **ושוי** יתיה על אתר תלי והוי כד NU 21:9
לך חיווי חורמן דנחש **ושוי** יתיה על אתר תלי ויהי כל NU 21:8
וכפת ית יצחק בריה **ושוי** יתיה על מדבחא לעיל מן GN 22:9
דאינון יכלין לסוברא **ושוי** כסף גבר בפום טוניה: וית GN 44:1
וכל דילחוש בענא דלבן **ושוי** ליה עדרין בלחודוי ולא GN 30:40
זמן לקדמות קוסמיא **ושוי** למדברא אנפוי למדכר עליהון NU 24:1
ויהב בידא דבנוי: **ושוי** מהלך תלתא יומין ביני עניה GN 30:36
יתיה לבושין דבוץ **ושוי** מניכא דדהבא על צווריה: GN 41:42
ית ברי לא תתיב לתמן: **ושוי** עבדא ית ידיה בגזירת GN 24:9
אברהם ית קיסי דעלתא **ושוי** עילוי יצחק בריה ונסיב בידיה GN 22:6
ית מצנפתא על רישיה **ושוי** על מצנפתא כל קבל אנפוי ית LV 8:9
ישראל ית ימיניה **ושוי** על רישא דאפרים והוא זעירא GN 48:14
במשח חדא ועריך חד **ושוי** על תרביא ועל שקא דימינא: LV 8:26
איפודא ואתקין ליה ביה: **ושוי** עלוי ית חושנא וסדר בחושנא LV 8:8
בספר סבייא דמלקדמין **ושוי** פיתגמייא האינון במשמעיה EX 17:14
מימר מן קדם ייי בבלעם **ושוי** פתגמא בפמיה ואמר תוב לות NU 23:16
אישתא מעילוי מדבחא **ושוי** קטרת בוסמין על אישתא NU 17:11
ועבדו תרתין עיזקן דדהב **ושויאו** על תרתין ציטרי חושנא על EX 39:19
ויהבו בהון אישתא **ושויאו** עלה קטורת בוסמין וקריבו LV 10:1
ויהבו בהון אישתא **ושויאו** עליהון קטורת בוסמין וקמו NU 16:18
ואזדרז ואמר שוו לחמא: **ושויו** ליה בלחודוי ולהון בלחודיהון GN 43:32
שם ויפת ית אסכטלא **ושויו** על כתף תרוויהון ואזלו GN 9:23
וכולייתא וחצר כבדא: **ושוייו** ית תרביא על חדוותא LV 9:20
ייי איסתקף פיתגמא **ושוייני** לרב לפרעה ולרב על כל GN 45:8
נחור דילידת ליה מלכה **ושוית** קדשא על אפהא ושירייא על GN 24:47
ושויית בגוה ית טלייא **ושויתיה** בגו גומייא על גיף נהרא: EX 2:3
ורחל נסיבת ית צילמנייא **ושותינון** בעביטא דגמלא ויתיבת GN 31:34
דייי אלקכון יהיב לכון **ותשוון** בסלא ותהכון לארעא DT 26:2
משבחא דייי יהיב לכון: **ותשוון** ית פיתגמיי אילין על לבכון DT 11:18
סיפרא דאורייתא הדא **ותשוון** יתיה בקופסא מן צטר DT 31:26
עקמומיתהון הי כמיא: **ותשוי** ית דרתא חזור חזור מטול EX 40:8
בליביה: ותמליל עימיה **ותשוי** ית פיתגמייא בפומיה ומימרי EX 4:15
נדיף הי כקטרת בוסמיא **ותשוי** ית פרסא דתרעא למשכנא EX 40:5
מינה בקודש קודשיא: **ותשוי** ית פתורא מברא לפרגודא EX 26:35
מסלא דפטירא קדם ייי: **ותשוי** כולא על ידי אהרן ועל בנוי EX 29:24
יתיה בהמיין אפודא: **ותשוי** מצנפתא על רישיה ותיתן ית EX 29:6
ותיתן עלה משח זיתא **ותשוי** עלה לבונתא מנחתא היא: LV 2:15
ית משכנא משכן זימנא: **ותשוי** תמן ית ארונא דסהדותא EX 40:3
דייתשר חילך דתברתנון **ותשוינון** בארונא: ועבדית ארונא DT 10:2
לפישון וסב מתמן יורדא **ותשויניה** בתיבותא לאנהרא GN 6:16
סמידא לחטאתא לא **ישווי** עלה מישחא ולא יתן עלה LV 5:11
ואורייתא לדבית ישראל **ישוון** אחוהון כהניא קטרת בוסמין DT 33:10
ייי עובד ידי אומן ולא **ישוי** בטומרא מלטטיא הוון הפכין DT 27:15
ית בנך מתמן וברם יוסף **ישוי** ידיה על עיניך: וקם יעקב GN 46:4
עליכון עד דתשתיצון: **ישוי** יתכון מימרא דייי תבירין קדם DT 28:25
במיפקכון לפרקמטייכון: **ישוי** מימרא דייי ית בעלי דבביכון DT 28:7
מצרים בישיא דידעת לא **ישוינון** בכון ויגרינון בכל סנאיכון: DT 7:15
ביומא דמהולתא למימר **ישוינך** ייי כאפרים וכמנשה ובמניין GN 48:20
ברם אין כנסא דממונא **יתשוי** עלוי ויתן פורקן נפשיה ככל EX 21:30
וחד מטייל קודמיהון **לאשואה** עומקיא ולמימך טורייא EX 12:37
ושדרני ייי קדמיכון **לשואה** לכון שיורא בארעא GN 45:7
דלבהון דעבדוי מן בגלל **לשוואה** אתוותיי איליין ביניהון: ומן EX 10:1
אשכחית רחמין קדמך **לשוואה** ית טורחא דעמא הדין עלי: NU 11:11

רבא והוון בני גיברייא **משוויין** תמן בניהון וסתמין יתהון GN 7:11
ארעא: וחמא יוסף ארום **משוי** אבוה ית יד ימיניה על רישא GN 48:17
חטרייא: ובלקושי ענא לא **משוי** והוון לקישיא ללבן ובכירייא GN 30:42
דכנען: ודבר עשו ית **נשוי** וית בנוי וית בנתוי וית כל GN 36:6
ההוא ודבר ית תרתין **נשוי** וית תרתין לחינתוי וית חדסרי GN 32:23
דנביות מן אימיה על **נשוי** ליה לאינתו: חמשא ניסין GN 28:9
אדום: עשו נסיב ית **נשוי** מבנת כנען ית עדה ברת אלון GN 36:2
יעקב וסובר ית בנוי וית **נשוי** על גמלייא: ודבר ית כל בעירא GN 31:17
דמעין ונפק ואזדרז ואמר **שוו** לחמא: ושויו ליה בלחודוי ולהון GN 43:31
בישא הדין ואיתבלו ולא **שוויו** גבר ית תיקון זיניה דאיתיהב EX 33:4
ואלפא ית בני ישראל **שווייה** בפומהון בדיל דתיהי DT 31:19
ליה כדנן אמר ברך יוסף **שווייני** ייי לרב לכל מצראי חות GN 45:9
נהוריא רברביה והוון **שווין** באיקרהון עשרין וחד שעין GN 1:16
ותיפי יתה תריסירי גריצן **שווין** לתריסר שבטיא תרי עשרונין LV 24:5
ענא למישתי תמן **שווינון** לקיבליהן דענא והוון GN 30:38
עם כל ישראל: ואמר להון **שוון** לבכון לכל פיתגמיא דאנא DT 32:46
אדם קדמאי או מאן **שוי** אילימא או חרשא או פתיחא EX 4:11
אוגביני אוגבין דכספא **שוי** בפום טונא דזעירא וית כסף GN 44:2
וית מדבחא דעלתא **שוי** בתרע משכן ואסיק עלוי ית EX 40:29
אבא ארום דין בוכרא **שוי** יד ימינך על רישיה: וסרב אבוי GN 48:18
ומן בגלל דהוא בריה לא **שוי** ידיה אלהין אמר אנא אעביד GN 47:30
היכמא דמליל למשה **שוי** ידך בעיטפך ולקת ידיה NU 17:5
אשכחית רחמין קדמך **שוי** כדון אידך בגזירת מהולתי GN 47:29
מנאיי מה מכל מני בייתך **שוי** כדון דינך קבל אחיי ואחך GN 31:37
בכל אפותיקי דליה **שוי** כדון ידך בגזירת מהולתי: GN 24:2
עיבורא לא ידענא מן **שוי** כספנא בטוננאי: ואמר שלם GN 43:22
ועאל לביתיה ולא **שוי** ליביה לחוד למחתא הדא: EX 7:23
לגו ביתא: ובלעם דלא **שוי** ליביה לפתגמא דייי ושבק ית EX 9:21
מיא ואיתחלון מיא תמן **שוי** ליה מימרא דייי גזירת שבתא EX 15:25
וקרווא דמיא ויהב להגר **שוי** על כיתפה וקשר לה במותנהא GN 21:14
עימה סנא ליה: והא הוא **שוי** ערד דמילין למימר לא DT 22:17
דיליה ומה דאשתארו **שוי** קדם רחל ברתיה: והוה כדי GN 29:9
עבדית מדעם ביש ארום **שויאו** יתי בבית אסירי: וחמא רב GN 40:15
על תרין צפירין עדבין **שוין** עדבא חד לשמא דייי ועדבא LV 16:8
אבהתכון למצרים וכדון **שוינכון** ייי אלקכון הי ככוכבי DT 10:22
תקיף הוא משרוייך די **שוית** בניקריא דטינריא מדורך: NU 24:21
אנת מסתפי חמי דכבר **שוית** יתך דחילא לפרעה כאילו EX 7:1
עלך וית כל אחוי **שוית** קומוי לעבדין ואיזיל ותיטרד GN 27:37
ישראל דפרקת ייי ולא **תשווי** חובת אדם זכאי בגו עמך DT 21:8
חקיק בציורין ודיוקנין **תשוון** בארעית מקדשיכון ולא LV 26:1
לעבדוי עברו קדמי וניפש **תשוון** ביני עדרא וביני עדרא: ופקיד GN 32:17
לא תגודון בישריכון ולא **תשוון** כליל דיסער על בית אפיכון DT 14:1
תהי ליה הי כרשיא לא **תשוון** עלוי דליהוי עלוי סהדין ומרי EX 22:24
שמע וקדם סמיא לא **תשוון** תוקלא ותדחל מאלקך אנא LV 19:14
בחבריה קדמך ולא **תשוי** ידך עם רשיעא דיהי סהיד EX 23:1
רחמין עליהון ויתי **תשוי** לעם רב היכמא דמלילתא NU 14:17
דתיבותא בציטרא **תשוי** מדורין תתאין תניינין GN 6:16
במטו מינך ריבוני לא **תשוי** עלנא חובא דאיטפשנא ודי NU 12:11

שויא (4)

בטובענא הא שיווייה **שוויה** דפרזלא הא היא יהיבא בבית DT 3:11
דמקדוניא וירדפונכון על **שווייכון** עד דתיבדון: ויהון שמיא DT 28:22
אבוך בעידן דבלבליתא **שיווי** דיסלקת עלה: שמעון ולוי GN 49:4
דאשתיציין בטובענא הא **שיווייה** שוויה דפרזלא הא היא DT 3:11

שום (1)

אישתני עליהון: האפשר **דלשום** מימרא דייי אתון גמלין דא DT 32:6

שומא (14)

ורושם בישרא חייא **בשומא:** סגירותא עתיקתא היא LV 13:10
אגרך וילידן כל ענא מאן **דשומא** בריגליהון: ורוקן ייי ית גיתא GN 31:8
ואם כדין יימר מאן **דשומא** בריגליהון יהי אגרך וילידן GN 31:8
דלבושא ולביתא: **ולשומא** ולקלופי ולבהקי: לאלפא LV 14:56
שנין דלית בה מומא **ושומא** משער חורן דלא סליק עלה NU 19:2
ברחייא דסלקין על ענא **שומא** בריגליהון וקרוחין וגביהון GN 31:10
ברחיא דסלקין על ענא **שומא** בריגליהון וקרוחין וגביהון GN 31:12
ארום יהי במשך בישריה **שומא** זקיפא או קלופי או בהקי LV 13:2
ויהי באתר שיחנא **שומא** זקיפא חוורא או בהקי LV 13:19
כהנא: ויחמי כהנא והא **שומא** זקיפא חוורא במשכא כעמר LV 13:10
נמורתא וקרוחתא כל די **שומא** חיוורא ביה וכל דילחוש GN 30:35
רישיכון ולא תגלבון ית **שומת** דקניכון: ושורטת חיבול על LV 19:27
במשכא והיא עמיא **שומת** כואה היא וידכיניה כהנא LV 13:28
ויחמי יתיה כהנא והא **שומת** מכתשא חוורא סמקא LV 13:43

שוע (6)

לבשין ומשתחנין בכסו **דשיע** ועזיל וניז עמר וכיתן מערבין DT 22:11
בימינא וחמש בשמאלה **ותישוע** יתה מן גיו ומברא בחימרא:: GN 6:14
יתכון בטוורא דעיבל **ותשוען** יתהון בגירא: ותיבנון תמן DT 27:4
לכון אבנין רברבין **ותשוען** יתהון בגירא: ותיכתוב DT 27:2
לאבנא וטינא הוות להום **לישיע:** ואמרו הבו ניבני לנא קרתא GN 11:3
בקלל דפחר מקף מגופת **שייע** ויפלג ית קיטמא לתלת NU 19:9

שופרא (7)

דכיפורייא תעברון קל **שופר** חירותא בכל ארעכון: LV 25:9
ותשע שנין: ותעבר קל **שופר** יבבא בירחא שביעאה LV 25:9
כל טוורא לחדא: והוה קל **שופרא** אזיל ותקיף לחדא משה EX 19:19
מן גוא בעוריא וית קל **שופרא** היך הוה מאחי מיתיא וית EX 20:18
יתקיים ברם במיגד קל **שופרא** הינון מרשן למיסק בטוורא: EX 19:13
קטיר על טוורא וקל **שופרא** תקיף לחדא וזע כל עמא די EX 19:16
ביך מצראי ויחמון ית **שופריך** ויימרון אינתתיה דא GN 12:12

שוק (14)

או ארום יחפס אינש גוב **בשוקא** ולא יכסיניה ונפיל תמן EX 21:33
דאבוי ותני לתרין אחוי **בשוקא:** ונסב שם ויפת ית אסכטלא GN 9:22
איתת שכיבא הפקירא **בשוקא** לגבר חילונאי יבמה יעול DT 25:5
לאורחתכון ואמר לא ארי **בשוקא** נבית: ופייס בהום לחדא וזרו GN 19:2
יקום ממרעיה ומהליך **בשוקא** על מורניתיה ויהי זכיי EX 21:19
למשכוניה משכוניה: **בשוקא** תקום וגברא דאנת מוזיף DT 24:11
ותזמנון לכון קוריין **בשוקין** ובתי חיוותא קירוין קלטן NU 35:11
ביה יפיק לך ית משכונא **לשוקא:** ואין גבר מסכין הוא לא DT 24:11
ללבשיה לותי ואפק **לשוקא:** ואנחת לבשא גבה עד דעל GN 39:15
ללבושיה בידא ואפק **לשוקא:** והא ורמת חלבונא דביעתא GN 39:13
ללבושיה בידא ואפיק **לשוקא:** והוה כדי חמת ארום שבק GN 39:12
ושבק לבשיה גבי ואפק **לשוקא:** והוה כדי שמע ריבוניה ית GN 39:18
רבא דבית מלכותא עד **שוקא** דנפחיא דסמיך עד מידבא: NU 21:30
מרא וית קרתא דתרין **שוקהא** מכבשן במרמירא היא NU 32:37

שור (14)

בגו ימא ומיא להון הי **כשורין** מימינהון ומשמאלהון: ופרק EX 14:29
ביבשתא ומיא קרשון הי **כשורין** רמין תלת מאה מילין EX 14:22
קרווייא דתיתנון לליואי **משור** קרתא ולבר אלפא גרמידי NU 35:4
וברעותהון פכרו **שור** בעלי דבבהון: אמר יעקב ליט GN 49:6
מותבא בבירנין דמפקן **שור** ויהי פורקניה עד משלם שתא LV 25:29
ובתי כופרניא דלית להון **שור** מקף חזור חזור הי כטינדיסין LV 25:31
במסיא וית קרתא דמקפן **שורהא** גליף שמהת גיברהא וית NU 32:38
ובסוגי גיפתנותך תפכר **שורי** בעלי דבביהון דעמך תגרי EX 15:7
במיעלהון במצרים ביני **שוריא** וילידת לעמרם ית אהרן וית NU 26:59
במעלהון למצרים ביני **שוריא** סכום כל נפשתא לבית GN 46:27
דשלטוניא מהלכן על **שורייא** ושדיין לקמך שירין GN 49:22
ביתא דבקרתא דליה **שורין** לחלוטין לדיזבן יתיה לדרוי LV 25:30
ואתון לקרתא דמקפן **שורין** לפלטיוון קרתא רבתא היא NU 22:39
אילין קירווי מקרא מקפן **שורין** רמין אחידן בתרעין ונגרעין DT 3:5

שורתא (2)

בה חיסדא וית עובדא **דשורת** דינא ודיעבדון מלגוו EX 18:20
דינא ודיעבדון מלגוו **לשורתא** לרשיעין: ואנת ברור מכל EX 18:20

שושבין (2)

ליה גננא בגויה זמין ליה **שושביני** אפא פיתיה נכס ניכסיה DT 32:50
בריה עם אינתתיה ובעו **שושביני** למכרך ריפתא איתבע DT 32:50

שושיפא (3)

ונסיב מידיהון וצר יתיה **בשושיפא** ורמא יתיה בטופרא EX 32:4
רשו מבי דינא ויפקון ית **שושיפא** בהדי סהידוון דעולימתא DT 22:15
סהידוי ברתי ויפריסון **שושיפא** קדם חכימי קרתא: ויסבון DT 22:17

שושן (9)

בקנייא חד חיזור **ושושן** היכדין לשיתא קנין דנפקין EX 25:33
בקניא חד חיזור **ושושן** הכדין לשיתא קנין דנפקין EX 37:19
בקנייא חד חיזור **ושושן** ותלתא כלידין משקעין EX 25:33
בקניא חד חזור **ושושן** ותלתא כלידין משקעין EX 37:19
בצייוריהון חיזורהא **ושושנהא:** וחיזור תחות תרין קנין EX 37:20
וקנהא כלידהא חזורייה **ושושנהא** מינה הוון: ושיתא קנין EX 37:17
דידא וקנהא חיזורייה **ושושנייה** מינה יהון: ושיתא קנין EX 25:31
בציוריהון חיזורייהא **ושושנייהא:** וחיזור תחות תרין קנין EX 25:34
דדהב עד בסיס דידה ועד **שושנייהא** עובד אומן בקרנסא היא NU 8:4

שזג (6)

דבי מדמכא ובכא תמן: **ושזג** אפוי מן דמעין ונפק ואזדרז GN 43:31
ועולו לבית עבדכון וביתו **ושזוגו** ריגליכון ותקדמון ותהכון GN 19:2
לבית יוסף ויהב מוי **ושזיגו** ריגליהון ויהב אספסתא GN 43:24
יתסב כדון זעיר מיא **ושזיגן** ריגליכון ואסתמיכו תחות GN 18:4
ההיא דקריבין לקטילא **ישזגון** ית ידיהון על עגלתא דנקיפא DT 21:6
ואספסתא לגמליא ומוי **למשזוג** ריגלוי וריגליה גובריא GN 24:32

שזר (30)

לעיזקת איפודא **בשזיר** חוטא דתיכלא למהוי אדיק EX 28:28
לעיזקת אפודא **בשזיר** תיכלא למיהוי אדיק על EX 39:21
ויתנון על אנפא גוליתהון **שזיר** דתיכלא: ויהי לכון למצוותא NU 15:38
וארגוונא וצבע זהורי ובוץ **שזיר** היכמא דפקיד ייי ית משה: EX 39:5
דרתא חזור חזור דבוץ **שזיר:** וחומריא לעמודיא דנחשא ווי EX 38:16

ורומא חמש אמין דבוץ **שזיר** וחומריהון דנחשא: לכל מני EX 27:18
וית אוורקסי בוצא דבוץ **שזיר**: וית קמורא דבוץ שזיר EX 39:28
וארגוונא וצבע זהורי **שזיר**: ועבדו חיזוריין דדהב ויהבו ית EX 39:24
וארגוונא וצבע זהורי ובוץ **שזיר** ועשרין אמין אורכא ורומיה EX 38:18
וארגוונא וצבע זהורי ובוץ **שזיר**: ורדידו ית טסי דדהבא וקטעו EX 39:2
תעביד עשר יריען דבוץ **שזיר** ותיכלא וארגוונא וצבע זהורי EX 26:1
משכנא עשר יריען דבוץ **שזיר** ותיכלא וארגוונא וצבע זהורי EX 36:8
שזיר: וית קמורא דבוץ **שזיר** ותיכלא וארגוונא וצבע זהורי EX 39:29
וארגוונא וצבע זהורי ובוץ **שזיר**: ותיסב ית תרתין מרגליין EX 28:8
מנטר מעילא דאיפודא **שזיר** חוטא דתיכלא: ויהי פום EX 28:31
לייי: ותסדר יתיה על **שזיר** חוטא דתכלתא למכפרא על EX 28:37
קודש לייי: וסדרו עלוי **שזיר** חוטא דתכלתא מטול למיתן EX 39:31
ווילוון לדרתא דבוץ **שזיר** מאה אמין אורכא לרוח חדא: EX 27:9
ווילוות דרתא דבוץ **שזיר** מאה אמין: עמודיהון עשרין EX 38:9
וארגוונא וצבע זהורי ובוץ **שזיר**: מרבע הוה עיף עבדו ית EX 39:8
וארגוונא וצבע זהורי ובוץ **שזיר** עובד אומן יעביד יתה ציורין EX 26:31
וארגוונא וצבע זהורי ובוץ **שזיר** עובד אומן עבד יתה כרובין EX 36:35
וארגוונא וצבע זהורי ובוץ **שזיר** עובד אומן: תרתין כיתפין EX 28:6
וארגוונא וצבע זהורי ובוץ **שזיר** עובד צייור: וית עמודוי חמשא EX 36:37
וארגוונא וצבע זהורי ובוץ **שזיר** עובד צייור מחטא: ותעבד EX 26:36
וארגוונא וצבע זהורי ובוץ **שזיר** עובד צייור מחטא עמודיהון EX 27:16
מנטר מעילא עובד גרדי **שזיר** תיכלא: ופום מנטר מעילא EX 39:22
ססגונא ויפרשון לבוש **שזיר** תיכלא מלעיל וישוון אריחוי: NU 4:6
וארגוונא וצבע זהורי ובוץ **שזיר** תעביד יתיה: מרבע יהי עיף EX 28:15
דדהבא וקטעו יתהון **שזרין** למעבד בגו תיכלא וארגוונא EX 39:3

שחד (6)

מזכי ליה אין הוא חייבא: **ושוחדא** לא תקבל ארום שוחדא EX 23:8
תיסבון אפין ולא תקבלון **שוחדא** ארום שוחדא מסמי עיני DT 16:19
ואמרין אמן: ליט דמקבל **שוחדא** למקטל בר נש למשדי אדם DT 27:25
תקבלון שוחדא ארום **שוחדא** מסמי עיני חכימיא דנסבין DT 16:19
ושוחדא לא תקבל ארום **שוחדא** מסמי ענוי נסבוהי ומטלטל EX 23:8
אפין ואוף לא לקבלא **שוחדא**: עבד דין ייתם וארמלא DT 10:17

שחי (1)

על איתא ולא יספר גבר **שיחייה** ועריתיה ובי אנפוי DT 22:5

שחין (14)

ימחינכון מימרא דייי **בשיחנא** בישא על רכוביא מטול DT 28:35
דמכתש סגירותא הוא **בשיחנא** סגיאת: ואין יחמינה כהנא LV 13:20
ימחינכון מימרא דייי **בשיחני** דילקו בהון מצראי DT 28:27
וגרי מימר דייי צולקא **דשחינא** וטריב בישרא בארעא EX 2:5
על אינשא ועל בעירא **לשחין** סגי שלופוקיין בכל ארעא EX 9:9
ומן ארבע שעין ולהאל **שחין** שימשא עילוי והוה שייח EX 16:21
משה לצית שמייא והוה **שחין** שלבוקיין סגי באינשא EX 9:10
קדם משה מן קדם **שיחנא** ארום הוה מחת שיחנא EX 9:11
שיחנא ארום הוה מחת **שיחנא** באיסטיגניניא ובכל מצראי: EX 9:11
הליכת פיסיונא צולקת **שיחנא** היא וידכיניה כהנא: או בר LV 13:23
ארום יהי ביה במשכיה **שיחנא** ואיתסי: ויהי באתר שיחנא LV 13:18
דאיתרעת קמי לקי **שיחנא** ודלי חמי לא תזממונה ליה: DT 25:4
ומן יד איתסיית מן **שיחנא** ומן טריבא: ופתחת וחמת EX 2:5
ואיתסי: ויהי באתר **שיחנא** שומא זקיפא חוורא או LV 13:19

שחל (1)

אמרת מן מוי דנהרא **שחילתיה**: והוה ביומא האינון ורבא EX 2:10

שחם (1)

מימי עלמא ובריה סומק **שחים** וחיור ונפח בנחירוהי נשמתא GN 2:7

שחן (1)

כחדא: לא תהוון לבשין **ומשתחנין** בכסו דשיע ועזיל וניז DT 22:11

שחף (4)

ימחי יתכון מימרא דייי **בשחפותא** ובקדחותא ובאישא DT 28:22
וית חטפיתא וית ציפר **שחפא** וית בר נצצא לזנוי: וית DT 14:15
וית חטפיתא וית ציפר **שחפא** וית בר נצצא ליזניה: וית LV 11:16
עליכון מחת מותנתא ית **שחפותא** וית קדחותא מכליא LV 26:16

שחק (2)

ומן דהוה צבי הוה **שחיק** בדוכיתא ומבשלין ליה NU 11:8
יקרא בגיוותנותיה בשמי **שחקי** מרומא: מדוריה דאלקא הוה DT 33:26

שחת (2)

ודמעיך ודכתישן פחדוי **ודשחית** ודמסרס גידוי לא תקרבון LV 22:24
ישראל אף וחימה וקצף **ומשחית** וחרון כיון דישמע משה DT 9:19

שטח (6)

יממין וית ארבעין לילוון **דאשתטחית** בצלו ארום אמר ייי DT 9:25
מן יומא דחכימית יתכון: **ואשטתחית** בצלו קדם ייי ית DT 9:25
כנש עשרא כרוויין **ושטחו** להון משטיחין חזרנות NU 11:32
כרוויין ושטחו להון **משטיחין** חזרנות משריתא: רשיעיא NU 11:32
הוה בעי דיתגלי ליה הוה **משתטח** ונפיל על אפוי ורזיא NU 24:16
וכד בעי דמתגלי ליה הוה **משתטח** על אנפוי ורזיא סתימיא NU 24:4

שטי (2)

ודריסין כל יומיא: ותהון **משתוין** מפורענותא ומן מיחמי DT 28:34
דהוה מתקרי שיטים על **שטותא** וקלקולא דהוה בהון NU 25:1

שטן (2)

מלאכא דייי באיסרטא **למישטן** ליה והוא רכיב על אתניה NU 22:22
זימנין הא אנא נפקית **למישטן** לך ואתנא דחילת חמת NU 22:32

שטף (4)

ויסתפן בגרגישתא **וישתטיף** במוי: כל דכורא בכהניא LV 6:21
יתבר וכל מאן דקיסא **ישתטיף** במיא: וארום אין פסק LV 15:12
ברוגזא מן ייי ובעא **למשטפיה** לעלמא אילולי זכותא NU 11:31
ביה דובנא וידוי לא **שטף** במיא יהי מסאב ואין גברא LV 15:11

שטר (3)

שבעתי כוכביא דנהיגין **בשיטריהון** ברקיעא בימַמא EX 39:37
איתפיריקאת בכספא או **שטר** שיחרורה לא איתיהיב לה LV 19:20
וסדר יתהון אלקים על **שיטריהון** ברקיעא דשמייא GN 1:17

שידא (4)

זימנא כל קבל פתורא על **שידא** דמשכנא דרומא: ואדלק EX 40:24
די נפקו מקהת ישרון על **שידא** דמשכנא דרומא: ורב בית NU 3:29
צוריאל בר אביחיל על **שידא** דמשכנא ישרון ציפונא: NU 3:35
פתורא במשכן זימנא על **שידא** דמשכנא ציפונא מברא EX 40:22

שידפונא (1)

דליבא ובשליפי חרבא **ובשידפונא** ובירקונא דמקדוניא DT 28:22

שיזב (59)

מזונוי דנח ולא בזכותיה **אישתזב** אלהין דייחמון דיירי GN 14:13
ציבחר וקלילין חובהא **אישתזיב** כדון תמן הלא ציבחר GN 19:20
בכל מישרא לטוורא **אישתיזב** דילמא תישתיצי: ואמר GN 19:17
לאישתיזבא בה: אוחי **אישתיזב** לתמן ארום לא יכילנא GN 19:22
מותבות לחיית ברם איהי **אישתיזבת** מן דין גמירא על דלא NU 21:15
אדם זכאיי עלוי ואין **אישתיזיב** מן ידוי שלמא ישלם אין EX 22:2
יתיב בסדום: ואתא עוג **דאישתזיב** מן גנבריא דמיתו GN 14:13
ביד פלחי טעותיה **דאישתיזב** גביכון למהווי תחות DT 23:16
יתהון בסוף יומיא ולית **דמשזיב** מן ידי גוג ומשיריתיה DT 32:39
הוא אדם גוזרתא הדין **דשיזב** ית חתנא מן ידוי דמלאך EX 4:26
דמצראי ומן ידא דפרעה **דשיזיב** ית עמא מתחות מרוות EX 18:10
יתרו בריך שמא דייי **דשיזיב** יתכון מן ידא דמצראי ומן EX 18:10
מגו דחוק פולחן מצראי **ואישיזיב** יתכון מפולחנהון ואפרוק EX 6:6
דייי אפין כל קבל אפין **ואישתיזבת** נפשי: ודנח ליה שימשא GN 32:31
דמן קדמי הוה פתגמא **ואשתיזבו** תריהום מן דינא ואמר GN 38:26
בלבביה דיכיר יתהום **וישיזב** יתי מן דינא רבא הדין וכיון GN 38:25
על סדר דיניא האילין: **וישיזבון** כנישתא ית קטולא מן יד NU 35:25
פרסין ידיהון בצלו עני **ומשזיב** יתהון אבל טעוותהון DT 32:31
אתבאש לעמא הדין **ושיזבא** לא שזיבתא ית עמך: ואמר EX 5:23
דבעא ריבוניה למיקטליה **ושיזבוהי** מן דין קטול וברם ארום GN 47:22
שירויא ובעא לאובדותיה **ושיזבי** מימרא דייי מן ידוי ומבתר DT 26:5
פשר חלמוי: ושמע ראובן **ושיזביה** מן אידיהון ואמר לא GN 37:21
והיך אגח עמהון עמלק **ושיזבינון** ייי: ובדח יתרו על כל EX 18:8
אלקא דאבא הוה בסעדי **ושיזבני** מחרבא דפרעה: ואתא יתרו EX 18:4
ומשמאלהון: ופרק **ושיזיב** ייי ביומא ההוא ית ישראל EX 14:30
ית קרתא מלילתא **לאישתיזבא** בה: אוחי אישתיזב GN 19:21
דאתון רחיצין בהון **לאישתיזבא** בכון בכל ארעכון DT 28:52
ית נפשי ואנא לא יכילנא **לאישתיזבא** לטוורא דילמא GN 19:19
ילדה ביר זכר וחד אתא **למשיזבא** ית לוט וחד אתא GN 18:2
לממת: לא תקבלון פורקן **לשיזבא** בר נש קטולא דהוא חייב NU 35:31
ויהי משרי דמשתאר **לשיזבא**: ואמר יעקב אלקיה דאיבא GN 32:9
איתת חד מנהון **לשיזבא** ית בעלה מיד מחהו DT 25:11
לא תושטון ביה בגין **לשיזבא** יתיה מידהון לאתבותיה GN 37:22
שית קירווייא האילין **לשיזבא** למיעירוק לתמן כל NU 35:15
בארעא ולקיימא לכון **לשיזבא** רבא: וכדון לא אתון GN 45:7
עיסק לוט דאישתבי ויתי **לשיזבותיה** מן ידיהון דמלכיא GN 14:13
דין עלך בגין דבמימרי **לשיזבותך** מן ידא דמצראי EX 3:8
בימצע משירייתכון **לשיזבותכון** ולמימסר סנאיכון DT 23:15
קדישא בשעת אניקי **מישתיזב** וטמירן מיגליין ליה ויהון EX 28:30
נפשך ומדינא דתמר תהי **משזיב** נייח ושרי בתקוף הי כאריא GN 49:9
בוכריה מצרים וימיניה **משיזבא** בכוריהון דישראל רביעאה EX 12:42
עד די לא שיירו ליה **משיזיב** וירתו ית ארעיה: ונטלו בני NU 21:35
עד דלא אשתייר ליה **משיזיב**: וכבשנן ית כל קירווי DT 3:3
וטפלא לא אשארנא **משיזיב**: לחוד בעירי בזנא לנא ועדי DT 2:34
ופרעה חמא טעות צפון **משתיזב** וקריב קדמוי קרבנין וזקפו EX 14:10
דאילו הוון צווחין הוון **משתיזבין** נס תליתאי דכווין NU 25:8
ליעקב דיוסף קיים היא **שזיבת** ליתבי אבל מן דין קטול GN 46:17
לעמא הדין ושיזבא לא **שזיבתא** ית עמך: ואמר ייי למשה EX 5:23
יעקב ויוביד וישיצי **שיז** ויצדי וקיסרין תקיף קירוי NU 24:19
מן בגלל דהות ליה בהון **שיזבותא** בזמן דטלקת יתיה אימיה EX 8:2
ית ארעא וישיצי ית שאר **שיזבותא** דאישתייארת לכון מן EX 10:5

ארעא דבה הות לך **שיזבותא** כד קטלתא ית מצראי EX 8:12
דתמן עתיד למיהוי **שיזבותא** לבנוי ביומי יפתח דמן GN 31:21
דיהב להון מנא ובירא ודי **שיזבינון** מן ידא דמצראי: ואמר יתרו EX 18:9
דין: ואמרא גבר מצראי **שיזבנהו** מן ידא דרעיא ולחוד מדול EX 2:19
הוינא לתרתין משרוין: **שיזבני** כדון מן יד אחי רבא מן יד GN 32:12
סגין טבוון עבד עמי ייי **שיזבני** מן ידוי דעשו ומן ידוי דלבן GN 45:28
בגין דאיזכי למתעבדא לן **שיזבתא** ביומא הדין לקיימא עם GN 50:20
ית מצראי וית בתנא **שיזיב** וכד שמעו בית ישראל ית EX 12:27

שיטא (27)

ומשכי דססגונא וקיסי **דשיטא**: ומשחא לאנהרותא EX 35:7
דהישתיכח עימיה קיסין **דשיטא** לכל עיבידת פולחנא היתיו: EX 35:24
ומושכי דססגונא וקיסין **דשיטין**: ומשח זיתא לאנהרא EX 25:5
דקטרת בוסמיא מן קיסי **שיטא** אמתא אורכיה ואמתא EX 37:25
תיניין: ועבד אריחי דקיסי **שיטא** וחפא יתהון דהבא: ואעיל ית EX 37:4
ועבד ית אריחיא דקיסי **שיטא** וחפא יתהון דהבא: ועבד ית EX 37:28
ועבד ית אריחיא דקיסי **שיטא** וחפא יתהון דהבא למיטל EX 37:15
ועבד ית אריחיא דקיסי **שיטא** וחפא יתהון נחשא: והנעל ית EX 38:6
לה ארבעא עמודי קיסי **שיטא** וחפנון דהבא וויהון דהבא EX 36:36
ועבדית ארונא דקיסא **שיטא** ופסלית תרי לוחי מרמירא DT 10:3
לפרסא חמשא עמודי **שיטא** ותחפי יתהון דהבא וויהון EX 26:37
ותעביד אריחי דקיסי **שיטא** ותחפי יתהון דהבא: ותהנעל EX 25:13
ית אריחיא דקיסי **שיטא** ותחפי יתהון דהבא: ותיתן EX 30:5
ית אריחייא דקיסי **שיטא** ותחפי יתהון דהבה ויהון EX 25:28
ותעביד אריחין דקיסי **שיטא** ותחפי יתהון נחשא: ויהנעל EX 27:6
ית מדבחא דקיסי **שיטא** חמש אמין אורכא וחמש EX 27:1
מדבחא דעלתא דקיסי **שיטא** חמש אמין אורכיה וחמש EX 38:1
חד: ועבד נגרין דקיסי **שיטא** חמשא ללוחי סטר משכנא EX 36:31
חד: ותעביד נגרין דקיסי **שיטא** חמשא ללוחי צטר משכנא EX 26:26
יתה על ארבעה עמודי **שיטא** מחפין דהבא וויהון דהבא על EX 26:32
לוחיא למשכנא מן קיסי **שיטא** קיימין הי כאורח נציבהון: EX 36:20
לוחיא למשכנא דקיסי **שיטא** קיימין הי כאורח נציביהון: EX 26:15
קטרת בוסמיא דקיסי **שיטא** תעביד יתהון: אמתיה EX 30:1
ותעביד פתורא דקיסי **שיטא** תרתין אמין אורכיה ואמתא EX 25:23
ועבד ית פתורא דקיסי **שיטא** תרתין אמין אורכיה ואמתא EX 37:10
ויעבדון ארונא דקיסי **שיטא** תרתין אמין ופלגא אורכיה EX 25:10
בצלאל ית ארונא דקיסי **שיטא** תרתין אמין ופלגיה אורכיה EX 37:1

שינדפין (1)

יוסף ית אבוי בערס **דשנדפין** מחפייא דהב טב מקבעא GN 50:1

שינתא (3)

שמשא קריבא למטמוע **ושינתא** עמיקתא אתרמיית על GN 15:12
בליליא ואיתפרדדת **שינתא** מיני: דנן לי עשרין שנין GN 31:40
ורמא ייי אלקים **שינתא** עמיקתא עילוי אדם ודמך GN 2:21

שיפולא (13)

ית לוחיא ותבר יתהון **בשיפולי** טוורא ברם כתבא קדישא EX 32:19
יאלפון: וקריבתון וקמתון **בשיפולי** טוורא וטוורא דליק DT 4:11
בצפרא ובנא מדבחא **בשיפולי** טורא ותריסירי קמן EX 24:4
מן לרע לביתאל **בשיפולי** מישרא וברם תמן אתבשר GN 35:8
יקרין ומן עפרא די יהי **בשיפולי** משכנא מטול דסוף כל NU 5:17
במישרא דחורשא בטורא **בשפילתא** ובדרומא ובספר ימא DT 1:7
וארגוונא וצבע זהורי על **שיפולוי** חזור חזור וחיזוריין דדהבא EX 28:33
ליה לא יתבזע: ותעבד על **שיפולוי** רומניין דתיכלא וארגוונא EX 28:33
ויכוס יתיה טבחא על **שיפולי** מדבחא בסטר ציפונא קדם LV 1:11
דתכלתא וצבע זהורי על **שיפולי** מנטר מעילא חזור חזור EX 28:34
במציעות רומנייא על **שיפולי** מנטר מעילא חזור חזור EX 39:25
ורומנא כולהון שבעין על **שיפולי** מנטר מעילא חזור חזור EX 39:26
דלא יתבזע: ועבדו על **שיפולי** מנטר מעילא רומניין EX 39:24

שיצי (122)

גירי מחת פורענותי **אישיצי** בהון: אגלי יתהון במדי DT 32:23
עם קשי קדל אנת דילמא **אישיצינכון** באורחא: ושמע עמא ית EX 33:3
לאתרדאה בייסורי ויתיה **אישצי** וית כל דטען בתרוי למטעי LV 20:5
תפקידת מהולתא בטיל **אישתיציאה** בעלמא הדין ישתצי NU 15:31
למשה למימר הא מינן **אשתיציו** בשלהובית אישתא ומינן NU 17:27
אישתייר ממותר גיבריא **דאשתיציין** בטובענא הא שיווייה DT 3:11
על צווריכון עד זמן **דישיצי** יתכון: יטייס מימרא דייי DT 28:48
דייי בכון ית מותא עד **דישיצי** יתכון מעילוי ארעא דאתון DT 28:21
ויערבינון עירבוב רב עד **דישתיצון**: וימסור מלכיכון בידכון DT 7:23
בתר טעוותהון מן בתר **דישתיצון** מן קדמיכון או דילמא DT 12:30
יתעתד אינש קומיכון עד **דיתשיצי** יתהון: צילמי טעוותהון DT 7:24
אמוראי ולעממי ארעהון **דשיצי** יתהון: וימסירינון מימרא דייי DT 31:4
ויאדבקונכון עד **דתישתיצון** ארום לא קבילתון DT 28:45
מימרא דייי עליכון עד **דתישתיצון**: ותשתיירון באומא DT 28:61
ופירי ארעכון עד **דתישתצון** דלא ישיירון לכון עיבור DT 28:51
ידיכון דתעבדון עד **דתישתצון** ועד דתובדון בסרהוביא DT 28:20
יחות פורענו עליכון עד **דתשתיצון**: ישוי יתכון מימרא דייי DT 28:24
נטרו מצוותא דאורייתא: **ואישיצי** ית במוסיכון ואיפכר ית LV 26:30
מגו כנישתא הדא **ואישיצי** יתהון כשעא זעירא: NU 16:21
יתקף רתח רוגזי בעמא **ואישיצינון** בגין כן טייל אנת ועמא EX 33:1
אישתא תקיפתא בהון **ואישיצינון** ואעבד יתך לעם סגי: EX 32:10
וכנענאי חיואי ויבוסאי **ואישיצינון**: לא תסגדון לטעוותהון EX 23:23
איקר שכינתי מבינך **ואישיצינך** וכדון אעדי תיקון זינך EX 33:5
יממין וארבעין ליליון **ואישצי** ית כל גווית אינש ובעיר GN 7:4
בתר כדין אשלוף חרבי **ואישצי** יתהון ביד ימיני: אשבת EX 15:9
יתהון במחתא דמותא **ואישצי** יתהון ואמני יתך לעם רב NU 14:12
מיגו כנישתא הדא **ואישצי** יתהון כשעא זעירא NU 17:10
למעסוק בבר נשא ההוא **ואישצי** יתיה במותנא מגו עמיה: LV 20:6
למעסוק בגברא ההוא **ואישצי** יתיה מגו עמיה ארום LV 20:3
ויתכנשון עלי וימחונני **ואישתיצי** אנא ואינש ביתי: עניין GN 34:30
עופא דפרח באויר שמיא **ואישתיצי** מן ארעא ואישתאר ברם GN 7:23
יתך וית עמך במותא **ואישתיצית** מן ארעא: וברם EX 9:15
הוא: אנח בעותך מן קדמי **ואשיצינון** ואמחי ית שומהון DT 9:14
ההוא די יכול כל אדמא **ואשצי** יתיה מגו עמיה: ארום קיום LV 17:10
לחוד הינון על סנאינן **וישיצון** יתן ולא ישיירון מינן אוף EX 1:10
לכון מן ברדא **וישיצי** ית כל אילנא דיצמח לכון מן EX 10:5
וייסק על ארע דמצרים **וישיצי** ית כל עיסבא דארעא ית כל EX 10:12
יכיל למיחמי ית ארעא **וישיצי** ית שאר שיזבותא EX 10:5
יגיח קרבא בדבית עמלק **וישיצי** יתהון לתלתי דריא מדרא EX 17:16
דהוה בארעא דמצרים **וישיצי** כפנא ית דיירי ארעא: ולא GN 41:30
מדבית יעקב ויוביד **וישיצי** שיז ויצדי וקיסרין תקיף NU 24:19
רוגזא דייי אלקכון בכון **וישיצינון** בסרהוביא מעילוי אפי DT 6:15
פורענותיה יגרי בהון **וישיצינון**: נייחין ושריין כאריא NU 24:8
ויתקוף רוגזא דייי בכון **וישצנכון** בסרהוביא: ארום אין כדין DT 7:4
בעלמא כל דיעבד כדין **וישתיצון** במותנא וחמיין LV 20:17
בזיית ית מבוע אדמהא **וישתיצון** תרויהון במותנא מגו LV 20:18
ארום כל דייכול חמיע **וישתיצי** אינשא ההוא מישראל EX 12:15
ולא יצום בכרן יומא הדין **וישתיצי** במותנא מגו עמיה: וכל בר LV 23:29
קדם ייי וסובתיה עלוי **וישתיצי** בר נשא ההוא במותנא מן LV 22:3
מינה קרבנא קדם ייי **וישתיצי** בר נשא ההוא דייכול ית LV 7:25
ית קודשא דייי אפיס **וישתיצי** בר נשא ההוא מגו עמיה: LV 19:8
קדם ייי הוא מרגיז **וישתיצי** בר נשא ההוא מגו עמיה: NU 15:30
דיסתאב ולא ידי עלוי **וישתיצי** בר נשא ההוא מיגו קהלא NU 19:20
ית משכנא דייי סאיב **וישתיצי** בר נשא ההוא מישראל NU 19:13
כל מאן דייכול מחמעא **וישתיצי** בר נשא ההוא מכנישתא EX 12:19
מאן דיעבד בה עיבידתא **וישתיצי** בר נשא ההוא מעמיה: EX 31:14
דמתקרבין קדם ייי **וישתיצי** בר נשא ההוא מעמיה: LV 7:21
כל אדם מן כל דחי **וישתיצי** בר נשא ההוא מעמיה: LV 7:27
קורבן פיסחא דניסן **וישתיצי** בר נשא ההוא מעמיה NU 9:13
קדם ייי וסובתיה עלוי **וישתיצי** בר נשא ההוא מעמיה: ובר LV 7:20
יתיה קרבנא קדם ייי **וישתיצי** בר נשא ההוא מעמיה: וגבר LV 17:9
חילוניי דלא מבנוי דאהרן **וישתיצי** מעמיה: ואמר ייי למשה EX 30:33
דכוותיה לארחא בה **וישתיצי** מעמיה: ומליל ייי עם משה EX 30:38
מכל תועיבתא האילין **וישתיציין** נפשתא דיעבדן הכדין LV 18:29
כאילו אדם זכאיי אשד **וישתצי** בר נשא ההוא מגו עמיה: מן LV 17:4
אין לית ליה מן דיגזור **וישתצי** בר נשא ההוא מעמי ית GN 17:14
דדרא דמבולא למובדא **ולמישתציה** מגו עלמא הלא יהבית GN 6:3
נוכראין להובדא יתכון **ולמשיציא** יתכון ותיתעקרון DT 28:63
ביני טוורא למיכמן **ולשיצאה** עמא בית ישראל ומרי NU 21:14
ית מכבר וכבשו כופרנהא **ושיצון** ית אימוראי דתמן: ואתפניו NU 21:32
מכל דיבישתא מיתו: **ושיצי** ית כל גווית אינש ובעיר דעל GN 7:23
עד די חשוכת ארעא **ושיצי** ית כל עיסבא דארעא וית כל EX 10:15
ההוא וקטלו יתהון **ושיציאונון** וטרודונון עד שצייו: NU 14:45
מרדו במרי עלמא **ושיציאונון** מן ארעא וכד אגחו GN 14:13
ובני עשו תריכונון **ושיציאונון** מן קדמיהון ויתיבו DT 2:12
מצלהבא מן קדם ייי **ושיציאת** מן רשיעיא דבסיפי NU 11:1
רבא וחסינא הי כגינבריא **ושיצינון** מימרא דייי מן קדמיהון DT 2:21
טעוותהון תקצצון **ותשיצון** ית שומהון מן אתרא DT 12:3
חיות ברא ותתכל יתכון **ותשיצי** ית בעיריכון מברא ותזער LV 26:22
הוון עד ההוא יומא כדון **ישיצון** קהלא ית כל חזרנותנא NU 22:4
כל אילניכון ופירי ארעכון **ישיצי** חלנונא: ערלאה דדייר ביניכון DT 28:42
קדם ייי אלקכון: ארום **ישיצי** ייי אלקכון ית עממיא דאתון DT 12:29
לא תידחלון מיניה: ארום **ישיצי** ייי אלקכון ית עממיא דייי DT 19:1
תושבחא וגבורתא דיליה **ישיצי** ית אומיא בעלי דבביהון NU 24:8
עביר קדמיכון הוא **ישיצי** ית עממיא האילין ותירתונון DT 31:3
מימריה אישא אכלא הוא **ישיצינון** והוא יתריכינון מן DT 9:3
חרגת מותא אילך ואילך **ישתיצון** לחוד עולימיהון ולחוד DT 32:25
הוא כל מן דייכליניה **ישתיצי**. וכל בר נש דייכול בישרא LV 17:14
ית קימי עימכון ולא **ישתיצי** כל ביסרא עוד ממוי GN 9:11
בארעא דמצרים ולא **ישתיצי** עמא דארעא בכפנא: ושפר GN 41:36
בעלמא הדין **ישתצי** בר נשא ההוא בעלמא דאתי NU 15:31

בחצרות והוי חמי לכון **למישתיצא** מיגו עלמא אילולי DT 1:1
דייי מאית הברם ספנא **למישתציא**: ואמר ייי לאהרן אנת NU 17:28
הוא לבן ארמאה דבעית **למשיציא** ית יעקב אבונן ונחתתא NU 31:8
קדמיכון ויימר במימריה **למשיציא** יתהון: ושרון ישראל DT 33:27
יתהון במלכותא דמדי **למשציא** יתהון במלכותא דיון LV 26:44
בעלמא הדין מן בגלל **למשציא** יתהון לעלמא דאתי ולא DT 7:10
בצלו ארום אמר ייי **למשציא** יתכון: וצליית קדם ייי DT 9:25
וחימתא דירגז ייי עליכון **למשציא** יתכון וקביל ייי צלותי DT 9:19
רוגזא מן קדם ייי בכון **למשצייא** יתכון: כד סליקית DT 9:8
מן קדם ייי אתגריית להון **למשצייהון** מיגו משריתא עד די DT 2:15
למימר: לא תסתפקון **לשיצאה** ית שיבטא דגניסת קהת NU 4:18
וחרמון ושריון וסיני ובגין **לשיצאה** יתהון מעל אפי ארעא EX 32:12
עלך ועל עבדך ועל עמך **לשיצאה** עורדענייא מינך ומבתך EX 8:5
קדמיכון קליל לא תיכול **לשיציותהון** בפריע דילמא יסגי DT 7:22
יתנא בידא דאמוראה **לשציותנא**: לאן אנחנא סלקין אחנא DT 1:27
הוה רגז מן קדם ייי לחדא **לשצייותיה** וצליתי אוף על אהרן DT 9:20
תורכון יומין עלה ארום **משתיציא** תישתיצון: ויבדר ייי DT 4:26
דנפקו מן קפודקיא **שיציאונון** ויתיבו באתריהון: DT 2:23
דטעא בתר טעוות פעור **שיצייה** ייי אלקך מבינך: ואתון DT 4:3
דביניהון ואמטוליה לא **שיציית** ית בני ישראל בקינאתי: NU 25:11
דישראל: והוה כדי **שצי** יצחק לברכא ית יעקב והוה GN 27:30
וצבויים וזוער הרוגזך **שציא** ולא תשבוק לאתרא בגין GN 18:24
אברהם ואמר הרוגזך **שציא** זכאי עם חייב: מאים אית GN 18:23
ודילמא יעבד בהון **שציו** ולא תהי זכותין מגנא עליהון DT 28:15
ושיציאונון וטרודונון עד **שצייו**: ומליל ייי למשה למימר: מליל NU 14:45
עלה ארום משתיציא **תישתיצון**: ויבדר ייי יתכון ביני DT 4:26
דהישתכחן גבך דילמא **תישתיצי** בחובי יתבי קרתא: GN 19:15
לטוורא אישתיזב דילמא **תישתיצי**: ואמר לוט לוותיה בבעו GN 19:17
תסיפון וית כל במסיהון **תשיצון**: ותתרכון ית יתבי ארעא NU 33:52
וגיורי דביניכון: ארום **תשיצון** לעשרא ית כל מעשר DT 26:12
לאנהרא לכון ולגרמידא **תשיצינה** מלעיל ותרעא דתיבותא GN 6:16

שיקפא (1)

כד סובר יתהון אזדקף **שיקפא** עיל מיניה עד דנפק נס NU 25:8

שיר (4)

דהוה מחניך פומיה בריש **שירתא** בתמניין וחמשין אתין DT 32:3
ישבח ישראל ית שבח **שירתא** הדא בזמן דאתכסיית NU 21:17
ובני ישראל ית שבח **שירתא** הדא קדם ייי ואמרין למימר EX 15:1
ופסקון מן למימר **שירתא** כמיסת יומא ופלגא וקמו DT 2:25

שירא (8)

ושוית קדשא על אפהא **ושירייא** על ידהא: וגחנית וסגידית GN 24:47
חזור עובד גרדא הי כפום **שיריא** יהי ליה לא יתבזע: ותעבד EX 28:32
קטליא מן צווריהן **שיריא** מן אדרעיהן עזקתא מן NU 31:50
כפיל במיצעיה הי כפום **שיריא** תורא בשיפמיה מקף EX 39:23
כדי חמא ית קדשא וית **שירייא** על ידי אחתא וכד שמע ית GN 24:30
על שורייא ושדיין לקמך **שירין** וקטלאין דדהבא מן בגלל GN 49:22
דיאיתרעי ליביה היתיו **שירין** ושיווין עיזקן ומחוכין וכל EX 35:22
לעיבידת משכנא ותרין **שירין** יהב על ידהא מתקל עשר GN 24:22

שירוי (52)

ייי אלקך מסתכלין בה מן **אירויא** דשתא ועד סופא דשתא: DT 11:12
טבתא וקביל חולקיה **בשירויא** ארום תמן אתר מקבע DT 33:21
מן דאתבחר לחטאתא **בשירויא** ויחזום ית רישיה לקבל LV 5:8
לאתר מדבחא דעבד תמן **בשירויא** וצלי תמן אברם בשמא GN 13:4
דחטאתא דיליה דקריב **בשירויא**: וקריב ית עלתא ועבדא LV 9:15
יתה ותזדבנון תמן **בשירויא** לבעלי דבביכון בדמין DT 28:68
כהלכת עופא דאיתבחר **בשירויא** לחטאתא ולא כהילכת LV 5:10
חד: ידא דסהדיא תהי ביה **בשירויא** למיקטליה וידא דכל עמא DT 17:7
ידיכון יתושטן ביה **בשירויא** למיקטליה וידיהון דכל DT 13:10
ואנת סב לך בושמין **בשירויא** מור בהיר מתקל חמש EX 30:23
חמרכון ומישחכון **ושירוי** גיזת עניכון כמיסת קמורא DT 18:4
אנת ריש חיל שימושי **ושירוי** קריות הירהורי חמי הוי לך GN 49:3
ונטל מתל נבותיה ואמר **שירוי** אומיא דאגיחו קרבא בדבית NU 24:20
תרבי ניכסת פיסחא: **שירוי** בוכרת פירי ארעכון תייתון EX 34:26
עם משה למימר: סב ית **שירוי** ביזת שבייתא ותקבל NU 31:26
וכדון הא אייתיתי ית **שירוי** ביכורי איבא דארעא דיהבת DT 26:10
בישרא דתיכלון ברמשא: **שירוי** ביכורי פירי ארעך תיתי לבית EX 23:19
ותיתבון בה: ותיסבון מן **שירוי** ביכוריא דמתבשלין מן DT 26:2
חצדא ותייתון ית עומרא **שירוי** חצדכון לות כהנא: וירים ית LV 23:10
ומרודא קדם ייי: והות **שירוי** מלכותיה בבל רבתי והדס GN 10:10
וליחיא דרקיתא וקיבתא: **שירוי** עיבורכון חמרכון ומישחכון DT 18:4
בעינבויי מן יומי **שירוי** עלמא ויהביה ביד יעקב GN 27:25
דגזירית עלוי מן יומא **שירוי** עלמא עפר יהוי מזוניה ולא NU 21:6
בריך סלי ביכוריכון וחלת **שירוי** עצוותכון: ובריכין אתון DT 28:5
אפרשותא קדם ייי: **שירוי** עצוותכון חלתא חד מן NU 15:20
ליט סלי ביכוריכון וחלת **שירוי** עצוותכון: ליטין וולדי מעיכון DT 28:17
הכדין תפרשון יתה: מן **שירוי** עצוותכון תתנון אפרשותא NU 15:21
דמשתכח גביה ארום הוא **שירוי** תוקפיה ליה חזיא בכירותא: DT 21:17
עילוי אתר דיהב מן **שירויא** אדם קרבן אשמא: ומה LV 14:17
ימינא על אתר דיהב מן **שירויא** אדם קרבן אשמא: ומה LV 14:28
איתברי פום לארעא מן **שירויא** איתברי לה כדון ותפתוח NU 16:30
ביכוריא דמתבשלין מן **שירויא** בכל איבא דארעא דייי DT 26:2
לחמא דאיצטנע לכון מן **שירויא** בשמי מרומא וכדון יהביה EX 16:15
כדון לדריא דמן יומי **שירויא** דהוו קדמך למן יומא דברא DT 4:32
ליה ברכתא אבהתא דמן **שירויא** דמתילין לטווריא ומן טוב DT 33:15
חפיי לגופה דמדבח דמן **שירויא** הוון תשמישתיה דמדבחא: NU 17:4
עלוי יקרא דייי למשה מן **שירויא**: ואמר למשה אנא חמוך EX 18:5
חיויא כד איתערטל מן **שירויא**: ואעל משה ואהרן לות EX 7:9
רבא ויקירא דאיתברי מן **שירויא** וביה חקיק ומפרש שמא EX 14:21
איתהפיכו למיהוי כמרן **שירויא** ובלע חוטרא דאהרן ית EX 7:12
נחתת אבונן יעקב מן **שירויא** ובעא לאובדותיה ושיזבי DT 26:5
דאיתבריא ביה עלמא מן **שירויא**: והוה במיטלהון ממדינחא GN 11:1
היא הגר דקטירא ליה מן **שירויא**: וילידת ליה ית זמרן וית GN 25:1
שמייא דאיצטנע לכון מן **שירויא** ויפקון עמא וילקטון פיתגם EX 16:4
טובא דאיצטנע להון מן **שירויא** ויקבלון אגר עובדיהון NU 11:26
פום תהומא רבא מן **שירויא** וכל מאן דמדכר ההוא שמא EX 28:30
ואמר לבלק הלא מן **שירויא** מלילית עימך למימר כל NU 23:26
ואיתיהיבת ליוסף מן **שירויא** מן דין דהדרת איקרא DT 33:17
וקם מליך חדת כמין **שירויא** על מצרים דלא חכים ית EX 1:8
קרבנא קדם ייי: קרבן **שירויא** תקרבון יתהון קדם ייי LV 2:12
לבעלה קמאה דפטרה מן **שירויה** למתוב למסבה למהוי ליה DT 24:4
טוב חמר עינבא ועיבור **שירויהון** דיתנון קדם ייי לך NU 18:12

שירותא (5)

ית דורונא עד מיעל יוסף **בשירותא** דטיהרא ארום שמעו GN 43:25
יום גנוסא דפרעה ועבד **שורו** לכל עבדוי ורומם ית ריש רב GN 40:20
אינשי אתרא ועבד להון **שירו** עני ואמר להום הא שב שנין GN 29:22
ארום בגין כדין באשון **שירותא** אזדמנתון ועברתון על GN 18:5
ייכלון גובריא באנטון **שירותא** דטיהרא: ועבד גברא GN 43:16

שיריון (1)

תגין ואיפרכין לבשי **שיריונין** וכל עממיא ישתמעון ליה NU 11:26

שכב (61)

לקיים עלם: דיקרב **בישכיבא** לכל בר נשא ואפילו NU 19:11
עם אבוהא ולא ידע **במישכבה** אלא ידע במקימה: והוה GN 19:33
ולא אוסף תוב למידעא **במשכבא**: והוה בעידן מילדה והא GN 38:26
הדין הא מתהנייתי מינך **במשכבא** ולא אתכוונית למעבד לך NU 22:30
ושמישת עימיה ולא ידע **במשכבה** ולא בימקימה: ואתעברן GN 19:35
בתולתא וגבר לא ידעה **במשכבה** ונחתת לעיינה ומלת GN 24:16
יהי מסאב: וכל מן דיקרב **במשכבה** יצבע לבושוי ויסחי LV 15:21
יהי מסאב: וגבר די יקרב **במשכביה** יצבע לבושוי ויסחי LV 15:5
ונפל או בקטיל חרבא או **בשכיבא** במותנא או בבית קבורתא NU 19:18
לא ידכי: כל דיקרב **בשכיבא** ובוולדא בר תשעה ירחין NU 19:13
או בסייפא דקטל ביה או **בשכיבא** שלימא ואפילו בגרמיה NU 19:16
לעמך אוף אנת היכמה **דשכב** אהרן אחוך בטוורוס אומנוס DT 32:50
מדעם אלהין אינתתיה **דשכיב** גבה והוה יוסף שפיר בריוא GN 39:6
מנא בזכותיה דמשה בתר **דשכיב** תלתין ושובעא יומין: DT 34:8
כדון תקברינני במצרים: **ואשכוב** עם אבהתיי ותטלינני GN 47:30
יהי מסאב עד רמשא: **ודישכוב** בביתא יצבע ית לבושוי LV 14:47
לבני ישראל לאחסנא: **ושכוב** בטוורא דאנת סליק לתמן DT 32:50
אתר קדיש ושוי איסדוי **ושכיב** באתרא ההוא: וחלם והא GN 28:11
דברי מן רחל אחתי **ושכיב** עימה בליליא ההוא: וקבל GN 30:16
ודבר יתה באונסא **ושכיב** עימה וסגפה: ואתרעיית GN 34:2
תיסב מצע ערסיה במה **ישכוב** ויהי אין יקבול קדמי EX 22:26
לא יסוק עלך: וגבר ארום **ישכוב** עם איתא תשמיש זרעא LV 19:20
דברי ואמרת רחל בגין כן **ישכוב** עמך בליליא הדין חולף GN 30:15
עלוי כל יומי דובה הי **כמשכבא** דמייחד לריחוקה יתחשב LV 15:26
וכל מידעם דמייחד **למישכוב** עלוי בעידוני ריחוקה יהי LV 15:20
היא: כל משכבא דמייחד **למישכוב** עלוי דובנא יהי מסאב LV 15:4
וכל איתתא דידעת גבר **למשכבי** דכורא קטולו: וכל טפלא NU 31:17
וכל משכבא די מייחד **למשכביה** עלוי יהי מסאב: ואינתתא LV 15:24
באורחא ובפניא סמיך **למשכבכון** ובצפרא סמיך DT 11:19
באורחכון ובפניא סמיך **למשכבכון** וברמשא סמיך DT 6:7
חררית אמתי ויהבתא **למשכוב** בעיטפך וחמת ארום GN 16:5
ויומחרא ולא קביל מיניה **למשכוב** גבה למיהוי מתחייב עימה GN 39:10
למגחוך בנא על לותי **למשכוב** עימי וקרית בקלא רמא: GN 39:14
היא: וכל משכבא דמייחד **למשכוב** עלוי כל יומי דובה הי LV 15:26
קלנא עבד שכם בישראל **למשכוב** עם ברת יעקב וכן לא הוה GN 34:7
מסאב שובעא יומין וכל **משכבא** די מייחד למשכביה עלוי LV 15:24
מדויה סאיבתיה היא: כל **משכבא** דמייחד למישכוב עלוי LV 15:4
מטול דמסאבא היא: וכל **משכבא** דמייחד למשכוב עלוי כל LV 15:26
מסאב עד רמשא: ואין על **משכבא** הוא ברובא דגופיה או על LV 15:23

שפיר בגין למעבד עימיה **משכבי** דכורא ומן יד אתגזר עלוי GN 39:1
מוריקן ומאן דלא ידע **משכבי** דכורא יהון סמקן אפהא NU 31:18
דובנא ומן דיפוק מיניה **שיכבת** זרעא לאיסתאבה בה: LV 15:32
או תביר דידא: או דגבינוי **שכבן** חפיין עינוי או לית שיער LV 21:20
נש או גבר דתיפוק מיניה **שכבת** זרעא: או גבר דיקרב בכל LV 22:4
ביתא ואמרת חמון **שכבת** זרעא דאטיל דין דאייתי GN 39:14
די ישמש גבר עימה **שכבת** זרעא ויסחון בארבעין LV 15:18
אישתלי ויפוק מיניה **שכבת** זרעא ויסחי בארבעין סווין LV 15:16
וכל צלא די יהוי עלוי **שכבת** זרעא ויצטבע במוי ויהוי LV 15:17
ית עינה ביוסף ואמרת **שכוב** עימי: וסרב למקרבא לגבה GN 39:7
בלבושיה למימר **שכוב** עימי ושבקיה ללבושיה בידא GN 39:12
יהיב לכון: ארום אנא **שכיב** בארעא הדא לית אנא אעבר DT 4:22
ואמר ייי למשה הא אנת **שכיב** בעפרא עם אבהתך ונשמתך DT 31:16
בר מאה ועשרין שנין כד **שכיב** לא כהיין גלגילי עינוי ולא DT 34:7
דא עבדת לנא כזעיר פון **שכיב** מלכא דמיחד בעמא עם GN 26:10
ליוסף הא אבוך **שכיב** מרע ודבר ית תרין בנוי עימיה GN 48:1
דיצחק ארעא דאנת **שכיב** עלה לך אתנינה ולבנך: ויהון GN 28:13
לא תהוי איתת **שכיבא** הפקירא בשוקא לגבר DT 25:5
באחסנתא על שום אחוי **שכיבא** ולא יתמחי שמיה מישראל: DT 25:6
ליה כאילו אכלין: עד דלא **שכיבו** ואינשין רשיעין דבקרתא GN 19:4
איתיהיבת בירא כד **שכיבת** איתגניזת בירא ולא הוו מוי NU 20:2
אנא ייי: ועם דכורי לא **תשכוב** בתשמישיא דאיתא LV 18:22

שכח (140)

או דיטלום ית חבריה: או **אשכח** אבידתא ויכפור בה LV 5:22
רחמין בעינוי ארום **אשכח** בה עבירת פיתגם ויכתוב לה DT 24:1
יעביד דינא: ואמר ייי אין **אשכח** בסדום חמשין זכאין בגו GN 18:26
ית כל משכנא ולא **אשכח**: ואמרת לא יתקוף בעיני GN 31:34
דתרתין לחינתא ולא **אשכח** ונפק ממשכנא דלאה ועל GN 31:33
ונח דהוה צדיקא **אשכח** חינא קדם ייי: אילן יחוסין GN 6:8
ית עדיא עם אתני ולזמן **אשכח** ית בודנייתא דינפקו מנהון GN 36:24
אבניא דשוי איסדוי **אשכח** יתהון בצפרא לאבנא חדא GN 28:10
מן קדם ייי: הא כדון **אשכח** עבדך רחמין קדמך GN 19:19
חיות ברא ולאדם לא **אשכח** עד השתא סמיך ביקיבליה: GN 2:20
אורח נשין לי ופשפש ולא **אשכח** צילמנייא: ותקיף רוגזא GN 31:35
שכם לאבוהא ולאחהא **אשכח** רחמין בעיניכון ודתימרון לי GN 34:11
דעימי ואמר למא דנן **אשכח** רחמין קדם ריבוני: GN 33:15
ואמר לא איחביל אין **אשכח** תמן ארבעין וחמשא: ואוסיף GN 18:28
לא אעביד גמירא אין **אשכח** תמן תלתין: ואמר בבעו GN 18:30
מידא דאיתתא ולא **אשכחא**: ושאיל ית אינשי אתרא GN 38:20
הדין: ארום באנפי ברא **אשכחא** פגנת עולימתא דמיקדשא DT 22:27
עמא למלקוט מנא ולא **אשכחו**: ואמר ייי למשה עד אימת EX 16:27
קמו רעייא על בירא ולא **אשכחו** מיא ואמתינו תלתא יומין GN 31:22
בטילין מן פיקודייא ולא **אשכחו** מיא: ואתו למרה ולא יכילו EX 15:22
נהרא מוי למישתי ולא **אשכחו** צלילן ארום לא יכילו EX 7:24
ובבתי פונדקתא ולא **אשכחוהו** ועלו לבייתי וסגידו ליה GN 42:6
במעלי יומא דפיסחא **אשכחיה** דהוה עביד גריצן פטירן GN 14:13
למיפטור ית ישראל לא **אשכחית** בספר מלאכייא כתיב ית EX 5:2
ערד דמילין למימר לא **אשכחית** לברתך סהידוון ואילין DT 22:17
ושמשית עמה ולא **אשכחית** לה סהידוון: ויסבון אבוהא DT 22:14
ואמר ליה לבן אין כדון **אשכחית** רחמין בעינך הא אטירית GN 30:27
תימא כן בבעו אין כדון **אשכחית** רחמין בעינך ותקבל GN 33:10
ובמה יתידע כדון ארום **אשכחית** רחמין קדמך אלהין EX 33:16
דנייחין בה צדיקייא אין **אשכחית** רחמין קדמך ולא אחמי NU 11:15
וסגיד: ואמר אין בבעו **אשכחית** רחמין קדמך ייי תהך כדון EX 34:9
לעבדך ולמא לא **אשכחית** רחמין קדמך לשוואה ית NU 11:11
ליוסף ואמר ליה אין כדון **אשכחית** רחמין קדמך שוי כדון GN 47:29
קדמי: וכדון אין בבעו **אשכחית** רחמין קודמך אודעני EX 33:13
לות אבוהון ואמרו דא **אשכחנא** אישתמודע כדון GN 37:32
בירא דחפסו ואמרו ליה **אשכחנא** מוי: וקרא יתה שבעה בגין GN 26:32
פרעה למימר אין בבעו **אשכחנא** רחמין בעיניכון מלילו GN 50:4
אית בעיר: ואמרו אין **אשכחנא** רחמין קדמך תתיהב ארע NU 32:5
מן קדמך ייי אין כדון **אשכחת** חינא קומך לא כדון תסלק GN 18:3
יתך בשום טב ואוף **אשכחת** רחמין קדמי: וכדון אין EX 33:12
ותב לות יהודה ואמר לא **אשכחתא** ואוף אינשי אתרא אמרו GN 38:22
דמלילתא אעבד ארום **אשכחתא** רחמין קדמי ומנית יתך EX 33:17
ית גדיא הדין ואנת לא **אשכחתיה**: והוה בזמן תלת ירחין GN 38:23
ובעת תלת משכוניא ולא **אשכחתנון** תלת עיינהא לשמי GN 38:25
על אוגבין מן קדם ייי **אשתכח** חובא על עבדך הא אנחנא GN 44:16
טביא בניא חביבייא **אשתכח** מומא בהון דרא עוקמנא DT 32:5
גביה או ית אבידתא **דאשכח**: או מכל מדעם דאישתבע LV 5:23
הי כחוביהון מן בגלל **דאשכח** רחמין קדמך וגלי קדמך EX 33:13
זימנא ואתנטיל בעותריה **דאשכח** תרין אוצרין מן אוצרוי NU 16:19
כפיתגמא הדין: הא כספא **דאשכחנא** בפום טוננא אתיבניה לך GN 44:8
אנת ידעת ית כל אניקי **דאשכחתנא**: ונחתו אבהתן למצרים NU 20:14

ישראל ית כל עקתא **דאשכחתנון** באורחא על ימא דסוף EX 18:8
כל אינשא ובעירא **דאשתכח** בחקלא ולא יתכניש EX 9:19
ית רב מזוגייא על מזגיה **דאשתכח** דלא הוה בעיטא ההיא GN 40:21
ולקיט יוסף ית כל כספא **דהישתיכח** בארעא דמצרים GN 47:14
לריבוני אוף אנן אוף מאן **דהישתיכח** כלידא בידיה: ואמר חס GN 44:16
קדם ייי וכל מאן **דהישתיכח** עימיה קיסין דשיטא EX 35:24
אלבישתא לאהרן גבר **דהישתכח** חסיד קדמך דנסית יתיה DT 33:8
חס לי מלמעבד דא גברא **דהישתכח** כלידא בידיה הוא יהי לי GN 44:17
דהבא קדם ייי: וכל גבר **דהישתכח** עימיה תיכלא וארגוונא EX 35:23
אינתתך וית תרתין בנתך **דהישתכחן** גבך דילמא תישתיצי GN 19:15
דאתרו ביה ותלש סהדיא **דהשכחו** יתיה תליש קיסין לות NU 15:33
דלא למיקטול יתיה כל **דישכחוניה** באיסתכלותיה ביה: GN 4:15
וגלי בארעא כל זכיי **דישכחינני** יקטלינני: ואמר ליה ייי GN 4:14
הי כפיתגמיכון כן יהי **דישתכח** עימיה יהי לי עבדא ואתון GN 44:10
מנין דכסף או מנין דדהב: **דישתכח** עימיה מעבדך יהי חייב GN 44:9
פילוותה ויהי כל עמא **דמשתכח** בה יהון למסקי מיסין DT 20:11
ליה תרין חולקין בכל מה **דמשתכח** גביה ארום הוא שירוי DT 21:17
ית בנתך מיני: עם כל מאן **דתשכח** ית צילמי טעותך ימות GN 31:32
סבו לכון תיבנא מן אתר **דתשכחון** ארום לא מיתמנע EX 5:11
משכנא או דילמא **הישתיכח** בבני ישראל דלא הוה LV 8:15
או דילמא בזימנא ההוא **הישתכח** עימי אגר זכוון קלילן GN 15:1
להון מנא בשיתיסר בניסן **הישתכחו** אכלין ית מנא בזכותיה DT 34:8
הוה פיתגמא הדין לא **הישתכחו** סהידוון לעולימתה: DT 22:20
ואמר פרעה לעבדוי **הנשכח** כדין גבר דרוח נבואה מן GN 41:38
מריעיוניהון לא **השכחית** ומניתינון רישי עליכון DT 1:15
ופורקן כספא: אין לא **השכחת** חינא קדם ריבונהא דזמין EX 21:8
מעילוי אנפי ארעא: ולא **השכחת** יונתא נייחא לפרסת ריגלא GN 8:9
ויעול עלה ויהי אין לא **השכחת** רחמין בעינוי ארום אשכח DT 24:1
בדקתיה במוי מצות רקם **ואישתכח** מהימן: נפקין שיבט לוי DT 33:8
לצדקתא בארעא ההיא **ואשכח** בשתא ההיא על חד מאה GN 26:12
למיהוי גבר פלח בארעא **ואשכח** גופנא דמושכיה נהרא מן GN 9:20
סיון בזמן חצד חינטין **ואשכח** יברוחין בחקלא ואיתי GN 30:14
דייי מיניה צידא דכיא **ואשכח** כלבא חדא וקטליה ועבד GN 27:31
שעת אנניקי ואנהר עייני **ואשכח** תלת סהדיי ואנא מקימא GN 38:25
אברהם מן טוור פולחנא **ואשכחה** דמיתת ויתיב למיספד GN 23:2
שרי וערקת מן קדמה: **ואשכחה** מלאכא דייי על עינא GN 16:7
במיטלהון ממדינחא **ואשכחו** בקעתא בארעא דבבל GN 11:2
ליה חובתיה ודי נפק חייב **ואשכחו** ליה זכו לא תקטול ארום EX 23:7
ודי נפק זכיי מבי דינך **ואשכחו** ליה חובתיה ודי נפק חייב EX 23:7
קנסא לכל בית ישראל **ואשכחו** סהדיא ית גברא כד תליש NU 15:32
עבדי יצחק ביספר נחלא **ואשכחו** תמן ביר מוי נבעין: ונצו GN 26:19
אכיל מההוא תבשילא **ואשכחונהי** בקריצתא דהא מית GN 24:55
וקם ואתא יוסף לשכם: **ואשכחיה** גבריאל בדמות גברא והא GN 37:15
ואזל יוסף בתר אחהי **ואשכחינון** בדותן: וחמון יתיה GN 37:17
למיכאל ואנהר עיינה **ואשכחתנון** ונסיבת יתהון וטלקת GN 38:25
זבינוי ותארע ידיה **וישכח** הי כמיסת פורקניה: וידייק LV 25:26
וישמוט פרזלא מן קתא **וישכח** ית חבריה וימות הוא יעירוק DT 19:5
דקלטיה דערק לתמן: **וישכח** יתיה תבע אדמא מברא NU 35:27
לקא וייתון למסגוד ליה **וישכחון** יתכון דאתון שרן לקבליה EX 14:2
בתולתא מיקדשא לגבר **וישכחינה** גבר חורן בקרתא וישמש DT 22:23
בראובן שרי ובנימין פסק **וישתכח** אוגבין בטונא דבנימין: GN 44:12
מבני ישראל ויזבניניה **וישתכח** ברשותיה אתקטלא EX 21:16
ונדחי לגובא דחבלא **וישתכח** פסולא בקרבנך עיינויי GN 22:10
עביר ייי מצלח בידיה: **ומשכח** יוסף רחמין בעינוי ושמיש GN 39:4
דאנא יהיב לכון לאחסנא **ומשתכח** גבר דבני ביתא בחטופין LV 14:34
ויחוד בה ומשמש עימה **ומשתכחין**: ויתן גברא דשמיש DT 22:28
ישלים: ארום תיתפק נור **ותשכח** כובין ותגמר גדיש או EX 22:5
ותיפוק זכיא וזיוה מנהר **ותשכח** רחמין קדם בעלה ותתעבר NU 5:28
דאחוך די מתבדא מיניה **ותשכחה** לית לך רשו לכסאה מיניה DT 22:3
לדחלתא דייי אלקכון **ותשכחון** רחמין ארום תבעון מן DT 4:29
אזדמן פריק לה: ארום **ישכח** גבר עולימתא בתולתא דלא DT 22:28
דביש מביניכון: ואין בברא **ישכח** גברא ית עולימתא DT 22:25
שובעא יומין חמיר לא **ישתכח** בבתיכון ארום כל מאן EX 12:19
ייי אלקכון הוא: ארום **ישתכח** ביניכון בחדא מן קורייכון DT 17:2
עממיא האינון: לא **ישתכח** בכון מעברין בניהון DT 18:10
מנהון הוא מחבל: ארום **ישתכח** בר נש גניב נפש מאחוי מבני DT 24:7
עד דתיכבשונה: ארום **ישתכח** קטילא בארעא דלא טמיע DT 21:1
ריבון כל עלמיא ייי מאים **ישתכחון** עשרים דיצלון עשרא GN 18:31
קודמוי ואמר מאים **ישתכחון** תמן ארבעין עשרא GN 18:29
ואמליל ברם זימנא מאים **ישתכחון** תמן עשרא ונהי אנא GN 18:32
עלמיא ייי ואמליל מאים **ישתכחון** תמן תלתין דיצלון עשרא GN 18:30
ואמר דורון הוא דשדרית **לאשכחא** רחמין בעיני ריבוני: ואמר GN 33:8
אהניית לי בירכתא ההיא **לאשכחא** רחמין בעינך דלא תינטר GN 32:6
ועד סבא ואשתלהיין **להשכחא** תרעא: ואמרו גובריא GN 19:11

לבריה מה דין אוחיתא **למשכחא** ברי ואמר ארום וזמן ייי GN 27:20
ניסוך חמר עתיק ואין לא **משכח** חמר עתיק מייתי חמר בר NU 28:7
מפרנקתא וכל גבר דהוה **משכח** עליהן מנין דדהב הוי שרי NU 31:50
דביש מביניכון: ארום אין **משתכח** גבר משמש עם איתתא DT 22:22
ומתגנבין מבית גבר אין **משתכח** גנבא איהו משלם על חד EX 22:6
אין בחרכא דכותלא **משתכח** גנבא ויתמחי וימות לית EX 22:1
על חד תרין: אין לא **משתכח** גנבא ויתקרב מריה ביתא EX 22:7
ובזימנא תניינא לא **משתכח** עימי אגרא ויתחל בי שום GN 15:1
קטיל ית יעקב אחי ואנא **משתכח** קטול וירית: ואתחווא GN 27:41
דשמיטתא: אין בסהדיא **משתכחא** ברשותיה גניבותא מן EX 22:3
יימר ארום הוא דין וכד **משתכחא** גניבותא בתר כן ביד EX 22:8
ואמרו קיימתנא **נשכח** רחמין בעיני ריבוני ונהי GN 47:25
או לנוקבא: ואין לא **תשכח** ידה הי כמיסת למיתייא LV 12:8
הדין תמללון עם עשו כד **תשכחון** יתיה: ותימרון אוף הא GN 32:20
דין קדם ייי יומא דין לא **תשכחוניה** בחקלא: שיתא יומין EX 16:25

שכלל (1)

דאיתברי ביני שימשתא **דשכלול** עלמא אחיד ברחישותא GN 22:13

שכן (465)

ומשה נסיבינון וטמירינון **במשכן** אולפן אורייתא דיליה ברם EX 33:7
וכל אינש לא יהי **במשכן** זימנא בזמן מיעליה לכפרא LV 16:17
עם משה במדברא דסיני **במשכן** זימנא בחד לירחא דאייר NU 1:1
בני מררי לכל פולחנהון **במשכן** זימנא בידא דאיתמר בר NU 4:33
חילא למעבד עיבידתא **במשכן** זימנא: דא היא פולחנת NU 4:23
לחילא למעבד עיבידתא **במשכן** זימנא: דא פולחנת בני קהת NU 4:3
מינה קדם סהדותא **במשכן** זימנא דאיזמן מימרי לך EX 30:36
גניסת קהת כל דפלח **במשכן** זימנא די מנא משה ואהרן NU 4:37
בני גרשון כל דיפלח **במשכן** זימנא די מנא משה ואהרן NU 4:41
קרי ית יהושע ותתעתדון **במשכן** זימנא ואיפקדיניה ואזל DT 31:14
משה ויהושע ואתעתדו **במשכן** זימנא: ואיתגלי איקר DT 31:14
איתאמרו בסיני ואתנייו **במשכן** זימנא ואיתלתון במישרי DT 27:26
דין מטול בני קהת **במשכן** זימנא: ודמסיר לאלעזר בר NU 4:15
דאתי לחילא לפולחנא **במשכן** זימנא: והוו סכומהון NU 4:35
דאתי לחילא לפולחנא **במשכן** זימנא: והוו סכומהון NU 4:39
דאתי לחילא לפולחנא **במשכן** זימנא: והוו סכומהון NU 4:43
מטרתא ופולחן מטול **במשכן** זימנא: והוו סכומהון תמניא NU 4:47
הוא לכון חלופי פולחנכון **במשכן** זימנא: ולא תקבלון עלוי NU 18:31
פולחנת גניסת בני גרשון **במשכן** זימנא ומטרתהון ביד NU 4:28
דשכינתא שריא בישראל **במשכן** זימנא וסדר יתיה אהרן LV 24:3
ית משה: ושוי ית מנרתא **במשכן** זימנא כל קבל פתורא על EX 40:24
תוב: וישמש עם אחוי **במשכן** זימנא למיטר מטרא NU 8:26
למפלח ית פולחנהון **במשכן** זימנא לקדם אהרן ולקדם NU 8:22
לאדלקא בוציניא תדירא: **במשכן** זימנא מברא לפרגודא דעל EX 27:21
בר לאל: ומטרת בני גרשון **במשכן** זימנא משכנא ופרסא NU 3:25
ית משה: ויהב ית פתורא **במשכן** זימנא על שידא דמשכנא EX 40:22
בית אבהתהון: ותצנעינון **במשכן** זימנא קדם סהדותא NU 17:19
ושוי ית מדבחא דדהבא **במשכן** זימנא קדם פרגודא: ואסיק EX 40:26
דא פולחנת בני קהת **במשכן** זימנא קודש קודשיא: ועליל NU 4:4
איקר שכינתא דייי **במשכנא** בעמודא דעננא וקם DT 31:15
הינון בתי מדרישיכון **במשכנא** די שמיש בהון יעקב NU 24:5
רחל גנבתנון: ועל לבן **במשכנא** דיעקב ובמשכנא דלאה GN 31:33
משה ית חוטריא קדם ייי **במשכנא** דסהדותא: והוה מיומא NU 17:22
ית קורבנהון קדם ייי **במשכנא** דעבדו ליה במדברא דסיני: LV 7:38
ונפק ממשכנא דלאה ועל **במשכנא** דרחל: ורחל נסיבת ית GN 31:33
אינתתך ואמר הא היא **במשכנא**: ואמר חד מנהון מיתב GN 18:9
דייי איתגלי בענני יקרא **במשכנא** זימנא: ואמר ייי למשה עד NU 14:10
ית פולחן בני ישראל **במשכנא** זימנא ולכפרא על בני NU 8:19
ודבית יששכר **במשכני** בתי מדרישיכון: אומין DT 33:18
דייי אלקכון: ורגינתון **במשכניכון** נסיבתון בניכון ובנתיכון DT 1:27
ואיתגלי בארעא דמצרים **בשכינת** יקרי בליליא הדין ועימי EX 12:12
כדפתיח תרעיה וכל **דבמשכנא** ואפילו קרקעיתיה NU 19:14
מנייני מתקלוון וסכומין **דמשכנא** דסהדותא דאתמניין על EX 38:21
כל קבל פתורא על שידא **דמשכנא** דרומא: ואדלק בוציניא EX 40:24
מקהת ישרון על שידא **דמשכנא** דרומא: ורב בית אבא דהוה NU 3:29
בדיתיר באורך יריעתא **דמשכנא** יהי משפע על ציטרי EX 26:13
בר אביחיל על שידא **דמשכנא** ישרון ציפונא: ודמסיר NU 3:35
משכנא ושוי ית חופאה **דמשכנא** עלוי מן לעילא היכמא EX 40:19
במשכן זימנא על שידא **דמשכנא** ציפונא מברא לפרגודא: EX 40:22
אוריתיה נטרינון היכמה **דשכינה** נטרא בבי דעייניה: היך DT 32:10
ותיכלון יתיה בבהילו **דשכינת** מרי עלמא מטול דחייסא EX 12:11
יסאבון ית משירייתהון **דשכינת** קודשי שריא ביניהון: ועבדו NU 5:3
דסהדותא לעלמא **דשכינתא** שריא בישראל במשכן LV 24:3
בגוה ארום אנא הוא ייי **דשכינתי** שריא בגו בני ישראל: NU 35:34
ית ארעא דאתון בה **דשכינתי** שריא בגוה ארום אנא הוא NU 35:34
ארום ייי הוא אלקים **דשכינתיה** שריא בשמיא מלעילא DT 4:39
ארום אנת הוא ייי **דשכינתך** שריא בגו עמא הדין NU 14:14
אלקא ולא אית בר מינך **דשכינתך** שריא בשמיא מלעילא DT 3:24
ועל לבן במשכנא דיעקב **ובמשכנא** דלאה ובמשכניהון GN 31:33
דיעקב ובמשכנא דלאה **ובמשכניהון** דתרתין לחינתא ולא GN 31:33
גבר מסכין הוא לא תבית **ומשכוניה** גבך: אתבא תתיב ליה ית DT 24:12
זכוות אבהתכון צדיקייא **ומשכן** זימנא וארון קיימא ומני DT 1:1
בגין זכותך ענני יקרי **ומשכנא** וארונא וכל ישראל עד זמן NU 12:14
תמניין לגיונין וענני יקרא **ומשכנא** ובירא לא זייעין ולא נטלין NU 12:16
דייי שריא ביניכון וארונא **ומשכנא** וענני יקרא ליתיהון NU 14:42
זימנא דמייצע ביניכון **ומשכניכון** דחזור חזור ליה בית NU 24:5
דאברם הוו עאן ותורין **ומשכנין**: ולא סוברת יתהום ארעא GN 13:5
יורדנא הדין: ייי אלקכון **ושכינתיה** עביר קדמיכון הוא ישיצי DT 31:3
לא תיעול לביתיה **למשכוניה** משכוניה: בשוקא תקום DT 24:10
שלים קדם ייי הוה נפיק **למשכן** בית אולפנא דמברא EX 33:7
למיתן להון: ואזל משה **למשכן** בית אולפנא ומליל ית DT 31:1
גבר לחבריה לשלם ואתו **למשכן** בית אולפנא: ותני משה EX 18:7
למשריתא ויתיב מברא **למשכן** בית מותביה ולא יקרב LV 14:8
ועל בנוי בזמן מיעלהון **למשכן** זימנא או במקרבהון EX 28:43
הוה אפשר למשה למיעל **למשכן** זימנא ארום שרא עלוי ענן EX 40:35
ומאוותא ואייתיאו יתיה **למשכן** זימנא דוכרנא טבא לבני NU 31:54
חטאיהון והכדין יעביד **למשכן** זימנא דשרי עמהון בגו LV 16:16
ובנך עימך ביזמן מיעלכון **למשכן** זימנא היכמה דעבדו בנך LV 10:9
ריגליהון: בזמן מיעלהון **למשכן** זימנא ובמיקרבהון EX 40:32
אהרן למקטלהון ואתפניו **למשכן** זימנא והא חפייה ענן איקר NU 17:7
רבא מן אדמא דתורא **למשכן** זימנא: ויטמש כהנא LV 4:16
דתורא ויהנעל יתיה **למשכן** זימנא: ויטמש כהנא ית LV 4:5
וימות: ויעול אהרן ובנוי **למשכן** זימנא וישלח ית לבושי LV 16:23
ולמרים פוקו תלתיכון **למשכן** זימנא ונפקו תלתיהון: NU 12:4
ריגליהון: בזמן מיעלהון **למשכן** זימנא יקדשון מוי ולא EX 30:20
וית כל מני פולחן משכנא **למשכן** זימנא: ית לבושי שמשא EX 39:40
יתיה: וכד עליל משה **למשכן** זימנא למללא עימיה ושמע NU 7:89
יקרבון תוב בני ישראל **למשכן** זימנא לקבלא חובא לימות: NU 18:22
ולא מן ליואי בזמן דיעולו **למשכן** זימנא לשמשא בקודשא: EX 29:30
דאיתעל מן אדמה **למשכן** זימנא מטול לכפרא LV 6:23
גננא דפריס כל מן דעליל **למשכנא** אורח תרעא ולא מן NU 19:14
כתיביא ולא נפקן **למשכנא** דאיטמרו למערוק מן NU 11:26
כולנא: כל דקריב מיקרב **למשכנא** דייי מאית הברם ספנא NU 17:28
והוה מטלל ביממא **למשכנא** דסהדותא וברמשא הוי NU 9:15
מיומא חרן ועאל משה **למשכנא** דסהדותא והא ייעא חטר NU 17:23
וליואי ישרון חזור חזור **למשכנא** דסהדותא ולא יהי רוגזא NU 1:53
ותעביד ית לוחיא **למשכנא** דקיסי שיטא קיימין הי EX 26:15
איסתלקו מן חזור חזור **למשכנא** דקרח דתן ואבירם: וקם NU 16:24
דעבד: ואעלה יצחק **למשכנא** דשרה אימיה ומן יד נהרת GN 24:67
ואקים יתהון חזור חזור **למשכנא**: ואיתגלי ייי בענן איקר NU 11:24
משה עד זמן מיעליה **למשכנא**: והוה כד עאיל משה EX 33:8
ושוי ית פרסא דתרעא **למשכנא**: וית מדבחא דעלתא שוי EX 40:28
כסף: וכל מתחיא **למשכנא** ולדרתא חזור חזור EX 38:20
ית דרתא חזור חזור **למשכנא** ולמדבחא ויהב ית פרסא EX 40:33
והנעיל ית ארונא **למשכנא** ושוי ית פרגודא דפרסא EX 40:21
במצרים ותידבר יתהון **למשכנא** זימנא ויתעתדון תמן NU 11:16
ידיי בכן עלו משה ואהרן **למשכנא** זימנא וצלו עמא בית LV 9:23
ישמשוניה וחזור חזור **למשכנא** ישרון: ובמיטל משכנא NU 1:50
כפיתגמך: ואוחי אברהם **למשכנא** לות שרה ואמר אוחא GN 18:6
ותעביד חופאה **למשכנא** מושכי דדיכרי מסמקי EX 26:14
ותשוי ית פרסא דתרעא **למשכנא** מטול צדיקיא דחפין EX 40:5
מלעילא: ועבד ית לוחיא **למשכנא** מן קיסי שיטא קיימין הי EX 36:20
למהוי חד: ועבד חופאה **למשכנא** משכי דדיכרי מסמקי EX 36:19
והוה כד עאיל משה **למשכנא** נחית עמודא דענן יקרא EX 33:9
ותעביד ית לוחיא **למשכנא** עשרין לוחין לרוח עיבר EX 26:18
משכנא: ועבד ית לוחייא **למשכנא** עשרין לוחין לרוח עיבר EX 36:23
משה מן משריתא ואזיל **למשכנא** קיימין כל רשיעי עמא EX 33:8
עד אתרא דפרסיה תמן **למשכניה** מן אוולא בין ביתאל ובין GN 13:3
יומא דין: ונטל יעקב ופרס **למשכניה** מן להלא למוגדלא דעדר GN 35:21
בקוריי מישרא ופרס **למשכניה** עד סדם: ואינשין דסדום GN 13:12
לך איתנינה: ופרס אברם **למשכניה** תיכן אימור ואתא ויתיב GN 13:18
אין לא: ונפק משה **ממשכן** בית שכינתא ומליל עם NU 11:24
מזון לכל נפשא הוא **ממשכן** ולא יהוי גבר אסר חתנין DT 24:6
לחינתא ולא אשכח ונפק **ממשכנא** דלאה ועל במשכנא דרחל: GN 31:33
עד דתשדר: ואמר מה **משכונא** דאתן לך ואמרת סיטומתך GN 38:18
גבך: אתבא תתיב ליה ית **משכונא** כד מטמוע שימשא ויגני DT 24:13
מוזיף ביה יפיק לך ית **משכונא** לשוקא: ואין גבר מסכין DT 24:11
רחמיה עדולמאה למיסב **משכונא** מידא דאיתתא ולא GN 38:20
מן ענא ואמרת אין תתן **משכונא** עד דתשדר: ואמר מה GN 38:17
עלה טיב ביש כד תהדרון **משכונה** לה: ותהוון דכירין ארום DT 24:17

לאיתוקדא ובעת תלת **משכוניא** ולא אשכחתנון תלת GN 38:25
תיעול לביתיה למשכוניה **משכוניה:** בשוקא תקום וגברא DT 24:10
ואמרת גברא דאילין **משכונייא** דידיה מיניה אנא מעברא GN 38:25
ואמר יהודה תיסב לה **משכונייא** דילמא נהוי לגחוך הא GN 38:23
אלפין אמין והוה קרי ליה **משכן** בית אולפנא והוי כל מאן EX 33:7
ועמיה: ואתא משה מן **משכן** בית אולפנא ומליל ית כל DT 32:44
דעלתא שוי בתרע **משכן** ואסיק עלוי ית עלתא וית EX 40:29
וכל כנישתא לתרע **משכן** זימנא: אבונא מית במדברא NU 27:2
ית קרבן אשמיה לתרע **משכן** זימנא דיכרא לאשמא: ויכפר LV 19:21
אבוכון וכמה יאי הוא **משכן** זימנא דמייצע ביניכון NU 24:5
דבורא מתמלל עימי ברם **משכן** זימנא הדין דריבוייה ריבוי LV 1:1
דאתיין לצלאה בתרע **משכן** זימנא הואן קיימן על קרבן EX 38:8
לוותך כל כנישתא לתרע **משכן** זימנא: ואין בחדא יתקעון NU 10:3
וחפא ענן יקרא ית **משכן** זימנא ואיקר שכינתא דייי EX 40:34
תורעמות קהלא לתרע **משכן** זימנא ואיתרכינו על אפיהון NU 20:6
יומין לירחא דאדר לתרע **משכן** זימנא: ואמר משה לכנישתא LV 8:4
קדם ייי למפלח ית פולחן **משכן** זימנא: ואנת ובנך עימך NU 18:6
ית כל כנישתא לתרע **משכן** זימנא ואתנטיל בעותריה NU 16:19
לקידוש ותסדר יתיה בין **משכן** זימנא ובין מדבחא ותיתן EX 30:18
ית כיורא על בסיסיה ביני **משכן** זימנא וביני מדבחא ויהב תמן EX 40:30
ותיתן ית כיורא ביני **משכן** זימנא וביני מדבחא ותיתן EX 40:7
לחילא למפלח ית פולחן **משכן** זימנא: ודא מטרת מטולהון NU 4:30
ליואי הינון ית פולחן **משכן** זימנא והינון יקבלון ית NU 18:23
חופאיה ופרסא דבתרע **משכן** זימנא: ווילוות דרתא וית NU 3:25
שמע וקיימין בתרע **משכן** זימנא: וחמא כן פנחס בר NU 25:6
ויכסיניה טבחא בתרע **משכן** זימנא וידרקון בני אהרן LV 3:2
ויכוס יתיה טבחא קדם **משכן** זימנא וידרקון בני אהרן ית LV 3:8
ויכוס יתיה טבחא קדם **משכן** זימנא וידרקון בני אהרן ית LV 3:13
ותיתן יתיה על עיבידת **משכן** זימנא ויהי לבני ישראל EX 30:16
וית לחמא דבסלא בתרע **משכן** זימנא: וייכלון יתהון דאתכפר EX 29:32
ית ניכסת קודשיא בתרע **משכן** זימנא ויסב ית שיער ריש NU 6:18
אימריא קדם ייי בתרע **משכן** זימנא: ויסב כהנא ית אימרא LV 14:11
על מדבחא דייי בתרע **משכן** זימנא ויסיק תרבא LV 17:6
וייתון יתיה לקדם **משכן** זימנא: ויסמכון תריסר סבי LV 4:14
בני יוון לוות כהנא לתרע **משכן** זימנא: ויעבד כהנא חד NU 6:10
יתהון לות כהנא לתרע **משכן** זימנא: ויעבד כהנא ית חד LV 15:29
ימטי ית גרמי לתרע **משכן** זימנא: ויקריב ית קרבניה NU 6:13
חזור חזור דבתרע **משכן** זימנא: וישלח ית משכא מן LV 1:5
קודשא יהי: ותרבי ביה ית **משכן** זימנא וית ארונא דסהדותא: EX 30:26
ית כל מה דאפקדתך: ית **משכן** זימנא וית ארונא דסהדותא EX 31:7
מלעילא וית פרסא דתרע **משכן** זימנא: וית ווילוות דרתא וית NU 4:25
דמדבח עלתא דבתרע **משכן** זימנא: וית כל תרביה יפריש LV 4:18
דמדבחא דעלתא דבתרע **משכן** זימנא: וית כל תריב תורא LV 4:7
ועבד בה ית חומרי תרע **משכן** זימנא וית מדבחא דנחשא EX 38:30
בגין יקרי: ואיקדש ית **משכן** זימנא וית מדבחא וית אהרן EX 29:44
ויטרון ית כל מאני **משכן** זימנא וית מטרת בני ישראל NU 3:8
יתהון קדם ייי בתרע **משכן** זימנא: ויתן אהרן על תרין LV 16:7
יתהון לקדם ייי לתרע **משכן** זימנא ויתנינון לכהנא: ויעבד LV 15:14
דהינון פלחין ית פולחן **משכן** זימנא: ולא יקרבון תוב בני NU 18:21
לקדם ייי לעיבידת **משכן** זימנא ולכל פולחניה וללבושי EX 35:21
לחיילא חילא בפולחן **משכן** זימנא: ומבר חמשין שנין NU 8:24
מן קדם קהלא לתרע **משכן** זימנא: ומליל ייי עם משה NU 17:8
נפקין שיבט לוי לפולחן **משכן** זימנא ומתפרשין מן DT 33:9
כל כנישתא כנוש לתרע **משכן** זימנא: ועבד משה היכמה LV 8:3
כל עיבידת משכנא **משכן** זימנא ועבדו בני ישו־אל EX 39:32
דעד כדון לא איתעביד **משכן** זימנא ועד כדון לא EX 24:5
למכפרא על קודשא ועל **משכן** זימנא ועל מדבחא LV 16:20
על מקדש קודשא ועל **משכן** זימנא ועל מדבחא ועל כהניא LV 16:33
משה והייתיו לקדם **משכן** זימנא וקריבו כל כנישתא LV 9:5
ליואי למפלח ית פולחן **משכן** זימנא ותדכי יתהון ותרים NU 8:15
וית בנוי תקריב לתרע **משכן** זימנא ותטבול יתהון EX 29:4
ותקריב ית ליואי לקדם **משכן** זימנא ותיכנוש ית כל NU 8:9
ית תורא קדם ייי לתרע **משכן** זימנא: ותיסב מאדמא דתורא EX 29:11
יהון למיפלח ית פולחן **משכן** זימנא ותיתן יתהון לליוואי NU 7:5
קורבניא בדודוותא בתרע **משכן** זימנא ותמן תיכלון יתיה וית LV 8:31
ית אהרן וית בנוי לתרע **משכן** זימנא ותסחי יתהון במיא: EX 40:12
לירחא תקים ית משכנא **משכן** זימנא: ותשוי תמן ית ארונא EX 40:2
ית יריעת משכנא וית **משכן** זימנא חופאיה וחופאה NU 4:25
באתר קדיש בדרת **משכן** זימנא ייכלונא: לא תתאפי LV 6:9
שלים יקרביניה לתרע **משכן** זימנא יקריב יתיה לרעוא LV 1:3
קדיש תתאכל בדרת **משכן** זימנא: כל דימקרב בבשרה LV 6:19
מברא למשריתא: וליתרע **משכן** זימנא לא אייתיה לקרבא LV 17:4
ניכסת קודשיא: ולתרע **משכן** זימנא לא ייתיניה למעבד LV 17:9
דאוקד ייי: ומתרע **משכן** זימנא לא תיפקון דילמא LV 10:7

וייתונון קדם ייי לתרע **משכן** זימנא לות כהנא ויכסון LV 17:5
שפנינא לחטאתא לתרע **משכן** זימנא לות כהנא: ויקרביניה LV 12:6
מימרא דייי עימיה מן **משכן** זימנא למימר: מליל עם בני LV 1:1
מטרת כל כנישתא לקדם **משכן** זימנא למפלח ית פולחן NU 3:7
ויעול ית תורא לתרע **משכן** זימנא לקדם ייי ויסמוך יד LV 4:4
דממצע כל קבל אפי **משכן** זימנא מאדמה בטיבולא חדא NU 19:4
ומתחיהון: ודישרן קדם **משכן** זימנא מדינחא משה אהרן NU 3:38
דעלתא קדם תרע **משכן** זימנא מטול עתיריא EX 40:6
בוסמין וקמו בתרע **משכן** זימנא מציטרא חד ומשה NU 16:18
בתנייתא נטלין: ויטול **משכן** זימנא משירית ליואי בגו NU 2:17
תדירא לדריכון בתרע **משכן** זימנא קדם ייי דאיזמן מימרי EX 29:42
לות כהנא לתרע **משכן** זימנא קדם ייי: ויסב כהנא ית LV 14:23
למכפרא עליכון: ובתרע **משכן** זימנא תיתבון יומם ולילי LV 8:35
בנורא תוקדון: ומתרע **משכן** לא תפקון שובעא יומין עד LV 8:33
ענן יקרא מעילוי **משכן** נטלין בני ישראל בכל EX 40:36
באונסא וקריבו לעיבידת **משכנא** או דילמא הישתיכח בבני LV 8:15
יקרא דייי הוה מטלל על **משכנא** בימא ועמודא דאישתא EX 40:38
דנחשא: לכל מני **משכנא** בכל פולחניה וכל מתחוי EX 27:19
ותרין לוחין עבד לזיוית **משכנא** בסופיהון: והוון מזווגין EX 36:28
לוחין תעביד לזיויית **משכנא** בסופיהון: ויהון מזווגין EX 26:23
יומין דשרי ענן יקרא על **משכנא** ברם הינון שרן: ובאורכות NU 9:18
מטרתך ומטרת כל **משכנא** ברם למני קודשא NU 18:3
קדמי אנא מקדש **משכנא** דאין לא מזדהרין בעיבידת LV 10:3
קרבנא קדם ייי קדם **משכנא** דייי אדם קטל יתחשב LV 17:4
לליוואי נטרי מטרת **משכנא** דייי היכמא דפקיד ייי ית NU 31:47
למפלח ית פולחן **משכנא** דייי ולמקום קדם כל NU 16:9
יתהון לליואי נטרי מטרת **משכנא** דייי: ועבד משה ואלעזר NU 31:30
דימות ולא ידי עלוי ית **משכנא** דייי סאיב וישתיצי בר נשא NU 19:13
פסק משה למיקמא ית **משכנא** דלא פרקיה תוב ורבי יתיה NU 7:1
ובנך עימך תקומון קדם **משכנא** דסהדותא: ויטרון מטרתך NU 18:2
ענן יקרא מעילוי **משכנא** דסהדותא: ונטלו בני ישראל NU 10:11
ויטרון ליואי ית מטרת **משכנא** דסהדותא: ועבדו בני NU 1:53
ואנת מני ית ליואי על **משכנא** דסהדותא ועל כל מנוי ועל NU 1:50
ואיסתלקו מעילוי **משכנא** דקרח דתן ואבירם מן חזור NU 16:27
כל קבל פתורא על סטר **משכנא** דרומא ופתורא תסדר על EX 26:35
צווריה דיוסף דחמא **משכנא** דשילו דעתיד למהוי GN 45:14
ועבד ווילון פריס לתרע **משכנא** דתיכלא וארגוונא וצבע EX 36:37
ביה דכד הוו מוקמין ית **משכנא** הוה מיסגלגל הי כעכינא EX 26:28
וברמשא הוי על **משכנא** הי כחיזו אישא עד צפרא: NU 9:15
מנהון וקריבו יתהון קדם **משכנא:** ואמר ייי למשה למימר: קבל NU 7:3
דיתירא תשפע על אחורי **משכנא:** ואמתא מיכא ואמתא EX 26:12
בחד לירחא איתקם **משכנא:** ואקים משה ית משכנא EX 40:17
שכינתא דייי איתמלי ית **משכנא:** ובאשון איסתלקות ענן EX 40:35
תדירא ענן יקרא: מעילוי **משכנא** ובתר כן נטלין בני ישראל: NU 9:17
ויהב ית פרסא דבתרע **משכנא** וגמר משה ית עיבידתא: EX 40:33
דייי איסתלק מעילוי **משכנא** והא מרים לקת בצורעא NU 12:10
משכנא חפא ענן יקרא ית **משכנא** והוה מטלל בימא NU 9:15
משכנא זימנא לכל פולחן **משכנא** וחילוניי לא יקרב לוותכון: NU 18:4
משכנא: ואקים משה ית **משכנא** ויהב ית חומרוי ושוי ית EX 40:18
בענוביא ותלפיף ית **משכנא** ויהי חד: ושיפוע מותרא EX 26:11
זימנא למפלח ית פולחן **משכנא:** ויטרון ית כל מאני משכן NU 3:7
ושרה הוות שמעא בתרע **משכנא** וישמעאל קאי בתריה GN 18:10
דרבותא ותרבי ית **משכנא** וית כל דביה ותקדש יתיה EX 40:9
כל דליה הינון יטלון ית **משכנא** וית כל מנוי והינון NU 1:50
ישראל ואחויאו ליה ית **משכנא** וית כל מנוי פורפוי לוחוי EX 39:33
וית פרסא דבתרע **משכנא:** וית מדבחא דנחשא וית EX 39:38
ולמטול: ויטלון ית יריעת **משכנא** וית משכן זימנא חופאיה NU 4:25
דתרע דרתא: וית מתחי **משכנא** וית מתחי דרתא וית EX 35:18
ית כל דפקד ייי: ית **משכנא** וית פרסיה וית חופאה EX 35:11
דעלוי וית כל מני **משכנא:** וית פתורא וית כל מנוי וית EX 31:7
דאנא מחמי יתך ית צורת **משכנא** וית צורת כל מנוי והיכדין EX 25:9
שובעא יומין יתוקם **משכנא** ויתפרק ויתקרב קורבנכון: LV 8:33
חזור חזור מלגיו ללוחי **משכנא** וכד הוה מתפרק הוה פשיט EX 26:28
דרבותא מסרת כל **משכנא** וכל דביה בקודשא ובמנוי: NU 4:16
עלויהום ופשפיש ית כל **משכנא** ולא אשכח: ואמרת לא GN 31:34
שכינתא דייי איתמלי ית **משכנא:** ולא הוה אפשר למשה EX 40:34
דניסן אקים משה ית **משכנא** ולא פרקיה ולא שמיש תוב LV 9:1
עמודא דעננא קאי בתרע **משכנא** ומן יד קיימין כל עמא EX 33:10
אורייתא ועבדתון ביה **משכנא** ומנוי ואקימיתון רבנין DT 1:6
עמודא דעננא על תרע **משכנא** ומשה ויהושע קמון מן לבר: DT 31:15
דענן יקרא וקאי בתרע **משכנא** ומתמלל מימרא דייי עם EX 33:9
למינטר בני מררי לוחי **משכנא** ונגרוי ועמודוי וחומרוי וכל NU 3:36
בני גרשון ובני מררי נטלי **משכנא:** ונטל טיקס משיריית ראובן NU 10:17
ענן יקרא מעילוי **משכנא** ונטלו: ואמר משה לחובב בר NU 10:28

אליאב בר חילון: ומתפרק **משכנא** ונטלין בני גרשון ובני מררי NU 10:17
וקם לקדמותהון מתרע **משכנא** וסגיד אנפוי על ארעא: ואמר GN 19:1
רהט לקדמותהון מתרע **משכנא** וסגיד על ארעא: ואמר בבעו GN 18:2
חד הכדין עבד לכל לוחי **משכנא:** ועבד ית לוחייא למשכנא EX 36:22
גבר כהין דכי וידי על **משכנא** ועל כל מניא ועל בני נש NU 19:18
פרסא דבתרע דרתא דעל **משכנא** ועל מדבחא חזור חזור וית NU 3:26
בני גרשון במשכן זימנא **משכנא** ופרסא חופאיה ופרסא NU 3:25
משחא דרבותא ורבי ית **משכנא** וקדיש יתיה: ואדי מיניה על LV 8:10
דענן יקרא וקם בתרע **משכנא** וקרא אהרן ומרים ונפקו NU 12:5
ופרס ית פרסא על **משכנא** ושוי ית חופאה דמשכנא EX 40:19
ישראל למפלח ית פולחן **משכנא:** ותיתן ית ליואי לאהרן NU 3:8
שתיתיתא כל קבל אפי **משכנא:** ותעביד חמשין ענובין על EX 26:9
הכדין תעביד לכל לוחי **משכנא:** ותעביד ית לוחיא למשכנא EX 26:17
בנהא למיתב לעיבידת **משכנא** ותרין שירין יהב על ידהא GN 24:22
ותקריב ית תורא קדם **משכנא** זימנא ויסמוך אהרן ובנוי ית EX 29:10
אהרן לות משה לתרע **משכנא** זימנא ומותנא איתכליית: NU 17:15
מלבר ויטרון ית מטרת **משכנא** זימנא לכל פולחן משכנא NU 18:4
שיטא חמשא ללוחי סטר **משכנא** חד: וחמשא נגרין ללוחא EX 36:31
שיטא חמשא ללוחי צטר **משכנא** חד: וחמשא נגרין ללוחי EX 26:26
עם חדא בפורפיא והוה **משכנא** חד: ועבד ירעין דמעזי EX 36:13
יריען דמעזי לפרסא על **משכנא** חדיסירי יריען עבד יתהון: EX 36:14
יריען דמעזי למפרס על **משכנא** חדיסירי יריען תעביד EX 26:7
דתרע דרתא דעל **משכנא** חזור חזור וית אטוניהון וית NU 4:26
וביומא דאתקם ית **משכנא** חפא ענן יקרא ית משכנא NU 9:15
משה למיקמה ית **משכנא** חשיב משה ואידיין בליביה LV 1:1
שרן: ובאורכות עננא על **משכנא** יומין סגיאין ויעטרון בני NU 9:19
למשכנא ישרון: ובמיטל **משכנא** יפרקון יתיה ליואי NU 1:51
יתיה ליואי ובימישריה **משכנא** יקימון יתיה ליואי וחילוני NU 1:51
די נפקו מגרשון בתר **משכנא** ישרון מערבא: ורב בית אבא NU 3:23
וית פרסא דתרעא לתרע **משכנא:** ית מדבחא דעלתא וית EX 35:15
כל עמא וסגדין כל קבל **משכנא** כדקיימין גבר בתרע EX 33:10
נגריא דהבא: ותקים ית **משכנא** כהילכתא דאיתחמיתא EX 26:30
היכדין עבדו: ואיתיו ית **משכנא** לות משה לבית מדרשיה EX 39:33
חמשין ללפפא ית **משכנא** למהוי חד: ועבד חופאה EX 36:18
חדא בפורפייא ויתחבר **משכנא** למיהוי חד: ותעביד ירעין EX 26:6
באורכות ענן יקרא על **משכנא** למישרי עלוי שרן בני NU 9:22
וית כל מני פולחן **משכנא** למשכן זימנא: ית לבושי EX 39:40
וחמשא נגרין ללוחי צטר **משכנא** לסופיהון מערבא: ונגרא EX 26:27
וחמשא נגרין ללוחי סטר **משכנא** לסופיהון מערבא: ועבד ית EX 36:32
יעבדון: ותעביד ית דרת **משכנא** לרוח עיבר דרומא ווילוון EX 27:9
אורייתך בניתי להון **משכנא** לשמך וכד מטא זימנא DT 32:50
דמהולתא יתיב תרע **משכנא** לתוקפא דיומא: וזקף עינוי GN 18:1
ומן עפרא די יהי בשיפולי **משכנא** מטול דסוף כל בישרא NU 5:17
יהי משפע על ציטרי **משכנא** מיכא ומיכא לכסיותיה: EX 26:13
תחות לוחא חד: ולסייפי **משכנא** מערבא עבד שיתא לוחין: EX 36:27
תחות לוחא חד: ולסייפי **משכנא** מערבאה תעביד שיתא EX 26:22
ושלימת כל עיבידת **משכנא** משכן זימנא ועבדו בני EX 39:32
בחד לירחא תקים ית **משכנא** משכן זימנא: ותשוי תמן ית EX 40:2
אורייתא דיליה ברם ית **משכנא** נסב מתמן ופרסיה ליה EX 33:7
מוקדשא ומקימין ית **משכנא** עד מיתיהון: ונטיל טיקס NU 10:21
שבעתי יומי שבעתא על **משכנא** על פום מימרא דייי שרן NU 9:20
ועבדו כל חכימי ליבא ית **משכנא** עשר יריען דבוץ שזיר EX 36:8
ושיפוע מותרא בירעית **משכנא** פלגות ירעיתא דיתירא EX 26:12
ותעביד פרסא לתרע **משכנא** תיכלא וארגוונא וצבע EX 26:36
חד לתרין צירוי: וליסטר **משכנא** תיניינא לרוח ציפונא עשרין EX 26:20
וחמשא נגרין ללוחי צטר **משכנא** תניינא וחמשא נגרין ללוחי EX 26:27
נגרין ללוחא סטר **משכנא** תניינא וחמשא נגרין ללוחי EX 36:32
חד לתרין צירוי: ולסטר **משכנא** תניינא לרוח ציפונא עבד EX 36:25
מתחמי בטוורא: וית **משכנא** תעביד עשר יריען דבוץ EX 26:1
למימר זורו כדון מעילוי **משכני** גוברייא חייבייא איליין NU 16:26
סואבתהון בסאוביהון ית **משכני** דתמן איקר שכינתי שריא LV 15:31
במדברא בעא למפרוס **משכניה** בגו שיבטא בני דדן ולא LV 24:10
ית יעקב ויעקב פרס ית **משכניה** בטוורא ולבן אשרי ית GN 31:25
דממדנח לביתאל ופרסיה **משכניה** ביתאל מן מערבא ועי GN 12:8
הוה טלי לא הוה זייע בגו **משכניה:** ואמר משה קדם ייי חמי EX 33:11
ורבי ואיתערטל בגו **משכניה:** וחמא חם אבוי דכנען ית GN 9:21
בשמא דייי ופרס תמן **משכניה** וחפסו תמן עבדי יצחק GN 26:25
יתהון כל חד וחד בתרע **משכניה:** ומטווריא רמייא נחתא NU 21:19
ומתעתדין גבר בתרע **משכניה** ומסתכלין בעינא בישא EX 33:8
כדקיימין גבר בתרע **משכניה:** ומתמלל ייי עם משה EX 33:10
להון גבר לתרע **משכניה** ותקיף רוגזא דייי לחדא NU 11:10
אסתאב ומברא לסקוף **משכניה** לא הוה ופסק מלמעבד NU 9:13
ליליא והוא בר מן סקוף **משכניה** לכון גרמיכון או לדריכון NU 9:10
אחסנת חקיל דפרס תמן **משכניה** מן יד בני חמור אבוי דשכם GN 33:19

גבר לפום סכום אינשי **משכניה** תסבון: ועבדו כן בני ישראל EX 16:16
זימנא ומתפרשין מן **משכניהון** אמרין לאבוהון DT 33:9
וקמו וארגיזו למשה תרע **משכניהון** ונשיהון ובניהון וטפלהון: NU 16:27
הוה רב בהום דכל יתבי **משכנין** ומרי בעיר: ושום אחוהי GN 4:20
קיים: לא תעביד להון **שכונן** בארעך דילמא יטעינך EX 23:33
בשבועה מטול דלית **שכינת** אלקי שריא במיצעי אירעוני DT 31:17
מן קדמיהון ארום **שכינת** ייי אלקכון ביניכון אלקא DT 7:21
תפנון מן אוצרכון: ואיתן **שכינת** יקרי ביניכון ולא ירחק LV 26:11
לית איפשר דאיסלק **שכינת** יקרי מביניכון ברם לא יהי EX 33:3
מימרא דייי אלקנא ית **שכינת** יקריה וית רבות תושבחתיה DT 5:24
דין ארום ייי אלקכון **שכינת** יקריה מטיילא קדמיכון DT 9:3
קדמך ייי תהך כדון **שכינת** יקרך ייי בינגא ארום עם EX 34:9
הדין דבעיניהון חמון **שכינת** יקרך ייי על טוורא דסיני NU 14:14
טרפיה בארעיה תשרי **שכינת** מרי עלמא ובאחסנתיה GN 49:27
יקרך מזמון קבל בית **שכינת** קודשך אתקינתא ייי בית EX 15:17
אודיק ממדור בית **שכינת** קודשך מן שמיא ובריך ית DT 26:15
בית מוקדשך מדור בית **שכינת** קודשך: שמעו אומייא EX 15:13
מנהון ואזיל: וענן איקר **שכינתא** דייי איסתלק מעילוי NU 12:10
יתהון באבנין ואיקר **שכינתא** דייי איתגלי בענני יקרא NU 14:10
ית משכן זימנא ואיקר **שכינתא** דייי איתמלי ית משכנא: EX 40:34
עלוי ענן יקרא ואיקר **שכינתא** דייי איתמלי ית משכנא: EX 40:35
למדברא והא יקר **שכינתא** דייי אתגלי בענן יקרא: EX 16:10
ואיסתלק מעילווי יקר **שכינתא** דייי באתרא דמליל עימיה: GN 35:13
זימנא: ואיתגלי איקר **שכינתא** דייי במשכנא בעמודא DT 31:15
יתהון משה ואמר תשרי **שכינתא** דייי בעובדי ידיכון: ומליל EX 39:43
ואתגלי עלוי איקר **שכינתא** דייי בתרין אלפין רבוון DT 34:5
אמיטתא דתמן יקר **שכינתא** דייי: ואמר ייי למשה כדנא EX 20:21
מלימיסתכי בצית איקר **שכינתא** דייי: ואמר מגלא גלי קדמיי EX 3:6
ומן יד איתגלי לכון איקר **שכינתא** דייי: והוה כיוון דחמא LV 9:6
עליהון וחמון ית איקר **שכינתא** דייי והוון הדן בקורבניהון EX 24:11
דאיתגלי עלוי יקר **שכינתא** דייי: ולחכימיא אמר EX 24:13
קדישין וביניהון שריא **שכינתא** דייי ומה דין אתון NU 16:3
ומן יד איתגלי עלוי יקר **שכינתא** דייי וסגיד ישראל על ריש GN 47:31
ואישתעינא ביקר **שכינתא** דייי ועימך נצינא צלי קדם NU 21:7
ותמן איתגליית עילוי **שכינתא** דייי: וקרא מלאכא דייי GN 22:14
ברם הכא איתגליאת יקר **שכינתא** דייי חזוא בתר חזוא: בגין GN 16:13
עשרא: ואיסתלק איקר **שכינתא** דייי כד פסק למללא עם GN 18:33
על אפיהון ואיתגלי איקר **שכינתא** דייי להון: ומליל ייי עם NU 20:6
ומן יד איתגלי איקר **שכינתא** דייי לכל עמא: ונפקת LV 9:23
דאתגלי עלוי איקר **שכינתא** דייי מהלך תלתא יומין NU 10:33
בית מישרוי: וענן איקר **שכינתא** דייי מטלל עילויהון NU 10:34
דביסטר מדברא: ואיקר **שכינתא** דייי מידבר קדמיהון EX 13:21
משה ית עמא לקדמות **שכינתא** דייי מן משריתא ומן יד EX 19:17
במשה: ואסתלק איקר **שכינתא** דייי מנהון ואזיל: וענן איקר NU 12:9
ארום יומא דין איקר **שכינתא** דייי מתגלי לכון: ואזדרזון LV 9:4
ית טורא: ושרא איקר **שכינתא** דייי על טורא דסיני וחפהי EX 24:16
עלה ומן דאיתגלי איקר **שכינתא** דייי קיצא דעתיד מלכא GN 49:1
ואמר בקושטא אית יקר **שכינתא** דייי שרי באתרא הדין GN 28:16
לא תיסקון ארום לית **שכינתא** דייי שריא ביניכון וארונא NU 14:42
המן קושטא איקר **שכינתא** דייי שריא ביננא אין לא: EX 17:7
קורבניא ולא איתגליית **שכינתא** הוה אהרן מיבהית ואמר LV 9:23
והא חפייה ענן איקר **שכינתא** ואיתגלי תמן איקרא דייי: NU 17:7
ואיתגלי ייי בענן איקר **שכינתא** ומליל עימיה ורבי מן רוח NU 11:25
ונפק משה ממשכן בית **שכינתא** ומליל עם עמא ית NU 11:24
ליבנן דביה עתיד למישרי **שכינתא:** ורגיז ייי עלי בגללכון ולא DT 3:25
דהוה ליה מן זיו איקר **שכינתא** מייי בזמן מללותיה עימיה: EX 34:29
עלמא ומתחנין ליקר **שכינתא** רמין ומנטלין על כל NU 24:6
כל יומיא ובגו תחומיה **שכינתא** שריא: ולשיבט יוסף בריך DT 33:12
לשמשא קדמוי: ואשרי **שכינתי** בגו בני ישראל ואהוי להון EX 29:45
מן לאסקותהון לאתר **שכינתי** בוכרי דברך תפריש קדמי: EX 22:28
לשמי מוקדשא ואשרי **שכינתי** ביניהון: ככל מה דאנא EX 25:8
מימרי יתכון: ואשרי איקר **שכינתי** ביניכון ויהי מימרי לכון LV 26:12
מן אוצריי טבין דבשמי **שכינתי** בשתא שתיתיתא ותעבד LV 25:21
ולאעלותך לאתר **שכינתי** דאתקינית: איזדהר מן EX 23:20
גביכון למהווי תחות טלל **שכינתי** דימטול היכמא ערק מן DT 23:16
תמן עימך: ואתגלי באיקר **שכינתי** ואימלל עימך תמן ואירבי NU 11:17
טינרא: ויהי במעיבר יקר **שכינתי** ואישוינך באספלידא EX 33:22
תורך בכל אתרא דאשרי **שכינתי** ואנת פלח קדמי תמן EX 20:24
דבידא דתפילי איקר **שכינתי** ואפי איקר שכינתי לית EX 33:23
ליה באסנא ודמו דבתר **שכינתי** חזי ומא דין לא דחילתון NU 12:8
שדי ושמי ייי ברם באפי **שכינתי** לא איתידעת להון: ולחוד EX 6:3
איקר שכינתי ואפי איקר **שכינתי** לית אפשר לך למיחמי: EX 33:23
קלילא איסליק איקר **שכינתי** מבינך ואישיצינך וכדון EX 33:5
סידרי קרב ארום לית **שכינתי** מהלכא ביניכון ולא DT 1:42

ואנא מסלקא אסלק **שכינתי** מנהון בעידנא ההיא עד DT 31:18
ואירחיקינון ואסלק **שכינתי** מנהון ויהון לביזה ויארעו DT 31:17
ית משכני דתמן איקר **שכינתי** שריא ביניהון: דא גזירת LV 15:31
וקרא לאתרא אל דאשרי **שכינתיה** בביתאל ארום תמן GN 35:7
דמצרים לאשראה **שכינתיה** ביניהון אנא הוא ייי EX 29:46
במריהון ופרגו איקר **שכינתיה** בעיגלא הדין: ואקדימו EX 32:5
יתגלי עליכון יקר **שכינתיה** דייי כד שמיען קדמוי ית EX 16:7
ייי אלקך בענני איקר **שכינתיה** היכמה דמסובר גבר ית DT 1:31
ואתגלי ייי בענני איקר **שכינתיה** ואיתעתד משה עימיה EX 34:5
וחפא עליהון טול **שכינתיה** והיכמא דנישרא פריס DT 32:11
למקום באתר בית **שכינתיה** וכד הינון נטרין מצוותא DT 33:3
כאלקא ישראל דאשרי **שכינתיה** ורכוביה בשמיא הוא יהוי DT 33:26
דמידעם דלא יסליק **שכינתיה** מביניכון: לא תימסור DT 23:15
ישראל ודנח זיו איקר **שכינתיה** מגבלא למיתנה לבנוי DT 33:2
רעייך: ארום ייי אלקכון **שכינתיה** מהלכא בימצע DT 23:15
ארום ייי אלקכון **שכינתיה** מידברא קדמיכון לאגחא DT 20:4
יתה להון: ומימרא דייי **שכינתיה** מידברא קדמך ומימריה DT 31:8
ארום ייי אלקכון **שכינתיה** מידברא קדמכון לא DT 31:6
ית אדם מן דאשרי יקר **שכינתיה** מן לקדמין בין תרין GN 3:24
ועל תסילוי מחופף כדין **שכינתיה** מעורר למשריתהון DT 32:11
ארום בענני איקרי **שכינתיה** מתגליא על בית כפורי: LV 16:2
מימרא דייי: ואעבר ייי **שכינתיה** על אפוי וקרא ייי ייי EX 34:6
אלא דאיתגלי באיקר **שכינתיה** על משה בסנייא יתכנשן DT 33:16
קנאן ופורען ייי אלקכון **שכינתיה** שריא ביניכון דילמא DT 6:15
במימרא דייי דאיקר **שכינתיה** שריא ביניכון ובכיתון NU 11:20
ייי אלקכון לאשראה **שכינתיה** תמן ארום יברכינך ייי DT 14:24
ייי ואתרעי לאשראה **שכינתיה** תמן: ויתן לך מימרא דייי GN 27:27
ייי אלקכון לאשראה **שכינתיה** תמן: ותהוון דכירין ארום DT 16:11
ייי אלקכון לאשראה **שכינתיה** תמן ותיכסון מן תוריכון DT 12:21
ייי אלקכון לאשראה **שכינתיה** תמן: ותעטרון בסליא DT 26:2
דיתרעי ייי לאשראה **שכינתיה** תמן: לא תיכלון על DT 16:2
כל שיבטיכון לאשרהא **שכינתיה** תמן לבית שכינתיה DT 12:5
מימרא דייי לאשראה **שכינתיה** תמן לתמן תייתון ית כל DT 12:11
דיתרעי לאשראה **שכינתיה** תמן מעשר עיבורכון DT 14:23
ייי אלקכון לאשראה **שכינתיה** תמן תיכסון ית פיסחא DT 16:6
שכינתיה תמן לבית **שכינתיה** תתבעון ותיתון תמן: DT 12:5
עמא ישראל ואשרי איקר **שכינתך** ביניהון ורחים ית ריבוותא NU 10:36
לא כדון תסלק איקר **שכינתך** מעילוי עבדך עד דאיכנוס GN 18:3
קדמך אלהין במללות **שכינתך** עימן ויתעבדן לנא פרישן EX 33:16

שלבוקין (2)

לצית שמייא והוה שחין **שלבוקיין** סגי באינשא ובבעירא: EX 9:10
ועל בעירא לשחין סגי **שלופוקיין** בכל ארעא דמצרים: EX 9:9

שלבש (2)

ועבד ית נגרא מציעאה **לשלבשא** בגו לוחיא מן סייפי EX 36:33
מציעאה בגו לוחייא **משלביש** מן סייפי לסייפי מן אילנא EX 26:28

שלותא (18)

כד אתחייב ליה: ואין **בשלו** בלא נטר ליה בבו הדפיה או NU 35:22
לתמן כל דיקטול בר נש **בשלו**: ואין במנא דפרזלא במשהו NU 35:15
יהי לכון ולמן דיעבד **בשלו**: ובר נש דיעבד בזדנא מן NU 15:29
קטולא דיקטול בר נש **בשלו**: ויהון לכון קירוייא למיקלט NU 35:11
ארום ייכול קודשא **בשלו** ויוסיף חומש דמוי עלוי ויתן LV 22:14
איתעבידת סורחנותא **בשלו** ויעבדון כל כנישתא תור בר NU 15:24
ואין בר נשא חד יחוב **בשלו** ויקרב גדיתא בר שתא דלא NU 15:27
ארום ישקר שקר ויחוב **בשלו** ויתהני מן קודשיא דייי וייתי LV 5:15
דלא כשרין לאתעבדא **בשלו** ויתחייב: או אישתמודע ליה LV 4:22
למימר בר נש ארום יחוב **בשלו** מכל פיקודיא דייי דלא כשרין LV 4:2
מן מחמי קהלא ויעבדון **בשלו** מן חד מן כל פיקודיא דייי LV 4:13
ליה: ואין בר נש חד יחוב **בשלו** מן עמא דארעא במעבדיה חד LV 4:27
בר נשא דאשתלי כד סרח **בשלו** קדם ייי לכפרא עלוי וישתרי NU 15:28
ביניהון ארום לעמא אירע **בשלותא**: ואין בר נשא חד יחוב NU 15:26
וישתרי להון ארום **שלותא** היא והינון היתיאו ית NU 15:25
מן בגלל למוספא חובי **שלותא** על זדונותא: לא יהי רעוא DT 29:18
קריבו קדם ייי על **שלותהון**: וישתרי מן קדם ייי לכל NU 15:25
ויכפר עלוי כהנא על **שלותיה** דאשתלי והוא לא ידע ותב LV 5:18

שלח (45)

קדמוי: בי היא זימנא **אישתלחון** מן קדם ייי חמשתי DT 9:19
ואנת פלח קדמי תמן **אשלח** עלך ברכתי ואיבריכינך: ואין EX 20:24
בישריהון חלף טופריהון **דאישתלחו** ואלבישינון: ואמר ייי GN 3:21
גוברין וקיימין קומוי **דאישתלחו** לצרוך תלת מיליא GN 18:2
דיקר מן משך חויא **דאשלח** מיניה על משך בישריהון GN 3:21
דמלאכייא קדישין **דאשתלחו** מן קדם ייי הינון בגין כן GN 32:3
מן בגלל דיקבלון פורענן **דמשתלחא** להון: ותבו גללי ימא EX 14:27
לעבדך ליעקב דורון הוא **דמשתלחא** לריבוני לעשו והא אוף GN 32:19
מריה יתקטל במיתותא **דמשתלחא** עלוי מן שמיא: ברם אין EX 21:29
הוותון קדם ייי: ובזמן **דשלח** ייי יתכון מרקם געא למימר DT 9:23
אינתתיה דמשה בתר **דשלחה** מלותיה כד הוה אזיל EX 18:2
ית כל פיתגמייא האילין **דשלחיה** וית כל אתייא דפקדיה EX 4:28
שתילא על מבועין דמיין **דשלחת** שורשהא ופכרת שיני GN 49:22
יתהון לטוורוס אומנוס: **ואשלח** ית אהרן ית לבושוי יקר NU 20:26
כד חמן כל כנישתא: **ואשלח** משה ית אהרן ית לבושוי NU 20:28
כד אתא יוסף לות אחהי **ואשלחו** ית יוסף ית פרגודיה ית GN 37:23
יתבי קרתא איתא כדון **ואשלחינך** לותהון ואמר ליה האנא: GN 37:13
יפקר גבר חקיל או כרמא **וישלח** ית בעיריה וייכול בחקל גבר EX 22:4
וישויניה בצטר מדבחיה: **וישלח** ית לבושוי וילבש לבושין LV 6:4
אהרן ובנוי למשכן זימנא **וישלח** ית לבושי בוצא דמילת LV 16:23
חזור דבתרע משכן זימנא: **וישלח** ית משכא מן עלתא ויפסג LV 1:6
על פיתגמי אורייתא **ומשתלחין** עלך אין תתובון EX 15:26
ייי ית זכותיה דאברהם **ושלח** ית לוט מגו הפיכתא כד הפך GN 19:29
ואזהרינון על בני ישראל **ושלחינון** לות פרעה מלכא דמצרים EX 6:13
דעבדנא עימך לחוד טב **ושלחנך** פון בשלם אנת כדון בריכא GN 26:29
למלאכא דשיריתא **לאשתלחה** ליתיר מן מילא חד חד GN 18:2
לכון מזמן דתשרון **למשלח** מגלא למחצוד בחקלא DT 16:9
ואליהו כהנא רבא דעתיד **למשתלחא** בסוף גלוותא: ותרבי ית EX 40:10
ביד פינחס דחמי **למשתלחא** בסוף יומיא: ותקיף EX 4:13
אליהו כהנא רבא דעתיד **למשתלחא** לגלוותא דישראל בסוף EX 6:18
יתקצצון ומשכך תחי **משלח** חדא לשב שנין ואיריסא GN 3:14
ואהרן היא אלהן מחא **משתלחא** מן קדם ייי היא ואיתקף EX 8:15
ובעמך דמן קדמיי הוון **משתלחין** ולא מן חרשיותא דבני EX 9:14
שנין ואוליד ית עבר: וחיא **שלח** בתר דאוליד ית עבר ארבע GN 11:15
ברחמין מן קדמך ייי **שלח** כדון שליחותך ביד פינחס EX 4:13
ייי עם משה למימר: **שלח** לך גוברין חריפין ויאללון ית NU 13:2
ארום בזימנא הדא אנא **שלח** מחתא לך מן שמייא ותתיב EX 9:14
אודעתני ית מאן דאנת **שלח** עימי ואנת במימרך אמרת EX 33:12
הכדין עבדו אבהתכון כד **שלחית** יתהון מריקם גיעא למיחמי NU 32:8
עשו וליגיונוי ואמר ללבן **שלחני** ואיהך לאתהי ולארעי: הב לי GN 30:25
תנית לי דאילו תניתא לי **שלחתך** פון בחדווא ובתושבחן GN 31:27
לעמא הדין ולמא דנן **שלחתני**: ומן שעתא דעלית לות EX 5:22
בסעדי ארום כדון ריקם **שלחתני** ית סיגופי וית ליאות ידיי GN 31:42
מן קדמך ייי שלח כדון **שליחותך** ביד פינחס דחמי EX 4:13
חד לשבטא דאבהתוי **תשלחון** מן קדם כל אמרכול דבהון: NU 13:2

שלחף (5)

הא אנא גזר קיים דלא **אשלחיף** עמא הדין בעם אוחרן EX 34:10
ית אבוכן: ואבוכן שקר בי **ושלחיף** ית אגרי עשר חולקין ולא GN 31:7
בנתך ושית שנין בגין ענך **ושלחפתא** ית אגרי עישרתי חולקין: GN 31:41
קדם ייי יהי קודשא: לא **ישלחפיניה** ולא יפרג יתיה שלים LV 27:10
דקיימת לאבהתנא דלא **תשלחפיננא** בעם אוחרן: ואמר הא EX 34:9

שלט (55)

בתר כדין עתידין הינון **דישלטון** בעמך בסוף עקב יומיא: NU 24:14
בשמי מרומא הוא אלקא **דשולטניה** על ארעא דילא תיסב GN 24:3
קדמך הוו בנתהון **דשלטוניא** מהלכן על שורייא GN 49:22
מתולייא אמרין צדיקיא **דשלטין** ביצריהון איתו ונחשב NU 21:27
עבדיה סבא דביתיה **דשליט** בכל אפותיקי דליה שוי GN 24:2
רחמנא בבעו אלקא **דשליט** בנישמת כל בישרא אסי NU 12:13
למימר: ימני מימרא דייי **דשליט** בנשמת בר נש ומיניה NU 27:16
ומלכותא דבית יהודה **דשליטו** בארעא עד דאצתדי בית DT 34:2
אדם בצילמנא כדייוקננא **וישלטון** בנוני ימא ובעופא דבאויר GN 1:26
לגבבא גולי לתיבנא: **ושולטונייא** דחקין למימר אשלימו EX 5:13
תידחלון מן קדם עתיר **ושולטן** ארום דינא מן קדם ייי הוא DT 1:17
עם שולטניהון ולית מליך **ושולטן** דיקום קדמוי מסמק GN 49:11
תריהון כחדא לית מליך **ושולטן** דיקום קדמיהון אפליג GN 49:7
ברוגזהון קטלו מלכא **ושולטניה** וברעותהון פכרו שור GN 49:6
ובנן ותקופו עלה בניכסין **ושלוטו** בכוורי ימא ובעופא GN 1:28
דגברא דהוה רב **ושליט** בארעא דמצרים והוה זהיר DT 33:16
שריא בשמיא מלעילא **ושליט** בארעא לית דיעביד כעובדך DT 3:24
מלות פרעה ועבר רב **ושליט** בכל ארעא דמצרים: GN 41:46
ולרב על כל ביתיה **ושליט** בכל ארעא דמצרים: אוחו GN 45:8
דגברא דהוה רב **ושליט** במצרים וזהיר ביקרא דאחוי: GN 49:26
שריא בשמיא מלעילא **ושליט** על ארעא מלרע לית חורן DT 4:39
כל בנהא דקטורה רב **ושליט** תהי על אחך ויהון מקדמין GN 27:29
עתיד למיקום מלכין **ושליטין** וכהנייא בפלוגתהון GN 50:1
לא פסקין מלכין **ושליטין** מדבית יהודה וספרין GN 49:10
ואתון לא תתמשכנון **ותשלטון** בעממין סגיעין ובכון לא DT 15:6
כל חד בתרעא חד דלא **ישלוט** בהון עיינא בישא כד ייעלון GN 42:5
ואיחוס עליכון ולא **ישלוט** בכון מלאך מותא דאתיהב EX 12:13
יהוי וזרעיית בנוי דיעקב **ישלטון** בעממין סגיאין קמאה NU 24:7
בעממין סגיעין ובכון לא **ישלטון**: ואין ליתיכון עסיקין DT 15:6
ובגופי עמך ובכל עבדך **ישלטון** עורדעניא: ואמר ייי למשה EX 7:29
אנת מדמי עלנא אין **למישלט** את סביר עלנא ואוסיפו GN 37:8

שמשא דהוה נהורא רבה **למישלט** בימַמא וית סיהרא דהוה GN 1:16
דהוה נהורא זעירא **למשלט** בליליא וית כוכביי: וסדר GN 1:16
על מילי שקרא: ונפקו **שולטני** עמא וסרכוי ואמר לעמא EX 5:10
בני ישראל דמנו עליהון **שולטני** פרעה למימר למה דין לא EX 5:14
דבבוי ומקטל מלכין עם **שולטניהון** ולית מליך ושולטן GN 49:11
פרעה ביומא ההוא ית **שולטנייא** דעמא וית סרכוי למימר: EX 5:6
דבבוי מקטל מלכין עם **שילטונין** וקטולוי חכימין מן כל DT 33:20
יכילו והות מחת קלמי **שלטא** באינשא ובבעירא: ואמרו EX 8:14
יתהון הי כנורא בערא **שלטא** בקשא: ובמימר מן קדמך EX 15:7
מבכירי עאן מן עדי **שלטוניהון** עם טוב פטימין ודיכרין DT 32:14
הכדין יהוון בנוי דיוסף **שלטין** בעממייא כחדא בכל סייפי DT 33:17
כל עממיא דהוו תמן דלא **שלטת** נורא באברם אמר בליבהון GN 11:28
דתינדע ארום אנא ייי **שליט** בגו ארעא: ואישוי פורקן EX 8:18
יהוי מתויה ואנת תהי **שליט** ביה בין למיזכי בין למיחטי: GN 4:7
תהי מתויך והוא יהי **שליט** ביך למיזכי ולמיחטי: ולאדם GN 3:16
יוסף קיים וארום הוא **שליט** בכל ארעא דמצרים ופליג GN 45:26
ספרי ימא ישרי והוא יהי **שליט** במחוזין ומכבש הפרכי ימא GN 49:13
לא תוזפון לכון הוא יהוי **שליט** ואתון תהוון הדיוטין: וייתון DT 28:44
בניכסין וירתונון: ויקום **שליט** מדבית יעקב ויוביד וישיצי NU 24:19
יצחק ואמר לעשו הא **שליט** מיניתיה עלך וית כל אחוי GN 27:37
דטניס לאינתו ונפק יוסף **שליט** על ארעא דמצרים: ויוסף בר GN 41:45
דכנען: ויוסף הוא הוה **שליט** על ארעא וידע דאחוי עלין GN 42:6
ביה ותהי לכינשין ומלכין **שליטין** בעממיא מינה יהון: ונפל GN 17:16
ואיתנינך לכינשין ומלכין **שליטין** בעממיא מינך יפקון: ואקים GN 17:6

שלי (19)

וידכי מן דוויה: וגבר ארום **אישתלי** ויפוק מיניה שכבת זרעא LV 15:16
ואמרה איתתא חיויא **אשייני** בחוכמתיה ואטעייני GN 3:13
קירוין רברבן וטבן דלא **אשתלהית** למיבני: ובתין דמליין כל DT 6:10
קרבן חטאתא ומה אילו **אשתליית** ואכלית מן קרבן LV 10:19
עלוי כהנא על שלותיה **דאשתלי** והוא לא ידע וחב LV 5:18
ויכפר כהנא על בר נשא **דאשתלי** כד סרח בשלו קדם ייי NU 15:28
ארום תקיף כפנא לחדא **ואישתלהון** דיירי ארעא דמצרים GN 47:13
ביסריה וסוברתיה **ואישתלהיאת** וקרא לדחלתא GN 21:15
וכדי שמע משה רתח **ואישתלי** ואינון בכן וקריין שמע NU 25:6
מטלייא ועד סבא **ואשתלהיין** להשכחא תרעא: ואמרו GN 19:11
ימותון ויסרי נהרא **וישתלהון** מצראי למישתי מוי מן EX 7:18
בית ישראל הויתון לעיין **ומשלהיין** מסוגי שעבודא דמצראי DT 25:18
ופורענותהון דרשיעייא **ושלויתא** דעדן מה הוא כחדא GN 49:1
ואין כל כנישתא דישראל **ישתלון** ויתכסי פיתגם מן מחמי LV 4:13
סמוקא הדין ארום **משלהי** אנא בגין כן קרא שמיה GN 25:30
ואתא עשו מן ברא והוא **משלהי** ארום חמש עבירן עבר GN 25:29
ית שמיה שלה ארום **שלי** יתה בעלה והוה בפסקת כד GN 38:5
לזנוי: וית קפופא וית **שלי** נונא מן ימא וית צדיא: וקקא DT 14:16
ליזניה: וית צײדא וית **שלי** נונא מן ימא וית קיפופא: וית LV 11:17

שליו (4)

יומא דבתרוי וכנשו ית **סלוי** דקטיע ודחגיר כנש עשרא NU 11:32
הוה מתנבי ואמר הא **סלוי** סלקן מן ימא וחפיין כל NU 11:26
ימות מיתה עלוי בתכוף **שלו** ויסאב ריש נזריה רישיה ביום NU 6:9
ונתב בימא רבא ואפרח **שלוי** מן ימא רבא ושרא על דין NU 11:31

שליותא (2)

דאדומאי: ויתב יעקב **בשליותא** בארע תותבות אבוי GN 37:1
בניכסין סגיאין וישרון **בשליותא** להלאן עיבר יורדנא GN 49:19

שלילא (1)

פישרא ומסדיקי פרסתא **שלילא** דליה תרין רישין ותרתין DT 14:7

שליתא (1)

בעובה ובברתה: ובשפיר **שיליתא** דתיפוק מבית תורפה DT 28:57

שלם (202)

למעיקי עמי ולסנאיהון **אשלים** אגר עובדיהון בישיא: אירוי DT 32:41
זעירתא קדם רבתא: **אשלים** כדון שובעתי יומי משתיא GN 29:27
קדמי פורענותא ואנא **אשלים** לעידן דתמוט ריגליהון DT 32:35
בר אחיסמך לשיבטא דדן: **אשלים** עמהון חכימות ליבא EX 35:35
הב ית אינתתי ארום **אשלימו** יומי פולחני ואיעול לותה: GN 29:21
דחקין למימר **אשלימו** עיבידתכון פיתגם יום EX 5:13
דתקיפהון מסרינון ויי **אשלימינון**: ארום לא כתקיפהון DT 32:30
הדא על גוילא עד די **אשלימינון**: ופקיד משה ית ליואי DT 31:24
פרעה למימר למה דין לא **אשלימתון** גזירתכון למירמי ליבנין EX 5:14
בארעך ית מניין יומי חייך **אשלם** מיומא ליומא: ית אימתי EX 23:26
דידיה הוות שבעתי יומי **אשלמוותא** כלילא דמלכותא DT 34:5
למעבד אתון בתר יומי **אשלמוותא** למכפרא עליכון: ובתרע LV 8:34
יומין עד יום מישלם יומי **אשלמוותכון** ארום שובעא יומין LV 8:33
פותיה: ותשלים ביה **אשלמות** דמרגליין טבאן ארבעא EX 28:17
ית דיכרא תיניינא דכר **אשלמותא** דשלים בכולא וסמכו LV 8:22
מדבחא על עלתא קרבן **אשלמותא** הינון דשלימון בכולא LV 8:28
בורלוות חלא וית אבני **אשלמותא** לשקעא באפודא EX 35:27

משקען בדהב יהון **באשלמותהון**: ומרגלייתא תהוויין EX 28:20
משקען מרמצן בדהב **באשלמותהון**: ומרגליתא על שמהת EX 39:13
לכון שובעא יומין **במישלמכון** למיכנוש עללתא DT 16:13
מומא ודביה מומא **בשלים** ואין מפרוג יפרג בעירא LV 27:10
לחוד טב ושלחנך פון **בשלם** אנת כדון בריכא דייי:: GN 26:29
מתעניין וילדן ופרקן **בשלם**: ואוטיב ייי לחייתא וסגו EX 1:19
יצחק ואזלו מלותיה **בשלם**: והוה ביומא ההוא ואתו GN 26:31
על אתר בי דינהון ייתון **בשלם**: וקבל משה למימר חמוי EX 18:23
תעילויניה מסדרי קרבא **בשלם** ידוי יתפרען ליה מן בעלי DT 33:7
וכסו למילבוש: ואיתוב **בשלם** לביתיה דאיבא ויהי ייי לי GN 28:21
ואת תתכנש לות אבהתך **בשלם** תנוח נפשך ותתקבר בסיבו GN 15:15
ויהון מקדמין למשאל **בשלמך** בני אבוך: מדמי אנא לך GN 49:8
ויהון מקדמין למשאל **בשלמך** בני אמך לייטך ברי יהון GN 27:29
דהיא מדמיא לוולדא **דאישלם** במעי אימיה תשעה ירחין NU 12:12
דטייל בה ולבנוי חולף **דאשלים** בתר דחלתא דייי: אוף עלי DT 1:36
בכל מטלניהון: והוה כיון **דאשלים** משה למיקמה ית משכנא LV 1:1
עם כל חכימיה ליביה **דאשלימית** עמהון רוחא דחכמתא EX 28:3
גבר דאיתרעי ליביה וכל **דאשלימת** רוחיה בנבואתה דעימיה EX 35:21
דבירולין הינון מרגליין **דאשלמותא** למכבשא ולמקבעא EX 25:7
דבורלין הינון ומרגליין **דאשלמותא** למשקעא באפודא EX 35:9
ושתי כל מיא עד **דישלימו** כל מיא מן קרווהא GN 21:15
דבית ישראל וית תומיא **דמשלימין** בעובדיהון לכהנא רבא EX 28:30
ישלם אין לית ליה מה **דמשלם** ויזדבן ליה בדמי גניבותיה EX 22:2
שובעא יומין מן בתר **דשלים** איבליה דמתושלח חמא ייי GN 7:10
תיניינא דכר אשלמותא **דשלים** בכולא וסמכו אהרן ובנוי ית LV 8:22
קרבן אשלמותא הינון **דשלימון** בכולא מטול לאתקבלא LV 8:28
לה לשלם: ויהי אין מילין **דשלם** תתיב לכון ותפתח לכון DT 20:11
דהכין כתיב תקיף **דשלמין** עובדוי ארום כל אורחתוי DT 32:4
ושאל להום לשלם ואמר **השלם** לאבוכון סבא: הוא קיים GN 43:27
נחור ואמרו ידענא: ואמר **השלם** ליה ואמרו שלם והא רחל GN 29:6
דהוות רוח אוחרי עימיה **ואשלים** בתר דחלתי ואעילניה NU 14:24
בר חור לשבטא דיהודא: **ואשלים** עימיה רוח נבואה מן קדם EX 35:31
אוחרנין: ועבד יעקב כדין **ואשלים** שבעתי יומי משתיא GN 29:28
וזרתיה פותיה עיף: **ואשלימו** ביה ארבעא סידרין EX 39:10
בר חור לשיבטא דיהודה: **ואשלימית** עימיה רוח קודשא מן EX 31:3
תהי כל דמהא דכיין: **ובמשלם** יומי דכיתא לברא או LV 12:6
דאישתבע עלוי לשיקרא **וישלים** יתיה ברישיה וחומש דמוי LV 5:24
פיקודוי לאלפין דרין: **ומשלים** לסנאוי אגר עובדיהון DT 7:10
וארעא וכל חילוותהון: **ושלים** אלקים ביומא שביעא GN 2:2
בבית היפתיקא דפרעה: **ושלים** כספא מארעא דמצרים GN 47:15
והו צפר יום שתיתיי: **ושלימו** ברייתי שמייא וארעא וכל GN 2:1
דמואב תלתין יומין **ושלימו** יומי בכותא דאיבליה DT 34:8
אסוותא ית ישראל: **ושלימו** ליה מן דאתבסם ארבעין GN 50:3
פיקודייא דאורייתא: **ושלימו** מאתן ושובעין יומי GN 25:24
למשתי מן מוי דבנהרא: **ושלימו** שובעא יומין מן בתר די EX 7:25
אבא הכא בסיגופיהום: **ושלימן** שבע שני שובעא דהואה GN 41:53
דפקיד ייי ית משה: **ושלימת** כל עיבידת משכנא משכן EX 39:32
גיתיהון בשתא ההיא: **ושלימת** שתא ההיא ואתו כל GN 47:18
אורכיה וזרתא פותיה: **ותשלים** ביה אשלמות דמרגליין EX 28:17
שפר חקליה ושפר כרמיה **ישלים**: ארום תיתפק נור ותשכח EX 22:4
וחסיר חד ילקיניה לא **ישלים** דילמא יוסיף למילקייה על DT 25:3
עד גופת דתביר לא **ישלים**: וארום ישאל גבר מידעם מן EX 22:12
קודשא דחב מן קודשא **ישלים** וית חומשיא דדמוי יוסיף LV 5:16
דקאי או חקיל שלמא **ישלים** מאן דאדליק ית דליקתא: EX 22:5
אם מריה עימיה לא **ישלם** אין אגירא הוא עאל פסידיה EX 22:14
אישתיזיב מן ידוי שלמא **ישלם** אין לית ליה מה דמשלם EX 22:2
מריה לית עימיה שלמא **ישלם**: אם מריה עימיה לא ישלם EX 22:13
הינון קיימין על חד תרין **ישלם**: ארום יפקר גבר חקיל או EX 22:3
ולמאן דמחייבין דיינייא **ישלם** גנבא על חד תרין לחבריה: EX 22:8
מריה מיניה מומתא ולא **ישלם**: ואין איתגנבא יתגניב מיניה EX 22:10
או זבניה חמשא תורא **ישלם** חולף תור חד מן בגלל EX 21:37
או חמרא: מריה דגובא **ישלם** כסף יתיב למריה דמי תוריה EX 21:34
ליה עימיה אגר נטיר **ישלם** למרוי: אין איתברא יתבר מן EX 22:11
ובהתיה יתן ואגר אסיא **ישלם** עד דמיתסי: וארום ימחי גבר EX 21:19
ולא נטריה מריה שלמא **ישלם** תורא חולף תורא ונבילתא EX 21:36
ביה: ומן דיקטול בעירא **ישלמינה** ומן דיקטול אינשא LV 24:21
ודיקטול נפש בעירא **ישלמינה** נפשא חלף נפשא: וגבר LV 24:18
ובאגלפות מרגליתא **לאשלמא** ובנגרות קיסא למעבד כל EX 31:5
מבני נשא עלי הוה **לאשלמא** ומה דהוה מתגניב GN 31:39
אהרן ובנוי ויום תמינאה **לאשלמוותא** הוא יומא קדמאה LV 9:1
מרגליתא טבתא **לאשלמות** בהון ית עיבידתא EX 35:33
להון ליום תמיניי **לאשלמותא** לאסערא עליהון וחמון EX 24:11
מן חיות ברא עלי הוה **למשלמא**: הויתי בימַמא בחקלא GN 31:39
ואיתפני מן אגר עממייא **למשלמא** לכון אגר עובדיכון טביא LV 26:9

על ארעא: ושאל להום **לשלם** ואמר השלם לאבוכון סבא: GN 43:27
ואמר יתרו למשה איזיל **לשלם:** ואמר ייי למשה במדין איזל EX 4:18
ושיילו גבר לחבריה **לשלם** ואתו למשכן בית אולפנא: EX 18:7
לוותה פולין למיקרי לה **לשלם:** ויהי אין מילין דשלם תתיב DT 20:10
יהי לי עבדא ואתון סוקו **לשלם** לות אבוכון: וקריב לותיה GN 44:17
ייי אלקכון לא תוחרון **לשלמותיה** תלת חגין ארום מתבע DT 23:22
אורייתא ניזרא ביום **מישלם** יומי אפרשותיה ימטי ית NU 6:13
שובעא יומין עד יום **מישלם** יומי אשלמוותכון ארום LV 8:33
לא תיעול עד זמן **מישלם** יומי דכותה: ואין ברת LV 12:4
יעיבר על רישיה עד זמן **מישלם** יומיא דיפרש לשמא דייי: NU 6:5
ואין לא יתפריק עד זמן **מישלם** ליה שתא שלמתא ויקום LV 25:30
דהינון בחיין בעלמא הדין **משלים** להון גומליהון: ותינטרון ית DT 7:10
אין משתכח גנבא איהו **משלם** על חד תרין: אין לא משתכח EX 22:6
שור ויהי פורקניה עד **משלם** שתא דזבינוי מן עידן לעידן LV 25:29
ועל דר רביעאי לסנאי כד **משלמין** בניא למיחמי בתר DT 5:9
וית אורחא דמותא דביה **משתלם** אגר ביש לרשיעיא: דאנא DT 30:15
ית אורחא דחיי דביה **משתלם** אגר טב לצדיקייא וית DT 30:15
הכא למירתא ארום לא **שלום** חובא דאמוראה עד כדון: GN 15:16
אל שדי פלח קדמי והוי **שלים** בבישרך: ואיתן קימי בין GN 17:1
ולא יפרג יתיה **שלים** בדביה מומא ודביה מומא LV 27:10
יתיה בניסתא והוה **שלים** בדקתיה במוי מצות רקם DT 33:8
סוכות: ואתא יעקב **שלים** בכל דליה לקרתא דשכם GN 33:18
חנוך בריה ויעקבו גבר **שלים** בעובדוי משמש בבי מדרשא GN 25:27
נח נח הוה גבר זכאי **שלים** בעובדין טבין הוה בדרוהי GN 6:9
ית עומרא אימר **שלים** בר שתיה לעלתא לשמא דייי: LV 23:12
לואי דיהי יצרא דליבהון **שלים** ברעות דין להון למידחל מן DT 5:29
תיכסון ית אימרא: אימר **שלים** דכר בר שתא יהי לכון מן EX 12:5
ייי לעלתא: לרעוא לכון **שלים** דכר בתורי באימריא ובבני LV 22:19
צפיר בר עיזי דכר **שלים:** ויסמוך בתוקפא יד ימיניה LV 4:23
קדם ייי אימר בר שתיה **שלים** חד לעלתא ואימרתא חדא NU 6:14
נסיבתא בתורי או בענא **שלים** יהי לרעוא כל מומא לא יהי LV 22:21
קדם ייי דכר או נוקבא **שלים** יקרביניה: אין אימר הוא LV 3:6
מן בני עיזיא לעלתא דכר **שלים** יקרביניה: ויכוס יתיה טבחא LV 1:10
מקרב אין דכר אין נוקבא **שלים** יקרביניה: ויסמוך יד ימיניה LV 3:1
היא קרבניה מן תורי דכר **שלים** יקרביניה לתרע משכן זימנא LV 1:3
בסטר חקליה בכסף **שלים** יתנינה לי ביניכון לאחסנת GN 23:9
ברי ואזלו תרויהום בלב **שלים** כחדא: ואתו לאתרא דאמר GN 22:8
נמות כל קבלך ארום **שלים** כל כספא: ואמר יוסף הבו GN 47:15
נכסי מן ריבוני ארום אין **שלים** כספא וגיתי בעירא לריבוני GN 47:18
לחטאתא ודכר חד **שלים** לניכסת קודשיא: וסלא NU 6:14
אשמיה לקדם ייי דכר **שלים** מן ענא בעילוייה כסף הי LV 5:15
ויקביל חוביה: וייתי דכר **שלים** מן ענא בעילוייה לאשמא LV 5:18
ייתיה לקדם ייי דכר **שלים** מן ענא בעילוייה לאשמא LV 5:25
מאן דהדר בתתובא בלב **שלים** קדם ייי הוה נפיק למשכן EX 33:7
כל כנישתא וקמון בלב **שלים** קדם ייי: ואמר משה דין LV 9:5
בגין חובתיה תור בר תורי **שלים** קדם ייי לחטאתא: ויעול ית LV 4:3
תחותוי בגין מדכר זכות **שלימא** דעבד גדיי בר עיזי תבשילין LV 22:27
דקטל ביה או בשכיבא **שלימא** ואפילו בגרמיה כשערתא NU 19:16
ית אדרועא דמיבשלא **שלימא** מן דיכרא וגריצתא NU 6:19
ויהושע בר נון ארום **שלימו** בתר דחלתא דייי: ותקיף NU 32:12
ליצחק וליעקב ארום לא **שלימו** בתר דחלתי: אילהן כלב בר NU 32:11
שבחתא הדא עד די **שלימו:** והוה די מטה קיציה דמשה DT 31:30
תיבבון: ובני אהרן כהניא **שלימיא** יתקעון בחצוצרתא ויהון NU 10:8
למימר: גובריא האילין **שלימין** אינון עימנא ויתבון בארעא GN 34:21
ותימר להום למה **שלימתון** בישתא חולף טבתא: הלא GN 44:4
ליה איזל כדון חמי ית **שלם** אחך וית שלם ענא ואתיבני GN 37:14
לך בצלותך וישוי עלך **שלם** בכל תחומך: וישוון ית בירכת NU 6:26
האנא גזר ליה ית קיימי **שלם** ואעבדיניה מלאך קיים ויחי NU 25:12
ואמר השלם ליה ואמרו **שלם** והא רחל ברתיה אתיה עם GN 29:6
ולא צבן למללא עימיה **שלם:** וחלם יוסף חילמא ותני GN 37:4
כספנא בטוננאי: ואמר **שלם** לכון מן ריבוני לא תידחלון GN 43:23
מלכא דאמוראי פתגמי **שלם** למימר: אעיבר בארעך DT 2:26
חמי ית שלם אחך וית **שלם** ענא ואתיבני פיתגמא ושדריה GN 37:14
לרוחצן בארעכון: ואיתן **שלמא** בארעא דישראל ותשרון LV 26:6
דינא בקשוט ופשרות **שלמא** בין גברא לאחוי ובין מאן DT 1:16
ברם מן קדם ייי יתותב **שלמא** דפרעה: ומליל פרעה עם GN 41:16
ויתייאש בליביה למימר **שלמא** יהי לי ארום בתקוף יצרא DT 29:18
או מידעם דקאי או חקיל **שלמא** ישלים מאן דאדליק ית EX 22:5
ואין אישתיזיב מן ידוי **שלמא** ישלם אין לית ליה מה EX 22:2
בעירא מריה לית עימיה **שלמא** ישלם: אם מריה עימיה לא EX 22:13
ולא נטריה מריה **שלמא** ישלם תורא חולף תורא EX 21:36
ייי אלקכון: לא תיתבעון **שלמהון** וטבהון כל יומיכון דאפילו DT 23:7
קדם ייי עולבני ויפרוש **שלמיה** בינא ובינך ותתמלי ארעא GN 16:5
ההוא שיבעא אימרין **שלמין** בני שנה ותור בר תורין דלא LV 23:18
אימרין בני שנא ארביסר **שלמין** דמקרבין תמני מטרתא NU 29:13
תמינאה יסב תרין אמרין **שלמין** ואימרתא חדא בר שתה LV 14:10
דלא עירובין ודיכרין תרין **שלמין:** ולחם פטיר וגריצן פטירין EX 29:1
אימרין בני שנא שובעא **שלמין:** ומנחתהון סמידא דחנטיא NU 29:2
מזבין בהון: מתקלין **שלמין** ומסחאתא דקשוט יהוי לכון DT 25:15
פולחנא תריהון יהון **שלמין** וקריב קדם ייי: ועם בני LV 9:2
אימרין בני שנא שבעא **שלמין:** ותלתא עשרונין סמידא NU 28:11
תרין אימרין בני שתא **שלמין** ותרין עשרונין סמידא NU 28:9
תדירא ומנחתיה תעבדון **שלמין** יהוון לכון וחמר ניסוכיהון: NU 28:31
תרי ותרין מנהון חד חד **שלמין** יהון: ומנחתהון סמידא NU 29:13
ושובעא אימרין בני שנא **שלמין** יהון לכון: ומנחתהון סמידא NU 28:19
אימרין בני שנא שובעא **שלמין** יהון לכון: ומנחתהון סמידא NU 29:8
ארבעין יומין ארום כדין **שלמין** יומי בסימיא ובכון יתי GN 50:3
אימרין בני שנא ארביסר **שלמין** לארבסר מטרתא סכומהון NU 29:32
אמרין בני שנא שבעא **שלמין** לחדוות שבעא יומין: NU 29:36
אימרין בני שנא ארביסר **שלמין** לחדסר מטרתא תלת מנהון NU 29:23
אבוי הי כאימרא תריהון **שלמין** לעלתא: ותור ואימר לניכסת LV 9:3
אימרין בני שנא ארביסר **שלמין** לעשר מטרתא ארבעא NU 29:20
אימרין בני שנא ארביסר **שלמין** לתליסר מטרתא חדא מנהון NU 29:29
אימרא בני שנא ארבסר **שלמין** לתריסר מטרתא תרי מנהון NU 29:26
אימרין בני שנא ארביסר **שלמין** לתשעת מטרתא חמשא NU 29:17
ייי מתריכיהון מן קדמכון: **שלמין** תהוון בדחלתא דייי אלקכון: DT 18:13
קדם ייי אימרין בני שנה **שלמין** תרין ליומא עלתא תדירא: NU 28:3
וית ערבובא לערבבא **שלמכון** וית מזופיתא בכל אושטות DT 28:20
דקשוט יהוי לכון מכילן **שלמן** וקסטין דקשוט יהוי לכון מן DT 25:15
דארמותא שבע שבוען **שלמן** יהויין: עד מבתר שבועתא LV 23:15
עליהון פרזלא: אבנין **שלמן** תבנון ית מדבחא דייי DT 27:6
יומין או ירחא או שתא **שלמתא** באורכות ענן יקרא על NU 9:22
עד זמן מישלם ליה שתא **שלמתא** ויקום ביתא דבקרתא LV 25:30
ואימרתא חדא בר שתה **שלמתא** ותלתא עשרונין סמידא LV 14:10
לחטאתא נוקבא **שלמתא** ייתינה: ויסמוך יד ימיניה LV 4:32
ייי טוב שומניה אליתא **שלמתא** כל קבל דקיתא יעבר יתיה LV 3:9
חדא ברת שתא **שלמתא** לחטאתא ודכר חד שלים NU 6:14
ית קורבני צפירתא דעיזי **שלמתא** מטול חובתיה דחב: ויסמוך LV 4:28
חורמניא בגין כן תהון **תושלמתהון** מתכלן וממרין להון: הי DT 32:32
מיסין ויפלחונכון: ואין לא **תשלים** עימכון ותעביד עימכון DT 20:12
תעבדון והיכמא דנדרתון **תשלמון** חטאתא ואשמא עלוון DT 23:24

שלף (19)

קטיליהון מן בתר כדין **אשלוף** חרבי ואישצי יתהון ביד EX 15:9
כשיעור תרויהון ולא **אשתליפו** מיניה נס עשיראי אתא NU 25:8
תעיבר בתחומי דילמא **בשליפי** חרב אפוק לקדמותך: NU 20:18
ארעא באשלוון וית שלף **דישלף** מוי דנהרוותא וית חצרמות GN 10:26
דלוחי צירחא דליבא **ובשליפי** חרבא ובשידפונא DT 28:22
ברא מן ארעא דישראל **ושלופי** חרב לא יעידון בארעכון: LV 26:6
במימר מן קדם ייי **ושלף** חרבא על לבן רמאה בחילמא GN 31:24
אינתתא ותשרי שנצי **ותשלוף** סנדליה מעילוי ריגליה ומן DT 25:9
וטמע רישיה בגויה בעא **למשלפיה** מן רישיה ולא יכיל מן NU 21:35
ואמר לא תקרב הלכא **שלוף** סינך מעל ריגלך ארום אתרא EX 3:5
ואיגרי בתריכון עם **שלופי** חרב ותהי ארעכון צדיא LV 26:33
קדמיי: ואיתי עליכון עם **שלופי** חרב למתפרע מנכון על LV 26:25
גבר באחוי הי כמן קדם **שלופי** חרבא ורדיף לא אית ולא LV 26:37
ויקרון שמיה בישראל **שליף** סנדלא: ארום מתגריין בני DT 25:10
מעתד באיסרטא וסייפיה **שליפא** בידיה וגחן וסגיד על אנפוי: NU 22:31
מעתד באיסרטא וחרביה **שליפא** בידיה וסטת אתנא מן NU 22:23
יתה מן שמייא לא חרבא **שלף** ולא סוסא אסר ולא משיריין DT 34:5
ואחדיה ברישיה ואחתיה **שלף** סייפא ובעא למקטליה פתח NU 31:8
למקיימא ית נפשך ומן יד **שלף** סייפיה מן תיקה וקטליה: ושבו NU 31:8

שלשלתא (4)

עובד קליעא ותיתן ית **שושלתא** קליעתא על מרמצתא: EX 28:14
מרמצן דדהב: ותרתין **שישלן** דדהב דכי מתחמן תעבד EX 28:14
ותעבד על חושנא **שישלן** מתחמן עובד קליעא דדהב EX 28:22
שבטיא: ועבדו על חושנא **שישלן** מתחמן עובד קליעא דדהב EX 39:15

שם (393)

פיתגמי נבותי דימלל **בישמי** מימרי יפרע מיניה: ברם נבי DT 18:19
דבנונן קרו להון שמהן **בשום** גובריא דבנונון: ואזלו בני NU 32:38
למימר: חמי משה דקריית **בשום** טב בצלאל בר אורי בר חור EX 31:2
ישראל חמון דמני ייי **בשום** טב בצלאל בר אורי בר חור EX 35:30
אמרת מניית יתך **בשום** טב ואוף אשכחת רחמין EX 33:12
רחמין קדמי ומנית יתך **בשום** טב: ואמר אחמי כדון יתי ית EX 33:17
למללא ודי ימלל **בשום** טעוות עממיא ויתקטל נביא DT 18:20
בגזירת מהולתי: ואומינך **בשום** מימרא דייי אלקא דמותביה GN 24:3
בבירא דשבע וצלי תמן **בשום** מימרא דייי אלקא עלמא: וית EX 36:33
דיתרעי ייי: וישמש **בשום** מימרא דייי אלקיה הי ככל DT 18:7
ליה אלקא קריב לוותיה **בשום** מימרא דייי אלקן אורחיהון DT 4:7

טעוון ומכנין לטעוותהון **בשום** מימרא דייי: דין ספר ייחוס GN 4:26
עימיה תמן וקרא משה **בשום** מימרא דייי: ואעבר ייי EX 34:5
עממיא עמא דמתפרקין **בשום** מימרא דייי והוא תריס DT 33:29
בבירא דשבע וצלי תמן **בשום** מימרא דייי ונסבוהי בני EX 26:28
מפדן דארם ובריך ייי **בשום** מימריה בתר דמיתת אימיה: GN 35:9
לא ישתבע חד מנכון **בשום** מימריה דייי אלקכון על מגן EX 20:7
לא ישתבע חד מנכון **בשום** מימריה דייי אלקכון על מגן DT 5:11
עמא מן קדם ייי והימינו **בשום** מימריה דייי ובנבואתיה EX 14:31
טובי קדמך ואיקרי **בשום** מימריה דייי קדמך ואיחוס EX 33:19
ונוקבא ברנון ובריך יתהון **בשום** מימריה וקרא ית שומהון GN 5:2
שמהת בני ישמעאל **בשומהון** לתולדתהון בוכרא GN 25:13
עליהון תמן אודו והימינו **בשם** מימרא דייי אלקא עלמא: GN 21:33
ומן ברת כדין אמר ארום **בשמא** דייי אנא מצלי ואתון עמא DT 32:3
למקום לשמשא **בשמא** דייי הוא ובנוי כל יומיא: DT 18:5
בשירויא וצלי תמן אברם **בשמא** דייי: ואוף ללוט דהוה מידבר GN 13:4
ייי: מה דימלל נבי שיקרא **בשמא** דייי ולא ייתי פיתגמא ולא DT 18:22
מדבחא קדם ייי וצלי **בשמא** דייי: ונטל אברם אזיל ונטיל GN 12:8
ובנא תמן מבדחא וצלי **בשמא** דייי ופרס תמן משכניה GN 26:25
ודילוט לאבוי ולאימיה **בשמא** מפרשא איתקטלא יתקטיל EX 21:17
ית אבוי וית אימיה **בשמא** מפרשא אתקטלא יתקטל LV 20:9
אימירא ומפרשא **בשמא** רבא ויקירא על ריש צפירא LV 16:21
ותומון תריכון ית כיפא **בשמא** רבא ומפרשא כד הינון חמיין NU 20:8
לאתר מדוריהון **בשמהותהן** רבא תמנע רבא עלוה GN 36:40
למיטל ולמשרי מפרשין **בשמהן**: ואתכנשו על משה ועל NU 16:2
גובריא האילין דאתפרשו **בשמהן**: וית כל כנישתא כנשו בחד NU 1:17
והוון איליין בני לוי **בשמהתהון** גרשון וקהת ומררי: NU 3:17
דירשע למללא פיתגמא **בשמי** ית דלא פקידתיה למללא ודי DT 18:20
לא ישתבע חד מנכון **בשמי** לשקרא לאפסא ית שמא LV 19:12
לא אשבוק חוביכון ארום **בשמי** מימריה: ארום אין קבלא EX 23:21
ולברכא ית ישראל **בשמיה** ועל מימר פמהון יהי מיתדן DT 21:5
ייי לשמשותיה ולברכה **בשמיה** עד זמן יומא הדין: בגין כן DT 10:8
ית כל מאן דמשתבע **בשמיה** על מגן: עמי בני ישראל הוו DT 5:11
ית כל מאן דמשתבע **בשמיה** על מגן: עמי בני ישראל הוון EX 20:7
לות פרעה למללא **בשמך** אתבאש לעמא הדין ושיזבא EX 5:23
למצרים: וית תרין בנהא **דשום** חד גרשום ארום אמר דייר EX 18:3
ואומר ארום חולק טב **דשום** מימרא דייי עמיה פתח DT 32:9
לחייתא יהודייתא **דשמא** דחדא שפרא היא ושמא EX 1:15
משיריין ארגיש כלילא **דשמא** טבא קנא בעובדין טבין DT 34:5
ישראל מן תיקון זיניהון **דשמא** רבא מפרש כתיב בהון EX 33:6
מחבלא דאתכלי בחורב **דשמיה** קצף מן קדם ייי בהרמנא NU 17:11
דחלין וקדמוי תפלחון **ובשום** מימריה בקשוט תומון: לא DT 6:13
מטולהון לכל פולחנהון: **ובשמהן** תימנון ית כל מני מטרת NU 4:32
ובדחלתיה תתקרבון **ובשמיה** תומון: הוא תושבחתכון DT 10:20
על כל עממיא לרבו **ולשום** דיקר ולשיבהורא מטול DT 26:19
יתבי משכנין ומרי בעיר: **ושום** אחוהי יובל הוא הוה רב בהום GN 4:21
ביומוי איתפליגת ארעא **ושום** אחוי יקטן: ויקטן אוליד ית GN 10:25
דשמע בסיני ואזיד וארגיז **ושום** אימיה שלומית בת דיברי LV 24:11
דבית מלכותיה פעו **ושום** אינתתיה מהיטבאל ברת GN 36:39
שום איתת אברם שרי **ושום** איתת נחור מלכא ברת הרן GN 11:29
וקהת אוליד ית עמרם: **ושום** איתת עמרם יוכבד ברת לוי NU 26:59
בית אבא לשיבט שמעון: **ושום** איתתא קטילא מדינתא כזבי NU 25:15
ויון ותובל ומשך ותירס **ושום** אפרכיותהום אפריקי וגרמניא GN 10:2
וסבתה ורעמא וסבתכא **ושום** אפרכיותהום סיניראי GN 10:7
כוש ומצרים ופוט וכנען **ושום** אפרכיותהום ערביא ומצרים GN 10:6
הוון ליה בנין אלהין בנן **ושום** בנת צלפחד מחלה נעה חגלה NU 26:33
למלכיאל גניסת מלכיאל: **ושום** ברת אשר סרח דאידברת NU 26:46
וכפר על בני ישראל: **ושום** גברא בר ישראל קטילא NU 25:14
בנן שום רבתא לאה **ושום** זעירתא רחל: ועיני לאה הוון GN 29:16
נוכראה דלא הידי היא: **ושום** חד אליעזר ארום אמר אלקא EX 18:4
שום טוורא חד קרדוניא **ושום** טוורא חד ארמניא ותמן GN 8:4
דאמרית לכון תיסתמרון **ושום** טעוות עממיא לא תידכרון EX 23:13
ית כל ארעא דכוש: **ושום** נהרא תליתאה דיגלת הוא GN 2:14
ואבנין טבין דבורלין: **ושום** נהרא תניינא גיחון הוא GN 2:13
גד ואשר וישׂשכר: **ושום** סידרא רביעאה כרום ימא EX 28:20
שיבטיא גד אשר וישׂשכר: **ושום** סידרא רביעאה כרום ימא EX 39:13
ראובן שמעון ולוי: **ושום** סידרא תיניינא איזמורד EX 28:18
ראובן שמעון ולוי: **ושום** סידרא תיניינא איזמורד EX 39:11
שיבטיא יהודה דן ונפתלי: **ושום** סידרא תליתאה קנכירין EX 39:12
שיבטיא יהודה דן ונפתלי: **ושום** סידרא תליתאה קנכירינון EX 28:19
באדום בלעם בר בעור **ושום** קרתא דבית מלכותיה דנהבא: GN 36:32
קרבא בחקלי מואב **ושום** קרתא דבית מלכותיה עוית: GN 36:35
עכבור ומלך תחותוי הדר **ושום** קרתא דבית מלכותיה פעו GN 36:39
נשין שום חדא עדה **ושום** תנייתא צלה: וילידת עדה ית GN 4:19
ממקבלין אגר כוותהון **ושומהון** סרד ואלון ויחלאל: אילין GN 46:14

ובנוי דבנימין עשרה **ושומהון** על פרישותא דיוסף אחוי GN 46:21
חכימין ומרי חושבנא **ושומהון** תולע ופוה ויוב ושמרון: GN 46:13
דשמא דחדא שפרא היא **ושמא** דתנייתא פועה היא מרים EX 1:15
ליה ולה אמתא מצריתא **ושמא** הגר ברת פרעה דיהבא לה GN 16:1
אברהם ונסיב איתא **ושמא** קטורה היא הגר דקטירא GN 25:1
דאברהם: ותפלקתיה **ושמה** ראומה וילידת אוף היא ית GN 22:24
בוכריה ברת שם רבא **ושמהא** תמר: והוה ער בוכרא GN 38:6
ליצחק וליעקב באל שדי **ושמי** ייי ברם באפי שכינתי לא EX 6:3
שמיה דחד אלדד **ושמיה** דתניין מידד בנוי דאליצפן NU 11:26
לות גברא עדולמאה **ושמיה** חירה: וחמא תמן יהודה ברת GN 38:1
דריבוני:: ולרבקה אחא **ושמיה** לבן ורהט לבן לות גברא GN 24:29
תמן יהודה ברת גבר תגר **ושמיה** שוע וגיירה ועל לותה: GN 38:2
קרתא וקרא שום קרתא **כשום** בריה חנוך: ואיתייליד לחנוך GN 4:17
וקרא להון שמהן הי **כשמהן** די הוה קרי להון אבוי: GN 26:18
בית ישראל ייי שמיה **כשמיה** כן גבורתיה יהי שמי מברך EX 15:3
ובניין קוריין תלילין **לשום** בית אוצרוי דפרעה ית EX 1:11
מתעבדא לטולא **לשום** חגא מן זינין דמרביין מן LV 23:42
וסעידו ליבכון ואודו **לשום** מימרא דייי ובתר כדין GN 18:5
דנחשא ומכוין ליביה **לשום** מימרא דייי וחאי: ונטלו NU 21:9
וחאי אין מכוין ליביה **לשום** מימרא דייי: ועבד משה חיויא NU 21:8
ארום יחוב וישקר שיקרין **לשום** מימריה דייי ויכפור בחבריה LV 5:21
תרי גדיי עזין שמינין חד **לשום** פיסחא וחד לשום קרבן חגא GN 27:9
חד לשום פיסחא וחד **לשום** קרבן חגא ואעביד יתהון GN 27:9
ולא מן גרדיא אלהין **לשומהון** יעבדונון ויפסקון רישי NU 15:38
ברם בוכרא דיתפרש **לשמא** דייי בבעירא לית אפשר LV 27:26
דמטליא שובעא יומין **לשמא** דייי: ביומא קדמאה דחגא LV 23:34
כן לא תהון פלחין אלהין **לשמא** דייי בלחודוי: וגייורא לא EX 22:19
יתיה אין תור אין אימר **לשמא** דייי הוא: ואין בבעירא LV 27:26
גידוי לא תקרבון **לשמא** דייי ובארעכון לא תסרסון: LV 22:24
זמן ניכסת פיסחא **לשמא** דייי: ובחמיסר יומין לירחא LV 23:5
דבני ישראל ית דיפרשון **לשמא** דייי: ויארעון יתהון חובי LV 22:15
דנידרא בעילוי נפשתא **לשמא** דייי: ויהי עילוייה דביר דכר LV 27:2
דסליק עלוי עדבא **לשמא** דייי ויעבדיניה קרבן LV 16:9
ויהון דריא פלחין עלה **לשמא** דייי וכל דתיתן לי חד מן GN 28:22
על גבי מדבחא יתקריב **לשמא** דייי: ומליל ייי עם משה LV 3:17
תעבדון ותקרבון קורבנא **לשמא** דייי: ומליל ייי עם משה LV 23:25
שלים בר שתיה לעלתא **לשמא** דייי: ומנחתיה תרין עשרונין LV 23:12
לאלעזר כהנא אפרשותא **לשמא** דייי: ומפלגותא דבני ישראל NU 31:29
עדבין שוין עדבא חד **לשמא** דייי ועדבא חד לעזאזל LV 16:8
מנהון על מדבחא **לשמא** דייי: ותור ואימר יתיר כוליא LV 22:22
תרין אימרין קודשא יהון **לשמא** דייי: ותערעון חיין וקיימין הי LV 23:20
חמיר יתאפיין ביכורין **לשמא** דייי: ותקרבון על לחמא LV 23:17
אינש: וקריבנא דורונא **לשמא** דייי כיון דמסר ייי ית NU 31:50
זמן מישלם יומיא דיפרש **לשמא** דייי: כל יומין דיפרש לשמא NU 6:5
יומין תקרבון קורבנא **לשמא** דייי כנישין תהון לצלאה LV 23:36
פולחנא נכראה ומרדין **לשמא** דייי לחדא: וייי אמר לאברם GN 13:13
תיכסון ניכסת נסיבא **לשמא** דייי לרעוא לכון תיכסון: LV 22:29
במשח זיתא קורבנא **לשמא** דייי מטול לאתקבלא LV 23:13
כנישתא: ותפרש נסיבא **לשמא** דייי מן גוברי מגיחי קרבא די NU 31:28
ידר נדר נזירו למפרש **לשמא** דייי: מן חמר חדת ועתיק NU 6:2
מאה: והות סכום נסיבא **לשמא** דייי מן ענא שית מאה NU 31:37
דייי: כל יומין דיפרש **לשמא** דייי על בר נש דמית לא NU 6:6
קדיש לקרבא קורבנא **לשמא** דייי עלתא ומנחתא נכסת LV 23:37
יתרעי לקרבא קרבנא **לשמא** דייי: עמי בני ישראל היכמא LV 22:27
תעבדון: ותקרבון קרבנא **לשמא** דייי שבעתי יומין ביומא LV 23:8
הדין חגא דפטיריא **לשמא** דייי שבעתי יומין פטירי LV 23:6
אלפין וסכום נסיבתהון **לשמא** דייי שובעין ותרין: וחמרי NU 31:38
דהב אפרשותא דאפרשו **לשמא** דייי שיתסר אלפין ושבע NU 31:52
מאה וסכום נסיבתהון **לשמא** דייי תלתין ותרין נפשן: ויהב NU 31:39
בעדבין תתפלג ארעא **לשמהן** שיבטא דאבהתהון יחסנון: NU 26:55
ואמר למה דנן אנת שאיל **לשמי** ובריך יתיה יעקב תמן: וקרא GN 32:30
מדבח אדמתא תעביד **לשמי** ודהי דבח עלוי ית עלוותך EX 20:24
ואין מדבח אבנין תעביד **לשמי** לא תבני יתהן חציבן דאין EX 20:25
פרוק ואתון תהוון **לשמי** לאומא קדישיא: אנא ייי LV 26:12
ובחושנא: ויעבדון **לשמי** מוקדשא ואשרי שכינתי EX 25:8
וסליקת קבילתהון **לשמי** מרומא דייי ואמר במימריה EX 2:23
מיניה לבינתא ואסקיה **לשמי** מרומא ואתקניה גלוגדק EX 24:10
אשכחתנון תלת עיינהא **לשמי** מרומא וכן אמרת בבעו GN 38:25
ובההוא יומא סלקון **לשמי** מרומא עניין ואמרין איתון GN 28:12
ואמר ייי למשה כנוש **לשמי** שובעין גוברין זכאין מסבי NU 11:16
ארום אלהן בית מקדש **לשמיה** דייי ודין כשר לצלן מכוון GN 28:17
מנחתא דלחים חדת **לשמיה** דייי: מאתר מותבניכון LV 23:16
ייתי קרבן לאשמא **לשמיה** דייי על חובתיה דחב: ומליל LV 5:19
דלוי מטול דקניאו **לשמיה** לאתקטלא בגין יקריה DT 10:8

שובעא יומין תיכלון **לשמיה** פטיר לחמא ענייא ארום DT 16:3
פטיר בולי קריב **לשמך** בר תורין רכיך ושמין אימרא LV 22:27
בניתי להון משכנא **לשמך** וכד מטא זימנא למיעבר ית DT 32:50
לא הוו ליה: למא יתמנע **שום** אבונא מיגו גניסתיה ארום לית NU 27:4
יקום באחסנתא על **שום** אחוי שכיבא ולא יתמחי DT 25:6
בתריהון דילך יהון על **שום** אחיהון יתקרון באחסנתהון: GN 48:6
דינא רבא: וקרא אדם **שום** אינתתיה חוה ארום היא הות GN 3:20
אברם ונחור להון נשין **שום** איתת אברם שרי ושום איתת GN 11:29
קטול סגי לחדא: וקרא ית **שום** אתרא ההוא קיברי דמשיילי NU 11:34
דטנים: וקרא יוסף ית **שום** בוכרא מנשה ארום אמר אנשי GN 41:51
בעממי ארעא וקנון להון **שום** ביש לדריהון: וקם משה בתרע EX 32:25
לאברם בר וקרא אברם **שום** בריה דילידת הגר ישמעאל: GN 16:15
יתיה ייי: וקרא אברהם ית **שום** בריה דיתליד לי דילידת ליה GN 21:3
הדין וימחי ייי ית **שום** דוכרניה מתחות שמיא: DT 29:19
קלנא בישראל למפקא **שום** דזנו על בית אבוהא ותפלון DT 22:21
למיחמי מה יהי קרי ליה **שום** וכל דקרי ליה אדם נפשא GN 2:19
והוי לארבעת רישי נהרין: **שום** חד פישון הוא דמקיף ית כל GN 2:11
איתילידו תרין בנין **שום** חד פלג ארום ביומוי GN 10:25
ליה למך תרתין נשין **שום** חדא עדה ושום תנייתא צלה: GN 4:19
מן קדם ייי וקנו להין **שום** טב לדריא ובנא להין מימרא EX 1:21
לירחא על טוורי דקרדון **שום** טוורא חד קרדוניא ושום GN 8:4
חד עני יעקב ואמר בריך **שום** יקריה לעלמי עלמין: אמר DT 6:4
או גבר סיב דירגז ויחרף **שום** כינויי אלקיה ויקבל חוביה: LV 24:15
ויפריש מן חמרא או על **שום** מידעם ידר נדר נזירו למפרש NU 6:2
והוה בני קרתא וקרא **שום** קרתא כשום בריה חנוך: GN 4:17
הוה מתקרי מגדיאל על **שום** קרתיה מגדל תקיף היא רומי GN 36:43
וללבן הוון תרתין בנן **שום** רבתא לאה ושום זעירתא רחל: GN 29:16
עימי אגרא ויתחל בי **שום** שמיא ובכין הוה פיתגמא דייי GN 15:1
וית כל בית אבא: וית **שום** תניין קרא אפרים ארום אמר GN 41:52
בשום מימריה וקרא ית **שומהון** אדם ביומא דאיתברייו: GN 5:2
בנוי דישמעאל ואילין **שומהון** בכופרניהון ובקסטרוותהון GN 25:16
בידכון ותובדון ית **שומהון** מדוכרנא תחות כל שמיא DT 7:24
תקצצון ותשיצון ית **שומהון** מן אתרא ההוא: ליתיכון DT 12:3
ואשיצינון ואמחי ית **שומהון** מתהות שמיא ואעביד יתך DT 9:14
יבמי למיקמא לאחוי **שמא** בישראל לא צבי ליבמותי: DT 25:7
מן קדם ייי למפקא ית **שמא** בני ישראל מארעא דמצרים EX 12:42
תכתוב על חוטריה: וית **שמא** דאהרן תכתוב על חוטרא NU 17:18
ויבם יתה ואקם זרעא על **שמא** דאחוך: וידע אונן ארום לא על GN 38:8
אלההון ולא יפסון ית **שמא** דאלההון ארום ית קרבניא LV 21:6
נוכראה ולא תפיס ית **שמא** דאלקך אנא ייי: ועם דכורי לא LV 18:21
לשקרא לאפסא ית **שמא** דאלקך אנא ייי: לא תטלום ית LV 19:12
מישחא על רישה: וקרא **שמא** דאתרא ההוא ביתאל וברם GN 28:19
קדם סבי ישראל: וקרא **שמא** דאתרא ההוא נסיונא ומצותא EX 17:7
יתהון וית קורייהון וקרא **שמא** דאתרא חרמה: ונטלו מטוורוס NU 21:3
עבד מטלן בגין כן קרא **שמא** דאתרא סוכות: ואתא יעקב GN 33:17
יעקב תמן: וקרא יעקב **שמא** דאתרא פניאל ארום אמר GN 32:31
יתה ליצחק ונבעת וקרא **שמא** דבירא עסק ארום אתעסקו GN 26:20
מהגנא: ואמר בריך **שמא** דייי אלקיה דדיבוני אברהם GN 24:27
רשאין למחקא כתב **שמא** דייי אלקכון: אלהין לארעא DT 12:4
ברם מאן דמפרש ומחרף **שמא** דייי אתקטלא יתקטיל LV 24:16
דמצראי: ואמר יתרו בריך **שמא** דייי דשיזיב יתכון מן ידא EX 18:10
כל עממי ארעא ארום **שמא** דייי חקיק מזמן דתפילין DT 28:10
במדברא: ואמר פרעה **שמא** דייי לא איתגלי דאיתקביל EX 5:2
בספר מלאכייא כתיב ית **שמא** דייי מיניה לית אנא דחיל EX 5:2
כיציבא בזמן דיחרף **שמא** דמייחד יתקטיל: וגבר ארום LV 24:16
שיבטא דלוי דמתקרי על **שמא** דעמרם אבך קריב לוותך NU 18:2
ית כלילא דביה חקיק **שמא** דקודשא על מצנפתא: ותיסב EX 29:6
ישראל ולא יפסון ית **שמא** דקודשי דהינון מקדשין קדמי LV 22:2
ית מקדשי ולאפסא ית **שמא** דקודשי: ואין מכבש יכבשון LV 20:3
אורייתי: ולא תפסון ית **שמא** דקודשי ואתקדש בגו בני LV 22:32
וקרא יתה שבעה בגין כן **שמא** דקרתא ביר שבע עד יומא GN 26:33
מיעלך לתמן בגין כן קרא **שמא** דקרתא זוער: שימשא עברית GN 19:22
ההוא ביתאל וברם לוז **שמא** דקרתא מן קדמת דנא: וקיים GN 28:19
בסיפרא הדין למידחל ית **שמא** יקירא ודחילא הדין ית ייי DT 28:58
ותו לא נבעת וקרא **שמא** סטנא: ואיסתלק מתמן וחפס GN 26:21
להון לרשיעייא דמדכרין **שמא** קדישא בגידופין ארום משה DT 32:3
וכל מאן דמדכר ההוא **שמא** קדישא בשעת אניקי EX 28:30
איפשר ליה למידכר ית **שמא** קדישא עד דהוה מחניך DT 32:3
וטמרינון בשבועת **שמא** רבא ודחילא דהכין כתיב DT 9:19
ייי על אפי דקין אתא מן **שמא** רבא ויקירא בגין דלא GN 4:15
וחקיין ומפרש עלה **שמא** רבא ויקירא דביה עתיד EX 2:21
בר איתתא בת ישראל ית **שמא** רבא ויקירא דמתפרש דשמע LV 24:11
דישראל אזל ואדכר **שמא** רבא ויקירא ואוקים DT 9:19
ועילוי חקיק ומפרש **שמא** רבא ויקירא וביה איתעבידו EX 4:20
מריר דארדפני וכתב עלוי **שמא** רבא ויקירא וטלק לגו מיא EX 15:25
ויומי יתה כהנא בשבועת **שמא** רבא ויקירא ויימר כהנא NU 5:19
וביה חקיק ומפרש **שמא** רבא ויקירא ועישרתי EX 14:21
דהוה ברישיהון והוה **שמא** רבא ויקירא חקיק ומפרש EX 32:25
בהון דבהון חקיק ומפרש **שמא** רבא וקדישא דביה אתבריין EX 28:30
שמיא מן יד אדכר פנחס **שמא** רבא וקדישא ופרח בתרוי NU 31:8
להון בסיני דביה **שמא** רבא וקדישא חקיק ומפרש EX 33:4
עלה הי כקדמאי וקרא **שמא** רווחתא ואמר ארום כדון GN 26:22
אינתתך לא תהי קרי ית **שמא** שרי ארום שרה שמה: ואברך GN 17:15
קרתא: בגין כן קרא **שמה** בבל ארום תמן ערביב ייי GN 11:9
דין למצרים בגין כן קרא **שמה** דאתר אבל מצרים די בעברא GN 50:11
כדין ילידת ברת וקרת ית **שמה** דינה ארום אמרת דין הוא מן GN 30:21
ית שמא שרי ארום שרה **שמה**: ואברך יתה בגופה ואף איתן GN 17:15
ברחמי מרי עלמא ואיליין **שמהן** בנתוי מחלה נעה חגלה NU 27:1
ובתר דבנונון קרו להון **שמהן** בשום גובריא דבנונון: ואזלו NU 32:38
לאחסנא ית ארעא: ואילין **שמהן** גובריא לשבטא דבית יהודא NU 34:19
דמית אברהם וקרא להון **שמהן** הי כשמהן די הוה קרי להון GN 26:18
גיברין דמעלמא אינשי **שמהן**: וחמא ייי ארום סגיאת בישת GN 6:4
לבית אבהתהון במניין **שמהן** כל דכורא לגולגלתהון: מבר NU 1:2
לבית אבהתהון במניין **שמהן** לגולגל כל דכורא מבר עשרין NU 1:22
לבית אבהתהון במניין **שמהן** לגולגלות כל דכורא מבר NU 1:32
לבית אבהתהון במניין **שמהן** לגולגלותהון כל דכורא מבר NU 1:20
לבית אבהתהון במניין **שמהן** לגולגלותהון כל דכורא מבר NU 1:28
לבית אבהתהון במניין **שמהן** לגולגלותהון כל דכורא מבר NU 1:30
לבית אבהתהון במניין **שמהן** לגולגלותהון כל דכורא מבר NU 1:34
לבית אבהתהון במניין **שמהן** לגולגלותן כל דכורא מבר NU 1:24
לבית אבהתהון במניין **שמהן** לגולגלותן כל דכורא מבר NU 1:26
הוא שמיה: וקרא אדם **שמהן** לכל בעירא ולכל עופא GN 2:20
ארעא באחסנא במניין **שמהן**: לשיבטא דעמיה סגי תסגון NU 26:53
דוכריא בסכום מניין **שמהן** מבר ירחא ולעילא לסכום NU 3:43
לבית אבהתכון במניין **שמהן** מבר עשרין שנין ולעילא NU 1:18
לבית אבהתהון במניין **שמהן** מבר עשרין שנין ולעילא כל NU 1:36
לבית אבהתהון במניין **שמהן** מבר עשרין שנין ולעילא כל NU 1:38
לבית אבהתהון במניין **שמהן** מבר עשרין שנין ולעילא כל NU 1:40
לבית אבהתהון במניין **שמהן** מבר עשרין שנין ולעילא כל NU 1:42
פרנסא ולאתחברא בגלוף **שמהן** על אבניא דישראל: מימימר GN 49:24
ייחוסין דשמעון: ואילין **שמהת** בנוי דלוי לייחוסיהון גרשון EX 6:16
בטוורא דסיני:: ואילין **שמהת** בני אהרן כהניא תלמידיא NU 3:3
גרשון וקהת ומררי: ואילין **שמהת** בני גרשון לגניסתהון לבני NU 3:18
דשרה לאברהם: ואילין **שמהת** בני ישמעאל בשומהון GN 25:13
איפודא: ויטול אהרן ית **שמהת** בני ישראל בחשן דינא על EX 28:29
עימיה למצרים: ואילין **שמהת** בני ישראל דעלו למצרים GN 46:8
נילוס דמצרים: ואילין **שמהת** בני ישראל דעלו למצרים EX 1:1
תהוויין מתנסבן על **שמהת** בני ישראל הינון תרתיסירי EX 28:21
כתב חקיק מפרש על **שמהת** בני ישראל: ושוי יתהון על EX 39:6
ית תרתין מרגלייתא על **שמהת** בני ישראל מקפן EX 28:11
ישראל ויטול אהרן ית **שמהת** בני ישראל על תרין כתפוי EX 28:12
דבורלא ותיגלוף עליהון **שמהת** בני ישראל: שיתא מן קצת EX 28:9
ומרגליתא על **שמהת** בני ישראל תריסירי על EX 39:14
בטוור גבלא: אילין **שמהת** בני עשו אליפז בר עדה GN 36:10
ייי עם משה למימר: אילין **שמהת** גובריא דיחסנון לכון ית NU 34:17
עזגד גאואל בר מכי: אילין **שמהת** גובריא דשדר משה לאללא NU 13:16
לבית אבהתוי הוא: ואילין **שמהת** גובריא דיקומון עימכון NU 1:5
דמקפן שורהא גליף **שמהת** גיברהא וית שירן ובתר NU 32:38
ומאן הוא דהבא: ואילין **שמהת** רברבי עשו לייחוסיהון GN 36:40
חד ועליהון חקיק ומפרש **שמהת** שבטיא ראובן שמעון ולוי: EX 28:17
על מרגלייא חדא וית **שמהת** שיתא דמשתיירין על EX 28:10
וביה חקיק ומפרש **שמהת** תלת שבטיא אפרים מנשה NU 2:18
וביה חקיק ומפרש **שמהת** תלת שבטיא דן ונפתלי NU 2:25
וביה חקיק ומפרש **שמהת** תלת שבטיא יהודה יששכר NU 2:3
וביה חקיק ומפרש **שמהת** תלת שבטיא ראובן שמעון NU 2:10
ועליהון חקיק ומפרש **שמהת** תלת שיבטיא גד אשר EX 39:12
ועליהון חקיק ומפרש **שמהת** תלת שיבטיא זבלון יוסף EX 39:13
ועליהון חקיק ומפרש **שמהת** תלת שיבטיא יהודה דן EX 39:11
חד ועליהון חקיק ומפרש **שמהת** תלת שיבטיא ראובן שמעון EX 39:10
ועליהון חקיק ומפרש **שמהת** תלתא שיבטיא גד ואשר EX 28:19
ועליהון חקיק ומפרש **שמהת** תלתא שיבטיא זבולן יוסף EX 28:20
ועליהון חקיק ומפרש **שמהת** תלתא שיבטיא יהודה דן EX 28:18
הינון תרתיסירי על **שמהתהון** גליף חקיק ומפרש הי EX 28:21
וקביל ית סכום מניין **שמהתהון**: ותקרב ית ליואי קדמי NU 3:40
בני ישראל תריסירי על **שמהתהון** כתב גליף חקיק ומפרש EX 39:14
ישראל: שיתא מן קצת **שמהתהון** על מרגלייא חדא וית EX 28:10
בני ישראל הינון: ואילין **שמהתן** דתריסר גובריא מאללייא NU 13:4
ספר צדיקיא דכתבתא **שמי** בגויה: ואמר ייי למשה לא חמי EX 32:32

בשבועא אימר ליה מן **שמי** האנא גזר ליה ית קיימי שלם NU 25:12
שדרני לוותכון דין הוא **שמי** לעלם ודין דוכרני לכל דר ודר: EX 3:15
כשמיה כן גבורתיה יהי **שמי** מברך לעלמי עלמין: ארתכוי EX 15:3
קליל: ברת קלא נפלת מן **שמי** מרומא וכן אמרת איתון חמון NU 21:6
תחומך: וישוון ית בירכת **שמי** על בני ישראל ואנא במימרי NU 6:27
ית חילי ומן בגלל דתתני **שמי** קדישא בכל ארעא: עד כדון EX 9:16
משלהי אנא בגין כן קרא **שמיה** אדום: ואמר יעקב זבון יומנא GN 25:30
מיתת רבקה אימיה וקרא **שמיה** אוחרן בכותיא: ואיתגלי ייי GN 35:8
תוב וילידת בר וקרת ית **שמיה** אונן ארום ברם עלוי עתיד GN 38:4
וקרא לה נבח על **שמיה**: איליין מטלני בני ישראל די NU 32:42
וידע אונן ארום לא על **שמיה** איקרון בנין והוה כד הוה GN 38:9
ארום ייי קנאי ופורען **שמיה** אלק קנאי ופורען הוא: EX 34:14
איתיליד בר וקרת ית **שמיה** אנוש הוא דרא דביומוהו GN 4:26
פירי ארעהום וקרת ית **שמיה** אשר: ואזל ראובן ביומי סיון GN 30:13
דישראל ואתקריין על **שמיה** ביומא דאתרבייו מטול NU 3:3
תמן יכרזון עלוי ויקרון **שמיה** בישראל שליף סנדלא: ארום DT 25:10
חביביא דאתקרון על **שמיה** בנין ובנן: ואמר מפלגא DT 32:19
מטת עלה מותא וקרת **שמיה** בר דווי ואבוי קרא ליה GN 35:18
היא ילידת בר וקרת ית **שמיה** בר עימיה ארום בר אבוהא GN 19:38
מעברא לירדנא וקרת **שמיה** גד: וילידת זלפה אמתה דלאה GN 30:11
יומא דין בגין כן קרא **שמיה** גלעד: וסכותא איתקריית די GN 31:48
וילידת ביר דכר וקרא **שמיה** גרשום ארום אמר דייר הויתי EX 2:22
דלא למקמה בנין על **שמיה** דאחוי: ובאש קדם ייי מה GN 38:9
זיתא: וקרא יעקב ית **שמיה** דאתרא דמליל עימיה תמן GN 35:15
קדם ייי הינון בגין כן קרא **שמיה** דאתרא ההוא בלישן בית GN 32:3
אישתא באתרה: וקרא **שמיה** דאתרא ההוא דליקתא ארום NU 11:3
תרין גוברין במשריתא **שמיה** דחד אלדד ושמיה דתניין NU 11:26
דמצרים: וקרא פרעה **שמיה** דיוסף גברא דטמירן מפרסם GN 41:45
נשיקת מימרא דייי: בריך **שמיה** דמריה עלמא דאליף לן DT 34:6
דפלשתאי בגין כן קרת **שמיה** דן: ואיתעברת תוב וילידת GN 30:6
אדם נפשא חייתא הוא **שמיה**: וקרא אדם שמהן לכל בעירא GN 2:19
כל דעליל ביומא ההוא **שמיה** ושם אבוי והוא הוה מזבן GN 42:6
לקבלא חולק טב וקרת **שמיה** זבולן: ומן בתר כדין ילידת GN 30:20
קטיר חוט זהורי וקרת **שמיה** זרח: ויוסף איתחת למצרים GN 38:30
קדם ייי בגין כן קרת **שמיה** יהודה וקמת מלמילד: וחמת GN 29:35
מעיברא לירדנא: וקרת ית **שמיה** יוסף למימר יוסף ייי לי על GN 30:24
בעקיבא דעשו וקרא **שמיה** יעקב ויצחק בר שיתין שנין GN 25:26
ואמר בקושטא קרא **שמיה** יעקב ושקר בי דנן תרתין GN 27:36
תליד לך בר ותיקרי ית **שמיה** יצחק ואקים ית קימי עימיה GN 17:19
ותלדין בר ותקרין ית **שמיה** ישמעאל ארום גלי קדם ייי GN 16:11
ישראל יהי שמך וקרא ית **שמיה** ישראל: ואמר ליה ייי אנא אל GN 35:10
באורייתא וקראת ית **שמיה** יששכר: ואתעברת תוב לאה GN 30:18
וקרא יתהון על **שמיה** כפרני יאיר עד יומא הדין: DT 3:14
לעמיה בית ישראל ייי **שמיה** כשמיה כן גבורתיה יהי שמי EX 15:3
קדם ייי בגין כן קרא **שמיה** לוי: ואיתעברת תוב וילידת GN 29:34
גבר מרגליתיה על **שמיה** לתריסר שבטיא: ועבדו על EX 39:14
מן פום קודשא יהי **שמיה** מברך דציציית יהוון מן חיוור NU 16:2
נפיק מן פום קודשא יהי **שמיה** מברך הי כזיקין והי כברקין EX 20:2
נפיק מן פום קודשא יהי **שמיה** מברך הי כזיקין והי כברקין EX 20:3
לוותכון ויימרון לי מה **שמיה** מה אימר להון: ואמר ייי EX 3:13
וילידת רבתא בר וקרת **שמיה** מואב ארום מאבוהא GN 19:37
במימר קדם ייי וקרא **שמיה** מיטטרון ספרא רבא: וחיא GN 5:24
ובנא משה מדבחא וקרא **שמיה** מימרא דייי דין ניסא דילי EX 17:15
אחוי שכיבא ולא יתמחי **שמיה** מישראל: ואין לא יצבי גברא DT 25:6
וקרון בית ישראל ית **שמיה** מנא והוא כבר זרע כוסבר EX 16:31
מרירין הינון בגין כן קרא **שמיה** מרה: ואתרעמו עמא על משה EX 15:23
מן פום קודשא יהי **שמיה** משבח ארבעין יממין EX 24:18
דעבד להון קודשא יהי **שמיה** משבח על ימא דסוף וגבורת EX 15:18
לה חביב הי כביר וקרת **שמיה** משה ארום אמרת מן מוי EX 2:10
שנין ואולד בר: וקרא ית **שמיה** נח למימר דין ינחמיננא GN 5:29
בצלו קדם ייי וקרת **שמיה** נפתלי: וחמת לאה ארום GN 30:8
אלקיה דיהודאי איתקרי **שמיה** עלנא נטייל כדון מהלך EX 5:3
וילידת בר וקראת ית **שמיה** ער ארום בלא וולד עתיד GN 38:3
כוליה ככלן דשער וקרו **שמיה** עשו מן בגלל דאתיליד כוליה GN 25:25
למחסן מלכותא וקרת **שמיה** פרץ: ובתר כדין נפק אחוי GN 38:29
בפדן היא פתור על **שמיה** פתיר חלמיא והיא מתבניא NU 22:5
לאה וילידת בר וקרת ית **שמיה** ראובן ארום אמרת ארום גלי GN 29:32
תוב וילידת בר וקרת ית **שמיה** שלה ארום שלי יתה בעלה GN 38:5
במצרים וקרת **שמיה** שמעון: ואתעברת תוב GN 29:33
הבל וילידת בר וקרת ית **שמיה** שת ארום אמרת יהב לי ייי GN 4:25
ית דדמי ליה וקרת ית **שמיה** שת: והוו יומי אדם בתר GN 5:3
גבר מרגליתיה על **שמיה** תהויין לתריסר שיבטין: EX 28:21
תריסר חוטרין גבר ית **שמיה** תכתוב על חוטריה: וית שמא NU 17:17
תוב שמך אברם ויהי **שמך** אברהם ארום לאב סגי סוגעי GN 17:5
עממין: ולא יתקרי תוב **שמך** אברם ויהי שמך אברהם ארום GN 17:5
לא יעקב איתאמר עוד **שמך** אילהין ישראל ארום GN 32:29
למשה לא חמי למימחי **שמך** אלהין מאן דחב קדמי EX 32:33
עמא דאתקריון על **שמך** דאפיקתא מארעא דמצרים: DT 9:12
בירכת יתי: ואמר ליה מה **שמך** ואמר ליה יעקב: ואמר לא GN 32:28
יעקב ואמר חוי כדון **שמך** ואמר למה דנן אנת שאיל GN 32:30
קדישייא דמקדשין **שמך** ונחתין לאתון נורא בבקעת GN 38:25
יעקב אלהין ישראל יהי **שמך** וקרא ית שמיה ישראל: ואמר GN 35:10
רב ואיבריכינך וארבי **שמך** ותהי מברך: ואבריך ית כהניא GN 12:2
אחך ויתקרון יהודאין על **שמך** ידך יתפרען לך מבעלי דבבך GN 49:8
ואמר ליה ייי עד כדון הוה **שמך** יעקב לא יתקרי שמך תוב GN 35:10
שמך יעקב לא יתקרי **שמך** תוב יעקב אלהין ישראל יהי GN 35:10

שמאל (25)

קולין תעביד לתיבותא **בשמאלא** ותלתין ושית בפותיה GN 6:14
בימינא וחמש **בשמאלה** ותישוע יתה מן גיו GN 6:14
ימיניה על ידא דכהנא **דשמאלא**: וידי כהנא באדבעיה LV 14:26
לאתין כתיבין על ידך **דשמאלא** ויהוון לתפילין על מוקרך DT 6:8
ויריק על ידה דכהנא **דשמאלא**: ויטמש כהנא ית אצבעיה LV 14:15
ממישחא דעל ידיה **דשמאלא** שבעת זימנין קדם ייי: LV 14:27
על תפילת ידא בגובהא **דשמאלך** ולדוכרן חקיק ומפורש EX 13:9
יתכון לא תיסטון לימינא **ולשמאלא**: בכל אורחא דפקיד ייי DT 5:32
אורח למיסטי לימינא **ולשמאלא**: וחמת אתנא ית מלאכא NU 22:26
נזיל לא נסטי לימינא **ולשמאלא** להנזקא בשבילי רשותא NU 20:17
לכון יומנא לימינא **ולשמאלא** למהך בתר טעוות DT 28:14
מן תפקדתא לימינא **ולשמאלא** מן בגלל דינגוד יומין על DT 17:20
אסטי להנזקותך לימינא **ולשמאלא**: עיבור כד חי בכספא DT 2:27
להון הי כשורין מימינהון **ומשמאלהון**: ופרק ושיזיב ייי ביומא EX 14:29
תלת מאה מילין מימנהון **ומשמלהון**: ורדפו מצראי ועלו מן EX 14:22
דיחוון לכון ימינא **ושמאלא**: וגברא דיעבד בזדנותא DT 17:11
מן משחא דעל ידיה **שמאלא** וידי משחא באדבעיה LV 14:16
וית מנשה מן צטר **שמאליה** דהוא ימינא דישראל GN 48:13
מן צטר ימיניה דהוא **שמאליה** דישראל וית מנשה מן GN 48:13
חדא יד ימיניה על **שמאליה** על ריש צפירא חייא ויודי LV 16:21
דאפרים והוא זעירא וית **שמאליה** על רישא דמנשה פרג ית GN 48:14
ימיניה ולמפד דאישא מן **שמאליה** פרח וטייס באויר שמיא EX 20:3
ימיניה ולמפד דאישא מן **שמאליה** פרח וטייס באויר שמייא EX 20:2
לאת על רום ידכון **שמאליתא** ויהון לתפילין קבל DT 11:18
לאת חקיק ומפרש על יד **שמאלך** ולתפילין בין ריסי עינך EX 13:16

שמד (1)

בר עממין או בר ישראל **דאישתמד** ולא הדר לא ייכול ביה: EX 12:43

שמט (31)

אחוית הילכת שמיטתא **אשמיטו** כל בר נש מרי מוזפתא DT 15:2
רומחא באתר בירוזא ולא **אשתמיט** נס חמישאי כד סובר NU 25:8
או דלקי בחוטמיה או **דמשתימיט** ירכיה: או גבר דיהי ביה LV 21:18
ועינא אלהין בשנין **דשמטתא** ובסימניא וביובלא EX 21:7
ויסגי בביתא מן בתר **דשמיטו** ית אבניא ומן בתר דקליפו LV 14:43
שבע שנין באשוני שתא **דשמיטיתא** בחגא דמטליא: במיתי DT 31:10
עללתך בשתא תליתיתא **דשמיטיתא** ותיתנון מעשרא קמאה DT 26:12
ובשתא שביעתא נייח **דשמיטיתא** יהי לארעא די תשמיט LV 25:4
בדמי גניבותיה ועד שתא **דשמיטתא**: אין בסהדיא משתכחא EX 22:2
שתא שביעתא שתא **דשמיטתא** ותבאש עיניכון DT 15:9
בסיקוריא למקטע קיסא **וישמוט** פרזלא מן קתא וישכח ית DT 19:5
ביתא: ויפקד כהנא **וישמטון** ית אבניא דיבהון מכתשא LV 14:40
לארעא דאנא יהיב לכון **ותשמיט** ארעא שמיטתא קדם ייי: LV 25:2
ולא תקטפון ית עינבי **שמיטהא**: ארום יובלא היא קודשא LV 25:11
בכן תרעי ארעא ית שני **שמיטהא** כל יומין דהיא צדיא LV 26:34
ארעא ותרעי ית שני **שמיטהא**: כל יומין דהיא צדיא LV 26:34
מנהון ותירעי ית שני **שמיטהא** כל יומין דהיא צדיא LV 26:43
דלא אתנייחת ית שני **שמיטיכון** כד הוויתון שריין עלה: LV 26:35
ויהון לך סכום יומי שבע **שמיטין** דשנין ארבעין ותשע שנין: LV 25:8
ישראל במצרים תלתין **שמיטין** דשנין דסכומהון מאתן EX 12:40
למיכל: ותימני לך שבע **שמיטין** דשנין שבע שנין שבע LV 25:8
יהי לארעא: ותהי **שמיטת** ארעא לכון למיכל לך LV 25:6
ודין אחוית הילכת **שמיטתא** אשמיטו כל בר נש מרי DT 15:2
שבעתי שנין תעבדון **שמיטתא**: ודין אחוית הילכת DT 15:1
ומספק להון מזוני בשני **שמיטתא** ותחומי יהי מרבי זיתין DT 33:24
לא תקטפון שנת **שמיטתא** יהי לארעא: ותהי שמיטת LV 25:5
ארום קרא בית דינא **שמיטתא** קדם ייי: ית בר עממין DT 15:2
יהיב לכון ותשמיט ארעא **שמיטתא** קדם ייי: שית שנין תזרעון LV 25:2
די יהוי לך עם אחוך **תשמיט** ידך: לחוד אין אתון עסיקין DT 15:3
יהי לארעא די **תשמיט** קדם ייי חקליכון לא LV 25:4
ית עללתא: ושביעיתא **תשמיטינא** מפולחנא ותפקר EX 23:11

שמיא (154)

לתמן: ייי אלקא דמותביה **בשמי** מרומא דדברני מן בית אבא GN 24:7

דייי אלקא דמותביה **בשמי** מרומא הוא אלקא GN 24:3
דאיצטנע לכון מן שירויא **בשמי** מרומא וכדון יהביה ייי לכון EX 16:15
היכמא דאנא יחידי **בשמי** מרומא ועתידין למיקום GN 3:22
יקרא בגיוותנותיה **בשמי** שחקי מרומא: מדוריה DT 33:26
דאשרי שכינתיה ורכוביה **בשמיא** הוא יהוי בסעדכון ויתיב על DT 33:26
ולא רחיקא היא: לא **בשמיא** היא למימר מן יסוק DT 30:12
למימר מן יסוק בדילנא **בשמיא** ויסיבנה לנא וישמע יתה DT 30:12
היכמא דאנא רחמן **בשמיא** כן תהוון רחמנין בארעא LV 22:28
ית אוצריה טב דעימיה **בשמיא** למיתן מטר ארעכון DT 28:12
בר מינך דשכינתך שריא **בשמיא** מלעילא ושליט בארעא DT 3:24
אלקים דשכינתיה שריא **בשמיא** מלעילא ושליט על ארעא DT 4:39
זקפית בשבועא ית ידיי **בשמייא** ואמרית היכמא דאנא DT 32:40
לכון מן אוצריי טבין **דבשמי** שכינתי בשתא שתיתיתא LV 25:21
ידיכון בצלו קדם אבוכון **דבשמיא** דיפרוק יתכון: פרי ארעכון DT 28:32
לכון צלם וצורה וכל דמו **דבשמיא** מלעיל ודי בארעא מלרע EX 20:4
לכון צלם וכל דמו **דבשמיא** מלעיל ודי בארעא מלרע DT 5:8
נשי גוברין באורח מלכא **דבשמיא** נזיל לא נסטי לימינא NU 20:17
רחמין מן קדם אבוהון **דבשמייא** והוא שמע בקל צלותהן EX 1:19
נשי גוברין אורח מלכא **דבשמים** נזיל עד דניעיבר תחומך: NU 21:22
מיפקדין מן קדם מימרא **דשמיא** דלא למסדרא עמהון סידרי NU 20:21
משגרא למיכל לכל עופא **דשמיא** ולבעירא דארעא ולית DT 28:26
עד ריחשא ועד עופא **דשמייא** ארום תבית במימרי ארום GN 6:7
חיית ארעא ועל כל עופא **דשמייא** בכל דתרחיש ארעא ובכל GN 9:2
חיות ברא וית כל עופא **דשמייא** ואיתי לוות אדם למיחמי GN 2:19
בכוורי ימא ובעופא **דשמייא** ובכל ריחשא חייתא GN 1:28
חיות ארעא ולכל עופא **דשמייא** ולכל דרחיש על ארעא GN 1:30
לכל בעירא ולכל עופא **דשמייא** ולכל חיות ברא ולאדם לא GN 2:20
יהון נהורין ברקיעא **דשמייא** לאפרשא ביני יממא וביני GN 1:14
ויהון לנהורין ברקיעא **דשמייא** למנהרא עילוי ארעא והוה GN 1:15
על שיטריהון ברקיעא **דשמייא** למנהרא על ארעא: GN 1:17
ברכן דנחתן מטלא **דשמייא** מלעילא ומטוב ברכן GN 49:25
ארעא יהי מותבך ומטלא **דשמייא** מלעילא: ועל סייפך תהי GN 27:39
הא דייי אלקכון שמיא **ושמי** שמיא וכיתי מלאכיא דבהון DT 10:14
האילין אתריגישת ארעא **ושמיא** זעו שימשא וזיהרא קדרון DT 28:15
דעבד ייי אלקים ארעא **ושמייא**: וכל אילני חקלא עד כדו GN 2:4
דין דבשר ית שרה סליק **לשמיה** מרומא ותרין מנהון אודיקו GN 18:16
ואמר איסתכל כדון **לשמייא** ומני כוכביא אין תיכול GN 15:5
דישראל יהב שמיעא **לשמייא** וצייתא לארעא מן בגלל DT 32:1
מן בגלל דהוה קריב **לשמייא** ורחיק מן ארעא דהכין DT 32:1
דאישתארו מן לרע **לשמייא** לדוכתא חד ותתנגב ארעא GN 1:9
שמיעא לארעא וצייתא **לשמייא** מן בגלל דהוה קריב DT 32:1
אלקא לית תוב בר מיניה: **משמי** מרומא אשמעינכון ית קל DT 4:36
דידיה דשבא יתה **משמיה** מרומא ואתגלי עלוי איקר DT 34:5
וברת קלא נפלת **משמייא** ואמרת דמן קדמי הוה GN 38:26
מן יד נפלת אישתא מן **שמי** מרומא וגמרתיה ומית הרן GN 11:28
ברת קלא נפלת מן **שמי** מרומא וכן אמרת לא תידחלון DT 28:15
עימיה כד נחית מן **שמי** שמיא עילוי כפורתא דעל NU 7:89
יתהין כד הינין חיין: וענני **שמיא** אזלין לפישון ודליין מתמן EX 35:27
יתהון ובתר הכי חרכי **שמיא** איתפתחו: והוה מיטרא נחית GN 7:11
לבני ישראל לחמא מן **שמיא** אליף יתן למקבור מיתיא מן DT 34:6
דמשתלחא עלוי מן **שמיא**: ברם אין כנסא דממונא EX 21:29
כל עממייא דתחות כל **שמיא** דישמעון שמע זכוותך היך DT 2:25
גפא דפרחא באויר רקיע **שמיא**: דמו דכל ריחשא דבארע דמו DT 4:17
דעבדא עיבור וחמר לחוד **שמיא** דעילויהון רסיין להון טלין DT 33:28
מקדשיכון ואיתן ית **שמיא** דעילויכון ברירן הי כפרזלא LV 26:19
עד דתיבדון: ויהון **שמיא** דעילויכון הי כנהשא דמזייע DT 28:23
רברבן וכריכן עד צית **שמיא** ואוף בני עפרון גיברא חמינא DT 1:28
ועד עופא דפרח באויר **שמיא** ואישתיצי מן ארעא GN 7:23
מן בגלל דארכין ליה ייי **שמיא** ואיתגלי עלוי באישא EX 19:18
מבועי תהומא וחרכי **שמיא** ואיתמנע מיטרא מלימיחת GN 8:2
ואסגי ית בנך הי ככוכבי **שמיא** ואיתן לבנך ית כל ארעתא GN 26:4
דייי לאברהם תניינות מן **שמיא**: ואמר במימרי קיימית אמר GN 22:15
וקרא ליה מלאכא דייי מן **שמיא** ואמר ליה אברהם אברהם GN 22:11
ית שומהון מתהות **שמיא** ואעביד יתך לעם תקיף וסגי DT 9:14
דוכרנא דעמלק מתחות **שמיא** ואפילו ליומי מלכא משיחא DT 25:19
צדיקיא קנא בקניניה **שמיא** וארעא: אין מן חוטא ועד GN 14:22
דבגין צדיקיא קנא **שמיא** וארעא: ובריך אלקא עילאה GN 14:19
בכון יומנא אילהין **שמיא** וארעא חיי ומותא סדרית DT 30:19
ומן יד אתגוללו רחמי **שמיא** ואתכליית מותנא מעילוי בני NU 25:8
אגרא ויתחל בי שום **שמיא** ובכין הוה פיתגמא דייי עם GN 15:1
בית שכינת קודשך מן **שמיא** ובריך ית עמך ית ישראל וית DT 26:15
הוה פרח וטייס לאויר **שמיא** והוה צווח ואמר חבל על EX 32:19
ועזאל הינון נפלן מן **שמיא** והוו בארעא ביומיא האינון GN 6:4
אסגי ית בנך ככוכבי **שמיא** והי כחלא דעל כיף ימא GN 22:17

דילנא מיא והות צבו מן **שמיא** ויבשת ובכן אהדרו יתה GN 26:20
לחדא וימרד באלקא **שמיא**: ויהי אין נייח הוא במצוותא DT 17:17
כל חיות ברא וציפורי **שמיא** ויכלו גושמהון ומבתר כדין NU 11:26
ית שום דוכרניה מתחות **שמיא**: ויפרשיניה ייי לבישא מכל DT 29:19
האילין ואסהיד בהון ית **שמיא** וית ארעא: ארום חכימית דמן DT 31:28
דין סהדין קיימין ית **שמיא** וית ארעא ארום מיבד DT 4:26
יומין ברא ייי ושכליל ית **שמיא** וית ארעא וביומא שביעאה EX 31:17
בשיתא יומין ברא ייי ית **שמיא** וית ארעא וית ימא וית כל EX 20:11
דכל עממיא דתחות כל **שמיא**: ויתכון נסיב מימרא דייי DT 4:19
כוסבר חיור כד נחית מן **שמיא** וכד הוה קריש חיזויה הי NU 11:7
אחיתית להון מנא מן **שמיא** וכדון חזרו ואתרעמו עלוי NU 21:6
דייי אלקכון שמיא ושמי **שמיא** וכיתי מלאכיא דבהון DT 10:14
אסגי ית בניכון הי ככוכבי **שמיא** וכל ארעא הדא דאמרית EX 32:13
דייי בכון ויחוד ית ענני **שמיא** ולא יחתון מיטרא וארעא לא DT 11:17
ית עמא הדין הי ככוכבי **שמיא** ולאחסנותהון ית ארע NU 23:19
מטוב טלין דנחתין מן **שמיא** ומטוב מבועין דסלקין GN 27:28
על עמא דמיכלהון לחם **שמיא** ומתרעמין דמנא דמוייה NU 11:7
קבילתהון עד צית **שמיא**: ונטלו מאתר דגרי ייי בהון ית NU 33:42
ורישי מטי עד צית **שמיא** ונעביד לנא סגדו ברישיה GN 11:4
אדם על ארעא ולמסייפי **שמיא** ועד סייפי שמייא ההוה היך DT 4:32
דאחית לכון חיוור מן **שמיא** ושיילתון בישרא בחצרות DT 1:1
לכון: הא דייי אלקכון **שמיא** ושמי שמיא וכיתי מלאכיא DT 10:14
מיטרא מלימיחת מן **שמיא**: ותאיבו מיא מעילוי ארעא GN 8:2
תיתלון עיניכון לצית **שמיא** ותחמון ית שימשא וית DT 4:19
וית רישי כוכביא כל חילי **שמיא** ותטעון ותסגדון להון DT 4:19
פרח וטייס באויר **שמיא** חזר ומתחמי על משירייתהון EX 20:3
טווריא רמיא דתחות כל **שמיא**: חמיסירי גרמידין מלעיל GN 7:19
ושלהוביה מטי עד צית **שמיא** חשוכא עננא ואמיטתא: DT 4:11
עילוי עישבי חיקליכון מן **שמיא** יחות פורענו עליכון עד DT 28:24
טבא והי כתקוף שפר **שמיא** כד הינון ברירין מן ענניא: EX 24:10
רוחא דחיי מן תחות **שמיא** כל דבארע יתנגד: ואקים ית GN 6:17
מדוכרנא תחות כל **שמיא** לא יתעתד אינש קומיכון עד DT 7:24
מותנא אתגוללו רחמי **שמיא** למתפרעא פורענות דין NU 25:19
יומא דין הי ככוכבי **שמיא** לסגי: ייי אלקא דאבהתכון DT 1:10
חולף דהויתון הי ככוכבי **שמיא** לסוגי ארום לא קבילתון DT 28:62
ייי אלקכון הי ככוכבי **שמיא** לסוגי: ותרחמון ית ייי DT 10:22
אתון חמיתון ארום מן **שמיא** מלילית עימכון: עמי בני EX 20:22
דקוסמין ופרח באויר **שמיא** מן יד אדכר פנחס שמא רבא NU 31:8
אין יהון מבדריכון בסייפי **שמיא** מתמן יכנוש יתכון מימרא DT 30:4
גברא חייבא מרוד באלק **שמיא** נפק ממצרים בר גברא LV 24:10
עימיה כד נחית מן שמי **שמיא** עילוי כפורתא דעל ארונא NU 7:89
כסכום יומין דקיימין **שמיא** על ארעא: ארי אין מינטר DT 11:21
מטול דיוספון לכון מן **שמיא** עללתא אנא הוא אלקכון: לא LV 19:25
רברבן וכריכן עד צית **שמיא**: עם חסין וגיוותן הי כגינבריא DT 9:1
דכר ונוקבא: ברם מן צפרי **שמיא** שובעא שובעא דכר ונוקבא GN 7:3
מן מיטרא דנחית מן **שמיא** שתיא מוי: ארעא דייי אלקך DT 11:11
הדין למחר מן אוצרי **שמייא** ברדא תקיף לחדא דלא הוי EX 9:18
קריב לארעא ורחיק מן **שמייא** ברם משה נביא כד הוה DT 32:1
רמא דרישי מטי עד צית **שמייא** ברם ענפוי מטלן על כל GN 50:1
אנא מחית לכון לחמא מן **שמייא** דאיצטנע לכון מן שירויא EX 16:4
חורן: ואכריזו עלה מן **שמייא** דיסנינה גברא בתראה DT 24:3
או לסיהרא או לכל חילי **שמייא** דלא פקידית: ואתחוא לכון DT 17:3
שמיא ועד סייפי **שמייא** ההוה היך פיתגמא רבא הדין DT 4:32
עיבידתא: ותייבין ענני **שמייא** ואזלין לגן עדן ונסבין מתמן EX 35:28
דהכין כתיב אציתו **שמייא** ואימליל ותישמע ארעא DT 32:1
מלאכא דייי להגר מן **שמייא** ואמר לה מה ליך הגר לא GN 21:17
שתיתיי: ושלימו ברייתי **שמייא** וארעא וכל חילוותהון: GN 2:1
למיעבד: אילן תולדת **שמייא** וארעא כד אתברייו ביומא GN 2:4
בנוני ימא ובעופא דבאויר **שמייא** ובבעירא ובכל ארעא ובכל GN 1:26
ית דוכרן עמלק מתחות **שמייא**: ובנא משה מדבחא וקרא EX 17:14
טייסיה על אויר רקיע **שמייא**: וברא אלקים ית תנינייא GN 1:20
ורישי מטי עד צית **שמייא** והא תרין מלאכיא דאזלו GN 28:12
משה ית ידיה על צית **שמייא** והוה חשוך דקביל בכל EX 10:22
כן: וקרא אלקים לרקיע **שמייא** והוה רמש והוה צפר יום GN 1:8
ודרק יתיה משה לצית **שמייא** והוה שחין שלבוקיין סגי EX 9:10
מן קדם מימרא דייי מן **שמייא**: והפך ית קירווייא האילין GN 19:24
פרח וטייס באויר **שמייא** וחזר ומתחמי על EX 20:2
ארים ית ידך על צית **שמייא** ויהי ברדא בכל ארעא EX 9:22
ארים ית ידך על צית **שמייא** ויהי חשוכא על ארעא EX 10:21
משה ית חוטריה על צית **שמייא** וייי יהב קלין וברדין EX 9:23
מן אוולא ברא אלקים ית **שמייא** וית ארעא: וארעא הוות GN 1:1
עלמא ברא קלא נפלת מן **שמייא** וכן אמרת אתון כל עללי DT 34:5
אנא שלח מחתא לך מן **שמייא** ותתיב ית כל מחתיי EX 9:14
אחסינו יתה מן **שמייא** לא חרבא שלף ולא סוסא DT 34:5

אצבעתא ביני סיטרי **שמייא** למוי דאוקינוס ואפריש ביני GN 1:7
וידריקיניה משה לצית **שמייא** למיחמי פרעה: ויהי לאבקא EX 9:8
לצלן מכוון כל קבל תרע **שמייא** משכלל תחות כורסי יקרא: GN 28:17
הוו נחתין רתיחין מן **שמייא** עילוי ארעא: בשנת שית GN 7:10
ייי ארעיא דיוסף מטוב **שמייא** תהי עבדא מגדין מטלא DT 33:13

שמיר (3)

ובירא וחוטרא דמשה **ושמירא** וקשתא ועננֵי יקרא ופום NU 22:28
דלית מוי דאפיק לך מוי **משמיר** טינרא: דאוכלך מנא DT 8:15
מן כיפא ומשח מן **שמיר** טינרא בעידן דאימן נפקן EX 15:2

שמם (2)

למרמא עליהון ברדין **ושאמם** ית משיריית מצראי: ונסר EX 14:24
ולא נמות וארעא לא **תשתומם**: וקנא יוסף ית כל ארעא GN 47:19

שמן (17)

כטעם ביזא די מסרבלא **בשומנא**: וכד נחית טלא על NU 11:8
בחקרין: ומה שבח ארעא **השמינין** הינון פירייה אין פתרנין NU 13:20
לשמך בר תורין רכיך **ושמין** אימרא איתבחר תיניין בגין LV 22:27
ונסיב בר תורי רכיך **ושמין** ויהב לעולימא ואוחי GN 18:7
קודשיה ית תרבא **שומנוניתא** דעל חדיא וית חדיא כד LV 7:30
קרבנא קדם ייי טוב **שומניה** אליתא שלמתא כל קבל LV 3:9
תבשילין: ונסיב לווי **שמין** וחלב ובר תורי דעבד עולימא GN 18:8
תקיפין: יהב להון לוואי **שמיני** תורין מן ביזת מלכיהון DT 32:14
טובוי דאשר מן **שמינין** הינון בירוי ארעיא מרביא GN 49:20
לי מתמן תרי גדיי עזין **שמינין** חד לשום פיסחא וחד לשום GN 27:9
ולבניהון ארעא דפירהא **שמינין** כחלב וחליין כדבש: ארום DT 11:9
לך ארע דפירהא **שמינין** כחלב וחליין כדבש: והוה DT 6:3
ארעא הדין ארע דפירהא **שמינין** כחלב וחליין כדבש: וכדון DT 26:9
לאבהתנא ארעא דפירהא **שמינין** כחלב וחליין כדבש: יומא DT 26:15
יהיב לכון ארעא דפירהא **שמינין** כחלב ועבדין דבש היכמא DT 27:3
פטימין ודיכרין בני דענין **שמינין** ממתנן וגדאין אמר משה DT 32:14
דמצרים ותיכלון ית **שמנותיתא** דארעא: ואנת יוסף GN 45:18

שמע (193)

מלילו אחוי עימיה: וקלא **אישתמע** בית מלכותא דפרעה GN 45:16
לא הויתי מעכב מן יד **אישתמעו** פיתגמיא האילין קדם GN 22:1
בר מיניה: משמי מרומא **אשמעינכון** ית קל מימריה למכסנא DT 4:36
ולאהרן בליליא דפסחא **אשתמע** קליה עד ארעא דגשן EX 12:31
ולחמא בצפרא למיסבוע **בדשימיע** קדם ייי ית תורעמותכון EX 16:8
קדמוי: ומליל משה **במשמע** כל קהלא דישראל ית DT 31:30
קליא היך הוו מתהפכין **במשמעהון** דכל חד וחד והיך הוו EX 20:18
פיתגמי תושבחתא הדא **במשמעהון** דעמא הוא והושע בר DT 32:44
יתכון מכא: מליל כדון **במשמעהון** דעמא וישיילון גבר מן EX 11:2
וסרכיכון ואימליל **במשמעהון** ית כל פיתגמייא DT 31:28
הדא קבל כל ישראל **במשמעהון**: כנושו ית עמא גובריא DT 31:11
ביניהון: ומן בגלל דתתני **במשמעי** ברך ובר ברך ית ניסין EX 10:2
ושוי פיתגמייא האינון **במשמעיה** דיהושע ארום מימחא EX 17:14
בעיניכון מלילו כדון **במשמעיה** דפרעה למימר: אבא GN 50:4
במטו עבדך פיתגמא **במשמעיה** דריבוני ולא יתקוף רוגזך GN 44:18
מסר כאגדנא דמותא: ויהי **במשמעיה** ית פתגמי מומתא הדא DT 29:18
להון משה אוריכו עד **דאשמע** מה דאתפקד מן קדם ייי NU 9:8
לקיימא ובטיל בתר **דישמע** כל נדרהא ואיסרא דאסרת NU 30:6
וקצף ומשחית וחרון כיון **דישמע** משה רבהון דישראל אזל DT 9:19
ליתבי ארעא הדא **דישמעו** ארום אנת הוא ייי NU 14:14
חד ויימרון עממיא **דישמעו** ית שמע גבורתך למימר: מן NU 14:15
למיחמי עממיא **דישמעון** ית כל קיימיא האילין DT 4:6
דענן יקרא מן בגלל **דישמעון** עמא במללותי עימך ואוף EX 19:9
דתחות כל שמיא **דישמעון** שמע זכוותך היך קמון DT 2:25
מן קל פונין דמימרא דייי **דמישתמע** מיגו אישתא ולא DT 5:5
יבטל איבהא יתה ביומא **דשמע** או לא אתכוון לקיימא NU 30:6
רבא ויקירא דמתפרש **דשמע** בסיני ואזיד וארגיז ושום LV 24:11
יתקיימון: ואין ביומא **דשמע** בעלה בטיל לה וישרי ית NU 30:9
עמלק כד מלך בערד **דשמע** דמית אהרן ואסתלקו ענני DT 10:6
ולא שרינון ביומא **דשמע**: ואין מישרא ישרי לה יומא NU 30:15
וישמע בעלה וביומא **דשמע** יתכווין לקיימותהון וישתוק NU 30:8
תימהא עבד לי ייי כל **דשמע** יתמה עלי: ואמרת מה GN 21:6
ישרי יתהון בעלה ביומא **דשמע** כל אפקות סיפמהא לנדרהא NU 30:13
ישרי לה יומא חד בתר **דשמע** לא סגיא לה בשרותא ואין NU 30:16
ומתכוין לה בעלה מיומא **דשמע** ליומא חרן ויתקיימון כל NU 30:15
הוה מתגלי ליה: אימר **דשמע** מימר מן קדם אלקא וידע NU 24:16
מלאכא לקובליה: אימר **דשמע** מימר מן קדם אלקא חייא NU 24:4
דכוותיה: האיפשר **דשמע** עמא קל מימרא דייי אלקא DT 4:33
הי דין כל בר בישרא **דשמע** קל מימרא דאלק קיים DT 5:26
ויסמכון כל סהדייא **דשמעו** בארגזותיה ודייניא ית LV 24:14
צווח ואמר חבל על עמא **דשמעו** בסיני מן פום קודשא לא EX 32:19
בתברותי יתהון היכמא **דשמעו** כל בירייתא ית קל ציווחת EX 7:9
מיגו אישא היכמא **דשמעתון** אתון ואתקיים: או היך DT 4:33
ויהבינון לי: והוה כיוון **דשמעתון** ית קל דבירא מיגו DT 5:23
היך פיתגמא רבא הדין או **הישתמע** דכוותיה: האיפשר דשמע DT 4:32
ייי לי כנוש קדמי ית עמא **ואשמועינון** ית פיתגמי דילפון DT 4:10
מנכון תקרבון לותי **ואשמעיניה**: ופקידית יתכון בעידנא DT 1:17
איבהא עד תריסר שנין: **וישמע** איבהא ית נידרה ואיסרה NU 30:5
בתר דאיתנסיבת נדרת **וישמע** בעלה וביומא דשמע יתכווין NU 30:8
על נפשה בקיימא: **וישמע** בעלה וישתוק לה ולא בטיל NU 30:12
ימא רבא ויסבינה לנא **וישמע** יתה לן ונעבדינה: ארום קריב DT 30:13
בשמיא ויסיבנה לנא **וישמע** יתה לנא ונעבדינה: ולא מן DT 30:12
ליה: ובר נש ארום יחוב **וישמע** קל אומאה דלווט ואיהוא LV 5:1
ותקיף מנהון: ואמר משה **וישמעון** בניהון דמצראי דאישתנקו NU 14:13
מילוי וחד מקטע מילוי **ומדשמעתון** מיליהון לית אפשר DT 1:16
ואמרו ניקרי לריבא **ונשמע** מה דהיא אמרה: וקרו GN 24:57
יתיה בנוי לארעא דכנען **ושמיע** פיתגמא לעשו רשיעא ונטל GN 50:13
הלא אוף עימנא מליל **ושמיע** קדם ייי: וגברא משה ענוותן NU 12:2
והגיאן ביש קדם ייי **ושמיע** קדם ייי ותקיף רוגזיה NU 11:1
ועמודא דעננא בימָמא: **ושמיע** קדם ייי ית קל פיתגמיכון DT 1:34
אלקנא לך ונקבל ונעבד: **ושמיע** קדם ייי ית קל פיתגמיכון DT 5:28
וארימת ית קלא ובכת: **ושמיע** קדם ייי ית קליה דטליא GN 21:17
מן חדא מן אמהתה **ושמיע** קדם ייי צלותא דלאה GN 30:21
למפרוקינון מן פולחנא: **ושמיע** קדם ייי קבילתהון ודכיר EX 2:24
דוכרנהא דרחל קדם ייי **ושמיע** קדמוי קל צלותא ואמר GN 30:22
מיחמי כל עמא איתיקר **ושמע** אהרן ושתיק וקבל אגר טב LV 10:3
בבכותא ושמעו מצראי **ושמע** אינש בית פרעה: ואמר יוסף GN 45:2
נבותיה ואמר קום בלק **ושמע** אצית מיליי בריה דצפור: לא NU 23:18
בלעם עם רברבי בלק: **ושמע** בלק ארום אתא בלעם ונפק NU 22:36
חקיק ומפרש על לוחיא: **ושמע** יהושע ית קל עמא כד EX 32:17
עילוי כאילו שמיש עימה **ושמע** ישראל ובאיש ליה ואמר ווי GN 35:22
ועבדין וגמלין וחמרין: **ושמע** ית פיתגמי בני לבן דאמרין GN 31:1
זימנא למללא עימיה **ושמע** ית קל רוחא דמתמלל עימיה NU 7:89
ומדרא דעלמא דאתי: **ושמע** יתרו אונוס מדין חמוי דמשה EX 18:1
הוה אהרן מצית אדניה **ושמע** מה דמליל עמיה: ומליל ייי EX 6:28
מתרברבין על קהלא דייי: **ושמע** משה היך קנייו כל חד מנהון NU 16:4
אפשר דישפר קדם ייי: **ושמע** משה ושפר קודמוי ואפיק LV 10:20
הוה נחית מנא עלוי: **ושמע** משה ית עמא בכן על NU 11:10
אישיצינכון באורחא: **ושמע** עמא ית פיתגמא בישא הדין EX 33:4
גובריא ונשיא דישראל: **ושמע** עמלק דהוה שרי בארע NU 21:1
כד מית בטוורוס אומניס: **ושמע** עמלק חייבא ואתחבר NU 33:40
איתפרסם פיתגמא: **ושמע** פרעה ית פיתגמא הדין ובעא EX 2:15
על כורסיה רם ומנטל **ושמע** צלותנא בכל עידן דאנן DT 4:7
למיתייא לעיבידתא **ושמע** קל כרוזא ואיסתפי ואיתי LV 8:15
מה יהי פשר חלמוי: **ושמע** ראובן ושיזביה מן אידיהון GN 37:21
לעיני עמא: והימין עמא **ושמעו** ארום דכיר ייי ית בני ישראל EX 4:31
בסוף יומיא: אתכנשו **ושמעו** בני יעקב וקבילו אולפן מן GN 49:2
עם כל עמא למימר ציתו **ושמעו** ישראל יומנא אתבחרתון DT 27:9
תינין ועבדו להון קמורין: **ושמעו** ית קל מימרא דייי אלקים GN 3:8
וארים ית קליה בבכותא **ושמעו** מצראי ושמע אינש בית GN 45:2
טלין מתפתחין ביה **ושמעית** ית אבוך ממליל עם עשו GN 27:6
יעקב מן חקלא ברמשא **ושמעת** לאה קל נהיקיה דחמרא GN 30:16
אציתו שמייא ואימליל **ותישמע** ארעא ממלל פמי: ינקוף על DT 32:1
ואתקיים: קריב את **ותשמע** ית כל מה דיימר ייי אלקנא DT 5:27
פקידית: ואתחוא לכון **ותשמעון** ותיתבעון ית סהדיא DT 17:4
תמן לישנהום דלא **ישמעון** אינש לישן חבריה: GN 11:7
מביניכון וכל ישראל **ישמעון** וידחלון: וארום אין יהוי DT 21:21
עבדיא: וכל ישראל **ישמעון** וידחלון ולא יוספון למעבד DT 13:12
ורשיעיא דמשתיירין **ישמעון** וידחלון ולא יוספון למעבד DT 19:20
דביש מישראל: וכל עמא **ישמעון** וידחלון ולא ירשעון תוב: DT 17:13
הדא: ובניהון דלא ידעו **ישמעון** וילפון למידחל מן קדם ייי DT 31:13
עממיא לא תידכרון ולא **ישתמע** על פומכון: תלתא זימנין EX 23:13
לי אוף ית דין והכדין **ישתמע** קדמוי קלהון דבניי כד יהון GN 29:33
שיריונין וכל עממיא **ישתמעון** ליה ומסדרין קרבא NU 11:26
עמיה דינין דקשוט כחדא **ישתמעון** ליה שבטיא דישראל: יהי GN 49:16
גובריא למילף ונשייא **למישמע** אולפנא וטפליא לקבולי DT 31:12
הדין אין מוספין אנחנא **למישמע** ית קל מימרא דייי אלקנא DT 5:25
פיקודיא ותיכול למיקום **למישמעהון** ואוף אהרן ובנוי וכל EX 18:23
דברך לופום כן צרכית **למשמע** בבי דינא למן הינון GN 38:25
למימר לא נוסיף **למשמע** ית קל דיבורא מן קדם ייי DT 18:16
מרדוותא לא תצבון **למשמע** לאולפן אורייתי ואוסיף LV 26:18
עימי בעראי ולא תצבון **למשמע** לאולפן אורייתי ואוסיף LV 26:21
זקיפא: ואין לא תיצבון **למשמע** לאולפן מאלפי אורייתי LV 26:14
עתידין כל דיירי ארעא **למשמע** קל ציווחתהון דמצרים EX 7:9
ותדעל מלכא דעממייא **משתמעין** ליה ואמרפל מלכא GN 14:9
כתעלא מלכא דעממיא **משתמעין** ליה: עבדו קרבא עם ברע GN 14:1
רישי עמא כחדא **משתמעין** ליה שבטייא דישראל: DT 33:5

ונפקו תרויהון: ואמר **שמועו** בבעו פתגמיי עד דאימליל NU 12:6
וילידת בר ואמרת ארום **שמיע** קדם ייי ארום שניתא אנא GN 29:33
הגר לא תיסתפין ארום **שמיע** קדם ייי ית קליה דטליא ולא GN 21:17
ייי עם משה למימר: **שמיע** קדמוי ית תורעמות בני EX 16:12
דהינון מתרעמין עלי **שמיע** קדמי: אימר להון בשבועא NU 14:27
עימי ואמר ייי לי **שמיע** קדמי ית כל פתגמי עמא DT 5:28
דבמצרים וית קבילתהון **שמיע** קדמיי מן קדם משעבדהון EX 3:7
בכנישתהון דישראל יהב **שמיעא** לארעא וצייתא לשמייא מן DT 32:1
בכנישתהון דישראל יהב **שמיעא** לשמייא וצייתא לארעא מן DT 32:1
והינון רחיקין מטול דלא **שמיעין** באודניהון ברם מימרא דייי DT 4:7
יקר שכינתיה דייי כד **שמיען** קדמוי ית תורעמתכון קדם EX 16:7
קריבו קדם ייי ארום **שמיען** קודמוי ית תורעמותכון: EX 16:9
מריה קיימיה דאברם: וכד **שמע** אברם ארום אשתבי אחוי GN 14:14
עליכון בצלו קדמיי **שמע** אנא בקל צלותיה ופרע ליה: EX 22:22
בקלא רמא: והוה כדי **שמע** ארום ארימית קלי וקרית GN 39:15
הדא לאינתו: ויעקב **שמע** ארום סאיב ית דינה ברתיה GN 34:5
אבוהון דבשמייא והוא **שמע** בקל צלותהן ומן יד הינין EX 1:19
ייי ברחמוי טביא ולחוד **שמע** בקל צלותי ויהב לי בר GN 30:6
והוה כדי שמע לבן ית **שמע** גבורתיה וחסידותיה דיעקב GN 29:13
עממיא דישמעו ית **שמע** גבורתך למימר: מן בגלל דלא NU 14:15
ואינון לא הוו ידעין ארום **שמע** הוה יוסף בלישן בית קודשא GN 42:23
ומגחכן קדמהא אנא **שמע**: והוה כד קריב משה EX 32:18
צפרא: לא תלוטון מן דלא **שמע** וקדם סמיא לא תשוון תוקלא LV 19:14
ואינון בכן וקריין **שמע** וקיימין בתרע משכן זימנא: NU 25:6
כל שמיא דישמעון **שמע** זכוותך היך קמון שימשא DT 2:25
עלך למימר אין אנת **שמע** חילמא אנת פשר ליה: ואתיב GN 41:15
כולהון כחדא ואמרו ליה **שמע** ישראל אבונן ייי אלקנא ייי DT 6:4
יומנא דהכין כתיב **שמע** ישראל ייי אלקנא ייי חד DT 26:17
גד ובמציעותיה כתיב **שמע** ישראל ייי אלקנא ייי חד וביה NU 2:10
על ידי אחתא וכד **שמע** ית פתגמי רבקה אחתיה GN 24:30
יצחק זעזוע סגי כדי **שמע** ית קליה דעשו וריח תבשיליה GN 27:33
לאבוהא: והוה כדי **שמע** לבן ית שמע גבורתיה GN 29:13
מדייניתא ברת יתרו וכדי **שמע** משה רתח ואישתלי ואינון NU 25:6
כמא דמליל ייי: והוה כדי **שמע** עבדא דאברהם ית פיתגמיהון GN 24:52
דמצרים: ובנס פרעה כדי **שמע** על תרין רברבנוי על רב שקי GN 40:2
ואפילו הכי בריך יהי: כדי **שמע** עשו ית פיתגמי אבוי וצווח GN 27:34
ואפק לשוקא: והוה כדי **שמע** ריבוניה ית פיתגמי אינתתי GN 39:19
אינתתך ושרה הוות **שמעא** בתרע משכנא וישמעאל GN 18:10
מנשה בר יוסף כדי **שמעאן** דארעא מתפלגא לדוכרין NU 27:1
מדור בית שכינת קודשך: **שמעו** אומייא יתרגזון דחילא אחזת EX 15:14
ובני ישראל אפכו כדי **שמעו** ארום אמרו דילמא תבלוע NU 16:34
וית בתנא שיזיב וכד **שמעו** בית ישראל ית פיתגמא הדין EX 12:27
דיעקב עלו מן חקלא כדי **שמעו** ואיתנסיסו גובריא ותקיף GN 34:7
עם עמא: ויימר להון **שמעו** ישראל אתון מתקרבין יומא DT 20:3
למימרא דייי אלקכון: **שמעו** ישראל אתון עברין יומא דין DT 9:1
לכל ישראל ואמר להון **שמעו** ישראל ית קימייא וית דינייא DT 5:1
ליה בבו: ואמר להון **שמעו** כדון חילמא הדין די חלימית: GN 37:6
כיפא ואמר להון משה **שמעו** כדון סורבניא המן כיפא הדין NU 20:10
פעור: וכדון ישראל **שמעו** לקיימייא ולדינייא דאנא DT 4:1
בשירותא דטיהרא ארום **שמעו** מיניה ארום תמן יסעדון GN 43:25
עלי דלא אמות: וכד **שמעו** משה ואהרן ובני ישראל קל EX 12:33
אישתא קל דבורא אתון **שמעין** ודמו לא חמיתון אלהן קל DT 4:12
ואבנא דלא חמיין ולא **שמעין** ולא אכלין ולא מריחין: DT 4:28
למצרים: ואמר הא **שמעית** ארום אית עיבורא מזדבן GN 42:2
דישראל צרך דיימר לא **שמעית** בגין כן אמר להון משה NU 9:8
דישראל צרך דיימר לא **שמעית** בגין כן אצנעו יתיה בבית LV 24:12
דישראל צרך דיימר לא **שמעית** בגין כן אצנעוהי בבית NU 15:34
דישראל צרך דיימר לא **שמעית** בגין כן קריב משה ית NU 27:5
ואמר ית קל מימרך **שמעית** בגינוניתא ודחילת ארום GN 3:10
גברא נטלו מיכן ארום **שמעית** מבתר פרגודא דהא GN 37:17
ובאילליין אמר משה לא **שמעית** מן בגלל למלפא לרישי NU 9:8
ובאיליין אמר משה לא **שמעית** מן בגלל למלפא רישי LV 24:12
ובאיליין אמר משה לא **שמעית** מן בגלל למלפא רישי NU 15:34
ובאיליין אמר משה לא **שמעית** מן בגלל למלפא רישי NU 27:5
משה הוה אמר אנא **שמעית** מן פום קודשא יהי שמיה NU 16:2
ומפשר לית יתיה ואנא **שמעית** עלך למימר אין אנת שמע GN 41:15
וית קל מימריה **שמענא** מגו אישתא יומא הדין DT 5:24
לא תנית לי ואוף אנא לא **שמענא** מן חורנין אלהן יומא דין GN 21:26
תכריכין לנפש דמית **שמענן** בקל מימרא דייי אלקי DT 26:14
עד לא אימות: ורבקה **שמעת** ברוח קודשא כד מליל GN 27:5
אישתיה רבתא ופיתגמוי **שמעתון** מיגו אישתא: וחולף דרחים DT 4:36
דאתון ידעתון ואתון **שמעתון** מן ייכול למיקם קדם בנוי DT 9:2
דטייס נישרא אומא דלא **תישמע** לישניה: אומא חציפי אפין DT 28:49
בישא הדין ביניכון: ארום **תשמעון** בחדא מן קרויכון דייי DT 13:13
זעירא הי כמילי רבא **תשמעון** ולא תידחלון מן קדם DT 1:17
ואין בהדא תוכחתא לא **תשמעון** לאולפן אורייתי ותהלכון LV 26:27

שמש (167)

דבעלא ותיסתאב **בתשמיש** דעריס: או גבר דתיעיבר NU 5:29
לא סטית לאיסתאבא **בתשמיש** דעריס בר מן רשותא NU 5:19
לא אסתאבת אינתתא **בתשמיש** דעריס ודכיתא היא NU 5:28
וארום איסתאבת **בתשמיש** דעריס ויהב גבר ביך ית NU 5:20
מיא ויהי אין אסתאבת **בתשמיש** דעריס ושקרת שקר NU 5:27
ולות אינתתיה לא תקרב **בתשמיש** ערסא איתת אחבוך היא: LV 18:14
ייי: ועם דכורי לא תשכוב **בתשמישיא** דאיתא מרחקה היא: LV 18:22
תקרבון לבזאה עריתא **בתשמישתא** ובפרסומי ערייא אנא LV 18:6
בה: ומן זרעך לא תיתן **בתשמישתה** לציד בת עממין LV 18:21
ומתבחיא ומני קודשא **דישמשון** בהון ופרסא וכל פולחניה: NU 3:31
וית כל מני שימושא **דישמשון** לה בהון: ויתנון יתה וית NU 4:9
ויתנון עלוי ית כל מנוי **דישמשון** עלוי בהון ית מחתיתא NU 4:14
לתמן: יהושע בר נון **דמשמש** בבית אולפנך הוא ייעול DT 1:38
כחדא ואמרין אמן: ליט **דמשמש** עם אחתיה ברת אבוי או DT 27:22
כחדא ואמרין אמן: ליט **דמשמש** עם איתת אבוי ארום גלי DT 27:20
אוף תרויהון גברא **דמשמש** עם איתתא ואיתתא DT 22:22
כחדא ואמרין אמן: ליט **דמשמש** עם חמותיה הוון עניין DT 27:23
כחדא ואמרין אמן: ליט **דמשמש** עם כל בעירא הוון עניין DT 27:21
קדישין הי כמלאכייא **דמשמשין** קדם ייי אלקהכון: אנא NU 15:40
ומזליא ומלאכיא **דמשמשין** קדמיי דחלן דכסף EX 23:23
ואמר אלקים למלאכייא **דמשמשין** קומוי דאיתבריין ביום GN 1:26
הי ככל אחוי ליואי **דמשמשין** תמן קדם ייי: חולק כל DT 18:7
לך כאילו עלתא לאיתא **דשמיש** עימה אבוך בעידן GN 49:4
איתחרת כולה: וייתי גבר **דשמיש** עימה ולא היא ית קרבן LV 19:21
ומשתכחין: ויתן גברא **דשמיש** עימה לאבוהא דעולימתא DT 22:29
לגברא הדין ומן בתר **דשמיש** עימה סנא ליה: והא הוא DT 22:16
וית גברא מן בגלל **דשמיש** עם איתת חבריה ותפלון DT 22:24
אברהם בצפרא לאתרא **דשמיש** תמן ביצלו קדם ייי: ואודיק GN 19:27
עימה ויתקטל גברא **דשמש** עימה בלחודוי: ולעולימתא DT 22:25
אחורי אורח מטמעא **דשמשא** בארע כנענאה דשרי DT 11:30
ומתאפי להון מחומתא **דשמשא** חרירן פטירן ארום לא EX 12:39
לא תיתגר בה בתר **דשמשת** עימה: ארום תהוויין לגבר DT 21:14
לאתרא דיתרעי ייי: **וישמש** בשום מימרא דייי אלקיה DT 18:7
אינתיה וישקר ביה שקר: **וישמש** גבר חורן עימה תשמיש NU 5:13
ויתקיף בה גברא **וישמש** עימה ויתקטל גברא דשמש DT 22:25
גבר חורן בקרתא **וישמש** עימה: ותפקון ית תריהון DT 22:23
פולחנא ולא יפלח תוב: **וישמש** עם אחוי במשכן זימנא NU 8:26
בתולתא דלא מארסא **וישמש** עמה מפרנא יפרין יתה ליה EX 22:15
ותרבי יתיה ותקדש יתיה **וישמש** קדמי: וית בנוי תקריב EX 40:13
יתיה קדם אהרן כהנא **וישמשון** יתיה: ויתפלגון לעשרין NU 3:6
הדין וייכלון וישתון וירוון **וישמשון** עמהון ויכפרון באלקהון NU 24:14
קורבנהון ותקדש יתהון **וישמשון** קדמי: ועיבד להון EX 28:41
יתהון היכמא ית אבוהון **וישמשון** קדמי ותהי למהוי להון EX 40:15
לוותך ויתחברון לוותך **וישמשונך** ואנת ובנך עימך תקומון NU 18:2
עטיף על אהרן לשמשא **וישתמש** קליה בזמן מיעליה EX 28:35
למנהרא על ארעא: **ולמישמשא** ביממא ובליליא GN 1:18
כדון בעי רחמין על לוט **ומשמש** בצלו קדם ייי: וצלי אברהם GN 18:22
דלא מיקדשא ויחוד בה **ומשמש** עימה ומשתכחין: ויתן DT 22:28
בנכילו אפילו כהנא הוא **ומשמש** על גבי מדבחי מתמן EX 21:14
קדם ייי ומשה הוה קאי **ומשמש** קדמיהון: והוה ביומא דבתר EX 18:12
ית כיתי מלאכיא דקימין **ומשמשין** קדמי ותחמי ית קטר EX 33:23
ליליא דין אפיקינון לוותן **ונשמש** עימהון: ונפק לוותהום לוט GN 19:5
יוסף רחמין בעינוי **ושמיש** יתיה ומנייה אפוטרופוס על GN 39:4
חמר ורוי וקמת זעירתא **ושמישת** עימיה ולא ידע במשכבה GN 19:35
ההוא ורווא וקמת רבתא **ושמישת** עם אבוהא ולא ידע GN 19:33
תפיין ובנין לא הוו להון **ושמש** אלעזר ואיתמר על אפי אהרן NU 3:4
ית יוסף עימהון **ושמש** יתהום והוו יומין בבית GN 40:4
ית איתתא הדא נסיבית **ושמשית** עמה ולא אשכחית לה DT 22:14
בני ותמרוקא מסנדלא **ותשמיש** דעריס כל עיבידת NU 29:7
בי בני ותמרוקא ומסנא **ותשמיש** ערסא וכל עיבידתא לא LV 16:29
והניית בי בני ותמרוקין **ותשמיש** ערסא וסנדלא ותקרבון LV 23:27
תיעלון ריחוקי טעוותא **ותשמישהא** לבתיכון דלא תהוון DT 7:26
וקדם אלעזר כהנא **ישמיש** ויהי כד יתכסי מיניה פתגם NU 27:21
עם אבהא וגבר לא **ישמיש** עם אימיה אימך היא לא LV 18:7
באטלות אבנין: וגבר די **ישמיש** עם כלתיה אתקטלא LV 20:12
עד רמשא: ואין שמשא **ישמש** גבר עימה ותהוי ריחוקא LV 15:24
רמשא: ואיתתא פניתא די **ישמש** גבר עימה שכבת זרעא LV 15:18
איתא תקדש וגבר חורן **ישמש** עימה ביתא תיבנון ולא DT 28:30
דין קטול חייבין: וגבר די **ישמש** עם אחתיה ברת אבוי או LV 20:17
גיורא וגיורתא: וגבר די **ישמש** עם איתת אבוי בין דהיא LV 20:11
במותנא יסופון: וגבר די **ישמש** עם איתת אחבוי ערית LV 20:20

בזי חוביה יקבל: וגבר די **ישמש** עם איתתא דוותא ובזי ית LV 20:18
באטלות אבנין: וגבר די **ישמש** עם דכורא תשמישין דאיתא LV 20:13
או לנוקבא ולגבר די **ישמש** עם מסאבתה כל אילין יהוון LV 15:33
וית כל מנוי והינון **ישמשוניה** וחזור חזור למשכנא NU 1:50
וקשוותוי ומכילתוי די **ישתמש** ויתרק בהון דדהב דכי EX 25:29
זכאיי: אין בריר פיתגמא **כשימשא** דלא למקטל נפש עאל EX 22:2
סאובתא תהי מסאבא **לדמשמש** עימה מטול דמסאבא LV 15:25
לשריש פולחנא נוכראה **למשמשא** לה ולפלחהא דמזרעית LV 25:47
תקוף איבריה דלא **למשמשא** עם ריבונתיה ואתברכו GN 49:24
ואתון כהניא דקיימין **למשמשא** קדמי לא תסקון EX 20:26
וכיתי מלאכיא דבהון **למשמשין** קדמוי ארעא וכל דאית DT 10:14
וית דיתרעי ביה יקרב **לשימושיה:** דא עיבידו סבו לכון NU 16:5
מן כנישתא לקרבא יתכון **לשימושיה** למפלח ית פולחן NU 16:9
דיעולו למשכן זימנא **לשמשא** בקודשא: וית דכר קורבניא EX 29:30
ית לבושי שימושא **לשמשא** בקודשא וית לבושי EX 35:19
זימנא: ית לבושי שמשא **לשמשא** בקודשא וית לבושי EX 39:41
או במקרבהון למדבחא **לשמשא** בקודשא ולא יקבלון EX 28:43
עבדו לבושי שימושא **לשמשא** בקודשא ועבדו ית לבושי EX 39:1
מכל שיבטיכון למקום **לשמשא** בשמא דייי הוא ובנוי כל DT 18:5
כהנא וית לבושי בנוי **לשמשא:** הי ככל מה דפקד ייי ית EX 39:41
מנטר מעילא חזור חזור **לשמשא** היכמה דפקד ייי ית משה: EX 39:26
וחד: ויהי עטיף על אהרן **לשמשא** וישתמע קליה בזמן EX 28:35
כהנא וית לבושי בנוי **לשמשא:** וית משח רבותא וית EX 31:10
מטול דאתקרב קרבנהון **לשמשא:** ומית נדב ואביהוא קדם NU 3:3
כהנא וית לבושי בנוי **לשמשא:** ונפקו כל כנישתא דבני EX 35:19
ואוף כהניא דקריבין **לשמשא** ייי יתקדשון דילמא EX 19:22
בזמן מקרבהון למדבחא **לשמשא** לאסקא קורבנא קדם ייי: EX 30:20
בנוי למיהויהון מתחברין **לשמשא** קדם ייי בגין כן קרא שמיה GN 29:34
ביומא די יקרבון יתהון **לשמשא** קדם ייי::: דפקד ייי ית משה LV 7:35
אהרן וית בנוי איקדש **לשמשא** קדמוי: ואשרי שכינתי בגו EX 29:44
לאהרן אחוך ולבנוי **לשמשא** קדמוי: והינון יסבון מן EX 28:4
להון לקדשא יתהון **לשמשא** קדמוי סב תור חד בר תורי EX 29:1
עימיה מגו בני ישראל **לשמשא** קדמי אהרן נדב ואביהוא EX 28:1
לבושי אהרן לקדשותיה **לשמשא** קדמי: ואילין לבושיא EX 28:3
קרבנהון למקדשא יתהון **לשמשא** קדמי וחילוני לא ייכול EX 29:33
ויהי גברא דאתרעי ביה **לשמשא** קדמי חוטריה ינעי NU 17:20
בנוי תרבי ותקדש יתהון **לשמשא** קודמוי: ועם בני ישראל EX 30:30
יתיה ודיקרב קורבניה **לשמשא** תחות אבוי וילבש ית LV 16:32
למיצת מן כהנא דקאים **לשמשא** תמן קדם ייי אלקכון או DT 17:12
ולמקום קדם כל כנישתא **לשמשותהון:** וקרב יתך וית כל אחך NU 16:9
מימרא דייי אלקכון **לשמשותיה** ולברכא ית ישראל DT 21:5
דייי למיקום קדם ייי **לשמשותיה** ולברכה בשמיה עד זמן DT 10:8
לתלתי יומין לא תקרבון **לתשמיש** דעריס: והוה ביומא EX 19:15
ואתיב יהושע בר נון **משומשניה** דמשה ואמר ריבוני NU 11:28
וקם משה ויהושע **משומשניה** וסליק משה לטורא EX 24:13
לכנישתהון דישראל ברם **משומשניה** יהושע בר נון הוה טלי EX 33:11
יתיה מטול יהושע **משומשנך** רבא דסנהדרין דעמיה EX 40:11
עד פושכא וטולה סגי **משימשה** מתעבדא לטולא לשום LV 23:42
גבר שלים בעובדוי **משמש** בבי מדרשא דעבר תבע GN 25:27
מתכנש מן עלמא ואנת **משמש** מן בתריי אנת מקני לי NU 11:29
ביש קדם ייי דלא הוה **משמש** עם אינתתיה כאורח כל GN 38:7
ארום אין משתכח גבר **משמש** עם איתתא איתת גבר חורן DT 22:22
וחמר ובההיא זימנא הוה **משמש** קדם אלקא עילאה: וברכיה GN 14:18
בריית עלמא והוא **משמש** קדמיהון ואינון יתבין ודמי GN 18:8
קטרי כלילא וכהנין **משמשין** ועם קדיש איליין EX 19:6
ליואי חלף בעיריהון ויהון **משמשין** קדמי ליואי אנא ייי: וית NU 3:45
וולדא מבני ישראל ויהון **משמשין** קדמי ליואי: ארום דילי כל NU 3:12
מגו בני ישראל ויהון **משמשין** קדמי ליואי: ומן בתר כדין NU 8:14
ייי אלקים למלאכייא די **משמשין** קומוי הא אדם הוה יחידיי GN 3:22
משה מליל ייי דאתפרש **מתשמיש** דעריס הלא אוף עימנא NU 12:2
מלילית עימיה דיתפרש **מתשמיש** דעריס וחזיו ולא NU 12:8
אבונא חמר וכד יהי רוי **נשמיש** עימיה ונקיים מאבונא בנין: GN 19:32
וית מחתיתא וית כל מני **שימושא** דישמשון לה בהון: ויתנון NU 4:9
וית אטוניהון: ית לבושי **שימושא** לשמשא בקודשא וית EX 35:19
וצבע זהורי עבדו לבושי **שימושא** לשמשא בקודשא ועבדו EX 39:1
אותיב במיליה על סדר **שימושי** ויתיה צלב: ושדר פרעה GN 41:13
בוכרי אנת ריש חיל **שימושי** ושירוי קריות הירהורי חמי GN 49:3
בליליא דין וירוי ועולי **שימושי** עימיה ונקיים מאבונא בנין: GN 19:34
רישך ביקר ויתיבינך על **שימושך** ותיתן כסא דפרעה בידיה GN 40:13
וית בסיסיה: וית לבושי **שמושא** וית לבושי קודשא לאהרן EX 31:10
אהרן ואתקבר תמן ובכן **שמיש** אלעזר בריה באתרוי: מתמן DT 10:6
מדרישיכון במשכנא די **שמיש** בהון יעקב אבוכון וכמה יאי NU 24:5
ואיתחשיב עילוי כאילו **שמיש** עימה ושמע ישראל ובאיש GN 35:22
משכנא ולא פרקיה ולא **שמיש** תוב על גבי מדבחא בכן קרא LV 9:1

אית לי תרתין בנן דלא **שמישו** עם גבר אנפיק כדון יתהין GN 19:8
רבתא לזעירתא הא כבר **שמישית** רמשי עם איבא נשקיניה GN 19:34
דייי על קיסא קבל **שמשא** בקריצתא ועם מטמוע NU 25:4
ואיזדערת ומני ית **שמשא** דהוה נהורא רבה למישלט GN 1:16
ועיבורי שנין ותקופות **שמשא** ומולד סיהרא ומחזורין: GN 1:14
מטול דמתמן שבילי **שמשא** וסיהרא ומתמן איסרטוון EX 40:4
דאמוראה עד כדון: והוה **שמשא** טמעא וחומטא הות והא GN 15:17
יהי מסאב עד רמשא: ואין **שמשא** ישמש גבר עימה ותהוי LV 15:24
למשכן זימנא: ית לבושי **שמשא** לשמשא בקודשא וית EX 39:41
על אנפי מואב ממדנח **שמשא:** מתמן נטלו ושרו בנחלא NU 21:11
מגנא עליהון: והוה **שמשא** קריבא למטמוע ושינתא GN 15:12
אימר תניין תעביד ביני **שמשתא** הי כדורונא דצפרא והי NU 28:8
מן נשיא דלא ידעו **תשמיש** דכורא כל נפשתא תלתין NU 31:35
וישמש גבר חורן עימה **תשמיש** דעריס ויהי מכסי מעיני NU 5:13
ארום ישכוב עם איתא **תשמיש** זרעא והיא אמתא וחרתא LV 19:20
תהי זנו ביניכון: וגבר דיתן **תשמישיה** בבעירא אתקטלא LV 20:15
דעריס ויהב גבר ביך ית **תשמישיה** בר מן רשותיה דבעליך: NU 5:20
וגבר די ישמש עם דכורא **תשמישין** דאיתא תועיבתא עבדו LV 20:13
דמדבח דמן שירויא הוון **תשמישתיה** דמדבחא: דוכרנא לבני NU 17:4
ובכל בעירא לא תיתן **תשמישתך** לאיסתאבא בה LV 18:23
איתת חברך לא תיתן **תשמישתך** לזרעא לאיסתאבא בה: LV 18:20
אמך לא תיבזי איתא לא **תשמש** עם אבהא וגבר לא ישמיש LV 18:7

שמשא (44)

עממיא וסגיד להון **ולשימשא** או לסיהרא או לכל חילי DT 17:3
שעוי דיומא וטמע **שימשא** בלא אשוניה מן בגלל דהוה GN 28:10
בימּמא עד לא יטמע **שימשא** בעננא: ודכירנא ית קיימי GN 9:14
תקברוניה עם מטמוע **שימשא** דלא יקילון ברייתא ביה DT 21:23
ארעא ושמיא זעו **שימשא** וזיהרא קדרון וכוכביא DT 28:15
ולא יתחרכון בשרבי **שימשא** וחד מלרע להון דלא EX 12:37
ית משכונא כד מטמוע **שימשא** ויגני בקלופקריה ויברכינך DT 24:13
לצית שמיא ותחמון ית **שימשא** וית זיהרא וית רישי DT 4:19
סווין דמוי: ויטמוע **שימשא** ויתכשר ובתר כדין ייכול LV 22:7
דמבשלא ארעיה מן יבול **שימשא** ומן טוב בוכרי פירי אילניא DT 33:14
ובת תמן ארום טמע **שימשא** ונסיב ארבעה מאבני אתר GN 28:11
שמע זכוותך היך קמון **שימשא** וסיהרא אמטולתך ופסקון DT 2:25
ואמר ייי לי חמי באורכות **שימשא** וסיהרא דשריית לממסר DT 2:31
חלימית חילמא תוב והא **שימשא** וסיהרא וחדסר כוכבייא GN 37:9
תעבדון למסגוד דמות **שימשא** וסיהרא וכוכביא ומזליא EX 23:23
בצלו וצומא עד מטמוע **שימשא:** ותבר יהושע ית עמלק EX 17:12
אישתעיית סיהרא עילוי **שימשא** לישן תליתאיי ואיזדערת GN 1:16
בעיברא דיורדנא מדנח **שימשא:** למעירוק לתמן קטולא DT 4:41
סוטריה ולא תטמוע עלוי **שימשא** מטול דעניא הוא DT 24:15
דבעיברא דיורדנא מדנח **שימשא:** מערוער דעל גיף נחלי DT 4:47
קרא שמא דקרתא זוער: **שימשא** עברית ימא ונפק על ארעא GN 19:23
ארבע שעין ולהאל שחין **שימשא** עילוי והוה שייח ואתעבד EX 16:21
נפשי: ודנח ליה **שימשא** קדם זימניה דטמע בגיניה GN 32:32
ולך תהי זכו דיסהיד עלך **שימשא** קדם ייי אלקך: לא DT 24:13
בקריצתא ועם מטמוע **שימשא** תחית יתהון ותקברינון NU 25:4
וברמשא במיעל ית **שימשא** תיכלוניה עד פלגות ליליא DT 16:6
דחברך עד לא יטמוע **שימשא** תתביניה ליה: ארום היא EX 22:25
ניכסת פיסחא ביני **שימשתא** בזימניה: בארביסר יומא NU 9:2
יומין לירחא ביני **שימשתא** במדברא דסיני ככל מה NU 9:5
דיכרא חד דאיתברי ביני **שימשתא** דשכלול עלמא אחיד GN 22:13
תיניינא תעביד ביני **שימשתא** הי כמנחת צפרא והי EX 29:41
חוטרא דאיתבריאת ביני **שימשתא** וחקיין ומפרש עלה שמא EX 2:21
כנישתא דישראל ביני **שימשתא:** ויסבון מן אדמא ויתנון EX 12:6
עיסקין דברא ביני **שימשתא** ונח ביומא שביעאה מכל GN 2:2
קדם ייי אלקכון ביני **שימשתא** ועאן ותורי למחר בכרן DT 16:2
תיניינא תעביד ביני **שימשתא:** ועשרונא סמידא פתיך EX 29:39
בארביסר לירחא בינו **שימשתא** זמן ניכסת פיסחא לשמא LV 23:5
בארביסר יומא ביני **שימשתא** יעבדון יתיה על פטיר NU 9:11
אהרן ית בוציניא ביני **שימשתא** יקטירנה קטורת בוסמין EX 30:8
עד ארבע שעין וביני **שימשתא** יקרבון אימר תניין GN 49:27
אימר תיניין תעבד ביני **שימשתא** למכפרא על חובי יממא: NU 28:4
עלמא במעלי שבתא ביני **שימשתא** מנא ובירא וחוטרא NU 22:28
מליל עמהון למימר בני **שימשתא** תיכלון בישרא ובצפרא EX 16:12
יומא בירחא הדין בין **שימשתא** תעבדון יתיה בזימניה NU 9:3

שמת (6)

ית תרין בנוי תקטל **בשמתא** אין לא אייתיניה לוותך הב GN 42:37
בישראל: ומחהי ישראל **בשמתא** דייי דקטלא כפיתגם NU 21:24
גמרא תגמרון יתהון **בשמתא** דייי לא תגזרון להון קיים DT 7:2
ורחקא תרחקינון מטול **דשמיתין** הינון: כל תפקידתא דאנא DT 7:26
לבתיכון דלא תהוון **שמיתין** כוותהון שקצא תשקיצינון DT 7:26
תידבק בידיכון מדעם מן **שמתא** מן בגלל דיתוב ייי מתקוף DT 13:18

שן (20)

כנענאי דמשתחררין **בשינא** ועינא אלהין בשנין EX 21:7
בישין ויוונאי דנכתין **בשיניהון** היך חיוות ברא איגרי בהון DT 32:24
ובכון עשו בכא על צערא **דשינוי** דאתמזמיזו ויעקב בכא על GN 33:4
מן בגלל דמשכי ככיה **ושיניה** פמיה הלכא והלכא אזל NU 21:35
בשיער רישא ודיקנא **ושינין** וככין: ובתר כדין נפק אחוי GN 25:25
עריין ושדיות אדם זכיי **ושנוי** נקיין מן חלבא דלא למיכל GN 49:12
שינא דעבדיה כנענאי או **שינא** דאמתיה כנעניתא יפיל לבר EX 21:27
עינא דמי שינא חולף **שינא** דמי ידא חולף ידא דמי ריגלא EX 21:24
עינא דמי שינא חולף **שינא** דמי ידא חולף ידא דמי ריגלא DT 19:21
חולף עיניה: ואין **שינא** דעבדיה כנענאי או שינא EX 21:27
עינא דמי שינא חולף **שינא** היכמא דיתן מומא באינשא LV 24:20
דמי עינא חולף עינא דמי **שינא** חולף שינא דמי ידא חולף EX 21:24
דמי עינא חולף עינא דמי **שינא** חולף שינא דמי ידא חולף DT 19:21
דמי עינא חולף עינא דמי **שינא** חולף שינא היכמא דיתן LV 24:20
דמי לאיילא דרהיט על **שיני** טוריא מבשר בשורן טבן הוא GN 49:21
דשלחת שורשהא ופכרת **שיני** כיפיא ובעובדתה כבשת כל GN 49:22
ריגליהון לטיילא על **שיני** כיפיא והכיומי טליותהון DT 33:25
חורין יפטירניה חולף **שיניה:** וארום ינגש תור ית גבר או ית EX 21:27
ויחשיב ליה כפום סכום **שנוי** יתיב ית פורקניה: הי כאגיר LV 25:52
סגד ליה ואתחייב למהוי **שנוי** קטיען ותהא ואיתחמי ליה GN 46:29

שנא (5)

תליתאי ועל דר רביעיי **לשנאיי:** ונטיר חסד וטיבו לאלפין EX 20:5
מעל צוורך: ונטר עשו **שנא** בליביה על יעקב אחוי על סדר GN 27:41
ית מכתשא והא לא **שנא** מכתשא מן כד הוה ומכתשא LV 13:55
ימא ויירתון בנך ית קוריי **שנאיהון:** ויתברכון בגין זכוות בנך GN 22:17
שמיע קדם ייי ארום **שניתא** אנא ויהב לי אוף ית דין GN 29:33

שנה (364)

אלקכון תיכלוניה שנא **בישנא** באתרא דיתרעי ייי אתון DT 15:20
פורקניה: הי כאגיר שנא **בשנא** יהי עימיה לא ישעביד ביה LV 25:53
מן יומת עלמא אתבוננו **בשנהון** דכל דר ודר קרון בספרי DT 32:7
לאחוי ומספק להון מזוני **בשני** שמיטתא ותחומי יהי מרבי DT 33:24
ואין קליל לאשתוירון **בשניא** עד שתא דיובלא ויחשיב LV 25:52
רב בחכמתא ורכיך **בשנייא** ומני יתיה סרכן על כל GN 41:43
אין עד כדון אית סגוי **בשנייא** לפום סכומהון יתיב LV 25:51
בשינא ועינא אלהין **בשנין** דשמטתא ובסימניא וביובלא EX 21:7
על מימרא דייי ומית תמן **בשנת** ארבעין למיפק בני ישראל NU 33:38
מן שמייא עילוי ארעא: **בשנת** שית מאה שנין לחיי נח GN 7:11
לך שרה בזימנא הדין **בשתא** אוחרנתא: ופסק מלמללא GN 17:21
שנייא ויפוק בר חורין **בשתא** דיובילא הוא ובנוי עימיה: LV 25:54
חקלא תיכלון ית עללתא: **בשתא** דיובלא הדא תתובון גבר LV 25:13
ההוא קודשא קדם ייי: **בשתא** דיובלא יתוב חקלא למן LV 27:24
מטול כן אתקנס לימממת **בשתא** ההיא: ואין מיפק יפוק NU 35:25
בלחמא בכל גיתיהון **בשתא** ההיא: ושלימת שתא ההיא GN 47:17
ית כל מעשר עללתכון **בשתא** ההיא ותצנעון בקירויכון: DT 14:28
בארעא ההיא ואשכח **בשתא** ההיא על חד מאה בדשערוי GN 26:12
מכל חוביהון חדא זימנא **בשתא** ועבד אהרן היכמא דפקד ייי LV 16:34
לא אתריכינון מן קדמך **בשתא** חדא דילמא תהי ארעא EX 23:29
דכיפוריא חדא זימנא **בשתא** יכפר עלוי ביומי דכיפורי EX 30:10
זימנין תחגון קדמיי **בשתא:** ית חגא דפטיריא תינטור EX 23:14
באצלחותא: תלת זימנין **בשתא** יתחמון כל דכוריכון קדם ייי DT 16:16
מן חקלא: תלתי זימנין **בשתא** יתחמון כל דכורך קדם רבון EX 23:17
דשתא: תלת זימנין **בשתא** יתחמיון כל דכורך קדם EX 34:23
ייי אלקך תלת זימנין **בשתא:** לא תכסון קדם עד לא EX 34:24
אהרן על קרנוי חדא **בשתא** מן אדם חטאתא דכיפוריא EX 30:10
אין תימרון מה ניכול **בשתא** שביעתא הא לא נזרע ולא LV 25:20
טבין דבשמי שכינתי **בשתא** שתיתיתא ותעבד ית LV 25:21
עם משה במדברא דסיני **בשתא** תיניינא לזמן מיפקהון NU 9:1
ואתו כל מצראי לוותיה **בשתא** תינייתא ואמרו ליה לא נכסי GN 47:18
ית כל מעשר עללתך **בשתא** תליתיתא דשמיטיתא DT 26:12
קמאה הוא ירחא דניסן **בשתא** תניינא בחד לירחא איתקם EX 40:17
אנא הוא ייי אלקכון: והוה **בשתא** תנייתא בירחא תניינא הוא NU 10:11
סכום יומי שבע שמיטין **דשנין** ארבעין ותשע שנין: ותעבר LV 25:8
במצרים תלתין שמיטין **דשנין** דסכומהון מאתן ועשר שנין EX 12:40
ותימני לך שבע שמיטין **דשנין** שבע שנין שבע זימנין ויהון LV 25:8
וחגא דכנשא במיפיקא **דשתא** במכנשך ית עובדך מן חקלא: EX 23:16
אירויא דשתא ועד סופא **דשתא:** ויהי אין קבלא תקבלון DT 11:12
מסתכלין בה מן אירויא **דשתא** ועד סופא דשתא: ויהי אין DT 11:12
וחגא דכנשא במיפקא **דשתא:** תלת זימנין בשתא יתחמיון EX 34:22
קדם ייי מתפרק מן כהנא: **ובשתא** חמישיתא תיכלון ית LV 19:25
מרחק לאבדא לא יתאכל: **ובשתא** רביעתא יהי כל אינביה LV 19:24
ותכנשון ית עללתא: **ובשתא** שביעתא נייח דשמיטיתא LV 25:4
גרשון וקהת ומררי **ושני** חייוי דלוי מאה ותלתין ושבע EX 6:16
ליה ית אהרן וית משה **ושני** חייוי דעמרם חסידא מאה EX 6:20
ויצהר וחברון ועזיאל **ושני** חייוי דקהת חסידא מאה EX 6:18
מן בית אסירי וספר **ושני** כסותיה ועל לות פרעה: ואמר GN41:14
מן חקלא כל שתא **ושתא** ולא פירי שתא על פירי שתא DT 14:22
ארעא ארבעין יומין יומא **לשתא** יומא לשתא תקבלון ית NU14:34
יומין יומא לשתא יומא **לשתא** תקבלון ית חוביכון ארבעין NU14:34
סילעין דכסף: אין **משתא** דיובילא יקדיש חקליה הי LV 27:17
וידייק עם ערלאה זבניה **משתא** דיזדבן ליה עד שתא LV 25:50
תרין מטרתא אימרין בני **שנא** ארביסר שלמין דמקרבין תמני NU29:13
לתרי מטרתא אימרין בני **שנא** ארביסר שלמין לארבסר NU29:32
לתרי מטרתא אימרין בני **שנא** ארביסר שלמין לחדסר NU29:23
לתרי מטרתא אימרין בני **שנא** ארביסר שלמין לעשר מטרתא NU29:20
לתרי מטרתא אימרין בני **שנא** ארביסר שלמין לתליסר NU29:29
לתרי מטרתא אימרין בני **שנא** ארביסר שלמין לתשעת NU29:17
לתרי מטרתא אימרא בני **שנא** ארבסר שלמין לתריסר NU29:26
ייי אלקכון תיכלוניה **שנא** בישנא באתרא דיתרעי ייי DT 15:20
ית פורקניה: הי כאגיר **שנא** בשנא יהי עימיה לא ישעביד LV 25:53
חד שובעא אימרין בני **שנא:** ומנחתהון סמידא דחינטיא NU28:27
תרין ודכר חד אימרין בני **שנא** שבעא שלמין: ותלתא עשרונין NU28:11
לעמא יחידאיי אמרין בני **שנא** שבעא שלמין לחדוות שבעא NU29:36
חד דכר חד אימרין בני **שנא** שובעא שלמין: ומנחתהון NU29:2
תורי דכר חד אימרין בני **שנא** שובעא שלמין יהון לכון: NU29:8
חד ושובעא אימרין בני **שנא** שלמין יהון לכון: ומנחתהון NU28:19
אימרין שלמין בני **שנה** ותור בר תורין דלא עירובין חד LV 23:18
ברחי חמשא אימרין בני **שנה** חמשא דין סדר קורבנא די NU 7:17
ברחי חמשא אימרין בני **שנה** חמשא דין סדר קורבנא דקריב NU 7:23
ברחי חמשא אימרין בני **שנה** חמשא דין סדר קרבנא די NU 7:83
ותרין אימרין בני **שנה** לנכסת קודשיא: וירים כהנא LV 23:19
ותרין אימרין בני **שנה** לנכסת קודשיא: ותעבדון צפיר LV 23:18
קדם ייי אימרין בני **שנה** שלמין תרין ליומא עלתא NU28:3
על מדבחא אימרין בני **שנה** תרין ליומא תדירא: ית אימרא EX 29:38
ישמעאל אימרין בני **שנה** תריסר מטול דיהובדון תריסר NU 7:87
פורקניה: וידייק ית סכום **שני** זבינוי ויתיב ית מותרא לגבר LV 25:27
ולא אדביקו יומיי יומי **שני** חיי אבהתיי ביומי תותבותהון: GN47:9
קלילין ובישין הוו יומי **שני** חיי דמן טלייותי ערקית מן GN47:9
רברבין לאומתהון: ואילין **שני** חיי ישמעאל מאה ותלתין GN25:17
מאה ועשרין ושבע שנין **שני** חייהא דשרה: ומיתת שרה GN23:1
ליעקב כמה אינון יומי **שני** חייך: ואמר יעקב לפרעה יומי GN47:8
דמצרים: ושריאן שבע **שני** כופנא למיתי היכמא דאמר GN41:54
דמצרים: ויקומון שבע **שני** כופנא מן בתריהן ויתנשי כל GN41:30
למזן מיניה בשבע **שני** כפנא דתיהוין בארעא דמצרים GN41:36
הכי מבשרן דייהויין שבע **שני** כפנא: הוא פתגמא דמלילית עם GN41:27
דאפילו לאיבוד הוה **שני** מלכא דאדמה ושמאבר דמחבל GN14:2
בסיגופיהום: ושלימן שבע **שני** שובעא דהואה בארעא דמצרים: GN41:53
וכנש ית כל עיבור שבע **שני** שובעא דהוו בארעא דמצרים GN41:48
דארעא דמצרים בשבע **שני** שובעא: ויכנשון ית כל עיבור GN41:34
מלי תרי קומצין בשבע **שני** שובעא עד דימלון כל אוצרייא: GN41:47
הא בכן תרעי ארעא ית **שני** שמיטהא כל יומין דהיא צדיא LV 26:34
תתנייח ארעא ותרעי ית **שני** שמיטהא: כל יומין דהיא צדיא LV 26:34
מנהון ותירעי ית **שני** שמיטהא כל יומין דהיא צדיא LV 26:43
היכמא דלא אתנייחת ית **שני** שמיטיכון כד הוויתון שריין LV 26:35
ואמר יעקב לפרעה יומי **שני** תותבותיי מאה ותלתין שנין GN47:9
מאה ועשרין כל קבל **שניא** דחייא בהון משה נביא: כל NU 7:86
ית סכום כספא כמיסת **שניא** דמשתיירן עד שתא דיובלא LV 27:18
ויהי כסף זבינוי במניין **שניא** הי כיומי אגירא יהי עימיה: אין LV 25:50
ולפום סכום זעירות **שניא** תזעיר זבינוי ארום מניין LV 25:16
לכון: לפום סכום סוגי **שניא** תסגי זבינוי ולפום סכום LV 25:16
שבע תורתן טבתן שבע **שנייא** אינין מבשרן ושבע שובלייא GN41:26
אחמי ית פרעה: הא שבע **שנייא** אתיין שובעא רבא בכל GN41:29
או כרמא כמניין סכום **שנייא** בתר יובלא תזבנון מן LV 25:15
ארום אתון ידעתון סכום **שנייא** דיתיבנא בארעא דמצרים DT 29:15
תזבנון מן חבריכון כמניין **שנייא** דכנישות עללתא יזבנון לכון: LV 25:15
שובלייא טבתא שבע **שנייא** האילין אינין מבשרן חילמא GN41:26
ואין לא יתפרק באיליין **שנייא** ויפוק בר חורין בשתא LV 25:54
דסלקן בתריהן שבע **שנייא** חורנייתא אינין מבשרן ושבע GN41:27
ויכנשון ית כל עיבור **שנייא** טבתא דאתיין איליין GN41:35
עימיה בגינה תוב שב **שנין** אוחרניין: וגלי קדם ייי ארום GN29:30
דתיפלח עימי תוב שב **שנין** אוחרנין: ועבד יעקב כדין GN29:27
שנין דכר חד בר תרתין **שנין** אימר חד בר שתיה קריב רב NU 7:21
בין תרווינן: דנן עשרין **שנין** אנא גבך רחלייך ועיזייך לא GN31:38
להון בר מאה ועשרין **שנין** אנא יומנא לית אנא יכיל תוב DT 31:2
שנין ולסוף עישרתי **שנין** אפקיה מן גובא ועל משה בגו EX 2:21
ייי למימר: גבר בר תליסר **שנין** ארום ידר נדרא קדם ייי או NU30:3
דלא עברת תריסר **שנין** ארום תידר נדר קדם ייי ותיסר NU30:4
שנין מרדו: ובירביסרי **שנין** אתא כדרלעמר ומלכיא GN14:5

דענק גיברא וחברון שבע **שנין** אתבניית קדם עד לא תתבני NU 13:22
יתהון למימר בסוף שבע **שנין** באשוני שתא דשמיטיתא DT 31:10
שינתא מיני: דנן לי עשרין **שנין** בביתך פלחתך ארבסרי שנין GN 31:41
בגין תרתין בנתך ושית **שנין** בגין ענך ושלחפתא ית אגרי GN 31:41
רחל ואמר אפלחינך שב **שנין** בגין רחל ברתך זעירתא: ואמר GN 29:18
בביתך פלחתך ארבסרי **שנין** בגין תרתין בנתך ושית שנין GN 31:41
שנין: והוה לסוף ארבעין **שנין** בחדסר ירח הוא ירחא דשבט DT 1:3
אכלו ית מנא ארבעין **שנין** בחייוהי דמשה עד מיתיהון EX 16:35
על דלא עסק עשרין **שנין** ביקרא דאבוי יעקת ליה ופליג GN 32:8
הוה כפנא אלהין תרתין **שנין** בלחודיהן: ועברו יומי בכיתיה GN 50:3
והליכית יתכון ארבעין **שנין** במדברא לא בלמו כסותיכון DT 29:4
מטול דקיימין עשרין **שנין** במטרתהון במימרך וקיים DT 33:9
והוה יצחק בר ארבעין **שנין** במיסביה ית רבקה ברת GN 25:20
ואברם בר שובעין וחמש **שנין** במיפיקיה מחרן: ודבר אברם GN 12:4
ואהרן בר תמנן ותלת **שנין** במלילתהון עם פרעה: ואמר ייי EX 7:7
ית ארפכשד תרתין **שנין** בתר טובענא: וחיא שם בתר GN 11:10
והות בשית מאה וחדא **שנין** בתשרי בחד לירחא בריש GN 8:13
לסוף מאה ותלתין **שנין** דאיתקטיל הבל וילידת בר GN 4:25
עני ואמר להום הא שב **שנין** דאתא יעקב לגבן בירן לא GN 29:22
חדא דכספא כל קבל **שנין** דהוה יוכבד כד ילידת ית משה NU 7:85
שיתין כל קבל שיתין **שנין** דהוה יצחק כד יליד ית יעקב NU 7:88
תור חד בר תורין בר תלת **שנין** דכר חד בר תרתין שנין אימר NU 7:21
תור חד בר תורין בר תלת **שנין** דכר חד בר תרתין שנין ואימר NU 7:15
בגו ארעא ועד חמש **שנין** דלא רדיין ולא חצדין: ושדרני GN 45:6
סומקתא ברת תרתין **שנין** דלית בה מומא ושומא משער NU 19:2
יעקב יוסף בר שביסרי **שנין** הוה במיפיקיה מן בית מדרשא GN 37:2
עבדו: ומשה בר תמנן **שנין** ואהרן בר תמנן ותלת שנין EX 7:7
ירד תמני מאה ותלתין **שנין** ואולד בנין ובנן: והוו כל יומי GN 5:16
ית חנוך תמני מאה **שנין** ואולד בנין ובנן: והוו כל יומי GN 5:19
ית מתושלח תלת מאה **שנין** ואולד בנין ובנן: והוו כל יומי GN 5:22
שבע מאה ותמנן ותרתין **שנין** ואולד בנין ובנן: והוו כל יומי GN 5:26
חמש מאה ותשעין וחמש **שנין** ואולד בנין ובנן: והוו כל יומי GN 5:30
דאולד ית נחור מאתן **שנין** ואולד בנין ובנן: וחיא נחור GN 11:23
ית רעו מאתן ותשע **שנין** ואולד בנין ובנן: וחיא רעו GN 11:19
ית שרוג מאתן ושבע **שנין** ואולד בנין ובנן: וחיא שרוג GN 11:21
ית תרח מאה ושתסרי **שנין** ואולד בנין ובנן: וחיא תרח GN 11:25
למך מאה ותמנן ותרתין **שנין** ואולד בר: וקרא ית שמיה נח GN 5:28
ובנן: וחיא תרח שובעין **שנין** ואולד ית אברם וית נחור וית GN 11:26
מהללאל שיתין וחמש **שנין** ואולד ית ירד: וחיא מהללאל GN 5:15
מאה ותמנן ושבע **שנין** ואולד ית למך: וחיא מתושלח GN 5:25
וחיא חנוך שתין וחמש **שנין** ואולד ית מתושלח: ופלח חנוך GN 5:21
ובנן: וחיא שרוג תלתין **שנין** ואולד ית נחור: וחיא שרוג בתר GN 11:22
בנין ובנן: וחיא פלג תלתין **שנין** ואולד ית רעו: וחיא פלג בתר GN 11:18
וחיא רעו תלתין ותרתין **שנין** ואולד ית שרוג: וחיא רעו בתר GN 11:20
וחיא אדם מאה ותלתין **שנין** ואולד ית שת דדמי לאיקוניה GN 5:3
וחיא נחור עשרין ותשע **שנין** ואולד ית תרח: וחיא נחור בתר GN 11:24
והוה נח בר חמש מאה **שנין** ואולד נח ית שם וית חם וית GN 5:32
ית ארפכשד חמש מאה **שנין** ואוליד בנין ובנן: וארפכשד חיא GN 11:11
ית שת::: תמני מאה ושבע **שנין** ואוליד בנין ובנן: והוו כל יומי GN 5:7
קינן תמני מאה וחמיסר **שנין** ואוליד בנין ובנן: והוו כל יומי GN 5:10
תמני מאה וארבעין **שנין** ואוליד בנין ובנן: והוו כל יומי GN 5:13
ית עבר ארבע מאה ותלת **שנין** ואוליד בנין ובנן: וחיא עבר GN 11:15
פלג ארבע מאה ותלתין **שנין** ואוליד בנין ובנן: וחיא פלג GN 11:17
שלח ארבע מאה ותלתין **שנין** ואוליד בנין ובנן: ושלח חיא GN 11:13
ירד מאה ושיתין ותרתי **שנין** ואוליד ית חנוך: וחיא ירד בתר GN 5:18
ומית: וחיא קינן שובעין **שנין** ואוליד ית מהללאל: וחיא קינן GN 5:12
ובנן: ושלח חיא תלתין **שנין** ואוליד ית עבר: וחיא שלח בתר GN 11:14
וחיא עבר תלתין וארבע **שנין** ואוליד ית פלג: וחיא עבר בתר GN 11:16
ומית: וחיא אנוש תשעין **שנין** ואוליד ית קינן: וחיא אנוש GN 5:9
חיא תלתין וחמש **שנין** ואוליד ית שלח: וחיא ארפכשד GN 11:12
יתהום ארבע מאה **שנין**: ואוף ית עמא דיפלחון להום GN 15:13
יומנא בר תלתין ושב **שנין** ואילו בעי קודשא בריך הוא GN 22:1
רומיה מהלך חמש מאה **שנין** ואילן דאכלין פירוהי ידעין בין GN 2:9
שנין דכר חד בר תרתין **שנין** ואימר חד בר שתיה תלתיהון NU 7:15
איתגזרית לתלסירי **שנין** ואין הוה צבותי למעכבא לא GN 22:1
תחי משלח חדא לשב **שנין** ואיריסא דמותא בפמך ועפרא GN 3:14
יומי יצחק מאה ותמנן **שנין**: ואיתנגיד יצחק ומית ואתכנש GN 35:28
אברם בר תשעין ותשע **שנין** ואתגלי ייי לאברם ואמר ליה GN 17:1
הוות גביה עשרין ותרתין **שנין** ואתהפיך בגיניה דעתיה ממה GN 25:21
מאה ושובעין וחמש **שנין**: ואתנגיד ומית אברהם בשיבו GN 25:7
דשם רבא והוה תמן תלת **שנין** ובההוא יומא תב אברהם לות GN 22:19
כפנא ארבעין ותרתין **שנין** ובזכותיה דיעקב אתמנען GN 50:3
ישראל ויפלחינכון שית **שנין** ובמעלי שביעיתא תפטרוניה DT 15:12
ומית יוסף בר מאה ועשר **שנין** ובסימו יתיה ועטרון יתיה GN 50:26

קדמי עגלא ברת תלת **שנין** וברחא בר תלת שנין ועיזא GN 15:9
על אגר אגירא פלחך שית **שנין** וברכך מטוליה ייי אלקך בכל DT 15:18
הווה טייפא עשרין **שנין**: ודבר ית קריבוי עימיה ורדף GN 31:22
הליכן מייחפן דנן ארבעין **שנין**: ודינדעון עם רעייוני ליבכון DT 8:4
מאה ותלתין ושבע **שנין** והדר בתייובא ואיתנגיד GN 25:17
ייי איתחרתון ארבעין **שנין**: והוה לסוף ארבעין שנין DT 1:2
ופלח יעקב בגין רחל שב **שנין** והוו דמיין בעינוי כיומין GN 29:20
בארעא דמצרים שבסרי **שנין** והוו יומי יעקב סכום יומי חייו GN 47:28
תלת מאה וחמשין **שנין**: והוו כל יומי נח תשע מאה GN 9:28
מיניה הוה בר תמניסר **שנין** וחזא לכילת הילולא וארד GN 46:21
וחיא יוסף מאה ועשרים **שנין**: וחמא יוסף לאפרים בנין דרין GN 50:22
ייי: ונח בר שית מאה **שנין** וטובענא הוה מיא על ארעא: GN 7:6
עשרין שנין ועד בר שתין **שנין** ויהי עילוייה חמשין סילעין LV 27:3
מבר ירחא ועד בר חמש **שנין** ויהי עלוייה דביר דכר חמש LV 27:6
חמש שנין ועד בר עשרין **שנין** ויהי עלוייה דביר דכר עשרין LV 27:5
טעיין במדברא ארבעין **שנין** ויקבלון ית חוביכון עד זמן NU 14:33
בבית איבהא עד תריסר **שנין**: וישמע איבהא ית נידרה NU 30:4
בסיתרא בזמן עישרתי **שנין** ולסוף עישרתי שנין אפקיה מן EX 2:21
דכסף: ואין מבר שתין **שנין** ולעילא אין ביר דכר ויהי LV 27:7
חושבנכון מבר עשרין **שנין** ולעילא דאתרעמיתון עלי: NU 14:29
למימר: מבר עשרין **שנין** ולעילא היכמא דפקיד ייי ית NU 26:4
לגניסתהון: מבר תלתין **שנין** ולעילא ועד בר חמשין שנין NU 4:23
תימני יתהון: מבר תלתין **שנין** ולעילא ועד בר חמשין שנין NU 4:30
אבהתהון: מבר תלתין **שנין** ולעילא ועד בר חמשין שנין כל NU 4:3
אבהתהון: מבר תלתין **שנין** ולעילא ועד בר חמשין שנין כל NU 4:35
אבהתהון: מבר תלתין **שנין** ולעילא ועד בר חמשין שנין כל NU 4:39
אבהתהון: מבר תלתין **שנין** ולעילא ועד בר חמשין שנין כל NU 4:43
אבהתהון: מבר תלתין **שנין** ולעילא ועד בר חמשין שנין כל NU 4:47
ברם מבר עשרין וחמש **שנין** ולעילא ייתי לחיילא חילא NU 8:24
ממצרים מבר עשרין **שנין** ולעילא ית ארעא דקיימית NU 32:11
על מניינייא מבר עשרין **שנין** ולעילא יתן אפרשותא קדם EX 30:14
לגולגלתהון: מבר עשרין **שנין** ולעילא כל נפיק חילא NU 1:3
כל דכורא מבר עשרין **שנין** ולעילא כל נפיק חילא: NU 1:20
כל דכורא מבר עשרין **שנין** ולעילא כל נפיק חילא: NU 1:22
כל דכורא מבר עשרין **שנין** ולעילא כל נפיק חילא: NU 1:24
כל דכורא מבר עשרין **שנין** ולעילא כל נפיק חילא: NU 1:28
כל דכורא מבר עשרין **שנין** ולעילא כל נפיק חילא: NU 1:30
כל דכורא מבר עשרין **שנין** ולעילא כל נפיק חילא: NU 1:32
כל דכורא מבר עשרין **שנין** ולעילא כל נפיק חילא: NU 1:34
במניין שמהן מבר עשרין **שנין** ולעילא כל נפיק חילא: NU 1:36
במניין שמהן מבר עשרין **שנין** ולעילא כל נפיק חילא: NU 1:38
במניין שמהן מבר עשרין **שנין** ולעילא כל נפיק חילא: NU 1:40
במניין שמהן מבר עשרין **שנין** ולעילא כל נפיק חילא: NU 1:42
לבית אבהתן מבר עשרין **שנין** ולעילא כל נפיק חילא NU 1:45
דבני ישראל מבר עשרין **שנין** ולעילא כל נפיק חילא NU 26:2
במניין שמהן מבר עשרין **שנין** ולעילא לגולגלתהון: היכמה NU 1:18
על מניינא מבר עשרין **שנין** ולעילא לשית מאה ותלתא EX 38:26
כל דכורא מבר עשרין **שנין** ולעילה כל נפיק חילא: NU 1:26
נח תשע מאה וחמשין **שנין** ומית: ואילן תולדת בנוי דנח GN 9:29
שבע מאה ושובעין ושבע **שנין** ומית: והוה נח בר חמש מאה GN 5:31
תשע מאה ותרתי סירי **שנין** ומית: וחיא אנוש תשעין שנין GN 5:8
מאה ושיתין ותרתין **שנין** ומית: וחיא חנוך שתין וחמש GN 5:20
מאה ותשעים וחמש **שנין** ומית: וחיא ירד מאה ושיתין GN 5:17
תשע מאה ושיתין ותשע **שנין** ומית: וחיא למך מאה ותמנן GN 5:27
קינן תשע מאה ועשר **שנין** ומית: וחיא מהללאל שיתין GN 5:14
אנוש תשע מאה וחמש **שנין** ומית: וחיא קינן שובעין שנין GN 5:11
יומי תרח מאתן וחמש **שנין** ומית תרח בחרן: ואמר ייי GN 11:32
דסכומהון מאתן ועשר **שנין** ומניין ארבע מאה ותלתין שנין EX 12:40
והוה עשו בר ארבעין **שנין** ונסיב איתא ית יהודית ברת GN 26:34
והוות טייפא עשרין **שנין**: ונשק יעקב לרחל וארים ית GN 29:10
סילעין: ואין מבר חמש **שנין** ועד בר עשרין שנין ויהי עלוייה LV 27:5
דביר דכר מן בר עשרין **שנין** ועד בר שתין שנין ויהי עילוייה LV 27:3
שנין וברחא בר תלת **שנין** ועיזא ברת תלת שנין ושפנינא GN 15:9
תלת מאה ושיתין וחמש **שנין**: ופלח חנוך בקושטא קדם ייי GN 5:23
חייו מאה וארבעין ושבע **שנין**: וקריבו יומי ישראל לממת GN 47:28
שנין ועיזא ברת תלת **שנין** ושפנינא ותסילא בר יוון: וקריב GN 15:9
עללתא דתיספוק לתלת **שנין**: ותיזרעון ית שתא תמינתא LV 25:21
ית חוביכון ארבעין **שנין** ותינדעון ית דאיתרעמיתון NU 14:34
ותקדשון ית שנת חמשין **שנין** ותכרזון חירותא בארעא LV 25:10
דשנין ארבעין ותשע **שנין**: ותעבר קל שופר יבבא בירחא LV 25:8
שנין עיבורי ירחין ועיבורי **שנין** ותקופות שמשא ומולד GN 1:14
מאה ותלתין ושבע **שנין** חייא עד דחמא ית בני רחביה EX 6:20
דלוי מאה ותלתין ושבע **שנין** חייא עד דחמא ית משה וית EX 6:16
מאה ותלתין ותלת **שנין** חייא עד דחמא ית פנחס הוא EX 6:18

ואמר בליביה הלבר מאה **שנין** יהי וולד ואין שרה הברת GN 17:17
גזרא ית אינביה תלת **שנין** יהי לכון מרחק לאבדא לא LV 19:23
משכן זימנא: ומבר חמשין **שנין** ייתוב מחיל פולחנא ולא יפלח NU 8:25
לעבדא לבר ישראל שית **שנין** יפלח ובמעלי שביעיתא יפוק EX 21:2
והות ברת מאה ותלתין **שנין** כד אהדרה לותיה ואיתעביד EX 2:1
גניסת שם שם בר מאה **שנין** כד אוליד ית ארפכשד תרתין GN 11:10
יתיה ייי: ואברהם בר מאה **שנין** כד איתיליד ליה ית יצחק GN 21:5
ואברהם בר תשעין ותשע **שנין** כד גזר ית בישרא דעורלתיה: GN 17:24
בריה בר תלתיסרי **שנין** כד גזר ית בישרא דעורלתיה: GN 17:25
ואברם בר תמנן ושית **שנין** כד ילידת הגר ית ישמעאל GN 16:16
יעקב ויצחק בר שיתין **שנין** כד ילידת יתהום: ורביאו טליא GN 25:26
בר מאה ועשרין ותלת **שנין** כד מית בטוורים אומניס: NU 33:39
דמצרים: ויוסף בר תלתין **שנין** כד קם קדם פרעה מלכא GN 41:46
ומשה בר מאה ועשרין **שנין** כד שכיב לא כהיין גלגילי עינוי DT 34:7
ולעילא ועד בר חמשין **שנין** כל דאתי לחילא למעבד NU 4:3
ולעילא ועד בר חמשין **שנין** כל דאתי לחילא למפלח NU 4:47
ולעילא ועד בר חמשין **שנין** כל דאתי לחילא לפולחנא NU 4:35
ולעילא ועד בר חמשין **שנין** כל דאתי לחילא לפולחנא NU 4:39
ולעילא ועד בר חמשין **שנין** כל דאתי לחילא לפולחנא NU 4:43
קדמיכון: ארום דנן תרתין **שנין** כפנא בגו ארעא ועד חמש שנין GN 45:6
תמן ארום עד כדון חמש **שנין** כפנא דילמא תיתמסכן אנת GN 45:11
אחוהון דלא בני תלתין **שנין** לא אשתמודעון יתהון וית DT 33:9
ארעא: בשנת שית מאה **שנין** לחיי נח ביירחא תניינא הוא GN 7:11
כהניא אימרין בני שתא **שנין** לכפרא על שיתין ריבוון NU 7:88
אמתא מסוף עשר **שנין** למיתב אברם בארעא דכנען GN 16:3
והוה מסוף תלתין **שנין** מדיאיתגזרת גזירתא הדא עד EX 12:41
רבא הדין דנן ארבעין **שנין** מימרא דייי אלקכון בסעדכון DT 2:7
להון ארכא מאה ועשרין **שנין** מן בגלל דיעבדון תתובא ולא GN 6:3
ומניין ארבע מאה ותלתין **שנין** מן דמליל ייי לאברהם מן EX 12:40
דיעקב אתמנען ארבעין **שנין** מן מצרים ולא הוה כפנא GN 50:3
ית כדרלעמר ובתיליסירי **שנין** מרדו: ובירביסרי שנין אתא GN 14:4
שית משוריין ארבעין **שנין** נטלו מן מוסרות ותבו לרקם NU 21:1
והוה מסוף תרתין **שנין** עאל דוכרניה דיוסף קדם GN 41:1
טרווייא תלתין ותמני **שנין** עד דסף כל דרא גברי מגיחי DT 2:14
במדברא ארבעין **שנין** עד דסף כל דרא דעבד דביש NU 32:13
רישי ירחין ורישי **שנין** עיבורי ירחין ועיבורי שנין GN 1:14
לימא דמילחא: תרתיסירי **שנין** פלחו ית כדרלעמר GN 14:4
ונפקו ממצרים תלתין **שנין** קדם קיצא איתמסרו בידא EX 13:17
תותבותיי מאה ותלתין **שנין** קלילין ובישין הוו יומי שני חיי GN 47:9
שבע שמיטין דשנין שבע **שנין** שבע זימנין ויהון לך סכום יומי LV 25:8
שרה מאה ועשרין ושבע **שנין** שני חייהא דשרה: ומיתת שרה GN 23:1
תזרעון חקליכון ושית **שנין** תגזרון כרמיכון ותכנשון ית LV 25:3
בארעא דמצרים: ושית **שנין** תדרע ית ארעך ותכנוש ית EX 23:10
יובלא היא שנת חמשין **שנין** תהי לכון לא תזרעון ולא LV 25:11
ואין שרה הברת תשעין **שנין** תוליד: ואמר אברהם קדם ייי GN 17:17
שמיטתא קדם ייי: שית **שנין** תזרעון חקליכון ושית שנין LV 25:3
ולעילא ועד בר חמשין **שנין** תמני יתהון כל דאתי לחיילא NU 4:23
ולעילא ועד בר חמשין **שנין** תמנינון כל דאתי לחילא NU 4:30
דתעבדון: מסוף שבעתי **שנין** תעבדון שמיטתא: ודין אחוית DT 15:1
עימכון: מסוף תלת **שנין** תפקון ית כל מעשר עללתכון DT 14:28
בכל ארעכון: ותקדשון ית **שנת** חמשין שנין ותכרזון חירותא LV 25:10
תתובון: יובלא היא **שנת** חמשין שנין תהי לכון לא LV 25:11
רדופיכון לא תקטפון **שנת** שמיטתא יהי לארעא: ותהי LV 25:5
ולא פירי שתא על פירי **שתא** אוחרי: ותיכלון מעשרא DT 14:22
ויהי פורקניה עד משלם **שתא** דזבינוי מן עידן לעידן יהי LV 25:29
משתא דיזדבן ליה עד **שתא** דיובילא ויהי כסף זבינוי LV 25:50
ביד מן דזבן יתיה עד **שתא** דיובילא ויפוק בלא כסף LV 25:28
לאשתוירון בשניא עד **שתא** דיובלא ויחשיב ליה כפום LV 25:52
ית סכום דמי עלוייה עד **שתא** דיובלא ויתן ית עלוייה ביומא LV 27:23
שניא דמשתיירן עד **שתא** דיובלא ומנכי ליה מן עלוייה: LV 27:18
הי כתותבא יהי עימך עד **שתא** דיובלא יפלח עימך: ויפוק לבר LV 25:40
תרין בנין עד לא עלת **שתא** דכפנא דילידת ליה אסנת GN 41:50
תורין דלא עירובין ברת **שתא** דלא אתפלח בה ולא נגדת DT 21:3
בשלו ויקרב גדיתא בר **שתא** דלא עירובין לחטאתא: ויכפר NU 15:27
בסוף שבע שנין באשוני **שתא** דשמיטיתא בחגא דמטליא: DT 31:10
ליה בדמי גניבותיה ועד **שתא** דשמיטתא: אין בסהדיא EX 22:2
קריבת שתא שביעתא **שתא** דשמיטתא ותבאש עיניכון DT 15:9
בשתא ההיא: ושלימת **שתא** ההיא ואתו כל מצראי לוותיה GN 47:18
תמן תריסר ירחי **שתא** ובנא ליה בי מידרשא ולגיתוי GN 33:17
אתחדתות כל רישי ירחי **שתא**: וצפיר בר עיזי חד לחטאתא NU 28:14
וכנשין מן חקלא כל **שתא** ושתא ולא פירי שתא על פירי DT 14:22
תיתב ריבא עימנא יומי **שתא** חדא או עשרהרחין ובתר כדין GN 24:55
ביש פני יהי בביתיה **שתא** חדא ויחד עם אינתתיה DT 24:5
אימר שלים דכר בר **שתא** יהי לכון מן אימריא ומן בני EX 12:5
זימני מועדיא לעבורי **שתא** למינטר תקופתא בירחא DT 16:1
אלהן מתשרי דהוא ריש **שתא** לשכלול עלמא בשבסרי יומין GN 7:11
הוא לכון למניין ירחי **שתא**: מלילו עם כל כנישתא EX 12:2
בתשרי בחד לירחא בריש **שתא** נגובו מיא מעל ארעא ואעדי GN 8:13
כל שתא ושתא ולא פירי **שתא** על פירי שתא אוחרי: ותיכלון DT 14:22
דזדנותא למימר קריבת **שתא** שביעתא שתא דשמיטתא DT 15:9
דשבתא תרין אימרין בני **שתא** שלמין ותרין עשרונין סמידא NU 28:9
או תרין יומין או ירחא או **שתא** שלמתא באורכות ענן יקרא NU 9:22
עד זמן מישלם ליה **שתא** שלמתא ויקום ביתא LV 25:30
ואימרתא חדא ברת **שתא** שלמתא לחטאתא ודכר חד NU 6:14
דברכת כהניא אימרין בני **שתא** שנין לכפרא על שיתין ריבוון NU 7:88
עללתא עתיקתא דההיא **שתא** שתיתיתא עד שתא LV 25:22
לתלת שנין: ותיזרעון ית **שתא** תמינתא ותיכלון מן עללתא LV 25:22
הוא ירחא תיניינא דמן **שתא** תנייתא ליזמן מיפקהון NU 1:1
שתא שתיתיתא עד **שתא** תשיעתא עד זמן מיעל LV 25:22
יומי נזריה וייתי אימר בר **שתיה** לאשמא ויומיא קדמאי NU 6:12
לברתא תייתי אימר בר **שתיה** לעלתא וגוזל בר יוון או LV 12:6
ית עומרא אימר שלים בר **שתיה** לעלתא לשמא דייי: ומנחתיה LV 23:12
לעיגלא ואימר בר **שתיה** מטול דידכר לכון זכותא LV 9:3
תרתין שנין אימר חד בר **שתיה** קריב רב שיבטא דישׂשכר NU 7:21
קרבניה קדם ייי אימר בר **שתיה** שלים חד לעלתא ואימרתא NU 6:14
תרתין שנין ואימר חד בר **שתיה** תלתיהון קרב רב שיבטא NU 7:15

שני (13)

ואוף סדר דינייה דעלמא **אישתני** עליהון: האפשר דלשום DT 32:5
נשא ההוא מעמי ית קימי **אשני**: ואמר ייי לאברהם שרי GN 17:14
דגולמיש ואיזובא וצבע **דאישתני** בזהורי ויטלוק לגו NU 19:6
מומא בהון דרא עוקמנא **דאשניו** עובדיהון ואוף סדר דינייה DT 32:5
ויפלחונון וירגזון קדמיי **דישנון** ית קיימי: ויהי ארום יערען DT 31:20
כחדא ואמרין אמן: ליט **דישני** תחומא דחבריה הוון עניין DT 27:17
שרי בארע דרומא ואתא **ואישתני** ומלך בערד ארום נח NU 21:1
ביניהון וישבקון דחלתי **וישנון** ית קיימי די גזרית עימהון: DT 31:16
קטילייא דקרבתון בהון **ושנן** כסותכון: ונקום וניסק לביתאל GN 35:2
ותיצמי ית טופרייהא: **ותשני** ית כסות שבייתא מינה DT 21:13
לי ולעמך מן בגלל דניהי **משניי** מכל עממייא דעל אנפי EX 33:16
ליה כוותך דמה את **שני** לך לא תעביד ליה ארום דיירין LV 19:34
מישראל וייטב לכון: לא **תשנון** תחום חבריכון דאתחימו DT 19:14

שנן (3)

דמתילא לחריבא **שנינא** אכלה מתרין סיטרין אתקין GN 3:24
שבועתי לעלמין: אין **שנינא** היא ברק סייפי ותתקיף DT 32:41
אחין תלאמין מאני זיינא **שנינא** למחטוף היא GN 49:5

שנץ (3)

דליה עקיבא דחייט **בשנצי** ובפום סנדלא שנצי קטירן DT 25:9
ותקום אינתתא ותשרי **שנצי** ותשלוף סנדליה מעילוי DT 25:9
בשנצי ובפום סנדלא **שנצי** קטירן ויחדס ריגליה בארעא DT 25:9

שנק (7)

יתקטל על מיבעלא **בשינוק** סודרא אקושא בגו רכיכא LV 20:10
אתקטלא יתקטיל **בשינוקא** דסודרא: ודיגנוב נפש מבני EX 21:15
אתקטלא יתקטיל **בשינוקא** דסודרא: ודילוט לאבוי EX 21:16
בי היא שעתא תקטלונון **בשינוקא** דסודרא ותפלון עביד DT 22:22
ויתקטל גברא ההוא **בשינוקא** דסודרא ותפלי עביד DT 24:7
וישמעון בניהון דמצראי **דאישתנקו** בימא ארום אסיקתא NU 14:13
יצחק וקמת שרה ופגנת **ואשתנקת** ומיתת מן אניקא ואתא GN 22:20

שעבזין (1)

ומן יד אתגזר עלוי ויבישו **שעבזוי** ואיסתרס והוא רבא דפרעה GN 39:1

שעה (47)

טיבו עם ריבוני: והוה **בשעא** קלילא הוא עד כדון לא פסק GN 24:15
באלקהון ויתמסרון בידך **בשעא** קלילא ויפלון מנהון סגיאין NU 24:14
עמהון יתימסון: ויוודון **בשעת** אניקהון ית חוביהון וית LV 26:40
פירוע ולבושוי לא יבזע **בשעת** אניקי: ולות כל בר נש דמית LV 21:10
ההוא שמא קדישא **בשעת** אניקי מישתיזב וטמירן EX 28:30
קיריס איטימוס להון **בשעת** אניקין ומקטל כולהון NU 11:26
מילי זכאין בפומהון **בשעת** דינא: ולגייורא לא תעיקון EX 23:8
מילין זכאין בפום דיינייא **בשעת** דינהון: דין קשוט ודין שלם DT 16:19
ליה: לא תזממון פם תורא **בשעת** דרכיה ברם יבימתא DT 25:4
ותריב חיוא דמיקלקלא **בשעת** ניכסתא ודימתנבלא LV 7:24
מודיק דפורקנהון פורקן **דשעתא** אלהין לפורקנך סכיית GN 49:18
דהווה ריבוייה ריבוי **דשעתא** וקידושיה קידוש דתלת LV 1:1
הדא ואישיצי יתהון **כשעא** זעירא: ואתרכינו בצלו על NU 16:21
הדא ואישצי יתהון **כשעא** זעירא ואתרכינו בצלו על NU 17:10
אמר ייי ליליא חורן **כשעתא** דא אנא מתגלי בגו מצראי: EX 11:4
בנוי דיצחק ברי עליין **לשעת** אניקי תהוי מידכר להום GN 22:14
מרים נביאתא **שעא** זעירא למידוע מה הוה NU 12:16
בבעו מינך אמתין לי **שעא** זעירא עד דנתבוע רחמין מן GN 19:18
כד דיירין בעלמא הדין **שעא** חדא אחין מן איבא דמיחדין DT 25:5

אתון עם קשי קדל **שעא** חדא קלילא איסליק איקר EX 33:5
ניסא קמאה איתקצרו **שעוי** דיומא וטמע שימשא בלא GN 28:10
דיהי רמשא דעקן מארכן **שעי** יומא באפיכון וברמשא תהוון DT 28:67
דיהי צפרא דעקן מארכן **שעי** ליליא באפיכון מתווהות DT 28:67
באיקרהון עשרין וחד **שעין** בציר מנהון שית מאה ותרין GN 1:16
מן עידן צפרא עד ארבע **שעין** דיומא אינש לפום מיכליה ומן EX 16:21
בצפר בצפר עד ארבע **שעין** דיומא ויסדר עלה עלתא LV 6:5
אימר תדירא עד ארבע **שעין** וביני שימשתא יקרבון אימר GN 49:27
לפום מיכליה ומן ארבע **שעין** ולהאל שחין שימשא עילוי EX 16:21
על ארעא בסוף תלת **שעין** ולוט על לזוער: ומימרא דייי GN 19:23
לארבעא חולקין תלת **שעין** עסיק באורייתא ותלת עסיק DT 32:4
קדמך ייי עני יתי בהדא **שעת** אנקי ואנהר עייני ואשכח GN 38:25
ליה רושם דקן וההיא **שעתא** אית ליה: ודכיר יוסף ית GN 42:8
תמותון: בי היא היא **שעתא** אמר חויא דלטור על ברייה GN 3:4
לא שדר מחתיה בההיא **שעתא** ברם איתנטרא להון ליום EX 24:11
רוגזך בעבדך ארום מן **שעתא** דאתינן לותך הות אמר לן GN 44:18
עמוד קריצתא ומטא **שעתא** דמלאכי מרומא משבחין GN 32:27
מן דמליל ייי לאברהם מן **שעתא** דמליל עמיה בחמיסר בניסן EX 12:40
אוף מן לקדמוי אוף מן **שעתא** דמלילתא עם עבדך ארום EX 4:10
ולמא דנן שלחתני: ומן **שעתא** דעלית לות פרעה למללא EX 5:23
מן קדם אלקא וידע **שעתא** דרתח בה אלקא עילאה NU 24:16
ישראל ארום עד ההיא **שעתא** הוות פולחנא בבוכרייא דעד EX 24:5
ותרין ושובעין חולקי **שעתא** ומן בתר כן אישתעיית GN 1:16
אין שהיין הינון הכא **שעתא** חדא הא כולנא מייתין: ונטל EX 12:33
משבוק תשבוק בההיא **שעתא** ית סנא דבלבך עלוי ותפרוק EX 23:5
ופום ממלל אתנא בי היא **שעתא** פתח מימרא דייי ית פומה NU 22:28
נורא בבקעת דורא בה **שעתא** רמז קודשא למיכאל ואנהר GN 38:25
עד דתיליד אלהין בי היא **שעתא** תקטלונון בשינוקא דסודרא DT 22:22

שעה (4)

תעבירון ארום בגין כדין **באשון** שירותא אזדמנתון ועברתון GN 18:5
למימר בסוף שבע שנין **באשוני** שתא דשמיטיתא בחגא DT 31:10
ותזרעין ית ארעא: ויהי **באשוניה** במכנוש עללתא ותיתנון GN 47:24
דייי איתמלי ית משכנא: **ובאשון** איסתלקות ענן יקרא EX 40:36

שעוה (2)

שרף קטף וקליל דבש **שעוה** ולטום משח דבוטנין ומשח GN 43:11
מגלעד וגמליהון טעינין **שעוה** ושרף קטף ולטום מטיילין GN 37:25

שעי (21)

קדם ייי פושרן חילמיא **אישתעו** כדון לי: ואישתעי רב GN 40:8
חולקי שעתא ומן בתר כן **אישתעיית** סיהרא עילוי שימשא GN 1:16
ויכפר על קודשא **באישתעות** מיליא מסואבות בני LV 16:16
ית תורא דיליה ויכפר **באישתעות** מיליא עלוי ועל אינש LV 16:11
נח מן חמריה וידע **באשתעות** חלמא ית דעבד ליה חם GN 9:24
דקדם ייי ויכפר עלוי **באשתעות** מיליא ויסב מאדמא LV 16:18
משכן זימנא ועל מדבחא **באשתעות** מיליא ויקרב ית צפירא LV 16:20
כל עמא דקהלא יכפר **באשתעות** מיליא: ותהי דא לכון LV 16:33
דהוא מן ממוניה ויכפר **באשתעות** מיליא עלוי ועל אינש LV 16:6
וחדסר כוכבייא גחנן לי: **ואישתעי** לאבוי ולאחהא ונזף ביה GN 37:10
יסקון עימיה: ואתא משה **ואישתעי** לעמא ית כל פיתגמיא EX 24:3
מצרים וית כל חכימהא **ואישתעי** פרעה להום ית חילמיה GN 41:8
חילמיא אישתעו כדון לי: **ואישתעי** רב מזוגיא ית חלמיא GN 40:9
והרהרו עמא בלבבהון **ואישתעיאו** על מימרא דייי ובמשה NU 21:5
חבנא ארום הירהירנא **ואישתעינא** ביקר שכינתא דייי NU 21:7
עבדא לרב ספוקלטוריא **ואישתעינא** ליה ופשר לנא ית GN 41:12
ית איבא דארעא: **ואשתעיין** ליה ואמרו אתאנא NU 13:27
לחצרות והוון בחצרות: **ואשתעיין** מרים ואהרן במשה NU 12:1
מימתיל ביה מטול דלא **ישתעי** עליכון לישן תליתאי על LV 9:3
לחטאתא מטול דלא **ישתעי** עלך סטנא לישן תליתאי LV 9:2
חזי ומא דין לא דחילתון **לאשתעויי** כהלין מלייא בעבדי NU 12:8

שעם (2)

ואיתן ית קורייכון צדיין **ואשעמם** ית מוקדשיכון ולא אקבל LV 26:31
מוקרא ובסמיותא **ובשיעממות** ליבא: ותהון טביעין DT 28:28

שעמום (1)

לטעוותהון תהוון **לשיעמום** למתלין ולתינויין ביני DT 28:37

שעע (3)

אחי גבר שערן ואנא גבר **שעיע:** מאים יגששינני אבא ואיהי GN 27:11
אנא ייי: לא תמללון **שעיעא** בפומכון למיסני ית אחוכון LV 19:17
אלבישת על ידוי ועל **שעיעות** צווריה: וסדרת ית GN 27:16

שער (30)

דאתיליד כוליה גמיר **בשיער** רישא ודיקנא ושינין וככין: GN 25:25
סמוקריי כוליה ככלן **דשער** וקרו שמיה עשו מן בגלל GN 25:25
בתלת סאין קמחא **דשערי** דהינון מיכלא דבעירי לא NU 5:15
למחוור יתיר מן משכא **ושער** אוכם לית ביה ויסגר כהנא ית LV 13:31
ואם כד הוה קם ניתקא **ושער** אוכם צמח ביה איתסי LV 13:37
מכתשא במשך בישרא **ושערא** במכתשא איתהפיך לחיוור LV 13:3
מכיך מן משכא למחוור **ושערה** איתהפוך למחוור LV 13:20
כתלגא יתיר מן משכא **ושערה** לא אתהפיך לחיור כסידא LV 13:4
ארעא דמרביא חינטין **ושערין** ומלבלבא גופנין דמנהון DT 8:8
שלימא ואפילו בגרמיה **כשערתא** או בגרמא דאינשא חייא NU 19:16
במשכנא לא יפשפש כהנא **לשער** מצלהב מטול דמסאב הוא: LV 13:36
דלית בה מומא ושומא **משער** חורן דלא סליק עלה דכר NU 19:2
כד תימני יתהון: דין **שיעורא** איתחמי למשה בטוורא הי EX 30:13
שכבן חפיין עינוי או לית **שיער** בגבינוי או דחלזון בעיינויי LV 21:20
משכן זימנא ויסב ית **שיער** ריש ניזריה ויתן על אישתא NU 6:18
ואין מקבל אנפוי ייתר **שיער** רישיה גלשלשן הוא דכי הוא: LV 13:41
דכי הוא: וגבר ארום ייתר **שיער** רישיה קרוח הוא דכי הוא: LV 13:40
ויעברון גלב על כל **שער** בישריהון ויחוורון לבושיהון NU 8:7
כהנא והא לית בה **שער** חיוור ומכיכא לא איתא LV 13:21
כהנא והא לית בבהקי **שער** חיוור ומכיכא לא איתה LV 13:26
יתיר מן משכא וביה **שער** מצלהב כחיזו דהב דקיק LV 13:30
מכתשא ולא הוה ביה **שער** מצלהב כחיזו דהב וחיזוי LV 13:32
יתיר מן משכא: ויספר ית **שערא** דחזרנות ניתקא ברם אתר LV 13:33
יתה כהנא והא אתהפיך **שערא** למחוור כסידא וחיזויה LV 13:25
כעמר נקי והיא הפכת **שערא** למחוור כקרם ביעתא ורושם LV 13:10
ית לבושוי ויספר ית כל **שערי** ויסחי במיא וידכי ובתר כן LV 14:8
וית גביני עינוי וית כל **שעריה** יספר ויצבע ית לבושוי LV 14:9
שביעאה יספר ית כל **שעריה** ית רישיה וית דיקניה וית LV 14:9
ואמר הא עשו אחי גבר **שערן** ואנא גבר שעיע: מאים GN 27:11
הוה ידוי כידי עשו אחוי **שערניין** וברכיה: ואמר אנת הוא דין GN 27:23

שער (6)

בשתא ההיא על חד מאה **בדשערוי** וברכיה ייי: ורבא גברא GN 26:12
כספיכון לא תיתנון ליה **בשערין** ובריביין לא תיתנון LV 25:37
נוכראה ארחיקית מן ברה **כשיעור** מיגד בקשתא ארום אמרת GN 21:16
תשיעאי דאתנגיד פרזלא **כשיעור** תרויהון ולא אשתליפו NU 25:8
ומרי ערבנותא לא על **שערין** ולא ריביין: אין ממשכנא EX 22:24
ישראל לא תיסבון לא **שערין** ולא ריביין ותידחל מאלקך LV 25:36

שפה (4)

בר נש ארום יומי לפרשא **בשיפוון** לאבאשא או לאיטבא לכל LV 5:4
ונידרהא עלהא או פירוש **סיפתהא** דאסרת על נפשה בבית NU 30:7
נידרה דעלה וית פירוש **סיפתהא** דאסרת על נפשה ומן NU 30:9
חובא: מומתא דתיפוק מן **ספוותכון** תקימון מצוותא דכשרין DT 23:24

שפוד (1)

בנורא לביסיא קדירתא **שפודיא** ואסכלתא תעברון בנורא NU 31:23

שפי (4)

יתיה בנורא ושפיית יתיה **בשופינא** טבאות עד דהוה דקיק DT 9:21
ואוקידית יתיה בנורא **ושפיית** יתיה בשופינא טבאות עד DT 9:21
אפוי דלבן והא ליתנון **שפיין** לקיבליה כדאיתמלי והי GN 31:2
אפי אבוכון והא ליתנון **שפיין** עימי היכדין דאיתמלי והי GN 31:5

שפי (1)

ועתידין הינון למיעבד **שפיותא** בעיקבא ביומי מלכא GN 3:15

שפך (9)

נגיד בנחליא סמיך לארנון: **ושפכות** נחליא דאדמהון הוה נגיד NU 21:15
ואדם שאר נכסת קודשך **ישתפיך** על מדבחא דייי אלקך DT 12:27
דייי בסעדי ויטרינני **משפיכות** אדם זכאי ופולחנא GN 28:20
ועד ימא דמישרא תחות **משפך** מרמתא: וקרא משה לכל DT 4:49
וימות לית ליה חובת **שפיכות** אדם זכאי: אין בריר EX 22:1
נפש עאל וקטליה חובת **שפיכות** אדם זכאי עלוי ואין EX 22:2
משה קריבו קורבנכון על **שפיכות** אדמא די בידיכון ויתכפר EX 32:29
פלח פולחנא נוכראה **שפך** אדמא זכיא ועל על עולימתא GN 25:29
לימא דמילחא תחות **שפכות** מיא מרמתא מדינחא: DT 3:17

שפם (5)

רישיה במיצעיה תורא **בשיפמיה** יהי מקף לפומיה חזור EX 28:32
הי כפום שיריא תורא **בשיפמיה** מקף לפומיה חזור חזור EX 39:23
תרתין ציטרי חושנא על **שיפמיה** דלעברא דאפודא לגיו: EX 39:19
תרין סיטרי חושנא על **שיפמיה** דלעברא לאפודא לגיו: EX 28:26
ספריא יהוי מהלך ועל **שיפמיה** יהי מעטף והי כאבילא יהי LV 13:45

שפם (1)

ביומא דשמע כל אפקות **סיפמהא** לנדרהא ולאיסרי נפשהא NU 30:13

שפנינא (12)

ועיזא ברת תלת שנין **ושפנינא** ותסילא בר יוון: וקריב GN 15:9
לעלתא וגוזל בר יוון או **שפנינא** לחטאתא לתרע משכן LV 12:6
בני יוניא ית קורבניה ברם **שפנינא** יקריב מן רברבין ובני יוניא LV 1:14
קדם ייי: ויעבד ית חד מן **שפניניא** רברביא או מן גוזלין בני LV 14:30
קדם ייי ויקרב מן **שפנינייא** או מן בני יוניא ית LV 1:14
אימרא ותיסב תרין **שפנינין** או תרין גוזלין בני יוון חד LV 12:8
תמינאה ייתי תרין **שפנינין** או תרין גוזלין בני יוון לוות NU 6:10
קרבן אשמיה דחב תרין **שפנינין** רברבין או תרין גוזלין בני LV 5:7
כמיסת למייתייא תרין **שפנינין** רברבין או תרין גוזלין בני LV 5:11
ולוגא דמשח זיתא: ותרין **שפנינין** רברבין או תרין גוזלין בני LV 14:22

תמינאה יסב ליה תרין **שפנינין** רברבין או תרין גוזלין בני LV 15:14
שביעה תיסב לה תרין **שפנינין** רברבין או תרין גוזלין בני LV 15:29

שפע (3)

ית משכנא ויהי חד: **ושיפוע** מותרא בירִיעת משכנא EX 26:12
יריעתא דמשכנא יהי **משפע** על ציטרי משכנא מיכא EX 26:13
פלגות יריעתא דיתירא **תשפע** על אחורי משכנא: ואמתא EX 26:12

שפף (1)

דעבדו ואוקיד בנורא **ושף** עד דהוה דקיק ודרי על אנפי EX 32:20

שפר (45)

רב קדם ייי את בינגא **בשפר** קיברנא קבר ית מיתך אינש GN 23:6
דייתוקדון דלית אפשר **דישפר** קדם ייי: ושמע משה ושפר LV 10:19
מקהלת ושרו בטוורא **דשפירין** פירוי: ונטלו מטוורא NU 33:23
פירוי: ונטלו מטוורא **דשפירין** פירוי ושרו בחרדה אתר NU 33:24
ית שבע תורתי **דשפירן** למיחמי ופטימתא ואיתער GN 41:4
ופשר ליה יוסף ית מה **דשפר** בעינוי ואמר ליה דין לך GN 40:18
דדמיך בעובה ובברתה: **ובשפיר** שיליתא דתיפוק מבית DT 28:57
קדם ייי אלקכון בחדווא **ובשפירות** ליבא מסוגעי כל טובא: DT 28:47
ורחל הות יאיא בריוא **ושפירא** בחיזוא: ורחם יעקב ית רחל GN 29:17
שבע תורתי פטימן בשר **ושפירן** למיחמי ורעיין בגו גומייא: GN 41:18
קירויא דניעול לותהון: **ושפר** בעיניי פיתגמא ודברית מנכון DT 1:23
גבר אוחרן שפר חקליה **ושפר** כרמיה ישלים: ארום תיתפק EX 22:4
למימר אתו אחי יוסף **ושפר** פיתגמא בעיני פרעה ובעיני GN 45:16
עמא דארעא בכפנא: **ושפר** פיתגמא קדם פרעה וקדם כל GN 41:37
קדם ייי: ושמע משה **ושפר** קודמוי ואפיק כרוזא LV 10:20
בתוקפא ית ברתנא וניזיל: **ושפרו** פיתגמהון בעיני חמור ובעיני GN 34:18
כן יהוי כנען עביד ליה: **ישפר** אלקים תחומיה דיפת GN 9:27
וחילוותיה שדא בימא **שיפר** עולימי גיברוי רמא וטמע EX 15:4
פוטיפר על דחמייה **שפיר** בגין למעבד עימיה משכבי GN 39:1
דשכיב גבה והוה יוסף **שפיר** בריוא ויאי בחזוא: והוה בתר GN 39:6
ותחות כל אילן דריויה **שפיר**: ותסתרון ית אגוריהון DT 12:2
מצראי ית אינתתא ארום **שפירא** היא לחדא: וחמון יתה GN 12:14
ולגינתה על כיתפה: וריבא **שפירא** למיחמי לחדא בתולתא GN 24:16
נדב ואביהוא עולימיא **שפיריא** לא שדר מחתיה בההיא EX 24:11
תיכלון ותיסבעון ובתין **שפירין** תיבנון ותיתבון: ותוריכון DT 8:12
ית בנת אינשא ארום **שפירן** הינון וכסלן ופקסן ומהלכן GN 6:2
נהרא סלקן שבע תורתי **שפירן** למחמי ופטימן בישרא GN 41:2
ידעית ארום אינתתא **שפירת** חזו אנת: ויהי ארום יסתכלון GN 12:11
על עיסק רבקה ארום **שפירת** חזו היא: והוה כד סגוליה GN 26:7
ותיחמון בשבייתא איתא **שפירת** ריווי ותתיירעון בה DT 21:11
על אנפי ארעא ובנתא **שפירתא** איתילידו להון: וחמון בני GN 6:1
לבונתא ויסיק כהנא ית **שפר** אדכרתא למדבחא קרבן LV 2:2
גמליה ריבוניה ואזל כל **שפר** אפותיקי דריבוניה בידיה וקם GN 24:10
לותי ואיתן לכון ית **שפר** ארג ארעא דמצרים ותיכלון GN 45:18
תיחוס על מניכון ארום **שפר** ארג כל ארעא דמצרים דילכון GN 45:20
דמצרים קדמך היא בבית **שפר** ארעא אותיב ית אבך וית אחך GN 47:6
בארעא דמצרים בבית **שפר** ארעא בארעא דפילוסין GN 47:11
אגורא: וחמא בלעם ארום **שפר** הוה קדם ייי לברכא ית ישראל NU 24:1
וייכול בחקל גבר אוחרן **שפר** חקליה ושפר כרמיה ישלים: EX 22:4
אפרשותא קדם ייי מן כל **שפר** טוביה וביה: ותימר להון NU 18:29
לכהניא באפרשותכון ית **שפר** טוביה מיניה וביה ויתחשב NU 18:30
בזמן אפרשותכון ית **שפר** טוביה מיניה וביה לאוכלי NU 18:32
ואפרשות ידיכון וכל **שפר** נידריכון דתידרון קדם ייי: DT 12:11
ודבר ית ענא לאתר **שפר** רעייא דאחורי מדברא ואתא EX 3:1
אבן טבא והי כתקוף **שפר** שמיא כד הינון ברירין מן EX 24:10

שקא (15)

בשלא בחמרא ומישחא **ושקייני** ולא מבשל במיא אלהין EX 12:9
הי כחדיא דארמותא והי **כשקא** דימינא דילך יהי: כל NU 18:18
ובזע יעקב לבושוי ואסר **שקא** בחרצוי ואתאבל על בריה GN 37:34
ית חדיא דארמותא וית **שקא** דאפרשותא דאיתרם EX 29:27
קודשיא דבני ישראל: **שקא** דאפרשותא וחדיא דארמותא LV 10:15
על חדיא דארמותא ועל **שקא** דאפרשותא ומבתר כדין NU 6:20
ית חדיא דארמותא וית **שקא** דאפרשותא נסיבית מן ניכסת LV 7:34
וית חדיא דארמותא וית **שקא** דאפרשותא תיכלון באתר LV 10:14
וית תרבא דעליהון וית **שקא** דימינא ארום דכר קורבניא EX 29:22
וית חדוותא וית **שקא** דימינא ארים אהרן ארמא LV 9:21
כוליין וית תרבהון וית **שקא** דימינא: ומסלא דפטיריא LV 8:25
חד ושוי על תרביא ועל **שקא** דימינא: וסדר ית כולא על ידי LV 8:26
מן בני אהרן דיליה תהי **שקא** דימינא לחולק: ארום ית חדיא LV 7:33
חדיא לאהרן ולבנוי: וית **שקא** דימינא מן כתפא ועד דרועא LV 7:32
לפיתגם עבירתא ועל **שקייא** דרהטו לה ואין לא תתובון DT 28:35

שקד (1)

ביד גבר די מזמן מן **אשתקד** למהך למדברא דצוק LV 16:21

שקט (1)

דינוחון תורך וחמרך **וישקוט** בר אמתך ערלאה וגיורא: EX 23:12

שקי (43)

לא עידן למיכנוש בעיר **אשקו** ענא ואיזילו רעו: ואמרו לא GN 29:7
ואמרת שתי ואוף גמלייך **אשקי** ושתיתי ואוף גמלייא GN 24:46
ותימר שתי ואוף גמלייך **אשקי** יתי זמינתא במזלא לעבדך GN 24:14
ושתיתי ואוף גמלייא **אשקיית**: ושאילית יתה ואמרית GN 24:46
במן דחסף מטול דאיהי **אשקיית** לגיורא חמר בסים במנין NU 5:17
לעיינא ומלת ואמרית לה **אשקיני** כדון: ואוחיאת ואחיתת GN 24:45
למימלי ואימר לה **אשקיני** כדון קליל מוי מן לגיניתיך: GN 24:43
עימיה לא ישעביד ביה **בשקיין** ואנת חמי ליה: ואין לא LV 25:53
די קליף במורכייתא **בשקייתא** דמייא אתר דאתיין ענא GN 30:38
ודרי על אנפי מוי דנחלא **ואשקי** ית בני ישראל וכל מאן דיהב EX 32:20
בירא וסליקו מיא לאנפוי **ואשקי** ית ענא דלבן אחוהא GN 29:10
ולחוד מדול חד דלה לן **ואשקי** ית ענא: ואמר לבנתיה דבריה EX 2:19
בכח גבורתיה ופרקינין **ואשקי** ית ענהין: ואתאה לות EX 2:17
ונקיים מאבונא בנין: **ואשקיאן** אוף בליליא ההוא ית GN 19:35
ונקיים מאבונא בנין: **ואשקיאן** ית אבוהון חמר בליליא GN 19:33
ומלת ית קרווה מיא **ואשקיית** ית טליא: והוה מימרא GN 21:19
ואחיתת לגינתה על ידה **ואשקיתיה**: ופסקת לאשקייותיה GN 24:18
סמא דמותא במיכליה **ובמשקייה** למקטל לריבונהום GN 40:1
וימחוק למיא בדוקיא: **וישקי** ית איתתא ית מיא מריריא NU 5:24
ישקי ית איתתא ית מיא: **וישקינה** ית מיא ויהי אין אסתאבת NU 5:27
מן ארעא ואחית מיטרא **ומשקי** ית כל אפי אדמתא: וברא ייי GN 2:6
לכל משיריתא דישראל **ומשקיא** יתהון כל חד וחד בתרע NU 21:19
ואתקין בגויה מיכלא **ומשקיא** לעבוריא ולתאוביא והוה GN 21:33
מתמן דתזרע ית זרעך **ומשקיית** ליה בגרמך הי כגינת DT 11:10
ית אבנא מעל פם בירא **ומשקן** ית ענא ומתיבין ית אבנא GN 29:3
ית אבנא מעל פם בירא **ונשקי** ענא: עד דהוא ממלל עמהון GN 29:8
להון מיא מן כיפא **ותשקי** ית כנישתא וית בעיריהון: NU 20:8
למדבחא ומבתר כדין **ישקי** ית איתתא ית מיא: וישקינה NU 5:26
לביש: ונהרא נפיק מעדן **לאשקאה** ית גינוניתא ומתמן GN 2:10
ומלאה ית מורכיוותא **לאשקאה** ענא דאבוהן: ואתון רעיא EX 2:16
כל חד מנהון ית אינתתיה **לאשקייותהן** מיא בדוקיא מטול NU 16:4
ידה ואשקיתיה: ופסקת **לאשקייותיה** ואמרת אוף לגמלך GN 24:19
עלוי מוי יהי מסאב וכל **משקי** דישתיתי בכל מן יהי מסאב: LV 11:34
עלה ארום מן בירא ההיא **משקן** עדריא ואבנא רבתא מחתא GN 29:2
כאורח כל ארעא: איתא **נשקי** ית אבונא חמר וכד יהי רוי GN 19:32
שמישית רמשי עם איבא **נשקיניה** חמרא אוף בליליא דין GN 19:34
על נהריא על ביציא ועל **שיקייא** ואסיק ית עורדעניא על EX 8:1
נהריהון על ביציהון על **שיקייאון** ועל כל בית כנישות EX 7:19
עתיק לא ישתי וכל **שיקייני** דאיתרו ביה עינבי לא ישתי NU 6:3
על תרין רברבנוי על רב **שקי** ועל רב נחתומי: ויהב יתהום GN 40:2
לגבן בירן לא חסרו ובית **שקיותן** סגו וכדון איתן נתיעט GN 29:22
ירדנא ארום כולה בית **שקייא** קדם עד לא חביל ייי ברגזיה GN 13:10
לגינתא למורכיוות בית **שקתי** ורהטת תוב לבירא למימלי GN 24:20

שקע (19)

וצלי משה קדם ייי **ואישתקעת** אישתא באתרה: וקרא NU 11:2
כסון עליהון נחתו **ושקעו** במצולתיה דימא אידמון הי EX 15:5
עליהון גירין דימא נחתו **ושקעו** הי כאברא מיא ממשבחיא: EX 15:10
ושוון יתיה בגלוסקמא **ושקעון** יתיה בגוא נילוס דמצרים: GN 50:26
ומרגליין דאשלמותא **למשקעא** באפודא ובחושנא: וכל EX 35:9
כד ייעלון כהניא **לשיקוע** מאני קודשא דלא ימותון NU 4:20
חלא וית אבני אשלמותא **לשקעא** באפודא ובחושנא ומחתן EX 35:27
תניינא: תלתא כלידין **משקעין** בציוריהון בקנייא חד EX 25:33
ושושן ותלתא כלידין **משקעין** בציוריהון בקנייא חד EX 25:33
ושושן ותלתא כלידין **משקעין** בצייוריהון בקניא חד EX 37:19
תניינא: תלתא כלידין **משקעין** בצייוריהון בקניא חד חזור EX 37:19
ובמנרתא ארבעא כלידין **משקעין** בצייוריהון חיזורהא EX 37:20
ובמנרתא ארבעה כלידין **משקעין** בצייוריהון חיזורייהא EX 25:34
זבולן יוסף ובנימין **משקען** בדהב יהון באשלמותהון: EX 28:20
ביתא דליה ארבע כותלין **משקען** יורקן או סומקן וחיזיוהן LV 14:37
זבלון יוסף ובנימן **משקען** מרמצן בדהב באשלמותהון: EX 39:13
מרגלוון דבורלתא חלא **משקען** מרמצן גליפן כתב חקיק EX 39:6
תוקדיניה מטול דצורעא **שקיעא** היא ברדדיה או בלבדיה: LV 13:55
ולא יסק בה כל עיסבא **תשתקע** היך תהפכנותא דסדום DT 29:22

שקף (4)

אבא ואימא ודיני פידעא **ומשקופי** וקנסין דמקנסין EX 15:25
והא שבעא תובלי לקיין **ושקיפן** קידום צמחן בתריהן: ובלען GN 41:6
ושבע שובלייא לקייתא **שקיפן** קידום הם הכי מבשרן GN 41:27
שבעא תובלי נצן לקיין **שקיפן** קידום צמחן בתריהן: ובלען GN 41:23

שקץ (16)

דבמיא שיקצא הינון לכון: **ושיקצא** יהון לכון ציריהון LV 11:11
בבעירא מסאבא או בכל **שיקוץ** מסאב ויכול מבשר ניכסת LV 7:21
ריחשא דרחיש על ארעא **שיקצא** הוא לא יתאכיל: וכל LV 11:41
וזני אורעיה וזני זיבורי **שיקצא** הוא לכון ברם דובשא LV 11:20

ציצין וחרספיתין במיא **שיקצא** הוא לכון: וית איליין מינייא LV 11:12
דעופא דליה ארבע ריגלין **שיקצא** הוא לכון: ולאילין LV 11:23
מקליף לא יתאכלון **שיקצא** הינון ית נישרא וית עוזא LV 11:13
ארעא לא תיכלונון ארום **שיקצא** הינון: לא תשקצון ית LV 11:42
מן כל ריחשא דבמיא **שיקצא** הינון לכון: ושיקצא יהון LV 11:10
תשקיצינון היך סאוב **שיקצא** ורחקא תרחקינון מטול DT 7:26
תהוון שמיתין כוותהון **שקצא** תשקיצינון היך סאוב DT 7:26
שמיתין כוותהון שקצא **תשקיצינון** היך סאוב שיקצא DT 7:26
לא תיכלון וית ניבלתהון **תשקצון** ומן הנייתהון תתרחקון: כל LV 11:11
לדמיכשר למיכל ולא **תשקצון** ית נפשתיכון בבעירא LV 20:25
ארום שיקצא הינון: לא **תשקצון** ית נפשתיכון בכל ריחשא LV 11:43
לכון: וית איליין מינייא **תשקצון** מן עופא דלית להון LV 11:13

שקר (57)

וית חובי אבהתהון **בשיקריהון** דשקרו במימרי ואוף LV 26:40
לכל מתנת קודשיהון **דמשקרין** בהון ויהי על פדחתא EX 28:38
עם מסהדין סהדן **דשיקרא** ארום בחובי סהדי שיקרא DT 5:20
שותפין עם מסהדי סהדן **דשיקרא** ולא יתחמי בכנישתהון DT 5:20
לא תהוון מסהדין סהדו **דשיקרא** לא חברין ולא שותפין עם DT 5:20
יתהון טבאות והא סהדו **דשקר** בפום סהדין שיקרא אסהידו DT 19:18
איתגלי ליה ואיהו ידע **דשקר** ולא תב ואתחייב לחדא מן LV 5:4
אבהתהון בשיקריהון **דשקרו** במימרי ואוף דהליכו עימי LV 26:40
עָלמא וכן אמר מן בגלל **דשקרתון** במימרי במצע בני ישראל DT 32:51
גבר ארום תיסטי אינתיה **וישקר** ביה שקר: וישמש גבר חורן NU 5:12
למימר: בר נש ארום יחוב **וישקר** שיקרין לשום מימריה דייי LV 5:21
למיתי באומתא **ומשקר** בה ויתכסי מיניה ומבתר LV 5:4
קרא שמיה יעקב **ושקר** בי דנן תרתין זימנין ית GN 27:36
בתשמיש דעריס **ושקרת** שקר בבעלה וייעלון ויעלון NU 5:27
משה למימר: בר נש ארום **ישקר** שקר ויחוב בשלו ויתהני מן LV 5:15
לחוד לא יוסיף פרעה **למשקרא** בדיל דלא למפטור ית EX 8:25
יעבדון מכל חובי אינשא **למשקרא** שקר קדם ייי ויתחייב בר NU 5:6
ישראל בעיצתא דבלעם **למשקרא** שקר קדם ייי על עיסק NU 31:16
מדעם דאישתבע עלוי **לשיקרא** וישלים יתיה ברישיה LV 5:24
ישתבע חד מנכון בשמי **לשקרא** לאפסא ית שמא דאלקך LV 19:12
ארום יקום ביניכון נבי **שיקרא** או מרי חלמא דזדנותא ויתן DT 13:2
סהדו דשקר בפום סהדין **שיקרא** אסהידו באחוהון: ותעבדון DT 19:18
למיהוי עם מסהדין סהדי **שיקרא** ארום בחובי סהדי שיקרא EX 20:16
ייי אלקכון: לא תעבדון **שיקרא** בסידרי דינא במשחתא LV 19:35
אילין ניכלייא כל דעבד **שיקרא** בפרקמטיא: הוו דכירין ית DT 25:16
מלליה ייי: מה דימלל נבי **שיקרא** בשמא דייי ולא ייתי DT 18:22
יפרע מיניה: ברם נבי **שיקרא** דירשע למללא פיתגמא DT 18:20
עם מסהדין סהדי **שיקרא** דלא יקומון ביניכון בתריכון EX 20:16
סנאיה ופורקת נביי **שיקרא** דקיימין לקובליה ולא יהי DT 33:11
ובדחלתיה תתקרבון: ונבי **שיקרא** ההוא או חלים חילמא DT 13:6
לאְ תקבלון לפיתגמי נבי **שיקרא** ההוא או מן חלים חילמא DT 13:4
ממסכינא בדיניה: מפתגם **שיקרא** הוי רחיק ודי נפק זכיי מבי EX 23:7
וטפלתון עלוי מילי **שיקרא** ואיתרעמיתון על מנא DT 1:1
עם מסהדין סהדי **שיקרא** ולא יתחמי בכנישתהון EX 20:16
דסנן לקבלא ממון **שיקרא** ותמני עליהון רבני אלפין EX 18:21
מסהדין בחבריכון סהדי **שיקרא** לא חברין ולא שותפין עם EX 20:16
ייי בזדנותא מלליה נבי **שיקרא** לא תידחלון מיניה: ארום DT 18:22
ישראל לא תקבלון מילי **שיקרא** מגברא דיכול קורצין EX 23:1
ויכפור בה ואישתבע על **שיקרא** על חדא מכל דיעביד LV 5:22
ארום בחובי סהדי **שיקרא** ענגין סלקין ומיטרא לא EX 20:16
ארום בחובי סהדי **שיקרא** ענגין סלקין ומיטרא לא DT 5:20
ארום יקומון סהדין **שיקרין** בבר נש לאסהדא ביה סטיא: DT 19:16
בר נש ארום יחוב וישקר **שיקרין** לשום מימריה דייי ויכפור LV 5:21
בתשמיש דעריס ושקרת **שקר** בבעלה וייעלון ויעלון בה מיא NU 5:27
מתקיימין עבדי ליעות **שקר** בדבית ישראל מימרא דייי NU 23:21
פלחית ית אבוכן: ואבוכן **שקר** בי ושלחיף ית אגרי עשר GN 31:7
אנא ייי: לא תעבדון **שקר** בסדר דינא לא תיסבון אפין LV 19:15
למימר: בר נש ארום ישקר **שקר** ויחוב בשלו ויתהני מן LV 5:15
אינתיה וישקר ביה **שקר:** וישמש גבר חורן עימה NU 5:12
עם רשיעא דיהי סהיד **שקר:** עמי בני ישראל לא תהוון בתר EX 23:1
חובי אינשא למשקרא **שקר** קדם ייי ויתחייב בר נש ההוא: NU 5:6
דבלעם למשקרא **שקר** קדם ייי על עיסק פעור והות NU 31:16
בה ולא יתרחצון על מילי **שקרא:** ונפקו שולטני עמא וסרכוי EX 5:9
בלעם לאתנא ארום **שקרת** בי אילו אית סיפא בידי NU 22:29
רחל פלחית עימך ולמא **שקרת** בי: ואמר לבן לא מתעביד GN 29:25
לי במימרא דייי הכא אין **תשקר** בי ובברי ובביר בירי GN 21:23
גנבין ולא תכפרון ולא **תשקרון** אינש בחבריה: עמי בני LV 19:11

שרב (3)

וברדא ולא יתחרכון **בשרבי** שימשא וחד מלרע להון EX 12:37
עילויהון דלא יהנזקון **משרבא** ומטרא ובעמודא דעננא NU 14:14
בימּמא בחקלא אכלני **שרבא** וקרושא בלילייא GN 31:40

שרביט (2)

או ית אמתיה כנעניתא **בשרביטא** וימות בההוא יומא EX 21:20
ועני כל דחלפין תחות **שרביטא** עשיראה יהי קודשא קדם LV 27:32

שרג (1)

קרסולין מלעיל לריגלוי **למשרג** בהון על ארעא: ית אילין LV 11:21

שרגג (4)

גבר ית איתתא דאניס או **דשרגיג** אבוי כל דכן איתת אבוי DT 23:1
פסידיה באגריה: וארום **ישרגיג** גבר בתולתא דלא מארסא EX 22:15
לא נאנוס אריסן ולא **נשרגג** בתולן ולא נבעול נשי גוברין NU 21:22
נעיבר כדון בארעך לא **נשרגגה** בתולן ולא נאנוס אריסן NU 20:17

שרוותא (1)

או טלק עלוי כלונסן **ושרוותא** וגלגיל עלוי כיפין בכוונות NU 35:20

שרט (1)

תגלבון ית שומת דקניכון: **ושורטת** חיבול על נפש דמית לא LV 19:28

שרי (394)

מבתר פרגודא דהא **אישתרי** מן יומא דין שיעבוד GN 37:17
ית משכניה בטוורא ולבן **אשרי** ית אחוי בההוא טורא דגלעד: GN 31:25
פלחי פולחנא נוכראה: **אשרינון** על כרכי ארע דישראל DT 32:13
תור או אימר או עיזא **במשריתא** או די יכוס מברא LV 17:3
שריין ואתקוטטו כחדא **במשריתא** ואזלו לבי דינא בר LV 24:10
למשה קל סידרי קרבא **במשריתא:** ואמר לא קל גיברין EX 32:17
לחדא וזע כל עמא די **במשריתא:** ואנפיק משה ית עמא EX 19:16
ומידד מתנביין הכין **במשריתא:** ואתיב יהושע בר נון NU 11:27
סנדרי לתרע בי דינא **במשריתא** ובעו מן קדם ייי EX 32:27
והוא בת בלילייא ההוא **במשריתא:** וקם בלילייא ההוא ודבר GN 32:22
מן רבנותא ואתנביין **במשריתא:** ורהט טליא חד ותני NU 11:26
כיוון דאוביל יתהון **במשריתא** חבט שדנהי ומיתו עני NU 25:8
רבא ושרא על דין דזעיר **במשריתא** כמהלך יומא לציפונא NU 11:31
קודמוי ואפיק כרוזא **במשריתא** למימר אנא הוא LV 10:20
משה ואעברו כרוזא **במשריתא** למימר גבר ואיתתא לא EX 36:6
וישתיירון תרין גוברין **במשריתא** שמיה דחד אלדד ושמיה NU 11:26
בתר דשמע לא סגיא לה **בשרותא** ואין מפסא פיתגמא בעלה NU 30:16
מתמן: וטרד ית אדם מן **דאשרי** יקר שכינתיה מן לקדמין GN 3:24
ענך ומן תורך בכל אתרא **דאשרי** שכינתי ואנת פלח קדמי EX 20:24
מדבחא וקרא לאתרא אל **דאשרי** שכינתיה בביתאל ארום GN 35:7
אלקא כאלקא ישראל **דאשרי** שכינתיה ורכוביה בשמיא DT 33:26
וקם משה בתרע סנהדרין **דמשריתא** ואמר מאן הוא דחליא EX 32:26
לית אוושר למלאכא **דשיריתא** לאשתלחה ליתיר מן GN 18:2
טבוותך והיכמא **דשיריתא** לעמא הדין מן זמן דנפקו NU 14:19
עלוי בתר חיטאיה **דשרוי** חיטאה חלי וסופיה מסר DT 29:17
שובעא יומין וארע יתיה **דשרי** בטוור גלעד אודי ומצלי קדם GN 31:23
דשמשא בארע כנענאה **דשרי** במישרא כלו קבל גלגלא DT 11:30
נפיל על אנפוי עד זמן **דשרי** מלאכא לקובליה: אימר NU 24:3
יעביד למשכן זימנא **דשרי** עמהון בגו סאובתהון: וכל LV 16:16
מימרא דייי שרן כל יומין **דשרי** ענן יקרא על משכנא ברם NU 9:18
הִכדין עלה סנאיכון **דשריין** בה: ויתכון אדרי ביני עממיא LV 26:32
שימשא וסיהרא **דשריית** לממסר בידך ית סיחן וית DT 2:31
ויטלון משירייתא **דשרן** דרומא יבבתא יתקעון NU 10:6
הוון נטלין הי כמא **דשרן** היכדין נטלין גבר על תחומיה NU 2:17
יבבתא ויטלון משירייתא **דשרן** קידומא: ותתקעון יבבתא NU 10:5
שבועין תימנון לכון מזמן **דתשרון** למשלח מגלא למחצוד DT 16:9
ולא ירחק מימרי יתכון: **ואשרי** איקר שכינתי ביניכון ויהי LV 26:12
ודבר ית עמא ישראל **ואשרי** איקר שכינתך ביניהון ורחים NU 10:36
איקדש לשמשא קדמוי: **ואשרי** שכינתי בגו בני ישראל ואהוי EX 29:45
ויעבדון לשמי מוקדשא **ואשרי** שכינתי ביניהון: ככל מה EX 25:8
קדם בריית עלם **ואשרי** תמן ית אדם כד ברייה: ורבי GN 2:8
ייי הוות עלווי ואפקוהי **ואשריוהי** מברא לקרתא: והוה GN 19:16
אתר דאיתבריא מתמן **ואשרייא** בגינוניתא דעדן למיהוי GN 2:15
בבל ואסיליקינון מתמן **ואשרינון** מן לגיו לנהר סמבטיון EX 34:10
כדין טענינון וסבלינון **ואשרינון** על תקוף כרכי ארעא DT 32:11
יפרקון יתיה ליואי **ובימישריה** משכנא יקימון יתיה NU 1:51
חקיק ומפרש **ובמישרוי** יימר תוב ייי שרי ביקרך NU 2:25
אלפין ושית מאה: **ודישרו** סמיכין ליה שיבטא NU 2:5
ותרין אלפין ושבע מאה: **ודישרן** סמיכין ליה שיבטא דאשר NU 2:27
וסיכיהון ומתחיהון: **ודישרן** קדם משכן זימנא מדינחא NU 3:38
ופותיה תריסר מילין **ודישרן** קידומא מדינחא טיקס NU 2:3
דיפת ויתגיירון בנוי **וישרון** במדרשא דשם ויהי כנען GN 9:27
מצלהבא מן קדם ייי: **וישרון** בני ישראל גבר על בית NU 1:52
בסופא בניכסין סגיאין **וישרון** בשליותא להלאן עיבר GN 49:19
ויתובון לאחוריהון **וישרון** קדם פומי חירתא מרביעתא EX 14:2
אנפי כל אחוי יתערבב **וישרי:** ואודיאת קדם ייי דמימריה GN 16:12
דייי ברעוא ית קורבניכון **וישרי** וישבוק על חוביכון ומן יד LV 9:23
דשמע בעלה בטיל לה **וישרי** ית נידרה דעלה וית פירוש NU 30:9
כל כנישתא דבני ישראל **וישתרי** להון ארום שלותא היא NU 15:25

קדם ייי לכפרא עלוי **וישתרי** ליה: יציבא בבני ישראל NU 15:28
קדם ייי על שלותהון: **וישתרי** מן קדם ייי לכל כנישתא NU 15:26
יבבא בידיה למכנש **ולמישרי** ולמיטל משריתא דישראל: NU 31:6
מערעי זמן למיטל **ולמשרי** מפרשין בשמהן: ואתכנשו NU 16:2
לחיליהון מערבא ישרון **ומשירייתהון** בארבעתי מילין NU 2:18
ולית דמשזיב מן ידי גוג **ומשיריתיה** דאתן למסדרא סדרי DT 32:39
ארתכי פרעה ופרשוי **ומשיריתיה** על פומי חירתא דקדם EX 14:9
וחפא ענן יקרא ית טורא: **ושרא** איקר שכינתא דייי על טורא EX 24:16
על כל ארעא דמצרים **ושרא** בכל תחום מצרים תקיף EX 10:14
לחדא: ואזל מתמן יצחק **ושרא** בנחלא דגרר ויתיב תמן: ותב GN 26:17
במיתיה מפדן דארם **ושרא** לקבל קרתא: וזבן ית אחסנת GN 33:18
דעננא מן קדמיהון **ושרא** מן בתריהון מן בגלל מצראי EX 14:19
ואפרח שלוי מן ימא רבא **ושרא** על דין דזעיר במשריתא NU 11:31
ממדברא דסיני **ושרא** ענן יקרא במדברא דפארן: NU 10:12
דסיני ושרו במדברא **ושרא** תמן ישראל בלב מייחד כל EX 19:2
ונטלו מתמן בני ישראל **ושרו** באבות: ונטלו מאובות ושרו NU 21:10
ייי בהון ית חיוון קלן **ושרו** באובות: ונטלו מאובות ושרו NU 33:43
דאתחפיו בענני יקרא **ושרו** באיתם דביסטר מדברא: EX 13:20
ענני יקרא: ונטלו מסוכות **ושרו** באיתם דבסטר מדברא: ונטלו NU 33:6
כינופיא: ונטלו ממקהלות **ושרו** בארעית מקהלות: ונטלו NU 33:26
ונטלו מחשמונה **ושרו** באתר מרדותא: ונטלו מאתר NU 33:30
ונטלו מאתר מרדותא **ושרו** בבירי עקתה: ונטלו מבירי NU 33:31
בניין: ונטלו מלבנה **ושרו** בבית ריסא: ונטלו מריסה ושרו NU 33:21
ונטלו ממדברא דסין **ושרו** בדופקה: ונטלו מדפקה ושרו NU 33:12
מואבאי: ונטלו ממגזתא **ושרו** בדיבון בית מזלא: ונטלו NU 33:45
מקיברי דמשיילי בישרא **ושרו** בחצרות אתרא דאיסתגרת NU 33:17
מטוורא דשפירין פירוי **ושרו** בחרדה אתר דתווהו על NU 33:24
מאתר דבסימין מוהי **ושרו** בחשמונה: ונטלו מחשמונה NU 33:29
ואהרן: ונטלו מקהלת **ושרו** בטוורא דשפירין פירוי: ונטלו NU 33:23
ונטלו מעלמון דבלתים **ושרו** בטוורא עבראי קדם בית NU 33:47
היא רקם: ונטלו מרקם **ושרו** בטוורוס אומנוס בסייפי NU 33:37
ונטלו משקיפין דגדגד **ושרו** ביטבת אתר טב ונייח: ונטלו NU 33:33
בדופקה: ונטלו מדפקה **ושרו** בכרך תקיף: ונטלו מאתר NU 33:13
במגזתא: ונטלו ממגזתא **ושרו** בכרך תרנגולא: ונטלו מכרך NU 33:35
מרומנא דמתקיף פירוי **ושרו** בלבנה אתר דתחומין לה NU 33:20
באובות: ונטלו מאובות **ושרו** במגזת עיבראי בתחום NU 33:44
ונטלו מאתר טב ונייח **ושרו** במגזתא: ונטלו ממגזתא ושרו NU 33:34
ונטלו מגיף ימא דסוף **ושרו** במדברא דסין: ונטלו ממדברא NU 33:11
לעמא: ונטלו מרפידים **ושרו** במדברא דסיני: ונטלו NU 33:15
ואתו למדברא דסיני **ושרו** במדברא ושרא תמן ישראל EX 19:2
ונטלו מכרך תרנגולא **ושרו** במדברא ציני טוור פרזלא היא NU 33:36
באבות: ונטלו מאובות **ושרו** במישרי מגזתא במדברא אתר NU 21:11
דמותנא: ונטלו מחרדה **ושרו** במקהלות אתר כינופיא: ונטלו NU 33:25
יומין במדברא דאיתם **ושרו** במרה: ונטלו ממרה ואתו NU 33:8
ונטלו מטרי עבראי **ושרו** במשריא דמואב על יורדנא NU 33:48
ושרו בתרח: ונטלו מתרח **ושרו** במתקה אתר דבסימין מוהי: NU 33:28
שמשא: מתמן נטלו **ושרו** בנחלא דמרבי חלפי גולי NU 21:12
בני ישראל מן פילוסין **ושרו** בסוכות אתרא דאתחפיאו NU 33:5
ונטלו מדיבון בית מזלא **ושרו** בעלמון דבלתימה אוף תמן NU 33:46
באורחא: ונטלו מצלמונה **ושרו** בפונון אתר דגרי ייי בהון ית NU 33:42
ונטלו מטוורים אומניס **ושרו** בצלמונה אתר הובאי ובור NU 33:41
בבית ריסא: ונטלו מריסה **ושרו** בקהלת אתר דאתכנשו קרח NU 33:22
ונטלו ממדברא דסיני **ושרו** בקיברי דמשיילי בישרא: NU 33:16
מאתר דמרבי אילני רתמי **ושרו** ברומנא דמתקיף פירוי: ונטלו NU 33:19
על מימרא דייי **ושרו** ברפידים אתרא דבטילו EX 17:1
נביאיתא: ונטלו מחצרות **ושרו** ברתמה אתר דמרבי אילני NU 33:18
ונטלו מבירי עקתא **ושרו** בשקיפין ואתרא מתקרי גדגד: NU 33:32
ונטלו מארעית מקהלות **ושרו** בתרח: ונטלו מתרח ושרו NU 33:27
ואיתנגיד ואתכנש לעמיה: **ושרו** מן הנדקי עד חלוצא דעל אנפי GN 25:18
גולי וסיגלי: ומתמן נטלו **ושרו** מן להאל לארנון במעברא NU 21:13
על מיא: ונטלו מאילים **ושרו** על גיף ימא דסוף: ונטלו מגיף NU 33:10
דמואב על יורדנא דיריחו: **ושרו** על יורדנא מבית ישימות עד NU 33:49
דקדם טעות צפון **ושרו** קדם מגדל: ונטלו מפירוקי NU 33:7
כדין נטלו עמא מחצרות **ושרון** במדברא דפארן: ומליל ייי עם NU 12:16
ארעיה: ונטלו בני ישראל **ושרון** במישריא דמואב מעיברא NU 22:1
תקיף: ונטלו מאתר תקיף **ושרון** ברפידים ומטול דרפון ידיהון NU 33:14
למשיציא יתהון: **ושרון** ישראל לרוחצן מן לקדמין DT 33:28
כלו קבל שובעין חכימיא **ושרון** תמן על מיא: ונטלו מאילים NU 33:9
שובעין סבייא דישראל **ושרון** תמן על מייא: ונטלו מאלים EX 15:27
דתמר תהי משזיב נייח **ושרי** בתקוף הי כאריא והי כליתא GN 49:9
הוא עמא הדין נייח **ושרי** כאריא בגבורתא וכליתא NU 23:24
דשבע כד עבר ית פנואל **ושרי** לטיילא והוא מטלח על ירכיה: GN 32:32
פושרן חלמא דחבריה **ושרי** למללא בלישן רוגזא ואמר GN 40:16
וקלקולא דהוה בהון **ושריאו** עמא לאופסא קדושתהון NU 25:1

דהואה בארעא דמצרים: **ושריאן** שבע שני כופנא למיתי GN 41:54
יגרי בהון וישיצינון: נייחין **ושריין** כאריא וכליתא דכד דמיך NU 24:9
לרגיל ענני יקרך נייחין **ושריין** כמן פס דבר: אמרין בני DT 33:3
אסתכל בקורסיה יקרא **ושריין** מההיא זימנא עיינויי למכהי GN 27:1
בקשייו והוון מהלכין **ושריין** מן בתריהון ואמרו מצראי EX 14:25
בבית אידרי דאטד **ושריין** קמורי חרציהון בגין איקר GN 50:11
ית ארעא דאנת חמי: **ושרינן** בחילתא בכיין על חובינן DT 3:29
גבר ית מאני זייניה **ושריתון** למיסוק לטורא: ואמר ייי DT 1:41
עד דלא ילידת ית משה **ושרת** עילויהון רוח נבואה אלדד NU 11:26
כלו קבל תרעי חבריהון **ושרת** עלוי רוח נבואה מן קדם ייי: NU 24:2
דשדר יוסף למיטול יתיה **ושרת** רוח נבואה דאיסתלקת מיניה GN 45:27
שלמא בארעא דישראל **ותשרון** ולית דמניט ואיבטיל רשות LV 26:6
לכון ותענון ית נפשתיכון **ותשרון** לציימא בתשעא יומין LV 23:32
בארעא ותקום אינתתא **ותשרי** שנצי ותשלוף סנדליה DT 25:9
טיקסיהון לבית אבהתן **ישרון** בני ישראל: משריתא דישראל NU 2:2
וחזור חזור למשכנא **ישרון:** ובמיטל משכנא יפרקון יתיה NU 1:50
אפרים לחיליהון מערבא **ישרון** ומשירייתהון בארבעתי מילין NU 2:18
טקסיה לחיליהון: וליואי **ישרון** חזור חזור למשכנא NU 1:53
משרית ראובן דרומא **ישרון** לחיליהון בארבעתי מילין NU 2:10
מגרשון בתר משכנא **ישרון** מערבא: ורב בית אבא דהוה NU 3:23
גניסתא די נפקו מקהת **ישרון** על שידא דמשכנא דרומא: NU 3:29
על שידא דמשכנא **ישרון** ציפונא: ודמסיר למינטר בני NU 3:35
זבולון על ספרי ימא **ישרי** והוא יהי שליט במחוזין GN 49:13
לבטלותהון: ואין מישרא **ישרי** יתהון בעלה ביומא דשמע כל NU 30:13
דשמע: ואין מישרא **ישרי** לה יומא חד בתר דשמע לא NU 30:16
נביא ואמר חביביה דייי **ישרי** לרוחצן עלוי יהי מגין עלוי כל DT 33:12
מימרא דייי בלחודיהון **ישרינון** בארעהון ולא משרי ביניהון DT 32:12
על נפשה ומן קדם ייי **ישתרי** וישתביק לה: ונדרא NU 30:9
לא יתקיימון ומן קדם ייי **ישתרי** וישתביק ליה ארום בטיל NU 30:6
לארעא דקיימית במימרי **לאשראה** יתכון בה ארום אילהין NU 14:30
פריקין מארעא דמצרים **לאשראה** שכינתיה ביניהון אנא EX 29:46
די יתרעי ייי אלקכון **לאשראה** שכינתיה תמן ארום DT 14:24
דבריך יתיה ייי ואתרעי **לאשראה** שכינתיה תמן: ויתן לך GN 27:27
דיתרעי ייי אלקכון **לאשראה** שכינתיה תמן: ותהוון DT 16:11
דיתרעי ייי אלקכון **לאשראה** שכינתיה תמן ותיכסון מן DT 12:21
דיתרעי ייי אלקכון **לאשראה** שכינתיה תמן: ותעטרון DT 26:2
חגא באתרא דיתרעי ייי **לאשראה** שכינתיה תמן: לא תיכלון DT 16:2
דיתרעי ביה מימרא דייי **לאשראה** שכינתיה תמן לתמן DT 12:11
באתרעא דיתרעי **לאשראה** שכינתיה תמן מעשר DT 14:23
דיתרעי ייי אלקכון **לאשראה** שכינתיה תמן תיכסון ית DT 16:6
אלקכון מן כל שיבטיכון **לאשרהא** שכינתיה תמן לבית DT 12:5
לכון אתר בית מישרוי **לאשריותכון** בעמודא דאישא DT 1:33
קדמך: וכד הוה בעי **למישרי** ארונא הוה עננא מקפל NU 10:36
תחומיה דגד נייח כאריא **למישרי** וכד נפיק לסידרי קרבא DT 33:20
היא ויתה יהב לכון **למישרי** על סורחנות כנישתא LV 10:17
ענן יקרא על משכנא **למישרי** עלוי שרן בני ישראל ולא NU 9:22
וטוור ליבנן דביה עתיד **למישרי** שכינתא: ורגיז ייי עלי DT 3:25
מאה: כל סכום מניינייא **למשירית** אפרים מאתן ותמנין NU 2:24
רחל: ואמר אין ייתי עשו **למשרי** דחדא מנהין וימחיניה ויהי GN 32:9
כד סגוליה תמן יומיא **למשרי** ואודיק אבימלך מלכא GN 26:8
מאה: כל סכום מניינייא **למשריית** דן מאה וחמשין ושובעא NU 2:31
ולכל יתבי ארעא: ודעבד **למשריית** מצרים לסוסוותהון DT 11:4
מאה: כל סכום מניינייא **למשריית** ראובן מאה וחמשין וחד NU 2:16
וארבע מאה: כל מניינייא **למשרית** יהודה מאה ותמנן אלפין NU 2:9
מתמן ופרסיה ליה מברא **למשריתא** ארחיק יתיה מן משירית EX 33:7
ונפל ומית מן להאל **למשריתא** דישראל דהכין כתיב NU 21:35
עליהון: ואתכנש משה **למשריתא** הוא וכל סבי ישראל: NU 11:30
וקברונון למברא **למשריתא** היכמא דמליל משה: LV 10:5
רעייה אוקד בנורא מברא **למשריתא** היכמא דפקיד ייי ית LV 8:17
ופטרו יתהון למיברא **למשריתא** היכמה דמליל ייי עם NU 5:4
ואפיקו ית מרגזא למברא **למשריתא** ואטלו יתיה אבנין ובני LV 24:23
יתיה כל כנישתא מברא **למשריתא** ואטלו יתיה באבניא NU 15:36
ומן בתר כן תיעלון **למשריתא:** ואמר ייי עם משה NU 31:24
שבעתי יומין מברא **למשריתא** ואנא מעכב בגין זכותך NU 12:14
כל כנישתא מברא **למשריתא:** והנפיקו יתיה כל NU 15:35
שמע: והוה כד קריב משה **למשריתא** וחמא ית עיגלא וחינגין EX 32:19
דמוי ומן בתר כדין ייעול **למשריתא** ויהי מסאב כהנא ההוא NU 19:7
כהנא ויסובורונון למיברא **למשריתא** ויוקדון בנורא ית LV 16:27
ויפיק ית תורא למברא **למשריתא** ויוקיד יתיה היכמא LV 4:21
ויפוק כהנא למיברא **למשריתא** ויחמי והא איתסי LV 14:3
יתה לחודה למיברא **למשריתא** ויסדר חזור חזור לה NU 19:3
הנפיק ית מרגזא למיברא **למשריתא** ויסמכון כל סהדייא LV 24:14
דמוי ומן בתר כדין יעול **למשריתא:** וית תורא דחטאתא וית LV 16:26
במיא וידכי ובתר כן יעול **למשריתא** ויתיב מברא למשכן בית LV 14:8

לקדמותהון למברא **למשריתא:** וכנס משה על NU 31:13
או די יכוס מברא **למשריתא:** וליתרע משכן זימנא לא LV 17:3
קל דיבורא תאיב **למשריתא** ומתני פיתגמיא EX 33:11
אוקיד בנורא מברא **למשריתא:** ונכס ית עלתא ואקריבו LV 9:11
הי כפתורין חזור חזור **למשריתא:** וסליקו ענניא ואחיתו EX 16:13
ותסוברונון למברא **למשריתא:** וקריבו וסוברונון LV 10:4
דמוי ומן בתר כן יעול **למשריתא:** ותהי דא לכון לקיים LV 16:28
ואתר מזמן יהוי לך מברא **למשריתא** ותשוד תמן מוי דריגלך: DT 23:13
תוקיד בנורא מברא **למשריתא** חטאתא היא: וית דיכרא EX 29:14
ליליא ויפוק למיברא **למשריתא** לא יעול למצוע DT 23:11
ית קיטמא למיברא **למשריתא** לאתר דכי: ואישתא על LV 6:4
ית כל תורא למברא **למשריתא** לאתר דכי לאתר בית LV 4:12
וית דברתא וית עדיתא **למשריתא** למישריא דמואב על NU 31:12
בית אולפנא דמברא **למשריתא** מודי על חוביה ומצלי EX 33:7
לא יתקרב מברא **למשריתא** מותביה: ולבושא ארום LV 13:46
ואיטרדת מרים מברא **למשריתא** שבעתי יומין ועמא לא NU 12:15
לכון: ואתון שרו למיברא **למשריתא** שובעא יומין כל דקטיל NU 31:19
נוקבא תפטרון למברא **למשריתא** תפטורונון ולא יסאבון NU 5:3
כדין שכינתיה מעורר **למשריתהון** דישראל וחפא עליהון DT 32:11
בה תוב לבטלותהון: ואין **מישרא** ישרי יתהון בעלה ביומא NU 30:13
שרינון ביומא דשמע: ואין **מישרא** ישרי לה יומא חד בתר NU 30:16
לאתקנא להון אתר בית **מישרוי:** וענן איקר שכינתא דייי NU 10:33
לאתקנא לכון אתר בית **מישרוי** לאשריותכון בעמודא DT 1:33
טוריא וגלימתא ולמדלי **מישריא** ובעמודא דאישתא NU 14:14
מדם קטילין ושיבין **משירוי** פורענות סנאיהון דעמי: DT 32:42
שלף ולא סוסא אסר ולא **משיריין** ארגיש כלילא דשמא טבא DT 34:5
דפעור וחמא מתמן **משיריין** דן דמהלכין בקצת עמא NU 22:41
עד מיתיהון: ונטיל טיקס **משיריית** בני אפרים לחיליהון ורבא NU 10:22
בר גדעוני: ונטיל טיקס **משיריית** בני דן מכניש לכל NU 10:25
בידא דמשה: ונטיל טיקס **משיריית** בני יהודה לחיליהון ורבא NU 10:14
עליהון ברדין ושאמם ית **משיריית** מצראי: ונסר ית גלגילי EX 14:24
וסדר סדרי קרבא לקבל **משיריית** עמלק מחר אנא קאים EX 17:9
רתיכיא וית פרשיא לכל **משיריית** פרעה דעלו בתריהון EX 14:28
נטלי משכנא: ונטל טיקס **משיריית** ראובן לחיליהון ורבא NU 10:18
דעים חדא מן ארבעתי **משירייתא** דישראל אמר בלעם NU 23:10
דחמא עוג רשיעא ית **משירייתא** דישראל דהוה שיתא NU 21:35
מלאכא דייי דמדבר קדם **משירייתא** דישראל ואתא מן EX 14:19
יבבתא תניינות ויטלון **משירייתא** דשרן דרומא יבבתא NU 10:6
ותיתקעון יבבתא ויטלון **משירייתא** דשרן קידומא: ותתקעון NU 10:5
זימנא משירית ליואי בגו **משירייתא** ובית משרוייהון NU 2:17
כנישתא ולאטלא ית **משירייתא:** ויתקעון בהון ויזדמנון NU 10:2
בני דן מכניש לכל **משירייתא** לחיליהון ורבא דהוה NU 10:25
לבית אבהתהון כל מנייני **משירייתא** לחיליהון שית מאה NU 2:32
עד זמן דהליך יתהון בכל **משירייתא** מן בגלל דלא יסתאב NU 25:8
שמייא וחזר ומתחמי על **משירייתהון** דישראל וחזר EX 20:2
שמיא חזר ומתחמי על **משירייתהון** דישראל וחזר EX 20:3
ולא יסאבון ית **משירייתהון** דשכינת קודשי שריא NU 5:3
בקצתיה תחמיה וכולהון **משירייתוי** לית אפשר דתחמי NU 23:13
ואיתיקר בפרעה ובכל **משירייתיה** ברתיכוי ובפרשוי: EX 14:17
שכינתיה מהלכא בימצע **משירייתכון** לשיזבותכון ולמימסר DT 23:15
בתליתיתא נטלין: טיקס **משירית** דן לציפונא חיליהון ובית NU 2:25
קידומא מדינחא טיקס **משירית** יהודה לחיליהון בארבעתי NU 2:3
נטלין: ויטול משכן זימנא **משירית** ליואי בגו משירייתא ובית NU 2:17
ארחיק יתיה מן **משירית** עמא דאתנדון תרין אלפין EX 33:7
שתיתאי סובר יתהון בכל **משיריתא** דישראל דהוה שיתא NU 25:8
לגלימתא מחזרא לכל **משיריתא** דישראל ומשקיא יתהון NU 21:19
דתחמיניה מתמן לחוד **משיריתא** דמהלך בקצתיה תחמיה NU 23:13
מדינאי קטלו על קטולי **משיריתהון** ית אוי וית רקם וית צור NU 31:8
ואיתיקר בפרעה ובכל **משיריתי** וינדעון מצראי ארום אנא EX 14:4
וירוקן כל בנוי דשת **משיריתיה** דגוג דעתידין למסדרא NU 24:17
ולמתקנא קדמוי בית **משרוי** בגושנא ואתו לארעא דגושן: GN 46:28
בני ישראל גבר על בית **משרוי** וגבר על טקסיה לחיליהון: NU 1:52
לאתקנא להון בית **משרוי** והינון כשית מאה אלפין EX 12:37
בגו משירייתא ובית **משרוייהון** בארבעתי מילין מרבען NU 2:17
דן לציפונא חיליהון ובית **משרוייהון** בארבעתי מילין מרבען NU 2:25
ואמר מה תקיף הוא **משרוייך** די שוית בניקריא דטינריא NU 24:21
לקיבלך עד דתימטי לבי **משרוייך:** ואמר ליה ריבוני ידע ארום GN 33:12
זמן די תמטון לבית אתר **משרוייכון:** לא כמא דאתון סברין EX 10:10
ונשיכון וגיוריכון דיבגו **משרוייכון** מקטועי קיסיכון עד DT 29:10
בידיכון בגין כן תהי אתר **משרוייכון** קדישא ולא יחמי בכון DT 23:15
דאתיין לקדמותי ולא **משרויין** דלבן הינון דהדרו למירדוף GN 32:3
למירדוף בתריי אלהין **משרויין** דמלאכייא קדישין GN 32:3
יעקב כיון דחמנון לא **משרויין** דעשו הינון דאתיין GN 32:3
וית תורי וגמלייא לתרין **משרויין** למוהבות לאה ולמוהבות GN 32:8
קהלא דייי: ארום תפקון **משרויין** על בעלי דבביכון DT 23:10
הדין וכדין הוינא לתרתין **משרוין:** שיזבני כדון מן יד אחי רבא GN 32:11
ישרינון בארעהון ולא **משרי** ביניהון פלחי פולחנא נוכראה: DT 32:12
מנהין וימחיניה ויהי **משרי** דמשתאר לשיזבא: ואמר GN 32:9
וגחנן: ואמר מן לך כל **משרי** הדין דארעית ואמר דורון GN 33:8
כל ליליא ולא קרבא **משרי** כל קבל משרי למסדרא סדרי EX 14:20
ולא קרבא משרי כל קבל **משרי** למסדרא סדרי קרבא כל EX 14:20
מקביל יתהון: ועאל בין **משרייתא** דישראל ובין משרייתא EX 14:20
משרייתא דישראל ובין **משרייתא** דמצראי והוה עננא EX 14:20
מאני קודשא בזמן מיטל **משרייתא** ומן בתר כדין ייעלון בני NU 4:15
לטיקסיהון: טיקס **משרית** אפרים לחיליהון מערבא NU 2:18
בקדמיתא נטלין: טיקס **משרית** ראובן דרומא ישרון NU 2:10
וכד נחית טלא על **משריתא** בליליא הוה נחית מנא NU 11:9
מן רשיעיא דבסיפי **משריתא** דבית דן דהוה פיסלא NU 11:1
אבהתן ישרון בני ישראל: **משריתא** דישראל הוה אורכא NU 2:3
למכנש ולמישרי ולמיטל **משריתא** דישראל: ואתחייללון על NU 31:6
סלקן מן ימא וחפיין כל **משריתא** דישראל ויהוי לעמא NU 11:26
והוא הוה מידבר קדם **משריתא** דישראל מהלך תלתא NU 10:33
גברי מגיחי קרבא מיגו **משריתא** היכמא דקיים ייי להון: DT 2:14
דסגירותא וטרידין בסוף **משריתא** הינון בסרו ית ישראל NU 21:14
כד הוה נפיק משה מן **משריתא** ואזיל למשכנא קיימין כל EX 33:8
לא יעול למצוע **משריתא::** ואתר מזמן יהוי לך מברא DT 23:11
בימא במיטלהון מן **משריתא** וביה הוה חקיק צורת NU 2:18
וסליקו פיסיונין וחפו ית **משריתא** ובצפרא הות אנחות טלא EX 16:13
בימא במיטלהון מן **משריתא:** והוה כד הוה בעי למיטל NU 10:34
אהרן ובנוי בזמן מיטל **משריתא** ויפרקון ית פרגודא NU 4:5
עבדי בימתא לממת מיגו **משריתא:** ומליל ייי עמי למימר: DT 2:16
לקדמות שכינתא דייי מן **משריתא** ומן יד תלש מרי עלמא ית EX 19:17
דייי ומשה לא זזו מגוא **משריתא:** ונחת עמלקאה וכנענאה NU 14:44
ית בני ישראל ויפטרון מן **משריתא** כל דימצרע וכל דדאיב NU 5:2
ארתכין אוף פרשין והות **משריתא** סגיאה לחדא: ואתו עד GN 50:9
להון למשצייהון מיגו **משריתא** עד די פסקו: והוה כדי DT 2:15
להון משטיחין חזרנות **משריתא:** רשיעיא הוון אכלין NU 11:32
ואודיק ייי ברגוז עילוי **משריתהון** דמצראי בעמודא EX 14:24
לא יהי יקרי שרי במדור **משריתיכון** ארום עם קשי קדל אנת EX 33:3
לאתור על אנפי כל אחוי **שרא** באחסנתיה: ואילין תולדת GN 25:18
בסוף יומייא: והוה כד **שרא** ישראל בארעא ההיא ואזל GN 35:22
למשכן זימנא ארום **שרא** עלוי ענן יקרא ואיקר שכינתא EX 40:35
דינא שרן ליה ואין לא **שרו** ליה ככל מה דיפוק מפמיה NU 30:3
ותקיימונין לכון: ואתון **שרו** למיברא למשריתא שובעא NU 31:19
בחברון ובההוא יומא הוה **שרוי** גלותא דמצרים וקם ואתא GN 37:14
לחים לתרין יומין **שרון** גבר באתריה ולא תטלטלון EX 16:29
ושמע עמלק דהוה **שרי** בארע דרומא ואתא ואישתני NU 21:1
ואמר לא תיחות למצרים **שרי** בארעא דאימר לך: דור בארעא GN 26:2
אית יקר שכינתא דייי **שרי** באתרא הדין ואנא לא הוית GN 28:16
גברין ריגליין עמא דאנא **שרי** ביניהון ואנת אמרת ביסרא NU 11:21
ובמישרוי יימר תוב ייי **שרי** ביקרך בגו ריבוות אלפייא NU 2:25
היא בידי וסוסיא דידי **שרי** ברטיבא הלא אנא אתנך NU 22:30
טוניה: ופשפש בראובן **שרי** ובנימין פסק וישתכח אוגבין GN 44:12
ייי אריך רוח וקריב רחמין **שרי** לחובין ומכפר על סורחנין מזכי NU 14:18
לעלם: איזל אימר להון **שרי** לכון לאזדווגא עם נשיכון DT 5:30
קצף מן קדם ייי בהרמנא **שרי** לקטלא: ונסיב אהרן היכמא NU 17:11
ואמוראה וית ארעיה **שרי** לתרכותיה ותתגרי למסדרא DT 2:24
בידך ית סיחן וית ארעיה **שרי** לתרכותיה למירות ית ארעיה: DT 2:31
ית חזווא דארעא והוא **שרי** מן קובלי: וכדון איתא בבעו NU 22:5
דיורדנא בארעא דמואב **שרי** משה למלפא ית פיתגמי DT 1:5
עליהן מנין דדהב הוי **שרי** קורייה מן רישיהון קדשיא מן NU 31:50
ורהט למצע קהלא והא **שרי** קצף מחבלא לחבלא בעמא NU 17:12
אנא הוא ייי דשכינתי **שריא** בגו בני ישראל: וקריבו לבי NU 35:34
אנת הוא ייי דשכינתך **שריא** בגו עמא הדין דבעיניהון NU 14:14
דאתון בה דשכינתי **שריא** בגוה ארום אנא הוא ייי NU 35:34
דתמן איקר שכינתי **שריא** ביניהון: דא גזירת אחויית LV 15:31
דשכינת קודשי **שריא** ביניהון: ועבדו כן בני ישראל NU 5:3
ייי אלקכון שכינתיה **שריא** ביניכון דילמא יתקוף רוגזא DT 6:15
ארום לית שכינתא דייי **שריא** ביניכון וארונא ומשכנא ועננ׳ NU 14:42
דייי דאיקר שכינתיה **שריא** ביניכון ובכיתון קדמוי למימר NU 11:20
איקר שכינתא דייי **שריא**ביננא אין לא: ואתא עמלק EX 17:7
לעלמא דשכינתא **שריא** בישראל במשכן זימנא וסדר LV 24:3
מטול דלית שכינת אלקי **שריא** במיצעי אירעוני בישתא DT 31:17
אית בר מינך דשכינתך **שריא** בשמיא מלעילא ושליט DT 3:24
הוא אלקים דשכינתיה **שריא** בשמיא מלעילא ושליט על DT 4:39
ובגו תחומיה שכינתא **שריא:** ולשיבט יוסף בריך משה נביא DT 33:12
דרוח נבואה מן קדם ייי **שריא** עלוי ותסמוך ית ידך עלוי: NU 27:18
כולהון קדישין וביניהון **שריא** שכינתא דייי ומה דין·אתון NU 16:3

חם וית יפת: והוה ארום **שריאו** בני נשא למסגי על אנפי GN 6:1
אנוש הוא דרא דביומוהו **שריו** למטעי ועבדו להון טעוון GN 4:26
עד פלגות ליליא זמן **שריות** פורקנכון ממצרים: ותטוון DT 16:6
ישראל וכד הוון ישראל **שריין** במדברא בעא למפרוס LV 24:10
אחסנתיה: ארע יתהון **שריין** במדברא בצדייות אתר DT 32:10
רבא: והוון בני ישראל **שריין** במדברא גזירת שבתא NU 15:32
אלליא הוו בני ישראל **שריין** ברקם והדרו לבתריהון מן NU 21:1
קשיא אמר יעקב אין **שריין** הינון תריהון כחדא לית מליך GN 49:7
באתוון לייחוס אבהתהון **שריין** ואתקוטטו כחדא במשריתא LV 24:10
ית עינוי וחמא ית ישראל **שריין** לשיבטיהון בבתי מדרישיהון NU 24:2
בני ישראל ונרע יתהון **שריין** על גיף ימא ונסדרא EX 15:9
שני שמיטיכון כד הוויתון **שריין** עלה: ודישתיירון בכון ואעיל LV 26:35
את על בתיא דאתון **שריין** תמן ואחמי ית זכות אדמא EX 12:13
סדרי קרבא: יומא דין **שריית** למיתן זועתך ודחלתך על DT 2:25
שתיק לה ואתכוון ולא **שרינון** ביומא דשמע: ואין מישרא NU 30:15
מן קדמך ייי אלקים אנת **שריתא** לאתחזאה ית עבדך ית DT 3:24
בבעו ברחמין הא כדון **שריתי** למללא קדם ייי ואנא מתיל GN 18:27
בבעו ברחמין הא כדון **שריתי** למללא קדם ריבון כל GN 18:31
פליטת כנענאי דהוו **שרן** בכופרנייא דרפיע עד עזה DT 2:23
בגין כן דידעתא כד הוינא **שרן** במדברא למידן ואליפת לנא NU 10:31
על משכנא למישרי עלוי **שרן** בני ישראל ולא נטלין ובזמן NU 9:22
על משכנא ברם הינון **שרן**: ובאורכות עננא על משכנא NU 9:18
ארום על ספר ימא רבא **שרן** ויתפרנקון מן טריתא וחלזונא DT 33:19
על פום מימרא דייי **שרן** ועל פום מימרא דייי נטלין: NU 9:20
נטלין: על פום מימרא דייי **שרן** ועל פום מימרא דייי נטלין ית NU 9:23
ועל פום מימרא דייי **שרן** כל יומין דשרי ענן יקרא על NU 9:18
דפקד ייי ית משה הכדין **שרן** לטיקסיהון והכדין נטלין גבר NU 2:34
פיתגמיה ברם בית דינא **שרן** ליה ואין לא שרו ליה ככל מה NU 30:3
וישכחון יתכון דאתון **שרן** לקבליה על גיף ימא: וימר EX 14:2
ליואי כל יומיכון דאתון **שרן** על ארעכון: ארום יפתי ייי DT 12:19
ואדביקו יתהון כד **שרן** על ימא כנשין מרגליין ואבנין EX 14:9
גוברין סביא והוה כד **שרת** עליהון רוח נבואה ואתנבון NU 11:25
בחקלא בתר חצר עומרא **תישרון** למימני שובעא שבועין: DT 16:9
הי כריחוקא ובחמיסר **תישתרי** ושיתין ושיתא יומין LV 12:5
ריש ירחייא ומיניה **תשרון** למימני חגיא וזימניא EX 12:2
כדיבא טרפיה בארעיה **תשרי** שכינת מרי עלמא GN 49:27
ובריך יתהון משה ואמר **תשרי** שכינתא דייי בעובדי ידיכון: EX 39:43
גיתנא יזיל עימנא לא **תשתייר** מנהון פרסתא חדא ארום EX 10:26
תיסתאב: וביומא תמינאי **תשתרי** וברא יתגזר בשר ערלתיה: LV 12:3

שרכפא (3)

חייתא ועופא דטייס **ושרכפיה** על ארעא ושביל טייסיה GN 1:20
נישרא דמעורר ומחיש **לשרכפיה** ועל תסילוי מחופף כדין DT 32:11
אלקכון הוא: אי איזדמן **שרכפא** דציפר דכי קדמך באסרטא DT 22:6

שרף (2)

וגמליהון טעינין שעוה **ושרף** קטף ולטום מטיילין לאחתא GN 37:25
לגברא דורונא קליל **שרף** קטף וקליל דבש שעוה ולטום GN 43:11

שרקרקא (2)

וקקא חיורתא ואוכמתא **ושרקרקא** ואותיא: ודייתא חיורתא DT 14:17
וית אותיא וית קקא וית **שרקרקא**: וית דייתא חיוורתא LV 11:18

שרש (5)

דילמא אית בכון טעו **דשריש** דליביה מהרהר עלוי בתר DT 29:17
מטלן על כל דיירי ארעא **ושירשוי** מטיין עד ארעית תהומא GN 50:1
כל אילנא דחקלא תבר **ושריש**: לחוד בארעא דגשן דתמן EX 9:25
לערל תותב לעימך או **לשריש** פולחנא נוכראה למשמשא LV 25:47
על מבועין דמיין דשלחת **שורשהא** ופכרת שיני כיפיא GN 49:22

שרת (3)

ושדר חד ממלאכי **שירותא** והנפקנא ממצרים והא NU 20:16
ועימיה חבורן דמלאכי **שיריתא** מיכאל וגבריאל אצעון DT 34:6
עלוי: ואמר ייי למלאכי **שיריתא** קבילת סדם ועמרה GN 18:20

שת (139)

זכותא הוון כל ישראל **אשתין** ריבוון דהינון סכום תמניין NU 12:16
למיתב לותיה תוב: והות **בשית** מאה וחדא שנין בתשרי בחד GN 8:13
וארבעין ותמני איברין **בשית** מאה ושיתין וחמשא גידין GN 1:27
והוה ביומא תליתאה **בשיתא** בירחא בעידוני צפרא והוה EX 19:16
את היא לעלם ארום **בשיתא** יומין ברא ייי ושכליל ית EX 31:17
די בקירויכון: ארום **בשיתא** יומין ברא ייי ית שמיא וית EX 20:11
ברת אשר סרח דאידברת **בשיתין** ריבוון מלאכין ואיתעלת NU 26:46
בניסן ופסק להון מנא **בשיתיסר** בניסן הישתכחו אכלין DT 34:8
תצניעיניה ובאורתא **דשיתיסר** בנורא תוקדון דלית EX 12:10
ותלת אבהת עלמא **ושית** אימהתא ותריסר שיבטוי EX 14:21
לשבטא דראובן ארבעין **ושית** אלפין וחמש מאה: לבנוי NU 1:21
מאה: וסכום תורי תלתין **ושית** אלפין: וסכום חמרי תלתין NU 31:44
שית בסידרא חדא **ושית** בסידרא חדא על פתורא LV 24:6
בשמאלא ותלתין **ושית** בפותיה ועשרה בתין במיצעא GN 6:14
יעקב כל נפשתא שיתין **ושית**: ובנוי דיוסף דאיתילידו ליה GN 46:26
ארבעין וחמשא אלפין **ושית** מאה: אילין בנוי דגד NU 26:41
וחמשין ושובעא אלפין **ושית** מאה בבתריתא נטלין NU 2:31
שובעין וארבעא אלפין **ושית** מאה: ודישרו סמיכין ליה NU 2:4
ארבעין וחמשה אלפין **ושית** מאה וחמשין: לבנוי דיהודה NU 1:25
שאר פיתגמי אורייתא **ושית** מאה ותליסירי פיקודיא EX 24:12
לגניסתהון תרין אלפין **ושית** מאה ותלתין: איליין מיניין NU 4:40
ארבעין וחמשא אלפין **ושית** מאה: כל סכום מנייניא NU 2:15
ארבעין ושבעא אלפין **ושית** מאה: לבנוי דיששכר NU 1:27
ושוור בליליא ההוא אלף **ושית** מאה מילין ומן בגלל בבו EX 17:8
ולעילא תמניא אלפין **ושית** מאה נטרי מטרתא דקודשא: NU 3:28
מטייל קדמיהון תלתין **ושית** מילין הליך ביומא ההוא והוא NU 10:33
מנהון מקרבין תרי תרי **ושית** מנהון חד חד: ומנחתהון NU 29:20
אתגזר עלה תלתין **ושית** קיימין: ויהי אין קבלא DT 27:26
על טוורא דגריזים **ושית** שיבטין על טוורא דעיבל DT 11:29
שנין בגין תרתין בנתך **ושית** שנין בגין ענך ושלחפתא ית GN 31:41
ישמעאל: ואברם בר תמנן **ושית** שנין כד ילידת הגר ית GN 16:16
שנין תזרעון חקליכון **ושית** שנין תגזרון כרמיכון ותכנשון LV 25:3
הוויתון בארעא דמצרים: **ושית** שנין תדרע ית ארעך ותכנוש EX 23:10
לסכומהון שובעין **ושיתא** אלפין וחמש מאה: בנוי NU 26:22
וסכום תורי תלתין **ושיתא** אלפין וסכום נסיבתהון NU 31:38
מעללתא עתיקתא **ושיתא** יומין דאשתיירו תהון מרשן DT 16:8
תישתרי ושיתין **ושיתא** יומין רציפין תהי כל דמהא LV 12:5
קמו על טוורא דגריזים **ושיתא** על טוורא דעיבל וארונא DT 27:15
ושושנהא מינה הוון: **ושיתא** קנין נפקין מסיטרהא EX 37:18
ושושנייה מינה יהון: **ושיתא** קנין נפקין מציטרהא תלתא EX 25:32
כספא אלף ותלת מאה **ושיתין** וחמש סילעין בסילעי NU 3:50
דיירי ארעא תלת מאה **ושיתין** וחמש שנין: ופלח חנוך GN 5:23
ותמני איברין בשית מאה **ושיתין** וחמשא גידין וקרם עילוי GN 1:27
ובחמיסר תישתרי **ושיתין** ושיתא יומין רציפין תהי כל LV 12:5
שנין ומית: וחיא ירד מאה **ושיתין** ותרתי שנין ואוליד ית חנוך: GN 5:18
כל יומי ירד תשע מאה **ושיתין** ותרתין שנין ומית: וחיא GN 5:20
יומי מתושלח תשע מאה **ושיתין** ותשע שנין ומית: וחיא למך GN 5:27
בתר דאולד ית תרח מאה **ושתסרי** שנין ואולד בנין ובנן: וחיא GN 11:25
להון בית משרוי והינון **כשית** מאה אלפין גובריא ומטיילין EX 12:37
מבר עשרין שנין ולעילא **לשית** מאה ותלתא אלפין וחמש EX 38:26
תחות תרין קנין דמינה **לשיתא** קנין דנפקין מינה: חיזוריהון EX 37:21
חד חיזור ושושן היכדין **לשיתא** קנין דנפקין מן מנרתא: EX 25:33
תחות תרין קנין דמינה **לשיתא** קנין דנפקין מן מנרתא: EX 25:35
חד חיזור ושושן הכדין **לשיתא** קנין דנפקין מן מנרתא: EX 37:19
מנהון מיתב איתוב לוותך **לשתא** דאתיא ואתון קיימין והא GN 18:10
שית מאה רבני מאוותא **שית** אלפין רבני חומשין תריסר EX 18:25
יתהון תרתין סידורין **שית** בסידרא חדא ושית בסידרא LV 24:6
סיפרי אורייתא וית **שית** יריען לחוד כל קבל שית סדרי EX 26:9
סיפרי אורייתא וית **שית** יריען לחוד כל קבל שיתא EX 36:16
ממצרים: ואמר משה **שית** מאה אלפין גברין ריגליין עמא NU 11:21
אילין סכומי בני ישראל **שית** מאה וחד אלפין שבע מאה NU 26:51
דנפקו לחילא מניין ענא **שית** מאה ושובעין וחמשא אלפין: NU 31:32
בישראל: והוו כל סכומין **שית** מאה ותלתא אלפין וחמש NU 1:46
משיריתא לחיליהון **שית** מאה ותלתא אלפין וחמש NU 2:32
וחד שעין בציר מנהון **שית** מאה ותרין ושובעין חולקי GN 1:16
על עמא רבני אלפין **שית** מאה רבני מאוותא שית אלפין EX 18:25
ישראל מפולחננא:: ודבר **שית** מאה רתיכין בחירין וכל רתיכי EX 14:7
נסיבא לשמא דייי מן ענא **שית** מאה שובעין וחמשא: וסכום NU 31:37
ככל דפקדיה ייי: ונח בר **שית** מאה שנין וטובענא הוה מיא GN 7:6
עילוי ארעא: בשנת **שית** מאה שנין לחיי נח ביירחא GN 7:11
למתוב למצרים והדרי **שית** מטלין רדפו בני לוי בתריהון DT 10:6
מן ריקם עד מוסרות **שית** משוריין ארבעין שנין נטלו מן NU 21:1
שית יריען לחוד כל קבל **שית** סדרי מתניתא ותיעוף ית EX 26:9
תרין סדרי לחמא מאה **שית** עגולין בסידרא כל קבל EX 40:4
ית קרבנהון קדם ייי **שית** עגלן כד מחפן ומטקסן NU 7:3
דתיתנון לליוואי ית **שית** קוריין דקלטן קטולא NU 35:6
דביניהון יהוויין **שית** קירווייא האילין לשיזבא NU 35:15
לדינא: וקירווייא דתיתנון **שית** קירוין קלטן קטולא יהויין NU 35:13
אלפין ורבני עישורייתא **שית** ריבוון: והוון דיינין ית עמא בכל EX 18:25
אלפין רבני עישורייתא **שית** ריבוון וסרכין לשבטיכון: DT 1:15
לתמן למירתה ותיתנון **שית** שיבטין על טוורא דגריזים DT 11:29
או בת ישראל ויפלחינכון **שית** שנין ובמעלי שביעיתא DT 15:12
על אגר אגירא פלחך **שית** שנין וברכך מטוליה ייי אלקך DT 15:18
לעבדא לבר ישראל **שית** שנין יפלח ובמעלי שביעיתא EX 21:2
ארעא שמיטתא קדם ייי: **שית** שנין תזרעון חקליכון ושית LV 25:3
דכורא מבר ירחא ולעילא **שיתא** אלפין ומאתן: ורב בית אבא NU 3:34
עימי ארום ילידת ליה **שיתא** בנין והכדין עתידין בנוי GN 30:20
מרגלייא חדא וית שמהת **שיתא** דמשתיירין על מרגליתא EX 28:10

דסיני וחפהי ענן יקרא **שיתא** יומין וקרא למשה ביומא EX 24:16
בר נשא ההוא מעמיה: **שיתא** יומין יתעביד עיבידתא EX 31:15
יתחמיין קדמי ריקנין: **שיתא** יומין תיפלח וביומא EX 34:21
דשבתא למקדשא יתיה: **שיתא** יומין תיפלחון ותעבדון כל EX 20:9
לא תשכחוניה בחקלא: **שיתא** יומין תלקוטניה וביומא EX 16:26
תעביד לכרמך לזיתך: **שיתא** יומין תעבד עובדך וביומא EX 23:12
דפקיד יתכון ייי אלקכון: **שיתא** יומין תפלחון ותעבדון כל DT 5:13
הינון זמן סידורי מועדיי: **שיתא** יומין תתעבד עיבידא LV 23:3
דפקיד ייי למעבד יתהון: **שיתא** יומין תתעבד עיבידתא EX 35:2
איתתא וילידת ביר בסוף **שיתא** ירחין וחמת יתיה ארום בר EX 2:2
משכנא מערבא עבד **שיתא** לוחין: ותרין לוחין עבד EX 36:27
משכנא מערבאה תעביד **שיתא** לוחין: ותרין לוחין תעביד EX 26:22
עליהון שמהת בני ישראל: **שיתא** מן קצת שמהתהון על EX 28:10
דמקרבין תמני מטרתא **שיתא** מנהון מקרבין תרי תרי ותרין NU 29:13
שית ידיען לחוד כל קבל **שיתא** סידרי מתנייתא: ועבד ענובין EX 36:16
משירייתא דישראל דהוה **שיתא** פרסי אמר ליה אנא מסדר NU 21:35
אזל ועקר טוורא בר **שיתא** פרסי ואחתיה על רישיה NU 21:35
משיריתא דישראל דהוה **שיתא** פרסי ולא ואשתלהי נס NU 25:8
אינש ישראל בקלא רמא: **שיתא** שיבטין קמו על טוורא DT 27:15
גניסתא זבולון לסכומהון **שיתין** אלפין וחמש מאה: בנוי NU 26:27
ברחי שיתין כל קבל **שיתין** אתין דברכת כהניא אימרין NU 7:88
גניסת שוחם לגניסתהון **שיתין** וארבעא אלפין וארבע מאה: NU 26:43
גניסת ישׂשכר לסכומהון **שיתין** וארבעא אלפין ותלת מאה: NU 26:25
ותרין אלפין: וחמרי **שיתין** וחד אלפין: ונפשת אינשא מן NU 31:34
שנין ומית: וחיא מהללאל **שיתין** וחמש שנין ואולד ית ירד: GN 5:15
דבני יעקב כל נפשתא **שיתין** ושית: ובנוי דיוסף דאיתילידו GN 46:26
סכומהון לשבטא דדן **שיתין** ותרין אלפין ושבע מאה: NU 1:39
וסכומהון דשיבטיה **שיתין** ותרין אלפין ושבע מאה: NU 2:26
כד יליד ית יעקב ברחי **שיתין** כל קבל שיתין אתין דברכת NU 7:88
וארבע מטרתא דיכרי **שיתין** כל קבל שיתין שנין דהוה NU 7:88
קרתא דלא נסיבנא מנהון **שיתין** קירווין כל תחום פלך DT 3:4
בני שתא שנין לכפרא על **שיתין** ריבוון דישראל דא חנוכת NU 7:88
דיכרי שיתין כל קבל **שיתין** שנין דהוה יצחק כד יליד ית NU 7:88
שמיה יעקב ויצחק בר **שיתין** שנין כד ילידת יתהום: ורביאו GN 25:26
וילידת ית אילין ליעקב **שיתיסר** נפשן: בני רחל איתת יעקב GN 46:18
לוחין וחומריהון דכסף **שיתיסרי** חומרין תרין לוחין תחות EX 26:25
דאפרשו לשמא דייי **שיתסר** אלפין ושבע מאה וחמשין NU 31:52
לוחין וחומריהון דכסף **שיתסר** חומרין תרין חומרין תרין EX 36:30
שלמין ואימרתא חדא בר **שתה** שלמתא ותלתא עשרונין LV 14:10
שנין ומית: וחיא חנוך **שתין** וחמש שנין ואולד ית GN 5:21
מן בר עשרין שנין ועד בר **שתין** שנין ויהי עילוייה חמשין LV 27:3
סילעין דכסף: ואין מבר **שתין** שנין ולעילא אין ביר דכר ויהי LV 27:7
וחמר ניסוכה: וביומא **שתיתאה** דחגא דמטליא תורין NU 29:29
קודשיא וגומר: ביומא **שתיתאה** קריב רב בית אבא לבני NU 7:42
תוב לאה וילידת בר **שתיתאי** ליעקב: ואמרת לאה זבד GN 30:19
עיל מיניה עד דנפק נס **שתיתאי** סובר יתהון בכל NU 25:8
והוה רמש והו צפר יום **שתיתיי**: ושלימו ברייתי שמייא GN 1:31
דבשמי שכינתי בשתא **שתיתיתא** ותעבד ית עללתא LV 25:21
ותיעוף ית יריעתא **שתיתיתא** כל קבל אפי משכנא: EX 26:9
עתיקתא דההיא שתא **שתיתיתא** עד שתא תשיעתא עד LV 25:22
וחמש מאה: ובנת נשא **שתסר** אלפין: ונסיב משה מפלגות NU 31:46

שתי (66)

לחמא לא אכל ומוי לא **אישתי** וכתב על לוחיא חורנייתא EX 34:28
לא אכלית ומוי לא **אשתיית** מטול כל חוביכון דחבתון DT 9:18
לא אכלית ומיא לא **אשתיתי**: ויהב ייי לי ית תרין לוחי DT 9:9
כן יהי מריר כס דלווט **דישתון** ביום פורענותהון והיך רישי DT 32:33
מוי יהי מסאב וכל משקי **דישתיתי** בכל מן יהי מסאב: וכל LV 11:34
לה ארכיני כדון לגיניך **ואישתי** ותימר שתי ואוף גמלייך GN 24:14
ומוי בכספא תיתן לי **ואישתי** לחוד אעיבר בלחודיי: DT 2:28
תניינא נפקו מיין סגיאין **ואשתיאת** כנישתא ובעיריהון: ואמר NU 20:11
וייתון עמא הדין וייכלון **וישתון** וירוון וישמשון עמהון NU 24:14
ויפקון מיניה מוי למישתי **וישתון** עמא ועבד היכדין משה EX 17:6
ואסחר עמא למיכול **ולמישתי** וקמו להון למגחכא EX 32:6
ית נפשתיכון מן מיכלא **ומישתיא** מבי בני ותמרוקא NU 29:7
מטעייתא זבנן מיכלא **ומישתייא** בבציר מן טימהון וייתון NU 24:14
ויברך ית מזוני מיכלך **ומישתייך** ואעדי מחת מרירתא EX 23:25
ית נפשתיכון ממיכלא **ומשיתיא** והניית בי בני ותמרוקין LV 23:27
משה ואמרו הב לן מוי **ונישתי** ואמר להון משה מה נצן EX 17:2
למימרנא גרגרן בבישרא **ושתאי** בחמרא: ויהי אין דחיל DT 21:20
לאחוהא ולאימא: ואכלו **ושתו** הוא וגובריא דעימיה ובתו GN 24:54
ויעקב אמטי ליה לאבוי **ושתי**: ואמר ליה יצחק אבוי קריב GN 27:25
ותבשיל דטלופחי ואכל **ושתי** וקם ואזל ושט עשו ית GN 25:34
באישא צמירתא **ושתי** כל מיא עד דישלימו כל מיא GN 21:15
ובשילת עינבין ועצרינון: **ושתי** מן חמרא ורבי ואיתערטל בגו GN 9:21

חולקין מן תרין בנוי **ושתיו** ורוויו עימיה דמן יומא GN 43:34
ואתיין חיוון דכיין ובעירן **ושתיין** מיניה והוו בני ישראל צדיין EX 16:21
שתי ואוף גמלייך אשקי **ושתיתי** ואוף גמלייא אשקיית: GN 24:46
מיא תזבנון מנהון בכספא **ותישתון**: אזדהרון דלא תנוסון להון DT 2:6
וחלא דחמר עתיק לא **ישתי** וכל שיקייני דאיתרו ביה NU 6:3
דאיתרו ביה עינבי לא **ישתי** ועינבין רטיבין וצמיקין לא NU 6:3
דאפרשותא ומבתר כדין **ישתי** נזירא חמרא: דא אחוויית NU 6:20
ברעוא הי כאכלין והי **כשתיין**: ואמר ייי למשה סוק קדמי EX 24:11
והוון מתיחמן כמיתהין **למישתי**: ואתחימו ענא לקבל GN 30:38
חוטרך ויפקון מיניה מוי **למישתי** וישתון עמא ועבד היכדין EX 17:6
מצראי חזרנות נהרא מוי **למישתי** ולא אשכחו צלילן ארום EX 7:24
וגופנין ורומנין ומוי לית **למישתי**: ועאל משה ואהרן מן קדם NU 20:5
לא הווה תמן מוי **למישתי** לעמא: ונטלו מרפידים NU 33:14
ואתו למרה ולא יכילו **למישתי** מוי ממרה ארום מרירין EX 15:23
נהרא וישתלהון מצראי **למישתי** מוי מן נהרא: ואמר ייי EX 7:18
נהרא ולא יכילו מצראי **למישתי** מוי מן נהרא והות מחת EX 7:21
מבועיא ולא הוה מוי **למישתי** עמא: ונצו רשיעי עמא עם EX 17:1
דמייא אתר דאתיין ענא **למישתי** תמן שווינון לקיבליהן GN 30:38
לגמלך אמלי עד דיספקון **למשתי**: ואוחיאת ורוקינת לגינתא GN 24:19
צלילן ארום לא יכילו **למשתי** מן מוי דבנהרא: ושלימו EX 7:24
נפשתיכון מן מיכלא ומן **מישתיא** ומן הניית בי בני ותמרוקא LV 16:29
כדון שובעתי יומי **משתיא** דדא וניתן לך אוף ית דא GN 29:27
ואשלים שבעתי יומי **משתיא** דלאה ויהב ליה ית רחל GN 29:28
ואתחסין ועבד אברהם **משתיא** רבא ביומא דאחסין ית GN 21:8
ועלו לביתיה ועבד להום **משתייו** ופטירי אפא להום ודמי GN 19:3
דמלכא ניזיל אין מייך **נישתי** אנא ובעיריי ואיתן דמי NU 20:19
עמא על משה למימר מה **נישתי**: וצלי קדם ייי ואחוי ליה ייי EX 15:24
יומא דאתפרשו מיניה לא **שתו** חמרא לא הוא ולא הינון עד GN 43:34
ותימר לי אוף אנת **שתי** אוף לגמלך אמלי היא GN 24:44
דרוגזא דעתיד פרעה **שתי** בעיקבא ואת רב מזוגייא GN 40:12
לגינתא מינה ואמרת **שתי** ואוף גמלייך אשקי ושתיתי GN 24:46
לגיניך ואישתי ותימר **שתי** ואוף גמלייך אשקי יתי GN 24:14
טבתא: הלא דין דהוה **שתי** ריבוני ביה והוא מטיירא הוה GN 44:5
מוי מן לגיניתיך: ואמרת **שתי** ריבוני ואוחיאת ואחיתת GN 24:18
מיטרא דנחית מן שמיא **שתיא** מוי: ארעא דייי אלקך תבע DT 11:11
לגור בר אריוון ארעיא **שתיא** מנחליא דנגדין מן מתנן DT 33:22
וחקיק ומפרש באבן **שתייה** דבה חתם מריה עלמא פום EX 28:30
כן הוא יהיב לכון ביום **שתיתאה** לחים לתרין יומין שרון EX 16:29
אין לא: ויהי ביומא **שתיתאיי** ויזמנון מה דייתון EX 16:5
אכלתון וחמר ומרת לא **שתיתון** והות אוריתי תדירא DT 29:5
ואכלין יתהון: והוה ביומא **שתיתיאה** לקטו לחם בכפלא תרין EX 16:22
נכסתהון הוון אכלין **שתן** חמר ניסוכיהון יקומון כדון DT 32:38
ותפלחון וחמרא לא **תשתון** ולא תעצרון למכנוש ארום DT 28:39
חמר וכל מידעם מרוי לא **תשתי** אנת ובנך עימך ביזמן LV 10:9

שתי (9)

מכתשא בלבושא או **בשיתיא** או בערבא או בכל מאן LV 13:53
תתחמי תוב בלבושא או **בשיתיא** או בערבא או בכל מאן LV 13:57
מכתשא בלבושא או **בשיתיא** או בערבא או בצלא לכל LV 13:51
עמר או בלבוש כיתן: או **בשיתיא** או בערבא לכיתנא LV 13:48
בלבושא או בצלא או **בשתיא** או בערבא או בכל מאן LV 13:49
ויוקד ית לבושא או ית **שיתיא** או ית ערבא בעמרא או LV 13:52
לבושיה או מן צלא או מן **שיתיא** או מן ערבא: ואין תתחמי LV 13:56
מכתשא: ולבושא או **שיתיא** או ערבא או כל מאן דיצלא LV 13:58
לבוש עמר או דכיתן או **שיתיא** או ערבא או כל מאן דיצלא LV 13:59

שתל (6)

אומיא כארזיא דליבנוס **דשתילין** על מבועי מיין: יקום מנהון NU 24:6
דהוה שיתא פרסי ולא **ואשתלהי** נס שביעאי זקפינון בדרע NU 25:8
מדמי אנא לך לגופן **שתילא** על מבועין דמיין דשלחת GN 49:22
אורייתא והי כגנין **שתילין** על פרקטוני נהרין כן הינון NU 24:6
אתון מדמיין לאילנין **שתילין** על פרקטונין דמיין ברם NU 21:34
קדם ייי לדריכון: וארום **תשתלון** ולא תעבדון חדא מכל NU 15:22

שתף (12)

דאפקיד גביה או **בשותפות** ידא או בגזילא או LV 5:21
בשבתא ויערבון בבתיא **וישתתפון** בדרתיהון בגין למיתייא EX 16:5
גייורין לא חברין ולא **שותפין** עם גייורין ולא יתחמי EX 20:14
גייורין לא חברין ולא **שותפין** עם גייורין ולא יתחמי DT 5:18
גנבין לא חברין ולא **שותפין** עם גנבין ולא יתחמי EX 20:15
גנבין לא חברין ולא **שותפין** עם גנבין ולא יתחמי DT 5:19
חמודין לא חברין ולא **שותפין** עם חמודין ולא יתחמון EX 20:17
חמודין לא חברין ולא **שותפין** עם חמודין ולא יתחמי DT 5:21
דשיקרא לא חברין ולא **שותפין** עם מסהדי סהדן דשיקרא DT 5:20
שיקרא לא חברין ולא **שותפין** עם מסהדין סהדי שיקרא EX 20:16
קטולין לא חברין ולא **שותפין** עם קטולין ולא יתחמי EX 20:13
קטולין לא חברין ולא **שותפין** עם קטולין ולא יתחמי DT 5:17

שתק (18)
או ית כל איסרהא דעלה **ובמשתוקיה** קיים יתהון ארום NU 30:15
על נפשהא ויתכווין **וישתוק** לה איבהא ויתקיימון כל NU 30:5
יתכווין לקיימותהון **וישתוק** לה ויתקיימון נידרהא NU 30:8
בקיומא: וישמע בעלה **וישתוק** לה ולא בטיל יתה ומית עד NU 30:12
ואדבאל ומבשם: וצאיתא **ושתוקא** וסוברא: חריפא ותימא GN 25:14
איתיקר ושמע אהרן **ושתיק** וקבל אגר טב על משתוקיה: LV 10:3
הוו עם גיתוי בחקלא **ושתיק** יעקב עד מיתיהון: ונפק GN 34:5
ימא ועל תחום יורדנא: **ושתיק** כלב ית עמא ואציתינון לות NU 13:30
וגברא הוה ממתין לה **ושתיק** למינדע האצלח ייי אורחיה GN 24:21
יבטילינון: ואין משתק **ישתוק** ומתכוין לה בעלה מיומא NU 30:15
בתקוף אדרע גבורתך **ישתתקון** הי כאבנייא עד זמן די EX 15:16
ושתיק וקבל אגר טב על **משתוקיה:** וקרא משה למישאל LV 10:3
ובעלה יבטילינון: ואין **משתק** ישתוק ומתכוין לה בעלה NU 30:15
אמר להון משה **שתוקו** והבו יקרא ותושבחתא EX 14:14
כנישתא יהי רוגזא ברם **שתוקו** ותזכון ית דינא עליכון LV 10:6
קיים יתהון ארום **שתיק** לה ואתכוון ולא שרינון NU 30:15
קבורתהון וכל בירייתא **שתקין** ואילניא לא טלטיל זאזיהון DT 28:15
יהודה כיוון דחמנון **שתקין** קם מיגו סנדרי דיליה ונסיב NU 25:7

תאנה (7)
חזור לה סידורי קיסין **דתיניא** וכהנא אוחרן יכוס יתה NU 19:3
בריה וקטע קיסין דזיתא **ותאנתא** ודיקלא דחזיין לעלתא GN 22:3
וכן מן רומניא וכן מן **תיניא:** לאתרא ההוא קרו נחלא NU 13:23
וידי לסידורא דקיסי **תיניא** מן לגין מן ציטרא דממצע כל NU 19:4
דרע ואוף לא למינצב **תינין** וגופנין ורומנין ומוי לית NU 20:5
וחטיטו להון מטרפי **תינין** ועבדו להון קמורין: ושמעו ית GN 3:7
חמר חל וחריף ומרביא **תינין** ורומנין ארע דמן זייתהא DT 8:8

תבל (2)
בעירא לאתהניא מינה **תבלא** הוא: לא תסתאבון בחדא LV 18:23
יתקטלון תריהון **תבלא** עבדו קטלא חייבין באטלות LV 20:12

תבנא (10)
וכדון איזילו פלחו **ותיבנא** לא יתיהב לכון וסכום EX 5:18
דמצרים לגבבא גולי **לתיבנא:** ושולטונייא דחקין למימר EX 5:12
ותנת למימר ליה אוף **תיבנא** אוף אספסתא סגי עימנא GN 24:25
פרעה לית אנא יהיב לכון **תיבנא:** אתון איזילו סבו לכון תיבנא EX 5:10
זממי גמלייא ויהב לבן **תיבנא** ואספסתא לגמליא ומוי GN 24:32
הינון יזלון ויגבבון להון **תיבנא:** וית סכום ליבנייא דהינון EX 5:7
עבדין כד הוה יהיב לכון **תיבנא:** ולקו סרכי בני ישראל דמנו EX 5:13
למה תעביד כדין לעבדך: **תיבנא** לא מיתיהב לעבדך וליבניא EX 5:16
למימר: לא תוספון למיתן **תיבנא** לעמא למירמי לבניא הי EX 5:7
אתון איזילו סבו לכון **תיבנא** מן אתר דתשכחון ארום לא EX 5:11

תבע (47)
חיתא דקטלא לבר נשא **איתבועיניה** לאיתקטלא עליה GN 9:5
דישוד ית דמא דאחוי **אתבוע** ית נפשא דאינשא: דישוד GN 9:5
ית דימכון לנפשתיכון **אתבוע** מן ידא דכל חיתא דקטלא GN 9:5
אמתין לי שעא זעירא עד **דנתבוע** רחמין מן קדם ייי: הא כדון GN 19:18
בעובדיהון לכהנא רבא **דתבע** אולפן מן קדם ייי בהון דבהון EX 28:30
דיהון ביומיא האינון: **ויתבעון** דיינייא לסהדין דמזמין DT 19:18
תלתיהון אתא משה **ותבע** ית צפירא דחטאתא די LV 10:16
אובא טמיא וגרם ידוע **ותבע** מן מיתיא: ארום מרחק קדם DT 18:11
שאלי בידין ומסקי זכורו **ותבעי** גרם ידוע ולא תיתבעון LV 19:31
שאלי בידין ומסקי זכורו **ותבעי** גרם ידוע למטעי בתריהון LV 20:6
דחטאתא די לעמא **ותבעיה** והא איתוקד ורתח על LV 10:16
ואתחוא לכון ותשמעון **ותיתבעון** ית סהדיא טבאות והא DT 17:4
די יהי ביומיא האינון **ותיתבעון** מנהון ויחוון לכון ית DT 17:9
עממיא דלא חכימתון: **ותתבעון** ותבדקון ית סהדיא DT 13:15
ולא אכלין ולא מריחין: **ותתבעון** מתמן למיתב לדחלתא DT 4:29
ויתנון למשה ומשה **יתבע** אולפן מן קדם ייי וידון יתי NU 15:32
יתהון מן בגלל דלא **יתבעון** גבה ביום דינא רבא לעלמא EX 15:12
בשבועה על ארעא דלא **יתבעון** מינה לעלמי דאתי ופתחת EX 15:12
תלת חגין ארום מתבע **יתבעיניה** ייי אלקכון מנהון DT 23:22
רשו למדחקא בחבריה **למתבוע** אוזפותיה ולא מן אחוי בר DT 15:2
ארום אתיין לוותי עמא **למתבוע** אולפן מן קדם ייי: ארום EX 18:15
תלת חגין ארום **מתבע** יתבעיניה ייי אלקכון מנהון DT 23:22
ואנת תהוי ליה לרב **תבוע** אולפן מן קדם ייי: וית חוטרא EX 4:16
נפקת ברא דלית לה **תבוע** יעביד ית אחתן אין לא GN 34:31
למסהד עלוי יקטול **תבע** אדמא או בי דינא ית קטולא NU 35:30
וייחי: דילמא ירדוף **תבע** אדמא בתר קטולא ארום DT 19:6
איתקטל קטולא: **תבע** אדמא הוא יקטול ית קטולא NU 35:19
כנישתא ית קטולא מן יד **תבע** אדמא ויתיבון יתיה לקורייתא NU 35:25
מתמן וימסרון יתיה ביד **תבע** אדמא ויתקטיל: ולא תיחוס DT 19:12
למיקלט קטולא מן **תבע** אדמא ולא ימות קטולא עד NU 35:12
קרתא דקלטיה ויקטול **תבע** אדמא ית קטולא לית ליה NU 35:27
דערק לתמן: וישכח יתיה **תבע** אדמא מברא לתחום קרתא NU 35:27
כנישתא בין מחיא ובין **תבע** אדמא על סדר דיניא האילין: NU 35:24
יתקטול קטולא הוא **תבע** אדמא קטול ית קטולא כד NU 35:21
בבי מדרשא דעבר **תבע** אולפן מן קדם ייי: ורחים יצחק GN 25:27
בסעדך הוי אנת לעמא **תבע** אולפן מן קדם ייי ותייתי אנת EX 18:19
והוא לא סני ליה ולא **תבע** בישתיה: וידינון כנישתא בין NU 35:23
מוי: ארעא דייי אלקך **תבע** יתה במימריה לאוטבותא DT 11:12
אנא חטי בה מן ידי הוית **תבע** יתה מה דמתגניב בימּמא מבני GN 31:39
בני לוי עימך וכדון אתון **תבעין** אוף כהונתא רבתא: בגין כן NU 16:10
ביד בני נשא איליין דהוו **תבעין** ית נפשך למיסב יתה: ואמר EX 10:28
כמיתיא כל גובריא דהוו **תבעין** ית נפשך למיסב יתה: ודבר EX 4:19
ותבעי גרם ידוע ולא **תיתבעון** לאיסתאבא בהון אנא ייי LV 19:31
מן קדמיכון או דילמא **תיתבעון** לטעוותהון למימר הכדין DT 12:30
רחמינכון ייי אלקכון: לא **תיתבעון** שלמהון וטבהון כל DT 23:7
ככל עממיא דבחזרנותיי: **תתבעון** אולפן מן קדם ייי ומבתר DT 17:15
תמן לבית שכינתיה **תתבעון** ותיתון תמן: ותייתון תמן DT 12:5

תבר (56)
כד מיתין ביד סנאיכון: כד **איתבור** לכון חוטר כל סעדי מזונא LV 26:26
בלא אגר נטיר וימות או **איתביר** מן חיוא או אישתבי ולית EX 22:9
דאתעשן אע רומחא ולא **איתבר** מן מטולא נס תשיעאי NU 25:8
נטיר ישלם למרוי: אין **איתברא** יתבר מן חיות ברא מייתי EX 22:12
קל ציווחתהון דמצרים **בתברותי** יתהון היכמא דשמעו כל EX 7:9
לא יהי ביה: דסמי או **דתביר** גרמא או דריסוי לקיין או LV 22:22
או ימטיניה עד גופת **דתביר** לא ישלים: וארום ישאל גבר EX 22:12
דיכרי ענך לא אכלית: **דתבירא** מן חיות ברא לא אייתי GN 31:39
דהוו על לוחיא קדמאי **דתברתא:** והוי זמין לצפרא ותיסוק EX 34:1
קמאי דייתשר חילך **דתברתנון** ותשוינון בארונא: ועבדית DT 10:2
עבירן די חטיתון קדמי: **ואיתבר** ית איקר תקוף מקדשיכון LV 26:19
יתקבלון אחוי בחובוי **ויתבר** ליבהון היך ליביה: ויהי כד DT 20:8
גבר מידעם מן חבריה **ויתבר** מנא או מית בעירא מריה EX 22:13
אלהין טבתא ארום דחיל **ומיתבר** מן קדם ייי אנא: ואתון GN 50:19
עד מטמוע שימשא: **ותבר** יהושע ית עמלק דקטע רישי EX 17:13
וטלק מן ידוי ית לוחיא **ותבר** יתהון בשיפולי טוורא ברם EX 32:19
תפכר בית סגודהון **ותברא** תתבר קמתי צילמהון: EX 23:24
הינון לוחי סהדותא **ותברי** לוחיא בארונא ושוי ית EX 40:20
מלמהוי להון משעבדין **ותברית** ניר שעבודהון מעילויכון LV 26:13
מעילוי תרתין ידיי **ותברתינון** ואתון חמיין כד לוחיא DT 9:17
ותסתרון ית אגוריהון **ותיתברון** ית קמיתהון ומרחקתהון DT 12:3
פניותא למעסוק בכון **ותיתברון** קדם בעלי דבביכון וירדון LV 26:17
בעלי דבביהון הא בכין **ייתבר** ליבהון זדנא ובכין ירעון ית LV 26:41
בעלי דבביהון ותוקפהון **יתבר** וגירי מחוות פורענותיה יגרי NU 24:8
דיקרב בגוויה דובנא **יתבר** וכל מאן דקיסא ישתטיף LV 15:12
מאן דפחר דתיתבשל בה **יתבר** מטול דלא יבשלון ביה חולי LV 6:21
ישלם למרוי: אין איתברא **יתבר** מן חיות ברא מייתי ליה EX 22:12
עד צפרא וגרמא לא **יתברון** ביה ככל אחויית גזירת NU 9:12
בלוט לחדא וקריבו **למיתבר** דשא: ואושיטו גובריא ית GN 19:9
ואתון חמיין כד לוחיא **מיתברין** ואתוותא פרחין: ובעית DT 9:17
דיהי ביה תביר דרגיל או **תביר** דידא: או דגבינוי שכבן חפיין LV 21:19
ירכיה: או גבר דיהי ביה **תביר** דרגיל או תביר דידא: או LV 21:19
והא טרפא דזיתא לקיט **תביר** ומחית בפומא דנסבתיה מן GN 8:11
כרמלא תקבל ברעוא **תביר** חרצא דאחאב סנאיה ופורקת DT 33:11
דדחיל מחוביה וליביה **תביר** יהך ויתוב לבייתיה דילמא DT 20:8
במותנא ותריב חיוא **תבירא** אפשר דיתעבד לכל LV 7:24
בקילקול ניכסתא ובשר **תבירא** ביציבא ובגיוריא ויצבע LV 17:15
בעלי דבביכון קדמיכון **תבירי** חרב: ואיתפני מן אגר עממייא LV 26:8
דבביכון ויפלון קדמיכון **תבירי** חרב: וירדפון מנכון חמשא LV 26:7
ישוי יתכון מימרא דייי **תבירין** קדם בעלי דבביכון באורחא DT 28:25
לקובליכון למבאשא **תבירין** קדמיכון באורחא חד יהון DT 28:7
וית כל אילנא דחקלא **תבר** ושריש: לחוד בארעא דגשן EX 9:25
ודישתיירון בכון ואעיל **תברא** בליבהון בארעתא דסנאיהון LV 26:36
ליה: דמי תברא חולף **תברא** דמי עינא חולף עינא דמי LV 24:20
היכדין יתעביד ליה: דמי **תברא** חולף תברא דמי עינא חולף LV 24:20
ארום קריב למיתי יום **תברהון** ומבעא בישתא דמתעתדא DT 32:35
תמן: ואמרית לכון לא **תיתברון** ולא תידחלון מנהון: DT 1:29
לכון לא תידחלון ולא **תיתברון:** וקריבתון לותי בעירבוביא DT 1:21
מן קדמיכון: לא **תיתברון** מן קדמיהון ארום שכינת DT 7:21
מהלכא ביניכון ולא **תיתברון** קדם בעלי דבביכון: DT 1:42
מטיילין עימכון ולא **תיתברון** קדם בעלי דבביכון: ארום NU 14:42
בית סגודהון ותברא **תתבר** קמתי צילמהון: ותפלחון EX 23:24
גבר לחבריה וגרמא לא **תתברון** ביה בדיל למיכול מה EX 12:46
תסתרון וקמתיהון **תתברון** ואילני סיגדיהון תקציצון DT 7:5
תתרעון וית קמתהון **תתברון** וית אשיריהון תקצצון: EX 34:13
די בגויה יהי מסאב ויתיה **תתברון:** מכל מיכלא דמיתאכל די LV 11:33

תבשיל (16)
ויעקב יהב לעשו לחם **ותבשיל** דטלופחי ואכל ושתי וקם GN 25:34

וסב גידא נשייא ואתקן **תבשילא** באפיהון ארום עימי GN 43:16
וסדרו קומיה למיכול **תבשילא** דביה כמא דקטול וארגיש GN 24:33
בתואל הוה אכיל מההוא **תבשילא** ואשכחונהי בקריצתא GN 24:55
אטעם יתי כדון מן **תבשילא** סמוקא הדין ארום GN 25:30
אברהם בשיל יעקב **תבשילי** דטלופחי ואזל לנחמא GN 25:29
צואריה: וסדרת ית **תבשיליא** וית לחמא די עבדת ביד GN 27:17
שמע ית קליה דעשו וריח **תבשיליה** עלת באנפוי היך ריחא GN 27:33
לאימיה ועבדת אימיה **תבשילין** היכמא דרחים אבוי: GN 27:14
וצוד לי צידא: ועיבד לי **תבשילין** היכמא דרחימית ותעיל GN 27:4
דעבד גדיי בר עיזי **תבשילין** ואייביל לאבוי וזכה LV 22:27
אעיל לי צידה ועיבד לי **תבשילין** ואיכול ואברכינך קדם ייי GN 27:7
ועבד אף הוא מיניה **תבשילין** ואיתי לאבוי ואמר לאבוי GN 27:31
לעולימא ואוחי למעבדי **תבשילין**: ונסיב לווי שמין וחלב ובר GN 18:7
ובר תורי דעבד עולימא **תבשילין** וסדר קדמיהון כאורח GN 18:8
קרבן חגא ואעביד יתהון **תבשילין** לאבוך היכמה די רחים: GN 27:9

תגא (2)

וקיימו גבר לאחוי ופסג **מתגא** דחמריה ויהב פסגא חדא GN 26:31
ומכנש מלכין קטרי **תגין** ואיפרכין לבשי שיריונין וכל NU 11:26

תגר (5)

תמן יהודה ברת גבר **תגר** ושמיה שוע וגיירה ועל לותה: GN 38:2
וית דדן ובני דדן הוון **תגרין** ואמפורין ורישי אומין: ובני GN 25:3
ויוב ושמרון: ובנוי דזבולון **תגרין** מרי פרק מטייא מפרנסין ית GN 46:14
לא תזבנינה בכספא לא **תיתגר** בה בתר דשמשת עימה: DT 21:14
אתן לכון וית ארעא **תתגרון** בפרגמטיא: והוה כד אינון GN 42:34

תגרא (2)

פיתגמא הדין: ארום יהי **תיגרא** בין תרין גובריא ויתקרבון DT 25:1
תרין גוברין דילהון **תיגרא** קדם ייי קדם כהניא ודיינייא DT 19:17

תדא (4)

והות לי אלקא פרוק מן **תדיי** אימהון הוון עקיא מחוון EX 15:2
מלרע בריכין יהויין **תדייא** דינקת מנהין ומעייא דרבעת GN 49:25
על חרצה אשלא מעילוי **תדייהא** מטול דאיהי אסרת NU 5:18
מחוכייא מבית **תדייהן** ובכל דא חס לן למיתלי NU 31:50

תדירא (34)

לאדלקא בוצינייא **תדירא** ביומא דשבתא וביומא LV 24:2
לאדלקא בוציניא **תדירא**: במשכן זימנא מברא EX 27:20
כתישא רבעות הינא: עלת **תדירא** היכמא דהות מיקרבא על NU 28:6
ריש ירחא ומנחתה ועלת **תדירא** ומנחתה וניסוכיהון כסדר NU 29:6
חטאת כיפוריא ועלת **תדירא** ומנחתהון וחמר ניסוכיהון: NU 29:11
עליכון: בר מן עלת **תדירא** ומנחתיה תעבדון שלמין NU 28:31
ומיתוספא על עלת **תדירא** וניסוכה: וברישי ירחכון NU 28:10
חדא בר מן עלת **תדירא** וסמידא דחינטתא למנחתא NU 29:28
מטרתא חד בר מעלת **תדירא** וסמידא דחנטיא למנחתה NU 29:16
למטרתא חד בר מן עלת **תדירא** וסמידא דחנטיא למנחתה NU 29:22
חד חטאתא בר מן עלת **תדירא** וסמידא דחנטיא למנחתה NU 29:25
חדא בר מן עלת **תדירא** וסמידא דחנטיא למנחתה NU 29:34
חד חטאתא בר מעלת **תדירא** וסמידא דחנטיא למנחתהון NU 29:19
חדא בר מן עלת **תדירא** וסמידא דחנטתא למנחתא NU 29:31
דחטאתא חד בר מן עלת **תדירא** וסמידא למנחתה וחמר NU 29:38
לדוכרן טב קדם ייי **תדירא**: ותיתן בחשן דינא ית אוריא EX 28:29
ישראל על ליביה קדם ייי **תדירא**: ותעבד ית מנטר מעילא EX 28:30
לחמא גוואה קדמי **תדירא**: ותעביד מנרתא דדהב דכי EX 25:30
תרין ליומא עלתא **תדירא**: ית אימר חד תעבד בצפרא NU 28:3
בני שנה תרין ליומא **תדירא**: ית אימרא חד תעביד EX 29:38
ברעוא קדם ייי על עלת **תדירא** יתעביד וניסוכיה: וביומא NU 28:24
חוסרן סיהרא על עלת **תדירא** יתעביד וניסוכיה: ובירחא NU 28:15
קרבנא קדם ייי: עלת **תדירא** לדריכון בתרע משכן זימנא EX 29:42
בהון ויהי על פדחתא **תדירא** לרעוא להון קדם ייי: EX 28:38
יסדריניה חדת קדם ייי **תדירא** מן בני ישראל קיים עלם: LV 24:8
לא שתיתון והות אוריתי **תדירא** מסתרא במדרישיכון מטול DT 29:5
כהנייא מקרבין אימר **תדירא** עד ארבע שעין וביני GN 49:27
במימריה לאוטבותא **תדירא** עיני ייי אלקך מסתכלין בה DT 11:12
וית קסוות ניסוכא ולחים **תדירא** עלוי יהי: ויפרשון עלוי לבוש NU 4:7
אישא עד צפרא: כדין הוי **תדירא** ענן יקרא: מעילוי משכנא NU 9:16
יקטירנה קטורת בוסמין **תדירא** קדם ייי לדריכון: לא תסקון EX 30:8
מרמשא ועד צפר קדם ייי **תדירא** קיים עלם לדריכון:: ותיסב LV 24:3
ניכסת קודשיא: אישתא **תדירא** תהי יוקדא על מדבחא לא LV 6:6
בר מעלת צפרא די לעלת **תדירא** תעבדון ית איליין קורבנייא: NU 28:23

תהום (11)

פקיד למימר אתון עברין **בתהום** אחוכון בנוי דעשו דיתבין DT 2:4
מבועי עינוון חליין **ותהומין** דלא מייבשין נפקין DT 8:7
תהוי מידכר להום ועני **תהום** ופריק יתהום ועתידין הינון GN 22:14
ומטוב ברכן מבועי **תהומא** דסלקן ומרביין צמחין GN 49:25
מיא: ואיסתגרו מבועי **תהומא** וחרכי שמיא ואיתמנע GN 8:2
בעיר וחשוכא על אנפי **תהומא** ורוח רחמין מן קדם אלקים GN 1:2
מטיין עד ארעית **תהומא** מיניה קמו תריסר שיבטין GN 50:1
הדין איתבזעו כל מבועי **תהומא** רבא והוון בני גיברייא GN 7:11
חתם מריה עלמא פום **תהומא** רבא מן שירויא וכל מאן EX 28:30
מיא נזליא קפו עליהון **תהומיא** בגו פילגוס דימא רבא: EX 15:8
וטמע יתהון בימא דסוף: **תהומייא** כסון עליהון נחתו ושקעו EX 15:5

תהי (7)

דיליה יתנינה ביומא **דתהא** על חובתיה: וית קרבן LV 5:24
למהוי שנוי קטיען **ותהא** ואיתחמי ליה ורכן על פריקת GN 46:29
מארבעתי איליין ובתר כן **תהא** ויודי חובתא דחב עלה: וייתי LV 5:5
חמא ייי והא לא **תהו** בני נשא ומוי דטובענא הוו GN 7:10
ויחסנון לעלם: והוה **תהו** מן קדם ייי על בישתא דחשיב EX 32:14
דיגזר על עבדוי יהי **תהן** קדמוי ארום גלי קדמוי דבעידן DT 32:36
תוב מתקוף רוגזך ויהוי **תוהו** קדמך על בישתא דמלילתא EX 32:12

תוב (327)

דפשר לנא כדין הוה יתי **אותיב** במיליה על סדר שימושי GN 41:13
תעביד לי פיתגמא הדין **איתוב** ארעי ענך אטר: אעיבר בכל GN 30:31
קדם ייי מדעם לזמן חגא **איתוב** לוותך בעידנא הדין ואתון GN 18:14
ואמר חד מנהון מיתב **איתוב** לוותך לשתא דאתיא ואתון GN 18:10
וכדון אין ביש קדמך **איתוב** לי: ואמר מלאכא דייי לבלעם NU 22:34
טוניה: ואמר לאחוהי **איתותב** כספי ואוף הא בטוני ונפק GN 42:28
חמרא דטעי מן אורחא **אתבא** תתביניה ליה: אין תחמי EX 23:4
לא תבית ומשכוניה גבך: **אתבא** תתיב ליה ית משכונא כד DT 24:13
ותפלגון דעתכון מנהון **אתבא** תתיבונון ליה: ואין לא DT 22:1
למקרב לגבה: וכדון **אתיב** איתת גבר ארום נביא הוא GN 20:7
ית לוט אחוי וקנייניה **אתיב** ואוף ית נשיא וית עמא: ונפק GN 14:16
נפק בקדמיתא: והוה כד **אתיב** וולדא ית ידיה והא נפק אחוי GN 38:29
היא כתלגא: ואמר **אתיב** ידך לעיטפך ואתיב ידיה EX 4:7
לארעא הדא האתבה **אתיב** ית ברך לארעא די נפקתא GN 24:5
חוטריה: ואמר ייי למשה **אתיב** ית חוטרא דאהרן קדם NU 17:25
בר אלעזר בר אהרן כהנא **אתיב** ית ריתחי מעל בני ישראל NU 25:11
ומבתר כדין אימות: **אתיב** ליה מרי עלמא וכן אמר מן DT 32:51
אית בליבהון עקמנותא **אתיבו** כולהון כחדא ואמרו ליה DT 6:4
הב יתיה על ידיי ואנא **אתיביניה** לך: ואמר לא יחות ברי GN 42:37
פיסחא ובההוא ליליא **אתיבית** יתכון לפילוסין ומתמן EX 19:4
דאשכחנא בפום טוננא **אתיבניה** לך מארעא דכנען והכדין GN 44:8
היכדין איתקטעא ליה **במיתביה** דביומא חד אזיל וביומא GN 24:61
מוי מטול חוביא דהדרין **בתיובא** ושדיין עקמומיתהון הי EX 40:7
זרעי: ארום קין דהב ותב **בתיובא** עד שובעא דרין אתיליו GN 4:24
ותלתין ושבע שנין והדר **בתייובא** ואיתנגיד ואתכנש לעמיה: GN 25:17
והוי כל מאן דהדר **בתתובא** בלב שלים קדם ייי הוה EX 33:7
לי נפשת אינשא דעימי **דאתובתא** וקניינא דבר לך: ואמר GN 14:21
חד מן עשרא מכל מה **דאתיב**: ואמר מלכא דסדום לאברם GN 14:20
מדעם מן שמתא מן בגלל **דיתוב** ייי מתקוף רוגזיה ויכמור DT 13:18
חובתא ליה חובתא **דמייתב** קדם ייי יתן לכהנא בר NU 5:8
אמתינו לנא הכא עד זמן **דנתוב** לותכון והא אהרן וחור EX 24:14
יהון למיבז הלא טב לנא **דנתוב** למצרים: ואמרו גבר לאחוי NU 14:3
יסב ליה אפין וכיוון **דתב** וחמא והא לות יוסף בגובא GN 37:29
ואמרו על עיסק כספא **דתב** לטוננא בקדמיתא אנן GN 43:18
דסדם לקדמותיה בתר **דתב** מלימחי ית כדרלעמר וית GN 14:17
בחרבא ארום מן בגלל **דתבתון** מן בתר פולחנא דייי בגין NU 14:43
סיבו בידיכון וית כספא **האיתותב** בפום טוניכון תתובון GN 43:12
בתריי לארעא הדא **האתבה** אתיב ית ברך לארעא די GN 24:5
למיכל וכסו למילבוש: **ואיתוב** בשלם לביתיה דאיבא ויהי GN 28:21
כדון ואיקבור ית אבא **ואיתוב**: ואמר פרעה סק וקבר ית GN 50:5
ואמר ליה איזיל כדון **ואיתוב** לות אחיי דבמצרים ואיחמי EX 4:18
נטר לנא סנא יוסף **ואתבא** יתיב לנא ית כל בישא GN 50:15
לכל אתרא בגינהום: **ואתיב** אברהם ואמר בבעו ברחמין GN 18:27
אוף ברכא לא תבריכינון: **ואתיב** בלעם ואמר לבלק הלא מן NU 23:26
לוט לותי ית עמא הדין: **ואתיב** בלעם ואמר לעבדי בלק אין NU 22:18
והא ברכא מברכת להון: **ואתיב** ואמר הלא ית מאן דישוי ייי NU 23:12
ואמר אתיב ידך לעיטפך **ואתיב** ידיה לחוביה והנפקה ומן גו EX 4:7
מתנביין הכין במשריתא: **ואתיב** יהושע בר נון משומשניה NU 11:28
מן סלא מעילוי רישי: **ואתיב** יוסף ואמר דין הוא פושרניה GN 40:18
חילמא אנת פשר ליה: **ואתיב** יוסף ית פרעה למימר בר GN 41:16
גנבת ית צילמי טעותי: **ואתיב** יעקב ואמר ללבן ארום GN 31:31
דיעקב ואידיין עם לבן **ואתיב** יעקב ואמר ללבן מה חובתי GN 31:36
וארים עשו קליה ובכא: **ואתיב** יצחק ואמר לעשו הא בטוב GN 27:39
הלא שבקתא לי בירכתא: **ואתיב** יצחק ואמר לעשו הא שליט GN 27:37
בדן דמציפונא לדרמשק: **ואתיב** ית כל קניינא ואוף ית לוט GN 14:16
רב נחתומייא בגו עבדוי: **ואתיב** ית רב מזוגייא על מזגיה GN 40:21
להון ביתו הכא בליליא **ואתיב** יתכון פיתגמא היכמא NU 22:8
דייי וית כל דיניא **ואתיב** כל עמא קלא חד ואמרו כל EX 24:3
ייי בגין כן אוכח ברמשא: **ואתיב** לבן ואמר ליעקב בנתא GN 31:43
על דרומא או על ציפונא: **ואתיב** לבן ובתואל ואמר מן קדם GN 24:50

ואמהין ויהב לאברהם **ואתיב** ליה ית שרה אינתתיה: ואמר	GN 20:14
ותרוקינון ית מצראי: **ואתיב** משה ואמר והא לא יהימנון	EX 4:1
כל דמליל ייי נעביד **ואתיב** משה ית פיתגמי עמא קדם	EX 19:8
ואקבור ית מיתי תמן: **ואתיב** עפרון ית אברהם למימר ליה:	GN 23:14
יתיב בגו בני חיתאה **ואתיב** עפרן חיתאה ית אברהם	GN 23:10
ביניכון בארעא דכנען: **ואתיבו** בני גד ובני ראובן ואמרו ית	NU 32:31
ואיקבר ית מיתי תמן: **ואתיבו** בני חיתאה ית אברהם	GN 23:5
והבו לי ית ריבא לאינתו: **ואתיבו** בני יעקב ית שכם וית חמור	GN 34:13
דארעא ואחיתו לוותנא **ואתיבו** יתנא פיתגמא ואמרו כלב	DT 1:25
האילין דפקדיה ייי: **ואתיבו** כל עמא כחדא ואמרו כל	EX 19:8
למדברא דפארן לרקם **ואתיבו** להון פתגמא ולות כל	NU 13:26
בכל אתר דתהך **ואתיבינך** לארעא הדא ארום לא	GN 28:15
טוניה כספנא במתקליה **ואתיבנא** יתיה בידנא: וכספא חורנא	GN 43:21
שלם אחך וית שלם ענא **ואתיבני** פיתגמא ושדריה על עיסק	GN 37:14
הדא ותוב לארע ילדותך: **ואתיבת** רחל באסכמותא דלאה	GN 31:14
למדברא אורח ימה דסוף: **ואתיבתון** ואמרתון לי חבנא קדם	DT 1:41
ואימנינון רישין עליכון: **ואתיבתון** יתי ואמרתון תקין	DT 1:14
יוסף ברי דרבית ותקיפת **וטוף** הוה עלך למתקף דכבשת	GN 49:22
תיובתכון וירחם עליכון **ויתוב** ויכנוש יתכון מכל עממיא	DT 30:3
ית ביתא שובעא יומין: **ויתוב** כהנא ביומא שביעאה ויחמי	LV 14:39
מותרא לגבר דזבין ליה **ויתוב** לאחסנתיה: ואין לא תארע	LV 25:27
דיובילא ויפוק בלא כסף **ויתוב** לאחסנתיה: וגבר ארום יזבון	LV 25:28
מחוביה וליביה תביר יהך **ויתוב** לבייתיה דילמא יתקבלון	DT 20:8
מזוזתא לשכללותיה יהך **ויתוב** לביתיה דילמא יגרום ליה	DT 20:5
מן כהנא ואחליה יהך **ויתוב** לביתיה דילמא יגרום ליה	DT 20:6
איתתא ולא נסבה יהך **ויתוב** לביתיה דילמא יגרום ליה	DT 20:7
מעימך הוא ובנוי עימך **ויתוב** לגניסתיה ולאחסנת אבהתוי	LV 25:41
תחית יתהון ותקברינון **ויתוב** תקוף רוגזא דייי מישראל:	NU 25:4
מליל עם בני ישראל **ויתובון** לאחוריהון וישרון קדם	EX 14:2
ואין יחמון כדין ידחלון **ויתובון** למצרים: ואחזר ייי ית עמא	EX 13:17
ארכן ית ידך על ימא **ויתובון** מאין על מצראי על	EX 14:26
דמתעקין על גושמיכון: **ויתיב** בכון ית כל מרעיא דאתגיירו	DT 28:60
אין יחטי ויתחייב ויומי **ויתיב** ית גזילא דגזל או ית עציא די	LV 5:23
אין ממונא אנס לחבריה **ויתיב** ית חובתיה ברישיה וחומש	NU 5:7
ית סכום שני זבינוי **ויתיב** ית מותרא לגבר דזבין ליה	LV 25:27
ויהי מימרא דייי בסעדכון **ויתיב** יתכון לארעא דאבהתכון:	GN 48:21
עגלתא דנקיפא בחקלא: **ויתיבון** ויימרון גלי קדם ייי דלא	DT 21:7
קטולא מן יד תבע אדמא **ויתיבון** יתיה לקורייתא דקלטיה	NU 35:25
ויתרגנון לנא ית ארעא **ויתיבון** יתנא פיתגמא ית אורחא	DT 1:22
דאברהם לך ולבנך עימך **ויתיבינך** למירתך ית ארע תותבותך	GN 28:4
וירים ית רישך ביקר **ויתיבינך** על שימושך ותיתן כסא	GN 40:13
ומלן ית מניהון עיבורא **ולאתבא** כספיהון דגבר לגו דישקיה	GN 42:25
מיכלא ומשקיא לעבוריא **ולתאוביא** והוה מכריז עליהון תמן	GN 21:33
פם בירא ומשקן ית ענא **ומתיבין** ית אבנא על פם בירא	GN 29:3
בנך ונסגוד למרי עלמא **ונתוב** לוותכון: ונסיב אברהם ית	GN 22:5
נמני עלן מליך לריש **ונתוב** למצרים: ואתרכינו משה	NU 14:4
זיו איקונין דאנפי משה **ותאיב** משה ית סודרי על בית אפוי	EX 34:35
ית עורבא ונפק מיפוך **ותאיב** עד דיביאישו מיא מעילוי	GN 8:7
מלימיחת מן שמיא: **ותאיבו** מיא מעילוי ארעא אזלין	GN 8:3
על פלוגתא דקרח: **ותב** אהרן לות משה לתרע משכנא	NU 17:15
ואיתעביד ניסא ליעקב **ותב** ביומא ההוא עשו לאורחיה	GN 33:16
זרעי: ארום קין דהב **ותב** בתיובא עד שובעא דרין	GN 4:24
חיתאה על אנפי ממרא: **ותב** יוסף למצרים הוא ואחהי וכל	GN 50:14
ליביה לחוד ביש כל יומא: **ותב** ייי במימריה ארום עבד ית	GN 6:6
משה ית ידיה על ימא **ותב** ימא לעידוני צפרא לתוקפיה	EX 14:27
בנחלא דגרר ויתיב תמן: **ותב** יצחק וחפס ית בירן דמוי די	GN 26:18
בנוי וארכיבינון על חמרא **ותב** לארעא דמצרים ונסיב משה ית	EX 4:20
לאובדנא: וקם בלעם ואזל **ותב** לאתריה ולחוד בלק אזל	NU 24:25
דיליה ובריך יתהון ואזל **ותב** לבן לאתריה: ויעקב אזל	GN 32:1
וחזר מלוותהון ובכא **ותב** לוותהון ומליל עמהון ודבר	GN 42:24
בגובא ובזע ית לבושוי: **ותב** לות אחוי ואמר טליא ליתוהי	GN 37:30
לא הוה הכא מטעיתא: **ותב** לות יהודה ואמר לא אשכחתא	GN 38:22
ביה ית אתייא: ואזל משה **ותב** לות יתרו חמוי ואמר ליה איזיל	EX 4:18
לות בלק והכדין תמליל: **ותב** לותיה והא מעתד על עלתיה	NU 23:6
הלואי איכפר על חוביכון: **ותב** משה וצלי קדם ייי ואמר במטו	EX 32:31
בידיהון למיקטלנא: **ותב** משה לקדם ייי ואמר ייי למא	EX 5:22
ואיתפכר במוי דטובענא **ותב** נח ובנייה ואיתפכר בדרא	GN 22:9
מן דרומא ועד ביתאל **ותב** עד אתרא דפרסיה תמן	GN 13:3
ואייתיו ית יוסף למצרים: **ותב** ראובן לגובא ארום לא הוה	GN 37:29
פורענן דמשתלחא להון: **ותבו** גללי ימא וחפון ית רתיכיא	EX 14:28
משה לאללא ית ארעא **ותבו** וארעימו עלוהי ית כל	NU 14:36
דיסמיך ליצטר מדברא: **ותבו** ואתו לאתרא דאיתפליג דינא	GN 14:7
ביניהון שאילו שאילתא **ותבו** ובכו ברם אף בני ישראל	NU 11:4
אבימלך ופיכל רב חיליה **ותבו** לארע פלישתאי: ואנציב	GN 21:32
לותיה: וקרא להון משה **ותבו** לותיה אהרן וכל רברביא	EX 34:31
וטענו גבר על חמריה **ותבו** לקרתא: ועל יהודה ואחוהי	GN 44:13
שנין נטלו מן מוסרות **ותבו** לרקם אורח מאללייא ואתו	NU 21:1
חמרא נטיף מיניה כנחלא: **ותבו** מלאללא ית ארעא בתמניא	NU 13:25
דלא תינטר לי בבו עלה: **ותבו** עזגדיא לות יעקב למימר	GN 32:7
מדברא: ונטלו מאיתם **ותבו** על פמי חירתא מרבעתא	NU 33:7
וולד לית לה מיניה **ותבת** לבית איבהא דלא מנטרא	LV 22:13
נייחא לפרסת ריגלא **ותבת** לוותיה לתיבותא ואודעת	GN 8:9
בעידן דזבינו ית יוסף **ותבת** עילוי יעקב אבוהון: ואמר	GN 45:27
יתכון בגבלא עד חרמה: **ותבתון** ובכיתון קדם ייי ולא קביל	DT 1:45
נצו אוף עלה ויבשת **ותו** לא נבעת וקרא שמא סטנא:	GN 26:21
ולחייבין הי כזכאין **ותוב** זכאין מטי להון הי כזכוותהון	EX 33:13
קום פוק מן ארעא הדא **ותוב** לארע ילדותך: ואתיבת רחל	GN 31:13
בסייפא וכדון עיברו **ותובו** מתרע סנדרי לתרע בי דינא	EX 32:27
מיא מעילוי ארעא אזלין **ותייבין** וחסרו מיא מסוף מאה	GN 8:3
בני ביסרא דמתמלכין **ותייבין** ממה דגזרין ברם רבון כל	NU 23:19
יתהון לצרוך עיבידתא: **ותייבין** ענני שמייא ואזלין לגן עדן	EX 35:28
ארמותהין ומשבחן ומודן **ותייבן** לגובריהון וילדן בנין צדיקין	EX 38:8
חפיר בה ותיפני תמן **ותתוב** ותכסי ית רעייך: ארום ייי	DT 23:14
יובילא היא תהי לכון **ותתובון** גבר לאחסנתיה וגבר	LV 25:10
דייי אלקכון יהיב לכון **ותתובון** גבר לירותתיה דיהבית	DT 3:20
מרי תתובא דכד תחובון **ותתובון** מטיא תיובתכון עד כורסי	DT 30:2
האילין בסוף יומיא **ותתובון** עד דחלתא דייי אלקכון	DT 4:30
דמתחמי לחכימיא **ותתיב** ותימר כדין חמי לאתעובדא	DT 25:9
מחתא לך מן שמייא **ותתיב** ית כל מחתיי דמחיתך	EX 9:14
מדבחא דייי אלקכון: **ותתיבון** ותימרון קדם ייי אלקכון	DT 26:5
דסדרית קדמכון **ותתיבון** על ליבכון למיתב לפולחני	DT 30:1
זמן דיתבע אחוך יתיה **ותתיביניה** ליה: והכדין תעבד	DT 22:2
זימנא: ומבר חמשין שנין **ייתוב** מחיל פולחנא ולא יפלח תוב:	NU 8:25
ולאחסנת אבהתוי **יתוב:** ארום עבדי הינון דהנפיקית	LV 25:41
סגירותא הוא: או ארום **יתוב** בישרא חייא ויתהפיך לחיוור	LV 13:16
קדם ייי: בשתא דיובלא **יתוב** חקלא למן דזבניה מיניה למן	LV 27:24
ארעכון לטבא ארום **יתוב** מימרא דייי למיחדי	DT 30:9
ויתטש ית ביתא: ואין **יתוב** מכתשא ויסגי בביתא מן בתר	LV 14:43
בתר דימות כהנא רבא **יתוב** קטולא לארע אחסנתיה: ויהוון	NU 35:28
טבא: ודרא רביעאה דבנך **יתובון** הכא למירתא ארום לא	GN 15:16
ארכא שובעא יומין אין **יתובון** ישתביק להון ואין לא	GN 7:4
ישתביק להון ואין לא **יתובון** לזמן יומין תוב שובעא אנא	GN 7:4
אניסין מן קדמיכון ולא **יתובון** לכון ענכון מסירין לבעלי	DT 28:31
חילמין ברם מן קדם ייי **יתותב** שלמא דפרעה: ומליל פרעה	GN 41:16
ליה כפום סכום שנוי **יתיב** ית פורקניה: הי כאגיר שנא	LV 25:52
מריה דגובא ישלם כסף **יתיב** למריה דמי תוריה וחמריה	EX 21:34
לנא סנא יוסף ואתבא **יתיב** לנא ית כל בישא דיגמלנא	GN 50:15
בשנייא לפום סכומהון **יתיב** פורקניה מכסף זבינוי: ואין	LV 25:51
ולכל אשמהון די **יתיבון** קדמי קודש קודשין דילך	NU 18:9
ואין לית אית לגבר פריק **לאתבא** חובתא ליה חובתא	NU 5:8
קיים ולא יכילו אחוי **לאתבא** ליה פתגם ארום אתבהילו	GN 45:3
לשיזבא יתיה מידהון **לאתבותיה** לות אבוי: והוה כד אתא	GN 37:22
ומכפר על סורחנין מזכי **לדתייבין** לאורייתא ולדלא תייבין	NU 14:18
ית יונתא ולא אוסיפת **למיתב** לותיה תוב: והות בשית	GN 8:12
דאיטימוסין בנהא **למיתב** לעיבידת משכנא ותרין	GN 24:22
ותתיבון על ליבכון **למיתב** לפולחני בכל גלוות עממיא	DT 30:1
וייי אמר לכון לא תוספון **למתוב** באורחא הדין תוב: ולא יסגון	DT 17:16
לקרייתא דקלטיה **למתוב** למיתב בארעא עד זמן	NU 35:32
קמאה דפטרה מן שירויה **למתוב** למסבה למהוי ליה לאינתו	DT 24:4
על קרבא ההוא בעו **למתוב** למצרים והדרי שית מטלין	DT 10:6
ואמר ייי למשה במהכך **למתוב** למצרים חמי כל תמהיא	EX 4:21
ומכפר על חטאין סלח **לתייבין** לאורייתא ולדלא תייבין	EX 34:7
במשכנא: ואמר חד מנהון **מיתב** איתוב לוותך לשתא דאתיא	GN 18:10
עלך ותיחי ואין ליתך **מתיב** דע ארי מיממת תמות אנת	GN 20:7
מסר נפשך לאתגזרא **מתיב** יצחק ואמר האנא יומנא בר	GN 22:1
ומן אבא נפק עשו **מתיבא** רוחא דקודשא וכן אמר ליה	GN 35:22
ניחות לימא וחדא אמרא **ניתוב** למצרים וחדא אמרא נסדרא	EX 14:13
מן קדם יתבי ארעא: לא **נתוב** לבתנא עד דיחסנון בני ישראל	NU 32:18
דין כיתא דהות אמרא **נתוב** למצרים אמר להון משה לא	EX 14:13
מקיימוניה ואין **תאיב** ומריד יאטלוניה כל אינשי	DT 21:21
דאיסתלק קל דיבורא **תאיב** למשריתא ומתני פיתגמיא	EX 33:11
או מן גייורייא ולא **תאיב** מן סורחנותיה קדם ייי הוא	NU 15:30
תלת שנין ובההוא יומא **תב** אברהם לות עולימוי וקמו ואזלו	GN 22:19
ליה ואיהו ידע דשקר ולא **תב** ואתחייב לחדא מן איליין: ויהי	LV 5:4
חד אזיל וביומא חד **תב:** ויצחק הוה אתי מבי מדרשא	GN 24:61
עם אברהם ואברהם **תב** לאתריה: ואתו תרין מלאכיא	GN 18:33
דמרדו במרי עלמא דכד **תבו** אלליא הוו בני ישראל שריין	NU 21:1
ועד עופא דשמייא ארום **תבית** במימרי ארום עבדתינון: ונח	GN 6:7

שהינא ארום כדון **תבנא** דנן תרתין זימנין: ואמר להום GN 43:10
והנפקה ומן גו חוביה **תבת** למיהוי ברייא הי כבישריה:: EX 4:7
דיעקב: ואמר ייי ליה **תוב** אעיל כדון ידך בחובך ואעל EX 4:6
וקדלכון לא תקשון **תוב:** ארום ייי אלקכון הוא אלקא DT 10:16
וידחלון ולא ירשעון **תוב:** ארום תיעלון לארעא דייי DT 17:13
ייי ית משה: ולא קם נביא **תוב** בישראל כמשה ארום חכים DT 34:10
או מן ערבא: ואין תתחמי **תוב** בלבושא או בשיתיא או LV 13:57
למיתי עימנא: ואוסף **תוב** בלק למשדרא רברבין סגיאין NU 22:15
ואיתגלי ייי ליעקב **תוב** במיתוהי מפדן דארם ובריך ייי GN 35:9
מן דאתגלי ליעקב **תוב** במתוי מפדן באתר דמיתת DT 34:6
משכן זימנא: ולא יקרבון **תוב** בני ישראל למשכן זימנא NU 18:22
לממת ולית אנא חיי **תוב** בעלם אוחרן ולמה דנן לי GN 25:32
לא תוסיף למללא קדמי **תוב** בפתגמא הדין: סוק לריש DT 3:26
איטימוס בייתא למילקי **תוב** בצורעא תייבא ציפורא תמן LV 14:53
ההוא גברא למילקי **תוב** בצורעא תייבא צפרא חייתא LV 14:7
ארום ייי הוא אלקא לית **תוב** בר מיניה: משמי מרומא DT 4:35
רבתא הדא לא נחמי **תוב** דלא נמות: ואמר ייי לי אתקינו DT 18:16
ואמר הא חלימית חילמא **תוב** והא שימשא וסיהרא וחדסר GN 37:9
אוסיפת למיתב לותיה **תוב:** והות בשית מאה וחדא שנין GN 8:12
לגבר חורן לא יתפריק **תוב:** ויהי חקלא במיפקיה ביובלא LV 27:20
קרת שמיה דן: ואיתעברת **תוב** וילידת בלהה אמתא דרחל בר GN 30:7
דמצראי: ואתעברת **תוב** וילידת בר ואמרת ארום שמיע GN 29:33
שמיה שמעון: ואתעברת **תוב** וילידת בר ואמרת הדא זימנא GN 29:34
שמיה לוי: ואיתעברת **תוב** וילידת בר ואמרת הדא זימנא GN 29:35
לאתאבלא: ואוסיפת **תוב** וילידת בר וקרת ית שמיה GN 38:5
עתיד לממת: ואיתעברת **תוב** וילידת בר וקרת ית שמיה אונן GN 38:4
מחיל פולחנא ולא יפלח **תוב:** וישמש עם אחוי במשכן זימנא NU 8:25
למתוב באורחא הדין **תוב:** ולא יסגון ליה נשין על DT 17:16
חרוב לעלם לא תתבני **תוב:** ולא תידבק בידיכון מדעם מן DT 13:17
קל מימרא דייי אלקנא **תוב** ומייתין אנחנא: ארום הי דין כל DT 5:25
ית משכנא דלא פרקיה **תוב** ורבי יתיה וקדיש יתיה וית כל NU 7:1
חלמוי ועל פיתגמוי: וחלם **תוב** חילמא חורנא ותני יתיה GN 37:9
שדרני לותכון: ואמר **תוב** ייי למשה כדנן תימר לבני EX 3:15
ומפרש ובמישרוי יימר **תוב** ייי שרי ביקרך בגו ריבוות NU 2:25
יעקב לא יתקרי שמך **תוב** יעקב אלהין ישראל יהי שמך GN 35:10
שובעין ושבעא: וידע אדם **תוב** ית אינתתיה לסוף מאה GN 4:25
לא אוסיף למילט **תוב** ית ארעא בגין חובי בני אינשא GN 8:21
קדם ייי: ולא ידבחון **תוב** ית דיבחיהון לטעוון דמתילין LV 17:7
מן קדם ייי וכן אמר **תוב** כדון מימרא דייי ברחמך טביא NU 10:36
ולא יוספון למעבד **תוב** כפיתגמא בישא הדין ביניכון: DT 19:20
שמיה יששכר: ואתעברת **תוב** לאה וילידת בר שתיתאי GN 30:19
מבתר דחלתיה ויוסף **תוב** לאוחרותהון במדברא ותחבלון NU 32:15
ולא הוה אפשר לה **תוב** לאטמרתיה דמצראי מרגשין EX 2:3
כדקדמוי: ואמר ייי ליעקב **תוב** לארע אבהתך ולילדותך ויהי GN 31:3
דאיבא יצחק ייי דאמר לי **תוב** לארעך ולילדותך ואוטיב עימך: GN 32:10
ולית איבהא זכי בה **תוב** לבטלותהון: ואין מישרא ישרי NU 30:12
בית שקתי ורהטת **תוב** לבירא למימלי ומלת לכל GN 24:20
פתגמא בפמיה ואמר **תוב** לות בלק והכדין תמליל: ואתא NU 23:16
בפמיה דבלעם ואמר **תוב** לות בלק והכדין תמליל: ותב NU 23:5
אירע יתי כדון ולא אוסף **תוב** למידעא במשכבא: והוה בעידן GN 38:26
ואמרית לכון לא תוספון **תוב** למיחמי יתה ותזדבנון תמן DT 28:68
מינך וכדון לא אוסיף **תוב** למיחמי סבר אפך: ואמר ייי EX 10:29
מטליותיה ולא אוסיף **תוב** למימחי ית כל דחי היכמא GN 8:21
ותני לאחוהי ואוסיפו **תוב** למינטר ליה בבו: ואמר להון GN 37:5
אנא יומנא לית אנא יכיל **תוב** למיפק ולמיעל ומימרא דייי DT 31:2
ארבעין וחמשא: ואוסיף **תוב** למללא קודמוי ואמר מאים GN 18:29
את סביר עלנא ואוסיפו **תוב** למנטר ליה בבו על חלמוי ועל GN 37:8
ייי למשה במדין איזל **תוב** למצרים ארום איתרוקנו ונחתו EX 4:19
אלפין בגין כן לית אפשר **תוב** למקיימא ית נפשך ומן יד שלף NU 31:8
ואמרו גובריא ללוט **תוב** מאן אית לך בקרתא קריב או GN 19:12
בכל ביסרא ולא יהי **תוב** מיא לטובענא לחבלא כל GN 9:15
דאולידתא ותרין מלכין **תוב** מינך יפקון: וית ארעא דיהבית GN 35:11
סבר אפך: ואמר ייי למשה **תוב** מכתש חד אנא מייתי עלוי EX 11:1
יתמנעון וברדא לא יהי **תוב** מן בגלל דתינדע ארום דייי EX 9:29
ולא יתמליל עימנא **תוב** מן קדם ייי דילמא נמות: ואמר EX 20:19
יתהון מעל אפי ארעא **תוב** מתקוף רוגזך ויהוי תוהו קדמך EX 32:12
יתה והינון מייתן ליה **תוב** נדבתא בצפר בצפר מן ממונהון: EX 36:3
אזדריקו עלוי מסאב הוא **תוב** סובתיה ביה עד דידי ויהדר NU 19:13
ונטלו מביתאל והוה **תוב** סוגעי אשוון עללתא דארעא GN 35:16
לא תוספון למיחמיהון **תוב** עד עלמא: כיתא דהות אמרא EX 14:13
גבר ואיתתא לא יעבדון **תוב** עיבידתא לאפרשות קודשא EX 36:6
ולא פרקיה ולא שמיש **תוב** על גבי מדבחא בכן קרא משה LV 9:1
צווריה ובכא על צווריה **תוב** על דיסגד ליה: ואמר ישראל GN 46:29
גובריא חייבייא למוספא **תוב** על תקוף רוגזא דייי על ישראל: NU 32:14

מה אעבד לעמא הדין **תוב** קליל זעיר והינון רגמין יתי: EX 17:4
מטרת מדבחא ולא יהי **תוב** רוגזא דהוה על בני ישראל: NU 18:5
מלאה ופלח עימיה בגינה **תוב** שב שנין אוחרניין: וגלי קדם ייי GN 29:30
בפולחנא דתיפלח עימי **תוב** שב שנין אוחרנין: ועבד יעקב GN 29:27
ואין לא יתובון לזמן יומין **תוב** שובעא אנא מחית מיטרא על GN 7:4
לותיה לתיבותא: ואוריך **תוב** שובעא יומין ואוסיף לשדרא GN 8:10
מיא מעילוי ארעא: ואוריך **תוב** שובעא יומין חורנין ושדר ית GN 8:12
סגי עממין: ולא יתקרי **תוב** שמך אברם ויהי שמך אברהם GN 17:5
כל יומיא ותוספון לכון **תוב** תלת קירוין על תלת איליין: DT 19:9
אדם הדא זימנא ולא **תוב** תתברי איתתא מן גבר היכמא GN 2:23
ריבוני: ואמר אבונא **תובו** זבונו לנא קליל עיבורא: GN 44:25
ואמר להון אבוהון **תובו** זבונן לנא קליל עיבורא: ואמר GN 43:2
וית אחוכון דברו וקומו **תובו** לות גברא: ואל שדי יתן לכון GN 43:13
ישראל וגלי קדמוי ית **תיובתא** דעבדו בטימרא דלא ידעו EX 2:25
ויקבל מימריה ברעוא ית **תיובתכון** וירחם עליכון ויתוב DT 30:3
תחובון ותתובון מטיא **תיובתכון** עד כורסי יקרא דייי DT 30:2
למילקי תוב בצורעא **תייבא** ציפורא תמן ביומא ההוא LV 14:53
למילקי תוב בצורעא **תייבא** צפרא חייתא לבייתיה LV 14:7
לאורייתא ולדלא **תייבין** לא מזכי ביום דינא רבא EX 34:7
לאורייתא ולדלא **תייבין** לא מזכי מסער חובי אבהן NU 14:18
דטעי מן אורחא אתבא **תתביניה** ליה: אין תחמי חמרא EX 23:4
עד לא יטמוע שימשא **תתביניה** ליה: ארום היא טלת EX 22:25
ארום עפרא אנת ולעפרא **תתוב** ומן עפרא אנת עתיד למיקום GN 3:19
טובא ברם ישמעאל עבד **תתובא** ביומוי ובתר כןיאתכנש GN 25:8
טוביכון דצדיקיא מרי **תתובא** דכד תחובון ותתובון מטיא DT 30:2
הינון חייבין ואם עבדין **תתובא** הלא הינון קדמיי זכאין GN 18:21
עמורא על מנת דיעבדון **תתובא** ולא עבדו ארום אמרו לא GN 19:24
שנין מן בגלל דיעבדון **תתובא** ולא עבדו: שמחזאי ועזאל GN 6:3
גבר גיור ולא דעביד **תתובא** מן בני בנוי עד עלמא EX 2:12
ומשתלחין עלך אין **תתובון** אעדינון מינך ארום אנא EX 15:26
אמר להון משה לא **תתובון** ארום היכמא דחמיתון ית EX 14:13
האיתותב בפום טוניכון **תתובון** בידיכון דילמא בשלו הוה: GN 43:12
בשתא דיובלא הדא **תתובון** גבר לאחסנתיה: וארום LV 25:13
עמא דייי ומן בתר כדין **תתובון** ותהון זכאין מן קדם ייי NU 32:22
עד די אנסו יתכון: ואתון **תתובון** ותקבלון למימרא דייי DT 30:8
וגבר לייחוסיה **תתובון:** יובלא היא שנת חמשין LV 25:10
דרהטו לה ואין לא **תתובון** לאורייתא לא תיכלון DT 28:35
אורייתא הדין ארום **תתובון** לדחלתא דייי אלקכון בכל DT 30:10
עומרא בחקלא לא **תתובון** למיסביה לגיורא ליתמא DT 24:19
דייי על ישראל: ארום **תתובון** מבתר דחלתיה ויוסף תוב NU 32:15
איסתמר לך דילמא **תתיב** ית ברי לתמן: ייי אלקא GN 24:6
ומשכוניה גבך: אתבא **תתיב** ליה ית משכונא כד מטמוע DT 24:13
ויהי אין מילין דשלם **תתיב** לכון ותפתח לכון פילוותה DT 20:11
דא לחוד ית ברי לא **תתיב** לתמן: ושוי עבדא ית ידיה GN 24:8
דעתכון מנהון אתבא **תתיבונון** ליה: ואין לא קריבא DT 22:1

תוה (4)

פירוי ושרו בחרדה אתר **דתווהו** על בישתא דמותנא: ונטלו NU 33:24
בטוני ונפק מנדע לבהון **ותווהו** גבר לאחוי למימר מה דא GN 42:28
שעי ליליא באפיכון **מתווהות** ליבכון דתיהוון תוון ומן DT 28:67
מתווהות ליבכון דתיהוון **תוון** ומן מחמי עיניכון דאתון חמיין DT 28:67

תוהו (1)

וית ארעא: וארעא הוות **תהייא** ובהיא צריא מבני נש GN 1:2

תומיא (7)

כהנא לחילא ואוריא **ותומיא** דקודשא למשיילא בהון NU 31:6
כהנייא שיילי אורייא **ותומיא** ונביא תריציא יהב לכון ייי DT 18:14
הוא הוה שאיל באורייא **ותומיא** מתחות ידוי ממנן נטרי NU 3:32
טמירן דבית ישראל וית **תומיא** דמשלימין בעובדיהון EX 28:30
לוי בריך משה נביא ואמר **תומיא** ואורייא אלבישתא לאהרן DT 33:8
קפלוטיא וית בצליא וית **תומיא:** וכדון נפשנא מנגבא לית כל NU 11:5
בחושנא ית אוריא וית **תומיא:** ושוי ית מצנפתא על רישיה LV 8:8

תועיבא (9)

ולא תעבדון חדא מכל **תועבתא** האילין יציביא וגיוריא LV 18:26
כיון פיתגמא איתעבידת **תועבתא** הדא ביניכון: ותפקון ית DT 17:4
להון אתון תזדהרון מן **תועיבתא** איליין מן בגלל דתירתון LV 20:24
דלא למעבד מנימוסי **תועיבתא** דאיתעבידו בארעא LV 18:30
ביניכון: ארום ית **תועיבתא** האיליין עבדו אינשי LV 18:27
כל מן דיעבד חדא מכל **תועיבתא** האילין וישתיציין LV 18:29
ייי כל עביד אילין ומטול **תועיבתא** האילין ייי מתריכיהון מן DT 18:12
כיוון פיתגמא איתעבידת **תועיבתא** הדא ביניכון: מימחא DT 13:15
דכורא תשמישין דאיתא **תועיבתא** עבדו תריהון אתקטלא LV 20:13

תוף (3)

ונפקן כל נשיא בתרא **בתופייא** הוו חיילין ובחינגייא EX 15:20
פון בחדווא ובתושבחן **בתופין** ובכינרין: ולא אמתנתני GN 31:27
אחתיה דאהרן ית **תופא** בידא ונפקן כל נשיא בתרא EX 15:20

תור (272)

יהי עליל אהרן לקודשא **בתור** בר תורי דלא עירובין לקרבן LV 16:3
כרמא: לא תהוון רדיין **בתורא** ובחמרא ובכל ברייתא DT 22:10
נידרא או נסיבתא **בתורי** או בענא שלים יהי לרעוא כל LV 22:21
לרעוא לכון שלים דכר **בתורי** באימריא ובבני עזיא: כל LV 22:19
כספא בכל דיתרעי נפשך **בתורי** ובענא ובחמר חדת ועתיק DT 14:26
בסוסוותא בחמרי בגמלי **בתורי** ובענא מותא תקיף לחדא: EX 9:3
כל בוכרא דאיתיליד **בתורך** ובענך דוכריא תקדש קדם DT 15:19
דמצרים סדני דמינגדן **בתורתי** לסוברא בהון ית טפלכון GN 45:19
ולא כהילכת חטאתא **דתורא** ודאימר בר עיזי ויכפר עלוי LV 5:10
קדם ייי: ויסב מן אדמא **דתורא** וידי באדבעיה ימינא על אפי LV 16:14
היכמא דעבד לאדמא **דתורא** וידי יתיה על כפורתא LV 16:15
דמתרבי במשחא מדמא **דתורא** ויהנעל יתיה למשכן זימנא: LV 4:5
על מדבחא: וית בישרא **דתורא** וית מושכיה וית ריעייה EX 29:14
מיליא ויסב מאדמא **דתורא** ומאדמא דצפירא כד הינון LV 16:18
זימנא: ותיסב מאדמא **דתורא** ותיתן על קרנת מדבחא EX 29:12
למיכול ית בישריה ומריה **דתורא** יהי זכאי מדין קטול ואוף EX 21:28
זימנא וית כל אדמא **דתורא** ישוד לישודא דמדבחא LV 4:7
כהנא רבא מן אדמא **דתורא** למשכן זימנא: ויטמש כהנא LV 4:16
מעין הוא: ברם בוכרא **דתורי** או בוכרא דאימרי או בוכרא NU 18:17
תקדיש מנהון דיכריא **דתורי** ואימרי: ובוכרא דחמרא EX 34:19
חיטיהון היך כוליין **דתורי** וחמר סומק מן ענבא חד DT 32:14
יוסיף עלוי: וכל מעשרא **דתורי** ועני כל דחלפין תחות LV 27:32
לבר נש למפלוח בבוכרא **דתוריה** הכדין לית אפשר לבנוי DT 33:17
גבר כהין דכי ית קיטמא **דתורתא** בקלל דפחר מקף מגופת NU 19:9
ויטלוק לגו יקידתא **דתורתא** ויסגי דליקתא לאפושי NU 19:6
כהנא דכניש ית קיטמא **דתורתא** ית לבושוי ויהי מסאב NU 19:10
וקמן לקובליהום **דתורתי** על כיף נהרא: ואכלא תורתי GN 41:3
ובברתנא ניזיל בעננא **ובתורנא** ניזיל ארום חגא קדם ייי EX 10:9
אימרין שלמין בני שנה **ותור** בר תורין דלא עירובין חד LV 23:18
על מדבחא לשמא דייי: **ותור** ואימר יתיר כוליא או דחסיר LV 22:23
תריהון שלמין לעלתא: **ותור** ואימר לניכסת קודשיא LV 9:4
פתיכא במשח זיתא **ותור** תיניין בר תורי תיסב NU 8:8
יומין תקרב קרבנהון: **ותורא** דחטאתא תעביד ליומא על EX 29:36
דעבדא או דאמתא **ותורא** יתרגם: וארום יפתח אינש EX 21:32
בכל טוורא אוף ענא **ותורא** לא ירעון כל קבל טוורא EX 34:3
ביני תרין אמרכלין **ותורא** לחד ולא צבא משה למיסב NU 7:3
ויחמורין יעלין ורימנין **ותורי** בר ודיצין: וכל בעירא DT 14:5
ירח יומין: הענא דבערב **ותורי** דבנבט יתכנסון להון ויספקון NU 11:22
ארום טלייא חטיין וענא **ותורי** דמיינקן עלי ואין דחיקניא GN 33:13
רבוון סליקו עמהון ועאן **ותורי** וגיתי סגי לחדא: והוו קטעין EX 12:38
ביני שימשתא ועאן **ותורי** למחר בכרן יומא לחדות חגא DT 16:2
תלתין תוריתא ארבעין **ותורי** עשרא אתני עשרין ולווקדין GN 32:16
ושובעין וחמשא אלפין: **ותורי** שובעין ותרין אלפין: וחמרי NU 31:33
גוברי מרי גיתי הוו וענהון **ותוריהון** וכל דילהון אייתיו: ויהי GN 46:32
ואמר אבא ואחיי וענהון **ותוריהון** וכל דילהון אתו מארעא GN 47:1
לחוד טפלהון וענהון **ותוריהון** שבקו בארעא דגושן: GN 50:8
ועבדיכון ואמהתכון **ותוריכון** וחמריכון וכל בעיריכון DT 5:14
שפירין תיבנון ותיתבון: **ותוריכון** ועניכון יסגון וכספא DT 8:13
פלחו קדם ייי לחוד ענכון **ותוריכון** יקום גביי אוף טפלכון יזיל EX 10:24
ולבני קהת לא יהב עגלן **ותורין** ארום פולחן קודשא רמיא NU 7:9
הוא: ונסב אבימלך עאן **ותורין** ואמהין ויהב לאברהם ואתיב GN 20:14
והוו ליה מדיליה עאן **ותורין** וחמרין ועבדין ואמהן ואתנין GN 12:16
מינך: ודבר אברהם עאן **ותורין** ויהב לאבימלך וגזרו תריהום GN 21:27
ורבא ויהב ליה עאן **ותורין** וכספא ודהבא ועבדין ואמהן GN 24:35
בזכותיה דאברם הוו עאן **ותורין** ומשכנין: ולא סוברת יתהום GN 13:5
ויהון ציבי לצרוך סידורא **ותורין** ועגלן יהון למיפלח ית פולחן NU 7:5
אנת ובנך ובני בנך וענך **ותורך** וכל דילך: ואיזון יתך תמן GN 45:10
לתורא היכמא דעבד **לתורא** דחטאתא דכהנא רבא LV 4:20
ויסיק למדבחא: ויעביד **לתורא** היכמא דעבד לתורא LV 4:20
עמהון פלגות הינא יהי **לתורא** ותלתות הינא לדיכרא NU 28:14
זיתא תלתא עשרונין **לתורא** ותרין עשרונין לדיכרא NU 28:20
זיתא תלתא עשרונין **לתורא** ותרין עשרונין לדיכרא: NU 29:3
קדם ייי: הכדין יתעבד **לתורא** חד או לדיכרא חד או NU 15:11
פתיכא במשח זיתא **לתורא** חד ותרין עשרונין סמידא NU 28:12
זיתא תלתא עשרונין **לתורא** חד לתליסר תורין תרין NU 29:14
זיתא תלתא עשרונין **לתורא** חד תרין עשרונין לדיכרא NU 28:28
זיתא תלתא עשרונין **לתורא** תרין עשרונין לדיכרא חד: NU 29:9
ולא לאמתיה ולא **לתוריה** ולא לחמריה ולא לכל מאן EX 20:17
יעדינה: היכמה דמתפרש **מתור** ניכסת קודשיא היכדין LV 4:10
ואמר עמי בני ישראל **תור** או אימר או גדיא ארום LV 22:27
ישראל די יכוס ניכסת **תור** או אימר או עיזא במשריתא או LV 17:3
יהי דיליה: ארום יגנב גבר **תור** או אימר ויכסיניה או זבניה EX 21:37
יתן גבר לחבריה חמר או **תור** או אימר וכל בעירא למינטור EX 22:9

מלות דבחי דיבחין אין **תור** אימר ויתנון לכהנא אדרעא DT 18:3
דקדיש גבר יתיה אין **תור** אין אימר לשמא דייי הוא: ואין LV 27:26
ברעוא קדם ייי **תור** בר תורי חד דכר חד אימרין בני NU 29:2
ויעבדון כל כנישתא **תור** בר תורי חד לעלתא לאתקבלא NU 15:24
עלה ויקרבון קהלא **תור** בר תורי לחטאתא וייתון יתיה LV 4:14
ויקרב בגין חובתיה **תור** בר תורי שלים קדם ייי LV 4:3
סווין דמיא: ויסבון **תור** בר תוריה ומנחתיה סולתא NU 8:8
חדא מתקלא וגומר: **תור** בר תורין וגומר: צפיר בר עיזין NU 7:69
חדא מתקלא וגומר: **תור** בר תורין וגומר: צפיר בר עיזין NU 7:75
חדא מתקלא וגומר: **תור** בר תורין וגומר: צפיר בר עיזין NU 7:81
יהי דיליה: וארום ינגוף **תור** דגבר ית תורא דחבריה וימות EX 21:35
תיכסון קדם ייי אלקכון **תור** ואימר דיהי ביה מומא או כל DT 17:1
ישראל למימר כל תריב **תור** ואימר ועיזא לא תיכלון: ותריב LV 7:23
בלעם ואסיק בלעם ובלק **תור** ודכר על אגורא: ואמר בלעם NU 23:2
שובעא אגורין ואסק **תור** ודכר על כל אגורא: ואמר לבלק NU 23:14
דאמר בלעם ואסיק **תור** ודכר על כל אגורא: וחמא בלעם NU 23:30
אוגריא סדרית ואסיקית **תור** ודכר על כל אגורא: ושוי ייי NU 23:4
ייי לאתקבלא ברעוא **תור** חד בר תורי דכר חד אימרין בני NU 29:8
יתהון לשמשא קדמוי סב **תור** חד בר תורי דלא עירובין EX 29:1
טבין מן אפרשותא: **תור** חד בר תורין בר תלת שנין דכר NU 7:15
טבין מן אפרשותא: **תור** חד בר תורין בר תלת שנין דכר NU 7:21
חדא מתקלא וגומר: **תור** חד בר תורין וגומר: צפיר בר NU 7:45
חדא מתקלא וגומר: **תור** חד בר תורין וגומר: צפיר בר NU 7:51
חדא מתקלא וגומר: **תור** חד בר תורין וגומר: צפיר בר NU 7:57
חדא מתקלא וגומר: **תור** חד בר תורין וגומר: צפיר בר NU 7:63
חדא מתקלא וגומר: **תור** חד וגומר: צפיר בר עיזין וגומר: NU 7:33
חדא מתקלא וגומר: **תור** חד וגומר: צפיר בר עיזין וגומר: NU 7:39
חמשא תורא ישלם חולף **תור** חד מן בגלל דבטליה מן רידיה EX 21:37
קדם ייי קורבנין קלילין **תור** חד קדם אלוק חד דכר חד NU 29:36
חולף שיניה: וארום ינגש **תור** ית גבר או ית איתא וימות EX 21:28
אין אישתמודע ארום **תור** נגחן הוא מאיתמלי ומידקדמוי EX 21:36
מדמי עבדא ואמהו: ואין **תור** נגשן הוא מאיתמלי ומידקדמוי EX 21:29
ברשותיה גניבותא מן **תור** עד חמר עד אימר כד הינון EX 22:3
דאיתביד בכוסיא על **תור** על חמר על אימר על כסו ועל EX 22:8
ברם אין עבד כנענאי נגש **תורא** או אמתא כנעניתא כסף EX 21:32
ולא יכסיניה ונפיל תמן **תורא** או חמרא: מריה דגובא ישלם EX 21:33
אין בר ישראל ינגח **תורא** אין לבת ישראל ינגח כדינא EX 21:31
דתידכר לן סידרי קרבנינן **תורא** אתבחר קדמי בגין מדכר LV 22:27
ויהי פום רישיה במיצעיה **תורא** בשיפמיה יהי מקף לפומיה EX 28:32
חמי ליה: לא תזממון פם **תורא** בשעת דרכיה ברם יבימתא DT 25:4
יהיב לכון: לא תחמון ית **תורא** דאחוכון או ית אימריה טעיין DT 22:1
וארום ינגוף תור דגבר ית **תורא** דחבריה וימות ויזבנון ית EX 21:35
לעלתא: ויקרב אהרן ית **תורא** דחטאתא דהוא מן ממוניה LV 16:6
ית ידיהון ימיני על ריש **תורא** דחטאתא דילהון: ונכס משה LV 8:14
אינש בייתיה ויכוס ית **תורא** דחטאתא דיליה: ויסב מלי LV 16:11
כדין יעול למשריתא: וית **תורא** דחטאתא וית צפירא LV 16:27
ייי ית משה: וקריב ית **תורא** דחטאתא וסמך אהרן ובנוי LV 8:14
משכן זימנא: וית כל תריב **תורא** דחטאתא יפריש מיניה ית LV 4:8
הדורי: ויקרב אהרן ית **תורא** דיליה ויכפר באישתעות LV 16:11
אפין בדינא: אין תארע **תורא** דסנאך דאת סני ליה על EX 23:4
וטבל אדבעיה באדם **תורא** ויהב על קרנת מדבחא וית LV 9:9
ויסמוך יד ימיניה על ריש **תורא** ויכוס טבחא ית תורא קדם LV 4:4
בתוקפא ידיהון על ריש **תורא** ויכוס טבחא ית תורא קדם LV 4:15
דעלתא: וית כל משך **תורא** וית בישריה על רישיה ועל LV 4:11
מן עלת צפרא: ונכיס ית **תורא** וית דיכרא ניכסת קודשיא די LV 9:18
משה למדבחא: וית **תורא** וית מושכא וית בישריה וית LV 8:17
מטול כן דכי יתיה באדם **תורא** וית מותר אדמא אריק LV 8:15
וית מישחא דרבותא וית **תורא** וית תרין דיכרין וית סלא LV 8:2
ותקריב יתהון בסלא וית **תורא** וית תרין דיכרין יסוברון EX 29:3
וימות יתרגמא יתרגם **תורא** ולא יתנכס למיכול ית EX 21:28
חזור חזור: וית תרביא מן **תורא** ומן דיכרא אליתא ודחפי בני LV 9:19
שלמא ישלם תורא חולף **תורא** ונבילתא ומושכא יהי דיליה: EX 21:36
דילהון: ונכס משה ית **תורא** ונסב משה ית אדמא ויהב על LV 8:15
ובנוי ית ידיהון על ריש **תורא**: ותיכוס ית תורא קדם ייי EX 29:10
חדא מתקלא וגומר: **תורא** חד וגומר: צפיר בר עיזין וגומר: NU 7:27
נטריה מריה שלמא ישלם **תורא** חולף תורא ונבילתא ומושכא EX 21:36
דחבריה וימות ויזבנון ית **תורא** חייא ויפלגון ית דמיה ואוף EX 21:35
ויכסיניה או זבניה חמשא **תורא** ישלם חולף תור חד מן בגלל EX 21:37
חזרנותנא היכמא דמיבעי **תורא** ית עיסבא דחקלא ובלק בר NU 22:4
כן קטל גברא או איתא **תורא** יתרגם ואוף מריה יתקטל EX 21:29
וישתביק להון: ויפיק ית **תורא** למברא למשריתא ויוקיד LV 4:21
גוויה ורעייה: ויפיק ית כל **תורא** למברא למשריתא לאתר דכי LV 4:12
כל תורי לעלתא תריסר **תורא** לרב בית אבא דיכרא דיכרין NU 7:87
ייי לחטאתא: ויעול ית **תורא** לתרע משכן זימנא לקדם ייי LV 4:4

תורא ויכוס טבחא ית **תורא** קדם ייי: ויסב כהנא רבא LV 4:4
תורא ויכוס טבחא ית **תורא** קדם ייי: ויעיל כהנא רבא מן LV 4:15
על ריש תורא: ותיכוס ית **תורא** קדם ייי לתרע משכן זימנא: EX 29:11
דבנוי: ותקריב ית **תורא** קדם משכנא זימנא ויסמוך EX 29:10
יתיה היכמא דאוקיד ית **תורא** קדמאה דכהנא רבא מטול LV 4:21
ברעוא קדם ייי מן **תורי** או מן ענא: ויקרב גברא דמקרב NU 15:3
חמי למהוי ביה צורת בר **תורי** ברם משה נביא חלפיה מטול NU 2:10
ברעוא תור חד בר **תורי** דכר חד אימרין בני שנא NU 29:8
עלתא היא קרבניה מן **תורי** דכר שלים יקרביניה לתרע LV 1:3
קדמוי סב תור חד בר **תורי** דלא עירובין ודיכרין תרין EX 29:1
אהרן לקודשא בתור בר **תורי** דלא עירובין לקרבן חטאתא LV 16:3
עלתא קדם ייי תורין בני **תורי** דלא עירובין תרין ודכר חד NU 28:11
ונסיב לווי שמין וחלב ובר **תורי** דעבד עולימא תבשילין וסדר GN 18:8
קודשיא קורבניה אין מן **תורי** הוא מקרב אין דכר אין נוקבא LV 3:1
או בני גדייא: כחושבן **תורי** ואימרי וגדיי דתעבדון קרבנא NU 15:12
בלחודיהן ואפרישינון מן **תורי**: ואמר אבימלך לאברהם מה GN 21:28
ובגיתי ענא ובגיתי **תורי** ובחמרא וזנינין בלחמא בכל GN 47:17
דעימיה וית ענא וית **תורי** וגמלייא לתרין משריין GN 32:8
מה די תקרבון עם **תורי** ודיכרי ואימרי במניינהון כסדר NU 29:24
מה דתקרבון עם **תורי** ודיכרי ואימרי במניינהון כסדר NU 29:37
מה דתקרבון עם **תורי** ודיכרי ואימרי במנייניהון NU 29:27
מה די תקרבון עם **תורי** ודיכרי ואימרי במנינהון כסדר NU 29:33
מה די תקרבון עם **תורי** ודיכרי ואמרי במניינהון כסדר NU 29:21
מה דתקרבון עם **תורי** ודיכרי ואמרי במניינהון כסדר NU 29:30
ונסב משה ית עגלתא וית **תורי** ויהב לליוואי: ית תרתין NU 7:6
מן חמשין מן בת נשא ומן **תורי** ומן חמרי ומן כל בעירא ותיתן NU 31:30
מחמש מאה הכדין מן **תורי** ומן חמרי ומן ענא: מן NU 31:28
ייי מן בעירא דכיא מן **תורי** ומן ענא ולא מן חיתא תקרבון LV 1:2
יסמכון ית ידיהון על ריש **תורי** ועיבד ית חד חטאתא וית חד NU 8:12
ברעוא קדם ייי תור בר **תורי** חד דכר חד אימרין בני שנא NU 29:2
כל כנישתא תור בר **תורי** חד לעלתא לאתקבלא ברעוא NU 15:24
עגלתא וית ארבעת **תורי** יהב לבני גרשון כמיסת NU 7:7
וית ארבע עגלן וית תמנן **תורי** יהב לבני מררי כמיסת NU 7:8
ויקרבון קהלא תור בר **תורי** לחטאתא וייתון יתיה לקדם LV 4:14
לאהרן סב לך עיגל בר **תורי** לחטאתא מטול דלא ישתעי LV 9:2
חובי תריסר שבטיא: וכל **תורי** לניכסת קודשיא עשרין NU 7:88
בהון משה נביא: כל **תורי** לעלתא תריסר תורא לרב בית NU 7:87
קדם ייי: ויקרב על בר **תורי** מנחתא סמידא תלתא NU 15:9
קדם ייי: וארום תעביד בר **תורי** עלתא או נכסתא לפרשא NU 15:8
רביעאה דחגא דמטליא **תורי** עשרא לעשר מטרתא דיכרין NU 29:23
בבית מטבחיא ית בר **תורי** קדם ייי ויקרבון בני אהרן LV 1:5
רהט אברהם ונסיב בר **תורי** רכיך ושמין ויהב לעולימא GN 18:7
בגין חובתיה תור בר **תורי** שלים קדם ייי לחטאתא: ויעול LV 4:3
ברעוא קדם ייי תורין בני **תורי** תילתיסר אזלין כל יומא NU 29:13
זיתא ותור תיניין בר **תורי** תיסב לחטאתא: ותקריב ית NU 8:8
אלפין וחמש מאה: וסכום **תורי** תלתין ושית אלפין: וסכום NU 31:44
שובעין וחמשא: וסכום **תורי** תלתין ושיתא אלפין וסכום NU 31:38
עלתא קדם ייי תורין בני **תורי** תרין ודכר חד ושובעא אימרין NU 28:19
תקרבון תורין בני **תורי** תריסר לתריסר מטרתא NU 29:17
מה דיתהוון מקרבין עם **תוריא** ועם דיכריא ואימריא NU 29:18
כסף יתיב למריה דמי **תוריה** וחמריה ונבילתא יהי דיליה: EX 21:34
עבדיה ולא אמתיה ולא **תוריה** ולא חמריה ולא כל מאן DT 5:21
סווין דמיא: ויסבון תור בר **תוריה** ומנחתיה סולתא פתיכא Nש 8:8
ית חמרא דאחוכון או **תוריה** רמאן באורחא ותכבשון DT 22:4
אחתהון: ית ענהום וית **תוריהום** וית חמריהום וית GN 34:28
דאמרתון: אוף ענכון אוף **תוריכון** דברו ומן דילי היכמא EX 12:32
אלקך לא תפלוח בבכורי **תוריכון** ולא תיגוז בכורי עניכון: DT 15:19
תמן ותיכסון מן **תוריכון** ומן עניכון דיהב ייי אלקכון DT 12:21
ופירי ארעכון בקרי **תוריכון** ועדרי עניכון: בריך סלי DT 28:4
חמרכון ומישחיכון בקרת **תוריכון** ועדרי עניכון: בריכין תהוון DT 7:13
ופירי ארעכון בקרי **תוריכון** ועדרי עניכון: ליטין אתון DT 28:18
עיבור משח וחמר בקרי **תוריכון** ועדרי עניכון עד זמן די DT 28:51
וניסבתיכון ובכורי **תוריכון** ועניכון: ותיכלון תמן קדם DT 12:6
ומישחכון וכן ביכורי **תוריכון** ועניכון מן בגלל דתילפון DT 14:23
חמרכון ומישחכון ביכורי **תוריכון** וענכון וכל נדריכון דתידרון DT 12:17
תנצוב ולא תחליניה: **תוריכון** יהון נכיסין ואתון חמיין DT 28:31
תקרבון עלתא קדם ייי **תורין** בני תורי דלא עירובין תרין NU 28:11
דמתקבל ברעוא קדם ייי **תורין** בני תורי תילתיסר אזלין כל NU 29:13
קרבנא עלתא קדם ייי **תורין** בני תורי תרין ודכר חד NU 28:19
דחגא דמטליא תקרבון **תורין** בני תורי תריסר לתריסר NU 29:17
ברעוא קדם ייי **תורין** בני תורין תרין ודכר חד NU 28:27
מן אפרשותא: תור חד בר **תורין** בר תלת שנין דכר חד בר NU 7:15
מן אפרשותא: תור חד בר **תורין** בר תלת שנין דכר חד בר NU 7:21
קרתא ההיא עיגלת ברת **תורין** דלא עירובין ברת שתא דלא DT 21:3

שלמין בני שנה ותור בר **תורין** דלא עירובין חד לחטאתא LV 23:18
דא היא בעירא דתיכלון **תורין** ואימרי בני רחילין ולא בני DT 14:4
וגומר: ולניכסת קודשיא **תורין** וגומר: ביום תריסר יומא קריב NU 7:77
וגומר: ולניכסת קודשיא **תורין** וגומר: ביומא חדסר קריב רב NU 7:71
וגומר: ולניכסת קודשיא **תורין** וגומר: ביומא עשיראה קריב NU 7:65
וגומר: ולניכסת קודשיא **תורין** וגומר: ביומא תמינאה קריב NU 7:53
מתקלא וגומר: תור חד בר **תורין** וגומר: צפיר בר עיזין וגומר: NU 7:45
מתקלא וגומר: תור חד בר **תורין** וגומר: צפיר בר עיזין וגומר: NU 7:51
מתקלא וגומר: תור חד בר **תורין** וגומר: צפיר בר עיזין וגומר: NU 7:57
מתקלא וגומר: תור חד בר **תורין** וגומר: צפיר בר עיזין וגומר: NU 7:63
מתקלא וגומר: תור בר **תורין** וגומר: צפיר בר עיזין וגומר: NU 7:69
מתקלא וגומר: תור בר **תורין** וגומר: צפיר בר עיזין וגומר: NU 7:75
מתקלא וגומר: תור בר **תורין** וגומר: צפיר בר עיזין וגומר: NU 7:81
בידי אלהין הוו לי כזעיר **תורין** וחמרין עאן ועבדין ואמהן GN 32:6
וניכסת קודשין קדם ייי **תורין**: ונסיב משה פלגות אדם EX 24:5
היא בירושא: ונחר בלק **תורין** ועאן ושדר לבלעם ולרברביא NU 22:40
והוו ליה גיתי עאן וגיתין **תורין** ופולחנא סגיאה וקניאו יתיה GN 26:14
ועתד לי הכא שבעא **תורין** ושבעא דיכרין: ועבד בלק NU 23:1
ועתד לי הכא שובעא **תורין** ושובעא דיכרין: ועבד בלק NU 23:29
דחגא דמטליא תקרבון **תורין** חדסר לחדסר מטרתא דיכרין NU 29:20
קודשיא עשרין וארבעא **תורין** כל קבל עשרין וארבע NU 7:88
יהב להון לוואי שמיני **תורין** מן ביזת מלכיהון וחבלא DT 32:14
מחפן ומטקסן ותריסר **תורין** עגלתא ביני תרין אמרכלין NU 7:3
בולי קריב לשמך בר **תורין** רכיך ושמין אימרא איתבחר LV 22:27
דחגא דמטליא תקרבון **תורין** שובעא לשבע מטרתא NU 29:32
שתיתאה דחגא דמטליא **תורין** תמניא לתמני מטרתא דיכרין NU 29:29
ולניכסת קודשיא **תורין** תרין דיכרי חמשא ברחי NU 7:23
וגומר: ולניכסת קודשיא **תורין** תרין דיכרי חמשא ברחי NU 7:83
ולנכסת קודשיא **תורין** תרין דיכרין חמשא ברחי NU 7:17
וגומר: ולניכסת קודשיא **תורין** תרין וגומר: ביומא תשיעאה NU 7:59
ברעוא קדם ייי תורין בני **תורין** תרין ודכר חד שובעא אימרין NU 28:27
לתורא חד לתליסר **תורין** תרין עשרונין לדיכרא חד NU 29:14
חמישאה דחגא דמטליא **תורין** תשעא לתשעת מטרתא NU 29:26
עם בניהון הוו תלתין **תוריתא** ארבעין ותורי עשרא אתני GN 32:16
נכסת קודשך מן ענך ומן **תורך** בכל אתרא דאשרי שכינתי EX 20:24
תנוח מן בגלל דינוחון **תורך** וחמרך וישקוט בר אמתך EX 23:12
היכדין תעביד לבוכרי **תורך** וענך שובעא יומין יהי ייניק EX 22:29
כן תהוון רחמנין בארעא **תורתא** או רחלא יתה וית ברה לא LV 22:28
לבושוי כהנא דינכס ית **תורתא** ויסחי בישריה בארבעין NU 19:7
ויוקד כהן אוחרן ית **תורתא** כד חמי אלעזר ית מושכה NU 19:5
לך מאפרשות לישכתא **תורתא** סומקתא ברת תרתין שנין NU 19:2
על כיף נהרא: ואכלא **תורתי** דבישן למיחמי וחסירן GN 41:4
בבישריהון ית שבע **תורתי** דשפירן למיחמי ופטימתא GN 41:4
דמצרים לבישו: ואכלן **תורתי** השיכתא ובישתא ית שבע GN 41:20
בגו גומייא: והא שבע **תורתי** חורניין סלקן בתריהון GN 41:19
בגו גומייא: והא שבע **תורתי** חורניין סלקן מן נהרא בישן GN 41:3
חילמא חד הוא: ושבע **תורתי** כחישתא ובישתא דסלקן GN 41:27
והא מן נהרא סליקן שבע **תורתי** פטימן בשר ושפירן למיחמי GN 41:18
ובישתא ית שבע **תורתי** קמייתא ופטימתא: ועלא GN 41:20
והא מן נהרא סלקן שבע **תורתי** שפירן למחמי ופטימן GN 41:2
למעבד תני לפרעה: שבע **תורתן** טבתן שבע שנייא אינין GN 41:26

תור (1)

ואמר ייי לי קום איזיל **לתייר** קדם עמא ויעלון וירתון ית DT 10:11

תורא (1)

במיצעיה הי כפום שיריא **תורא** בשיפמיה מקף לפומיה חזור EX 39:23

תורפה (2)

שיליתא דתיפוק מבית **תורפה** בעידן מילדה ובבנה דתוליד DT 28:57
מדייניתא בבית בהתת **תורפה** נס רביעאי דקם רומחא NU 25:8

תחום (88)

ושרו במגזת עיבראי **בתחום** מואבאי: ונטלו ממגזתא NU 33:44
באחסנא ארעא דכנען **בתחומהא**: ויהוי לכון תחום דרומא NU 34:2
עמיקתא ואתגניזת מנהון **בתחומהון** דמואבאי ריש רמתא NU 21:20
ליה אדומאה לא תעיבר **בתחומי** דילמא בשליפי חרב אפוק NU 20:18
דמתנן ארעא לקורייהא **בתחומי** קוריי ארעא חזור חזור: ובנו NU 32:33
סיחון ית ישראל למעיבר **בתחומיה** וכנש סיחון ית כל עמיה NU 21:23
ית ישראל למיעיבר **בתחומיה** וסטא ישראל מלוותיה NU 20:21
לארע טבתא ופתייא **בתחומין** לארע עבדא חלב ודבש EX 3:8
הא אנא מייתי מחר גובא **בתחומך**: ויחפי ית חזוונא דארעא EX 10:4
לטבריא ויהון מפקנוי **דתחומא** מן תרין ציטרוי מכוונין NU 34:8
ומני זגוגיתא ארום גניזיא **דתחומיא** גליין להון: ולשיבטא דגד DT 33:19
פירוי ושרו בלבנה אתר **דתחומין** לה מלבינתא בניין: ונטלו NU 33:20
דלא הוה תמן בכור מאית: **ותחום** ארעא דמצרים מהלך ארבע EX 12:31
עמון: ומישרא ויורדנא **ותחום** מגניסר ועד ימא דמישרא DT 3:17
ויהון מפקנוי למערבא: **ותחום** מערבא ויהוי לכון ימא רבא NU 34:6

בושמין ועיקרי סמנין **ותחומי** יהוי מפיק תפנוקי מלכין GN 49:20
מנחליא דנגדין מן מתנן **ותחומי** יהי מטי עד בותניי: DT 33:22
מזוני בשני שמיטתא **ותחומי** יהי מרבי זיתין סגיעין DT 33:24
הפרכי ימא בספינתא **ותחומי** ימטי עד צידון: יששכר GN 49:13
לכון ימא רבא אוקינוס **ותחומיה** הינון מי בראשית עם מיא NU 34:6
ארנונא מציעות נחלא **ותחומיה** ועד יובקא דנחלא DT 3:16
ויחות תחומא ויקיף **לתחום** ימא דגיניסר ממדינחא: NU 34:11
ציפונא: ותכוונון לכון **לתחום** מדינחא מטירת עינוותא NU 34:10
הוות בעיטתהון והא היא **לתחום** מואב: ומתמן איתיהיבת NU 21:15
יתיה תבע אדמא מברא **לתחום** קרתא דקלטיה ויקטול NU 35:27
לקרתא דמואב דעל **תחום** ארנון דבסטר תחומא: ואמר NU 22:36
בטוורוס אומנוס על **תחום** ארעא דאדום למימר: יתכנש NU 20:23
לכון אורחא ותתלתון ית **תחום** ארעכון דיחסנכון ייי אלקכון DT 19:3
יהבית לשיבט מנשה כל **תחום** בית פלך טרגונא וכל מתנן DT 3:13
מארנונא עד יובקא עד **תחום** בני עמון ארום תקיף הות NU 21:24
ארום תקיף הות רבת **תחום** בני עמון ועד כדון אית להון NU 21:24
וקיימו דלא למיעיבר דין **תחום** דין לבישא: וחמת אתנא ית NU 22:24
בתחומהא: ויהוי לכון **תחום** דרומא מן מדברא דציני טור NU 34:3
על תחומי אדום ויהוי **תחום** דרומא מן סייפי ימא NU 34:3
וייטב לכון: לא תשנון **תחום** חבריכון דאתחימו קמאי DT 19:14
יתבין על ימא ועל **תחום** יורדנא: ושתיק כלב ית עמא NU 13:29
זרעייתהון דכנענאי: והוה **תחום** כנענאי מן בותנייס מעלך GN 10:19
אמוראה ארום ארנון **תחום** מואב ממצע בין מואב ובין NU 21:13
אתון עברין יומא דין ית **תחום** מואבאי ית לחיית: ותתקרבון DT 2:18
ואלגוותיה דין יהוי לכון **תחום** מערביא: ודין יהוי לכון תחום NU 34:6
אישתייר גובא חד בכל **תחום** מצרים ואפילו מה דימלחון EX 10:19
בגין כן טלטילינון מסיפי **תחום** מצרים ועד סופיה: לחוד GN 47:21
דמצרים ושרא בכל **תחום** מצרים תקיף לחדא קודמוי EX 10:14
מנהון שיתין קירווין כל **תחום** פלך טרגונא מלכותא דעוג DT 3:4
בר מנשה נסיב ית כל **תחום** פלך טרגונא עד תחום קורזי DT 3:14
דרמשק דין יהוי לכון **תחום** ציפונא: ותכוונון לכון לתחום NU 34:9
מערביא: ודין יהוי לכון **תחום** ציפונא מן ימא רבא תכוונון NU 34:7
כל תחום פלך טרגונא עד **תחום** קורזי ואנטיקירוס וקרא DT 3:14
דכהנא רבא קיים מן **תחום** קרתא דקלטיה דערק לתמן: NU 35:26
ועד יובקא דנחלא **תחומא** דבני עמון: ומישרא ויורדנא DT 3:16
ואמרין אמן: ליט דישני **תחומא** דחבריה הוון עניין כולהון DT 27:17
מן לעיל ומן טוב מבועי **תחומא** דסלקין ונגדין ומרוין DT 33:13
דעל תחום ארנון דבסטר **תחומא**: ואמר בלק לבלעם הלא NU 22:36
לעינן ומעינן יחות **תחומא** ויסב מיישרא מישר נחלי NU 34:11
שיבט מנשה ויחות **תחומא** ויקיף לתחום ימא דגיניסר NU 34:11
וממערת פניאס יחות **תחומא** לטור תלגא ומטור תלגא NU 34:11
דגיניסר ממדינחא: ויחות **תחומא** ליורדנא ויהוון מפקנוי NU 34:12
מדנח לעיינוותא ויחות **תחומא** למערת פניאס וממערת NU 34:11
תלגא ומטור תלגא יחות **תחומא** לעינן ומעינן יחות תחומא NU 34:11
לאבלס דקילקאי: ויפוק **תחומא** לקרן זכותא ולגבתא NU 34:9
עינוותא לאפמיאה: ויחות **תחומא** מן אפמיאה לדפני מן מדנח NU 34:11
מדינחא: ויקיף לכון **תחומא** מן דרומא למסוקיתא NU 34:4
ויעיבר לקיסם: ויקיף **תחומא** מקיסם לנילוס דמצראי NU 34:5
ארעא דישראל למצרני **תחומהא** חזור חזור: ופקיד משה ית NU 34:12
דציני טור פרזלא על **תחומי** אדום ויהוי תחום דרומא מן NU 34:3
ובי היא זימנא אקים **תחומי** אומיא כסכום מניין שובעין DT 32:8
בזימניא והוא מרבע ביני **תחומי** אחוי: וחמא נייחא דעלמא GN 49:14
אילנא דבחקלא דבכל **תחומי** חזור חזור: לאברהם לזבינוי GN 23:17
דחשבון לאעברתונא בגו **תחומיה** ארום אקשי ייי אלקך ית DT 2:30
דייי ואמר בריך דאפתיה **תחומיה** דגד נייח כאריא למישרי DT 33:20
עביד ליה: ישפר אלקים **תחומיה** דיפת ויתגיירון בנוי וישרון GN 9:27
היכדין נטלין גבר על **תחומיה** לטיקסיהון: טיקס משרית NU 2:17
מגין עלוי כל יומיא ובגו **תחומיה** שכינתא שריא: ולשיבט DT 33:12
וארעא הא פתיית **תחומין** קדמיהון ית בנתיהון ניסב GN 34:21
הא אנא מחי ית כל **תחומך** בעורדענייא: וירבי נהרא EX 7:27
רשותא עד דניעיבר **תחומך**: ואמר ליה אדומאה לא NU 20:17
וישוי עלך שלם בכל **תחומך**: וישוון ית בירכת שמי על NU 6:26
מן קדמך ואפתי ית **תחומך** ולא יחמיד איניש ית ארעך EX 34:24
דבשמים נזיל עד דניעיבר **תחומך**: ולא שבק סיחון ית ישראל NU 21:22
ולא יתחמי לך חמיר בכל **תחומך**: ותתני לברך ביומא ההוא EX 13:7
ית ארעא: ואישוי ית **תחומך** מן ימא דסוף עד ימא EX 23:31
קרתא דמתבניא בסטר **תחומך**: נעיבר כדון בארעך לא NU 20:16
ארום יפתי ייי אלקכון ית **תחומכון** הי כמא דמליל לכון DT 12:20
ואין יפתי ייי אלקכון ית **תחומכון** היכמא דקיים לאבהתכון DT 19:8
זחלא: זתין יהון לכון בכל **תחומכון** ומשח לא תטושון ארום DT 28:40
סטר מערבא יהי **תחומכון**: לא יתעתד בר נש באפיכון DT 11:24
יתחמי לכון חמיר בכל **תחומכון** שובעא יומין ולא יבית בר DT 16:4
מלאכא דייי ורבעת לה **תחות** בלעם ותקיף רוגזא דבלעם NU 22:27

תחות (84)

ניזריה ויתן על אישתא **דתחות** דודא דנכסת קודשיא: ויסב NU 6:18
על אנפי כל עממייא **דתחות** כל שמיא דישמעון שמע DT 2:25
בהון דעתהון דכל עממיא **דתחות** כל שמיא: ויתכון נסיב DT 4:19
כל טווריא רמיא **דתחות** כל שמיא: חמיסירי גרמידין GN 7:19
האילין ואיתבזעת ארעא **דתחותהון**: ופתחת ארעא ית פומה NU 16:31
טלין ומיטרין וארעא **דתחותיכון** הי כנחשא דמזייע LV 26:19
לכון טלין ומיטרין וארע **דתחותיכון** הי כפרזלא דלא מזייע DT 28:23
ית איקר אלקא דישראל **ותחות** אפיפורין דריגלוי דמייצע EX 24:10
רמייא ועל גלימתא **ותחות** כל אילן דריויה שפיר: DT 12:2
ואמחי ית שומהון **מתחות** שמיא ואעביד יתך לעם DT 9:14
דמפקן ית טופסיה דפעור **מתותי** פסיקייהון: וקראה לעמא NU 25:1
דבמדברא דנפיק **מתחות** אמוראה ארום ארנון תחום NU 21:13
שאיל באורייא ותומיא **מתחות** ידוי ממנן נטרי מטרת NU 3:32
וענן יקרא הוה נחית **מתחות** כורסי יקרא ומלי מיא מן GN 2:6
אישתא דנפקא **מתחות** כורסי יקרא ונפלין פיגריהון NU 11:26
דפרעה דשיזיב ית עמא **מתחות** מרוות מצראי: כדון חכימית EX 18:10
בקצת עמא דאתפרסמו **מתחות** עניני יקרא: והוה כיוון NU 22:41
ונצחני קרבא ופוק **מתחות** ענני יקרא וסדר סדרי EX 17:9
בנהא דעימה: ונפק משה **מתחות** ענני יקרא לקדמות חמוי EX 18:7
ית דוכרנא דעמלק **מתחות** שמיא ואפילו ליומי מלכא DT 25:19
וימחי ייי ית שום דוכרניה **מתחות** שמיא: ויפרשיניה ייי DT 29:19
אמחי ית דוכרן עמלק **מתחות** שמייא: ובנא משה מדבחא EX 17:14
ודיקרב קורבניה לשמשא **תחות** אבוי וילבש ית לבושוי דבוץ LV 16:32
הוה מן לקדמין ומן **תחות** אדרע גבורתיה עלמא סביל DT 33:27
ריגליכון ואסתמיכו **תחות** אילנא: ואסב סעיד דלחים GN 18:4
מרומא ואתקניה גלוגדק **תחות** אפיפורין דמרי עלמא זיויה EX 24:10
וטמר יתהום יעקב **תחות** בוטמא דסמיכא לקרתא GN 35:4
וחד תחות ציציתיה וחד **תחות** גונביה יתיה תיכלון: וכל DT 14:9
אורייתא גבר ארום ימות **תחות** גננא דפריס כל מן דעליל NU 19:14
ומן יד טלקת ית ריבא **תחות** חד מן אילנייא: ואזלת GN 21:15
ידע ביה בלחודך רביע **תחות** טוניה ותמנוע לנפשך EX 23:5
כן עלו למיבת ואיטמרו **תחות** טלל כשורא הדא דילי: ואמרו GN 19:8
דאישתיזב גביכון למהווי **תחות** טלל שכינתי דימטול היכמא DT 23:16
איליין ויצברון עיבורא **תחות** יד אפיטרופין דפרעה וישוון GN 41:35
וימות בההוא יומא **תחות** ידיה יתדנא יתדן דין קטילת EX 21:20
קבל תרע שמייא משכלל **תחות** כורסי יקרא: ואקדים יעקב GN 28:17
אפיפורין דריגלוי דמייצע **תחות** כורסייה הי כעובד אבן EX 24:10
ית שומהון מדוכרנא **תחות** כל שמיא לא יתעתד איניש DT 7:24
לוחא חד ותרין חומרין **תחות** לוחא חד: ולסייפי משכנא EX 26:21
לוחא חד ותרין חומרין **תחות** לוחא חד: ולסייפי משכנא EX 36:26
תרין חומרין תרין חומרין **תחות** לוחא חד: ועבד נגרין דקיסי EX 36:30
לוחא חד ותרין חומרין **תחות** לוחא חד: ותעביד נגרין EX 26:25
דכסף תרין חומרין **תחות** לוחא חד ותרין חומרין EX 26:21
חומרין תרין לוחין **תחות** לוחא חד ותרין חומרין EX 26:25
דכסף תרין חומרין **תחות** לוחא חד ותרין חומרין EX 36:26
לתרין צירוי ותרין חומרין **תחות** לוחא חד לתרין צירוי: EX 26:19
לתרין צירוי ותרין חומרין **תחות** לוחא חד לתרין צירוי: ולסטר EX 36:24
עשרין לוחין תרין חומרין **תחות** לוחא חד לתרין צירוי ותרין EX 26:19
לוחיא תרין חומרין **תחות** לוחא חד לתרין צירוי ותרין EX 36:24
ואין נתרון ואשתייר חד **תחות** ליסתיה וחד תחות ציציתיה DT 14:9
בציצא דדהבא ויהבין **תחות** לישניה ומקימין ליה GN 31:19
ועד ימא דמישרא **תחות** משפך מרמתא: וקרא משה DT 4:49
ארבע ציטרוי: ותיתן יתה **תחות** סובבי מדבחא מלרע ותיהי EX 27:5
עובד מצדתא דנחשא **תחות** סובביה מלרע עד פלגיה EX 38:4
חומרין דכסף עבד **תחות** עשרין לוחיא תרין חומרין EX 36:24
חומרין דכסף תעבד **תחות** עשרין לוחין תרין חומרין EX 26:19
דכסף: ותיתן ית פרגודא **תחות** פורפיא ותעיל לתמן מלגיו EX 26:33
חד תחות ליסתיה וחד **תחות** ציציתיה וחד תחות גונביה DT 14:9
דביה רוחא דחיי מן **תחות** שמיא כל דבארע יתנגד: GN 6:17
דסמיכה לימא דמילחא **תחות** שפכות מיא מרמתא מדינחא: DT 3:17
דתורי ועני כל דחלפין **תחות** שרביטא עשיראה יהי LV 27:32
ושושנייהא: וחיזור **תחות** תרין קנין דמינה וחיזור EX 25:35
תרין קנין דמינה וחיזור **תחות** תרין קנין דמינה וחיזור EX 25:35
חיזורהא ושושנהא: וחיזור **תחות** תרין קנין דמינה וחיזור EX 37:21
תרין קנין דמינה וחיזור **תחות** תרין קנין דמינה וחיזור EX 37:21
תרין קנין דמינה וחיזור **תחות** תרין קנין דמינה לשיתא קנין EX 25:35
תרין קנין דמינה וחיזור **תחות** תרין קנין דמינה לשיתא קנין EX 37:21
גברא קטילית דנתקטלא **תחותוהי** ואוף לא עולימא חבילית GN 4:23
גדי בר עיזי איתבחר **תחותוי** בגין מדכר זכות שלימא LV 22:27
פרת: ומית שאול ומלך **תחותוי** בעל חנן בר עכבור: ומית GN 36:38
בעל חנן בר עכבור ומלך **תחותוי** הדר ושום קרתא דבית GN 36:39
נפשי נסיבו אבנא ושוויו **תחותוי** ויתיב עלה ואהרן וחור EX 17:12
וכל דיקרב בכל מאן דיהי **תחותוי** יהי מסאב עד רמשא: LV 15:9

וזכה ואזדמן ליה אימרא **תחותוי** לעלתא גדי בר עיזי LV 22:27
דמתרבי במשחא וברם **תחותוי** מבנוי יקומון לכהנין איהוא LV 6:15
ומית שמלה ומלך **תחותוי** שאול דמן רחובות דעל GN 36:37
דרומא: ומית חושם ומלך **תחותויי** הדד בר בדד דקטל ית GN 36:35
מבצרה: ומית יובב ומלך **תחותויי** חושם מארע דרומא: ומית GN 36:34
דנהבא: ומית בלע ומלך **תחותויי** יובב בר זרח מבצרה: ומית GN 36:33
כאספקלריא ואתעתדו **תחותי** טוורא: וטוורא דסיני תנין EX 19:17
עוית: ומית הדד ומלך **תחותיה** שמלה ממשרקה: ומית GN 36:36
ביני מוי עלאי לביני מוי **תתאי**: ועבד אלקים ית רקיעא GN 1:6
אלקים יתכנשון מיין **תתאין** דאישתארו מן לרע לשמייא GN 1:9
בציטרא תשוי מדורין **תתאין** תניינין ותליתאין תעבדינה: GN 6:16

תחם (7)
לא תשנון תחום חבריכון **דאתחימו** קמאי באחסנתכון DT 19:14
כל עמא על טורא דסיני: **ותתחים** ית עמא ויקומון חזור חזור EX 19:12
והוה כמא דקריב למיעל **לתחום** מצרים ומטו לנהרא וגליאו GN 12:11
ותעבד על חושנא שישלן **מתחמן** עובד קליעא דדהב דכי: EX 28:22
ועבדו על חושנא שישלן **מתחמן** עובד קליעא דדהב דכי: EX 39:15
ותרתין שישלן דדהב דכי **מתחמן** תעבד יתהון עובד קליעא EX 28:14
אנת אסהידת בנא למימר **תחים** ית טוורא וקדשהי: ואמר ליה EX 19:23

תחמרא (1)
לאחוך הא הינון ליך **תחמרא** דעיינין חלף דאתכסית מן GN 20:16

תיאטרון (1)
אתון במעלכון לבתי **תיאטרוניכון** וקורקסתכון DT 28:19

תיבותא (29)
וית כל בעירא דעימיה **בתיבותא** ואעבר אלקים רוח רחמין GN 8:1
ברם נח ודעימיה **בתיבותא**: ותקפו מיא על ארעא GN 7:23
מתמן יורדא ותשוויניה **בתיבותא** לאנהרא לאנהרא לכון GN 6:16
מימרא דייי ית תרעא **דתיבותא** באנפי: והוה טובענא GN 7:16
תשיצינה מלעיל ותרעא **דתיבותא** בציטרא תשוי מדורין GN 6:16
ואעדי נח ית חופאה **דתיבותא** וחמא נגובו אנפי ארעא: GN 8:13
ית קימי עמך ותיעול **לתיבותא** אנת ובנך ואינתתך ונשי GN 6:18
עול אנת וכל אינש ביתך **לתיבותא** ארום יתך חמית זכאיי GN 7:1
וחמשין קולין תעביד **לתיבותא** בשמאלא ותלתין ושית GN 6:14
ארעא: תרין תרין עלו לנח **לתיבותא** דכר ונוקבא היכמא GN 7:9
ותלת נשי בנוהי עימיה **לתיבותא**: הינון וכל חיתא ליזנהא GN 7:13
ריגלא ותבת לוותיה **לתיבותא** ואודעת ארום מוי על GN 8:9
ואעיל יתה לותיה **לתיבותא**: ואוריך תוב שובעא יומין GN 8:9
תרין מכולא תעיל **לתיבותא** לקיימא עימך דכר GN 6:19
ונשי בנוי עימיה **לתיבותא** מן קדם מוי דטובענא: מן GN 7:7
כל דפרח: ועלו לות נח **לתיבותא** תרין תרין מכל בישרא GN 7:15
ייי עם נח למימר: פוק מן **תיבותא** את ואינתתך ובנך ונשי בנך GN 8:16
על גיף נהרא וחמת ית **תיבותא** בגו גומייא ואושיטת ית EX 2:5
מאה וחמשין יומין: ונחת **תיבותא** בירחא שביעאה הוא ירחא GN 8:4
מרגשין עלה ונסיבת ליה **תיבותא** דטונס וחפתא בחימרא EX 2:3
יומין ופתח נח ית כוות **תיבותא** דעבד: ושדר ית עורבא GN 8:6
עם ארעא: עיבד לך **תיבותא** דקיסין קדרונין מאה GN 6:14
וסגיאו מיא ונטלו ית **תיבותא** ואיתרמת מעל ארעא: GN 7:17
לשדרא ית יונתא מן **תיבותא**: ואתת לותיה יונתא GN 8:10
לזרעייתהון נפקו מן **תיבותא**: ובנא נח מדבחא קדם ייי GN 8:19
בטובענא ורכב עילוי **תיבותא** והוה גננא על רישיה והוה GN 14:13
ארעא דעימכון מכל נפקי **תיבותא** לכל חית ארעא: ואקיים ית GN 9:10
לחדא על ארעא והות **תיבותא** מהלכא סחיא על אנפי GN 7:18
והוו בני נח דנפקו מן **תיבותא** שם וחם ויפת וחם הוא GN 9:18

תיום (3)
והוה בעידן מילדה והא **תיומין** במעהא: והוה במולדה ופשט GN 38:27
יומי עיבורהא למילד והא **תיומין** במעהא: ונפק קמאה GN 25:24
למילד מן בעלה אדם ית **תיומתיה** וית הבל והוה הבל רעי GN 4:2

תייקא (2)
ביתא חדתא ותעבד **תיאק** גיפופין לאיגרך לא תגרמון DT 22:8
לא אית ולא תהי לכון **תייקא** למקום קדם בעלי דבביכון: LV 26:37

תיקא (3)
ומן יד שלף סייפיה מן **תיקה** וקטליה: ושבו בני ישראל ית NU 31:8
ותקבעינון בתולתא קבל **תקי** בסיפי ביתכון ובתריעיכון: מן DT 11:20
בתולתא לקבל **תקי** על סיפי ביתך ובתרעך מימינא DT 6:9

תכל (9)
אין איתכלית על יוסף **איתכל** על שמעון ועל בנימין: GN 43:14
ברוח קודשא ארום אין **איתכלית** על יוסף איתכל על GN 43:14
ואידברינך מתמן למה **אתכל** אוף תרויכון יומא חד דאנת GN 27:45
גבך רחלייך ועיזייך לא **אתכלו** ואגר דיכרי ענך לא אכלית: GN 31:38
להום יעקב אבוהון יתי **אתכלתון** יוסף אמרתון חיותא GN 42:36
והוא מטרד היכמא **דאיתכלת** חוה מן הבל דקטליה קין GN 27:45
בכון רשות חיות ברא **ותתכל** יתכון ותשיצי ית בעיריכון LV 26:22
בגין כן תהון תושלמתהון **מתכלן** וממרין להון: הי כמרירתהון DT 32:32
מרירתא מגווך: לא תהי **תכלא** ועקרא בארעך ית מניין יומי EX 23:26

תכלא (46)
עיבידת נגר ואומן וצייר **בתיכלא** ובארגוונא וביצבע זהורי EX 35:35
דדן נגר ואומן וצייר **בתיכלא** ובארגוונא ובצבע זהורי EX 38:23
בטוורא: ותעביד פרגודא **דתיכלא** וארגוונא וצבע זהורי ובוץ EX 26:31
דרתא פרסא עשרין אמין **דתיכלא** וארגוונא וצבע זהורי ובוץ EX 27:16
דהבא: ועבד ית פרגודא **דתיכלא** וארגוונא וצבע זהורי ובוץ EX 36:35
פריס לתרע משכנא **דתיכלא** וארגוונא וצבע זהורי ובוץ EX 36:37
דרתא עובד צייור מחטא **דתיכלא** וארגוונא וצבע זהורי ובוץ EX 38:18
על שיפולוי רומניין **דתיכלא** וארגוונא וצבע זהורי על EX 28:33
מנטר מעילא רומניין **דתיכלא** וארגוונא וצבע זהורי שזיר: EX 39:24
על אנפא גוליתהון שזיר **דתיכלא**: ויהי לכון למצוותא NU 15:38
דאיפודא שזיר חוטא **דתיכלא**: ויהי פום רישיה במיצעיה EX 28:31
ית אריחוי: ויסבון לבוש **דתיכלא** ויכסון ית מנרתא דאנהורי NU 4:9
לחם אפייא יפרסון לבוש **דתיכלא** ויתנון עלוי ית פילוותא NU 4:7
יהוון מן חיוור וחוטא חד **דתיכלא** יהי ביה קרח וחברוי עבדו NU 16:2
איפודא בשזיר חוטא **דתיכלא** למהוי אדיק על המיין EX 28:28
גוליין וציצייתהון כולהון **דתיכלא** מה דלא פקיד ייי ומסעדין NU 16:2
עם חדא: ותעבד ענובין **דתיכלא** על אימרה דיריעתא חדא EX 26:4
עם חדא: ועבד ענובין **דתיכלא** על שיפתא דיריעתא חדא EX 36:11
חיזורא דדהבא ורומנא **דתכלתא** ודצבע זהורי חיזורא EX 28:34
חיזורא דדהבא ורומנא **דתכלתא** וצבע זהורי על שיפולי EX 28:34
יתיה על שזיר חוטא **דתכלתא** למכפרא על חציפי אפיא EX 28:37
וסדרו עלוי שזיר חוטא **דתכלתא** מטול למיתן על מצנפתא EX 39:31
דהבא וכספא ונחשא: **ותיכלא** וארגוונא וצבע זהורי ובוץ EX 25:4
דייי דהבא וכספא ונחשא: **ותיכלא** וארגוונא וצבע זהורי ובוץ EX 35:6
וית קמורא דבוץ שזיר **ותיכלא** וארגוונא וצבע זהורי עובד EX 39:29
עשר יריען דבוץ שזיר **ותיכלא** וארגוונא וצבע זהורי צורת EX 36:8
עשר יריען דבוץ שזיר **ותיכלא** וארגוונא וצבע זהורי צייור EX 26:1
יתהון שזרין למעבד בגו **תיכלא** וארגוונא ובגו צבע זהורי EX 39:3
פרסא לתרע משכנא **תיכלא** וארגוונא וצבע זהורי ובוץ EX 26:36
בוצא: ויעבדון ית אפודא **תיכלא** וארגוונא וצבע זהורי ובוץ EX 28:6
מיניה יהי דדהבא **תיכלא** וארגוונא וצבע זהורי ובוץ EX 28:8
תעבדיניה דדהבא **תיכלא** וארגוונא וצבע זהורי ובוץ EX 28:15
גבר דהישתכח עימיה **תיכלא** וארגוונא וצבע זהורי ובוץ EX 35:23
ועבד ית אפודא דדהבא **תיכלא** וארגוונא וצבע זהורי ובוץ EX 39:2
הוא הי כעובדוי דדהבא **תיכלא** וארגוונא וצבע זהורי ובוץ EX 39:5
הי כעובד איפודא דדהבא **תיכלא** וארגוונא וצבע זהורי ובוץ EX 39:8
דרתא חזור חזור: ומן **תיכלא** וארגוונא וצבע זהורי עבדו EX 39:1
דדהבא יפרסון לבוש **תיכלא** ויכסון יתיה בחופאה דמשך NU 4:11
מן ממונהון ית דהבא וית **תיכלא** וית ארגוונא וית צבע זהורי EX 28:5
עזלא ואתיין כל עזיל ית **תיכלא** וית ארגיוונא וית צבע זהורי EX 35:25
מעילא עובד גרדי שזיר **תיכלא**: ופום מנטר מעילא כפיל EX 39:22
יאחדון ויצבעון מאדמיה **תיכלא** לחוטי גולייתהון ומן חלא DT 33:19
לעיזקת אפודא בשזיר **תיכלא** למיהוי אדיק על המיין EX 39:21
ויפרשון לבוש שזיר **תיכלא** מלעיל וישוון אריחוי: ועל NU 4:6
באנפי דמשה על עיסק **תיכלא** משה הוה אמר אנא שמעית NU 16:2
ונסיב גולייתיה דכולא **תיכלא** קרח בר יצהר בר קהת בר NU 16:1

תכף (3)
נפש בר נש דמית עליהון **בתכוף** דפוקדניה רמיא עליהון ולא NU 9:6
וארום ימות מיתה עלוי **בתכוף** שלו ויסאב ריש נזריה רישיה NU 6:9
אבהתיי מיתת עלי רחל **בתכיף** בארעא דכנען באורחא GN 48:7

תכריכא (1)
במסאב ולא יהבית מיניה **תכריכין** לנפש דמית שמענן בקל DT 26:14

תכשיטא (3)
יסב ליה עליה מזונה **ותכשיטהא** ומעיילה לא ימנע לה: EX 21:10
עיזקן ומחוכין וכל **תכשיט** דדהב כל גבר דארים EX 35:22
וסריבו נשיא למיתן **תכשיטיהון** לגובריהון ומן יד פריקו EX 32:3

תל (1)
קדם ייי אלקכון ותהי **תל** חרוב לעלם לא תתבני תוב: ולא DT 13:17

תלג (10)
סגירתא מחוורא היא **כתלגא**: ואמר אתיב ידך לעיטפך EX 4:6
דמכתשא עמיק למחוור **כתלגא** יתיר ממשך בישריה מכתש LV 13:3
לית חיזויה למחוור **כתלגא** יתיר מן משכא ושערה לא LV 13:4
וחיזויה עמיק למחוור **כתלגא** יתיר מן משכא סגירותא LV 13:25
ואימוראי קרן ליה טוור **תלגא** דלא פסיק מיניה תלגא לא DT 3:9
מבית ישימות עד טוור **תלגא** והוין זבנן זיני כיסנין בבציר NU 24:25
טוורא דסיאון הוא טוור **תלגא**: וכל מישרא עיברא דיורדנא DT 4:48
יחות תחומא לטור **תלגא** ומטור תלגא יחות תחומא NU 34:11
לטור תלגא ומטור **תלגא** יחות תחומא לעינן ומעינן NU 34:11
תלגא דלא פסיק מיניה **תלגא** לא בקייטא ולא בסתווא: כל DT 3:9

תלי (14)
בתיובא עד שובעא דרין **אתליו** ליה ולמך בר בריה דלא חב GN 4:24
בריה דלא חב דינא הוא **דייתלי** ליה עד שובעין ושבעא: וידע GN 4:24
וקטלאין דדהבא מן בגלל **דתיתלי** עינך בהן ולא תליתא עינך GN 49:22

ויפסקון רישי חוטיהון **ויתלון** בחמשת קיטרין ארבעא בגו NU 15:38
די יחתון אבוליכון רמיא **ותליליא** דאתון רחיצין בהון DT 28:52
תדייהן ובכל דא חס לן **למיתלי** עינינן ולא אסתכלנן בחדא NU 31:50
מלרע לארעא: ודילמא **תיתלון** עיניכון לצית שמיא DT 4:19
ושוי יתיה על אתר **תלי** והוי כד נכית חיויא ית גברא NU 21:9
דנחש ושוי יתיה על אתר **תלי** ויהי כל דנכות יתיה חיויא NU 21:8
ומפחת נפש: ויהון חייכון **תליין** לכון מקביל ותהון דחלין DT 28:66
לוותהון חייתא הינין **תליין** עיניהן בצלו מצליין ובען EX 1:19
בשעבודהון ובניין קוריין **תלילין** לשום בית אוצרוי דפרעה EX 1:11
דתיתלי עינך בהן ולא **תליתא** עינך בחדא מנהון GN 49:22
משכוניא ולא אשכחתנון **תלת** עיינהא לשמי מרומא וכן GN 38:25

תלמא (1)

עלה: שמעון ולוי אחין **תלאמין** מאני זיינא שנינא למחטוף GN 49:5

תלע (1)

באתר דמוקדין קיטמא: **ויתלע** יתיה בגדפוי ולא יפריש LV 1:17

תלש (10)

דחמנון אכלין בישרא **דתליש** מן חיוא חייא ית אודניא GN 37:2
ית כולא: ברם בישרא **דתליש** מן חיותא חיא בזמן GN 9:4
בזמן דבנפשיה ביה או **דתליש** מן חיותא נכיסתא ועד דלא GN 9:4
יוסף אמר במימריה אזיל **ואתלוש** קיסין ביומא דשבתא NU 15:32
מן זינין דמרביין מן ארעא **ותלישין** משחתהא עד שבעא LV 23:42
יתיה בתר דאתרו ביה **ותלש** סהדיא דהשכחו יתיה תליש NU 15:33
תהון קדמיי ברם בשר **תלוש** מן חיוותא חייא לא תיכלון EX 22:30
סהדיא ית גברא כד **תליש** ועקר קיסין ביומא דשבתא: NU 15:32
סהדיא דהשכחו יתיה **תליש** קיסין לות משה ולות אהרן NU 15:33
דייי מן משריתא ומן יד **תלש** מרי עלמא ית טוורא וזקפיה EX 19:17

תלת (315)

על מוזיין ותקבעינון **בתולתא** לקבל תקי על סיפי ביתך DT 6:9
על מוזיין ותקבעינון **בתולתא** קבל תקי בסיפי בתיכון DT 11:20
אלפין ומאה לחיליהון **בתליתיתא** נטלין: טיקס משירית דן NU 2:24
דחב חד מן עשרא **בתלת** סאין סמידא לחטאתא לא LV 5:11
רבתא חד מן עשרא **בתלת** סאין סמידא מנחתא LV 6:13
עלה מדילה חד מן עשרא **בתלת** סאין קמחא דשערי דהינון NU 5:15
חובי יממא: וחד מן עשרא **בתלת** סווין סמידא דחינטיא NU 28:5
וקידושיה קידוש **דתלת** יומין לא הוה איפשר לי LV 1:1
ואתנייו במשכן זימנא **ואיתלתון** במישרי מואב תרתיסרי DT 27:26
שנין פלחו ית כדרלעמר **ובתיליסירי** שנין מרדו: ובירביסרי GN 14:4
עשרא לתרתין קוריין **ולתלת** שבוק להום בגין רחמך GN 18:31
אורייתא ושית מאה **ותליסירי** פיקודיא דכתבית EX 24:12
מדורין תתאין תניינין **ותליתאין** תעבדינה: ואנא האנא GN 6:16
דופנייהא כהילכתהון **ותליתייא** עד פושכא וטולה סגי LV 23:42
די מחא ית מצראי **ותלת** אבהת עלמא ושית אימהתא EX 14:21
דאשר לסכומהון חמשין **ותלת** אלפין וארבע מאה: בנוי NU 26:47
דשיבטיה חמשין **ותלת** אלפין וארבע מאה: כל סכום NU 2:30
והוו סכומהון ארבעין **ותלת** אלפין ושבע מאה ותלתין:: NU 26:7
וחמש אמין פותיה מרבע **ותלת** אמין רומיה: ועבד קרנוי על EX 38:1
פותיא מרבע יהי מדבחא **ותלת** אמין רומיה: ותעביד קרנוי על EX 27:1
בנוי וברתיה תלתין **ותלת**: ובנוי דגד צפיון וחגי שוני GN 46:15
תלת לקבל רוח מערבא **ותלת** לקבל רוח מדינחא ושביעאה NU 8:2
שיתין וארבעא אלפין **ותלת** מאה: בנוי דזבולן לסרד גניסת NU 26:25
חמשין ותשעה אלפין **ותלת** מאה: ושיבטא דגד ורבא NU 2:13
נסיב ית כספא אלף **ותלת** מאה ושיתין וחמש סילעין NU 3:50
חמשים ותשעה אלפין **ותלת** מאה: לבנוי דגד ייחוסיהון NU 1:23
ותלת עסיק בדינא **ותלת** מברזג בין גבר לאיתא וגזר DT 32:4
רבא תרי מן חכימייך **ותלת** מן דיינך וימשחון מארבע DT 21:2
וגזר למרומם ומאיך **ותלת** מפרנס כל ברייתא דהכין DT 32:4
ויפת בני נח ואיתת נח **ותלת** נשי בנוהי עימיה לתיבותא: GN 7:13
שעין עסיק באורייתא **ותלת** עסיק בדינא ותלת מברזג בין DT 32:4
תמנן שנין ואהרן בר תמנן **ותלת** שנין במלילתהון עם פרעה: EX 7:7
ית עבר ארבע מאה **ותלת** שנין ואוליד בנין ובנן: וחיא GN 11:15
חסידא מאה ותלתין **ותלת** שנין חייא עד דחמא ית EX 6:18
ואהרן בר מאה ועשרין **ותלת** שנין כד מית בטוורים NU 33:39
לשיבטא דנפתלי חמשין **ותלתא** אלפין וארבע מאה: איליין NU 1:43
שנין ולעילא לשית מאה **ותלתא** אלפין וחמש מאה וחמשין: EX 38:26
והוו כל סכומין שית מאה **ותלתא** אלפין וחמש מאה וחמשין: NU 1:46
לחיליהון שית מאה **ותלתא** אלפין וחמש מאה וחמשין: NU 2:32
ייי: והוו סכומהון עשרין **ותלתא** אלפין כל דכורא מבר ירחא NU 26:62
אלפין מאתן ושובעין **ותלתא**: ומליל ייי עם משה למימר: NU 3:43
כנישתא בעשרין **ותלתא** יומין לירחא דאדר לתרע LV 8:4
בשר ערלתיה: ותלתין **ותלתא** יומין רציפין תהי כל דמהא LV 12:4
בקנייא חד חיזור ושושן **ותלתא** כלידין משקעין בציוריהון EX 25:33
בקניא חד חזור ושושן **ותלתא** כלידין משקעין בצייוריהון EX 37:19
פרקוני מאתן ושובעין **ותלתא** מה דאשתיירו על ליואי NU 3:46
חדא בר שתה שלמתא **ותלתא** עשרונין סמידא למנחתא LV 14:10
בני שנא שבעא שלמין: **ותלתא** עשרונין סמידא למנחתא NU 28:12
קני מנרתא מסיטרא חד **ותלתא** קני מנרתא מסיטרא תניינא: EX 37:18
קני מנרתא מציטרה חד **ותלתא** קני מנרתא מציטרא תניינא: EX 25:32
פלגות הינא יהי לתורא **ותלתות** הינא לדיכרא ורבעות הינא NU 28:14
תרין אלפין ושית מאה **ותלתין**: איליין מיניין סכומי גניסת NU 4:40
ותלת אלפין ושבע מאה **ותלתין**:: ובני אהליאב נמואל דתן NU 26:7
וחד אלפין שבע מאה **ותלתין**: ומליל ייי עם משה למימר: NU 26:51
שני חיי ישמעאל מאה **ותלתין** ושבע שנין והדר בתייובא GN 25:17
ושני חייוי דלוי מאה **ותלתין** ושבע שנין חייא עד דחמא EX 6:16
דעמרם חסידא מאה **ותלתין** ושבע שנין חייא עד דחמא EX 6:20
סכום ענא תלת מאה **ותלתין** ושובעא אלפין וחמש מאה: NU 31:36
מן ענא תלת מאה **ותלתין** ושובעא אלפין וחמש מאה: NU 31:43
לתיבותא בשמאלא **ותלתין** ושית בפותיה ועשרה בתין GN 6:14
חייוי דקהת חסידא מאה **ותלתין** ותלת שנין חייא עד דחמא EX 6:18
וברא יתגזר בשר ערלתיה: **ותלתין** ותלתא יומין רציפין תהי LV 12:4
מן פילוסין לסוכות מאה **ותלתין** מילין תמן איתחפיאו EX 12:37
חדא גילדא סמיך מאה **ותלתין** סילעין בסילעי בית קודשא NU 7:13
חדא גילדה סמיך מאה **ותלתין** סילעין בסילעי וגומר: NU 7:25
קנטירין ושבע מאה **ותלתין** סילעין בסילעי קודשא דין EX 38:24
חדא גילדה סמיך מאה **ותלתין** סילעין בסלעי בית קודשא NU 7:19
קבל תריסר מזלייא: מאה **ותלתין** סילעין הוי מתקלא NU 7:85
ית אינתתיה לסוף מאה **ותלתין** שנין דאיתקטיל הבל GN 4:25
ית ירד תמני מאה **ותלתין** שנין ואולד בנין ובנן: והוו כל GN 5:16
וחיא אדם מאה **ותלתין** שנין ואולד ית שת דדמי GN 5:3
ית פלג ארבע מאה **ותלתין** שנין ואוליד בנין ובנן: וחיא GN 11:17
ית שלח ארבע מאה **ותלתין** שנין ואוליד בנין ובנן: ושלח GN 11:13
דפרעה והות ברת מאה **ותלתין** שנין כד אהדרה לותיה EX 2:1
שנין ומניין ארבע מאה **ותלתין** שנין מן דמליל ייי לאברהם EX 12:40
יומי שני תותבותיי מאה **ותלתין** שנין קלילין ובישין הוו יומי GN 47:9
תכוונון לכון אורחא **ותתלתון** ית תחום ארעכון DT 19:3
בני שנא ארביסר שלמין **לתליסר** מטרתא חדא מנהון NU 29:29
עשרונין לתורא חד **לתליסר** תורין תרין עשרונין NU 29:14
מינך דאנא איתגזרית **לתלסירי** שנין ואין הוה צבותי GN 22:1
שייע ויפלג ית קיטמא **לתלת** חולקין חדא יהיב בחייל NU 19:9
בית ישראל יזכון כהניא **לתלת** מתנן דרועא ולועא וקיבתה NU 25:13
ועומרא חד מן עשרא **לתלת** סאין הוא: ונטלו כל כנישתא EX 16:36
עשרא עשרא לכל קרתא **לתלת** קוריין וצבויים וזוער שבוק GN 18:30
ית עללתא דתיספוק **לתלת** שנין: ותיזרעון ית שתא LV 25:21
עמלק וישיצי יתהון **לתלתי** דריא מדרא דעלמא הדין EX 17:16
ואמר לעמא הוו זמינין **לתלתי** יומין לא תקרבון לתשמיש EX 19:15
על מדין אקפוהא **מתלת** טריגונהא היכמא דפקיד ייי NU 31:7
קדם ייי תורין בני תורי **תילתיסר** אזלין כל יומא וחסרין NU 29:13
עממין ומקרבין יתהון **תליסר** מטרתא דיכרין תרין NU 29:13
דמליל ייי למימר: גבר בר **תליסר** שנין ארום ידר נדרא קדם ייי NU 30:3
בצפרא לאבנא חדא ניסא **תליתאה** אבנא דהוו כל עדריא GN 28:10
ויהון זמינין לימא **תליתאה** ארום ביומא תליתאה EX 19:11
דעריס: והוה ביומא **תליתאה** בשיתא בירחא בעידוני EX 19:16
ואמר להום יוסף ביומא **תליתאה** דא עיבידו ואתקיימו מן GN 42:18
וחמר ניסוכיהון: וביומא **תליתאה** דחגא דמטליא תקרבון NU 29:20
ארעא דכוש: ושום נהרא **תליתאה** דיגלת הוא דמהלך למדנח GN 2:14
ייי: ואמר ייי למשה ביומא **תליתאה** הא אנא מתגלי עלך EX 19:9
תדון עלוי ביומא **תליתאה** וביומא שביעאה אתון NU 31:19
מי קיטמא ההוא ביומא **תליתאה** וביומא שביעאה וידכי NU 19:12
על גברא מסאבא ביומא **תליתאה** וביומא שביעאה וידכיניה NU 19:19
דאמר ליה ייי: ביומא **תליתאה** וזקף אברהם ית עינוי GN 22:4
ובכין איתני ללבן ביומא **תליתאה** וידע ארום ערק יעקב GN 31:22
ואין לא ידי עלוי ביומא **תליתאה** יעכב עלוי וביומא NU 19:12
תליתאה ארום ביומא **תליתאה** יתגלי ייי לעיני כל עמא EX 19:11
כד איתגלי על אברהם **תליתאה** כד איתגלי במצרים והות EX 12:42
תרע קרתיה: והוה ביומא **תליתאה** כד הוו מתמקמקין מן כיב GN 34:25
ניכסת קודשיא ביומא **תליתאה** לא יתרעי מן דמקרב יתיה LV 7:17
כל בני ארעא: בירחא **תליתאה** לאפקות בני ישראל EX 19:1
אתאכלא יתאכל ביומא **תליתאה** פסיל הוא לא יהוי לרעוא: LV 19:7
דן ונפתלי: ושום סידרא **תליתאה** קנכירין וטרקין ועין עיגל EX 39:12
דן ונפתלי: ושום סידרא **תליתאה** קנכירינון וטרקין ועין EX 28:19
נתנאל בר צוער: ביומא **תליתאה** קריב רב בית אבא לבני NU 7:24
ליט דימחי חבריה בלישן **תליתאי** בטומרא הוון עניין כולהון DT 27:24
צווחין הוון משתיזבין נס **תליתאי** דכווין ברומחא וברזינון NU 25:8
יקריה אמרין עלוי לישן **תליתאי** דקשי הי כגירין: והדרת GN 49:23
והוה רמש והוה צפר יום **תליתאי**: ואמר אלקים יהון נהורין GN 1:13
על בנין מרודין על דר **תליתאי** ועל דר רביעאי לסנאי כד DT 5:9
על בנין מרודין על דר **תליתאי** ועל דר רביעאי: שבוק כדון NU 14:18
על בנין מרודין על דר **תליתאי** ועל דר רביעיי לשנאיי: EX 20:5
על בנין מרודין על דר **תליתאי** ועל רביעאי: ואוחי משה EX 34:7

בנין דמתילדין להון דר **תליתאי** ידכון למיסבא מעם קהלא DT 23:9
ית בישרך מינך: והוה ביום **תליתאי** יום גנוסא דפרעה ועבד GN 40:20
ישתעי עלך סטנא לישן **תליתאי** על עיסק עיגלא דעבדת LV 9:2
בקרווך ויסבעון: ומעשר **תליתאי** תיסק ותיכול קדם ייי DT 26:13
לא תהון אזלין בתר לישן **תליתאיי** דהוא קשי הי כחרבא LV 19:16
עילוי שימשא לישן **תליתאיי** ואיזדערת ומני ית שמשא GN 1:16
דלא ישתעי עליכון לישן **תליתאיי** על עיסק צפיר בר עיזי LV 9:3
יוסף לאפרים בנין דרין **תליתאין** אוף בני מכיר בר מנשה כד GN 50:23
ומה דמשתייר עד יומא **תליתייא** בנורא יתוקד: ואין LV 19:6
כל מעשר עללתך בשתא **תליתיתא** דשמיטיתא ותיתנון DT 26:12
ולא בברדא ומולתא **תליתיתא** למינגד ולמירדוף בבהילו EX 14:7
מעילעוהי היא עילעא **תלסרית** דמן סטר ימינא ואחד GN 2:21
לכון תוב תלת קירוין על **תלת** איליין: ולא אתשד אדם זכאי DT 19:9
והוו סכומהון לגניסתהון **תלת** אלפין ומאתן: אילין מנייני NU 4:44
ית רקיעא סומכיה **תלת** אצבעתא ביני סיטרי שמייא GN 1:7
וטיקסיה הוה ממילת **תלת** גוונין כל קבל תלת מרגלייתא NU 2:3
וטיקסיה הוה ממילת **תלת** גוונין כל קבל תלת מרגלייתא NU 2:10
וטיקסיה הוה ממילת **תלת** גוונין כל קבל תלת מרגלייתא NU 2:18
וטיקסיה הוה ממילת **תלת** גוונין כל קבל תלת מרגלייתא NU 2:25
מבישריה דויה חמא **תלת** זימני מסאב הוא: ודא תהי LV 15:2
אתנא וסטת מן קדמי דנן **תלת** זימנין אילולפון לא סטת מן NU 22:33
ברם חדיין באצלחותא: **תלת** זימנין בשתא יתחמון כל DT 16:16
דכנשא במיפקא דשתא: **תלת** זימנין בשתא יתחמיין כל EX 34:23
קדם ייי אלקך **תלת** זימנין בשתא: לא תכסון קדם EX 34:24
מה מחית ית אתנך דנן **תלת** זימנין הא אנא נפקית למישטן NU 22:32
לך ארום מחיתני דנן **תלת** זימנין: ואמר בלעם לאתנא NU 22:28
ברכא מברכת להון דנן **תלת** זימנין: וכדון ערוק לך לאתרך NU 24:10
לא תוחרון לשלמותיה **תלת** חגין ארום מתבע יתבעיניה ייי DT 23:22
לך פושרניה תלתי סליא **תלת** יומין הינון לקטלך: בסוף GN 40:18
לא אשכחתיה: והוה בזמן **תלת** ירחין אשתמודעה דמעברה GN 38:24
בית איבה ואימה ותשהי **תלת** ירחין די תידע אין היא DT 21:13
קייומי הוא ואטמרתיה **תלת** ירחין דסכומהון תשעא: ולא EX 2:2
מנהרין שבעתי בוציניא **תלת** לקבל רוח מערבא ותלת NU 8:2
וחיא נח בתר טובענא **תלת** מאה וחמשין שנין: והוו כל GN 9:28
וקדישא דביה אתבריין **תלת** מאה ועישרתי עלמיא וחקיק EX 28:30
יומי חנוך עם דיירי ארעא **תלת** מאה ושיתין וחמש שנין: ופלח GN 5:23
די נפקו לחילא סכום ענא **תלת** מאה ותלתין ושובעא אלפין NU 31:36
פלגות כנישתא מן ענא **תלת** מאה ותלתין ושובעא אלפין NU 31:43
מתיל בגבורתא ככולהון **תלת** מאה ותמניסר ורדף עד דן: GN 14:14
קרשון הי כשורין רמין **תלת** מאה מילין מימנהון EX 14:22
ולבוש ולבנימין יהב **תלת** מאה סילעין דכסף וחמש GN 45:22
בתר דאולד ית מתושלח **תלת** מאה שנין ואולד בנין ובנן: והוו GN 5:22
קומוי דאישתלחו לצרוך **תלת** מיליא ארום לית אוושר GN 18:2
ומעיילה לא ימנע לה: אין **תלת** מילייא האיליין לא יעבד לה EX 21:11
קדם ייי ומן יד אתכליאו **תלת** מנהון ואישתיירון תרין אף DT 9:19
שלמין לחדסר מטרתא **תלת** מנהון מקרבין תרי תרין ותמני NU 29:23
תלת גוונין כל קבל **תלת** מרגלייתא דבחושנא אזמורד NU 2:10
תלת גוונין כל קבל **תלת** מרגלייתא דבחושנא כרום NU 2:25
תלת גוונין כל קבל **תלת** מרגלייתא דבחושנא סמוקא NU 2:3
תלת גוונין כל קבל **תלת** מרגלייתא דבחושנא קנכירין NU 2:18
לאיתוקדא ובעת **תלת** משכוניא ולא אשכחתנון GN 38:25
לות שרה ואמר אוחא **תלת** סאין סמידא דסולתא פתוכי GN 18:6
ואנהר עייני ואשכח **תלת** סהדיי ואנא מקימא לך מן GN 38:25
בקודש קודשיא על **תלת** עבירן קשיין דלא יתקלון NU 35:25
קטולא יהויין לכון: וית **תלת** קירווייא תיתנון מעיברא NU 35:14
מעיברא ליורדנא וית **תלת** קירווייא תתנון בארעא דכנען NU 35:14
הא בכן אפריש משה **תלת** קירוין בעיברא דיורדנא מדנח DT 4:41
יומיא ותוספון לכון תוב **תלת** קירוין על תלת איליין: ולא DT 19:9
בקירויהון ובבתיהון: **תלת** קירוין תפרשון לכון בגו DT 19:2
מפקיד לכון יומא דין **תלת** קירוין תפרשון לכון: ואין יפתי DT 19:7
בתר כדין מתפרקין על יד **תלת** רעיין ודי אמרת נסיבית ית GN 40:12
חקיק ומפרש שמהת **תלת** שבטיא אפרים מנשה ובנימן NU 2:18
חקיק ומפרש שמהת **תלת** שבטיא דן ונפתלי אשר NU 2:25
חקיק ומפרש שמהת **תלת** שבטיא יהודה יששכר וזבולון NU 2:3
חקיק ומפרש שמהת **תלת** שבטיא ראובן שמעון גד NU 2:10
חקיק ומפרש שמהת **תלת** שיבטיא גד אשר ויששכר: EX 39:12
חקיק ומפרש שמהת **תלת** שיבטיא זבלון יוסף ובנימן EX 39:13
חקיק ומפרש שמהת **תלת** שיבטיא יהודה דן ונפתלי: EX 39:11
חקיק ומפרש שמהת **תלת** שיבטיא ראובן שמעון ולוי: EX 39:10
תור חד בר תורין בר **תלת** שנין דכר חד בר תרתין שנין NU 7:15
תור חד בר תורין בר **תלת** שנין דכר חד בר תרתין שנין NU 7:21
דשם רבא והוה תמן **תלת** שנין ובההוא יומא תב אברהם GN 22:19
וקרב קדמי עגלא ברת **תלת** שנין וברחא בר תלת שנין GN 15:9
ברת תלת שנין וברחא בר **תלת** שנין ועיזא ברת תלת שנין GN 15:9

בר תלת שנין ועיזא ברת **תלת** שנין ושפנינא ותסילא בר יוון: GN 15:9
ותגזרון גזרא ית אינביה **תלת** שנין יהי לכון מרחק לאבדא LV 19:23
ואחסנא עימכון: מסוף **תלת** שנין תפקון ית כל מעשר DT 14:28
ימא ונפק על ארעא בסוף **תלת** שעין ולוט על לזוער: ומימרא GN 19:23
יומא לארבעא חולקין **תלת** שעין עסיק באורייתא ותלת DT 32:4
וחם הוא אבוי דכנען: **תלתא** אילין בנוי דנח ומאילן GN 9:19
ביומא ההוא כמניין **תלתא** אלפין גברא: ואמר משה EX 32:28
ידוב דוב אדמא יומין **תלתא** בלא אשוני ריחוקה או ארום LV 15:25
בעלי ארום ילידית ליה **תלתא** בנין והיכדין עתידין בנוי GN 29:34
דייי הליך נח: ואולד נח **תלתא** בנין ית שם ית חם וית יפת: GN 6:10
אמין לעיברא עמודיהון **תלתא** וחומריהון תלתא: ולעיברא EX 38:14
ווילוון לעיברא עמודיהון **תלתא** וחומריהון תלתא:: ולתרע EX 27:14
חמיסרי אמין עמודיהון **תלתא** וחומריהון תלתא: כל ווילוות EX 38:15
תלתא וחומריהון **תלתא**: ולעיברא תיניינא מיכא EX 38:14
תלתא וחומריהון **תלתא**:: ולתרע דרתא פרסא עשרין EX 27:14
ולא ישתמע על פומכון: **תלתא** זימנין תחגון קדמיי בשתא: EX 23:14
בידא דבנוי: ושוי מהלך **תלתא** יומין ביני עניה וביני יעקב GN 30:36
למדברא דחלוצא וטיילו **תלתא** יומין במדברא בטילין מן EX 15:22
ואזלו מבתר כדין מהלך **תלתא** יומין במדברא דאיתם ושרו NU 33:8
עלנא נטייל כדון מהלך **תלתא** יומין במדברא ונדבח ניכסת EX 5:3
וכדון נזיל כדון מהלך **תלתא** יומין במדברא ונדבח קדם EX 3:18
ולא אשכחו מיא ואמתינו **תלתא** יומין דילמא תיהי טייפא GN 31:22
הוא לך תלתי מצוגייא **תלתא** יומין הינון לפורקנך: בסוף GN 40:12
ייתהום לבית מטרא **תלתא** יומין: ואמר להום יוסף GN 42:17
נשיכון דאתפרשתון דנן **תלתא** יומין: ואנת פרש מן אינתתך DT 5:30
איקר שכינתא דייי מהלך **תלתא** יומין וארון קיימא דייי NU 10:33
ולא קמון אינש מאתריה **תלתא** יומין ובכל בני ישראל הוה EX 10:23
יומין הינון לקטלך: בסוף **תלתא** יומין יעדי פרעה בסיפא ית GN 40:19
בכל ארעא דמצרים **תלתא** יומין: לא חמון גבר ית אחוי EX 10:22
משריתא דישראל מהלך **תלתא** יומין לאתקנא להון אתר NU 10:33
יתן באבנין: מהלך **תלתא** יומין נטייל במדברא ונדבח EX 8:23
במותבנהון: ובסוף **תלתא** יומין קרא פרעה למשה EX 10:24
תלתא וחומריהון **תלתא**: כל ווילוות דרתא חזור חזור EX 38:15
מנרתא מציטרא תניינא: **תלתא** כלידין משקעין בציוריהון EX 25:33
מנרתא מסיטרא תניינא: **תלתא** כלידין משקעין בצייוריהון EX 37:19
קדם חמשא חכימין ויהון **תלתא** לדיינין ותרין לסהדין ותימר DT 25:7
וזקף עינוי וחמא והא **תלתא** מלאכין בדמות גוברין GN 18:2
על מימר תרין סהדין או **תלתא** סהדין יתקטל דמתחייב DT 17:6
ועל מימר תרין סהדין או **תלתא** סהדין יתקיים פיתגמא: DT 19:15
ודברתה נוקבא עילוייה **תלתא** סילעין דכסף: ואין מבר LV 27:6
הוית חמי בחילמי והא **תלתא** סלין דצביתא נקיא על רישי: GN 40:16
בירא בחקלא והא תמן **תלתא** עדרין דעאן רביעין עלה GN 29:2
קיטרין ארבעא בגו **תלתא** על ארבעת אנפי גוליהון NU 15:38
פתיכא במשח זיתא **תלתא** עשרונין לתורא ותרין NU 28:20
פתיכא במשח זיתא **תלתא** עשרונין לתורא ותרין NU 29:3
פתיכא במשח זיתא **תלתא** עשרונין לתורא חד לתליסר NU 29:14
פתיכא במשח זיתא **תלתא** עשרונין לתורא חד תרין NU 28:28
פתיכא במשח זיתא **תלתא** עשרונין לתורא תרין NU 29:9
בר תורי מנחתא סמידא **תלתא** עשרונין פתיך במשח זיתא NU 15:9
ית יורדנא תמן למירתה: **תלתא** צדיקי אתאמרת קריבותא DT 31:14
עלם היכמא דפקיד ייי: **תלתא** צפיריא איתקריבו ביומא LV 10:16
מקימא לך מן חרציי **תלתא** קדישייא דמקדשין שמך GN 38:25
מאן דפחר: ויסב איזובא **תלתא** קילחין באיסרא חדא NU 19:18
קנין נפקין מסיטרהא **תלתא** קני מנרתא מסיטרא חד EX 37:18
קנין נפקין מציטרהא **תלתא** קני מנרתא מציטורה חד EX 25:32
חקיק ומפרש שמהת **תלתא** שיבטיא גד ואשר וישׂשכר: EX 28:19
חקיק ומפרש שמהת **תלתא** שיבטיא זבולן יוסף ובנימין EX 28:20
חקיק ומפרש שמהת **תלתא** שיבטיא יהודה דן ונפתלי: EX 28:18
אוף ית תניין אוף ית **תלתאיי** אוף ית כל דאזלין בתר GN 32:20
פתיכא במשח זיתא **תלתות** הינא: וחמר עינבא תלתות NU 15:6
הינא: וחמר עינבא **תלתות** הינא תקריב בסיפלי NU 15:7
דחלמא תלתי מצוגייא **תלתי** אבהת עלמא הינון אברהם GN 40:12
ואיתסהד על אנפי מריה **תלתי** זימניה ולא נטריה ומבתר כן EX 21:29
ית עובדך מן חקלא: **תלתי** זימנין בשתא יתחמון כל EX 23:17
יומין הינון לפורקנך: בסוף **תלתי** יומין יעול קדם פרעה דוכרנך GN 40:13
והא גופנא קדמי: ובגופנא **תלתי** מצוגיא והיא כדי אפרחת GN 40:10
ופושרניה דין הוא לך **תלתי** מצוגייא תלתא יומין הינון GN 40:12
דין סוף פושרנא דחלמא **תלתי** מצוגייא תלתי אבהת עלמא GN 40:12
ואמר ליה דין לך פושרניה **תלתי** סליא תלת יומין הינון GN 40:18
ואמר דין הוא פושרניה **תלתי** סליא תלתי שעבודיא הינון GN 40:18
הוא פושרניה תלתי סליא **תלתי** שעבודיא הינון דעתידין בית GN 40:18
אזל אהרן ובנוי ואוקידו **תלתיהון** אתא משה ותבע ית LV 10:16
למשכן זימנא ונפקו **תלתיהון**: ואיתגלי יקרא דייי NU 12:4
ואייתי ייי אלקים **תלתיהון** לדינא ואמר לחויא ארום GN 3:14

שנין ואימר חד בר שתיה **תלתיהון** קרב רב שיבטא דיהודה NU 7:15
ולאהרן ולמרים פוקו **תלתיכון** למשכן זימנא ונפקו NU 12:4
ושית אלפין: וסכום חמרי **תלתין** אלפין וחמש מאה: ובנת נשא NU 31:45
דייי שובעין ותרין: וחמרי **תלתין** אלפין וחמש מאה וסכום NU 31:39
אורכא דיריעתא חדא **תלתין** אמין וארבע אמין פותיא EX 36:15
אורכא דיריעתא חדא **תלתין** אמין ופותיא ארבע אמין EX 26:8
מאים ישתכחון תמן **תלתין** דיצלון עשרא עשרא לכל GN 18:30
גמירא אין אשכח תמן **תלתין**: ואמר בבעו ברחמין הא כדון GN 18:30
בנין ובנן: וחיא עבר **תלתין** וארבע שנין ואוליד ית פלג: GN 11:16
בנין ובנן: וארפכשד חיא **תלתין** וחמש שנין ואוליד ית שלח: GN 11:12
לשבטא דבנימין **תלתין** וחמשא אלפין וארבע מאה: NU 1:37
וסכומהון דשיבטיה **תלתין** וחמשא אלפין וארבע מאה: NU 2:23
ואמר האנא יומנא בר **תלתין** ושב שנין ואילו בעי קודשא GN 22:1
דמשה בתר דשכיב **תלתין** ושובעא יומין: ויהושע בר נון DT 34:8
וחמש מאה: וסכום תורי **תלתין** ושית אלפין: וסכום חמרי NU 31:44
דייי מטייל קדמיהון **תלתין** ושית מילין הליך ביומא NU 10:33
ופיקודא אתגזר עלה **תלתין** ושית קיימין: יהי אין קבלא DT 27:26
וחמשא: וסכום תורי **תלתין** ושיתא אלפין וסכום NU 31:38
כל נפשת בנוי וברתיה **תלתין** ותלת: ובנוי דגד צפיון וחגי GN 46:15
דעברנא ית נחל טרווייא **תלתין** ותמני שנין עד דסף כל דרא DT 2:14
דכורא כל נפשתא **תלתין** ותרין אלפין: והות פלגותא NU 31:35
סכומהון לשבטא דמנשה **תלתין** ותרין אלפין ומאתן: לבנוי NU 1:35
נסיבתהון לשמא דייי **תלתין** ותרין נפשן: ויהב משה ית NU 31:39
ואולד בנין ובנן: וחיא רעו **תלתין** ותרתין שנין ואולד ית שרוג: GN 11:20
יוסיף למילקייה על **תלתין** ותשע אילין מלקות יתיר DT 25:3
אוף הינון בכון ית אהרן **תלתין** יומין גובריא ונשיא NU 20:29
משה במישריא דמואב **תלתין** יומין ושלימו יומי בכותא DT 34:8
נוקבא היא ויהי עלוייה **תלתין** סילעין: ואין מבר חמש שנין LV 27:4
או אמתא כנעניתא כסף **תלתין** סילעין יתן למריה דעבדא EX 21:32
בני ישראל במצרים **תלתין** שמיטין דשנין דסכומהון EX 12:40
בנין ובנן: וחיא שרוג **תלתין** שנין ואולד ית נחור: וחיא GN 11:22
ואוליד בנין ובנן: וחיא פלג **תלתין** שנין ואולד ית רעו: וחיא פלג GN 11:18
בנין ובנן: ושלח חיא **תלתין** שנין ואוליד ית עבר: וחיא GN 11:14
לבית אבהתהון: מבר **תלתין** שנין ולעילא ועד בר חמשין NU 4:3
אבהתהון לגניסתהון: מבר **תלתין** שנין ולעילא ועד בר חמשין NU 4:23
תימני יתהון: מבר **תלתין** שנין ולעילא ועד בר חמשין NU 4:30
ולבית אבהתהון: מבר **תלתין** שנין ולעילא ועד בר חמשין NU 4:35
ולבית אבהתהון: מבר **תלתין** שנין ולעילא ועד בר חמשין NU 4:39
לבית אבהתהון: מבר **תלתין** שנין ולעילא ועד בר חמשין NU 4:43
ולבית אבהתהון: מבר **תלתין** שנין ולעילא ועד בר חמשין NU 4:47
ארעא דמצרים: ויוסף בר **תלתין** שנין כד קם קדם פרעה GN 41:46
וית אחוהון דלא בני **תלתין** שנין לא אשתמודעון יתהון DT 33:9
ממצרים: והוה מסוף **תלתין** שנין מדיאיתגזרת גזירתא EX 12:41
דייי ונפקו ממצרים **תלתין** שנין קדם קיצא איתמסרו EX 13:17
נוקבן עם בניהון הוו **תלתין** תוריתא ארבעין ותורי GN 32:16
וישמעאל בריה בר **תלתיסרי** שנין כד גזר ית בישרא GN 17:25

תם (331)

למוגדלא דעדר אתרא **דהתמן** עתיד דאיתגלי מלכא GN 35:21
בסטר ציפונא מטול **דמתמן** מתיהב עותרא ומתמן EX 40:4
בסטר דרומא מטול **דמתמן** שבילי שמשא וסיהרא EX 40:4
בסאוביהון ית משכני **דתמן** איקר שכינתי שריא ביניהון: LV 15:31
לחוד בארעא דגשן **דתמן** בני ישראל לא הוה ברדא: EX 9:26
ית כל ארע הינדיקי **דתמן** דהבא: ודהבא דארעא ההיא GN 2:11
ושיצון ית אימוראי **דתמן**: ואתפניו וסליקו אורח מתנן NU 21:32
קריב לצית אמיטתא **דתמן** יקר שכינתא דייי: ואמר ייי EX 20:21
כן יתאמר בספר אורייתא **דתמן** כתיבן קרביא דייי את והב NU 21:14
פרסי הוות וארעא דגשן **דתמן** משה ובני ישראל במציעות EX 12:31
ארום חמא ברוח קודשא **דתמן** עתיד למיהוי שיזבותא לבנוי GN 31:21
שבילי שמשא וסיהרא **ומתמן** אישרטוון דנהורי ותמן גניזי EX 40:4
והא היא לתחום מואב: **ומתמן** איתיהיבת להון בירא היא NU 21:16
ייי לישן כל דיירי ארעא **ומתמן** בדרינון ייי על אנפי כל GN 11:9
מבין תרין כרוביא **ומתמן** הוה דבירא מתמליל עימיה: NU 7:89
תקיף דקביל מן יעקב **ומתמן** זכא למהוי פרנסא GN 49:24
ידוי דאליהו כהנא רבא **ומתמן** יקרב יתכון על ידוי דמלכא DT 30:4
לאשקאה ית גינוניתא **ומתמן** מתפרש והוי לארבעת רישי GN 2:10
דמרבי חלפי גולי וסיגלי: **ומתמן** נטלו ושרו מן להאל לארנון NU 21:13
למיפל ולית לה זקיפא **ומתמן** עתידין למיסק עמא בית GN 15:12
דמתמן מתיהב עותרא **ומתמן** קלחן רסיסי מלקושין על EX 40:4
אתיבית יתכון לפילוסין **ומתמן** קריבית יתכון לאולפן EX 19:4
דרומא ואתו עד חברון **ותמן** אחימן ששי ותלמי מרביני NU 13:22
אברהם ית יצחק בריה **ותמן** איתגליית עילוי שכינתא דייי: GN 22:14
ומתמן אישרטוון דנהורי **ותמן** גניזי חכמתא דמתילין לנהורי EX 40:4
גברא מרי מיכלן בישן: **ותמן** חמינא ית גיבריא בני ענק NU 13:33
ואקם תמן מדבחא **ותמן** יהב מעשריא דאפריש מן כל GN 33:20
עלי במדברא הדין יסופון **ותמן** ימותון: וגובריא די שדר משה NU 14:35
מתרץ להון סדר כהונתא **ותמן** יתבין סבי ישראל ואחויאו EX 39:33
מקבל תחמי ית ארעא **ותמן** לא תיעול לארעא דאנא יהיב DT 32:52
אחמיית יתה בעיינך **ותמן** לא תעיבר: בשבעא יומין DT 34:4
הוו שדיין חמרין רתיחין **ותמן** מוקדין רישי בוסמנין תמן הוו GN 50:1
ושום טוורא חד ארמניא **ותמן** מתבניא קרתא דארמניא GN 8:4
דמקנסין מחייביא **ותמן** נסייא בניסיונא עשיריתא: EX 15:25
הליכו ביבשתא בגו ימא **ותמן** סלקון עיניוון בסימן ואילני EX 15:19
חילמא דחבריה חלימנא: **ותמן** עימנא טלייא עבראי עבדא GN 41:12
ובור בארע אדומאי **ותמן** עקת נפשא דעמא באורחא: NU 33:41
וית רבקה אינתתיה **ותמן** קברית ית לאה: זביני חקלא GN 49:31
בתרע משכן זימנא **ותמן** תיכלון יתיה וית לחמא דבסל LV 8:31
תמן תסקון עלוותכון **ותמן** תעבדון ית כל מה דאנא DT 12:14
קודשיא בזמן מיקרבהון **לתמן** אהרן ובנוי יעלון וימנון NU 4:19
עימי לכל אתרא דינהך **לתמן** אימרי עלי דאחי הוא: ונסב GN 20:13
עממיא דבדר ייי יתכון **לתמן**: אין יהון מבדריכון בסייפי DT 30:3
בה: אוחי אישתיזב **לתמן** ארום לא יכילנא למיעבד GN 19:22
מידעה עד מיעלך **לתמן** בגין כן קרא שמא דקרתא GN 19:22
עממיא דיבדר יתכון ייי **לתמן**: בר זרע סגי תפקון לחקלא DT 28:37
ואזמן לך אתר דיערוק **לתמן**: וארום יכע ע גגבגבכל חבריה EX 21:13
בטוורא דאנת סליק **לתמן** ואתכנש לעמך אוף אנת DT 32:50
ואעילניה לארעא דעל **לתמן** ובנוי ירתונה: ועמלקאי NU 14:24
מן ערבאי דאחתוהי **לתמן**: והוה מימר דייי בסעדא GN 39:1
מותבהא וחמי למיעירוק **לתמן** והיא ציבחר וקלילין חובהא GN 19:20
דאנא מעיל יתכון **לתמן**: ויהי במיכלכון מלחמא NU 15:18
הילכת קטולא דיערוק **לתמן** וייחי דיקטול ית אחיה בלא DT 19:4
קרתא דקלטיה דערק **לתמן**: וישכח יתיה תבע אדמא NU 35:26
לקורייתא דקלטיה דאפך **לתמן** ויתיב בה עד זמן דימות כהנא NU 35:25
בין טב לביש הינון יעלון **לתמן** ולהון אתנינה והינון יירתונה: DT 1:39
דקלטן קטולא למיעירוק **לתמן** ועליהון תיתנון ארבעין NU 35:6
לחוד ית ברי לא תתיב **לתמן**: ושוי עבדא ית ידיה בגזירת GN 24:8
נפלח קדם ייי עד מיתנא **לתמן**: ותקיף ייי ית יצרא דלבא EX 10:26
ותנצח יתהון ולא ניסוק **לתמן**: ותקיף למשה לחדא ואמר NU 16:14
עממיא דאגלי יתכון ייי **לתמן**: טוביכון דצדיקיא מרי DT 30:1
אוף אנת לא תיעול **לתמן**: יהושע בר נון דמשמש בבית DT 1:37
לך דילמא תתיב ית ברי **לתמן**: ייי אלקא דמותביה בשמי GN 24:6
ותינטרון מזמן דתמטון **לתמן** ית פולחנא הדא: ויהי ארום EX 12:25
בבית אולפנך הוא ייעול **לתמן** יתיה תקיף ארום הוא DT 1:38
לשיזבא למיעירוק **לתמן** כל דיקטול בר נש בשלו: ואין NU 35:15
לכל מלכוותא דאנת עבר **לתמן**: לא תידחלון מנהון ארום DT 3:21
דכנען דאנא מעיל יתכון **לתמן** לא תעבדון ובנימוסיהון לא LV 18:3
בארעא דאתון עברין **לתמן** למירתא: ותסתמרון לחדא DT 4:14
ידך על ארעא דאנת עליל **לתמן** למירתה: ארום תידרון נידרא DT 23:21
וארעא דאתון עברין **לתמן** למירתה ארע טוורין וביקען DT 11:11
בארעא דאתון עללין **לתמן** למירתה: ואין יהרהר ליבכון DT 30:16
ארעא דאתון עללין **לתמן** למירתה: ויבדרכון ייי ביני כל DT 28:63
אלקך לארעה דאת עליל **לתמן** למירתה ויגלי עממין סגיאין DT 7:1
ית ארעא דאתון עברין **לתמן** למירתה: ומן בגלל דיסגון DT 11:8
בגו ארעא דאתון עלין **לתמן** למירתה: ותינטרון ותעבדון DT 4:5
לארעא דאתון עללין **לתמן** למירתה ותיתנון שית DT 11:29
עברין ית יורדנא למיעל **לתמן** למירתה: לא סהדין דעברין מן DT 30:18
בארעא דאתון עברין **לתמן** למירתה: מן בגלל דתידחל DT 6:1
ארעא דאנא מעיל יתכון **לתמן** למיתב בה: ולא תהכון LV 20:22
ית עממיא דאתון עללין **לתמן** לתרכותהון מן קדמיכון DT 12:29
תחות פורפיא ותעיל **לתמן** מלגיו לברוגדא ית ארונא EX 26:33
יהווין לכון ויעירוק **לתמן** קטולא דיקטול בר נש בשלה: NU 35:11
מדנח שימשא: למערוק **לתמן** קטולא דתיקטול ית חבריה DT 4:42
ייי אלקכון ויהי למערוק **לתמן** קטולא: ודין הילכת קטולא DT 19:3
לאשראה שכינתיה תמן **לתמן** תייתון ית כל קורבנייא DT 12:11
עד זמן יומא דין: ונטל **מתמן** אברהם לארע דרומא ויתיב GN 20:1
לפדן דארם למיסב ליה **מתמן** איתא כד בריך יתיה ופקיד GN 28:6
אבוהא דאימך וסבלך **מתמן** איתא מבנת לבן אחוהא GN 28:2
מימרא דייי אלקכון **מתמן** בגין כן אנא מפקיד לכון DT 24:18
ואפיק ייי אלקכון יתכון **מתמן** בידא תקיפא ובדרע מרמם DT 5:15
עיסק עובדתא דקציצו **מתמן** בני ישראל והוה חמרא נטיף NU 13:24
מימרא דייי ואחי: ונטלו **מתמן** בני ישראל ושרו באבות: NU 21:10
דמצרים היא דנפקתון **מתמן** דתזרע ית זרעך ומשקיית DT 11:10
לקמך ותיסב איתא לברי **מתמן**: ואם לית צבות איתתא GN 24:7
ברך לארעא די נפקתא **מתמן**: ואמר ליה אברהם איסתמר GN 24:5
פולחנא אתר דאיתבריא **מתמן** ואשריה בגינוניתא דעדן GN 2:15
נהרוות בבל ואסיליקינון **מתמן** ואשרינון מן לגיו לנהר EX 34:10
תמן אוף אסיק ית בנך **מתמן** וברם יוסף ישוי ידיה על GN 46:4
קדם ייי ותלטטיה בגיני **מתמן**: ודבר בלק ית בלעם לריש NU 23:27
דתחמי ותלוטיה לי **מתמן**: ודבר לחקל סכותא לריש NU 23:13

שמא סטנא: ואיסתלק **מתמן** וחפס ביר אוחרי ולא נצו GN 26:22
ית אדמתא דאתברי **מתמן**: וטרד ית אדם מן דאשרי יקר GN 3:23
קרתיה וידברון יתיה **מתמן** וימסרון יתיה ביד תבע DT 19:12
ברם ית משכנא נסב **מתמן** ופרסיה ליה מברא למשריתא EX 33:7
על חמריהון ואזלו **מתמן**: ופתח לוי דאישתאר GN 42:26
וית קרתא דבלק דפגרו **מתמן** טעות פעור במדור בית NU 32:38
איזל לפישון וסב **מתמן** יורדא ותשויניה בתיבותא GN 6:16
מבדריכון בסייפי שמיא **מתמן** יכנוש יתכון מימרא דייי על DT 30:4
בניכסין לחדא: ואזל **מתמן** יצחק ושרא בנחלא דגרר GN 26:17
אזלין לפישון ודליין **מתמן** ית אבני בורלוות חלא וית EX 35:27
ואזלין לגן עדן ונסבין **מתמן** ית בושמא בחירא וית EX 35:28
בכל ענך יומא דין אעדי **מתמן** כל אימר נמור וקרוח וכל GN 30:32
ויפישיננא בארעא: וסליק **מתמן** לבירא דשבע: ואיתגלי ליה GN 26:23
לאתר חורן דתחמיניה **מתמן** לחוד משיריתא דמהלך NU 23:13
דאיתגלי ליה: ואיסתלק **מתמן** לטורא דממדנח לביתאל GN 12:8
ליה ואשדר ואידברינך **מתמן** למה אתכל אוף תרויכון GN 27:45
ולא מריחין: ותתבעון **מתמן** למיתב לדחלתא דייי DT 4:29
דיירי ארעא דאפקתנא **מתמן** מדאיתתיש חילא מן קדם ייי DT 9:28
לקרתא דשכם: ונטלו **מתמן** מודים ומצליין קדם ייי והות GN 35:5
בקושטא גחכת: וקמו **מתמן** מלאכייא דהוו מדמיין GN 18:16
לות אהרן כהניא ויקמוץ **מתמן** מלי קומציה מן קמחא LV 2:2
דחלתא דפעור וחמא **מתמן** משיריין דן דמהלכין בקצת NU 22:41
מואב ממדנח שמשא: **מתמן** נטלו ושרו בנחלא דמרבי NU 21:12
אלעזר בריה באתרוי: **מתמן** נטלו לגודגוד ומן גודגוד DT 10:7
עד נחלא דאתכלא וקצו **מתמן** עוברתא ואיתכל דעינבין חד NU 13:23
כתביה בידיה ובדרינון **מתמן** על אנפי כל ארעא לשיבעין GN 11:8
וית פנטפוליטי דנפקו **מתמן** פלישתאי וית קפודאי: וכנען GN 10:14
ומשמש על גבי מדבחי **מתמן** תסבוני ותקטלוניה בסייפא: EX 21:14
כדון לבית עינא וסב לי **מתמן** תרי גדיי עזין שמינין חד GN 27:9
ולא איתפרע: ואתפניאו **מתמן** תרין מלאכיא דדמיין GN 18:22
ארבע היא חברון דדר **תמן** אברהם ויצחק: והוו יומי יצחק GN 35:27
דאמר ליה ייי ובנא **תמן** אברהם ית מדבחא דבנא אדם GN 22:9
דעבד תמן בשירויא וצלי **תמן** אברם בשמא דייי: ואוף ללוט GN 13:4
בידי בני יעקן למוסרה **תמן** אגח עימהון עמלק כד מלך DT 10:6
והוה מכריז עליהון **תמן** אודו והימינו בשם מימרא דייי GN 21:33
דבנך וממרי יעלינך **תמן** אוף אסיק ית בנך מתמן וברם GN 46:4
על טוורא דסיני וקבילו **תמן** אורייתך ועננך מטליל עילויהון NU 14:14
חס עילוי באתר דהוא **תמן**: אזדקפי טולי ית טליא GN 21:17
איקר שכינתא ואיתגלי **תמן** איקרא דייי: ועל משה ואהרן NU 17:7
מאה ותלתין מילין **תמן** איתחפיאו שבעת ענני יקרא EX 12:37
אברהם מן בני חיתאה **תמן** איתקבר אברהם ושרה GN 25:10
ארום לעם סגי אישוינך **תמן**: אנא הוא דבמימרי ניחות עימך GN 46:3
דייי למדברא הדין לממת **תמן** אנחנא ובעירנא: ולמא NU 20:4
לא איחביל אין אשכח **תמן** ארבעין וחמשא: ואוסיף תוב GN 18:28
ואמר מאים ישתכחון **תמן** ארבעין עשרא עשרא לכל GN 18:29
באתר בית מוקדשא ובת **תמן** ארום טמע שימשא ונסיב GN 28:11
לאשראה שכינתיה **תמן** ארום יברכינך ייי אלקך: DT 14:24
וכל דילך: ואיזון יתך **תמן** ארום עד כדון חמש שנין כפנא GN 45:11
למצרים לאיתותבא **תמן** ארום תקיף כפנא בארעא: והוה GN 12:10
שכינתי ואנת פלח קדמי **תמן** אשלח עלך ברכתי ואיבריכינך: EX 20:24
בשיפולי מישרא וברם **תמן** אתבשר יעקב על מיתת רבקה GN 35:8
שכינתיה בביתאל ארום **תמן** אתגליו ליה מלאכייא דייי GN 35:7
בעלמון דבלתימה אוף **תמן** אתכסיית מנהון בירא על NU 33:46
חולקיה בשירויא ארום **תמן** אתר מקבע אבנין טבין DT 33:21
במערת כפילתא וקברתה **תמן** באורח אפרת היא בית לחם: GN 48:7
האנא קאים קדמך **תמן** באתרא דתיחמי רושם ריגלא EX 17:6
בריה: ואודי וצלי אברהם **תמן** באתרא ההוא ואמר בבעו GN 22:14
מלכא אסירין והוה **תמן** בבי אסירי: והוה מימרא דייי GN 39:20
ולית אינש מאינשי ביתא **תמן** בביתא: ואחדתיה בלבושיה GN 39:11
עממיא דידבר ייי יתכון **תמן** בגלותא: ותיטעוקון למפלח DT 4:27
דארעא ההיא בחיר **תמן** בידלחא ואבנין טבין דבורלין: GN 2:12
בצורעא תייבא ציפורא **תמן** ביומא ההוא ומיתכשרא LV 14:53
עממיא דהינון עללין **תמן** ביניהון וישבקון דחלתי וישנון DT 31:16
בצפרא לאתרא דשמיש **תמן** ביצלו קדם ייי: ואודיק על אנפי GN 19:27
ביספר נחלא ואשכחו **תמן** ביר מוי נבעין: ונצו רעוותא GN 26:19
רבתא ארום לא הוה **תמן** ביתא דמצראי דלא הוה תמן EX 12:30
קיימא דייי אלקכון ויהי **תמן** בכון לסהיד: ארום גלי קדמיי DT 31:26
ביתא דמצראי דלא הוה **תמן** בכור מאית: ותחום ארעא EX 12:30
דלא מתמני מסגי: ובת **תמן** בליליא ההוא ונסיב מן GN 32:14
והוון בני גיברייא משווין **תמן** בניהון וסתמין יתהון ובתר הכי GN 7:11
נחת למצרים ואיתותב **תמן** בעם קליל והוה תמן לאומא DT 26:5
גיתנא וכל בעירנא יהון **תמן** בקוריי גלעד: ועבדך יעיברון כל NU 32:26
אלעזר בריה ומית אהרן **תמן** בריש טוורא ונחת משה NU 20:28
אבונן בבירא דשבע וצלי **תמן** בשום מימרא דייי אלקא EX 36:33

בבירא דשבע וצלי **תמן** בשום מימרא דייי ונסבוהי בני EX 26:28
עי: לאתר מדבחא דעבד **תמן** בשירויא וצלי תמן אברם GN 13:4
למיחמי יתה ותזדבנון **תמן** בשירויא לבעלי דבביכון בדמין DT 28:68
על מימרא דייי ומית **תמן** בשנת ארבעין למיפק בני NU 33:38
וכד חמון כל עממיא דהווֹ **תמן** דלא שלטת נורא באברם אמר GN 11:28
דכל עיינין מסתכלין **תמן** דעל שבילא דתמנת ארום GN 38:14
אומנוס ומית אהרן **תמן** הא בכין אתא ואגח קרבא NU 21:1
אסירי וית כל דעבדין **תמן** הוא מפקד למעבד: לית צרוך GN 39:22
וגוברין מן דבית ישמעאל **תמן** הוה קאים אריה יהודה GN 50:1
מוקדין רישי בוסמנין **תמן** הוו קיימין גוברין מן דבית עשו GN 50:1
ומחזקא באטונין דבוין **תמן** הוו שדיין חמרין רתיחין ותמן GN 50:1
חובהא אישתזיב כדון **תמן** הלא ציבחר היא ותתקיים GN 19:20
על בתיא דאתון שריין **תמן** ואחמי ית זכות אדמא ואיחוס EX 12:13
לכון תמן למללא עימך **תמן**: ואיזמן מימרי תמן לבני ישראל EX 29:42
לך: ואיזמן מימרי לך **תמן** ואימליל עימך מעילוי כפורתא EX 25:22
האינון בכל אתרא דהוא **תמן**: ואין לא אסתאבת אינתתא NU 5:27
סוק קדמי לטוורא והווֹ **תמן** ואיתן לך ית לוחי אבנא דבהון EX 24:12
ודחילו על שמעון דשבקו **תמן**: ואמר להום יעקב אבוהון יתי GN 42:35
בארעא דבבל ויתיבו **תמן**: ואמרו גבר לחבריה הבו נירמי GN 11:2
בני עפרון גיברא חמינא **תמן**: ואמרית לכון לא תיתברון ולא DT 1:28
שכינתי ואימלל עימך **תמן** וארבי מן רוח נבואה דעלך NU 11:17
סב מיני ואקבור ית מיתי **תמן**: ואתיב עפרון ית אברהם GN 23:13
עימכון ואיקבר ית מיתי **תמן**: ואתיבו בני חיתאה ית אברהם GN 23:4
תמן מית אהרן ואתקבר **תמן** ובכן שמיש אלעזר בריה DT 10:6
דסדום ועמורה ונפלו **תמן** ודישתארו לטווריא ערקו: GN 14:10
ואתו עד חרן ויתיבו **תמן**: והוו יומי תרח מאתן וחמש GN 11:31
מזדבן למצרים חותו **תמן** וזבונו לנא מן תמן וניחי ולא GN 42:2
עובדא דעיגלא דעבדו **תמן**: וזקף בלעם ית עינוי וחמא ית NU 24:1
דאיזמן מימרי לך **תמן**: ויהי גברא דאתרעי ביה NU 17:19
מן כל ישראל דהוא דייר **תמן** וייתי בכל כרוך דרעיא נפשיה DT 18:6
לקודשא ויצניעינון **תמן**: ויסחי ית בישריה במוי באתר LV 16:23
דאיזמן מימרי לך **תמן**: ויקטר עלוי אהרן קטרת EX 30:6
לאשראה שכינתיה **תמן**: ויתן לך מימרא דייי מטוב GN 27:27
תמן מרים ואתקברת **תמן**: ולפום דבזכותא דמרים NU 20:1
אתרא דיוסף אסיר **תמן**: ומני רב ספוקלטוריא ית יוסף GN 40:3
ברא וילדן ושבקן יתן **תמן** ומשדר מלאכא ומסחי יתן EX 15:2
חותו תמן וזבונו לנא מן **תמן** וניחי ולא נמות: ונחתו אחי GN 42:2
לבית יוסף והוא עוד כדון **תמן** ונפלו קדמוי על ארעא: ואמר GN 44:14
עד אתרא דקטולא **תמן** וסלקין עלוי ואחדין בי דינא DT 21:8
בריה ואהרן יתכנש וימות **תמן**: ועבד משה היכמא דפקיד ייי NU 20:26
קום סוק לביתאל ותיב **תמן** ועיבד תמן מדבחא לאלקא GN 35:1
כל מניא ועל בני נש דהווֹ **תמן** ועל דמקרב בגרמא דחייא NU 19:18
לשמי ובריך יתיה יעקב **תמן**: וקרא יעקב שמא דאתרא GN 32:30
ואיתעתד משה עימיה **תמן** וקרא משה בשום מימרא דייי: EX 34:5
דבי מדמכא ובכא **תמן**: ושזג אפוי מן דמעין ונפק GN 43:30
ושרא בנחלא דגרר ויתיב **תמן**: ותב יצחק וחפס ית בירן דמוי GN 26:17
לאשראה שכינתיה **תמן**: ותהוון דכירין ארום משעבדין DT 16:11
ניכסת קודשין ותוכלון **תמן** ותיחדון קדם ייי אלקכון: DT 27:7
שכינתיה תתבעון ותיתון **תמן**: ותייתון תמן עלוותכון וניכסת DT 12:5
לאשראה שכינתיה **תמן** ותיכסון מן תוריכון ומן עניכון DT 12:21
לאשראה שכינתיה **תמן**: ותעטרון בסליא וצניא DT 26:2
ותהווי חפיר בה ותיפני **תמן** ותתוב ותכסי ית רעייך: ארום DT 23:14
ארום עמלקאי וכנענאי **תמן** זמינין קדמיכון ותתרמון NU 14:43
ושמיה חירה: וחמא **תמן** יהודה ברת גבר תגר ושמיה GN 38:2
חזו היא: והוה כד סגוליה **תמן** יומיא למשרי ואודיק אבימלך GN 26:8
דאתרא דמליל עימיה **תמן** ייי ביתאל: ונטלו מביתאל והוה GN 35:15
ביתא דאחוי: וכל דקיימין **תמן** יכרזון עלוי ויקרון שמיה DT 25:10
ארום שמעו מיניה ארום **תמן** יסעדון לחמא: ועל יוסף GN 43:25
לטור בית מקדשא יצלון **תמן** יקרבון קורבנין דקשוט ארום DT 33:19
ושרו במדברא ושרא **תמן** ישראל בלב מייחד כל קבל EX 19:2
קדם בריית עלם ואשרי **תמן** ית אדם כד ברייה: ורבי ייי GN 2:8
משכן זימנא: ותשוי **תמן** ית ארונא דסהדותא ותטליל EX 40:3
ארעא ולא יזדרע וינפקון **תמן** ית עגלתא בקופיץ מבתרהא DT 21:4
משה לבית מדרשיה דהווֹ **תמן** יתבין משה ואהרן ובנוי והוה EX 39:33
על פם בירא: ומתכנשין **תמן** כל עדריא ומגלגלין ית אבנא GN 29:3
חלב ודבש לאתר דדיירין **תמן** כנענאי וחיתאי ואמוראי EX 3:8
ייי לאשראה שכינתיה **תמן**: לא תיכלון על פיסחא חמיע DT 16:2
תמן בעם קליל והוה **תמן** לאומא רבא ותקיפא ומסגיא: DT 26:5
לאשרהא שכינתיה **תמן** לבית שכינתיה תתבעון DT 12:5
עימך תמן: ואיזמן מימרי **תמן** לבני ישראל ואיקדש ברבניכון EX 29:43
ויתן מימרא דייי לכון **תמן** ליבא דחלא וחשכת עיינין DT 28:65
כדון וניחות ונערבבא **תמן** לישנהום דלא ישמעון אינש GN 11:7
אלקכון יהיב לכון למיתב **תמן** למימר: נפקו גוברין זידנין DT 13:13
דאתון עברין ית יורדנא **תמן** למירתה: ומליל ייי עם משה DT 32:47

ארעא דאתון עללין **תמן** למירתה: ימחי יתכון מימרא DT 28:21
ארום ארעא דאנת עליל **תמן** למירתה לא כארעא דמצרים DT 11:10
דאתון עברין ית יורדנא **תמן** למירתה לא תורכון יומין עלה DT 4:26
דאתון עברין ית יורדנא **תמן** למירתה: תלתא צדיקי DT 31:13
ייי דאיזמן מימרי לכון **תמן** למללא עימך תמן: ואיזמן EX 29:42
ותב עד אתרא דפרסיה **תמן** למשכניה מן אוולא בין ביתאל GN 13:3
לארע פולחנא ואסיקהי **תמן** לעלתא על חד מן טורייא GN 22:2
ותיטעוקון למפלח **תמן** לפלחי טעוותא עובד אידיהון DT 4:28
ותיחמי מן אתרא דאנת **תמן** לציפונא ולדרומא ולמדינחא GN 13:14
דייי לאשראה שכינתיה **תמן** לתמן תייתון ית כל קורבנייא DT 12:11
בני ישראל וכל מאן דיהב **תמן** מאנא דדהבא הוה סימא נפקא EX 32:20
דאברהם עבדי: ובנא **תמן** מדבחא וצלי בשמא דייי ופרס GN 26:25
וכל עמא דעימיה: ובנא **תמן** מדבחא וקרא לאתרא אל GN 35:7
במאה מרגליין: ואקם **תמן** מדבחא ותמן יהב מעשריא GN 33:20
לביתאל ותיב תמן ועיבד **תמן** מדבחא לאלקא דאיתגלי לך GN 35:1
וניסק לביתאל ואעביד **תמן** מדבחא לאלקא דקבל צלותי GN 35:3
יתהון בגירא: ותיבנון **תמן** מדבחא קדם ייי אלקכון מדבח DT 27:5
אתין ית ארעא הדא ובנא **תמן** מדבחא קדם ייי דאיתגלי ליה: GN 12:7
ממרא די בחברון ובנא **תמן** מדבחא קדם ייי: והוה ביומי GN 13:18
ועי ממדינחא ובנא **תמן** מדבחא קדם ייי וצלי בשמא GN 12:8
מברא למשריתא ותשוד **תמן** מוי דריגלך: וסיכא תהוי קביעא DT 23:13
זימנא ובין מדבחא ותיתן **תמן** מוי: ויסבון מיניה בנטלא דכיה EX 30:18
אורייתא לא הווה **תמן** מוי למישתי לעמא: ונטלו NU 33:14
וביני מדבחא ותיתן **תמן** מוי מטול חוביא דהדרין EX 40:7
זימנא וביני מדבחא ויהב **תמן** מיין חיין לקידוש ולא פסקין EX 40:30
כל בני ישראל כאילו **תמן** מית אהרן ואתקבר תמן ובכן DT 10:6
צלוחית דפחר חדא והב **תמן** מלי עומרא מנא ואצנע יתיה EX 16:33
כל אימת דעיילין **תמן**: מן בגלל דידעון דריכון ארום LV 23:42
בעוברא דיירדנא וספדו **תמן** מספד רב ותקיף לחדא ועבד GN 50:10
דאהרן חסידא וקבעו **תמן** מספדא כל בני ישראל כאילו DT 10:6
לאשראה שכינתיה **תמן** מעשר עיבורכון חמרכון DT 14:23
לירחא דניסן ומיתת **תמן** מרים ואתקברת תמן: ולפום NU 20:1
בכן אתכנש **תמן** משה עבד דייי בארעא דמואב DT 34:5
וצלי בשמא דייי ופרס **תמן** משכניה וחפסו תמן עבדי GN 26:25
ית אחסנת חקיל דפרס **תמן** משכניה מן יד בני חמור אבוי GN 33:19
גהינם מן בגלל דלא יעלון **תמן** נפשת דרדקי עמא דישראל: EX 40:8
משה למדברא דהוא שרי **תמן** סמיך לטוורא דאיתגלי עלוי EX 18:5
ופרס תמן משכניה וחפסו **תמן** עבדי יצחק בירא: וכד נפק GN 26:25
בישין: ותתעכבון **תמן** עד דאישדר ית מחת גבורתי EX 3:20
זעירין תזעיר לדיפוק ליה **תמן** עדבא דיליה יהי לשיבטי NU 33:54
למשכנא זימנא ויתעתדון **תמן** עימך: ואתגלי באיקר שכינתי NU 11:16
עלה בדיל דלא למיהוי **תמן** עירבוב חיות ברא מן בגלל EX 8:18
אבנין ועבדו אוגר ואכלו **תמן** על אוגרא: וקרא ליה לבן אוגר GN 31:46
שובעין חכימיא ושרון **תמן** על מיא: ונטלו מאילים ושרו NU 33:9
סבייא דישראל ושרון **תמן** על מייא: ונטלו מאלים ואתון EX 15:27
דסיני ותתעתד קדמי **תמן** על ריש טוורא: ואינש לא יסק EX 34:2
ותיתון תמן: ותייתון **תמן** עלוותכון וניכסת קודשיכון DT 12:6
מנסון אתון קדם ייי: וצחי **תמן** עמא למוי ואתרעם עמא על EX 17:3
דענק גיברא חמינא **תמן**: עמלקאי יתבין בארע דרומא NU 13:28
ית כל אתריא די פלחו **תמן** עממיא דאתון ירתין יתהון וית DT 12:2
כן קרא שמה בבל ארום **תמן** ערביב ייי לישן כל דיירי ארעא GN 11:9
זימנא מאים ישתכחון **תמן** עשרא ונהי אנא ואינון ונבעי GN 18:32
בית מוקדשא למעבד **תמן** פיסחא ובההוא ליליא EX 19:4
ויהי ארום תהכון מן **תמן** פריקין לא תהכון ריקנין: EX 3:21
בארונא דעבדית והוו **תמן** צניעין היכמא דפקדני ייי: ובני DT 10:5
לאחסנת קבורתא: **תמן** קברו ית אברהם וית שרה GN 49:31
וית שרה אינתתיה **תמן** קברו ית יצחק וית רבקה GN 49:31
דמשיילי בישרא ארום **תמן** קברו ית עמא דשיילו בישרא: NU 11:34
מן כהנא דקאים לשמשא **תמן** קדם ייי אלקכון או מן דיינא DT 17:12
דתשיילינך נפשך ותיכלון **תמן** קדם ייי אלקכון ותחדון אתון DT 14:26
תוריכון ועניכון: ותיכלון **תמן** קדם ייי אלקכון ותחדון בכל DT 12:7
קיים ועם ישראל: והוה **תמן** קדם ייי ארבעין יממין וארבעין EX 34:28
אחוי ליואי דמשמשין **תמן** קדם ייי: חולק כל קבל חולק DT 18:7
זימנא דאיזמן מימרי לך **תמן** קודש קודשין תהי לכון: EX 30:36
תמן קמא דקיימת קדמי **תמן** קיים כדון קום פוק מן ארעא GN 31:13
בירא דשבע חורפן ארום **תמן** קיימי תריהון: וגזרו קיים GN 21:31
עלך בביתאל די רבית **תמן** קמא דקיימת קדמי תמן קיים GN 31:13
דמליל עימיה: ואקים **תמן** קמה באתרא דמליל עימיה GN 35:14
טינא עם גובריהון הות **תמן** ריבא מפנקתא מעברתא EX 24:10
דאתיין ענא למישתי **תמן** שווינון לקיבליהן דענא והוון GN 30:38
לגו מיא ואיתחלון מיא **תמן** שוי ליה מימרא דייי גזירת EX 15:25
ולא יכסיניה ונפיל **תמן** תורא או חמרא: מריה דגובא EX 21:33
וניכסת קודשיכון **תמן** תיכלון מעשרכון ואפרשות DT 12:11
לאשראה שכינתיה **תמן** תיכסון ית פיסחא וברמשא DT 16:6
מדרשא דשם רבא והוה **תמן** תלת שנין ובההוא יומא תב GN 22:19
והא בירא בחקלא והא **תמן** תלתא עדרין דעאן רביעין GN 29:2
ואמליל מאים ישתכחון **תמן** תלתין דיצלון עשרא עשרא GN 18:30
אעביד גמירא אין אשכח **תמן** תלתין: ואמר בבעו ברחמין הא GN 18:30
באחסנת חד מן שבטיכון **תמן** תסקון עלוותכון ותמן תעבדון DT 12:14
לי בארעא דכנען **תמן** תקברינני וכדון איסוק כדון GN 50:5
דאנא מפקיד לכון **תמן** תקרבון עלוותכון וניכסת DT 12:11
נטל לסוכות ואיתעכב **תמן** תריסר ירחי שתא ובנא ליה בי GN 33:17

תמה (24)

ובחזונא רבא ובאתין **ובתימהין**: ואעיל יתנא לאתרא הדין DT 26:8
עם אוחרי בניסין באתין **ובתימהין** ובסדרי נצחני קרבין DT 4:34
יתכון: ויהון בכון לאתין **ולתמהין** ובבניכון עד עלמא: חולף DT 28:46
ממלל: לכולהון אתיא **ותימהי** פרישתא די שדריה מימרא DT 34:11
דחמיתון בעיניכון אתיא **ותימהיא** וגבורת ידא תקיפתא DT 7:19
דחמיתון בעיניכון אתיא **ותימהיא** רברביא האינון: ולא יהב DT 29:2
וגרי מימרא דייי אתין **ותימהין** רברבין ומכתשין בישין DT 6:22
ונפל אברהם על אנפוי **ותמה** ואמר בליביה הלבר מאה GN 17:17
בר רחל סדר לציטריה **ותמהו** גובריא אינש בחבריה: ונטל GN 43:33
אכלא אישא והוון חמן **ותמהין** בני ישראל: ואעל משה בגו EX 24:17
אורח סובתא כנשיא: **ותמהת** שרה בליבבה למימר בתר GN 18:12
עבד לי ייי כל דשמע **יתמה** עלי: ואמרת מה מיהמין GN 21:6
ית קרתא והוה פתגמא **כתימהא** כגבר מגחיך בעיני חתנוי: GN 19:14
או תימהא: וייתי אתא או **תימהא** דמליל עימכון למימר נהך DT 13:3
דודנותא ויתן לכון את או **תימהא**: וייתי אתא או תימהא DT 13:2
פרעה למימר הבו לכון **תימהא** ותימר לאהרן סב ית חוטרך EX 7:9
יצחק בריה: ואמרת שרה **תימהא** עבד לי ייי כל דשמע יתמה GN 21:6
דביה עתיד למיעבד ית **תימהיא** במצרים וביה עתיד למבזע EX 2:21
ואסגי ית אתוותיי וית **תימהיי** בארעא דמצרים: יקבל EX 7:3
ומשה ואהרן עבדו ית כל **תימהייא** האילין קדם פרעה ותקיף EX 11:10
למתוב למצרים חמי כל **תמהיא** דשויתי בידך ותעבידינון EX 4:21
פרעה מן בגלל לאסגאה **תמהיי** בארעא דמצרים: ומשה EX 11:9
וחמון בני ישראל והוון **תמהין** ואמרין אינש לחבריה מאן EX 16:15
וכפרת שרה למימר לא **תמהית** ארום דחילית ואמר GN 18:15

תמכה (1)

טוי נור ופטיר על **תמכה** ועולשין ייכלוניה: לא תיכלון EX 12:8

תמני (64)

בכותא דאיבליה דמשה **בתמניא** בניסן ובתשעא בניסן DT 34:8
ותבו מלאללא ית ארעא **בתמניא** יומין בירחא דאב מסוף NU 13:25
פומיה בריש שירתא **בתמניין** וחמשין אתין דהינון עשרין DT 32:3
כמישאר בעירן ויבדיקנה **בתמניסרי** טריפן: ויסב אלעזר NU 19:3
יתיה במאתן וארבעין **ותמני** איברין בשית מאה ושיתין GN 1:27
דיריעתא חדא עשרין **ותמני** אמין דירעתא חדא משחתא EX 26:2
דיריעתא חדא עשרין **ותמני** אמין ופותיא ארבע אמין EX 36:9
מנהון מקרבין תרי תרין **ותמני** מנהון מקרבין חד חד: NU 29:23
ועליהון תיתנון ארבעין **ותמני** קוריין: כל קירווייא דתיתנון NU 35:6
ית נחל טרווייא תלתין **ותמני** שנין עד דסף כל דרא גברי DT 2:14
דתיתנון לליוואי ארבעין **ותמניא** קוריין יתהון וית NU 35:7
למשירית אפרים מאתן **ותמנין** אלפין ומאה לחיליהון NU 2:24
ככולהון תלת מאה **ותמניסר** ורדף עד דן: ואתפלג להום GN 14:14
למשרית יהודה מאה **ותמנן** אלפין וארבע מאה NU 2:9
רבא: וחיא מתושלח מאה **ותמנן** ושבע שנין ואולד ית למך: GN 5:25
דאולד ית למך שבע מאה **ותמנן** ותרתין שנין ואולד בנין ובנן: GN 5:26
ומית: וחיא למך מאה **ותמנן** ותרתין שנין ואולד בר: וקרא GN 5:28
תמניא אלפין וחמש מאה **ותמנן**: על פום מימרא דייי מנא NU 4:48
והוו יומי יצחק מאה **ותמנן** שנין: ואיתנגיד יצחק ומית GN 35:28
דמטליא תורין תמניא **לתמני** מטרתא דיכרין תרין תרין לתרי NU 29:29
ולא יסגון ליה נשין על **תימנסרי** דלא יטעיין ליביה וכספא DT 17:17
דלא נפיל ומיומא **תמינאה** ולהלאה יתרעי לקרבא LV 22:27
יגלביניה: וביומא **תמינאה** ייתי תרין שפנינין או תרין NU 6:10
במי מבוע וידכי: וביומא **תמינאה** יסב ליה תרין שפנינין LV 15:14
במוי וידכי: וביומא **תמינאה** יסב תרין אמרין שלמין LV 14:10
וחמר ניסוכה: ביומא **תמינאה** כנישין תהוון בחדוא מן NU 29:35
לרבות אהרן ובנוי ויום **תמינאה** לאשלמוותא הוא יומא LV 9:1
עלתא: וייתי יתהון ביומא **תמינאה** לדכותיה לות כהנא לתרע LV 14:23
בידא דמשה: והוה ביומא **תמינאה** לרבות אהרן ובנוי ויום LV 9:1
קמאה נייחא וביומא **תמינאה** נייחא: ותיסבון מן דילכון LV 23:39
תורין וגומר: ביומא **תמינאה** קריב רב בית אבא לבני NU 7:54
ייניק בתר אימיה וביומא **תמינאה** תפרישיניה קדמיי: ואינשין EX 22:29
הוו יכלין להזקותיה נס **תמינאי** דאתעשן אע רומחא ולא NU 25:8
היכדין תיסתאב: וביומא **תמינאי** תשתרי ובגרא יתגזר בשר LV 12:3
ברם איתנטרא להון ליום **תמיניי** לאשלמותא לאסערא EX 24:11
שנין: ותיזרעון ית שתא **תמינתא** ותיכלון מן עללתא LV 25:22
בתרהון וקטלו מינהון **תמני** גניסן והדרו לאחוריהון אף DT 10:6
ותשעין למכפרא על **תמני** ותשעין לוטיא: ומנחתהון NU 29:32

סכומהון דכל אימריא **תמני** ותשעין למכפרא על תמני NU 29:32
בתר דאוליד ית מהללאל **תמני** מאה וארבעין שנין ואוליד GN 5:13
בתר דאוליד ית קינן **תמני** מאה וחמיסר שנין ואוליד בנין GN 5:10
בתר דאוליד ית שת::: **תמני** מאה ושבע שנין ואוליד בנין GN 5:7

בתר דאוליד ית ירד **תמני** מאה ותלתין שנין ואולד בנין GN 5:16
והוו כל יומי מהללאל **תמני** מאה ותשעים וחמש שנין GN 5:17
ירד בתר דאוליד ית חנוך **תמני** מאה שנין ואולד בנין ובנן: והוו GN 5:19
ארביסר שלמין דמקרבין **תמני** מטרתא שיתא מנהון מקרבין NU 29:13
ובתואל אוליד ית רבקה **תמניא** אילין ילידת מלכה לנחור GN 22:23
זימנא: והוו סכומהון **תמניא** אלפין וחמש מאה ותמנן: על NU 4:48
דכורא מבר ירחא ולעילא **תמניא** אלפין ושית מאה נטרי NU 3:28
ואנת אתגזרת בר **תמניא** יומין אילו הוה בך מנדעא GN 22:1
בין מימרי וביניכון: ובר **תמניא** יומין יגזר לכום כל דכורא GN 17:12
לתרתין זיוויין: והוון **תמניא** לוחין וחומריהון דכסף EX 36:30
דחגא דמטליא תורין **תמניא** לתמני מטרתא דיכרין תרין NU 29:29
וקצוצא וסלמנדרא: אילין **תמניא** מיניא דמסאבין לכון בכל LV 11:31
אימהתא ואישתיירו **תמנייא** ותנא למימני משמעון GN 32:25
אברהם ית יצחק בריה בר **תמנייא** יומין כמה דפקיד יתיה ייי: GN 21:4
לתרין זיוויין יהון: ויהון **תמנייא** לוחין וחומריהון דכסף EX 26:25
ריבוון דהינון סכום **תמניין** לגיונין ועננֵי יקרא ומשכנא NU 12:16
ויתפרשון מסואבות **תמניסירי** טריפן: מלילו עם בני LV 11:1
דאתפרש מיניה הוה בר **תמניסר** שנין וחזא לכילת הילולא GN 46:21
הגר ישמעאל: ואברם בר **תמנן** ושית שנין כד ילידת הגר ית GN 16:16
בר תמנן שנין ואהרן בר **תמנן** ותלת שנין במלילתהון עם EX 7:7
היכדין עבדו: ומשה בר **תמנן** שנין ואהרן בר תמנן ותלת EX 7:7
וית ארבע עגלן וית **תמנן** תורי יהב לבני מררי כמיסת NU 7:8

תמר (2)

ביכוריא חמיר מתקרב **ותמרי** בזמן ביכורי איבא עם LV 2:12
זייתהא עבדין משח ומן **תומרייהא** עבדין דבש: ארעא דלא DT 8:8

תמרוקא (3)

מישתיא ומן הניית בי בני **ותמרוקא** ומסנא ותשמיש ערסא LV 16:29
מיכלא ומישתיא מבי בני **ותמרוקא** מסנדלא ותשמיש דעריס NU 29:7
ומשיתיא והניית בי בני **ותמרוקין** ותשמיש ערסא וסנדלא LV 23:27

תנור (5)

וכל מנחתא דתיתאפי **בתנורא** וכל דתיתעבד במרתחא LV 7:9
עשר נשין לחמיכון **בתנורא** חד מדהוא זעיר ומרדיין LV 26:26
קרבן מנחתא דמתאפי **בתנורא** סמידא גריצן פתירן ופתיכן LV 2:4
ובבית עבדך ובעמך **ובתנורך** ובאצוותך: ובגופך ובגופי EX 7:28
עלוי יהי מסאב **תנורין** ותפיין יסתרון מסאבין הינון LV 11:35

תני (66)

טייפא ולא טפת ובכין **איתני** ללבן ביומא תליתאה וידע GN 31:22
ברם אליעזר הוה גזר **בתנאה** דאתנייו תרוויהון: ונסיבת EX 4:24
מאה וחמשין לחיליהון **בתנייתא** נטלין: ויטול משכן זימנא NU 2:16
הוא לחדא: ומן בגלל **דאיתני** חילמא לפרעה תרתין GN 41:32
אליעזר הוה גזר בתנאה **דאתנייו** תרוויהון: ונסיבת צפורה EX 4:24
ואמרית לחרשייא ולית **דמתני** לי: ואמר יוסף לפרעה חילמא GN 41:24
שמיה דחד אלדד ושמיה **דתניין** מידד בנוי דאליצפן בר פרנך NU 11:26
דחדא שפרא היא ושמא **דתנייתא** פועה היא מרים ברתה: EX 1:15
איליין ביניהון: ומן בגלל **דתתני** במשמעי ברך ובר ברך ית EX 10:2
ית חילי ומן בגלל **דתתני** שמי קדישא בכל ארעא: עד EX 9:16
דמעברה היא **ואיתני** ליהודה למימר זניית תמר GN 38:24
ופיתגם מה דיחוי לי **ואיתני** לך ואזל גחין כחויא: וארע NU 23:3
מיניה ובכין אמר איתו **ואיתני** לכון מה דיארע יתכון בסוף GN 49:1
לאחוי ולבית אבוי איסק **ואיתני** לפרעה ואימר ליה אחיי GN 46:31
רחמיה עדולמאה לתמנת: **ואיתני** לתמר למימר הא חמויך GN 38:13
איליין איתאמרו בסיני **ואתנייו** במשכן זימנא ואיתלתון DT 27:26
ודר קרון בספרי אורייתא **ויתנון** לכון ובסיפרי נבייא ויימרון DT 32:7
ויחמון יתי סהדיא **ויתנון** למשה ומשה יתבע אולפן מן NU 15:32
וייתי דדיליה ביתא **ויתני** לכהנא למימר הי כמכתשא LV 14:35
תהוון לשיעמום למתלין **ולתינויין** ביני עממיא דיבדר יתכון DT 28:37
דיבורא תאיב למשריתא **ומתני** פיתגמיא לכנישתהון EX 33:11
ואישתיירו תמנייא **ותנא** למימני משמעון וסלק לוי GN 32:25
ההוא ואתו עבדי יצחק **ותנו** ליה על עיסק בירא דחפסו GN 26:32
ואתו כל רברבני כנישתא **ותנו** למשה: ואמר להון משה הוא EX 16:22
אנא הוא ייי ועבדו הכדין: **ותנון** אוקטריא דאזלו עם ישראל EX 14:5
וארים ית קליה ובכא: **ותני** יעקב לרחל ארום לאיתותבא GN 29:12
וחלם תוב חילמא חורנא **ותני** יתיה לאחוהי ואמר הא GN 37:9
שלם: וחלם יוסף חילמא **ותני** לאחוהי ואוסיפו תוב למינטר GN 37:5
וקרא לכל חרשי מצרים **ותני** להון ית חילמיה מן יד פתחון EX 1:15
אודניא וית דנבייא ואתא **ותני** לות אבוהון: וישראל רחים ית GN 37:2
ית יצחק ואזל סטנא **ותני** לות שרה דאברהם נכס ית GN 22:20
חמיתון אלהן קל ממלל: **ותני** לכון ית קימיה דפקיד יתכון DT 4:13
ליה ואעליה לביתיה **ותני** ללבן ית כל פיתגמיא האילין: GN 29:13
ורהט טליא חד **ותני** למשה ואמר אלדד ומידד NU 11:27

כל רעי ענא: ואתא יוסף **ותני** לפרעה ואמר אבא ואחיי GN 47:1
דכנען ית עריתא דאבוי **ותני** לתרין אחוי בשוקא: ונסב שם GN 9:22
ואוף בך יהימנון לעלם **ותני** משה ית פיתגמי עמא קדם ייי: EX 19:9
יקרא דייי ונשיק ליה: **ותני** משה לאהרן ית כל פיתגמייא EX 4:28
אדם
למשכן בית אולפנא: **ותני** משה לחמוי ית כל מה דעבד EX 18:8
רדידא ואיתעטפת ביה: **ותני** עבדא ליצחק ית כל פיתגמייא GN 24:66
אברהם ובת באורחא **ותניאו** לאברהם למימר הא ילידת GN 22:20
אבוהון לארעא דכנען **ותניאו** ליה ית כל דארע יתהום GN 42:29
ית מנשה וית אפרים: **ותניאו** ליעקב למימר הא ברך יוסף GN 48:2
דכנען לות יעקב אבוהון: **ותניאו** למימר עד כדון יוסף קיים GN 45:26
בר רבקה הוא ורהטת **ותניאת** לאבוהא: והוה כדי שמע GN 29:12
כדי סליקנא לעבדך אבא **ותנינא** ליה ית פיתגמי ריבוני: ואמר GN 44:24
קיים האית לכון אחא **ותנינא** ליה על מימר פיתגמייא GN 43:7
בזמן מפקהון ממצרים: **ותננון** משה בעיברא דיורדנא DT 4:46
בת מלכה דילידת לנחור: **ותנת** למימר ליה אוף תיבנא אוף GN 24:25
תימר לנשייא דבית יעקב **ותתני** לבית ישראל: אתון חמיתון EX 19:3
לך חמיר בכל תחומך: **ותתני** לברך ביומא ההוא למימר מן EX 13:8
והוא יפוק בלחודוי: ואין **יתני** ויימר עבדא רחימנא ית ריבוני EX 21:5
וביניכון בעידנא ההיא **למיתניא** לכון ית פיתגמא דייי DT 5:5
ועבדין ואמהן ושדרית **לתנאה** לריבוני דלא אהניית לי GN 32:6
חורנא דהכין הווה **תנאה** בינתיהון למיהוי מלכין NU 22:4
גב דאנא מוכח יתהון על **תנאה** מתווכחין למימר דאין לא DT 28:15
טיבו וקשוט עם ריבוני **תנו** לי ואין לא תנו לי ואיפני על GN 24:49
עם ריבוני תנו לי ואין לא **תנו** לי ואיפני על דרומא או על GN 24:49
יקרי לכון פרעה ויימר **תנון** לי מן עובדיכון: ותימרון מרי GN 46:33
ואמר ברת מאן את **תני** כדון לי האית בית אבויך אתר GN 24:23
חשיב ותיפלחינני מגן **תני** לי מן יהי אגרך: וללבן הוון GN 29:15
מה דייי עתיד למעבד **תני** לפרעה: שבע תורתן טבתן שבע GN 41:25
למיזל וגנבת דעתי ולא **תנית** לי דאילו תניתא לי שלחתך GN 31:27
הדין ואוף אנת לא **תנית** לי ואוף אנא לא שמענא מן GN 21:26
דעתי ולא תנית לי דאילו **תניתא** לי שלחתך פון בחדווא GN 31:27
עממייא ותיפלחונון: **תניתי** לכון יומנא ארום מיבד DT 30:18

תנינא (2)

להון: הי כמרירתהון **דתניניא** כד הינון רוון מן חמרהון DT 32:33
שמייא: וברא אלקים ית **תנינייא** רברבייא ית לויתן ובר זוגיה GN 1:21

תנן (4)

מאחי מיתיא וית טורא **תנין** וחמון כל עמא ורתען וקמו EX 20:18
טוורא: וטוורא דסיני **תנין** כוליה מן בגלל דארכין ליה ייי EX 19:18
קדם ייי ויחפי ענן **תנן** קטורתא ית כפורתא דעל LV 16:13
חמא אברם גיהינם מסיק **תננא** וגומרין דאשא ומבעיר שביבין GN 15:17

תסילא (2)

ברת תלת שנין ושפנינא **ותסילא** בר יוון: וקריב קומוי ית כל GN 15:9
ומחיש לשרכפיה ועל **תסילוי** מחופף כדין שכינתיה DT 32:11

תעל (1)

דעילם ותדעל רמאה **כתעלא** מלכא דעממיא משתמעין GN 14:1

תער (6)

זיינה יתבני וישתכלל **דמיתער** ומשיח באורייתא: ארום NU 21:27
אעביד ית דמלילית לך: **ואיתער** יעקב מדמכיה ואמר GN 28:16
דאבוהון לא חמון: **ואיתער** נח מן חמריה וידע GN 9:24
פטימתא ומלייתא **ואיתער** פרעה והא הוה חילמא: GN 41:7
למיחמי ופטימתא **ואיתער** פרעה מדמכיה: ודמוך GN 41:4
ביש הי כדבקדמיתא **ואיתערית**: וחמית בחילמי והא GN 41:21

תפי (4)

עלוי יהי מסאב תנורין **ותפיין** יסתרון מסאבין הינון LV 11:35
אישתא נוכריתא מן **תפיין** ובנין לא הוו להון ושמש NU 3:4
ייי אישתא נוכרתא מן **תפיין** מה דלא פקיד יתהון: ונפקת LV 10:1
אישתא נוכריתא מן **תפיין** קדם ייי: והוו סכומהון עשרין NU 26:61

תפלי (12)

על מצנפתא מן לעילא **דתפילא** דרישא היכמא דפקיד ייי EX 39:31
ותחמי ית קטר דבידא **דתפילי** איקר שכינתי ואפי איקר EX 33:23
ותינטור ית קיימא הדא **דתפילי** לזמנא דחזי לה ביומי EX 13:10
שמא דייי חקיק מזמן **דתפילין** דעלך וידחלון מינך: DT 28:10
ומפרש על יד שמאלך **ולתפילין** בין ריסי עינך ארום EX 13:16
לא יהוון גוליין דציצית **ותפילין** דהינון תיקוני גבר על DT 22:5
על ידך דשמאלא ויהוון **לתפילין** על מוקרך כלו קבל על DT 6:8
ידכון שמאליתא ויהון **לתפילין** קבל מוקריכון בין עיניכון: DT 11:18
יתהון כד הינון כתיבין על **תפילא** לאת על רום ידכון DT 11:18
הדין חקיק ומפרש על **תפילת** ידא בגובהא דשמאלך EX 13:9
ויהי על מצנפתא מעילוי **תפילת** רישא כל קבל אפי מצנפתא EX 28:37
חקיק ומפורש על **תפילת** רישא קביעא כל קבל ענך EX 13:9

תקופה (7)

בתקופת ניסן וקורא **בתקופת** טבת וחומא בתקופת GN 8:22
בתקופת תשרי וחצדא **בתקופת** ניסן וקורא בתקופת טבת GN 8:22
בתקופת טבת וחומא **בתקופת** תמוז וקיטא וסיתוא GN 8:22

עוד כל יומי ארעא דרועא **בתקופת** תשרי וחצדא בתקופת GN 8:22
עיבורי ירחין ועיבורי שנין **ותקופות** שמשא ומולד סיהרא GN 1:14
למימני חגיא וזימניא **ותקופתא** קדמאי הוא לכון למניין EX 12:2
לעבורי שתא למינטר **תקופתא** בירחא דאביבא למעבד DT 16:1

תקל (42)

ולבונתא דכיתא מתקל **במתקל** יהי: ותעביד יתיה קטרת EX 30:34
דקייטא וסיתוא **במתקלא** ובמכילתא בגדישותא LV 19:35
ומפלגן לכון כד מינפל **במתקלא** ותיכלון ולא תשבעון: LV 26:26
גבר בפום טוניה כספנא **במתקליה** ואתיבנא יתיה בידנא: GN 43:21
היך סובר ית חוטרא **דמתקליה** ארבעין סאוין ובזע ית DT 34:12
רברבין למהוי זבין בהון **ומתקילין** זעירין למהוי מזבין בהון: DT 25:13
תרין לוחי אבן ספירינון **ומתקלהון** ארבעין סאוין וסוברינון DT 34:12
וקביל אברהם מן עפרון **ותקל** אברהם לעפרון ית כספא GN 23:16
בחירין ולבונתא דכיתא **מתקל** במתקל יהי: ותעביד יתיה EX 30:34
בשירויא מור בהיר **מתקל** חמש מאה מנין וקנמון EX 30:23
וחמשין מנין: וקציעיתא **מתקל** חמש מאה מנין סילעין EX 30:24
מנין וקנה בושמא **מתקל** מאתן וחמשין מנין: EX 30:23
וקנמון בושם פלגותיה **מתקל** מאתן וחמשין מנין וקנה EX 30:23
ותרין שירין יהב על ידהא **מתקל** עשר סילעין דדהבא סכום GN 24:22
קטורת בוסמין טבין **מתקל** עשר סילעין הוה מתקלא NU 7:86
מתקל עשר סילעין הוה **מתקלא** דבזיכא בסילעי בית NU 7:86
משה ושובעין סילעין הוי **מתקלא** דמזירקא חד כל קבל NU 7:85
מאה ותלתין סילעין הוי **מתקלא** דפיילתא חדא דכספא כל NU 7:85
פיילי וגומר: בזיכא חדא **מתקלא** וגומר: תור בר תורין וגומר: NU 7:68
פיילי וגומר: בזיכא חדא **מתקלא** וגומר: תור בר תורין וגומר: NU 7:74
פיילי וגומר: בזיכא חדא **מתקלא** וגומר: תור בר תורין וגומר: NU 7:80
פיילי וגומר: בזיכא חדא **מתקלא** וגומר: תור חד בר תורין NU 7:44
פיילי וגומר: בזיכא חדא **מתקלא** וגומר: תור חד בר תורין NU 7:50
פיילי וגומר: בזיכא חדא **מתקלא** וגומר: תור חד בר תורין NU 7:56
פיילי וגומר: בזיכא חדא **מתקלא** וגומר: תור חד בר תורין NU 7:62
פיילי וגומר: בזיכא חדא **מתקלא** וגומר: תור חד וגומר: צפיר NU 7:32
פיילי וגומר: בזיכא חדא **מתקלא** וגומר: תור חד וגומר: צפיר NU 7:38
בסילעי וגומר: בזיכא חדא **מתקלא** וגומר: תורא חד וגומר: צפיר NU 7:26
בסילעי בית קודשא הות **מתקלא** מזירקא חד דכסף דגילדה NU 7:13
בסלעי בית קודשא הוה **מתקלא** מזירקא חדא דכסף NU 7:19
למנחתא: בזיכא חדא **מתקלא** עשר סילעין דכסף והיא NU 7:14
למנחתא: בזיכא חדא **מתקלא** עשרא סילעין והיא דדהב NU 7:20
ספירינון מכורסי יקרא **מתקלהון** ארבעין סאין כתיבין EX 31:18
סילעין דדהבא סכום **מתקלהון** קבל תרין לוחיא דכתיבין GN 24:22
דנחשא: איליין מנייני **מתקלוון** וסכומין דמשכנא EX 38:21
והוא מספיר כורסי יקרא **מתקליה** ארבעין סאין ועילוי חקיק EX 4:20
קדשא דדהבא דרכמונא **מתקליה** קבל דרכמונא לגולגלתא GN 24:22
ובמחקא: מודנוון דיקשוט **מתקלין** דיקשוט מכילו דיקשוט LV 19:36
לא יהוי לכון בנרתיקיכון **מתקלין** דנכיל מתקלין רברבין DT 25:13
מתקלין דנכיל **מתקלין** רברבין למהוי זבין בהון DT 25:13
זעירין למהוי מזבין בהון: **מתקלין** שלמין ומסחאתא דקשוט DT 25:15
וקדם סמיא לא תשוון **תוקלא** ותדחל מאלקך אנא ייי: לא LV 19:14

תקל (11)

חרבא ויפלון ולית דרדיף: **ויתקלון** גבר באחוי הי כמן קדם LV 26:37
תלת עבירן קשיין דלא **יתקלון** עמא בית ישראל בפולחנא NU 35:25
דישראל ויהוי לעמא **לתוקלא** ברם תריהון כחדא NU 11:26
ית טעוותהון ארום **לתוקלא** הינון לך: דילמא תימר DT 7:16
טעוותהון ארום יהון לך **לתוקלא:** ולות משה אמר מיכאל EX 23:33
עליל עלה דילמא יהי **לתקלא** בינך: ארום ית איגוריהון EX 34:12
וית טפלכון חמון ארום **לתקלא** בישא היא לכון לקביל EX 10:10
אימת יהי דין גברא לנא **לתקלא** פטור ית גברייא ויפלחון EX 10:7
נוקבא: הנין הנין דהואה **תוקלא** לבני ישראל בעיצתא NU 31:16
אסתמרו לכון דילמא **תיתוקלון** בתר טעוותהון מן בתר DT 12:30
ותיסבון לכון דילמא **תיתקלון** בהון ארום מרחק קדם ייי DT 7:25

תקן (53)

אכלה מתרין סיטרין **אתקין** בגוה זיקוקין דנור וגומרין GN 3:24
הדין וקיימו פיקודייא **אתקין** גהינם לרשיעיא דמתילא GN 3:24
ברא עלמא ברא אורייתא **אתקין** גינתא דעדן לצדיקייא GN 3:24
בנא ליה בית חתנותא **אתקין** ליה פוריינא וקטר ליה גננא DT 32:50
דלא נמות: ואמר ייי לי **אתקינו** מה דמלילו: נביא אקים DT 18:17
בניסן ובתשעא בניסן **אתקינו** עמא בית ישראל ית DT 34:8
מפולחנא נוכראה ואתר **אתקינית** לגמלייא: ועל גברא GN 24:31
קבל בית שכינת קדשך **אתקינתא** ייי בית מקדשך ייי EX 15:17
בוסמין בצפר בצפר **באתקנותיה** ית בוציניא יקטירנה: EX 30:7
ולאעלותך לאתר שכינתי **דאתקינית:** איזדהר מן קדמוי וקביל EX 23:20
מן פירי אילן חייא **דאתקנהא** מימר דייי לנטורהא דיהי GN 3:24
ברשותיך עיבידי לה **דתקין** בעיניכי וסגפתא שרי וערקת GN 16:6
דפקיד לכון: ותעביד **דתקין** ודכשר קדם ייי מן בגלל DT 6:18
בגין דחמא עובדהא **דתקנן** כעובדיה אימיה ואתנחם GN 24:67

דיירהא דסטו מן ארחן **דתקנן** קדם ייי ואיתמליאת ארעא GN 6:11
בתרויי ויטרון ארחן **דתקנן** קדם ייי למעבד צדקתא GN 18:19
אלקכון ותהכון באורחן **דתקנן** קדמוי: ויחמון כל עממי DT 28:9
אלקכון למהך באורחן **דתקנן** קדמוי ולמידחל יתיה: ארום DT 8:6
לאלקא ולמהך באורחן **דתקנן** קדמוי ולמינטור קיימוי DT 26:17
אלקכון למהך בכל אורחן **דתקנן** קדמוי ולמרחם יתיה DT 10:12
אלקכון למהך בכל אורחן **דתקנן** קדמוי ומטול לאתקרבא DT 11:22
אלקכון ולמהך באורחן **דתקנן** קדמוי כל יומיא ותוספון DT 19:9
אלקכון ולמהך באורחן **דתקנן** קודמוי ולמנטר פיקודוי DT 30:16
בבירא דשבע חורפן **ואתקין** בגויה מיכלא ומשקיא GN 21:33
יתיה בהמיין איפודא **ואתקין** ליה ביה: ושוי עלוי ית LV 8:7
ויהב אספסתא לחמריהון: **ואתקינו** ית דורונא עד מיעל יוסף GN 43:25
ניכסתא וסב גידא נשייא **ואתקן** תבשילא באפיהון ארום GN 43:16
ואסקיה לשמי מרומא **ואתקניה** גלוגדק תחות אפיפורין EX 24:10
אבימלך הא ארעי קדמך **ובדתקין** בעינך תיב: ולות שרה אמר GN 20:15
ית עמודיא דארעא **ולמתקנא** קדמוי בית משרוי GN 46:28
אגר עובדך טביא נטיר **ומתקן** קדמי לעלמא דאתי סגי GN 15:1
כולהון גליין חתימין **ומתקנין** באפותיקיי: קדמי DT 32:34
לוותכון ועיבידו להין **כדתקין** קומיכון לחוד לגובריא GN 19:8
מהלך תלתא יומין **לאתקנא** להון אתר בית מישרוי: NU 10:33
עומקיא ולמימך טורייא **לאתקנא** להון בית משרוי והינון EX 12:37
דמדבר קדמיכון באורחא **לאתקנא** לכון אתר בית מישרוי DT 1:33
לבנת צלפחד למימר **לדתקין** בעיניהן תהווין לנשין NU 36:6
בוורדין וסנדלכין ובורלין **מיתקנא** בביסתרקי מילת וסובנין DT 34:6
אנחות טלא מתקדשא **מיתקנא** הי כפתורין חזור חזור EX 16:13
ואמר ייי הא אתר **מתקן** קדמי ותהי מעתד על טינרא: EX 33:21
ולא שוויו גבר ית **תיקון** זיניה דאיתיהב להון בסיני EX 33:4
ואתרוקנו בני ישראל מן **תיקון** זיניהון דשמא רבא מפרש EX 33:6
ואישיצינך וכדון אעדי **תיקון** זינך מינך דאתגלי קדמי מאן EX 33:5
דציצית ותפילין דהינון **תיקוני** גבר על איתא ולא יספר גבר DT 22:5
ואמר ייי אלקים לא **תקין** די יהי אדם דמיך בלחודיה GN 2:18
הדא: ואמר משה לא **תקין** למעבד כן ארום אימריא EX 8:22
חמוי דמשה ליה לא **תקין** פיתגמא דאנת עביד: מיתר EX 18:17
ואתיבתון יתי ואמרתון **תקין** פיתגמא דמלילתא למימר: DT 1:14
תרתין זימנין ארום **תקין** פתגמא מן קדם ייי ומוחי ייי GN 41:32
אנא בזכותיה באורח **תקנא** דברני ייי בית אחוי דריבוני:: GN 24:27
עלמא דאליף לן ארחתיה **תקניה** אליף יתן למלביש ערטלאין DT 34:6
אורייתא לית להון **תקנתא** עד דייצרכון ביניהכון NU 21:29
קהת מגו ליואי: ודא **תקנתא** עיבידו להון וייחון בחיי NU 4:19

תקע (8)

ולאטלא ית משירייתא: **ויתקעון** בהון ויזדמנון לוותך כל NU 10:3
רישי אלפיא דישראל: **ותיתקעון** יבבתא ויטלון NU 10:5
ומועדכון ובדישי ירחכון **ותתקעון** בחצוצרתא על עלוותכון NU 10:10
משירייתא דשרן קידומא: **ותתקעון** יבבתא תניינות ויטלון NU 10:6
ובני אהרן כהניא שלימיא **יתקעון** בחצוצרתא ויהון לכון NU 10:8
משכן זימנא: ואין בחדא **יתקעון** ויזדמנון לוותך רברבייא NU 10:4
דשרן דרומא יבבתא **יתקעון** למטלנהון: ובזמן מיכנש ית NU 10:6
ובזמן מיכנש ית קהלא **תתקעון** ולא תיבבון: ובני אהרן NU 10:7

תקף (227)

למיחמהון דכל ישראל **איתוקף** ואתחייל ארום אנת מתמני DT 31:7
דפקידית יתכון: **איתוקפו** ואתחיילו לא תידחלון DT 31:6
כחדא יכלוניה: לחוד **איתוקפון** ביצריכון מטול דלא DT 12:23
ייי: ואמר ייי למשה **איתקף** יצרא דלבה דפרעה מסרב EX 7:14
ית יהושע בר נון ואמר **אתוקף** ואתחייל ארום אנת תעיל DT 31:23
ביבשתא: ואנא הא אנא **אתקיף** ית יצרא דליבהון דמצראי EX 14:17
קדם פרעה ואנא **אתקיף** ית יצרא דליביה ולא יפטור EX 4:21
עלוי קדם ייי: ויסמוך **בתוקפא** יד ימיניה על ריש עלתא LV 1:4
עיזי דכר שלים: ויסמוך **בתוקפא** יד ימיניה על ריש צפירא LV 4:24
יתיה קדם ייי: ויסמוך **בתוקפא** יד ימיניה על ריש קורבניה LV 3:8
על תריסר שיבטיא **בתוקפא** ידיהון על ריש תורא ויכוס LV 4:15
מיננא למיגזור וניסב **בתוקפא** ית ברתנא וניזיל: ושפרו GN 34:17
ויסמוך יד ימיניה **בתוקפא** על ריש קורבניה ויכסיניה LV 3:2
עמך ואחסנתך די פרקת **בתוקפך** די אפיקת ממצרים DT 9:26
אימתא דמותא ודחלתא **בתקוף** אדרע גבורתך ישתתקון הי EX 15:16
שעבוד עבדייא ארום **בתקוף** גבורת ידא אפיק ייי יתכון EX 13:3
דבוכרייא ותימר ליה **בתקוף** גבורת ידא אפקנא ייי EX 13:14
בין ריסי עינך ארום **בתקוף** גבורת ידא הנפקנא ייי EX 13:16
תהי משזיב נייח ושרי **בתקוף** הי כאריא והי כליתא דכד GN 49:9
שלמא יהי לי ארום **בתקוף** יצרא בישא דליבי אזיל מן DT 29:18
איפוק ונפק מלות פרעה **בתקוף** רגז: ואמר ייי למשה לא EX 11:8
נפק מן קדמי ובערת **בתקוף** רוגזי ואייקידת עד שיול DT 32:22
אתגלי כדון מימרא דייי **בתקוף** רוגזך ויתבדרון בעלי NU 10:35
אילני רתמי ושרו ברומנא **דמתקיף** פירוי: ונטלו מרומנא NU 33:19
פירוי: ונטלו מרומנא **דמתקיף** פירוי ושרו בלבנה אתר NU 33:20

ולית בידיכון עבדין טובין **דתיתוקפן** ידיכון בצלו קדם אבוכון DT 28:32
לכון יומא דין מן בגלל **דתיתקפון** ותיעלון ותירתון ית DT 11:8
לגוה למחרבה ברוגזיהון **דתקיף** וחימתהון על יוסף ארום GN 49:7
מנהון אלהין מטול **דתקיפהון** מסרינון וייי אשלימינון: DT 32:30
עד גלעד לא הות קרתא **דתקיפת** מיננא ית כולהון מסר ייי DT 2:36
היא וית עמא דיתיב עלה **התקיף** הוא אין חלש הזעיר הוא NU 13:18
לכון אגר עובדיכון טביא **ואיתקוף** יתכון ואסגי יתכון ואקים LV 26:9
דאהרן ית חוטריהון: **ואיתקף** יצרא דלבא דפרעה ולא EX 7:13
מן מיא דגושן לאדמא **ואיתקף** יצרא דליבא דפרעה ולא EX 7:22
מן קדם ייי היא **ואיתקף** יצרא דליבא דפרעה ולא EX 8:15
דליביה הוא ועבדוי: **ואיתקף** יצרא ולבא דפרעה ולא EX 9:35
צפון נגהוי דמדברא: **ואיתקף** ית יצרא דלבא דפרעה EX 14:4
אלקך ית יצרא דרוחיה **ואיתקף** ית ליבביה מן בגלל DT 2:30
בקוטניה ואושיט ידיה **ואתקיף** ביה והוה לחוטרא בידיה: EX 4:4
אבימלך לוותיה מגרר **ואתקיף** ברחמוי למיזל עימיה GN 26:26
נבאיש לך יתיר מידלהון **ואתקיפו** בגברא בלוט לחדא GN 19:9
יתבי קרתא: ואישתהי **ואתקיפו** גובריא בידיה ובידא GN 19:16
אזדקפי טולי ית טליא **ואתקיפי** ית אידיך ביה ארום לעם GN 21:18
נפישו ואיתילדו וסגו **ואתקפו** לחדא ואיתמליאת ארעא EX 1:7
הא ברך יוסף אתי לותך **ואתתקף** ישראל ויתיב על דרגשא: GN 48:2
ארעהון ברגוז ובכלו **ובתקוף** רב וטלקינון בגלותא לארע DT 29:27
ויפלחון לטעוות עממיא **ויתקוף** רוגזא דייי בכון וישצנכון DT 7:4
קיימי די גזרית עימהון: **ויתקוף** רוגזי בהון ביומא ההוא DT 31:17
ית עולימתא דמיקדשא **ויתקיף** בה גברא וישמש עימה DT 22:25
עממיא ותסגדון להון: **ויתקוף** רוגזא דייי בכון ויחוד ית ענני DT 11:17
בקל צלותיה ופרע ליה: **ויתקוף** רוגזי ואקטול יתכון בחרבא EX 22:23
ית אומיא בעלי דבביהון **ותוקפהון** יתבר וגירי מחוות NU 24:8
סגיאין הי כעפרא דארעא **ותיתקף** למערבא ולמדינחא GN 28:14
קדמוי דבעידן דיחובון **ותיתקף** עליהון מחת סנאה DT 32:36
תימרון בליבכון חילן **ותקוף** ידן קנו לן ית ניכסייא DT 8:17
ומלו ית ארעא בנן ובנן **ותקופו** עלה בניכסין ושלוטו בכוורי GN 1:28
ללבן ובכירייא ליעקב: **ותקיף** גברא לחדא לחדא והוו ליה GN 30:43
עתיד דיהי לעם רב **ותקיף** ויתברכון בדיליה בזכותיה GN 18:18
קדם ייי עד מיתנא לתמן: **ותקיף** ייי ית יצרא דלבא דפרעה EX 10:27
האילין קדם פרעה **ותקיף** ייי ית יצרא דלבא דפרעה EX 11:10
על כל רתיכא ורתיכא: **ותקיף** ייי ית יצרא דלבא דפרעה EX 14:8
ובכל מצראי: **ותקיף** ייי ית יצרא דלבה דפרעה EX 9:12
הימון רוח מערבא ואזלו: **ותקיף** ייי ית יצרא ולבא דפרעה EX 10:20
ואיתנסיסו גובריא **ותקיף** להום לחדא ארום קלנא GN 34:7
וספדו תמן מספד רב **ותקיף** לחדא ועבד לאבוי איבלא GN 50:10
והוה קל שופרא אזיל **ותקיף** לחדא משה הוה ממלל ומן EX 19:19
יתהון ולא ניסוק לתמן: **ותקיף** למשה לחדא ואמר קדם ייי NU 16:15
קליל דהוה לך עאן קדמי **ותקיף** לסגי ובריך ייי יתך בריגלי GN 30:30
לא אסבר אפין **ותקיף** לקין לחדא ואיתכבישו GN 4:5
ית ליבנא למימר עם רב **ותקיף** מיננא קירוין רברבן וכריכן DT 1:28
יתהון ואמני יתך לעם רב **ותקיף** מנהון: ואמר משה וישמעון NU 14:12
ורבעת לה תחות בלעם **ותקיף** רוגזא דבלעם ומחא ית NU 22:27
ואזל עם רברבי מואב: **ותקיף** רוגזא דייי ארום אזיל הוא NU 22:22
ולא איתפלגון להון: **ותקיף** רוגזא דייי בארעא ההיא DT 29:26
לארעא דיהב להון ייי: **ותקיף** רוגזא דייי ביומא ההוא NU 32:10
שלימו בתר דחלתא דייי: **ותקיף** רוגזא דייי בישראל NU 32:13
מתפרש בלא קיסמא **ותקיף** רוגזא דייי בישראל: ואמר ייי NU 25:3
למשתלחא בסוף יומיא: **ותקיף** רוגזא דייי במשה ואמר הלא EX 4:14
להון גבר לתרע משכניה **ותקיף** רוגזא דייי לחדא ובעיני NU 11:10
הי כמיתא אנא חשיבא: **ותקיף** רוגזא דיעקב ברחל ואמר עד GN 30:2
ולא אשכח צילמנייא: **ותקיף** רוגזא דיעקב ואידיין עם לבן GN 31:36
קדם ייי ושמיע קדם ייי **ותקיף** רוגזיה ודליקת בהון אישא NU 11:1
האילין עבד לי עבדך **ותקיף** רוגזיה: ונסיב עיטתא ריבוני GN 39:19
והוה תמן לאומא רבא **ותקיפא** ומסגיא: ואבאישו לנא DT 26:5
הדין: ופקיד ית יהושע **ותקיפהי** ואלימהי ארום הוא יעיבר DT 3:28
ייי לחייתא וסגו עמא **ותקיפו** לחדא: והוה כד דחילא EX 1:20
וכל עבדוי וכל מצראי **ותקיפו** על עמא בית ישראל EX 12:33
בחר לנא גוברין גיברין **ותקיפין** בפיקודיא ונצחני קרבא EX 17:9
שבעתי עממין סגיאין **ותקיפין** מינך: וימסרינון ייי אלקכון DT 7:1
ותרתון עממין רברבין **ותקיפין** מינכון: כל אתרא די תדרוך DT 11:23
לתרכא עממין רברבין **ותקיפין** מינכון מן קדמיכון DT 4:38
למירות עממין רברבין **ותקיפין** מנכון קירוין רברבן וכריכן DT 9:1
דרבית יוסף ברי דרבית **ותקיפת** וטוף הוה עלך למתקף GN 49:22
עיבורא וזבין למצראי **ותקף** כפנא בארעא דמצרים: וכל GN 41:56
ליטין כבלעם בר בעור: **ותקף** רוגזא דבלק בבלעם וטפח ית NU 24:10
כאורח כל ארעא **ותקף** רוגזא דייי עליה וקטליה ייי: GN 38:7
ואיתרמת מעל ארעא: **ותקפו** מיא וסגיאו לחדא על ארעא GN 7:18
נח ודעימיה בתיבותא: **ותקפו** מיא על ארעא מאה וחמשין GN 7:24
ותעביד עימכון קרב **ותקפון** עלה: וימסרינה ייי אלקכון DT 20:12

הא עמא בני ישראל סגין **ותקפין** יתיר מינן: איתון כדון EX 1:9
מיד מחהו ותושיט ידה **ותתקיף** בבית בהתתיה: ותקטעון DT 25:11
אין שנינא היא ברק סייפי **ותתקיף** בדינא ידי אחזור DT 32:41
אחוך ותמוט ידיה עימך **ותתקיף** ביה ותהניה דיור ויתותב LV 25:35
ולא אשכח: ואמרת לא **יתקוף** בעיני ריבוני ארום לית GN 31:35
וכדון לא תתנססון ולא **יתקוף** בעיניכון ארום זבינתון יתי GN 45:5
שריא ביניכון דילמא **יתקוף** רוגזא דייי אלקכון בכון DT 6:15
למשבק ליה ארום בכין **יתקוף** רוגזא דייי וחימתיה בבר DT 29:19
ארבעין: ואמר לא כדון **יתקוף** רוגזא דרבון כל עלמיא ייי GN 18:30
מן קדמך לא כדון **יתקוף** רוגזא דרבון כל עלמיא ייי GN 18:32
דאת חמי סבר אפיי **יתקוף** רוגזי בך ואמסור יתך ביד בני EX 10:28
מערבין כחדא דלא **יתקוף** רוגזי בכון וארשין פירי EX 34:26
במשמעיה דריבוני ולא **יתקוף** רוגזך בעבדך ארום מן GN 44:18
ייי אלקיה ואמר למא ייי **יתקוף** רוגזך בעמך דהנפקת EX 32:11
רבא: ואמר אהרן לא **יתקף** רוגזא דריבוני אנת ידעת ית EX 32:22
וחלב מערבין כחדא דלא **יתקף** רוגזי ואיבשיל עיבוריכון EX 23:19
איסתלק מיכא דילמא **יתקף** רתח רוגזי בעמא ואישיצינון EX 33:1
ישראל סנאיהון וישראל **יתקפון** בניכסין וירתונון: ויקום NU 24:18
במיא כדין ברך יוסף **יתקפון** לסגי בגו ארעא: וחמא יוסף GN 48:16
הי כעובד אבן טבא והי **כתקוף** שפר שמיא כד הינון ברירין EX 24:10
וייי אשלימינון: ארום לא **כתקיפהון** דישראל טעוותהון DT 32:31
סגי תקיפתא ועלך אית **למיתקוף** דאנת עתיד למחסן GN 38:29
סיגופי והכדין עתיד **למתקוף** בית אבא הכא GN 41:52
ותקיפת וטוף הוה עלך **למתקף** דכבשת יצרך בעובדא GN 49:22
יתיב תרע משכנא **לתוקפא** דיומא: וזקף עינוי וחמא GN 18:1
ותב ימא לעידוני צפרא **לתוקפיה** ומצראי ערקין כקבל EX 14:27
שמתא מן בגלל דיתוב ייי **מתקוף** רוגזיה ויכמור עליכון רחמין DT 13:18
מעל אפי ארעא תוב **מתקוף** רוגזך ויהוי תוהו קדמך על EX 32:12
למפטור ועד כדון אנת **מתקיף** בהון: הא מחת ידא דייי EX 9:2
פריקין ממצרים **תוקפא** ורומא תושבחא וגבורתא NU 24:8
ונשבחא קדם ייי ארום **תוקפא** ורומומתא דידיה הוא על EX 15:21
פריקין מן ארעא דמצרים **תוקפא** ורוממותא תושבחא NU 23:22
גביה ארום הוא שירוי **תוקפיה** ליה חזיא בכירותא: ארום DT 21:17
וטמע יתהון בימא דסוף: **תוקפן** ורב תושבחתן דחיל על כל EX 15:2
ניכסת חגא קדם אלהנא: **תיתקף** פולחנא עילוי גובריא EX 5:9
והדרת למתב לקדמותא **תקוף** איבריה דלא למשמשא עם GN 49:24
תריס סעודכון ודי חרביה **תקוף** גיוותנותכון ויתכדבון DT 33:29
וסבלינון ואשרינון על **תקוף** כרכי ארעא דישראל: מימרא DT 32:11
קדמי: ואיתבר ית איקר **תקוף** מקדשיכון ואיתן ית שמיא LV 26:19
והא נפק אחוי ואמרת מה **תקוף** סגי תקיפתא ועלך אית GN 38:29
בית ישראל ופחזו אצלחו **תקוף** קנון נכסין ושבקו פולחן DT 32:15
יתהון ותקברינון ויתוב **תקוף** רוגזא דייי מישראל: ואמר NU 25:4
חייבייא למוספא תוב על **תקוף** רוגזא דייי על ישראל: ארום NU 32:14
לארעא הדא מה הוה **תקוף** רוגזא רבא הדין: ויימרון מטול DT 29:23
דבביהון דעמך תגרי בהון **תקוף** רוגזך תגמר יתהון הי כנורא EX 15:7
למיזל ולא מן דחיליה **תקיף** אלהין בגין דממריה EX 3:19
הוא ייעול לתמן יתיה **תקיף** ארום הוא יחסיננא ית ישראל: DT 1:38
עלמא דאתי: והוה כפנא **תקיף** בארעא דכנען בר מכפנא GN 26:1
בדווי לבי קבורתא: וכפנא **תקיף** בארעא: והוה כד פסקו GN 43:1
עד לא פסק ורוגזא דייי **תקיף** ברשיעי עמא וקטל ייי בעמא NU 11:33
בידיהון ואמרין אבל **תקיף** דין למצרים בגין כן קרא GN 50:11
וכבש יצריה מן אולפן **תקיף** דקביל מן יעקב ומתמן זכא GN 49:24
כל ברייתא דהכין כתיב **תקיף** דשלמין עובדוי ארום כל DT 32:4
כדון חכימית ארום **תקיף** הוא ייי על כל אלקיא ארום EX 18:11
דיהי מן בתר כן ארום **תקיף** הוא לחדא: ומן בגלל דאיתני GN 41:31
בגני ית עמא הדין ארום **תקיף** הוא מיני לוואי איכול NU 22:6
למיסוק לות עמא ארום **תקיף** הוא מיננא: ואפיקו טיב ביש NU 13:31
מתל נבותיה ואמר מה **תקיף** הוא משרוייך די שוית NU 24:21
עד תחום בני עמון ארום **תקיף** הות רבת תחום בני עמון ועד NU 21:24
על שום קרתיה מגדל **תקיף** היא רומי חייבתא רבא עירם GN 36:43
ונטלו מדפקה ושרו בכרך **תקיף**: ונטלו מאתר תקיף ושרון NU 33:13
שמיא ואעביד יתך לעם **תקיף** וסגי מנהון: וכוונית ונחתית DT 9:14
יתהיה ליממת באתר **תקיף** וקשי דבמדברא דצוק דהוא LV 16:10
בכרך תקיף: ונטלו מאתר **תקיף** ושרון ברפידים ומטול דרפון NU 33:14
חמיר באורייא לשבט **תקיף** ידע בעני בזימניא והוא מרבע GN 49:14
קרא אפרים ארום אמר **תקיף** יתי ייי בארע סיגופי והכדין GN 41:52
נרגוז יתהון: ארום קידום **תקיף** כאישא נפק מן קדמי ובערת DT 32:22
דאחוי: בנימין שיבט **תקיף** כדיבא טרפיה בארעיה תשרי GN 49:27
ייי ית ימא ברוח קידומא **תקיף** כל ליליא ושוי ית ימא נגיבא EX 14:21
לענא דלעבדך ארום **תקיף** כפנא בארעא דכנען וכדון GN 47:4
לאיתותבא תמן ארום **תקיף** כפנא בארעא: והוה כמא GN 12:10
עיבורא מן יוסף ארום **תקיף** כפנא בכל ארעא: וחמא יעקב GN 41:57
לית בכל ארעא ארום **תקיף** כפנא לחדא ואישתלהון GN 47:13
ואיתי עירבוב חיות ברא **תקיף** לבית פרעה ולבית עבדוי EX 8:20

למיזל לדרומא: ואברם **תקיף** לחדא בגיתי בכספא ובדהבא: GN 13:2
מתקפצא בגו ברדא **תקיף** לחדא דלא הוה דכותיה בכל EX 9:24
מן אוצרי שמייא ברדא **תקיף** לחדא דלא הוי דכוותא EX 9:18
על טוורא וקל שופרא **תקיף** לחדא וזע כל עמא די EX 19:16
הוון לבני ראובן ולבני גד **תקיף** לחדא וחמון ית ארעא NU 32:1
בתורי ובענא מותא **תקיף** לחדא: ויעבד ייי פלאין בין EX 9:3
ייי ית רוחא ממערבא **תקיף** לחדא ונטל ית גובא וטלקיה EX 10:19
ושרא בכל תחום מצרים **תקיף** לחדא קודמוי לא הוה כדין EX 10:14
ואמר ייי לקין למה **תקיף** לך ולמה איתכבישו איקונין GN 4:6
מקריב כד ימלוך מליך **תקיף** מדבית יעקב ויתרבי משיחא NU 24:17
ויתרבי משיחא ושיבט **תקיף** מישראל ויקטל רברבני NU 24:17
ואמר קין קדם ייי סגי **תקיף** מרודי מלמסובלא ברם יוכלא GN 4:13
מצראי גבר חקליה ארום **תקיף** עליהון כפנא והות ארעא GN 47:20
ודין איבה: לחוד ארום **תקיף** עמא דיתיב בארעא וקירויא NU 13:28
קלין דרעים וברקין ועננא **תקיף** קטיר על טוורא וקל שופרא EX 19:16
וישיצי שיז ויצדי וקיסרין **תקיף** קירוי עממיא: וחמא ית דבית NU 24:19
מכוור ורמתא: וית כרכא **תקיפא** בבית נימרין וית בית הרן NU 32:36
בהון אבהתכון: דחלת **תקיפא** דברא יתכון אתנשתון DT 32:18
דברא יתהון וארגיזו קדם **תקיפא** דפרקינון: דקנון יתיה DT 32:15
הוא דחלתהון דישראל **תקיפא** דרחיצו ביה: דתריב DT 32:37
יתכון מתמן בידא **תקיפא** ובדרע מרמם בגין כן פקדך DT 5:15
ייי אלקכון הוא דיינא **תקיפא** ומהימנא נטיר קיימא וטיבו DT 7:9
דמצרים בחיל רב ובידא **תקיפא**: למא דין יימרון מצראי EX 32:11
דעממייא ארום **תקיפהון** דישראל כד יחובון מייתי DT 32:31
ליה מימרא דייי ית כל **תקיפי** ארעא ית גבורן דעתיד DT 34:1
אתבהלון רברבני אדומאי **תקיפי** מואבי אחדת יתהון רתיתא EX 15:15
דבעשתרות קרנים וית **תקיפיא** דבהמתא וית אימתני GN 14:5
טליותהון הכדין יהוון **תקיפין** בסיבותהון: לית אלקא DT 33:25
באורייתא: ארום מילין **תקיפין** הי כאישא נפקין מפמי NU 21:28
דמלבלבין מטינרין **תקיפין**: יהב להון לוואי שמיני תורין DT 32:13
סגיאת וחובתהון ארום **תקיפת** לחדא: אתגלי כדון ואחמי GN 18:20
קדמי וארתח רגז אישתא **תקיפתא** בהון ואישיצינון ואעבד EX 32:10
ית רבותך וית גבורת ידך **תקיפתא** דאת הוא אלקא ולא אית DT 3:24
ישראל ית גבורת ידא **תקיפתא** די עבד ייי בה ניסין EX 14:31
ממצרים בגבורת אידא **תקיפתא**: הוי דכיר לעבדך לאברהם DT 9:26
ארעיה: ולכל גבורת ידא **תקיפתא** היך סובר ית חוטרא DT 34:12
בפומך ארום בחיל ידא **תקיפתא** הנפקך ייי ממצרים: EX 13:9
ייי ממצרים בידא **תקיפתא** ובדרע מרממא ובחזונא DT 26:8
דייי ממצרים בידא **תקיפתא**: וגרי מימרא דייי אתין DT 6:21
ותימהיא וגבורת ידא **תקיפתא** וניצחנות אדרע מרממא DT 7:19
בחיל רב ובידא **תקיפתא**: וסרב אדומאה למשבוק NU 20:20
ואמרת מה תקוף סגי **תקיפתא** ועלך אית לְמיתקוף דאנת GN 38:29
לפרעה ארום בידא **תקיפתא** ופטורינון ובידא תקיפתא EX 6:1
אפיק יתכון פריקין בידא **תקיפתא** ופרקכון מבית שעבוד DT 7:8
ופטורינון ובידא **תקיפתא** יתריכינון מן ארעיה: EX 6:1
ליצחק איזל מעימנא ארי **תקיפתא** מיננא בניכסין לחדא: ואזל GN 26:16
ית רבותיה וית ידיה **תקיפתה** ודרעיה מרמם: ית אתותיה DT 11:2
ומשוור קדם עמא ומן יד **תקף** רתח רוגזיה דמשה וטלק מן EX 32:19
לקיין וחובתהון דעמך **תקפא** וסלקא: ואמר בטלנין אתון EX 5:16
סחיא על אנפי מיא: ומיא **תקפו** לחדא על ארעא ואיתחפיאו GN 7:19
חמיסירי גרמידין מלעיל **תקפו** מיא ואיתחפיאו טוורייא: GN 7:20
קדם ייי אלקכון: ארום **תקפון** על קרתא כל יומי שבעתא DT 20:19
הוון סגן והכדין הוון **תקפין** ואיתיעקו מצראי בחייהון EX 1:12
דייי אלקך יהיב לך לא **תתקף** ית לבבך ולא תימנע ית DT 15:7

תרבא (53)

קדם ייי ית פריסותא **דתרבא** דחפי ית כריסא וית כל LV 3:3
יעבר יתיה וית פריסותא **דתרבא** דחפי ית כריסא וית כל LV 3:9
קדם ייי ית פריסותא **דתרבא** דחפי ית כריסא וית כל LV 3:14
יפריש מיניה ית פריסותא **דתרבא** דחפי ית כריסא וית כל LV 4:8
וית רישא וית פריסותא **דתרבא** על קיסין דעל אישתא דעל LV 1:8
תקיפא דרחיצו ביה: **דתריב** נכסתהון הוון אכלין שתן DT 32:38
ואימר ועיזא לא תיכלון: **ותריב** חיוא דמיקלקלא בשעת LV 7:24
ודימתנבלא במותנא **ותריב** חיוא תבירא אפשר דיתעבד LV 7:24
תרביה יסיק למדבחא הי **כתרב** ניכסת קודשיא ויכפר עלוי LV 4:26
ויכפר עלוי ועל עמיה: וית **תרבא** דחטאתא יסיק למדבחא: LV 16:25
לכפרא עלוי: ונסיב ית כל **תרבא** דעל בני גווא וית חצר כבדא LV 8:16
תרבא וית אליתא וית כל **תרבא** דעל בני גווא וית חצר כבדא LV 8:25
דחפי ית כריסא וית כל **תרבא** דעל כריסא: וית תרתין LV 3:3
דחפי ית כריסא וית כל **תרבא** דעל כריסא: וית תרתין LV 3:9
דחפי ית כריסא וית כל **תרבא** דעל כריסא: וית תרתין LV 3:14
דחפי ית כריסא וית כל **תרבא** דעל כריסא: וית תרתין LV 4:8
וית תרתין כוליין וית **תרבא** דעליהון דעל כפלי וית LV 3:4
וית תרתין כוליין וית **תרבא** דעליהון דעל כפלי וית LV 4:9
וית תרתין כוליין וית **תרבא** דעליהון דעל כפלי וית LV 7:4
וית תרתין כוליין וית **תרבא** דעליהן דעל כפלי וית חצרא LV 3:10
וית תרתין כוליין וית **תרבא** דעליהן דעל כפלי וית חצרא LV 3:15
חזור חזור: ונסיב ית **תרבא** וית אליתא וית כל תרבא LV 8:25
ית רישא וית פסגויא וית **תרבא**: וית בני גווא וית ריגלאה LV 8:20
ליסודא דמדבחא: וית כל **תרבא** יעבר היכמא דאיתעדא תריב LV 4:35
בתרע משכן זימנא ויסיק **תרבא** לאתקבלא ברעוא קדם ייי: LV 17:6
קדם ייי: ויסק כהנא ית **תרבא** למדבחא ויהי חדיא לאהרן LV 7:31
בר נשא ההוא דייכול ית **תרבא** מעמיה:: כל בר נש דייכול כל LV 7:25
מניכסת קודשיה ית **תרבא** שומנוניתא דעל חדיא וית LV 7:30
ליסודא דמדבחא: וית כל **תרבה** יעבר היכמא דאיתעדא תריב LV 4:31
וית תרתין כוליין וית **תרבהון** וית שקא דימינא: ומסלא LV 8:25
וית תרתין כוליין וית **תרבהן** ואסיק משה למדבחא: וית LV 8:16
יקרב מינה ית אליתא וית **תרבי** דחפי ית בני גווא: וית תרתין LV 7:3
עלה עלתא ויסיק עלה **תרבי** ניכסת קודשיא: אישתא LV 6:5
גבי מדבחא ית עליא וית **תרביא** וחמון כל עמא ואודון LV 9:24
חדא ועריך חד ושוי על **תרביא** ועל שקא דימינא: וסדר ית LV 8:26
דארמותא על קורבני **תרביא** ייתון לארמא ארמא קדם ייי LV 10:15
על חדוותא ואסיק **תרביא** למדבחא: וית חדוותא וית LV 9:20
על מדבחא חזור חזור: וית **תרביא** מן תורא ומן דיכרא אליתא LV 9:19
וחצר כבדא: ושוייו ית **תרביא** על חדוותא ואסיק תרביא LV 9:20
דמדבחא דעלתא: וית כל **תרביה** יסיק למדבחא הי כתרב LV 4:26
משכן זימנא: וית כל **תרביה** יפריש מיניה ויסיק למדבחא: LV 4:19
מדבחא חזור חזור: וית כל **תרביה** יקרב מינה ית אליתא וית LV 7:3
יעבר היכמא דאיתעדא **תריב** אימר מניכסת קודשיא ויסיק LV 4:35
למכפרא עלוי: וית **תריב** וית כוליין וית חצרא מן LV 9:10
בכל מותבניכון כל **תריב** וכל אדם לא תיכלון ברם על LV 3:17
לכל עיבדתא ברם **תריב** חיוא דמיכשרא יתסק על LV 7:24
אדם נכסת קודשיא וית **תריב** מן בני אהרן דיליה תהי שקא LV 7:33
ארום כל דייכול **תריב** מן בעירא דמתכשרא למקרב LV 7:25
יעבר היכמא דאיתעדא **תריב** מעילוי ניכסת קודשיא ויסק LV 4:31
לאתקבלא ברעוא כל **תריב** קדם ייי: קים עלם לדריכון LV 3:16
עם בני ישראל למימר כל **תריב** תור ואימר ועיזא לא תיכלון: LV 7:23
משכן זימנא: וית כל **תריב** תורא דחטאתא יפריש מיניה LV 4:8
תדרוק על מדבחא וית **תריבהון** תסיק קורבן דמתקבל NU 18:17

תרגם (3)

ומפרש מתקרי בחד לישן **ומיתרגם** בשיבעין לישנין: ומליל DT 27:8
קודשא ארום הוה מנשה **למתורגמן** ביניהום: וחזר מלוותהון GN 42:23
עם עמא ויהי הוא יהוי לך **למתורגמן** ואנת תהוי ליה לרב EX 4:16

תרוג (1)

דחגא פירי אילן משבח **תרוגין** ולולבין והדסין וערבין LV 23:40

תרח (1)

עליכון ומכען ביש לכון **לאיתרחא** בטוורא הדין: איתפיניאו DT 1:6

תרי (10)

וברא ייי אלקים ית אדם **בתרין** יצרין ודבר עפרא מאתר בית GN 2:7
ברם מיפק נפק יעקב **בתרתין** טיפוזין מלות אנפי יצחק GN 27:30
ארבעין סאוין וסוברינון **בתרתין** ידוי למיחמיהון דכולהון DT 34:12
וקריבו יתיה בתר **דאתרו** ביה ותלש סהדיא דהשכחו NU 15:33
שבעתי יומין:: במטללתא **דתרי** דופנייהא כהילכתהון LV 23:42
מעלת מרא וית קרתא **דתרין** שוקהא מכבשן במרמירא NU 32:37
הינון: ואילין שמהתן **דתריסר** גובריא מאללייא לשיבטא NU 13:4
ובידא דאינתתיה ובידא **דתרתין** ברתוי בדחייסא מן קדם ייי GN 19:16
דלאה ובמשכניהון **דתרתין** לחינתא ולא אשכח ונפק GN 31:33
ויחמי כהנא והא מכתשא **כתרין** מן אבני ביתא דליה ארבע LV 14:37

תרי (531)

ותרחמון ית ייי אלקכון **בתרי** יצרי ליבכון ואפילו נסיב ית DT 6:5
עלוי איקר שכינתא דייי **בתרין** אלפין רבוון דמלאכין DT 34:5
וארע יתי סקול כאילין **בתרין** בניי הלא מעשרא תניינא LV 10:19
ובחמרא ובכל ברייתא **בתרין** זינין קטירין כחדא: לא תהוון DT 22:10
או הי כמזג חמר סמוק **בתרין** חולקין דמוי אדם מסאב הוי LV 15:19
דפקיד ייי יתכון: ואחדית **בתרין** לוחיא וטלקתינון מעילוי DT 9:17
אוחרן יכוס יתה קדמוי **בתרין** סימניא כמישאר בעירן NU 19:3
וית חדיא כד מחתך **בתרין** עילעין מיכא ותרין עילעין LV 7:30
לאסקופא עילאה מלבר **ולתרין** סיפייא מן אדמא דבמן EX 12:22
עירובין חד לחטאתא **ותרין** אימרין בני שנה לנכסת LV 23:18
עירובין חד לחטאתא **ותרין** אימרין בני שנה לנכסת LV 23:19
מבר ירחא ולעילא עשרין **ותרין** אלפין: ואמר ייי למשה מני כל NU 3:39
שבעין קנטירין **ותרין** אלפין וארבע מאה סילעין: EX 38:29
דכורא כל נפשתא תלתין **ותרין** אלפין: והות פלגותא חולק NU 31:35
אלפין: ותורי שובעין **ותרין** אלפין: וחמרי שיתין וחד NU 31:33
לסכומהון עשרין **ותרין** אלפין וחמש מאה איליין בנוי NU 26:37
גניסתא דשמעון עשרין **ותרין** אלפין ומאתן: בנוי דגד NU 26:14
לשבטא דמנשה תלתין **ותרין** אלפין ומאתן: לבנוי דבנימין NU 1:35
מנשה וסכומהון חמשין **ותרין** אלפין ושבע מאה: אילין בני NU 26:34
דשיבטיה שיתין **ותרין** אלפין ושבע מאה: ודישרן NU 2:26

לשבטא דדן שיתין **ותרין** אלפין ושבע מאה: לבנוי NU 1:39
לסכום מניינהון עשרין **ותרין** אלפין מאתן ושובעין ותלתא: NU 3:43
בגיני קביל בגין אינתתך **ותרין** בנהא דעימה: ונפק משה EX 18:6
לשמא דייי שובעין **ותרין**: וחמרי תלתין אלפין וחמש NU 31:38
בציר מנהון שית מאה **ותרין** ושובעין חולקי שעתא ומן GN 1:16
וחולק חד מן אינתתיה **ותרין** חולקין מן תרין בנוי ושתיו GN 43:34
לוחא חד לתרין צירוי **ותרין** חומרין תחות לוחא חד EX 26:19
חומרין תחות לוחא חד **ותרין** חומרין תחות לוחא חד: EX 26:21
לוחין תחות לוחא חד **ותרין** חומרין תחות לוחא חד: EX 26:25
לוחא חד לתרין צירוי **ותרין** חומרין תחות לוחא חד EX 36:24
חומרין תחות לוחא חד **ותרין** חומרין תחות לוחא חד: EX 36:26
חד רדיף אלף מנהון **ותרין** יעירקון לריבותא מנהון DT 32:30
ונחת משה מן טוורא **ותרין** לוחי סהדותא בידיה לוחין EX 32:15
וטוורא דליק באישתא **ותרין** לוחי קימא על תרין ידיי: DT 9:15
קמאי וסלקית לטוורא **ותרין** לוחיא בידי: וכתב על לוחיא DT 10:3
מיחת משה מן טוורא **ותרין** לוחיא דסהדותא בידא EX 34:29
מערבא עבד שיתא לוחין: **ותרין** לוחין עבד לזיוית משכנא EX 36:28
תעביד שיתא לוחין: **ותרין** לוחין תעביד לזיוויית משכנא EX 26:23
ויהון תלתא לדיינין **ותרין** לסהדין ותימר בלישן בית DT 25:7
לה תרין עממין במעייכי **ותרין** מלכוון ממעייכי יתפרשון GN 25:23
יהון מבינך דאולידתא **ותרין** מלכין תוב מינך יפקון: וית GN 35:11
סליק לשמיה מרומא **ותרין** מנהון אודיקו על אנפי סדום GN 18:16
מנהון מקרבין תרי תרי **ותרין** מנהון חד חד שלמין יהון: NU 29:13
לשמא דייי תלתין **ותרין** נפשן: ויהב משה ית סכום NU 31:39
ליה והוא רכיב על אתניה **ותרין** עולימוי יניס וימריס עימיה: NU 22:22
בתרין עילעין מיכא **ותרין** עילעין מיכא לוקבל אפקותא LV 7:30
תלתא עשרונין לתורא **ותרין** עשרונין לדיכרא: ועשרונא חד NU 29:3
תלתא עשרונין לתורא **ותרין** עשרונין לדיכרא תעבדון: NU 28:20
במשח זיתא לתורא חד **ותרין** עשרונין סמידא דמנחתא NU 28:12
אימרין בני שתא שלמין **ותרין** עשרונין סמידא למנחתא NU 28:9
למיתב לעיבידת משכנא **ותרין** שירין יהב על ידהא מתקל GN 24:22
ולוגא דמשח זיתא: **ותרין** שפנינין רברבין או תרין גוזלין LV 14:22
לירחא ברמשא דעשרין **ותרין** תיכלון חמיע: שובעא יומין EX 12:18
מדבחא בשיפולי טוהא **ותריסירי** קמן לתריסירי שיבטיא EX 24:4
חדא מנהון מקרבא תרי **ותריסר** מנהון חד חד: ומנחתהון NU 29:29
עלמא ושית אימהתא **ותריסר** שיבטוי דיעקב ומן יד דבר EX 14:21
עגלן כד מחפן ומטקסן **ותריסר** תורין עגלתא ביני תרין NU 7:3
כל יומי שת תשע מאה **ותרתי** סירי שנין ומית: וחיא אנוש GN 5:8
עיזקן על סיטריה חד **ותרתי** עיזקן על סיטרי תיניין: ועבד EX 37:3
וחיא ירד מאה ושיתין **ותרתי** שנין ואוליד ית חנוך: וחיא GN 5:18
רבוון דמלאכין ובארבעין **ותרתין** אלפין ארתכין דנור כלילא DT 34:5
ואמתא פותייה מרבע **ותרתין** אמין רומיה מיניה הוון EX 37:25
ואמתא פותיה מרבע יהי **ותרתין** אמין רומיה מיניה יהון EX 30:2
ויתיב במערתא הוא **ותרתין** בנתיה: ואמרת רבתא GN 19:30
מן זוער ויתיב בטוורא **ותרתין** בנתיה עימיה ארום הווה GN 19:30
תרתין מרמצן דדהב **ותרתין** עיזקן דדהב ויהבו ית EX 39:16
ליה דיר דדהב חזור חזור: **ותרתין** עיזקן דדהב עבד ליה מלרע EX 37:27
ליה זיר דדהב חזור חזור: **ותרתין** עיזקן דדהב תעביד ליה EX 30:4
על ארבע אסתוורוי **ותרתין** עיזקן על סיטריה חד EX 37:3
על ארבע איזתוורוי **ותרתין** עיזקן על ציטריה חד EX 25:12
עיזקן על ציטריה חד **ותרתין** עיזקן על ציטריה תיניינא: EX 25:12
שלילא דליה תרין רישין **ותרתין** שדראין הואיל ולית בזיניה DT 14:7
ותעביד מרמצן דדהב: **ותרתין** שישלן דדהב דכי מתחמן EX 28:14
ית למך שבע מאה ותמנן **ותרתין** שנין ואולד בנין ובנן: והוו כל GN 5:26
וחיא למך מאה ותמנן **ותרתין** שנין ואולד בר: וקרא ית GN 5:28
בנין ובנן: וחיא רעו תלתין **ותרתין** שנין ואולד ית שרוג: וחיא GN 11:20
עקרא הוות גביה עשרין **ותרתין** שנין ואתהפיך בגיניה GN 25:21
למיהוי כפנא ארבעין **ותרתין** שנין ובזכותיה דיעקב GN 50:3
ירד תשע מאה ושיתין **ותרתין** שנין ומית: וחיא חנוך שתין GN 5:20
מטרתא דיכרין תרין **לתרי** מטרתא אימרא בני שנא NU 29:26
מטרתא דיכרין תרין **לתרי** מטרתא אימרין בני שנא NU 29:17
מטרתא דיכרין תרין **לתרי** מטרתא אימרין בני שנא NU 29:20
מטרתא דיכרין תרין **לתרי** מטרתא אימרין בני שנא NU 29:23
מטרתא דיכרין תרין **לתרי** מטרתא אימרין בני שנא NU 29:29
מטרתא דיכרין תרין **לתרי** מטרתא אימרין בני שנא NU 29:32
חדא היכדין יהי **לתריהון** לתרין זיוויין יהון: ויהון EX 26:24
חדא היכדין עבד **לתריהון** לתרתין זיוויין: והוון EX 36:29
ית עריתא דאבוי ותני **לתרין** אחוי בשוקא: ונסב שם ויפת GN 9:22
ויהי אין לא יהימנון אוף **לתרין** אתייא האילין ולא יקבלון EX 4:9
תרין עשרונין לדיכרא חד **לתרין** דיכרין: ועשרונא עשרונא NU 29:14
חדא היכדין יהי לתריהון **לתרין** זיוויין יהון: ויהון תמנייא EX 26:24
אחסנת בנוי דשמעון **לתרין** חולקין חולק חד יפוק ליה GN 49:7
ביום שתיתאה לחים **לתרין** יומין שרון גבר באתריה ולא EX 16:29
ית כל דעבד ייי אלקך **לתרין** מלכיא האילין הכדין יעביד DT 3:21

ענא וית תורי וגמלייא **לתרין** משרויין למוהבות לאה GN 32:8
כיתפין מלפפן יהוון ליה **לתרין** סיטרוי ויתלפף: והמיין EX 28:7
חומרין תחות לוחא חד **לתרין** צירוי: וליסטר משכנא EX 26:19
חומרין תחות לוחא חד **לתרין** צירוי: ולסטר משכנא תניינא EX 36:24
חומרין תחות לוחא חד **לתרין** צירוי ותרין חומרין תחות EX 26:19
חומרין תחות לוחא חד **לתרין** צירוי ותרין חומרין תחות EX 36:24
טורא ותריסירי קמן **לתריסירי** שיבטיא דישראל: ושדר EX 24:4
ימא נגיבא ואתבזעו מיא **לתריסר** בזיען כל קבל תריסר EX 14:21
תורין בני תורי תריסר **לתריסר** מטרתא דיכרין תרין לתרי NU 29:17
בני שנא ארבסר שלמין **לתריסר** מטרתא תרי מנהון מקרבין NU 29:26
גבר מרגליתיה על שמיה **לתריסר** שבטיא: ועבדו על חושנא EX 39:14
יתה תריסירי גריצן שווין **לתריסר** שבטיא תרי עשרונין תהי LV 24:5
תרתיסרי עינוון דמיין **לתריסר** שיבטין ושובעין דיקלין NU 33:9
סגיאין ויפישינך ויסגינך **לתריסר** שיבטין ותהי זכי לכינשת GN 28:3
על שמיה תהוויין **לתריסר** שיבטין: ותעבד על חושנא EX 28:21
לוגין לוגא לכל שיבטא **לתריסר** שיבטין: ותעביד יתיה EX 30:24
היכדין עבד לתריהון **לתרתין** זיוויין: והוון תמניא לוחין EX 36:29
ירדנא הדין וכדין הוינא **לתרתין** משרוין: שיזבני כדון מן יד GN 32:11
דיצלון עשרא עשרא **לתרתין** קוריין ולתלת שבוק להום GN 18:31
מאתריה לטיילא לבר **מתרין** אלפין גרמידי ביומא EX 16:29
נבואה עבד ית כרוביא **מתרין** סיטרוי: והוון כרוביא פריסין EX 37:8
דדהב דכי נגיד עבד יתהון **מתרין** סיטרי כפורתא: כרובא חד EX 37:7
לחריבא שנינא אכלה **מתרין** סיטרין אתקין בגוה זיקוקין GN 3:24
תעביד ית כרובייא **מתרין** ציטרוי: ויהון כרוביא פריסו EX 25:19
דכי נגיד תעביד יתהון **מתרין** ציטרי כפורתא: ועיבד כרובא EX 25:18
בידיה לוחין כתיבין **מתרין** ציטריהון מיכא ומיכא אינון EX 32:15
עד רמשא: ואיתתא **פניתא** די ישמש גבר עימה שכבת LV 15:18
ושמין אימרא איתבחר **תיניין** בגין מדכר זכות מדכר ישירא LV 22:27
פתיכא במשח זיתא ותור **תיניין** בר תורי תיסב לחטאתא: NU 8:8
ותרתי עיזקן על סיטרי **תיניין**: ועבד אריחי דקיסי שיטא EX 37:3
על חובי ליליא וית אימר **תיניין** תעבד ביני שימשתא NU 28:4
שמעון ולוי: ושום סידרא **תיניינא** איזמורד וספירינון וכדכודין EX 28:18
שמעון ולוי: ושום סידרא **תיניינא** איזמורד וספירינון וכדכודין EX 39:11
ית משה: וקריב ית דיכרא **תיניינא** דכר אשלמותא דשלים LV 8:22
לירחא דאייר הוא ירחא **תיניינא** דמן שתא תנייתא ליזמן NU 1:1
פיסחא קדם ייי: בירחא **תיניינא** הוא ירחא דאייר בארביסר NU 9:11
בחלא: ונפק ביומא **תיניינא** ואודיק והא דתן ואבירם EX 2:13
לירחא דאייר הוא ירחא **תיניינא** ואיתייחסו על זרעייתהון NU 1:18
ותרתין עיזקן על ציטריה **תיניינא**: ותעביד אריחי דקיסי EX 25:12
כד איתגלי למיברי עלמא **תיניינא** כד איתגלי על אברהם EX 12:42
שיעבוד עבדיא: דבירא **תיניינא** כד הוה נפיק מן פום EX 20:3
במדברא דסיני בשתא **תיניינא** לזמן מיפקהון מארעא NU 9:1
לירחא דאייר הוא ירחא **תיניינא** למיפיקהון מארעא EX 16:1
צירוי: וליסטר משכנא **תיניינא** לרוח ציפונא עשרין לוחין: EX 26:20
תלתא: ולעיברא **תיניינא** מיכא ומיכא לתרע דרתא EX 38:15
אוחרי: ותיכלון מעשרא **תיניינא** קדם ייי אלקכון באתרעא DT 14:23
בצפרא וית אימרא **תיניינא** תעביד ביני שימשתא: EX 29:39
לאימרא חד: וית אימרא **תיניינא** תעביד ביני שימשתא הי EX 29:41
דיריעתא דבבית ליפופה **תיניינה** מכוונן ענובייא חדא כל EX 26:5
ויסגירינה שובעא יומין **תיניינות**: ויחמי כהנא בתר דחוורו LV 13:54
קמאה לליואי מעשרא **תינייניא** לגיורי ליתמא ולארמלא DT 26:13
כל מצראי לוותיה בשתא **תינייתא** ואמרו ליה לא נכסי מן GN 47:18
אתי בתרן: ופקיד אוף ית **תניין** אוף ית תלתאיי אוף ית כל GN 32:20
יתהון ולא פרש נס **תניין** דאסתתם פומהון ולא צווחין NU 25:8
והוה רמש והוה צפר יום **תניין**: ואמר אלקים יתכנשון מיין GN 1:8
שימשתא יקרבון אימר **תניין** וברמשא יהון מפלגין מותר GN 49:27
דיריעתא בבית ליפופה **תניין**: חמשין ענובין תעביד EX 26:4
חטאתא הוא: וית עוף **תניין** יעבד עלתא הי כהלכת עופא LV 5:10
רקיעין דיברא ייי ביום **תניין** לבריאת עלמא ומתחינון NU 24:6
קומוי דאיתבריין ביום **תניין** לבריית עלמא נעבד אדם GN 1:26
זלפה אמתה דלאה בר **תניין** ליעקב: ואמרת לאה תושבחא GN 30:12
בלהה אמתא דרחל בר **תניין** ליעקב: ואמרת רחל מדחקא GN 30:7
וית כל בית אבא: וית שום **תניין** קרא אפרים ארום אמר תקיף GN 41:52
קדם ייי: וית אימר **תניין** תעביד ביני שמשתא הי NU 28:8
בתרין בניי הלא מעשרא **תניינא** איתפקד די לא למיכול LV 10:19
למללא עימיה ניסא **תניינא** ארבעתי אבניא דשוי GN 28:10
הוא ירחא דניסן בשתא **תניינא** בחד לירחא איתקם משכנא: EX 40:17
טבין דבורלין: ושום נהרא **תניינא** גיחון הוא דמקיף ית כל GN 2:13
וחמר ניסוכא: וביומא **תניינא** דחגא דמטליא תקרבון NU 29:17
שנין לחיי נח ביירחא **תניינא** הוא ירח מרחשון דעד כדון GN 7:11
בשתא תנייתא בירחא **תניינא** הוא ירחא דאייר בעשרין NU 10:11
קמאה לליואי מעשרא **תניינא** הוא מעשר מסכיניא DT 26:12
נגרין ללוחא סטר משכנא **תניינא** וחמשא נגרין ללוחי סטר EX 36:32
נגרין ללוחי צטר משכנא **תניינא** וחמשא נגרין ללוחי צטר EX 26:27

ייי הוא: ותיסב ית דיכרא **תניינא** ויסמוך אהרן ובנוי ית ידיהון EX 29:19
דיריעתא דבית לופי **תניינא:** ועבד פורפין דנחשא חמשין EX 36:17
דיריעתא בבית ליפופה **תניינא:** ותעביד פורפין דנחש EX 26:10
דיריעתא בית לופי **תניינא:** חמשין ענובין עבד בירעתא EX 36:11
ונפלו קדמיי ובזימנא **תניינא** לא משתכח עימי אגרא GN 15:1
צירוי: ולסטר משכנא **תניינא** לרוח ציפונא עבד עשרין EX 36:25
ומשה סליק ביומא **תניינא** לריש טוורא וקרא ליה ייי EX 19:3
דיריעתא דבית לופי **תניינא** מכוונן ענוביא חדא לקבל EX 36:12
אטיפת אדמא ובזימנא **תניינא** נפקו מיין סגיאין ואשתיאת NU 20:11
נחשון בר עמינדב: ביומא **תניינא** קריב ית קורבניה נתנאל בר NU 7:18
קני מנרתא מציטרא **תניינא:** תלתא כלידין משקעין EX 25:32
קני מנרתא מסיטרא **תניינא:** תלתא כלידין משקעין EX 37:18
יתיה ביומא שביעאה **תניינות** והא עמא מכתשא לא הליך LV 13:6
ודמוך וחמא חלמא **תניינות** והא שבעא תובלי סלקן GN 41:5
מיניה מכתשא ויצטבע **תניינות** וידכי: דא אורייתא דמכתש LV 13:58
כהנא שבעא יומין **תניינות:** ויחמי כהנא יתיה ביומא LV 13:5
קידומא: ותתקעון יבבתא **תניינות** ויטלון משירייתא דשרן NU 10:6
לכהנא לדכותיה ויתחמי **תניינות** לכהנא: ויחמי כהנא והא LV 13:7
מלאכא דייי לאברהם **תניינות** מן שמיא: ואמר במימרי GN 22:15
תשוי מדורין תתאין **תניינין** ותליתאין תעבדינה: ואנא GN 6:16
ייי אלקכון: והוה בשתא **תנייתא** בירחא תניינא הוא ירחא NU 10:11
וארכיב יתיה ברתיכא **תנייתא** דלפרעה והוו מקלסין GN 41:43
ירחא תיניינא דמן שתא **תנייתא** ליזמן מיפקהון מארעא NU 1:1
דמשתיירין על מרגליתא **תנייתא** מסדרין הי כילדותהון: עובד EX 28:10
נשין שום חדא עדה ושום **תנייתא** צלה: וילידת עדה ית יבל GN 4:19
אישתא וית סכינא ואזלו **תרוויהום** כחדא: ואמר יצחק GN 22:6
אסכטלא ושויו על כתף **תרוויהון** ואזלו מאחזריין וכסיו ית GN 9:23
הוה גזר בתנאה דאתנייו **תרוויהון:** ונסיבת צפורה טינרא EX 4:24
לבישרא חד: והוו **תרוויהון** חכימין אדם ואינתתיה GN 2:25
קדם ייי אלקכון אוף **תרוויהון:** לא תרבי מדילך לחברך DT 23:19
ויתחבר באינתתיה ויהון **תרוויהון** לבישרא חד: והוו תרוויהון GN 2:24
דקטליה קין ואיטרדו **תרוויהון** מן אפי אדם וחוה כל יומי GN 27:45
ואחך וידינון קשוט בין **תרווינן:** דנן עשרין שנין אנא גבך GN 31:37
אימרא לעלתא ברי ואזלו **תרויהום** בלב שלים כחדא: ואתו GN 22:8
מבוע אדמהא וישתיצון **תרויהון** במותנא מגו עמהון: ועריית LV 20:18
גבר חורן ויתקטלון אוף **תרויהון** גברא דמשמש עם איתתא DT 22:22
וקרא אהרן ומרים ונפקו **תרויהון:** ואמר שמועו בבעו פתגמיי NU 12:5
עימה ואכל: ואתנהרן עיני **תרויהון** וידעו ארום ערטילאין GN 3:7
דאתנגיד פרזלא כשיעור **תרויהון** ולא אשתליפו מיניה נס NU 25:8
לברא והוה כד נפקו **תרויהון** לברא עני קין ואמר להבל GN 4:8
מתמן למה אתכל אוף **תרויכון** יומא חד דאנת מתקטל GN 27:45
הבל אחוהי איתא וניפוק **תרוינן** לברא והוה כד נפקו תרויהון GN 4:8
לבית עינא וסב לי מתמן **תרי** גדיי עזין שמינין חד לשום GN 27:9
מנהון מקרבין תרי **תרי** וארבע מנהון חד חד: ומנחתהון NU 29:17
מנהון מקרבין תרי **תרי** ושית מנהון חד חד: ומנחתהון NU 29:20
שיתא מנהון מקרבין תרי **תרי** ותרין מנהון חד חד שלמין יהון: NU 29:13
חדא מנהון מקרבא **תרי** ותריסר מנהון חד חד: NU 29:29
דמפקין סילעא לאפוקי **תרי:** זמנו לכון גוברין חכימין DT 1:12
דקיסא שיטא ופסלית **תרי** לוחי מרמירא כצורת קמאי DT 10:3
ההיא אמר ייי לי פסל לך **תרי** לוחי מרמירא כצורתהון DT 10:1
ויפקון מבי דינא רבא **תרי** מן חכימייך ותלת מן דיינך DT 21:2
שלמין לתריסר מטרתא **תרי** מנהון מקרבין תרי תרי תריסר NU 29:26
שווין לתריסר שבטיא **תרי** עשרונין תהי גריצתא חדא: LV 24:5
דכל שובל עבד מלי **תרי** קומצין בשבע שני שובעא עד GN 41:47
חמשא מנהון מקרבין **תרי** תרי וארבע מנהון חד חד: NU 29:17
ארבעא מנהון מקרבין **תרי** תרי ושית מנהון חד חד: NU 29:20
שיתא מנהון מקרבין **תרי** תרי ותרין מנהון חד חד שלמין NU 29:13
תרי מנהון מקרבין **תרי** תרי תריסר מנהון חד חד: NU 29:26
תלת מנהון מקרבין **תרי** תרין ותמני מנהון מקרבין חד NU 29:23
תרי מנהון מקרבין תרי **תרי** תריסר מנהון חד חד: ומנחתהון NU 29:26
קדם דיינייא ייעול דין **תריהום** דין מריה דביתא ודין גנבא EX 22:8
מומתא דייי תהי בין **תריהום** יומי דלא אושיט ידיה EX 22:10
על ארעא: ודבר יוסף ית **תריהום** ית אפרים מן צטר ימיניה GN 48:13
הוה פתגמא ואשתיזבו **תריהום** מן דינא ואמר בגין דלא GN 38:26
ויהב לאבימלך וגזרו **תריהום** קים: ואקם אברהם ית שבע GN 21:27
דאיתא תועיבתא עבדו **תריהון** אתקטלא יתקטלון LV 20:13
מטרא: וחלמו חילמא **תריהון** גבר חילמיה בליליא חד GN 40:5
חורפן ארום תמן קיימי **תריהון:** וגזרו קיים בבירא דשבע GN 21:31
רחמין ואתכליאו אוף **תריהון** וחפר שייר בארעא דמואב DT 9:19
כדיכרא בטוור פולחנא **תריהון** יהון שלמין וקריב קדם ייי: LV 9:2
עיבוריכון דגנא וקשא **תריהון** כחדא: הא אנא משגר EX 23:19
יעקב אין שריין הינון **תריהון** כחדא לית מליך ושולטן GN 49:7
לעמא לתוקלא ברם **תריהון** כחדא מתנביין ואמרין הא NU 11:26
וישמש עימה: ותפקון ית **תריהון** לתרע בי דינא דבקרתא DT 22:24

דכן למיכול בשר וחלב **תריהון** מערבון כחדא: הוון זהירין DT 14:21
ולא למיכול בשר וחלב **תריהון** מערבין כחדא דלא יתקוף EX 34:26
בזי איתקטלא יתקטלון **תריהון** קטלא חייבין באטלות LV 20:11
דכפתיה אבוי הי כאימרא **תריהון** שלמין לעלתא: ותור ואימר LV 9:3
אתקטלא יתקטלון **תריהון** תבלא עבדו קטלא חייבין LV 20:12
בעותריה דאשכח **תרין** אוצרין מן אוצרוי דיוסף מליין NU 16:19
קדם ייי: וביומא דשבתא **תרין** אימרין בני שתא שלמין ותרין NU 28:9
ארמא קדם ייי על **תרין** אימרין קודשא יהון לשמא LV 23:20
גנבא איהו משלם על חד **תרין:** אין לא משתכח גנבא ויתקרב EX 22:6
משירית עמא דאתנדון **תרין** אלפין אמין והוה קרי ליה EX 33:7
ית ציטרא דמדינחא **תרין** אלפין גרמידי וית רוח דרומא NU 35:5
גרמידי וית רוח דרומא **תרין** אלפין גרמידי וית רוח מערבא NU 35:5
גרמידי וית רוח מערבא **תרין** אלפין גרמידי וית רוח ציפונא NU 35:5
גרמידי וית רוח ציפונא **תרין** אלפין גרמידי וקרתא במיצעא NU 35:5
רבא כל כסף מניא **תרין** אלפין וארבע מאה סילעין NU 7:85
והוו סכומהון לגניסתהון **תרין** אלפין ושבע מאה וחמשין: NU 4:36
והוו סכומהון לגניסתהון **תרין** אלפין ושית מאה ותלתין: NU 4:40
וביומא תמינאה יסב **תרין** אמרין שלמין ואימרתא חדא LV 14:10
תורין עגלתא ביני **תרין** אמרכלין ותורא לחד ולא צבא NU 7:3
תלת מנהון ואישתיירון **תרין** אף וחימה בעא משה רחמין DT 9:19
כד הוה אזיל למצרים: וית **תרין** בנהא דשום חד גרשום ארום EX 18:3
עם משה מן בתר דמיתו **תרין** בנוי דאהרן כהניא רברביא LV 16:1
ותרין חולקין מן **תרין** בנוי ושתיו ורוויו עימיה דמן GN 43:34
אבוך שכיב מרע ודבר ית **תרין** בנוי עימיה ית מנשה וית GN 48:1
ראובן לאבוי למימר ית **תרין** בנוי תקטל בשמתא אין לא GN 42:37
חטאתא יומא דין אוף **תרין** בניי דאשתיירו הוה להון מן LV 10:19
לנא אתון ידעתון ארום **תרין** בנין ילידת לי אנתתי: ונפק חד GN 44:27
בגוה:: וליוסף איתילידו **תרין** בנין עד לא עלת שתא דכפנא GN 41:50
ית עבר: ולעבר איתילידו **תרין** בנין שום חד פלג ארום ביומוי GN 10:25
בתרך אחסנת עלם: וכדון **תרין** בנך דאיתילידו לך בארעא GN 48:5
הדין: ארום יהי תיגרא בין **תרין** גובריא ויתקרבון לות דינא DT 25:1
ולא פסקין: וישתיירון **תרין** גוברין במשריתא שמיה דחד NU 11:26
ביה סטיא: ויקומון **תרין** גוברין דילהון תיגרא קדם ייי DT 19:17
תרין שפנינין רברבין או **תרין** גוזלין בני יוון וייתי יתהון LV 15:14
תרין שפנינין רברבין או **תרין** גוזלין בני יוון ותייתי יתהון LV 15:29
ותיסב תרין שפנינין או **תרין** גוזלין בני יוון חד לעלתא וחד LV 12:8
ייתי תרין שפנינין או **תרין** גוזלין בני יוון לוות כהנא NU 6:10
ותרין שפנינין רברבין או **תרין** גוזלין בני יוון מה דתספוק LV 14:22
תרין שפנינין רברבין או **תרין** גוזלין בני יוניא וייתי ית LV 5:11
תרין שפנינין רברבין או **תרין** גוזלין בני יוניא קדם ייי חד LV 5:7
ולניכסת קודשיא תורין **תרין** דיכרי חמשא ברחי חמשא NU 7:23
ולניכסת קודשיא תורין **תרין** דיכרי חמשא ברחי חמשא NU 7:83
דרבותא וית תורא וית **תרין** דיכרין וית סלא דפטיריא: וית LV 8:2
ולנכסת קודשיא תורין **תרין** דיכרין חמשא ברחי חמשא NU 7:17
בסלא וית תורא וית **תרין** דיכרין יסוברון באסלא: וית EX 29:3
ומן בעירא דליתא דכייא **תרין** דכר ונוקבא: ברם מן צפרי GN 7:2
עלה כהנא ותידכי מבוע **תרין** דמהא דא היא אורייתא LV 12:7
תליסר מטרתא דיכרין **תרין** דמקרבין תרין מטרתא אימרין NU 29:13
ולניכסת קודשיא תורין **תרין** וגומר: ביומא תשיעאה קריב NU 7:59
בני תורי דלא עירובין **תרין** ודכר חד אימרין בני שנא NU 28:11
קדם ייי תורין בני תורי **תרין** ודכר חד ושובעא אימרין בני NU 28:19
קדם ייי תורין בני תורין **תרין** ודכר חד שובעא אימרין בני NU 28:27
לי בר כאחתי אוף יהב לי **תרין** והכדין עתידין בנוי לאתפרקא GN 30:8
ליה במצרים נפשתא **תרין** ויוסף דהוה במצרים ויוכבד GN 46:27
תלת מנהון מקרבין תרי **תרין** ותמני מנהון מקרבין חד חד: NU 29:23
ליה מלרע לדיריה על **תרין** זיוייתיה על תרין סיטרוי EX 37:27
ליה מלרע לזיריה על **תרין** זיויתיה תעביד על תרין EX 30:4
דהוא בוכרא למיתן ליה **תרין** חולקין בכל מה דמשתכח DT 21:17
חומרין תרין חומרין **תרין** חומרין תחות לוחא חד: ועבד EX 36:30
וארבעין חומריהון דכסף **תרין** חומרין תחות לוחא חד ותרין EX 26:21
וארבעין חומריהון דכסף **תרין** חומרין תחות לוחא חד ותרין EX 36:26
תחות עשרין לוחין **תרין** חומרין תחות לוחא חד לתרין EX 26:19
עבד תחות עשרין לוחיא **תרין** חומרין תחות לוחא חד לתרין EX 36:24
דכסף שיתסר חומרין **תרין** חומרין תרין חומרין תחות EX 36:30
הי כחרבא דקטיל מן **תרין** חורפוי למיכול קורצין LV 19:16
וזריז ית חמריה ודבר ית **תרין** טלייוי ית אליעזר וית GN 22:3
ותרין לוחי קימא על **תרין** ידיי: וחמית והא סרחתון קדם DT 9:15
ומסתלק עננא ונטלין: או **תרין** יומין או ירחא או שתא NU 9:22
לא יומא חד תיכלון ולא **תרין** יומין ולא חמשא יומין ולא NU 11:19
יומא חד מעידן לעידן או **תרין** יומין קטיעין יתקיים לא יתדן EX 21:21
מרומא איתון חמון **תרין** יחידאין דאית בעלמא חד GN 22:10
כד הינון קיימין על חד **תרין** ישלם: ארום יפקר גבר חקיל EX 22:3
ית דורונא הדא ועל חד **תרין** כספא נסיבו בידיהון ודברו ית GN 43:15
מעילוי כפורתא מבין **תרין** כרוביא דעל ארונא דסהדותא EX 25:22

ארונא דסהדותא מבין **תרין** כרוביא ומתמן הוה דבירא NU 7:89
שכינתיה מן לקדמין בין **תרין** כרוביא קדם עד לא ברא GN 3:24
סומכה הות פושכא: ועבד **תרין** כרובין דדהב דכי נגיד עבד EX 37:7
יהי פושכה: ותעביד **תרין** כרובין דדהב דכי נגיד תעביד EX 25:18
ית שמהת בני ישראל על **תרין** כתפוי לדוכרנא: ותעביד EX 28:12
עיזקן דדהב וסדרינון על **תרין** כתפי אפודא מלרע מלקבל EX 39:20
דדהב ותיתן יתהון על **תרין** כתפי אפודא מלרע מקבל EX 28:27
דעבד משה בזמן דקבל **תרין** לוחי אבן ספירינון ומתקלהון DT 34:12
ייי יתיה ונסיב בידיה **תרין** לוחי אבניא: ואתגלי ייי בענני EX 34:4
ייי ית משה: ונסיב ית **תרין** לוחי אבניא לוחי קימא EX 40:20
ואמר ייי למשה פסל לך **תרין** לוחי אבנין הי כקדמאי EX 34:1
קבל טוורא ההוא: ופסל **תרין** לוחי אבנין הי כקדמאי ואקדם EX 34:4
אשתיתי: ויהב ייי לי ית **תרין** לוחי מרמירא כתיבין DT 9:10
לילוון יהב ייי לי ית **תרין** לוחי מרמירא לוחי קיימא: DT 9:11
קל דבירא מתכתיב על **תרין** לוחי מרמירין ויהבינון לי: והוה DT 5:22
עימיה בטוורא דסיני **תרין** לוחי סהדותא לוחי דאבן EX 31:18
סכום מתקלהון קבל **תרין** לוחיא דכתיבין בהון עשירתי GN 24:22
דכסף שיתיסרי חומרין **תרין** לוחין תחות לוחא חד ותרין EX 26:25
ישלם גנבא על חד **תרין** לחבריה: ארום יתן גבר EX 22:8
אימרין בני שנה שלמין **תרין** ליומא עלתא תדירא: ית אימר NU 28:3
מדבחא אימרין בני שנה **תרין** ליומא תדירא: ית אימרא חד EX 29:38
לתשעת מטרתא דיכרין **תרין** לתרי מטרתא אימרא בני שנא NU 29:26
לתריסר מטרתא דיכרין **תרין** לתרי מטרתא אימרין בני שנא NU 29:17
לחדסר מטרתא דיכרין **תרין** לתרי מטרתא אימרין בני שנא NU 29:20
לעשר מטרתא דיכרין **תרין** לתרי מטרתא אימרין בני שנא NU 29:23
לתמני מטרתא דיכרין **תרין** לתרי מטרתא אימרין בני שנא NU 29:29
לשבע מטרתא דיכרין **תרין** לתרי מטרתא אימרין בני שנא NU 29:32
בסילעי בית קודשא **תרין** מאניא האילין קריב יתהון NU 7:13
מן כיב גוזרתהום ונסיבו **תרין** מבנוי דיעקב שמעון ולוי אחי GN 34:25
דיכרין תרין דמקרבין **תרין** מטרתא אימרין בני שנא NU 29:13
ריחשא דארעא ליזניה **תרין** מכולא ייעלון לוותך על יד GN 6:20
ומן כל דחי מכל בישרא **תרין** מכולא תעיל לתיבותא GN 6:19
לות נח לתיבותא תרין **תרין** מכל בישרא דביה רוחא דחיי: GN 7:15
מטי עד צית שמייא והא **תרין** מלאכיא דאזלו לסדום GN 28:12
איתפרע: ואתפניאו מתמן **תרין** מלאכיא דדמיין לגובריא GN 18:22
תב לאתריה: ואתו **תרין** מלאכיא לסדום ברמשא ולוט GN 19:1
ההיא ית ארעא מן רשות **תרין** מלכי אמוראי דבעיברא DT 3:8
ארע עוג מלכא דמתנן **תרין** מלכי אמוראי דבעיברא DT 4:47
וסוברוהי באסלא בכתיף **תרין** מנהון וכן מן רומניא וכן מן NU 13:23
בסילעי בית קודשא **תרין** מניא האילין קריב יתהון NU 7:19
והוה כן: ועבד אלקים ית **תרין** נהוריא רברביה והוון שווין GN 1:16
עלמא ותסדר ית סדרוי **תרין** סדרי לחמא מאה שית עגולין EX 40:4
באבניא וימותון: על מימר **תרין** סהדין או תלתא סהדין DT 17:6
דמסהיד עלוי ועל מימר **תרין** סהדין או תלתא סהדין DT 19:15
לחוד לא יסגון ליה על **תרין** סוסוון דילמא ירכבון רברבנוי DT 17:16
דלוזין: וכספא על חד **תרין** סיבו בידיכון וית כספא GN 43:12
על תרין זיוייתיה על **תרין** סיטרוי לאתרא לאריחיא EX 37:27
וית תרתין קליען דעל **תרין** סיטרוי תיתן על תרתין EX 28:25
ית תרתין עיזקתא על **תרין** סיטרי חושנא: ותיתן ית EX 28:23
דדהב ותיתן יתהון על **תרין** סיטרי חושנא על שיפמיה EX 28:26
מן אדמא ויתנון על **תרין** סיפייא ועילוי אסקופא EX 12:7
לקטו לחם בכפלא **תרין** עומרין לבר נש חד ואתו כל EX 16:22
ארמותא תרתין גריצן **תרין** עישרונין סמידא יהוויין חמיר LV 23:17
דרחיש על ארעא: תרין **תרין** עלו לנח לתיבותא דכר GN 7:9
מן קדם ייי: ואמר ייי לה **תרין** עממין במעייכי ותרין מלכוון GN 25:23
לתורא חד לתליסר תורין **תרין** עשרונין לדיכרא חד לתרין NU 29:14
עשרונין לתורא חד **תרין** עשרונין לדיכרא חד: עשרונא NU 28:28
תלתא עשרונין לתורא **תרין** עשרונין לדיכרא חד: עשרונא NU 29:9
לשמא דייי: ומנחתיה **תרין** עשרונין סמידא פתיכא במשח LV 23:13
לדיכרא תעביד מנחתא **תרין** עשרונין סמידא פתיכא במשח NU 15:6
ממצרים עד זמן דייתון **תרין** פרוקין ויימרון לכון מדכר GN 50:25
תרין זיויתיה תעביד על **תרין** ציטרוי ויהי לאתרא לאריחיא EX 30:4
תרתין קליען דמסדרן על **תרין** ציטרוי יהבו על תרתין EX 39:18
עבדו ליה מלפפן על **תרין** ציטרוי יתלפף: והמיין EX 39:4
ויהון מפקנוי דתחומא מן **תרין** ציטרוי מכוונין לכרכוי דבר NU 34:8
ית תרתין עיזיקתא על **תרין** ציטרי חושנא: ויהבו תרתין EX 39:16
ויהון אריחיא על **תרין** ציטרי מדבחא במיטל מדבחא: EX 27:7
כהנא ויסב לדמידכי **תרין** ציפורין חיין ודכיין וקיסא LV 14:4
פותיא דלוחא חד: **תרין** צירין ללוחא חד מכוונן סטר EX 36:22
כנישתא דבני ישראל יסב **תרין** צפירי בני עיזי דלא עירובין LV 16:5
ועל אינש ביתיה: ויסב ית **תרין** צפירין ויקם יתהון קדם ייי LV 16:7
זימנא: ויתן אהרן על **תרין** צפירין עדבין שוין עדבא חד LV 16:8
ושושנייהא: וחיזור תחות **תרין** קנין דמינה וחיזור תחות תרין EX 25:35
קנין דמינה וחיזור תחות **תרין** קנין דמינה וחיזור תחות תרין EX 25:35

ושושנהא: וחיזור תחות **תרין** קנין דמינה וחיזור תחות תרין EX 37:21
קנין דמינה וחיזור תחות **תרין** קנין דמינה וחיזור תחות תרין EX 37:21
קנין דמינה וחיזור תחות **תרין** קנין דמינה לשיתא קנין EX 25:35
קנין דמינה וחיזור תחות **תרין** קנין דמינה לשיתא קנין EX 37:21
ובנס פרעה כדי שמע על **תרין** רברבנוי על רב שקי ועל רב GN 40:2
פרסתא שלילא דליה **תרין** רישין ותרתין שדראין הואיל DT 14:7
ברם מן רחל אחתי יפקון **תרין** שיבטין היכמה דנפקו מן חדא GN 30:21
דמנשה קבילו אחסנתהון: **תרין** שיבטין ופלגות שיבטא קבילו NU 34:15
תורי דלא עירובין ודיכרין **תרין** שלמין: ולחם פטיר וגריצן EX 29:1
למיתייא אימרא ותיסב **תרין** שפנינין או תרין גוזלין בני יוון LV 12:8
וביומא תמינאה ייתי **תרין** שפנינין או תרין גוזלין בני יוון NU 6:10
ית קרבן אשמיה דחב **תרין** שפנינין רברבין או תרין גוזלין LV 5:7
ידיה כמיסת למייתייא **תרין** שפנינין רברבין או תרין גוזלין LV 5:11
וביומא תמינאה יסב ליה **תרין** שפנינין רברבין או תרין גוזלין LV 15:14
וביומא שביעה תיסב לה **תרין** שפנינין רברבין או תרין גוזלין LV 15:29
ועלו לות נח לתיבותא **תרין** תרין מכל בישרא דביה רוחא GN 7:15
וכל דרחיש על ארעא: **תרין** תרין עלו לנח לתיבותא דכר GN 7:9
כהנא באוהלא דמיתא נס **תריסיראי** דאתקריש אדמהון ולא NU 25:8
ותיסב סמידא ותיפי יתה **תריסירי** גריצן שווין לתריסר LV 24:5
קודשא: בזיכי דדהבא **תריסירי** כל קבל רברבי ישראל NU 7:86
ונסיב רומחא בידיה: **תריסירי** ניסין איתעבידו לפנחס NU 25:8
על שמהת בני ישראל **תריסירי** על שמהתהון כתב גליף EX 39:14
שית אלפין רבני חומשין **תריסר** אלפין ורבני עישורייתא EX 18:25
דישראל אלפא לשיבטא **תריסר** אלפין מזרזי חילא: ושדר NU 31:5
רבני מאוותא רבני חמשין **תריסר** אלפין רבני עישורייתא שית DT 1:15
אנן לא הוינא אלילי: **תריסר** אנן אחין בני אבא חד לית GN 42:32
בנימין הוו בני יעקב **תריסר**: בני לאה בוכרא דיעקב GN 35:22
כל דילך והא אית לך **תריסר** בנין וברתא חדא ולא GN 32:25
פיתגמא ודברית מנכון **תריסר** גוברין ברירין גוברא חד DT 1:23
ואהרן ורברבי ישראל **תריסר** גוברין גברא חד לבית NU 1:44
לבית אבהתהון **תריסר** חוטרין גבר ית שמיה NU 17:17
חד לבית אבהתהון **תריסר** חטרין וחטר אהרן במציעות NU 17:21
תורין וגומר: ביום **תריסר** יומא קריב רב בית אבא NU 7:78
לסוכות ואיתעכב תמן **תריסר** ירחי שתא ובנא ליה בי GN 33:17
אילין שיבטייא דישראל **תריסר** כולהון צדיקין כחדא ודא GN 49:28
שיבטיא מזירקי דכסף **תריסר** כל קבל נשיא דבני ישראל NU 7:84
ישראל בזיכי דדהבא **תריסר** כל קבל תריסר מזלייא: מאה NU 7:84
מלי קסטא דסכומיה **תריסר** לוגין לוגא לכל שיבטא EX 30:24
מן עלמא וצפירי עיזין **תריסר** לחטאתא מטול לכפרא על NU 7:87
תקרבון תורין בני תורי **תריסר** לתריסר מטרתא דיכרין NU 29:17
דדהבא תריסר כל קבל **תריסר** מזלייא: מאה ותלתין סילעין NU 7:84
בית אבא דיכרא דיכרין **תריסר** מטול דיהובדון תריסר NU 7:87
ישמעאל אימרין בני שנה **תריסר** מטול דיהובדון תריסר NU 7:87
תריסר מילין ופותיה **תריסר** מילין ודישרן קידומא NU 2:3
דישראל הוה אורכא **תריסר** מילין ופותיה תריסר מילין NU 2:3
כל עמא ורתען וקמו **תריסר** מילין מרחיק: ואמרו למשה EX 20:18
דלא תחובון: וקם עמא **תריסר** מילין מרחיק ומשה קריב EX 20:21
מנהון מקרבין תרי תרי **תריסר** מנהון חד חד: ומנחתהון NU 29:26
משכן זימנא: ויסמכון **תריסר** סבי כנישתא דמתמנן LV 4:15
אתיתון למיחמי: ואמרו **תריסר** עבדך אחין אנחנא בני גברא GN 42:13
תריסר מטול דיהובדון **תריסר** רברבי ישמעאל אימרין בני NU 7:87
תריסר מטול דיהובדון **תריסר** רברבי עשו ומנחתהון מטול NU 7:87
ואסגי יתיה לחדא לחדא **תריסר** רברבין יוליד ואיתינניה GN 17:20
ובקסטרוותהון **תריסר** רברבין לאומתהון: ואילין GN 25:16
מה הוא כחדא מתכנשין **תריסר** שבטי ישראל מקפין דרגשא GN 49:1
מטול לכפרא על חובי **תריסר** שבטיא: וכל תורי לניכסת NU 7:87
לתריסר בזיען כל קבל **תריסר** שיבטוי דיעקב: ועלו בני EX 14:21
דמתמנן אמרכולין על **תריסר** שיבטיא בתוקפא ידיהון על LV 4:15
דכסף תרתיסרי כל קבל **תריסר** שיבטיא מזירקי דכסף NU 7:84
תהומא מיניה קמו **תריסר** שיבטין מיניה עתיד למיקום GN 50:1
ואתתא דלא עברת **תריסר** שנין ארום תידר נדר קדם ייי NU 30:4
איסר בבית איבהא עד **תריסר** שנין: וישמע איבהא ית NU 30:4
נביא: כל תורי לעלתא **תריסר** תורא לרב בית אבא דיכרא NU 7:87
ייי בית מקדשך ייי **תרתין** אידייך שכלילו יתיה: כד EX 15:17
פתורא דקיסי שיטא **תרתין** אמין אורכיה ואמתא פותיה EX 25:23
ית פתורא דקיסי שיטא **תרתין** אמין אורכיה ואמתא פותיה EX 37:10
יומא לדרומא וכרום **תרתין** אמין הוה פרח על אנפי NU 11:31
כפורתא דדהב דכי **תרתין** אמין ופלגא אורכא ואמתא EX 25:17
ועבד כפורתא דדהב דכי **תרתין** אמין ופלגא אורכא ואמתא EX 37:6
ארונא דקיסי שיטא **תרתין** אמין ופלגא אורכיה ואמתא EX 25:10
ית ארונא דקיסי שיטא **תרתין** אמין ופלגיה אורכיה ואמתא EX 37:1
תבאשון: הא כדון אית לי **תרתין** בנן דלא שמישו עם גבר GN 19:8
לי מן יהי אגרך: וללבן הוון **תרתין** בנן שום רבתא לאה ושום GN 29:16
ולא בימקימה: ואתעברן **תרתין** בנת לוט מאבוהן: וילידת GN 19:36

דבר ית דבר אינתתך וית **תרתין** בנתך דהישתכחן גבך דילמא GN 19:15
פלחתך ארבסרי שנין בגין **תרתין** בנתך ושית שנין בגין ענך GN 31:41
אבא דהוה מתמני על **תרתין** גניסתא דגרשון אליסף בר NU 3:24
אלפין וחמש מאה: **תרתין** גניסתא די נפקו מגרשון בתר NU 3:23
תייתון לחים ארמותא **תרתין** גריצן תרין עישרונין סמידא LV 23:17
דאיתני חילמא לפרעה **תרתין** זימנין ארום תקין פתגמא מן GN 41:32
ארום כדון תבנא דנן **תרתין** זימנין: ואמר להום ישראל GN 43:10
דבנימין ועתיד למחרוב **תרתין** זימנין ובנימין בכא על GN 45:14
שמיה יעקב ושקר בי דנן **תרתין** זימנין ית בכירותי נסיב והא GN 27:36
ומחא ית כיפא בחטריה **תרתין** זמנין בזימנא קמאה אטיפת NU 20:11
למימר: עיבד לך מדילך **תרתין** חצוצרן דכסף ממינא קשיא NU 10:2
חייא: ויסמוך אהרן ית **תרתין** ידוי בסידרא חדא יד ימיניה LV 16:21
לוחיא וטלקתינון מעילוי **תרתין** ידיי ותברתינון ואתון חמיין DT 9:17
על חצר כבדא וית **תרתין** כוליין וית תרבא דעליהון EX 29:22
כל תרבא דעל כריסא: וית **תרתין** כוליין וית תרבא דעליהון LV 3:4
כל תרבא דעל כריסא: וית **תרתין** כוליין וית תרבא דעליהון LV 4:9
דחפי ית בני גווא: וית **תרתין** כוליין וית תרבא דעליהון LV 7:4
על חצר כבדא וית **תרתין** כוליין וית תרבא דעליהן EX 29:13
כל תרבא דעל כריסא: וית **תרתין** כוליין וית תרבא דעליהן LV 3:10
כל תרבא דעל כריסא: וית **תרתין** כוליין וית תרבא דעליהן LV 3:15
גווא וית חצר כבדא וית **תרתין** כוליין וית תרבהון וית שקא LV 8:25
גווא וית חצר כבדא וית **תרתין** כוליין וית תרבהן ואסיק LV 8:16
ובוץ שזיר עובד אומן: **תרתין** כיתפין מלפפן יהוון ליה EX 28:7
על לאה ועל רחל ועל **תרתין** לחינתא: ושוי ית לחינתא GN 33:1
ודבר ית תרתין נשוי וית **תרתין** לחינתוי וית חדסרי ריבוי GN 32:23
ובוץ שזיר: ותיסב ית **תרתין** מרגליין דבורלא ותיגלוף EX 28:9
תעבד יתהון: ותסדר ית **תרתין** מרגלייתא על כיתפי EX 28:12
כגלוף דעיזקא תיגלוף ית **תרתין** מרגלייתא על שמהת בני EX 28:11
קליעא דדהב דכי: ועבדו **תרתין** מרמצן דדהב ותרתין עיזקן EX 39:16
על תרין ציטרוי יהבו על **תרתין** מרמצתא ויהבונון על כתפי EX 39:18
תרין סיטרוי תיתן על **תרתין** מרמצתא ותיתן על כתפי EX 28:25
בליליא ההוא ודבר ית **תרתין** נשוי וית תרתין לחינתוי וית GN 32:23
עימה: ארום תהוויין לגבר **תרתין** נשין חדא רחימתא ליה DT 21:15
ית למך: ונסיב ליה למך **תרתין** נשין שום חדא עדה ושום GN 4:19
חדא: ותסדר יתהון **תרתין** סידורין שית בסידרא חדא LV 24:6
אדמא דעל אסקופא ועל **תרתין** סיפייא ויגין מימרא דייי על EX 12:23
וית תורי ויהב לליוואי: ית **תרתין** עגלתא וית ארבעת תורי NU 7:7
עיזקן דדהב ויהבו ית **תרתין** עיזיקתא על תרין ציטרי EX 39:16
תרתין קליען דדהב על **תרתין** עיזקיתא על ציטרי חושנא: EX 39:17
דאפודא לגיו: ועבדו **תרתין** עיזקן דדהב וסדרינון על EX 39:20
כל קבל אנפוי: ועבדו **תרתין** עיזקן דדהב ושויאו על EX 39:19
כל קבל אנפוי: ותעביד **תרתין** עיזקן דדהב ותיתן יתהון על EX 28:26
לאפודא לגיו: ותעביד **תרתין** עיזקן דדהב ותיתן יתהון על EX 28:27
דכי: ותעביד על חושנא **תרתין** עיזקן דידהב דכי ותיתן ית EX 28:23
תרתין קליען דדהב על **תרתין** עיזקתא בסיטרי חושנא: וית EX 28:24
דידהב דכי ותיתן ית **תרתין** עיזקתא על תרין סיטרי EX 28:23
עיזקן דדהב ושויאו על **תרתין** ציטרי חושנא על שיפמיה EX 39:19
פותיה דלוחא חד: **תרתין** צירין ללוחא חד מכוונן EX 26:17
ויסב לדכאה ית ביתא **תרתין** צפרין וקיסא דארזא וצבע LV 14:49
סיטרי חושנא: ותיתן ית **תרתין** קליען דדהב על תרתין EX 28:24
תרין ציטרי חושנא: ויהבו **תרתין** קליען דדהב על תרתין EX 39:17
על ציטרי חושנא: וית **תרתין** קליען דמסדרן על תרין EX 39:18
בסיטרי חושנא: וית **תרתין** קליען דעל תרין סיטרוי EX 28:25
בר תלת שנין דכר חד בר **תרתין** שנין אימר חד בר שתיה NU 7:21
ולא הוה כפנא אלהין **תרתין** שנין בלחודיהן: ועברו יומי GN 50:3
כד אוליד ית ארפכשד **תרתין** שנין בתר טובענא: וחיא שם GN 11:10
תורתא סומקתא ברת **תרתין** שנין דלית בה מומא ושומא NU 19:2
בר תלת שנין דכר חד בר **תרתין** שנין ואימר חד בר שתיה NU 7:15
ייי קדמיכון: ארום דנן **תרתין** שנין כפנא בגו ארעא ועד GN 45:6
ייי למתפרקא: והוה מסוף **תרתין** שנין עאל דוכרניה דיוסף GN 41:1
ואתו לאלים ובאילים **תרתיסירי** עינוון דמיין עינא לכל EX 15:27
שמהת בני ישראל הינון **תרתיסירי** על שמהתהון גליף חקיק EX 28:21
ושדי להון לימא דמילחא: **תרתיסירי** שנין פלחו ית כדרלעמר GN 14:4
ישראל פיילי דכסף **תרתיסרי** כל קבל תריסר שיבטיא NU 7:84
ואיתלתון במישרי מואב **תרתיסרי** מילין מן מילתא לכל DT 27:26
ואתו לאלים ובאילים **תרתיסרי** עינוון דמיין לתריסר NU 33:9
כחדא ואמרין אמן: ליט **תרתיסרי** שבטיא כל חד וחד הוה DT 27:26

תריס (5)

דאפרים מאחדין **בתריסין** ורומחין ומני זיינין ונחתו EX 13:17
עילאה דעבד סנאך **כתריסא** דמקבל מחתא ויהב ליה GN 14:20
בישא בכון ומקיפין לכון **כתריסין** בסיטריכון ויתעיקון יתכון NU 33:55
ואתיין עלך מימרי **תריס** לך ואף על גב דהינון נפלין GN 15:1
בשום מימרא דייי והוא **תריס** סעודכון ודי חרביה תקוף DT 33:29

תרך (49)

ייי אלקא דישראל: ארום **איתריך** עממין מן קדמך ואפתי ית EX 34:24
ארום לא חמע ארום **איתריכו** ממצרים ולא יכילו EX 12:39
וינזקון בך: קליל קליל **איתריכינון** מן קדמך עד די תיסגי EX 23:30
וית חיתאי מן קדמך: לא **אתריכינון** מן קדמך בשתא חדא EX 23:29
דייי לאגחא קרבא עד **דיתרך** ית בעלי דבבוי מן קדמוי: NU 32:21
ית יוכבד אינתתיה **דתריך** מן קדם גזירתא דפרעה והות EX 2:1
עבדו פירין וארגישו דבגין **דתריכו** יתיה הוות להון כל דא ואזל GN 26:26
ואיזמן קדמך מלאכא **ואיתרך** על ידוי ית כנענאי אמוראי EX 33:2
לוואי איכול לאזעוריה **ואתיריכיניה** מן ארעא ארום ידעית NU 22:6
עימיה: ואזלו אוף אחוי **ואתרכינו** קדמוי ואמרו הא אנן לך GN 50:18
למסדרא סידרי קרב ביה **ואתרכיניה**: ואמר ייי לבלעם לא NU 22:11
לאתקרבא לדחלתיה: **ויתרך** מימרא דייי ית כל עממיא DT 11:23
לה: ונדרא דארמלא **ומיתרכא** כל דאסרת על נפשה קום NU 30:10
דיוטב לך בעלמא הדין **ותורך** יומין בעלמא דאתי: ארום DT 22:7
ייי ארום יתה אתון בעאן **ותריך** יתהון מלות אפי פרעה: ואמר EX 10:11
מינהון אלהין קלילין **ותריך** רעיא דיליה ומה דאשתארו GN 29:9
בר מנשה לגלעד וכבשוה **ותריכו** ית אמוראי דבה: ויהב משה NU 32:39
מימרא דייי מן קדמיהון **ותריכונון** ויתיבו באתריהון: עד זמן DT 2:21
ניכסין מיטלטלין למתנן **ותריכינון** מעילוי יצחק בריה עד GN 25:6
ונסיב איתא ית עדישא **ותרכה** ונסיבת ליה אימיה ית GN 21:21
הוי חי וקיים עד לעלמין: **ותרכיה** ייי אלקים מגינתא דעדן GN 3:23
עליכון ואתון סניתון יתי **ותרכתוני** מלוותכון: ואמרו מחמא GN 26:27
יתריכינון מן קדמיכון **ותתריכינון** ותובדינון בסרהוביא DT 9:3
ית אורעיתא קדמך **ותתרך** ית חיואי וית כנענאי וית EX 23:28
וית כל במסיהון תשיצון: **ותתרכון** ית יתבי ארעא ותיתבון NU 33:53
ית יורדנא לארעא דכנען: **ותתרכון** ית כל יתבי ארעא מן NU 33:52
ובידא תקיפתא **יתריכינון** מן ארעיה: ומליל ייי עם EX 6:1
אכלא הוא ישיצינון והוא **יתריכינון** מן קדמיכון ותתריכינון DT 9:3
בחיליה רב ממצרים: **לתרכא** עממין רברבין ותקיפין DT 4:38
היכדין אית לי יוכלא **לתרכותהון**: לא תידחלון מנהון הוון DT 7:17
דאתון עללין לתמן **לתרכותהון** מן קדמיכון ותירת DT 12:29
ואמוראה וית ארעיה שרי **לתרכותיה** ותתגרי למסדרא DT 2:24
ית סיחן וית ארעיה שרי **לתרכותיה** למירות ית ארעיה: ונפק DT 2:31
ארום תהי ארמלא או **מיתרכא** וולד לית לה מיניה ותבת LV 22:13
האילין ייי אלקכון **מתריך** יתהון מן קדמיכון ומן בגלל DT 9:5
מפקיד לך יומא דין האנא **מתריך** מן קדמך ית אמוראי EX 34:11
תועיבתא האילין ייי **מתריכיהון** מן קדמכון: שלמין תהוון DT 18:12
ועל אמתך דאת **מתרך** כל דתימר לך שרה קביל GN 21:12
ובחובי עממיא האילין ייי **מתרכהון** מן קדמיכון: לא מטול DT 9:4
דינין טעוות מתכא **מתרככין** טעוות אבנא מתגדעין EX 12:12
דינין טעוות מתכא הוו **מתרככין** טעוות אבנא מתגדעין NU 33:4
בתראה ויכתוב לה ספר **תירוכין** ויתן ברשותה ויישיל יתה DT 24:3
פיתגם ויכתוב לה ספר **תירוכין** קדם בי דינא ויתן ברשותא DT 24:1
אנת ואהרן אחוך ותומון **תריכון** ית כיפא בשמא רבא NU 20:8
מן לקדמין ובני עשו **תריכונון** ושיציאונון מן קדמיהון DT 2:12
ויהוון תריכין ויהוון **תריכין** בני דגבלא מן קדם ישראל NU 24:18
כולהון קדמוי: ויהוון **תריכין** ויהוון תריכין בני דגבלא מן NU 24:18
ית כל יתבי ארעא ואנת **תתרי-ינון** מן קדמך: לא תיגזרון EX 23:31
תתחסנון: ואין לא **ת..תרכון** ית כל יתבי ארעא מן NU 33:55

תרם (3)

תמן זמינין קדמיכון **ותתרמון** קטילין בחרבא ארום מן NU 14:43
בה: ופיגריכון דילכון **יתרמון** במדברא הדין: ובניכון יהון NU 14:32
לכון: במדברא הדין **יתרמון** גושמיכון כל סכומכון לכל NU 14:29

תרע (115)

בית יוסף ומלילו עימיה **בתרע** ביתיה: ואמרו במטו מינך GN 43:19
אימהת עלמא דפריס **בתרע** גהינם מן בגלל דלא יעלון EX 40:8
וית מדבחא דעלתא שוי **בתרע** משכן ואסיק עלוי ית עלתא EX 40:29
ובעידן דאתיין לצלאה **בתרע** משכן זימנא הואן קיימן על EX 38:8
בכן וקריין שמע וקיימין **בתרע** משכן זימנא: וחמא כן פנחס NU 25:6
קורבניה ויכסיניה טבחא **בתרע** משכן זימנא וידרקון בני LV 3:2
וית לחמא דבסלא **בתרע** משכן זימנא: וייכלון יתהון EX 29:32
ית ניכסת קודשיא **בתרע** משכן זימנא ויסב ית שיער NU 6:18
וית אימריא קדם ייי **בתרע** משכן זימנא: ויסב כהנא ית LV 14:11
אדמא על מדבחא דייי **בתרע** משכן זימנא ויסיק תרבא LV 17:6
ויקם יתהון קדם ייי **בתרע** משכן זימנא: ויתן אהרן על LV 16:7
בשר קורבניא בדודוותא **בתרע** משכן זימנא ותמן תיכלון LV 8:31
קטורת בוסמין וקמו **בתרע** משכן זימנא מציטרא חד NU 16:18
ייי: עלת תדירא לדריכון **בתרע** משכן זימנא קדם ייי דאיזמן EX 29:42
ושרה הוות שמעא **בתרע** משכנא וישמעאל קאי GN 18:10
ית עמודא דעננא קאי **בתרע** משכנא ומן יד קיימין כל EX 33:10
עמודא דענן יקרא וקאי **בתרע** משכנא ומתמלל מימרא דייי EX 33:9
בעמודא דענן יקרא וקם **בתרע** משכנא וקרא אהרן ומרים NU 12:5
יתהון כל חד וחד **בתרע** משכניה: ומטווריא רמייא NU 21:19

עמא ומתעתדין גבר **בתרע** משכניה ומסתכלין בעינא EX 33:8
משכנא כדקיימין גבר **בתרע** משכניה: ומתמלל ייי עם EX 33:10
ביש לדריהון: וקם משה **בתרע** סנהדרין דמשריתא ואמר EX 32:26
ברמשא ולוט יתיב **בתרעא** דסדום וחמא לוט וקם GN 19:1
ואתו בני ישראל כל חד **בתרעא** חד דלא ישלוט בהון עיינא GN 42:5
עלין למזבון מני נטורין **בתרעי** קרתא למכתוב כל דעליל GN 42:6
מקפן שורין רמין אחידן **בתרעין** ונגרעין בר מקירוי פצחיא DT 3:5
דשא אחדו: וית גובריא **דבתרע** ביתא מחו בחוורווריא GN 19:11
ווילוות דרתא וית פרסא **דבתרע** דרתא דעל משכנא ועל NU 3:26
ופרסא חופאיה ופרסא **דבתרע** משכן זימנא: ווילוות דרתא NU 3:25
על מדבחא חזור חזור **דבתרע** משכן זימנא: וישלח ית LV 1:5
ליסודא דמדבח עלתא **דבתרע** משכן זימנא: וית כל תרביה LV 4:18
דמדבחא דעלתא **דבתרע** משכן זימנא: וית כל תריב LV 4:7
ולמדבחא ויהב ית פרסא **דבתרע** משכנא וגמר משה ית EX 40:33
קטרת בוסמיא וית פרסא **דבתרע** משכנא: וית מדבחא דנחשא EX 39:38
דרתא וית פרסא דמעלנא **דתרע** דרתא דעל משכנא חזור חזור NU 4:26
וית חומרנהא וית פרסא **דתרע** דרתא: וית מתחי משכנא וית EX 35:17
ישראל ותיתן ית פרסא **דתרע** דרתא מטול זכוות אימהת EX 40:8
כל עמודא דרתא: ופרסא **דתרע** דרתא עובד צייור מחטא EX 38:18
דעלוי מלעילא וית פרסא **דתרע** משכן זימנא: וית ווילוות NU 4:25
ית משה: ושוי ית פרסא **דתרעא** למשכנא: וית מדבחא EX 40:28
בוסמיא ותשוי ית פרסא **דתרעא** למשכנא מטול צדיקיא EX 40:5
בוסמיא וית פרסא **דתרעא** לתרע משכנא: ית מדבחא EX 35:15
קבל תקי בסיפי בתיכון **ובתריעיכון**: מן בגלל דיסגון יומיכון DT 11:20
מחטא ותינעוץ באודניה **ובתרע** בית דינא ויהי לך עבד פלח DT 15:17
למכפרא עליכון: **ובתרע** משכן זימנא תיתבון יומם LV 8:35
לקבל תקי על סיפי ביתך **ובתרעך** מימינא במיעלך: ויהי ארום DT 6:9
די יכוס מברא למשריתא: **וליתרע** משכן זימנא לא אייתיה LV 17:4
תלתא וחומריהון תלתא:: **ולתרע** דרתא פרסא עשרין אמין EX 27:16
עלתא או ניכסת קודשיא: **ולתרע** משכן זימנא לא ייתיניה LV 17:9
ית יקידתא דאוקד ייי: **ומתרע** משכן זימנא לא תיפקון LV 10:7
ובלחמא בנורא תוקדון: **ומתרע** משכן לא תפקון שובעא LV 8:33
תשיצינה מלעיל **ותרעא** דתיבותא בציטרא תשוי GN 6:16
עיברו ותובו מתרע סנדרי **לתרע** בי דינא במשריתא ובעו מן EX 32:27
יתיה לקדם חכימי קרתא **לתרע** בי דינא דבאתריה: ויימרון DT 21:19
עימה: ותפקון ית תריהון **לתרע** בי דינא דבקרתא ההיא DT 22:24
לוות חכימי קרתא **לתרע** בי דינא: ויימר אבוהא DT 22:15
יבימתיה ותיסק יבימתיה **לתרע** בי דינא קדם חמשא חכימין DT 25:7
ויפקון ית עולימתא **לתרע** בית אבוהא ויאטלונה אינשי DT 22:21
ית פיתגמא בישא הדין **לתרע** בית דיניכון ית גברא או ית DT 17:5
ויפוק כהנא מן ביתא **לתרע** ביתא מלבר ויסגר ית ביתא LV 14:38
תיניינא מיכא ומיכא **לתרע** דרתא ווילוון חמיסרי אמין EX 38:15
וית חומרהא וית פרסא **לתרע** דרתא וית אטונוי ומתחהא EX 39:40
רברביא וכל כנישתא **לתרע** משכן זימנא: אבונא מית NU 27:2
ולא היא ית קרבן אשמיה **לתרע** משכן זימנא דיכרא לאשמא: LV 19:21
לוותך כל כנישתא **לתרע** משכן זימנא: ואין בחדא NU 10:3
מן קדם תורעמות קהלא **לתרע** משכן זימנא ואיתרכינו על NU 20:6
יומין לירחא דאדר **לתרע** משכן זימנא: ואמר משה LV 8:4
קרח ית כל כנישתא **לתרע** משכן זימנא ואתנטיל NU 16:19
גוזלין בני יוון לוות כהנא **לתרע** משכן זימנא: ויעבד כהנא חד NU 6:10
ותייתי יתהון לות כהנא **לתרע** משכן זימנא: ויעבד כהנא ית LV 15:29
אפרשותיה ימטי ית גרמי **לתרע** משכן זימנא: ויקריב ית NU 6:13
יוון וייתי יתהון לקדם ייי **לתרע** משכן זימנא ויתנינון לכהנא: LV 15:14
ואהרן מן קדם קהלא **לתרע** משכן זימנא: ומליל ייי עם NU 17:8
וית כל כנישתא כנוש **לתרע** משכן זימנא: ועבד משה LV 8:3
וית אהרן וית בנוי תקריב **לתרע** משכן זימנא ותטבול יתהון EX 29:4
ותיכוס ית תורא קדם ייי **לתרע** משכן זימנא: ותיסב מאדמא EX 29:11
ותקרב ית אהרן וית בנוי **לתרע** משכן זימנא ותסחי יתהון EX 40:12
תורי דכר שלים יקרביניה **לתרע** משכן זימנא יקריב יתיה LV 1:3
יוון או שפנינא לחטאתא **לתרע** משכן זימנא לות כהנא: LV 12:6
חקלא וייתונון קדם ייי **לתרע** משכן זימנא לות כהנא LV 17:5
לחטאתא: ויעול ית תורא **לתרע** משכן זימנא לקדם ייי LV 4:4
לדכותיה לות כהנא **לתרע** משכן זימנא קדם ייי: ויסב LV 14:23
דכסף: ועבד ווילון פריס **לתרע** משכנא דתיכלא וארגוונא EX 36:37
ותב אהרן לות משה **לתרע** משכנא זימנא ומותנא NU 17:15
וית פרסא דתרעא **לתרע** משכנא: ית מדבחא דעלתא EX 35:15
ציפונא: ותעבד פרסא **לתרע** משכנא תיכלא וארגוונא EX 26:36
דמתאסרן להון גבר **לתרע** משכניה ותקיף רוגזא דייי NU 11:10
ואתא חמור ושכם בריה **לתרע** קרתיהון ומלילו עם אינשי GN 34:20
ונפק לוותהום לוט **לתרעא** ודשא אחד בתרוי: ואמר GN 19:6
לוט וקם לקדמותהון **מתרע** משכנא וסגיד אנפוי על GN 19:1
חמנון רהט לקדמותהון **מתרע** משכנא וסגיד על ארעא: GN 18:2
וכדון עיברו ותובו **מתרע** סנדרי לתרע בי דינא EX 32:27
ואתון לא תפקון אינש מן **תרע** ביתיה עד צפרא: ויתגלי יקרא EX 12:22
חזור חזור וית כל מתחי **תרע** דרתא וית כל חומרי דרתא EX 38:31
ועבד בה ית חומרי **תרע** משכן זימנא וית מדבחא EX 38:30
ית מדבחא דעלתא קדם **תרע** משכן זימנא מטול עתיריא EX 40:6
וקם עמודא דעננא על **תרע** משכנא ומשה ויהושע קמון מן DT 31:15
מכיבא דמהולתא יתיב **תרע** משכנא לתוקפא דיומא: וזקף GN 18:1
וקמו וארגיזו למשה **תרע** משכניהון ונשיהון ובניהון NU 16:27
בני חיתאה לכל עלי **תרע** קרתי: ומן בתר כדין קבר GN 23:18
ומן שכם בריה כל נפקי **תרע** קרתיה וגזרו כל דכורא כל GN 34:24
וגזרו כל דכורא כל נפקי **תרע** קרתיה: והוה ביומא תליתאה GN 34:24
בני חיתאה לכל עלי **תרע** קרתיה למימר: בבעו ריבוני GN 23:10
ומלילו עם אינשי **תרע** קרתיהון למימר: גובריא GN 34:20
כשר לצלן מכוון כל קבל **תרע** שמייא משכלל תחות כורסי GN 28:17
ואגן מימרא דייי ית **תרעא** דתיבותא באנפי: והוה GN 7:16
ואשתלהיין להשכחא **תרעא**: ואמרו גובריא ללוט תוב GN 19:11
ויגין מימרא דייי על **תרעא** ולא ישבוק מלאכא מחבלא EX 12:23
מן דעליל למשכנא אורח **תרעא** ולא מן צדדיה כדפתיח NU 19:14
ופלטירי רבניהון מן **תרעא** רבא דבית מלכותא עד NU 21:30
תרעיהון מכוונין כלו קבל **תרעי** חבריהון ושרת עלוי רוח NU 24:2
רבא חטאך נטיר ועל **תרעי** ליבך חטאה רביע ובידך GN 4:7
ולא מן צדדיה כדפתיח **תרעיה** וכל דבמשכנא ואפילו NU 19:14
דמסדרין פתורא קדם **תרעיהון** ומפרנסין מסכיניא EX 40:6
מדרישיהון ולא הוון **תרעיהון** מכוונין כלו קבל תרעי NU 24:2

תרץ (5)

לא מטול זכוותכון **ובתריצות** ליבכון אתון עללין DT 9:5
משה ואהרן ובנוי והוה **מתרץ** להון סדר כהונתא ותמן EX 39:33
אורייא ותומיא ונביא **תריציא** יהב לכון ייי אלקכון: נבייא DT 18:14
ומקלקל פיתגמין **תריצין** דמיכתבין באורייתא EX 23:8
רבא דליה קיימין ודינין **תריצין** ככל אורייתא הדא דאנא DT 4:8

תשע (40)

ותשרון לציימא **בתשעא** יומין לירחא בעידוני LV 23:32
דמשה בתמניא בניסן **ובתשעא** בניסן אתקינו עמא בית DT 34:8
למילקייה על תלתין **ותשע** אילין מלקות יתיר ויסתכן DT 25:3
דהב ארמותא עשרין **ותשע** קנטירין ושבע מאה ותלתין EX 38:24
דאוליד ית רעו מאתן **ותשע** שנין ואולד בנין ובנן: וחיא GN 11:19
ובנן: וחיא נחור עשרין **ותשע** שנין ואולד ית תרח: וחיא GN 11:24
והוה אברם בר תשעין **ותשע** שנין ואתגלי ייי לאברם GN 17:1
תשע מאה ושיתין **ותשע** שנין ומית: וחיא למך מאה GN 5:27
שמיטין דשנין ארבעין **ותשע** שנין: ותעבר קל שופר יבבא LV 25:8
ייי: ואברהם בר תשעין **ותשע** שנין כד גזר ית בישרא GN 17:24
דשיבטיה:: חמשין **ותשעה** אלפין ותלת מאה: ושיבטא NU 2:13
דשמעון חמשים **ותשעה** אלפין ותלת מאה: לבנוי NU 1:23
ויומיא די אזלו בעשרין **ותשעה** לירחא דסיון יומי דמן NU 13:20
יומי מהללאל תמני מאה **ותשעים** וחמש שנין ומית: וחיא ירד GN 5:17
דאולד ית נח חמש מאה **ותשעין** וחמש שנין ואולד בנין ובנן: GN 5:30
למכפרא על תמני **ותשעין** לווטיא: ומנחתהון סמידא NU 29:32
דכל אימריא תמני **ותשעין** למכפרא על תמני ותשעין NU 29:32
דמטליא תורין תשעא **לתשעת** מטרתא דיכרין תרין לתרי NU 29:26
בני שנא ארביסר שלמין **לתשעת** מטרתא חמשא מנהון NU 29:17
בעדבא דפקיד ייי למיתן **לתשעת** שיבטין ופלגות שיבטא: NU 34:13
תורין תרין וגומר: ביומא **תשיעאה** קריב רב בית אבא לבני NU 7:60
ולא איתבר מן מטולא נס **תשיעאי** דאתנגיד פרזלא כשיעור NU 25:8
שתיתיתא עד שתא **תשיעתא** עד זמן מיעל עללתא LV 25:22
ארכיון ברבת בני עמון **תשע** אמין אורכה וארבע אמין DT 3:11
ובנן: והוו כל יומי אנוש **תשע** מאה וחמש שנין ומית: וחיא GN 5:11
שנין: והוו כל יומי נח **תשע** מאה וחמשין שנין ומית: ואילן GN 9:29
בנין ובנן: והוו כל יומי קינן **תשע** מאה ועשר שנין ומית: וחיא GN 5:14
בנין ובנן: והוו כל יומי ירד **תשע** מאה ושיתין ותרתין שנין GN 5:20
והוו כל יומי מתושלח **תשע** מאה ושיתין ותשע שנין ומית: GN 5:27
בנין ובנן: והוו כל יומי שת **תשע** מאה ותרתי סירי שנין ומית: GN 5:8
ארבעה מלכין ואהדר **תשע** משירין חשב אברם בליביה GN 15:1
תלת ירחין דסכומהון **תשעא**: ולא הוה אפשר לה תוב EX 2:2
דחגא דמטליא תורין **תשעא** לתשעת מטרתא דיכרין NU 29:26
בשכיבא ובוולדא בר **תשעה** ירחין בגושמיה ובדמיה NU 19:13
דאישלם במעי אימיה **תשעה** ירחין וכיוון דימטא קיצא NU 12:12
יקרי בליליא הדין ועימי **תשעין** אלפין ריבוון מלאכין EX 12:12
לאברם: והוה אברם בר **תשעין** ותשע שנין ואתגלי ייי GN 17:1
עימיה ייי: ואברהם בר **תשעין** ותשע שנין כד גזר ית GN 17:24
שנין ומית: וחיא אנוש **תשעין** שנין ואוליד ית קינן: וחיא GN 5:9
יהי וולד ואין שרה הברת **תשעין** שנין תוליד: ואמר אברהם GN 17:17

תשש (2)

ארעא דאפקתנא מתמן **מדאיתתיש** חילא מן קדם ייי DT 9:28
ארום בידנא מסירין הינון **תש** חיל גבורתהון מעליהון ומימרא NU 14:9

Concordance of Proper Names

אב (2)
עננא יקרא בחד לירחא **דאב** וחמון כל כנישתא משה נחית NU 20:29
בתמניא יומין בירחא **דאב** מסוף ארבעין יומין: ואזלו ואתו NU 13:25

אביאסף (1)
ובנוי דקרח אסיר ואלקנה **ואביאסף** אילין ייחוסין דקרח: EX 6:24

אביבא (6)
ייי אלקכון ארום בירחא **דאביבא** אפיק יתכון ייי אלקכון DT 16:1
דפקידתך לזמן ירחא **דאביבא** ארום ביה נפקת ממצרים EX 23:15
דפקידתך לזמן ירחא **דאביבא** ארום בירחא דאביבא EX 34:18
מחמיסר בניסן הוא ירחא **דאביבא**: ויהי ארום יעלינך ייי אלקך EX 13:4
למינטר תקופתא בירחא **דאביבא** למעבד ביה פיסחא קדם DT 16:1
דאביבא ארום בירחא **דאביבא** נפקתון פריקין ממצרים: EX 34:18

אבידן (4)
שיבטא דבני בנימן **אבידן** בר גדעוני: וחיליה וסכומהון NU 2:22
שיבטא דבני בנימין **אבידן** בר גדעוני: ונטיל טיקס NU 10:24
פדה צור: לבנימין אמרכול **אבידן** בר גדעוני: לדן אמרכול NU 1:11
רב בית אבא לבני בנימין **אבידן** בר גידעוני: קרבניה דקריב NU 7:60

אבידע (1)
דמדין עיפה ועפר וחנוך **ואבידע** ואלדעה כל אילין בנהא GN 25:4

אביהוא (10)
וילידת ליה ית נדב וית **אביהוא** ית אלעזר וית איתמר: ובנוי EX 6:23
לאהרן ית נדב וית **אביהוא** ית אלעזר וית איתמר: ומית NU 26:60
לשמשא קדמי אהרן נדב **ואביהוא** אלעזר ואיתמר בנוי EX 28:1
וית איתמר: ומית נדב **ואביהוא** בקרוביהון אישתא NU 26:61
ונסיבו בני אהרן נדב **ואביהוא** גבר מחתיתיה ויהבו בהון LV 10:1
לקדם ייי אנת ואהרן נדב **ואביהוא** ושובעין מסבי ישראל EX 24:1
וסליק משה ואהרן נדב **ואביהוא** ושובעין מסבי ישראל: EX 24:9
מסבי ישראל: וזקפו נדב **ואביהוא** ית עיניהון וחמון ית איקר EX 24:10
ברירין מן ענניא: ולות נדב **ואביהוא** עולימיא שפיריא לא שדר EX 24:11
לשמשא: ומית נדב **ואביהוא** קדם ייי באישתא NU 3:4

אביחיל (1)
גניסת מררי צוריאל בר **אביחיל** על שידא דמשכנא ישרון NU 3:35

אבימאל (1)
וית דיקלא: וית עובל וית **אבימאל** וית שבא: וית אופיר וית GN 10:28

אבימלך (26)
מן קדם אלקים לות **אבימלך** בחילמא דליליא ואמר GN 20:3
אנת וכל דילך: ואקדים **אבימלך** בצפרא וקרא לכל עבדוי GN 20:8
ית שרה אינתתיה: ואמר **אבימלך** הא ארעי קדמך ובדתקין GN 20:15
דמיא דאנסו ליה עבדי **אבימלך**: ואמר אבימלך לא ידענא GN 21:25
אברהם בצלותיה על **אבימלך**: ואתעברת וילידת שרה GN 21:1
אלקים ואסי אלקים ית **אבימלך** וית אינתתיה ולחינתוי GN 20:17
בבירא דשבע חורפן וקם **אבימלך** ופיכל רב חיליה ותבו GN 21:32
והוה בעידנא ההיא ואמר **אבימלך** ופיכל רב חיליה לאברהם GN 21:22
עלינא חובא: ופקיד **אבימלך** ית כל עמא למימר דיקרב GN 26:11
ליה עבדי אבימלך: ואמר **אבימלך** לא ידענא מן הוא דעבד ית GN 21:26
גובריא לחדא: וקרא **אבימלך** לאברהם ואמר מה עבדת GN 20:9
ואפרישינון מן תורי: ואמר **אבימלך** לאברהם מה הינון שבע GN 21:29
עבדת עימי: ואמר **אבימלך** לאברהם מה חמיתא ארום GN 20:10
אברהם ארום לא קריב **אבימלך** לגבי שרה אינתתיה: וצלי GN 20:16
הוות להון כל דא ואזל **אבימלך** לוותיה מגרר ואתקיף GN 26:26
ומלונון עפרא: ואמר **אבימלך** ליצחק איזל מעימנא ארי GN 26:16
עם רבקה אינתתיה: וקרא **אבימלך** ליצחק ואמר ברם הא GN 26:9
אתקטל בגינה: ואמר **אבימלך** מה דא עבדת לנא כזעיר GN 26:10
אחתי היא ושדר **אבימלך** מלכא דגרר ודבר ית שרה: GN 20:2
אברהם ואזל יצחק לות **אבימלך** מלכא דפלישתאי לגרר: GN 26:1
יומיא למשרי ואודיק **אבימלך** מלכא דפלישתאי מן GN 26:8
עלי דאחי הוא: ונסב **אבימלך** עאן ותורין ואמהין ויהב GN 20:14
ואתווכח אברהם עם **אבימלך** על עיסק בירא דמיא GN 21:25
בית וולדא לנשיא דבבית **אבימלך** על עיסק שרה איתת GN 20:18
והיא מיבעלא לגבר: **ואבימלך** לא קריב לגבה למסאבה GN 20:4
אברהם עאן ותורין ויהב **לאבימלך** וגזרו תריהום קים: ואקם GN 21:27

אבירם (13)
חמא דיזקף דתן ידיה על **אבירם** למימחייה אמר ליה למה EX 2:13
בר קהת בר לוי ודתן **ואבירם** בני אליאב ואון בר פלת בני NU 16:1
מן משה ושיירו דתן **ואבירם** גובריא חייבייא מיניה עד EX 16:20
תיניינא ואודיק והא דתן **ואבירם** גוברין יהודאין נצן וכד EX 2:13
ובני אהליאב נמואל דתן **ואבירם** הוא דתן ואבירם מערעי NU 26:9
חזור למשכנא דקרח דתן **ואבירם**: וקם משה ואזל לאוכחא NU 16:24
משכנא דקרח דתן **ואבירם** מן חזור חזור ודתן ואבירם NU 16:27
דתן ואבירם הוא דתן **ואבירם** מערעי כנישתא דאתכנשו NU 26:9
מן חזור חזור ודתן **ואבירם** נפקו במילי חירופין וקמו NU 16:27
אתרא הדין: ודעבד לדתן **ולאבירם** בני אליאב בר ראובן DT 11:6
לבי דינא רבא לדתן **ולאבירם** בני אליאב ואמרו לא NU 16:12
גיף ימא: וימר פרעה לדתן **ולאבירם** בני ישראל דמשתיירין EX 14:3
משה ואזל לאוכחא לדתן **ולאבירם** ואזלו בתרוי סבי ישראל: NU 16:25

אבל (2)
קיים היא שזיבת ליתבי **אבל** מן דין קטול ביומי יואב ובנוי GN 46:17
בגין כן קרא שמה דאתר **אבל** מצרים די בעברא דיירדנא: GN 50:11

אבלס (1)
עד קיסרין מעלך **לאבלס** דקילקאי: ויפוק תחומא NU 34:8

אברהם (253)
די חפסו עבדי אבוי ביומי **אברהם** אבוי וטמונינון פלישתאי GN 26:18
דחפסו עבדי אבוי ביומי **אברהם** אבוי טמונינון פלישתאי GN 26:15
לסייפי מן אילנא דנציב **אברהם** אבונן בבירא דשבע וצלי EX 36:33
דייי מן שמיא ואמר ליה **אברהם** אברהם ואמר האנא: ואמר GN 22:11
בני נשא אמרין בקושטא **אברהם** אוליד ית יצחק: והוה יצחק GN 25:19
בשמת בר ישמעאל בר **אברהם** אחתיה דנביות מן אימיה GN 28:9
ייי אלקיה דריבוני **אברהם** אין איתך כדון מצלח GN 24:42
נפקתא מתמן: ואמר ליה **אברהם** איסתמר לך דילמא תתיב GN 24:6
ארעא דדרתא בה: ואמר **אברהם** אנא אקיים: ואתווכח GN 21:24
ית פיתגמא הדין: ואמר **אברהם** ארום אמרית בלבבי לחוד GN 20:11
ואיתווכחן מילייא וידע **אברהם** ארום לא קריב אבימלך GN 20:16
שמך אברם ויהי שמך **אברהם** ארום לאב סגי סוגעי עממין GN 17:5
שיעבודא דיפסקת עם **אברהם** ארום לעם סגי אישוינך GN 46:3
איזל קבר מיתך: וגחן ליה **אברהם** באנפי בני חיתאה: ומליל GN 23:12
ואתיב עפרן חיתאה ית **אברהם** באנפי בני חיתאה לכל עלי GN 23:10
לבירא דשבע ויתיב **אברהם** בבירא דשבע: והוה בתר GN 22:19
לסייפי מן אילנא דנציב **אברהם** בבירא דשבע וכד עברו EX 26:28
דין הוא אילנא דנציב **אברהם** בבירא דשבע וצלי תמן EX 26:28
עמיקתא דיתמלל עם **אברהם** בחברון ובההוא יומא הוה GN 37:14
ית קיימא דקיימית עם **אברהם** ביני פסגיא אדכור וארעא LV 26:42
ומימרא דייי בריך ית **אברהם** בכל מיני ברכתא: ואמר GN 24:1
ארעא: חולף די קבל **אברהם** במימרי ונטר מטרת מימרי GN 26:5
בנהא דקטורא: ויהב **אברהם** במתנה ית כל דליה ליצחק: GN 25:5
לשרה היכמא דמליל **אברהם** בצלותיה על אבימלך: GN 21:1
דאימר לך: ואקדים **אברהם** בצפרא וזריז ית חמריה GN 22:3
ארום ברך הוא: ואקדים **אברהם** בצפרא ונסיב לחמא וקרווא GN 21:14
עמוד דימלח: ואקדם **אברהם** בצפרא לאתרא דשמיש GN 19:27
נטיר ליה דבו ובתר דמית **אברהם** בריך ייי ית יצחק בריה GN 25:11
וחמש שנין: ואתנגיד ומית **אברהם** בשיבו טבא סיב ושבע כל GN 25:8
יעקב: ובההוא יומא דמית **אברהם** בשיל יעקב תבשילי GN 25:29
ית ייי אלקיה דריבוניה **אברהם** דדברני באורח קשוט GN 24:48
ואילין סכום יומי חיי **אברהם** דחיא מאה ושובעין וחמש GN 25:7
שמא דייי אלקיה דריבוני **אברהם** די לא מנע טיבותיה GN 24:27
תולדת ישמעאל בר **אברהם** דילידת הגר מצריתא GN 25:12
ועיבד טבו עם ריבוני **אברהם**: הא אנא קאי על עינא דמיא GN 24:12
יעקב אלקיה דאיבא **אברהם** הוא אלקיה דאיבא יצחק GN 32:10
דייי כד פסק למללא עם **אברהם** ואברהם תב לאתריה: ואתו GN 18:33
קדמאה דהוה ביומי **אברהם** ואזל יצחק לות אבימלך GN 26:1
אתרא בגינהום: ואתיב **אברהם** ואמר בבעו ברחמין הא GN 18:27
שמיא ואמר ליה אברהם **אברהם** ואמר האנא: ואמר אל GN 22:11
בצלו קדם ייי: וצלי **אברהם** ואמר הרוגזך שציא זכאי GN 18:23
ומן יד מימרא דייי נסי ית **אברהם** ואמר ליה אברהם ואמר GN 22:1
נסי ית אברהם ואמר ליה **אברהם** ואמר ליה האנא: ואמר דבר GN 22:1
על עינא: וחשיב לבן דהוא **אברהם** ואמר עול בריכא דייי למא GN 24:31
ומיתת מן אניקא ואתא **אברהם** ובת באורחא ותניאו GN 22:20
דלא למיקבר מיתך: וקם **אברהם** וגחן לעמא דארעא לבני GN 23:7
יקרא דייי מעילוי **אברהם**: ודבר אברהם ית ישמעאל GN 17:22
על עיסק שרה איתת **אברהם**: וייי דכר ית שרה היכמא GN 20:18
דבריכו יתי אבהתיי **אברהם** ויצחק דחמידו להין רברבני GN 49:26
דרחים ית אבהתכון **אברהם** ויצחק ואתרעי בבנוי DT 4:37
היא חברון דדר תמן **אברהם** ויצחק: והוו יומי יצחק מאה GN 35:27
ואוקים מקיבריהון **אברהם** ויצחק ויעקב וקמון DT 9:19
דיפלחו אבהתיי קדמוי **אברהם** ויצחק ייי דאיזן יתי GN 48:15
הדין בארבעת עשר גזר **אברהם** וישמעאל בריה: וכל אינשי GN 17:26
קבורתא: תמן קברו ית **אברהם** וית שרה אינתתיה תמן GN 49:31
ואילין תולדת יצחק בר **אברהם** ומן בגלל דהוה איקונין GN 25:19
דמיתת אימיא: ואוסיף **אברהם** ונסיב איתא ושמא קטורה GN 25:1
גריצן: ולבקרותא רהט **אברהם** ונסיב בר תורי רכיך ושמין GN 18:7
דאילנא בקרנוי ואזל **אברהם** ונסיב יתיה ואסיקהי GN 22:13
ייי ית קיימיה דקיים עם **אברהם** ועם יצחק ועם יעקב: וגלי EX 2:24
פלישתאי בתר דמית **אברהם** וקרא להון שמהן הי כשמהן GN 26:18
רשיעא דהוה מחסיד ית **אברהם** ושרה אבהתן למימר אתון NU 21:34
בני חיתאה תמן איתקבר **אברהם** ושרה אינתתיה: ומן בגלל GN 25:10
ואמר ייי אלקיה דריבוני **אברהם** זמין כען איתא מהגנא קומי GN 24:12
אימרא לעלתא: ואמר **אברהם** ייי יבחר ליה אימרא GN 22:8
תלתי אבהת עלמא הינון **אברהם** יצחק ויעקב דמן בני בניהון GN 40:12
דחפרו יתה אבהת עלמא **אברהם** יצחק ויעקב רברבניא NU 21:18
פסולא היכמא דינפק מן **אברהם** ישמעאל ומן אבא נפק עשו GN 35:22

חקל כפילתא דיזבן **אברהם** ית חקלא לאחסנת GN 50:13
בארעא דכנען דזבן **אברהם** ית חקלא מן עפרון חיתאה GN 49:30
ודינא בגין דייתיה עילוי **אברהם** ית טבתא דמליל עלוי: GN 18:19
לעיל מן קיסין: ופשט **אברהם** ית ידיה ונסיבת סכינא GN 22:10
ליה שרה יצחק: וגזר **אברהם** ית יצחק בריה בר תמנייא GN 21:4
אמרין בטוורא הדין כפת **אברהם** ית יצחק בריה ותמן GN 22:14
האילין מן בתר דיכפת **אברהם** ית יצחק ואזל סטנא ותני GN 22:20
דייי מעילוי אברהם: ודבר **אברהם** ית ישמעאל בריה וית כל GN 17:23
דאמר ליה ייי ובנא תמן **אברהם** ית מדבחא דבנא אדם GN 22:9
ברך ית יחידך מיני: וזקף **אברהם** ית עינוי וחזא והא דיכרא GN 22:13
ייי: ביומא תליתאה וזקף **אברהם** ית עינוי וחמא ענן איקרא GN 22:4
ונתוב לוותכון: ונסיב **אברהם** ית קיסי דעלתא ושוי עילוי GN 22:6
וגזרו תריהום קים: ואקם **אברהם** ית שבע חורפן בלחודיהן GN 21:28
דמליל יתיה ייי: וקרא **אברהם** ית שום בריה דיתליד לי GN 21:3
קרתי: ומן בתר כדין קבר **אברהם** ית שרה אינתתיה למערת GN 23:19
דאתגלי בחזוי מימרא על **אברהם** כד הוה מרע מגיזרת DT 34:6
בכל מיני ברכתא: ואמר **אברהם** לאליעזר עבדיה סבא GN 24:2
זמן יומא דין: ונטל מתמן **אברהם** לארע דרומא ויתיב ביני GN 20:1
האילין: והדר אמר **אברהם** להלין גובריא יתסב כדון GN 18:4
שנין ובההוא יומא תב **אברהם** לות עולימוי וקמו ואזלו GN 22:19
ואתיבו בני חיתאה ית **אברהם** למימר ליה: קבל מיננא GN 23:5
תמן: ואתיב עפרון ית **אברהם** למימר ליה: ריבוני קביל GN 23:14
עביד כפיתגמך: ואוחי **אברהם** למשכנא לות שרה ואמר GN 18:6
מן רחיק: ואמר **אברהם** לעולימוי אוריכן לכון הכא GN 22:5
אברהם מן עפרון ותקל **אברהם** לעפרון ית כספא דמליל GN 23:16
אוושר לי למכסיא מן **אברהם** מה דאנא עביד ומן דינא GN 18:17
אנפי ממרא: חקלא דיזבן **אברהם** מן בני חיתאה תמן GN 25:10
בארעא דכנען ואתא **אברהם** מן טוור פולחנא ואשכחה GN 23:2
לשרה ולמבכייה: וקם **אברהם** מן מחמי אפין על מיתיה GN 23:3
היא וית מיתך קבר: וקביל **אברהם** מן עפרון ותקל אברהם GN 23:16
טליא ואתחסין ועבד **אברהם** משתיא רבא ביומא GN 21:8
דפלקתין דלאברהם יהב **אברהם** ניכסין מיטלטלין למתנן GN 25:6
הוי לי עדויין וריבוני **אברהם** סיב: ואמר ייי לאברהם למה GN 18:12
אלהן יומא דין מינך: ודבר **אברהם** עאן ותורין ויהב לאבימלך GN 21:27
בעממיא מינה יהון: ונפל **אברהם** על אנפוי ותמה ואמר GN 17:17
פיתגמא לחדא בעיני **אברהם** על עיסק ישמעאל בריה GN 21:11
ואיתותב בגרר: ואמר **אברהם** על שרה אינתתיה אחתי GN 20:2
אנא אקיים: ואתווכח **אברהם** עם אבימלך על עיסק בירא GN 21:25
אינתתיה: ומן בגלל דלא **אברהם** צבי לברכא ית ישמעאל GN 25:11
לגבי שרה אינתתיה: וצלי **אברהם** קדם אלקים ואסי אלקים GN 20:17
תשעין שנין תוליד: ואמר **אברהם** קדם ייי הלואי ישמעאל GN 17:18
תיניינא כד איתגלי על **אברהם** תליתאה כד איתגלי EX 12:42
חולף בריה: ואודי וצלי **אברהם** תמן באתרא ההוא ואמר GN 22:14
מן סיעתיה ואילו נצח **אברם** אהי מן סיעתיה וכד חמון כל GN 11:28
ייי וצלי בשמא דייי: ונטל **אברם** אזיל ונטיל לדרומא: והוה GN 12:9
קיימיה דאברם: וכד שמע **אברם** ארום אשתבי אחוי וזיין ית GN 14:14
מסוף עשר שנין למיתב **אברם** בארעא דכנען וחררתה GN 16:3
ואתו לארעא דכנען: ועבר **אברם** בארעא עד אתר שכם עד GN 12:6
הוה פיתגמא דייי עם **אברם** בחיזונא למימר לא תדחל GN 15:1
תשע משירין חשב **אברם** בליביה ואמר ווי כען לי GN 15:1
ית ישמעאל לאברם: והוה **אברם** בר תשעין ותשע שנין GN 17:1
לה וולד: ודבר תרח ית **אברם** בריה וית לוט בר הרן בר GN 11:31
וית שרי כלתיה איתת **אברם** בריה ונפקו עימהון מאורא GN 11:31
תמן בשירויא וצלי תמן **אברם** בשמא דייי: ואוף ללוט דהוה GN 13:4
לחדא לחדא: ועל דלא **אברם** גזיר לא הוה יכיל למיקם GN 17:3
וחומטא הות והא חמא **אברם** גיהינם מסיק תננא וגומרין GN 15:17
מסכי למירת יתי: ואמר **אברם** הא לי לא יהבת בר והא בר GN 15:3
בך כל זרעית ארעא: ואזל **אברם** היכמה דמליל ליה ייי ואזל GN 12:4
אנא אעתרית מן דידי ית **אברם**: הלא לית לי רשו בכולא GN 14:23
דירושלים נפק לקדמות **אברם** ואפיק ליה לחים וחמר GN 14:18
עמיקתא אתרמיית על **אברם** והא ארבע מלכוון קיימין GN 15:12
ולא יתקרי תוב שמך **אברם** ויהי שמך אברהם ארום לאב GN 17:5
שובעין שנין ואולד ית **אברם** וית נחור וית הרן: ואילין GN 11:26
גניסת תרח תרח אולד ית **אברם** וית נחור וית הרן והרן אולד GN 11:27
לאברם אחוי: ונסיב **אברם** ונחור להון נשין שום איתת GN 11:29
מלכיא ונפלו קומי **אברם** וקטלו ארבעה מלכין ואהדר GN 15:1
על עיסק שרי איתת **אברם**: וקרא פרעה לאברם ואמר מה GN 12:17
דאתי סגי לחדא: ואמר **אברם** ייי אלקים סגין יהבת לי GN 15:2
שרי: ודברת שרי איתת **אברם** ית הגר מצריתא אמתא GN 16:3
במיפיקיה מחרן: ודבר **אברם** ית שרי אינתתיה וית לוט בר GN 12:5
אינש מעל אחוי: **אברם** יתיב בארעא דכנען ולוט GN 13:12
וית יבוסאי: ושרי איתת **אברם** לא ילידת ליה ולה אמתא GN 16:1
והוה כד רמא נימרוד ית **אברם** לאתונא דנורא דלא פלח GN 11:28
כדון יתבין בארעא: ואמר **אברם** ללוט לא כען תהי מצותא GN 13:8

מאים אתבני מינה וקביל **אברם** למימר שרי: ודברת שרי GN 16:2
וקניינא דבר לך: ואמר **אברם** למלכא דסדום ארימית ידי GN 14:22
אמטולתיך: והוה כדי על **אברם** למצרים וחמון מצראי ית GN 12:14
והוה כפנא בארעא ונחת **אברם** למצרים לאיתותבא תמן GN 12:10
ארום לך איתנינה: ופרס **אברם** למשכניה תיכן אימור ואתא GN 13:18
הוא נמרוד דאמר למירמי **אברם** לנורא הוא מלכא דפונטוס GN 14:1
בשריהון למיעבר ואמר **אברם** לשרי אינתתיה הא עד כדון GN 12:11
לאתונא דנורא: ואמר **אברם** לשרי הא אמתיך ברשותיך GN 16:6
וית כל דיליה: וסליק **אברם** ממצרים הוא ואינתתיה וכל GN 13:1
וברכיה ואמר בריך **אברם** מן אלקא עילאה דבגין GN 14:19
ביומא ההוא גזר ייי עם **אברם** קיים דלא למידן ביה בנוי GN 15:18
הגר לאברם בר וקרא **אברם** שום בריה דילידת הגר GN 16:15
להון נשין שום איתת **אברם** שרי ושום איתת נחור מלכא GN 11:29
תמן דלא שלטת נורא **באברם** אמר בליבהון הלא הרן GN 11:28
ואמר ליה אנא ייי אלקיה **דאברהם** אבוך ואלקיה דיצחק GN 28:13
ההוא ואמר אנא אלקיה **דאברהם** אבוך לא תידחל ארום GN 26:24
אלקיה דאבוך אלקיה **דאברהם** אלקיה דיצחק ואלקיה EX 3:6
אלקא דאבהתכון אלקיה **דאברהם** אלקיה דיצחק ואלקיה EX 3:15
אלקא דאבהתכון אלקיה **דאברהם** אלקיה דיצחק ואלקיה EX 4:5
ואמר מליל: ואמר עבדא **דאברהם** אנא: וייי בריך ית ריבוני GN 24:34
דיצחק מדמיין לאיקונין **דאברהם** הוון בני נשא אמרין GN 25:19
הדא לאבאשא: אלקיה **דאברהם** ואלקי דנחור ידינון בינן GN 31:53
כל דכורא באינשא ביתא **דאברהם** וגזר ית בישרא GN 17:23
לאלקיה דאיבא אלקיה **דאברהם** ודדחיל ליה יצחק הוה GN 31:42
וית פדגוגתה וית עבדא **דאברהם** וית גוברוי: ובריכו ית GN 24:59
קליה דטליא בגין זכותיה **דאברהם** וקרא מלאכא דייי להגר GN 21:17
ודכיר ייי ית זכותיה **דאברהם** ושלח ית לוט מגו GN 19:29
ילידת מלכה לנחור אחוי **דאברהם**: ותפלקתיה ושמה ראומה GN 22:23
אלהין בגין זכותיה **דאברהם** חס עילוי באתר דהוא GN 21:17
לבנוי דלוט מטול זכותיה **דאברהם** יהבתה ירותה: ארע גיבריא DT 2:19
למילוט יתי כל דכן בנוי **דאברהם** יצחק ויעקב דבזכותהון NU 22:30
איתגלי לי אלקיה **דאברהם** יצחק ויעקב למימר EX 3:16
ייי: והוה כדי שמע עבדא **דאברהם** ית פיתגמיהון וסגיד על GN 24:52
ויתן לך ית ברכתא **דאברהם** לך ולבנך עימך ויתיבינך GN 28:4
פסולא בקרבנך עיינויי **דאברהם** מסתכלן בעינויי דיצחק GN 22:10
סטנא ותני לות שרה **דאברהם** נכס ית יצחק וקמת שרה GN 22:20
ואסגי ית בנך בגין זכוותא **דאברהם** עבדי: ובנא תמן מבדחא GN 26:24
ית ידיה בגזירת מהולתא **דאברהם** ריבוניה וקיים ליה על GN 24:9
רעאי גיתיה דלוט דרעאי **דאברם** הוו מיפקדיו מיניה לא תכון GN 13:7
דהוה מידבר בזכותיה **דאברם** הוו עאן ותורין ומשכנין: ולא GN 13:5
לוט וית קנייניה בר אחוי **דאברם** ואזלו והוא יתיב בסדום: GN 14:12
דיינין בין רעאי גיתיה **דאברם** ובין רעאי גיתיה דלוט GN 13:7
והינון הוו מריה קיימיה **דאברם**: וכד שמע אברם ארום GN 14:13
אינתתי דנחור אחוי **דאברם** ולגינתה על כיתפה: וריבא GN 24:15
דישראל והות זכותיה **דאברם** מגנא עליהון: והוה שמשא GN 15:11
בליבהון הלא הרן אחוי **דאברם** מלא קוסמין וחרשין ואיהו GN 11:28
ולבניהום דפלקתין **דלאברהם** יהב אברהם ניכסין GN 25:6
אודיקו על אנפי סדום **ואברהם** אזיל עמהון לאלוואיהון: GN 18:16
כמה דפקיד יתיה ייי: **ואברהם** בר מאה שנין כד איתיליד GN 21:5
כמא דמליל עימיה ייי: **ואברהם** בר תשעין ותשע שנין כד GN 17:24
וציית מה דאמר מלאכא: **ואברהם** ושרה סבין עלו ביומין GN 18:11
יצחק הוה חמי יתהום **ואברהם** לא חמי יתהום עניין GN 22:10
קבורתא מן בני חיתאה: **ואברהם** סיב על ביומין ומימרא GN 24:1
לגובריא ואזלו לסדום **ואברהם** עד כדון בעי רחמין על לוט GN 18:22
נעביד עד דנודע יתיה: **ואברהם** עתיד דיהי לעם רב ותקיף GN 18:18
פסק למללא עם אברהם **ואברהם** תב לאתריה: ואתו תרין GN 18:33
ליה ייי ואזל עימיה לוט **ואברם** בר שובעין וחמש שנין GN 12:4
דילידת הגר ישמעאל: **ואברם** בר תמנן ושית שנין כד GN 16:16
עימיה למיזל לדרומא: **ואברם** תקיף לחדא בגיתי בכספא GN 13:2
לבית מלכותא דפרעה: **ולאברם** אוטב פרעה בגינה והוו ליה GN 12:16
כחדא: ואמר יצחק **לאברהם** אבוי ואמר אבא ואמר GN 22:7
ית קיימא דקיימית **לאברהם** אבוך: ואסגי ית בנך הי GN 26:3
ואתעברת וילידת שרה **לאברהם** בר דדמי ליה לסיבתוי GN 21:2
מצריתא אמתא דשרה **לאברהם**: ואילין שמהת בני GN 25:12
לחדא: וקרא אבימלך **לאברהם** ואמר מה עבדת לנא ומה GN 20:9
מיהמין מבשרא דבשר **לאברהם** ואמר עתידה דתוניק בנין GN 21:7
להון לאלקא: ואמר ייי **לאברהם** ואנת ית קימי תיטר אנת GN 17:9
עאן ותורין ואמהין ויהב **לאברהם** ואתיב ליה ית שרה GN 20:14
למעבד לעמך: הוי דכיר **לאברהם** וליצחק ולישראל עבדך EX 32:13
יפקון: וית ארעא דיהבית **לאברהם** וליצחק לך איתנינה ולבנך GN 35:12
ארע תותבותך די יהב ייי **לאברהם**: ושדר יצחק ית יעקב ואזל GN 28:4
נוכראה וגחין לייי: ואמרת **לאברהם** טרוד ית אמתא הדא וית GN 21:10
נוכראה: ואמר ייי **לאברהם** לא יבאיש בעינך על GN 21:12
חקלא ומערתא דביה **לאברהם** לאחסנת קבורתא מן בני GN 23:20

דבכל תחומי חזור חזור: **לאברהם** לזבינוי באנפי בני חיתאה GN 23:18
ית ארעא דקיימית **לאברהם** ליצחק וליעקב ארום לא NU 32:11
לך אנא ייי: ואיתגליתי **לאברהם** ליצחק וליעקב באל שדי EX 6:3
הדא לארעא דקיים **לאברהם** ליצחק וליעקב: ואומי GN 50:24
במימרי למיתן יתה **לאברהם** ליצחק וליעקב ואיתן יתה EX 6:8
הוי דכיר לעבדך **לאברהם** ליצחק וליעקב ולא DT 9:27
דקיים לאבהתכון **לאברהם** ליצחק וליעקב: ולא עמכון DT 29:12
דקיים ייי לאבהתכון **לאברהם** ליצחק וליעקב: ותינדעון DT 9:5
לארעא דקיימית **לאברהם** ליצחק וליעקב למימר EX 33:1
ודא ארעא דקיימית **לאברהם** ליצחק וליעקב למימר DT 34:4
דקיים ייי לאבהתכון **לאברהם** ליצחק וליעקב למיתן DT 1:8
דקיים ייי לאבהתכון **לאברהם** ליצחק וליעקב למיתן DT 30:20
לארע דקיים לאבהתך **לאברהם** ליצחק וליעקב למיתן לך DT 6:10
אברהם סיב: ואמר ייי **לאברהם** למה דנן גחכת שרה GN 18:13
ובת באורחא ותניאו **לאברהם** למימר הא ילידת מילכה GN 22:20
אבימלך ופיכל רב חיליה **לאברהם** למימר מימרא דייי GN 21:22
דהגר מצריתא דילידת **לאברהם** מגחך לפולחנא נוכראה GN 21:9
מן תורי: ואמר אבימלך **לאברהם** מה הינון שבע חורפן GN 21:29
עימי: ואמר אבימלך **לאברהם** מה חמיתא ארום עבדת GN 20:10
שנין מן דמליל ייי **לאברהם** מן שעתא דמליל עמיה EX 12:40
ית קימי אשני: ואמר ייי **לאברהם** שרי אינתתך לא תהי קרי GN 17:15
דייי: וקרא מלאכא דייי **לאברהם** תניינות מן שמיא: ואמר GN 22:15
נורא דעבדו כשדאי **לאברם** אחוי: ונסיב אברם ונחור GN 11:28
ומית תרח בחרן: ואמר ייי **לאברם** איזל לך מארעך אתפרש מן GN 12:1
וחררתה ויהבת יתה **לאברם** בעלה ליה לאינתו: ועול לות GN 16:3
ובין חלוצא: וילידת הגר **לאברם** בר וקרא אברם שום בריה GN 16:15
דייי לחדא: וייי אמר **לאברם** בתר דאיתפרש לוט מיניה GN 13:14
מן קדם ייי: ואמרת שרי **לאברם** הא כדון מנעני ייי מן למילד GN 16:2
ואמר מלכא דסדום **לאברם** הב לי נפשת אינשא דעימי GN 14:21
למירתא: ואיתגלי ייי **לאברם** ואמר לבנך אתין ית ארעא GN 12:7
ותשע שנין ואתגלי ייי **לאברם** ואמר ליה אנא אל שדי פלח GN 17:1
איתת אברם: וקרא פרעה **לאברם** ואמר מה דא עבדת לי למא GN 12:18
ילידת הגר ית ישמעאל **לאברם**: והוה אברם בר תשעין GN 16:16
בעינהא: ואמרת שרי **לאברם** כל עולבני מינך דהוינא GN 16:5
עמא בית ישראל: ואמר **לאברם** מינדע תינדע ארום דיירין GN 15:13
גריצן פטירן בכן חוי **לאברם** עיברא והוא הוה שרי בחזוי GN 14:13
אמר בליביה איזיל ואחוי **לאברם** על עיסק לוט דאישתבי GN 14:13

אגג (2)

בבל אעיקו להון דבית **אגג** די מתילין לשידין מנפחי כפן DT 32:24
עמלק ויתרודם על **אגג** מלכהון ובגין דיחוס עלוי NU 24:7

אדבאל (1)

דישמעאל נבט וערב **ואדבאל** ומבשם: וצאיתא ושתוקא GN 25:13

אדום (27)

דא היא יון נפלא דא היא **אדום** דעתידה למיפל ולית לה GN 15:12
אנא בגין כן קרא שמיה **אדום**: ואמר יעקב זבון יומנא כיום GN 25:30
טור פרזלא על תחומי **אדום** ויהוי תחום דרומא מן סייפי NU 34:3
רבא עירם אילין רברבי **אדום** למותבניהון בארע אחסנתהון GN 36:43
דעשו הוא דמתקרי **אדום**: עשו נסיב ית נשוי מבנת כנען GN 36:1
עד עלמא: לא תרחקון **אדומאה** דאתי לאתגיירא ארום DT 23:8
תחומך: ואמר ליה **אדומאה** לא תעיבר בתחומי דילמא NU 20:18
רב ובידא תקיפתא: וסרב **אדומאה** למשבוק ית ישראל NU 20:21
ואמר לא תעיבר ונפק **אדומאה** לקדמותיה בחיל רב NU 20:20
בהון ואטלטילינון ביד **אדומאי** דמליין אריסין כחיוין DT 32:24
אתר הובאי ובור בארע **אדומאי** ותמן עקת נפשא דעמא NU 33:41
זימנא למתיהבא נקמתא **באדום** בידהון: ונטלו מרקם ואתו NU 20:21
מלכא לבני ישראל: ומלך **באדום** בלעם בר בעור ושום קרתא GN 36:32
רעואל דמדורהון בארעא **דאדום** אילין בני בשמת איתת עשו: GN 36:17
אליפז דמדורהון בארעא **דאדום** אילין בני עדה: ואילין בני GN 36:16
קימי עימהון במלכותא **דאדום** ארום אנא הוא ייי אלקהון LV 26:44
הינון בסרו ית ישראל **דאדום** ומואב איטמרו ביני טווריא NU 21:14
אומנוס בסייפי ארעא **דאדום**: וסליק אהרן כהנא לטוורוס NU 33:37
דסוף לאחזרא ית ארעא **דאדום** וקנטת נפשא דעמא NU 21:4
אומנוס על תחום ארעא **דאדום** למימר: יתכנש אהרן לעמיה NU 20:23
אזגדין מרקם לות מלכא **דאדום** למימר כדנן אמר אחוך NU 20:14
מלכייא די מלכו בארעא **דאדום** קדם עד לא מלך מלכא לבני GN 36:31
ואילין ייחוסין דעשו רבא **דאדומא** דבית מדורהון בטוור GN 36:9
לגיניסר כרך מלכותהון **דאדומאי** אחסנות שיבט ראובן וגד NU 34:11
רברבנהום הוא אבא **דאדומאי**: אילין בנוי דגבל גנוסיא GN 36:19
גבלא עשו הוא רבא **דאדומאי**: ואילין ייחוסין דעשו רבא GN 36:8
הוא עשו אבוהון **דאדומאי**: ויתב יעקב בשליותא GN 36:43

אדומאי (3)

מן עלמין בארע **אדומאי**: והוו בני לוטן חרי והימם GN 36:21
לארעא דגבלא לחקלי **אדומאי**: ופקיד יתהום למימר כדין GN 32:4
הא בכן אתבהלון רברבני **אדומאי** תקיפי מואבי אחדת יתהון EX 15:15

אדם (44)

למיכל מיניה אכלת: ואמר **אדם** איתתא דיהבת גביי היא יהבת GN 3:12
וכלן מן דזוויג חוה לות **אדם** אליף יתן למבקרא מריעין מן DT 34:6
אדם ביומא דברא ייי **אדם** בדיוקנא דייי עבידתיה: דכר GN 5:1
ארעא: וברא אלקים ית **אדם** בדיוקניה בצילמא אלקים GN 1:27
מימריה וקרא ית שומהון **אדם** ביומא דאיתברייו: וחיא אדם GN 5:2
דין ספר ייחוס תולדת **אדם** ביומא דברא ייי אדם בדיוקנא GN 5:1
ייי הוא מדבחא דבנא **אדם** בעידן דאיטרד מן גינתא דעדן GN 8:20
תניין לבריית עלמא נעבד **אדם** בצילמנא כדייוקננא וישלטון GN 1:26
ית שמיה שת: והוו יומי **אדם** בתר דאוליד ית שת::: תמני GN 5:4
וברא ייי אלקים ית **אדם** בתרין יצרין ודבר עפרא מאתר GN 2:7
אלקים לא תקין די יהי **אדם** דמיך בלחודיה אעביד ליה GN 2:18
ואתיה לות אדם: ואמר **אדם** הדא זימנא ולא תוב תתברי GN 2:23
די משמשין קומוי הא **אדם** הוה יחידיי בארעא היכמא GN 3:22
חד: והוו תרוויהון חכימין **אדם** ואינתתיה ולא אמתינו GN 2:25
למנח יומא ואיטמר **אדם** ואינתתיה מן קדם ייי אלקים GN 3:8
אברהם ית מדבחא דבנא **אדם** ואיתפכר במוי דטובענא ותב GN 22:9
לאיתתא ואתיה לות **אדם**: ואמר אדם הדא זימנא ולא GN 2:22
עיסבא דעל אפי ברא עני **אדם** ואמר בבעו ברחמין מן קדמך GN 3:18
זרעיתיה בספר יחוס **אדם** ובתר כן אוליד ית דדמי ליה GN 5:3
שינתא עמיקתא עילוי **אדם** ודמך ונסיב חדא מעילעוהי GN 2:21
ערטלאין מן דאלביש **אדם** וחוה אליף יתן למברזגא DT 34:6
ואיטרדו תרוויהון מן אפי **אדם** וחוה כל יומי חייהון דאדם GN 27:45
בגילוי עריתא ושדייות **אדם** זכוי ופלחן פולחנא נכראה GN 13:13
ואוסיפת למילד מן בעלה **אדם** ית תיומתיה וית הבל והוה GN 4:2
עלם ואשרי תמן ית **אדם** כד ברייה: ורבי ייי אלקים מן GN 2:8
ופקד ייי אלקים על **אדם** לאומר מכל אילן גינוניתא GN 2:16
ית עילעא דנסב מן **אדם** לאיתתא ואתיה לות אדם: GN 2:22
דשמייא ואיתי לוות **אדם** למיחמי מה יהי קרי ליה שום GN 2:19
ביומא דאיתברייו: וחיא **אדם** מאה ותלתין שנין ואולד ית GN 5:3
דאתברי מתמן: וטרד ית **אדם** מן דאשרי יקר שכינתיה מן GN 3:24
פרת: ודבר ייי אלקים ית **אדם** מן טוור פולחנא אתר GN 2:15
ליה שום וכל דקרי ליה **אדם** נפשא חייתא הוא שמיה: וקרא GN 2:19
קדמך למן יומא דברא ייי **אדם** על ארעא ולמסייפי שמיא ועד DT 4:32
ברא רבא מרגגן דהוו מן **אדם** קדמאי וההוא יומא לא GN 27:15
ביום דינא רבא: וקרא **אדם** שום אינתתיה חוה ארום היא GN 3:20
חייתא הוא שמיה: וקרא **אדם** שמהן לכל בעירא ולכל עופא GN 2:20
עד שובעין ושבעא: וידע **אדם** תוב ית אינתתיה לסוף מאה GN 4:25
אדם וחוה כל יומי חייהון **דאדם** וחוה: ואמרת רבקה ליצחק GN 27:45
והוות נשמתא בגופא **דאדם** לרוח ממללא לאנהרות עינין GN 2:7
דחיי לעלמא דאתי: **ואדם** ידע ית חוה איתתיה דהיא GN 4:1
ביך למיזכי ולמיחטי: **ולאדם** אמר ארום קבילת למימר GN 3:17
דשמייא ולכל חיות ברא **ולאדם** לא אשכח עד השתא סמיך GN 2:20
גינוניתא: וקרא ייי אלקים **לאדם** ואמר ליה הלא כל עלמא GN 3:9
בני נשא: ועבד ייי אלקים **לאדם** ולאינתתיה לבושין דיקר מן GN 3:21

אדמה (5)

מעלך לסדום ועמורא **אדמא** וצבויים עד קלרהי: איליין GN 10:19
דסדום ועמורא **אדמה** וצבויים דהפך מימרא דייי DT 29:22
קוריין סדום ועמורא **אדמה** וצבויים וזוער הרוגזך שציא GN 18:24
ומלכא דעמרה ומלכא **דאדמה** ומלכא דצבוים ומלכא GN 14:8
לאיבוד הוה שני מלכא **דאדמה** ושמאבר דמחבל איבריה GN 14:2

אדר (4)

בשבעא יומין לירחא **דאדר** איתליד משה רבהון דישראל DT 34:5
ובשבעא יומין לירחא **דאדר** אתכניש מגו עלמא ברא קלא DT 34:5
עם משה בשבעה בירחא **דאדר** בכרן יומא הדין למימר: והוה DT 32:48
ותלתא יומין לירחא **דאדר** לתרע משכן זימנא: ואמר LV 8:4

אדריא (1)

לרקם גיעא ויפוק לטירת **אדריא** ויעיבר לקיסם: ויקיף NU 34:4

אדרעי (1)

וכל עמיה לאגחא קרבא **לאדרעי**: והוה כיוון דחמא משה ית NU 21:33

אדרעת (3)

דיתיב בעשתרוותא **באדרעת**: בעיברא דיורדנא בארעא DT 1:4
וכל מתנן עד סלווקיא **ואדרעת** קרוי ממלכותא דעוג DT 3:10
וכל עמיה לאגחא קרבא **לאדרעת**: ואמר ייי לי לא תידחל DT 3:1

אהד (1)

דשמעון ימואל וימין **ואהד** ויכין וצחר ושאול הוא זמרי EX 6:15

אהליאב (6)

ואנא הא מניית עימיה ית **אהליאב** בר אחיסמך לשיבטא דדן EX 31:6
ושבע מאה ותלתין:: ובני **אהליאב** נמואל דתן ואבירם הוא NU 26:9
ייי ית משה: ועימיה **אהליהב** בר אחיסמך לשיבטא דדן EX 38:23
יהב מנדעא בליביה הוא **ואהליאב** בר אחיסמך לשיבטא דדן: EX 35:34
אומנוון: ויעבד בצלאל **ואהליאב** וכל גבר חכים ליבא דיהב EX 36:1
ייי: וקרא משה לבצלאל **ולאהליאב** ולכל גבר חכים ליבא EX 36:2

אהליבמה (7)

איתת עשו: ואילין בני **אהליבמה** איתת עשו רבא יעוש GN 36:18
רבא קרח אילין רברבי **אהליבמה** ברת ענה איתת עשו: GN 36:18
ברת אלון חיתאה וית **אהליבמה** ברת ענה ברת צבעון GN 36:2
איתת עשו: ואילין הוו בני **אהליבמה** ברת ענה ברת צבעון GN 36:14
רבא עלוה רבא יתת: רבא **אהליבמה** רבא אלה רבא פינון: רבא GN 36:41
ואילין בני ענה דישון **ואהליבמה** בת ענה: ואילין בני דישן GN 36:25
ובשמת ילידת ית רעואל: **ואהליבמה** ילידת ית יעוש וית GN 36:5

אהרן (326)

אלעזר ואיתמר על אפי **אהרן** אבוהון: ומליל ייי עם משה NU 3:4
אוף אנת היכמה דשכב **אהרן** אחוך בטוורוס אומנוס DT 32:50
ותלבש יתהון ית **אהרן** אחוך וית בנוי עימיה ותרביה EX 28:41
ואנת קריב לוותך ית **אהרן** אחוך וית בנוי עימיה מגו בני EX 28:1
ואמר ייי למשה מליל עם **אהרן** אחוך ולא יהי עליל בכל עידן LV 16:2
דייי במשה ואמר הלא **אהרן** אחוך לוואי גלי קדמי ארום EX 4:14
אנת היכמא דאיתכניש **אהרן** אחוך: מטול דסרבתון על NU 27:13
והוי בכי ואמר ווי לי עלך **אהרן** אחי עמוד צלותהון דישראל NU 20:29
וית שקא דימינא ארים **אהרן** ארמא קדם ייי היכמא דפקיד LV 9:21
וקריבו לקדם משה וקדם **אהרן** ביומא ההוא: ואמרו גובריא NU 9:6
ופליגו על משה ועל **אהרן** בכנישתא דקרח בזמן NU 26:9
בני ישראל על משה ועל **אהרן** במדברא: ואמרו להון בני EX 16:2
תריסר חטרין וחטר **אהרן** במציעות חטריהון: ואצנע NU 17:21
וצליתי אוף על **אהרן** בעידנא ההיא: וית סורחנתכון DT 9:20
וכפר על עמא: וקם ליה **אהרן** בצלו במצע ועבד מחיצותא NU 17:13
מדבחא קדמוי וקרא **אהרן** בקל עציב ואמר חגא קדם ייי EX 32:5
במדבחא יתקדש מן בני **אהרן** ברם משאר עמא לית אפשר EX 29:37
עם משה למימר: קריב ית **אהרן** דאתרחק על עובדא דעיגלא LV 8:2
אהרן למימר להון לבני **אהרן** דיזהרון ית בני ישראל די LV 11:1
קודשיא וית תריב מן בני **אהרן** דיליה תהי שקא דימינא LV 7:33
למשה אימר לכהניא בני **אהרן** דכוריא דיתפרשון מן סאוב LV 21:1
אוף בזימנא ההיא: ועל **אהרן** הוה רגז מן קדם ייי לחדא DT 9:20
דפקיד ייי ית משה וית **אהרן** היכדין אזדרזו ועבדו: והוה EX 12:28
דפקיד ייי ית משה וית **אהרן** היכדין עבדו: והוה בכרן יומא EX 12:50
שרי לקטלא: ונסיב **אהרן** היכמא דמליל משה ורהט NU 17:12
חדא זימנא בשתא ועבד **אהרן** היכמא דפקד ייי ית משה: LV 16:34
ומליל ייי עם משה ועם **אהרן** ואזהרינון על בני ישראל EX 6:13
ואתכנשו על משה ועל **אהרן** ואמרו להון סגי לכון רבנותא NU 16:3
יתקטל: ומליל ייי עם **אהרן** ואנא בחדוא יהבית לך ית NU 18:8
מלך בערד דשמע דמית **אהרן** ואסתלקו ענני יקרא ומדעקת DT 10:6
ישראל כאילו תמן מית **אהרן** ואתקבר תמן ובכן שמיש DT 10:6
קודש קודשיא: ועליל **אהרן** ובנוי בזמן מיטל משריתא NU 4:5
לחנוכת מדבחא אזל **אהרן** ובנוי ואוקידו תלתיהון אתא LV 10:16
ביומא תמינאה לרבות **אהרן** ובנוי ויום תמינאה LV 9:1
דייי מתגלי לכון: ואזדרזון **אהרן** ובנוי וכל בני ישראל ונסיבו LV 9:5
למישמעהון ואוף **אהרן** ובנוי וכל סביא דעמא הדין EX 18:23
תינתר אוף אנת אוף **אהרן** ובנוי וסביא דעימך ארום יקיר EX 18:18
היכמא דפקידית למימר **אהרן** ובנוי ייכלוניה: ומה דמשתייר LV 8:31
בזמן מיקרבהון לתמן **אהרן** ובנוי ייעלון וימנון יתהון גבר NU 4:19
דכיה ויקדשון בימוהי **אהרן** ובנוי ית אידיהון וית ריגליהון: EX 30:19
באתר קדיש: וייכול **אהרן** ובנוי ית בישרא דדיכרא וית EX 29:32
ית דכר עלתא וסמכו **אהרן** ובנוי ית יד ימינהון על ריש LV 8:18
ית תורא דחטאתא וסמך **אהרן** ובנוי ית ידיהון ימיני על ריש LV 8:14
דיכרא חד תיסב ויסמכון **אהרן** ובנוי ית ידיהון על ריש דיכרא: EX 29:15
ית דיכרא תניינא ויסמוך **אהרן** ובנוי ית ידיהון על ריש דיכרא: EX 29:19
דשלים בכולא וסמכו **אהרן** ובנוי ית ידיהון על ריש דיכרא: LV 8:22
משכנא זימנא ויסמוך **אהרן** ובנוי ית ידיהון על ריש תורא: EX 29:10
היכדין איתפקדית: ועבד **אהרן** ובנוי ית כל פיתגמיא דפקיד LV 8:36
וישוון אריחוי: ויפסוק **אהרן** ובנוי לכסאה ית קודשא וית NU 4:15
מן קדם ייי וימות: ויעול **אהרן** ובנוי למשכן זימנא וישלח ית LV 16:23
דעל סהדותא יסדר יתיה **אהרן** ובנוי מן רמשא ועד צפרא EX 27:21
זימנא מדינחא משה **אהרן** ובנוי נטרין מטרת מקדשא NU 3:38
דמשתיירא מינה ייכלון **אהרן** ובנוי פטירי תתאכל באתר LV 6:9
זמן דנתוב לותכון והא **אהרן** וחור עימכון מן מאן דאית EX 24:14
ימינא: וקריב ית בני **אהרן** ויהב משה מן אדמא על LV 8:24
במי מצותא: דבר ית **אהרן** וית אלעזר בריה ואסיק יתהון NU 20:25
זימנא וית מדבחא וית **אהרן** וית בנוי איקדש לשמשא EX 29:44
וקריב משה ית **אהרן** וית בנוי ואלבישינון כיתונין LV 8:13
למעבד: וקריב משה ית **אהרן** וית בנוי ואסחו יתהון במוי: LV 8:6
עם משה למימר: פקיד ית **אהרן** וית בנוי למימר דא אורייתא LV 6:2
בסוף יומיא: ותקרב ית **אהרן** וית בנוי לתרע משכן זימנא EX 40:12
ליה מלות בני ישראל: וית **אהרן** וית בנוי תמני ויטרון ית NU 3:10
יסוברון באסלא: וית **אהרן** וית בנוי תקריב לתרע משכן EX 29:4
מצלהבא קדם ייי: וית **אהרן** וית בנוי תרבי ותקדש יתהון EX 30:30
בנוי עימיה וקדיש ית **אהרן** וית לבושוי וית בנוי וית LV 8:30
שוריא וילידת לעמרם ית **אהרן** וית משה וית מרים אחתהון: NU 26:59
לאינתו וילידת ליה ית **אהרן** וית משה ושני חייוי דעמרם EX 6:20
מללותיה עימיה: וחמא **אהרן** וכל בני ישראל ית משה והא EX 34:30
קודשין קדם ייי ואתא **אהרן** וכל סבי ישראל למיכול EX 18:12
להון משה ותבו לותיה **אהרן** וכל רברביא דאתמנון נגודין EX 34:31
ואתו לות משה ולות **אהרן** ולות כל כנישתא דבני ישראל NU 13:26
קיסין לות משה ולות **אהרן** ולות כל כנישתא: דין הוא חד NU 15:33
במשכן זימנא לקדם **אהרן** ולקדם בנוי הי כמא דפקיד ייי NU 8:22
על דגחנו לעיגלא דעבד **אהרן**: ומליל ייי עם משה איזל EX 32:35
וקם בתרע משכנא וקרא **אהרן** ומרים ונפקו תרויהון: ואמר NU 12:5
ליואי ליחוסיהון: איהו **אהרן** ומשה דאמר ייי להון הנפיקו EX 6:26
אבהתוי: ואיליין ייחוסי **אהרן** ומשה דאתיחסו ביומא NU 3:1
ואיתכנישו על משה ועל **אהרן**: ונצא עמא על משה ואמרו NU 20:2
ועד ירכיהון יהון: ויהון על **אהרן** ועל בנוי בזמן מיעלהון EX 28:43
ייי: ותשוי כולא על ידי **אהרן** ועל בנוי ותרים יתהון ארמא EX 29:24
וסדר ית כולא על ידי **אהרן** ועל ידי בנוי וארים יתהון LV 8:27
דרבותא ותדי על **אהרן** ועל לבושוי ועל בנוי ועל EX 29:21
דעל מדבחא ואדי על **אהרן** ועל לבושוי ועל בנוי ועל LV 8:30
דמשה: ומליל משה עם **אהרן** ועם אלעזר ועם איתמר בנוי LV 10:12
משה למימר: מליל עם **אהרן** ועם בנוי ויתפרשון מקודשיא LV 22:2
משה למימר: מליל עם **אהרן** ועם בנוי ועם בני ישראל LV 17:2
ומליל משה עם **אהרן** ועם בנוי ועם כל בני ישראל: LV 21:24
משה למימר: מליל עם **אהרן** ועם בנוי ועם כל בני ישראל LV 22:18
משה למימר: מליל עם **אהרן** ועם בנוי למימר דא אורייתא LV 6:18
משה למימר: מליל עם **אהרן** ועם בנוי למימר כדנא תברכון NU 6:23
ותקים ית ליואי קדם **אהרן** וקדם בנוי ותרים יתהון ארמא NU 8:13
משחא דרבותא על ריש **אהרן** ורבי יתיה בתר דאלבשיה LV 8:12
כל עמא איתיקר ושמע **אהרן** ושתיק וקבל אגר טב על LV 10:3
משה למימר: מליל עם **אהרן** ותימר ליה בזמן אדלקותך ית NU 8:2
כאשמא: כל דכורא בבני **אהרן** ייכלינה קיים עלם לדריכון LV 6:11
דידיה: וקריבו בני **אהרן** ית אדמא לוותיה וטבל LV 9:9
די לעמא ואקריבו בני **אהרן** ית אדמא ליה ודרקיה על LV 9:18
משכן זימנא וידרקון בני **אהרן** ית אדמיה על מדבחא חזור LV 3:8
משכן זימנא וידרקון בני **אהרן** ית אדמיה על מדבחא חזור LV 3:13
ואלצפן וסתרי: ונסיב **אהרן** ית אלישבע ברת עמינדב EX 6:23
יקטירנה: ובאדלקות **אהרן** ית בוציניא ביני שימשתא EX 30:8
מיעליה קדם ייי ויטול **אהרן** ית דין בני ישראל על ליביה EX 28:30
היכמא דפקד ייי וטלק **אהרן** ית חוטריה קדם מיחמי פרעה EX 7:10
מארעא דמצרים: וחמא **אהרן** ית חור נכיס קדמוי ודחיל EX 32:5
דפקיד ייי ית משה: ופרס **אהרן** ית ידוי לקבל עמא ובריכינון LV 9:22
ועבדו היכדין וארים **אהרן** ית ידיה בחוטריה ומחא ית EX 8:13
על ארעא דמצרים: וארים **אהרן** ית ידיה על מיא דמצרים EX 8:2
ית לבושיא ותלבש ית **אהרן** ית כיתונא וית מנטר מעיל EX 29:5
כל סבי בני ישראל: ומליל **אהרן** ית כל פיתגמייא דמליל ייי EX 4:30
כנישתא: ואשלח משה ית **אהרן** ית לבושוי איקר כהונתא NU 20:28
אומנוס: ואשלח ית **אהרן** ית לבושוי יקר כהונתא NU 20:26
יתהון במיא: ותלבש ית **אהרן** ית לבושי קודשא ותרבי יתיה EX 40:13
ית ידיהון על ליואי: וירים **אהרן** ית ליואי ארמא קדם ייי מן NU 8:11
לצידעא יתמטי ויטול **אהרן** ית עוויית קודשיא דיקדשון EX 28:38
על צפיריא: ויקריב **אהרן** ית צפירא דסליק עלוי עדבא LV 16:9
מעילוי איפודא: ויטול **אהרן** ית שמהת בני ישראל בחשן EX 28:29
זכותא לבני ישראל ויטול **אהרן** ית שמהת בני ישראל על תרין EX 28:12
ודכר חד לעלתא: ויקרב **אהרן** ית תורא דחטאתא דהוא מן LV 16:6
דהוא בית הדורי: ויקרב **אהרן** ית תורא דיליה ויכפר LV 16:11
ית צפירא חייא: ויסמוך **אהרן** ית תרתין ידוי בסידרא חדא LV 16:21
וחוורו לבושיהון וארים **אהרן** יתהון ארמא קדם ייי וכפר NU 8:21
טוורא ואיתכנש עמא על **אהרן** כד חמון דעבר זימנא דקבע EX 32:1
סגירו ויתיתיה לות **אהרן** כהנא או לות חד מבנוי כהנא: LV 13:2
יתה לפסגהא: וינתנון בני **אהרן** כהנא אישתא על מדבחא LV 1:7
פנחס קנאה בר אלעזר בר **אהרן** כהנא אתיב ית ריתחי מעל NU 25:11
ומטרתהון ביד איתמר בר **אהרן** כהנא: בני מררי לגניסתהון NU 4:28
רברבי ליואי אלעזר בר **אהרן** כהנא הוא הוה שאיל באורייא NU 3:32
כן פנחס בר אלעזר בר **אהרן** כהנא ואידכר הילכתא עני NU 25:7
הות בידא דאיתמר בר **אהרן** כהנא: ובצלאל בר אורי בר חור EX 38:21
למימר: אמר לאלעזר בר **אהרן** כהנא ויפרש ית מחתיא מן NU 17:2
דלוי ותקים יתיה קדם **אהרן** כהנא וישמשון יתיה: ויתפלגון NU 3:6
בידא דאיתמר בר **אהרן** כהנא: ולבני קהת לא יהב עגלן NU 7:8
זימנא בידא דאיתמר בר **אהרן** כהנא: ומנא משה ואהרן ית בני NU 4:33
תורי קדם ייי ויקרבון בני **אהרן** כהנא ית אדמא במניא LV 1:5
ארעא דאדום: וסליק **אהרן** כהנא לטוורוס אומנוס על NU 33:38
ייי למשה ולאלעזר בר **אהרן** כהנא למימר: קבילו ית סכום NU 26:1
ודמסיר לאלעזר בר **אהרן** כהנא מישחא דאנהרותא NU 4:16
דיקרבון יתה בני **אהרן** כהנא קדם ייי לקדם מדבחא: LV 6:7
עלה לבונתא: וייתינא לות **אהרן** כהניא ויקמוץ מתמן מלי LV 2:2

משכן זימנא וידרקון בני **אהרן** כהניא ית אדמא על מדבחא LV 3:2
קדם ייי וידרקון בני **אהרן** כהניא ית אדמיה במזירקא LV 1:11
על אישתא: ויסדרון בני **אהרן** כהניא ית פסגייא וית רישא LV 1:8
תתקעון ולא תיבבון: ובני **אהרן** כהניא שלימיא יתקעון NU 10:8
דסיני:: ואילין שמהת בני **אהרן** כהניא תלמידיא דמשה רבהון NU 3:3
ואתרעמו על משה ועל **אהרן** כל בני ישראל ואמרו להון כל NU 14:2
במציעאה: ועבד כן **אהרן** כל קבל אפי מנרתא אדליק NU 8:3
עלוי חובא רבא: ואמר **אהרן** לא יתקף רוגזא דריבוני אנת EX 32:22
גבר חילוניי דלא מן בני **אהרן** לאסקא קטורת בוסמין קדם NU 17:5
דסהדותא והא ייעא חטר **אהרן** לבית לוי ואפיק ליבלובין NU 17:23
קדם ייי וכפר עליהון **אהרן** לדכאואיהון: ומבתר כדין עלו NU 8:21
לקת בצורעא ואסתכל **אהרן** לות מרים והא לקת בצורעא: NU 12:10
על פלוגתא דקרח: ותב **אהרן** לות משה לתרע משכנא NU 17:15
לאיתותבא ית משה וית **אהרן** לות פרעה ואמר להום איזילו EX 10:8
ית עלתא ואקריבו בני **אהרן** ליה ית אדמא ודרקיה על LV 9:12
היכמא דפקיד ייי: וקריב **אהרן** למדבחא בזריזותא ונכיס ית LV 9:8
יעדינה: ויסקון יתיה בני **אהרן** למדבחא על עלתא דעל LV 3:5
ומליל ייי עם משה ועם **אהרן** למימר: איתפרשו מגו כנישתא NU 16:20
ומליל ייי עם משה ועם **אהרן** למימר: ארום תיעלון לארעא LV 14:33
ביומא חרן על משה ועל **אהרן** למימר אתון גרמתון דין NU 17:6
משה למימר: מליל עם **אהרן** למימר גבר מבנך לזרעיית LV 21:17
ומליל ייי עם משה ועם **אהרן** למימר: גבר על טיקסיה NU 2:1
ומליל ייי עם משה ועם **אהרן** למימר: דא גזירת אחויית NU 19:1
דמשה: ומליל ייי עם **אהרן** למימר: חמר וכל מידעם מרוי LV 10:8
ומליל ייי עם משה ועם **אהרן** למימר להון לבני אהרן LV 11:1
ומליל ייי עם משה ועם **אהרן** למימר: מלילו עם בני ישראל LV 15:1
ומְליל ייי עם משה ועם **אהרן** למימר: עד אימת לכנישתא NU 14:26
כנישתא על משה ועל **אהרן** למקטלהון ואתפניו למשכן NU 17:7
והא לקת בצורעא: ואמר **אהרן** למשה במטו מינך ריבוני לא NU 12:11
דאדום למימר: יתכנש **אהרן** לעמיה ארום לא ייעול NU 20:24
ויעבדון ית לבושי **אהרן** לקדשותיה לשמשא קדמי: EX 28:3
בהדא מידה יהי עליל **אהרן** לקודשא בתור בר תורי דלא LV 16:3
וחד: ויהי עטיף על **אהרן** לשמשא וישתמש קליה בזמן EX 28:35
דייי: והוה כיוון דחמא **אהרן** מדבחא בקרנוי מידמי LV 9:7
איתגליית שכינתא הוה **אהרן** מיבהית ואמר למשה דילמא LV 9:23
עותרא ית משה וית **אהרן** מן עלמא אילולי דאיתגלי NU 16:19
בארעא דמצרים הוה **אהרן** מצית אדניה ושמע מה דמליל EX 6:28
במשכן זימנא וסדר יתיה **אהרן** מרמשא ועד צפר קדם ייי LV 24:3
ישראל לשמשא קדמי **אהרן** נדב ואביהוא אלעזר ואיתמר EX 28:1
על אנפיהון: ונסיבו בני **אהרן** נדב ואביהוא גבר מחתיתיה LV 10:1
ייחוסין דקרח: ואלעזר בר **אהרן** נסיב ליה מברתוי דיתרו הוא EX 6:25
לא תנסכון עלוי: ויכפר **אהרן** על קרנוי חדא בשתא מן אדם EX 30:10
בתרע משכן זימנא: ויתן **אהרן** על תרין צפירין עדבין שוין LV 16:8
והוה במללות **אהרן** עם כל כנישתא דישראל EX 16:10
דאתפקדית: ומליל **אהרן** עם משה הא יומא דין קריבו LV 10:19
ליה בסיפיה: ואמר להון **אהרן** פריקו קדשי דדהבא דבאודני EX 32:2
עד דחמא ית משה וית **אהרן** פריקייא דישראל: בנוי EX 6:16
ייי ית משה ואצנעיה **אהרן** קדם סהדותא למטרא: ובני EX 16:34
לך תמן: ויקטר עלוי **אהרן** קטרת בוסמין בצפר בצפר EX 30:7
וארעו ית משה וית **אהרן** קיימין לקדמותהון במיפקהון EX 5:20
במשח ומנגבה לכל בני **אהרן** תהי גבר כאחוי: ודא אורייתא LV 7:10
אוף הינון בכון ית **אהרן** תלתין יומין גובריא ונשיא NU 20:29
ית אלעזר בריה ומית **אהרן** תמן בריש טוורא ונחת משה NU 20:28
לטוורוס אומנוס ומית **אהרן** תמן הא בכין אתא ואגח NU 21:1
תעביד עובד ציור: ולבני **אהרן** תעביד כיתונין ותעביד להון EX 28:40
טוורא: וכיוון דנח נפשיה **דאהרן** אסתלקו עננא יקרא בחד NU 20:29
ליה ויהון על ליבה **דאהרן** בזמן מיעליה קדם ייי ויטול EX 28:30
אלעזר ועל איתמר בנוי **דאהרן** דאישתיירו למימר: מדין לא LV 10:16
גיף נהרא וברם חוטרא **דאהרן** דאיתהפיך לחיוי תיסב לידך: EX 7:15
ויהב על חסחוס אודנא **דאהרן** דהוא גדירא מציעאה דאודן LV 8:23
ותיתן על חסחוס אודנא **דאהרן** דימינא ועל חסחוס אודנא EX 29:20
דעוזיאל ליואי חביבא **דאהרן** ואמר להון קריבו טולו ית LV 10:4
בערד ארום נח נפשיה **דאהרן** ואסתלק עמודא דעננא NU 21:1
מטול כלילא דכהונתא **דאהרן** ובנוי ואליהו כהנא רבא EX 40:10
להון ויפלחון: על מימרא **דאהרן** ובנוי יהי כל פולחן בני גרשון NU 4:27
משה למימר: דין קרבנא **דאהרן** ודבנוי די יקרבון קדם ייי LV 6:13
טלי או גבר סיב מזרעא **דאהרן** והוא מצרעא או דייב LV 22:4
על חילוניי דלא מבנוי **דאהרן** וישתיצי מעמיה: ואמר ייי EX 30:33
עלם ותקרב קורבנא **דאהרן** וקורבנא דבנוי: ותקריב ית EX 29:9
ולאשמתא דא רבותא **דאהרן** ורבותא דבנוי על כל אחוהון LV 7:35
אלעזר ואיתמר בנוי **דאהרן**: ותעביד לבושי קודשא EX 28:1
על דאתרשלנא במספדא **דאהרן** חסידא וקבעו תמן מספדא DT 10:6
שירויא ובלע חוטרא **דאהרן** ית חוטריהון: ואיתקף יצרא EX 7:12
הינון ארום פריעו על ידוי **דאהרן** ית כלילא קדישא דהוה EX 32:25

מרים נביאתא אחתיה **דאהרן** ית תופא בידא ונפקן כל EX 15:20
כהין דביה מומא מזרעא **דאהרן** כהנא לא יתכשר לקרבא LV 21:21
מן בתר דמיתו תרין בנוי **דאהרן** כהניא רברביא בזמן LV 16:1
על פדחתא דבית אפוי **דאהרן** מן צידעא לצידעא יתמטי EX 28:38
למשה אתיב ית חוטרא **דאהרן** קדם סהדותא למטרא לאת NU 17:25
על חוטריה: וית שמא **דאהרן** תכתוב על חוטרא דלוי NU 17:18
קדם ייי: ולבושי קודשא **דילאהרן** יהון לבנוי בתרוי לרבאה EX 29:29
ית חדיא מדכר קורבניא **דלאהרן** ותרים יתה ארמא קדם ייי EX 29:26
וית לבושי קודשא **דלאהרן** כהנא וית לבושי בנוי EX 35:19
כאילו אלהא דיליה **ואהרן** אחוך הוי נביא דילך: אנת EX 7:1
וכנוש ית כנישתא אנת **ואהרן** אחוך ותומון תריכון ית כיפא NU 20:8
לאהרן ית כל דאיפקדינך **ואהרן** אחוך ימליל לפרעה ויפטור EX 7:2
דאתעלמת הילכתא מיני **ואהרן** אחי אדכר יתיה לי: ומליל ייי LV 10:20
בחצרות: ואשתעיין מרים **ואהרן** במשה פיתגמין דלא מהגנין NU 12:1
חמישאה בחד לירחא: **ואהרן** בר מאה ועשרין ותלת שנין NU 33:39
עבדו: ומשה בר תמנן שנין **ואהרן** בר תמנן ותלת שנין EX 7:7
וחמשין מחתיין ואנת **ואהרן** גבר מחתיתיה: ונסיבו גבר NU 16:17
ולא מן כח גבורת משה **ואהרן** היא אלהן מחא משתלחא מן EX 8:15
אבנא: ועבדו היכדין משה **ואהרן** היכמא דפקיד ייי וארים EX 7:20
מביניהון: ועבד משה **ואהרן** היכמא דפקיד ייי יתהון EX 7:6
ובתר כדין עאלו משה **ואהרן** ואמר לפרעה כדנא אמר ייי EX 5:1
דהוו תמן יתבין משה **ואהרן** ובנוי והוה מתרץ להון סדר EX 39:33
אמות: וכד שמעו משה **ואהרן** ובני ישראל קל בכותא EX 12:33
ושוויו תחותוי ויתיב עלה **ואהרן** וחור מסעדין לידוי מיכא חד EX 17:12
קרבא בעמלק ומשה **ואהרן** וחור סליקו לריש רמתא: והוי EX 17:10
לקודשא: ועבד משה **ואהרן** וכל כנישתא דבני ישראל NU 8:20
למעבד: ואזל משה **ואהרן** וכנשו ית כל סבי בני ישראל: EX 4:29
להון ניסין על יד משה **ואהרן**: וכתב משה ית מפקנהון NU 33:1
קרח וסיעתיה על משה **ואהרן**: ונטלו מקהלת ושרו בטוורא NU 33:22
אילולי זכותא דמשה **ואהרן** ונתב בימא רבא ואפרח שלוי NU 11:31
יתהון לחיליהון אנת **ואהרן**: ועימכון יהון גבר גבר NU 1:3
מניינייא דמנא משה **ואהרן** ורברבי ישראל ית ליואי NU 4:46
מניינייא דמנא משה **ואהרן** ורברבי ישראל תריסר גוברין NU 1:44
בר אהרן כהנא: ומנא משה **ואהרן** ית בני קהת לגניסתהון NU 4:34
דישראל הינון: ודבר משה **ואהרן** ית גובריא האילין דאתפרשו NU 1:17
דפקדיה: וכנישו משה **ואהרן** ית קהלא לקדם כיפא ואמר NU 20:10
ית אלעזר בריה **ואהרן** יתכנש וימות תמן: ועבד NU 20:26
ואתקדש בהון במשה **ואהרן** כד אתיהבת להום: ושדר NU 20:13
הוה גבר מן סכומי משה **ואהרן** כהנא די סכמון ית בני NU 26:64
ממצרים הוא משה נביא **ואהרן** כהנא: והוה ביומא דמליל ייי EX 6:27
אנא הוא ייי: ועאל משה **ואהרן** לות פרעה ואמר ליה כדנא EX 10:3
מן שירויא: ואעל משה **ואהרן** לות פרעה ועבדו היכדין EX 7:10
יומא ויומא: ואמר משה **ואהרן** לכל בני ישראל ברמשא EX 16:6
ידיי בכן עלו משה **ואהרן** למשכנא זימנא וצלו עמא LV 9:23
על מימרא דייי **ואהרן** מה הוא ארום מתרעמין NU 16:11
דינא קדם ייי אנת והינון **ואהרן** מחר: וסבו גבר מחתיתיה NU 16:16
כל יומיא: ונסבין משה **ואהרן** מיניה בנטלא ומקדשין מיניה EX 40:31
ישתיירון: ונפק משה **ואהרן** מלות פרעה וצלי משה קדם EX 8:8
איקרא דייי: ועל משה **ואהרן** מן קדם קהלא לתרע משכן NU 17:8
לית למישתי: ועאל משה **ואהרן** מן קדם תורעמות קהלא NU 20:6
זימנא מציטרא חד ומשה **ואהרן** מציטרא חד: וכנש עליהון NU 16:18
בירחא סק לקדם ייי אנת **ואהרן** נדב ואביהוא ושובעין מסבי EX 24:1
האילין: וסליק משה **ואהרן** נדב ואביהוא ושובעין מסבי EX 24:9
יתה רישי עמא משה **ואהרן** ספריהון דישראל משחו NU 21:18
בארעא דמצרים: ומשה **ואהרן** עבדו ית כל תימהייא האילין EX 11:10
ייי איזל חות ותיסק אנת **ואהרן** עימך וכהנייא ועמא לא EX 19:24
למצרים: ואתרכינו משה **ואהרן** על אפיהון קדם כל כנישתא NU 14:5
מנייני ליואי די מנא משה **ואהרן** על פום מימרא דייי NU 3:39
זימנא די מנא משה **ואהרן** על פום מימרא דייי בידא NU 4:37
בני מררי דמנא משה **ואהרן** על פום מימרא דייי בידא NU 4:45
זימנא די מנא משה **ואהרן** על פום מימרא דייי: ומניין NU 4:41
דמצרים למה משה **ואהרן** תבטלון ית עמא EX 5:4
מארעיה: ואמר ייי למשה **ולאהרן** בארעא דמצרים למימר: EX 12:1
הוה וכד קרא למשה **ולאהרן** בליליא דפסחא אשתמע EX 12:31
ואמר ייי למשה **ולאהרן** בשבועתא חולף דלא NU 20:12
לדריהון: ואמר ייי למשה **ולאהרן** דא היא גזירת פיסחא כל EX 12:43
ברא: וקרא פרעה למשה **ולאהרן** ואמר איזילו פלחו נכסת EX 8:21
פולין למיקרי למשה **ולאהרן** ואמר חבית קדם ייי EX 10:16
פולין למיקרי למשה **ולאהרן** ואמר להון חבית בזימנא EX 9:27
וקרא פרעה למשה **ולאהרן** ואמר צלון קדם ייי ויעדי EX 8:4
למיליהון: ואמר ייי למשה **ולאהרן** ולמרים פוקו תלתיכון NU 12:4
עם פרעה: ואמר ייי למשה **ולאהרן** למימר: ארום ימלל עמכון EX 7:8
ית עמא: ואמר ייי למשה **ולאהרן** סיבו לכון מלי חופניכון EX 9:8
ויעבדון לבושיה קודשא **לאהרן** אחוך ולבנוי לשמשא קדמוי: EX 28:4

ותעביד לבושי קודשא **לאהרן** אחוך ליקר ולתושבחא: EX 28:2
דמלאך חבלא: ואמר ייי **לאהרן** איזל לקדמות משה EX 4:27
מימרא דייי: ואמר משה **לאהרן** אימר לכל כנישתא דבני EX 16:9
למישתציא: ואמר ייי **לאהרן** אנת ובנך ובית אבך עימך NU 18:1
ייי: ואמר ייי למשה אימר **לאהרן** ארים ית חוטרך ומחי ית EX 8:12
הוא לך ולבנך: ואמר ייי **לאהרן** בארעהון לא תקבל אחסנא NU 18:20
ואורייא אלבישתא **לאהרן** גבר דהישתכח חסיד קדמך DT 33:8
לא איתייהבת כהונתא **לאהרן** ואסיקו עלוון וניכסת EX 24:5
ותטכס יתהון בקמורין **לאהרן** ובנוי ותכבוש להון כובעין EX 29:9
דמליל משה: ואמר משה **לאהרן** ולאלעזר ולאיתמר בנוי LV 10:6
בנוי עימיה: ואמר משה **לאהרן** ולבנוי בשילו ית בשר LV 8:31
קודשא הוא: ותעביד **לאהרן** ולבנוי היכדין ככל די EX 29:35
ישראל קיים עלם: ותהי **לאהרן** ולבנוי ויכלוניה מן בתר LV 24:9
כיתונין דבוץ עובד גרדי **לאהרן** ולבנוי: וית מצנפתא דבוצא EX 39:27
למדבחא ויהי חדיא **לאהרן** ולבנוי: וית שקא דימינא מן LV 7:31
מדבחא בכן קרא משה **לאהרן** ולבנוי ולסבי סנהדרי ישראל: LV 9:1
לאהרן ומידי לבנוי: ויהי **לאהרן** ולבנוי לקיים עלם מן בני EX 29:28
ויהבית ית ליואי יהיבין **לאהרן** ולבנוי מגו בני ישראל NU 8:19
משכנא: ותיתן ית ליואי **לאהרן** ולבנוי מתנה הינון יהיבין NU 3:9
משה ית כסף פרקונא **לאהרן** ולבנוי על פום מימרא דייי NU 3:51
סילעא: ותיתן כספא **לאהרן** ולבנוי פרקוני מה NU 3:48
דמשתייר מן מנחתא יהי **לאהרן** ולבנוי קדש קודשין LV 2:10
דמשתייר מן מנחתא יהי **לאהרן** ולבנוי קודש קודשין LV 2:3
מדכר קורבניא מדי **לאהרן** ומידי לבנוי: ויהי לאהרן EX 29:27
די בודניהון ואייתיו **לאהרן**: ונסיב מידיהון וצר יתיה EX 32:3
נביא דילך: אנת תמליל **לאהרן** ית כל דאיפקדינך ואהרן EX 7:2
דייי ונשיק ליה: ותני משה **לאהרן** ית כל פיתגמייא האילין EX 4:28
מרים אחתהון: ואיתיליד **לאהרן** ית נדב וית אביהוא ית NU 26:60
ית לבושי קודשא די **לאהרן** כהנא היכמא דפקיד ייי ית EX 39:1
וית לבושי קודשא **לאהרן** כהנא וית לבושי בנוי EX 31:10
וית לבושי קודשא **לאהרן** כהנא וית לבושי בנוי EX 39:41
קודשיכון ויהבית יתהון **לאהרן** כהנא ולבנוי לקיים עלם מן LV 7:34
מיניה אפרשותא קדם ייי **לאהרן** כהנא: מכל מתנתיכון NU 18:28
נפקא באנפוי: ואמר משה **לאהרן** מה עבד לך עמא הדין ארום EX 32:21
ואמר ייי למשה אימר **לאהרן** סב חוטרך וארים ידך על מוי EX 7:19
הבו לכון תימהא ותימר **לאהרן** סב ית חוטרך וטלוק יתיה EX 7:9
על אפיהון: ואמר משה **לאהרן** סב ית מחתיא והב עלה NU 17:11
סנהדרי ישראל: ואמר **לאהרן** סב לך עיגל בר תורי LV 9:2
דמצרים: ואמר משה **לאהרן** סב צלוחית דפחר חדא והב EX 16:33

אובות (4)

מתמן בני ישראל ושרו **באבות**: ונטלו מאובות ושרו במישרי NU 21:10
בהון ית חיוון קלן ושרו **באובות**: ונטלו מאובות ושרו במגזת NU 33:43
קלן ושרו באובות: ונטלו **מאובות** ושרו במגזת עיבראי NU 33:44
ושרו באבות: ונטלו **מאובות** ושרו במישרי מגזתא NU 21:11

אוגר (1)

על אוגרא: וקרא ליה לבן **אוגר** סהיד ויעקב קרא ליה בלישן GN 31:47

אוהד (1)

דשמעון ימואל וימין **ואוהד** ויכין וצחר ושאול הוא זמרי GN 46:10

אוזל (1)

וית ירח: וית הדורם וית **אוזל** וית דיקלא: וית עובל וית GN 10:27

אוי (1)

על קטולי משיריתהון ית **אוי** וית רקם וית צור הוא בלק וית NU 31:8

אומנוס (14)

מרקם ושרו בטוורוס **אומנוס** בסייפי ארעא דאדום: NU 33:37
כל כנישתא לטוורוס **אומנוס**: ואמר ייי למשה בטוורוס NU 20:22
ואסיק יתהון לטוורוס **אומנוס**: ואשלח ית אהרן ית לבושוי NU 20:25
אהרן אחוך בטוורוס **אומנוס** ואתכנש לעמיה מן יד פתח DT 32:50
מאללייא ואתו לטוורוס **אומנוס** ומית אהרן תמן הא בכין NU 21:1
ייי וסליקו לטוורוס **אומנוס** כד חמן כל כנישתא: ואשלח NU 20:27
חרמה: ונטלו מטוורוס **אומנוס** מהלך ימא דסוף לאחזרא NU 21:4
אהרן כהנא לטוורוס **אומנוס** על מימרא דייי ומית תמן NU 33:38
ואמר ייי למשה בטוורוס **אומנוס** על תחום ארעא דאדום NU 20:23
שנין כד מית בטווריס **אומניס**: ושמע עמלק חייבא NU 33:39
קירויהון: ונטלו מטווריס **אומניס** ושרו בצלמונה אתר הובאי NU 33:41
תכוונון לכון לטווריס **אומניס**: מטוורוס אומניס תכוונון NU 34:7
גיעא מן דרומא טוורוס **אומניס** מן ציפונא ימא רבא מן NU 34:12
אומניס: מטוורוס **אומניס** תכוונון לכון מעלך לטבריא NU 34:8

אומר (2)

עשו: והוו בני אליפז תימן **אומר** צפו וגעתם וקנז: ותמנע הוות GN 36:11
דעשו רבא תימן רבא **אומר** רבא צפו רבא קנז: רבא קרח GN 36:15

און (1)

ודתן ואבירם בני אליאב **ואון** בר פלת בני ראובן: וקמו NU 16:1

אונן (6)

בר וקרת ית שמיה **אונן** ארום ברם עלוי עתיד אבוי GN 38:4
על שמא דאחוך: וידע **אונן** ארום לא על שמיה איקרון בנין GN 38:9
עלון ומנחת ועיבל שפו **ואונם**: ואילין בני צבעון ואיה וענה GN 36:23
ומררי: ובנוי דיהודה ער **ואונן** ושלה ופרץ וזרח ומית ער GN 46:12
ושלה ופרץ וזרח ומית ער **ואונן** על עובדיהון בישייא דארעא GN 46:12
וקטליה ייי: ואמר יהודה **לאונן** עול לות איתת אחוך ויבם GN 38:8

אוסיא (1)

ומקדינייא ויתיניא **ואוסיא** ותרקי: ובנוי דגומר אשכנז GN 10:2

אופיר (1)

אבימאל וית שבא: וית **אופיר** וית חווילא וית יובב כל GN 10:29

אורא (1)

אברם בריה ונפקו עימהון **מאורא** דכשדאי למיזל לארעא GN 11:31

אורי (3)

ייי בשום טב בצלאל בר **אורי** בר חור לשבטא דיהודא: EX 35:30
בשום טב בצלאל בר **אורי** בר חור לשיבטא דיהודה: EX 31:2
אהרן כהנא: ובצלאל בר **אורי** בר חור לשיבטא דיהודה עבד EX 38:22

אוריאל (1)

חיוורין מיטטרון ויופיאל **ואוריאל** ויפהפיה רבני חכמתא DT 34:6

אזני (2)

גניסת שוני: לאזני גניסת **אזני** לערי גניסת ערי: לארוד גניסת NU 26:16
חגי לשוני גניסת שוני: **לאזני** גניסת אזני לערי גניסת ערי: NU 26:16

אחאב (1)

ברעוא תביר חרצא **דאחאב** סנאיה ופורקת נביי שיקרא DT 33:11

אחי (2)

נעים ויקיר אחי דהוא **אחוי** בר אימיה וראש דהוא ריש GN 46:21
ונעמן דהוה נעים ויקיר **אחי** דהוא אחוי בר אימיה וראש GN 46:21

אחיהוד (1)

לשיבטא דאשר אמרכל **אחיהוד** בר שלומי: לשיבטא דזבולן NU 34:27

אחימן (1)

ואתו עד חברון ותמן **אחימן** ששי ותלמי מרבייני דענק NU 13:22

אחיסמך (3)

בליביה הוא ואהליאב בר **אחיסמך** לשיבטא דדן: אשלים EX 35:34
עימיה ית אהליאב בר **אחיסמך** לשיבטא דדן ובליבא דכל EX 31:6
משה: ועימיה אהליהב בר **אחיסמך** לשיבטא דדן נגר ואומן EX 38:23

אחיעזר (4)

חילוות שבטוי דבני דן **אחיעזר** בר עמי שדי: וחיליה NU 2:25
ממני על חילוות שיבטיה **אחיעזר** בר עמי שדי: ורבא דהוה NU 10:25
בר גדעוני: לדן אמרכול **אחיעזר** בר עמי שדי: לאשר אמרכול NU 1:12
רב בית אבא לבני דן **אחיעזר** בר עמי שדי: קרבניה דקריב NU 7:66

אחירע (5)

שיבטא דבני נפתלי **אחירע** בר עינן: איליין מטלני בני NU 10:27
דעואל: לנפתלי אמרכול **אחירע** בר עינן: אילין מזמני עם NU 1:15
קרבנא די קריב מניכסוי **אחירע** בר עינן: דא חנוכת רבותיה NU 7:83
שיבטא דבני נפתלי **אחירע** בר עינן: וחיליה וסכומהון NU 2:29
רב בית אבא לבני נפתלי **אחירע** בר עינן: קרבניה דקריב פיילי NU 7:78

אטד (2)

ואתו עד בית אידרי **דאטד** די בעוברא דיירדנא וספדו GN 50:10
ית איבלא בבית אידרי **דאטד** ושריין קמורי חרציהון בגין GN 50:11

איה (1)

ואונם: ואילין בני צבעון **ואיה** וענה הוא ענה דארבע ית GN 36:24

איוב (2)

עילויהון ברדא וימותון: **איוב** דהוה דחיל מפתגמא דייי EX 9:20
עמלק הוא אליפז חבריה **דאיוב** אילין בני עדה איתת עשו: GN 36:12

איטלייא (1)

מן למברנייא ומארע **איטלייא** ויצטרפון בליגיונין דיפקון NU 24:24

אייר (7)

בירחא תיניינא הוא ירחא **דאייר** בארביסר יומא ביני NU 9:11
בירחא תניינא הוא ירחא **דאייר** בעשרין לירחא איסתלק ענן NU 10:11
בחמיסר יומין לירחא **דאייר** הוא ירחא תיניינא EX 16:1
כנשו בחד יומא לירחא **דאייר** הוא ירחא תיניינא NU 1:18
זימנא בחד לירחא **דאייר** הוא ירחא תיניינא דמן שתא NU 1:1
בהון ובפיסחא **דאייר** יידכון ויקרבון יתיה: וגברא NU 9:12
עד חמיסר יומין לירחא **דאייר** מטול דזוודין לא עבדו להון: EX 12:39

אילון (1)

חיתאה וית בשמת ברת **אילון** חיתאה: והוון מגחנן בפולחנא GN 26:34

אילים (2)

למדברא דסין דבין **אילים** ובין סיני בחמיסר יומין EX 16:1
ושרון תמן על מיא: ונטלו **מאילים** ושרו על גיף ימא דסוף: NU 33:10

אילת (1)

בני עשו דיתבין בגבלא **מאילת** ומכרך תרנגולא ואתפנינא DT 2:8

אימור (1)

לקובליכון אורח טוורא **דאימוראה** היכמה דפקיד ייי DT 1:19

אימוראי (3)

כופרנהא ושיצון ית **אימוראי** דתמן: ואתפניו וסליקו NU 21:32
לארע כנענאי וחיתאי **ואימוראי** ופריזאי וחיוואי ויבוסאי EX 3:17

טוורא דמסרי פירוי **ואימוראי** קרן ליה טוור תלגא דלא DT 3:9

איעזר (2)
גלעד: אילין בנוי דגלעד **איעזר** גניסת איעזר לחלק גניסת NU 26:30
בנוי דגלעד איעזר גניסת **איעזר** לחלק גניסת חלק: ואשריאל NU 26:30

איתם (4)
בענני יקרא ושרו **באיתם** דביסטר מדברא: ואיקר EX 13:20
ונטלו מסוכות ושרו **באיתם** דבסטר מדברא: ונטלו NU 33:6
תלתא יומין במדברא **דאיתם** ושרו במרה: ונטלו ממרה NU 33:8
דבסטר מדברא: ונטלו **מאיתם** ותבו על פמי חירתא NU 33:7

איתמר (12)
ורתח על אלעזר ועל **איתמר** בנוי דאהרן דאישתיירו LV 10:16
עם אהרן ועם אלעזר ועם **איתמר** בנוי דאישתיירו מן יקידתא LV 10:12
זימנא ומטרתהון ביד **איתמר** בר אהרן כהנא: בני מררי NU 4:28
אביהוא ית אלעזר וית **איתמר:** ובנוי דקרח אסיר ואלקנה EX 6:23
אביהוא ית אלעזר וית **איתמר:** ומית נדב ואביהוא NU 26:60
פולחן לואי הות בידא **דאיתמר** בר אהרן כהנא: ובצלאל בר EX 38:21
כמיסת פולחנהון בידא **דאיתמר** בר אהרן כהנא: ולבני קהת NU 7:8
במשכן זימנא בידא **דאיתמר** בר אהרן כהנא: ומנא משה NU 4:33
דאוריתו להון אלעזר **ואיתמר** אבהתהון: ארום אתון DT 18:8
נדב ואביהוא אלעזר **ואיתמר** בנוי דאהרן: ותעביד לבושי EX 28:1
הוו להון ושמש אלעזר **ואיתמר** על אפי אהרן אבוהון: NU 3:4
משה לאהרן ולאלעזר **ולאיתמר** בנוי רישיכון לא תרבון LV 10:6

אכזיא (1)
ותורגמא: אלס וטרסס **אכזיא** ודרדניא: מאילן איתפרשא GN 10:4

אל (12)
מן כל דיליה קדם **אל** אלקא דישראל: ונפקת דינה GN 33:20
בצלו על אפיהון ואמר **אל** אלקא דשוי רוח נשמתא בגופי NU 16:22
האנא: ואמר אנא הוא **אל** אלקי דאבוך לא תידחל מן GN 46:3
מדבחא וקרא לאתרא **אל** דאשרי שכינתיה בביתאל ארום GN 35:7
ואמר יעקב ליוסף **אל** שדי איתגלי לי בלוז בארעא GN 48:3
חייא דחזיו מן קדם **אל** שדי הוה חמי וכד בעי דמתגלי NU 24:4
ישראל: ואמר ליה ייי אנא **אל** שדי פוש וסגי עם קדיש וכינשת GN 35:11
ייי לאברם ואמר ליה אנא **אל** שדי פלח קדמי והוי שלים GN 17:1
לאברהם ליצחק וליעקב **באל** שדי ושמי ייי ברם באפי EX 6:3
האילין אישתהי מן **האל** לנחלא עד מיסק עמיד GN 32:25
מבנת לבן אחוהא דאימך: **ואל** שדי יברך יתך בניכסין סגיאין GN 28:3
וקומו תובו לות גברא: **ואל** שדי יתן לכון רחמין קדם גברא GN 43:14

אלדד (3)
עילויהון רוח נבואה **אלדד** הוה מתנבי ואמר הא משה NU 11:26
חד ותני למשה ואמר **אלדד** ומידד מתנביין הכין NU 11:27
במשריתא שמיה דחד **אלדד** ושמיה דתניין מידד בנוי NU 11:26

אלדעה (1)
עיפה ועפר וחנוך ואבידע **ואלדעה** כל אילין בנהא דקטורא: GN 25:4

אלה (1)
יתת: רבא אהליבמה רבא **אלה** רבא פינון: רבא קנז רבא תימן GN 36:41

אלול (1)
על ארעא בשבעא יומין **באלול** והוון מורני נפקן מן פרתהון NU 14:37

אלון (4)
מבנת כנען ית עדה ברת **אלון** חיתאה וית אהליבמה ברת GN 36:2
גניסת סרד לאלון גניסת **אלון** ליחלאל גניסת יחלאל: אילין NU 26:26
כוותהון ושומהון סרד **ואלון** ויחלאל: אילין בני לאה GN 46:14
דזבולן לסרד גניסת סרד **לאלון** גניסת אלון ליחלאל גניסת NU 26:26

אלוש (1)
על ימא ארגיזו קדם ייי **באלוש** אפיסו ית יומא דשבתא NU 16:26

אליאב (7)
שבטוי דבני זבולון **אליאב** בר חילון: וחיליה וסכומהון NU 2:7
שיבטא דבני זבולון **אליאב** בר חילון: ומתפרק משכנא NU 10:16
בר צוער: לזבולון אמרכול **אליאב** בר חילון: לבני יוסף לאפרים NU 1:9
רב בית אבא לבני זבולון **אליאב** בר חילון: קרבניה דקריב NU 7:24
ודעבד לדתן ולאבירם בני **אליאב** בר ראובן דפתחת ארעא ית DT 11:6
בר לוי ודתן ואבירם בני **אליאב** ואון בר פלת בני ראובן: וקמו NU 16:1
רבא לדתן ולאבירם בני **אליאב** ואמרו לא ניסוק: הזעירא NU 16:12

אלידד (1)
עמיהוד: לשבטא דבנימין **אלידד** בר כסלון: לשבטא דדן NU 34:21

אליהו (5)
וית גלוות תלמידי **אליהו** דגלו מן בקעתא דיריחו וית DT 34:3
עד דחמא ית פנחס הוא **אליהו** כהנא רבא דעתיד EX 6:18
מן מעשרא וקרבן ידוי **דאליהו** כהנא דמקרב בטוורא DT 33:11
יתכון מימרא דייי על ידוי **דאליהו** כהנא רבא ומתמן יקרב DT 30:4
דכהונתא דאהרן ובנוי **ואליהו** כהנא רבא דעתיד EX 40:10

אליחרק (1)
ערביא ומצרים **ואליחרק** וכנען: ובנוי דכוש סבא GN 10:6

אלים (5)
ייי אסאך: ואתו לאלים **ובאילים** תרתיסירי עינוון דמיין EX 15:27
ונטלו ממרה ואתו לאלים **ובאילים** תרתיסרי עינוון דמיין NU 33:9
אנא הוא ייי אסאך: ואתו **לאלים** ובאילים תרתיסירי עינוון EX 15:27
במרה: ונטלו ממרה ואתו **לאלים** ובאילים תרתיסרי עינוון NU 33:9
תמן על מייא: ונטלו **מאלים** ואתון כל כנישתא דישראל EX 16:1

אליסף (5)
חילוות שיבטא דבני גד **אליסף** בר דעואל: ונטלין גניסת NU 10:20
בר עכרן: לגד אמרכול **אליסף** בר דעואל: לנפתלי אמרכול NU 1:14
רב בית אבא לבני גד **אליסף** בר דעואל: קרבניה דקריב NU 7:42
תרתין גניסתא דגרשון **אליסף** בר לאל: ומטרת בני גרשון NU 3:24
חילוות שיבטא דבני גד **אליסף** בר רעואל: וחיליה וסכומהון NU 2:14

אליעזר (50)
דלא הידי היא: ושום חד **אליעזר** ארום אמר אלקא דאבא EX 18:4
עמיה ובחר מינהון ית **אליעזר** בר נמרוד דהוה מתיל GN 14:14
שבקיה למגזריה ברם **אליעזר** הוה גזר בתנאה דאתנייו EX 4:24
ודבר ית תרין טליוי ית **אליעזר** וית ישמעאל עימיה וית GN 22:3
בתמניסרי טריפן: ויסב **אלעזר** בכיהוניא מן אדמיה באדבע NU 19:4
למימר: פנחס קנאה בר **אלעזר** בר אהרן כהנא אתיב ית NU 25:11
דימנוי על רברבי ליואי **אלעזר** בר אהרן כהנא הוא הוה NU 3:32
זימנא: וחמא כן פנחס בר **אלעזר** בר אהרן כהנא ואידכר NU 25:7
ואתקבר תמן ובכן שמיש **אלעזר** בריה באתרוי: מתמן נטלו DT 10:6
כהונתא ותלבישינון ית **אלעזר** בריה ואהרן יתכנש וימות NU 20:26
מצותא: דבר ית אהרן וית **אלעזר** בריה ואסיק יתהון לטוורוס NU 20:25
כהונתא ואלביש ית **אלעזר** בריה ומית אהרן תמן בריש NU 20:28
כהניא דאוריתו להון **אלעזר** ואיתמר אבהתהון: ארום DT 18:8
קדמי אהרן נדב ואביהוא **אלעזר** ואיתמר בנוי דאהרן: ותעביד EX 28:1
ובנין לא הוו להון ושמש **אלעזר** ואיתמר על אפי אהרן NU 3:4
ית נדב וית אביהוא ית **אלעזר** וית איתמר: ובנוי דקרח EX 6:23
ית נדב וית אביהוא ית **אלעזר** וית איתמר: ומית נדב NU 26:60
והא איתוקד ורתח על **אלעזר** ועל איתמר בנוי דאהרן LV 10:16
משה עם אהרן ועם **אלעזר** ועם איתמר בנוי דאישתיירו LV 10:12
אוחרן ית תורתא כד חמי **אלעזר** ית מושכה וית בישרה וית NU 19:5
דיחסנון לכון ית ארעא **אלעזר** כהנא ויהושע בר נון: ונשיאי NU 34:17
ופקיד עליהון משה ית **אלעזר** כהנא וית רישי אבהת NU 32:28
ואייתיאו לות משה ולות **אלעזר** כהנא ולות כל כנישתא דבני NU 31:12
עלוי: ותקים יתיה קדם **אלעזר** כהנא וקדם כל כנישתא NU 27:19
ית יהושע ואקימיה קדם **אלעזר** כהנא וקדם כל כנישתא: NU 27:22
משה בתר דקמא קדם **אלעזר** כהנא וקדם רברביא וכל NU 27:2
דבני ישראל: וקדם **אלעזר** כהנא ישמיש ויהי כד יתכסי NU 27:21
לאת לבני ישראל: ונסיב **אלעזר** כהנא ית מחתיית נחשא NU 17:4
דקיסא תדון עלוי: ואמר **אלעזר** כהנא לגוברי חילא דאתו מן NU 31:21
יתהון וית פנחס בר **אלעזר** כהנא לחילא ואוריא ותומיא NU 31:6
קדם ייי על מימרא **דאלעזר** כהנא יהון נפקין לסדרי NU 27:21
עביר מן עלמא דלא בנין **ואליעזר** בר פרנסת ביתי דעל ידוי GN 15:2
אילין ייחוסין דקרח: **ואלעזר** בר אהרן נסיב ליה מברתוי EX 6:25
אילין סכומי משה **ואלעזר** כהנא די סכמון ית בני NU 26:63
משכנא דייי: ועבד משה **ואלעזר** כהנא היכמא דפקיד ייי ית NU 31:31
ירדנא דיריחו: ונפקו משה **ואלעזר** כהנא וכל אמרכלי כנישתא NU 31:13
ותקבל חושבנא אנת **ואלעזר** כהנא ורישי אבהת כנישתא: NU 31:26
גבר לנפשיה: ונסב משה **ואלעזר** כהנא ית דהבא מן רבני NU 31:54
קדם ייי: ונסיב משה **ואלעזר** כהנא ית דהבא מנהון כל NU 31:51
בישראל: ומליל משה **ואלעזר** כהנא עם אמרכליא ואמר NU 26:3
בריש טוורא ונחת משה **ואלעזר** מן טוורא: וכיוון דנח נפשיה NU 20:28
דין עמיה: ואמר ייי למשה **ולאלעזר** בר אהרן כהנא למימר: NU 26:1
משה: ואמר משה לאהרן **ולאלעזר** ולאיתמר בנוי רישיכון לא LV 10:6
ובני ראובן ואמרו למשה **ולאלעזר** כהנא ולרברבי כנישתא NU 32:2
ברכתא: ואמר אברהם **לאליעזר** עבדיה סבא דביתיה GN 24:2
ייי עם משה למימר: אמר **לאלעזר** בר אהרן כהנא ויפרש ית NU 17:2
במשכן זימנא: ודמסיר **לאלעזר** בר אהרן כהנא מישחא NU 4:16
קרבא תיסבון ותיתנון **לאלעזר** כהנא אפרשותא לשמא NU 31:29
נסיבת אפרשותא דייי **לאלעזר** כהנא היכמא דפקיד ייי ית NU 31:41
דדמי לנירא: ותיתנון יתה **לאלעזר** סגן כהניא ויהנפק יתה NU 19:3

אליפז (8)
אילין רברבי בני עשו בני **אליפז** בוכרא דעשו רבא תימן רבא GN 36:15
אילין שמהת בני עשו **אליפז** בר עדה איתת עשו רעואל GN 36:10
רבא עמלק אילין רברבי **אליפז** דמדורהון בארעא דאדום GN 36:16
וילידת עדה לעשו ית **אליפז** ובשמת ילידת ית רעואל: GN 36:4
לאליפז ית עמלק הוא **אליפז** חבריה דאיוב אילין בני עדה GN 36:12
איתת עשו: והוו בני **אליפז** תימן אומר צפו וגעתם וקנז: GN 36:11
ותמנע הוות פילקתא **לאליפז** בר עשו וילידת לאליפז ית GN 36:12
לאליפז בר עשו וילידת **לאליפז** ית עמלק הוא אליפז חבריה GN 36:12

אליצור (4)
חילוות שיבטא דראובן **אליצור** בר שדיאור: וחיליה NU 2:10
ממני על חילוות שיבטיה **אליצור** בר שדיאור: ורבא דהוי ממני NU 10:18
עימכון לראובן אמרכול **אליצור** בר שדיאור: לשמעון NU 1:5

אליצור
רב בית אבא לבני ראובן **אליצור** בר שדיאור: קרבניה דקריב NU 7:30

אליצפן (3)
מתמני על גניסתא קהת **אליצפן** בר עזיאל: ומטרתהון ארונא NU 3:30
לשיבטא דזבולן אמרכל **אליצפן** בר פרנך: לשיבטא דנפתלי NU 34:25
ושמיה דתניין מידד בנוי **דאליצפן** בר פרנך דילידת ליה NU 11:26

אלישבע (1)
וסתרי: ונסיב אהרן ית **אלישבע** ברת עמינדב אחתיה EX 6:23

אלישמע (4)
שיבטא דבני אפרים **אלישמע** בר עמיהוד: וחיליה NU 2:18
ממני על חילוות שיבטיה **אלישמע** בר עמיהוד: ורבא דהוה NU 10:22
יוסף לאפרים אמרכול **אלישמע** בר עמיהוד למנשה NU 1:10
רב בית אבא לבני אפרים **אלישמע** בר עמיהוד: קרבניה דקריב NU 7:48

אלישע (1)
דיריחו וית גלוות תלמידי **אלישע** דגלו מן קריית גלעד דקליא DT 34:3

אלמודד (1)
יקטן: ויקטן אוליד ית **אלמודד** דמשח ית ארעא באשלוון GN 10:26

אלס (1)
אשכנז וריפת ותורגמא: **אלס** וטרסס אכזיא ודרדניא: מאילן GN 10:4

אלצפן (2)
ובנוי דעזיאל משאל **ואלצפן** וסתרי: ונסיב אהרן ית EX 6:22
וקרא משה למישאל **ולאלצפן** בנוי דעוזיאל ליואי LV 10:4

אלקנה (1)
איתמר: ובנוי דקרח אסיר **ואלקנה** ואביאסף אילין ייחוסין EX 6:24

אמורא (14)
לכון אתיתון עד טוורא **דאמוראה** דייי אלקנא יהיב לנא: DT 1:20
דמחא ית סיחן מלכא **דאמוראה** דיתיב בחשבון וית עוג DT 1:4
דעבדת לסיחן מלכא **דאמוראה** דיתיב בחשבון: ומסר ייי DT 3:2
קרתא דסיחון מלכא **דאמוראה** היא והוא אגיח קרבא NU 21:26
וחורמה ועולו לטורא **דאמוראה** ולות כל דיירוי עמון DT 1:7
עזגדין לות סיחון מלכא **דאמוראה** למימר: אעיבר בארעך לא NU 21:21
למימס יתנא בידא **דאמוראה** לשציותנא: לאן אנחנא DT 1:27
ארום לא שלום חובא **דאמוראה** עד כדון: והוה שמשא GN 15:16
אחך דינסיבית מידיהון **דאמוראי** בעידן די עלתון לגווה GN 48:22
דעבדת לסיחון מלכא **דאמוראי** דהוה יתיב בחשבון: והוה NU 21:34
בארע סיחן מלכא **דאמוראי** דיתיב בחשבונא דמחא DT 4:46
ית מלכות סיחון מלכא **דאמוראי** וית מלכות עוג מלכא NU 32:33
דקטילו ית סיחון בארעא **דאמוראי**: ושדר משה ית כלב וית NU 21:31
קדמות לות סיחון מלכא **דאמוראי** פתגמי שלם למימר: DT 2:26

אמוראה (5)
הוה שרי בחזוי ממרא **אמוראה** אחוי דאשכל ואחוי דענר GN 14:13
דבמדברא דנפיק מתחות **אמוראה** ארום ארנון תחום מואב NU 21:13
וסליקתון לטוורא: ונפק **אמוראה** דיתיב בטוורא ההוא DT 1:44
ממצע בין מואב ובין **אמוראה** ויתבין ביה כומרניא פלחי NU 21:13
ית סיחון מלכא דחשבון **ואמוראה** וית ארעיה שרי DT 2:24

אמוראי (18)
ויתיב ישראל בכל קירוי **אמוראי** בחשבון ובכל כפרנהא: NU 21:25
וכבשוה ותריכו ית **אמוראי** דבה: ויהב משה ית גלעד NU 32:39
מלכא דמתנן תרין מלכי **אמוראי** דבעיברא דיורדנא מדנח DT 4:47
מן רשות תרין מלכי **אמוראי** דבעיברא דיורדנא מנחלי DT 3:8
חקלי עמלקאי ואוף ית **אמוראי** דיתיב בעין גדי: ונפק מלכא GN 14:7
וית חת: וית יבוסאי וית **אמוראי** וית גירגשאי: וית חיואי וית GN 10:16
פריזאי וית גיבראי: וית **אמוראי** וית כנענאי וית גירגשאי GN 15:21
מתריך מן קדמך ית **אמוראי** וכנענאי וחיתאי ופריזאי EX 34:11
דעבד לסיחן ולעוג מלכי **אמוראי** ולעממי ארעהון דשיצי DT 31:4
ויצדון כמא דאצדי קרוי **אמוראי** ופלטירי רבניהון מן תרעא NU 21:30
קדמך ויעילינך לות **אמוראי** ופריזאי וכנענאי חיואי EX 23:23
על ידוי ית כנענאי **אמוראי** חיתאי ופריזאי חיואי EX 33:2
לארע כנענאי וחיתאי **ואמוראי** וחיואי ויבוסאי דקיים EX 13:5
מן קדמך חיתאי וגרגשאי **ואמוראי** וכנענאי ופריזאי וחיואי DT 7:1
תמן כנענאי וחיתאי **ואמוראי** ופריזאי וחוואי ויבוסאי: EX 3:8
דרומא וחיתאי ויבוסאי **ואמוראי** יתבין בטוורא וכנענאי NU 13:29
גמרא תגמרינון חיתאי **ואמוראי** כנענאי ופריזאי וחיואי DT 20:17
ית כל מה דעבד ישראל **לאמוראי**: ודחילו מואבאי מן קדם NU 22:2

אמרפל (2)
קדם ייי: והוה ביומי **אמרפל** הוא נמרוד דאמר למירמי GN 14:1
דעממייא משתמעין ליה **ואמרפל** מלכא דפונטוס ואריוך GN 14:9

אמתני (2)
יהבית ית לחיית ירותא: **אימתניא** מן לקדמין יתיבו בה עם DT 2:10
ומואבאי קרן להון **אמתני**: ובגבלא יתיבו גנוסייא מן DT 2:11

אנוש (4)
שנין ואוליד ית קינן: וחיא **אנוש** בתר דאוליד ית קינן תמני GN 5:10
בר וקרת ית שמיה **אנוש** הוא דרא דביומוהו שריו GN 4:26
בנין ובנן: והוו כל יומי **אנוש** תשע מאה וחמש שנין ומית: GN 5:11
סירי שנין ומית: וחיא **אנוש** תשעין שנין ואוליד ית קינן: GN 5:9

אנטוכיא (1)
דצין עד פלטיוות מעלך **לאנטוכיא**: וסליקו מן צטר דרומא NU 13:21

אנטיוכי (1)
לוטסאי וית חומצאי וית **אנטיוכי** ובתר כדין איתבדרו GN 10:18

אנתוסאי (1)
חיואי וית עירקאי וית **אנתוסאי**: וית לוטסאי וית חומצאי GN 10:17

אסיר (1)
וית איתמר: ובנוי דקרח **אסיר** ואלקנה ואביאסף אילין EX 6:24

אסנת (4)
כתבא דעליה נסיבית ית **אסנת** ברת דינה ברתך לאינתו GN 48:9
דמצרים דילידת ליה **אסנת** בת דינה ורבת בבית GN 46:20
מפרסם ויהב ליה ית **אסנת** דילידת דינה לשכם ורביתה GN 41:45
שתא דכפנא דילידת ליה **אסנת** דרבת בבית פוטיפרע רבא GN 41:50

אפוד (1)
מנשה אמרכל חניאל בר **אפוד**: לשיבטא דבית אפרים NU 34:23

אפיקירו (1)
טרגונא עד תחום קורזי **ואנטיקירוס** וקרא יתהון על שמיה DT 3:14

אפמיאה (2)
ויחות תחומא מן **אפמיאה** לדפני מן מדנח לעיינוותא NU 34:11
מדינחא מטירת עינוותא **לאפמיאה**: ויחות תחומא מן NU 34:10

אפרים (30)
על חילוות שיבטא דבני **אפרים** אלישמע בר עמיהוד: וחיליה NU 2:18
קריב רב בית אבא לבני **אפרים** אלישמע בר עמיהוד: קרבניה NU 7:48
בר אפוד: לשיבטא דבית **אפרים** אמרכל קמואל בר שפטן: NU 34:24
אבא: וית שום תניין קרא **אפרים** ארום אמר תקיף יתי ייי GN 41:52
קדם רבא דמנשה ומני ית **אפרים** דיהי קדם מנשה: ואמר GN 48:20
למיתפלגא ומשיחא בר **אפרים** דנפיק מיניה דעל ידוי EX 40:11
רבא דטניס ית מנשה וית **אפרים**: ובנוי דבנימין עשרה GN 46:20
יהושע בר נון דמן שיבט **אפרים** וגבורן דגדעון בר יואש דמן DT 34:2
נון בגלגלא דהוא מדבית **אפרים** והינון אלפייא דקטל גדעון DT 33:17
לותך למצרים דילי אינון **אפרים** ומנשה הי כראובן ושמעון GN 48:5
בנוי עימיה ית מנשה וית **אפרים**: ותניאו ליעקב למימר הא GN 48:1
ונטיל טיקס משיריית בני **אפרים** לחיליהון ורבא דהוה ממני NU 10:22
טיקס משרית **אפרים** לחיליהון מערבא ישרון NU 2:18
ושבע מאה: אילין בני **אפרים** לסכומהון לשותלח גניסת NU 26:35
סכום מניינייא למשירית **אפרים** מאתן ותמנין אלפין ומאה NU 2:24
ודבר יוסף ית תריהום ית **אפרים** מן צטר ימיניה דהוא GN 48:13
שמהת תלת שבטיא **אפרים** מנשה ובנימן ובמציעותיה NU 2:18
חילא: סכומהון לשיבטא **דאפרים** ארבעין אלפין וחמשא NU 1:33
ית יד ימיניה על רישא **דאפרים** ובאיש קדמוי וסעדא לידא GN 48:17
ית ימיניה ושוי על רישא **דאפרים** והוא זעירא וית שמאליה GN 48:14
מאה: לבנוי דיוסף לבנוי **דאפרים** ייחוסיהון לגניסתהון לבית NU 1:32
לאעדאה יתה מעל רישא **דאפרים** לאנחותא על רישא GN 48:17
ערן: אילין גניסת בנוי **דאפרים** לסכומהון עשרין ותרין NU 26:37
גוברין בני חילא משיבטא **דאפרים** מאחדין בתריסין ורומחין EX 13:17
יגאל בר יוסף: לשיבטא **דאפרים** עזגד הושע בר נון: לשיבטא NU 13:8
שבטייא יתמני רבא **דאפרים** קדם רבא דמנשה ומני ית GN 48:20
מאה: בנוי דיוסף מנשה **ואפרים**: בנוי דמנשה למכיר גניסת NU 26:28
למימר ישוינך ייי **כאפרים** וכמנשה ובמניין שבטייא GN 48:20
בר חילון: לבני יוסף **לאפרים** אמרכול אלישמע בר NU 1:10
ועשרים שנין: וחמא יוסף **לאפרים** בנין דרין תליתאין אוף בני GN 50:23

אפריקי (1)
ושום אפרכיותהום **אפריקי** וגרמניא והמדיי ומקדינייא GN 10:2

אפרת (4)
רחל ואתקברת באורח **אפרת** היא בית לחם: ואקים יעקב GN 35:19
וקברתה תמן באורח **אפרת** היא בית לחם: וחמא ישראל GN 48:7
עללתא דארעא במיתיה **לאפרת** וילידת רחל וקשיית GN 35:16
סוגעי ארעא למיעול **לאפרת** ולא יכילת לסוברותה GN 48:7

אצבון (1)
ובנוי דגד צפיון וחגי שוני **ואצבון** ערי וארודי ואראלי: ובנוי GN 46:16

אצר (3)
ויתרן וכרן: אילין בני **אצר** בלהן וזעון ועקן: אילין בני GN 36:27
רבא ענה: רבא דישון רבא **אצר** רבא דישן אילין רבבי גנוסייא GN 36:30
וצבעון וענה: ודישון **ואצר** ודישן אילין רברבי גנוסיא GN 36:21

אראלי (3)
ארוד לאראלי גניסת **אראלי**: אילין גניסתא בני גד NU 26:17
שוני ואצבון ערי וארודי **ואראלי**: ובנוי דאשר ימנה וישוה GN 46:16
ערי: לארוד גניסת ארוד **לאראלי** גניסת אראלי: אילין NU 26:17

ארבע (2)
ומיתת שרה בקרית **ארבע** היא חברון בארעא דכנען GN 23:2
יצחק אבוי לממרא קרית **ארבע** היא חברון דדר תמן אברהם GN 35:27

ארד (4)
חופם: והוו בנוי דבלע **ארד** ונעמן לארד גניסת ארד לנעמן NU 26:40
ארד ונעמן לארד גניסת **ארד** לנעמן גניסת נעמן: איליין בנוי NU 26:40

שנין וחזא לכילת הילולא **ואדר** דנחת למצרים: אילין בני רחל GN 46:21
בנוי דבלע ארד ונעמן **לארד** גניסת ארד לנעמן גניסת NU 26:40

ארוד (2)
גניסת ערי: לארוד גניסת **ארוד** לאראלי גניסת אראלי: אילין NU 26:17
אזני לערי גניסת ערי: **לארוד** גניסת ארוד לאראלי גניסת NU 26:17

ארודי (1)
וחגי שוני ואצבון ערי **וארודי** ואראלי: ובנוי דאשר ימנה GN 46:16

אריוך (2)
הוא מלכא דפונטוס **אריוך** דהוה אריך בגינבריא מלכא GN 14:1
ואמרפל מלכא דפונטוס **ואריוך** מלכא דתלסר ארבעת GN 14:9

ארם (19)
בתואל ארמאה דמן פדן **ארם** אחתיה דלבן ארמאה ליה GN 25:20
מתל נבותיה ואמר מן **ארם** דעל פרת דברני בלק מלכא NU 23:7
חלמיא דמתבניא בארע **ארם** דעל פרת למילט יתכון: ולא DT 23:5
אורחא במיזליה לפדן **ארם** היכדין איתקטעא ליה GN 24:61
חלמיא והיא מתבניא **בארם** דעל פרת ארע דפלחין וסגדין NU 22:5
דאיתילידו ליה בפדן **דארם:** ואתא יעקב לות יצחק אבוי GN 35:26
תוב במיתוהי מפדן **דארם** ובריך ייי בשום מימריה בתר GN 35:9
ובמימר אימיה ואזל לפדן **דארם:** וחמא עשו ארום בישן GN 28:7
לאה דילידת ליעקב בפדן **דארם** וית דינה ברתיה כל נפשת GN 46:15
דכנען במיתיה מפדן **דארם** ושרא לקבל קרתא: וזבן ית GN 33:18
דכנענאי: קום איזל לפדן **דארם** לבית בתואל אבוהא דאימך GN 28:2
יצחק ית יעקב ואזל לפדן **דארם** לות לבן בר בתואל ארמאה GN 28:5
ית יעקב ושדר יתיה לפדן **דארם** למיסב ליה מתמן איתא כד GN 28:6
גיתוי ונכסוי די קנה בפדן **דארם** למיתי לות יצחק אבוי GN 31:18
וית קמואל רב קסומיא **דארמאי:** וית כשד וית חזו וית GN 22:21
ועקן: אילין בני דישן עוץ **וארם:** אילין רברבי גנוסייא רבא GN 36:28
ואתור וארפכשד ולוד **וארם::** וארפכשד אוליד ית שלח GN 10:22
דריבוניה בידיה וקם ואזל **לארם** דעל פרת לקרתא דנחור: GN 24:10
ותימרון קדם ייי אלקכון **לארם** נהריא נחתת אבונן יעקב מן DT 26:5

ארמאה (6)
דארם לות לבן בר בתואל **ארמאה** אחוהא דרבקה אימא GN 28:5
ליה הלא אנת הוא לבן **ארמאה** דבעית למשיציא ית יעקב NU 31:8
ית רבקה ברת בתואל **ארמאה** דמן פדן ארם אחתיה דלבן GN 25:20
ושדר עיזגדין לות לבן **ארמאה** הוא בלעם דבעא למבלוע NU 22:5
פדן ארם אחתיה דלבן **ארמאה** ליה לאינתו: ואזל יצחק GN 25:20
יעקב ית דעתיה דלבן **ארמאה** על דלא חוי ליה ארום אזיל GN 31:20

ארמילוס (1)
עקת כל דר ודר ופורענות **ארמלגוס** רשיעא וסדרי קרבא דגוג DT 34:3

ארמניא (1)
ותמן מתבניא קרתא **דארמניא** בארע מדינחא: ומיא הוו GN 8:4

ארמניאא (1)
קרדוניא ושום טוורא חד **ארמניא** ותמן מתבניא קרתא GN 8:4

ארנון (16)
דמואב דעל תחום **ארנון** דבסטר תחומא: ואמר בלק NU 22:36
מערוער דעל גיף נחלי **ארנון** ועד טוורא דסיאון הוא טוור DT 4:48
ית כל ארעיה מן ידיה עד **ארנון:** על כן יימרון בחודתא NU 21:26
מתחות אמוראה ארום **ארנון** תחום מואב ממצע בין מואב NU 21:13
שאר שבטיא ית נחלא **ארנונא** והינון יכבשון קדמיהון ית GN 49:19
ויסב מיישרא מישר נחלי **ארנונא** וייתי למדברא דציני טור NU 34:11
מערוער דעל גיף נחלא **ארנונא** וקרתא דמתבניא במציעות DT 2:36
טולו ועיברו ית נחלי **ארנונא** חמון די מסרית בידיכון ית DT 2:24
במסי טעוותא דנחלי **ארנונא:** ייא לכון סנאי צדיקיא NU 21:28
ארעא ותהוון מסקי **ארנונא** לפלחי טעוותא דלא DT 28:64
יהבית מן גלעד ועד נחלי **ארנונא** מציעות נחלא ותחומיה ועד DT 3:16
יעברון עמך ייי ית נחלי **ארנונא** עד זמן די יעברון עמך EX 15:16
דבעיברא דיורדנא מנחלי **ארנונא** עד טוורא דחרמון: צידנאי DT 3:8
נטלו ושרו מן להאל **לארנון** במעברא דבמדברא דנפיק NU 21:13
הוה נגיד בנחליא סמיך **לארנון:** ושפכות נחליא דאדמהון NU 21:14
דחרב וירית ית ארעיה **מארנונא** עד יובקא עד תחום בני NU 21:24

ארעית (1)
בארעית מקהלות: ונטלו **מארעית** מקהלות ושרו בתרח: NU 33:27

ארפכשד (6)
ואוליד ית שלח: וחיא **ארפכשד** בתר דאוליד ית שלח GN 11:13
וחיא שם בתר דאוליד ית **ארפכשד** חמש מאה שנין ואוליד GN 11:11
מאה שנין כד אוליד ית **ארפכשד** תרתין שנין בתר טובענא: GN 11:10
וארפכשד ולוד וארם:: **וארפכשד** אוליד ית שלח ושלח GN 10:24
בנוי דשם עילם ואתור **וארפכשד** ולוד וארם:: וארפכשד GN 10:22
שנין ואוליד בנין ובנן: **וארפכשד** חיא תלתין וחמש שנין GN 11:12

אשבל (3)
בלע לאשבל גניסת **אשבל** לאחירם גניסת חירם: NU 26:38
דהוא בוכרא דאימיה **ואשבל** דהליך בשיביתא גרא GN 46:21
לבלע גניסת בלע **לאשבל** גניסת אשבל לאחירם NU 26:38

אשכול (2)
גובריא דאזלו עימי ענר **אשכול** וממרא אף הינון יסבון GN 14:24
ממרא אמוראה אחוי **דאשכל** ואחוי דענר והינון הוו מריה GN 14:13

אשכנז (1)
ותרקי: ובנוי דגומר **אשכנז** וריפת ותורגמא: אלס וטרסס GN 10:3

אשקלון (1)
ובדרומא ובספר ימא **אשקלון** וקיסרין ארע כנענאה עד DT 1:7

אשר (24)
ארעהום וקרת ית שמיה **אשר:** ואזל ראובן ביומי סיון בזמן GN 30:13
תלת שבטיא דן ונפתלי **אשר** ובמציעותיה חקיק ומפרש NU 2:25
שמהת תלת שיבטיא גד **אשר** וישׂשכר: ושום סידרא רביעאה EX 39:12
בריך הוא מבניא דיעקב **אשר** יהי מרעי לאחוי ומספק להון DT 33:24
מלכיאל: ושום ברת **אשר** סרח דאידברת בשיתין ריבוון NU 26:46
על חילוות שיבטא דבני **אשר** פגעיאל בר עכרן: וחיליה NU 2:27
על חילוות שיבטא דבני **אשר** פגעיאל בר עכרן: ורבא דהוה NU 10:26
קריב רב בית אבא לבני **אשר** פגעיאל בר עכרן: קרבניה NU 7:72
פלטיאל בר עזן: לשיבטא **דאשר** אמרכל אחיהוד בר שלומי: NU 34:27
חילא: סכומהון לשיבטא **דאשר** ארבעין וחד אלפין וחמש NU 1:41
ברירין הינון שיבטא **דאשר** היך פרזלא וחסימין היך DT 33:25
סמיכין ליה שיבטא **דאשר** ורבא דהוה ממני על חילוות NU 2:27
אלפין ושבע מאה: לבנוי **דאשר** ייחוסיהון לגניסתהון לבית NU 1:40
ערי וארודי ואראלי: ובנוי **דאשר** ימנה וישוה וישוי ובריעה GN 46:17
אלפין וארבע מאה: בנוי **דאשר** לגניסתהון לימנה גניסת NU 26:44
קיים: אילין גניסת בנוי **דאשר** לסכומהון חמשין ותלת NU 26:47
אחסנתהון: טובוי **דאשר** מן שמינין הינון בירוי ארעיא GN 49:20
עמיאל בר גמלי: לשיבטא **דאשר** עזגד סתור בר מיכאל: NU 13:13
זלפה אמתא דלאה גד **ואשר** אילין בני יעקב דאיתילידו GN 35:26
זבולון דן ונפתלי גד **ואשר** ואקימינון קדם פרעה: ואמר GN 47:2
ובנימין: דן ונפתלי גד **ואשר:** והוה סכום כל נפשתא נפקי EX 1:4
בטוורא דעיבל ראובן גד **ואשר** וזבולן דן ונפתלי: ויכרזון DT 27:13
תלתא שיבטיא גד **ואשר** וישׂשכר: ושום סידרא EX 28:19
אחיעזר בר עמי שדי: **לאשר** אמרכול פגעיאל בר עכרן: NU 1:13

אשריאל (2)
חלק: ואשריאל גניסת **אשריאל** ושכם גניסת שכם: NU 26:31
איעזר לחלק גניסת חלק: **ואשריאל** גניסת אשריאל ושכם NU 26:31

את (1)
דתמן כתיבין קרביא דייי **את** והב דהוון בעלעולא דסגירותא NU 21:14

אתור (6)
הוא דמהלך למדנח **אתור** ונהרא רביעא הוא פרת: ודבר GN 2:14
ההיא נפק נמרוד ומלך **באתור** דלא בעא למיהוי בעיטת GN 10:11
כדי ייתי סנחריב מלכא **דאתור** וישבי יתר: ונטל מתל NU 24:22
דייי: בנוי דשם עילם **ואתור** וארפכשד ולוד וארם:: GN 10:22
דעל אנפי מצרים מעלך **לאתור** על אנפי כל אחוי שרא GN 25:18
רומי וקושטנטיני ויצערון **לאתוראי** וישעבדון כל בנוי דעבר NU 24:24

באר (1)
ישראל וכל דיליה ואתא **לבאר** שבע ודבח דיבחין לאלקא GN 46:1

בארי (1)
איתא ית יהודית ברת **בארי** חיתאה וית בשמת ברת אילון GN 26:34

בבל (9)
טווריא: וכד הינון יהיבין **בבבל** הוון פלחין לטעוותהון בגין DT 32:23
באומא דלא אומא **בבבלאי** עמא טפשא נרגוז יתהון: DT 32:21
ובעילם מן גוא שביית **בבל** אעיקו להון דבית אגג די DT 32:24
קרתא: בגין כן קרא שמה **בבל** ארום תמן ערביב ייי לישן כל GN 11:9
בשבייתא על נהרוות **בבל** ואסיליקינון מתמן ואשרינון EX 34:10
ית בנוי אימתא דא היא **בבל** קבלא דא היא מדיי סגיאה דא GN 15:12
ייי: והוות שירוי מלכותיה **בבל** רבתי והדס ונציבין וקטיספון GN 10:10
ואשכחו בקעתא בארעא **דבבל** ויתיבו תמן: ואמרו גבר GN 11:2
לא אמאסינון במלכותא **דבבל** ולא ירחק מימרי יתהון LV 26:44

בדד (1)
ומלך תחותויי הדד בר **בדד** דקטל ית מדינאה בסדרותיה GN 36:35

בותניי (1)
מתנן ותחומי יהי מטי עד **בותניי:** ולשיבטא דנפתלי בריך DT 33:22

בותנייס (1)
והוה תחום כנענאי מן **בותנייס** מעלך לגרר עד עזה מעלך GN 10:19

ביר (4)
בארעא: וסליק מתמן **לבירא** דשבע: ואיתגלי ליה ייי GN 26:23
ארחא למדברא דסמיך **לבירא** דשבע: והוו כיוון דמטו GN 21:14
ידיה על עיניך: וקם יעקב **מבירא** דשבע ונטלו בני ישראל ית GN 46:5
קדם זימניה במיפקיה **מבירא** דשבע כד עבר ית פנואל GN 32:32

בירא (10)
דשבע ויתיב אברהם **בבירא** דשבע: והוה בתר פתגמיא GN 22:19
מן אילנא דנציב אברהם **בבירא** דשבע וכד עברו ישראל ית EX 26:28
הוא אילנא דנציב אברהם **בבירא** דשבע וצלי תמן בשום EX 26:28
דנציב אברהם אבונן **בבירא** דשבע וצלי תמן בשום EX 36:33

ואנציב פרדיסא **בבירא** דשבע חורפן ואתקין בגויה GN 21:33
קיימי תריהון: וגזרו קיים **בבירא** דשבע חורפן וקם אבימלך GN 21:32
בגין כן שמא דקרתא **ביר** שבע עד יומא הדין: והוה עשו GN 26:33
בגין קרא לבירא ההוא **בירא** דשבע חורפן ארום תמן קיימי GN 21:31
ליעקב בזמן דנפק מן **בירא** דשבע ניסא קמאה איתקצרו GN 28:10
וקמו ואזלו כחדא **לבירא** דשבע ויתיב אברהם בבירא GN 22:19

בירי (2)
מאתר מרדותא ושרו **בבירי** עקתה: ונטלו מבירי עקתא NU 33:31
ושרו בבירי עקתה: ונטלו **מבירי** עקתא ושרו בשקיפין ואתרא NU 33:32

ביריא (1)
דחטמנא ויהון מפקנוי **לביריא** דבית סכל ולמציעות דרתא NU 34:9

בירישא (2)
היא קרתא דסיחן היא **בירושא**: ונחר בלק תורין ועאן ושדר NU 22:39
מכבשן במרמירא היא **בירישא**: וית בית קבורתיה דמשה NU 32:37

בית (1)
באורח אפרת היא **בית** לחם: ואקים יעקב קמתא על GN 35:19

ביתאל (16)
אל דאשרי שכינתיה **בביתאל** ארום תמן אתגליו ליה GN 35:7
אלקא דאיתגליתי עלך **בביתאל** די רבית תמן קמא GN 31:13
דקיימית עם יעקב **בביתאל** ואוף ית קיימא דקיימית LV 26:42
אחוי והיך אתגלי ליה ייי **בביתאל** והיך נדרית אבנא והיך GN 29:13
ללוז דבארעא דכנען היא **ביתאל** הוא וכל עמא דעימיה: ובנא GN 35:6
לוון יתיה בחיסדא עד **ביתאל** ובההוא יומא סלקון לשמי GN 28:12
למשכניה מן אוולא בין **ביתאל** ובין עי: לאתר מדבחא דעבד GN 13:3
וקרא שמא דאתרא ההוא **ביתאל** וברם לוז שמא דקרתא מן GN 28:19
דמליל עימיה תמן ייי **ביתאל**: ונטלו מביתאל והוה תוב GN 35:15
למטלנוי מן דרומא ועד **ביתאל** ותב עד אתרא דפרסיה תמן GN 13:3
לביתאל ופרסיה משכניה **ביתאל** מן מערבא ועי ממדינחא GN 12:8
ואתקברת מן לרע **לביתאל** בשיפולי מישרא וברם GN 35:8
כסותכון: ונקום וניסק **לביתאל** ואעביד תמן מדבחא GN 35:3
מתמן לטורא דממדנח **לביתאל** ופרסיה משכניה ביתאל מן GN 12:8
ואמר ייי ליעקב קום סוק **לביתאל** ותיב תמן ועיבד תמן GN 35:1
תמן ייי ביתאל: ונטלו **מביתאל** והוה תוב סוגעי אשוון GN 35:16

בכר (3)
שותלח לבכר גניסת **בכר** לתחן גניסת תחן: ואילין בני NU 26:35
בלע דאתבלע מיניה **ובכר** דהוא בוכרא דאימיה ואשבל GN 46:21
לשותלח גניסת שותלח **לבכר** גניסת בכר לתחן גניסת תחן: NU 26:35

בלהה (12)
ואיתעברת תוב וילידת **בלהה** אמתא דרחל בר תניין ליעקב: GN 30:7
בני רחל יוסף ובנימין: ובני **בלהה** אמתא דרחל דן ונפתלי: ובני GN 35:25
מיניה: ושחררת ליה ית **בלהה** אמתה ומסרה ליה לאינתו GN 30:4
ויהב לבן לרחל ברתיה ית **בלהה** ברתיה דילידת ליה פילקתיה GN 29:29
וגוני ויצר ושלם: אילין בני **בלהה** דיהב לבן לרחל ברתיה GN 46:25
לוותה יעקב: ואעדיאת **בלהה** וילידת ליעקב בר: ואמרת GN 30:5
והוא טלה מתרבי עם בני **בלהה** ועם בני זלפה נשיא דאבוי GN 37:2
ושדרו ביד בני זלפה ובני **בלהה** ית פרגוד מצייר ואייתייוהי GN 37:32
דיגמלנא יתיה: ופקידו ית **בלהה** למימר ליוסף אבוך פקיד GN 50:16
מעיא: ואמרת הא אמתי **בלהה** עול לוותה ותיליד ואנא GN 30:3
מציטרא חדא ובנה **דבלהה** מציטרא חדא ובנימין בר GN 43:33
ראובן ובלבל ית מצעא **דבלהה** פילקתיה דאבוי דהות GN 35:22

בלהן (1)
ויתרן וכרן: אילין בני אצר **בלהן** וזעון ועקן: אילין בני דישן עוץ GN 36:27

בלע (3)
מלכותיה דנהבא: ומית **בלע** ומלך תחותוי יובב בר זרח GN 36:33
גניסת חופם: והוו בנוי **דבלע** ארד ונעמן לארד גניסת ארד NU 26:40
בנוי דבנימין לגניסתהון **לבלע** גניסת בלע לאשבל גניסת NU 26:38

בלעם (68)
וארע מימרא מן קדם ייי **בבלעם** ואמר קדמוהי ית שבעתי NU 23:4
בעור: ותקף רוגזא דבלק **בבלעם** וטפח ית ידוי ואמר בלק NU 24:10
וארע מימר מן קדם ייי **בבלעם** ושוי פתגמא בפמיה ואמר NU 23:16
ודכר על כל אגורא: וחמא **בלעם** ארום שפר הוה קדם ייי NU 24:1
מיני מיומי אבהתהון: וקם **בלעם** בצפרא ואמר לרברבי מואב NU 22:13
עימך יתיה תעביד: וקם **בלעם** בצפרא וזריז ית אתניה ואזל NU 22:21
מתל נבותיה ואמר אימר **בלעם** בר בעור ואימר גברא דיקיר NU 24:3
מתל נבותיה ואמר אימר **בלעם** בר בעור ואימר גברא דיקיר NU 24:15
לבני ישראל: ומלך באדום **בלעם** בר בעור ושום קרתא דבית GN 36:32
ממצרים ודאוגר לכון ית **בלעם** בר בעור מן פתור חלמיא DT 23:5
חמשת מלכי מדין וית **בלעם** בר בעור קטלו בסייפא והוה NU 31:8
לות לבן ארמאה הוא **בלעם** דבעא למבלוע ית עמא בית NU 22:5
עד עלמא לאובדנא: וקם **בלעם** ואזל ותב לאתריה ולחוד NU 24:25
לא תבריכינון: ואתיב **בלעם** ואמר לבלק הלא מן שירויא NU 23:26
לותי ית עמא הדין: ואתיב **בלעם** ואמר לעבדי בלק אין יתן לי NU 22:18
ויקירין מאלין: ואתו לות **בלעם** ואמרו ליה כדנן אמר בלק בר NU 22:16
ועבד בלק היכמא דמליל **בלעם** ואסיק בלעם ובלק תור ודכר NU 23:2
ועבד בלק היכמא דאמר **בלעם** ואסיק תור ודכר על כל NU 23:30
בצפרא ודבר בלק ית **בלעם** ואסקיה לרמת דחלתא NU 22:41
ואסחרו רברבי מואב עם **בלעם**: ואתא מימר מן קדם ייי NU 22:8
דמליל בלעם ואסיק **בלעם** ובלק תור ודכר על אגורא: NU 23:2
ייי אלקכון לקבלא מן **בלעם** והפך ייי אלקכון בפומיה DT 23:6
חתימן בידיהון ואתו לות **בלעם** ומלילו עימיה פיתגמי בלק: NU 22:7
ושמע בלק ארום אתא **בלעם** ונפק לקדמותיה לקרתא NU 22:36
דייי ורבעת לה תחות **בלעם** ותקיף רוגזא דבלעם ומחא NU 22:27
מידברין: והוה כיוון דחמא **בלעם** חייבא דבית ישראל הוון NU 23:10
בסייפא והוה כיון דחמא **בלעם** חייבא ית פנחס כהנא רדיף NU 31:8
אתנא לבלעם ווי לך **בלעם** חסיר דעתא אנא דאנא NU 22:30
ואזלת בחקלא ומחא **בלעם** ית אתנא למכוונא יתה NU 22:23
דעיגלא דעבדו תמן: וזקף **בלעם** ית עינוי וחמא ית ישראל NU 24:2
יקרא: והוה כיוון דחמא **בלעם** יתהון דפולחנא נוכראה NU 23:1
דנן תלת זימנין: ואמר **בלעם** לאתנא ארום שקרת בי אילו NU 22:29
תור ודכר על אגורא: ואמר **בלעם** לבלק איתעתד על עלתך NU 23:3
אנפי בית ישימות: ואמר **בלעם** לבלק בני לי הכא שבעא NU 23:29
יכיל למייקרא יתך: ואמר **בלעם** לבלק הא אתיתי לותך כדון NU 22:38
ייי לבלעם מן יקרא: ואמר **בלעם** לבלק הלא אם עזגדייך NU 24:12
לות בלק ואמר מסרב **בלעם** למיתי עימנא: ואוסף תוב NU 22:14
ויתה קיימית: ואמר **בלעם** למלאכא דייי חבית ארום לא NU 22:34
לסייגא ודחקת ית ריגל **בלעם** לסייגא ואוסיף למימחא NU 22:25
בגיני מתמן: ודבר בלק ית **בלעם** לריש רמתא דמדיתא על NU 23:28
בפמי יתיה אמליל: ואזל **בלעם** עם בלק ואתון לקרתא NU 22:39
עימך יתיה תמליל ואזל **בלעם** עם רברבי בלק: ושמע בלק NU 22:35
כען דבתו עמך: ואמר **בלעם** קדם ייי בלק בר צפר מלכא NU 22:10
משירייתא דישראל אמר **בלעם** רשיעא אין קטלין יתי בית NU 23:10
מן טימהון במילכת **בלעם** רשיעא בפרשת אורחתא: NU 24:25
סדר ברכתהון מנהון: אמר **בלעם** רשיעא לית אנא מסתכל NU 23:21
דייי מסגי יתהון: אמר **בלעם** רשיעא מסתכל אנא בעמא NU 23:9
ושוי ייי פיתגמא בפמיה **דבלעם** ואמר תוב לות בלק והכדין NU 23:5
לא: וגלא ייי ית עינוי **דבלעם** וחמא ית מלאכא דייי NU 22:31
בלעם ותקיף רוגזא **דבלעם** ומחא ית אתנא בשוטא: NU 22:27
לבני ישראל בעיצתא **דבלעם** למשקרא שקר קדם ייי על NU 31:16
וית גיתוי לגו ביתא: **ובלעם** דלא שוי ליביה לפתגמא EX 9:21
בצלו ומברכין ית בנך **ובלעם** דמלטט יתהום אילוט GN 12:3
לייטך ברי יהון ליטין **כבלעם** בר בעור ומברכך יהון בריכן GN 27:29
ומלטטיכון יהון ליטין **כבלעם** בר בעור: ותקף רוגזא דבלק NU 24:9
קטיליה ירתון: ואמר בלק **לבלעם** אוף לטטא לא תלוטינון NU 23:25
לי: ואמר מלאכא דייי **לבלעם** איזל עם גובריא וברם ית NU 22:35
ייי יתיה אעבד: ואמר בלק **לבלעם** איתא כדון אידברינך לאתר NU 23:27
תחומא: ואמר בלק **לבלעם** הלא שדרא שדרית לותך NU 22:37
ואתא מימרא מן קדם ייי **לבלעם** ואמר ליה אין למיקרי לך NU 22:20
ואתא מימר מן קדם ייי **לבלעם** ואמר מן גובריא האילין כען NU 22:9
קטלתיך: ואמרת אתנא **לבלעם** ווי לך בלעם חסיר דעתא NU 22:30
בלק תורין ועאן ושדר **לבלעם** ולרברביא דעימיה: והות NU 22:40
ביה ואתרכינה: ואמר ייי **לבלעם** לא תיזיל עמהון ולא תלוט NU 22:12
וטפח ית ידוי ואמר בלק **לבלעם** למילט סנאי דברתך והא NU 24:10
ואזדמן לה ממלל ואמרת **לבלעם** מה עבדית לך ארום מחיתני NU 22:28
דבהון: ואמר בלק **לבלעם** מה עבדת לי למילוט סנאי NU 23:11
איקרינך והא מנע ייי **לבלעם** מן יקרא: ואמר בלעם לבלק NU 24:11

בלק (44)
ואזל ותב לאתריה ולחוד **בלק** אזל לאורחיה ואקים ית NU 24:25
בלעם ואמר לעבדי **בלק** אין יתן לי בלק מלי קורטור NU 22:18
אנטר למללא: ואמר ליה **בלק** איתא כדון עימי לאתר חורן NU 23:13
עם רברבי בלק: ושמע **בלק** ארום אתא בלעם ונפק NU 22:36
לירדנא דיריחו: וחמא **בלק** בר צפור ית כל מה דעבד NU 22:2
ואמרו ליה כדנן אמר **בלק** בר צפר לא כדון תיתמנע NU 22:16
עמך: ואמר בלעם קדם ייי **בלק** בר צפר מלכא דמואבאי שדר NU 22:10
ושובעא דיכרין: ועבד **בלק** היכמא דאמר בלעם ואסיק NU 23:30
ושבעא דיכרין: ועבד **בלק** היכמא דמליל בלעם ואסיק NU 23:2
ומלילו עימיה פיתגמי **בלק**: ואמר להון ביתו הכא בליליא NU 22:7
רברבי מואב ואתו לות **בלק** ואמר מסרב בלעם למיתי NU 22:14
אמליל: ואזל בלעם עם **בלק** ואתון לקרתא דמקפן שורין NU 22:39
בפמיה ואמר תוב לות **בלק** והכדין תמליל: ואתא לותיה NU 23:16
דבלעם ואמר תוב לות **בלק** והכדין תמליל: ותב לותיה והא NU 23:5
אוי וית רקם וית צור הוא **בלק** וית חור וית רבע חמשת מלכי NU 31:8
נפתלי דמתחברין עם **בלק** וית מלכיא דעתיד למקטל DT 34:2
מתל נבותיה ואמר קום **בלק** ושמע אצית מיליי בריה דצפור: NU 23:18
ואזל בלעם עם רברבי **בלק**: ושמע בלק ארום אתא בלעם NU 22:35
והות עידוני בצפרא ודבר **בלק** ית בלעם ואסקיה לרמת NU 22:41
בגיני מתמן: ודבר **בלק** ית בלעם לריש רמתא NU 23:28
קטיליה ירתון: ואמר **בלק** לבלעם אוף לטטא לא NU 23:25
ייי יתיה אעבד: ואמר **בלק** לבלעם איתא כדון אידברינך NU 23:27

דבסטר תחומא: ואמר **בלק** לבלעם הלא שדרא שדרית NU 22:37
וטפח ית ידוי ואמר **בלק** לבלעם למילט סנאי דברתך NU 24:10
כזעיריא דבהון: ואמר **בלק** לבלעם מה עבדת לי למילוט NU 23:11
מילכא בישא ית **בלק** למוקמא ית בנתיה בפרשת NU 31:8
למיתי עימנא: ואוסף תוב **בלק** למשדרא רברבין סגיאין NU 22:15
מואב עימיה ואמר ליה **בלק** מה מליל ייי: ונטל מתל נבותיה NU 23:17
למימר: אם יתן לי **בלק** מלא קורטור דיליה כסף ודהב NU 24:13
לעבדי בלק אין יתן לי **בלק** מלי קורטור דיליה כסף ודהב NU 22:18
מן ארם דעל פרת דברני **בלק** מלכא דמואבאי מן טוורי NU 23:7
דמתקריא שלונאי ברת **בלק** ריש אומא דמואב במדין בית NU 25:15
דסיחן היא בירושא: ונחר **בלק** תורין ועאן ושדר לבלעם NU 22:40
בר בעור: ותקף רוגזא **דבלק** בבלעם וטפח ית ידוי ואמר NU 24:10
דמשה וית קרתא **דבלק** דפגרו מתמן טעות פעור NU 32:38
תורא ית עיסבא דחקלא **ובלק** בר צפור מדינאה מלכא NU 22:4
בלעם ואסיק בלעם **ובלק** תור ודכר על אגורא: ואמר NU 23:2
על אגורא: ואמר בלעם **לבלק** איתעתד על עלתך ואיהך NU 23:3
ודכר על כל אגורא: ואמר **לבלק** אתעתד הכא על עלתך ואנא NU 23:15
בית ישימות: ואמר בלעם **לבלק** בני לי הכא שבעא אגורין NU 23:29
חדא בליביה ואמר **לבלק** בני לי הכא שובעא אגורין NU 23:1
יתך: ואמר בלעם **לבלק** הא אתיתי לותך כדון המיכל NU 22:38
מן יקרא: ואמר בלעם **לבלק** הלא אם עזגדייך דשדרת NU 24:12
ואתיב בלעם ואמר **לבלק** הלא מן שירויא מלילית NU 23:26

במתקה (1)

בתרח: ונטלו מתרח ושרו **במתקה** אתר דבסימין מוהי: ונטלו NU 33:28

בנימין (39)

על חילוות שיבטא דבני **בנימין** אבידן בר גדעוני: ונטיל טיקס NU 10:24
קריב רב בית אבא לבני **בנימין** אבידן בר גידעוני: קרבניה NU 7:60
וזקף ית עינוי וחמא ית **בנימין** אחוי בר אימיה ואמר הדין GN 43:29
עיבורא ממצרים: וית **בנימין** אחוי דיוסף לא שדר יעקב GN 42:4
ואתרכין על פריקת צוורי **בנימין** אחוי ובכא דחמא דעתיד GN 45:14
עיניכון חמיין ועיני אחי **בנימין** ארום פומי בלישן בית GN 45:12
פסולא דמבתר דאיתיליד **בנימין** הוו בני יעקב תריסר: בני לאה GN 35:22
וחמא יוסף עמהון ית **בנימין** ואמר למנשה די ממנה GN 43:16
ית אחוכון חורנא וית **בנימין** ואנא הא כבר אתבשרית GN 43:14
בר דווי ואבוי קרא ליה **בנימין**: ומיתת רחל ואתקברת GN 35:18
איתכל על שמעון ועל **בנימין**: ונסיבו גובריא ית דורונא GN 43:14
נסיבו בידיהון ודברו ית **בנימין** וקמו ונחתו למצרים GN 43:15
מלכא דארעא כפתיה וית **בנימין** כען אתון למיסב עלאיי GN 42:36
וזהיר ביקרא דאחוי: **בנימין** שיבט תקיף כדיבא טרפיה GN 49:27
על חילוות שיבטא דבני **בנימן** אבידן בר גדעוני: וחיליה NU 2:22
בר עמיהוד: לשבטא **דבנימין** אלידד בר כסלון: לשבטא NU 34:21
רגל למקום: לשיבטא **דבנימין** בריך משה נביא ואמר DT 33:12
וישתכח אוגבין בטונא **דבנימין**: ובזעו לבושיהון ואתיהב GN 44:12
למהוי מתבני בחולקיה **דבנימין** ועתיד למחרוב תרתין GN 45:14
ותרין אלפין ומאתן: לבנוי **דבנימין** ייחוסיהון לגניסתהון לבית NU 1:36
דיוסף לגניסתהון: בנוי **דבנימין** לגניסתהון לבלע גניסת NU 26:38
לקדמיהון וסגת חולקא **דבנימין** מן חולקי כולהון חמשא GN 43:34
הושע בר נון: לשיבטא **דבנימין** עזגד פלטי בר רפוא: NU 13:9
מנשה וית אפרים: ובנוי **דבנימין** עשרה ושומהון על GN 46:21
חילא: סכומהון לשבטא **דבנימין** תלתין וחמשא אלפין NU 1:37
בר פדר צור:: ושבטא **דבנימן** ורבא דהוה ממני על חילוות NU 2:22
גניסת נעמן: איליין בנוי **דבנימן** לגניסתהון וסכומהון NU 26:41
למחרוב תרתין זימנין **ובנימין** בכא על פריקת צווריה GN 45:14
דבלהה מציטרא חדא **ובנימין** בר רחל סדר לציטריה GN 43:33
לוי ויהודה: ישכר זבולון **ובנימין**: דן ונפתלי גד ואשר: והוה EX 1:3
ויהודה וישכר ויוסף **ובנימין**: ואילין שיבטיא יקומון על DT 27:12
רחל איתת יעקב יוסף **ובנימין**: ואיתיליד ליוסף בנין GN 46:19
וזבולן: בני רחל יוסף **ובנימין**: ובני בלהה אמתא דרחל דן GN 35:24
שיבטיא זבולן יוסף **ובנימין** משקען בדהב יהון EX 28:20
ופשפש בראובן שרי **ובנימין** פסק וישתכח אוגבין בטונא GN 44:12
שבטיא אפרים מנשה **ובנימן** ובמציעותיה כתיב ועננא NU 2:18
תלת שיבטיא זבלון יוסף **ובנימן** משקען מרמצן בדהב EX 39:13
לגברא אסטולי ולבוש **ולבנימין** יהב תלת מאה סילעין GN 45:22
גמליאל בר פדה צור: **לבנימין** אמרכול אבידן בר גדעוני: NU 1:11

בעון (1)

ובית קבורתיה דמשה **ובעון**: ארעא דכבש ייי ומחא יתבהא NU 32:3

בעור (8)

ית עמא בית ישראל בר **בעור** דאיטפש מסוגעי חכמתי ולא NU 22:5
ואמר אימר בלעם בר **בעור** ואימר גברא דיקיר מן אבוי NU 24:3
ואמר אימר בלעם בר **בעור** ואימר גברא דיקיר מן אבוי NU 24:15
ברי יהון ליטין כבלעם בר **בעור** ומברכך יהון בריכן כמשה GN 27:29
ומלך באדום בלעם בר **בעור** ושום קרתא דבית מלכותיה GN 36:32
יהון ליטין כבלעם בר **בעור**: ותקף רוגזא דבלק בבלעם NU 24:9
ודאוגר לכון ית בלעם בר **בעור** מן פתור חלמיא דמתבניא DT 23:5
מלכי מדין וית בלעם בר **בעור** קטלו בסייפא והוה כיון NU 31:8

בעלא (1)

עמא בית ישראל **בבעלא** פעור כמסמרא בקיסא דלא NU 25:3

בצלאל (7)

חמון דמני ייי בשום טב **בצלאל** בר אורי בר חור לשבטא EX 35:30
משה דקריית בשום טב **בצלאל** בר אורי בר חור לשיבטא EX 31:2
ומלפי אומנוון: ויעבד **בצלאל** ואהליאב וכל גבר חכים EX 36:1
חמשא דנחשא: ועבד **בצלאל** ית ארונא דקיסי שיטא EX 37:1
ייי ית משה הכדין עבד **בצלאל** ית מנרתא: ומליל ייי עם NU 8:4
דאיתמר בר אהרן כהנא: **ובצלאל** בר אורי בר חור לשיבטא EX 38:22
מה דפקיד ייי: וקרא משה **לבצלאל** ולאהליאב ולכל גבר חכים EX 36:2

בצרה (1)

תחותויי יובב בר זרח **מבצרה**: ומית יובב ומלך תחותויי GN 36:33

בקי (1)

לשבטא דדן אמרכל **בקי** בר יגלי: לשבטא דבני יוסף NU 34:22

בר (1)

ילידת בר וקרת ית שמיה **בר** עימיה ארום בר אבוהא הוא הוא GN 19:38

בריעה (5)

ישוה לבריעה גניסת **בריעה**: לבנוי דבריעה לחבר גניסת NU 26:44
קטול ביומי יואב ובנוי **דבריעה** דנחתו למצרים חבר GN 46:17
גניסת בריעה: לבנוי **דבריעה** לחבר גניסת חבר למלכיאל NU 26:45
דאשר ימנה וישוה וישוי **ובריעה** ושרח אחתהון דאידברת GN 46:17
ימנה לישוה גניסת ישוה **לבריעה** גניסת בריעה: לבנוי דבריעה NU 26:44

ברע (1)

ליה: עבדו קרבא עם **ברע** דעובדוי בביש מלכא דסדום GN 14:2

ברשע (1)

בביש מלכא דסדום ועם **ברשע** דעובדוי ברשיעא מלכא GN 14:2

בשמת (7)

בארעא דאדום אילין בני **בשמת** איתת עשו: ואילין בני GN 36:17
שמה ומזה אילין הוון בני **בשמת** איתת עשו: ואילין הוו בני GN 36:13
איתת עשו רעואל בר **בשמת** איתת עשו: והוו בני אליפז GN 36:10
ונסיב ית מחלת היא **בשמת** בר ישמעאל בר אברהם GN 28:9
ברת בארי חיתאה וית **בשמת** ברת אילון חיתאה: והוון GN 26:34
ברת צבעון חיואה: וית **בשמת** ברת ישמעאל דאסיבא ליה GN 36:3
עדה לעשו ית אליפז **ובשמת** ילידת ית רעואל: GN 36:4

בתואל (10)

איזל לפדן דארם לבית **בתואל** אבוהא דאימך וסבלך מתמן GN 28:2
לימבת: ואמרת ליה ברת **בתואל** אנא בת מלכה דילידת GN 24:24
לפדן דארם לות לבן בר **בתואל** ארמאה אחוהא דרבקה GN 28:5
במיסביה ית רבקה ברת **בתואל** ארמאה דמן פדן ארם GN 25:20
מאן אנת ואמרת ברת **בתואל** בר נחור דילידת ליה מלכה GN 24:47
ועל דהוו ממללין ברמשא **בתואל** הוה אכיל מההוא תבשילא GN 24:55
וית פלדש וית ידלף וית **בתואל**: ובתואל אוליד ית רבקה GN 22:22
וית ידלף וית בתואל: **ובתואל** אוליד ית רבקה תמניא GN 22:23
או על ציפונא: ואתיב לבן **ובתואל** ואמר מן קדם ייי נפק GN 24:50
רבקה נפקת דאיתילידא **לבתואל** בר מלכה אינתתי דנחור GN 24:15

גאואל (1)

ופסי: לשיבטא דגד עזגד **גאואל** בר מכי: אילין שמהת גובריא NU 13:15

גבל (9)

אבא דאדומאי: אילין בנוי **דגבל** גנוסיא דמקדמת דנא הוון GN 36:20
אילין רברבי גנוסיא בנוי **דגבל** דמדורהון מן עלמין בארע GN 36:21
רשיעא ונטל מן טורא **דגבלא** בליגיונין סגיאין ואתא GN 50:13
מן קדמת דנא בארעא **דגבלא**: ואילין מלכייא די מלכו GN 36:30
ייי לי ואקיפנא ית טורא **דגבלא** יומין סגיעין: ואמר ייי לי DT 2:1
לות עשו אחוי לארעא **דגבלא** לחקלי אדומאי: ופקיד GN 32:4
לעשו יהבית ית טוורא **דגבלא** מטול איקרא דעבד לאבוי: DT 2:5
תריכין ויהוון תריכין בני **דגבלא** מן קדם ישראל סנאיהון NU 24:18
מחורב מאורח טוורא **דגבלא** עם ריקם גיעא ועל די DT 1:2

גבלא (11)

אחוכון בנוי דעשו דיתבין **בגבלא** וידחלון מנכון ותסתמרון DT 2:4
לי בנוי דעשו דיתבין **בגבלא** ומואבאי דיתבין בלחיית עד DT 2:29
אחנא בני עשו דיתבין **בגבלא** מאילת ומכרך תרנגולא DT 2:8
אורעייתא ומחו יתכון **בגבלא** עד חרמה: ותבתון ובכיתון DT 1:44
דבית מדורהון בטוור **גבלא**: אילין שמהת בני עשו אליפז GN 36:9
ויתיב עשו בטוור **גבלא** עשו הוא רבא דאדומאי: GN 36:8
ומואבאי קרן להון אמתני: **ובגבלא** יתיבו גנוסייא מן לקדמין DT 2:12
כל דיירוי עמון ומואב **וגבלא** במישרא דחורשא בטורא DT 1:7
עד זמן דאיתי לות ריבוני **לגבלא**: ואמר עשו אשבוק כדון עמך GN 33:14
ההוא עשו לאורחיה **לגבלא**: ויעקב נטל לסוכות GN 33:16
ודנח זיו איקר שכינתיה **מגבלא** למיתנה לבני דעשו ולא DT 33:2

גבליא (1)

חוראי דבטווריא רמיא **דגבליא** עד מישר פארן דיסמיך GN 14:6

גבריאל (4)
יוסף לשכם: ואשכחיה **גבריאל** בדמות גברא והא טעי GN 37:15
ואתבטש עם טינא נחת **גבריאל** ועבד מיניה לבינתא EX 24:10
מימרא דייי עמיה פתח **גבריאל** פמיה בתושבחא ואמר DT 32:9
דמלאכי שירותא מיכאל **וגבריאל** אצעון דרגשא דדהבא DT 34:6
גבתא (1)
תחומא לקרן זכותא **ולגבתא** דחטמנא ויהון מפקנוי NU 34:9
גד (38)
על חילוות שיבטא דבני **גד** אליסף בר דעואל: ונטלין גניסת NU 10:20
קריב רב בית אבא לבני **גד** אליסף בר דעואל: קרבניה דקריב NU 7:42
על חילוות שיבטא דבני **גד** אליסף בר רעואל: וחיליה NU 2:14
שמהת תלת שיבטיא **גד** אשר וישׂשכר: ושום סידרא EX 39:12
ובני זלפה אמתא דלאה **גד** ואשר אילין בני יעקב דאיתילידו GN 35:26
גוברין זבולון ונפתלי **גד** ואשר ואקימינון קדם פרעה: GN 47:2
זבולון ובנימין: דן ונפתלי **גד** ואשר: והוה סכום כל נפשתא EX 1:4
בטוורא דעיבל ראובן **גד** ואשר וזבולון דן ונפתלי: ויכרזון DT 27:13
שמהת תלתא שיבטיא **גד** ואשר וישׂשכר: ושום סידרא EX 28:19
שבטיא ראובן שמעון **גד** ובמציעותיה כתיב שמע ישראל NU 2:10
תעבדון: ואמר בני **גד** ובני ראובן באסכמותא חדא NU 32:25
בארעא דכנען: ואתיבו בני **גד** ובני ראובן ואמרו ית כל דמליל NU 32:31
כשר לבית בעיר: ואתו בני **גד** ובני ראובן ואמרו למשה NU 32:2
להון אין יעיברון בני **גד** ובני ראובן עימכון ית יורדנא כל NU 32:29
לירדנא וקרת שמיה **גד**: וילידת זלפה אמתה דלאה בר GN 30:11
וית רמתא בגלעד לשבט **גד** וית דברא במתנן לשיבט מנשה: DT 4:43
יורדנא: ואמר משה לבני **גד** ולבני ראובן האחיכון ייתון NU 32:6
ויהב להון משה לבני **גד** ולבני ראובן ולפלגות שיבטא NU 32:33
שיבט ראובן ושיבט **גד** ופלגות שיבט מנשה בעידנא DT 3:18
לשיבט ראובן ולשיבט **גד**: ושאר גלעד וכל מתנן מלכותיה DT 3:12
ולשיבט ראובן ולשיבט **גד** יהבית מן גלעד ועד נחלי ארנונא DT 3:16
פורקן עלמין: שיבטא **גד** יעברון מזיינין עם שאר שבטיא GN 49:19
ארעא חזור חזור: ובנו בני **גד** ית מדבשתא וית מכללתא וית NU 32:34
אבהתהון ושיבטא דבני **גד** לבית אבהתהון ופלגות שיבטא NU 34:14
אראלי: אילין גניסתא בני **גד** לסכומהון ארבעין אלפין וחמש NU 26:18
לשיבט ראובן ולשיבט **גד** לפלגות שיבט מנשה: ותינטרון DT 29:7
הוון לבני ראובן ולבני **גד** תקיף לחדא וחמון ית ארעא NU 32:1
חילא: סכומהון לשיבטא **דגד** ארבעין וחמשא אלפין ושית NU 1:25
גליין להון: ולשיבטא **דגד** בריך משה נביא דייי ואמר בריך DT 33:20
ותלת מאה: ושיבטא **דגד** ורבא דהווה ממני על חילוות NU 2:14
אלפין ותלת מאה: לבני **דגד** ייחוסיהון לגניסתהון לבית NU 1:24
ותרין אלפין ומאתן: בנוי **דגד** לגניסתהון לצפון גניסת צפון NU 26:15
ושית מאה: אילין בנוי **דגד** לגניסתהון לשוחם גניסת NU 26:42
בריך דאפתיה תחומיה **דגד** נייח כאריא למישרי וכד נפיק DT 33:20
נחבי בר ופסי: לשיבטא **דגד** עוזגד גאואל בר מכי: אילין NU 13:15
תלתין ותלת: ובנוי **דגד** צפיון וחגי שוני ואצבון ערי GN 46:16
אחסנות שיבט ראובן **וגד** ופלגות שיבט מנשה ויהות NU 34:11
אמרכול פגעיאל בר עכרן: **לגד** אמרכול אליסף בר דעואל: NU 1:14
גדגד (2)
בשקיפין ואתרא מתקרי **גדגד**: ונטלו משקיפין דגדגד ושרו NU 33:32
גדגד: ונטלו משקיפין **דגדגד** ושרו ביטבת אתר טב ונייח: NU 33:33
גדי (2)
לשיבטא דמנשה עוזגד **גדי** בר סוסי: לשיבטא דדן עוזגד NU 13:11
ית אמוראי דיתיב בעין **גדי**: ונפק מלכא דסדום ומלכא GN 14:7
גדיאל (1)
לשיבטא דזבולון עוזגד **גדיאל** בר סודי: לשיבטא דיוסף NU 13:10
גדעון (5)
והינון אלפייא דקטל **גדעון** בר יואש במדינאי דהוא DT 33:17
אמר יעקב כד חמא ית **גדעון** בר יואש וית שמשון בר מנוח GN 49:18
לבני בנימין אבידן בר **גידעוני**: קרבניה דקריב פיילי וגומר: NU 7:60
לפרוקין לא לפורקניה **דגדעון** אנא מסכי ולא לפורקניה GN 49:18
דמן שיבט אפרים וגבורן **דגדעון** בר יואש דמן שבט מנשה DT 34:2
גדעוני (3)
דבני בנימן אבידן בר **גדעוני**: וחיליה וסכומהון דשיבטיה NU 2:22
דבני בנימין אבידן בר **גדעוני**: ונטיל טיקס משיריית בני דן NU 10:24
אמרכול אבידן בר **גדעוני**: לדן אמרכול אחיעזר בר עמי NU 1:11
גהינם (4)
באנפוי היך ריחא דיקידת **גהינם** ואמר מאן הוא דיכי דצד GN 27:33
וקיימו פיקודייא אתקין **גהינם** לרשיעיא דמתילא לחריבא GN 3:24
עלמא דפריס בתרע **גהינם** מן בגלל דלא יעלון תמן EX 40:8
הות והא חמא אברם **גיהינם** מסיק תננא וגומרין דאשא GN 15:17
גוג (5)
ולית דמשיזיב מן ידי **גוג** ומשיריתיה דאתן למסדרא DT 32:39
כל בנוי דשת משיריתיה **דגוג** דעתידין למסדרא סידרי קרבא NU 24:17
רשיעא וסדרי קרבא **דגוג** ובעידן צערא רבא דהוא DT 34:3
הוא ייי אלקהון ביומוי **דגוג**: ודכירנא להון קים דקיימית LV 26:44
בית ישראל למנצחא **לגוג** ולסיעתיה בסוף יומיא: ותקרב EX 40:11
גודגוד (2)
מתמן נטלו לגודגוד ומן **גודגוד** ליטבת ארע נגדא נחלין DT 10:7
בריה באתרוי: מתמן נטלו **לגודגוד** ומן גודגוד ליטבת ארע DT 10:7
גומר (1)
ואוסיא ותרקי: ובנוי **דגומר** אשכנז וריפת ותורגמא: אלס GN 10:3
גוני (3)
יחצאל לגוני גניסת **גוני**: ליצר גניסת יצר לשילם גניסת NU 26:48
ובנוי דנפתלי יחצאל **וגוני** ויצר ושלם: אילין בני בלהה GN 46:24
ליחצאל גניסת יחצאל **לגוני** גניסת גוני: ליצר גניסת יצר NU 26:48
גושן (14)
קדמוי בית משרוי **בגושנא** ואתו לארעא דגושן: וטקיס GN 46:28
ביומא ההוא עם ארעא **דגושן** דעמי שרי עלה בדיל דלא EX 8:18
בגושנא ואתו לארעא **דגושן**: וטקיס יוסף ארתכיה וסליק GN 46:28
ותוריהון שבקו בארעא **דגושן**: וסליקו עימיה אוף ארתכין GN 50:8
תתעכב: ותיתב בארעא **דגושן** ותהי קריב לותי אנת ובנך GN 45:10
בלחשיהון והפיכו מן מיא **דגושן** לאדמא ואיתקף יצרא EX 7:22
בגין דתיתיבון בארעא **דגשן** ארום מרחקין מצראי כל רעי GN 46:34
תבר ושריש: לחוד בארעא **דגשן** דתמן בני ישראל לא הוה EX 9:26
מאה פרסי הוות וארעא **דגשן** דתמן משה ובני ישראל EX 12:31
מדרשין ופלטין בארעא **דגשן** ואחסינו בה אחסנת חקלין GN 47:27
וית אחך יתבון בארעא **דגשן** ואין חכימת דאית בהום GN 47:6
יתבון כען עבדך בארעא **דגשן**: ואמר פרעה ליוסף למימר GN 47:4
דכנען והא הינון בארעא **דגשן**: ומקצת אחוי דבר חמשא GN 47:1
אשתמע קליה עד ארעא **דגשן** מתחנן הוה פרעה בקל עציב EX 12:31
גחם (1)
אוף היא ית טבח וית **גחם** וית תחש וית מעכה: והוו חיי GN 22:24
גיבראי (1)
חיתאי וית פריזאי וית **גיבראי**: וית אמוראי וית כנענאי וית GN 15:20
גיחון (3)
ושום נהרא תניינא **גיחון** הוא דמקיף ית כל ארעא GN 2:13
מגינוניתא דעדן לגוא **גיחון** וגיחון דבריגון לימא דסוף EX 14:9
דעדן לגוא גיחון **וגיחון** דבריגון לימא דסוף וימא EX 14:9
גינברי (1)
גיבריא דיתבין במישר **גינברי** מתחשבן אוף הינון הי DT 2:11
גיניסר (2)
ויקיף לתחום ימא **דגיניסר** ממדינחא: ויחות תחומא NU 34:11
אבל ודמוכה סמיך **לגיניסר** כרך מלכותהון דאדומאי NU 34:11
גיעא (6)
יתנא ואתינא עד ריקם **גיעא**: ואמרית לכון אתיתון עד DT 1:19
מפקנוי מן דרום לרקם **גיעא** ויפוק לטירת אדריא ויעיבר NU 34:4
טוורא דגבלא עם ריקם **גיעא** ועל די סטיתון וארגזתון קדם DT 1:2
כד שלחית יתהון מריקם **גיעא** למיחמי ית ארעא: וסליקו עד NU 32:8
לימא דמילחא ריקם **גיעא** מן דרומא טוורוס אומניס מן NU 34:12
ויומיא דהליכנא מן רקם **גיעא** עד דעברנא ית נחל טרווייא DT 2:14
גירגשאי (2)
יבוסאי וית אמוראי וית **גירגשאי**: וית חיואי וית עירקאי וית GN 10:16
אמוראי וית כנענאי וית **גירגשאי** וית יבוסאי: ושרי איתת GN 15:21
גלגלא (2)
דקטל יהושע בר נון **בגלגלא** דהוא מדבית אפרים והינון DT 33:17
דשרי במישרא כלו קבל **גלגלא** בסיטרי חזוי ממרא: ארום DT 11:30
גלעד (27)
לשיבט ראובן וית רמתא **בגלעד** לשבט גד וית דברא במתנן DT 4:43
ליה בלישן בית קודשא **גילעד**: ואמר לבן אוגר הדין סהיד GN 31:47
וארע יתיה דשרי בטוור **גלעד** אודי ומצלי קדם אלקיה: GN 31:23
ית גלעד לגלעד גניסת **גלעד**: אילין בנוי דגלעד איעזר NU 26:29
בנת צלפחד בר חפר בר **גלעד** בר מכיר בר מנשה לגניסת NU 27:1
רישי אבהתא לגניסת בני **גלעד** בר מכיר בר מנשה מגניסת NU 36:1
אלישע דגלו מן קריית **גלעד** דקליא על ידי אחיהון בית DT 34:3
לבנוי ביומי יפתח דמן **גלעד**: ובתר דאזל יעקב קמו רעייא GN 31:21
ארעא דמכוור וית ארע **גלעד** והא אתרא אתר כשר לבית NU 32:1
ראובן ולשיבט גד: ושאר **גלעד** וכל מתנן מלכותיה דעוג DT 3:13
כל קרוי מישרא וכל **גלעד** וכל מתנן עד סלווקיא DT 3:10
הדין: ולמכיר יהבית ית **גלעד**: ולשיבט ראובן ולשיבט גד DT 3:15
דעתיד למעבד יפתח דמן **גלעד** וניצחנין דשמשון בר מנוח DT 34:1
דין בגין כן קרא שמיה **גלעד**: וסכותא איתקריית די אמר GN 31:48
בעירנא יהון תמן בקוריי **גלעד**: ועבדך יעיברון כל דמזרז NU 32:26
ולשיבט גד יהבית מן **גלעד** ועד נחלי ארנונא מציעות DT 3:16
במציעות נחלא עד **גלעד** לא הות קרתא דתקיפת DT 2:36
ותיתנון להון ית ארע **גלעד** לאחסנא: ואין לא יעיברון NU 32:29
מכיר ומכיר אוליד ית **גלעד** לגלעד גניסת גלעד: אילין בנוי NU 26:29
דבה: ויהב משה ית **גלעד** למכיר בר מנשה ויתיב בה: NU 32:40
גניסת גלעד: אילין בנוי **דגלעד** איעזר גניסת איעזר לחלק NU 26:30
ית אנפוי למיסוק לטוורא **דגלעד** ארום חמא ברוח קודשא GN 31:21

ית אחוי בההוא טורא **דגלעד**: ואמר לבן ליעקב מה עבדת GN 31:25
כיף נחלא ופלגות טוורא **דגלעד** וקירווי יהבית לשיבט ראובן DT 3:12
ומכיר אוליד ית גלעד **לגלעד** גניסת גלעד: אילין בנוי NU 26:29
ואזלו בני מכיר בר מנשה **לגלעד** וכבשוה ותריכו ית אמוראי NU 32:39
סיעא דערבאין אתיא **מגלעד** וגמליהון טעינין שעוה ושרף GN 37:25

גמלי (1)
דדן עזגד עמיאל **בר גמלי**: לשיבטא דאשר עזגד סתור בר NU 13:12

גמליאל (4)
שיבטא דבני מנשה **גמליאל** בר פדה צור: ורבא דהוה NU 10:23
עמיהוד למנשה אמרכול **גמליאל** בר פדה צור: לבנימין NU 1:10
רב בית אבא לבני מנשה **גמליאל** בר פדה צור: קרבניה דקריב NU 7:54
שיבטא דבני מנשה **גמליאל** בר פדר צור:: ושבטא דבנימין NU 2:20

גמר (1)
בתר טובענא: בנוי דיפת **גמר** ומגוג ומדי ויון ותובל ומשך GN 10:2

גנוסייא (1)
אמתני: ובגבלא יתיבו **גנוסייא** מן לקדמין ובני עשו DT 2:12

גניסר (1)
ומישרא ויורדנא ותחום **מגניסר** ועד ימא דמישרא וקרתא DT 3:17

געא (1)
דשלח ייי יתכון מרקם **געא** למימר סוקו ואחסינו ית ארעא DT 9:23

געתם (2)
רבא קנז: רבא קרח רבא **געתם** רבא עמלק אילין רברבי GN 36:16
בני אליפז תימן אומר צפו **וגעתם** וקנז: ותמנע הוות פילקתא GN 36:11

גרא (1)
ואשבל דהליך בשיביתא **גרא** דאיתגר בארעא נוכראה ונעמן GN 46:21

גרגשאי (1)
סגיאין מן קדמך חיתאי **וגרגשאי** ואמוראי וכנענאי ופריזאי DT 7:1

גריזים (6)
ית עמא על טוורא **דגריזים** במעברכון ית יורדנא DT 27:12
ומילא כלו קבל טוורא **דגריזים** ואמרין בריך יהוי גברא די DT 27:26
אפיהון לקבל טוורא **דגריזים** ומלטטיא יהוון הפכין DT 11:29
שית שיבטין על טוורא **דגריזים** ושית שיבטין על טוורא DT 11:29
שיבטין קמו על טוורא **דגריזים** ושיתא על טוורא דעיבל DT 27:15
אפיהון כלו קבל טוורא **דגריזין** ואמרין בריך יהוי גברא דלא DT 27:15

גרמניא (1)
אפרכיותהום אפריקי **וגרמניא** והמדיי ומקדינייא ויתיניא GN 10:2

גרר (9)
וביני חגרא ואיתותב **בגרר**: ואמר אברהם על שרה GN 20:1
ואוריתיי: ויתיב יצחק **בגרר**: ושאילו אינשי אתרא על GN 26:6
היא ושדר אבימלך מלכא **דגרר** ודבר ית שרה: ואתא מימר מן GN 20:2
יצחק ושרא בנחלא **דגרר** ויתיב תמן: ותב יצחק וחפס GN 26:17
מוי נבעין: ונצו רעוותא **דיגרר** עם רעוותא דיצחק למימר GN 26:20
מלכא דפלישתאי **לגרר**: והוה בלבביה דיצחק למיחות GN 26:1
כנענאי מן בותנייס מעלך **לגרר** עד עזה מעלך לסדום ועמורא GN 10:19
בירא: וכד נפק יצחק **מגרר** איתיבשן ביריהון ואילניהון GN 26:26
דא ואזל אבימלך לוותיה **מגרר** ואתקיף ברחמוי למיזל עימיה GN 26:26

גרשום (25)
וית תרין בנהא דשום חד **גרשום** ארום אמר דייר הוויתי EX 18:3
ביר דכר וקרא שמיה **גרשום** ארום אמר דייר הויתי EX 2:22
דחמא ית בני רחביה **בר גרשום** בר משה: ובנוי דיצהר קרח EX 6:20
טינרא וגזרת ית ערלת **גרשום** ברה ואקריבת ית גזירת EX 4:25
למיקטליה מן בגלל **גרשום** בריה דלא הוה גזיר על עיסק EX 4:24
קביל ית חושבון בני **גרשון** אף הינון לבית אבהתהון NU 4:22
היא פולחנת גניסת בני **גרשון** במשכן זימנא ומטרתהון ביד NU 4:28
בר לאל: ומטרת בני **גרשון** במשכן זימנא משכנא ופרסא NU 3:25
משכנא ונטלין בני **גרשון** ובני מררי נטלי משכנא: ונטל NU 10:17
איליין בני לוי בשמהתהון **גרשון** וקהת ומררי: ואילין שמהת NU 3:17
דשיטים: ובנוי דלוי **גרשון** קהת ומררי: ובנוי דיהודה ער GN 46:11
בנוי דלוי לייחוסיהון **גרשון** וקהת ומררי ושני חייוי דלוי EX 6:16
מיניין סכומי גניסת בני **גרשון** כל דיפלח במשכן זימנא די NU 4:41
ארבעת תורי יהב לבני **גרשון** כמיסת פולחנהון: וית ארבע NU 7:7
דמשה: ומניין סכומי בני **גרשון** לגניסתהון ולבית אבהתהון: NU 4:38
ומררי: ואילין שמהת בני **גרשון** לגניסתהון לבני ושמעי: ובנוי NU 3:18
ובנוי יהי כל פולחן בני **גרשון** לכל מטולהון ולכל פולחנהון NU 4:27
דא היא פולחנת גניסת **גרשון** למפלח ולמטול: ויטלון ית NU 4:24
לגניסתהון לגרשון גניסת **גרשון** לקהת גניסת קהת למררי NU 26:57
שמעי איליין הינון גניסת **גרשון**: סכומהון במניין כל דכורא NU 3:21
פריקייא דישראל: בנוי **דגרשום** לבני ושמעי לייחוסיהון: EX 6:17
מתמני על תרתין גניסתא **דגרשון** אליסף בר לאל: ומטרת בני NU 3:24
סכומי ליואי לגניסתהון **לגרשון** גניסת גרשון לקהת גניסת NU 26:57
ליואי לבית אבהתהון: **לגרשון** גניסת לבני וגניסת שמעי NU 3:21
תרתין גניסתא די נפקו **מגרשון** בתר משכנא ישרון מערבא: NU 3:23

גשן (1)
לקדמות ישראל אבוי **לגשן** וקדם דאשתמדעיה אבוי סגד GN 46:29

גת (1)
ורומחין ומני זיינין ונחתו **לגת** למיבוז גיתי פלישתאי ובגין EX 13:17

דבורה (1)
מן קדם עשו אחוי: ומיתת **דבורה** פידגוגתא דרבקה ואתקברת GN 35:8

דבלתים (2)
כדבלתא: ונטלו מעלמון **דבלתים** ושרו בטוורא עבראי קדם NU 33:47
בית מזלא ושרו בעלמון **דבלתימה** אוף תמן אתכסיית NU 33:46

דברא (1)
בגלעד לשבט גד וית **דברא** במתנן לשיבט מנשה: ודא DT 4:43

דוד (2)
מלכין ומיניה יפוק **דוד** מלכא דעתיד לאודויי קדם ייי GN 29:35
ביומוי יעקב אבונן **ודוד** מלכא ומשה נביא דהכין כתיב DT 31:14

דופקה (2)
ממדברא דסין ושרו **בדופקה**: ונטלו מדפקה ושרו בכרך NU 33:12
דסין ושרו בדופקה: ונטלו **מדפקה** ושרו בכרך תקיף: ונטלו NU 33:13

דורא (2)
לאתון נורא בבקעת **דורא** בה שעתא רמז קודשא GN 38:25
דיחזקאל נביא בבקעת **דורא** ואין יחמון כדין ידחלון EX 13:17

דותן (2)
בתר אחהי ואשכחינון **בדותן**: וחמון יתיה מרחיק ועד לא GN 37:17
בגין כן הוו אמרין נזיל **לדותן** ואזל יוסף בתר אחהי GN 37:17

דיבון (2)
ונטלו ממגזתא ושרו **בדיבון** בית מזלא: ונטלו מדיבון בית NU 33:45
בדיבון בית מזלא: ונטלו **מדיבון** בית מזלא ושרו בעלמון NU 33:46

דיברי (1)
ושום אימיה שלומית בת **דיברי** לשבטא דדן: דין הוא חד מן LV 24:11

דיגלת (1)
ושום נהרא תליתאה **דיגלת** הוא דמהלך למדנח אתור GN 2:14

דיווקינוס (1)
ולכרכוי דבר סניגורא **ודיווקינוס** ותרנגולא עד קיסרין NU 34:8

דינה (12)
וסגפה: ואתרעיית נפשיה **בדינה** ברת יעקב ורחים ית ריבא GN 34:3
דיעקב שמעון ולוי אחי **דינא** גבר סייפיה ועלו על קרתא GN 34:25
ומלילו בגין דסאיב ית **דינה** אחתהון: ואמרו להום לא ניכול GN 34:13
ברת וקרת ית שמה **דינה** ארום אמרת דין הוא מן קדם GN 30:21
אלקא דישראל: ונפקת **דינה** ברת לאה די ילידת ליעקב GN 34:1
שמע ארום סאיב ית **דינה** ברתיה ובנוי הוו עם גיתוי GN 34:5
ליעקב בפדן דארם וית **דינה** ברתיה כל נפשת בנוי וברתיה GN 46:15
נסיבית ית אסנת ברת **דינה** ברתך לאינתו ואמר קריבינון GN 48:9
דילידת ליה אסנת בת **דינה** ורבת בבית פוטיפרע רבא GN 46:20
ליה ית אסנת דילידת **דינה** לשכם ורביתה איתת פוטיפרע GN 41:45
לפתגם דחרב ודברו ית **דינה** מבית שכם ונפקו: מותר בנוי GN 34:26
יהיב יוסף במעהא דרחל **ודינה** במעהא דלאה: ועל דוכרנהא GN 30:21

דיקלא (1)
וית הדורם וית אוזל וית **דיקלא**: וית עובל וית אבימאל וית GN 10:27

דישון (7)
אבוי: ואילין בני ענה **דישון** ואהליבמה בת ענה: ואילין בני GN 36:25
רבא צבעון רבא ענה: רבא **דישון** רבא אצר רבא דישן אילין GN 36:30
רבא דישון רבא אצר רבא **דישן** אילין רברבי גנוסייא GN 36:30
בת ענה: ואילין בני **דישון** חמדן וישבן ויתרן וכרן: אילין GN 36:26
בלהן וזעון ועקן: אילין בני **דישון** עוץ וארם: אילין רברבי GN 36:28
לוטן ושובל וצבעון וענה: **ודישון** ואצר ודישן אילין רברבי GN 36:21
וצבעון וענה: ודישון ואצר **ודישן** אילין רברבי גנוסיא בנוי GN 36:21

דמשק (1)
בין טירת עינוותא לבין **דדמשק** דין יהוי לכון תחום ציפונא: NU 34:9

דן (40)
חובא דעתיד למיהוי **בדן** דמציפונא לדרמשק: ואתיב ית GN 14:15
אלידד בר כסלון: לשבטא **דדן** אמרכל בקי בר יגלי: לשבטא NU 34:22
בר אחיסמך לשיבטא **דדן**: אשלים עמהון חכימות ליבא EX 35:34
בית ישראל: ולשיבטא **דדן** בריך משה נביא דייי ואמר DT 33:22
בת דיברי לשבטא **דדן**: דין הוא חד מן ארבעתי דיניין LV 24:11
ית שבא וית דדן ובני **דדן** הוון תגרין ואמפורין ורישי GN 25:3
בר אחיסמך לשיבטא **דדן** ובליבא דכל חכימי ליבא EX 31:6
ויקשן אוליד ית שבא וית **דדן** ובני דדן הוון תגרין ואמפורין GN 25:3
בר ישראל דמן שיבטא **דדן**: וכד נפק מבי דינא כד מחייב LV 24:10
משכניה בגו שיבטא בני **דדן** ולא שבקוה מן בגלל דטיכסין LV 24:10
כל נפשתא ארבסרי: ובנוי **דדן** זריזין ואמפורין ולית סכום GN 46:23
אלפין וארבע מאה: לבנוי **דדן** ייחוסיהון לגניסתהון לבית NU 1:38
נביא דייי ואמר שיבטא **דדן** מדמי לגור בר אריוון ארעיה DT 33:22
בר אחיסמך לשיבטא **דדן** נגר ואומן וצייר בתיכלא EX 38:23
גדי בר סוסי: לשיבטא **דדן** עזגד עמיאל בר גמלי: לשיבטא NU 13:12
חילא: סכומהון לשבטא **דדן** שיתין ותרין אלפין ושבע מאה: NU 1:39
על חילוות שבטוי דבני **דן** אחיעזר בר עמי שדי: וחיליה NU 2:25
קריב רב בית אבא לבני **דן** אחיעזר בר עמי שדי: קרבניה NU 7:66

גובריא דמישבטא דבית **דן** דהוה בידיהון פולחנא נוכראה DT 25:18
דבסיפי משריתא דבית **דן** דהוה פיסלא עימהון: וצווח עמא NU 11:1
וקטיל גוברין מדבית **דן** דלא הוה עננא מקביל יתהון מן EX 17:8
וחמא מתמן משיריין **דן** דמהלכין בקצת עמא NU 22:41
בגין כן קרת שמיה **דן**: ואיתעברת תוב וילידת בלהה GN 30:6
מאה ותמניסר ורדף עד **דן**: ואתפלג להום ליליא באורחא GN 14:14
בר מנוח דמן שיבט **דן**: וית אלף סרכין מדבית נפתלי DT 34:1
יד רמז יוסף לחושים בן **דן** ונטל סייפא וקטע רישיה דעשו GN 50:13
שמהת תלת שבטיא **דן** ונפתלי אשר ובמציעותיה חקיק NU 2:25
דבר חמשא גוברין זבולון **דן** ונפתלי גד ואשר ואקימינון קדם GN 47:2
יששכר זבולון ובנימין: **דן** ונפתלי גד ואשר: והוה סכום כל EX 1:4
ובני בלהה אמתא דרחל **דן** ונפתלי: ובני זלפה אמתא דלאה GN 35:25
ראובן גד ואשר וזבולן **דן** ונפתלי: ויכרזון ליואי ויימרון לכל DT 27:13
תלתא שיבטיא יהודה **דן** ונפתלי: ושום סידרא תליתאה EX 28:18
תלת שיבטיא יהודה **דן** ונפתלי: ושום סידרא תליתאה EX 39:11
גניסת שוחם אילין גניסת **דן** לגניסתהון: כל גניסת שוחם NU 26:42
נטלין: טיקס משירית **דן** לציפונא חיליהון ובית NU 2:25
סכום מניינייא למשריית **דן** מאה וחמשין ושובעא אלפין NU 2:31
דיתבחר ויקום מדבית **דן** מדמי לחורמנא דרביע על פרשת GN 49:17
ונטיל טיקס משיריית בני **דן** מכניש לכל משירייתא לחיליהון NU 10:25
מסקי דורונין: מדבית **דן** עתיד דיקום גברא דידון ית GN 49:16
אמרכול אבידן בר גדעוני: **לדן** אמרכול אחיעזר בר עמי שדי: NU 1:12

דנהבא (1)
קרתא דבית מלכותיה **דנהבא**: ומית בלע ומלך תחותויי GN 36:32

דעואל (3)
דבני גד אליסף בר **דעואל**: ונטלין גניסת קהת נטלי NU 10:20
לגד אמרכול אליסף בר **דעואל**: לנפתלי אמרכול אחירע בר NU 1:14
אבא לבני גד אליסף בר **דעואל**: קרבניה דקריב פיילי וגומר: NU 7:42

דפני (1)
תחומא מן אפמיאה **לדפני** מן מדנח לעיינוותא ויחות NU 34:11

דרדניא (1)
אלס וטרסס אכזיא **ודרדניא**: מאילן איתפרשא גנוסי GN 10:4

דרמשק (2)
ידוי איתעבידו לי ניסין **בדרמשק** מסכי למירת יתי: ואמר GN 15:2
למיהוי בדן דמציפונא **לדרמשק**: ואתיב ית כל קניינא ואוף GN 14:15

דתן (14)
קבילו מן משה ושיירו **דתן** ואבירם גובריא חייבייא מיניה EX 16:20
תיניינא ואודיק והא **דתן** ואבירם גוברין יהודאין נצן וכד EX 2:13
ובני אהליאב נמואל **דתן** ואבירם הוא דתן ואבירם NU 26:9
חזור חזור למשכנא דקרח **דתן** ואבירם: וקם משה ואזל NU 16:24
מעילוי משכנא דקרח **דתן** ואבירם מן חזור חזור ודתן NU 16:27
נמואל דתן ואבירם הוא **דתן** ואבירם מערעי כנישתא NU 26:9
נצן וכד חמא דיזקף **דתן** ידיה על אבירם למימחייה EX 2:13
מחי לחברך: ואמר ליה **דתן** מאן הוא דמני יתך לגבר רב EX 2:14
בר יצהר בר קהת בר לוי **ודתן** ואבירם בני אליאב ואון בר NU 16:1
דתן ואבירם מן חזור חזור **ודתן** ואבירם נפקו במילי חירופין NU 16:27
עד אתרא הדין: ודעבד **לדתן** ולאבירם בני אליאב בר ראובן DT 11:6
לזמנא לבי דינא רבא **לדתן** ולאבירם בני אליאב ואמרו NU 16:12
על גיף ימא: וימר פרעה **לדתן** ולאבירם בני ישראל EX 14:3
וקם משה ואזל לאוכחא **לדתן** ולאבירם ואזלו בתרוי סבי NU 16:25

הב (1)
כתיבין קרביא דייי את **והב** דהוון בעלעולא דסגירותא NU 21:14

הבל (18)
רעוא קדם ייי וסבר אפין **בהבל** ובקורבניה: ולקין ולקורבניה GN 4:4
דיתבע מינה דמיה **דהבל** מן יד ארכינת יד ימינך ייי EX 15:12
למיחטי: ואמר קין לות **הבל** אחוהי איתא וניפוק תרוינן GN 4:8
על אנפי ברא וקם קין על **הבל** אחוהי וטבע אבנא במיצחיה GN 4:8
וקטליה: ואמר ייי לקין אן **הבל** אחוך ואמר לא ידענא דילמא GN 4:9
דעבד קין דקטל ית **הבל** בחיי אבוי והדר אבוי ואוליד GN 27:41
היכמא דאיתכלת חוה מן **הבל** דקטליה קין ואיטרדו תרוויהון GN 27:45
יהב לי ייי בר אוחרן חלף **הבל** דקטליה קין: ולשת אף הוא GN 4:25
מן רשיעיא עני **הבל** ואמר לקין אית דין ואית דיין GN 4:8
לא איתקבל ברעוא עני **הבל** ואמר לקין ברחמין איתברי GN 4:8
אדם ית תיומתיה וית **הבל** והוה הבל רעי ענא וקין הוה GN 4:2
ותלתין שנין דאיתקטיל **הבל** וילידת בר וקרת ית שמיה שת GN 4:25
תיומתיה וית הבל והוה **הבל** רעי ענא וקין הוה גבר פלח GN 4:2
קרבן ביכוריא קדם ייי: **והבל** אייתי אף הוא מבכירי ענא GN 4:4
דלא מיניה ולא דמי ליה **והבל** איתקטל על ידוי דקין וקין GN 5:3
קרבנא'ועילוי אקריבו קין **והבל** ית קרבנהון וכד נחתו מוי GN 8:20
ברעוא עני קין ואמר **להבל** לית דין ולית דיין ולית עלם GN 4:8
לברא עני קין ואמר **להבל** מסתכל אנא דברחמין אתברי GN 4:8

הגר (15)
מינן ולא נצטרך לבנהא **דהגר** ברת פרעה בר נימרוד דטלקך GN 16:5
יצחק: וחמת שרה ית ברה **דהגר** מצריתא דילידת לאברהם GN 21:9
שרה אינתתיה ואנת בר **הגר** אמתא דאימי עני ישמעאל GN 22:1
עינא דבאורח חגרא: ואמר **הגר** אמתא דשרי מן האן אנת GN 16:8
אמתא מצריתא ושמא **הגר** ברת פרעה דיהבא לה לאמהו GN 16:1
איתא ושמא קטורה היא **הגר** דקטירא ליה מן שירויא: וילידת GN 25:1
ליה לאינתו: ועול לות **הגר** ועדיאת וחמת ארום עדיעת GN 16:4
אברם שום בריה דילידת **הגר** ישמעאל: ואברם בר תמנן ושית GN 16:15
ושית שנין כד ילידת **הגר** ית ישמעאל לאברם: והוה GN 16:16
שמייא ואמר לה מה ליך **הגר** לא תיסתפין ארום שמיע קדם GN 21:17
רקם ובין חלוצא: וילידת **הגר** לאברם בר וקרא אברם שום GN 16:15
בר אברהם דילידת **הגר** מצריתא אמתא דשרה GN 25:12
שרי איתת אברם ית **הגר** מצריתא אמתא מסוף עשר GN 16:3
וקרא מלאכא דייי **להגר** מן שמייא ואמר לה מה ליך GN 21:17
לחמא וקרווא דמיא ויהב **להגר** שוי על כיתפה וקשר לה GN 21:14

הדד (2)
חושם ומלך תחותויי **הדד** בר בדד דקטל ית מדינאה GN 36:35
מלכותיה עוית: ומית **הדד** ומלך תחותיה שמלה GN 36:36

הדורי (3)
צפירא על טווריא דבית **הדורי** וידחיניה רוח זיקא מן קדם LV 16:22
למדברא דצוק דהוא בית **הדורי**: ויסובר צפירא עלוי ית כל LV 16:21
דצוק דהוא בית **הדורי**: ויקרב אהרן ית תורא דיליה LV 16:10

הדורם (1)
וית חצרמות וית ירח: וית **הדורם** וית אוזל וית דיקלא: וית GN 10:27

הדס (1)
מלכותיה בבל רבתי **והדס** ונציבין וקטיספון בארעא GN 10:10

הדר (1)
בר עכבור ומלך תחותוי **הדר** ושום קרתא דבית מלכותיה GN 36:39

הושע (1)
משה עינוותנותיה קרא **להושע** בר נון יהושע: ושדר יתהון NU 13:16

הימם (1)
והוו בני לוטן חרי **והימם** ואחתיה דלוטן תמנע: ואילין GN 36:22

הינדיקי (3)
הוא דמקיף ית כל ארע **הינדיקי** דתמן דהבא: ודהבא GN 2:11
ואתכנש לעמיה: ושרו מן **הנדקי** עד חלוצא דעל אנפי מצרים GN 25:18
אפרכיותהום סיניראי **והינדיקי** וסמראי ולובאי וזינגאי GN 10:7

המתא (1)
קרנים וית תקיפיא **דבהמתא** וית אימתני דבשוה GN 14:5

הצרון (1)
בני פרץ דנחתו למצרים **הצרון** וחמול: ובנוי דיששכר חכימין GN 46:12

הרן (9)
ובכין איתפליג ליביה **דהרן** למימר אילו נצח נימרוד אהי GN 11:28
איתת נחור מלכא ברת **הרן** אבוי דמלכה ואבוי דיסכה היא GN 11:29
אמר בליבהון הלא **הרן** אחוי דאברם מלא קוסמין GN 11:28
אברם בריה וית לוט בר **הרן** בר בריה וית שרי כלתיה איתת GN 11:31
ית אברם וית נחור וית **הרן**: ואילין גניסת תרח תרח אולד GN 11:26
ית אברם וית נחור וית **הרן** והרן אולד ית לוט: והוה כד רמא GN 11:27
מרומא וגמרתיה ומית **הרן** למיחמי תרח אבוי היך איתוקד GN 11:28
בבית נימרין וית בית **הרן** קוריי חקרא ודירין דעאן: ובני NU 32:36
אברם וית נחור וית הרן **והרן** אולד ית לוט: והוה כד רמא GN 11:27

זבולו (5)
וארבע מאה: שבטא **דזבולון** ורבא הווה ממני על חילוות NU 2:7
חילא: סכומהון לשיבטא **דזבולון** חמשין ושבעא אלפין NU 1:31
פלטי בר רפוא: לשיבטא **דזבולון** עזגד גדיאל בר סודי: NU 13:10
ופוה ויוב ושמרון: ובנוי **דזבולון** תגרין מרי פרק מטייא GN 46:14
אלפין וארבע מאה: לבנוי **דזבולון** ייחוסיהון לגניסתהון לבית NU 1:30

זבולון (16)
שבטיא יהודה יששכר **וזבולון** ובמציעותיה כתיב יקום ייי NU 2:3
ולוי ויהודה ויששכר **וזבולן**: בני רחל יוסף ובנימין: ובני GN 35:23
דעיבל ראובן גד ואשר **וזבולן** דן ונפתלי: ויכרזון ליואי DT 27:13
על חילוות שבטוי דבני **זבולון** אליאב בר חילון: וחיליה NU 2:7
על חילוות שיבטא דבני **זבולון** אליאב בר חילון: ומתפרק NU 10:16
קריב רב בית אבא לבני **זבולון** אליאב בר חילון: קרבניה NU 7:24
אחוי דבר חמשא גוברין **זבולון** דן ונפתלי גד ואשר GN 47:2
לוי ויהודה: יששכר **זבולון** ובנימין: דן ונפתלי גד ואשר: EX 1:3
יחלאל: אילין גניסתא **זבולון** לסכומהון שיתין אלפין NU 26:27
טללתא ומן דירון דעאן: **זבולון** על ספרי ימא ישרי והוא יהי GN 49:13
דייי ואמר חדון דבית **זבולן** במפקכון לפרקמטייכון DT 33:18
מדבית מנשה: ולשיבט **זבולן** בריך משה נביא דייי ואמר DT 33:18
חולק טב וקרת שמיה **זבולן**: ומן בתר כדין ילידת ברת GN 30:20
שמהת תלתא שיבטיא **זבולון** יוסף ובנימין משקען בדהב EX 28:20
שמהת תלת שיבטיא **זבלון** יוסף ובנימן משקען מרמצן EX 39:13
אמרכול נתנאל בר צוער: **לזבולון** אמרכול אליאב בר חילון: NU 1:9

זבולן (2)
בר שלומי: לשיבטא **דזבולון** אמרכל אליצפן בר פרנך: NU 34:25
אלפין ותלת מאה: בנוי **דזבולון** לסרד גניסת סרד לאלון NU 26:26

זגנזגאל (1)
דייי לחורב: ואיתגלי **זגנזגאל** מלאכא דייי ליה בלהבי EX 3:2

זוער (11)
ארום הווה דחיל למיתב **בזוער** ויתיב במערתא הוא ותרתין GN 19:30
קרתא לארבעת קוריין **וזוער** דחובהא קלילין שבוק לה GN 18:29
ועמורא אדמה וצבויים **וזוער** הרוגזך שציא ולא תשבוק GN 18:24
לתלת קוריין וצבויים **וזוער** שבוק להום בגין רחמך ואמר GN 18:30
בהון לוט: וסליק לוט מן **זוער** ויתיב בטוורא ותרתין בנתיה GN 19:30
דבלעת דיירהא איהי **זוער** וסדרו עמהון סדרי קרבא GN 14:8
דבלעת דיירהא היא **זוער**: כל אילין איתחברו למישר GN 14:2
כן קרא שמא דקרתא **זוער**: שימשא עברית ימא ונפק על GN 19:22
כארעא דמצרים מעלך **לזוער**: ובחר ליה לוט ית כל מישר GN 13:10
בסוף תלת שעין ולוט על **לזוער**: ומימרא דייי אחית מיטרין GN 19:23
בגין חמשא דחסרין **לזוער** ית כל קרתא ואמר לא GN 18:28

זחו (1)
דארמאי: וית כשד וית **חזו** וית פלדש וית ידלף וית בתואל: GN 22:22

זימתני (1)
ועמונאי קרן להון **זימתני**: עמא רבא וחסינא הי DT 2:20

זינגאי (1)
והינדיקי וסמראי ולובאי **וזינגאי** ובנוי דמווריטינוס זמרגד GN 10:7

זכור (1)
דראובן עזגד שמוע בר **זכור**: לשיבטא דשמעון עזגד שפט NU 13:4

זכרי (1)
ובנוי דיצהר קרח ונפג **וזכרי**: ובנוי דעזיאל משאל ואלצפן EX 6:21

זלפה (8)
דרחל דן ונפתלי: ובני **זלפה** אמתא דלאה גד ואשר אילין GN 35:26
מלמילד ושחררת ית **זלפה** אמתא ויהבת יתה ליעקב GN 30:9
וקרת שמיה גד: וילידת **זלפה** אמתה דלאה בר תניין ליעקב: GN 30:12
ליעקב לאינתו: וילידת **זלפה** אמתה דלאה ליעקב בר: GN 30:10
לותה: ויהב לבן ליה ית **זלפה** ברתיה דילידת ליה פילקתיה GN 29:24
חבר ומלכיאל: אילין בני **זלפה** דיהב לבן ללאה ברתיה GN 46:18
דאבא:: ושדרו ביד בני **זלפה** ובני בלהה ית פרגוד מצייר GN 37:32
עם בני בלהה ועם בני **זלפה** נשיא דאבוי ואייתי יוסף ית GN 37:2

זמרגד (1)
וזינגאי ובנוי דמווריטינוס **זמרגד** ומזג: וכוש אוליד ית נמרוד GN 10:7

זמרי (3)
דאיתקטיל עם מדינתא **זמרי** בר סלוא רב בית אבא לשיבט NU 25:14
ויכין וצחר ושאול הוא **זמרי** דאשאיל נפשיה לזנותא הי EX 6:15
ויכין וצחר ושאול הוא **זמרי** דעבד עובדא דכנענאי GN 46:10

זמרן (1)
מן שירויא: וילידת ליה ית **זמרן** וית יקשן וית מדן וית מדין GN 25:2

זעון (1)
וכרן: אילין בני אצר בלהן **וזעון** ועקן: אילין בני דישן עוץ וארם: GN 36:27

זעמה (1)
מכוונין לכרכוי דבר **זעמה** ולכרכוי דבר סניגורא NU 34:8

זרח (10)
ער ואונן ושלה ופרץ **וזרח** ומית ער ואונן על עובדיהון GN 46:12
דארעא דכנען ושלה **וזרח** לא אולידו בנין בארעא דכנען GN 46:12
ואילין בני רעואל נחת **וזרח** שמה ומזה אילין הוון בני GN 36:13
גניסת פרץ לזרח גניסת **זרח**: והוו בני פרץ לחצרון גניסת NU 26:20
חוט זהורי וקרת שמיה **זרח**: ויוסף איתחת למצרים וזבניה GN 38:30
גניסת יכין: לזרח גניסת **זרח** לשאול גניסת שאול: אילין NU 26:13
ומלך תחותויי יובב בר **זרח** מבצרה: ומית יובב ומלך GN 36:33
בר עשו רבא נחת רבא **זרח** רבא שמה רבא מזה אילין GN 36:17
שלה לפרץ גניסת פרץ **לזרח** גניסת זרח: והוו בני פרץ NU 26:20
ימין ליכין גניסת יכין: **לזרח** גניסת זרח לשאול גניסת NU 26:13

חבר (3)
דבריעה דנחתו למצרים **חבר** ומלכיאל: אילין בני זלפה דיהב GN 46:17
דבריעה לחבר גניסת **חבר** למלכיאל גניסת מלכיאל: ושום NU 26:45
בריעה: לבנוי דבריעה **לחבר** גניסת חבר למלכיאל גניסת NU 26:45

חברון (13)
דיתמלל עם אברהם **בחברון** ובההוא יומא הוה שרוי GN 37:14
ויתיב בחיזוי ממרא די **בחברון** ובנא תמן מדבחא קדם ייי: GN 13:18
וליה איתן ית ארעא **דחברון** דטייל בה ולבנוי חולף DT 1:36
וגניסתא דיצהר וגניסתא **דחברון** וגניסתא דעזיאל איליין NU 3:27
לגניסתהון עמרם ויצהר **וחברון** ועזיאל: ובנוי דממרי NU 3:19
ובנוי דקהת עמרם ויצהר **וחברון** ועזיאל ושני חייוי דקהת EX 6:18
מרביני דענק גיברא **וחברון** שבע שנין אתבניית קדם עד NU 13:22
שרה בקרית ארבע היא **חברון** בארעא דכנען ואתא אברהם GN 23:2
דעל אנפי ממרא היא **חברון** בארעא דכנען: וקם חקלא GN 23:19
ליוואי גניסת ליבני גניסת **חברון** גניסת מחלי גניסת מושי NU 26:58
לממרא קרית ארבע היא **חברון** דדר תמן אברהם ויצחק: והוו GN 35:27
מן צטר דרומא ואתו עד **חברון** ותמן אחימן ששי ותלמי NU 13:22
בליגיונין סגיאין ואתא **לחברון** ולא הוה שביק ליוסף GN 50:13

חגי (3)
ותלת: ובנוי דגד צפיון **וחגי** שוני ואצבון ערי וארודי GN 46:16
גניסת צפון לחגי גניסת **חגי** לשוני גניסת שוני: לאזני גניסת NU 26:15
לצפון גניסת צפון **לחגי** גניסת חגי לשוני גניסת שוני: NU 26:15

חגלה (3)
והוואה מחלה תרצה **וחגלה** ומלכה ונעה בנת צלפחד NU 36:11
בנת צלפחד מחלה נעה **חגלה** מלכה ותרצה: אילין גניסת NU 26:33
שמהן בנתוי מחלה נעה **חגלה** מלכה ותרצה: וקמא קדם NU 27:1

חגרא (2)
ויתיב ביני ריקם וביני **חגרא** ואיתותב בגרר: ואמר אברהם GN 20:1
על עינא דבאורח **חגרא**: ואמר הגר אמתא דשרי מן GN 16:7

חדיית (2)
וית פלטיאת קרתא וית **חדיות**: וית תלסר דמתבניא ביני GN 10:11
דמתבניא ביני ניניוה וביני **חדיית** איהי קרתא רבתי: ומצרים GN 10:12

חובב (1)
משכנא ונטלו: ואמר משה **לחובב** בר רעואל מדינאה חמוי NU 10:29

חוה (8)
מן דאלביש אדם **וחוה** אליף יתן למברזגא חתנין וכלן DT 34:6
כל יומי חייהון דאדם **וחוה**: ואמרת רבקה ליצחק GN 27:45
תרוויהון מן אפי אדם **וחוה** כל יומי חייהון דאדם וחוה: GN 27:45
דאתי: ואדם ידע ית **חוה** איתתיה דהיא מתעברא מן GN 4:1
וקרא אדם שום אינתתיה **חוה** ארום היא הות אימא דכל בני GN 3:20
מן קדמת דנא אולידת **חוה** ית קין דלא מיניה ולא דמי ליה GN 5:3
חתנין וכלן מן דזוויג **חוה** לות אדם אליף יתן למבקרא DT 34:6
מטרד היכמא דאיתכלת **חוה** מן הבל דקטליה קין ואיטרדו GN 27:45

חווילא (1)
וית שבא: וית אופיר וית **חווילא** וית יובב כל אילין בנוי GN 10:29

חוילא (1)
וכנען: ובנוי דכוש סבא **וחוילא** וסבתה ורעמא וסבתכא GN 10:7

חומצאי (1)
וית לוטסאי וית **חומצאי** וית אנטיוכי ובתר כדין GN 10:18

חופים (1)
אבוי מופים דאזדבן במוף **חופים** דבזמן דאתפרש מיניה הוה GN 46:21

חופם (2)
שפופם לחופם גניסת **חופם**: והוו בנוי דבלע ארד ונעמן NU 26:39
לשפופם גניסת שפופם **לחופם** גניסת חופם: והוו בנוי דבלע NU 26:39

חור (8)
תחותוי ויתיב עלה ואהרן **וחור** מסעדין לידוי מיכא חד ומיכא EX 17:12
בעמלק ומשה ואהרן **וחור** סליקו לריש רמתא: והוי כד EX 17:10
דנתוב לותכון והא אהרן **וחור** עימכון מן מאן דאית ליה עסק EX 24:14
וית צור הוא בלק וית **חור** וית רבע חמשת מלכי מדין וית NU 31:8
טב בצלאל בר אורי בר **חור** לשבטא דיהודא: ואשלים EX 35:30
טב בצלאל בר אורי בר **חור** לשיבטא דיהודה: ואשלימית EX 31:2
כהנא: ובצלאל בר אורי בר **חור** לשיבטא דיהודה עבד ית כל EX 38:22
דמצרים: וחמא אהרן ית **חור** נכיס קדמוי ודחיל ובנא EX 32:5

חוראי (1)
דבשוה קריתים: וית **חוראי** דבטווריא רמיא דגבליא עד GN 14:6

חורב (14)
דקמתון קדם ייי אלקכון **בחורב** בזמן דאמר ייי לי כנוש קדמי DT 4:10
מן קדם ייי אלקכון **בחורב** ביומא דאתכנשו שבטיא DT 18:16
נפק מחבלא דאתכלי **בחורב** דשמיה קצף מן קדם ייי NU 17:11
על עיסק עיגלא דעבדת **בחורב** וברם דכר לעלתא תיסב מן LV 9:2
קימא דאיתיהיבו ליה **בחורב** והוו קיימין על את בבית EX 40:20
מן קיימא דיגזר עימהון **בחורב**: וקרא משה ואמר להון אתון DT 28:69
רושם ריגלא על טינרא **בחורב** ותימחי ביה בטינר חוטרך EX 17:6
אלקנא גזר עימנא קיים **בחורב**: לא עם אבהתנא גזר ייי ית DT 5:2
ולא אנא באנפי נפשי **בחורב** למימר סגי לכון ואתהני לכון DT 1:6
מסרבין הוויתון קדם ייי: **ובחורב** ארגיזתון קדם ייי והוה DT 9:8
להון למתנה מן טוור **חורב**: ומשה נסיבינון וטמירינון EX 33:6
דאיתגלי עלוי יקרא דייי **לחורב**: ואיתגלי זגנזגאל מלאכא EX 3:1
לדיני נפשתא: ונטלנא **מחורב** והליכנא ית כל מדברא רבא DT 1:19
דהבא: מהלך חדיסר יומין **מחורב** מאורח טוורא דגבלא עם DT 1:2

חורי (1)
דשמעון עזגד שפט בר **חורי**: לשיבטא דיהודה עזגד כלב בר NU 13:5

חורמה (1)
וטולו לכון לערד **וחורמה** ועולו לטורא דאמוראה DT 1:7

חושבני (2)
ובני ראובן בנו ית בית **חושבני** וית מעלת מרא וית קרתא NU 32:37
מכוור ובית נימרי ובית **חושבני** מעלת מרא שירן ובית NU 32:3

חושים (1)
כפילתא ומן יד רמז יוסף **לחושים** בן דן ונטל סייפא וקטע GN 50:13

חושם (2)
מארע דרומא: ומית **חושם** ומלך תחותויי הדד בר בדד GN 36:35
ומית יובב ומלך תחותויי **חושם** מארע דרומא: ומית חושם GN 36:34

חטמנא (1)
לקרן זכותא ולגבתא **דחטמנא** ויהון מפקנוי לביריא NU 34:9

חיואי (14)
ואיתאמר להום בנבואה **דחיואי** בען למסדרא עמהון סדרי GN 37:17
וחיתאי ואמוראי ופריזאי **וחוואי** ויבוסאי: וכדון הא קבילת EX 3:8
וכנענאי וחיתאי ופריזאי **וחיואי** ויבוסאי: איסתמר לך דילמא EX 34:11
כנענאי וחיתאי ואמוראי **וחיואי** ויבוסאי דקיים במימריה EX 13:5
ואמוראי כנענאי ופריזאי **וחיואי** ויבוסאי היכמא דפקידכון DT 20:17
ואמוראי וכנענאי ופריזאי **וחיואי** ויבוסאי שבעתי עממין DT 7:1
ואימוראי ופריזאי **וחיוואי** ויבוסאי לארע עבדא חלב EX 3:17
ברת ענה ברת צבעון **חיואה**: וית בשמת ברת ישמעאל GN 36:2
וחמא יתא שכם בר חמור **חיואה** רבא דארעא ודבר יתה GN 34:2
אמוראי ופריזאי וכנענאי **חיואי** ויבוסאי ואישיצינון: לא EX 23:23
אמוראי חיתאי ופריזאי **חיואי** ויבוסאי: לארע עבדא חלב EX 33:2
ודחיל אנא דילמא ייתון **חיואי** וימחונון על עיסק די מחו ית GN 37:13
קדמך ותתרך ית **חיואי** וית כנענאי וית חיתאי מן EX 23:28
אמוראי וית גירגשאי: וית **חיואי** וית עירקאי וית אנתוסאי: GN 10:17

חילון (4)
דבני זבולון אליאב בר **חילון**: וחיליה וסכומהון דשיבטיה NU 2:7
דבני זבולון אליאב בר **חילון**: ומתפרק משכנא ונטלין בני NU 10:16
אמרכול אליאב בר **חילון**: לבני יוסף לאפרים אמרכול NU 1:9
לבני זבולון אליאב בר **חילון**: קרבניה דקריב פיילי דכסף NU 7:24

חירה (2)
וסליק על גזזי עניה הוא **וחירה** רחמיה עדולמאה לתמנת: GN 38:12
גברא עדולמאה ושמיה **חירה**: וחמא תמן יהודה ברת גבר GN 38:1

חירם (2)
אשבל לאחירם גניסת **חירם**: לשפופם גניסת שפופם NU 26:38
לאשבל גניסת אשבל **לאחירם** גניסת חירם: לשפופם NU 26:38

חירתא (4)
ומשיריתיה על פומי **חירתא** דקדם טעות צפון: ופרעה EX 14:9
מגדל: ונטלו מפירוקי **חירתא** ועברו בגו ימא ונפקו מן ימא NU 33:8
וישרון קדם פומי **חירתא** מרביעתא דאיתברייו בגווני EX 14:2
מאיתם ותבו על פמי **חירתא** מרבעתא דקדם טעות צפון NU 33:7

חיתאי (29)
מצראי לארע כנענאי **וחיתאי** ואימוראי ופריזאי וחיוואי EX 3:17
ייי אלקך לארע כנענאי **וחיתאי** ואמוראי וחיואי ויבוסאי EX 13:5
דדיירין תמן כנענאי **וחיתאי** ואמוראי ופריזאי וחוואי EX 3:8
יתבין בארע דרומא **וחיתאי** ויבוסאי ואמוראי יתבין NU 13:29
ית אמוראי וכנענאי **וחיתאי** ופריזאי וחיואי ויבוסאי: EX 34:11
כספא דמליל באנפי בני **חיתאה** ארבע מאה סילעין דכסף GN 23:16
למערתא די בחקל עפרון **חיתאה**: במערתא די בחקל כפילתא GN 49:29
לחקיל עפרון בר צחר **חיתאה** דעל אנפי ממרא: חקלא GN 25:9
לאחסנת קבורתא מן בני **חיתאה**: ואברהם סיב על ביומין GN 23:20
ועפרן יתיב בגו בני **חיתאה** ואתיב עפרן חיתאה ית GN 23:10
וית בשמת ברת אילון **חיתאה**: והוון מגחנן בפולחנא GN 26:34
כנען ית עדה ברת אלון **חיתאה** וית אהליבמה ברת ענה GN 36:2
ית יהודית ברת בארי **חיתאה** וית בשמת ברת אילון GN 26:34
ליה אברהם באנפי בני **חיתאה**: ומליל עם עפרון באנפי GN 23:12
וגחן לעמא דארעא לבני **חיתאה**: ומליל עמהון למימר אין GN 23:7
ומערתא דביה מן בני **חיתאה**: ופסק יעקב לפקדא ית בנוי GN 49:32
בני חיתאה ואתיב עפרן **חיתאה** ית אברהם באנפי בני GN 23:10
ית מיתי תמן: ואתיבו בני **חיתאה** ית אברהם למימר ליה: קבל GN 23:5
ית חקלא מן עפרון **חיתאה** לאחסנת קבורתא: תמן GN 49:30
לזבינוי באנפי בני **חיתאה** לכל עלי תרע קרתי: ומן GN 23:18
ית אברהם באנפי בני **חיתאה** לכל עלי תרע קרתיה GN 23:10
על מיתיה ומליל עם בני **חיתאה** למימר: דייר ותותב אנא GN 23:3
קבורתא מן עפרון **חיתאה** על אנפי ממרא: ותב יוסף GN 50:13
דיזבן אברהם מן בני **חיתאה** תמן איתקבר אברהם ושרה GN 25:10
ארום גמרא תגמרינון **חיתאי** ואמוראי כנענאי ופריזאי DT 20:17
עממין סגיאין מן קדמך **חיתאי** וגרגשאי ואמוראי וכנענאי DT 7:1
קניזאה וית קדמונאה: וית **חיתאי** וית פריזאי וית גיבראי: וית GN 15:20
ידוי ית כנענאי אמוראי **חיתאי** ופריזאי חיואי ויבוסאי: EX 33:2
ית חיואי וית כנענאי וית **חיתאי** מן קדמך: לא אתריכינון מן EX 23:28

חלוצא (3)
ימא דסוף ונפקו למדברא **דחלוצא** וטיילו תלתא יומין EX 15:22
לעמיה: ושרו מן הנדקי עד **חלוצא** דעל אנפי מצרים מעלך GN 25:18
היא יהיבא בין רקם ובין **חלוצא**: וילידת הגר לאברם בר GN 16:14

חלמיא (2)
בלעם בר בעור מן פתור **חלמיא** דמתבניא בארע ארם דעל DT 23:5
היא פתור על שמיה פתיר **חלמיא** והיא מתבניא בארם דעל NU 22:5

חלק (2)
איעזר לחלק גניסת **חלק**: ואשריאל גניסת אשריאל NU 26:30
איעזר גניסת איעזר **לחלק** גניסת חלק: ואשריאל גניסת NU 26:30

חם (9)
בעממיהום: ובנוי **דחם** כוש ומצרים ופוט וכנען ושום GN 10:6
עד קלרהי: איליין בנוי **דחם** לזרעית יחוסיהון ללישנהום GN 10:20
מן תיבותא שם וחם ויפת **וחם** הוא אבוי דכנען: תלתא אילין GN 9:18
יומא הדין על נח ושם **וחם** ויפת בני נח ואיתת נח ותלת GN 7:13
נח דנפקו מן תיבותא שם **וחם** ויפת וחם הוא אבוי דכנען: GN 9:18
בגו משכניה: וחמא **חם** אבוי דכנען ית עריתא דאבוי GN 9:22
חלמא ית דעבד ליה **חם** בריה דהוא קליל בזכותא דגרם GN 9:24
נח תלתא בנין ית שם ית **חם** וית יפת: ואיתחבלת ארעא בגין GN 6:10
שנין ואולד נח ית שם וית **חם** וית יפת: והוה ארום שריאו בני GN 5:32

חמדן (1)
בת ענה: ואילין בני דישן **חמדן** וישבן ויתרן וכרן: אילין בני GN 36:26

חמול (2)
חצרון לחמול גניסת **חמול**: אילין גניסתא דיהודה NU 26:21
פרץ לחצרון גניסת חצרון **לחמול** גניסת חמול: אילין גניסתא NU 26:21

חמור (13)
בני יעקב ית שכם וית **חמור** אבוי בחוכמא ומלילו בגין GN 34:13
תמן משכניה מן יד בני **חמור** אבוי דשכם במאה מרגליין: GN 33:19
יעקב עד מיתיהון: ונפק **חמור** אבוי דשכם לות יעקב GN 34:6
ושפרו פיתגמהון בעיני **חמור** ובעיני שכם בר חמור: ולא GN 34:18
וקטלו כל דכורא: וית **חמור** וית שכם בריה קטלו לפתגם GN 34:26
על עיסק די מחו ית **חמור** וית שכם וית יתבי קרתא GN 37:13
חמור ובעיני שכם בר **חמור**: ולא איתעכב רבייא למעבד GN 34:18
ויתבון עימנא: וקבילו מן **חמור** ומן שכם בריה כל נפקי תרע GN 34:24
מכל ביתא דאבוי: ואתא **חמור** ושכם בריה לתרע קרתיהון GN 34:20
וחמא יתא שכם בר **חמור** חיואה רבא דארעא ודבר יתה GN 34:2
דיעקב ולא יהוי שכם בר **חמור** מלגלג במיליה עלנא וכאיתא GN 34:31
כשר לאתעובדא: ומליל **חמור** עימהון למימר שכם ברי GN 34:8
ליבה דריבה: ואמר שכם **לחמור** אבוי למימר סב לי ית GN 34:4

חנוך (15)
ובני דמדין עיפה ועפר **וחנוך** ואבידע ואלדעה כל אילין GN 25:4
ושיתין וחמש שנין: ופלח **חנוך** בקושטא קדם ייי והא ליתוהי GN 5:24
ואולד ית מתושלח: ופלח **חנוך** בקשוט קדם ייי בתר דאולד GN 5:22
דהוא קטל ית נמרוד וית **חנוך** בריה ויעקבו גבר שלים GN 25:27
דישראל בנוי דראובן **חנוך** גניסת חנוך לפלוא גניסת NU 26:5
שום קרתא כשום בריה **חנוך**: ואיתייליד לחנוך ית עירד GN 4:17
ואעדיאת וילידת ית **חנוך** והוה בני קרתא וקרא שום GN 4:17
ותרתי שנין ואוליד ית **חנוך**: וחיא ירד בתר דאוליד ית חנוך GN 5:18
דראובן בוכרא דישראל **חנוך** ופלוא חצרון וכרמי אילין EX 6:14
ראובן: ובנוי דראובן **חנוך** ופלוא חצרון וכרמי: ובנוי GN 46:9
בנוי דראובן חנוך גניסת **חנוך** לפלוא גניסת פלוא: לחצרון NU 26:5
בנין ובנן: והוו כל יומי **חנוך** עם דיירי ארעא תלת מאה GN 5:23
ותרתין שנין ומית: וחיא **חנוך** שתין וחמש שנין ואולד ית GN 5:21
וחיא ירד בתר דאוליד ית **חנוך** תמני מאה שנין ואולד בנין GN 5:19
בריה חנוך: ואיתייליד **לחנוך** ית עירד ועירד אוליד ית GN 4:18

חניאל (1)
דבני מנשה אמרכל **חניאל** בר אפוד: לשיבטא דבית NU 34:23

חנן (2)
שאול ומלך תחותוי בעל **חנן** בר עכבור: ומית בעל חנן בר GN 36:38
חנן בר עכבור: ומית בעל **חנן** בר עכבור ומלך תחותוי הדר GN 36:39

חפר (5)
ושמידע גניסת שמידע **וחפר** גניסת חפר: וצלפחד בר חפר NU 26:32
ואתכליאו אוף תריהון **וחפר** שייר בארעא דמואב וטמרינון DT 9:19
לבי דינא בנת צלפחד בר **חפר** בר גלעד בר מכיר בר מנשה NU 27:1
שמידע וחפר גניסת **חפר**: וצלפחד בר חפר לא הוון ליה NU 26:32
גניסת חפר: וצלפחד בר **חפר** לא הוון ליה בנין אלהין בנן NU 26:33

חצרון (6)
דישראל חנוך ופלוא **חצרון** וכרמי אילין ייחוסין דראובן: EX 6:14
ובנוי דראובן חנוך ופלוא **חצרון** וכרמי: ובנוי דשמעון ימואל GN 46:9
בני פרץ לחצרון גניסת **חצרון** לחמול גניסת חמול: אילין NU 26:21
פלוא: לחצרון גניסת **חצרון** לכרמי גניסת כרמי: אילין NU 26:6
גניסת זרח: והוו בני פרץ **לחצרון** גניסת חצרון לחמול גניסת NU 26:21
חנוך לפלוא גניסת פלוא: **לחצרון** גניסת חצרון לכרמי גניסת NU 26:6

חצרות (6)
דמשיילי בישרא ושרו **בחצרות** אתרא דאיסתגרת מרים NU 33:17
נטלו עמא לחצרות והוון **בחצרות**: ואשתעיין מרים ואהרן NU 11:35
שמיא ושיילתון בישרא **בחצרות** והוי חמי לכון למישתיצא DT 1:1
בישרא נטלו עמא **לחצרות** והוון בחצרות: ואשתעיין NU 11:35
מרים נביאיתא: ונטלו **מחצרות** ושרו ברתמה אתר דמרבי NU 33:18
ומן בתר כדין נטלו עמא **מחצרות** ושרון במדברא דפארן: NU 12:16

חצרמות (1)
דישלף מוי דנהרוותא וית **חצרמות** וית ירח: וית הדורם וית GN 10:26

חרדה (2)
דשפירין פירוי ושרו **בחרדה** אתר דתווהו על בישתא NU 33:24

בישתא דמותנא: ונטלו **מחרדה** ושרו במקהלות אתר NU 33:25

חרי (1)

אדומאי: והוו בני לוטן **חרי** והימם ואחתיה דלוטן תמנע: GN 36:22

חריפא (1)

ושתוקא וסוברא: **חריפא** ותימא יטור נפיש וקדמה: GN 25:15

חרמה (2)

וקרא שמא דאתרא **חרמה**: ונטלו מטוורוס אומנוס NU 21:3
ומחו יתכון בגבלא עד **חרמה**: ותבתון ובכיתון קדם ייי ולא DT 1:44

חרמון (3)

מנחלי ארנונא עד טוורא **דחרמון**: צידנאי הוון קרן לחרמון DT 3:8
יתהון ביני טוורייא תבור **וחרמון** ושריון וסיני ובגין לשיצאה EX 32:12
דחרמון: צידנאי הוון קרן **לחרמון** טוורא דמסרי פירוי DT 3:9

חרן (8)

וחמש שנין ומית תרח **בחרן**: ואמר ייי לאברם איזל לך GN 11:32
דיקנו וית נפשתא דיגיירו **בחרן** ונפקו למיזל לארעא דכנען GN 12:5
טייפא כל יומין דהוה **בחרן** ניסא חמישאה קפצת ארעא GN 28:10
לארעא דכנען ואתו עד **חרן** ויתיבו תמן: והוו יומי תרח GN 11:31
ובההוא יומא דנפק אזל **לחרן**: וצלי באתר בית מוקדשא ובת GN 28:10
ואיזל לות לבן אחי **לחרן**: ותיתב עימיה יומין קלילין עד GN 27:43
אחי מנן אתון ואמרו **מחרן** אנחנא: ואמר להום הידעתון GN 29:4
וחמש שנין במיפקיה **מחרן**: ודבר אברם ית שרי אינתתיה GN 12:4

חשבון (10)

בכל קירוי אמוראי **בחשבון** ובכל כפרנהא: ארום חשבון NU 21:25
דאמוראי דהוה יתיב **בחשבון**: והוה כיוון דחמא עוג NU 21:34
מלכא דאמוראה דיתיב **בחשבון** וית עוג מלכא דמתנן DT 1:4
מלכא דאמוראה דיתיב **בחשבון**: ומסר ייי אלקנא בידנא אוף DT 3:2
מלכא דאמוראי דיתיב **בחשבונא** דמחא משה ובני ישראל DT 4:46
הדין ונפק סיחון מלכא **דחושבנא** ועוג מלכא דמתנן DT 29:6
דעבדנא לסיחון מלכא **דחשבון** הכדין גמרנא ית כל קירווי DT 3:6
בידיכון ית סיחון מלכא **דחשבון** ואמוראה וית ארעיה שרי DT 2:24
לנא: ולא צבא סיחן מלכא **דחשבון** לאעברתונא בגו תחומיה DT 2:30
ובכל כפרנהא: ארום **חשבון** קרתא דסיחון מלכא NU 21:26

חשמונה (2)

דבסימין מוהי ושרו **בחשמונה**: ונטלו מחשמונה ושרו NU 33:29
ושרו בחשמונה: ונטלו **מחשמונה** ושרו באתר מרדותא: NU 33:30

חת (3)

בחיי מן קדם רגוז בנת **חת** אין נסיב יעקב איתא רשיעתא GN 27:46
ית צידון בוכריה וית **חת**: וית יבוסאי וית אמוראי וית GN 10:15
איתא רשיעתא מבנת **חת** כאילן מבנתהום דעמא דארעא GN 27:46

טאנוס (1)

בית אוצרוי דפרעה ית **טאנוס** וית פילוסין: והיכמא EX 1:11

טבח (1)

וילידת אוף היא ית **טבח** וית גחם וית תחש וית מעכה: GN 22:24

טבריא (1)

תכוונון לכון מעלך **לטבריא** ויהון מפקנוי דתחומא מן NU 34:8

טבריה (1)

ועד ימא דמישרא וקרתא **טבריה** דסמיכה לימא דמילחא DT 3:17

טבת (1)

ניסן וקורא בתקופת **טבת** וחומא בתקופת תמוז וקיטא GN 8:22

טואב (1)

ושומהון תולע ופוה **ויוב** ושמרון: ובנוי דזבולון תגרין מרי GN 46:13

טניס (4)

פתיחן להון הוא אתרא **דטניס** דביני מגדול וביני ימא קדם EX 14:2
בבית פוטיפרע רבא **דטניס**: וקרא יוסף ית שום בוכרא GN 41:50
ורבת בבית פוטיפרע רבא **דטניס** ית מנשה וית אפרים: ובנוי GN 46:20
איתת פוטיפרע רבא **דטניס** לאינתו ונפק יוסף שליט על GN 41:45

טפת (3)

בנין בתר טובענא: בנוי **דיפת** גמר ומגוג ומדי ויון ותובל GN 10:2
ישפר אלקים תחומיה **דיפת** ויתגיירון בנוי וישרון GN 9:27
דכל בני עיבראי אחוי **דיפת** רבא בדחלתא דייי: בנוי דשם GN 10:21

טרגונא (3)

מנשה כל תחום בית פלך **טרגונא** וכל מתנן ההוא מתקרי DT 3:13
קירווין כל תחום פלך **טרגונא** מלכותא דעוג במתנן: כל DT 3:4
נסיב ית כל תחום פלך **טרגונא** עד תחום קורזי DT 3:14

טרווייא (3)

טרווייא ועברנא ית נחל **טרווייא**: ויומיא דהליכנא מן רקם DT 2:13
קומו ועיברו לכון ית נחל **טרווייא** ועברנא ית נחל טרווייא: DT 2:13
גיעא עד דעברנא ית נחל **טרווייא** תלתין ותמני שנין עד דסף DT 2:14

טרסס (1)

וריפת ותורגמא: אלס **וטרסס** אכזיא ודרדניא: מאילן GN 10:4

יאיר (4)

בר מנשה ויתיב בה: **ויאיר** בר מנשה אזל וכבש ית NU 32:41
מתקרי ארע גיבריא: **ויאיר** בר מנשה נסיב ית כל תחום DT 3:14
וקרא יתהון כופרני **יאיר**: ונבח אזל וכבש ית קנת וית NU 32:41
יתהון על שמיה כפרני **יאיר** עד יומא הדין: ולמכיר יהבית DT 3:14

יבוסאי (11)

וחיתאי ופריזאי וחיואי **ויבוסאי**: איסתמר לך דילמא תגזור EX 34:11
וחיתאי ואמוראי וחיואי **ויבוסאי** דקיים במימריה לאבהתך EX 13:5
כנענאי ופריזאי וחיואי **ויבוסאי** היכמא דפקידכון ייי DT 20:17
ופריזאי וכנענאי חיואי **ויבוסאי** ואישיצינון: לא תסגדון EX 23:23
בארע דרומא וחיתאי **ויבוסאי** ואמוראי יתבין בטוורא NU 13:29
ואמוראי ופריזאי וחוואי **ויבוסאי**: וכדון הא קבילת בני EX 3:8
ופריזאי וחיוואי **ויבוסאי** לארע עבדא חלב ודבש: EX 3:17
חיתאי ופריזאי חיואי **ויבוסאי**: לארע עבדא חלב ודבש EX 33:2
וכנענאי ופריזאי וחיואי **ויבוסאי** שבעתי עממין סגיאין DT 7:1
צידון בוכריה וית חת: וית **יבוסאי** וית אמוראי וית גירגשאי: GN 10:16
כנענאי וית גירגשאי וית **יבוסאי**: ושרי איתת אברם לא GN 15:21

יבוקא (1)

יעקב בלחודוי מעיברא **ליבוקא** ואתכתש מלאכא עימיה GN 32:25

יבל (1)

צלה: וילידת עדה ית **יבל** הוא הוה רב בהום דכל יתבי GN 4:20

יגאל (1)

לשיבטא דישׂשכר עזגד **יגאל** בר יוסף: לשיבטא דאפרים NU 13:7

יגלי (1)

דדן אמרכל בקי בר **יגלי**: לשבטא דבני יוסף לשבטא NU 34:22

ידוע (3)

ומסקי זכורו ותבעי גרם **ידוע** ולא תיתבעון לאיסתאבא LV 19:31
ושאלין אובא טמיא וגרם **ידוע** ותבע מן מיתיא: ארום מרחק DT 18:11
ומסקי זכורו ותבעי גרם **ידוע** למטעי בתריהון ואיתן פנויתא LV 20:6

ידלף (1)

וית חזו וית פלדש וית **ידלף** וית בתואל: ובתואל אוליד ית GN 22:22

יהודה (81)

בר אורי בר חור לשבטא **דיהודאי**: ואשלים עימיה רוח נבואה EX 35:30
ותימרון ליה ייי אלקא **דיהודאי** איתקרי עלנא וכדון נזיל EX 3:18
איפטור: ואמרו אלקיה **דיהודאי** איתקרי שמיה עלנא נטייל EX 5:3
כדנא אמר ייי אלקא **דיהודאי** פטור ית עמי ויפלחון EX 9:1
ליה כדנא אמר ייי אלקא **דיהודאי** פטור ית עמי ויפלחון EX 9:13
ותימר ליה ייי אלקא **דיהודאי** שדרני לוותך למימר פטור EX 7:16
חילא: סכומהון לשיבטא **דיהודה** ארבעין ושבעא אלפין NU 1:27
תמר: והוה ער בוכרא **דיהודה** ביש קדם ייי דלא הוה GN 38:7
וכן אמר קביל ייי צלותיה **דיהודה** במפקיה לסדרי קרבא DT 33:7
בר אורי בר חור לשיבטא **דיהודה**: ואשלימית עימיה רוח EX 31:2
ודא בירכתא לשיבטא **דיהודה** זווג בחולקיה ובבירכתיה DT 33:7
כעיסת אפין הות בביתיה **דיהודה** ולא הוה יהודה רחים יתה: GN 38:15
רב בית אבא לשיבטא **דיהודה**: וקרבניה דמקריב פיילי NU 7:12
ושית מאה וחמשין: לבנוי **דיהודה** ייחוסיהון לגניסתהון לבית NU 1:26
חמול: אילין גניסתא **דיהודה** לסכומהון שובעין ושיתא NU 26:22
תלתיהון קרב רב שיבטא **דיהודה** לעלתא: צפיר בר עיזין חד NU 7:15
בר אורי בר חור לשיבטא **דיהודה** עבד ית כל דפקיד ייי ית EX 38:22
שפט בר חורי: לשיבטא **דיהודה** כלב בר יפונה: NU 13:6
גרשון וקהת ומררי: ובנוי **דיהודה** ער ואונן ושלה ופרץ וזרח GN 46:12
אלפין וחמש מאה: בנוי **דיהודה** ער ועונן ומיתו ער ועונן על NU 26:19
ראובן ושמעון ולוי **ויהודה** ויששכר וזבולן: בני רחל GN 35:23
ית יורדנא שמעון ולוי **ויהודה** ויששכר ויוסף ובנימין: DT 27:12
עלה: ראובן שמעון לוי **ויהודה**: יששכר זבולון ובנימין: דן EX 1:2
גובריא לשבטא דבית **יהודא** כלב בר יפונה: לשבטא NU 34:19
לאחתא למצרים: ואמר **יהודא** לאחהי מה הניית ממון יהי GN 37:26
דמיצראי דחלין ליה **יהודאי** אכלין: ואחזרו קדמוי רבא GN 43:32
וחסת עלוי ואמרת מן בני **יהודאי** הוא דין: ואמרת אחתיה EX 2:6
כשרין מצראי למיכול עם **יהודאי** לחמא ארום בפירא GN 43:32
גבר מצראי מחי גבר **יהודאי** מאחוי: ואיסתכל משה EX 2:11
והא דתן ואבירם גוברין **יהודאין** נצן וכד חמא דיזקיף דתן EX 2:13
לך יהודון אחך ויתקרון **יהודאין** על שמך ידך יתפרען לך GN 49:8
כד ילידת יתיה: ונסיב **יהודה** איתא לער בוכריה ברת שם GN 38:6
הדין וכיון דחמא יתהום **יהודה** אכר יתהום ובכן אמר בליביה GN 38:25
כלהון שבטיא דישראל: **יהודה** אנת אודיתא על עובדא GN 49:8
דעתיד למקום מדבית **יהודה** אסר חרצוי ונחית ומסדר GN 49:11
בני אבוך: מדמי אנא לך **יהודה** ברי לגור בר אריוון דמן GN 49:9
ושמיה חירה: וחמא תמן **יהודה** ברת גבר תגר ושמיה שוע GN 38:2
תמן הוה קאים אריה **יהודה** גיבריהון דאחוי ענא ואמר GN 50:1
שמהת תלתא שיבטיא **יהודה** דן ונפתלי: ושום סידרא EX 28:18
שמהת תלת שיבטיא **יהודה** דן ונפתלי: ושום סידרא EX 39:11
דישראל ומלכותא דבית **יהודה** דשליטו בארעא עד דאצתדי DT 34:2
הא מעברא לזנו ואמר **יהודה** הלא בת כהין היא הנפקוהא GN 38:24
חמריה ותבו לקרתא: ועל **יהודה** ואחוהי לבית יוסף והוא עוד GN 44:14
לות אבוכון: וקריב לותיה **יהודה** ואמר במטו ריבוני ימליל GN 44:18
וחוטרא האילין: ואכר **יהודה** ואמר זכיא היא תמר מיני GN 38:26
הכא מטעיתא: ותב לות **יהודה** ואמר לא אשכחתא ואוף GN 38:22

ומיתת ברת שוע איתת **יהודה** ואתנחם יהודה וסליק על GN 38:12
ליה לאינתו: וחמיה **יהודה** והוה מדמיה באנפוי כנפקת GN 38:15
יפוק ליה מגו אחסנת בני **יהודה** וחולק חד ביני שאר שבטיא GN 49:7
כליל דמלכותא דבית **יהודה** ומלכא משיחא דעתיד EX 40:9
איתת יהודה ואתנחם **יהודה** וסליק על גזזי עניה הוא GN 38:12
מלכין ושליטין מדבית **יהודה** וספרין מאלפי אורייתא GN 49:10
ייי בגין כן קרת שמיה **יהודה** וקמת מלמילד: וחמת רחל GN 29:35
שמהת תלת שבטיא **יהודה** ישכר וזבולון ובמציעותיה NU 2:3
לבישי ארמלותא: ושדר **יהודה** ית גדי בר עיזי ביד רחמיה GN 38:20
הינון אריוותא דשיבט **יהודה** כיוון דחמנון שתקין קם מיגו NU 25:7
עליה וקטליה ייי: ואמר **יהודה** לאונן עול לות איתת אחוך GN 38:8
בארעא דכנען: והוו בני **יהודה** לגניסתהון לשלה גניסת NU 26:20
מדינחא טיקס משירית **יהודה** לחיליהון בארבעתי מילין NU 2:3
ונטיל טיקס משיריית בני **יהודה** לחיליהון ורבא דהווה ממני NU 10:14
אחיתו ית אחוכון: ואמר **יהודה** לישראל אבוי שדר טליא GN 43:8
קליל עיבורא: ואמר ליה **יהודה** למימר מסהדא אסהיד בנא GN 43:3
וקטע אוף ית יומוי: ואמר **יהודה** לתמר כלתיה תיבי ארמלא GN 38:11
כל מניינייא למשרית **יהודה** מאה ותמנן אלפין וארבע NU 2:9
יטייר גבר דכוותי: ואמר **יהודה** מה נימר לריבוני על כספא GN 44:16
והוה בעידנא ההיא ונחת **יהודה** מנכסוי ואתפרש מן אחוהי GN 38:1
אריוון מטול דרבא לבני **יהודה** נחשון בר עמינדב: וחיליה NU 2:3
על חילוות שיבטא דבני **יהודה** נחשון בר עמינדב: ורבא דהוה NU 10:14
קריב ית קרבניה בתר **יהודה** על פום קודשא פיילי דכסף NU 7:19
בביתיה דיהודה ולא הוה **יהודה** רחים יתה: וסטא לוותה GN 38:15
למצרים שובעין: וית **יהודה** שדר קדמוי לות יוסף GN 46:28
הות הכא מטעיתא: ואמר **יהודה** תיסב לה משכונייא דילמא GN 38:23
לא כנשייא מצרייתא **יהודייתא** ארום זריזן וחכימן EX 1:19
מלכא דמצרים לחייתא **יהודייתא** דשמא דחדא שפרא היא EX 1:15
כד תהוויין מולדן ית **יהודייתא** ותיסתכין עילוי מתברא EX 1:16
ליך איתא מיניקתא מן **יהודייתא** ותניק ליך ית רבייא: EX 2:7
שנין ונסיב איתא ית **יהודית** ברת בארי חיתאה ית GN 26:34
כל ביר דכר דאיתיליד **ליהודאי** בנהרא תטלוקוניה וכל EX 1:22
שלומיאל בר צורי שדי: **ליהודה** אמרכול נחשון בר עמינדב: NU 1:7
ליוסף ומלכותא **ליהודה** וכהונתא ללוי: מדימנא לך GN 49:3
דמעברה היא ואיתני **ליהודה** למימר זניית תמר כלתך GN 38:24

יהושע (35)

האינון במשמעיה **דיהושע** ארום מימחא אמחי ית EX 17:14
לשיבטא דאפרים **הושע** בר נון: לשיבטא דבנימין עזגד NU 13:8
במשמעהון דעמא הוא **והושע** בר נון: ופסק משה מן למללא DT 32:44
כלב בר יפונה קניזאה **ויהושע** בר נון ארום שלימו בתר NU 32:12
תלתין ושובעא יומין: **ויהושע** בר נון אתמלי רוח חכמתא DT 34:9
אילהין כלב בר יפונה **ויהושע** בר נון: וטפליכון דאמרתון NU 14:30
במותנא מן קדם ייי: **ויהושע** בר נון וכלב בר יפונה NU 14:38
כל כנישתא דבני ישראל: **ויהושע** בר נון וכלב **בר** יפונה מן NU 14:6
ית ארעא אלעזר כהנא **ויהושע** בר נון: ונשיאי ואמרכול חד NU 34:17
אילהין כלב בר יפונה **ויהושע** בר נון: וקריבן לבי דינא בנת NU 26:65
משה מתכניש מן עלמא **ויהושע** בר נון קאי מן בתריה ומדבר NU 11:26
ואיפקדיניה ואזל משה **ויהושע** ואתעתדו במשכן זימנא: DT 31:14
יתנא פיתגמא ואמרו כלב **ויהושע** טבא ארעא דייי אלקנא DT 1:25
לאלופיהון: וקם משה **ויהושע** משומשניה וסליק משה EX 24:13
על תרע משכנא ומשה **ויהושע** קמון מן לבר: ואמר ייי DT 31:15
והינון ריבוותא דקטל **יהושע** בר נון בגלגלא דהוא מדבית DT 33:17
ייי למשה דבר לך ית **יהושע** בר נון גבר דרוח נבואה מן NU 27:18
מלכיא דעתיד למקטל **יהושע** בר נון דמן שיבט אפרים DT 34:2
אוף אנת לא תיעול לתמן: **יהושע** בר נון דמשמש בבית אולפנך DT 1:38
דישראל ברם משומשניה **יהושע** בר נון הוה טלי לא הוה זייע EX 33:11
ית בני ישראל: ופקיד ית **יהושע** בר נון ואמר אתוקף DT 31:23
הכין במשריתא: ואתיב **יהושע** בר נון משומשניה דמשה NU 11:28
ית חיסודי והכדין עתיד **יהושע** בריה דיוסף למכנוש ית GN 30:23
עממיא האילין ותירתונון **יהושע** הוא יטייל קדמיכון היכמא DT 31:3
מן קדם ייי בידי: ועבד **יהושע** היכמא דאמר ליה משה EX 17:10
דפקיד ייי יתיה ודבר ית **יהושע** ואקימיה קדם אלעזר כהנא NU 27:22
קרא להושע בר נון **יהושע**: ושדר יתהון משה לאללא ית NU 13:16
ית יורדנא הדין: ופקיד ית **יהושע** ותקיפהי ואלימהי ארום הוא DT 3:28
יומך לימממת קרי ית **יהושע** ותתעתדון במשכן זימנא DT 31:14
עד מטמוע שימשא: ותבר **יהושע** ית עמלק דקטע רישי EX 17:13
ומפרש על לוחיא: ושמע **יהושע** ית קל עמא כד מיבבין EX 32:17
ותקדש יתיה מטול **יהושע** משומשנך רבא דסנהדרין EX 40:11
דיהבית לכון: וית **יהושע** פקידית בעידנא ההיא DT 3:21
דביזיהון: ואמר משה **ליהושע** בחר לנא גוברין גיברין EX 17:9
ירחקינכון: וקרא משה **ליהושע** מן גוא עמא ואמר ליה DT 31:7

יהץ (1)

וכל עמיה לאגחא קרבא **ליהץ**: ומסר יתיה ייי אלקנא קדמנא DT 2:32

יהצא (1)

ישראל למדברא ואתא **ליהצא** ואגח קרבא בישראל: ומחהי NU 21:23

יואב (1)

אבל מן דין קטול ביומי **יואב** ובנוי דבריעה דנחתו למצרים GN 46:17

יואש (3)

אלפייא דקטל גדעון בר **יואש** במדינאי דהוא מדבית מנשה: DT 33:17
אפרים וגבורן דגדעון בר **יואש** דמן שבט מנשה וית כל DT 34:2
כד חמא ית גדעון בר **יואש** וית שמשון בר מנוח דקיימין GN 49:18

יובב (3)

ומית בלע ומלך תחותויי **יובב** בר זרח מבצרה: ומית יובב GN 36:33
יובב בר זרח מבצרה: ומית **יובב** ומלך תחותויי חושם מארע GN 36:34
אופיר וית חווילא וית **יובב** כל אילין בני דיקטן: והוה בית GN 10:29

יובל (1)

ומרי בעיר: ושום אחוהי **יובל** הוא הוה רב בהום דכל דממנן GN 4:21

יובקא (5)

דקנית ית מגזתיה **דיובקא**: תעיל יתהון ותנצוב יתהון EX 15:16
נחלא ותחומיה ועד **יובקא** דנחלא תחומא דבני עמון: DT 3:16
ריבוי ועבר ית מגזת **יובקא**: ודברינון ועברינון ית נחלא GN 32:23
קריבתא כל אתר נחלי **יובקא** וקרווי טוורא ככל מה דפקיד DT 2:37
ית ארעיה מארנונא עד **יובקא** עד תחום בני עמון ארום NU 21:24

יוונאי (1)

ומרווחי רווחין בישין **ויוונאי** דנכתין בשיניהון היך חיוות DT 32:24

יוחנן (1)

לקובליה ולא יהי לסנאוי **דיוחנן** כהנא רבא רגל למקום: DT 33:11

יוכבד (6)

תרין ויוסף דהוה במצרים **ויוכבד** ברת לוי דאיתילידת GN 46:27
וגנונא דהלולא ית **יוכבד** אינתתיה דתריך מן קדם EX 2:1
בר פרנך דילידת ליה **יוכבד** ברת לוי בזמן דפטרה עמרם NU 11:26
עמרם: ושום איתת עמרם **יוכבד** ברת לוי דילידת ליה ללוי NU 26:59
ונסב עמרם ית **יוכבד** חביבתיה ליה לאינתו וילידת EX 6:20
כל קבל שנין דהווה **יוכבד** כד ילידת ית משה ושובעין NU 7:85

יון (3)

יתהון במלכותא **דיון** למפסוק קימי עימהון LV 26:44
בנוי דיפת גמר ומגוג ומדי **ויון** ותובל ומשך ותירס ושום GN 10:2
היא מדיי סגיאה דא היא **יון** נפלא דא היא אדום דעתידה GN 15:12

יוסף (211)

איתת ריבוניה ית עינה **ביוסף** ואמרת שכוב עימי: וסרב GN 39:7
ושומהון על פרישותא **דיוסף** אחוי בלע דאתבלע מיניה GN 46:21
לבית אסירי אתרא **דיוסף** אסיר תמן: ומני רב GN 40:3
בר אריוון דמן קטיליה **דיוסף** ברי סליקת נפשך ומדינא GN 49:9
וקרא פרעה שמיה **דיוסף** גברא דטמירן מפרסם ויהב GN 41:45
נפשתא שיתין ושית: ובנוי **דיוסף** דאיתילידו ליה במצרים GN 46:27
בכא על פריקת צווריה **דיוסף** דחמא משכנא דשילו דעתיד GN 45:14
למדיניתא מן בגלל אחוי **דיוסף** דלא יתקרון גלוולאי בגין כן GN 47:21
מכל בנוי ארום איקונין **דיוסף** דמיין לאיקונין דיליה ועבד GN 37:3
זבינוי ועבד כפיתגמא **דיוסף** דמליל: צפרא נהר וגברייא GN 44:2
דמצרים: וכל אינש ביתא **דיוסף** ואחוי ובית אבוי לחוד GN 50:8
ידיה ויהב יתה על ידי **דיוסף** ואלביש יתיה לבושין דבוץ GN 41:42
וחמא ישראל ית בנוי **דיוסף** ואמר מן מאן איתילידו לך GN 48:8
בית מצראי בגין זכותיה **דיוסף** והוה בירכתא דייי בכל מה GN 39:5
והוה מימר דייי בסעדא **דיוסף** והוה גבר מצלח והוה בבית GN 39:2
ושבק כל דאית ליה בידא **דיוסף** ולא ידע עימיה מדעם אלהין GN 39:6
כליל דרבו לרישיה **דיוסף** ולקדקדיה דגברא דהוה רב DT 33:16
והוה מימרא דייי בסטרא **דיוסף** ונגד עליה חיסדא ויהב GN 39:21
דעתיד למהוי בחולקיה **דיוסף** ועתיד למחרוב: ונשיק לכל GN 45:14
ממצרים: וית בנימין אחוי **דיוסף** לא שדר יעקב עם אחוי GN 42:4
וארבעא מאה: לבנוי **דיוסף** לבנוי דאפרים ייחוסיהון NU 1:32
וחמש מאה אילין בנוי **דיוסף** לגניסתהון: בנוי דבנימין NU 26:37
מן בגלל דימטא זימניה **דיוסף** למיפק מן בית אסירי: ומליל GN 41:8
והכדין עתיד יהושע בריה **דיוסף** למכנוש ית חיסודא דמצרים GN 30:23
הכדין לית אפשר לבנוי **דיוסף** למשתעבדא ביני מלכוותא DT 33:17
גדיאל בר סודי: לשיבטא **דיוסף** לשיבטא דמנשה עזגד גדי בר NU 13:11
פרעה: ואמר פרעה לאחוי **דיוסף** מה עובדיכון ואמרו לפרעה GN 47:3
תהוי מן קדם ייי ארעיא **דיוסף** מטוב שמייא תהי עבדא DT 33:13
תרין אוצרין מן אוצרוי **דיוסף** מליין כסף ודהב ובעא NU 16:19
אלפין וחמש מאה: בנוי **דיוסף** מנשה ואפרים: בנוי למנשה NU 26:28
תרתין שנין עאל דוכרניה **דיוסף** קדם מימרא דייי ופרעה הוה GN 41:1
על דבשרת לייעקב **דיוסף** קיים היא שזיבת ליתבי אבל GN 46:17
ברא הכדין יהוון בנוי **דיוסף** שלטין בעממייא כחדא בכל DT 33:17
זהורי וקרת שמיה זרח: **ויוסף** איתחת למצרים וזבניה GN 39:1
מן קרתא לא ארחיקו **ויוסף** אמר למנשה די ממנה GN 44:4
שליט על ארעא דמצרים: **ויוסף** בר תלתין שנין כד קם קדם GN 41:46
במצרים נפשתא תרין **ויוסף** דהוה במצרים ויוכבד ברת GN 46:27
הוה כפנא בארעא דכנען: **ויוסף** הוא הוה שליט על ארעא GN 42:6

ולוי ויהודה וישׂשכר **ויוסף** ובנימין: ואילין שיבטיא DT 27:12
דבחוזרנהא כנש בגוה:: **וליוסף** איתילידו תרין בנין עד לא GN 41:50
וקריבו ואמר אנא **יוסף** אחוכון די זבינתון יתי GN 45:4
ארום אין איתכלית על **יוסף** איתכל על שמעון ועל בנימין: GN 43:14
להון קם גברא מדבית **יוסף** אמר במימריה אזיל ואתלוש NU 15:32
אבוהון יתי אתכלתון **יוסף** אמרתון חיותא בישתא GN 42:36
דקבר ית אבוי: וחמון אחי **יוסף** ארום מיית אבוהון ולא הוה GN 50:15
לסגי בגו ארעא: וחמא **יוסף** ארום משוי אבוה ית יד ימיניה GN 48:17
דתקיף וחימתהון על **יוסף** ארום קשיא אמר יעקב אין GN 49:7
ייי יתרחם עלך ברי: ואוחי **יוסף** ארום רחשו רחמוי על אחוי GN 43:30
למזבון עיבורא מן **יוסף** ארום תקיף כפנא בכל ארעא: GN 41:57
לארעא דגושן: וטקיס **יוסף** ארתכיה וסליק לקדמות GN 46:29
ליעקב למימר הא ברך **יוסף** אתי לותך ואתתקף ישראל GN 48:2
דתב וחמא והא לות **יוסף** בגובא ובזע ית לבושוי: ותב GN 37:29
משה ית ארונא דגרמיה **יוסף** בגויה מן נילוס והוה מידבר EX 13:19
תלתא יומין: ואמר להום **יוסף** ביומא תליתאה דא עיבידו GN 42:18
הוו ידעין ארום שמע הוה **יוסף** בלישן בית קודשא ארום הוה GN 42:23
עבדי אלקא דאבך ובכא **יוסף** במללותהון עימיה: ואזלו אוף GN 50:17
במעהון והוה יהיב **יוסף** במעהא דרחל ודינה במעהא GN 30:21
תנחומין על לבהון: ויתיב **יוסף** במצרים הוא ובית אבוי וחיא GN 50:22
אסירי: ואתא לותהון **יוסף** בצפרא וחמא יתהום והא GN 40:6
ית גרמיי מיכא: ומית **יוסף** בר מאה ועשר שנין ובסימו GN 50:26
דכנען: אילין זרעית יעקב **יוסף** בר שביסרי שנין הוה GN 37:2
כל אולני סרקא כן כבשת **יוסף** ברי בחכמתך ובעובדך טבייא GN 49:22
מכל לישניא: ברי דרבית **יוסף** ברי דרבית ותקיפת וטוף הוה GN 49:22
ביומא ההוא למימר בך **יוסף** ברי יברכון בית ישראל ית GN 48:20
לא סכיית דעד כדון **יוסף** ברי קיים איזיל כדון ואחמיניה GN 45:28
שכינתא שריא: ולשיבט **יוסף** בריך משה נביא דייי ואמר DT 33:13
ית דורונא עד מיעל **יוסף** בשירותא דטיהרא ארום GN 43:25
אמרין ניזיל לדותן ואזל **יוסף** בתר אחהי ואשכחינון בדותן: GN 37:17
בתראין וית רחל וית **יוסף** בתראין: ואיהו עבר לקמיהון GN 33:2
לכל מצראי איזילו לות **יוסף** דיימר לכון תעבדון: וכפנא הוה GN 41:55
על ידא דפרעה: ואמר ליה **יוסף** דין סוף פושרנא דחלמא תלתי GN 40:12
עימיה ית כל פיתגמי **יוסף** דמליל עמהון וחמא ית GN 45:27
שלים כל כספא: ואמר **יוסף** הבו גיתיכון ואתן לכון מזון GN 47:16
הווה בסיפיה: ואמר להום **יוסף** הוא דמלילית עמכון למימר GN 42:14
מגניסת בני מנשה בר **יוסף** הואה לנשין והות אחסנתהן NU 36:12
ופשר לית ליה ואמר להון **יוסף** הלא מן קדם ייי פושרן GN 40:8
יוסף לאחוי אנא הוא **יוסף** העוד כדון אבא קיים ולא GN 45:3
סלא מעילוי רישי: ואתיב **יוסף** ואמר דין הוא פושרניה תלתי GN 40:18
כד איתילידו גזרינון **יוסף**: ואמר יוסף לאחוי הא אנא GN 50:23
מנשה בוכרא: ובריך ית **יוסף** ואמר ייי דיפלחו אבהתיי GN 48:15
והוה כדי ילידת רחל ית **יוסף** ואמר יעקב ברוח קודשא GN 30:25
ארום איתעלו לבית **יוסף** ואמרו על עיסק כספא דתב GN 43:18
לא אידכר רב מזוגיא ית **יוסף** ואנשייה עד זמן די מטא קיצא GN 40:23
ועבד גברא היכמא דאמר **יוסף** ואעיל גברא ית גובריא לבית GN 43:17
מה דילמא נטר לנא סנא **יוסף** ואתבא יתיב לנא ית כל בישא GN 50:15
וגחנן ובתר כדין קריב **יוסף** ואתעבר קמי רחל וכסייה GN 33:7
היכמה דפשר להום **יוסף**: ובגין דשבק יוסף חסדא GN 40:22
עמא דארעא ואתו אחי **יוסף** ובלשו בסרטייתא ובפלטייתא GN 42:6
שובעין נפשתא עם **יוסף** ובנוי דהוו במצרים: ומית יוסף EX 1:5
בני רחל איתת יעקב **יוסף** ובנימין: ואיתיליד ליוסף בנין GN 46:19
וישׂשכר וזבולן: בני רחל **יוסף** ובנימין: ובני בלהה אמתא GN 35:24
תלתא שיבטיא זבולן **יוסף** ובנימין משקען בדהב יהון EX 28:20
תלת שיבטיא זבלון **יוסף** ובנימן משקען מרמצן בדהב EX 39:13
ובנוי דהוו במצרים: ומית **יוסף** ובתריה מיתו אחוי וכל דרא EX 1:6
גברא ית גובריא לבית **יוסף**: ודחילו גובריא ארום איתעלו GN 43:17
צלב: ושדר פרעה וקרא ית **יוסף** ודלוגיה מן בית אסירי וספר GN 41:14
ועל יהודה ואחוהי לבית **יוסף** והוא עוד כדון תמן ונפלו GN 44:14
למיתי היכמא דאמר **יוסף** והוה כפנא בכל ארעתא ובכל GN 41:54
למצרים ואתעתדו קדם **יוסף**: וחמא יוסף עמהון ית בנימין GN 43:15
גברא ית גובריא לבית **יוסף** ויהב מוי ושזיגו ריגליהון ויהב GN 43:24
על מצרים דלא חכים ית **יוסף** ולא הליך בנימוסוי: ואמר EX 1:8
ויתעבדו כליל דרבו לריש **יוסף** ולקדקדיה דגברא דהוה רב GN 49:26
אפיטרופוס על בית **יוסף** ומלילו עימיה בתרע ביתיה: GN 43:19
מכיר בר מנשה מגניסת **יוסף** ומלילו קדם משה וקדם NU 36:1
דפרעה למימר אתו אחי **יוסף** ושפר פיתגמא בעיני פרעה GN 45:16
מיניה בעידן דזבינו ית **יוסף** ותבת עילוי יעקב אבוהון: GN 45:27
מצראי כל רעי ענא: ואתא **יוסף** ותני לפרעה ואמר אבא ואחיי GN 47:1
עימיה שלם: וחלם **יוסף** חילמא ותני לאחוהי ואוסיפו GN 37:5
להום יוסף: ובגין דשבק **יוסף** חסדא דלעיל ואתרחץ ברב GN 40:23
ייי: והוה כדי מלילת עם **יוסף** יומא דין ויומחרא ולא קביל GN 39:10
אסיק ית בנך מתמן וברם **יוסף** ישוי ידיה על עיניך: וקם יעקב GN 46:4
ואיתכניש לעמיה: וארבע **יוסף** ית אבוי בערס דשנדפין GN 50:1

מן קדם פרעה: ואותיב **יוסף** ית אבוי וית אחוי ויהב להון GN47:11
היכמה דפקד פרעה: וזן **יוסף** ית אבוי וית אחוי וית כל בית GN47:12
עיבורא: ואשתמודע **יוסף** ית אחוהי דכר אתפרש מנהום GN42:8
אפיהום על ארעא: וחמא **יוסף** ית אחוהי ואשתמודעינון GN42:7
ליצחק וליעקב: ואומי **יוסף** ית בני ישראל למימר לבנהון GN50:25
שעתא אית ליה: ודכיר **יוסף** ית חילמייא דחלם עליהום GN42:9
זלפה נשיא דאבוי ואייתי **יוסף** ית טיפיהון ביש דחמנון אכלין GN37:2
רבני גיתי על דידי: ואייתי **יוסף** ית יעקב אבוי ואקימיה קדם GN47:7
על כל אנפי ארעא ופתח **יוסף** ית כל אוצרין דבהון עיבורא GN41:56
ומני רב בית אסירי ביד **יוסף** ית כל אסירייא דבבית אסירי GN39:22
לא תשתומם: וקנא **יוסף** ית כל ארעא דמצראי לפרעה GN47:20
מן קדם כפנא: ולקיט **יוסף** ית כל כספא דהישתיכח GN47:14
דהינון זבנין ואיתי **יוסף** ית כספא בבית היפתיקא GN47:14
ביש דחלמתא ופשר ליה **יוסף** ית מה דשפר בעינוי ואמר ליה GN40:18
שיבטא דמנשה בר **יוסף** ית מלכות סיחון מלכא NU32:33
עלוי ונשיק ליה: ופקד **יוסף** ית עבדוי ית אסוותא לבסמא GN50:2
לות אחהי ואשלחו ית **יוסף** ית פרגודיה ית פרגוד מצייר GN37:23
אנת פשר ליה: ואתיב **יוסף** ית פרעה למימר בר מיני לא GN41:16
דהוית מזוגיה: שבק **יוסף** ית רוחצניה דלעיל ונקט GN40:14
רבא דטניס: וקרא **יוסף** ית שום בוכרא מנשה ארום GN41:51
על אפוי על ארעא: ודבר **יוסף** ית תריהום ית אפרים מן צטר GN48:13
יתי ייי אוף ית בנך: ואפיק **יוסף** יתהון מלות רכובוי וסגד על GN48:12
ומסתגי במיא כדין ברך **יוסף** יתקפון לסגי בגו ארעא: וחמא GN48:16
בית אסירי למנטר ית **יוסף** כאורח כל אסיריא ארום לא GN39:23
מנשה לגניסת מנשה בר **יוסף** כדי שמעאן דארעא מתפלגא NU27:1
לך לעבדין: ואמר להום **יוסף** לא תידחלון ארום לא ניגמול GN50:19
איתילידו לך אילין: ואמר **יוסף** לאבוי בני הינון דיהב לי GN48:9
על רישא דמנשה: ואמר **יוסף** לאבוי לא כדין אבא ארום דין GN48:18
אינש בית פרעה: ואמר **יוסף** לאחוי אנא הוא יוסף העוד GN45:3
גזרינון יוסף: ואמר **יוסף** לאחוי הא אנא מיית ויייי GN50:24
עימיה כד אישתמודע **יוסף** לאחוי: וארים ית קליה GN45:1
עד כדון אנת קיים: ואמר **יוסף** לאחוי ולבית אבוי איסק GN46:31
אתבהילו מן קדמוי: ואמר **יוסף** לאחוי קריבו בבעו לותי וחמון GN45:4
אליאב בר חילון: לבני **יוסף** לאפרים אמרכול אלישמע בר NU 1:10
מאה ועשרים שנין: וחמא **יוסף** לאפרים בנין דרין תליתאין GN50:23
תמן יסעדון לחמא: ועל **יוסף** לביתא ואעילו ליה ית דורונא GN43:26
ונהי עבדין לפרעה: ושוי **יוסף** לגזירא עד יומא הדין על GN47:26
לות אבוי: והוה כד אתא **יוסף** לות אחהי ואשלחו ית יוסף GN37:23
כפילתא ומן יד רמז **יוסף** לחושים בן דן ונטל סייפא GN50:13
גיתיהון ליוסף ויהב להון **יוסף** לחמא בסוסון ובגיתי ענא GN47:17
יהודה שדר קדמוי לות **יוסף** למחווייא קדמוי אורחא GN46:28
וחמא ית סדנייא דשדר **יוסף** למיטול יתיה ושרת רוח GN45:27
דכנען ואתו מצראי לות **יוסף** למימר הב לנא לחמא ולמה GN47:15
דפרעה: ומליל פרעה עם **יוסף** למימר חמי הוית בחילמי הא GN41:17
היכמא דקיים עלך: וסליק **יוסף** למיקבור ית אבוי וסליקו GN50:7
דתיברז ית אבא: ולא יכיל **יוסף** למסוברא דלא למבכי מן GN45:1
על אנפי ממרא: ותב **יוסף** למצרים הוא ואחהי וכל GN50:14
מנהון סנדלין ואייתיו ית **יוסף** למצרים: ותב ראובן לגובא GN37:28
וכפת יתיה קמיהון: ופקיד **יוסף** לעבדוי ומלן ית מניהון GN42:25
לא זבינו ית ארעהון: ואמר **יוסף** לעמא הא קניתי יתכון יומא GN47:23
ית יוסף מן גובא וזבינו ית **יוסף** לערבאין בעשרין מעין דכסף GN37:28
ולית דמתני לי: ואמר **יוסף** לפרעה חילמא דפרעה חד הוא GN41:25
בקי בר יגלי: לשבטא דבני **יוסף** לשבטא דבני מנשה אמרכל NU34:23
דישׂשכר עזגד יגאל בר **יוסף**: לשיבטא דאפרים עזגד הושע NU13:7
דמצרים וקם ואתא **יוסף** לשכם: ואשכחיה גבריאל GN37:14
הוא ובית אבוי וחיא **יוסף** מאה ועשרים שנין: וחמא יוסף GN50:22
על ארעא: ואמר להום **יוסף** מה עובדא הדין דעבדתון הלא GN44:15
אבוהון: וישראל רחים ית **יוסף** מכל בנוי ארום איקונין דיוסף GN37:3
מלכא דמצרים ונפק **יוסף** מלות פרעה ועבר רב ושליט GN41:46
דייי יאות שיבטא דבני **יוסף** ממללין: דין פתגמא דפקיד ייי NU36:5
ונגידו ואסיקו ית **יוסף** מן גובא וזבינו ית יוסף GN37:28
ונסיב עיטתא ריבוני **יוסף** מן כומרניא דבדקו דחלבונא GN39:20
שמנותיתא דארעא: ואנת **יוסף** מפקד דאיקר אבך בגין כן GN45:19
כן בני ישראל ויהב להום **יוסף** סדני על מימר פרעה ויהב להון GN45:21
ומני רב ספוקלטוריא ית **יוסף** עימהון ושמש יתהום והוו GN40:4
לזמרא הא בכין אתרכין **יוסף** על אנפי אבוי ובכא עלוי GN50:1
ועברו יומי בכיתיה ומליל **יוסף** עם רבני בית פרעה למימר אין GN50:4
קדם יוסף: וחמא **יוסף** עמהון ית בנימין ואמר למנשה GN43:16
ולא נמות: ונחתו אחי **יוסף** עשרה למזבון עיבורא GN42:3
יעקב ברוח קודשא דבית **יוסף** עתידין למהוי כשלהוביתא GN30:25
ית יעקב דעד כדון **יוסף** קיים: אילין גניסת בנוי דאשר NU26:46
ותניאו למימר עד כדון **יוסף** קיים וארום הוא שליט בכל GN45:26
טבן הוא בשר דעד כדון **יוסף** קיים והוא אזדרז ואזל GN49:21
ייי מצלח בידיה: ומשכח **יוסף** רחמין בעינוי ושמיש יתיה GN39:4

ליה כדנן אמר ברך **יוסף** שווייני ייי לרב לכל מצראי GN 45:9
רבא דטניס לאינתו ונפק **יוסף** שליט על ארעא דמצרים: GN 41:45
דשכיב גבה והוה **יוסף** שפיר בריוא ויאי בחזוא: והוה GN 39:6
ופקידו ית בלהה למימר **ליוסף** אבוך פקיד קדם מותיה GN 50:16
בלישן רוגזא ואמר **ליוסף** אוף אנא הוית חמי בחילמי GN 40:16
דיסגד ליה: ואמר ישראל **ליוסף** אין מייתנא בהדא זימנא GN 46:30
על דרגשא: ואמר יעקב **ליוסף** אל שדי איתגלי לי בלוז GN 48:3
ובעיני עבדוי: ואמר פרעה **ליוסף** אמר לאחך די עיבידו טעינו GN 45:17
דמצרים: ואמר פרעה **ליוסף** אנא פרעה מלכא ואנת GN 41:44
למימר לך: וכדנא תימרון **ליוסף** במטו שבוק כדון לחובי אחך GN 50:17
יוסף ובנימין: ואיתיליד **ליוסף** בנין בארעא דמצרים דילידת GN 46:20
קדם ייי ביה: ואמר פרעה **ליוסף** בתר דאודע ייי יתך ית כל GN 41:39
האילין ואיתאמר **ליוסף** הא אבוך שכיב מרע ודבר ית GN 48:1
קדם מנשה: ואמר ישראל **ליוסף** הא אנא מטא סופי לימות GN 48:21
לזמן יומין ואמר ישראל **ליוסף** הלא אחך רעו בשכם ודחיל GN 37:13
לממת וקרא לבריה **ליוסף** ואמר ליה אין כדון אשכחית GN 47:29
רב מזוגיא ית חלמיא **ליוסף** ואמר ליה חמי הוית בחילמי GN 40:9
כספא: ואייתיו ית גיתיהון **ליוסף** ויהב להון יוסף לחמא GN 47:17
ברי איתיהבת בכירותא **ליוסף** ומלכותא ליהודה וכהונתא GN 49:3
לות פרעה: ואמר פרעה **ליוסף** חילמא חלימית ומפשר לית GN 41:15
אהא רב מינך: ואמר פרעה **ליוסף** חמי דמנית יתך סרכן על כל GN 41:41
בארעא דגשן: ואמר פרעה **ליוסף** למימר אבוך ואחך אתו לותך: GN 47:5
לחברון ולא הוה שביק **ליוסף** למקבור ית אבוי במערת GN 50:13
וגפיף להון: ואמר ישראל **ליוסף** מחמי סבר אפך לא חשיבית GN 48:11
מיניה ואיתיהיבת **ליוסף** מן שירויא מן דין דהדרת DT 33:17

יופיאל (1)

חיוורין מיטטרון **ויופיאל** ואוריאל ויפהפיה רבני DT 34:6

יורדן (41)

באדרעת: בעיברא **דיורדנא** בארעא דמואב שרי משה DT 1:5
ותננון משה בעיברא **דיורדנא** בחילתא בארע סיחן DT 4:46
ארעא טבתא דבעיברא **דיורדנא** טוורא טבתא דנן דביה DT 3:25
אחסנתנא לנא מעיברא **דיורדנא** מדינחא: ואמר להון משה NU 32:19
תלגא: וכל מישרא עיברא **דיורדנא** מדינחא ועד ימא דמישרא DT 4:49
תלת קירוין בעיברא **דיורדנא** מדנח שימשא: למעירוק DT 4:41
מלכי אמוראי דבעיברא **דיורדנא** מדנח שימשא: מערוער DT 4:47
מלכי אמוראי דבעיברא **דיורדנא** מנחלי ארנונא עד טוורא DT 3:8
לותיה כד הוון בעיברא **דיורדנא** ענה ואמר להון הלא DT 1:1
דבני עמון: ומישרא **ויורדנא** ותחום מגניסר ועד ימא DT 3:17
ית בעיריהון ועברו ית **יורדנא** בעשרא בניסן ופסק להון DT 34:8
במישריא דמואב על **יורדנא** דיריחו: אילין פיתגמי NU 36:13
ושרו במשריא דמואב על **יורדנא** דיריחו: ושרו על יורדנא NU 33:48
במישריא דמואב על **יורדנא** דיריחו למימר: מליל עם בני NU 33:50
במישריא דמואב על **יורדנא** דיריחו למימר: פקד ית בני NU 35:1
בשליותא להלאן עיבר **יורדנא** דכדין אתרעון והוה להון GN 49:19
ארום לא תעיבר ית **יורדנא** הדין: ופקיד ית יהושע DT 3:27
אמר לי לא תעיבר ית **יורדנא** הדין: ייי אלקכון ושכינתיה DT 31:2
דלי מיני דאעבור ית **יורדנא** ואחמי בטובתא דישראל DT 32:50
אחסנא לא תעבריננא ית **יורדנא:** ואמר משה לבני גד ולבני NU 32:5
הדא לית אנא אעבר ית **יורדנא** ואתון עברין ותירתון ית DT 4:22
וקיים דלא איעבר ית **יורדנא** ודלא איעול לארעא דייי DT 4:21
בתר מותיה עד דעברו **יורדנא** ועלו לסייפי ארעא דכנען: EX 16:35
יתבין על ימא ועל תחום **יורדנא:** ושתיק כלב ית עמא NU 13:29
יהיב לכון: ותעברון ית **יורדנא** ותיתבון בארעא דייי DT 12:10
גד ובני ראובן עימכון ית **יורדנא** כל דמזרז לקרבא עמא דייי NU 32:29
ויהי ביומא דתעברון ית **יורדנא** לארעא דייי אלקכון יהיב DT 27:2
עד זמן דאיעיבר ית **יורדנא** לארעא דייי אלקנא יהיב DT 2:29
ארום אתון עברין ית **יורדנא** לארעא דכנען: ותזמנון לכון NU 35:10
ארום אתון עברין ית **יורדנא** לארעא דכנען: ותתרכון ית NU 33:51
אתון עברין יומא דין ית **יורדנא** למיעול למירות עממין DT 9:1
ארום אתון עברין ית **יורדנא** למיעל למירות ית ארעא DT 11:31
ארעא דאתון עברין ית **יורדנא** למיעל לתמן למירתה: לא DT 30:18
מטא זימנא למיעבר ית **יורדנא** למירות ית ארעא אנא DT 32:50
יורדנא דיריחו: ושרו על **יורדנא** מבית ישימות עד מישר NU 33:49
ויעיבר לכון כל דמזרז ית **יורדנא** קדם עמא דייי לאגחא NU 32:21
דגריזים במעברכון ית **יורדנא** שמעון ולוי ויהודה וישׂשכר DT 27:12
ארעא דאתון עברין ית **יורדנא** תמן למירתה: ומליל ייי עם DT 32:47
ארעא דאתון עברין ית **יורדנא** תמן למירתה לא תורכון DT 4:26
ארעא דאתון עברין ית **יורדנא** תמן למירתה: תלתא צדיקי DT 31:13
ויהי בזמן דתעברון ית **יורדנא** תקימון ית אבניא האילין DT 27:4

יורדנא (11)

אידרי דאטד די בעוברא **דיירדנא** וספדו תמן מספד רב GN 50:10
אבל מצרים די בעברא **דיירדנא:** ועבדו בנוי ליה היכדין כמה GN 50:11
לזנו וחמא ית כל מישר **ירדנא** ארום כולה בית שקייא קדם GN 13:10
במישריא דמואב על **ירדנא** דיריחו: ובאילין לא הוה גבר NU 26:63
למישריא דמואב על **ירדנא** דיריחו: ונפקו משה ואלעזר NU 31:12
במישריא דמואב על **ירדנא** דיריחו למימר: מבר עשרין NU 26:3
בחוטרי בלחוד עברית ית **ירדנא** הדין וכדין הוינא לתרתין GN 32:11
ליה לוט ית כל מישר **ירדנא** ונטל לוט ממדינחא GN 13:11
דמואב מעיברא **לירדנא** דיריחו: וחמא בלק בר צפור NU 22:1
ולמגזר יתהום מעיברא **לירדנא:** וקרת ית שמיה יוסף למימר GN 30:23
בקדמיתא מעברא **לירדנא** וקרת שמיה גד: וילידת GN 30:11

יחזקא (1)

מימרא דייי על ידא **דיחזקאל** נביא בבקעת דורא ואין EX 13:17

יחלאל (3)

ושומהון סרד ואלון **ויחלאל:** אילין בני לאה דילידת GN 46:14
אלון ליחלאל גניסת **יחלאל:** אילין גניסתא זבולון NU 26:26
סרד לאלון גניסת אלון **ליחלאל** גניסת יחלאל: אילין NU 26:26

יחצאל (3)

למנייניהום: ובנוי דנפתלי **יחצאל** וגוני ויצר ושלם: אילין בני GN 46:24
ליחצאל גניסת **יחצאל** לגוני גניסת גוני: ליצר גניסת NU 26:48
בנוי דנפתלי לגניסתהון **ליחצאל** גניסת יחצאל לגוני גניסת NU 26:48

יטבת (2)

משקיפין דגדגד ושרו **ביטבת** אתר טב ונייח: ונטלו מאתר NU 33:33
נטלו לגודגוד ומן גודגוד **ליטבת** ארע נגדא נחלין דמיין: DT 10:7

יטור (1)

וסוברא: חריפא ותימא **יטור** נפיש וקדמה: אילין הינון בנוי GN 25:15

ייי (2110)

קדם ייי קדם משכנא **דייי** אדם קטל יתחשב לגברא LV 17:4
דאשלים בתר דחלתא **דייי:** אוף עלי הוה רגז מן קדם ייי DT 1:36
ולוט על לזוער: ומימרא **דייי** אחית מיטרין דרעווא על סדום GN 19:24
ואזיל: וענן איקר שכינתא **דייי** איסתלק מעילוי משכנא והא NU 12:10
לחדא לחדא: אין רעווא **דייי** אית בנא ואעיל יתנא לארעא NU 14:8
באבנין ואיקר שכינתא **דייי** איתגלי בענני יקרא במשכנא NU 14:10
ענן יקרא ואיקר שכינתא **דייי** איתמלי ית משכנא: ובאשון EX 40:35
זימנא ואיקר שכינתא **דייי** איתמלי ית משכנא: ולא הוה EX 40:34
מטול דשבקו ית קיימא **דייי** אלקא דאבהתהון דיגזר עימהון DT 29:24
ותירתון ית ארעא **דייי** אלקא דאבהתכון יהיב לכון: DT 4:1
ואומינך בשום מימרא **דייי** אלקא דמותביה בשמי מרומא GN 24:3
והימינו בשם מימרא **דייי** אלקא עלמא: והוה בתר GN 21:33
וצלי תמן בשום מימרא **דייי** אלקא עלמא: וית לוחיא חפא EX 36:33
דשמע עמא קל מימרא **דייי** אלקא קיים דממלל מיגו אישא DT 4:33
בדבית ישראל מימרא **דייי** אלקהון בסעדהון ויבבות NU 23:21
למעיבר על גזירת מימרא **דייי** אלקי למעבד מילתא זעירתא NU 22:18
דמית שמענן בקל מימרא **דייי** אלקי עבדית כל מה דפקידתני: DT 26:14
ויעבד חד מן כל פיקודיא **דייי** אלקיה דלא כשרין לאתעבדא LV 4:22
מהגנא: ואמר בריך שמא **דייי** אלקיה דריבוני אברהם די לא GN 24:27
ייי: וישמש בשום מימרא **דייי** אלקיה הי ככל אחוי ליואי DT 18:7
אודנין: ואיתנציב במימרא **דייי** אלקים גינוניתא מעדן GN 2:8
ושמעו ית קל מימרא **דייי** אלקים מטייל בגינוניתא למנח GN 3:8
לאטעייותכון מדחלתא **דייי** אלקך דאפיק יתכון פריקין מן DT 13:11
אשירתא לסטר מדבחא **דייי** אלקך הכדין ליתיכון רשאין DT 16:21
ואדמא על מדבחא **דייי** אלקך ואדם שאר נכסת קודשך DT 12:27
ישתפיך על מדבחא **דייי** אלקך וביסרא אתכשר למיכול: DT 12:27
אין קבלא תקביל למימר **דייי** אלקך ודכשר קדמוי תעביד EX 15:26
ותגמר ית כל עממיא **דייי** אלקך יהיב לך לא תיחוס עינך DT 7:16
מחד אחך בחדא מן קרוך **דייי** אלקך יהיב לך לא תתקף ית DT 15:7
תיתי לבית מוקדשא **דייי** אלקך עמי בית ישראל לית EX 23:19
שמיא שתיא מוי: ארעא **דייי** אלקך תבע יתה במימריה DT 11:12
תיובתכון עד כורסי יקרא **דייי** אלקכון אין תקבלון למימריה DT 30:2
למחקא כתב שמא **דייי** אלקכון: אלהין לארעא דיתרעי DT 12:4
למסוברא יתכון: מימרא **דייי** אלקכון אסגי יתכון והאיתיכון DT 1:10
שלמין תהוון בדחלתא **דייי** אלקכון: ארום עממיא האילין DT 18:13
דילמא יתקוף רוגזא **דייי** אלקכון בכון וישיצינון DT 6:15
ארום תתובון לדחלתא **דייי** אלקכון בכל ליבכון ובכל DT 30:10
מטול די יברככון מימרא **דייי** אלקכון בכל עובדי ידיכון: DT 24:19
דנן ארבעין שנין מימרא **דייי** אלקכון בסעדכון לא חסרתון DT 2:7
ארום תקבלון למימר **דייי** אלקכון: בריכין אתון בקרתא DT 28:2
ולאזדהרותכון במומתיה **דייי** אלקכון גזר עימכון יומנא: מן DT 29:11
לא למינטור ית פיקודייא **דייי** אלקכון דאנא מפקיד יתכון: DT 4:2
אין תקבלון לפיקודיא **דייי** אלקכון דאנא מפקיד לכון DT 11:27
ארום תקבלון לפיקודיא **דייי** אלקכון דאנא מפקיד לכון DT 28:13
ותתנשון ית דחלתא **דייי** אלקכון דאפיקכון פריקין DT 8:14
תידחלון מנהון: מימרא **דייי** אלקכון די מדבר קדמיכון הוא DT 1:30
תתנשון ית קיימא **דייי** אלקכון דיגזר עימכון ותעבדון DT 4:23
בישרא הי כבירכתא **דייי** אלקכון דיהב לכון בכל DT 12:15
ידיה הי כבירכתא **דייי** אלקכון דיהב לכון: דיינין DT 16:17
לא תקבלון למימרא **דייי** אלקכון דלא למיטור למעבד DT 28:15
מיהימנין במימרא **דייי** אלקכון: דמדבר קדמיכון DT 1:32

דילמא תתנשון דחלתא דייי אלקכון דפרק ואפיק יתכון DT 6:12
לא קבילתון למימרא דייי אלקכון: ויהי היכמא דחדי DT 28:62
צטר ימינא דארון קיימא דייי אלקכון ויהי תמן בכון לסהיד: DT 31:26
כולהון מן קדם מימרא דייי אלקכון ויטרון למעבד ית כל DT 31:12
לכון וסריבתון על מימרא דייי אלקכון ולא הימנתון ליה ולא DT 9:23
לאעלותכון בקיימא דייי אלקכון ולאזדהרותכון DT 29:11
תינטרון ית פיקודיא דייי אלקכון וסהידוותיה וקיימוי DT 6:17
וסריבתון על מימרא דייי אלקכון: ורגינתון במשכניכון DT 1:26
ארום תינטרון ית פיקודי דייי אלקכון ותהכון באורחן דתקנן DT 28:9
תינשון ית דחלתא דייי אלקכון ותהכון בתר טעוות DT 8:19
לא תקבלון לפיקודיא דייי אלקכון ותטעון מן אורחא DT 11:28
שלמן תבנון ית מדבחא דייי אלקכון ותסקון עלוי עלוון DT 27:6
ותקבלון למימרא דייי אלקכון ותעבדון ית פיקודוי DT 27:10
ותתובון עד דחלתא דייי אלקכון ותקבלון למימריה: DT 4:30
מתמן למיתב לדחלתא דייי אלקכון ותשכחון רחמין ארום DT 4:29
יחתיניה קדם מדבחא דייי אלקכון: ותתיבון ותימרון קדם DT 26:4
דיסגון יומיכון על ארעא דייי אלקכון יהב לכון: עמי בני EX 20:12
ברכא יברככון ייי בארעא דייי אלקכון יהיב לכון אחסנא: DT 15:4
מן חזור חזור בארעא דייי אלקכון יהיב לכון אחסנא DT 25:19
ארום תיעלון לארעא דייי אלקכון יהיב לכון אחסנא DT 26:1
אדם זכאי בארעכון דייי אלקכון יהיב לכון אחסנא ויהי DT 19:10
מקירוי עממיא האילין דייי אלקכון יהיב לכון אחסנא לא DT 20:16
חובת מותנא ית ארעא דייי אלקכון יהיב לכון אחסנת: DT 24:4
פיסחא בחדא מן קרויכון דייי אלקכון יהיב לכון: אילהין DT 16:5
ודלא איעול לארעא דייי אלקכון יהיב לכון: ארום אנא DT 4:21
דיסגון יומיכון על ארעא דייי אלקכון יהיב לכון: ארום מרחק DT 25:15
מן בגלל דתיעלון לארעא דייי אלקכון יהיב לכון ארעא DT 27:3
ביניכון בחדא מן קורייכון דייי אלקכון יהיב לכון גבר או DT 17:2
ותירתון ית ארעא דייי אלקכון יהיב לכון: היכמא DT 16:20
למיעל למירות ית ארעא דייי אלקכון יהיב לכון ותירתון יתה DT 11:31
ארום תיעלון לארעא דייי אלקכון יהיב לכון ותירתון יתה DT 17:14
נייחא ולאחסנת ארעא דייי אלקכון יהיב לכון: ותעברון ית DT 12:9
ית יורדנא לארעא דייי אלקכון יהיב לכון ותקימין DT 27:2
בכל איבא דארעא דייי אלקכון יהיב לכון ותשוון DT 26:2
אוף הינון ית ארעא דייי אלקכון יהיב לכון ותתובון גבר DT 3:20
ידיכון ויבריכנכון בארעא דייי אלקכון יהיב לכון: יקים יתכון DT 28:8
ייי אלקכון ית עממיא דייי אלקכון יהיב לכון ית ארעהון DT 19:1
יומא דין על ארעא דייי אלקכון יהיב לכון כל יומיא: הא DT 4:40
דחייביא ית ארעכון דייי אלקכון יהיב לכון: לא תחמון DT 21:23
ארום אתון עללין לארעא דייי אלקכון יהיב לכון לא תילפון DT 18:9
תפרשון לכון בגו ארעכון דייי אלקכון יהיב לכון למירתה: DT 19:2
דתחסנון בארעא דייי אלקכון יהיב לכון למירתה: לא DT 19:14
טמיע באוגרא בארעא דייי אלקכון יהיב לכון למירתה רמי DT 21:1
בחדא מן קרויכון דייי אלקכון יהיב לכון למיתב תמן DT 13:13
תמנון לכון בכל קירויכון דייי אלקכון יהיב לכון לשבטיכון DT 16:18
דייטב לכון על ארעא דייי אלקכון יהיב לכון: עמי בני DT 5:16
עד עלמין: ויגרי מימרא דייי אלקכון ית לווטייא האילין על DT 30:7
חמון ית אולפן אורייתא דייי אלקכון ית רבותיה וית ידיה DT 11:2
ויעילינכון מימרא דייי אלקכון לארעא דירתו DT 30:5
תייתון לבית מוקדשא דייי אלקכון לית אתון רשאין EX 34:26
לקרבא בבי מוקדשא דייי אלקכון לכל נדרא כל דכן DT 23:19
ותנטורון ית פיקודיא דייי אלקכון למהך באורחן דתקנן DT 8:6
לא קבילתון למימרא דייי אלקכון למיטר פיקודוי DT 28:45
קבלא תקבלון למימרא דייי אלקכון למינטור ית כל DT 15:5
קבלא תקבלון למימר דייי אלקכון למינטר ולמעבד ית כל DT 28:1
ארום תקבלון למימרא דייי אלקכון למינטר פיקודויי DT 30:10
ארום תקבלון למימר דייי אלקכון למנטור ית כל פיקודוי DT 13:19
בהון אתרעי מימרא דייי אלקכון לשמשותיה ולברכא DT 21:5
מנהון ארום מימרא דייי אלקכון מגיח לכון: ובעית DT 3:22
יורדנא ותיתבון בארעא דייי אלקכון מחסן יתכון ויניח לכון DT 12:10
תתנשון ית דחלתא דייי אלקכון מן בגלל דלא למינטר DT 8:11
לארעא דיתרעי מימרא דייי אלקכון מן כל שיבטיכון DT 12:5
ופרק יתכון מימרא דייי אלקכון מתמן בגין כן אנא DT 24:18
חד מנכון בשום מימריה דייי אלקכון על מגן ארום לא מזכי EX 20:7
חד מנכון בשום מימריה דייי אלקכון על מגן ארום לא מזכי DT 5:11
ואתון דדבקתון בדחלתא דייי אלקכון קיימין כולכון יומא דין: DT 4:4
דין מטול דיוטב לכון: הא דייי אלקכון שמיא ושמי שמיא DT 10:14
דלא קבילתון למימרא דייי אלקכון: שמעו ישראל אתון DT 8:20
נפשכון: בתר פולחנא דייי אלקכון תהכון ויתיה תידחלון DT 13:5
לוותיה בשום מימרא דייי אלקן אורחיהון דעממיא נטלין DT 4:7
ית יורדנא לארעא דייי אלקנא יהיב לנא: ולא צבא DT 2:29
כלב ויהושע טבא ארעא דייי אלקנא יהיב לנא: ולא צביתון DT 1:25
עד טוורא דאמוראה דייי אלקנא יהיב לנא: חמון דיהב ייי DT 1:20
הא אחמי יתן מימרא דייי אלקנא ית שכינת יקריה וית DT 5:24

למיטעי יומנא מדחלתא דייי אלקנא למיפלח ית טעוות DT 29:17
למישמע ית קל מימרא דייי אלקנא תוב ומייתין אנחנא: DT 5:25
למיפק ולמיעל ומימרא דייי אמר לי לא תעיבר ית יורדנא DT 31:2
כדין אמר ארום בשמא דייי אנא מצלי ואתון עמא בית DT 32:3
גלי קדמי ארום דחלא דייי אנת ולא עכיבתא ית ברך ית GN 22:12
ערקת: ואמר לה מלאכא דייי אסגאה אסגי ית בנייכי ולא GN 16:10
אמר חמיתי מלאכייא דייי אפין כל קבל אפין ואישתיזבת GN 32:31
יקבל ארום ית קודשא דייי אפיס וישתיצי בר נשא ההוא LV 19:8
רברבי מואב: ותקיף רוגזא דייי ארום אזיל הוא ללטוטינון NU 22:22
ביומא ההוא ית עובדא דייי ארום דחיל הוא דאנא עביד EX 34:10
לכון ית פיתגמא דייי ארום דחילתון מן קל פונין DT 5:5
וחולק בנך היא מקרבניא דייי ארום הכדין איתפקדית: וית LV 10:13
למיסבא מעם קהלא דייי: ארום תפקון משרויין על בעלי DT 23:9
דתמן כתיבין קרביא דייי את והב דהוון בעלעולא NU 21:14
והא יקר שכינתא דייי אתגלי בענן יקרא: ומליל ייי עם EX 16:10
האפשר דלשום מימרא דייי אתון גמלין דא עמא דהוון DT 32:6
תקיפתא: וגרי מימרא דייי אתין ותימהין רברבין ומכתשין DT 6:22
ליה ומן בגלל דבדיוקנא דייי אתעבד תקברוניה עם מטמוע DT 21:23
מאן דמפרש ומחרף שמא דייי אתקטלא יתקטיל אטלא LV 24:16
עם אחוי קורבניא דייי באחסנתהון יכלון: ואחסנת DT 18:1
ואתעתד מלאכא דייי באיסרטא למישטן ליה והוא NU 22:22
ארום מיחד אחד מימרא דייי באנפי כל ציריה בית וולדא GN 20:18
אתכנש תמן משה עבד דייי בארעא דמואב על נשיקת DT 34:5
הלואי דמיתנא במימרא דייי בארעא דמצרים כד הוינא EX 16:3
להון: ותקיף רוגזא דייי בארעא ההיא לאיתיא עלה ית DT 29:26
מעילווי יקר שכינתא דייי באתרא דמליל עימיה: ואקים GN 35:13
בוכרא דיתפרש לשמא דייי בבעירא לית אפשר דקדיש גבר LV 27:26
עברינן על גזירת מימרא דייי בגין כן אתיליד לנא ברנא דין DT 21:20
כדון אזדמנו על מימרא דייי בגין כן חזי לנדוייהון ולגמרא NU 16:26
דתבתון מן בתר פולחנא דייי בגין כן לא יהי מימרא דייי NU 14:43
לאיסרטא: וקם מלאכא דייי בדוחקא דמיצע ביני כרמיא NU 22:24
בני הינון דיהב לי מימרא דייי בדין כתבא דעליה נסיבית ית GN 48:9
עם משה דמימרא דייי בחזיו לוותהון מתגלי בחלמא NU 12:6
ואתגלי עלוהי יקרא דייי בחיזוי ממרא והוא מרע מכיבא GN 18:1
חיוורין: ואמר לי מלאכא דייי בחילמא יעקב ואמרתי האנא: GN 31:11
דייי נטרין על פום מימרא דייי בידא דמשה: ומליל ייי עם משה NU 9:23
ואהרן על פום מימרא דייי בידא דמשה: ומניין סכומי בני NU 4:37
על פום מימרא דייי בידא דמשה: ונטיל טיקס NU 10:13
ואהרן על פום מימרא דייי בידא דמשה: כל סכום מניינייא NU 4:45
ליואי דיכלון מקורבניא דייי ביומא די קרבון יתהון LV 7:35
להון ייי: ותקיף רוגזא דייי ביומא ההוא וקיים למימר: אין NU 32:10
שובעא יומין לשמא דייי: ביומא קדמאה דחגא מארע LV 23:34
בלא קיסמא ותקיף רוגזא דייי בישראל: ואמר ייי למשה סב ית NU 25:3
דחלתא דייי: ותקיף רוגזא דייי בישראל וטלטילינון במדברא NU 32:13
לדריא ובנא להין מימרא דייי בית מלכותא ובית כהונתא EX 1:21
דבביכון דיגרינון מימרא דייי בכון בכפנא ובצהותא DT 28:48
להון: ויתקף רוגזא דייי בכון ויחוד ית ענני שמיא ולא DT 11:17
עממיא ויתקוף רוגזא דייי בכון וישיצנכון בסרהוביא: ארום DT 7:4
יגרי מימרא דייי בכון ית לווטתא ללטטא DT 28:20
דחלתי: יאדק מימרא דייי בכון ית מותא עד דישיצי DT 28:21
ואמר ארום קיים מימרא דייי בכורסיה יקריה דהוא במימריה EX 17:16
דיוסף והוה בירכתא דייי בכל מה דאית ליה בביתא GN 39:5
ולא תהי כנישתא דייי בלא חכימין מן בגלל דלא NU 27:17
תהון פלחין אלהין לשמא דייי בלחודוי: וגיורא לא תקנטון EX 22:19
ארעא דישראל: מימרא דייי בלחודיהון ישרינון בארעהון DT 32:12
למיתן פורענות עמא דייי במדין: אלפא לשיבטא אלפא NU 31:3
אתגליו ליה מלאכייא דייי במיערקיה מן קדם עשו אחוי: GN 35:7
בסוף יומיא: ותקיף רוגזא דייי במשה ואמר הלא אהרן אחוך EX 4:14
ואיתגלי איקר שכינתא דייי במשכנא בעמודא דעננא וקם DT 31:15
אחוי דיפת רבא בדחלתא דייי: בנוי דשם עילם ואתור GN 10:21
בבי אסירי: והוה מימרא דייי בסטרא דיוסף ונגד עליה GN 39:21
לתמן: והוה מימר דייי בסעדא דיוסף והוה גבר מצלח GN 39:2
למימר אין יהי מימרא דייי בסעדי ויטרינני משפיכות אדם GN 28:20
לי ארום מימרא דייי בסעדי וכדי ידעת ארום בר GN 29:12
ית טליא: והוה מימרא דייי בסעדיה דטליא ורבא ויתיב GN 21:20
לאברהם למימר מימרא דייי בסעדך בכל מה דאנת עביד: GN 21:22
חמינא ארום הוה מימרא דייי בסעדך דבזכותך הוות לן כל GN 26:28
אימלכינך ויהי מימרא דייי בסעדך הוי אנת לעמא תבע EX 18:19
בגין כן לא יהי מימרא דייי בסעדכון: ואזדרו בחשוכא NU 14:43
סופי ליממת ויהי מימרא דייי בסעדכון ויתיב יתכון לארעא GN 48:21
להון יהי כדין מימרא דייי בסעדכון כמא דאפטור יתכון EX 10:10
מעליהון ומימרא דייי בסעדנא לא תידחלון מנהון: NU 14:9
לא איתרעי מימרא דייי בעובדי ידיי בכן עלו משה LV 9:23
ואמר תשרי שכינתא דייי בעובדי ידיכון: ומליל ייי עם EX 39:43

מזונהון בכן גרי מימרא **דייי** בעמא ית חיוון חורמנין ונכיתו NU 21:6
תלתיהון: ואיתגלי יקרא **דייי** בעמודא דענן יקרא וקם בתרע NU 12:5
זימנא ארום הוה מחתא **דייי** בענא דלבן ולא אשתיירו GN 29:9
מן בגלל דתיהוי אורייתא **דייי** בפומך ארום בחיל ידא EX 13:9
חמיתון ית דעבד מימרא **דייי** בפלחי טעוות פעור ארום כל DT 4:3
ואתנין וגמלין: וגרי מימר **דייי** בפרעה מכתשין רברבין וית GN 12:17
דעמיה על פום מימרא **דייי** בקטילת סייפא: ואמר ייי EX 17:13
ביומיה: בר מן יומי שביא **דייי** בר ממתנתיכון ובר מנידריכון LV 23:38
וצבויים דהפך מימרא **דייי** ברוגזיה ובכליתיה: ויימרון כל DT 29:22
להון: ארום דאין מימרא **דייי** ברחמוי דינא דעמיה ישראל DT 32:36
וכן אמר תוב כדון מימרא **דייי** ברחמך טביא ודבר ית עמא NU 10:36
סיב על ביומין ומימרא **דייי** בריך ית אברהם בכל מיני GN 24:1
דמואב על נשיקת מימרא **דייי**: בריך שמיה דמריה עלמא DT 34:5
למיסב איתא מקהל עמא **דייי** ברם דר עשיראי לא ידכי DT 23:4
עמא ואמר יקבל מימר **דייי** ברעוא ית קורבניכון וישרי LV 9:23
ימחינכון מימרא **דייי** בשווייותא דמטפשא מוקרא DT 28:28
ימחי יתכון מימרא **דייי** בשחפותא ובקדחותא ובאישא DT 28:22
תזוען: ימחינכון מימרא **דייי** בשיחנא בישא על רכוביא DT 28:35
ימחינכון מימרא **דייי** בשיחני דילקו בהון מצראי DT 28:27
אמר אתגלי כדון מימרא **דייי** בתקוף רוגזך ויתבדרון בעלי NU 10:35
עלוי איקר שכינתא **דייי** בתרין אלפין רבוון דמלאכין DT 34:5
ית אדמא על מדבחא **דייי** בתרע משכן זימנא ויסיק LV 17:6
עמא גיברי חילא דחליא **דייי** גוברין דקשוט דסנן לקבלא EX 18:21
מיא תמן שוי ליה מימרא **דייי** גזירת שבתא וקיים איקר אבא EX 15:25
חולף דקצתון במימרא **דייי** דאיקר שכינתיה שריא ביניכון NU 11:20
ליביה ייתי ית אפרשותא **דייי** דהבא וכספא ונחשא: ותיכלא EX 35:5
ידוי ייתיַן ית קורבניא **דייי** די יפרש מניכסת קודשיה ית LV 7:30
וחמון ית פורקנא **דייי** די עבד לכון יומא דין כיתא EX 14:13
וקרא שמיה מימרא **דייי** דין ניסא דילי דניסא דעבד EX 17:15
לטעוותהון בשום מימרא **דייי**: דין ספר ייחוס תולדת אדם GN 4:26
ובטעותהון עבד מימרא **דייי** דינין טעוות מתכא הוו NU 33:4
במעבדיה חד מן פיקודיא **דייי** דלא כשרין לאיתעובדא LV 4:27
יחוב בשלו מכל פיקודיא **דייי** דלא כשרין לאתעבדא ויעבד LV 4:2
מן חד מן כל פיקודיא **דייי** דלא כשרין לאתעובדא LV 4:13
ויעבד חדא מכל פיקודיא **דייי** דלא כשרין לאתעובדא ולא LV 5:17
עבדוי דחילו מפתגמא **דייי** דלא מיתו במותנא ולא בברדא EX 14:7
ובפרשוי: ונטל מלאכא **דייי** דמדבר קדם משירייתא EX 14:19
מן קל פונין דמימרא **דייי** דמישתמע מיגו אישתא ולא DT 5:5
ומחהי ישראל בשמתא **דייי** דקטלא כפיתגם דחרב וירית NU 21:24
ואמר יתרו בריך שמא **דייי** דשיזיב יתכון מן ידא דמצראי EX 18:10
ייי למימר: ימני מימרא **דייי** דשליט בנשמת בר נש ומיניה NU 27:16
להון זמן סידורי מועדיא **דייי** דתארעון יתהון מארעי קדיש LV 23:2
זימני סידרי מועדייא **דייי** דתערעון יתהון מארעי קדיש LV 23:37
חבית בזימנא הדא ידעית **דייי** הוא אלקא זכאה וברם אני EX 9:27
בני ישראל ארום מימרא **דייי** הוא דמגיח להון קרבין EX 14:25
אין תור אין אימר לשמא **דייי** הוא: ואין בבעירא מסאבא LV 27:26
למקום לשמשא בשמא **דייי** הוא ובנוי כל יומיא: וארום ייתי DT 18:5
דייי הינון וכתבא כתבא **דייי** הוא חקיק ומפרש על לוחיא: EX 32:16
דיחטי ברם על מימרא **דייי** הוא למתפרעא על טומריא על DT 19:15
דארעא ומפירי אילנא **דייי** הוא קודש קודשין הוא קדם ייי: LV 27:30
סורחן בידיה בגין דמימר **דייי** הוה בסעדיה ודהוא עביד ייי GN 39:23
ריבוניה ארום מימר **דייי** הוה בסעדיה וכל דהוא עביד ייי GN 39:3
ארום ענן יקרא **דייי** הוה מטלל על משכנא בימכא EX 40:38
בהון: הא מחת ידא **דייי** הויא כען כד לא הות למהוי EX 9:3
מיגו עננא: וחיזו זיו יקרא **דייי** הי כאשא בערא וזיקוקי אישא EX 24:17
מן בגלל דתינדע ארום **דייי** היא ארעא: ואנת ועבדך EX 9:29
נטרי מטרת משכנא **דייי** היכמא דפקיד ייי ית משה: NU 31:47
משה על פם מימרא **דייי** היכמה דאיתפקד: והוון איליין NU 3:16
ולבנוי על פום מימרא **דייי** היכמה דפקד ייי ית משה: NU 3:51
כתיבין: ולוחיא עובדא **דייי** הינון וכתבא כתבא דייי הוא EX 32:16
וכדון קיים לי במימרא **דייי** הכא אין תשקר בי ובברי ובביר GN 21:23
הוה בדרוהי בדחלתא **דייי** הליך נח: ואולד נח תלתא בנין GN 6:9
דאזדמנתון על מימרא **דייי** ואהרן מה הוא ארום מתרעמין NU 16:11
מן סמאל מלאכא **דייי**: ואוסיפת למילד מן בעלה אדם GN 4:1
וצלי תמן אברם בשמא **דייי**: ואוף ללוט דהוה מידבר GN 13:4
נחמת אתנא ית מלאכא **דייי** ואידחקת לסייגא ודחקת ית NU 22:25
עברין על גזירת מימרא **דייי** ואיהי לא תצלח לכון: לא NU 14:41
דאישתיירת מקורבנייא **דייי** ואיכלוה פטיר בסטר מדבחא LV 10:12
למטלניהון על מימרא **דייי** ואיליין מטלניהון למפקנהון: NU 33:2
ית זמן סידורי מועדיא **דייי** ואליפינון לבני ישראל: ומליל LV 23:44
קבילתהון לשמי מרומא **דייי** ואמר במימריה למפרוקינון מן EX 2:23
דגד בריך משה נביא **דייי** ואמר בריך דאפתיה תחומיה DT 33:20
דנפתלי בריך משה נביא **דייי** ואמר: בריך הוא מבניא דיעקב DT 33:23
יוסף בריך משה נביא **דייי** ואמר בריכא תהוי מן קדם ייי DT 33:13

זבולן בריך משה נביא **דייי** ואמר חדון דבית זבולן DT 33:18
דתמן יקר שכינתא **דייי**: ואמר ייי למשה כדנא תימר EX 20:21
וארעו ביה מלאכייא **דייי**: ואמר יעקב כיון דחמנון לא GN 32:2
בצית איקר שכינתא **דייי**: ואמר מגלא גלי קדמיי ית EX 3:6
אילהן על מימרא **דייי**: ואמר משה לאהרן אימר לכל EX 16:8
דדן בריך משה נביא **דייי** ואמר שיבטא דדן מדמי לגור DT 33:22
וקרא משה בשום מימרא **דייי**: ואעבר ייי שכינתיה על אפוי EX 34:5
בשלם אנת כדון בריכא **דייי**:: ואקדימו בצפרא וקיימו גבר GN 26:29
וכתב משה ית פיתגמיא **דייי** ואקדם בצפרא ובנא מדבחא EX 24:4
קודש קודשין מקרבניא **דייי**: וארום תקריב קרבן מנחתא LV 2:3
וסרבתון על מימרא **דייי** וארשעתון וסליקתון לטוורא: DT 1:43
גידוי לא תקרבון לשמא **דייי** ובארעכון לא תסרסון: ומן יד LV 22:24
זמן ניכסת פיסחא לשמא **דייי**: ובחמיסר יומין לירחא הדין LV 23:5
הוית קאים בין מימריה **דייי** וביניכון בעידנא ההיא DT 5:5
ואישתעיאו על מימרא **דייי** ובמשה נצו למא אסקתונא NU 21:5
ייי והימינו בשום מימריה **דייי** ובנבואתיה דמשה עבדיה: הא EX 14:31
וארע ביה מלאכא **דייי** ובעא למיקטליה מן בגלל EX 4:24
באילניא כגינוניתא **דייי** ובעללתא כארעא דמצרים GN 13:10
ואודו לשום מימרא **דייי** ובתר כדין תעבירון ארום בגין GN 18:5
אלהן בית מקדש לשמיה **דייי** ודין כשר לצלן מכוון כל קבל GN 28:17
דמתפרקין בשום מימרא **דייי** והוא תריס סעודכון ודי חרביה DT 33:29
דין מותא על עמא **דייי**: והוה באתכנשות כנישתא על NU 17:6
לכון איקר שכינתא **דייי**: והוה כיוון דחמא אהרן מדבחא LV 9:6
וחמון ית איקר שכינתא **דייי** והוון הדן בקורבניהון EX 24:11
ליביה לשום מימרא **דייי** וחאי: ונטלו מתמן בני ישראל NU 21:9
ארום בכין יתקוף רוגזא **דייי** וחימתיה בבר נשא ההוא DT 29:19
סאין כתיבין באדבעא **דייי**: וחמא עמא ארום אשתהי משה EX 31:18
ליה הימנותא במימרא **דייי** וחשבה ליה לזכו דלא אטח GN 15:6
ית דיפרשון לשמא **דייי**: ויארעון יתהון חובי אשמתהון LV 22:15
מסדרא בבי מוקדשא **דייי** ויהון דריא פלחין עלה לשמא GN 28:22
בעילוי נפשתא לשמא **דייי**: ויהי עילוייה דביר דכר מן בר LV 27:2
בשלו ויתהני מן קודשיא **דייי** וייתי ית קורבן אשמיה לקדם LV 5:15
שיקרין לשום מימריה **דייי** ויכפור בחבריה בפיקדונא LV 5:21
למדבחא על קרבניא **דייי** ויכפר עלוי כהנא על חובתיה LV 4:35
דיירי עלמא גבורתא **דייי** וימרון הלא גיבריא דהוו GN 14:13
עלוי עדבא לשמא **דייי** ויעבדיניה קרבן חטאתא: LV 16:9
להון ית קיימייא **דייי** וית אורייתיה: ואמר חמוי EX 18:16
לעמא ית כל פיתגמיא **דייי** וית כל דיניא ואתיב כל עמא EX 24:3
והות מותנא בכנישתא **דייי**: וכדון קטולו כל דכורא NU 31:16
דריא פלחין עלה לשמא **דייי** וכל דתיתן לי חד מן עשרא GN 28:22
עם עמא ית פיתגמיא **דייי** וכנש שובעין גוברין מסבי NU 11:24
דימלל נבי שיקרא בשמא **דייי** ולא ייתי פיתגמא ולא יתקיים DT 18:22
ישראל ית מטרת מימרא **דייי** ולא נטלין: ואית זמן דהוי ענן NU 9:19
ית מיטרת מימרא **דייי** ולא תמותון ארום היכדין LV 8:35
עלוי יקר שכינתא **דייי**: ולחכימיא אמר אמתינו לנא EX 24:13
ויהון למפלח ית פולחנא **דייי**: וליואי יסמכון ית ידיהון על NU 8:11
דנטלין ית ארון קיימא **דייי** ולכל חכימי ישראל: ופקיד DT 31:9
למפלח ית פולחן משכנא **דייי** ולמקום קדם כל כנישתא NU 16:9
וביניהון שריא שכינתא **דייי** ומה דין אתון מתרברבין על NU 16:3
אומנוס על מימרא **דייי** ומית תמן בשנת ארבעין NU 33:38
מדבחא יתקריב לשמא **דייי**: ומליל ייי עם משה למימר: LV 3:17
להון על גזירת מימרא **דייי**: ומליל ייי עם משה למימר: LV 24:12
ותקרבון קורבנא לשמא **דייי**: ומליל ייי עם משה למימר: ברם LV 23:25
איתגלי לכון יקרא **דייי** ומן בגלל דתיהוי דחלתיה על EX 20:20
ארעא קדם עמא **דייי** ומן בתר כדין תתובון ותהון NU 32:22
בר שתיה לעלתא לשמא **דייי**: ומנחתיה תרין עשרונין סמידא LV 23:12
ואהרן על פום מימרא **דייי**: ומניין סכומי גניסת בני מררי NU 4:41
כהנא אפרשותא לשמא **דייי**: ומפלגותא דבני ישראל תיסב NU 31:29
ברם ארונא דביה קימא **דייי** ומשה לא זזו מגוא משריתא: NU 14:44
קדם ייי וצלי בשמא **דייי**: ונטל אברם אזיל ונטיל GN 12:8
וצלי תמן בשום מימרא **דייי** ונסבוהי בני ישראל ועבדו EX 26:28
דעברו על גזירת מימרא **דייי** ונפקו ממצרים תלתין שנין EX 13:17
דאיתגלי עלוי יקרא **דייי** ונשיק ליה: ותני משה לאהרן ית EX 4:27
עלוי יקר שכינתא **דייי** וסגיד ישראל על ריש דרגשא: GN 47:31
נטרי מטרת משכנא **דייי**: ועבד משה ואלעזר כהנא NU 31:30
ליביה לשום מימרא **דייי**: ועבד משה חיויא דנחשא ושוי NU 21:8
שוין עדבא חד לשמא **דייי** ועדבא חד לעזאזל ויטריף LV 16:8
ביקר שכינתא **דייי** ועימך נצינא צלי קדם ייי ויעדי NU 21:7
ואיתגלי תמן איקרא **דייי**: ועל משה ואהרן מן קדם קהלא NU 17:7
מרמירא כתיבין באצבעא **דייי** ועלויהון כתיב הי ככל DT 9:10
איתרברבת עם מלאכייא **דייי** ועם גובריא ויכילת להום: GN 32:29
תמן מבדחא וצלי בשמא **דייי** ופרס תמן משכניה וחפסו תמן GN 26:25
דיוסף קדם מימרא **דייי** ופרעה הוה חלים והא קאי על GN 41:1
איתגליית עילוי שכינתא **דייי**: וקרא מלאכא דייי לאברהם GN 22:14

וחמת אתנא ית מלאכא **דײי** ורבעת לה תחות בלעם ותקיף NU 22:27
דלא שוי ליביה לפתגמא **דײי** ושבק ית עבדוי וית גיתוי EX 9:21
מתרברבין על קהלא **דײי**: ושמע משה היך קנייו כל חד NU 16:3
למטלניהון על מימרא **דײי** ושרו ברפידים אתרא דבטילו EX 17:1
מנהון על מדבחא לשמא **דײי**: ותור ואימר יתיר כוליא או LV 22:22
ותקבלון למימרא **דײי** ותעבדון ית כל פיקודוי דאנא DT 30:8
קודשא יהון לשמא **דײי**: ותערעון חיין וקיימין הי כזמן LV 23:20
שלימו בתר דחלתא **דײי**: ותקיף רוגזא דײי בישראל NU 32:12
יתאפיין ביכורין לשמא **דײי**: ותקרבון על לחמא ההוא LV 23:17
כל דמזרז לקרבא עמא **דײי** ותתכבש ארעא קדמיכון NU 32:29
עליהון מן יד זמין מימרא **דײי** זחלא ופכר טוורא ונקריה NU 21:35
ואמר בלעם למלאכא **דײי** חבית ארום לא ידעית ארום NU 22:34
איתגליאת יקר שכינתא **דײי** חזוא בתר חזוא: בגין כן קרא GN 16:13
למדבחא על קורבניא **דײי** חטאתא היא:: ומליל ײי עם LV 5:12
למימריה: ומימרא **דײי** חטיב יתכון חטיבא חדא DT 26:18
מה דאתברי על מימרא **דײי** חיי בר נשא: כסותכון לא בלת DT 8:3
עממי ארעא ארום שמא **דײי** חקיק מזמן דתפילין דעלך DT 28:10
לכון בבו הוא ומימרא **דײי** חשבה עלי לטבתא דאבא הוה GN 50:20
ית בני ישראל על מימרא **דײי** יאות שיבטא דבני יוסף NU 36:5
מעילוי ארעא משבחא **דײי** יהיב לכון: ותשוון ית פיתגמיי DT 11:17
ואמר מאן הוא דחליא **דײי** ייתון לותי ואתכנשו לוותיה כל EX 32:26
משה נביא ואמר חביביה **דײי** ישרי לרוחצן עלוי יהי מגין DT 33:12
ברכתא דבריך משה נביא **דײי** ית בני ישראל קדם דימות: DT 33:1
ישוי מימרא **דײי** ית בעלי דבביכון דקיימין DT 28:7
קיים אנא ומליא יקרא **דײי** ית כל ארעא: ארום כל גובריא NU 14:21
לדחלתיה: ויתרך מימרא **דײי** ית כל עממיא האילין מן DT 11:23
יריחו ואחוויי ליה מימרא **דײי** ית כל תקיפי ארעא ית גבורן DT 34:1
והוה כד אקשי מימרא **דײי** ית ליבא דפרעה למפטרנא EX 13:15
ומבתר כן אסי מימרא **דײי** ית נהרא: ואמר ײי למשה עול EX 7:25
חוביהון: וחבל מימרא **דײי** ית עמא על דגחנו לעיגלא EX 32:35
היא שעתא פתח מימרא **דײי** ית פומה ואזדמן לה ממלל NU 22:28
ײי אלקים ואגן מימרא **דײי** ית תרעא דתיבותא באנפי: GN 7:16
באודניהון ברם מימרא **דײי** יתיב על כורסיה רם ומנטל DT 4:7
למזוף: וימני מימרא **דײי** יתכון למלכין ולא להדיוטין DT 28:13
ואיסתלק איקר שכינתא **דײי** כד פסק למללא עם אברהם GN 18:33
עליכון יקר שכינתיה **דײי** כד שמיען קדמוי ית EX 16:7
דפארן על פום מימרא **דײי** כולהון גוברין חריפין דמתמנן NU 13:3
וקריבנא דורונא לשמא **דײי** כיון דמסר ײי ית מדינאי בידינן NU 31:50
עלם לדריכון מקרבנייא **דײי** כל דיקרב בהון יתקדש: ומליל LV 6:11
יומיא דיפרש לשמא **דײי**: כל יומין דיפרש לשמא דײי על NU 6:5
קדש קודשין מקרבניא **דײי**: כל מנחתא די תקרבון קדם ײי LV 2:10
תקרבון קורבנא לשמא **דײי** כנישין תהון לצלאה קדם ײי LV 23:36
ואמר פרעה שמא **דײי** לא איתגלי דאיתקביל EX 5:2
איתא כשרא מקהל עמא **דײי**: לא ידכון דכורי עמונאי DT 23:3
למיסב איתא מקהל עמא **דײי**: לא ידכי דמתיליד מן זנו דביה DT 23:2
ית עמא אמר ליה מימרא **דײי** לא כל היאך אילהין סוק וחמי DT 32:49
מעמיה ארום קורבנא **דײי** לא קריב בזימניה חוביה יקבל NU 9:13
ודבש: ברם בפיקודיא **דײי** לא תבטשון ואתון לא NU 14:9
תגמרון יתהון בשמתא **דײי** לא תגזרון להון קיים ולא DT 7:2
לארעא דקיים מימרא **דײי** לאבהתהון למיתן להון ואנת DT 31:7
דײי: וקרא מלאכא **דײי** לאברהם תניינות מן שמיא: GN 22:15
אין תזדרזון קדם עמא **דײי** לאגחא קרבא: ויעיבר לכון כל NU 32:20
ית יורדנא קדם עמא **דײי** לאגחא קרבא עד דיתרך ית NU 32:21
סכום נסיבת אפרשותא **דײי** לאלעזר כהנא היכמא דפקיד NU 31:41
נעיבר מזרזין קדם עמא **דײי** לארעא דכנען ועימנא אחידת NU 32:32
דיתרעי ביה מימרא **דײי** לאשראה שכינתיה תמן לתמן DT 12:11
איתוב לי: ואמר מלאכא **דײי** לבלעם איזל עם גובריא וברם NU 22:35
ואהרן על פום מימרא **דײי** לגניסתהון כל דכורא מבר NU 3:39
דאברהם וקרא מלאכא **דײי** להגר מן שמייא ואמר לה מה GN 21:17
ואיתגלי איקר שכינתא **דײי** להון: ומליל ײי עם משה למימר: NU 20:6
משכניה ותקיף רוגזא **דײי** לחדא ובעיני משה ביש: ואמר NU 11:10
נכראה ומרדין לשמא **דײי** לחדא: ויײ אמר לאברם בתר GN 13:13
ויתכון נסיב מימרא **דײי** לחולקיה ואנפיק יתכון מניר DT 4:20
דאיתגלי עלוי יקרא **דײי** לחורב: ואיתגלי זגנזגאל EX 3:1
מינך: וישיירינכון מימרא **דײי** לטבא בוולדא דמעכון ובוולדא DT 28:11
מצוותא דא עבד מימרא **דײי** לי ניסין ופרישן במיפיקי EX 13:8
ואיתגלי זגנזגאל מלאכא **דײי** ליה בלהבי אישתא מגו סניא EX 3:2
האינון: ולא יהב מימרא **דײי** לכון ליבא למינשי אלהין DT 29:3
ריגליכון ויתן מימרא **דײי** לכון תמן ליבא דחלא וחשכת DT 28:65
אילולי דאיתגלי איקרא **דײי** לכל כנישתא: ומליל ײי עם NU 16:19
יד איתגלי איקר שכינתא **דײי** לכל עמא: ונפקת אישתא מן LV 9:23
אברהם ואמר עול בריכא **דײי** למא אנת קאי בברא ואנא GN 24:31
ולמא אתיתון ית קהלא **דײי** למדברא הדין לממת תמן NU 20:4
לטבא ארום יתוב מימרא **דײי** למיחדי אמטולכון לאוטבא DT 30:9

עד צפרא: ויתגלי יקרא **דײי** למימחי ית מצראי ויחמי ית EX 12:23
ליואי נטלי ארון קיימא **דײי** למימר: סבו ית סיפרא DT 31:25
למסוברא ית ארון קימא **דײי** למיקום קדם ײי לשמשותיה DT 10:8
בזמן דיתגלי מימרא **דײי** למיתן אגר טב לצדיקייא NU 24:23
ואנדע מה יוסף מימרא **דײי** למללא עימי: ואתא מימרא מן NU 22:19
די שדריה מימרא **דײי** למעבד בארעא דמצרים DT 34:11
למעיבר על גזירת מימרא **דײי** למעבד טבתא או בישתא מן NU 24:13
מינה: ואוסיף מלאכא **דײי** למעיבר וקם באתר דחיק דלית NU 22:26
כד יתגלי מימרא **דײי** למפרוק ית עמיה יימר לכל DT 32:39
ודחלין: ויגלינכון מימרא **דײי** למצרים באילפיא בגו ימא DT 28:68
ײי ובכין קרא דבורא **דײי** למשה ומליל מימרא דײי LV 1:1
דאיתגלי עלוי יקרא **דײי** למשה מן שירויא: ואמר למשה EX 18:5
חייא דאתקנהא מימר **דײי** לנטורהא דיהי קיים ומטייל GN 3:24
כל מחוותא דעבד מימרא **דײי** לעיניכון בארעא דמצרים DT 29:1
דילמא יזדמן מימרא **דײי** לקדמותי ופיתגם מה דיחוי לי NU 23:3
דמזרז חילא קדם עמא **דײי** לקרבא היכמא דריבוני ממליל: NU 32:27
ניכסת נסיבא לשמא **דײי** לרעוא לכון תיכסון: ביומא LV 22:29
דקריב מיקרב למשכנא **דײי** מאית הברם ספנא למישתציא: NU 17:28
זמני סידורי מועדיא **דײי** מארעי קדיש די יתרעון יתהון LV 23:4
דלחים חדת לשמיה **דײי**: מאתר מותבניכון תייתון לחים LV 23:16
מה אני לאיט ומימרא **דײי** מבריך יתהון ומן אנא מזעיר NU 23:8
מיבד תיבדון: הי כעמיא **דײי** מגלי מן קדמיכון היכדין DT 8:20
עלוי איקר שכינתא **דײי** מהלך תלתא יומין וארון NU 10:33
יתכשר לקרבא קרבניא **דײי** מומא ביה ית קרבן אלקיה לא LV 21:21
תמן: ויתן לך מימרא **דײי** מטוב טלין דנחתין מן שמיא GN 27:28
זיתא קורבנא לשמא **דײי** מטול לאתקבלא ברעוא LV 23:13
אנפוי: ואמר ליה מלאכא **דײי** מטול מה מחית ית אתנך דנן NU 22:32
תלתא יומין וארון קיימא **דײי** מטייל קדמיהון תלתין ושית NU 10:33
וענן איקר שכינתא **דײי** מטלל עילויהון ביממא NU 10:34
מדברא: ואיקר שכינתא **דײי** מידבר קדמיהון ביממא EX 13:21
מלאכייא כתיב ית שמא **דײי** מיניה לית אנא דחיל ואוף ית EX 5:2
על מצידיה: ועכיב מימרא **דײי** מיניה צידא דכיא ואשכח GN 27:31
עובדך ולא קביל מימרא **דײי** מינך אמליכת מילכא בישא ית NU 31:8
ײי אלקכון: ויכסי מימרא **דײי** מינכון רוח קודשא כד ייתון DT 28:59
ויתוב תקוף רוגזא **דײי** מישראל: ואמר משה לדיינא NU 25:4
ארום חכים יתיה מימרא **דײי** ממלל כלו קבל ממלל: לכולהון DT 34:10
במצרים ואפקנא מימרא **דײי** ממצרים בידא תקיפתא: וגרי DT 6:21
ותפרש נסיבא לשמא **דײי** מן גוברי מגיחי קרבא די נפקו NU 31:28
נדר נזירו למפרש לשמא **דײי**: מן חמר חדת ועתיק יפרש חלא NU 6:2
ושיזבי מימרא **דײי** מן ידוי ומבתר כדין נחת DT 26:5
עמא לקדמות שכינתא **דײי** מן משריתא ומן יד תלש מרי EX 19:17
והות סכום נסיבא לשמא **דײי** מן ענא שית מאה שובעין NU 31:37
ושיצינון מימרא **דײי** מן קדמיהון ותריכונון ויתיבו DT 2:21
צווריה: וקרא ליה מלאכא **דײי** מן שמיא ואמר ליה אברהם GN 22:11
ואישא מן קדם מימרא **דײי** מן שמייא: והפך ית קירווייא GN 19:24
ותמנן: על פום מימרא **דײי** מנא יתהון בידא דמשה גבר NU 4:49
ואסתלק איקר שכינתא **דײי** מנהון ואזיל: וענן איקר שכינתא NU 12:9
ומן אנא מזעיר ומימרא **דײי** מסגי יתהון: אמר בלעם רשיעא NU 23:8
דהוה דחיל מפתגמא **דײי** מעבדוי דפרעה כנש ית עבדוי EX 9:20
עימיה ואיסתלק יקרא **דײי** מעילוי אברהם: ודבר אברהם GN 17:22
וחמת אתנא ית מלאכא **דײי** מעתד באיסרטא וחרביה NU 22:23
דבלעם וחמא ית מלאכא **דײי** מעתד באיסרטא וסייפיה NU 22:31
ביה: והא יקרא **דײי** מעתד עילוי ואמר ליה אנא ײי GN 28:13
יומא דין איקר שכינתא **דײי** מתגלי לכון: ואזדרזון אהרן LV 9:4
רעינא פון דיהון כל עמא **דײי** נביין ארום יתן ײי ית רוח NU 11:29
שאר מלאכיא קדישיא **דײי** נחתין למסתכלא ביה: והא GN 28:12
דײי שרן ועל פום מימרא **דײי** נטלין: ואית זמן דהוי ענן יקרא NU 9:20
דײי שרן ועל פום מימרא **דײי** נטלין ית מטרת מימרא דײי NU 9:23
נטלין ית מטרת מימרא **דײי** נטרין על פום מימרא דײי בידא NU 9:23
מרי עלמא ומן יד מימרא **דײי** נסי ית אברהם ואמר ליה GN 22:1
ולא ידי עלוי ית משכנא **דײי** סאיב וישתיצי בר נשא ההוא NU 19:13
קהלא ארום ית מקדשא **דײי** סאיב מי אדיותא לא אזדריקו NU 19:20
למידן יתן חמי מימרא **דײי** סהיד בינא ובינך: ואמר לבן GN 31:50
כיוון דאמר ליה מימרא **דײי** סוק לטוור עיבראי הדין טוורא DT 32:49
דברא ײי אדם בדיוקנא **דײי** עבידתיה: דכר ונוקבא ברנון GN 5:1
למיסב איתא מקהל עמא **דײי** עד עלמא: על עיסק דלא זמינו DT 23:4
ואיתגליאת מימרא **דײי** עילוי קרתא ועימיה שובעין GN 11:8
דײי למשה ומליל מימרא **דײי** עימיה מן משכן זימנא למימר: LV 1:1
כל יומין דיפרש לשמא **דײי** על בר נש דמית לא יעול: לאבוי NU 6:6
קרבן לאשמא לשמיה **דײי** על חובתיה דחב: ומליל ײי עם LV 5:19
ושרא איקר שכינתא **דײי** על טורא דסיני וחפהי ענן EX 24:16
דאחי יתהון מימרא **דײי** על ידא דיחזקאל נביא בבקעת EX 13:17
יכנוש יתכון מימרא **דײי** על ידוי דאליהו כהנא רבא DT 30:4
תוב על תקוף רוגזא **דײי** על ישראל: ארום תתובון מבתר NU 32:14

ולמיזרוק אדמא דקרבנא **דייי** על מדבחא בזמניה ובישריה NU 9:7
קדמה: ואשכחה מלאכא **דייי** על עינא דמיא במדברא על GN 16:7
יתהון קדם מימרא **דייי** על קיסא קבל שמשא NU 25:4
סיפייא ויגין מימרא **דייי** על תרעא ולא ישבוק מלאכא EX 12:23
כל ארעא ותקף רוגזא **דייי** עליה וקטליה ייי: ואמר יהודה GN 38:7
ובמציעותיה כתיב ועננא **דייי** עליהון בימאא במיטלהון מן NU 2:18
יתכון: יטייס מימרא **דייי** עליכון אומא מן רחיק מן סייפי DT 28:49
ארום משח רבותא **דייי** עליכון ועבדו הי כפיתגמא LV 10:7
ויהי היכמא דחדי מימרא **דייי** עליכון לאוטבותכון ולאסגאה DT 28:63
הדין יסקינון מימרא **דייי** עליכון עד דתישתיצון: DT 28:61
יתכון הכדין יחדי מימרא **דייי** עליכון עממין נוכראין להובדא DT 28:63
לקרבא קורבנא לשמא **דייי** עלתא ומנחתא נכסת קודשין LV 23:37
שמיא ובכין הוה פיתגמא **דייי** עם אברם בחיזונא למימר לא GN 15:1
משכנא ומתמלל מימרא **דייי** עם משה: וחמן כל עמא ית EX 33:9
לקרבא קרבנא לשמא **דייי**: עמי בני ישראל היכמא דאנא LV 22:27
חולק טב דשום מימרא **דייי** עמיה פתח גבריאל פמיה DT 32:9
דפרעה חד הוא מה **דייי** עתיד למעבד תני לפרעה: שבע GN 41:25
דמלילית עם פרעה מה **דייי** עתיד למעבר אחמי ית פרעה: GN 41:28
הדין נפקו כל חילייא **דייי** פריקין מארעא דמצרים: EX 12:41
מה יתעבד ליה: וגרי מימר **דייי** צולקא דשחינא וטריב בישרא EX 2:5
לכון: יקים יתכון מימרא **דייי** קדמוי לעם קדיש היכמה DT 28:9
יתהון: וימסירינון מימרא **דייי** קדמיכון ותעבדון להון הי ככל DT 31:5
ואיקרי בשום מימריה **דייי** קדמך ואיחוס על מאן דחמי EX 33:19
ליליא דחמיסר ומימרא **דייי** קטל כל בוכרא בארעא EX 12:29
הוא ליה מקורבנייא **דייי** קיים עלם: גברא חייבא מרוד LV 24:9
דאיתגלי איקר שכינתא **דייי** קיצא דעתיד מלכא משיחא GN 49:1
אתון חמיין ית כל עובדא **דייי** רבא דעבד: ותינטרון ית כל DT 11:7
ותקרבון קרבנא לשמא **דייי** שבעתי יומין ביומא שביעתא LV 23:8
חגא דפטיריא לשמא **דייי** שבעתי יומין פטירי תיכלון: LV 23:6
דארעא תחגון ית חגא **דייי** שובעא יומין ביומא קמאה LV 23:39
וסכום נסיבתהון לשמא **דייי** שובעין ותרין: וחמרי תלתין NU 31:38
דאפרשו לשמא **דייי** שיתסר אלפין ושבע מאה NU 31:52
תפליג יתה להון: ומימרא **דייי** שכינתיה מידברא קדמך DT 31:8
אית יקר שכינתא **דייי** שרי באתרא הדין ואנא לא GN 28:16
ארום לית שכינתא **דייי** שריא ביניכון וארונא ומשכנא NU 14:42
קושטא איקר שכינתא **דייי** שריא בינגא אין לא: ואתא EX 17:7
משכנא על פום מימרא **דייי** שרן ועל פום מימרא דייי נטלין: NU 9:20
נטלין: על פום מימרא **דייי** שרן ועל פום מימרא דייי נטלין NU 9:23
ישראל: ועל פום מימרא **דייי** שרן כל יומין דשרי ענן יקרא NU 9:18
ישוי יתכון מימרא **דייי** תבירין קדם בעלי דבביכון DT 28:25
חמי ומסהיד: מומתא **דייי** תהי בין תריהום יומי דלא EX 22:10
ארום ית קרבניא **דייי** תיקרובתא דאלקהון הינון LV 21:6
וסכום נסיבתהון לשמא **דייי** תלתין ותרין נפשן: ויהב משה NU 31:39
עד לא פסק ורוגזא **דייי** תקיף ברשיעי עמא וקטל ייי NU 11:33
אזיל עמהון לאלוואיהון: **וייי** אמר במימריה לית אוושר לי GN 18:17
ומרדין לשמא דייי לחדא: **וייי** אמר לאברם בתר דאיתפרש GN 13:14
חובת גלותא למצרים **וייי** אמר לכון לא תוספון למתוב DT 17:16
להום לא תעכבון יתי **וייי** אצלח אורחי אלווייוני ואיזיל GN 24:56
מטול דתקיפהון מסרינון **וייי** אשלימינון: ארום לא כתקיפהון DT 32:30
עבדא דאברהם אנא: **וייי** בריך ית ריבוני לחדא ורבא ויהב GN 24:35
על ארעא דמצרים **וייי** דבר רוח קידומא בארעא כל EX 10:13
עיסק שרה איתת אברהם: **וייי** דכר ית שרה היכמא דאמר ליה GN 21:1
מנין דכסף ומנין דדהב: **וייי** יהב ית עמא לחן וחסד קדם EX 12:36
חוטריה על צית שמייא **וייי** יהב קלין וברדין ומצלהבא EX 9:23
לאחוי הא אנא מיית **וייי** מידכר ידכר יתכון ויסק יתכון GN 50:24
עליהון במימריה: ואמר **ייי** אבטיל ית אינשא דבריתי מעל GN 6:7
ואמרת לאה יהב **ייי** אגרי דיהבית אמתי לבעלי GN 30:18
תולדת אדם ביומא דברא **ייי** אדם בדיוקנא דייי עבידתיה: דכר GN 5:1
קדמך למן יומא דברא **ייי** אדם על ארעא ולמסייפי שמיא DT 4:32
שנין ארום ידר נדרא קדם **ייי** או יקיים קיים למיסר איסרא NU 30:3
חשיבית והא אחמי יתי **ייי** אוף ית בנך: ואפיק יוסף יתהון GN 48:11
ית עמא ולא דברינון **ייי** אורח ארע פלישתאי ארום קריב EX 13:17
ושתיק למינדע האצלח **ייי** אורחיה אין לה: והוה כדי ספיקו GN 24:21
כוותכון כגייורא יהי קדם **ייי**: אורייתא חדא ודינא חד יהי לכון NU 15:15
טוורא וקדשהי: ואמר ליה **ייי** איזל חות ותיסק אנת ואהרן EX 19:24
מינהון ניסב ונקרבא קדם **ייי** אילהן הא אין מקרבין אנן ית EX 8:22
למהוי להון לאלקא אנא **ייי**: אילין קימייא וסידרי דינייא LV 26:45
צדיקא אשכח חינא קדם **ייי**: אילן יחוסין דגניסת נח נח הוה GN 6:8
וצלי קדם ייי ואחוי ליה **ייי** אילן מריר דארדפני וכתב עלוי EX 15:25
ויקריב ית קרבניה קדם **ייי** אימר בר שתיה שלים חד NU 6:14
מקדשין קדמי אנא **ייי**: אימר להון אזדהרון לדריכון כל LV 22:2
קרבניא די תקרבון קדם **ייי** אימרין בני שנה שלמין תרין NU 28:3
לא יעביד דינא: ואמר **ייי** אין אשכח בסדום חמשין זכאין GN 18:26
תהון אזלין בדחלתא אנא **ייי**: אין בקיימי אורייתי תהכון וית LV 26:2

בבעו ברחמין מן קדמך **ייי** אין כדון אשכחת חינא קומך לא GN 18:3
קודשיא די יקרב קדם **ייי**: אין על תודתא יקרביניה ויקרב LV 7:11
מדכר יומא דין: מן קדם **ייי** איסתקף דפרעה רגיז על עבדוי GN 41:10
יפשר יתיה ארום מן קדם **ייי** איסתקף מן בגלל דימטא זימניה GN 41:8
יתי הלכא אלהין מן קדם **ייי** איסתקף פיתגמא ושוייני לרב GN 45:8
בוסמין וקריבו קדם **ייי** אישתא נוכרתא מן תפיין מה LV 10:1
די סטיתון וארגזתון קדם **ייי** איתחרתון ארבעין שנין: והוה DT 1:2
פלחו נכסת חגא קדם **ייי** אלהכון בארעא הדא: ואמר משה EX 8:21
ותידעון ארום אנא **ייי** אלהכון דאנפיק יתכון מגו דחוק EX 6:7
ונדבח ניכסת חגא קדם **ייי** אלהן דילמא יארע יתן במותא EX 5:3
לחדא היכמא דמליל **ייי** אלקא דאבהתך לך ארע דפירהא DT 6:3
סבי ישראל ותימר להון **ייי** אלקא דאבהתכון איתגלי לי EX 3:16
דיהמנון ארום אתגלי לך **ייי** אלקא דאבהתכון אלקיה EX 4:5
הי ככובבי שמיא לסגי: **ייי** אלקא דאבהתכון יוסיף עליכון DT 1:11
דבש היכמא דמליל **ייי** אלקא דאבהתכון לכון: ויהי בזמן DT 27:3
למעבד בארעא דיהב **ייי** אלקא דאבהתכון לכון למירתה DT 12:1
בני ישראל ואימר להון **ייי** אלקא דאבהתכון שדרני EX 3:13
דמצרים ותימרון ליה **ייי** אלקא דיהודאי איתקרי עלנא EX 3:18
עימיה כדנא אמר **ייי** אלקא דיהודאי פטור ית עמי EX 9:1
ותימר ליה כדנא אמר **ייי** אלקא דיהודאי פטור ית עמי EX 9:13
תיסב לידך: ותימר ליה **ייי** אלקא דיהודאי שדרני לוותך EX 7:16
דכורך קדם ריבון עלמיא **ייי** אלקא דישראל: ארום איתריך EX 34:23
דלוי: ואמר להון כדנן אמר **ייי** אלקא דישראל כל מאן דדבח EX 32:27
ואמר ליה כדנא אמר **ייי** אלקא דישראל עד אימת מסרב EX 10:3
ואמר לפרעה כדנא אמר **ייי** אלקא דישראל פטור ית עמי EX 5:1
תתיב ית ברי לתמן: **ייי** אלקא דמותביה בשמי מרומא GN 24:7
יהי לאחוי: ואמר בריך **ייי** אלקא דשם דעבדיתיה צדיק GN 9:26
ידי בשבועה קדם **ייי** אלקא עילאה דבגין צדיקיא GN 14:22
על אפוי וקרא ייי **ייי** אלקא רחמנא וחננא אריך רוח EX 34:6
דאדום ארום אנא הוא **ייי** אלקהון ביומוי דגוג: ודכירנא LV 26:44
ביניהון אנא הוא **ייי** אלקהון: ותעביד מדבחא EX 29:46
דמשמשין קדם **ייי** אלקהכון: אנא הוא ייי אלקכון די NU 15:40
ודינין היכמא דפקדני **ייי** אלקי למעבד היכנא בגו ארעא DT 4:5
עילוי ואמר ליה אנא **ייי** אלקיה דאברהם אבוך ואלקיה GN 28:13
יומנא לעינא ואמרית **ייי** אלקיה דריבוני אברהם אין GN 24:42
דנפקן מליאתא: ואמר **ייי** אלקיה דריבוני אברהם זמין כען GN 24:12
קדם ייי ובריכית ית **ייי** אלקיה דריבוניה אברהם דדברני GN 24:48
ושרי לצלאה קדם **ייי** אלקיה ואמר למא ייי יתקוף EX 32:11
דיליף למידחל מן קדם **ייי** אלקיה למינטר ית כל פתגמי DT 17:19
בבעו ברחמין מן קדמך **ייי** אלקים אנת שריתא לאתחזאה DT 3:24
כד אתברייו ביומא דעבד **ייי** אלקים ארעא ושמייא: וכל אילני GN 2:4
הדא למירתא: ואמר **ייי** אלקים במא אינדע ארום GN 15:8
אדם ואינתתיה מן קדם **ייי** אלקים במציעות אילני גינוניתא: GN 3:8
עלו היכמא דפקיד יתיה **ייי** אלקים ואגן מימרא דייי ית GN 7:16
מכל חיות ברא דעבד **ייי** אלקים ואמר לאיתתא הקושטא GN 3:1
עמא תהון דחלין מן קדם **ייי** אלקים: וכתנא וסרתא לקון EX 9:30
ית כל אפי אדמתא: וברא **ייי** אלקים ית אדם בתרין יצרין GN 2:7
רביעא הוא פרת: ודבר **ייי** אלקים ית אדם מן טוור פולחנא GN 2:15
ואחד בבישרא אתא: ובנא **ייי** אלקים ית עילעא דנסב מן אדם GN 2:22
בבעו ברחמין מן קדמך **ייי** אלקים לא תחבל עמך ואחסנתך DT 9:26
לאיתתא הקושטא דאמר **ייי** אלקים לא תיכלון מכל אילן GN 3:1
תהי חייב קטול: ואמר **ייי** אלקים לא תקין די יהי אדם GN 2:18
אילני גינוניתא: וקרא **ייי** אלקים לאדם ואמר ליה הלא כל GN 3:9
אימא דכל בני נשא: ועבד **ייי** אלקים לאדם ולאינתתיה GN 3:21
פירי אילנא ואכלית: ואמר **ייי** אלקים לאיתתיה מה דא עבדת GN 3:13
ואלבישינון: ואמר **ייי** אלקים למלאכייא די משמשין GN 3:22
וקיים עד לעלמין: ותרכיה **ייי** אלקים מגינתא דעדן ואזל ויתיב GN 3:23
ית אדם כד ברייה: ורבי **ייי** אלקים מן אדמתא כל אילן GN 2:9
סמיך בקיבליה: וברא **ייי** אלקים מן אדמתא כל חיות ברא GN 2:19
סגי לחדא: ואמר אברם **ייי** אלקים סגין יהבת לי וסגין אית GN 15:2
ולמנטר פקדוה: ופקד **ייי** אלקים על אדם לאומר מכל GN 2:16
לא צמח ארום לא אמטר **ייי** אלקים על ארעא ואינש לא אית GN 2:5
סמיך ביקיבליה: ורמא **ייי** אלקים שינתא עמיקתא עילוי GN 2:21
ואכלית: ואייתי **ייי** אלקים תלתיהון לדינא ואמר GN 3:14
בני ישראל ארום אנא **ייי** אלקין די הנפיקית יתהון פריקין EX 29:46
ליה אודינן יומא דין קדם **ייי** אלקך ארום עלינן לארעא דקיים DT 26:3
מן בגלל דיברכינך **ייי** אלקך בכל אושטות ידך על DT 23:21
שית שנין וברכך מטוליה **ייי** אלקך בכל מה דתעבד: כל בוכרא DT 15:18
אירס דקטול וסוברך **ייי** אלקך בענני איקר שכינתיה DT 1:31
בכל טבתא דיהב לך **ייי** אלקך ולאינש בתיכון ותהנון DT 26:11
ייי אלקך ותסגוד קדם **ייי** אלקך: ותחדי בכל טבתא דיהב DT 26:10
תמן ארום יברכינך **ייי** אלקך: ותחליל בכספא ויהון DT 14:24
תיסק ותיכול קדם **ייי** אלקך ותימר הא אפרשנן DT 26:13
לי ייי ותחתיניה קדם **ייי** אלקך ותסגוד קדם ייי אלקך: DT 26:10

בגו תחומיה ארום אקשי ייי אלקך ית יצרא דרוחיה ואיתקף DT 2:30
עלך שימשא קדם ייי אלקך: לא תטלומון חבריכון ולא DT 24:13
דוכריא תקדש קדם ייי אלקך לא תפלוח בבכורי DT 15:19
ויהי ארום יעלינך ייי אלקך לארע דקיים לאבהתך DT 6:10
ויהי ארום יעלינך ייי אלקך לארע כנענאי וחיתאי EX 13:5
דפקדנא: ארום יעילינך ייי אלקך לארעה דאת עליל לתמן DT 7:1
מן בגלל דתידחל קדם ייי אלקך למינטור ית כל קיימוי DT 6:2
מרמם בגין כן פקדך ייי אלקך למעבד ית יומא דשבתא: DT 5:15
עינך חמיין ית כל דעבד ייי אלקך לתרין מלכיא האילין DT 3:21
בתר טעוות פעור שיצייה ייי אלקך מבינך: ואתון דדבקתון DT 4:3
דמסקר גבר ית בריה ייי אלקך מסקר יתכון: ותנטורון ית DT 8:5
לאוטבותא תדירא עיני ייי אלקך מסתכלין בה מן אירויא DT 11:12
ברי ואמר ארום זמן ייי אלקך קדמיי: ואמר יצחק ליעקב GN 27:20
מיסקך לאתחמאה קדם ייי אלקך תלת זימנין בשתא: לא EX 34:24
לשמשא תמן קדם ייי אלקכון או מן דיינא ויתקטל DT 17:12
ארום מרחק קדם ייי אלקכון אוף תרוויהון: לא תרבי DT 23:19
קדמיהון ארום אנא ייי אלקכון אלק קנאן ופורען EX 20:5
קדמיהון ארום אנא הוא ייי אלקכון אלק קנאן ופורען DT 5:9
למעבד ביה פיסחא קדם ייי אלקכון ארום בירחא דאביבא DT 16:1
האילין: ותהוון דכירין ית ייי אלקכון ארום הוא דיהיב לכון DT 8:18
ארום תעבדון דכשר קדם ייי אלקכון: ארום ישיצי ייי אלקכון DT 12:28
הוא לכפרא עליכון קדם ייי אלקכון: ארום כל בר נש די יכול LV 23:28
לטעוותהון ותחובון קדם ייי אלקכון: ארום תקפון על קרתא DT 20:18
קדם ייי: ותיחדון קדם ייי אלקכון אתון ובניכון ובנתיכון DT 12:12
בחדוות חגא קדם ייי אלקכון אתון ובניכון ובנתיכון DT 16:11
ותיסגון ויברכינכון ייי אלקכון בארעא דאתון עללין DT 30:16
יתחמון כל דכוריכון קדם ייי אלקכון באתרא דיתרעי בחגא DT 16:16
שובעא יומין תחגון קדם ייי אלקכון באתרא דיתרעי ייי DT 16:15
ישראל לאיתחמאה קדם ייי אלקכון באתרא דיתרעי תיקרון DT 31:11
מעשרא תיניינא קדם ייי אלקכון באתרעא דיתרעי DT 14:23
להון ותפלחונון דפליג ייי אלקכון בהון דעתהון דכל DT 4:19
אורעייתא טריקיא יגרי ייי אלקכון בהון עד דיהובדון מה DT 7:20
חולף דלא פלחתון קדם ייי אלקכון בחדווא ובשפירות ליבא DT 28:47
הי כיומא דקמתון קדם ייי אלקכון בחורב בזמן דאמר ייי לי DT 4:10
ככל דשיילתון מן קדם ייי אלקכון בחורב ביומא דאתכנשו DT 18:16
ותקפון עלה: וימסרינה ייי אלקכון בידכון ותימחי ית כל DT 20:13
בעלי דבביכון וימסרינון ייי אלקכון בידכון ותישבי DT 21:10
באתרא דיתרעי ייי אלקכון ביה אתון ובניכון DT 12:18
ותיסקון לאתרא דיתרעי ייי אלקכון ביה: ותיתון לות כהניא DT 17:8
ותהך לאתרא דיתרעי ייי אלקכון ביה: ותיתן כספא בכל DT 14:25
ותיכלון באתרא דיתרעי ייי אלקכון ביה ותתפני בצפר מיפק DT 16:7
ותיכסון פיסחא קדם ייי אלקכון ביני שימשתא ועאן DT 16:2
מן קדמיהון ארום שכינת ייי אלקכון ביניכון אלקא רבא DT 7:21
לכון יומא דין: ארום ייי אלקכון בירככון היכמא דמליל DT 15:6
דבקירויכון ותיחדון קדם ייי אלקכון בכל אושטות ידכון: DT 12:18
האיתיכון רחמין ית ייי אלקכון בכל לבבכון ובכל DT 13:4
יתיה ולמפלח קדם ייי אלקכון בכל ליבכון ובכל DT 10:12
ימליכינכון למירחם ית ייי אלקכון בכל ליבכון ובכל DT 30:6
מן בגלל דיברככון ייי אלקכון בכל עובדי ידיכון DT 14:29
פיתגמא הדין יברככון ייי אלקכון בכל עובדיכון ובכל DT 15:10
ייי ארום יבריככון ייי אלקכון בכל עללתכון ובכל DT 16:15
יתכון ותדבחון קדם ייי אלקכון במדברא לחוד ארחקא EX 8:24
ית דארגזתון קדם ייי אלקכון במדברא למן יומא DT 9:7
הי ככל מה דעבד לכון ייי אלקכון במצרים ועיניכון חמיין: DT 4:34
להון: וכדון ישראל מה ייי אלקכון בעי מינכון אלהן DT 10:12
לקבלא מן בלעם והפך ייי אלקכון בפומיה מטולכון ית DT 23:6
ביש לא תיכסוניה קדם ייי אלקכון: בקירויכון תיכלוניה DT 15:21
דלא תנוסון להון ארום ייי אלקכון בריך יתכון בכל עובדי DT 2:7
דאבהתכון ותרחמון ית ייי אלקכון בתרי יצרי ליבכון DT 6:5
תהון ארום קדיש אנא ייי אלקכון: גבר מן אימיה ומן אבוי LV 19:2
ארום מליל סטיא על ייי אלקכון דאפיק יתכון מארעא DT 13:6
לאומא קדישיא: אנא ייי אלקכון דאפיקית יתכון פריקין LV 26:13
חלב ודבש אנא הוא ייי אלקכון דאפרשית יתכון מן LV 20:24
דיקשוט יהי לכון אנא ייי אלקכון דהנפיקית יתכון פריקין LV 19:36
עמי בני ישראל אנא הוא ייי אלקכון די פרקית ואפיקית EX 20:2
עיבוריכון: אנא הוא ייי אלקכון די פרקית ואפיקית LV 25:38
ייי אלקהכון: אנא הוא ייי אלקכון די פרקית ואפיקית NU 15:41
עמי בני ישראל אנא הוא ייי אלקכון די פרקית ואפיקית DT 5:6
דמות כולא דפקדינכון ייי אלקכון דלא למעבד: ארום ייי DT 4:23
חד וכרתיכא חד קדם ייי אלקכון דמימריה בסעדכון DT 20:1
נשא ארום מרחק קדם ייי אלקכון הוא: אי איזדמן שרכפא DT 22:5
לא תקשון תוב: ארום ייי אלקכון הוא אלקא דיינא ומרי DT 10:17
ואניס ארום מרחק קדם ייי אלקכון הוא: ארום ישתכח DT 17:1
דמצרים: ותנדעון ארום ייי אלקכון הוא דיינא תקיפא DT 7:9

בהון ארום מרחק קדם ייי אלקכון הוא: ולא תיעלון ריחוקי DT 7:25
דין למעבד דכשר קדם ייי אלקכון: הי כבנין חביבין אתון DT 13:19
למצרים וכדון שוינכון ייי אלקכון הי ככוכבי שמיא לסוגי: DT 10:22
חגא דשבועיא קדם ייי אלקכון הי כמיסת ניסבת ידכון DT 16:10
למהוי עם קדיש קדם ייי אלקכון היכמא דמליל: ופקיד DT 26:19
הוו זהירין דלא תנסון ית ייי אלקכון היכמא דנסיתון DT 6:16
לא תעבדון לכון אנא ייי אלקכון: וארום תיכסון ניכסת LV 19:4
ותינדעון ארום אנא הוא ייי אלקכון: ואתיתון לאתרא הדין DT 29:5
עמא קדישא אתון קדם ייי אלקכון ובכון אתרעי ייי אלקכון DT 7:6
עם קדיש אתון קדם ייי אלקכון ובכון אתרעי ייי אלקכון DT 14:2
הדין הא חבתון קדם ייי אלקכון ודעו חובתכון דתארע NU 32:23
ותינדעון ארום אנא הוא ייי אלקכון: והוה ברמשא וסליקו EX 16:12
לקל יבבותכון אנא הוא ייי אלקכון: והוה בשתא תנייתא NU 10:10
צילמהון: ותפלחון קדם ייי אלקכון ויברך ית מזוני מיכלך EX 23:25
תחום ארעכון דיחסנכון ייי אלקכון ויהי למערוק לתמן DT 19:3
יקירא ודחילא הדין ית ייי אלקכון: ויכסי מימרא דייי מינכון DT 28:58
ולאהרן ואמר חבית קדם ייי אלקכון ולכון: וכדון שבוק כדון EX 10:16
יומא דין למירחם ית ייי אלקכון ולמהך באורחן דתקנן DT 19:9
לכון יומנא למירחם ית ייי אלקכון ולמהך באורחן דתקנן DT 30:16
יומא דין למרחם ית ייי אלקכון ולמפלח קודמוי בכל DT 11:13
תסתאבון בהון אנא הוא ייי אלקכון: ומליל ייי עם משה LV 18:30
תשבוק יתהון אנא הוא ייי אלקכון: ומליל ייי עם משה LV 23:22
דמצרים אנא הוא ייי אלקכון: ומליל משה ית זמן LV 23:43
יהי ארום אנא הוא ייי אלקכון: ומליל משה עם בני LV 24:22
קודשא תקרבון קדם ייי אלקכון וניסבתא תיתון DT 23:24
לכון לאלקא אנא הוא ייי אלקכון: ונסיב גולייתיה דכולא NU 15:41
תעיבר ית יורדנא הדין: ייי אלקכון ושכינתיה עביר DT 31:3
וית כל עדאה גמיר קדם ייי אלקכון ותהי תל חרוב לעלם לא DT 13:17
נפשך ותיכלון תמן קדם ייי אלקכון ותחדון אתון ואינש DT 14:26
ועניכון: ותיכלון תמן קדם ייי אלקכון ותחדון בכל אושטות DT 12:7
ידכון היכמא דבריכיכון ייי אלקכון: ותיחדון בחדוות חגא DT 16:10
תיטרון להלכא בהון אנא ייי אלקכון: ותיטרון ית קיימיי וית LV 18:4
ותסקון עלוי עלוון קדם ייי אלקכון: ותיכסון ניכסת קודשין DT 27:6
תמן ותיחדון קדם ייי אלקכון: ותיכתובון על אבניא ית DT 27:7
שמיא לסוגי: ותרחמון ית ייי אלקכון ותינטרון מטרת מימריה DT 11:1
פון בהון: ארום אנא הוא ייי אלקכון ותיתקדשון ותהוון LV 11:44
ותידחל מאלקך אנא הוא ייי אלקכון: ותעבדון ית קיימיי וית LV 25:17
למהוי עמא קדם ייי אלקכון: ותקבלון למימרא דייי DT 27:9
דוכרנכון לטבא קדם ייי אלקכון ותתפרקון מבעלי NU 10:9
ארום לא בזכותכון ייי אלקכון יהיב לכון ית ארעא DT 9:6
בעידנא ההיא למימר ייי אלקכון יהיב לכון ית ארעא הדא DT 3:18
יתיר מן אבהתכון: ויעדי ייי אלקכון ית טפשות לבכון וית DT 30:6
למסגוד לה ארום אנא ייי אלקכון: ית יומי שביא דילי LV 26:1
ייי אלקכון: ארום ישיצי ייי אלקכון ית עממיא דאתון עללין DT 12:29
מיניה: ארום ישיצי ייי אלקכון ית עממיא דייי אלקכון DT 19:1
אלקא רבא ודחילא: ויגלי ייי אלקכון ית עממיא האיליין מן DT 7:22
על ארעכון: ארום יפתי ייי אלקכון ית תחומכון הי כמא DT 12:20
תפרשון לכון: ואין יפתי ייי אלקכון ית תחומכון היכמא DT 19:8
תימרון בליבכון כד ידחי ייי אלקכון יתהון מן קדמיכון DT 9:4
למעבד היכמא דפקיד ייי אלקכון יתכון לא תיסטון DT 5:32
חילמא ההוא ארום מנסי ייי אלקכון יתכון למינדוע DT 13:4
דמצרים ופרק ואפיק ייי אלקכון יתכון מתמן בידא DT 5:15
בכל אורחא דפקיד ייי אלקכון יתכון תהכון מן בגלל DT 5:33
לכון: ארום מרחק קדם ייי אלקכון כל דעביד אילין ניכלייא DT 25:16
וילפון למידחל מן קדם ייי אלקכון כל יומיא דאתון קיימין DT 31:13
דתילפון למדחל מן קדם ייי אלקכון כל יומיא: וארום יסגי DT 14:23
ארום אלקא רחמנא ייי אלקכון לא ישביקנכון ולא DT 4:31
כבנין חביבין אתון קדם ייי אלקכון לא תגודון בישריכון ולא DT 14:1
ארום תידרון נידרא קדם ייי אלקכון לא תוחרון לשלמותיה DT 23:22
גברא זידנא דרחקיה ייי אלקכון: לא תיכסון קדם ייי DT 16:22
לבירכן ארום רחמינכון ייי אלקכון: לא תיתבעון שלמהון DT 23:6
שביא דילי תינטרון אנא ייי אלקכון: לא תסטון לפולחן LV 19:3
שביעאה שבי ונייח קדם ייי אלקכון לא תעבדון כל DT 5:14
שביעאה שבא ונייח קדם ייי אלקכון לא תעבדון כל עבידתא EX 20:10
ארעא דמצרים אנא הוא ייי אלקכון: לא תעבדון לכון טעוון LV 25:55
כנישין בתושבחא קדם ייי אלקכון לא תעבדון עיבידתא: DT 16:8
בארעא דמצרים אנא הוא ייי אלקכון: לא תעבדון שיקרא LV 19:34
ותעבדון דביש קדם ייי אלקכון לארגזא קדמוי: אסהדית DT 4:25
ותתיבון ותימרון קדם ייי אלקכון לארם נהריא נחתת DT 26:5
ויהי ארום יעיל יתכון ייי אלקכון לארעא דאתון עללין DT 11:29
מנכון אתרעא דיתרעי ייי אלקכון לאשראה שכינתיה תמן DT 12:21
מנכון אתרא די יתרעי ייי אלקכון לאשראה שכינתיה תמן DT 14:24
אילהין באתרא דיתרעי ייי אלקכון לאשראה שכינתיה תמן DT 16:6
דיביניכון באתרא דיתרעי ייי אלקכון לאשראה שכינתיה תמן: DT 16:11

ותהכון לארעא דיתרעי ייי אלקכון לאשראה שכינתיה תמן: DT 26:2
לכון יומנא: וישיירינכון ייי אלקכון לטבא דתצלחון בכל DT 30:9
אחסנתיה היכמא דמליל ייי אלקכון ליה: ואנא הוית קאי DT 10:9
עם קדיש אתון קדם ייי אלקכון לית אתון רשאין DT 14:21
אושטות ידכון דבריכיכון ייי אלקכון: ליתיכון רשאין למעבד DT 12:7
בניכון ובנתיכון דיהב ייי אלקכון לכון בצערו ובעקא DT 28:53
תוריכון ומן עניכון דיהב ייי אלקכון לכון היכמא דפקידית DT 12:21
ית עדי סנאיכון די יהב ייי אלקכון לכון: היכנא תעבדון לכל DT 20:14
בכל ארעכון דיהב ייי אלקכון לכון: ויגמרון וולדי DT 28:52
יהיב לנא: חמון דיהב ייי אלקכון לכון ית ארעא סוקו DT 1:21
ותעבדון יתהון וינטר ייי אלקכון לכון ית קיימייא וית DT 7:12
ואחסינו היכמה דמליל ייי אלקכון לכון לא תידחלון ולא DT 1:21
בסרהוביא היכמא דמליל ייי אלקכון לכון: לא תימרון בליבכון DT 9:3
מן קדם ייי: ויהי כד יניח ייי אלקכון לכון מן כל בעלי DT 25:19
פריקין הכדין יעבד ייי אלקכון לכל עממיא דאנת דחיל DT 7:19
אלהן למדחיל מן קדם ייי אלקכון למהך בכל אורחן דתקנן DT 10:12
למעבדה למרחם ית ייי אלקכון למהך בכל אורחן דתקנן DT 11:22
מן אורחא דפקידכון ייי אלקכון למהלכא בה ותפלון DT 13:6
ייי אלקכון ובכון אתרעי ייי אלקכון למיהוי לי לעם חביב DT 14:2
קיימייא ודינייא דפקיד ייי אלקכון למילפא יתכון למעבד DT 6:1
איתא דיעבד דביש קדם ייי אלקכון למעיבר על קיימיה: DT 17:2
ילקי הוו דכירין מה דעבד ייי אלקכון למרים דחשדת למשה DT 24:9
אתון ובניכון: למירחם ית ייי אלקכון לקבלא במימריה DT 30:20
למילט יתכון: ולא צבי ייי אלקכון לקבלא מן בלעם והפך DT 23:6
תמן מדבחא קדם ייי אלקכון מדבח אבנין לא תרים DT 27:5
בארעא דמצרים ופרקכון ייי אלקכון מטול כן אנא מפקדכון DT 15:15
ייי אלקכון ובכון אתרעי ייי אלקכון מטול למהוי ליה לעם DT 7:6
דלא למעבד: ארום ייי אלקכון מימריה אישא אכלא DT 4:24
ברוח קודשא יקים לכון ייי אלקכון מיניה תקבלון: ככל DT 18:15
ליה: מטול דביה איתרעי ייי אלקכון מכל שיבטיכון למקום DT 18:5
דאביבא אפיק יתכון ייי אלקכון ממצרים ותיכלון יתיה DT 16:1
היכמא דפקידכון ייי אלקכון מן בגלל דיורכון יומיכון DT 5:16
היכמא דפקידכון ייי אלקכון: מן בגלל דלא ילפון DT 20:17
ית כל אורחא דדברכון ייי אלקכון מן בגלל לסגופיכון ומן DT 8:2
להום איזילו פלחו קדם ייי אלקכון מן ומן הינון דאזלין: EX 10:8
לאיסתאבא בהון אנא ייי אלקכון: מן קדם סבין דסברין LV 19:31
ארום מתבע יתבעיניה ייי אלקכון מנהון ובקורבנא לא יהי DT 23:22
ולמידחל יתיה: ארום ייי אלקכון מעיל יתכון לארעא DT 8:7
וחליין כדבש: יומא דין ייי אלקכון מפקיד לכון למעבד ית DT 26:16
בחובי עממיא האילין ייי אלקכון מתריך יתהון מן DT 9:5
ונביא תריציא יהב לכון ייי אלקכון: נבייא מביניכון מן DT 18:14
וחמית והא סרחתון קדם ייי אלקכון עבדתון לכון עיגלא DT 9:16
דחלתכון ואימתכון יתן ייי אלקכון על אפי כל יתבי ארעא DT 11:25
הוון מודין ומברכין קדם ייי אלקכון על כל פירי ארעא DT 8:10
בחיבורהון אנא הוא ייי אלקכון: עמי בני ישראל לא LV 19:10
מרממא כד אפקכון ייי אלקכון פריקין הכדין יעבד ייי DT 7:19
ותקיפין מינך: וימסרינון ייי אלקכון קדמיכון ותמחינון גמרא DT 7:2
גושמיהון: וימסירינון ייי אלקכון קודמיכון ויערבינון DT 7:23
רשאין למתחמיא קדם ייי אלקכון ריקנין מכל מצוותא: גבר DT 16:16
יומנא כוליכון קדם ייי אלקכון רישי סנהדרין דילכון DT 29:9
לכון יומנא ויתנינכון ייי אלקכון רמין וגיותנין על כל DT 28:1
על נחלין ותיחדון קדם ייי אלקכון שבעתי יומין:: LV 23:40
הי כמא דפקיד יתכון ייי אלקכון: שיתא יומין תפלחון DT 5:12
ותינדעון יומא דין ארום ייי אלקכון שכינת יקריה מטיילא DT 9:3
ותכסי ית רעייך: ארום ייי אלקכון שכינתיה מהלכא DT 23:15
מן קדמיהון: ארום ייי אלקכון שכינתיה מידברא DT 20:4
מן קדמיהון ארום ייי אלקכון שכינתיה מידברא DT 31:6
ארום אלק קנאן ופורען ייי אלקכון שכינתיה שריא ביניכון DT 6:15
שעבוד עבדיא: מן קדם ייי אלקכון תהוון דחלין וקדמוי DT 6:13
אלקכון: לא תיכסון קדם ייי אלקכון תור ואימר דיהי ביה DT 17:1
בארעא דמצרים: מן קדם ייי אלקכון תידחלון וקדמוי DT 10:20
ידיכון: אילהן קדם ייי אלקכון תיכלוניה באתרא DT 12:18
תיגוז בכורי עניכון: קדם ייי אלקכון תיכלוניה שנא בישנא DT 15:20
ומן מעצרתכון דבריכיכון ייי אלקכון תיתנון ליה: ותהוון DT 15:14
מינהון ניסב למפלח קדם ייי אלקן ואנחנא אין נשביקינון לית EX 10:26
אורייתא הדא למימר: ייי אלקן מליל עימן ולא אנא באנפי DT 1:6
דיתיב בחשבון: ומסר ייי אלקנא בידנא אוף ית עוג מלכא DT 3:3
ותינטרון למעבדהון: ייי אלקנא גזר עימנא קיים בחורב: DT 5:2
קשיא: וצלינא קדם ייי אלקנא דאבהתן וקביל ייי DT 26:7
כל תפקידתא הדא קדם ייי אלקנא הי כמא דפקדנא: ארום DT 6:25
ונדבח נכסת חגא קדם ייי אלקנא היכמא דיימר לנא: ואמר EX 8:23
ועלוון ונעבד קדם ייי אלקנא: ואוף גיתנא יזיל עימנא EX 10:25
במדברא ונדבח קדם ייי אלקנא: ואנא קדמיי גלי ארום EX 3:18
ותשמע ית כל מה דיימר ייי אלקנא ואנת תמליל עימנא ית DT 5:27

ונגיח קרב ככל דפקדנא ייי אלקנא ואסרתון גבר ית מאני DT 1:41
טוורא ככל מה דפקיד ייי אלקנא: ואתפנינא וסליקנא DT 2:37
הדין: טמירתא גליין קדם ייי אלקנא והוא יפרע מנהון DT 29:28
ית קל דיבורא מן קדם ייי אלקנא וית אישתא רבתא הדא DT 18:16
הכא עימנא יומנא קדם ייי אלקנא וית כל דרייא דעתידין DT 29:14
כתיב שמע ישראל ייי אלקנא ייי חד וביה הוה חקיק NU 2:10
דהכין כתיב שמע ישראל ייי אלקנא ייי חד מטול למהוי לכון DT 26:17
ליה שמע ישראל אבונן ייי אלקנא ייי חד עני יעקב ואמר DT 6:4
וקיימייא ודינייא דפקיד ייי אלקנא יתכון: ותימרון לבניכון DT 6:20
דאימוראה היכמה דפקיד ייי אלקנא יתנא ואתינא עד ריקם DT 1:19
האילין למידחל מן קדם ייי אלקנא כל יומיא לקיימותנא DT 6:24
עימנא ית כל דימליל ייי אלקנא לך ונקבל ונעבד: ושמיע DT 5:27
קרבא ליהץ: ומסר יתיה ייי אלקנא קדמנא ומחינא יתיה וית DT 2:33
מיננא ית כולהון מסר ייי אלקנא קדמנא: לחוד לארע בני DT 2:36
ית גברייא ויפלחון קדם ייי אלקקון העד כדון לא חכימית EX 10:7
דחיל על כל עלמיא ייי אמר במימריה והות לי אלקא EX 15:2
ברם רבון כל עלמא ייי אמר לאסגאה ית עמא הדין הי NU 23:19
שמיה ישראל: ואמר ליה ייי אנא אל שדי פוש וסגי עם קדיש GN 35:11
ואתקיימו מן קדם ייי אנא דחיל: אם מהמנין אתון GN 42:18
הות אמר לן מן קדם ייי אנא דחיל וכדון חזרון דינייך GN 44:18
דחיל ומיתבר מן קדם ייי אנא: ואתון חשבתון עלי מחשבן GN 50:19
ואמרתון לי חבנא קדם ייי אנחנא ניסק ונגיח קרב ככל DT 1:41
בירחא סק לקדם ייי אנת ואהרן נדב ואביהוא EX 24:1
הוו זמינין לבי דינא קדם ייי אנת והינון ואהרן מחר: וסבו גבר NU 16:16
מינך ארום אנא הוא ייי אסאך: ואתו לאלים ובאילים EX 15:26
ברמשא ותינדעון ארום ייי אפיק יתכון פריקין מן ארעא EX 16:6
ישראל דיפרשון קדם ייי אפרשותא יהבית לליואי NU 18:24
ישראל: והוה תמן קדם ייי ארבעין יממין וארבעין לילוון EX 34:28
לא טריב סנייא: וגלי קדם ייי ארום איתפני למיחמי וקרא ליה EX 3:4
אומנותיה: ארום גלי קדם ייי ארום ביומא דתיכלון מיניה GN 3:5
סלקין לאתרא דאמר ייי ארום חבנא: ואמר משה מה דין NU 14:40
אלקכון באתרא דיתרעי ייי ארום יבריככון ייי אלקכון בכל DT 16:15
למתבוע אולפן מן קדם ייי: ארום יהי להון דינא אתאן לוותי EX 18:15
מן קדמך היכמא דמליל ייי: ארום ישיילנך ברך מחר למימר DT 6:19
כדון גובריא ופלחו קדם ייי ארום יתה אתון בעאן ותריך EX 10:11
שנין אוחרניין: וגלי קדם ייי ארום לא הוה לאה רחימתא GN 29:31
ויתכפר לכון קדם ייי ארום נגעתון גבר בבריה ובאחוי EX 32:29
אינשי שמהן: וחמא ייי ארום סגיאת בישת אינשא GN 6:5
דבני ישראל קריבו קדם ייי ארום שמיען קודמוי ית EX 16:9
ואמרת ארום שמיע קדם ייי ארום שניתא אנא ויהב לי אוף GN 29:33
מרים נודי ונשבחא קדם ייי ארום תוקפא ורומומתא דידיה EX 15:21
ארום תעבדון דכשר קדם ייי: ארום תיפקון לסדרי קרבא על DT 21:9
היכמא דמלילתא למימר: ייי אריך רוח וקריב רחמין שרי NU 14:18
לא איזדווג ליה ומן קדם ייי ארע עיקתיה לידוי ואזמן לך EX 21:13
בריכא תהוי מן קדם ייי ארעיא דיוסף מטוב שמייא תהי DT 33:13
למדבחא קרבנא קדם ייי אשמא הוא: כל דכורא בכהניא LV 7:5
נזדכי על אוגבין מן קדם ייי אשתכח חובא על עבדך הא GN 44:16
מיננא ריבוננא רב קדם ייי את ביננא בשפר קיברנא קבר ית GN 23:6
דבבינן ולא מן קדם ייי אתגזרת כל דא: ארום אומא DT 32:27
להון: ואוף מחא מן קדם ייי אתגריית להון למשצייהון מיגו DT 2:15
בישנא באתרא דיתרעי ייי אתון ואינש בתיכון: וארום יהי DT 15:20
אלהן לאתרא דיתרעי ייי באחסנת חד מן שבטיכון תמן DT 12:14
ומית נדב ואביהוא קדם ייי באישתא מצלהבא בזמן NU 3:4
מצראי ארום אנא הוא ייי באיתיקרותי בפרעה ברתיכוי EX 14:18
על ימא ארגיזו קדם ייי באלוש אפיסו ית יומא דשבתא NU 16:26
ארום אמר תקיף יתי ייי בארע סיגופי והכדין עתיד GN 41:52
ארום ברכא יברככון ייי בארעא דייי אלקכון יהיב לכון DT 15:4
בחיטאה ולמרדא קדם ייי בארעא: הוא הוה גיבר מרודא GN 10:8
יד אחוי והיך אתגלי ליה ייי בביתאל והיך נדרית אבנא והיך GN 29:13
וארע מימרא מן קדם ייי בבלעם ואמר קדמוהי ית NU 23:4
הכא: וארע מימר מן קדם ייי בבלעם ושוי פתגמא בפמיה NU 23:16
ואמר משה קדם ייי בבעו ייי לא גבר דברן אנא אוף EX 4:10
למשה לחדא ואמר קדם ייי בבעו מינך לא תיסתכל לדורון NU 16:15
ידנא מן ארעא דלטא ייי בגין חובי בני אינשא: וחיא למך GN 5:29
וית ליאות ידיי גלי קדם ייי בגין כן אוכח ברמשא: ואתיב לבן GN 31:42
קוריין אילין ויהב ליה ייי בגין כן אתרא ובנא ארבע קוריין GN 10:11
הוה גיבר מרודא קדם ייי בגין כן יתאמר מן יומא דאיתברי GN 10:9
מתחברין לשמשא קדם ייי בגין כן קרא שמיה לוי: GN 29:34
דעתיד לאודויי קדם ייי בגין כן קרת שמיה יהודה וקמת GN 29:35
אטירית קוסמין וברכני ייי בגינך: ואמר קטע אגרך עלי GN 30:27
עד כדון: כדנא אמר ייי בדא סימנא תינדע ארום אנא ייי EX 7:17
ההיא וית מרעאהא דגרי ייי בה: כובריתא ומילחא עם אישא DT 29:21
ידא תקיפתא די עבד ייי בה ניסין במצרים ודחילו עמא EX 14:31
דתבע אולפן מן קדם ייי בהון דבהון חקיק ומפרש שמא EX 28:30

ושרו בפונון אתר דגרי ייי בהון ית חיוון קלן וסליקת NU 33:42
שמיא: ונטלו מאתר דגרי ייי בהון ית חיוון קלן ושרו באובות: NU 33:43
מקרבין ית דקטל ייי בהון כל בוכרא ובטעותהון עבד NU 33:4
דשמיה קצף מן קדם ייי בהרמנא שרי לקטלא: ונסיב NU 17:11
הוא פיתגמא דלא מלליה ייי בזדנותא מלליה נבי שיקרא לא DT 18:22
אילין תקרבון קדם ייי בזמן מועדיכון בר מנדריכון NU 29:39
רוח נבואה מן קדם ייי בחוכמתא בסוכלתנו ובמנדעא EX 35:31
רוח קודשא מן קדם ייי בחכמתא ובסכולתנו ובמנדעא EX 31:3
בני ישראל היכמא דמליל ייי בידא דמשה: ואמר ייי למשה עול EX 9:35
ית כל פיתגמיא דפקיד ייי בידא דמשה: והוה ביומא LV 8:36
וסידרי דינייא דפקיד ייי בידא דמשה לות בני ישראל NU 36:13
ביה ניסין מן קדם ייי בידי: ועבד יהושע היכמא דאמר EX 17:9
איתעבידו ניסין מן קדם ייי בידיה: ואמר ייי למשה במהכך EX 4:20
גבר דרוח נבואה מן קדם ייי ביה: ואמר פרעה ליוסף בתר GN 41:38
על מגן ארום לא מזכי ייי ביום דינא רבא ית כל מאן EX 20:7
על מגן ארום לא מזכי ייי ביום דינא רבא ית כל מאן DT 5:11
ינהר כזיו רקיעין דיברא ייי ביום תניין לבריאת עלמא NU 24:6
ודבנוי די יקרבון קדם ייי ביומא דירבון יתיה למחסן LV 6:13
לאדכרא קורבנא קדם ייי: ביומא דשבתא ביומא דשבתא LV 24:7
ומשמאלהון: ופרק ושיזיב ייי ביומא ההוא ית ישראל מן EX 14:30
ואזל לאתרא דאמר ליה ייי: ביומא תליתאה וזקף אברהם ית GN 22:3
וגזירת אורייתא דיהב ייי בין מימריה ובין בני ישראל LV 26:46
בגלל דתינדעון דיפריש ייי בין מצראי וביני ישראל: ויחתון EX 11:7
לתמן למירתה: ויבדרכון ייי ביני כל עממיא מסייפי ארעא DT 28:64
ייי תהך כדון שכינת יקרך ייי בינגא ארום עם קשי קדל הוא EX 34:9
למעבד פיסחא קדם ייי: בירחא תיניינא הוא ירחא דאייר NU 9:10
באורח תקנא דברני ייי בית אחוי דריבוני: ולרבקה אחא GN 24:27
שכינת קדשך אתקינתא ייי בית מקדשך ייי תרתין אידייך EX 15:17
דמליל עימיה תמן ייי ביתאל: ונטלו מביתאל והוה תוב GN 35:15
מן כולהון אומיא צבי ייי בכון ואתרעי בכון אלהין דאתון DT 7:7
ייי והוה רוגזא מן קדם ייי בכון למשצייא יתכון: כד DT 9:8
לישן יימרון להון: יברכינך ייי בכל עיסקך ויטרינך מן לילי NU 6:24
ודאיזדמנו למרדא על ייי בכנישתא דקרח ארום בחוביה NU 27:3
דשבע: ואיתגלי ליה ייי בליליא ההוא ואמר אנא אלקיה GN 26:24
עמך: ואמר בלעם קדם ייי בלק בר צפר מלכא דמואבאי NU 22:10
אמלי היא אינתתא דזמין ייי במזלא לבר ריבוני: אנא עד לא GN 24:44
לחוד ביש כל יומא: ותב ייי במימריה ארום עבד ית אינשא GN 6:6
מאה וחמשין יומין: ודכיר ייי במימריה ית נח וית כל חיתא GN 8:1
ייי ברעוא קורבניה ואמר ייי במימריה לא אוסיף למילט תוב GN 8:21
מכל דאיתרעיו: ואמר ייי במימריה לא יתדנון כל דריא GN 6:3
משה ית חוטריא קדם ייי במשכנא דסהדותא: והוה מיומא NU 17:22
לקרבא ית קורבנהון קדם ייי במשכנא דעבדו ליה במדברא LV 7:38
איתקריית די אמר יסתכי ייי בנא ובנך ארום ניטמר גבר מן GN 31:49
פיתגמא קדמאה דפקיד ייי בסיני בסר וית תפקידת NU 15:31
ובעית רחמין מן קדם ייי בעידנא ההיא למימר: בבעו DT 3:23
סמפירינון: ויתי פקיד ייי בעידנא ההיא למלפא יתכון DT 4:14
תקיף ברשיעי עמא וקטל ייי בעמא קטול סגי לחדא: וקרא ית NU 11:33
חזור למשכנא: ואיתגלי ייי בענן איקר שכינתא ומליל NU 11:25
תרין לוחי אבניא: ואתגלי ייי בענני איקר שכינתיה ואיתעתד EX 34:5
מן עללתא חדתא קדם ייי בעצרתיכון כד יתמלון שבעתי NU 28:26
ואמר הלא ית מאן דישוי ייי בפומי יתיה אנטר למללא: ואמר NU 23:12
מידעם פיתגמא דיזמן ייי בפמי יתיה אמליל: ואזל בלעם NU 22:38
מדחקא דחיקית קדם ייי בצלו ברם קביל בעותי דיהי לי GN 30:8
ויפלח קומך: ואמר ייי בקושטא שרה אינתתך תליד לך GN 17:19
שת ארום אמרת יהב לי ייי בר אוחרן חלף הבל דקטליה קין: GN 4:25
מרומא לשבחא ואודיק ייי ברגוז עילוי משריתהון דמצראי EX 14:24
אישתא מן קדם ייי ברגז ואיתפליגת לארבעתי LV 10:2
שקייא קדם עד לא חביל ייי ברגזיה ית סדם וית עמרה הות GN 13:10
אישתא על ארעא ואחית ייי ברדא על ארעא דמצרים: והוה EX 9:23
בר: ואמרת רחל דן יתי ייי ברחמוי טביא ולחוד שמע בקל GN 30:6
ותימר לפרעה כדנא אמר ייי ברי בוכרי ישראל: ואמרית לך EX 4:22
וליעקב באל שדי ושמי ייי ברם באפי שכינתי לא איתידעת EX 6:3
נסיבתכון דתיתנון קדם ייי: ברם בחמיסר יומא לירחא LV 23:38
על ההוא מדבחא: וקבל ייי ברעוא קורבניה ואמר ייי GN 8:21
מן יד ארכינת יד ימינך ייי בשבועה על ארעא דלא יתבעון EX 15:12
לבני ישראל חמון דמני ייי בשום טב בצלאל בר אורי בר EX 35:30
מפדן דארם ובריך ייי בשום מימריה בתר דמיתת GN 35:9
ההוא קודשא קדם ייי: בשתא דיובלא יתוב חקלא למן LV 27:23
ופלח חנוך בקשוט קדם ייי בתר דאולד ית מתושלח תלת GN 5:22
ומיגדי וירקי: וגרי ייי בתר מיטרין דנחתין על ארעכון DT 28:24
דמידכי וית אימריא קדם ייי בתרע משכן זימנא: ויסב כהנא LV 14:11
צפירין ויקם יתהון קדם ייי בתרע משכן זימנא: ויתן אהרן על LV 16:7
קודשא תהי לכון קדם ייי: גבר דיעבד דכוותיה לארחא בה EX 30:37
מן קדמי במותנא אנא ייי: גבר טלי או גבר סיב מזרעא LV 22:3

עם צדיקייא אנא ייי: גבר טלי וגבר סיב לכל קריבת LV 18:5
בוסמין ותקרבון קדם ייי גבר מחתיתיה מאתן וחמשין NU 16:17
דאיתרעמיתון עלי: אנא ייי גזרית במימרי אין לא גזרית NU 14:35
אמרין בני ישראל ייי גיברא עביד קרבינן בכל דר ודר EX 15:3
בבעו ברחמין מן קדמך ייי גלי קדמך דלא הוה בלבבי GN 22:14
יתה קיים עלם קדם ייי גמירה תסתדר ותיתסק: וכל LV 6:15
כהנא על דמידכי קדם ייי: דא תהוי גזירת אחויית דביה LV 14:31
בתרע משכן זימנא קדם ייי דאיזמן מימרי לכון תמן למללא EX 29:42
קדמוי אברהם ויצחק ייי דאיזן יתי מדאיתני עד יומא GN 48:15
ובנא תמן מדבחא קדם ייי דאיתגלי ליה: ואיסתלק מתמן GN 12:7
הוא אלקיה דאיבא יצחק ייי דאמר לי תוב לארעך ולילדותך GN 32:10
על ארעא: ארום אנא הוא ייי דאסיקית יתכון פריקין מן LV 11:45
במילין: ואמר ליה אנא ייי דאפיקתך מאתון נורא דכשדאי GN 15:7
ברם עם משה מליל ייי דאתפרש מתשמיש דעריס הלא NU 12:2
קדישין ארום קדיש אנא ייי דבחרית בכון ואפרישית יתכון LV 20:26
דקטרת בוסמיא דקדם ייי דבמשכן זימנא וית כל אדמא LV 4:7
על קרנת מדבחא דקדם ייי דבמשכן זימנא וית כל אדמא LV 4:18
חי וקיים ריבון כל עלמיא ייי דבר נש אמר ומכדב ואוף לא NU 23:19
יתאמר לי במימר מן קדם ייי דגובריא דבעו למקטלי נחתו EX 10:29
וגחן גברא וסגיד קדם ייי דזמין קדמוי איתתא מהגנא: GN 24:26
ניכסת חייסא הוא קדם ייי דחס במימריה על בתי בני EX 12:27
ותעבדון יתהון אנא ייי דיהב אגר טב לנטרי פיקודי LV 22:31
אמרת דין הוא מן קדם ייי דיהון מיני פלגות שיבטייא ברם GN 30:21
ארעהון דיקרבון קדם ייי דילך יהי כל דדכי בביתך NU 18:13
למיסוק למסתכלא קדם ייי דילמא יקטול בהון: ונחת משה EX 19:24
קריב הוא ארום אמר ייי דילמא יתהון עמא במחמיהון EX 13:17
עימנא תוב מן קדם ייי דילמא נמות: ואמר משה לעמא EX 20:19
ובריך ית יוסף ואמר ייי דיפלחו אבהתיי קדמוי אברהם GN 48:15
איתתא בתריי: ואמר לי ייי דיפלחת קומוי יזמן מלאכיה GN 24:40
במשריתא ובעו מן קדם ייי דישתביק לכון חובא דא EX 32:27
לנכסת קודשיא קדם ייי דכר או נוקבא שלים יקרביניה: LV 3:6
אשמיה ייתיה לקדם ייי דכר שלים מן ענא בעילוייה LV 5:25
ית קורבן אשמיה לקדם ייי דכר שלים מן ענא בעילוייה כסף LV 5:15
ויתיבון ויימרון גלי קדם ייי דלא אתא לידינן ופטרניה מן DT 21:7
בוכרא דיהודה ביש קדם ייי דלא הוה משמש עם אינתתיה GN 38:7
דבכיא ובעיא מן קדם ייי דלא יזמן לה לעשו רשיעא ורחל GN 29:17
בבעו ברחמין מן קדמך ייי דלא נתחשב קדמך כבעירא GN 3:18
תקרבון יתהון קדם ייי דלחם ביכוריא חמיר מתקרב LV 2:12
וישרי: ואודיאת קדם ייי דמימריה מתמלל לה וכן אמרת GN 16:13
הדא זימנא אודי קדם ייי דמן ברי דין עתיד למיפק מלכין GN 29:35
בעיא מיני בעי מן קדם ייי דמן קדמוי הינון בניא והוא מנע GN 30:2
אלקכון ארום כל דמרחק ייי דסני עבדין לטעוותהון ארום DT 12:31
והוה מודי ומצלי קדם ייי דעבד עימיה ניסין וגבורן EX 2:21
יתן אפרשותא קדם ייי: דעתיר לא יסגי ודמיסכן לא EX 30:14
סכיית ואודיקית ייי דפורקנך פורקן עלמין: שיבטא GN 49:18
יתהון לשמשא קדם ייי::: דפקד ייי ית משה בטוורא דסיני LV 7:35
בגוה ארום אנא הוא ייי דשכינתי שריא בגו בני ישראל: NU 35:34
דישמעו ארום אנת הוא ייי דשכינתך שריא בגו עמא הדין NU 14:14
ממצרים תפלחון קדם ייי דתקבלון ית אורייתא על טוורא EX 3:12
הדין: ואמר משה קדם ייי הא אנא אזיל לות בני ישראל EX 3:13
סימנא תינדע ארום אנא ייי הא אנא מחי בחוטרא דבידי על EX 7:17
אינשא ויתקיים: ואמר ייי הא אתר מתקן קדמי ותהי EX 33:21
יקטלינני: ואמר ליה ייי הא בכין כל דקטיל קין לשבעא GN 4:15
דנתבוע רחמין מן קדם ייי: הא כדון אשכח עבדך רחמין GN 19:18
לכפרא עליכון קדם ייי: הא לא איתעל מן אדמון לות LV 10:17
דבנו בני נשא: ואמר ייי הא עמא חד ולישן חד לכולהום GN 11:6
עימך: ואמר משה קדם ייי הא קשי ממלל וכדין יקביל מיני EX 6:30
לגבה למסאבה ואמר ייי הבר עממין דלא חוב אוף חמי GN 20:4
מטול למינדע ארום ייי הוא אלקא לית תוב בר מיניה: DT 4:35
ותתיבון על ליבכון ארום ייי הוא אלקים דשכינתיה שריא DT 4:39
עם משה ואמר ליה אנא ייי הוא דאיתגליתי עלך בגו סנייא EX 6:2
ויהי גברא דיתרעי ביה ייי הוא דקדיש סגי לכון בני לוי: NU 16:7
ארום דינא מן קדם ייי הוא וחמי כל טומריא ופיתגמא DT 1:17
ברעוא קרבנא קדם ייי הוא: ותיסב ית דיכרא תניינא EX 29:18
ובנא נח מדבחא קדם ייי הוא מדבחא דבנא אדם בעידן GN 8:20
מן סורחנותיה קדם ייי הוא מרגיז וישתיצי בר נשא NU 15:30
משה הוה ממלל ומן קדם ייי הוה מתעני בקל נעים ומשבח EX 19:19
בתתובא בלב שלים קדם ייי הוה נפיק למשכן בית אולפנא EX 33:7
כיומא הדין: ומן קדם ייי הוה רגז עלי על פיתגמיכון DT 4:21
ברתוי בדחייסא מן קדם ייי הוות עלווי ואפקוהי ואשריוהי GN 19:16
ביובלא קודשא קדם ייי הי כחקיל אפרשא לכהנא תהי LV 27:21
מחא משתלחא מן קדם ייי היא ואיתקף יצרא דליבא EX 8:15
עבדו יתה היכמה דפקיד ייי היכדין עבדו ובריך יתהון משה EX 39:43
דעתיד למיתן לכון ייי היכמא דמליל ותינטרון מזמן EX 12:25

ארים אהרן ארמא קדם ייי היכמא דפקיד ייי ית משה: ופרס LV 9:21
ברעוא קרבנא הוא קדם ייי היכמא דפקיד ייי ית משה: וקריב LV 8:21
עלוי סידורין דלחים קדם ייי היכמא דפקיד ייי ית משה: ושוי EX 40:23
ואדלק בוציניא קדם ייי היכמא דפקיד ייי ית משה: ושוי EX 40:25
דמתקבל ברעוא קדם ייי היכמא דתעבדון הכדין יעבד: NU 15:14
ישראל וזילו פלחו קדם ייי היכמה דאמרתון: אוף ענכון אוף EX 12:31
ית חטר ניסיא מן קדם ייי היכמה דפקדיה: וכנישו משה NU 20:9
אחוהי מתנן דיהב ליה ייי הינון אחסנתיה היכמא דמליל DT 10:9
דכהונתא דיהב ליה ייי הינון אחסנתיה היכמא דמליל DT 18:2
דאשתלחו מן קדם ייי הינון בגין כן קרא שמיה דאתרא GN 32:3
דקיים עלם הוא קדם ייי הכדין הוא לך ולבנך: ואמר ייי NU 18:19
דמתקבל ברעוא קדם ייי: הכדין יתעבד לתורא חד או NU 15:10
לארעא דיהב להון ייי: הכדין עבדו אבהתכון כד NU 32:7
כל עממיא מטול מה עבד ייי הכנא לארעא הדא מה הוה DT 29:23
וכדון איסק ואיצלי קדם ייי הלואי איכפר על חוביכון: ותב EX 32:30
תוליד: ואמר אברהם קדם ייי הלואי ישמעאל יתקיים ויפלח GN 17:18
יומין כמה דפקיד יתיה ייי: ואברהם בר מאה שנין כד GN 21:4
הדין כמא דמליל עימיה ייי: ואברהם בר תשעין ותשע שנין GN 17:23
דשמיש תמן ביצלו קדם ייי: ואודיק על אנפי סדום ועמורה GN 19:27
דין מסרהבין הויתון קדם ייי ואוף כל דכן בתר דאימות: כנושו DT 31:27
אברם היכמה דמליל ליה ייי ואזל עימיה לוט ואברם בר GN 12:4
מה נישתי: וצלי קדם ייי ואחוי ליה ייי אילן מריר EX 15:25
הדא לכון לאחסנא קדם ייי: ואין לא תעבדון ית פיתגמא NU 32:22
לחים קורבנה קדם ייי: ואין מן בני עיזא קורבניה LV 3:11
דמתקבל ברעוא קדם ייי: ואין מן עופא קורבניה קדם ייי LV 1:13
דמתקבל ברעוא קדם ייי: ואין מן ענא קרבניה לנכסת LV 3:5
קודש קודשין הוא קדם ייי: ואין מפרוק יפרוק גבר LV 27:30
כל לבונתא קורבנא קדם ייי: ואין ניכסת קודשיא קורבניה אין LV 2:16
עליהון וצלי משה קדם ייי ואישתקעת אישתא באתרה: NU 11:2
סנייא ואמרית לך אנא ייי: ואיתגליתי לאברהם ליצחק EX 6:2
ועבד משה היכמה דפקיד ייי ואיתכנישת כנישתא בעשרין LV 8:4
מן ארחן דתקנן קדם ייי ואיתמליאת ארעא חטופין: GN 6:11
אזיד פרעה רשיעא קדם ייי ואיתנטל בלבביה ורדף בתר EX 15:1
נפקת ברוגזא מן קדם ייי ואכלת ית מאתן וחמשין גוברין NU 16:35
דמתקבל ברעוא קדם ייי: ואם מן בני ענא קורבניה מן LV 1:9
רוגזא דרבון כל עלמיא ייי ואמליל ברם זימנא מאים GN 18:32
רוגזא דרבון כל עלמיא ייי ואמליל מאים ישתכחון תמן GN 18:30
וקיים ישראל קיים קדם ייי ואמר אין מימסר תימסר ית NU 21:2
ותב משה וצלי קדם ייי ואמר במטו מינך ריבון כל EX 32:31
רוגזא דייי עליה וקטליה ייי: ואמר יהודה לאונן עול לות GN 38:7
למבעי רחמין מן קדם ייי: ואמר ייי לה תרין עממין GN 25:22
ותב משה לקדם ייי ואמר ייי למא אבאשתא לעמא EX 5:22
מנהון היכמא דמליל ייי: ואמר ייי למשה אימר לאהרן EX 8:11
ולא קביל מנהון היכמא ייי: ואמר ייי למשה איתקף יצרא EX 7:13
קבל מנהון היכמא דמליל ייי: ואמר ייי למשה אקדים בצפרא EX 8:15
ית פיתגמי עמא קדם ייי: ואמר ייי למשה ביומא רביעאה EX 19:9
ית פיתגמי עמא קדם ייי: ואמר ייי למשה ביומא תליתאה EX 19:8
ועבד נח ככל דפקדיה ייי: ואמר ייי לנח עול אנת וכל אינש GN 6:22
משה ית דינהין קדם ייי: ואמר ייי עם משה למימר: יאות NU 27:5
למצרים ואתגלי ליה ייי ואמר לא תיחות למצרים שרי GN 26:2
ארום יימרון לא איתגלי ייי: ואמר ליה ייי מה דין בידך ואמר EX 4:1
וקמון בלב שלים קדם ייי: ואמר משה דין פיתגמא LV 9:5
לא איתחרכו ומיתו קדם ייי: ואמר משה הוא דמליל ייי עימי LV 10:2
בני ישראל נדבתא קדם ייי: ואמר משה לבני ישראל חמון EX 35:29
וידבחון נכסת חגא קדם ייי: ואמר משה לפרעה שבח נפשך EX 8:4
דילמא יקטול בהון ייי: ואמר משה קדם ייי לא יכלון EX 19:22
וצלו בני ישראל קדם ייי: ואמרו רשיעי דרא למשה המן EX 14:10
שבח שירתא הדא קדם ייי ואמרין למימר נודה ונשבחא EX 15:1
יתכון: וצליית קדם ייי ואמרית בבעו ברחמין מן קדמך DT 9:26
במימר מן קדם ייי: ואמרת שרי לאברם הא כדון GN 16:1
כדון שריתי למללא קדם ייי ואנא מתיל לעפר וקטם: מאין GN 18:27
ית תורעמתכון קדם ייי ואנחנא מא אנן חשיבין ארום EX 16:7
לבני ישראל אנא הוא ייי ואפיק יתכון מגו דחוק פולחן EX 6:6
ותידחל מאלקך אנא ייי: וארום אין איתגייר ואיתחזק LV 19:32
לי במיחוס מן קדם ייי וארום אית לי ניכסין סגיאין GN 33:11
נזריה קדיש הוא קדם ייי: וארום ימות מיתה עלוי בתכוף NU 6:8
דמתקבל ברעוא קדם ייי: וארום יתגייר עימכון גייורא או NU 15:13
לאתקבלא ברעוא קדם ייי: וארום תעביד בר תורי עלתא או NU 15:7
ואהרן היכמא דפקיד ייי וארים בחוטרא ומחא ית מוי EX 7:20
ועלוותהון קדם ייי וארע יתי סקול כאילין בתרַן LV 10:19
ונכסת קודשין קדם ייי ואתא אהרן וכל סבי ישראל EX 18:12
האילין דפקדיה ייי: ואתיבו כל עמא כחדא ואמרו כל EX 19:7
ופרס ידוי בצלו קדם ייי ואתמנעו קלין דלווט וברדא EX 9:33
ארום קריבינון קדם ייי ואתקדשו ויהון לאת לבני NU 17:3

חקיל דבריך יתיה ייי ואתרעי לאשראה שכינתיה תמן: GN 27:27
עמהון עמלק ושיזבינון ייי: ובדח יתרו על כל טבתא דעבד EX 18:8
מרגיזין הוותון קדם ייי: ובזמן דשלח ייי יתכון מרקם DT 9:22
מיעליה לקודשא קדם ייי ובזמן מיפיקיה ולא ימות EX 28:35
מסרבין הוויתון קדם ייי: ובחורב ארגיזתון קדם ייי והוה DT 9:7
ניכסת פיסחא קדם ייי: ובחמישת עשר יומא לירחא NU 28:16
דמתקבל ברעוא קדם ייי: וביומא דשבתא תרין אימרין בני NU 28:8
דמתקבל ברעוא קדם ייי: ובישריהון יהי לך למיכל הי NU 18:17
די יתמלל עמי מן קדם ייי ובכין קרא דבורא דייי למשה LV 1:1
ואתו לאתרא דאמר ליה ייי ובנא תמן אברהם ית מדבחא GN 22:9
צניעין היכמא דפקדני ייי: ובני ישראל נטלו מן כופרני בירי DT 10:5
נפקת ונטלת ברוגזא מן ייי ובעא למשטפיה לעלמא אילולי NU 11:31
טבא לבני ישראל קדם ייי: ובעירי סגיא הוון לבני ראובן NU 31:54
ברעוא קורבנא קדם ייי: ובעשרא יומין לירחא שביעאה NU 29:6
דמתקבל ברעוא קדם ייי: ובר נש ארום יקרב קרבן מנחתא LV 1:17
קלין דלווט מן קדם ייי וברדין ואפטור יתכון ולא EX 9:28
וגחנית וסגידית קדם ייי ובריכית ית ייי אלקיה דריבוניה GN 24:48
עימנא מליל ושמיע קדם ייי: וגברא משה ענוותן בדעתיה NU 12:2
מצלי ובעי רחמין מן קדם ייי וגחן על ארעא שבע זימנין עד GN 33:3
אישא מצלהבא מן קדם ייי: וגיורייא דאתכנשו ביניהון NU 11:3
איבליה דמתושלח חמא ייי והא לא תהו בני נשא ומוי GN 7:10
ופלח חנוך בקושטא קדם ייי והא ליתוהי עם דיירי ארעא GN 5:24
כל דרא דעבד דביש קדם ייי: והא קמתון בתר אבהתכון NU 32:13
קרבן ביכוריא קדם ייי: והבל אייתי אף הוא מבכירי ענא GN 4:3
רבות אלקיה עלוי אנא ייי: והוא איתא דאית בה בתולהא LV 21:12
ובנא תמן מדבחא קדם ייי: והוה ביומי אמרפל הוא נמרוד GN 13:18
רבתא הדא ואיחוב קדם ייי: והוה כדי מלילת עם יוסף יומא GN 39:9
גובריא האיליין קדם ייי: והוה כדי פסק למללא ית כל NU 16:30
לבר ריבונך כמא דמליל ייי: והוה כדי שמע עבדא דאברהם GN 24:51
מחילין מחילין: וגלי קדם ייי והוה רגוז מן קדמוי מן דארגיזו DT 32:19
ייי: ובחורב ארגיזתון קדם ייי והוה רוגזא מן קדם ייי בכון DT 9:8
נוכריתא מן תפיין קדם ייי: והוו סכומהון עשרין ותלתא NU 26:61
מודים ומצליין קדם ייי והות רתיתא מן קדם ייי על GN 35:5
גיבר בצידא ומרודא קדם ייי: והות שירוי מלכותיה בבל רבתי GN 10:9
ודחילו עמא מן קדם ייי והימינו בשום מימריה דייי EX 14:31
משה בלחודוי קדם ייי והינון לא יתקרבון ועמא לא EX 24:2
וסגיד על ארעא קדם ייי: והנפק עבדא מנין דכסף ומנין GN 24:52
מלות פרעה וצלי קדם ייי: והפך ייי ית רוחא ממערבא EX 10:18
היכדין היכמא דפקד ייי וטלק אהרן ית חוטריה קדם EX 7:10
כהנא ית איתתא קדם ייי ויאסור על חרצה אשלא מעילוי NU 5:18
יתבע אולפן מן קדם ייי וידון יתי ובכן אשתמודע קנסא NU 15:32
אחסנתיה יקדיש קדם ייי: וידייק ליה כהנא ית סכום דמי LV 27:22
ויכפר עלוי כהנא קדם ייי וידכי מן דוויה: וגבר ארום LV 15:15
בסטר ציפונא קדם ייי וידרקון בני אהרן כהניא ית LV 1:11
ואמרת ליעקב צלי קדם ייי ויהב לי בנין ואין לא הי כמיתא GN 30:1
במותנא מן קדם ייי: ויהושע בר נון וכלב בר יפונה NU 14:37
מצראי ארום אנא ייי: ויהי אדם ניכסת פיסחא וגזירת EX 12:12
ולא יקבול עלך קדם ייי ויהי בך חובא: לא יתקטלון אבהן DT 24:15
ליה ויקבול עליכון קדם ייי ויהי בכון חובא: מיתן תיתנון ליה DT 15:9
דחלו בית עמלק מן קדם ייי: ויהי כד יניח ייי אלקכון לכון מן DT 25:18
ייתון לארמא ארמא קדם ייי ויהי לך ולבנך עימך לקיים עלם LV 10:15
ותרים יתה ארמא קדם ייי ויהי לך לחולק: ותקדש ית חדיא EX 29:26
מחתא ומחתא: צלו קדם ייי ויהי סגי קדמוי מלמהוי קלין EX 9:28
יקדש גבר קדם ייי ויהי עלוייה כמיסת זרעיה אתר LV 27:16
בוסמיא על אישתא קדם ייי ויחפי ענן תנן קטורתא ית LV 16:13
דאהרן בזמן מיעליה קדם ייי ויטול אהרן ית דין בני ישראל EX 28:30
ייכול לאסתאבא בה אנא ייי: ויטרון ית מטרת מימרי ולא LV 22:8
וירים יתהון ארמא קדם ייי: ויכוס טבחא ית אימרא באתרא LV 14:12
וירים יתהון ארמא קדם ייי: ויכוס טבחא ית אימרא דאשמא LV 14:24
כהנא: ויקרביניה קדם ייי ויכפר עלה כהנא ותידכי מבוע LV 12:7
קודשא למדבחא דקדם ייי ויכפר עלוי באשתעות מיליא LV 16:18
לאיתקבלא ברעוא קדם ייי ויכפר עלוי כהנא וישתביק ליה: LV 4:31
רוח זיקא מן קדם ייי וימות: ויעול אהרן ובנוי למשכן LV 16:22
לתרע משכן זימנא קדם ייי: ויסב כהנא ית אימרא דאשמא LV 14:23
יתה כהנא ויקימינה קדם ייי: ויסב כהנא מיין קדישין מן NU 5:16
טבחא ית תורא קדם ייי: ויסב כהנא רבא דמתרבי LV 4:4
באישא מצלהבא קדם ייי: ויסב מן אדמא דתורא וידי LV 16:13
לאסקא קורבנא קדם ייי: ויסבון מוי מן כיורא בנטלא EX 30:20
יתיה לרעוא עלוי קדם ייי: ויסמוך בתוקפא יד ימיניה על LV 1:3
קורבניה ויקרב יתיה קדם ייי: ויסמוך בתוקפא יד ימיניה על LV 3:7
לתרע משכן זימנא לקדם ייי ויסמוך יד ימיניה על ריש תורא LV 4:4
קורבניה ויקרביניה קדם ייי: ויסמוך יד ימיניה על רישיה LV 3:12
ותקריב ית ליואי קדם ייי ויסמכון בני ישראל ית ידיהון על NU 8:10
לארמא יתיה ארמא קדם ייי: ויסק כהנא ית תרבא למדבחא LV 7:30

קדמיכון היכמא דמליל ייי: ויעבד ייי פורענות דינא מנהון DT 31:3
דמידכי לכפרא עלוי קדם ייי: ויעבד ית חד מן שפניניא LV 14:29
ויכפר עלוי כהנא קדם ייי: ויעבד כהנא ית קרבן חטאתא LV 14:18
ויקים ית איתתיה קדם ייי ויעבד לה כהנא ית כל אורייתא NU 5:30
ויקריב כהנא קדם ייי ויעביד ית חטתיה וית עלתיה: NU 6:16
זימנא הדא וצלו קדם ייי ויעדי מיני לחוד ית מותא הדין: EX 10:17
ועימך נצינא צלי קדם ייי ויעדי מיננא ית מחת חיויא וצלי NU 21:7
ולאהרן ואמר צלון קדם ייי ויעדי עורדענייא מיני ומן עמי EX 8:4
נפיק מלותך ואיצלי קדם ייי ויעדי עירבוב חיות ברא מן EX 8:25
טבחא ית תורא קדם ייי: ויעיל כהנא רבא מן אדמא LV 4:15
ית ביתיה קודשא קדם ייי ויעליניה כהנא בין טב לבין ביש LV 27:14
יקרבון מינה קרבנא קדם ייי ויקם ית בעירא קדם כהנא: ויעלי LV 27:11
מן עופא קורבניה קדם ייי ויקרב מן שפנינייא או מן בני LV 1:14
או ניכסת קודשיא קדם ייי: ויקרב על בר תורי מנחתא NU 15:8
ית בר תורי קדם ייי ויקרבון בני אהרן כהנא ית LV 1:5
ומישחא האילין לקדם ייי ויקרבינה גברא דמייתי יתה לות LV 2:8
וירים ית מנחתא קדם ייי ויקריב יתה על גבי מדבחא: NU 5:25
נפשיה לאתרא דיתרעי ייי: וישמש בשום מימרא דייי DT 18:6
באישא מצלהבא מן קדם ייי: וישרון בני ישראל גבר על בית NU 1:51
ויכפר עלוי כהנא קדם ייי וישתביק ליה על חדא מכל LV 5:26
למקרב מינה קרבנא קדם ייי וישתיצי בר נשא ההוא דייכול LV 7:25
קודשיא דמתקרבין קדם ייי וישתיצי בר נשא ההוא מעמיה: LV 7:21
למעבד יתיה קרבנא קדם ייי וישתיצי בר נשא ההוא מעמיה: LV 17:9
באישא מצלהבא קדם ייי: וית אהרן וית בנוי תרבי ותקדש EX 30:29
יומין למנסכא קדם ייי: וית אימר תניין תעביד ביני NU 28:7
לרב תבוע אולפן מן קדם ייי: וית חוטרא הדין תיסב בידך EX 4:16
קדמי ליואי אנא ייי: וית פרקוני מאתן ושובעין NU 3:45
ובמציעותיה כתיב יקום ייי ויתבדרון סנאך ויעריקון בעלי NU 2:3
למשקרא שקר קדם ייי ויתחייב בר נש ההוא: ויודון ית NU 5:6
ביה: ונפק קין מן קדם ייי ויתיב בארע טלטול גלותיה GN 4:16
שבעת זימנין קדם ייי: ויתן כהנא ממשחא דעל ידיה על LV 14:27
או סמיא הלא אנא ייי: וכדון איזל ואנא במימרי אהא EX 4:11
אתקבלא ברעוא קדם ייי: וכהנא רבא דמתרבי במשחא LV 6:14
ארמות דהבא קדם ייי: וכל גבר דהישתכח עימיה EX 35:22
היתיו ית אפרשותא קדם ייי וכל מאן דהישתיכח עימיה EX 35:24
ותקרבון קורבנא קדם ייי: וכל עיבידתא לא תעבדון בכרן LV 23:27
לך דיכרין תקדש קדם ייי: וכל פתח וולדא בחמרא תיפרוק EX 13:12
כל פתח וולדא קדם ייי וכל פתח וולדא בעירא דמשגרא EX 13:12
משה בעי רחמין מן קדם ייי וכלי מנהון רוח נבואתא: ואמר NU 11:28
מצלי ובעי רחמין מן קדם ייי וכן אמר אתגלי כדון מימרא דייי NU 10:35
ובעי רחמין מן קדם ייי וכן אמר תוב כדון מימרא דייי NU 10:36
אהרן יתהון ארמא קדם ייי וכפר עליהון אהרן לדכאואיהון: NU 8:21
באישא מצלהבא מן קדם ייי ולא אשתמודענא מה הוה ליה EX 32:23
למימר מה דא עבד ייי ולא בחובא דילנא: ואתו לות GN 42:28
לאתקבלא ברעוא קדם ייי: ולא ידבחון תוב ית דיבחיהון LV 17:6
קטורת בוסמין קדם ייי ולא יהי גבר מתנטל למיפלוג על NU 17:5
ארום מרחקא היא קדם ייי ולא מרחקין בנהא דתיליד מיניה DT 24:4
ודחילא חייתא מן קדם ייי ולא עבדא היכמא דמליל להין EX 1:17
ותבתון ובכיתון קדם ייי ולא קביל ייי צלותכון ולא אצית DT 1:45
לעמך ישראל דפרקת ייי ולא תשווי חובת אדם זכאי בגו DT 21:8
אפרושותהון קדם ייי: ולבושי קודשא דילאהרן יהון EX 29:28
דמשה מן יומא דפקיד ייי ולהלא לדריכון: ויהי אין מן NU 15:23
כד מיתו אחנא קדם ייי: ולמא אתיתון ית קהלא דייי NU 20:3
תתבעון אולפן מן קדם ייי ומבתר כדין תמנון עליכון מלכא DT 17:15
דמתקבל ברעוא קדם ייי: ומה דמשתייר מן מנחתא יהי LV 2:2
דמתקבל ברעוא קדם ייי: ומה דמשתייר מן מנחתא יהי LV 2:9
שבח אדכרתא קדם ייי: ומה דמשתיירא מינה ייכלון LV 6:8
תקין פתגמא מן קדם ייי ומוחי ייי למעבדיה: וכדון יחמי GN 41:32
ובעון: ארעא דכבש ייי ומחא יתבהא קדם כנישתא NU 32:4
ותהון זכאין מן קדם ייי ומישראל ותהי ארעא הדא לכון NU 32:22
אישא בריא קדם ייי ומיתו באישא מצלהבא: ואמר ייי LV 16:1
מעילוי מדבחא מן קדם ייי ומלי חופנוי קטורת בוסמין LV 16:12
ועד בעירא דילי יהון אנא ייי: ומליל ייי עם משה במדברא NU 3:13
קודש קודשין הוא קדם ייי: ומליל ייי עם משה למימר: ארום EX 30:10
באישא מצלהבא קדם ייי: ומליל ייי עם משה למימר: ואנא NU 3:10
דיניי ותעבדון יתהון אנא ייי: ומליל ייי עם משה למימר: ועם LV 19:37
למהוי לכון לאלקא אנא ייי: ומליל ייי עם משה למימר: מליל LV 22:33
יתה לכון ירותא אנא ייי: ומליל משה כדין עם בני ישראל EX 6:8
וקמון בצלותא קדם ייי ומן יד אתכליאו תלת מנהון DT 9:19
לאתקבלא ברעוא קדם ייי ומנחתיה וניסוכיה כד חמי וצפיר NU 15:24
דתיכלא מה דלא פקיד ייי ומסעדין להון גובריא מבני NU 16:2
עם חמוי דמשה קדם ייי ומשה הוה קאי ומשמש EX 18:12
יבכון ית יקידתא דאוקד ייי: ומתרע משכן זימנא לא תיפקון LV 10:6
ועבד נח ככל דפקדיה ייי: ונח בר שית מאה שנין וטובענא GN 7:5

עלוי רוח נבואה מן קדם ייי: ונטל מתל נבותיה ואמר אימר NU 24:2
ואמר ליה בלק מה מליל ייי: ונטל מתל נבותיה ואמר קום NU 23:17
ברעוא קרבנא קדם ייי: וניסוכיה רבעות הינא לאימר חד NU 28:6
ברעוא קרבנא קדם ייי: וניסוכיהון דמתקרב עמהון NU 28:13
למכפרא על נפשתן קדם ייי: ונסיב משה ואלעזר כהנא ית NU 31:50
לאתקבלא ברעוא קדם ייי: ונסיב משה ית חדיא וארימיה LV 8:28
וארים יתהון ארמא קדם ייי: ונסיב משה יתהון מעל ידיהון LV 8:27
ניכסת חגא קדם ייי: ונפק משה מלות פרעה וצלי EX 8:25
והוה רעוא קדם ייי וסבר אפין בהבל ובקורבניה: GN 4:4
קודשיא דמתקרבין קדם ייי וסובתיה עלוי וישתיצי בר נשא LV 7:20
יקדשון בני ישראל קדם ייי וסובתיה עלוי וישתיצי בר נשא LV 22:3
ועבד משה היכמא דפקיד ייי וסליקו לטוורוס אומנוס כד חמן NU 20:27
ותינדעון ארום אנא הוא ייי: ועאל משה ואהרן לות פרעה EX 10:2
מלות פרעה וצלי קדם ייי: ועבד ייי כפתגם בעותא דמשה EX 8:26
מיניהון היכמא דמליל ייי: ועבד פרעה צורכיה ועאל EX 7:22
מצראי ארום אנא הוא ייי ועבדו הכדין: ותנון אוקטריא EX 14:4
יהון שלמין וקריב קדם ייי: ועם בני ישראל תמליל למימר LV 9:2
ית שמא דאלקך אנא ייי: ועם דכורי לא תשכוב LV 18:21
בזמן דאתכנשו ופליגו על ייי: ופתחת ארעא ית פומה ובלעת NU 26:9
ומה מנסון אתון קדם ייי: וצחי תמן עמא למוי ואתרעם EX 17:2
לוט ומשמש בצלו קדם ייי: וצלי אברהם ואמר הרוגזך שציא GN 18:22
ובנא תמן מדבחא קדם ייי וצלי בשמא דייי: ונטל אברם GN 12:8
ולאבהתנא: וצלינא קדם ייי וקביל צלותנא ושדר חד NU 20:16
לא תקרבון איליין קדם ייי וקורבנא לא תקרבון מנהון על LV 22:22
צווחין ואמרין זכיי הוא ייי וקושטא היך דינוי וקושטא הינון NU 16:34
דחילא חייתא מן קדם ייי וקנו להין שום טב לדריא ובנא EX 1:21
לזימנא דמליל יתיה ייי: וקרא אברהם ית שום בריה GN 21:2
קודשא לכל מה דפקיד ייי: וקרא משה לבצלאל ולאהליאב EX 36:1
לרקיעא במימר קדם ייי וקרא שמיה מיטטרון ספרא רבא: GN 5:24
ית קרבנהון קרבנא קדם ייי וקרבן סורחנותהון קריבו קדם NU 15:25
עליהון היכמא דפקיד ייי: וקריב אהרן למדבחא בזריזותא LV 9:7
בדחקותהון בצלו קדם ייי וקרת שמיה נפתלי: וחמת לאה GN 30:8
מאה בדשערוי וברכיה ייי: ורבא גברא ואזל אזיל ורבי עד די GN 26:12
תבע אולפן מן קדם ייי: ורחים יצחק ית עשו ארום מלי GN 25:27
סגיאת קבילהון קדם ייי ושדרנא ייי לחבלותה: ונפק לוט GN 19:13
אישא מצלהבא מן קדם ייי ושיציאת מן רשיעיא דבסיפי NU 11:1
ארום בשיתא יומין ברא ייי ושכליל ית שמיא וית ארעא EX 31:17
מלאכא במימר מן קדם ייי ושלף חרבא על לבן רמאה GN 31:24
מכוונין והגיאן ביש קדם ייי ושמיע קדם ייי ותקיף רוגזיה NU 11:1
ועל דוכרנהא דרחל קדם ייי ושמיע קדמוי קל צלותא ואמר GN 30:22
דלית אפשר דישפר קדם ייי: ושמע משה ושפר קודמוי ואפיק LV 10:19
ית פיתגמיא דילהון קדם ייי: ותזהר יתהון ית קיימייא וית EX 18:19
איבא דארעא דיהבת לי ייי ותחתיניה קדם ייי אלקך DT 26:10
נידריכון דתידרון קדם ייי: ותיחדון קדם ייי אלקכון אתון DT 12:11
מיניה עד צפרא אנא ייי: ותיטרון ית פיקודיי ותעבדון LV 22:30
מן אתרא ההוא דיתרעי ייי ותיטרון למעבד ככל דילפונכון: DT 17:10
תבע אולפן מן קדם ייי ותייתי אנת ית פיתגמיא דילהון EX 18:19
ייי קורבנא הוא קדם ייי: ותיסב ית חדיא מדכר קורבניא EX 29:25
ותרים יתהון ארמא קדם ייי: ותיסב יתהון מידהון ותסדר EX 29:24
שנין ארום תידר נדר קדם ייי ותיסר איסר בבית איבהא עד NU 30:4
בטהריה דמסדר קדם ייי: ותיתן על סידורייא צריד LV 24:6
תהי רעוא מן קדם ייי ותלטטיה בגיני מתמן: ודבר בלק NU 23:27
ותיתון לאתרא דיתרעי ייי: ותעבד כהילכתא עלוותך DT 12:26
ותרים יתהון ארמא קדם ייי: ותפרש ית ליואי מגו בני ישראל NU 8:13
למיעל לארעא דיהב להון ייי: ותקיף רוגזא דייי ביומא ההוא NU 32:9
ביש קדם ייי ושמיע קדם ייי ותקיף רוגזיה ודליקת בהון NU 11:1
תדירא לרעוא להון קדם ייי: ותרמיץ כיתונא דבוצא למכפרא EX 28:38
חד מסלא דפטירא קדם ייי: ותשוי כולא על ידי אהרן ועל EX 29:23
יסגי כדון חילא קדמך ייי ותתמלי רחמין עליהון ויתי NU 14:17
ואמרת לאה זבד יתי ייי זבודין טבון מבנין זימנא הדא יהי GN 30:20
לבני ישראל מידעם: וקבע ייי זימנא למימר מחר יעביד ייי ית EX 9:5
שמע ישראל ייי אלקנא ייי חד וביה הוה חקיק צורת בר NU 2:10
תרין גוזלין בני יוניא קדם ייי חד לחטאתא וחד לעלתא: וייתי LV 5:7
שמע ישראל ייי אלקנא ייי חד מטול למהוי לכון לאלקא DT 26:17
ישראל אבונן ייי אלקנא ייי חד עני יעקב ואמר בריך שום DT 6:4
וכל גבר חכים ליבא דיהב ייי חוכמתא וסוכלתנותא בהון EX 36:1
במימרי קיימית אמר ייי חולף דעבדת ית פיתגמא הדין GN 22:16
דמשמשין תמן קדם ייי: חולק כל קבל חולק בשוה ייכלון DT 18:7
דיכוס ית עלתא קדם ייי חטאתא הוא: ויסב כהנא מן LV 4:24
ליבכון ובכל נפשכון: ית ייי חטבתון חטיבא חדא בעלמא DT 26:17
גבר חכים ליבא דיהב ייי חכמתא בליביה כל מאן EX 36:2
ית ליואי קדמי אנא ייי חלף כל בוכריא בבני ישראל וית NU 3:41
משכניה: ואמר משה קדם ייי חמי מה דאנת אמר לי סליק ית EX 33:12
זימנא אישתלחון מן קדם ייי חמשתי מלאכיא מחבליא DT 9:19

לארעא די תשמיט קדם ייי חקליכון לא תזרעון וכרמיכון LV 25:4
קודשיא קרבנא קדם ייי טוב שומניה אליתא שלמתא כל LV 3:9
לעלתאַ: ואמר אברהם ייי יבחר ליה אימרא לעלתא ברי GN 22:8
ויעבד פיסחא קדם ייי יגזור ליה כל דכורא ובכן יהי EX 12:48
ואורייתי: חמון ארום ייי יהב לכון ית שבתא בגין כן הוא EX 16:29
יקדשון בני ישראל קדם ייי יהבית לך ולבנך ולבנתך עימך NU 18:19
ייי כל דיתן מיניה קדם ייי יהי קודשא: לָא ישלחפיניה ולא LV 27:9
שבתא יומא דין קדם ייי יומא דין לא תשכחוניה בחקלא: EX 16:25
שכינתיה על אפוי וקרא ייי ייי אלקא רחמנא וחננא אריך EX 34:6
ית ניכסת קודשוי קדם ייי ייתי בגרמיה ית קורבניה לקדם LV 7:29
ולא ידעת ועברת מן קדם ייי ישתביק לה: כל נידרא וכל קייום NU 30:13
על נפשה ומן קדם ייי ישתרי וישתביק לה: ונדרא NU 30:9
לא יתקיימון ומן קדם ייי ישתרי וישתביק ליה ארום בטיל NU 30:6
ואשטתחית בצלו קדם ייי ית ארבעין יממין וית ארבעין DT 9:25
ארעא חטופין: וחמא ייי ית ארעא והא איתחבלת ארום GN 6:12
ועל כל דאית ליה ובריך ייי ית בית מצראי בגין זכותיה GN 39:5
עמא ושמעו ארום דכיר ייי ית בני ישראל וארום גלי קדמוי EX 4:31
בכרן יומא הדין אפיק ייי ית בני ישראל מארעא דמצרים EX 12:51
בית דינא שמִיטתא קדם ייי: ית בר עממין תדחוק ודינא די DT 15:2
דשומא בריגליהון: ורוקן ייי ית גיתא דאבוכן ויהב לי: והוה GN 31:9
למימר צפרא ויהודע ייי ית דכשר ליה וית דקדיש ויקרב NU 16:5
ית קירוי מישרא ודכיר ייי ית זכותיה דאברהם ושלח יתִ GN 19:29
וילידת בר ואמרת כנש ייי ית חיסודי והכדין עתיד יהושע GN 30:23
שביעאה בגין כן בריך ייי ית יומא דשבתא וקדיש יתיה: EX 20:11
ביומא ההוא: ויפריש קדם ייי ית יומי נזריה וייתי אימר בר NU 6:12
דיעקב ומן יד דבר ייי ית ימא ברוח קידומא תקיף כל EX 14:21
ובתר דמית אברהם בריך ייי ית יצחק בריה ויתיב יצחק סמיך GN 25:11
האילין קדם פרעה ותקיף ייי ית יצרא דלבא דפרעה ולא פטר EX 11:10
עד מיתנא לתמן: ותקיף ייי ית יצרא דלבא דפרעה ולא צבא EX 10:27
כל רתיכא ורתיכא: ותקיף ייי ית יצרא דלבא דפרעה מלכא EX 14:8
ובכל מצראי: ותקיף ייי ית יצרא דלבה דפרעה ולא קביל EX 9:12
רוח מערבא ואזלו: ותקיף ייי ית יצרא ולבא דפרעה ולא פטר EX 10:20
בגו בני עמיך בדיתן ייי ית ירכוניך מתמסיין וית כריסיך NU 5:21
עמיה ארום אפיק ייי ית ישראל ממצרים: ודבר יתרו EX 18:1
עשרתי דבירייא: ומליל ייי ית כל דביריא האיליין למימר: EX 20:1
ארום אמר אנשי יתי ייי ית כל ליאותי וית כל בית אבא: GN 41:51
לשמא דייי כיון דמסר ייי ית מדינאי בידינן וכבשנן ית NU 31:50
כל קבל גללוי ועלים ייי ית מצראי בגו ימא דלא ימותון EX 14:27
לשמשא קדם ייי::: דפקד ייי ית משה בטוורא דסיני ביומא LV 7:38
אחווית קימיא דפקיד ייי ית משה בין גבר לאיתתיה בין NU 30:17
גזירת אורייתא דפקיד ייי ית משה: ברם לחודהון בלא NU 31:21
בני ישראל היכמא דפקיד ייי ית משה היכדין עבדו: ואיתיו ית EX 39:32
מתעבדא הי כחיזו דאחזי ייי ית משה הכדין עבד בצלאל ית NU 8:4
הי ככל מה דפקד ייי ית משה הכדין עבדו בני ישראל EX 39:42
דסיני ככל מה די פקיד ייי ית משה הכדין עבדו בני ישראל: NU 9:5
בני ישראל::: היכמא דפקיד ייי ית משה הכדין עבדו בנת NU 36:10
בני ישראל ככל דפקד ייי ית משה הכדין עבדו: ומליל ייי NU 1:54
בני ישראל ככל מה דפקד ייי ית משה הכדין שרן לטיקסיהון NU 2:34
ומית היכמא דפקיד ייי ית משה: ואמר ייי למשה למימר: NU 15:36
גזירת דין היכמא דפקיד ייי ית משה: ואמר ייי למשה סוק NU 27:11
לדריכון: היכמא דפקיד ייי ית משה ואצנעיה אהרן קדם EX 16:34
מקדשין היכמא דפקיד ייי ית משה: ואקים ית דרתא חזור EX 40:32
ולעילא היכמא דפקיד ייי ית משה ובני ישראל דנפקו NU 26:4
בוצינהא היכמה דפקיד ייי ית משה: ודין עובד מנרתא מינא NU 8:3
כהנא היכמא דפקיד ייי ית משה: והות סכום דברתא NU 31:31
דסהדותא היכמא דפקיד ייי ית משה: ויהב ית פתורא במשכן EX 40:21
בני ישראל היכמא דפקיד ייי ית משה וית אהרן היכדין אזדרזו EX 12:28
בני ישראל היכמא דפקיד ייי ית משה וית אהרן היכדין עבדו: EX 12:50
למדבחא היכמא דפקיד ייי ית משה: וית בשרא וית מושכיה LV 9:10
ועבדו היכמה דפקיד ייי ית משה: ולא קם נביא תוב DT 34:9
אילין פיקודיא די פקיד ייי ית משה ולית אפשר לחדתא LV 27:34
ועבד אהרן היכמא דפקד ייי ית משה: ומליל ייי עם משה LV 16:34
ולמקבור היכמא דפקיד ייי ית משה: ומליל ייי עם משה LV 24:23
מימרא דייי היכמה דפקד ייי ית משה: ומליל ייי עם משה NU 3:51
וסכומיה היכמה דפקיד ייי ית משה: ומליל ייי עם משה NU 4:49
ופקדיה היכמא דפקיד ייי ית משה: ומליל ייי עם משה NU 27:23
ישראל ככל מה דפקיד ייי ית משה: ומליל משה עם NU 30:1
היכמה דפקיד ייי ית משה ומננון במדברא דסיני: NU 1:19
כהנא היכמא דפקיד ייי ית משה: ומפלגות בני ישראל די NU 31:41
מן לעילא היכמא דפקיד ייי ית משה: ונסיב ית תרין לוחי EX 40:19
דקודשא היכמא דפקיד ייי ית משה: ונסיב משה ית משחא LV 8:9
לחולק היכמא דפקיד ייי ית משה: ונסיב משה ממשחא LV 8:29
כהנא היכמא דפקיד ייי ית משה: ועבד ית איפודא EX 39:1
ישראל היכמא דפקיד ייי ית משה: ועבד ית חושנא עובד EX 39:7

אפודא היכמא דפקיד ייי ית משה: ועבד ית מנטר מעילא EX 39:21
בני ישראל היכמא דפקד ייי ית משה: ועבדו בני ישראל ככל NU 2:33
לשמשא היכמה דפקד ייי ית משה: ועבדו ית כיתונין דבוץ EX 39:26
ובוץ שזיר היכמא דפקיד ייי ית משה: ועבדו ית מרגלוון EX 39:5
עובד ציור היכמה דפקד ייי ית משה: ועבדו ית ציצת כלילא EX 39:29
עבד ית כל דפקיד ייי ית משה: ועימיה אהליהב בר EX 38:22
קדם ייי היכמא דפקיד ייי ית משה: ופרס אהרן ית ידוי LV 9:21
טריגונהא היכמא דפקיד ייי ית משה וקטלו כל דכוראה: וית NU 31:7
למשריתא היכמא דפקיד ייי ית משה: וקרב ית דכר עלתא LV 8:17
קדם ייי היכמא דפקיד ייי ית משה: וקריב ית דיכרא LV 8:21
כובעין היכמה דפקיד ייי ית משה: וקריב ית תורא LV 8:13
דייי היכמא דפקיד ייי ית משה: וקריבו לות משה NU 31:47
מנחתא היכמא דפקיד ייי ית משה: ושוי ית כיורא על EX 40:29
קדם ייי היכמא דפקיד ייי ית משה: ושוי ית מדבחא דדהבא EX 40:25
קדם ייי היכמא דפקיד ייי ית משה: ושוי ית מנרתא במשכן EX 40:23
בוסמין היכמא דפקיד ייי ית משה: ושוי ית פרסא דתרעא EX 40:27
דרישא היכמא דפקיד ייי ית משה: ושלימת כל עיבידת EX 39:31
פיתגמי קיימא דפקיד ייי ית משה למיגזור עם בני ישראל DT 28:69
בנוי הי כמא דפקיד ייי ית משה על ליואי היכדין עבדו NU 8:22
לליואי הי ככל מה דפקד ייי ית משה על ליואי הכדין עבדו NU 8:20
ויעבדון ית כל דפקד ייי: ית משכנא וית פרסיה וית EX 35:10
יומין מן בתר די מחא ייי ית נהרא ומבתר כן אסי מימרא EX 7:25
ונוקבא היכמא דפקיד ייי ית נח: והוה לזמן שובעא יומין מן GN 7:9
עד זמן די יעברון עמך ייי ית נחלי ארנונא עד זמן די יעברון EX 15:16
לעם רב אשוויניה: וגלי ייי ית עינהא ואיתגלי לה בירא GN 21:19
לך הכדין ואמר לא: וגלא ייי ית עינוי דבלעם וחמא ית NU 22:31
ויתובון למצרים: ואחזר ייי ית עמא אורח מדברא דימא EX 13:18
דכסף ומנין דדהב: ויהב ייי ית עמא לרחמין קדם מצראי EX 11:3
זימנא למימר מחר יעביד ייי ית פיתגמא הדין בארעא: ועבד EX 9:5
הדין בארעא: ועבד ייי ית פיתגמא הדין ליום חרן ומית EX 9:6
קודשיא קורבנא קדם ייי ית פריסותא דתרבא דחפי ית LV 3:3
קורבנא קורבנא קדם ייי ית פריסותא דתרבא דחפי ית LV 3:14
לא עם אבהתנא גזר ייי ית קיימא הדין אלהין עימנא DT 5:3
ייי קבילתהון ודכיר קדם ייי ית קיימיה דקיים עם אברהם EX 2:24
לך לא תעביד ליה אנא ייי: ית קיימיי תיטרון בעירך לא LV 19:18
דאתונא: והוה בחבלות ייי ית קירוי מישרא ודכיר ייי ית GN 19:29
ונקבל ונעבד: ושמיע קדם ייי ית קל פיתגמיכון במללותכון DT 5:28
בימִמא: ושמיע קדם ייי ית קל פיתגמיכון ורגז וקיים DT 1:34
קלא ובכת: ושמיע קדם ייי ית קליה דטליא בגין זכותיה GN 21:17
ארום שמיע קדם ייי ית קליה דטליא ולא דן יתיה GN 21:17
אתרא הדין ארום מחבל ייי ית קרתא והוה פתגמא כתימהא GN 19:14
עמא דייי נביין ארום יתן ייי ית רוח נבותיה עליהון: ואתכנש NU 11:29
פרעה וצלי קדם ייי: והפך ייי ית רוחא ממערבא תקיף לחדא EX 10:19
בסיפרא הדין וימחי ייי ית שום דוכרניה מתחות שמיא: DT 29:19
בעידנא ההיא אפריש ייי ית שיבטא דלוי מטול דקניאו DT 10:8
ארום בשיתא יומין ברא ייי ית שמיא וית ארעא וית ימא וית EX 20:11
למיסבוע בדשימיע קדם ייי ית תורעמותכון דאתון EX 16:8
ואהרן היכמא דפקיד ייי יתהון היכדין עבדו: ומשה בר EX 7:6
ניכסת קודשין קדם ייי יתהון: ויזרוק כהנא ית אדמא על LV 17:5
חילמין ברם מן קדם ייי יתותב שלמא דפרעה: ומליל GN 41:16
מן רעותי מה דימליל ייי יתיה אימליל: וכדון האנא מתפני NU 24:13
מיכא לאתרא דאמר ייי יתיה איתן לכון איתא עימנא NU 10:29
עימך למימר כל דימלל ייי יתיה אעבד: ואמר בלק לבלעם NU 23:26
משה הי ככל מה דפקיד ייי יתיה היכדין עבד: והוה בירחא EX 40:16
ועבד משה היכמא דפקיד ייי יתיה הכדין עבד: ואמרו בני NU 17:26
ועבד משה היכמא דפקיד ייי יתיה ודבר ית יהושע ואקימיה NU 27:22
דסיני הי כמא דפקיד ייי יתיה ונסיב בידיה תרין לוחי EX 34:4
ומנא משה היכמה דפקיד ייי יתיה ית כל בוכריא בבני ישראל: NU 3:42
בני ישראל ככל דפקיד ייי יתיה לוותהון: מן בתר דמחא ית DT 1:3
ויימר כהנא לאיתתא יתן ייי יתיך ללוט ולממומי בגו בני NU 5:21
קדמי ותקיף לסגי ובריך ייי יתך בריגלי דאהניית לך מדעלית GN 30:30
פרעה ליוסף בתר דאודע ייי יתך ית כל דא לית סוכלתן GN 41:39
תישתיצון: ויבדר ייי יתכון ביני עממיא ותשתותרון DT 4:27
בפריע מן אורחא דפקיד ייי יתכון: ואחדית בתרין לוחיא DT 9:16
ויימרון לכון מדכר דכיר ייי יתכון ובעידן דאתון סלקין GN 50:25
מוקרא דרישיכון: יגלי ייי יתכון וית מלככוֹן דתמנון DT 28:36
ארום מן בגלל דרחים ייי יתכון ומן דנטיר ית קיימא DT 7:8
למימר מידכר ידכר ייי יתכון ותסקון ית גרמיי מיכא EX 13:19
יתכון מכל עממיא דבדר ייי יתכון לתמן: אין יהון מבדריכון DT 30:3
בתקוף גבורת ידא אפיק ייי יתכון מיכא ולא יתאכל חמיע: EX 13:3
קדם ייי: ובזמן דשלח ייי יתכון מרקם געא למימר סוקו DT 9:23
קליל ביני עממיא דידבר ייי יתכון תמן בגלותא: ותיטעוקון DT 4:27
ליה חובתא דמייתב קדם ייי יתן לכהנא בר מדכר כיפוריא די NU 5:8
מתקטלין מטול דסני ייי יתנא אפקנא מן ארעא דמצרים DT 1:27

כהניא דקריבין לשמשא ייי יתקדשון דילמא יקטול בהון ייי: EX 19:22
ייי אלקיה ואמר למא ייי יתקוף רוגזך בעמך דהנפקת EX 32:11
לי ואמר מן קדם ייי יתרחם עלך ברי: ואוחי יוסף GN 43:29
ויעבד פיסחא קדם ייי כאוויית גזירת פיסחא וכדחזי NU 9:14
דמהולתא למימר ישוינך ייי כאפרים וכמנשה ובמניין GN 48:20
מצראי ארום אנא הוא ייי כד ארים ית מחת גבורתי על EX 7:5
ובעית רחמין מן קדם ייי כד בקדמיתא ארבעין יממין DT 9:18
גבר פורקן נפשיה קדם ייי כד תימני יתהון ולא יהון בהון EX 30:12
דיקרבון מינה קדם ייי כדינא באינשא כן דינא בבעירא NU 18:15
קדש קודשין הוא קדם ייי: כל אפרשא דיתפרש מן אינשא LV 27:28
דפרעה למפטרנא וקטל ייי כל בוכרא בארעא דמצרים מן EX 13:15
שבתא נייחא קדם ייי כל דיעבד עיבידתא ביומא EX 35:2
מינה קורבנא קדם ייי כל דיתן מיניה קדם ייי יהי LV 27:9
שרה תימהא עבד לי ייי כל דשמע יתמה עלי: ואמרת מה GN 21:6
מנכון אפרשותא קדם ייי כל מאן דאיתרעי ליביה ייתי ית EX 35:5
שבתא קודשא קדם ייי כל מאן די עביד עיבידתא ביומא EX 31:15
סילעא אפרשותא קדם ייי: כל מאן דעבר על מניינייא מבר EX 30:13
באישא מצלהבא מן קדם ייי: כל סכומי מנייני ליואי די מנא NU 3:38
מיתיא: ארום מרחק קדם ייי כל עביד אילין ומטול תועיבתא DT 18:12
בגין כן אנא דבח קדם ייי כל פתח וולדא דוכרייא וכל EX 13:15
מחר יהי אתא הדין: ועבד ייי כן ואיתי עירבוב חיות ברא EX 8:20
אשבת ברוח מן קדמך ייי כסון עליהון גירין דימא נחתו EX 15:10
פרעה וצלי קדם ייי: ועבד ייי כפתגם בעותא דמשה ואעדי EX 8:27
דשוי לפרעה: ועבד ייי כפתגמא דמשה ומיתו עורדעניא EX 8:9
באישא מצלהבא מן קדם ייי לא אשתמודענא מה הוה ליה EX 32:1
ואמר משה קדם ייי בבעו ייי לא גבר דברן אנא אוף מאיתמלי EX 4:10
בהון ייי: ואמר משה קדם ייי לא יכלון עמא למיסק לטוורא EX 19:23
יהי קודשא קדם ייי: לא יפשפיש בין טב לביש ולא LV 27:32
דין פתגמא דפקיד ייי לא לדריא דעתידין למיקום בתר NU 36:6
ית שמא דאלקך אנא ייי: לא תטלום ית חברך ולא תניס LV 19:12
מציעות גינוניתא אמר ייי לא תיכלון מיניה ולא תקרבון GN 3:3
עלוי בדינא אנא ייי: לא תמללון שעיעא בפומכון LV 19:16
תהון אזלין בדחלתא אנא ייי: לא תסטון בתר שאלי בידין LV 19:30
ותדחל מאלקך אנא ייי: לא תעבדון שקר בסדר דינא לא LV 19:14
לא תתנון בכון אנא ייי: לא תפסון ית בנתיכון למסבא LV 19:28
מנחתא די תקרבון קדם ייי לא תתעבד חמיע ארום כל LV 2:11
על ארעא דקיים ייי לאבהתכון: ארבעא מפתחי בידי DT 28:11
ותירתון ית ארעא דקיים ייי לאבהתכון: ותהון דכירין ית כל DT 8:1
ופלגוהא הי כמא דקיים ייי לאבהתכון לאברהם ליצחק DT 1:8
ית פיתגמא דקיים ייי לאבהתכון לאברהם ליצחק DT 9:5
ותיתבון על ארעא דקיים ייי לאבהתכון לאברהם ליצחק DT 30:20
ית ארעא טבתא דקיים ייי לאבהתכון: למידחי ית כל בעלי DT 6:18
יומיכון על ארעא דקיים ייי לאבהתכון למיתן להון ולבניהון DT 11:9
יומיכון על ארעא דקיים ייי לאבהתכון למיתנה להון כסכום DT 11:21
עלינן לארעא דקיים ייי לאבהתן למיתן לנא: ויסב כהנא DT 26:3
והוי להון לאלקא: ואמר ייי לאברהם ואנת ית קימי תיטר GN 17:9
ית ארע תותבותך די יהב ייי לאברהם: ושדר יצחק ית יעקב GN 28:4
לפולחנא נוכראה: ואמר ייי לאברהם לא יבאיש בעינך על GN 21:12
וריבוני אברהם סיב: ואמר ייי לאברהם למה דנן גחכת שרה GN 18:13
ותלתין שנין מן דמליל ייי לאברהם מן שעתא דמליל עמיה EX 12:40
ית קימי אשני: ואמר ייי לאברהם שרי אינתתך לא תהי GN 17:15
ומית תרח בחרן: ואמר ייי לאברם איזל לך מארעך אתפרש GN 12:1
ישראל למירתא: ואיתגלי ייי לאברם ואמר לבנך אתין ית GN 12:7
ותשע שנין ואתגלי ייי לאברם ואמר ליה אנא אל שדי GN 17:1
ידוי דמלאך חבלא: ואמר ייי לאהרן איזל לקדמות משה EX 4:27
ספנא למישתציא: ואמר ייי לאהרן אנת ובנך ובית אבך עימך NU 18:1
הוא לך ולבנך: ואמר ייי לאהרן בארעהון לא תקבל NU 18:20
מיניה אפרשותא קדם ייי לאהרן כהנא: מכל מתנתיכון NU 18:28
יהבית לכון: עד זמן דיניח ייי לאחוכון כוותכון ויירתון אוף DT 3:20
בר עמיהוד: איליין דפקד ייי לאחסנא ית בני ישראל בארעא NU 34:29
דילמא יכוונון קדם ייי לאיסתכלא ויפיל מנהון רב EX 19:21
אנפי ארעא: ואיתגלי ייי לאיתפרעא מנהון על עובד GN 11:5
דלא הות יוכלא מן קדם ייי לאעלא ית עמא הדין לארעא NU 14:16
חילא מן קדם ייי לאעלותהון לארעא דמליל להון DT 9:28
משה דין פתגמא דפקיד ייי לאצנעא מלי עומרא מיני EX 16:32
למעבד דביש קדם ייי לארגזא קדמוי: בי היא זימנא DT 9:18
ארום תעבדון דביש קדם ייי לארגזא קדמוי: ומליל משה DT 31:29
ויהי ארום יעלינך ייי לארעא דכנענאי היכמא דקיים EX 13:11
חגא באתרא דיתרעי ייי לאשראה שכינתיה תמן: לא DT 16:2
או היך ניסא דעבד ייי לאתגלאה למיפרשא ליה אומא DT 4:34
עלתא הוא קדם ייי לאתקבלא ברעוא קרבנא קדם EX 29:18
ותקרבון עלתא קדם ייי לאתקבלא ברעוא תור חד בר NU 29:8
מתחות שמיא: ויפרשיניה ייי לבישא מכל שבטיא דישראל הי DT 29:20
ואתא מימרא מן קדם ייי לבלעם ואמר ליה אין למיקרי לך NU 22:20

ואתא מימר מן קדם ייי לבלעם ואמר מן גובריא האילין NU 22:9
ביה ואתרכיניה: ואמר ייי לבלעם לא תיזיל עמהון ולא NU 22:12
איקרינך והא מנע ייי לבלעם מן יקרא: ואמר בלעם NU 24:11
ארום שפר הוה קדם ייי לברכא ית ישראל ולא הליך זמן NU 24:1
תתנון אפרשותא קדם ייי לדריכון: וארום תשתלון ולא NU 15:21
בוסמין תדירא קדם ייי לדריכון: לא תסקון עלוי קטרת EX 30:8
ותחגון יתיה חגא קדם ייי לדריכון קים עלם תחגוניה: EX 12:14
רחמין מן קדם ייי: ואמר ייי לה תרין עממין במעייכי ותרין GN 25:23
ית כל קיימייא דמליל ייי להון בידא דמשה: ומליל משה LV 10:11
איהו אהרן ומשה דאמר ייי להון הנפיקו ית בני ישראל EX 6:26
משריתא היכמא דקיים ייי להון: ואוף מחא מן קדם ייי DT 2:14
לארע ירותתיה דיהב ייי להון: כדון קומו ועיברו לכון ית DT 2:12
דסיני: ארום אמר ייי להון ממת ימותון במדברא ולא NU 26:65
משה: ית כל מה דפקיד ייי לוותכון בידא דמשה מן יומא NU 15:23
קבילהון קדם ייי ושדרנא ייי לחבלותה: ונפק לוט ומליל עם GN 19:13
בזימנא ההיא לא צבה ייי לחבלותך: ואמר ייי לי קום איזיל DT 10:10
אהרן הוה רגז מן קדם ייי לחדא לשצייותיה וצליתי אוף DT 9:20
ארום תעבדון דכשר קדם ייי: לחוד בעירי מעשר קודשיכון DT 12:25
ואמר זילו פלחו קדם ייי לחוד ענכון ותוריכון יקום גביי EX 10:24
תור בר תורי שלים קדם ייי לחטאתא: ויעול ית תורא לתרע LV 4:3
ופרקן בשלם: ואוטיב ייי לחייתא וסגו עמא ותקיפו EX 1:20
למיסוק לטורא: ואמר ייי לי אימר להון לא תיסקון ולא DT 1:42
תוב דלא נמות: ואמר ייי לי אתקינו מה דמלילו: נביא DT 18:17
ימא דסוף היכמה דמליל ייי לי ואקיפנא ית טורא דגבלא DT 2:1
דאתכנשו קהלא ויהבינון ייי לי: וכוונית ונחתית מן טוורא DT 10:4
בידך כיומא הדין: ואמר ייי לי חמי באורכות שימשא DT 2:31
ומיא לא אשתיתי: ויהב ייי לי ית תרין לוחי מרמירא כתיבין DT 9:10
יומין וארבעין לילוון יהב ייי לי ית תרין לוחי מרמירא לוחי DT 9:11
בחורב בזמן דאמר ייי לי כנוש קדמי ית עמא DT 4:10
קרבא לאדרעת: ואמר ייי לי לא תידחל מיניה ארום בידך DT 3:2
מדברא דמואב: ואמר ייי לי לא תעיק ית מואבאי ולא DT 2:9
לביתיה דאיבא ויהי ייי לי לאלקא: ואבנא הדא דשויתי GN 28:21
מארעא דמצרים: ואמר ייי לי למימר גלי קדמי סורחנות DT 9:13
דגבלא יומין סגיעין: ואמר ייי לי למימר: סגי לכון דאקיפתון ית DT 2:2
ולא קביל צלותי ואמר ייי לי סגי לך לא תוסיף למללא DT 3:26
שמיה יוסף למימר יוסף ייי לי על דין בר אוחרן: והוה כדי GN 30:24
בעידנא ההיא אמר ייי לי פסל לך תרי לוחי מרמירא DT 10:1
צבה ייי לחבלותך: ואמר ייי לי קום איזיל לתייר קדם עמא DT 10:11
לוחי קיימא: ואמר ייי לי קום חות ארום חבילו DT 9:12
במללותכון עימי ואמר ייי לי שמיע קדמי ית כל פתגמי DT 5:28
בדרעא לפרוקא: ואמר ייי ליה דא היא ספא דמילתא DT 34:4
יתי: והא פיתגמא מן קדם ייי ליה למימר לא ירתינך דין אלהין GN 15:4
וקשי ממלל אנא: ואמר ייי ליה מאן הוא דשוי ממלל פומא EX 4:11
ואלקיה דיעקב: ואמר ייי ליה תוב אעיל כדון ידך בחובך EX 4:6
משה לפרעה כדנא אמר ייי ליליא חורן כשעתא דא אנא EX 11:4
ית פיתגמא הדין: ואמר ייי ליעקב קום סוק לביתאל ותיב GN 35:1
אוחרן בכותיא: ואיתגלי ייי ליעקב תוב במיתוהי מפדן GN 35:9
והי כדקדמוי: ואמר ייי ליעקב תוב לארע אבהתך GN 31:3
בבל ארום תמן ערביב ייי לישן כל דיירי ארעא ומתמן GN 11:9
לאבוי יצחק: ואמר ייי לישראל בנבואה דליליא ואמר GN 46:2
יתרו על כל טבתא דעבד ייי לישראל דיהב להון מנא ובירא EX 18:9
שירויהון דיתנון קדם ייי לך יהבתינון: ביכורים דכל פירי NU 18:12
ודי בננא וכדון כל דאמר ייי לך עיביד: וקם יעקב וסובר ית GN 31:16
קרבנא אפרשותא קדם ייי לכהנא דזריק ית אדם ניכסת LV 7:14
טב לנא במצרים ויתן ייי לכון ביסרא ותיכלון: לא יומא NU 11:18
משה בדין תידעון בדיזמן ייי לכון ברמשא בישרא למיכול EX 16:8
מטול דחייסא מן קדם ייי לכון הוא: ואיתגלי בארעא EX 12:11
משה נביא הכא יפתח ייי לכון ית אוצריה טב דעימיה DT 28:12
מרומא וכדון יהביה ייי לכון למיכל: דין פיתגמא דפקיד EX 16:15
ית כל חטריא מן קדם ייי לכל בני ישראל ואשתמודעו NU 17:24
שלותהון: וישתרי מן קדם ייי לכל כנישתא דבני ישראל NU 15:26
האילין הכדין יעביד ייי לכל מלכוותא דאנת עבר לתמן: DT 3:21
וית חד עלתא קדם ייי לכפרא על ליואי: ותקים ית NU 8:12
ישראל לדוכרן טב קדם ייי לכפרא על נפשתיכון: ומליל עם EX 30:16
ית אפרשותא קדם ייי לכפרא על נפשתיכון: ותיסב ית EX 30:15
יתוקם בחיין קדם ייי לכפרא על סורחנות עמא בית LV 16:10
כד סרח בשלו קדם ייי לכפרא עלוי וישתרי ליה: יציבא NU 15:28
ביש: ואמר משה קדם ייי למא אבאשתא לעבדך ולמא לא NU 11:11
ותב משה לקדם ייי ואמר ייי למא אבאשתא לעמא הדין EX 5:22
שבא שבת קודשא קדם ייי למחר ית דאתון צריכין למיפא EX 16:23
מנא ואצנע יתיה קדם ייי למטרא לדריכון: היכמא דפקיד EX 16:33
על אנפוי ומליל עימיה ייי למימר: אנא הא גזר קימי עימך GN 17:3
משה ובעא רחמין קדם ייי למימר בבעו ברחמין אלקא NU 12:13
דין פיתגמא דמליל ייי למימר: גבר בר תליסר שנין ארום NU 30:2

להון דין פיתגמא דפקיד ייי למימר: גבר טלי או סיב מבית LV 17:2
ומליל משה קדם ייי למימר הא בני ישראל לא קבילו EX 6:12
משה ובגין דנסייו קדם ייי למימר המן קושטא איקר EX 17:7
דצין: ומליל משה קדם ייי למימר: ימני מימרא דייי דשליט NU 27:15
בצחותא: וצלי משה קדם ייי למימר מה אעבד לעמא הדין EX 17:4
אחויית אורייתא דפקיד ייי למימר מליל עם בני ישראל NU 19:2
ארום בכיתון קדם ייי למימר מן יספיננא בישרא ארום NU 11:18
דין פיתגמא דפקיד ייי למימר: סבו מנכון אפרשותא EX 35:4
למימר בזכותי אעלני ייי למירת ית ארעא הדא ובחובי DT 9:4
וריבוני אתפקד מן קדם ייי למיתן ית אחסנת צלפחד NU 36:2
ואמרו ית ריבוני פקיד ייי למיתן ית ארעא באחסנתא NU 36:2
יתה בעדבא דפקיד ייי למיתן לתשעת שיבטין ופלגות NU 34:13
טבתא דמליל עלוי: ואמר ייי למלאכי שירותא קבילת סדם GN 18:20
וכד עליל משה לקדם ייי למללא עימיה מעדי ית סודרא EX 34:34
ביומא הדין היכדין פקיד ייי למעבד אתון בתר יומי LV 8:34
לכל עיבידתא דפקיד ייי למעבד בידא דמשה היתיו בני EX 35:29
דין פיתגמא דפקיד ייי למעבד: וקריב משה ית אהרן וית LV 8:5
לאבהתן: ופקיד עלנא ייי למעבד ית כל קיימייא האילין DT 6:24
פולחנא לעיבידתא דפקד ייי למעבד יתה: ופקיד משה ואעברו EX 36:5
אילין פיתגמיא דפקיד ייי למעבד יתהון: שיתא יומין EX 35:1
ויטרון ארחן דתקנן קדם ייי למעבד צדקתא ודינא בגין GN 18:19
פתגמא מן קדם ייי ומוחי ייי למעבדיה: וכדון יחמי פרעה גבר GN 41:32
לכון מתנא יהיבין קדם ייי למפלח ית פולחן משכן זימנא: NU 18:6
נטיר לפורקן הוא מן קדם ייי למפקא ית שמא בני ישראל EX 12:42
לא יהי רעוא מן קדם ייי למשבק ליה ארום בכין יתקוף DT 29:19
ארום לית רעוא קדם ייי למשבקי למיזל עימכון: וקמו NU 22:13
דעל אנפי ארעא: ואמר ייי למשה אוף ית פיתגמיא הדין EX 33:17
משה מן קדמוי: ואמר ייי למשה אושיט ידך ואיחוד EX 4:4
היכמא דמליל ייי: ואמר ייי למשה אימר לאהרן ארים ית EX 8:12
מוי מן נהרא: ואמר ייי למשה אימר לאהרן סב חוטרך EX 7:19
חקיק ומפרש עלוי: ואמר ייי למשה אימר לבני ישראל אתון EX 33:5
קטלא חייבין: ואמר ייי למשה אימר לכהניא בני אהרן LV 21:1
מנהון היכמא ייי: ואמר ייי למשה איתקף יצרא דלבה EX 7:14
לקדם מדבחא: ואמר ייי למשה אמרכול חד ליומא NU 7:11
היכמא דמליל ייי: ואמר ייי למשה אקדים בצפרא ותיתעתד EX 8:16
דמליל ייי עם משה: ואמר ייי למשה אקדם בצפרא ותיתעתד EX 9:13
מלות אפי פרעה: ואמר ייי למשה ארים את ידך על ארעא EX 10:12
ישלטון עורדעניא: ואמר ייי למשה ארים ית ידך בחוטרך על EX 8:1
וית גיתוי בחקלא: ואמר ייי למשה ארים ית ידך על צית EX 9:22
פטר ית בני ישראל: ואמר ייי למשה ארים ית ידך על צית EX 10:21
קרבין במצראי: ואמר ייי למשה ארכן ית ידך על ימא EX 14:26
ונסיבו גבר חוטריה: ואמר ייי למשה אתיב ית חוטרא דאהרן NU 17:25
דינא יתעבד ביה: ואמר ייי למשה אתקטלא יתקטל גברא NU 15:35
לטוורוס אומנוס: ואמר ייי למשה בטוורוס אומנוס על NU 20:23
עמא קדם ייי: ואמר ייי למשה ביומא רביעאה איזל לות EX 19:10
עמא קדם ייי: ואמר ייי למשה ביומא תליתאה הא אנא EX 19:9
למשה איזיל לשלם: ואמר ייי למשה במדין איזל תוב למצרים EX 4:19
מן קדם ייי בידיה: ואמר ייי למשה במהכך למתוב למצרים EX 4:21
מארעא דמצרים: ואמר ייי למשה גלי קדמוי זדונהון דעמא EX 32:9
ולית להון רעי: ואמר ייי למשה דבר לך ית יהושע בר נון NU 27:18
מה אימר להון: ואמר ייי למשה דין דאמר והוה עלמא EX 3:14
קהלא הדין בכפנא: ואמר ייי למשה הא אנא מחית לכון EX 16:4
קמון מן לבר: ואמר ייי למשה הא אנת שכיב בעפרא עם DT 31:16
נביא דהכין כתיב ואמר ייי למשה הא קריבן יומך לממת DT 31:14
להון ויספקון להון: ואמר ייי למשה האיפשר דאית קדם ייי NU 11:23
אסי בבעו לה: ואמר ייי למשה ואבוהא אילו מנזף נזף NU 12:14
בני ישראל מארעיה: ואמר ייי למשה ולאהרן בארעא דמצרים EX 12:1
כנישתא ובעיריהון: ואמר ייי למשה ולאהרן בשבועתא חולף NU 20:12
מגלוותהון לדריהון: ואמר ייי למשה ולאהרן דא היא גזירת EX 12:43
ולא חש למיליהון: ואמר ייי למשה ולאהרן ולמרים פוקו NU 12:4
עם פרעה: ואמר ייי למשה ולאהרן למימר: ארום EX 7:8
ולא פטר ית עמא: ואמר ייי למשה ולאהרן סיבו לכון מלי EX 9:8
פורענות דין עמיה: ואמר ייי למשה ולאלעזר בר אהרן כהנא NU 26:1
דמשה ית כל מאן דעבד ייי למשה ולישראל עמיה ארום EX 18:1
טוורא וסליק משה: ואמר ייי למשה חות אסהיד בעמא EX 19:21
שזיבתא ית עמך: ואמר ייי למשה כדון תחמי מה אעביד EX 6:1
יקר שכינתא דייי: ואמר ייי למשה כדנא תימר לבני ישראל EX 20:22
שדרני לותכון: ואמר תוב ייי למשה כדנן תימר לבני ישראל EX 3:15
בירא היא בירא דאמר ייי למשה כנוש ית עמא ואיתן להון NU 21:16
אחמי בבישותי: ואמר ייי למשה כנוש לשמי שובעין NU 11:16
בקטילת סייפא: ואמר ייי למשה כתב דא דוכרנא בספר EX 17:14
וטרפיהון כחדא: ואמר ייי למשה כתב לך ית פיתגמיא EX 34:27
שמי בגויה: ואמר ייי למשה לא חמי למימחי שמך EX 32:33
פרעה בתקוף רגז: ואמר ייי למשה לא יקביל מנכון פרעה מן EX 11:9

בידיהון בכן אמר ייי למשה לא תידחל מיניה ארום NU 21:34
יקביל מיני פרעה: ואמר ייי למשה למא אנת מסתפי חמי EX 7:1
ורוממו לאלקוכון: ואמר ייי למשה למא אנת קאי ומצלי EX 14:15
דפקידתך יעבדון: ואמר ייי למשה למימר: ואנת תמליל עם EX 31:12
עד שציין: ומליל ייי למשה למימר: מליל עם בני NU 15:1
דפקיד ייי ית משה: ואמר ייי למשה למימר: מליל עם בני NU 15:37
יתהון קדם משכנא: ואמר ייי למשה למימר: קבל מנהון ויהון NU 7:4
על ריש טוורא וקרא ייי למשה לריש טוורא וסליק משה: EX 19:20
באישא מצלהבא: ואמר ייי למשה מליל עם אהרן אחוך ולא LV 16:2
עשרין ותרין אלפין:ואמר ייי למשה מני כל בוכריא דוכריא NU 3:40
רוגזא דייי בישראל: ואמר ייי למשה סב ית כל רישי עמא ומני NU 25:4
וישתיצי מעמיה: ואמר ייי למשה סב לך בושמיא קטף EX 30:34
דפקיד ייי ית משה: ואמר ייי למשה סוק לטוורא הדין וחמי NU 27:12
כאכלין והי כשתיין: ואמר ייי למשה סוק קדמי לטוורא והוו EX 24:12
מנא ולא אשכחו: ואמר ייי למשה עד אימת אתון מסרבין EX 16:28
במשכנא זימנא: ואמר ייי למשה עד אימתי יהון מרגזין NU 14:11
ייי בידא דמשה: ואמר ייי למשה עול לות פרעה ארום אנא EX 10:1
דייי ית נהרא: ואמר ייי למשה עול לות פרעה ותימר ליה EX 7:26
ולא פטר ית עמא: ואמר ייי למשה עול לות פרעה ותמליל EX 9:1
וצלי משה על עמא: ואמר ייי למשה עיבד לך חיווי חורמן NU 21:8
והינון רגמין יתי: ואמר ייי למשה עיבר קדם עמא ודבר EX 17:5
אפשר לך למיחמי: ואמר ייי למשה פסל לך תרין לוחי אבנין EX 34:1
למיחמי סבר אפך: ואמר ייי למשה תוב מכתש חד אנא EX 11:1
בצלו ארום אמר ייי למשציא יתכון: וצליית קדם ייי DT 9:25
די מטא קיצא מן קדם ייי למתפרקא: והוה מסוף תרתין GN 40:23
ניזיל ארום חגא קדם ייי לנא: ואמר להון יהי כדין מימרא EX 10:9
ואמר ארום כדון ארווח ייי לנא ויפישיננא בארעא: וסליק GN 26:22
אורחיה על ארעה: ואמר ייי לנח סופא דכל בישרא מטא מן GN 6:13
נח ככל דפקדיה ייי: ואמר ייי לנח עול אנת וכל אינש ביתך GN 7:1
ואמרו ית כל דמליל ייי לעבדך הכדין נעביד: נחנא נעיבר NU 32:31
ית אפרשותא לקדם ייי לעיבידת משכן זימנא ולכל EX 35:21
ביומא תליתאה יתגלי ייי לעיני כל עמא על טורא דסיני: EX 19:11
נסיבתהון דיקרבון קדם ייי לעלתא: לרעוא לכון שלים דכר LV 22:18
דכירין ית גבורן דעבד ייי לפרעה ולכל מצראי: ניסין DT 7:18
לחמוי ית כל מה דעבד ייי לפרעה ולמצראי על עיסק EX 18:8
ניכסת קודשיא קדם ייי לפרשא נידרא או נסיבתא בתורי LV 22:21
יתה בני אהרן כהנא קדם ייי לקדם מדבחא: ויפריש מיניה LV 6:7
דין פיתגמא דפקיד ייי לקוטו מיניה גבר לפום מיכליה EX 16:16
במיצחיה וקטליה: ואמר ייי לקין אן הבל אחוך ואמר לא GN 4:9
איקונין דאפוהי: ואמר ייי לקין למה תקיף לך ולמה GN 4:6
אמר ברך יוסף שווייני ייי לרב לכל מצראי חות לותי לא GN 45:9
וירים ית עומרא קדם ייי לרעוא לכון מבתר יומא טבא LV 23:11
ניכסת קודשיא קדם ייי לרעוא לכון תיכסוניה: ביומא LV 19:5
כל דחשיבו למיעבד: אמר ייי לשבעין מלאכיא דקימין קומוי GN 11:7
קימא דייי למיקום קדם ייי לשמשותיה ולברכה בשמיה עד DT 10:8
ביני עממיא דיבדר יתכון ייי לתמן: בר זרע סגי תפקון לחקלא DT 28:37
עממיא דאגלי יתכון ייי לתמן: טוביכון דצדיקיא מרי DT 30:1
בני יוון וייתי יתהון לקדם ייי לתרע משכן זימנא ויתנינון LV 15:14
ותיכוס ית תורא קדם ייי לתרע משכן זימנא: ותיסב EX 29:11
אנפי חקלא וייתונון קדם ייי לתרע משכן זימנא לות כהנא LV 17:5
קדם ריבון כל עלמיא ייי מאים ישתכחון עשרים דיצלון GN 18:31
ממצרים: ואמר משה קדם ייי מאן אנא ארום אזיל לות פרעה EX 3:11
למיחמי וקרא ליה ייי מגו סניא ואמר משה משה ואמר EX 3:4
ויכפר עלה כהנא קדם ייי מדוב סאובתא: ותפרשון ית בני LV 15:30
וארימיה ארמא קדם ייי מדכר קורבניא אתפרש למשה LV 8:29
האפשר דיתכסי מן קדם ייי מדעם לזמן חגא איתוב לוותך GN 18:14
ית פיתגמא דלא מלליה ייי: מה דימלל נבי שיקרא בשמא DT 18:21
לא איתגלי ייי: ואמר ליה ייי מה דין בידך ואמר חוטרא: ואמר EX 4:2
שמיה דאחוי: ובאש קדם ייי מה דעבד וקטע אוף ית יומוי: GN 38:10
אידמון הי כאבניא: ימינך ייי מה משבחא היא בחילא ימינך EX 15:6
מנחת ביכורין קדם ייי מהבהב קלי בנורא קמח קלי LV 2:14
האיפשר דאית קדם ייי מחסור כדון תחמי היארעינך NU 11:23
קטרת בוסמין קדם ייי מחר ויהי גברא דיתרעי ביה ייי NU 16:7
עציב ואמר חגא קדם ייי מחר מניכסת קטול בעלי דבבוי EX 32:5
ובמבעי רחמין קדם ייי מטול דדין קטול מתחייב: וכל LV 27:29
בדיכרא דאשמא קדם ייי מטול חובתיה דחב וישתביק LV 19:22
ית קרבן אשמיה לקדם ייי מטול חובתיה דחב נוקבא מן LV 5:6
בה: לחוד באבהתכון צבא ייי מטול למרחם יתכון ואתרעי DT 10:15
אוף עלי הוה רגז מן קדם ייי מטולכון למימר אוף אנת לא DT 1:37
מעמר וחלב וטליי: ויעדי ייי מינך כל מרעין וכל מכתשיא DT 7:15
אתון אפרשותא קדם ייי מכל מעשריכון דתיסבון מן בני NU 18:28
עימנא ונוטיב לך ארום ייי מליל לאוטבא לגיוריא על NU 10:29
עם משה למימר אנא הוא ייי מליל עם פרעה מלכא דמצרים EX 6:29
וליעותן ודחקן: והנפקנא ייי ממצרים בידא תקיפתא ובדרע DT 26:8

גבורת ידא הנפקנא ייי ממצרים: והוה כד פטר פרעה ית EX 13:16
ידא תקיפתא הנפקך ייי ממצרים: ותינטור ית קיימא הדא EX 13:9
גבורת ידא אפקנא ייי ממצרים פריקין מבית שעבוד EX 13:14
ארום כל עותרא דרוקן ייי מן אבונא די לנא הוא ודי בננא GN 31:16
דתקין ודכשר קדם ייי מן בגלל דייטב לכון ותיעלון DT 6:18
קודשיא לדבחא קדם ייי מן בגלל דיתרעי בכון ומנחתא LV 9:4
ית ליואי ארמא קדם ייי מן בני ישראל ויהון למפלח ית NU 8:11
טעוותא קרבנא קדם ייי מן בעירא דכיא מן תורי ומן ענא LV 1:2
לריש טוורא וקרא ליה ייי מן טוורא למימר כדנא תימר EX 19:3
מסרבין הויתון קדם ייי מן יומא דחכימית יתכון: DT 9:24
מן כוותך באילי מרומא ייי מן כוותך הדור בקודשא דחיל EX 15:11
די יפרש גבר קדם ייי מן כל דאית ליה מאינשא LV 27:28
ית אפרשותא קדם ייי מן כל שפר טוביה וביה: ותימר NU 18:29
לאברם הא כדון מנעני ייי מן למילד עול כדון לות אמתי GN 16:2
ית קורבניה לקדם ייי מן ניכסת קודשוי: ידוי ייתיין ית LV 7:29
ישראל קדם דימות: ואמר ייי מן סיני אתגלי למיתן אורייתא DT 33:2
לאתקבלא ברעוא קדם ייי מן תורי או מן ענא: ויקרב גברא NU 15:3
דמקרב קורבניה קדם ייי מנחתא סמידא עשרונא פתיכא NU 15:4
הדין לואי דמיתנא: ולמא ייי מעיל יתנא לארעא הדא למיפל NU 14:3
בסיפרא הדין: וטלטילינון ייי מעילוי ארעהון ברגוז ובכלו DT 29:27
מיניה אפרשותא קדם ייי מעשרא מיגו מעשרא: ואתחשב NU 18:26
בסעדיה וכל דהוא עביד ייי מצלח בידיה: ומשכח יוסף רחמין GN 39:3
הוה בסעדיה ודהוא עביד ייי מצלח: והוה בתר פיתגמיא GN 39:23
ארום יפסוניה אנא ייי מקדישיהון: וכל חילוניי לא ייכול LV 22:9
ית קודשיהון ארום אנא ייי מקדישיהון: ומליל ייי עם משה LV 22:16
ית מקדשי ארום אנא ייי מקדישיהון: ומליל משה עם LV 21:23
ותעבדון יתהון אנא הוא ייי מקדישכון: ארום גבר טלי וגבר LV 20:8
ארום קדיש אנא ייי מקדישכון: וברת גבר כהין LV 21:8
למידוע ארום אנא הוא ייי מקדישכון: ותינטרון ית שבתא EX 31:13
זרעיה בעמיה ארום אנא ייי מקדשיה: ומליל ייי עם משה LV 21:15
בגו בני ישראל אנא ייי מקדשכון: דהנפיק יתכון פריקין LV 22:32
ברעוא צלותכון אנא הוא ייי מקדשכון: ותיטרון ית קיימיי LV 20:7
חמית רבון כל עלמיא ייי מרבע יומא לארבעא חולקין DT 32:4
לא תגיחון דמן קדם ייי מתעביד לכון נצחנות קרביכון EX 14:14
קודשי תושבחן קדם ייי מתפרק מן כהנא: ובשתא LV 19:24
מן שמתא מן בגלל דיתוב ייי מתקוף רוגזיה ויכמור עליכון DT 13:18
ומטול תועיבתא האילין ייי מתריכיהון מן קדמכון: שלמין DT 18:12
ובחובי עממיא האילין ייי מתרכהון מן קדמיכון: לא מטול DT 9:4
על גבי מדבחך: בריך ייי ניכסוי דבית לוי דיהבין מעשרא DT 33:11
היכמא דאמר ליה ועבד ייי ניסא לשרה היכמא דמליל GN 21:1
ומסלא דפטיריא דקדם ייי נסב גריצתא פטירתא חדא LV 8:26
כחדא ואמרו כל דמליל ייי נעביד ואתיב משה ית פיתגמי EX 19:8
קלא חד ואמרו כל דמליל ייי נעביד: וכתב משה ית פיתגמיא EX 24:3
כל פיתגמיא דמליל ייי נעביד ונקביל: ונסיב משה ית EX 24:7
ובתואל ואמר מן קדם ייי נפק פיתגמא דרבקה איתיהיבת GN 24:50
צפרירי ומזיקי וטלני: ינהר ייי סבר אפוי לך במעסקך NU 6:25
טמירן ויחוס עלך: יסבר ייי סבר אפוי לך בצלותך וישוי עלך NU 6:26
בארעא: ואמר קין קדם ייי סגי תקיף מרודי מלמסובלא GN 4:13
ישמעאל ארום גלי קדם ייי סיגופיך: ואיהוא יהוי מדמי GN 16:11
דאתי מטול דזכוון קדם ייי עבד וסדרי דינוי אליף לעמיה DT 33:21
להון משה הוא דמליל ייי עבדתון שבא שבת קודשא קדם EX 16:23
רדפו בתריהון ואבידינון ייי עד זמן יומא הדין: ודעבד לכון DT 11:4
דמיתת אימיה: ואמר ליה ייי עד כדון הוה שמך יעקב לא GN 35:10
ידעין ממא נפלח קדם ייי עד מיתנא לתמן: ותקיף ייי ית EX 10:26
וכל דמו מה דמרחק קדם ייי עובד ידי אומן ולא ישוי בטומרא DT 27:15
וכל דמו מה דמרחק קדם ייי עובד ידי אומן ושוי בטומרא DT 27:15
ארום אמרו לא גלי קדם ייי עובדין בישיא הא בכן נחתו GN 19:24
אמרת ארום גלי קדם ייי עולבני ארום כדון ירחמנני בעלי GN 29:32
והיכמה דאיתגלי קדם ייי עולבני היכדין יהוי גלי קדמוי GN 29:32
וכדון אתגלי קדם ייי עולבני ויפרוש שלמיה בינא GN 16:5
ואמרו להון יתגלי קדם ייי עולבננא ולחוד יתפרע מינכון EX 5:21
ואמר משה הוא דמליל ייי עימי בסיני למימר בדיקריבין LV 10:3
פיתגמא היכמא דימליל ייי עימי ואסחרו רברבי מואב עם NU 22:8
ית כל מה דמליל ייי עימיה בטוורא דסיני: ופסק משה EX 34:32
עשרתי דביריא דמליל ייי עימכון בטוורא מיגו אישתא DT 10:4
עננא ואמיטתא: ומליל ייי עימכון בטורא מיגו אישתא קל DT 4:12
ערקין מן קדמיכון: יפקיד ייי עימכון ית בירכתא באוצריכון DT 28:8
כל דמו ביומא דמליל ייי עימכון מיגו אישתא: הוון זהירין DT 4:15
הא דין אדם קיימא דיגזר ייי עימכון על כל פיתגמיא האילין: EX 24:8
ויהי טבא ההוא דייוטב ייי עימנא ונוטיב לך בפילוג ארעא: NU 10:32
ארעא ומתמן בדרינון ייי על אנפי כל ארעא: אילין גניסת GN 11:9
דהין יתפרע מיניה ורשם ייי על אפי דקין אתא מן שמא רבא GN 4:15
לעלם: והוה תהו מן קדם ייי על בישתא דחשיב למעבד EX 32:14
מה דאתפקד מן קדם ייי על דילכון: ומליל ייי עם משה NU 9:8

עיזי חד לחטאתא קדם ייי על חוסרן סיהרא על עלת NU 28:15
עתידין בנוי לשבחא קדם ייי על טב פירי ארעהום וקרת ית GN 30:13
חמון שכינת יקרך ייי על טוורא דסיני וקבילו תמן NU 14:14
ונעימתא חלייא: ואיתגלי ייי על טוורא דסיני על ריש טוורא EX 19:20
חכימית ארום תקיף הוא ייי על כל אלקיא ארום בפיתגמא EX 18:11
כנישין תהון לצלאה קדם ייי על מיטרא כל עיבידת פולחנא LV 23:36
ליה בדין אורייא קדם ייי על מימרא דאלעזר כהנא יהון NU 27:21
מרעין וכל מכתשיא דגרי ייי על מצרים בישיא דידעת לא DT 7:15
נזירא די ידר קרבניה קדם ייי על ניזריה בר מן מה דתדביק NU 6:21
ניכסת קודשין קדם ייי על סלא דפטיריא ויעביד כהנא NU 6:17
דנצו בני ישראל קדם ייי על עיסק בירא דאיתגנזת NU 20:13
פרעה וצלי משה קדם ייי על עיסק עורדעניא דשוי לפרעה: EX 8:8
למשקרא שקר קדם ייי על עיסק פעור והות מותנא NU 31:16
דמתקבל ברעוא קדם ייי על עלת תדירא יתעביד NU 28:24
ייי והות רתיתא מן קדם ייי על עממייא דבקוריי חוזרניהום GN 35:5
סורחנותהון קריבו קדם ייי על שלותהון: וישתרי מן קדם ייי NU 15:25
דביכוריא ארמא קדם ייי על תרין אימרין קודשא יהון LV 23:20
למישרי שכינתא: ורגיז ייי עלי בגללכון ולא קביל צלותי DT 3:26
ופרשוי בימא וחזר ייי עליהון ית מוי דימא ובני ישראל EX 15:19
עימך במצרים יתגלי ייי עליכון וידון למימר פסק מיננא EX 14:12
קדם רוגזא וחימתא דירגז ייי עליכון למשציא יתכון וקביל ייי DT 9:19
ברעוה קרבנא קדם ייי: עלת תדירא לדריכון בתרע EX 29:41
על מדבחא קרבנא קדם ייי עלתא או ניכסת קודשיא NU 15:3
האילין: ביומא ההוא גזר ייי עם אברם קיים דלא למידן ביה GN 15:18
דיקרב יתקטל: ומליל ייי עם אהרן ואנא בחדוא יהבית לך NU 18:8
כפיתגמא דמשה: ומליל ייי עם אהרן למימר: חמר וכל LV 10:8
הדין חמינא ארום ממליל ייי עם בר נש דרוח קודשא ביה DT 5:24
דעבד אהרן: ומליל ייי עם משה איזל איסתלק מיכא EX 33:1
בפולחנא נוכריא: ומליל ייי עם משה איזל חות מן רבות EX 32:7
כהנא: והוה ביומא דמליל ייי עם משה בארעא דמצרים הוה EX 6:28
דאתיחסו ביומא דמליל ייי עם משה בטוורא דסיני:: ואילין NU 3:1
דפקיד ייי ית משה: ומליל ייי עם משה בטוורא דסיני למימר: LV 25:1
בטוורא דסיני: ומליל ייי עם משה במדברא דסיני במשכן NU 1:1
במטרתהון: ומליל ייי עם משה במדברא דסיני בשתא NU 9:1
דילי יהון אנא ייי: ומליל ייי עם משה במדברא דסיני למימר: NU 3:14
במישריא דמואב: ומליל ייי עם משה במישריא דמואב על NU 33:50
בארעא דכנען: ומליל ייי עם משה במישריא דמואב על NU 35:1
תמן למירתה: ומליל ייי עם משה בשבעה בירחא דאדר DT 32:48
למשריתא היכמה דמליל ייי עם משה היכדין עבדו בני NU 5:4
מינהון היכמא דמליל ייי עם משה: ואמר ייי למשה אקדם EX 9:12
מן ארעיה: ומליל ייי עם משה ואמר ליה אנא ייי הוא EX 6:2
ית כל פיתגמייא דמליל ייי עם משה ועבד אתייא לעיני EX 4:30
ואנא קשי ממלל: ומליל ייי עם משה ועם אהרן ואזהרינון על EX 6:13
מכתש צורעתא: ומליל ייי עם משה ועם אהרן למימר: LV 15:1
דייי לכל כנישתא: ומליל ייי עם משה ועם אהרן למימר: NU 16:20
הכא ליום דכותיה: ומליל ייי עם משה ועם אהרן למימר: ארום LV 14:33
משה הכדין עבדו: ומליל ייי עם משה ועם אהרן למימר: גבר NU 2:1
דלא תמותון: ומליל ייי עם משה ועם אהרן למימר: דא NU 19:1
אחי אדכר יתיה לי: ומליל ייי עם משה ועם אהרן למימר להון LV 11:1
אורח ימא דסוף: ומליל ייי עם משה ועם אהרן למימר: עד NU 14:26
פיקודיא האילין דמליל ייי עם משה: ית כל מה דפקיד ייי NU 15:22
ליורדנא מדינחא: ומליל ייי עם משה למימר: אילין שמהת NU 34:16
לתרע משכן זימנא: ומליל ייי עם משה למימר: איתפרשו מיגו NU 17:9
קטורת בוסמיא: ומליל ייי עם משה למימר: אמר לאלעזר NU 17:1
מה דמליל עמיה: ומליל ייי עם משה למימר אנא הוא ייי EX 6:29
בית מותביה הוא: ומליל ייי עם משה למימר: אעיק ית NU 25:16
על חיליהון: ומליל ייי עם משה למימר: אקדש קדמי כל EX 13:1
הוא קדם ייי: ומליל ייי עם משה למימר: ארום תקביל EX 30:11
והיא בבית בעלה: ומליל ייי עם משה למימר: אתפרע NU 31:1
דייי בעובדי ידיכון: ומליל ייי עם משה למימר: ביומא דירחא EX 40:1
דייי חטאתא היא:: ומליל ייי עם משה למימר: בר נש ארום LV 5:14
על חובתיה דחב: ומליל ייי עם משה למימר: בר נש ארום LV 5:20
לשמא דייי: ומליל ייי עם משה למימר: ברם בעשרא LV 23:26
לא אתמנין ביניהון: ומליל ייי עם משה למימר: ברם ית שיבטא NU 1:48
עלה כהנא ותידכי: ומליל ייי עם משה למימר: ברנש ארום יהי LV 13:1
היכדין עבדו להון: ומליל ייי עם משה למימר: דא אחווייתא די NU 8:23
או לסאבותיה: ומליל ייי עם משה למימר: דא תהי LV 14:1
בהון יתקדש: ומליל ייי עם משה למימר: דין קרבנא LV 6:12
גזירת מימרא דייי: ומליל ייי עם משה למימר: הנפיק ית LV 24:13
מצלהבא קדם ייי: ומליל ייי עם משה למימר: ואנא הא NU 3:11
ליה ולבנוי לדריהון: ומליל ייי עם משה למימר: ואנת סב לך EX 30:22
לא יחסנון אחסנא: ומליל ייי עם משה למימר: ולליואי תמליל NU 18:25
יתהון אנא ייי: ומליל ייי עם משה למימר: ועם בני ישראל LV 20:1
וישתיצי מעמיה: ומליל ייי עם משה למימר: חמי משה EX 31:1

יה דינהין קדם ייי: ואמר **ייי** עם משה למימר: יאות בנת NU 27:6
בקודשא ובמנוי: ומליל **ייי** עם משה למימר: לא תסתפקון NU 4:17
שבע מאה ותלתין: ומליל **ייי** עם משה למימר: לאילין שבטיא NU 26:52
לא תיתאכל: ומליל **ייי** עם משה למימר: מליל עם אהרן LV 6:17
דפקד ייי ית משה: ומליל **ייי** עם משה למימר: מליל עם אהרן LV 17:1
אנא ייי מקדשיה: ומליל **ייי** עם משה למימר: מליל עם אהרן LV 21:16
ועם כל בני ישראל: ומליל **ייי** עם משה למימר: מליל עם אהרן LV 22:1
ייי מקדישיהון: ומליל **ייי** עם משה למימר: מליל עם אהרן LV 22:17
על אוריית ניזריה: ומליל **ייי** עם משה למימר: מליל עם אהרן NU 6:22
מתמליל עימיה: ומליל **ייי** עם משה למימר: מליל עם אהרן NU 8:1
קדם עמא: ומליל **ייי** עם משה למימר: מליל עם בני EX 14:1
וארבעין לילוון: ומליל **ייי** עם משה למימר: מליל עם בני EX 25:1
לשמא דייי: ומליל **ייי** עם משה למימר: מליל עם בני LV 4:1
נשא ההוא מעמיה: ומליל **ייי** עם משה למימר: מליל עם בני LV 7:22
נשא ההוא מעמיה: ומליל **ייי** עם משה למימר: מליל עם בני LV 7:28
לאתאכלא: ומליל **ייי** עם משה למימר: מליל עם בני LV 12:1
יסחי ויקבל חוביה: ומליל **ייי** עם משה למימר: מליל עם בני LV 18:1
לאלקא אנא ייי: ומליל **ייי** עם משה למימר: מליל עם בני LV 23:1
לא תעבדון: ומליל **ייי** עם משה למימר: מליל עם בני LV 23:9
הוא ייי אלקכון: ומליל **ייי** עם משה למימר: מליל עם בני LV 23:23
ושבתין שוביכון: ומליל **ייי** עם משה למימר: מליל עם בני LV 23:33
על ידא דמשה: ומליל **ייי** עם משה למימר: מליל עם בני LV 27:1
עבדו בני ישראל: ומליל **ייי** עם משה למימר: מליל עם בני NU 5:5
לכהנא דיליה יהי: ומליל **ייי** עם משה למימר: מליל עם בני NU 5:11
תקבל ית חובהא: ומליל **ייי** עם משה למימר: מליל עם בני NU 6:1
קדם ייי על דילכון: ומליל **ייי** עם משה למימר: מליל עם בני NU 9:9
די יתגיירון עימכון: ומליל **ייי** עם משה למימר: מליל עם בני NU 15:17
ומותנא איתכליית: ומליל **ייי** עם משה למימר: מליל עם בני NU 17:16
מקירווי לליוואי: ומליל **ייי** עם משה למימר: מליל עם בני NU 35:9
הוא ייי אלקכון: ומליל **ייי** עם משה למימר: מליל עם כל LV 19:1
שכינתא דייי להון: ומליל **ייי** עם משה למימר: סב ית חטר NU 20:7
תיעלון למשריתא: ואמר **ייי** עם משה למימר: סב ית שירוי NU 31:25
לרעוא יהון לכון: ומליל **ייי** עם משה למימר: עדאן אית לן LV 22:26
קשיא דיבידיהון: ומליל **ייי** עם משה למימר: עול מליל עם EX 6:10
דייי בידא דמשה: ומליל **ייי** עם משה למימר: עיבד לך מדילך NU 10:1
וארבע אלפין: ומליל **ייי** עם משה למימר: פנחס קנאה בר NU 25:10
לאתחייבא בה: ומליל **ייי** עם משה למימר: פקיד ית אהרן LV 6:1
לבני ישראל: ומליל **ייי** עם משה למימר: פקיד ית בני LV 24:1
דפקיד ייי ית משה: ומליל **ייי** עם משה למימר: פקיד ית בני NU 5:1
דפקיד ייי ית משה: ומליל **ייי** עם משה למימר: פקיד ית בני NU 28:1
להון אעביד לכון: ומליל **ייי** עם משה למימר: פקיד ית בני NU 34:1
באישא מצלהבא: ומליל **ייי** עם משה למימר: קביל ית NU 4:21
דפקד ייי ית משה: ומליל **ייי** עם משה למימר: קבילו ית NU 4:1
כנישתא יהי רוגזא: ומליל **ייי** עם משה למימר: קבילית NU 16:23
אפי אהרן אבוהון: ומליל **ייי** עם משה למימר: קרב ית שיבטא NU 3:5
במדברא דסיני: ומליל **ייי** עם משה למימר: קריב ית אהרן LV 8:1
ושובעין ותלתא: ומליל **ייי** עם משה למימר: קריב ית ליואי NU 3:44
בצלאל ית מנרתא: ומליל **ייי** עם משה למימר: קריב ית ליואי NU 8:5
במדברא דפארן: ומליל **ייי** עם משה למימר: שלח לך גוברין NU 13:1
אתגלי בענן יקרא: ומליל **ייי** עם משה למימר: שמיע קדמוי ית EX 16:11
בתרע משכניה: ומתמלל **ייי** עם משה ממליל קבל עם חבריה EX 33:11
למכפרא עליהון: ומליל **ייי** עם משה מן בתר דמיתו תרין LV 16:1
איתבשת ארעא: ומליל **ייי** עם נח למימר: פוק מן תיבותא GN 8:15
פיתגמיא האילין מליל **ייי** עם קהלכון בטוורא מיגו DT 5:22
דכורך קדם רבון עלמא **ייי**: עמי בני ישראל לא תיכסון עד EX 23:17
מיגו משריתא: ומליל **ייי** עמי למימר: אתון עברין יומא דין DT 2:17
הי ככל פיתגמיא דמליל **ייי** עמכון בטוורא מיגו אישתא DT 9:10
ממלל קבל ממלל מליל **ייי** עמכון בטוורא מיגו אישתא: אנא DT 5:4
לוחי קיימא דגזר **ייי** עמכון ושהיית בטוורא ארבעין DT 9:9
בבעו ברחמין מן קדמך **ייי** עני יתי בהדא שעת אננקי ואנהר GN 38:25
ובפרסומי ערייא אנא **ייי**: ערית אבוך ועריית אמך לא LV 18:6
היכמא דמליל ייי: ויעבד **ייי** פורענות דינא מנהון היכמה DT 31:4
להון יוסף הלא מן קדם **ייי** פושרן חילמיא אישתעו כדון לי: GN 40:8
ותימר ליה כדנא אמר **ייי** פטור ית עמי ויפלחון קדמי: EX 8:16
ותימר ליה כדנא אמר **ייי** פטור ית עמי ויפלחון קדמי: ואין EX 7:26
שביעאה חגא קדם **ייי**: פטירי יתאכל ית שבעא יומין EX 13:6
פני מן דינא ויפקדינך **ייי** פיקודיא ותיכול למיקום EX 18:23
ודכר על כל אגורא: ושוי **ייי** פיתגמא בפמיה דבלעם ואמר NU 23:5
מותא תקיף לחדא: ויעבד **ייי** פלאין בין גיתי דישראל ובין EX 9:4
בליליא ההוא: וקבל **ייי** צלותא דלאה ואיתעברת GN 30:17
מן אמהתה ושמיע קדם **ייי** צלותא דלאה ואתחלפו עובריא GN 30:21
למשציא יתכון וקביל **ייי** צלותי אוף בזימנא ההיא: ועל DT 9:19
וארבעין לילוון וקביל **ייי** צלותי אוף בזימנא ההיא לא DT 10:10
אחוי וכן אמר קביל **ייי** צלותיה דיהודה במפקיה לסדרי DT 33:7
יה קורייהון: וקביל **ייי** צלותיה דישראל ומסר ית NU 21:3
קדם ייי ולא קביל **ייי** צלותכון ולא אצית למיליכון: DT 1:45
אלקנא דאבהתן וקביל **ייי** צלותנא וגלי קדמוי צערן DT 26:7
ועם יעקב: וגלי קדם **ייי** צער שעבודהון דבני ישראל וגלי EX 2:25
מן פולחנא: ושמיע קדם **ייי** קבילתהון ודכיר קדם ייי ית EX 2:24
אדמא שבע זימנין קדם **ייי** קבל פרגודא דקודשא: ויתן כהנא LV 4:6
ואיכול ואברכינך קדם **ייי** קדם דאימות: וכדון ברי קבל GN 27:7
דילהון תיגרא קדם **ייי** קדם כהניא ודיינייא דיהון DT 19:17
לקרבא קרבנא קדם **ייי** קדם משכנא דייי אדם קטל LV 17:4
מיניה שבע זימנין קדם **ייי** קדם פרגודא: ומן אדמא יתן על LV 4:17
לקיימא יתכון שדרני **ייי** קדמיכון: ארום דנן תרתין שנין GN 45:5
רדיין ולא חצדין: ושדרני **ייי** קדמיכון לשואה לכון שיורא GN 45:7
תיתנכס חטאתא קדם **ייי** קדש קודשין היא: כהנא די מכפר LV 6:18
לאתקבלא ברעוא קדם **ייי** קורבנא הוא קדם ייי: ותיסב ית EX 29:25
דמתקבל ברעוא קדם **ייי** קורבנין קלילין תור חד קדם NU 29:36
מן רמשא ועד צפרא קדם **ייי** קיים עלם לדריהון מן בני EX 27:21
ברעוא כל תריב קדם **ייי**: קים עלם לדריכון בכל LV 3:16
אפרוס ית ידיי בצלו קדם **ייי** קלייא יתמנעון וברדא לא יהי EX 9:29
יקרב קרבן מנחתא קדם **ייי** קמחא סמידא יהי קורבניה LV 2:1
לאלק אוחרן ארום **ייי** קנאי ופורען שמיה אלק קנאי EX 34:14
מיניה קרבנא קדם **ייי**: קרבן שירויא תקרבון יתהון LV 2:11
נודה ונשבחא קדם **ייי** רמא דמתגאיה על גיוותניא EX 15:1
עשר חולקין ולא יהב ליה **ייי** רשו לאבאשא עמי: אם כדין הוה GN 31:7
ממצרים ועד כדון: ואמר **ייי** שבקית להון כפיתגמך: וברם NU 14:20
יסתכם עליהון לא **ייי** שדרני: ואין לא איתבריית NU 16:29
משה בדא תינדעון ארום **ייי** שדרני למעבד ית כל עובדיא NU 16:28
חגא דמטליא קדם **ייי** שובעא יומין: ותקרבון עלתא NU 29:12
סגין טבוון עבד עמי **ייי** שיזבני מן ידוי דעשו ומן ידוי GN 45:28
תפרשון אפרשותא קדם **ייי**: שירוי עצוותכון חלתא חד מן NU 15:19
ואייתיו ית קרבנהון קדם **ייי** שית עגלן כד מחפן ומטקסן NU 7:3
ארעא שמיטתא קדם **ייי**: שית שנין תזרעון חקליכון ושית LV 25:2
בשום מימרא דייי: ואעבר **ייי** שכינתיה על אפוי וקרא ייי ייי EX 34:6
בבעו ברחמין מן קדמך **ייי** שלח כדון שליחותך ביד פינחס EX 4:13
בגלל דתינדע ארום אנא **ייי** שליט בגו ארעא: ואישוי פורקן EX 8:18
מן בגלל דארכין ליה **ייי** שמיא ואיתגלי עלוי באישא EX 19:18
לעמיה בית ישראל **ייי** שמיה כשמיה כן גבורתיה יהי EX 15:3
ובמישרוי יימר תוב **ייי** שרי ביקרך בגו ריבוות אלפייא NU 2:25
גבר דרוח נבואה מן קדם **ייי** שריא עלוי ותסמוך ית ידך עלוי: NU 27:18
לקודשא לדוכרן טב קדם **ייי** תדירא: ותיתן בחשן דינא ית EX 28:29
ישראל על ליביה קדם **ייי** תדירא: ותעבד ית מנטר מעילא EX 28:30
יסדריניה חדת קדם **ייי** תדירא מן בני ישראל קיים עלם: LV 24:8
מרמשא ועד צפר קדם **ייי** תדירא קיים עלם לדריכון:: LV 24:3
אשכחית רחמין קדמך **ייי** תהך כדון שכינת יקרך ייי בינגא EX 34:9
מכל חוביכון ואתון קדם **ייי** תודון סורחנותכון ותידכון: שבת LV 16:30
לאתקבלא ברעוא קדם **ייי** תור בר תורי חד דכר חד אימרין NU 29:2
תקרבון עלתא קדם **ייי** תורין בני תורי דלא עירובין תרין NU 28:11
דמתקבל ברעוא קדם **ייי** תורין בני תורי תילתיסר אזלין NU 29:13
קרבנא עלתא קדם **ייי** תורין בני תורי תרין ודכר חד NU 28:19
לאתקבלא ברעוא קדם **ייי** תורין בני תורין תרין ודכר חד NU 28:27
וניכסת קודשין קדם **ייי** תורין: ונסיב משה פלגות אדם EX 24:5
היא בחילא ימינך **ייי** תכרית בעל דבבהון דעמך EX 15:6
עלם היכמא דפקיד **ייי**: תלתא צפיריא איתקריבו ביומא LV 10:15
ייי בית מקדשך **ייי** תרתין אידייך שכלילו יתיה: כד EX 15:17
בגלל דתינדע ארום לית **כייי** אלקנא: ויעדון עורדענייא מינך EX 8:6
לא תעבדון פולחנא כדין **לייי** אלקכון ארום כל דמרחק ייי DT 12:31
לא תעבדון שבתא היא **לייי** בכל אתר מותבניכון: אילין זמני LV 23:3
לפולחנא נוכראה וגחין **לייי**: ואמרת לאברהם טרוד ית GN 21:9
גליף חקיק ומפרש קודש **לייי**: וסדרו עלוי שזיר חוטא EX 39:30
עלוי חקיק ומפרש קדש **לייי**: ותסדר יתיה על שזיר חוטא EX 28:36
ליה מן זיו איקר שכינתא **מייי** בזמן מללותיה עימיה: וחמא EX 34:29
ונפקת אישתא מן קדם **רש** ואכלת על גבי מדבחא ית עליא LV 9:24

יכין (4)

ימואל וימין ואהד **ויכין** וצחר ושאול הוא זמרי EX 6:15
ימואל וימין ואוהד **ויכין** וצחר ושאול הוא זמרי דעבד GN 46:10
גניסת ימין ליכין גניסת **יכין**: לזרח גניסת זרח לשאול גניסת NU 26:12
נמואל לימין גניסת ימין **ליכין** גניסת יכין: לזרח גניסת זרח NU 26:12

יכנען (1)

ניכסיהון דיקנו בארעא **דיכנען** ואתו למצרים יעקב וכל בנוי GN 46:6

ימבריס (3)

ועבדו לחוד הינון יניס **וימבריס** חרשין דבמצרים בלחשי EX 7:11
מן יד פתחון פוהון יניס **וימברס** רישי חרשייא ואמרין EX 1:15
ותרין עולימוי יניס **וימריס** עימיה: וחמת אתנא ית NU 22:22

ימואל (2)

דראובן: ובנוי דשמעון **ימואל** וימין ואהד ויכין וצחר EX 6:15

וכרמי: ובנוי דשמעון **ימואל** וימין ואוהד ויכין וצחר GN46:10

ימין (4)

ובנוי דשמעון ימואל **וימין** ואהד ויכין וצחר ושאול הוא EX 6:15
ובנוי דשמעון ימואל **וימין** ואוהד ויכין וצחר ושאול הוא GN46:10
נמואל לימין גניסת **ימין** ליכין גניסת יכין: לזרח גניסת NU26:12
לנמואל גניסת נמואל **לימין** גניסת ימין ליכין גניסת יכין: NU26:12

ימנה (3)

ואראלי: ובנוי דאשר **ימנה** וישוה וישוי ובריעה ושרח GN46:17
לגניסתהון לימנה גניסת **ימנה** לישוה גניסת ישוה לבריעה NU26:44
בנוי דאשר לגניסתהון **לימנה** גניסת ימנה לישוה גניסת NU26:44

יניס (3)

ועבדו לחוד הינון **יניס** וימבריס חרשין דבמצרים EX 7:11
מן יד פתחון פוהון **יניס** וימברס רישי חרשייא ואמרין EX 1:15
על אתניה ותרין עולימוי **יניס** וימריס עימיה: וחמת אתנא ית NU22:22

יסכה (1)

הרן אבוי דמלכה ואבוי **דיסכה** היא שרי: והות שרי עקרא GN11:29

יעוש (3)

עשו וילידת לעשו ית **יעוש** וית יעלם וית קרח: אילין GN36:14
ואהליבמה ילידת ית **יעוש** וית יעלם וית קרח אילין בנוי GN36:5
איתת עשו רבא **יעוש** רבא יעלם רבא קרח אילין GN36:18

יעלם (3)

ילידת ית יעוש וית **יעלם** וית קרח אילין בנוי דעשו די GN36:5
לעשו ית יעוש וית **יעלם** וית קרח: אילין רברבי בני עשו GN36:14
עשו רבא יעוש רבא **יעלם** רבא קרח אילין רברבי GN36:18

יעקב (261)

חד ביני שאר שבטיא **ביעקב** ואבדר שיבטא דלוי בגו GN49:7
והוה כיוון דמטא זימניה **דיעקב** אבונן למתכנשא מיגו עלמא DT 6:4
דהות רמיא עלוי אימתיה **דיעקב** אחוי: ארום הוה ניכסיהון GN36:6
צילמין טניפו לברתיה **דיעקב** אלהין כדין יאי למיהוי GN34:31
ואמר: בריך הוא מבניא **דיעקב** אשר יהי מרעי לאחוי DT 33:24
ותרתין שנין ובזכותיה **דיעקב** אתמנען ארבעין שנין מן GN50:3
ירכיה וזעזע פתי ירכא **דיעקב** באתכתשותיה עימיה: ואמר GN32:26
ואחד בפתי ירכא ימינא **דיעקב** באתר גדיא נשיא: וזקף יעקב GN32:33
גבורתיה וחסידותיה **דיעקב** בר אחתיה היך נסיב ית GN29:13
אנא חשיבא: ותקיף רוגזא **דיעקב** ברחל ואמר עד דאנת בעיא GN30:2
ואמר קלא הדין קליה **דיעקב** ברם מימש ידוי כמימש ידוי GN27:22
צילמנייא: ותקיף רוגזא **דיעקב** ואידיין עם לבן ואתיב יעקב GN31:36
אלקיה דיצחק ואלקיה **דיעקב**: ואמר ייי ליה תוב אעיל כדון EX 4:5
גנבתנון: ועל לבן במשכנא **דיעקב** ובמשכנא דלאה GN31:33
ירתו לקהל שבטייא **דיעקב**: והוא הוה מלכא בישראל DT 33:4
חרציהון בגין איקר **דיעקב** והוון מחוויין בידיהון GN50:11
אלקיה דיצחק ואלקיה **דיעקב** וכבשינון משה לאנפוי ארום EX 3:6
ופלחי צילמין בגין ברתיה **דיעקב** ולא יהוי שכם בר חמור GN34:31
לבן בצפרא ונשיק לבנוי **דיעקב** ולבנתיה דיליה ובריך יתהון GN32:1
אימהתא ותריסר שיבטוי **דיעקב** ומן יד דבר ייי ית ימא ברוח EX 14:21
כל קבל תריסר שיבטוי **דיעקב**: ועלו בני ישראל בגו ימא EX 14:21
אחוהא דרבקה אימא **דיעקב** ועשו: וחמא עשו ארום בריך GN28:5
בר עיזי דנכיסו שבטוי **דיעקב** ורמיין יתיה ועיבד יתיה LV 9:3
בסידרא כל קבל שיבטוי **דיעקב** ותהנעיל ית מנרתא בסטר EX 40:4
ובהון יהוי וזרעיית בנוי **דיעקב** ישלטון בעממין סגיאין NU24:7
שכם ונפקו: מותר בנוי **דיעקב** עלו לחלצא קטילייא ובזו GN34:27
יעקב למללא עימיה: ובנוי **דיעקב** עלו מן חקלא כדי שמעו GN34:7
יעקב ובנוי בוכרא **דיעקב** ראובן: ובנוי דראובן חנוך GN46:8
תריסר: בני לאה בוכרא **דיעקב** ראובן ושמעון ולוי ויהודה GN35:23
אלקיה דיצחק ואלקיה **דיעקב** שדרני לוותכון דין הוא שמי EX 3:15
כל נפשתא נפקי ירכא **דיעקב** שובעין נפשתא עם יוסף EX 1:5
ונסיבו תרין מבנוי **דיעקב** שמעון ולוי אחי דינא גבר GN34:25
ואזל ותב לבן לאתריה: **ויעקב** אזל לאורחיה וארעו ביה GN32:2
עלמא ויהביה ביד יעקב **ויעקב** אמטי ליה לאבוי ושתי: ואמר GN27:25
צערא דשינוי דאתמזמיזו **ויעקב** בכא על צערא דצווריה: וזקף GN33:4
יומין וקברו יתיה עשו **ויעקב** בנוי: ואילין ייחוסין דעשו GN35:29
דכן בנוי דאברהם יצחק **ויעקב** דבזכותהון אתברי עלמא NU22:30
הינון אברהם יצחק **ויעקב** דמן בני בניהון עתידין GN40:12
אברהם ויצחק **ויעקב** וקמון בצלותא קדם ייי ומן DT 9:19
ובין ית בכירותיה ליעקב: **ויעקב** יהב לעשו לחם ותבשיל GN25:34
לי אלקיה דאברהם יצחק **ויעקב** למימר מידכר דכירנא יתכון EX 3:16
עשו לאורחיה לגבלא: **ויעקב** נטל לסוכות ואיתעכב תמן GN33:17
ביש: ואדבק לבן ית יעקב **ויעקב** פרס ית משכניה בטוורא GN31:25
וקרא ליה לבן אוגר סהיד **ויעקב** קרא ליה בלישן בית קודשא GN31:47
עלמא אברהם יצחק **ויעקב** רברבניא דמלקדמין חפסו NU21:18
ביני עניה וביני יעקב **ויעקב** רעי ית ענא דלבן סבאן GN30:36
ית טליתא הדא לאינתו: **ויעקב** שמע ארום סאיב ית דינה GN34:5
ית נמרוד וית חנוך בריה **ויעקבו** גבר שלים בעובדוי משמש GN25:27
לאברהם ליצחק **וליעקב** ארום לא שלימו בתר NU32:11
לאברהם ליצחק **וליעקב** באל שדי ושמי ייי ברם EX 6:3
דקיים לאברהם ליצחק **וליעקב**: ואומי יוסף ית בני ישראל GN50:24
יתה לאברהם ליצחק **וליעקב** ואיתן יתה לכון ירותא אנא EX 6:8
לאברהם ליצחק **וליעקב**: ולא עמכון בלחודיכון אנא DT 29:12
לעבדך לאברהם ליצחק **וליעקב** ולא תסתכל לקשיות לב DT 9:27
לאברהם ליצחק **וליעקב**: ותינדעון ארום לא DT 9:5
לאברהם ליצחק **וליעקב** למימר לבניכון אתנינא DT 34:4
לאברהם ליצחק **וליעקב** למימר לבנך איתנינה: EX 33:1
לאברהם ליצחק **וליעקב** למיתן להון: ואזל משה DT 30:20
לאברהם ליצחק **וליעקב** למיתן להון ולבניכון DT 1:8
לאברהם ליצחק **וליעקב** למיתן לך קירוין רברבן DT 6:10
כעין בירכתא דבריכינון **יעקב** אבוהון דבזכותיה אחסין DT 33:28
ית יוסף ותבת עילוי **יעקב** אבוהון: ואמר ישראל סגין GN45:27
ונטלו בני ישראל ית **יעקב** אבוהון וית טפלהון וית GN46:5
ואתו לארעא דכנען לות **יעקב** אבוהון: ותניאו למימר עד GN45:25
דשבקו תמן: ואמר להום **יעקב** אבוהון יתי אתכלתון יוסף GN42:36
בחובא דילנא: ואתו לות **יעקב** אבוהון לארעא דכנען ותניאו GN42:29
על דידי: ואייתי יוסף ית **יעקב** אבוי ואקימיה קדם פרעה GN47:7
במשכנא די שמיש בהון **יעקב** אבוכון וכמה יאי הוא משכן NU24:5
חד וחד מני פרנסא ביומוי **יעקב** אבונן ודוד מלכא ומשה נביא DT 31:14
דבעית למשיציא ית **יעקב** אבונן ונחתתא למצרים בגין NU31:8
לסהיד בינא ובינך: ונסיב **יעקב** אבנא וזקפא לקמא: ואמר GN31:45
בית קודשא מחנים: ושדר **יעקב** אזגדין קומוי לות עשו אחוי GN32:4
עשו שנא בליביה על **יעקב** אחוי על סדר בירכתא GN27:41
אבא ובכן אנא קטיל ית **יעקב** אחי ואנא משתכח קטול GN27:41
בירא לאתרא: ואמר להום **יעקב** אחי מנן אתון ואמרו מחרן GN29:4
יוסף ארום קשיא אמר **יעקב** אין שדיין הינון תריהון כחדא GN49:7
רגוז בנת חת אין נסיב **יעקב** איתא רשיעתא מבנת חת GN27:46
ואמר ליה יעקב: ואמר לא **יעקב** איתאמר עוד שמך אילהין GN32:29
לא יתקרי שמך תוב **יעקב** אלהין ישראל יהי שמך וקרא GN35:10
דמשתאר לשיזבא: ואמר **יעקב** אלקיה דאיבא אברהם הוא GN32:10
גבר רמאי הוא אמר לא **יעקב** אנא רמאי וחכים יתיר מיניה GN29:12
כפנא בכל ארעא: וחמא **יעקב** ארום עללייא זבנין ומייתן GN42:1
מן דיליך וסב לך ולא ידע **יעקב** ארום רחל גנבתנון: ועל לבן GN31:32
בבו דהווה ביני עשו וביני **יעקב** אתא ואגח קרבא עם ישראל EX 17:8
דחמרא וידעת דהא **יעקב** אתא ונפקת לאה לקדמותיה GN30:16
ותימרון אוף הא עבדך **יעקב** אתי בתרנא ארום אמר נידעי GN32:21
אלקיה דאבוהון וקיים **יעקב** באלקא דדחיל ליה אבוי GN31:53
וסגיאו לחדא: וחייא **יעקב** בארעא דמצרים שבסרי שנין GN47:28
ית קיימא דקיימית עם **יעקב** בביתאל ואוף ית קיימא LV 26:42
אוחרן תיב עימי: ופלח **יעקב** בגין רחל שב שנין והוו דמיין GN29:20
ועבר ית דיליה: ואישתאר **יעקב** בלחודוי מעיברא ליבוקא GN32:25
מבנתהון דכנענאי: וקביל **יעקב** במימר אבוי ובמימר אימיה GN28:7
כורסי יקרא: ואקדים **יעקב** בצפרא ונסיב ית אבנא מן GN28:18
אפרישיניה קדמך: ונטל **יעקב** בקלילותא ריגלוי לטיילא GN29:1
גבה בביתא ואלבשת ית **יעקב** ברא זעירא: וית משכי דגדיי GN27:15
וית לחמא די עבדת ביד **יעקב** ברה: ועל לות אבוי ואמר אבא GN27:17
ילידת רחל ית יוסף ואמר **יעקב** ברוח קודשא דבית יוסף GN30:25
דהוה יצחק כד יליד ית **יעקב** ברחי שיתין כל קבל שיתין NU 7:88
אבוהון דאדומאי: ויתב **יעקב** בשליותא בארע תותבות GN37:1
והוה ברם מיפק נפק **יעקב** בתרתין טיפוזין מלות אנפי GN27:30
ישראל דעלו למצרים עם **יעקב** גבר עם אינש ביתיה עלו: EX 1:1
דלאה גד ואשר אילין בני **יעקב** דאיתילידו ליה בפדן דארם: GN35:26
תליתאה וידע ארום ערק **יעקב** דבזכותיה הווה טייפא עשרין GN31:22
קדם מותיה: ועל דהוה **יעקב** דחיל חיטאה דחיל דילמא GN27:11
מן בגלל דבשרת ית **יעקב** דעד כדון יוסף קיים: אילין NU26:46
סכום כל נפשתא לבית **יעקב** דעלא למצרים שובעין: וית GN46:27
סידרי דיניך לדבית **יעקב** ואורייתא לדבית ישראל DT 33:10
לאברהם: ושדר יצחק ית **יעקב** ואזל לפדן דארם לות לבן בר GN28:5
איתא לוט בגיני דבית **יעקב** ואיתא זעיר לי ישראל: מה אני NU23:7
הוה לאה רחימתא באנפוי **יעקב** ואמר במימריה למיתן לה GN29:31
ייי אלקנא ייי חד עני **יעקב** ואמר בריך שום יקריה לעלמי DT 6:4
דליליא ואמר יעקב **יעקב** ואמר האנא: ואמר אנא הוא GN46:2
ויכילת להום: ושאיל **יעקב** ואמר חוי כדון שמך ואמר GN32:30
ליה מה שמך ואמר ליה **יעקב**: ואמר לא יעקב איתאמר עוד GN32:28
ית צילמי טעותי: ואתיב **יעקב** ואמר ללבן ארום אסתפיתי GN31:31
ואידיין עם לבן ואתיב **יעקב** ואמר ללבן מה חובתי ומה GN31:36
לי מלאכא דייי בחילמא **יעקב** ואמרתי האנא: ואמר זקוף GN31:11
ליה לאינתו ועל לוותה **יעקב**: ועדיאת בלהה וילידת GN30:4
ולא רדפו בתר בני **יעקב**: ואתא יעקב ללוז דבארעא GN35:5
ורבקה רחימת ית **יעקב**: ובההוא יומא דמית אברהם GN25:28
בני ישראל דעלו למצרים **יעקב** ובנוי בוכרא דיעקב ראובן: GN46:8
אחוהא דאימיה וקריב **יעקב** וגלגיל ית אבנא בחדא מן GN29:10
אברהם ועם יצחק ועם **יעקב**: וגלי קדם ייי צער שעבודהון EX 2:24

פיתגמא ארום צבי בברת **יעקב** והוא יקיר מכל ביתא דאבוי: GN34:19
כדי שצי יצחק לברכא ית **יעקב** והוה ברם מיפק נפק יעקב GN27:30
חיוורין: וטלייא אפריש **יעקב** ויהב בריש ענא משכוכיתא GN30:40
ויקום שליט מדבית **יעקב** ויוביד וישיצי שיז ויצדי NU24:19
שירוי עלמא ויהביה ביד **יעקב** ויעקב אמטי ליה לאבוי ושתי: GN27:25
ועד ביש: ואדבק לבן ית **יעקב** ויעקב פרס ית משכניה GN31:25
יומין ביני עניה וביני **יעקב** ויעקב רעי ית ענא דלבן סבאן GN30:36
דעשו וקרא שמיה **יעקב** ויצחק בר שיתין שנין כד GN25:26
ימלוך מליך תקיף מדבית **יעקב** ויתרבי משיחא ושיבט תקיף NU24:17
רחל כל מליא דמסר לה **יעקב** וכד חמא כן אמר ללבן מה דא GN29:25
לקיימא עם סגי מדבית **יעקב**: וכדון לא תידחלון אנא איזון GN50:20
דיכנען ואתו למצרים **יעקב** וכל בנוי עימיה: בנוי ובנוי בנוי GN46:6
למשכוב עם ברת **יעקב** וכן לא הוה כשר לאתעובדא: GN34:7
פלחי טעוותא בדבית **יעקב** ולא מתקיימין עבדי ליעות NU23:21
נטורי נחשין בדבית **יעקב** ולא קסומי קוסמין ברבותא NU23:23
הדין יתאמר לבית **יעקב** ולבית ישראל מה משבחין NU23:23
ביני כרמיא אתר דאקים **יעקב** ולבן אוגר וקמא מציטרא NU22:24
מן אולפן תקיף דקביל מן **יעקב** ומתמן זכא למהוי פרנסא GN49:24
דאמר ייי לך עיביד: וקם **יעקב** וסובר ית בנוי וית נשוי על GN31:17
דרחל עד יומא דין: ונטל **יעקב** ופרס למשכניה מן להלא GN35:21
אתכנשו ושמעו בני **יעקב** וקבילו אולפן מן ישראל GN49:2
נפשיה בדינה ברת **יעקב** ורחים ית ריבא ומליל פייוסין GN34:3
עשו ארום בריך יצחק ית **יעקב** ושדר יתיה לפדן דארם GN28:6
בקושטא קרא שמיה **יעקב** ושקר בי דנן תרתין זימנין ית GN27:36
כדנא תימר לנשייא דבית **יעקב** ותתני לבית ישראל: אתון EX19:3
קרא שמיה אדום: ואמר **יעקב** זבון יומנא כיום דאנת עתיד GN25:31
דאישתארו: ונסיב ליה **יעקב** חטר דפרח לבן ודילוז GN30:37
עניין ואמרין איתון חמון **יעקב** חסידא דאיקונין דיליה GN28:12
לאילין איתון ניבכי על **יעקב** חסידא דבזכותיה עדת כפנא GN50:3
דכנען: אילין זרעית **יעקב** יוסף בר שביסרי שנין הוה GN37:2
נפשן: בני רחל איתת **יעקב** יוסף ובנימין: ואיתיליד ליוסף GN46:19
בנבואה דליליא ואמר **יעקב** יעקב ואמר האנא: ואמר אנא GN46:2
גחין להון אבוהא: וגנב **יעקב** ית דעתיה דלבן ארמאה על GN31:20
ענא מבכרתא ומשוי **יעקב** ית חטרייא לעיני ענא GN30:41
בני לבן דאמרין נסיב **יעקב** ית כל די לאבונא ומן די GN31:1
דאזלית: ומסרו ביד **יעקב** ית כל טעוות עממייא GN35:4
ויהי מימרי בסעדך: ושדר **יעקב** ית נפתלי דהוא עזגד קליל GN31:4
יקר נכסייא האילין: וחמא **יעקב** ית סבר אפוי דלבן והא ליתנון GN31:2
באתר גדיא נשיא: וזקף **יעקב** ית ענוי וחמא והא עשו אתי GN33:1
קדם פרעה ובריך **יעקב** ית פרעה ואמר יהא רעוא GN47:7
ביומי תותבותהון: ובריך **יעקב** ית פרעה ונפק מן קדם פרעה: GN47:10
ברתיה: והוה כדי חמא **יעקב** ית רחל ברת לבן אחוהא GN29:10
ושפירא בחיזוא: ורחם **יעקב** ית רחל ואמר אפלחינך שב GN29:18
ריבא לאינתו: ואתיבו בני **יעקב** ית שכם וית חמור אבוי GN34:13
עלה משח זיתא: וקרא **יעקב** ית שמיה דאתרא דמליל GN35:15
דבביהון לאחורא: אמר **יעקב** כד חמא ית גדעון בר יואש GN49:18
שב שנין אוחרנין: ועבד **יעקב** כדין ואשלים שבעתי יומי GN29:28
ביה מלאכייא דייי: ואמר **יעקב** כיון דחמנון לא משרויין GN32:3
ירכיה בר מנשיהון דבני **יעקב** כל נפשתא שיתין ושית: ובנוי GN46:26
ליה ייי עד כדון הוה שמך **יעקב** לא יתקרי שמך תוב יעקב GN35:10
לך מאן דאית לך: ואמר **יעקב** לא תימא כן בבעו אין כדון GN33:10
ואמר מה איתן לך ואמר **יעקב** לא תיתן לי מדעם אוחרן אין GN30:31
האנא מן אנת ברי: ואמר **יעקב** לאבוי אנא עשו בוכרך עבדנא GN27:19
מן קדם עשו אחוך: ואמר **יעקב** לאינשי בייתיה ולכל דעימיה GN35:2
קיימא לקובליה: ובזע **יעקב** לבושוי ואסר שקא בחרצוי GN37:34
אבנא וזקפא לקמא: ואמר **יעקב** לבנוי דהוי קרי להום אחוי GN31:46
בסייפי ובקשתי: וקרא **יעקב** לבנוי ואמר להום אידכו GN49:1
עיבורא ממצרים ואמר **יעקב** לבנוי למה דין אתון דחלין GN42:1
להום הא שב שנין דאתא **יעקב** לגבן בירן לא חסרו ובית GN29:22
ברי עשו אין לא: וקריב **יעקב** לות יצחק אבוי וגששיה GN27:22
ליה בפדן דארם: ואתא **יעקב** לות יצחק אבוי לממרא קרית GN35:27
פולומרכין עימיה: ודחיל **יעקב** לחדא על דלא עסק עשרין GN32:8
ויתיב על דרגשא: ואמר **יעקב** ליוסף אל שדי איתגלי לי GN48:3
שור בעלי דבבהון: אמר **יעקב** ליט הוה כרכא דשכם כד GN49:7
מדרחים יתה: ואמר **יעקב** ללבן הב ית אינתתי ארום GN29:21
בתר בני יעקב: ואתא **יעקב** ללוז דבארעא דכנען היא GN35:6
עלה: ותבו עזגדיא לות **יעקב** למימר אתינא לות אחוך GN32:7
חמור אבוי דשכם לות **יעקב** למללא עימיה: ובנוי דיעקב GN34:6
כל נפשתא דעלא עם **יעקב** למצרים נפקי ירכיה בר GN46:26
מן בני חיתאה: ופסק **יעקב** לפקדא ית בנוי וכנש ריגלוי GN49:33
אינון יומי שני חייך: ואמר **יעקב** לפרעה יומי שני תותבותיי GN47:9
ית קליה ובכא: ותני **יעקב** לרחל ארום לאיתותבא עם GN29:12
טייפא עשרין שנין: ונשק **יעקב** לרחל וארים ית קליה ובכא: GN29:11
וית כל דבביתא: ואמר **יעקב** לשמעון וללוי עכרתון יתי GN34:30

ישוי ידיה על עיניך: וקם **יעקב** מבירא דשבע ונטלו בני GN46:5
ואזלין עד זמן דנפק **יעקב** מבית אבוי והינון לוון יתיה GN28:12
ית דמלילית לך: ואיתער **יעקב** מדמכיה ואמר בקושטא אית GN28:16
איסתמר לך מלמללא עם **יעקב** מטב עד ביש: וכדון מיזל GN31:29
ורחים ית ריבוותא דבית **יעקב** מניין אלפייא דישראל: והוו NU10:36
חולף יברוחי דבריך: ועל **יעקב** מן חקלא ברמשא ושמעת GN30:16
לך דילמא תמליל עם **יעקב** מן טב ועד ביש: ואדבק לבן GN31:24
לארם נהריא נחתת אבונן **יעקב** מן שירויא ובעא לאובדותיה DT26:5
ליה אבוי יצחק: ונכס **יעקב** ניכסתא בטוורא וזמן GN31:54
שבסרי שנין והוו יומי **יעקב** סכום יומי חייו מאה וארבעין GN47:28
עם גיתוי בחקלא ושתיק **יעקב** עד מיתיהון: ונפק חמור אבוי GN34:5
בתושבחא ואמר דבית **יעקב** עדב אחסנתיה: ארע יתהון DT32:9
וברם תמן אתבשר **יעקב** על מיתת רבקה אימיה וקרא GN35:8
אחוי דיוסף לא שדר **יעקב** עם אחוי ארום אמר הא הוא GN42:4
לעשו כדנן אמר עבדך **יעקב** עם לבן איתותבית GN32:5
בעלמא דאת אמר: ואמר **יעקב** קיים לי כיום דיהי וקיים ליה GN25:33
מן קדמת דנא: וקיים **יעקב** קיים למימר אין יהי מימרא GN28:20
דמן גלעד: ובתר דאזל **יעקב** קמו רעייא על בירא ולא GN31:22
היא בית לחם: ואקים **יעקב** קמתא על בית קבורתא היא GN35:20
דאתרא סוכות: ואתא **יעקב** שלים בכל דליה לקרתא GN33:18
יתיה יעקב תמן: וקרא **יעקב** שמא דאתרא פניאל ארום GN32:31
יומא דמית אברהם בשיל **יעקב** תבשילי דטלופחי ואזל GN25:29
פיסליה וטמר יתהום **יעקב** תחות בוטמא דסמיכא GN35:4
שאיל לשמי ובריך יתיה **יעקב** תמן: וקרא יעקב שמא GN32:30
דאיתיליד בנימין הוו בני **יעקב** תריסר: בני לאה בוכרא דיעקב GN35:22
מיכלא היא לפום דאמרת **ליעקב** אבא אכר כדון פרגודא דברך GN38:25
אוניתא דכתב עשו **ליעקב** אחוי על פלגות מערת GN50:13
ית בכירותא: ואמר עשו **ליעקב** אטעם יתי כדון מן תבשילא GN25:30
חמשא ניסין איתעבידו **ליעקב** בזמן דנפק מן בירא דשבע GN28:10
ובתר כן קברו יתיה בנוי **ליעקב** במערת חקל כפילתא דיזבן GN50:13
ברמשא: ואתיב לבן ואמר **ליעקב** בנתא דנסיבת לנשין ברתיי GN31:43
אילין בני לאה דילידת **ליעקב** בפדן דארם וית דינה ברתיה GN46:15
זלפה אמתה דלאה **ליעקב** בר: ואמרת לאה אתא מזלא GN30:10
ואעדיאת בלהה וילידת **ליעקב** בר: ואמרת רחל דן יתי ייי GN30:5
דלאה ואיתעברת וילידת **ליעקב** בר חמישאי: ואמרת לאה GN30:17
ליעקב ושדרת וקראת **ליעקב** ברא זעירא ואמרת ליה הא GN27:42
לאיתיאה: ורבקה אמרת **ליעקב** ברה למימר הא ליליא הדין GN27:6
דקדמך: ותימר לעבדך **ליעקב** דורון הוא דמשתלחא GN32:19
לגינוניתא על דבשרת **ליעקב** דיוסף קיים היא שזיבת GN46:17
בינא ובינך: ואמר לבן **ליעקב** הא אוגר הדין והא קמא GN31:51
ירח יומין: ואמר לבן **ליעקב** המדאחי אנת חשיב GN29:15
לאה וילידת בר שתיתאי **ליעקב**: ואמרת לאה זבד יתי ייי GN30:19
אמתה דלאה בר תניין **ליעקב**: ואמרת לאה תושבחא הות GN30:12
אמתא דרחל בר תניין **ליעקב**: ואמרת רחל מדחקא GN30:7
למה לי חיין: וקרא יצחק **ליעקב** ובריך יתיה ופקדיה ואמר GN28:1
ליה וזבין ית בכירותיה **ליעקב**: ויעקב יהב לעשו לחם GN25:33
רחל ארום לא ילידת **ליעקב** וקניאת רחל באחתא GN30:1
דחשיב בליביה למקטול **ליעקב** ושדרת וקראת ליעקב ברא GN27:42
ריבוני: ואיתעביד ניסא **ליעקב** ותב ביומא ההוא עשו GN33:16
לקישיא ללבן ובכירייא **ליעקב**: ותקיף גברא לחדא לחדא GN30:42
אילין בני רחל דאיתילידו **ליעקב** כל נפשתא ארבסרי: ובנוי GN46:22
ברתיה וילידת ית אילין **ליעקב** כל נפשתא שובעא: כל GN46:25
עלמא ביומך: ואמר פרעה **ליעקב** כמה אינון יומי שני חייך: GN47:8
זלפה אמתא ויהבת יתה **ליעקב** לאינתו: וילידת זלפה אמתה GN30:9
דינה ברת לאה די ילידת **ליעקב** למיחמי בנימוס בנת עמי GN34:1
מנשה וית אפרים: ותניאו **ליעקב** למימר הא ברך יוסף אתי GN48:2
טורא דגלעד: ואמר לבן **ליעקב** מה עבדת וגנבת דעתי GN31:26
רחל באחתא ואמרת **ליעקב** צלי קדם ייי ויהב לי בנין GN30:1
ית פיתגמא הדין: ואמר ייי **ליעקב** קום סוק לביתאל ותיב תמן GN35:1
אלקך קדמיי: ואמר יצחק **ליעקב** קריב כדון ואמושנך ברי GN27:21
ברתיה וילידת ית אילין **ליעקב** שיתיסר נפשן: בני רחל GN46:18
בכותיא: ואיתגלי ייי **ליעקב** תוב במיתוהי מפדן דארם GN35:9
אבילין מן דאתגלי **ליעקב** תוב במתוי מפדן באתר DT34:6
והי כדקדמוי: ואמר ייי **ליעקב** תוב לארע אבהתך GN31:3

יעקן (1)

נטלו מן כופרני בירי בני **יעקן** למוסרה תמן אגח עימהון DT10:6

יפהפיה (1)

ויופיאל ואוריאל **ויפהפיה** רבני חכמתא ארבעון יתיה DT34:6

יפונה (8)

ייי: ויהושע בר נון וכלב בר **יפונה** אתקיימו מן גובריא האינון NU14:38
לאבהתכון: אלהין כלב בר **יפונה** הוא יחמינה וליה איתן ית DT1:36
בה ארום אילהין כלב בר **יפונה** ויהושע בר נון: וטפליכון NU14:30
אינש אילהין כלב בר **יפונה** ויהושע בר נון: וקריבן לבי NU26:65
דבית יהודא כלב בר **יפונה**: לשבטא דשמעון שמואל בר NU34:19

דיהודה עזגד כלב בר **יפונה:** לשיבטא דיששכר עזגד יגאל NU 13:6
ויהושע בר נון וכלב בר **יפונה** מן מאללי ית ארעא בזעו NU 14:6
דחלתי: אילהן כלב בר **יפונה** קניזאה ויהושע בר נון ארום NU 32:12

יפת (5)

הדין על נח ושם וחם **ויפת** בני נח ואיתת נח ותלת נשי GN 7:13
מן תיבותא שם וחם **ויפת** וחם הוא אבוי דכנען: תלתא GN 9:18
אחוי בשוקא: ונסב שם **ויפת** ית אסכטלא ושויו על כתף GN 9:23
בנין ית שם ית חם וית **יפת:** ואיתחבלת ארעא בגין דיירהא GN 6:10
נח ית שם וית חם וית **יפת:** והוה ארום שריאו בני נשא GN 5:32

יפתח (2)

שיזבותא לבנוי ביומי **יפתח** דמן גלעד: ובתר דאזל יעקב GN 31:21
ית גבורן דעתיד למעבד **יפתח** דמן גלעד וניצחנין דשמשון DT 34:1

יצהר (5)

גניסתא דעמרם וגניסתא **דיצהר** וגניסתא דחברון וגניסתא NU 3:27
בר גרשום בר משה: ובנוי **דיצהר** קרח ונפג וזכרי: ובנוי דעזיאל EX 6:21
דקהת לגניסתהון עמרם **ויצהר** וחברון ועזיאל: ובנוי דממרי NU 3:19
ובנוי דקהת עמרם **ויצהר** וחברון ועזיאל ושני חייוי EX 6:18
דכולא תיכלא קרח בר **יצהר** בר קהת בר לוי ודתן ואבירם NU 16:1

יצחק (131)

מינה דנביאתא היא ארום **ביצחק** יתקרון לך בנין ודין בר GN 21:12
ואיתנח בגו עיטפיה **דיצחק** אבוי וגופיה קברו בנוי דעשו GN 50:13
דאברהם אבוך ואלקיה **דיצחק** ארעא דאנת שכיב עלה לך GN 28:13
בחדווא כדין כד יהון בנוי **דיצחק** ברי עליין לשעת אניקי GN 22:14
מטול דידכר לכון זכותא **דיצחק** דכפתיה אבוי הי כאימרא LV 9:3
בגלל די ידכר לך זכותא **דיצחק** דכפתיה אבוי כדיכרא LV 9:2
אלקיה דאברהם אלקיה **דיצחק** ואלקיה דיעקב: ואמר ייי EX 4:5
אלקיה דאברהם אלקיה **דיצחק** ואלקיה דיעקב וכבשינון EX 3:6
אלקיה דאברהם אלקיה **דיצחק** ואלקיה דיעקב שדרני EX 3:15
מסתכלן בעינויי **דיצחק** ועיינויי דיצחק מסתכלן GN 22:10
לגרר: והוה בלבביה **דיצחק** למיחות למצרים ואתגלי GN 26:2
דיגרר עם רעוותא **דיצחק** למימר דילנא מיא והות צבו GN 26:20
ומן בגלל דהוה איקונין **דיצחק** מדמיין לאיקונין דאברהם GN 25:19
בעינויי דיצחק ועיינויי **דיצחק** מסתכלן למלאכי מרומא GN 22:10
דעשו וקרא שמיה יעקב **ויצחק** בר שיתין שנין כד ילידת GN 25:26
יתי אבהתיי אברהם **ויצחק** דחמידו להין רברבני עלמא GN 49:26
אבא דאנא בריה בוכרייא **ויצחק** הוה אמר לי חמי למירות ית GN 22:1
חד אזיל וביומא חד תב: **ויצחק** הוה אתי מבי מדרשא דשם GN 24:62
ית אבהתכון אברהם **ויצחק** ואתרעי בבנוי דיפקון בתרוי DT 4:37
חברון דדר תמן אברהם **ויצחק:** והוו יומי יצחק מאה ותמנן GN 35:27
מקיבריהון אברהם **ויצחק** ויעקב וקמון בצלותא קדם DT 9:19
אבהתיי קדמוי אברהם **ויצחק** ייי דאיזן יתי מדאיתני עד GN 48:15
לעמך: הוי דכיר לאברהם **וליצחק** ולישראל עבדך דקיימתא EX 32:13
ארעא דיהבית לאברהם **וליצחק** לך איתנינה ולבנך בתרך GN 35:12
בנתהון דכנענאי קדם **יצחק** אבוי: ואזל עשו לות ישמעאל GN 28:8
נפשך: ואמר ליה **יצחק** אבוי ואמר ליה מאן אנת GN 27:32
אין לא: וקריב יעקב לות **יצחק** אבוי וגששיה ואמר קלא הדין GN 27:22
קבורתא ובכה יתיה ברם **יצחק** אבוי: ומדנאי זבינו יתיה GN 37:35
טיפוזין מלות אנפי **יצחק** אבוי ועשו אחוי על מצידיה: GN 27:30
בפדן דארם למיתי לות **יצחק** אבוי לארעא דכנען: ולבן אזל GN 31:18
דארם: ואתא יעקב לות **יצחק** אבוי לממרא קרית ארבע GN 35:27
לאבוי ושתי: ואמר ליה **יצחק** אבוי קריב כדון ושק לי ברי: GN 27:26
אחתי היא ואמר ליה **יצחק** ארום אמרית בלבבי דילמא GN 26:9
קיימיי ואורייתיי: ויתיב **יצחק** בגרר: ושאילו אינשי אתרא GN 26:6
ית קיימא דקיימית עם **יצחק** בטוור מוריה ואוף ית קיימא LV 26:42
להון אבוי: וחפסו עבדי **יצחק** ביספר נחלא ואשכחו תמן GN 26:19
משכניה וחפסו תמן עבדי **יצחק** בירא: וכד נפק יצחק מגרר GN 26:25
אתר דכפתיה אבוי והפך **יצחק** בצלותיה דעתיה ממה דגזר GN 25:21
ואילין תולדת **יצחק** בר אברהם ומן בגלל דהוה GN 25:19
אוליד ית יצחק: והוה **יצחק** בר ארבעין שנין במיסביה ית GN 25:20
יצחק: וגזר אברהם ית **יצחק** בריה בר תמנייא יומין כמה GN 21:4
שנין כד איתיליד ליה ית **יצחק** בריה: ואמרת שרה תימהא GN 21:5
דמית אברהם בריך ייי ית **יצחק** בריה ויתיב יצחק סמיך GN 25:11
קיסי דעלתא ושוי עילוי **יצחק** בריה ונסיב בידיה ית אישתא GN 22:6
וית ישמעאל עימיה וית **יצחק** בריה וקטע קיסין דזיתא GN 22:3
עילוי ית קיסיא וכפת ית **יצחק** בריה ושוי יתיה על מדבחא GN 22:9
הדין כפת אברהם ית **יצחק** בריה ותמן איתגליית עילוי GN 22:14
למתנן ותריכינון מעילוי **יצחק** בריה עד דהוא בחיי ואזלו GN 25:6
כעובדיה אימיה ואתנחם **יצחק** בתר דמיתת אימיא: ואוסיף GN 24:67
בגין כן לא בריך ית **יצחק** דאין הוה מבריך ליצחק ולא GN 25:11
סגי: וית קיימי אקיים עם **יצחק** דתיליד לך שרה בזימנא הדין GN 17:21
דאברהם ודדחיל ליה **יצחק** הוה בסעדי ארום כדון ריקם GN 31:42
מסתכלן למלאכי מרומא **יצחק** הוה חמי יתהום ואברהם לא GN 22:10
ודברו מלאכי מרומא ית **יצחק** ואובלוהי לבי מדרשא דשם GN 22:19
בתר דיכפת אברהם ית **יצחק** ואזל סטנא ותני לות שרה GN 22:20
יצחק ואתרווחו ואלוינון **יצחק** ואזלו מלותיה בשלם: והוה GN 26:31
ית יחידך דאת רחים ית **יצחק** ואיזל לך לארע פולחנא GN 22:2
רבקה ית עינהא וחמת ית **יצחק** ואיתרכינת מעל גמלא: GN 24:64
נפשך לאתגזרא מתיב **יצחק** ואמר האנא יומנא בר תלתין GN 22:1
דיבחין לאלקא לאבוי **יצחק:** ואמר ייי לישראל בנבואה GN 46:1
עשו קליה ובכא: ואתיב **יצחק** ואמר לעשו הא בטוב פירי GN 27:39
לי בירכתא: ואתיב **יצחק** ואמר לעשו הא שליט GN 27:37
לך בר ותיקרי ית שמיה **יצחק** ואקים ית קימי עימיה לקים GN 17:19
לסהדו וצלי עליהום **יצחק** ואתרווחו ואלוינון יצחק GN 26:31
עם ברי ויגח קרבא עם **יצחק:** ובאיש פיתגמא לחדא בעיני GN 21:10
לי דילידת ליה שרה **יצחק:** וגזר אברהם ית יצחק בריה GN 21:3
אברהם אוליד ית **יצחק:** והוה יצחק בר ארבעין שנין GN 25:19
רבא ביומא דאחסין ית **יצחק:** וחמת שרה ית ברה דהגר GN 21:8
דגרר ויתיב תמן: ותב **יצחק** וחפס ית בירן דמוי די חפסו GN 26:18
יתי כל דכן בנוי דאברהם **יצחק** ויעקב דבזכותהון אתברי NU 22:30
עלמא הינון אברהם **יצחק** ויעקב דמן בני בניהון עתידין GN 40:12
לי אלקיה דאברהם **יצחק** ויעקב למימר מידכר דכירנא EX 3:16
אבהת עלמא אברהם **יצחק** ויעקב רברבניא דמלקדמין NU 21:18
לעמיה: וקברו יתיה **יצחק** וישמעאל בנוי למערת GN 25:9
האילין מן דינצו **יצחק** וישמעאל ישמעאל הוה אמר GN 22:1
אינתתיה תמן קברו ית **יצחק** וית רבקה אינתתיה ותמן GN 49:31
ולרבקה: והוה כד סיב **יצחק** וכהיין ענויי מלמחמיה דכד GN 27:1
ותמנן שנין: ואיתנגיד **יצחק** ומית ואתכנש לעמיה סיב GN 35:29
הדא עד דאיתיליד **יצחק** ומן דאיתיליד יצחק עד EX 12:41
באלקא דדחיל ליה אבוי **יצחק:** ונכס יעקב ניכסתא בטוורא GN 31:53
דקיים עם אברהם ועם **יצחק** ועם יעקב: וגלי קדם ייי צער EX 2:24
שרה דאברהם נכס ית **יצחק** וקמת שרה ופגנת ואשתנקת GN 22:20
לחדא: ואזל מתמן **יצחק** ושרא בנחלא דגרר ויתיב תמן: GN 26:17
ביומא ההוא ואתו עבדי **יצחק** ותנו ליה על עיסק בירא GN 26:32
עשו ברך בוכרך: ואזדעזע **יצחק** זעזוע סגי כדי שמע ית קליה GN 27:33
מן חרכא וחמא והוה **יצחק** חאיך עם רבקה אינתתיה: GN 26:8
הוא אלקיה דאיבא **יצחק** ייי דאמר לי תוב לארעך GN 32:10
די יהב ייי לאברהם: ושדר **יצחק** ית יעקב ואזל לפדן דארם GN 28:5
וחמא עשו ארום בריך **יצחק** ית יעקב ושדר יתיה לפדן GN 28:6
אולפן מן קדם ייי: ורחים **יצחק** ית עשו ארום מלי רמייותא GN 25:28
כל קבל שיתין שנין דהוה **יצחק** כד יליד ית יעקב ברחי שיתין NU 7:88
למיכס ית בריה עני ואמר **יצחק** לאבוי כפת יתי יאות דלא GN 22:10
תרוויהום כחדא: ואמר **יצחק** לאברהם אבוי ואמר אבא GN 22:7
דתברכינני נפשך: ואמר **יצחק** לבריה מה דין אוחיתא GN 27:20
דישראל: והוה כדי שצי **יצחק** לברכא ית יעקב והוה ברם GN 27:30
דהוה ביומי אברהם ואזל **יצחק** לות אבימלך מלכא GN 26:1
ארמאה ליה לאינתו: ואזל **יצחק** לטוור פולחנא אתר דכפתיה GN 25:21
למה לי חיין: וקרא **יצחק** ליעקב ובריך יתיה ופקדיה GN 28:1
ייי אלקך קדמיי: ואמר **יצחק** ליעקב קריב כדון ואמושנך GN 27:21
פיתגמייא דעבד: ואעלה **יצחק** למשכנא דשרה אימיה ומן יד GN 24:67
איתקטלא יתקטל: וזרע **יצחק** לצדקתא בארעא ההיא GN 26:12
יתיב בארע דרומא: ונפק **יצחק** לצלאה באנפי ברא לעידוני GN 24:63
אברהם ויצחק: והוו יומי **יצחק** מאה ותמנן שנין: ואיתנגיד GN 35:28
עבדי יצחק בירא: וכד נפק **יצחק** מגרר איתיבשן בירּיהון GN 26:26
רב חיליה: ואמר להון **יצחק** מדין אתיתון לותי דאצלי GN 26:27
ייי ית יצחק בריה ויתיב **יצחק** סמיך לבירא דאתגלי עלוי GN 25:11
יצחק ומן דאיתיליד **יצחק** עד דנפקן פריקין ממצרים EX 12:41
ברוח קודשא כד מליל **יצחק** עם עשו בריה ואזל עשו GN 27:5
עפרא: ואמר אבימלך **ליצחק** איזל מעימנא ארי תקיפתא GN 26:16
דאדם וחוה: ואמרת רבקה **ליצחק** איתיעקית בחיי מן קדם GN 27:46
דרבקה איתיהיבת **ליצחק** אנן לא ניכול למללא לך GN 24:50
אינתתיה: וקרא אבימלך **ליצחק** ואמר ברם הא אינתתך היא GN 26:9
ותיסב איתתא לברי **ליצחק:** ואמר ליה עבדא מאים לית GN 24:4
זמינתא במזלא לעבדך **ליצחק** ובה אינדע ארום עבדתא GN 24:14
ית יצחק דאין הוה מבריך **ליצחק** ולא מבריך לישמעאל הוה GN 25:11
במתנה ית כל דליה **ליצחק:** ולבניהום דפלקתין GN 25:5
ארעא דקיימית לאברהם **ליצחק** וליעקב ארום לא שלימו NU 32:11
ייי: ואיתגליתי לאברהם **ליצחק** וליעקב באל שדי ושמי ייי EX 6:3
לארעא דקיים לאברהם **ליצחק** וליעקב: ואומי יוסף ית בני GN 50:24
למיתן יתה לאברהם **ליצחק** וליעקב ואיתן יתה לכון EX 6:8
לאבהתכון לאברהם **ליצחק** וליעקב: ולא עמכון DT 29:12
הוי דכיר לעבדך לאברהם **ליצחק** וליעקב ולא תסתכל DT 9:27
ייי לאבהתכון לאברהם **ליצחק** וליעקב: ותינדעון ארום לא DT 9:5
ארעא דקיימית לאברהם **ליצחק** וליעקב למימר לבניכון DT 34:4
דקיימית לאברהם **ליצחק** וליעקב למימר לבנך EX 33:1
ייי לאבהתכון לאברהם **ליצחק** וליעקב למיתן להון DT 1:8
ייי לאבהתכון לאברהם **ליצחק** וליעקב למיתן להון: ואזל DT 30:20
דקיים לאבהתך לאברהם **ליצחק** וליעקב למיתן לך קירוין DT 6:10
בעובדיהון בישיא **ליצחק** ולרבקה: והוה כד סיב יצחק GN 26:35

ויבשת ובכן אהדרו יתה **ליצחק** ונבעת וקרא שמא דבירא GN 26:20

ביה: ותני עבדא **ליצחק** ית כל פיתגמייא דעבד: GN 24:66

יצר (3)

ובנוי דנפתלי יחצאל וגוני **ויצר** ושלם: אילין בני בלהה דיהב GN 46:24

גניסת גוני: ליצר גניסת **יצר** לשילם גניסת שילם: אילין NU 26:49

יחצאל לגוני גניסת גוני: **ליצר** גניסת יצר לשילם גניסת NU 26:49

יקטן (3)

וית יובב כל אילין בנוי **דיקטן**: והוה בית מותבניהון מן GN 10:29

ארעא ושום אחוי יקטן: **ויקטן** אוליד ית אלמודד דמשח ית GN 10:26

ארעא ושום אחוי **יקטן**: ויקטן אוליד ית אלמודד GN 10:25

יקשן (2)

מדין וית ישבק וית שוח: **ויקשן** אוליד ית שבא וית דדן ובני GN 25:3

וילידת ליה ית זמרן וית **יקשן** וית מדן וית מדין וית ישבק GN 25:2

ירד (5)

ואוליד ית חנוך: וחיא **ירד** בתר דאוליד ית חנוך תמני מאה GN 5:19

וחמש שנין ואולד ית **ירד**: וחיא מהללאל בתר דאוליד ית GN 5:15

וחמש שנין ומית: וחיא **ירד** מאה ושיתין ותרתי שנין GN 5:18

מהללאל בתר דאוליד ית **ירד** תמני מאה ותלתין שנין ואולד GN 5:16

בנין ובנן: והוו כל יומי **ירד** תשע מאה ושיתין ותרתין שנין GN 5:20

ירדן (6)

הלא הינון יהיבין מלהלא **ליורדנא** אחורי אורח מטמעא DT 11:30

אחסנתנא מעיברא **ליורדנא**: ויהב להון משה לבני גד NU 32:32

ממדינחא: ויחות תחומא **ליורדנא** ויהוון מפקנוי לימא NU 34:12

קירווייא תיתנון מעיברא **ליורדנא** וית תלת קירווייא תתנון NU 35:14

נחסין עימהון מעיברא **ליורדנא** ולהלא ארום מטת NU 32:19

אחסנתהון מעיברא **ליורדנא** מדינחא: ומליל ייי עם משה NU 34:15

ירושלים (2)

הוא שם בר נח מלכא **דירושלים** נפק לקדמות אברם GN 14:18

דנן דביה מתבניא קרתא **דירושלם** וטוור ליבנן דביה עתיד DT 3:25

ירח (1)

וית חצרמות וית **ירח**: וית הדורם וית אוזל וית דיקלא: GN 10:26

יריחו (10)

דמואב על יורדנא **דיריחו**: אילין פיתגמי אוכחותא די NU 36:13

דמואב על ירדנא **דיריחו**: ובאילין לא הוה גבר מן NU 26:63

דמואב מעיברא לירדנא **דיריחו**: וחמא בלק בר צפור ית כל NU 22:1

אליהו דגלו מן בקעתא **דיריחו** וית גלוות תלמידי אלישע DT 34:3

דמואב על ירדנא **דיריחו**: ונפקו משה ואלעזר כהנא NU 31:12

דמואב על יורדנא **דיריחו**: ושרו על יורדנא מבית NU 33:48

דמואב על ירדנא **דיריחו** למימר: מבר עשרין שנין NU 26:3

דמואב על יורדנא **דיריחו** למימר: מליל עם בני ישראל NU 33:50

דמואב על יורדנא **דיריחו** למימר: פקד ית בני ישראל NU 35:1

דנבו ריש רמתא דעל אפי **יריחו** ואחוויי ליה מימרא דייי ית DT 34:1

ישבן (1)

ואילין בני דישן חמדן **וישבן** ויתרן וכרן: אילין בני אצר GN 36:26

ישבק (1)

וית מדן וית מדין וית **ישבק** וית שוח: ויקשן אוליד ית GN 25:2

ישוב (2)

גניסת פוה: לישוב גניסת **ישוב** לשמרון גניסת שמרון: אילין NU 26:24

תולע לפוה גניסת פוה: **לישוב** גניסת ישוב לשמרון גניסת NU 26:24

ישוה (3)

ואראלי: ובנוי דאשר ימנה **וישוה** וישוי ובריעה ושרח אחתהון GN 46:17

גניסת ימנה לישוה גניסת **ישוה** לבריעה גניסת בריעה: לבנוי NU 26:44

לימנה גניסת ימנה **לישוה** גניסת ישוה לבריעה גניסת NU 26:44

ישוי (2)

ובנוי דאשר ימנה וישוה **וישוי** ובריעה ושרח אחתהון GN 46:17

ייי סבר אפוי לך בצלותך **וישוי** עלך שלם בכל תחומך: וישוון NU 6:26

ישימון (1)

דמדיקא כל קבל בית **ישימון** מטול דבטילו פתגמי NU 21:20

ישימות (3)

דמדיתא על אנפי בית **ישימות**: ואמר בלעם לבלק בני לי NU 23:28

דמדינאי בקולין מבית **ישימות** עד טוור תלגא והווין זבנן NU 24:25

ושרו על יורדנא מבית **ישימות** עד מישר שיטין במישריא NU 33:49

ישמעאל (32)

וקדמה: אילין הינון בנוי **דישמעאל** ואילין שומהון GN 25:16

דפארן למיתנה לבנוי **דישמעאל** ולא קבילו יתה הדר DT 33:2

לתולדתהון בוכרא **דישמעאל** נבט וערב ואדבאל GN 25:13

לעמיה: וקברו יתיה יצחק **וישמעאל** בנוי למערת כפילתא GN 25:9

גזר ית בישרא דעורלתיה: **וישמעאל** בריה בר תלתיסרי שנין GN 17:25

עשר גזר אברהם **וישמעאל** בריה: וכל אינשי ביתיה GN 17:26

האילין מן דינצו יצחק **וישמעאל** ישמעאל הוה אמר לי GN 22:1

שמעא בתרע משכנא **וישמעאל** קאי בתריה, וציית מה GN 18:10

דיהובדון תריסר רברבי **ישמעאל** אימרין בני שנה תריסר NU 7:87

בר ותקרין ית שמיה **ישמעאל** ארום גלי קדם ייי סיגופיך: GN 16:11

פולחנא נוכראה ולקה **ישמעאל** באישא צמירתא ושתי כל GN 21:15

אברהם צבי לברכא ית **ישמעאל** בגין כן לא בריך ית יצחק GN 25:11

ית מחלת היא בשמת בר **ישמעאל** בר אברהם אחתיה דנביות GN 28:9

מתחמי: ואילין תולדת **ישמעאל** בר אברהם דילידת הגר GN 25:12

בעיני אברהם על עיסק **ישמעאל** בריה דיפלח לפולחנא GN 21:11

אברהם: ודבר אברהם ית **ישמעאל** בריה וית כל מרביני GN 17:23

ואילין שמהת בני **ישמעאל** בשומהון לתולדתהון GN 25:13

חיואה: וית בשמת ברת **ישמעאל** דאסיבא ליה נביות אחה: GN 36:3

מן דינצו יצחק וישמעאל **ישמעאל** הוה אמר לי חמי למירות GN 22:1

שום בריה דילידת הגר **ישמעאל**: ואברם בר תמנן ושית GN 16:15

בר הגר אמתא דאימי עני **ישמעאל** ואמר אנא זכאי יתיר מינך GN 22:1

היכמא דינפק מן אברהם **ישמעאל** ומן אבא נפק עשו מתיבא GN 35:22

יצחק אבוי: ואזל עשו לות **ישמעאל** ונסיב ית מחלת היא GN 28:9

להין רברבני עלמא **ישמעאל** ועשו וכל בנהא דקטורה GN 49:26

אברהם קדם ייי הלואי **ישמעאל** יתקיים ויפלח קומך: ואמר GN 17:18

שנין כד ילידת הגר ית **ישמעאל** לאברם: והוה אברם בר GN 16:16

לאומתהון: ואילין שני חיי **ישמעאל** מאה ותלתין ושבע שנין GN 25:17

סיב ושבע כל טובא ברם **ישמעאל** עבד תתובא ביומוי ובתר GN 25:8

טלייוי ית אליעזר וית **ישמעאל** עימיה וית יצחק בריה GN 22:3

עלם לבנוי בתרוי: ועל **ישמעאל** קבילית צלותך הא GN 17:20

עשו וגוברין מן דבית **ישמעאל** תמן הוה קאים אריה GN 50:1

מבריך ליצחק ולא מבריך **לישמעאל** הוה נטיר ליה דבו ובתר GN 25:11

ישעיה (1)

לעלמא דאתי **ישעיה** נביא כד הוה מתנבי DT 32:1

ישראל (826)

הא יהבית ית כל מעשרא **בישראל** באחסנא חולף פולחנהון NU 18:21

דיעקב: והוא הוה מלכא **בישראל** באתכנשות רישי עמא DT 33:5

לעלמא דשכינתא שריא **בישראל** במשכן זימנא וסדר יתיה LV 24:3

ייכלוניה: כל דמגמר **בישראל** דילך יהי: כל פתח וולדא NU 18:14

קיסמא ותקיף רוגזא דייי **בישראל**: ואמר ייי למשה סב ית כל NU 25:3

שובעא יומין כל דכוריא **בישראל** ואפילו זעירי דלא צריכין LV 23:42

ולעילא כל נפיק חילא **בישראל**: והוו כל סכומין שית מאה NU 1:45

דייי: ותקיף רוגזא דייי **בישראל** וטלטילינון במדברא NU 32:13

למסדרא סידרי קרבא **בישראל** ויפלון פיגריהון כולהון NU 24:17

לפום סכומהון: כל יציביא **בישראל** ולא בבר עממין יעבד NU 15:13

ואתא ליהצא ואגח קרבא **בישראל**: ומחהי ישראל בשמתא NU 21:23

ולעילא כל נפיק חילא **בישראל**: ומליל משה ואלעזר כהנא NU 26:2

בכין אתא ואגח קרבא **בישראל** ושבא מנהון שיביא: וקיים NU 21:1

משה: ולא קם נביא תוב **בישראל** כמשה ארום חכים יתיה DT 34:10

למיקמא לאחוי שמא **בישראל** לא צבי ליבמותי: ויקרון DT 25:7

ותמות ארום עבדת קלנא **בישראל** למפקא שום דזנו על בית DT 22:21

ארום קלנא עבד שכם **בישראל** למשכוב עם ברת יעקב וכן GN 34:7

קדמי כל בוכרא **בישראל** מאינשא ועד בעירא דילי NU 3:13

יכרזון עלוי ויקרון שמיה **בישראל** שליף סנדלא: ארום DT 25:10

ולעילא כל נפיק חילא **בישראל** תימנון יתהון לחיליהון NU 1:3

גניסת ישראל ומן גיורא **דבישראל** דיקרב קרבניה לכל LV 22:18

ביני פסגיא אדכור וארעא **דישראל** אדכור ברחמין: וארעא LV 26:42

אהרן אחי עמוד צלותהון **דישראל** אוף הינון בכון ית אהרן NU 20:29

כיון דישמע משה רבהון **דישראל** אזל ואדכר שמא רבא DT 9:19

מה דישוון עלוי סנהדרין **דישראל**: אין בר ישראל ינגח תורא EX 21:30

ומסרון נפשהון מאלפיא **דישראל** אלפא לשיבטא תריסר NU 31:5

מן ארבעתי משירייתא **דישראל** אמר בלעם רשיעא אין NU 23:10

ריבון עלמיא ייי אלקא **דישראל**: ארום איתריך עממין מן EX 34:23

טב וחולקא דארעא **דישראל** ארום בסימא הוא בגין כן GN 49:15

יתבהא קדם כנישתא **דישראל** ארע כשר לבית בעיר היא NU 32:4

ודמשתיירין בארעא **דישראל** בגו קיטוני מדמיכיהון DT 32:25

ארעא ובטילו רעות ליבא **דישראל** בגין דלא למיעל לארעא NU 32:9

בר נשא ההוא מכנישתא **דישראל** בדייורי ובייציבי דארעא: EX 12:19

רבא מטול דשיבוק חובין **דישראל** ביה וברם חטאת קהלא LV 4:21

כל קהל כנישתא **דישראל** ביני שימשתא: ויסבון מן EX 12:6

משה וית אהרן פריקייא **דישראל**: בנוי דגרשום לבני ושמעי EX 6:16

דמצרים: ראובן בוכרא **דישראל** בנוי דראובן חנוך גניסת NU 26:5

למשתלחא לגלוותא **דישראל** בסוף יומייא: ובנוי דמררי EX 6:18

קסומי קוסמין ברבותא **דישראל** בעידנא הדין יתאמר לבית NU 23:23

פיתגמיא לכנישתהון **דישראל** ברם משומשניה יהושע בר EX 33:11

שבקוה מן בגלל דטיכסין **דישראל** גבר על טיכסיה באתוון LV 24:10

דביה משה ספריהון **דישראל** גניז והיכמא דהוה עליל DT 33:21

לכפרא על שיתין ריבוון **דישראל** דא חנוכת רבות מדבחא NU 7:88

דינא דביה מהודע דינהון **דישראל** דאיתכסי מן דיינייא EX 28:15

עוג רשיעא ית משירייתא **דישראל** דהוה שיתא פרסי אמר NU 21:35

יתהון בכל משיריתא **דישראל** דהוה שיתא פרסי ולא NU 25:8

מן להאל למשריתא **דישראל** דהכין כתיב ומחו יתיה NU 21:35

בצערי דמשה רבהון **דישראל** דטרח ולא אתהני ואתרבי DT 34:5

מניין שובעין נפשתא **דישראל** דנחתו למצרים: וכיוון DT 32:8

מתיליד בכנישתהון **דישראל** דעל ידוי עתידא למחרבא EX 1:15

למלפא רישי סנהדרייתא **דישראל** דעתידין למקום בתריה LV 24:12
בגלל למלפא רישי סנדרי **דישראל** דעתידין למקום מן בתריה NU 27:5
ולמירות ית ארעא **דישראל** הא כדון היא מתמנעא NU 12:12
בני ישראל: משריתא **דישראל** הוה אורכא תריסר מילין NU 2:3
ייי לבישא מכל שבטיא **דישראל** הי ככל לווטיה קיימא DT 29:20
דאבהתהון רישי אלפיא **דישראל** הינון: ודבר משה ואהרן ית NU 1:16
אשרינון על כרכי ארע **דישראל** ואייכל יתהון תפנוקי DT 32:13
אהרן עם כל כנישתא **דישראל** ואיתפניו למדברא והא EX 16:10
דמדבר קדם משירייתא **דישראל** ואתא מן בתריהון ונטל EX 14:19
ולמיטל משריתא **דישראל:** ואתחיילון על מדין NU 31:6
תלמידיא דמשה רבהון **דישראל** ואתקריין על שמיה ביומא NU 3:3
בגו ריבוות אלפייא **דישראל** וביה הוה חקיק צורת חיוי NU 2:25
ויעבד ייי פלאין בין גיתי **דישראל** ובין גיתי דמצראי ולא EX 9:4
ועאל בין משרייתא **דישראל** ובין משרייתא דמצראי EX 14:20
איתליד משה רבהון **דישראל** ובשבעא יומין לירחא DT 34:5
כמשה נביא ספרהום **דישראל:** והוה כדי שצי יצחק GN 27:29
יעקב מיניין אלפייא **דישראל:** והוו רשיעי עמא NU 10:36
מסאבא למיבוז נכסיהון **דישראל** והות זכותיה דאברם מגנא GN 15:11
ומתחמי על משירייתהון **דישראל** וחזר ומתחקיק על לוחי EX 20:3
ומתחמי על משירייתהון **דישראל** וחזר ומתחקק על לוחי EX 20:2
מעורר למשריתהון **דישראל** וחפא עליהון טול DT 32:11
ימא וחפיין כל משריתא **דישראל** ויהוי לעמא לתוקלא ברם NU 11:26
ביתיה ועל כל קהלא **דישראל:** ויצדד ויפוק מן קודשא LV 16:17
ימיניה דהוא שמאליה **דישראל** וית מנשה מן צטר GN 48:13
על טווריא דארעא **דישראל** ויתון כל חיות ברא NU 11:26
כדין ייחון כל מיתיא **דישראל** ויתפנקון מן טובא NU 11:26
ביומא ההוא לפורקנא **דישראל** ולא הוה יכיל למיזקפהון EX 17:12
ודיעיל יתהון לארעא **דישראל** ולא תהי כנישתא דייי NU 27:17
ביש על בתולתא כשרא **דישראל** וליה תהי לאינתו לית ליה DT 22:19
יורדנא ואחמי בטובתא **דישראל** ומבתר כדין אימות: אתיב DT 32:50
כמשה נביא ספריהון **דישראל** ומלטטיכון יהון ליטין NU 24:9
מנשה וית כל מלכיא **דישראל** ומלכותא דבית יהודה DT 34:2
וקביל ייי צלותיה **דישראל** ומסר ית כנענאה וגמר NU 21:3
מחזרא לכל משיריתא **דישראל** ומשקיא יתהון כל חד וחד NU 21:19
כל דיליה קדם אל אלקא **דישראל:** ונפקת דינה ברת לאה די GN 33:20
שמאליה דהוא ימינא **דישראל** וקריב לוותיה: ואושיט GN 48:13
קמן לתריסירי שיבטיא **דישראל:** ושדר בוכרי בני ישראל EX 24:4
חיות ברא מן ארעא **דישראל** ושלופי חרב לא יעידון LV 26:6
יומין גובריא ונשיא **דישראל:** ושמע עמלק דהוה שרי NU 20:29
כל קבל שובעין סבייא **דישראל** ושרון תמן על מייא: ונטלו EX 15:27
וחמון ית איקר אלקא **דישראל** ותחות אפיפורין דריגלוי EX 24:10
תמן נפשת דרדקי עמא **דישראל:** ותיסב ית מישחא דרבותא EX 40:8
רברבייא רישי אלפיא **דישראל:** ותיתקעון יבבתא ויטלון NU 10:4
ואיתן שלמא בארעא **דישראל** ותשרון ולית דמניט LV 26:6
בנוי דראובן בוכרא **דישראל** חנוך ופלוא חצרון וכרמי EX 6:14
ארום לא כתקיפהון **דישראל** טעוותהון דעממייא ארום DT 32:31
הוה מתנבי בכנישתהון **דישראל** יהב שמיעא לארעא DT 32:1
הוה מתנבי בכנישתהון **דישראל** יהב שמיעא לשמייא DT 32:1
דלוי בגו כלהון שבטיא **דישראל:** יהודה אנת אודיתא על GN 49:7
ישתמעון ליה שבטיא **דישראל:** יהי גברא דיתבחר ויקום GN 49:16
והוו בני ראובן בוכרא **דישראל** ייחוסיהון לגניסתהון NU 1:20
משתמעין ליה שבטייא **דישראל:** ייחי ראובן בעלמא הדין DT 33:5
זמין יתה כהילכת בנתא **דישראל** יעבד לה: אין חורנתא בת EX 21:9
יתוקד: ואין כל כנישתא **דישראל** ישתלון ויתכסי פיתגם מן LV 4:13
ותיטרון אתון כנישתא **דישראל** ית כל קיימיי וית כל LV 20:22
משה במשמע כל קהלא **דישראל** ית פיתגמי שבחתא הדא DT 31:30
ותיטרון אתון כנישתא **דישראל** ית קיימיי וית סידרי דיניי LV 18:26
לכון ארום אפריש אלקא **דישראל** יתכון מן כנישתא לקרבא NU 16:9
דעממייא ארום תקיפהון **דישראל** כד יחובון מייתי עליהון DT 32:31
להון כדנן אמר ייי אלקא **דישראל** כל מאן דדבח לטעוות EX 32:27
ארום משה דהוה רבהון **דישראל** לא הוה איפשר ליה DT 32:3
תיכלון עתיקתא: וארעא **דישראל** לא תיזדבן לחלוטין ארום LV 25:23
ותכרזון חירותא בארעא **דישראל** לכל יתבהא יובילא היא LV 25:10
ואתון כל כנישתא **דישראל** למדברא דסין דבין אילים EX 16:1
מלילו עם כל כנישתא **דישראל** למימר בעשרא לירחא EX 12:3
דעל ידוי עתידה ארעא **דישראל** למיתפלגא ומשיחא בר EX 40:11
דא תהוי לכון ארעא **דישראל** למצרני תחומהא חזור NU 34:12
פתח פומיה בכנישתא **דישראל** למשבחא מבחר מכל GN 49:21
ועל דהוו חדן בשעבודהון **דישראל** לקו אוף הינון וכל בוכריה EX 12:29
מידבר קדם משריתא **דישראל** מהלך תלתא יומין NU 10:33
בגלוף שמהן על אבניא **דישראל:** מימימר אלקא דאבוך יהי GN 49:24
על תקוף כרכי ארעא **דישראל:** מימרא דייי בלחודיהון DT 32:11
משה ואהרן ספריהון **דישראל** משחו יתיה בחוטריהון NU 21:18
מה דבגויה: כל כנישתא **דישראל** מתערבין דין עם דין גניסא EX 12:47

אחוי וכל דרא ההוא: ובנוי **דישראל** נפישו ואיתילדו וסגו EX 1:7
ליה כדנא אמר ייי אלקא **דישראל** עד אימת מסרב אנת מן EX 10:3
בקודשא על חוביהון **דישראל** עד זמן מיפקיה ויכפר עלוי LV 16:17
ומסדרין קרבא בארעא **דישראל** על בני גלוותא ברם קיריס NU 11:26
ולא יתחמי בכנישתהון **דישראל** עם גייורין דלא יקומון EX 20:14
ולא יתחמי בכנישתהון **דישראל** עם גייורין דלא יקומון אוף DT 5:18
ולא יתחמי בכנישתהון **דישראל** עם גנבין ארום בחובי DT 5:19
ולא יתחמי בכנישתהון **דישראל** עם גנבין דלא יקומון EX 20:15
ולא יתחמון בכנישתהון **דישראל** עם חמודין דלא יקומון EX 20:17
ולא יתחמי בכנישתהון **דישראל** עם חמודין דלא יקומון DT 5:21
ולא יתחמי בכנישתהון **דישראל** עם מסהדין סהדי שיקרא EX 20:16
ולא יתחמי בכנישתהון **דישראל** עם מסהדין סהדן דשיקרא DT 5:20
ולא יתחמי בכנישתהון **דישראל** עם קטולין דלא יקומון DT 5:17
ולא יתחמי בכנישתיהון **דישראל** עם קטולין ולא יקומון EX 20:13
כדנא אמר ייי אלקא **דישראל** פטור ית עמי ויעבדון לי EX 5:1
להון ארום משה רבהון **דישראל** צרך דיימר לא שמעית LV 24:12
ארום משה דהוה רבהון **דישראל** צרך דיימר לא שמעית NU 9:8
ארום משה דהוה רבהון **דישראל** צרך דיימר לא שמעית NU 15:34
ארום משה דהוה רבהון **דישראל** צרך דיימר לא שמעית NU 27:5
וימיניה משיזבא בכוריהון **דישראל** רביעאה כד איתגלי EX 12:42
יתהון: וקריבו אמרכליא **דישראל** רישי בית אבהתהון הינון NU 7:2
סנאה האן הוא דחלתהון **דישראל** תקיפא דרחיצו ביה: דתריב DT 32:37
כל אילין שיבטייא **דישראל** תריסר כולהון צדיקין GN 49:28
לשיבטא לכל שיבטיא **דישראל** תשדרון לחילא: ואתבחרו NU 31:4
עמא דגלו מברא לארעא **דישראל** תתכיל יתהון מחת חרבא DT 32:25
מן קדם ישראל סנאיהון **וישראל** יתקפון בניכסין וירתונון: NU 24:18
ואתא ותני לות אבוהון: **וישראל** רחים ית יוסף מכל בנוי GN 37:3
דכיר לאברהם וליצחק **ולישראל** עבדך דקיימתא להון EX 32:13
כל מאן דעבד ייי למשה **ולישראל** עמיה ארום אפיק ייי ית EX 18:1
ותהון זכאין מן קדם ייי **ומישראל** ותהי ארעא הדא לכון NU 32:22
ידוי למיחמיהון דכולהון **ישראל** DT 34:12
תרתין זימנין: ואמר להום **ישראל** אבוהון אין כדין הוא דא GN 43:11
ארתכיה וסליק לקדמות **ישראל** אבוי לגשן וקדם GN 46:29
יעקב וקבילו אולפן מן **ישראל** אבוכון: ראובן בוכרי אנת GN 49:2
כחדא ואמרו ליה שמע **ישראל** אבונן ייי אלקנא ייי חד עני DT 6:4
הוא ואמרית לבני **ישראל** אדם כל בישרא לא תיכלון LV 17:14
יזדבן לכון אחוכון בר **ישראל** או בת ישראל ויפלחינכון DT 15:12
יהיב לה: דימחי לבר **ישראל** או לבת ישראל ויקטליניה EX 21:12
בית ישראל וארום אתו **ישראל** אורח אלליא אתר דמרדו NU 21:1
כמן פס דבר: אמרין בני **ישראל** אורייתא פקיד לנא משה DT 33:4
יכפר: בגין כן אמרית לבני **ישראל** אזדהרון דכל בר נשא מנכון LV 17:12
משה נביא לעמא בית **ישראל** איזילו בתר פולחנא קשיטא DT 6:5
די סדר משה קדם בני **ישראל:** אילין סהידוותא וקיימיא DT 4:44
להון אחסנא בגו בני **ישראל:** אילין סכומי משה ואלעזר NU 26:62
ית חבריה: עמי בני **ישראל** אין אתון זבנין חקיל או LV 25:15
ואמר ליה למיחמהון דכל **ישראל** איתוקף ואתחייל ארום DT 31:7
סהדותא למטרא: ובני **ישראל** אכלו ית מנא ארבעין שנין EX 16:35
ייי למשה כדנן תימר לבני **ישראל** אלקא דאבהתכון אלקיה EX 3:15
ואמר כדנא תימר לבני **ישראל** אנא הוא דהוינא ועתיד EX 3:14
ובכן צווח ואמר עמי בני **ישראל** אנא הוא ייי אלקכון די EX 20:2
בטורא כד אמר: עמי בני **ישראל** אנא הוא ייי אלקכון די DT 5:6
ית קיימי: בכן אימר לבני **ישראל** אנא הוא ייי ואפיק יתכון EX 6:6
דקודשי ואתקדש בגו בני **ישראל** אנא ייי מקדשכון: דהנפיק LV 22:32
למימר כדנן אמר אחוך **ישראל** אנת ידעת ית כל אניקי NU 20:14
מחבליא לחבלא ית **ישראל** אף וחימה וקצף ומשחית DT 9:19
רשיעיא דמרדנא ביה ובני **ישראל** אפכו כדי שמעו ארום אמרו NU 16:34
דילמא נסיבו סרכיא דבני **ישראל** אפרשותא מן אחוהון LV 8:15
שבחו אומיא עמיה בית **ישראל** ארום אדם עבדוי דאשתדי DT 32:43
עוד שמך אילהין **ישראל** ארום איתרברבת עם GN 32:29
להון לאלקא: וידעון בני **ישראל** ארום אנא ייי אלקין די EX 29:46
הדא קדמיי לסהיד בבני **ישראל:** ארום אעילינון לארעא DT 31:19
דהוון עימהון בגו כל **ישראל:** ארום בעיניכון אתון חמיין DT 11:6
לא ייכול ביה: וגבר **ישראל** ארום ייכול קודשא בשלו LV 22:14
ארום לא אתמניו בגו בני **ישראל** ארום לא איתיהיבת להון NU 26:62
לאילין נעירון מן עמא בני **ישראל** ארום מימרא דייי הוא EX 14:25
קדישתון יתי במצע בני **ישראל:** ארום מקבל תחמי ית DT 32:51
דישראל: ושדר בוכרי בני **ישראל** ארום עד ההיא שעתא הוות EX 24:5
אוקטריא דאזלו עם **ישראל** ארום עריק עמא ואיתהפיך EX 14:5
ולא מן אחוי בר **ישראל** ארום קרא בית דינא DT 15:2
על תקוף רוגזא דייי על **ישראל:** ארום תתובון מבתר NU 32:14
ביהוא זכותא הוון כל **ישראל** אשתין ריבוון דהינון סכום NU 12:16
עלם: בין מימרי ובין בני **ישראל** את היא לעלם ארום EX 31:17
פעור: והא גבר מבני **ישראל** אתא ואחד בבלוריתא NU 25:6
למשה כדנא תימר לבני **ישראל** אתון חמיתון ארום מן EX 20:22

דבית יעקב ותתני לבית **ישראל:** אתון חמיתון מה די עבדית EX 19:3
עמא: ויימר להון שמעו **ישראל** אתון מתקרבין יומא דין DT 20:3
דייי אלקכון: שמעו **ישראל** אתון עברין יומא דין ית DT 9:1
ייי למשה אימר לבני **ישראל** אתון עם קשי קדל שעא EX 33:5
דילי כל בוכרא בבני **ישראל** באינשא ובבעירא ביומא NU 8:17
פתח כל וולדא בבני **ישראל** באינשא ובבעירא דילי הוא: EX 13:2
לקדמותך: ואמרו ליה בני **ישראל** באיסרטיא דמלכא ניזיל אין NU 20:19
דפקד ייי לאחסנא ית בני **ישראל** בארעא דכנען: ומליל ייי עם NU 34:29
ית משה למיגזור עם בני **ישראל** בארעא דמואב בר מן DT 28:69
לא הות לפרעה: ויתיב **ישראל** בארעא דמצרים ובנו להון GN 47:27
יומייא: והוה כד שרא **ישראל** בארעא ההיא ואזל ראובן GN 35:22
מיטרפין הינון עמא בית **ישראל** בארעא טרד עליהון טעוות EX 14:3
בפרשת אורחתא: ויתיב **ישראל** באתרא דהוה מתקרי NU 25:1
כחדא ית גברא בר **ישראל** בבית גיבריה וית מדייניתא NU 25:8
ואתחברו עמא בית **ישראל** בבעלא פעור כמסמרא NU 25:3
על ימא ובזעהו ויעלון בני **ישראל** בגו ימא ביבשתא: ואנא הא EX 14:16
שיבטוי דיעקב: ועלו בני **ישראל** בגו ימא ביבשתא ומיא EX 14:22
למיחמיהון דבני **ישראל** בגין כן לא תהנעלון ית NU 20:12
לקטלא בוכרייא דבני **ישראל** בגין למיסחי באדמיהון EX 2:23
כל קבל נשיא דבני **ישראל** בזיכי דדהבא תריסר כל NU 7:84
יקרא אותיבית ית בני **ישראל** בזמן דהנפיקית יתהון LV 23:43
אתיב ית ריתחי מעל בני **ישראל** בזמן דקני ית קנאתי וקטל NU 25:11
דמליל משה עם בני **ישראל** בזמן מפקהון ממצרים: DT 4:45
אהרן ית שמהת בני **ישראל** בחשן דינא על ליביה בזמן EX 28:29
לאחוואותהון לות בני **ישראל** בטוורא דסיני: ומליל ייי עם LV 27:34
ייי בין מימריה ובין בני **ישראל** בטוורא דסיני על ידא LV 26:46
דשעבידו מצראי ית בני **ישראל** בטינא ובליבנין והוואן נשיא EX 24:10
כל כנישתא דבני **ישראל** ביומא חרן על משה ועל NU 17:6
מעילוי משכן נטלין בני **ישראל** בכל מטלניהון: ואין לא EX 40:36
בליליא וחמיין כל בני **ישראל** בכל מטלניהון: והוה כיון EX 40:38
כל קירויא האילין ויתיב **ישראל** בכל קירוי אמוראי בחשבון NU 21:25
ושרו במדברא ושרא תמן **ישראל** בלב מייחד כל קבל טוורא: EX 19:2
כהנא די סכמון ית בני **ישראל** במדברא דסיני: ארום אמר NU 26:64
במימרי במצע בני **ישראל** במוי מצות רקם מדברא DT 32:51
מצראי למידן ית **ישראל** במיא עליהון הדר דינא EX 18:11
דמחא משה ובני **ישראל** במיפקהון ממצרים: ויריתו DT 4:46
כדנא תברכון ית בני **ישראל** במיפרסהון ידיהון על דוכנא NU 6:23
ייי בידא דמשה לות בני **ישראל** במישריא דמואב על יורדנא NU 36:13
כהנא די סכמון ית בני **ישראל** במישריא דמואב על ירדנא NU 26:63
מטול דלא נייחין בית **ישראל** במצוותא דאורייתא לא DT 15:11
דגשן דתמן משה ובני **ישראל** במציעות ארעא דמצרים EX 12:31
במימריה על בתי בני **ישראל** במצרים בחבלותיה ית EX 12:27
מצראה דקטל גברא בר **ישראל** במצרים ועל על אינתתיה LV 24:10
להון: ויומייא דיתיבו בני **ישראל** במצרים תלתין שמיטין EX 12:40
למפלח ית פולחן בני **ישראל** במשכנא זימנא ולכפרא על NU 8:19
ית אורייתא הדא קבל כל **ישראל** במשמעהון: כנושו ית עמא DT 31:11
דעתיד למיפרק ית **ישראל** בסוף יומיא: ותרבי ית EX 40:9
אין קטלין יתי בית **ישראל** בסייפא כבר מבשרנא דלית NU 23:10
הנין דהואה תוקלא לבני **ישראל** בעיצתא דבלעם למשקרא NU 31:16
דלא יתקלון עמא בית **ישראל** בפולחנא נוכריאה ובגילוי NU 35:25
לא שיציית ית בני **ישראל** בקינאתי: בשבועא אימר NU 25:11
ליואי ויימרון לכל אינש **ישראל** בקלא רמא: שיתא שיבטין DT 27:14
ושעבידו מצראי ית בני **ישראל** בקשייו: ואמרירו ית חייהון EX 1:13
למבלוע ית עמא בית **ישראל** בר בעור דאיטפש מסוגעי NU 22:5
ניכסת פיסחא נפקו בני **ישראל** בריש גלי למחמיהון דכל NU 33:3
כל בני מדינחא עם דבית **ישראל** ברם סופיהון דאיליין NU 24:20
משה ואהרן לכל בני **ישראל** ברמשא ותינדעון ארום ייי EX 16:6
אתא ואגח קרבא עם **ישראל** ברפידים והוה נסיב וקטיל EX 17:8
לשמשותיה ולברכא ית **ישראל** בשמיה ועל מימר פמהון יהי DT 21:5
קרבא בישראל: ומחהי **ישראל** בשמתא דייי דקטלא NU 21:24
דסמיך עד מידבא: ויתיבו **ישראל** בתר דקטילו ית סיחון NU 21:31
משה למימר: מליל עם בני **ישראל** גבר או איתא די יעבדון מכל NU 5:6
לבתנא עד דיחסנון בני **ישראל** גבר אחסנתיה: ארום לא NU 32:18
תפלחון ובאחיכון בני **ישראל** גבר בחבריה לא תשעבדון LV 25:46
מן קדם ייי: וישרון בני **ישראל** גבר על בית משרוי וגבר על NU 1:52
דכנען דאנא יהיב לבני **ישראל** גברא חד גברא חד לשבטא NU 13:2
ולבנוי לקיים עלם מן בני **ישראל:** דא היא אורייתא לעלתא LV 7:34
משריתא הינון בסרו ית **ישראל** דאדום ומואב איטמרו ביני NU 21:14
כל בר עממין או בר **ישראל** דאישתמד ולא הדר לא EX 12:43
בר ישראל ואיתתא בת **ישראל** דאיתרעי לבהון עימהן EX 35:29
קודמוי אילן דחלתך **ישראל** דאסקוך מארעא דמצרים: EX 32:8
לית אלקא כאלקא **ישראל** דאשרי שכינתיה ורכוביה DT 33:26
מחבלא לכל בני **ישראל** דבמצרים וכן למפרקהון EX 12:42
מחדא מן קרויכון מן כל **ישראל** דהוא דייר תמן וייתי בכל DT 18:6

לא ייכול קודשא בר **ישראל** דהוא תותבא דכהנא LV 22:10
עלי ית תורעמות בני **ישראל** דהינון מתרעמין עלי שמיע NU 14:27
מיני ית תורעמות בני **ישראל** דהינון מתרעמין עליכון: NU 17:20
ואמרו איליין דחלתך **ישראל** דהנפקוך מארעא דמצרים: EX 32:4
ואובדו מגו קהלא: וכל **ישראל** די בחזרנתהון ערקו מן NU 16:34
לבני אהרן דיזהרון ית בני **ישראל** די טעמון בדכותא מיכלהון LV 11:1
טלי או סיב מבית גניסת **ישראל** די יכוס ניכסת תור או אימר LV 17:3
שמיה: איליין מטלני בני **ישראל** די נפקו מארעא דמצרים NU 33:1
ייי ית משה: ומפלגות בני **ישראל** די פליג משה מן גובריא NU 31:42
גוברין זכאין מסבי **ישראל** דידעתא דהינון הוו סבי NU 11:16
וכסף מינייני דבני **ישראל** דיהבו בזמן דמננון משה גבר EX 38:25
אלקא חננא אנא: עמי בני **ישראל** דייניכון לא תקילון ורבנין EX 22:27
ייכלון דכיין בגו בני **ישראל:** דין הוא חד מארבעה דינין NU 9:7
או גבר סיב מן גניסת בני **ישראל** דיעבר מזרעיה למולך LV 20:2
ארום ית מעשרא דבני **ישראל** דיפרשון קדם ייי אפרשותא NU 18:24
לכל קודשיא דבני **ישראל** דיקרבון לכהנא דיליה יהון: NU 5:9
או דילמא הישתיכח בבני **ישראל** דלא הוה בליביה למיתייא LV 8:15
בת ישראל וגברא בר **ישראל** דמן שיבטא דדן: וכד נפק LV 24:10
תיבנא: ולקו סרכי בני **ישראל** דמנו עליהון שולטני פרעה EX 5:14
ולחוד קימי ית אניק בני **ישראל** דמצראי משעבדין יתהון EX 6:5
פרעה לדתן ולאבירם בני **ישראל** דמשתיירין במצרים EX 14:3
דפקיד ייי ית משה ובני **ישראל** דנפקו מארעא דמצרים: NU 26:4
ואילין שמהת בני **ישראל** דעלו למצרים יעקב ובנוי GN 46:8
ואילין שמהת בני **ישראל** דעלו למצרים עם יעקב גבר EX 1:1
כהניא יימרון כפר לעמך **ישראל** דפרקת ייי ולא תשווי חובת DT 21:8
מצלי ואתון עמא בית **ישראל** הבו איקר ורבותא קדם DT 32:3
תלתא יומין ובכל בני **ישראל** הוה נהורא למקבור רשיעיא EX 10:23
למיסב ליה נכסוי עמי בני **ישראל** הוו דכירין ארום דיירין EX 22:20
ית יומא דשבתא: עמי בני **ישראל** הוו זהירין גבר באיקרא DT 5:16
וקדיש יתיה: עמי בני **ישראל** הוו זהירין גבר ביקרא EX 20:12
אפי ארעא: עמי בני **ישראל** הוו זהירין דלא תנסון ית ייי DT 6:16
קדמי לריח רעוא עמי בני **ישראל** הוו זהירין למקרבא יתיה NU 28:2
בשמיה על מגן: עמי בני **ישראל** הוו נטרין ית יומא דשבתא DT 5:12
בלעם חייבא דבית **ישראל** הוון גזרין עורלתהון וטמרין NU 23:10
בשמיה על מגן: עמי בני **ישראל** הוון דכירין יומא דשבתא EX 20:8
ושדי לעילא ואתון בית **ישראל** הויתון לעיין ומשלהיין DT 25:18
ואין מרי אינתתא בת **ישראל** היא ותיפוק אינתתיה EX 21:3
לשמא דייי: עמי בני **ישראל** היכמא דאנא רחמן בשמיא LV 22:28
דפרעה ולא פטר ית בני **ישראל** היכמא דמליל ייי בידא EX 9:35
לא אתמניין בגו בני **ישראל** היכמא דפקד ייי ית משה: NU 2:33
וסגידו: ואזלו ועבדו בני **ישראל** היכמא דפקיד ייי ית משה EX 12:28
ביניהון: ועבדו כל בני **ישראל** היכמא דפקיד ייי ית משה EX 12:50
אפודא אבני דוכרנא לבני **ישראל** היכמא דפקיד ייי ית משה: EX 39:7
משכן זימנא ועבדו בני **ישראל** היכמא דפקיד ייי ית משה EX 39:32
דאבהתוי ידבקון בני **ישראל:::** היכמא דפקיד ייי ית משה NU 36:7
דאגיחו קרבא בדבית **ישראל** הינון דבית עמלק וסופיהון NU 24:20
דמתמנן רישין על בני **ישראל** הינון: ואילין שמהתן NU 13:3
מתנסבן על שמהת בני **ישראל** הינון תרתיסירי על EX 28:21
במדברא: ואמרו להון בני **ישראל** הלואי דמיתנא במימרא EX 16:3
בהון עד חד: ובני **ישראל** הליכו ביבשתא בגו ימא EX 14:29
עליהון ית מוי דימא ובני **ישראל** הליכו ביבשתא בגו ימא EX 15:19
בארע דרומא כד אתו בני **ישראל** ואגיח בהון וגמרו יתהון וית NU 33:40
ואשרי שכינתי בגו בני **ישראל** ואהוי להון לאלקא: וידעון EX 29:45
כהונתא ותמן יתבין סבי **ישראל** ואחויאו ליה ית משכנא וית EX 39:33
הכדין עבדו להון בני **ישראל:** ואידכיאו ליואי וחוורו NU 8:20
ייי הא אנא אזיל לות בני **ישראל** ואימר להון ייי אלקא EX 3:13
ואיזמן מימרי תמן לבני **ישראל** ואיקדש ברבניכון בגין יקרי: EX 29:43
בוסמיא: כל גבר בר **ישראל** ואיתתא בת ישראל EX 35:29
למלפא יתה לבני **ישראל:** ואמר אנא הוא אלקיה EX 3:5
דפרעה ולא פטר ית בני **ישראל:** ואמר ייי למשה ארים ית EX 10:20
עתידין למיסק עמא בית **ישראל:** ואמר לאברם מינדע תינדע GN 15:12
ולבנוי ולסבי סנהדרי **ישראל:** ואמר לאהרן סב לך עיגל בר LV 9:1
משה ית כל כנישתא דבני **ישראל** ואמר להון אילין פיתגמיא EX 35:1
פיתגמיא האילין עם כל **ישראל:** ואמר להון בר מאה ועשרין DT 31:1
וקרא משה לכל סבי **ישראל** ואמר להון נגודו ידיהון EX 12:21
כל דביריא האילין עם כל **ישראל:** ואמר להון שוון לבכון לכל DT 32:45
מרמתא: וקרא משה לכל **ישראל** ואמר להון שמעו ישראל ית DT 5:1
יהי שמך וקרא ית שמיה **ישראל:** ואמר ליה ייי אנא אל שדי GN 35:10
לאוטבא לגיוריא על **ישראל:** ואמר ליה לא איזיל אלהין NU 10:29
אבהת שיבטיא לבני **ישראל:** ואמר משה להון אין יעיברון NU 32:28
רישי אבהתא לבני **ישראל:** ואמרו ית ריבוני פקיד ייי NU 36:1
על משה ועל אהרן כל בני **ישראל** ואמרו להון כל כנישתא NU 14:2
ותבו ובכו ברם אף בני **ישראל** ואמרו מאן יכלינגא בישרא: NU 11:4
בחייהון מן קדם בני **ישראל:** ואמרו מואבאי לסבי NU 22:3

כדנא אמר ייי ברי בוכרי **ישראל**: ואמרית לך פטור ית ברי EX 4:22
ית בירכת שמי על בני **ישראל** ואנא במימרי איברכינון: NU 6:27
תוב רוגזא דהוה על בני **ישראל**: ואנא הא קריבית ית אחוכון NU 18:5
ומחי מחיתי ית עמא בית **ישראל** ואני אסי יתהון בסוף יומיא DT 32:39
לא תקבל בגו בני **ישראל**: ואנת מני ית ליואי על NU 1:49
קיים עלם לדריהון מן בני **ישראל**: ואנת קריב לוותך ית אהרן EX 27:21
והוון חמן ותמהין בני **ישראל**: ועאל משה בגו עננא וסליק EX 24:17
ומליל משה עם בני **ישראל** ואפיקו ית מרגזא למברא LV 24:23
וכנש שובעין גוברין מסבי **ישראל** ואקים יתהון חזור חזור NU 11:24
בזכותיה קדם עמא בית **ישראל** וארום אתו ישראל אורח NU 21:1
1וארום דכיר ייי ית בני **ישראל** וארום גלי קדמוי EX 4:31
קנסא לכל בית **ישראל** ואשכחו סהדיא ית גברא כד NU 15:32
טוביא ודבר ית עמא **ישראל** ואשרי איקר שכינתך NU 10:36
מן קדם ייי לכל בני **ישראל** ואשתמודעו ונסיבו גבר NU 17:24
דתמליל עם בני **ישראל**: ואתא משה ביומא ההוא EX 19:6
האיליין עם כל בני **ישראל** ואתאבלו עמא לחדא: NU 14:39
כאילו שמיש עימיה ושמע **ישראל** ובאיש ליה ואמר ווי דילמא GN 35:22
דמצרים ורדף בתר בני **ישראל** ובני ישראל נפקין בידא EX 14:8
היא אחסנתהון בגו בני **ישראל**: וברם חקיל פרוילי קירויהון LV 25:33
לבי דינא בר איתתא בת **ישראל** וגברא בר ישראל דמן LV 24:10
חובת אדם זכאי בגו עמך **ישראל** וגלי מן קטליה ויתכפר להון DT 21:8
ייי צער שעבודהון דבני **ישראל** וגלי קדמוי ית תיובתא EX 2:25
עם עולימהון דאחוי בית **ישראל**: ודא בירכתא לשיבטא DT 33:6
לארעא דאנא יהיב לבני **ישראל**: ודא סדר ברכתא דבריך DT 32:52
אוריאתא לעמיה בית **ישראל** ודנת זיו איקר שכינתיה DT 33:2
דקציצו מתמן בני **ישראל** והוה חמרא נטיף מיניה NU 13:24
גזרית עמך קיים ועם **ישראל**: והוה תמן קדם ייי ארבעין EX 34:27
ית משה הכדין עבדו בני **ישראל**: והוו גובריא דהוו מסאבין NU 9:5
מותנא מעילוי בני **ישראל**: והוו סכום דמיתו במותנא NU 25:8
יתהיה ית כל בוכריא בבני **ישראל**: והוון כל בוכריא דוכריא NU 3:42
דעל ארעא: וחמון בני **ישראל** והוון תמהין ואמרין אינש EX 16:15
לי ארום שבחו לי בנת **ישראל** והכדין עתידין בנוי לשבחא GN 30:13
עמי אוף אתון אוף בני **ישראל** וזילו פלחו קדם ייי היכמה EX 12:31
ואביהוא ושובעין מסבי **ישראל**: וזקפו נדב ואביהוא ית EX 24:9
עמא ודבר עמך מסבי **ישראל** וחוטרך דמחית ביה ית EX 17:5
מקדשא למטרת בני **ישראל** וחילוני דיקרב יתקטל NU 3:38
ארום הוא יחסינה ית **ישראל**: וטפלכון דאמרתון לעדי DT 1:38
דילכון הוא: ועבדו כן בני **ישראל** ויהב להום יוסף סדני על GN 45:21
ומליל משה עם בני **ישראל** ויהבו ליה כל אמרכלהון NU 17:21
חולף כל בוכרא בבני **ישראל**: ויהבית ית ליואי יהיבין NU 8:18
ארמא קדם ייי מן בני **ישראל** ויהון למפלח ית פולחנא NU 8:11
בוכריא פתח וולדא מבני **ישראל** ויהון משמשין קדמי ליואי: NU 3:12
ותפרש ית ליואי מגו בני **ישראל** ויהון משמשין קדמי ליואי: NU 8:14
קדם כל כנישתא דבני **ישראל**: ויהושע בר נון וכלב בר NU 14:5
ודיגנוב נפש מבני **ישראל** ויבניניה וישתכח ברשותיה EX 21:16
ייי בין מצראי וביני **ישראל**: ויחתון כל עבדך אליין לותי EX 11:7
מדכרן זכותא לבני **ישראל** ויטול אהרן ית שמהת בני EX 28:12
לדידך מליל עם בני **ישראל** ויטלון: ואנת ארים ית EX 14:15
רוגזא על כנישתא דבני **ישראל** ויטרון ליואי ית מטרת NU 1:53
ייי למימר מליל עם בני **ישראל** ויסבון לך מאפרשות NU 19:2
ואנת תפקד ית בני **ישראל** ויסבון לך מישחא דזיתא EX 27:20
משה למימר: פקיד ית בני **ישראל** ויסבון מן דילך משח זיתא LV 24:2
משה למימר: מליל עם בני **ישראל** ויסבון קדמי אפרשותא מן EX 25:2
נש גניב נפש מאחוי מבני **ישראל** ויעביד ביה פרקמטיא DT 24:7
משה למימר: פקיד ית בני **ישראל** ויפטרון מן משריתא כל NU 5:2
אחוכון בר ישראל או בת **ישראל** ויפלחינכון שית שנין DT 15:12
ויקדשיניה מסואבות בני **ישראל**: ויפסוק מן למכפרא על LV 16:19
לבר ישראל או לבת **ישראל** ויקטליניה אתקטלא EX 21:12
על כל כנישתא דבני **ישראל** וישתרי להון ארום שלותא NU 15:25
ומסירין ליה מלות בני **ישראל**: וית אהרן וית בנוי תמני NU 3:9
שמיא ובריך ית עמך ית **ישראל** וית ארעא דיהבת לנא DT 26:15
ייי חלף כל בוכריא בבני **ישראל** וית בעירא דליואי חלף כל NU 3:41
חלף כל בוכרא בבני **ישראל** וית בעירת ליואי חלף NU 3:45
עלוי ית כל עווית בני **ישראל** וית כל מרודיהון לכל LV 16:21
ומפרסמין טמירן דבית **ישראל** וית תומיא דמשלמין EX 28:30
משה למימר: מליל עם בני **ישראל** ויתובון לאחוריהון וישרון EX 14:2
יוסף אתי לותך ואתתקף **ישראל** ויתיב על דרגשא: ואמר GN 48:2
למימר: פקד ית בני **ישראל** ויתנון לליואי מאחסנת NU 35:2
ידוי בצלו ומתגברין דבית **ישראל** וכד הוה מנח ידוי מן EX 17:11
ולידת בר בגו בני **ישראל** וכד הוון ישראל שריין LV 24:10
לך רבותא אלהין בגין **ישראל** וכדון חבילו עובדיהון עמך EX 32:7
קדם דאמות: ונטל **ישראל** וכל דיליה ואתא לבאר שבע GN 46:1
מוי דנחלא ואשקי ית בני **ישראל** וכל מאן דיהב תמן מאנא EX 32:20
הוה קדם ייי לברכא ית **ישראל** ולא הליך זמן בתר זמן NU 24:1

זימנא ולכפרא על בני **ישראל** ולא יהי בבני ישראל מותא NU 8:19
ויתפרשון מקודשיא דבני **ישראל** ולא יפסון ית שמא דקודשי LV 22:2
למישרי עלוי שרן בני **ישראל** ולא נטלין ובזמן NU 9:22
ומליל משה כדין עם בני **ישראל** ולא קבילו מן משה EX 6:9
חלקך ואחסנתך בגו בני **ישראל**: ולבנוי דלוי הא יהבית ית כל NU 18:20
קירווין קלטן תהוויין: לבני **ישראל** ולגיורא ולתותביא דביניהון NU 35:15
וישתרי ליה: יציבא בבני **ישראל** ולגייורי דמתגיירין ביניכון NU 15:29
ייי לכל כנישתא דבני **ישראל** ולגייוריא דמתגיירין ביניהון NU 15:26
ותהי לדכותא לבני **ישראל** ולגייורייא דיתגיירון ביניהון NU 19:10
חיסודא דמצרים מעל בני **ישראל** ולמגזר יתהום מעיברא GN 30:23
תסבון: ועבדו כן בני **ישראל** ולקיטו מנא מאן דאסגי EX 16:17
דינוי אליף לעמיה בית **ישראל**: ולשיבטא דדן בריך משה DT 33:21
מדברא אזלין רברבני **ישראל** ומייתן יתהון לצרוך EX 35:27
וכנשו ית כל סבי בני **ישראל**: ומליל אהרן ית כל EX 4:29
ועם בנוי ועם כל בני **ישראל**: ומליל ייי עם משה למימר: LV 21:24
דייי ואליפינון לבני **ישראל**: ומליל ייי עם משה למימר: LV 23:44
עם משה היכדין עבדו בני **ישראל**: ומליל ייי עם משה למימר: NU 5:4
ואזלו בתרוי סבי **ישראל**: ומליל לכנישתא למימר זורו NU 16:25
עד לא מלך מלכא לבני **ישראל**: ומלך באדום בלעם בר בעור GN 36:31
מיליא מסואבות בני **ישראל** וממרודיהון לכל חטאיהון LV 16:16
או גבר סיב מבית גניסת **ישראל** ומן גיורא דבישראל דיקרב LV 22:18
וגבר סיב מבית גניסת **ישראל** ומן גייורייא דיתגיירון LV 17:8
או גבר סיב מבית גניסת **ישראל** ומן גייורייא דיתגיירון LV 17:13
וגבר סיב מבית גניסת **ישראל** ומן גייורייא דמתגיירין LV 17:10
כל בוכרא בבעירא דבני **ישראל**: ומנא משה היכמה דפקיד NU 3:41
משה גיברי חילא מכל **ישראל** ומני יתהון רישין על עמא EX 18:25
בתריה ומדבר עמא בית **ישראל** ומעיל יתהון לארע כנענאי NU 11:26
ולשיצאה עמא בית **ישראל** ומרי עלמא דמן לטוורייא NU 21:14
ויהון לאת לבני **ישראל**: ונסיב אלעזר כהנא ית NU 17:3
אהרן ובנוי וכל בני **ישראל** ונסיבו ית מה דפקיד משה LV 9:5
זימנא וצלו עמא בית **ישראל** ונפקו ובריכו ית עמא ואמר LV 9:23
ארדוף בתר עמא בני **ישראל** ונרע יתהון שריין על גיף EX 15:9
משה למימר: מליל עם בני **ישראל** וסב מינהון חוטרא חוטרא NU 17:17
וקבילו אולפן מיניה בני **ישראל** ועבדו היכמה דפקיד ייי ית DT 34:9
מימרא דייי ונסבוהי בני **ישראל** ועבדו מיניה נגרא מציעאה EX 26:28
בקדושא על עמיה בית **ישראל** ועימיה ריבו ריבוון מלאכין DT 33:2
דייי ברחמוי דינא דעמיה **ישראל** ועל בישתא דיגזר על עבדוי DT 32:36
ובתר כן נטלין בני **ישראל**: ועל פום מימרא דייי שרן כל NU 9:17
מפקין כור חד: ועתרו בית **ישראל** ופחזו אצלחו תקוף קנון DT 32:15
ביניהון: ועבדו כן בני **ישראל** ופטרו יתהון למיברא NU 5:4
הדא ואלפא ית בני **ישראל**: ופקיד ית יהושע בר נון DT 31:22
קיימא דייי ולכל חכימי **ישראל**: ופקיד משה יתהון למימר DT 31:9
כדין איתקריבו כל בני **ישראל** ופקידינון ית כל מה דמליל EX 34:32
יומא דין: ואתו סרכי בני **ישראל** וצווחו קדם פרעה למימר EX 5:15
מיניה כל כנישתא דבני **ישראל**: וקדם אלעזר כהנא ישמיש NU 27:20
היכדין משה קדם סבי **ישראל**: וקרא שמא דאתרא ההוא EX 17:6
ייי דשכינתי שריא בגו בני **ישראל**: וקריבו לבי דינא רישי NU 35:34
למשריתא הוא וכל סבי **ישראל**: ורוחא דעל עולא נפקת NU 11:30
באחסנתא בעדבא לבני **ישראל** וריבוני אתפקד מן קדם ייי NU 36:2
מפרש על שמהת בני **ישראל**: ושוי יתהון על כתפי אפודא EX 39:6
לאלקיה וכפר על בני **ישראל**: ושום גברא בר ישראל NU 25:13
אהרן ואזהרינון על בני **ישראל** ושלחינון לות פרעה מלכא EX 6:13
אבוי ובסימו אסוותא ית **ישראל**: ושלימו ליה מן דאתבסם GN 50:2
בחייהון מן קדם בני **ישראל**: ושעבידו מצראי ית בני EX 1:12
ותאי: ונטלו מתמן בני **ישראל** ושרו באבות: ונטלו מאובות NU 21:10
ית ארעיה: ונטלו בני **ישראל** ושרון במישריא דמואב NU 22:1
קריב ית ליואי מגו בני **ישראל** ותדכי יתהון: וכדין תעבד NU 8:6
ית ארעא דיהבית לבני **ישראל**: ותחמי יתה ותתכנש לעמך NU 27:12
למימר: מליל עם בני **ישראל** ותימר להום אינש די יקרב LV 1:2
משה למימר: מליל עם בני **ישראל** ותימר להון אנא הוא LV 18:2
למימר: מליל עם בני **ישראל** ותימר להון ארום אתון NU 33:51
משה למימר: מליל עם בני **ישראל** ותימר להון ארום אתון NU 35:10
משה למימר: פקיד ית בני **ישראל** ותימר להון ארום אתון עלין NU 34:2
משה למימר: מליל עם בני **ישראל** ותימר להון ארום תיעלון LV 23:10
למימר: מליל עם בני **ישראל** ותימר להון ארום תיעלון LV 25:2
למימר: מליל עם בני **ישראל** ותימר להון ארום תיעלון NU 15:2
משה למימר: מליל עם בני **ישראל** ותימר להון במיעלכון NU 15:18
משה למימר: מליל עם בני **ישראל** ותימר להון גבר או איתתא NU 6:2
משה למימר: מליל עם בני **ישראל** ותימר להון גבר ארום LV 27:2
משה למימר: מליל עם בני **ישראל** ותימר להון גבר גבר ארום NU 5:12
ועם בנוי ועם כל בני **ישראל** ותימר להון גבר טלי או גבר LV 22:18
אהרן ועם בנוי ועם בני **ישראל** ותימר להון דין פיתגמא LV 17:2
למימר: מליל עם בני **ישראל** ותימר להון ויעבדון להון NU 15:38
משה למימר: מליל עם בני **ישראל** ותימר להון זמן סידורי LV 23:2

איזיל ותיכנוש ית סבי **ישראל** ותימר להון ייי אלקא EX 3:16
משה למימר: פקיד ית בני **ישראל** ותימר להון ית קרבני לחים NU 28:2
עם כל כנישתא דבני **ישראל** ותימר להון קדישין תהון LV 19:2
למימר: מלילו עם בני **ישראל** ותימרון להון גבר טלי או LV 15:2
דיורכון יומך: ותקבל **ישראל** ותינטר למעבד מטול דיוטב DT 6:3
על ליואי מבוכריא דבני **ישראל**: ותיסב חמשא חמשא NU 3:46
ואין יהוי יובילא לבני **ישראל** ותיתוסף אחסנתהון על NU 36:4
בזכותיהון על עמא בית **ישראל**: ותיתן ית מדבחא דעלתא EX 40:5
חזור חזור לעמא בית **ישראל** ותיתן ית פרסא דתרע EX 40:8
כספא דכיפוריא מן בני **ישראל** ותיתן יתיה על עיבידת EX 30:16
דתיסבון מן בני **ישראל** ותיתנון מיניה אפרשותא NU 18:28
ואביהוא ושובעין מסבי **ישראל** ותסגדון מרחיק: ויתקרב EX 24:1
מה דאפקד יתך לות בני **ישראל**: ותעביד פתורא דקיסי EX 25:22
ית כל כנישתא דבני **ישראל**: ותקריב ית ליואי קדם ייי NU 8:9
דאיזדבן לעבד לגברא בר **ישראל** זבין כספא ותיגזור יתיה EX 12:44
חכמתי ולא חס על **ישראל** זרעא דבני בנתיה ובית NU 22:5
הינון קדמי מגו בני **ישראל** חולף פתח כל וולדא NU 8:16
קריבית ית ליואי מגו בני **ישראל** חלף כל בוכריא פתח וולדא NU 3:12
קדם ייי: ואמר משה לבני **ישראל** חמון דמני ייי בשום טב EX 35:30
וסרכיכון כל אינשי **ישראל**: טפליכון ונשיכון וגיוריכון DT 29:9
עליכון ואחיכון כל בית **ישראל** יבכון ית יקידתא דאוקד ייי: LV 10:6
שמך תוב יעקב אלהין **ישראל** יהי שמך וקרא ית שמיה GN 35:10
עמא למימר ציתו ושמעו **ישראל** יומנא אתבחרתון למהוי DT 27:9
וצלי בפמיה על עמא בית **ישראל** יזכון כהניא לתלת מתנן NU 25:13
יתקטיל עמא בית **ישראל** יחייבון יתיה אטלות אבנין: LV 20:2
ובמציעותיה כתיב שמע **ישראל** ייי אלקנא ייי חד וביה הוה NU 2:10
יומנא דהכין כתיב שמע **ישראל** ייי אלקנא ייי חד מטול DT 26:17
ונרומימניה: אמרין בני **ישראל** ייי גיברא עביד קרבינן בכל EX 15:3
גבורתיה לעמיה בית **ישראל** ייי שמיה כשמיה כן EX 15:3
ניסין ופרישן לעמיה בית **ישראל**: ימא וארעא הוון מדיינין דין EX 15:11
ינגח תורא אין לבת **ישראל** ינגח כדינא הדין יתעביד EX 21:31
סנהדרין דישראל: אין בר **ישראל** ינגח תורא אין לבת ישראל EX 21:31
יעבד לה: אין חורנתא בת **ישראל** יסב ליה עליה מזונה EX 21:10
ומן כנישתא דבני **ישראל** יסב תרין צפירי בני עיזי LV 16:5
לותי ואיברכינון: ועיני **ישראל** יקרן מן סיבו ולא יכיל GN 48:10
יעקב ואורייתא לדבית **ישראל** ישוון אחוהון כהניא קטרת DT 33:10
עביד דביש מביניכון וכל **ישראל** ישמעון וידחלון: וארום אין DT 21:21
מבית שעבוד עבדיא: וכל **ישראל** ישמעון וידחלון ולא יוספון DT 13:12
מה דאיתפקד: וחמיין בני **ישראל** ית איקונין דמשה ארום EX 34:35
היא בית לחם: וחמא **ישראל** ית בנוי דיוסף ואמר מן מאן GN 48:8
יובלא: וארום יזבון גבר בר **ישראל** ית ברתיה זעירתא לאמהן EX 21:7
רמאין על גיף ימא: וחמון **ישראל** ית גבורת ידא תקיפתא די EX 14:31
בגין כן לא אכלין בני **ישראל** ית גידא נשיא דעל פתי GN 32:33
ברא ולא יתפס גברא בר **ישראל** ית גרמיה בזנו: לא תעלון DT 23:18
יפסון ית קודשיא דבני **ישראל** ית דיפרשון לשמא דייי: LV 22:15
ונסיב משה מפלגות בני **ישראל** ית דמיתחד חד מן חמשין NU 31:47
מלעיל דיחמון כל בית **ישראל** ית חיסודהון נס חדיסיראי NU 25:8
קדם ייי ויסמכון בני **ישראל** ית ידיהון על ליואי: וירים NU 8:10
בבירא דשבע וכד עברו **ישראל** ית ימא קטעו מלאכייא ית EX 26:28
וקריב לוותיה: ואושיט **ישראל** ית ימיניה ושוי על רישא GN 48:14
בך יוסף ברי יברכון בית **ישראל** ית ינוקא ביומא דמהולתא GN 48:20
מבירא דשבע ונטלו בני **ישראל** ית יעקב אבוהון וית GN 46:5
ולמצראי על עיסק **ישראל** ית כל עקתא דאשכחתנון EX 18:8
ית משה הכדין עבדו בני **ישראל** ית כל פולחנא: וחמא משה EX 39:42
דכיא: ולאלפא ית בני **ישראל** ית כל קיימייא דמליל ייי LV 10:11
אית להון ארכא: ונסב **ישראל** ית כל קירויא האילין ויתיב NU 21:25
אחוך עימך: עמי בני **ישראל** ית כספיכון לא תיתנון ליה LV 25:37
דמנא משה ואהרן ורברבי **ישראל** ית ליואי לגניסתהון ולבית NU 4:46
בניסן אתקינו עמא בית **ישראל** ית מאניהון וטכיסו ית DT 34:8
ונפיק וממליל עם בני **ישראל** ית מה דאיתפקד: וחמיין בני EX 34:34
יומין סגיאין וינטרון בני **ישראל** ית מטרת מימרא דייי ולא NU 9:19
להון ארום תיסבון מן בני **ישראל** ית מעשרא דיהבית להון NU 18:26
מן ידיהון דמצראי וחמון **ישראל** ית מצראי מיתין ולא מיתין EX 14:30
ניבי ליסתיה: ובכון בני **ישראל** ית משה במישריא דמואב DT 34:8
וחמא אהרן וכל בני **ישראל** ית משה והא אשתבהר זיו EX 34:30
עמיה: מן בגלל דיתון בני **ישראל** ית ניכסתהון דהינון דבחין LV 17:5
יתיה: כד חמון עמא בני **ישראל** ית ניסיא וית פרשיתא EX 15:18
תיקה וקטליה: ושבו בני **ישראל** ית נשיהון דמדינאי וית NU 31:9
קדמוי קרבנין וזקפו בני **ישראל** ית עיניהון והא מצראי EX 14:10
מכבש יכבשון עמא בית **ישראל** ית עיניהון מן גברא ההוא LV 20:4
דמליל: ופקיד משה וסבי **ישראל** ית עמא למימר טורו ית כל DT 27:1
שיזיב וכד שמעו בית **ישראל** ית פיתגמא הדין מפום EX 12:27
ישראל ואמר להון שמעו **ישראל** ית קימייא וית דינייא דאנא DT 5:1
הא יומא דין קריבו בני **ישראל** ית קרבן חטאתהון LV 10:19

ואיתן להון מוי: בכן ישבח **ישראל** ית שבח שירתא הדא בזמן NU 21:17
הא בכן שבח משה ובני **ישראל** ית שבח שירתא הדא קדם EX 15:1
אבנין: וינטרון בני **ישראל** ית שבתא למעבד תפנוקי EX 31:16
ולות כל כנישתא דבני **ישראל** ית שיבייתא וית דברתא NU 31:12
וחריף בר איתתא בת **ישראל** ית שמא רבא ויקירא LV 24:11
שביעאה: וקרון בית **ישראל** ית שמיה מנא והוא כבר זרע EX 16:31
דמתגברין כן הינון בית **ישראל** יתבין עדרין עדרין מתגברין NU 24:6
תתנון: וחמון סרכי בני **ישראל** יתהון בביש למימר לא EX 5:19
נפשתיה דבר נשא מבני **ישראל** יתקטלא יתקטל בסייפא: LV 24:17
תמן מספדא כל בני **ישראל** כאילו תמן מית אהרן DT 10:6
למחבבא עמיה בית **ישראל** כולהון קרא להון קדישין DT 33:3
דסהדותא: ועבדו בני **ישראל** ככל דפקד ייי ית משה NU 1:54
בירחא מליל משה עם בני **ישראל** ככל דפקיד ייי יתיה DT 1:3
ייי ית משה: ועבדו בני **ישראל** ככל מה דפקד ייי ית משה NU 2:34
ואמר משה לבני **ישראל** ככל מה דפקיד ייי ית משה: NU 30:1
דהב ארמותא דארימו בני **ישראל** כל גבר דאיתרעי ליביה EX 38:24
יארעיניה מותא: ואתו בני **ישראל** כל חד בתרעא חד דלא GN 42:5
ונטלו מרקם ואתו בני **ישראל** כל כנישתא לטוורוס NU 20:22
עד רמשא: ואתו בני **ישראל** כל כנישתא למדברא דצין NU 20:1
ומסיטריה חד אנהר על **ישראל** כל ליליא ולא קרבא משרי EX 14:20
תעיברון קדם אחוכון בני **ישראל** כל מזרזי חילא: לחוד נשיכון DT 3:18
בתולתא: עמי בני **ישראל** כל עביד חרשיותא לא EX 22:17
דחזור חזור ליה בית **ישראל**: כנחלין דמיין דמתגברין כן NU 24:5
די מליל משה עם כל **ישראל** כנפינון לותיה כד הוון DT 1:1
לית אנא דחיל ואוף ית **ישראל** לא איפטור: ואמרו אלקיה EX 5:2
במימריה למיפטור ית **ישראל** לא אשכחית בספר EX 5:2
בארעא דגשן דתמן בני **ישראל** לא הוה ברדא: ושדר פרעה EX 9:26
שעבוד עבדיא: עמי בני **ישראל** לא יהוי לכון אלק אוחרן בר DT 5:7
מלכותיה הוא ובנוי ביני **ישראל**: לא יהי לכהניא דמן שיבט DT 17:20
מחתא כדא: ולכל בני **ישראל** לא יהנזק כלבא בלישניה EX 11:7
עלם לדריכון ובגו בני **ישראל** לא יחסנון אחסנא: ארום ית NU 18:23
כן אמרית להון דבגו בני **ישראל** לא יחסנון אחסנא: ומליל ייי NU 18:24
דארעא וכל ערלאי בר **ישראל** לא ייכול ביה: אורייתא חדא EX 12:48
פיקודיי ואורייתי: עמי בני **ישראל** לא ישתבע חד מנכון בשום EX 20:7
פיקודיי ואורייתי: עמי בני **ישראל** לא ישתבע חד מנכון בשום DT 5:11
אינש בחבריה: עמי בני **ישראל** לא ישתבע חד מנכון בשמי LV 19:12
וית קודשיא דבני **ישראל** לא יתפסון דלא תמותון: NU 18:32
דמצראי ומבעירא דבני **ישראל** לא מית חד: ושדר פרעה EX 9:6
קדם ייי למימר הא בני **ישראל** לא קבילו מיני והכדין EX 6:12
באטלות אבנין: עמי בני **ישראל** לא תבערון אשתא בכל EX 35:3
דיהי סהיד שקר: עמי בני **ישראל** לא תהוון בתר סגיאין EX 23:2
נפיק על עלמא: עמי בני **ישראל** לא תהוון גייורין לא חברין EX 20:14
נפיק על עלמא: עמי בני **ישראל** לא תהוון גייורין לא חברין DT 5:18
הוא ייי אלקכון: עמי בני **ישראל** לא תהוון גנבין ולא תכפרון LV 19:11
נפיק על עלמא: עמי בני **ישראל** לא תהוון גנבין לא חברין EX 20:15
נפיק על עלמא: עמי בני **ישראל** לא תהוון גנבין לא חברין DT 5:19
אתיא על עלמא: עמי בני **ישראל** לא תהוון חמודין לא חברין EX 20:17
אתי על עלמא: עמי בני **ישראל** לא תהוון חמודין לא חברין DT 5:21
נפיק על עלמא: עמי בני **ישראל** לא תהוון מסהדין בחבריכון EX 20:16
נפיק על עלמא: עמי בני **ישראל** לא תהוון מסהדין סהדו DT 5:20
אלקכון יהב לכון: עמי בני **ישראל** לא תהוון קטולין לא חברין EX 20:13
יהיב לכון: עמי בני **ישראל** לא תהוון קטולין לא חברין DT 5:17
רבון עלמא ייי: עמי בני **ישראל** לא תיכסון עד דחמיע EX 23:18
ויתפרנס עימך: עמי בית **ישראל** לא תיסבון לא שערין ולא LV 25:36
הוה צווח ואמר עמי בית **ישראל**: לא תעבדון לכון צלם וצורה EX 20:3
מלילית עימכון: עמי בני **ישראל** לא תעבדון למסגוד דמות EX 23:23
ותטעון עימיה: עמי בני **ישראל** לא תצלון דין ממסכינא EX 23:6
יתיה בסוטריה: עמי בני **ישראל** לא תקבלון מילי שיקרא EX 23:1
ותקיפו על עמא בית **ישראל** לאוחאה למופטורינון מן EX 12:33
וירית יתה ותהי לבני **ישראל** לאחויית גזירת דין היכמא NU 27:11
דכנען דאנא יהיב לבני **ישראל** לאחסנא: ושכוב בטוורא DT 32:49
בחגא דמטליא: במיתי כל **ישראל** לאיתחמאה קדם ייי DT 31:11
בר צפור ית כל מה דעבד **ישראל** לאמוראי: ודחילו מואבאי NU 22:2
באתרהון היכמה דעבד **ישראל** לארע ירותתיה דיהב ייי DT 2:12
ארום אנת תעיל ית בני **ישראל** לארעא דקיימית להון DT 31:23
איליין סכום מנייני בני **ישראל** לבית אבהתהון כל מנייני NU 2:32
והוו כל סכומי מנייני בני **ישראל** לבית אבהתן מבר עשרין NU 1:45
חושבן כל כנישתא דבני **ישראל** לגניסתהון לבית אבהתהון NU 1:2
משכן זימנא ויהי לבני **ישראל** לדוכרן טב קדם ייי לכפרא EX 30:16
בזמן דעל בתר גברא בר **ישראל** לות חוצא נס קדמאי דהוה NU 25:8
מינך ותיעול אנת וסבי **ישראל** לות מלכא דמצרים ותימרון EX 3:18
בר עינן: איליין מטלני בני **ישראל** לחיליהון ואיסתלק ענן NU 10:28
מסכינין מן דאחית לבני **ישראל** לחמא מן שמיא אליף יתן DT 34:6
תוב על דיסגד ליה: ואמר **ישראל** ליוסף אין מייתנא בהדא GN 46:30

דיהי קדם מנשה: ואמר **ישראל** ליוסף הא אנא מטא סופי GN 48:21
והוה לזמן יומין ואמר **ישראל** ליוסף הלא אחך רעו בשכם GN 37:13
להון וגפיף להון: ואמר **ישראל** ליוסף מחמי סבר אפך לא GN 48:11
דייי אלקך עמי בית **ישראל** לית אתון רשאין לא EX 23:19
מתנתהון לכל ארמות בני **ישראל** לך יהבתינון ולבנך ולבנתך NU 18:11
וכל קודשיא דבני **ישראל** לך יהבתינון לרבו ולבנך NU 18:8
ית אחוכון ליואי מיגו בני **ישראל** לכון מתנא יהיבין קדם ייי NU 18:6
קודשיא דיקדשון בני **ישראל** לכל מתנת קודשיהון EX 28:38
ואהרן וכל כנישתא דבני **ישראל** לליואי הי ככל מה דפקד ייי NU 8:20
אחוכון עימכון: ואמר **ישראל** למא אבאשתון לי לחוואה GN 43:6
ולות כל כנישתא דבני **ישראל** למדברא דפארן לרקם NU 13:26
כל עמיה ונפק לקדמות **ישראל** למדברא ואתא ליהצא NU 21:23
ותהי לכנישתא דבני **ישראל** למוי אדיותא ברם שיבוק NU 19:9
דסהדותא: ונטלו בני **ישראל** למטלניהון ממדברא דסיני NU 10:12
ייי ואתא אהרן וכל סבי **ישראל** למיכול לחמא עם חמוי EX 18:12
משה למימר: מליל עם בני **ישראל** למימר איתתא ארום תעדי LV 12:2
דאלילו יתה לות בני **ישראל** למימר ארעא דעברנא בה NU 13:32
משה למימר: מליל עם בני **ישראל** למימר בחמיסר יומין LV 23:34
משה למימר: מליל עם בני **ישראל** למימר בר נש ארום יחוב LV 4:2
ואנת תמליל עם בני **ישראל** למימר ברם ית יומי שביא EX 31:13
משה למימר: מליל עם בני **ישראל** למימר בתשרי דהוא ירחא LV 23:24
משה למימר: מליל עם בני **ישראל** למימר גבר טלי או גבר סיב NU 9:10
חזור: ופקיד משה ית בני **ישראל** למימר דא ארעא דתחסין NU 34:13
טריפן: מלילו עם בני **ישראל** למימר דא חייתא LV 11:2
עם אמרכלי שבטיא לבני **ישראל** למימר דין פיתגמא דמליל NU 30:2
משה לכל כנישתא דבני **ישראל** למימר דין פיתגמא דפקיד EX 35:4
משה למימר: מליל עם בני **ישראל** למימר כל מאן דמקרב ית LV 7:29
משה למימר: מליל עם בני **ישראל** למימר כל תריב תור ואימר LV 7:23
ואומי יוסף ית בני **ישראל** למימר לבנהון הא אתון GN 50:25
ארום אומאה אומי ית בני **ישראל** למימר מידכר ידכר ייי EX 13:19
אדומאה למשבוק ית **ישראל** למיעיבר בתחומיה וסטא NU 20:21
כדון לא מטא זימנא דבני **ישראל** למירתא: ואיתגלי ייי GN 12:6
ושבע שנין: וקריבו יומי **ישראל** לממת וקרא לבריה ליוסף GN 47:29
תקביל ית חושבין בני **ישראל** למניינהון ויתנון גבר פורקן EX 30:12
דעל ידוי עתידין בית **ישראל** למנצחא לגוג ולסיעתיה EX 40:11
ולא שבק סיחון ית **ישראל** למעיבר בתחומיה וכנש NU 21:23
לאהרן ולבנוי מגו בני **ישראל** למפלח ית פולחן בני NU 8:19
זימנא וית מטרת בני **ישראל** למפלח ית פולחן משכנא: NU 3:8
הכדין עבד: ואמרו בני **ישראל** למשה למימר הא מינן NU 17:27
ולא יקרבון תוב בני **ישראל** למשכן זימנא לקבלא חובא NU 18:22
הינון דעתידין בית **ישראל** למשתעבדא ואנת רב GN 40:18
לחד מבני שיבטיא דבני **ישראל** לנשין ותתמנע אחסנתהון NU 36:3
אפרשותא דאייתיו בני **ישראל** לעיבידת פולחן קודשא EX 36:3
מותא בזמן מיקרב בני **ישראל** לקודשא: ועבד משה ואהרן NU 8:19
ביומא דפקיד ית בני **ישראל** לקרבא ית קורבנהון קדם LV 7:38
למשיציא יתהון: ושרון **ישראל** לרוחצן מן לקדמין כעין DT 33:28
על סורחנות עמא בית **ישראל** לשדרא יתיה לימָמת באתר LV 16:10
וית בנוי עימיה מגו בני **ישראל** לשמשא קדמי אהרן נדב EX 28:1
דמצרים לאפקא ית בני **ישראל** מארעא דמצרים: אילין רישי EX 6:13
תליתאה לאפקות בני **ישראל** מארעא דמצרים ביומא EX 19:1
ייי למפקא ית שמא בני **ישראל** מארעא דמצרים הוא EX 12:42
חמשא טפלין סליקו בני **ישראל** מארעא דמצרים: ואסיק EX 13:18
הדין אפיק ייי ית בני **ישראל** מארעא דמצרים על EX 12:51
דפרעה ולא פטר ית בני **ישראל** מארעיה: ואמר ייי למשה EX 11:10
לפרעה ויפטור ית בני **ישראל** מארעיה: ואנא אקשי ית EX 7:2
דמצרים ויפטור ית בני **ישראל** מארעיה: ומליל משה קדם EX 6:11
על ידי אחיהון בית **ישראל** מאתן אלפין גוברין וית DT 34:3
להון גובריא מבני **ישראל** מאתן וחמשין אמרכלי NU 16:2
למפרוק ית עמא בית **ישראל** מביני עמיא וכולהון קרא EX 12:42
כל בוכריא דוכריא בבני **ישראל** מבר ירחא ולעילא וקביל ית NU 3:40
חושבן כל כנישתא דבני **ישראל** מבר עשרין שנין ולעילא כל NU 26:2
יעקב ואיתא זעיר לי **ישראל:** מה אני לאיט ומימרא דייי NU 23:7
למיתן להון: וכדון **ישראל** מה ייי אלקכון בעי מינכון DT 10:12
לבית יעקב ולבית **ישראל** מה משבחין הינון ניסיא NU 23:23
בני ישראל ולא יהי בבני **ישראל** מותא בזמן מיקרב בני NU 8:19
לארעא דיהבית לבני **ישראל** מטול דסריבתון על מימרי NU 20:24
ולא ימות מכל לבני **ישראל** מידעם: וקבע ייי זימנא EX 9:4
עבדי ליעות שקר בדבית **ישראל** מימרא דייי אלקהון NU 23:21
עלם לכפרא על בני **ישראל** מכל חוביהון חדא זימנא LV 16:34
למיעיבר בתחומיה וסטא **ישראל** מלוותיה דהוו מיפקדין מן NU 20:21
תריסידי כל קבל רברבי **ישראל** מליין קטורת בוסמין טבין NU 7:86
קדמוי ית תורעמות בני **ישראל** מליל עמהון למימר בני EX 16:12
ולמא תבטלון רעות בני **ישראל** מלמעיבר לארעא דיהב NU 32:7
ונטלו כל כנישתא דבני **ישראל** ממדברא דסין למטלניהון EX 17:1

בשנת ארבעין למיפק בני **ישראל** ממצרים בירחא חמישאה NU 33:38
דמצרים להנפקא ית בני **ישראל** ממצרים הוא משה נביא EX 6:27
פרעה וארום אפיק ית בני **ישראל** ממצרים: ואמר ארום יהי EX 3:11
פרעה ואפיק ית עמי בני **ישראל** ממצרים: ואמר משה קדם EX 3:10
עמיה ארום אפיק ייי ית **ישראל** ממצרים: ודבר יתרו חמוי EX 18:1
דמדבחא: דוכרנא לבני **ישראל** מן בגלל דלא יקרב גבר NU 17:5
ייי ביומא ההוא ית **ישראל** מן ידיהון דמצראי וחמון EX 14:30
בימא דסוף: ואטיל משה **ישראל** מן ימא דסוף ונפקו EX 15:22
ומטרין דרעוא: טוביכון **ישראל** מן כוותכון בכל עממיא DT 33:29
אתפרע פורענות בני **ישראל** מן מדינאי ומן בתר כדין NU 31:2
סאובתא: ותפרשון ית בני **ישראל** מן סאובתהון ויתפרשון מן LV 15:31
באדמיהון ואתאנחו בני **ישראל** מן פולחנא דהוה קשיא EX 2:23
ודבעירי מייתין: ונטלו בני **ישראל** מן פילוסין ושרו בסוכות NU 33:5
מניכסיהון: ונטלו בני **ישראל** מן פילוסין לסוכות מאה EX 12:37
ונפקו כל כנישתא דבני **ישראל** מן קדם משה: ואתו כל גבר EX 35:20
דתיתנון מן אחסנת בני **ישראל** מן שבטא דעמיה סגי תסגון NU 35:8
אעבד לך: ואתרוקנו בני **ישראל** מן תיקון זיניהון דשמא רבא EX 33:6
ולבנוי לקיים עלם מן בני **ישראל** מניכסת קודשיהון EX 29:28
עבדנא ארום פטרנא ית **ישראל** מפולחננא:: ודבר שית מאה EX 14:5
אין נטרין הינון עמא בית **ישראל** מצוותא דאורייתא אתאמר DT 32:14
מתכנשין תריסר שבטי **ישראל** מקפין דרגשא דדהבא GN 49:1
מרגלייתא על שמהת בני **ישראל** מקפן באומנותהון מרמצן EX 28:11
דלא תיתקף אחסנא לבני **ישראל** משיבטא לשיבטא חורנא NU 36:7
לבית אבהתן ישרון בני **ישראל:** משריתא דישראל הוה NU 2:2
ארום דילי הינון בני **ישראל** משתעבדין לאורייתי עבדי LV 25:55
בידא דמשה היתיו בני **ישראל** נדבתא קדם ייי: ואמר משה EX 35:29
היכמא דפקדני ייי: ובני **ישראל** נטלו מן כופרני בירי בני DT 10:6
למימר: ויעבדון בני **ישראל** ניכסת פיסחא ביני NU 9:2
מלוות בוכרייא דבני **ישראל** נסיב ית כספא אלף ותלת NU 3:50
ורדף בתר בני ישראל ובני **ישראל** נפקין בידא מרממא EX 14:8
על חילוות שיבטא דבני **ישראל** נתנאל בר צוער: וחיליה NU 2:5
ואמר לעמיה הא עמא בני **ישראל** סגין ותקפין יתיר מינן: EX 1:9
עילוי יעקב אבוהון: ואמר **ישראל** סגין טבוון עבד עמי ייי GN 45:28
ורדף בתר עמא בני **ישראל** סוסוון ורוכביהון רמא EX 15:1
ורדף בתר עמא בני **ישראל** סוסוותיה ורתיכוי רמא EX 15:21
וכדון הא קבילת בני **ישראל** סליקת לקדמיי ולחוד גלי EX 3:9
בני דגבלא מן קדם **ישראל** סנאיהון וישראל יתקפון NU 24:18
על כיתפיהון: ובנוי **ישראל** עבדו כפיתגמא דמשה EX 12:35
ואטלו יתיה אבנין ובני **ישראל** עבדו למסמך ידיהון LV 24:23
נזדרז מבעין בגו בני **ישראל** עד דנעילינון לאתרהון NU 32:17
יקרי ומשכנא וארונא וכל **ישראל** עד זמן דתיתסי ומן בתר NU 12:14
לא מית מבעירא דבני **ישראל** עד חד ואיתייקר יצרא EX 9:7
פתגמי אורייתא: ושדר **ישראל** עזגדין לות סיחון מלכא NU 21:21
למידון דינא הוא וכל בני **ישראל** עימיה וכל כנישתא: ועבד NU 27:21
כיתין איתעבידו בני **ישראל** על גיף ימא דסוף חדא EX 14:13
ייי ויטול אהרן ית דין בני **ישראל** על ליביה קדם ייי תדירא: EX 28:30
ופקיד משה ית בני **ישראל** על מימרא דייי יאות NU 36:5
ואתרעמון כל בני **ישראל** על משה ועל אהרן במדברא: EX 16:2
ענני יקרא ומדעקת על **ישראל** על קרבא ההוא בעו למתוב DT 10:6
יקר שכינתא דייי וסגיד **ישראל** על ריש דרגשא: והוה בתר GN 47:31
אהרן ית שמהת בני **ישראל** על תרין כתפוי לדוכרנא: EX 28:12
כתיב מאן כוות עמך **ישראל** עם יחידאי בארע מטול DT 26:18
ומצותא בגין דנצו בני **ישראל** עם משה ובגין דנסייו קדם EX 17:7
דמשה עבדי בכל בית **ישראל** עמי מהימן הוא: ממלל עם NU 12:7
ולמחמי כל כנישתא דבני **ישראל** עני וכן אמר למשה אן מה NU 25:6
מתאמר בכנישתהון דבני **ישראל** ערלאין סאיבו לבתולתא GN 34:31
דרביו יתיה מנכסי רברבי **ישראל** פיילי דכסף תרתיסרי כל NU 7:84
ואפיק ית עמי בני **ישראל** פריקין מארעא דמצרים EX 7:4
ייי להון הנפיקו ית בני **ישראל** פריקין מארעא דמצרים על EX 6:26
על מצרים ואנפיק ית בני **ישראל** פריקין מביניהון: ועבד משה EX 7:5
ושתיין מיניה והוו בני **ישראל** צדיין ואכלין יתהון: והוה EX 16:21
משה נביא דייי ית בני **ישראל** קדם דימות: ואמר ייי מן DT 33:1
ודחילו לחדא וצלו בני **ישראל** קדם ייי: ואמרו רשיעי דרא EX 14:10
זימנא דוכרנא טבא לבני **ישראל** קדם ייי: ובעירי סגיא הוון NU 31:54
לקודשיא די יקדשון בני **ישראל** קדם ייי וסובתיה עלוי LV 22:3
קודשיא די יקדשון בני **ישראל** קדם ייי יהבית לך ולבנך NU 18:19
הינון מי מצותא דנצו בני **ישראל** קדם ייי על עיסק בירא NU 20:13
ואמר משה לדיינא **ישראל** קטולו אינש גבר שיבטיה NU 25:5
בני ישראל: ושום גברא בר **ישראל** קטילא דאיתקטיל עם NU 25:14
קדם ייי תדירא מן בני **ישראל** קיים עלם: ותהי לאהרן LV 24:8
ושבא מנהון שיביא: וקיים **ישראל** קיים קדם ייי ואמר אין NU 21:2
שמעו משה ואהרן ובני **ישראל** קל בכותא דפרעה לא EX 12:33
אימר לכל כנישתא דבני **ישראל** קריבו קדם ייי ארום שמיען EX 16:9
בוכריא כולהון דמבני **ישראל** קריבית יתהון קדמי: ארום NU 8:16

הדא ואלפא ית בני **ישראל** שווייה בפומהון בדיל דתיהי DT 31:19
מאה: אילין סכומי בני **ישראל** שית מאה וחד אלפין שבע NU 26:51
בגניבותיה לעבדא לבר **ישראל** שית שנין יפלח ובמעלי EX 21:2
עליהון שמהת בני **ישראל:** שיתא מן קצת שמהתהון EX 28:9
לפלחי טעוות פעור: וכדון **ישראל** שמעו לקיימייא ולדינייא DT 4:1
מניכסת קודשיא דבני **ישראל:** שקא דאפרשותא וחדיא LV 10:14
בגו בני ישראל וכד הוון **ישראל** שריין במדברא בעא LV 24:10
ליום דינא רבא: והוון בני **ישראל** שריין במדברא גזירת NU 15:32
דכד תבו אלליא הוו בני **ישראל** שריין ברקם והדרו NU 21:1
בלעם ית עינוי וחמא ית **ישראל** שריין לשיבטיהון בבתי NU 24:2
משה נביא ואמר עמי בני **ישראל** תור או אימר או גדיא ארום LV 22:27
דייי: ומפלגותא דבני **ישראל** תיסב חד דמיתחד מן NU 31:30
עם משה למימר: ועם בני **ישראל** תמליל גבר טלי או גבר סיב LV 20:2
אבוהן להן: ועם בני **ישראל** תמליל למימר גבר ארום NU 27:8
כל כנישתא: ועם בני **ישראל** תמליל למימר גבר טלי או LV 24:15
לשמשא קודמוי: ועם בני **ישראל** תמליל למימר משח רבות EX 30:31
וקריב קדם ייי: ועם בני **ישראל** תמליל למימר סבו ברם LV 9:3
ודיינין יתיה: ואתון בית **ישראל** תפלון משדי דם זכאיי DT 21:9
ומרגליתא על שמהת בני **ישראל** תריסידי על שמהתהון כתב EX 39:14
דמנא משה ואהרן ורברבי **ישראל** תריסר גוברין גברא חד NU 1:44
ית אחוכון: ואמר יהודה **לישראל** אבוי שדר טליא עמי נקום GN 43:8
לאבוי יצחק: ואמר ייי **לישראל** בנבואה דליליא ואמר GN 46:2
על כל טבתא דעבד ייי **לישראל** דיהב להון מנא ובירא ודי EX 18:9
דפתקין גירין ואבנין **לישראל** והוה עננא מקביל יתהון: EX 14:19
מישרא דמעיקין להון **לישראל** וית גלוות תלמידי אליהו DT 34:3
דזקיף פעור למדכר **לישראל** חובתהון מודיק בבית DT 34:6
וישתיצי בר נשא ההוא **מישראל** ארום מוי אדיותא לא NU 19:13
ותפלון עביד דביש **מישראל:** ארום תהוי עולימתא DT 22:22
שכיבא ולא יתמחי שמיה **מישראל:** ואין לא יצבי גברא למיסב DT 25:6
ויתוב תקוף רוגזא דייי **מישראל:** ואמר משה לדיינא ישראל NU 25:4
ומיתו אוכלוסין סגיאין **מישראל:** ואתו עמא לות משה NU 21:6
ותפלון שדיי דם זכאי **מישראל** וייטב לכון: לא תשנון DT 19:13
משיחא ושיבט תקיף **מישראל** ויקטל רברבני מואבאי NU 24:17
ההוא ותפלון עביד דביש **מישראל:** וכל עמא ישמעון וידחלון DT 17:12
עשרין וארבע אלפין **מישראל** ומן יד אתגוללו רחמי NU 25:8
וישתיצי אינשא ההוא **מישראל** מיומא קדמאה דחגה ועד EX 12:15

ישׂשכר (22)

בר שפטן: לשיבטא **דיששכר** אמרכל פלטיאל בר עזן: NU 34:26
חילא: סכומהון לשיבטא **דיששכר** ארבעין וחמשא אלפין NU 1:29
סמיכין ליה שיבטא **דיששכר** ורבא דהוה ממני על NU 2:5
הצרון וחמול: ובנוי **דיששכר** חכימין ומרי חושבנא GN 46:13
אלפין ושית מאה: לבנוי **דיששכר** ייחוסיהון לגניסתהון NU 1:28
אלפין וחמש מאה: בנוי **דיששכר** לגניסתהון תולע גניסת NU 26:23
שתיה קריב רב שיבטא **דיששכר** לעלתא: צפיר בר עיזין חד NU 7:21
כלב בר יפונה: לשיבטא **דיששכר** עזגד יגאל בר יוסף: NU 13:7
רב בית אבא לשיבטא **דיששכר:** קריב ית קרבניה בתר NU 7:18
ושמעון ולוי ויהודה **ויששכר** וזבולן: בני רחל יוסף GN 35:23
שמעון ולוי ויהודה **ויששכר** ויוסף ובנימין: ואילין DT 27:12
תלתא שיבטיא גד ואשר **ויששכר:** ושום סידרא רביעאה כרום EX 28:19
תלת שיבטיא גד אשר **ויששכר:** ושום סידרא רביעאה כרום EX 39:12
לפרקמטייכון ודבית **יששכר** במשכני בתי מדרישיכון: DT 33:18
וקראת ית שמיה **יששכר:** ואתעברת תוב לאה וילידת GN 30:18
תלת שבטיא יהודה **יששכר** וזבולון ובמציעותיה כתיב NU 2:3
ראובן שמעון לוי ויהודה: **יששכר** זבולון ובנימין: דן ונפתלי גד EX 1:3
ותחומי ימטי עד צידון: **יששכר** חמיר באורייא לשבט תקיף GN 49:14
שמרון: אילין גניסת **יששכר** לסכומהון שיתין וארבעא NU 26:25
מפרנסין ית אחיהון בני **יששכר** ממקבלין אגר כוותהון GN 46:14
על חילוות שיבטא דבני **יששכר** נתנאל בר צוער: ורבא דהוה NU 10:15
נחשון בר עמינדב: **ליששכר** אמרכול נתנאל בר צוער: NU 1:8

יתיניא (1)

והמדיי ומקדינייא **ויתיניא** ואוסיא ותרקי: ובנוי דגומר GN 10:2

יתרו (14)

אהרן נסיב ליה מברתוי **דיתרו** הוא פוטיאל ליה לאינתו EX 6:25
ומשה הוה רעי ית ענא **דיתרו** חמוי רבא דמדין ודבר ית EX 3:1
דעלמא דאתי: ושמע **יתרו** אונוס מדין חמוי דמשה ית כל EX 18:1
ואמר למשה אנא חמוך **יתרו** אתי לוותך לאתגיירא ואין לא EX 18:6
מן ידא דמצראי: ואמר **יתרו** בריך שמא דייי דשיזיב יתכון EX 18:10
יהוי לאובדנא: וחמא ית **יתרו** דמתגייר ונטל מתל נבותיה NU 24:21
נסיבת ית מדייניתא ברת **יתרו** וכדי שמע משה רתח NU 25:6
דלא הוה גזיר על עיסק **יתרו** חמוי דלא שבקיה למגזריה EX 4:24
מחרבא דפרעה: ואתא **יתרו** חמוי דמשה ובנוי דמשה EX 18:5
ית ישראל ממצרים: ודבר **יתרו** חמוי דמשה ית צפורה EX 18:2
ואזל משה ותב לות **יתרו** חמוי ואמר ליה איזיל כדון EX 4:18
כדון אינון קיימין ואמר **יתרו** למשה איזיל לשלם: ואמר ייי EX 4:18
עמלק ושיזבינון ייי: ובדח **יתרו** על כל טבתא דעבד ייי EX 18:9
לאיתדנא במיא: ונסיב **יתרו** עלוון ונכסת קודשין קדם ייי EX 18:12

יתרן (1)

בני דישן חמדן ויִשבן **ויתרן** וכרן: אילין בני אצר בלהן GN 36:26

יתת (1)

תמנע רבא עלוה רבא **יתת:** רבא אהליבמה רבא אלה רבא GN 36:40

כדרלעמר (5)

בגינבריא מלכא דתליסר **כדרלעמר** דהוה קציר מתהפיך GN 14:1
תרתיסירי שנין פלחו ית **כדרלעמר** ובתיליסירי שנין מרדו: GN 14:4
בתר דתב מלימחי ית **כדרלעמר** וית מלכיא דעימיה GN 14:17
ובירביסרי שנין אתא **כדרלעמר** ומלכיא דעימיה ומחו ית GN 14:5
במישר פרדיסיא: עם **כדרלעמר** מלכא דעילם ותדעל GN 14:9

כוש (5)

אסבוהי ית מלכתא **דכוש** ורחיק מינה: ואמרו הלחוד NU 12:1
הוא דמקיף ית כל ארעא **דכוש:** ושום נהרא תליתאה דיגלת GN 2:13
ואליחרק וכנען: ובנוי **דכוש** סבא וחוילא וסבתה ורעמא GN 10:7
דמוּוריטינוס זמרגד ומזג: **וכוש** אוליד ית נמרוד הוא שרי GN 10:8
בעממיהום: ובנוי דחם **כוש** ומצרים ופוט וכנען ושום GN 10:6

כושאי (2)

כושייתא דאסבוהי **כושאי** למשה במיערקיה מן קדם NU 12:1
מהגנין על עיסק איתתא **כושייתא** דאסבוהי כושאי למשה NU 12:1

כותירין (1)

האילין ויתקיים: ית **כותירין** במדברא בארע מישרא DT 4:43

כזבי (2)

איתתא קטילא מדינתא **כזבי** ברת צור דמתקריא שלונאי NU 25:15
על עיסק פעור ועל עיסק **כזבי** ברת רבא דמדין אחתהון NU 25:18

כלב (12)

מן קדם ייי: ויהושע בר נון **וכלב** בר יפונה אתקיימו מן גוברייא NU 14:38
ישראל: ויהושע בר נון **וכלב** בר יפונה מן מאללי ית ארעא NU 14:6
למיתן לאבהתכון: אלהין **כלב** בר יפונה הוא יחמינה וליה DT 1:36
יתכון בה ארום אילהין **כלב** בר יפונה ויהושע בר נון: NU 14:30
להון אינש אילהין **כלב** בר יפונה ויהושע בר נון: וקריבן NU 26:65
לשבטא דבית יהודא **כלב** בר יפונה: לשבטא דשמעון NU 34:19
לשיבטא דיהודה עזגד **כלב** בר יפונה: לשיבטא דיששכר NU 13:6
בתר דחלתי: אילהן **כלב** בר יפונה קניזאה ויהושע בר נון NU 32:12
יתנא פיתגמא ואמרו **כלב** ויהושע טבא ארעא דייי DT 1:25
דאמוראי: ושדר משה ית **כלב** וית פנחס לאללא ית מכבר NU 21:32
קדמי לא יחמונה: ועבדי **כלב** חולף דהוות רוח אוחרי עימיה NU 14:24
ועל תחום יורדנא: ושתיק **כלב** ית עמא ואציתינון לות משה NU 13:30

כמיש (1)

צדיקיא אבדתון עמא **דכמיש** מדהינת פיתגמי אורייתא NU 21:29

כנען (112)

מיפקדיו מיניה לא תכון **בכנענאי** ובפריזאי דעד כדון אית GN 13:7
טיבי ביש ביתבי ארעא **בכנענאי** ובפריזאי ואנא עם דמניין GN 34:30
עמלק חייבא ואתחבר **בכנענאי** ומלך בערד ובית מותביה NU 33:40
תותבות אבוי בארעא **דכנען:** אילין זרעית יעקב יוסף בר GN 37:1
אחיי ובית אבא דבארעא **דכנען** אתו לוותי: וגובריא רעיין GN 46:31
עלי רחל בתכיף בארעא **דכנען** באורחא בעוד סוגעי ארעא GN 48:7
לקרתא דשכם דבארעא **דכנען** במיתיה מפדן דארם ושרא GN 33:18
בארעא דמצרים ובארעא **דכנען** בעיבורא דהינון זבנין ואיתי GN 47:14
והוה כפנא תקיף בארעא **דכנען** בר מכפנא קדמאה דהוה GN 26:1
לכון באחסנא ארעא **דכנען** בתחומהא: ויהוי לכון תחום NU 34:2
ארום אתון עלין לארעא **דכנען** דא ארעא דתתפלג לכון NU 34:2
סוק וחמי ית ארעא **דכנען** דאנא יהיב לבני ישראל DT 32:49
חריפין ויאללון ית ארעא **דכנען** דאנא יהיב לבני ישראל גברא NU 13:2
ארום תיעלון לארעא **דכנען** דאנא יהיב לכון לאחסנא LV 14:34
בישין דעמא דארעא **דכנען** דאנא מעיל יתכון לתמן לא LV 18:3
דעל אפי ממרא בארעא **דכנען** דזבן אברהם ית חקלא מן GN 49:30
יעקב ללוז דבארעא **דכנען** היא ביתאל הוא וכל עמא GN 35:6
משה לאללא ית ארעא **דכנען** ואמר להון סקו בהדין ציטרא NU 13:17
דין עם אבונא בארעא **דכנען:** ואמר לנא גברא ריבוני ארעא GN 42:32
ארבע היא חברון בארעא **דכנען** ואתא אברהם מן טוור GN 23:2
ונפקו למיזל לארעא **דכנען** ואתו לארעא דכנען: ועבר GN 12:5
דמצרים ומארעא **דכנען** ואתו מצראי לות יוסף GN 47:15
דכשדאי למיזל לארעא **דכנען** ואתו עד חרן ויתיבו תמן: והוו GN 11:31
ויחסנון ביניכון בארעא **דכנען:** ואתיבו בני גד ובני ראובן NU 32:30
איתגלי לי בלוז בארעא **דכנען** ובריך יתי: ואמר לי האנא GN 48:3
די איתילידו ליה בארעא **דכנען:** ודבר עשו ית נשוי וית בנוי GN 36:5
וטיילו אובילו לארעא **דכנען:** ודברי ית אבוכון וית אינש GN 45:17
וכל דילהון אתו מארעא **דכנען** והא הינון בארעא דגשן: GN 47:1
בני גברא חד בארעא **דכנען** והא זעירא עם אבונא יומא GN 42:13
ועונן על חוביהון בארעא **דכנען:** והוו בני יהודה לגניסתהון NU 26:19
לא אולידו בנין בארעא **דכנען** והוו בני פרץ דנחתו למצרים GN 46:12
אתיבניה לך מארעא **דכנען** והכדין ניגנוב מבית ריבונך GN 44:8

למיתב אברם בארעא **דכנען** וחררתה ויהבת יתה לאברם GN 16:3
כל ניכסוי דיקנה בארעא **דכנען** וטייל לארעא אוחרי דהות GN 36:6
ארום הוה כפנא בארעא **דכנען**: ויוסף הוא הוה שליט על GN 42:5
ארום תקיף כפנא בארעא **דכנען** וכדון יתבון כען עבדך GN 47:4
לות יצחק אבוי לארעא **דכנען**: ולבן אזל למיגז ית עניה GN 31:18
אחוי: אברם יתיב בארעא **דכנען** ולוט יתיב בקוריי מישרא GN 13:12
ית בני ישראל בארעא **דכנען**: ומליל ייי עם משה במישריא NU 34:29
דכנען ואתו לארעא **דכנען**: ועבר אברם בארעא עד אתר GN 12:5
ועלו לסייפי ארעא **דכנען**: ועומרא חד מן עשרא לתלת EX 16:35
קדם עמא דייי לארעא **דכנען** ועימנא אחידת אחסנתנא NU 32:32
ממרא היא חברון בארעא **דכנען**: וקם חקלא ומערתא דביה GN 23:19
עובדיהון בישייא דארעא **דכנען** ושלה וזרח לא אולידו בנין GN 46:12
ונטלו יתיה בנוי לארעא **דכנען** ושמיע פיתגמא לעשו GN 50:13
עברין ית יורדנא לארעא **דכנען**: ותזמנון לכון קוריין בשוקין NU 35:10
לות יעקב אבוהון לארעא **דכנען** ותניאו ליה ית כל דארע GN 42:29
עברין ית יורדנא לארעא **דכנען**: ותתרכון ית כל יתבי ארעא NU 33:51
למיתן להום ית ארעא **דכנען** ית ארע תותבותהון EX 6:4
משכניה: וחמא חם אבוי **דכנען** ית עריתא דאבוי ותני לתרין GN 9:22
תותבותך ית כל ארעא **דכנען** לאחסנת עלם והוי להון GN 17:8
ממצרים ואתו לארעא **דכנען** לות יעקב אבוהון: ותניאו GN 45:25
למיתן לכון ית ארעא **דכנען** למהוי לכון לאלקא: וארום LV 25:38
אתיתון ואמרו מארעא **דכנען** למיזבן עיבורא: ואשתמודע GN 42:7
דמצרים ודיירי ארעא **דכנען** מן קדם כפנא: ולקיט יוסף ית GN 47:13
קירווייא תתנון בארעא **דכנען** קירווין קלטן תהויין: לבני NU 35:14
וחם ויפת וחם הוא אבוי **דכנען**: תלתא אילין בנוי דנח ומאילן GN 9:18
דחפירית לי בארעא **דכנען** תמן תקבירינני וכדון איסוק GN 50:5
איתא לברי מבנתהון **דכנענאי** די אנא יתיב ביניהון: אלהין GN 24:3
ומן ידוי דלבן ומן ידוי **דכנענאי** דרדפו בתראיי וסגין ניחמן GN 45:28
הוא זמרי דעבד עובדא **דכנענאי** דשיטים: ובנוי דלוי גרשון GN 46:10
ארום יעלינך ייי לארעא **דכנענאי** היכמא דקיים לך EX 13:11
כדין איתבדרו זרעייתהון **דכנענאי**: והוה תחום כנענאי מן GN 10:18
לא תיסב איתא מבנתהון **דכנענאי**: וקביל יעקב במימר אבוי GN 28:6
הדא למיפל בחרבא **דכנענאי** נשנא וטפלנא יהון למיבז NU 14:3
עשו ארום בישן בנתהון **דכנענאי** קדם יצחק אבוי: ואזל עשו GN 28:8
תיסב איתא מבנתהום **דכנענאי**: קום איזל לפדן דארם GN 28:1
כל עמודי דיירי ארעהון **דכנענאי**: תפיל עליהון אימתא EX 15:15
פלישתאי וית קפודאי: **וכנען** אוליד ית צידון בוכריה וית GN 10:15
ערביא ומצרים ואליחרק **וכנען**: ובנוי דכוש סבא וחוילא GN 10:6
דחם כוש ומצרים ופוט **וכנען** ושום אפרכיותהום ערביא GN 10:6
משריתא: ונחת עמלקאה **וכנענאה** דיתיב בטוורא ההוא NU 14:45
עד מישר דהוה מיירי **וכנענאי** בכין הוו בארעא דעד כדון GN 12:6
מן קדמך יח אמוראי **וכנענאי** וחיתאי ופריזאי וחיואי EX 34:11
חיתאי וגרגשאי ואמוראי **וכנענאי** ופריזאי וחיואי ויבוסאי DT 7:1
לות אמוראי ופריזאי **וכנענאי** חיואי ויבוסאי ואישיצינון: EX 23:23
ואמוראי יתבין בטוורא **וכנענאי** יתבין על ימא ועל תחום NU 13:29
ובנוי ירדתונה: ועמלקאי **וכנענאי** יתיב במישרא מחר איתפנו NU 14:25
דבביכון: ארום עמלקאי **וכנענעאי** תמן זמינין קדמיכון NU 14:43
נפשיה לזנותא הי **ככנענאי** אילין ייחוסין דשמעון: EX 6:15
בר רביעיי: ואמר ליט **כנען** דהוא בריה רביעיי עביד GN 9:25
עשו נסיב ית נשוי מבנת **כנען** ית עדה ברת אלון חיתאה וית GN 36:2
במדרשא דשם ויהי **כנען** עביד להון: וחיא נח בתר GN 9:27
צדיק ובגין כן יהוי **כנען** עביד ליה: ישפר אלקים GN 9:26
ימחי גבר ית עבדיה **כנענאה** או ית אמתיה כנעניתא EX 21:20
מטמעא דשמשא בארע **כנענאה** דשרי במישרא כלו קבל DT 11:30
דישראל ומסר ית **כנענאה** וגמר יתהון וית קורייהון NU 21:3
אשקלון וקיסרין ארע **כנענאה** עד קלרהי וליבנן אתר DT 1:7
גבר ית עינא דעבדיה **כנענאי** או ית עינא דאמתיה EX 21:26
עיניה: ואין שינא דעבדיה **כנענאי** או שינא דאמתיה כנעניתא EX 21:27
ואיתרך על ידוי ית **כנענאי** אמוראי חיתאי ופריזאי EX 33:2
תיסב איתא לברי מבנת **כנענאי** דאנא יתיב בארעהון: אלהין GN 24:37
יומא הדין: ושאר פליטת **כנענאי** דהוו שרן בכופרנייא דרפיע DT 2:23
תיפוק במפקנות עבדייא **כנענאי** דמשתחררין בשינא ועינא EX 21:7
ייעלון כחדא למזבון ביני **כנענאי** דעלין למזבון ארום הוה GN 42:5
ולאחסנותהון ית ארע **כנענאי** האפשר דאמר ולא יעבד NU 23:19
מסיגוף מצראי לארע **כנענאי** וחיתאי ואימוראי ופריזאי EX 3:17
יעלינך ייי אלקך לארע **כנענאי** וחיתאי ואמוראי וחיואי EX 13:5
ודבש לאתר דדיירין תמן **כנענאי** וחיתאי ואמוראי ופריזאי EX 3:8
בארעכון ולא מן **כנענאי** ויהון לכון לאחסנא: ותחסנון LV 25:45
גיבראי: וית אמוראי וית **כנענאי** וית גירגשאי וית יבוסאי: GN 15:21
ותתרך ית חיואי וית **כנענאי** וית חיתאי מן קדמך: לא EX 23:28
ומעיל יתהון לארע **כנענאי** ומחסין יתה להון מידד הוה NU 11:26
ואזלין ואכלין בחקלי **כנענאי** ופריזאי דעד כדון יתבין GN 13:7
תגמרינון חיתאי ואמוראי **כנענאי** ופריזאי וחיואי ויבוסאי DT 20:17
יומין: וחמא יתבי ארעא **כנענאי** ית איבלא בבית אידרי GN 50:11

דכנענאי: והוה תחום **כנענאי** מן בותנייס מעלך לגרר עד GN 10:19
יתעביד ליה: ברם אין עבד **כנענאי** נגש תורא או אמתא EX 21:32
כנענאה או ית אמתיה **כנעניתא** בשרביטא וימות בההוא EX 21:20
או ית עינא דאמתיה **כנעניתא** וסמינה לבר חורין EX 21:26
כנענאי או שינא דאמתיה **כנעניתא** יפיל לבר חורין יפטיריניה EX 21:27
נגש תורא או אמתא **כנעניתא** כסף תלתין סילעין יתן EX 21:32

כסדאי (1)

ונפקו עימהון מאורא **דכשדאי** למיזל לארעא דכנען ואתו GN 11:31

כסלון (1)

דבנימין אלידד בר **כסלון**: לשבטא דדן אמרכל בקי בר NU 34:21

כרמי (4)

חנוך ופלוא חצרון **וכרמי** אילין ייחוסין דראובן: ובנוי EX 6:14
חנוך ופלוא חצרון **וכרמי**: ובנוי דשמעון ימואל וימין GN 46:9
חצרון לכרמי גניסת **כרמי**: אילין גניסתא דראובן והוו NU 26:6
לחצרון גניסת חצרון **לכרמי** גניסת כרמי: אילין גניסתא NU 26:6

כרמלא (1)

כהנא דמקרב בטוורא **כרמלא** תקבל ברעוא תביר חרצא DT 33:11

כרן (1)

דישן חמדן ויִשבן ויתרן **וכרן**: אילין בני אצר בלהן וזעון ועקן: GN 36:26

כשד (1)

רב קסומיא דארמאי: וית **כשד** וית חזו וית פלדש וית ידלף GN 22:22

כשדאי (2)

ייי דאפיקתך מאתון נורא **דכשדאי** למיתן לך ית ארעא הדא GN 15:7
באתון נורא דעבדו **כשדאי** לאברם אחוי: ונסיב אברם GN 11:28

לאה (41)

מסדרא כל קבל מצעא **דלאה** אימיה ואיתחשיב עילוי GN 35:22
גד: וילידת זלפה אמתה **דלאה** בר תניין ליעקב: ואמרת לאה GN 30:12
ונפתלי: ובני זלפה אמתא **דלאה** גד ואשר אילין בני יעקב GN 35:26
ההוא: וקבל ייי צלותא **דלאה** ואיתעברת וילידת ליעקב בר GN 30:17
רחל באסכמותא **דלאה** ואמרן ליה האיפשר דעד GN 31:14
ושמיע קדם ייי צלותא **דלאה** ואתחלפו עובריא במעהון GN 30:21
דיעקב ובמשכנא **דלאה** ובמשכניהון דתרתין לחינתא GN 31:33
שבעתי יומי משתיא **דלאה** ויהב ליה ית רחל ברתיה GN 29:28
אשכח ונפק ממשכנא **דלאה** ועל במשכנא דרחל: ורחל GN 31:33
דרחל ודינה במעהא **דלאה**: ועל דוכרנהא דרחל קדם ייי GN 30:21
וילידת זלפה אמתה **דלאה** ליעקב בר: ואמרת לאה אתא GN 30:10
ומקשקיש כמנחיש בנהא **דלאה** סדר מציטרא חדא ובנהא GN 43:33
עזגד קליל וקרא לרחל **וללאה** ועלן לחקלא לות עניה: GN 31:4
וקרת שמיה נפתלי: וחמת **לאה** ארום קמת מלמילד ושחררת GN 30:9
דלאה ליעקב בר: ואמרת **לאה** אתא מזלא טבא ברם בנוי GN 30:11
הוו בני יעקב תריסר: בני **לאה** בוכרא דיעקב ראובן ושמעון GN 35:23
והוה ברמשא ודברית **לאה** ברתיה ואעיל יתה לותיה ועל GN 29:23
דישראל: ונפקת דינה ברת **לאה** די ילידת ליעקב למיחמי GN 34:1
ואלון ויחלאל: אילין בני **לאה** דילידת ליעקב בפדן דארם GN 46:15
ואיסתכל בה והא היא **לאה** דכולא ליליא הוה חשיב GN 29:25
ושום זעירתא רחל: ועיני **לאה** הוון צירנייתן דבכיא ובעיא מן GN 29:17
ובניהן וגחינן: וקריבת אוף **לאה** ובנהא וגחנן ובתר כדין קריב GN 33:7
הות עקרה: ואיתעברת **לאה** וילידת בר וקרת ית שמיה GN 29:32
יששכר: ואתעברת תוב **לאה** וילידת בר שתיתאי ליעקב: GN 30:19
לתרין משרויין למוהבות **לאה** ולמוהבות רחל: ואמר אין ייתי GN 32:8
ופליג ית בנייא על **לאה** ועל רחל ועל תרתין לחינתא: GN 33:1
ונגיח עימיה קרבא וית **לאה** וריבהא בתראין וית רחל וית GN 33:2
תרתין בנן שום רבתא **לאה** ושום זעירתא רחל: ועיני לאה GN 29:16
שתיתאי ליעקב: ואמרת **לאה** זבד יתי ייי זבודין טבון מבנין GN 30:20
אינתתיה ותמן קברית ית **לאה**: זביני חקלא ומערתא דביה מן GN 49:31
דרמיו לאסאבא ליה **לאה** חולף רחל: והוה ברמשא GN 29:22
בר חמישאי: ואמרת **לאה** יהב ייי אגרי דיהבית אמתי GN 30:18
דהא יעקב אתא ונפקת **לאה** לקדמותיה ואמרת לותי GN 30:16
חקלא ברמשא ושמעת **לאה** קל נהיקיה דחמרא וידעת GN 30:16
קדם ייי ארום לא הוה **לאה** רחימתא באנפי יעקב ואמר GN 29:31
בר תניין ליעקב: ואמרת **לאה** תושבחא הות לי ארום שבחו GN 30:13
בחקלא ואיתי יתהום **ללאה** אימיה ואמרת רחל ללאה GN 30:14
אילין בני זלפה דיהב לבן **ללאה** ברתיה וילידת ית אילין GN 46:18
ליה פילקתיה ומסרה **ללאה** ברתיה לאמהו: והוה לעידוני GN 29:24
ללאה אימיה ואמרת רחל **ללאה** הבי כדון לי מן יברוחי דבריך: GN 30:14
רחל ורחים אוף ית רחל **מלאה** ופלח עימיה בגינה תוב שב GN 29:30

לאל (1)

דגרשון אליסף בר **לאל**: ומטרת בני גרשון במשכן NU 3:24

לבן (61)

לאנפוי ואשקי ית ענא **דלבן** אחוהא דאימיה והוות טייפא GN 29:10
דמן פדן ארם אחתיה **דלבן** ארמאה ליה לאינתו: ואזל GN 25:20
וגנב יעקב ית דעתיה **דלבן** ארמאה על דלא חוי ליה ארום GN 31:20
לקדמותי ולא משרויין **דלבן** הינון דהדרו למירדוף בתריי GN 32:3
וחמא יעקב ית סבר אפוי **דלבן** והא ליתנון שפיין לקיבליה GN 31:2

ולא ערביבינון עם ענא **דלבן**: והוי בכל עידן דמיתיחמן ענא GN 30:40
הוה מחתא דייי בענא **דלבן** ולא אשתיירו מינהון אלהין GN 29:9
מן ידוי דעשו ומן ידוי **דלבן** ומן ידוי דכנענאי דרדפו GN 45:28
דרגול וכל דילחוש בענא **דלבן** ושוי ליה עדרין בלחודוי ולא GN 30:40
יעקב ויעקב רעי ית ענא **דלבן** סבאן ומרען דאישתארו: ונסיב GN 30:36
גלי קדמי ית כל אונסא **דלבן** עביד לך: אנא הוא אלקא GN 31:12
אתר דאקים יעקב **ולבן** אוגר וקמא מציטרא מיכא NU 22:24
יצחק אבוי לארעא דכנען: **ולבן** אזל למיגז ית עניה וגנבת רחל GN 31:19
פרס ית משכניה בטוורא **ולבן** אשרי ית אחוי בההוא טורא GN 31:25
מגן תני לי מן יהי אגרך: **וללבן** הוון תרתין בנן שום רבתא GN 29:16
בית קודשא גילעד: ואמר **לבן** אוגר הדין סהיד בינא ובינך GN 31:48
תמן על אוגרא: וקרא ליה **לבן** אוגר סהיד ויעקב קרא ליה GN 31:47
חמא יעקב ית רחל ברת **לבן** אחוהא דאימיה וקריב יעקב GN 29:10
מתמן איתא מבנת **לבן** אחוהא דאימך: ואל שדי יברך GN 28:2
לך לנפשך ואיזל לות **לבן** אחי לחרן: ותיתב עימיה יומין GN 27:43
די פלחתך: ואמר ליה **לבן** אין כדון אשכחית רחמין בעינך GN 30:27
כדנן אמר עבדך יעקב עם **לבן** איתותבית ואשתהיית עד כדון: GN 32:5
ואמר ליה הלא אנת הוא **לבן** ארמאה דבעית למשיציא ית NU 31:8
ואילך: ושדר עיזגדין לות **לבן** ארמאה הוא בלעם דבעא NU 22:5
ארום רחל גנבתנון: ועל **לבן** במשכנא דיעקב ובמשכנא GN 31:33
ובתו בטוורא: ואקדים **לבן** בצפרא ונשיק לבנוי דיעקב GN 32:1
ואזל לפדן דארם לות **לבן** בר בתואל ארמאה אחוהא GN 28:5
ואמר להום הידעתון ית **לבן** בר נחור ואמרו ידענא: ואמר GN 29:5
האילין ואמר ליה **לבן** ברם קריבי ודמי לי אנת ויתב GN 29:14
רחל ברתך זעירתא: ואמר **לבן** ברמיו טב דאיתן יתה לך מן GN 29:19
ושמע ית פיתגמי בני **לבן** דאמרין נסיב יעקב ית כל די GN 31:1
גמליא על עינא: וחשיב **לבן** דהוא אברהם ואמר עול בריכא GN 24:31
כן אוכח ברמשא: ואתיב **לבן** ואמר ליעקב בנתא דנסיבת GN 31:43
רוגזא דיעקב ואידיין עם **לבן** ואתיב יעקב ואמר ללבן מה GN 31:36
או על ציפונא: ואתיב **לבן** ובתואל ואמר מן קדם ייי נפק GN 24:50
ולרבקה אחא ושמיה **לבן** ורהט לבן לות גברא לברא GN 24:29
הוא למהוי דילי: ואמר **לבן** יאות לואי דיהי כפיתגמך: GN 30:34
מן טב ועד ביש: ואדבק **לבן** ית יעקב ויעקב פרס ית GN 31:25
ואיעול לותה: וכנש **לבן** ית כל אינשי אתרא ועבד להון GN 29:22
לאבוהא: והוה כדי שמע **לבן** ית שמע גבורתיה וחסידותיה GN 29:13
ולמא שקרת בי: ואמר **לבן** לא מתעביד כדין באתרין GN 29:26
ובריך יתהון ואזל ותב **לבן** לאתריה: ויעקב אזל לאורחיה GN 32:1
אחא ושמיה לבן ורהט **לבן** לות גברא לברא לעיינא: והוה GN 24:29
לותיה ועל לותה: ויהב **לבן** ליה ית זלפה ברתיה דילידת GN 29:24
סהיד בינא ובינך: ואמר **לבן** ליעקב הא אוגר הדין והא קמא GN 31:51
עימיה ירח יומין: ואמר **לבן** ליעקב המדאחי אנת חשיב GN 29:15
טורא דגלעד: ואמר **לבן** ליעקב מה עבדת וגנבת דעתי GN 31:26
אילין בני זלפה דיהב **לבן** ללאה ברתיה וילידת ית אילין GN 46:18
וזמן לקריבויי דאתו עם **לבן** למסעוד לחמא וסעדו לחמא GN 31:54
אילין בני בלהה דיהב **לבן** לרחל ברתיה וילידת ית אילין GN 46:25
רחל ברתיה לאינתו: ויהב **לבן** לרחל ברתיה ית בלהה ברתיה GN 29:29
קדם ייי ושלף חרבא על **לבן** רמאה בחילמא דליליא ואמר GN 31:24
ושרי זממי גמלייא ויהב **לבן** תיבנא ואספסתא לגמליא ומוי GN 24:32
ואתיב יעקב ואמר **ללבן** ארום אסתפיתי ואמרית GN 31:31
ולא טפת ובכין איתני **ללבן** ביומא תליתאה וידע ארום GN 31:22
מדרחים יתה: ואמר יעקב **ללבן** הב ית אינתתי ארום אשלימו GN 29:21
לא משוי והוון לקישיא **ללבן** ובכירייא ליעקב: ותקיף גברא GN 30:42
ליה ואעליה לביתיה ותני **ללבן** ית כל פיתגמיא האילין: ואמר GN 29:13
יעקב וכד חמא כן אמר **ללבן** מה דא עבדת לי הלא בגין GN 29:25
לבן ואתיב יעקב ואמר **ללבן** מה חובתי ומה סורחני ארום GN 31:36
מן עשו וליגיונוי ואמר **ללבן** שלחני ואיהך לאתהי ולארעי: GN 30:25

לבנה (2)

דמתקיף פירוי ושרו **בלבנה** אתר דתחומין לה מלבינתא NU 33:20
לה מלבינתא בניין: ונטלו **מלבנה** ושרו בבית ריסא: ונטלו NU 33:21

לבני (3)

אבהתהון: לגרשון גניסת **לבני** וגניסת שמעי איליין הינון NU 3:21
בני גרשון לגניסתהון **לבני** ושמעי: ובנוי דקהת לגניסתהון NU 3:18
דישראל: בנוי דגרשום **לבני** ושמעי לייחוסיהון: ובנוי דקהת EX 6:17

לובאי (1)

סינְראי והינדיקי וסמראי **ולובאי** וזינגאי ובנוי דמווריטינוס GN 10:7

לוד (1)

עילם ואתור וארפכשד **ולוד** וארם:: וארפכשד אוליד ית GN 10:22

לוז (3)

ליוסף אל שדי איתגלי לי **בלוז** בארעא דכנען ובריך יתי: ואמר GN 48:3
ההוא ביתאל וברם **לוז** שמא דקרתא מן קדמת דנא: GN 28:19
בני יעקב: ואתא יעקב **ללוז** דבארעא דכנען היא ביתאל GN 35:6

לוט (37)

מידלהון ואתקיפו בגברא **בלוט** לחדא וקריבו למיתבר דשא: GN 19:9
למיסוק ודחיקו מלאכיא **בלוט** למימר קום דבר ית דבר GN 19:15
דאברם ובין רעאי גיתיה **דלוט** דרעאי דאברם הוו מיפקדיו GN 13:7
לאתר מרעיהון ורעי **דלוט** הוו מבקרין ואזלין ואכלין GN 13:7
ירותא ארום לבנוי **דלוט** יהבית ית לחיית ירותא: DT 2:9
עמון ירותא ארום לבנוי **דלוט** מטול זכותיה דאברהם DT 2:19
יתיב בארעא דכנען **ולוט** יתיב בקוריי מישרא ופרס GN 13:12
מלאכיא לסדום ברמשא **ולוט** יתיב בתרעא דסדום וחמא GN 19:1
הוא ואינתתיה וכל דיליה **ולוט** עימיה למיזל לדרומא: ואברם GN 13:1
ארעא בסוף תלת שעין **ולוט** על לזוער: ומימרא דייי אחית GN 19:23
ית כל קניינא ואוף ית **לוט** אחוי וקנייניה אתיב ואוף ית GN 14:16
ית שרי אינתתיה וית **לוט** בר אחוי וית כל קיניינהום GN 12:5
תרת ית אברם בריה וית **לוט** בר הרן בר בריה וית שרי GN 11:31
ואחוי לאברם על עיסק **לוט** דאישתבי ויתי לשיזבותיה מן GN 14:13
ליה ייי ואזל עימיה **לוט** ואברם בר שובעין וחמש שנין GN 12:4
וחד אשתאר עם **לוט** ואמר לה חוס על נפשך לא GN 19:17
וית הרן והרן אולד ית **לוט**: והוה כד רמא נימרוד ית אברם GN 11:27
וחד אתא למשיזבא ית **לוט** וחד אתא למיהפך ית סדום GN 18:2
כל מזונהון ואזלו: ושבו ית **לוט** וית קנייניה בר אחוי דאברם GN 14:12
ייי לחבלותה: ונפק **לוט** ומליל עם חתנויי דנסיבו GN 19:14
עד כדון בעי רחמין על **לוט** ומשמש בצלו קדם ייי: וצלי GN 18:22
די הוה יתיב בהון **לוט**: וסליק לוט מן זוער ויתיב GN 19:29
בתרעא דסדום וחמא **לוט** וקם לקדמותהון מתרע GN 19:1
מעלך לזוער: ובחר ליה **לוט** ית כל מישר ירדנא ונטל לוט GN 13:11
ואנא לציפונא: וזקף **לוט** ית עינוי לזנו וחמא ית כל GN 13:10
ית ידיהון והנעילו ית **לוט** לוותהון לביתה וית דשא אחדו: GN 19:10
דילמא תישתיצי: ואמר **לוט** לוותיה בבעו מינך אמתין לי GN 19:18
עימהון: ונפק לוותהום **לוט** לתרעא ודשא אחד בתרוי: GN 19:6
ואתעברן תרתין בנת **לוט** מאבוהן: וילידת רבתא בר GN 19:36
דאברהם ושלח ית **לוט** מגו הפיכתא כד הפך ית GN 19:29
לאברם בתר דאיתפרש **לוט** מיניה זקוף כדון עינך ותיחמי GN 13:14
ית כל מישר ירדנא ונטל **לוט** ממדינחא ואתפרשו אינש מעל GN 13:11
יתיב בהון לוט: וסליק **לוט** מן זוער ויתיב בטוורא ותרתין GN 19:30
אברם בשמא דייי: ואוף **ללוט** דהוה מידבר בזכותיה דאברם GN 13:5
כל עמא מסיפא: וקרו **ללוט** ואמרו ליה האן גובריא דעלו GN 19:5
בארעא: ואמר אברם **ללוט** לא כען תהי מצותא בינא GN 13:8
תרעא: ואמרו גוברייא **ללוט** תוב מאן אית לך בקרתא GN 19:12

לוטן (4)

לוטן חרי והימם ואחתיה **דלוטן** תמנע: ואילין בני שובל עלון GN 36:22
הוון יתבי ארעא ההיא **לוטן** ושובל וצבעון וענה: ודישון GN 36:20
בארע אדומאי: והוו בני **לוטן** חרי והימם ואחתיה דלוטן GN 36:22
אילין רברבי גנוסייא רבא **לוטן** רבא שובל רבא צבעון רבא GN 36:29

לוטסאי (1)

עירקאי וית אנתוסאי: וית **לוטסאי** וית חומצאי וית אנטיוכי GN 10:18

לוי (142)

דאהרן תכתוב על חוטרא **דלוי** ארום חוטרא חד לריש בית NU 17:18
ביעקב ואבדר שיבטא **דלוי** בגו כלהון שבטיא דישראל: GN 49:7
דכנענאי דשיטים: ובנוי **דלוי** גרשון וקהת ומררי: ובנוי GN 46:11
ואוף ית אחך שיבטא **דלוי** דמתקרי על שמא דעמרם אבך NU 18:2
בגו בני ישראל: ולבנוי **דלוי** הא יהבית ית כל מעשרא NU 18:21
ואתכנשו לוותיה כל בנוי **דלוי**: ואמר להון כדנן אמר ייי אלקא EX 32:26
למימר: קרב ית שיבטא **דלוי** ותקים יתיה קדם אהרן כהנא NU 3:6
למימר: ברם ית שיבטא **דלוי** לא תימני וית חושבנהון לא NU 1:49
ומושי אילין ייחוסין **דלוי** לגניסתהון: ונסב עמרם ית EX 6:19
ואילין שמהת בנוי **דלוי** לייחוסיהון גרשון וקהת ומררי EX 6:16
וקהת ומררי ושני חייוי **דלוי** מאה ותלתין ושבע שנין חייא EX 6:16
אפריש ייי ית שיבטא **דלוי** מטול דקניאו לשמיה DT 10:8
בבני ישראל וית בעירא **דליואי** חלף כל בוכרא בבעירא דבני NU 3:41
תרין מבנוי דיעקב שמעון **ולוי** אחי דינא גבר סייפיה ועלו על GN 34:25
דיסלקת עלה: שמעון **ולוי** אחין תלאמין מאני זיינא שנינא GN 49:5
למיקטליה: ואמרו שמעון **ולוי** דהוו אחין בעיטתא גבר לאחוי GN 37:19
דיעקב ראובן ושמעון **ולוי** ויהודה ויששכר וזבולן: בני רחל GN 35:23
ית יורדנא שמעון **ולוי** ויהודה ויששכר ויוסף ובנימין: DT 27:12
שבטיא ראובן שמעון **ולוי**: ושום סידרא תיניינא איזמורד EX 28:17
שיבטיא ראובן שמעון **ולוי**: ושום סידרא תיניינא איזמורד EX 39:10
ואינש ביתי: עניין שמעון **ולוי** לא יאי למיהוי מתאמר GN 34:31
ועבדיכון ואמהתכון **וליואה** דבקירויכון ארום לית ליה DT 12:12
אתון ואינש בתיכון: **וליואה** דבקירויכון לא תשבקוניה DT 14:27
ועבדיכון ואמהתכון **וליואה** וגיורא ויתמא וארמלתא די DT 16:14
דעיבל וארונא וכהניא **וליואי** במציעא מברכיא הוון הפכין DT 27:15
ועבדיכון ואמהתכון **וליואי** דבקירויכון ותיחדון קדם ייי DT 12:18
ועבדיכון ואמהתיכון **וליואי** דיבקרויכון וגיורא ויתמא DT 16:11
ותהנון ותיכלון אתון **וליואי** וגיורי דביניכון: ארום תשיצון DT 26:11
למפלח ית פולחנא דייי: **וליואי** יסמכון ית ידיהון על ריש NU 8:12
על טקסיה לחיליהון: **וליואי** ישרון חזור חזור למשכנא NU 1:53
וחמש מאה וחמשין: **וליואי** לא אתמניין בגו בני ישראל NU 2:33

וחמש מאה וחמשין: **וליואי** לשיבטא דאבהתהון לא NU 1:47
ואמר יעקב לשמעון **וללוי** עכרתון יתי למפקא טיבי ביש GN 34:30
ייי עם משה למימר: **ולליואי** תמליל ותימר להון ארום NU 18:26
ואמרו להון כל כנישתא **לואי** דמיתנא בארעא דמצרים או NU 14:2
או במדברא הדין **לואי** דמיתנא: ולמא ייי מעיל יתנא NU 14:2
מימרא דמשה ברם פולחן **לואי** הות בידא דאיתמר בר אהרן EX 38:21
ויקרבון כהניא ביני **לוי** ארום בהון אתרעי מימרא דייי DT 21:5
לאחוריהון אף מבני **לוי** אתקטלו ארבע גניסן אמרו דין DT 10:6
דילידת ליה יוכבד ברת **לוי** בזמן דפטרה עמרם גברה NU 11:26
למימני משמעון וסלק **לוי** במעשרא עני מיכאל ואמר GN 32:25
תהוי ליה: ולשיבט **לוי** בריך משה נביא ואמר תומיא DT 33:8
והוון איליין בני **לוי** בשמהתהון גרשון וקהת ומררי: NU 3:17
שית מטלין רדפו בני **לוי** בתריהון וקטלו מינהון תמני DT 10:6
ואזלו מתמן: ופתח **לוי** דאישתאר בלחודיה משמעון GN 42:27
במצרים ויוכבד ברת **לוי** דאיתילידת במעלהון למצרים GN 46:27
בריך ייי ניכסוי דבית **לוי** דיהבין מעשרא מן מעשרא DT 33:11
איתת עמרם יוכבד ברת **לוי** דילידת ליה ללוי במיעלהון NU 26:59
הדא ומסרה לכהנייא בני **לוי** דנטלין ית ארון קיימא דייי DT 31:9
ולגניסתיה קבילו כען בני **לוי**: הזעירא היא לכון ארום אפריש NU 16:8
ית קריביה: ועבדו בני **לוי** הי כפיתגמא דמשה ונפלו מן EX 32:28
יתכון כהניא דמן שיבט **לוי** היכמא דפקידתינון תינטרון DT 24:8
עמרם גברא דמשבט **לוי** ואותיב בכילתא וגנונא דהלולא EX 2:1
זעירתא מיקריא ברת **לוי**: ואיתעברת איתתא וילידת ביר EX 2:1
ייי בגין כן קרא שמיה **לוי**: ואיתעברת תוב וילידת בר GN 29:34
הוא דקדיש סגי לכון בני **לוי**: ואמר משה לקרח ולגניסתיה NU 16:7
ייעא חטר אהרן לבית **לוי** ואפיק ליבלובין ואניץ נצין ביה NU 17:23
קרח בר יצהר בר קהת בר **לוי** ודתן ואבירם בני אליאב ואון בר NU 16:1
ביתיה עלו: ראובן שמעון **לוי** ויהודה: ישׂשכר זבולון ובנימין: דן EX 1:2
לות כהניא דמשיבט **לוי** ולות דיינא די יהי ביומיא האינון DT 17:9
מן קדם כהניא דמן שיבט **לוי**: ותהי גביה ויהי קרי ביה כל יומי DT 17:18
בגין כן לא הוה לשיבט **לוי** חולק ואחסנא עם אחוהי מתנן DT 10:9
יהי לכהניא דמן שיבט **לוי** חולק ואחסנא עם אחוי DT 18:1
דסיני למימר: מני ית בני **לוי** לבית אבהתהון לגניסתהון כל NU 3:15
חושבן בני קהת מגו בני **לוי** לגניסתהון לבית אבהתהון: מבר NU 4:2
מהימן: נפקין שיבט **לוי** לפולחן משכן זימנא ומתפרשין DT 33:9
וקרב יתך וית כל אחך בני **לוי** עימך וכדון אתון תבעין אוף NU 16:10
ומליל משה וכהניא בני **לוי** עם כל עמא למימר ציתו ושמעו DT 27:9
ותצנעון בקירויכון: וייתי **ליואה** ארום לית ליה חולק DT 14:29
כל יומיא: וארום ייתי **ליואה** מחדא מן קרויכון מן כל DT 18:6
דימּמני על רברבי **ליואי** אלעזר בר אהרן כהנא הוא NU 3:32
ויהון משמשין קדמי **ליואי** אנא ייי: וית פרקוני מאתן NU 3:45
ויהון משמשין קדמי **ליואי**: ארום דילי כל בוכרא בארעא NU 3:12
על ליואי: וירים אהרן ית **ליואי** ארמא קדם ייי מן בני ישראל NU 8:11
משכן זימנא משירית **ליואי** בגו משירייתא ובית NU 2:17
בתרוי מן בנוי ולא מן **ליואי** בזמן דיעולו למשכן זימנא EX 29:30
לקרבא קורבנין ומיניה **ליואי** במחלוקתהון לזמרא הא בכין GN 50:1
וביובלא יפקון: וקירוי **ליואי** בתי קירוי אחסנתהון פורקן LV 25:32
קדם ייי: כל סכומי מנייני **ליואי** די מנא משה ואהרן על פום NU 3:39
דבנוי על כל אחוהון **ליואי** דיכלון מקורבניא דייי ביומא LV 7:35
דייי אלקיה הי ככל אחוי **ליואי** דמשמשין תמן קדם ייי: חולק DT 18:7
ביובלא ארום בתי קירוי **ליואי** היא אחסנתהון בגו בני LV 25:33
דפקיד ייי ית משה על **ליואי** היכדין עבדו להון: ומליל ייי NU 8:22
חובא לימּמת: ויפלחון **ליואי** הינון ית פולחן משכן זימנא NU 18:23
מה דפקד ייי ית משה על **ליואי** הכדין עבדו להון בני ישראל: NU 8:20
משכנא יפרקון יתיה **ליואי** ובימישריה משכנא יקימון NU 1:51
שיבטא דגניסת קהת מגו **ליואי**: ודא תקנתא עיבידו להון NU 4:18
בני ישראל: ואידכיאו **ליואי** וחוורו לבושיהון וארים אהרן NU 8:21
משכנא יקימון יתיה **ליואי** וחילוני דיקרב יתקטל NU 1:51
וזבולן דן ונפתלי: ויכרזון **ליואי** ויימרון לכל אינש ישראל DT 27:14
לליואי: ומאן דיפרוק מן **ליואי** ויפוק זביני ביתא וקירוי LV 25:33
בני ישראל ית ידיהון על **ליואי**: וירים אהרן ית ליואי ארמא NU 8:10
ויהון משמשין קדמי **ליואי**: ומן בתר כדין ייעלון ליואי NU 8:14
וחדא מפלג לכל מטרת **ליואי** ותהי לכנישתא דבני ישראל NU 19:9
קדם ייי לכפרא על **ליואי**: ותקים ית ליואי קדם אהרן NU 8:12
ולאלצפן בנוי דעוזיאל **ליואי** חביבא דאהרן ואמר להון LV 10:4
יתהון קדמי: וקריבית ית **ליואי** חולף כל בוכרא בבני ישראל: NU 8:18
בבני ישראל וית בעירת **ליואי** חלף בעיריהון ויהון משמשין NU 3:45
עם משה למימר: קריב ית **ליואי** חלף כל בוכרא בבני ישראל NU 3:45
בבני ישראל: ויהבית ית **ליואי** יהיבין לאהרן ולבנוי מגו בני NU 8:19
דבני ישראל ויטרון **ליואי** ית מטרת משכנא דסהדותא: NU 1:53
לכון דילמא תימעלון על **ליואי** כל יומיכון דאתון שרן על DT 12:19
פולחן משכנא: ותיתן ית **ליואי** לאהרן ולבנוי מתנה הינון NU 3:9
ומושי אילין הינון גניסת **ליואי** לבית אבהתהון: לגרשון NU 3:20
ואהרן ורברבי ישראל ית **ליואי** לגניסתהון ולבית אבהתהון: NU 4:46

לזעירי: ואלין סכומי **ליואי** לגניסתהון לגרשון גניסת NU 26:57
פנחס אילין רישי אבהת **ליואי** ליחוסיהון: איהו אהרן ומשה EX 6:25
ומן בתר כדין ייעלון **ליואי** למפלח ית פולחן משכן NU 8:15
ומבתר כדין עלו **ליואי** למפלח ית פולחנהון במשכן NU 8:22
לחטאתא: ותקריב ית **ליואי** לקדם משכן זימנא ותיכנוש NU 8:9
ית בני ישראל ויתנגון **ליואי** מאחסנת אחודתהון קירוין NU 35:2
מה דאשתיירו על **ליואי** מבוכריא דבני ישראל: ותיסב NU 3:46
ארמא קדם ייי: ותפרש ית **ליואי** מגו בני ישראל ויהון משמשין NU 8:14
עם משה למימר: קריב ית **ליואי** מגו בני ישראל ותדכי יתהון: NU 8:6
ואנא הא קריבית ית **ליואי** מגו בני ישראל חלף כל NU 3:12
הא קריבית ית אחוכון **ליואי** מיגו בני ישראל לכון מתנא NU 18:6
מה דמייתרין על פרקוני **ליואי**: מלוות בוכרייא דבני ישראל NU 3:49
ופקיד משה ית **ליואי** נטלי ארון קיימא דייי למימר: DT 31:25
בני ישראל: ואנת מני ית **ליואי** על משכנא דסהדותא ועל כל NU 1:50
על ליואי: ותקים ית **ליואי** קדם אהרן וקדם בנוי ותרים NU 8:13
דבני ישראל: ותקריב ית **ליואי** קדם ייי ויסמכון בני ישראל NU 8:10
שמהתהון: ותקרב ית **ליואי** קדמי אנא ייי חלף כל בוכריא NU 3:41
גניסת מררי: איליין גניסת **ליוואי** גניסת ליבני גניסת חברון NU 26:58
ברת לוי דילידת ליה **ללוי** במיעלהון במצרים ביני שוריא NU 26:59
ליהודה וכהונתא **ללוי**: מדימנא לך לגינא קלילא GN 49:3
למימר: דא אחוייתא די **לליואי** דלא מופסלין במומהון ברם NU 8:24
מיניה וביה ויתחשב **לליואי** הי כאפרשות עיבורא מן גוא NU 18:30
וכל כנישתא דבני ישראל **לליואי** הי ככל מה דפקד ייי ית NU 8:20
לקרויא חזרנותהון תתנון **לליואי**: ויהון קירווייא להון למיתב NU 35:2
פורקן עלם יהי **לליואי**: ומאן דיפרוק מן ליואי ויפוק LV 25:32
ייי אפרשותא יהבית **לליואי** לאחסנא בגין כן אמרית NU 18:24
יהבנן מעשרא קמאה **לליואי** מעשרא תיניינא לגיורי DT 26:13
ותיתנון מעשרא קמאה **לליואי** מעשרא תניינא הוא מעשר DT 26:12
קרווייא דתיתנון **לליואי** משור קרתא ולבר אלפא NU 35:4
כל בעירא ותיתן יתהון **לליואי** נטרי מטרת משכנא דייי: NU 31:30
לא יפלח הכדין תעביד **לליואי** עד תיעלון לארעא NU 8:26
כל קירווייא דתיתנון **לליוואי** ארבעין ותמניא קוריין NU 35:7
משכן זימנא ותיתן יתהון **לליוואי** גבר כמיסת פולחניה: ונסב NU 7:5
דיחסנון יתן מקירווי **לליוואי**: ומליל ייי עם משה למימר: NU 35:8
וית קירווייא דתיתנון **לליוואי** ית שית קוריין דקלטן NU 35:6
ית עגלתא וית תורי ויהב **לליוואי**: ית תרתין עגלתא וית NU 7:6
ומן בעירא ויהב יתהון **לליוואי** נטרי מטרת משכנא דייי NU 31:47

לויתן (1)

ית תנינייא רברבייא ית **לויתן** ובר זוגיה דמתעתדין ליום GN 1:21

לחיית (5)

בגבלא ומואבאי דיתבין **בלחיית** עד זמן דאיעיבר ית יורדנא DT 2:29
הוה נגיד עד מותבות **לחיית** ברם איהי אישתיזבת מן דין NU 21:15
וית מכללתא וית **לחיית**: וית מכללת שופנא וית NU 32:34
דין ית תחום מואבאי ית **לחיית**: ותתקרבון לקביל בני עמון DT 2:18
לבנוי דלוט יהבית ית **לחיית** ירותא: אימתניא מן לקדמין DT 2:9

לחם (1)

באורח אפרת היא בית **לחם**: ואקים יעקב קמתא על בית GN 35:19

ליבני (1)

גניסת ליוואי גניסת **ליבני** גניסת חברון גניסת מחלי NU 26:58

ליבנן (4)

על כל אומיא כארזיא **דליבנוס** דשתילין על מבועי מיין: NU 24:6
ארע כנענאה עד קלרהי **וליבנן** אתר טוורי בית מקדשא עד DT 1:7
קרתא דירושלם וטוור **ליבנן** דביה עתיד למישרי שכינתא: DT 3:25
יהי מן מדברא וטוורי **ליבנן** הינון טוורי בי מקדשא מן DT 11:24

ליווקאי (1)

ניווטאי וית מריוטאי וית **ליווקאי** וית פנטסכינאי: וית GN 10:13

לילין (1)

כתישי רוחין בישין **ולילין** ומרווחי רווחין בישין ויוונאי DT 32:24

למברנייא (1)

באוכלוסין סגיאין מן **למברנייא** ומארע איטלייא NU 24:24

למך (10)

שובעא דרין אתיליו ליה **ולמך** בר בריה דלא חב דינא הוא GN 4:24
עדה וצלה קבילן קלי נשי **למך** אציתן למימרי ארום לא גברא GN 4:23
חובי בני אינשא: וחיא **למך** בתר דאולד ית נח חמש מאה GN 5:30
ושבע שנין ואולד ית **למך**: וחיא מתושלח בתר דאולד ית GN 5:25
ומתושאל אוליד ית **למך**: ונסיב ליה למך תרתין נשין GN 4:18
מרת קינין וזמרין: ואמר **למך** לנשוי עדה וצלה קבילן קלי GN 4:23
ותשע שנין ומית: וחיא **למך** מאה ותמנן ותרתין שנין ואולד GN 5:28
בנין ובנן: והוו כל יומי **למך** שבע מאה ושובעין ושבע שנין GN 5:31
מתושלח בתר דאולד ית **למך** שבע מאה ותמנן ותרתין שנין GN 5:26
אוליד ית למך: ונסיב ליה **למך** תרתין נשין שום חדא עדה GN 4:19

מבצר (1)

רבא קנז רבא תימן רבא **מבצר**: רבא מגדיאל הוא הוה מתקרי GN 36:42

מבשם (1)
נבט וערב ואדבאל **ומבשם:** וצאיתא ושתוקא וסוברא: GN 25:13
מגדול (1)
הוא אתרא דטניס דביני **מגדול** וביני ימא קדם טעות צפון EX 14:2
מגדיאל (2)
תימן רבא מבצר: רבא **מגדיאל** הוא הוה מתקרי מגדיאל GN 36:43
מגדיאל הוא הוה מתקרי **מגדיאל** על שום קרתיה מגדל GN 36:43
מגוג (2)
הא מלכא סליק מן ארעא **דמגוג** בסוף יומיא ומכנש מלכין NU 11:26
טובענא: בנוי דיפת גמר **ומגוג** ומדי ויון ותובל ומשך ותירס GN 10:2
מגזתא (5)
ונטלו מאובות ושרו **במגזת** עיבראי בתחום מואבאי: NU 33:44
מאתר טב ונייח ושרו **במגזתא:** ונטלו ממגזתא ושרו בכרך NU 33:34
מאובות ושרו במישרי **מגזתא** במדברא אתר דמכוון על NU 21:11
בתחום מואבאי: ונטלו **ממגזתא** ושרו בדיבון בית מזלא: NU 33:45
ונייח ושרו במגזתא: ונטלו **ממגזתא** ושרו בכרך תרנגולא: ונטלו NU 33:35
מגרופייתא (1)
וית משילייתא וית **מגרופייתא** וית מזירקייא כל מני NU 4:14
מדבשתא (2)
כנישתא למימר: מכללתא **ומדבשתא** מכוור ובית נימרי ובית NU 32:3
חזור חזור: ובנו בני גד ית **מדבשתא** וית מכללתא וית לחיית: NU 32:34
מדי (4)
אישיצי בהון: אגלי יתהון **במדי** ובעילם מן גוא שביית בבל DT 32:24
מימרי יתהון במלכותא **דמדי** למשציא יתהון במלכותא LV 26:44
בנוי דיפת גמר ומגוג **ומדי** ויון ותובל ומשך ותירס ושום GN 10:2
היא בבל קבלא דא היא **מדיי** סגיאה דא היא יון נפלא דא GN 15:12
מדיי (1)
אפריקי וגרמניא **והמדיי** ומקדינייא ויתיניא ואוסיא GN 10:2
מדין (35)
לשלם: ואמר ייי למשה **במדין** איזל תוב למצרים ארום EX 4:19
למיתן פורענות עמא דייי **במדין:** אלפא לשיבטא אלפא NU 31:3
בלק ריש אומא דמואב **במדין** בית מותביה הוא: ומליל ייי NU 25:15
אנא עד דהוינא יתיב **במדין** יתאמר לי במימר מן קדם ייי EX 10:29
דקטל גדעון בר יואש **במדינאי** דהוא מדבית מנשה: DT 33:17
ועל עיסק כזבי ברת רבא **דמדין** אחתהון דאיתקטילת ביומא NU 25:18
ית ענא דיתרו חמוי רבא **דמדין** ודבר ית ענא לאתר שפר EX 3:1
קדם פרעה ויתיב בארעא **דמדין** ויתיב עילוי בירא: ולאוניס EX 2:15
ורישי אומין: ובני **דמדין** עיפה ועפר וחנוך ואבידע GN 25:4
עילוי בירא: ולאוניס **דמדין** שבע בנתא ואתא ודלאה EX 2:16
ואקים ית בנתהון **דמדינאי** בקולין מבית ישימות עד NU 24:25
בני ישראל ית נשיהון **דמדינאי** וית טפלהון וית כל NU 31:9
אתא ואחד בבלוריתא **דמדינתא** וקריב יתיה לות אחוי NU 25:6
יתיה ברם יצחק אבוי: **ומדנאי** זבינו יתיה למצרים GN 37:36
רומחא בדרעיה ומחא **למדייניתא** לבית בהתת קיבתה NU 25:13
ישראל בבית גיבריה וית **מדייניתא** בבית בהתת תורפה נס NU 25:8
היא הלא אנת נסיבת ית **מדייניתא** ברת יתרו וכדי שמע NU 25:6
דישראל: ואתחיילון על **מדין** אקפוהא מתלת טריגונהא NU 31:7
ואזלו סבי מואב וסבי **מדין** וגדין דקיסמין חתימן בידיהון NU 22:7
וית רבע חמשת מלכי **מדין** וית בלעם בר בעור קטלו NU 31:8
וית יקשן וית מדן וית **מדין** וית ישבק וית שוח: ויקשן GN 25:2
דאתי: ושמע יתרו אונוס **מדין** חמוי דמשה ית כל מאן דעבד EX 18:1
מסדרין סדרי קרבא על **מדין** למיתן פורענות עמא דייי NU 31:3
הדד בר בדד דקטל ית **מדינאה** בסדרותיה עמהון קרבא GN 36:35
למימר הלא בר פוטי **מדינאה** הוא הא אנא מייחסיניה NU 25:13
משה לחובב בר רעואל **מדינאה** חמוי דמשה נטלין אנחנא NU 10:29
דחקלא ובלק בר צפור **מדינאה** מלכא למואב בעידנא NU 22:4
ואמרו מואבאי לסבי **מדינאי** ארום עמא חד ומלכו חד NU 22:4
דייי כיון דמסר ייי ית **מדינאי** בידינן וכבשנן ית ארעהון NU 31:50
פורענות בני ישראל מן **מדינאי** ומן בתר כדין תתכנש לעמך: NU 31:2
עם משה למימר: אעיק ית **מדינאי** ותקטול יתהון: ארום עייקין NU 25:17
וקבילו אחוהי: ועברו גברי **מדינאי** מרי פרקמטיא ונגידו GN 37:28
כל דכוראה: וית מלכי **מדינאי** קטלו על קטולי NU 31:8
קטילא דאיתקטיל עם **מדינתא** זמרי בר סלוא רב בית אבא NU 25:14
ושום איתתא קטילא **מדינתא** כזבי ברת צור דמתקריא NU 25:15
מדן (1)
ית זמרן וית יקשן וית **מדן** וית מדין וית ישבק וית שוח: GN 25:2
מהיטבאל (1)
פעו ושום אינתתיה **מהיטבאל** ברת מטרד הוא גברא GN 36:39
מהללאל (5)
שנין ואולד ית ירד: וחיא **מהללאל** בתר דאוליד ית ירד תמני GN 5:16
שובעין שנין ואוליד ית **מהללאל:** וחיא קינן בתר דאוליד ית GN 5:12
ועשר שנין ומית: וחיא **מהללאל** שיתין וחמש שנין ואולד GN 5:15
קינן בתר דאוליד ית **מהללאל** תמני מאה וארבעין שנין GN 5:13
בנין ובנן: והוו כל יומי **מהללאל** תמני מאה ותשעים וחמש GN 5:17

מואב (55)
לכון אורייתא ובמישריא **דמואב** איתפרשת לכון כמה ניסין DT 1:1
ברת בלק ריש אומא **דמואב** במדין בית מותביה הוא: NU 25:15
עם בני ישראל בארעא **דמואב** בר מן קיימא דיגזר עימהון DT 28:69
ונפק לקדמותיה לקרתא **דמואב** דעל תחום ארנון דבסטר NU 22:36
ועברנא אורח מדברא **דמואב:** ואמר ייי לי לא תעיק ית DT 2:8
וחפר שייר בארעא **דמואב** וטמרינון בשבועת שמא DT 9:19
מישר שיטין במישריא **דמואב:** ומליל ייי עם משה NU 33:49
ישראל ושרון במישריא **דמואב** מעיברא לירדנא דיריחו: NU 22:1
לות בני ישראל במישריא **דמואב** על יורדנא דיריחו: אילין NU 36:13
עבראי ושרו במשריא **דמואב** על יורדנא דיריחו: ושרו על NU 33:48
ייי עם משה במישריא **דמואב** על יורדנא דיריחו למימר: NU 33:50
ייי עם משה במישריא **דמואב** על יורדנא דיריחו למימר: NU 35:1
ית בני ישראל במישריא **דמואב** על ירדנא דיריחו: ובאילין NU 26:63
למשריתא למישריא **דמואב** על ירדנא דיריחו: ונפקו NU 31:12
למימני יתהון במישריא **דמואב** על ירדנא דיריחו למימר: NU 26:3
משה עבד דייי בארעא **דמואב** על נשיקת מימרא דייי: בריך DT 34:5
והוא אגיח קרבא במלכא **דמואב** קדמאה ונסיב ית כל ארעיה NU 21:26
בעיברא דיורדנא בארעא **דמואב** שרי משה למלפא ית DT 1:5
ית משה במישריא **דמואב** תלתין יומין ושלימו יומי DT 34:8
פרת דברני בלק מלכא **דמואבאי** מן טוורי מדינחא איתא NU 23:7
איתעברת הוא אבוהום **דמואבאי** עד יומא דין: וזעירתא אוף GN 19:37
מנהון בתחומהון **דמואבאי** ריש רמתא דמדיקא כל NU 21:20
ייי בלק בר צפר מלכא **דמואבאי** שדר פולין לותי: הא עמא NU 22:10
בסרו ית ישראל דאדום **ומואב** איטמרו ביני טווריא למיכמן NU 21:14
ולות כל דיירוי עמון **ומואב** וגבלא במישרא דחורשא DT 1:7
בנוי דעשו דיתבין בגבלא **ומואבאי** דיתבין בלחיית עד זמן DT 2:29
יתבי ארעא ועמונאי **ומואבאי** יתבי מישרא דמעיקין DT 34:3
לא ידכון דכורי עמונאי **ומואבאי** למיסב איתא מקהל עמא DT 23:4
דאתמחייו בטובענא **ומואבאי** קרן להון אמתני: ובגבלא DT 2:11
בר צפור מדינאה מלכא **למואב** בעידנא ההיא ולא בעידנא NU 22:4
בצפרא ואמר לרברבי **מואב** איזילו לארעכון ארום לית NU 22:13
רבתא בר וקרת שמיה **מואב** ארום מאבוהא איתעברת GN 19:37
עימכון: וקמו רברבי **מואב** ואתו לות בלק ואמר מסרב NU 22:14
תחום מואב ממצע בין **מואב** ובין אמוראה ויתבין ביה NU 21:13
והא היא לתחום **מואב:** ומתמן איתיהיבת להון בירא NU 21:15
עלתיה הוא וכל רברבי **מואב:** ונטל מתל נבותיה ואמר מן NU 23:6
ודי תלוט לייט: ואזלו סבי **מואב** וסבי מדין וגדין דקיסמין NU 22:7
עמהון קרבא בחקלי **מואב** ושום קרתא דבית מלכותיה GN 36:35
ית אתניה ואזל עם רברבי **מואב:** ותקיף רוגזא דייי ארום אזיל NU 22:21
וסליק משה מן מישרי **מואב** לטוורא דנבו ריש רמתא דעל DT 34:1
אתר דמכוון על אנפי **מואב** ממדנח שמשא: מתמן נטלו NU 21:11
ארום ארנון תחום **מואב** ממצע בין מואב ובין אמוראה NU 21:13
מעתד על עלתיה ורברבי **מואב** עימיה ואמר ליה בלק מה NU 23:17
ייי עימי ואסחרו רברבי **מואב** עם בלעם: ואתא מימר מן NU 22:8
זימנא ואיתלתון במישרי **מואב** תרתיסרי מילין מן מילתא DT 27:26
הוא הוא אבוהון דעמא **מואבאה** עד זמן יומא דין: ונטל GN 19:38
ארום סגי הוא ואתיעקו **מואבאי** בחייהון מן קדם בני NU 22:3
ולמטעיא בתר בנת **מואבאי** דמפקן ית טופסיה דפעור NU 25:1
מישראל ויקטל רברבני **מואבאי** וירוקן כל בנוי דשת NU 24:17
ואמר ייי לי לא תעיק ית **מואבאי** ולא תסדר לקיבליהון DT 2:9
במגזת עיבראי בתחום **מואבאי:** ונטלו ממגזתא ושרו NU 33:44
עברין יומא דין ית תחום **מואבאי** ית לחיית: ותתקרבון DT 2:18
קדם בני ישראל: ואמרו **מואבאי** לסבי מדינאי ארום עמא NU 22:4
ישראל לאמוראי: ודחילו **מואבאי** מן קדם עמא לחדא ארום NU 22:3
רברבני אדומאי תקיפי **מואבי** אחדת יתהון רתיתא אתמסי EX 15:15
מוורי (1)
ולובאי וזינגאי ובנוי **דמווריטינוס** זמרגד ומזג: וכוש GN 10:7
מולך (1)
ישראל דיעבר מזרעיה **למולך** למיתוקדא בנורא LV 20:2
מוסרה (1)
מן כופרני בירי בני יעקן **למוסרה** תמן אגח עימהון עמלק כד DT 10:6
מוסרות (2)
ארבעין שנין נטלו מן **מוסרות** ותבו לרקם אורח מאללייא NU 21:1
לבתריהון מן ריקם עד **מוסרות** שית משוריין ארבעין שנין NU 21:1
מוף (1)
בבית אבוי מופים דאזדבן **במוף** חופים דבזמן דאתפרש מיניה GN 46:21
מופים (1)
דהוא ריש בבית אבוי **מופים** דאזדבן במוף חופים דבזמן GN 46:21
מוריה (2)
דקיימית עם יצחק בטוור **מוריה** ואוף ית קיימא דקיימית עם LV 26:42
דעדן ואזל ויתיב בטורי **מוריה** למפלח ית אדמתא דאתברי GN 3:23
מושי (4)
גניסתא דמחלי וגניסתא **דמושי** איליין הינון גניסת מררי: NU 3:33

מושי

דממרי לגניסתהון מחלי **ומושי** אילין הינון גניסת ליואי NU 3:20
יומייא: ובנוי דמררי מחלי **ומושי** אילין ייחוסין דלוי EX 6:19
חברון גניסת מחלי גניסת **מושי** גניסת קרח וקהת אוליד ית NU 26:58

מזג (1)

ובנוי דמווריטינוס זמרגד **ומזג**: וכוש אוליד ית נמרוד הוא שרי GN 10:7

מזה (2)

רעואל נחת וזרח שמה **ומזה** אילין הוון בני בשמת איתת GN 36:13
רבא זרח רבא שמה רבא **מזה** אילין רברבי רעואל דמדורהון GN 36:17

מחוייאל (2)

ועירד אוליד ית מחוייאל **ומחוייאל** אוליד ית מתושאל GN 4:18
ית עירד ועירד אוליד ית **מחוייאל** ומחוייאל אוליד ית GN 4:18

מחלה (3)

בנן ושום בנת צלפחד **מחלה** נעה חגלה מלכה ותרצה: NU 26:33
ואיליין שמהן בנתוי **מחלה** נעה חגלה מלכה ותרצה: NU 27:1
עבדו בנת צלפחד: והוואה **מחלה** תרצה וחגלה ומלכה ונעה NU 36:11

מחלי (4)

קודשא: למררי גניסתא **דמחלי** וגניסתא דמושי איליין הינון NU 3:33
ליבני גניסת חברון גניסת **מחלי** גניסת מושי גניסת קרח NU 26:58
ובנוי דממרי לגניסתהון **מחלי** ומושי אילין הינון גניסת NU 3:20
בסוף יומייא: ובנוי דמררי **מחלי** ומושי אילין ייחוסין דלוי EX 6:19

מחלת (1)

לות ישמעאל ונסיב ית **מחלת** היא בשמת בר ישמעאל בר GN 28:9

מחנים (1)

ההוא בלישן בית קודשא **מחנים**: ושדר יעקב אזגדין קומוי GN 32:3

מטרד (1)

אינתתיה מהיטבאל ברת **מטרד** הוא גברא דהוה לעי GN 36:39

מידבא (1)

שוקא דנפחיא דסמיך עד **מידבא**: ויתיבו ישראל בתר דקטילו NU 21:30

מידד (3)

ותני למשה ואמר אלדד **ומידד** מתנביין הכין במשריתא: NU 11:27
דחד אלדד ושמיה דתניין **מידד** בנוי דאליצפן בר פרנך דילידת NU 11:26
כנענאי ומחסין יתה להון **מידד** הוה מתנבי ואמר הא סלוי NU 11:26

מיטטרון (2)

ואוצטילין חיוורין **מיטטרון** ויופיאל ואוריאל ויפהפיה DT 34:6
קדם ייי וקרא שמיה **מיטטרון** ספרא רבא: וחיא מתושלח GN 5:24

מיכאל (7)

בה שעתא רמז קודשא **למיכאל** ואנהר עיינה ואשכחתנון GN 38:25
וסלק לוי במעשרא עני **מיכאל** ואמר ריבוניה דעלמא דין GN 32:25
חבורן דמלאכי שירותא **מיכאל** וגבריאל אצעון דרגשא DT 34:6
ובעידן צערא רבא דהוא **מיכאל** יקום בדרעא לפרוקא: ואמר DT 34:3
דאשר עזגד סתור בר **מיכאל**: לשיבטא דנפתלי עזגד נחבי NU 13:13
לתוקלא: ולות משה אמר **מיכאל** סרכן חכמתא ביומא EX 24:1
דמרי עלמא פתח **מיכאל** פמיה ואומר ארום חולק טב DT 32:9

מילכה (8)

מחלה תרצה וחגלה **ומלכה** ונעה בנת צלפחד לבני NU 36:11
למימר הא ילידת **מילכה** אף היא אתרווחת בזכותא GN 22:20
דאיתילידא לבתואל בר **מלכה** אינתתי דנחור אחוי דאברם GN 24:15
ליה ברת בתואל אנא בת **מלכה** דילידת לנחור: ותנת למימר GN 24:24
בר נחור דילידת ליה **מלכה** ושוית קדשא על אפהא GN 24:47
צלפחד מחלה נעה חגלה **מלכה** ותרצה: אילין גניסת מנשה NU 26:33
בנתוי מחלה נעה חגלה **מלכה** ותרצה: וקמא קדם משה בתר NU 27:1
תמניא אילין ילידת **מלכה** לנחור אחוי דאברהם: GN 22:23

מישא (1)

והוה בית מותבניהון מן **מישא** מעלך לספרוואי טור מדינחא: GN 10:30

מישאל (1)

על משתוקיה: וקרא משה **למישאל** ולאלצפן בנוי דעוזיאל LV 10:4

מכבר (1)

כלב וית פנחס לאללא ית **מכבר** וכבשו כופרנהא ושיצון ית NU 21:32

מכוור (3)

לחדא וחמון ית ארעא **דמכוור** וית ארע גלעד והא אתרא NU 32:1
מכללתא ומדבשתא **מכוור** ובית נימרי ובית חושבני NU 32:3
וית מכללת שופנא וית **מכוור** ורמתא: וית כרכא תקיפא NU 32:35

מכי (1)

דגד עזגד גאואל בר **מכי**: אילין שמהת גובריא דשדר NU 13:15

מכיר (9)

כפרני יאיר עד יומא הדין: **ולמכיר** יהבית ית גלעד: ולשיבט DT 3:15
למכיר גניסת מכיר **ומכיר** אוליד ית גלעד לגלעד גניסת NU 26:29
דבה: ויהב משה ית גלעד **למכיר** בר מנשה ויתיב בה: ויאיר בר NU 32:40
ואפרים: בנוי דמנשה **למכיר** גניסת מכיר ומכיר אוליד ית NU 26:29
דרין תליתאין אוף בני **מכיר** בר מנשה כד איתילידו גזרינון GN 50:23
גובריא דבנונון: ואזלו בני **מכיר** בר מנשה לגלעד וכבשוה NU 32:39
בר חפר בר גלעד בר **מכיר** בר מנשה לגניסת מנשה בר NU 27:1
לגניסת בני גלעד בר **מכיר** בר מנשה מגניסת יוסף ומלילו NU 36:1
בנוי דמנשה למכיר גניסת **מכיר** ומכיר אוליד ית גלעד לגלעד NU 26:29

מכללת (1)

מכללתא וית לחיית: וית **מכללת** שופנא וית מכוור ורמתא: NU 32:35

מכללתא (2)

בני גד ית מדבשתא וית **מכללתא** וית לחיית: וית מכללת NU 32:34
ולרברבי כנישתא למימר: **מכללתא** ומדבשתא מכוור ובית NU 32:3

מלך (1)

הוא בית רסא דמלכא: **ומלכא** צדיקא הוא שם בר נח GN 14:18

מלכה (2)

נחור מלכא ברת הרן אבוי **דמלכה** ואבוי דיסכה היא שרי: והות GN 11:29
שרי ושום איתת נחור **מלכא** ברת הרן אבוי דמלכה ואבוי GN 11:29

מלכיאל (3)

דנחתו למצרים חבר **ומלכיאל**: אילין בני זלפה דיהב לבן GN 46:17
דבריעה לחבר גניסת חבר **למלכיאל** גניסת מלכיאל: ושום NU 26:45
חבר למלכיאל גניסת **מלכיאל**: ושום ברת אשר סרח NU 26:45

ממרא (10)

דאזלו עימי ענר אשכול **וממרא** אף הינון יסבון חולקהון: GN 14:24
יעקב לות יצחק אבוי **לממרא** קרית ארבע היא חברון דדר GN 35:27
והוא הוה שרי בחזוי **ממרא** אמוראה אחוי דאשכל ואחוי GN 14:13
קבל גלגלא בסיטרי חזוי **ממרא**: ארום אתון עברין ית יורדנא DT 11:30
בחקל כפילתא דעל אפי **ממרא** בארעא דכנען דזבן אברהם GN 49:30
ואתא ויתיב בחיזוי **ממרא** די בחברון ובנא תמן מדבחא GN 13:18
חקיל כפילתא דעל אנפי **ממרא** היא חברון בארעא דכנען: GN 23:19
עלוהי יקרא דייי בחיזוי **ממרא** והוא מרע מכיבא דמהולתא GN 18:1
מן עפרון חיתאה על אנפי **ממרא**: ותב יוסף למצרים הוא GN 50:13
צחר חיתאה דעל אנפי **ממרא**: חקלא דיזבן אברהם מן בני GN 25:9

ממרי (1)

וחברון ועזיאל: ובנוי **דממרי** לגניסתהון מחלי ומושי NU 3:20

מנוח (4)

למידן על יד שמשון בר **מנוח** דמן זרעיתיה ולמימסר בידיה GN 30:6
וניצחנין דשמשון בר **מנוח** דמן שיבט דן: וית אלף סרכין DT 34:1
בר יואש וית שמשון בר **מנוח** דקיימין לפרוקין לא GN 49:18
הכדין יקטיל שמשון בר **מנוח** ית כל גיברי פלישתאי GN 49:17

מנחת (1)

ואילין בני שובל עלון **ומנחת** ועיבל שפו ואונם: ואילין בני GN 36:23

מנשה (46)

ראובן ולפלגות שיבטא **דמנשה** בר יוסף ית מלכות סיחון NU 32:33
לאנחותא על רישא **דמנשה**: ואמר יוסף לאבוי לא כדין GN 48:17
רבא דאפרים קדם רבא **דמנשה** ומני ית אפרים דיהי קדם GN 48:20
ודיסמכין ליה שבטא **דמנשה** ורבה דהוה ממני על חילוות NU 2:20
אלפין וחמשא מאה: לבנוי **דמנשה** ייחוסיהון לגניסתהון לבית NU 1:34
דיוסף מנשה ואפרים: בנוי **דמנשה** למכיר גניסת מכיר ומכיר NU 26:29
לשיבטא דיוסף לשיבטא **דמנשה** עזגד גדי בר סוסי: לשיבטא NU 13:11
וית שמאליה על רישא **דמנשה** פרג ית ידוי ארום מנשה GN 48:14
אבהתהון ופלגות שיבטא **דמנשה** קבילו אחסנתהון: תרין NU 34:14
חילא: סכומהון לשבטא **דמנשה** תלתין ותרין אלפין ומאתן: NU 1:35
למימר ישוינך ייי כאפרים **וכמנשה** ובמניין שבטייא יתמני GN 48:20
דילי אינון אפרים **ומנשה** הי כראובן ושמעון GN 48:5
אלישמע בר עמיהוד **למנשה** אמרכול גמליאל בר פדה NU 1:10
עמהון ית בנימין ואמר **למנשה** די ממנה אפיטרופוס על GN 43:16
לא ארחיקו ויוסף אמר **למנשה** די ממנה אפיטרופוס על GN 44:4
מנשה ויתיב בה: ויאיר בר **מנשה** אזל וכבש ית כופרניהון וקרא NU 32:41
דבני יוסף לשבטא דבני **מנשה** אמרכל חניאל בר אפוד: NU 34:23
יוסף ית שום בוכרא **מנשה** ארום אמר אנשי יתי ייי ית GN 41:51
דמנשה פרג ית ידוי ארום **מנשה** בוכרא: ובריך ית יוסף ואמר GN 48:14
ושיבט גד ופלגות שיבט **מנשה** בעידנא ההיא למימר ייי DT 3:18
לנשין: מגניסת בני **מנשה** בר יוסף הואה לנשין והות NU 36:12
מכיר בר מנשה לגניסת **מנשה** בר יוסף כדי שמעאן דארעא NU 27:1
על חילוות שיבטא דבני **מנשה** גמליאל בר פדה צור: ורבא NU 10:23
קריב רב בית אבא לבני **מנשה** גמליאל בר פדה צור: קרבניה NU 7:54
על חילוות שיבטא דבני **מנשה** גמליאל בר פדר צור:: ושבטא NU 2:20
עד יומא ההוא: ופקיד ית **מנשה** דממנה אפיטרופוס על GN 44:1
ומני ית אפרים דיהי קדם **מנשה**: ואמר ישראל ליוסף הא אנא GN 48:20
וחמש מאה: בנוי דיוסף **מנשה** ואפרים: בנוי דמנשה למכיר NU 26:28
תלת שבטיא אפרים **מנשה** ובנימן ובמציעותיה כתיב NU 2:18
וית דברא במתנן לשיבט **מנשה**: ודא אחווית אורייתא די סדר DT 4:43
ראובן וגד ופלגות שיבט **מנשה** ויחות תחומא ויקיף לתחום NU 34:11
פוטיפרע רבא דטניס ית **מנשה** וית אפרים: ובנוי דבנימין GN 46:20
ית תרין בנוי עימיה ית **מנשה** וית אפרים: ותניאו ליעקב GN 48:1
בר יואש דמן שבט **מנשה** וית כל מלכיא דישראל DT 34:2
משה ית גלעד למכיר בר **מנשה** ויתיב בה: ויאיר בר מנשה אזל NU 32:40
במדינאי דהוא מדבית **מנשה**: ולשיבט זבולן בריך משה DT 33:17
ותרצה: אילין גניסת **מנשה** וסכומהון חמשין ותרין NU 26:34
גד לפלגות שיבט **מנשה**: ותינטרון ית פיתגמי ותעבדון DT 29:7
אוף בני מכיר בר **מנשה** כד איתילידו גזרינון יוסף: GN 50:23

דעוג יהבית לשיבט **מנשה** כל תחום בית פלך טרגונא DT 3:13
דבנונן: ואזלו בני מכיר בר **מנשה** לגלעד וכבשוה ותריכו ית NU 32:39
חפר בר גלעד בר מכיר בר **מנשה** לגניסת מנשה בר יוסף כדי NU 27:1
בית קודשא ארום הוה **מנשה** למתורגמן ביניהום: וחזר GN 42:23
בני גלעד בר מכיר בר **מנשה** מגניסת יוסף ומלילו קדם NU 36:1
שמאליה דישראל וית **מנשה** מן צטר שמאליה דהוא GN 48:13
ארע גיבריא: ויאיר בר **מנשה** נסיב ית כל תחום פלך DT 3:14

מעכה (1)

וית גחם וית תחש וית **מעכה**:: והוו חיי שרה מאה ועשרין GN 22:24

מעלת (2)

בנו ית בית חושבני וית **מעלת** מרא וית קרתא דתרין NU 32:37
ובית נימרי ובית חושבני **מעלת** מרא שירן ובית קבורתיה NU 32:3

מפנא (1)

מלכיא דעימיה למישר **מפנא** הוא בית רסא דמלכא: ומלכא GN 14:17

מצע (1)

ולמציעות דרתא רבתא **דממצעא** בין טירת עינוותא לבין NU 34:9

מצר (5)

הינון יניס וימבריס חרשין **דבמצרים** בלחשי קוסמיהון היכדין: EX 7:11
בוכרא דאמתא בצירתא **דבמצרים** דמתיליד לה כד היא EX 11:5
כדון ואיתוב לות אחיי **דבמצרים** ואיחמי העד כדון אינון EX 4:18
גלי קדמיי ית סיגוף עמי **דבמצרים** וית קבילתהון שמיע EX 3:7
מחבלא לכל בני ישראל **דבמצרים** וכן למפרקהון מגלוותהון EX 12:42

מצרים (455)

הוא דמגיח להון קרבין **במצראי**: ואמר ייי למשה ארכן ית EX 14:25
ית כל מרעיא דאתגיירו **במצראי** ויתאדקון בכון: לחוד כל DT 28:60
שבטיא הינון דמתמנן **במצרים** אמרכולין על מניינייא: NU 7:2
על בתי בני ישראל **במצרים** בחבלותיה ית מצראי וית EX 12:27
ליה ללוי במיעלהון **במצרים** ביני שוריא וילידת לעמרם NU 26:59
הות לנא בית קבורתא **במצרים** דברתנא לממת במדברא EX 14:11
על לבהון: ויתיב יוסף **במצרים** הוא ובית אבוי וחיא יוסף GN 50:22
עולבנא דאיתעביד לכון **במצרים**: ואמרית במימרי אסיק EX 3:16
ואיתין מחת גבורת ידי **במצרים** ואפיק ית עמי בני ישראל EX 7:4
משעבדין הוינן לפרעה **במצרים** ואפקנא מימרא דייי DT 6:21
וקשוט לא כדון תקבירינני **במצרים**: ואשכוב עם אבהתיי GN 47:29
למיעבד ית תימהיא **במצרים** וביה עתיד למבזע ית ימא EX 2:21
וית אתוותיי דעבדית **במצרים** ובמדברא ונסיאו קדמי דנן NU 14:22
רברבין ומכתשין בישין **במצרים** ובפרעה ובכל אינש ביתיה DT 6:22
די עבד ייי בה ניסין **במצרים** ודחילו עמא מן קדם ייי EX 14:31
תליתאה כד איתגלי **במצרים** והות ידיה מקטלא כל EX 12:42
דגברא דהוה רב ושליט **במצרים** וזהיר ביקרא דאחוי: בנימין GN 49:26
נפשתא תרין ויוסף דהוה **במצרים** ויוכבד ברת לוי GN 46:27
ובר ברך ית ניסין דעבדית **במצרים** וית אתוותיי דשויתי בהון EX 10:2
ית כל איקר דאית לי **במצרים** וית כל רבותי דחמיתון GN 45:13
בישרא ארום טב לנא **במצרים** ויתן ייי לכון ביסרא NU 11:18
הא אתון משתעבדין **במצרים** ולא תזידון למיסוק GN 50:25
עם יוסף ובנוי דהוו **במצרים**: ומית יוסף ובתריה מיתו EX 1:5
דעבד לכון ייי אלקכון **במצרים** ועיניכון חמיין: אתון DT 4:34
דקטל גברא בר ישראל **במצרים** ועל על אינתתיה LV 24:10
אצטנעא למימחי בוכריא **במצרים** וקם איהו ועבדוי ומחינון GN 14:15
דבניי כד יהון משתעבדין **במצרים** וקרת שמיה שמעון: GN 29:33
הוו סבי עמא וסרכוי **במצרים** ותידבר יתהון למשכנא NU 11:16
ארום משעבדין הויתון **במצרים** ותיטרון ותעבדון ית DT 16:12
אין בניי הינון דאמרת לי **במצרים** טעון טורחנהון בחילך NU 11:12
אבהתן למצרים ויתיבנא **במצרים** יומין סגיאין ואבאישו לנא NU 20:15
פיתגמא דמלילנא עימך **במצרים** יתגלי ייי עליכון וידון EX 14:12
כון ככל מה דעבד לכון **במצרים** למחמיכון: ובמדברא DT 1:30
ית נוניא דהוינא אכלין **במצרים** מגן בלא תפקדתא ית NU 11:5
בני ישראל דמשתיירין **במצרים** מיטרפין הינון עמא בית EX 14:3
לחדא דלא הוי דכוותא **במצרים** מן יומא דאשתכללו EX 9:18
דיוסף דאיתילידו ליה **במצרים** נפשתא תרין ויוסף דהוה GN 46:27
קטול מן טליותהון **במצרים** פרסימו מיסיטירין דילי כד NU 16:26
דיתיבו בני ישראל **במצרים** תלתין שמיטין דשנין EX 12:40
לחמא ארום בפירא **דמיצראי** דחלין ליה יהודאי אכלין: GN 43:32
ייי ברגוז עילוי משריתהון **דמצראי** בעמודא דאישתא למירמי EX 14:24
משה וישמעון בניהון **דמצראי** דאישתנקו בימא ארום NU 14:13
גלי קדמיי ית דוחקא **דמצראי** דחקין יתהון: וכדון איתא EX 3:9
ארום לא הוה תמן ביתא **דמצראי** דלא הוה תמן בכור מאית: EX 12:30
ודי שיזבינון מן ידא **דמצראי**: ואמר יתרו בריך שמא דייי EX 18:9
יהון משתעבדין בארעא **דמצראי**: ואתעברת תוב וילידת בר GN 29:32
דאפיק יתכון מארעא **דמצראי** ודי פרקכון מבית שעבוד DT 13:6
דישראל ובין משרייתא **דמצראי** והוה עננא פלגיה נהורא EX 14:20
ית ישראל מן ידיהון **דמצראי** וחמון ישראל ית מצראי EX 14:30
תחומא מקיסם לנילוס **דמצראי** ויהון מפקנוי למערבא: NU 34:5
אתקיף ית יצרא דליבהון **דמצראי** ויעלון בתריהון ואיתיקר EX 14:17
גיתי דישראל ובין גיתי **דמצראי** ולא ימות מכל לבני EX 9:4
לשיזבותך מן ידא **דמצראי** ולאסקותהון מן ארעא EX 3:8
ליום חרן ומית כל בעירא **דמצראי** ומבעירא דבני ישראל לא EX 9:6
ומשלהיין מסוגי שעבודא **דמצראי** ומן דלוחי גללי ימא DT 25:18
דייי דשיזיב יתכון מן ידא **דמצראי** ומן ידא דפרעה דשיזיב ית EX 18:10
וקנא יוסף ית כל ארעא **דמצראי** לפרעה ארום זבינו מצראי GN 47:20
יתכון פריקין מן ארעא **דמצראי** מבית שעבוד עבדיא: עמי DT 5:6
אימריא דהינון טעוותהון **דמצראי** מינהון ניסב ונקרבא קדם EX 8:22
יתכון פריקין מן ארעא **דמצראי** מן בית שיעבוד עבדיא: EX 20:2
לה תוב לאטמרתיה **דמצראי** מרגשין עלה ונסיבת ליה EX 2:3
קימי ית אניק בני ישראל **דמצראי** משעבדין יתהון ודכירנא EX 6:5
חוטרך וארים ידך על מוי **דמצראי** על נהריהון על ביציהון על EX 7:19
וכל בוכריה בעירא מיתו **דמצראי** פלחין להון: וקם פרעה EX 12:29
מקרבין אנן ית טעוותהון **דמצראי** קדמיהון הוא מן דינא הוא EX 8:22
לואי דמיתנא בארעא **דמצרים** או במדברא הדין לואי NU 14:2
ביתיה ושליט בכל ארעא **דמצרים**: אוחו וסקו לות אבא GN 45:8
ית בני ישראל מארעא **דמצרים**: אילין רישי בית אבהתהון EX 6:13
גברא דאסקנא מארעא **דמצרים** אישתלהב בטוורא באישא EX 32:23
יתהון פריקין מארעא **דמצרים** אנא הוא ייי אלקכון: ומליל LV 23:43
דיירין הויתון בארעא **דמצרים** אנא הוא ייי אלקכון: לא LV 19:34
יתהון פריקין מן ארעא **דמצרים** אנא הוא ייי אלקכון: לא LV 25:55
כל בוכרא בארעא **דמצרים** אקדישית יתהון קדמי: NU 8:17
כל בוכרא בארעא **דמצרים** אקדישית קדמי כל בוכרא NU 3:13
דייי פריקין מארעא **דמצרים**: ארבעה לילוון כתיבין EX 12:41
גברא דאסקנא מארעא **דמצרים** אשתלהב בטוורא באישא EX 32:1
ולבית עבדוי ובכל ארעא **דמצרים** אתחבלו יתבי ארעא מן EX 8:20
להון אחסנא בארעא **דמצרים** בבית שפר ארעא בארעא GN 47:11
דמשתייר מכל טעוון **דמצרים** בגין דיימרון מצראי בחיר EX 14:2
משעבדין הויתון בארעא **דמצרים** בגין כן אנא מפקיד לכון DT 24:22
ארים את ידך על ארעא **דמצרים** בדיל גובא וייסק על ארע EX 10:12
ישראל פריקין מארעא **דמצרים** בדינין רברבין: וינדעון EX 7:4
בעמך דהנפקת מארעא **דמצרים** בחיל רב ובידא תקיפא: EX 32:11
דילי כל בוכרא בארעא **דמצרים** ביומא דקטלית כל בוכרא NU 3:13
בני ישראל מארעא **דמצרים** ביומא הדין בחד לירחא EX 19:1
לזמן מיפקהון מארעא **דמצרים** בירחא קדמאה למימר: NU 9:1
ויהי חשוכא על ארעא **דמצרים** בקריצתא ויעדי בקדמיתא EX 10:21
וחפת ית ארעא **דמצרים** ברם משה לא אלקי ית EX 8:2
ויהי לקלמי בכל ארעא **דמצרים** ברם על ידך לית אפשר EX 8:12
מן כל עיבורא דארעא **דמצרים** בשבע שני שובעא: ויכנשון GN 41:34
הוא: ואיתגלי בארעא **דמצרים** בשכינת יקרי בליליא EX 12:12
למשמע קל ציווחתהון **דמצרים** בתברותי יתהון היכמא EX 7:9
ונחתומא די למלכא **דמצרים** דאסירין בבית אסירי: GN 40:5
רבתא בכל ארעא **דמצרים** דדכותיה ליליא לא הות EX 11:6
עדת כפנא מן ארעא **דמצרים** דהוות גזירתא למיהוי GN 50:3
ליוסף בנין בארעא **דמצרים** דילידת ליה אסנת בת GN 46:20
ארום שפר ארג כל ארעא **דמצרים** דילכון הוא: ועבדו כן בני GN 45:20
בישין דעמא דארעא **דמצרים** דיתיתיבתון בה לא LV 18:3
לחמא: וכפנת כל ארעא **דמצרים** דלא הות מפקא בר זרעא GN 41:55
בכל ארעתא ובכל ארעא **דמצרים** הוא לחמא: וכפנת כל GN 41:54
שמא בני ישראל מארעא **דמצרים** הוא ליליא הדין נטיר EX 12:42
ייי עם משה בארעא **דמצרים** הוה אהרן מצית אדניה EX 6:28
דפרעה בריש ארעא **דמצרים** הוה וכד קרא למשה EX 12:31
ישראל במציעות ארעא **דמצרים** הוות ופלטרין דבית EX 12:31
הכדין כד הוינן בארעא **דמצרים** הות מרים אחתן חמיא יתן NU 12:12
תמן למירתה לא כארעא **דמצרים** היא דנפקתון מתמן DT 11:10
דחקלא בכל ארעא **דמצרים**: ואוחי פרעה ושדר פולין EX 10:15
יתהון מארעא **דמצרים**: ואזלו בתר יצרא בישא DT 29:24
ושקעון יתיה בגוא נילוס **דמצרים**: ואילין שמהת בני ישראל GN 50:26
שמך דאפיקתא מארעא **דמצרים**: ואמר ייי לי למימר גלי DT 9:12
ישראל דאסקוך מארעא **דמצרים**: ואמר ייי למשה גלי קדמוי EX 32:8
בהנפקותי יתכון מארעא **דמצרים**: ואמר משה לאהרן סב EX 16:32
יתיה סרכן על כל ארעא **דמצרים**: ואמר פרעה ליוסף אנא GN 41:43
בני ישראל מארעא **דמצרים**: ואסיק משה ית ארונא EX 13:18
יתך סרכן על כל ארעא **דמצרים**: ואעדי פרעה ית עיזקתיה GN 41:41
רב ושליט בכל ארעא **דמצרים**: ואצלחת ארעא דכל שובל GN 41:46
ית עורדעניא על ארעא **דמצרים**: וארים אהרן ית ידיה על EX 8:1
עיסבא דחקלא בארעא **דמצרים**: וארים משה ית חוטריה על EX 9:22
עד לא תתבני טאניס **דמצרים**: ואתו עד נחלא דאתכלא NU 13:22
דהישתיכח בארעא **דמצרים** ובארעא דכנען בעיבורא GN 47:14
למחרבא כל ארעא **דמצרים** ובגין איתיעט ואמר פרעה EX 1:15
למיפיקהון מארעא **דמצרים**: ובההוא יומא פסק להון EX 16:1
דמא ויהי דמא בכל ארע **דמצרים** ובמני אעא ובמני אבנא: EX 7:19
ויתיב ישראל בארעא **דמצרים** ובנו להון בתי מדרשין GN 47:27
לריבונהום למלכא **דמצרים**: ובנס פרעה כדי שמע על GN 40:1

יתכון פריקין מן ארעא **דמצרים:** ובצפרא יתגלי עליכון יקר EX 16:6
שנייא דיתיבנא בארעא **דמצרים** וגבורן דעבד לנא ביני DT 29:15
ואישתלהון דיירי ארעא **דמצרים** ודיירי ארעא דכנען מן GN 47:13
פטימא אתתא מארעא **דמצרים:** והוה בעידנא ההיא ואמר GN 21:21
ייי ברדא על ארעא **דמצרים:** והוה ברדא ואישתא EX 9:23
דהוה רב ושליט בארעא **דמצרים** והוה זהיר באיקרא דאחוי: DT 33:16
ישראל דהנפקוך מארעא **דמצרים:** וחמא אהרן ית חור נכיס EX 32:4
יתהון פריקין מארעא **דמצרים** וחמיין כל עממיא ית כל LV 26:45
שני שובעא דהוו בארעא **דמצרים** ויהב עיבורא בקירווייא GN 41:48
דאפקכון פריקין מארעא **דמצרים:** ויהי בזמן דאתון קריבין DT 20:1
במיקטלי בארעא **דמצרים:** ויהי יומא הדין לכון EX 12:13
לאבקא על כל ארעא **דמצרים** ויהי על אינשא ועל בעירא EX 9:9
יוסף שליט על ארעא **דמצרים:** ויוסף בר תלתין שנין כד GN 41:45
ית חוטריה על ארעא **דמצרים** וייי דבר רוח קידומא EX 10:13
מליל עם פרעה מלכא **דמצרים** ויפטור ית בני ישראל EX 6:11
שובעא רבא בכל ארעא **דמצרים:** ויקומון שבע שני כופנא מן GN 41:29
בדיל גובא וייסק על ארע **דמצרים** וישיצי ית כל עיסבא EX 10:12
כל שובעא דהוה בארעא **דמצרים** וישיצי כפנא ית דיירי GN 41:30
בייתיה וכל סבי ארעא **דמצרים:** וכל אינש ביתא דיוסף GN 50:7
ותקף כפנא בארעא **דמצרים:** וכל דיירי ארעא עלו GN 41:56
כפנא דתיהוין בארעא **דמצרים** ולא ישתיצי עמא דארעא GN 41:36
בגו מצרים לפרעה מלכא **דמצרים** ולכל יתבי ארעא: ודעבד DT 11:3
ושלים כספא מארעא **דמצרים** ומארעא דכנען ואתו GN 47:15
לאסגאה תמהיי בארעא **דמצרים:** ומשה ואהרן עבדו ית כל EX 11:9
וטריב בישרא בארעא **דמצרים** ונחתת ביתיה ברתיה EX 2:5
על חמרא ותב לארעא **דמצרים** ונסיב משה ית חוטרא EX 4:20
שלופוקיין בכל ארעא **דמצרים:** ונסיבו ית קטמא דאתונא EX 9:9
כד קם קדם פרעה מלכא **דמצרים** ונפק יוסף מלות פרעה GN 41:46
אהרן ית ידיה על מיא **דמצרים** וסליקת מחת עורדענייא EX 8:2
וחכים וימניניה על ארעא **דמצרים:** ועבד פרעה וימנה GN 41:33
למיהוי קלמי בכל ארעא **דמצרים:** ועבדו היכדין איסטיגניניא EX 8:13
מחת דמא בכל ארעא **דמצרים:** ועבדו היכדין איצטיגנוני EX 7:21
טעינין חמרא ומטובא **דמצרים** ועשר אתנין טעינן עיבור GN 45:23
הוא שליט בכל ארעא **דמצרים** ופליג ליביה ארום לא GN 45:26
עתידה למובדא ארעא **דמצרים:** ופקיד לאיתותבא ית משה EX 10:7
האינון ואיתכתש מלכא **דמצרים** ופקיד לקטלא בוכרייא EX 2:23
משעבדין הוויתון בארעא **דמצרים** ופרק ואפיק ייי אלקכון DT 5:15
משעבדין הויתון בארעא **דמצרים** ופרק יתכון מימרא דייי DT 24:18
משעבדין הויתון בארעא **דמצרים** ופרקכון ייי אלקכון מטול DT 15:15
דמליל להין מלכא **דמצרים** וקיימא ית בנייא: וקרא EX 1:17
יומא הוה שרוי גלותא **דמצרים** וקם ואתא יוסף לשכם: GN 37:14
ית עורדענייא על ארעא **דמצרים:** וקרא פרעה למשה ולאהרן EX 8:3
על סוסיא בכל ארעא **דמצרים:** וקרא פרעה שמיה דיוסף GN 41:44
סרחו רב מזוגייא דמלכא **דמצרים** ורב נחתומייא ואיתיעטו GN 40:1
דלבא דפרעה מלכא **דמצרים** ורדף בתר בני ישראל ובני EX 14:8
דיירין הוויתון בארעא **דמצרים:** ושית שנין תדרע ית ארעך EX 23:9
וסליק גובא על כל ארעא **דמצרים** ושרא בכל תחום מצרים EX 10:14
שובעא דהואה בארעא **דמצרים:** ושריאן שבע שני כופנא GN 41:53
חיליכון פריקין מארעא **דמצרים** ותיטרון ית יומא הדין EX 12:17
יתכון פריקין מארעא **דמצרים:** ותיטרון ית כל קיימיי וית LV 19:36
לכון ית שפר ארג ארעא **דמצרים** ותיכלון ית שמנותיתא GN 45:18
וסבי ישראל לות מלכא **דמצרים** ותימרון ליה ייי אלקא EX 3:18
מן ידא דפרעה מלכא **דמצרים:** ותנדעון ארום ייי אלקכון DT 7:8
וית תימהיי בארעא **דמצרים:** יקבל מנכון פרעה ואיגרי EX 7:3
ייי מליל עם פרעה מלכא **דמצרים** ית כל דאנא ממליל עימך: EX 6:29
ומחא ברדא בכל ארעא **דמצרים** ית כל דבחקלא מאינשא EX 9:25
במימרא דייי בארעא **דמצרים** כד הוינא יתבין על EX 16:3
דיירין הוויתון בארעא **דמצרים:** כל ארמלא ויתם לא EX 22:20
ית יום מיפקכון מארעא **דמצרים** כל יומי חייכון: ותיזדהרון DT 16:3
יתהון פריקין מארעא **דמצרים** לא יזדבנון הי כנימוסי זבין LV 25:42
לות פרעה מלכא **דמצרים** לאפקא ית בני ישראל EX 6:13
ועמא דאסיקתא מארעא **דמצרים** לארעא דקיימית לאברהם EX 33:1
יתהון פריקין מארעא **דמצרים** לאשראה שכינתיה ביניהון EX 29:46
דכוותהן בכל ארעא **דמצרים** לבישו: ואכלן תורתי GN 41:19
עמא בכל ארעא **דמצרים** לגבבא גולי לתיבנא: EX 5:12
עם פרעה מלכא **דמצרים** להנפקא ית בני ישראל EX 6:27
ית בנייא: וקרא מלכא **דמצרים** לחייתא ואמר להון למה EX 1:18
ואמר פרעה מלכא **דמצרים** לחייתא יהודייתא דשמא EX 1:15
ישראל די נפקו מארעא **דמצרים** לחילוותהון כד איתעבידו NU 33:1
בקטלא: ואמר להון מלכא **דמצרים** למה משה ואהרן תבטלון EX 5:4
לא ישבוק יתכון מלכא **דמצרים** למיזל ולא מן דחיליה EX 3:19
ייי יתנא אפקנא מן ארעא **דמצרים** למימס יתנא בידא DT 1:27
ייי למשה ולאהרן בארעא **דמצרים** למימר: ירחא הדין לכון EX 12:1
ליזמן מיפקהון מארעא **דמצרים** למימר: קבילו ית חושבן NU 1:1

דייי לעיניכון בארעא **דמצרים** לפרעה ולכל עבדוי ולכל DT 29:1
דייי למעבד בארעא **דמצרים** לפרעה ולכל עבדוי ולכל DT 34:11
עד יומא הדין על ארעא **דמצרים** לפרעה למיסב חומשא מן GN 47:26
כל בוכרא בארעא **דמצרים** מאינשא ועד בעירא ובכל EX 12:12
וימות כל בוכרא בארעא **דמצרים** מביר בוכרא דפרעה EX 11:5
קטל כל בוכרא בארעא **דמצרים** מביר בוכריה דפרעה EX 12:29
דאפיקכון פריקין מארעא **דמצרים** מבית שעבוד עבדיא: DT 8:14
יתכון פריקין מן ארעא **דמצרים** מבית שעבוד עבדיא: וכל DT 13:11
בכור מאית: ותחום ארעא **דמצרים** מהלך ארבע מאה פרסי EX 12:31
יתכון פריקין מארעא **דמצרים** מטול למהוי לכון לאלקא LV 22:33
יתכון פריקין מארעא **דמצרים** מטול למהוי לכון לאלקא NU 15:41
יתכון פריקין מן ארעא **דמצרים** מטול למיהוי לכון לאלקה LV 11:45
יתכון פריקין מן ארעא **דמצרים** מטול למיתן לכון ית LV 25:38
יתכון פריקין מן ארעא **דמצרים** מלמהוי להון משעבדין LV 26:13
בבהילו נפקתון מארעא **דמצרים** מן בגלל דתידכרון ית יום DT 16:3
ייי כל בוכרא בארעא **דמצרים** מן בוכרא דאינשא ועד EX 13:15
יתכון פריקין מארעא **דמצרים** מן בית שעבוד עבדיא: מן DT 6:12
הוה דכותיה בכל ארעא **דמצרים** מן עידן דהוות לאומא EX 9:24
דיירין הויתון בארעא **דמצרים:** מן קדם ייי אלקכון DT 10:19
למכנוש ית חיסודא **דמצרים** מעל בני ישראל ולמגזר GN 30:23
דייי ובעללתא כארעא **דמצרים** מעלך לזוער: ובחר ליה לוט GN 13:10
עיבידו סיבו לכון מארעא **דמצרים** סדני דמינגדן בתורתי GN 45:19
עמך דאסיקת מארעא **דמצרים:** סטו בפריע מן אורחא EX 32:7
דאיתילידו לך בארעא **דמצרים** עד דאתית לותך למצרים GN 48:5
יומא דנפקתון מארעא **דמצרים** עד מיתיכון עד אתרא DT 9:7
ית ארעא הדא מנילוס **דמצרים** עד נהרא רבא נהרא פרת: GN 15:18
ויהי ברדא בכל ארעא **דמצרים** על אינשא ועל בעירא ועל EX 9:22
ישראל פריקין מארעא **דמצרים** על חיליהון: הינון דממללין EX 6:26
ייי ית בני ישראל מארעא **דמצרים** על חיליהון: ומליל ייי עם EX 12:51
משה רב לחדא בארעא **דמצרים** קדם עבדי פרעה וקדם EX 11:3
ואחך אתו לותך: ארעא **דמצרים** קדמך היא בבית שפר GN 47:6
בחילמיה והא כל ארעא **דמצרים** קיימא בכף מודנא חדא EX 1:15
ישראל דנפקו מארעא **דמצרים:** ראובן בוכרא דישראל בנוי NU 26:4
וחייא יעקב בארעא **דמצרים** שבסרי שנין והוו יומי GN 47:28
יתהון פריקין מן ארעא **דמצרים** תוקפא ורוממותא NU 23:22
חשוך דקביל בכל ארעא **דמצרים** תלתא יומין: לא חמון גבר EX 10:22
בלחודוי ולהון בלחודיהון **ולמצראי** דאכלין עימיה בלחודיהון GN 43:32
כל מה דעבד ייי לפרעה **ולמצראי** על עיסק ישראל ית כל EX 18:8
למחמיהון דכל מיצראי: **ומצראי** מקרבין ית דקטל ייי בהון NU 33:4
לעידוני צפרא לתוקפיה **ומצראי** ערקין כל קבל גללוי ועלים EX 14:27
חדיית איהי קרתא רבתי: **ומצרים** אוליד ית ניווטאי וית GN 10:13
אפרכיותהום ערביא **ומצרים** ואליחרק וכנען: ובנוי דכוש GN 10:6
ובנוי דחם כוש **ומצרים** ופוט וכנען ושום GN 10:6
חמיתון מה די עבדית **למצראי** וטענית יתכון על ענני הי EX 19:4
דבהון עיבורא וזבין **למצראי** ותקף כפנא בארעא GN 41:56
הילולא וארד דנחת **למצרים:** אילין בני רחל דאיתילידו GN 46:21
כיתא דהוות אמרא נתוב **למצרים** אמר להון משה לא תתובון EX 14:13
למשה במדין איזל תוב **למצרים** ארום איתרוקנו ונחתו EX 4:19
ויגלינכון מימרא דייי **למצרים** באילפיא בגו ימא דסוף DT 28:68
ואמרין אבל תקיף דין **למצרים** בגין כן קרא שמה דאתר GN 50:11
ית יעקב אבונן ונחתתא **למצרים** בגין למובדא זרעיה ומן NU 31:8
עתידין למשתעבדא **למצרים** בטינא ובליבנא ובכל GN 40:12
לוי דאיתילידת במעלהון **למצרים** ביני שוריא סכום כל GN 46:27
דמצרים עד דאתית לותך **למצרים** דילי אינון אפרים ומנשה GN 48:5
על אנפי ממרא: ותב יוסף **למצרים** הוא ואחהי וכל דסליקו GN 50:14
והוו בני פרץ דנחתו **למצרים** הצרון וחמול: ובנוי GN 46:12
כדין ידחלון ויתובון **למצרים:** ואחזר ייי ית עמא אורח EX 13:17
דבמימרי ניחות עימך **למצרים** ואיחמי סיגווּפיהון דבנך GN 46:4
קיים והוא אזדרז ואזל **למצרים** ואייתי אוניתא דחקיל GN 49:21
וכל זרעיה אייתי עימיה **למצרים:** ואילין שמהת בני ישראל GN 46:7
מן ידוי ומבתר כדין נחת **למצרים** ואיתותב תמן בעם קליל DT 26:5
דין אתון דחלין למיחות **למצרים:** ואמר הא שמעית ארום GN 42:1
ולטום מטיילין לאחתא **למצרים:** ואמר יהודא לאחהי מה GN 37:25
הלא טב לנא דנתוב **למצרים:** ואמרו גבר לאחוי נמני עלן NU 14:3
יד אזל נפתלי ורהט ונחת **למצרים** ואתא בההוא יומא ואייתי GN 50:13
בלבביה דיצחק למיחות **למצרים** ואתגלי ליה ייי ואמר לא GN 26:2
ית בנימין וקמו ונחתו **למצרים** ואתעתדו קדם יוסף: וחמא GN 43:15
עלן מליך לריש ונתוב **למצרים:** ואתרכינו משה ואהרן על NU 14:4
קרבא ההוא בעו למתוב **למצרים** והדרי שית מטלין רדפו בני DT 10:6
שמיה זרח: ויוסף איתחת **למצרים** וזבניה פוטיפר על דחמייה GN 39:1
לימא וחדא אמרא ניתוב **למצרים** וחדא אמרא נסדרא EX 14:13
והוה כדי על אברם **למצרים** וחמון מצראי ית אינתתא GN 12:14
ויחובון חובת גלותא **למצרים** וייי אמר לכון לא תוספון DT 17:16
מלותיה כד הוה אזיל **למצרים:** וית תרין בנהא דשום חד EX 18:2

ונחתו אבהתן **למצרים** ויתיבנא במצרים יומין NU 20:15
אחוכון די זבינתון יתי **למצרים**: וכדון לא תתנססון ולא GN 45:4
נפשתא נחתו אבהתכון **למצרים** וכדון שוינכון ייי אלקכון DT 10:22
נפשתא דישראל דנחתו **למצרים**: וכיוון דנפל עמא קדישא DT 32:8
סנדלין ואייתיו ית יוסף **למצרים**: ותב ראובן לגובא ארום לא GN 37:28
יואב ובנוי דבריעה דנחתו **למצרים** חבר ומלכיאל: אילין בני GN 46:17
ארום אית עיבורא מזדבן **למצרים** חותו תמן וזבונו לנא מן GN 42:2
ייי למשה במהכך למתוב **למצרים** חמי כל תמהיא דשויתי EX 4:21
שמהת בני ישראל דעלו **למצרים** יעקב ובנוי בוכרא דיעקב GN 46:8
בארעא דיכנען ואתו **למצרים** יעקב וכל בנוי עימיה: בנוי GN 46:6
כפנא בארעא ונחת אברם **למצרים** לאיתותבא תמן ארום GN 12:10
וכל דיירי ארעא עלו **למצרים** למזבון עיבורא מן יוסף GN 41:57
אבוי: ומדנאי זבינו יתיה **למצרים** לפוטיפר רבא דפרעה רב GN 37:36
נפשתא דעלא עם יעקב **למצרים** נפקי ירכיה בר מנשיהון GN 46:26
לא תידחל מן למיחות **למצרים** על עיסק שיעבודא GN 46:3
שמהת בני ישראל דעלו **למצרים** עם יעקב גבר עם אינש EX 1:1
לבית יעקב דעלא **למצרים** שובעין: וית יהודה שדר GN 46:27
ליה ייי ואמר לא תיחות **למצרים** שרי בארעא דאימר לך: דור GN 26:2
בריש גלי למחמיהון דכל **מיצראי**: ומצראי מקרבין ית דקטל NU 33:3
דליתיכון מסתפיין **ממצראי** דחמיין יתיה ויכסון יתיה EX 12:6
אסיקית יתהון פריקין **ממצרים** אחיתית להון מנא מן NU 21:6
אפיקית יתהון במימרך **ממצרים** אליפית יתהון אורייתך DT 32:50
יצחק עד דנפקן פריקין **ממצרים** ארבע מאה והוה בכרן EX 12:41
היא ארום אסיקתנא **ממצרים** ארעא דעבדא חלב ודבש NU 16:13
פרקת בתוקפך די אפיקת **ממצרים** בגבורת אידא תקיפתא: DT 9:26
ודחקן: והנפקנא ייי **ממצרים** בידא תקיפתא ובדרע DT 26:8
ואפקנא מימרא דייי **ממצרים** בידא תקיפתא: וגרי DT 6:21
למיפק בני ישראל **ממצרים** בירחא חמישאה בחד NU 33:38
מרוד באלק שמיא נפק **ממצרים** בר גברא מצראה דקטל LV 24:10
זרעיה ומן בתר דנפקו **ממצרים** גריתא בהון עמלק רשיעא NU 31:8
באורחא במיפקכון **ממצרים**: דארעו יתכון באורחא DT 25:17
כל דיליה: וסליק אברם **ממצרים** הוא ואינתתיה וכל דיליה GN 13:1
להנפקא ית בני ישראל **ממצרים** הוא משה נביא ואהרן EX 6:27
עבדתא לנא להנפוקתנא **ממצרים**: הלא דין הוא פיתגמא EX 14:11
אפיק ית בני ישראל **ממצרים**: ואמר ארום יהי מימרי EX 3:11
זבנין ומייתן עיבורא **ממצרים** ואמר יעקב לבנוי למה דין GN 42:1
ית עיבורא דהייתיו **ממצרים** ואמר להון אבוהון תובו GN 43:2
ואפיק ית עמי בני ישראל **ממצרים**: ואמר משה קדם ייי מאן EX 3:10
למימר למא דנן נפקנא **ממצרים**: ואמר משה שית מאה NU 11:20
בכון עברי אורחא: וסליקו **ממצרים** ואתו לארעא דכנען לות GN 45:25
פסק להון לישא דאפיקו **ממצרים** ואתרעמון כל בני ישראל EX 16:2
ובמוי באורחא דמיפקכון **ממצרים** ודאוגר לכון ית בלעם בר DT 23:5
ארום אפיק ייי ית ישראל **ממצרים**: ודבר יתרו חמוי דמשה ית EX 18:1
שירותא והנפקנא **ממצרים** והא אנחנא ברקם קרתא NU 20:16
ליה למימר הא עמא נפק **ממצרים** והא חפא ית חזווא NU 22:5
גבורת ידא הנפקנא ייי **ממצרים**: והוה כד פטר פרעה ית EX 13:16
פסוגייא עד יומא דנפקו **ממצרים**: והוה מסוף תלתין שנין EX 12:40
פולין לותי: הא עמא נפק **ממצרים** וחפא ית חזווא דארעא NU 22:11
לי ניסין ופרישן במיפיקי **ממצרים**: ויהי לך ניסא הדין חקיק EX 13:8
ובני ישראל במיפקהון **ממצרים**: וירתו ית ארעיה וית ארע DT 4:46
עשרה למזבון עיבורא **ממצרים**: וית בנימין אחוי דיוסף לא GN 42:3
לא חמע ארום איתריכו **ממצרים** ולא יכילו למישהי EX 12:39
דאביבא ארום ביה נפקת **ממצרים** ולא יתחמון קדמיי ריקנין: EX 23:15
קטעין מן לישא דאפיקו **ממצרים** וסדרין על רישיהון EX 12:39
לעמא הדין מן זמן דנפקו **ממצרים** ועד כדון: ואמר ייי שבקית NU 14:19
זמן שריות פורקנכון **ממצרים**: ותטוון ותיכלון באתרא DT 16:6
אפיק יתכון ייי אלקכון **ממצרים** ותיכלון יתיה בליליא: DT 16:1
ידא תקיפתא הנפקך ייי **ממצרים**: ותינטור ית קיימא הדא EX 13:9
בני ישראל בזמן מפקהון **ממצרים**: ותננון משה בעיברא DT 4:45
עם אבהתיי ותטלינני **ממצרים** ותקברינני בקבורתהון ומן GN 47:30
דאביבא נפקתון פריקין **ממצרים**: כל פתח וולדא דילי הוא EX 34:18
ולמא אסיקתונא **ממצרים** לאיתאה יתן לאתרא NU 20:5
נצו למא אסקתונא **ממצרים** לממת במדברא ארום לית NU 21:5
ואמרו למה דנן אסיקתנא **ממצרים** לקטלא יתנא וית בננא EX 17:3
באפי רעותיה בחיליה רב **ממצרים**: לתרכא עממין רברבין DT 4:37
הדין די נפקתון פריקין **ממצרים** מבית שעבוד עבדייא EX 13:3
יתמון גובריא דסליקו **ממצרים** מבר עשרין שנין ולעילא NU 32:11
ואנפיק יתכון מניר פרזלא **ממצרים** מטול למיהוי ליה לעם DT 4:20
ולא תזידון למיסוק **ממצרים** עד זמן דייתון תרין פרוקין GN 50:25
גבורת ידא אפקנא ייי **ממצרים** פריקין מבית שעבוד EX 13:14
אלקא דאפיקינון פריקין **ממצרים** תוקפא ורומא תושבחא NU 24:8
גזירת מימרא דייי ונפקו **ממצרים** תלתין שנין קדם קיצא EX 13:17
בהנפקותך ית עמא **ממצרים** תפלחון קדם ייי דתקבלון EX 3:12
אחוכון הוא לא תרחקון **מצראה** דאתי לאתגיירא ארום DT 23:8

נפק ממצרים בר גברא **מצראה** דקטל גברא בר ישראל LV 24:10
דילי כד קטלית ית **מצראה** על ימא ארגיזו קדם ייי NU 16:26
ייי ית עמא לרחמין קדם **מצראי** אוף גברא משה רב לחדא EX 11:3
לחמא ואמר פרעה לכל **מצראי** איזילו לות יוסף דיימר לכון GN 41:55
ושריין מן בתריהון ואמרו **מצראי** אילין לאילין נעירון מן עמא EX 14:25
ועד בעירא ובכל טעות **מצראי** אעבד ארבעתי דינין טעוות EX 12:12
ברתיכוי ובפרשוי: וידעון **מצראי** ארום אנא הוא ייי EX 14:18
ובכל משיריתי וינדעון **מצראי** ארום אנא הוא ייי ועבדו EX 14:4
בדינין רברבין: וינדעון **מצראי** ארום אנא הוא ייי כד ארים EX 7:5
מתעבדין קטם דינדעון **מצראי** ארום אנא ייי: ויהי אדם EX 12:12
פסק מיננא וניפלח ית **מצראי** ארום טב לנא דניפלח ית EX 14:12
קבל גללוי ועלים ייי ית **מצראי** בגו ימא דלא ימותון EX 14:27
ליה ובריך ייי ית בית **מצראי** בגין זכותיה דיוסף והוה GN 39:5
הוון תקפין ואיתיעקו **מצראי** בחייהון מן קדם בני ישראל: EX 1:12
דמצרים בגין דיימרון **מצראי** בחיר הוא בעל צפון מכל EX 14:2
מחת גבורתי ואימחי ית **מצראי** בכל פרישוותיי דאעבד EX 3:20
רב ספוקלטוריא גבר **מצראי** בערבנותא מן ערבאי GN 39:1
על מצראי: ורדפו **מצראי** בתריהון ואדביקו יתהון כד EX 14:9
והא לא קאים מן ההוא **מצראי** גבר גיור ולא דעביד תתובא EX 2:12
לפרעה ארום זבינו **מצראי** גבר חקליה ארום תקיף GN 47:20
ובתי כל עבדך ובתי כל **מצראי** דלא חמון אבהתך ואבהת EX 10:6
תקיפא: למא דין יימרון **מצראי** דמשתיירין למימר בבישא EX 32:12
מן בתריהון מן בגלל **מצראי** דפתקין גירין ואבנין EX 14:19
מייתי עלוי פרעה ועילוי **מצראי** דקשי עליהון מכולהון EX 11:1
ליה ונצו ליה כל חרשי **מצראי** ואוף אכלו קורצוי קדם GN 49:23
יתכון מגו דחוק פולחן **מצראי** ואישיזיב יתכון מפולחנהון EX 6:6
מן יומא דין שיעבוד **מצראי** ואיתאמר להום בנבואה GN 37:17
וישיילון גבר מן רחמיה **מצראי** ואיתתא מן רחמה מצריתא EX 11:2
יתכון מגו דחוק פולחן **מצראי**: ואעיל יתכון לארעא EX 6:7
ועל בנתיכון ותרוקינון ית **מצראי**: ואתיב משה ואמר והא לא EX 3:22
דייי בשיחני דילקו בהון **מצראי** ובטחוריא דמסמיין חזותא DT 28:27
דתינדעון דיפריש ייי בין **מצראי** וביני ישראל: ויחתון כל EX 11:7
אמר כמה דקטלת ית **מצראי** ודחיל משה ואמר בקושטא EX 2:14
וכל שאר עבדוי וכל שאר **מצראי** והוות צווחתא רבתא ארום EX 12:30
מצלח והוה בבית ריבוניה **מצראי**: וחמא ריבוניה ארום מימר GN 39:2
בנוי עד עלמא ומחאי ית **מצראי** וטמריה בחלא: ונפק ביומא EX 2:12
עמא הדין לרחמין בעיני **מצראי** ויהי ארום תהכון מן תמן EX 3:21
ויהי ארום יסתכלון ביך **מצראי** ויחמון ית שופריך ויימרון GN 12:12
יקרא דייי למימחי ית **מצראי** ויחמי ית אדמא דעל EX 12:23
דא אנא מתגלי בגו **מצראי**: וימות כל בוכרא בארעא EX 11:4
במצרים בחבלותיה ית **מצראי** וית בתנא שיזיב וכד שמעו EX 12:27
ובעובדך טבייא כל חרשי **מצראי** וכד הוו מקלסין קדמך הוו GN 49:22
סגיאין ואבאישו לנא **מצראי** ולאבהתנא: וצלינא קדם ייי NU 20:15
מסיטריה חד מחשך על **מצראי** ומסיטריה חד אנהר על EX 14:20
ושאמם ית משיריית **מצראי**: ונסר ית גלגילי רידוותיה EX 14:24
נגודו ידיהון מטעוות **מצראי** וסבו לכון מן בני ענא EX 12:21
מימנהון ומשמלהון: ורדפו **מצראי** ועלו מן בתריהון כל סוסות EX 14:23
ומסגיא: ואבאישו לנא **מצראי** וצערו יתנא ויהבו עלנא DT 26:6
שיזבותא כד קטלתא ית **מצראי** וקבילתיה: ועבדו היכדין EX 8:12
מרממא מתגברין על **מצראי**: ורדפו מצראי בתריהון EX 14:8
ית עמא לחן וחסד קדם **מצראי** ושיילינון ורוקינו ית מצראי EX 12:36
ית קליה בבכותא ושמעו **מצראי** ושמע אינש בית פרעה: GN 45:2
אהוותא די מחא ית **מצראי** ותלת אבהת עלמא ושית EX 14:21
באיסטיגניניא ובכל **מצראי**: ותקיף ייי ית יצרא דלבה EX 9:11
דאזל הוא וכל עבדוי וכל **מצראי** ותקיפו על עמא בית ישראל EX 12:33
יוסף שווייני ייי לרב לכל **מצראי** חות לותי לא תתעכב: GN 45:9
לחוד למחתא הדא: וחפרו **מצראי** חזרנות נהרא מוי למישתי EX 7:24
היכמא דחמיתון ית **מצראי** יומא דין לא תוספון EX 14:13
על אברם למצרים וחמון **מצראי** ית אינתתא ארום שפירא GN 12:14
שיעבודא דשעבידו **מצראי** ית בני ישראל בטינא EX 24:10
קדם בני ישראל: ושעבידו **מצראי** ית בני ישראל בקשייו: EX 1:13
ית עמא מתחות מרוות **מצראי**: כדון חכימית ארום תקיף EX 18:10
דגשן ארום מרחקין **מצראי** כל רעי ענא: ואתא יוסף ותני GN 46:34
מרעין בישין דשויתי על **מצראי** לא אישוינון עלך ואין EX 15:26
אסיק יתכון מסיגוף **מצראי** לארע כנענאי וחיתאי EX 3:17
שתא ההיא ואתו כל **מצראי** לוותיה בשתא תינייתא GN 47:18
ומארעא דכנען ואתו **מצראי** לות יוסף למימר הב לנא GN 47:15
ארום בפיתגמא דארשעו **מצראי** למידן ית ישראל במיא EX 18:11
ארום לא כשרין **מצראי** למיכול עם יהודאי לחמא GN 43:32
ויסרי נהרא וישתלהון **מצראי** למישתי מוי מן נהרא: ואמר EX 7:18
וסרי נהרא ולא יכילו **מצראי** למישתי מוי מן נהרא והות EX 7:21
ארום טב לנא דניפלח ית **מצראי** מדנמות במדברא: ארבע EX 14:12
פולחנהון וחמא גבר **מצראי** מחי גבר יהודאי מאחוי: EX 2:11
דמצראי וחמון ישראל ית **מצראי** מיתין ולא מיתין רמאין על EX 14:30

ושיילינון ורוקינו ית **מצראי** מניכסיהון: ונטלו בני ישראל EX 12:36
דמשה ושיילו מן **מצראי** מנין דכסף ומנין דדהב: וייי EX 12:35
ישראל ית עיניהון והא **מצראי** נטלין בתריהון ודחילו EX 14:10
דעבד ייי לפרעה ולכל **מצראי**: ניסין רבריבין דחמיתון DT 7:18
רתיכין בחירין וכל רתיכי **מצראי** עבדוי דחילו מפתגמא דייי EX 14:7
חיות ברא ויתמלון בתי **מצראי** עירבות חיות ברא ואוף ית EX 8:17
על ימא ויתובון מאין על **מצראי** על רתיכיהון ועל פרשיהון: EX 14:26
יומי בסימיא ובכון יתי **מצראי** שובעין יומין אמרין אילין GN 50:3
יומא דין: ואמרא גבר **מצראי** שיזבנהו מן ידא דרעיא EX 2:19
לפרעה ארום לא כנשייא **מצרייתא** יהודייתא ארום זריזן EX 1:19
באורחא במיפקכון **מצרים**: ארום תוזפון בחבריכון DT 24:9
וכל מכתשיא דגרי ייי על **מצרים** בישיא דידעת לא ישוינון DT 7:15
ועבדו היכדין איצטיגנוני **מצרים** בלחשיהון והפיכו מן מיא EX 7:22
כן קרא שמה דאתר אבל **מצרים** די בעברא דיירדנא: ועבדו GN 50:11
חדת כמין שירויא על **מצרים** דלא חכים ית יוסף ולא EX 1:8
ארים ית מחת גבורתי על **מצרים** ואנפיק ית בני ישראל EX 7:5
גובא חד בכל תחום **מצרים** ואפילו מה דימלחון במנייא EX 10:19
ידיה מקטלא כל בוכריה **מצרים** וימיניה משיזבא בכוריהון EX 12:42
ושדר וקרא ית כל חרשי **מצרים** וית כל חכימהא ואישתעי GN 41:8
אתמנען ארבעין שנין מן **מצרים** ולא הוה כפנא אלהין תרתין GN 50:3
דקריב למיעל לתחום **מצרים** ומטו לנהרא וגליאו GN 12:11
טלטילינון מסיפי תחום **מצרים** ועד סופיה: לחוד ארעא GN 47:21
יד שדר וקרא לכל חרשי **מצרים** ותני להון ית חילמיה מן יד EX 1:15
ארעא: ודעבד למשריית **מצרים** לסוסוותהון ולארתיכיהון DT 11:4
וית עובדוי דעבד בגו **מצרים** לפרעה מלכא דמצרים ולכל DT 11:3
עד חלוצא דעל אנפי **מצרים** מעלך לאתור על אנפי כל GN 25:18
ושרא בכל תחום **מצרים** תקיף לחדא קודמוי לא הוה EX 10:14
יבשין או דמלי חזזיתא **מצריתא** או דפחדוי נפיחן וקליטן: LV 21:20
בר אברהם דילידת הגר **מצריתא** אמתא דשרה לאברהם: GN 25:12
שרי איתת אברם ית הגר **מצריתא** אמתא מסוף עשר שנין GN 16:3
וחמת שרה ית ברה דהגר **מצריתא** דילידת לאברהם מגחך GN 21:9
ילידת ליה ולה אמתא **מצריתא** ושמא הגר ברת פרעה GN 16:1
חרסין יבישין או חזזיתא **מצריתא** לא תקרבון איליין קדם ייי LV 22:22
ואיתתא מן רחמה **מצריתא** מאנין דכסף ומנין דדהב: EX 11:2

מקדון (1)

ובשידפונא ובירקונא **דמקדוניא** וירדפונכון על שווייכון DT 28:22

מקדינייא (1)

אפריקי וגרמניא והמדיי **ומקדינייא** ויתיניא ואוסיא ותרקי: GN 10:2

מקהלו (1)

ונטלו מחרדה ושרו **במקהלות** אתר כינופיא: ונטלו NU 33:25

מקהלת (2)

אתר כינופיא: ונטלו **ממקהלות** ושרו בארעית מקהלות: NU 33:26
על משה ואהרן: ונטלו **מקהלת** ושרו בטוורא דשפירין NU 33:23

מרא (2)

בית חושבני וית מעלת **מרא** וית קרתא דתרין שוקהא NU 32:37
ובית חושבני מעלת **מרא** שירן ובית קבורתיה דמשה NU 32:3

מרדותא (2)

מחשמונה ושרו באתר **מרדותא**: ונטלו מאתר מרדותא NU 33:30
מרדותא: ונטלו מאתר **מרדותא** ושרו בבירי עקתה: ונטלו NU 33:31

מרה (7)

במדברא דאיתם ושרו **במרה**: ונטלו ממרה ואתו לאלים NU 33:8
באורחא על ימא דסוף **ובמרה** וברפידים והיך אגח עמהון EX 18:8
ולא אשכחו מיא: ואתו **למרה** ולא יכילו למישתי מוי ממרה EX 15:23
ולא יכילו למישתי מוי **ממרה** ארום מרירין הינון בגין כן EX 15:23
דאיתם ושרו במרה: ונטלו **ממרה** ואתו לאלים ובאילים NU 33:9
הינון בגין כן קרא שמיה **מרה**: ואתרעמו עמא על משה EX 15:23
רשו לזבונא חלף דמני **מרה** רשותיה עלה: ואין לציד בריה EX 21:8

מרחשוון (5)

ארעכון בזימניה בכיר **במרחשוון** ולקיש בניסן ולברכא ית DT 28:12
דארעכון בעידניה בכיר **במרחשוון** ולקיש בניסן ותכנשון DT 11:14
על דיתאין בירח **מרחשוון** וכרסיסין לקושין דמרווין DT 32:2
נגובו אנפי ארעא: ובירח **מרחשון** בעשרין ושובעא יומין GN 8:14
ביירחא תניינא הוא ירח **מרחשון** דעד כדון לא הוו מתמנן GN 7:11

מריוטאי (1)

אוליד ית ניווטאי וית **מריוטאי** וית ליווקאי וית GN 10:13

מרים (22)

תמן: ולפום דבזכותא **דמרים** איתיהיבת בירא כד שכיבת NU 20:2
להום בזכותא **דמרים** סוקי בירא הוון NU 21:17
ואמר ייי למשה ולאהרן **ולמרים** פוקו תלתיכון למשכן NU 12:4
משכנא וקרא אהרן **ומרים** ונפקו תרויהון: ואמר שמועו NU 12:5
מה דעבד ייי אלקכון **למרים** דחשדת למשה במילתא DT 24:9
ית אהרן וית משה וית **מרים** אחתהון: ואיתיליד לאהרן ית NU 26:59
על גיף נהרא: ואיתעתדת **מרים** אחתיה מרחיק לאתחכמא EX 2:4
בארעא דמצרים הות **מרים** אחתן חמיא יתן בגלותן NU 12:12
בבעו מינך לא תהוי **מרים** אחתן מסאבא באהילא NU 12:12
דתנייתא פועה היא **מרים** ברתה: ואמר כד תהוויין מולדן EX 1:15
והוון בחצרות: ואשתעיין **מרים** ואהרן במשה פיתגמין דלא NU 12:1
לירחא דניסן ומיתת תמן **מרים** ואתקברת תמן: ולפום NU 20:1
ואסתכל אהרן לות **מרים** והא לקת בצורעא: ואמר אהרן NU 12:10
לא נטל עד זמן דאתסיית **מרים**: ולפום דאתחייבת מרים NU 12:15
מעילוי משכנא והא **מרים** לקת בצורעא ואסתכל אהרן NU 12:10
כדין תתכנש: ואיטרדת **מרים** מברא למשריתא שבעתי NU 12:15
אתרא דאיסתגרת **מרים** נביאיתא: ונטלו מחצרות ושרו NU 33:17
בארעית ימא: ונסיבת **מרים** נביאתא אחתיה דאהרן ית EX 15:20
נטלין עד זמן דאיתסיית **מרים** נביאתא ומן בתר כדין נטלו NU 12:16
מרים: ולפום דאתחייבת **מרים** נביאתא למלקי בצורעא NU 12:16
לפום דאיתיעדת **מרים** נביאתא שעא זעירא למידוע NU 12:16
מחנגין: וזמרת להון **מרים** נודי ונשבחא קדם ייי ארום EX 15:21

מררי (16)

בסוף יומייא: ובנוי **דמררי** מחלי ומושי אילין ייחוסין EX 6:19
בשמהתהון גרשון וקהת **ומררי**: ואילין שמהת בני גרשון NU 3:17
ובנוי דלוי גרשון וקהת **ומררי**: ובנוי דיהודה ער ואונן ושלה GN 46:11
לייחוסיהון גרשון וקהת **ומררי** ושני חייוי דלוי מאה ותלתין EX 6:16
גרשון לקהת גניסת קהת **למררי** גניסת מררי: איליין גניסת NU 26:57
ממנן נטרי מטרת קודשא: **למררי** גניסתא דמחלי וגניסתא NU 3:33
גניסת קהת למררי גניסת **מררי**: איליין גניסת ליוואי גניסת NU 26:57
מנייני סכומי גניסת בני **מררי** דמנא משה ואהרן על פום NU 4:45
וית תמנן תורי יהב לבני **מררי** כמיסת פולחנהון בידא NU 7:8
בר אהרן כהנא: בני **מררי** לגניסתהון לבית אבהתהון NU 4:29
ומניין סכומי גניסת בני **מררי** לגניסתהון לבית אבהתהון: NU 4:42
ודמסיר למינטר בני **מררי** לוחי משכנא ונגרוי ועמודוי NU 3:36
היא פולחנת גניסת בני **מררי** לכל פולחנהון במשכן זימנא NU 4:33
ונטלין בני גרשון ובני **מררי** נטלי משכנא: ונטל טיקס NU 10:17
דמושי איליין הינון גניסת **מררי**: סכומהון במניין כל דכורא NU 3:33
דהוה מתמני על גניסת **מררי** צוריאל בר אביחיל על שידא NU 3:35

משאל (1)

ונפג וזכרי: ובנוי דעזיאל **משאל** ואלצפן וסתרי: ונסיב אהרן EX 6:22

משה (766)

דאיתגנזת ואתקדש בהון **במשה** ואהרן כד אתיהבת להום: NU 20:13
יומיא: ותקיף רוגזא דייי **במשה** ואמר הלא אהרן אחוך לוואי EX 4:14
כהלין מלייא בעבדי **במשה**: ואסתלק איקר שכינתא דייי NU 12:8
ואשתעיין מרים ואהרן **במשה** פיתגמין דלא מהגנין על NU 12:1
בני ישראל ית איקונין **דמשה** ארום אשתבהר זיו איקונין EX 34:35
למידוע מה הוה בסיפיה **דמשה** ביהוא זכותא הוון כל ישראל NU 12:16
לוחיא דסהדותא בידא **דמשה** במיחתי מן טוורא ומשה לא EX 34:29
דאתמנייו על פם מימרא **דמשה** ברם פולחן לואי הות בידא EX 38:21
יומי בכותא דאיבליה **דמשה** בתמניא בניסן ובתשעא DT 34:8
אכלין ית מנא בזכותיה **דמשה** בתר דשכיב תלתין ושובעא DT 34:8
ית צפורה אינתתיה **דמשה** בתר דשלחה מלותיה כד EX 18:2
דייי מנא יתהון בידא **דמשה** גבר גבר על פולחניה ועל NU 4:49
וקאים ולא הוה נטיל עד **דמשה** הוה קאי בצלו מצלי ובעי NU 10:35
דבית עמלק: וידוי **דמשה** הוו יקרין מן בגלל דעכב EX 17:12
דפקיד ייי למעבד בידא **דמשה** היתיו בני ישראל נדבתא EX 35:29
לעלמא אילולי זכותא **דמשה** ואהרן ונתב בימא רבא NU 11:31
יתרו חמוי דמשה ובנוי **דמשה** ואינתתיה לות משה EX 18:5
היכמא דמליל ייי בידא **דמשה**: ואמר ייי למשה עול לות EX 9:35
יהושע בר נון משומשניה **דמשה** ואמר ריבוני משה בעי רחמין NU 11:28
ועבד ייי כפתגם בעותא **דמשה** ואעדי עירבוב חיות ברא EX 8:27
דפרעה: ואתא יתרו חמוי **דמשה** ובנוי דמשה ואינתתיה לות EX 18:5
מרא שירן ובית קבורתיה **דמשה** ובעון: ארעא דכבש ייי ומחא NU 32:3
פיתגמיא דפקיד ייי בידא **דמשה**: והוה ביומא תמינאה לרבות LV 8:36
ומן יד תקף רתח רוגזיה **דמשה** וטלק מן ידוי ית לוחיא EX 32:19
וית בית קבורתיה **דמשה** וית קרתא דבלק דפגרו NU 32:38
לפרעה: ועבד ייי כפתגמא **דמשה** ומיתו עורדעניא מן בתיא EX 8:9
ועבדו הי כפיתגמא **דמשה**: ומליל ייי עם אהרן למימר: LV 10:7
בטוורא דסיני על ידא **דמשה**: ומליל ייי עם משה למימר: LV 26:46
על פום מימרא דייי בידא **דמשה**: ומליל ייי עם משה למימר: NU 9:23
דמליל ייי להון בידא **דמשה**: ומליל משה עם אהרן ועם LV 10:11
על פום מימרא דייי בידא **דמשה**: ומניין סכומי בני גרשון NU 4:37
דהוון יהיבין בכף ידוי **דמשה** ומתהפיך בהון מן סטר EX 20:2
מודיק בבית קבורתיה **דמשה** ומתכביש ולא חכים בר נש DT 34:6
על פום מימרא דייי בידא **דמשה**: ונטיל טיקס משיריית בני NU 10:13
קדם בית קבורתיה **דמשה**: ונטלו מטרי עבראי ושרו NU 33:47
בני לוי הי כפיתגמא **דמשה** ונפלו מן עמא דהוה סימא EX 32:28
ישראל עבדו כפיתגמא **דמשה** ושיילו מן מצראי מנין דכסף EX 12:35
מנא ובירא וחוטרא **דמשה** ושמירא וקשתא ועננֵי יקרא NU 22:28
עד רמשא: וחמא חמוי **דמשה** ית כל דהוא טרח ועביד EX 18:14
יתרו אונוס מדין חמוי **דמשה** ית כל מאן דעבד ייי למשה EX 18:1

ממצרים: ודבר יתרו חמוי **דמשה** ית צפורה אינתתיה דמשה EX 18:2
על פום מימרא דייי בידא **דמשה**: כל סכום מניינייא דמנא NU 4:45
דינייא דפקיד ייי בידא **דמשה** לות בני ישראל במישריא NU 36:13
וית אורייתיה: ואמר חמוי **דמשה** ליה לא תקין פיתגמא דאנת EX 18:17
דפקיד ייי לוותכון בידא **דמשה** מן יומא דפקיד ייי ולהלא NU 15:23
ואזלו בתר אולפנא **דמשה** נביא לא מיתו במותנא ולא NU 26:11
והוה די מטה קיציה **דמשה** נביא למתכנשא מיגו עלמא DT 32:1
לאתרא דאיתפליג דינא **דמשה** נביא על עינא דמי מצותא GN 14:7
בר רעואל מדינאה חמוי **דמשה** נטלין אנחנא מיכא לאתרא NU 10:29
עימהון: לא כדין אורחא **דמשה** עבדי בכל בית ישראל עמי NU 12:7
מימריה דייי ובנבואתיה **דמשה** עבדיה: הא בכן שבח משה EX 14:31
מנא ארבעין שנין בחייוהי **דמשה** עד מיתיהון לארעא מיתבא EX 16:35
ואורו הילכתא באנפי **דמשה** על עיסק תיכלא משה הוה NU 16:2
למיכול לחמא עם חמוי **דמשה** קדם ייי ומשה הוה קאי EX 18:12
עללי עלמא וחמון בצערי **דמשה** רבהון דישראל דטרח ולא DT 34:5
אהרן כהניא תלמידיא **דמשה** רבהון דישראל ואתקריין על NU 3:3
על מימרא דייי **ובמשה** נצו למא אסקתונא NU 21:5
עד זמן יומא הדין: **ומשה** בר מאה ועשרין שנין כד DT 34:7
ייי יתהון היכדין עבדו: **ומשה** בר תמנן שנין ואהרן בר תמנן EX 7:7
ליחוסיהון: איהו אהרן **ומשה** דאמר ייי להון הנפיקו ית בני EX 6:26
ואיליין ייחוסי אהרן **ומשה** דאתייחסו ביומא דמליל ייי NU 3:1
עם חמוי דמשה קדם ייי **ומשה** הוה קאי ומשמש קדמיהון: EX 18:12
דלא ידעו אינש בחבריה: **ומשה** הוה רעי ית ענא דיתרו חמוי EX 3:1
לאגחא קרבא בעמלק **ומשה** ואהרן וחור סליקו לריש EX 17:10
משכן זימנא מציטרא חד **ומשה** ואהרן מציטרא חד: וכנש NU 16:18
תמהיי בארעא דמצרים: **ומשה** ואהרן עבדו ית כל תימהייא EX 11:10
דעננא על תרע משכנא **ומשה** ויהושע קמון מן לבר: ואמר DT 31:15
יתי סהדיא ויתנון למשה **ומשה** יתבע אולפן מן קדם ייי וידון NU 15:32
ארונא דביה קימא דייי **ומשה** לא זזו מגוא משריתא: ונחת NU 14:44
דמשה במיחתי מן טוורא **ומשה** לא חכים ארום אשתבהר זיו EX 34:29
ורבי מן רוח נבואה דעלוי **ומשה** לא חסיר מידעם ויהב על NU 11:25
יעקב אבונן ודוד מלכא **ומשה** נביא דהכין כתיב ואמר ייי DT 31:14
למתנה מן טוור חורב: **ומשה** נסיבינון וטמירינון במשכן EX 33:7
מייחד כל קבל טוורא: **ומשה** סליק ביומא תניינא לריש EX 19:3
תריסר מילין מרחיק **ומשה** קריב לצית אמיטתא דתמן EX 20:21
קם נביא תוב בישראל **כמשה** ארום חכים יתיה מימרא DT 34:10
בעור ומברכך יהון בריכן **כמשה** נביא ספרהום דישראל: והוה GN 27:29
מברכיהון יהון בריכין **כמשה** נביא ספריהון דישראל NU 24:9
דעל אנפי ארעא: ואמר ייי **למשה** אוף ית פיתגמיא הדין EX 33:17
משה מן קדמוי: ואמר ייי **למשה** אושיט ידך ואיחוד בקוטניה EX 4:4
אינון קיימין ואמר יתרו **למשה** איזיל לשלם: ואמר ייי למשה EX 4:18
דמליל ייי: ואמר ייי **למשה** אימר לאהרן ארים ית EX 8:12
מוי מן נהרא: ואמר ייי **למשה** אימר לאהרן סב חוטרך EX 7:19
ומפרש עלוי: ואמר ייי **למשה** אימר לבני ישראל אתון עם EX 33:5
קטלא חייבין: ואמר ייי **למשה** אימר לכהניא בני אהרן LV 21:1
מנהון היכמא ייי: ואמר ייי **למשה** איתקף יצרא דלבה דפרעה EX 7:14
לקדם מדבחא: ואמר ייי **למשה** אמרכול חד ליומא אמרכול NU 7:11
דבני ישראל עני וכן אמר **למשה** אן מה דא למקרב לגבה ואין NU 25:6
למשה מן שירויא: ואמר **למשה** אנא חמוך יתרו אתי לוותך EX 18:6
דמליל ייי: ואמר ייי **למשה** אקדים בצפרא ותיתעתד EX 8:16
ייי עם משה: ואמר ייי **למשה** אקדם בצפרא ותיתעתד EX 9:13
מלות אפי פרעה: ואמר ייי **למשה** ארים את ידך על ארעא EX 10:12
עורדעניא: ואמר ייי **למשה** ארים ית ידך בחוטרך על EX 8:1
גיתוי בחקלא: ואמר ייי **למשה** ארים ית ידך על צית שמייא EX 9:22
ית בני ישראל: ואמר ייי **למשה** ארים ית ידך על צית שמייא EX 10:21
קרבין במצראי: ואמר ייי **למשה** ארכן ית ידך על ימא ויתובון EX 14:26
גבר חוטריה: ואמר ייי **למשה** אתיב ית חוטרא דאהרן NU 17:25
דינא יתעבד ביה: ואמר ייי **למשה** אתקטלא יתקטל גברא NU 15:35
דין שיעורא איתחמי **למשה** בטוורא הי כדינרא דאישא EX 30:13
לטוורוס אומנוס: ואמר ייי **למשה** בטוורוס אומנוס על תחום NU 20:23
עמא קדם ייי: ואמר ייי **למשה** ביומא רביעאה איזל לות EX 19:10
יקרא שיתא יומין וקרא **למשה** ביומא שביעאה מיגו עננא: EX 24:16
עמא קדם ייי: ואמר ייי **למשה** ביומא תליתאה הא אנא EX 19:9
איזיל לשלם: ואמר ייי **למשה** במדין איזל תוב למצרים EX 4:19
קדם ייי בידיה: ואמר ייי **למשה** במהכך למתוב למצרים חמי EX 4:21
לקת בצורעא: ואמר אהרן **למשה** במטו מינך ריבוני לא תשוי NU 12:11
אלקכון למרים דחשדת **למשה** במילתא דלא הות ביה DT 24:9
דאסבוהי כושאי **למשה** במיערקיה מן קדם פרעה NU 12:1
מארעא דמצרים: ואמר ייי **למשה** גלי קדמוי זדונהון דעמא EX 32:9
ולית להון רעי: ואמר ייי **למשה** דבר לך ית יהושע בר נון גבר NU 27:18
הוה אהרן מיבהית ואמר **למשה** דילמא לא איתרעי מימרא LV 9:23
מה אימר להון: ואמר ייי **למשה** דין דאמר והוה עלמא אמר EX 3:14
הדין בכפנא: ואמר ייי **למשה** הא אנא מחית לכון לחמא EX 16:4
קמון מן לבר: ואמר ייי **למשה** הא אנת שכיב בעפרא עם DT 31:16

דהכין כתיב ואמר ייי **למשה** הא קריבן יומך לממת קרי DT 31:14
ויספקון להון: ואמר ייי **למשה** האיפשר דאית קדם ייי NU 11:23
מדכר קורבניא אתפרש **למשה** הוה לחולק היכמא דפקיד LV 8:29
ייי: ואמרו רשיעי דרא **למשה** המן בגלל דלא הות לנא בית EX 14:11
אסי בבעו לה: ואמר ייי **למשה** ואבוהא אילו מנוף נזף NU 12:14
ורהט טליא חד ותני **למשה** ואמר אלדד ומידד מתנביין NU 11:27
תלתא יומין קרא פרעה **למשה** ואמר זילו פלחו קדם ייי EX 10:24
כל רברבני כנישתא ותנו **למשה**: ואמר להון משה הוא דמליל EX 16:22
ית ציפורה ברת בריה **למשה**: וילידת ביר דכר וקרא שמיה EX 2:21
ישראל מארעיה: ואמר ייי **למשה** ולאהרן בארעא דמצרים EX 12:1
דמצרים הוה וכד קרא **למשה** ולאהרן בליליא דפסחא EX 12:31
ובעיריהון: ואמר ייי **למשה** ולאהרן בשבועתא חולף NU 20:12
לדריהון: ואמר ייי **למשה** ולאהרן דא היא גזירת EX 12:43
חיות ברא: וקרא פרעה **למשה** ולאהרן ואמר איזילו פלחו EX 8:21
פרעה ושדר פולין למיקרי **למשה** ולאהרן ואמר חבית קדם ייי EX 10:16
ושדר פרעה פולין למיקרי **למשה** ולאהרן ואמר להון חבית EX 9:27
דמצרים: וקרא פרעה **למשה** ולאהרן ואמר צלון קדם ייי EX 8:4
חש למיליהון: ואמר ייי **למשה** ולאהרן ולמרים פוקו NU 12:4
עם פרעה: ואמר ייי **למשה** ולאהרן למימר: ארום ימלל EX 7:8
פטר ית עמא: ואמר ייי **למשה** ולאהרן סיבו לכון מלי EX 9:8
דין עמיה: ואמר ייי **למשה** ולאלעזר בר אהרן כהנא NU 26:1
בני גד ובני ראובן ואמרו **למשה** ולאלעזר כהנא ולרברבי NU 32:2
ית כל מאן דעבד ייי **למשה** ולישראל עמיה ארום אפיק EX 18:1
ייי ובכין קרא דבורא דייי **למשה** ומליל מימרא דייי עימיה מן LV 1:1
ויחמון יתי סהדיא ויתנון **למשה** ומשה יתבע אולפן מן קדם NU 15:32
וסליק משה: ואמר ייי **למשה** חות אסהיד בעמא דילמא EX 19:21
שביעאה שבת ונח: ויהב **למשה** כד פסק למללא עימיה EX 31:18
שזיבתא ית עמך: ואמר ייי **למשה** כדון תחמי מה אעביד EX 6:1
שכינתא דייי: ואמר ייי **למשה** כדנא תימר לבני ישראל EX 20:22
לותכון: ואמר תוב ייי **למשה** כדנן תימר לבני ישראל EX 3:15
בירא היא בירא דאמר ייי **למשה** כנוש ית עמא ואיתן להון NU 21:16
אחמי בבישותי: ואמר ייי **למשה** כנוש לשמי שובעין גוברין NU 11:16
בקטילת סייפא: ואמר ייי **למשה** כתב דא דוכרנא בספר EX 17:14
וטרפיהון כחדא: ואמר ייי **למשה** כתב לך ית פיתגמיא EX 34:27
שמי בגויה: ואמר ייי **למשה** לא חמי למימחי שמך אלהין EX 32:33
בתקוף רגז: ואמר ייי **למשה** לא יקביל מנכון פרעה מן EX 11:9
בידיהון בכן אמר ייי **למשה** לא תידחל מיניה ארום בידך NU 21:34
ולא ניסוק לתמן: ותקיף **למשה** לחדא ואמר קדם ייי בבעו NU 16:15
מיני פרעה: ואמר ייי **למשה** למא אנת מסתפי חמי דכבר EX 7:1
לאלקוכון: ואמר ייי **למשה** למא אנת קאי ומצלי קדמי EX 14:15
עבד: ואמרו בני ישראל **למשה** למימר הא מינן אשתיציו NU 17:27
יעבדון: ואמר ייי **למשה** למימר: ואנת תמליל עם בני EX 31:12
עד שציי: ומליל ייי **למשה** למימר: מליל עם בני ישראל NU 15:1
ייי ית משה: ואמר ייי **למשה** למימר: מליל עם בני ישראל NU 15:37
ראובן באסכמותא חדא **למשה** למימר עבדך יעבדון כל NU 32:25
קדם משכנא: ואמר ייי **למשה** למימר: קבל מנהון ויהון ציבי NU 7:4
משכנא: ולא הוה אפשר **למשה** למיעל למשכן זימנא ארום EX 40:35
על ריש טוורא וקרא ייי **למשה** לריש טוורא וסליק משה: EX 19:20
מילין מרחיק: ואמרו **למשה** מליל אנת עימנא ונקביל EX 20:19
מצלהבא: ואמר ייי **למשה** מליל עם אהרן אחוך ולא LV 16:2
דאיתגלי עלוי יקרא דייי **למשה** מן שירויא: ואמר למשה אנא EX 18:5
ותרין אלפין: ואמר ייי **למשה** מני כל בוכריא דוכריא בבני NU 3:40
דהינון עבדין: ואמרו **למשה** מסגיין עמא למייתיא מיסת EX 36:5
דייי בישראל: ואמר ייי **למשה** סב ית כל רישי עמא ומני NU 25:4
וישתיצי מעמיה: ואמר ייי **למשה** סב לך בושמיא קטף וכשת EX 30:34
ייי ית משה: ואמר ייי **למשה** סוק לטוורא הדין וחמי ית NU 27:12
והי כשתיין: ואמר ייי **למשה** סוק קדמי לטוורא והוו תמן EX 24:12
ורבני מאוותא: ואמרו **למשה** עבדך קבילו ית סכום גוברי NU 31:49
מנא ולא אשכחו: ואמר ייי **למשה** עד אימת אתון מסרבין EX 16:28
במשכנא זימנא: ואמר ייי **למשה** עד אימתי יהון מרגזין קדמי NU 14:11
ייי בידא דמשה: ואמר ייי **למשה** עול לות פרעה ארום אנא EX 10:1
דייי ית נהרא: ואמר ייי **למשה** עול לות פרעה ותימר ליה EX 7:26
פטור ית עמא: ואמר ייי **למשה** עול לות פרעה ותמליל EX 9:1
משה על עמא: ואמר ייי **למשה** עיבד לך חיווי חורמן דנחש NU 21:8
והינון רגמין יתי: ואמר ייי **למשה** עיבר קדם עמא ודבר עמך EX 17:5
לך למיחמי: ואמר ייי **למשה** פסל לך תרין לוחי אבנין הי EX 34:1
בחדוא קדם עיגלא ואמר **למשה** קל סידרי קרבא במשריתא: EX 32:17
בסגירותא היכמא דמליל **למשה** שוי ידך בעיטפך ולקת ידיה NU 17:5
סבר אפך: ואמר ייי **למשה** תוב מכתש חד אנא מייתי EX 11:1
חירופין וקמו וארגיזו **למשה** תרע משכניהון ונשיהון NU 16:27
לגביה בכין אמר ליה **משה** אגיס מנדעך וקריב למדבחא LV 9:7
משכן זימנא מדינחא **משה** אהרן ובנוי נטרין מטרת NU 3:38
שמעית בגין כן אמר להון **משה** אוריכו עד דאשמע מה NU 9:8
כד אתיהבת להום: ושדר **משה** אזגדין מרקם לות מלכא NU 20:14

דעבד אהרן: ומליל ייי עם **משה** איזל איסתלק מיכא דילמא EX 33:1
נוכריא: ומליל ייי עם **משה** איזל חות מן רבות יקרך דלא EX 32:7
מדינחא: ואמר להון **משה** אין תעבדון ית פיתגמא הדין NU 32:20
ייי ית משה: וקריבו לות **משה** איסטריטיגין דממנן על אלפי NU 31:48
ומתאכיל בנורא: ואמר **משה** איתפני כדון ואחמי ית חזוונא EX 3:3
לא הות ביה: ואמר **משה** אכלוהי יומא דין ארום שבתא EX 16:25
מזרזי חילא: ושדר יתהון **משה** אלפא לשיבטא לחילא יתהון NU 31:6
יהון לך לתוקלא: ולות **משה** אמר מיכאל סרכן חכמתא EX 24:1
הי כביר וקרת שמיה **משה** ארום אמרת מן מוי דנהרא EX 2:10
והוה ביומא דמליל ייי עם **משה** בארעא דמצרים הוה אהרן EX 6:28
שנין אפקיה מן גובא ועל **משה** בגו גינוניתא דרעואל והוה EX 2:21
ותמהין בני ישראל: ואעל **משה** בגו עננא וסליק לטוורא והוה EX 24:18
ובניהון וטפלהון: ואמר **משה** בדא תינדעון ארום ייי שדרני NU 16:28
אתרעמתון עלנא: ואמר **משה** בדין תידעון בדיזמן ייי לכון EX 16:8
ולכל דחיל רב דעבד **משה** בזמן דקבל תרין לוחי אבן DT 34:12
יהודאי מאחוי: ואיסתכל **משה** בחכמת דעתיה ואיתבונן בכל EX 2:12
עננא וסליק לטוורא והוה **משה** בטוורא אליף פיתגמי EX 24:18
קדם ייי:: דפקד ייי ית **משה** בטוורא דסיני ביומא דפקיד LV 7:38
ביומא דמליל ייי עם **משה** בטוורא דסיני:: ואילין שמהת NU 3:1
ייי ית משה: ומליל ייי עם **משה** בטוורא דסיני למימר: מליל LV 25:1
עם בני ישראל: ואתא **משה** ביומא ההוא וקרא לסבי עמא EX 19:7
למיסק בטוורא: ונחת **משה** ביומא ההוא לות עמא וזמין EX 19:14
קימיא דפקיד ייי ית **משה** בין גבר לאיתתיה בין איבא NU 30:17
רוגזא דייי לחדא ובעיני **משה** ביש: ואמר משה קדם ייי למא NU 11:10
ואתון רעיא וטרדינון וקם **משה** בכח גבורתיה ופרקינין ואשקי EX 2:17
וחטופין מטול דחשיב **משה** בלבביה דילמא נסיבו סרכיא LV 8:15
ותסגדון מרחיק: ויתקרב **משה** בלחודוי קדם ייי והינון לא EX 24:2
דסיני: ומליל ייי עם **משה** במדברא דסיני במשכן זימנא NU 1:1
במטרתהון: ומליל ייי עם **משה** במדברא דסיני בשתא NU 9:1
יהון אנא ייי: ומליל ייי עם **משה** במדברא דסיני למימר: מני ית NU 3:14
לאתעכבא: ואמר ליה **משה** במיפקי סמיך לקרתא אפרוס EX 9:29
דמואב: ומליל ייי עם **משה** במישריא דמואב על יורדנא NU 33:50
דכנען: ומליל ייי עם **משה** במישריא דמואב על יורדנא NU 35:1
ובכון בני ישראל ית **משה** במישריא דמואב תלתין יומין DT 34:8
ייי לארגזא קדמוי: ומליל **משה** במשמע כל קהלא דישראל DT 31:30
באיקר שכינתיה על **משה** בסנייא יתכנשן כולהון DT 33:16
דמשה ואמר ריבוני **משה** בעי רחמין מן קדם ייי וכלי NU 11:28
מפקהון ממצרים: ותננון **משה** בעיברא דיורדנא בחילתא DT 4:46
אבנין הי כקדמאי ואקדם **משה** בצפרא וסליק לטורא דסיני EX 34:4
אורייתא דפקיד ייי ית **משה**: ברם לחודהון בלא חלדותהון NU 31:21
למירתה: ומליל ייי עם **משה** בשבעה בירחא דאדר בכרן DT 32:48
משה עימיה תמן וקרא **משה** בשום מימרא דייי: ואעבר ייי EX 34:5
מלכה ותרצה: וקמא קדם **משה** בתר דקמא קדם אלעזר כהנא NU 27:2
שום ביש לדריהון: וקם **משה** בתרע סנהדרין דמשריתא EX 32:26
דיהבו בזמן דמננון **משה** גבר פורקן נפשיה מאה EX 38:25
קדמנא ארום דין **משה** גברא דאסקנא מארעא EX 32:1
קדמנא ארום דין **משה** גברא דאסקנא מארעא EX 32:23
ית פיתגמא הדין מפום **משה** גחנו וסגידו: ואזלו ועבדו בני EX 12:27
ועבד כל דאמר: ובחר **משה** גיברי חילא מכל ישראל ומני EX 18:25
יתן למקבור מיתיא מן **משה** דאתגלי עלוי במימריה DT 34:6
קדישא בגידופין ארום **משה** דהוה רבהון דישראל לא הוה DT 32:3
דינא דמתקשי להון ארום **משה** דהוה רבהון דישראל צרך NU 9:8
דינא דמתקשי להון ארום **משה** דהוה רבהון דישראל צרך NU 15:34
דינא דמתקשי להון ארום **משה** דהוה רבהון דישראל צרך NU 27:5
עימהון: וצווח עמא על **משה** דיבעי עליהון וצלי משה קדם NU 11:2
בלב שלים קדם ייי: ואמר **משה** דין פיתגמא דתעבדון אעברו LV 9:6
כאשישיין בדבש: ואמר **משה** דין פתגמא דפקיד ייי EX 16:32
היכמא דמתמלל עם **משה** דמימרא דייי בחזיו לוותהון NU 12:6
ייי עם משה למימר: חמי **משה** דקריית בשום טב בצלאל בר EX 31:2
לטיילא צלו עלי: ואמר **משה** הא אנא נפיק מלותך ואיצלי EX 8:25
ומליל אהרן עם **משה** הא יומא דין קריבו בני ישראל LV 10:19
ותנו למשה: ואמר להון **משה** הוא דמליל ייי עבדתון שבא EX 16:23
ומיתו קדם ייי: ואמר **משה** הוא דמליל ייי עימי בסיני LV 10:3
דמשה על עיסק תיכלא **משה** הוה אמר אנא שמעית מן פום NU 16:2
אזיל ותקיף לחדא **משה** הוה ממלל ומן קדם ייי הוה EX 19:19
עלם לדריהון: ועבד **משה** הי ככל מה דפקיד ייי יתיה EX 40:16
על קהלא הייי: ושמע **משה** היך קנייו כל חד מנהון ית NU 16:4
היכמה דמליל ייי עם **משה** היכדין עבדו בני ישראל: NU 5:4
היכמא דפקיד ייי ית **משה** היכדין עבדו: ואיתיו ית EX 39:32
יתכנש וימות תמן: ועבד **משה** היכמא דפקיד ייי וסליקו NU 20:27
קדמי ולא ימותון: ועבד **משה** היכמא דפקיד ייי יתיה הכדין NU 17:26
עימיה וכל כנישתא: ועבד **משה** היכמא דפקיד ייי יתיה ודבר NU 27:22
לתרע משכן זימנא: ועבד **משה** היכמה דפקיד ייי ואיתכנישת LV 8:4
דבני ישראל: ומנא **משה** היכמה דפקיד ייי יתיה ית כל NU 3:42

הי כחיזו דאחזי ייי ית **משה** הכדין עבד בצלאל ית מנרתא: NU 8:4
ככל מה די פקיד ייי ית **משה** הכדין עבדו בני ישראל: והוו NU 9:5
הי ככל מה דפקד ייי ית **משה** הכדין עבדו בני ישראל ית כל EX 39:42
היכמא דפקיד ייי ית **משה** הכדין עבדו בנת צלפחד: NU 36:10
ישראל ככל דפקד ייי ית **משה** הכדין עבדו: ומליל ייי עם NU 1:54
ככל מה דפקד ייי ית **משה** הכדין שרן לטיקסיהון והכדין NU 2:34
רוח נבואתא: ואמר ליה **משה** המן בגלל דאתנבו עלי דאנא NU 11:29
סדרי קרבא: ואמר להון **משה** הקיימתון כל נוקבא: הנין הנין NU 31:15
פרעה ולא מן כח גבורת **משה** ואהרן היא אלהן מחא EX 8:15
פריקין מביניהון: ועבד **משה** ואהרן היכמא דפקיד ייי EX 7:6
ובמני אבנא: ועבדו היכדין **משה** ואהרן היכמא דפקיד ייי EX 7:20
וסגידו: ובתר כדין עאלו **משה** ואהרן ואמר לפרעה כדנא EX 5:1
מדרשיה דהוו תמן יתבין **משה** ואהרן ובנוי והוה מתרץ להון EX 39:33
דלא אמות: וכד שמעו **משה** ואהרן ובני ישראל קל בכותא EX 12:33
ישראל לקודשא: ועבד **משה** ואהרן וכל כנישתא דבני NU 8:20
דפקדיה למעבד: ואזל **משה** ואהרן וכנשו ית כל סבי בני EX 4:29
להון ניסין על יד **משה** ואהרן: וכתב משה ית מפקנהון NU 33:1
קרח וסיעתיה על **משה** ואהרן: ונטלו מקהלת ושרו NU 33:22
כל סכום מנייניא דמנא **משה** ואהרן ורברבי ישראל ית NU 4:46
סכומי מניינייא דמנא **משה** ואהרן ורברבי ישראל תריסר NU 1:44
בר אהרן כהנא: ומנא **משה** ואהרן ית בני קהת לגניסתהון NU 4:34
דישראל הינון: ודבר **משה** ואהרן ית גובריא האילין NU 1:17
היכמה דפקדיה: וכנישו **משה** ואהרן ית קהלא לקדם כיפא NU 20:10
לא הוה גבר מן סכומי **משה** ואהרן כהנא די סכמון ית בני NU 26:64
ארום אנא הוא ייי: ועאל **משה** ואהרן לות פרעה ואמר ליה EX 10:3
מן שירויא: ואעל **משה** ואהרן לות פרעה ועבדו EX 7:10
יומא ויומא: ואמר **משה** ואהרן לכל בני ישראל EX 16:6
דייי בעובדי ידיי בכן עלו **משה** ואהרן למשכנא זימנא וצלו LV 9:23
סריין כל יומיא: ונסבין **משה** ואהרן מיניה בנטלא ומקדשין EX 40:31
דבנהרא ישתיירון: ונפק **משה** ואהרן מלות פרעה וצלי משה EX 8:8
תמן איקרא דייי: ועל **משה** ואהרן מן קדם קהלא לתרע NU 17:8
ומוי לית למישתי: ועאל **משה** ואהרן מן קדם תורעמות NU 20:6
פיתגמיא האילין: וסליק **משה** ואהרן נדב ואביהוא ושובעין EX 24:9
חפסו יתה רישי עמא **משה** ואהרן ספריהון דישראל NU 21:18
ונתוב למצרים: ואתרכינו **משה** ואהרן על אפיהון קדם כל NU 14:5
מנייני ליואי די מנא **משה** ואהרן על פום מימרא דייי NU 3:39
במשכן זימנא די מנא **משה** ואהרן על פום מימרא דייי NU 4:37
במשכן זימנא די מנא **משה** ואהרן על פום מימרא דייי: NU 4:41
גניסת בני מררי דמנא **משה** ואהרן על פום מימרא דייי NU 4:45
להון מלכא דמצרים למה **משה** ואהרן תבטלון ית עמא EX 5:4
דקרח דתן ואבירם: וקם **משה** ואזל לאוכחא לדתן ולאבירם NU 16:25
ית משכנא חשיב **משה** ואידיין בליביה ואמר טוורא LV 1:1
לא יסקון עימיה: ואתא **משה** ואישתעי לעמא ית כל EX 24:3
בני ישראל: אילין סכומי **משה** ואלעזר כהנא די סכמון ית בני NU 26:63
מטרת משכנא דייי: ועבד **משה** ואלעזר כהנא היכמא דפקיד NU 31:31
על ירדנא דיריחו: ונפקו **משה** ואלעזר כהנא וכל אמרכלי NU 31:13
בזזו גבר לנפשיה: ונסב **משה** ואלעזר כהנא ית דהבא מן NU 31:54
על נפשתן קדם ייי: ונסיב **משה** ואלעזר כהנא ית דהבא מנהון NU 31:51
חילא בישראל: ומליל **משה** ואלעזר כהנא עם אמרכליא NU 26:3
תמן בריש טוורא ונחת **משה** ואלעזר מן טוורא: וכיוון דנח NU 20:28
דקטלת ית מצראי ודחיל **משה** ואמר בקושטא איתפרסם EX 2:14
ייי מגו סניא ואמר משה **משה** ואמר האנא: ואמר לא תקרב EX 3:4
ית מצראי: ואתיב **משה** ואמר והא לא יהימנון לי ולא EX 4:1
היכמא דמליל ייי עם **משה**: ואמר ייי למשה אקדם בצפרא EX 9:12
לריש טוורא וסליק **משה**: ואמר ייי למשה חות אסהיד EX 19:20
היכמא דפקיד ייי ית **משה**: ואמר ייי למשה למימר: מליל NU 15:36
דין היכמא דפקיד ייי ית **משה**: ואמר ייי למשה סוק לטוורא NU 27:11
עימהון בחורב: וקרא **משה** ואמר להון אתון חמיתון ית DT 29:1
מן ארעיה: ומליל ייי עם **משה** ואמר ליה אנא ייי הוא EX 6:2
לילי נטיר בגין כן פריש **משה** ואמר ליל נטיר לפורקן הוא EX 12:42
ית עמא ואציתינון לות **משה** ואמר מיסק ניסק ונירת יתה NU 13:30
למשריתא היכמא דמליל **משה**: ואמר משה לאהרן ולאלעזר LV 10:5
היכדין עבדו ובריך יתהון **משה** ואמר תשרי שכינתא דייי EX 39:43
עמא: ונצו רשיעי עמא עם **משה** ואמרו הב לן מוי ונישתי ואמר EX 17:2
מישראל: ואתו עמא לות **משה** ואמרו חבנא ארום הירהירנא NU 21:7
למוי ואתרעם עמא על **משה** ואמרו למה דנן אסיקתנא EX 17:3
ועל אהרן: ונצא עמא על **משה** ואמרו למימר הלואי דמיתנא NU 20:3
ייי למעבד יתה: ופקיד **משה** ואעברו כרוזא במשריתא EX 36:6
היכמא דפקיד ייי ית **משה** ואצנעיה אהרן קדם סהדותא EX 16:34
היכמא דפקיד ייי ית **משה**: ואקים ית דרתא חזור חזור EX 40:32
דבני ישראל מן קדם **משה**: ואתו כל גבר דאיתרעי ליביה EX 35:20
בגין דנצו בני ישראל עם **משה** ובגין דנסייו קדם ייי למימר EX 17:7
בני רחביה בר גרשום בר **משה**: ובנוי דיצהר קרח ונפג וזכרי: EX 6:20
דיתיב בחשבונא דמחא **משה** ובני ישראל במיפקהון DT 4:46

הוות וארעא דגשן דתמן **משה** ובני ישראל במציעות ארעא EX 12:31
היכמא דפקיד ייי ית **משה** ובני ישראל דנפקו מארעא NU 26:4
עבדיה: הא בכן שבח **משה** ובני ישראל ית שבח שירתא EX 15:1
זכותה מיגו קהלא: וצלי **משה** ובעא רחמין קדם ייי למימר NU 12:13
ועל רביעאי: ואוחי **משה** וגחן על ארעא וסגיד: ואמר EX 34:8
היכמה דפקיד ייי ית **משה**: ודין עובד מנרתא מינא קשיא NU 8:3
אהרן וכל בני ישראל ית **משה** והא אשתבהר זיו איקונין EX 34:30
מורנין וסרי ורגז עליהון **משה**: והוון לקטין יתיה מן עידן EX 16:20
היכמא דפקיד ייי ית **משה**: והות סכום דברתא שייור NU 31:31
ונסיבו ית מה דפקיד **משה** והייתיו לקדם משכן זימנא LV 9:5
ומתמלל מימרא דייי עם **משה**: וחמן כל עמא ית עמודא EX 33:9
היכמא דפקיד ייי ית **משה**: ויהב ית פתורא במשכן זימנא EX 40:21
זימנא ואיפקדיניה ואזל **משה** ויהושע ואתעתדו במשכן DT 31:14
דכתבית לאלופיהון: וקם **משה** ויהושע משומשניה וסליק EX 24:13
רב ותקיף מנהון: ואמר **משה** וישמעון בניהון דמצראי NU 14:13
היכמא דפקיד ייי ית **משה** וית אהרן היכדין אזדרזו EX 12:28
היכמא דפקיד ייי ית **משה** וית אהרן היכדין עבדו: והוה EX 12:50
ופקיד לאיתותבא ית **משה** וית אהרן לות פרעה ואמר EX 10:8
בההוא עותרא ית **משה** וית אהרן מן עלמא אילולי NU 16:19
שנין חייא עד דחמא ית **משה** וית אהרן פריקייא דישראל: EX 6:16
יום ביומיה: וארעו ית **משה** וית אהרן קיימין לקדמותהון EX 5:20
היכמא דפקיד ייי ית **משה**: וית בשרא וית מושכיה אוקיד LV 9:10
לעמרם ית אהרן וית **משה** וית מרים אחתהון: ואיתיליד NU 26:59
בשיבעין לישנין: ומליל **משה** וכהניא בני לוי עם כל עמא DT 27:9
פתגם קשי מייתן לוות **משה** וכל פתגם קליל דיינון הינון: EX 18:26
עד צפרא היכמא דפקיד **משה** ולא סרי וריחשא לא הות ביה: EX 16:24
היכמה דפקיד ייי ית **משה**: ולא קם נביא תוב בישראל DT 34:9
יומין: ואזלו ואתו לות **משה** ולות אהרן ולות כל כנישתא NU 13:26
יתיה תליש קיסין לות **משה** ולות אהרן ולות כל כנישתא: NU 15:33
ובבעירא: ואייתיאו לות **משה** ולות אלעזר כהנא ולות כל NU 31:12
פיקודיא די פקיד ייי ית **משה** ולית אפשר לחדתא בהון LV 27:34
יתיה לות אחוי למחמי **משה** ולמחמי כל כנישתא דבני NU 25:6
היכמא דפקיד ייי ית **משה**: ומליל ייי עם משה בטוורא LV 24:23
אהרן היכמא דפקד ייי ית **משה**: ומליל ייי עם משה למימר: LV 16:34
דייי היכמה דפקד ייי ית **משה**: ומליל ייי עם משה למימר: NU 3:51
היכמה דפקיד ייי ית **משה**: ומליל ייי עם משה למימר: NU 4:49
היכמא דפקיד ייי ית **משה**: ומליל ייי עם משה למימר: NU 27:23
ככל מה דפקיד ייי ית **משה**: ומליל משה עם אמרכלי NU 30:1
היכמה דפקיד ייי ית **משה** ומננון במדברא דסיני: והוו בני NU 1:19
היכמא דפקיד ייי ית **משה**: ומפלגות בני ישראל די פליג NU 31:41
פמיה הלכא והלכא אזל **משה** ונסב נרגא ברת עישרתי אמין NU 21:35
היכמא דפקיד ייי ית **משה**: ונסיב ית תרין לוחי אבניא EX 40:19
היכמא דפקיד ייי ית **משה**: ונסיב משה ית משחא LV 8:9
היכמא דפקיד ייי ית **משה**: ונסיב משה ממשחא דרבותא LV 8:29
מיא בדוקיא מטול **משה** ונפל על אנפוי מן כיסופא: NU 16:4
והוה ביומא האינון ורבא **משה** ונפק לות אחהי וחמא באניק EX 2:11
היכמא דמליל: ופקיד **משה** וסבי ישראל ית עמא למימר DT 27:1
פיתגמייא דמליל ייי עם **משה** ועבד אתייא לעיני עמא: EX 4:30
היכמא דפקיד ייי ית **משה**: ועבד ית איפודא דדהבא EX 39:1
היכמא דפקיד ייי ית **משה**: ועבד ית חושנא עובד אומן הי EX 39:7
היכמא דפקיד ייי ית **משה**: ועבד ית מנטר מעילא עובד EX 39:21
היכמא דפקד ייי ית **משה**: ועבדו בני ישראל ככל מה NU 2:33
היכמה דפקד ייי ית **משה**: ועבדו ית כיתונין דבוץ עובד EX 39:26
היכמא דפקיד ייי ית **משה**: ועבדו ית מרגלוון דבורלתא EX 39:5
ציור היכמה דפקד ייי ית **משה**: ועבדו ית ציצת כלילא EX 39:29
עבד ית כל דפקיד ייי ית **משה**: ועימיה אהליהב בר אחיסמך EX 38:22
דאתכנשו ופליגו על **משה** ועל אהרן בכנישתא דקרח NU 26:9
כל בני ישראל על **משה** ועל אהרן במדברא: ואמרו EX 16:2
בשמהן: ואתכנשו על **משה** ועל אהרן ואמרו להון סגי NU 16:3
לכנישתא ואיתכנישו על **משה** ועל אהרן: ונצא עמא על משה NU 20:2
לדריהון: ואתרעמו על **משה** ועל אהרן כל בני ישראל NU 14:2
ישראל ביומא חרן על **משה** ועל אהרן למימר אתון NU 17:6
באתכנשות כנישתא על **משה** ועל אהרן למקטלהון ואתפניו NU 17:7
קשי ממלל: ומליל ייי עם **משה** ועם אהרן ואזהרינון על בני EX 6:13
כנישתא: ומליל ייי עם **משה** ועם אהרן למימר: איתפרשו NU 16:20
דכותיה: ומליל ייי עם **משה** ועם אהרן למימר: ארום LV 14:33
הכדין עבדו: ומליל ייי עם **משה** ועם אהרן למימר: גבר על NU 2:1
תמותון: ומליל ייי עם **משה** ועם אהרן למימר: דא גזירת NU 19:1
יתיה לי: ומליל ייי עם **משה** ועם אהרן למימר להון לבני LV 11:1
צורעתא: ומליל ייי עם **משה** ועם אהרן למימר: מלילו עם LV 15:1
ימא דסוף: ומליל ייי עם **משה** ועם אהרן למימר: עד אימת NU 14:26
הדין ובעא למקטול ית **משה** וערק משה מן קדם פרעה EX 2:15
ייי היכמא דפקיד ייי ית **משה**: ופרס אהרן ית ידוי לקבל LV 9:21
איכפר על חוביכון: ותב **משה** וצלי קדם ייי ואמר במטו מינך EX 32:31

וקריבו לקדם **משה** וקדם אהרן ביומא ההוא: NU 9:6
יוסף ומלילו קדם **משה** וקדם רברביא רישי אבהתא NU 36:1
היכמא דפקיד ייי ית **משה** וקטלו כל דכוראה: וית מלכי NU 31:7
היכמא דפקיד ייי ית **משה**: וקרב ית דכר עלתא וסמכו LV 8:17
ייי היכמא דפקיד ייי ית **משה**: וקריב ית דיכרא תינינא דכֹר LV 8:21
היכמה דפקיד ייי ית **משה**: וקריב ית תורא דחטאתא LV 8:13
דייי היכמא דפקיד ייי ית **משה**: וקריבו לות משה NU 31:47
אהרן היכמא דמליל **משה** ורהט למצע קהלא והא שרי NU 17:12
דהוה יוכבד כד ילידת ית **משה** ושובעין סילעין הוי מתקלא NU 7:85
היכמא דפקיד ייי ית **משה**: ושוי ית כיורא על בסיסיה EX 40:29
ייי היכמא דפקיד ייי ית **משה**: ושוי ית מדבחא דדהבא EX 40:25
ייי היכמא דפקיד ייי ית **משה**: ושוי ית מנרתא במשכן זימנא EX 40:23
היכמא דפקיד ייי ית **משה**: ושוי ית פרסא דתרעא EX 40:27
עד צפרא: ולא קבילו מן **משה** ושיירו דתן ואבירם גובריא EX 16:20
היכמא דפקיד ייי ית **משה**: ושלימת כל עיבידת משכנא EX 39:31
וילידת ליה ית אהרן וית **משה** ושני חייוי דעמרם חסידא EX 6:20
דישפר קדם ייי: ושמע **משה** ושפר קודמוי ואפיק כרוזא LV 10:20
ליה עד דלא ילידת ית **משה** ושרת עילויהון רוח נבואה NU 11:26
זיו איקונין דאנפי **משה** ותאיב משה ית סודרי על בית EX 34:35
ביה ית אתייא: ואזל **משה** ותב לות יתרו חמוי ואמר ליה EX 4:18
לקרבא לותיה: וקרא להון **משה** ותבו לותיה אהרן וכל רברביא EX 34:31
ואוקידו תלתיהון אתא **משה** ותבע ית צפירא דחטאתא די LV 10:16
נפשתא בדיני ממונא הוה **משה** זריז ובדיני נפשתא הוה משה NU 15:34
נפשתא בדיני ממונא הוה **משה** זריז ובדיני נפשתא הוה משה NU 27:5
נפשתא בדיני ממונא הוה **משה** זריז ובדיני נפשתא הוה מתון LV 24:12
נפשתא ובצתהון הוה **משה** זריז מן בגלל דהוו דיני ממונא NU 9:8
לשום מימרא דייי: ועבד **משה** חיויא דנחשא ושוי יתיה על NU 21:9
נפשך למיסב יתה: ואמר **משה** יאות מלילתא אנא עד דהוינא EX 10:29
לריש רמתא: והוי כד זקיף **משה** ידוי בצלו ומתגברין דבית EX 17:11
אורייתא פקיד לנא **משה** יהבא ירתו לקהל שבטייא DT 33:4
יתהון בימא דסוף: ואטיל **משה** ישראל מן ימא דסוף ונפקו EX 15:22
ונכס משה ית תורא ונסב **משה** ית אדמא ויהב על קרנת LV 8:15
ונכס ית דיכרא ודרק **משה** ית אדמה על מדבחא חזור LV 8:19
מטול לקדשותיה: וקריב **משה** ית אהרן וית בנוי ואלבישינון LV 8:13
דפקיד ייי למעבד: וקריב **משה** ית אהרן וית בנוי ואסחו LV 8:6
חמן כל כנישתא: ואשלח **משה** ית אהרן ית לבושוי איקר NU 20:28
תידחל ולא תתירע: וכתב **משה** ית אורייתא הדא ומסרה DT 31:9
נפשך למיסב יתה: ודבר **משה** ית אינתתיה וית בנוי EX 4:20
ממליל: ופקיד עליהון **משה** ית אלעזר כהנא וית רישי NU 32:28
מארעא דמצרים: ואסיק **משה** ית ארונא דגרמיה יוסף בגויה EX 13:19
חזור חזור: ופקיד **משה** ית בני ישראל למימר דא NU 34:13
יתמנע אחסנתהין: ופקיד **משה** ית בני ישראל על מימרא דייי NU 36:5
ית אמוראי דבה: ויהב **משה** ית גלעד למכיר בר מנשה NU 32:40
חליל במוי ואסיק **משה** ית דיכרא למדבחא עלתא LV 8:21
לא שמעית בגין כן קריב **משה** ית דינהין קדם ייי: ואמר ייי NU 27:5
הוא ייי אלקכון: ומליל **משה** ית זמן סידורי מועדיא דייי LV 23:44
ברעוא קדם ייי: ונסיב **משה** ית חדיא וארימיה ארמא קדם LV 8:29
לארעא דמצרים ונסיב **משה** ית חוטרא דנסב מן גינוניתא EX 4:20
חטריהון: ואצנע **משה** ית חוטריא קדם ייי במשכנא NU 17:22
מה די שייר ברדא: וארים **משה** ית חוטריה על ארעא דמצרים EX 10:13
בארעא דמצרים: וארים **משה** ית חוטריה על צית שמייא EX 9:23
וית בעיריהון: ודבר **משה** ית חטר ניסיא מן קדם ייי NU 20:9
קליל דיינון הינון: ופטר **משה** ית חמוי ואזל ליה לגיירא כל EX 18:27
רוח חכמתא ארום סמך **משה** ית ידוי עלוי וקבילו אולפן DT 34:9
להנפקא לכון מיא: וזקף **משה** ית ידיה ומחא ית כיפא NU 20:11
קרבא כל ליליא: וארכין **משה** ית ידיה על ימא בחוטרא רבא EX 14:21
ועל פרשיהון: וארכן **משה** ית ידיה על ימא ותב ימא EX 14:27
חשוך ליליא: וארים **משה** ית ידיה על צית שמייא והוה EX 10:22
יתה: ונסיבו מן קדם **משה** ית כל אפרשותא דאייתיו בני EX 36:3
גמר ועבד לוזין: והנפק **משה** ית כל חטריא מן קדם ייי לכל NU 17:24
למללא עימיה: וכנש **משה** ית כל כנישתא דבני ישראל EX 35:1
האילין דמליל ייי עם **משה**: ית כל מה דפקיד ייי לוותכון NU 15:22
דריגליהון דימינא ודרק **משה** ית כל מותר אדמא על LV 8:24
ית כל פולחנא: וחמא **משה** ית כל פולחנא והא עבדו יתה EX 39:43
בארעא דאמוראי: ושדר **משה** ית כלב וית פנחס לאללא ית NU 21:32
בסילעי קודשא: ויהב **משה** ית כסף פרקונא לאהרן ולבנוי NU 3:51
עד די אשלימינון: ופקיד **משה** ית ליואי נטלי ארון קיימא DT 31:25
על יד משה ואהרן: וכתב **משה** ית מפקנהון למטלניהון על NU 33:2
דפקיד ייי ית משה: ונסיב **משה** ית משחא דרבותא ורבי ית LV 8:10
איתקם משכנא: ואקים **משה** ית משכנא ויהב ית חומרוי EX 40:18
לירחא דניסן אקים **משה** ית משכנא ולא פרקיה ולא LV 9:1
דאנפי משה ותאיב **משה** ית סודרי על בית אפוי עד זמן EX 34:35
תלתין ותרין נפשן: ויהב **משה** ית סכום נסיבת אפרשותא NU 31:41
כמיסת פולחניה: ונסב **משה** ית עגלתא וית תורי ויהב NU 7:6

לאדרעי: והוה כיוון דחמא **משה** ית עוג זע וארתית מן קדמוי NU 21:34
דבתרע משכנא וגמר **משה** ית עיבידתא: וחפא ענן יקרא EX 40:33
דמות עיגלא הדין: וחמא **משה** ית עמא ארום פריעין הינון EX 32:25
לכון יומא דין: ופקיד **משה** ית עמא ביומא ההוא למימר: DT 27:11
נחית מנא עלוי: ושמע **משה** ית עמא בכן על קריבתא NU 11:10
די במשריתא: ואנפיק **משה** ית עמא לקדמות שכינתא EX 19:17
דמשתיירין בהון: ונסיב **משה** ית פורקנהון מן מה דמייתרין NU 3:49
דמליל ייי נעביד ואתיב **משה** ית פיתגמי עמא קדם ייי: EX 19:8
בך יהימנון לעלם ותני **משה** ית פיתגמי עמא קדם ייי: EX 19:9
כל דמליל ייי נעביד: וכתב **משה** ית פיתגמיא דייי ואקדם EX 24:4
לאללא ית ארעא: ומליל **משה** ית פיתגמייא האיליין עם כל NU 14:39
ייי נעביד ונקביל: ונסיב **משה** ית פלגות דמא דבמזירקיא EX 24:8
פסיג לפיסגוי ואסיק **משה** ית רישא וית פסגויא וית LV 8:20
דחטאתא דילהון: ונכס **משה** ית תורא ונסב משה ית אדמא LV 8:15
לארעא דקיימית: וכתב **משה** ית תושבחתא הדא ואלפא ית DT 31:22
חכימי ישראל: ופקיד **משה** יתהון למימר בסוף שבע שנין DT 31:10
ארמא קדם ייי: ונסיב **משה** יתהון מעל ידיהון ואסיק על LV 8:28
ירותא אנא ייי: ומליל **משה** כדין עם בני ישראל ולא EX 6:9
ית ארעא דמצרים ברם **משה** לא אלקי ית מיא לא באדמא EX 8:2
ובאיליין ובאיליין אמר **משה** לא שמעית מן בגלל למלפא LV 24:12
ובאיליין ובאילליין אמר **משה** לא שמעית מן בגלל למלפא NU 9:8
ובאיליין ובאיליין אמר **משה** לא שמעית מן בגלל למלפא NU 15:34
ובאיליין ובאיליין אמר **משה** לא שמעית מן בגלל למלפא NU 27:5
סידרי קרבא אמר להון **משה** לא תגיחון דמן קדם ייי EX 14:14
ניחות לימא אמר להון **משה** לא תידחלון איתעתדו וחמון EX 14:13
בארעא הדא: ואמר **משה** לא תקין למעבד כן ארום EX 8:22
נתוב למצרים אמר להון **משה** לא תתובון ארום היכמא EX 14:13
יהושע היכמא דאמר ליה **משה** לאגחא קרבא בעמלק ומשה EX 17:10
על מימרא דייי: ואמר **משה** לאהרן אימר לכל כנישתא EX 16:9
דמליל משה: ואמר **משה** לאהרן ולאלעזר ולאיתמר LV 10:6
לבושי בנוי עימיה: ואמר **משה** לאהרן ולבנוי בשילו ית בשר LV 8:31
על גבי מדבחא בכן קרא **משה** לאהרן ולבנוי ולסבי סנהדרי LV 9:1
יקרא דייי ונשיק ליה: ותני **משה** לאהרן ית כל פיתגמייא EX 4:28
סימא נפקא באנפוי: ואמר **משה** לאהרן מה עבד לך עמא הדין EX 32:21
בצלו על אפיהון: ואמר **משה** לאהרן סב ית מחתיא והב NU 17:11
מארעא דמצרים: ואמר **משה** לאהרן סב צלוחית דפחר EX 16:33
בר נון יהושע: ושדר יתהון **משה** לאללא ית ארעא דכנען ואמר NU 13:17
שמהת גובריא דשדר **משה** לאללא ית ארעא וכדי חמא NU 13:16
ימותון: וגובריא די שדר **משה** לאללא ית ארעא ותבו NU 14:36
ואלקיה דיעקב וכבשינון **משה** לאנפוי ארום הוה דחיל EX 3:6
ואיתיו ית משכנא לות **משה** לבית מדרשיה דהוו תמן EX 39:33
ית יורדנא: ואמר **משה** לבני גד ולבני ראובן האחיכון NU 32:6
ליורדנא: ויהב להון **משה** לבני גד ולבני ראובן ולפלגות NU 32:33
נדבתא קדם ייי: ואמר **משה** לבני ישראל חמון דמני ייי EX 35:30
ולניכסת קודשיכון: ואמר **משה** לבני ישראל ככל מה דפקיד NU 30:1
לכל מה דפקיד ייי: וקרא **משה** לבצלאל ולאהליאב ולכל גבר EX 36:2
רוגזא דייי מישראל: ואמר **משה** לדיינא ישראל קטולו אינש NU 25:5
לבני ישראל: ואמר **משה** להון אין יעיברון בני גד ובני NU 32:29
מיכליה לקיטו: ואמר **משה** להון גבר לא ישייר מיניה עד EX 16:19
לא ידעון מה הוא ואמר **משה** להון הוא לחמא דאיצטנע EX 16:15
משכנא ונטלו: ואמר **משה** לחובב בר רעואל מדינאה NU 10:29
מן צפרא עד רמשא: ואמר **משה** לחמוי ארום אתיין לוותי EX 18:15
למשכן בית אולפנא: ותני **משה** לחמוי ית כל מה דעבד ייי EX 18:8
משומשניה וסליק **משה** לטורא דאיתגלי עלוי יקר EX 24:13
יתקרב לוותכון: וסליק **משה** לטורא וחפא ענן יקרא ית EX 24:15
נוכראה דבידיהון: ואמר **משה** ליהושע בחר לנא גוברין EX 17:9
ולא ירחקינכון: וקרא **משה** ליהושע מן גוא עמא ואמר DT 31:7
משפך מרמתא: וקרא **משה** לכל ישראל ואמר להון שמעו DT 5:1
ביומא דשבתא: ואמר **משה** לכל כנישתא דבני ישראל EX 35:4
תיכלון פטירי: וקרא **משה** לכל סבי ישראל ואמר להון EX 12:21
לתרע משכן זימנא: ואמר **משה** לכנישתא דין פיתגמא דפקיד LV 8:5
כוליין וית תרבהן ואסיק **משה** למדבחא: וית תורא וית LV 8:16
דמשה ואינתתיה לות **משה** למדברא דהוא שרי תמן סמיך EX 18:5
ייי לאהרן איזל לקדמות **משה** למדברא ואזל וארעיה EX 4:27
קיימא דפקיד ייי ית **משה** למיגזור עם בני ישראל DT 28:69
יומא דכיפורי ויתיב **משה** למידן ית עמא וקם עמא קדם EX 18:13
מדינחא: ומליל ייי עם **משה** למימר: אילין שמהת גובריא NU 34:16
משכן זימנא: ומליל ייי עם **משה** למימר: איתפרשו מיגו NU 17:9
בוסמיא: ומליל ייי עם **משה** למימר: אמר לאלעזר בר אהרן NU 17:1
עמיה: ומליל ייי עם **משה** למימר אנא הוא ייי מליל עם EX 6:29
הוא: ומליל ייי עם **משה** למימר: אעיק ית מדינאי NU 25:16
על חיליהון: ומליל ייי עם **משה** למימר: אקדש קדמי כל EX 13:1
קדם ייי: ומליל ייי עם **משה** למימר: ארום תקביל ית EX 30:11
בבית בעלה: ומליל ייי עם **משה** למימר: אתפרע פורענות בני NU 31:1

ידיכון: ומליל ייי עם **משה** למימר: ביומא דירחא קמאה EX 40:1
דחב: ומליל ייי עם **משה** למימר: בר נש ארום יחוב LV 5:20
היא:: ומליל ייי עם **משה** למימר: בר נש ארום ישקר LV 5:14
לשמא דייי: ומליל ייי עם **משה** למימר: ברם בעשרא יומין LV 23:26
ביניהון: ומליל ייי עם **משה** למימר: ברם ית שיבטא דלוי NU 1:48
ותידכי: ומליל ייי עם **משה** למימר: ברנש ארום יהי במשך LV 13:1
עבדו להון: ומליל ייי עם **משה** למימר: דא אחוייתא די NU 8:23
לסאבותיה: ומליל ייי עם **משה** למימר: דא תהי אורייתא LV 14:1
יתקדש: ומליל ייי עם **משה** למימר: דין קרבנא דאהרן LV 6:12
מימרא דייי: ומליל ייי עם **משה** למימר: הנפיק ית מרגזא LV 24:13
קדם ייי: ומליל ייי עם **משה** למימר: ואנא הא קריבית ית NU 3:11
לדריהון: ומליל ייי עם **משה** למימר: ואנת סב לך בושמין EX 30:22
אחסנא: ומליל ייי עם **משה** למימר: ולליואי תמליל ותימר NU 18:25
אנא ייי: ומליל ייי עם **משה** למימר: ועם בני ישראל תמליל LV 20:1
על נפשתיכון: ומליל עם **משה** למימר: ותעביד כיורא דנחשא EX 30:17
דינהון ייתון בשלם: וקבל **משה** למימר חמוי ועבד כל דאמר: EX 18:24
מעמיה: ומליל ייי עם **משה** למימר: חמי משה דקריית EX 31:1
קדם ייי: ואמר ייי עם **משה** למימר: יאות בנת צלפחד NU 27:6
ובמנוי: ומליל ייי עם **משה** למימר: לא תסתפקון NU 4:17
ותלתין: ומליל ייי עם **משה** למימר: לאילין שבטיא NU 26:52
מרה: ואתרעמו עמא על **משה** למימר מה נישתי: וצלי קדם EX 15:24
תיתאכל: ומליל ייי עם **משה** למימר: מליל עם אהרן ועם LV 6:17
ייי ית משה: ומליל ייי עם **משה** למימר: מליל עם אהרן ועם LV 17:1
בני ישראל: ומליל ייי עם **משה** למימר: מליל עם אהרן ועם LV 22:1
מקדישיהון: ומליל ייי עם **משה** למימר: מליל עם אהרן ועם LV 22:17
ניזריה: ומליל ייי עם **משה** למימר: מליל עם אהרן ועם NU 6:22
עימיה: ומליל ייי עם **משה** למימר: מליל עם אהרן ותימר NU 8:1
ייי מקדשיה: ומליל ייי עם **משה** למימר: מליל עם אהרן למימר LV 21:16
קדם עמא: ומליל ייי עם **משה** למימר: מליל עם בני ישראל EX 14:1
לילוון: ומליל ייי עם **משה** למימר: מליל עם בני ישראל EX 25:1
לשמא דייי: ומליל ייי עם **משה** למימר: מליל עם בני ישראל LV 4:1
מעמיה: ומליל ייי עם **משה** למימר: מליל עם בני ישראל LV 7:22
מעמיה: ומליל ייי עם **משה** למימר: מליל עם בני ישראל LV 7:28
לאתאכלא: ומליל ייי עם **משה** למימר: מליל עם בני ישראל LV 12:1
חוביה: ומליל ייי עם **משה** למימר: מליל עם בני ישראל LV 18:1
אנא ייי: ומליל ייי עם **משה** למימר: מליל עם בני ישראל LV 23:1
לא תעבדון: ומליל ייי עם **משה** למימר: מליל עם בני ישראל LV 23:9
ייי אלקכון: ומליל ייי עם **משה** למימר: מליל עם בני ישראל LV 23:23
שוביכון: ומליל ייי עם **משה** למימר: מליל עם בני ישראל LV 23:33
ידא דמשה: ומליל ייי עם **משה** למימר: מליל עם בני ישראל LV 27:1
בני ישראל: ומליל ייי עם **משה** למימר: מליל עם בני ישראל NU 5:5
דיליה יהי: ומליל ייי עם **משה** למימר: מליל עם בני ישראל NU 5:11
ית חובהא: ומליל ייי עם **משה** למימר: מליל עם בני ישראל NU 6:1
על דילכון: ומליל ייי עם **משה** למימר: מליל עם בני ישראל NU 9:9
עימכון: ומליל ייי עם **משה** למימר: מליל עם בני ישראל NU 15:17
איתכליית: ומליל ייי עם **משה** למימר: מליל עם בני ישראל NU 17:16
לליוואי: ומליל ייי עם **משה** למימר: מליל עם בני ישראל NU 35:9
ייי אלקכון: ומליל ייי עם **משה** למימר: מליל עם כל כנישתא LV 19:1
דייי להון: ומליל ייי עם **משה** למימר: סב ית חטר ניסיא NU 20:7
למשריתא: ואמר ייי עם **משה** למימר: סב ית שירוי ביזת NU 31:25
יהון לכון: ומליל ייי עם **משה** למימר: עדאן אית לן זכותא LV 22:26
דיבידיהון: ומליל ייי עם **משה** למימר: עול מליל עם פרעה EX 6:10
דמשה: ומליל ייי עם **משה** למימר: עיבד לך מדילך תרתין NU 10:1
אלפין: ומליל ייי עם **משה** למימר: פנחס קנאה בר אלעזר NU 25:10
בה: ומליל ייי עם **משה** למימר: פקיד ית אהרן וית בנוי LV 6:1
לבני ישראל: ומליל ייי עם **משה** למימר: פקיד ית בני ישראל LV 24:1
ייי ית משה: ומליל ייי עם **משה** למימר: פקיד ית בני ישראל NU 5:1
ייי ית משה: ומליל ייי עם **משה** למימר: פקיד ית בני ישראל NU 28:1
אעביד לכון: ומליל ייי עם **משה** למימר: פקיד ית בני ישראל NU 34:1
מצלהבא: ומליל ייי עם **משה** למימר: קביל ית חושבון בני NU 4:21
ייי ית משה: ומליל ייי עם **משה** למימר: קבילו ית חושבן בני NU 4:1
יהי רוגזא: ומליל ייי עם **משה** למימר: קבילית צלותכון על NU 16:23
אבוהון: ומליל ייי עם **משה** למימר: קרב ית שיבטא דלוי NU 3:5
דסיני: ומליל ייי עם **משה** למימר: קריב ית אהרן LV 8:1
ותלתא: ומליל ייי עם **משה** למימר: קריב ית ליואי חלף כל NU 3:44
ית מנרתא: ומליל ייי עם **משה** למימר: קריב ית ליואי מגו בני NU 8:5
דפארן: ומליל ייי עם **משה** למימר: שלח לך גוברין חריפין NU 13:1
בענן יקרא: ומליל ייי עם **משה** למימר: שמיע קדמוי ית EX 16:11
ותורא לחד ולא צבא **משה** למיסב מנהון וקריבו יתהון NU 7:3
ריש ירחא דניסן פסק **משה** למיקמא ית משכנא דלא NU 7:1
והוה כיון דאשלים **משה** למיקמה ית משכנא חשיב LV 1:1
טב על משתוקיה: וקרא **משה** למישאל ולאלצפן בנוי LV 10:4
ידיה ונסביה הא בכין צבי **משה** למיתב עם גברא ויהב ית EX 2:21
יהי בסעדך: והוה כדי פסק **משה** למכתוב ית פיתגמי אורייתא DT 31:24

בארעא דמואב שרי **משה** למלפא ית פיתגמי אורייתא DT 1:5
וליעקב למיתן להון: ואזל **משה** למשכן בית אולפנא ומליל ית DT 31:1
דרביו יתיה: וכד עליל **משה** למשכן זימנא למללא עימיה NU 7:89
והוה מיומא חרן ועאל **משה** למשכנא דסהדותא והא ייעא NU 17:23
למשכנא: והוה כד עאיל **משה** למשכנא נחית עמודא דענן EX 33:9
נבותיה עליהון: ואתכנש **משה** למשריתא הוא וכל סבי NU 11:30
אנא שמע: והוה כד קריב **משה** למשריתא וחמא ית עיגלא EX 32:19
והוה ביומא חרי ואמר **משה** לעמא אתון חבתון חובא רבא EX 32:30
ובבעירא דילי הוא: ואמר **משה** לעמא הוון דכירין ית יומא EX 13:3
ייי דילמא נמות: ואמר **משה** לעמא לא תידחלון ארום מן EX 20:20
פרעה וקדם עמא: ואמר **משה** לפרעה כדנא אמר ייי ליליא EX 11:4
נכסת חגא קדם ייי: ואמר **משה** לפרעה שבח נפשך בגיני EX 8:5
לקדם פרעה ודרק יתיה **משה** לצית שמייא והוה שחין EX 9:10
מן אתונא וידריקיניה **משה** לצית שמייא למיחמי פרעה: EX 9:8
בידיהון למיקטלנא: ותב **משה** לקדם ייי ואמר ייי למא EX 5:22
אנפוי סודרא: וכד עליל **משה** לקדם ייי למללא עימיה מעדי EX 34:34
לחד מנהון: ואמר **משה** לקרח אנת וכל כנישת סעדך NU 16:16
סגי לכון בני לוי: ואמר **משה** לקרח ולגניסתיה קבילו כען NU 16:8
דקרח: ותב אהרן לות **משה** לתרע משכנא זימנא ומותנא NU 17:15
מתחות שמייא: ובנא **משה** מדבחא וקרא שמיה מימרא EX 17:15
ייי ארום חבנא: ואמר **משה** מה דין אתון עברין על גזירת NU 14:41
לן מוי ונישתי ואמר להון **משה** מה נצן אתון עימי ומה מנסון EX 17:2
ניכסת חגא קדם ייי: ונפק **משה** מלות פרעה וצלי קדם ייי: EX 8:26
ארום לקישן הינין: ונפק **משה** מלות פרעה סמיך לקרתא EX 9:33
ואמרו הלחוד ברם עם **משה** מליל ייי דאתפרש מתשמיש NU 12:2
דבהון: ושדר יתהון **משה** ממדברא דפארן על פום NU 13:3
משכניה: ומתמלל ייי עם **משה** ממליל קבל עם חבריה ומן EX 33:11
דפקיד ייי ית משה: ונסיב **משה** ממשחא דרבותא ומן אדמא LV 8:30
פיתגמי אין לא: ונפק **משה** ממשכן בית שכינתא ומליל NU 11:24
וקריב ית בני אהרן ויהב **משה** מן אדמא על גדירא מיצעא LV 8:24
ונכס ית דיכרא ונסיב **משה** מן אדמיה ויהב על חסחוס LV 8:23
עליהון: ומליל ייי עם **משה** מן בתר דמיתו תרין בנוי LV 16:1
בני ישראל די פליג **משה** מן גובריא דנפקו לחילא: והות NU 31:42
לעמיה: ואתפני ונחת **משה** מן טוורא ותרין לוחי סהדותא EX 32:15
קדמאי: והוה בזמן מיחת **משה** מן טוורא ותרין לוחיא EX 34:29
דילמא יקטול בהון: ונחת **משה** מן טוורא לות עמא ואמר EX 19:25
וחמא עמא ארום אשתהי **משה** מן למיחות מן טוורא EX 32:1
הוא והושע בר נון: ופסק **משה** מן למללא ית כל דביריא DT 32:45
בטוורא דסיני: ופסק **משה** מן למללא עמהון ויהב על EX 34:33
מלכיהון תדרכון: וסליק **משה** מן מישרי מואב לטוורא דנבו DT 34:1
חובי ארעיה ועמיה: ואתא **משה** מן משכן בית אולפנא ומליל DT 32:44
ליה: והוה כד הוה נפיק **משה** מן משריתא ואזיל למשכנא EX 33:8
ית עמא וקם עמא קדם **משה** מן צפרא עד רמשא: וחמא EX 18:13
למקטול ית משה וערק **משה** מן קדם פרעה ויתיב בארעא EX 2:15
וכד חכים רעואל דערק **משה** מן קדם פרעה טלק יתיה EX 2:21
למיקם קדם **משה** מן קדם שיחנא ארום הוה EX 9:11
לארעא והוה לחויא וערק **משה** מן קדמוי: ואמר ייי למשה EX 4:3
יתך לעם סגי: ואתחלחל **משה** מן רתיתא ושרי לצלאה קדם EX 32:11
נשא שתסר אלפין: ונסיב **משה** מפלגות בני ישראל ית NU 31:47
בני ישראל ולא קבילו מן **משה** מקפידות רוחא ומפולחנא EX 6:9
ליה ייי מגו סניא ואמר **משה** משה ואמר האנא: ואמר לא EX 3:4
ותרין בנהא דעימה: ונפק **משה** מתחות ענני יקרא לקדמות EX 18:7
זריז ובדיני נפשתא הוה **משה** מתין ובאיליין ובאיליין אמר NU 15:34
זריז ובדיני נפשתא הוה **משה** מתין ובאיליין ובאיליין אמר NU 27:5
בקצת מנהון הוה **משה** מתין מן בגלל דהוו דיני NU 9:8
הוה מתנבי ואמר הא **משה** מתכניש מן עלמא ויהושע בר NU 11:26
ממתנן וגדאין אמר **משה** נביא אין נטרין הינון עמא בית DT 32:14
להון: ולשיבטא דגד בריך **משה** נביא דייי ואמר בריך דאפתיה DT 33:20
ולשיבטא דנפתלי בריך **משה** נביא דייי ואמר: בריך הוא DT 33:23
שריא: ולשיבט יוסף בריך **משה** נביא דייי ואמר בריכא תהוי DT 33:13
ולשיבט זבולן בריך **משה** נביא דייי ואמר חדון דבית DT 33:18
ולשיבטא דדן בריך **משה** נביא דייי ואמר שיבטא דדן DT 33:22
ודא סדר ברכתא דבריך **משה** נביא דייי ית בני ישראל קדם DT 33:1
ודמיטרא וכן אמר **משה** נביא הכא יפתח ייי לכון ית DT 28:12
בני ישראל ממצרים הוא **משה** נביא ואהרן כהנא: והוה ביומא EX 6:27
ותהי מגינא עליהון עני **משה** נביא ואמר אף על גב דאנא DT 28:15
לשיבטא דבנימין בריך **משה** נביא ואמר חביביה דייי ישרי DT 33:12
סדר ברכתא בגין כן פריש **משה** נביא ואמר עמי בני ישראל LV 22:27
ליה: ולשיבט לוי בריך **משה** נביא ואמר תומיא ואורייא DT 33:8
מארבעה דינין דעלו קדם **משה** נביא ודן יתהון על מימרא NU 9:8
ארבעתי דינין דיעלו קדם **משה** נביא ודן יתהון על פום מימרא LV 24:12
ארבעה דינין די עלו קדם **משה** נביא ודן יתהון על פום מימרא NU 15:34
ארבעא דינין די עלו קדם **משה** נביא וסכם יתהון על דעתא NU 27:5
ביה צורת בר תורי ברם **משה** נביא חלפיה מטול דלא ידכר NU 2:10

היכמא דמליל לכון: אמר **משה** נביא חמון דאנא סדר DT 11:26
ורחיק מן שמייא ברם **משה** נביא כד הוה מתנבי DT 32:1
קדם אלקנא: אמר **משה** נביא כד סליקית לטוורא DT 32:4
כל קבל שניא דחייא בהון **משה** נביא: כל תורי לעלתא תריסר NU 7:86
בניכון ובשר בנתיכון אמר **משה** נביא כמה קשיין הינון חוביא LV 26:29
ית כל דתעבדון: אמר **משה** נביא לא בטומרא אנא מסהיד DT 29:9
למפלחהון: כד פתח **משה** נביא למימר פיתגמי DT 28:15
יקריה לעלמי עלמין: אמר **משה** נביא לעמא בית ישראל DT 6:5
דאב וחמון כל כנישתא **משה** נחית מן טוורא מנוי בזיעין NU 20:29
טבין ומרגליין דביה **משה** ספריהון דישראל גניז והיכמא DT 33:21
בכן אתכנש תמן **משה** עבד דייי בארעא דמואב על DT 34:5
וקושטא הינון פיתגמיה **משה** עבדיה ואנן רשיעיא דמרדנא NU 16:34
בעינא בישא אחורי **משה** עד זמן מיעליה למשכנא: והוה EX 33:8
איקר שכינתיה ואיתעתד **משה** עימיה תמן וקרא משה בשום EX 34:5
ית ארעא וכדי חמא **משה** עינוותנותיה קרא להושע בר NU 13:16
למברא למשריתא: וכנס **משה** על איסטרטיגין דממנן על NU 31:14
בנוי הי כמא דפקיד ייי ית **משה** על ליואי היכדין עבדו להון: NU 8:22
הי ככל מה דפקד ייי ית **משה** על ליואי הכדין עבדו להון בני NU 8:20
ית מחת חיויא וצלי **משה** על עמא: ואמר ייי למשה עיבד NU 21:7
תמנינון: ומנא יתהון **משה** על פם מימרא דייי היכמה NU 3:16
להון בידא דמשה: ומליל **משה** עם אהרן ועם אלעזר ועם LV 10:12
ייי מקדישיהון: ומליל **משה** עם אהרן ועם בנוי ועם כל בני LV 21:24
דפקיד ייי ית משה: ומליל **משה** עם אמרכלי שבטיא לבני NU 30:2
וקיימיא ודיניא דמליל **משה** עם בני ישראל בזמן מפקהון DT 4:45
הוא ייי אלקכון: ומליל **משה** עם בני ישראל ואפיקו ית LV 24:23
מתרעמין עליכון: ומליל **משה** עם בני ישראל ויהבו ליה כל NU 17:21
דשבט בחד בירחא מליל **משה** עם בני ישראל ככל דפקיד ייי DT 1:3
אוכחותא די מליל **משה** עם כל ישראל כנפינון לותיה DT 1:1
תתכנש לעמך: ומליל **משה** עם עמא למימר אזדרזו NU 31:3
נגודין בכנישתא ומליל **משה** עמהון: ומבתר כדין איתקריבו EX 34:31
ושמיע קדם ייי: וגברא **משה** ענוותן בדעתיה לחדא מן כל NU 12:3
מתרעמין אתון עלי: ושדר **משה** פולין לזמנא לבי דינא רבא NU 16:12
קדם ייי תורין: ונסיב **משה** פלגות אדם ניכסא ושוי EX 24:6
לעמיה מן יד פתח **משה** פמיה בצלותא וכן אמר DT 32:50
ולא הוה פריס עד דהוה **משה** קאי בצלו ומצלי ובעי רחמין NU 10:36
אחווית אורייתא די סדר **משה** קדם בני ישראל: אילין DT 4:44
לדמא ביבשתא: ואמר **משה** קדם ייי בבעו ייי לא גבר דברן EX 4:10
על טוורא הדין: ואמר **משה** קדם ייי הא אנא אזיל לות בני EX 3:13
דאנא ממליל עימך: ואמר **משה** קדם ייי הא קשי ממלל וכדין EX 6:30
משה דיבעי עליהון וצלי **משה** קדם ייי ואישתקעת אישתא NU 11:2
זייע בגו משכניה: ואמר **משה** קדם ייי חמי מה דאנת אמר EX 33:12
יקטול בהון ייי: ואמר **משה** קדם ייי לא יכלון עמא EX 19:23
ובעיני משה ביש: ואמר **משה** קדם ייי למא אבאשתא NU 11:11
ישראל מארעיה: ומליל **משה** קדם ייי למימר הא בני ישראל EX 6:12
במדברא דצין: ומליל **משה** קדם ייי למימר: ימני מימרא NU 27:15
וית גיתנא בצחותא: וצלי **משה** קדם ייי למימר מה אעבד EX 17:4
ישראל ממצרים: ואמר **משה** קדם ייי מאן אנא ארום אזיל EX 3:11
ואהרן מלות פרעה וצלי **משה** קדם ייי על עיסק עורדעניא EX 8:8
וישתון עמא ועבד היכדין **משה** קדם סבי ישראל: וקרא שמא EX 17:6
תלתא אלפין גברא: ואמר **משה** קריבו קורבנכון על שפיכות EX 32:29
קדם מצראי אוף גברא **משה** רב לחדא בארעא דמצרים EX 11:3
וחרון כיון דישמע **משה** רבהון דישראל אזל ואדכר DT 9:19
לירחא דאדר איתליד **משה** רבהון דישראל ובשבעא יומין DT 34:5
דינא דמתקשי להון ארום **משה** רבהון דישראל צרך דיימר לא LV 24:12
תרין אף וחימה בעא **משה** רחמין ואתכליאו אוף תריהון DT 9:19
ברת יתרו וכדי שמע **משה** רתח ואישתלי ואינון בכן NU 25:6
דנן נפקנא ממצרים: ואמר **משה** שית מאה אלפין גברין ריגליין NU 11:21
לקדם כיפא ואמר להון **משה** שמעו כדון סורבניא המן NU 20:10
לקובליהון אמר להון **משה** שתוקו והבו יקרא EX 14:14
כל יומיא: הא בכן אפריש **משה** תלת קירוין בעיברא דיורדנא DT 4:41

משך (2)

גמר ומגוג ומדי ויון ותובל **ומשך** ותירס ושום אפרכיותהום GN 10:2
חויא דאשלח מיניה על **משך** בישריהון חלף טופריהון GN 3:21

משרקה (1)

ומלך תחותיה שמלה **ממשרקה:** ומית שמלה ומלך GN 36:36

מתושלח (8)

מן בתר דשלים איבליה **דמתושלח** חמא ייי והא לא תהו בני GN 7:10
אוליד ית מתושאל **ומתושאל** אוליד ית למך: ונסיב ליה GN 4:18
ומחוייאל אוליד ית **מתושאל** ומתושאל אוליד ית למך: GN 4:18
שנין ואולד ית למך: וחיא **מתושלח** בתר דאולד ית למך שבע GN 5:26
וחמש שנין ואולד ית **מתושלח:** ופלח חנוך בקשוט קדם GN 5:21
ספרא רבא: וחיא **מתושלח** מאה ותמנן ושבע שנין GN 5:25
קדם ייי בתר דאולד ית **מתושלח** תלת מאה שנין ואולד GN 5:22
בנין ובנן: והוו כל יומי **מתושלח** תשע מאה ושיתין ותשע GN 5:27

מתנן (18)

קרוי ממלכותא דעוג **במתנן**: ארום לחוד עוג מלכא דמתנן DT 3:10
טרגונא מלכותא דעוג **במתנן**: כל אילין קירוי מקרא מקפן DT 3:4
לשבט גד וית דברא **במתנן** לשיבט מנשה: ודא אחווית DT 4:43
מתנן ונפק עוג מלכא **דמותנן** לקדמותנא הוא וכל עמיה NU 21:33
ארום לחוד עוג מלכא **דמתנן** אישתייר מְמותר גיבריא DT 3:11
וית מלכות עוג מלכא **דמתנן** ארעא לקורייהא בתחומי NU 32:33
בחשבון וית עוג מלכא **דמתנן** דיתיב בעשתרוותא DT 1:4
בידנא אוף ית עוג מלכא **דמתנן** וית כל עמיה ומחינוהי עד DT 3:3
מתנן ונפק עוג מלכא **דמתנן** לקדמותנא הוא וכל עמיה DT 3:1
דחושבנא ועוג מלכא **דמתנן** לקדמותנא לסדרי קרבא DT 29:6
וית ארע עוג מלכא **דמתנן** תרין מלכי אמוראי DT 4:47
ודיכרין בני דענין שמינין **ממתנן** וגדאין אמר משה נביא אין DT 32:14
בית פלך טרגונא וכל **מתנן** ההוא מתקרי ארע גיבריא: DT 3:13
ואתפניו וסליקו אורח **מתנן** ונפק עוג מלכא דמותנן NU 21:33
ואתפנינא וסליקנא אורח **מתנן** ונפק עוג מלכא דמתנן DT 3:1
שתיא מנחליא דגדין מן **מתנן** ותחומי יהי מטי עד בותניי: DT 33:22
גד: ושאר גלעד וכל **מתנן** מלכותיה דעוג יהבית לשיבט DT 3:13
מישרא וכל גלעד וכל **מתנן** עד סלווקיא ואדרעת קרוי DT 3:10

נבו (2)

עיבראי הדין טוורא **דנבו** חשב בליביה ואמר דילמא DT 32:49
מן מישרי מואב לטוורא **דנבו** ריש רמתא דעל אפי יריחו DT 34:1

נבח (2)

וקרא יתהון כופרני יאיר: **ונבח** אזל וכבש ית קנת וית NU 32:42
וית כופרנהא וקרא לה **נבח** על שמיה: אילין מטלני בני NU 32:42

נבט (2)

יומין: הענא דבערב ותורי **דבנבט** יתכנשון להון ויספקון להון NU 11:22
בוכרא דישמעאל **נבט** וערב ואדבאל ומבשם: וצאיתא GN 25:13

נביות (2)

בר אברהם אחתיה **דנביות** מן אימיה על נשוי ליה GN 28:9
ישמעאל דאסיבא ליה **נביות** אחה: וילידת עדה לעשו ית GN 36:3

נדב (10)

לשמשא קדמי אהרן **נדב** ואביהוא אלעזר ואיתמר בנוי EX 28:1
אלעזר וית איתמר: ומית **נדב** ואביהוא בקרוביהון אישתא NU 26:61
אנפיהון: ונסיבו בני אהרן **נדב** ואביהוא גבר מחתיתיה ויהבו LV 10:1
סק לקדם ייי אנת ואהרן **נדב** ואביהוא ושובעין מסבי ישראל EX 24:1
וסליק משה ואהרן **נדב** ואביהוא ושובעין מסבי ישראל: EX 24:9
מסבי ישראל: וזקפו **נדב** ואביהוא ית עיניהון וחמון ית EX 24:10
ברירין מן ענניא: ולות **נדב** ואביהוא עולימיא שפיריא לא EX 24:11
קרבנהון לשמשא: ומית **נדב** ואביהוא קדם ייי באישתא NU 3:4
לאינתו וילידת ליה ית **נדב** וית אביהוא ית אלעזר וית EX 6:23
ואיתיליד לאהרן ית **נדב** וית אביהוא ית אלעזר וית NU 26:60

נהרדעא (1)

מן קדמך: ושדרית עזגדין **מנהרדעא** דסמיך למדבר קדמות DT 2:26

נהריא (1)

קדם ייי אלקכון לארם **נהריא** נחתת אבונן יעקב מן שירויא DT 26:5

נון (18)

יפונה קניזאה ויהושע בר **נון** ארום שלימו בתר דחלתא דייי: NU 32:12
ושובעא יומין: ויהושע בר **נון** אתמלי רוח חכמתא ארום סמך DT 34:9
דקטל יהושע בר **נון** בגלגלא דהוא מדבית אפרים DT 33:17
דבר לך ית יהושע בר **נון** גבר דרוח נבואה מן קדם ייי NU 27:18
למקטל יהושע בר **נון** דמן שיבט אפרים וגבורן דגדעון DT 34:2
תיעול לתמן: יהושע בר **נון** דמשמש בבית אולפנך הוא DT 1:38
משומשניה יהושע בר **נון** הוה טלי לא הוה זייע בגו EX 33:11
ופקיד ית יהושע בר **נון** ואמר אתוקף ואתחייל ארום DT 31:23
כלב בר יפונה ויהושע בר **נון**: וטפליכון דאמרתון דלביזא יהון NU 14:30
מן קדם ייי: ויהושע בר **נון** וכלב בר יפונה אתקיימו מן NU 14:38
דבני ישראל: ויהושע בר **נון** וכלב בר יפונה מן מאללי ית NU 14:6
אלעזר כהנא ויהושע בר **נון**: ונשיאי ואמרכל חד אמרכל חד NU 34:17
דעמא הוא והושע בר **נון**: ופסק משה מן למללא ית כל DT 32:44
כלב בר יפונה ויהושע בר **נון**: וקריבן לבי דינא בנת צלפחד בר NU 26:65
קרא להושע בר **נון** יהושע: ושדר יתהון משה לאללא NU 13:16
דאפרים עזגד הושע בר **נון**: לשיבטא דבנימין עזגד פלטי בר NU 13:8
ואתיב יהושע בר **נון** משומשניה דמשה ואמר ריבוני NU 11:28
מן עלמא ויהושע בר **נון** קאי מן בתריה ומדבר עמא בית NU 11:26

נח (50)

לעממייא די נפקו מבנוי **דנח** באפרשותיה מכתבין ולישנין DT 32:8
ומית: ואילין תולדת בנוי **דנח** ואיתיילדו להום בנין בתר GN 10:1
והוה מתפרנס מן מזונוי **דנח** ולא בזכותיה אישתזב אלהין GN 14:13
דכנען: תלתא אילין בנוי **דנח** ומאילין איתבדרו למיתב בכל GN 9:19
עממהון: אילין יחוסי בנוי **דנח** ליחוסיהון בעממיהון ומאילין GN 10:32
וית כל מא דאית בהון **ונח** ביומא שביעאה בגין כן בריך ייי EX 20:11
דברא ביני שימשתא **ונח** ביומא שביעאה מכל עיבידתיה GN 2:2
ועבד נח ככל דפקדיה ייי: **ונח** בר שית מאה שנין וטובענא הוה GN 7:6
במימרי ארום עבדתינון: **ונח** דהוה צדיקא אשכח חינא קדם GN 6:8
וביומא שביעאה שבת **ונח**: ויהב למשה כד פסק למללא EX 31:17
דעל ארעא: ואמר אלקים **לנח** דא את קים דקיימית בין GN 9:17
וסגו בה: ואמר אלקים **לנח** ולבנוי עימיה למימר: אנא הא GN 9:8
על ארעא: תרין תרין עלו **לנח** לתיבותא דכר ונוקבא היכמא GN 7:9
על ארעא: ואמר ייי **לנח** סופא דכל בישרא מטא מן GN 6:13
ככל דפקדיה ייי: ואמר ייי **לנח** עול אנת וכל אינש ביתך GN 7:1
מן טוור מישחא וידע **נח** ארום איתקוללו מיא מעילוי GN 8:11
שית מאה שנין לחיי **נח** בירחא תניינא הוא ירח מרחשון GN 7:11
ושבע שנין ומית: והוה **נח** בר חמש מאה שנין ואולד נח ית GN 5:32
ויהי כנען עביד להון: וחיא **נח** בתר טובענא תלת מאה וחמשין GN 9:28
דעל ארעא: והוו בני **נח** דנפקו מן תיבותא שם וחם ויפת GN 9:18
אילן יחוסין דגניסת נח **נח** הוה גבר זכאי שלים בעובדין GN 6:9
בדחלתא דייי הליך **נח**: ואולד נח תלתא בנין ית שם ית GN 6:9
על נח ושם וחם ויפת בני **נח** ואיתת נח ותלת נשי בנוהי GN 7:13
הוה מיא על ארעא: ועל **נח** ובנוהי ואינתתיה ונשי בנוי GN 7:7
ויסגון על ארעא: ונפק **נח** ובנוי ואינתתיה ונשי בנוי עימיה: GN 8:18
במוי דטובענא ותב **נח** ובנייה ואיתפכר בדרא דפלוגתא GN 22:9
מן ארעא ואישתאר ברם **נח** ודעימיה בתיבותא: ותקפו מיא GN 7:23
היכמא דפקיד ייי ית **נח**: והוה לזמן שובעא יומין מן בתר GN 7:9
וברך אלקים ית **נח** וית בנוי ואמר להום פושו וסגו GN 9:1
ודכיר ייי במימריה ית **נח** וית כל חיתא וית כל בעירא GN 8:1
דטובענא איתצד ובנייה **נח** ונסב מכל בעירא דכיא ומן כל GN 8:20
לילוון: בכרן יומא הדין על **נח** ושם וחם ויפת בני נח ואיתת נח GN 7:13
וחם ויפת בני נח ואיתת **נח** ותלת נשי בנוהי עימיה GN 7:13
וחיא למך בתר דאולד ית **נח** חמש מאה ותשעין וחמש שנין GN 5:30
מיא מעל ארעא ואעדי **נח** ית חופאה דתיבותא וחמא נגובו GN 8:13
מסוף ארבעין יומין ופתח **נח** ית כוות תיבותא דעבד: ושדר ית GN 8:6
בר חמש מאה שנין ואולד **נח** ית שם וית חם וית יפת: והוה GN 5:32
לך ולכון למיכל: ועבד **נח** ככל דפקדיה ייי: ואמר ייי לנח GN 6:22
אינש ובעיר ארעא: ועבד **נח** ככל דפקדיה ייי: ונח בר שית GN 7:5
למיתב בכל ארעא: ושרי **נח** למיהוי גבר פלח בארעא ואשכח GN 9:20
ואולד בר: וקרא ית שמיה **נח** למימר דין ינחמיננא מפולחננא GN 5:29
ארעא: ומליל ייי עם **נח** למימר: פוק מן תיבותא את GN 8:15
ציפר כל דפרח: ועלו לות **נח** לתיבותא תרין תרין מכל בישרא GN 7:15
נפקו מן תיבותא: ובנא **נח** מדבחא קדם ייי הוא מדבחא GN 8:20
וקדיש יתיה ארום ביה **נח** מכל עיבידתיה דברא אלקים GN 2:3
צדיקא הוא שם בר **נח** מלכא דירושלים נפק לקדמות GN 14:18
לא חמנון: ואיתער **נח** מן חמריה וידע באשתעות GN 9:24
ייי: אילין יחוסין דגניסת **נח** נח הוה גבר זכאי שלים בעובדין GN 6:9
דייי הליך נח: ואולד **נח** תלתא בנין ית שם ית חם וית GN 6:10
וחמשין שנין: והוו כל יומי **נח** תשע מאה וחמשין שנין ומית: GN 9:29

נחבי (1)

לשיבטא דנפתלי עזגד **נחבי** בר ופסי: לשיבטא דגד עזגד NU 13:14

נחור (16)

בר מלכה איתתי **דנחור** אחוי דאברם ולגינתה על GN 24:15
לארם דעל פרת לקרתא **דנחור**: וארבע גמליא מברא לקרתא GN 24:10
אלקיה דאברהם ואלקי **דנחור** ידינון בינן ביננא אלקיה GN 31:53
לאברם אחוי: ונסיב אברם **ונחור** להון נשין שום איתת אברם GN 11:29
אילין ילידת מלכה **לנחור** אחוי דאברהם: ותפלקתיה GN 22:23
דאחתה למילד בנין **לנחור** אחוך: ית עוץ בוכריה וית בוז GN 22:20
אנא בת מלכה דילידת **לנחור**: ותנת למימר ליה אוף תיבנא GN 24:24
שנין ואולד ית תרח: וחיא **נחור** בתר דאולד ית תרח תרח מאה GN 11:25
ואמרת ברת בתואל בר **נחור** דילידת ליה מלכה ושוית GN 24:47
להום הידעתון ית לבן בר **נחור** ואמרו ידענא: ואמר השלם ליה GN 29:5
תלתין שנין ואולד ית **נחור**: וחיא שרוג בתר דאולד ית GN 11:22
שנין ואולד ית אברם ית **נחור** וית הרן: ואילין גניסת תרח GN 11:26
תרח אוליד ית אברם וית **נחור** וית הרן והרן אוליד ית לוט: GN 11:27
שרוג בתר דאוליד ית **נחור** מאתן שנין ואוליד בנין ובנן: GN 11:23
אברם שרי ושום איתת **נחור** מלכא ברת הרן אבוי דמלכה GN 11:29
שנין ואוליד בנין ובנן: וחיא **נחור** עשרין ותשע שנין ואולד ית GN 11:24

נחשון (7)

ברת עמינדב אחתיה **דנחשון** ליה לאינתו וילידת ליה ית EX 6:23
קורבנא די קריב מנכסוי **נחשון** בר עמינדב: ביומא תניינא NU 7:17
מטול דרבא לבני יהודה **נחשון** בר עמינדב: וחיליה וסכומהון NU 2:3
שיבטא דבני יהודה **נחשון** בר עמינדב: ורבא דהוה ממני NU 10:14
וצפירא דחטאתא דקריב **נחשון** בר עמינדב לחנוכת מדבחא LV 10:16
שדי: ליהודה אמרכול **נחשון** בר עמינדב: לישׂשכר אמרכול NU 1:7
קמאה ית קורבניהון **נחשון** בר עמינדב רב בית אבא NU 7:12

נחת (2)

עשו: ואילין בני רעואל **נחת** וזרח שמה ומזה אילין הוון בני GN 36:13
בני רעואל בר עשו רבא **נחת** רבא זרח רבא שמה רבא מזה GN 36:17

ניווטאי (1)

רבתי: ומצרים אוליד ית **ניווטאי** וית מריוטאי וית ליווקאי GN 10:13

נילוס (5)

יהא רעוא דיתמלון מוי **דנילוס** ויעדי כפנא מן עלמא ביומך: GN 47:7
ויקיף תחומא מקיסם **לנילוס** דמצראי ויהון מפקנוי NU 34:5
לבנך אתן ית ארעא הדא **מנילוס** דמצרים עד נהרא רבא GN 15:18
ושקעון יתיה בגוא **נילוס** דמצרים: ואילין שמהת בני GN 50:26
דגרמיה יוסף בגויה מן **נילוס** והוה מידבר עימיה ארום EX 13:19

נימרי (2)

ומדבשתא מכוור ובית **נימרי** ובית חושבני מעלת מרא NU 32:3
וית כרכא תקיפא בבית **נימרין** וית בית הרן קוריי חקרא NU 32:36

נינוה (2)

ארבע קוריין אוחרנין ית **נינוה** וית פלטיאת קרתא וית GN 10:11
וית תלסר דמתבניא ביני **ניניוה** וביני חדיית איהי קרתא GN 10:12

ניסן (26)

בתמניא בניסן ובתשעא **בניסן** אתקינו עמא בית ישראל ית DT 34:8
הדין לדריכון קיים עלם: **בניסן** בארבסר יומין לירחא תיכסון EX 12:18
דמליל עמיה בחמיסר **בניסן** ביני פסוגייא עד יומא דנפקו EX 12:40
נפקין פריקין מחמיסר **בניסן** הוא ירחא דאביבא: ויהי ארום EX 13:4
ופסק להון מנא בשיתיסר **בניסן** הישתכחו אכלין ית מנא DT 34:8
מסוף יומיא בארבסר **בניסן** ואיתי קין מאיבא דארעא GN 4:3
עשו בריה רבא בארביסר **בניסן** ואמר ליה ברי הא ליליא דין GN 27:1
דאיבליה דמשה בתמניא **בניסן** ובתשעא בניסן אתקינו עמא DT 34:8
בכיר במרחשוון ולקיש **בניסן** ולברכא ית כל עובדי ידיכון DT 28:12
ועברו ית יורדנא בעשרא **בניסן** ופסק להון מנא בשיתיסר DT 34:8
בכיר במרחשוון ולקיש **בניסן** ותכנשון עיבורכם חמריכון DT 11:14
בלילייא הדין דחמיסר **בניסן** עד פלגותיה דלילייא טוי נור EX 12:8
הוא יומא קדמאה לירחא **דניסן** אקים משה ית משכנא ולא LV 9:1
יתעביד וניסוכיה: ובירחא **דניסן** בארביסר יומין לירחא ניכסת NU 28:16
יתהון בזימניהון: בירחא **דניסן** בארביסר לירחא בינו LV 23:5
דירחא קמאה הוא ירחא **דניסן** בחד לירחא תקים ית משכנא EX 40:2
שביעאה הוא ירחא **דניסן** בשבסרי יומין לירחא על GN 8:4
בירחא קמאה הוא ירחא **דניסן** בשתא תניינא בחד לירחא EX 40:17
יתיה ברם בפיסחא **דניסן** הינון ייכלון פטירי וקורבן NU 9:12
צימחוני ארעא בירחא **דניסן**: ווי להון לרשיעייא דמדכרין DT 32:2
מלמעבד קורבן פיסחא **דניסן** וישתיצי בר נשא ההוא NU 9:13
בעשרא יומין לירחא **דניסן** ומיתת תמן מרים ואתקברת NU 20:1
אחויית גזירת פיסחא **דניסן** יעבדון יתיה ברם בפיסחא NU 9:12
ונטלו מן פילוסין בירחא **דניסן** מבתר דאכלו ניכסת פיסחא NU 33:3
והוה ביום ריש ירחא **דניסן** פסק משה למיקמא ית NU 7:1
תשרי וחצדא בתקופת **ניסן** וקורא בתקופת טבת וחומא GN 8:22

נמואל (3)

בנוי דשמעון לגניסתהון **לנמואל** גניסת נמואל לימין גניסת NU 26:12
ותלתין:: ובני אהליאב **נמואל** דתן ואבירם הוא דתן NU 26:9
לגניסתהון לנמואל גניסת **נמואל** לימין גניסת ימין ליכין NU 26:12

נמרוד (9)

דאיתברי עלמא לא הוה **כנמרוד** גיבר בצידא ומרודא קדם GN 10:9
דהרן למימר אילו נצח **נימרוד** אהי מן סיעתיה ואילו נצח GN 11:28
דהגר ברת פרעה בר **נימרוד** דטלקך לאתונא דנורא: GN 16:5
ית לוט: והוה כד רמא **נימרוד** ית אברם לאתונא דנורא GN 11:28
והוה ביומי אמרפל הוא **נמרוד** דאמר למירמי אברם לנורא GN 14:1
מינהון ית אליעזר בר **נמרוד** דהוה מתיל בגבורתא GN 14:14
ומזג: וכוש אוליד ית **נמרוד** הוא שרי למיהוי גיבר GN 10:8
נפשן דהוא קטל ית **נמרוד** וית חנוך בריה ויעקבו גבר GN 25:27
מן ארעא ההיא נפק **נמרוד** ומלך באתור דלא בעא GN 10:11

נסיוטאי (1)

וית פנטסכינאי: וית **נסיוטאי** וית פנטפוליטי דנפקו GN 10:14

נעה (3)

תרצה וחגלה ומלכה **ונעה** בנת צלפחד לבני חביביהן NU 36:11
ושום בנת צלפחד מחלה **נעה** חגלה מלכה ותרצה: אילין NU 26:33
שמהן בנתוי מחלה **נעה** חגלה מלכה ותרצה: וקמא קדם NU 27:1

נעמא (1)

ואחתיה דתובל קין **נעמא** היא הות מרת קינין וזמרין: GN 4:22

נעמן (4)

דאיתגר בארעא נוכראה **ונעמן** דהוה נעים ויקיר אחי דהוא GN 46:21
חופם: והוו בנוי דבלע ארד **ונעמן** לארד גניסת ארד לנעמן NU 26:40
ונעמן לארד גניסת ארד **לנעמן** גניסת נעמן: איליין בנוי NU 26:40
גניסת ארד לנעמן גניסת **נעמן**: איליין בנוי דבנימן לגניסתהון NU 26:40

נפג (1)

משה: ובנוי דיצהר קרח **ונפג** וזכרי: ובנוי דעזיאל משאל EX 6:21

נפיש (1)

חריפא ותימא יטור **נפיש** וקדמה: אילין הינון בנוי GN 25:15

נפתלי (25)

אליצפן בר פרנך: לשיבטא **דנפתלי** אמרכל פדהאל בר עמיהוד: NU 34:28
מטי עד בותניי: ולשיבטא **דנפתלי** בריך משה נביא דייי ואמר: DT 33:23
וחמש מאה: ושיבטא **דנפתלי** ורבא דהוה ממני על NU 2:29
חילא: סכומהון לשיבטא **דנפתלי** חמשין ותלתא אלפין NU 1:43
סכום למנייניהום: ובנוי **דנפתלי** יחצאל וגוני ויצר ושלם: GN 46:24
אלפין וחמש מאה: בנוי **דנפתלי** ייחוסיהון לגניסתהון לבית NU 1:42
אלפין וארבע מאה: בנוי **דנפתלי** לגניסתהון ליחצאל גניסת NU 26:48
בר מיכאל: לשיבטא **דנפתלי** עזגד נחבי בר ופסי: NU 13:14
שמהת תלת שבטיא דן **ונפתלי** אשר ובמציעותיה חקיק NU 2:25
חמשא גוברין זבולון דן **ונפתלי** גד ואשר ואקימינון קדם GN 47:2
יששכר זבולון ובנימין: דן **ונפתלי** גד ואשר: והוה סכום כל EX 1:4
בלהה אמתא דרחל דן **ונפתלי**: ובני זלפה אמתא דלאה גד GN 35:25
ראובן גד ואשר וזבולן דן **ונפתלי**: ויכרזון ליואי ויימרון לכל DT 27:13
תלתא שיבטיא יהודה דן **ונפתלי**: ושום סידרא תליתאה EX 28:18
תלת שיבטיא יהודה דן **ונפתלי**: ושום סידרא תליתאה EX 39:11
אליסף בר דעואל: **לנפתלי** אמרכול אחירע בר עינן: NU 1:15
על חילוות שיבטא דבני **נפתלי** אחירע בר עינן: איליין מטלני NU 10:27
על חילוות שיבטא דבני **נפתלי** אחירע בר עינן: וחיליה NU 2:29
קריב רב בית אבא לבני **נפתלי** אחירע בר עינן: קרבניה NU 7:78
בסעדך: ושדר יעקב ית **נפתלי** דהוא עזגד קליל וקרא לרחל GN 31:4
דן: וית אלף סרכין מדבית **נפתלי** דמתחברין עם בלק וית DT 34:2
קדם ייי וקרת שמיה **נפתלי**: וחמת לאה ארום קמת GN 30:8
כפילתא מן יד אזל **נפתלי** ורהט ונחת למצרים ואתא GN 50:13
גניסת שילם: אילין גניסת **נפתלי** לסכומהון ארבעין וחמשא NU 26:50
עליהון קדם מרי עלמא: **נפתלי** עזגד קליל דמי לאיילא GN 49:21

נציבין (1)

בבל רבתי והדס **ונציבין** וקטיספון בארעא דפונטוס: GN 10:10

נתנאל (5)

קורבנא דקריב מניכסוי **נתנאל** בר צוער: ביומא תליתאה NU 7:23
שיבטא דבני ישראל **נתנאל** בר צוער: וחיליה וסכומהון NU 2:5
שיבטא דבני יששכר **נתנאל** בר צוער: ורבא דהוה ממני על NU 10:15
עמינדב: לישׂשכר אמרכול **נתנאל** בר צוער: לזבולון אמרכול NU 1:8
תניינא קריב ית קורבניה **נתנאל** בר צוער רב בית אבא NU 7:18

סבא (2)

אברהם לאליעזר עבדיה **סבא** דביתיה דשליט בכל אפותיקי GN 24:2
וכנען: ובנוי דכוש **סבא** וחוילא וסבתה ורעמא GN 10:7

סבתה (1)

ובנוי דכוש סבא וחוילא **וסבתה** ורעמא וסבתכא ושום GN 10:7

סבתכא (1)

וחוילא וסבתה ורעמא **וסבתכא** ושום אפרכיותהום GN 10:7

סדום (28)

דאברם ואזלו והוא יתיב **בסדום**: ואתא עוג דאישתזיב מן GN 14:12
דינא: ואמר ייי אין אשכח **בסדום** חמשין זכאין בגו קרתא GN 18:26
לך: ואמר אברם למלכא **דסדום** ארימית ידי בשבועה קדם GN 14:22
עד סדם: ואינשין **דסדום** בישין בממונהון דין לדין GN 13:13
ולוט יתיב בתרעא **דסדום** וחמא לוט וקם לקדמותהון GN 19:1
בעין גדי: ונפק מלכא **דסדום** ומלכא דעמרה ומלכא GN 14:8
ברע דעובדוי בביש מלכא **דסדום** ועם ברשע דעובדוי GN 14:2
תשתקע היך תהפכנותא **דסדום** ועמורא אדמה וצבויים DT 29:22
ונסיבו ית כל קניינא **דסדום** ועמורה וית כל מזונהון GN 14:11
חימרא וערקו מלכא **דסדום** ועמורה ונפלו תמן GN 14:10
דמיין לעובדי עמא **דסדום** ועצתהון בישן כעיצתהון DT 32:32
מה דאתיב: ואמר מלכא **דסדום** לאברם הב לי נפשת אינשא GN 14:21
דהיא הוות מבנתהון **דסדומאי** ומטול דחטת במילחא GN 19:26
וית עמא: ונפק מלכא **דסדם** לקדמותיה בתר דתב GN 14:17
ואתו תרין מלאכיא **לסדום** ברמשא ולוט יתיב בתרעא GN 19:1
דדמיין לגובריא ואזלו **לסדום** ואברהם עד כדון בעי רחמין GN 18:22
והא תרין מלאכיא דאזלו **לסדום** ואיטרדו מן מחיצתהון מן GN 28:12
מעלך לגרר עד עזה מעלך **לסדום** ועמורא אדמא וצבויים עד GN 10:19
לברא והדר חד מנהון **לסדום** לחבלותא וחד אשתאר עם GN 19:17
רשיעין דבקרתא אינשי **סדום** אחזרו על ביתא מטליא ועד GN 19:4
מנהון אודיקו על אנפי **סדום** ואברהם אזיל עמהון GN 18:16
וחד אתא למיהפך ית **סדום** וית עמורה וכד חמנון רהט GN 18:2
אחית מיטרין דרעווא על **סדום** ועל עמורא על מנת דיעבדון GN 19:24
כל קבל חמשא קוריין **סדום** ועמורא אדמה וצבויים וזוער GN 18:24
קדם ייי: ואודיק על אנפי **סדום** ועמורה ועל כל אנפי ארע GN 19:28
ופרס למשכניה עד **סדם**: ואינשין דסדום בישין GN 13:12
לא חביל ייי ברגזיה ית **סדם** וית עמרה הות ארעא ההיא GN 13:10
למלאכי שיריתא קבילת **סדם** ועמרה דאניסין מסכינין וגזרין GN 18:20

סהד (1)

וקרא ליה לבן אוגר **סהיד** ויעקב קרא ליה בלישן בית GN 31:47

סוברא (1)

ומבשם: וצאיתא ושתוקא **וסוברא**: חריפא ותימא יטור נפיש GN 25:14

סודי (1)

דזבולון עזגד גדיאל בר **סודי**: לשיבטא דיוסף לשיבטא NU 13:10

סוכות (6)

ישראל מן פילוסין ושרו **בסוכות** אתרא דאתחפיאו שבעת NU 33:5

לגבלא: ויעקב נטל **לסוכות** ואיתעכב תמן תריסר ירחי GN 33:17
בני ישראל מן פילוסין **לסוכות** מאה ותלתין מילין תמן EX 12:37
גרמיי מיכא עמכון: ונטלו **מסוכות** אתר דאתחפיו בענני יקרא EX 13:20
שבעת ענני יקרא: ונטלו **מסוכות** ושרו באיתם דבסטר NU 33:6
כן קרא שמא דאתרא **סוכות**: ואתא יעקב שלים בכל דליה GN 33:17

סוסי (1)
דמנשה עזגד גדי בר **סוסי**: לשיבטא דדן עזגד עמיאל בר NU 13:11

סטנא (9)
אתון צפיר בר עיזי מטול **דסטנא** מימתיל ביה מטול דלא LV 9:3
מחנגין ומגחנין קדמוי **וסטנא** הוה בגויה מטפז ומשוור EX 32:19
לי וטלקתיה בנורא ועאל **סטנא** בגויה ונפק מיניה דמות EX 32:24
יבבא יהי לכון למערבבא **סטנא** דאתי למקטרגא לכון בקל NU 29:1
זימנא דקבע להון ואזל **סטנא** ואטעינון והדר ליבהון זהוהין EX 32:1
ותו לא נבעת וקרא שמא **סטנא**: ואיסתלק מתמן וחפס ביר GN 26:21
אברהם ית יצחק ואזל **סטנא** ותני לות שרה דאברהם נכס GN 22:20
מטול דלא ישתעי עלך **סטנא** לישן תליתאי על עיסק LV 9:2
טבא קדם אלקכון ברם **סטנא** מתערבב לקל יבבותכון אנא NU 10:10

סיאון (1)
גיף נחלי ארנון ועד טוורא **דסיאון** הוא טוור תלגא: וכל מישרא DT 4:48

סיון (2)
בעשרין ותשעה לירחא **דסיון** יומי דמן ביכורי עינבין: NU 13:20
אשר: ואזל ראובן ביומי **סיון** בזמן חצד חינטין ואשכח GN 30:14

סיחון (21)
עד דאגחת קרבא **בסיחון** ויזעון וירתתון מן קדמך: DT 2:25
ארום חשבון קרתא **דסיחון** מלכא דאמוראה היא והוא NU 21:26
קרתא רבתא היא קרתא **דסיחן** היא בירושא: ונחר בלק תורין NU 22:39
קירויהון היכמה דעבדנא **לסיחון** מלכא דחשבון הכדין גמרנא DT 3:6
יעבדון לי היכמא דעבדו **לסיחן** אזל ועקר טוורא בר שיתא NU 21:35
דינא מנהון היכמה דעבד **לסיחן** ולעוג מלכי אמוראי ולעממי DT 31:4
ליה היכמה דעבדת **לסיחן** מלכא דאמוראה דיתיב DT 3:2
ליה היכמא דעבדת **לסיחן** מלכא דאמוראי דהוה יתיב NU 21:34
ישראל בתר דקטילו ית **סיחון** בארעא דאמוראי: ושדר משה NU 21:31
תחומך: ולא שבק **סיחון** ית ישראל למעיבר בתחומיה NU 21:23
למעיבר בתחומיה וכנש **סיחון** ית כל עמיה ונפק לקדמות NU 21:23
ושדר ישראל עזגדין לות **סיחון** מלכא דאמוראה למימר: NU 21:21
בר יוסף ית מלכות **סיחון** מלכא דאמוראי וית מלכות NU 32:33
למדבר קדמות לות **סיחון** מלכא דאמוראי פתגמי שלם DT 2:26
לאתרא הדין ונפק **סיחון** מלכא דחושבנא ועוג מלכא DT 29:6
די מסרית בידיכון ית **סיחון** מלכא דחשבון ואמוראה וית DT 2:24
דשריית לממסר בידך ית **סיחן** וית ארעיה שרי לתרכותיה DT 2:31
למירות ית ארעיה: ונפק **סיחן** לקדמותנא הוא וכל עמיה DT 2:32
מן בתר דמחא ית **סיחון** מלכא דאמוראה דיתיב DT 1:4
דיורדנא בחילתא בארע **סיחן** מלכא דאמוראי דיתיב DT 4:46
יהיב לנא: ולא צבא **סיחן** מלכא דחשבון לאעברתונא DT 2:30

סין (4)
דישראל למדברא **דסין** דבין אילים ובין סיני בחמיסר EX 16:1
ימא דסוף ושרו במדברא **דסין**: ונטלו ממדברא דסין ושרו NU 33:11
דסין: ונטלו ממדברא **דסין** ושרו בדופקה: ונטלו מדפקה NU 33:12
דבני ישראל ממדברא **דסין** למטלניהון על מימרא דייי EX 17:1

סיני (44)
קדמאה דפקיד ייי **בסיני** בסר וית תפקידת מהולתא NU 15:31
ית פיתגמיא דחמיתון **בסיני** בעיניכון ודילמא יעידון מן DT 4:9
זיניה דאיתיהב להון **בסיני** דביה שמא רבא וקדישא EX 33:4
ויקירא דמתפרש דשמע **בסיני** ואזיד וארגיז ושום אימיה LV 24:11
איליין איתאמרו **בסיני** ואתנייו במשכן זימנא DT 27:26
מן אורחא דפקידתינון **בסיני** לא תעבדון לכון צלם וצורה EX 32:8
משה הוא דמליל ייי עימי **בסיני** למימר בדיקריבין קדמי אנא LV 10:3
חבל על עמא דשמעו **בסיני** מן פום קודשא לא תעבדון EX 32:19
הלא במדברא בטוורא **דסיני** איתיהבת לכון אורייתא DT 1:1
דא למסוקתא דטוורא **דסיני** אמר איזיל ואיקדיש ית עמא DT 32:49
ית בני ישראל במדברא **דסיני**: ארום אמר ייי להון ממת NU 26:64
עמא למיסק לטוורא **דסיני** ארום אנת אסהידת בנא EX 19:23
ייי ית משה בטוורא **דסיני** ביומא דפקיד ית בני ישראל LV 7:38
ייי עם משה במדברא **דסיני** במשכן זימנא בחד לירחא NU 1:1
ייי עם משה במדברא **דסיני** בשתא תיניינא לזמן מיפקהון NU 9:1
בליביה ואמר טוורא **דסיני** דהווה ריבוייה ריבוי דשעתא LV 1:1
בצפרא וסליק לטורא **דסיני** הי כמא דפקיד ייי יתיה ונסיב EX 34:4
ייי עם משה בטוורא **דסיני**:: ואילין שמהת בני אהרן NU 3:1
ית משה ומננון במדברא **דסיני**: והוו בני ראובן בוכרא NU 1:19
שכינתא דייי על טורא **דסיני** וחפהי ענן יקרא שיתא יומין EX 24:16
לות בני ישראל בטוורא **דסיני**: ומליל ייי עם משה במדברא LV 27:34
דעבדו ליה במדברא **דסיני**: ומליל ייי עם משה למימר: LV 7:38
מרפידים ושרו במדברא **דסיני**: ונטלו ממדברא דסיני ושרו NU 33:15
לירחא אתו למדברא **דסיני**: ונטלו מרפידים ואתו EX 19:1
דמליל ייי עימיה בטוורא **דסיני**: ופסק משה מן למללא עמהון EX 34:32
יקרך ייי על טוורא **דסיני** וקבילו תמן אורייתך ועננך NU 14:14
כעלתא דטוורא **דסיני** וקיימא על אתר בית יקידתא LV 6:2
למטלניהון ממדברא **דסיני** ושרא ענן יקרא במדברא NU 10:12
מרפידים ואתו למדברא **דסיני** ושרו במדברא ושרא תמן EX 19:2
דסיני: ונטלו ממדברא **דסיני** ושרו בקיברי דמשיילי בישרא: NU 33:16
לעיני כל עמא על טורא **דסיני**: ותתחים ית עמא ויקומון EX 19:11
ותיסוק לצפרא לטורא **דסיני** ותתעתד קדמי תמן על ריש EX 34:2
נביא כד סליקית לטוורא **דסיני** חמית רבון כל עלמיא ייי DT 32:4
ביני שימשתא במדברא **דסיני** ככל מה די פקיד ייי ית משה NU 9:5
ייי עם משה בטוורא **דסיני** למימר: מליל עם בני ישראל LV 25:1
ייי עם משה במדברא **דסיני** למימר: מני ית בני לוי לבית NU 3:14
דהות מיקרבא על טוורא **דסיני** מטול לאתקבלא ברעוא NU 28:6
ובין בני ישראל בטוורא **דסיני** על ידא דמשה: ומליל ייי עם LV 26:46
ואיתגלי ייי על טוורא **דסיני** על ריש טוורא וקרא ייי EX 19:20
תחותי טוורא: וטוורא **דסיני** תנין כוליה מן בגלל דארכין EX 19:18
למללא עימיה בטוורא **דסיני** תרין לוחי סהדותא לוחי EX 31:18
תבור וחרמון ושריון **וסיני** ובגין לשיצאה יתהון מעל אפי EX 32:12
קדם דימות: ואמר ייי מן **סיני** אתגלי למיתן אורייתא לעמיה DT 33:2
דסין דבין אילים ובין **סיני** בחמיסר יומין לירחא דאייר EX 16:1

סיניראי (1)
ושום אפרכיותהום **סיניראי** והינדיקי וסמראי ולובאי GN 10:7

סכותא (1)
בגין כן קרא שמיה גלעד: **וסכותא** איתקריית די אמר יסתכי GN 31:49

סכל (1)
מפקנוי לביריא דבית **סכל** ולמציעות דרתא רבתא NU 34:9

סלוא (1)
עם מדינתא זמרי בר **סלוא** רב בית אבא לשיבט שמעון: NU 25:14

סלווקיא (1)
וכל גלעד וכל מתנן עד **סלווקיא** ואדרעת קרוי ממלכותא DT 3:10

סמאל (2)
לביש: וחמת איתתא ית **סמאל** מלאך מותא ודחילת וידעת GN 3:6
דהיא מתעברא מן **סמאל** מלאכא דייי: ואוסיפת למילד GN 4:1

סמבטיון (1)
ואשרינון מן לגיו לנהר **סמבטיון** ובהינון פרישן לא EX 34:10

סמראי (1)
סיניראי והינדיקי **וסמראי** ולובאי וזינגאי ובנוי GN 10:7

סנחריב (1)
דשלמיא עד כדי ייתי **סנחריב** מלכא דאתור וישבי יתר: NU 24:22

סניגורא (1)
דבר זעמה ולכרכוי דבר **סניגורא** ודיווקינוס ותרנגולא עד NU 34:8

ספרא (1)
ייי וקרא שמיה מיטטרון **ספרא** רבא: וחיא מתושלח מאה GN 5:24

ספרוואי (1)
מן מישא מעלך **לספרוואי** טור מדינחא: אילין בנוי GN 10:30

סרד (3)
ותלת מאה: בנוי דזבולן **לסרד** גניסת סרד לאלון גניסת אלון NU 26:26
אגר כוותהון ושומהון **סרד** ואלון ויחלאל: אילין בני לאה GN 46:14
בנוי דזבולן לסרד גניסת **סרד** לאלון גניסת אלון ליחלאל NU 26:26

סרח (2)
על בר נשא דאשתלי כד **סרח** בשלו קדם ייי לכפרא עלוי NU 15:28
מלכיאל: ושום ברת אשר **סרח** דאידברת בשיתין ריבוון NU 26:46

סתור (1)
לשיבטא דאשר עזגד **סתור** בר מיכאל: לשיבטא דנפתלי NU 13:13

סתרי (1)
דעזיאל משאל ואלצפן **וסתרי**: ונסיב אהרן ית אלישבע ברת EX 6:22

עבר (8)
וישעבדון כל בנוי **דעבר** ברם סופהון דאיליין ואיליין NU 24:24
משמש בבי מדרשא **דעבר** תבע אולפן מן קדם ייי: ורחים GN 25:27
ושלח אוליד ית עבר: **ולעבר** איתילידו תרין בנין שום חד GN 10:25
שלח בתר דאוליד ית **עבר** ארבע מאה ותלת שנין ואוליד GN 11:15
שנין ואוליד ית פלג: וחיא **עבר** בתר דאוליד ית פלג ארבע GN 11:17
תלתין שנין ואוליד ית **עבר**: וחיא שלח בתר דאוליד ית GN 11:14
ית שלח ושלח אוליד ית **עבר**: ולעבר איתילידו תרין בנין שום GN 10:24
ואוליד בנין ובנן: וחיא **עבר** תלתין וארבע שנין ואוליד ית GN 11:16

עבראי (6)
איתגניבית מן ארעא **דעיבראי** ואוף הכא לא עבדית GN 40:15
למימר על לותי עבדא **עבראי** דאייתיתא לנא למגחוך בי: GN 39:17
דמשה: ונטלו מטרי **עבראי** ושרו במשריא דמואב על NU 33:48
דאייתי ריבונכון לנא גבר **עבראי** למגחוך בנא על לותי GN 39:14
ותמן עימנא טלייא **עבראי** עבדא לרב ספוקלטוריא GN 41:12
דבלתים ושרו בטוורא **עבראי** קדם בית קבורתיה דמשה: NU 33:47

עדה (8)
חבריה דאיוב אילין בני **עדה** איתת עשו: ואילין בני רעואל GN 36:12

עדה

שמהת בני עשו אליפז בר **עדה** איתת עשו רעואל בר בשמת GN 36:10
ית נשוי מבנת כנען ית **עדה** ברת אלון חיתאה וית GN 36:2
בארעא דאדום אילין בני **עדה:** ואילין בני רעואל בר עשו רבא GN 36:16
וזמרין: ואמר למך לנשוי **עדה** וצלה קבילן קלי נשי למך GN 4:23
תרתין נשין שום חדא **עדה** ושום תנייתא צלה: וילידת GN 4:19
תנייתא צלה: וילידת **עדה** ית יבל הוא הוה רב בהום דכל GN 4:20
ליה נביות אחה: וילידת **עדה** לעשו ית אליפז ובשמת ילידת GN 36:4

עדולמאה (3)

אחוהי וסטא לות גברא **עדולמאה** ושמיה חירה: וחמא תמן GN 38:1
גדי בר עיזי ביד רחמיה **עדולמאה** למיסב משכונא מידא GN 38:20
עניה הוא וחירה רחמיה **עדולמאה** לתמנת: ואיתני לתמר GN 38:12

עדישא (1)

דפארן ונסיב איתא ית **עדישא** ותרכה ונסיבת ליה אימיה GN 21:21

עדן (13)

ואיתעלת לגינתא **דעדן** בחייהא מן בגלל דבשרת ית NU 26:46
ייי אלקים מגינתא **דעדן** ואזל ויתיב בטורי מוריה GN 3:23
בעידן דאיטרד מן גינתא **דעדן** ואקריב עילוי קרבנא ועילוי GN 8:20
מלקדמין בגינוניתא **דעדן:** וידע קין ית אינתתיה GN 4:16
נהרא מן גינוניתא **דעדן** ונצביה לכרמא וביה ביומא GN 9:20
דדבר פישון מגינוניתא **דעדן** לגוא גיחון וגיחון דברינון EX 14:9
ואשרייא בגינוניתא **דעדן** למיהוי פלח באורייתא GN 2:15
אורייתא אתקין גינתא **דעדן** לצדיקייא דייכלון ויתפנקון GN 3:24
דרשיעייא ושלויתא **דעדן** מה הוא כחדא מתכנשין GN 49:1
עלוהי וניטרדיה מן גינתא **דעדן** קדם עד לא יפשט ידיה ויסב GN 3:22
בין טב לביש: ונהרא נפיק **מעדן** לאשקאה ית גינוניתא ומתמן GN 2:10
דייי אלקים גינוניתא **מעדן** לצדיקייא קדם בריית עלם GN 2:8
ענני שמייא ואזלין לגן **עדן** ונסבין מתמן ית בושמא בחירא EX 35:28

עדר (1)

מן להלא למוגדלא **דעדר** אתרא דהתמן עתיד דאיתגלי GN 35:21

עובל (1)

וית אוזל וית דיקלא: וית **עובל** וית אבימאל וית שבא: וית GN 10:28

עוג (17)

ואדרעת קרוי ממלכותא **דעוג** במתנן: ארום לחוד עוג מלכא DT 3:10
פלך טרגונא מלכותא **דעוג** במתנן: כל אילין קירווי מקרא DT 3:4
גלעד וכל מתנן מלכותיה **דעוג** יהבית לשיבט מנשה כל תחום DT 3:13
היכמה דעבד לסיחן **ולעוג** מלכי אמוראי ולעממי DT 31:4
סיחון מלכא דחושבנא **ועוג** מלכא דמתנן לקדמותנא DT 29:6
והוא יתיב בסדום: ואתא **עוג** דאישתזיב מן גנבריא דמיתו GN 14:13
כיוון דחמא משה ית **עוג** זע וארתית מן קדמוי עני ואמר NU 21:34
וסליקו אורח מתנן ונפק **עוג** מלכא דמותנן לקדמותנא הוא NU 21:33
דעוג במתנן: ארום לחוד **עוג** מלכא דמתנן אישתייר ממותר DT 3:11
דאמוראי וית מלכות **עוג** מלכא דמתנן ארעא לקורייהא NU 32:33
דיתיב בחשבון וית **עוג** מלכא דמתנן דיתיב DT 1:4
ייי אלקנא בידנא אוף ית **עוג** מלכא דמתנן וית כל עמיה DT 3:3
אורח מתנן ונפק **עוג** מלכא דמתנן לקדמותנא הוא DT 3:1
ית ארעיה וית ארע **עוג** מלכא דמתנן תרין מלכי DT 4:47
אגחו מלכיא האילין הוה **עוג** עימהון אמר בליביה איזיל GN 14:13
קדמוי עני ואמר דין הוא **עוג** רשיעא דהוה מחסיד ית אברהם NU 21:34
בחשבון: והוה כיוון דחמא **עוג** רשיעא ית משירייתא דישראל NU 21:35

עוזיאל (1)

למישאל ולאלצפן בנוי **דעוזיאל** ליואי חביבא דאהרן ואמר LV 10:4

עוית (1)

קרתא דבית מלכותיה **עוית:** ומית הדד ומלך תחותיה GN 36:35

עומרא (2)

שיריתא קבילת סדם **ועמרה** דאניסין מסכינין וגזרין דכל GN 18:20
ייי ברגזיה ית סדם וית **עמרה** הות ארעא ההיא משבחא GN 13:10

עונן (2)

מאה: בנוי דיהודה ער **ועונן** ומיתו ער ועונן על חוביהון NU 26:19
ער ועונן ומיתו ער **ועונן** על חוביהון בארעא דכנען: והוו NU 26:19

עוץ (2)

בנין לנחור אחוך: ית **עוץ** בוכריה וית בוז אחוי וית GN 22:21
וזעון ועקן: אילין בני דישן **עוץ** וארם: אילין רברבי גנוסייא רבא GN 36:28

עזאזל (3)

חד לשמא דייי ועדבא חד **לעזאזל** ויטריף בקילפי וינפיקינון LV 16:8
ודיפטור ית צפירא **לעזאזל** יצבע ית לבושוי ויסחי ית LV 16:26
דסליק עלוי עדבא **לעזאזל** יתוקם בחיין קדם ייי LV 16:10

עזאל (1)

ולא עבדו: שמחזאי **ועזאל** הינון נפלן מן שמיא והוו GN 6:4

עזה (2)

בותנייס מעלך לגרר עד **עזה** מעלך לסדום ועמורא אדמא GN 10:19
שרן בכופרנייא דרפיע עד **עזה** קפודקאי דנפקו מן קפודקיא DT 2:23

עזיאל (5)

וגניסתא דחברון וגניסתא **דעזיאל** איליין הינון גניסת קהת: NU 3:27
קרח ונפג וזכרי: ובנוי **דעזיאל** משאל ואלצפן וסתרי: EX 6:22
עמרם ויצהר וחברון **ועזיאל:** ובנוי דממרי לגניסתהון NU 3:19
עמרם ויצהר וחברון **ועזיאל** ושני חייוי דקהת חסידא EX 6:18
גניסתא קהת אליצפן בר **עזיאל:** ומטרתהון ארונא ופתורא NU 3:30

עזן (1)

אמרכל פלטיאל בר **עזן:** לשיבטא דאשר אמרכל אחיהוד NU 34:26

עי (2)

ביתאל מן מערבא **ועי** ממדינחא ובנא תמן מדבחא GN 12:8
מן אוולא בין ביתאל ובין **עי:** לאתר מדבחא דעבד תמן GN 13:3

עיבל (8)

אפיהון לקבל טוורא **דעיבל:** הלא הינון יהיבין מלהלא DT 11:29
אפיהון כל קבל טוורא **דעיבל** ואמרין ליט יהוי גברא DT 27:15
אפיהון כלו קבל טוורא **דעיבל** ואמרין ליט יהוי גברא דלא DT 27:26
ושיתא על טוורא **דעיבל** וארונא וכהניא וליואי DT 27:15
מפקיד יתכון בטוורא **דעיבל** ותשועון יתהון בגירא: DT 27:4
ושית שיבטין על טוורא **דעיבל** מברכיא יהוון הפכין אפיהון DT 11:29
על לווטייא בטוורא **דעיבל** ראובן גד ואשר וזבולן דן DT 27:13
בני שובל עלון ומנחת **ועיבל** שפו ואונם: ואילין בני צבעון GN 36:23

עיבראי (4)

פטירן בכן חוי לאברם **עיברא** והוא הוה שרי בחזוי ממרא GN 14:13
בר הוא אבוהון דכל בני **עיבראי** אחוי דיפת רבא בדחלתא GN 10:21
מאובות ושרו במגזת **עיבראי** בתחום מואבאי: ונטלו NU 33:44
מימרא דייי סוק לטוור **עיבראי** הדין טוורא דנבו חשב DT 32:49

עילם (4)

עם כדרלעמר מלכא **דעילם** ותדעל מלכא דעממייא GN 14:9
מתהפיך כעומרין מלכא **דעילם** ותדעל רמאה כתעלא מלכא GN 14:1
בהון: אגלי יתהון במדי **ובעילם** מן גוא שביית בבל אעיקו DT 32:24
בדחלתא דייי: בנוי דשם **עילם** ואתור וארפכשד ולוד וארם:: GN 10:22

עימיה (1)

בר וקרת ית שמיה בר **עימיה** ארום בר אבוהא הוא הוא GN 19:38

עינוותא (3)

אפמיאה לדפני מן מדנח **לעיינוותא** ויחות תחומא למערת NU 34:11
לתחום מדינחא מטירת **עינוותא** לאפמיאה: ויחות תחומא NU 34:10
דממצעא בין טירת **עינוותא** לבין דרמשק דין יהוי לכון NU 34:9

עינן (7)

תלגא יחות תחומא לעינן **ומעינן** יחות תחומא ויסב מיישרא NU 34:11
תלגא יחות תחומא **לעינן** ומעינן יחות תחומא ויסב NU 34:11
דבני נפתלי אחירע בר **עינן:** איליין מטלני בני ישראל NU 10:27
אמרכול אחירע בר **עינן:** אילין מזמני עם כנישתא רברבי NU 1:15
קריב מניכסוי אחירע בר **עינן:** דא חנוכת רבותיה דמדבחא NU 7:83
דבני נפתלי אחירע בר **עינן:** וחיליה וסכומהון דשיבטיה NU 2:29
לבני נפתלי אחירע בר **עינן:** קרבניה דקריב פיילי וגומר: NU 7:78

עיפה (1)

ורישי אומין: ובני דמדין **עיפה** ועפר וחנוך ואבידע ואלדעה GN 25:4

עירד (2)

ואיתייליד לחנוך ית עירד **ועירד** אוליד ית מחוייאל ומחויאל GN 4:18
חנוך: ואיתייליד לחנוך ית **עירד** ועירד אוליד ית מחוייאל GN 4:18

עירם (1)

היא רומי חייבתא רבא **עירם** אילין רברבי אדום GN 36:43

עירקאי (1)

גירגשאי: וית חיואי וית **עירקאי** וית אנתוסאי: וית לוטסאי GN 10:17

עכבור (2)

ומלך תחותוי בעל חנן בר **עכבור:** ומית בעל חנן בר עכבור GN 36:38
עכבור: ומית בעל חנן בר **עכבור** ומלך תחותוי הדר ושום GN 36:39

עכרן (4)

דבני אשר פגעיאל בר **עכרן:** וחיליה וסכומהון דשיבטיא NU 2:27
דבני אשר פגעיאל בר **עכרן:** ורבא דהוה ממני על חילוות NU 10:26
אמרכול פגעיאל בר **עכרן:** לגד אמרכול אליסף בר NU 1:13
לבני אשר פגעיאל בר **עכרן:** קרבניה דקריב פיילי וגומר: NU 7:72

עלוה (1)

רבא תמנע רבא **עלוה** רבא יתת: רבא אהליבמה רבא GN 36:40

עלון (1)

תמנע: ואילין בני שובל **עלון** ומנחת ועיבל שפו ואונם: GN 36:23

עלמון (2)

מדיבון בית מזלא ושרו **בעלמון** דבלתימה אוף תמן NU 33:46
דבסימין כדבלתא: ונטלו **מעלמון** דבלתים ושרו בטוורא NU 33:47

עלמק (4)

דעל לתמן ובנוי ירתונה: **ועמלקאי** וכנענאי יתיב במישרא NU 14:25
ריקם ומחו ית כל חקלי **עמלקאי** ואוף ית אמוראי די.תיב GN 14:7
קדם בעלי דבביכון: ארום **עמלקאי** וכנענאי תמן זמינין NU 14:43
דענק גיברא חמינא תמן: **עמלקאי** יתבין בארע דרומא NU 13:29

עמון (11)

לחבלא יתבי ארעא **ועמונאי** ומואבאי יתבי מישרא DT 34:3
יתיבו בה מן לקדמין **ועמונאי** קרן להון זימתני: עמא רבא DT 2:20
עד יובקא עד תחום בני **עמון** ארום תקיף הות רבת תחום NU 21:24

דאמוראה ולות כל דיירוי **עמון** ומואב וגבלא במישרא DT 1:7
דנחלא תחומא דבני **עמון:** ומישרא ויורדנא ותחום DT 3:16
תקיף הות רבת תחום בני **עמון** ועד כדון אית להון ארכא: ונסב NU 21:24
לא אתן לכון מארע בני **עמון** ירותא ארום לבנוי דלוט מטול DT 2:19
קדמנא: לחוד לארע בני **עמון** לא קריבתא כל אתר נחלי DT 2:37
ותתקרבון לקביל בני **עמון** לא תצור עליהון ולא תתגרי DT 2:19
בבית ארכיון ברבת בני **עמון** תשע אמין אורכה וארבע DT 3:11
עמא דייי: לא ידכון דכורי **עמונאי** ומואבאי למיסב איתא DT 23:4

עמורא (10)

דעובדוי ברשיעא מלכא **דעמורא** שנאב דאפילו לאיבוד הוה GN 14:2
עד עזה מעלך לסדום **ועמורא** אדמא וצבויים עד קלרהי: GN 10:19
היך תהפכנותא דסדום **ועמורא** אדמה וצבויים דהפך DT 29:22
קבל חמשא קוריין סדום **ועמורא** אדמה וצבויים וזוער GN 18:24
ית כל קניינא דסדום **ועמורה** וית כל מזונהון ואזלו: ושבו GN 14:11
וערקו מלכא דסדום **ועמורה** ונפלו תמן ודישתארו GN 14:10
ייי: ואודיק על אנפי סדום **ועמורה** ועל כל אנפי ארע מישרא GN 19:28
בישן כעיצתהון דעם **עמורא** מחשבתהון בישין כרישי DT 32:32
דרעווא על סדום ועל **עמורא** על מנת דיעבדון תתובא GN 19:24
למיהפך ית סדום וית **עמורה** וכד חמנון רהט לקדמותהון GN 18:2

עמי (4)

דבני דן אחיעזר בר **עמי** שדי: וחיליה וסכומהון NU 2:25
שיבטיה אחיעזר בר **עמי** שדי: ורבא דהוה ממני על NU 10:25
לדן אמרכול אחיעזר בר **עמי** שדי: לאשר אמרכול פגעיאל בר NU 1:12
אבא לבני דן אחיעזר בר **עמי** שדי: קרבניה דקריב פיילי וגומר: NU 7:66

עמיאל (1)

סוסי: לשיבטא דדן עזגד **עמיאל** בר גמלי: לשיבטא דאשר NU 13:12

עמיהוד (6)

אמרכל פדהאל בר **עמיהוד:** איליין דפקד ייי לאחסנא NU 34:28
דבני אפרים אלישמע בר **עמיהוד:** וחיליה וסכומהון דשבטיה NU 2:18
שיבטיה אלישמע בר **עמיהוד:** ורבא דהוה ממני על NU 10:22
אמרכול אלישמע בר **עמיהוד** למנשה אמרכול גמליאל NU 1:10
דשמעון שמואל בר **עמיהוד:** לשבטא דבנימין אלידד בר NU 34:20
לבני אפרים אלישמע בר **עמיהוד:** קרבניה דקריב פיילי וגומר: NU 7:48

עמינדב (7)

אהרן ית אלישבע ברת **עמינדב** אחתיה דנחשון ליה לאינתו EX 6:23
די קריב מנכסוי נחשון בר **עמינדב:** ביומא תניינא קריב ית NU 7:17
לבני יהודה נחשון בר **עמינדב:** וחיליה וסכומהון דשיבטיא NU 2:3
דבני יהודה נחשון בר **עמינדב:** ורבא דהוה ממני על NU 10:14
דקריב נחשון בר **עמינדב** לחנוכת מדבחא אזל אהרן LV 10:16
אמרכול נחשון בר **עמינדב:** לישׂשכר אמרכול נתנאל בר NU 1:7
ית קורבניהן נחשון בר **עמינדב** רב בית אבא לשיבטא NU 7:12

עמלק (22)

ליה משה לאגחא קרבא **בעמלק** ומשה ואהרן וחור סליקו EX 17:10
תמחון ית דוכרנא **דעמלק** מתחות שמיא ואפילו DT 25:19
רבא קרח רבא געתם רבא **עמלק** אילין רברבי אליפז דמדורהון GN 36:16
ית דעבדו לכון דבית **עמלק** באורחא במיפקכון ממצרים: DT 25:17
ונשיא דישראל: ושמע **עמלק** דהוה שרי בארע דרומא NU 21:1
שימשא: ותבר יהושע ית **עמלק** דקטע רישי גיבריא דעמיה EX 17:13
עשו וילידת לאליפז ית **עמלק** הוא אליפז חבריה דאיוב GN 36:12
למצליא ומתגברין דבית **עמלק:** וידוי דמשה הוו יקרין מן EX 17:11
יגיח קרבא בדבית **עמלק** וישיצי יתהון לתלתי דריא EX 17:16
עליהון יגיח קרבא בדבית **עמלק** ויתרודם על אגג מלכהון NU 24:7
עממיא: וחמא ית דבית **עמלק** ונטל מתל נבותיה ואמר NU 24:20
ישראל הינון דבית **עמלק** וסופיהון ביומי מלכא NU 24:20
והיך אגח עמהון **עמלק** ושיזבינון ייי: ובדח יתרו על EX 18:8
בטוורים אומניס: ושמע **עמלק** חייבא ואתחבר בכנענאי NU 33:40
תמן אגח עימהון **עמלק** כד מלך בערד דשמע דמית DT 10:6
בינגא אין לא: ואתא **עמלק** מארע דרומא ושוור בליליא EX 17:8
קרבא לקבל משיריית **עמלק** מחר אנא קאים בצומא EX 17:9
במצעיהון ולא דחלו בית **עמלק** מן קדם ייי: ויהי כד יניח ייי DT 25:18
עננא פליט יתהון ודבית **עמלק** מקביל יתהון וקטע בית DT 25:18
מימחא אמחי ית דוכרן **עמלק** מתחות שמייא: ובנא משה EX 17:14
ממצרים גריתא בהון **עמלק** רשיעא וכדון איתגרתא NU 31:8
זזו מגוא משריתא: ונחת **עמלקאה** וכנענאה דיתיב בטוורא NU 14:45

עמרה (1)

מלכא דסדום ומלכא **דעמרה** ומלכא דאדמה ומלכא GN 14:8

עמרם (11)

דלוי דמתקרי על שמא **דעמרם** אבך קריב לוותך ויתחברון NU 18:2
פולחניה: ולקהת גניסתא **דעמרם** וגניסתא דיצהר וגניסתא NU 3:27
אהרן וית משה ושני חייוי **דעמרם** חסידא מאה ותלתין ושבע EX 6:20
ביני שוריא וילידת **לעמרם** ית אהרן וית משה וית NU 26:59
וכל ברתא תקיימון: ואזל **עמרם** גברא דמשבט לוי ואותיב EX 2:1
ברת לוי בזמן דפטרה **עמרם** גברה ואיתניסיבת ליה עד NU 11:26
ובנוי דקהת לגניסתהון **עמרם** ויצהר וחברון ועזיאל: ובנוי NU 3:19
לייחוסיהון: ובנוי דקהת **עמרם** ויצהר וחברון ועזיאל ושני EX 6:18
קרח וקהת אוליד ית **עמרם:** ושום איתת עמרם יוכבד NU 26:58
ית עמרם: ושום איתת **עמרם** יוכבד ברת לוי דילידת ליה NU 26:59
דלוי לגניסתהון: ונסב **עמרם** ית יוכבד חביבתיה ליה EX 6:20

ענה (9)

ואילין בני צבעון ואיה **וענה** הוא ענה דארבע ית ערדיא עם GN 36:24
ההיא לוטן ושובל וצבעון **וענה:** ודישון ואצר ודישן אילין GN 36:20
רברבי אהליבמה ברת **ענה** איתת עשו: אילין בני עשו GN 36:18
הוו בני אהליבמה ברת **ענה** ברת צבעון איתת עשו וילידת GN 36:14
וית אהליבמה ברת **ענה** ברת צבעון חיואה: וית בשמת GN 36:2
בני צבעון ואיה וענה הוא **ענה** דארבע ית ערדיא עם אתני GN 36:24
לצבעון אבוי: ואילין בני **ענה** דישון ואהליבמה בת ענה: GN 36:25
ענה דישון ואהליבמה בת **ענה:** ואילין בני דישן חמדן וישבן GN 36:25
שובל רבא צבעון רבא **ענה:** רבא דישון רבא אצר רבא דישן GN 36:29

ענק (3)

ששי ותלמי מרביניני **דענק** גיברא וחברון שבע שנין NU 13:22
לחדא ואוף מרבנייני **דענק** גיברא חמינא תמן: עמלקאי NU 13:28
חמינא ית גיבריא בני **ענק** מגניסת גיבריא והווינא דמיין NU 13:33

ענר (2)

אחוי דאשכל ואחוי **דענר** והינון הוו מריה קיימיה GN 14:13
גובריא דאזלו עימי **ענר** אשכול וממרא אף הינון יסבון GN 14:24

עסק (1)

ונבעת וקרא שמא דבירא **עסק** ארום אתעסקו עלה עימיה: GN 26:20

עפר (1)

אומין: ובני דמדין עיפה **ועפר** וחנוך ואבידע ואלדעה כל GN 25:4

עפרון (14)

ייכול למיקם קדם בנוי **דעפרון** גיברא: ותינדעון יומא דין DT 9:2
ביניכון לאחסנת קבורתא: **ועפרון** יתיב בגו בני חיתאה ואתיב GN 23:10
מן עפרון ותקל אברהם **לעפרון** ית כספא דמליל באנפי בני GN 23:16
בני חיתאה: ומליל עם **עפרון** באנפי עמא דארעא למימר GN 23:13
למערת כפילתא לחקיל **עפרון** בר צחר חיתאה דעל אנפי GN 25:9
עד צית שמיא ואוף בני **עפרון** גיברא חמינא תמן: ואמרית DT 1:28
וקם זבין חקלא **עפרון** די בכפילתא דקדם מימרא GN 23:17
קבר: וקביל אברהם מן **עפרון** ותקל אברהם לעפרון ית GN 23:16
למערתא די בחקל **עפרון** חיתאה: במערתא די בחקל GN 49:29
דזבן אברהם ית חקלא מן **עפרון** חיתאה לאחסנת קבורתא: GN 49:30
לאחסנת קבורתא מן **עפרון** חיתאה על אנפי ממרא: ותב GN 50:13
ית מיתי תמן: ואתיב **עפרון** ית אברהם למימר ליה: ריבוני GN 23:14
קבילו מיני ובעו עלי קדם **עפרן** בר צחר: ויזבון לי ית מערת GN 23:8
בגו בני חיתאה ואתיב **עפרן** חיתאה ית אברהם באנפי בני GN 23:10

עקן (1)

אילין בני אצר בלהן וזעון **ועקן:** אילין בני דישן עוץ וארם: GN 36:27

עקרבית (1)

מן דרומא למסוקיתא **דעקרבית** ויעיבר לציני טוור פרזלא NU 34:4

עקתה (2)

בבירי עקתה: ונטלו מבירי **עקתא** ושרו בשקיפין ואתרא NU 33:32
מרדותא ושרו בבירי **עקתה:** ונטלו מבירי עקתא ושרו NU 33:31

ער (7)

יתיה: ונסיב יהודה איתא **לער** בוכריה ברת שם רבא ושמהא GN 38:6
בר וקראת ית שמיה **ער** ארום בלא וולד עתיד לממת: GN 38:3
רבא ושמהא תמר: והוה **ער** בוכרא דיהודה ביש קדם ייי דלא GN 38:7
וקהת ומררי: ובנוי דיהודה **ער** ואונן ושלה ופרץ וזרח ומית ער GN 46:12
ושלה ופרץ וזרח ומית **ער** ואונן על עובדיהון בישייא GN 46:12
וחמש מאה: בנוי דיהודה **ער** ועונן ומיתו ער ועונן על חוביהון NU 26:19
דיהודה ער ועונן ומיתו **ער** ועונן על חוביהון בארעא דכנען: NU 26:19

ערב (2)

וייכלון ירח יומין: הענא **דבערב** ותורי דבנבט יתכנסון להון NU 11:22
בוכרא דישמעאל נבט **וערב** ואדבאל ומבשם: וצאיתא GN 25:13

ערבאין (5)

עיניהון וחמון והא סיעא **דערבאין** אתיא מגלעד וגמליהון GN 37:25
מן גובא וזבינו ית יוסף **לערבאין** בעשרין מעין דכסף וזבנו GN 37:28
על דמיה: איתו ונזבניניה **לערבאין** וידנא לא תהי ביה GN 37:27
גבר מצראי בערבנותא מן **ערבאי** דאחתוהי לתמן: והוה מימר GN 39:1
וכנען ושום אפרכיותהום **ערביא** ומצרים ואליחרק וכנען: GN 10:6

ערד (4)

ואתא ואישתני ומלך **בערד** ארום נח נפשיה דאהרן NU 21:1
עימהון עמלק כד מלך **בערד** דשמע דמית אהרן ואסתלקו DT 10:6
ואתחבר בכנענאי ומלך **בערד** ובית מותביה בארע דרומא NU 33:40
איתפיניאו וטולו לכון **לערד** וחורמה ועולו לטורא DT 1:7

ערוער (3)

ועדי קירווייא דכבשנא: **מערוער** דעל גיף נחלא ארנונא DT 2:36
דיורדנא מדנח שימשא: **מערוער** דעל גיף נחלי ארנון ועד DT 4:48
ירותנא בעידנא ההיא **מערער** ועד כיף נחלא ופלגות DT 3:12

ערי (3)
שוני: לאזני גניסת אזני **לערי** גניסת ערי: לארוד גניסת ארוד NU 26:16
צפיון וחגי שוני ואצבון **ערי** וארודי ואראלי: ובנוי דאשר GN 46:16
גניסת אזני לערי גניסת **ערי:** לארוד גניסת ארוד לאראלי NU 26:16

ערן (2)
תחן: ואילין בני שותלח **לערן** גניסת ערן: אילין גניסת בנוי NU 26:36
בני שותלח לערן גניסת **ערן:** אילין גניסת בנוי דאפרים NU 26:36

עשו (106)
אבוי וגופיה קברו בנוי **דעשו** בחקל כפילתא ובתר כן קברו GN 50:13
יעלם וית קרח אילין בנוי **דעשו** די איתילידו ליה בארעא GN 36:5
בתהום אחוכון בנוי **דעשו** דיתבין בגבלא וידחלון מנכון DT 2:4
היכמה דעבדו לי בנוי **דעשו** דיתבין בגבלא ומואבאי DT 2:29
ויעקב בנוי: ואילין ייחוסין **דעשו** הוא דמתקרי אדום: עשו נסיב GN 36:1
כיון דחמנון לא משרויין **דעשו** הינון דאתיין לקדמותי ולא GN 32:3
לך אומיא כל בנוי **דעשו** ויגחנון קומך מלכוותא כל GN 27:29
מימש ידוי כמימש ידוי **דעשו:** ולא אשתמודעיה ארום הוה GN 27:22
מגבלא למיתנה לבנוי **דעשו** ולא קבילו יתה הופע בהדרת DT 33:2
עמי ייי שיזבני מן ידוי **דעשו** ומן ידוי דלבן ומן ידוי GN 45:28
וידיה אחידא בעקיבא **דעשו** וקרא שמיה יעקב ויצחק בר GN 25:26
סגי כדי שמע ית קליה **דעשו** וריח תבשיליה עלת באנפוי GN 27:33
דעשו רשיעא והוה רישיה **דעשו** מתגלגל ואזיל עד דעל לגו GN 50:13
דאדומאי: ואילין ייחוסין **דעשו** רבא דאדומא דבית מדורהון GN 36:9
בני עשו בני אליפז בוכרא **דעשו** רבא תימן רבא אומר רבא GN 36:15
ונטל סייפא וקטע רישיה **דעשו** רשיעא והוה רישיה דעשו GN 50:13
מלות אנפי יצחק אבוי **ועשו** אחוי על מצידיה: ועכיב GN 27:30
דרבקה אימא דיעקב **ועשו:** וחמא עשו ארום בריך יצחק GN 28:5
רברבני עלמא ישמעאל **ועשו** וכל בנהא דקטורה יתכנשן כל GN 49:26
מן דאיזדמן בידיה דורון **לעשו** אחוי: עזי מאתן וברחי עשרין GN 32:14
ובכא: ואתיב יצחק ואמר **לעשו** הא בטוב פירי ארעא יהי GN 27:39
ואתיב יצחק ואמר **לעשו** הא שליט מיניתיה עלך וית GN 27:37
למימר אתינא לות אחוך **לעשו** ואוף אתי לקדמותך וארבע GN 32:7
הוא דמשתלחא לריבוני **לעשו** והא אוף הוא אתי בתרן: GN 32:19
דחקיל כפילתא דלית בה **לעשו** חולקא וכד הוא פתח פומיה GN 49:21
פרסת ריגלא ארום ירותא **לעשו** יהבית ית טוורא דגבלא DT 2:5
נביות אחה: וילידת עדה **לעשו** ית אליפז ובשמת ילידת ית GN 36:4
צבעון איתת עשו וילידת **לעשו** ית יעוש וית יעלם וית קרח: GN 36:14
כדין תימרון לריבוני **לעשו** כדנן אמר עבדך יעקב עם לבן GN 32:5
ליעקב: ויעקב יהב **לעשו** לחם ותבשיל דטלופחי ואכל GN 25:34
דכנען ושמיע פיתגמא **לעשו** רשיעא ונטל מן טורא דגבלא GN 50:13
מן קדם ייי דלא יזמן לה **לעשו** רשיעא ורחל הות יאיא בריוא GN 29:17
בארע אחסנתהון הוא **עשו** אבוהון דאדומאי: ויתב יעקב GN 36:43
דייי במיערקיה מן קדם **עשו** אחוי: ומיתת דבורה פידגוגתא GN 35:7
יעקב אזגדין קומוי לות **עשו** אחוי לארעא דגבלא לחקלי GN 32:4
ארום הוה ידוי כידי **עשו** אחוי שערניין וברכיה: ואמר GN 27:23
לך במיערקך מן קדם **עשו** אחוך: ואמר יעקב לאינשי GN 35:1
זעירא ואמרת ליה הא **עשו** אחוך כמין לך כמן ומתיעט GN 27:42
ית אבוך ממליל עם **עשו** אחוך למימר: אעיל לי צידה GN 27:6
ילטיטיניה אבוי ואמר הא **עשו** אחי גבר שערן ואנא גבר שעיע: GN 27:11
טלייותי ערקית מן קדם **עשו** אחי ואיתותיבית בארעא דלא GN 47:9
למימר ארום יארעינך **עשו** אחי ויבעי מינך למימר דמאן GN 32:18
ברת ענה איתת **עשו:** אילין בני עשו ואילין GN 36:18
ברי האנת דין ברי **עשו** אין לא: וקריב יעקב לות יצחק GN 27:21
רחמין בעיני ריבוני: ואמר **עשו** אית לי ניכסין סגיאין אחי GN 33:9
גבלא: אילין שמהת בני **עשו** אליפז בר עדה איתת עשו GN 36:10
לגמרא ית דבית **עשו** אמר מכדון לית אנא מסתפי GN 30:25
ואזל לפדן דארם: וחמא **עשו** ארום בישן בנתהון דכנענאי GN 28:8
אימא דיעקב ועשו: וחמא **עשו** ארום בריך יצחק ית יעקב GN 28:6
קדם ייי: ורחים יצחק ית **עשו** ארום מלי רמייותא בפומיה GN 25:28
כדון מן יד אחי רבא מן יד **עשו** ארום מסתפי אנא מיניה דהוא GN 32:12
לות ריבוני לגבלא: ואמר **עשו** אשבוק כדון עמך מן GN 33:15
יעקב ית ענוי וחמא והא **עשו** אתי ועימיה ארבע מאה גוברין GN 33:1
ואמר יעקב לאבוי אנא **עשו** בוכרך עבדנא היכמה GN 27:19
מן קדם גיתיהום: ויתיב **עשו** בטוור גבלא עשו הוא רבא GN 36:8
צווריה ונשיך ליה ובכון **עשו** בכא על צערא דשינוי GN 33:4
דיברכיה אבוי ואמר **עשו** בליביה לית אנא עביד היכמא GN 27:41
וית קרח: אילין רברבי בני **עשו** בני אליפז בוכרא דעשו רבא GN 36:15
שבע עד יומא הדין: והוה **עשו** בר ארבעין שנין ונסיב איתא GN 26:34
ברוח קודשא ית פיתגמי **עשו** ברא רבא דחשיב בליביה GN 27:42
ונסיבת רבקה ית לבושי **עשו** ברא רבא מרגגן דהוו מן אדם GN 27:15
כד מליל יצחק עם **עשו** בריה ואזל עשו לחקלא למיצד GN 27:5
עיינויי למכהי וקרא ית **עשו** בריה רבא בארביסר בניסן GN 27:1
ליה מאן אנת ואמר אנא **עשו** ברך בוכרך: ואזדעזע יצחק GN 27:32
יתהום: ורביאו טליא והוה **עשו** גבר נחשירכן למיצוד עופן GN 25:27
ועברנא מלות אחנא בני **עשו** דיתבין בגבלא מאילת ומכרך DT 2:8
ית בכירותא לי: ואמר **עשו** הא אנא אזיל לממת ולית אנא GN25:32
ויתיב עשו בטוור גבלא **עשו** הוא רבא דאדומאי: ואילין GN36:8
אילין בני בשמת איתת **עשו:** ואילין בני אהליבמה איתת GN36:17
אילין בני עדה איתת **עשו:** ואילין בני רעואל נחת וזרח GN36:12
הוון בני בשמת איתת **עשו:** ואילין הוו בני אהליבמה ברת GN36:13
ענה איתת עשו: אילין בני **עשו** ואילין רברבנהום הוא אבא GN36:19
יומא לא אלבשינון **עשו** ואישתארו גבה בביתא GN27:15
ואמר אנת הוא דין ברי **עשו** ואמר אנא: ואמר קריב לי GN27:24
ומן בגלל בבו דהוה ביני **עשו** וביני יעקב אתא ואגח קרבא EX 17:8
קיימין גוברין מן דבית **עשו** וגוברין מן דבית ישמעאל תמן GN50:1
רעואל בר בשמת איתת **עשו:** והוו בני אליפז תימן אומר צפו GN36:10
הוות פילקתא לאליפז בר **עשו** וילידת לאליפז ית עמלק הוא GN36:12
ענה ברת צבעון איתת **עשו** וילידת לעשו ית יעוש וית GN36:14
ושבע יומין וקברו יתיה **עשו** ויעקב בנוי: ואילין ייחוסין GN35:29
לית אנא מסתפי מן **עשו** וליגיונוי ואמר ללבן שלחני GN30:25
דיהובדון תריסר רברבי **עשו** ומנחתהון מטול דיעדי כפנא NU 7:87
ושתי וקם ואזל ושט **עשו** ית בכירותא וחולק עלמא GN25:34
ליה בארעא דכנען: ודבר **עשו** ית נשוי וית בנוי וית בנתוי וית GN36:6
הכי בריך יהי: כדי שמע **עשו** ית פיתגמי אבוי וצוח צווחא GN27:34
הדין תמללון עם **עשו** כד תשכחון יתיה: ותימרון אוף GN32:20
דמה אעביד לך ברי: ואמר **עשו** לאבוי הבירכתא חדא היא לך GN27:38
ליעקב ותב ביומא ההוא **עשו** לאורחיה לגבלא: ויעקב נטל GN33:16
קדם יצחק אבוי: ואזל **עשו** לות ישמעאל ונסיב ית מחלת GN28:9
ארום אמר אילו אתי **עשו** לחבלא בריביא ולמעבד זנו GN33:2
יצחק עם עשו בריה ואזל **עשו** לחקלא למיצד צידא GN27:5
ואילין שמהת רברבי **עשו** לייחוסיהון לאתר מדוריהון GN36:40
ואייתי אוניתא דכתב **עשו** ליעקב אחוי על פלגות מערת GN50:13
ובזה ית בכירותא: ואמר **עשו** ליעקב אטעם יתי כדון מן GN25:30
רחל: ואמר אין ייתי **עשו** למשרי דחדא מנהין וימחיניה GN32:9
מיקרביה עד אחוי: ורהט **עשו** לקדמותיה וגפיף ליה ואתרכין GN33:4
ככלן דשער וקרו שמיה **עשו** מן בגלל דאתיליד כוליה גמיר GN25:25
ואזל לנחמא לאבוי ואתא **עשו** מן ברא והוא משלהי ארום GN25:29
ישמעאל ומן אבא נפק **עשו** מתיבא רוחא דקודשא וכן GN35:22
דעשו הוא דמתקרי אדום: **עשו** נסיב ית נשוי מבנת כנען ית GN36:2
אוף לי איבא וארים **עשו** קליה ובכא: ואתיב יצחק ואמר GN27:38
בני אהליבמה איתת **עשו** רבא יעוש רבא יעלם רבא קרח GN36:18
עדה: ואילין בני רעואל בר **עשו** רבא נחת רבא זרח רבא שמה GN36:17
אליפז בר עדה איתת **עשו** רעואל בר בשמת איתת עשו: GN36:10
מעל צוורך: ונטר **עשו** שנא בליביה על יעקב אחוי על GN27:41
גנוסייא מן לקדמין ובני **עשו** תריכונון ושיציאונון מן DT 2:12

עשת (1)
דעימיה ומחו ית גובריא **דבעשתרות** קרנים וית תקיפיא GN14:5

עשתרו (1)
עוג מלכא דמתנן דיתיב **בעשתרוותא** באדרעת: בעיברא DT 1:4

פארן (8)
מימריה וארגזתון קדמוי **בפארן** על מימרא אללייא וטפלתון DT 1:1
מחצרות ושרון במדברא **דפארן:** ומליל ייי עם משה למימר: NU12:16
ושרא ענן יקרא במדברא **דפארן:** ונטלו בקדמיתא על פום NU10:12
קשוותא: ויתיב במדברא **דפארן** ונסיב איתא ית עדישא GN21:21
בהדרת איקר מטוורא **דפארן** למיתנה לבנוי דישמעאל DT 33:2
דבני ישראל למדברא **דפארן** לרקם ואתיבו להון פתגמא NU13:26
יתהון משה ממדברא **דפארן** על פום מימרא דייי כולהון NU13:3
רמיא דגבליא עד מישר **פארן** דיסמיך ליצטר מדברא: ותבו GN14:6

פגעיאל (4)
שיבטא דבני אשר **פגעיאל** בר עכרן: וחיליה וסכומהון NU 2:27
שיבטא דבני אשר **פגעיאל** בר עכרן: ורבא דהוה ממני NU10:26
עמי שדי: לאשר אמרכול **פגעיאל** בר עכרן: לגד אמרכול NU 1:13
רב בית אבא לבני אשר **פגעיאל** בר עכרן: קרבניה דקריב NU 7:72

פדה (3)
דבני מנשה גמליאל בר **פדה** צור: ורבא דהוה ממני על NU10:23
אמרכול גמליאל בר **פדה** צור: לבנימין אמרכול אבידן בר NU 1:10
לבני מנשה גמליאל בר **פדה** צור: קרבניה דקריב פיילי וגומר: NU 7:54

פדהאל (1)
לשיבטא דנפתלי אמרכל **פדהאל** בר עמיהוד: איליין דפקד ייי NU34:28

פדן (13)
בני יעקב דאיתילידו ליה **בפדן** דארם: ואתא יעקב לות יצחק GN35:26
בני לאה דילידת ליעקב **בפדן** דארם וית דינה ברתיה כל GN46:15
קנה גיתוי ונכסוי די קנה **בפדן** דארם למיתי לות יצחק אבוי GN31:18
דבני בנתיה ובית מותביה **בפדן** היא פתור על שמיה פתיר NU22:5
ליה אורחא במיזליה **לפדן** ארם היכדין איתקטעא ליה GN24:61
אבוי ובמימר אימיה ואזל **לפדן** דארם: וחמא עשו ארום בישן GN28:7
דכנענאי: קום איזל **לפדן** דארם לבית בתואל אבוהא GN28:2
יצחק ית יעקב ואזל **לפדן** דארם לות לבן בר בתואל GN28:5
ית יעקב ושדר יתיה **לפדן** דארם למיסב ליה מתמן GN28:6

ליעקב תוב במתוי **מפדן** באתר דמיתת אימיה אליף DT 34:6
ייי ליעקב תוב במיתוהי **מפדן** דארם ובריך ייי בשום מימריה GN 35:9
דבארעא דכנען במיתיה **מפדן** דארם ושרא לקבל קרתא: וזבן GN 33:18
ברת בתואל ארמאה דמן **פדן** ארם אחתיה דלבן ארמאה ליה GN 25:20

פדר (1)
דבני מנשה גמליאל בר **פדר** צור:: ושבטא דבנימן ורבא דהוה NU 2:20

פוה (3)
חושבנא ושומהון תולע **ופוה** ויוב ושמרון: ובנוי דזבולון GN 46:13
תולע גניסת תולע **לפוה** גניסת פוה: לישוב גניסת ישוב NU 26:23
גניסת תולע לפוה גניסת **פוה**: לישוב גניסת ישוב לשמרון NU 26:23

פוט (1)
ובנוי דחם כוש ומצרים **ופוט** וכנען ושום אפרכיותהום GN 10:6

פוטי (1)
דחסדותי למימר הלא בר **פוטי** מדינאה הוא הא אנא NU 25:13

פוטיאל (1)
ליה מברתוי דיתרו הוא **פוטיאל** ליה לאינתו וילידת ליה ית EX 6:25

פוטיפרע (5)
זבינו יתיה למצרים **לפוטיפר** רבא דפרעה רב GN 37:36
איתחת למצרים וזבניה **פוטיפר** על דחמייה שפיר בגין GN 39:1
ליה אסנת דרבת בבית **פוטיפרע** רבא דטניס: וקרא יוסף ית GN 41:50
בת דינה ורבת בבית **פוטיפרע** רבא דטניס ית מנשה וית GN 46:20
לשכם ורביתה איתת **פוטיפרע** רבא דטניס לאינתו ונפק GN 41:45

פונון (1)
ונטלו מצלמונה ושרו **בפונון** אתר דגרי ייי בהון ית חיוון NU 33:42

פונטוס (3)
אברם לנורא הוא מלכא **דפונטוס** אריוך דהוה אריך GN 14:1
ליה ואמרפל מלכא **דפונטוס** ואריוך מלכא דתלסר GN 14:9
ונציבין וקטיספון בארעא **דפונטוס**: מן ארעא ההיא נפק נמרוד GN 10:10

פועה (1)
היא ושמא דתנייתא **פועה** היא מרים ברתה: ואמר כד EX 1:15

פטימא (1)
ונסיבת ליה אימיה ית **פטימא** אתתא מארעא דמצרים: GN 21:21

פיכל (3)
ברחמוי למיזל עימיה **ופיכל** רב חיליה: ואמר להון יצחק GN 26:26
חורפן וקם אבימלך **ופיכל** רב חיליה ותבו לארע GN 21:32
ההיא ואמר אבימלך **ופיכל** רב חיליה לאברהם למימר GN 21:22

פילוסין (7)
בבית שפר ארעא בארעא **דפילוסין** היכמה דפקד פרעה: וזן GN 47:11
ליליא אתיבית יתכון **לפילוסין** ומתמן קריבית יתכון EX 19:4
למפקנהון: ונטלו מן **פילוסין** בירחא דניסן מבתר דאכלו NU 33:3
הי כעל גדפי נשרין מן **פילוסין** ואובילית יתכון לאתר בית EX 19:4
דפרעה ית טאנוס וית **פילוסין**: והיכמא דמעניין להון EX 1:11
ונטלו בני ישראל מן **פילוסין** ושרו בסוכות אתרא NU 33:5
ונטלו בני ישראל מן **פילוסין** לסוכות מאה ותלתין מילין EX 12:37

פינון (1)
אהליבמה רבא אלה רבא **פינון**: רבא קנז רבא תימן רבא מבצר: GN 36:41

פינחס (2)
שלח כדון שליחותך ביד **פינחס** דחמי למשתלחא בסוף EX 4:13
לחילא יתהון וית **פנחס** בר אלעזר כהנא לחילא NU 31:6

פירוקי (1)
ושרו קדם מגדל: ונטלו **מפירוקי** חירתא ועברו בגו ימא NU 33:8

פישון (4)
חיין: ועננֵי שמיא אזלין **לפישון** ודליין מתמן ית אבני EX 35:27
גיו ומברא בחימרא:: איזל **לפישון** וסב מתמן יורדא ותשויניה GN 6:16
רישי נהרין: שום חד **פישון** הוא דמקיף ית כל ארע GN 2:11
מרגליין ואבנין טבן דדבר **פישון** מגינוניתא דעדן לגוא גיחון EX 14:9

פלג (5)
עבר בתר דאוליד ית **פלג** ארבע מאה ותלתין שנין GN 11:17
תרין בנין שום חד **פלג** ארום ביומוי איתפליגת ארעא GN 10:25
שנין ואולד ית רעו: וחיא **פלג** בתר דאוליד ית רעו מאתן GN 11:19
וארבע שנין ואוליד ית **פלג**: וחיא עבר בתר דאוליד ית פלג GN 11:16
ואוליד בנין ובנן: וחיא **פלג** תלתין שנין ואולד ית רעו: וחיא GN 11:18

פלדש (1)
וית כשד וית חזו וית **פלדש** וית ידלף וית בתואל: ובתואל GN 22:22

פלוא (4)
בוכרא דישראל חנוך **ופלוא** חצרון וכרמי אילין ייחוסין EX 6:14
ראובן: ובנוי דראובן חנוך **ופלוא** חצרון וכרמי: ובנוי דשמעון GN 46:9
דראובן חנוך גניסת חנוך **לפלוא** גניסת פלוא: לחצרון גניסת NU 26:5
גניסת חנוך לפלוא גניסת **פלוא**: לחצרון גניסת חצרון לכרמי NU 26:5

פלטי (1)
נון: לשיבטא דבנימין עזגד **פלטי** בר רפוא: לשיבטא דזבולון NU 13:9

פלטיאל (1)
דישׂשכר אמרכל **פלטיאל** בר עזן: לשיבטא דאשר NU 34:26

פלטיאת (1)
אוחרנין ית נינוה וית **פלטיאת** קרתא וית חדיות: וית GN 10:11

פלשתאה (14)
מן ימא דסוף עד ימא **דפלישתאה** ומן מדברא ועד פרת EX 23:31
כל עמודי דיירי ארעהון **דפלישתאי**: הא בכן אתבהלון EX 15:14
יצחק לות אבימלך מלכא **דפלישתאי** לגרר: והוה בלבביה GN 26:1
ואודיק אבימלך מלכא **דפלישתאי** מן חרכא וחמא והוה GN 26:8
ולמימסר בידיה ית עמא **דפלשתאי** בגין כן קרת שמיה דן: GN 30:6
קיצא איתמסרו בידא **דפלשתאי** וקטלונון הינון הוו EX 13:17
דברינון ייי אורח ארע **פלישתאי** ארום קריב הוא ארום EX 13:17
אברהם אבוי וטמונינון **פלישתאי** בתר דמית אברהם וקרא GN 26:18
רב חיליה ותבו לארע **פלישתאי**: ואנציב פרדיסא בבירא GN 21:32
ונחתו לגת למיבוז גיתי **פלישתאי** ובגין דעברו על גזירת EX 13:17
פנטפוליטי דנפקו מתמן **פלישתאי** וית קפודאי: וכנען אוליד GN 10:14
סגיאה וקניאו יתיה **פלישתאי**: וכל בירין דחפסו עבדי GN 26:14
אברהם אבוי טמונינון **פלישתאי** ומלונון עפרא: ואמר GN 26:15
בר מנוח ית כל גיברי **פלישתאי** לפרשיא ולריגלאיא GN 49:17

פלת (1)
בני אליאב ואון בר **פלת** בני ראובן: וקמו בחוצפא ואורו NU 16:1

פנואל (2)
מבירא דשבע כד עבר ית **פנואל** ושרי לטיילא והוא מטלח על GN 32:32
וקרא יעקב שמא דאתרא **פניאל** ארום אמר חמיתי מלאכייא GN 32:31

פנחס (9)
במילי תחנונין ואמר **לפנחס** אין תקיים ית נפשי NU 31:8
תריסירי ניסין איתעבידו **לפנחס** בזמן דעל בתר גברא בר NU 25:8
לאינתו וילידת ליה ית **פנחס** אילין רישי אבהת ליואי EX 6:25
משכן זימנא: וחמא כן **פנחס** בר אלעזר בר אהרן כהנא NU 25:7
שנין חייא עד דחמא ית **פנחס** הוא אליהו כהנא רבא דעתיד EX 6:18
דחמא בלעם חייבא ית **פנחס** כהנא רדיף מן בתרוי עבד NU 31:8
ושדר משה ית כלב וית **פנחס** לאללא ית מכבר וכבשו NU 21:32
ייי עם משה למימר: **פנחס** קנאה בר אלעזר בר אהרן NU 25:11
באויר שמיא מן יד אדכר **פנחס** שמא רבא וקדישא ופרח NU 31:8

פנטסכינאי (1)
מריוטאי וית ליווקאי וית **פנטסכינאי**: וית נסיוטאי וית GN 10:13

פנטפוליטי (1)
וית נסיוטאי וית **פנטפוליטי** דנפקו מתמן פלישתאי GN 10:14

פניאס (2)
ויחות תחומא למערת **פניאס** וממערת פניאס יחות NU 34:11
למערת פניאס וממערת **פניאס** יחות תחומא לטור תלגא NU 34:11

פסי (1)
דנפתלי עזגד נחבי בר **ופסי**: לשיבטא דגד עזגד גאואל בר NU 13:14

פעו (1)
קרתא דבית מלכותיה **פעו** ושום אינתתיה מהיטבאל ברת GN 36:39

פעור (15)
ואסקיה לרמת דחלתא **דפעור** וחמא מתמן משיריין דן NU 22:41
גרמיהון לטופסא **דפעור** ולמטעיא בתר בנת מואבאי NU 25:1
דמפקן ית טופסיה **דפעור** מתותי פסיקייהון: וקראה NU 25:1
דייי בפלחי טעוות **פעור** ארום כל בר נש דטעא בתר DT 4:3
דבלק דפגרו מתמן טעות **פעור** במדור בית במסיא וית קרתא NU 32:38
בחילתא כלו קבל בית **פעור** דכל אימת דזקיף פעור DT 34:6
דאדבקו בטעוות **פעור**: והא גבר מבני ישראל אתא NU 25:5
ביומא דמותנא על עיסק **פעור**: והוה בתר מותנא אתגוללו NU 25:18
שקר קדם ייי על עיסק **פעור** והות מותנא בכנישתא דייי: NU 31:16
דאזדווגן לפלחי טעוות **פעור**: וכדון ישראל שמעו לקיימייא DT 3:29
דרמיין לכון על עיסק **פעור** ועל עיסק כזבי ברת רבא NU 25:18
ית עמא דטעו בתר **פעור** ותצלוב יתהון קדם מימרא NU 25:4
עמא בית ישראל בבעלא **פעור** כמסמרא בקיסא דלא NU 25:3
פעור דכל אימת דזקיף **פעור** למדכר לישראל חובתהון DT 34:6
בר נש דטעא בתר טעוות **פעור** שיצייה ייי אלקך מבינך: ואתון DT 4:3

פריזא (2)
מיניה לא תכון בכנענאי **ובפריזאי** דעד כדון אית להום GN 13:7
ביתבי ארעא בכנענאי **ובפריזאי** ואנא עם דמניין ויתכנשון GN 34:30

פריזאי (9)
ואכלין בחקלי כנענאי **ופריזאי** דעד כדון יתבין בארעא: GN 13:7
כנענאי וחיתאי ואמוראי **ופריזאי** וחוואי ויבוסאי: וכדון הא EX 3:8
אמוראי וכנענאי וחיתאי **ופריזאי** וחיואי ויבוסאי: איסתמר EX 34:11
חיתאי ואמוראי כנענאי **ופריזאי** וחיואי ויבוסאי היכמא DT 20:17
ואמוראי וכנענאי **ופריזאי** וחיואי ויבוסאי שבעתי DT 7:1
כנענאי וחיתאי ואימוראי **ופריזאי** וחיוואי ויבוסאי לארע EX 3:17
ויעילינך לות אמוראי **ופריזאי** וכנענאי חיואי ויבוסאי EX 23:23
כנענאי אמוראי חיתאי **ופריזאי** חיואי ויבוסאי: לארע עבדא EX 33:2
קדמונאה: וית חיתאי וית **פריזאי** וית גיבראי: וית אמוראי וית GN 15:20

פרנך (2)
מידד בנוי דאליצפן בר **פרנך** דילידת ליה יוכבד ברת לוי NU 11:26

אמרכל אליצפן בר **פרנך:** לשיבטא דנפתלי אמרכל NU 34:25

פרנסת (2)

דלא בנין ואליעזר בר **פרנסת** ביתי דעל ידוי איתעבידו לי GN 15:2
לי לא יהבת בר והא בר **פרנסת** ביתי ירת יתי: והא פיתגמא GN 15:3

פרע (1)

יתיה ברתיכא תנייתא **דלפרעה** והוו מקלסין לקדמוי דין GN 41:43

פרעה (237)

אנא הוא ייי באיתיקרותי **בפרעה** ברתיכוי ובפרשוי: ונטל EX 14:18
ויעלון בתריהון ואיתיקר **בפרעה** ובכל משירייתיה ברתיכוי EX 14:17
וירדוף בתריהון ואיתיקר **בפרעה** ובכל משיריתי וינדעון EX 14:4
וגמלין: וגרי מימר דייי **בפרעה** מכתשין רברבין וית אינש GN 12:17
מיילא תתבחרון חיי **דפרעה** אין תפקון מיכא אלהין GN 42:15
עימכון ואין לא חיי **דפרעה** ארום אלילי אתון: וכנש GN 42:16
הוית עד דיהבין כסא **דפרעה** בידי ונסיבית ית עינביא GN 40:11
על שימושך ותיתן כסא **דפרעה** בידיה כהילכתא קמאה GN 40:13
ופלטרין דבית מלכותא **דפרעה** בריש ארעא דמצרים הוה EX 12:31
דמצרים מביר בוכרא **דפרעה** דעתיד דייתיב על כורסיי EX 11:5
דמצרים מביר בוכריה **דפרעה** דעתיד למיתב על כורסיה EX 12:29
מן ידא דמצראי ומן ידא **דפרעה** דשיזיב ית עמא מתחות EX 18:10
ויהבית ית כסא לידא **דפרעה** היא פיילא דרוגזא דעתיד GN 40:12
ויהבית ית כסא על ידא **דפרעה:** ואמר ליה יוסף דין סוף GN 40:11
אקשי ית יצרא דליבא **דפרעה** ואסגי ית אתוותיי וית EX 7:3
בסעדי ושיזבני מחרבא **דפרעה:** ואתא יתרו חמוי דמשה EX 18:4
ונסר ית גלגילי רידוותיה **דפרעה** והוו מדברין יתהון בקשייו EX 14:25
דתריך מן קדם גזירתא **דפרעה** והות ברת מאה ותלתין EX 2:1
לעלמי עלמין: ארתכוי **דפרעה** וחילוותיה שדא בימא שיפר EX 15:4
ועצרית יתהום לכסא **דפרעה** ויהבית ית כסא לידא GN 40:12
ועצירית יתהון לכסא **דפרעה** ויהבית ית כסא על ידא GN 40:11
ואיתקף ית יצרא דלבא **דפרעה** וירדוף בתריהון ואיתיקר EX 14:4
תחות יד אפיטרופין **דפרעה** וישוון עיבורא בקירויא GN 41:35
ההיא ויהב כסא על ידא **דפרעה:** וית רב נחתומי צלב דיעט GN 40:21
ואיתקף יצרא ולבא **דפרעה** ולא פטר ית בני ישראל EX 9:35
ותקיף ייי ית יצרא ולבא **דפרעה** ולא פטר ית בני ישראל: EX 10:20
ותקיף ייי ית יצרא דלבא **דפרעה** ולא פטר ית בני ישראל EX 11:10
ואיתייקר יצרא דליבא **דפרעה** ולא פטר ית עמא: ואמר ייי EX 9:7
ותקיף ייי ית יצרא דלבא **דפרעה** ולא צבא למפטרינון: ואמר EX 10:27
ותקיף ייי ית יצרא דלבה **דפרעה** ולא קביל מינהון היכמא EX 9:12
ואיתקף יצרא דליבא **דפרעה** ולא קביל מיניהון היכמא EX 7:22
ואיתקף יצרא דלבא **דפרעה** ולא קביל מנהון היכמא ייי: EX 7:13
ואיתקף יצרא דליבא **דפרעה** ולא קבל מנהון היכמא EX 8:15
אינתתא לבית מלכותא **דפרעה:** ולאברם אוטב פרעה בגינה GN 12:15
מן קדם ייי יתותב שלמא **דפרעה:** ומליל פרעה עם יוסף GN 41:16
ביום תליתאי יום גנוסא **דפרעה** ועבד שורו לכל עבדוי GN 40:20
עמא ואיתהפיך לבא **דפרעה** ועבדוי לביש על עמא EX 14:5
ית כספא בבית היפתיקא **דפרעה:** ושלים כספא מארעא GN 47:14
יוסף לפרעה חילמא **דפרעה** חד הוא מה דייי עתיד GN 41:25
תלילין לשום בית אוצרוי **דפרעה** ית טאנוס וית פילוסין: EX 1:11
מפתגמא דייי מעבדוי **דפרעה** כנש ית עבדוי וית גיתוי לגו EX 9:20
ובני ישראל קל בכותא **דפרעה** לא אשגחו עד דאזל הוא EX 12:33
ונחתת ביתיה ברתיה **דפרעה** לאיתקררא על נהרא EX 2:5
מלילו כדון במשמעיה **דפרעה** למימר: אבא קיים עלי GN 50:4
אישתמע בית מלכותא **דפרעה** למימר אתו אחי יוסף ושפר GN 45:16
מימרא דייי ית ליבא **דפרעה** למפטרנא וקטל ייי כל EX 13:15
ותקיף ייי ית יצרא דלבא **דפרעה** מלכא דמצרים ורדף בתר EX 14:8
שעבוד עבדיא מן ידא **דפרעה** מלכא דמצרים: ותנדעון DT 7:8
איתקף יצרא דלבה **דפרעה** מסרב למפטור ית עמא: EX 7:14
וסליקו עימיה כל עבדוי **דפרעה** סבי בייתיה וכל סבי ארעא GN 50:7
ואיסתרס והוא רבא **דפרעה** רב ספוקלטוריא גבר מצראי GN 39:1
למצרים לפוטיפר רבא **דפרעה** רב ספוקלטוריא: והוה GN 37:36
למיהוי מדמיין לדינוי **דפרעה:** רבוני שאיל ית עבדוי GN 44:18
דין: מן קדם ייי איסתקף **דפרעה** רגיז על עבדוי ויהב יתיה GN 41:10
ומכתשין בישין במצרים **ובפרעה** ובכל אינש ביתיה והוינא DT 6:22
דיוסף קדם מימרא דייי **ופרעה** הוה חלים והא קאי על נהרא: GN 41:1
חירתא דקדם טעות צפון: **ופרעה** חמא טעות צפון משתיזב EX 14:10
כדון תחמי מה אעביד **לפרעה** ארום בידא תקיפתא EX 6:1
ית כל ארעא דמצראי **לפרעה** ארום זבינו מצראי גבר GN 47:20
ית בנייא: ואמרן חייתא **לפרעה** ארום לא כנשייא מצרייתא EX 1:19
רישי חרשייא ואמרין **לפרעה** ביר חד עתיד למיהוי EX 1:15
לבניכון משעבדין הוינן **לפרעה** במצרים ואפקנא מימרא DT 6:21
יומא דין וית ארעכון **לפרעה** הא לכון בר זרעא ותזרעין GN 47:23
רברבי פרעה ושבחו יתה **לפרעה** ואידברת אינתתא לבית GN 12:15
ולבית אבוי איסק ואיתני **לפרעה** ואימר ליה אחיי ובית אבא GN 46:31
רעי ענא: ואתא יוסף ותני **לפרעה** ואמר אבא ואחיי וענהון GN 47:1
עללתא ותיתנון חומשא **לפרעה** וארבע חולקין יהי לכון לבר GN 47:24
ונהי אנן וארען עבדין **לפרעה** והב בר זרעא וניחי ולא GN47:19
ואהרן אחוך ימליל **לפרעה** ויפטור ית בני ישראל EX 7:2
כפנא והות ארעא חליטא **לפרעה:** וית עמא דמדינתא אעבר GN47:20
בלחודהון לא הות **לפרעה:** ויתיב ישראל בארעא GN47:26
דכירין ית גבורן דעבד ייי **לפרעה** ולכל מצראי: ניסין רבריבין DT 7:18
לעיניכון בארעא דמצרים **לפרעה** ולכל עבדוי ולכל יתבי DT 29:1
למעבד בארעא דמצרים **לפרעה** ולכל עבדוי ולכל עם ארעיה: DT 34:11
ית כל מה דעבד ייי **לפרעה** ולמצראי על עיסק ישראל EX 18:8
פיתגמא ושווייני לרב **לפרעה** ולרב על כל ביתיה ושליט GN45:8
על עיסק עורדעניא דשוי **לפרעה:** ועבד ייי כפתגמא דמשה EX 8:8
בעיני ריבוני ונהי עבדין **לפרעה:** ושוי יוסף לגזירא עד יומא GN47:25
דמתני לי: ואמר יוסף **לפרעה** חילמא דפרעה חד הוא מה GN41:25
יומי שני חייך: ואמר יעקב **לפרעה** יומי שני תותבותיי מאה GN47:9
דכבר שוית יתך דחילא **לפרעה** כאילו אלהא דיליה ואהרן EX 7:1
עאלו משה ואהרן ואמר **לפרעה** כדנא אמר ייי אלקא EX 5:1
יפטור ית עמא: ותימר **לפרעה** כדנא אמר ייי ברי בוכרי EX 4:22
וקדם עמא: ואמר משה **לפרעה** כדנא אמר ייי ליליא חורן EX 11:4
אנן אוף אבהתן: ואמרו **לפרעה** לאיתותבא בארעא אתינא GN47:4
הדין על ארעא דמצרים **לפרעה** למיסב חומשא מן עללתא GN47:26
עובדוי דעבד בגו מצרים **לפרעה** מלכא דמצרים ולכל יתבי DT 11:3
מה עובדיכון ואמרו **לפרעה** רעי ענא הוו עבדך אוף אנן GN47:3
חגא קדם ייי: ואמר משה **לפרעה** שבח נפשך בגיני לאימת EX 8:5
מה דייי עתיד למעבד תני **לפרעה:** שבע תורתן טבתן שבע GN41:25
ומן בגלל דאיתני חילמא **לפרעה** תרתין זימנין ארום תקין GN41:32
ואעדי עירבוב חיות ברא **מפרעה** ומעבדוי ומעמיה לא EX 8:27
דרביא: ואמרת לה ברת **פרעה** אובילי ית ריבייא הדין EX 2:9
ית רבייא: ואמרת לה ברת **פרעה** איזילי ואזלת טליתא וקרת EX 2:8
למפטרינון: ואמר ליה **פרעה** איזל מעילוויי איזדהר לך לא EX 10:28
היכמא דיימר לנא: ואמר **פרעה** אנא אפטור יתכון ותדבחון EX 8:24
לא מטא על ארעא: וחמא **פרעה** ארום איתמנע מיטרא וברדא EX 9:34
ואמר ייי למשה עול לות **פרעה** ארום אנא יקרית יצרא EX 10:1
וסריית ארעא: וחמא **פרעה** ארום הות רווחתא לעקתיה EX 8:11
ית חילקהון דיהב להון **פרעה** בגין כן לא זבינו ית ארעהון: GN47:22
בר זרעא וצוח עמא קדם **פרעה** בגין לחמא ואמר פרעה לכל GN41:55
דפרעה: ולאברם אוטב **פרעה** בגינה והוו ליה מדיליה עאן GN12:16
יתהון מפולחנהון: ופקיד **פרעה** ביומא ההוא ית שולטנייא EX 5:6
דמצראי פלחין להון: וקם **פרעה** בליליא הוא וכל שאר עבדוי EX 12:30
בסוף תלתא יומין יעדי **פרעה** בסיפא ית רישך מעילוי גופך GN40:19
ית עמא: איזל לות **פרעה** בצפרא הא נפיק למפטור EX 7:15
ארעא דגשן מתחנן הוה **פרעה** בקל עציב וכן אמר קומו EX 12:31
נצטרך לבנהא דהגר ברת **פרעה** בר נימרוד דטלקך לאתונא GN16:5
עלמין: ארום עלו סוסוות **פרעה** ברתיכוי ופרשוי בימא וחזר EX 15:19
כדין איפוק ונפק מלות **פרעה** בתקוף רגז: ואמר ייי למשה EX 11:8
ייי למעבדיה: וכדון יחמי **פרעה** גבר סוכלתן וחכים וימניניה GN41:33
דבר ואיזל: ופקיד עילוי **פרעה** גוברין ואלויאו יתיה וית GN12:20
תלתי יומין יעול קדם **פרעה** דוכרנך וירים ית רישך ביקר GN40:13
מצריתא ושמא הגר ברת **פרעה** דיהבא לה לאמהו בזמן GN16:1
בהון בקשייו: ואמר **פרעה** דמך הוה חמי בחילמיה והא EX 1:15
בניסין: ושאל ית רברבי **פרעה** דעימיה במטרת ביתא GN40:7
וית פרשיא לכל משיריית **פרעה** דעלו בתריהון בימא לא EX 14:28
בצפרא ותיתעתד קדם **פרעה** הא נפיק למינטר קוסמין EX 8:16
איזילו לפולחנכון: ואמר **פרעה** הא סגין הינון כדון עמא EX 5:5
עתיד למעבר אחמי ית **פרעה:** הא שבע שנייא אתיין שובעא GN41:28
דין: ואמרת אחתיה לבת **פרעה** האיזיל ואיקרי ליך איתא EX 2:7
ית פרעה ונפק מן קדם **פרעה:** ואותיב יוסף ית אבוי וית GN47:10
דמצרים: יקבל מנכון **פרעה** ואיגרי בהון גירין דקטול EX 7:4
למתיהבא להום מלות **פרעה** ואכלין ית חילקהון דיהב GN47:22
פרעה ובריך יעקב ית **פרעה** ואמר יהא רעוא דיתמלון מוי GN47:7
מצראי ושמע אינש בית **פרעה:** ואמר יוסף לאחוי אנא הוא GN45:2
ותריך יתהון מלות אפי **פרעה:** ואמר ייי למשה ארים את ידך EX 10:11
שנין במלילתהון עם **פרעה:** ואמר ייי למשה ולאהרן EX 7:7
ממלל וכדין יקביל מיני **פרעה:** ואמר ייי למשה למא אנת EX 6:30
ית משה וית אהרן לות **פרעה** ואמר להום איזילו פלחו קדם EX 10:8
ייי: ועאל משה ואהרן לות **פרעה** ואמר ליה כדנא אמר ייי EX 10:3
גד ואשר ואקימינון קדם **פרעה:** ואמר פרעה לאחוי דיוסף מה GN47:2
ושני כסותיה ועל לות **פרעה:** ואמר פרעה ליוסף חילמא GN41:14
במיפקהון מן קדם **פרעה:** ואמרו להון יתגלי קדם ייי EX 5:20
הדין ואיתפיני ונפק מלות **פרעה:** ואמרו עבדי פרעה ליה עד EX 10:6
בידך ותעבידינון קדם **פרעה** ואנא אתקיף ית יצרא EX 4:21
מיני והכדין יקביל מיני **פרעה** ואנא קשי ממלל: ומליל ייי EX 6:12
איתא ואשדרינך לות **פרעה** ואפיק ית עמי בני ישראל EX 3:10
מאן אנא ארום אזיל לות **פרעה** וארום אפיק ית בני ישראל EX 3:11
יוסף ושפר פיתגמא בעיני **פרעה** ובעיני עבדוי: ואמר פרעה GN45:16
יעקב אבוי ואקימיה קדם **פרעה** ובריך יעקב ית פרעה ואמר GN47:7

דאתונא וקמו לקדם **פרעה** ודרק יתיה משה לצית EX 9:10
ומלייתא ואיתער **פרעה** והא הוה חילמא: והוה בצפרא GN41:7
רבייא ואייתיתיה לברת **פרעה** והוה לה חביב הי כביר וקרת EX 2:10
דפילוסין היכמה דפקד **פרעה:** וזן יוסף ית אבוי וית אחוי GN47:11
להום יוסף סדני על מימר **פרעה** ויהב להון זוודין לאורחא: GN45:21
לצית שמייא למיחמי **פרעה:** ויהי לאבקא על כל ארעא EX 9:8
ויהי ארום יקרי לכון **פרעה** ויימר תנון לי מן עובדיכון: GN46:33
על ארעא דמצרים: ועבד **פרעה** וימנה אפיטרופין על ארעא GN41:34
משה וערק משה מן קדם **פרעה** ויתיב בארעא דמדין ויתיב EX 2:15
ואמרו איסטגניני **פרעה** ולא מן כח גבורת משה ואהרן EX 8:15
ית מוי דבנהרא לאחמי **פרעה** ולאחמי עבדוי ואיתהפיכו כל EX 7:20
חיות ברא תקיף לבית **פרעה** ולבית עבדוי ובכל ארעא EX 8:20
עירבוב חיות ברא מן **פרעה** ומן עבדוי ומן עמיה למחר EX 8:25
ובריך יעקב ית **פרעה** ונפק מן קדם פרעה: ואותיב GN47:10
ואעל משה ואהרן לות **פרעה** ועבדו היכדין היכמא דפקד EX 7:10
דמצרים ונפק יוסף מלות **פרעה** ועבר רב ושליט בכל ארעא GN41:46
חד אנא מייתי עלוי **פרעה** ועילוי מצראי דקשי עליהון EX 11:1
בי גובא מתמשכנין ביד **פרעה** ועל דהוו חדן בשעבודהון EX 12:29
גיפיה כל סוסות ארתכי **פרעה** ופרשוי ומשיריתיה על פומי EX 14:9
ונפק משה ואהרן מלות **פרעה** וצלי משה קדם ייי על עיסק EX 8:8
מותא הדין: ונפק מלות **פרעה** וצלי קדם ייי: והפך ייי ית EX 10:18
קדם ייי: ונפק משה מלות **פרעה** וצלי קדם ייי: ועבד ייי כפתגם EX 8:26
ושפר פיתגמא קדם **פרעה** וקדם כל עבדוי: ואמר פרעה GN41:37
ית חוטריה קדם מיחמי **פרעה** וקדם מיחמי עבדוי והוה EX 7:10
ית ריחנא קדם **פרעה** וקדם עבדוי דגרמהון למיתן EX 5:21
דמצרים קדם עבדי **פרעה** וקדם עמא: ואמר משה EX 11:3
שימושי ויתיה צלב: ושדר **פרעה** וקרא ית יוסף ודלוגיה מן GN41:14
במיערקיה מן קדם **פרעה** וריחקה ארום לאיתא NU 12:1
לחדא: וחמון יתה רברבי **פרעה** ושבחו יתה לפרעה ואידברת GN12:15
ארעא דמצרים: ואוחי **פרעה** ושדר פולין למיקרי למשה EX 10:16
טיבו ותידכר עלי קדם **פרעה** ותהנפיקינני מן בית אסירי GN40:14
ואמר ייי למשה עול לות **פרעה** ותימר ליה כדנא אמר ייי EX 7:26
בצפרא ותיתעתד קדם **פרעה** ותימר ליה כדנא אמר ייי EX 9:13
ואמר ייי למשה עול לות **פרעה** ותמליל עימיה כדנא אמר ייי EX 9:1
כל תימהייא האילין קדם **פרעה** ותקיף ייי ית יצרא דלבא EX 11:10
דערק משה מן קדם **פרעה** טלק יתיה לגובא והות צפרה EX 2:21
חוטרך וטלוק יתיה קדם **פרעה** יהי לחוי חורמן ארום עתידין EX 7:9
לא אישתאר חד: ויקר **פרעה** ית יצרא דליביה אוף בזימנא EX 8:28
כל ארעא דמצרים: ואעדי **פרעה** ית עיזקתיה מעל ידיה ויהב GN41:42
ייי ממצרים: והוה כד פטר **פרעה** ית עמא ולא דברינון ייי אורח EX 13:17
איתפרסם פיתגמא: ושמע **פרעה** ית פיתגמא הדין ובעא EX 2:15
למלכא דמצרים: ובנס **פרעה** כדי שמע על תרין רברבנוי GN40:2
כהונתא רבתא: וכד חמא **פרעה** כדין בכין פקיד לכל עמיה EX 1:22
שרי איתת אברם: וקרא **פרעה** לאברם ואמר מה דא עבדת GN12:18
קדם פרעה: ואמר **פרעה** לאחוי דיוסף מה עובדיכון GN47:3
לקבליה על גיף ימא: וימר **פרעה** לדתן ולאבירם בני ישראל EX 14:3
כל חכימהא ואישתעי **פרעה** להום ית חילמיה ולא הוה GN41:8
לחורמנא: וקרא לחוד **פרעה** לחכימייא ולחרשייא ועבדו EX 7:11
מלות פרעה: ואמרו עבדי **פרעה** ליה עד אימת יהי דין גברא EX 10:7
פרעה ובעיני עבדוי: ואמר **פרעה** ליוסף אמר לאחך די עיבידו GN45:17
כל ארעא דמצרים: ואמר **פרעה** ליוסף אנא פרעה מלכא ואנת GN41:44
מן קדם ייי ביה: ואמר **פרעה** ליוסף בתר דאודע ייי יתך ית GN41:39
ועל לות פרעה: ואמר **פרעה** ליוסף חילמא חלימית GN41:15
אהא רב מינך: ואמר **פרעה** ליוסף חמי דמנית יתך סרכן GN41:41
עבדך בארעא דגשן: ואמר **פרעה** ליוסף למימר אבוך ואחך GN47:5
מן עלמא ביומך: ואמר **פרעה** ליעקב כמה אינון יומי שני GN47:8
ואמר לעמא כדנא אמר **פרעה** לית אנא יהיב לכון תיבנא: EX 5:10
פרעה בגין לחמא ואמר **פרעה** לכל מצראי איזילו לות יוסף GN41:55
וית נשיהון בסדני דשדר **פרעה** למיטל יתיה: ודברו ית GN46:5
ומליל יוסף עם רבני בית **פרעה** למימר אין בבעו אשכחנא GN50:4
פשר ליה: ואתיב יוסף ית **פרעה** למימר בר מיני לא אית גבר GN41:16
למימר: ארום ימלל עמכון **פרעה** למימר הבו לכון תימהא EX 7:9
ומליל רב מזוגייא קדם **פרעה** למימר ית סורחניי אנא מדכר GN41:9
דמנו עליהון שולטני **פרעה** למימר למה דין לא EX 5:14
בני ישראל וצווחו קדם **פרעה** למימר למה תעביד כדין EX 5:15
ומן שעתא דעלית לות **פרעה** למללא בשמך אתבאש EX 5:23
ובסוף תלתא יומין קרא **פרעה** למשה ואמר זילו פלחו קדם EX 10:24
עירבוב חיות ברא: וקרא **פרעה** למשה ולאהרן ואמר איזילו EX 8:21
על ארעא דמצרים: וקרא **פרעה** למשה ולאהרן ואמר צלון EX 8:4
למחר לחוד לא יוסיף **פרעה** למשקרא בדיל דלא למפטור EX 8:25
וקדם כל עבדוי: ואמר **פרעה** לעבדוי הנשכח כדין גבר GN41:38
ופטימתא ואיתער **פרעה** מדמכיה: ודמוך וחמא חלמא GN41:4
הוא פתגמא דמלילית עם **פרעה** מה דייי עתיד למעבר אחמי GN41:28
למימר: עול מליל עם **פרעה** מלכא דמצרים ויפטור ית בני EX 6:11
תלתין שנין כד קם קדם **פרעה** מלכא דמצרים ונפק יוסף GN41:46
אנא הוא ייי מליל עם **פרעה** מלכא דמצרים ית כל דאנא EX 6:29
בני ישראל ושלחינון לות **פרעה** מלכא דמצרים לאפקא ית EX 6:13
הינון דממללין עם **פרעה** מלכא דמצרים להנפקא ית EX 6:27
ובגין איתיעט ואמר **פרעה** מלכא דמצרים לחייתא EX 1:15
ואמר פרעה ליוסף אנא **פרעה** מלכא ואנת אלקפטא ובר GN41:44
למשה לא יקביל מנכון **פרעה** מן בגלל לאסגאה תמהיי EX 11:9
ואוף אכלו קורצוי קדם **פרעה** סברין למחתא יתיה מן GN49:23
הינין: ונפק משה מלות **פרעה** סמיך לקרתא ופרס ידוי בצלו EX 9:33
ית אבא ואיתוב: ואמר **פרעה** סק וקבר ית אבוך היכמא GN50:6
עילאה מכל תפנוקי מיכל **פרעה** עובד נחתום ועופא אכיל GN40:17
שלמא דפרעה: ומליל **פרעה** עם יוסף למימר חמי הוית GN41:17
ישראל לא מית חד: ושדר **פרעה** פולין למיחמי והא לא מית EX 9:7
לא הוה ברדא: ושדר **פרעה** פולין למיקרי למשה ולאהרן EX 9:27
היכמא דמליל ייי: ועבד **פרעה** צורכיה ועאל לביתיה ולא EX 7:23
הוא מתנטל על די אזיד **פרעה** רשיעא ורדף בתר עמא בני EX 15:21
דימא רבא: דהוה אמר **פרעה** רשיעא סנאה ובעל דבבא EX 15:9
פרע מיניה על די אזיד **פרעה** רשיעא קדם ייי ואיתנטל EX 15:1
מן בתריהון כל סוסות **פרעה** רתיכוי ופרשוי לגו ימא: והות EX 14:23
לי חגא במדברא: ואמר **פרעה** שמא דייי לא איתגלי EX 5:2
בכל ארעא דמצרים: וקרא **פרעה** שמיה דיוסף גברא דטמירן GN41:45
היא פיילא דרוגזא דעתיד **פרעה** שתי בעיקבא ואת רב GN40:12

פרץ (6)

דיהודה ער ואונן ושלה **ופרץ** וזרח ומית ער ואונן על GN46:12
לשלה גניסת שלה **לפרץ** גניסת פרץ לזרח גניסת זרח: NU26:20
בארעא דכנען והוו בני **פרץ** דנחתו למצרים הצרון וחמול: GN46:12
מלכותא וקרת שמיה **פרץ:** ובתר כדין נפק אחוי דעל ידי GN38:29
גניסת שלה לפרץ גניסת **פרץ** לזרח גניסת זרח: והוו בני פרץ NU26:20
לזרח גניסת זרח: והוו בני **פרץ** לחצרון גניסת חצרון לחמול NU26:21

פרת (11)

ומן מדברא ועד **פרת** ארום אמסור בידכון ית כל EX 23:31
והיא מתבניא בארם דעל **פרת** ארע דפלחין וסגדין ליה בני NU22:5
ואמר מן ארם דעל **פרת** דברני בלק מלכא דמואבאי מן NU23:7
אתור ונהרא רביעא הוא **פרת:** ודבר ייי אלקים ית אדם מן GN 2:14
שאול דמן רחובות דעל **פרת:** ומית שאול ומלך תחותוי בעל GN36:37
כל דיליה וקם ועבר ית **פרת** ושוי ית אנפוי למיסוק לטוורא GN31:21
עד נהרא רבא נהרא **פרת:** חמון דמסרית קדמיכון ית DT 1:7
עד נהרא רבא נהרא **פרת:** ית שלמיא וית קניזאה וית GN15:18
בארע ארם דעל **פרת** למילט יתכון: ולא צבי ייי DT 23:5
וקם ואזל לארם דעל **פרת** לקרתא דנחור: וארבע גמליא GN24:10
מן נהרא רבא נהרא **פרת** עד ימא דאוקינוס הינון מי DT 11:24

פתור (3)

ית בלעם בר בעור מן **פתור** חלמיא דמתבניא בארע ארם DT 23:5
ובית מותביה בפדן היא **פתור** על שמיה פתיר חלמיא והיא NU22:5
בפדן היא פתור על שמיה **פתיר** חלמיא והיא מתבניא בארם NU22:5

צאיתא (1)

וערב ואדבאל ומבשם: **וצאיתא** ושתוקא וסוברא: חריפא GN25:14

צבויים (6)

איבריה ליזניה מלכא **דצבויים** ומלכא דקרתא דבלעת GN14:2
ומלכא דאדמה ומלכא **דצבוים** ומלכא דקרתא דבלעת GN14:8
דסדום ועמורא אדמה **וצבויים** דהפך מימרא דייי ברוגזיה DT 29:22
סדום ועמורא אדמה **וצבויים** וזוער הרוגזך שציא ולא GN18:24
לכל קרתא לתלת קוריין **וצבויים** וזוער שבוק להום בגין GN18:30
לסדום ועמורא אדמא **וצבויים** עד קלרהי: איליין בנוי דחם GN10:19

צבעון (6)

ארעא ההיא לוטן ושובל **וצבעון** וענה: ודישון ואצר ודישן GN36:20
כד הוה רעי ית חמרייא **לצבעון** אבוי: ואילין בני ענה דישון GN36:24
אהליבמה ברת ענה ברת **צבעון** איתת עשו וילידת לעשו ית GN36:14
שפו ואונם: ואילין בני **צבעון** ואיה וענה הוא ענה דארבע GN36:24
אהליבמה ברת ענה ברת **צבעון** חיואה: וית בשמת ברת GN36:2
רבא לוטן רבא שובל רבא **צבעון** רבא ענה: רבא דישון רבא GN36:29

צדק (1)

בית רסא דמלכא: ומלכא **צדיקא** הוא שם בר נח מלכא GN14:18

צוער (5)

דקריב מניכסוי נתנאל בר **צוער:** ביומא תליתאה קריב רב בית NU 7:23
דבני ישראל נתנאל בר **צוער:** וחיליה וסכומהון חמשין NU 2:5
דבני יששכר נתנאל בר **צוער:** ורבא דהוה ממני על חילוות NU10:15
אמרכול נתנאל בר **צוער:** לזבולון אמרכול אליאב בר NU 1:8
ית קורבניה נתנאל בר **צוער** רב בית אבא לשיבטא NU 7:18

צור (6)

מדינתא כזבי ברת **צור** דמתקריא שלונאי ברת בלק NU25:15
ית אוי וית רקם וית **צור** הוא בלק וית חור וית רבע NU31:8
מנשה גמליאל בר פדה **צור:** ורבא דהוה ממני על חילוות NU10:23
מנשה גמליאל בר פדר **צור::** ושבטא דבנימן ורבא דהוה NU 2:20

אמרכול גמליאל בר פדה **צור:** לבנימין אמרכול אבידן בר NU 1:10
מנשה גמליאל בר פדה **צור:** קרבניה דקריב פיילי וגומר: NU 7:54

צורי (3)

דבני שמעון שלומיאל בר **צורי** שדי: ורבא דהוה ממני על NU 10:19
אמרכול שלומיאל בר **צורי** שדי: ליהודה אמרכול נחשון בר NU 1:6
שמעון שלומיאל בר **צורי** שדי: קרבניה דקריב פיילי NU 7:36

צוריאל (1)

מתמני על גניסת מררי **צוריאל** בר אביחיל על שידא NU 3:35

צחר (4)

ימואל וימין ואהד ויכין **וצחר** ושאול הוא זמרי דאשאיל EX 6:15
ימואל וימין ואוהד ויכין **וצחר** ושאול הוא זמרי דעבד עובדא GN 46:10
ובעו עלי קדם עפרן בר **צחר:** ויזבון לי ית מערת כפילתא GN 23:8
כפילתא לחקיל עפרון בר **צחר** חיתאה דעל אנפי ממרא: GN 25:9

צידון (2)

קפודאי: וכנען אוליד ית **צידון** בוכריה וית חת: וית יבוסאי GN 10:15
ותחומי ימטי עד **צידון:** יששכר חמיר באורייא לשבט GN 49:13

צידנאי (1)

ארנונא עד טוורא דחרמון: **צידנאי** הוון קרן לחרמון טוורא DT 3:9

צין (5)

על מימרי במדברא **דצין** במוי מצות כנישתא לקדשותי NU 27:14
כל כנישתא למדברא **דצין** בעשרא יומין לירחא דניסן NU 20:1
מוי מצות ריקם במדברא **דצין:** ומליל משה קדם ייי למימר: NU 27:14
במוי מצות רקם מדברא **דצין** מטול דלא קדישתון יתי DT 32:51
ית ארעא מן מדברא **דצין** עד פלטיוות מעלך לאנטוכיא: NU 13:21

צלה (3)

לזמרא בכינרא ואבובא: **וצלה** אף היא ילידת ית תובל קין GN 4:22
ואמר למך לנשוי עדה **וצלה** קבילן קלי נשי למך אציתן GN 4:23
חדא עדה ושום תנייתא **צלה:** וילידת עדה ית יבל הוא הוה GN 4:19

צלמון (1)

מטווריס אומניס ושרו **בצלמונה** אתר הובאי ובור בארע NU 33:41

צלמונה (1)

דעמא באורחא: ונטלו **מצלמונה** ושרו בפונון אתר דגרי ייי NU 33:42

צלפחד (8)

שמידע וחפר גניסת חפר: **וצלפחד** בר חפר לא הוון ליה בנין NU 26:33
ייי למיתן ית אחסנת **צלפחד** אחונא לבנתיה: והואה לחד NU 36:2
נון: וקריבן לבי דינא בנת **צלפחד** בר חפר בר גלעד בר מכיר NU 27:1
ית משה הכדין עבדו בנת **צלפחד:** והוואה מחלה תרצה וחגלה NU 36:10
וחגלה ומלכה ונעה בנת **צלפחד** לבני חביביהן לנשין: NU 36:11
פילוג ארעא אלהין לבנת **צלפחד** למימר לדתקין בעיניהן NU 36:6
בנין אלהין בנן ושום בנת **צלפחד** מחלה נעה חגלה מלכה NU 26:33
משה למימר: יאות בנת **צלפחד** ממללן כתיבא הוות דא NU 27:7

צפו (2)

בני אליפז תימן אומר **צפו** וגעתם וקנז: ותמנע הוות GN 36:11
רבא תימן רבא אומר רבא **צפו** רבא קנז: רבא קרח רבא געתם GN 36:15

צפון (8)

בנוי דגד לגניסתהון **לצפון** גניסת צפון לחגי גניסת חגי NU 26:15
וביני ימא קדם טעות **צפון** דמשתייר מכל טעוון דמצרים EX 14:2
פומי חירתא דקדם טעות **צפון:** ופרעה חמא טעות צפון EX 14:9
מרבעתא דקדם טעות **צפון** ושרו קדם מגדל: ונטלו NU 33:7
לגניסתהון לצפון גניסת **צפון** לחגי גניסת חגי לשוני גניסת NU 26:15
מצראי בחיר הוא בעל **צפון** מכל טעוותא דאשתייר ולא EX 14:2
צפון: ופרעה חמא טעות **צפון** משתיזב וקריב קדמוי קרבנין EX 14:10
טרד עליהון טעוות **צפון** נגהוי דמדברא: ואיתקף ית EX 14:3

צפור (5)

ושמע אצית מיליי בריה **דצפור:** לא כמילי בר נש מימר אלוק NU 23:18
דיריחו: וחמא בלק בר **צפור** ית כל מה דעבד ישראל NU 22:2
עיסבא דחקלא ובלק בר **צפור** מדינאה מלכא למואב בעידנא NU 22:4
ליה כדנן אמר בלק בר **צפר** לא כדון תיתמנע מלמיתי לותי: NU 22:16
בלעם קדם ייי בלק בר **צפר** מלכא דמואבאי שדר פולין NU 22:10

צפורה (5)

למיתב עם גברא ויהב ית **ציפורה** ברת בריה למשה: וילידת EX 2:21
יתרו חמוי דמשה ית **צפורה** אינתתיה דמשה בתר EX 18:2
חבלא מיניה בכן שבחת **צפורה** ואמרת מה חביב הוא אדם EX 4:26
דאתנייו תרוויהון: ונסיבת **צפורה** טינרא וגזרת ית ערלת EX 4:25
טלק יתיה לגובא והות **צפרה** ברתיה דבריה מפרנסא יתיה EX 2:21

צפיון (1)

תלתין ותלת: ובנוי דגד **צפיון** וחגי שוני ואצבון ערי וארודי GN 46:16

קדמה (1)

חריפא ותימא יטור נפיש **וקדמה:** אילין הינון בנוי דישמעאל GN 25:15

קדמונאה (1)

שלמיא וית קניזאה וית **קדמונאה:** וית חיתאי וית פריזאי GN 15:19

קדמות (1)

מנהרדעא דסמיך למדבר **קדמות** לות סיחון מלכא דאמוראי DT 2:26

קהלות (2)

ממקהלות ושרו בארעית **מקהלות:** ונטלו מארעית מקהלות NU 33:26
מקהלות: ונטלו מארעית **מקהלות** ושרו בתרח: ונטלו מתרח NU 33:27

קהת (23)

וחברון ועזיאל ושני חייוי **דקהת** חסידא מאה ותלתין ותלת EX 6:18
לבני ושמעי: ובנוי **דקהת** לגניסתהון עמרם ויצהר NU 3:19
ושמעי לייחוסיהון: ובנוי **דקהת** עמרם ויצהר וחברון ועזיאל EX 6:18
וית אטונוי לכל פולחניה: **ולקהת** גניסתא דעמרם וגניסתא NU 3:27
גניסת מושי גניסת קרח **וקהת** אוליד ית עמרם: ושום איתת NU 26:58
בני לוי בשמהתהון גרשון **וקהת** ומררי: ואילין שמהת בני NU 3:17
דשיטים: ובנוי דלוי גרשון **וקהת** ומררי: ובנוי דיהודה ער ואונן GN 46:11
דלוי לייחוסֵהון גרשון **וקהת** ומררי ושני חייוי דלוי מאה EX 6:16
לגרשון גניסת גרשון **לקהת** גניסת קהת למררי גניסת NU 26:57
ארבעת גניסתא די נפקו **מקהת** ישרון על שידא דמשכנא NU 3:29
דהוה מתמני על גניסתא **קהת** אליצפן בר עזיאל: ומטרתהון NU 3:30
איליין הינון גניסת **קהת:** במניין כל דכורא מבר ירחא NU 3:27
מצלהבא דין מטול בני **קהת** במשכן זימנא: ודמסיר לאלעזר NU 4:15
זימנא: דא פולחנת בני **קהת** במשכן זימנא קודש קודשיא: NU 4:4
תיכלא קרח בר יצהר בר **קהת** בר לוי ודתן ואבירם בני NU 16:1
אילין מניין סכומי גניסת **קהת** כל דפלח במשכן זימנא די NU 4:37
בר אהרן כהנא: ולבני **קהת** לא יהב עגלן ותורין ארום NU 7:9
ומנא משה ואהרן ית בני **קהת** לגניסתהון ולבית אבהתהון: NU 4:34
ומן בתר כדין ייעלון בני **קהת** למסוברא ולא יקרבון NU 4:15
גרשון לקהת גניסת **קהת** למררי גניסת מררי: איליין NU 26:57
קבילו ית חושבן בני **קהת** מגו בני לוי לגניסתהון לבית NU 4:2
ית שיבטא דגניסת **קהת** מגו ליואי: ודא תקנתא עיבידו NU 4:18
בר דעואל: ונטלין גניסת **קהת** נטלי מוקדשא ומקימין ית NU 10:21

קורזי (1)

פלך טרגונא עד תחום **קורזי** ואנטיקירוס וקרא יתהון על DT 3:14

קושטנטיני (1)

בליגיונין דיפקון מן רומי **וקושטנטיני** ויצערון לאתוראי NU 24:24

קטורה (4)

ואלדעה כל אילין בנהא **דקטורא:** ויהב אברהם במתנה ית GN 25:4
ישמעאל ועשו וכל בנהא **דקטורה** יתכנשן כל אילין ברכתא GN 49:26
קומך מלכוותא כל בנהא **דקטורה** רב ושליט תהי על אחך GN 27:29
ונסיב איתא ושמא **קטורה** היא הגר דקטירא ליה מן GN 25:1

קטיספון (1)

בבל רבתי והדס ונציבין **וקטיספון** בארעא דפונטוס: מן GN 10:10

קילקאי (1)

עד קיסרין מעלך לאבלס **דקילקאי:** ויפוק תחומא לקרן NU 34:8

קין (27)

מיניה ורשם ייי על אפי **דקין** אתא מן שמא רבא ויקירא GN 4:15
והבל איתקטל על ידוי **דקין** וקין איטרד ולא איתייחסו GN 5:3
אפין בהבל ובקורבניה: **ולקין** ולקורבניה לא אסבר אפין GN 4:5
איתקטל על ידוי דקין **וקין** איטרד ולא איתייחסו זרעיתיה GN 5:3
הבל והוה הבל רעי ענא **וקין** הוה גבר פלח בארעא: והוה GN 4:2
מן רשיעיא עני הבל ואמר **לקין** אית דין ואית דיין ואית עלם GN 4:8
וקטליה: ואמר ייי **לקין** אן הבל אחוך ואמר לא ידענא GN 4:9
ברעוא עני הבל ואמר **לקין** ברחמין איתברי עלמא וכפירי GN 4:8
לא אסבר אפין ותקיף **לקין** לחדא ואיתכבישו איקונין GN 4:5
איקונין דאפוהי: ואמר ייי **לקין** למה תקיף לך ולמה GN 4:6
יהובדון זרעי: ארום **קין** דהב ותב בתיובא עד שובעא GN 4:24
דנא אולידת חוה ית **קין** דלא מיניה ולא דמי ליה והבל GN 5:3
אנא עביד היכמא דעבד **קין** דקטל ית הבל בחיי אבוי והדר GN 27:41
חוה מן הבל דקטליה **קין** ואיטרדו תרוויהון מן אפי אדם GN 27:45
אתקבל קרבני ברעוא עני **קין** ואמר להבל לית דין ולית דיין GN 4:8
נפקו תרויהון לברא עני **קין** ואמר להבל מסתכל אנא GN 4:8
קרבנא ועילוי אקריבו **קין** והבל ית קרבנהון וכד נחתו מוי GN 8:20
אוחרן חלף הבל דקטליה **קין:** ולשת אף הוא איתיליד בר GN 4:25
בגינוניתא דעדן: וידע **קין** ית אינתתיה ואעדיאת וילידת GN 4:17
למיזכי בין למיחטי: ואמר **קין** לות הבל אחוהי איתא וניפוק GN 4:8
ייי הא בכין כל דקטיל **קין** לשבעא דרין יתפרע מיניה GN 4:15
בארבסר בניסן ואיתי **קין** מאיבא דארעא מדרע כיתנא GN 4:3
באיסתכלותיה ביה: ונפק **קין** מן קדם ייי ויתיב בארע טלטול GN 4:16
ופרזלא ואחתיה דתובל **קין** נעמא היא הות מרת קינין GN 4:22
על אנפי ברא וקם **קין** על הבל אחוהי וטבע אבנא GN 4:8
וגלי תהי בארעא: ואמר **קין** קדם ייי סגי תקיף מרודי GN 4:13
אף היא ילידת ית תובל **קין** רב לכל אומן דידע בעיבידת GN 4:22

קינן (5)

ואוליד ית מהללאל: וחיא **קינן** בתר דאוליד ית מהללאל תמני GN 5:13
תשעין שנין ואוליד ית **קינן:** וחיא אנוש בתר דאוליד ית GN 5:9
וחמש שנין ומית: וחיא **קינן** שובעין שנין ואוליד ית GN 5:12
אנוש בתר דאוליד ית **קינן** תמני מאה וחמיסר שנין GN 5:10
בנין ובנן: והוו כל יומי **קינן** תשע מאה ועשר שנין ומית: GN 5:14

קיסם (2)
לטירת אדריא ויעיבר **לקיסם**: ויקיף תחומא מקיסם NU 34:4
לקיסם: ויקיף תחומא **מקיסם** לנילוס דמצראי ויהון NU 34:5
קיסרין (3)
ובספר ימא אשקלון **וקיסרין** ארע כנענאה עד קלרהי DT 1:7
ויוביד וישיצי שיז ויצדי **וקיסרין** תקיף קירוי עממיא: וחמא NU 24:19
ודיווקינוס ותרנגולא עד **קיסרין** מעלך לאבלס דקילקאי: NU 34:8
קלרהי (2)
אדמא וצבויים עד **קלרהי**: איליין בנוי דחם לזרעית GN 10:19
וקיסרין ארע כנענאה עד **קלרהי** וליבנן אתר טוורי בית DT 1:7
קמואל (2)
דבית אפרים אמרכל **קמואל** בר שפטן: לשיבטא דיששכר NU 34:24
בוכריה וית בוז אחוי וית **קמואל** רב קסומיא דארמאי: וית GN 22:21
קנז (3)
תימן אומר צפו וגעתם **וקנז**: ותמנע הוות פילקתא לאליפז GN 36:11
רבא אומר רבא צפו רבא **קנז**: רבא קרח רבא געתם רבא GN 36:15
רבא אלה רבא פינון: רבא **קנז** רבא תימן רבא מבצר: רבא GN 36:42
קניזאה (2)
אילהן כלב בר יפונה **קניזאה** ויהושע בר נון ארום שלימו NU 32:12
נהרא פרת: ית שלמיא וית **קניזאה** וית קדמונאה: וית חיתאי GN 15:19
קנת (1)
יאיר: ונבח אזל וכבש ית **קנת** וית כופרנהא וקרא לה נבח על NU 32:42
קפודאי (1)
מתמן פלישתאי וית **קפודאי**: וכנען אוליד ית צידון GN 10:14
קפודקיא (2)
בכופרנייא דרפיע עד עזה **קפודקאי** דנפקו מן קפודקיא DT 2:23
עזה קפודקאי דנפקו מן **קפודקיא** שיציאונון ויתיבו DT 2:23
קרדון (1)
יומין לירחא על טוורי **דקרדון** שום טוורא חד קרדוניא GN 8:4
קרדוניא (1)
דקרדון שום טוורא חד **קרדוניא** ושום טוורא חד ארמניא GN 8:4
קרח (26)
בתיהון וית כל אינשא **דלקרח** וית כל ניכסיא: ונחתו הינון NU 16:32
אלעזר וית איתמר: ובנוי **דקרח** אסיר ואלקנה ואביאסף EX 6:24
למרדא על ייי בכנישתא **דקרח** ארום בחוביה מית ולא אחטי NU 27:3
משה ועל אהרן בכנישתא **דקרח** בזמן דאתכנשו ופליגו על ייי: NU 26:9
מן חזור חזור למשכנא **דקרח** דתן ואבירם: וקם משה ואזל NU 16:24
מעילוי משכנא **דקרח** דתן ואבירם מן חזור חזור NU 16:27
ואביאסף אילין ייחוסין **דקרח**: ואלעזר בר אהרן נסיב ליה EX 6:24
להובדא ולא כמיתותא **דקרח** וככנישתיה ביקידת אישא NU 17:5
בר מדמיתו על פלוגתא **דקרח**: ותב אהרן לות משה לתרע NU 17:14
גוברין והוו לניסיון: ובנוי **דקרח** לא הוו בעיטתא דאבוהון NU 26:11
על עיסק כהונתא **כקרח** וככנישת סעדוי וסופיה NU 17:5
לחד מנהון: ואמר משה **לקרח** אנת וכל כנישת סעדך הוו NU 16:16
לכון בני לוי: ואמר משה **לקרח** ולגניסתיה קבילו כען בני לוי: NU 16:8
ית יעוש וית יעלם וית **קרח** אילין בנוי דעשו די איתילידו GN 36:5
רבא יעוש רבא יעלם רבא **קרח** אילין רברבי אהליבמה ברת GN 36:18
ית יעוש וית יעלם וית **קרח**: אילין רברבי בני עשו בני GN 36:14
גולייתיה דכולא תיכלא **קרח** בר יצהר בר קהת בר לוי ודתן NU 16:1
חד דתיכלא יהי ביה **קרח** וחברוי עבדו גוליין וציצייתהון NU 16:2
עיבידו סבו לכון מחתיין **קרח** וכל כנישת סעדוי: והבו בהון NU 16:6
בר משה: ובנוי דיצהר **קרח** ונפג וזכרי: ובנוי דעזיאל משאל EX 6:21
בקהלת אתר דאתכנשו **קרח** וסיעתיה על משה ואהרן: NU 33:22
מן כיסופא: ומליל עם **קרח** ועם כנישת סעדוי למימר NU 16:5
מחלי גניסת מושי גניסת **קרח** וקהת אוליד ית עמרם: ושום NU 26:58
מציטרא חד: וכנש עליהון **קרח** ית כל כנישתא לתרע משכן NU 16:19
פומה ובלעת יתהון וית **קרח** כד מיתו כנישת רשיעיא כד NU 26:10
רבא צפו רבא קנז: רבא **קרח** רבא געתם רבא עמלק אילין GN 36:16
קרי (1)
דילהון אייתיו: ויהי ארום **יקרי** לכון פרעה ויימר תנון לי מן GN 46:33
קרית (1)
דשרה: ומיתת שרה **בקרית** ארבע היא חברון בארעא GN 23:2
קריתים (1)
וית אימתני דבשוה **קריתים**: וית חוראי דבטווריא רמיא GN 14:5
קרן (1)
דקילקאי: ויפוק תחומא **לקרן** זכותא ולגבתא דחטמנא ויהון NU 34:9
קרנים (1)
ית גובריא דבעשתרות **קרנים** וית תקיפיא דבהמתא וית GN 14:5
ראובן (53)
ופתחו גבר טוניה: ופשפש **בראובן** שרי ובנימין פסק וישתכח GN 44:12
ממני על חילוות שיבטא **דראובן** אליצור בר שדיאור: וחיליה NU 2:10
חילא: סכומהון לשבטא **דראובן** ארבעין ושית אלפין וחמש NU 1:21
רישי בית אבהתהון בנוי **דראובן** בוכרא דישראל חנוך ופלוא EX 6:14
וכרמי אילין ייחוסין **דראובן**: ובנוי דשמעון ימואל וימין EX 6:14
כרמי: אילין גניסתא **דראובן** והוו סכומהון ארבעין ותלת NU 26:7
בוכרא דישראל בנוי **דראובן** חנוך גניסת חנוך לפלוא NU 26:5
בוכרא דיעקב ראובן: ובנוי **דראובן** חנוך ופלוא חצרון וכרמי: GN 46:9
מאללייא לשיבטא **דראובן** עזגד שמוע בר זכור: NU 13:4
אינון אפרים ומנשה הי **כראובן** ושמעון מתחשבין לי: ובנך GN 48:5
גובריא דיקומון עימכון **לראובן** אמרכול אליצור בר שדיאור: NU 1:5
בכורותא הות חמיא **לראובן** ואתנטילת מיניה DT 33:17
קריב רב בית אבא לבני **ראובן** אליצור בר שדיאור: קרבניה NU 7:30
בר וקרת ית שמיה **ראובן** ארום אמרת ארום גלי קדם GN 29:32
תעבדון: ואמר בני גד ובני **ראובן** באסכמותא חדא למשה NU 32:25
דנפקו מארעא דמצרים: **ראובן** בוכרא דישראל בנוי דראובן NU 26:5
במדברא דסיני: והוו בני **ראובן** בוכרא דישראל ייחוסיהון NU 1:20
אולפן מן ישראל אבוכון: **ראובן** בוכרי אנת ריש חיל שימושי GN 49:3
ית שמיה אשר: ואזל **ראובן** ביומי סיון בזמן חצד חינטין GN 30:14
חקרא ודירין דעאן: ובני **ראובן** בנו ית בית חושבני וית NU 32:37
שבטייא דישראל: ייחי **ראובן** בעלמא הדין ולא יימות DT 33:6
ואיסתחיפת כן איתרעת **ראובן** ברי די חטית לא תוסיף ועל GN 49:4
לווטייא בטוורא דעיבל **ראובן** גד ואשר וזבולן דן ונפתלי: DT 27:13
ולאבירם בני אליאב בר **ראובן** דפתחת ארעא ית פומה DT 11:6
נטלין: טיקס משרית **ראובן** דרומא ישרון לחיליהון NU 2:10
ואמר משה לבני גד ולבני **ראובן** האחיכון ייתון לקרבא ואתון NU 32:6
עקתא הדא: ענה יתהום **ראובן** ואמר הלא אמרית יתכון GN 42:22
דכנען: ואתיבו בני גד ובני **ראובן** ואמרו ית כל דמליל ייי NU 32:31
בעיר: ואתו בני גד ובני **ראובן** ואמרו למשה ולאלעזר כהנא NU 32:2
בארעא ההיא ואזל **ראובן** ובלבל ית מצעא דבלהה GN 35:22
יעקב ובנוי בוכרא דיעקב **ראובן**: ובנוי דראובן חנוך ופלוא GN 46:8
דאדומאי אחסנות שיבט **ראובן** וגד ופלגות שיבט מנשה NU 34:11
בארע מישרא לשיבט **ראובן** וית רמתא בגלעד לשבט גד DT 4:43
ייי: ובעירי סגיא הוון לבני **ראובן** ולבני גד תקיף לחדא וחמון NU 32:1
להון משה לבני גד ולבני **ראובן** ולפלגות שיבטא דמנשה בר NU 32:33
וקירווי יהבית לשיבט **ראובן** ולשיבט גד: ושאר גלעד וכל DT 3:12
יהבית ית גלעד: ולשיבט **ראובן** ולשיבט גד יהבית מן גלעד DT 3:16
ויהבנא אחסנא לשיבט **ראובן** ולשיבט גד לפלגות שיבט DT 29:7
אליאב ואון בר פלת בני **ראובן**: וקמו בחוצפא ואורו הילכתא NU 16:1
ופקידית יתכון שיבט **ראובן** ושיבט גד ופלגות שיבט DT 3:18
מה יהי פשר חלמוי: ושמע **ראובן** ושיזביה מן אידיהון ואמר לא GN 37:21
בני לאה בוכרא דיעקב **ראובן** ושמעון ולוי ויהודה ויששכר GN 35:23
באדמיה: ואמר להום **ראובן** לא תשדון אדם זכאיי טלוקו GN 37:22
צוקתא דכולהון: ואמר **ראובן** לאבוי למימר ית תרין בנוי GN 42:37
ארום קבילו שיבטא דבני **ראובן** לבית אבהתהון ושיבטא NU 34:14
ית יוסף למצרים: ותב **ראובן** לגובא ארום לא הוה עמהון GN 37:29
ונטל טיקס משיריית **ראובן** לחיליהון ורבא דהוה ממני NU 10:18
סכום מניינייא למשריית **ראובן** מאה וחמשין וחד אלפין NU 2:16
אין יעיברון בני גד ובני **ראובן** עימכון ית יורדנא כל דמזרז NU 32:29
שמהת תלת שבטיא **ראובן** שמעון גד ובמציעותיה כתיב NU 2:10
ומפרש שמהת שבטיא **ראובן** שמעון ולוי: ושום סידרא EX 28:17
שמהת תלת שיבטיא **ראובן** שמעון ולוי: ושום סידרא EX 39:10
גבר עם אינש ביתיה עלו: **ראובן** שמעון לוי ויהודה: יששכר EX 1:2
ראומה (1)
ותפלקתיה ושמה **ראומה** וילידת אוף היא ית טבח GN 22:24
ראש (1)
דהוא אחוי בר אימיה **וראש** דהוא ריש בבית אבוי מופים GN 46:21
רבע (1)
צור הוא בלק וית חור וית **רבע** חמשת מלכי מדין וית בלעם NU 31:8
רבקה (32)
בתואל ארמאה אחוהא **דרבקה** אימא דיעקב ועשו: וחמא GN 28:5
מן קדם ייי נפק פיתגמא **דרבקה** איתיהיבת ליצחק אנן לא GN 24:50
ומיתת דבורה פידגוגתא **דרבקה** ואתקברת מן לרע לביתאל GN 35:8
ייי בית אחוי דריבוני:: **ולרבקה** אחא ושמיה לבן ורהט לבן GN 24:29
בעובדיהון בישיא ליצחק **ולרבקה**: והוה כד סיב יצחק וכהיין GN 26:35
למיצד צידא לאיתיאה: **ורבקה** אמרת ליעקב ברה למימר GN 27:6
מלי רמייותא בפומיה **ורבקה** רחימת ית יעקב: ובההוא GN 25:28
נפשי עד לא אימות: **ורבקה** שמעת ברוח קודשא כד GN 27:5
קטול וירית: ואתחווא **לרבקה** ברוח קודשא ית פיתגמי GN 27:42
מה דהיא אמרה: וקרו **לרבקה** ואמר לה התיזילין עם גברא GN 24:58
ומנין דדהב ולבושין ויהב **לרבקה** ודורונין יהב לאחוהא GN 24:53
לריבוני: ואמרו ניקרי **לריבא** ונשמע מה דהיא אמרה: וקרו GN 24:57
ואמרת איזיל: ואלוייו ית **רבקה** אחתהום וית פדגוגתה וית GN 24:59
וכד שמע ית פתגמי **רבקה** אחתיה למימר כדנן מליל GN 24:30
אתבשר יעקב על מיתת **רבקה** אימיה וקרא שמיה אוחרן GN 35:8
עקר ואתרווח ואיתעברת **רבקה** אינתתיה: ואידחיקו בניא GN 25:21
והוה יצחק חאיך עם **רבקה** אינתתיה: וקרא אבימלך GN 26:8
תמן קברו ית יצחק וית **רבקה** אינתתיה ותמן קברית ית GN 49:31
אינשא אתרא על עיסק **רבקה** ארום שפירת חזו היא: והוה GN 26:7

בתר גברא ודבר עבדא ית **רבקה** בהדיה וטייל והיכמא GN 24:61
ארבעין שנין במיסביה ית **רבקה** ברת בתואל ארמאה דמן פדן GN 25:20
וכדי ידעת ארום בר **רבקה** הוא ורהטת ותניאת לאבוהא: GN 29:12
וית גוברוי: ובריכו ית **רבקה** ואמר ליה עד כדון הוית GN 24:60
דמיתת שרה ונסיב ית **רבקה** והוות ליה לאינתו וריחמא GN 24:67
ית קוריי סנאיהום: וקמת **רבקה** וריבתהא ורכיבן על גמלייא GN 24:61
דרחים אבוי: ונסיבת **רבקה** ית לבושי עשו ברא רבא GN 27:15
והא גמלייא אתיין: וזקפת **רבקה** ית עינהא וחמת ית יצחק GN 24:64
דאדם וחוה: ואמרת **רבקה** ליצחק איתיעקית בחיי מן GN 27:46
לא פסק למללא והא **רבקה** נפקת דאיתילידא לבתואל GN 24:15
עם הרהורי לבי והא **רבקה** נפקת ולגינתא על כיתפא GN 24:45
לך ביש או טב: הא **רבקה** קומך דבר ואיזיל ותהי איתא GN 24:51
בתואל: ובתואל אוליד ית **רבקה** תמניא אילין ילידת מלכה GN 22:23

רבת (2)
היא יהיבא בבית ארכיון **ברבת** בני עמון תשע אמין אורכה DT 3:11
בני עמון ארום תקיף הות **רבת** תחום בני עמון ועד כדון אית NU 21:24

רומנא (2)
דמרבי אילני רתמי ושרו **ברומנא** דמתקיף פירוי: ונטלו NU 33:19
דמתקיף פירוי: ונטלו **מרומנא** דמתקיף פירוי ושרו בלבנה NU 33:20

רחביא (1)
חייא עד דחמא ית בני **רחביה** בר גרשום בר משה: ובנוי EX 6:20

רחובות (1)
ומלך תחותוי שאול דמן **רחובות** דעל פרת: ומית שאול ומלך GN 36:37

רחל (54)
ותקיף רוגזא דיעקב **ברחל** ואמר עד דאנת בעיא מיני GN 30:2
תוב וילידת בלהה אמתא **דרחל** בר תניין ליעקב: ואמרת רחל GN 30:7
ובנימין: ובני בלהה אמתא **דרחל** דן ונפתלי: ובני זלפה אמתא GN 35:25
דכולא ליליא הוה חשיב **דרחל** היא מן בגלל דמסרת לה רחל GN 29:25
והוה יהיב יוסף במעהא **דרחל** ודינה במעהא דלאה: ועל GN 30:21
דלאה ועל במשכנא **דרחל:** ורחל נסיבת ית צילמנייא GN 31:33
היא קמת בית קבורתא **דרחל** עד יומא דין: ונטל יעקב ופרס GN 35:20
דלאה: ועל דוכרנהא **דרחל** קדם ייי ושמיע קדמוי קל GN 30:22
עד דהוא ממלל עמהון **ורחל** אתת עם ענא דלאבוהא ארום GN 29:9
יזמן לה לעשו רשיעא **ורחל** הות יאיא בריוא ושפירא GN 29:17
במימריה למיתן לה בגין **ורחל** הות עקרה: ואיתעברת לאה GN 29:31
ועל במשכנא דרחל: **ורחל** נסיבת ית צילמנייא ושותינון GN 31:34
ית קליה ובכא: ותני יעקב **לרחל** ארום לאיתותבא עם אבוהא GN 29:12
אילין בני בלהה דיהב לבן **לרחל** ברתיה וילידת ית אילין GN 46:25
ברתיה לאינתו: ויהב לבן **לרחל** ברתיה ית בלהה ברתיה GN 29:29
עשרין שנין: ונשק יעקב **לרחל** וארים ית קליה ובכא: ותני GN 29:11
דהוא עזגד קליל וקרא **לרחל** וללאה ועלן לחקלא לות GN 31:4
אגרתך ביברוחי דברי מן **רחל** אחתי ושכיב עימה בלילייא GN 30:16
פלגות שיבטייא ברם מן **רחל** אחתי יפקון תרין שיבטין GN 30:21
ליעקב שיתיסר נפשן: בני **רחל** איתת יעקב יוסף ובנימין: GN 46:19
וקמת מלמילד: וחמת **רחל** ארום לא ילידת ליעקב GN 30:1
לא ילידת ליעקב וקניאת **רחל** באחתא ואמרת ליעקב צלי GN 30:1
לארע ילדותך: ואתיבת **רחל** באסכמותא דלאה ואמרן ליה GN 31:14
ית יברוחי דברי ואמרת **רחל** בגין כן ישכוב עמך בלילייא GN 30:15
והוה כדי חמא יעקב ית **רחל** ברת לבן אחוהא דאימיה GN 29:10
ליה ואמרו שלם והא **רחל** ברתיה אתיה עם ענא: ואמר GN 29:6
ומה דאשתארו שוי קדם **רחל** ברתיה: והוה כדי חמא יעקב ית GN 29:9
דלאה ויהב ליה ית **רחל** ברתיה לאינתו: ויהב לבן לרחל GN 29:28
אפלחינך שב שנין בגין **רחל** ברתך זעירתא: ואמר לבן ברמיו GN 29:18
עם אבהתיי מיתת עלי **רחל** בתכיף בארעא דכנען באורחא GN 48:7
לך ולא ידע יעקב ארום **רחל** גנבתנון: ועל לבן במשכנא GN 31:32
דנחת למצרים: אילין בני **רחל** דאיתילידו ליעקב כל נפשתא GN 46:22
וילידת ליעקב בר: ואמרת **רחל** דן יתי ייי ברחמוי טביא ולחוד GN 30:6
למוהבות לאה ולמוהבות **רחל:** ואמר אין ייתי עשו למשרי GN 32:8
בחיזוא: ורחם יעקב ית **רחל** ואמר אפלחינך שב שנין בגין GN 29:18
חדא מן ברתוי ענת **רחל** ואמרת לית איפשר לך למיתב GN 29:12
קרא ליה בנימין: ומיתת **רחל** ואתקברת באורח אפרת היא GN 35:19
לאסאבא ליה לאה חולף **רחל:** והוה ברמשא ודברית לאה GN 29:22
לאה וריבהא בתראין וית **רחל** וית יוסף בתראין: ואיהו עבר GN 33:2
קריב יוסף ואתעבר קמי **רחל** וכסייה בקומתיה וגחנן: ואמר GN 33:7
רבתא לאה ושום זעירתא **רחל:** ועיני לאה הוון צירנייתן דבכיא GN 29:16
ית בנייא על לאה ועל **רחל** ועל תרתין לחינתא: ושוי ית GN 33:1
במיתיה לאפרת וילידת **רחל** וקשיית במילדה: והוה GN 35:16
לה לאמהו: ועל אוף לות **רחל** ורחים אוף ית רחל מלאה GN 29:30
וישׂשכר וזבולן: בני **רחל** יוסף ובנימין: ובני בלהה אמתא GN 35:24
בר אוחרן: והוה כדי ילידת **רחל** ית יוסף ואמר יעקב ברוח GN 30:25
אזל למיגז ית עניה וגנבת **רחל** ית צלמנייא דהוון נכסין גברא GN 31:19
היא מן בגלל דמסרת לה **רחל** כל מליא דמסר לה יעקב וכד GN 29:25
ללאה אימיה ואמרת **רחל** ללאה הבי כדון לי מן יברוחי GN 30:14
בר תניין ליעקב: ואמרת **רחל** מדחקא דחיקית קדם ייי בצלו GN 30:8

לות רחל ורחים אוף ית **רחל** מלאה ופלח עימיה בגינה תוב GN 29:30
מציטרא חדא ובנימין בר **רחל** סדר לציטריה ותמהו גוברייא GN 43:33
דא עבדת לי הלא בגין **רחל** פלחית עימך ולמא שקרת בי: GN 29:25
עימי: ופלח יעקב בגין **רחל** שב שנין והוו דמיין בעינוי GN 29:20

ריסא (2)
ושרו בבית ריסא: ונטלו **מריסה** ושרו בקהלת אתר NU 33:22
ונטלו מלבנה ושרו בבית **ריסא:** ונטלו מריסה ושרו בקהלת NU 33:21

ריפת (1)
ותרקי: ובנוי דגומר אשכנז **וריפת** ותורגמא: אלס וטרסס אכזיא GN 10:3

ריקם (19)
הוו בני ישראל שריין **ברקם** והדרו לבתריהון מן ריקם עד NU 21:1
אצית למיליכון: ויתיבתון **ברקם** יומין סגיעין כיומיא DT 1:46
ממצרים והא אנחנא **ברקם** קרתא דמתבניא בסטר NU 20:16
נטלו מן מוסרות ותבו **לרקם** אורח מאללייא ואתו NU 21:1
ויהוון מפקנוי מן דרום **לרקם** גיעא ויפוק לטירת אדריא NU 34:4
ישראל למדברא דפארן **לרקם** ואתיבו להון פתגמא ולות כל NU 13:26
כד שלחית יתהון **מריקם** גיעא למיחמי ית ארעא: NU 32:8
הינון מוי מצות **ריקם** במדברא דצין: ומליל משה NU 27:14
אלקנא יתנא ואתינא עד **ריקם** גיעא: ואמרית לכון אתיתון DT 1:19
מאורח טוורא דגבלא עם **ריקם** גיעא ועל די סטיתון וארגזתון DT 1:2
מפקנוי לימא דמילחא **ריקם** גיעא מן דרומא טוורוס NU 34:12
לארע דרומא ויתיב ביני **ריקם** וביני חגרא ואיתותב בגרר: GN 20:1
על עינא דמי מצותא היא **ריקם** ומחו ית כל חקלי עמלקאי GN 14:7
והדרו לבתריהון מן **ריקם** עד מוסרות שית משוריין NU 21:1
ויומיא דהליכנא מן **רקם** גיעא עד דעברנא ית נחל DT 2:14
בדקתיה במוי מצות **רקם** ואישתכח מהימן: נפקין שיבט DT 33:8
משיריתהון ית אוי וית **רקם** וית צור הוא בלק וית חור וית NU 31:8
ציני טוור פרזלא היא **רקם:** ונטלו מרקם ושרו בטוורוס NU 33:36
בני ישראל במוי מצות **רקם** מדברא דצין מטול דלא DT 32:51

רמתא (2)
מכללת שופנא וית מכוור **ורמתא:** וית כרכא תקיפא בבית NU 32:35
לשיבט ראובן וית **רמתא** בגלעד לשבט גד וית דברא DT 4:43

רעו (5)
ישראל ליוסף הלא אחך **רעו** בשכם ודחיל אנא דילמא ייתון GN 37:13
שנין ואולד ית שרוג: וחיא **רעו** בתר דאוליד ית שרוג מאתן GN 11:21
תלתין שנין ואולד ית **רעו:** וחיא פלג בתר דאוליד ית רעו GN 11:18
וחיא פלג בתר דאוליד ית **רעו** מאתן ותשע שנין ואולד בנין GN 11:19
שנין ואולד בנין ובנן: וחיא **רעו** תלתין ותרתין שנין ואולד ית GN 11:20

רעואל (10)
ועל משה בגו גינוניתא **דרעואל** והוה מודי ומצלי קדם ייי EX 2:21
ית ענהין: ואתאה לות **רעואל** אבוה דאבוהן ואמר מה דין EX 2:18
בר עדה איתת עשו **רעואל** בר בשמת איתת עשו: והוו GN 36:10
אילין בני עדה: ואילין בני **רעואל** בר עשו רבא נחת רבא זרח GN 36:17
רבא מזה אילין רברבי **רעואל** דמדורהון בארעא דאדום GN 36:17
וייכול לחמא: וכד חכים **רעואל** דערק משה מן קדם פרעה EX 2:21
אליפז ובשמת ילידת ית **רעואל:** ואהליבמה ילידת ית יעוש GN 36:4
דבני גד אליסף בר **רעואל:** וחיליה וסכומהון דשבטיה NU 2:14
ואמר משה לחובב בר **רעואל** מדינאה חמוי דמשה נטלין NU 10:29
איתת עשו: ואילין בני **רעואל** נחת וזרח שמה ומזה אילין GN 36:13

רעמא (1)
סבא וחוילא וסבתה **ורעמא** וסבתכא ושום אפרכיותהום GN 10:7

רפוא (1)
דבנימין עזגד פלטי בר **רפוא:** לשיבטא דזבולון עזגד גדיאל NU 13:9

רפידי (6)
על מימרא דייי ושרו **ברפידים** אתרא דבטילו אידיהון EX 17:1
ואגח קרבא עם ישראל **ברפידים** והוה נסיב וקטיל גוברין EX 17:8
ונטלו מאתר תקיף ושרון **ברפידים** ומטול דרפון ידיהון NU 33:14
על ימא דסוף ובמרה **וברפידים** והיך אגח עמהון עמלק EX 18:8
למדברא דסיני: ונטלו **מרפידים** ואתו למדברא דסיני ושרו EX 19:2
מוי למישתי לעמא: ונטלו **מרפידים** ושרו במדברא דסיני: NU 33:15

רפיע (1)
דהוו שרן בכופרנייא **דרפיע** עד עזה קפודקאי דנפקו מן DT 2:23

רקם (5)
ייי: ובזמן דשלח ייי יתכון **מרקם** געא למימר סוקו ואחסינו ית DT 9:23
באדום בידהון: ונטלו **מרקם** ואתו בני ישראל כל כנישתא NU 20:22
פרזלא היא רקם: ונטלו **מרקם** ושרו בטוורוס אומנוס NU 33:37
להום: ושדר משה אזגדין **מרקם** לות מלכא דאדום למימר NU 20:14
וקיים והא היא יהיבא בין **רקם** ובין חלוצא: וילידת הגר GN 16:14

רתמה (1)
ונטלו מחצרות ושרו **ברתמה** אתר דמרבי אילני רתמי: NU 33:18

שאול (6)
וימין ואהד ויכין וצחר **ושאול** הוא זמרי דאשאיל נפשיה EX 6:15
וימין ואוהד ויכין וצחר **ושאול** הוא זמרי דעבד עובדא GN 46:10
יכין: לזרח גניסת זרח **לשאול** גניסת שאול: אילין גניסתא NU 26:13

גניסת זרח לשאול גניסת **שאול:** אילין גניסתא דשמעון עשרין NU 26:13
שמלה ומלך תחותוי **שאול** דמן רחובות דעל פרת: ומית GN 36:37
רחובות דעל פרת: ומית **שאול** ומלך תחותוי בעל חנן בר GN 36:38

שבא (1)
וית שוח: ויקשן אוליד ית **שבא** וית דדן ובני דדן הוון תגרין GN 25:3

שבט (1)
בחדסר ירח הוא ירחא **דשבט** בחד בירחא מליל משה עם DT 1:3

שבע (16)
וסליק מתמן לבירא **דשבע:** ואיתגלי ליה ייי בליליא GN 26:23
ויתיב אברהם בבירא **דשבע:** והוה בתר פתגמיא האילין GN 22:19
למדברא דסמיך לבירא **דשבע:** והוו כיוון דמטו לפיתחא GN 21:14
וקמו ואזלו כחדא לבירא **דשבע** ויתיב אברהם בבירא דשבע: GN 22:19
דנציב אברהם בבירא **דשבע** וכד עברו ישראל ית ימא EX 26:28
עיניך: וקם יעקב מבירא **דשבע** ונטלו בני ישראל ית יעקב GN 46:5
דנציב אברהם בבירא **דשבע** וצלי תמן בשום מימרא דייי EX 26:28
אברהם אבונן בבירא **דשבע** וצלי תמן בשום מימרא דייי EX 36:33
קרא לבירא ההוא בירא **דשבע** חורפן ארום תמן קיימי GN 21:31
ואנציב פרדיסא בבירא **דשבע** חורפן ואתקין בגויה מיכלא GN 21:33
תריהון: וגזרו קיים בבירא **דשבע** חורפן וקם אבימלך ופיכל רב GN 21:32
זימניה במיפקיה מבירא **דשבע** כד עבר ית פנואל ושרי GN 32:32
בזמן דנפק מן בירא **דשבע** ניסא קמאה איתקצרו שעוי GN 28:10
וכל דיליה ואתא לבאר **שבע** ודבח דיבחין לאלקא לאבוי GN 46:1
בגין כן שמא דקרתא ביר **שבע** עד יומא הדין: והוה עשו בר GN 26:33
אשכחנא מוי: וקרא יתה **שבעה** בגין כן שמא דקרתא ביר GN 26:33

שדי (16)
ואמר יעקב ליוסף אל **שדי** איתגלי לי בלוז בארעא דכנען GN 48:3
חייא דחזיו מן קדם אל **שדי** הוה חמי וכד בעי דמתגלי ליה NU 24:4
דבני דן אחיעזר בר עמי **שדי:** וחיליה וסכומהון דשיבטיה NU 2:25
שמעון שלומיאל בר צורי **שדי:** ורבא דהוה ממני על חילוות NU 10:19
שיבטיה אחיעזר בר עמי **שדי:** ורבא דהוה ממני על חילוות NU 10:25
ליצחק וליעקב באל **שדי** ושמי ייי ברם באפי שכינתי לא EX 6:3
עילאה דחיזו מן קדם **שדי** חמי וכד הוה בעי דיתגלי ליה NU 24:16
לבן אחוהא דאימך: ואל **שדי** יברך יתך בניכסין סגיאין GN 28:3
יהי סיועך ומן דמתקרי **שדי** יברכינך ברכן דנחתן מטלא GN 49:25
תובו לות גברא: ואל **שדי** יתן לכון רחמין קדם גברא GN 43:14
אמרכול אחיעזר בר עמי **שדי:** לאשר אמרכול פגעיאל בר NU 1:12
שלומיאל בר צורי **שדי:** ליהודה אמרכול נחשון בר NU 1:6
ואמר ליה ייי אנא אל **שדי** פוש וסגי עם קדיש וכינשת GN 35:11
ואמר ליה אנא אל **שדי** פלח קדמי והוי שלים בבישרך: GN 17:1
שמעון שלומיאל בר צורי **שדי:** קרבניה דקריב פיילי וגומר: NU 7:36
לבני דן אחיעזר בר עמי **שדי:** קרבניה דקריב פיילי וגומר: NU 7:66

שדיאור (4)
דראובן אליצור בר **שדיאור:** וחיליה וסכומהון דשיבטיה NU 2:10
שיבטיה אליצור בר **שדיאור:** ורבא דהוי ממני על חילוות NU 10:18
אמרכול אליצור בר **שדיאור:** לשמעון אמרכול שלומיאל NU 1:5
לבני ראובן אליצור בר **שדיאור:** קרבניה דקריב פיילי וגומר: NU 7:30

שובל (3)
יתבי ארעא ההיא לוטן **ושובל** וצבעון וענה: ודישון ואצר GN 36:20
דלוטן תמנע: ואילין בני **שובל** עלון ומנחת ועיבל שפו ואונם: GN 36:23
גנוסייא רבא לוטן רבא **שובל** רבא צבעון רבא ענה: רבא GN 36:29

שוח (1)
וית מדין וית ישבק וית **שוח:** ויקשן אוליד ית שבא וית דדן GN 25:2

שוחם (3)
אילין בנוי דגד לגניסתהון **לשוחם** גניסת שוחם אילין גניסת NU 26:42
לגניסתהון לשוחם גניסת **שוחם** אילין גניסת דן לגניסתהון: NU 26:42
דן לגניסתהון: כל גניסת **שוחם** לגניסתהון שיתין וארבעא NU 26:43

שוני (3)
צפון לחגי גניסת חגי **לשוני** גניסת שוני: לאזני גניסת אזני NU 26:15
ובנוי דגד צפיון וחגי **שוני** ואצבון ערי וארודי ואראלי: GN 46:16
גניסת חגי לשוני גניסת **שוני:** לאזני גניסת אזני לערי גניסת NU 26:15

שוע (2)
וסגו יומיא ומיתת ברת **שוע** איתת יהודה ואתנחם יהודה GN 38:12
ברת גבר תגר ושמיה **שוע** וגיירה ועל לותה: ואתעברת GN 38:2

שופנא (1)
וית לחיית: וית מכללת **שופנא** וית מכוור ורמתא: וית כרכא NU 32:35

שותלח (3)
בני אפרים לסכומהון **לשותלח** גניסת שותלח לבכר NU 26:35
לשותלח גניסת **שותלח** לבכר גניסת בכר לתחן NU 26:35
גניסת תחן: ואילין בני **שותלח** לערן גניסת ערן: אילין NU 26:36

שיול (1)
רוגזי ואייקידת עד **שיול** ארעיא וסייפת ארעא DT 32:22

שיטים (2)
דעבד עובדא דכנענאי **דשיטים:** ובנוי דלוי גרשון וקהת GN 46:10
באתרא דהוה מתקרי **שיטים** על שטותא וקלקולא דהוה NU 25:1

שיטין (1)
מבית ישימות עד מישר **שיטין** במישריא דמואב: ומליל ייי NU 33:49

שייול (2)
הינון וכל דילהון כד חיין **לשייול** וחפת עליהון ארעא ואובדו NU 16:33
דילהון וייחתון כד חיין **לשייול** ותינדעון ארום ארגיזו NU 16:30

שילו (1)
דיוסף דחמא משכנא **דשילו** דעתיד למהוי בחולקיה GN 45:14

שילם (2)
גוני: ליצר גניסת יצר **לשילם** גניסת שילם: אילין גניסת NU 26:49
גניסת יצר לשילם גניסת **שילם:** אילין גניסת נפתלי NU 26:49

שירן (2)
ובית חושבני מעלת מרא **שירן** ובית קבורתיה דמשה ובעון: NU 32:3
גליף שמהת גיברהא וית **שירן** ובתר דבנונון קרו להון שמהן NU 32:38

שכם (30)
ליוסף הלא אחך רעו **בשכם** ודחיל אנא דילמא ייתון GN 37:13
למרעי ית ענא דאבוהון **בשכם:** והוה לזמן יומין ואמר GN 37:12
מן יד בני חמור אבוי **דשכם** במאה מרגליין: ואקם תמן GN 33:19
שלים בכל דליה לקרתא **דשכם** דבארעא דכנען במיתיה GN 33:18
באודניהון דיתבי קרתא **דשכם** דהוה צייר בהון דמות GN 35:4
בוטמא דסמיכא לקרתא **דשכם:** ונטלו מתמן מודים ומצליין GN 35:4
הא יהבית לך ית קרתא **דשכם** חולק חד למתנא יתיר על GN 48:22
יעקב ליט הוה כרכא **דשכם** כד עלון לגוה למחרבה GN 49:7
מיתיהון: ונפק חמור אבוי **דשכם** לות יעקב למללא עימיה: GN 34:6
ביתא דאבוי: ואתא חמור **ושכם** בריה לתרע קרתיהון ומלילו GN 34:20
ואשריאל גניסת אשריאל **ושכם** גניסת שכם: ושמידע גניסת NU 26:31
דמצרים וקם ואתא יוסף **לשכם:** ואשכחיה גבריאל בדמות GN 37:14
ית אסנת דילידת דינה **לשכם** ורביתה איתת פוטיפרע רבא GN 41:45
נפשי ובמכנשהון **לשכם** למחרבא לא איתיחד יקרי GN 49:6
לחדא ארום קלנא עבד **שכם** בישראל למשכוב עם ברת GN 34:7
בעיני חמור ובעיני **שכם** בר חמור: ולא איתעכב רבייא GN 34:18
עמי ארעא: וחמא יתא **שכם** בר חמור חיואה רבא דארעא GN 34:2
ברתיה דיעקב ולא יהוי **שכם** בר חמור מלגלג במיליה עלנא GN 34:31
חמור עימהון למימר **שכם** ברי רעיית נפשיה בברתכון GN 34:8
וקבילו מן חמור ומן **שכם** בריה כל נפקי תרע קרתיה GN 34:24
כל דכורא: וית חמור וית **שכם** בריה קטלו לפתגם דחרב GN 34:26
דדברתון מבית טעוות **שכם** ואידכו מסואבות קטילייא GN 35:2
ואתיבו בני יעקב ית **שכם** וית חמור אבוי בחוכמא GN 34:13
די מחו ית חמור וית **שכם** וית יתבי קרתא איתא כדון GN 37:13
דדברו מן בית טעוות **שכם** וית קדשייא דהוו באודניהון GN 35:4
ודברו ית דינה מבית **שכם** ונפקו: מותר בנוי דיעקב עלו GN 34:26
אשריאל ושכם גניסת **שכם:** ושמידע גניסת שמידע וחפר NU 26:31
ואחסינו בה: ואמר **שכם** לאבוהא ולאחהא אשכח GN 34:11
על ליבה דריבה: ואמר **שכם** לחמור אבוי למימר סב לי ית GN 34:4
אברם בארעא עד אתר **שכם** עד מישר דהוה מיירי וכנענאי GN 12:6

שלה (8)
בישייא דארעא דכנען **ושלה** וזרח לא אולידו בנין בארעא GN 46:12
ובנוי דיהודה ער ואונן **ושלה** ופרץ וזרח ומית ער ואונן על GN 46:12
ואמר בגין דלא יהבתא **לשלה** ברי אירע יתי כדון ולא אוסף GN 38:26
והוו בני יהודה לגניסתהון **לשלה** גניסת שלה לפרץ גניסת פרץ NU 26:20
בר וקרת ית שמיה **שלה** ארום שלי יתה בעלה והוה GN 38:5
בית אבוייך עד דירבי **שלה** ברי ארום אמר דילמא ימות GN 38:11
ארום חמת ארום רבא **שלה** והיא לא איתיהבת ליה GN 38:14
לגניסתהון לשלה גניסת **שלה** לפרץ גניסת פרץ לזרח גניסת NU 26:20

שלומי (1)
אמרכל אחיהוד בר **שלומי:** לשיבטא דזבולן אמרכל NU 34:27

שלומיאל (3)
שיבטא דבני שמעון **שלומיאל** בר צורי שדי: ורבא דהוה NU 10:19
שדיאור: לשמעון אמרכול **שלומיאל** בר צורי שדי: ליהודה NU 1:6
בית אבא לבית שמעון **שלומיאל** בר צורי שדי: קרבניה NU 7:36

שלומית (1)
ואזיד וארגיז ושום אימיה **שלומית** בת דיברי לשבטא דדן: דין LV 24:11

שלונאי (1)
כזבי ברת צור דמתקריא **שלונאי** ברת בלק ריש אומא דמואב NU 25:15

שלח (5)
וארפכשד אוליד ית שלח **ושלח** אוליד ית עבר: ולעבר GN 10:24
שנין ואוליד בנין ובנן: **ושלח** חיא תלתין שנין ואוליד ית GN 11:14
ארפכשד בתר דאוליד ית **שלח** ארבע מאה ותלתין שנין GN 11:13
וחמש שנין ואוליד ית **שלח:** וחיא ארפכשד בתר דאוליד GN 11:12
וארם:: וארפכשד אוליד ית **שלח** ושלח אוליד ית עבר: ולעבר GN 10:24

שלם (2)
דנפתלי יחצאל וגוני ויצר **ושלם:** אילין בני בלהה דיהב לבן GN 46:24
דינהון: דין קשוט ודין **שלם** בקשוט תהי רדיף מן בגלל DT 16:20

שלמיא (2)
למיהוי לביזתא בנוי **דשלמיא** עד כדי ייתי סנחריב NU 24:22

נהרא רבא נהרא פרת: ית **שלמיא** וית קניזאה וית קדמונאה: GN 15:19

שלף (1)
ית ארעא באשלוון וית **שלף** דישלף מוי דנהרוותא וית GN 10:26

שם (19)
ואמר בריך ייי אלקא **דשם** דעבדיתיה צדיק ובגין כן יהוי GN 9:26
בנוי וישרון במדרשא **דשם** ויהי כנען עביד להון: וחיא נח GN 9:27
טור מדינחא: אילין בנוי **דשם** ליחוסיהון במותב ארעייתהון GN 10:31
רבא בדחלתא דייי: בנוי **דשם** עילם ואתור וארפכשד ולוד GN 10:22
ואובלוהי לבי מדרשא **דשם** רבא והוה תמן תלת שנין GN 22:19
בנין ואזלת לבי מדרשא **דשם** רבא למבעי רחמין מן קדם ייי: GN 25:22
הוה אתי מבי מדרשא **דשם** רבא מעלנא דבירא דאיתגלי GN 24:62
בגניסת עממיהון: **ולשם** איתיליד אף הוא בר הוא GN 10:21
ביומא ההוא שמיה **ושם** אבוי והוא הוה מזבן עיבורא GN 42:6
בכרן יומא הדין על נח **ושם** וחם ויפת בני נח ואיתת נח GN 7:13
ארעא: אילין גניסת שם **שם** בר מאה שנין כד אוליד ית GN 11:10
ומלכא צדיקא הוא **שם** בר נח מלכא דירושלים נפק GN 14:18
שנין בתר טובענא: וחיא **שם** בתר דאוליד ית ארפכשד חמש GN 11:11
בני נח דנפקו מן תיבותא **שם** וחם ויפת וחם הוא אבוי דכנען: GN 9:18
לתרין אחוי בשוקא: ונסב **שם** ויפת ית אסכטלא ושויו על GN 9:23
מאה שנין ואולד נח ית **שם** וית חם וית יפת: והוה ארום GN 5:32
ואולד נח תלתא בנין ית **שם** ית חם וית יפת: ואיתחבלת GN 6:10
איתא לער בוכריה ברת **שם** רבא ושמהא תמר: והוה ער GN 38:6
כל ארעא: אילין גניסת **שם** שם בר מאה שנין כד אוליד ית GN 11:10

שמאבר (1)
הוה שני מלכא דאדמה **ושמאבר** דמחבל איבריה ליזניה GN 14:2

שמה (2)
בני רעואל נחת וזרח **שמה** ומזה אילין הוון בני בשמת GN 36:13
רבא נחת רבא זרח רבא **שמה** רבא מזה אילין רברבי רעואל GN 36:17

שמואל (1)
יפונה: לשבטא דשמעון **שמואל** בר עמיהוד: לשבטא NU 34:20

שמוע (1)
לשיבטא דראובן עזגד **שמוע** בר זכור: לשיבטא דשמעון NU 13:4

שמחזאי (1)
תתובא ולא עבדו: **שמחזאי** ועזאל הינון נפלן מן שמיא GN 6:4

שמידע (2)
ושכם גניסת שכם: **ושמידע** גניסת שמידע וחפר גניסת NU 26:32
שכם: ושמידע גניסת **שמידע** וחפר גניסת חפר: וצלפחד NU 26:32

שמלה (2)
שמלה ממשרקה: ומית **שמלה** ומלך תחותוי שאול דמן GN 36:37
ומית הדד ומלך תחותיה **שמלה** ממשרקה: ומית שמלה ומלך GN 36:36

שמעון (35)
הי ככנענאי אילין ייחוסין **דשמעון**: ואילין שמהת בנוי דלוי EX 6:15
חילא: סכומהון לשיבטא **דשמעון** חמשים ותשעה אלפין NU 1:23
אלפין וחמש מאה: לבנוי **דשמעון** ייחוסיהון לגניסתהון לבית NU 1:22
ייחוסין דראובן: ובנוי **דשמעון** ימואל וימין ואהד ויכין EX 6:15
ופלוא חצרון וכרמי: ובנוי **דשמעון** ימואל וימין ואוהד ויכין GN 46:10
בבליעת ארעא: בנוי **דשמעון** לגניסתהון לנמואל גניסת NU 26:12
אפליג אחסנת בנוי **דשמעון** לתרין חולקין חולק חד GN 49:7
שמוע בר זכור: לשיבטא **דשמעון** עזגד שפט בר חורי: NU 13:5
שאול: אילין גניסתא **דשמעון** עשרין ותרין אלפין ומאתן: NU 26:14
כלב בר יפונה: לשבטא **דשמעון** שמואל בר עמיהוד: NU 34:20
חיותא בישתא אכלתיה **ושמעון** אמרתון מלכא דארעא GN 42:36
לאה בוכרא דיעקב ראובן **ושמעון** ולוי ויהודה ויששכר וזבולן: GN 35:23
אפרים ומנשה הי כראובן **ושמעון** מתחשבין לי: ובנך די תוליד GN 48:5
בחולקיה ובבירכתיה **לשמעון** אחוי וכן אמר קביל ייי DT 33:7
אליצור בר שדיאור: **לשמעון** אמרכול שלומיאל בר צורי NU 1:6
כל דבביתא: ואמר יעקב **לשמעון** וללוי עכרתון יתי למפקא GN 34:30
תמנייא ותנא למימני **משמעון** וסלק לוי במעשרא עני GN 32:25
לוי דאישתאר בלחודיה **משמעון** חבריה ית שקיה למיתן GN 42:27
תלת שבטיא ראובן **שמעון** גד ובמציעותיה כתיב שמע NU 2:10
עמהון ודבר מלותהון ית **שמעון** דיעט למקטליה וכפת יתיה GN 42:24
הינון ואבוהון ודחילו על **שמעון** דשבקו תמן: ואמר להום GN 42:35
לותי ואפיק לותהון ית **שמעון**: ואעיל גברא ית גוברייא GN 43:23
במצרים וקרת שמיה **שמעון**: ואתעברת תוב וילידת בר GN 29:33
ונסיבו תרין מבנוי דיעקב **שמעון** ולוי אחי דינא גבר סייפיה GN 34:25
שיוויי דיסלקת עלה: **שמעון** ולוי אחין תלאמין מאני GN 49:5
עלוי למיקטליה: ואמרו **שמעון** ולוי דהוו אחין בעיטתא גבר GN 37:19
במעברכון ית יורדנא **שמעון** ולוי ויהודה ויששכר ויוסף DT 27:12
שמהת שבטיא ראובן **שמעון** ולוי: ושום סידרא תיניינא EX 28:17
תלת שיבטיא ראובן **שמעון** ולוי: ושום סידרא תיניינא EX 39:10
אנא ואינש ביתי: עניין **שמעון** ולוי לא יאי למיהוי מתאמר GN 34:31
על יוסף איתכל על **שמעון** ועל בנימין: ונסיבו גובריא GN 43:14
רב בית אבא לשיבט **שמעון**: ושום איתתא קטילא NU 25:14
אינש ביתיה עלו: ראובן **שמעון** לוי ויהודה: יששכר זבולון EX 1:2
קריב רב בית אבא לבית **שמעון** שלומיאל בר צורי שדי: NU 7:36
על חילוות שיבטא דבני **שמעון** שלומיאל בר צורי שדי: ורבא NU 10:19

שמעי (3)
בני גרשון לגניסתהון לבני **ושמעי**: ובנוי דקהת לגניסתהון NU 3:18
בנוי דגרשום לבני **ושמעי** לייחוסיהון: ובנוי דקהת EX 6:17
גניסת לבני וגניסת **שמעי** איליין הינון גניסת גרשון: NU 3:21

שמרון (3)
ושומהון תולע ופוה ויוב **ושמרון**: ובנוי דזבולון תגרין מרי GN 46:13
פוה: לישוב גניסת ישוב **לשמרון** גניסת שמרון: אילין גניסת NU 26:24
ישוב לשמרון גניסת **שמרון**: אילין גניסת יששכר NU 26:24

שמשון (5)
אנא מסכי ולא לפורקניה **דשמשון** אנא מודיק דפורקנהון GN 49:18
יפתח דמן גלעד וניצחנין **דשמשון** בר מנוח דמן שיבט דן: וית DT 34:1
עתיד למידן על יד **שמשון** בר מנוח דמן זרעיתיה GN 30:6
ית גדעון בר יואש וית **שמשון** בר מנוח דקיימין לפרוקין GN 49:18
לאחוריה הכדין יקטיל **שמשון** בר מנוח ית כל גיברי GN 49:17

שנאב (1)
ברשיעא מלכא דעמורא **שנאב** דאפילו לאיבוד הוה שני GN 14:2

שפו (1)
שובל עלון ומנחת ועיבל **שפו** ואונם: ואילין בני צבעון ואיה GN 36:23

שפופם (2)
לאחירם גניסת חירם: **לשפופם** גניסת שפופם לחופם NU 26:39
חירם: לשפופם גניסת **שפופם** לחופם גניסת חופם: והוו NU 26:39

שפט (1)
לשיבטא דשמעון עזגד **שפט** בר חורי: לשיבטא דיהודה NU 13:5

שפטן (1)
אפרים אמרכל קמואל בר **שפטן**: לשיבטא דיששכר אמרכל NU 34:24

שפרא (1)
יהודייתא דשמא דחדא **שפרא** היא ושמא דתנייתא פועה EX 1:15

שקיפין (2)
ונטלו מבירי עקתא ושרו **בשקיפין** ואתרא מתקרי גדגד: ונטלו NU 33:32
מתקרי גדגד: ונטלו **משקיפין** דגדגד ושרו ביטבת אתר NU 33:33

שרה (73)
ואעלה יצחק למשכנא **דשרה** אימיה ומן יד נהרת בוצינא GN 24:67
ושבע שנין שני חייהא **דשרה**: ומיתת שרה בקרית ארבע GN 23:1
הגר מצריתא אמתא **דשרה** לאברהם: ואילין שמהת בני GN 25:12
חגרא: ואמר הגר אמתא **דשרי** מן האן אנת אתיא ולאן GN 16:8
הדין ואתון קיימין **ולשרה** בר: וכפרת שרה למימר לא GN 18:14
דהוה מחסיד ית אברהם **ושרה** אבהתן למימר אתון מדמיין NU 21:34
תמן איתקבר אברהם **ושרה** אינתתיה: ומן בגלל דלא GN 25:10
והא בר לשרה אינתתך **ושרה** הוות שמעא בתרע משכנא GN 18:10
דאמר מלאכא: ואברהם **ושרה** סבין עלו ביומין פסק מלמהוי GN 18:11
וית גירגשאי וית יבוסאי: **ושרי** איתת אברם לא ילידת ליה GN 16:1
ועל גברא לביתא **ושרי** זממי גמלייא ויהב לבן תיבנא GN 24:32
משה מן רתיתא **ושרי** לצלאה קדם ייי אלקיה ואמר EX 32:11
למיתב בכל ארעא: **ושרי** נח למיהוי גבר פלח בארעא GN 9:20
עלו ביומין פסק מלמהוי **לשרה** אורח סובתא כנשיא: ותמהת GN 18:11
ואתון קיימין והא בר **לשרה** אינתתך ושרה הוות שמעא GN 18:10
דאמר ליה ועבד ייי ניסא **לשרה** היכמא דמליל אברהם GN 21:1
דמיתת ויתיב למיספד **לשרה** ולמבכייה: וקם אברהם מן GN 23:2
למיעבר ואמר אברם **לשרי** אינתתיה הא עד כדון לא GN 12:11
דנורא: ואמר אברם **לשרי** הא אמתיך ברשותיך עיבידי GN 16:6
בגרר: ואמר אברהם על **שרה** אינתתיה אחתי היא ושדר GN 20:2
לאברהם ואתיב ליה ית **שרה** אינתתיה: ואמר אבימלך הא GN 20:14
למירות ית אבא דאנא בר **שרה** אינתתיה ואנת בר הגר אמתא GN 22:1
לא קריב אבימלך לגבי **שרה** אינתתיה: וצלי אברהם קדם GN 20:16
בתר כדין קבר אברהם ית **שרה** אינתתיה למערת חקיל GN 23:19
תמן קברו ית אברהם וית **שרה** אינתתיה תמן קברו ית יצחק GN 49:31
אכלין: ואמר ליה האן **שרה** אינתתך ואמר הא היא GN 18:9
קומך: ואמר ייי בקושטא **שרה** אינתתך תליד לך בר ותיקרי GN 17:19
דבבית אבימלך על עיסק **שרה** איתת אברהם: וייי דכר ית GN 20:18
וגמלין וחמרין: וילידת **שרה** איתת ריבוני בר לריבוני בתר GN 24:36
ובדתקין בעינך תיב: ולות **שרה** אמר הא יהבית אלף סילעין GN 20:16
ואמר עתידה דתוניק בנין **שרה** ארום ילידת ליה ביר לאישון: GN 21:7
עם יצחק דתיליד לך **שרה** בזימנא הדין בשתא אוחרנתא: GN 17:21
סובתא כנשיא: ותמהת **שרה** בליבבה למימר בתר די סיבת GN 18:12
שני חייהא דשרה: ומיתת **שרה** בקרית ארבע היא חברון GN 23:2
ואזל סטנא ותני לות **שרה** דאברהם נכס ית יצחק וקמת GN 22:20
מאה שנין יהי וולד ואין **שרה** הברת תשעין שנין תוליד: GN 17:17
אברהם: וייי דכר ית **שרה** היכמא דאמר ליה ועבד ייי GN 21:1
אברהם למשכנא לות **שרה** ואמר אוחא תלת סאין סמידא GN 18:6
מלכא דגרר ודבר ית **שרה**: ואתא מימר מן קדם אלקים GN 20:2
דטפת בזמן דמיתת **שרה** ונסיב ית רבקה והוות ליה GN 24:67
נכס ית יצחק וקמת **שרה** ופגנת ואשתנקת ומיתת מן GN 22:20

אתא למבשרא יתיה דהא **שרה** ילדה ביר זכר וחד אתא GN 18:2
דיתליד לי דילידת ליה **שרה** יצחק: וגזר אברהם ית יצחק GN 21:3
דאחסין ית יצחק: וחמת **שרה** ית ברה דהגר מצריתא דילידת GN 21:9
ואתעברת וילידת **שרה** לאברהם בר דדמי ליה GN 21:2
לאברהם למה דנן גחכת **שרה** למימר הברם בקשוט אוליד GN 18:13
קיימין ולשרה בר: וכפרת **שרה** למימר לא תמהית ארום GN 18:15
תחש וית מעכה:: והוו חיי **שרה** מאה ועשרין ושבע שנין שני GN 23:1
לגברייא דין דבשר ית **שרה** סליק לשמיה מרומא ותרין GN 18:16
דאת מתרך כל דתימר לך **שרה** קביל מינה דנביאתא היא GN 21:12
קרי ית שמא שרי ארום **שרה** שמה: ואברך יתה בגופה ואף GN 17:15
ית יצחק בריה: ואמרת **שרה** תימהא עבד לי ייי כל דשמע GN 21:6
מחרן: ודבר אברם ית **שרי** אינתתיה וית לוט בר אחוי וית GN 12:5
אשני: ואמר ייי לאברהם **שרי** אינתתך לא תהי קרי ית שמא GN 17:15
אינש ביתיה על עיסק **שרי** איתת אברם: וקרא פרעה GN 12:17
אברם למימר שרי: ודברת **שרי** איתת אברם ית הגר מצריתא GN 16:3
לא תהי קרי ית שמא **שרי** ארום שרה שמה: ואברך יתה GN 17:15
לאברם עיברא והוא הוה **שרי** בחזוי ממרא אמוראה אחוי GN 14:13
ויחמון כל עמא דאנת **שרי** ביניהון ביומא ההוא ית עובדא EX 34:10
ברם לא יהי יקרי **שרי** במדור משריתיכון ארום עם EX 33:3
מינה וקביל אברם למימר **שרי**: ודברת שרי איתת אברם ית GN 16:2
דמלכה ואבוי דיסכה היא **שרי**: והות שרי עקרא לית לה וולד: GN 11:29
דתקין בעיניכי וסגפתא **שרי** וערקת מן קדמה: ואשכחה GN 16:6
חסד וטיבו לאלפין דרין **שרי** ושביק על חובין ואעבר על EX 34:7
נשין שום איתת אברם **שרי** ושום איתת נחור מלכא ברת GN 11:29
לוט בר הרן בר בריה וית **שרי** כלתיה איתת אברם בריה GN 11:31
מן קדם ייי: ואמרת **שרי** לאברם הא כדון מנעני ייי מן GN 16:2
ריבונתא בעינהא: ואמרת **שרי** לאברם כל עולבני מינך דהוינא GN 16:5
אוליד ית נמרוד הוא **שרי** למיהוי גיבר בחיטאה ולמרדא GN 10:8
עם ארעא דגושן דעמי **שרי** עלה בדיל דלא למיהוי תמן EX 8:18
דיסכה היא שרי: והות **שרי** עקרא לית לה וולד: ודבר תרח GN 11:30
תיזלין ואמרת מן קדם **שרי** ריבונתי אנא ערקת:: ואמר לה GN 16:8
לות משה למדברא דהוא **שרי** תמן סמיך לטוורא דאיתגלי EX 18:5

שרוג (4)

שנין ואולד ית נחור: וחיא **שרוג** בתר דאולד ית נחור מאתן GN 11:23
ותרתין שנין ואולד ית **שרוג**: וחיא רעו בתר דאוליד ית GN 11:20
וחיא רעו בתר דאוליד ית **שרוג** מאתן ושבע שנין ואולד בנין GN 11:21
שנין ואולד בנין ובנן: וחיא **שרוג** תלתין שנין ואולד ית נחור: GN 11:22

שרח (1)

ימנה וישוה וישוי ובריעה **ושרח** אחתהון דאידברת כד היא GN 46:17

שריון (1)

טוורייא תבור וחרמון **ושריון** וסיני ובגין לשיצאה יתהון EX 32:12

ששי (1)

עד חברון ותמן אחימן **ששי** ותלמי מרבייני דענק גיברא NU 13:22

שת (8)

מואבאי וירוקן כל בנוי **דשת** משיריתיה דגוג דעתידין NU 24:17
חלף הבל דקטליה קין: **ולשת** אף הוא איתיליד בר וקרת ית GN 4:26
בר וקרת ית שמיה **שת** ארום אמרת יהב לי ייי בר GN 4:25
והדר אבוי ואוליד ית **שת** ברם מתעכב אנא עד זמן GN 27:41
ותלתין שנין ואולד ית **שת** דדמי לאיקוניה ולדמותיה GN 5:3
דדמי ליה וקרת ית שמיה **שת**: והוו יומי אדם בתר דאוליד ית GN 5:3
יומי אדם בתר דאוליד ית **שת**::: תמני מאה ושבע שנין ואוליד GN 5:4
בנין ובנן: והוו כל יומי **שת** תשע מאה ותרתי סירי שנין GN 5:8

תבור (1)

יתהון ביני טוורייא **תבור** וחרמון ושריון וסיני ובגין EX 32:12

תדעל (2)

כדרלעמר מלכא דעילם **ותדעל** מלכא דעממייא משתמעין GN 14:9
כעומרין מלכא דעילם **ותדעל** רמאה כתעלא מלכא GN 14:1

תובל (3)

נחשא ופרזלא ואחתיה **דתובל** קין נעמא היא הות מרת GN 4:22
דיפת גמר ומגוג ומדי ויון **ותובל** ומשך ותירס ושום GN 10:2
וצלה אף היא ילידת ית **תובל** קין רב לכל אומן דידע GN 4:22

תולע (3)

בנוי דישׂשכר לגניסתהון **תולע** גניסת תולע לפוה גניסת פוה: NU 26:23
ומרי חושבנא ושומהון **תולע** ופוה ויוב ושמרון: ובנוי GN 46:13
לגניסתהון תולע גניסת **תולע** לפוה גניסת פוה: לישוב גניסת NU 26:23

תורגמא (1)

ובנוי דגומר אשכנז וריפת **ותורגמא**: אלס וטרסס אכזיא GN 10:3

תחן (2)

שותלח לבכר גניסת בכר **לתחן** גניסת תחן: ואילין בני שותלח NU 26:35
גניסת בכר לתחן גניסת **תחן**: ואילין בני שותלח לערן גניסת NU 26:35

תחש (1)

היא ית טבח וית גחם וית **תחש** וית מעכה:: והוו חיי שרה מאה GN 22:24

תימא (2)

ושתוקא וסוברא: חריפא **ותימא** יטור נפיש וקדמה: אילין GN 25:15
דאית לך: ואמר יעקב לא **תימא** כן בבעו אין כדון אשכחית GN 33:10

תימן (3)

עשו: והוו בני אליפז **תימן** אומר צפו וגעתם וקנז: ותמנע GN 36:11
אליפז בוכרא דעשו רבא **תימן** רבא אומר רבא צפו רבא קנז: GN 36:15
רבא פינון: רבא קנז רבא **תימן** רבא מבצר: רבא מגדיאל הוא GN 36:42

תירס (1)

ומדי ויון ותובל ומשך **ותירס** ושום אפרכיותהום אפריקי GN 10:2

תליסר (3)

אריך בגינבריא מלכא **דתליסר** כדרלעמר דהוה קציר GN 14:1
דפונטוס ואריוך מלכא **דתלסר** ארבעת מלכין סדרו קרבא GN 14:9
קרתא וית חדיות: וית **תלסר** דמתבניא ביני ניניוה וביני GN 10:12

תלמי (1)

חברון ותמן אחימן ששי **ותלמי** מרבייני דענק גיברא וחברון NU 13:22

תמוז (3)

עד ירח עשיריי ירח תמוז **בתמוז** בחד לירחא איתחמיו רישי GN 8:5
עד ירח עשיריי ירח **תמוז** בתמוז בחד לירחא איתחמיו GN 8:5
טבת וחומא בתקופת **תמוז** וקיטא וסיתוא ויממי ולילי GN 8:22

תמנע (3)

אומר צפו וגעתם וקנז: **ותמנע** הוות פילקתא לאליפז בר GN 36:12
והימם ואחתיה דלוטן **תמנע**: ואילין בני שובל עלון ומנחת GN 36:22
בשמהותהן רבא **תמנע** רבא עלוה רבא יתת: רבא GN 36:40

תמנת (3)

תמן דעל שבילא **דתמנת** ארום חמת ארום רבא שלה GN 38:14
וחירה רחמיה עדולמאה **לתמנת**: ואיתני לתמר למימר הא GN 38:12
למימר הא חמויך סליק **לתמנת** למיגז עניה: ואעדת לבושי GN 38:13

תמר (9)

אנת אודיתא על עובדא **דתמר** בגין כן לך יהודון אחך GN 49:8
ברי סליקת נפשך ומדינא **דתמר** תהי משיזב נייח ושרי בתקוף GN 49:9
אוף ית יומוי: ואמר יהודה **לתמר** כלתיה תיבי ארמלא בית GN 38:11
עדולמאה לתמנת: ואיתני **לתמר** למימר הא חמויך סליק GN 38:13
ברת שם רבא ושמהא **תמר**: והוה ער בוכרא דיהודה ביש GN 38:6
הוא הי כאחהי ואזלת **תמר** ויתיבת בית אבוהא: וסגו GN 38:11
ליהודה למימר זניית **תמר** כלתך ואוף הא מעברא לזנו GN 38:24
יהודה ואמר זכיא היא **תמר** מיני אתעברת וברת קלא GN 38:26
היא הנפקוהא ותיתוקד: **תמר** מיתאפקא לאיתוקדא ובעת GN 38:25

תרח (11)

מארעית מקהלות ושרו **בתרח**: ונטלו מתרח ושרו במתקה NU 33:27
ושרו בתרח: ונטלו **מתרח** ושרו במתקה אתר דבסימין NU 33:28
ומית הרן למיחמי **תרח** אבוי היך איתוקד בארע GN 11:28
הרן: ואילין גניסת תרח **תרח** אולד ית אברם וית נחור וית GN 11:27
מאתן וחמש שנין ומית **תרח** בחרן: ואמר ייי לאברם איזל לך GN 11:32
ותשע שנין ואולד ית **תרח**: וחיא נחור בתר דאולד ית GN 11:24
וחיא נחור בתר דאולד ית **תרח** מאה ושתסרי שנין ואולד בנין GN 11:25
חרן ויתיבו תמן: והוו יומי **תרח** מאתן וחמש שנין ומית תרח GN 11:32
שנין ואולד בנין ובנן: וחיא **תרח** שובעין שנין ואולד ית אברם GN 11:26
וית הרן: ואילין גניסת **תרח** תרח אולד ית אברם וית נחור GN 11:27
עקרא לית לה וולד: ודבר **תרת** ית אברם בריה וית לוט בר GN 11:31

תרנגולא (4)

דבר סניגורא ודיווקינוס **ותרנגולא** עד קיסרין מעלך לאבלס NU 34:8
בגבלא מאילת ומכרך **תרנגולא** ואתפנינא ועברנא אורח DT 2:8
ממגזתא ושרו בכרך **תרנגולא**: ונטלו מכרך תרנגולא ושרו NU 33:35
תרנגולא: ונטלו מכרך **תרנגולא** ושרו במדברא ציני טוור NU 33:36

תרצה (3)

מחלה נעה חגלה מלכה **ותרצה**: אילין גניסת מנשה NU 26:33
מחלה נעה חגלה מלכה **ותרצה**: וקמא קדם משה בתר NU 27:1
צלפחד: והוואה מחלה **תרצה** וחגלה ומלכה ונעה בנת NU 36:11

תרקי (1)

ויתיניא ואוסיא **ותרקי**: ובנוי דגומר אשכנז וריפת GN 10:2

תשרי (7)

בשית מאה וחדא שנין **בתשרי** בחד לירחא בריש שתא GN 8:13
עם בני ישראל למימר **בתשרי** דהוא ירחא שביעאה יהי LV 23:24
שבעיאה הוא ירחא **דתשרי** בחד לירחא מארע קדיש NU 29:1
שביעאה הוא ירחא **דתשרי** מארע קדיש יהי לכון NU 29:7
הוו מתמנן ירחייא אלהן **מתשרי** דהוא ריש שתא לשכלול GN 7:11
בירחא שביעאה הוא ירח **תשרי** בעשרא יומין לירחא תענון LV 16:29
ארעא דרועא בתקופת **תשרי** וחצדא בתקופת ניסן וקורא GN 8:22

Frequencies and Tokens

Frequency Order of Words in the Targum

16495 ו
8515 ל
8131 ד
5684 ב
4387 ית
2148 הוי
2102 על
2060 מן
2021 בר
2011 לא
1935 אמר
1895 כול
1875 אנא
1431 עבד
1407 מ
1406 קדם
1117 דן
1036 ארעא
996 ארום
839 יום
824 עם
785 קרב
698 קום
696 עם
677 בית
675 חד
661 כ
609 אלה
587 גבר
557 היך
541 רבב
531 תרי
525 קדש
505 כד
505 מלל
504 אב
502 חמי
490 יד
470 עד
465 שכן
463 נפק
437 אתא
436 זמן
433 די
412 קבל
395 אין
395 אכל
394 שרי
393 שם
377 נסב
364 כהן
364 שנה
359 שבע
350 קטל
349 אח
347 פקד
345 עלי
343 איתא
332 יהב
331 תם
327 תוב
321 מות
318 נתן
315 תלת
313 בתר
303 דין
301 בין
292 או
290 הא
287 לות
286 חוב
283 פלח
280 ילד
277 ארבע

272 נטל
272 תור
271 סלק
266 נטר
264 עלם
261 יתב
252 פתגם
250 כנש
250 עשר
250 פרש
249 אינש
249 ברת
246 שבט
245 מה
244 מיין
237 קרייא
236 סאב
229 אזל
229 דבח
228 חמש
228 טאב
227 מלך
227 תקף
226 אתר
226 דבר
225 נכס
224 גו
222 טור
221 עבר
219 לית
216 אנפא
211 ברך
207 ידע
204 יקר
202 כן
202 מני
202 סדר
202 שלם
199 מאה
196 סגי
196 קרי
193 שמע
192 דם
191 פרק
184 ריש
183 באיש
183 גניסא
182 נפש
180 אוף
180 דכר
176 בשר
176 דכי
175 עולה
169 חיי
168 דחל
167 שוי
167 שמש
166 טעי
165 בגין
165 רבי
164 מטול
163 רום
161 חזר
161 חסן
160 לב
156 עין
156 רעי
154 שמיא
153 לבש
152 גלי
151 כפר
150 ברם
148 זכי
147 הלך

146 דהב
142 ברא
142 ידי
142 נחת
140 שכח
139 צלי
139 רחם
139 שת
137 משח
136 בעיר
136 כסף
136 מחי
133 בגלל
132 בכר
132 חיל
132 סהד
129 אורח
129 לחוד
128 פום
125 חטי
125 ירח
124 אימר
124 מאן
124 סכם
122 אלף
122 ען
122 שיצי
121 גזר
119 פטר
116 אש
115 דכר
115 תרע
114 שאר
113 זבן
109 בעי
109 חבר
108 חקל
106 ים
106 רוח
105 סטר
103 רגז
101 דר
100 דור
100 פלג
99 לוח
98 אלף
98 מאן
98 נבי
97 דמי
95 בעל
95 חכם
92 ירת
91 אבן
91 שבק
90 לוט
88 מלאך
88 תחום
87 אימא
86 מנחתא
85 אית
85 דילמא
84 אחר
84 כתש
84 לילא
84 שדר
84 תחות
83 חפי
82 גור
82 ה
82 ענן
82 עתיד
82 צפר
82 קל
81 פרס

81 רחק
80 אלהין
79 כתב
78 זרע
78 קבר
77 ימין
76 מלי
76 סאב
75 רגל
74 לחם
73 יקד
73 מא
72 חמר
72 רמש
70 אילן
70 זהר
70 עידן
70 קיס
69 משכא
68 בני
68 ברי
68 חלף
68 חלק
67 אמה
67 חלם
67 סני
67 עילאה
67 פירא
66 זער
66 סלע
66 עסק
66 שתי
66 תני
64 תמני
63 יסף
63 נפל
62 דבב
62 חגג
62 חור
62 חשב
62 טלי
62 כהל
62 מרא
62 שבח
61 חבל
61 שכב
60 סוף
60 עמד
59 אגר
59 רשע
59 שיזב
58 אמהא
58 חזי
58 חיוא
58 מסר
58 פרע
58 צפיר
58 רשי
57 סבר
57 עדי
57 שקר
56 אסר
56 מציע
56 תבר
55 ארך
55 נחש
55 שלט
54 חוטר
54 סמך
53 נוח
53 נור
53 תקן
53 תרבא
52 נהר

52 שירוי
51 ביר
51 קשט
51 רחש
50 בוסמן
50 גב
50 חומרא
50 כסי
50 כשר
50 נהרא
50 עיז
50 פשר
49 אמן
49 גומר
49 זיתא
49 מטי
49 פסק
49 קשי
49 שאל
49 שבת
49 תרך
48 גרי
48 נסך
48 סמידא
48 סעד
48 ספר
48 עיבור
48 קלל
47 זון
47 פתח
47 שעה
47 תבע
46 ארון
46 תכלא
45 אבד
45 בוץ
45 זן
45 יריעה
45 יתר
45 מדעם
45 עזקא
45 שלח
45 שפר
44 גמר
44 נס
44 סגר
44 עני
44 שמשא
43 חוי
43 נכר
43 שקי
42 ארע
42 גנב
42 יחוס
42 מישרא
42 סגד
42 רמי
42 תקל
41 בטל
41 בכי
41 סכל
41 עוף
41 עוק
41 ערי
41 צור
41 קני
41 שדי
40 את
40 זקף
40 חמור
40 חקק
40 יצר
40 צדק
40 קטר

40 תשע
39 גרם
39 הלא
39 הפך
39 חרב
39 כפן
39 נגד
39 נחל
39 ערק
38 אמרכול
38 דרום
37 חדי
37 טמר
37 לקי
37 נדר
36 דנח
36 הדר
36 פסח
35 כבש
35 סוף
35 צבע
35 רעי
34 גלי
34 דוב
34 ידי
34 סאה
34 פני
34 רעם
34 תדירא
33 אשם
33 גיתא
33 זרז
33 לישן
33 סטי
33 עיגל
33 ענב
33 רבע
33 רדף
32 אחד
32 גבורה
32 גיח
32 טלק
32 פתך
31 אומת
31 כא
31 כון
31 מנע
31 מרגליתא
31 ערב
31 פרגוד
31 צבי
31 צבע
31 קהל
31 שמטט
30 אפודא
30 בזי
30 הכא
30 חיוי
30 חייתא
30 מסתא
30 עפרא
30 פתי
30 שזר
30 שער
29 חושן
29 לפף
29 סחי
29 סייף
29 עולים
29 פסס
29 קנה
29 שבי
29 תיבותא
28 אומן

28	ארגוון	21	קטע	17	כוליא	14	שחין	11	מילת	9	מיל
28	אריח	21	קטר	17	כורסיא	14	תלי	11	מצנפת	9	נון
28	גמל	21	שעי	17	כיף	13	ארע	11	ספי	9	נחתום
28	טפלא	20	אודן	17	כרך	13	בדק	11	עדבא	9	סימנא
28	ימי	20	איקון	17	נזר	13	גיף	11	עתר	9	סנדל
28	כות	20	בלע	17	נצב	13	הרהר	11	קיץ	9	סער
28	עתד	20	חמד	17	נתך	13	חדיא	11	קלט	9	סרי
27	גלל	20	חנט	17	סוס	13	חילונאה	11	רומנא	9	עטף
27	גן	20	יבש	17	ספק	13	חרשא	11	שובל	9	עינא
27	דרק	20	יזף	17	עדר	13	טבח	11	תהום	9	עלי
27	פתור	20	ישט	17	צוד	13	טלטל	11	תקל	9	ערע
27	שיטא	20	כפל	17	קלף	13	יבם	10	אויר	9	פרך
26	גוב	20	כרם	17	שמן	13	כרן	10	איבא	9	קלע
26	כיון	20	מחר	16	אבל	13	לבינתא	10	אתונא	9	קשת
26	מטרא	20	מנא	16	אנס	13	מרע	10	אתמול	9	רגג
26	ממון	20	מסכן	16	בדיל	13	נשק	10	בירלא	9	שבע
26	מנרתא	20	נקף	16	בדר	13	עקר	10	גחך	9	שושן
26	נסק	20	עלי	16	זיד	13	עתק	10	גיד	9	שפך
26	סרב	20	פסי	16	חבב	13	פוש	10	גנז	9	שתי
26	צוי	20	פרזל	16	חדת	13	צואר	10	גרמידא	9	תועיבא
26	צלהב	20	צדי	16	מזג	13	ציצא	10	חלא	9	תכל
26	צרך	20	רתכא	16	מטלא	13	צמח	10	טכס	8	אזוב
25	אלל	20	שן	16	מלח	13	רהט	10	טל	8	איברא
25	בוז	19	בזיך	16	מתן	13	רכב	10	טעם	8	אימתן
25	גחן	19	גוף	16	נתק	13	רקע	10	טרח	8	בצר
25	לקט	19	דורון	16	פרנס	13	שיפולא	10	יחס	8	גלימא
25	מרד	19	דמך	16	צות	13	שני	10	יסד	8	דיר
25	נגר	19	דרש	16	צית	12	אנק	10	כותלא	8	דקן
25	נוקבא	19	זני	16	צלח	12	אצר	10	כלל	8	האן
25	נשי	19	חם	16	רוק	12	בהק	10	לחש	8	המיין
25	קרן	19	חשך	16	רחץ	12	בסס	10	מהל	8	ווי
25	שמאל	19	כליל	16	שקץ	12	גוזל	10	מכילא	8	חטף
24	אפשר	19	כתף	16	תבשיל	12	דיבור	10	מעיל	8	חלט
24	חסד	19	מבוע	15	בסם	12	זוית	10	נדר	8	חמיר
24	חצד	19	מחתה	15	גאי	12	חצר	10	נזק	8	חנן
24	יעט	19	מערתא	15	גלף	12	יכח	10	סקף	8	חרצא
24	מתל	19	סרח	15	דבק	12	יעד	10	סרהב	8	טוס
24	נבלה	19	עכב	15	דחק	12	ירך	10	עמר	8	טינר
24	נדי	19	פסג	15	וילון	12	יתם	10	ערבא	8	יחיד
24	נצי	19	צוח	15	חלל	12	כיור	10	פטם	8	כמן
24	סמק	19	קבע	15	חרף	12	כיתונא	10	פכר	8	לוי
24	ציפונא	19	שלי	15	טונא	12	נחם	10	פרג	8	לקש
24	צלם	19	שלף	15	ינק	12	נצח	10	פרגמטיא	8	מזרק
24	צפור	19	שקע	15	כוכב	12	נשם	10	פרף	8	מין
24	תמה	18	אצבע	15	סנהדרי	12	סהר	10	קנס	8	מתחא
23	בחר	18	ארמלא	15	עיבר	12	סמי	10	רדי	8	נגב
23	דבש	18	אתנא	15	ערס	12	ססגונא	10	רוי	8	נימוס
23	הני	18	בזע	15	פרח	12	עומר	10	רמץ	8	נכסין
23	חזור	18	בשר	15	קטם	12	עורדען	10	רשם	8	סבל
23	חסר	18	דלק	15	שבע	12	עמק	10	תבנא	8	סוף
23	כרוב	18	טיקסא	15	שקא	12	פחר	10	תלג	8	עלב
23	לרע	18	מום	14	אפילו	12	קדל	10	תלש	8	ערטל
23	מעה	18	סמר	14	גרץ	12	קמור	10	תרי	8	פגר
23	ערבב	18	עסב	14	הינא	12	קצץ	9	אוגר	8	פלט
22	אסי	18	פיילי	14	וו	12	רכן	9	אוכם	8	פנק
22	טרד	18	צער	14	זוג	12	שפנינא	9	אלא	8	צד
22	יובלא	18	קסם	14	חמע	12	שתף	9	אלואי	8	צום
22	נסי	18	ריקן	14	יבב	12	תפלי	9	אפיטרופו	8	צלב
22	סוף	18	שלותא	14	כלי	11	אגורא	9	ארע	8	קדשא
22	סל	18	שתק	14	כרז	11	אימת	9	ברח	8	קטף
22	ערב	17	בוצין	14	כרס	11	אפי	9	גדי	8	קמץ
22	קני	17	בתולה	14	להב	11	ארי	9	גדפא	8	קנטינר
21	אילו	17	גור	14	לעי	11	ארס	9	גשם	8	קנקל
21	ברד	17	דוק	14	מגין	11	ברר	9	דרי	8	רעע
21	בשל	17	זוע	14	מרר	11	דרע	9	חורמן	8	שירא
21	חלב	17	חוט	14	סדק	11	זיו	9	טען	8	תקע
21	טמע	17	חוס	14	סכי	11	חפס	9	טפש	7	אדרע
21	סגף	17	חרר	14	סרכא	11	טבל	9	יבל	7	איסרטא
21	עזגד	17	חתן	14	קרח	11	טוף	9	כוון	7	ארז
21	עני	17	טובענא	14	רתח	11	טרף	9	כיבוש	7	גולתא
21	ערל	17	טלל	14	שהי	11	יציב	9	כיתן	7	גופן
21	פסל	17	יאי	14	שומא	11	כבד	9	כליד	7	גיפוף
21	צנע	17	יונה	14	שוק	11	כפת	9	כסא	7	דקק
21	צרע	17	יחי	14	שור	11	לגין	9	לבונה	7	חטי

7 חלי
7 חנך
7 חרך
7 טלף
7 טמש
7 כיתא
7 לבלב
7 לוגא
7 ליש
7 מטו
7 מכך
7 מעזי
7 מרמירא
7 נגח
7 נפח
7 סיע
7 סניא
7 סתם
7 עגלה
7 עצר
7 עקב
7 פושכא
7 פרסם
7 פשפש
7 צירא
7 קלקל
7 קרץ
7 רגם
7 רתת
7 שופרא
7 שנק
7 תאנה
7 תהי
7 תומיא
7 תחם
7 תקופה
6 אדמה
6 אוריא
6 אחבא
6 איל
6 אלם
6 בהת
6 בער
6 בקעה
6 גט
6 גלב
6 גלגל
6 גמל
6 דלי
6 דרגש
6 הלכא
6 זיק
6 חול
6 חטר
6 חיטא
6 טין
6 טפל
6 כלתא
6 לגיון
6 לחינתא
6 למד
6 ניר
6 נשרא
6 נתר
6 סבב
6 סחר
6 סיסא
6 ספא
6 ספוקלטור
6 עמי
6 עריך
6 פלוני
6 פלקתא
6 פרוור

6 פשט
6 רגש
6 רומח
6 רז
6 ריעי
6 רמז
6 שביל
6 שוע
6 שזג
6 שחד
6 שטח
6 שמת
6 שער
6 שתל
6 תער
5 אדק
5 אטונא
5 איסטגנין
5 אליתא
5 אן
5 אסטלא
5 אע
5 אצוות
5 בהדי
5 בהי
5 בהל
5 במסא
5 בקרא
5 בריתא
5 גבר
5 גדירא
5 גזל
5 גין
5 גלד
5 גרד
5 דחי
5 דייתא
5 דרך
5 דשא
5 זמר
5 זרי
5 חפר
5 חצוצרת
5 חרספיתין
5 יברוח
5 יחם
5 ירוק
5 כוי
5 כלמתא
5 כף
5 מגדא
5 מגדל
5 מזל
5 מסי
5 מעא
5 מצע
5 משך
5 משכן
5 נעם
5 סוט
5 ספד
5 סק
5 עוד
5 עינותא
5 עלע
5 עקרבא
5 פון
5 פרנק
5 צחי
5 קמח
5 רטב
5 רכך
5 רסס
5 שירותא

5 שלחף
5 שנא
5 שפם
5 שרש
5 תגר
5 תנור
5 תריס
5 תרץ
4 אוורקסי
4 אוכלוזא
4 אוקיינוס
4 אטימוס
4 אילולי
4 אילך
4 אימרה
4 איפרכא
4 איתכלא
4 אספסתא
4 אשון
4 בחל
4 ביעא
4 גוון
4 גומא
4 גוס
4 גלוש
4 גרגשתא
4 דודא
4 דקלא
4 הגן
4 זמם
4 זרת
4 חביונה
4 חגר
4 חור
4 חוש
4 חזק
4 חטב
4 חלה
4 חלי
4 חמר
4 חסחוס
4 חקר
4 חרר
4 חשד
4 חתם
4 טביא
4 טוב
4 טופרא
4 טור
4 טוש
4 טימי
4 טלם
4 טנף
4 טפי
4 טריבא
4 טריגון
4 טרק
4 יני
4 ירק
4 ישר
4 כבר
4 כובע
4 כלב
4 כרום
4 כתא
4 לוואי
4 למפד
4 מדינה
4 מוקרא
4 מורכיוותא
4 מזוזתא
4 מסך
4 מעצרתא
4 מצדתא

4 משחתא
4 נבע
4 נדי
4 נזף
4 נטלא
4 נכי
4 נכת
4 נמור
4 נעל
4 נקף
4 סדן
4 סודה
4 סיפתא
4 סרס
4 עזל
4 עטר
4 עיריתא
4 פגן
4 פלטיא
4 פרדס
4 פרן
4 פרסא
4 פרע
4 פתי
4 פתק
4 צוק
4 צינא
4 צרר
4 קלי
4 קפץ
4 קרש
4 רדד
4 רחל
4 ריו
4 רסק
4 שדא
4 שויא
4 שחף
4 שטף
4 שידא
4 שיר
4 שליו
4 שלשלתא
4 שעה
4 שפה
4 שפי
4 שקף
4 שרגג
4 תדא
4 תוה
4 תנן
4 תפי
3 אילוליפון
3 אינב
3 איסדא
3 אמיטתא
3 אספקלריא
3 אסקופא
3 בהר
3 בטש
3 בלבל
3 בקר
3 ברק
3 ברקתא
3 גבינא
3 גזז
3 גיר
3 גני
3 גפף
3 דיתאה
3 דרכון
3 דרע
3 הגי
3 הכי

3 זוד
3 זור
3 זחלא
3 זיבורא
3 זכורו
3 זלל
3 זמרגד
3 חוץ
3 חזם
3 חילתא
3 חימרא
3 חלזון
3 חמם
3 חסי
3 חפף
3 חצף
3 חקי
3 חרש
3 טבע
3 טוי
3 טול
3 טיר
3 טלופחא
3 טמא
3 יומחרא
3 יחד
3 ימס
3 יעק
3 יצב
3 יצע
3 ירקא
3 כאב
3 כהי
3 כוב
3 כור
3 כח
3 ככא
3 כלה
3 כמר
3 כנס
3 כנף
3 כרע
3 לוז
3 מחק
3 מסרתא
3 מצוגא
3 משליא
3 נגש
3 ניץ
3 נכל
3 נסס
3 נצץ
3 נקט
3 נקי
3 נקם
3 נתב
3 סוטרא
3 סיד
3 סינא
3 סכן
3 סערתא
3 סרכן
3 סרק
3 סתו
3 סתר
3 עדיתא
3 עובא
3 עורב
3 עיטפא
3 עצי
3 פדגוג
3 פדעא
3 פולמוסא
3 פיצתא

3 פלך
3 פניא
3 פנתירי
3 פקר
3 פרקטונין
3 פרתא
3 צדד
3 צולקא
3 צור
3 צלל
3 צרד
3 צרף
3 קבתא
3 קדקד
3 קיטון
3 קייטא
3 קיסט
3 קלח
3 קלן
3 קלש
3 קמא
3 קנט
3 קנכירי
3 קסוה
3 קצף
3 קרוא
3 רגן
3 רדי
3 רדיד
3 רחיים
3 רצף
3 רקק
3 שגר
3 שדך
3 שושיפא
3 שטר
3 שינתא
3 שמיר
3 שנן
3 שנץ
3 שעע
3 שפע
3 שרב
3 שרכפא
3 שרת
3 תוף
3 תיום
3 תיקא
3 תכף
3 תכשיטא
3 תמרוקא
3 תרגם
3 תרם
2 אבק
2 אבר
2 אדבע
2 אדי
2 אהל
2 אול
2 אוניס
2 אונית
2 אורעיתא
2 אותיא
2 אזתווד
2 אחר
2 איגר
2 אירס
2 אליון
2 אמגושא
2 אמפורין
2 אנתא
2 אסטרטיגו
2 אסל
2 אפופודין

2 אפותיקי
2 אפך
2 ארנבתא
2 אשירה
2 אשלא
2 בביתא
2 בגר
2 בדולחא
2 בור
2 בלש
2 בנס
2 בסר
2 בעע
2 בצא
2 בקיקא
2 ברז
2 ברזג
2 גבב
2 גדע
2 גובאי
2 גור
2 גילא
2 גנברא
2 גנון
2 גניס
2 גרגר
2 גשש
2 דוי
2 דוך
2 דופק
2 דחד
2 דחף
2 דלח
2 דעץ
2 דרס
2 הדיוט
2 הדף
2 הילולא
2 הלכשוש
2 הרדפני
2 השתא
2 זבד
2 זוח
2 זיקא
2 זיר
2 זכות
2 זלוקפא
2 חוט
2 חוק
2 חזיתא
2 חזירא
2 חינגא
2 חלבון
2 חלש
2 חמה
2 חמט
2 חנג
2 חני
2 חסם
2 חסף
2 חפן
2 חרורא
2 חרס
2 חררא
2 חשל
2 חתך
2 טופס
2 טחן
2 טיב
2 טיגן
2 טיהרא
2 טיהרדי
2 טירונא
2 טמם
2 טמן
2 טנר
2 טס
2 טפז
2 טפזא
2 טקס
2 יוהרא
2 יסר
2 יעא
2 ירקונא
2 כבריתא
2 כדב
2 כדכדון
2 כומרא
2 כוסבר
2 כילה
2 כיסופא
2 כלו
2 כנורא
2 כנף
2 כסן
2 כסף
2 כרי
2 לחי
2 לטום
2 לסת
2 מאס
2 מגופתא
2 מגזתא
2 מגלא
2 מגלה
2 מוט
2 מורנא
2 מורניתא
2 מוש
2 מחוז
2 מחוך
2 מחרוך
2 מטר
2 מצי
2 מקק
2 מתניתא
2 נדב
2 נוט
2 נחיר
2 נטף
2 נעץ
2 נקר
2 נשיא
2 נשל
2 סגל
2 סומק
2 סחף
2 סטם
2 סייג
2 סכא
2 סכין
2 סלתא
2 סמן
2 סמפירינון
2 ספינה
2 ספן
2 סקר
2 עגול
2 עוז
2 עוי
2 עולא
2 עוקמנא
2 עור
2 עורמא
2 עללתא
2 עצב
2 עקם
2 ערוד
2 ערפד
2 ערר
2 פדחתא
2 פונדקי
2 פחדין
2 פירקתא
2 פיתא
2 פלא
2 פעל
2 פצח
2 פשח
2 צבחד
2 צבעא
2 צבר
2 צדע
2 צינא
2 צלוחית
2 צרח
2 קדחותא
2 קדר
2 קולא
2 קורטור
2 קורקבנא
2 קיפופא
2 קלס
2 קסטרא
2 קפל
2 קצי
2 קצר
2 קקא
2 קריותא
2 קרם
2 קרסול
2 קרצ
2 קשש
2 ראשית
2 רדי
2 רימנא
2 רכוב
2 רסיסא
2 רתם
2 שבבין
2 שבהור
2 שגי
2 שוור
2 שורתא
2 שושבין
2 שחק
2 שחת
2 שטי
2 שטן
2 שלבוקין
2 שלבש
2 שליותא
2 שמם
2 שעוה
2 שעם
2 שרביט
2 שרף
2 שרקרקא
2 תבל
2 תגא
2 תגרא
2 תורפה
2 תייקא
2 תמר
2 תנינא
2 תסילא
2 תשש
1 אבוב
1 אבולא
1 אביר
1 אבץ
1 אגדנא
1 אדן
1 אובא
1 אונכין
1 אונקלא
1 אור
1 אורז
1 אושא
1 אחז
1 אחי
1 אטד
1 איבו
1 אידנא
1 איכדין
1 איכן
1 אילפא
1 איסטגן
1 איסרא
1 אכום
1 אכורנקא
1 אכזר
1 אכסנאי
1 אלפס
1 אלקפטא
1 אנאר
1 אנח
1 אסכלא
1 אסן
1 אספליד
1 אספרמקי
1 אסקותא
1 אפוטניות
1 אפותיק
1 אפיקורוס
1 אפסרא
1 אפרסמון
1 אצטלות
1 אקטר
1 ארג
1 ארכיון
1 אשישיין
1 אשקק
1 אשר
1 בדח
1 בוטמא
1 בוטנא
1 בולי
1 בוסרא
1 בחן
1 בחש
1 בטח
1 ביבור
1 בימה
1 בין
1 בין
1 ביסא
1 ביסתרק
1 בירנית
1 בלורית
1 בלי
1 בלם
1 בצל
1 בקעתא
1 ברי
1 גאל
1 גדד
1 גדיש
1 גדש
1 גוז
1 גוילא
1 גולמא
1 גולמיש
1 גז
1 גיזתא
1 גישרא
1 גלוגדקא
1 גלוסקם
1 גלופקרין
1 גליד
1 גנובתא
1 גנן
1 גף
1 גרב
1 גרס
1 גרר
1 דאבונא
1 דבלה
1 דגן
1 דגפא
1 דוחן
1 דות
1 דחס
1 דיבא
1 דיבבא
1 דיופטין
1 דילטור
1 דינר
1 דיצא
1 דכר
1 דלג
1 דמיין
1 דמם
1 דמע
1 דמע
1 דנבא
1 דפן
1 דפק
1 דקיתא
1 דרד
1 הבהב
1 הבל
1 הדס
1 הואיל
1 הובאי
1 הפרכא
1 הרמנא
1 השך
1 וסת
1 זאזא
1 זגוגיתא
1 זהה
1 זוז
1 זולא
1 זיג
1 זיז
1 זיפות
1 זלף
1 זעפרן
1 זעק
1 זפק
1 זקק
1 זקת
1 חבט
1 חדר
1 חודיתא
1 חוך
1 חום
1 חורוור
1 חורשא
1 חטי
1 חטם
1 חילפא
1 חכך
1 חלבנא
1 חלדותא
1 חלילא
1 חלץ
1 חמות
1 חמל
1 חסד
1 חסל
1 חצב
1 חרגא
1 חרדון
1 חרחורא
1 חרי
1 חרץ
1 חרר
1 חרר
1 חרת
1 חשר
1 טהר
1 טובלא
1 טוח
1 טוטלוותא
1 טונס
1 טחר
1 טיב
1 טלח
1 טלית
1 טלני
1 טלע
1 טמי
1 טמיא
1 טניס
1 טסקא
1 טעק
1 טפח
1 טפסרא
1 טפשותא
1 טריקלין
1 טריתא
1 יאש
1 יבול
1 יחמור
1 יחף
1 יכל
1 ילל
1 יעלא
1 יפע
1 יצבע
1 ירוד
1 ירקן
1 כודנא
1 כווא
1 כוור
1 כונתא
1 כחא
1 כחיש
1 כינוי
1 כך
1 כלונס
1 כני
1 כנע
1 כסל
1 כסס
1 כען
1 כעס
1 כפות
1 כרוך
1 כרזבא
1 כרכומא
1 כרכושתא
1 כרכמישא
1 כרניבאות
1 כרת
1 כשת
1 כתת
1 לבד
1 לבדקין
1 לבן
1 לגלג
1 לולבא

1 לוע
1 ליסטיס
1 לפי
1 לשכתא
1 מאך
1 מבול
1 מגר
1 מגרופיתא
1 מגרף
1 מדה
1 מודנא
1 מוהר
1 מוח
1 מולתא
1 מור
1 מוריג
1 מזופיתא
1 מזיא
1 מזמז
1 מיגד
1 מירת
1 מלקות
1 מן
1 מניכא
1 מנקיות
1 מנת
1 מס
1 מסחתא
1 מסמס
1 מעיקא
1 מעך
1 מעל
1 מצולה
1 מצח
1 מצרנין
1 מרוא
1 מרזחא
1 מרק
1 מרתוקא
1 משהו
1 משוריא
1 משי
1 משכוכיתא
1 משמש
1 משש
1 מתח
1 נבזבא
1 נבח
1 נבל
1 נגוון
1 נגע
1 נגף
1 נדונא
1 נדי
1 נדל
1 נדף
1 נדר
1 נהג
1 נהק
1 נוז
1 נזל
1 נחיל
1 נחר
1 נחש
1 ניבא
1 ניזא
1 נימא
1 ניסא
1 נסר
1 נעוא
1 נפץ
1 נרגא
1 נרתיק
1 נשב
1 סבני
1 סגן
1 סול
1 סולם
1 סטיו
1 סיגלא
1 סיקורא
1 סירתא
1 סלח
1 סלמנדר
1 סלמנטון
1 סם
1 סממיתא
1 סממן
1 סנא
1 סנדלכון
1 סנוור
1 סנן
1 ספוגא
1 ספל
1 סקול
1 סקי
1 סרבל
1 סרגל
1 סרדותא
1 סרטיא
1 סרי
1 עב
1 עביטא
1 עגעג
1 עולאה
1 עולימו
1 עולשין
1 עירוב
1 עכבר
1 עכנא
1 עכר
1 עלעל
1 עמל
1 עמר
1 ענף
1 עקד
1 עקף
1 עקץ
1 ערבא
1 ערוה
1 עשן
1 פוח
1 פול
1 פוקלא
1 פוריינא
1 פחז
1 פחת
1 פיטקא
1 פילגוס
1 פילון
1 פינקס
1 פירוג
1 פלטור
1 פלטרין
1 פלי
1 פנים
1 פסא
1 פסד
1 פער
1 פפייר
1 פקס
1 פרביר
1 פרד
1 פריטא
1 פרכס
1 פרסה
1 פרקד
1 פתן
1 פתרון
1 פתשגן
1 צהר
1 ציר
1 צירן
1 צלף
1 צלצולין
1 צמי
1 צמק
1 צמר
1 קדרינון
1 קובה
1 קוטנא
1 קום
1 קומקמוס
1 קופא
1 קופסא
1 קוץ
1 קורא
1 קטט
1 קטייא
1 קטרב
1 קטרג
1 קיטוני
1 קילותא
1 קינה
1 קירס
1 קיתון
1 קלל
1 קנם
1 קנמון
1 קפידות
1 קפיזא
1 קפלוט
1 קציעה
1 קרנסא
1 קרסם
1 קרץ
1 קרקסא
1 קרקע
1 קרר
1 קשקש
1 קשר
1 קתא
1 רבי
1 רביעותא
1 רבניין
1 רדק
1 רווז
1 רטש
1 ריב
1 רידוותא
1 ריס
1 ריס
1 ריפתא
1 רכובא
1 רכובא
1 רנן
1 רפי
1 רצועה
1 רצץ
1 רקיתא
1 רשון
1 רשל
1 רשן
1 רתע
1 שאב
1 שבזז
1 שבך
1 שגח
1 שגש
1 שדרא
1 שוה
1 שוח
1 שוט
1 שוט
1 שום
1 שחי
1 שחל
1 שחם
1 שחן
1 שידפונא
1 שינדפין
1 שיקפא
1 שיריון
1 שכלל
1 שלילא
1 שליתא
1 שמד
1 שעבזין
1 שעמום
1 שפוד
1 שפי
1 שפם
1 שפף
1 שקד
1 שקט
1 שרג
1 שרוותא
1 שרט
1 תוהו
1 תור
1 תורא
1 תחמרא
1 תיאטרון
1 תכריכא
1 תל
1 תלמא
1 תלע
1 תמכה
1 תעל
1 תרוג
1 תרח

Frequency Order of Proper Names in the Targum

2110	ייי
826	ישראל
766	משה
455	מצרים
326	אהרן
261	יעקב
253	אברהם
237	פרעה
211	יוסף
142	לוי
131	יצחק
112	כנען
106	עשו
81	יהודה
73	שרה
68	בלעם
61	לבן
55	מואב
54	רחל
53	ראובן
50	אליעזר
50	נח
46	מנשה
44	אדם
44	בלק
44	סיני
41	יורדן
41	לאה
40	דן
38	גד
37	לוט
35	יהושע
35	מדין
35	שמעון
32	ישמעאל
32	רבקה
30	אפרים
30	שכם
29	חיתאי
28	סדום
27	אדום
27	בנימין
27	גלעד
27	קין
26	אבימלך
26	ניסן
26	קרח
25	גרשום
25	נפתלי
24	אשר
23	קהת
22	יששכר
22	מרים
22	עמלק
21	סיחון
19	ארם
19	ריקם
19	שם
18	אמוראי
18	הבל
18	מתנן
18	נון
17	עוג
16	ארנון
16	ביתאל
16	זבולון
16	מררי
16	נחור
16	שבע
16	שדי
15	הגר
15	חנוך
15	פעור
14	אומנוס

14	אמורא
14	גושן
14	דתן
14	חורב
14	חיואי
14	יתרו
14	עפרון
14	פלשתאה
13	אבירם
13	חברון
13	חמור
13	עדן
13	פדן
12	איתמר
12	אל
12	בלהה
12	בנימי
12	דינה
12	כלב
11	גבלא
11	זוער
11	יבוסאי
11	יורדנא
11	עמון
11	עמרם
11	פרת
11	תרח
10	אביהוא
10	בירא
10	בתואל
10	זרח
10	חשבון
10	יריחו
10	למך
10	ממרא
10	נדב
10	עמורא
10	רעואל
9	בבל
9	גבל
9	גרר
9	הרן
9	חם
9	מכיר
9	נמרוד
9	סטנא
9	ענה
9	פנחס
9	פריזאי
9	תמר
8	אליפז
8	בעור
8	זלפה
8	חוה
8	חור
8	חרן
8	יפונה
8	מילכה
8	מתושלח
8	עבר
8	עדה
8	עיבל
8	פארן
8	צלפחד
8	צפון
8	שלה
8	שת
7	אהליבמה
7	אייר
7	אליאב
7	בצלאל
7	בשמת
7	דישון
7	מיכאל

7	מרה
7	נחשון
7	עינן
7	עמינדב
7	ער
7	פילוסין
7	תשרי
6	אביבא
6	אהליאב
6	אונן
6	ארמאה
6	ארפכשד
6	אתור
6	גיעא
6	גריזים
6	חצרון
6	חצרות
6	יוכבד
6	ירדן
6	סוכות
6	עבראי
6	עמיהוד
6	פרץ
6	צבויים
6	צבעון
6	צור
6	רפידי
6	שאול
5	אדמה
5	אחירע
5	אליהו
5	אלים
5	אליסף
5	אמוראה
5	בריעה
5	גדעון
5	גוג
5	זבולו
5	חפר
5	יובקא
5	יפת
5	יצהר
5	ירד
5	כדרלעמר
5	כוש
5	לחיית
5	מגזתא
5	מהללאל
5	מצר
5	מרחשוון
5	נילוס
5	נתנאל
5	עזיאל
5	ערבאין
5	פוטיפרע
5	פלג
5	צוער
5	צין
5	צפור
5	צפורה
5	קינן
5	רעו
5	רקם
5	שלח
5	שמשון
4	אבידן
4	אדר
4	אובות
4	אחיעזר
4	איתם
4	אלון
4	אליצור
4	אלישמע
4	אנוש

4	אסנת
4	אפרת
4	ארד
4	ביר
4	גבריאל
4	גהינם
4	גמליאל
4	חילון
4	חירתא
4	טניס
4	יאיר
4	יכין
4	ימין
4	כרמי
4	לוטן
4	ליבנן
4	מדי
4	מושי
4	מחלי
4	מנוח
4	נעמן
4	סין
4	עיבראי
4	עילם
4	עכרן
4	עלמק
4	עמי
4	ערד
4	פגעיאל
4	פישון
4	פלוא
4	צחר
4	קטורה
4	שדיאור
4	שרוג
4	תרנגולא
3	אדומאי
3	אדרעת
3	אורי
3	אחיסמך
3	אימוראי
3	אלדד
3	אליצפן
3	אצר
3	אראלי
3	אשבל
3	בכר
3	בלע
3	גדעוני
3	גוני
3	גיחון
3	דעואל
3	הדורי
3	הינדיקי
3	זמרי
3	חבר
3	חגי
3	חגלה
3	חלוצא
3	חרמון
3	חת
3	טפת
3	טרגונא
3	טרווייא
3	ידוע
3	יואש
3	יובב
3	יון
3	יחלאל
3	יחצאל
3	ימבריס
3	ימנה
3	יניס
3	יעוש

3	יעלם
3	יצר
3	יקטן
3	ישוה
3	ישימות
3	לבני
3	לוז
3	מחלה
3	מידד
3	מכוור
3	מלכיאל
3	נמואל
3	נעה
3	סרד
3	עדולמאה
3	עזאזל
3	עינוותא
3	ענק
3	ערוער
3	ערי
3	פדה
3	פוה
3	פונטוס
3	פיכל
3	פתור
3	צורי
3	צלה
3	קיסרין
3	קנז
3	שובל
3	שוחם
3	שוני
3	שותלח
3	שלומיאל
3	שמעי
3	שמרון
3	תובל
3	תולע
3	תימן
3	תליסר
3	תמוז
3	תמנע
3	תמנת
3	תרצה
2	אב
2	אבל
2	אגג
2	אומר
2	אזני
2	אחי
2	אטד
2	איוב
2	אילים
2	איעזר
2	אלצפן
2	אמרפל
2	אמתני
2	אפמיאה
2	ארבע
2	ארוד
2	אריוך
2	אשכול
2	אשריאל
2	בירי
2	בירישא
2	גדגד
2	גדי
2	גודגוד
2	גיניסר
2	גירגשאי
2	גלגלא
2	געתם
2	דבלתים
2	דוד

2	דופקה
2	דורא
2	דותן
2	דיבון
2	דרמשק
2	הדד
2	זבולן
2	חגרא
2	חדיית
2	חופם
2	חושבני
2	חושם
2	חירה
2	חירם
2	חלמיא
2	חלק
2	חמול
2	חנן
2	חרדה
2	חרמה
2	חשמונה
2	יטבת
2	ימואל
2	יפתח
2	יקשן
2	ירושלים
2	ישוב
2	ישוי
2	כושאי
2	כזבי
2	כשדאי
2	לבנה
2	מגדיאל
2	מגוג
2	מדבשתא
2	מוסרות
2	מוריה
2	מזה
2	מחוייאל
2	מיטטרון
2	מכללתא
2	מלכה
2	מעלת
2	מקהלת
2	מרא
2	מרדותא
2	משך
2	נבו
2	נבח
2	נבט
2	נביות
2	נחת
2	נימרי
2	נינוה
2	סבא
2	סיון
2	סמאל
2	סרח
2	עומרא
2	עונן
2	עוץ
2	עזה
2	עי
2	עירד
2	עכבור
2	עלמון
2	ענר
2	עקתה
2	ערב
2	ערן
2	פינחס
2	פנואל
2	פניאס
2	פריזא

2	פרנך
2	פרנסת
2	צידון
2	צפו
2	קהלות
2	קיסם
2	קלרהי
2	קמואל
2	קניזאה
2	קפודקיא
2	רבת
2	רומנא
2	ריסא
2	רמתא
2	שוע
2	שיטים
2	שיול
2	שילם
2	שירן
2	שלם
2	שלמיא
2	שמה
2	שמידע
2	שמלה
2	שפופם
2	שקיפין
2	תדעל
2	תחן
2	תימא
1	אביאסף
1	אבידע
1	אביחיל
1	אבימאל
1	אבלס
1	אדבאל
1	אדריא
1	אדרעי
1	אהד
1	אוגר
1	אוהד
1	אוזל
1	אוי
1	און
1	אוסיא
1	אופיר
1	אורא
1	אוריאל
1	אחאב
1	אחיהוד
1	אחימן
1	איה
1	איטלייא
1	אילון
1	אילת
1	אימור
1	אכזיא
1	אלדעה
1	אלה
1	אלול
1	אלוש
1	אלידד
1	אליחרק
1	אלישבע
1	אלישע
1	אלמודד
1	אלס
1	אלקנה
1	אנטוכיא
1	אנטיוכי
1	אנתוסאי
1	אסיר
1	אפוד
1	אפיקירו
1	אפריקי
1	אצבון
1	ארודי
1	ארמילוס
1	ארמניא
1	ארמניאא
1	ארעית
1	אשכנז
1	אשקלון
1	את
1	באר
1	בארי
1	בדד
1	בותניי
1	בותנייס
1	ביריא
1	בית
1	בלהן
1	במתקה
1	בעון
1	בעלא
1	בצרה
1	בקי
1	בר
1	ברע
1	ברשע
1	גאואל
1	גבליא
1	גבתא
1	גדיאל
1	גומר
1	גחם
1	גיבראי
1	גינברי
1	גמלי
1	גמר
1	גנוסייא
1	גניסר
1	געא
1	גרא
1	גרגשאי
1	גרמניא
1	גשן
1	גת
1	דבורה
1	דברא
1	דיברי
1	דיגלת
1	דיווקינוס
1	דיקלא
1	דמשק
1	דנהבא
1	דפני
1	דרדניא
1	הב
1	הדורם
1	הדס
1	הדר
1	הושע
1	הימם
1	המתא
1	הצרון
1	זגנזגאל
1	זחו
1	זימתני
1	זינגאי
1	זכור
1	זכרי
1	זמרגד
1	זמרן
1	זעון
1	זעמה
1	חובב
1	חווילא
1	חוילא
1	חומצאי
1	חופים
1	חוראי
1	חורי
1	חורמה
1	חושים
1	חטמנא
1	חמדן
1	חניאל
1	חצרמות
1	חרי
1	חריפא
1	טאנוס
1	טבח
1	טבריא
1	טבריה
1	טבת
1	טואב
1	טרסס
1	יבוקא
1	יבל
1	יגאל
1	יגלי
1	ידלף
1	יהץ
1	יהצא
1	יואב
1	יובל
1	יוונאי
1	יוחנן
1	יופיאל
1	יחזקא
1	יטור
1	יכנען
1	יסכה
1	יעקן
1	יפהפיה
1	ירח
1	ישבן
1	ישבק
1	ישימון
1	ישעיה
1	יתיניא
1	יתרן
1	יתת
1	כותירין
1	כמיש
1	כסדאי
1	כסלון
1	כרמלא
1	כרן
1	כשד
1	לאל
1	לובאי
1	לוד
1	לוטסאי
1	לויתן
1	לחם
1	ליבני
1	ליווקאי
1	לילין
1	למברנייא
1	מבצר
1	מבשם
1	מגדול
1	מגרופייתא
1	מדיי
1	מדן
1	מהיטבאל
1	מוורי
1	מולך
1	מוסרה
1	מוף
1	מופים
1	מזג
1	מחלת
1	מחנים
1	מטרד
1	מידבא
1	מישא
1	מישאל
1	מכבר
1	מכי
1	מכללת
1	מלך
1	ממרי
1	מנחת
1	מעכה
1	מפנא
1	מצע
1	מקדון
1	מקדינייא
1	מקהלו
1	מריוטאי
1	משאל
1	משרקה
1	נהרדעא
1	נהריא
1	נחבי
1	ניווטאי
1	נסיוטאי
1	נעמא
1	נפג
1	נפיש
1	נציבין
1	סבתה
1	סבתכא
1	סהד
1	סוברא
1	סודי
1	סוסי
1	סיאון
1	סיניראי
1	סכותא
1	סכל
1	סלוא
1	סלווקיא
1	סמבטיון
1	סמראי
1	סנחריב
1	סניגורא
1	ספרא
1	ספרוואי
1	סתור
1	סתרי
1	עדישא
1	עדר
1	עובל
1	עוזיאל
1	עוית
1	עזאל
1	עזן
1	עימיה
1	עיפה
1	עירם
1	עירקאי
1	עלוה
1	עלון
1	עמיאל
1	עמרה
1	עסק
1	עפר
1	עקן
1	עקרבית
1	עשת
1	עשתרו
1	פדהאל
1	פדר
1	פוט
1	פוטי
1	פוטיאל
1	פונון
1	פועה
1	פטימא
1	פינון
1	פירוקי
1	פלדש
1	פלטי
1	פלטיאל
1	פלטיאת
1	פלת
1	פנטסכינאי
1	פנטפוליטי
1	פסי
1	פעו
1	פרע
1	צאיתא
1	צדק
1	צוריאל
1	צידנאי
1	צלמון
1	צלמונה
1	צפיין
1	קדמה
1	קדמונאה
1	קדמות
1	קורזי
1	קושטנטיני
1	קטיספון
1	קילקאי
1	קנת
1	קפודאי
1	קרדון
1	קרדוניא
1	קרי
1	קרית
1	קריתים
1	קרן
1	קרנים
1	ראומה
1	ראש
1	רבע
1	רחביא
1	רחובות
1	ריפת
1	רעמא
1	רפוא
1	רפיע
1	רתמה
1	שבא
1	שבט
1	שוח
1	שופנא
1	שיול
1	שיטין
1	שילו
1	שלומי
1	שלומית
1	שלונאי
1	שלף
1	שמאבר
1	שמואל
1	שמוע
1	שמחזאי
1	שנאב
1	שפו
1	שפט
1	שפטן
1	שפרא
1	שרח
1	שריון
1	ששי
1	תבור
1	תורגמא
1	תחש
1	תירס
1	תלמי
1	תרקי

Type Token Ratios of Words in the Targum

Frequencies	Types	Tokens	% of each	% of all	Cumulative Sum
16495	1	16495	11.4507	11.4507	11.4507
8515	1	8515	5.9110	5.9110	17.3617
8131	1	8131	5.6444	5.6444	23.0062
5684	1	5684	3.9457	3.9457	26.9520
4387	1	4387	3.0454	3.0454	29.9975
2148	1	2148	1.4911	1.4911	31.4886
2110	1	2110	1.4647	1.4647	32.9533
2102	1	2102	1.4591	1.4591	34.4125
2060	1	2060	1.4300	1.4300	35.8426
2021	1	2021	1.4029	1.4029	37.2455
2011	1	2011	1.3960	1.3960	38.6416
1935	1	1935	1.3432	1.3432	39.9848
1895	1	1895	1.3154	1.3154	41.3003
1875	1	1875	1.3016	1.3016	42.6019
1431	1	1431	0.9933	0.9933	43.5953
1407	1	1407	0.9767	0.9767	44.5720
1406	1	1406	0.9760	0.9760	45.5481
1117	1	1117	0.7754	0.7754	46.3235
1036	1	1036	0.7191	0.7191	47.0427
996	1	996	0.6914	0.6914	47.7341
839	1	839	0.5824	0.5824	48.3165
826	1	826	0.5734	0.5734	48.8899
824	1	824	0.5720	0.5720	49.4619
785	1	785	0.5449	0.5449	50.0069
766	1	766	0.5317	0.5317	50.5386
698	1	698	0.4845	0.4845	51.0232
696	1	696	0.4831	0.4831	51.5064
677	1	677	0.4699	0.4699	51.9763
675	1	675	0.4685	0.4685	52.4449
661	1	661	0.4588	0.4588	52.9038
609	1	609	0.4227	0.4227	53.3265
587	1	587	0.4074	0.4074	53.7340
557	1	557	0.3866	0.3866	54.1207
541	1	541	0.3755	0.3755	54.4962
531	1	531	0.3686	0.3686	54.8649
525	1	525	0.3644	0.3644	55.2293
505	2	1010	0.3505	0.7011	55.9304
504	1	504	0.3498	0.3498	56.2803
502	1	502	0.3484	0.3484	56.6288
490	1	490	0.3401	0.3401	56.9690
470	1	470	0.3262	0.3262	57.2952
465	1	465	0.3228	0.3228	57.6180
463	1	463	0.3214	0.3214	57.9394
455	1	455	0.3158	0.3158	58.2553
437	1	437	0.3033	0.3033	58.5587
436	1	436	0.3026	0.3026	58.8613
433	1	433	0.3005	0.3005	59.1619
412	1	412	0.2860	0.2860	59.4479
395	2	790	0.2742	0.5484	59.9963
394	1	394	0.2735	0.2735	60.2699
393	1	393	0.2728	0.2728	60.5427
377	1	377	0.2617	0.2617	60.8044
364	2	728	0.2526	0.5053	61.3098
359	1	359	0.2492	0.2492	61.5590
350	1	350	0.2429	0.2429	61.8019
349	1	349	0.2422	0.2422	62.0442
347	1	347	0.2408	0.2408	62.2851
345	1	345	0.2394	0.2394	62.5246
343	1	343	0.2381	0.2381	62.7627
332	1	332	0.2304	0.2304	62.9932
331	1	331	0.2297	0.2297	63.2230
327	1	327	0.2270	0.2270	63.4500
326	1	326	0.2263	0.2263	63.6763
321	1	321	0.2228	0.2228	63.8991
318	1	318	0.2207	0.2207	64.1199
315	1	315	0.2186	0.2186	64.3385
313	1	313	0.2172	0.2172	64.5558
303	1	303	0.2103	0.2103	64.7661
301	1	301	0.2089	0.2089	64.9751
292	1	292	0.2027	0.2027	65.1778
290	1	290	0.2013	0.2013	65.3791

Frequencies	Types	Tokens	% of each	% of all	Cumulative Sum
287	1	287	0.1992	0.1992	65.5784
286	1	286	0.1985	0.1985	65.7769
283	1	283	0.1964	0.1964	65.9733
280	1	280	0.1943	0.1943	66.1677
277	1	277	0.1922	0.1922	66.3600
272	2	544	0.1888	0.3776	66.7377
271	1	271	0.1881	0.1881	66.9258
266	1	266	0.1846	0.1846	67.1104
264	1	264	0.1832	0.1832	67.2937
261	2	522	0.1811	0.3623	67.6561
253	1	253	0.1756	0.1756	67.8317
252	1	252	0.1749	0.1749	68.0066
250	3	750	0.1735	0.5206	68.5273
249	2	498	0.1728	0.3457	68.8730
246	1	246	0.1707	0.1707	69.0438
245	1	245	0.1700	0.1700	69.2138
244	1	244	0.1693	0.1693	69.3832
237	2	474	0.1645	0.3290	69.7123
236	1	236	0.1638	0.1638	69.8761
229	2	458	0.1589	0.3179	70.1940
228	2	456	0.1582	0.3165	70.5106
227	2	454	0.1575	0.3151	70.8258
226	2	452	0.1568	0.3137	71.1395
225	1	225	0.1561	0.1561	71.2957
224	1	224	0.1554	0.1554	71.4512
222	1	222	0.1541	0.1541	71.6053
221	1	221	0.1534	0.1534	71.7588
219	1	219	0.1520	0.1520	71.9108
216	1	216	0.1499	0.1499	72.0607
211	2	422	0.1464	0.2929	72.3537
207	1	207	0.1436	0.1436	72.4974
204	1	204	0.1416	0.1416	72.6390
202	4	808	0.1402	0.5609	73.1999
199	1	199	0.1381	0.1381	73.3381
196	2	392	0.1360	0.2721	73.6102
193	1	193	0.1339	0.1339	73.7442
192	1	192	0.1332	0.1332	73.8774
191	1	191	0.1325	0.1325	74.0100
184	1	184	0.1277	0.1277	74.1378
183	2	366	0.1270	0.2540	74.3918
182	1	182	0.1263	0.1263	74.5182
180	2	360	0.1249	0.2499	74.7681
176	2	352	0.1221	0.2443	75.0124
175	1	175	0.1214	0.1214	75.1339
169	1	169	0.1173	0.1173	75.2512
168	1	168	0.1166	0.1166	75.3679
167	2	334	0.1159	0.2318	75.5997
166	1	166	0.1152	0.1152	75.7150
165	2	330	0.1145	0.2290	75.9441
164	1	164	0.1138	0.1138	76.0579
163	1	163	0.1131	0.1131	76.1711
161	2	322	0.1117	0.2235	76.3946
160	1	160	0.1110	0.1110	76.5057
156	2	312	0.1082	0.2165	76.7222
154	1	154	0.1069	0.1069	76.8292
153	1	153	0.1062	0.1062	76.9354
152	1	152	0.1055	0.1055	77.0409
151	1	151	0.1048	0.1048	77.1457
150	1	150	0.1041	0.1041	77.2498
148	1	148	0.1027	0.1027	77.3526
147	1	147	0.1020	0.1020	77.4546
146	1	146	0.1013	0.1013	77.5560
142	4	568	0.0985	0.3943	77.9503
140	1	140	0.0971	0.9718	78.0475
139	3	417	0.0964	0.2894	78.3369
137	1	137	0.0951	0.9510	78.4320
136	3	408	0.0944	0.2832	78.7153
133	1	133	0.0923	0.9232	78.8076
132	3	396	0.0916	0.2749	79.0825
131	1	131	0.0909	0.9093	79.1734
129	2	258	0.0895	0.1791	79.3525
128	1	128	0.0888	0.8885	79.4414
125	2	250	0.0867	0.1735	79.6150
124	3	372	0.0860	0.2582	79.8732

Frequencies	Types	Tokens	% of each	% of all	Cumulative Sum
122	3	366	0.0846	0.2540	80.1273
121	1	121	0.0839	0.8399	80.2113
119	1	119	0.0826	0.8260	80.2939
116	1	116	0.0805	0.8052	80.3744
115	2	230	0.0798	0.1596	80.5341
114	1	114	0.0791	0.7913	80.6132
113	1	113	0.0784	0.7844	80.6916
112	1	112	0.0777	0.7774	80.7694
109	2	218	0.0756	0.1513	80.9207
108	1	108	0.0749	0.7497	80.9957
106	3	318	0.0735	0.2207	81.2165
105	1	105	0.0728	0.7289	81.2893
103	1	103	0.0715	0.7150	81.3608
101	1	101	0.0701	0.7011	81.4310
100	2	200	0.0694	0.1388	81.5698
99	1	99	0.0687	0.6872	81.6385
98	3	294	0.0680	0.2040	81.8426
97	1	97	0.0673	0.6733	81.9100
95	2	190	0.0659	0.1318	82.0419
92	1	92	0.0638	0.6386	82.1057
91	2	182	0.0631	0.1263	82.2321
90	1	90	0.0624	0.6247	82.2945
88	2	176	0.0610	0.1221	82.4167
87	1	87	0.0603	0.6039	82.4771
86	1	86	0.0597	0.5970	82.5368
85	2	170	0.0590	0.1180	82.6548
84	5	420	0.0583	0.2915	82.9464
83	1	83	0.0576	0.5761	83.0040
82	6	492	0.0569	0.3415	83.3455
81	3	243	0.0562	0.1686	83.5142
80	1	80	0.0555	0.5553	83.5698
79	1	79	0.0548	0.5484	83.6246
78	2	156	0.0541	0.1082	83.7329
77	1	77	0.0534	0.5345	83.7864
76	2	152	0.0527	0.1055	83.8919
75	1	75	0.0520	0.5206	83.9439
74	1	74	0.0513	0.5137	83.9953
73	3	219	0.0506	0.1520	84.1473
72	2	144	0.0499	0.9996	84.2473
70	4	280	0.0485	0.1943	84.4417
69	1	69	0.0478	0.4789	84.4896
68	5	340	0.0472	0.2360	84.7256
67	5	335	0.0465	0.2325	84.9582
66	5	330	0.0458	0.2290	85.1872
64	1	64	0.0444	0.4442	85.2317
63	2	126	0.0437	0.8746	85.3191
62	8	496	0.0430	0.3443	85.6635
61	3	183	0.0423	0.1270	85.7905
60	2	120	0.0416	0.8330	85.8738
59	3	177	0.0409	0.1228	85.9967
58	7	406	0.0402	0.2818	86.2785
57	3	171	0.0395	0.1187	86.3972
56	3	168	0.0388	0.1166	86.5138
55	4	220	0.0381	0.1527	86.6666
54	3	162	0.0374	0.1124	86.7790
53	5	265	0.0367	0.1839	86.9630
52	2	104	0.0360	0.7219	87.0352
51	3	153	0.0354	0.1062	87.1414
50	10	500	0.0347	0.3470	87.4885
49	9	441	0.0340	0.3061	87.7946
48	7	336	0.0333	0.2332	88.0279
47	4	188	0.0326	0.1305	88.1584
46	3	138	0.0319	0.9579	88.2542
45	9	405	0.0312	0.2811	88.5353
44	8	352	0.0305	0.2443	88.7797
43	3	129	0.0298	0.8955	88.8692
42	7	294	0.0291	0.2040	89.0733
41	11	451	0.0284	0.3130	89.3864
40	9	360	0.0277	0.2499	89.6363
39	8	312	0.0270	0.2165	89.8529
38	3	114	0.0263	0.7913	89.9321
37	5	185	0.0256	0.1284	90.0605
36	3	108	0.0249	0.7497	90.1355
35	7	245	0.0242	0.1700	90.3055

Frequencies	Types	Tokens	% of each	% of all	Cumulative Sum
34	7	238	0.0236	0.1652	90.4708
33	9	297	0.0229	0.2061	90.6769
32	7	224	0.0222	0.1554	90.8324
31	11	341	0.0215	0.2367	91.0691
30	12	360	0.0208	0.2499	91.3191
29	10	290	0.0201	0.2013	91.5204
28	9	252	0.0194	0.1749	91.6953
27	9	243	0.0187	0.1686	91.8640
26	13	338	0.0180	0.2346	92.0986
25	12	300	0.0173	0.2082	92.3069
24	14	336	0.0166	0.2332	92.5401
23	10	230	0.0159	0.1596	92.6998
22	11	242	0.0152	0.1679	92.8678
21	16	336	0.0145	0.2332	93.1011
20	20	400	0.0138	0.2776	93.3787
19	24	456	0.0131	0.3165	93.6953
18	20	360	0.0124	0.2499	93.9452
17	28	476	0.0118	0.3304	94.2756
16	27	432	0.0111	0.2998	94.5755
15	21	315	0.0104	0.2186	94.7942
14	34	476	0.0097	0.3304	95.1246
13	30	390	0.0090	0.2707	95.3954
12	37	444	0.0083	0.3082	95.7036
11	35	385	0.0076	0.2672	95.9708
10	53	530	0.0069	0.3679	96.3388
9	54	486	0.0062	0.3373	96.6762
8	62	496	0.0055	0.3443	97.0205
7	58	406	0.0048	0.2818	97.3023
6	74	444	0.0041	0.3082	97.6105
5	104	520	0.0034	0.3609	97.9715
4	163	652	0.0027	0.4526	98.4241
3	231	693	0.0020	0.4810	98.9052
2	371	742	0.0013	0.5150	99.4203
1	835	835	0.0006	0.5796	100.0000
	2857	144052			100.0000